2011–2020國家古籍整理出版規劃項目

國家古籍整理出版專項經費資助項目

大清會典

雍正朝

1

楊一凡　宋北平　主編

尹泰　等纂

宋鴿　校點

鳳凰出版社

圖書在版編目（CIP）數據

大清會典. 雍正朝 / (清) 尹泰等纂 ; 楊一凡, 宋北平主編. -- 南京 : 鳳凰出版社, 2024. 6. -- ISBN 978-7-5506-4247-8

Ⅰ. D691.5

中國國家版本館CIP數據核字第2024WC1013號

書　　名	大清會典(雍正朝)
著　　者	(清)尹泰 等 纂　楊一凡　宋北平 主編
責任編輯	韓鳳冉
裝幀設計	陳貴子
責任監製	程明嬌
出版發行	鳳凰出版社(原江蘇古籍出版社)
	發行部電話 025-83223462
出版社地址	江蘇省南京市中央路165號，郵編:210009
照　　排	南京凱建文化發展有限公司
印　　刷	金壇古籍印刷廠有限公司
	江蘇省金壇市晨風路186號，郵編:213200
開　　本	718毫米×1005毫米　1/16
印　　張	229.25
字　　數	3639千字
版　　次	2024年6月第1版
印　　次	2024年6月第1次印刷
標準書號	ISBN 978-7-5506-4247-8
定　　價	980.00圓(全五册)

(本書凡印裝錯誤可向承印廠調换，電話:0519-82338389)

前　言

《大清會典》是清朝官修典章制度的彙編，詳細地纂輯了清王朝中央文武衙門的編制、職掌、官員品級、統屬關係以及各項辦事制度，是當時國家機構及其職官處理公務的法律依據，也是中國歷史上最完備的具有大經大法性質的法典。

《大清會典》於康熙、雍正、乾隆、嘉慶、光緒五朝凡五修，故又總稱其爲"五朝會典"。

《會典》名之爲"典"，源於先秦時期的《周禮》。《周禮》又名《周官》，專載西周設官分職制度，采用"六卿分職，各率其屬"（康熙《大清會典》書首御製序）編纂體例。沿及唐、宋、元，仿爲《唐六典》，輯爲諸《會要》，修成《經世大典》。明初參照《唐六典》，頒《諸司職掌》，其後因之，編纂《明會典》。以"會典"命名始於明代。清朝承之，繼有《清會典》之編，而"會典事例"另成專書，則是清代的獨創。

康熙《會典》是清朝編纂的首部會典。康熙二十三年（一六八四）五月，康熙皇帝鑒於"條例、事宜多散見於卷牘，在百司既艱於考衷，而兆姓亦無由通曉"（康熙《大清會典》書首《皇帝敕諭内閣》），敕命纂修《會典》。二十九年（一六九〇）成書，共一百六十二卷，載崇德元年（一六三六）至康熙二十五年（一六八六）中央五十個文武衙門現行的典章制度，康熙二十六年（一六八七）孝莊文皇后喪禮以特例附載"禮部"。此書仿明萬曆重修《會典》體例，以官統事，以事隸官，典例合一；"因事分類，因類分年。每一事類，略叙數語，以見大意"（雍正《大清會典》書首《凡例》）。

雍正《會典》續修始於雍正二年（一七二四），十年（一七三二）完成，共二百五十卷。與康熙《會典》比較，編纂體例無新的變化，主要是續入了康熙二十六年（一六八七）至雍正五年（一七二七）典章制度，並對舊典的一些内容進行了考訂和增補。

乾隆《會典》是清五部《會典》中編纂體例、内容變化最大的一部。乾隆十二年(一七四七),清高宗"以典例無辨,始命區會典則例各爲之部"(清崑岡等修、吴樹海等纂修光緒《大清會典》書首《凡例》),命續修典,二十九年(一七六四)成書。乾隆《會典》采用"以典爲綱,以則例爲目"的編纂體例,把原附在《會典》之後的事例與《會典》分編,計有《會典》一百卷,《會典則例》一百八十卷,接續雍正六年(一七二八)至乾隆二十三年(一七五八)典章制度,典章制度不可通融改變,有較强的穩定性;《會典則例》專輯《會典》中所載各項典制的沿革損益的諭旨、奏章及具體事例,事例可因時因地根據情况通權達變。這種典、例分編的做法,爲嘉慶、光緒年間修典所傚法。

嘉慶《會典》始修於嘉慶六年(一八〇一),二十三年(一八一八)告成,分爲三部編輯,即會典八十卷,事例九百二十卷,圖一百三十二卷,接續乾隆二十三年(一七五八)至嘉慶十七年(一八一二)典章制度。該書將"會典則例"改稱"會典事例",將乾隆《會典》後附圖分離出來,另行成書,名曰《大清會典圖》,開創了清代《會典》有典、有例、有圖編纂體例之先河。

光緒《會典》始修於光緒十二年(一八八六),二十五年(一八九九)成書,其中會典一百卷,事例一千二百二十卷,圖二百七十卷,接續嘉慶十八年(一八一三)至光緒十三年(一八八七)典章制度。該書增加了神機營、總理各國事務衙門和一些典制、禮制的内容,是五朝會典中規模最大,内容最完善的一部。

雍正、乾隆、嘉慶、光緒四部《會典》雖然在名義上是對康熙《會典》的續修或增修,但各朝《會典》相對獨立成書,獨立行世,是典章制度的獨立記述。

《大清會典》的資料來源主要有四大類,一是朝廷頒行的各有關典章制度的官修書,如《品級考》《賦役全書》《學政全書》《中樞政考》《大清律例》及各部院寺監則例等;二是各衙門的檔案文牘;三是《清實録》中有關典制的資料;四是其他記載清代典制的書籍。就事例的來源講,主要是選自皇帝的諭旨、中央各衙門和督撫等的條陳、歷年的成案。

關於《大清會典》的性質,學界長期存在争議。有些學者認爲《會典》是典章制度史料彙編,其性質爲"官修史書";有些學者認爲皇帝明令"照依會典"、"永遠遵守",其性質爲"行政法典"。筆者以爲,五朝《會典》的内容雖多寡不一,但實際上都是由國家典章制度和累朝事例構成,其事例又有"遠年事例"和"現行事例"之分。現行的國家典章和事例無疑具有法律效力,史籍中有關行用《會典》的記載比比皆是,而"遠年事例"屬於前朝舊例，非經皇帝欽准不得援引，其價值是“以備後世查考”。另外，五朝《會典》的編纂體例、收入《大清律》的情况前後也有變化。康熙、雍正《會典》典、例未分，將《大清律》全文收入；乾隆《會典》及《會典則例》按照“已刊刻頒行”諸書“只備參考，無庸復載”的編纂原則，未收入《大清律》（乾隆《會典》書首《凡例》）；嘉慶、光緒《會典》典文只載經久可行的現行典章，而把《大清律》律文及附例收入《會典事例》。因此，關於《大清會典》的性質，應在全面、認真研讀五朝《會典》《會典圖》及《會典事例》的基礎上，根據編纂的宗旨、内容和該書有無法律效力、是否行用等綜合加以判斷，不可只憑某一朝《會典》，或僅據光緒《會典》典文而不及其他就下結論。“官修史書”説忽視了《會典》與其他政書不同，它是通過立法活動修成，所載必經久可行之制，具有最高的法律效力。“行政法典”説忽視了康熙、雍正《會典》收有《大清律》，忽視了嘉慶、光緒《會典》典文收有刑法基本制度和原則，且《大清律》作爲典文之目收入《會典事例》，故還是按照清代統治者對《會典》性質的表述，稱其爲“大經大法”爲妥。用現代法律語言則可表述爲：《大清會典》是全面規範國家政務和各項基本制度、經久常行、在國家法律體系中居於“綱”的地位的大法。

《大清會典》的内容涉及國家典章制度的方方面面，展現了清代典例法律體系的概貌，是研究清史和中國法制史學者的必讀之書。乾隆《大清會典・凡例》云：“《會典》以典章會要爲義，所載必經久常行之制。兹編於國家大經大法，官司所守，朝野所遵，皆總括綱領勒爲完書。”清代通過定期修訂《會典》，把增補、删除或修正的典章制度以《會典》形式確定下來。《會典事例》又按時間順序，以事例形式記載了清一代各項典章制度的變遷，彙集了歷年頒佈的有關國家機構組織活動的各種法律規範。清《會典》結構體例頗爲縝密，以官統事，以事隸官；以典帥例，以例、圖助典；以本文領注，以注詳文；詳略結合，經緯分明，體用相須，使這部宏篇鉅著得以經世致用。它所記載的清代不斷完善法律制度的成功經驗，對於加强我國當前的法治建設也有重要的借鑒價值。

長期以來，由於五朝《會典》卷帙繁衆，内容龐博，加之藏本較少，給讀者利用造成了很大困難。多年來，學界主要是使用光緒《會典》研究清代法律制度，以致清代前、中期法制研究，至今仍是清代法制史研究的薄弱環節。現存的《大清會典》已有影印本出版，對一般古漢語水平較低的讀者來説，閲讀仍有一定難度。標點本五朝《會典》的出版，無論是對於學術研究還是現實的法治建設，都有重要的意義。

現存的《大清會典》版本，康熙《會典》有康熙二十九年(一六九〇)内府刻本；雍正《會典》有清雍正十年(一七三二)武英殿刻本；乾隆《會典》有乾隆二十九年(一七六四)武英殿刻本、乾隆四十三年(一七七八)《四庫全書薈要》本、光緒十九年(一八九三)上海圖書集成印書局鉛印本、光緒二十七年(一九〇一)上海文林石印本、光緒二十八年(一九〇二)著易堂書局石印本；嘉慶《會典》有清嘉慶二十三年(一八一八)武英殿刻本、同治十一年(一八七二)湖北崇文書局刻本；光緒《會典》有光緒二十五年(一八九九)京師官書局石印本、光緒三十四年(一九〇八)上海商務印書館石印本、宣統元年(一九〇九)上海商務印書館石印本、宣統三年(一九一一)上海商務印書館石印本。課題組在整理過程中，按照"擇善而從"的原則，五朝《會典》分别以康熙《會典》内府刻本和雍正、乾隆、嘉慶《會典》武英殿刻本、光緒《會典》光緒二十五年(一八九九)石印本爲底本，以其他版本爲參校本。

與大清五朝《會典》相並行的還有《大清會典事例》、大清部院則例這兩類重要的法律典籍，三者融爲一體，以《會典》爲綱，則例、事例爲目，共同構成完整的法律體系，充分顯示了清王朝近三百年間的典章制度的基本面貌。因事例、則例卷帙浩繁，標點整理工作量甚大，我們先把標點本五朝《大清會典》奉獻給讀者。

鳳凰出版社原社長兼總編輯姜小青先生、倪培翔先生對本書的出版一直關心支持。本書得以順利出版，是參加整理工作的各位學者共同努力和鳳凰出版社大力支持的結果。謹誌於此，以表謝意。

雍正朝《會典》的整理始於二〇一五年，組織實施中的各種事宜，由宋北平先生承擔。由於該《會典》延續了康熙朝《會典》典、例一體的編撰體例，卷帙浩大，是五朝《會典》中規模最大者，參與整理的校點者較多，時間也較長。本書整理的具體分工是：第一、二册由宋鴿點校，第三册由臧傑斌、劉宸纓點校，第四册由趙東昇、劉宸纓點校，第五册由卜安淳、劉宸纓點校，前後歷時九年，終於完成了此書的整理工作。由於多人參與，整理過程中偶有與五朝《會典》的《整理凡例》認識不一之處，未能完全統一，還請讀者諒之。

楊一凡　宋北平

二〇二四年五月

整理凡例

一、本書係大清五朝《會典》標點本。整理時分别以康熙《會典》内府刻本和雍正、乾隆、嘉慶《會典》武英殿刻本、光緒《會典》光緒二十五年(一八九九)石印本爲底本,以其他版本爲參校本。

二、凡底本與參校本音義皆同的異體字,不出校記。若參校本與底本文字差異較大,如史料改動、文字删衍等,則出校。

三、凡底本不誤而參校本誤者,不出校。

四、古人引書,常有省改。凡原書引他書不失原意者,保持原貌。底本中引文與原始文獻有較大不同者,在校記中列出原始文獻文字並予以説明。

五、凡底本明顯訛、脱、衍文字,出校改正。訛、衍字用()標明,改正或增補文字用〔〕標明,原書文字缺失或因底本漫漶無法辨識者,用□表示。

六、凡避聖賢諱及清帝名諱者,無論缺筆或是改字,如"弘"作"宏","玄"作"元","丘"作"邱"等,均直接回改,不出校。

七、凡明顯因形近而誤刻的字,如"日"與"曰","己""已""巳"等,徑行改正。

八、原書中的舊字形,統一改爲新字形。一些少見的異體字和俗體字,徑改爲規範漢字,不出校。

九、原文爲表示尊崇而使用的抬頭格式,無論是空抬、平抬、單抬還是雙抬等格式,一律删除,不予保留,以保持内容的完整性和連貫性。

十、原書中的空心圓圈表示另起語段,予以保留。書中的段落基本保持不變,僅對個别篇幅特别冗長者再次分段,並在再分段段首冠以實心圓圈。

御製大清會典序

自昔書契肇興，百官以治，是知上古之代雖風氣樸略，始製文字，必垂典憲，以昭誡有位，用能允釐百工，咸熙庶績。觀《虞書》，舜命九官，具載訓辭，宏綱畢舉，則其節目之詳於簡册者，可想而知也。爰歷夏殷，至周大備。孔子言周監於二代，又言殷因夏禮，周因殷禮，所損益可知。《周禮》一書，蓋承唐虞夏殷之緒，而加以文武制作之隆，上紹古先，下開來葉。自是厥後，漢唐宋明膺運享祚者，莫不著之章程，布在方策，設官分職，猶師虞周之成憲焉。我太祖高皇帝受天景命，經綸草昧；太宗文皇帝肇基王迹，創制顯庸；世祖章皇帝混壹寰瀛，禮明樂備；至我皇考聖祖仁皇帝載定泰平，功隆業茂。是則我朝之興，四聖相承，兼唐虞之勳華，綜豐鎬之謨烈。巍乎成功，焕乎文章之竝盛者也。康熙二十三年，聖祖仁皇帝敕命閣臣纂修《大清會典》，起於崇德元年，迄於康熙二十五年。大經大猷，咸臚編載。聖祖仁皇帝曆數緜長，又閲三紀，敬勤愈至。法制增修，憲古宜今，至精至備，可謂規型之盡善，儀典之大成。而散在卷牘，未及彙輯，以藏全書。朕纘承寶位，體皇考之心以爲心，法皇考之政以爲政。其有因時制宜更加裁定者，無非繼志述事之意，紹聞衣德之思。爰允禮臣蔣廷錫所請，命閣臣開館纂修。自康熙二十六年至雍正五年所定各部院衙門禮儀條例，悉行檢閲，照衙門分類編輯。凡經九載，篇帙告竣。於是聖祖仁皇帝臨御六十餘年，立綱陳紀之端，命官敷政之要，首末完具，燦然如日星之炳照，與《虞書》《周禮》竝垂不刊。夫制度之有損益，隨時以處中之道也。《書》曰："惟精惟一，允執厥中。"《易》曰："變通者，趨時也。"中無定體，動惟厥時,斯聖祖仁皇帝所以乾健日新,爲萬世立極也。朕兢兢業業,永懷紹庭陟降之義。爾在廷臣工,能恪遵而時繹之。上之可以程功,次亦不失爲寡過。然其所以行之者,必本於至誠,非徒緣飾虛文,奉行故事,以爲盡職也。其交相懋勉,忠勤不懈,以贊襄我國家悠久無疆之泰運,追邁二帝三王之盛,朕於兹有厚望焉!

雍正十年十月初七日

凡　例

康熙二十五年《會典》所載凡例，兹遵照續修，故具列於左。

一、《會典》之作，遵奉敕諭：詳加察輯，考訂成書，務使文質適中，事理咸備。自本朝開創以迄今兹，其間因革損益，條例事宜，載在方册。有可考據者，俱詳明紀載。

一、編輯《會典》，以各衙門開造文册爲憑。至本朝頒行諸書，如《品級考》《賦役全書》《學政全書》《中樞政考》《大清律》及六科録疏、六部現行則例所載政事有相關者，亦采輯以備參考。

一、事例由上所頒降者，則書曰"詔"，曰"敕"，曰"諭"，曰"旨"，曰"定"；由部院各衙門具題者，則書曰"題准"；由科道督撫條陳，經部院議覆者，則書曰"覆准"；由議政王貝勒大臣及九卿詹事科道會議者，則書曰"議定"，曰"議准"。或有叙事者，則直書之；若歷來奉行，無所考據者，則指事分款書之。

一、編纂之體，因事分類，因類分年。每一事類，略叙數語，以見大意。其中又有條目宜分晰者，則冠以"凡"字。其一年内有增定數條者，則繼以"又"字。至前經開載事例内，後有一二更改增减者，則節録之。

一、凡事有年分可考者，循序分編。或歲月久遠，卷籍不存者，止書曰"國初"，曰"順治初"，其止有更定年分，而其始莫可考者，則書曰"舊例"。

一、詔敕諭旨等文，止叙事實，不能悉載；有一篇中事關數條者，分晰載入。

一、有一事而二三衙門相關者，惟酌舉其重者，備載一處，其他止書"詳見某衙門"。

一、各衙門職掌事宜，有更隸於别衙門者，俱以見在所隸衙門爲主，而於叙事之始，明列其原委。

一、圖式凡壇廟規制、職方輿地等類,莫不有圖,其罪贖之例、喪服之制皆具列以示一代典章。圖内有滿文難以填寫者,止於漢文内繪圖。

一、衙門次第,俱按品級。惟宗人府領以宗室,故居首。内務府官制不屬吏、兵二部,故列九卿衙門之後。左右春坊、司經局雖無所屬,而職掌皆統於詹事府,故係詹事府之次。他若起居注、四譯館之附於翰林院,神樂觀、犧牲所之附於太常寺,皆事有所統攝也。至八旗官員,則附見於兵部。王府屬員,則分見於吏、兵二部云。

一、衙門有屢經改名者,仍各按年異稱,如"内閣"有時稱"内院"之類。舊有是衙門而今裁者,止存其名於品級内,如尚寶司之類。舊有是官名而今裁者,亦隨時附見,如巡按御史之類。官銜後經改定者,止照見在官名書之。如"固山額真"改名"都統"之類。

一、文武官處分,係吏、兵二部所掌。但事例與處分散見兩處,未免重複。今隨事附載處分之例,以便覽稽。至諸司所不能附見者,仍彙載爲雜例。

一、田賦、丁徭、漕運、鹽法、關税等項錢糧,先載順治年間之數,次載近年之數,以備考訂損益。

一、儀注有創造者,則略舉之,續定者,則詳書之;間有改定,止書所改定者於後。其與他處相同者,止書曰"與某處同"。

一、八旗士馬雲屯,難以數計,其直隸各省駐防及緑旗兵馬,俱按邊、腹地方次序詳載。

一、刑名事件,若律文内有例可附者,則續書之;無可附者,别爲條目,分載於後。

一、《會典》所載,皆經久可行之事。其有良法美政,奉旨特行者,咸備書之;其事屬權宜,不垂令甲者,則略而不録。

續增凡例

一、舊《會典》修於康熙二十三年,編次國初迄康熙二十五年,因革損益,備矣美矣。雍正二年遵旨續修,自康熙二十六年以至雍正五年,其間良法美政,臚舉詳列。

一、是書雖係續修,原本仍當並行宇内。前代《會典》,成例也,故康熙二十三年所奉聖祖仁皇帝敕諭及二十九年聖祖仁皇帝原序,皆不複載。

一、是書事例,其由上所頒降及由部院各衙門具題者,書法悉與原本同。唯奉特旨敕議者,則載原降諭旨於前,叙遵旨議准事例於後。

一、有一事而關數衙門者，或詳載一處，或互見備考，俱酌乎事之輕重以爲準。其衹載一處者，照原條例注明“詳見某衙門”。

一、上林苑監、京衛等衙門已經裁併者，舊有職掌事宜，仍開載原委。

一、因革損益，具載年分。其有康熙二十五年舊《會典》不載年分者，除考正添載外，無可考者，仍其原文。

一、户部賦税各項錢糧，歷年增減不一。舊《會典》核得順治十八年、康熙二十四年額數開載，兹遵前例，核得雍正二年額數，續著於篇。

一、漕運事最繁賾，編年紀載，不能明曉，故將見行例開載於前，而以歷年因革列於後。

一、大樂自聖祖仁皇帝考定中聲，度律均鍾，改制樂器，洵所謂與天地同和者也。兹將欽定輕重長短之數，詳著圖表。

一、輿地圖經，聖祖仁皇帝測量考正，刊圖垂後。精密美備，古昔莫倫。舊《會典》所載地圖營制，尚在未經考定之前，今遵照輿地圖刊入，而以營制列表於後。披圖按表，一覽瞭如。

一、驛遞道里遠近，照衝僻册括其大凡開載。

一、充軍地方，雍正八年遵旨覆准《明季邦政紀略》一書，現在照依所定里數發遣，應載入兵部《會典》。今詳加訂正，更名《軍衛道里表》。其衛所改州縣及州縣分併更名之處，俱照雍正七年所定。又舊《會典》凡圖表皆無清文，故《軍衛道里表》亦衹用漢文。

一、刑部律例，經律例館奏准改定，今照舊《會典》之例，詳列原文，而開載删改原委，以昭沿革。至罪名向係别爲卷帙，止載重罪，未爲完備。兹將五刑之屬，全著於篇，仍分條附見，以便查考。其律後附例，有定自雍正五年以後者，亦照原文載入。

一、盛京五部，舊《會典》附載各部之末，兹以卷帙繁多，改附六部之後。

一、曆法自聖祖仁皇帝御製《曆象考成》一書，包括理數精藴，奉以推算，不爽銖黍。兹舉其大略，並繪儀器各圖，載《欽天監》。

纂修大清會典王大臣官員職名

監修

和碩莊親王臣允禄

和碩果親王臣允禮

總裁

議政大臣、東閣大學士兼兵部尚書臣尹泰

經筵日講官、少保兼太子太保、保和殿大學士仍兼吏部户部尚書、翰林院掌院事加二級又加二級臣張廷玉

經筵講官、太子太傅、文華殿大學士兼理户部尚書事務加五級又加二級臣蔣廷錫

文華殿大學士兼吏部尚書管兵部尚書事務革職留任臣朱軾

太子少保、吏部尚書加二級臣查郎阿

議政大臣、户部尚書管理三庫事務、署國子監祭酒、署理步軍統領印務、教習庶吉士加一級紀録十九次臣鄂爾奇

經筵講官、兵部尚書加二級臣史貽直

經筵講官、議政大臣、内閣學士兼禮部侍郎加一級宗室臣塞爾赫

提調

内閣侍讀學士加一級臣巴延泰

翰林院侍講學士加一級臣保良

纂修

盛京户部侍郎加一級臣兆華

經筵講官、内閣學士兼禮部侍郎加一級食俸又加一級紀録二次臣德齡

内閣學士兼禮部侍郎加二級臣張照
詹事府少詹事、提督順天等處學政加一級臣吴應棻
内閣侍讀學士兼佐領加一級臣王以巽
内閣侍讀學士加二級又加二級臣明福
日講官起居注、右春坊右庶子掌坊事加七級紀録二次臣蔣漣
日講官起居注、司經局洗馬加一級臣繆曰藻
右春坊右中允加一級臣范咸
右春坊右贊善臣官保
日講官起居注、國子監司業加一級臣崔紀
太僕寺少卿加二級臣定柱
通政使司右參議加一級臣梅瑴成
通政使司右參議加一級紀録二次臣徐杞
翰林院編修加一級臣鄒升恒、臣蔣恭棐
翰林院編修臣趙大鯨、臣李重華、臣王泰甡
翰林院檢討加一級臣陸宗楷、臣沈文豪
户科掌印給事中兼佐領加二級紀録一次臣德福
刑科給事中加一級臣劉吴龍
掌河南道事監察御史臣鄂爾賽
協理江南道事監察御史臣查拉
廣西道監察御史加一級臣曾元邁
浙江道監察御史加一級臣馬金門
吏部郎中加二級臣常齡
禮部郎中加一級臣沈懋華
刑部郎中加一級臣崔琳
户部員外郎加一級臣恒文
禮部員外郎臣穆集倫
工部員外郎加二級臣蘇柱
起居注主事臣錫騰、臣富起
大理寺左寺正臣潘國璠
大理寺右寺正加一級臣王宗治
國子監助教加一級臣法保
世襲一等阿達哈哈番臣額勒洪

翻譯

候補中書臣蘇赫臣

國子監助教臣永安、臣巴彦圖、臣禄格

筆帖式臣芳泰

監生臣德克金額

滿謄録

世襲一等阿達哈哈番兼佐領臣達漢

候補中書臣五福

筆帖式臣三齊哈、臣賽尚阿、臣三音布、臣寧禄、臣俸山、臣薩穆哈、臣鄂爾鐸、臣德倫泰、臣索銘

候補筆帖式臣巴顔圖、臣存柱、臣滿壽、臣根泰、臣仙鶴、臣亮保、臣英德、臣傅勳、臣覺羅哈達、臣寧温齊、臣明誠、臣阿華

監生臣何林、臣葛楚、臣鄂言泰、臣明泰

生員臣納山

漢謄録

廣東新會縣知縣臣李紹膺

署直隸井陘縣知縣臣張濟

署陝西武功縣知縣臣沈華

議叙候補知縣臣汪疇

議叙即用州同臣陸容錫

候選州同臣方嵋、臣朱澗、臣張溆、臣韓孝餘、臣朱熲、臣顧世瑛、臣石皓、臣朱文佩、臣王厚德、臣張静安、臣黄玉、臣田嘉猷、臣劉保中、臣郭紹儀、臣周一鵬

候選州判臣王覵

議叙即用縣丞臣蔣天寅

候選縣丞臣朱元象、臣朱必圻、臣蔣文式、臣王世瑛

候選主簿臣張琮

收掌

内閣中書臣養善、臣多純

筆帖式臣赫參領、臣德寧

武英殿監造

稽察内務府事務監察御史兼護軍參領佐領加二級臣三保

都虞司員外郎加一級紀録一次臣雅爾岱

會計司員外郎臣常安

廣儲司緞庫司庫加一級臣李之綱

監造臣胡三格、臣釋保

大清會典開報文册衙門

文職衙門

宗人府
内閣
吏部
户部
禮部
兵部
刑部
工部
盛京户部
盛京禮部
盛京兵部
盛京刑部
盛京工部
理藩院
都察院
通政使司
大理寺
内務府
武備院
上駟院
奉宸苑
翰林院
日講起居注館

四譯館
詹事府
左春坊
右春坊
司經局
太常寺
順天府
奉天府
光禄寺
太僕寺
鴻臚寺
國子監
吏科
户科
禮科
兵科
刑科
工科
中書科
行人司
欽天監
太醫院
五城兵馬司
僧録司
道録司

舊有上林苑監,今裁。照康熙二十五年《會典》所載。

武職衙門

鑾儀衛

舊有京衛,今裁。照康熙二十五年《會典》所載。

大清會典目録

大清會典卷之一

宗人府

國初，於篤恭殿前列署十，爲諸王議政之所。順治九年，設宗人府，以和碩親王或多羅郡王總領府事，多羅貝勒爲左宗正，固山貝子爲右宗正，鎮國公或輔國公爲左右宗人，掌皇族之屬籍，以時修輯玉牒，紀載宗室子女嫡庶、名封、生卒、婚嫁、謚葬等事。外正官有漢府丞一員，屬官有郎中、員外、主事等官，初俱滿缺，雍正元年增設漢主事。其首領有經歷。建置沿革詳見《吏部·官制》。

凡玉牒紀載，崇德三年定：親王以下至宗室所生子女，年及一歲，許將其名並所生年月日時、母某氏開列送府，詳載册籍。其另室所居之妾媵出者，亦准記籍。如將未居另室妾婢所出並撫養異姓之子謊報者，治以重罪。開送時將收生婦名姓亦並開送存案。覺羅子女，年及一載，照前例記籍。其庶出之子，亦准記籍。如以撫養異姓之子謊報者，治以重罪。〇順治九年題准：親王以下所生子女，詳開某王、某貝勒、某妃、夫人某氏所生子名某並生子之年月日時，送府記籍。貝子以下至宗室，俱照此例，開明送府，載入黄册。其收生婦某、保結某，亦一並開送存案。覺羅所生子女，即令報知各旗首領。其首領於生子三日前，親加察詢某人某婦、於某年月日時、第幾男、第幾女、名某、收生婦某，逐一開録，於每年正月初十日以内親賫送府，編入紅册。若遲誤不送及錯送者，首領從重治罪，其子不准載入册籍。〇又定：宗室子女入黄册，覺羅子女入紅册，有罪者入青册。〇又定：纂修玉牒，其存者用硃書，已故者用墨書。〇十三年題准：宗人府會同内院、禮部，十年一次，纂修玉牒。〇十八年定：宗室未居另室妾婢所出之子，亦准載入。〇康熙三十二年覆准：王以下，閑散宗室以上，有同名者,俱令更改。内有已得誥册者,交部换給,照所改名修入册籍。〇五十二年諭:"宗室革退者,皆不入玉牒。伊等子孫,若及今不察明表著,日後年遠,漸至淹没,關係甚大。應察明載入玉牒,酌量給帶爲記。覺羅等原係同祖所生,其犯罪革退者,若不察明,亦將淹没。又,宗室、覺羅有棄子爲他人收養者,所生子女,俱應察明記載,選繡女時勿令混入。着詳察議奏。"遵旨覆准:令查明革退宗室,俱給紅帶,載入黄册。革退覺羅,俱給紫帶,載入紅册。於纂修玉牒時,紅帶、紫帶子女,俱照册載名。其有棄子爲人收養者,宗人府察明具題請旨。〇五十九年覆准:革退宗室、覺羅,有前未查入玉牒藍檔内者,既經察明記載,嗣後伊等所生之子,着該旗出印結送府入册。〇雍正元年題准:玉牒事屬重大,定例宗室、覺羅所生子女,每年載入黄册、紅册,俟滿十年,纂修玉牒,兼寫清漢文。該衙門除府丞外並無漢司官,每年止有清文册籍。嗣後,增設漢主事二員,將進士、舉人出身官員,交該部揀選引見補授。於每年各宗室、覺羅開列送府時,即兼清、漢文造入册籍。〇三年覆准:玉牒館局,凡校對繕寫漢文,交與府丞總理。

凡封爵,崇德元年定:顯祖子孫,考論功德,列爵九等。一等爲和碩親王,二等爲多羅郡王,三等爲多羅貝勒,四等爲固山貝子,五等爲鎮國公,六等爲輔國公,七等爲鎮國將軍,八等爲輔國將軍,九等爲奉國將軍。其餘俱爲宗室。〇又定:皇子係庶妃所生者,封鎮國將軍。親王側室妾媵所生子,封輔國將軍。郡王側室妾媵所生子,封奉國將軍。有功績者,量加封授,出自欽定。〇又定:中宫所生女,爲固倫公主。妃所生女,爲和碩公主。親王女,爲和碩格格。郡王女,爲多羅格格。貝勒女,爲貝勒多羅格格。貝子女,爲固山格格。公女,爲公格格。若中宫撫養下嫁者,亦稱爲和碩公主。〇順治十年題准:宗室分爵十等。親王一子封親王,餘子封郡王。郡王一子封郡王,餘子封貝勒。貝勒子封貝子。貝子子封鎮國公。鎮國公子封輔國公。輔國公子授三等鎮國將軍。鎮國將軍子授三等輔國將軍。輔國將軍子授三等奉國將軍。以上鎮國、輔國、奉國將軍,初封俱三等,後遇加封至二等、一等。奉國將軍子授奉恩將軍。奉恩將軍子孫世授奉恩將軍。〇又定:親王一子封世子,嗣親王。郡王一子封長子,嗣郡王。輔國公一子授輔國公。餘如前例。〇十七年定:親王女和碩格格,漢文稱郡主。世子、郡王女多羅格格,縣主。貝勒女多羅格格,郡君。貝子女固山格格,縣君。入八分鎮國、輔國公女,鄉君。未入八分公以下女,俱稱宗女,不授封。〇又定:親王、世子、郡王正室,漢文稱親王妃、世子妃、郡王妃。貝勒以下輔國將軍以上正室,夫人。奉國將軍正室,淑人。奉恩將軍正室,恭人。○十八年定:貝勒、貝子庶夫人子,授奉恩將軍。○康熙六年定:皇子滿十五歲,宗人府具題請封。其爵級,出自欽定。

凡授封,崇德元年定:諸王册印,俱於崇政殿賜授。○順治十四年題准:諸王年甚幼者,准將册印送至其府。十五歲以上者,俱傳至宗人府。親王、郡王由禮部堂官宣授,嗣王跪受。貝勒以下奉恩將軍以上,宗人府官頒給,俱跪受。○康熙十二年題准:親王、親王妃、公主以下,貝子、貝子夫人、郡君以上,應授封者,俱遣大臣官員授封。詳見《禮部》。鎮國公、鎮國公夫人以下,奉恩將軍、奉恩將軍恭人以上,縣君、鄉君,應授封者,俱由宗人府給授誥命。○三十六年諭:恩詔加封,凡宗室官員入八分公以下奉恩將軍以上及閑散宗室用爲大臣侍衛者,照文武官員例,依品級加封。○四十五年題准:親王以下入八分公以上側室所生女與嫡出一體封授,實爲過優。嗣後,親王側妃所生女降二等,視貝勒嫡女,授爲郡君品級。郡王側妃所生女降二等,視貝子嫡女,授爲縣君品級。貝勒側夫人所生女降二等,視鎮國公嫡女,授爲鄉君品級。其婿俱照所降品級封爲額駙。至貝子、鎮國公、輔國公側室所生,並無應降品級。將貝子側夫人所生女食五品俸,婿授爲六品;鎮國公、輔國公側夫人所生女食六品俸,婿授爲七品。○五十二年詔:宗室官員,照四十二年例,准給封贈。自入八分公以下至閑散宗室授官者,該都統查明品級大小,有遇前次恩詔,已加封贈,後陞任換頂帶者,准照新任加封。其一品封贈三代,二品、三品封贈二代,四品至七品封贈一代,八品、九品止封本身。俱照例咨送内閣,撰寫誥命。自奉國將軍至旗員侍衛等,照三十六年例,俱准各加一級。未入八分公、鎮國將軍、輔國將軍及宗室一品、二品官員,俱照例送一子入國子監讀書。

凡封號,順治九年題准:我朝封王,以本王素行爲號,與前代以地名爲號者不同。以後嗣王襲封,换給新册,暫用舊寶印。賜封號後,另鑄寶印换給。○十二年題准:嗣王襲封者,准稱伊父原有封號。其父另給謚號。○康熙九年題准:已給封號諸王襲封時,照見在之號封給,停其改給祖父原號。其未給封號應襲親王、郡王等,議加封號。

凡謚號,順治十二年題准:親王以下奉恩將軍以上薨故者,請旨給與謚號。○康熙二年題准:貝勒以下奉恩將軍以上薨故者,概停題請給謚。若應與謚者,仍候旨給賜。○四年題准:貝勒以下輔國將軍以上薨故者,應否與謚,題請欽定。○九年題准:諸王薨故者,應於原號内加謚一字。

其見經給謚,未留原號者,應於謚内增書原號。

凡承襲,順治九年題准:應襲王爵者,必以嫡妃子承襲。若嫡妃無子,方准次妃子承襲。○十年題准:軍功封授郡王,已經子孫承襲者,如無親生子孫,准親兄弟及親兄弟之子襲封。至親王之子歲滿,照例封郡王者,有親生子孫,准與承襲。如絶嗣,不准承襲。○十八年題准:歲滿所封郡王,原係世襲王爵,如有絶嗣者,應否襲封,奏請欽定。○又題准:王、貝勒、貝子、公、將軍等,有嫡室所生子,照例襲封。如嫡室無子,准以庶出之子襲封。○康熙三十四年諭:宗室應得承襲之誥命,嗣後不必另奏,即同襲職本一並奏聞。○四十一年題准:凡覺羅由白身授爲拖沙喇哈番,非効力所得者,不准承襲。

凡歲滿,崇德九年定:和碩親王之子以下奉國將軍之子以上,男至二十歲,女至十五歲,列名具題,請旨授封。○又定:親王以下奉國將軍以上,有薨故者,其子弟即准承襲,不必俟其歲滿。○順治九年題准:貝勒以下薨故者,應襲一子,不俟歲滿即封;餘子,仍俟歲滿授封。若父在得封之子未分居之先薨故者,其子歲未滿,不准即封。○十八年題准:親王之子以下奉恩將軍之子以上,年至十五歲,准照應得爵秩具題授封。至十八歲具題,令其上朝,各照爵級職掌,隨班行走。○康熙二十七年議准:親王以下奉恩將軍以上,子十五歲者,俱停封襲。至滿二十歲,該府考擇文字、馬步箭佳者,列名引見,照應封之職加封。若親王以下奉恩將軍以上薨故者,仍准不拘年歲,先著一子令其承襲受封。○又諭:若有人品超俊者,亦不拘年歲,特加爵賞。○雍正三年,考試宗室請旨。奉旨:“今年係朕初次考試,其降級封授處,暫行停止。照各應得品級封授。”

凡上朝,國初定:親王、郡王每日常朝,俱在朝房齊集。○順治十四年題准:每月三次上朝,以日出時稽查。○又題准:王以下公以上,如有議政之事進朝者,俱在王等朝房内齊集。其每月三次朝期,在太和門齊集。○十七年題准:如遇聖駕巡幸,王以下公以上,每日早在午門外齊集。○康熙二十七年諭:“朕與大臣議事久,猶賜坐與言,今諸王大臣在朝會議,何得令大臣久跪諸王之前?嗣後會議公事,永遠禁止大臣向諸王屈一膝跪。”○雍正元年議准:舊例,皇帝親詣壇廟祭祀,親王以下貝勒以上,在内金水橋跪送隨行;貝子及一品宗室官員,在東長安門外跪送隨行。今定,堂子行禮,王以下一品官員以上,俱免隨行,預往堂子栅欄内大門外西邊排立,駕至,跪迎畢,隨入行禮。回鑾時,在大臣侍衛之後旌門之前行走。王、貝勒用護衛二員,貝子用護衛一員,朝服騎隨,於下馬處接馬。天壇、地壇、日壇、月壇,王以下入八分公以上,俱免隨行,預至郊壇,在下馬處按翼排立,接駕隨入行禮。回鑾時,依次行至午門,候皇帝進宮,各退。祭太廟社稷壇,親王、郡王等免其隨行,乘馬預至太廟門前排立,貝勒、貝子、公步行至王等齊集處後面排立,接駕隨入行禮。回鑾時,依次行至午門,候皇帝進宮,各退。

凡遣祭陵寢,順治十七年題准:福陵、昭陵,酌派宗室二員、覺羅二員移居守護,以供祭獻。〇康熙八年題准:停止令宗室、覺羅往陵居住,其每歲四節大祭,自貝勒以下,奉恩將軍、覺羅、二等阿思哈尼哈番以上,酌量具題遣祭。〇十八年議准:盛京三陵,四時祭祀,令盛京將軍、副都統、侍郎致祭,停其差遣貝勒以下及覺羅等官。孝陵仍照舊例,具題遣祭。若遇大事祭祀四陵,親王以下鎮國將軍及覺羅並八旗文武大臣以上,酌量題遣。〇二十二年議准:孝陵陵寢,每年四節祭祀,親王以下宗室公等以上,酌量遣祭。若遇大事祭祀,四陵亦照此例酌遣。

凡給假,順治十四年題定:諸王以下,或往湯泉、或往掃墓、或以他事出城停宿者,俱詣告宗人府。諸王以下奉恩將軍以上,具題請旨。閑散宗室,令宗人府酌量准假。在京公主以下縣君以上,亦詣告宗人府,具題請旨。其餘俱令宗人府酌量准假。〇康熙十年題准:聖駕巡幸時,王等以下覺羅官員以上,出城圍獵、放鷹概行停止,惟新喪送葬者准往。其有以他事告假者,俱不准行。〇又定:聖駕巡幸時,王等以下覺羅官員以上,概不准給假。〇四十五年題准:王以下公以上所生女受聘後,俱封授郡主等品級,不便給假同往外省。嗣後,額駙等停放外官。有任外官者,撤回京城,照伊見在品級補用。如奉特用封疆大臣,其郡主等應否給假,令伊等自行具題請旨。

凡宗學,雍正二年,立官學。於宗室内,揀選分尊年長者四人,令其教習。諭:"朕惟睦族敦宗,務先教化,特立義學,揀選爾等教習,隨其資質,勸學興行。有不遵教訓者,小則爾等自行懲勸,大則揭報宗人府,會同奏聞。其行止端方,精勤好學者,無論年齒長幼,即行保奏。從來立教之術,莫要於獎善懲惡。善不獎不能使之勸,惡不懲不能使之改。爾等既膺簡任,務期勤慎黽勉,恪恭厥職,以副朕篤厚宗親,殷勤教育之至意。"〇又覆准:左右兩翼官房,每翼各立一滿學、一漢學。王、貝勒、貝子、公、將軍閑散之十八歲以下子弟,有情願在家讀書者,聽。其在官學子弟,或清書、或漢書,隨其志願,分别教授。十九歲以上已曾讀書之宗室,有願讀書者,亦聽其入學。教授人員,於各部院司官、中書内揀選四員,每翼分與二員,教習清書;令禮部揀選教習四員,每翼分與二員,教習漢書。騎射亦屬緊要,行文兵部,令於閑散官及護軍校護軍内揀選善騎射者四員,每翼分與二員。於官學内修一箭道,讀書之暇教習騎射。以欽選之宗室四人爲正教長,宗人府選十六人爲副教長。如正教長缺出,即擇副教長補授。令伊等輪流值日,不時勸勉,教習禮義。每月考試一次,將學業騎射優者、平常者、不及者,分别等第,申報註册。每春秋二季,宗人府親試其學業優長、騎射出衆者,奏聞引見。其值日教長,月給銀三兩、米三斗。讀書子弟,月給銀米亦同。更按月各給川連紙一刀、筆三枝、墨一錠。自十一月朔至正月晦,各給炭一百八十觔。自五月朔至七月晦,每日給冰一塊。教習清書之司官、中書,仍領該部院公費。教習漢書,照國子監教習例,每月給米兩斛。三十六月滿時,咨送吏部,照例補用。教習騎射人員,每月給銀一兩。此應給銀、米、筆、墨、紙、炭、冰塊,行文該部支給。所立宗室學房,宗人府親身閲看應修之處,派官料估,領取工部錢糧修理,核算題銷。至教習五年稱職,舉其勤宣訓化實蹟保奏。仍賞正教長每員緞四疋,副教長每員緞二疋。教習清書官員,行文該部院議叙。教習騎射人員,交該旗以應陞之缺即用。有不稱職者,指參。

凡習射,順治十五年題准:親王以下至宗室十歲之子以上,每旗會集一處,五日步射一次,十日騎射一次。歲滿諸王以下,每年春季三次、秋季三次,令披甲射箭。其盔甲器械,於每年秋季驗閲一次。至王等所屬官員器械,亦一並驗閲。〇十八年題定:諸王以下,每年春季二次、秋季二次,令披甲射箭。

凡弓箭數目,順治十八年題定:親王,箭三千枝,弓十張。郡王,箭二千枝,弓八張。貝勒,箭一千五百枝,弓六張。貝子,箭一千枝,弓六張。鎮國公,箭七百枝,弓四張。輔國公,箭六百枝,弓四張。鎮國將軍,箭四百枝,弓二張。輔國將軍,箭三百枝,弓二張。奉國將軍,箭二百枝,弓二張。奉恩將軍,箭一百七十枝,弓二張。〇康熙十九年題定:世子,箭二千五百枝,弓九張。長子,箭一千七百枝,弓七張。〇二十六年諭:諸王等射箭,既不與旗員同期,着即在鑲黄旗教場演習。〇雍正二年覆准:左右翼箭册,積至年底方奏,甚屬煩雜。嗣後,將王等宗室、覺羅官員等箭册,停其年底總奏。每於射箭之處,令各衙門即行註册,查核射箭之優劣、行走之勤惰。劣者交與族長學長,給限學習。如仍怠惰,該衙門參處。甚優者,另題奏聞。

凡考敘,順治九年題准:考敘宗室軍功、考察見任衙門功過、派撥圍獵出征、補授衙門員缺、一應差遣、傳集並考敘覺羅官員軍功、考察見任衙門功過、傳集查點事務,俱令宗人府掌行。至於派覺羅官員圍獵出征、一應差遣、補授旗下員缺及各部院員缺,令宗人府與吏部會議。〇又題定:王以下公以上,原係都察院查點。今既設宗人府,一切事務,俱交宗人府。仍令都察院察參。〇十年題定:覺羅官員,停其於各部院備用。〇十八年題定:覺羅官員,復令補用各部院員缺。其一應傳集、查點、授職、議罪等項,仍照八旗官員例,在吏部、刑部等衙門察議。〇康熙八年題定:覺羅官員各項事務,仍移送宗人府。〇十年題定:覺羅官員,停其補授各衙門官。〇二十二年議准:覺羅官員,仍不分部院衙門,准其補用。其廕生、監生照其品級,亦於各部院衙門補用。〇三十五年題准:宗室、覺羅補授武職者,由兵部啓奏。惟放諸王護衛係宗室、覺羅者,由本衙門啓奏,法不畫一。嗣後,俱歸兵部,將本衙門啓奏例停止。〇三十七年諭:"朕傳集諸王及閑散宗室,於景山校射,以勸懲賢否。及試以射,人優而善射者頗多。其有品秩之宗室,俱爲王府護衛官職,既嫻禮法,且陞遷有階。惟閑散宗室,雖有幹練之員,無路上進。應將宗室中材力矯健而長於騎射者,詳查奏聞。朕將授爲闕廷侍衛職官。視其才力果優,勤於供職,即授參領副都統職任。庸劣者罷斥之。或材具頗優,願効馳驅,而家貧無力者,亦並查奏。朕將籌其生計。"〇雍正二年諭:"朕臨御以來,施恩於文武官員,各得疏通。惟宗室等並無陞遷之路。除朕用爲大臣侍衛外,欲用在部院衙門。倘伊等屬下有爲大人者,如何行走?欲令考試舉人、進士,與民等一例搜撿衣物,亦非體統。惟有宗人府官員筆帖式等缺,可否補用,爾等議奏。再,宗室内有學優材美者,作何考選之處,俱著議奏。"遵旨議准:宗人府官員,定額郎中六員、員外郎四員、主事六員、筆帖式二十四員。於此定額内,分出一半,補用宗室。該衙門左右兩司,所辦者議擬罪罰事件、稽查俸禄册籍及玉牒銀庫二處,俱關係宗室事體,不便即用宗室管理。此四處,共分缺一半,照例選用旗員。其一半缺用宗室,在堂上學習効力,遇缺出時,揀選補用。鎮國將軍、輔國將軍、奉國將軍,以郎中用。奉恩將軍、宗室、佐領,以員外用。廕生之五品官,以主事用。至閑散宗室内有考選學優材長之人,一等以主事用、二等以筆帖式用。補放郎中、員外郎、主事等缺,俱以一人作正、一人作陪,由宗人府題請引見補放。〇五年諭:增設宗室監察御史二員。由宗人府在宗室官員内揀選,帶領引見。專令查察宗人府事務。仍與御史一例,屬都察院管轄。

凡陞降,崇德元年定:宗室内有因功陞授者,自奉國將軍陞輔國將軍,次第論功,加封至和碩親王。親王有功,酌給賞賜。其有罪降封者,自和碩親王遞降一等。至奉國將軍得罪,降爲閑散宗室。其或因大功越陞,或因重譴黜革者,不論等級。〇二年定:親王、郡王、貝勒女,不論已嫁未嫁者,父陞隨陞,父降隨降。〇康熙元年題准:貝子、公女,照隨父陞降例。〇三十六年題准:定例,王以下品級,子不隨父陞降,女隨父陞降。嗣後,得品級之女,亦照子例,俱不隨父陞降。

凡優恤,康熙十年題准:無品級閑散宗室年至十八歲者,准於披甲額數外,令其披甲,照披甲例支給銀米。至無父幼子,亦照此例,給銀米贍養。〇二十年題定:閑散宗室,免其披甲,仍照例支給銀米。〇二十二年題定:閑散宗室十五歲以上及未滿歲之無父幼子,俱照拖沙喇哈番品級,給與俸禄。其革職之閑散宗室,不准給與。若緣罪被革將軍等,乞恩贍養者,具呈宗人府察明奏請,月給銀四兩。〇三十二年諭:"宗室原一本所生,理應雍睦矜恤。今閑散宗室有甚貧者,遇婚喪之事,每至稱貸積逋。嗣後,王以下閑散宗室以上有力者,於貧乏宗室,著隨分贍給。"〇三十四年題奏:閑散宗室至十五歲,照定例,俱給拖沙喇哈番俸。奉旨:閑散宗室,嗣後至二十歲,再奏給俸。〇三十九年諭:"宗室、覺羅等之女,有願與朕養者,朕養而教之。並有女年已長,其父母不能遣嫁者,朕亦代爲嫁之。著查明奏聞。"〇四十一年題奏:宗室周急銀兩,未限定數。請令親王以下閑散宗室以上,計其力之多寡,限以定數,於貧乏宗室有益。奉旨:"宗室豈可迫令幫湊!朕意欲爾衙門照借户部八年銀例,擇賢能官員滋生利息,算給宗室婚喪之費。著即議奏。"遵旨議准:宗室婚喪二禮,從户部支領本銀六萬兩,在該衙門酌量借放,以每兩一分生息。所生利銀,賞給宗室。婚禮六十兩,喪禮八十兩。所領户部銀,三年中暫停交還。俟第四年,並前三年銀,陸續交納,至八年全完。所餘利銀數目奏聞,仍作本銀滋生。即用本衙門閒房立庫,派賢能官員掌管。其看守官兵及所需器物,俱於各該管處取用。〇四十二年題准:裁革閑散宗室所食品級俸禄,給與披甲銀米。〇五十二年詔:王以下宗室、覺羅十五歲以上,俱加恩賜。著各都統查明數目送部。〇五十五年定:宗室婚喪二事,各加給銀四十兩。

凡驗病，順治十四年題定：王以下奉恩將軍以上，有患病者，宗人府委官不時察驗。

凡禁令，順治十五年題定：諸王以下，毋得溺於逸樂，耽玩絲竹及演戲觀魚，在城外關厢放鷂。仍嚴飭各該長史等官，令其規諫。宗人府官不時巡察。有犯者，該長史等官一并議處。〇十八年題定：城内關厢，永禁放鷂。王以下至宗室，如有耽玩逸樂者，令宗人府參奏。

凡議罪，國初定：王、貝勒、貝子等，除犯謀叛等重罪外，其餘過犯，或黜奪人丁、或罰贖銀兩，不擬死罪、監禁。〇順治九年題准：郡王以上緣事，或傳至宗人府問供，或在本府問供，具題候旨定奪。〇十年題定：宗室犯罪，止令議處，免其鎖責。〇十四年題定：郡王以上，犯大罪，傳至宗人府訊問。若微罪，止在本府訊問。其貝勒以下，俱傳至宗人府訊問。〇十八年題准：宗室有過犯者，革去宗室。〇康熙八年題准：宗室有過犯者，輕重議處。其革去宗室之例，永行停止。〇雍正三年諭："嗣後，有應問諸王之處，行文訊問。如必當傳至衙門者，奏聞後，再傳至衙門訊問。將此永爲定例。"

大清會典卷之二

内閣

内閣爲機務要地，掌宣綸綍，贊理庶政，職任綦重。

國初，置文館，後改爲内三院，曰内國史院、曰内秘書院、曰内弘文院，設大學士、學士。順治二年，定爲正二品衙門，以翰林官分隸内三院，稱内翰林國史院、内翰林秘書院、内翰林弘文院，增設侍讀學士、侍讀等官。九年，設典籍。十五年，改内三院爲内閣，大學士兼各部尚書銜，學士兼禮部侍郎銜，另設翰林院。十六年，止設大學士及典籍、撰文辦事中書，裁學士、侍讀學士等官。十八年，復改内閣爲内國史院、内秘書院、内弘文院，裁翰林院。康熙九年，仍改爲内閣，另設翰林院。十年，仍補授學士以下等官。其滿漢大學士員缺無定，出自簡在。滿學士六員，漢軍漢學士四員，滿侍讀學士四員，蒙古侍讀學士二員，漢軍侍讀學士二員，滿侍讀十一員，蒙古侍讀二員，漢軍侍讀二員，滿洲、漢軍漢典籍各二員，滿中書七十五員，蒙古中書十九員，漢軍中書十三員，漢中書三十六員。康熙三十八年，裁滿侍讀三員、滿中書十一員、蒙古中書三員、漢軍中書五員、漢中書四員。雍正四年，設漢侍讀二員。詳見《吏部・官制》。

凡加上徽號，由内閣撰擬，奏請欽定。

凡恭擬皇帝上太皇太后、皇太后奏書，由翰林院撰擬，送内閣閲定，進呈御覽後，内閣繕寫。

凡登極賀表，由内閣撰擬繕寫，禮部奏讀。

凡内外慶賀進御表箋文式，由翰林院撰擬，内閣奏定頒發。在内諸王、貝勒、文武官員進御表文，内閣繕寫，交禮部宣讀。在外文武官員及外國進御表箋，慶賀畢，禮部彙送内閣收貯。

凡纂修《實録》《聖訓》，大學士充監修總裁並總裁官，各給敕書；學士充副總裁官，俱題請欽定；侍讀學士、侍讀充纂修並提調官，典籍、中書爲收掌、謄録、翻譯官，俱由監修總裁等擬定具題。

凡纂修《國史》《典訓》《方略》《會典》《一統志》《明史》等書，俱如前例。

凡纂修玉牒，大學士、學士充副總裁官，由宗人府具題；侍讀學士、侍讀充纂修官，由大學士擬定，移送宗人府具題。

凡《實録》《聖訓》等書告成，繕寫三部，一呈御覽、一藏皇史宬、一貯内閣。

凡各項書籍，收藏内閣，典籍記册，以備查考。

凡加上尊號、徽號，册立皇后、皇太子，册封皇貴妃、貴妃、妃、嬪，册、寶、印由禮部、工部辦造，册文由翰林院撰擬，大學士等閲定，並寶文寶式，一體進呈御覽後，内閣繕寫。内閣官員同翰林院、禮部、工部官員，公同監視刊刻、填金填青。至封諸王、貝勒、公主、王妃等，及外國王等，册寶誥命亦由禮部、工部製造，册誥文由翰林院撰擬，大學士等閲定，進呈御覽後，中書科繕寫，該部鎸刻填青。其應給紙册誥誥命，俱中書科繕寫，送閣用寶。

凡選擬皇太子、皇子名，大學士承旨選擬，奏請欽定。

凡用御寶，順治初，内三院大學士、學士公同驗用。十年，設尚寶監官員承收。〇十二年，設尚寶司。每遇用御寶，内院會同兩衙門官驗用。〇十三年，裁尚寶司。〇十八年，裁尚寶監，專令内監承收。每遇用御寶，内院先期知會，同内監驗用。〇康熙九年題准：駕幸南苑後，一應誥敕用寶，内閣同内務府大臣在乾清門驗用。〇十二年題准：凡誥命、敕命、敕書用御寶，不必奏請，同内務府大臣驗用。如遇要務用御寶，仍行奏請。

凡每年至封印日，洗御寶。前期，大學士啓奏。是日，典籍隨學士赴乾清門，内監捧出，洗净入匣。其洗御寶應用器物，向該部取用。

凡御寶色，行文工部取用。

御寶二十九顆，宫内收貯六顆：

皇帝奉天之寶，即傳國璽，兩郊大祀及聖節宫中告天青詞用之；

大清受命之寶，以章皇序；

皇帝之寶，以布詔赦；

天子之寶，以祀百神；

制誥之寶，凡制用之；

敕命之寶，凡敕用之。

内庫收貯二十三顆:

皇帝之寶;

皇帝行寶,以頒賚賜;

皇帝信寶,以徵戎伍;

天子行寶,以册外蠻;

天子信寶,以調番卒;

制誥之寶;

敕命之寶;

廣運之寶,以諭臣僚;

御前之寶,以肅法駕、謹封識;

皇帝尊親之寶,以薦徽號;

皇帝親親之寶;以展宗盟;

敬天勤民之寶,以飭覲吏;

表章經史之寶,以崇古訓;

欽文之寶,以重文教;

丹符出驗四方,以識御封、證殊方;

巡狩天下之寶,以從省方;

垂訓之寶,以揚國憲;

命德之寶,以獎忠良、奉天法祖、親賢愛民、御書及特書大政要務布告等事用之;

討罪安民之寶,以張征伐;

敕正萬邦之寶,以誥外國;

敕正萬民之寶,以誥四方;

制馭六師之寶,御駕親征,行營用之。

凡内外衙門啓奏本章,並各官條奏有滿文者,大學士、學士公同票擬,進呈請旨。如止有漢文、蒙古文者,發中書翻譯。或全譯,或止譯貼黄。侍讀學士、侍讀校正對閲,送大學士等票擬,進呈請旨。

凡各部院衙門奉特旨所交一切事務,並揀選引見人員等項,雍正五年題准:各部院衙門,將每月事件已結未結情由,聲明送内閣,於月底彙齊奏聞。

凡恩詔大學士、學士承旨撰擬,應行詔欵,密請欽定。黄紙繕寫用御寶畢,典籍恭捧在前,學士隨後。至太和殿,安設御前黄案上。候陞寶座,閣臣捧授禮部堂官。儀詳《禮部》。其直隸各省及朝鮮等國,應頒詔書幾道,由禮部開送,内閣繕寫,用御寶,交該部。蒙古王等應頒詔書,係禮部刷印,送閣用御寶,交理藩院。

凡頒發各部院衙門上諭,大學士等奏呈御覽後,用硃筆謄寫黄摺,傳該衙門堂官親領。至加上徽號頒發禮部敕諭,用墨筆繕寫,香箋,用御寶。其頒發在外文武大臣及蒙古王等、朝鮮各國敕諭,用墨筆謄寫,黄紙,用御寶。頒發朝覲官員敕諭,俱刷印黄紙,用御寶。

凡親王公主等封號,俱大學士選擬,奏請欽定。

凡給功臣世襲罔替誥命,分别世次。敕書由該衙門開載功績,移送内閣,交中書科繕寫,送閣用御寶,仍行該衙門給發。其子孫承襲時,令該衙門將原給誥敕送内閣,中書科填寫承襲人名年月,仍送閣用御寶。至大内收貯世襲官賞册,遇有改寫處,該衙門先期知會。次日,該衙門官同學士等詣保和殿,内監請出賞册。改寫畢,仍請收貯大内。

凡入八分公以下奉恩將軍以上兼大臣侍衛等官,及閑散宗室補授大臣侍衛等官,封贈誥命,康熙四十三年議准:各按官職撰定文式頒給。

凡内外文武官員誥敕,五品以上者,應給誥命;六品以下者,應給敕命。順治初,俱由翰林院開列翰林官職名,送内閣具題,撰擬文字。〇十年題准:自一品至九品官誥敕,限定句數。一品,起六句,中入事實十四句,結六句。二品,起六句,中十二句,結六句。三品,起六句,中十句,結六句。四、五品,起四句,中八句,結四句。六、七品,起四句,中六句,結四句。八、九品,起二句,中四句,結二句。〇康熙十年題准:一應誥敕,於内閣侍讀學士、侍讀内酌派一二人,專司其事。若有應給誥敕官員,該衙門將職銜開明送閣,令該管官照式發中書科繕寫,送閣用御寶,仍交該衙門給發。如有應另撰擬文字者,仍令翰林院撰擬。〇二十四年議准:各按官職撰定文式頒給。

凡督撫提鎮等官敕書,順治初,由内院撰擬給發。四年題准:令吏部、兵部撰寫給發。〇八年題准:仍歸内院,照該部移文撰寫,用御寶後,發該部給發。如各官内有離任者,將原敕繳部,轉送内院收銷。〇又題准:將軍督撫提鎮並一切欽差官員,俱給坐名敕書。布政按察守巡各官、副參遊等官,止給傳敕,不坐名。其敕書内有題定者,照該衙門開明管轄地方、職掌事宜寫給。如有應更改者,具題更改。〇康熙十三年題准:援勦副將等官,亦有給坐名敕書者,出自欽定。其督撫提鎮等官敕書,俱交該衙門給發。巡鹽御史、巡倉御史敕書,學士於午門外給發。○雍正三年,直隸等處設巡察御史,敕書由内閣撰給。○四年,浙江設觀風整俗使,敕書由内閣撰給。

凡給各關監督精微批文,由該科揭送内閣,將該職名填註文簿,掛號用御寶,學士於午門外同該科給事中給發。

凡文殿試,大學士、學士充讀卷官,侍讀學士、侍讀、典籍、中書充受卷、彌封、掌卷官。殿試前一日,讀卷大學士、學士擬策問數事,奏請欽定。捧回撰合成題,進呈御覽後,中書繕寫,執事官監看刊刻刷印。次日,典籍捧題紙前行,學士隨後。進太和殿内,學士捧置黄案上。俟諸進士進午門,兩傍排立,學士捧題紙授禮部堂官分給。試畢,讀卷大學士等公同閲定。於傳臚前一日,揀選上卷,進呈御前奏讀,欽定一甲三名。其二甲以下名次,讀卷大學士等奏請欽定。是夕,批定試卷名次,中書寫成大小金榜,三傳摺子。次日,典籍捧榜,隨不讀卷學士,至乾清門,以小金榜交内侍,進呈御覽。大金榜用御寶畢,典籍恭捧前行,學士及執事官隨後,至太和殿,學士捧置黄案上,典籍捧三傳摺子授鴻臚寺官。候陞寶座,不讀卷大學士或學士捧金榜授禮部堂官,傳臚。詳見《禮部》。

凡武殿試事例,與文殿試同。詳見《兵部》。

凡御屏,順治二年定:御用監製造送至内院。内院移文吏部、兵部,開送内外大小文武官員職名填寫。

凡宫殿等處扁額對聯及敕賜一應牌扁,俱由翰林院撰擬,大學士等奏請欽定,中書繕寫。

凡撰寫壇、廟、陵、寢神牌字樣,由工部製造牌式,禮部送至内閣繕寫,仍交該部刊刻填青,禮部奏請命内閣大臣等行禮。

凡壇、廟祝版,由太常寺繕寫送閣,學士恭填御名,授該寺官。至一應祭告祝文,由翰林院撰擬,送閣奏請欽定。○康熙四十四年定:凡壇、廟祝版,俱改由内閣繕寫。

凡加上太廟尊謚,由内閣撰擬,奏請欽定。

凡陵山封號,内閣撰擬,奏請欽定。

凡改設府州縣名,由内閣撰擬,奏請欽定。

凡撰擬諸王、貝勒及文武大臣等謚號,由宗人府、禮部題准,移文内閣撰擬,奏請欽定。○康熙二十年題准:親王、郡王,謚號用一字。貝勒以下輔國將軍以上,謚號用二字。

凡諸王、貝勒、文武大臣祭文、碑文,順治間,由内閣撰定成式,填名給發。〇康熙十七年論:賜謚諸王、大臣等祭文、碑文,交翰林院撰擬,内閣奏閲。〇三十七年奏准:賜謚諸王、大臣等祭文、碑文,俱由翰林院自行奏請欽定,停止内閣奏閲。

凡御駕行幸,大學士、學士等承旨扈從,侍讀學士以下官員,由大學士等酌派隨行。

凡大將軍、將軍等印,俱係内閣收貯。如遇命將征討,大學士等酌擬將軍名號,奏請欽定。如名號與存貯印文相符者,取給;如不相符,移文該部,另行鑄給。師旋之日,仍繳内閣。

凡遣大將軍、將軍出征各地方,大學士等酌量差内閣官員隨征,管理章奏文移。

凡出師吉日,俱由内閣選擇。

凡賚詔,内閣以應遣官員職名,開送禮部,具題差遣。

凡册立、册封,有欽命大學士、學士充正副使者,有用侍讀學士等官者,俱由禮部照例題請。

凡文會試,大學士、學士充正副主考官,中書充收掌試卷官。武會試,學士充主考官。俱由各該部移取職名,題請欽定。

凡翻譯會試,雍正元年議准:學士充主考官,亦由該部移取職名,題請欽點。

凡直省文鄉試主考官並順天文鄉試同考官,俱由該部移取典籍、中書職名,題請欽點。

凡遇陞殿日,内閣該直官員陳設筆硯等項於禮部所設黄案上。如遇各官謝恩日期,將鴻臚寺開送職名摺帖陳列,以備御覽。

凡每年春秋祭先師文廟,欽遣大學士一員行禮。

凡祭告五嶽、四瀆、長白山及歷代帝王陵寢、孔子闕里,開列學士、侍讀學士職名送禮部,題請欽點。

凡發六科紅本,該科謄録底簿,原本送閣存貯。其密封發部者,該部仍密封送科,由科繳閣,亦謄録底簿,一並收貯,以備編纂。

凡部院衙門及直省督撫等奏銷册籍,奉旨留覽者,俱於年底自内發出,付典籍貯庫。

凡遇習射之期,内閣官員,每月二次,於侍衛教場内習射,兵部官查點。

凡遇用筆墨、紙張、本匣及銀硃、黄蠟、木炭、白麪等項,於户部、工部及光禄寺支取。其綾子、紙張、銀硃等項,年底開寫數目奏聞。

大清會典卷之三

吏部

尚書、左右侍郎，掌滿洲、蒙古、漢軍、漢人文職選補考課，封授襲勳之政。其屬有四清吏司，曰文選、曰考功、曰驗封、曰稽勳。其首領，則有司務。建置沿革，詳見《官制》。

文選清吏司

郎中、員外郎、主事，掌官吏班秩品級及選授推陞之典。

〔官制一〕

國初，創建八旗，各設貝勒大臣，專司政事。繼置吏、户、禮、兵、刑、工六部及理藩院、都察院。復置内三院，曰國史、曰秘書、曰弘文。後改内閣。順治元年，定鼎京師。部、院、府、司、寺、監各衙門，設官分職，體統相維，品式具備。嗣後，隨時度務，斟酌損益，詳具於後。

京官

太師	太傅	太保
少師	少傅	少保
太子太師	太子太傅	太子太保
太子少師	太子少傅	太子少保

已上，不專設，但爲大臣加官及贈官。

内閣初，爲内國史、秘書、弘文三院。順治十五年，改稱内閣。十八年，復爲内國史、秘書、弘文三院。康熙九年，仍改爲内閣。

中和殿大學士

保和殿大學士

文華殿大學士
武英殿大學士
文淵閣大學士
東閣大學士

已上，滿漢俱專設，不備官，兼各部尚書銜。

滿學士六員初，設三員。順治元年後，增減不一。康熙九年，定二員。十年，增四員。

漢軍漢人學士四員初，設漢軍三員。順治元年後，漢人增減不一。康熙十年，定漢軍二員、漢人二員。十二年，以漢軍併入漢缺，共四員。

已上，俱兼禮部侍郎銜。

滿侍讀學士四員順治八年，設三員。十八年，增三員。康熙九年，定滿文二員、滿漢文二員。

蒙古侍讀學士二員順治十八年，設三員。康熙九年，定二員。

漢軍侍讀學士二員順治八年，設三員。康熙九年，定二員。

首領官

滿典籍二員
漢軍典籍二員
漢典籍二員

已上，初制各設三員。康熙九年，定各設二員，俱以中書舍人掌理。

屬官

滿侍讀八員初，設滿文五員、滿漢文六員，共十一員。康熙三十八年，裁滿文一員、滿漢文二員。

蒙古侍讀二員
漢軍侍讀二員
漢侍讀二員雍正四年設。

滿中書舍人六十四員初，設滿文撰文二十員、辦事二十員、滿漢文撰文十七員、辦事十八員，共七十五員。康熙三十八年，裁滿文撰文四員、辦事四員、滿漢文撰文一員、辦事二員。

蒙古中書舍人十六員初，設撰文九員、辦事十員，共十九員。康熙三十八年，裁撰文一員、辦事二員。

漢軍中書舍人八員初，設撰文五員、辦事八員，共十三員。康熙三十八年，裁撰文一員、辦事四員。

漢中書舍人三十二員初，設撰文六員、辦事三十員，共三十六員。康熙三十八年,裁撰文二員、辦事二員。

宗人府

順治九年,設宗人府,宗令一員、以親王、郡王總理府事。左右宗正二員、貝勒、貝子兼攝。左右宗人二員。公與將軍兼攝。俱由宗人府具題請旨。

正官

漢府丞一員

舊有覺羅啓心郎一員、漢軍啓心郎二員。康熙十二年裁。

首領官

滿經歷四員內滿文二員、滿漢文二員。

舊有漢經歷一員。康熙三十八年裁。

屬官分左右二司

滿郎中六員

滿員外郎四員舊設六員。康熙三十八年,裁二員。

滿主事六員順治九年,設三員。康熙十二年,增設一員。又,設立左右二司,每司各設一員。

已上,郎中、員外郎、主事,初俱係覺羅員缺,後不分覺羅、滿洲補授。雍正二年議准:每項用宗室一半。

漢主事二員雍正元年設。

滿筆帖式二十六員滿文二十員、滿漢文六員。雍正二年議准:用宗室一半。

吏部

國初,設六部,各以貝勒總理部務,後俱撤。順治八年,各部復令親王、郡王兼攝。九年,亦撤。雍正元年,間有以親王、郡王管理部務者。

漢銜,崇德間,稱"承政"者,順治元年改爲"尚書";稱"參政"者,改爲"侍郎";稱"理事官"者,改爲"郎中";稱"副理事官"者,改爲"員外郎";稱"額者庫"者,改爲"主事"。又,初設滿洲、漢軍啓心郎。順治十五年,俱裁。又,初設他赤哈哈番、筆帖式哈番。後改爲六品、七品、八品、無頂帶筆帖式。各部院衙門同。〇凡云"初"云"後"不著年分者,康熙二十六年所修《會典》原文。今將查得年分載明。其無憑可稽者,仍照舊本開載,後仿此。

正官

滿漢尚書各一員初制,增減不一。順治五年,定滿漢各一員。七年,增滿洲一員。十年,裁。

滿漢左右侍郎各一員初制，增減不一。順治十五年，定滿漢左右各一員。漢右侍郎兼翰林院學士銜。其非翰林出身者不兼。

首領官

滿漢司務各一員初，設漢司務二員。順治四年，裁一員。十五年，定滿漢各一員。各部院司務，建革同。

屬官

滿洲蒙古漢軍司官、筆帖式，不論司分，悉聽堂官調撥。漢司官，仍論司分。各部院同。

滿郎中八員初，設四員。順治十二年，增四員。

蒙古郎中一員康熙五十七年增設。

滿員外郎八員初制，不分滿洲、蒙古陞補。順治十二年，止設滿洲八員。

蒙古員外郎一員順治十八年，設八員。康熙元年，裁。五十七年，復設一員。

滿主事八員堂主事，滿文二員、滿漢文二員。司主事，四員。

蒙古主事一員係司主事。康熙五十七年增設。

漢軍主事一員係堂主事。

舊有漢軍郎中二員。雍正五年，裁。漢軍員外郎六員。康熙三十八年，裁四員。雍正五年，並裁。

文選清吏司

漢郎中一員　漢員外郎二員初設一員。雍正五年，添一員。

漢主事二員

考功清吏司

漢郎中一員　漢員外郎一員

漢主事二員初，設一員。雍正五年，添一員。

驗封清吏司

漢郎中一員　漢員外郎一員

漢主事一員

稽勳清吏司

漢郎中一員　漢員外郎一員

漢主事一員

滿筆帖式六十五員内滿文三十二員、滿漢文三十三員。

蒙古筆帖式二員

漢軍筆帖式十二員初,設十六員。康熙三十八年,裁四員。

户部

正官

滿漢尚書各一員初制,增減不一。順治五年,定滿漢各一員。七年,增滿洲一員。十年,裁。康熙六年,復增滿洲一員。八年,裁。

滿漢左右侍郎各一員初制,增減不一。順治元年,定滿漢左右各一員。○錢法堂,右侍郎管理。

滿漢總督倉場侍郎各一員初,設漢侍郎一員。康熙七年,裁,止設滿侍郎一員。八年,定滿漢侍郎各一員。

首領官

滿漢司務各一員

屬官

滿郎中二十二員初,設十員。順治元年後,續增十二員。内管理銀庫、緞庫、顔料庫各一員。

蒙古郎中一員初,設四員。康熙三十八年,俱裁。五十七年,復設一員。

滿員外郎三十九員初,設十六員。順治元年後,續增二十三員。内管理三庫各一員。

蒙古員外郎一員初,設五員。康熙三十八年,俱裁。五十七年,復設一員。

滿主事十八員堂主事,滿文二員、滿漢文二員。司主事,十四員。

蒙古主事一員係司主事。康熙五十七年增設。

漢軍主事二員係堂主事。

三庫稽查檔案滿主事一員雍正三年增設。

滿司庫六員初,三庫各設三員。康熙八年,各裁一員。

三庫滿大使三員雍正三年設。

舊有漢軍郎中二員、漢軍員外郎六員,俱於康熙三十八年裁。

江南清吏司

漢郎中一員　　漢員外郎一員

漢主事一員

浙江清吏司

漢郎中一員　　漢員外郎一員

漢主事一員

江西清吏司

漢郎中一員　　漢員外郎一員

漢主事一員

湖廣清吏司

漢郎中一員　　漢員外郎一員

漢主事一員

福建清吏司

漢郎中一員　　漢員外郎一員

漢主事一員

山東清吏司

漢郎中一員　　漢員外郎一員

漢主事一員

山西清吏司

漢郎中一員　　漢員外郎一員

漢主事一員

河南清吏司

漢郎中一員　　漢員外郎一員

漢主事一員

陝西清吏司

漢郎中一員　　漢員外郎一員

漢主事一員

四川清吏司

漢郎中一員　　漢員外郎一員

漢主事一員

廣東清吏司

漢郎中一員　　漢員外郎一員

漢主事一員

廣西清吏司

漢郎中一員　　漢員外郎一員

漢主事一員

雲南清吏司

漢郎中一員　　漢員外郎一員

漢主事一員

貴州清吏司

漢郎中一員　　漢員外郎一員

漢主事一員

已上,漢主事,初,每司各設三員。順治十一年,各裁一員。康熙六年,復裁江南、浙江、江西、湖廣、福建、河南、陝西、廣西、四川、貴州司各一員。三十八年,復裁山東、山西、廣東、雲南司各一員。

滿筆帖式一百三十五員內滿文七十一員、滿漢文六十四員。

漢軍筆帖式三十二員

倉場滿筆帖式四員俱滿漢文。

所屬衙門

寶泉局

大使一員漢缺。

禮部

正官

滿漢尚書各一員初制,增減不一。順治五年,定滿漢各一員。

滿漢左右侍郎各一員初制,增減不一。順治元年,定滿漢左右各一員。漢侍郎兼翰林院學士銜,其非翰林出身者不兼。

首領官

滿漢司務各一員

屬官

滿郎中六員初,設四員。順治十八年,增二員。

蒙古郎中一員初,設蒙古章京四員。康熙九年,裁二員,以一員改爲郎中、一員改爲員外郎。三十八年,俱裁。五十七年,俱復設。

滿員外郎十員初,設六員。順治十二年,增四員。

蒙古員外郎一員

滿主事七員堂主事,滿文二員、滿漢文一員。司主事,四員。

蒙古主事一員係司主事。康熙五十七年增設。

漢軍主事一員係堂主事。

舊有漢軍郎中八員,康熙九年,裁七員;漢軍員外郎五員,康熙三十八年,裁二員。雍正五年,俱裁。

儀制清吏司

漢郎中一員　　漢員外郎一員

漢主事一員

祠祭清吏司

漢郎中一員　　漢員外郎一員

漢主事一員

主客清吏司

漢郎中一員　　漢主事一員

精膳清吏司

漢郎中一員　　漢主事一員

主客、精膳二司,初,設員外郎各一員。順治二年,裁。

滿筆帖式三十九員內滿文三十一員、滿漢文八員。

漢軍筆帖式四員

滿讀祝官二員初設六員,後裁四員。

守皇史宬滿官三員係七品。

蒙古司牲官二員

朝鮮通事十二員

所屬衙門已下,俱漢缺。

鑄印局初,設滿員外郎一員、滿漢文筆帖式二員,後裁。

大使一員

會同館

大使一員

教坊司

奉鑾一員　　左右韶舞各一員

左右司樂各一員

協同官十員　　俳長無定員。

兵部

正官

滿漢尚書各一員初制,增減不一。順治五年,定滿漢各一員。

滿漢左右侍郎各一員初制,增減不一。順治元年,定滿漢左右各一員。

首領官

滿漢司務各一員

屬官

滿郎中十一員初,設八員。順治十二年,增三員。

蒙古郎中一員初,設四員。康熙三十八年,裁。五十七年,復設一員。

滿員外郎十員初,設八員。順治十二年,增五員。康熙三十八年,裁三員。

蒙古員外郎三員初,設四員。康熙三十八年,裁。五十七年,復設三員。

滿主事八員堂主事,滿文二員、滿漢文二員。司主事,四員。

蒙古主事一員係司主事。康熙五十七年增設。

漢軍主事一員係堂主事。

舊有漢軍郎中二員。雍正五年,裁。漢軍員外郎六員。康熙三十八年,裁四員。雍正五年並裁。

武選清吏司

漢郎中一員　　漢員外郎二員初,設一員。雍正五年,添一員。

漢主事一員

職方清吏司

漢郎中二員初設一員。雍正五年,添一員。　　漢員外郎一員

漢主事二員

車駕清吏司

漢郎中一員　　漢主事一員

武庫清吏司

漢郎中一員　　漢主事一員

車駕、武庫二司,初,設員外郎各一員。順治十一年,裁。

滿筆帖式六十七員内滿文四十八員、滿漢文十九員。

蒙古筆帖式八員

漢軍筆帖式十一員

所屬衙門

會同館初,設大使一員。康熙三十八年,裁。

兵部督捕順治十一年，設滿左侍郎一員、漢右侍郎一員、滿漢左右理事官各一員、滿漢司務各一員、滿漢郎中各一員。滿員外郎，初設七員。十二年，增設每旗各一員，共十五員。漢軍員外郎八員，漢員外郎一員。滿文堂主事一員、滿漢文堂主事一員、司主事一員，共三員。漢軍堂主事一員，漢主事六員。滿文筆帖式十六員、滿漢文筆帖式十八員，共三十四員。漢軍筆帖式十六員。司獄司漢司獄二員。俱於康熙三十八年裁。

刑部

正官

滿漢尚書各一員初制，增減不一。順治五年，定滿漢各一員。七年，增滿洲一員。十年，裁。

滿漢左右侍郎各一員初制，增減不一。順治元年，定滿漢左右各一員。

首領官

滿漢司務各一員

屬官

滿郎中十四員初，設六員。順治元年後，增八員。

蒙古郎中一員康熙五十七年，增設。

滿員外郎十八員初，設八員。順治元年後，增十員。

蒙古員外郎一員順治十八年，設八員。康熙元年，裁。五十七年，復設一員。

滿主事十九員堂主事，滿文二員、滿漢文三員。司主事，十四員。

蒙古主事一員係司主事。康熙五十七年增設。

漢軍主事一員係堂主事。

滿司庫一員。

舊有漢軍郎中四員、漢軍員外郎十二員。雍正五年，裁。

江南清吏司

漢郎中二員初，設一員。雍正五年，添一員。　漢員外郎一員

漢主事一員

浙江清吏司

漢郎中一員　漢員外郎二員初，設一員。雍正五年，添一員。

漢主事一員

福建清吏司

漢郎中一員　　漢員外郎一員

漢主事一員

四川清吏司

漢郎中一員　　漢員外郎一員

漢主事一員順治十五年,裁。雍正三年,復設。

湖廣清吏司

漢郎中二員初,設一員。雍正五年,添一員。　　漢員外郎一員順治十五年,裁。雍正三年,復設。

漢主事一員

廣西清吏司

漢郎中一員　　漢員外郎一員順治十五年,裁。雍正三年,復設。

漢主事一員

陝西清吏司

漢郎中二員初,設一員。雍正五年,添一員。　　漢員外郎一員

漢主事一員順治十五年,裁。雍正三年,復設。

雲南清吏司

漢郎中一員　　漢員外郎一員順治十五年,裁。雍正三年,復設。

漢主事一員

貴州清吏司

漢郎中一員　　漢員外郎一員

漢主事一員順治十五年,裁。雍正三年,復設。

河南清吏司

漢郎中一員　　漢員外郎一員

漢主事一員順治十五年,裁。雍正三年,復設。

廣東清吏司

漢郎中一員　　漢員外郎一員順治十五年,裁。雍正三年,復設。

漢主事一員

山西清吏司

漢郎中一員　　漢員外郎一員

漢主事一員

山東清吏司

漢郎中一員　　漢員外郎二員初，設一員。雍正五年，添一員。

漢主事一員

江西清吏司

漢郎中一員　　漢員外郎一員

漢主事一員

督捕清吏司康熙三十九年，增設。

滿郎中一員

漢郎中一員

滿員外郎二員

滿主事一員

漢主事一員

滿筆帖式一百四員初，設滿文四十九員、滿漢文四十七員，共九十六員。康熙三十九年，增設督捕司八員。

漢軍筆帖式二十三員初，設十九員。康熙三十九年，增設督捕司四員。

所屬衙門

司獄司

滿司獄四員康熙五十一年，增設。

漢司獄四員

工部

正官

滿漢尚書各一員初制，增減不一。順治五年，定滿漢各一員。

滿漢左右侍郎各一員初制，增減不一。順治元年，定滿漢左右各一員。

首領官

滿漢司務各一員

屬官

滿郎中十六員初，設八員。順治元年後，增八員，內一員管節慎庫。

蒙古郎中一員。康熙三十八年，裁。五十七年，復設。

滿員外郎十七員初，設九員。順治十二年，增八員。

蒙古員外郎一員初,設三員。康熙三十八年,裁。五十七年,復設一員。

滿主事十五員堂主事,滿文二員,滿漢文一員。司主事,初設四員。康熙二十二年,增設每旗各一員。

蒙古主事一員係司主事。康熙五十七年增設。

漢軍主事一員係堂主事。

節慎庫滿司庫二員

舊有漢軍郎中二員,雍正五年裁;漢軍員外郎六員,康熙三十八年,裁四員,雍正五年並裁;漢大使一員,順治十五年裁。

營繕清吏司

漢郎中一員初,設二員,内管理三山物料錢糧一員。順治十五年,裁。十八年,復設。康熙元年,仍裁。

漢員外郎一員初,設二員。順治十五年,裁一員。

漢主事二員初,設三員。順治十四年,增三員。十六年,裁二員。康熙元年,裁一員。六年,裁一員。

虞衡清吏司

漢郎中二員初,設一員。順治十六年,增一員,管製造庫。

漢員外郎一員初,設二員。順治十五年,裁一員。

漢主事二員初,設三員。康熙六年,裁一員。

都水清吏司

漢郎中一員

漢員外郎一員初,設二員。順治十五年,裁一員。康熙十一年,增二員,一管京城内外河道,一管玉泉山河道,共三員。三十八年,裁二員。

漢主事二員初,設十一員。順治十五年,裁一員。康熙六年,裁四員。十二年,裁四員。

屯田清吏司

漢郎中一員　　漢員外郎一員

漢主事二員初,設三員。康熙六年,裁一員。

滿筆帖式九十員内滿文五十七員、滿漢文三十三員。

漢軍筆帖式十四員

所屬衙門

製造庫

滿郎中二員　　滿員外郎二員

滿司庫二員　　滿司匠二員

滿筆帖式五員內滿文四員、滿漢文一員。

漢軍筆帖式一員

營繕所舊設所正一員、所副一員,俱於順治十五年裁。所丞二員,順治十四年設,一員管清江廠,一員管臨清磚廠。十五年,裁臨清磚廠一員。其清江廠一員,康熙六年議准:部差裁革,歸併地方官管理。九年題准:仍復部差。雍正四年,並裁。

舊有文思院、寶源局、廣積庫、柴炭司、通州抽分竹木局大使各一員,後俱裁。

理藩院

正官不分滿洲、蒙古補授。

尚書一員初,設尚書。順治十六年,以禮部尚書銜掌理藩院事。十八年,仍爲理藩院尚書。

左右侍郎各一員初,設侍郎。順治十六年,以禮部侍郎銜協理理藩院事。十八年,仍爲理藩院侍郎。

舊有滿洲啓心郎一員、漢軍啓心郎二員。順治十五年,裁。

首領官初,設滿洲、蒙古司務各一員,漢院判一員、漢知事一員、漢副使一員,俱於康熙三十八年裁。

屬官不分滿洲、蒙古補授。

郎中十一員

員外郎二十九員初,設八員。順治元年後,增十三員。康熙二十年,增八員。

堂主事六員初,設二員。康熙二十年,增蒙古文二員。二十八年,增漢文二員。

滿筆帖式十九員初,設十一員,俱滿文。康熙二十八年,每旗添漢文各一員。

蒙古筆帖式四十一員

漢軍筆帖式六員初,設二員。康熙二十八年,添每翼各二員。

舊設録勳清吏司漢主事一員、賓客清吏司漢主事一員、柔遠清吏司漢主事一員、理刑清吏司漢主事一員,俱於康熙三十八年裁。

都察院

正官

滿漢左都御史各一員初制,增減不一。順治五年,定滿漢各一員。〇漢銜,崇德間稱"承政"。順治元年,改爲"左都御史"。

滿漢左副都御史各二員初制,增減不一。順治三年,定滿漢各二員〇漢銜,崇德間稱"參政"。順治元年,改爲"副都御史"。

漢左僉都御史一員

右都御史

右副都御史

右僉都御史

已上三項,無京員,但爲督撫坐銜。其總督軍務、漕運、河道、巡撫地方等官。因事裁設,無定額。詳見《都察院》。

舊有滿洲啓心郎一員、漢軍啓心郎二員。順治十五年,裁。

首領官

滿漢經歷各一員初稱"司務",後改爲"經歷"。

滿都事二員内滿文一員、滿漢文一員。

舊有漢軍都事一員。康熙三十九年,裁。

屬官

滿監察御史二十四員初,設六員。順治元年後,增十七員。康熙二十八年,增一員。

蒙古監察御史二員初,設蒙古章京二員。康熙元年,裁。五十七年,增設御史二員。

漢軍監察御史五員初,設八員。康熙三十九年,裁三員。

漢江南道監察御史三員初,設五員。順治十八年,裁一員。康熙七年,裁二員。雍正四年,增一員。

漢浙江道監察御史三員初,設六員。順治九年,裁一員。十八年,裁二員。康熙七年,裁一員。雍正四年,增一員。

漢江西道監察御史二員初,設六員。順治十年,裁一員。十六年,裁一員。十八年,裁二員。康熙七年,裁一員。雍正四年,增一員。

漢福建道監察御史二員初,設五員。順治十年,裁一員。康熙七年,裁二員。

漢湖廣道監察御史三員初,設六員。順治八年,裁一員。九年,裁一員。十五年，裁一員。康熙七年，裁一員。雍正四年，增一員。

漢河南道監察御史二員初，設六員。順治十年，裁一員。十八年，裁一員。康熙七年，裁二員。

漢山東道監察御史二員初，設五員。順治十八年，裁二員。康熙七年，裁一員。

漢山西道監察御史二員初，設五員。順治十年，裁一員。十八年，裁二員。

漢陝西道監察御史三員初，設四員。順治十八年，裁二員。雍正四年，增一員。

漢四川道監察御史二員初，設四員。順治十八年，裁二員。康熙七年，裁一員。雍正四年，增一員。

漢廣東道監察御史二員初，設五員。順治十八年，裁二員。康熙七年，裁二員。雍正四年，增一員。

漢廣西道監察御史二員初，設四員。順治十八年，裁一員。康熙七年，裁一員。

漢雲南道監察御史二員初，設四員。順治十八年，裁一員。康熙七年，裁一員。

漢貴州道監察御史二員初，設四員。順治十八年，裁二員。康熙七年，裁一員。雍正四年，增一員。

宗室御史二員雍正五年設。

内務府御史四員雍正四年設。

滿筆帖式三十五員初，設滿文三十一員、滿漢文二十員，共五十一員。康熙三十八年，裁滿文十一員、滿漢文五員。

漢軍筆帖式五員初，設七員。康熙三十八年，裁二員。

通政使司

正官

滿漢通政使各一員

滿漢左右通政四員内滿左通政一員、漢左通政一員、漢右通政二員。

滿漢左右參議四員初，設滿左參議二員，漢左、右參議各二員，共六員。康熙三十八年，裁漢右參議一員。五十二年，裁漢左參議一員。

首領官

滿漢經歷各一員初稱“司務”，後改爲“經歷”。

屬官

滿知事二員內滿文一員、滿漢文一員。

漢軍知事一員

滿筆帖式八員內滿文四員、滿漢文四員。

漢軍筆帖式二員

登聞鼓滿筆帖式一員

漢軍筆帖式一員舊隸科衙門。康熙六十一年,歸併。

大理寺

正官

滿漢卿各一員

滿漢少卿三員內滿一員、漢二員。

初,設漢寺丞一員。康熙三十八年,裁。

首領官

滿漢司務各一員

屬官

滿左右寺正各一員

漢軍左右寺正各一員

漢左右寺正各一員

漢右寺副一員初,設左右寺副各一員。康熙三十八年,裁左寺副一員。

堂評事一員初,設滿洲一員、漢軍一員。康熙三十八年,裁漢軍一員。

漢左右評事各一員

滿筆帖式六員內滿文四員、滿漢文二員。

漢軍筆帖式二員

內務府各官陞補除授,俱由內務府具題。其建置裁復職銜員額,詳見本衙門。

翰林院初,係專設。順治二年,裁併內三院。十五年,復設。十八年,裁併內三院。康熙九年,復設。

正官

滿漢掌院學士各一員俱兼禮部侍郎銜。順治元年,止設漢掌院學士一員。十五年,復設翰林院衙門,設滿、漢掌院學士各一員。

滿漢侍讀學士各三員順治元年,設漢侍讀學士一員。十五年,增設二員。康熙九年,增設滿侍讀學士三員。〇侍講學士同。

滿漢侍講學士各三員

滿漢侍讀各三員順治元年,設漢侍讀二員。十五年,增設一員。康熙九年,增設滿侍讀三員。〇侍講同。

滿漢侍講各三員

史官

修撰　　編修　　檢討已上,無定員。

庶吉士無定員。

首領官

滿漢典簿各一員順治元年,設漢典簿二員。十五年,改設滿漢典簿各一員。

滿漢孔目各一員順治元年,設漢孔目一員。十五年,增設滿孔目一員。

屬官

滿漢待詔各二員順治十五年,設滿待詔四員、漢待詔二員。康熙九年,裁滿待詔二員。

滿筆帖式四十二員初,設滿文三十員、滿漢文十八員,共四十八員。康熙三十四年,裁滿文六員。

漢軍筆帖式四員初,設八員。康熙三十四年,裁四員。

起居注館日講起居注官,不專設,係滿漢翰林、詹事、坊、局官以原銜兼充。康熙九年,設滿記注官四員、漢記注官八員。十二年,增設滿記注官一員、漢記注官二員。十六年,增設滿記注官一員。二十年,增設漢記注官八員。三十一年,定漢記注官十二員。五十七年,俱裁。雍正元年,復設滿記注官六員、漢記注官十二員。

滿主事二員初,設滿文一員、滿漢文一員。康熙五十七年,裁。雍正元年,復設滿漢文二員。

舊有漢軍主事一員,康熙五十七年,裁。

滿筆帖式十四員初,設滿文四員、滿漢文四員。康熙十一年,增設滿文四員、滿漢文二員。五十七年,俱裁。雍正元年,復設。

漢軍筆帖式二員初,設四員。康熙五十七年,裁。雍正元年,復設二員。

提督四譯館太常寺漢少卿一員帶翰林院銜，提督館事。其教習譯字官，帶鴻臚寺序班銜。

屬官

序班九員内一員管典務廳典務事。初，設二十員。順治十五年，裁四員。康熙三十八年，裁四員。五十二年，裁三員。

五經博士十八員詳見《聖賢後裔》。

詹事府順治元年設。本年，裁併内三院。九年，復設。十五年，裁。康熙十四年，復設。

正官

滿漢詹事各一員漢詹事，兼翰林院侍讀學士銜。

滿少詹事一員初，設二員。康熙三十七年，裁一員。

漢少詹事二員兼翰林院侍講學士銜。

首領官

滿漢主簿各一員

舊設滿漢録事各二員。康熙三十七年，裁滿録事二員、漢録事一員。五十二年，裁漢録事一員。

舊有漢通事舍人二員。順治十五年，裁。

左春坊

滿漢左庶子各一員漢左庶子，兼翰林院侍讀銜。

滿漢左諭德各一員漢諭德，兼翰林院修撰銜。右諭德同。

滿漢左中允各一員漢中允，兼翰林院編修銜。右中允同。初，設各二員。康熙三十七年，裁滿左中允一員。五十二年，裁漢左中允一員。

滿漢左贊善各一員漢贊善，兼翰林院檢討銜。右贊善同。初，設各二員。康熙三十七年，裁滿左贊善一員。五十二年，裁漢左贊善一員。

右春坊

滿漢右庶子各一員漢右庶子，兼翰林院侍講銜。

滿漢右中允各一員初，設各二員。康熙三十七年，裁滿右中允一員。三十八年，裁漢右中允一員。

滿漢右贊善各一員初，設各二員。康熙三十七年，裁滿右贊善一員。三十八年，裁漢右贊善一員。

舊設滿漢右諭德各一員。康熙三十七年，裁滿右諭德一員。五十七年，裁漢右諭德一員。

司經局

滿漢洗馬各一員漢洗馬,兼翰林院修撰銜。

屬官

漢正字一員初,設滿漢各二員。康熙三十七年,裁滿正字二員。三十八年,裁漢正字一員。

舊有漢録事一員。康熙三十八年,裁。

府坊局筆帖式六員初,設滿文五員、滿漢文五員,共十員。康熙三十八年,裁滿文二員、滿漢文二員。

太常寺

正官

滿漢卿各一員

滿漢少卿各一員

滿寺丞一員

漢左右寺丞各一員

首領官

滿漢典簿各一員

屬官奉祀等官另載。

滿洲漢軍漢博士各一員

孔氏世襲博士一員

滿讀祝官四員

漢協律郎五員康熙三十八年,裁一員。雍正元年,復設。

滿贊禮郎十六員

漢贊禮郎十六員康熙三十八年,裁二員。雍正元年,復設。

漢司樂二十六員康熙三十八年,裁二員。雍正元年,復設。

滿筆帖式九員初,設滿文十六員、滿漢文二員。康熙三十八年,裁九員。

漢軍筆帖式一員初,設二員。康熙三十八年,裁一員。

光禄寺

正官

滿漢卿各一員

滿漢少卿各一員初,設滿一員、漢二員。康熙三十八年,裁漢少卿一員。

舊設漢寺丞一員。康熙三十八年,裁。

首領官

滿漢典簿各一員

屬官

大官署

滿漢署正各一員　　滿署丞一員

珍羞署

滿漢署正各一員　　滿署丞一員

良醞署

滿漢署正各一員　　滿署丞一員

掌醢署

滿漢署正各一員　　滿署丞一員

四署,舊設漢署丞各一員,順治十五年,裁;漢監事各一員,順治十三年,裁。

滿司庫二員

滿筆帖式二十一員內滿文十四員、滿漢文七員。

漢軍筆帖式二員

舊有司牲司漢大使一員,後裁。

太僕寺

正官

滿漢卿各一員

滿漢少卿三員內滿少卿二員。漢少卿,初設三員,後裁二員。

舊有滿漢寺丞各一員。順治十五年,裁。十六年,復設。康熙二年,裁。

舊有首領官漢主簿一員。康熙二年,裁。

屬官

滿員外郎六員初,設八員。雍正三年,裁二員。

蒙古員外郎二員雍正三年,設。

滿筆帖式十一員內滿文十員、滿漢文一員。

漢軍筆帖式二員

舊有常盈庫漢大使一員。順治八年,裁。

順天府

正官俱漢缺。

府尹一員

府丞一員

治中一員

通判一員初,設三員,一管糧、一管馬政、一管軍匠。順治六年,裁馬政、軍匠二員。

舊有推官一員。康熙六年,裁。

首領官俱漢缺。

經歷司

經歷一員

舊有知事一員。後裁。

照磨所

照磨一員

舊有檢校一員。後裁。

所屬衙門

宛平大興二縣餘縣在外者,見《户部·州縣》項下。

知縣各一員

縣丞各一員

典史各一員

舊有主簿各一員。順治三年,裁。

儒學

滿教授一員雍正四年,設。

漢教授一員

滿訓導一員雍正四年,設。

漢訓導一員初,設六員。順治三年,裁四員。康熙四年,悉裁。十五年,復設一員。

舊有京衛武學,設教授一員、訓導二員。順治二年,裁訓導缺。康熙十五年,復設訓導一員。雍正三年,改爲順天府武學。四年,裁。

陰陽學

正術一員

醫學

正科一員

司獄司

司獄一員

舊有庫大使一員。康熙三十九年,裁。

崇文門分司

副使一員

舊有張家灣宣課司大使一員。康熙四十年,裁。

蘆溝橋巡檢司屬宛平縣。

巡檢一員

王平口巡檢司屬宛平縣。

巡檢一員

石港口巡檢司屬宛平縣。

巡檢一員

齊家莊巡檢司屬宛平縣。

巡檢一員

慶豐閘屬大興縣。

閘官一員

雷家閘屬大興縣。

閘官一員康熙四十七年設。

舊有廣源閘閘官一員,屬宛平縣,順治十三年裁;大興縣遞運所大使一員,康熙三十八年裁。

鴻臚寺隸禮部。

正官

滿漢卿各一員

滿漢少卿各一員初,設漢少卿二員。順治十五年,裁一員。

舊有漢左右寺丞各一員。順治十五年,裁一員。康熙五十二年,並裁。

首領官

滿漢主簿各一員舊設各館主簿,後裁。

屬官

滿鳴贊十六員

漢鳴贊四員初，設八員。順治二年，裁一員。十二年，裁一員。十三年，裁二員。

漢序班六員初，設二十二員，内司賓二員。順治十五年，裁序班十員。康熙三十八年，裁序班六員。

滿筆帖式十員内滿文八員、滿漢文二員。

漢軍筆帖式二員

國子監

正官

滿漢祭酒各一員

滿漢司業三員内滿司業二員、漢司業一員。

首領官

滿漢典簿各一員

屬官

滿漢監丞各一員

滿漢博士二員初，設漢博士三員。順治十五年，裁一員。十八年，設滿博士一員。康熙五十二年，裁漢博士一員。

滿助教十六員内滿文八員、滿漢文八員。康熙五十七年，裁滿文四員。雍正三年，復設。

蒙古助教四員初，設八員。順治十八年，裁四員。

漢助教六員初，設十二員。順治十五年，裁六員。

漢學正四員初，設十二員。康熙三十八年，裁六員。五十二年，裁二員。

孔氏世襲學正一員初，設二員，後裁一員。

漢學録二員初，設六員。順治十五年，裁四員。

漢典籍一員

滿筆帖式五員内滿文四員、滿漢文一員。

漢軍筆帖式二員

尚寶司順治十五年裁。

初，設卿一員、少卿一員、司丞一員。俱於順治十五年裁。

中書科

滿中書舍人一員
漢中書舍人八員
滿筆帖式十六員內滿文十三員、滿漢文三員。

吏科初制,增減不一。順治十八年,設滿漢都給事中各一員、滿漢左右給事中各一員、漢給事中二員。康熙四年,滿漢各留給事中一員,餘悉裁。五年,增設滿漢掌印給事中各一員。雍正元年,定隸都察院。六科同。

滿漢掌印給事中各一員
滿漢給事中各一員
滿筆帖式二十一員內滿文十六員、滿漢文五員。

户科

滿漢掌印給事中各一員
滿漢給事中各一員
滿筆帖式二十一員內滿文十七員、滿漢文四員。

禮科

滿漢掌印給事中各一員
滿漢給事中各一員
滿筆帖式十二員內滿文七員、滿漢文五員。

兵科

滿漢掌印給事中各一員
滿漢給事中各一員
滿筆帖式二十一員內滿文十六員、滿漢文五員。

刑科

滿漢掌印給事中各一員
滿漢給事中各一員

滿筆帖式二十一員內滿文十六員、滿漢文五員。

工科

滿漢掌印給事中各一員

滿漢給事中各一員

滿筆帖式十一員內滿文六員、滿漢文五員。

登聞鼓衙門官不專設,以滿漢科道各一員輪差管理。康熙六十一年,歸併通政使衙門。所有滿筆帖式一員、漢軍筆帖式一員,一同歸併。

欽天監康熙四年,始設滿缺。八年,漢監正用西洋人,稱"治理曆法"。雍正三年,實授監正。

正官

滿漢監正各一員

滿漢左右監副各二員

首領官

滿漢主簿各一員

屬官

滿五官正二員

漢軍秋官正一員

漢春夏中秋冬官正各一員

滿五官靈臺郎三員

漢軍五官靈臺郎一員

漢五官靈臺郎四員

滿五官挈壺正二員

漢五官挈壺正二員

漢五官監候正一員

漢五官司曆一員初,設二員。康熙十四年,裁一員。

漢軍五官司晨一員初,設漢五官司晨一員。康熙十四年,裁。

滿博士六員

漢軍博士一員

漢博士二十七員初,設三十九員。康熙四年,裁十四員。五年,增二員。

滿筆帖式十二員俱滿漢文。
蒙古筆帖式二員
漢軍筆帖式六員
舊有漢五官保章正二員,後裁。

行人司俱漢缺,屬禮部。

司正一員　　司副一員
行人四員初,設十九員。順治五年,裁一員。十五年,裁六員。康熙三十八年,裁四員。五十二年,裁四員。

太醫院俱漢缺,隸吏部。

正官
院使一員
左右院判各一員
首領官
吏目三十員順治十八年,裁二十員。康熙九年,復增二十員。十四年,裁十員。雍正元年,復增十員。
舊有預授吏目十員。順治十八年,裁。康熙九年,復設。三十一年,仍裁。雍正元年,改爲吏目。
屬官
御醫十員

上林苑監康熙三十七年,裁。

舊設正官漢監丞一員,康熙三十七年,裁;屬官林衡、嘉蔬二署,設漢署丞各一員,順治十五年,裁;良牧、蕃育二署,設漢署丞各一員,康熙三十七年,裁。

鑾儀衛鑾儀衛官,係武職,隸兵部。文職止設主事、筆帖式及經歷。

滿主事一員
滿筆帖式七員
漢軍筆帖式三員
經歷司
漢經歷一員

京衛經歷司俱漢缺，並裁。

舊有濟陽衛、羽林前衛、燕山前衛、蔚州左衛、義勇右衛、後衛、騰驤左衛、富峪衛、金吾前衛、後衛、武功衛、永清右衛、濟州衛、武驤左衛、右衛、寬河衛、府軍前衛、忠義右衛、大寧前衛經歷各一員，順治七年，裁；旗手衛中府、後府經歷各一員，十五年，裁。忠義前衛、龍驤衛、金吾右衛、燕山左衛經歷各一員，康熙三年，裁；金吾左衛、彭城衛、神武左衛、騰驤右衛、永清左衛、燕山右衛經歷各一員，康熙二十六年，裁。

中東西南北五城兵馬指揮司俱漢缺。

正官

指揮各一員

副指揮各一員初，各設二員。順治十五年，各裁一員。

首領官

吏目各一員

内禁門筆帖式三十員初，設八十四員。康熙四十六年，俱裁。雍正三年，於親軍内挑取三十人爲貼寫筆帖式。五年滿後，調補部院衙門。

上三旗侍衛筆帖式十二員雍正元年，裁。今於親軍内挑取十二人爲貼寫筆帖式。五年滿後，調補部院衙門。

八旗滿洲都統下筆帖式各四員初，設滿文各四員、滿漢文各一員、漢軍各一員、隨身滿文筆帖式各一員，共七員。康熙四十六年，俱裁。雍正二年，每旗復設四員。

八旗蒙古都統下筆帖式各二員初，設滿文各二員、滿漢文各一員、蒙古各一員、漢軍各一員、隨身蒙古筆帖式各一員，共六員。康熙四十六年，俱裁。雍正二年，每旗復設二員。

八旗漢軍都統下筆帖式各二員初，設滿文各三員、滿漢文各一員、漢軍各一員、隨身滿筆帖式各一員、漢軍筆帖式各一員，共七員。康熙四十六年，俱裁。雍正二年，每旗復設二員。

兩翼前鋒統領下筆帖式各二員初，設各一員。康熙四十六年，裁。雍正三年，每翼復設二員。

八旗護軍統領下筆帖式各二員初，設各一員。康熙四十六年，裁。雍正三年，每旗復設二員。

步軍統領下筆帖式八員初，設滿文二員、滿漢文二員。康熙三十二年,滿文、滿漢文各增二員。

鎮江將軍下筆帖式四員初,設六員,後裁二員。

江寧、西安、福建、杭州、荆州、廣東將軍下筆帖式各四員内滿文各二員、滿漢文各二員。

漕運滿總督下筆帖式五員俱滿漢文。〇漢總督隨帶與否,聽其具題。

直省督撫下筆帖式俱滿漢文。無定員,聽督撫題請隨帶。

保定、滄州、德州、太原城守尉筆帖式各二員俱滿文。

霸州、灤州、昌平州、良鄉縣、順義縣、寶坻縣、三河縣、東安縣、雄縣、玉田縣、固安縣、采育城守尉筆帖式各一員俱滿漢文。

張家口邊門、獨石口邊門、喜峰口邊門、古北口邊門筆帖式各二員俱滿文。

冷口門、羅文峪門筆帖式各一員俱滿文。

舊有直省漢軍漢人巡撫下筆帖式各一員,山西、陝西、甘肅各布政司按察司筆帖式各二員,後俱裁。

僧録司已下,俱漢缺。

左右善世各一員　左右闡教各一員

左右講經各一員　左右覺義各一員

道録司

左右正一各一員　左右演法各一員

左右至靈各一員　左右至義各一員

親王府官已下,俱滿缺。

王府管領四員　馬群頭目二員

飯房頭目一員　司庫二員

匠役頭目四員　牛群頭目二員

郡王府官

王府管領三員　馬群頭目一員

飯房頭目一員　司庫二員

匠役頭目四員　牛群頭目二員

五旗弓匠協領各一員

大清會典卷之四

吏部文選司

〔官制二〕

盛京官

國初,建立盛京,設官詳備。順治元年,定鼎燕京,盛京官不備設,十四年後,置盛京户、禮、刑、工四部及奉天府等衙門,設侍郎、府尹以下各官。康熙三十年,復置盛京兵部衙門,設侍郎以下等官。各部堂官,俱係滿缺,間用漢軍、漢人,出自特簡。司官向亦俱係滿缺。雍正五年,添設漢缺。其各衙門職銜員額,具列於後。

户部

正官

侍郎一員康熙二十九年,增設理事官一員。六十年,裁。○各部同。

屬官

滿郎中二員

漢郎中一員雍正五年,設。

滿員外郎十員初,設六員。康熙二十九年,增四員。

漢員外郎二員雍正五年,設。

滿主事二員

漢主事一員雍正五年,設。

滿司庫二員

筆帖式二十三員初,設滿文十二員、滿漢文三員。康熙二十九年,增滿文六員、滿漢文二員。

禮部

正官

侍郎一員

屬官俱滿缺。

郎中二員

員外郎四員

主事一員

讀祝官八員

贊禮郎十六員

筆帖式十二員內滿文十一員、滿漢文一員。

兵部康熙三十年，設。

正官

侍郎一員

屬官俱滿缺。

郎中二員

員外郎六員

主事二員

筆帖式十二員內滿文八員、滿漢文四員。

刑部

正官

侍郎一員

屬官

滿郎中四員初，設二員。康熙二十八年，增二員。

漢郎中一員雍正五年，設。

滿員外郎十員初，設六員。康熙二十八年，增四員。

漢員外郎二員雍正五年，設。

滿主事一員

漢主事一員雍正五年，設。

舊設漢軍員外郎一員、漢軍主事一員。雍正五年，裁。

漢司獄一員

筆帖式二十九員初,設滿文八員、滿漢文五員、漢軍二員。康熙二十九年,增設十四員。

工部

正官

侍郎一員

屬官

滿郎中二員

漢郎中一員雍正五年,設。

滿員外郎六員

漢員外郎二員雍正五年,設。

滿主事二員內滿文一員、滿漢文一員。

漢主事一員雍正五年,設。

滿司庫二員

滿司匠一員

筆帖式十六員內滿文十二員、滿漢文四員。

奉天府俱漢缺。

正官

府尹一員

府丞一員

治中一員

通判一員

舊有推官一員。康熙六年,裁。

首領官

經歷一員

所屬衙門

承德縣餘見《户部·州縣》項下。

知縣一員

典史一員

儒學

教授一員

訓導一員

醫學

正科一員

司獄司

司獄一員

巨流河巡檢司

巡檢一員

奉天等處助教共七員隸禮部。

寧古塔將軍下筆帖式十五員初,設滿文十二員、滿漢文二員,共十四員。康熙二十七年,增蒙古一員。

奉天將軍下筆帖式十一員内滿文八員、滿漢文二員、蒙古一員。

黑龍江將軍下筆帖式十員内滿文六員、滿漢文二員、蒙古二員。

索倫地方左右翼筆帖式各一員

山海關、錦州、義州、廣寧、蓋州各城守尉筆帖式各二員俱滿文。

北關臺邊門、愛哈門、清和門、卧佛寺門、新臺門、鸚哥門、音德門、北途長門、松陵子門、長陵山門、章古泰門、平川營門、家木㦸門、法庫門、左翼邊門、鳳凰城、牛莊、黑莊口等各邊門筆帖式各一員

大清會典卷之五

吏部文選司

〔官制三〕

外官督、撫統轄外僚，因係都察院堂官，詳《都察院》，兹不載。

在外直省各官，惟山西、陝西、甘肅布政使、按察使，康熙七年，定爲滿缺。其餘俱係漢軍、漢人補授。間有互用者，出自特簡。

初，直隸不置藩臬，設口北守道兼山西布政司銜，大名巡道兼河南按察司銜，通永、天津巡道俱兼山東按察司銜，霸昌、井陘巡道俱兼山西按察司銜。康熙八年，直隸增設守道一員，總司錢穀；巡道一員，總理刑名。○雍正二年諭：直隸總司錢穀守道改爲布政使，總理刑名巡道改爲按察使。○三年奏准：通永、天津、霸昌、大名等巡道，俱改從直隸按察司銜。口北守道改從直隸布政司銜。○四年議准：通永、天津、大名等巡道，俱改爲河道。井陘巡道員缺，康熙三十八年，裁。

各承宣布政使司

正官

布政使舊設左右布政使各一員。康熙六年，裁一員，止稱布政使。○直隸一員，江南、湖廣、陝西各二員，浙江、江西、福建、山東、山西、河南、四川、廣東、廣西、雲南、貴州各一員。

參政舊設左右參政。康熙六年定：止稱參政。各省員數無定，視何項官推陞者，即爲何項道。參議、副使、僉事同。○凡參政、參議，名曰"守道"。副使、僉事，名曰"巡道"。

參議舊設左右參議。康熙六年定：止稱參議。

首領官

經歷司

經歷一員

都事一員初設河南、福建、江西、山西各一員,他省無。康熙三十八年,裁江西、山西員缺。

照磨所

照磨一員初,各省俱設。康熙三十八年,裁山東、河南、廣西、雲南員缺。

舊各省俱設檢校一員。後止江西一員,餘悉裁。雍正二年,并裁江西員缺。

理問所

理問一員初,各省俱設,惟貴州無。康熙三十八年,裁福建、廣東、廣西、四川等員缺。雍正二年,裁山東、山西等員缺。

舊有副理問一員。康熙三十八年,裁。

所屬衙門

庫

大使山西三員,康熙三十八年,裁一員。江南、湖廣各二員。浙江、江西、福建、山東、河南、陝西、廣東、廣西、雲南、貴州各一員。

副使浙江、江西、山西、陝西、雲南各一員,他省無。

舊有寶源局大使、副使各一員,後裁。

陝西茶馬司

大使一員

舊有陝西凉莊倉大使一員、陝西凉州草場大使一員,俱於康熙二十九年裁。

陝西凉莊道所屬各驛

驛丞十八員

舊各省俱設司獄司司獄一員。後止江西、河南各一員,餘悉裁。康熙三十八年,并裁江西、河南等員缺。

舊有河西靈州倉大使一員,四川建昌、鹽井、越巂、寧番、會川、鎮西六倉大使各一員,後俱裁。

各提刑按察使司

正官

按察使直隸一員，江南、湖廣、陝西各二員，餘省各一員。

副使注見參政條下。

僉事注見參政條下。

舊有提學道，或副使、或僉事，無定銜，每省各一員。惟順天、江南、浙江爲提督學政。雍正四年，俱改爲提督學政。

首領官

經歷司

經歷一員

知事一員江西、福建、山西、廣東、廣西各一員，他省無。康熙三十八年，裁福建、山西、廣東、廣西等員缺。

照磨所

照磨一員初，各省俱設。康熙三十八年，裁山東、河南、江西、廣西、雲南等各員缺。

檢校一員福建、江西、山西、陝西各一員，他省無。康熙三十八年，裁江西、山西、陝西等員缺。

所屬衙門

司獄司

司獄江南、湖廣各二員，浙江、江西、山東、河南、陝西、廣東、廣西、雲南、貴州各一員，他省無。

舊有肅州、靖遠兩道所屬倉大使各一員，後裁。又，設西寧道所屬倉大使五員，後裁四員，存一員，康熙十六年，并裁。○舊有倉副使、草場大使，後俱裁。

西寧道所屬各驛

驛丞六員舊設七員。康熙六年，裁一員。

寧夏道所屬各驛

驛丞三員

各府

正官

知府一員

同知

通判同知、通判因事添革,無定員。

舊有推官一員。康熙六年,裁。

首領官

經歷司

經歷一員事簡府分裁汰。

知事一員事簡府分不設。

照磨所

照磨一員事簡府分裁汰。

檢校一員事簡府分不設。

所屬衙門

司獄司

司獄一員事簡府分裁汰。

儒學

教授一員

訓導一員康熙三年,裁。十五年,復設。

倉庫稅課司雜造織染局稅課分司草場

大使

副使以上,大使、副使俱因事設立,無定員。

陰陽學

正術一員

醫學

正科一員

僧綱司

都綱一員　　副都綱一員

道紀司

都紀一員　　副都紀一員

各府州縣巡檢司

巡檢一員

各府州縣水馬驛

驛丞一員

各府州縣遞運所

大使一員

各府州縣河泊所

所官一員

以上,驛丞、大使、所官俱因事設立,無定員。

江寧龍江關

大使一員

舊有石灰山大使一員,後裁。

江寧批驗茶引所

大使一員

各州

正官

知州一員

同知

判官同知、判官,因事添革,無定員。

首領官

吏目一員

所屬衙門

儒學

學正一員

訓導一員康熙三年,裁。十五年,復設。

陰陽學

典術一員

醫學

典科一員

倉庫稅課司草場

大使

副使以上,大使、副使,俱因事設立,無定員。

各閘

閘官一員

僧正司

僧正一員

道正司

道正一員

各縣

正官

知縣一員

縣丞

主簿縣丞、主簿,因事添革,無定員。

首領官

典史一員

所屬衙門

儒學

教諭一員

訓導一員康熙三年,大縣裁訓導、小縣裁教諭。十五年,復設。

倉税課司

大使

副使大使、副使,因事設立,無定員。

陰陽學

訓術一員

醫學

訓科一員

僧會司

僧會一員

道會司

道會一員

江南山陽河堤

堤官一員

舊有浙江上虞縣管壩官一員,後裁。

各都轉運鹽使司

正官

運使兩淮、長盧、河東、山東、兩廣各一員。兩浙運使，康熙四十九年，改爲驛鹽道。福建運使，雍正四年，改爲鹽驛道。

同知康熙十六年，裁。十七年，復設長蘆、山東、兩浙、福建各一員。四十三年，裁兩浙、福建員缺。雍正二年，增設河東、兩廣各一員。

副使康熙十六年，裁。十七年，復設兩浙一員。

判官兩淮，初設四員。康熙三十八年，裁一員。兩浙、長蘆、山東、河東各一員。五十八年，裁山東員缺。雍正二年，裁河東員缺。

首領官

經歷一員

知事兩淮、兩浙、長蘆、河東各一員。康熙三十八年，裁兩浙員缺。

各鹽課提舉司

正官

提舉雲南三員、廣東一員。康熙三十二年，裁廣東員缺。

首領官

吏目雲南、廣東各一員。康熙三十二年，裁廣東員缺。

鹽運提舉二司所屬衙門

各場鹽課司批驗鹽引所倉庫

大使各一員

巡檢止兩淮二員。

舊有廣東市舶提舉司，設提舉七員、吏目一員，康熙五年，裁并鹽課提舉司。

舊有陝西苑馬寺卿一員、主簿一員、各牧監監正七員，康熙二年，裁；録事四員，順治十三年，裁。

舊有各省都司經歷一員，雍正二年，均裁。斷事，山西、陝西各一員，他省無。康熙三十九年，裁山西員缺。雍正二年，并裁陝西員缺。

各衛

經歷一員止江南金山衛一員，餘俱雍正三年裁。

税課司大使陝西三員。雍正二年，裁。

各宫觀

提點

各長官司

吏目湖廣、四川各一員,貴州十員。

舊有各宣慰司經歷,湖廣二員、四川一員。雍正四年,裁。

舊有招討司經歷,四川一員。雍正四年,裁。

大清會典卷之六

吏部文選司

〔官制四〕

守壇廟陵寢官

壇廟陵寢之地，禮制最重。典司祀事官員，另録一册。其除授遷轉之制，亦附見焉。

天壇

滿壇尉八員內五品官一員、六品官七員。

祠祭署

漢奉祀一員　　漢祀丞一員

地壇

滿壇尉八員內五品官一員、六品官七員。

祠祭署

漢奉祀一員　　漢祀丞一員

太廟

滿廟尉十員內四品官二員、五品官八員。

社稷壇

滿壇尉五員內五品官一員、六品官四員。

朝日壇

祠祭署

漢奉祀一員　　漢祀丞一員

夕月壇

祠祭署

漢奉祀一員　　漢祀丞一員

先農壇

祠祭署

漢奉祀一員　　漢祀丞一員

神樂觀

漢提點一員　　漢左右知觀各一員

以上各官,俱隸太常寺。

堂子

滿廟尉八員内七品官二員、八品官六員。〇隸禮部。

歷代帝王廟

漢司樂一員隸太常寺。

永陵

内務府郎中一員　　内管領一員

尚膳一員　　内務府筆帖式二員

總管處筆帖式二員

盛京設立禮工二部,及讀祝贊禮之屬,皆以崇奉陵寢,已詳見《盛京官制》。其總管等官,詳見《兵部》。無定額之員,詳見《禮部》。俱不具載。〇福陵、昭陵同。

福陵

内務府郎中一員　　内管領一員

尚膳一員　　尚茶一員

内務府筆帖式二員　　總管處筆帖式二員

昭陵

内務府郎中一員　　内管領一員

尚膳一員　　尚茶一員

内務府筆帖式二員　　總管處筆帖式二員

昭西陵

禮部郎中一員　　内務府郎中一員

禮部員外郎二員　　内務府員外郎二員

内管領一員　　尚膳一員

尚茶一員　讀祝官二員
贊禮郎四員　禮部筆帖式四員
内務府筆帖式二員　總管處筆帖式二員

總管以下各官，詳見《兵部》。○孝陵、景陵同。

孝陵

禮部郎中一員　内務府郎中一員
禮部員外郎二員　内務府員外郎一員
内務府主事一員　内管領一員
内副管領一員　尚膳一員
尚茶一員　讀祝官二員
贊禮郎四員　禮部筆帖式四員
内務府筆帖式二員　總管處筆帖式二員

孝東陵

内務府郎中一員　禮部員外郎二員
内務府員外郎一員　内務府主事一員
内管領一員　尚膳一員
尚茶一員　讀祝官二員
贊禮郎四員　禮部筆帖式四員
内務府筆帖式二員　總管處筆帖式二員

景陵

禮部郎中一員　内務府郎中一員
禮部員外郎二員　内務府員外郎二員
内務府主事一員　内管領一員
内副管領一員　尚膳一員
尚茶一員　讀祝官二員
贊禮郎四員　禮部筆帖式四員
内務府筆帖式二員　總管處筆帖式二員

雍正元年奉旨：設大學士、尚書、侍郎等員，缺出不補。詳見《禮部》，不具載。

妃園寢

讀祝官二員　贊禮郎三員
禮部筆帖式二員　總管處筆帖式一員

妃園寢處禮部官及總管官,係景陵禮部郎中總管兼理,不專設。

管理陵工工部郎中一員　員外郎三員

筆帖式四員

凡守天壇、地壇、社稷壇、太廟、堂子官員缺,照禮部及該旗咨送補授。五品以上官,開列正陪具題。六品以下,由吏部除用。

凡祠祭署各官員缺,康熙十三年題准:由禮部太常寺移送吏部補授。

凡内務府官員缺,由内務府具題補授。

凡陵寢郎中、員外郎員缺,舊例由禮部咨送題補。康熙十一年題准:吏部照例補授。

凡陵寢筆帖式,康熙九年題准:効職六年,咨部註册,仍留原職。俟部院衙門筆帖式缺出,令其調補。如未滿六年,或已經年滿咨部註册者,遇應陞員缺,仍准陞轉。

大清會典卷之七

吏部文選司

〔品級〕

國朝設官分職，品級詳明，斟酌美備。内外大小品秩，具列於後。其隨時更定裁汰，并附録焉。

正一品

太師　　太傅　　太保

從一品

少師　　少傅　　少保

太子太師　　太子太傅　　太子太保

正二品

太子少師　　太子少傅　　太子少保

内閣大學士初定，滿洲一品、漢人二品。順治十五年，改俱爲正二品，兼各部尚書銜。

各部院尚書初定，滿洲一品、漢人二品。順治十六年，改俱爲二品。康熙六年，復改滿洲爲一品。九年，定俱爲正二品。

都察院左右都御史品級更定，與尚書同。

從二品

布政使司布政使

正三品

各部院左右侍郎初定，滿洲、漢軍二品，漢人三品。順治十六年，改俱爲三品。康熙六年，復改滿洲爲二品。九年，定俱爲正三品。

内閣學士初定，滿洲、漢軍二品，漢人三品。順治十五年，改俱爲正五品，以兼禮部侍郎銜,從侍郎品級,爲正三品。

翰林院學士正五品,以兼禮部侍郎銜,從侍郎品級,爲正三品。

都察院左右副都御史

宗人府府丞

通政使司通政使滿洲,初係二品。順治十五年,改爲三品。康熙六年,復爲二品。九年,定爲正三品。

大理寺卿滿洲,初係二品。順治十六年,改爲三品。康熙六年,復爲二品。九年,定爲正三品。

詹事府詹事

太常寺卿

順天、奉天二府府尹

按察使司按察使

從三品

光禄寺卿

太僕寺卿

布政使司參政

都轉運鹽使司運使

舊有苑馬寺卿。康熙二年,裁。

正四品

都察院左右僉都御史

通政使司左右通政滿洲,初係三品。順治十六年,改爲正四品。

大理寺左右少卿滿洲,初係三品。順治十六年,改爲四品。康熙六年,復爲三品。九年,定爲正四品。

詹事府少詹事

太常寺少卿

提督四譯館少卿

太僕寺少卿

鴻臚寺卿滿洲,初係三品。順治十六年,定爲正四品。

順天、奉天二府府丞

按察使司副使

各府知府

舊有督捕左右理事官,滿洲,初係三品;順治十六年,改爲四品;康熙六年,復爲三品；九年，定爲正四品；三十八年，裁。盛京五部理事官，六十年，裁。

從四品

內閣侍讀學士初係三品。後改爲從五品，兼太常寺卿銜，尋停兼銜。雍正三年，定爲從四品。

翰林院侍讀學士初係從五品。雍正三年，定爲從四品。○侍講學士同。

侍講學士

國子監祭酒滿洲，初係三品。順治十六年，定爲從四品，兼太常寺少卿銜，後停兼銜。

布政使司參議

都轉運鹽使司同知

正五品

左右春坊左右庶子

宗人府郎中初係三品，後改爲四品。康熙二十二年，定爲正五品。

通政使司左右參議滿洲，初係四品。順治十六年，定爲正五品。

光禄寺少卿滿洲、漢軍，初係四品。順治十六年，定爲正五品。

各部院郎中滿洲，初係三品。順治十六年，改爲五品。十八年，改爲四品。康熙六年，復爲三品。九年，改爲正五品。

順天、奉天二府治中

欽天監監正滿洲，初係四品。康熙六年，改爲三品。九年，定爲正五品。

太醫院院使

按察使司僉事

各府同知

舊有尚寶司卿，順治十五年，裁。大理寺寺丞，康熙三十八年，裁。

從五品

翰林院侍讀初係正六品。雍正三年，定爲從五品。○侍講同。

侍講

左春坊左諭德

司經局洗馬

宗人府員外郎初係從四品。康熙二十二年，定爲從五品。

鴻臚寺少卿

各部院員外郎滿洲，初係四品。順治十六年，改爲五品。康熙六年，復爲四品。九年,定爲從五品。

都轉運鹽使司副使

鹽課提舉司提舉

各州知州

舊有尚寶司少卿,順治十五年,裁;市舶提舉司提舉,康熙五年,裁;右春坊右諭德,五十二年,裁。

正六品

內閣侍讀初係四品。後改爲正六品,兼太常寺少卿、光禄寺少卿銜,尋停兼銜。

左右春坊左右中允

國子監司業滿司業,順治十六年,兼太常寺寺丞銜,後停兼銜。

各部院衙門主事滿洲,初係四品。順治十六年,改爲六品。康熙六年,改爲五品。九年,定爲正六品。

宗人府經歷初係四品,後改爲五品。康熙二十二年,定爲正六品。

都察院經歷　都事

大理寺左右寺正滿洲、漢軍,初係四品。順治十六年,改爲六品。康熙六年,改爲五品。九年,定爲正六品。

太常寺寺丞

欽天監監副滿洲,初係三品。康熙六年,改爲四品。九年,定爲正六品。

春夏中秋冬五官正

太醫院院判

京府通判

京縣知縣

兵馬司指揮

神樂觀提點

各部院衙門六品筆帖式

六品朝鮮通事

王府管領　牧長　飯房頭目

各府通判

僧録司左右善世

道録司左右正一

舊有尚寶司司丞,順治十五年,裁;太僕寺寺丞,康熙二年,裁;理藩院院判，三十年，裁；都司經歷、斷事，雍正二年，裁。

從六品

左右春坊左右贊善

翰林院修撰

大理寺右寺副

光禄寺署正初係四品。順治十六年，改爲六品。康熙六年，改爲五品。九年，定爲從六品。

欽天監滿洲五官正

布政使司經歷　　理問

鹽運司運判

各州同知

僧録司左右闡教

道録司左右演法

舊有京府推官，康熙六年，裁；光禄寺寺丞、大理寺左寺副，俱於三十八年裁；鴻臚寺寺丞，五十二年，裁。

正七品

翰林院編修

六科掌印給事中滿洲，初係四品。康熙二年，改爲七品。六年，復爲四品。九年，定爲正七品。

各道監察御史滿洲、漢軍，初係三品。順治十六年，改爲七品。康熙六年，改爲四品。九年，定爲正七品。

行人司司正

大理寺左右評事滿洲、漢軍，初係四品。順治十六年，改爲七品。康熙六年，改爲五品。九年，定爲正七品。

太常寺博士　　典簿

通政使司知事初係四品，後定爲正七品。

　　　　經歷

各部寺司庫初係六品。順治十六年，改爲七品。康熙六年，復爲六品。九年，定爲正七品。

司牲官

兵馬司副指揮

京縣縣丞

各部院衙門七品筆帖式
七品朝鮮通事
王府司庫
五旗弓匠協領
各縣知縣
按察使司經歷

舊有各府推官,康熙六年,裁;上林苑監丞,三十七年,裁。

從七品

翰林院檢討
六科給事中
中書科中書舍人滿洲,初係四品。順治十六年,定爲從七品。
內閣撰文辦事中書舍人
行人司司副　行人
詹事府主簿
光禄寺典簿
各署署丞初係六品。康熙九年,定爲從七品。
鑾儀衛經歷
順天、奉天二府經歷
太常寺各祠祭署奉祀
欽天監五官靈臺郎
布政使司都事
鹽運司經歷
各州判官
衛經歷

舊有太僕寺主簿、苑馬寺主簿,俱於康熙二年裁;京衛經歷,二十六年,裁;布政使司副理問,三十八年,裁;宣慰司經歷、招討司經歷,雍正四年,裁。

正八品

翰林院五經博士
國子監監丞
欽天監主簿
各部院衙門八品筆帖式
八品朝鮮通事

太醫院御醫
太常寺協律郎
王府匠役頭目　　牛群頭目
按察使司知事
各府經歷
各縣縣丞
僧録司左右講經
道録司左右至靈

舊有欽天監五官保章正,後裁;上林苑監署丞,康熙三十七年,裁;理藩院知事,三十八年,裁。

從八品

内閣典籍滿洲、漢軍,初係五品,後改與漢人同,俱爲從八品。滿洲、漢軍,以撰文辦事中書掌典籍事;漢人,以辦事中書掌典籍事。
翰林院典簿
國子監博士
　　助教滿洲、蒙古,初係七品。康熙九年,定爲從八品。
　　典簿
鴻臚寺主簿
欽天監五官挈壺正
太常寺各祠祭署祀丞
神樂觀知觀
布政使司照磨
鹽運司知事
僧録司左右覺義
道録司左右至義

正九品

禮部太常寺讀祝官初係五品。康熙九年,定爲正九品。
國子監學正
太常寺贊禮郎滿洲,初係四品。順治十六年,改爲九品。康熙四年,改爲六品。六年,改爲五品。九年,定爲正九品。
寶泉局大使
會同館大使

欽天監五官監候　　五官司曆
按察使司照磨
各府知事
茶馬司大使
各縣主簿
教坊司奉鑾　　左右韶舞
　　左右司樂　　協同

舊有各牧監監正,康熙二年,裁;理藩院副使,三十八年,裁;布政使司檢校,雍正二年,裁;營繕所所丞,四年,裁。

從九品

各部院衙門司務
翰林院待詔
司經局正字
國子監學録　　典籍
鴻臚寺鳴贊　　序班
製造庫司匠初係七品。康熙九年,定爲從九品。
欽天監博士　　五官司晨
京府儒學教授
　　武學教授初,設京衛武學教授。雍正三年,改。
刑部司獄
京府照磨　　庫大使
太醫院吏目
太常寺司樂
孔顔曾孟四氏子孫儒學教授
鹽運司儒學教授
各府儒學教授
各衛儒學教授
宣課司大使
按察使司檢校
各府照磨
各州吏目
都税司大使

布政使司倉庫大使
守道庫大使
府税課司大使
鹽課提舉司吏目
司獄司司獄
巡檢司巡檢
各府倉大使
土司副巡檢
僧綱司都綱
道紀司都紀
各府陰陽學正術
各府醫學正科

舊有詹事府通事舍人,順治十五年,裁;市舶提舉司吏目,康熙五年,裁;兵部督捕司獄,三十八年,裁;詹事府録事,五十二年,裁;都司儒學教授,雍正三年,裁。

未入流

翰林院孔目
各部院衙門無頂帶筆帖式
各部庫使
禮部鑄印局大使
兵馬司吏目
京縣典史
崇文門副使
宣課司副使
教坊司俳長
各州儒學學正
各縣儒學教諭
各府州縣儒學訓導
各關大使
各府檢校
各縣典史
鹽課司大使

布政使司庫副使
府庫大使　　副使
鹽引批驗所大使
茶引批驗所大使
驛丞
批驗所大使
州庫大使
税課司分司大使
鹽運司庫大使
堤官
州縣税課司大使
閘官
遞運所大使
河泊所所官
道倉大使
州倉大使　　副使
縣倉大使　　副使
州草場大使
州陰陽學典術
州醫學典科
縣陰陽學訓術
縣醫學訓科
僧綱司副都綱
道紀司副都紀
僧正司僧正
道正司道正
僧會司僧會
道會司道會
長官司吏目

舊有鹽課司副使,康熙五年,裁;各部領催,十五年,裁;各衛武學訓導,三十二年,裁;衛税課司大使,雍正二年,裁。

大清會典卷之八

吏部文選司

〔滿漢遷除通例〕

文職除授遷轉，滿漢資格有殊，各分條制。其事例相同者，具載於後。

凡開列具題，於應陞官内，按衙門次序，列名題請簡用。若有候補之官，亦同開列。

凡會推，令九卿、詹事、科道公同推舉，擬正陪具題。康熙九年諭：滿洲官員，俱先行開列，候旨會推。漢軍、漢人，即行會推。例不畫一。以後，漢軍、漢人應會推官員，令照滿洲例，先行開列具題。

後停止會推，間奉特旨保舉。例詳《保舉》條下。

凡總督員缺，由侍郎、巡撫陞授。巡撫員缺，由學士、左副都御史、左僉都御史、通政使、大理寺卿、府尹、布政使陞授。順治六年題准：總督巡撫缺出，由會推保舉題補。保舉當者陞賞，不當者連坐。〇九年議准：取人地相宜者，會推擬正陪具題。〇十年諭：會推督撫，不拘品級，擇才品素著者，詳開事實具題。〇十一年諭：督撫缺出，即於次日會推。〇康熙三年議准：督撫缺出，令部院大臣保舉賢能題請。若所舉不當，將保舉之人一併治罪。〇七年諭：山陝督撫，俱用滿洲。

康熙五十七年，用漢軍。雍正元年諭：山陝督撫員缺，將滿洲、蒙古、漢軍、漢人一體開列。

〇十年議准：督撫員缺，先行具題請旨，或用滿洲，或用漢軍、漢人。得旨後，遵將應陞官員開列具題。副都統遇總督缺，亦得開列。〇十二年議准：總督員缺，副都統不與開列。〇十八年議准：巡撫員缺，本省布政使不得陞補。〇三十一年諭：嗣後督撫缺出，停其先行請旨，即將滿洲、漢軍、漢人官員一併開列具奏。直隸各省總督、巡撫兼銜,僉都御史加一級,授從三品;加二級,改授右副都御史。副都御史加一級,兼右侍郎銜;加二級,兼左侍郎銜,授從二品;再加一級,兼尚書銜。尚書加一級,授從一品;加二級,授正一品。如一品之外,每加一級,改紀録二次。凡加尚書、侍郎銜者,總督兼兵部、巡撫兼工部。〇康熙三十一年題准:總督由侍郎補授,原係左者,改爲兵部左侍郎;原係右者,改爲兵部右侍郎,兼都察院右副都御史。由巡撫補授者,應陞爲兵部右侍郎,兼都察院右副都御史。〇雍正元年議准:川陝總督、兩江總督,俱授爲兵部尚書,兼副都御史。其餘總督,俱照舊例。侍郎、副都御史、卿員、布政使補巡撫者,俱授爲右副都御史。僉都御史補巡撫者,改爲右僉都御史。由按察使擢補者,亦授僉都御史。

凡加銜,出自特恩,無定秩。其開列陞轉,仍照本任。惟以陞銜留原任者,准照陞銜遷轉。

凡舉人出身,第一甲第一名,從六品,第二名、第三名,正七品,賜進士及第;第二甲,從七品,賜進士出身;第三甲,正八品,賜同進士出身。

凡進士授官,第一甲第一名進士,授翰林院修撰;第二名、三名進士,授翰林院編修;二甲三甲進士,選授庶吉士,同一甲進士送翰林院讀書。選庶吉士,詳見《考選》條下。

凡修書議叙,康熙十一年,世祖章皇帝實録稿竣,將纂修等官内停陞轉之現任官員、停補授之候補官員議叙,以應陞之缺先用,書吏以州判即用議叙。〇是年告成,監修、總裁官,加宫保;副總裁、纂修、謄録、翻譯、收掌各官,加一級,照加一級食俸;監生,以通判用;生員,以州同先用。〇四十九年,聖祖仁皇帝《平定朔漠方略》告成,議叙,監修、總裁官,加二級;副總裁以下各官,加一級;謄録,監生及供事官已經考職者,照所考之職即用,未經考職者,俟考職之日,照所考之職即用。〇五十二年議准:修成《佩文韻府》人員,舉人、貢生,照伊等應得之缺,遇缺即用;候選州同監生,照内教習例,定限六年滿者,以知縣即用。其中,勤敏貢監生,不必限定年數,遇缺以知縣即用;勤敏候補中書、典籍等員,以應陞之缺加等即用;布衣,以翰林院待詔用。〇五十七年議准:修成《皇輿全覽》人員,舉人原任教諭,以舉人應用之缺加一等,遇缺即用;副榜即用縣丞,以知縣遇缺即用。〇又議准:修書人員,未滿六年者,分派别館修書之處,補足年分,議叙;已滿六年者,候補知縣教習,以知縣即用;候選州同,以知縣用;生員,以教諭即用。〇五十八年議准:修成《駢字類編》人員,内廷行走候補訓導貢生,以中、行、評、博即用。〇又議准:修成《萬壽盛典》人員,進士、内閣中書修書年滿者,除試俸一年不算外,再歷俸三年,以應陞之缺即用;舉人加捐主事修書年滿者，以伊本班主事内即用；教習知縣，以知縣即用；副榜捐教諭先用者，以知縣用。〇六十年議准：内廷行走之序班，以中、行、評、博即用。〇六十一年，奏請議叙纂修《算法》人員。奉旨："伊等俱朕親選令學習算法内廷行走之人，與在外各館効力者不同，且修算書處甚嚴，伊等行走必然勤力。所奏人員，分别等次議叙具奏。"遵旨議定：分三等。第一等，現任官，以應陞之缺加一等，遇缺即用；候選官，以應用之缺加一等，遇缺即用；護軍，比照監生，以監生應用之缺加一等，遇缺即用。第二等，現任官，以應陞之缺遇缺即用，再加一級；候選、候補官，以應用之缺，遇缺即用，再加一級。第三等，現任官，以應陞之缺遇缺即用；候選官，以應用之缺，遇缺即用；童生，比照生員，以生員應用之缺遇缺即用；庶吉士，已授編修者，以授編修之日扣算，俟三年期滿，遇應陞之缺即用。〇雍正三年議准：修成《子史精華》人員内，童生，准作監生。〇四年議准：修成《古今圖書集成》人員，已滿六年者，進士，以知縣即用，加一級；舉人，以知縣即用；滿洲舉人，以應用七品京職之缺即用；貢生候選州同，以知縣用；候選州判，以州判即用；監生候選州同，以知縣用；候選州判、縣丞、主簿，以應用之缺即用；監生未考職者，俟其考職後，以所考之職即用；廪生，以訓導用；生員，俟其考職後，以所考之職即用；滿洲生員，照伊應用無品筆帖式即用；原品休致翰林院檢討，以各堂主事用；現任官員，各加二級。

凡軍需、河工、拯荒，捐貲効力人員，或遵例指定員缺，或議叙量加陞授。滿缺入班次補用，漢缺入月分銓選。雍正三年覆准：滿缺改照漢缺例，輪月推放。詳見《滿缺除選》。

凡試俸，舊例，惟漢監察御史、内閣中書舍人試職一年。果係稱職者，方准實授。御史，聽都察院考核具題；中書，聽内閣考核，移送吏部具題。若遇恩詔，免其試職，即與實授。〇康熙四十四年諭：嗣後，郎中補授御史，停其試字。員外、主事，照常下試字。今編修、檢討改授者，亦不下試字。〇六十一年諭："科道官俱係朕切近清要之員，伊等且有試俸字様，至捐納人員，固應照常補用。但伊等補主事未久，又陞員外郎中，外省道府等官陞補亦然，應將伊等試俸三年，再行陞用。雖加捐陞補，仍應帶試俸字様。大學士、九卿、詹事、科道會同確議具奏。"遵旨議定：無論滿漢，在内捐陞郎中以下雜職以上等官，捐駝、運米、種地議叙之郎中、道、府以下等官，俱令在任内試俸三年。果能稱職者，在内，令該衙門堂官具題到日，准其實授；在外，令該撫具題到日，准其實授。任内試俸，無論已未滿三年，又照例捐陞者,仍令於陞任内試俸三年。其從前捐納已任各官,已滿三年者,免其試俸;未滿三年者,仍以到任扣期接算,試俸三年。○雍正元年詔:凡試職各官,俱准實授。

〔滿缺除選〕

國制,滿洲授官,由科目、由官廕、由貢監生員、由官學生、俊秀除選之法,具列於左。

凡進士授官,順治九年題准:一甲第一名進士,授翰林院修撰。第二名、三名,授翰林院編修。二甲、三甲進士,選授庶吉士,同一甲進士送翰林院讀書。其餘由他赤哈哈番、筆帖式哈番中式者,以員外郎、主事用。由舉人中式者,以他赤哈哈番用。○十八年覆准:進士,以部院衙門六品筆帖式用。○康熙十一年題准:庶吉士散館,以司主事用。○十二年議准:進士,以通政使司知事、大理寺評事、太常寺博士、通政使司經歷、太常寺典簿、各部司庫用。○雍正元年議准:滿洲進士,除庶吉士外,照例以正七品有職掌之員缺,挨次補用。庶吉士散館平常者,照散進士補用。○四年議准:順天府學滿教授員缺,考取引見補用。

凡舉人,舊例,以七品筆帖式用。康熙十四年題准:以光禄寺典簿、署丞、國子監監丞、博士、典簿、鴻臚寺典簿依次補用。○雍正四年議准:順天府學滿教授員缺,考取引見補用。

凡官廕監生,順治十三年題准:一品二品官廕生,以他赤哈哈番用。三品官廕生,以筆帖式哈番用。○十八年題准:一品官廕生,以五品用。二品官廕生,以六品用。三品官廕監生,以七品用。四品官監生,以八品用。○又題准:通曉文義者,補授部院衙門。若文義未通,堪任武職者,照品級與服俸,隨旗上朝。○康熙元年定:武官廕監生,以部院衙門官用。文官廕監生,照品級隨旗上朝。○二年議准:一品官廕生,除授員外郎、司主事、大理寺寺正、太常寺寺丞、光禄寺署正。二品官廕生,除授都察院經歷、太常寺贊禮郎、鴻臚寺鳴贊、各部院衙門筆帖式。三品官廕監生,除授通政司經歷、知事、大理寺評事、太常寺博士、各部司庫、光禄寺典簿、署丞、内閣中書、各部院衙門筆帖式。四品官監生,除授内閣中書、國子監監丞、博士、典簿、助教、各部院衙門筆帖式。○三年題准:生員復爲廕監生,品級大者,授以應得品級;若品級小者,授爲七品。○四年題准:廕監生,二十一歲以上,不能學業者,按品給俸,隨旗上朝;二十一歲以下,未能學業者,劄回國子監讀書。○六年定:不分文武官廕監生,文義優通者,以部院用;不能學習,願隨旗上朝者,聽。○十年題准:太常寺寺丞、博士、通政使司知事、大理寺評事缺,不補廕監生。各部院司分主事、大理寺寺正、光禄寺署正,由二品官廕生除。太常寺贊禮郎、鴻臚寺鳴贊,由三品四品官監生除。各部院衙門筆帖式,不補二品官廕生。餘仍舊。○又題准:廕監生,學業有成者,照國子監咨送日期,註册録用。如止能識字,不能繕寫,願隨旗上朝者,聽。○十一年題准:四品官監生,亦得補鴻臚寺主簿。○十二年覆准:廕監生,或識滿漢字,或識滿字,願於部院衙門録用者,移送國子監考試。於策判内酌量出題,並令翻譯滿漢文。文義優通者,照咨部日期註册叙補。如願應鄉試者,准其應試。○十三年題准:停止考試策判。○十四年題准:三品官監生,亦得補太常寺典簿。○雍正元年議覆:新舊廕生、監生,分給部院學習行走。奉旨:内外廕生、監生等,俱到部時,考試翻譯寫字,再行分部。此際令其各奮力學習。○三年,考試八旗、滿洲、蒙古、漢軍廕生。奉旨:頭等遇缺即用,二等照伊本班挨次補用,三等隨旗上朝。

凡恩、拔、歲、副、貢生,以七品筆帖式用。○雍正四年議准:順天府學滿訓導員缺,考取引見補用。

凡生員,舊例,以七品筆帖式用。康熙十五年題准:以無頂帶筆帖式用。

凡官學生,舊例,以國子監助教、筆帖式、庫使、領催用。康熙二年題准:不補助教。

凡俊秀,康熙十年題准:識滿漢字者,以翻譯考試。止識滿字者,以繕寫考試。優者,授八品筆帖式。文義未通者,仍回國子監學習,成日,再送考試。

凡各部院衙門筆帖式員缺,舊例,由官學生、庫使補授。順治九年題准:舉人、生員亦得補授筆帖式。○十四年題准:止用官學生。其筆帖式食糧三年勤職者,授爲七品,更歷三年,授他赤哈哈番。○康熙元年題准:將廕監生補授。○三年題准:由舉人、廕監生、官學生分補。○又題准:官學生若應補滿漢文筆帖式缺,每旗咨取三人。滿文筆帖式缺,本旗咨取五人。令其掣籤補授。○又議准:廕監生補授筆帖式缺,以國子監移送年滿月日爲序,與候補筆帖式照文到先後擬用。○四年題准:官學生補授筆帖式缺,取年久者補用。○七年題准:廕監生補授筆帖式缺,照所廕年分前後録用。○八年題准:廕監生補十人,官學生補一人,庫使、領催補一人。

○九年題准：廕監生不必論所廕年分，照國子監咨送前後擬補。若同日咨送者，仍以所廕年分爲序。候補筆帖式與廕監生，照文到先後用十人。庫使、領催補二人，官學生補二人。如滿漢文筆帖式缺，或係庫使、領催應補，而庫使、領催内無識漢字者，將官學生擬用。官學生遇應補時，行文國子監考試。滿文筆帖式缺，該旗咨取五人。滿漢文筆帖式缺，每旗咨取二人。掣籤補授。○十年題准：候補滿文筆帖式，有願調滿漢文筆帖式者，考試文義優通，准其改調，照改調日期擬補。○十五年題准：生員歸入監生内，論年分先後擬補。○二十二年題准：由裁退覺羅筆帖式補一人，内閣暫取筆帖式補一人，貼寫監生俊秀補一人，出征監生俊秀補五人，告降及候補筆帖式論日期先後補二人，調旗裁退筆帖式補一人，監生俊秀補二人，内禁門等處筆帖式補一人，庫使補一人，官學生補一人。○二十三年定：未出征監生俊秀及官學生，遇滿漢文筆帖式缺，俱考試補授。○四十一年，命王大臣將候補筆帖式人員考試一次。○四十四年，復命王大臣考試一次。○四十五年題准：現行補授各部院滿字、漢字筆帖式，分爲二十一班。凡補用之人，俱照各本班日期先後，挨次輪補。除各本班外，又有將軍、督撫、衙門、省城、邊塞等處筆帖式，於二十一班内掣出補用。檔案繁紊，不無舛錯夤緣等弊。嗣後，遇各項缺出，停其掣出補用，俱入於二十一班内，至某班，即將某班人員不分内外缺，照國子監、該旗咨送日期先後，挨次即補。若遇官學生班次，行文國子監，將應補官學生咨送，掣籤補用。舊有未出兵監生、官學生考試補用之處，俱行停止。漢軍考取筆帖式，亦照此行。其在部具呈以筆帖式補用之舉人、貢生，俱照中式科分、出貢年月、名次補用。若係生員捐納貢生者，照户部給發執照日期補用。凡補授筆帖式時，如至本班無人者，將下班人員補授，停其還班。其補授員缺，將奉旨差遣王大臣等考試人員補授。○五十年，聖祖仁皇帝御試一次。○六十一年十二月題准：嗣後，各部院補放滿洲、蒙古、漢軍筆帖式，至翻譯筆帖式班次，吏部試以翻譯補用；至滿字筆帖式班次，試以繕寫滿字補用。如不能翻譯、繕寫者，俱各駁回，將其次之人考取補用。此駁回之人，給假一年，學習好時，具呈入伊原班註册。如遇缺出，仍行考取補用。内有同日國子監咨送及同日捐納之人，就其人數，考其能翻譯、繕寫者，補用。○雍正元年議准：各衙門檔案甚繁，抄録全案，按月查對，不可無專寫檔案之人。各部院衙門酌量繁簡，擬定名數，移咨吏部，於候補筆帖式内，挑選發給。此等人員，停其食俸，止給公費。如行走三年，勤慎無誤,各部院堂官保送。遇有伊本旗筆帖式缺出,即行補用。如三年内,輪著伊應用之班者,仍照常補用。○又題准:各衙門筆帖式,除蒙聖祖仁皇帝親考試取中補放之人及現經奉旨考試取中補放之人均無庸再行考試外,其由捐納免考、先用、即用并出兵監生輪班補用之人,照伊所習滿漢字考試。此内,如不能繕寫、翻譯,有行走年久、或辦事勤謹、人去得,可以存留者,令各該衙門堂官具題保留。其由出兵監生補放筆帖式者,不能繕寫、翻譯,有出征得傷、得過功牌之人,亦令各衙門堂官具題,交與各該旗,照伊品級,以武職補用。其未經考試,止以捐納免考補用者,寬假一年,令其勉力學習,俟明年八月考試,分别優劣,定其去取。其考試不取中人員,將筆帖式解任,不算廢官。情願在護軍披甲處効力行走者,聽其挑取。考試取中者,仍留筆帖式行走。○又遵旨:將八旗前鋒、護軍、另户領催披甲、閑散人員考試翻譯、繕寫,會同大學士等公同閲卷,分别一等、二等進呈。奉旨:挑取頭等人員,各旗遇八品筆帖式缺即用。挑取二等人員,以八品筆帖式補用。○二年題准:嗣後,凡有一應揀選筆帖式之處,俱停其揀選,將奉旨考試取中之人,各按旗分挨次補用。○又題請:將各部院衙門、滿洲、蒙古、漢軍有無品級、現任滿字筆帖式二百七十七員、滿漢字筆帖式二百一十四員傳集午門内,候皇上欽命題目考試。吏部會同内閣大學士、學士、翰林院學士等,分别簡閲,進呈御覽。照雍正元年原議施行。奉旨:考退人員内,伊等用功學習,如願考之人,下次遇考,仍令赴考。考中者,仍行補用。隔三年至第四年再考一次,再考之時,一概全考。○四年題准:向例補授各部院衙門筆帖式,將應考人員考試翻譯、繕寫。取中頭等者,挨名次補用。二等、三等者,各照伊等班次註册補用。嗣後,凡考取二等、三等者,亦照頭等取中人員之例,不論班次,照考取名次挨次補用。亦照滿官、漢官月選之例,於每月十五日將缺截定,於二十日掣籤。○又覆准:凡各部院筆帖式,經該部堂官保題補授者,知照吏部註册。滿五年後,再行論俸陞遷。如五年内,果有才能之員,遇該部應陞之缺,仍准該部堂官保題陞用。如五年滿,不經保題者,吏部照常論俸陞用。將何年月日經某人保題之處,亦繕寫簽子附入履歷摺内一併進呈。○又覆准:吏部文選司題稿房、筆帖式科房揀選諳練事務者,各放掌稿筆帖式二人。如所辦檔案有遺漏舛錯,照司官處分之例議處。如有隱匿印文,更改檔案等弊,查出指名題參,從重治罪。如五年内,實心勤勞,檔案清楚,並無舛錯,堂官據實保題,以本項應陞之缺即用。○五年論:“嗣後補用筆帖式時,吏部將應補之人俱帶來引見,朕酌量補用。其不及者,另降諭旨。再,筆帖式内,有不願在伊本衙門行走,因而告病解退,希圖另補好缺者,嗣後若有此等人員,起補時,俱著於伊本衙門缺出補用。”

凡翰林院筆帖式員缺,舊例,與各衙門同。康熙十年題准:吏部將應補人員移送翰林院考試補授。〇二十二年題准:由吏部考補。〇二十四年題准:吏部會同翰林院考試。

凡侍衛筆帖式員缺,舊例,由領侍衛内大臣將六品以下各筆帖式咨送補授。康熙十年題准:由領侍衛内大臣於六品、七品筆帖式内,選擇咨送補授。〇二十七年覆准:嗣後,侍衛筆帖式不准授爲六品。若以七品筆帖式補授者,即授爲七品,仍照限年例,以主事補用。以八品筆帖式補授者,即授爲八品,俟年滿咨部入候補班次之前,以七品筆帖式應陞雜職員缺,補授二員。〇六十一年十二月題准:揀選親軍在侍衛筆帖式處行走。三年,准其實授。五年俸滿,調補部院衙門筆帖式。〇雍正元年議准:各部院衙門現任筆帖式所挑之侍衛筆帖式,俱裁退。〇二年題准:三旗監生,仍挑侍衛筆帖式。

凡内禁門及都統、前鋒統領、護軍統領下筆帖式,康熙九年題准:効職六年,咨部註册,仍留原職,俟部院衙門筆帖式缺出,令其調補。如未滿六年,或已經年滿,咨部註册者,遇應陞員缺,仍准陞轉。〇十年題准:都統、前鋒統領、護軍統領隨身筆帖式員缺,除永不叙用之人外,俱坐名咨送補授。〇四十六年諭:“都統、護軍統領之筆帖式,向不出差收税。朕此番南巡,見奉差收税者,莫非都統、護軍統領之筆帖式。此皆伊等該管大人徇情所致。問之,茫無知識,即伊護軍統領名字,亦復不知。都統、護軍統領、内禁門筆帖式,俱著解退,令其候缺。此外,有應解退之筆帖式,亦著解退。”遵旨議定:八旗、滿洲、蒙古、漢軍都統隨印筆帖式、護軍統領隨印筆帖式、内禁門筆帖式,俱解退,令其候缺。此等員缺,將各旗護軍領催披甲内有識字者補用。左右兩翼先鋒統領隨印筆帖式三員、火器營隨印筆帖式八員,此二處筆帖式,亦令解退候缺。此等員缺,將先鋒護軍領催披甲内有識字者補用。俱二三年一换。其差往收税,俱用部院衙門筆帖式。别處筆帖式,俱停其差往。各處隨帶筆帖式,俱停其坐名補授。吏部照例按班次補用。

凡步軍統領筆帖式,康熙九年題准:効職五年,具呈吏部解退,以部院衙門筆帖式補用。〇十年題准:亦照都統筆帖式例。歷六年滿,仍留原職,候缺調補。

凡盛京各部筆帖式員缺,定例,由盛京三品、四品官廕監生、庫使除授。若無其人,方以在京廕監生、庫使、官學生擬補。後增入俊秀除授。

凡滿洲督撫布按筆帖式,康熙七年定:於部院衙門筆帖式内,選擇通滿漢文義者帶往。八年滿日,回京以應陞之缺擬用。○十年題准:令各部院衙門於筆帖式内,選擇通滿漢文義者,各送一人,令其掣籤,補用一半。並劄行國子監,每旗選擇官學生一人,與廕監生候補筆帖式一並考試,補用一半。○十五年題准:停止考試,將應補之人掣籤擬用。布按筆帖式缺,後裁。

凡外省將軍、漢總督、城守尉、邊門筆帖式員缺,舊例,將官學生補授。八年滿日,回京候補。順治十五年題准:將候補筆帖式、庫使擬用。○康熙元年題准:將廕監生擬用。○八年題准:於庫使、領催、官學生内考試補授。○十年題准:邊門筆帖式,年滿撤回時,如願候補盛京四部筆帖式者,該將軍咨部註册,准其補用。○十五年題准:停止考試。○十六年題准:將俊秀、生員、庫使、官學生,輪次補授。

凡口外驛站筆帖式,康熙五十八年覆准:張家口外蒙古驛站筆帖式,將蒙古旗分識蒙古字應用筆帖式之人補用一員。此後缺出,挨旗補用。其滿洲筆帖式二員撤回,俟該旗缺出調補。

凡寧古塔將軍衙門驛站筆帖式員缺,康熙五年題准:聽該將軍將本處之人咨送補授。雖經年滿,不令撤回。

凡黑龍江將軍衙門筆帖式員缺,康熙二十三年題准:照寧古塔將軍筆帖式例,聽該將軍咨送補授。

凡索倫地方筆帖式,康熙二十五年覆准:由理藩院將識滿洲、蒙古字官學生考送補授。五年滿日,該總管等咨送回京。遇該旗缺出,即行先用。

凡庫使、領催員缺,舊例,取官學生補授。康熙十年題准:有候補庫使、領催,儘其補授。若無其人,行文國子監,將官學生考試,每缺咨送五人,掣籤除授。○十五年,停止官學生考補領催例。

凡月官,雍正三年覆准:滿缺亦照漢官輪月推放之例,分單雙月掣籤補用。其修書議叙、總理事務處行走議叙及候補、病痊、降調、開復,照伊等原品班次,歸於單月。捐納議叙,並現任捐應陞及未任捐納人員,亦照班俱歸於單月。如單月缺出,各班無應用人員,即將雙月俸深之人,挨次補用。其應陞人員并廕生、進士、舉人,照例俱歸於雙月。如有奉旨即用及扣除另補、迴避人員,仍照例不論雙單月,遇缺即用。其堂司主事員缺,除廕生及應陞之員歸雙月外,其永定河捐埽議叙與候補等官,於單月内捐駝、種地、大同、西寧、大同續捐駝、户部捐駝六班輪用一員之後,將永定河捐埽議叙之人用一員;再將六班輪用一員之後,將候補等官,較文到先後用一員。其小京官班次,雙月之缺,將應陞之人用一員;次將進士、舉人照科分名次,按班用一員;又將應陞之人用一員;其次將廕生、監生照考定名次用一員。單月之缺,將捐納之人,按班用一員;次將議叙之人,輪班用一員,又將捐納之人用一員;次將候補、降調、病痊、開復人員,較文到先後用一員,又將捐納之人用一員;次將捐納議叙之人輪班用一員。其六品等官員缺,亦照小京官之例補用。每月於三十日截缺。單月三十日所截之缺,歸於雙月;雙月三十日所截之缺,歸於單月。於初五日掣籤引見。其十二月封印前後所出之缺,并正月三十日所截之缺,仍分單雙月,俱於二月初五日掣籤。

〔滿缺陞補〕

滿洲官員改除陞補,或由開列,或由保推,或由選擇,或論資俸。歷年更定不同,具列於左。開列、會推、選擇通例,已見卷首。

凡論俸陞轉,現任官遇應陞改補之缺,論俸擬正陪具題。如歷俸相同者,令其掣籤,分别正陪題補。後有缺出,先經陪推之人,不必即擬正推,仍以掣籤定序。其候補官員,按文到先後,擬正陪題補。若同日咨送者,俱照現任官例,令其掣籤。

凡庶吉士、進士、舉人出身官,雍正元年諭:“八旗滿洲翰林進士,並無陞途,甚爲可憫。伊等如何得陞之處,交與吏部議奏。”遵旨議定:嗣後,翰林院滿洲侍讀、侍講、諭德、洗馬、國子監司業缺出,論俸將應陞之人補授一員,將翰林院編修、檢討補授一員。侍讀學士、侍講學士、庶子缺出,從前,俱係年久郎中等官補放。仍照舊例,論俸陞補,將翰林院滿洲侍讀、侍講、諭德、洗馬前列者,開列二名具題。再至散館之時,滿洲翰林内文理優長者,仍留翰林院;平常者,照散進士之例,以通政司知事等官補用。〇又諭:詹事府、翰林院、衙門官,以進士出身者補用。〇四年議准:編修、檢討由欽點庶常補授,官無定額,每科增添,不致乏員。其員外郎等官,由進士、舉人出身者甚少,而應陞員外郎之主事等官,由進士、舉人出身者亦少。其於陞補侍讀等缺,必致乏人。今查各部院漢字堂主事,原係八旗公缺，不論旗分，例由小京官、筆帖式陞補。嗣後，六部漢字堂主事缺出，請將由進士舉人出身之小京官、舉人出身之筆帖式等陞補。至各部員外郎員缺，俱有額定旗分，在本旗應陞人員内，論俸陞補。太僕寺向設員外郎八員，每旗額定一員，先經條奏，改設蒙古員外郎二員，其餘六員既非八旗定額，嗣後應作爲公缺，將進士、舉人出身之各部堂司主事論俸陞授。各衙門小京官員缺，仍將各項俸深人員陞補外，其國子監監丞一缺、博士一缺、典簿一缺、通政司漢字知事一缺、詹事府主簿一缺、翰林院典簿一缺并光禄寺署丞八缺，共十四缺，將進士、舉人不論雙單月，遇有缺出，即挨科分、名次補用，先儘進士。如無進士，再將舉人挨定科分、名次補用。〇又議准：嗣後，翰林院侍讀、侍講、詹事府諭德、洗馬、國子監司業缺出，將翰林院編修、檢討，論俸陞補一員；次將由進士、舉人出身之中允、員外郎等官，通行論俸陞補一員。翰林院侍讀學士、侍講學士、詹事府少詹事、庶子、國子監祭酒等官缺出，將現任之侍讀、侍講、諭德、洗馬、司業論俸陞補一員之後，照例將進士、舉人出身之科道郎中等官論俸陞補一員。其陞授侍讀、侍講、諭德、洗馬、國子監司業等官，并主事等項陞授之詹事府中允、小京官陞授之贊善，俱著兼理部務，兩處行走。

凡大學士員缺，由各部院尚書、左都御史改。舊例，開列具題。康熙二年議准：請旨會推。〇十年議准：請旨開列。

凡尚書員缺，由左都御史、各部院侍郎陞授。舊例，將都統、尚書、左都御史、精奇尼哈番及部院衙門應授各官，開列具題。康熙二年議准：請旨會推。都統、精奇尼哈番不與。〇十年議准：仍行開列具題。各部尚書停其互轉，止改吏部尚書。

凡左都御史員缺，由各部院侍郎陞授。舊例，開列具題。副都統亦與。康熙二年議准：請旨會推。副都統不與。〇十年議准：仍行開列具題。

凡侍郎員缺，由學士、左副都御史、通政使、大理寺卿陞授。舊例，開列具題。副都統亦與。康熙二年議准：請旨會推。副都統不與。〇左侍郎缺，由右侍郎轉。〇十年議准：仍行開列具題。吏部侍郎缺，各部侍郎亦行開列。

凡内閣學士、翰林院掌院學士員缺，由詹事、太常寺卿、光禄寺卿、太僕寺卿、内閣侍讀學士、翰林院侍讀學士、侍講學士、祭酒、左通政、大理寺少卿、少詹事陞授。〇雍正三年議准：庶子亦與。副都御史員缺，由通政使、大理寺卿陞授。如無人，方以太常寺卿、光禄寺卿、太僕寺卿陞授。舊制，副都統亦與。康熙二年，停。通政使、大理寺卿員缺，由詹事、太常寺卿、光禄寺卿陞授。如無人，方以太僕寺卿、左通政、大理寺少卿陞授。○内閣學士、通政使、大理寺卿三缺,宗人府啓心郎、督捕理事官亦與陞補。今缺裁。舊例,開列具題。康熙二年議准:請旨會推。○又題准:停止會推,仍行開列。○七年題准:選擇才能,每缺開列四員具題。○十年題准:停止選擇,仍行開列具題。○雍正元年議准:翰林院學士,用進士出身者補授。

凡詹事員缺,由少詹事、内閣侍讀學士、翰林院侍讀學士、侍講學士、祭酒、左通政、大理寺少卿陞授。○雍正三年議准:庶子亦與。○舊制,督捕理事官亦與。今缺裁。舊例,論俸題補。康熙十五年議准:開列具題。

凡太常寺卿員缺,由光禄寺卿、太僕寺卿、内陞布政司陞授。如無人,方以翰林院侍讀學士、侍講學士、左通政、大理寺少卿、少詹事、庶子陞授。光禄寺卿、太僕寺卿員缺,由内閣滿洲、蒙古侍讀學士、翰林院侍讀學士、侍講學士、祭酒、左通政、大理寺少卿、少詹事、庶子、布政司陞授。○舊制,啓心郎、督捕理事官亦與。今缺裁。舊例,俱論考語俸次陞補。康熙七年題准:選擇才能四員,開列具題。○十年題准:仍論俸陞。

凡左通政、大理寺少卿員缺,由太常寺少卿、鴻臚寺卿、太僕寺少卿、宗人府郎中、各部滿洲蒙古郎中、理藩院滿洲蒙古郎中、諭德、洗馬、給事中、監察御史、翰林院侍讀、侍講、司業、内陞按察司陞授。○舊制,阿達哈哈番亦與。康熙二年,停。督捕理事官員缺,左由右轉,應陞各官與上同。今缺裁。舊例,論俸題補。康熙七年題准:選擇才能,每缺開列四員具題。○十年題准:停止選擇,仍論俸陞。○又題准:各員缺,將滿洲應陞官補過十員,蒙古應陞官補一員。

凡太常寺少卿、太僕寺少卿員缺,舊例,由佐領、各部員外郎陞授。康熙二年議准:由光禄寺少卿、欽天監監正、鴻臚寺少卿、宗人府員外、各部員外郎陞授。佐領不與。○十五年議准:增入内閣滿洲、蒙古侍讀、中允。俱論俸陞補。

凡鴻臚寺卿員缺,應陞各官,與太常寺少卿同。論俸題補。

凡少詹事員缺,由庶子、太常寺少卿、鴻臚寺卿、太僕寺少卿、宗人府員外、各部郎中、給事中、監察御史、翰林院侍讀、侍講、司業陞授。國子監祭酒、翰林院侍讀學士、侍講學士員缺,由太常寺少卿等官陞授。與少詹事同,少庶子一項。侍講學士轉侍讀學士。如無人,方以應陞官補用。左右春坊庶子員缺,由諭德等官陞授,與祭酒等缺同。少太常寺少卿、鴻臚寺卿、太僕寺少卿三項。左由右轉。如無人,方以應陞官補用。俱論俸題補。

凡内閣侍讀學士員缺,由太常寺少卿等員陞授,俱與祭酒等缺同。舊例,論俸題補。○雍正元年覆准:照定例將由漢字出身郎中等官内俸深者十員,吏部會同大學士等考試翻譯，擬正陪具題補授。

凡翰林院侍讀、侍講、國子監司業員缺，由滿洲識漢字通政司左參議、光禄寺少卿、欽天監監正、鴻臚寺少卿、宗人府員外、内閣侍讀、中允、各部員外郎陞授。侍講轉侍讀。如無人，方以應陞官補用。左右春坊諭德、司經局洗馬員缺，應陞各官與侍讀等缺同。少光禄寺少卿、欽天監監正、鴻臚寺少卿三項。左由右轉。如無人，方以應陞官補用。俱論俸題補。

凡左右春坊中允員缺，由贊善、欽天監監副、太常寺寺丞、宗人府經歷、都察院經歷、都事、各部主事、鑾儀衛主事、大理寺寺正、光禄寺署正陞授。左中允由右中允轉。贊善員缺，由通政司知事、大理寺評事、太常寺博士、中書科中書、内閣典籍、内閣中書、翰林院典簿陞授。左由右轉。如無人，方以應陞官補用。俱論俸題補。

凡各部院啓心郎員缺，舊例，於應陞官内選擇題補。今缺裁。

凡通政司參議、光禄寺少卿、鴻臚寺少卿員缺，由宗人府經歷、欽天監監副、贊善、太常寺寺丞陞授。鴻臚寺少卿缺，多大理寺寺正一項。俱論俸題補。

凡内閣侍讀員缺，由太常寺寺丞、欽天監監副、宗人府經歷、各部院主事、都察院都事、經歷、鑾儀衛主事、大理寺寺正、光禄寺署正陞補。舊例，論俸題補。康熙十年題准：内閣選擇，擬正陪，送部題補。○十五年題准：停止選擇，仍論俸陞。○十六年題准：票簽侍讀員缺，内閣於中書内選擇練習者，擬正陪，送部題補。○雍正元年覆准：令大學士等，將所知中書内，有人去得、辦事敬慎者，保題補授。

凡宗人府滿洲啓心郎員缺，由宗人府郎中陞授，今裁。郎中員缺，由員外陞授。員外員缺，由宗人府覺羅補授。舊例，俱由宗人府題補。順治十四年覆准：各部郎中，不補覺羅。○康熙十年議准：宗人府啓心郎、郎中、員外，專由覺羅陞補。○二十二年議准：宗人府官，將覺羅與滿洲兼用。各部院衙門員缺，覺羅亦得陞轉。俱由吏部題補。○雍正二年覆准：宗人府官員缺，用宗室一半。詳見《宗人府》。

凡六科給事中員缺，由各部院員外郎陞授。康熙十五年，增入内閣侍讀改補。○舊制，都給事中由左給事中轉，左給事中由右給事中轉。後官制改定，止轉掌印。舊例，論俸陞補。康熙六年議准：選擇賢能，開列具題。○七年題准：由選擇補授給事中者，較俸題補掌印。○八年議准：停止選擇，仍論俸陞轉。○雍正二年覆准：六科給事中缺出，將現在進士、舉人出身應陞科員者，各按旗分補授。其舉人、進士出身之小京官，不便驟補科員，俟陞轉至可陞科員之時，各按旗分先儘陞補。如無其人，仍照舊例，將應陞人員陞補。

凡監察御史員缺，康熙六年定：三品御史缺，將各部院掌印員外郎開列；四品御史缺，將各部院才能員外郎開列具題。八年題准：三品御史缺，各部院選擇郎中；四品御史缺，選擇員外郎咨送，論俸擬正陪具題。九年，俱定爲七品，舊例悉停。康熙十年題准：將應陞官論俸陞補。專用各部員外郎。十五年，增入内閣侍讀。

凡郎中員缺，由各部員外郎陞授。舊例，參領、阿達哈哈番、佐領、拜他喇布勒哈番亦與。刑部郎中缺，侍衛亦與。康熙二年，俱停。康熙三年題准：將應陞官照考語俸次補授。〇四年題准：吏部郎中缺，將現在郎中選擇擬正陪具題。〇七年題准：各郎中缺，於應陞官内選擇才能，每缺開列四員具題。〇八年覆准：刑部郎中缺，於候補郎中及應陞官内，選擇擬正陪具題。〇又諭：將阿達哈哈番以下拖沙喇哈番以上，有通曉滿文，或通曉漢文，堪任部院職掌者，每旗選擇四五員咨部。俟該旗缺出，與應陞官一并題補。〇九年題准：吏部郎中缺，將現任郎中及應陞官選擇題補。〇十年覆准：郎中不論旗分補授吏、刑二部員缺，將選擇之官與八旗咨送之官一同題補。其餘各衙門郎中缺，將候補之官擬出一員，與八旗咨送之官一同題補。如無候補之官，將俸深應陞之官擬出一員，與八旗咨送之官一同題補。其補授郎中旗分，若浮於定額，將俸淺員外郎裁退改補。如一衙門郎中已足一旗之額，其候補在前郎中及俸深員外郎，另補别衙門，取别旗應陞補官擬用。〇十一年題准：吏部郎中員缺，停其將現任郎中選補。〇十三年諭：兵部郎中缺，照吏、刑二部例選擇題補。〇十五年題准：停止選擇。〇三十九年覆准：添設刑部督捕司郎中缺，將八旗應陞之員，論俸陞補。

户部三庫郎中員缺，舊例，與各部郎中同。康熙九年題准：由户部將本部郎中選擇咨送調補。〇製造庫郎中員缺，舊例，與各部郎中同。康熙十年題准：將各該翼現任郎中論俸擬出二員，該翼阿達哈哈番、佐領等官内選擇二員，一并開列具題。

凡員外郎員缺，由一品官廕生除，太常寺寺丞、欽天監監副、各部院主事、都察院都事、經歷、宗人府經歷、鑾儀衛主事、大理寺寺正、光禄寺署正陞授。〇舊例，拖沙喇哈番亦與。今停。康熙二年題准：先將一品官廕生除授，次將應陞官内考滿一二等者陞補。如無其人，論俸擬陞。〇四年題准：吏部員外郎缺，於現任員外郎内，選擇擬正陪具題。〇七年覆准：刑部員外郎缺，由該堂官於候補及應陞官内，選擇擬正陪咨送題補。〇又題准：六部員外郎缺，若有候補之官，仍行先補；如無其人，俱令選擇。〇又題准：六部員外郎缺，停止選擇，俱由吏部論俸擬補。〇八年覆准：刑部員外郎缺，仍照七年例選擇題補。〇又諭：八旗選擇咨送官員，與應陞官一併題補。詳見《郎中》內。〇九年題准：吏部員外郎缺，將現任員外郎及應陞官選擇題補。〇十年題准：員外郎缺，將候補官廕生照文到先後補四員，應陞官補一員。〇十三年諭：兵部員外郎缺，照吏、刑二部選擇題補。〇十五年題准：選擇例，俱行停止。將候補官補三員，廕生除一員，應陞官陞一員。〇二十六年議准：各部員外郎陞補别部郎中員缺，將本旗内先因旗分郎中數多裁退之人補授。如無其人，即將此部數多應裁之員外郎調補彼部陞任員缺。

太僕寺員外郎員缺，舊例，由該旗將佐領、拖沙喇哈番、五品官咨送題補。康熙十二年題准：照各部員外郎例補授。佐領等員不與。

户部三庫員外郎員缺，舊例，與各部員外郎同。康熙十二年題准：由户部將本部員外郎選擇咨送調補。

凡各部院堂主事、都事員缺，由内閣中書、宗人府、各部院衙門有品級筆帖式陞授。舊例，聽該堂官於應陞官内選擇咨送題補。康熙五年定：論旗補授。〇八年題准：不論旗分。〇十五年題准：停止選擇。將部院衙門有職掌官補一員，侍衛筆帖式補一員，六品筆帖式補一員，論俸按班補授。〇司分主事員缺，由散館庶吉士、進士、二品官廕生除授，通政使司知事、經歷、大理寺評事、太常寺典簿、贊禮郎、博士、各部司庫、詹事府主簿、中書科中書舍人、光禄寺典簿、署丞、内閣典籍、中書、翰林院典簿、國子監監丞、博士、助教、典籍、禮部讀祝官、鴻臚寺主簿、鳴贊、各部寺司務、欽天監五官正、宗人府各部院六品筆帖式陞授。舊例，聽該堂官於應陞官内，保舉咨送題補。康熙八年議准：論俸陞補。增入官廕生除授。〇十年題准：由候補官與二品官廕生照文到先後補四員，部院衙門有職掌官補一員，六品筆帖式補一員。〇十四年題准：將候補官、散館庶吉士、進士、侍衛筆帖式、督撫布按選擇帶去六品筆帖式照文到先後補三員，廕生補一員，應陞有職掌官補一員，六品筆帖式補一員。〇二十六年題准：凡主事員缺，六品筆帖式用完之旗分，將七品筆帖式歸於六品筆帖式分内，論俸陞補。〇又題准：嗣後，奉旨揀選主事員缺，將七品筆帖式與六品筆帖式一併選擇。〇二十七年覆准：三旗各部院司主事員缺，將侍衛筆帖式連補三員，先越過之缺，停其償補。嗣後，遇侍衛筆帖式班次，不論已未年滿，將伊等内年久者補一員。堂主事係八旗公缺，仍照舊例補授。〇三十九年覆准：刑部督捕司主事一缺，將八旗應陞之員論俸陞補。〇雍正三年議准：遇堂司主事缺出，雙月以廕生一人、應陞一人，輪班選用。應陞班内，以通政使司經歷、知事、大理寺評事、太常寺博士、典簿、内閣中書、典籍、翰林院典簿、光禄寺典簿、署丞、詹事府主簿、各部寺司庫、司務、鴻臚寺主簿、國子監監丞、助教、典簿、太常寺讀祝官、贊禮郎、鴻臚寺鳴贊、欽天監五官正、六七八品筆帖式通較俸。單月以捐納六人、應補一人,輪班補用。捐納班内,原以捐駝、種地、大同捐駝、西寧、大同續捐駝、户部捐駝六班輪用。今議以西安、户部、阿爾泰三班捐納及坐臺、修書等項効力議叙。共爲五班,輪流補用,舊班俱停。如遇三班捐納無人,仍用舊班。又,應補人員,有病痊、降調、開復各項,俱照文到日期,挨次補用。現有永定河捐埽議叙人員,亦附入。

凡欽天監監正員缺,由監副陞授。如無人,方以五官正陞授。監副員缺,由五官正陞授。如無人,方以靈臺郎陞授。五官正員缺,由靈臺郎陞授。靈臺郎員缺,由挈壺正陞授。挈壺正員缺,由本監博士陞授。博士員缺,由天文生除授。舊例,由各部院衙門及本監應陞官内題補。康熙六年議准:歷俸五年,照例陞轉别衙門。〇七年議准:歷俸六年,禮部考核稱職者,咨部註册,俟本監缺出陞補。如無缺,加俸二級。〇九年諭:與各部院衙門一體陞轉。〇十五年諭:不論品級,將學習天文通達者選補。如遇應陞各部院衙門之缺,必已經學成者,方准陞轉。〇二十年題准:滿洲有補本監漢缺者,仍照滿洲品級考陞轉;五官正以下員缺,俱由本監選擇,擬正陪咨送題補。

凡太常寺寺丞員缺,由二品官廕生除,通政司知事、經歷、大理寺評事、本寺博士、各部司庫、中書科中書舍人、光禄寺典簿、署丞、内閣典籍、中書、翰林院典簿、國子監監丞、博士、助教、典簿、鴻臚寺主簿、鳴贊、禮部讀祝官、太常寺贊禮郎、各部寺司務、欽天監五官正陞授。舊例,先以廕生除授,次於應陞官内考滿一二等者陞補。如無考滿者,論俸陞補。康熙十年題准:由各衙門有職掌官員論俸陞補。停止廕生除授。

凡都察院經歷、大理寺寺正、光禄寺署正員缺,由二品官廕生除。其應陞各官,與太常寺寺丞同。舊例,先以廕生除授,次於應陞官内考滿一二等者陞補。如無考滿者,論俸陞補。康熙十年題准:將候補官及官廕生照文到先後補四員,應陞官補一員。

凡通政司經歷、太常寺典簿、各部司庫、光禄寺署丞、典簿員缺,由進士、舉人、三品官廕監生除,司經局正字、詹事府録事、司匠、宗人府、各部院七品八品筆帖式陞授。舊例,先由廕監生除授,次於應陞官内考滿一二等者陞補。如無考滿者,論俸陞補。康熙十年題准:將候補官及廕監生照文到先後補二員,應陞官補一員。〇十四年題准:將候補官、滿洲督撫布按選擇帶去七品筆帖式及進士、舉人照文到先後補三員,廕監生補一員,應陞官補一員。○二十六年題准:無品筆帖式已歷十五年者,與食錢糧八品筆帖式論年,以通政使司經歷等員缺補授。

凡通政使司知事、大理寺評事、太常寺博士員缺,由進士除,內閣中書、宗人府、各部院有品級筆帖式陞授。舊例,以應陞官考滿一二等者先陞。如無考滿者,論俸陞補。康熙十四年題准:將進士補授一次,筆帖式內選擇咨送補授一次。○十五年題准:停止選擇。由七品筆帖式論俸陞補。

凡中書科中書舍人員缺,由內閣典籍、中書陞授。詹事府主簿、翰林院典簿員缺,由待詔、正字、録事陞授。翰林院待詔、司經局正字、詹事府録事員缺,由孔目、無頂帶筆帖式陞授。翰林院孔目,由庫使陞授。各部寺司務員缺,由宗人府、各部院無頂帶筆帖式陞授。製造庫司匠員缺,由孔目、無頂帶筆帖式陞授。俱論俸題補。

凡內閣典籍員缺,由內閣撰文辦事中書陞授。○舊制,六品七品筆帖式亦與。後停。康熙六年題准:於他赤哈哈番內,聽內院選擇文義優通者題補。○十年題准:於中書內選擇移送吏部具題。他赤哈哈番不與。○十五年題准:論俸陞轉。

凡內閣撰文中書員缺,舊例,由辦事中書、六品七品筆帖式陞授。辦事中書員缺,舊例,由廕監生、庫使、領催、官學生除授。康熙十年題准:內閣考取補授。增入翰林院孔目、八品筆帖式二項。庫使、官學生、領催不與。○十五年題准:停止考試。將廕監生除授四員,筆帖式論俸陞補一員。○十七年題准:仍由內閣考試。○二十二年題准:由吏部考試補授。○二十四年題准:內閣會同吏部考取。○四十六年議准:中書缺出,入於各旗筆帖式班內。至何班,即將何班第一人擬正、第二人擬陪,具題引見補用。○五十二年覆准:嗣後,八旗漢字中書缺出,論各旗分於進士內挨次擬正陪具題引見補授。如無進士,將舉人亦照此例擬補。如進士、舉人止剩一人,坐名擬補。如遇缺出之旗分內無進士、舉人,按旗分將進士擬補。如無進士,將舉人擬補。俟此旗分內復有中式進士、舉人,將多得中書缺之旗分缺出補還。○五十九年奏准:將八旗官學生候補筆帖式監生等內,每旗揀選寫大字之人一員、寫細字之人二員,令其學習。俟學習成時,奏請補用。○六十一年奏准:揀選學習寫字已成之人,遇各旗滿字中書缺出,引見補放。揀選例,詳見《內閣》。○雍正元年覆准:翻譯中書缺出,將本旗進士、舉人與現任筆帖式及應陞中書人內,吏部會同大學士考試翻譯,揀選擬正陪具題補授。○三年覆准:漢字中書,係翻譯本章之員,甚爲緊要,必需熟練之人,方克勝任。嗣後,將翻譯舉人及考試前列之候補筆帖式,每旗二員,咨送内閣,學習翻譯本章。俟有本旗中書缺出,内閣出具考語,擬定正陪,咨送吏部引見補授。其翻譯舉人,遇翻譯會試時,仍照文舉人中書、筆帖式例,准其入闈會試。

凡國子監監丞、博士、典簿員缺,由舉人、四品官監生除,宗人府、各部院七品八品筆帖式陞授。舊例,先以官監生除授,次以筆帖式陞補。康熙十年題准:候補官及官監生照文到先後補授二員,筆帖式論俸陞一員。○十四年題准:候補官與督撫布按選擇帶去筆帖式及舉人照文到先後補三員,官監生補一員,製造庫司匠筆帖式論俸補一員。十五年,停止司匠一項。

凡鴻臚寺主簿員缺,康熙十一年初設。照國子監典簿例補授。

凡國子監助教員缺,舊例,由官學生除授。康熙二年題准:考試補用。改用四品官監生、七品八品筆帖式三項。○十五年題准:停止考試。○又議准:官監生補一次,筆帖式補一次。○二十三年題准:仍由考試擬補。○雍正二年覆准:嗣後,各旗滿助教缺出,吏部將該旗俸次在前應用人員内,會同翰林院、國子監考取翻譯通順、繕寫熟練之員,擬正陪引見補授。○四年覆准:嗣後,漢字助教員缺,將閑散文舉人、副榜、科分在前者,每旗咨取十人,并由文舉人、副榜出身之俸深筆帖式,每旗傳取五人。其滿字助教員缺,於滿字俸深筆帖式内,每旗傳取十人。令國子監會同翰林院恭請題目,考取文理優通、翻譯去得、字跡端楷者,進呈御覽。吏部照例註册。每遇缺出,挨名次擬定正陪帶領引見。不限旗分,作爲公缺,按取中名次補授。陞轉時,仍照例論俸陞轉。

凡順天府學教職員缺,雍正四年初設。於進士、舉人、恩、拔、副榜、歲貢生内,考取文理優通者,擬正陪引見。進士、舉人授爲教授,恩、拔、副榜、歲貢生授爲訓導。俱正七品。與滿洲漢字七品小京官較俸陞轉。

凡禮部讀祝官員缺,由内閣中書、各部院有品級筆帖式陞授。○康熙二年初設。於應陞官内,選擇聲音洪亮者補授。

凡太常寺贊禮郎、鴻臚寺鳴贊員缺,舊例,由筆帖式、護軍校、前鋒、護軍等陞授。康熙六年題准:由三品四品官廕監生及各部院有品級筆帖式陞授。餘悉停。○十年題准:增入孔目。俱選聲音洪亮者補授。○四十年諭:嗣後,贊禮郎缺出,將該旗護軍校、驍騎校、護軍等,俱令唱贊,揀選聲音洪亮者具題。

凡守皇史宬官員缺,照禮部及該旗咨送補授。

凡朝鮮通事員缺,由禮部咨送補授,不具題。

凡王府官員缺,由王府咨送補授。

凡五旗弓匠協領員缺,由該旗咨送補授。

凡内廷執事人以部院用,雍正元年諭:内廷執事頭目,將内廷執事人挑選引見。遵旨挑取二十五員引見。奉旨:分在六部試用行走,掣籤定部。〇又奉旨:行走果好,該部保題。有品級者,以司官用;無品級者,以筆帖式用;不好者,着革退。〇四年覆准:嗣後,執事人在各部院行走人員,已經具題對品實授者,以具題實授之日算起,五年滿日,將有品級食俸者,通算從前執事人俸禄。其無品級食錢糧之人,補用無品級筆帖式者,通算從前錢糧陞用。未經具題實授者,俟具題實授後,五年滿日,通算從前執事人俸禄錢糧陞用。如五年内行走好,才能稱職者,遇該部應陞缺出,仍准各該堂官保題陞用。若五年滿後,該部不行保題,於伊等應陞之缺,通算從前俸禄錢糧。照例陞用者,吏部將該員由何項執事人出身、經何人保題之處,逐一開明,繕寫簽子,附入履歷摺内,一併進呈。其才力不及,行走懶惰者,該堂官即行具奏革退。

大清會典卷之九

吏部文選司

〔蒙古缺除授陞補〕

蒙古官員，出身除授、遷轉資級，大略與滿官相同。間有分缺坐補者，備列於後。

凡各筆帖式及進士、舉人、生員、廕監生、官學生，遇應陞補除授員缺，俱與滿洲例同。

凡俊秀，康熙十年題准：考試翻譯滿洲蒙古字優者，授八品筆帖式。文義未通者，劄回國子監，學習成日，再送考試。

凡理藩院尚書、侍郎員缺，應陞轉官員，與各部同。不分滿洲蒙古，開列具題陞補。

凡内閣侍讀學士員缺，應陞轉郎中等官，與滿洲例同。舊例，選擇才能題補。康熙十年題准：内閣將蒙古郎中選擬正陪，咨送題補。〇十五年題准：吏部論俸陞補。

凡監察御史員缺，坐定二缺，由員外郎陞授。論俸陞補。

凡各部郎中員缺，坐定六部各一缺。舊例，由阿達哈哈番、拖沙喇哈番及部院衙門員外郎陞授。康熙十年題准：專用員外郎、内閣侍讀。論俸陞補。

凡理藩院郎中員缺，舊例，不分滿洲蒙古，聽該堂官於本衙門應陞官内，擬正陪咨送題補。〇康熙二十七年議准：停其照咨補授。將蒙古應陞官論俸陞補。坐定滿洲六缺，蒙古五缺。

凡各部員外郎員缺，坐定吏、户、禮、刑四部各一缺，兵部、工部各三缺。由蒙古主事、一品官廕生補授。如無人，方以蒙古撰文中書、六品筆帖式陞授。再無人，方以蒙古七品撰文辦事中書及司牲官、助教陞授。再無人，方以蒙古七品筆帖式陞授。

舊例，將拖沙喇哈番、護軍校、驍騎校等官補授，今久停。康熙十年題准：將部院衙門應陞官題補。〇十六年題准：論俸陞補。

凡理藩院員外郎員缺，坐定十九缺。舊例，將蒙古有職掌官員補授。若無其人，於滿洲應陞員外郎有職掌官員内，通蒙古語言者擬補。如又無人，將蒙古撰文中書、六品筆帖式陞授。康熙十四年定：將該旗蒙古助教、辦事中書論俸擬正陪題補。〇二十七年議准：照各部員外郎一體論俸陞轉。

凡各部司主事員缺，坐定吏、户、禮、兵、工五部各一缺，刑部二缺。應陞官與滿洲例同。論俸陞補。

凡理藩院堂主事員缺，舊例，由該堂官於蒙古應陞官内選擇咨送題補。康熙十五年題准：論俸陞。將有職掌官補一次，六品筆帖式補一次。司主事員缺，舊例，於該翼蒙古應陞官内，論俸陞補。應陞官俱與滿洲例同。康熙十年，增入二品官廕生除授。〇坐定滿洲二缺，蒙古五缺。

凡理藩院司務員缺，由六品筆帖式補授。若無其人，以七品八品筆帖式陞授。康熙二十三年題准：論俸補授。

凡内閣侍讀、撰文辦事中書陞除，舊例，與滿洲同。〇康熙五十二年覆准：嗣後，蒙古字中書缺出，照補授滿洲中書之例，將進士、舉人挨次補授。該旗若無進士、舉人，亦照滿洲按旗分補用之例行。若八旗蒙古旗分俱無進士、舉人，仍照舊例，入於蒙古旗分補授筆帖式班次内，擬正陪具題補授。

凡國子監助教員缺陞除，舊例，與滿洲同，原設四員，二旗輪補。雍正元年，添設四員，每旗坐定一員。由筆帖式論俸陞。

凡司牲官員缺，舊例，由七品筆帖式陞授。康熙十五年題准：由官監生除授一次，七品八品筆帖式論俸陞補一次。若有候補官，即行先補。

凡駐防遊牧地方員外郎品級官員缺，由該旗咨送題補。〇雍正元年議准：查哈兒地方八旗，每旗理事員外郎二缺，以京城一員、以查哈兒地方一員揀選補用。其在京官員，由理藩院將蒙古旗分護軍校、驍騎校、中書、筆帖式、護軍内滿洲蒙古文義好、辦事去得，揀選咨送吏部引見補授。如係護軍校、驍騎校授爲員外郎者，將伊等論俸，以應陞之缺陞用。如係中書、筆帖式、護軍授爲主事，俟三年後居官好，保舉咨送吏部，具題補授員外郎。其本處旗分官員，令該總管將各旗護軍校、驍騎校、閑散官員内人去得、辦事好，保舉咨送理藩院，帶領引見補授。其補授所出本處員缺，將各旗筆帖式辦事好者,一併保舉咨送。若將筆帖式授爲主事,亦俟三年後,將好者保舉咨送具題,授爲員外郎。

〔漢軍缺除授陞補〕

國初,在内文職,漢軍與滿洲並設。順治元年以後,乃定大學士、尚書、左都御史與漢人一同題請。京堂以下,則有專設員缺,侍郎、學士、左副都御史、順天府、奉天府府尹、光禄寺卿、左僉都御史、宗人府啓心郎、通政使司右通政、大理寺少卿、光禄寺少卿、督捕右理事官、通政使司右參議及郎中以下等官。其陞轉補授與滿洲同。康熙十二年,悉以京堂官歸入漢缺,與漢人一併擬補。惟右通政歸入滿缺。止存内閣侍讀學士、郎中等員。雍正五年,將郎中等官亦歸入漢缺。其除授陞補之例,詳著於篇。外職,俱與漢人一體遷轉,無庸複載。

凡進士,順治九年題准:除選庶吉士外,以他赤哈哈番用。若由他赤哈哈番、筆帖式哈番中式者,以員外郎、主事用。○康熙十二年題准:二甲、三甲進士,俱授知縣。

凡舉人,順治九年題准:以筆帖式哈番用。○康熙二年覆准:以知縣用。○八年定:旗下開科,漢軍與漢人例同。○二十一年題准:因旗下停科目,舉人仍選知縣。○三十九年覆准:漢軍舉人,照漢人例,三科不中,願就知縣者,以知縣用。各項知縣,以十七人爲一班。每選過三個班次,選用漢軍舉人一人。

凡官廕監生,順治十三年題准:一品二品官廕生,以他赤哈哈番、知州用。三品官廕生,以筆帖式哈番、知縣用。○十八年題准:一品官廕生,以五品用。二品官廕生,以六品用。三品官廕生,以七品用。四品官監生,以八品用。通曉文義者,補授部院衙門。堪任武職者,照品級與服俸,隨旗上朝。○康熙三年題准:一品官廕生,以員外郎、治中用。○又題准:生員復爲廕監生,品級大者,授以應得品級。若品級小者,授爲七品。○四年題准:廕監生二十一歲以上,不能學習者,按品給俸,隨旗上朝。二十一歲以下,未經學習者,劄回國子監讀書。○八年題准:一品官廕生,併准選兵馬司指揮、知州。○十年題准:廕監生學業有成者,照國子監咨送日期,註册録用。○又議准:一品官廕生,以宗人府經歷、治中用。○十二年題准:一品官廕生,以員外郎用。二品官廕生,以大理寺寺正、知州用。三品四品官廕監生,以内閣中書、各部院衙門筆帖式用。○又議准:初授内外職廕監生,吏部會同翰林院考試八股策論。文義通者,選用。未通者,劄回國子監學習。○十三年議准:停止考試八股策論。○五十四年題准:漢軍廕生内捐納先用者,如有捐納之班,入於捐納班内,以應得之缺分用。如無捐納之班,仍與廕生應得之缺分用。

凡貢監生、生員、官學生考用之例,俱與滿洲同。

凡俊秀,康熙十年題准:識滿字者,考試翻譯。文義優通,以八品筆帖式用。如止識漢字者,與漢人一體擬用。

凡各衙門筆帖式員缺,考試補授,俱與滿洲例同。外除州縣及佐貳官,詳見《漢缺》内。

凡外郎員缺,舊例,取年久官學生補授。六年滿日,考定州同、州判、縣丞。職銜照漢人例,於雙月取選。康熙十三年題准:裁汰部院衙門外郎,改歸單月,照所考職銜以次補用。止留盛京四部、驛站並八旗都統外郎。○二十九年題准:八旗外郎,六年滿後,考定職銜,與各項貢監照考定年分挨次選授。其上有年久貢監甚多,且與捐納之人分缺選授,故外郎等年久不得選用以致壅滯。嗣後,將外郎等仍歸於貢監分内,將貢監選七員,外郎選一員。外除州同、州判、縣丞。

凡内閣侍讀學士員缺,由監察御史、各部郎中陞授。舊例,聽内閣於應陞官内,選擇擬正陪送部題補。康熙十五年題准:停止選擇,由吏部論俸陞補。○雍正元年覆准:將由漢字出身郎中等官内俸深者十員,吏部會同大學士等考試翻譯,擬正陪具題補授。

凡内閣侍讀員缺,舊例,由典籍、中書陞授。近例,各部主事、大理寺寺正亦與。舊例,選擇題補,論俸陞授,俱與侍讀學士同。○雍正元年覆准:令大學士等,將所知中書内有人去得、辦事敬慎者,保題補授。

凡監察御史員缺,舊例,於應陞官内論俸陞補。康熙三年題准:由正五品郎中較考語、俸次補授。如無其人,於正五品員外郎内較考語、俸次補授。○八年題准:將該旗員外郎論俸題補。旗下咨送,阿達哈哈番亦與。○十二年題准:不論旗分,由郎中論俸改補。阿達哈哈番,停止開列。○又題准:内陞外轉,與漢人一同開列。

凡郎中員缺,由各部員外郎、内閣侍讀陞授。舊例,於應陞官内論考滿一二等及較俸擬陞。康熙六年定:論旗補授。○七年題准:每缺選擇四員具題。○八年論:八旗照滿洲例選擇咨送官員。俟該旗缺出,與應陞官一併題補。○十年題准:不論旗分,將候補在前郎中一員,與八旗咨送之官,一同題補。如候補無人,擬用俸深應陞之官。其補授郎中旗分,若浮於定額，將俸淺員外郎裁退，改補别衙門。如一衙門郎中已足一旗之額，將候補在前郎中及俸深員外郎另補别衙門，取别旗應陞補官擬用。○又題准：刑部郎中員缺，聽該衙門於候補及應陞官内選擇正陪，咨送題補。○十一年題准：吏部郎中員缺，照刑部例選擇題補。○十三年定：兵部郎中員缺，亦聽該衙門選擇，咨送題補。○十五年題准：停止選擇，俱論俸陞補。○雍正五年覆准：漢軍員缺俱裁，與漢人一體銓補漢缺。

凡各部員外郎員缺，舊例，由一品官廕生除，由各部院衙門主事、都事、大理寺寺正陞授。以上無人，方以通政使司知事、大理寺評事、太常寺博士、内閣典籍陞授。以上又無人，方以中書、六品筆帖式陞授。近例，府同知、知州亦與。舊例，先由官廕生除授，次以應陞官内考滿一二等者陞補。如無其人，論俸擬陞。康熙八年定：八旗選擇咨送官員一併開列具題。詳見"滿郎中"内。○十年題准：候補官及廕生，照文到先後補四員，應陞官補一員。○又題准：刑部員外郎員缺，聽該衙門於候補及應陞官内選擇正陪，咨送題補。○十一年題准：吏部員外郎員缺，照刑部例選擇，擬正陪題補。○十三年定：兵部員外郎員缺，亦聽該衙門選擇，咨送題補。○十五年題准：停止選擇。由候補官照文到先後補三員，廕生補一員，應陞官補一員。○雍正三年覆准：八旗漢軍旗分員外郎缺出，外省同知、知州等官，與部院主事一體較俸陞轉。如同知、知州任内，有降職、降級及革職留任者，俱停其陞用。如係住俸、罰俸，仍免其停陞。○五年覆准：漢軍員缺俱裁，與漢人一體銓補漢缺。漢軍堂主事九缺，漢司主事五十五缺。遇有員外郎缺出，應漢司主事陞六次之後，將漢軍堂主事陞一次。

凡各部院衙門主事、都察院都事員缺，由通政使司知事及大理寺評事、太常寺博士、内閣典籍、中書、各衙門有品級筆帖式陞授。舊例，聽該衙門堂官於應陞官内，選擇咨送題補。康熙十五年題准：停止選擇，論俸陞。○雍正五年覆准：各部漢軍司員俱裁，漢軍漢人一體銓補。其應陞主事漢小京官與漢軍小京官筆帖式，遇有主事缺出，應各陞一次，輪流補用。

凡大理寺寺正員缺，由二品官廕生除，由通政使司知事、大理寺評事、太常寺博士、六品筆帖式陞授。舊例，先由官廕生除授，次以應陞官考滿一二等者陞補。如無考滿者，論俸擬陞。康熙十年題准：候補官及二品官廕生，照文到先後補授四員，應陞官陞補一員。

凡通政司知事、大理寺評事、太常寺博士員缺，由筆帖式陞授。舊由三品官廕生除授。康熙十二年，停。舊例，先除官廕監生，次於應陞官内論俸陞補。康熙十年題准:聽該衙門堂官於筆帖式内,選擇咨送題補。六七八品皆與。○十五年題准:停止選擇,論俸陞補。專用七品筆帖式一項。

凡内閣典籍員缺,由撰文辦事中書陞授。内閣撰文辦事中書員缺,由三品四品官廕生除,由七品八品筆帖式、無頂帶筆帖式陞授。○康熙五十二年覆准:嗣後,八旗漢軍中書缺出,照滿洲旗分漢字中書補授之例,將進士、舉人擬正陪具題引見補授。若該旗無進士、舉人,亦照滿洲按旗分補用之例行。○雍正元年覆准:漢軍翻譯中書缺出,將本旗進士、舉人與現任筆帖式及應陞中書人内,吏部會同大學士考試翻譯,揀選擬正陪具題補授。

凡欽天監官員缺,除授陞補,與滿洲同。

〔滿洲蒙古漢軍通例〕

凡官員、筆帖式,作缺具題陞補者,照科抄到部之日開缺;老病降革者,照功司付到之日開缺;在京病故及出差病故者,照該衙門咨到之日開缺。其呈堂陞轉中書、筆帖式、外郎、庫使等及應掣籤補者,俱照呈堂之日開缺。○康熙三十九年題准:嗣後,凡陞轉病退等官缺,以科抄到部之日爲開缺之日。其革職、降級、病退等官,到部分司第二日,即付文選司出缺。照先題定限期題補。其病故之官員,以病故之日算起,至一月,由各該處移咨到部,以文到之日開缺。

凡論俸陞轉見任官,遇應陞改補之缺,論俸擬正陪具題。如歷俸相同者,令其掣籤,分别正陪題補。後有缺出,先經陪推之人,不必即擬正推,仍以掣籤定序。其候補官員,按文到先後,擬正陪題補。若同日咨送者,俱照現任官例,令其掣籤。○雍正五年覆准:漢軍司員分别裁汰。其較俸之處,向例,漢軍通算前俸;漢人陞轉,止較本任之俸。今漢軍既以漢缺銓補,每遇陞轉,應除去前俸,與漢人一體較本任之俸。

凡武職改文較俸,康熙二十九年論:嗣後,以旗下補授部院,或以侍衛補授者,查俸時,原俸俱准較算。○四十五年題准:旗下保舉補授部院人員,三年已滿,以旗下行走補用部院官員者,將旗下行走及補用部院之俸,通共較算,照常陞補。若原係部院筆帖式、主事授爲侍衛、佐領,復用員外郎等官者,陞轉時,其原任部院之俸及現任之俸,俱通算。其在旗下行走之俸,不必通算。其郎中等官,如遇奉旨開列年久之員,繕寫摺子進呈時,由筆帖式、主事、員外郎授爲阿思哈尼哈番、參領、阿達哈哈番,復用郎中等官者,其旗下行走之俸,俱扣除不算。至照常陞轉時,將伊等原在筆帖式、主事、員外郎之俸扣除。其阿思哈尼哈番、阿達哈哈番之俸及補郎中等官之俸,一併較算。○四十九年,題請護軍等員改授文職算俸之處。奉旨:食錢糧年月,俱准通算。

凡候補官員,大學士以下詹事以上,與應陞官一同開列。太常寺卿以下,擬正陪具題。若候補無人,方將應陞官陞補。其候補官内,有同日咨送者,令掣籤擬定正陪。郎中以下候補官與應陞除官分缺間用者,詳見各官本條例内。

凡滿漢字員缺調補,康熙五十年諭:部院漢字官員,不能翻譯,惟思陞用,徒占漢字分缺,理應調換。遵旨議定:漢字分内,現任滿洲官員,行文各部院衙門嚴行曉諭,務令用心學習翻譯。有不能學習翻譯,具呈調換滿字者,照例註册。其專司漢字官員,有不能翻譯,具呈調換滿字者,另行具題。

凡降級留任官員,康熙十年議准:遇應陞改補缺出,不得開列。俟開復之日,方准照常陞轉。

凡還職還級官員,康熙十年題准:俱准通理前俸。○又題准:六七八品筆帖式降一級者,三年滿日,該衙門咨稱勤能准復原級。以復級之日計俸陞轉。

凡降級候補官員,舊例,從五品降二級,正六品降一級。因無從六品官,俱以正七品用,仍支六品俸。康熙十一年題准:照職任品級降至正四品者,以小四品用,仍帶餘級。○十二年題准:降至從四品者,不補祭酒,内閣侍讀學士、翰林院講讀學士改爲從四品後,亦不作降補之缺。以正五品用,仍帶餘級。○十三年題准:降至正九品者,不補讀祝官、贊禮郎,以九品筆帖式用,陞正從八品之缺。漢軍降至從八品者,不補典籍,以筆帖式用,帶餘級食俸,仍陞八品官。○十四年題准:候補主事以下官員,有願告降者,准以筆帖式補用。

凡還欠錢糧官員補用,雍正元年題准:嗣後,補授旗員欠錢糧者,於未完錢糧前所出之缺,概不補授。還錢糧後所出之缺,仍行論俸補授。遇宗人府、盛京陵寢缺出後,故爲拖欠規避者,仍行補授。將所欠錢糧交與該管之處,限期嚴追完納。永遠遵行。

凡官員告假,現任官員有祖父母、父母及親兄弟在外省駐防病故者,其子孫兄弟欲往迎喪,取該都統印結咨部,准其給假。六品以上,具題。七品以下,註册定限。○康熙十年題准:在京官員,祖父母、父母在駐防地方患病,欲往迎歸、省覲者,亦照例給假。

凡官員迴避,康熙三年題准:部院尚書以下筆帖式以上,祖孫、父子、親伯叔、兄弟,若同一衙門,令官卑者迴避。

凡部院衙門堂印,舊屬滿官掌理。順治十六年諭:各部院衙門堂官,受事在先者,即令掌印,不必分別滿漢。〇十八年題准:仍屬滿官掌理。〇康熙六年諭:各司印信,選擇賢能司官掌理。〇九年議准:各司印信,屬滿洲郎中掌理。都察院各道及五城掌印,屬三品御史掌理。如無郎中、三品御史,始令員外郎、四品御史掌理。〇十年議准:都察院各道掌印,聽堂官論俸委任。

凡官員、筆帖式論旗補授,舊例,滿洲郎中、員外郎、司主事、宗人府員外、主事、内閣滿文中書、助教、太常寺贊禮郎、鴻臚寺鳴贊、各部院衙門滿文筆帖式及陵寢筆帖式、庫使,俱論旗補授。侍衛筆帖式、内禁門筆帖式、鑾儀衛筆帖式,俱上三旗人補授。國子監司業,論翼補授。蒙古户部郎中、員外郎共八員,兵部郎中、員外郎共八員,兵部筆帖式八員,俱論旗補授。蒙古理藩院司主事、吏部筆帖式,論翼補授。蒙古助教,兩旗合補一員。漢軍監察御史、郎中、員外郎、内閣中書、外郎,俱論旗補授。漢軍鑾儀衛筆帖式,由上三旗人補授。〇康熙十年題准:滿洲漢軍郎中,不論旗補授。〇十二年題准:漢軍監察御史,不論旗分。〇二十三年議准:滿洲漢軍翻譯滿漢文中書、筆帖式,論旗補授。〇三十九年覆准:督捕司筆帖式十二員,每一旗坐定一缺。所餘四缺,將漢軍筆帖式每翼坐定補授。〇四十四年覆准:漢軍官員,除裁退外,刑部餘剩八員,每旗指定一缺。吏部、禮部、兵部、工部俱餘剩四員,每翼坐定二缺。缺出,按旗分在前者,輪班補授。〇又題准:員外郎論翼補授,不能均齊。吏部、兵部、工部各二缺,禮部三缺。此四部共員外郎九員,停其論翼,每旗坐定一員。餘剩一員,缺出時,按旗分在前者,輪班補授。

凡裁缺改補,雍正五年,議覆裁汰各部漢軍司員,歸併漢缺,遇缺即補。奉旨:著問伊等堂官,其中可留部辦事者,著舉出帶來引見。其平常之員,該堂官不行保舉者,著以旗員對品補用。

〔盛京官陞除〕

盛京設立五部,職掌同於京曹,事務簡少,故不備官。崇奉陵寢,則有贊禮、讀祝之屬。將軍所駐,則有主事、筆帖式以治簿書,助教以司訓課。其遷除之制,具載於左。山海關外官員,亦附見焉。

凡盛京官陞轉,康熙二年題准:盛京各官,遇盛京應陞之缺擬補。若無應陞之缺,與在京官員,一體陞轉。

凡盛京官較俸,康熙三十六年覆准:寧古塔將軍衙門主事,與盛京主事、讀祝官、贊禮郎、司庫、助教,一體以得有頂帶筆帖式之日,通共較俸,以盛京應陞之缺陞補。

凡盛京官保舉引見,雍正五年諭:"盛京官員習俗不堪。若論俸次即行補授員外郎、主事等官,不但不得好官,且於事務不能清理。此後缺出,或與京城官員一體論俸補授,或著彼處各部堂官將好者保舉引見題補之處,吏部定議具奏。"遵旨議定:嗣後,盛京郎中、員外郎缺出,將京城人員與盛京人員,論俸擬正陪。其盛京擬正擬陪之員,若才能操守可保舉者,著盛京各部堂官據實保舉,出具考語引見補授。不保舉之員,亦令註明咨部。至主事等官,例由盛京筆帖式内論俸陞補。嗣後缺出,應陞之人,亦著本部堂官照前保舉。即本部堂官不行保舉,盛京四部堂官内有深知其人者,亦准其保舉。如俸深之員不足保舉,即將次俸人員保舉擬正,俸深無保舉之員擬陪,咨部引見。倘盛京概無可保之人,再行文吏部,將俸深筆帖式揀選引見補授。

凡盛京官引見改調,雍正五年諭:"盛京五部司官,多係本處居住之人。互相交結,瞻徇情面,通同作弊,欺隱上司。習俗甚是不堪。朕屢降諭旨,不能悛改。若不盡行調換,難於整頓。吏部將盛京本處之人,現任郎中以下主事以上人員,查明人數,悉行調來以京員用。其員缺,著在京各部堂官揀選辦事中等司官,吏部帶領引見補用。所遺員缺,即將盛京撤回之員補用。如此,則盛京堂官易於辦理。而盛京部院積習,可以悛改矣。"〇又諭:"從前盛京助教、贊禮郎等官,遇有本處員外郎、主事缺出,通行補用者,因盛京人少之故耳。今調換來京,應照京城之例,以主事用。其盛京本處之助教,著悉行調換來京。贊禮郎、讀祝官,不必調換。嗣後,有盛京本處之贊禮郎、讀祝官論俸陞轉時,著行文問明伊等,若願陞來京城,照例以主事用。如願在盛京,仍著在贊禮郎、讀祝官行走。"〇又諭:"朕因盛京各官習俗不好,是以揀選京員調補。原欲其悉心辦理事務。若到任未久,即以京城員缺陞用,於盛京部務無益。嗣後,由京補授盛京滿漢司官,歷俸三年,方行陞轉。如三年内,遇伊應陞之時,吏部奏聞以陞銜留任,仍以陞銜較俸。"〇又,贊禮郎、讀祝官缺員,帶領應陞人員引見。奉旨:以盛京主事兼贊禮郎、讀祝官行走。

凡盛京各部侍郎員缺,照在京侍郎例陞補。

凡盛京各部員外郎員缺，由盛京主事、讀祝官、贊禮郎、司庫陞授。康熙二年題准：論俸陞補。〇二十八年覆准：刑部添設員外郎四員，將缺少旗分應補之人，照例補授。〇二十九年覆准：盛京户部添設員外郎四員，於在京應陞官員，照所缺旗分，均平論俸陞補。

凡盛京主事員缺，由盛京有品級筆帖式陞授。康熙二年題准：聽該衙門選擇補授。〇十五年題准：停止選擇，論俸陞補。

凡盛京各部司庫員缺、由盛京司匠、有品級筆帖式陞授。司匠員缺，由盛京無頂帶筆帖式陞授。康熙二年題准：俱論俸陞補。

凡盛京讀祝官員缺，由盛京有品級筆帖式陞授。康熙二年題准：選擇聲音洪亮者題補。〇二十二年題准：聽盛京禮部選擇，擬正陪咨送題補。增入在京内閣中書、有品級筆帖式，一併選擇。〇雍正三年題准：由太常寺選擇，咨送題補。

凡盛京贊禮郎員缺，由盛京有品級筆帖式陞授。康熙十年題准：增入盛京三品四品官廕監生、無頂帶筆帖式。康熙二十二年題准：聽盛京禮部選擇正陪咨送。增入在京翰林院孔目及筆帖式、監生，一併選擇。〇雍正元年覆准：將贊禮郎作爲翼缺。四旗内有頂帶無頂帶筆帖式、恩詔廕生、監生、捐納監生、庫使、官學生，公同唱贊挑選，咨送禮部。如好，轉咨吏部，具題引見。如不好，該部將京城人員選擇，咨送吏部，具奏引見。〇三年題准：由太常寺選擇，咨送題補。

凡寧古塔將軍衙門主事，將盛京、寧古塔筆帖式等，以得有頂帶筆帖式之日，較算陞補。

凡黑龍江默爾根地方左右兩翼助教員缺，康熙二十四年覆准：將應補教官之人，該將軍選擇，送部補授。

凡山海關外官員，或病故、或年老告退者，舊例，俱准其子弟承襲。康熙十年題准：令該旗將應陞之人咨部補授。

〔盛京差委〕

凡稽查盛京部院衙門事件，雍正三年覆准：每年將滿漢御史職名開列具題，恭候欽點一員，差往盛京，稽查五部併將軍衙門事件。如有逾限不完以及推委越辦等弊，即行據實題參，照例議處。

凡欽差協理黑龍江船廠等處部院官，雍正元年諭："黑龍江船廠等處，人口孳生。各處之人，聚彼貿易甚多。今地方有應料理之事，只將軍武官料理，致有於例不合之處。此兩處，或御史，或部院賢能官員，酌量派出一二員到彼料理。”遵旨議定：黑龍江地方，俱係旗人，居民尚少，不甚有事。船廠地方，旗民雜處，商賈聚集，事件繁多，且有偷挖人參之事。嗣後，每年應將滿漢科道部院賢能官員，令各部院衙門保送。於黑龍江派滿官一員。其船廠事務繁多，派滿官一員、漢官一員。將定例帶去，會同該將軍料理事務。一年一次更换。每年於七月内引見差派，務令十月初旬至彼處更换。其换回之員，即令至盛京，將偷挖人參案件，會同盛京將軍刑部審理。務於年内到京具題。但盛京一切事件，俱無定限。嗣後，俱應照京城例，勒限完結。

凡盛京沙河等驛站官，舊係武職管理。康熙十九年定：一年一换。雍正元年覆准：於盛京司官内揀選管理。三年一换。

〔外官陞除〕

初定官制，滿洲人員，京缺、旗缺需用數多，並不除外吏。其後，乃用爲藩臬大員。八旗駐防所在，則專設理事之官。今並詳列焉。

凡山西、陝西布政使、按察使員缺，俱由宗人府郎中、各部郎中、理藩院滿洲郎中、給事中、監察御史陞授。按察使亦陞布政使。康熙七年諭：推用滿洲官，於應陞官内，擬正陪具題。〇九年議准：將應陞各官，論俸開列。〇十年議准：停止開列，仍論俸擬正陪具題。〇十六年以後，間奉特旨會推。

今間奉特旨簡用漢軍漢人。各省布政使、按察使，亦用滿洲官補授。

凡理事同知員缺，康熙二十八年覆准：將應陞主事八旗滿漢字人員，論俸擬正陪具題補授。

凡理事通判員缺，由八品小京官、筆帖式等項選擇具題補授。

凡船政同知員缺，由内閣中書選擇具題補授。雍正二年，裁。

大清會典卷之十

吏部文選司

〔漢缺銓選總例〕

國家銓選之法,每歲,有大選、有急選。投供驗到,掣籤定缺,事例甚詳。復加稽查驗看,考試引見,澄敘官方,務極慎重。具列於後。

凡開缺,内外官員推陞、行取、告假、遷葬、省親、更調、添設、復缺等項,以奉旨科抄到部之日開缺。學差報滿,禮部咨到考竣開缺。丁憂、終養,稽勳司移付開缺。休致、告病、解任質審、降調、革職提問及大計、京察、甄别、處分官員,考功司移付開缺。斥逐官,督撫咨册開缺。病故官,京職由本衙門咨文,外職由督撫咨册或科抄揭帖先到者,即行開缺。○順治十五年議准:各官有缺,科抄咨文到部,送司,即令單開,不得遲誤。按日登記缺簿,呈堂稽考。○康熙三十四年諭:微員告假丁憂之事,嗣後,停其另本具題。着以半月彙題一次,各以具呈之日爲開缺之日。遵旨議定:凡在内京官,據該衙門咨送到日;在外州縣等官,以督撫具題科抄到日,即行開缺。俱限半月彙題。○三十九年題准:嗣後,陞轉等官,以科抄到部之日開缺。革職、降級、告退等官,到部分司第二日即付文選司出缺。病故官員,以病故之日算起至一月,由各該處移咨到部,以文到之日開缺。

凡分月選官,順治初,推陞大選,行於雙月,急選,行於單月。○十三年題准:單月出缺,如候補無人,盡歸大選。○康熙三年諭:候補與大選官員,同月籤選。○五年議准:大選、推陞,仍歸雙月。急選,仍歸單月。○六年題准:内外官遇京察大計之月,題明停補。俟出榜後,仍按各月所出之缺選授。○九年題准:推陞大選,將雙月所出之缺彙算。如出十缺,陞補二人,大選八人。如出七八缺,陞補一人,餘缺俱歸大選。仍明註册内,與下月所出之缺合計陞補,無得偏抑。○十年題准:每月作缺,俱於二十日爲止。若截缺以後,遇有缺出,俱歸次月。○又題准:閏月,不行選官,亦不令投供驗到。遇有缺出,俱歸次月。○二十八年覆准:凡具題應出之缺,十二日以内到者,於十七日以内具題,作本月之缺。十三日以後到者,作下月之缺。其不具題微員之缺,二十日以内到者,作本月之缺。二十一日以後到者,作下月之缺。○三十九年題准:每月二十日截缺之後,大選、推陞、急選人員,有事故扣除者,人缺俱扣,即算一班,下月不必還缺。俟再挨到班次,方行擬補。○雍正元年諭:嗣後,銓選月官,應補者將應補之故,扣缺者將扣缺之故,明白寫出曉示衆人。

凡投供驗到,内外初授、假滿、起復、還職、降調、裁缺等官,舊例,俱在籍候選。吏部按次補授,發憑該撫,轉給本官,令其赴任。○順治八年題准:俱令人、文到部。在内候補官,以奉旨爲次序;在外候補官,以咨文爲先後。其初授各官,進士、舉人、貢生按投供點卯次序,分行取選。○又題准:雙月大選,於單月十五日投供點卯;單月急選,於雙月十五日投供點卯。○十一年題准:點卯不到者,即以規避治罪。○十二年議准:府州縣佐貳、首領、雜職等官,除降補急選、照科抄並呈堂帖叙補外,其餘,俱以點卯前後爲序,遇缺取選。若點卯在前之官臨選不到,將前卯註銷。俟到部日,方算初卯。○十三年諭:單月急選,照投供次序補用,停止考試。○十八年議准:應選、應補内外各官,俱令在籍候選。如遇丁憂、緣事等項,該撫報部,以憑註册扣除。○康熙二年諭:仍令人、文到部投供。○又諭:大選、急選投供日期,若距選期太近,揀選出缺美惡,易於滋弊。以後,改每月初一日投供。○又題准:正月開印後,令補投供驗到及投赴選咨文,仍以初一日計算。○四年題准:候選官,停其每月點卯。自投文到部後,隔一選銓補。自人、文到部至選期,自前月初一日至次月二十五日,凡隔五十五日。如初一日雖經投供,而咨文到部在後者,次月不准注選。初選官,投互結。候補官,止投原籍印結。俱令親身赴部。如人先到而文不到,或文到而人不到,俱行扣選。○六年題准:初授、候補在外各官,俱令在籍候選寄憑。○八年題准:候補官,仍令人、文到部,照次擬補。初授官,截取赴部聽選。詳見《截取》條下。○三十九年題准:每月初二日起,司官將驗到人員逐一詳查,造册呈堂,預行細閲,以免臨選舛錯。○又題准:凡卓異、特用、丁憂起復人員,除開列引見不拘五十五日之期外,仍照例令其驗到。其扣除另補人員,亦照定例驗到。○五十三年議准:嗣後,吏員考定雜職人等,俱照考職年分截取。行令各該撫取具印結,并造年貌清册給文,赴部驗到。其各項捐納先用雜職等官,亦照此例赴部驗到。其在京各館供事,令取具京官印結,赴部驗到。〇五十九年覆准:嗣後,京官赴補,務於前月初一日,親身投供驗到,方准掣籤。如未經投供驗到,不准銓補。〇六十年題准:將八品以下等官,毋論雙單月捐納應選人員,停其投供驗到。仍照舊例在籍候選,文憑咨發該撫驗看。如有出身不明、不好及年老殘疾之人,咨部革退。

凡截取候選官員,順治十三年諭:候選各官,久候困苦。此後,雙月大選,照甲第、考案行文截取。〇康熙四年諭:候選各官,酌量出缺多寡,應截留者,留京候選。其餘,聽其回籍。俟選期將近,咨令赴部。〇八年題准:初授官,約略一年出缺多寡,定數具題。内除患病、守制及還職吏員未取同鄉京官印結互結者不行截取外,其奉旨先用並年分在前者,截取赴部聽選。〇十年題准:大選各官,若截取之文未到,有先起赴選之文投部者,候本省截取一二人到部之日,照原次取選。〇又題准:大選截取官員,如丁憂回籍後服滿赴部者,仍照原名次取選。〇又題准:大選截取官員,如投部服滿、病痊文内有"候選"字樣者,不另復取赴選之文,照例取選。〇又題准:在籍患病及有事故不能赴選者,取該地方官印結報部註册。病痊之日,仍令該地方官報部,照先註册名次取選。〇二十六年題准:凡年分在前應截取人員,有丁憂、患病者,服滿、病痊日起,有地方官印文赴部者,即准投供選授。

凡咨文印結投部,康熙四年題准:在京者,限十日。直隸,限兩個月。山東、河南、山西,限三個月。江南、陝西、江西、浙江、湖廣,限四個月。福建、廣東、廣西、四川、貴州,限五個月。雲南,限六個月。違限一月以上者,革職。果係因事遲誤,取該地方官印結投部,免其查議。〇五年議准:京官降調還職改補及奉旨内陞官員,俱取原任衙門咨文並同鄉京官印結投部。〇八年題准:候選各官,旗下,取都統印文;漢官,取原籍地方官印結。如止有該撫咨報起程之文,而無原籍印結者,不准取選。在京着役吏員及年滿咨部儒士,取同鄉京官印結;在外吏員,如止取原着役衙門咨文而無原籍印結者,亦不准取選。〇九年議准:咨文投部違限,不及一月者,罰俸一年;一月以上者,革職。〇十年議准:候選官,若中途遺失赴選之文,取該地方官印結投部,查對與該督撫咨文内報本官起程日期相符者,不必回籍起文,准取京官印結投部候選。〇十二年題准:咨文投部違限者,照赴任違限例議處。〇二十九年覆准:捐納各官,行令該督撫將其三代履歷、籍貫、年貌及有無假冒頂替情弊逐一詳查，取具府州縣衛所印結。照直隸各省部限，速行報部考對。如原籍並無其人及查送後病故者，該督撫令地方官不時詳查，出具印結，據實咨部註銷。如有假冒頂替者不行查明即出保結，已故者捏稱現存移送，將假冒頂替之人，交與該部從重治罪，出結地方官員及該督撫，一併議處。〇四十七年覆准：將各項捐納官員有無假冒頂替及病故緣事等情，嚴飭各省督撫轉飭地方官，逐一詳查。每歲底造册報部。永爲定例。〇又覆准：行令直省督撫，將在京在外已截留未選吏員，逐一詳查，註明有無事故，總造一册，送部查對。俟用完之日，再行查取。如有隱諱捏報及頂替情弊，事發，將頂替之人，交與刑部按律從重治罪，出結地方官及該督撫，照例查議。〇五十七年覆准：嗣後雙單月，凡漢軍、漢人、候選、候補并捐納大小各官，於所取該旗印文、同鄉京官結内，俱各開明三代履歷、有無過繼字樣。如有假捏過繼希圖戀缺及掣得邊遠苦缺捏稱治喪者，將出結官一併議處。〇六十年題准：嗣後，凡候選候補官員赴選文結内，小有舛錯以及履歷不符，取有旗咨并同鄉京官印結改正詳明者，槩不准駁查。其駁查文結换到之日，毋庸另行扣五十五日之限。如有應駁之處，限二十日内駁查。投供驗到人員，限十日内即行查明。其並無舛錯不符之處，限二十日内即行註册銓補。其捐納人員咨册到部，亦限二十日内查明。倘條例内不應駁查而任意駁查，或已經註册而臨選又故意駁查者，將司官交都察院議處，書辦送刑部治罪。〇雍正元年題准：候選候補官員，已經取過赴選文結投部，再於新例加捐者，停其重取文結，即許投供銓選。〇二年覆准：嗣後，八旗漢軍赴部候選人員，各在本旗佐領具呈。定限五日内，該佐領等出具印結，呈明都統，即具印文咨部。如遲至十日不行咨部，許本員赴部具呈。部内一面行催該旗，一面行文查旗御史查明。如有故壓、勒索等弊，即行参奏。

凡籤選各官，除尚書、侍郎、京堂及翰銓科道、内閣中書等官外，其餘京官五品、外官道府以下，俱於二十五日掣籤擬補。初授者，自九品以上，俱於天安門外掣籤。其候補大小各官及初授未入流各官，俱在吏部衙門掣籤。〇順治十五年定：掣籤不到者，革職。〇十八年議准：大選、急選之日，吏科河南道滿漢官各一員，赴部驗明缺籤，公同封入籤筒聽掣。〇康熙元年議准：初選、候補大小各官，俱於天安門外一體掣籤。〇二年題准：大選、急選、推陞之日，滿漢科道與吏部司官，公同議官封籤，列銜具題。〇三年議准：聽選官員，點卯擬出，掣籤之時不到，遲至次年方到者，革職。

○四年諭:應選、推陞文册,送吏科查對。○又諭:吏部將應掣籤各官年分、名姓預先曉諭。若將在前者遺漏,在後者選補,許其控告。○七年諭:停止會同科道議官掣籤。一應文册,仍歸吏部。○九年題准:外官掣籤不到者,革職。京官掣籤不到者,原缺代掣籤補授,罰俸一年。或有借稱染病、往取盤費等情申告,俱不准理。○又題准:大選、急選各官,有因患病不能過堂掣籤,驗實具題註册。俟病痊具呈日,仍照原案名次選補。有年老患病願休致者,取具京官印結具呈,准其休致。○五十九年覆准:嗣後,京官赴補,臨期無故掣籤不到者,照外官例處分。○雍正五年覆准:吏部官,亦歸月選掣籤。

凡道府改授,雍正四年諭:"道府等官,有表率屬員之責,關係緊要。必得賢能諳練之員,方於地方事務不致遺誤。朕慎重官方,雖州縣等官,皆審酌補用,而於道府尤爲加意。非審知其人才識足以勝任者,不輕試用。捐納候選人員,俱係急公効力之人,自應遇缺按班録用。但伊等初任者,多於地方事務從未經歷。一旦俾以道府,驟膺民社,未必遽能稱職。及至不稱職時,督撫糾參,反受黜革,情亦可憫。嗣後,凡捐納候選道府人員,補授各部郎中,令其學習辦事。各司司官人多,縱少不及,亦不至廢弛事務。不比道府賴伊一人,若有貽誤,則害及通郡,並累伊功名也。至應陞道府時,令該部堂官保送,吏部引見,仍照伊原捐之職銓用。如此,則伊等才具之優劣,人品之賢否,可以試用而知。補授道府,皆能諳練事務。於吏治民生,均有裨益矣。"

凡考試選官,順治十二年諭:州縣地方,分爲三等。應選各官,吏部當堂考其身言,糊名考其書判,亦酌量分爲三等。上等者引見。○又議准:進士、舉、貢不論甲第考案前後,總以考試身言、書判爲序,亦不行點卯。每遇缺出,照本行並考定等第,酌量缺數人數多寡,均分取選。○十四年題准:停止考試身言、書判。州縣亦不必分爲三等。一體取選。○康熙五十七年諭:引見月官,令寫履歷,以三百字爲限。○雍正三年覆准:嗣後,月選各官所寫履歷,止須簡要直叙,不事繁冗。其初授之員,所得地方、繁簡難易,必預爲籌畫何以治民、何以厚俗以及催科撫字之術、讞獄息訟之方,令其各出己見,詳陳一二事於繕寫履歷之後,切實條議,以觀其才識。其補任、陞任之員,令其將舊任地方利弊,明白敷陳於履歷之後。○四年諭:"月選各官,令其考試履歷條陳者,原爲看其學問識見,以觀將來之志向。今考試各官内所進履歷條陳,詢問本人,有不能奏對,多皆倩人代作自爲謄録者。如此,則其人之可否,從何得知?甚屬不合。嗣後,凡遇考試履歷條陳,務須自作。仍有預倩親友代作者,一經查出,將代作之人及本人一并以違旨例治罪。八旗人員,吏部行文曉諭。其各省在部候選、候補人員,每年於開印後,出示曉諭一次。

凡京職引見,舊例,開列具題員缺,俱引見補授。○康熙十八年諭:嗣後,卿以上,停其引見。遵旨議定:大學士、尚書、侍郎、左都御史、副都御史、内閣學士、翰林院掌院學士、宗人府府丞、通政使、大理寺卿、詹事、祭酒,俱不引見。太常寺卿、光禄寺卿、太僕寺卿、僉都御史、左右通政、大理寺少卿、少詹事、太常寺少卿、太僕寺少卿、光禄寺少卿、四譯館少卿、通政使司參議、侍讀侍講學士、左右庶子、順天府奉天府府丞、洗馬、諭德、鴻臚寺卿、少卿、中允、贊善、司業、侍讀、侍講、給事中、御史、吏部郎中、員外郎、主事,俱引見補授。五部郎中、員外郎、主事,俱與月選官一同引見。○雍正元年,悉停。惟給事中、御史、郎中以下等官,仍舊引見。

凡外職引見,舊例,道、府等官掣籤後,俱令引見。○康熙三十七年覆准:嗣後,每月大選、急選,同知、通判、知州、知縣等官,掣籤後,照道府之例引見。可以居官者,照常令其赴任。有衰邁昏憒者,以原品休致。二十以上輕浮冒昧者,不分漢軍漢人,分撥六部各司辦事三年,仍以原職補用。○又諭:嗣後,大選、急選,官員内有年老衰廢者,吏部即停其掣籤,仍奏明引見。○四十四年諭:"朕將州縣以上官員俱令引見補授者,欲觀其言動以識其優劣耳。地方關係緊要,豈可委之衰劣人員?此内有病者,人材甚劣者,着革職。衰老者,着休致。"○五十一年覆准:月分銓補之缺,督撫破例坐名題陞者,奉旨之後,令其赴部引見。○五十二年諭:"武官皆係朕親驗騎射並人材壯健補授。文職居臨民之官,關係尤重。掣籤月官,俱行引見。凡應補授者,俱行補授。有年老不及者,已着原品休致。但在外陞補等官員,俱不引見,伊等賢否,不得周知。嗣後,作何驗看辨别,大學士與九卿會議具奏。"遵旨議定:嗣後,布政使、按察使、運使缺出,吏部通行開列,請旨欽點幾員,將點出之員,令其引見。其在外論俸推陞官員,道府以下知縣以上,陞補時,由吏部掣籤得缺之後,即行文該督撫,令其引見。伊等所遺之缺,照例開缺,歸單月銓補。再,凡督撫題補之員、保題請留原任之員,俱令隨本引見。及引見過官員,三年内遇有陞補者,將緣由奏明,停其引見。○五十三年諭:教職等官,俱有教習士子作養人才之責,關係緊要。嗣後,補授教職等官員缺,俱着調來考試引見。如不能前來者,不准補授。遵旨議定:吏部會同九卿,照各省巡撫考試教職之例,分别等第,具題引見。○五十五年諭:"教職官員,朕調來閲看已經一二年,並無賢能之員。着免其來京,交與該督撫考試。○五十七年覆准:嗣後,廣西省知縣以上對品調補官員,照雲南之例,停止送部引見。○六十一年十二月諭:"惟我皇考,凡文武官員,見一二次,即知其心,行事亦能記得,故將各官俱調來引見。朕不能如此。若俱調來京引見,伊等往返勞苦,其間又致懸缺署理。嗣後,文武各官内,何等官員以上應調來京引見,何等先行補授後補行引見之處,爾等會同該部詳確定議具奏。"遵旨議定:嗣後,月分選授郎中以下知縣以上等官,並在京陞用在外現任捐陞等官,仍照例引見外,其現任論俸推陞,并題補調補道府以下知縣以上等官,俱應停其調來引見。吏部將文憑封發該撫,令詳加驗看。如果居官好、有才能者,即給憑令速赴新任。有年老不及者,即行具題,吏部另行銓選。○雍正二年題准:嗣後,吏員出身推陞知縣以上等官者,俱調來引見。○三年諭:各省知縣以上因公事差委到京者,或解餉、或解顔料、銅觔等項到京,於事將完結之前兩三日,該堂官帶來引見。○四年諭:直隸各省道員、知府,責任甚屬緊要。着行文各省督撫,將未經引見之道府,每省遣一道、一府來京引見。候引見之人回至本省,再將下班之人遣來。若居官聲名素好,在緊要地方,一時難得署理之人者,許各督撫聲明情由具奏,停其遣來。○又諭:自雍正元年以來,各省督撫題請調簡道府州縣等官,俱着調來引見。○五年諭:嗣後,揀選外任官,除事繁部屬外,將事簡衙門應陞官員,同候補、候選人員,一體揀選引見。○又諭:嗣後,凡引見過人員,督撫有保題者,着將應否來京引見之處請旨,不必隨本即令來京引見。若已經到部者,爾部將從前引見過之處奏聞。○又諭:雲南、貴州、廣東、廣西、四川、福建六省,道路甚遠。命往試用舉人,俱係揀選引見之員。嗣後,各員經該撫題補者,不必令其來京,着具題補授。○又諭:嗣後,未經引見之道府,赴部引見時,着該督撫兩司各出具考語送部。吏部註明,帶領引見。○又諭:嗣後,凡調來輪流引見等官,將伊等履歷引見情由,開寫一單,夾於奏摺内,一併進呈。

凡驗看月選官員,康熙四十三年覆准:教職、雜職並在外推陞等官,領憑時,有老病者,布政司、守道即行詳明巡撫驗看。如果年老有病,具題移咨休致。○五十一年諭:引見掣籤官員,着九卿將此内有行止不端、出身不正者,各據所見所聞陳奏。被奏人員,即着原品休致。此等人員,不即查明,俟到任後,被上司參劾,以致久懸員缺,甚無益於地方。嗣後,月分官員掣籤後,某官得某缺,人品何如、行止何如之處,着問九卿具摺啓奏。〇五十三年議准:嗣後,凡雙單月在部選補雜職等官,掣籤得缺後,吏部會同九卿驗看。其雙月内推陞之州同以下等官,於掣籤後調來赴部,亦照此例驗看。其總河題補州同以下等官,令隨本來京。查與例相符者,亦照此例驗看。〇五十九年覆准:嗣後,在外推陞州同以下雜職等官,俱停其赴京驗看。吏部將文憑封發各該撫詳加查核驗看,照例給憑,速催赴任。〇雍正三年諭:"嗣後,月官掣缺之後,九卿照例驗看。但九卿人少,不能周知。并令各部院衙門堂司官,將所知漢人内有出身不正、行止不端者,各具密摺,於月官考履歷之日,至乾清門進呈。其有品行素優者,亦令密奏。若係旗員,則令本佐領、都統、副都統亦照此例,各具密奏。倘有挾讐誣奏者,徒自取罪戾耳。朕參觀衆論,自能洞悉虚實,亦斷不能欺朕也。如此,則不肖倖進之徒,皆知畏避。而人人皆思惕勵,名器不致濫邀。於吏治民生,大有裨益矣。"

凡願任邊疆,順治六年題准:廣東、廣西布按員缺,以部屬從優陞補。府州縣正官,於進士、貢生内,擇其地方鄰近,年力富强者,酌量優選。俱令速赴新任。〇十六年議准:雲貴地方初闢,在京候選通判、知縣、佐貳等官,有願任邊疆者,不拘咨次,投供到部,給文赴經略軍前。遇缺擬補,具題到部,准其實授。吏員具呈到部,咨發該督撫,隨缺補用。〇十七年題准:願任邊疆各官,所署之職,與原品大小不符者,遷轉之時,仍照原品陞補。〇康熙二年題准:停止願任邊疆例。〇十三年題准:候選從九品、未入流官員,照願任邊疆例,咨發湖廣軍前補用。後停止。〇四十一年覆准:甘肅所屬平慶臨鞏四府,應揀選各州縣,將候補人員内,不論旗民,家道殷實,情願効力者,開列引見。〇四十五年諭:雲南、貴州、廣西、四川四省官員,當照分遣各省年滿千總之例行。此四省現有知府以下員缺,俱行查明,歸於單月掣補。將候缺官員,視省分之大小,缺之多寡,或擬十員、十五員,或二三十員,亦歸單月,一年一次,令其掣籤,分撥遣往。遇有缺出,該督撫照名次挨補,一面咨部。若無員缺,暫令食俸候補。遵旨議定:雲南省知府三員、同知二員、知州五員、通判二員、知縣十員,貴州省知府二員、知州二員、通判一員、知縣十員,廣西省知府二員、同知一員、知州二員、通判二員、知縣十五員,四川省知府二員、同知一員、知州五員、通判二員、知縣三十員,將情願効力人員取具印結,令其掣籤。掣得者,再掣省分,照原班名次,開列引見遣往。其不足額數之員,將現今雙單月投供驗到人員,掣籤分發。尚有不足,將以後有投供驗到人員,令其掣籤遣往。其情願効力者,未經補授以前,不必給俸。投供驗到者,俱係將補之人,未補以前,准其給俸。補授到任後,遇陞轉時,將伊等未補以前食俸日期,一併通算。遇有應補員缺,照名次挨補,咨部註册。至補用將完之日,該督撫咨部請旨,仍照此例遣往。其遣往之時,吏部發給執照。到省之日,督撫將日期報部。遇缺補用,停其給憑,將到任日期咨部註册,執照送部查銷。〇四十九年論:遣往四省人員,俱着回京,各歸月分,照原班次補用。四省缺出,仍照例銓選。〇又諭:陝西鞏昌等府屬州縣員缺,停止取用効力人員,俱着歸月分銓補。〇雍正二年諭:遠省州縣員缺,部選官領憑赴任,必需數月,甚而懸缺日久。署印屢易其官,以致遺誤地方者不少。若將揀選舉人選期尚遠者,挑選發往各省,聽候缺出委用署事,至應選時,仍來京候選,庶遠省署印不致乏人,於吏治有益。遵旨議定:會試後下第舉人,有情願効力者,取具同鄉官印結,投部引見,遣往雲貴川廣五省。每省各十員。遇有缺出,委用署印。如署任内才守兼優,著有實效,該督撫保題,送部引見,於本省補用。至尋常稱職者,候應選時,赴部照依科分候選。其才庸守平者,開列事實考語,咨明吏部,照所開考語事實,分别議奏請旨。有情願會試者,聽。

凡各省開墾荒地,順治十三年論:有能墾地至二千畝以上者,酌量授官。〇十七年題准:墾地百頃以上,考試文義優通者,以知縣用;疏淺者,以守備用。墾地二十頃以上,文義優通者,以縣丞用;疏淺者,以百總用。

凡選除本籍,順治十三年議准:四川乏員,佐貳雜職暫照教職例,以本省人酌用。該撫分别彙報吏部,聽經略調補。後停止。

凡官員遥授,順治十三年題准:聽選舉貢監生,老疾不願出仕者,撫按歲底彙册報部,題授應得散官。〇十五年諭:貢監候選過堂之時,察其年力衰老者,照遥授例,給與頂帶,不准除授。〇康熙三年題准:候選各官,年老衰廢者,具題引見,給與原品頂帶休致。

凡官員告降選授,順治九年題准:通判告降,以布政司、按察司、運司、外府衛各經歷及正副理問、知事、都事、運判、京外縣縣丞等官改授,仍照通判品級支俸陞轉。〇十五年論:候選官,有因難於久候願告降者,准照例改授。〇又題准:州同、州判,以縣丞用。〇康熙元年題准:告降改授各官,俱照現任支俸陞轉。〇三年題准:告降例,俱停止。〇四年題准:准貢州同告降,許於本項之先,不論年分先選。○五年議准:通判告降,以布政司、按察司、都司、運司、外府外衛各經歷及斷事、知事、京縣外縣縣丞等缺用。州同、州判告降,以縣丞用。正九品主簿等官告降,以從九品巡檢、吏目等缺用。俱各附於本年專行之末挨選。○十年題准:停止准貢州同告降先選之例。○又題准:候補官員告降,照大選例,附於本年專行之末補授。○十四年題准:宣慰司經歷告降,以府經歷用;提舉告降,以府通判用;衛經歷告降,以府經歷用,與降級對品改補官員較文到先後補授。○二十二年題准:鹽運司運副告降,以府通判用。

凡投誠官,舊例,該督撫原疏有"録用"字様者,照兵部議叙録用;無"録用"字様者,行令督撫安插。康熙四年題准:願以文職効用者,照兵部議叙職銜。一品,以參議道用;二品,以僉事道用;三品,以府同知用;四品,以州同用;五品,以州判用;六品,以縣丞用。○又題准:考試文義通曉者,照例授官。不諳文義,願任武職者,咨送兵部。不願出仕者,以原銜休致。○十二年議准:吏部會同翰林院考試。○十三年題准:投誠官未諳文義、不嫻弓馬者,俱以原品休致。

大清會典卷之十一

吏部文選司

〔漢缺除選〕

國家銓材授職，立法周詳。數加更定，益爲盡善。

凡進士除選，第一甲第一名，除翰林院修撰；第二名、第三名，除編修。二甲、三甲進士，舊例，選庶吉士外，分送各衙門觀政三月，内外以次兼除。○順治三年定：二甲一名至五十名，除部主事。五十一名至三甲十名，除中行評博。十一名至二十名，除知州。二十一名至五十名，除推官。餘除知縣。○十五年諭：二甲、三甲進士，除選庶吉士外，俱除授外官。○十六年諭：停授知州，俱以推官知縣用。○十八年題准：停止進士觀政。○康熙三年題准：二甲進士，除推官。三甲進士，除知縣。○六年議准：推官缺裁。二甲、三甲進士，俱以知縣用。○五十四年，禮部以教習滿三年進士具題。奉旨：着考試。將文理優者留京，照年滿千總例，遇有月官扣缺，即行補用。其餘聽其回籍，候應補之缺。遵旨議定：進士考試一等者，照留京千總例，按現考名次，遇有月官扣缺知縣，補用。其餘回籍候缺，照原科分，按現考名次，以知縣選用。其現在留京修書與教習内官學生者，照考試名次，以内閣中書缺出補用。用完之日，遇有缺出，將現在留京學習之進士補用。進士留京教習例，詳見《禮部》。○雍正元年議定：辛丑科留京進士，照壬辰科進士例，禮部咨送内閣考試。果有學問好者，留京爲内外教習。俟三年滿後，照例遇有月官扣缺補用。其餘俱令回籍，照原甲第名次，候吏部截取，赴部選用。嗣後新進士，除選庶吉士外，揀選學問好者，令爲内外教習。年滿照例補用。其餘進士，均令回籍候選。○又諭：“昨引見新科進士名單内，有用點記名者，朕看諸人皆有年紀，人尚可用，着以知縣即用。有用尖圈記名者,諸人年紀正壯,將來可望進步。傳問伊等,有情願在各館効力及在内官學教習者,令各人自陳。若行走勤謹,學問好者,朕仍拔爲翰林。"○二年諭:"新科進士内有年紀者,意謂趁伊年紀令其做官,所以點出。其年少者,不便壓前科之人。朕點記人員内,如有年少者,查出奏聞。"遵旨議定:點記人員以知縣即用者,於雙月例用五甲之後,續用一人。照依年紀,挨次補用。年少者,令在各館効力。○又引見甲辰科新進士,除選庶吉士及御批内用外用之員,餘俱照例回籍候選。○又諭:外用人員内,有年五十以上者,照伊等年紀用。其餘仍照殿試名次用。○又諭:"朕批内用者,著用爲六部額外主事,學習辦事。如好,即著實授。若學習懈怠,仍歸伊等原班銓用。"

凡舉人揀選,舊例,會試下第後,願就選者,考授推官、知縣、通判等官。順治九年議准:會試三科爲限,以推官、知州、知縣考用。○十二年題准:福建、廣東、四川、湖南,地方邊遠,不拘科分,即准揀選。○十五年議准:廣西亦不拘科分揀選。○又諭:直隸近省舉人,以會試五科爲限,方准揀選。○十六年題准:以推官、知縣考用。○康熙三年諭:停止揀選。○九年議准:仍照舊例,除四川、廣東、廣西、福建、湖南、雲南、貴州遠省不拘科分外,直隸近省舉人,會試五科,准其揀選,俱以知縣用。○十年題准:考定職銜,未經選授及已選教職,願就試者,仍准其會試。○三十年覆准:舉人揀選,改於四月十五日考試。○三十七年覆准:嗣後,揀選舉人,除雲、貴、川、廣、福建、湖南等處仍照舊例外,直隸等近省舉人,俟會試三科不第後,有情願揀選知縣者,准其揀選,挨次補用。○三十九年議准:各省揀選舉人,俱停其考試。遠省一科與近省五科者,照鄉榜名次先後挨序。四科三科者,照其科分爲先後。若科分相同,則照名次先後。若名次相同,則照省分次序,逐科分榜註册挨選。嗣後,一科與三科之人,俱照鄉試名次爲序。○雍正元年題准:現在截取丙戌科以前揀選舉人,聽其赴部照例銓選。其餘無論已未就揀選之員,除一科之外,行令直隸各省督撫,每於鄉試事竣,會同主考官,將情願就知縣者,傳集秉公驗看。凡年力精壯,可以作縣者,令督撫據實照依科分名次先後,彙造總册,給文各員,赴部銓選。○二年題准:直隸揀選舉人,令巡撫會同順天學院,秉公驗看。奉天揀選舉人,令奉天府尹、府丞,會同盛京禮部,秉公驗看。其外省有兩巡撫之處,應令主考先後往赴會同驗看。○三年議准:直隸州同,除臨河應題補之四缺外,其餘十四缺,應并入知縣缺内。令投供驗到之舉人,公同掣籤，引見補授，仍與知縣較俸陞轉。三年任滿，有能潔己稱職、緝盜安民者，亦得一例行取。

凡舉人就教職，舊例，不論科分，禮部會同吏部、翰林院公閱廷試卷定序，咨送吏部，除教授、學正、教諭等官。會試副榜，不必廷試，徑以教職用。會試副榜後裁。詳見《禮部》。順治十五年諭：遠省舉人，仍不論科分，准就教職。近省舉人，以會試三科爲限。○康熙四年題准：仍不拘科分。廷試上卷，以教授用。次卷，以學正、教諭用。○九年議准：近省舉人，仍以會試三科爲限，方准就教。不必分别上卷、次卷。禮部照考定名次，造册移送吏部，以學正、教諭用。○二十六年覆准：舉人就教職者，免其廷試，具呈吏部，照科分名次補用。○三十七年覆准：直隸并近省舉人，會試一科不第，有願就教職者，具呈吏部補用。○雍正元年題准：各直省督撫，會同主考官，揀選舉人。有年老精力衰邁，不能作縣，及年雖未衰，自知才具平常，願改教職者，俱准具呈改就教職，造册報部。○又議准：復設教諭員缺。舊例，係恩、拔、副榜與捐納之人輪班選授。嗣後，如遇捐納之班，無正途出身之人，儘舉人就教者選用。○二年覆准：湖南、湖北未經分闈以前之就教舉人，照舊例不分南北銓選。俟用完之日，再將甲辰科分闈以後所中舉人就教者，各選各缺。

凡恩、拔、副榜貢生，康熙十五年題准：本年恩貢授訓導，與歲貢分缺間選。○三十七年覆准：嗣後，恩貢、拔貢、副榜，遠省不論科分，其近省計算起貢中式年分。兩科後，有情願就教者，取具府縣官印結，該撫具文起送到部，入於復設教諭分内，與捐納之人，輪班選授。○四十六年議准：湖廣候選、候補之選拔、副榜、恩、歲貢生，籍係湖北者，選湖北缺；籍係湖南者，選湖南缺。○雍正三年議准：直隸州州判，除臨河應題補之五缺外，其餘十五缺，令八旗漢軍都統并各該撫，將恩、拔、副榜貢生揀選年力精壯者，造册送部。遇有缺出，挨次掣籤補授。得缺後，調來引見，與學正、教諭較俸陞轉。

凡歲貢，順治元年定：由禮部會同吏部、翰林院公閱廷試卷定序，從優選授。上卷，授知州、推官；上次，授知縣；中卷，授通判；中次，授教職。嗣後，不分等第，俱以訓導用。○康熙三年題准：歲貢停止授職。○八年覆准：仍照舊例，以訓導用。○二十六年覆准：歲貢，免其廷試。令各學臣照挨貢次序，考准咨部，補授訓導。捐納歲貢，亦聽考送補授。○雍正元年，停止捐納歲貢補授教職。○三年諭：捐納教職人員内，有由廪生出身者，原通文理,著照舊以教官用。

凡教職,舊例,於三月、九月赴部掣選。順治九年題准:再於七月、十一月加選二次。○十年議准:教職就近選補。令在籍候憑,仍取地方官印結,并親供三代履歷、本身年貌報部。如老病不堪任職者,撫按扣憑繳部。○康熙五年議准:陞選歸雙月,補選歸單月。○四十三年諭:“教職官員必文義明通,方稱厥職。近見直省教職官内,不諳文義者甚多。如此,何以訓士?著行文直省該撫,將各屬教職通行考試。嗣後,俱照此例,不時考試。”○又議准:考試教官,一等、二等、三等者,俱准留任。四等者,亦准留任,責令勉進。五等者,令其解任,學習三年。歲考時,赴學臣聽考。如果文理優通,題明補用。如仍前荒謬,革職。六等者,革退。○四十九年議准:凡選補教職,撫臣考試之後,停其按名具題,止令咨明吏部。○五十三年議准:教職等官,吏部會同九卿,照各省巡撫考試教職之例,分別等第,具題引見。○五十五年議准:教職等官,停其來京考試引見。仍照舊例,令各該撫考試,分別等第。如文理平通可用者,年底彙題。如文理不通并年老不及者,即行革退,咨部開缺。○雍正二年覆准:恩、拔、歲、副貢生候選教職人員,遇有丁憂病故者,按月報部註册。

凡知縣改就教職,舊例,進士出身,准改教授。舉人、貢生出身,准改學正、教諭。康熙九年題准:停止改授。○十年議准:考定知縣舉人、貢生等員情願改教者,准其以州學正、縣教諭用。○四十八年覆准:候選進士知縣,情願改教者,准其改授。○六十一年十二月諭:“文職内,由舉人、進士除授知縣等官,以不及即行解退,甚屬可憫。伊等俱係讀書之人,或解退知縣,以教職録用,或與伊等留一職銜。該部議奏。”遵旨議定:嗣後,進士、舉人知縣内,如有年未老而人不及應解退者,改以教職即用。如人不及有病年老者,給以原品榮身。○雍正元年題准:各直省督撫會同主考官揀選舉人之時,有從前揀選知縣已經截取,自知年老才庸情願改教者,准其具呈改用,造册報部,以憑銓選。

凡教職改用,康熙三十三年覆准:嗣後,不論旗民,凡俊秀准貢,捐納學正、教諭者,改縣丞用;捐納訓導者,改主簿用。俱照各捐納日期,分缺選授。○雍正元年諭:“直隸各省教職等官,係專教士子之人。今准捐納,以致不通文理少年,反爲學問優長、年高齒長者之師。可乎?伊既捐納,應照伊品級别任補用之處,交與該部議奏。”遵旨議定:嗣後,直隸各省教職,除正途照舊選用外,其捐納教諭、訓導,即用、先用之人不係舉人、恩、拔、副榜、廪生挨貢出身，由生員捐納貢生者，教諭改以縣丞用，訓導改以主簿用。照伊等捐納日期，入於各項捐納分内銓用。〇二年覆准：現任捐納出身之教職，以到任五年爲滿。令該撫將才具優長、年力壯盛者，出具考語，保送到部。照例，教諭改縣丞，訓導改主簿。於雙單月各另立一班，論俸次補用。未補之先，仍准其照例鄉試。其老憒陋劣、不能稱職者，令其休致。〇三年諭："教官專司課士。前恐捐納出身之員，文藝未能精通，難以訓課士子，故令改補佐貳等官。朕思此等改補之員，並非事故處分之比。其從前教職任内所歷之俸，應准其一併通算，不得將前俸開除。且此等改補人員甚多，其中豈無辦事可用之才？可將現在赴部改補人員内，識字能書履歷者，傳齊帶來引見。此係朕愛惜人才至意，惟恐或有遺棄。特降諭旨。其優劣俱朕親定，伊等無事鑽營。若伊等以不肖之心自待，妄行請託，爲人所愚，不但負朕深恩，自失人品，日後發覺，且罹罪戾。并傳諭伊等知之。"〇四年諭："雲南、貴州、四川、福建、廣東、廣西等省，地處邊遠，選授教職，每每曠日遲久。作何補授之處，議奏。"遵旨議定：將各項應陞、應選教職人員截發該省，令該撫按班銓補。

凡徵召，康熙九年詔：地方有才品優長、山林隱逸之士，著該督撫具奏，酌與録用。〇十年、十四年、十八年、二十年、四十二年、四十七年、五十二年、五十七年恩詔皆同。〇六十一年十一月二十日詔：每府州縣衛，各舉孝廉方正，暫賜以六品頂帶榮身，以備召用。務期採訪真確，毋得濫舉。〇雍正元年諭："國家敦厲風俗，首重賢良。舉髦士以勸秀民，實爲政教之大端。封疆大吏，宜共體此意，廣詢博訪，不可視爲具文，而漫不加察也。前所頒恩詔内，有'每府州縣衛，各舉孝廉方正，暫賜以六品頂帶榮身，以備召用'一條。距今數月，未有疏聞。豈通郡大邑之中，海澨山陬之遠，遂無潛修砥操，克稱俊乂，可應詔旨者歟？誠恐有司怠於採訪，雖有端方之品，無由上達，殊負朕殷殷延攬之至意。特著直省各督撫，速遵前詔，確訪所屬。果有行誼篤實，素爲鄉黨所推，即列名舉奏，毋得隱蔽及濫引塞責。"〇二年，引見浙江孝廉方正二員。奉旨：以知縣用。〇又引見直隸、福建、廣西孝廉方正六員。奉旨：年五十五歲以上者，以知州用。五十五歲以下者，以知縣用。

凡薦舉，康熙十七年諭："自古，一代之興，必有博學鴻儒，振興文運，闡發經史，潤色詞章，以備顧問著作之選。朕萬幾時暇，遊心文翰，思得博洽之士，用資典學。我朝定鼎以來，崇儒重道，培養人材。四海之廣，豈無奇才碩彦,學問淵通,文藻瑰麗,可以追踪前喆者?凡有學行兼優,文詞卓越之人,不論已未出仕,著在京三品以上及科道官員、在外督撫布按,各舉所知。朕將親試録用。其餘内外各官,果有真知灼見,在内開送吏部,在外開報於該督撫,代爲題薦。務令虚公延訪,期得真才,以副朕求賢右文之意。"〇十八年諭:"朕以萬幾時暇,留心經史,思得博學鴻儒,備顧問著作之選。故特頒諭旨,令内外諸臣,各舉所知。膺薦人員,已經陸續到部,欲行考試。因天寒晷短,恐其難於屬文,弗獲展厥藴抱。今天氣漸已融和,應定期考試。"遵旨恭請命題考試。欽取五十人。奉旨:此取中人員,俱授爲翰林官。遵旨議定:内陞道員,授爲侍讀。候補道員郎中,授爲侍講。進士出身之主事、中、行、評、博、内閣中書、知縣及未仕之進士,俱授爲編修。舉貢出身之推官、知縣、教諭等官,革職之檢討、知縣及未仕之舉、貢、廕監、布衣,俱授爲檢討。〇雍正四年諭:"國家設學校以儲養人才。鄉會廷試,拔其尤者而用之,即古選士造士之遺意也。但士子作文,有一日之長短,縱使主司公明,搜羅豈能無遺?况去取惟憑文藝,其人品之高下,才能之優絀,無由得知。每有出羣拔萃之才,屢試不售,即或晚得一第,而年力衰邁,不堪爲國家任使。朕思各省學政,奉命課士,黜劣舉優,係其專責。嗣後,學政三年任滿,將生員中實在人品端方,有猷有爲有守之士,大省舉四五人,小省二人,送部引見。朕親加考試,酌量擢用。現在報滿各學政,即遵照薦舉。其到任未久者,如有所知,亦即舉出。夫一省而舉數士,不可謂無人。學政巡歷各府,三年之久,日與士子相親,考文察行,不得謂不知。但能虚公衡鑑,所舉必得其人。且風聲所樹,凡讀書士子,必皆鼓舞振興,力學敦行,求爲有用之儒,於士習人材,大有裨益。該學政其各實心奉行,毋得苟且塞責。如有徇私冒濫等弊,必嚴加治罪。"〇五年諭:"從來爲政,在乎得人。《書》曰:'野無遺賢,萬邦咸寧。'①蓋賢材登進,在位者多,則分猷効職,庶績自能就理,而民生無不被其澤也。朕即位以來,加意旁求,凡所以延訪擢用之道,盡朕心力。如現任官員及候補候選科目諸人,每特令薦舉,遴選引見。廣開録用之途,冀收羣策之力。又念各省學校之設,原以養育人材,爰命學臣,保舉賢能,升聞於朝,以備任使。乃直省學臣,所舉人數不多,又多草率塞責,不能副得人之實。夫

① 見《尚書·大禹謨》。

'十室之邑，必有忠信'。[①] 今直省府州縣學貢生生員，多者數百人，少亦不下百餘。其中豈無行誼醇篤，好修自愛，明達之士乎？著知州、知縣官，會同各該學教官，將府州縣之貢生生員内，居家孝友、行止端方、才可辦事而文亦可觀者，秉公確查。一學各舉一人。於今年秋末冬初，申報該上司，奏聞請旨。其或僻遠中學小學，實無可舉者，令知縣教官出具印結，該督撫查實奏聞。朕因廣攬人材，舉此曠典，所以黜浮華而資實用。州縣教職等官，爲一方師長，選賢薦能，乃其專責。倘敢有輕忽之心、虚應故事、濫舉非人者，定照溺職例革職。若或徇情受賄，則又加倍治罪。八旗之滿洲、蒙古、漢軍，亦照此例。將人品端方、通曉漢文者，著該佐領各舉一人。如不得其人之佐領，亦具印結，令該都統彙齊奏聞請旨。庶使潛修篤行之士，得以表見，而國家亦收得人之效矣。"〇又，將各省學政所薦舉生員引見，以知縣用者三員。諭：餘應作何補用之處，議奏。遵旨議准：國子監助教等官，先經員缺，單月應補無人，歸於雙月陞選。但由各省教授、學正、教諭論俸推陞，往往到任羈遲，每致懸缺。今生員經學政薦舉，於助教等官相宜，應以國子監助教、學正、學録補用。俟有缺出，挨定名次銓補。

凡選擇，康熙三十六年諭："陝西、山西二省文官缺出。著吏部奏聞。朕揀選好官調補。"又諭：知縣以下員缺，吏部仍照例補授。〇三十七年覆准：嗣後，鶴慶、順寧、永昌、永北等府知府缺出，照山陝二省例奏聞，恭候簡選補用。實歷五年俸滿稱職者，該督撫保題到日，以應陞之缺即行陞用。〇又議准：東川地方，將土府改爲東川軍民府，設立知府一員。令該撫於現任官内，將熟練彝情賢能之員具題。嗣後缺出，仍令揀選具題。〇三十八年覆奏：嗣後，淮揚府州缺出，俱照山陝之例開列。奉旨：淮安揚州所屬被災府州縣地方，甚爲緊要。知縣員缺，亦著奏聞，選擇補授。〇又覆准：楚、粤、黔、蜀，逼近諸苗。府、州、縣缺出，停其部選。令該督撫於本省品級相當，揀選熟悉風土廉能之員，保題調補。〇四十五年題准：陝西、山西、江南淮揚二府所屬揀選缺出，將卓異保舉之員開列。如無開列，人員俱歸月分銓補。〇又覆准：嗣後，凡遇揀選缺出，無可開列之員，俱歸月分銓補。〇五十二年議覆：揀補福建沿海十六州縣。奉旨：將卓異薦舉人員，具題引見補授。〇雍正元年覆准：厦門地方，關係臺灣，兼通外洋。其同知員缺緊要，該部揀選補用。〇又覆准：臺灣道府缺出，吏部將

---

① 《論語·公冶長》。

卓異人員開列。如無卓異人員,會同九卿揀選清廉愛民、才守兼優之員,開列具題簡用。臺灣道兼管學政,考試生童,亦將正途出身之人補授。○二年,湖廣總督請揀選州縣。奉旨:將候補、候選人員揀選三十員,新科進士内揀選十五員,令往湖北、湖南分用。○又諭:揀選知府、同知、知州、知縣十員,命川陝總督帶往題補。○三年諭:"將應補、應選道府、同知、通判、知州、知縣人員,九卿驗看引見,朕親揀取二十員,命往四川、陝西補用。"○又諭:吏部於候補候選人員内,揀選知州四員、知縣十六員,往保定府協理賑濟,遇缺題補。○又諭:吏部揀選府廳州縣二十員引見,命往川陝補用。○又,福建巡撫請揀選同知、通判、知州、知縣。奉旨:於候補候選人員内,揀選同知、通判、知州各一員;於記名知縣内,揀選八員,命往。○又,命往湖南省同知、通判各一員。○又,貴州巡撫請揀選府州縣。奉旨:於候補、候選府州縣内,揀選知府一員、知州二員、知縣五員,命往。○又,廣西省請揀選知縣。奉旨:於候補候選知縣内,揀選七員,往廣西。又命揀選道府各一員、知州三員、知縣九員,往廣東。○又諭:將候補、候選道府州縣揀選十六員,往河南補用。○又諭:揀選下第舉人,情願効力者,命往雲南十五員、貴州十員、四川十二員、廣東十三員、廣西十員、湖廣二員,遇缺委署。○又諭:"嗣後,凡有棚民之閩縣等四十七州縣缺出,朕於月官内揀補命往。著吏部預將所出之缺,於月官履歷進呈時,一併繕摺具奏。"閩縣、侯官、長樂、福清、連江、羅源、閩清、永福、莆田、仙遊、安溪、龍溪、漳浦、龍巖、漳平、平和、詔安、南平、順昌、將樂、沙縣、尤溪、永安、大田、建安、甌寧、建陽、崇安、浦城、松溪、壽寧、邵武、光澤、長汀、歸化、連城、永定、福寧、福安、寧德、晉江、惠安、同安、南安、海澄、南靖、長泰等四十七州縣。○四年,吏部奏請:川陝知縣,題補已完。現出之缺,或交該督題補,或歸月分銓選。奉旨:將記名知縣并候補、候選人員,酌量揀選十員,命往。○又,川陝總督奏請插漢拖灰工所需員。奉旨:於候補、候選道府州縣内家道殷實者,揀選十五員,命往。○又諭:直隸借糶倉糧各官,悉行解任。於投供到部候補、候選之州縣官,揀選知州三員、知縣三十二員,籤掣各缺補授。○又,湖南巡撫請揀選州縣。奉旨:於候補、候選州縣内,揀選知州四員、知縣六員,命往。○又,福建巡撫請揀選知縣。奉旨:於候補、候選知縣内,揀選八員,命往。○又,浙江巡撫請揀選同知、通判、知縣等官。奉旨:於候補、候選人員内,揀選同知二員、通判二員、知縣六員,發往。○又諭:州縣爲親民之官,關係緊要。著於候補、候選無論已未投供人員内,揀選知州三員,補授邛州等缺;

知州、知縣十一員，補授光州等州縣各缺。○又命往福建知縣三員，廣東知縣三員，浙江知縣三員，湖北、湖南、雲南、江西知縣各四員。○又諭：九卿於直隸倉糧全完另補州縣并候補候選人員内，翰林院掌院學士於庶吉士内，各舉所知，揀選知州一員、知縣二十員、庶吉士二員，交與江西巡撫。將查出虧空之州縣員缺，即行題補。○又，川陝總督請揀選補授同知、知州、知縣等缺。奉旨：於未經揀選之候補、候選人員内，揀選同知二員、知州三員、知縣三十八員。將川陝現出各缺，令其掣補。其餘著遇缺題補。○五年諭：會試舉子，著爾部揀選引見。并問九卿，將所知者舉出。再，舉子内，有伊等同鄉素日推服之人，亦著舉子公舉。或數人共舉一人，或十數人共舉一人。俱將姓名註明，務須有猷、有爲、有守之人，方可舉出，不得冒濫。遵旨揀選引見。命往奉天三員、雲南十五員、福建十六員、浙江十一員、廣東一員、湖南一員、江南一員、陝西一員，遇知縣缺題補。命往直隸十三員、江南十五員、山東十一員、山西十一員、河南十一員、陝西十六員、浙江六員、福建六員、江西十一員、湖北八員、湖南六員、廣東七員、廣西七員、四川六員、貴州七員、雲南五員，以知縣試用。又揀選三百九員，各回原籍，以學正、教諭用。

凡貢監生，舊例，監期滿日，咨部分撥各衙門歷事一年。廷試，分三等。上上卷，以推官、知縣用。上卷，以通判用。中卷，以州同、州判用。順治十一年題准：願應鄉試者，呈部註册。○十四年議准：上卷，以知縣用。中卷，以州同、州判、縣丞用。○十五年諭：貢監考職，每百名取正印八人。餘俱除州縣佐貳等官。○又題准：候選貢生，鄉試三科，方准取選。其未考職貢生同。○康熙元年題准：以州同、州判、縣丞用，停止分撥歷事。監期滿日，咨部考職。○二年題准：功貢生，免其在監肄業，以州同、州判考用。○三年題准：例監生，以州同、州判、縣丞、主簿、吏目考用。貢監生以州同考用。○四年題准：准貢生，於布政司經歷、理問、運判、州同等官内，掣籤定銜。○十年題准：各項貢監生考職，每年應於四月内出示投供，五月十五日考試。功貢生仍不時考試。○五十三年覆准：嗣後，各省起送貢監生赴部考職文内，令其出具委係親身、並無冒名頂替印結，務令親賫赴部投遞。其由國子監咨送者，取具同鄉京官印結，亦令親賫赴部投遞。照大選各官互結之例，以五人連名互結。部内按名驗看，方准考試。如有倩人代考者，將本人斥革，代考之人治罪。明知倩代，濫行出結之同鄉京官，并互結之人，亦題參治罪。○五十七年覆准：嗣後，各項貢監赴部考職者,交與九卿公同校試,考定職銜。其各省領文赴考人員,令該撫轉行各地方官,取具本生親筆親供、里鄰結狀,粘連地方官印結。該撫給與印文,保送赴部。在監肄業者,令國子監取具本生親筆親供,粘連同鄉京官保結。國子監給與印文,保送赴部。旗人,令該都統取具本生親筆親供,粘連該參領、佐領保結。都統給與印文,保送赴部考試。如有試卷筆跡不同,即係假冒頂替。察出,將本生黜革,與頂替之人,一并從重治罪。○雍正元年題請:貢監生考職,令吏部司官,將現在應試諸生,按名查對。實係本身應試者,照例將試卷封送九卿,會同看閱。以文理之優劣,定職銜之大小。仍行國子監并直省巡撫,嚴加查核,給咨本生,親賫赴部,投文驗到,方准考試。奉旨:"將卷子交與九卿,同看之人太衆。各有相識,瞻徇情面,亦未可定。今考試已近,將九卿、大臣、翰林等官職名開列,量考試人數之多寡,點出幾人看文足用之處,該部具奏請旨。朕欽點。"

凡禮生,順治十一年題准:生員充禮生者,辦事三年,除州縣佐貳等官。○十七年覆准:各項貢監充禮生者,照考定職銜加等優授。如考至州同者,加以知縣。准貢、例監出身考至州同者,不加等,考取別項,仍准加等。如考取州判,加以州同之類。

凡八旗教習,舊例,於監生生員内,禮部會同國子監考取。三年滿日,以知州、知縣、縣丞、教諭、訓導考用。順治十二年題准:於官廕貢監生内考取,以通判、知縣用。○十六年題准:專聽國子監考取。○康熙三年題准:以知縣、州同用。○四年題准:各項監生,俱准與考。○六年題准:准貢例監教習,止除州同。○又覆准:舉人亦准與考。○九年題准:准貢、例監、教習,增入布政司經歷、理問、運判等缺兼除。○十二年覆准:舉人、官廕生、准貢、例監,俱停止考充教習。○三十二年覆准:貢生教習之外,又兼贊禮。除考職應得知縣八名外,其州同二名,照贊禮加等録用舊例,亦以知縣録用。○三十九年覆准:八旗教習,停其考試。依國子監咨送年滿日期先後註册。與舉人就知縣者,較年月先後序選。○雍正元年覆准:八旗教習,將考取之新進士用一人,考取之恩、拔、歲、副貢生用一人,分缺間補。三年期滿,新進士照扣缺例,即行補用。貢生仍照舊例,咨部銓選。捐納歲貢,不准考充。

凡内官學教習,由生員考充。康熙二十八年議准:照教習貢生三十六個月爲滿之例,内務府徑送吏部。十七名内,考用教諭十四名、訓導三名。仍歸各省舉貢等内,照年分先後挨選。○三十六年覆准:内官學教習,已經中式舉人、副榜者,留内効力。已逾三年,停其照生員教習選授教職。俱照八旗教官學生教習貢生之例,考以知縣用。俟内務府咨部,於五月十五日,與八旗教習一同考試,以知縣照年分挨選。○五十四年覆准:内官學教習進士,以内閣中書缺出補用。詳見《進士》條下。

凡文武官廕監生,正一品官廕生,以宗人府經歷、京府治中用。從一品官廕生,以知州用。正二品官廕生,以都察院經歷、京府通判用。從二品官廕生,以光禄寺署正用。正三品官廕生,以通政司經歷、太常寺典簿、上林苑監監丞用。從三品官廕生,以光禄寺典簿用。年滿,由國子監咨部,查題廕年月,照品級録用。未任病故者,仍准補廕,照原廕年分取選。○康熙六年詔:尚書所得廕生,俱授員外郎。侍郎學士所得廕生,俱授主事。○五十二年覆准:大學士給與一品官廕生。○五十四年題准:廕生内捐納先用者,如有捐納之班,入於捐納班内,以應得之缺分用。如無捐納之班,仍與廕生應得之缺分用。○雍正元年覆准:尚書給與一品官廕生,以員外郎用。侍郎學士,給與二品官廕生,以主事用。總督與尚書同。巡撫與侍郎同。其餘照現行例遵行。○三年議准:嗣後,凡提鎮諸臣所得廕生,除通習文理者,仍照例考試以文職補授外,其有幼熟武藝、人才壯健、情願改授武職者,令其呈明吏部,移咨兵部繕摺引見,恭候皇上考試欽定。其改授武職何等品級之處,兵部另行請旨。

凡殉難廕生,舊例,漢人按品級以小京官用。順治八年題准:旗下官,三品以上廕知州,四品以下廕知縣。○康熙三年諭:漢官照旗員例廕職。○十八年題准:布、按、都三司首領及州縣佐貳六品、七品官之子,准廕縣丞。八品、九品官之子,准廕縣主簿。未入流官之子,准廕州吏目。

凡禮部鑄印局儒士,舊例,食糧三年,照禮部咨送,除授外府檢校。康熙十年題准:禮部鑄印局大使及京外縣典史缺,增入儒士選用。

凡四譯館譯字生,舊例,於世業子弟内,考取肄業。三年,該館會同内院禮部考取食糧。又三年,考給序班頂帶。又三年,禮部考送具題實授。順治十七年題准:序班缺,禮部會同該館考取,送吏部題補。○康熙十三年題准:序班譯字生,俱照該館移送補授,停其具題。

凡考職供事,康熙四十二年題准:役滿久留在館供事,照外郎分缺之例,將内外考職吏員選授七缺,此等供事,選授一缺。○四十七年覆准:廣善庫供事,五年役滿,考職,仍留本庫。効力年久者,照内閣留館供事例,按行文名次,以考定職銜,分項即選。○又覆准:建造東嶽廟捐貲効力歷年久遠之供事,與内閣供事、廣善庫供事較効力年分分班,七缺外第八缺,選授一人。〇五十二年奏准:宗人府効力年久供事,照内閣留館供事例分選。

凡考職吏員,康熙二十六年題准:以在外二缺、在京一缺,接算選授。考授職銜,詳《驗封司》。

凡内閣中書舍人,順治八年題准:將在京舉人貢生考補。〇十三年題准:撰文中書,於舉人、貢生内選用。辦事中書,於貢監生員内選用。吏部考取正副卷五十名,移送内院覆考。〇康熙二年題准:專聽吏部考取。〇又議准:每一缺出,行文國子監,考取貢監生八名,順天督學,考取生員二名。吏部覆考,擬正副二卷,題請點用。〇三年題准:於未考職各項貢監生内,考取年青善書者,補撰文中書,其次補辦事中書。〇六年題准:中書員缺,吏部具題咨行直省,將各科進士願考者,取具地方官印文到部,吏部會同内閣考取。不分撰文、辦事,遇缺即補。〇十年議准:在京候選進士,取具京官印結,准其考試。〇二十四年議准:中書照京官例,驗到候補。若驗到後,有願回籍者,准其給假。俟到京日,仍以前驗到次序擬補。如驗到後,私自回籍,補官一月以上不到任者,照赴任遲延例,議處。〇三十三年覆准:除進士願考中書者仍行考取,例監准貢不准考取外,將舉人、恩、拔、歲、副、廪貢正途出身之人,有年少善書、文理清通之人,情願考試者,行文各直省地方,取印官文結,赴部照例考取,遇缺即挨次補用。〇三十四年覆准:嗣後,考試中書,俱照内廷考試漢軍官員事例考試。〇又題准:將貢生等,停其考試。進士就中書者,俟該撫給文到部,照會試科分,選授二人。舉人就中書者,亦俟該撫給文到部,照鄉試科分,選授二人。各項捐授中書人員,照原捐日期先後,仍照例選授一人。何項内無人,其缺不准還補。〇五十二年覆准:嗣後缺出,將從前具呈願就中書進士、舉人、捐納人員,停其選授。將現在留京學習之進士等,挨次具題,引見補授。〇五十四年覆准:中書缺出,先將在館修書并内官學教習進士補用。詳見《進士》條下。〇雍正元年議准:嗣後員缺,將内閣考取教習年滿之進士,照科分名次補用。其從前考取現在内官學教習之進士,仍令禮部咨送内閣考試。學問優者,仍按科挨名録用。不取中者,令其回籍,候截取選用。〇二年覆准:嗣後缺出,仍照進士、舉人捐納分選之例銓補。令取具同鄉京官印結,具呈吏部,送内閣酌量考取字畫端楷者,照原科分捐納名次分班選用。〇五年諭:於赴考人員内,揀選能辦事者,再加考試,引見補用。

凡中書改補,康熙三十九年覆准:已就中書之舉人,有願就知縣及教職者,准其改註,仍以科分名次序選。〇五十二年覆准:從前就中書之進士、舉人內,願改知縣教職者,仍以中式科分名次選用。各項捐納中書人員,以對品之鑾儀衛經歷、詹事府主簿、光禄寺典簿、奉天府經歷、順天府經歷五缺改用。俟其具呈驗到之日,入於各項專行捐納人員之末,另立一班。照原捐日期,挨次輪班銓選。其丁憂起復、告假期滿候補中書,俟人文到部,亦以對品之缺,不入班次改補。陞轉時,仍算前俸,照原銜陞轉。

凡中書科恩廕中書舍人,順治十四年題准:驗到即補,無定額。今久停。

凡翰林院待詔、孔目員缺,舊例,將教職論俸陞補。康熙二十四年議准:待詔缺,將候補國子監學正等項官員,孔目缺,將候選官員內應陞孔目者考試,能文善書之人擬補。〇二十六年題准:待詔缺,候補學正等官人少,將候選者一同考試。孔目缺,候選人少,將考試待詔者,一同考試補授。仍照原品陞轉。〇六十一年題准:待詔員缺,照翰林院咨送考取現在武英殿修書。文理優通、寫字端楷之舉人,揀選知縣,借品補授,准其會試。陞轉時,仍照知縣品級論俸陞轉。

凡國子監助教等官,康熙二十六年覆准:吏部將候缺各官職名開送國子監,考取文學優通之人,咨送題補。四員之後,照例將正途出身之現任官,推陞一缺。〇雍正元年覆准:國子監監丞、助教、博士等官,將進士、舉人之教授陞補。學正、學録等官,將舉人、恩、拔、副榜之學正、教諭陞補。其典籍、典簿,仍照舊例考試補授。其不係正途出身,候選、候補之監丞、助教、博士,改補國子監典簿、鴻臚寺主簿。學正、學録,改補詹事府録事、國子監典籍。其服滿、假滿、候補之員改授者,陞轉時,仍照原銜陞轉。

凡太常寺雜職官,舊例,或由禮部咨送,或由該寺呈送職名,到部題補。康熙十三年題准:由禮部及該寺移送補授,停止具題。

凡欽天監官,舊例,由禮部會同該監考定,咨送題補。康熙十年題准:照本監呈送題補。〇二十年題准:不分滿漢,將教習優通者考授。

凡太醫院官,照禮部咨送題補。康熙二十六年題准:定例,太醫院官員,由該衙門具題咨送,吏部復行具題補授,事屬重複。嗣後,除堂官具題外,其餘官員,照太醫院具題咨送註册。

凡鴻臚寺序班,順治元年定:於生員内選擇,呈送禮部,考試儀度聲音。先給序班冠帶,發該寺教習。禮部時加考驗。嫻習之日,擬正陪移送吏部,具題實授。

凡鴻臚寺通事,順治十五年議准:辦事三年,禮部考中食糧。又三年,移送吏部給與頂帶。又三年,考試通曉譯語者,除授序班。丁憂亦不作缺。

凡陰陽、醫術、僧道等官,舊例,禮部開列年貌籍貫,移咨吏部題選。後,仍咨禮部給付劄印。順治十五年題准:僧録司、道録司等缺,由該司申送禮部,移咨吏部題補。在外陰陽、醫術、僧道等官,俱由禮部咨部入選。○康熙十三年題准:照禮部咨送補授註册,停其具題。

凡頂帶榮身,康熙六十一年十一月二十日詔:年老之人,自古所重。滿漢八十以上,除家奴外,作何給與品級之處,該部查議具奏。遵旨議定:令八旗滿洲、蒙古、漢軍都統、各直省督撫,查明八十以上老人,素爲鄉里所敬重者,給與八品頂帶榮身。其山野小民八十以上者,仍照恩詔給賞。該管官不行詳察,濫行冒官者,事發議處。○雍正二年諭:"朕惟四民,以士爲首,農次之,工商其下也。漢有力田孝弟之科,而市井子孫不得仕宦,重農抑末之意,庶爲近古。今士子讀書砥行,學成用世,國家榮之以爵禄。而農民勤勞作苦,手胼足胝,以供租賦,養父母,育妻子。其敦龐淳樸之行,豈惟工賈不逮,亦非不肖士人之所能及。雖榮寵非其所慕,而獎賞要當有加。其令州縣有司,擇老農勤勞儉樸、身無過舉者,歲舉一人。給以八品頂帶榮身,以示鼓勵。

大清會典卷之十二

吏部文選司

〔漢缺推陞〕

京外漢官，改除陞轉，或由會推，或由開列，或循資序，或論俸次。事例甚詳，具列於左。他如保舉、卓異、揀選、考選、特加擢用者，別見本條。開列、會推通例列於前，各官推陞條例悉於後。

凡九卿、京堂、翰林、吏部、科道、内閣中書及在外布、按、鹽運使各官，遇缺當補，即行單題。舊例，直隸守道、巡道缺，亦係單題。雍正二年，改爲布、按。

凡部寺屬官及方面有司、佐貳、雜職缺出，彙齊掣簽，逐月彙題。

凡京官陞轉，除京堂、翰林、吏部、科道官外，其各部郎中歷俸一年，内閣中書歷俸三年，其餘京職歷俸二年，方陞。〇康熙元年議准：論考語等第陞授。〇四年，停止考滿，仍舊論俸。各部員外郎、主事，舊例，歷俸三年爲滿。順治十八年題准：不拘年限。〇二十六年覆准：嗣後，小京官遇陞外缺者，仍照舊例，俟二年俸滿陞轉。如遇内缺，不俟二年俸滿，與應陞官員，較俸補授。

凡外官陞授，舊例，論俸。順治十二年議准：取俸深有薦、無錢糧盜案參罰者，先陞。〇十五年題准：先儘查解逃人、並帶徵錢糧全完、不論俸滿即陞及卓異官。次於俸滿官内，論運完白糧。次論加級紀薦。再次論俸。〇康熙元年議准：論考語等第陞授。〇三年議准：除卓異官員外，其運糧及加級、薦、紀先陞之例，俱停止。〇四年，停止考滿，論俸陞授。〇九年題准：官員有功優叙、不論俸滿即陞者，以奉旨先後爲序，遇缺即用，不入常例。〇二十五年議准：查解逃人即陞之例停止。

凡外官計俸，司、道歷俸二年，知府以下歷俸三年，方准陞轉。其邊方司、道,歷俸年半爲二年;知府有司,歷俸二年爲三年。餘一日俱作二日。若邊俸腹俸相當,先將邊俸陞轉。〇康熙二年題准:邊遠地方三司府首領、教職、雜職等官,亦作邊俸。〇九年題准:邊地教職,不作邊俸。〇十年題准:邊地裁缺還級官員,補授腹俸缺,或舊係邊俸,後改作腹俸者,其原歷邊俸已滿,仍計邊俸例陞。若歷俸未滿,以十日作十二日。其前後兩任,俱歷邊地者,應准合算。如初任邊俸,次任腹俸,後又任邊俸者,不准合算,仍以十日作十二日。邊俸地方,雲南、貴州、四川、廣西全省,及浙江所屬鄞縣、奉化、象山、定海、臨海、黄巖、寧海、太平、永嘉、樂清、平陽、瑞安十二縣,寧波、台州、温州三府駐劄道、府、廳官,福建所屬福州、興化、漳州、泉州等處。〇舊例,廣東全省、湖廣所屬常德、衡州、寶慶、辰州、永州亦算邊俸。康熙二年,改常德等處爲腹俸。八年,改廣東爲腹俸。〇二十六年題准:福建、浙江近海地方,俱算腹俸。〇二十三年議准:臺灣地方官員,俟三年俸滿,該督撫具題到日,以應陞員缺,於即陞官員内,先行陞用。〇二十五年議准:廣西南寧、太平、慶遠、思恩四府,道員以下,教職以上各官,就近調補。三年俸滿,照臺灣例,即行陞用。其調補官,如新任未滿三年,而通理前俸應陞者,仍許照常陞轉。〇四十八年覆准:學正、教諭陞教授者,通算前俸陞轉。〇雍正二年議准:嗣後,粤西調補官員,無論調補部選,并奉旨揀選命往之員,實歷五年俸滿,任内無降罰住俸停陞者,該督撫據實造册,加結題報,即行陞用。

凡大學士員缺,由各部尚書、左都御史改。舊例,請旨開列具題。順治十五年議准:請旨會推。〇康熙十年議准:請旨開列。

凡尚書員缺,由左都御史改,各部侍郎陞授。舊例,各部尚書,俱互轉。康熙十年議准:停其互轉,止改吏部尚書。左都御史員缺,由各部侍郎陞授。侍郎員缺,俱左由右轉。舊例,吏部一缺,由户、兵、刑、工四部侍郎改。左副都御史陞,又一缺,由禮部侍郎改,學士、詹事、少詹事、翰林院侍讀學士、侍講學士、祭酒陞授。禮部,由學士、詹事等官陞授,與吏部同。户、兵、刑、工四部,由學士、左副都御史、宗人府府丞、通政使、大理寺卿陞授。如無人,方以太常寺卿、府尹、光禄寺卿、太僕寺卿、僉都御史陞授。〇康熙五十七年議准:吏部侍郎缺出,將五部侍郎改補。吏部並五部侍郎缺出,將學士、副都御史、宗人府府丞、通政使、大理寺卿、詹事開列。少詹事、講讀學士、祭酒,停其開列吏、禮二部。順治九年議准:俱由會推。〇康熙十年議准:停止會推。將應陞轉各官,開列具題。

凡左副都御史員缺,由宗人府府丞、通政使、大理寺卿陞授。如無人,方以太常寺卿、府尹、光禄寺卿、太僕寺卿陞授。宗人府府丞、通政使、大理寺卿員缺,由太常寺卿、府尹、光禄寺卿、太僕寺卿、左僉都御史陞授。康熙二年,令翰林侍讀學士亦得陞授。十年,停。順治九年議准:俱由會推。○康熙十年議准:停止會推,開列具題。

凡内閣學士、翰林院掌院學士員缺,由詹事、少詹事、内閣漢軍侍讀學士、翰林院侍讀學士、侍講學士、祭酒陞授。舊例,由内院題補。順治十五年題准:由内院移送職名到部,會同推舉。○康熙二年題准:由吏部開列職名具題。○三十三年諭:前在翰林轉補部院之人,應陞學士者,以學士員缺開列具題。

凡詹事員缺,由少詹事、翰林院侍讀學士、侍講學士、祭酒陞授。舊例,由内院題補。順治十五年題准:由内院開送職名,吏部題補。○康熙十四年議准:吏部開列具題。○三十三年諭:凡遇翰林應陞員缺,翰林官列名後,將由翰林轉補部院之員,一併開列具奏。

凡太常寺卿員缺,由太僕寺卿、光禄寺卿、左僉都御史、左右通政、大理寺少卿、内陞布政使陞授。如無人,方以太常寺少卿、提督四譯館少卿、鴻臚寺卿、太僕寺少卿、府丞陞授。雍正二年定:少詹事、翰林院侍讀學士、侍講學士、國子監祭酒,亦開列改授。順天府、奉天府府尹員缺,由光禄寺卿、太僕寺卿、左僉都御史陞授。如無人,方以左右通政、大理寺少卿陞授。光禄寺卿、太僕寺卿,應陞各官,俱與太常寺卿同,止少左僉都御史一項。僉都御史員缺,由左右通政、大理寺少卿陞授。如無人,方以太常寺少卿、四譯館少卿、鴻臚寺卿、順天、奉天府丞、太僕寺少卿陞授。俱論俸擬正陪具題。雍正二年定:翰林院侍讀學士、侍講學士、左右庶子,亦開列改授。

凡通政使司左通政員缺,由右轉。右通政、大理寺少卿員缺,由太常寺少卿、提督四譯館少卿、鴻臚寺卿、太僕寺少卿、督捕理事官、順天府、奉天府府丞、内陞按察使陞授。雍正二年定:翰林院侍讀學士、侍講學士、左右庶子,亦開列改授。太常寺少卿、提督四譯館少卿、鴻臚寺卿、太僕寺少卿、順天府、奉天府府丞員缺,由内陞吏部郎中、給事中、監察御史、布政司參政補授,通政使司左右參議、大理寺丞陞授。如無人,方以光禄寺少卿、鴻臚寺少卿陞授。康熙四十年,吏部郎中停止内陞,吏部郎中不與。雍正二年定:翰林院侍讀、侍講、左諭德、洗馬、左右中允、左右贊善、國子監司業,亦開列改授。督捕理事官員缺,左由右轉。應陞各官,與上同。今缺裁。俱於應陞官内,論俸擬出具題。

凡通政使司左參議員缺,由右轉。右參議員缺,由光禄寺少卿、鴻臚寺少卿、内陞按察司副使陞授。大理寺寺丞員缺,由光禄寺少卿、鴻臚寺少卿、内陞布政司參議陞授。今缺裁。光禄寺少卿員缺,由鴻臚寺少卿、内陞布政司參議、按察司僉事陞授。俱於應陞官内,先儘品級大者題補。

凡京堂員缺,康熙三十年,吏部題請:太常寺少卿、光禄寺少卿、兵部督捕右理事官、大理寺寺丞、通政使司左右參議等缺,無應補應陞之人,暫停開列。奉旨:將翰林官酌量調補。○三十三年諭:應陞人員,列在第一層。由翰林轉補部院之員,列在第二層。○四十七年覆准:京堂員缺,照品級考内,開列科道,并照三十年例,開列翰林官員。○雍正二年,左通政無轉補人員,吏部奏准:將翰林院侍讀學士、侍講學士、庶子品級相當者,列在第二層。○五年諭:嗣後,開列京堂翰詹等官,照例開列應陞人員。其轉補及其次應陞人員,俱著另開單夾於本内進呈。其布政使等官應内陞者,亦開單夾於本内進呈。

凡國子監祭酒員缺,由庶子、侍讀、侍講陞授。舊例,由内院移送吏部會推。康熙十年題准:翰林院咨送職名,吏部開列具題。○十四年題准:翰林院、詹事府會同咨部,開列具題。

凡少詹事員缺,由侍讀學士、侍講學士、祭酒陞授。翰林院侍讀學士員缺,由侍講學士轉。侍講學士員缺,由庶子、侍讀、侍講陞授。侍讀員缺,由侍講轉。侍講員缺,由中允、贊善、司業陞授。如無人,方以修撰、編修、檢討陞授。左右春坊庶子員缺,由侍讀、侍講、諭德、洗馬陞授。諭德員缺,與侍講例同。中允、贊善員缺,由修撰、編修、檢討陞授。司經局洗馬員缺,與侍講例同。國子監司業員缺,與中允例同。舊例,由本衙門具題,按科分資序陞轉。如有奉差及終養、丁憂、治喪回籍,依限到京者,仍照原資序陞轉。違限者,計所違日月,序本科之後。給假告病者,概序本科之後。順治十一年定:由吏部題補。○十五年題准:由本衙門開送職名,吏部具題。○康熙十年題准:司業以上,論俸。修撰、編修、檢討,論資陞轉。○十八年議准:修撰、編修、檢討,俱按俸陞轉。惟遇公務差遣,仍以科分爲序。

凡吏部司官,舊例,由進士官考選,分省補授。雍正五年,停。順治十二年議准:每年,吏部内陞、外轉各一員。○十四年題准:吏部司官内陞、外轉,照科道例,題請欽定。○十八年諭:吏部司官,與五部司官一體陞轉。○康熙八年議准:吏部司官,仍照舊例。每年八月,内陞、外轉各一員。○十年題准:吏部郎中内陞,以太常寺少卿、四譯館少卿、鴻臚寺卿、太僕寺少卿、督捕理事官、府丞等缺用。○十一年題准:内陞官員,借補五品京堂,仍與小四品京堂論俸陞轉。○又題准:吏部外轉官,不必驗到,於單月遇缺先補。○十二年題准:外轉吏部郎中,以副使用;員外郎,以參議用;

主事，以僉事用。〇二十八年議准：選、功兩司缺出，將本部司官，照俸調補。停其不拘資俸選補之例。〇三十四年覆准：嗣後，吏部郎中内陞者，仍照舊例，以京堂補用；外轉者以副使道用。員外郎，以同知補用。主事，以通判補用。〇四十年議准：嗣後，將吏部司官開列，内陞、外轉，俱行停止。其郎中，與五部郎中一體較俸，以道府員缺補授。至分省行取及員外郎、主事陞轉之處，仍照舊例行。〇雍正五年議准：嗣後，吏部郎中、員外郎、主事員缺，與户、兵、刑、工四部司員，不論科甲貢監，同歸月分銓選。

凡科道官，舊例，科員缺由吏科開送，御史缺由都察院開送。照人文到部先後，具題陞轉。〇順治十二年議准：每年，科員内陞、外轉各二員。御史，二年内，内陞、外轉各三員。〇又諭：科道官内陞、外轉、差遣，俱親加裁定。著爲例。〇十三年議准：御史，每年内陞、外轉各二員。〇又諭：巡按稱職者，亦准内陞。〇十五年議准：御史，每年内陞、外轉各三員、〇十六年題准：科道内陞，補小四品京堂應陞之缺。巡按内陞，補五品京堂應陞之缺。〇又議准：巡按御史三差稱職，方准内陞。〇十七年議准：御史有參大奸大蠹、興利除弊者，另爲一册，以定本官優劣。陞轉時，可即據爲甄别。至科員陞轉，亦應詳開平日奏章旨意，題請欽定。〇十八年議准：御史，每年二八月内陞、外轉各一員。〇康熙四年題准：候補科道遇缺，通行題補。〇又題准：科員，每年八月内陞、外轉各一員。〇十年題准：掌印給事中、御史内陞，以太常寺少卿、四譯館少卿、鴻臚寺卿、太僕寺少卿、督捕理事官、府丞等缺補用。督捕理事官，康熙三十八年，裁。〇十一年題准：内陞官員，借補五品京堂，仍與小四品京堂論俸陞轉。〇又題准：科道外轉官，不必驗到，於單月遇缺先補。〇十二年題准：給事中内陞，亦得補授太常寺少卿等缺。〇又題准：外轉掌印給事中，以副使用；給事中、監察御史，以參議用。〇三十九年諭：本年内陞科道官員，仍留原任辦事，員缺暫且不出。本年行取以科道用人員，補授額外試監察御史。〇四十一年諭：嗣後，内陞科道官員陞補者，俱停其兼科道任。以前陞補科道官員兼科道任者，通查出缺。〇雍正五年定：科員缺，將監察御史引见補授。

凡内閣侍讀員缺，雍正四年設。由内閣辦事中書舍人揀選引見補用，與員外郎論俸陞轉。

凡各部司官，舊例，郎中員缺，由本衙門員外郎陞。員外員缺，由内外應陞各官陞。其由本衙門官陞者，仍通理主事俸。順治十二年議准：五部郎中遇府道缺出，論俸陞轉。〇十六年議准：郎中、員外郎等缺出，本衙門官不得陞補。○十八年題准:郎中歷俸一年,准其陞轉。不必通理員外郎主事前俸。○康熙元年議准:各部司官,每年内陞四員,其餘仍補外職。○又議准:查考滿等第陞授。○二年諭:停止内陞。○四年,停止考滿,仍舊論俸。○又題准:郎中、員外郎缺,仍於本衙門各官内,論俸補授。主事缺,以各衙門應陞官陞補。○又題准:主事陞本衙門員外郎。五員之後,將各衙門應陞官陞一員。○又諭:漢郎中,照滿缺例,選擇才能陞補。○八年題准:停止選擇才能例。○九年議准:出差官員,未經考核者,遇缺不得陞轉。○十年議准:雙月巡道、知府缺同出,方將俸深郎中推陞。若知府缺有餘,儘用應陞專行之員。如俸深郎中無人,補次俸郎中。○又題准:郎中缺出,將五部員外郎通行陞轉。○十二年題准:禮部司官缺出,由進士出身者補授。○二十三年議准:户、兵、刑、工郎中、員外郎缺,照舊論俸陞補二員。將進士出身者,依次陞補一員。主事缺出,照舊陞補一員,將進士出身者陞補一員。在外知縣應陞主事者,亦照此例,與在京應陞官員,分缺接算。以上各項,如遇進士應陞者,仍照常陞補,不作進士之缺。如應陞進士缺内,若無俸滿進士,將未滿俸之進士陞補。○二十六年議准:主事有專行候補之員,遇單月本部缺出,即行坐補。如無其人,將行取、咨取知縣及散館庶吉士與捐納之人,輪班分缺補用。

凡各小京職,舊例,遇應陞缺,按俸題補。康熙元年議准:查考滿等第陞授。○四年,停止考滿,仍照舊例論俸。

凡内閣中書舍人,舊例,論俸陞用。順治十三年題准:止加職銜久任。○十五年題准:撰文中書,勤慎稱職、三年無過者,内院移送吏部,題陞主事。典籍、辦事中書,止許加銜。○十七年諭:撰文、辦事中書,俱停陞轉。加銜久任,願應鄉會試者,聽。○康熙二年諭:撰文中書准陞主事。典籍、辦事中書,准陞主事及府同知。○九年議准:中書不分撰文、辦事,俱以主事、府同知遇缺陞補。○雍正四年定:揀選内閣侍讀。

凡太常寺雜職,順治十五年題准:由禮部咨送吏部題補。祠祭署奉祀、祀丞、協律郎、贊禮郎、司樂、神樂觀知觀,俱於本衙門内陞轉。陞至寺丞,止加品級服俸,不得陞補別衙門。○康熙十三年題准:聽禮部、太常寺移送補授,停止具題。

凡欽天監官,舊例,禮部以勤勞稱職題請議叙。到部,酌量加銜加級。順治十五年題准:監正、監副、五官正缺,由禮部咨送題補。靈臺郎以下缺,由禮部會同該監考試,咨送題補,俱於本衙門陞轉。陞至監正,止加京官職銜，仍掌監事。○康熙六年題准：欽天監各官，歷俸五年，於各衙門應陞員缺，一體陞轉。○七年題准：仍停其陞轉别衙門。俟九年考滿一次，於本衙門缺出陞補。若無缺，加俸二級。○十年題准：欽天監員缺，聽本監呈送吏部題補。○二十年題准：不分滿漢，將學習優通者考授。其漢人補授滿洲漢軍缺者，仍照漢品級考陞轉。○二十六年覆准：嗣後，欽天監缺出，禮部會同嚴加詳考，咨送吏部題補。其監中大小官員，仍按品級考所定俸秩，挨序陞轉。停其論年加級食俸之例。○五十八年議准：欽天監監副，以員外郎陞用。五官正，以主事陞用。如進士出身者，以户、禮、兵、刑、工五部用。非進士出身者，以户、兵、刑、工四部用。應入於論俸推陞之月。每年陞用一員。此陞用時，先陞監副一次，後陞五官正二次。俱以得有品級食俸之日，算俸陞補。

凡太醫院官，舊例，三年考滿，禮部咨稱勤勞稱職或特咨，照例請叙。吏部酌量加銜。順治十五年題准：院使、院判、御醫、吏目等缺，由禮部咨送吏部題補。陞至院使，止加京官職銜，仍掌院事。○康熙九年題准：考滿已停，御醫、吏目陞轉無期。許服六品頂帶，仍照原品支俸。

凡鴻臚寺鳴贊員缺，於序班内考選聲音洪亮者陞補。舊例，由禮部揀選咨送，具題補授。康熙四十四年議准：由鴻臚寺揀選。

凡在外布政使、按察使員缺，舊例，左布政使，由右轉。右布政使，以應陞官擬正陪具題。舊設每省左右布政使各一員。康熙六年，裁一員，無左右之稱。順治十年議准：布、按二司缺，照俸、薦陞補。○十二年議准：布政使缺於按察使内，按察使缺於參政内，不拘俸次，先將有薦者陞補。如無註薦之人，仍照常論俸。○康熙元年議准：司、道歷任，邊俸以年半爲滿，腹俸以二年爲滿。若無俸滿者，於應陞官内較俸陞補。○三年議准：右布政使缺，由漢軍郎中、御史兼阿思哈尼哈番、阿達哈哈番佐領之職者及在外按察使陞。按察使缺，由漢軍支正三品俸郎中、御史、參政、苑馬寺卿陞。○十四年議准：布、按二司，不分單月、雙月所出之缺，將候補官擬正陪具題。如無候補之人，將應陞官擬用。○十六年題准：布、按缺，若奉旨會推，將現在應陞官員，不論歷俸已滿未滿、有無罰俸，一體推舉。○十八年議准：會推布政使時，於候補布政使及現任按察使内，保舉具題。如無保舉者，於現任按察使内，將卓異薦舉之員擬出；如無卓異薦舉者，將候補之員擬出；如無候補者，將俸深應陞之員擬出，具題。○又議准：會推按察使時，於參政、副使、參議、僉事内選擇保舉具題。如無保舉者，將卓異薦舉之員,論俸擬出具題。〇十九年覆准:會推時,停止保舉。〇五十一年諭:嗣後,布政使按察使缺出,不必另行請旨。著將應陞官員通行開列,繕摺具奏。〇五十二年議准:布政使缺出,吏部通行開列。欽點幾員,令其引見。到任後,三年之内,又有應陞之缺陞補者,免其引見。已滿三年者,仍令引見。〇六十一年十二月議定:布、按兩司缺出,吏部通行開列。此内補授一員,停其引見。欽點幾員,調來引見。

凡各道員,順治八年題准:僉事陞参議。参議陞副使。副使陞參政。〇又題准:江南、浙江、江西、山東、河南糧道,運事未畢、未經考核者,暫停陞轉。〇十六年諭:道員不必坐定職銜,俱以布、按二司銜通融兼帶。〇十八年議准:司道除不論俸滿陞轉外,其餘歷俸已滿者,先論加級,次論薦舉紀録,再次論俸陞轉。〇康熙元年題准:論考語等第陞轉。〇三年題准:論俸陞轉。〇十年議准:守道缺出,仍補守道;巡道缺出,仍補巡道。不得互加職銜。〇二十四年議准:直隸守道缺出,將應陞及現任鹽運司運使、按察司副使、僉事開列具題。巡道缺出,將布政司参議、知府、五部郎中開列具題。〇二十六年覆奏,嗣後,郎中兼陞道府三次後,参議道、知府陞補一次。奉旨:著各輪一次。〇又覆准:在外班次,道缺仍以参議、知府陞補;府缺仍以同知陞補。在内郎中班次,仍照例將道府配掣補授。其所剩道缺,將参議、知府補授;府缺,仍將郎中補授。〇二十七年議准:推陞郎中班次,遇道府之缺,將俸滿郎中配掣。如俸滿者不足,將歷俸未滿者陞補府缺,参議道、知府陞補道缺。

凡鹽運使司運使員缺,舊例,與各道官陞補悉同。康熙二十三年議准:將應陞、應補官員,不拘定例,通列職名具題。

凡提督學政各官,舊例,除直隸、江南俱差御史外,其餘各省,專設提學道一員。吏部會同禮部,於禮部所屬官員内,擇資俸相應、才品素著者陞補。如禮部無人,方及别部。部屬無人,方及在外道員。〇順治五年定:於各部司屬擇取五人,吏部會同内院、禮部考試題補。〇九年議准:學道員缺,户、兵、刑、工四部各送一員,禮部送二員。内院、吏禮二部,會同考補。〇十年題准:直隸、江南學差,俱用翰林院官。於侍讀以下,照資序擬正陪具題。〇十一年題准:江南學院,照各省例改爲學道。〇十五年議准:學道員缺,開列應陞各官,題請御試欽定。〇十六年諭:仍由吏、禮二部考用。〇十八年議准:用進士俸滿郎中及有薦之参議、知府陞。考試停。〇康熙三年諭:以進士舉人出身各官兼用。〇五年定:於各部郎中内,選擇文行兼優者,咨送吏部,再加選擇。一缺,擬二人具題。〇八年議准:仍照舊例,由進士郎中、参議、知府陞補。〇十三年議准:學道報滿,呈送吏部,照常改補别項道缺。督撫薦舉稱職者,以參議道用。公明尤著者,内陞京堂。徇私溺職者,参處。〇十八年議准:學道報滿,將所行事實,呈報督撫,填註考語,開明有無剔除十弊字樣,具題,聽吏部議覆。〇二十年題准:學道員缺,如俸滿郎中、参議、知府不足,以未滿俸郎中擬出。如又不足,以未滿俸参議及知府擬出。一併掣籤補授。〇二十二年議准:考核學道,將公明尤著者,彙集開列具題,候欽定一員内陞京堂。其餘,照原官陞一級,以道缺先用。〇二十三年議准:順天學差,用侍讀、侍講、諭德、洗馬,開列題請。江南、浙江學差,用侍讀、侍講、諭德、洗馬、中允、贊善,開列題請。其餘各省學道缺出,於進士出身之五部郎中及參議道、知府内,不論歷俸已滿未滿、有無降級停陞罰俸事故,通行選擇,不拘員數,開列具題。〇二十四年議准:各省學道報滿後,督撫于一月考核具題。其公明尤著者,俟到齊,彙集開列上聞。若稱職平常者,該督撫具題到日,即行照例核題。俟公明尤著者考核之後,准其依次補用。〇二十六年覆准:學道任滿,停止保舉公明尤著。其薦舉稱職者,由吏部彙齊開列,恭候欽點一員以京堂用。其餘,俱停其先用,以應陞道缺補用。咨送平常者,仍照舊例,以原銜補用。溺職者,督撫不時題參。〇二十七年覆准:學道停其選擇,仍照前論俸補題,〇三十九年諭:翰林官員專司文翰,更無他事。各省學道員缺,應與郎中並差。任滿之日,仍回各衙門。或掣籤,或作何差遣,大學士等會同翰林院議奏。遵旨議得:此後,各省學道缺出,翰林官内,自侍讀、侍講、諭德、洗馬以下,編修、檢討以上官員,通行開列職名具題。奉旨:"翰林官等所學優長,朕俱知之。但其爲人尚未深悉,難以簡擇。此後,學道缺出,除告假回籍日期不論外,較俸派出。"〇四十四年諭:各省學差,著將翰林及科道一并開列引見,點用。〇雍正四年諭:各省學政,有教導士子之責,關係甚重。乃向來之例,由翰林科道簡用者,則爲學院;由部屬簡用者,則爲學道。不論其現任之職掌,但論其前任之官職,似未允當。今應作何畫一之處,著大學士九卿會議具奏。遵旨議准:郎中等官,各有司分職掌。出差後,原缺若不銓補,恐部中辦事乏人。嗣後,部郎等官奉差提督學政者,加以翰林院編修、檢討職銜。其部内員缺,另行銓補。至加銜之處,應照庶吉士散館授職之例。該員係二甲進士出身者,加編修職銜;係三甲進士出身者,加檢討職銜。一體稱爲學院。任滿考察稱職,仍俟伊本部員缺補用。

凡司道内陞,舊例,每年内陞三人。順治十年諭:司道各官,才品俱優者,照應陞職銜,酌量補授京堂。○十二年議准:除旗下舊人不論科目外,其餘司道必由科目出身、曾舉卓異及俸深有薦者,方准内陞。○十三年議准:每年内陞四人。○十七年議准:必歷練三四任、曾舉卓異或有大功及實薦多者,方准内陞。每年定額二人。○康熙三年議准:小四品京堂員缺,京官陞補五員之後,將司道應内陞各官開列十人,題請欽點一員。

凡有司各官,舊例,知府、同知、通判、推官、知州、知縣及佐貳雜職,查出身資格、有無加級薦舉者,分别三等陞授。惟旗下人不論科目。其後或叙功績,或較考滿等第,或論俸次先後,俱詳見篇首"外官陞授總例"内。○康熙二十七年議准:推陞知府内外官員,如俸滿者不足,將歷俸未滿無事故者,挨取照例陞授。○又議准:現在月選無人,陸續剩有知府十六缺,俱於下次將歷俸未滿者陞補。係選授同知月分所剩之缺,仍與同知;郎中月分所剩之缺,仍與郎中。

凡教官,舊例,教授、學正、教諭、訓導遇應陞缺出,查舉人、貢生出身有無薦舉,分别陞授。由進士改補教授者,不陞知縣。○康熙三年議准:舉、貢教職,一體論俸陞轉。雖有薦舉,不得先陞。

凡倉巡等官,舊例,倉大使、埸大使以一年爲滿,巡檢以三年爲滿。照收放糧草、緝獲逃盗數目陞調。康熙元年題准:與從九品官一體較俸。○四年題准:各照俸次陞授。有過者,該督撫咨部降革。

凡生員、准貢、例監、吏員、投誠出身等官,順治十年議准:不得陞補正印。○康熙元年諭:用人不拘資格,一體陞轉。○六年題准:各途出身官,如果稱職,經該堂官及督撫保舉者,得陞京官及正印。無保舉者,陞佐貳雜職。

〔漢缺候補〕

候補官員,自國初定例以來,歷年永爲遵守。後少有更定,益加詳備。今以現行諸例,備載於後。

凡内外候補官,舊例,應開列者,與現任官一同列名;應會推者,與現任官一同推舉。

凡太常寺卿以下,左右坊贊善、鴻臚寺少卿以上官員,人文到部,遇缺題補,在應陞官之先。其降級候補小四品官員與内陞候補小四品官員,人文到部,俱照奉旨年月先後,以次補用。其太常寺少卿與提督四譯館少卿，順天府府丞與奉天府府丞，原係同官，均與互相補授。翰林院修撰、編修、檢討、庶吉士，原無定額，人文到部，即行題補。○康熙二十四年題准：修撰、編修、檢討、庶吉士，人文到部即補，停止具題。

凡科道給事中，由吏科咨送，監察御史，由都察院咨送題補。

凡吏部司官，人文到部，題補，現任同省後補官員迴避。雍正五年，停止分省，此例亦停。

凡科道、吏部外轉官，不另起赴補之文，於單月遇缺先補。

凡五部郎中以下，在京未入流以上官，人文到部，於雙月驗到一次，於單月遇各衙門原缺出，照赴部之文先後擬補。其部、寺司務，不專補原衙門之缺，遇各部、寺缺出補授。

凡五部主事，人文到部，於單月遇原衙門缺補授。若無其人，方將行取知縣及散館庶吉士以部屬用者，以次補授。

凡内閣中書，不拘雙月、單月，人文到部，遇缺先補。

凡太常寺寺丞、鴻臚寺寺丞以下官及欽天監、太醫院官員，俱由該衙門呈送，於單月補授。

凡督撫及布政使以下各官，舊例，内陞、解任、還職、降級、裁缺者，取具赴補之文到部，必將本官離任前後，行查考功司。無别項事故者，方准註册候補。惟教職不必行查。○康熙四年題准：官員有起赴補之文到部因原案降調者，或起降調之文到部復因别案降調者，或因前案冤抑而復還官級者，或已籤補降調之官尚未給憑而隨復還官級者，俱照原文補授。○八年題准：布政使、按察使候補，遇缺出，擬正陪具題。若止候補一人，將應補官擬正，應陞官擬陪。其各官内，有已經陞轉、因錢糧盜案留任、後事結解任者，若遇原所得之缺出，不論單月、雙月，即行先補。○又覆准：道府以上官員，取具原任或原籍督、撫、布政使印文。運同以下各官，取具原任、原籍督、撫、布政使、地方官印文。旗下取原任及都統印文。俱令人文到部，於雙月驗到。遇單月缺出，照赴補之文先後擬補。○九年題准：官員補授之後，或前官留任，或督撫題補有人，或其缺新裁，其新補之官未經給憑，與已領憑而未到任者，不必再行起文，仍照原文補授。○十年議准：司道以下，教職、雜職以上，同官同日投文到部者，補授之時，令其掣籤，將得籤者擬補。○二十三年議准：候補按察使，若驗到在後，出缺在前，不得擬補。○二十六年題准：應補同知與捐納同知，分缺間補。

凡提學道，舊例，仍補原官，康熙十年議准：未經到任、丁憂、裁缺、還職、還級者,赴補之時,人文到部。隔五十五日,不拘雙月單月,遇學道缺出補授。若已經到任者,改補别項道員。雍正四年,各省提學道,俱改學院。

凡候補内外官,人文到部,未經補授丁憂者,服滿起文到部,仍照前文補授。若候補官止將赴補之文投部,身在原籍患病,取具該地方官印結報部者,准其在籍調治。病痊之日,照後起之文擬補。告假官,如該撫未給候補之文,止具題銷假者,俟本官驗到後,即以科抄到部之日,註册候補。○康熙三十九年題准:解任質審開復之員,應與各項應補人員,俱照投文日期,叙次補用。

凡遇缺即補,康熙三十七年覆准:凡郎中掣補道府、教職挨陞知縣等官員缺,如另補有人扣除者,未經奉旨,仍歸雙月,即行陞選;已經奉旨,歸於單月,不入班次即補。至外省推陞各官,取該撫之文赴部,驗到之日,亦不入班次即補。○三十八年覆准:凡道府以下,州縣以上官員,本任内,或係督撫因地保題,或係部臣揀選,開列奉旨特用及卓異未經陞用、丁憂者,俟起復赴補驗到之日,仍歸單月,不入各項候補班次,遇缺即補。其卓異,仍照例帶於新任。○四十二年題准:迴避另補之員,比照扣除另補之員,不入班次補用。

凡對品改補,康熙四十二年題准:在京候補孤缺六品以下官員,准其對品調補。○四十五年諭:順天、奉天府丞員缺,俱屬緊要,不可空懸。將官品相等者,調補具奏。

大清會典卷之十三

吏部文選司

〔考選〕

翰林、科道、吏部，舊例，皆由考選授官。庶吉士三年一選，吏部官遇缺即選，科道官彙選候補，俱開列引見，題請親擢。吏部官考選，先經停止，繼後舉行。雍正五年定：歸於月選。

凡庶吉士考選，順治三年題准：於二甲三甲進士内選取。送翰林院讀書，滿漢學士教習。俟學業有成，復行考試。優者，以翰林官用，二甲除編修，三甲除檢討。其餘，兼除科道部屬等官。〇九年題准：分省考選。直隸、江南、浙江各取五人，江西、福建、湖廣、山東、河南各取四人，山西、陝西各取二人，廣東一人。以二十名讀滿書，二十名讀漢書。考選引見，或由内院具題，或由吏、禮二部會同内院具題，或限年歲，或論地方，或出題考試，無定例。〇順治十二年以後，選取無定員，詳載"翰林院"。〇康熙十二年題准：吏部將進士年歲籍貫開送翰林院。由翰林院題請考選日期，會同吏、禮二部引見。以後考選引見事例，詳載"翰林院"。

凡給事中、監察御史考選，順治元年定：以大理寺評事、太常寺博士、中書科中書、行人司行人歷俸二年者及在外俸深有薦推官、知縣考取。若遇缺急補，間用部屬改授。〇二年定：由各部郎中、員外郎、主事、大理寺評事、太常寺博士、中書科中書、行人司行人、内院中書、國子監博士、京府推官考選。〇五年定：取各部員外郎、主事不由外官陞入者，與中、行、評、博及推官、知縣一體考選。〇八年議准：除各部郎中並員外郎、主事由外陞入者不准考選外，其餘各官，令該堂官選擇才守兼優之員，與應考選各官，開送吏部，會同都察院選取。〇又題准：外官錢糧全完，歷俸三年，薦二次，無參罰者，方准行取。紀録亦准作一薦。京官曾經行取者，不得再與考選。〇十年定：府同知及漢軍各官，亦一體考選。〇十一年議准：准貢生出身者，不與考選。〇十二年諭：内院中書，不與考選。〇十三年議准：推官、知縣，有未完錢糧，或係災荒蠲免、非本官逋欠者，應准行取。〇十五年諭：中、行、評、博内，應取考選者，與推官、知縣同親加考選。〇十六年議准：應取各官，查俸册内無參罰者，即准行取考選，不必咨查各部。〇十七年議准：推官、知縣内，卓異、考滿稱職者，不論有無薦舉；其餘官，實有二薦以上者，方准行取。紀録不准作薦。〇康熙元年定：以各部司官改授。〇七年定：仍照舊例行取考選。如在外有司無卓異薦舉之官，將歷俸三年、無錢糧盜案者，亦准行取。〇又議准：行取知縣，限文到一月内，督撫即開列職名達部。如無其人，亦速咨覆。〇八年題准：行取知縣，必廉能愛民者。督撫訪聞詳確，開列事實，查無未完錢糧盜案，方准行取。〇九年議准：主事由中、行、評、博陞者，通理前俸，准其考選。由別項陞者，歷俸二年，方准考選。〇十四年議准：行取五部主事中、行、評、博時，俱令該衙門堂官將俸滿賢能之官開送。如濫及者，照例處分。〇十九年議准：各官非正途出身者，雖經保舉，不准考選。〇二十年覆准：捐納歲貢，不准作正途考選。京官三品以上及總督巡撫子弟，俱不准考選。〇三十年題奏：行取知縣未經到齊，現有科道缺出，補授無人，應否將已到人員開列之處，請旨。奉旨：將現到知縣併行取在内各官，開列引見具奏。〇三十六年諭：言官責任，甚屬緊要。漢郎中、員外郎内，果係居官優、人材好，着各部院堂官保舉引見。〇三十八年覆准：嗣後，行取官員，令各督撫開列各官實績。列名具題到日，吏部查核，果否合例，有無駁察，題覆請旨定奪。其行取人員，不得照各省平常程限，於文到之日，槩令兼程赴部，以便彙齊引見考選。如有耽延遲誤，照例議處。〇三十九年諭：翰林官員内，有堪補科道者，着翰林院學士等選擇保奏。〇四十三年覆准：嗣後，行取知縣，停止督撫選擇之例。除降級、還級、革職、還職等官仍不行取外，照給事中、御史缺出之數，每一缺出，查直隸各省俸滿在前、正途出身知縣三員，無論有無卓異、薦舉，但係三年俸滿，無錢糧盜案等項處分官員内，查明俸深者，開列姓名、籍貫、履歷，具題行取。〇四十四年議准：嗣後，行取在外知縣，到部引見後，以各部主事挨班補用。遇考選時，方准考選。中、行、評、博等官，除知縣陞任者照舊例考選外，其初任選授者，俟陞任主事後，方准考選。凡遇考選時，將正途出身之各部郎中、員外郎、主事，照三十六年例，令各堂官保送；翰林院編修、檢討，照三十九年例，令該衙門保送，引見簡用。〇又諭：科道員缺甚多，現在人員甚少，將部院進士出身郎中、員外郎，查明引見。遵即查出科員六缺、御史十缺，開列六部郎中、員外郎共二十八員，引見，簡用道員九人。餘剩道一缺、科六缺，令以翰林官員考補。〇四十五年議准：嗣後，考選科道官員，照各項次序開列，恭候欽點補授。俱停其由本堂官保送。〇五十一年題准：給事中、御史員缺，編修、檢討停止開列。〇六十年諭：編修、檢討，仍行開列。〇雍正元年，命總理事務王大臣、大學士、尚書、左都御史、掌院學士等，於編修檢討内，揀選八人，引見，補授御史。〇又，遵旨將編修檢討分别引見，以科道用者五員。〇二年奏准：科員六缺，將編修、檢討中才品優長俸深之人，咨送吏部，題請命題考試，引見補授。〇又，都察院奏請揀選御史。奉旨：爾等會同吏部，將各部司官多揀選數員引見。所選係何部司官，仍會同伊本部堂官。〇三年諭：應開科道人員，俱係正途出身，再考文字，亦屬無益。今次着於翰林各部衙門應行開列人員内，令各堂官薦舉。〇四年，增設漢御史八員。命翰林院掌院學士揀選編修、檢討，引見補授。〇五年定：科員缺，將監察御史引見補授。所遺員缺，將應考選人員引見補授。〇又諭："舊例，科道吏部等官，專用科目出身之人。科道職司糾參，吏部管理考察，相爲表裏。凡外任科目出身之州縣官，一經行取内陞，即可補授吏部科道。是以在外任時，其心自恃，以爲將來内用，可操督撫之短長，故敢於上司前傲慢無禮。爲督撫者，亦恐一時結怨，將來受其報復，一味寬容，不加約束。此等科目之人，互爲袒護，植黨行私，毫無顧忌，其爲吏治人心之害，可勝言乎！數年以來，行取之典，未曾舉行。朕蓋知其弊之深錮，有如此也。夫科道吏部之必用科目，不知始於何時。朕思禮部管理科場，翰詹職司文翰，國學官員，有課士之責，是以專用科目之人。若科道吏部，皆係辦事衙門，並非用其文墨也。況職任重大。如大學士、尚書等官，並未拘定用科目之人，何以科道吏部，必於科目是選？朕意將舊例變通，以杜黨援之弊，而收用人之效。且使科甲袒護之習，漸次解散，正所以教導而保全之也。嗣後，銓補科道吏部及州縣行取之例，着大學士詳議具奏。"遵旨議准：嗣後，科道缺出，在京，則令各部院堂官於各屬司官内，不論科甲貢監，擇其勤敏練達、立心正直者保送。翰林院、掌院於編修檢討内保送。吏部列名引見，恭候皇上選擢。倘有舉送不實，或因夤緣保送者，將該堂官等照例議處。其在外之州縣官、各省督撫保送之員，到京之日，吏部帶領引見,恭候皇上選定。其留京者,以科道補用。

凡吏部官,舊例,由進士出身者,分省補授。直隸二員,江南二員,餘省各一員。還職、還級、降補、有錢糧盜案及出差差回未經考核、事故未結各官,俱不准行取。如服闋、病痊、假滿等官,到部補授後,同省資序淺者,即迴避出缺。○順治九年議准:於五部主事及中、行、評、博内,取資深望優者,咨送吏部考取,具題補授。○十五年議准:在外取俸深有薦無參罰及卓異推官、知縣,在内取中、行、評、博及五部主事,未經考選者,候御試簡用。○十六年議准:各官查俸册内無參罰者,即准行取考選,不必於各部咨查。○十七年定:江南省止用一員。○十八年諭:吏部主事,與五部司官一體擬補。○康熙八年議准:仍照舊例,分省考選。○十年議准:行取考選科道、知縣以部屬用者,不得補吏部。○又議准:五部主事,曾經考選科道未用者,亦准開列。○十四年題准:知縣曾經考選吏部未用,後補五部主事者,不准再與考選。京官曾經考選未用者,仍准開列。○二十一年議准:在内各官,如無合例之員,將知縣、有薦及卓異、俸滿二年者,行取二員。如再無其人,將歷俸三年無錢糧盜案者,行取二員,開列題請。○又議准:知縣曾經考選吏部未用,後補五部主事者,亦准開列。○雍正元年題准:吏部職司銓選,現在辦事人少,員缺不便久懸。將翰林院庶吉士揀選八員,併從前咨取知縣進士出身者揀選二員,開列引見。欽點庶吉士四員,補授員外郎。咨取知縣一員,補授主事。以後不拘省分。○二年奏准:吏部郎中一缺,揀選編、檢。主事二缺,揀選庶吉士。引見補授。○四年,文選司郎中員缺,遵旨於編、檢内揀選,引見補授。○五年覆准:嗣後,吏部郎中、員外郎、主事等員缺,與户、兵、工、刑四部司員,不論科甲貢監,同歸月分銓選。

凡行取知縣補授主事,康熙三十九年覆奏:科臣題請酌用行取主事,應將单月主事員缺,行取用二人,各項捐納用一人。奉旨:行取候補主事四十三員,俱以五部主事額外補授。○四十四年,吏部引見行取人員。奉旨:此行取人員及吏部未用司官,以六部主事有現缺者,照缺補用,無現缺者,額外均匀補授。吏部、禮部,仍以進士出身者補用。○又,臺臣題請,將額外主事與正額人員,一體論俸陞轉。奉旨:“行取知縣人員,原以科道主事補用,其餘發回原籍候缺。朕軫念其不能即用,必致守候日久,故授以額外主事。此即破格特加之恩。復奏請將此等人員,與正額主事,一體較俸挨用,顯有請託。此已補額外主事,照例裁退,候缺出依次補用。嗣後，補授額外主事，着停止。〇四十五年議准：行取知縣，定爲三年一次。無論有無卓異、薦舉，但係歷俸三年已滿、現無錢糧盗案參罰、正途出身之俸深知縣，准其行取。照各省縣分多寡，定其名數。直隸、江南、湖廣、陝西各五員，山東、山西、河南、浙江、江西、廣東、四川各四員，福建三員，廣西、雲南、貴州各二員。俟其行取到部引見後，以各部主事用。與應補、應陞及大選各項主事，分缺補授。〇四十八年題准：單月主事缺出，將行取知縣用三人，捐納用一人，各挨次銓補。〇四十九年，吏部引見行取人員。奉旨：這行取知縣内，二員着以科道用，餘着暫給知縣俸，分與六部。俟主事缺出，挨次銓補。如有别項應用之處，候旨行。〇五十二年議准：行取知縣，即照常補用。〇五十四年，吏部引見行取人員。奉旨：這行取知縣俱好，着分給各部，補授額外主事，缺出扣除。〇五十五年議准：雙月、單月遇有主事缺出，將額外主事，論俸挨次補授實缺。補完之日，將行取、咨取及各項捐納並應陞主事人員，仍歸各原班，照例銓補。〇五十七年覆准：單月主事缺出，將行取知縣補二人，各項捐納者補一人。丁憂起復、病痊、假滿主事，仍照舊例，不入班次，坐補原部。〇五十八年諭：九卿舉出行取知縣三十六人，着以各部額外主事補用，遇缺實授。〇六十一年議准：行取知縣内，一員着以科員用，一員着以道員用。〇雍正元年題定：咨取、行取知縣，掣簽分補各部院額外主事。不論雙月、單月，遇有缺出，即行補授。

〔**保舉**〕外官舉劾附

官員保舉，或由部院堂官，或由九卿詹事科道，或由督撫。凡緊要員缺，保舉題補。准貢、生員、例監、吏員出身者，亦由保舉陞京官、正印。其部院堂官及在外督撫，例得時舉所屬。其内外臣工，薦列所知，係奉特旨遵行。

順治十二年諭：直隸之正定、保定、河間，江南之江寧、淮安、揚州、蘇州、松江、常州、鎮江，浙江之杭州、嘉興、湖州、紹興，山東之濟南、青州、兖州，山西之太原、平陽，河南之開封、彰德，陝西之西安、延安，江西之南昌、吉安，湖廣之武昌、荆州、襄陽，福建之福州、泉州，三十大府知府缺，在京滿漢三品以上堂官及在外督撫，各舉才行兼優者一人題補。〇十三年定：停止大府知府保舉例。〇康熙三年議准：督撫缺，令部院大臣保舉賢能題請。若所舉不當，將保舉之人一併治罪。〇六年議准：准貢、生員、例監、吏員及投誠出身等官，經該堂官及督撫保舉者，方陞京官及正印。〇八年題准:各官保舉一次者,以後照常陞轉,不必復行保舉。〇十一年題准:督撫保舉准貢、例監生員、吏員出身等官,疏内開列事實具題。〇十二年諭:外官告病,舊例不准起用,原以防其規避。若果有才品堪用者,該督撫確行諮訪,據實保奏,以憑擢用。〇十三年諭:漢人中素有清操及才能堪任煩劇者,不拘資格。漢大學士以下,三品京官以上,據實保舉。令其效力軍前,酌量叙用。〇又議准:漢軍、漢人内,有才技優長、智勇夙著者,令三品以上滿漢堂官及八旗都統各舉所知。〇十八年議准:布政使、按察使缺,令九卿、詹事、科道於参政、副使、参議、僉事等員内,不論俸次参罰,一體保舉。〇又議准:濫將匪人徇情保舉,照濫舉卓異之例治罪。〇十九年議准:内外保舉,不得虚詞贊揚,應將本官清廉實政,詳列題請。〇三十三年覆准:九卿保推官員會議時,各人親將所保各官實堪薦舉之處寫出具奏。稿底發部院衙門存案,以備稽查。〇三十七年覆准:九卿、詹事、科道,凡保舉道府州縣等官,道府果能潔己率屬,州縣果能清廉愛民者,開列實績保舉,進呈御覽。其保舉陞用之官,如日後貪贓事發,將原保舉之官,照督撫保薦不實降二級調用之例議處。〇三十八年覆准:凡督撫提鎮,以遺本薦舉屬官者,永行停止。〇四十年覆准:嗣後,凡九卿保舉人員,列單啓奏後,即將原保舉緣由移送内閣存查。〇五十二年議准:嗣後,九卿等保舉官員,何年月日某官係某人保舉,吏部明立檔案,鈐蓋印信,以備查核。〇又議准:保舉補用官員内,除因公詿誤外,如有貪酷事發,將原保舉官降二級調用。保舉後自行訪出揭参者,免議。吏部不行查出,照失查檔案例議處。〇又議准:嗣後,未報到任官員,吏部停其開列應陞,亦不准保舉。其從前題補越陞布按以下,道府以上官員,查明到任之日起,限三年滿日,再行開列陞轉。河工官員,仍照舊例行。〇又議准:自五十三年爲始,於歲底將一年内保人之人與所保之人,無論已未陞用,一併繕摺,恭呈御覽。〇五十九年議准:九卿、詹事、科道,每人一年之内保舉人員,不得過十人。違者,降二級調用。〇六十一年十一月諭内閣大學士、尚書侍郎等:"朕惟敷政之道,用人爲先。闢門籲俊之典,由來尚矣。然知人則哲,自古爲難。朕在藩邸,不與朝臣往來,所以内外大小官吏皆不知悉。今荷皇考大行皇帝命承大統。臨御之初,簡用人材,最爲先務。爾諸大臣,皆久蒙皇考知遇,任以股肱。况梓宫靈爽式憑,爾等哀感交迫之時,益當各竭忠藎,仰報高深。内而大臣以及閒曹,外而督撫以及州縣,或品行端方,或操守清廉,或才具敏練者,爾等各真知灼見,從公具摺密奏。古人云,内舉不避親，外舉不避讐。爾等果矢公忠，以人報國，或素日同僚共事，或同鄉同年，或門生、親戚子弟，俱准保奏，不必引避嫌疑。不可徇私援黨，不可沽名市恩，不可輕聽風聞，不可言過其實。有一於此，則上負皇考任用之恩，又負朕諮詢之意，自取朕之輕視矣。”〇雍正元年諭：各部院司官，不論滿洲、漢軍、漢人郎中、員外、主事，論部中司官之多少，十人内，保舉一等一人、二等一人，列名具奏。各部院遵旨保舉具奏。奉旨：各部院保舉滿洲、蒙古、漢軍、漢人，頭等六十二人，每人各賞人參二觔、貂皮三張、緞二疋、紗一疋；二等四十三人，每人各賞人參一觔、貂皮二張、緞一疋、紗一疋。俱將上用緞紗賞賜。〇五年諭：“爲治之道，首重得人。朕臨御以來，夙夜孜孜，廣爲諮訪。期得人材，以理庶政。而内外臣工所保舉之員，其中秉公推薦，足備任使者，固不乏人。而徇私濫舉，復苟且塞責者，亦復不少。即如前年令各省督、撫、藩、臬各密薦屬員一人，而所薦有甚庸劣者。又如命督撫等保送所屬武官，而督撫中遂有不加詳慎，但就參遊等所送之人，即呈奏朕前者。又或督撫欲薦人，而授意於兩司；兩司欲薦人，而請教於督撫。似此草率從事，揆諸古人所云“以人事君、公忠爲國”之義，豈不大相違背乎！朕思薦舉人才，關係國家辨材。論官之要道，舉得其人，則政事無不就理；舉非其人，則弊端從此而生。孟子曰：‘立賢無方。’孔子曰：‘舉爾所知。’觀聖賢之言，則知得人之道，宜廣其途，以爲收羅。而各舉所知，庶可以收克知灼見之益也。今特諭内外諸臣等，京官自翰林、科道、郎中以上，外官自知府、道員、學政以上，武官自副將以上，旗員自參領以上，皆令每人各舉一人。滿洲官員，則保舉滿洲；漢軍官員，則保舉漢軍；漢人官員，則保舉漢人。文職官員，亦許保舉武職；武職官員，亦許保舉文職。於滿漢文武内，或係現任職官，或係候補、候選之人，或係進士、舉人、貢監、生員，或係山林隱逸，務期有猷有爲有守、品行、才具足備國家之用者。各人密封奏摺，赴奏事人員處轉奏。外官，則遣家人賫送密摺來京，付奏事人員呈進。即或親戚子姪等，亦可據實薦奏，不必以嫌疑引避。但京官如尚書、侍郎，外官如督、撫、提督、兩司，皆係朕已經深知簡任者，不必入所薦之列。其奏摺内，只開列本人官銜姓名，註明所薦之人官銜考語，不必引頌聖之繁文，敷衍粉飾。此朕旁求俊乂之苦心。冀賢才輩出，師濟盈廷。俾百職得宜，庶務畢舉。凡有保舉之責者，不得瞻顧私交，不得受人囑托，不得互相商議，不得輕信風聞。夫‘十室之邑必有忠信’，凡人生平，豈無熟識相知之一人？况既列朝紳，受國家爵禄，而朕又推心置腹,畀以舉賢薦能之美事。倘猶有懷藏私意、濫舉非人者,清夜捫心,尚可以爲人乎?且朕之觀人,往往洞見隱徵。將來觀所舉之人,即可知舉人者心術之公私、識見之明昧,亦不使諸臣得以行其私也。”

凡外官舉劾,舊例,俟督撫陞遷離任時,薦舉一次。若告病、被論、去任者,槩不得舉薦。〇順治十一年議准:督撫舉劾,皆據司道府廳各官開報,復親加採訪。若開報不實者,聽督撫題參。督撫所奏不實者,聽科道糾參。一併治罪。〇又諭:督撫每年舉劾一次。其丁憂、告病、降調、休致之官,不得濫及。〇十五年議准:撫按薦舉,令開列實政,不得繁詞贊揚。違者,不准註薦,仍行題參。〇又議准:大省以十人爲限,小省以三四人爲限。不得濫舉過額。〇十六年議准:停止巡按差竣薦舉。〇十七年議准:各官歷俸未及一年者,賢否未著,不得薦舉。〇十八年議准:巡撫二年舉劾一次,按省分大小、屬官多寡定額。若逾定額及有舉無劾,不准註册。〇康熙二年議准:舉劾例,槩行停止。〇七年議准:仍令巡撫二年舉劾一次。直隸,薦方面官一員、有司五員、佐貳二員、教官四員。江蘇、浙江巡撫所屬,各薦方面官一員、有司三員、佐貳二員、教官二員。安徽、湖廣、偏沅、福建、廣西、甘肅巡撫所屬,各薦方面官一員、有司二員、佐貳一員、教官二員。山東,薦方面官一員、有司四員、佐貳二員、教官三員。山西、廣東,各薦方面官一員、有司三員、佐貳一員、教官三員。陝西,薦方面官一員、有司三員、佐貳一員、教官二員。江西,薦方面官一員、有司三員、佐貳二員、教官三員。四川,薦方面官一員、有司四員、佐貳一員、教官四員。雲南,薦方面官二員、有司三員、佐貳一員、教官二員。貴州,薦方面官一員、有司一員、佐貳一員、教官一員。查無未完錢糧盜案者,方准註册。〇十一年議准:應舉、應劾,令分疏具題。〇十二年議准:薦舉各官,必興行教化,無錢糧盜案,方准列薦。〇十八年議准:奉天府屬,亦照例准薦一員。〇又議准:濫將匪人徇情薦舉者,照濫舉卓異例議處。〇二十四年議准:保舉、薦舉各官,照例開列實蹟。第一條必註明“不加派火耗”,第二條必註明“實心奉行上諭,每月吉聚衆講解”,方准列薦。〇二十六年議准:停止巡撫二年舉劾一次例。〇雍正二年諭:“國家分理庶績,務在得人。道府州縣等官,尤屬要職。其有才幹素著、廉潔自持者,不得以時上聞,何以示勸?於各省道府同知、通判、州縣等官内,着總督保奏三員,巡撫保奏二員,布政使、按察使各保奏一員。將軍、提督亦屬本省大員,將所知者亦令保奏一員。俱各密封保奏,不得會同商酌。此保奏内,不必將朕特用之員保題。朕特用人員内，有才守兼優者，不拘人數，亦另摺奏聞。俟朕降旨調取之時，再令來京引見。如所保之人不當，日後劣蹟敗露，將保奏上司，一併治罪。”○四年諭：“朕從前曾下諭旨，各省道府州縣之居官好者，命總督保舉三人、巡撫保舉二人、布政、按察二司各保舉一人。密封具奏，不得互相商議。原以通省人才不少，保舉多不過二三人，少者僅一人。諸臣於所素知者，各拔其尤，自然精確。督撫、提督、布按皆朝廷大吏，受國家深恩，自應體朕爲天下得人之意，不徇私情，秉公薦舉。乃其中竟有挾私妄舉者，俱極庸陋不堪，大悖人臣以人事君之義。今各員引見已將完，吏部可再行文與各省督撫、布按二司，除從前曾經密舉及朕特旨補授各員外，督撫暨布、按二司，各於道府州縣中明舉一人，不得雷同。督撫自行題奏，布按二司咨呈吏部。文到日，吏部即繕摺具奏，並令給咨被舉州縣，來京引見。其保舉之道府，不必來京。如有挾私任情、草率濫舉者，朕必從重治罪，斷不姑容。”

凡河道、漕運、總督，舊例，俱每年舉劾一次。順治十八年議准：總漕薦方面官七員、有司十六員、佐貳六員，總河薦部差分司方面官五員、有司十員、佐貳四員。若不係管轄之官，不准列薦。○康熙四年議准：薦舉例俱停止。○十二年議准：仍照定額，二年薦舉一次。○十三年題准：河漕薦舉各官，不必以盜案錢糧爲殿最。務將裨益漕運、勤勞河工事實，詳列具奏。○二十六年議准：停止二年薦舉一次例。

凡提督學政舉劾，順治十二年覆准：學院每年將所屬教官自行舉劾一次。學道每歲將教官賢否彙報督撫舉劾一次。○康熙二年，停止。

聖賢後裔衍聖公官屬附

凡聖賢後裔承襲，順治元年覆准：衍聖公襲封，督撫代爲奏請，吏部具題，由長子承襲，主子思子祀事。五經博士，由衍聖公次子承襲，主聖澤書院祀事。太常寺博士，由衍聖公三子承襲。顏曾孟仲五經博士，由嫡派子孫承襲。俱照衍聖公咨送題補。程朱五經博士，由禮部具題咨送。嫡派子孫到部，題請承襲。國子監學正，亦照衍聖公咨送，題請承襲。○九年覆准：南宗孔氏五經博士，由嫡派子孫承襲。○康熙二十四年議准：以周公後裔爲世襲五經博士。○二十五年議准：以宋儒周子後裔爲世襲五經博士。○二十六年議准：以宋儒張子後裔爲世襲五經博士。○二十九年覆准：宋儒朱子閩派嫡孫，亦世襲五經博士。○三十九年題准：以閔子後裔爲世襲五經博士。○又題准：以端木子後裔爲世襲五經博士。○四十年覆准:以宋儒邵子後裔爲世襲五經博士。〇五十一年題准:以言子後裔爲世襲五經博士。〇五十八年題准:以關氏後裔爲世襲博士。〇雍正二年題准:以顓孫子後裔爲世襲五經博士。

凡陪祀恩貢,順治十年覆准:免其撥歷。孔氏以知縣通判考用。顔、曾、孟、仲四氏以州同、州判考用。〇康熙二十三年,聖祖仁皇帝幸魯。至先師闕里,特授孔氏後二人,俱爲國子監博士。其聖賢後裔陪祀者,從優議敘。現任及候選官遇應陞、應選缺,先行録用。舉人以知縣缺先用。貢生俟考定職銜後,以應得之缺先用。陪祀、聽講、執事各官,俱加一級。其異姓執事官員,不在此例。〇雍正二年覆准:詣學禮成,凡顔、曾、孟、仲四氏陪祀人員,有職銜候補、候選者,俱准以應得之缺先用。舉人以本科先用。貢生以教職、主簿分别先用。監生准給州同職銜。生員准作歲貢,送監讀書。

凡衍聖公官屬,順治元年覆准:尼山書院學録,由衍聖公咨送弟姪題補。曲阜縣知縣、四氏學學録、洙泗書院學録,由孔氏生員題補。四氏學教授、至聖廟司樂,由各省生員題補。管勾、典籍、掌書、書寫、知印、奏差,由保舉堪用人員題補。俱照衍聖公咨送具題。〇康熙四十一年覆准:四氏學教授,與各教授論俸,一體陞轉。嗣後缺出,令衍聖公於舉貢内,揀選保送題補。〇雍正二年覆准:嗣後,曲阜縣知縣缺出,令衍聖公會同山東巡撫,於孔氏合族中,揀選才品優長、堪任邑令者,擬定正陪二人,保題咨送引見補授。遇大計年分,仍令衍聖公會同巡撫考核具題。

〔委署題補〕保留附

各直省地方官,俱由部選。其前官已經離任、應委官署理者,聽督撫遴選良吏,代領其職。用兵地方,亦有准其委用題補者。河工重大,聽該督保題,必俟部覆,方准授官。河工例,詳見《工部·都水司》。兹不復載。

凡直省地方官員,康熙九年議准:委署州縣官,上司務於所屬廳官、首領、佐貳等員内,選擇廉能之吏,保舉申詳督撫。督撫詳加確驗,方准委署。如委署後,有玷官箴者,聽該司道府等官察訪揭報,督撫題參。雖上司先有委署不當之罪,亦准免議。如司道府等官不行揭報者,不論同城不同城,各降三級調用。經督撫查訪,始行揭報者,不准行。如督撫不行題參,降一級留任,將革職、降級官員及巡檢、大使、典史、驛丞等官委署州縣印務者,司道府等官各降一級調用,督撫罰俸一年。如司道府等官不申詳督撫,擅行委署者,各降一級調用。〇又議准:官員已被上司委署,借端推誘、不赴任理事者，罰俸一年。○十五年議准：委署官員有玷官箴，司道府官不揭報，督撫不題參者，俱照不揭報劣員例處分。如將別途出身首領等官委署正印者，申詳之知府，罰俸一年；轉詳之布政使，罰俸九個月；批委之督撫，罰俸六個月。○又議准：巡撫委官署理學道事務，即令考試者，罰俸一年。○二十六年覆准：三司首領，停其署理州縣印務。至州縣各官替代時，督撫酌其事之繁簡。事簡者，令鄰近州縣暫時攝理。事繁者，於本府同知、通判等官内，選擇廉能、正途出身者委署。如令三司首領署理州縣印務者，照巡檢、典史、驛丞等官委署州縣印之例處分。○三十四年覆准：貴州省首領佐貳等官，有旗員内正途出身者，准其署理州縣印務。○雍正二年覆准：各直省知府缺出，揀選府佐貳賢能之員委署。州縣缺出，揀選附近州縣賢能之員委署。一槩不許該管上司官署理。永爲定例。○又諭：遠省州縣員缺，部選官領憑赴任，必需數月，甚而懸缺日久。署印屢易其官，以致遺誤地方者不少。若將揀選舉人選期尚遠者，挑選發往各省，聽候缺出，委用署事，至應選時，仍來京候選，庶遠省署印不致乏人，於吏治有益。遵旨議准：會試後，下第舉人有呈請効力者，取具同鄉京官印結，投部引見。發往雲、貴、川、廣五省，每省十人。遇有缺出，委用署印。如署任内著有實效，督撫保題送部引見，於本省補用。尋常稱職者，應選時赴部依科分選用。其才庸守平者，開具事實考語，咨部分別請旨。如有情願會試之人，仍聽會試。

凡軍前効用官員，舊例，俱照原委劄册，具題實授。如部選有人，繳劄到部改補。○順治十二年議准：軍前委用，必詳開履歷，方准給劄。其隨征中書委署方面官，必查勘勞績及在任久暫，以參議、僉事等缺酌量録用。其吏員出身委署府州縣正官者，如部選有人，繳劄到部，除授首領、縣佐。○十四年議准：開復地方，州縣正印官，不得濫委。必擇舉人、貢生才力堪任者委署。察明科分，具題實授。○十五年議准：用兵地方缺官，總兵不得移咨委用。違者，聽督撫指參。○十七年議准：署職各官，歷俸二年，果有實政，該督撫具題，吏部覆准實授者，方與各官較俸陞轉。○康熙六年議准：委署廳官、首領、佐貳等職，責令知府保舉。○十六年議准：用兵地方緊急員缺，聽督撫選擇賢能官員題補。若不稱職，將督撫照劣員保舉賢能例處分。○十九年覆准：督撫將所屬官員保題留任及補用者，槩不准行。仍將保題官降一級留任。

凡題補官員，康熙二十六年議准：直隸所屬保定、永平、河間三府，特設捕盗同知四員,分駐通州、蘆溝橋、黄村、沙河四處。令該撫揀選保題,查緝盗賊。如三年内,各該管地方無盗案,或有盗案將賊全獲者,該撫查明具題。不論俸滿,以應陞員缺,即行陞補。〇二十九年覆准:直隸清苑、三河二縣缺出,令該撫於現任知縣内,遴選賢能之員題補。〇四十七年覆准:凡有錢糧盗案及降級罰俸官員,不准題補。〇五十一年覆准:藩、臬二司員缺,不許督撫坐名題請。〇五十二年議准:嗣後,各省應題缺出,令該督撫於本省現任官員内題補。應調缺出,將品級相當官員内,歷俸已滿三年合例之員,揀選調補。未滿三年者,不得陞調。廣西省之南寧、太平、慶遠、思恩四府,福建省之臺灣一府,俱係烟瘴海外之區,無論俸滿三年與否,仍照現行例,揀選具題。〇又議准:凡官員不得濫行違例踰等題補調補。如將躐銜踰等題補、併不應題補之缺題補、不應調補之處調補者,將該督撫均照徇庇例降三級調用。轉詳之司道等官,亦照此例處分。〇六十一年議准:除河工、臺灣並廣西之南寧、太平、慶遠、思恩四府,雲南之沅江、開化、廣南、廣西四府,例應保題調補官員,仍照舊遵行外,其餘歷年督撫具題增添保題之缺,并條奏交與督撫保題之缺,一槩永行停止。送部之員,亦不引見。嗣後,不應題補、調補之缺,及有事故並越次保題者,將該督撫并轉詳之司道等官,均照徇庇例降三級調用。雖有加級,不准抵銷。

凡保留久任,舊例,軍前與河工等處官員該督撫題留者,吏部酌量議覆。順治十三年議准:户、兵、刑三部郎中許保留久任。俟有成績,加一級優陞司道。〇又議准:郎中歷俸三月,有應久任者,即行具題,移咨註册。過期不准。〇十八年議准:吏部文選、考功司官,歷俸一年才力稱職者,許題請久任。〇康熙元年題准:部屬各官,保留久任,槩不准行。〇十二年覆准:總河題補及保留久任官員,若無裨河務,將該督照以劣員舉賢能例議處。〇二十年議准:河道官員,已經陞轉,該督題請留原任者,以新陞職銜管理河務。至陞轉之時,仍照所陞之職陞用。〇二十五年覆准:管河官員,已經俸滿陞轉,如錢糧工程不能完結者,該督即行查明,題留開缺。若後復題陞别缺者,槩不准行。俟工程錢糧完結日,給文赴部,仍候原陞缺出補授。凡保留不當處分,與大計卓異同。〇五十二年議准:嗣後,如出差監督,該督撫以商民保留爲詞代題者,將具題督撫照含糊具題例降一級留任,出差監督照戀缺例降一級調用。

凡保留降調官員,康熙九年議准:官員緣事降調,若果係清廉良吏,許督撫題請留任。如保留匪人,聽科道糾參,照薦舉劣員例議處。若百姓保留降調官員，槩不准行，仍交刑部治罪。〇五十二年議准：嗣後，如有降調黜革之員，賄囑百姓保留者，審實，將與受官民，俱照枉法贓律治罪。〇又議准：嗣後，督撫如有將降級調用、革職官員，題請仍留原任者，將保題之督撫照徇情例降二級調用。轉詳之司道府，亦照此例處分。〇雍正三年諭：凡官員離任，每有地方士民保留，如果該員在任實有政績、惠澤在人、愛戴出於至誠，理應赴上司具呈陳情。即或清正廉幹之官、冤抑被劾，百姓爲之抱屈者，亦可赴闕申理。乃邇來積習，無論官員賢否，及離任之有無冤抑，槩借保留爲名，竟不呈明上司，輙敢鳴鑼聚衆，擅行罷市，顯然挾制。其中買囑招摇，種種弊端，皆於地方生事。如果保留盡屬真情，何以陞任官員，不聞有人愛戴者耶？此乃刁風惡習，例所嚴禁，斷不可縱容使長。嗣後，官員離任，士民有擅行鳴鑼，聚衆罷市者，除將刁惡之人分别首從，從重治罪外，其被保之員，即係好官，然既買囑百姓，亦必加倍治罪，以儆刁風。

大清會典卷之十四

吏部文選司

〔改調〕降調附

改調有因裁缺更調者，有因缺少更調者，有才能更調者，有調繁調簡者。其類不一，具列於後。

凡翰林、詹事、坊、局官，舊例，俱於本衙門陞轉。順治十年諭：翰林各官，内外歟歷，方見真才。欽定少詹事以下二十一員，外轉以司道用。○十二年定：翰林外轉官，治行兼優者，陞補京堂。○又議准：翰林各官，品行清端、才猷贍裕者，外轉各照應得職銜陞一級，遇缺即補。詹事以布政使用，爲正二品；少詹事以布政使用；侍讀學士以按察使用；侍讀中允以参政用；編修、檢討以副使用。共外轉十八員。○十五年，外轉十五員。○十六年諭：翰林官照科道例，每年外轉。遵旨議准：侍讀學士以上照常陞轉外，侍讀以下，每年外轉三員。侍讀、侍講以参政用，修撰以副使用，編修、檢討以参議用。○十八年定：停止外轉例。○康熙二十五年議准：翰林院、詹事府於每年八月内，將庶子、侍讀、侍講以下各官，開列具題。其平常者，欽定數員外轉。庶子以同知用，侍讀、侍講、諭德、洗馬以鹽運司運副、鹽課司提舉用，中允、贊善、修撰以通判、布政司經歷、理問、都司、經歷、斷事、鹽運司運判用，編修、檢討以按察司經歷、布政司都事、鹽運司經歷用。至才力不及、不謹及所行不端者，照例降級革職。○二十七年諭：翰林官員外轉，著停止。○又奉特旨：以編修、檢討改用知府者三員。○三十八年，以檢討改用知府者一員。○三十九年，以檢討改用知府者一員。○雍正元年，以編修檢討改道府者六員，以庶吉士改州縣者十四員。○又諭："國家建官分職，於翰林之選，尤爲慎重。必人品端方，學問醇粹，始爲無忝厥職。所以培館閣之材，儲公輔之器也。從前，聖祖加意育才，循循訓導，又纂修各種書籍，需員甚多，故翰林院編檢幾至二百人，庶吉士亦五六十人。朕臨御之初，未有編纂之事，又未能如聖祖之善於訓導，誠恐人材置之閑散，特多方録用。内而科道吏部，外而道府州縣。俱各隨材器使，務令疏通。今編檢尚有百餘人，庶吉士尚有數十人，著内閣大學士會同翰林院掌院、教習秉公别擇。其學問優長，字畫端楷或精於翻譯國書者，留本衙門辦事及分各館纂修。其或才具練達，可當科道、吏部之選，或長於吏治，編檢可爲道府庶吉士、可爲州縣者，一一分别具奏。"大學士等遵旨，公同分别，奏請引見。除留原衙門外，編修、檢討改用科道五人、道府七人、郎中二十三人，庶吉士改用部屬二人、州縣五人。〇二年，遵旨，刑部堂官，會同翰林院掌院學士、庶吉士教習，於滿漢編修、檢討、庶吉士内，揀選引見，分在刑部各司，學習辦事。其辦事明白、實心効力者，即酌量於刑部司官員缺題補。編修、檢討改刑部司官者四員，庶吉士改刑部司官者七員。〇四年，以庶吉士改用京縣知縣者一員，以編修改用知府者一員，以庶吉士改用知縣者三員。

凡内外官文學優長者，特旨：改補翰、詹、坊、局官。康熙十七年，以户部郎中授侍講者一員。十九年，以州同授編修者一員，以内閣中書授侍講者一員。四十年，以禮科給事中授中允者一員。四十二年，以内閣中書授檢討者一員。四十四年，以行取知縣授編修者一員。五十二年，以中書科中書授編修者一員。雍正元年，以府學教授授編修者一員。二年，以都察院左僉都御史授少詹事者一員，以刑部主事授檢討者一員。四年，以禮部郎中授侍讀者一員，以户部主事改爲庶吉士者一員。

凡裁缺改補，康熙七年議准：推官裁缺，改授知縣。〇十年議准：布政司副理問、府倉副使裁缺，俱對品改官，不補正印。

凡因缺少人多改補，順治三年定：候選主簿，貢生出身者，以府知事照磨用；監生出身者，以府知事、照磨、吏目用；吏員出身者，以吏目、巡檢、大使、司獄用；京縣主簿，以外縣縣丞用。〇康熙十年題准：茶馬大使、布政司檢校、司獄、按察使檢校、守道庫大使、巡道司獄、都税司大使、宣課司大使、副使、鹽課提舉司吏目、鹽場副使、都司司獄、管堤官、關大使、批驗茶引所大使、道府州縣倉庫大使、副使、衛税課司大使、税課司分司大使、州草場大使等缺，候補官員願改補别缺者，准對品調用，序於專行之末。

凡内外官以才能更調，順治九年諭：吏科都給事中缺，果有爲國爲民、不阿不私者，本衙門保奏調補。後改論俸陞補掌印。〇十三年議准：兵部武選、職方兩司郎中及管紅本司官，户部雲南、福建、廣西司郎中及坐糧廳司官，禮部儀制司郎中，刑部十四司郎中，工部營繕司郎中缺，不拘資俸，選擇咨部題補。康熙元年，停止。〇康熙八年議准：順天府屬通州知州、州同缺，該撫於現任官内，選擇賢能調補。如無其人，該撫將所屬應陞官内，選擇陞授。〇二十三年議准：江南、浙江、湖廣、江西、福建、廣東、陝西七省州縣錢糧難清。令該督撫將所屬州縣官員内，選擇循良慈惠、徵糧有法者，保題調補。三年内，果能將經徵、帶徵錢糧全完，興利除弊者，該督撫據實具題，准其即陞。〇二十五年議准：廣西南寧、太平、慶遠、思恩四府，道員以下，教職以上缺出，令該督撫於廣西現任官内品級相當者，選擇熟悉風土廉能官員調補。通判以上保舉具題，雜職官員報部註册。如濫行調補者，照以劣員保舉賢能例處分。〇二十七年覆准：嗣後，臺灣文職缺出，照廣西南寧等四府例，將本省現任官員揀選保題調補。〇三十七年覆准：嗣後，沅江、開化、廣西、廣南四府所屬知府以下知縣以上缺出，令該督撫照廣西調補之例，將雲南省品級相當現任官員内，揀選熟悉風土廉能之員保題調補。至教官、雜職官員，免其具題，令其報部調補。凡調補官員到任後，將日期報部註册。三年内，果能興行教化、俗易風移、勞來勸墾、益增賦丁者，照臺灣例，三年俸滿保題到日，以應陞之缺即行陞用。如該督撫濫將劣員調補，照以劣員保舉賢能例議處。至調補官員未及三年俸滿，如通理前俸已經俸滿應陞者，仍照常陞轉。〇三十八年覆准：湖廣所屬苗民雜處地方，選擇賢能之員，不拘資格，一概借品調補，准作邊俸，仍照原銜一體陞轉。〇三十九年覆准：貴州所屬都匀、銅仁、威寧、黎平四府，獨山、大定、平遠、黔西四州，永從一縣員缺，該撫等於本省官員内，選擇品級相當、熟悉風土、廉能之員，保題調補。〇四十年覆奏：臺臣請將山、陝有部頒關防、不與知府同城、分駐邊衛之同知，并西寧、肅州通判員缺，揀選補授。奉旨：令該督撫將本省内居官素優者，保題調補。〇四十七年覆准：嗣後，陝西所屬商州、鎮安、山陽、商南等四州縣，揀選才能廉幹之員調補。〇又覆准：湖南撫各屬，例應題補之員，凡遇缺出，一面題報，一面即將合例之員題請調補。如無應調之人，即於題報疏内聲明，歸於月分銓補。〇雍正元年議准：臺灣文職缺出，廳縣以下等官，不論有無參罰，俱准其調補。仍令該督撫揀選有才守者保題。如濫行保題，將督撫一併議處。〇又議准：黄河南北之祥符、滎澤、中牟、鄭州、陳留、蘭陽、儀封、商邱、考城、虞城、武陟、陽武、原武、封邱等十四州縣，令河南巡撫於現任州縣内，揀選調補。務須虚公揀擇，人地相宜，方於國計民生有益。調補之後，果能實心辦事，錢穀刑名，皆能稱職，又能保固隄防，不致虚冒帑項，不累民生，該撫開具實績奏聞，交與吏工二部核實，准其即陞。若徒循分供職，多用國帑修築工程，或鄰近堤工沖決，水勢已洩，三年之内，雖無沖決漫溢之患，亦不准其即陞。其沿河調補地方，若有沖決之事，應將保題上司，勒限年内分賠。〇又議准：廣東、福建、浙江、江南、山東沿海地方，該督撫詳加審酌，實有關係州縣等缺，定議奏聞，仍交部註册。遇有缺出，令該道、兩司將所知才識勝任之員公詳督撫，考察保題調補，仍將公詳之司道叙入奏章。該員調補之後，倘有不善，或行劾參，或題明另調。如有通同容隱，反致貽誤地方者，將保舉之司道、督撫照徇庇例降三級調用。調補之員，於三年内果能弭盜安民，實有益於地方，該督撫據實保題，以伊應陞之缺即用。〇二年覆准：福建之福寧州、侯官、閩縣、仙游、安溪、南靖、長泰、平和、福安、長樂、連江、羅源、福清、晉江、南安、惠安、同安、莆田、龍溪、漳浦、詔安、海澄、寧德等一州二十二縣，俱係沿海地方。嗣後，遇有缺出，令該督撫於通省内，揀選才堪勝任熟悉風土之員調補。其調補之缺，歸於月分銓選。〇又覆准：江南蘇州府屬之太倉、常熟、嘉定、崇明，松江府屬之華亭、上海，常州府屬之武進、江陰、靖江，淮安府屬之山陽、鹽城、安東、海州、贛榆，揚州府屬之泰州、如皋、通州，共十七州縣，均係沿海地方。嗣後缺出，令該督撫於通省内，揀選確知才識足以勝任之員，出具考語，題明調補。其調補之缺，歸於月分銓選。〇又覆准：浙江嘉興府屬之海鹽、平湖，寧波府屬之鄞縣、慈谿、奉化、鎮海、象山、定海，台州府屬之臨海、黄巖、太平、寧海，温州府屬之永嘉、樂清、瑞安、平陽，共十六縣，均係沿海地方。嗣後，遇有缺出，令該督撫於通省内，揀選確知才識足以勝任之員，出具考語，題明調補。其調補所出之缺，歸於月分銓選。〇又議准：嗣後，南寧、太平、慶遠、思恩四府教職等官，停其調補，歸於月分銓選。〇又覆准：廣東廣州府屬之東莞、香山、新安、順德、新會、新寧，惠州府屬之歸善、海豐，潮州府屬之潮陽、揭陽、饒平、澄海、惠來、海陽，肇慶府屬之陽江，高州府屬之電白、吴川、石城，雷州府屬之海康、遂溪、徐聞，廉州府屬之合浦、欽州，瓊州府屬之瓊山、澄邁、臨高、會同、樂會、文昌、儋州、昌化、萬州、臨水、崖州、感恩等三十八州縣，皆海濱要地。嗣後，遇有缺出，於通省内，揀選確知才識足以勝任之員，出具考語，題明調補。其調補之缺,歸於月分銓選。○又覆准:山東濟南府屬之海豐,青州府屬之樂安、諸城、日照,萊州府屬之掖縣、膠州、昌邑、即墨,登州府屬之蓬萊、福山、萊陽、寧海、文登等十三州縣,俱屬沿海地方。嗣後,遇有缺出,於通省内,揀選確知才識足以勝任之員,出具考語,題明調補。其調補之缺,歸於月分銓補。其利津、霑化、壽光、濰縣、黄縣、招遠等縣,從前係以沿海之缺註册。今查各縣雖近海口,非關緊要,遇有缺出,仍歸於月分銓選。○三年議准:江西之寧州、武寧、新昌、萬載、永新、上饒、玉山、永豐、貴溪、鉛山、樂平、浮梁、德興等十三州縣,浙江之鄞縣、奉化、黄巖、寧海、天台、仙居、金華、東陽、武義、湯溪、西安、龍游、江山、常山、開化、建德、壽昌、永嘉、樂清、瑞安、平陽、泰順、麗水、青田、雲和、龍泉、景寧等二十七縣,棚民既多,地方緊要。内除沿海之缺,原係題定,令該督揀選調補,不歸月選外,其餘各州縣員缺,吏部照例銓選補授。仍令該督撫不時查訪。如人地非宜,即於通省内揀選才守兼優之員,保題調補。如將劣員濫行調補,以致不能撫恤地方,安輯棚民者,將該督撫并轉詳之司道等官,俱照保舉劣員例議處。○五年題准:江南之徐州、豐縣、沛縣、蕭縣、碭山、虹縣、靈壁、山陽、清河、安東、桃源、邳州、宿遷、睢寧、江都、寶應、高郵州等十七州縣,爲黄運兩河必經之地,坐當百川總滙之區,較之他省更爲緊要。嗣後,遇有此等沿河州縣缺出,令江南督撫於所屬現任州縣内,查其年壯勤敏才堪肆應者,細加揀選,保題引見調補。如州縣難得其人,即在佐貳各官内,揀選保題補授。

凡卓異調補官員陞轉,康熙五十二年議准:知州調補知州,三年後陞轉時,照應陞同知之銜陞用。通判、知縣陞補知州,現在作陞一次,陞轉時,照已陞之銜陞用。如知縣調補知縣,陞轉時,照知縣應陞知州之銜陞用。州判、縣丞、教諭陞補知縣,亦作陞一次,陞轉時,照已陞知縣之銜陞用。各該員調補後,歷俸三年,果能弭盜安民,有益地方,該督撫據實保題到日,各照所帶職銜陞用。

凡試御史、中書以不稱職調用,康熙十九年議准:御史由都察院具題,咨送吏部,對品改補按察司經歷。中書由内閣移送吏部,對品改補布政司都事、鹽運司經歷、州判、外衛經歷、宣慰司經歷、招討司經歷。宣慰司經歷、招討司經歷,雍正四年,裁。

凡繁簡互調,舊例,有司官如才堪治繁,見任偏僻,或才止堪治簡,見任繁劇,該撫、按奏請酌量更調,以任事日期計算實俸。○康熙十三年議准：江南蘇松等府及所屬州縣，照繁簡互調例，該督撫具題改補。本年停止。〇二十年諭：山西大同府州縣各官，其才具平常者，該撫酌量調補簡僻之處。仍於通省現任官内，選擇清廉愛民者，調補大同所屬地方。〇四十三年覆准：嗣後，除應調員缺仍照舊例調補外，其餘一概不許濫調。如該督撫違例濫行瀆奏調補，照以劣員保舉賢能例議處。

凡降級調用，順治間題准：各衙門堂官，降至正四品者，以小四品京堂缺補用；降至從四品者，不補祭酒，講讀學士改從四品後，亦不作降補之缺。以正五品京堂缺補用，仍支四品俸；降至五品者，不補郎中、員外郎，以堂官缺補用。各部郎中降至從五品，不補鴻臚寺少卿、員外郎，止以正六品京府通判、都察院經歷、理藩院院判、兵馬司指揮用，仍支五品俸。郎中、員外郎降至正六品者，不補主事、大理寺寺正。郎中、員外郎、主事降至從六品者，不補大理寺寺副、光禄寺寺丞；降至正七品者，不補大理寺評事、太常寺博士、行人司司正；降至從七品者，不補行人司行人、中書科中書舍人。俱對品補授别缺。布政使降一級，不補按察使，以參政用，仍帶所餘之級。運使、知府、運同降一級，不補道缺。通判、都事、經歷、斷事、布政司經歷、理問、運判、州同知等官降一級，不補知縣。俱對品以别缺用。〇康熙六年議准：降級各官，於文到之日，吏部會同科道掣籤定銜，註册候補。〇九年題准：由准貢、例監、生員、吏員出身者，不得降補正印官。〇又議准：停止掣籤定銜，遇對品缺出即補。〇三十九年題准：凡降級調用者，於驗到之日，即行掣定應得何項之缺，挨次補用。〇四十一年覆准：降補各官，停其預先掣定項欵；凡已掣未掣者，遇對品員缺，俱照康熙九年例選補。如對品之缺有一時並出者，仍令兼掣。

〔**還職**〕罰俸開復附

官員有降級、有革黜、有解任質審者，或事件完結，或三年無過，或辨明屈抑，俱准復職。例載於後。

凡降調各官，順治初，官員降級後，經辨明屈抑者，雖已歷數任，亦准復職。京官革職降調復還原級原職者，雖經提問，亦算前俸。〇九年題准：翰林院降調還級與革職再起者，俱以現補官品爲序。〇十二年議准：外官糾參革職，遇恩詔免議，及督撫提問贓未入己，准還原職者，前俸并前任所有即陞、加級、薦、紀，俱不准帶。若因錢糧未完、因公罣誤者，仍准通理前俸，及前任所有即陞、加級、薦、紀，均准帶於新任。〇康熙十四年覆准：翰林官降調還級、革職再起者，仍叙原資原俸。〇十八年議准：還級官員,其降補任内所有即陞、紀、薦,俱不准帶。〇三十九年諭:凡復職之員,必果係冤抑准復者,通理前俸。其餘,一概不准接算前俸。

凡降級留任各官,停其陞轉。俟復級之日,照常擬用。

凡罰俸各官,舊例,停陞。順治十三年議准:京職仍照常陞轉。在外方面以上,除錢糧盗案應住俸督催督緝外,其餘罰俸亦不停陞。有司等官,必俟事務完結,開復之日,方准陞轉。〇十五年議准:内外各官,有已歷數任,仍因前任事務參罰者,不必停後任陞轉。〇十六年議准:官員被參被訐及因公罣誤等事,功司議處未結,選司仍照常陞轉;議處事結,命下之日,功司移付選司,扣缺另補。〇康熙三年議准:提問官員,不候事結,即停陞轉。〇又議准:外官罰俸,不計閏月。期滿開復,以奉旨之日爲始。若截缺後咨送開復者,亦不准陞。〇又議准:前任罰俸未滿者,仍於新任内註册。〇十年議准:有司罰俸未滿離任者,亦隨帶新任註册。

凡各官開復,順治十五年議准:考功司依限呈堂具題。命下之日,即移付選司註銷,不得遲留隔日。〇又議准:各官參罰,功司移付選司註册立案。開復時,功司移文内,若年月欵項與前册不符,即行駁查,不得朦混註銷。

〔領憑赴任〕

官吏赴任,必有文憑,以防假冒。其或遲誤程期,致廢職守者,酌量久暫議罪,以儆曠官。例詳於後。

凡官員赴任文憑,順治三年定:在京官以除授日爲始,在外官以領到吏部照會日爲始,各依定限赴任。其外官陞轉京職,亦行給憑。〇十二年議准:吏員選除,令默寫原日試卷,筆迹相符,然後給憑。隨開具年貌籍貫,咨行該撫查驗。〇康熙九年議准:各官命下五日,寫憑用印,送吏科填限。吏科於十五日内,送部寫年月用印。令新選官取具京官印結,赴部領給。由吏員出身者,默寫試卷。筆迹相同者,於十日内給發。在外陞轉各官,發憑督撫轉給。〇又議准:京官補授,停止給憑。〇十四年議准:新選官科抄到部三日,即將文憑移送吏科,填限送部,於五日内給發。〇三十八年覆准:嗣後,凡外官陞授京職者,令該督撫照定例催速赴任。如原任内有不得已事,查明具題。有中途患病、阻滯難行之處,該員具呈,地方官親身驗看,出具印結,即報該督撫詳查題明。如借端觀望遲延及遶道歸里、捏稱患病者,將本官革職,出結之官降一級調用,轉詳代題各官罰俸一年。〇四十三年覆准:教職、雜職並在外推陞等官,領憑時有老病者,布政司、守道即行申詳巡撫驗看。如年老有病果實,具題移咨休致。○五十九年覆准:凡推陞州同以下雜職等官,吏部將文憑封發。令各該撫詳加查核驗看,照例給憑,速催赴任。嗣後爲例。○六十一年諭:外省所補官員及盛京補放官員内,躲避地方不赴任,有潛住京城者,都察院、科道等並無查參之人,著交與吏部,將未赴任官員查奏。若旗員,交與八旗都統查奏。○雍正元年覆准:一應旗員赴選時,已取有都統印文並三代履歷,領憑時,不用重取。○三年覆准:嗣後,各官選補推陞,如該督撫將前官題留原任,或另題補有人,其選補推陞之員,未經引見奉旨者,仍歸原班補用。其選補已經引見,推陞業已奉旨,尚未給憑赴任者,不入班次即用。或有已經領憑,尚未赴任,該員情願在彼省効力者,仍令其前往,遇有相當之缺,令該督撫題請補授。其已經給憑赴任,無任可到者,各留該省,遇伊應得之缺,令該督撫題請補授。若無應得之缺,暫令署事,候有相當員缺,該督撫具題補授。如該員已經領憑赴任,本省若有缺出,應歸月選者,吏部奏明補授。

凡領憑到任違限,順治四年覆准:各官文憑,巡撫、布政使按季彙繳,並將到任日期開報。若到任違限,聽吏科題參議處。違限一月以上者,罰俸三個月;兩月以上者,罰俸六個月;三月以上者,降一級調用;四月以上者,降二級調用;五月以上者,降三級調用;半年以上者,革職;不及一月者,免議。其違限各官,如有患病及中途阻滯,情由果實,即取該府州縣印結申報部科,免議。如實無事故,借端觀望,赴任遲延,並繞道歸里,詐稱中途患病者,該督撫查明題參,照規避例革職。○又覆准:陞任官員,領憑後,如任内錢糧盜案未完,或留任候新官交代及患病不能赴任違限者,該督撫布政使將所誤情由查明咨部,准其改限,仍知會吏科。○又題准:官員赴吏科畫憑遲至半年以上,吏員赴吏科畫憑遲至三月者,革職。○康熙九年議准:官員領憑後,赴任遲延,繞道歸里,詐稱中途患病者,免其革職,按違限日期處分。出結官,罰俸一年;其轉詳代題各官,俱罰俸六個月。若上司給憑逾限者,罪坐上司,照赴任違限例處分,本官免議。○十年題准:官員赴任,若中途失憑,取該地方官印結並本處巡撫或布政司咨文,到部,改給執照赴任。○又題准:公差來京官員,如推陞文憑已經發行地方,或有已領文憑,公差未完,而程限將違,另告執照赴任者,查無别情,准展期給照。○又議准:領憑各官,或患病,或有事故,於一月内呈明到部,仍准給憑。一月以外不領憑者,革職。○十四年題准:各官赴吏科畫憑,遲至一月以上者，罰俸一年；遲至兩月以上者，革職。〇二十二年題准：廣東、廣西赴任各官，每日程限七十里。違限十日以内者，罰俸一年；十日以上者，降一級調用；二十日以上者，降二級調用；一月以上者，降三級調用；兩月以上者，革職。其有患病事故者，該督撫查明具題，免議。如止取府州縣印結者，不准。〇四十三年議准：臺灣遠在海中，陞員領憑，應於交代兩個月定限外，再展限兩個月，共爲四個月。瓊屬道路遥遠，亦隔海洋，與内地不同。陞員領憑，於展限一個月之外，再展限一個月。教職領憑，於一月正限之外，再展限一個月。〇四十九年議准：凡自京赴任官員，雲南、廣西，限一百日；貴州、四川，限八十日。其在外推陞官員，由原任地方赴新任者，亦俱照各省遠近，定有程限。逾限者，俱有處分之例。仍照舊例遵行外，嗣後，四省在京補授知縣以上官員，自奉旨之日起，限五日給發文憑。給發之日起，亦限五日，係旂員交與該旂，係民交與五城該兵馬司指揮嚴催，照限令其赴任。在外推陞知縣以上官員，亦自奉旨之日起，限五日將文憑即行發與各該巡撫。伊等向有兩月交代之限。應俟交代完日、領憑之日起，亦限五日，該督撫嚴催，照限令其赴任。俱令該管官將起程日期報部存案。如有起程逾限者，嚴加議處。如不於五日内將文憑給發及不速催赴任者，將該管官指名題参。不給文憑，照欽件違限處分。不催赴任，照陞員交代離任督催不力例，罰俸六個月。〇五十一年議准：江南官員赴任，自京至江寧限五十日。在京、在外俱自奉旨之日起，限十日給憑。〇五十六年議准：廣東官員照雲南、貴州、廣西、四川四省之例，依限給憑赴任。〇又議准：選補甘肅官員，命下五日内給憑，六十日作速赴任。如違限一月以上者，即照規避例革職。其各省如有陞授甘肅官員，文到之日，即令赴任。〇又議准：直省教職，以文到布政司之日計算，令其於一月之内給發該員，將發文日期仍行報部。如布政司違限，照欽部事件違限之例處分。〇又覆准：嗣後，赴任官員，遇有限内患病者，仍照例准取地方官印結；遇有限外患病者，具報地方驗實，轉詳上司，該撫查明確實具題。若止取地方官印結，未經該撫具題者，其取印結之處，不准扣算，仍照違限議處。〇五十七年議准：嗣後，赴任官員，遇有限外患病者，州縣正印官以上，照例具題；佐貳以下，照微員例咨部。〇雍正五年諭：盛京人員赴任，向來原無憑限。往往補用之後，經年累月，逗留京城，或在彼處閑住，竟不到任。堂官亦並不咨查。嗣後，選補盛京官員，以奉旨之日爲始，扣限一個月到任。違限不到者，該堂官查明咨部題参，照例議處。

凡官員回任，雍正五年題准：嗣後，引見回任官員，吏部照憑限日期給與執照。該員到日，令該督撫查明回任日期咨報，將原領執照繳部。有回任違限者，各該督撫照官員赴任違限之例，即行題参議處。其有患病等情，令取具印甘各結送部查核，再查新選各官，給憑赴任。逾限不及一月者，免其處分。今現任官員回任，與新選赴任者不同，逾限十日以外，俱照違限一月例議處。

凡損失文憑處分，康熙九年議准：各官申繳文憑，或蟲蛀破裂並水火、盗賊、遺失等項者，罰俸六個月。若上司繳部或有損失者，處分同。〇十四年議准：水火、盗賊、遺失事屬不測，免其議處。

〔迴避〕

迴避之例，或因親屬，或因原籍。舊有投誠官迴避沿海地方，今仍附載於後。

凡官員迴避，舊例，在外推陞者，該督撫咨送印結；在京補授者，取同鄉京官印結；旂下，取該都統等印結，到部具題，准其迴避。〇康熙二十四年議准：選補京缺，應行迴避官員，停其取印結具題，即於掣籤時，將迴避情由呈明。有應得別缺，許其掣籤改補。若無可改之缺，亦即准其迴避，將原缺歸於下月。於掣籤後，隨即移咨該衙門查明。倘有規避等情，從重議處。其迴避之員，如係雙月，仍歸雙月；如係單月，仍歸單月。至掣補外缺官員，仍遵舊制。

凡親屬迴避，順治十三年題准：現任三品以上堂官，其子弟不得考選科道。若父兄赴部候補，而子弟現在科道者，查照資俸，調吏部主事。〇康熙三年題准：除内院外，其餘各衙門，祖孫、父子、伯叔、兄弟不得共事。令官卑者迴避。外官有關係刑名、錢穀、考核、糾参者，但屬本族，皆令迴避。〇十年議准：同衙門補授同官，令後補者迴避。〇五十五年題准：大學士子弟，不開列内閣學士。〇雍正三年諭："外任官員迴避本族，例俱赴京另補。朕思督撫兩司及統轄全省之道員，其本族之人迴避者，自應赴京另補。若分巡數府之道員及知府、同知、通判、知州等官，所管止於一府一州，鄰府即非其所轄，其屬縣職分卑微，若必一例赴京另補，未免往返稽延。艱難拮据，深可軫念。嗣後，遇此等迴避之人員，著該督撫即於本省内調補。如此，則屬員既遵本族迴避之例，而又無另補守候之苦，於公私均爲有益。"

凡本籍迴避，順治十二年題准：外官迴避本省。教職迴避本府，户、刑二部司官迴避本省司分。户部福建司,因兼管直隸錢糧,直隸人亦令迴避。○康熙四十年覆准:嗣後,五城兵馬司正副指揮、吏目等缺,將順天府之人一概迴避。如有現任及捐職者,俱令對品改授。○雍正二年覆准:浙江現任首領、佐貳、雜職等官,令其將實在原籍速自呈報。如係浙江人,冒籍順天直隸者,該撫即令解任,咨部開缺。果係平日居官勤慎,有益地方,出具考語,給咨赴部,照迴避另補之例扣限銓補。倘屬不肖劣員,生事滋擾,亦出具考語,即行咨革。其候選、候補人員内,有浙江人冒籍順天等處,掣得浙省員缺者,令直隸巡撫、順天府尹確查,許該員自行呈報,給咨赴部改補。其各省俸滿陞補浙缺人員,亦令各該撫確查。如係原籍浙江,亦准呈明,扣憑給咨赴部另補。倘有隱匿不自呈明者,各該撫、府尹察出,即行咨革。○四年諭:"漢人爲外官者,俱迴避本省。朕思漢軍之在直隸,亦當如漢人之迴避本省也。直隸去京城甚近,漢軍之親戚友朋,散處直隸所屬之州縣,且伊等之莊田地土,亦多分隸其地,難保無請託牽制、徇私報怨等弊。嗣後,應照漢人迴避本省之例,停其在直隸做官,令於别省各缺銓用。"遵旨議定:嗣後,八旗漢軍,俱照漢人迴避本省之例。凡遇直隸道、府、州、縣等官銓選時,將八旗漢軍扣除。○又奉旨:直隸布政司、按察司員缺,漢軍仍行開列。

凡鄰省迴避,康熙四十二年諭:嗣後,補授外官時,掣得地方去伊原籍五百里以内者,省雖有别,仍令迴避。遵旨議定:嗣後,直隸等省候選、候補知縣以上各官,於截缺後,各該員將原籍住址及界連省分接壤相去現出之缺五百里以内者,逐一分晰具呈,以便選授。若有以遠報近,以近報遠,希圖規避,擇缺美惡者,吏部察出,即指名題參。其選補各官到任後,仍行令該督撫嚴察。如有捏報遠近之處,即行題參,照例議處。

凡海上投誠官,舊例,迴避浙江、福建、廣東全省及直隸、江南、山東所屬沿海地方。直隸,通薊道所屬寶坻縣、豐潤縣、武清縣、梁城所、軍糧城,天津道所屬滄州、慶雲縣、鹽山縣、静海縣、天津衛,永平道所屬山海關、灤州、撫寧縣、昌黎縣、樂亭縣、山海衛。○江南,蘇州、松江全府,常州府及所屬武進縣、無錫縣、江陰縣、靖江縣,鎮江府及所屬丹徒縣、丹陽縣,淮安府及所屬海州、山陽縣、安東縣、鹽城縣、沭陽縣、贛榆縣,揚州府及所屬江都縣、儀徵縣、泰興縣、泰州、通州、興化縣、如皋縣、海門縣,蘇州衛、太倉衛、鎮海衛、金山衛、鎮江衛、揚州衛、儀真衛、通州守禦所、泰州守禦所、興化守禦所、淮安衛、大河衛。○山東,濟南府及所屬海豐縣、利津縣、霑化縣,青州府及所屬樂安縣、壽光縣、諸城縣、日照縣,安東衛,萊州府與巡海道及所屬掖縣、昌邑縣、濰縣、膠州、即墨縣、靈山縣、鰲山衛、雄崖所、浮山所，靈山衛前所，登州府及所屬蓬萊縣、黄縣、福山縣、棲霞縣、招遠縣、萊陽縣、寧海州、文登縣、威海衛、成山衛、靖海衛、大嵩衛。○康熙二十四年議准：臺灣蕩平，凡海上投誠各官，遇沿海地方員缺，一體補授，停止迴避。

凡親屬、本籍、沿海應迴避官，不行迴避，竟赴新任者，康熙九年議准：降一級調用。

〔給假〕

京官省親、送親、祭祖、遷葬、娶妻，俱准給假。其引例各有年限，往返各定程期。具列於後。

凡祭祖，必歷俸十年；省親，必歷俸六年；遷葬，必歷俸五年，始得引例奏請。送親、娶妻，不拘年限。

凡各官給假，舊例，俱限六個月，不開缺。順治十年題准：開缺，不定限。○十一年議准：酌量地方遠近，限定水程。在家許住四個月。違限一年以外者，罰俸一年；二年以外者，革職。○十七年議准：各官必有迫切事情，方得引例請假。取同鄉官印結，具呈堂上掌印官，勘實代題。若無堂上掌印官，令同官具結，自行奏請。吏部詳加核實，委無托故，始行覆准。如出結代奏不實者，與本官分別議罪。至在籍限期將滿復請病假者，府縣官驗看真確，取具印結，撫按核明，方准題請。如托病遷延，後經指參者，出結各官，照例議罪。○康熙九年議准：告假官員，在籍生事營私者，照告病官例議處。○十年題准：各官給假，取本衙門堂官、或同官、或同鄉官印結，具呈吏部代題，准給執照回籍。在家許住四個月。往返路程，直隸，四個月；山東、河南、山西，六個月；陝西、浙江、江南、湖廣、江西，八個月；福建、廣東、廣西、四川、貴州，十個月；雲南，一年。違限者議罪。若俸深遇應陞之月，告假者不准。○又題准：官員具呈吏部給假，有已經奉旨而本衙門題留者，仍准留任。○又題准：告假在籍官員，限期已滿，該撫復請展期者，不准行。○十四年題准：大學士、尚書、左都御史、侍郎、學士、副都御史等告假，自行具奏。其餘官員，吏部代題。假滿之日，違限一年以上者，罰俸一年；二年以上者，休致。○二十六年題准：翰林院修撰、編修、檢討、庶吉士等官，假滿、病痊、服闋，人文到部，即咨送翰林院，將到任日期報部註册，停其具題補授。○二十九年議准：嗣後，翰林院修撰、編修、檢討、庶吉士等官，凡假滿、病痊、服闋後，該撫即行給文，速催赴部，將起程日期令其報部。俱令以直隸各省路程限内赴部驗到。違例者，照例處分。

其已經服闋假滿又行告病,與回京後復行告假告病者,令該衙門堂官、該撫差員驗看詳實移送。若有借端假揑者,將假揑之官革職,驗看之官降一級調用,堂官、該撫罰俸一年。〇三十四年諭:微員告假、丁憂,俱係照例完結平常之事。嗣後,停其另本具題。著以半月彙題一次,初一、十五日不必啓奏。〇三十九年題准:凡遇省親、送親、遷葬、乞假者,俱令具呈本衙門查明,咨送吏部,照例彙題。〇五十三年諭:"翰林有各館纂修,理宜恪勤職掌,乃比來告假者甚多。又,庶吉士未滿三年,往往告假回籍,待至散館始來,如何能學習有成? 又,科道俱有言責,關係甚要,查科道内亦有告假回籍者。嗣後,修撰、編修、檢討、庶吉士學習進士并科道官員内,有告病者,亦照在外知縣等官告病例,准其休致,不准起用。"〇雍正四年奏准:翰林、科道告假回籍者,仍准起用。〇五年諭:盛京人員告假來京,無故稽留,不行回任,以致部務廢弛。嗣後,除公事差遣外,有告假來京者,該堂官奏明,奉旨給假,方准來京。

凡候補内外各官,因選期尚遠,願告假者,舊例,准其回籍,俟到京銷假之日,仍照原序補授。〇康熙十年題准:大選截取官員,亦准給假。選授之時,仍照原序。〇二十五年覆准:候補科道給假者,其遠近程限及違限處分,俱與現任給假例同。

大清會典卷之十五

吏部考功清吏司

郎中、員外郎、主事,掌内外文職官吏考察之典。凡論劾、釋免,及引年、稱疾諸事,皆得稽之。

〔**考滿**〕

國初典制,内外官三年考滿,視其稱職與否而黜陟之。康熙四年,停止考滿,止行京察大計。其舊制仍備録於後。

凡各官考滿,天聰八年,初次舉行。令部院衙門官,所有過犯,備開考核。○崇德二年定:各官辦事勤敏稱職而無過犯者,准加授官爵。○八年定:各官辦事勤慎,考註一等、二等者,雖有小過,亦准加授官爵。○順治四年定:各官於考滿前,或已陞授官爵者,今遇考核,俱不准重加官爵。怠惰庸劣者,革職。○九年題准:在内四品,在外布政使以下各官,俸滿三年,移送吏部都察院考核,分爲稱職、平常、不稱職三等,具題。○又題准:督撫照在京官考滿。○十二年題准:各官三年考滿,如有過期不給由者,聽部院糾參。○十三年議准:考滿稱職者,給與誥敕。○康熙元年議准:京官四品、外官布政使以下,考滿分爲五等。辦事一等稱職者,紀録一次。若此後,緣事議處,准其抵銷降一級。辦事二等稱職者,止加賞賚。平常者,照舊供職。不及者,降一級調用。不稱職者,黜革。○又定:各官遇有陞缺,俱照考滿等第陞轉。○二年議准:二等稱職者,改註勤職。○又諭:内外官,俱於康熙三年起,每三年彙考一次。其到任未及三月者,不與。○三年題准:考滿官員,應將所辦職掌及何事奉旨改正、何事駁回、何事議處詳明開載。考註一等、二等者,在内由該衙門堂官、六科都給事中,在外由督撫,保舉賢能具題。○又題准:京官考滿,一人一疏,彙齊具題。外官考滿,各直省將所屬一等者一疏、二等者一疏、平常者一疏、不及者一疏、不稱職者一疏,亦彙齊具題,下部院衙門覆考。○又議准:内外官未經考滿陞轉者,於新任内考滿。

凡三品以上京堂官考滿,舊例,令其自行陳奏,黜陟取自欽定。准復職者,給與誥命賞賜,漢官復廕一子入監讀書。應否加銜加級,察例奏請,亦取自欽定。○順治十八年議准:滿官照漢官例,准其廕子。○康熙元年議准:三品以上官,雖經陞調,食俸相同者,俱通理前俸考滿。○三年議准:尚書、左都御史轉大學士,及各部院尚書、左都御史互相轉補,各部院侍郎互相轉補,并通政使、大理寺卿、宗人府府丞轉副都御史,俱通算前俸。若學士、副都御史、通政使、大理寺卿、宗人府府丞陞侍郎,俱不算前俸。學士、副都御史等官授巡撫,巡撫陞總督,亦不算前俸。

凡四品以下京官考滿,舊例,四品堂官令其自陳,黜陟取自欽定。其餘官考註稱職者,題請復職。順治九年題准:四品京堂官,將所行事實開列,移送吏部、都察院考核。五品以下,由各堂官及掌印官填註考語,送吏部、都察院覆考。○十八年議准:滿洲三品郎中,原係自陳,今令該堂官考核。滿洲六品以下官,原未考滿,今俱准考滿。○康熙元年題准:僉都御史、四品正卿、國子監祭酒、六科都給事中及中書科、行人司、上林苑監等衙門掌印官,咨送部院考核。其餘官員,俱由各衙門堂官及掌印官註考,移送部院。○又議准:部院官陞轉,食俸相同者,俱准通理。○三年議准:僉都御史,令其自行陳奏。中書科中書舍人,專管誥敕,聽内院考核。○又議准:各官已經陞轉,俱不算前俸考滿。

凡鴻臚寺鳴贊、國子監典簿等官,及太常寺雜職,欽天監、太醫院官考滿,例不具題,俱由該衙門堂官考核,咨送吏部、都察院覆考註册。○順治八年議准:欽天監、太常寺、太醫院官,九年考滿。有缺,陞任。無缺,陞俸二級。○康熙二年議准:欽天監等衙門官,九年内,考滿三次俱一等者,將二次考滿各准紀録一次、給表緞外,其第三次考滿陞俸一級,仍給表緞。

凡在京所丞大使、副使、司獄、雜職考滿,舊例,具題。順治十二年題准:照例查核註册,不具題。

凡各部院衙門筆帖式,舊例,不考滿。康熙元年議:准筆帖式與有職掌官員一體考滿。由各衙門堂官填註考語,分爲稱職、平常、不稱職三等,移送吏部、都察院覆考註册,不具題。○二年題准:筆帖式考滿,亦照有職掌官員例,分爲稱職、勤職、平常、才力不及、不稱職,凡五等。其考註優等者,照例先用。有不及者,無級可降,即行黜革。〇三年議准:考註一等稱職、二等勤職者,照例開列實蹟,保舉賢能註册。

凡外官考滿,舊例,俸滿三年,吏部咨行户、禮、兵、工四部查覆。必錢糧全完者,方准考滿。〇康熙元年議准:外官或錢糧、盗案未清,冒稱考滿,或歷任三年,規避不考,或明知屬官俸滿,不行考核者,一併題參治罪。〇二年議准:考滿各官,將任内錢糧事實,造册送布政使、糧道併按察使、經管道、府,申詳督撫,核實註考。造册咨送吏部、都察院覆考具題。如部院衙門需索,許科道據實糾參。若外省借名暗派民間者,該督撫嚴加參處。〇又議准:司、道歷腹俸二年、邊俸一年半,有司歷邊俸二年半、腹俸三年者,即與考滿。〇又議准:外官考滿,據督撫開報,並無未完錢糧事件,部院按册磨對,查其果無參罰事故,即准考滿。不必於户、禮、兵、工四部咨查。〇三年題准:外官考滿,分别地方開註。若地方荒殘者,必詳開舊有荒地、逃亡若干,三年内墾地增丁若干。以增墾多者爲一等,少者爲二等,仍舊者爲平常,復荒、復逃者居下。其衝疲地方,必詳開三年内支應幾次兵馬差使、不致擾民,解過幾次餉銀、不致有誤,並拿獲逃人若干,酌量分爲等第。其克實簡易地方,則以操守廉静爲上,詳開三年内錢糧有無加耗,行户有無虧損,刑名有無苛罰,除弊政幾事,緝盗案幾件,揭送衙蠹幾人,修治水利幾處,斟酌多寡,以定等第。以上四項地方,若各有優等,則荒殘而兼衝疲者先陞,荒殘者次之,衝疲者又次之,克實與簡易者居後。〇又題准:州縣各官并府首領、雜職考滿,令知府會同推官註考,并送該管道官考核,布按二司轉詳督撫。知府考滿,令該管道官、布按二司會同考核,轉詳督撫。同知、通判、推官考滿,令知府考核申詳,該管道官、布按二司覆核,轉詳督撫。各道並布、按、都、運四司首領官考滿,令布政使、按察使考核,註送督、撫。布政使、按察使考滿,專責督、撫填註考語。其各官考滿册内,必將本官申文及各上司註考日期,或有駁查事件,明白開註。〇又題准:考滿各官,以本官申文日爲始,扣至督撫咨送日期,定限三個月。咨册内,將本官申詳月日並駁查寬限緣由,詳明載入。如司道各衙門遲延,聽督撫指參。督撫遲延,聽部院指參。〇又題准:州同、州判以下各官考滿,查核明白註册,不具題。

凡罰俸降革官員考滿,順治四年定:官員雖有過犯,亦准考滿。〇十八年題准:内外官,因公革職仍留任者,三年無過,准其考滿。應否復職,請旨定奪。其因公詿誤降級留任官,考註稱職者,所降之級應否開復,吏部題請欽定。○康熙元年議准：内外官，除降級罰俸，實歷三年者，方准考滿。○二年題准：部院大臣降級者，不必待其復級，罰俸者，亦不必扣除月日。但計歷俸三年，即令據實自陳。其内外各官，亦照此例。○又議准：革職留任者，不准考滿。

凡考满賞賚，順治十四年議准：部院衙門一品堂官，賜羊酒、表裏各四疋。二品堂官，賜羊酒、表裏各三疋。三品堂官，賜表裏各二疋。○康熙元年議准：各官考滿一等、二等者，在内四品、五品官，在外四品巡撫及布政使以下四品官，賜表裏各一疋；在内六品以下，在外五品以下官，賜表一疋。○三年議准：筆帖式考滿賞賚，與有職掌官員同。

〔朝覲〕

國初，外官三年一朝，循例考察。康熙二十六年，停止。其舊例，仍載於後，以備稽考。

凡外官朝覲，順治四年定：三年一朝。朝畢，吏部會同都察院、吏科、河南道考察，奏請定奪。來朝官，引至御前，宣讀誡諭，仍各賜敕一道。若有廉能卓異、貪酷異常，則行黜陟之典。其考察事宜，詳見“大計”條下。○又定：吏部考功司，會同吏科河南道，俱於開印次日，會同封門，詳閲册籍。吏部、都察院堂官，再加察核。考功司先期知會吏科河南道赴部，開門，出示曉諭。來朝官，查照限期入城，先赴考功司投遞職名，候過堂考察。○九年題准：布政使有因軍需緊急，勢難離任者，許委各道官代覲。預行奏明，臨期不准題請。無事地方，不得援以爲例。○十二年題准：各省令布按各一員、府佐各一員來朝。○十八年議准：奉天府屬官，照各官例入覲。○康熙元年題准：布政使、按察使免其朝覲，令各道官代行。○六年議准：每省布、按各一員，每府佐貳各一員，賫册入覲。其貴州東川府土司，免朝。○又題准：上司將不應朝覲官誤行差遣者，罰俸六個月。○十年題准：直隸守道、巡道，令照外省布按例入覲。○十二年題准：布政使、按察使應親身入覲。其各道官代覲，永行停止。○二十五年覆准：布、按、府、州佐貳官來朝，槩行停止。每省各委道官一員，賫册入覲。○二十六年議准：停止道員朝覲。

凡朝覲文册，順治十五年議准：府、州、縣各役賫册，彙繳布政司親投。各役不許入城，違者拿究。○又議准：册籍俱限十二月二十五日到齊。○康熙六年議准：朝覲文册，俱限十月二十日以内賫到。

凡朝覲官條奏，舊例，考察糾拾事畢，請期朝見，面賜誡諭。其布按各官,如有地方情形及興利除弊諸事,各具本奏聞。○順治十五年議准:各官疏册,投送通政司。如有參差及未投送者,聽該司指參。布按奏章,限正月初十日以内,次第入告。○康熙二十二年題准:布按及代覲道官,條奏本章,不必投遞通政司,於各衙門啓奏後,面陳。令通政司滿漢堂官各一員指引,科道掌印滿漢官左右侍班。先一日知會都察院、通政司、吏科遵行。○二十五年覆准:布按免其入覲,其奏章亦行停止。

凡朝覲官員回任,舊例,查照水程,立定限期。違者,照憑限例議處。○康熙元年議准:朝覲事畢,各官赴任水程,吏部移送吏科,註限給發。

〔大計考察〕

國家定制,外官大計,憑各直省督撫核實官評,分别彙題。吏部會同都察院、吏科河南道詳加考察,分别奏請。所以昭黜陟,示勸懲也。所有法制,備列於後。

凡外官大計,順治四年定:三年一舉,永爲定制。○康熙元年議准:停止大計,止行考滿。○四年題准:停止考滿,復行大計。

凡外官填註考語,順治三年定:用才、守、政、年四格。才則或長、或平、或短,守則或清、或平、或濁,政則或勤、或平、或怠,年則或青、或中、或老。其考語,務按人指事,應去應留,明白直書,不得舖叙繁文,徇情毁譽。○又定:在外官評,全憑撫按。如有賢否倒置,不合公論者,聽部院堂官及科道據實糾參,以溺職論。巡按員缺,順治十八年裁。○九年題准:官有改節,勿因前薦後參而存顧忌;事有已著,勿因去任現任而生偏私。道府考州縣不公,先參道府;布按察道府不實,並參布按。○十二年議准:道員賢否,布按不許徇情以陞任去任者塞責。倘開報不公,督、撫、按糾劾。如有容隱,科道指參。學道必公明服衆,方列上等。有司優劣,責督撫按虚公察核。果有實心爲民,治行卓異者,即當獎薦,以勵官方。佐貳官,如才守平常,年力衰老者,題請罷職,雜流斥逐。○又議准:撫按造送計册,果另有灼見,許特疏直奏,庶免扶同。○十五年題准:各官履歷年歲,核實開列。何事參罰、何日開復及現任參罰帶罪等項,逐一詳載,不得隱匿。○又議准:大計官評,務期詳慎。責成本道本府開報,署官不必造册。其計處各官,不得苛求去任、刻責卑官,并將已經處分之官舊事塞責。○又議准:州縣佐貳、首領、屬官,令州縣正官開造賢否事實,申送本府。知府將所屬知州、知縣、佐貳、首領、屬官填註考語入册,送本管守巡各道,轉呈布按二司覆考。經督、撫、按考定,彙册咨達部院等衙門。直隸州知州,不屬府轄,知府不註考語。其直隸州所屬各縣,悉從知州考核。〇又題准:直省各官註考,如遇卓異、貪酷等官,即明註册内。〇十八年議准:布按衙門,参政、参議、副使、僉事及首領屬官,俱從本衙門正官註考。仍令布按二司互相考核。〇又議准:守、巡、道俱有統轄之任者,令會註一行。〇康熙六年題准:直省督撫,應將所屬官員事蹟、過犯,逐員指實開註。如賢否倒置,令部院科道指參。〇十一年議准:應處分各官註考,各照八法開載。"八法"詳見於後。〇三十六年諭:"國家舉行大計,原期黜幽陟明,大法小廉,以爲乂安民生之本,所關甚重。比年以來,督撫等官視爲具文,每將微員細故填註塞責。至確實貪酷官員有害地方者,反多瞻徇庇護,不行糾参。以致吏治不清,民生莫遂。重負朕愛養元元至意,殊可痛恨。今當舉行大典,各督撫等官,應洗心滌慮,力改前轍,矢公矢慎。整肅官方,務期薦舉一人,俾衆皆知勸;糾劾一人,俾衆皆知儆。倘仍苟且因循、徇私溺職,國法具在,決不輕恕。"〇三十八年覆准:凡督撫及司道府官,值計典之時,如有需索名色、借端斂派,或被科道糾参,或被傍人告發,將容隱苛派各官,一併照貪官例治罪。〇三十九年諭:大計官員,察其錢糧有無虧空,造册報部。〇又覆准:各督撫於該屬官,除薦舉卓異及貪酷八法之外,凡不入舉劾之州縣,必逐一詳查每年錢糧曾否徵解全完、倉庫銀米果否解貯無缺。彙造一册開列,各屬姓名註明虧足字樣,并具印結報部。如有虧空,立即参追。倘或誣捏,事發連坐。〇雍正元年議准:嗣後,大計之期,不入舉劾官員,自知縣以上,令該管各上司出具印結,該督撫逐一填註考語,造册送部。

凡京府各官考語,順治十五年題准:除府丞例隨京察,不入大計外,治中、通判、首領、雜職,令府尹填註考語。宛平大興等州縣正佐各官,由府尹及專管道員註考;俱送該撫覆考咨部。〇康熙六年議准:奉天府府丞以下,京縣典史以上等官,雖在京考察,仍應照例,入大計册内。其奉、錦二府所屬各官,責令府尹註考。

凡直隸有司等官,康熙八年題准:直隸府州縣各官,由專轄道員註考。其守巡二道,各照錢穀、刑名項下評定優劣,另填考語,造册達部院衙門。雍正三年設布按後,與各省同。

凡布政使、按察使,舊例,由督、撫、巡按註考。順治十五年議准:布按兩司,互開賢否。撫按細訪,核實奏報。〇十六年議准:布按兩司,不必互開賢否,憑督撫按採訪,分別薦劾。

凡鹽運使、海鹽道考語，順治六年題准：照各道官例，令布按二司填註考語。

凡鹽運司運同、運副、運判、提舉及首領、屬官考語，順治六年題准：令各衙門正官考核，呈布按二司覆考，申送督、撫、按。○十五年題准：長蘆運同、運判、首領、屬官，止從本衙門運使註考，徑送撫按。

舊有上林苑監監丞、蕃育署署丞、良牧署署丞。康熙九年題准：聽上林苑監監正註考，造册送部院衙門。今員缺俱裁。

凡直省教職大計，康熙八年題准：順天府屬州縣教職等官，由府尹註考，造送部院。○又題准：正定等七府各屬教職，由該管府道註考，送學院考定造册，達部院衙門。○十五年議准：教官，送學道轉呈布按二司覆考，經督、撫、按考定，彙册咨達部院等衙門。○二十八年議准：凡遇計典，教官年紀雖老，而精力未衰、尚能課士者，停其照年老例參劾。○五十年覆准：大計考核教職，有學道之省，令藩臬會同學道考核，造送督撫具題。有學院之省，藩臬造送督、撫、學院會同考核。雍正四年，各省學道，俱改學院。

凡河官大計，康熙三十一年覆准：河官大計，凡係管理河務，兼有刑名、錢穀之責者，總河並該省督撫各行考核。其專管河官，並無刑、名錢穀之責者，令總河詳察具題。

凡離任官員考語，順治六年題准：與現任官一同造報。○十八年題准：丁憂官，於原任考核。陞轉、降調官，離任一年以上者，於新任考核；未及一年者，於舊任考核。○康熙六年題准：解任官，除督撫糾參貪劣者不註考外，其餘或一事論劾，或彼此訐告者，亦宜詳註考語。不得因一時緣事，遂略平日政績。○又題准：老病、休致、終養等官，不必註考。丁憂裁缺降調官，未經補授者，仍於原任註考。○九年題准：離任之官，或應註考語者不註，或不應註考語者違例填註，或開報年貌互異，或遺註去留字樣者，俱罰俸一年，督撫罰俸六個月。

凡卓異官員，順治七年議准：卓異官紀録即陞，仍賜之衣一襲，以示激勸。○十年題准：卓異官，先行紀録，以備優擢。○又題准：官員必才守俱優，督撫方會疏特舉。○十五年題准：同知、知州，政績卓異者，准陞知府。其餘各官，照應陞職銜，不拘俸薦先用。推官、知縣，若已經行取陞補主事者，遇考選時，仍與各主事一體開列。推官員缺，康熙六年，裁。○又題准：官員首重才品，兼論資俸。必錢穀全完、聽訟明決、城守鞏固者，方准特舉卓異。若到任未及年餘，不得濫舉。○康熙元年題准：卓異官錢糧全完，督撫奏報錯誤者,與本官無涉,仍照實政考語查議。○六年題准:司道以下,推官以上,必註明不科派節禮,不索取小費,不借端勒詐屬官,不生事煩擾百姓;知府以下,知縣以上,必註明不科派雜差,不索取火耗,不虧刻行户,不强貸富民,方准特舉卓異。○七年議准:各直省知縣中,如有才守兼優、無錢糧盗案參罰者,督撫及司道需索留難,不行舉報,或被部院察出,或經科道糾參,將督撫各官從重治罪。○十年題准:卓異官員,查閲吏部册籍,若有未完事件者,不准,并將題薦之督撫等官治罪。○十二年題准:官員必能興行教化、無未完錢糧盗案者,方准疏舉卓異。○二十四年議准:各省布按,停其薦舉卓異。○又議准:薦舉保舉各州縣官,第一條,令填寫"一無加派火耗"等字樣;第二條,令填寫"一實心奉行上論,每月吉聚衆講解"等字樣。如無實蹟,妄行填寫保薦者,照例處分。○二十六年議准:大計卓異者,仍行薦舉。溺職者,仍照八法,通爲一本參奏。照常留任者,停其開具四柱册送部,○四十三年覆准:薦舉卓異官員,該督撫照例查明俸滿無錢糧盗案參罰者,開列事實,令其隨本引見。○又覆准:嗣後,凡薦舉卓異官員,查其平日將《御製訓飭士子文》曾否實心講究奉行,添入事實款内。○又覆准:卓異官員,吏部會同都察院、科道考核合例者,引見。如果才品兼優,准其卓異註册,令回原任,照例陞轉。○四十四年諭:"官員薦舉卓異,關係激勸大典。所列事蹟,期有實濟於地方百姓,開載虚文無益。嗣後,薦舉卓異,務期無加派、無濫刑、無盗案、無錢糧拖欠、無虧空倉庫銀米,境内民生得所,地方日有起色,方可膺卓異之選。其他所用虚文,俱不必入。○雍正元年詔:直隸各省官員内,有降級罰俸者,例俱不准卓異。以此賢員因公詿誤,不能得陞,以致壅塞。此後,如果有居官清廉能幹、因公詿誤、罰俸降級者,該撫亦與卓異。○又覆准:每逢大計之年,雜職内,果有才能傑出、操守卓越、能辦地方之事、盗息民安,該督撫開具事實,造册送部。聽部院衙門詳加考核,准其卓異,以示鼓勵。

凡薦舉卓異不當者,康熙六年覆准:督撫濫將貪酷匪人徇情特薦者,經科道糾察情實,督撫降二級調用,申詳之司、道、府官降三級調用。如薦舉卓異後,原任内有貪酷不稱職事蹟,而原薦舉各官即揭報題參者,免議。如不揭報題參,發覺時亦照例議處。其薦舉卓異官,或經陞轉,新任内有貪酷擾民事蹟者,原薦舉之督、撫、司、道、府官俱免議。如薦舉有未完錢糧盗案者,督撫罰俸一年,申詳之司、道、府官降一級調用。○九年議准:錢糧盗案未完官員,薦舉卓異者,督撫罰俸六個月,申詳之司、道、府、官罰俸一年。○十二年議准：官員雖無錢糧盜案，而未能力行教化者，督、撫、司、道、府等官濫舉，亦照例罰俸。○十八年議准：濫將匪人徇情薦舉者，督、撫、司、道照定例處分，俱降實級。雖有加級、薦紀、卓異、即陞，俱不准抵銷。

凡大計文册，順治三年定：賢否册籍，限十一月内到部，以憑磨勘會參。○十二年議准：各督撫造册三本，一投吏部，一投都察院，一投吏科，毋得參差。○康熙九年議准：户口、錢糧、刑名、逃、盜、屯餉等項册籍，各省布、按、都三司造送其府、州、縣、衞、所，槩令停造。○又定：大計文册，限十二月内到部。○二十五年覆准：督撫將所屬官員賢否文册，止造三本，送吏部、都察院、吏科。其布按二司所造各官賢否及錢穀、刑名等項册籍分送各部院衙門者，俱行停止。

凡大計考察，順治十八年議准：吏部考功司、吏科河南道詳核各官應去應留者，照八法議處。吏部、都察院堂官嚴核。如册内賢否倒置、造報不實者，科道特疏指參。

凡八法處分，舊例，貪酷並在逃者，革職；提問罷軟無爲、素行不謹者，革職；年老有疾者，勒令休致；才力不及、浮躁者，照事蹟輕重，酌量降調；雖有加級、紀、薦，不准抵銷。○順治九年題准：大計處分官員，不准還職。○十三年題准：兩經大計處分、才力不及官員，照罷軟例革職。○康熙六年題准：官員浮躁者，降三級調用；才力不及者，降二級調用。

凡露章題參，順治十五年議准：果有奇貪大酷，令督、撫、按露章糾參。勿庇現任而苛去任，勿寬大吏而責卑官。如開報不實，聽科道糾參。○又議准：外官若錢糧號件積至十件未完，或遲至二三年不結者，聽撫按隨大計册，露章特參。○康熙十年題准：露章爲特糾重典，必係貪酷官員例應提問者，方行題參。不得以老病不及等官充數。○十一年議准：官員被參，款蹟審虚者，仍照册内考語處分。

凡參劾官員引見，雍正四年諭："三年舉行大計，所以激濁揚清，整飭吏治，必舉劾之間至公至當，方足以昭勸懲之典。查定例，卓異人員俱送京引見，而參劾人員則聽部院議奏，不行引見。此中或有冤抑及避重就輕等弊，亦未可知。嗣後，大計之年，除貪酷之員既已指名劣蹟參奏，無庸再行引見外，其參劾等官，該部照例處分出缺。其應作何送京引見之處，九卿詳議具奏。"遵旨議定：嗣後，大計之年，除貪酷官員指明劣蹟劾參，毋庸引見外，至不謹罷軟、無能浮躁、才力不及、年老有疾被參之員，候交代清楚,該督撫給咨該員來京,吏部帶領引見。如有實係年老有疾,不能來京引見者,令其回籍。其中或有非係實在老病,該督撫抑勒不給咨赴部,即令回籍者,許其到籍之日,即各呈明本處督撫,給咨赴部引見。其有參劾八法人員,情屬冤抑及避重就輕等弊發覺,將該督撫照例分别處分。

〔京官考察〕

京官考察,舊例,以六年爲期。康熙二十四年,停止。雍正元年,復議舉行,以三年爲期。其填註考語、處分條例,具列於後。

凡京官考察,順治十三年議准:在京各衙門屬官,不論現任、陞遷、公差、丁憂、告病、養親、給假、降調及行查未結者,俱聽本衙門堂官考核,照外官考察格式填註考語事蹟。或賢或否,應去應留,造册密送吏部、都察院、吏科河南道,以憑會考。如將應考官員遺漏、不應考官員造入册内者,聽部院糾參。〇又議准:六年陞調不一,若會同參註,反開推諉遺漏之端,應專責見任考察。〇又題准:吏部、都察院、吏科河南道封門閲册,公同磨對。過堂考察畢,各衙門掌印官,俱赴吏部衙門面議後,即行具題。〇又議准:遇京察時,大小各官俱暫停陞轉。候事畢出榜後,照常舉行。〇又議准:吏部封門後,科抄中有應處分各官,亦俟京察事畢查議。〇康熙元年題准:各旗以才能咨送補授部院衙門官員,未及半年者,亦由現任衙門註考。〇十一年議准:京察文册,各照八法填註考語。〇十八年題准:陞轉降補各官,到任半年者,於新任衙門註考;未及半年者,於原任衙門註考。〇二十四年議准:停止。〇雍正元年諭:在京部院衙門官員,三年考察一次,係好事,應行查例議奏。遵旨議定:舊例,六年京察,爲期甚遠。今遵旨三年考察一次。〇四年題准:在京大小各官,遇京察時,自二月二十五日起,暫停陞轉。俟事畢出榜後,照常陞補。凡科抄文中,有應行議處各官,亦俟京察事畢查議。至奉特旨陞調官員,仍行遷轉,察議官員,仍行察議。〇又題准:各衙門滿漢堂官内,有一員歷任已久者,仍令本衙門填註考語。其滿漢堂官俱經陞轉、新任堂官俱到任未久者,應令陞任堂官會同填註。如原任堂官俱陞外任,或已經解任,其考語俱令新任堂官填註。

凡京堂官自陳,順治十三年題准:三品以上京官及在外督撫,具疏詳開履歷及有無過犯,據實自行陳奏,取自欽定。其出征、奉差、丁憂、告病、養親、給假者,俟回任之日,行查未結者,俟事結之日,俱令自陳。〇康熙元年議准:盛京四部侍郎,照例自陳。〇二十四年議准:停止。〇雍正元年議定：在京三品以上滿漢官員，令其自雍正元年起，至雍正三年止，將三年内行過事蹟過愆，於雍正四年三月内自陳。在外督撫、盛京五部侍郎、奉天府府尹等官，於雍正四年四月内，照例自陳。

凡覺羅官員，順治十三年題准：部院會同宗人府考察。〇康熙十二年題准：聽宗人府考察。〇又題准：各部院衙門覺羅官，由該部院衙門註考，移送吏部、都察院考察。〇雍正三年題准：宗室内有補授宗人府筆帖式者，亦聽宗人府註考。

凡四品以下京官，順治十三年題准：四品京堂，亦令自陳，下部議去留。五品以下，不論堂屬，俱聽部院會同該衙門考察。〇康熙元年題准：四品京堂，令咨呈部院考察。惟僉都御史，在京者有考察之責，在外者係封疆大吏，仍令自陳。〇六年題准：在京僉都御史、各衙門少卿以下官員，俱由各該衙門開列考語，移送部院。〇十二年題准：四品衙門各官，由正卿、少卿及掌印官註考。其正卿、少卿及掌印官，屬部兼轄者，由該部堂官註考；不屬部兼轄者，册内詳開行過事實，不註考語，移送部院考察。〇雍正元年議定：在京部院等衙門所屬官員，於雍正四年三月内，該堂官填註考語，造册密送吏部、都察院、吏科河南道。俟文册到齊，吏部請旨，另派大學士大臣，會同都察院、吏科河南道詳加考察，分别去留。〇四年諭：嗣後，遇京察之年，著内閣滿漢大學士、吏部、都察院、吏科河南道公同閲看。著爲例，不必另派大臣。

凡内閣、翰林院、詹事府各官，順治十三年議准：少詹、讀講學士、左右庶子，俱令自陳。其餘各官，令部院會同大學士、學士、詹事府堂官，一體考察。〇康熙六年題准：侍讀學士以下各官，俱由該衙門開列考語，移送部院考察。〇十八年題准：少詹事以下各官，亦聽詹事填註考語，移送部院考察。

凡六科給事中，順治十三年題准：吏科都給事中，將六科各官行過事蹟開列册内，不註考語，彙送部院。〇康熙元年題准：六科左右給事中并給事中，俱聽都給事中填註考語。〇十二年題准：不分掌印給事中與給事中，俱將行過事實開列册内，不註考語，由吏科移送部院考察。〇雍正四年題准：嗣后，六科滿漢官員，不分掌印給事中并給事中，應令俱將行過事實開列册内，送都察院堂官填註考語，移送吏部，會同考察。

凡太醫院官，由該衙門正官考核，申送禮部。禮部送部院覆考。

凡國子監官，順治十三年覆准：由禮部會同祭酒、司業填註考語，開送部院考察。○雍正四年定:祭酒由吏部註考,其會同禮部之處停止。

凡欽天監官,舊例,免考。康熙六年題准:與京官一體考察。

凡四譯館屬官,舊例,由禮部註考。康熙十二年題准:聽本衙門掌印堂官註定考語,送禮部覆考,轉送部院。○雍正四年定:正官,由吏部註考。

凡行人司官員,司副、行人,由司正註考,司正由禮部註考,轉送部院。

凡順天府縣各官,順治十三年題准:治中、通判等官,聽府尹填註考語,開送部院。○雍正四年定:順天府府丞、治中、通判、經歷、照磨、司獄、教授、訓導并宛平、大興知縣、縣丞、典史及崇文門税課大使等官,俱由順天府府尹填註考語,開送部院。

凡盛京及奉天府各官,康熙六年題准:照在京官例,一體考察。○雍正元年議定:盛京五部所屬官員,及奉天府府丞以下城内官員,俱令該部府堂官填註考語。於雍正四年四月内,造册移送吏部、都察院、吏科河南道。照在京官例,一體考察,分别去留。

凡各部院衙門筆帖式,順治十三年題准:照有職掌官員例,一體考察。

舊有營繕所所丞,原係工部所屬,向入京察。康熙六年議准:部差裁革,歸并地方官管理,改入外官大計。九年題准:部差已復,將所丞仍隷京察,聽該部註考。雍正四年,裁。

凡京察處分,順治十三年題准:年老有疾者,致仕、貪酷者,革職、罷軟無爲、素行不謹者,給頂帶閑住。滿官罷軟不謹者,革退衙門。浮躁、淺露、才力不及者,降一級調用。○康熙元年題准:貪酷者,革職拿問。罷軟無爲、素行不謹者,革職爲民。浮躁、淺露、才力不及者,降一級調用。滿洲、蒙古,調部院用。漢軍、漢人,調外用。○六年題准:才力不及、有疾者,降一級休致。老病者,原品休致。○九年題准:才力不及者,降二級調用。浮躁者,降三級調用。雖有紀、薦、加級,不得抵銷,止准帶於所補新任。

〔京官甄别〕

在京官員考察之外,間行甄别,係奉特旨舉行。其考核事宜,原無定制。今録其大略於後。

順治十年諭:在京官員,除吏禮二部侍郎、學士、詹事等官親加考試區别外,其六部等衙門有年老疾病、不能任事及素行不孚衆論,或才力可外任者,俱令本衙門堂官詳察嚴核,彙送吏部、都察院同吏科河南道議奏。其通政司、大理寺、太常寺、太僕寺等衙門堂官,開送吏部、都察院、吏科河南道察核。其六科各道御史,吏部、都察院察核具奏。各衙門務秉公開列,俱限五日内即爲分别,不得遲延推諉,以滋賄託。〇又諭:總督、巡撫,亦行甄别。〇又議准:考核督撫,應察其蒞任以來入告章奏、所行事實、奉過諭旨與舉劾當否,吏部詳録一册。至欽件完欠、封疆功罪、河漕利弊、賊盜曾否勦除、逃人曾否嚴察、錢糧果否清核、刑名有無寃滯,户、禮、兵、刑、工各部,俱按職掌詳録一册。移送部院,虚公察核,參詳輿論,以定去留。〇十七年諭:甄别在京官員,大學士、尚書等,俱令自陳。三品以上官,開列職名題請。四品以下官及在外總督、巡撫,部院即詳加甄别具奏。〇又題准:甄别之時,各官俱暫停陞轉。〇康熙八年諭:甄别京官,三品以上堂官,令其自陳。四品以下及各督撫,令部院如舊制考察。〇二十年,復行甄别。奉旨:吏部、都察院將各衙門堂官開列具奏。其各衙門屬官,吏部、都察院會同該堂官,分别考核具題。〇五十四年諭:"部院滿洲、漢軍及漢司官,皆有辦事責任,必謹慎勤敏,始克稱職。如有懶惰昏庸、輕浮妄行、生事招摇、疾病疲癃者,豈容姑留部院!又,外省地方官内,有大臣子弟及大臣保舉陞任之人,倚恃伊父兄及保舉大臣恣意妄行,或倚恃師生妄行者,督撫俱掣肘,不能壓制。即居官清廉之人,亦應素位而行,謹慎自持,豈可自恃清廉,偏僻固執乎!大學士會同九卿詳議具奏。"遵旨議定:部院内如有懶惰昏庸、輕浮妄行、生事招摇、疾病疲癃者,應令各部院堂官糾參。至在外地方官員内,有大臣子弟及大臣保舉陞任之人,倚恃伊父兄及保舉大臣,或倚恃師生妄行者,即應題參。其自恃清廉、偏僻固執、恣意妄行者,亦應查參。嗣後,如有此等之人,仍令不時詳查糾參。倘徇情不參,另有發覺者,將該管堂官并督撫,一并議處。〇五十八年諭:"各部院衙門聲名不好、行止雜亂之人,必得察退,方有裨益。諸臣會議之處,各出自己聞見,即行説出某衙門某官聲名不好、行止雜亂,即行革退,則匪類知所儆戒。若以爲别衙門人員於自己無涉,不行舉出,甚非大臣之體。從前,各部院遵朕諭旨甄别,亦曾革退。嗣後,行止雜亂之匪人,諸臣務期留心。一有所聞,不徇情面,即行説出革退。則匪類知所儆惕,而於部院之事,亦有裨益。"〇又諭:各部院大小衙門,凡司官、筆帖式及書辦内,有聲名不好、不守分生事者,毋論進士、舉人、捐納出身,或久任,或新任,務須會同從公舉出題參,不得徇情容隱。〇五十九年諭:"翰林事少,能作祭文碑文者,止有數人。看伊等内,亦有人不及、不識事務、飲酒賭博者,亦有不知進退禮儀者。伊等俱係點差主考之員。如將此等差往,何能勝任?徒致貽笑於人。大學士會同吏部、翰林院查參革退。其人雖平常,而果肯讀書者,又年雖老邁,現在修書處行走者,俱不必革退。"○又諭:部院衙門滿漢官員内,庸昧懈惰者,大學士會同部院堂官,俱行查革。○雍正元年,命王大臣會同翰林院掌院學士,甄別翰詹衙門官員。○四年諭:"朕撫御寰宇,宵旰勤求。惟期澄清吏治,使天下蒼生共享治安,以仰答聖祖仁皇帝付託之重。部院衙門,爲天下吏治總領。朕以部院大臣爲股肱,大臣又以司官爲臂指。司官得人,則部務整飭。在外督撫以及州縣,莫不澄清,百姓自受其福矣。今各部院司官、筆帖式内,有行走懶惰、經年不到衙門者,有庸劣不能辦事者,有不能寫字、僱人繙譯者,有奔競鑽營、招摇生事者,其本衙門堂官不能盡知。即有見聞,或因瞻徇掣肘,姑且優容。若照舊例甄別,亦屬無益。今著爾等司官,將本司之筆帖式,分別勤惰優劣,據實舉出。所舉當否,許筆帖式等公同面質。其司官内有不可共事之人,亦著同司司官并筆帖式據實面奏。爾等平日賢否,無由上達,往往歸怨堂官,不行舉劾。今在朕前,正可逐一直陳。毋得稍有瞻徇,以負朕澄敘官方至意。"

凡甄別處分,順治十七年題准:怠惰不能任事者,革職。年老有疾者,致仕。才力不及、不孚衆論者,視其考語輕重,酌量降級。滿洲、蒙古降補旗缺,漢軍、漢人降補外官。其才堪外用者,滿洲、蒙古照原品調補旗缺,漢人照原品調補外官。○十八年題准:甄別有病休致官,查驗病痊,仍照原官起用。○康熙八年題准:甄別各官,或註才力不及者,或註不孚衆論者,俱降二級。若才力不及,復不孚衆論者,降四級。滿洲、蒙古、漢軍調補部院衙門,漢人調外官。其才堪外用者,漢人降一級調補外官;滿洲、蒙古、漢軍降一級隨旗上朝。○十一年議准:甄別文册,各照京察八法填註議處,不得仍用"衆論不孚"字樣。

〔**考察通例**〕

大計、京察、甄別事宜,已分類備書于前。其科道拾遺及申辨冤抑、嚴禁請託等項,不分内外考察、事例相同者,并載于後。

凡計察遺漏官員,聽科道糾參。順治四年定:糾拾各官,與計册賢否互異,各撫按或據開報失實,或因道里遥遠,一時不及周知,槩行免究。仍着該撫按照原參欵單,虚公詳審,不得枉縱。○十年諭:科道糾拾官員,照大計例議處。如科道官挾私妄奏,聽吏部、都察院題參。○又題准:科道糾拾官員,下部覆核,按八法處分。其贓私有據者,題問追擬。或有冤抑者,於督撫按處辨理,果係虚罔,准其還職。其原糾拾科道,查無挾私情弊,亦免處分。〇十二年題准:科道糾拾,非奇貪異酷,必巨惡神奸;非布按兩司,必道府方面。不得苛求細節,槩及有司。〇十三年題准:京察官員,亦聽科道糾拾。〇又題准:科道官内有應降黜而考察遺漏者,仍令科道互相糾舉。〇又題准:科道糾拾,令公疏指參,以杜報復風影之弊。至所糾者,必係緊要衙門,或有關吏治、刑名、錢穀諸大事。不得濫及散秩,摘發細故。〇十五年議准:外官於大計册内考註優等,科道以貪酷指參,發審有據者,該撫、按一併治罪。〇康熙六年諭:言官若有所見,既許不時陳奏。其拾遺永行停止。

凡申辨寃抑,順治十年議准:考察處分官,果寃抑情實,許督、撫、按據實代奏。吏部、都察院覆核無異,即爲昭雪還職。如督、撫、按明知誣罔,不爲申理,并行議處。至本無寃抑,妄行反噬者,從重治罪。〇十三年題准:考察處分官,不許潛住京師,刊刻欵單,摭拾妄奏。違者,不分有無頂帶,俱發口外爲民。〇康熙十一年議准:處分官員,不得控告註考官受賄侵勒。違者,革職。無頂帶者,交刑部治罪。若止控告本身寃抑,不及註考官者,照叩閽具告通政司鼓廳例處分。

凡請託禁例,順治十五年議准:朝覲官,不得餽送囑託私書。令五城御史分貼禁示,嚴行緝拿。至在京官,將囑託情由自行舉首者,吏部議叙。若扶同隱匿,經科道糾參者,一并治罪。至奸棍摹倣圖書字蹟,假開禮單,以圖詐騙者,亦令五城嚴拿重究。〇十七年議准:京察甄别時,各衙門堂官不許接見屬吏。吏部、都察院、吏科河南道門上各貼"迴避"字樣,不許接見賓客。如有囑託者,自行舉發。徇徇庇隱匿,聽科道糾參。〇十八年議准:五城將私書餽遺察出題參者,紀録一次。

大清會典卷之十六

吏部考功司

〔致仕〕

滿漢大臣，年老乞休者，朝廷待以殊禮，或陞秩加銜，或仍給原俸，或令馳驛還鄉。其尤寵異者，或御製詩篇褒錫，或賜袍服文綺，或官其子孫，或遣人存問，或令地方利弊仍許具疏陳奏。皆出自特恩，不具載。

凡滿洲、蒙古、漢軍大小各官致仕，順治十六年題准：致仕之官，有世職者，照品給俸。〇十八年議准：無世職之官，年至六十致仕者，仍給半俸；未至六十歲因疾辭任者，不准給。〇康熙五年論：年老解任官員，其歷任幾年及効力情由，俱著明白開列。應否給與半俸，請旨具奏。〇二十二年論：因疾勒令休致官員，該都統查其病痊之日，照原品隨旗上朝。

凡外官致仕，舊例，任内有未完錢糧、盜案應議革者，仍革職。康熙九年議准：休致官員，任内未完事件，免其處分，責令接任官承追完結。如有侵欺那移等弊，仍照例治罪。

〔告病〕

官員患病，許解任回籍調治。病痊之日，京職、外職起復，各有定例。詳列於後。

凡京官告病，舊例，三品以上官，自行陳奏，四品以下，由該衙門代題，准其回籍。康熙元年議准：告病官員具呈該衙門，詳驗患病虚實，取具印文，移咨吏部代題。〇又議准：官員身無大病，托故回籍者，革職。若病痊不即赴部，在地方徘徊留滯、干謁營私者，該督撫題參議處。若督撫瞻徇不參，發覺時，即治以徇庇之罪。〇四年題准：官員告病回籍，奉旨病痊起用者，不限日期。其未奉病痊起用之旨者，俱限二年赴部補用。若逾限不來京者,令其致仕。〇九年議准:告病回籍官員,不勒年限。俟病痊之日,督撫題報赴部補用。凡係自陳官員告病,令其自行具奏。其餘各官,仍由該衙門驗視的實,咨部代題。若托故詐病者,降一級調用,驗視官罰俸一年,堂官罰俸六個月。其告病回籍官,若在籍生事營私者,革職。所屬地方官,不報督撫者,降二級調用。該地方官已報督撫,而督撫不行題參者,降一級留任。其丁憂告假官,在籍生事營私者,亦照此例。〇二十六年題准:在京各部院衙門滿漢官員告病者,俟一年限滿,方准以病痊補用。如不及年限,概不准行。〇五十三年議准:現在告病之編修、檢討并從前告病之修撰、編修、檢討、庶吉士、學習進士并科道内有告病者,俱照外官告病例休致,病痊不准起用。嗣後爲例。如有祭祖、省親、遷葬、送親者,仍照舊例行。〇又議准:翰林院修撰、編修、檢討、庶吉士、學習進士、科道等官,其先因丁憂、終養、祭祖、省親、遷葬、送親具呈回籍,後又告病者,亦俱照此例休致,不准起用。〇六十一年十一月詔:京官告病休致在籍者,准其起用。〇雍正四年題准:翰林、科道,在六十一年恩詔後患病告假者,俱准起用。

凡督撫告病,舊例,總督患病,巡撫驗明代題;巡撫患病,總督驗明代題。若係漢軍,到京日即報部,該部堂官驗視。若患病情虚,革職,永不叙用,代題官降二級調用。若係漢官,令原籍督撫親行驗視具題。如患病情虚及徇情不據實陳奏者,事發,照此例議處。〇順治十六年諭:督撫有老病者,許其自行陳奏。〇康熙九年議准:督撫告病,互相代題。若無總督省分,許巡撫自行具奏。俱免其到部覆驗。如詐稱有病,後經糾參首告者,令其赴部驗視。果虚,降二級調用,代題官降一級留任。

凡外官告病,舊例,由督撫查驗代題,許其休致。病痊之日,不准起用。順治十八年題准:漢軍官員,因病解任者,病痊之日,赴部呈明,察實起用。其原以年老乞休者,不准。〇又議准:漢軍官員患病,該督撫親行確驗代題。如駐劄地方遼遠,責令該管司道等官,嚴行確驗,申請具題。已經部議覆准者,督撫將本官回京日期報部。俟到京日,該堂官覆驗具題。如患病情虚,本官革職,永不叙用,代題督撫並委驗官,各降二級調用。〇康熙元年諭:在外漢軍官員,病痊起用,仍不准行。〇九年議准:告病官員,免其赴部覆驗。若托故詐病者,發覺之日,提取到部驗視。如果無疾病,本官革職,代題督撫罰俸一年,驗視官與出結官,俱降一級調用。〇十二年諭:告病回籍官員,果有堪用人才,不拘原任原籍,該督撫據實保奏。〇十五年議准：凡在外告病休致之官，或有告其詐病者，概行免議。〇雍正五年諭："定例，凡在京各部院官，因病告假回籍調理者，病痊之日，仍以原衙門補用。至在外各官，一經告病，即令休致，所以防不肖有司之托病規避也。但外官有地方之責。果係患病，不能辦理事務，自應呈請離任。病痊之日，雖有才具優長之員，格於成例，不得起用，殊爲可惜。從前有府縣官員告病者，朕降旨調來引見，見其才尚可用。命醫調治痊可，即行補用。誠以人材難得，雖片長薄技，不忍棄置。嗣後，外官告病，督撫查明確實具題，令其回籍，調治痊可。有情愿起用者，於本籍起文赴部引見，仍以原缺補用。如此，則可以杜規避之端，而人材亦不至淪棄矣。"

〔欽件部件限期〕

國家懲官員之怠荒厥職，凡事下部議，及行查内外各衙門諸務，俱勒限完結。若逾期不覆者，則治以遲延之罪。所以儆曠官也。順治十二年諭：事下部議者，限十日内具奏。需咨會各衙門者，限二十日内具奏。其事關刑名、錢穀不能如限即結者，先期題明。〇十三年議准：事由本衙門覆奏者，限二十日。由咨會各衙門覆奏者，限一個月。如有限内難結事情，聽該衙門預行題明展限。〇又題准：直省欽件限期，地有遠近，事有繁簡。直隸，限三個月。奉天同山東、山西，限三個月半。河南，限四個月。江南、湖廣、陝西、延綏，通限五個月。浙江、湖南、寧夏，通限六個月。南贛，限六個月半。福建、四川、廣西、甘肅、廣東，通限七個月。各令依期奏結。如事有限内難結者，聽該督、撫、按詳開事由，於限内題請展限。〇十八年題准：凡行查在外事件，按地方遠近立限，以文到日爲始。直隸、山東、山西、河南、陝西，限四個月。江南、浙江、湖廣、江西，限五個月。福建、廣東、廣西，限六個月。雲南、貴州、四川，限七個月。倘有繁重事情，限内不能即結者，許題明展期。其違限一月者，罰俸三個月。違限二月者，罰俸六個月。違限三月者，罰俸九個月。違限四五月者，罰俸一年。違限半年以上者，降一級調用。一年以上者，降二級調用。二年以上者，革職。違限不及一月者，免議。至各部院題覆一應事件違限者，俱照此例治罪。其本章咨文送到日期，務於疏内註明。〇又議准：甘肅巡撫，照四川例，限七個月報完。〇又議准：直省督撫，凡遇部院移行欽件，必逐一查明某部某事、係何月何日咨到，或前任督撫已違限期方行交代者，令其明白具題。〇康熙元年議准：直省衙門事件，由督撫行司道府、司道府行州縣者，俱不得過二十日之限。若事不能如限即結，亦必預請展期。違者，聽督撫糾參，照例治罪。○三年議准:督撫題參遲延官員,必開明違限月日。違者,聽該部院糾參,督撫罰俸六個月。其違限緣由,仍駁回查明。○九年議准:直省巡撫,遇欽件、部件,以文到日爲始,通限四個月具題。其總督駐劄本省地方事件,照巡撫限期。通轄隔省地方事件,限六個月具題。違限者,罪坐督撫,不得分坐道、府、州、縣等官。○又題准:陝西總督所管甘肅,兩廣總督與廣東巡撫所管瓊州,因相隔遥遠,照隔省例,限六個月具題。○十五年議准:各直省事件,督撫違限半年以上者,降一級留任。違限一年以上者,降二級留任。違限二年以上者,降三級調用。違限不及半年以下者,處分仍照前例。如承問官將易結之事遲延不結,或將難結之事不預行申詳,經督撫題參,雖期限未滿及逾限不及一月者,承問官亦罰俸三個月。如事已完結者,免議。至逾限一月以上者,不分事件已結未結,承問官罰俸一年,督撫計月處分。○二十二年議准:督撫監臨科場日期,准其按日扣限。隔省出境者,准令題請寬期。若有公務在本省境内者,不得援例題請。○又題准:奉天將軍、府尹及盛京各部一切移部咨文,兩個月回文不到,即咨部請查。寧古塔將軍一切移部咨文,三個月回文不到,亦令咨部請查。逾此限者,議處。○二十三年議准:凡督撫新任、接署事件,俱以到任、署任日期扣算。原限四個月者,准展限兩個月。原限六個月者,准展限三個月。各遵照完結。○又題准:新任督撫,有欽部事件難結者,准以到任日期爲始,展限兩個月。停其具疏題請。○又議准:州縣官,易結之事遲延不結,違限三個月者,降三級調用;四個月者,革職。○二十四年議准:凡本章揭帖,不論密題并平常事件,俱令原題衙門計程定限發行。揭帖内即註明日期,於日期上鈐蓋印信,以便稽察。所給火牌,令經過驛遞用印,即填註所到起發日時,同本章投遞通政使司。至交與驛遞齎送本章,所給傳牌,亦令經過驛遞填註所到起發日時,投遞通政使司查明。有違限者,將提塘、承差,交該部治罪。如有作弊事情,從重究擬。若原題衙門於本章、揭帖、批迴内不寫日期,到京之後在印信上填註日期者,除提塘、承差,交部治罪外,將原題將軍、督撫、提鎮等官,題參議處。○又議准:福建督撫管理臺灣府事件,因阻隔重洋,以八個月爲限。○二十五年覆准:臺灣欽部事件,限十個月具題。○三十七年覆准:嗣後,督撫題參違限者,務將易結不結情由詳查註明題參,照違限月日定例議處。如督撫將易結之事以爲難結、不行註明、朦混題參者,經部查出易結不結情由,將該督撫照徇庇例處分。○四十六年諭:部院事務,科道官員於每月稽查其完結與未完結之處具題。其各省事務，並無稽查具題之處，以致錢糧盜案人命事務，往往遲延數年數月。至事務完結具題之時，始將逾限處一併題參。嗣後，凡奉旨之事，交與何官料理究審，完結與未完結之處，令該督撫等於春夏秋冬四季奏聞。其各部所交之事，完結與未完結之處，亦令各部稽察，於四季奏聞。〇五十二年恩詔：内外文武官員，除大計、軍政處分外，其現在議革、議降、議罰、戴罪、住俸等項，各該衙門悉與奏明寬宥。遵旨議定：違限初參各官，援赦免議。嗣後，復以違限題參者，照初參例處分。若未經遇赦初參各官，復經題參者，仍照復參例議處。〇五十七年覆准：嗣後，凡交代承審遲延與追緝不力等應參事件，該督撫不必另本具題。各照例限咨明各部處分，俱入彙題完結。〇又覆准：嗣後，部駁再審事件，令該督撫虚心按律改正具題。承審官從前舛錯之處，免其議處。若駁至第三次，該督撫不爲酌量情罪改正，仍執原擬具題者，該部院衙門覆核改正，將承審各官併該督撫交該部議處。〇雍正元年諭：各省已未完結事件，停其四季造册奏聞。〇又諭：户部事繁，科抄限三十日，會稿限四十日。〇又覆准：盛京一切事件，均照京城之例，勒限完結。〇又覆准：定例，部院衙門案件，皆有二十日限。嗣後，各部院堂司皆立用印檔案。事件一到，即行定稿。定稿後，即行翻譯説堂。不得彼此推諉觀望。堂號簿用堂印，司號簿用司印，以便稽察。〇二年諭：凡交下速議事件，限五日内完結。〇五年覆准：各省州縣，奉到部文查審事件，定例，均以督撫准咨日扣算四個月咨題。州縣距省程途遠近不一，若俱一例扣限參處，似未均平。嗣後，奉部查審事件，除臺灣、瓊州、苗疆地方仍照定例遵行外，其各省内地，均以州縣奉文之日起，扣限四個月咨題完結。其州縣距省水陸里數遠近不一之處，行令各省督撫查明程限、扣定日期，造册報部存案。於限滿咨參之日，即將程途里數，咨内聲明。各衙門照册查對，以杜捏飾遲延之弊。各該督撫與該上司接准部文，俱限於三日内，即行檄飭所屬，不得遲緩。如逾三日之限，照遲延事件例參處。至督撫將部文行司，必由司而府轉行州縣，未免遲緩時日。應令各該督撫行司之後，即飭該司一面竟行州縣，一面仍行各該道府，轉行所屬。〇又諭：議政大臣、九卿、各部院衙門、八旗將應奏事件遲延者甚多，從來寬定限期者，特爲難辦之事應待行查，有需時日故耳。今看三兩日内可以完結之易事，亦謂尚未及限，怠慢推諉，置之不即辦理具奏。及至屆限，始行具奏。與原定限期之意，實屬相違。凡事應隨到隨即辦理完結。乃將並非難辦之事稽延時日，此不過從中作弊，以爲請托之地而已，毫無裨益。著議政大臣九卿，將易於辦理事務，作何另定限期之處，詳悉議奏。遵旨議定：嗣後，除兩衙門會稿、八旗會議仍照定限完結外，一應不待查核易於辦理事件，如吏、禮、兵、刑、工等衙門向例二十日完結者，今定限十日完結，户部向例三十日完結者，今定限二十日完結，其八旗及當月旗分所辦易結事件，俱定限十日完結。至議政及九卿會議，向無定限。嗣後，如有行查事件，定限三十日完結。不待行查易完之事，限十日完結。定限之後，倘仍有怠緩遲延、互相推諉，以致違限未結者，內閣、科、道察出糾參，照例議處。再，兩衙門會稿，雖有定限，但止有主稿衙門逾限處分。以致稿案咨送去後，會稿衙門往往任意遲延。嗣後，會稿移送之處，定限十日送回。如逾限不行送回，主稿衙門即知會科道等題參。

大清會典卷之十七

吏部考功司

〔離任交代〕

内外官員陞轉、行取、裁缺、患病、丁憂，必任内無未完事件，方准離任。如交代遲延，朦朧作弊，上司借端阻滯，接任官推諉留難，各分輕重罪之。

凡離任督撫，舊例，俟交代方准解任。巡撫病故，將印信交布政司收貯。若遇緊要之事，即呈該督料理。總督同。康熙十四年議准：督撫解任，於部文到日，令其離任。總督事務，令巡撫署理。巡撫事務，令總督署理。若無總督省分及總督兼轄省分，將巡撫事務，交布政使護理。○二十六年題准：嗣後，因公詿誤解任等官，照陞員離任例，定限兩個月，新舊交代，催令回旗。逾限者，照容留廢官例議處。如有錢糧未清，兩月之外，再限六個月完結。限滿不完，該督撫將承追、督催各官題參，照例議處。即將本官并伊家口催令歸旗，將未完錢糧總數備造清册，咨送該部，轉交該旗都統，查變産業賠補。逾此定限不令歸旗，亦照容留廢官例處分。其從前解任等官，以錢糧未清未回者，悉照此例，以部文到日定限。○雍正三年諭：嗣後，督撫丁憂，不得遽行送印。其任内文卷，擇司道一人代行。聽候諭旨，方行離任。○五年諭：凡屬新舊官員交代遲延，大約由於舊官案件不清者多，而由於新官勒索者少。若新舊一例處分，未爲允協。著九卿分别定議具奏。遵旨議定：自後，凡督撫核參交代遲延案件，即將遲延情由詳細確查。如係舊任官希圖掩飾，不於兩月内將任内錢糧等項徹底清白造册、交送新任官，則遲延之咎專在舊任官，與新任官無涉。該督撫即將舊任官因何遲延情由明白開註指參。將舊任官照例議以罰俸一年，新任官免議。如舊任官至例限將屆,始將册籍造送,新任官又不即上緊查核,以致遲延,則遲延之咎固在舊任官,而新任官亦難辭責。該督撫將此情由亦行分别註明指參。將舊任官照例罰俸一年,新任官罰俸六個月。如舊任官已將錢糧等項徹底清白造册交送,而新任官推諉不接,以致遲延,該督撫即將因何遲延情由註明指參。將新任官照例議以罰俸一年,舊任官免議。其督催不力之上司,仍照定例議處。

凡陞任官員,有前任内未完事件者,舊例,於新任内罰俸一年。順治十八年議准:陞轉官員,錢糧未清,不准即赴新任,違者,革職。如該督撫朦混徇庇、聽其離任者,各降三級調用。〇康熙二年議准:地方失盗,未經題參之先陞任者,亦照錢糧未清例,不准即赴新任。〇四年議准:陞任官員,錢糧未清,限一年完結;盗賊未獲,限二年緝拿,不准離任。其所陞之缺,另行選補。如限全結者,仍照原任論俸陞轉。逾限不結者,降三級調用。〇五年議准:陞任官員,以吏部文憑到日爲始,兩月内,該撫確查。如有錢糧、盗案未清,即行題參。如無錢糧、盗案,一月内即令交代,催赴新任,以起行日期申報吏部。若借端觀望,遲延不行,或枉道歸里,詐稱中途患病者,該督撫查明題參,本官黜革。或上司乘隙借端,抑勒遲延者,督撫指參,降二級調用。或任内果有錢糧盗案未結,而道府廳官不報者,亦降二級調用,督撫降一級留任。〇六年議准:陞任官員,若錢糧盗案未完,每一案照原任降一級調用。其未完事件,責令接任官督結。〇八年議准:免其降級,每一案罰俸一年。〇十五年議准:陞任官員文憑到日,該督撫即行委署。限二月内將任内各項事件交代明白,准其離任。如本官任内,有經管未完事件,不於二月内查明呈報上司,或不即與署印官交代,或署官、新官推諉不受者,俱各罰俸一年。上司督催不力者,罰俸六個月。如已經申報上司,而上司不即轉報,或不即委官署理者,俱各罰俸六個月。如該管上司已經申報,督撫具題遲延者,亦罰俸六個月。如無未完錢糧、盗案,上司借端抑勒者,司道府等官各降二級調用,督撫各降一級留任。其署官、新官如有抑勒遲留者,亦照此例議處。如陞任後,有續起盗案及未完錢糧者,署官於兩月内揭報。該撫題參時,本官每案罰俸一年。如任内有侵欺那移等情弊,署官、新官揭報,該撫揭參時,本官照例議處。至署官、新官不查明呈報,或司道府官不行轉報,或督撫不行題參者,俱照例議處。其陞任官不候文憑,或不與署官、新官交代明白,即行離任者,本官降二級調用。至錢糧盗案等項事件未經清結,該管各官聽其離任者,各降一級調用,督撫各罰俸一年。其陞任之官,有各項錢糧、册籍等項未完,詐稱已結,或假捏印結申詳上司,或增改投遞者,革職。如本官將册籍等件未交代以前,被衙役燒燬、擲水、藏匿等情者,降一級調用。至衙役乘機作弊,侵欺銀兩者,俱照衙役犯贓失察例處分。其鹽課、錢糧未完之官,及巡鹽御史、運使,俱照此例處分。○二十七年議准:廣東、瓊州府屬地方遥遠,凡陞任並解任、歸旗人員交代,於定限外展限一個月。○二十八年覆准:嗣後,凡外官陞授京職,原任内實有不得已事故,令該督撫查明具題免議。倘有中途患病阻滯之處,本官將情由具呈該地方官員,驗看是實,出具印結,即報該督撫詳查題明。如有借端觀望遲延,及繞道歸里,捏稱中途患病者,將本官革職,出結官降一級調用,轉詳代題各官俱罰俸一年。○雍正元年諭:凡一應衙門卷案,各有職掌之官。稽查引據,全以檔案爲憑。此固一代之典册,六官之掌故,不得視爲具文也。收貯卷案,封禁雖嚴,而翻閱查對,不能逃書吏之手。盗取文移,改易字迹,百弊叢生,莫可究詰。皆由司官漫不經心,或且通同作弊,遂至於此。嗣後,司官遷轉,將所掌卷案新舊交盤,各具甘結,説堂存案。如有疎失、换易等弊,一經發覺,與受同罪。爾各部院衙門,急宜查核清楚,設法封貯,永杜弊端。不得因卷案浩繁,畏難生阻。其交盤事例,爾部院諸臣公同確議具奏。遵旨議定:從前所有卷案,歷年已久,不無損壞浥爛。臣等嚴飭各司官等備細詳查、各立號簿、登明號件、呈堂用印、加謹收貯外,其自雍正元年起,將所辦卷案,專責滿漢司官,躬親檢點、記明號件、小心收貯。遇有查閲之處,滿漢司官親身驗看,毋得專假書吏之手。若遇遷轉之日,將所有經管卷案,逐件交代,出具並無遺失甘結,説堂存案。倘有不肖司官與書吏通同作弊、盗取改易之處,立即指名題參,并將書吏從重治罪。○五年諭:内外各官,皆有職業,不可一日曠缺。屬在大員,尤爲緊要。外任督撫在任丁憂者,已令聽候諭旨到方行離任。嗣後,三品以上京官陞轉之日,其原任内若無同堂辦事之人,仍令本人辦理。俟吏部具本開缺奉旨補用人員之後,方行卸事。其兼管别衙門者,亦一體遵行。

凡降級、裁缺、解任、患病、丁憂官員,有前任内未完事件者,舊例,每一案罰俸一年。多至四案者,降一級調用。康熙八年議准:前任内有未完事件,每一案罰俸一年。○十五年議准:交代明白,方准離任,若不候交代及該管上司任其離任者,俱照陞員例處分。○又議准:老病官員,有未完事件者,既經休致免議。如有侵欺那用等弊,仍照例治罪。

凡行取官員交代，舊例，與陞任官員同。康熙十五年議准：部咨到日，限兩月內，該督撫即委官交代清楚離任。如有未完錢糧、盜案，該督撫於限內題參，不准考選。其餘各項事件，不交代明白即行離任者，降二級調用。至到部限期，照地方遠近定限。違限三月以上者，不准考選。違限五月以上者，照赴任違限例處分。〇十九年覆准：行取官員離任遲延者，該督撫司道各官，俱照陞員離任督催不力例治罪。

〔**開復抵銷**〕追補罰俸附。

國家紀功紀過，賞罰維昭。大小官員，因公詿誤，則降黜、奪俸以罪之。其或事前著有勞績，或事後報最邀恩者，俱得復其原官，食祿如故焉。

凡降級開復，舊例，內外官員降級留任，三年滿日，如自陳，大臣及督撫，令其自行奏請復級。如不係自陳官員，由該堂官詳核，移送吏部，題請復級。布按以下官員，由該督撫詳核具題，吏部覆核復級。〇順治十八年諭：內外各官降級留任者，三年無過，俱准題請復級。如三年之內復行降級者，即以後降之日爲始。三年之內有過罰俸者，仍照月日扣除。至拖欠錢糧能速催完解，緝拿盜賊能依限捕獲者，不拘月日，俱即准題請開復。〇康熙九年議准：官員錢糧未完或因公詿誤降級者，後經開復，將任內所有加級、紀、薦，俱准給還。〇又議准：內外官不將降級罰俸情由查明，遽題請開復者，題請官罰俸六個月，轉詳之司、道、府等官罰俸一年。如督撫將伊等續有之降級罰俸情由不行題明，遽請開復者，罰俸一年。至本官已經申呈開復，該管上司抑勒不詳者，罰俸一年；督撫不具題者，罰俸六個月。如屬官隱瞞本身罪過，呈請開復者，亦罰俸一年。〇三十八年諭：嗣後，官員有因公詿誤降級者，三年滿日開復時，停其具題，該部繕摺啓奏。

凡革職開復，康熙九年議准：官員已經黜革，又有前任事故，到部議處，必分註應降、應革，題明存案。倘事後辨復還職，仍將前任事故，逐一查核。如再有應革之罪，不得即議還職。如有應降之罪，即照原職降級。如有應罰之罪，仍於補任日罰俸。如官員因錢糧未完、因公詿誤革職者，後經開復，將原任內所有加級、紀、薦，俱准給還。〇十四年議准：官員被參革職提問者，後經審虛，仍准還職。如失察衙役詐贓、並無入已、援赦免議者，亦准復原職。〇四十九年覆准：凡督撫將離任官員題請留任者，員缺雖擬有人，而未經奉旨者，將原官准其留任。如新補之員已經奉旨者，令其赴任，原官赴部另補。〇又覆准：嗣後，州縣官員虧空、被參解任，補完之日例應開復者，仍以原缺補用。〇雍正二年諭：凡官員虧空錢糧、倉穀，該管上司失於盤查，自應革職分賠。但定例，虧空官員，審無侵欺入己之項，勒限一年内賠補全完，准以原職補用。而失察革職之上司，反不得與本官一體開復，似屬可憫。嗣後，虧空銀穀限内全完、例應開復者，該督撫查明原參失察之上司，一并題請開復。

凡革職留任開復，雍正四年諭：向來，革職留任官員，從無開復之例。年久奉職無愆者，亦應開復，以示鼓勵。嗣後，革職留任之員，如四年無過者，著該督撫題明，准其開復。著爲定例。

凡降罰抵銷，舊例，紀録官員，後遇參處，除貪贓壞法、大計京察、失陷城池、八法處分、衙役詐贓不能覺察等事，及罪至革職者，俱不准抵銷。至革職住俸戴罪，以及降俸、降職、戴罪官員，原係虚革、虚降，亦不准抵銷。其餘錢糧、參罰，以及别項詿誤、事故處分，每紀録一次，抵罰俸一年。如罰俸不止一年者，仍留紀録，竟行議罰。每紀録二次，抵降職一級。如應降職二級，而止有三次紀録者，應以紀録二次，准抵銷降一級，仍降一級，帶紀録一次。若紀録浮於降罰之數者，除抵銷降罰外，餘仍留註册。〇順治十四年議准：薦舉官員，亦照紀録官員例，抵銷降罰。至有加級之官，後遇降級，准其按級抵銷。〇康熙元年覆准：紀録四次或薦二次，抵降職一級。紀録二次或薦一次，抵罰俸一年。紀録一次，抵罰俸半年。〇又議准：老病休致之官，其原任有加級、紀、薦者，仍留註册。後遇事故，准其抵銷。〇二年議准：官員有不論俸滿即陞者，准抵銷降一級。〇四年題准：軍功紀録一次，准抵銷降一級。〇又議准：事關錢糧處分者，雖有紀、薦，不准抵銷。〇又議准：降級留任各官，後遇加級、紀、薦，准其抵銷。〇九年議准：卓異一次者，准抵銷降一級。事關錢糧處分，有軍功紀録者，方准抵銷。京察、大計處分官員，所有紀、薦不准抵銷，亦不准隨帶。〇十五年議准：京察、大計處分官員，先經舉薦卓異者，不准抵銷、隨帶。若因别項加級紀録者，不准抵銷，仍准隨帶。至拖欠錢糧官員，先因錢糧全完加級紀録者，亦准抵銷。〇又議准：官員將先經抵銷之薦、紀重開抵銷者，罰俸一個月。〇十八年覆准：督撫司道等官，濫將匪人徇情保舉、薦舉、卓異、保留者，照例議處，俱降實級，不准抵銷。

凡補任罰俸，康熙四年題准：官員如前任内有發覺事件應罰俸者，陞轉官，於新任罰俸；降調官，照所降之級罰俸；裁缺、給假、丁憂官，於補官日罰俸。〇九年議准：離任官員虚降虚革及初選官員有應罰俸者，俱照此例。

凡革職留任官員，舊例，應罰俸事件，無俸可罰者，俱免罰俸。〇康熙二十三年議准：應罰俸者，仍行罰俸，交地方官追取。

凡兼攝官員罰俸，雍正元年詔：王等以下，世職以上，如伊等兼攝任内有罰俸之罪，照伊等兼攝任内職銜罰俸。其餘剩俸銀，仍著給與。

〔揭報題參〕

外吏貪污不職，責令上官申報題參。其有容隱失察者，治以徇庇之罪。如屈廉爲貪、誤行揭參者，則罪及上官，以儆恣肆云。

凡揭參劣員，舊例，官員貪黷，經督撫訪確題參，而司府各官始行補揭開報者，各降三級調用。康熙八年議准：揭報不實，屈廉爲貪者，揭報之司、道、府降一級調用，該督撫降一級留任。巡鹽御史題參所屬不實，其處分與督撫同，揭報官與司、道、府官同。〇九年議准：總督、巡撫貪婪，令互相糾參。如徇私隱蔽，不分同城不同城，俱降三級調用，布按兩司免議。其方面以下大小官員有貪婪者，上司不行揭報，被督撫訪察題參，將同城之司道府官各降三級調用，不同城者降一級留任。如司、道、府官雖不同城，已有聞見，不行揭報者，仍照同城例議罪。其直隸知州與知府同。若署知府直隸知州印，不揭報者，罰俸一年。或司道將貪劣官員申詳督撫，而知府不行揭報者，或知府申詳司道而司道不行揭報者，或知府已報，督撫竟不申詳司道者，俱照前例處分。至科道指參外官貪劣欵迹，審問果實，而布、按、道、府先未揭報者，亦照前例處分。督撫先未題參者，照司道例，分别處分。其督撫既參貪劣官員，不開未經揭報之司、道、府等官職名指參者，罰俸一年。如將清廉官員屈爲貪劣，審問涉虚者，原揭之司、道、府等官，降二級調用，督撫降一級調用。或官員互相訐告，該管官不行申報，及督撫發覺，行查又行遲誤者，或司、道、府等官，未奉督撫發行，將屬官竟自拿禁者，或督撫行查貪劣官員，遲延不行速報者，或督撫密行訪察，漏洩消息，以致有自盡、脱逃者，俱罰俸一年。其自盡官員，如有威逼致死情由，經部行查，取其妻子口供，審問情實証確者，將威逼之官，革職提問。至於管鹽官員貪劣，或被督撫科道糾參審實者，將不參之巡鹽御史並不報之運使等官，俱照督撫司道例，分别處分。如巡鹽御史將所屬管鹽官員列欵題參，與督撫司道無涉，免議。若巡鹽御史等官，將清廉官員屈爲貪劣題參審虚者，照督撫司道例處分。〇二十三年議准：司、道、府官，未奉督撫發行，拿禁無罪屬官併罪不至拿禁之屬官，俱革職。

凡誤揭屬官處分，舊例，該管上司，將所屬官員經管事件併月日，不行查明,舛錯揭參,以致本官革職者,申報之上司降二級調用,督撫降一級留任;致本官降級者,申報之上司降一級調用,督撫罰俸一年。康熙十四年議准:揭參有誤,致本官革職者,申報之上司降一級調用,督撫降一級留任;致本官降級者,申報之上司降一級留任,督撫罰俸九個月;致本官罰俸者,申報之上司罰俸六個月,督撫罰俸三個月。如將不應參之官揭報題參,未經處分,經部查出者,若係革職降級事件,誤報之上司罰俸一年,督撫罰俸六個月;若係虛革、虛降及住俸、罰俸事件,誤報之上司罰俸六個月,督撫罰俸三個月。

〔糾劾條奏〕

國家建置臺垣,職司糾劾條陳,以弘言路。其或糾參失實及越位妄奏者,又各分別罪之,所以慎核言責也。

凡參奏不實處分,舊例,言官奏事,必有詳確欵項,方可據實糾參。若無親見確實,具題者,降二級調用。〇康熙九年題准:言官列欵糾參貪婪官員,有一二事審實者,免議。若審問全虛,及條陳事件疏内隱含譏刺、奉旨議處者,或不據實回奏、奉旨議處者,或參官員老病衰庸涉虛者,俱降二級調用。〇十五年議准:條陳譏刺及回奏不實,奉旨議處者,或凡事不據實陳奏,或並無可據、稱風聞具題者,俱降一級調用。

凡妄行瀆奏處分,康熙四年題准:内外無言責官員,借公行私,將私事具奏者,或妄行條陳事件者,俱不准行,仍各降二級調用。〇十四年議准:言官借端條陳,陷異護黨,挾詐報復并陰受囑托,及行賄作弊具奏者,發覺之日,本官革職,交刑部治罪。若不係言官,有犯此者,處分同。

凡密奏本章,順治十八年題准:督撫、言官題奏,應密不密者,罰俸六個月。〇康熙九年議准:不應密而密者,處分同。〇十四年議准:内外無言責官員,本無密事,妄行密奏者,降二級調用。

凡條奏議叙,雍正五年諭:"朕日理萬幾,惟欲周知庶務,通達下情。是以廣開言路,令人條奏事件,冀於政事有所裨益。近見條陳人員内,頗有能據實陳奏,不避嫌怨,切中情弊者。朕思此等之人,其言既可採録,則其善亦不可泯。嗣後,凡内外大小引見人員,有所條陳,曾經發交廷議允行者,著吏部將姓名事件,記明檔册。其人日後或被堂官參劾,或被督撫糾參,該部議處覆本之時,著將該員某年條奏某事、曾經允行之處,寫籤夾於本内進呈,以便斟酌其事之輕重,量與寬減。則國家政治既得條奏之益,而其人亦身受敢言之效,庶可共加勗勵。

〔**呈辨冤抑**〕八法處分、官員告辨,詳見《考察通例》。

凡官員果有冤抑者,舊例,許於吏部呈辨。康熙八年覆准:年久已結之案,有在吏部呈辨者,概不准行。如果有冤抑,許赴通政司鼓廳控告。至降級、革職之官,或在通政司鼓廳告辨具題者,吏部查明冤抑果實,准其開復。其同案内處分之人,一併昭雪。〇九年議准:初次叩閽審虚者,罰俸九個月;復稱冤枉叩閽者,降二級調用。初次具告通政司鼓廳審虚者,罰俸六個月;復稱冤枉具告通政司鼓廳者,降一級調用。若於原詞之外,揑造言語,妄生枝節具呈通政司鼓廳者,照定例處分外,再降一級調用。若已經革職之官,俱交刑部治罪。若告辨官員,具呈原議衙門,不行申理,赴通政司鼓廳控告,准收呈狀,核明具題。冤抑果實者,原議不行申理衙門官員,罰俸六個月。如實無冤枉,已經控告不准,又復向原議衙門申辨者,係官,罰俸六個月;係平人,交刑部治罪。

凡控告上司,康熙九年議准:官員揑告上司受賄、私派等事審虚者,革職審問。〇十九年議准:官員被上司揭報糾參之後,始首告上司索詐苛求者,照京察大計降革官員控告例處分。

大清會典卷之十八

吏部考功司

〔處分雜例〕

文職處分,職在功司。各衙門因事分類,其處分則例,即附載本條,以便稽考。遇有參劾官員,仍送功司議覆。至有事異例殊,諸司所不能悉載者,彙附於此。

凡官員違誤,康熙九年議准:慶賀表文、朝覲、計册舛錯及遺漏不奏,或遺漏字樣,并借端推諉,或遲延及不差的當人途中耽誤、遺失者,俱罰俸一年。如用印歪斜、模糊、顛倒及未用印信,繕寫潦草、不列職名,并破裂染污者,俱罰俸六個月。督撫亦照此例處分。

凡本章錯誤,康熙六年議准:疏内錯寫官銜,或從旁添註字樣,或舛錯遺落者,啓奏官及不加詳對之主事,各罰俸一個月。有品級筆帖式錯寫者,罰俸兩個月。無品級筆帖式錯寫者,交刑部議罪。校對字迹,與尚書、侍郎無涉,免議。

凡貼黄本章互異,康熙十年題准:督撫疏内所有事件貼黄内遺漏者,或貼黄内所有事件疏内遺漏者,罰俸三個月。

凡墨污本章,康熙六年題准:官員本章被墨污者,罰俸一個月。

凡錯寫票籤,康熙九年議准:官員批寫票籤,如將“工部知道”錯寫“兵部知道”者,大學士罰俸一個月,學士罰俸兩個月。

凡刷卷舛錯,康熙九年議准:官員將送刷文卷數目舛錯者,罰俸一個月。〇十四年議准:堂官罰俸一個月,司官罰俸三個月。

凡錯誤儀注,康熙三年題准:官員不照部定儀注行文,彼此文移舛錯者,罰俸六個月。

凡遺失科抄,康熙六年題准:罰俸兩個月。

凡遺失紅本,康熙十七年議准:遺失紅本者,降一級留任。

凡漏洩機密,康熙十七年議准:紅本已奉旨到科,未經到部,即行抄傳報知者,該科官罰俸六個月,傳報之人交刑部治罪。〇雍正三年諭:各省督撫提鎮,將朕摺批密諭,有同在一省而彼此互相傳看者,有隔越鄰省而彼此互相通知者,亦有經過其地而私相探問者。《周易》曰:“機事不密則害成。”①是以歷來會議軍務,皆極慎密,以防漏洩。凡文武大吏之密奏及朕所降密旨,俱係國家緊要事件,豈不更重於軍務,而可輕洩以貽害乎!嗣後,若有此等,一經發覺,該部槩照漏洩軍機例治罪。〇五年諭:向來,督撫提鎮陳奏本章,例有副本投遞,通政司衙門又有揭帖知會關涉之各部院。往往緊要之事,未達朕前,而先已傳播於衆口。又如内外咨呈文書往來,該衙門尤易疎忽,以致匪類探聽,多生弊端。間有緝拿之犯,聞風遠颺,遂至漏網。此皆不慎之故,貽誤匪輕。嗣後,一切本章以及咨呈文書,除平常通行事件外,其有關涉緊要之案與緝拿人犯之處,内外各衙門應密封投遞,各該堂官應謹慎辦理以防露洩。倘有疎忽,將來事發之日,究問根由,必將露洩之人及該管官員從重治罪。其稽查之處,交與科道官員。倘有疎忽露洩之事,科道不行查出,亦一併加以處分。其如何詳悉定例之處,著大學士九卿會議具奏。遵旨議定:嗣後,除平常通行事件照舊承辦外,凡關涉緊要之事,督撫、提鎮陳奏本章,將副本揭帖封固投遞,封面用“密封”字樣。通政司收到密封副本,堂官親自開拆,另存檔案,仍封固收貯。各部院收到密封揭帖,務須該堂官親拆,面交該司官。該司官接受,密行收貯,謹慎辦理。其督撫、提鎮移咨各部院,有緊要事件及緝拿人犯之案,亦密封投遞。各部院堂官親拆、面交該司官承辦。在京各部院,有此等緊要事件文移咨呈,亦必密封投遞。其咨照各省督撫、提鎮文書,亦必密封遞發。該督撫、提鎮親拆收貯。其各省自督撫、提鎮以至州縣來往公文,亦將緊要事件密封投遞。本官親拆收貯,不得令吏胥經手。倘有未經上達,先已傳播及緝拿之犯聞風遠颺等事,查究根由,分别議處。如將應密之事並不密封以致露洩者,將封發官查參。如收受承辦衙門收到密封事件,不行謹慎以致露洩者,將收受承辦官查參。事理重者,照紅本不謹慎收存例,降一級留任;事理輕者,照不應輕律,罰俸九個月。如收貯之

① 《周易·繫辭上》。

處及投遞之前,提塘及衙役人等,將密封事件私開竊視以致露洩者,查出,照私開官文書印封看視律,杖六十。事重者,以漏洩論。爲首,杖一百、徒三年;從,減等律治罪。此等事件交與科道官員稽查,如不行查出糾參,别經發覺者,將該管科道官員一併交與該部,照奉旨事情未到部之先即行抄傳報知例,罰俸六個月。〇又議准:如有報房與各該衙門書辦彼此勾通,本章一到即便抄寫刊刻圖利者,將買抄之報房、賣抄之書吏,亦俱照洩露密封事件例,杖六十。干重事者,爲首,杖一百、徒三年;從,減等治罪。其揑造訛言刊刻者,照洩露密封重事例加一等,杖一百、流二千里。若有招摇詐騙情弊,應照指稱各衙門打點使用名色、誆騙財物、計贜犯該徒罪以上、不分首從俱發邊衛充軍律,應發邊衛充軍。該管官失於覺察,該管科道不行查出糾參,俱照洩露密封事件例,分别議處。至於衙門書吏,如有舞文作弊者,應照平人加一等治罪。其紅本科抄,遍傳天下,應令承辦官詳悉校對,敬謹奉行。如有增減錯漏,係何衙門所奉諭旨,將承辦校對之員,照錯誤本章例議處。

凡遺漏行咨,康熙九年題准:官員將革職緣由遺忘,未咨該部者,罰俸兩個月。〇六十年議准:官員有降罰承追等案,一經奉旨,考功司即行文知照文選司,於補官日,將參罰帶於新任。如有遺漏不行知照者,將司官交都察院議處,書吏送刑部治罪。

凡本章失印,康熙九年議准:官員於本章年月上未用印信者,罰俸一個月。

凡印信模糊,康熙九年題准:印信年久字畫不清,理應詳請更换。如不行申請,以致本章咨文用印模糊,由部查出者,本官罰俸六個月。如本官已請更换,而督撫不行咨題者,與本官無涉,免議,督撫照此例處分。如印信損壞,或舊印不繳送者,處分同。

凡誤用印信,康熙九年議准:官員應用堂印事件誤用司印,應用司印事件誤用堂印,及署事官與兼轄官錯用印信者,俱罰俸三個月。〇雍正三年議准:本身私事,俱用奏本,不准用印。

凡預給用印白結,康熙十五年議准:罰俸一年。〇雍正元年覆准:堂官降一級、罰俸一年,司官降三級調用。

凡私用印信,雍正元年覆准:各部院衙門堂印,甚屬緊要。凡有行移事件,務須該各司官回明各該堂官,方許用印。數目登記號簿。倘有不行回明本堂用印行文者,事雖無涉於私,將司官嚴加治罪。

凡書辦偷用印信，司官失於覺察者，雍正元年論：革職，不准援赦。

凡私書擅用官印，雍正四年論：各省文武大小官員，嗣後，有以官印用於私書手本者，從重治罪。

凡撫綏無術，康熙七年議准：督撫係封疆大吏，如毫無治理裨益地方，致百姓困苦流離、荒棄田地、徭賦難輸者，革職，從重治罪。〇十四年議准：該管司、道、府官，亦革職。〇雍正元年議准：大臣爲小臣之表率。若屬官虧空錢糧者多，即係上司不能以清慎爲率。盜賊繁多，諸務廢弛，即係上司不能以勤慎爲率。如各省屬員内有虧空多、盗案繁、廢弛甚者，許科道官年底查實題參。將該督撫照才力不及例，降二級調用，加級紀録，不准抵銷。

凡文武官員失損劄付旗牌等項，俱照誥勅例處分。

凡奉旨會推選用，康熙十八年議准：若所選之人貪污者，原舉出之官，從重治罪。

凡進士領文赴考中書，乃不赴部，私回原籍，不呈詳該地方官者，康熙十四年題准：俟補官日，罰俸一年。

凡虚懸城守，康熙六年題准：官員因公出境，將城守倉獄事務交與不應管理之人而去者，罰俸一年。如上司將城守之官盡行傳去，以致城空者，亦罰俸一年。

凡提審開缺，康熙六年題准：督撫糾參貪酷官員，或應革職提問者，或應解任聽勘者，或提解來京者，俱開缺另行銓補。〇九年議准：官員除應革職提問、應解任審問及奉旨提解來京者開缺另補外，其止在本省質審訊問及來京質審訊問者，不開缺。若此省官員發隔省質審訊問者，仍開缺另補。〇十六年題准：官員緣事，或差堂官、或差司官前往審訊，有議革職降級者，本月二十日以前到部，即開缺補授；二十日以後到部，缺歸下月。

凡摘印委署遲延，雍正五年覆准：嗣後，部議降調革職官員，奉旨部文到日，該管上司即委員摘印署理，令其離任。若不即行遣官摘印委署者，將該管上司，照徇庇例，降三級調用。〇又諭：凡外任各官，嗣後，遇有錢糧、刑名事件應行降調革職之員，該督撫題參之日，即行摘印，委員署理。俟該部議覆奉旨定案之日，再行開缺。若有旨寬免，仍准復還原任。永著爲例。

凡失報事故，康熙九年議准：州縣官將候補及初授官病故情節不行轉報，或由部提審對質之官不行報明，經部選給憑後始行補報者，或未報上司，詐稱已報上司者，州縣官罰俸一年。其申報情由舛錯者，罰俸六個月。與上司無涉，免議。如州縣官已報上司，而上司不行申報者，則止罪及上司，罰俸一年。如上司將已報情由不行承認、推諉屬吏者，亦罰俸一年。〇十五年議准：候補初授官病故，若家屬並未具報者，與州縣官無涉，免議。其未經具報接任官，係不知情，亦應免議。

凡失報逃官，康熙九年議准：官員於所屬現任官内，有潛逃不行申報者，罰俸一年。或有員缺不報者，處分同。〇十五年議准：投誠官員棄劄脱逃，地方官不行申報，或申報遲延者，州縣官罰俸六個月，知府、通判等官罰俸三個月。

凡裁缺戀職，康熙九年議准：裁缺官員，别無事故，留戀日久者，革職。該管官不行查逐，降一級留任，督撫罰俸一年。〇十五年議准：裁缺戀職者，本官降一級調用，該管官罰俸一年，督撫罰俸六個月。〇三十九年覆准：督、撫、提督凡有關係錢糧、命盜地方重大事件，并欽部等緊要事件，揭報遲延，俱照定例議處。至於裁缺戀職未經查逐，開復丁憂不行轉報，無關緊要之事，及定例内未經開載，應行比照此例議處罰俸一個月至六個月者，俱停其議處。

凡旗員才力不及題參降級之員，照伊所降之級，隨旗行走。

凡失繳僞劄，康熙九年議准：地方官將投誠劄付、印信繳送遲延，或並未繳送詐稱已繳者，俱罰俸一年。

凡四川紳宦回籍，康熙二十五年題准：四川舉貢、監生會試赴選，本省巡撫咨送。其在别省入學生員，收入川省學册，一例考試，將起程日期并到省月日報部。若限内不行催回原籍者，該督撫將不回籍紳衿并容留之該地方官，指名題參，照例議處。其現任官後離任者，亦應照例令回原籍。〇雍正三年覆准：停止。

凡盛京紳宦回籍，康熙二十五年覆准：入籍奉天中式者，即令於奉天居住。如寄居别省，該府尹察出，即行咨革。奉天籍中式出仕者，後經解任，不回原籍，該府尹查明題參，送刑部從重治罪，仍令押回奉天。如各省地方留住、不行察出，事發，將該地方官及該督撫，一并照例處分。

凡貴州紳宦回籍，康熙五十五年覆准：貴州出仕緣事革職、解任、休致、丁憂官員，不得留住外省。照奉天四川紳宦回籍之例，勒令回籍。其現留外省者，亦照例遵行。如本人遷延不歸，及地方官徇情容留者，均照例處分。

凡留住廢官，舊例，革職解任官員，漢人速令回籍，旗下速令歸旗。仍將起程之日報部，經過州縣沿途交付印結，送至京城。該旗亦將到京緣由，具咨送部。如無故不即回京，或在原任地方，或在他處居住，或起程之後中途逗留者，送刑部從重議處。其府、州、縣官員，留住一人者，降一級調用；二人以上，按數遞降；多至六人者，革職。該管道官，留住一人至五人者，降一級調用；六人至十人者，降二級調用；十一人以上者，革職。該督撫，留住一人至五人者，罰俸一年；六人至十人者，降一級留任；十一人至十五人者，降二級留任；十六人以上者，降三級調用。〇康熙九年議准：該管道官，留住廢官一人至四人者，罰俸一年。廢官在途遲延逗留，該地方官不速催回旗、回籍者，照違限例處分。〇十五年議准：府、州、縣官，留住廢官一人者，罰俸六個月；二人者，罰俸九個月；三人者，罰俸一年；四人者，降一級留任；五人者，降二級調用；六人以上者，降三級調用。該管道官，留住一二人者，罰俸三個月；三四人者，罰俸六個月；五六人者，罰俸九個月；七人以上者，罰俸一年；十人以上者，降一級留任。該督撫，留住一二人者，免議；三人以上者，罰俸三個月；六人以上者，罰俸六個月；十人以上者，罰俸九個月；十五人以上者，罰俸一年。〇十七年議准：凡在外漢軍，降級、革職、緣事、解任、裁缺、候補文武官員，公務已完，妄借事故，不速回旗，或仍居原任地方，或寄居他處，或中途逗留，或本身進京而家口仍留在外者，俱革職，送刑部議處。若已經革職者，送刑部從重治罪。其該管州縣官不嚴查速催，借端遲延，容留一人居住者，降二級調用；二人者，降四級調用；三人以上者，革職。其道官所屬地方，容留一人者，降一級調用；二人以上者，按數遞降；五人以上者，革職。督撫所管地方，容留一二人者，罰俸六個月；三四人者，罰俸一年；五人以上者，降一級留任；十人以上者，降二級留任。同城知府，照州縣例議處。不同城知府，照道官例議處。其該管地方官員，不將廢官起程日期報部者，罰俸一年。〇二十八年覆准：凡經大計題參，與一應不時題參等官，各該督撫已拜疏時，應即離任，遴官署理。至任内錢糧事件，并令查明。以部文到日，應歸旗者，即照限勒令歸旗；應回籍者，即令回籍。〇二十九年奏准：嗣後，應歸旗人員，該管州縣官、武職專汛官、同城知府不速催起程，容留一人者，降一級留任；二人者，降一級調用；三人者，降二級調用；四人者，降三級調用；五人者，降四級調用；六人以上者，革職。道官、不同城知府兼轄武官所屬地方，容留一二人者，罰俸一年；三四人者，降一級留任；五人以上者，降二級調用;十人以上者,降四級調用。總督、巡撫、提督、總兵官所屬地方,容留一二人者,罰俸三個月;三四人者,罰俸六個月;五人以上者,罰俸一年;十人以上者,降一級留任。凡此等應歸旗官員,勒令五個月内歸旗。如不速行起程,逾限一月以上,或中途逗留,或寄居他處,或本身進京而留家口在外者,俱照定例革職,交與刑部治罪。已經革職者,交與刑部從重治罪。若於原任地方起程逾限不及一月,或實係患病及有不得已情由不能起程,或已起程而中途患病情實者,令取具地方官印結報部,俱行免議。如無故妄借事端,謊取印結,而地方官不行申報,給與印結,後被督、撫、提、鎮查參,或被旁人出首,該旗員照例處分,出印結官,照處分容留地方官例議處。〇又議准:嗣後,内外文武革職、解任、休致等官,俱照旗員歸旗例,勒限五個月起程回籍。如在居官地方或别處居住,或中途逗留逾限者,俱照旗員逾限例處分。其容留地方文武各官,亦照容留旗員例議處。其京官革職、休致、解任,該部知照各原籍督撫,仍移咨都察院,轉交五城官員嚴催起程,將起程日期報部。外官,行令該省督撫,一面將起程日期報部,一面知會原籍督撫,令以回籍之日報部。〇三十年議准:除革職提問官員,照例勒限驅逐回籍外,其餘解任、休致、丁憂等官,免其驅逐,聽其自便。〇又覆准:除休致、病故并革職旗員照舊例沿途取結催送外,其丁憂、降調、裁缺、候補等員,免其沿途取結催送,止給定限咨文,速行歸旗,仍將起程日期報部。如不速回,遲延違限,將該員并容留地方官,仍照定例處分。〇三十六年題准:革職提問、應回籍各官,其原任地方,與原籍接省者,限兩個月;隔一省者,限三個月;隔二省者,限四個月;隔三省者,限五個月,速行回籍。令該督撫於報明起程日期文内,將所隔省分一并註明,咨部查核。倘有起程逾限不及一月,或實係患病及有不得已阻滯情由,或已經起程而中途患病難行者,許於限内取具該地方官印結申報督撫。該督撫查明咨部,以憑免議。若無故違限者,照旗員例處分。其中途容留之地方官,亦照例議處。〇五十六年覆准:黔省廢官,其本人病故,子孫無力回籍,居住外省年久者,聽其自便。〇又覆准:嗣後,應歸旗人員,定限五個月内,該管各官親看起程,分别程途遠近定限。大路有驛站者,每日令行一站。僻路無驛站者,每日行五十里。自伊本任地方,照站數、里數按日計算,扣定到京期限,即將起程到京日期咨明該部、該旗,以憑稽查。如有無故遲延,或中途逗留,或在他處寄居,或本身進京而令家口在外停頓者,即令該地方官詳報,督撫查明題參,照例革職,交送刑部治罪。已革職者,交與刑部從重治罪。該地方官容留不報,督撫不參,經該部、該旗查出,或被科道糾參,該地方官并督撫俱照定例議處。若該員已經起程,該管官不將日期申報,或已報而督撫不行咨明,以致逗留生事者,一經發覺,亦照容留例議處。〇雍正四年議准:革職漢官離任者,外官交代完日,照舊限即令起程,京官限一個月内起程。該督撫、五城司坊官,即將起程日期報部,并知會原籍地方官。仍照旗員歸旗例,依各省遠近程途定限。自伊本任地,照站數、里數按日計算,扣定日期回籍。到籍之日,該督撫即將到籍日期報部查核。倘違限不即起程及逗留中途并回籍遲延,違限一月以上者,都察院並該督撫題參。照議處旗員例,交與刑部分别治罪。如該管文武各官,或不於限内催令起程,或他省官員,聽革職人員遨遊境内,或潛住京城,五城司坊官、專汛武官不查出驅逐,均照容留旗員例,容留一人居住者,降二級調用;二人者,降四級調用;三人以上者,革職。道官及兼轄武官,在伊等所轄地方,容留一人居住者,降一級調用;二人者,降二級調用;三人者,降三級調用;四人者,降四級調用;五人以上者,革職。督撫、提鎮所管地方,容留一二人居住者,罰俸六個月;三四人者,罰俸一年;五人以上者,降一級留任;十人以上者,降二級留任。同城知府,照州縣例議處。不同城知府,照道官例議處。司坊官、巡捕營、專汛武官,照地方文武官、同城知府例議處。巡捕營、兼轄官,亦照兼轄官例議處。巡城御史、九門提督,照督撫、提鎮例議處。其革職、解任廢官,或有冤抑,赴都察院具呈申理者,具呈本地方官轉詳督撫,給咨來京。事竣之日,都察院轉行五城司坊官,發回原籍,仍知會原籍地方官。如敢借端留滯,亦照例議處。五城司坊官徇情容留者,亦照例議處。〇又議准:回旗人員,除原無水路地方及力能從陸回京者,聽其從陸,其有水路之處及願從水路者,應聽從水路。當即呈内開明,照原定限期計算到京。倘無故逗留,至違定限,照例議處治罪。其起程時,地方官不親看報明督撫,及督撫不行咨報該部、該旗,并沿途地方官不捱程催逐者,俱照容留旗員例議處。

凡行取官員違限,康熙十五年議准:行取官員,以部咨到日,限兩個月内,該督撫即委官交代清楚離任。如有未完錢糧、盜案事件,該督撫即於限内題參,照案議處,不准考選。其餘各項事件不行交代明白即行離任者,降二級調用。至到部限期,照地方遠近定限。違限三個月以上者,不准考選;違限五個月以上者,照赴任違限例處分。該督、撫、司、道官,照陞員督催不力例處分。

凡行查職名,康熙九年議准:官員奉上司行查職名遲延者,罰俸一年。轉催官員,罰俸六個月。

凡奉差不復任,康熙十五年議准:官員奉差事竣,復任遲延者,照赴任違限例處分。

凡推諉事件,康熙九年議准:官員將遲延事件推諉他人者,除照遲延例計日處分外,再罰俸一年。〇十八年議准:大小官員,在衙門不待事畢、推諉滿官、早歸遲進、宴會嬉遊者,或料理公務瞻徇遲延、不行即結者,司屬,聽堂官題參,堂官,聽科道題參,俱革職。

凡官員將應結之事駁查者,康熙十八年議准:司官罰俸六個月,堂官罰俸三個月。〇雍正元年諭:嗣後,部内應駁事件,督撫仍行固執原題具奏,部内即將督撫一并議處。如不應駁事件,而部内故求疵隙題駁者,該督撫將不應駁情由奏聞。〇又題准:承審命盜及欽部事件,以人犯到案之日起限,盜案限一年,命案限六個月,欽部事件限四個月。如逾限不結,該督撫將易結不結情由詳查註明題參,照例議處。至承審官内有陞降調革及因公他往委員接審者,准其於本限内,展限一個月,即於原限内完結,不許又另作初限。如有借端巧爲,生法掩飾,不行速結者,令各該督撫題參,嚴加議處。各該上司徇庇不行題參及下屬已經解審,混行駁查,以致承審官違限,並知屬官例限將滿,借端故爲派委,希圖展限者,一并從重議處。各該督撫參遲延時,并將何月日解審、駁查次數聲明,以便部内查核。

凡督撫合詞具題,康熙九年題准:督撫將會議事件並未會同議定畫題遽稱合詞題覆者,罰俸六個月。〇十五年議准:總督合詞具題之事,未經詳查即行列名之巡撫,亦罰俸六個月。〇二十三年議准:督撫會題之事,如有不合,分别議處。承行具題官革職者,列名具題官降四級調用。承行官降級調用者,列名官降一級留任。承行官降級留任者,列名官罰俸一年。承行官罰俸一年者,列名官罰俸六個月。承行官罰俸六個月者,列名官罰俸三個月。承行官罰俸三個月者,列名官免議。〇雍正三年議准:凡地方大事及大計、軍政等應會稿者,督撫公同商訂。其餘平常本章及薦劾人員,俱令各自陳請。參劾官員由司道府揭者,疏内載入。如司道府徇私曲庇,疏内一并題參。司道府或到任未久,或遠委公出,則督撫獨參,不必定列司道等官銜,仍將司道等不行列銜緣由,於本内聲明具奏。

凡含糊具題,康熙九年題准:督撫將奉旨駁察事件含糊題覆者,降一級留任。〇雍正三年議准:凡督撫糾參屬員,必將應參之事備細臚列。或無欵可列，必將所參情由剖晰是非、據實指出具奏。如有不據實情，含糊具題者，該督撫并所參之員，一并交部，照例分别議處。

凡擅行裁汰，康熙六年題准：督撫將所屬冗員未經題請即行裁汰者，罰俸一年。

凡濫行調補，康熙三十九年議准：雲南元江、開化、廣南、廣西四府所屬官員，如該督撫濫將劣員調補，照以劣員保舉賢能例議處。

凡本旗都統等官勒索外任旗員，雍正元年諭："旗員爲外吏者，每受該旗都統、參領等官所制。自司道以至州縣，於將選之時，必勒索重賄，方肯出結咨部。及得缺後，即遣人往其任所，或稱平日受恩，責令酬報，或稱家有昏喪等事，緩急求助，或以舊日私事要挾，或五旗本王府不體下情，分外勒取，或縱本府大員肆意貪求，種種應酬不可枚舉，以致該員竭蹷饋送，不能潔己自好。凡虧空公帑、敗壞身名者，多由於此。嗣後，如有仍蹈前轍、恣意需索等弊，許本官據實封章，密詳督撫轉奏，督撫即據詳密奏。倘督撫瞻顧容隱，即許本官封章揭都察院轉爲密奏。倘不爲奏聞，即各御史亦得據揭密奏，務期通達下情以除積弊。外任旗員勿得隱忍畏懼，朕不治以犯上舉首之罪。"

凡笞辱屬官，康熙九年議准：上司將所屬佐貳等官，如有事故，不行題參，任意笞辱者，罰俸一年。如笞辱知縣以上官員者，降二級調用。

凡陞調官員罰俸，雍正三年議准：凡奉特旨陞調官員，原任内承督未完事件，應照離任官員例罰俸一年者，除降級、革職等案俱照例罰俸一年外，如遇有應罰俸三個月、六個月、九個月者，照依原任内處分議結。至督撫保題陞轉之員，仍照舊例處分。

凡官員不行迴避本省，或明知迴避，不行申説赴任者，降一級調用。

凡留用貪官，康熙十一年議准：官員將永不叙用之人私委官職者，革職。

凡濫行出結，康熙三十九年題准：地方官代頂冒人員出結者，革職。

凡捕蝗，康熙四十八年覆准：州、縣、衛、所官員，遇蝗蝻生發，不親身力行撲滅，降三級留任；不行撲捕，又不申報上司者，革職。該管道府不速催撲捕者，降二級留任。布政司不行查訪催捕者，降一級留任。督撫不行查訪飭催者，罰俸一年。該管地方蝗蝻生發，道府不詳報上司，降二級調用。布政司不詳報上司，降一級調用。布政司詳報，督撫不行題參，被科道官糾參，將督撫降一級調用。〇又題准：地方有蝗蝻生發，協捕官不實力協捕,以致養成羽翼,爲害禾稼者,將所委協捕各官罰俸一年。該州縣地方或生有蝗蝻,不實力巡查撲滅,藉口鄰境飛來,希圖卸罪者,該撫查明題參,從重治罪。

凡餽送囑託,康熙九年議准:官員因事夤緣,私行餽送,發覺之日,與者、受者,俱革職提問。如餽送之時,不即行出首,後經發覺,雖所餽之禮未受,亦罰俸一年。○十五年議准:官員將上司衙役索詐情弊徇隱不報者,革職。○十七年覆准:府、州、縣各官,若無公事,私謁上司,並赴省慶壽、夤緣通賄、餽送銀兩等物行賀者,俱照前例處分。○又議准:督撫差内使人役,以訪事爲名,遍歷州縣,及上司自開便門,令所屬官役人等出入傳事者,亦俱革職。○十八年議准:督、撫、司、道官員赴任時,謁見在京大臣各官,或自任所遣人餽問者,俱革職。其大臣各官不行首告者,一體處分。至督撫司道官員家人、子弟、提塘、人役等,往來大臣各官家,其主知者,革職,將家人寬免;其主不知者,降二級,將兩家家人俱行正法。提塘,有職者革職,無職者照家人例治罪。其在京大臣各官,往拜督、撫、司、道等官,餽送裘馬等物、幕賓僕從人等、應酬餞送等項者,俱革職。其督、撫、司、道等官,不行首告者,亦一體處分。至親往來,免議。其在外各官,濫徵苛派,餽送大臣官員,不分與者、受者,俱革職提問。○十九年議准:州縣官借送出差官員下程科斂百姓者,照貪官例治罪。其督、撫、司、道、府、廳等官,俱照失察貪官例治罪。○三十六年覆准:凡官員並非公事,無故赴省,到任參謁、新正賀年、生日慶壽,有犯干謁之禁者,嚴加治罪。○三十七年覆准:上司官員,借訪事爲名,令家人衙役迭出,勒取州縣饋遺進奉者,許州縣官員揭報,督撫指名題參。如督撫徇庇不行題參,令科道官員訪實,指名題參。該員亦許開具實迹實封,竟達通政司衙門奏聞,將該督撫從重治罪。○四十年覆准:凡直省有不肖官員,或私派私斂,并督、撫、司、道,有非公事擅調屬員,府、州、縣官員,無故赴省私自參謁,餽送生辰節禮等弊,發覺之日,照例嚴加議處。○雍正三年覆准:嗣後,内外官員人等,如有投拜師生者,將投拜及受投拜之員,一并嚴加治罪。至鄉會科場,取中舉人、進士陞受外職者,嗣後,如有親行探望,差人索取等弊,或經本官舉出,或被科道題參,從重治罪。○四年論:官員因事囑託,事發者,革職。

凡書辦私宅往來,康熙二十八年議准:嗣後,司官容書辦私宅往來者,或經堂官察出,或被科道糾參,將官吏一併治罪。

凡招摇挾制,康熙九年議准:官員任所,如有親戚朋友,聽其招摇詐騙者，本官革職。〇十七年議准：官員將遊客、星卜及優伶人等，轉送府、州、縣并貽書薦引者，俱照前例處分。〇十八年議准：科道各官條奏，如隱附私情、希圖作弊、互相囑托、肆行妄爲、外播威勢、挾制恐嚇督撫等官者，發覺之日，俱革職提問。至大臣、科道各官子弟，挾制地方官員，經督撫題參有據者，照律處分。在京父兄不行約束，俱革職。若果挾制有據而督撫不行題參者，亦革職。〇二十五年覆准：科道官有希圖利己、允受囑託、妄行引奏及交結朋黨、作奸誣陷者，事發革職，送刑部治罪。其告假、丁憂、終養之科道官，有包攬錢糧、干預詞訟、侵害小民及徧遊各省、晉謁督撫、挾詐有據者，令該地方官申報督撫題參，本官革職，交刑部治罪。如該地方官及督撫隱匿徇庇，不行揭報題參者，一并從重議處。

凡宴會遊戲，康熙二十一年議准：在外官員，居住各城，如偷安宴遊，以致事務叢積，至夜辦理者，革職。〇雍正二年諭："外官畜養優伶，殊非好事，朕深知其弊。非倚杖勢力，擾害平民，則送與屬員鄉紳，多方討賞，甚至借此交往，夤緣生事。二三十人，一年所費，不止數千金。府道以上有司官員，事務繁多，日日皆當辦理，何暇及此？家有優伶，即非好官。直省府、道以上至督、撫、提、鎮，若家有優伶者，着該督撫訪查，指名密摺奏聞。雖養一二人，亦斷不可徇隱，亦必即行奏聞。其有先曾畜養，聞此諭旨不敢存留，即行驅逐者，免其具奏。既奉旨之後，督撫不細心訪察，所屬府道以上官員，以及提鎮家中尚有私自畜養者，或因事發覺，或被揭參，定將本省督撫照徇隱不察之例，從重議處。"

凡上司向屬吏借貸者，康熙十九年議准：照貪官例治罪。

凡攜帶家口，康熙四十一年覆准：外任官員，除妻子兄弟外，漢督撫，止許帶家人五十人；藩臬，止許帶家人四十人；道府，止許帶家人三十人；同知、通判、州縣，止許帶家人二十人；州同、縣丞以下官員，止許帶家人十人。其所帶婦女亦不得過此數。漢督撫有管兵之責，如有多帶者，令其自行題請。旗員有邊疆差遣之事，非民官可比，督撫所帶家口，不許過五百；司、道、府以下等官所帶家口，照漢官加一倍。如有違定數之外者，降一級調用。

凡擅給牌文，康熙六年題准：職官違例擅寫牌文給與族人者，革職。

凡京官掣籤不到，康熙五十九年議准：嗣後，京官赴補，務於前月初一日親身投供驗到，方准掣籤。如未經投供驗到者，不准銓補。其已經驗到，臨期無故掣籤不到者，照外官例處分。

凡察對册籍，定例，官員紀録，未行詳查、遺漏抵銷者，司官罰俸兩個月。未經查出之堂官，各罰俸一個月。康熙十八年諭：察對册籍，係司官職掌。以後此等事情，堂官不必議處。

凡規避軍興，康熙五十九年諭：西邊正值軍務之時，地方不肖官員，規避以圖脱離彼處，從輕議處回籍，又復捐納，希得美缺，不可不懲。以後，俱着革職，亦不許其捐復。○六十年議准：陝西用兵之際，地方官員，道員以下，知縣以上，有以年老患病告退者，該督撫驗明。實係老病不能辦事行走者，該督撫保題到日，准其離任回籍。如任内有經手錢糧未完，俟錢糧清完之日，再令回籍。回籍之後，不許再行捐復起用。如有因事繁難規避告退者，該督撫題參到日，照例革職。俟陝西用兵完日，仍照舊例遵行。

凡佐貳官擅准詞狀，康熙十五年議准：佐貳官員，奉正印官批行事件，方許審理。若擅准詞狀者，降一級調用。如正印官不行查報，事發，正印官罰俸一年。○四十五年議准：五城副指揮、吏目，係佐貳官，非奉御史批發、正印官移行，擅行准理民詞，該城御史糾參，照例嚴加議處。詳見《都察院》。

凡案件假手書吏，雍正四年覆准：司、道、知府批詳看轉，皆由書吏定稿，以致高下其手。應通行督撫，嚴飭司道府衙門，一切案件斷不可假手書吏。如仍蹈故習，吏則，有贓者，照枉法受財律，計贓科罪；無贓者，依不應重律，杖八十，革役。官，照溺職例，革職。如督撫不行題參，照不參劣員例，降三級調用。

凡審處錯誤，康熙十四年議准：官員將良民斷爲逃人者，罰俸一年。奴僕錯斷爲主，并另户之主斷作奴僕者，或將應革職、降級之人不議降革者，俱罰俸一年。若將應承受家産之人不與承受，不應承受家産之人誤准承受者，或將不應革職、降級之人錯議降革者，俱罰俸半年。若將未經革職之員即擬杖罪折贖等事，並未敘其有功與抵銷紀録者，俱罰俸兩個月。○雍正五年議准：嗣後，承審命案、盜案各官，如有誤定重罪、草菅人命，被接任官審出實情者，將審出實情官加一級。永爲定例。

大清會典卷之十九

吏部驗封清吏司

郎中、員外郎、主事，掌百官之封爵。誥勅、贈廕、叙功、置吏之事，真人、土司承襲，咸綜理之。

〔**功臣世職**〕

國初，功臣封爵，於公、侯、伯之外，又有精奇尼哈番、阿思哈尼哈番、阿達哈哈番、拜他喇布勒哈番、拖沙喇哈番。各因功績大小而差等分焉。

凡應世襲者，由本旗都統查酌親近宗支，取申印結咨部，具題承襲。其誥勅，轉送内閣，添寫給與。或有本支中斷，宗族争襲者，事隸勳司，兹不録。

世職等級

一等公　二等公　三等公

一等侯　二等侯　三等侯

一等伯　二等伯　三等伯

正一品

一等精奇尼哈番　二等精奇尼哈番

三等精奇尼哈番

正二品

一等阿思哈尼哈番　二等阿思哈尼哈番

三等阿思哈尼哈番

正三品

一等阿達哈哈番　二等阿達哈哈番

三等阿達哈哈番

正四品

拜他喇布勒哈番

正五品

拖沙喇哈番

凡滿洲、蒙古、漢軍官員襲職,天聰五年諭:他國貝子,當太平無事、舉國來歸者,或陣亡,或病故,子孫准與世襲罔替;危急來歸者,陣亡准襲五次,病故准襲三次。若每戰身先有功及一二次首先攻克城池者,或陣亡,或病故,各照原官世襲罔替,仍察其舊日有無罪過,另行酌奪。有出首叛逆大罪者,量授官職,准襲六次。又,自他國太平無事、有孑身來歸者,陣亡准襲四次,病故准襲二次;有臨難危急而孑身來歸者,陣亡准襲二次,病故准襲一次。至於無職之人,或首先登城,或當先戰死者,准給官爵,襲二次;拿獲奸細授職者,陣亡准襲一次,病故不准。○十年定:世職官員,准襲次數有越十五次以上者,世襲罔替。○順治八年題准:官員今遇恩詔,其原有襲次者,俱准世襲罔替,給與誥命。其原無襲次官員,今恩詔中准授拜他喇布勒哈番者,亦給與敕書,陣亡者承襲,病故者不准。其効力軍前所得拖沙喇哈番,准承襲一次。○九年諭:已得誥命之人,後又得官職者,准其添給。其襲次有過十次以上者,即准世襲。○十八年題准:一等精奇尼哈番襲十四次,二等襲十三次,三等襲十二次。一等阿思哈尼哈番襲十次,二等襲九次,三等襲八次。一等阿達哈哈番襲六次,二等襲五次,三等襲四次。拜他喇布勒哈番襲二次。拖沙喇哈番襲一次。○康熙九年題准:初授世職,准襲次數越十五次者,世襲罔替,給與誥命。○十七年覆准:各姓新滿洲,累世輸誠進貢,復自本土遷於寧古塔烏喇地方,與舊滿洲官兵一體効力者,分別率衆遷移先後,給與世職。○三十四年議奏:參贊大臣一等公陣亡,應照例給與拜他喇布勒哈番,又一拖沙喇哈番。但係一等公,不便加與官職,將給賞之處請旨。奉旨:照例給與拜他喇布勒哈番,又一拖沙喇哈番,令伊子承襲。著爲例。○四十年覆准:三次恩詔所加拖沙喇哈番,遇承襲時,銷去。

〔軍功授官〕

國家戡定四方,凡効力行間者,由兵部議定功牌,分別等第,移送吏部,題請授官。

凡戰功議叙,國初,各因功績,酌量授官。康熙九年題准:都統、護軍統領、前鋒統領、副都統及委署護軍統領、前鋒統領、副都統,有頭等功牌兩個,二三四五等功牌各一個;營總、參領、閑散官、前鋒侍衛及委署、營總、參領、閑散官、前鋒侍衛,有頭等功牌三個,二三四五等功牌各一個;前鋒校、護軍校、驍騎校,有頭等功牌四個,二三四五等功牌各一個;委署前鋒校、護軍校、委署驍騎校,有頭等功牌五個,二三四五等功牌各一個,俱授拖沙喇哈番。如不足者,註册。兵主及參贊大臣,照都統護軍統領等優叙。

凡攻城議叙,國初,酌量授官。順治元年題准:頭等城池,第一登城者,授一等參領;第二登城者,授二等參領;第三登城者,授三等參領;第四登城者,授爲佐領又一分管佐領;第五登城者,授爲佐領;第六登城者,授分管佐領。其都統及領梯攻戰官員,俱授爲佐領。指路及射箭官員,授分管佐領。二等城池,第一登城者,授三等參領;第二登城者,授爲佐領又一分管佐領;第三登城者,授爲佐領;第四登城者,授分管佐領。其領梯攻戰官員,與第三登城者同。指路官員,與第四登城者同。三等城池,第一登城者,授爲佐領又一分管佐領;第二登城者,授爲佐領;第三登城者,授分管佐領。其領梯攻戰官員,與第三登城者同。指路官員,克兩城者,授分管佐領;克一城者,註册。四等城池,第一登城者,授爲佐領。第二登城者,授分管佐領。其領梯攻戰官員,與第二登城者同。指路官員,克兩城者,授分管佐領;克一城者,註册。五等城池,第一無梯登城者,授分管佐領。率領攻戰官員,克兩城者,亦授分管佐領;克一城者,註册。〇十三年議准:應授參領者,改爲阿達哈哈番。應授佐領者,改爲拜他喇布勒哈番。應授分管佐領者,改爲拖沙喇哈番。

凡刨塌城池,順治元年題准:第一超越之人,授分管佐領。十三年,改授拖沙喇哈番。〇康熙九年題准:管領官員,授拜他喇布勒哈番。

凡登城死者,順治元年題准:不論城池大小,授爲佐領。〇十三年,改授拜他喇布勒哈番。

凡遇敵水戰,順治十四年題准:登跳頭等船,爲首者,授拜他喇布勒哈番;其次者,授拖沙喇哈番;第三第四第五者,註册。登跳二等船,爲首者,授拖沙喇哈番;第二第三第四者,註册。登跳三等船,第一第二第三者,俱註册。俟後得功,積至三個頭等者,准授官職。如追退空船、小船及敗走之船者,不在此例。其委在船頭目、率領攻戰官員,各照所跳船隻,與第二人同。其餘官員及前鋒校、護軍校、驍騎校,與第三人同。

凡陣亡,舊例,有授阿達哈哈番者,有授拜他喇布勒哈番兼拖沙喇哈番者,有授拜他喇布勒哈番者,有授拖沙喇哈番者。康熙九年題准:兵主、參贊大臣,授拜他喇布勒哈番兼拖沙喇哈番。護軍統領、委署護軍統領、副都統、委署副都統,授拜他喇布勒哈番。營總、參領以下,前鋒校、護軍校、驍騎校及有頂帶官員以上,授拖沙喇哈番。委署前鋒校、護軍校、驍騎校,不准給官職。

凡漢軍用紅衣炮克取城池者,順治元年題准:都統、副都統、參領佐領,克三城以上者,陞其官;克二城以下者,註册。委署參領,克五城以上者,陞其官;克四城以下者,註册。○四年題准:都統、副都統、委署副都統克取三城,營總、參領、委署參領、佐領、閑散官、委署官克取四城,驍騎校克取五城,委署驍騎校克取六城,俱授拖沙喇哈番。其都統、副都統以下,委署驍騎校以上,有戰功頭等牌一,抵作克城池牌一。都統、副都統、委署副都統,有城池牌二、戰功頭等牌一,或城池牌一、戰功頭等牌二;營總以下,委署官以上,有城池牌二、戰功頭等牌二,或城池牌一、戰功頭等牌三,或戰功頭等牌一、城池牌三,俱授拖沙喇哈番。又,驍騎校、委署驍騎校,城池功、戰功頭等牌合叙,亦照官員例議叙。

凡功牌合算,舊例,額外多一頭等功牌。無二三四五等功牌者,准其相抵。若無頭等功牌,亦准將下等功牌折算。康熙三年諭:凡多一頭等功牌者,准作二等三等功牌。多一二等功牌者,准作三等四等功牌。多一三等功牌者,准作四等五等功牌。多一四等功牌者,准作五等功牌。至下等功牌,不得折算上等。

凡披甲奴僕得功,康熙十三年題准:與披甲人一體議叙。應給官職者,照登城例,准其出户。

〔明代後裔〕

凡明代後裔,襲封一等侯。雍正二年諭:朕近於聖祖仁皇帝所貽書笥中,檢得未經頒發上諭一道。"以明太祖崛起布衣,統一方夏,經文緯武,爲漢、唐、宋諸君之所未及。其後嗣亦未有如前代荒淫暴虐亡國之迹。欲大廓成例,訪其支派一人,量授官職,以奉春秋陳薦,仍世襲之。"朕伏讀之下,仰見我聖祖仁皇帝海涵天覆,大度深仁,遠邁百王,超軼萬古。朕思史紀東樓,詩歌白馬,商周以來,無不推恩前代。後世類多疑忌,以致歷代之君,宗祀殄絶。朕仰體聖祖如天之心,遠法隆古盛德之事,謹將聖祖所貽上諭頒發。爾等訪求明太祖支派子姓一人,量授職銜,俾之承襲,以奉春秋祭享。但恐有明迄今,年代久遠,或有奸徒假冒,致生事端。爾内閣大學士，即會同廷臣詳明妥議，以副聖祖仁皇帝寬仁矜恤之至意。遵旨確查，明代後嗣鑲白旗漢軍知府朱之璉等六人引見。奉旨：朱之璉着爲一等侯世襲。其族内人丁，准入正白旗。

〔正一嗣教〕

凡正一嗣教大真人襲封，順治六年定：由禮部具題，吏部覆議，准其承襲。

〔官員封贈廕叙〕

〔封贈〕追奪及處分附。

覃恩及三年考滿，例給封贈。一品至五品，皆授以誥命。六品至九品，皆授以勅命。滿洲、蒙古、漢軍武職，舊隸封司。康熙三年，改屬兵部，惟文職隸此。四年，罷考滿，止遇覃恩封贈。其軸制、等級、予奪諸例，今備載之。

封贈職級

正一品特進光禄大夫順治九年，去“特進”字。

從一品光禄大夫　　正二品資政大夫

從二品通奉大夫　　正三品通議大夫

從三品中大夫　　正四品中憲大夫

從四品朝議大夫　　正五品奉政大夫

從五品奉直大夫　　正六品承德郎

從六品儒林郎吏員出身者，漢文稱宣德郎。

正七品文林郎吏員出身者，漢文稱宣議郎。

從七品徵仕郎　　正八品修職郎

從八品修職佐郎　　正九品登仕郎

從九品登仕佐郎

正從一品曾祖母祖母母妻各封贈一品夫人

正從二品祖母母妻各封贈夫人

正從三品祖母母妻各封贈淑人

正從四品母妻各封贈恭人

正從五品母妻各封贈宜人

正從六品母妻各封贈安人

正從七品母妻各封贈孺人

正從八品母封八品孺人

正從九品母封九品孺人

順治五年定:一品,封贈三代。二品三品,封贈二代。四品至七品,封贈一代。其曾祖父、祖父、父,俱如子孫官。八九品,封本身而止。〇雍正三年議准:教授照知縣例,學正、教諭照縣丞例,訓導照主簿例,給與封典。學正、教諭、訓導,止封父母,不封本身。

凡加贈,順治九年題准:内外滿漢三品以上等官,查三年任滿勤事死者,俱准加贈。〇十四年題准:大臣陞職未任者,不准加贈。〇十七年諭:大臣應加贈者,令候旨行,不必題請。〇十八年題准:大臣病故,應加贈者,仍行題請。〇康熙三年題准:滿漢三品以上等官病故,停其加贈。奉特旨者,不在此例。

凡推封,父見任者,不封。致仕及已故者,許給。有願棄職就封者,聽。

凡嫡母在,所生母不得並封。庶出之子,謂其母曰所生母。嫡母亡,得請封。若嫡母已受封,所生母先亡者,准追贈。若所生母未封者,不得請封其妻。

凡兩子當封,從其品大者。婦人因子封贈,而夫與子兩有官,亦從其品大者。

凡應封妻者,止封正妻一人。如正妻未封已殁,繼室當封者,正妻亦准追贈。其繼室,止封一人。

凡封贈母,止封贈嫡母一人,生母一人。繼妻所生子,謂其母曰生母。繼、嫡母,不得概封。〇雍正三年議准:應封贈母者,嫡母、生母、繼母,俱准給與封贈。

凡封贈母而父官高於子者,如係嫡母,從父官;所生母,從子官。

凡命婦因子孫封者,並加"太"字。若已故,或曾祖、祖父、父在,不加。

凡父職高於子者,舊例,依原職進一階。康熙五年題准:照父原品封贈。職卑者,從子官封贈。

凡武職之子,見任文職,封父母,照文官例。父職高於子者,依原職封贈,移咨兵部,給與武職誥勑。職卑者,從子官封贈。

凡八九品官封母,康熙二十九年議准:内外八九品官員,有捐納榮親封典者,不封妻室,即授其母爲八九品孺人。〇雍正三年議准:八品以下各官,准其封父母,不封本身妻室。

凡宗室女,順治九年題准:經禮部題賜名爵者,不封。其公、侯、伯以下宗室女，俱照其夫及子官職，給與封贈。

凡奏請移封，内外官員，已封贈過繼祖父母、過繼父母，乞將本身及妻應得誥勅移封本生祖父母、父母者，奏請准封。八九品，止封本身。願移封父者，同。〇雍正三年議准：四品以下應封父母及本身妻室之文官，有情願以本身妻室封典移封祖父母者，准其移封。

凡贈外祖父母，康熙四十七年議准：嗣後，有歷官至三品應封及祖父母之員，如有外祖父母自襁褓撫養，而外祖父母歿後無子嗣者，俱准照伊官階捐贈。

凡軸制，一品四軸，二品三品三軸，四品至七品二軸，八九品一軸。一品官用玉軸，二品官用犀軸，三品四品官用抹金軸，五品以下用角軸。

凡給授，和碩額駙、多羅額駙等誥命，由禮部具題，呈宗人府轉送内閣撰寫、用寶，交吏部給發、存案。〇順治八年恩詔：患病、告假、丁憂、候補各官，照原任職銜，給與封贈。〇十四年題准：京官陞授，在覃恩月日以前者，不分已任、未任，俱准照例給封。〇又題准：滿漢各官職銜，以詔下之日爲定，俱照新加之級，給與封典。遇詔後身故者，仍給與應得封典。〇十六年題准：降調官，非犯貪酷者，仍給與前任封典。〇康熙六年題准：丁憂、告假、患病、候補等官，不在見任者，不准封。〇七年題准：丁憂官員，因錢糧、盜案留任，未補人者，仍題請給封。〇二十七年題准：滿洲官員，陞轉在詔前者，照例不分已未到任，俱准給封贈。漢官，雖在詔前陞轉，詔後到任者，不准封贈。

凡封典不重給，舊例，官員遇覃恩，每任中止封贈一次。〇順治十八年題准：品級不同者，准重封。即品級相同，先雖受封，今陞任、加級，職任、頂帶不同者，亦准改銜封贈。〇康熙二十七年題准：凡内外滿漢大小官員，遇前詔已經封過，後改任者，照改任封贈。陞級者，照陞級新銜封贈。如加級者，前詔已照其見在品級封過，今雖加級，不曾換職任、頂帶，不准重封。

凡補給，各官有應封遺漏者，亦准彙題補給。〇康熙九年題准：官員先緣事革職，後若還職者，仍具題補給。

凡改給，順治十年題准：官員封贈，或誤寫姓氏，或遺亡履歷，有親身檢舉求添改者，吏部揭送内閣撰給。〇康熙元年題准：内外官員，有請改新銜者，揭送内閣改給，不必具題。其初次未領，再遇恩詔者，仍改給新銜。已領者，繳還原軸，亦准改給。

凡停給，各官曾祖父母、祖父母、父母，曾犯十惡、姦、盗、除名等罪，及妻非禮聘正室，或再醮、倡優、婢妾，不許請封。

凡職官曾犯贓私者，不准給封。

凡曾經考察及貪污革職爲民者，不得封贈。因公詿誤者，仍許封贈。順治十一年題准：外官司府首領及州縣佐貳，不准給封。〇十四年題准：外官陞授在詔前，而到任在後者，不准給封。〇十六年題准：各官詔後犯事革職及計察降調者，亦不准給封。

凡追奪，各官封贈後，但犯贓私者，並行追奪。其祖父原有官進階，非因子孫封贈者，不在追奪之例。順治九年議准：滿漢官緣事革職者，所領誥勅追奪。〇康熙十一年題准：凡官員犯贓革職，其祖父誥勅，仍行追奪。若别項革職者，免，止追奪本身封典。〇二十年恩詔：除軍機貪污革職者追奪，若因公詿誤與别項革職者，永免追奪。

凡婦人因夫與子得封者，不許再嫁。違者，所授誥勅追奪，治如律。順治九年題准：旗下職官之妻，已經受封，其夫亡故，願回母家者，許其父母領回，繳還誥勅。

凡領過誥勅，偶因水火盗賊燬失者，准題請重給。〇康熙十四年議准：官員將誥勅質當者，革職。如收貯不慎，致蟲蛀損傷，或潮濕破壞染污等項，俱罰俸六個月。如水火盗賊燬失者，免議。

〔**廕叙**〕殉難贈廕及大臣病故恤典附。

國初典制，官員或考滿，或歷任三年，終於任所，皆推恩官其子孫。今逢恩詔，四品以上，仍得廕叙。其廕生，先送國子監讀書，後授官職。

凡恩廕，順治八年定：各官不論見任及丁憂、給假、候補者，俱照職銜准廕。〇十八年恩詔：滿漢官員，文官，在京四品以上，在外三品以上；武官，在京在外二品以上，各送一子入監。護軍統領、副都統、阿思哈尼哈番、侍郎、學士以上之子，俱爲廕生。其餘各官之子，俱爲監生。〇又題准：官員非見任者，不准廕。内府佐領下官員，不准廕。〇又題准：八旗廕監，未承廕之先，曾經緣事鞭責者，不准廕。〇康熙三年題准：各官廕監生，其父緣事革職，其廕子未仕者，停止；已仕者，免革。其父降調者，不追原封，亦不革廕。〇六年定：各官不論加級及宫保銜，俱照實俸廕子。〇又定：内府佐領下官員子弟，俱准廕。〇十年題准：凡文職盡革，剩有武職者，仍留廕。〇十二年題准：原品解任食俸官員，照品准與廕監。

凡承廕，先廕長子。如長子出仕或故，則廕衆子。如無，則廕長子之子。如無，則廕衆子之子。如無，則廕親伯叔兄弟之子。至於遠房子孫及其子，在詔後生者，俱不准廕。

凡補廕，其子未仕而故，准補一人。患病殘廢者，查驗退廕，另補。已補而又故者，不准再補。〇順治十二年題准：滿洲、漢軍承廕後，其子推授佐領、選得侍衛、科場中式及病故者，許照例補廕。〇康熙三年題准：滿漢各官廕監生，已得官職及科目中式者，不准補廕。〇六年題准：自順治八年至十八年，遇詔各官廕子，俱查明准廕。以後，稱遺忘請廕者，不准。

凡廕叙品級，正一品子，正五品叙。從一品子，從五品叙。正二品子，正六品叙。從二品子，從六品叙。正三品子，正七品叙。從三品子，從七品叙。正四品子，正八品叙。從四品子，從八品叙。正五品子，正九品叙。從五品子，從九品叙。正六品子，於未入流上等職事内叙。從六品子，於未入流中等職事内叙。正七品子，於未入流下等職事内叙。〇雍正元年諭：尚書、侍郎、總督、巡撫，當照伊等職掌，給與廕生。遵旨議定：尚書職掌俱係一品，給與一品官廕生。侍郎、學士職掌俱係二品，給與二品官廕生。總督職掌與尚書同，亦給與一品官廕生。巡撫職掌與侍郎同，亦給與二品官廕生。

凡官員殉難，順治三年題准：俱照本官應陞品級，酌量加贈。委署者，不議恤。〇又題准：同知，贈副使；知州，贈參議；通判、知縣，贈僉事，俱准廕子入監讀書。〇四年題准：巡撫加副都御史銜者，贈右都御史；副使、參議道，贈光禄寺卿；知府，贈太僕寺卿，俱准廕。主簿，贈衛經歷；典史，贈主簿，不准廕。〇六年題准：僉事道，贈光禄寺少卿，准廕。州同，贈知州；訓導，贈國子監學録，不准廕。〇七年題准：按察司照磨，贈按察司知事；布政司都事，贈都司經歷；教諭，贈國子監助教；州判，贈都司經歷，不准廕。〇八年題准：總督加尚書銜者，贈太子少保；巡按御史，贈太僕寺少卿，俱准廕。〇十二年題准：凡死難各官，其父、母、妻有申請恩恤誥勅者，查明具題請給。〇康熙十八年題准：凡三司首領、州縣佐貳官死難，舊例，有贈無廕。今定，亦准廕一子入監。〇二十三年題准：按察使，贈太常寺卿，准廕。

凡贈廕，順治九年題准：内外滿漢三品以上官，係三年任滿、勤事以死者，俱准贈銜廕子。〇康熙三年題准：三品以上官病故，停其贈廕。

凡官生、廕生、難廕生入監承襲轉廕者，康熙三十九年題准：俱由督撫及各該衙門查明具題，送監讀書。年滿咨送吏部，照例録用。〇雍正元年議准:廕生、監生内,除願就武職行走外,將現在通曉文義者,交與吏部,分給各部院試驗行走。其學習文義者,將十五歲以上,送國子監讀書。年滿學成,移咨吏部,彙齊十人奏聞,依次均分各部院學習行走,挨班補用。如有出羣敏捷者,該部院堂官即行具題,照伊品級即用。○又諭:大臣等所得廕生、監生内二十歲以上者,分給各部院學習行走。外省大臣官員所得廕生、監生内,如有情願在家讀書者,亦著奏聞。

大清會典卷之二十

吏部驗封司

〔土司承襲〕

湖廣、四川、廣西、雲南、貴州，各有土司，授以知府、同知、通判、知州、知縣、縣丞、巡檢等職。其有應承襲者，督撫查明宗圖、取司道鄰里印結，咨部具題。封司移付選司註册，給與劄付。

凡土官承襲，舊例，親生之子，未滿十五歲者，該督撫題明註册，將土司事務，委族人暫行料理。俟其子長成，具題承襲。

凡土官叛逆被戮，即推彝衆所素愛戴者，以繼其職。

湖廣土司以准襲先後爲次序。○各省同。

天池口巡邊土經歷一員

容美貼堂土經歷一員

舊有上溪州土知州一員、南渭州土知州一員、施溶州土知州一員、芙蓉州土知州一員、總理廳土經歷一員、美坪土同知一員、龍潭土同知一員、大理州土知州一員，悉裁。桑植宣慰司土經歷一員，雍正五年，改流。

四川土司

成都府汶川縣寒水土巡檢一員

夔州府達州土副巡檢一員

馬湖府梅泥溪土副巡檢一員○龍源土巡檢一員

龍安府土通判一員○土知事一員○明月土巡檢一員

雅州酉陽宣慰司俊寧江土巡檢一員

建昌衛麻喇村土巡檢一員

會川衛牟托土巡檢一員○斗族半坡土副巡檢一員○水草坪土巡檢

一員〇竹木坎土副巡檢一員

烏蒙軍民土通判一員〇土經歷一員

舊有烏撒軍民府土知府一員,康熙五年,改爲威寧府,設流官,歸貴州管轄。其土同知以下等官,並歸貴州。東川軍民府土知府一員、土經歷一員,康熙三十七年,俱改爲流官。雍正四年,改歸雲南管轄。

舊有保寧府通江縣濛壩土副巡檢一員、重慶府酆都縣沙子關土副巡檢一員,俱康熙六年裁。遵義軍民府土知府一員,順治十七年,改流。鎮雄府土知府一員、烏蒙土知府一員,俱雍正五年改流。

廣西土司

果化州土知州一員

思城州土知州一員

上龍司下龍司土巡檢二員雍正三年設。

江州土知州一員

上石西州土知州一員

思恩軍民府那馬司土巡檢一員〇定羅司土巡檢一員〇下旺司土巡檢一員〇舊城司土巡檢一員

安平州土知州一員

萬承州土知州一員

全茗州土知州一員

龍英州土知州一員

都結州土知州一員

思明府土知府一員

忠州土知州一員

下石西州土知州一員

憑祥州土知州一員

鎮安府土知府一員

都康州土知州一員

陀陵縣土知縣一員

羅陽縣土知縣一員

茗盈州土知州一員

桂林府陽朔縣都樂墟土副巡檢一員

永寧州常安鎮土巡檢一員〇富禄鎮土巡檢一員〇土副巡檢一員

〇桐木鎮土巡檢一員〇土副巡檢一員
義寧縣桑江口土副巡檢一員
柳州府雒容縣平樂鎮土副巡檢一員〇柳城縣洛奸鎮土副巡檢一員
〇古砦鎮土副巡檢一員〇融縣火約鎮土副巡檢一員
象州龍門寨土副巡檢一員
上林縣土知縣一員
慶遠府宜山縣懷遠鎮土副巡檢一員〇歸仁鎮土副巡檢一員〇思農
鎮土副巡檢一員
河池州土堡鎮土巡檢一員
東蘭州土知州一員
那地州土知州一員
南丹州土知州一員
忻城縣土知縣一員
思恩縣北蘭鎮土副巡檢一員〇安化鎮土副巡檢一員
荔波縣蒙村土副巡檢一員〇窮來土副巡檢一員
平樂府平樂縣昭平堡土巡檢一員
賀縣白花洞口土巡檢一員
荔浦縣峰門寨土巡檢一員〇南原寨土巡檢一員
修仁縣麗壁市土巡檢一員
南寧府下雷州土知州一員
歸德州土知州一員〇渠樂寨土巡檢一員
太平府太平州土知州一員
思陵州土知州一員
結安州土知州一員
結倫州土知州一員
上下凍州土知州一員
鎮遠州土知州一員
思同州土知州一員
羅白縣土知縣一員
鎮安府奉義州土知州一員〇湖潤寨土巡檢一員
歸順州土知州一員
向武州土知州一員

田州土知州一員

泗城府羅博關土巡檢一員○古零司土巡檢一員○白山司土巡檢一員○定安司土巡檢一員○都陽司土巡檢一員○興隆司土巡檢一員

舊有永福縣桐古市土副巡檢一員,康熙三十四年,裁。龍州土知州一員,雍正三年,裁。泗城軍民府土知府一員,雍正五年,改流。

雲南土司

雲南府昆明縣土主簿一員

晉寧州晉寧驛土驛丞一員

安寧州土知州一員○貼流土巡檢一員

大理府太和縣土巡檢一員

雲南縣土知縣一員

臨安府新平縣南硐土巡檢一員

建水州曲江土巡檢一員

嶍峨縣土知縣一員○土主簿一員

阿迷州東山口土巡檢一員

新化州摩沙勒土巡檢一員

廣西府土照磨一員

師宗州土同知一員

曲靖府松韶舖土巡檢一員

羅平州土知州一員

麗江府通安州土同知一員

寶山州土知州一員

蘭州土知州一員

沅江軍民府禾摩村土巡檢一員

騰越州水眼土巡檢一員○甸頭土巡檢一員

浪蕖州土知州一員

永北府土副同知一員

雲州土判官一員

雲南府羅次縣煉象關土巡檢一員

禄豐縣南平關土巡檢一員

趙州定西嶺土巡檢一員

雲南縣土主簿一員

鄧川州土知州一員○青索鼻土巡檢一員

浪穹縣土典史一員○鳳羽鄉土巡檢一員○上江嘴土巡檢一員○下江嘴土巡檢一員

雲龍州箭桿塲土巡檢一員○蒲陀崆土巡檢一員

建水州納更山土巡檢一員

楚雄府楚雄縣土縣丞一員

廣通縣回磴關土巡檢一員○沙矣舊土巡檢一員

定邊縣土縣丞一員

定遠縣土主簿一員○鎮南關土巡檢一員

景東府土知府一員○土知事一員○板橋驛土驛丞一員○三岔河土巡檢一員○保甸土巡檢一員

順寧府猛麻土巡檢一員

廣南府土同知一員

富州土知州一員

曲靖府平彝縣土縣丞一員原係亦佐縣。康熙三十五年,改爲平彝縣。

姚安軍民府土同知一員

鶴慶軍民府在城驛土驛丞一員○觀音山驛土驛丞一員○觀音山土巡檢一員

順州土州同一員

麗江軍民府土通判一員雍正元年,降土知府爲通判。

蒙化府土知府一員

孟定府土知府一員

灣甸州土知州一員

鎮康州土知州一員

蒙自縣土縣丞一員

寧州土州判一員

新興州土州判一員

鶴慶軍民府土通判一員

劍川州土州判一員

開化府土經歷一員

雲南縣土縣丞一員

鎮南州土州同一員〇土州判一員〇阿雄關土巡檢一員

姚州土州同一員

永昌軍民府打牛坪驛土驛丞一員

舊有永昌軍民府永平縣土縣丞一員,雍正五年,裁。阿迷州土知州一員,康熙三十五年,改流。麗江軍民府土知府一員,雍正元年,改流。鎮沅府土知府一員、威遠州土知州一員、霑益州土知州一員,俱雍正四年改流。

貴州土司

貴陽軍民府貴定縣土縣丞一員〇土主簿一員

石阡府龍泉縣土縣丞一員〇土主簿一員

安順軍民府土同知一員

黄平州土州判一員

思南府安化縣土縣丞一員〇土主簿一員〇土巡檢一員

覃韓偏刀水土巡檢一員

永寧州盤江司土巡檢一員

印江縣土縣丞一員

普安州土州判一員

鎮遠府土同知一員〇土通判一員〇土推官一員

平越軍民府甕安縣甕水司土縣丞一員〇草塘司土縣丞一員

餘慶縣土縣丞一員〇土主簿一員

黄平州重安司土吏目一員

獨山州土同知一員

威寧軍民府土同知一員〇土經歷一員〇土税課大使一員〇普德驛土驛丞一員〇在城驛土驛丞一員〇周泥驛土驛丞一員〇黑張驛土驛丞一員〇瓦甸驛土驛丞一員〇層臺驛土驛丞一員

舊有黄平州朗城司土吏目一員,雍正五年,改流。

〔土司處分〕

凡土司侵擾内地,康熙二十五年議准:該督撫提鎮等官,或因悉索土司以致啓釁者,許該督撫互相糾參。啓釁之人革職,從重治罪。如督撫互相容隱,一併從重治罪。至土司苗民等,不遵約束,肆行搶奪,無故侵擾内地居民者,該督撫提等,一面題明情由,一面發兵勦滅。

凡土司大計,康熙五十九年議准:廣西巡撫所屬土司,遇三年大計之期,其中果有清廉愛民並無擄殺之員及貪殘不職、恣意侵害之員,行令該管官據實確查，具題舉劾。其陞賞降革之處，分别輕重，仍照土司定例遵行。如該管官舉劾不實，一併議處。〇雍正四年諭："各省所屬土司，有奉法稱職，裨益地方者，該督撫不必拘三年大計之例，隨時薦舉。朕當酌加恩奬，以昭鼓勵。"遵旨議定：照同知以下卓異官員之例，給賜恩賞。

凡土官有欽部案件、奏銷錢糧及遲悮表箋等項，康熙三十年覆准：均照流官例，一體處分。土官不食俸禄。如有罰俸降職等事，俱按其品級計俸罰米。每俸銀一兩，罰米一石。

大清會典卷之二十一

吏部驗封司

〔吏員〕

國初,各衙門分設都吏、通吏、典吏、攢典,俱以政事繁簡爲額。康熙七年,始定經制數目,冗員悉裁。以後,各隨衙門添裁不一。雍正元年,通供永行禁革。通供,即通吏。其都吏、書吏等員役,具列於後。

在京衙門

宗人府

書吏十一名　知印二名
門吏二名　火房二名

内閣

供事五十名　門吏六名
火房六名

吏部

都吏四名　堂吏四名
知印六名　書吏八十四名
火房十五名

户部

知印一名　門吏一名
書吏七十八名　火房十七名

金銀庫

書吏三名

緞疋庫

書吏二名

顏料庫

書吏二名

所屬衙門

左右翼稅課

書吏各二名　火房各一名

崇文門稅課

書吏八名

張家口

書吏六名

殺虎口

書吏三名

天津臨清淮安揚州蕪湖滸墅北新湖口贛關太平橋等關

書吏各八名

總督倉場

堂吏一名　知印一名

書吏五名　門吏一名

火房一名

所屬衙門

坐糧廳

書吏十二名　催糧役十名

通濟庫

書吏一名

在京左右翼八倉

書吏各八名　攢典各八名

大通橋

書吏三名

通州中南倉西倉

書吏共六名　攢典共四十名

督理錢法

書吏一名　知印一名

火房一名

寶泉局

書吏四名　大使下書吏一名

禮部

知印二名　門吏二名

書吏四十名　火房十一名

所屬衙門

會同館

書吏三名　火房三名

大使下書吏一名　火房一名

兵部

書吏五十三名　火房三名

舊有都吏二名。後裁。

所屬衙門

會同館

書吏一名

舊有金吾等六衛經歷司書吏各一名、守備下書吏各三名、千總下書吏各一名、遞運所書吏一名,後俱裁。

舊有督捕書吏十六名、獄典二名、火房二名。康熙三十八年,改歸刑部衙門。

刑部

堂吏一名　知印一名

書吏一百八名　火房二十一名

獄典三名

工部

都吏四名　知印二名

門吏一名　書吏六十名

火房十一名

所屬衙門

製造庫

書吏八名

寶源局

書吏五名

街道廳

書吏三名　火房一名

兩窰廠

書吏六名

管河磚倉

書吏共六名

龍江南新二關

書吏各八名

理藩院

書吏十二名　火房二名

都察院

書吏二十八名　知印二名

門吏一名　火房三名

經歷司

書吏二名　知印一名

火房一名

總督

典吏轄兩省者,三十名。轄一省者,二十名。

承差轄兩省者,二十名。轄一省者,十名。

總漕

書吏二十名　承差二十名

總河

書吏二十名　承差二十名

副總河

書吏十六名　承差十六名

巡撫

書吏江蘇、安徽各三十名,餘省各二十名。

承差直隸五名,廣東二十名,餘省各十名。

浙江省觀風整俗使

書吏十名　承差二十名

河南道

書吏八名　　知印一名

京畿道

書吏四名

宗室御史

内務府御史

江南道

浙江道

四川道

福建道

雲南道

書吏各三名

山東道

山西道

書吏各四名

江西道

廣東道

湖廣道

廣西道

陜西道

貴州道

書吏各二名

巡鹽御史

書吏長蘆五名,兩淮十二名,兩浙十名,河東六名。

承差二十名

中東南西北五城御史

書吏各四名

中城兵馬司

書吏七名

東南西北四城兵馬司

書吏各九名

通政使司

書吏十三名　　火房四名

鼓廳舊隸六科管理。康熙六十一年十二月,改歸通政使司衙門。

書吏六名

大理寺

書吏二十四名　知印二名

門吏一名　火房三名

内務府

書吏二十名

慶豐司

書吏四名

上駟院

書吏四名

武備院

書吏四名

奉宸院

書吏四名

翰林院

供事十二名　火房四名

提督學政

書吏五名　承差十名

四譯館

書吏一名　火房一名

詹事府

供事五名　火房二名

左右春坊

供事二名

司經局

供事一名

太常寺

書吏六名　火房二名

光禄寺

書吏十八名　火房七名

太僕寺

書吏六名　火房二名

種馬場

書吏二名

鴻臚寺

書吏七名　火房一名

國子監

書吏七名　火房二名

吏科

書吏二十名

户科

書吏二十三名

禮科

書吏十三名

兵科

書吏二十名

刑科

書吏二十二名

工科

書吏十五名

中書科

書吏八名

行人司

書吏二名　火房一名

欽天監

書吏八名

太醫院

書吏七名　火房一名

鑾儀衛

書吏十名

舊設上林苑監書吏四名。康熙三十七年,裁。

順天府

書吏四十三名

照磨所

書吏二名

司獄司

書吏一名

庫

書吏一名

所屬衙門

宛平縣

書吏十六名

大興縣

書吏十六名

儒學

書吏一名

崇文門大使

書吏一名

張家灣大使

書吏一名

盛京刑部

書吏四名

盛京工部

書吏四名康熙六十一年十二月設。

户禮兵三部,未設書吏。

奉天府

書吏二十四名

司獄司

書吏一名

所屬衙門

承德縣

書吏十五名

儒學

書吏一名

在外衙門

直隸各衙門,事體繁簡不同,吏員數目多寡不等。

直隸布政司

典吏二十四名

各省布政司

典吏、書吏等役,江蘇二十四名,安徽三十一名,浙江六十名,江西五十八名,湖北三十三名,湖南三十名,福建三十五名,山東五十五名,山西三十五名,河南五十四名,陝西三十名,甘肅三十名,四川六十名,廣東五十名,廣西六十名,雲南五十名,貴州五十二名。

舊設通吏,雍正元年,禁革。

經歷司

吏攢各一名

理問所

吏攢各一名

照磨所

吏攢各一名

直隸按察司

典吏二十名

各省按察司

典吏、吏書等役,江蘇六名,安徽十五名,浙江三十名,江西三十名,湖北十五名,湖南十五名,福建二十九名,山東三十名,山西十名,河南三十名,陝西十五名,甘肅十五名,四川三十名,廣東三十名,廣西三十名,雲南二十四名,貴州二十五名。

經歷司

吏攢各一名

照磨所

吏攢各一名

各道

典吏、吏書等役,直隸各十二名、十六名不等,江蘇各二名,安徽各二名、三名不等,浙江各二名,江西各二名、四名不等,湖北各十六名,湖南各十六名,福建各二名,山東各二名、三名不等，山西各二名，河南各十六名，陜西各十名、十四名不等，甘肅各十名、十二名、十四名不等，四川各三名、八名不等，廣東各六名、八名、十名、十六名不等，廣西各十六名，雲南各十二名，貴州各十三名。

各府

典吏七名至二十四名不等

各同知

典吏一名至六名不等

各通判

典吏一名至六名不等

經歷

典吏各一名

照磨

攢典各一名

知事

攢典各一名

各州

典吏六名至十二名不等

吏目

攢典各一名

各縣

典吏二名至十二名不等

典史

攢典各一名

舊有各都司典吏、各衛所衙同攢典、經歷司攢典、斷事攢典，俱於雍正二年裁。

各鹽運司

典吏八名

各分司

典吏一名或二名

經歷司

攢典各一名

各鹽課司

攢典一名

各提舉司

典吏四名

各儒學

攢典一名

各倉

攢典一名

各庫

攢典一名

各税課司

攢典一名

各驛

攢典一名

各巡檢司

攢典一名

各塲所

攢典一名或二名

〔吏員著役考職〕

内外衙門書吏,以著役五年爲滿,咨部考職。舊例,考核事隸功司,參撥事隸封司。康熙四年,考核改併封司。其後,參撥之例亦停止。

凡著役,舊例,按納銀多寡,分送各衙門辦事。事隸户部。康熙二年覆准:停止援納,俱令各衙門召募,出給執照,開註姓名年歲、著役日期,並地方官印結,按季彙册咨部。〇六年覆准:内外各衙門召募吏攢,查明並無投充重役、假捏姓名及文武生員等弊,取原籍地方官印結,方准著役,咨部註册。〇十二年題准:召募吏員、取具印結,停止咨部。令在内該衙門、在外督撫查明註册。有未取印結先令著役者,即除名。〇十四年題准:照舊例援納。惟在京及奉天各州縣衙門,仍行召募。〇二十八年覆准:有願充各部院衙門書吏者,令其具呈考試。選擇文理明通者,取具地方印結,赴各該衙門掣簽著役。將補完,再行考取。如有私行索取缺銀,或被頂缺之人首告,或被本官查出,立送刑部,從重治罪。〇雍正元年覆准:各部院考取書辦,於京城出示,召募各省流寓之人。有熟於律例、工於寫算者,赴該衙門報名,取具同鄉甘結,定期考試,擇取撥補。如有假冒籍貫、詭名應考者,察出,從重治罪。其各省有通曉律例,或能寫算,情愿充應部辦之人,亦令赴地方官報名試驗,取具印甘册結,開明年貌籍貫,申報該撫咨部撥用。〇又覆准:現在各衙門所有假冒籍貫書辦,定限兩個月,飭令於本衙門遞呈,改填實在籍貫,仍移咨各原籍地方取結存案。如有逾限不改者,一經發覺,從重治罪。〇二年覆准:各省督撫所屬文職大小衙門内,有掛名吏員及革除假冒食糧之兵丁,改易姓名,潛充掛名吏員者,盡行革去。仍取各該管官印結,送部存查。並嚴飭各該管官查察點驗實在正身吏役,方令充當。至貼寫幫差人等,亦擇忠誠樸實之人充役。如有刁猾不堪者,即行黜革。該管官有徇庇容留,奸民指稱吏胥躲避差徭、擾害地方者,將該管官照例議處,掛名吏役嚴加治罪。〇四年覆准:各衙門考取書辦,宗人府令府丞,六部令漢右侍郎,都察院令僉都御史,通政司令漢右參議,内閣令典籍,翰林院令典簿,詹事府令漢少詹,國子監令漢司業,京堂衙門并四譯館俱令漢少卿,欽天監令漢右監副,太醫院令右院判,六科令漢給事中,中書科令漢掌印中書,行人司令司正,專管稽查書辦。其内務府、理藩院並無漢官,應令内務府總管、理藩院右侍郎專管。凡書役投充之初,務查該役本籍本姓,取具印甘保結,方准著役。其年滿書吏考職之時,務於移咨内填註並無假姓冒籍字樣,方准收考。若有冒籍、冒名等弊事發者,除本員革去職銜、不准銓選、照律杖一百外,其不能稽查之該管等官,俱照失察例,罰俸六個月。〇又覆准:缺主之弊,外省猶未盡去。應通飭直省督撫,轉飭所屬,將現有缺主盡行除革。書役年滿缺出,遵例另募,取具鄰佑親族保結,方准收録。如有暗行頂買,索取租銀之處,缺主,照枉法受財律計贓定擬,至八十兩者,絞;頂缺之人,照以財行求律,至五百兩者,杖一百,徒三年;出結人等,照不應重律,杖八十;該管官員,依衙役犯贓失於覺察例,十兩以上者,革職。倘督撫陽奉陰違,照徇庇例,降三級調用。

凡吏員役滿,順治十四年題准:在京及督撫等衙門書吏,連閏月計算,著役五年,俱令起送。其餘在外衙門,一年一次,送部轉撥。各衙門辦事,通計五年役滿送考。〇康熙五年題准:在外吏員,聽該撫轉撥。〇十二年題准:停止轉撥。俟著役五年,咨部考職。〇二十八年覆准:各部院衙門考授職銜之吏員,一經吏部榜示,即令司坊官嚴催回籍,限一月内起行,取具印甘各結,一并報部。回籍後,再取本地方官到籍日期印結,申報該督撫報部。如有潛住京師者,其藏頓之家,一併從重治罪。不行查催之司坊官,照容留廢官例處分。至各部院等衙門責革書吏,並令該司坊官嚴行查催,定限一月内起程回籍。如仍潛住京城,亦交刑部從重治罪,遞解押回。失察之司坊官,亦照例議處。○六十一年十二月題准:盛京工部召募書辦四名。照在京各部院書辦之例,五年役滿,咨部考職。

凡考職,舊例,吏員役滿,先由功司查准收考,次送選司覆考授職。順治十二年題准:文選、考功二司,會同考試一次。在外取具原籍印文,在京取具同鄉京官印結,并五人互結,投部,復查照前册磨對相符者,方准收考。如文到部後,一考不到,次年仍准補考。兩考不到者,除名。試期定於每年八月。考試申文、告示各一道。論文義優劣,分别等第。○康熙四年題准:吏員改隸驗封司考定品級,付送選司,照考案年分截取人文到部聽選。○十二年覆准:吏員送考時,或有丁憂、事故者,令各部院該督撫確查。如果勤勞無過,取具印結,並著役及役滿月日、年貌籍貫,造册各部院、督撫出印文保送到部。據册結爲憑,准其收考。○五十七年題准:吏員考職,照監生考職之例,交與九卿會同校試,考定職銜。其各省領文赴考者,令該督撫轉行各地方官,取具本吏親筆親供,里鄰結狀,粘連印結。該督撫結與印文,保送赴部。其在京各部院衙門領文赴考者,令各該管官取具本吏親供,粘連印結,保送赴部考試。如試卷筆迹與親供筆迹不同者,即係假冒頂替。察出,將本吏黜革,與頂替之人一併從重治罪。○雍正元年題請:内外吏員攢典,役滿考職,令本部該司官按名驗到,詳細查對。如有年貌不符、聲音不合者,不准收考。其實係本身應試者,照例考取,分定職銜。臨期,照監生考職例,將九卿、大臣、翰林等官職名開列具題,欽點數員閲卷。奉旨:年貌不對者,裁去。伊等寂然則已。若説伊是正身、情願考試者,照常考試。將此人留在此處,行文原籍地方,徹底查明。俟送到之日,若有頂替情弊顯出,從重治罪;若係正身,即用。

凡吏員出身,順治十二年題准:分爲正八品、從八品、正九品、從九品,一等雜職、二等雜職、三等雜職。○十五年題准:吏員出身,止與九品以下職銜,分爲五等。一等,授正九品。二等,授從九品。三等,授一等雜職。四等,授二等雜職。五等,授三等雜職。○康熙三年題准:吏員考職,分爲四等。一等,以正八品經歷用。二等,以正九品主簿用。三等,以從九品用。四等,以未入流雜職用。

凡吏員銓選,雍正二年題准:大選雜職,暫將年滿供事、禮部儒士及應陞、應補併捐納、即用、先用人員,教職改選縣丞、主簿等官,照例選用。其京、外應選雜職,暫停銓選。行文各該撫,將康熙十七年至四十三年已未截取、應選正八品以下等官,令原籍該州縣驗看確實,詳開履歷年貌,加具印甘各結,按年逐項造册,申送該撫,詳加查核,彙爲總册,註明人數,用紙封固,由驛遞送部。查對考册,内外相符,方行銓選。其四十三年以後至雍正元年各員,亦照前陸續造册送部。嗣後,每次考職,行文本省,按年查對造送。其寄籍順天府屬州縣者,取本衙門著役、前後同辦事考職書吏五人連名互結,仍令呈送各該員到部驗看。如仍有假冒頂替者,將該撫司、府尹及保送府州縣官,均照通同徇庇例嚴加議處。

大清會典卷之二十二

吏部

稽勳清吏司

郎中、員外郎、主事，掌百官之喪制、終養及復姓、更名之事。而八旗世職、繼絶争襲，亦兼理焉。

〔丁憂〕

各官有父母之喪及應承重者，俱許解任守制。其旗下官員，准其給假。治喪畢，雖令辦理政務，仍私居，盡三年喪禮。一切朝會、燕饗、祭祀之典，皆不與列。其漢軍有任漢缺者，丁憂與漢官同。列詳於後。

凡在京滿洲、蒙古、漢軍文官及在外漢軍文官丁憂，順治十年題准：居喪一月，即出理事，仍私居，盡三年喪禮。〇十八年題准：奉差出征滿洲、蒙古、漢軍文官丁憂，以回京日爲始，照十年例守制。在外漢軍文官，其父母隨任亡故，亦照十年定例。如在京亡故者，准其離任回京，以到日爲始，守制六個月，滿日起用。〇康熙三年題准：在京滿洲、蒙古、漢軍文官，遇親父母、祖父母與所後父母、祖父母亡故者，以故日爲始，居喪三個月。奉差出征者，以到京日爲始，亦准居喪三個月。五品以上，咨部具題。六品以下，註册。其親伯叔父母、兄弟及妻並娶妻之子亡故者，准居喪兩個月。親嫂、弟婦及宗族亡故者，亦准假。除服日，即出理事。〇又題准：盛京等處文官，父母、祖父母隨任亡故者，准在任守制三個月。在京亡故者，或來京守制，或在任守制，聽其自便，不解任。〇五年題准：漢軍官員，父母隨任病故者，准其離任丁憂，到京日爲始，守制六個月。〇七年題准：在京滿洲、蒙古、漢軍丁憂，三品卿以上，咨部具題；以下各官，註册。〇十二年題准:在京滿洲、蒙古、漢軍文官丁憂,在家居喪三月之後,即入署理事。其二十七個月内,遇應用朝服之期,停其朝會。俟服滿,始令上朝。在外滿洲、漢軍文官丁憂,令其解任,照漢官例,以聞喪日爲始,不計閏,守制二十七個月。○又題准:盛京守陵等處旗下文官,及寧古塔、杭州、江南、西安、京口等處駐防,并各省督、撫、布、按衙門筆帖式,俱照在京滿洲、蒙古、漢軍文官例守制。○又題准:在京漢軍補授漢缺者,俱照漢官例,離任守制。○六十年議准:陝西用兵之際,需員甚多。地方官道員以下,知縣以上,有丁憂者,俱令在任守制。○六十一年諭:八旗丁憂官員,每躲避各處,不肯歸旗。嗣後,凡丁憂官員,應以到京日起,扣算丁憂日期。遵旨議定:嗣後,凡八旗丁憂官員,照例即令該督撫速催進京。若有錢糧不清者,照例題參。其錢糧清楚者,即令依限歸旗,將該員起程日期報部。到京之日,親身赴部,投文驗到註册,仍取該旗都統印結。以赴部驗到之日起,扣算丁憂日期,不計閏,守制二十七個月。永爲定例。○雍正三年議准:嗣後,旗員丁憂,其應給督、撫、司、道等各印結,不得給伊家人。令該旗於十日内,即行咨送吏部。吏部封發該撫,催令該員回旗守制。

凡内外漢官丁憂承重者,具文報部。以聞喪日爲始,回籍守制,不計閏,二十七個月。如朦混具報者,丁憂官,不准起補;該管官,罰俸六個月。○順治十五年題准:内外官員,曾祖父母亡故,承重嫡長曾孫,亦准回籍守制。○康熙五年題准:丁父母憂者,開明是否嫡親父母及有無恩養過繼、爲祖承重者,亦開明是否嫡長孫、有無伯父及伯父之子。或疏咨結狀互異,混呈出結代報各官,俱罰俸六個月。○九年議准:丁憂官員,一經聞訃,即報該管上司,旗下取該都統印結,漢官取原籍印結投遞。如聞訃之後,不行申報,或遲延留戀,或擅離職守者,俱送考功司革職。如丁憂已報上司,因原籍印結遲誤,或字樣不符,往返駁查稽遲者,罰俸六個月。○十四年議准:聞訃不報,擅離職守者,降二級調用。

凡京官丁憂,康熙三年題准:堂上官、翰林、科、道、部屬中書等官,具題。其餘各官,註册。皆給與孝字執照,准其回籍守制。終養在籍丁憂者,不給執照。出差丁憂者,免其來京,許令差人赴部,告領執照。其申繳時,有蟲蛀破裂并水火、盗賊、遺失等項者,罰俸六個月。○又題准:京官如在籍相繼丁憂,應行申報,仍繳原領執照,改填另給。若未經申報到部,查季報册内註明者,免究。

凡外官丁憂,舊例,督撫自行咨部具題。其餘官員,督撫代題。康熙元年題准:布政使職掌錢糧,如遇丁憂,具題部覆,方准解任。○二年題准:總督巡撫聞喪,互相代題。如無總督,提督代題。○三年題准:外官丁憂,有盜案、錢糧未完者,仍留原任。俟案結回籍。○五年題准:督撫疏咨內,若不開明有無未完錢糧、盜案者,仍行確查,將題報各官議處。○七年題准:丁憂官錢糧、盜案未完者,每一案,罰俸一年。離任守制,未完事件,責令接任官督結。○又題准:督撫題報丁憂疏咨結狀內,俱未開明者,照例參處駁查。如有一處開明者,免議。○九年題准:外官丁憂,有督撫題留在任守制者,請旨定奪。○十一年題准:督撫丁憂,題請欽定。○十二年題准:布政、按察以下各官丁憂,俱令解任,不准題留,違者議處。○十六年題准:用兵緊要地方,果有才能官員,如遇丁憂,督撫題請保留者,准其在任守制。若不稱職,將督撫一併議處。

凡未授職及候補官員丁憂,舊例,該地方官申報督撫,督撫報部存案。康熙五年題准:令具呈該地方官存案,不必報部。服滿日,給文赴部補用。惟教職在籍候選,如遇丁憂,仍令報部。○六年題准:候補各官丁憂,該地方官申報督撫,督撫報部註册。如有遲延不報者,查參。○九年議准:初選、候補及相繼丁憂各官,不行申報及呈報遲延,並裁缺官員,聞訃不報,即行回籍者,俱於補官日罰俸一年。若本官已報丁憂,該管官不行轉報,以致部選補授者,司、道、府等官,罰俸一年;督撫,罰俸六個月。如本官未經呈報,與該管官無涉;地方官未報上司,與上司無涉;如地方官已報上司,而上司遺漏不行達部者,與地方官無涉,均應免議。

凡新選官員,康熙三年題准:在京聞喪及父母在京亡故者,俟該地方官呈報到部,給與執照,京官具呈到部,查明,准其守制。

凡吏員新選丁憂,舊例,據該司坊或大興、宛平兩縣等官印文,准其守制。康熙元年題准:該管官取具總甲兩鄰結狀申報,准其守制。

凡年滿書辦等役,舊例,俟考職後,方准丁憂。康熙十一年題准:在京,取京官印結,具呈赴部;在外,取地方官印結,巡撫報部註册,准其守制。服滿,方許考職。○十二年題准:吏員五年役滿送考之時,如遇丁憂,令各部院、該撫查明存案,停止送部。

凡官員短喪、匿喪,舊例,革職。康熙九年題准:革職不准援赦。或假捏丁憂、承重者,均行革職。其丁憂未畢,即出仕、應試者,與短喪同。○二十年諭:凡丁憂、告病、給假等事,應取同鄉官保結者,疏內開明直隸某省。

〔治喪〕

康熙三年題准:內外官員,出繼爲人後者,遇本生父母亡故,例不丁憂。自願回籍治喪者,京官具呈到部,外官督撫具題,督撫互相代題。除路程外,定限一年,起文赴補。違限者,照服滿違限例議處。○十二年題准:官員爲人後者,若繼母亡故,情願治喪,亦照生母例,准其給假。繼母,謂本生繼母。

〔服滿起復〕

凡起復官員,舊例,在籍守制者,服滿,由該地方官起送。康熙三年題准:如不能回籍,依墳守制者,服滿,由寄居地方官起送。○九年題准:該地方官,如將革職之官不詳查明白,給結起復者,罰俸一年。○十二年題准:在外滿洲、漢軍丁憂官員,服滿,具呈該都統,報部起復。

凡服滿起文赴部程限,在京,一個月。直隸,四個月。奉天同。山東、河南、山西,六個月。陝西、浙江、江西、湖廣、江南,八個月。福建、兩廣、四川、貴州,十個月。雲南,一年。○康熙三年題准:本官具呈之時,該地方官即行咨部。若延遲日期,除水程外,照咨文違限例議處。如未呈報,接任官不知情者,免議。

凡服滿起復違限,順治十一年題准:違限半年以上,議處;一年以上,致仕;二年以上,革職。○康熙三年題准:服滿違限,一月以上,罰俸一年;二月以上,降一級調用;三月以上,革職。○九年題准:起復官員,照地方遠近,除水程外,違限半年以上,免議;一年以上,罰俸一年;二年以上,致仕。

凡服滿患病,舊例,賫有原籍地方官印結者,免其違限處分。康熙元年題准:該巡撫、布政司,即將本官患病情由取具地方官印結,咨部註册。若未經先咨者,照違限例議處。○三年題准:官員領文赴部,中途患病及實係因事遲誤者,取具該地方官印結,免議。

〔終養〕

順治十三年題准:凡官員祖父母、父母年老,無伯叔兄弟者,准其終養。○康熙三年題准:父母年七十以上、子男俱出仕在外,户內別無次丁者,或有兄弟,篤病不能奉事者,或母老,雖有兄弟,同父異母者,俱准回籍終養。京官,具呈到部具題。外官,督撫代題。仍取同鄉官印結,督撫互相代題。俟親終服滿,起文赴部補用。○七年題准:漢軍外官,亦照漢官例,准其終養。○九年題准:繼母亦准終養。○雍正五年覆准:嗣後,外官凡應補、應選人員,果有親老,情愿終養者,於本省起文時,即具呈該地方官,轉詳咨部,在籍終養。若現任官員,或父母衰疾,迎養維艱,詳請終養,必歷三年之後,該督撫查明該員政務並無怠忽,倉穀、錢糧並無虧空,取結具題,照例,准其回籍終養。再或從前家有次丁,出仕之後,兄弟忽遭事故,無人奉侍者,該督撫取具原籍地方官印結具題,不拘年限,准其回籍終養。如歷俸未滿三年,親年雖老,兄弟别無事故,妄請終養者,照規避例,革職。

凡官員假滿暫留在籍侍養,康熙五十八年議准:告假回籍官員,遇親老篤疾者,地方官出具印結,呈詳該撫。保題到日,許暫留在籍侍奉。俟親病痊可,給咨赴補。

〔更名復姓〕

凡更復名姓,康熙三年題准:漢軍、漢人現任官員,在内中、行、評、博,在外知縣以上,及候選進士,皆令具題。其餘現任及候選官員,止呈堂註册。旗下,取該都統印結。漢人,在京取同鄉京官印結,在外具呈地方官咨部,准其更復。旗下,移咨户兵二部及該都統。漢人,止咨户部。〇又題准:督撫有更名復姓者,許互相代題。

〔審理争襲〕

世職承襲,詳見《驗封司》。惟本支中斷,宗族争襲者,隸此。

順治八年題准:凡得誥勅世職官員亡故,與其子承襲。若無子,方與親兄弟承襲。其承襲官亡故,仍與承襲官之子。若承襲官無子,始與其兄弟承襲。〇十七年諭:各官得世襲,不幸無子孫者,即斷其承襲,無以示鼓勵。嗣後承襲,如無親生子孫者,與親祖父及伯叔兄弟、姪男、姪孫承襲。其輩數疎遠及過繼族中之子,不准承襲。永爲定例。〇十八年題准:襲職舊例,應襲子男兄弟,原係職官,有以二三人之職,兼併承襲,至公侯伯者。嗣後,世職許以無職親近之人承襲。若無其人,方准有職親近之人兼併承襲。亦不得過精奇尼哈番。〇康熙元年題准:凡世職合併襲至公侯伯者,或年老,或病故,其子弟承襲時,照原係幾人之職,仍與幾人分襲。將品大之官,與其親近子弟。若子弟無可分襲者,奏請欽定。〇二年諭:凡有世職兼管佐領之員,或亡故,或年老解任,願分給弟兄者,該部驗明具題。〇七年題准:凡一人所立之職,不准與二三人分襲。若一人承襲二三人所立之職,仍與二三人分襲。〇十五年題准:八旗官員,在民間親生子孫及親伯叔兄弟、兄弟之子孫,雖載入佐領壯丁册内爲嗣者,亦不准承襲。

凡優給半俸,康熙九年題准:滿洲、蒙古、漢軍世職各官病故,無人承襲註銷者,其妻存日,給與原官半俸,〇十年題准:世職病故註銷者,其妻亡故,而原立職之官親母尚在,仍給半俸。若原立職官之母已故,而襲職官之母尚在者,亦給半俸。繼母與生母同。

大清會典卷之二十三

户部

尚書、左右侍郎，掌天下户口、田土，及倉庫、漕艖等項錢糧、官兵俸餉。其屬十四清吏司，曰江南、浙江、江西、湖廣、福建、山東、山西、河南、陝西、四川、廣東、廣西、雲南、貴州。其首領官，則有司務。至總督倉塲，更設右侍郎專理。金銀、緞疋、顔料三庫，亦設員總理。建置沿革，詳見《吏部·官制》。

〔十四司職掌〕

江南等十四司，各設郎中、員外郎、主事分掌錢穀諸務。又，八旗户口田房等事，分員管理，稱八旗司。三庫，各設掌印郎中及員外郎、主事、大使等官，以司出納。所有十四司分轄事宜，開列於後。

江南清吏司

分管

江蘇布政司　安徽布政司

舊有江南都司。雍正三年，裁。

帶管

江寧織造　蘇州織造

江南省蘆課

浙江清吏司

分管

浙江布政司

舊有浙江都司。雍正三年，裁。

帶管

杭州織造

江西清吏司

分管

江西布政司

舊有江西都司。雍正三年,裁。

帶管

江西省蘆課

舊有各省雜税。康熙七年,歸各司分理。

湖廣清吏司

分管

湖北布政司　　湖南布政司

舊有湖廣都司。雍正二年,裁。

帶管

湖廣省蘆課

福建清吏司

分管

福建布政司

舊有福建都司。康熙十一年,裁。

帶管

順天府　　直隸布政司

舊有上林苑監。康熙三十二年,裁。

舊有金吾左衛、彭城衛、神武左衛、騰驤右衛、永清左衛、燕山右衛。康熙二十六年,裁。涿鹿衛、永平衛、正定衛、河間衛、保定左衛,康熙二十七年,裁。天津衛、梁城所,雍正三年,裁。

山東清吏司

分管

山東布政司

舊有山東都司。雍正二年,裁。

帶管

奉天府　　錦州府

長蘆鹽運使司　山東鹽運使司

兩淮鹽運使司　兩浙驛鹽道

河東鹽運使司　福建驛鹽道
陝西花馬大小二池西和漳縣鹽課
四川驛鹽道　兩廣鹽運使司
雲南黑鹽井白鹽井琅井三提舉司景東安寧二井鹽課
貴州驛鹽道

山西清吏司

分管

山西布政司

舊有山西都司。雍正二年,裁。

舊帶管宣府前後二衛、萬全左右二衛、保安衛、懷來衛、龍門衛、蔚州衛、永寧衛。康熙三十二年,裁。

舊以山西司爲左司,廣東司爲右司,帶管直省兵餉。康熙七年,歸各本司分理。

河南清吏司

分管

河南布政司

舊有河南都司,康熙十五年,裁。

陝西清吏司

分管

西安布政司　鞏昌布政司

舊有陝西都司、甘肅鎮行都司、寧夏鎮屯田都司。雍正二年,裁。

帶管

茶馬　茶引
宗室俸禄　在京文武官員俸禄
外藩俸禄
各衙門月支季支錢糧

四川清吏司

分管

四川布政司

帶管

崇文門天師庵象房草場大興宛平二縣草場　在京召買草束
直省入官户口及發遣黑龍江等處人犯

廣東清吏司

分管

廣東布政司

舊有廣東管屯都司。康熙九年,裁。掌印都司,雍正三年,裁。

廣西清吏司

分管

廣西布政司

舊有廣西都司。康熙五年,裁。

帶管

内倉崇文門大興宛平二縣辦理召買糧料

寶泉局

各省鎮局歷年建革不一。詳見《錢法》。

雲南清吏司

分管

雲南布政司

舊有雲南都司。康熙二十六年,裁。

帶管

禄米倉	海運倉
舊太倉	南新倉
興平倉	北新倉
富新倉	太平倉
本裕倉	萬安倉
中南倉	西倉
坐糧廳	大通橋
江寧倉	淮安倉
徐州倉	鳳陽倉
臨清倉	德州倉

江安蘇松浙江江西湖北湖南山東河南漕運江浙白糧,舊屬各本司。康熙八年,歸雲南司。

貴州清吏司

分管

貴州布政司

舊有貴州都司。康熙二十六年,裁。

帶管

崇文門　左翼

右翼　張家口

殺虎口

天津關舊爲河西務。康熙元年,改。　臨清關

蕪湖關　淮安關

揚州關　滸墅關

鳳陽關　西新關

九江關　贛關

北新關　太平橋關

江南海關　浙江海關

福建海關　廣東海關

舊有荆州關。康熙四十七年,歸工部管理。

〔權量〕

國家謹修權量製式,頒示天下,所以同制度也。其例具後。

順治五年定:户部較準斛樣,照式畫一造成,發坐糧廳收糧。〇又定:工部鑄造鐵斛二張,一存户部,一存總督倉場。再造木斛二十張,頒發各省。〇十一年諭:徵收錢糧,各督撫嚴飭有司,務遵部頒較定法馬。有私自增加者,不時察参。〇十二年題准:較製鐵斛,存户部一張,發倉場總漕各一張,頒發直省各一張。布政司照式轉發糧道各倉官,較製收糧。永遠遵行。〇十五年覆准:各關量船稱貨,務使秤尺準足,不得任意輕重長短。〇十七年覆准:起解錢糧,令管解官面驗部頒法馬,左右分兑,以杜私弊。〇康熙元年題准:直省尺、斗、等、秤,俱照部頒前式,畫一遵行。違制者,究處。又,較準新造法馬,通行内外衙門遵用。〇六年定:徵收漕糧,務遵順治十二年部頒鐵斛。倘口面窪損,請另鑄新斛頒發,仍將舊斛送部。如有参差互異,苦累軍民者,將經管官指参。〇又定:官員解送舊斛遲延及破損遺失者,罰俸六個月。〇四十三年諭:"朕見直隸各省民間所用等秤,雖輕重稍殊,尚不甚相懸絶。惟斗斛大小,迥然各别。不獨各省不同,即一縣之内,市城鄉村,亦不相等。此皆牙儈評價之人希圖牟利之所致也。又,升斗面寬底窄,若稍尖量,即致浮多,若稍平量,即致虧額,弊端易生,職此之故,於民間甚爲未便。嗣後,直省斗斛大小作何畫一,其升斗樣式,

可否底面一律平準,以杜弊端。至盛京金石金斗、關東斗,亦應一併畫一。著九卿、詹事、掌印不掌印科道,詳議具奏。"遵旨議定:直隸各省、府、州、縣市廛、鎮店、馬頭、鄉村、民人所用斛面,俱令照户部原頒鐵斛之式。其升斗亦照户部倉斗倉升式樣,底面一律平準。盛京金石金斗、關東斗,俱停其使用。鑄造鐵斗三十張、鐵升三十張,發盛京户部、順天府、五城、倉場、總漕、直隸各省巡撫,令轉發奉天府、寧古塔、黑龍江等處,及各該布政司、糧道、府、州、縣倉官,責令通行曉諭各該屬地方民人一體遵行。○四十五年覆准:陝省額徵糧石,支放兵餉,俱用永豐倉斗。較之部頒新斗,每石短少三斗。嗣後,照依舊斗之數,以新斗交收支給,停用舊斗,併將舊時多收耗糧,永行禁革。

權量表

古法,絫黍定度,度立而量與權衡準焉。顧度有今古之不同,則黍數亦不能依古。聖祖仁皇帝御定《數理精藴》,以金銀等製爲寸方,著其輕重,而度與權衡之準,瞭如指掌,誠千古不易之法也。

營造尺

以分兩定尺寸之率。

赤金十六兩八錢

白銀九兩

紅銅七兩五錢

黑鉛九兩九錢三分

各鑄爲寸方,高廣六面悉均。皆可得部頒營造尺一寸。

法馬形圓。

以寸法定輕重之率。

赤金方寸

白銀方寸

紅銅方寸

黑鉛方寸

與前分兩相符,即得部頒法馬等秤輕重之準。

鐵升斗斛形方。

以寸法定容積之率。

升方三十寸六百分

斗方三百一十六寸

斛方一千五百八十寸

兩斛爲石方三千一百六十寸

如爲升,面底方三寸,深三寸五分一釐。爲斗,面底方六寸五分,深七寸四分七釐九毫。爲斛,面底方一尺,深一尺五寸八分。爲十斗斛,面底方一尺四寸,深一尺六寸一分二釐。皆與右寸數相符,得部頒鐵升、斗、斛容量之準。

大清會典卷之二十四

户部

〔州縣一〕

國初，建置盛京。順治元年，定鼎京師。以順天等八府直隸六部。各省設布政使司，以統府、州、縣。州縣俱隸府，縣或隸州，州或直隸省。十八年，江南省分設江蘇、安徽布政使司。康熙二年，陝西省分設西安、鞏昌布政使司。三年，湖廣省分設湖北、湖南布政使司。雍正二年，改直隸守道爲布政使司。今備列京師及直省布政使司并所屬州縣於後。有開設、添設、改設、裁併者，即繫於下。其土官衙門隸布政使司者，列於各布政使司之後。至於衛所，則見《兵部》云。

京師并直隸地方

直隸等處承宣布政使司舊設守道管理錢穀。雍正二年，改。

府九　　州二十二内，直隸州六。

縣一百十七　　鹽運司一

東抵山東界　　東南抵山東界

南抵河南界　　西南抵河南界

西抵山西界　　西北抵山西界

北抵邊界　　東北抵奉天界

順天府領州六縣十八舊有灤縣。順治十六年，裁併通州、玉田縣、豐潤縣。雍正四年，改隸永平府。

大興縣　　宛平縣

良鄉縣　　固安縣

永清縣　　東安縣

香河縣　　　武清縣

通州

三河縣　　　寶坻縣

昌平州

順義縣　　　密雲縣

懷柔縣

涿州

房山縣

霸州

文安縣　　　大城縣

保定縣

薊州

平谷縣

遵化州舊爲遵化縣。康熙十五年,陞爲州。

永平府領州一縣七舊祇領縣五。雍正四年,以順天府之玉田、豐潤二縣隸焉。

盧龍縣　　　遷安縣

撫寧縣　　　昌黎縣

玉田縣舊隸順天府。雍正四年,改。

豐潤縣舊隸順天府。雍正四年,改。

灤州

樂亭縣

保定府領州三縣十七

清苑縣　　　滿城縣

安肅縣　　　定興縣

新城縣　　　唐縣

博野縣　　　慶都縣

容城縣　　　完縣

蠡縣　　　雄縣

祁州

深澤縣　　　束鹿縣

安州

高陽縣　新安縣

易州

淶水縣

河間府領州二縣十三舊有興濟縣。順治十六年，裁併青縣、静海縣。青縣，雍正二年，改隸天津州。

河間縣　獻縣

阜城縣　肅寧縣

任邱縣　交河縣

寧津縣

景州

吴橋縣　東光縣

故城縣

滄州

南皮縣　鹽山縣

慶雲縣

正定府領縣十舊領州五、縣二十七。雍正二年，將定州等五州改爲直隸州，分轄新樂、南宫、無極、栢鄉、武强等十七縣。

正定縣　井陘縣

獲鹿縣　元氏縣

靈壽縣　欒城縣

平山縣

阜平縣順治十六年，裁併行唐、曲陽二縣。康熙二十二年，復設。

行唐縣　贊皇縣

順德府領縣九

邢臺縣　沙河縣

南和縣　平鄉縣

廣宗縣　鉅鹿縣

唐山縣　内邱縣

任縣

廣平府領州一縣九舊祇領縣九。雍正四年，以河南之磁州隸焉。

永年縣　曲周縣

肥鄉縣　鷄澤縣

廣平縣　　邯鄲縣
成安縣　　威縣
清河縣
磁州舊隸河南彰德府。雍正四年,改。
大名府領州一縣七舊有内黄、濬、滑三縣。雍正三年,改隸河南省。
元城縣　　大名縣
南樂縣　　魏縣
清豐縣　　東明縣
開州
長垣縣
宣化府領州二縣八宣化等衛,舊隸山西。康熙三十二年,改爲府、縣,歸併直隸,併以延慶、保安二州隸焉。
宣化縣宣化前衛改。　　赤城縣開平衛改。
萬全縣萬全左右衛改。　　龍門縣龍門衛改。
懷來縣懷來衛改。　　蔚縣蔚州衛改。
西寧縣永寧衛改。　　懷安縣懷安衛改。
延慶州舊爲直隸州。康熙三十二年,改隸。
保安州舊爲直隸州。康熙三十二年,改隸。
定州領縣二舊隸正定府。雍正二年,改直隸州。
新樂縣舊隸正定府。雍正二年,改。
曲陽縣舊隸正定府。雍正二年,改。
冀州領縣五舊隸正定府。雍正二年,改直隸州。
南宫縣舊隸正定府。雍正二年,改。
新河縣舊隸正定府。雍正二年,改。
棗强縣舊隸正定府。雍正二年,改。
武邑縣舊隸正定府。雍正二年,改。
衡水縣舊隸正定府。雍正二年,改。
晉州領縣二舊隸正定府。雍正二年,改直隸州。
無極縣舊隸正定府。雍正二年,改。
藁城縣舊隸正定府。雍正二年,改。
趙州領縣五舊隸正定府。雍正二年,改直隸州。
栢鄉縣舊隸正定府。雍正二年,改。

隆平縣舊隸正定府。雍正二年,改。
高邑縣舊隸正定府。雍正二年,改。
臨城縣舊隸正定府。雍正二年,改。
寧晉縣舊隸正定府。雍正二年,改。
深州領縣三舊隸正定府。雍正二年,改直隸州。
武强縣舊隸正定府。雍正二年,改。
饒陽縣舊隸正定府。雍正二年,改。
安平縣舊隸正定府。雍正二年,改。
天津州領縣二舊爲天津衛。雍正二年,改直隸州。
青縣舊隸河間府。雍正二年,改。
静海縣舊隸河間府。雍正二年,改。

盛京

府二　州三
縣九
東抵海　東南抵朝鮮界
南抵海　西南抵海
西抵山海關　西北抵邊界
北抵邊界　東北抵黑龍江

奉天府領州二縣七順治十年,設遼陽府。十四年,改奉天府。
承德縣康熙三年設。
遼陽州順治十年,設。遼陽縣。康熙三年,陞爲州。
海城縣舊爲海州。順治十年,改縣。
蓋平縣舊爲蓋州。康熙三年,改縣。
開原縣康熙三年設。
鐵嶺縣康熙三年設。
永吉州舊爲船廠。雍正四年,改州隸奉天府。
泰寧縣舊爲寧古塔。雍正四年,設縣,隸奉天府。
長寧縣舊爲白都納。雍正四年,設縣,隸奉天府。

錦州府領州一縣二康熙四年設。
錦縣舊爲錦州。康熙元年,改縣,隸奉天府。四年,于縣增設錦州府治。
寧遠州康熙三年設。
廣寧縣康熙三年,設廣寧府并廣寧縣。四年,裁府,以縣屬錦州府。

江南

府十四　州十七內直隸州十二。
縣一百九　鹽運司一
東抵海　東南抵海
南抵浙江界　西南抵江西界
西抵湖廣界　西北抵河南界
北抵山東界　東北抵山東界

江蘇等處承宣布政使司分轄

江寧府領縣八
上元縣　江寧縣
句容縣　溧陽縣
溧水縣　江浦縣
六合縣　高淳縣

蘇州府領縣九舊領州一、縣七。雍正二年,添設元和等四縣,將太倉州改爲直隸州,分轄嘉定、崇明等四縣。
吴縣　長洲縣
元和縣雍正二年,以長洲縣地分設。
崑山縣
新陽縣雍正二年,以崑山縣地分設。
常熟縣
昭文縣雍正二年,以常熟縣地分設。
吴江縣
震澤縣雍正二年,以吴江縣地分設。

松江府領縣八舊領縣三。順治十三年,設婁縣。雍正二年,設奉賢等四縣。
華亭縣
奉賢縣雍正二年,以華亭縣地分設。
婁縣順治十三年,以華亭縣地分設。
金山縣雍正二年,以婁縣地分設。
上海縣
南匯縣雍正二年,以上海縣地分設。
青浦縣
福泉縣雍正二年,以青浦縣地分設。

常州府領縣八舊領縣五。雍正二年，添設陽湖等三縣。

武進縣

陽湖縣雍正二年，以武進縣地分設。

無錫縣

金匱縣雍正二年，以無錫縣地分設。

江陰縣　宜興縣

荊溪縣雍正二年，以宜興縣地分設。

靖江縣

鎮江府領縣三

丹徒縣　丹陽縣

金壇縣

淮安府領縣五舊領州二、縣九。雍正二年，將海州、邳州改爲直隸州，分轄贛榆、宿遷等縣。

山陽縣　鹽城縣

清河縣　安東縣

桃源縣

揚州府領州二縣四舊領州三、縣六。雍正二年，將通州改爲直隸州，分轄如皋等二縣。

江都縣　儀徵縣

高郵州

興化縣　寶應縣

泰州

太倉州領縣四舊隸蘇州府。雍正二年，改直隸州。

鎮洋縣雍正二年，以太倉州地分設。

嘉定縣舊隸蘇州府。雍正二年，改。

寶山縣雍正二年，以嘉定縣地分設。

崇明縣舊隸蘇州府。雍正二年，改。

海州領縣二舊隸淮安府。雍正二年，改直隸州。

贛榆縣舊隸淮安府。雍正二年，改。

沭陽縣舊隸淮安府。雍正二年，改。

邳州領縣二舊隸淮安府。雍正二年，改直隸州。

宿遷縣舊隸淮安府。雍正二年，改。

睢寧縣舊隸淮安府。雍正二年,改。

通州領縣二舊有海門縣。康熙十一年,裁併入州,屬揚州府。雍正二年,改直隸州。

如皋縣舊隸揚州府。雍正二年,改。

泰興縣舊隸揚州府。雍正二年,改。

徐州領縣四

蕭縣　碭山縣

豐縣　沛縣

安徽等處承宣布政使司分轄

安慶府領縣六

懷寧縣　桐城縣

潛山縣　太湖縣

宿松縣　望江縣

徽州府領縣六

歙縣　休寧縣

婺源縣　祁門縣

黟縣　績溪縣

寧國府領縣六

宣城縣　寧國縣

涇縣　太平縣

旌德縣　南陵縣

池州府領縣六

貴池縣　青陽縣

銅陵縣　石埭縣

建德縣　東流縣

太平府領縣三

當塗縣　蕪湖縣

繁昌縣

廬州府領州一縣四舊領州二、縣六。雍正二年,將六安州改爲直隸州,分轄英山等二縣。

合肥縣　廬江縣

舒城縣

無爲州

巢縣

鳳陽府領州二縣六舊領州五、縣十三。雍正二年，將泗州等三州改爲直隸州，分轄盱眙、潁上、太和等七縣。

鳳陽縣　　臨淮縣

懷遠縣　　定遠縣

虹縣

壽州

宿州

靈璧縣

六安州領縣二舊隸廬州府。雍正二年，改直隸州。

英山縣舊隸廬州府。雍正二年，改。

霍山縣舊隸廬州府。雍正二年，改。

泗州領縣三舊隸鳳陽府。雍正二年，改直隸州。

盱眙縣舊隸鳳陽府。雍正二年，改。

天長縣舊隸鳳陽府。雍正二年，改。

五河縣舊隸鳳陽府。雍正二年，改。

潁州領縣二舊隸鳳陽府。雍正二年，改直隸州。

潁上縣舊隸鳳陽府。雍正二年，改。

霍邱縣舊隸鳳陽府。雍正二年，改。

亳州領縣二舊隸鳳陽府。雍正二年，改直隸州。

太和縣舊隸鳳陽府。雍正二年，改。

蒙城縣舊隸鳳陽府。雍正二年，改。

廣德州領縣一

建平縣

和州領縣一

含山縣

滁州領縣二

全椒縣　　來安縣

浙江等處承宣布政使司

府十一　　州一

縣七十六

東抵海　　　東南抵海
南抵福建界　西南抵福建江西界
西抵江南界　西北抵江南界
北抵江南界　東北抵江南界

杭州府領縣九
錢塘縣　　仁和縣
海寧縣　　富陽縣
餘杭縣　　臨安縣
於潛縣　　新城縣
昌化縣

嘉興府領縣七
嘉興縣　　秀水縣
嘉善縣　　海鹽縣
石門縣舊名崇德縣。康熙元年，改。
平湖縣　　桐鄉縣

湖州府領州一縣六
烏程縣　　歸安縣
長興縣　　德清縣
武康縣
安吉州
孝豐縣

寧波府領縣六
鄞縣　　慈谿縣
奉化縣
鎮海縣舊名定海縣。康熙二十六年，改。
象山縣
定海縣舊爲舟山鎮。康熙二十六年，改。

紹興府領縣八
山陰縣　　會稽縣
蕭山縣　　諸暨縣
餘姚縣　　上虞縣
嵊縣　　新昌縣

台州府領縣六

臨海縣　黄巖縣

天台縣　僊居縣

寧海縣　太平縣

金華府領縣八

金華縣　蘭谿縣

東陽縣　義烏縣

永康縣　武義縣

浦江縣　湯谿縣

衢州府領縣五

西安縣　龍游縣

江山縣　常山縣

開化縣

嚴州府領縣六

建德縣　淳安縣

桐廬縣　遂安縣

壽昌縣　分水縣

温州府領縣五

永嘉縣　瑞安縣

樂清縣　平陽縣

泰順縣

處州府領縣十

麗水縣　青田縣

縉雲縣　松陽縣

遂昌縣　龍泉縣

慶元縣　雲和縣

宣平縣　景寧縣

江西等處承宣布政使司

府十三　州一

縣七十七

東抵浙江界　東南抵福建界

南抵廣東界　西南抵湖廣界

西抵湖廣界　西北抵湖廣界
北抵江南界　東北抵江南界
南昌府領州一縣七
南昌縣　新建縣
豐城縣　進賢縣
奉新縣　靖安縣
武寧縣
寧州
饒州府領縣七
鄱陽縣　餘干縣
樂平縣　浮梁縣
德興縣　安仁縣
萬年縣
廣信府領縣七
上饒縣　玉山縣
弋陽縣　貴谿縣
鉛山縣　永豐縣
興安縣
南康府領縣四
星子縣　都昌縣
建昌縣　安義縣
九江府領縣五
德化縣　德安縣
瑞昌縣　湖口縣
彭澤縣
建昌府領縣五
南城縣　新城縣
南豐縣　廣昌縣
瀘谿縣
撫州府領縣六
臨川縣　崇仁縣
金谿縣　宜黄縣

樂安縣　東鄉縣

臨江府領縣四

清江縣　新淦縣

峽江縣　新喻縣

吉安府領縣九

廬陵縣　泰和縣

吉水縣　永豐縣

安福縣　龍泉縣

萬安縣　永新縣

永寧縣

瑞州府領縣三

高安縣　上高縣

新昌縣

袁州府領縣四

宜春縣　分宜縣

萍鄉縣　萬載縣

贛州府領縣十二

贛縣　雩都縣

信豐縣　興國縣

會昌縣　安遠縣

長寧縣　寧都縣

瑞金縣　龍南縣

石城縣　定南縣

南安府領縣四

大庾縣　南康縣

上猶縣　崇義縣

湖廣

府十五　州十六內直隸州二。

縣一百八

東抵江西界　東南抵廣東界

南抵廣西界　西南抵貴州界

西抵四川界　西北抵陝西界

北抵河南界　東北抵江南界

湖北承宣布政使司分轄

武昌府領州一縣九

江夏縣　武昌縣

嘉魚縣　蒲圻縣

咸寧縣　崇陽縣

通城縣

興國州

大冶縣　通山縣

漢陽府領縣二

漢陽縣　漢川縣

安陸府領州二縣五舊名承天府。順治三年，改。

鍾祥縣　京山縣

潛江縣

沔陽州

天門縣舊名景陵縣。雍正四年，改。

荆門州

當陽縣

襄陽府領州一縣六

襄陽縣　宜城縣

南漳縣　棗陽縣

穀城縣　光化縣

均州

鄖陽府領縣六舊有上津縣。順治十六年，裁併鄖西縣。

鄖縣　房縣

竹山縣　竹谿縣

保康縣　鄖西縣

德安府領州一縣五

安陸縣　雲夢縣

應城縣　孝感縣

隨州

應山縣

黄州府領州一縣八

黄岡縣　黄安縣

蘄水縣　羅田縣

麻城縣　黄陂縣

蘄州

廣濟縣　黄梅縣

荆州府領州二縣十一

江陵縣　公安縣

石首縣　監利縣

松滋縣　枝江縣

彝陵州

長陽縣　宜都縣

遠安縣

歸州

興山縣　巴東縣

該布政使司所轄土司十六

宣慰司一

容美宣慰司隸荆州府。

宣撫司四

施南宣撫司　散毛宣撫司

忠峝宣撫司　忠建宣撫司以上，俱隸荆州府。

安撫司七

東鄉安撫司　忠孝安撫司

金峝安撫司　忠路安撫司

高羅安撫司　大旺安撫司

龍潭安撫司以上，俱隸荆州府。

長官司四

唐崖長官司　木册長官司

臘璧長官司　東流長官司以上，俱隸荆州府。

湖南承宣布政使司分轄

長沙府領州一縣十一

長沙縣　善化縣

湘潭縣　湘陰縣
寧鄉縣　瀏陽縣
醴陵縣　益陽縣
湘鄉縣　攸縣
安化縣
茶陵州
岳州府領州一縣七
巴陵縣　臨湘縣
華容縣　平江縣
澧州
石門縣　慈利縣
安鄉縣
寶慶府領州一縣四
邵陽縣　城步縣
新化縣
武岡州
新寧縣
衡州府領州一縣九
衡陽縣　衡山縣
耒陽縣　常寧縣
安仁縣　酃縣
桂陽州
嘉禾縣　臨武縣
藍山縣
常德府領縣四
武陵縣　桃源縣
龍陽縣　沅江縣
辰州府領州一縣六
沅陵縣　盧谿縣
辰谿縣　溆浦縣
沅州
黔陽縣　麻陽縣

永州府領州一縣七

零陵縣　祁陽縣

東安縣

道州

寧遠縣　永明縣

江華縣　新田縣

靖州領縣三舊有天柱縣。雍正四年，改隸貴州。

會同縣　綏寧縣

通道縣

郴州領縣五

永興縣　宜章縣

興寧縣　桂陽縣

桂東縣

該布政使司所轄土司六

宣慰司三

保靖宣慰司隸辰州府。

桑植宣慰司

永順宣慰司以上，直隸布政司。

安撫司一

茅崗安撫司隸岳州府。

長官司二

五寨長官司

大剌長官司以上，隸辰州府。

福建等處承宣布政使司

府九　州一直隸。

縣五十一

東抵海　東南抵海

南抵海　西南抵廣東界

西抵江西界　西北抵江西界

北抵浙江界　東北抵海

福州府領縣九

閩縣　侯官縣

古田縣　閩清縣
長樂縣　連江縣
羅源縣　永福縣
福清縣
泉州府領縣七
晉江縣　南安縣
惠安縣　德化縣
安谿縣　同安縣
永春縣
建寧府領縣八
建安縣　甌寧縣
建陽縣　崇安縣
浦城縣　政和縣
松谿縣　壽寧縣
延平府領縣七
南平縣　將樂縣
大田縣　沙縣
尤谿縣　順昌縣
永安縣
汀州府領縣八
長汀縣　寧化縣
上杭縣　武平縣
清流縣　連城縣
歸化縣　永定縣
興化府領縣二
莆田縣　僊遊縣
邵武府領縣四
邵武縣　光澤縣
泰寧縣　建寧縣
漳州府領縣十
龍谿縣　漳浦縣
龍巖縣　南靖縣

長泰縣　　漳平縣
平和縣　　詔安縣
海澄縣　　寧洋縣
福寧州領縣二
福安縣　　寧德縣
臺灣府領縣四康熙二十四年，設府，領縣三。雍正三年，添設彰化縣。
臺灣縣　　鳳山縣
諸羅縣　　彰化縣雍正三年設。

大清會典卷之二十五

户部

〔州縣二〕

山東等處承宣布政使司

府六　州十五内直隸州六

縣八十九　鹽運司一

東抵海　東南抵海

南抵江南界　西南抵河南界

西抵直隸界　西北抵直隸界

北抵直隸界　東北抵奉天界

濟南府領州一縣十七舊領州四、縣二十六。雍正二年，將泰安等三州改爲直隸州，分轄新泰、陽信、利津等九縣。

歷城縣　章邱縣

鄒平縣　淄川縣

長山縣　新城縣

齊河縣　齊東縣

濟陽縣　禹城縣

臨邑縣　肥城縣

青城縣　陵縣

商河縣

德州

德平縣　平原縣

兗州府領州一縣十六舊領州四、縣二十三。雍正二年，將曹州等三州改爲直隸州，分轄曹縣、嘉祥、鄆城等七縣。

滋陽縣　曲阜縣
寧陽縣　鄒縣
泗水縣　滕縣
嶧縣　金鄉縣
魚臺縣　單縣
城武縣

東平州

汶上縣　東阿縣
平陰縣　陽穀縣
壽張縣

東昌府領州三縣十五

聊城縣　堂邑縣
博平縣　茌平縣
清平縣　莘縣
冠縣

臨清州

邱縣　館陶縣

高唐州

恩縣　夏津縣
武城縣

濮州

范縣　觀城縣
朝城縣

青州府領州一縣十三

益都縣　臨淄縣
博興縣　高苑縣
樂安縣　壽光縣
昌樂縣　臨朐縣
安邱縣　諸城縣
蒙陰縣

莒州

沂水縣　　日照縣

登州府領州一縣七

蓬萊縣　　黄縣

福山縣　　棲霞縣

招遠縣　　萊陽縣

寧海州

文登縣

萊州府領州二縣五

掖縣

平度州

濰縣　　昌邑縣

膠州

高密縣　　即墨縣

泰安州領縣三舊隸濟南府。雍正二年,改直隸州。

新泰縣舊隸濟南府。雍正二年,改。

萊蕪縣舊隸濟南府。雍正二年,改。

長清縣舊隸濟南府。雍正二年,改。

武定州領縣三舊隸濟南府。雍正二年,改直隸州。

陽信縣舊隸濟南府。雍正二年,改。

海豐縣舊隸濟南府。雍正二年,改。

樂陵縣舊隸濟南府。雍正二年,改。

濱州領縣三舊隸濟南府。雍正二年,改直隸州。

利津縣舊隸濟南府。雍正二年,改。

霑化縣舊隸濟南府。雍正二年,改。

蒲臺縣舊隸濟南府。雍正二年,改。

曹州領縣二舊隸兖州府。雍正二年,改直隸州。

曹縣舊隸兖州府。雍正二年,改。

定陶縣舊隸兖州府。雍正二年,改。

濟寧州領縣三舊隸兖州府。雍正二年,改直隸州。

嘉祥縣舊隸兖州府。雍正二年,改。

鉅野縣舊隸兖州府。雍正二年,改。

鄆城縣舊隸兖州府。雍正二年,改。

沂州領縣二舊隸兖州府。雍正二年，改直隸州。

郯城縣舊隸兖州府。雍正二年，改。

費縣舊隸兖州府。雍正二年，改。

山西等處承宣布政使司

府七　州十九內，直隸州十二。

縣八十七　鹽運司一

東抵直隸界　東南抵河南界

南抵河南界　西南抵陝西界

西抵陝西界　西北抵邊界

北抵邊界　東北抵直隸界

太原府領州一縣十舊領州五、縣二十。雍正二年，將平定州等四州改爲直隸州，分轄樂平、定襄、五臺、河曲等十縣。

陽曲縣　太原縣

榆次縣　大谷縣

祁縣　徐溝縣

清源縣　交城縣

文水縣

岢嵐州

嵐縣

平陽府領州一縣十舊領州六、縣二十八。雍正二年，將蒲州等五州改爲直隸州，分轄臨晉、安邑、稷山、鄉寧、大寧等十八縣。

臨汾縣　洪洞縣

浮山縣　趙城縣

岳陽縣　曲沃縣

翼城縣　靈石縣

絳縣　聞喜縣

霍州

大同府領州三縣八舊領州四、縣七。雍正三年，將朔州馬邑縣改隸朔平府，添設陽高、天鎮二縣。

大同縣　懷仁縣

陽高縣舊係陽高衛。雍正三年，改。

天鎮縣舊係天鎮衛。雍正三年，改。

渾源州

應州

山陰縣

蔚州

廣靈縣　廣昌縣

靈邱縣

潞安府領縣八

長治縣　長子縣

屯留縣　襄垣縣

潞城縣　壺關縣

平順縣　黎城縣

汾州府領州一縣七

汾陽縣　孝義縣

平遥縣　介休縣

石樓縣　臨縣

永寧州

寧鄉縣

朔平府領州一縣四雍正三年,以大同府地分設。

右玉縣雍正三年,以大同右衛改設。

左雲縣雍正三年,以大同左衛改設。

平魯縣雍正三年,以平魯衛改設。

朔州舊隸大同府。雍正三年,改。

馬邑縣舊隸大同府。雍正三年,改

寧武府領縣四舊爲寧武所。雍正三年,改設府。

寧武縣雍正三年,以寧武所地改設。

神池縣雍正三年,以神池堡地改設。

偏關縣雍正三年,以偏關所地改設。

五寨縣雍正三年,以五寨堡地改設。

遼州領縣二

榆社縣　和順縣

沁州領縣二

沁源縣　武鄉縣

澤州領縣四

高平縣　陽城縣

陵川縣　沁水縣

平定州領縣三舊隸太原府。雍正二年,改直隸州。

樂平縣舊隸太原府。雍正二年,改。

壽陽縣舊隸太原府。雍正二年,改。

盂縣舊隸太原府。雍正二年,改。

忻州領縣二舊隸太原府。雍正二年,改直隸州。

定襄縣舊隸太原府。雍正二年,改。

静樂縣舊隸太原府。雍正二年,改。

代州領縣三舊隸太原府。雍正二年,改直隸州。

五臺縣舊隸太原府。雍正二年,改。

繁峙縣舊隸太原府。雍正二年,改。

崞縣舊隸太原府。雍正二年,改。

保德州領縣二舊隸太原府。雍正二年,改直隸州。

河曲縣舊隸太原府。雍正二年,改。

興縣舊隸太原府。雍正二年,改。

蒲州領縣四舊隸平陽府。雍正二年,改直隸州。

臨晉縣舊隸平陽府。雍正二年,改。

榮河縣舊隸平陽府。雍正二年,改。

猗氏縣舊隸平陽府。雍正二年,改。

萬泉縣舊隸平陽府。雍正二年,改。

解州領縣五舊隸平陽府。雍正二年,改直隸州。

安邑縣舊隸平陽府。雍正二年,改。

夏縣舊隸平陽府。雍正二年,改。

平陸縣舊隸平陽府。雍正二年,改。

芮城縣舊隸平陽府。雍正二年,改。

垣曲縣舊隸平陽府。雍正二年,改。

絳州領縣四舊隸平陽府。雍正二年,改直隸州。

稷山縣舊隸平陽府。雍正二年,改

襄陵縣舊隸平陽府。雍正二年,改

太平縣舊隸平陽府。雍正二年,改。

河津縣舊隸平陽府。雍正二年,改。

吉州領縣二舊隸平陽府。雍正二年,改直隸州。

鄉寧縣舊隸平陽府。雍正二年,改。

蒲縣舊隸平陽府。雍正二年,改。

隰州領縣三舊隸平陽府。雍正二年,改直隸州。

大寧縣舊隸平陽府。雍正二年,改。

永和縣舊隸平陽府。雍正二年,改。

汾西縣舊隸平陽府。雍正二年,改。

河南等處承宣布政使司

府八　　州十一內,直隸州七。

縣九十七

東抵江南界　東南抵江南界

南抵湖廣界　西南抵湖廣界

西抵陝西界　西北抵山西界

北抵直隸山西界　東北抵直隸山東界

開封府領縣十四舊領州四、縣三十。雍正二年,以延津隸衛輝、原武隸懷慶。又,將陳州等四州改爲直隸州,分轄商水、臨潁、密、滎陽等十四縣。

祥符縣　陳留縣

杞縣　通許縣

太康縣　尉氏縣

洧川縣　鄢陵縣

扶溝縣　中牟縣

陽武縣　封邱縣

蘭陽縣　儀封縣

歸德府領州一縣八

商邱縣　寧陵縣

鹿邑縣　夏邑縣

永城縣　虞城縣

睢州

考城縣　柘城縣

彰德府領縣七舊領州一、縣六。雍正三年,以直隸大名府屬之內黄縣隸焉。四年,將磁州改屬直隸廣平府。

安陽縣　湯陰縣
臨漳縣　林縣
内黄縣舊隸直隸大名府。雍正三年，改。
武安縣　涉縣

衛輝府領縣八舊領縣六。雍正三年，以開封府屬之延津縣、直隸大名府屬之濬、滑二縣隸焉。舊有胙城縣，雍正五年，歸併延津縣。

汲縣　新鄉縣
獲嘉縣　淇縣
輝縣
延津縣舊隸開封府。雍正三年，改。
濬縣舊隸直隸大名府。雍正三年，改。
滑縣舊隸直隸大名府。雍正三年，改。

懷慶府領縣七舊領縣六。雍正二年，以開封府屬之原武縣改隸。

河内縣　濟源縣
修武縣　武陟縣
孟縣　温縣
原武縣舊隸開封府。雍正二年，改。

河南府領縣十一舊領州一、縣十三。雍正二年，將陝州改爲直隸州，分轄靈寶等二縣。

洛陽縣　偃師縣
鞏縣　孟津縣
宜陽縣　登封縣
永寧縣　新安縣
澠池縣　嵩縣
盧氏縣

南陽府領州二縣十舊有南召縣。順治十六年，裁併南陽縣。

南陽縣　鎮平縣
唐縣　泌陽縣
桐柏縣
鄧州
内鄉縣　新野縣
淅川縣

裕州

舞陽縣　葉縣

汝寧府領州一縣八舊領州二、縣十二。雍正二年,將光州改爲直隸州,分轄光山等四縣。

汝陽縣　正陽縣

上蔡縣　新蔡縣

西平縣　遂平縣

確山縣

信陽州

羅山縣

汝州領縣四

魯山縣　郟縣

寶豐縣　伊陽縣

陳州領縣四舊隸開封府。雍正二年,改直隸州。

商水縣舊隸開封府。雍正二年,改。

西華縣舊隸開封府。雍正二年,改。

項城縣舊隸開封府。雍正二年,改。

沈邱縣舊隸開封府。雍正二年,改。

許州領縣四舊隸開封府。雍正二年,改直隸州。

臨潁縣舊隸開封府。雍正二年,改。

襄城縣舊隸開封府。雍正二年,改。

郾城縣舊隸開封府。雍正二年,改。

長葛縣舊隸開封府。雍正二年,改。

禹州領縣二舊隸開封府。雍正二年,改直隸州。

密縣舊隸開封府。雍正二年,改。

新鄭縣舊隸開封府。雍正二年,改。

鄭州領縣四舊隸開封府。雍正二年,改直隸州。

滎陽縣舊隸開封府。雍正二年,改。

滎澤縣舊隸開封府。雍正二年,改。

河陰縣舊隸開封府。雍正二年,改。

汜水縣舊隸開封府。雍正二年,改。

陝州領縣二舊隸河南府。雍正二年,改直隸州。

靈寶縣舊隸河南府。雍正二年,改。

閿鄉縣舊隸河南府。雍正二年,改。

光州領縣四舊隸汝寧府。雍正二年,改直隸州。

光山縣舊隸汝寧府。雍正二年,改。

固始縣舊隸汝寧府。雍正二年,改。

息縣舊隸汝寧府。雍正二年,改。

商城縣舊隸汝寧府。雍正二年,改。

陝西

府十二　州二十二內,直隸州十。

縣一百十一

東抵山西河南界　東南抵河南湖廣界

南抵四川界　西南抵西番界

西抵西番界　西北抵邊界

北抵邊界　東北抵邊界

西安等處承宣布政使司分轄

西安府領縣十四舊領州六、縣三十一。雍正三年,將商州等六州改爲直隸州,分轄鎮安、朝邑、華陰、同官、武功、三水等十七縣。

長安縣　咸寧縣

咸陽縣　興平縣

臨潼縣　高陵縣

鄠縣　藍田縣

涇陽縣　三原縣

盩厔縣　渭南縣

富平縣　醴泉縣

延安府領縣八舊領州三、縣十六。雍正三年,將鄜州等三州改爲直隸州,分轄洛川、米脂、吴堡等八縣。

膚施縣　安塞縣

甘泉縣　安定縣

保安縣　宜川縣

延川縣　延長縣

鳳翔府領州一縣七

鳳翔縣　岐山縣

寶鷄縣　扶風縣
郿縣　麟遊縣
汧陽縣
隴州
漢中府領州一縣八
南鄭縣　褒城縣
城固縣　洋縣
西鄉縣　鳳縣
寧羌州
沔縣　略陽縣
興安州領縣六
平利縣　洵陽縣
白河縣　紫陽縣
石泉縣　漢陰縣
商州領縣四舊隸西安府。雍正三年,改直隸州。
鎮安縣舊隸西安府。雍正三年,改。
洛南縣舊隸西安府。雍正三年,改。
山陽縣舊隸西安府。雍正三年,改。
商南縣舊隸西安府。雍正三年,改。
同州領縣四舊隸西安府。雍正三年,改直隸州。
朝邑縣舊隸西安府。雍正三年,改。
郃陽縣舊隸西安府。雍正三年,改。
澄城縣舊隸西安府。雍正三年,改。
韓城縣舊隸西安府。雍正三年,改。
華州領縣三舊隸西安府。雍正三年,改直隸州。
華陰縣舊隸西安府。雍正三年,改。
蒲城縣舊隸西安府。雍正三年,改。
潼關縣舊爲潼關衛。雍正四年,改。
耀州領縣二舊隸西安府。雍正三年,改直隸州。
同官縣舊隸西安府。雍正三年,改。
白水縣舊隸西安府。雍正三年,改。
乾州領縣二舊隸西安府。雍正三年,改直隸州。

武功縣舊隸西安府。雍正三年,改。

永壽縣舊隸西安府。雍正三年,改。

邠州領縣三舊隸西安府。雍正三年,改直隸州。

三水縣舊隸西安府。雍正三年,改。

淳化縣舊隸西安府。雍正三年,改。

長武縣舊隸西安府。雍正三年,改。

鄜州領縣三舊隸延安府。雍正三年,改直隸州。

洛川縣舊隸延安府。雍正三年,改。

中部縣舊隸延安府。雍正三年,改。

宜君縣舊隸延安府。雍正三年,改。

綏德州領縣二舊隸延安府。雍正三年,改直隸州。

米脂縣舊隸延安府。雍正三年,改。

清澗縣舊隸延安府。雍正三年,改。

葭州領縣三舊隸延安府。雍正三年,改直隸州。

吴堡縣舊隸延安府。雍正三年,改。

神木縣舊隸延安府。雍正三年,改。

府谷縣舊隸延安府。雍正三年,改。

平慶等處承宣布政使司分轄

平凉府領州三縣七

平凉縣　崇信縣

華亭縣　鎮原縣

固原州

涇州

靈臺縣

静寧州

莊浪縣　隆德縣

鞏昌府領州三縣十四

隴西縣　安定縣

會寧縣　通渭縣

漳縣　寧遠縣

伏羌縣　西和縣

成縣

秦州

秦安縣　清水縣

禮縣

階州

文縣

徽州

兩當縣

臨洮府領州二縣三

狄道縣　渭源縣

蘭州

金縣

河州

慶陽府領州一縣四

安化縣　合水縣

環縣　真寧縣

寧州

寧夏府領州一縣四舊爲寧夏衛。雍正二年,改設府。

寧夏縣雍正二年,以左衛地改設。

寧朔縣雍正二年,以右衛地改設。

平羅縣雍正二年,以平羅所地改設。

靈州雍正二年,以靈壽所地改設。

中衛縣雍正二年,以中衛地改設。

西寧府領縣二舊爲西寧廳。雍正二年,改設府。

西寧縣雍正二年,以西寧衛地改設。

碾伯縣雍正二年,以碾伯所地改設。

凉州府領縣五舊爲凉州廳。雍正二年,改設府。

武威縣雍正二年,以凉州衛地改設。

鎮番縣雍正二年,以鎮番衛地改設。

永昌縣雍正二年,以永昌衛地改設。

古浪縣雍正二年,以古浪所地改設。

平番縣雍正二年,以莊浪所地改設。

甘州府領縣三舊爲甘州廳。雍正二年,改設府。

張掖縣雍正二年，以甘州屬左右兩衛地改設。

山丹縣雍正二年，以山丹衛地改設。

高臺縣雍正二年，以高臺所地改設。

四川等處承宣布政使司

府十一舊有東川軍民府。雍正四年，改歸雲南。

州二十二內，直隸州六。　　縣九十七

東抵湖廣界　　東南抵貴州界

南抵貴州界　　西南抵雲南界

西抵西番界　　西北抵西番界

北抵陝西界　　東北抵陝西界

成都府領州六縣二十一舊有彰明縣，順治十六年，裁併綿州；羅江縣，順治十六年，裁併德陽縣；雙流縣，康熙元年，裁併新津縣；彭縣，康熙七年，裁併新繁縣；崇寧縣，康熙七年，裁併郫縣；華陽縣，康熙九年，裁併成都縣。

成都縣　　温江縣

新繁縣　　金堂縣

仁壽縣　　新都縣

井研縣　　郫縣

資縣　　灌縣

安縣　　內江縣

資陽縣

簡州

崇慶州

新津縣

漢州

什邡縣　　綿竹縣

綿州

德陽縣

茂州

汶川縣

威州

保縣

保寧府領州二縣八

閬中縣　　　蒼谿縣
南部縣　　　廣元縣
昭化縣
巴州
通江縣　　　南江縣
劍州
梓潼縣
順慶府領州二縣八
南充縣　　　西充縣
蓬州
營山縣　　　儀隴縣
廣安州
岳池縣康熙七年,裁併廣安州。六十年,復設。
渠縣　　　大竹縣
鄰水縣
叙州府領縣十
宜賓縣　　　慶符縣
富順縣　　　南谿縣
長寧縣　　　高縣
筠連縣　　　珙縣
興文縣　　　隆昌縣
重慶府領州三縣十三舊有大足縣,康熙元年,裁併榮昌縣;安居縣,康熙元年,裁併合州;璧山縣,康熙元年,裁併永川縣;武隆縣,康熙七年,裁併涪州;定遠縣,康熙六十年,裁併合州。
巴縣　　　江津縣
長壽縣　　　永川縣
榮昌縣　　　綦江縣
南川縣　　　黔江縣
合州
銅梁縣康熙元年,裁併合州。六十年,復設。
忠州
酆都縣　　　墊江縣

涪州

彭水縣

夔州府領州一縣九舊有大寧縣，康熙七年，裁併奉節縣；大昌縣，康熙九年，裁併巫山縣；新寧縣，康熙七年，裁併梁山縣。

奉節縣　　巫山縣

雲陽縣　　萬縣

開縣　　梁山縣

建始縣

達州

東鄉縣　　太平縣

馬湖府領縣一

屏山縣

龍安府領縣三

平武縣

江油縣順治十年，裁併平武縣。康熙元年，復設。

石泉縣

遵義府領州二縣四

遵義縣　　桐梓縣

綏陽縣

真安州

仁懷縣

會理州康熙二十九年，設。

潼川州領縣六舊有安岳縣，康熙元年，裁併遂寧縣。

射洪縣順治十年，裁併潼川州。康熙元年，復設。

鹽亭縣　　中江縣

遂寧縣順治十年，裁併蓬谿縣。十七年，復設。

蓬谿縣　　樂至縣

眉州領縣一舊有彭山縣，康熙元年，裁併眉州；青神縣，康熙六年，裁併眉州。

丹稜縣

嘉定州領縣五舊有威遠縣，康熙六年，裁併榮縣。

峩眉縣　　洪雅縣

夾江縣　　犍爲縣
榮縣
邛州領縣二
大邑縣　　蒲江縣
瀘州領縣三
納谿縣　　合江縣
江安縣
雅州領縣三
名山縣　　滎經縣
蘆山縣
鎮雄府舊爲土府。雍正五年,改流。
烏蒙軍民府舊爲土府。雍正五年,改流。
該布政使司所轄土司十
宣慰司二
酉陽司隸重慶府。　　天全司隸雅州。
長官司八
石砫司　　石耶司
平茶司　　邑梅司
地壩司以上,隸重慶府。　　九姓司隸瀘州。
董卜司　　天全司以上,隸雅州。

廣東等處承宣布政使司

府十　　州九内,直隸州一。
縣七十八　　鹽運司一
東抵海　　東南抵海
南抵海　　西南抵海
西抵廣西界　　西北抵湖廣界
北抵江西界　　東北抵福建界
廣州府領州一縣十六
南海縣　　番禺縣
順德縣　　東莞縣
從化縣　　龍門縣
新寧縣　　增城縣

香山縣　新會縣

三水縣　清遠縣

新安縣康熙五年，裁併東莞縣。八年，復設。

花縣康熙二十四年，設。

連州

陽山縣　連山縣

韶州府領縣六

曲江縣　樂昌縣

仁化縣　乳源縣

翁源縣　英德縣

南雄府領縣二

保昌縣　始興縣

惠州府領州一縣十

歸善縣　博羅縣

長寧縣　永安縣

海豐縣　龍川縣

長樂縣　興寧縣

連平州

河源縣　和平縣

潮州府領縣十一

海陽縣　潮陽縣

揭陽縣　程鄉縣

饒平縣　惠來縣

大埔縣

澄海縣康熙五年，裁併海陽縣。八年，復設。

普寧縣　平遠縣

鎮平縣

肇慶府領州一縣十一

高要縣　四會縣

新興縣　陽春縣

陽江縣　高明縣

恩平縣　廣寧縣

開平縣順治十年，添設。

德慶州

封川縣　開建縣

高州府領州一縣五

茂名縣　電白縣

信宜縣

化州

吴川縣　石城縣

廉州府領州一縣二

合浦縣

欽州

靈山縣

雷州府領縣三

海康縣　遂谿縣

徐聞縣

瓊州府領州三縣十

瓊山縣　澄邁縣

定安縣　文昌縣

會同縣　樂會縣

臨高縣

儋州

昌化縣

萬州

陵水縣

崖州

感恩縣

羅定州領縣二

東安縣　西寧縣

廣西等處承宣布政使司

府十　州十四內，直隸州二。

縣四十六

東抵湖廣界　東南抵廣東界

南抵廣東界　　西南抵安南界
西抵雲南界　　西北抵貴州界
北抵湖廣界　　東北抵湖廣界

桂林府領州二縣七

臨桂縣　　興安縣
靈川縣　　陽朔縣

永寧州

永福縣　　義寧縣

全州

灌陽縣

柳州府領州一縣六舊領州二、縣九。雍正三年，將賓州改爲直隸州，分轄遷江等三縣。

馬平縣　　雒容縣
羅城縣　　柳城縣
懷遠縣　　融縣

象州

慶遠府領州一縣五

宜山縣　　天河縣
忻城縣

河池州

思恩縣　　荔波縣

平樂府領州一縣七

平樂縣　　恭城縣
富川縣　　賀縣
荔浦縣　　修仁縣
昭平縣

永安州

梧州府領縣五舊領州一縣九。雍正三年，將鬱林州改爲直隸州，分轄博白等四縣。

蒼梧縣　　藤縣
容縣　　岑谿縣
懷集縣

潯州府領縣三

桂平縣　平南縣

貴縣

南寧府領州三縣三

宣化縣

新寧州

隆安縣

橫州

永淳縣

上思州

太平府領州三縣一

養利州

左州

永康州

崇善縣

思恩府領州一縣二舊領縣一。康熙五年,設西隆州、西林縣隸焉。

武緣縣

西隆州舊爲安隆長官司。康熙五年,改州。

西林縣舊爲上林長官司。康熙五年,改縣。

泗城府舊係土司,隸思恩府統轄。雍正四年,改流。

賓州領縣四舊隸柳州府。雍正三年,改直隸州。

遷江縣舊隸柳州府。雍正三年,改。

上林縣舊隸柳州府。雍正三年,改。

來賓縣舊隸柳州府。雍正三年,改。

武宣縣舊隸柳州府。雍正三年,改。

鬱林州領縣四舊隸梧州府。雍正三年,改直隸州。

博白縣舊隸梧州府。雍正三年,改。

北流縣舊隸梧州府。雍正三年,改。

陸川縣舊隸梧州府。雍正三年,改。

興業縣舊隸梧州府。雍正三年,改。

該布政使司所轄土司五十六

府二

思明府隸南寧府。　鎮安府隸思恩府。

州三十一

忠州　歸德州

果化州　下雷州

利州　上石西州

下石西州　思陵州

憑祥州　江州以上，隸南寧府。

萬承州　太平州

安平州　龍英州

思城州　都結州

結安州　上下凍州

結倫州　全茗州

茗盈州　鎮遠州

思明州以上，隸太平府。　東蘭州

那地州　南丹州以上，隸慶遠府。

田州　向武州

都康州　歸順州

奉義州以上，隸思恩府。

縣五

羅陽縣　陀陵縣

羅白縣以上，隸太平府。

上林縣舊隸思恩府。雍正三年，改隸賓州。

忻城縣隸慶遠府。

長官司十八

湖潤寨　遷隆峝

上龍司　下龍司

剥甘上中下勾等二十一村以上，隸南寧府。

永定司　永順司

永順副司以上，隸慶遠府。　何旺堡

白山司　興隆司

定羅司　舊城司

下旺司　那馬司

都陽司　古零司

安定司以上,隸思恩府。

內,思明土府、思陵土州、憑祥土州、江州土州、下石西土州,舊隸太平府,後改隸南寧府。又,龍州土州,舊隸太平府,後改隸南寧府。雍正三年題准:改爲上龍、下龍二土司。

雲南等處承宣布政使司

府十九　州三十一

縣二十九

東抵廣西界　東南抵廣西界

南抵安南界　西南抵南海

西抵百彝界　西北抵西番界

北抵四川界　東北抵貴州界

雲南府領州四縣七舊有歸化縣,康熙七年,裁併呈貢縣;三泊縣,康熙八年,裁併昆陽州;雍正二年,改併安寧州。

昆明縣　富民縣

宜良縣

嵩明州

晉寧州

呈貢縣

安寧州

羅次縣　禄豐縣

昆陽州

易門縣

大理府領州四縣三舊有北勝州,康熙三十七年,改爲永北府。

太和縣

趙州

雲南縣

鄧川州

浪穹縣

賓川州

雲龍州

臨安府領州四縣五舊有新化州,康熙五年,裁併新平縣。

建水州

石屏州

阿迷州

寧州

通海縣　河西縣

嶍峨縣　蒙自縣

新平縣

楚雄府領州二縣四舊有碍嘉縣，康熙六年，裁併南安州。

楚雄縣　定邊縣

廣通縣　定遠縣

南安州

鎮南州

澂江府領州二縣二舊有陽宗縣，康熙八年，裁併河陽縣。

河陽縣　江川縣

新興州

路南州

廣南府舊有維摩州，隸廣西府。康熙八年，併入廣南府。

廣西府領州二

師宗州

彌勒州

鎮沅府領州一縣一舊爲土府。雍正五年，改流。

宣威州舊爲霑益土州。雍正五年，改。

恩樂縣舊爲者樂甸長官司。雍正五年，改。

永北府舊爲北勝州，隸大理府。康熙三十七年，置府，以永寧土府併入，改今名。

順寧府領州一

雲州

曲靖府領州五縣二舊有亦佐縣，康熙八年，裁併羅平州。

南寧縣

霑益州

陸涼州

羅平州

馬龍州
尋甸州舊爲尋甸府。康熙八年,改州。九年,隸曲靖府。
平彝縣康熙三十四年,以平彝衛改設。
姚安軍民府領州一縣一
姚州
大姚縣
鶴慶軍民府領州一舊有順州,康熙七年,裁併府。
劍川州
武定軍民府領州二縣一
和曲州
元謀縣
禄勸州
麗江府領州一舊爲土府。雍正二年,改流。
巨津州
元江府
永昌府領州一縣二
保山縣　永平縣
騰越州
開化府舊爲教化王弄安南三長官司。康熙六年,陞爲府,改今名。舊有者樂甸長官司。雍正五年,改縣,隸鎮沅府。
東川府領縣一舊係土府,隸四川。康熙三十八年,改流。雍正四年,改隸焉。
會澤縣雍正五年,設。
該布政使司所轄土司三十三
府三
景東府　孟艮府
孟定府以上,隸順寧府。
州四
富州　灣甸州
鎮康州以上,隸永昌府。
瀾滄衛蒗蕖州隸順寧府。
宣慰司六

車里司隸元江府。　孟養司

木邦司　干崖司

南甸司　隴州司以上,隸順寧府。

安撫司二

耿馬司　潞江司以上,隸永昌府。

長官司十六

納樓司　落空司

虧容司　溪處司

左能司　思陀司

納更司以上,隸臨安府。　者樂甸司隸元江府。

十二關司隸大理府。　鳳溪司

施甸司　芒市司

猛波羅土司以上,隸永昌府。　孟連司

鈕兀司　猛緬司以上,隸順寧府。

巡檢司一

猛猛巡檢司隸永昌府。

所一

永昌府所隸永昌府。

貴州等處承宣布政使司

府十一　州十二

縣三十

東抵湖廣界　東南抵廣西界

南抵廣西界　西南抵廣西界

西抵雲南界　西北抵雲南界

北抵四川界　東北抵四川界

貴陽府領州三縣四舊領縣三。康熙十年,增設修文縣。二十六年,增設貴筑縣。舊有新貴縣,三十四年,裁併貴筑縣。

貴筑縣康熙二十六年,以貴州、貴前二衛改置縣。三十四年,省新貴縣地併入。

貴定縣

龍里縣舊爲龍里衛。康熙十年,改縣。

修文縣舊爲修文所。康熙十年,改縣。二十六年,以敷勇衛地併入。

開州
定番州
廣順州
思州府領縣二
玉屏縣雍正五年,以湖廣平溪衛改設。
青溪縣雍正五年,以湖廣清浪衛改設。
思南府領縣三
安化縣　婺川縣
印江縣
鎮遠府領縣二
鎮遠縣　施秉縣
石阡府領縣一
龍泉縣
銅仁府領縣一
銅仁縣
黎平府領縣四
永從縣
天柱縣舊隸湖南。雍正四年,改隸。
錦屏縣雍正五年,以湖廣銅鼓衛改設。
開泰縣雍正五年,以湖廣五開衛改設。
安順府領州二縣三舊領州三、縣五。雍正五年,以普安州、普安、安南二縣改隸南籠府。
普定縣舊爲普定衛。康熙十年,改。
永寧州
清鎮縣康熙二十六年,以鎮西、威清二衛改置。
安平縣康熙二十六年,以平壩衛改置。
鎮寧州
都匀府領州二縣二
都匀縣舊爲都匀衛。康熙十年,改。
麻哈州
獨山州
清平縣舊爲清平衛。康熙五年,併入麻哈州。十年,復以衛地置縣。

平越府領州一縣四

平越縣舊爲平越衛。康熙十年,改。

甕安縣　湄潭縣

餘慶縣

黄平州

威寧府領州三縣二舊爲烏撒軍民府,隸四川。康熙五年,改今名,隸貴州。

平遠州舊爲北喇地。康熙五年,開設爲府。二十二年,降州,隸大定府。二十六年,改。

黔西州舊爲水西地。康熙五年,開設爲府。二十二年,降州,隸大定府。二十六年,改。

大定州舊爲大方地。康熙五年,開設爲府。二十二年,以平遠、黔西二州屬焉。二十六年,降州,隸威寧府。

永寧縣舊爲永寧衛。康熙二十六年,改縣,以普市所併入。

畢節縣舊爲畢節衛。康熙二十六年,改縣,以赤水衛併入。

南籠府領州二縣二舊係南籠所。雍正五年,改設府,以安順府屬普安等三州縣并新設永豐州隸焉。

普安州舊隸安順府。雍正五年,改。

安南縣康熙二十六年,以安南衛改設,隸安順府。雍正五年,改。

普安縣順治十八年,以馬乃土司地改設,隸安順府。雍正五年,改。

永豐州雍正五年,設。

該布政使司所轄土司七十六

長官司七十六

中曹土司　白納土司

養龍司以上,隸貴陽府。　程番司

上馬司　小程司

盧番司　從番司

方番司　韋番司

卧龍司　小龍司

金石司　羅番司

大龍司　盧山司

木瓜司　麻嚮司

大華司以上,隸定番州。　新添司

太平司　　平伐司
小平司　　把平司以上,隸貴定縣。
大谷龍司　　小谷龍司
羊腸司　　龍里司以上,隸龍里縣。
寧谷司　　西堡司以上,隸安順府。
康佐司隸鎮寧府。　　慕役司
頂營司　　沙營司以上,隸永寧州。
楊義司隸平越府。　　都勻司
邦水司　　平州六洞司
平浪司　　丹平司
丹行司以上,隸都勻府。　　獨山司
豐寧上司　　豐寧下司
爛土司以上,隸獨山州。　　平定司
樂平司以上,隸麻哈州。　　凱里司隸清平縣。
邛水司　　偏橋司以上,隸鎮遠府。
石阡司　　苗民司以上,隸石阡府。
蠻彝司　　沿河司
朗溪司以上,隸思南府。　　都坪司
黄道司　　都素司
施溪司以上,隸思州府。　　潭溪司
新化司　　歐陽司
亮寨司　　湖耳司
中林司　　八再司
龍里司　　曹滴司
古州司　　洪舟司
赤溪司　　西山司以上,隸黎平府。
省溪司　　提溪司
烏羅司　　平頭司以上,隸銅仁府。

舊轄有夭壩長官司,康熙五十年,裁;平州長官司,康熙五十五年,裁;平浪長官司,雍正元年,裁。

大清會典卷之二十六

戶部

〔田土一〕

本朝幅員廣遠，地利日興。開墾之有加增，坍廢之有除減，具載版籍。其科則權夫重輕，丈量清其隱匿，報墾召佃勸課農桑，俾無曠土，無游民，著有定例。至各旗莊屯撥給田地及草場苑牧，皆有成數，備列於後。

〔田土總數〕

歷年陞科坍除，賦額不一。康熙二十六年，核得順治十八年、康熙二十四年直省各奏銷實數。今核得雍正二年奏銷實數開後。

順治十八年，直隸府州并奉錦二府、各省布政司田土，總計五百四十九萬三千五百七十六頃四十畝三分七釐零。

直隸

順天府田土，計四萬七千四百九十三頃五十畝七分九釐九毫零。

永平府田土，計一萬三千八百七十七頃五十九畝六分九釐八毫。

保定府田土，計四萬八千七十二頃八畝八毫零。

河間府田土，計七萬六千五百九頃九十四畝五分七釐一毫零。

正定府田土，計一十一萬三千二百六十九頃四十四畝一分八釐。

順德府田土，計四萬五千三百四十四頃一十二畝七分九釐一毫零。

廣平府田土，計五萬七千一百八十二頃二十八畝四分九釐九毫。

大名府田土，計五萬六千五百七頃四十畝四分四釐六毫零。

延慶州田土，計九百九十二頃六十八畝七分九釐三毫零。

保安州田土，計一千五百二十三頃三十七畝六分五釐五毫零。

以上直隸各府州田土，計四十五萬九千七百七十二頃四十五畝四分四釐零。

盛京

奉天府田土,計五百五十三頃三十三畝一分二釐。

錦州府田土,計五十六頃。

以上盛京田土,計六百九頃三十三畝一分二釐。

各省

江南布政司田土,計九十五萬三千四百四十五頃一十三畝五釐四毫零。

浙江布政司田土,計四十五萬二千二百一十六頃一畝一分一釐二毫。

江西布政司田土,計四十四萬四千三百三頃八十五畝一分三釐四毫。

湖廣布政司田土,計七十九萬三千三百五十三頃七十一畝九分五釐四毫。

福建布政司田土,計一十萬三千四百五十七頃五十四畝一分一釐。

山東布政司田土,計七十四萬一千三百三十六頃六十五畝四釐三毫零。

山西布政司田土,計四十萬七千八百七十一頃二十五畝四分二釐四毫。

河南布政司田土,計三十八萬三千四百三頃九十七畝四分一釐一毫。

陝西布政司田土,計三十七萬三千二百八十五頃八十八畝九分四釐。

四川布政司田土,計一萬一千八百八十三頃五十畝二分五釐八毫。

廣東布政司田土,計二十五萬八百三十九頃八十七畝九分四釐八毫零。

廣西布政司田土,計五萬三千九百三十八頃六十五畝八分八釐七毫。

雲南布政司田土,計五萬二千一百一十五頃一十畝六分九釐九毫零。

貴州布政司田土,計一萬七百四十三頃四十四畝八分三釐二毫零。

康熙二十四年,直隸府州并奉錦二府、各省布政司田土,總計六百七萬八千四百三十頃一畝九分八釐八毫零。衛所田土,歸入州縣徵糧者,并載於内。

直隸

順天府田土,計六萬二百七十二頃五畝九分六釐三毫零。

永平府田土,計一萬八千六百六十六頃五十畝四釐七毫零。

保定府田土,計五萬一千八百六十八頃二十畝六分二釐零。

河間府田土,計八萬七千六百頃六十一畝四分八釐二毫零。

正定府田土,計一十二萬六千四百八十九頃五十九畝五分六釐零。

順德府田土,計五萬二千二百七十頃七十五畝三分五釐。

廣平府田土,計六萬三千九十一頃四十四畝三分零。

大名府田土,計七萬九千六百九十四頃三十畝六分三釐八毫零。

延慶州田土,計七百四十三頃六十一畝四分五釐八毫零。

保安州田土,計二千七百四十七頃三十八畝七分一釐三毫零。

以上直隸各府州田土,計五十四萬三千四百三十四頃四十八畝九分六釐三毫零。

盛京

奉天府田土,計一千八百一十九頃一十七畝八分五釐八毫零。

錦州府田土,計一千二百九十八頃三十二畝八分。

以上盛京田土,計三千一百一十七頃五十畝二分五釐八毫零。

各省

江南江蘇布政司田土,計六十七萬五千一百五十三頃九十九畝四分五釐零。

安徽布政司田土,計三十五萬四千二百七十四頃三十三畝七分八釐。草山荒山在外。

浙江布政司田土,計四十四萬八千五百六十五頃七十六畝一分零。

江西布政司田土,計四十五萬一千六百一十頃七十一畝三分二釐三毫零。官湖房屋在外。

湖廣湖北布政司田土,計五十四萬二千四百一十八頃一十六畝七分五釐零。

湖南布政司田土,計一十三萬八千九百二十三頃八十一畝五分零。

福建布政司田土,計一十一萬一千九百九十五頃四十八畝七分四釐六毫零。

山東布政司田土,計九十二萬五千二百六十八頃四十畝四釐五毫零。屋基地在外。

山西布政司田土,計四十四萬五千二百二十一頃三十六畝四分六毫零。

河南布政司田土,計五十七萬二千一百六頃二十畝七分三釐五毫零。

陝西西安布政司田土,計二十九萬一千一百四十九頃六畝一分二釐八毫零。

鞏昌布政司田土,計一十萬三千八十七頃六十七畝七分八釐零。

四川布政司田土,計一萬七千二百六十一頃一十八畝七分一釐八毫零。

廣東布政司田土,計三十萬二千三百九十二頃五十五畝九分九釐二毫零。

廣西布政司田土,計七萬八千二十四頃五十一畝三分五釐一毫零。

雲南布政司田土,計六萬四千八百一十七頃六十六畝九分九釐五毫零。

貴州布政司田土,計九千五百九十七頃一十一畝四分零。陸地在外。

雍正二年,京師、盛京、直隸各省布政司田土,總計六百八十三萬七千九百一十四頃二十七畝六分八釐零。

京師

順天府田土,計六萬八千四百五十頃二十二畝零。

直隸布政司田土,計五十五萬七千四百九十二頃九十四畝零。

盛京

奉天府田土,計三千二百三十六頃九十畝四分八釐。

錦州府田土,計二千五百六十九頃四十八畝四分。

以上盛京田土,計五千八百六頃五十八畝八分八釐。

各省

江南江蘇布政司田土,計六十八萬一千二百九十一頃二十七畝零。

安徽布政司田土,計三十二萬九千九百八十六頃八十四畝九分零。

浙江布政司田土,計四十五萬六千九百三頃四十三畝零。

江西布政司田土,計四十七萬八千六百三十一頃六十六畝零。

湖廣湖北布政司田土,計五十三萬五千七百四十一頃一十一畝八分零。

湖南布政司田土,計三十萬五千二百七十六頃六十四畝二分零。

福建布政司田土,計三十萬五千二百七十六頃六十四畝二分零。

山東布政司田土,計九十六萬七千七百四十一頃四十六畝一分。

山西布政司田土,計四十二萬七千四百一十三頃八十八畝零。

河南布政司田土,計六十五萬八千八百八十四頃四十三畝零。

陝西西安布政司田土,計二十五萬八千四百四十二頃八十畝。

鞏昌布政司田土,計一十一萬七千七百六頃六十三畝零。

四川布政司田土,計二十一萬四千四百五十六頃一十六畝三分。

廣東布政司田土,計三十一萬二千四百七十四頃六十四畝八分零。

廣西布政司田土,計七萬九千五百三十二頃七十一畝八分零。

雲南布政司田土,計六萬四千一百一十四頃九十五畝七分零。

貴州布政司田土,計一萬二千二百九十頃四十三畝零。

〔正賦〕

順治十八年,總計田賦,銀二千一百五十七萬六千六兩三錢五分三釐六毫零,糧六百七十四萬九千四百六十五石一斗一升五合五勺零。

直隸

順天府田賦,銀一十萬六千三百四十九兩九錢四分九釐九毫,籽粒四十三石七斗四升五合,豆五千八十三石五斗二合。

永平府田賦,銀四萬八千二百七十三兩三錢七分九釐八毫,米一萬二千二百一十石五斗五升四合,豆二千二百五十五石四斗二升四合。

保定府田賦,銀二十萬六千八百七十四兩三錢八分三釐六毫。

河間府田賦,銀一十八萬七百七十一兩五錢六分九釐七毫零。

正定府田賦,銀五十四萬四千二百九兩八錢四分三釐九毫零。

順德府田賦,銀一十六萬一千三百三十二兩九分九釐五毫零。

廣平府田賦,銀二十一萬二千五百九十九兩六錢七分三釐一毫。

大名府田賦,銀三十五萬七千九十六兩二錢四分五釐八毫零。

延慶州田賦,銀一千三百五十兩六錢五分四釐四毫零,糧三千七百三十五石三升六合九勺零。

保安州田賦,銀一千三百三十三兩五錢八分七釐五毫零,糧三千四十三石四斗一升六合三勺零。

以上直隸各府州田賦,共銀一百八十二萬四千一百九十一兩三錢八分七釐二毫零,米一萬二千二百一十石五斗五升四合,籽粒四十三石七斗四升五合,豆七千三百三十八石九斗二升六合零。

盛京

奉天府田賦,銀一千六百五十九兩九錢九分三釐七毫零。

錦州府田賦,銀一百六十八兩。

以上盛京田賦,共銀一千八百二十七兩九錢九分三釐七毫零。

各省

江南布政司田賦,銀四百六十萬二千七百三十九兩八錢二分一釐八毫,米二百七十四萬五千一百一十三石四斗八升四合九勺,麥一萬九千四百七十二石五斗八升六勺零,豆二萬三千九百三十二石八斗五升八合五勺零。

浙江布政司田賦,銀二百五十七萬二千五百九十二兩一錢八分九釐九毫,米一百三十六萬一千三百六十七石七斗四升九合九勺。

江西布政司田賦,銀一百七十二萬六千九百七十兩五錢三釐八毫零,米九十三萬八千七百五十三石八斗七合三勺零。

湖廣布政司田賦,銀一百八萬八千五百九十七兩四錢一分九釐三毫,南糧二十三萬八千五百八十二石六升一勺零,漕米二十二萬二千一百九石三斗九升九合四勺零。

福建布政司田賦,銀七十五萬八百六十二兩四錢六分九釐九毫零,米一十萬九千六百六十一石二斗九升九合九勺零。

山東布政司田賦,銀二百三十八萬九十一兩三錢八分八釐一毫零,麥二萬八千六百一十一石一斗三升七合九勺零,米三十六萬六千五十八石一斗一升七合二勺零,穀七百三十一石二斗九升九合八勺。

山西布政司田賦,銀二百二十萬五千五百四十五兩二錢六分九釐五毫,糧四萬五千九百三十一石六斗五升七合五勺零。

河南布政司田賦,銀一百八十萬九百四十三兩六錢四分九釐一毫,糧二十三萬七千四百四十一石四斗七升二合一勺零。

陝西布政司田賦,銀一百四十三萬六千三十三兩九錢二分二釐八毫,糧六萬一千八百五十一石四斗一升四合九勺零。

四川布政司田賦,銀二萬七千九十四兩八錢八釐零,米九百二十八石九斗六升九合六勺零。

廣東布政司田賦,銀八十四萬七千九百六十一兩四錢二分二釐六毫,米二萬七千六百六十八石二斗七升四合九勺零。

廣西布政司田賦,銀一十九萬九千六百五十四兩二錢九釐八毫零,米九萬四千二百九十九石三升九勺零。

雲南布政司田賦,銀六萬一千七百四十八兩九錢五分三釐九毫零,糧一十二萬三千九百一十七石九斗三升四合九勺零。

貴州布政司田賦,銀五萬三千一百五十兩九錢四分三釐五毫零,糧七萬六千六百六十石八斗八升七合零。

康熙二十四年,總計直隸府州并奉錦二府、各省布政司田賦,銀二千四百四十四萬九千七百二十四兩八錢六分六釐三毫零,糧四百三十三萬一千一百三十一石九斗一升八合五勺,草九萬八千七百二十一束。

直隸

順天府田賦,銀一十三萬二千二百三十一兩六錢三分一釐六毫,粟米二百一十七石九斗一升八合一勺零,豆二千九百九十八石三斗二升三合三勺,籽粒四十九石三斗四升五合,草三百三十束。

永平府田賦,銀五萬一百五十兩八錢三分一釐六毫零,粟米一萬一千七百八十五石四斗八升五合六勺零,豆二千二百八十四石四斗六升三合九勺零,草八萬六千三百六十六束零。

保定府田賦,銀二十一萬八千六百六十八兩七錢一分五釐。

河間府田賦,銀二十一萬八千一百三兩九錢一釐六毫零,粟米四百三十五石九斗三升三合,豆二十一石七斗一升四合。

正定府田賦,銀五十五萬三千四百三十九兩二錢七分零。

順德府田賦,銀一十六萬五千三百四十一兩五錢九分二釐五毫。

廣平府田賦,銀二十二萬三千七百九十三兩九錢三分零。

大名府田賦,銀四十二萬二千二十二兩三錢八分零,粟米四十二石一斗二升七合,小麥四十二石一斗二升七合。

延慶州田賦,銀八百六十二兩一錢四分五釐。

保安州田賦,銀一千七百九十七兩七錢五分四毫零。

以上直隸各府州田賦,共銀一百八十二萬四千一百九十一兩三錢八分七釐二毫零,米一萬二千二百一十石五斗五升四合,籽粒四十三石七斗四升五合,豆七千三百三十八石九斗二升六合零。

盛京

奉天府田賦,銀五千四百五十七兩五錢三分五釐七毫零。

錦州府田賦,銀三千八百九十四兩九錢八分四釐。

以上盛京田賦,共銀九千三百五十二兩五錢一分九釐七毫零。

各省

江南江蘇布政司田賦,銀三百六十八萬一百九十二兩一錢五分八釐零,米三十五萬九千八百一十石四斗四升九合零,麥五百二十一石六斗九升三合零,豆五千二百三十九石五斗九升七合零。

安徽布政司田賦,銀一百四十四萬一千三百二十五兩五錢一分九釐七毫零,糧一十六萬六千四百二十七石七斗五合零。

浙江布政司田賦,銀二百六十一萬八千四百一十六兩二錢零,米一百三十三萬七千五百一十二石二斗四升九合零,又徵銀買漕米八千二百六十石。

江西布政司田賦,銀一百七十四萬三千二百四十五兩八錢九分五釐一毫零,米九十二萬五千四百二十三石四斗一升九合零。

湖廣湖北布政司田賦,銀九十二萬三千二百八十八兩八錢二分三釐零,米一十三萬八千一百九十七石七升零。

湖南布政司田賦,銀五十一萬七千九十二兩二錢零,米六萬五千三百六十六石八升零。

福建布政司田賦,銀七十六萬二千七百六兩六錢一分五釐六毫零,米一十萬四千八百二十九石五斗一升二合零。

山東布政司田賦,銀二百八十一萬八千一十九兩五錢九分九釐五毫零,麥三萬五千五百四十六石六斗九升二合四勺零,米四十七萬六百八十八石一斗二升五合二勺零,穀七百三十一石二斗九升九合八勺。

山西布政司田賦,銀二百三十六萬八千八百三十一兩一錢一分六釐八毫零,糧五萬九千七百三十七石八斗二升七合四勺,草五千七百八束。

河南布政司田賦,銀二百六十萬六千四兩五分五釐零。

陝西西安布政司田賦,銀一百三十一萬五千一十二兩三錢二分九釐零,糧一十七萬九百二十二石一斗六合一勺零,草五千九百八十三束零。

鞏昌布政司田賦,銀一十五萬三千五百二十兩九錢一分四釐五毫零,糧四萬七千六百一十七石七斗八升九合三勺零,草三百三十四束。

四川布政司田賦,銀三萬二千二百一十一兩八錢六分七釐二毫零,米一千二百一十五石五斗四升一合四勺零。

廣東布政司田賦,銀一百二萬七千七百九十三兩二分八釐七毫零,米三萬六百四十三石六斗六升四合九勺零。

廣西布政司田賦,銀二十九萬三千六百四兩八錢三分九釐零,米一十二萬一千七百一十八石六斗六升三合零。

雲南布政司田賦,銀九萬九千一百八十二兩一錢五分九釐八毫零,糧二十萬三千三百六十石六升八合一勺零。

貴州布政司田賦,銀五萬三千五百一十二兩八錢七分零,糧五萬八千五百三十五石七斗三升零，蕎折米八百五十三石二斗零，穀折米九十四石。

雍正二年，總計京師盛京直隸各省布政司田賦，銀二千六百三十六萬二千五百四十一兩八錢六分八釐三毫零，糧四百七十三萬一千四百石一斗二升一合二勺零，草十萬五千四百一十九束。

京師

順天府田賦，銀一十八萬一千六百七十九兩二分零，粟米三百八十石一斗四升零，豆三千四百七十石七斗七升零，籽粒五十八石四斗一升零，草三百七束。

直隸布政司田賦，銀一百九十萬六千九百三十三兩五錢三分四釐三毫零，米糧一十萬五千四百四十二石二斗六升零，麥四十二石一斗二升豆七千七百八十六石五斗九升零，草八萬五千六百八十一束。

盛京

奉天府田賦，米二萬一千二百七十石五斗六合零。

錦州府田賦，米一萬六千七百九十九石六斗八升四勺零。

以上盛京田賦，共米三萬八千七十石一斗八升六合四勺零。

各省

江南江蘇布政司田賦，銀三百七十一萬九千九百四十二兩零，米、豆二十七萬六千八百三十八石零。雍正三年，蠲免蘇州額徵銀三十萬兩，松江額徵銀十五萬兩。

安徽布政司田賦，銀一百三十八萬七千五百九十六兩零，糧一十七萬九千九百七十二石零。內，折色糧三萬五千二百十三石七斗七升零。

浙江布政司田賦，銀二百六十九萬五千四百三十二兩四錢七分零，米一百三十六萬九千二百五十八石七斗八升零。雍正五年，蠲免嘉湖二府額徵銀八萬七千二百兩零。

江西布政司田賦，銀一百七十七萬九千四百七十六兩八錢零，米一十二萬七千四百五十二石三斗四升。雍正三年，蠲免南昌額徵銀七萬五千五百五十兩。

湖廣湖北布政司田賦，銀九十八萬八千六百五十六兩二分二釐零，米一十五萬七千二十七石四斗五升三合零，豆五十三石。

湖南布政司田賦，銀一百九萬二千六百三十四兩四錢四分零，米十四萬九千六百一石六斗六升零。

福建布政司田賦,銀一百十七萬四千四百四十五兩零,米一十二萬七千八十石八斗七升零。

山東布政司田賦,銀三百萬七千九百四十六兩四錢八分零,米四十七萬四千三十七石三斗五升零,麥三萬四千七百四十七石六斗二升零,穀八百八石八斗五合零。

山西布政司田賦,銀二百二十七萬七千三百二十七兩零,又地差課程等項銀一十萬六千七百九十八兩零,糧四萬五千七百七十石零。

河南布政司田賦,銀二百九十四萬三千四百五十二兩九錢七分零。

陝西西安布政司田賦,銀一百三十五萬五千二百四十五兩一錢六分零,本色糧三萬一千九百四十二石四斗八升,折色糧八十六萬九千一百四十四石一斗七升,草一萬五千五百四十二束。

鞏昌布政司田賦,銀十九萬六千三百四十三兩三錢七分零,糧二萬三千七十四石九斗五升零,草三千五百八十二束零。

四川布政司田賦,銀二十二萬五千五百三十五兩四錢一分八釐零,米五萬七千一百一十九石二斗四升零。

廣東布政司田賦,銀八十六萬五千九百二十七兩八錢四分三釐零,遇閏加徵銀一萬九千三百一十九兩七錢九分零。米二十四萬七千八百四石四升六合零。遇閏加徵米一百五十四石九斗二升四合零。

廣西布政司田賦,銀三十萬八千一百二十四兩九分四釐零,米一十二萬七百二十六石三斗一升七合零。內,折色米三萬八千九百二十七石六斗七升二合零。每石折徵銀八錢,共三萬一千一百四十二兩一錢三分七釐零。

雲南布政司田賦,銀九萬一千二百五十七兩七錢九釐零,米一十四萬一千三百七十八石六斗零,雜徵糧一千六百二石一斗三升。

貴州布政司田賦,銀五萬七千七百八十八兩四錢八分零,米一十萬九千八百五十五石六斗五升零,豆七百五十五石一斗八升零。

右據雍正二年奏銷册開載,而以三年、五年恩免江南、江西、浙江浮糧額數開注本條下,俾原數與恩免之數並見,便於查核。

〔科則〕

直省科則,條目甚繁,有一縣多至六七十則者。其詳載《賦役全書》,不復備列。兹特舉其大凡云。

順天等八府、二州額内田地,每畝科銀四釐七毫至二錢四分九釐七毫不等,科米二合二勺至一斗二升不等,科豆三勺至六合六勺不等,科草折銀一釐六毫至三分六釐二毫不等。○又,受補、收并衛、所地,每畝科銀八釐至一錢八分五毫不等,科米三合六勺至二升一合五勺不等,科豆六勺至六升二合四勺不等,科草折銀三釐至二分七釐八毫不等。○額外更名、籽粒、牧塲、備邊、葦漁、農桑、麻觔、蒿草等地,科銀一釐至七錢二分五釐一毫,科麥六升穀三升,高糧一升不等。

奉天、錦州二府地,每畝科銀三分。

江南江蘇等處官民田,每畝科平米三升至三斗七升五合不等。内,徵條折九釐,徭里銀九釐七毫零至一錢四分一釐一毫零不等,本色米豆一升四合七勺零至一斗九升二合六勺零,麥二抄零至三勺零不等。○地,每畝科平米一升五合零至八斗五升六合不等。内,徵條折九釐、徭里銀三分八釐六毫零至三錢三分三毫零不等,本色米豆七合三勺零至四斗一升六合九勺零,麥一抄零至八勺零不等。○山蕩漊灘等折净,每畝科平米四合七勺零至三斗三升五合不等。内,徵條折九釐,徭里銀七釐零至一錢四分五毫零不等,本色米豆三合四勺零至一斗六升五合二勺零,麥一勺零至三勺零不等。○城基、倉基屋,每間科條折銀五分七毫零至一錢二釐四毫零,米豆五升五勺零至一斗二升六合三勺零,麥一勺零至二勺零不等。

安徽等處田,每畝科銀一分五釐零至一錢六釐零不等,米二合一勺零至七升一合零不等,麥五勺零至八勺零不等,豆八勺零至九合一勺零不等。○地,每畝科銀八釐九毫零至六錢三分零不等,米七合九勺零至五升九合零不等,麥八勺零至二合二勺零不等。○塘,每畝科銀一分九釐零至四分四釐零不等,米四合七勺零至七合八勺零不等,麥一勺零至二勺零不等。○草山,每里科銀八分三釐。○桑絲,每兩折銀三分二釐零。

浙江省田,每畝科銀三分三釐二毫零至一錢四分三釐零不等,米一合一勺零至一斗九升六合七勺零不等。○地,每畝科銀一分九釐七毫零至八分二釐五毫零不等,米九勺零至一斗九升六合七勺零不等。○山,每畝科銀六絲零至三分七釐零不等,米六抄零至五升二合四勺零不等。○蕩,每畝科銀一分五釐一毫零至七分九釐三毫零不等,米一合五勺零至四合二勺零不等。

江西省田、地、山、塘,每畝科銀二釐一毫零至一錢一分四毫零不等,米六合零至三升九合四勺零不等。

湖北等處田、地、山、塘,每畝科夏税大小麥六抄至二斗九升一合四勺零不等,每麥一石折銀三錢一分二釐四毫零至二兩八錢八分九釐四毫零不等;秋糧一勺零至二斗七升八合二勺不等,每糧一石折銀五錢一分七釐零至二兩九錢七分四釐一毫零不等。

湖南等處田、地、山、塘、湖、氹,每畝科夏税大小麥二勺零至四升一勺零不等,每麥一石折銀二錢四分九釐九毫零至六錢零不等;秋糧二合四勺至一斗四升六合零不等,每糧一石折銀三錢七分三釐五毫零至一兩八錢四分四毫零不等。

福建省額内田,每畝科銀一釐五毫零至二錢九毫零不等。〇收并衛所屯田,每畝科銀四分三釐五毫零至五分三釐七毫零不等。

山東省額内地,每畝科銀一分零至一錢二分零不等。〇收并衛所地,每畝科銀一分五釐零至五分八釐一毫零不等。〇額外地,每畝科銀一分零至一錢二分零不等。〇荒島地,每畝科銀五分五毫零至五分六釐四毫零不等。〇又,濟、兖、東三府地,内,有每畝科麥一勺零至四合三勺零不等。〇又,濟、兖、東、青、萊五府地,内,有每畝科米一合九勺零至三升六勺零不等。〇又,即墨縣地,每畝科穀六升六合。

山西省民地,每畝科銀一分三毫零至二錢五分四釐零不等,糧五勺零至三升五合零不等。〇更名地,每畝科銀一分零至一錢二分零不等,糧一升九合一勺零至六升八合零不等。〇屯地,每畝科銀九釐三毫零至六分九釐七毫零不等,糧一升八勺零至八升一合五勺零不等。

河南省民地,每畝科銀一釐四毫零至一錢五分五釐零不等。〇收并衛所地,每畝科銀七釐九毫零至一錢八釐零不等。

陝西西安等處民地,每畝科銀七毫零至一錢九分五釐九毫零不等,糧一合二勺零至一斗零不等。〇農桑地,每畝科銀二兩三錢八分一釐七毫零,糧一斗五升七合二勺零。〇收并衛所地,每畝科銀二釐零至九分八釐零不等,糧一升五合零至三斗零不等。〇更名地,每畝科銀六釐九毫零至七分五釐一毫零不等,糧四升三合五勺零至一斗四升八合三勺零不等。

鞏昌等處民地,每畝科銀二毫零至一錢五分四毫零不等,糧三勺零至八升一合一勺零不等。〇收并衛所地,每畝科銀一釐二毫零至六釐零不等,糧五升至六升不等。〇更名地,每畝科銀四釐八毫零至一分七釐一毫零不等,糧二合二勺零至一升四合二勺零不等。

四川省田地,每畝科糧六合三勺零至一升三勺零,間有科京斗米一石不等。每糧一石折徵銀一兩一錢五分二釐零至一兩九錢五分六釐八毫零不等。又,每糧一石徵條銀三錢六分一釐二毫零至五錢一分九釐一毫零不等。〇估種下地,每畝科糧六升五合至五斗零不等,每糧一石折徵銀二錢四分零至六錢七分二釐零不等。

廣東省田地,每畝科銀八釐一毫零至二錢二分三釐二毫零不等,米六合五勺零至二升二合九勺零不等。〇泥溝,每座科銀四錢五分三毫零。〇車池,每座科銀三錢九分四釐零。

廣西省官民田、塘、税地,每畝科銀九釐零至四分五釐零不等,科四差地畝甲襯等銀二分七釐零至一錢六分零不等,折色米一升五合零至五升三合零不等,每石折銀三錢零至二兩零不等,本色米六合零至五升三合零不等。〇收并屯衛田地,每畝科銀五分零,折色米七升零至二斗零不等,每石折銀三錢五分零至六錢零不等,本色米五升三合零至一斗零不等。〇收并土司田地,每畝科銀三分六釐零至二錢零不等,折色米五升零至一斗零不等,每石折銀四錢八分零至六錢零不等,本色米一斗零至二斗零不等。〇附徵田地,每畝科銀三分六釐零,折色米二斗零,每石折銀四錢零至二兩零不等。

雲南省上則地,每畝科糧一斗七升九合三勺零;中則地,每畝科糧八升九合三勺零;下則地,每畝科糧五升七合八勺零。内,徵本色夏税麥、秋糧米,又麥米折色銀不等。〇上則田,每畝科糧二升九合四勺零;中則田,每畝科糧二升五合四勺零;下則田,每畝科糧一升七合四勺零。内,徵本色夏税麥、秋糧米,又麥米折色銀不等。〇收并屯田地,每畝一例科糧九升四合三勺零。内,徵本折不等。

貴州省地,每畝科銀二分零至八錢零不等,糧一升九合零至五斗零不等。内,有科蕎地,每石折徵米五斗。

大清會典卷之二十七

户部

〔田土二〕

〔丈量〕

國家任土作貢，以地畝之坍漲，定賦額之增減。或差員清理，或飭州縣官隨時丈量查報，以清隱漏。瀕江近海之區，定例十年一丈。其陞科減額，胥視此焉。

順治十年覆准：直省州縣魚鱗老册，原載有地畝坵段坐落田形四至等項，間有不清者，印官親自丈量。○十一年覆准：凡丈量州縣地，用步弓，各旗莊屯地，用繩。如有民地缺額，督撫詳查開除。○十二年定：部鑄步尺，分頒直省，使丈量時悉依新制。○又覆准：州縣錢糧與原額相符者，勿再紛更。其缺額地方，於農隙時，州縣官親率里甲丈量。上官以次受成，不得差委滋擾。○十三年諭：州縣有地無糧、有糧無地者，逐一清丈。○十四年題准：州縣官清察，增地二百頃以上者，准與紀録。○十五年，特命御史二員，詣河南、山東二省，督率州縣履畝清丈，分别荒熟實數。其地畝大小及丈量繩尺，悉照舊規，不得任意盈縮。○又覆准：丈量地畝遲延限期及丈量後不即確報、不送文册，檄催又不申詳及令其監丈互相推諉者，州、縣、衛、所官，罰俸一年；該管上司，俱罰俸六個月。○又覆准：直省田土，查明萬曆間《賦役全書》，與今《賦役全書》數符者，不必清丈。其餘有荒蕪田畝地方，選委廉幹官員，履畝清查。無得隱漏，派累小民。○又覆准：山東明藩田産，迄今相沿，以五百四十步爲一畝，租銀比民地倍輸。今令照民地例勘丈，槩以二百四十步爲一畝。○十六年覆准：陝西膚施縣地，五畝零折正一畝。甘泉縣地，三畝零折正一畝。令地方官踏丈，照舊徵賦。○十八年覆准:江南蘇松等府地糧,荒熟溷淆莫辨。令州縣官履畝踏勘,分晰圖户,造册申報上司嚴核。○康熙元年覆准:山東省民地内錯雜竈地,有在本省者,有在直隸南皮鹽山縣者,歷年不清。令巡鹽御史及地方官清丈,各正疆界。○四年覆准:直省田地荒熟相間,恐有隱占,著令丈量。如有司及里書、弓手攤派詐擾,令督撫題參。○七年覆准:陝西洛川縣地,向係八畝四分折正一畝。宜川、延川二縣地,四畝折正一畝。近因興屯報墾,浮開入册。令照舊改正,毋致累民。○二十八年覆准:河南州、縣、衛、所荒田地畝,令各州、縣、衛、所印官逐一清丈。限於本年内通行丈完。○又奉旨:丈量地畝,地方經管各官,務須潔己奉公,實心任事,勿得借端科斂。如有濫派滋擾者,事發,照貪官例,從重治罪。○二十九年覆准:蘆洲地畝,向例,差委道府等官,遍歷清丈,以一年造報。嗣後,停止差委道府,均聽各該州縣於部文到日半年之内,盡行查丈,造册具題。○三十三年覆准:福建沿海界外田地,歷年既久,界址混淆。將福屬之閩縣、長樂、連江、羅源,興屬之莆田、僊遊,泉屬之晉江、南安、惠安、同安,漳屬之龍溪、海澄、詔安、福安、福德等縣,及福寧州,概行清丈。○三十四年覆准:雲南清浪衛田地,丈量已復舊額。嗣後,十畝科糧一石。○三十八年題准:湖南幅員遥闊,履丈難徧。先令民自丈出,首官查抽丈。如有隱漏,治罪。○四十四年覆准:湖廣、江夏等十八州、縣、衛,康熙四十三年丈過已坍地畝,課銀三百六兩四錢三分零,准其開除。○又覆准:楚屬地方,大半濵江。嗣後,遇有修築堤塍,地方官將堤身所壓之田及兩邊取土之地,丈明畝數,估定價值,攤銀補償本主另置田産,毋致民間偏累。至於被挖田地錢糧,仍照前輸納。○四十五年題准:江西九江府,丈出濵江蘆洲地畝三千七十一頃八十九畝二分零,皆係新淤泥灘草地,例應下則起科。○雍正元年議准:瀕江近海之區,定例十年清丈一次,恐未至十年有坍漲者,令各省督撫轉飭各州、縣、衛、所官不時清查。坍者即行豁免,漲者即行陞科。如有不肖官役藉端需索隱匿等弊,該督撫即行指名題參,從重治罪。督撫隱徇不參,一併議處。○四年議准:内務府網户,從前有强占民間地畝者,飭令地方官細加清丈,給還原主。如無原主,即行招種。○五年,特命科道等官員,往四川丈量地畝。○又覆准:江南省安河淀等處以至水家墩一帶地方,新淤膏地數千餘頃。差部院司官一員,同該地方官併該管河員,將此新淤田地履畝確查,細加丈勘。○又覆准:山、鹽二邑,近年海口深通,水由正道。所有沮洳水淀,皆已涸成高阜。又丈出海口新涸之地六千餘頃。共地一萬八千餘頃。令查丈官員會同該督撫公同丈勘,分別年分,均給士民人等,領種輸租。〇又覆准:江南沿江濵海邊岸,潮水衝激沙土,不無坍漲。居民於新漲地耕開成田,久不陞科。而所塌田地,舊額猶存。令撫臣委員據實確報陞科。其果係無田輸賦者,准予開除。其餘凡有此等田地,亦著清丈。

凡清界,雍正三年諭:"《周禮》稱:'惟王建國,體國經野。'①孟子亦言:'仁政必自經界始。'②疆界所關,誠爲至重。從來兩省交壤之地,其界多有不清,雲貴川廣等省爲尤甚。間至一省之内,各州縣地界亦有不清者。每遇命盜等事,則互相推諉。鑛廠鹽茶等有利之事,則互相争競。甚非息事寧民之意。朕深知此弊,今特降諭旨與各省督撫。其共矢公心,勿存私見,詳細清查。如與鄰省地界有不清者,則兩省各委實在賢員公同勘定。若本省内地界有不清者,即委其本省賢員勘定。地皆朕土,人皆朕臣。此盈彼絀,悉在朕版圖之内,無容分視也。雖界或間有難定之處,但平心勘畫,即使稍有不協,然一定之後,久遠得以遵據,永無推諉争競之處,於地方大有裨益矣。其舉行此事,宜於農隙之時。所派官員,不得私受請囑,收取餽遺及科派百姓,騷擾經過地方。如有發覺,從重治罪。"〇又諭:"朕因兩省接壤之區,人民雜遝,最易藏奸,已令直省督撫清理疆界。外曹州西南桃源集地方,界連三省,壤接七縣,而離州縣皆遼遠,文武兵役巡察難周此處,尤爲緊要。着直隸、河南、山東督撫各差幹員會勘。"〇五年諭:京城内舊有基址界限之處,著五城御史查勘,建立界牌。其城外與州縣接壤之處,著巡視直隸三路御史,於該管處查明看定,建立界牌。〇又覆准:廣西西隆州、泗城土府與貴州普安州、南籠廳、永寧、定番二州地方,俱犬牙相錯,土苗雜居,以致争占地土,積案不清。今以紅江爲界,以南屬廣西,以北屬貴州。將西隆州所屬江北之羅煩亨等四甲半零二十二寨,割隸貴州;泗城府所屬江北之上江長壩桑郎羅斛等十六甲,亦割隸貴州。

〔開墾〕

國朝墾荒,助以牛種,寬其徵輸。或懸爵賞以勵招徠,或給投誠以資贍養,或遣部員以課耕穫。區畫周詳,務使野無曠土。其事例具載於後。

國初定:每佐領撥壯丁十名、牛四頭於曠土屯田,積貯倉廩。設官員、

---

① 《周禮·秋官司寇第五》。

② 《孟子·滕文公上》。

筆帖式會計出入。○順治元年議准：州、縣、衛、所荒地，無主者，分給流民及官兵屯種；有主者，官給牛種。三年起科。○二年題准：新墾荒地，免租税一年。○又覆准：河南拋荒地畝，令鎮協官兵開墾。查係向來熟糧，令一年後供賦。○六年定：地方官廣加招徠各處逃民，不論原籍别籍，編入保甲，開墾無主荒田，給以印信執照，永准爲業。六年後，有司親察成熟畝數，撫按勘實，奏請徵糧，不得預徵私派。州縣以勸墾之多寡爲優劣，道府以督催之勤惰爲殿最，每歲底載入考成。○八年覆准：山海關外，荒地甚多。有願出關墾地者，令山海道造册報部，分地居住。○九年題准：八旗壯丁退出晌地并首告清出地及各省駐防遺下地，照墾荒例招墾，三年起科。○十年議准：各省屯田資本，皆取贓罰及空缺廩俸、裁扣工食銀兩，不得輕那司庫餉銀。○又覆准：四川荒地，官給牛種，聽兵民開墾，酌量補還價值。○又議准：陝西荒地，令酌調步兵，給發牛具籽種，開墾屯田。○十二年題准：各邊口内曠土，聽兵墾種，不得往墾口外牧地。○又議准：直省興屯官助牛種者，所收籽粒三分取一。民自備牛種者，本年十分取一，二年、三年三分取一，三年後永准爲業。○又議准：令犯徒罪者，發遣屯田，酌定年分，開荒田多寡，墾完釋放。其願留者，永爲己業。○十三年覆准：河南等省，自開屯以來，屯租數倍民糧，徵輸甚苦。令照民地例徵糧。○又覆准：山東無主荒地，每五里設一官莊，借給資本。三年償還後，照熟地例起科。○又覆准：州縣招人開墾，勢必給發牛種，以資耕作。令於原獲屯息米豆草束内動支。其地方去原貯本色稍遠者，量動屯本銀内給發。次年繳還一半，三年照數全納。○十七年覆准：八旗撤出壯丁地畝，向交各佐領收存，以致荒蕪。令地方官招民墾種，照例三年後起科。○十八年覆准：雲貴荒地，有主者，令本主開墾；無主者，招民開墾；其有主隱匿者，准令自首，起科管業。○又題准：雲南承墾拋荒地畝，久荒者，初年免徵，次年半徵，三年全徵；新荒者，初年半徵，次年全徵。其衝路、陽林、永昌等處，新荒者，次年起科；久荒者，三年後起科。○康熙四年覆准：湖廣歸州、房縣等處，民歸故業，酌給牛種銀兩，不拘次年徵收例，令三年後補還。○五年覆准：白旗堡、小河西兩處地畝，令奉天府府尹給民耕種，照熟地例輸賦。廣寧、寧遠兩縣曠地，給民開墾，不許旗人侵占。○十年題准：新墾地，三年後再寬一年起科。○十一年覆准：墾荒地，令六年後徵糧。○十二年詔：小民拮据，開荒物力艱難，恐催科期迫，反致失業。以後各省墾荒，著再加寬限。通計十年，方行起科。○十五年議准：開墾田畝，徵糧全完，取結題報者，應隨奏銷錢糧一同具題。若遲悮，照違限例議處。○十八年覆准：開墾荒田，仍准六年後起科。○二十三年議准：浙省寧、台、温三府屬沿海田地，給民耕種，於三年後起科。○二十七年議准：淮安、徐州、鳳陽三處近河地方，屯田累民，永行停止。其現今墾出之田，若實係無主，給與原墾之人起科；若有主，給還原主起科。如有不肖官役借端擾民，不給原主或有豪强霸佔，該督撫題參治罪。○又諭：嗣後，民人若有出首開墾田畝，不必拘定年限，俱自出首之年徵收錢糧。該管官員，亦免其議處。○又題准：長沙等六州縣，開墾新荒田地，於起科之年，援例開報。其二十七年開墾田地，起科錢糧，免半。○二十九年議准：川省民少而荒地儘多。嗣後，流寓之人，情願在川省墾荒居住者，將地畝給與，永爲己業。○又覆准：雲南老荒田地，見納軍糧之人承墾者，上中二則，照民田下則納過五年，再照民田上中二則起科；下則，照民田下則減半納過三年，再照民田下則起科。其非見納軍糧之人，悉照民田下則納過五年，量加十分之五起科。○三十二年題准：滇省明代勳莊田地五百八十四頃，自二十三年屢行招墾。至三十一年，雲南府、州、縣開墾三十一頃八十二畝。照《全書》老荒田地一例招墾，免其納價。○又題准：陝西西鳳二府，自西北至東，周圍二千里，遭荒流散。今招民墾種，每地一頃，牛一頭并犁具，合計銀五兩；每畝穀種七合，合計銀一分四釐；每頃人工四名，計銀八錢八分，所需銀兩俱於庫項内支給。該督撫嚴責司、道、府都司并州、縣、衛新舊各官，散給牛種工價銀兩。務於一年之内，將荒地盡行墾種全完，流民招回復業。仍將招回人丁、開墾數目造報。○四十一年覆准：山東荒廢明藩基地，實在可墾地三頃四十八畝九分。民人情愿佃價，每畝納銀五兩，自四十二年起科。給以印帖，守爲恒業。○四十三年覆准：天津附近荒棄地畝，開墾一萬畝以爲水田。俟有成效時，除八旗馬廠、旗民地畝外，將沿海所有荒棄地畝，該撫會同文武官員，盡行查明，交與地方官開墾以爲水田。種此地時，行令各省巡撫，將閩、粤、江南等處水耕之人，出示招來。情愿者，安插天津等處，計口授田，給與牛種，限年起科。○四十四年覆准：湖北荒地，情愿開墾者，准其開墾。無力者，本省文武官員，捐給牛種招墾。俟該撫將墾過地畝數目具題之日議叙。○四十九年覆准：湖南未墾田地，再限三年，務令於限内盡墾報部。如仍違定限，該撫將州縣官員題參。○又諭：直隸開墾水田田地，著交與該撫。有情愿耕種人民，撥與耕種。○五十一年諭：湖廣往四川開墾地畝者甚多。去時，伊等將原籍房産地畝盡行變賣,往四川開墾地畝。至滿五年起徵之時,復回湖廣,將原賣房産地畝争告者甚多。巡撫曾緖摺啓奏。嗣後,湖廣民人有往四川種地者,該撫將種地人年貌、名姓、籍貫,查明造册,移送四川巡撫察核。有自四川復回湖廣者,四川巡撫亦照此造册,移送湖廣巡撫,互相查對。〇五十三年覆准:甘屬村堡之中,有荒地未種者,即查出撥與無地之人耕種,并動庫銀買給牛種。〇雍正元年諭:“朕御極以來,宵旰憂勤,凡有益於民生者,無不廣爲籌度。因念國家承平日久,生齒殷繁,土地所出,僅可贍給。倘遇荒歉,民食維艱,將來户口日增,何以爲業?惟開墾一事,於百姓最有裨益。但向來開墾之弊,自州縣以至督撫,俱需索陋規,致墾荒之費,浮於買價,百姓畏縮不前。往往膏腴荒棄,豈不可惜!嗣後,有可開墾之處,聽民相度地宜,自墾自報。地方官不得勒索,胥吏亦不得阻撓。至陞科之例,水田以六年起科,旱田以十年起科。著爲定例。其府州縣官,能勸諭百姓開墾地畝多者,准令議叙。督撫大吏,能督率各屬開墾地畝多者,亦准議叙。務使野無曠土,家給人足,以副朕富民阜俗之意。”〇又諭:口外地方寬闊,地畝可開墾者甚多,在京無産業官兵,遷移駐劄有益。著交與提督議奏。遵旨議定:派在京兵八百名,前往熱河等處開墾,并設總管等官。〇又議准:山西、河南、山東等處閑曠之地,令各省督撫轉飭各州、縣、衛、所確查。如有未墾荒地,有無從前種地之人,勸諭開墾。有力者,令其自備牛種。無力者,官借牛種,秋收後還官。起科之後,官給執照,永爲世業。〇二年議准:新闢地方,宜廣屯種,西寧布隆吉爾地方遥遠,情愿前往者少。今將直隸、山西、河南、山東、陝西五省軍流人犯連家口發遣之人,有能種地者,前往令其開墾。初到之時,地方官撥給地畝,動用正項錢糧,採買籽種牛隻,給與種地之人。其應徵糧草,照例於三年後起科。〇三年議准:安西之屯墾未備,兵丁家口乏食。今將彼處之駐防兵丁内不願久住者,招募頂换,令其試行屯墾。著落該總兵官、同知在安西左邊遍加踏看,擇水土宜苗稼之處,撥令兵丁試懇。俟耕耘刈穫,糗糧漸裕,令其搬取家口,永遠駐防。又,初次應募之兵,未習土色地氣,應請就沿邊郡邑僱覓農人。每兵三名,給幫夫一名。每年自開耕以至秋割,皆令幫夫指引。俟屯墾既嫺,將僱覓之幫夫裁去。〇又覆准:福建各番鹿場閑曠地土可以墾種者,令地方官查出,聽各番租與民人耕種,陞科補額。〇四年議准:寧夏東北插漢托合地方,南北延袤百有餘里,東西廣四五十里、二三十里不等,東界黄河,西至西河,其地平衍,可墾爲田,約有六十餘萬畝。一面招民認墾，即照寧夏下則陞科，每畝徵税糧六升。三年之後，再定加則，以爲成例。○又覆准：行令四川督撫，將未開田地，遍行各屬，擇其可墾者，勸諭開墾。如果民苗愚鈍，不知開墾之法，現有湖廣、江西在黔之人，選擇老農，給以衣食，令其教墾，俾民苗學習。俟有成效，該督撫題給老農頂帶，送歸原籍。不願回籍者，聽其自便。其新開有主田地，給原主管業輸糧。無主田地，仍給與報墾者管業完課。勸墾官員，照例題請議叙。○五年覆准：滇黔二省，廣行開墾，其地方官招募開墾及官生捐墾者，將墾熟田地，歸與開墾佃户，於次年起科。民間自墾者，按照年限起科。其田俱給執照，永爲己業。○又覆准：川省山多地少，界限率多不清。令各州縣於查勘丈量之日，合計某縣荒地若干、户口若干，均匀分派，編列字號，鬮定認墾。○又覆准：安插入川流民，歸川省各該道管理。其分給庫銀開墾，亦責成各該道領銀核實給發，即備造清册具題查核。如有扣尅等弊，該撫立即指參，嚴行治罪究追。

凡課墾勸懲，順治七年覆准：河南州縣官，墾地一百頃以上者，紀録一次。若州縣與道府所屬全無開墾者，各罰俸三個月。○十年覆准：直省設開屯道廳等官，專管興屯事宜，督墾荒田。○十二年覆准：裁革開屯道廳，以民屯屬州縣，兵屯屬衛所。屯道職任，專責守道，屯廳職任，歸各府廳。○十三年議准：管屯道廳，三年内開墾日增、糧草充積者，准加二級。州、縣、衛、所官，墾荒地一百頃以上者，紀録一次。○十五年覆准：直省荒地，一年内，督撫墾地二千頃以上者，紀録一次，六千頃以上者，加一級；道府墾地一千頃以上者，紀録一次，三千頃以上者，加一級；州縣官墾地一百頃以上者，紀録一次，三百頃以上者，加一級；衛所官墾地五十頃以上者，紀録一次，一百頃以上者加一級。若報墾不實、墾後復荒者，從重參處。○康熙元年題准：各官勸墾，照順治十五年例議叙外，如一年内，督撫能遞加墾至八千頃以上者，加一級、紀録一次，一萬二千頃以上者，加二級；道府墾地四千頃以上者，加一級、紀録一次，六千頃以上者，加二級；州縣官墾地四百頃以上者，加一級、紀録一次，六百頃以上者，加二級；衛所官墾地一百五十頃以上者，加一級、紀録一次，二百頃以上者，加二級。如州縣衛所有荒地，一年内全無開墾者，令督撫題參，將道、府、州、縣、衛、所官，各罰俸半年。○又題准：墾地後復荒者，削去督撫等官開墾時紀録加級，督撫罰俸一年，道府降一級住俸，州縣衛所官降三級住俸，勒限一年督令開墾。如限内墾完者，開復。不完者，督撫降一級、罰俸一年，道府降二級調用,州縣衛所官降三級調用。其前官墾過熟地,後任官復荒者,亦照經管開墾各官復荒例治罪。○又覆准:荒地捏報墾熟者,原報督撫降二級、罰俸一年,道府降四級調用,州縣衛所官革職。○又題准:各省開墾甚少,自康熙二年爲始,限五年墾完。至康熙六年秋,請旨遣官嚴查各省墾過地畝。如荒蕪尚多,督撫以下分别議處。○三年題准:各省布政司,亦有督墾之責,照督撫例議叙。○又覆准:府同知不與知府同城勸民開墾者,照州縣例議叙。○四年題准:限年墾荒,恐州縣捏報攤派,行令停止。○六年覆准:通判自行督墾者,照州縣官例議叙。○又題准:勸墾各官,於一年内照數墾完者,准議叙,不准以二三年墾數合算。又,各官俟三年起科時,應徵錢糧如數全完,取具里老"無包賠"甘結,題請議叙。其署印官墾荒,與掌印官,一體議叙。○八年題准:停止督撫墾荒加級紀録之例。○十年覆准:四川現任文武大小各官,招徠流民三百名以上,安插得所,墾荒成熟,於五年後起科時,不論俸滿即陞。○十四年覆准:江南、浙江、江西各州縣,有田存丁絶及田多丁稀者,招同里甲户丁耕種,頂納錢糧。州縣官一年内果能勸輸足額者,准其不論俸滿即陞。○又議准:官員希圖優叙,謊報開墾及查出隱地以致累民者,照例議處。加級、紀、薦、卓異、即陞,俱不准抵銷。○十五年題准:各省墾荒,如有不照十年起科例,先期勒徵及過期不徵,或私减地畝定額錢糧者,州縣衛所官革職,司道府都司各降三級調用,督撫各降一級留任。如不照所限年分預詳請徵,勒民開墾,及開墾,地畝以多報少、以少報多,或以先墾之地後又重報,或不分晰荒熟地畝混行造報,或應徵在民錢糧不查出者,州縣衛所官降一級調用,該管上司各罰俸一年。○二十七年覆准:裁汰屯田同知、州同、縣丞等官。○四十三年議准:各省墾荒田地,該督撫須力行查清。如有地方官隱匿入己,該巡撫不行嚴查,止據各州縣捏報具題,該督即行題參,並將不行嚴查之該上司官一并參處。○四十六年議准:閩省蕩平二十餘年,民人俱已復業。其未墾抛荒田地二千六百餘頃,至今尚未足額。今勒限一年,照數墾足徵糧。如再遲延,該督撫將地方官並該管官一併題參。○雍正三年覆准:於灤、薊、天津、文、霸、任、北、新、雄等處,各設營田專官管領。行令江浙二省督撫召募老農,每省各送三十人,每月酌給工食錢糧,令其課導耕種。如不敷用,再行召募。俟本地之民耕種得法,令召募之農夫回籍。此耕種之小民,如力不能辦,官給正項錢糧,代爲經理。秋成時,歲收十分之一補項,足額而止。有力之家率先遵奉者,以圩田多寡,分别獎賞。如一頃以上,地方官給賞花紅;二頃以上,給賞匾額;三頃以上,免一丁差役;五頃以上,給九品頂帶;十頃以上,給八品頂帶;再多,以五頃加一品計算,不得過四品。如有違者,督責不貸。有能出資代人營治者,民則照率先遵奉之例旌賞議叙,官則一頃准紀録一次、二頃紀録二次、三頃紀録三次、四頃加一級,再多以此計算。如至二十頃以上,候補、候選者,以應補、應選之缺即用,現任官,不論俸滿即陞,并將歲收十分之一歸還原本。其官田數萬頃,分地遣官,會同該地方官,首先舉行,爲民倡率。其濬疏圩岸,以及瀦水、節水、引水、戽水之法,悉倣照成規,各因地畝形勢,次第興修。所需農器、農具、水車等項,亦行令江浙二省各送匠人五名,將式樣造作之法教導本地匠人,照召募老農例一體給發工食錢糧。俟本地匠人造作如法後,令其回籍。或有民間廬舍有礙水道者,計畝均攤通融撥抵,視本田畝數加十之二三。其河淀淤地已經成熟陞科,必須開挖者,將附近官田照數撥補。有抗拒者,嚴加治罪。〇四年覆准:張家口設同知一員,管理口外地畝。俟查丈完日,以地畝之多寡,分作十分,每年招種。如能招種八分以上,該督題請議叙。如招種不及五分,題請議處。仍於每年六月中照例造送,年底照册奏報,以免捏報漏糧之弊。〇五年覆准:四川開墾荒地,道府州縣佐貳雜職等官,果能實力奉行,事竣之日,一體照例分别議叙。倘有怠玩虚冒不實者,該撫即行糾參,從重治罪。

凡招民墾荒議叙,順治十年議准:遼東招民開墾,有能招至一百名者,文授知縣,武授守備;百名以下六十名以上者,文授州同、州判,武授千總;五十名以上者,文授縣丞、主簿,武授百總。招民數多者,每百名加一級。先將姓名數目册報户部,領出山海關交與遼東府縣驗收,給印文赴吏、兵二部選職。〇又議准:遼東招民,照直省墾荒例,每名口給月糧一斗,秋成補還。每地一晌給種六升,每百名給牛二十隻。〇十二年議准:遼東招民百名者,考試身言書判,分爲三等,除授知縣。如不能通曉文義,咨送兵部,除授武職。〇十四年詔:各省屯地已經歸併有司者,廣行招墾。有殷實人户能開至二千畝以上者,照遼陽招民例録用。〇十五年題准:文武鄉紳,墾地五十頃以上,現任者,紀録;致仕者,給匾旌奬。〇十六年題准:民人開墾荒地二千畝以上者,以衛千總用;武舉開墾二千畝以上者,於應授職銜加一等,以署守備用。〇康熙二年諭:遼東招民百名者,不必考試,俱以知縣録用。〇四年題准:招民百家者,不分年分次序,以知縣先選。〇六年覆准:遼東招民百家者,嗣後咨部,停其先選,仍論年分次序選授。

○七年題准:遼東招民授官例,永行停止。○又題准:四川文武各官,招民復業,每百家紀録一次,四百家加一級,五百家加二級,六百家加三級,七百家以上,不論俸滿即陞。○十年議准:貢監生員、民人墾地二十頃以上,試其文義通者,以縣丞用,不能通曉者,以百總用;一百頃以上,文義通者,以知縣用,不能通曉者,以守備用。○又覆准:四川各官招民三百名以上,墾荒起科後,不論俸滿即陞。如係准貢、例監、生員出身者,即准保舉,照常陞轉。直省候選州同、州判、縣丞、舉貢監生有招民三百名以上,於未設官州縣安插者,授以署職,令其墾荒。五年起科時,督撫具題,實授本縣知縣。於已設官州縣安插者,墾荒起科後,以別縣知縣先用。如四川人不便補授本省,給文赴部另補。其准貢、監生,既准招民以知縣用,即准保舉,照常陞轉。其生員不便遽授知縣,停其招民。○又覆准:凡招民墾荒,督撫具題,户部核明,起科果實,送吏、兵二部照例分叙。○又覆准:招民不足額數,墾地錢糧未經起解,假捏出結具題者,揑報州縣官革職,轉報司道府降四級調用,題報督撫降二級調用。○十一年題准:武進士以上各官,開墾荒地二千畝以上者,亦於應授職銜加一等用。○十二年議准:四川招民之人,考試文義優通者,授知縣;疏淺者,授按察司經歷。○三十一年議准:武職白身人,開墾二千頃以上者,定例加一等用。近日,武職白身人所墾地畝,並不出力開墾,將銀錢購買民人隱占熟地,作爲新墾,以邀議叙,而軍功効力之人,實屬掩抑。嗣後,武職白身人開墾地畝録用之例,槩行停止。○三十二年議准:招徠西安等處流民復業,每户計播種牛一隻并犁具銀共五兩,穀種銀三兩,僱覓人工銀二兩。招徠民人送至西安,將户口數目、牛隻穀種僱覓人工銀兩照數支給之日,布政司給發實收。該撫將所招之民花名數目造册咨報户部,轉咨吏兵二部,不論旗民,照盛京招民之例議叙。○五十五年議准:陝西赤斤達里等處地方,招民捐墾,督撫大臣停其議叙。其提、鎮、布、按、副將,俱係初次招民捐種,因軍需効力,俟收成後,照糧石多寡議叙。此外官員民人有捐種及招民墾種者,俱行議叙。

凡投誠官兵墾荒,順治十八年覆准:雲貴投誠兵丁,願歸農者,給無主荒田,開墾爲業。成熟後,照新荒久荒例,分别納糧。○康熙二年覆准:凡投誠人,原有入官田地,仍令給還,改入民田。○六年覆准:江南、浙江、江西、山東、山西、河南六省,分駐投誠官兵,每員名給荒田五十畝。自撥給日爲始,預支俸餉以備牛種。次年,停支俸餉。三年後,照民例起科。其福建投誠官兵,本省舊無荒田,令分駐有荒田省分屯墾。

○七年覆准:投誠官兵,眷口衆多。每五名口,加地五十畝。如不足五名口數者,每名口,加地十畝。○八年覆准:墾荒官兵,年額俸餉,恐預支耗用,來春東作無力。應以到汛日爲始,按月支給,俟次年正月,支給一年俸餉,以資開墾。○又覆准:墾荒官兵,定例三年後起科。如被災傷,再寬一年起科。○十年題准:四川隨征投誠各官,有招民三百户以上,安插墾荒,於五年起科時,咨部以立功官員補用。○十一年題准:投誠兵丁墾荒,展限至六年後起科。○二十四年覆准:各省投誠官兵安插墾荒,俱於領田日計算,限一年内墾完。

〔農桑〕

國家崇本,務勸力作。重農課桑,以開衣食之源。經畫詳備,具載於後。

國初定:低地種稻、高粱、稗子、穇蔴,高阜種粟穀。○又定:莊屯棉花,發民間紡績,入八分宗室各派匠役,令官員、領催督課官屯人織布。○又定:駐防錦州等城漢軍,每壯丁五名,撥給牛一隻,以備耕種。○又定:縱馬食人田禾者,牧長、牧副等,各鞭責有差,照所踐穀數追賠。○順治元年題准:盛京地方,令照舊織布,仍留養蠶屯十處。○七年諭:民間田地,不許旗下及投充人置買,違者治罪。○八年題准:農民力耕,甚賴牛隻,滿洲已禁私宰。其漢人有屠宰堪用牛隻者,照律治罪。○又諭:諸王必俟農隙時,方許放鷹。勿得玩違,以致蹂躪田禾。○九年覆准:四川領給牛種銀兩,納過租糧已多。嗣後,有牛隻倒斃者,價銀租糧悉免。現存牛隻,於每隻額租八石五斗内,減一石七斗。○十二年覆准:民間樹植,以補耕穫。地方官加意勸課。如私伐他人樹株者,按律治罪。○十五年覆准:桑柘榆柳,令民隨地種植,以資財用。○又覆准:令五城御史及各撫按嚴飭地方,如私宰堪用牛隻者,本身及兩鄰、里總一併治罪。○十七年覆准:設立里社,令民或二三十家、四五十家聚居。每遇農時,有死喪疾病者,協力助耕。○康熙十年覆准:八旗莊屯,每屯原設領催一名,不必更設里長。其民間農桑,勅令督撫嚴飭有司,加意督課,勿誤農時,勿廢桑麻。○十三年覆准:王以下,不得因行獵蹂躪人田禾。違者,官員以上,交部議處,白衣人,鞭八十,每地一晌,追銀三兩,給償地主。○雍正元年恩詔:直隸各省府、州、縣、衛、所農民,果有勤於耕種,務本力作者,令該地方官不時加獎,以示鼓勵。○二年諭:"朕惟撫養元元之道,足用爲先。朕自臨御以來,無刻不厪念民依,重農務本,業已三令五申矣。但我國家休養生息,數十年來，户口日繁，而土田止有此數。非率天下農民竭力耕耘，兼收倍穫，欲家室盈寧，必不可得。《周官》所載巡稼之官，不一而足，又有保介田畯，日在田間，皆爲課農設也。今課農雖無專官，然自督撫以下，孰不兼此任也。其各督率有司，悉心相勸，並不時咨訪疾苦，有絲毫妨於農業者，必爲除去。仍於每鄉中，擇一二老農之勤勞作苦者，優其獎賞，以示鼓勵。如此，則農民知勸，而惰者可化爲勤矣。再，舍傍田畔以及荒山不可耕種之處，度量土宜，種植樹木。桑柘可以飼蠶，棗栗可以佐食，柏桐可以資用，即榛楛雜木，亦足以供炊爨。其令有司督率指畫，課令種植，仍嚴禁非時之斧斤、牛羊之踐踏、奸徒之盜竊，亦爲民利不小。至孳養牲畜，如北方之羊，南方之彘，牧養如法，乳字以時，於生計不無裨益。總之，小民至愚，經營衣食非不迫切，而於目前自然之利，反多忽略。所賴親民之官委曲周詳，多方勸導，庶使踴躍爭先，人力無遺，而地利始盡。不惟民生可厚，風俗亦可還淳。該督撫等官，各體朕惓惓愛民之意，實心奉行。倘視爲具文，苟且塗飾，或反以擾民，則尤不可也。”〇又諭：“朕惟四民以士爲首，農次之，工商其下也。漢有力田孝悌之科，而市井子孫不得仕宦，重農抑末之意，庶爲近古。士子讀書砥行，學成用世，國家榮之以爵禄。而農民勤勞作苦，手胼足胝，以供租賦，養父母，育妻子。其敦龐淳朴之行，豈惟工賈不逮，亦非不肖士人之所能及。雖榮寵非其所慕，而獎賞要當有加。其令州縣有司，擇老農之勤勞儉朴，身無過舉者，歲舉一人，給以八品頂帶榮身，以示鼓勵。”〇又議准：督撫率府、州、縣官員舉行勸農。春至勸耕，秋至勸斂。如有輕視民隱，不實力奉行者，照溺職例議處。〇四年議准：直省、府、州、縣、衛、所，於各該地方擇潔净之地，設立先農壇，每歲仲春亥日，督撫及府、州、縣、衛、所等官，率所屬之員及耆老農夫，恭祭先農之神，照九卿耕耤之例，行九推之禮。所收米粟，敬謹收貯，以供各該處祭祀之粢盛。其設立耕田畝數，該督撫報明户禮二部存案。至於設立壇壝併恭祭先農，俱令動支正項錢糧。所用數目，造册報明户部。〇五年議准：直隸州縣閒曠之地，凡一村一坊，或棗或栗，令相其土宜，各種薪果，勤加種植。其各處河堤，令居民栽種柳樹，并將新經疏濬之陂塘淀澤，俱許種植菱藕，蓄養魚鳧。其地植桑麻者，尤宜勤於栽種。嗣後，凡種植樹木，令地方官察其勤惰，分别獎懲。仍將本地方某村某坊，種過樹木若干造具清册，報明本管上司官不時查視，并取具遵依，造册報部。〇又諭：修舉水利、種植樹木等事，原爲利濟民生，必須詳論勸導，令其鼓舞從事，方有裨益，不得繩之以法。若地方官員因關係考成，督課嚴急，則小民轉受其擾矣。著交與直隸學臣，轉飭教職各官，切加曉諭，不時勸課，使小民踴躍興作。若地方官怠玩不加勸導，或有逼勒過嚴者，著學臣稽察奏報。三路巡察御史，亦著善爲勸導，悉心稽察。如地方官有奉行不善之處，即行據實奏聞。〇又諭："自古帝王，致治誠民，莫不以重農爲首務。《書》陳《無逸》，先知稼穡之艱難。《詩》載《豳風》，備叙田家之力作。《論語》云：'百姓足，君孰與不足。'《孟子》云：'民事不可緩也。'蓋國以民爲本，民以食爲天。農事者，帝王之所以承天養人，久安長治之本也。我國家撫綏寰宇，聖祖仁皇帝臨御六十餘年，深仁厚澤，休養生息，户口日增，生齒益繁，而直省之内地不加廣。近年以來，各處皆有收成，其被水歉收者，不過州縣數處耳。而米價遂覺漸貴，閩廣之間，頗有不敷之慮，望濟於鄰省。良由地土之所産如舊，而民間之食指愈多，所入不足以供所出，是以米少而價昂。此亦理勢之必然者也。夫米穀爲養命之寶，既賴之以生，則當加意愛惜，而不可存輕棄之心。且資之者衆，尤當隨時撙節，而不可縱口腹之欲。每人能省一勺，在我不覺其少，而積少成多，便可多養數人。若人人如此，則所積豈不更多，所養豈不更衆乎？養生家以食少爲要訣，固所以頤神養和，亦所以節用惜福也。況脾主於信，習慣便成自然。每見食少之人，其精神氣體，未嘗不壯。此顯而可見者。至於各省地土，其不可以種植五穀之處，則不妨種他物以取利。其可以種植五穀之處，則當視之如寶，勤加墾治，樹藝菽粟。安可舍本而逐末，棄膏腴之沃壤而變爲果木之場，廢饔飧之恒産，以倖圖赢餘之利乎！至於烟葉一種，於生人日用毫無裨益，而種植必擇肥饒善地，尤爲妨農之甚者也。小民較量錙銖，且但顧目前而不爲久遠之計。故當圖利之時，若令其舍多取寡，棄重就輕，必非其情之所願。而地方官遽然繩之以法，則勢有所難行，轉滋紛擾。惟在良有司勤勤懇懇，諄切勸諭，俾小民豁然醒悟，知稼穡爲身命之所關，非此不能生活，而其他皆不足恃，則羣情踴躍，不待督課，而皆盡力於南畝矣。朕聞江南、江西、湖廣、粤東數省，有一歲再熟之稻。風俗如此，而仍至於乏食者，是地土之力有餘，而播植之功不足。豈非小民習於怠惰，而有司之化導者有未至耶？或者曰米穀太多，則價賤而難於糶賣。昔人有'穀賤傷農'之説，諺語所謂'熟荒者'，此則不必過慮。假若小民勤於耕作，收穫豐盈，至價賤而難於出糶，朕必多發官價以糴買之，使重農務本之良民，獲利而有餘貲也。朕生平愛惜米穀，每食之時，雖顆粒不肯拋棄。以朕玉食萬方，豈慮天庾之不給？而所以如此撙節愛惜者，實出於天性自然之敬慎，並不由於勉强，且以米穀乃上天所賜，以生養萬民者。朕爲天下生民主，惟有敬慎寶重，仰冀天心，默佑雨暘時若，歲獲有秋，俾小民家有蓋藏，人歌樂土。朕既爲億萬生民計，不敢輕忽天貺，爾等紳衿百姓，獨不自爲一身一家之計乎？朝夕生養之需，既受上天之賜，若果加意愛惜，隨時撙節，則天必頻頻賜賚，長享盈寧之福。若恣情縱欲，暴殄天物，則必上干天怒，不蒙賜賚，而水旱災祲之事，皆所不免。其理豈或爽哉？又聞江西、廣西地方，竟有以米穀飼養豚豕者。試思穀食之與肉食，孰重孰輕，孰急孰緩？而乃以上天之所賜，小民終歲勤苦之所獲者，爲豢養物類之用，豈不干天和而輕民命乎！朕所以惓惓訓諭者，惟期天下之人專務本業以杜浮靡，愛惜物力以圖久遠。共體朕敬迓天庥，勤恤民隱之意，則爾等家室必益至於豐饒，爾等子孫必永綿其福澤。思之思之，毋忽朕言。著將此曉諭内外官民人等，並通行遠鄉僻壤，咸使聞知。”

大清會典卷之二十八

户部

〔田土三〕

〔各旗莊屯〕

國初,設立官莊,以供内府之用。有在盛京者,有在畿輔者。凡内府各莊,皆自内務府掌之。至部、寺官莊,分隸禮部、光禄寺、上林苑監。其徵收支放之法,詳見各該衙門,兹不備列。惟諸王、勳戚及八旗臣工、外藩俸糈之外,既賜園地,復按所屬壯丁,撥給晌畝。六畝爲一晌。遇有旱澇,隨時賜賑,澤至渥矣。今以歷年撥給田土數目,開具於後。

撥給宗室勳戚莊田

鑲黄旗

宗室,整莊四所、半莊一所、園一所,共地六百一十晌,坐落大興、通州、武清、平谷、河間各州縣。

正黄旗

宗室,整莊五所、半莊十二所、莊四所、園三所,共地一千七百七十六晌,坐落大興、宛平、三河、寶坻、順義、涿州、房山、保定、雄縣、易州、任邱各州縣。

正白旗

宗室,整莊四所、莊一所、園二所,共地六百晌,坐落順天、香河、通州、寶坻、房山及沙河所等處。

正紅旗

宗室,整莊一百四十五所、半莊三所、整園五十所、半園一十所、園四所,共地二萬七百三十六晌零,坐落順天、宛平、昌平、涿州、文安、保定、定興、淶水及遼陽、海城、蓋平各州縣。

鑲白旗

宗室，整莊一百七十八所、半莊五所、莊八所、整園八所、園二十所，果地、靛地、網户、獵户等地七十六處，共地二萬八千六百一十九晌零，坐落大興、宛平良鄉、固安、永清、東安、香河、通州、三河、武清、寶坻、昌平、密雲、懷柔、房山、霸州、薊州、玉田、平谷、遵化、豐潤、遷安、灤州、樂亭、保定、易州、河間、任邱、滄州、保安及遼陽、海城、蓋平、鐵嶺、山海關外等處。

鑲紅旗

宗室，整莊二百九十八所、半莊二十三所、莊五所、整園一百十一所、半園二所，共地四萬三千八百三十五晌，坐落大興、宛平、永清、香河、通州、寶坻、昌平、涿州、房山、霸州、灤州、新城、河間、肅寧、滄州、延慶及張家口外等處。

正藍旗

宗室，整莊五百四十四所、半莊一百五十一所、莊二十二所、整園一百三所、半園十九所、園七十三所，果菜牧地五處，共地八萬八千五百五十四晌零，坐落大興、宛平、良鄉、永清、東安、香河、通州、武清、昌平、順義、懷柔、涿州、房山、霸州、保定、薊州、玉田、平谷、遵化、豐潤、永平、昌黎、灤州、樂亭、新城、易州、青縣、無極、保安及承德、遼陽、開原、錦州、寧遠、廣寧、開平、冷口外等處。

鑲藍旗

宗室，整莊二百三十一所、半莊六十三所、莊九所、整園一百二所、半園二所、園三所，共地三萬七千五百七十九晌零，坐落大興、宛平、固安、永清、東安、昌平、懷柔、灤州、蠡縣、安州、高陽及遼陽、海城、蓋平、錦州、開平等處。

國初定：諸王、貝勒、貝子、公等，准於錦州，各設莊一所；蓋州，各設莊一所。其額外各莊，俱令退出。〇順治二年題准：給諸王、貝勒、貝子、公等大莊，每所地一百三十晌；或一百二十晌至七十晌不等。半莊，每所地六十五晌；或六十晌至四十晌不等。園，每所地三十晌。或二十五晌至十晌不等。〇三年題准：京師内外無主園地，酌量撥給諸王府。〇五年題准：親王，給園十所；郡王，給園七所，每所地三十晌。〇六年題准：襲封王、貝勒、貝子、公等，伊祖父所遺園地，除撥給應得之數外，其餘地畝，不必撤出，仍留本家。〇又題准：凡加封王、貝勒、貝子、公等，各照本爵撥給園地。〇七年題准:給公主,園地各六十晌;郡主,園地各三十晌;縣主、郡君、縣君,園地各二十五晌。〇又題准:撥給親王,園八所;郡王,園五所;貝勒,園四所;貝子,園三所;公,園二所,每所地三十晌。嗣後,凡初封王、貝勒、貝子、公等,俱照此例。撥給鎮國將軍,園地四十晌;輔國將軍,園地三十晌;奉國將軍,園地二十晌;奉恩將軍,園地一十晌。凡給過園地者,停給家口糧米。〇十五年題准:舊例,勳戚莊屯糧石,在部報收。嗣後,交各本主,報納多寡,聽其自便。

撥給八旗官員兵丁盛京地方田土

國初,按旗分處,各有定界。繼因邊内地瘠,糧不足支,展邊開墾。移兩黄旗於鐵嶺,兩白旗於安平,兩紅旗於石城。其兩藍旗所分張義站、靖遠堡地瘠,以大城地與之。〇又定:差往蓋州收税領催,給園地十晌。〇又定:分撥地畝,緣邊次第挨給。若不論疆界,挑選膏腴,徇情派撥者,佐領、領催,分别罰責。〇又定:錦州、蓋州各官莊屯,非奉欽賜者,槩令退出。〇順治五年題准:沙河以外,錦州以内,八旗官員家丁,每名撥給地六晌承種。〇又題准:官員莊屯,兩黄旗設於沙河所,兩白旗設於寧遠,兩紅旗設於塔山,兩藍旗設於錦州。〇十二年題准:遼陽、鐵嶺至山海關,另設邊界。八旗莊地,多有在邊外者,相沿已久,不必遷移。令照舊住種,惟酌量邊界開門,勿悮耕穫。〇康熙二年題准:守孝陵内大臣,給園地十五晌。〇三年題准:守孝陵各官,給園地不等。總管,十二晌。翼長,十晌。郎中,六晌。員外郎等,五晌。〇八年題准:圈撥民間田房,屢經停止。邇來有因旗下退出荒地復行圈補者,有遊牧等處投來人丁復行圈撥者,有因圈補時復圈接壤民地者,百姓失業堪憫。今張家口、殺虎口、喜峰口、古北口、獨石口、山海關外,各有曠土。如宗室官員及甲兵有願將壯丁地畝退出,取口外閑地耕種者,該都統、副都統給印文咨送,按丁撥給。〇十二年題准:凡欲往盛京領地設莊護墳者,若將分内壯丁地退出,准撥熟地。不願退出者,以荒地撥給。

撥給八旗官員兵丁畿輔田土

鑲黄旗

滿洲,初次給地一十九萬三千八百六十晌,二次給地四萬二千三百一十五晌,三次給地二萬一千八百八十五晌。

蒙古,初次給地二萬九千九百五晌,二次給地二萬八千三百三十五晌,三次給地六千八百九十五晌。

漢軍，初次給地三萬三千三百四十晌，二次給地一萬九千八百五晌，三次給地一萬七千五百五十晌。

共壯丁地，三十九萬三千八百九十晌，坐落大興、宛平、良鄉、固安、永清、東安、香河、通州、三河、武清、寶坻、昌平、順義、密雲、懷柔、涿州、房山、霸州、文安、大城、保定、薊州、玉田、平谷、遵化、豐潤、永平、遷安、昌黎、灤州、樂亭、清苑、滿城、安肅、定興、新城、唐縣、容城、完縣、蠡縣、雄縣、安州、高陽、新安、易州、淶水、河間、肅寧、任邱、交河、青縣、南皮、獲鹿、永寧衛、良牧署、采育里、開平、沙河驛、赤城、宣府、德州、古北口、冷口、張家口、喜峰口、羅文峪、獨石口、石匣等處。

正黄旗

滿洲，初次給地七萬三千四百四十晌，二次給地一十五萬二千九百一十五晌，三次給地三萬一千二百三十晌。

蒙古，初次給地一萬二千六百一十五晌，二次給地一萬八千七百八十五晌，三次給地三萬一千四百一十晌。

漢軍，初次給地二萬一千二百三十七晌三畝，二次給地三萬一千三百一十二晌三畝，三次給地一萬九千四百五十二晌三畝。

共壯丁地，三十九萬二千三百九十六晌九畝，坐落大興、宛平、良鄉、固安、永清、東安、香河、通州、三河、武清、寶坻、昌平、順義、密雲、懷柔、涿州、房山、霸州、文安、保定、薊州、玉田、平谷、遵化、豐潤、盧龍、遷安、灤州、樂亭、清苑、滿城、安肅、定興、新城、唐縣、慶都、容城、完縣、蠡縣、雄縣、安州、高陽、新安、易州、淶水、河間、肅寧、任邱、交河、青縣、滄州、南皮、獲鹿、開平、赤城、宣府、古北口、冷口、張家口、獨石口、石匣等處。

正白旗

滿洲，初次給地九萬五千四百五十五晌，二次給地五萬五千四百四十五晌，三次給地七萬二千二百三十五晌。

蒙古，初次給地二萬一千五百六十二晌半，二次給地二萬七百九十二晌半，三次給地一萬八千二百四十三晌。

漢軍，初次給地一萬四千四百六十晌，二次給地二萬四千四百二十晌，三次給地二萬三千九百九十五晌。

共壯丁地，三十四萬六千六百八晌，坐落大興、宛平、良鄉、固安、永清、東安、香河、通州、三河、武清、寶坻、昌平、順義、密雲、懷柔、涿州、房山、霸州、文安、保定、薊州、玉田、平谷、遵化、豐潤、永平、遷安、撫寧、昌黎、灤州、樂亭、安肅、定興、新城、容城、完縣、雄縣、安州、高陽、易州、淶水、河間、肅寧、任邱、交河、青縣、滄州、南皮、宣府、羅文峪、張家口、獨石口、古北口等處。

正紅旗

滿洲,初次給地三萬五千四百九十八晌,二次給地八萬八千五百一十四晌零,三次給地三萬五千三百四十五晌。

蒙古,初次給地三千九百二十八晌零,二次給地一萬二千七百六十晌,三次給地九千二百五十五晌。

漢軍,初次給地四千六百三十五晌,二次給地一萬六百八十晌,三次給地六千一百七十晌。

共壯丁地,二十萬六千七百八十五晌零,坐落宛平、良鄉、固安、永清、東安、通州、武清、寶坻、昌平、順義、密雲、房山、霸州、文安、保定、灤州、樂亭、清苑、安肅、定興、蠡縣、雄縣、任邱、河西務等處。

鑲白旗

滿洲,初次給地一十萬四千四百七十五晌,二次給地四萬四千五百七十晌,三次給地三萬八千一百七十晌。

蒙古,初次給地一萬六千九百五晌,二次給地一萬四千三百六十五晌,三次給地一萬五千九百三十五晌。

漢軍,初次給地一萬一百五十晌,二次給地五千五十五晌,三次給地七千七百八十晌。

共壯丁地,二十五萬七千四百五晌,坐落大興、宛平、良鄉、固安、永清、東安、香河、通州、三河、武清、寶坻、昌平、順義、密雲、懷柔、涿州、房山、霸州、文安、大城、保定、薊州、玉田、平谷、遵化、豐潤、永平、遷安、灤州、樂亭、滿城、安肅、定興、新城、容城、雄縣、新安、易州、淶水、河間、肅寧、任邱、交河、青縣、静海、滄州、南皮、延慶、張家口、喜峰口、冷口、羅文峪、開平、赤城、沙河驛、良牧署等處。

鑲紅旗

滿洲,初次給地一萬八千三百四十五晌,二次給地九萬六千四百五十二晌半,三次給地四萬三千五百三十七晌半。

蒙古,初次給地五百九十晌,二次給地二萬二千四百二十五晌,三次給地一萬七百二十晌。

漢軍,初次給地五千一百三十晌,二次給地一萬五百晌,三次給地九千八百九十五晌。

共壯丁地，二十一萬七千五百九十五晌，坐落宛平、良鄉、固安、永清、東安、香河、通州、三河、武清、寶坻、昌平、順義、涿州、房山、霸州、大城、保定、豐潤、永平、遷安、灤州、樂亭、清苑、安肅、定興、新城、唐縣、慶都、完縣、蠡縣、雄縣、淶水、河間、肅寧、任邱、滄州、延慶、河西務、天津等處。

正藍旗

滿洲，初次給地一十萬三千三百一十二晌半，二次給地六萬六千五百四十五晌，三次給地三萬七千九百九十晌。

蒙古，初次給地二萬五十晌，二次給地一萬二千六十五晌，三次給地一萬一千八百六十晌。

漢軍，初次給地一萬四千七百三十二晌半，二次給地一萬二千二百一十五晌，三次給地六千八百四十晌。

共壯丁地，二十八萬五千六百一十晌，坐落大興、宛平、良鄉、固安、永清、東安、香河、通州、三河、武清、寶坻、昌平、順義、密雲、懷柔、涿州、房山、霸州、保定、薊州、玉田、平谷、遵化、豐潤、遷安、昌黎、灤州、清苑、滿城、安肅、定興、唐縣、容城、雄縣、高陽、新安、易州、任邱、青縣、南皮、良牧署、延慶等處。

鑲藍旗

滿洲，初次給地一十萬八千三百八十晌，二次給地三萬九千一十五晌，三次給地二萬四千三百四十晌。

蒙古，初次給地二萬五千八百五晌，二次給地四千一十三晌，三次給地五千三百七十晌。

漢軍，初次給地一萬二千六百四十五晌，二次給地八千六十晌，三次給地七千五百六十晌。

共壯丁地，二十三萬五千一百八十八晌，坐落大興、宛平、永清、東安、香河、三河、武清、昌平、密雲、涿州、房山、盧龍、樂亭、定興、蠡縣、安州、高陽、易州、淶水、河間、任邱、獲鹿、河西務、獨石口、張家口等處。

順治元年定：民間無主田房，撥給八旗壯丁。〇又題准：圈撥地畝，按州縣大小，定圈地多寡。滿洲自聚一處，阡陌室廬，耕作牧放，互相友助。令旗民各安疆理。查出無主地，與有主者對换，以期均便。〇二年題准：分給園地，内府總管，八晌；親王府管領，六晌；郡王以下府管領，五晌。各府給事人員，俱給地有差。〇又題准：王以下各官所屬壯丁，計口給地六晌,停支口糧。〇又題准:民間墳墓,有在滿洲地内者,許其子孫隨時祭掃。〇又定:清理田土事宜,令地方官秉公矢慎,不許借端滋擾。其應給滿洲及應留民間地畝,早行曉示,毋妨東作。〇三年題准:副都統以上官員,各撥給園地三十晌,并二名壯丁地。〇又題准:直屬州縣被圈之民,以各州縣連界地畝撥補。其不願往撥補處者,以未被圈之民房地均分,居住耕種。〇四年題准:參領以下官員,各給二名壯丁地。〇又題准:撥給甲兵地畝,有告稱不能耕種者,不准。〇又題准:圈撥地内,如有集埸,仍留給民,以資貿易。〇又定:嗣後,民間田屋,永停圈撥。〇又定:撥給地畝,以見在爲準。嗣後,雖增丁,不添給;减丁,亦不退出;各官雖陞遷,不添給;亡故、降革,亦不退出。〇五年題准:南苑海户,每名給地三晌。〇又題准:各官帶來壯丁,給地不敷。每佐領下,再給十名壯丁地。〇六年題准:撥給官員園地,公、侯、伯、精奇尼哈番,各三十晌;阿思哈尼哈番,各二十晌;阿達哈哈番,各十五晌;拜他喇布勒哈番,各十晌。雖陞至超品公,亦不得踰三十晌。〇又題准:凡官員致仕者,督、撫、布、按、總兵,各給園地六晌;道員、副將、參將,各給園地四晌;府、州、縣、遊、守等官,各給園地三晌。〇又題准:改撥官員園地,公、侯、伯,各五十晌;精奇尼哈番,各四十晌;阿思哈尼哈番,各三十晌;都統、尚書、阿達哈哈番,各二十晌;副都統、侍郎、拜他喇布勒哈番,各十晌;一等侍衛、護衛、參領,各七晌;二等侍衛、護衛,各五晌;三等侍衛、護衛、拖沙喇哈番,各四晌。〇又題准:新來壯丁,每名給地五晌。〇七年題准:八旗舊壯丁,每名撤出地一晌,撥給新壯丁。〇十年題准:直屬民間房地,有被圈一半者,不必撥補;全圈者,以未被圈之房地均攤補給。本州縣房地或不足,以鄰近州縣存剩房地,酌量撥給。〇又題准:嗣後,圈占民間房地,永行停止。〇康熙二年題准:新來佐領,給地五晌;領催,給地三晌。〇六年題准:八旗地有坍塌成河者,准與换給。其出城及被澇地,不准换給。〇八年諭:房地圈撥旗下,百姓多致失業。嗣後,永行停止。其今年所圈房地,俱著退還民間。〇九年題准:官員、甲兵地畝,不許越旗交易。其甲兵本身種地,不許全賣。〇又題准:官員撥補地畝,不遵部文,擅撥給别項地畝者,罰俸一年。〇十五年覆准:官員不對閲部册,支給口糧地畝者,罰俸兩個月。筆帖式等,罰俸一個月。其察對册籍,係司官職掌,堂官不必議處。〇二十年題准:滿洲新歸旗者,停給園地。〇二十三年定:直隸、順天等府屬撥給旗下地畝,將别州縣衛所額外開墾官屯等地補還。其應輸糧課,考成之責,歸受補州縣。徵比之事，委被撥州縣。〇二十四年議准：直隸州縣百姓墾荒田地，停止圈撥。如有各處壯丁及新滿洲，將皇莊并上三旗、内務府及八旗、禮部、光禄寺丈量所餘地畝撥給。俟此項地畝撥完時，另行請旨。〇又議准：撥給地畝，不論多少，停其遣筆帖式，俱差司官撥給。如不照旗員退出之地取撥，另將别項地畝撥給者，降三級，隨旗行走。〇三十年議准：新滿洲退出地畝，令給民耕種輸租。〇又覆准：嗣後，直隸撥補錢糧，令代徵州縣，徑行起解。如該州縣本處錢糧，歲内雖已全完，代徵錢糧不完，不准議叙。仍照受補州縣未完分數，一并參處。〇三十四年題准：花園内種稻田莊頭壯丁，每名給養贍家口地五晌，在於大宛二縣收存附近地查給。〇又題准：退出地畝，照上中下則，加一倍徵租。〇四十五年議准：撥給地畝，自康熙十三年後，俱係將八旗退出、地方官收存地畝撥給，至今遵行。但春間二三月内，已經耕種，應停撥給。俟九月間秋成後，始行撥地。其撥給地畝，移咨内務府、奉宸苑，轉付八旗司，并行直撫、大宛二縣知照。至滿洲已給之地畝，不准更换。其初次應行給地之新滿洲，於八旗餘地内丈給。〇五十一年議准：安設莊屯，應給屯頭地畝並换給地畝，俱俟内務府具題移咨到部，行令該撫查明之日，與内務府派官公同换給。〇五十二年覆准：容城縣丈出餘地十一頃七十二畝零，原係旗退地畝，仍交與莊頭耕種。每畝納銀三分，草一束。〇五十三年議准：撥給莊頭地畝，在各屬旗退輸租地内，均勻撥給，不得指圈民地。〇五十四年議准：莊頭拖欠銀兩並各處官徵官解旗租銀兩，照正雜錢糧，定爲一年之例，催完解部。如限滿不完，將承追不力各官，照例題參。〇雍正三年議准：户部收過八旗人等所交地畝并内務府交出餘地，所收銀錢糧石，另立一案，以定奏報考成。自雍正三年起，按年按數徵完。銀錢解部，糧石存貯各州縣備用。仍於歲底將解部銀錢并存貯糧石數目，造具清册，具題查核。如有未完，該督照未完錢糧分數之例題參，交與該部議處。

凡八旗井田，雍正二年議准：内務府交出餘地及户部所收官地内，撥新城縣一百十六頃，固安縣一百二十五頃八十九畝，制爲井田。令八旗將無産業滿洲五十户、蒙古十户、漢軍四十户，共挑選一百户，前往耕種。自十六歲以上六十歲以下，各授田百畝。周圍八分爲私田，中間百畝爲公田。共力同養公田。其公田百畝之穀，俟三年後徵收。於耕種所餘地畝内，設立村莊，蓋造廬舍四百間。每名給銀五十兩，以爲一年辦買口糧、牛種、農具等項之用。選用管理勸教二人，公同監看。三年之内，果有成效，分别議叙。○五年諭:旗人枷號鞭責治罪革退官兵,並無恒業,在京閒住,倚靠親戚爲生,以致良善之人被累維艱,而伊等無事閒游,不能不生非爲惡。將此等之人查出,令於京城附近直隸地方耕種井田。作何安置之處,王大臣等會議具奏。遵旨議定:將八旗、滿洲、蒙古内拖欠錢糧、枷責治罪、革退官兵并伊妻子,發往井田。本身爲非犯法、枷責治罪、革退官兵,無所倚靠者,亦并伊妻子發往井田。應發耕種井田之人,各該旗查明備造細册,鈐蓋印信,發與管理井田之人,嚴行約束,令其耕種,不許出入京城。伊等子孫内,如有長大誠實、弓馬嫻熟、欲來京披甲當差効力者,該管之人保送來旗,於挑選披甲當差之時,仍行挑選。若挑選披甲當差之後,爲非犯法者,將保送之人一體治罪。發往井田之人,在彼處仍行怙惡不悛,妄生事端者,管理井田之人即呈報該旗咨部,按伊所行之事,加倍從重治罪。巡察御史地方官員,亦行不時稽察。若不守分、飲酒生事等項,該地方官即申報該督。若地方官徇情隱諱,不申報該督,或已申報該督,該督不行咨各該地方,被巡察御史查出,將不申報之州縣官,並不咨行之該督議處。若巡察御史徇情隱諱,不行查參,被州縣官查出申報,將巡察御史治罪。再,管理井田之人,有事呈報各旗,若無記識,難以憑信,交與該旗鑄給管理井田關防。但今發往之人,皆係從前已經治罪,不便照先去之人一體安置。每户給三十畝,五户共給牛三隻,購買牛具、籽粒等物及每年口糧,每户給銀十五兩,交與管理井田官員,於相宜地方築建土堡,酌量人口多寡,苫蓋土房,俾其居住。發往之人,管理井田官員不能料理妥貼,約束不嚴,致令生事擾害地方,事發者,將管理井田官員從重治罪。嗣後,每年一次查出發往。再,開户之人爲非犯法,枷號鞭責治罪退甲,閒住無依,不無妄生事端,自爲盜竊。嗣後,開户之人,爲非犯法,枷責革退兵甲者,給與發往井田人内効力良善之人爲佃丁,不許擅賣,令其出力。○又諭:井田地方,止有一人管理。著於彼處再補放驍騎校四員、領催八名料理事務。俸餉陞轉,照京驍騎校、領催一體,以爲彼處之人出身之路。若以陞轉原在彼處効力者,即令其帶銜在彼居住。此二年在彼勤慎可用應補驍騎校之人,著保送到部,引見補放。

凡撥給駐防直省官員兵丁田土,順治四年題准:江寧駐防旗員,給園地三十晌至十晌不等。西安駐防旗員,給園地四十晌三十五晌不等。○又題准:浙江駐防官兵,不給田,俸餉照經制支領。○五年題准:各省駐防官兵,家口半攜去者,在京園地半撤;全攜去者,全撤。○六年題准:外省駐防官員,初任其地,未經撥給園地者,准今撥給;其加級陞任者,不復添給。凡應給地十晌以下者,户部撥給;十晌以上,奏請撥給。〇七年題准:駐防官員,量給園地。甲兵壯丁,每名給地五晌。臨清、太原以無主地並官地撥給。保定、河間、滄州以八旗退出地撥給。〇康熙三十一年題准:將山西陽太二邑所屬享堂等六屯地畝,撥給晉省駐防滿洲官兵。〇又覆准:陽曲地畝被圈,將太、楡、清、忻四州縣屯地撥補。但屯頭佃户,倚恃隔屬,不肯完租,被圈之民賠累。照直隸之例,令州縣官代徵,解給被圈之民。倘有拖欠,照例處分。〇三十二年議准:八旗駐防省分官兵,在所住之處,給與地畝。〇五十七年覆准:山西右衛苧麻口外,西至十家舖三十里,東至彌陀山十五里,共有荒地四千五百餘晌,差官丈量,安設莊頭十五名。〇五十八年題准:滿洲官兵,駐劄河南南陽府揚河地方,所有墾荒地畝,給與管業耕種。

凡撥給外藩田土,國初定:蒙古分爲五等。一等,給莊屯三所、園地十五晌;二等,給莊屯二所、園地十晌;三等以下,止給莊屯,不給園地。〇順治五年題准:丈量分給外藩邊外地畝,令各守本土,不許越境。〇十八年題准:查哈兒大臣侍衛等,酌量各照品級,撥給莊屯。〇康熙二十年題准:蒙古新歸旗者,停給園地。

〔牧廠草場〕

鑲黄旗牧馬廠地,坐落武清、寶坻,東自唐畦,西至陳林莊七十里,南自張家莊,北至上馬臺九十里。

正黄旗牧馬廠地,坐落天津州,西北自俞家莊,東北至小稍子口三十五里,西南自孫家莊,東南至秋家莊四十七里。

正白旗牧馬廠地,坐落天津州,東自好字沽,西至白家莊四十二里,南自城兒上,北至清溝六十五里。

正紅旗牧馬廠地,坐落甕山,二百五十晌;蘆溝橋西高陵,四百六十晌。

鑲白旗牧馬廠地,坐落通州,四百一十四晌。

鑲紅旗牧馬廠地,坐落順義縣天主馬房村,五百八十八晌;蘆溝橋西,八十晌。

正藍旗牧馬廠地,坐落豐臺王蘭等莊,東西三十里,南北五十里。

鑲藍旗牧馬廠地,坐落草橋,十里;廊房,八里。

順治二年題准:御用馬館,王、貝勒、貝子等馬館,俱按各該旗地方牧養。○又題准:天師庵草場,設場尉、筆帖式及書役、甲兵巡守。○又題准:近京廢地,俱令撥給壯丁墾種。如撥給有餘,方准爲牧馬廠。○四年覆准:江寧舊有十二馬羣場地,見今民墾熟田,毋得棄業。○五年題准:奉天中前所、前屯衛、中後所三處地畝,令八旗均分爲馬場。自東迄西,先給兩黄旗,次兩白旗,次兩紅旗,次兩藍旗。○六年題准:順義、清河、漷縣、沙河、蘆溝橋五處荒地,二萬四千四百七十四晌,通州河、沙河、清河、蘆溝橋兩岸,各長五里,闊三里,俱令丈作馬廠。○又定:嗣後,棄地爲馬廠,永行停止。如沙地不堪耕種者,仍留牧馬。○十一年題准:給親王牧廠,方八里;郡王牧廠,方四里。○十二年覆准:親王牧廠,方二里。郡王牧廠,方一里。額外多占者,查出,撥給新壯丁。○康熙元年題准:天師庵草場,歸併崇文門部員管理。其原設官役甲兵,俱裁。○又覆准:榆林城外牧地一十六頃三十六畝零,令地方官招民佃種。○二年題准:錦縣馬廠地,仍留備用牧馬,不許民間開墾。○又覆准:甘鎮牧地三頃二畝,令招民承種,入甘州中衛徵糧。○十二年題准:太僕寺種馬場,向係户部撥給入官人看守,今内府並諸王貝勒等馬匹,就馬場内餘丁選補看守。如無可選者,仍行令户部撥給。○三十年覆准:德州駐防官兵,向在滄州牧放。因越省不便,將霑化縣邵家莊所有荒地令作馬廠。其應徵地畝銀兩,准其豁除。○三十九年題准:天津等十二州縣衛所牧馬廠地,派都統等會同直撫查明。東翼四旗,丈出餘地一萬二百六十一頃零,西翼四旗,丈出餘地一十八萬八千四百六十二晌,交與地方官招民墾種,照開荒之例起科。○雍正二年議准:八旗存留馬廠并馬廠餘地,派旗下大人一員,帶領該部賢能官二員,每旗賢能官一員,令直撫於守巡二道内派一員,公同查明。其有可以墾種者,交與地方官招民墾種。其不堪耕種之處,仍交八旗作爲馬廠。○五年諭:禮部並無飯食銀兩。郭公莊、天竺村兩處廠地,著賞給禮部。共地一百八十一頃零。

大清會典卷之二十九

户部

〔田土四〕

〔屯田〕

國初,設衛、所以分屯,給軍丁以領佃。後因直省各設經制官兵,屯衛官軍陸續裁汰歸併。其運糧衛所,則仍舊制,錢糧亦依額科徵。今據雍正二年,總計直省現存屯田額賦,開載於後。其已歸各布政司田土項下者,不復臚列。至先後改設州縣,已分註前各直省州縣下,裁併事宜,詳見《兵部》,不復載。

雍正二年,總計直省屯田三十九萬四千五百二十七頃九十九畝九分七釐。○總計屯賦銀四十三萬六千四百四十六兩四錢一分五釐九毫,屯糧一百六萬四千五百九十二石三斗五升一合九勺,草四百八十七萬一千三百四十五束零。○總計屯丁六十二萬七千九百五十三丁,屯丁銀十四萬九千八十三兩一錢三釐。

直隸等處,屯田七萬四千四百九十九頃二十八畝一分二釐零,屯賦銀四萬三千三百六十六兩八錢二分八釐九毫零,屯糧八萬四千七百三十四石一斗三升九合四勺零。○屯丁十二萬二千六百五十丁,屯丁銀二萬三千九百五十兩八錢三分四釐零。

江南江蘇等處,屯田一萬一千五百九十七頃七十二畝六分二釐零,屯賦銀三萬八千四百一十二兩三錢七分零,屯糧二萬三千四百八十八石零。○屯丁二萬六千七百五十三丁,納糧,不納丁銀。三則閒丁三千八百七十三丁,屯丁銀八百四十三兩六錢。

安徽新安等處,屯田一萬一千八百五十五頃五十九畝五分零,屯賦銀四萬五百六兩零,屯糧米麥四千四百八十二石零。○屯丁八千五百九十六丁,領運,不納丁銀。三則閒丁七千九百九十六丁,屯丁銀二千四百四兩六分。

浙江杭州等處,屯田一千七百七十三頃八十畝六分零,屯賦銀一萬八千六百三十兩一錢一分零。○屯丁四千七百五十八丁,屯丁銀五百八十九兩一錢三分零。

江西南昌等處,屯田六千八百二十八頃八十畝八分零,屯賦銀一萬三千三十一兩四錢七釐零。○屯丁六千一百九十丁,屯丁銀一千三百一兩五錢五分六釐零。

湖北武昌等處,屯田一萬八千二百一十二頃二十八畝三分零,屯賦銀四萬八千九百二十一兩三錢九分零。○屯丁七百五十一丁,屯丁銀一百五十兩二錢。

湖南岳州等處,屯田七千二百四十一頃六十七畝一分四釐零,屯賦銀二萬三千七百五十三兩一錢六分零。○屯丁一百八十三丁,屯丁銀三十六兩六錢。

福建福州等處,屯田七千七百七頃八十六畝零,屯賦銀三萬八千二百一十九兩零,屯糧二萬六千三百八十八石零。○屯丁二萬五百八十五丁,屯丁銀五千四百八十三兩五錢零。

山東濟南等處,屯田二萬四千四百二十七頃五畝零,屯賦銀四萬九千六百七十九兩八錢三分零。○屯丁二萬六千二百十丁,屯丁銀九千三百五十三兩三錢八分零。

山西太原等處,屯田六萬四千七百三十六頃十九畝零,屯賦銀五萬二千三百二十五兩四錢零,屯糧五萬七千五百四十九石零,草八萬三千四百三十二束零。○屯丁十八萬六千六十九丁,屯丁銀六萬二千六百九十六兩零。

陝西西安潼關等處,屯田、都司更名額外地,共四萬八千四十八頃三畝,屯賦銀三萬六千一百一兩四錢九分,屯糧十九萬五千二百三十六石五斗七升。○屯丁一十萬七千六百九丁,屯丁銀九千四百三十五兩六錢四分零。

鞏昌甘州等處,屯田九萬九千八百九十四頃六十五畝零,屯賦銀一萬九千九百七十四兩六錢三分零,屯糧四十七萬六千四百九石四斗零。草四百七十八萬四百五十三束。○屯丁五萬六千七百九十一丁,屯丁銀一萬四千一百三十九兩二錢一分零。

四川建昌等處，屯田五百七十三頃三十二畝五分零，屯賦銀一千四百五十兩六錢零，屯糧、米、豆、蕎八千九百八十六石一斗六升零。

廣東廣州等處，屯田四千九百四十八頃九十畝七分二釐零，屯糧八萬八千九百九十七石二斗五升七合二勺零。〇屯丁六千五百九十四丁，屯丁銀一千六百九十三兩七錢七分三釐零。

廣西桂林等處，屯田一千九百九頃五十六畝零，屯賦銀八千二百二十四兩八錢五分零，屯糧九百七十五石零。〇屯丁一百一十八丁，屯丁銀三十五兩五錢五分零。

雲南平彝等處，屯田八千六十一頃二十九畝二分零，屯賦銀一千一百九兩二錢二分零，屯糧五萬五千四百七十八石零。〇屯丁三萬九千一百八十二丁，屯丁銀一萬六千二百八十五兩八錢七分零。

貴州貴陽等處，屯田二千二百一十一頃零九十六畝四分零，又陸地一百八十九分零，屯賦銀二千七百四十兩一錢三分零，屯糧三萬九千六十六石四斗九升四合，蕎、折米六百三十四石七斗九升五合零，穀、折米六百八石六斗五升零。〇屯丁二千九百八十一丁，屯丁銀六百八十四兩二錢零。

凡額賦，順治五年覆准：雲鎮屯田荒蕪，官買牛驢分給軍民墾種。應納租糧，酌量徵收。〇六年題准：直隸、天津、葛沽等處屯地，舊例，三則輸租。上地，每畝六升；中地，四升五合；下地，三升。今定，果樹、菜畦、水田、葦地，每畝科租一斗；麥地，六升；雜糧地，四升五合。〇七年題准：衛所屯田，分給軍丁承種。因有操演城守、捕盗領運之責，故屯田科徵較民地稍輕。今既經裁汰，凡有運糧衛所屯糧，仍舊派徵。其無運糧衛所屯田，俱照坐落州縣民田例，一體起科。〇九年覆准：廣東屯糧，全徵本色，屯丁苦累。令本折各半徵收。〇又覆准：運軍已經改民。其軍衛田地，照民地例輸納。各按坐落地方，使有歸著，以杜溷淆。〇十年覆准：江南秣陵、廣武、英武三衛，路隔長江，輸糧艱難。照鳳陽衛例，折銀徵解。〇十三年覆准：屯衛錢糧考成則例，與州縣正項錢糧，一體參罰。〇十六年覆准：裁四川衛所。其屯糧，歸併州縣，照民例起科。〇十八年題准：雲南衛弁職田，向係收租准俸，不納稅糧。嗣後，各歸衛所，編入户口，俱以本七折三徵收。其舊係每畝一斗九升至三斗者，照軍糧例起科；三斗至五斗者，槩以三斗爲額。〇康熙六年覆准：江南石城等衛屯田，改折太重，仍舊徵收本色。〇十年覆准：廣東屯糧，十倍民田，荒蕪者多。令照民地重則，每畝八升八合起科。○十五年覆准:各衛所荒田,坐落州縣境内。縣查,則指爲軍地;衛查,又詭爲民田。行令督撫,嚴檄州、縣、衛、所各官,逐一查報,不得推諉,以滋影射。○二十三年議准:湖南偏橋、鎮遠二衛地畝錢糧,歸併貴州徵收造報。○二十五年覆准:湖南銅鼓衛屯糧,歸併新寧縣徵收。○三十年覆准:廣東衛所屯田糧數減則,照民田一例徵收。○三十四年諭:雲南屯田錢糧,較民田額重數倍,民人苦累。嗣後,屯田賦額,著照河陽縣民田上則徵收。○三十五年覆准:雲南屯地,亦照屯田例徵收。○又覆准:江南漕運按糧用丁,屯田仍係徵糧,免其徵租。○三十六年覆准:湖南辰州衛歸併瀘谿縣屯田。該衛原額,屯則,糧重賦輕;民則,糧輕賦重。今屯田既歸併,應照民田科則徵收。又,城步縣載有靖州衛屯糧,相去遥遠,催納不前,連年逋賦,應改歸靖州綏寧縣,就近徵收。○四十年題准:湖南沅州、龍陽、黔陽、靖州四州縣歸併屯田,《全書》譌刊浮糧,科則偏重。又,清浪、平溪二衛屯糧,徵米折價,弁軍交困。將四州縣屯田偏重之處,豁免改減,清平二衛改徵米石。仍照《全書》原載徵銀之例,一併改正。○四十五年題准:湖南清浪、平溪二衛屯糧,因順治十六年設站應差,改爲徵米。今屯民僻處山隅,挑運勞費,准其徵銀。其折徵銀兩,照湖南各州縣例徵收。○五十七年覆准:沔陽衛屯田五百七十二頃八十畝零,查勘實係水淹窪地。照清浪衛減則之例,每畝五升四合五勺。○雍正五年覆准:黔省所有軍田,每畝上税五錢,報司給契,許照民田一體賣買。所收税銀,年底造册,送部查核。至各省亦有此等田地,通行直省,照例斟酌上税,一體遵行。○又議准:建德、東流二縣額解南、撫、饒三衛所屯糧銀兩,編入江南池州府經管。

凡設官管屯,順治二年,差御史一員,巡視屯田。○三年題准:裁衛所指揮、千百户。每衛設守備一員,掌印兼管屯田,量設千總、百總,分理衛事。

凡衛所錢糧職掌及漕運造船事務,并都司、行都司分轄,皆令照舊。○四年,裁屯田御史。屯衛事宜,令各巡按兼管。○十年題准:巡按既裁,各省屯政,令該巡撫督理,年底造册奏銷。○又覆准:江西屯糧,歸布政司管理。○十三年覆准:廣西衛所久廢,責令坐落州縣,招墾荒屯,責成道、府、廳官分理,布政司總核。○又議准:江南、山東、山西、河南、陝西等省各衛屯糧,歸布政司總理。○十五年覆准:雲鎮屯衛錢糧,歸山西驛糧道管理。○又覆准:河南宣武等十九衛所,無押運防邊之事,錢糧無多，裁汰都司、守、千等官。○康熙二年覆准：江南屯糧，現係驛傳道兼攝。令照浙江、湖廣等省例，改歸都司督催。○五年覆准：陝西衛所屯糧，與民糧一體輸納。無僉運領運之事，不必改歸都司，仍令布政司總理。○六年題准：廣東、雲南經徵屯糧，係屯道職掌。衛所各官，俱令屯道稽察。○十年覆准：山東屯糧，向係司府催徵，今改令都司管轄。○二十六年議准：裁雲南都司。○二十七年，裁山東德州右衛、東昌衛守備各一員。○雍正二年，裁山西都司。○三年議准：裁江南、浙江、江西、湖廣、山東、廣東等省都司。其衛所錢糧，歸併布政司管轄。○又，裁浙江杭州等衛徵屯千總。

凡屯丁，順治三年題准：改衛軍爲屯丁。○九年覆准：各省屯丁，有關漕務者，仍留駕運。○又覆准：陝西涼州戍軍，改編屯丁，除免軍名，令承種屯地，照舊徵輸。○又覆准：江南輸運漕糧，開報殷實運丁，不論官舍書承，一體僉運。○十二年覆准：軍民籍貫，原有分別。有屯丁竄入民籍，希圖免運者，有運弁賣富差貧者，有軍民相鄰、運弁借勾攝以滋擾者，令督撫委廉明道員，分別軍民應除應補。五年一次，編定册籍，俾伍籍充盈，不致軍民相混。○十三年覆准：漕船按丁納銀貼造。除現運屯丁免科外，凡在衛閒丁舍餘，以十六歲爲成丁，六十歲開除另補。江南，屯丁，每正糧一石納銀三分；閒丁，編爲三則納銀。浙江，每丁納銀四錢。江西，每丁納銀二錢五分。凡屯丁，准免民丁重派。○又覆准：浙江金鄉等衛，有屯無運；杭、寧、温、台各衛，嘉、湖、嚴、衢各所，有屯帶運；金華等所，處、紹等衛，無屯有運，今應均算津貼，照原額屯田，計船一隻，派田一百五十一畝八分。凡帶運衛所，照數津派。餘田，仍徵屯租，撥貼有運無屯衛所。至有屯無運衛所，若有丁願運，照例給田僉運；若無丁領運，計田徵租銀，津貼無屯衛所運丁。十五年定：除省城民占屯地外，每船給田一百五十畝八分八釐一毫。康熙十年定：除缺額屯田外，每船給田一百一十三畝。○十四年覆准：湖廣向有運軍、班軍、操軍三項，各設屯田贍給。近因班操不用，解令歸農，止留運軍協濟江西漕務。但軍民册籍不分，賦役紊亂。今定，凡係民册當差者，衛所不得告扳；軍册有役者，州縣不得重派；民佃軍田者，照地納租，毋得再派軍役；軍佃民田者，止完正賦，無復派及民役。○十五年覆准：四川利州等衛，俱係軍籍，未徵丁徭，止科田糧。今改入民籍，一體當差。○又議准：江北衛所屯丁，有領運防海之責，不必改軍爲民。○十六年議准：江寧等衛屯丁，照舊輓運當差，不必改軍爲民。○又覆准：衛所清出餘舍閒丁，每名徵銀二錢。〇康熙二十三年題准:湖南衛所守城屯丁,停其支給錢糧。〇三十九年覆准:廣東屯丁,照民丁之例徵收。

〔學田〕

學田之設,原以供春秋享祀及贍給貧士之用。有舊置者,有助給者,歷年多寡不一。兹據雍正二年直省册報,總計學田三千八百八十六頃七十八畝五分四釐九毫零,徵租銀二萬三千四百五十八兩二錢二分七毫,租糧一萬五千七百四十五石七斗七升八合三勺零,租錢六萬二千四百六十文。其細數開具於後。

順天府,學田八十二頃八十一畝九分二釐八毫,租銀四百三十四兩六錢三釐三毫,租穀一十八石三斗八升一合雜糧六石三斗,租錢四萬二百四十文。

直隸等處,學田一千一百八十八頃九十二畝三分二釐二毫,租銀二千三百十五兩七錢七分二釐,租穀一千二十四石八斗八合六勺,租米五百十七石七合七勺,麥四十二石一斗二升七勺,豆七石。

江南江蘇等處,學田四百三十五頃九畝二分七釐六毫,租銀五千七百一十六兩零,錢二萬一千六百文。

安徽等處,學田一百五十八頃七十七畝八釐四毫,租銀一千六百三十八兩四錢一分八釐,租穀五百八十九石七斗五升八勺。

浙江,學田一百七十五頃六十三畝五分二釐,租銀四千一十三兩二錢三分零。

江西,學田六十八頃三畝五分九釐八毫零,租銀一十八兩六錢三分,租穀八千四百一十七石七斗一升八合二勺。

湖北,學田八十七頃七十八畝七分三釐零,租銀六百四十三兩六錢八分零,租穀一百八十四石九斗八升零。

湖南,學田四十二頃八十五畝一分,租銀四百一十八兩四錢八分五釐,租穀九十七石三斗三升。

福建,學田八十六頃五十畝四釐五毫,山園池屋共租銀二千一百四十九兩八錢五分二釐八毫零。

山東,學田四百一十八頃二十二畝五分零,租銀一千四百二十三兩二錢一分零。

山西,學田二百七十五頃五十三畝一分零,租銀二百九十八兩七錢六分五釐五毫,租糧一千一百八十二石二斗六升零。

河南,學田一百六十頃九十三畝五分零,租銀八百八十四兩九錢四分零。

陝西西延等處,學田五十四頃六十四畝,租銀一百五十四兩四錢零,租糧一千一百二十一石九斗零。

臨鞏等處,學田三百一十一頃二十六畝零,租銀二十七兩一錢零,租糧一千四百五十三石八升零。

四川,學田三頃六十三畝七分零,租銀四兩七錢四分一釐零,租穀二百三十九石八斗七升零。

廣東,學田一百五十一頃一十六畝五分六釐零,山塘房地共租銀一千九百三十兩八分七釐一毫。

廣西,學田一百三十五頃五十四畝九分二釐三毫,塘圃屋共租銀一千五十七兩八錢九分七釐零,租米三十二石七斗三升五合七勺。

雲南,學田,不計頃畝。租銀六十九兩五錢二分一釐零,穀一百石,租穀折銀三十六兩六錢七分零。

貴州,學田四千三百二十九畝五分零,租銀一百一十一兩二錢八分,米穀折銀一百二十五兩二錢零,穀三百五十七石八斗一升零,米三百三石二升零。

順治元年定:直省各學貧生,聽地方官核實申文該提學,於所在學田内,動支銀米酌給。〇七年題准:江寧國子監,改爲府學,歲徵田房租銀錢稻穀,留爲寒士餬口之需。其春秋祭祀,准於租銀内動支。〇十四年題准:直省學田,不許豪强隱占。令各督撫嚴查州縣額徵田租,逐一清釐。應徵課税,責成有司、提學官定其殿最,賑濟貧生。如有餘剩,仍令解部。〇康熙四十四年覆准:福建學租銀兩,令藩司督催造册奏銷。〇雍正四年覆准:浙省學租,總歸藩司,照民田催徵,給發學政衙門,支銷造册,送部查核。其每年學租,除額支各學祭祀等項以及分賑等用外,所餘銀兩,量撥爲學政日需之用。

〔土司貢賦〕

國家威德遠播,各省土司向化歸誠,悉入版圖,輸納租賦。

順治十八年覆准:貴州水西宣慰司,歲納米二千石。鎮雄府,歲納蕎四百六十石。烏撒府,歲納蕎三百石。烏蒙府,歲納蕎三百石、折徵銀三百兩。〇又覆准:貴州九長官司并枯木、八寨、牛羊、新縣四處,令編派秋糧及人丁差發銀兩。〇又題准:雲南寧州土官養兵莊糧三百六十石,每石折徵銀三錢。又,曲靖府有宣撫恭默田一千六十二畝,科秋糧二十三石六斗二升,條銀十一兩七錢九分。又,鐵鎖營土軍屯墾,歲輸租米二百石一斗四升,增入洱海衛經制。又,尋甸四十八哨,歲徵秋糧一百六十一石五斗,增入尋甸府經制。又,臨安府屬五畝地方中則田七百六十九畝七分,科秋糧二十四石,差發銀一百兩,條編銀二十三兩零,增入建水州經制。○康熙元年覆准:雲南普洱等十三處,歲徵糧米,編入元江府經制。○三年覆准:貴州水西、鎮雄、烏撒、烏蒙等處,額徵米蕎,俱稱報效,原示羈縻,不載入考成册。○又覆准:四川星上水田等寨,歲徵雜糧一百十五石,折京斗八十五石,支給古城通化兵糧。其别寨租糧,責成番頭並瓦寺、達喇二土司,催赴威州輸納。○四年覆准:雲南苗渠求附田土,編入新添衛,照例科糧,不得仍稱土司。○五年覆准:雲南朗馬等六寨,歲徵銀二百七十兩,米三石,歸入元江府正額。○又覆准:廣西忻城、永定二土司額糧,照附近永順土司例徵輸。○又覆准:廣西、四川、雲南、貴州各土司,係邊方世職。其錢糧完欠,不必照流官例考成。○又覆准:四川石砫土司,新徵穀種五十八石四斗,租折銀三十八兩二錢;又,隨印田種九石七斗,租折銀六兩三錢,解交重慶府。○六年覆准:石砫土司,有山坡草糧地,應納糧十八石三斗,折銀十八兩三錢。按舊例,三年一徵。○七年覆准:四川酉陽石耶地壩平茶邑梅土司,舊額秋糧一千一百一十石一斗,爲土官公用,餘折解湖廣大田所。今俱令交納四川布政司。○又覆准:四川瓦濟土司四十七寨,額徵苗糧四百二十四石,銀六百六十八兩,令歸臨安府管轄。○又覆准:各土官經徵錢糧,一年内全完者,督撫題明,獎賞銀牌花紅,以鼓急公。永爲定例。○九年覆准:四川石泉青片生番,歲納糧一百二十二石並黄蠟變價銀,候撥充餉。○又覆准:貴州鎮遠府屬巴野等十三寨,山箐險峻,無糧可報。梁上等二十三寨,納米三石六斗六升。定番州屬岡渡等一百四十五苗寨,歲納條馬銀九十八兩五錢,秋糧米二十二石一斗。令造入《全書》由單。○十一年覆准:貴州貴定縣四土司,丈量田地五千一百六十八畝,本折秋糧米九百一十一石九斗,條馬銀一千六百一十二兩;學田三十五畝,租穀三十九石三斗;官莊田三十二畝,租穀三十七石一斗。令改正《全書》由單。○十二年覆准:四川東川土府額徵蕎折銀一百五十兩,令四川巡撫催解貴州布政司庫。○十三年覆准:雲南祐柯、明邑二寨,原係永昌保山縣所轄,前改隸順寧府,民苦輸將。今復歸保山縣管轄,一切丁糧,令就近赴保山縣完納。○三十二年覆准:臺灣諸羅縣、大武郡、赤口等六社，慕義歸誠，於本年起附籍輸課。○四十年覆准：川省鎮雄土府，向有協黔蕎折米二百三十石。嗣後，歸併川省徵收。○四十二年題准：四川省各寨土司，認納青稞共五十石，貝母共四百五十觔。青稞折京斗米四十一石二斗五升，貝母折米四十五石。自四十二年爲始，赴該管各營交納，支給兵食，統於歲底入册報銷。○五十年題准：四川省咱哩等三土司，新經歸誠，認納雜糧。各授土百户職，頒號紙，准予輸糧。○又覆准：四川打箭爐土司，認納雜糧二百五十石六斗，馬三匹。煖歹土千户，納馬一匹。馬喇長官司，認納蕎糧四十石。○又議准：湖南鎮谿所六里苗民，情願歸誠。令該撫責令土弁約束，歸乾州同知管轄，辰沅靖道統轄。○五十一年覆准：四川化林協屬資立、額魯七立、慎白利三安撫司，及寧越、煖歹土千户，部則等四土司，情願照天全等土司例，三年一次貢馬，折價交化林寧越協營收貯，候撥兵餉。○又題准：化林協土百户洛藏林琴等四十五寨，願輸雜糧二百五十石。每石折銀五錢，存貯該協，作營兵月米之價。○又題准：沈邊、冷邊兩長官司，願納糧一百八十石，折銀九十兩。○五十二年題准：新附石泉縣管轄青片、白草各寨蠻人，願納蕎糧二十石，赴龍安府交納。○又題准：四川省石泉縣青荇、白草各寨，番民新經歸誠，初通聲教，准其認納蕎糧。○五十四年議准：四川永寧協屬馬遍地方各種生番内，從前投誠者，已授土職，頒給印信號紙。今阿興土目永長、吞多土目紐别，投誠歸化，每年各認納貢馬一匹。每匹折價銀一十二兩，收貯司庫奏銷。自五十四年爲始。准給二土目千户印信號紙。○五十五年題准：臺灣南路生番山猪毛等十社，北路生番岈裡等五社，内附歸誠，各願歲輸鹿皮五十張。各折銀一十二兩，收貯府庫奏核。○五十八年覆准：裡唐、巴唐僧俗人等，裡唐，每年願納青稞五百石；巴唐，每年願納雜糧二千二百石，銀二千五百兩。於五十九年爲始，暫留軍前支用，免入額賦。○雍正二年題准：臺灣歷歷本禄等七十四社，傾心歸化，願入版圖，輸誠作貢。每社歲貢鹿皮五張，折銀一兩，收貯府庫。○又覆准：雲南南稱等十三處并黑帳房、木魯、巴敦、巴樹等地方歸順。其十三處，共上納馬十七匹、牛六百二十三隻、羊一千隻、狐狸猞猁猻皮三十張、赤金六十九兩、磚茶五包。黑帳房四處，上納牛三百四十六隻、羊七百二十四隻、羊羔皮五百五十二張。○又題准：鳳山縣生番加走山等八社、加者惹也等四社、陳阿難益難等六社，慕義投誠，願入版籍。每社照例輸納鹿皮，折價報部。○四年覆准：松潘口外番寨毛革、蛇灣、鐵布、阿細、巴細、班佑等寨，共二千二百四十六户。每户納青稞一斗,共納青稞二百二十四石六斗。上中下阿壩、郎墮、上下作革、合壩、轄漫、甲凹、阿革、物藏等寨,共四千三百九十九户,共納馬二十二匹。自雍正四年爲始,令其每年秋成後,照數輸納。其熱當、磨下二寨,共七十九户。每户納青稞一斗,共納青稞七石九斗。令其於雍正乙卯年起科。其羊峝等寨,共三百一十六户。每户納青稞一斗,共納青稞三十一石六斗。令其於雍正七年起科。附近漳臘營者,令漳臘營守備徵收。附近南坪營者,令南坪營守備徵收。仍嚴飭該營守備,不許額外科派,私行需索,致滋擾累。〇五年覆准:四川成都等府屬之黑虎等寨,番民四百三十七户,慕義來歸,每年認納蕎糧京斗一十二石四斗三升零。沙壩寨,番民共二十九户,每年認納蕎糧京斗二石二斗一升三合零。俱自雍正五年爲始。

〔免科田地〕

凡在京壇壝等處,俱係在官地畝,例不納糧。其直省社稷山川厲壇、文廟祠墓、寺觀祭田,除納糧地畝不載外,其公地及勅賜無糧地畝,詳列於後。

直隸,一十九頃二十四畝一分九釐一毫零。

盛京,一頃四十一畝九分三釐五毫零。

江蘇等處,一百八頃八十四畝一分二釐五毫零,又一千五百七丈。

安徽等處,一十五頃一十三畝一分二釐五毫零。

浙江,七十六頃五十四畝九分六釐九毫零。

江西,一十四頃三十一畝六分一毫零,又積步四千三百一十四步

福建,五百一十頃五十五畝一分九釐一毫零。

山東,九十八頃九十六畝四分五釐七毫零。

山西,三十八頃六十七畝二分四釐五毫零。

河南,一百一頃七十四畝九分九釐八毫零。

陝西,一十六頃二十三畝八分二釐五毫零。

四川,一十五頃一十九畝九分一釐一毫。

凡勅賜聖賢後裔無糧地畝,衍聖公,祭田二千一百五十七頃五十畝、林地一十八頃二十七畝、廟宅基三頃二十七畝五分、佃户五百户、灑掃户一百一十五户、四氏學學田五十頃;復聖裔,祭田五十頃、墓田地三頃三十三畝一分、廟宅基九十二畝五分、佃户十户、門子四户、廟户七户、灑掃户二十五户;宗聖裔,祭田五十一頃六十畝、墓田地一十頃一十五畝七分、廟

宅基三十九畝一分、廟户三十七户；亞聖裔，祭田五十一頃一十五畝、墓田地七頃三十一畝四分、廟宅基一頃三十畝七分五釐、佃户三十二户、廟户二十五户、門子五户、先賢仲氏裔，祭田六十五頃三十八畝、墳地九頃五十畝、廟宅基六十八畝、護丁四十六户。○康熙二十四年覆准：孔林地，於原額外，增擴一十一頃一十四畝九分，除免錢糧。○又覆准：撥給先聖周公祭田五十頃。曲阜縣無地可撥，以附近州縣無糧地撥給。○又覆准：曲阜顔氏地畝，於額糧内除免銀一十八兩六錢。

其他先賢祠墓撥給地畝，總列前各省項下，不復備載。

大清會典卷之三十

户部

〔户口〕

國初,核實天下丁口,具載版籍。立編審法,無一定之限。後,定爲五年,開除添註,既有成規。附籍招民,咸有定例。丁增賦亦隨之。康熙五十二年,欽奉恩詔,滋生人丁,永不加賦。天恩浩蕩,古未有也。考直省丁徭,有分三等九則者,有一條鞭徵者,有丁隨地派者,有丁隨丁派者。歷年以來,改隨地派,十居其七。至於八旗,事宜不同,編審則一,併列於後。

〔户口總數〕

順治十八年,總計直省人丁,共二千一百六萬八千六百九丁。

直隸

順天府

人丁一十萬四千三百九十二丁。

永平府

人丁九萬三千五百九十一丁。

保定府

人丁四十一萬七千八百二丁。

河間府

人丁二十一萬九千七百五丁。

正定府

人丁一百八萬六千二百九十九丁。

順德府

人丁一十七萬九千四百三十七丁。

廣平府

人丁二十七萬六千一十丁。

大名府

人丁四十六萬七千二百四十二丁。

延慶州

人丁七千七百九丁。

保安州

人丁五千五百五丁。

以上直隸各府州人丁,共二百八十六萬一千一百一十九丁。

盛京

奉天府

人丁三千九百五十二丁。

錦州府

人丁一千六百五丁。

以上盛京人丁,共五千五百五十七丁。

各省

江南布政司

人丁三百四十五萬三千五百二十四丁。

浙江布政司

人丁二百七十二萬九十一丁。

江西布政司

人丁一百九十四萬五千五百八十六丁。

湖廣布政司

人丁七十五萬九千六百四丁。

福建布政司

人丁一百四十五萬五千八百八丁。

山東布政司

人丁一百七十五萬九千七百三十七丁。

山西布政司

人丁一百五十二萬七千六百三十二丁。

河南布政司

人丁九十一萬八千六十丁。

陝西布政司

人丁二百四十萬一千三百六十四丁。

四川布政司

人丁一萬六千九十六丁。

廣東布政司

人丁一百萬七百一十五丁。

廣西布政司

人丁一十一萬五千七百二十二丁。

雲南布政司

人丁一十一萬七千五百八十二丁。

貴州布政司

人丁一萬三千八百三十九丁。

康熙二十四年,總計直省人丁,共二千三百四十一萬七千四百四十八丁口。

直隸

順天府

人丁一十三萬五千一百三十一丁。

永平府

人丁九萬六千四百九十丁。

保定府

人丁四十五萬四千三百八十二丁。

河間府

人丁二十三萬七千一百六十三丁。

正定府

人丁一百一十七萬一千七百九十丁。

順德府

人丁一十八萬八千八十丁。內,匠役六百六丁。

廣平府

人丁三十一萬二千二百七十丁。

大名府

人丁五十八萬八千六百五十八丁。內,匠役七百一丁。

延慶州

人丁七千四百一十八丁。

保安州

人丁五千四百八十四丁。

以上直隸各府州人丁,共三百一十九萬六千八百八十六丁。

盛京

奉天府

人丁一萬三千一百七十一丁。

錦州府

人丁一萬三千五十六丁。

以上盛京人丁,共二萬六千二百二十七丁。

各省

江南江蘇布政司

人丁二百六十五萬七千七百五十丁。外,歸併屯丁,領佃駕運,不納徭銀。

安徽布政司

人丁一百三十一萬四千四百三十一丁口。外,歸併屯丁,領佃駕運,不納徭銀。

浙江布政司

人丁二百七十五萬一百七十五丁口。

江西布政司

人丁二百一十二萬六千四百七丁口。內,食鹽課八十四萬七千九百五十九口。

湖北布政司

人丁四十四萬三千四十丁。

湖南布政司

人丁三十萬九千八百一十二丁。

福建布政司

人丁一百三十九萬五千一百二丁口。內,食鹽課七十一萬六千八百八十九口。

山東布政司

人丁二百一十一萬九百七十三丁。

山西布政司

人丁一百六十四萬九千六百六十六丁。

河南布政司

人丁一百四十三萬二千三百七十六丁。

陝西西安布政司

人丁二百二十四萬一千七百一十四丁。

鞏昌布政司

人丁二十七萬三千二百九十二丁。

四川布政司

人丁一萬八千五百九丁。

廣東布政司

人丁一百一十一萬九千四百丁口。內,婦女五十一萬五千一百七十五口。

廣西布政司

人丁一十七萬九千四百五十四丁。

雲南布政司

人丁一十五萬八千五百五十七丁。

貴州布政司

人丁一萬三千六百九十七丁。

雍正二年,總計直省人丁,共二千四百八十五萬四千九百一十八丁。

京師

順天府

人丁一十五萬八千一百三十三丁。

盛京

奉天府

人丁一萬八千六百二十三丁。

錦州府

人丁二萬三千五百八十七丁。

以上盛京人丁,共四萬二千二百一十丁。

各省

直隸布政司

人丁三百二十四萬八千七百一十丁。

江南江蘇布政司

人丁二百六十七萬三千二十八丁零。

安徽布政司

人丁一百三十五萬七千五百七十三丁。

浙江布政司

人丁二百七十五萬八千七百一十三丁。

江西布政司

人丁二百一十七萬二千五百八十七丁。

湖北布政司

人丁四十五萬三千七丁。

湖南布政司

人丁三十四萬一千三百丁。

福建布政司

人丁一百四十二萬九千二百三丁。

山東布政司

人丁二百二十七萬八千三百五丁。

山西布政司

人丁一百七十六萬八千六百五十七丁。

河南布政司

人丁二百四萬九千四百一十七丁零。

陝西西安布政司

人丁二百一十六萬四千六百五十六丁。

鞏昌布政司

人丁三十萬二千七百六十三丁。

四川布政司

人丁一十四萬九千三百五十一丁。

廣東布政司

人丁一百一十三萬七千八百六十六丁零。

廣西布政司

人丁二十萬二千七百一十一丁零。

雲南布政司

人丁一十四萬五千二百四十丁。

貴州布政司

人丁二萬一千三百八十八丁零。

〔徭銀〕科則附。

順治十八年，總計直省，徭里銀三百萬八千九百兩九錢五分七釐七毫零，米一萬二千五百七十石一斗二升九合九勺零。

直隸

順天府，徭銀二萬九千一百四十二兩九錢三分。

永平府，徭銀一萬八千一百兩二錢一分。

保定府，徭銀四萬一千七百八十兩二錢。

河間府，徭銀三萬八千七百九十八兩八錢六分八毫。

正定府，徭銀一十一萬一千三百九十兩四錢。

順德府，徭銀一萬四千七百四十八兩四錢三分九釐。

廣平府，徭銀二萬七千八百一十二兩六錢七分。

大名府，徭銀六萬五千三百二兩三錢一釐零。

延慶州，徭銀二千六百六十八兩一錢五分七毫。

保安州，徭銀二千七百九十一兩四錢六分二釐。

以上直隸各府州徭銀，共三十五萬二千五百三十五兩六錢三分二釐五毫零。

盛京

奉天府，徭銀五百九十二兩八錢。

錦州府，徭銀三百二十一兩。

以上盛京徭銀，共九百一十三兩八錢。

各省

江南布政司，徭銀四十萬三千一百五十七兩八錢二分。

浙江布政司，徭銀二十三萬七千二百二十七兩六錢六分，米一萬二千五百七十石一斗二升九合九勺零。

江西布政司，徭銀一十五萬七千八百一兩五錢七分三釐。

湖廣布政司，徭銀一十六萬二千九百八十兩三錢二分。

福建布政司，徭銀一十九萬一百六十七兩一錢。

山東布政司，徭銀二十七萬五千七百八十二兩七錢三分。

山西布政司，徭銀六十一萬四千九百六十四兩六錢五分。

河南布政司，徭銀六萬五千八百四十九兩九錢四分七釐。

陝西布政司，徭銀三十七萬四千二百六十二兩三錢三分。

四川布政司,徭銀八千五兩三分一釐二毫零。

廣東布政司,徭銀一十一萬五百五十二兩八錢九分八釐。

廣西布政司,徭銀二萬七千一百七十兩二錢一分六釐。

雲南布政司,徭銀二萬一千五百九十四兩二錢八分。

貴州布政司,徭銀五千九百三十九兩九錢七分九釐。

康熙二十四年,總計直省,徭里銀三百一十三萬六千九百三十二兩七錢三分一釐二毫零,米一萬二千七百一十五石九斗三升二合零。

直隸

順天府,徭銀三萬五千六百九十一兩三錢一分七釐七毫零。內,匠價銀五十兩四錢。

永平府,徭銀一萬八千七百一十三兩四錢三分二釐零。

保定府,徭銀四萬五千八百八十三兩八錢四分零。內,匠班銀三百八十三兩七錢四分零。

河間府,徭銀四萬一千九百九十九兩三錢五分九釐零。內,匠價銀一百六十八兩七錢五分。

正定府,徭銀一十一萬七千四百九十七兩六錢。內,匠價銀三百一十八兩六錢。

順德府,徭銀一萬五千五百九十八兩三錢三分七釐八毫零。內,匠役銀一百五兩七錢五分。

廣平府,徭銀三萬二千四百一十六兩四錢四分零。內,匠價銀一百三兩九錢九分。

大名府,徭銀七萬四千六百六十九兩二錢三分六釐零。內,匠役銀三百一十八兩四錢五分零。

延慶州,徭銀二千六百七十六兩八錢九分六釐零。

保安州,徭銀二千八百一十一兩五錢七分七釐零。

以上直隸各府州徭銀,共三十八萬七千九百五十八兩三分五釐五毫零。

盛京

奉天府,徭銀一千九百七十五兩六錢五分。

錦州府,徭銀二千六百一十一兩二錢。

以上盛京徭銀,共四千五百八十六兩八錢五分。

各省

江南江蘇布政司,徭銀二十五萬八千九百四十九兩七錢五分八釐零。

安徽布政司,徭銀二十一萬一千三百一十五兩四錢六分三釐九毫零。

浙江布政司,徭銀二十五萬三百二十六兩一錢六分四釐八毫零,米一萬二千七百一十五石九斗三升二合零。

江西布政司,徭銀一十七萬五千六兩四錢九分六釐。

湖北布政司,徭銀一十一萬七千四百八十五兩一錢二分五釐零。

湖南布政司,徭銀七萬三十一兩八錢九分零。

福建布政司,徭銀一十八萬三千九百三十九兩二錢五分九釐七毫零。

山東布政司,徭銀三十一萬五千一百五十二兩七錢八分九釐五毫零。

山西布政司,徭銀五十六萬一千五百四十三兩六錢八分四毫零。

河南布政司,徭銀一十萬一千五百一十兩一錢三分零。

陝西西安布政司,徭銀二十四萬九千八百八十九兩九錢四分二釐五毫零。

鞏昌布政司,徭銀四萬七百七兩八錢九分五毫零。

四川布政司,徭銀九千九十一兩二錢一分七釐零。

廣東布政司,徭銀一十一萬八千三百一兩二錢八分一釐四毫零。

廣西布政司,徭銀三萬八千九百一十六兩九錢六分六釐零。

雲南布政司,徭銀三萬六千二百三十五兩四錢九分一釐。

貴州布政司,徭銀五千九百八十四兩三錢零。

雍正二年,總計直省,徭里銀三百二十九萬一千二百二十九兩二錢四分六釐零,豆二萬六千一百五十石米一萬二千七百九十四石零。

京師

順天府,徭銀四萬一千五百一十九兩六錢零。

盛京

奉天府,徵豆九千四百七十石零。

錦州府,徵豆一萬五千七百八十石零。

以上盛京徭銀折豆,共二萬五千二百五十石零。

各省

直隸布政司,徭銀三十七萬八千四百七十兩七錢二分四釐零。

江南江蘇布政司，徭銀二十四萬九百六十一兩零。
安徽布政司，徭銀二十萬七千九百三十五兩七錢零。
浙江布政司，徭銀二十五萬八十六兩八錢一分零，米一萬二千七百九十四石零。
江西布政司，徭銀一十八萬一千八百一十九兩八錢五分六釐。又，軍屯銀三萬三千九百一十七兩七錢三分零，徭棚銀二十二兩一錢四分零。又，扣解丁糧銀三萬五百六十兩九錢二分八釐。
湖北布政司，徭銀一十二萬一千六十一兩二分零。
湖南布政司，徭銀七萬七千一百六十八兩七錢三分零。
福建布政司，徭銀一十八萬五千二百一十兩零。
山東布政司，徭銀三十三萬八千六十九兩七錢七分零。
山西布政司，徭銀五十七萬三千二百六十八兩零。
河南布政司，徭銀一十二萬四千二百八十九兩九錢三分零。
陝西西安布政司，徭銀一十九萬五千八百三十一兩九錢四分一釐零。
鞏昌布政司，徭銀四萬四千七百四十五兩二錢四分零。
四川布政司，徭銀五萬九千二百六十九兩一釐零。
廣東布政司，徭銀一十二萬五百三十一兩九錢四分三釐零。
廣西布政司，徭銀四萬四千四百七十三兩五錢七分七釐零。
雲南布政司，徭銀二萬九千三百三十九兩一錢二分六釐零。
貴州布政司，徭銀八千一百七十四兩零。

〔**科則**〕

直隸順天府人丁，每丁科銀一錢至二兩六錢五分七釐不等。○永平府，每丁科銀一錢一分七釐零至一兩不等。○保定府，每丁科銀一錢至五錢零不等。○河間府，每丁科銀一分五釐至五錢七分不等。○正定府，每丁科銀一錢。○順德府，每丁科銀五分八釐至一錢一分不等。收併衛所，每丁科銀二錢一分三釐六毫零至二錢九分七釐不等。○廣平府，每丁科銀一錢至一錢一分零不等。收併衛所，每丁科銀一錢至五錢八分一釐不等。○大名府，每丁科銀七分七釐一毫零至一錢九分七釐八毫零不等。收併衛所，每丁科銀三分至一兩二錢零不等。○延慶州，每丁科銀一錢八分七釐五毫至七錢二分零不等。○保安州，每丁科銀一錢至五錢八分一釐三毫零不等。

奉天府人丁,每丁科銀一錢五分。○錦州府人丁,每丁科銀二錢。

江南江蘇等處,每丁科銀一分四釐零至二錢零不等,科錢五文零不等。○安徽等處,每丁科銀五分至五錢一分九釐零不等。鹽鈔,計口科銀七釐四毫零。

浙江,每丁科銀一釐至五錢七分二釐五毫不等,科米二合三勺至三升三合零不等。

江西,男丁,每丁科銀三分二釐零至一兩三錢四分六釐三毫不等;婦女,每口科銀二釐六毫零至九釐五毫零不等。

湖北,每丁科銀一錢五分四釐四毫零至六錢四分三釐八毫零不等。○湖南,每丁科銀三分零至八錢三分五釐零不等。

福建,男丁,每丁科銀八分三釐九毫零至二錢九分一釐零不等;婦女,每口科銀一分四釐七毫至一分八釐一毫零不等。

山東,每丁科銀五分三釐九毫零至七錢八分零不等。收併衛所,每丁科銀二錢至三錢五分零不等。

山西,每丁科銀一錢至四兩五分三釐六毫不等。更名屯丁,每丁科銀一錢至三錢零不等。

河南,每丁科銀一分至一兩二錢零不等。收併衛所,每丁科銀二分至一兩五錢零不等

陝西,西安等處,每丁科銀四分四釐九毫零至七兩三錢八分九釐不等。收併衛所,每丁科銀七分二釐至一兩二錢零不等。更名地,每丁科銀一錢二分零。○鞏昌等處,每丁科銀三分二釐六毫零至八兩七錢七分八釐五毫零不等。收併衛所,每丁科銀八分四釐八毫零至四錢九分一釐五毫零不等。更名地,每丁科銀六分六釐零至三錢九分六釐零不等。監牧地,每丁科銀三錢一分五釐五毫零。

四川,每丁科銀一錢二分零至五錢一分九釐一毫零不等。

廣東,每丁口科銀一釐九毫零至一兩三錢二分六釐零不等。

廣西,每丁科銀一錢五分零至四錢五分一釐零不等。

雲南,民丁,每丁科銀八分至二錢五分六釐七毫不等。跕丁,每丁科銀五分至一錢六分四釐二毫不等。軍丁,每丁科銀八分至五錢五分不等。魚户,每丁科銀八分至二錢五分不等。土軍丁,每丁科銀二錢八分至一兩不等。廢弁,每丁科銀二錢八分至六錢二分不等。

貴州,每丁科銀一錢五分零至四兩零不等。

〔編審直省人丁〕

順治四年題准:編審人丁,凡年老殘疾并逃亡故絶者,悉行豁免。○五年題准:三年一次編審,責成州縣印官,察照舊例造册。年六十以上,開除;十六以上,添註。○十一年覆准:每三年編審之期,逐里逐甲,審察均平,詳載原額、開除、新收、實在、每名徵銀若干,造册送部。如有隱匿捏報,依律治罪。○又覆准:編審户口,以順治十二年爲始,直隸責成守道,各省責成布政司。至編審之期,或三年,或五年,仍照舊例。○十三年覆准:每五年編審一次。○又議准:江西、福建、廣東三省《全書》内,有婦女鹽鈔銀,按口徵派不等。餘省無婦女名色,其鹽鈔銀,均派地丁内。仍照舊行,不必更張。○十四年題准:編審户口,州縣官增丁至二千名以上,各予紀録。○十五年議准:各省編審人丁,五年一次,造册具題。令於編審次年八月内到部。如不照限題報者,經管各官,俱照違限例議處。府、州、縣官,編審年分,借名造册,科派小民者,從重治罪。督撫不行究参者,一併議處。○十七年覆准:直省每歲底,各將丁徭賦籍,彙報總數。觀户口消長,以定州縣考成。○康熙二年題准:州縣編審人丁,增至二千名以上者,經管官及督撫布政司,俱准紀録。○十一年覆准:《賦役全書》内,“浙江等省婦女小口徭銀”改爲“食鹽鈔銀”,“直隸流寓及山西久流近流人丁”改爲“實在人丁”,“幼丁”改爲“新編人丁”。○十二年覆准:直省編審,概令繕疏具題。○十三年議准:江南有隱占詭寄包攬諸弊,皆因賦役不均。宜通計該州縣田地總額與里甲之數,均分辦糧當差,不許豪户多占隱役,苦累小民。其推收編審,悉照均田均役,聽民自相配搭。○十七年覆准:直隸、山東、山西、河南、陝西及江蘇等處歸併衛所屯丁,向俱照州縣例,編審徵銀。今安徽等處及浙江、江西、湖廣、福建、廣東歸併衛所屯丁,亦令照州縣人丁例,一體編徵。○二十五年覆准:編審原限一年八個月,但限期過寬,民人守候無期,胥役任意作弊。嗣後,定限一年,歲底造報。○二十六年覆准:編審缺額人丁,令該撫陸續招徠,於下次查編補足。○二十八年覆准:四川松、建等衛所,地處極邊,屯丁無幾。建、叙二廳所轄,山多土瘠。舊例,銀米竝徵,人丁載在銀米之内,與雲南等省衛所不同,亦與四川各州縣大異。免其編審。○三十一年題准:直省編審人丁,俱造花名徵銀科則細册送部。○又覆准:四川梓潼縣人丁,每丁各徵銀一錢八釐一毫零。○三十三年覆准:陝西西、鳳二府屬被災,流移人民,尚未全復,停其編審,俟本年歲底造報。鳳翔縣於三十年編審後,人丁流移,亦再行編審。

○又覆准:滇省逆屬人員,向有包標之分。僞標人員,不論在册在逃,改名潛匿者,一概免其查拿,分别入伍歸農。○三十五年覆准:雲南省兵丁,除本身外,其兄弟親屬等餘丁,悉行查出,編入丁數,輸納錢糧。○三十六年題准:四川新設會理州,原係番彝所管,並無版籍可稽。照松建等衞所之例,免其編審。○又覆准:浙江省匠班一項,户籍雖存,人丁已絶。其實徵銀七千四百九十餘兩,均派於通省地丁之下帶辦。○三十七年覆准:滇省逆屬人員,除食糧外,其閑散之人,令其開墾荒蕪田地,照例輸税。其子弟有志上進者,准其一體應試。○三十九年覆准:湖北匠班銀,照浙省例,歸入地丁徵收。○四十年覆准:東川府照會理州之例,停其編審。○四十一年覆准:東省匠班銀,亦歸入地丁徵收。○五十一年題准:州縣官員,如有將應增添之丁,隱匿、不行填入編審册内,該督撫即行題參。○又題准:州縣增丁,若新增俱照下則,開除俱係上則,雖增至二千丁以上,不准議叙。○五十二年恩詔:嗣後,編審增益人丁,止將實數奏聞。其徵收辦糧,但據五十年丁册,定爲常額。續生人丁,永不加賦。○五十三年覆准:將甘屬實在無業窮民,編入丁册,免其照例納丁。每一户,給羊十隻;每二户,給牛一隻。又,令其蓄養耕種六年之後,將羊羔十隻、牛犢一隻交官,變價還項,其買牛羊價值,於存庫銀内動用。○五十五年覆准:嗣後,買賣地畝,其丁銀有從地起者,隨地徵丁。倘有地賣而丁留,與受一同治罪。○又覆准:編審新增人丁,欽奉皇恩,永不加賦。今以新增人丁補足舊缺額數。除向係照地派丁外,其按人派丁者,如一户之内開除一丁,新增一丁,即以所增抵補所除。倘開除二三丁,本户抵補不足,即以親族之丁多者抵補,又不足,即以同甲同圖之糧多者頂補。如有多餘之丁,歸入滋生册内造報。○五十六年題准:續增人丁,既不加賦,將增丁之州縣官員,停其議叙。○又題准:如有州縣將滋生人丁私行科派情弊,該督撫即行題參。○雍正元年覆准:直隸丁銀,均攤地糧之内徵收,每地銀一兩,均攤丁銀二錢七釐零。○三年覆准:山東通省、州、縣、衞、所,各項丁銀,均攤地畝糧内徵收,每地銀一兩,攤丁銀一錢一分五釐零。其開墾地畝,俟陞科後,遇五年編審之期,合一縣丁銀,計新舊地銀,按兩攤減,各就一縣之地均算。○四年覆准:雲南太和、鄧川等州縣,土軍九百零五名,原非承糧軍田之丁,因萬曆年間防守土寇,設此名色,既納民糧,又納軍賦,每丁輸銀一兩,較民丁尤重,誠爲苦累。將太和縣、鄧川州、嵩明州土軍共丁銀九百五兩,永行豁免。○又覆准:陝西額徵丁銀,各府輕重不等。嗣後,於五年編審之時，按丁二錢科則起賦。○又覆准：陜甘二屬丁銀，均攤入地糧徵收。○又覆准：豫省丁銀，攤入地畝。嗣後，遇有報墾陞科及遇閏之年，將丁銀隨年另行均派。○又覆准：滇省丁銀，以通省之地畝均攤。其屯軍丁銀，將無主影射田地清查，漸次抵補。○又覆准：浙省丁銀，以通省之田畝均攤。○五年覆准：江西省丁銀，照直隸等省之例，以現在丁銀，攤入地畝屯糧内完納。○又覆准：粤西全州等三州縣應徵丁銀，自雍正五年爲始，攤入地糧内徵收。

凡流民附籍，順治十一年題准：凡外省流民附籍年久者，與土著之民，一體當差。○康熙四年覆准：罷職官員，本身寄居各省者，照例勒令回籍。若本官既歿，子孫有田土丁糧，已入版圖者，回籍、附籍，聽其自便。○十年定：招民開墾之例，其有鄰省窮民，情願携帶妻孥，入蜀開墾者，即准其入籍。○二十六年題准：凡身隸奉天版籍，文武中式，即令於奉天所屬州縣居住。如有居住原籍并别省者，該府尹察出，送部褫革。其入籍出仕之員解任後居住别省，該撫查明題參，仍令於奉天所屬地方居住。如各省容留，不行察出，將地方官及該督撫，一併照例處分。○二十九年覆准：四川省民少而荒地多。嗣後，流寓之民，情願在川省墾荒居住者，伊等子弟即准其入籍考試。如中式之後，回原籍并往别省居住者，永行禁止。○五十一年諭：武官駐劄地方，不許入民籍立産業。其已立産業者，令變賣回籍。若身歿後，有實不能遷移者，該督撫查明具題。○又覆准：嗣後，湖廣無産窮民，有願往四川開墾者，該地方官給與印照，令其前往。仍查明年貌、姓名、住址，造册送與川撫查驗，准其開墾。此開墾田地之民，有回楚省者，亦照此查明給照，造册送湖撫，兩相照應稽查。○五十三年覆准：甘屬固原以北地方久旱，百姓流移，速行安插。將所屬無糧荒地通行查出，無水之處開鑿井泉，多置水窖，收回流民，計其人口多寡，量給房屋、口糧、籽種、牛具。令其開墾荒地，永遠爲業。○雍正元年議准：提鎮以下官，均不許在現任地方置立産業。即丁憂、休致、解退之後，亦不許在彼處入籍居住。○三年議准：江南、浙江、福建三省，各山縣内，向有民人搭棚居住，以種麻、種箐、開爐煽鐵、造紙、做菰等項爲資生之計。其間土著甚多，亦有鄰省失業之人流寓。各該督撫將現在各縣棚民，照保甲之例，每年按户編查，責成出地主并保甲長出具保結，呈送該州縣官，據册稽查。倘住居星散，不論棚數多寡，自爲一甲，互相稽查。内，有棚民已置産業，并情願投認倒絶丁糧，承納入籍者，俱編入土著，一體當差。至一邑中有四五百户，或六七百户,以及一千户以上者,該管官即於棚居鄉壯内,揀選保甲長,承充巡查。如棚民内有窩匪奸盗等事,而地主并保甲長不行首告,照連坐律治罪,該管官以失察例議處。若有能首獲者,仍照例議叙優賞。該州縣官於農隙時,會同該營汛,逐棚查點,毋得懈弛,亦不得借端科派。如有需索等情,許受累之人首告,該督撫即據實題參。如該督撫不行查參,事發一併議處。其編查定册之後,有續到流移,即驅逐出境,不得容留。其現在之棚民,有願回籍者,聽其回籍,即將册内姓名開除,不許往來自由,去而復至。該管官不時稽查。如有漫不經心,聽其招引匪類,將保册無名之人潛匿於編户之内,該督撫察出,即行題參議處。〇四年覆准:船廠等處,既設立州縣。直隸各省百姓,有情願入籍者,應准其入籍。但恐有逃人重犯,改换名姓,潛居其地,亦未可定。必行文各原籍,詳查咨覆到日,入於户口册内。比照奉天屬民,每夫各支錢糧一錢五分。〇又議准:廣東省山多田少,耕種窮民,入山搭寮,取香木、舂粉、砍柴、燒炭食力。行令各州縣,將山内各廠,照保甲之法,一例編查。每寮給牌一張,令通寮之人,互相保結。寮内遇有遷徙增減,令將牌赴縣添除。再,於一寮之内,擇老成謹慎,有妻室之人,點爲寮長,寮户悉聽鈐束。如遇有增減,寮長不將牌赴縣添除,照脱漏户口律治罪。倘有窩藏奸宄等弊,該寮長及互結之人,即報官究治。如容隱不報,發覺連坐,寮長照總甲容留棍徒例治罪。至凡有業主山場,召佃搭寮,必將寮丁報官。或係無主官山搭寮墾種者,亦必赴官報明查驗,方准搭寮居住。違者,照盗耕田畝律治罪。山主,照違令律治罪。其不能種五穀之地,尚可種麻靛者,令其墾種,以十年起課,即與爲業。該州縣官撥出民壯,營汛官弁撥出兵丁,每月於所屬山谷巡查一次。遇有未經報官,搭寮住宿之人,即送官審究。再,匪類在山出入,其山内寮民能獲匪類一名者,賞銀三兩;能獲有犯案之盗賊,每名賞銀二十兩;多獲者,按數加賞。嗣後,文武各官,如漫不經心約束,以致窩藏奸匪等弊,經督撫題參,照溺職例革職。其通詳之上司,免議。〇又議准:行令四川巡撫及鄰省各該督撫,嚴飭各屬,凡入川開墾之民,務令原籍地方官給與印照。至川之日,令其繳送該管地方官,以便稽查。其有久住川省之人,欲往他省探親,或他省之人,欲至川省探親者,俱令稟明該地方官,給照前往。回日,取所往之地方官回文銷照。如無印照,借開墾探親名色,混行出入者,許經過地方官,查明即行驅逐。不許容留,以致擾累地方。其沿途經過地方官役,或不能稽查,或得賄故縱,或借盤查名色肆行需索,貽累平民者，該撫及該管上司，一經察出，即行題參，從重治罪。如該撫並該管上司，不行嚴查，該地方官有受賄需索等弊不即題參者，事發之日，將該撫並該管上司，一併交與該部，嚴加議處。〇五年諭："覽川陝總督奏稱，四川地方，有外省人民，挈家遠來者甚多。皆稱係上年湖廣、廣東、江西、廣西等省逃荒之人。朕甚訝之。思去歲湖廣省内，止有近江濱湖州縣數處被水，廣東省内，則圍基之地易於被淹。此二省並非甚歉之歲。江西、廣西之地，亦並未題成災。今逃荒人民遠赴四川者，如此之衆，其中湖廣、廣東兩省爲尤多，朕心深爲憫惻。此皆本省大小官吏，平日全無撫綏，以致百姓失所，顯然可見。身爲司牧，而於地方民瘼，漫不經心，尚何以靦顔任職乎！如果歉收，即當題請，設法撫恤。況各省皆有耗羨備用銀兩，即當以此爲賑恤貧民之用，亦何得坐視百姓之窘迫，不加賑恤，而令其逃往他省乎？今據川陝總督奏請，設法安插，令其開墾，以爲生計。此實安輯貧民之急務。其牛具、籽種、口糧等項之費，不必别開事例，現今有營田水利捐納銀兩有餘，存貯在京。著於此項内，酌撥解川應用。但此等遠來多人，良奸莫辨。其中若有游手無賴之徒，不行稽查，必轉爲良民之擾。且恐既開招墾之端，愚民無知，但圖目前之利，必至輕去其鄉，亦非所以愛之也。且地方官吏，坐視百姓遠徙異鄉，而不知軫念，斷不可不加懲戒。著川陝總督，會同四川巡撫，行令四川州縣，將雍正四年秋冬以後各省入川人户，逐一稽查姓名籍貫。若果係無力窮民，則暫令酌量安插，再備造細册。咨查原籍州縣造册回覆後，將伊等留川，令其開墾。所用牛、種、口糧，目前將公項給發，即著落本籍州縣官，照數補還。如此，則游惰之民，不致冒混，而地方官亦知所儆戒。共以愛養百姓爲務，可杜流移之患於將來矣。其咨查本籍之處，如有實係本地之户，而推諉欺瞞，希圖卸責，并著該督撫即行參奏，從重治罪。其如何辦理方爲妥協之處，著九卿速議具奏。"遵旨議定：查湖廣、江西、廣東、廣西四省之人，挈家遠赴川省，户口既多，聽其散往各府州縣，佃種傭工，爲餬口之計。該督撫即飭行各府、州、縣，將佃種之人，稽查姓名籍貫。若有踪迹可疑者，即行驅逐。其實係成户窮民，逐一詳細造册，申報該督撫。該督撫據册咨查原籍。令原籍府、州、縣，具將本户居址姓名，造册回覆川省。倘該府、州、縣官，有以實在本籍人户，推諉欺隱，希圖卸責，各該督撫即行指參，交部從重治罪。其或有無處種佃傭工者，令該地方官暫行酌量賑恤，加意撫輯。其有情願回籍者，該地方官，量給盤費口糧，并照定例，給與印票回籍。所有動用散賑銀兩及回籍路費口糧,先於存庫項内動支。該督撫一面具題,一面行文原籍,令各該府、州、縣官,於文到三月内,即照數解川補還原項。如借端遲延,即行指參,交部嚴加治罪。川省荒地,除現在報墾自首,按地輸糧外,其餘閒空官地,及雖有地主,而但占爲世業,無力開墾者,查明現今來川饑民,情願開墾落業,酌量人力多寡,分給五六十畝、三四十畝不等。其中,有地主無力開墾之地,仍酌給原主數十畝,令其自認,一年之内儘力開墾。餘悉丈出,與官地一體招民開墾。倘原主一年之内不能開墾,俱作爲官地。所墾之地,照水旱地畝,分别年分,報部陞科。至此等赤手窮民,必須給以牛具、籽種,借給口糧。將存貯營田水利捐納銀兩,酌議撥發銀十萬兩,解川交與巡撫,分委賢員辦理。所發之銀倘有不敷,該督撫再爲奏請。其所用牛、種、口糧等項銀兩,即行文各省,著落入川民户本籍之各府、州、縣官,照數賠補。限文到三月内,完解藩庫。該布政司,即彙行解部。倘逾限不完,各該督撫即行題參,交部嚴加治罪。〇又覆准:將各省入川人民,令該管官逐户挨查。其佃種者,責令佃主出結;貿易者,責令市鄰出結;依附親故者,責令親故出結;寄宿寺廟者,責令留宿地主互結。仍與鄉城土著人民,一體編入保甲,互相覺察。如有生事可疑之人,許原出結人呈報地方官驅逐。倘原出結之人,知情不報,許鄉保鄰人等首報,一并懲究。仍令該地方官,不時稽查。如有失察,即行參處。〇又覆准:確查實在入川人户,酌量撫恤。將姓名詳悉開造,移查各原籍。限文到三個月内,備造清册,回覆川省,細加核實分别。素非良善者,即行驅逐回籍。其實係貧民,酌撥地畝、牛、種,移咨本籍地方官賠補。其或自行情愿開墾者,令其自行開墾,不必給與牛、種、口糧。〇又覆准:嗣後,入川流民,情愿回籍者,不必借給盤費。仍令川省造册存案。倘日後仍來川省,即行驅逐,不得容留。

凡招徠流民,順治十一年覆准:各旗官及富户,有能捐貲安插窮丁者,報部題請叙録。〇十二年覆准:州縣官,安插流民一千名至五千名者,准與紀録。督撫,總計通省名數議叙。〇十七年覆准:四川全定,流民思返故土。令貴州督撫,飭沿江州縣隘口,不得攔阻,聽其樂歸。〇十八年詔:江南、浙江、福建、廣東瀕海居民,遷移内地者,令該督撫確察,速給房屋,安插得所。仍令親身料理,不得徒委屬員。〇康熙三年議准:四川寄寓外省流民,各督撫造册移送川撫,撥給口糧舟車,差官護令復籍。〇五年題准:地方官招集流民一萬名者,紀録一次。〇七年覆准:現任文武大小各官,有能捐貲遷移四川流民歸籍,每一百家以上者,紀録一次;四百家以上者,加一級;五百家以上者,加二級;六百家以上者,加三級;七百家以上者,不論俸滿即陞。招回之民,責令地方官安插得所。○十三年覆准:凡招回原籍之民,照招徠外省流民例議敘。○十四年覆准:招回原籍之民,止議敘州縣官。其司道等官,不得議敘。○二十五年覆准:五城棲流所,令該御史酌量修理,以恤孤貧。○二十六年覆准:山東登、萊二府,所屬長山等島居民,前因海氛未靖,移居内地。今臺灣歸誠,令其歸還海島墾種。仍將墾過地畝數目,報部查核。○二十九年覆准:招徠人丁所徵銀兩,三年後陞科。○三十二年覆准:陝西招徠流民,不論有地無地,一例給銀安插。○三十三年覆准:停止陝西招民事例。○三十六年覆准:窮蒙古人等,向年交與口外莊頭等贍養。因三十四年口外糧食歉收,移入内地,安插密雲縣地方,給與口糧。嗣後,於守道存庫銀内支給。其未經安插得所之時,每名日給銀一分二釐五毫。該縣於空房寺廟,酌量令其居住。○四十二年題准:山東被災人民,如有典賣者,逐一查明,造册報部。在京者,交與順天府遞送;在直隸各省者,該省遞送。責令沿途文武官員,捐給脚力口糧,送至原籍。其原價銀兩,將東省俸工銀内,通融給發。在京者,作速解部,照數給還買主。在直隸各省者,亦作速解送該省,各該地方官照數給還買主。如買主不據實舉首,或被災之前所賣,借端謊報者,俱從重治罪。

凡買賣人口,雍正四年諭:"歷來滿洲風俗,尊卑上下,秩然整肅,最嚴主僕之分。家主所以約束奴僕者,雖或嚴切,亦無不相安爲固然。及見漢人凌蕩之俗,彼此相形。而不肖奴僕,遂生觖望。雖約束之道,無加於疇昔。而向之相安者,遂覺爲難堪矣。乃至一二滿洲大臣,潛染漢人之俗,亦寬縱其下,漸就陵替者。此於風俗人心,大有關係,不可不加整飭。夫主僕之分一定,則終身不能更易。在本身及妻子,仰其衣食,賴其養生,固宜有不忍負背之心。而且世世子孫,永遠服役,亦當有不敢縱肆之念。今漢人之奴僕,乃有傲慢頑梗,不遵約束,加以訶責,則輕去其主。種種敝俗,朕所洞悉。嗣後,漢人奴僕,如有頑傲,不遵約束,或背主逃匿,或私行訕謗,被伊主覺察者,應作何懲治,與滿洲待奴僕之法,作何畫一之處,著定擬具奏。"遵旨議定:漢人家生奴僕,印契所買奴僕,並雍正五年以前白契所買,及投靠養育年久,或婢女招配,生有子息者,俱屬伊等家奴,世世子孫,永遠服役,婚配俱由家主。仍造清册,報明地方官存案。嗣後,凡漢人婢女招配,併投靠,及買奴僕,俱寫立文契,呈明本地方官,鈐蓋印信。如有事犯,驗明報官册結併印契,照例治罪。背主律例,詳見《刑部》。

〔編審八旗壯丁〕

内府八旗壯丁,歲有增益。立法編審,最爲詳密。其餘投充買賣人口,限制甚嚴。具有成規,備列於後。

國初定:每壯丁三百名,編爲一佐領。〇又諭:編審各旗壯丁時,令各該佐領稽查。已成丁者,增入丁册。其老弱幼丁,不應入册。係瀋陽者,赴瀋陽勘驗。係東京者,赴鞍山勘驗。有隱匿者,壯丁入官,伊主及該佐領、領催各罰責有差。〇又定:置買人丁及新成幼丁,許令編入本佐領。誤編入别佐領下者,退回。〇又諭:八旗新添壯丁,每旗編佐領三十。有逃亡缺少者,於諸王、貝勒、貝子等府壯丁内撥補足額,仍將該佐領治罪。嗣後,每三年編審一次。〇又定:每佐領,編壯丁二百名。〇又定:凡旗下人,遠離本佐領居住者,人口財物入官,該佐領、領催各罰責有差。〇又定:旗員子姪,俟十八歲登記部册後,方許分居。如未及歲數,擅分居者,議罰。〇又定:首先登城壯丁,准其開户,並將胞兄弟、嫡伯叔帶出,仍償原主身價。〇又定:新滿洲壯丁,令酌撥舊丁内,編成佐領。〇順治元年題准:王、貝勒等府壯丁,每二名,令一名披甲。〇八年定:原在盛京編審另分户人,有告稱係伊奴僕者,不准歸併。係户籍内人,有告稱非係伊家奴僕者,亦不准。〇九年議准:内府及諸王府官員,有勞績素著者,特選數員,令其開出府佐領,各歸所屬佐領。其父子兄弟,閑散者,准其帶出;現有職任者,不准帶出。其撥出官員,不必頂替。〇十七年題准:凡官員子弟,有職任者,不拘定限歲數,准其分户。〇康熙四年題准:滿洲蒙古有一佐領餘丁多至百名以上,願分作兩佐領者,聽。〇八年題准:凡調補管别佐領者,止准帶本家壯丁。若將伊兄弟族中壯丁帶往者,俱令償還。〇十三年覆准:八旗每佐領,編壯丁一百三四十名,餘丁彙集,另編佐領。或所餘丁僅百名以上,不足定額者,該旗王、貝勒、貝子、公等併都統、副都統、佐領,酌驗無悮披甲當差,出結移送到部,亦准編作佐領。〇二十三年諭:編審八旗佐領事宜,令户、兵二部會同具題。〇又諭:八旗、滿洲、蒙古,每旗均設佐領一百員。〇二十四年議准:旗下人家産,原在一佐領者,後雖隨旗分撥,仍令伊親族承受,不拘旗分。〇四十四年議准:盛京滿洲壯丁,該將軍、副都統等官,務須逐户詳查數目,造册報部。如有掩捏情弊,該將軍、副都統等,交與該部議處。〇雍正二年覆准:八旗開檔爲義子之人,係無嗣年老殘病滿洲，不能當差，又無産業，圖食錢糧，故令其披甲養贍伊身。近開檔義子人等，不思原主之恩，多越佐領認户，竟與原主無涉，又隔數輩，即爲正户。除現在八旗正户滿洲并已越佐領人等不議外，嗣後開檔及爲義子等人，一槩停其越佐領認户，仍留在本佐領下當差。如有越佐領認户，自稱正户滿洲、與原主無涉者，該旗都統，即拿交與該部，從重治罪。○四年覆准：自雍正元年編審壯丁後，今已歷三年，傳知京師、盛京、江寧等省居住滿洲、蒙古、漢軍都統、將軍、副都統，交與各佐領、驍騎校、領催等滿洲、蒙古舊壯丁，并新投充壯丁，逐户開明，將編審之佐領、驍騎校、領催名字，一併開寫保結，於九月十五日以内，俱查明送部。不及丈尺可疑之子弟，并滿洲、蒙古、漢軍除去人丁，交與各都統、副都統驗看是實，准其開除。至烏喇打牲人丁，户部派出旗員筆帖式前往編審。若將滿洲壯丁開除人丁，不及丈尺可疑之子弟，有假冒隱匿等情，將該旗都統、將軍、副都統以至領催，俱行治罪。○五年議准：造審丁户口册，俱令開寫一户另户某人某人。有官之人，開明官銜；無官之人，開寫閑散某人。將伊父兄職名添寫某人名下，將伊子弟造入户口下，俱作另户分造。滿洲蒙古都統家奴，滿洲、蒙古及漢軍家下額丁等，俱開清花名，核明送部。將各省駐防旗員兵丁，地方文武官員子弟家屬，俱著户部行文各該將軍、總督、巡撫等，令其查明，照此造具清册。俟各處册檔到齊之日，各該旗附入佐領册内用印，送部存案。將八旗册檔已送之年，作爲審丁之年。自此三年一次，俱令照此造册。

凡撫養承嗣，國初定：無嗣人撫養他人之子，許報明該旗王、貝勒、都統，送部註籍，增入本佐領壯丁數内。若私自撫養者，斷回原主。○順治十八年題准：凡無嗣人，存日撫養兄弟族人之子，准承受家産。若撫養他人及奴僕之子，不准承受。若存日未曾立嗣，故後准近房承受。如本族無人，存日保結撫養異姓之子，亦准承受。若無族人，又無撫養異姓人，其家産，本佐領從公撥給。○康熙七年覆准：凡撫養他人子爲嗣，殁後，其子本生父母年老乏嗣，仍令歸宗。○又題准：凡無嗣人家産，親兄弟承受者，不議。若叔伯及兄弟之子承受，有親生女者，給家産三分之一。若疎族人承受，其女給家産五分之二。若應歸佐領撥給者，其女給家産之半。若數少難分，及分撥餘剩者，俱給承受之人。凡分給女子，無論人數，止於應給分内分撥。

凡投充人口，順治元年定：凡旗下漢人，有父母兄弟妻子，情願入旗同居者,地方官給文赴部入册,不許帶田地投獻。〇二年題准:近京地方管莊人等,强壓愚民及工匠,勒令投充者,在内,許赴户部、五城御史、順天府,在外,赴道、府、州、縣告理,審實釋放。〇又題准:有假借投充,冒名奴僕,混託厮養,或悍奴欺壓故主,部民陵厲本官,及慢侮縉紳,傾陷富室,占騙人口財物者,事發,治以重罪。〇三年題准:自次年爲始,漢人投充旗下,永行禁止。〇七年題准:投充人置買民間房地者,房地并價銀入官,買賣兩造從重治罪。〇八年論:"各旗出征所獲之人,若有欲去探親者,著各主限期發往。若所到之處,有生事者,許地方官即行按律治罪。如有大事,不能完結,送部治罪。又,出征所獲之人之父母、兄弟、妻子,有情願歸旗完聚過日者,著地方官給文赴部,部内記檔完聚。以示朕憐恤滿漢一體之意。"〇又題准:旗下探親回籍之漢人,該佐領報部給票前往。如無部票,即係私逃,許地方官執解。〇又論:投充人生事害民,本主該佐領知情者,連坐。前此有司責治旗人,問罪,以致投充人益加横肆。今後,地方官遇投充人犯罪,與屬民一體究治。户部刊示曉論。〇十七年題准:投充人誣稱不係投充者,審出,鞭一百。如果不係投充,欺壓良民者,亦鞭一百。〇又題准:有將另户人,告稱係伊奴僕者,鞭八十。其投充人,先未在地方納糧,後將房地納糧,輒稱不係投充者,審明,枷號一個月、鞭一百。地方官混報者,以抗違論;經承,責三十板。其民人住種滿洲房地年久,告稱係自己房地者,責三十板。〇又覆准:各莊俱設屯領催,責成察清。如有指稱投充,欺詐百姓者,如實,解部究審;如係假冒,地方官依律究擬。〇康熙二年覆准:凡投充人父兄伯叔,住種滿洲房地,子弟姪看守故土墳塋,或子弟姪住種滿洲房地,父兄伯叔看守故土墳塋者,行地方官,查其輸糧,在先紅册載名者,即斷爲民。如投充後輸糧者,仍斷與滿洲。〇八年詔:投充人生事害民者,本主及該管佐領連坐,本犯正法,妻孥家産入官。罪不至死者,本犯及妻孥入官。嗣後,地方有司遇投充人犯罪,與屬民一體責治。〇九年題准:凡官員將投充人稱爲納糧之民,並改糧册年月移送者,革職。轉申上司,降一級調用;巡撫,罰俸一年。如先稱不係投充,後報投充者,地方官,降一級調用;該管上司,罰俸一年;巡撫,罰俸六個月。〇十五年題准:嗣後,有以投充滿洲之人,稱爲納糧之民者,地方官,降一級調用;轉申上司罰俸一年;巡撫,罰俸六個月。先稱不係投充,後報投充者,地方官,罰俸一年;該管上司,罰俸六個月;巡撫,罰俸三個月。〇十八年覆准:奴僕叛主投營,專管官知而不舉發者,降二級調用;兼轄、統轄官,各降一級留任。不知者,專管官,罰俸一年;兼轄、統轄官,各罰俸六個月。

凡買賣人口,國初定:旗下買賣人口,赴各該旗市交易。若越至他旗市被執者,身價二分入官,一分給拏獲之人。〇又定:滿洲壯丁,越旗賣出被首者,身價二分入官,一分給首告之人。買主無罪。該管佐領知情者,治罪,壯丁撤回,撥給本旗;不知情者,壯丁撤回,撥給本佐領下貧人。〇又定:有將人父子、兄弟、夫婦分賣者,所賣之族,俱入官。〇又題准:陣獲人口,有將夫婦分賣者,仍令給還完聚,賣主鞭責。〇順治五年覆准:投充人即係奴僕,本主願賣者,聽。〇六年題准:漢人不許帶出口外。如口外人有來盛京購買馬匹,乘機買人口者,不准放出。〇八年題准:朝鮮貢使,隱匿人口帶往者,鞭責,計日罰銀。若本地人隱匿逃往者,正法。〇十年題准:八旗買賣人口,俱令該領催記册備查。其民人令親鄰中証立契,赴本管衙門挂號鈐印,俱不必輸税。如不記册、無印契者,即治以私買私賣之罪。〇十八年覆准:旗下赴市買人記册時,該翼查明,給以印照。〇康熙二年題准:八旗買賣人口,兩家赴市納税記册,令領催保結列名。若係漢人,令五城司坊官,查有該管官印票,准買。永著爲例。〇八年題准:旗下買民,令本管官用印。若隔屬官用印,照拿解良民例議處。所買之人,釋放爲民。兩主,各鞭責有差。〇又議准:有將定例後所買之人,捏作定例前年月用印者,事發,用印官及買者、賣者,俱加等治罪。〇又詔:差遣官員並督、撫、提、鎮大小各官,不許買良民爲奴及轉相餽送。永行禁飭。違者,照略買良民例治罪。〇十一年議准:凡在順治十年以前買人,未用印信,審時中証明白者,斷與原主。或無中証文契,本人自稱賣身是實者,亦斷與買主。自順治十一年以後買人,雖有中保,未曾用印者,斷出爲民。〇十二年題准:旗下買民,查係白契,斷出爲民者,即遞解原籍。令地方官具文報部,并咨照該督撫。〇十五年題准:旗下買民,令正印官用印准買。若在地方犯罪逃出賣身者,保人,係民,枷號三個月、責四十板;係旗人,枷號三個月、鞭一百。原價追還給主。賣身人,遞解本地方官,枷號三個月、責四十板,仍照所犯罪,依律究治。其旗人詭稱民人賣身者,枷號三個月、鞭一百。保人,係旗人,枷號三個月、鞭一百;係民,責四十板、流徙尚陽堡。若係逃人,照常鞭刺。又,賣身人謊寫他人姓名者,照光棍爲首例,保人照光棍爲從例,治罪。又,賣身人假捏籍貫姓名,不從實開寫者,枷號兩個月、鞭一百,仍斷與買主。保人,係民,枷號一個月、責四十板;係旗人,枷號一個月、鞭一百。〇十七年覆准:滿洲、蒙古人口,不許賣與漢軍、民人,亦不許私贈。違者,將所賣人併價入官。買主賣主,係官,革職;係護軍、領催、披甲當差、閑散旗人,枷號兩個月、鞭一百;係民,枷號兩個月、責四十板。該管佐領、驍騎校知情者,革職;領催,鞭一百;收税官,亦革職。其喀爾喀、厄魯特人,亦不許賣與漢軍、民人。違者,亦照此例治罪。〇十八年題准:凡旗人買民,用印衙門,呈送户部,轉行該撫,令地方官曉諭里甲。如用印官十日内不將買人緣由報部者,罰俸一年;竟不報者,降一級。〇二十一年題准:直省駐防各官及提鎮以下等官,槩不許買本省之民。違者,降二級調用。若縱令家人買者,照本官買人例議處。該管官失察,降一級留任。其駐防甲兵,量許買人。令賣身人親至地方官處,取具口供存案,立契寫"情願"字樣,用印。若未經取供,文契雖有"情願"字樣,實係勒賣者,買主,枷號一個月、鞭一百。若本官囑託兵丁買者,照本官買人例議處。如本主在京,家人披甲在外駐防者,准買。其在外駐防官之家人披甲者,不准買。〇又題准:地方各官不遵定例,妄用印信,及非正印官擅用印信者,降一級調用。〇二十二年議准:滿洲、蒙古家人,違禁賣與漢軍、民人者,買賣之人,係官,罰俸一年;係旗下人,鞭一百;係民,責四十板。如佐領、驍騎校、内管領及收税官知情者,罰俸九個月,領催,鞭八十。所買之人併價,俱入官。其喀爾喀、厄魯特人,不許漢軍、民人買用。違者,係官,降一級調用;旗下人,鞭一百;係民,責四十板。所買之人入官。〇又題准:本年十月以前,有白契賣身之人,審係情願,中証明白者,仍斷與買主。〇二十六年諭:駐防滿洲、漢軍,將軍以下官員、兵丁,本省買人,如有不容行查原籍,勒令地方官用印者,著該督撫指名題參,嚴加議處。〇三十九年題准:鹽竈户賣身旗下者,事發後,將賣身之人,枷號三個月、責四十板。引進保人,枷號兩個月、責四十板。仍行文該地方官,追取身價,交還原主。如不能償,令引進保人代還。〇五十二年議准:白契所買之人,若在買主家長大年久,即當義子。可以披甲者,亦令披甲。〇雍正三年覆准:八旗、滿洲、蒙古家下開檔另户人等,間有懶惰不能度日,串通原主,賣身別人,買後日久,又稱滿洲,肆行罔詐。嗣後,如有此等之人,發覺,將伊原主一併交部議罪,并伊檔案撤回,給後買之人爲奴。〇四年覆准:船廠等處,既設立州縣。嗣後,民人有情願入旗爲奴者,照京師例,報知該地方官員,給與印文,准其買賣。

凡贖取人口,順治九年題准:陣獲人口,准令贖回。凡有贖人者,令嫡親家屬領歸。其身價,兩家各取其平。〇康熙三年題准:已撥給山海關外叛逆人犯妻子家僕，有私行偷賣贖去者，賣主，係官，革職；係民，杖一百、流三千里；係旗人，枷號兩個月、鞭一百。專管各官，俱降二級調用。如偷賣贖軍流等犯妻子、家僕者，亦照此例議處。〇七年覆准：私贖叛逆家屬，照例治罪。人口、身價，俱入官。〇十七年議准：滿洲、蒙古家人，其主准令贖身，在本佐領及本旗下者，聽。若違禁放出爲漢軍、民人者，照買賣例治罪。〇二十一年覆准：旗下用印所買之人及舊奴僕内，有年老疾病，各主情願准贖者，呈明都統，移送户部，令其贖出爲民。若將年壯舊人，借稱贖出者，照買賣例治罪。〇三十年議准：出征所獲之人，有親戚情願歸旗完聚者，並非令其爲奴。嗣後，此等事發，俱令爲民。〇五十三年議准：四十三年以前白契所買之人，俱斷與買主。四十三年以後白契所買之人，若給原價，仍准贖出爲民。〇雍正元年覆准：自康熙四十三年起至六十一年止，白契所買之人，照依四十二年之例，俱不准其贖身。若有逃走，准其遞牌。雍正元年以後白契所買之人，若給原價，俱准贖身爲民。其本人帶妻賣身者，亦准贖出。若白契賣身後，買主配有妻室者，不准贖身。再，未經賣身之先，或已定親未曾完娶，其賣身旗下女家並不知情者，必問女家情願，方許配合。如女家不情願者，聽其另聘。〇三年議准：旗下奴僕，或借别旗名色買贖，或自行贖身，旗民兩處俱無姓名者，察出，即令歸旗。其有隨家主出差在外，私有積蓄，鑽營勢力，欺壓本主贖身者，自康熙五十二年恩詔以後，雖在民籍，查明欺壓情實，亦令歸旗。若果係數輩出力之人，伊主念其勤勞，情願聽其贖身爲民，本旗、户部有檔案可稽，州縣地方有册籍可據，仍歸民籍。舊主子孫，不得借端控告。其有投充之人，私自爲民，後經發覺，將同族之人誣扳爲同祖，或本主因家奴之同族少有産業，誣告爲投充之子孫者，審明，將誣扳、誣告之人，從重治罪。

大清會典卷之三十一

户部

〔賦役一〕

因田定賦，計丁授役，惟正之供。國有經制，具列於後。

〔奏報〕

凡訂正《全書》，順治三年，特遣大臣詣户部，察核在京各衙門錢糧項欵原額及現今收支銷算數目，在外各直省錢糧、現在熟田應徵起存數目。其在内責成各該管衙門，在外責成撫按，詳考擬定《賦役全書》進呈御覽，頒行天下。○九年覆准：令督撫各飭所屬州縣，每歲底，備造荒田有無開墾、户口有無增添，訂入《全書》報部，分別勸懲。○又題准：各省《全書》，責令布政司刊造。某項係明末加增應去，某項係原額應存。每州縣各發二本，一存户房，備有司查考；一存學宫，俾士民檢閱。○十一年覆准：《賦役全書》開載州縣田土、户口、賦役，有關國計民生。户部會同户科酌定，務期可永遠遵行。○十四年題准：訂正《全書》。如地丁，先開原額，繼開荒亡。地丁既清，次開實徵，又次開起存。如起運，則分別部寺、倉口。存留，則詳載欵項細數。九釐銀，原係明萬曆間額徵，舊書未載，今應補入。宗禄銀，昔入存留，今改起運。漕、白二糧，確稽舊額，運丁行月，遵議均平。襯甲盔甲，昔解本色，今俱改折。南糧本折，昔留南用，今抵軍需。官員經費，定有新規，會議裁冗，改歸正項。本色絹、布、顔料、銀硃、銅、錫、茶、蠟等項，已經改折者，查照督撫，題定價值開列；仍解本色者，照刊書價值，如數辦解。務令綱目畢舉，總散相符。後有續增地丁，督撫歲底彙題，聽部查核。○又覆准：督撫以開墾田地、招徠人民，具題續入《全書》者，將花名畝數，備細造報。○康熙二年題准：《全書》造完日，分送部、科及各掌道御史,通行磨對,頒發州縣。○二十四年議准:《全書》頭緒繁多,易於混淆。今新修《簡明賦役全書》,止載起運、存留、漕項、河工等切要欵目,删去絲杪以下尾數,可除吏胥飛灑駁查之弊。各州縣遵照新編《全書》,造徵糧比簿,不必另行造册。○二十七年,新編《全書》告成,進呈。奉旨:著發與各巡撫,會同經管錢糧司道官員,詳察細閱有無應行更改增删,務期永遠可行,明白確議,毋得彼此瞻顧。各行具題到日,再議具奏。遵旨議定:舊《全書》遵行年久,歷年增減地丁、銀、米數目,俱有各年奏銷册籍可查。新編《全書》,停其頒發。

凡纂造黄册,順治初,每十年一次舉行。○十三年議准:直省黄册,五年纂造一次。○十四年題准:頒發各省黄册欵式。其所造黄册,應於京城收貯。庫房册架,令工部營建。○十五年題准:嗣後,造黄册時,免送合抱册。○十六年覆准:黄册仍照舊例,十年一造。○又題准:直省解到黄册繁多,廣西一司難以專管,令按省各責該司磨對,同廣西司收貯存庫,設庫尉四員、樓軍二十名看守。○十七年題准:黄册係田畝户口版籍,藏諸天府,大典攸關。地方官吏有指稱造册徵派者,該管官指参議處。○十八年覆准:州縣造黄册時,有府册、道册、司册、撫册、督册、部册,徒費民財。以後,每府止造總册一本,進呈御覽,發部存案。至督撫司道府各册,概行免造。○康熙元年題准:纂造黄册,酌定繁簡。户部爲天下財賦之總,藩司係一省錢穀之樞,及州縣身任催科之責,册籍均不可少。除三册外,並令免造。○七年題准:直省錢糧,每歲底,巡撫造送奏銷册一本,開載地丁欵項數目。又,造送考成册一本,開列已完未完數目。又,五年編審,造送增減丁口册籍,立法詳盡。其每十年一造黄册,繁費無益,停止纂造,併裁看守庫尉、樓軍。

凡會計册,順治九年題准:舊例,會計册備載州縣正項本折錢糧。凡起解到部者,即於某項下註明年月日期,并解户姓名,以稽完欠而杜侵欺。今滿漢文册,並令照式刊行。○又覆准:會計册式,頒發各布政司,將各屬本折錢糧訂正刊刻,轉發州縣,逐欵登填徵完起解數目並年月日期、解役姓名,歲底申司彙呈督撫奏報。○康熙七年題准:停造會計册。

凡無序册,順治初定:直省歲造。康熙四年覆准:直省歲造無序册,即係奏銷册内數目抄謄裝釘,止换註語,靡費多端。將無序册永行停止。

凡赤曆,順治十三年題准:州縣赤曆册,每年頒發二扇。一備謄真,一令百姓自登納糧,以杜朦混侵漁之弊。○康熙八年覆准:有司歲底纂造次年赤曆,開列户口錢糧數目,送知府覆算,印記頒發。每歲布政司銷算時,仍提赤曆磨對。○十八年覆准:州縣徵收錢糧,有付收、有串票、有流木紅簿。其赤曆册,工費繁多,永行停止。凡州縣日收錢糧流水簿,歲底同奏銷文册,齎司磨對。

凡易知由單,順治六年題准:由單式,每州縣開列上中下地及正襍各項,末編總數,刊定成式,頒發各布政司,照式刊板,轉行有司,給散花户。○九年覆准:有司每年開徵一月前,預頒由單,俾小民通曉。其頒發民間與報部存查者,務期一式。如單外多派絲毫,聽撫按糾劾。○十年題准:每年由單,令於歲前十一月朔頒發。至報部之期,俱限十二月下旬。如有遲延,州縣官,每一個月,降一級調用;司道府官,每一個月,罰俸半年;經承吏,發配。三個月以上,州縣官,革職;司道府官,降一級調用;經承吏,遣戍。督撫不行指參者,以徇縱論。○十三年題定:由單報部日期,應量地遠近酌定。直隸,限十二月底到部;山東、山西、河南,限正月底到部;江南、浙江,限二月中到部;江西、湖廣、陝西,限二月底到部;福建、廣東限三月中到部;四川、廣西,限三月底到部。如州縣衞所官,遲報一個月者,罰俸三個月;遲兩個月者,罰俸六個月;遲三個月者,罰俸一年;遲四五個月者,降一級;遲六七個月者,降二級,俱調用。司道府都司,遲報每一個月,罰俸一個月;遲四五個月者,罰俸六個月;遲六七個月者,降俸一級留任。經承吏,遲一個月者,革役;三個月以上者,發配;半年以上者,遣戍。○又覆准:由單欵式,先載州縣地丁原額,次列除荒實徵總數,又次開里甲花户、某則地除荒實徵銀糧若干、某則人丁除逃亡實徵銀若干,後開地丁共該納銀糧若干。飭令州縣照式刊刻,使小民易曉。○十六年覆准:州縣由單申府,用府印鈐蓋,呈報部科覆核。如有私派飛灑等弊,該府一併參處。○十七年覆准:州縣由單,每年預將來歲錢糧開造樣單,限十月初一日申報上司酌定。於十月十五日,發州縣刊頒。○康熙五年覆准:應徵白糧地畝,每畝徵米若干,均半改折銀若干,令開入由單。○六年覆准:由單報部,違限八個月以上者,州、縣、衞、所官,降三級;司、道、府、都司轉報官,降一級,各調用。○又覆准:各省由單,欵項繁多,小民難以通曉。嗣後,務將上中下等則地每畝應徵銀米實數開明。至湖廣、陝西二省,每糧一石派徵本折數目,向未開載,行令照例開註。○十五年議准:由單報部後,或增減改寫,應徵錢糧及新墾地糧欵項不行填入,及不應徵之錢糧錯入由單,并刮補由單者,該管官罰俸一年,巡撫罰俸六個月。如刊刻由單模糊,字樣舛錯，遺漏用印者，該管官罰俸六個月，巡撫罰俸三個月。〇十七年覆准：各省報銷過米豆草束價值，刊單粘次年由單後，送部查考。如派給民間不照部價者，督撫參奏。〇二十六年覆准：刊刻由單，不肖官役指稱刻工紙版之費，用一派十，窮黎不勝其困。應將直隸由單，免其刊刻。再查晉省由單，先經該撫題請免刻，亦一併停止。〇二十七年題准：各省由單盡免刊刻。惟江蘇所屬，於地丁銀内派徵刊造，聽其造册報部。〇三十年議准：由單雖經停刻，而正供數目不可不使小民共見周知。令直省各州縣衙所，照《全書》地丁科則輸納數目，勒石本邑大門外。〇三十一年覆准：貴州省因兵燹荒蕪，正當招徠勸墾，徐議編審。暫停勒石，每遇歲徵，先期曉諭。

凡造報文册，順治三年定：官員造報各項文册，遺漏重開、數目舛錯，或多開少造、遺漏職名者，俱罰俸三個月。該管官未經查出，據册轉報，罰俸一個月。〇康熙十五年覆准：凡造報各項文册遲延者，照欽部事件違限例，分别月日議處。〇二十八年議准：歷年未清錢糧，後雖俟各案歸結，但不肖官員，不實心奉行，往往别生支節，故意耽延，不無舛錯遺漏遲延諸弊。行令該撫藩司，每年冬底，將現在未完各項事件，分晰造具簡明清册送部，以便稽查。此項册籍，俱在布政司，徑令布政司造送。如有假借造册名色，致累各屬者，該督撫指名題參。〇三十一年題准：直隸除供應陵上并緊要事務所用者，該撫一面動用、一面報部，至别項錢糧，仍行咨部動撥。違者，照例議處。〇三十四年覆准：嗣後，現今應用錢糧，該撫一面動用，一面報部。若非現今即需錢糧，尚有時日者，仍咨部撥給。〇三十七年覆准：直屬辦買豆草，供應行糧，及驛站、工料、車價、官役、俸工等項銀兩，嗣後，停其逐案咨撥，一面動用，一面報部。〇五十六年覆准：嗣後，應送部額底册，照常各存外，其承造衙門應存案底册，概行革除。至表文，事關大典，應俟五十六年萬壽聖誕爲始，文官按察司以上，武官副將以上，准其進表。如有仍借表箋名色科斂，該督、撫、科、道查參治罪。〇五十七年覆准：陝西蘭州更名地丁錢糧，免其按季造送。〇雍正二年覆准：浙省奏銷總册，自康熙六年至六十一年止，分案結總。雍正元年爲始，凡有續報田地山蕩丁口，仍按年分晰造報。〇四年奏准：飭各省督撫，嗣後，凡有户部陳奏及議覆條奏事宜，部文到日，該督撫將可行不可行之處，限於一月内，具疏奏明請旨。若過限不奏，約計部文再行之先始行具奏者，題到之日，按其過限之日月，交與該部議處。〇又題准：行令直省將已徵現存銀兩,悉行造入季報册内,將已奏銷未奏銷欵項,分别開明報部,聽候撥解。倘有仍不分别開造,或以未經奏銷不造入季册者,户部查出,即行題參,交部議處。〇又覆准:直隸各省督撫,並一應錢糧衙門,嗣後,春秋二季報部册内,務將一切貯庫錢糧并行追什物等項,照數報部。其庫貯錢糧什物,或因原案未結,從前未經報部者,即行逐一查明,照數造入季報册内,所有應變什物,先行變交。至未完事件,統於原案内歸結。〇又覆准:嗣後,凡有墊辦之項,該州縣於墊辦之時,即將或那庫項、或墊己資等情,詳明督撫。辦完之後,於十日内,即據照實價,申詳督撫。該督撫照時價核實,於文到半月内,即行題報。户部於科抄到日,亦於半月内,核定議覆,行文該布政司,即行給發。倘州縣申報過限,或督撫題報後期,户部查明日月,交與吏部議處。其或該州縣報價不實,該督撫不行據實核減題報,希圖冒銷,户部即行題參。州縣官照侵欺律治罪,督撫司道照徇庇律議處。至現今或有應發墊辦之項,其墊辦之員,已經離任者,應令該督撫查明。該員如有應追銀兩,即准其扣抵。如無應追銀兩,當時果係該員墊辦,則令該員於布政司處呈領,不得交與接任之員。其有離任已久,任内並無應追之項,又無人承領者,扣貯藩庫,報部查核。〇五年諭:"豫省旗丁月糧,康熙五十四、六,二年遇閏加增一事,從前屢經部駁,不准開銷。昨漕運總督具題前來,户部准其支給。此乃據理而行,並非瞻徇情面,或有所託而然也。查各省錢糧奏銷案件,從前屢經部駁,而近日議准歸結者甚多,在部議實出秉公。但恐無知小人,妄生異議,或有奸胥猾吏,乘此機會,借端撞騙,均未可定。若不明白指出,未免起疑竇而滋弊端。嗣後,若遇先駁後准之案,户部議覆之時,可將某年誤駁之處,載入本中。如明有情弊不合例理處,亦聲明交該部察議。如此,令中外曉然明白。而再有不安本分、私自營求、被人愚弄者,一經發覺,定將與受之人,從重治罪。"

凡查報欺隱,順治三年題准:州縣官隱地十頃以上者,罰俸三個月;三十頃以上者,罰俸六個月;五十頃以上者,罰俸九個月;八十頃以上者,罰俸一年;一百頃以上者,降一級調用。〇十年覆准:州縣地畝過割時,積奸里書,每多詭寄、飛灑、跳保、更名,或有地無糧,或地多糧少,或大畝改折小畝,避重就輕等弊,令督撫飭除。〇十三年詔:直省有隱漏田糧,以熟作荒者,許自首免罪,並不追理以前所隱錢糧。其首出地畝,當年起科。如待他人發覺,仍治罪追糧。〇十六年覆准:直省産鹽地畝,竈户民户,互相詭隱。令清釐疆界,勿致隱漏。〇康熙元年覆准:隱匿地畝,不納錢糧,或反圖冒功，稱作新墾者，州、縣、衛、所官，革職；道、府，降四級調用；督、撫失察，各降二級，罰俸一年。〇四年覆准：内外滿漢文武官員，朦隱地畝，一頃以下者，罰俸一年；一頃以上者，降一級調用；二頃以上者，革職。〇十四年議准：官員將入官田地隱匿不舉者，革職。未經查出者，知府，降一級調用；司道，罰俸一年；巡撫，罰俸六個月。其令人耕種，不納租銀者，州縣官，降一級調用；該管官，罰俸一年。如估價短少，或不候部文即賣者，俱罰俸一年，該管官，罰俸六個月。如州縣官不速行變價者，降俸二級，帶罪督催，完日開復。該管官不行查催者，罰俸六個月。〇十五年議准：軍民隱匿熟地或新墾田，一畝至九畝，責四十板；十畝以上，責四十板，枷號三個月；一頃以上，責四十板，徒三年。里老失察，責四十板，枷號三個月。凡文武官紳隱匿熟地或新墾地，一畝至九畝，降四級調用；十畝以上，革職；一頃以上，革職，杖一百折贖，永不叙用。進士、舉人、貢監生員，隱地一畝至九畝，黜革；十畝以上，黜革，杖一百折贖；一頃以上，黜革，杖一百折贖，永不叙用。已上所隱地，俱入官，錢糧按年追徵。州、縣、衛、所官，失察隱地，不及二頃者，降四級調用；二頃以上，革職。道、府、都、司直隸知州，失察隱地，不及五頃者，降二級調用；五頃以上者，降四級調用。督、撫、司失察隱地，不及十頃者，降一級留任；十頃以上者，降二級留任，罰俸一年。凡各官先因清查欺隱併墾荒有加級紀録者，准其抵銷。其各官離任後，被接任官查出隱地，無論陞遷、降調、休致、告病，俱照現任官處分。其革職州、縣、衛、所官，被接任官察出原任内隱地，不及二頃者，杖一百；二頃以上者，杖一百，徒三年，俱准贖。革職道、府、都、司、直隸知州，被接任官察出原任内隱地，不及五頃者，杖八十；五頃以上者，杖八十，徒二年，俱准贖。革職督、撫、司，被接任官察出原任内隱地，不及十頃者，杖六十；十頃以上者，杖六十，徒一年，俱准贖。凡隱漏田地，限部文到八個月内，或自首，或查出，俱免罪，錢糧並免追徵。如逾限不行首報，事發，照新定例治罪。〇又覆准：州、縣、衛、所官，查出隱地，二十頃以上，紀録一次；五十頃以上，加一級；一百頃以上，不論俸滿即陞。道、府、都、司、直隸知州，查出隱地，五十頃以上，紀録一次；一百頃以上，加一級；二百頃以上，加二級。督、撫、司，查出隱地，五百頃以上，紀録一次；一千頃以上，加一級；查出畝數更多者，按數紀録加級。各官有先因查出隱地并墾地紀録加級，後因失察隱地議處者，准其抵銷。若地主呈報州縣衛所官，而州、縣、衛、所官不申報司、道、府，或申報司、道、府而司、道、府不詳明督撫者，俱照隱地官員例處分,地主免議。凡舉首他人隱地,十頃以上,即以其地給舉首之人。妄告者,照隱地人治罪。○十六年題准:州、縣、衛、所官,查出隱地,三十頃以上,紀録一次;六十頃以上,紀録二次;九十頃以上,紀録三次;一百二十頃以上,紀録四次;一百五十頃以上,加一級;三百頃以上,不論俸滿即陞;六百頃以上,即陞,加一級;九百頃以上,即陞加二級;一千二百頃以上,即陞,加三級;一千五百頃以上,即陞,加四級;二千頃以上,陞任後,再准不論俸滿即陞一次;四千頃以上,陞任後,再准不論俸滿即陞二次。知府、直隸知州,查出隱地,一百頃以上,紀録一次;二百頃以上,紀録二次;三百頃以上,紀録三次;四百頃以上,紀録四次;五百頃以上,加一級。道員、都司,查出隱地,二百頃以上,紀録一次;四百頃以上,紀録二次;六百頃以上,紀録三次;八百頃以上,紀録四次;一千頃以上,加一級。督撫司,查出隱地,五百頃以上,紀録一次;一千頃以上,紀録二次;一千五百頃以上,紀録三次;二千頃以上,紀録四次;二千五百頃以上,加一級。各官查出隱地,候户部覆明錢糧全完日,交吏兵二部議叙。其督、撫、司、道、都司、知府、直隸知州,有查出隱地數多者,按數紀録加級。○又覆准:隱漏地畝,原限八個月舉首。恐地遠限迫,不及周查,令再寬限四個月。○十八年覆准:官民隱地,令再展限一年,仍許自首免罪。○二十八年議准:江南宿遷等縣,被水淹田地。嗣後,該督撫將每年涸出地畝,委賢能官員踏勘,據實具題。如有隱匿不報,察出,將該督撫一併嚴加議處。○三十年覆准:川省隱匿田地,現在查出者,其從前欺隱之業户,失察之官員,俱免其處分。行令該督撫速委賢員,務於限内查出。不得借名查地,以擾地方。限内查出之官員,免其治罪。若逾限仍隱匿不報,官員、業户,照例議處。其督撫不行題參,一并議處。至雖經逾限,隱地業主自行首出,將該管官員,並免處分。○三十一年論:民間隱占地畝,著定限兩年,盡行自首。○三十三年議准:隱匿田糧,遇蠲不免。○三十四年論:各省隱匿地畝,再寬限二年,令其自首。○四十八年覆准:湖南欺隱田地,行令該撫,准其展限一年,嚴飭地方官多方曉諭百姓,將私墾田地,在限内盡行首報,免其治罪。如逾限不首者,許里民人等據實舉首。隱田之人,照律治罪。將田入官,錢糧按年追徵。倘扶同不舉,並坐以罪。地方官隱匿不報,照例議處。○五十一年覆准:行令四川督撫,嚴飭各州縣實心勸諭,務將隱漏并開墾地畝,盡行查報。倘有不肖官員,藉此擾累地方,通同侵隱以及抑勒首報情弊,該督撫即行題參,從重治罪。○雍正三年覆准:東省所墾地畝，隱匿者，勒限一年之内，務令自首，免其從前隱漏之罪。其首出地畝，統於雍正四年起科。該撫於歲底，將首出地畝若干，并應徵銀米穀石若干，分晰造册彙報。如一年外，仍有隱匿不首，或首而不盡者，事發，無論衿民，俱按律治罪。州縣官不實心行查，致有遺漏者，該撫亦即題參，從重議處。〇五年諭："雍正三年，山東巡撫奏稱，東省環山濱海，曠土甚多，昇平日久，漸次開墾。雖題報陞科，然不無陞多報少，隱漏侵漁情弊。惟求宥其已往，懲其將來。勒限一年，通省官民，令其自行出首，於雍正四年入額徵解。倘逾限不首者，民則從重治罪，官則立即參處等語。經部議覆准行在案。今據山東巡撫奏稱，東省歷城等六十二州縣衛所，於雍正四年，首報地共一千七百四十餘頃。其應徵錢糧，俟雍正五年，一同入額徵解等語。觀山東一省如此，則各省向來之地畝，隱匿未報者可知矣。夫開墾地畝，本應隨墾隨報。隱匿之罪，定例甚嚴。祇以法久弊生，遂至墾多報少，或爲民間隱匿，或爲官吏侵漁。積習相沿，至於年久。而奸民猾吏，恐一經首報，必究追從前侵漁之處，因而多方回護，百計掩藏，於匿糧漏課之外，又添欺罔之重罪。此等之人，雖暗中獲利，倖免錢糧，然究之干犯國法，難免傍人之訛詐欺陵，豈能安然坐享？愚昧無知之徒，往往如此，深可憫惻。今朕特沛寬大之恩，准各省官民自行出首，將從前侵隱之罪，悉從寬免。其未納之錢糧，亦不復追問。定限一年，令其自首，統於雍正七年，入額徵解。倘逾限不首，後經查出，在官在民，定行從重治罪。著各該督撫轉飭地方官，通行曉諭，開導鄉愚。在國法無耕田而不納賦之條，在天道亦無背公而能獲福之理。當感朕寬大之恩，急公向善，共爲良民，以受國恩，以免罪譴。思之思之。"

〔**徵收**〕

國家立法催科，區晝詳盡。嚴禁横徵，屏除貪黷。准優免以敦風化，懲抗逋以儆刁頑。著爲令甲如左。

順治元年定：各直省錢糧，照明萬曆間則例。其天啓、祟禎時加增者，悉予豁除。〇又題准：内監地畝錢糧，統歸户部管轄。〇十年題准：截票之法，開列地丁錢糧數目，分爲限期，用印鈐蓋，就印字中截票爲兩，一給納户爲憑，一留庫櫃存驗，按圖各置一册。每逢比較，查驗有票者，免催；未截者，追比。〇又題准：布政司頒發印簿，令州縣納户，親填入簿。季冬，繳部報司。〇十二年覆准：江南財賦繁多，經收諸役，包攬侵漁，保長歇家，朋比剥民。令嚴行察訪，勒石永禁。〇十四年覆准：直省存留錢糧，按銀七錢三額數收放。○又覆准:州縣輪充見年,止令催納各户錢糧。其一應差徭,毋使見年受累。○十七年題准:革除布政司看色銀匠,止令本司庫官、庫吏驗收。○十八年覆准:州縣徵收,務將各區花名,繕造糧册,使納户細數與一甲總額相符,易於摘追。又,州縣官不許私室稱兑。各置木櫃,排列公衙門首,令納户眼同投櫃,以免扣尅。又,令立循環二簿,照《賦役全書》款項,急者居先,緩者居後,按月循環徵收。○又覆准:布政司并州縣徵收錢糧,俱遵部頒法馬稱兑,勿令吏胥高下其手。○康熙八年覆准:嚴禁知府親至州縣徵糧,以杜供應需索之弊。○十二年覆准:貴州錢糧,向係府縣各自分徵,並無經徵、督徵之異。今以貴陽、思南、鎮遠、銅仁、安順、都匀、平越七府知府所徵錢糧,各歸附郭之新貴、安化、鎮遠、銅仁、普安、都匀、平越七縣知縣經徵。知府止司督徵之責,俾畫一遵行。○十三年覆准:截票之法,計每畝實徵銀米,分爲十限,每月限完一分,截票寧家。印官止摘比未截糧户。○十八年覆准:小民完糧,州縣官不給印票,照私徵例,革職提問。司道府徇隱者,革職。督撫庇縱者,降五級調用。若文武生員及上司衙役,包攬錢糧者,生員褫革,責四十板;衙役責四十板,枷號兩個月。該管官不行查出,罰俸一年。○二十八年覆准:州縣催徵錢糧,隨數填入印票,一樣二聯。不肖有司與奸胥通同作弊,借名磨對稽查,將花户所納之票勒措不給,遂有已完作未完,多徵作少徵者。今行三聯印票之法,一存州縣,一付差役應比,一付花户執照。嗣後,徵收錢糧豆米等項,均給三聯印票,照數填寫。如該州縣勒令不許填寫及無票付執者,許小民告發,以侵那錢糧例,從重治罪。○三十九年題准:徵糧設立滚單。如一邑每里之中,或五户、或十户,止用一滚單。於某名下,註明田地若干、該銀米若干、春應完若干、秋應完若干,分作十限,每限應完銀若干,發給甲内首名,挨次滚催。令民遵照部例,自封投櫃,不許里長、銀匠、櫃役稱收。一限若完,二限又挨次滚催。如有一户沉單不完不繳,查明即嚴拏究處。○四十二年覆准:州縣徵收串票内,分别註明漕項地丁數目。如有朦混徵比,該督撫即行指參。○雍正元年議准:各省督撫,於州縣開徵之始,令該府遴選賢員,與該管官同封銀櫃,或十日、二十日,另委賢員,或佐貳、教職,當衆拆封,立即起解。其存貯倉穀,按季盤查,出結轉報。如有徇隱情弊,將該府并委員題參議處。○二年議准:令各省州縣,將下年徵收錢糧之紅簿,於上年十月内,申送布政司鈐蓋印信;於開徵前,給發各州縣;於徵收時,眼同花户登記填發串票。上司盤查,即取布政司鈐蓋之紅簿對驗。○又議准:徵收卯簿,行令各省督撫,嚴飭各屬,務須親對完欠,無得假手户房。倘有怠玩屬員,即日題參。○又議准:行令地方官,酌量錢糧多寡,擇銀匠之信實者數人,連名互保,聽民投舖傾銷,不許銀匠包攬。如有不肖州縣,設立當官銀匠,藉官累民者,嚴行禁止,并除承充陋規。如有包攬需索等弊,本官失察,即日題參。○又諭:"民間輸納錢糧,用自封投櫃法,亦屬便民之道。但偶有短少之處,令其添補,每至多索。其數浮於所少之外,理應將原銀發還,仍於原封内,照數補足交納,庶可免多索之弊。此雖細事,督撫大吏,亦不可不留心體察,嚴飭有司,以除民累。"○三年覆准:河南、江南兩省,司印紅簿,於官民均有不便。仍照舊例,令州縣自行鈐蓋印信。○又議准:令各省布政司,嚴督各州縣,務須查明的户實徵數目,親查欠户,次第摘催。更刊四連串票,一張送府,一存串根,一給花户,其一張於完錢糧櫃傍另設一櫃,花户完銀之時,即將一張自投櫃中。每夜,州縣官取出批對流水,勾銷欠册。○又覆准:江南省各州縣舊欠,令該撫飭各州縣造册之時,於各户名下,共欠若干、應完若干之處,清查確實註明,無爲胥吏朦混。○四年覆准:山東徵收錢糧紅簿,仍照舊例,令各州縣自行鈐蓋印信。○又覆准:川省徵收錢糧,停其司印紅簿,仍照舊例,州縣自行鈐蓋印信。○又覆准:州縣徵收錢糧,不親自眼同拆兑,致濫捉短封,并不發原銀者,該督撫不時查參,從重治罪。○又覆准:山西省州縣徵收紅簿,編號送布政司,按册頁厚薄,合并數本,於上下兩頭總用一印。令州縣挨號登記,不許顛倒,以備對印。將所用印簿,令三個月以前,申送頒發各該管府州。再於每頁鈐縫處,各用印一顆。其直隸州,則令該管道員鈐蓋印信。○五年覆准:浙江、廣西徵收錢糧,停其司印紅簿,仍照舊用各州縣印信鈐蓋。○又覆准:安徽徵收錢糧紅簿,停其鈐蓋司印,仍聽州縣印簿徵收。○又覆准:江南各州縣經徵積弊,每開徵時,於經承中僉點一名爲總書,皆係奸胥承充。行令該撫將總書名色盡行革去,選擇書辦十數人,分圖管理。每圖每甲,設立印簿二本,令花户自註完納於每限下,以杜隱擱飛灑之弊。其歷年帶徵錢糧,限三個月,徹底清查,刊示曉諭。

凡禁革私耗加派,順治元年題准:官吏徵收錢糧,私加火耗者,以犯贓論罪。○二年題准:各官莅任鋪設銀兩,嚴行禁革,違者究治。○三年題准:徵收錢糧,俱照現定則例。如浮冒多取者,照違旨例治罪。侵尅少解者,照不及例處分。○十二年詔:各地方錢糧,凡横斂私徵,暗加火耗,荒田逃户,灑派包賠,非時預借等弊,嚴行禁革。犯者,督撫糾參。〇十六年覆准:各布政司法馬,有督撫咨請鑄給者,亦有該司解部較兑領回者,不許貪墨有司,明加暗重。〇又覆准:有司借稱徵糧,令里中僉報大户,派納銀米,傾蕩家産,又於正額外,立常例名色,私派厲民,嚴行禁革。〇十七年覆准:有司私派里中,承奉上司,凡日用薪米,修造衙門,供應家具禮物,及募夫馬民壯,每年婁餉等弊,通飭撫按,俱行嚴禁。〇又覆准:州縣有濫取行户,勒短價值者,責令司道府,每月稽察揭報。〇康熙三年題准:州縣官徵收錢糧,將已完那用,捏稱民欠並加派私徵者,革職提問。司、道、府、廳官,朦朧不行申報者,革職。督撫徇縱不行題參者,降五級調用。〇四年題准:州縣官額外私派,上司徇隱不報,許里長、甲首、小民據實控告。〇六年覆准:正賦錢糧,各有定額。地方官遇有别項,輒令設法。名爲設法,實則加派。嗣後,設法名色,永行禁止。〇又題准:錢糧款項繁多,咨題違錯,駁令查覆。在外各官,每借名部駁,私派百姓,並衙役侵擾情弊,責督撫糾參。〇八年覆准:各處土産,有文武官員行票差役,令州縣買送,州縣按里派取等弊,督撫將需索官員並不舉首州縣官,一并查參。〇又題准:州縣加派里民,近經禁革,乃以日用供應,取辦牙行舖家,並强索賤市。令督撫刊石永禁。違者,照加派例治罪。〇十五年題准:州縣官火耗加派,被旁人首告,經司道府官審出,其失察之罪免議。〇十七年議准:州縣官借造册爲名,收取費用,科斂累民,任意灑派補庫、變賣倉糧及借稱錢糧、准算部民子女,轉送與人者,革職提問。司道府官隱匿不報,或已經申報,督撫不行題參,俱照不參私派例處分。〇十八年覆准:州縣官尅取火耗,加派私徵者,俱革職提問。其朦隱不報之司道府官,亦革職提問。徇縱不參之督撫,革職。〇三十九年題准:禁止陋規雜派。如遇大差大役,有因公濟私,以一派十者;又有每年每節,派送大小禮儀者;郡守之交際,又有派之各屬者;有府、縣、衛、所官出門,派中火路費以及跟役之食用者;有上官差使往來,派送規例下程者;起解餉銀派解費者;道府有開徵奏銷之陋規;開漕一項,又有監兑下縣之規例,差人坐催之規例。嗣後,各官須潔己奉公,革除陋習,不得仍蹈前轍。〇又題准:徵收錢糧,有公然科派。如闔邑通里,共攤同出者,名曰輭擡;如各里各甲輪流獨當者,名曰硬駝。豪劣奸棍,包攬分肥。勒石永禁。〇雍正二年議准:直省督撫,嚴飭該管州縣官員,凡供應上司,借端横派,一切陋規,盡行革除。倘有不肖有司,仍前苛派,該督撫即指名題參,嚴加議處。〇三年議准:令直省督撫,通飭各屬，再行嚴禁。倘州縣官仍然收取蠹書禮物，縱容勒索票錢者，即將該州縣指名題參，書吏一并從重治罪。○五年覆准：令各省督撫，將各州、縣、衛、所徵收錢糧火耗，隨其地畝舊額，酌定士民之成規，該督撫一面據實具題，一面出示曉諭，務使畫一，士民無偏輕偏重之分，以杜詭寄包攬之弊。倘有司於額外多取，該督撫即行指名題參。

凡禁止預徵，順治九年覆准：直省錢糧，應按期徵解。有預徵滋擾者，聽督、撫、按指參。○康熙四年題准：徵收錢糧，定限四月完三分之二，八月内全完。有司不遵定限，預徵累民，及不分別欠糧多寡，概行鞭扑者，該撫參處。○六年覆准：徵收錢糧，夏税定於五、六月，秋糧定於九、十月。○七年覆准：夏秋定限，恐誤協餉，仍照舊例徵收。○十八年覆准：州縣官隔年預徵錢糧，照私派例，革職提問。司、道、府官，明知不報者，革職。若已經詳報，督撫不題參者，降五級調用

凡差委催提，順治元年題准：徵收錢糧，令花户自封投櫃。禁革催頭，以杜紛擾。○十年題准：州縣官不許用孤貧衙役恃老行兇，下鄉催糧。○又題准：令布政司先提催解京歘項，次及兵餉協餉。其餘存留，季冬催徵撥給。○十二年覆准：州縣應徵錢糧，許司道行文立限催提，不得差役擾害。○十三年覆准：直省積逋錢糧，令每府選府佐一員，詣所屬州縣，徹底清查。○十五年覆准：撫按轉檄司道，弔取州縣卷册稽查。不得委官巡歷，以滋煩擾。○十七年題准：直省錢糧，各差户工二部滿洲司官、筆帖式前往清察，撰給敕書關防。○康熙三年覆准：州縣錢糧，上司動用差提，名爲提手，種種勒索，行令嚴禁。○五年覆准：催徵錢糧，原係州縣印官專責，不得濫委府佐至州縣協徵滋擾。如道府私委，聽督撫指參。督撫濫委，聽科道糾參。

凡優免丁糧，國初定：滿漢官員，及守郊、壇、陵、廟人員，並舉人、生員、官學生、吏員、甲兵，各優免丁徭有差。○順治元年定：軍民年七十以上者，許留一丁侍養，免其雜泛差役。○又定：京城行商車户等役，永停僉派。○二年議准：品官及舉貢生員、雜職、吏典，應免丁糧。其廢官、黜弁、粟監、貲郎，俱與民間一例當差。有冒濫優免者，撫按劾治。○五年題准：直省官紳優免例，京官一品，免糧三十石，人丁三十丁；二品，免糧二十四石，人丁二十四丁；三品，免糧二十石，人丁二十丁；四品，免糧十六石，人丁十六丁；五品，免糧十四石，人丁十四丁；六品，免糧十二石，人丁十二丁；七品，免糧十石，人丁十丁；八品，免糧八石，人丁八丁；九品，免糧六

石,人丁六丁。外任官員,各減其半。教職、舉貢監生員,各免糧二石,人丁二丁。雜職吏承,各免糧一石,人丁一丁。以禮致仕者,免十分之七。閒住者,免其半。犯贓革職者,不准優免。如本户丁糧不及數者,止免實在之數。丁多糧少者,不許以丁准糧;丁少糧多者,不許以糧准丁。疎遠族屬,不得濫免。○十四年題准:一品官至生員吏承,止免本身丁徭,其餘丁糧,仍徵充餉。○雍正四年覆准:紳衿衹許優免本身一丁。如有借優免名色,濫以子孫族户冒入者,該地方官查出,生監申革,職官題參,俱照豪民令子孫弟姪跟隨官員隱蔽差徭之律,受財者從重論。如有私立宦户、儒户名色,包攬詭寄者,該地方官查出,生監申革,職官題參,照欺隱田糧脱漏版籍之律,計地畝多寡治罪,隱寄與受寄者同論。

凡抗糧處分,順治十一年覆准:錢糧係國家亟需,紳衿里民,一體輸納。州縣糧册,當分宦户、儒户、民户三項。如豪紳劣衿,挾制官府,抗不納糧,詭寄包攬者,指名參奏。○十四年題准:錢糧册分三户,備造已未完數。秋冬二季,申報上司,稽核完欠。○十五年覆准:錢糧各論分數,欠至八分、九分、十分者,文武鄉紳,革去品級頂帶,責四十板折贖;候選、候考、進士、舉人,革黜,責四十板;貢監生員,革黜,責四十板,枷號兩個月。欠至五分、六分、七分者,鄉紳,革去品級頂帶,責三十板折贖;進士、舉人,革黜,責三十板;貢監生員,革黜,責四十板,枷號一個月;欠四分以下者,鄉紳,革去品級頂帶,責二十板折贖;進士、舉人,革黜,責二十板;貢監生員,革黜,責三十板。丁憂告假回籍官抗糧者,不論分數,俱降三級,未完錢糧,各照數嚴追。其紳衿包攬别户錢糧拖欠者,不論分數,俱黜革,責四十板,枷號三個月。地方官徇隱失察者,督撫開具分數題參,照考成例議處。○又覆准:衙役欠糧八分、九分、十分者,革役,枷號三個月,責四十板,徒三年;欠五分、六分、七分者,革役,枷號兩個月,責三十板,徒二年;欠四分以下者,革役,枷號一個月,責二十板,徒一年,仍追未完錢糧。州縣官徇庇,聽撫按題參;撫按容隱,聽科道糾劾。○十六年覆准:奸民抗賦,逃竄隔屬,許本管官申詳道府,徑行票提。如有阻撓,督撫究處。○十七年題准:州縣奏銷時,註明紳衿衙役所欠分數,造册申報撫按題參,以懲積玩。○又題准:江南官員紳衿,有本户並無田土,他人假冒立户者,有錢糧已完,吏役混開者,果係冤抑,許訴理開復。經手官役并撫司道等官,分别議處。○又覆准:奸民假稱紳衿,圖免差徭,察出,加等治罪。其鄉紳流寓,編入本地齊民,不許仍稱官户。○康熙十四年議准:官員將抗糧人犯,捏報逃亡及并不起解者,降一級調用。該管官,罰俸一年。如起解遲延者,罰俸一年。該管官,罰俸六個月。〇二十九年題准:山東省紳衿户下地畝,不應差徭。遂有奸猾百姓,將地畝詭寄紳衿户下。因而衙役兵丁,效尤免差。更有紳衿包攬錢糧,將地丁銀米,包收代納,耗羡盡入私橐,官民皆累。今照欺隱地畝例,通限兩個月,將從前詭寄地畝,盡行退歸業户。其紳衿本名下田畝,令各具"並無詭寄"甘結。〇又諭:紳衿等優免丁銀,原有定例。其紳衿豪强,詭寄濫免,以致徭役不均。令改正釐剔,直省一體遵行。〇三十五年覆准:湖南陋習,里甲之中,分別大户小户,其大户將小户任意欺壓,錢糧俱大户收取,不容小户自封投櫃,甚且驅使服役。嗣後,小户令出大户之甲,另立里甲,造册編定,親身納糧。如有包攬抗糧,勒索加派等弊,該督撫題參治罪。〇雍正二年諭:百姓完納錢糧,當令糧民户户到官,不許里長甲頭巧立名色,希圖侵蝕。聞有不肖生員監生,本身原無多糧,倚恃一衿,輒敢包攬同姓錢糧,以爲己糧。秀才自稱儒户,監生自稱官户。通都大邑固多,而山僻小邑尤甚。每當地丁漕糧徵收之時,劣生劣監,遲延拖欠,不即輸納,大干法紀。該督撫立即嚴查,曉諭糧户,除去儒户官户名目。如再有抗頑不肖生監,即行重處,毋得姑徇。倘有瞻顧,不力革此弊者,或科道官參劾,或被旁人告發,查出,必治以重罪。"〇五年議准:貢監生員,非本身錢糧,包攬催收入己,以至拖欠者,不論分數,俱黜革,發黑龍江當差。若包攬拖欠至八十兩者,照枉法例擬絞監候。其包攬雖無拖欠,亦行黜革,枷號三個月,責四十板。以上,除治罪外,仍照數著令納足,再照所納數,追罰一半入官。至愚民希圖自便,聽人攬納者,照不應重律,杖八十,折責三十板,仍追包與之數入官。其不行查出之該管官,罰俸一年。

大清會典卷之三十二

户部

〔賦役二〕

〔起運〕

户部爲天下財賦總匯。直省錢糧，順治元年，統歸户部職掌。七年，分屬各部寺管理。康熙二年，仍歸户部。考《賦役全書》所載，起運各部寺本折欵項，及協濟撥給存留錢糧，條目繁賾，不更縷舉。存其梗槩，并將起解批迴等例列於後。

原額

起運户部折色

京庫金花麥折銀　　京庫黄白絹折銀

京庫絲綿折銀　　農桑絲絹折銀

供用庫折色顔料等銀

甲字庫折色顔料銀

丁字庫折色顔料銀

公侯伯等歲支麥折銀

派剩象馬房麥折銀　　京庫草折銀

京庫布闊白棉布三梭二綫布折銀

京庫户口鹽鈔銀　　富户銀

公侯伯等歲支禄米折銀

府部院等衙門米折銀

南糧改折解北銀　　漕米永折銀

顔料黄蠟芽茶等折價銀

裁扣各項充餉銀　改兑各倉米折銀
九釐地畝銀
本色
顏料銅錫芽茶絲綿絹布等物
起運禮部折色
牲口料銀　藥材折價銀
包裹紅黄紙價銀　光禄寺果品厨料銀
本色
藥材　薦新芽茶
紙張
起運兵部折色
會同館馬價銀　備用馬折銀
馬役改抵太僕寺站銀
草料銀　草場租銀
起運工部折色
承運庫歲造緞疋料價銀
四司工料價銀　襯甲等銀
盔甲刀箭弦翎毛折價銀
斧刃磚料銀　弓改牛角價銀
黄白蔴漆木料竹價麂皮蓆草等銀
各匠工食衣裝銀　軍器軍三民七銀
織染局各色料銀
本色
白蔴桐油魚綫膠
起運各部滴珠鋪墊損解費銀
解鹽運司包補鹽課銀
解淮庫修河米折銀
協濟驛站銀
協濟各倉麥米折銀　協濟各倉麥米
撥給本地各營兵餉銀　官兵月糧
協濟他省兵餉銀
撥給淺船民七料銀

漕運水脚輕齎蘆蓆木板折銀
　運軍行月二糧銀　　白糧經費工食銀
　兑軍正耗米　　改兑正耗米
　白糧正耗舂辦米　　運軍月糧
　運船水手飯米
存留備支給慶賀表箋並齎進盤纏銀
　拜賀習儀等銀　　祭祀迎春曆日等銀
　修理太學城垣監倉銀
　官員經費俸薪心紅紙張各役工食銀
　驛站祇應銀　　鄉飲酒禮銀
　廩餼賓興考試激賞篷廠路費牌坊等銀
　雜支各項銀　　雜支各項米
　局糧　　孤貧柴布銀
　孤貧口糧　　囚糧
康熙二十四年直省地丁錢糧起運存留數
總計起運銀,二千一百九十三萬八千六百二十七兩八錢零。
總計存留銀,六百二十八萬九千一百五十五兩三錢零。
直隸八府二州
　起運銀,一百八十八萬一千一百八兩二錢二分七釐零。
　存留銀,五十六萬二千五百兩二錢一分。
金吾等六衛康熙二十七年,裁併順天府屬地丁項下。
　起運銀,四千六百五十兩七錢二分一釐二毫零。
奉天錦州二府
　起運銀,四千七百五十五兩二錢三釐零。起解盛京户部。
　存留銀,九千一百八十四兩一錢六分六釐六毫。
江南江蘇等處
　起運銀,二百八十三萬六千五百九十三兩二錢二分四釐零。
　存留銀,一百一十四萬一千九百二十二兩六錢六分零。
安徽等處
　起運銀,一百一十五萬三千二百九十一兩一錢五分九釐零。
　存留銀,五十三萬六千五百六十七兩五錢四分三釐零。
浙江

起運銀，二百一十八萬八千五百七十五兩四錢六分三釐八毫零。

存留銀，七十三萬二千五十四兩二錢九分六釐零。

江西

起運銀，一百五十二萬五千六百三十七兩六錢六分四釐三毫零。

存留銀，四十三萬四千九百一十八兩四分三釐四毫零。

湖廣湖北等處

起運銀，八十三萬一千七百五十三兩七錢零。

存留銀，二十一萬三千七十二兩六錢八分零。

湖南等處

起運銀，四十八萬七千四百一十九兩四錢五分零。

存留銀，一十五萬五百七十五兩三錢三分零。

福建

起運銀，八十六萬六千四百四十七兩八錢二釐六毫零。

存留銀，二十萬三千四百五兩一錢六分三釐九毫零。

山東

起運銀，二百五十萬四千二百八兩八錢六分九釐零。

存留銀，六十八萬七千二百六兩四錢八分二釐九毫零。

山西

起運銀，二百六十七萬八千七百七十九兩二錢九分四釐五毫零。

存留銀，三十三萬八千五百一十兩九分五釐六毫零。

河南

起運銀，二百二十六萬八千六百一兩八錢一分零。

存留銀，四十四萬五百五十四兩七錢五分零。

陝西西安等處

起運銀，一百二十七萬七千九十五兩五錢八分二釐八毫零。

存留銀，二十九萬八千六百五十五兩九錢七分九毫零。

鞏昌等處

起運銀，一十萬五千九百六十九兩四錢七分一釐四毫零。

存留銀，一十萬五千一百二十二兩九錢九分九毫零。

四川

起運銀，一萬二千四百六十兩五錢六分五釐二毫零。

存留銀，二萬九千五百三十五兩一錢七分二釐二毫零。

廣東

起運銀,一百萬六千三百七十六兩七錢六分七釐二毫零。

存留銀,一十三萬九千七百一十七兩五錢四分二釐八毫零。

廣西

起運銀,二十四萬三千二百一十一兩二錢九分零。

存留銀,八萬九千三百一十兩五錢一分五釐零。

雲南

存留銀,一十七萬四千八百一十八兩一錢五分七釐二毫零。内撥本省兵餉銀,四萬六千一十兩二錢四釐零。

貴州

起運銀,六萬一千六百九十一兩五錢三分零。

存留銀,一千五百二十三兩五錢。

雍正二年直省地丁錢糧起運存留數

總計起運銀,二千三百二十五萬三千五兩三錢零。

總計存留銀,七百二萬八千一百二十三兩六錢八分四釐一毫零。

直隸八府二州

起運銀,一百九十三萬九千九百四十一兩七錢五分五釐。

存留銀,六十二萬一千八百八十一兩六錢六分三毫。

奉天錦州二府

存留銀,二千四百六十六兩三錢六分零。

江南江蘇等處

起運銀,二百五十六萬四千七百二十八兩九錢三分零。

存留銀,一百四十四萬六千五十一兩零。

安徽等處

起運銀,一百一十九萬四千九百一十四兩九錢二分零。

存留銀,四十三萬二千七百九兩六錢五分零。

浙江

起運銀,二百二十八萬七千三百四十六兩九錢八分零。

存留銀,六十八萬七千二百七十七兩二錢二分零。

江西

起運銀,一百六十萬二千四百三十一兩六錢五分六釐零。

存留銀,五十四萬七百五兩三分四釐。

湖廣湖北等處

起運銀,七十七萬六千一百七十三兩九錢七分零。

存留銀,三十三萬三千五百四十三兩七分零。

湖南等處

起運銀,九十四萬四千四百二十三兩七錢一分零。

存留銀,二十六萬五千三百七十九兩四錢六分四釐。

福建

起運銀,一百五萬五千二百九兩四錢五分七釐零。

存留銀,二十萬八千二百五十二兩五錢六分零。

山東

起運銀,二百七十三萬七百三十六兩四錢九分六釐零。

存留銀,六十九萬一千一百四十一兩三錢九分五釐零。

山西

起運銀,二百七十萬二千二百八十五兩九錢零。

存留銀,三十二萬八千二百九十兩。

河南

起運銀,二百四十四萬一千一百十兩九錢一分零。

存留銀,六十二萬六千六百二十三兩八分零。

陝西西安等處

起運銀,一百三十四萬四千五百四十八兩九分零。

存留銀,二十六萬五千四百九十八兩九錢六分零。

鞏昌等處

起運銀,一十八萬二千六百四十四兩七錢八分零。

存留銀,七萬二千二百七十四兩三錢九分零。

四川

起運銀,三十一萬六千三百六十六兩九錢一分零。

存留銀,一萬三千二十九兩六錢六分零。

廣東

起運銀,七十一萬九千三百七兩三錢九分五釐零。

存留銀,三十三萬九千一百四十三兩三錢六分四釐零。

廣西

起運銀,二十七萬八千五百五十九兩五錢四釐零。

存留銀,八萬六千九百四十五兩八錢九分六釐八毫零。

雲南

起運銀,十一萬八千九百二十七兩八錢四分零。

存留銀,五萬三千五百九十六兩五錢六分。

貴州

起運銀,五萬三千三百四十六兩七錢。

存留銀,一萬三千三百十四兩三錢六分零。

凡起解錢糧,順治九年覆准:州縣錢糧,向俱解府,恐有經承庫役勒索侵那等弊。嗣後,徑解布政司,止在該府掛號。〇十年覆准:州縣徑解,必用吏胥,恐有掛欠。仍行官解法,由州縣解府,由府解司。〇又議准:直省改折本省錢糧,用一條鞭法,總收分解。其點解地方,令官收官解,不得仍累小民。永著爲例。〇十二年覆准:直省錢糧,有徑解部者,有司府彙解部者。徑解甚速,彙解反遲。嗣後,令州縣徑自解部,以杜司府那借之弊。〇十三年覆准:直屬州縣錢糧,原無布政司,俱令解府總收解部。各省州縣錢糧,仍由府掛號解司,不必轉批彙解。〇十五年覆准:直省解納錢糧,各有印文投部,即移送京畿道刷卷,以稽遲誤,免令解官赴京畿道掛號驗批。〇康熙元年覆准:州縣錢糧,先儘起運全完,方准支給存留欵項。〇二年題准:起解錢糧,俱有脚價,係正項之外,派給解官。嗣後,撥本省兵餉,不給脚價。如撥遠省兵餉及解京者,仍給解費。〇七年題准:州縣開徵錢糧後,逐月申報該府,隨收隨解。如借稱候齊彙解,以抗玩治罪。該府於州縣申報後,即轉報布政司。如報收未解,該府不即稽察者,以徇庇治罪。該司於府申報後,察參不嚴,致日久侵没者,以失察治罪。該撫本年不行察參,致事發、或交代時始查出者,以朦混坐罰。〇九年題准:凡錢糧並未起解申報起解,或庫内無銀申報有銀者,各降二級調用,巡撫罰俸一年。〇十四年議准:額買顔料等項錢糧,各州縣三月内解銀,知府即行採辦,委官於本年十月内押運進京交納。如州縣徵銀不足、解府遲誤及知府採辦稽延、起運違限者,俱降職一級,完日開復。該撫限本年二月内,估價題報。如該撫估報逾期,布政司督催不力,完欠罔稽,俱罰俸六個月。若本年本色物料,歲底不能全完者,督催巡撫、布政使俱降俸一級,帶罪督催,完日開復。如知府採辦稽遲,先給空批,卸罪解官者,降一級調用;或採買物料不堪用者,罰俸一年。承估布政使不照時價確估,妄行多開者,罰俸一年,巡撫罰俸六個月。如顔料等項,不送上司驗看,徑行解部者,罰俸六個月。〇十五年議准:官員正項錢糧,未經解送,先給官役俸工,或不按季給發,全給重支,或違例給發,錢多銀少者,俱降一級調用,轉詳官罰俸一年,巡撫罰俸六個月。〇又議准:官員將不應起解之錢糧違例起解者,罰俸一年。或應解本色解送折色者,降一級調用。〇又議准:官員起解錢糧,不行詳查,致銀匠於銀内攙和鉛沙者,降三級調用,巡撫罰俸一年。如解送潮銀者,降一級調用,巡撫罰俸六個月。〇二十五年題准:各省解送米豆草束等項,若本省内解送者,不給脚價;如有運送外省者,五百里以外准給脚價,五百里以内不准給脚價。〇又題准:各省起解顔料,務於本年十月内解部。如逾限不到,將遲延各官,照例題參。〇二十七年題定:嗣後,江南省各州縣解准錢糧,照湖廣江西等省之例,停其解准,徑解蘇松、江安糧道,將支用餘剩併核減錢糧解部。其每年過淮官丁額用勞賞等項,令總漕查明,就近於漕項内,按數題取支給。〇二十八年覆准:嗣後,各省顔料解部,該督撫計顔料之多寡,路途之遠近,酌給水脚,以杜派累。〇又覆准:從前軍興之際,遇有急需,間令該督撫設法。今海宇昇平,聖恩溥被。嗣後,設法二字,永行停止。如州縣官員,有借端仍行設法起解之處,該督撫即行指名題參。如該督撫失察,一併從重治罪。〇五十九年議准:嗣後,令州縣官員,將徵收錢糧計算道路之遠近,酌量錢糧之多寡,隨徵隨行解司。如有遲延不解者,即令該府查報參處。如州縣批解錢糧,而布政司抵充雜派、扣批不發,許州縣官申報督撫,徑報部院衙門題參。〇雍正元年議准:各處解到地丁、鹽課、關税錢糧,原有隨平銀一項,著行文各省停止。其已經起解未到者,令其照常交納。〇二年覆准:以雍正三年爲始,令直省春秋二季,造具現年徵收何項若干、動用何項若干、現存何項若干清册送部。户部於二季酌撥、歲底大撥時,將確存欵項數目酌撥兵餉俸工外,餘悉令解充京餉。其送部清册,春季務於二月二十日以前,秋季務於八月二十日以前到部。〇三年議准:各省起解京協二餉,動支水脚銀兩,除陕西、甘肅、雲南、貴州、四川、廣西等六省及總漕并兩淮、兩浙、長蘆、河東、兩廣鹽課,遇有水脚之需,或係捐給,或係商人自備應用,毋庸置議。其湖北、湖南、山西等省,起解京協二餉,每兩水脚銀四釐,爲數無多,仍循舊例遵行。至浙江省起解地丁水脚,每兩給銀八釐,漕項每兩給銀七釐。福建省協餉,每兩給銀七釐。廣東省起解京餉,每兩給銀一分五釐;協解雲南省,每兩給銀一分五釐;協解貴州省,每兩給銀一分二釐;協解福建省,每兩給銀八釐。江南、江安二屬起解京餉,照浙江之例,給銀八釐。江安糧道起解漕項銀兩,給銀七釐。至蘇松糧道起解漕項銀兩,不請勘合支應夫馬,應給銀一分四釐。直隸離京最近,起解京餉,每兩給銀二釐。山東、河南起解京協二餉,照山西省之例,每兩給銀四釐。江西省起解京餉,每兩給銀八釐。通行直隸各省督撫,永爲定例遵行。〇又覆准:廣西到京路程,與廣東相等。其解送京餉,令循照廣東之例,每兩一分五釐,核算給發。〇四年題准:户部撥餉,皆按各省册報實存之數,以定多寡。其解交之期,計各省道里之遠近,以定日月。各省督撫,嗣後撥解文書到日,即將司庫、道庫現存銀兩,按期起解。山東、河南、長蘆、山西,限文到六十日到部。江南、江西、湖廣、浙江,文到八十日到部。福建、廣西、廣東,文到一百日到部。其有册報實存,而未歸司庫、道庫者,將緣由聲明,再行定限續解,免其處分。倘到部之期已過,不將現存交解者,户部即行題參,將該省之巡撫、布政司、糧道,一併交與該部,嚴加議處。〇又諭:廣東係邊遠省分,存庫銀兩暫停撥解。俟秋季造册報部之日,户部再行酌撥。〇五年覆准:嗣後,直省錢糧,户部於每年春撥時,將各該督撫册報實存應解京餉銀兩内,酌量地方之遠近大小,錢糧存剩之多寡,預爲留存,以備該省不時之需。其酌留銀兩,令該督撫等,公同封貯藩庫。如有動用之處,該督撫題明,方准動用。户部仍於秋撥時,再爲酌留。如有不行題請,私相動用者,將該督、撫、布政司,照擅動錢糧之例治罪。其餘實存銀兩,仍於春秋二撥案内,悉行解部。

凡批迴,順治十年覆准:起解錢糧,布政司先發空白批文百張,編定號數。府州縣起解時,印填領解姓名投司。司查批到先後,以杜侵冒。〇又題准:直省錢糧,州縣簽批解府,府但掛號,不必轉批。州縣印封錢糧到府,府但彙解,不必拆封,止加府印鈐蓋。〇十一年覆准:州縣起解錢糧,先期申報司府,填入驗批簿内,一面起批限期解交該衙門,仍將批發回,不得踵蹈寢批之咎。州縣隨將領過批迴實收,具文申報,登簿存驗。〇又覆准:直省錢糧,布政司已給批收,即將解過欵項數目,彙造清册,半年一報部、寺、科、道衙門,以憑磨對。其錢糧解交後,批迴未獲,或係解役侵欺,或係某衙門寢閣,速查咨部參處。〇十六年覆准:解部錢糧批文册籍,各官當堂定限僉發。如假手吏胥,空懸小日,任意違限,剜補年月,扶同作弊,經部察出,將解役送刑部究擬。〇十七年覆准:州縣解司錢糧批迴,三註日期,一到司日,一兑銀日,一發批日。〇康熙二年覆准:州縣起解錢糧,以批迴爲據,令設連環批。其式,用紙一張,聯寫字號,截爲二批,預申巡撫,親判銀數,限日發回州縣,一申巡撫存案,一發解役,赴該衙門交納,註收銀數,發回原批,即赴巡撫衙門對批查驗,以杜侵那遲延之弊。〇又覆准:連環號批,該撫隨收隨發到司。該司即以批到日收銀,隨發批令解役速回,不必以批迴送巡撫查驗,惟另文申詳巡撫。〇四年覆准:錢糧各有欵項,起解不容混淆。如布政使將解到錢糧發换批迴,改抵别項,及府州縣不按欵項,朦混抵解,布政使遽爲轉報者,聽督撫糾參。〇六年題准:南糧一項,向令地方官以批迴送部查驗,解役往返疎虞,奸胥乘機侵蝕。嗣後,照正項例,責成巡撫核明,歲底造報,批迴不必送部查驗。〇九年題准:凡批迴未領稱爲已領,未發稱爲已發者,各罰俸一年。〇十二年覆准:巡撫布政司,係一省專管錢糧之官。其批迴,不必轉報總督巡鹽。〇二十八年議定:嗣後,凡有解送一應錢糧物料到部,限三日内查收掣批。如無故不即收明掣批,照律計日治罪。至書役人等,向解員捏稱估驗掛號等項費用名色,借端包攬索詐銀兩者,許被詐之人,即刻呈明該管各官,將包攬索詐之人,交與刑部,發邊衛充軍,計贓以枉法從重論。係官,交與吏部議處,仍交與刑部治罪。如該管各官失察不舉,亦交與吏部議處。〇三十五年題准:凡州縣起解錢糧,照依部頒法馬兑收,批迴欵目相符,銀批同解,銀存司庫,批投巡撫衙門登記發司,限日收掣。布政使即日當堂照數兑收,出具實收,同批一併呈繳巡撫驗銷,遞發該州縣存案。倘屬有批無銀,欵項不符者,據實報請題究。〇四十七年覆准:嗣後,州縣官員,每季起解布政司銀兩,挨次造報。巡撫批迴,已獲未獲,一一註明。如藩庫已收錢糧,勒批不給,巡撫查明,即指名題參,嚴行治罪。〇四十九年題准:各省解部鹽課、關税、錢糧,該御史監督,皆具批送科。領解官役,於銀兩交足之日,將所給實收,送科查驗。各省督、撫、織造,將解部一切錢糧,并顔料、緞疋等項,先行移會,具硃限批文送科。俟交完之日,即將部中所給實收送科查驗發批。如有違限不到及遲延不完,或係包攬需索侵没,或係解官那移掛欠,本科查參,送部治罪。〇五十七年議准:户部收放一應錢糧,從前俱係責成庫員,堂官公同監收。後來各省解到銀兩,必俟堂官親身監兑,將批迴鈐蓋堂印,給發解官。倘數目短少,銀色低潮,查明,行文該撫題參。若庫員解到紋銀以低潮駁回,已經足數以短少勒索,事發,立將庫員題參。〇六十一年題准:嗣後,各處解到應交庫物料,限二十日即行查收給批。如不可收者,該管官員回明堂官,即行駁回。遲延違限,將該管官員議處。〇雍正二年覆准:各州縣起解錢糧,將銀批一齊赴該撫衙門,驗明銀數,聽該撫隨意掣鞘彈兑。倘有短少,立令補足,同批發司交兑。五日内,布政司出具庫收,粘連原批,送該撫衙門銷號,發解官領回。或該撫因公他出,委按察司代驗報明。倘有不肖州縣,敢以空批報解,併布政司不依定限送該撫衙門銷號者,該撫即行指名題參,交部從重治罪。〇三年覆准:江蘇錢糧,較他省數倍,該撫不能盡兑。照舊例,仍令布政司驗收,將批送該撫衙門掛號發司。〇又覆准:江安所屬州縣起解錢糧,一面將銀批送該撫驗明,掛號發司;一面將銀兩另具申文,解送該督驗明,聽該督掣兑。或該督因公出境,委糧驛道代驗報明。〇又覆准:直隸起解錢糧,仍照舊例,令布政司驗收,將批送該撫衙門驗發。

解銀批式

凡錢糧批迴立連環之式,用紙一張,中間如合同樣,聯寫字號。然後對單各分爲二張。其一,註“定發該衙門備照”;其一,註“定送院存查”各字樣。如司、道、府、縣起解各項錢糧,將欵項數目,照例填寫前批,用印鈐蓋,送巡撫衙門掛號,仍登數目,限日解交。掣取批迴,仍送巡撫衙門銷號,并裁存一張。

凡委解,順治九年議准:解役中途盗賣,照監守自盗律擬罪,家産變賣追賠。州縣官濫差匪人者,連坐。〇十二年覆准:江南蘇、松、常三府屬領解員役,侵蝕積逋,限文到三月内照數完納。如逾限不完,本犯正法,估變家産抵償。倘人亡産絶,令原委解衙門官賠補。〇十六年覆准:領解官役到京,須親身赴部交納,不許市棍包攬。違者,領解官役治罪,棍徒執送刑部究擬。〇十七年題准:解京錢糧,例用解官。令布政司當堂從公輪流掣籤,仍登記文簿,以均勞逸。〇十八年題准:凡起解協餉銀兩,務委空閒府佐押解。〇康熙二年議准:解部本折錢糧,十萬以上,委府佐貳官;五萬以上,委州縣佐貳官;五萬以下,委雜職官。察其俸深年壯者,司府親爲註選。〇九年題准:凡起解兵餉、協餉、漕糧、白糧、本色、顔料等項,該管司道府官,不委現任佐貳,濫委廢員匪人者,罰俸一年;或錢糧中途失悞者,原委之官降一級調用。如委現任官,中途失悞者,原委之官罰俸六個月;如領解官侵欺潛逃者,原委之官降一級調用。如並未委官,批内填寫委官及委不係職官者,均罰俸一年。〇十三年覆准:各省起解餉銀,該督撫並各差御史,選擇才能同知通判押解。如同知通判別有委用,選州縣廉幹佐貳官押解。〇十四年議准:解送顔料等項,解官中途乾没,交納短少者,照侵欺例治罪。若解部稽遲,一月以内,免議;一月以外,罰俸一年,解役懲治。如久追無完，令該知府賠足，不得派累於民。〇又議准：凡起解本色顏料正項錢糧，如解官人役，違該撫批限到京日期一月以外，及逾崇文門掛號日期交納者，題參治罪。若官役解到錢糧，不即交納遲延者，或惡棍包攬交納嚇詐，併崇文門人役抑勒等弊，事發，俱照侵欺例議處。〇十五年題准：凡遵例差委見任官解送，而解官侵欺潛逃者，原委官改爲降一級留任。〇二十六年題准：嗣後，有委解稱病推諉規避者，革職。〇四十五年題准：本色顏料，仍照定例，各府自行採辦，務遵限解到。如仍違限彙解，并不肖解官不親身交庫，托人代交者，定將該管上司并解官指名題參。〇雍正二年議准：起解協餉，該布政司照部頒法馬，面同解官左右彈兑，即將原法馬公同封固，該布政司鈐蓋印信，給與解官帶去。至收餉布政司處，驗明印封，公同取出。先將法馬左右較兑無差，然後將餉銀如前兑收。其有不肖解官，或故爲遺失銀鞘，或中途私動印封，抵換法馬者，該收銀布政司驗明印封，即將該解官申報該督撫指名題參，并將僉差不慎之各該上司職名一并交部，從重治罪。〇又議准：凡發解餉銀，該布政司務須親身面同解官兑發。令解官花押，庫官鈐蓋印信。〇四年諭："嗣後，解部銀兩，若短欠無多者，仍照舊掛批行令本省補解外，其短欠多者，將原銀仍交與解官留京看守，行文該布政司，令其親身赴京，到庫自看彈兑，務令對証明確。若原無短少，則咎在庫官，將庫官從重議處。如果解送短少，定將該布政司從重治罪，所缺銀兩，照數追賠。各該布政司，以諭旨到日爲始，凡有起解銀兩，遵照奉行。"

凡劫失，順治元年定：解銀中途被劫，解官與失事地方官均賠。〇四年覆准：起解日，不先申請防護，又不經過會城，以致劫失，令解官賠補。〇七年題准：浙江建寧縣貯庫候解錢糧，城陷被劫，准予豁免。〇十二年覆准：江西建昌府領解錢糧，中途被亂兵搶失，免令追賠。〇十六年覆准：解京錢糧，途次疎虞，文武將吏，酌量均賠。〇十七年題准：錢糧中途被劫，鎮將防將及護送官弁，各令賠補十分之二，知縣賠十分之三，領解官賠十分之一，務令照數賠足。〇又覆准：領解官役，經行州縣驛路，將領撥兵護送。如有疎失，專管者賠五分，兼轄者賠二分五釐，防護者賠二分五釐。若私行小路，致有疎失，罪在領解，不許他諉。〇十八年覆准：起解錢糧被劫，文武各賠五分。文職，州、縣官賠三分，道、府各賠一分。順天所屬，州、縣賠三分，道員賠二分。武職，專管、防護各賠二分，兼轄一分。若無兼轄地方，專管賠三分，防護賠二分。如解官不由通途，不掛票號，致無防護,責在解官,全賠。永著爲例。〇雍正二年議准:嗣後,起解錢糧之時,本省該管官員,務將鞘數填入兵牌,掛號起程。其經過地方官員,亦將鞘數查明掛號。如有虚報失鞘情弊,該管道府官員,不行查出,一併從重治罪。〇五年議准:凡地方文武官員,所屬境内,有劫失餉鞘,事發,將地方官員,俱革職留任,勒限一年緝拿。限内拿獲,准其開復;限内獲賊過半,已獲盗首者,仍留任緝拿。倘逾限一年,獲賊不及過半,及雖經獲賊過半而盗首無獲者,革任。未獲賊犯,交與接任官照案緝拿。如一經失事,鄰汛官員及地方文武官員,即能獲賊過半,已獲賊首者,將地方文武官員,免其議處。其劫失分賠之法,仍照定例。〇又議准:運解餉鞘到汛,該將弁不照定數撥給兵丁護送,或照數撥給兵丁,有中途私回者,許解官報明該督撫,據實題參。照少撥解役之例,將該汛專管、兼轄、將弁,各罰俸一年,私回兵丁,責革名糧。

大清會典卷之三十三

户部

〔賦役三〕

〔考成上〕

户部總理錢穀，爰立考成之法。奏銷，則按期限爲考核。完欠，則照分數爲勸懲。虧空，則分別侵那。交盤，則並嚴授受。處分起於初參，案件銷於開復。科條詳密，備載於後。

凡奏銷定限，順治九年覆准：直省銷算錢糧，逐欵備造支解完欠清册，户部據以查核。近京各省限二月底，遠省限三月底，到部。逾限者，參處。〇十年覆准：各省銷算，歸布政司；直屬銷算，歸各府。每歲底，彙造清册，赴部投遞。〇十一年題准：州縣錢糧，按年分項備造清册，送府銷算。府册送司銷算，司册送部銷算。各有專責，不得派費累民。違者，督撫參奏。〇十二年題准：奏銷本年錢糧報部定限，直隸、山東、山西、河南、陝西，限次年二月底；江南、浙江、江西、湖廣，限三月中；福建、四川、廣東、廣西，限三月底。〇又覆准：州縣銷算錢糧，册案不清，布政司、提究、經承，不得擅提印官，離任曠職。〇十六年覆准：廣東、廣西，改限五月底奏銷。〇十八年題准：貴州錢糧，限六月中造册奏報。〇康熙三年題准：雲南奏銷錢糧，限六月中報部。〇六年覆准：直省錢糧，户部不必另設磨勘司。責成各司，於奏銷時詳加磨勘，按年送京畿道刷卷。其直省奏銷，量地遠近，原有定限，仍令隨到隨送隨刷。直隸因無布政司，州縣文書，徑自達部。嗣後，事關錢糧，令巡撫咨題，州縣不得直申。〇七年題准：一應錢糧，皆係地丁所出。凡催題徵解，俱稱"地丁錢糧"。除鹽課、茶税、關税、蘆課，并漕糧、白糧、各倉米石等項，考成既與地丁錢糧有異，仍令照舊。其土司進貢物料、折色本色物料雜税、當税、税契、牙税、牛驢税、贓罰、折贖等項,非地丁所出,亦仍舊各欵開列。至文武官員師生空缺,及扣罰俸銀,隨時追取,學租支給餘剩解部,亦應照舊開造。其餘一應地丁錢糧,歲底奏銷時,該撫將通省錢糧若干、起運若干、存留若干、撥過兵餉若干、辦買顔料若干、餘剩若干,詳明造册具報,不必開列欵項,以便稽查。〇又覆准:直省文册起語,有奏銷錢糧、有司考成、申嚴兵餉考成三案,俱係查核地丁錢糧。以後,止用奏銷某年錢糧查參未完各官事字樣。〇又議准:有司奏銷遲延舛錯,以致違限者,督撫題報時,將有司參處,督撫免議。如督撫不行催趲,或屬員申報不即具題者,經部察出題參,並將督撫處分。〇十年題准:督撫甫到新任,或署事接管,或公務出境,或文武科場,准與展限,以到任、接任、回署日扣算。〇又題准:直省奏銷改限,直隸、山東、山西、河南、陝西於四月底,江南、浙江、江西、湖廣於五月中,福建、四川、廣東、廣西、雲南、貴州於六月中到部。〇又覆准:順、永、保、河四府屬,有缺額多者,地丁錢糧盡數留用,仍有不敷,於附近州縣撥取。至地畝圈退無常,錢糧增減不一,令守道查明撥補,統於歲底造册奏銷。〇十一年題准:奏銷册,直省守道布政司總數,府州縣細數,俱載舊管、新收、開除、實在四柱,以憑稽核。〇又題准:州縣奏銷册開解支之數,由單列徵收之欵,每有册單總散數目不同。嗣後,奏銷册務與由單相符。至實徵原額起存完欠,藩司總數,務與州縣細數相符。〇十二年覆准:雲南地丁商税等銀,令布政司經管收支。其税糧及曲靖馬廠、叛産租穀、罪囚口糧,令糧儲道經管收支,歲底彙造民屯地丁册内奏銷。〇二十二年題准:凡應行完結錢糧,故留疑竇,並不分晰,混行造册題報,以致欵項不符者,府、州、縣、衛、所官,降一級調用;轉報司、道、都司,罰俸一年;督撫,罰俸六個月。督撫查參者,司道以下官議處。至經管錢糧各官,將徵收起存原額,并支銷總散數目,詳加核算明白,該督撫等覆加磨算。如造册内數目舛錯遺漏者,府、州、縣、衛、所官,罰俸一年;督撫及轉報司、道、都司,各罰俸六個月。如督、撫、司、道、都司造册舛錯遺漏者,亦罰俸六個月。又,奏銷錢糧册結,必須隨案送部。若司、道、都司、府、州、縣、衛、所官,將册結遲延不送,違限一月者,罰俸六個月;違限二月者,罰俸九個月;違限三月者,罰俸一年;違限四五月者,降一級留任;違限六月以上者,降二級調用;違限一年以上者,革職。如已申送而督撫不即送部,違限五月以下者,照司道等官例處分;違限六月以上者,降二級留任;違限一年以上者,降三級調用。〇二十五年議准:各省不作分數雜項錢糧，通歸地丁案内奏銷。湖廣、四川、山西上年餘剩銀兩，停其造入下年奏銷册内。甘肅、寧夏各道府地丁錢糧，總歸一疏奏銷。陝西官役俸食等項，并造入地丁册内奏銷。官役贓罰、侵欺那移侵盗變價、贖鍰、逆本等項，交刑部行追，歲底彙送户部貯庫。○二十六年題准：嗣後，存留項下，在本省支用并支剩者，不作分數，在起運數内，歲底造册奏銷。○三十三年題准：通廠草豆奏銷，當雜税奏銷，供應陵上米豆草奏銷，文武任罰俸奏銷，古北、石匣二倉供應廪給奏銷，供應官役過往銀兩奏銷，以上各案，向例另册報部，今俱入地丁一疏奏銷。駐防奏銷題報、小建銀兩題報、四九兩月全完兵餉，題報截曠銀兩，以上各案，向係另册報部，今俱入兵馬册奏銷。○又題准：收過馬税，入地丁奏銷。○三十七年覆准：直屬買辦草豆，供應行糧，并驛站、工料、車價、官役俸工等項銀兩，俱係逐項咨部候撥，案牘繁多。將此一切錢糧，嗣後停其逐案咨撥，一面動用，一面將項欵報部存案，統於歲底彙册奏銷。○四十二年題准：二陵經費需用錢糧，停其逐案咨部撥給。照各省例，將咨用過各項錢糧，造入地丁奏銷册内查核。○五十八年覆准：四川支給廪生餼糧細數，嗣後，造入該年奏銷册内，報部查核。○六十一年十二月諭："財者，利用之源。古帝王足國裕民，務以省節爲本。朕初即位，每恐府庫金錢，中飽於胥吏之侵蝕。以後，凡户部、工部一應奏銷錢糧米石、物價工料，必詳查核實，開造清册具奏，毋得虚開浮估。倘有以少作多，以賤作貴，數目不符，核估不實者，事覺之日，將堂司官從重治罪。"

凡完欠勸懲，順治三年覆准：司、道、府、州、縣官，徵收錢糧完欠分數，歲底報部查核。完十分者，爲上等。完六分以上者，爲中等。完五分以下者，爲下等。按分數定其殿最。○七年題准：督、撫、司督催錢糧，向有歲參、季參、截參、摘參之例，但有司藉口荒欠，徵收不力。今令守巡兩道該府與推官併力督催，歲底以完欠分數造册送司，轉報督撫，以完欠多寡定各官殿最，并核道、府、廳之勤惰。○十年覆准：經徵完欠，宜分任事久暫。凡開報經管官職名，必註明到任離任月日，不得前後那移。○十二年覆准：帶徵錢糧各官，次年五月全完者，優陞。○十六年議准：衛所歸并附近州縣，編入民籍，每歲分晰地丁原額、荒亡、實徵并完欠數目，造入州縣册尾，與民糧總核考成。○十八年覆准：帶徵節年錢糧大小各官，依限二年内全完者，不論俸滿即陞。若經徵錢糧未完者，不准。○康熙二年覆准：除漕糧、白糧、各倉米石、鹽課、蘆課、顔料等項不併入地丁錢糧外，其各部寺一應起解錢糧,總作十分考成。○又題准:官員催徵各項錢糧,本年内全完者,紀録一次;接連三年全完者,加一級。○又題准:起解錢糧,撥本省兵餉,無脚價之費,照起解例附入正項内,總作十分考成。如撥遠省兵餉及解京者,仍給脚價,不入考成。○四年題准:經徵督催文武大小各官,除一年内二三員接徵全完并署任不久者不議叙外,凡經徵州縣官,一應起運錢糧,五萬兩以下,一年内全完者,紀録一次;五萬兩以上十萬兩以下,一年内全完者,紀録二次;十萬兩以上,一年内全完者,紀録三次。督催知府、直隸知州及經管錢糧道員,十萬兩以下,一年内全完者,紀録一次;十萬兩以上二十萬兩以下,一年内全完者,紀録二次;二十萬兩以上,一年内全完者,紀録三次。督催巡撫、布政司,五十萬兩以下,一年内全完者,紀録一次;五十萬兩以上一百萬兩以下,一年内全完者,紀録二次;一百萬兩以上,一年内全完者,加職一級。經徵守備、千總,一應起運錢糧,一千兩以下,一年内全完者,紀録一次;一千兩以上三千兩以下,一年内全完者,紀録二次;三千兩以上,一年内全完者,紀録三次。督催都司,五千兩以下,一年内全完者,紀録一次;五千兩以上一萬兩以下,一年内全完者,紀録二次;一萬兩以上,一年内全完者,紀録三次。各官如止完地丁錢糧,而本色顔料及起運雜項未完者,不准議叙。或將未完錢糧揑報全完,或一年内二三員接徵全完,揑報一人徵完者,州、縣、衛、所官,革職;司、道、府、都司,各降二級調用;巡撫,降一級調用。如州縣等官申報未完,司、道、府、都司作完申報者,司、道、府、都司革職,州縣等官免議。如司、道、府、都司申報未完,巡撫作完題報者,巡撫革職,司道府等官免議。○又覆准:同知内,有專責督催糧米全完,照知府例議叙。每糧一石,准銀一兩計算。○五年覆准:帶徵節年錢糧,原限二年全完。州縣官,帶徵一萬兩以上全完者,紀録一次;二萬兩以上全完者,不論俸滿即陞。道、府、直隸知州帶徵,二萬兩以上全完者,紀録一次;四萬兩以上全完者,紀録二次;六萬兩以上全完者,不論俸滿即陞。撫司帶徵,十萬兩以上全完者,紀録一次;二十萬兩以上全完者,紀録二次;三十萬兩以上全完者,不論俸滿即陞。各官如經徵錢糧不完者,仍不准議叙。○六年題准:通判内,有督催衛所錢糧全完者,照知府例議叙。經歷内,有經徵衛所錢糧全完者,照州縣例議叙。○九年覆准:州縣經徵錢糧,須察其有無敲扑過嚴、以致流亡。督撫於歲底奏銷册註明有無累民字樣,取具不扶甘結報部,方准議叙。○又題准:停止督撫錢糧全完加級紀録之例。○十年覆准:署印官任事日久,一年内經徵錢糧全完者,亦照例議叙。〇二十三年覆准:經徵、帶徵錢糧,該督撫題參違限月日、未完分數、各官職名,户部停其具題,即咨吏、兵二部議奏。〇又諭:錢糧處分經徵等官事宜,令十五日彙題一次。〇二十六年題准:存留支剩銀兩,有未完者,照雜項錢糧例處分。〇又題准:裁扣充餉銀兩,俱歸併起運内,總作分數考成。〇三十年議准:順、永、保、河等處,撥補地畝租銀。代徵之官,照催徵錢糧考成之例,酌量輕減,亦作十分。經徵、催徵州、縣、衛、所官員,所欠不及一分者,停陞督催;欠一分者,罰俸三個月;欠二分者,罰俸六個月;欠三分者,罰俸一年;欠四分者,降俸一級;欠五分者,降俸二級;欠六分者,降職一級;欠七分者,降職二級;欠八分者,降職三級;欠九分者,降職四級。以上俱令帶罪督催,停其陞轉,完日開復。欠十分者,革職。守道、道、府,所欠不及一分者,免議;欠一分者,罰俸兩個月;欠二分者,罰俸三個月;欠三分者,罰俸六個月;欠四分者,罰俸一年;欠五分者,降俸一級;欠六分者,降俸二級;欠七分者,降職一級;欠八分者,降職二級;欠九分者,降職三級;欠十分者,降職四級。以上俱令帶罪督催,停其陞轉,完日開復。巡撫,所欠不及一分者,免議;欠一分、二分者,罰俸;兩個月欠三分者,罰俸三個月;欠四分者,罰俸六個月;欠五分者,罰俸一年;欠六分者,降俸一級;欠七分者,降俸二級;欠八分者,降職一級;欠九分以上者,降職二級。以上俱令帶罪督催,停其陞轉,完日開復。署印官,在任不久,其所欠不及一分者,免議;欠一分、二分者,罰俸兩個月;欠三分、四分者,罰俸三個月;欠五分、六分者,罰俸六個月;欠七分、八分者,罰俸九個月;欠九分者,罰俸一年;欠十分者,降一級調用。署印不及一月者,亦免議。此項銀兩,州、縣、衛、所官員,令一年内全完。如原欠不及一分,一年内不全完者,罰俸九個月;欠一分、二分,一年内不全完者,降二級調用;欠三分、四分,一年内不全完者,降三級調用;欠五分、六分,一年内不全完者,降四級調用;欠七分、八分,一年内不全完者,降五級調用;欠九分十分,一年内不全完者,革職。巡撫,限二年全完。守道、道、府,限年半全完。如原欠不及一分,限年内不全完者,罰俸六個月;欠一分、二分,限年内不全完者,降一級調用;欠三分、四分,限年内不全完者,降二級調用;欠五分、六分,限年内不全完者,降三級留任;欠七分、八分,限年内不全完者,降四級留任;欠九分、十分,限年内不全完者,降五級留任。其接徵、接催官員,俱以到任之日爲始。將接徵州、縣、衛、所官員,亦限一年接催。守道、道、府,限年半接催。巡撫,限二年接催。如不全完者,題參之日,仍照初參之例處分。其代徵租銀,關移本處,給發民人。如不給發民人,照侵蝕處分。至原州、縣、衛、所,不關文代徵州、縣、衛、所催徵,及不申報上司,拖欠租銀,將原州、縣、衛、所官員,歸入正項錢糧處分内處分。如已申報并關催,免議。〇三十一年覆准:山西太、榆等四州縣,撥補陽邑圈屯田地,州縣催徵,照直隸考成。〇四十三年諭:"朕念西土兵民生計,乘冬令農隙之時,特事西巡。返蹕京師,道由豫省。自入潼關,見閿鄉以及河南府民生甚艱,而懷慶稍裕,至衛輝府則又艱苦。賴薄有秋成,尚能餬口。倘遇歉歲,必至流亡。皆大小官吏互相容隱,雖有衰老、病廢、懶惰、退諉之員,仍使在任,以致貽誤地方。河南百姓質朴愚魯,輸賦從未稽遲。而今歲所欠,乃至四十萬兩。顯屬有司聞朕蠲除秦晉積欠錢糧,希冀恩免,而於中漁利。現今民欠甚多,著將河南通省官俸役食,補足所欠之數。如有不完,停其陞轉,俟完日開復。"〇四十四年諭:州縣官員,將倉庫錢糧米石虧空者甚多。嗣後,歲底盤察時,將倉庫錢糧米石毫無虧空,更有贏餘者,著議敘紀録加級。則官員各知鼓舞,錢糧不致虧空。大學士會同九卿、詹事、科道議奏。遵旨議定:嗣後,凡州縣官倉庫錢糧米石,歲底盤察,贏餘銀一百兩者,紀録一次;贏餘銀二百兩者,紀録二次;贏餘銀三百兩者,紀録三次;贏餘銀四百兩者,加一級。米石贏餘者,每米一百石,作銀一百兩,照數紀録加級。其銀米之數更多者,按贏餘數議敘。〇四十六年覆准:江蘇賦繁,州縣錢糧,三載全完,内雖有奉蠲之年,仍准即陞。〇雍正二年諭:貴州通省地丁錢糧,不足十萬兩。若照成例行,止有經徵各官,得邀議敘。督催各官,雖極爲効力,終不得議敘。其督催各官,或照十萬兩以下一年内全完准行議敘定例議敘,或二三年錢糧督催全完再行議敘之處,户部會同吏部,定例議奏。遵旨議定:嗣後,各省督催知府、直隸知州,將應徵錢糧,果能歲内全完,俱照十萬兩以下之例,准其紀録一次。〇三年覆准:江南太倉等三十七州縣所有舊欠,匀作十分。自雍正四年起至雍正乙卯年,匀十分徵完。嘉定縣舊欠,匀作十五分,自四年起至庚申年徵完。崑、常、吴、長、華、上、婁、宜、武九縣,匀作十二分,自四年起至丁巳年徵完。各州縣地丁米石,除應撥兵米不在分徵外,其屯衛錢糧倉漕銀米,亦同一例分徵,於每歲奏銷時,另册造報。其有不按分數追完者,降職二級。仍令同次年分數銀兩,帶罪并徵。分數全完,准其開復。如仍不完,即降二級調用。如有能徵過舊欠一分以上者,承追官,准其紀録一次;二分以上者,准加一級;三分以上者,照督催帶徵全完六萬兩以上之例，不論俸滿即陞。其所餘銀兩，留作以下該年完數。〇五年覆准：嗣後，浙省南、秋等米，每年額徵，共作十分核算，該撫另爲一本題銷。如各屬完解不全，將已未完數目，分晰造册，送部查核。户部會同吏部，將承督未完各官，均照漕白糧定例，初參州縣官。欠一分以上者，罰俸六個月；欠二分以上者，住俸；三分以上者，降二級；四分以上者，降三級；五分、六分以上者，革職。俱令帶罪催徵，完日奏請開復。其參後違限不完者，加倍議處。應罰俸六個月，住俸；應住俸者，降二級；應降二級者，降四級；應降三級者，革職，帶罪催徵，完日奏請開復；應革職帶罪者，實降二級調用。其督催之藩司、知府，亦照漕白糧例内之糧道、知府定例議處，毋庸彙入地丁項下造報。再，地丁，巡撫原有督催之責。今漕糧例内，無巡撫處分。應仍照地丁之例，令其督催所有雍正五年以前舊欠。令該撫查明某屬某年挂欠某項米石若干，造具清册，送部備查。仍分案扣限，嚴飭各屬隨徵隨解，將原欠歷年各案南米，徹底清完。依限分年，造具完欠細册，報部查議。如一年之内，州縣官能將舊欠南米一千石以上徵解全完者，免其處分，准予紀録一次；原欠二千石以上徵解全完者，紀録二次。如不完不及一千石者，罰俸三個月；一千石以上者，罰俸六個月；二千石以上者，罰俸一年。其督催之藩司、知府，每案各罰俸三個月。又，一年限滿無完，不及一千石者，州縣官，罰俸六個月；一千石以上者，罰俸一年；二千石以上者，降一級，帶罪催徵。司、府，每案各罰俸六個月。又，一年限滿無完，不及一千石，州縣官，罰俸一年；一千石以上者，降一級；二千石以上，降二級。俱令帶罪督催，全完開復。司、府，每案各罰俸九個月，仍令督催。如三參之後，仍不全完，州縣官，每案降一級調用；司、府，仍照前罰俸。如有錢糧加級紀録，方准抵銷，別項紀録不准抵免。其接任官，則照本案初參、二參、三參例議處。署事官，照離任官例，罰俸一年。其現年額徵、并徵補還項，既另立處分，將歲底催徵遲延之處，停其揭參。

凡地丁錢糧初參，順治七年題准：凡催徵錢糧州縣官，欠一二分者，罰俸三個月；欠三四分者，降俸二級；欠五六分者，降職二級。俱帶罪督催，停其陞轉，完日開復。欠七八分者，降二級；欠九分者，降三級，俱調用。欠十分者，革職。知府、直隸知州，以合屬之完欠爲完欠。欠三四分者，罰俸三個月；欠五六分者，住俸；欠七八分者，降職一級；欠九分十分者，降職二級，俱帶罪督催。布政司，以通省之完欠爲完欠。欠五六分者，罰俸六個月；欠七八分者，住俸；欠九分十分者，降俸一級，帶罪督催。至署印接管官,未完錢糧,查月日多者,罰俸一年;少者,罰俸六個月。〇十年題准:州縣官,欠一二分者,住俸;欠三分者,降俸一級;欠四分者,降俸二級;欠五分者,降職一級;欠六分者,降職二級,俱帶罪督催。欠七分者,降職一級;欠八分者,降職二級,俱調用。欠九分、十分者,革職。〇十二年題准:布政司、知府、直隸知州,通計督催所屬錢糧。欠一分者,罰俸六個月,照常陞轉;欠二分以下者,照州縣一體參罰。〇又覆准:州縣官,欠一分者,降俸一級;欠二分者,降俸二級;欠三分者,降職一級;欠四分者,降職二級;欠五分者,降職三級,俱帶罪督催。欠六分者,降職一級;欠七分者,降職二級,俱調用。欠八分以上者,俱革職。司、府、直隸知州,亦照此例參罰。巡撫有兼理糧餉之責,欠一分者,罰俸三個月;欠二分者,罰俸六個月;欠三分者,住俸;欠四分者,降俸一級;欠五分者,降俸二級;欠六分以上者,降職二級,俱帶罪督催。〇十三年題准:署印州、縣、衛、所官,除未及一月者免議外,署印一月以外,欠一二分者,罰俸三個月;欠三四分者,罰俸六個月;欠五六分者,罰俸九個月;欠七八分者,罰俸一年;欠九分十分者,降一級調用。凡前後掌印署印接管官,照任事月日,每官各作十分計算。〇又覆准:總督有督理糧餉之責,未完二分以上,罰俸一個月;三分以上,罰俸兩個月;四分以上,罰俸三個月;五分以上,罰俸四個月;六分以上,罰俸五個月,俱照常陞轉。〇十四年覆准:更定考成法。經徵州、縣、衛、所官,欠一分者,罰俸六個月;欠二分者,罰俸一年;欠三分者,降俸一級;欠四分者,降俸二級;欠五分者,降職一級;欠六分者,降職二級,俱停陞督催。欠七分者,降職一級;欠八分者,降職二級,俱調用。欠九分、十分者,革職。布政司、知府、直隸知州、都司等官,欠一分者,罰俸三個月;欠二分者,罰俸六個月,俱照常陞轉。欠三分者,罰俸一年;欠四分者,降俸一級;欠五分者,降俸二級;欠六分者,降職一級;欠七分者,降職二級,俱停陞督催。欠八分者,降職一級;欠九分者,降職二級,俱調用。欠十分者,革職。司、府、直隸州署印接管官,照十三年署印州縣官例。巡撫欠一二分者,罰俸三個月;欠三分者,罰俸六個月,俱照常陞轉。欠四分者,罰俸一年;欠五分者,降俸一級;欠六分者,降俸二級;欠七分者,降職一級;欠八分以上者,降職二級,亦俱停陞督催。〇又題准:州、縣、衛、所官,欠七分者,降職三級;欠八分者,降職四級,俱停陞督催。司、府、直隸州、都司,欠八分者,降職三級;欠九分者,降職四級,俱停陞督催。餘仍照舊例行。〇十七年題准:帶徵錢糧,欠九分、十分者,革職,仍帶罪督催。〇康熙二年題准：地丁錢糧，經徵州縣官，欠不及一分者，停其陞轉，罰俸一年；欠一分者，降職一級；欠二分者，降職二級。欠三分者，降職三級；欠四分者，降職四級，俱帶罪徵收。欠五分以上者，革職。布政司、經管錢糧道員、道員向有考成，後經議停，至是年始增。知府、直隸知州，欠不及一分者，停其陞轉，罰俸半年；欠一分者，罰俸一年；欠二分者，降職一級；欠三分者，降職二級；欠四分者，降職三級；欠五分者，降職四級，俱帶罪督催。欠六分以上者，革職。巡撫，欠不及一分者，停其陞轉，罰俸三個月；欠一分者，罰俸一年；欠二分者，降俸二級；欠三分者，降職一級；欠四分者，降職二級；欠五分者，降職三級；欠六分者，降職四級，俱帶罪督催。欠七分以上者，革職。其現年内接管經徵督催官，或一官、或數官經管，不必各作十分，總以本年額賦，作十分計算，照經徵督催官例處分。凡署印官，欠不及一分者，罰俸三個月；欠一分者，罰俸六個月。欠二分者，罰俸九個月。欠三分者，罰俸一年。欠四五分者，降一級調用。欠六七分者，降二級調用。欠八分以上者，革職。署印不及一月者，免議。其衛所錢糧，總作十分考成，經徵守備千總、督催屯道都司，俱照經徵州縣督催司府例議處。〇七年題准：各官錢糧處分，例不抵銷。巡撫加級紀録，准其抵銷。〇二十九年諭：廣西、四川、貴州皆極遠邊地。官員以錢糧未完降調，新補之官，到任稽遲。轉易之間，恐生弊端。嗣後，此三省官員，有此等降調之事，該部奏請定奪。〇四十一年覆准：署印官經徵錢糧，如有欠至三分以上者，即降一級調用。其經催、經徵官員，初參未完一分以上者，年限内果能催完至八九釐，降三級，免其調用，留任再限一年督催。如不全完，仍降三級調用。

凡地丁錢糧限滿續參，順治十八年定：經管錢糧大小各官，凡有拖欠參罰，俱停陞轉。俟完解無欠，方許開復。〇又覆准：州、縣、衛、所經徵接徵官，限一年内全完。布政司管錢糧道員、知府、直隸知州、都司，限一年半全完。原欠七分以上，限内不完者，俱革職；原欠五六分，限内不完者，降五級調用；原欠三四分，限内不完者，降四級調用；原欠一二分，限内不完者，降三級調用。巡撫，限二年内全完。原欠九分十分，限内不完者，革職；原欠七八分，限内不完者，降五級調用；原欠五六分，限内不完者，降四級調用；原欠三四分，限内不完者，降三級調用；原欠一二分，限内不完者，降二級調用。其節年拖欠錢糧帶徵大小各官，限二年内全完。如限内不完者，遵新例照各職分處分。〇康熙二年題准：凡參後催徵地丁錢糧，限年内不完，不復作分數，照原參分數處分。州縣官，原欠不及一分，一年限内不完者,降一級調用;原欠一分,限内不完者,降三級調用;原欠二分,限内不完者,降四級調用;原欠三分,限内不完者,降五級調用;原欠四分以上,限内不完者,革職。撫、司、道、府、直隸州,仍照舊例議處。凡限内錢糧接徵、接催之官,俱接前任官,總作十分題參。至巡撫等官,催徵限滿逾期,將自欠暨屬員分數不行題參,察出,照原參分數,加等治罪。又,各官如遇陞轉,本任新年未經銷算錢糧,扣定分内月日分數,全完後,方許赴新任。若本任内未完即赴新任者,革職。巡撫將屬員有任内未完錢糧即准赴新任者,降二級調用。〇四年題准:凡錢糧未完各官,如遇恩赦,該撫確查赦前月日扣除,以赦後月日算起,限年追完。至限滿續參時,註明赦前、赦後分數具題。如年限内,將原參赦前所欠分數已經全完,止照赦後未完分數議處。如年限内,將原參赦前所欠分數未經全完,仍合赦前、赦後分數,一并議處。如原參分數俱在赦前年限内,未經全完,仍照初參分數,以初次例議處。〇六年題准:限滿未完各官,限内又遇有恩赦者,扣除赦前月日,止以赦後計算年限查參。〇又題准:直隸知州,督催各縣錢糧,參後未完,照一年半例議處。經徵本州錢糧,參後未完,仍照一年例議處。〇八年題准:接徵、接催官,涖任未久者,不必照前官原限分數處分,俱以到任日爲始,限半年徵完。如限内不完,照初次分數議處。〇九年覆准:限年錢糧,接徵、接催,俱不必另作分數,止照前官所遺分數内,續完幾分,即與扣算。若本年係一官經管,而年限内有二三員接管者,止於前官未完分數内,按接管月日分算。若本年係二三員經管,而年限内止一官接管者,彙算二三員未完分數内,除續完分數題參。〇十二年覆准:巡撫、布政司年限錢糧,原欠不及一分者,初次限内不完,降一級;二次限内不完,降二級,俱帶罪督催。三次限滿不完,降三級調用。原欠一分以上,俱照州縣例處分。其督催都司,限一年半;衛所官,限一年。初次限内未完不及一分,各罰俸一年,停其陞轉;二次限内不完,各降一級,帶罪督催;三次限内不完,各降一級調用。〇十三年題准:州縣官,原欠不及一分,初限内不完,降一級留任,再限一年催徵。如又不完,降一級調用。〇十四年題准:年限錢糧未完,道、府、直隸州官,同係督催,應與布政司一體處分。至接徵、接催官,半年期限太迫。將接徵州、縣、衛、所官,亦限一年;接催司、道、府、直隸州、都司,限一年半;接催巡撫,限二年。如限滿不完,仍照初參例處分。〇十七年題准:署印官,一年外徵收錢糧未完,亦照州縣官例處分。〇三十四年覆准:凡有分數錢糧,俱將接徵、接催官員已完分數扣除，照現在未完分數處分。〇四十四年議准：蘇、松、常、鎮四府屬，賦稅繁重。州縣官員，本任經徵每年地丁漕項錢糧，如於奏銷時完至九分以上者，其接徵未完舊欠錢糧，於年限復參，降級調用之例改爲降級留任，再限一年催徵。如仍不完，照伊所降之級調用。其四府督催各官，亦照此例議處。〇四十五年題准：蘇、松、常、鎮四府屬，經徵錢糧限滿未完革職官員，令其革職留任。〇四十七年覆准：經催、經徵官員，初參未完一分以上者，限内催完八九釐，照未完不及一分之例，降級留任。〇雍正四年覆准：江西各州縣，除本任經徵錢糧，照定例議處外，其接徵未完民欠，分别限數，每年完一限。欠五千兩之州縣，分爲二限；一萬兩以内之州縣，分爲三限；二萬兩以内之州縣，分爲四限；三萬兩内外之州縣，分爲五限；四萬兩以外之州縣，分爲六限；六萬兩以外之州縣，分爲七限。自雍正三年起，每年照各定限催追。奏銷時，依限全完者，免其參處。若初限不完者，降職一級。二限内兩限全完者，准其開復。若止完二限，不并完初限者，仍帶所降之職徵收。或完初限不完二限者，仍照初參例，降職一級。若初限不完，二限又不完者，照定例，降三級調用。以後三限至七限，通計有兩限不完者，俱降三級調用；一限不完者，降一級徵收。如接徵之員，除本任無欠外，接徵舊欠，一年内能完兩限者，紀録一次；能完三限者，紀録二次；能完三限以上者，不論俸滿即陞。至督催之巡撫以下，直隸州以上，所屬各州縣接徵錢糧，合計通作十分。巡撫以二分五釐爲一限，分爲四限；布政司、知府、直隸州以二分爲一限，分爲五限。依限完足者，免其參處；不完者，按限議處。

凡離任處分，順治七年題准：催徵未完各官，除革職、已故免議外，其陞遷者、於新任内丁憂者、於起復日降調者、於補官日應降調者，照例起送降調。應住俸、降俸、降級、帶罪督催者，俱罰俸一年。〇康熙二年題准：官員催徵錢糧，於未催完之先，被别案降調離任者，俱罰俸一年。〇七年題准：巡撫陞任，不必照舊屬各官每案降級，照離任官例，每案，罰俸一年。

凡不作分數雜項錢糧，康熙十五年議准：如核明未完者，降俸二級，帶罪督催，完日開復。如年限内不完者，罰俸一年，仍令督催。〇四十三年覆准：嗣後，未完降住罰俸等項銀兩，將原欠現任之員題參，其上司俱免參。府屬同知等官未完降住罰俸，將原欠現任各本官職名開報，其知府職名，免其報參。如知府自有未完，仍行開報職名。至州縣屬，州同、縣丞以下雜職官員，如有未完住罰俸銀，亦照府屬一例，將原欠現任各本官職名開報,其知州、知縣職名免其報參。如知州知縣自有未完,仍行開報職名。如有離任官員未完銀兩,即以接任承追職名開報。學租一項,除州縣未完,止參承追州縣,無容開報督催知府職名。惟江南省江寧、常州、揚州三府儒學,有徵收學租銀兩。向例,奏銷册内,造於本府項下。今知府既無督催考成,嗣後,三府儒學額徵租銀,於奏銷册内另行開造。如有未完,即將儒學教官職名開報。至官生空缺一項,亦照此例遵行。〇雍正二年議准:分年追賠拖欠各項銀兩,以一年爲一限,計其應追之數,按年均分,務令按限完交。有不按限完者,現任職員,初限不完,即行解任,令其同二限銀兩,帶罪完納。如二限内,能將初限、二限之數全完者,准以原官補用。如僅完初限銀兩,二限未能全完,仍帶罪追比。或初限既不能完,二限又不完納,將職銜革去,同三限銀兩一并嚴追。此三限之内,能將三年分限之數全完者,仍准其開復補用;能完二年分限之數者,復其職銜,帶罪完納;能完一年分限之數者,仍革職嚴追。倘三限均不能完,則將該員交與刑部治罪。所欠銀兩,於家屬名下嚴追。無官人等,初限不完,監禁,仍同二限銀兩,一并嚴追。如二限内,能將初限、二限之數全完者,暫予釋放。如僅完初限銀兩,二限不能全完者,仍監禁追比。或初限既不能完,二限又不能完,令該旗該地方官將財產查封,仍同三限銀兩一并嚴追。此三限内,能將三年分限之數全完者,將本身釋放免罪,財産給還;如能完兩年分限之數者,將本身釋放,家産仍封守在官;能完一年分限之數者,暫免其變産治罪。倘三限俱不能完,即將財産抄没入官變賣,本身交與刑部治罪。其分年多者,總以三限已未完之數,遞等定其處分。如三限俱不能完,則不待限滿,即行治罪。或年限已滿,計算未完銀兩,在一二限之内,仍照一二限之處分,俱再限一年完納。如一年不能全完,亦即行治罪。至追比之項,有分二年者,一年不完,照初限例處分;二年俱不完,即照三限例治罪。倘二年内完一年之數,再限一年,仍不能完,或完不足數,即行治罪。

大清會典卷之三十四

户部

〔賦役四〕

〔考成下〕

凡侵那處分，順治九年題准：錢糧徵解支放，各有欵項。若爲公務移緩就急，謂之那移；假公濟私，謂之侵欺；軍興供用，不得已而措用，謂之透支；借端開銷，謂之冒破，令撫按清查追抵。〇十二年題准：凡錢糧那移，查係真正緊急，萬難遲緩者，准其開銷。〇十六年覆准：直省錢糧，每歲底，分造實在民欠爲一册、官役侵欺爲一册。〇康熙六年題准：有司將已完錢糧肥己，或那用，假稱民欠，恣行私派者，革職，追比。司、道、府官失察，降五級調用。督撫徇庇，降四級調用。〇又覆准：經徵文武官員，初參限滿未完，降調革職者，奉旨即行離任，另委代署。若本官侵欺，係旗下人，交都統、副都統；係民，交督撫。贓重罪至死者，限一年追完；流罪以下，所侵錢糧，限六個月追完。如限内不完，家産變價入官。〇九年覆准：胥役經收管解，令連名互結。如有侵欺，互結者同賠。若經管者不行取結，亦令賠補。〇又題准：司、道、府、州、縣等官，將正雜錢糧擅自那用者，革職。如緊急軍需，不報督撫，私自那用者，降一級留任，俟賠完開復。其存留錢糧，因公那用者，免議。〇又題准：侵那錢糧，家産盡絶，遇赦免追，户部即行題結，妻子免交刑部。〇十年題准：承追侵那錢糧，初次，限四個月追完。逾限不完，降俸二級，帶罪督催，再限一年全完。如仍不完，罰俸一年。〇十一年覆准：州縣侵那錢糧，司、道、府官，本年及次年查出，免議。如遲至三四年始行查出，仍照失察例議處。〇十二年題准：州、縣、衛、所官，乾没錢糧者，照貪贜例，革職提問，追贜。衙役侵欺，提審追贜。

該管官,照縱役貪贓例,革職。如州縣官有乾没侵欺等情,上司預先不行查出,或據詳代爲開銷者,司、道、府、都司各降一級調用,督撫罰俸一年。若前任州縣等官乾没,後任官不行查出,或代爲開銷者,各降一級調用。前任官那移,後任官不行查出者,罰俸一年。布政司、都司,抑勒州、縣、衛、所官改那錢糧者,照那用正項例處分。督撫不行題參,照徇隱例議處。其州縣侵那,司、道、府官察出者,無論年分遠近,俱免議。〇又題准:州縣官將已徵錢糧作爲民欠,恣意那用者,革職拿問。司、道、府官隱匿不報者,革職。如已申報而督撫不行題參者,降五級調用。〇又題准:官員承追侵那錢糧,初限展至一年。〇十五年題准:官員承追侵那錢糧,如有家産果盡,不據實詳請豁免,以致各犯父子夫妻分離者,罰俸一年,巡撫罰俸六個月。〇又題准:赦前侵欺錢糧各官,不交吏部議處者,司官,罰俸三個月;堂官,罰俸兩個月。〇又題准:凡侵欺錢糧人犯,州縣官捏報逃亡及並不起解者,降一級調用,該管上司罰俸一年。起解遲誤者,州縣官罰俸一年,該管上司罰俸六個月。〇又題准:州縣官,將衙役侵欺捏報民欠,知府遽爲轉報者,罰俸六個月。〇又題准:文武各官,因公私借用庫銀,後仍抵還,未入己者,均降一級調用。〇十六年題准:侵盜錢糧應發解人犯,未經部題入官之前全完,或已題未發解之先全完者,並免入官。〇十七年題准:各省有因軍需刻不容緩,動用錢糧,督撫司道等官,一面咨題,一面動用。若不候咨題,擅自動用者,各降五級調用,不准開銷,令其賠還。若司道並未申詳,督撫亦未咨題,擅自動用,徑行請銷者,督撫降二級留任,司道降五級調用。若司道申詳,督撫不行咨題,擅令動用者,司道免議,督撫降五級調用,責令賠還。〇十八年題准:凡該管上司,逼勒下屬,那移庫銀,本官自首,審實免議,上司照貪官例治罪。如逼勒至死者,許家屬赴上司具告。上司不行准理,許赴通政司、鼓廳具告。審實,將逼勒者抵罪,不行准理者革職。〇又議准:州縣官,將已徵錢糧作爲民欠,或那用謊稱民欠者,革職提問。司、道、府官,隱匿不報者,亦革職提問。督撫徇縱不參者,革職。〇三十一年議准:因公那用,照監守自盗例治罪。〇三十九年諭:"近見各省督撫等,先以官員虧空錢糧米石題參,後以家産盡絶保題甚多。這虧空錢糧米石,作何著落追取之處,著九卿、詹事、科、道會議具奏。"遵旨議定:嗣後,一應錢糧米石,如有虧空,審明是侵是那,著落虧空官追取。有實係家産盡絶,不能完納者,保題之日,俱著落歲底申報保題之各上司官名下追完。至起解銀兩及漕糧等項,已經起程之後,如有虧空者，將解官、運官，審明追取。實係家産盡絶，不能完納者，保題之日，亦均著落該管上司名下追完。如有借端私派於民者，從重治罪。○四十年覆准：各省收貯錢糧米穀，如私行那用，督撫題參，照例革職離任提問，審出侵盗那用，照例治罪。○又覆准：凡虧空之案，專責藩司、守道，於部文到日，嚴督府、州、縣各官，務遵四個月定限，將侵那審明招解。如逾限，揭參遲延後，又滿四個月，再參遲延，將本管知府，一并揭參，俱照易結不結嚴例議處。藩司、守道於限内不據實揭報，以遲延揭報塞責朦混者，亦照易結不結例處分。至各州縣修理城池等項，雖係私捐，仍令通報。如虧空事發，各該撫、藩司、守道，將私捐修理之項審作那移正項者，承審官照徇縱例，嚴查議處。○四十一年覆准：凡参審虧空各官，勒限一年。如果全完，准以原官補用。一年之内，完數及半者，亦准以應得罪名減等定擬。若逾限不完，或係侵欺，或係那移，即照定例，從重治罪，無論已未分家之子，所有家産，一并搜變賠還。○四十五年題准：旗員虧空，該旗保題家産盡絶，將虧空之員，入辛者庫。此後查出另有家産隱匿等弊，將保題都統、副都統交部議處，均攤賠補。○四十七年議准：虧空官員，所有任所從前私蓄，被親友借取，有圖書文約可據者，題明行查追比，抵補欠項。○四十八年議准：虧空銀兩，審係徵收制錢，往外易銀未回；虧空倉穀，審係浥爛，或借給里民，俱不作侵那。果能參後限内全完，准其開復。○五十年議准：官員虧空錢糧，其子現任居官，情愿代父賠還，即著落伊子任所，按限扣追，完日免罪。○五十一年議准：旗員虧空錢糧，該督撫查明其家口，備造清册解部，交與該旗查追。倘有不肖問官，將伊任所貲財嚇索，或聽該犯官隱匿私蓄，及將奴僕放出爲民等情，事發，將承問并造册等官，從重治罪。至該犯歸旗，如有偷賣房地屯莊、隱匿財産等情，事發，將該管官從重治罪。○又議准：旗員虧空，該督撫解部，枷責發落。内有該犯患病，遞有病呈，或該管旗員等報稱患病，驗明，即交與保出調治，俟病痊日，補行枷責。倘有無病謊稱有病，已痊仍稱未痊，將驗病官及保官，從重治罪。○五十九年議准：州縣虧空錢糧，知府從前果有扶同徇隱情弊，别經發覺者，將知府參革。其虧空錢糧，令知府獨賠。○又覆准：州縣官恃有上司分賠之例，將庫銀藏匿，假捏虧空者，審明是實，著落本犯名下獨追還項，仍照例治罪。○又議准：嗣後，州縣虧空錢糧，倘知府揭報，而布政司不即轉揭，或已揭，而督撫不即題參者，許知府徑報部院，將督、撫、布政司等官，俱照徇庇例議處，仍令分賠。其衛所等官，虧空屯衛等項錢糧，照虧空地丁例議處。〇又覆准:嗣後,各該督撫,不盡心防範於未虧空之前,竭力補苴於虧空發覺之後,將該督撫交吏部,照徇庇例議處,仍令分賠完補。〇六十年覆准:各省倉糧,令各該督撫逐一查明,勒限三年補完。限内不完,嚴加議處。如有虚冒浮開,朦混揑報,派累小民等弊,該督撫即行指名題參,交與該部,從重治罪。如徇隱不行查參,將督撫一并嚴加議處。〇六十一年十二月諭:"自古惟正之供,所以儲軍國之需。當治平無事之日,必使倉庫充足,斯可有備無患。皇考躬行節儉,裕國愛民。六十餘年以來,蠲租賜復,殆無虚日,休養生息之恩至矣。而近日各省道府州縣,虧空錢糧者,正復不少。揆厥所由,或由上司勒索,或係自己侵漁,豈皆因公那用!皇考好生如天,不忍即正典刑,故伊等每恃寬容,毫無畏懼,恣意虧空,動輒盈千累萬。督撫明知其弊,曲相容隱,及至萬難掩飾之時,又往往改侵欺爲那移。勒限追補,視爲故事,而全完者絶少。遷延數載,但存追比虚名,究竟全無著落。新任之人,上司逼受前任交盤,彼既畏大吏之勢,雖有虧空,不得不受。又因以啓效尤之心,遂借此挾制上司,不得不爲之隱諱,任意侵蝕。展轉相因,虧空愈甚,庫藏全虚。一旦地方或有急需,不能支應,關係匪淺。朕深悉此弊,本應即行徹底清查,重加懲治,但念已成積習,姑從寬典。除陝西省外,限以三年,各省督撫,將所屬錢糧嚴行稽查。凡有虧空,無論已經參出、未經參出者,三年之内,務期如數補足。毋得苛派民間,毋得借端遮飾。如限滿不完,定行從重治罪。三年補完之後,若再有虧空者,决不姑貸。其虧空之項,如被上司勒索及因公那移者,分別議處外,其實在侵欺入己者,確審具奏,即行正法。倘仍徇私容隱,或經朕訪聞得實,或被科道糾參,將督撫一併從重治罪。即如山東藩庫,虧空至數十萬。雖以俸工補足,其實不能不取之民間,額外加派。山東如此,他省可知。以小民之膏血,爲官府之補苴,地方安得不困乎!既虧國帑,復累民生,大負皇考愛養元元之至意。此朕斷斷不能姑容者。前日恩詔中,内閣例開列有豁免虧空一條,朕未曾允行,誠恐開貪吏僥倖之端,而於民間究無裨益也。至於署印之官,更爲緊要,必須慎重簡擇。諺云:'署印如行刼。'皇考每言及此,未嘗不恨。署印之人,始而百計鑽營,既而視如傳舍,故肆意貪婪,圖飽慾壑。或取媚上官,供其索取,貽害小民,尤非淺鮮。其於前任虧空,視作泛常,接受交盤,復轉授新任。苟且因循,虧空之弊,終不得清。嗣後,如察出此等情弊,必將委署之上司與署印之員一併加倍治罪,决不姑貸。"〇雍正元年諭:嗣後,凡委署印,應遴選賢員署理。如署印官虧空錢糧,著落遴委之督撫、布政司分賠。如有將虧空錢糧,勒逼接任官收受情由,著接任官開列情由,竟報部科,即行據實奏聞。〇又議准:直隸各省督撫,於州縣開徵之始,令該知府遴選賢員,與該管官同封銀櫃。每十日二十日,另委賢員,當衆拆封,立即起解。其存貯倉穀,按季盤查,出結轉報。如有徇隱情弊,將知府并委員即行題參,照徇庇例議處。再,虧空官員,於題參時,一面任所嚴追,一面行文原籍地方,將伊一切家產人口等物,逐一嚴查,造册存案。如任所無完,即變價補完。該原籍地方官,如不行查出,或被旁人首告,或被科道糾參,即將原籍地方官題參,亦照徇庇例議處。〇又覆准:各省從前虧空,務令三年完結。如限内不完,或科派民間,或借端遮飾,及三年完補之後,再有虧空,該督撫一并從重治罪。〇又議准:各省從前虧空,其有著落銀兩,如有人亡産絶者,該督撫即照無著銀兩所定年限,補完報部。仍令該督撫,每於歲底,將前項有著無著銀兩完過若干之處,逐一分晰,造册具題。如照從前怠玩,不盡心催追,每年完不足數者,即將各該督撫并司道等官交與吏部,從重議處。〇又諭:"虧空錢糧各官,若革職留任催追,必致貽累百姓。既已獲罪革職,豈可留任?嗣後,虧空錢糧各官,即行革職,著落伊身勒限追還。若果還完,居官好者,該督撫等奏明。著通行直隸各省督撫。"〇又議准:凡虧空留任賠補之官,即令離任。并查其子有出仕者,查明題請解任發追。完日,仍補原官。至從前行追之案,其子現在何省爲官,亦令查明題請離任,不准以過繼掩飾。俟其父虧空完日,題請開復。其虧空官員離任後,該督撫揀選才能殷實之員,請旨補授。若情願捐補、一年内全完,或就本任内代捐補完者,該督撫具題到日,移咨吏部,分别議叙。其原虧空之官,仍限年追還。能於限内全完者,亦令該督撫具題,復還原職。如不完,從重治罪。〇又覆准:各省督撫於所屬有司内私挪錢糧爲自己捐陞,并子弟納職,缺欠錢糧者,查明即行題參,將該員照侵欺錢糧例治罪,其子弟所捐職銜革去。該管上司,不加詳察,通同徇隱,勒逼接任官收受者,或被科道糾參,或被受害之人首告,將該管上司官員,無論離任現任,交與該部,嚴加議處。其缺欠銀兩,勒令分賠。〇二年諭:"朕惟錢糧固屬緊要,而民情尤宜體恤。聞有州縣虧空,百姓情願代賠者。此端斷不可開。虧空之員,未必愛民。百姓貧富不等,斷無闔縣情願代賠之事。或係蠹棍勾連,借端科斂,或不肖紳衿一向出入衙門,通同作弊,及本官被參,猶冀復任。因而號召多事之人,連名具呈,闔縣願賠。後官畏懼處分,接呈入手,即差役按里追呼。名爲樂輸,實係强派,其爲民累不淺。嗣後,紳衿情愿幫完者,聽其自行完納。其有闔縣具呈者,即將爲首之人從重治罪。知府州縣擅准,督撫查參議處。至因公那移之項,依限全完,定例准其開復。督撫題請全完,即給咨本官,令其隨本引見。驗看可用者,即用,如不可用,以原品休致。其年老及不愿補之人,亦於本内聲明,不必來京。户部即行文直省督撫遵行。”〇又議准:令直省督撫,將各州縣積貯倉穀,孰係本色、孰係折色,并實存本折數目,查明分晰題報。如果無虧缺及以折色作本色等弊,照元年議准之例,歲底出具印結送部。倘有此等情弊,即行題參,一面買補還倉,一面著落本犯追賠。至於道、府、州、縣,有當穀貴之時私將倉穀發賣,或販往穀貴之處糶賣,希得重價,以圖肥己者,地方大吏,有將捐穀不收本色,擅折銀兩,及以所收銀兩,每石三錢,散給州縣,坐派里民買補還倉者,或被旁人首告,或被科道糾參,將督撫等官,交與該部,從重議處。〇又議准:布政司係方面大吏,專管通省錢糧。若有虧空,法宜加等。嗣後,布政司虧空,無論侵那,俱按侵欺之律治罪。果能一年内全完,減等發落。如一年内不能通完,即將本犯正法,仍變家産追賠。若督撫通同徇隱,别經發覺,將督撫革職,仍令分賠。或有督撫勒索以致虧空,許布政司於未參虧空之前,開具實迹,徑報通政司轉奏,將該督撫照貪婪例,交與該部,從重治罪。其或布政司自有虧空,恐督撫盤查,先行誣報者,審明時,將布政司從重治罪。〇三年議准:令直隸各省督撫,轉飭各屬。如州縣有將此項錢糧那應彼項者,知府察出,立飭州縣换批,詳明改正。〇又議准:嗣後,凡州縣虧空倉穀,即令接任各官,於秋成穀賤之時,申詳督撫布政,酌動何項錢糧,照時價先行買補,該州縣出具倉收,該管道府加具印結。一面報部,一面於虧空人員名下,勒限一年,將動用銀兩,照數追補還項。如逾限不完,即照侵那倉穀定例治罪,仍著本人家産變易還項。〇四年諭:“積貯倉穀,關係民生,最爲緊要。朕屢降諭旨,令該督撫等嚴飭州縣,及時買補昔年虧欠之數。無如苟且遲延,奉行不力。即如原任直隸總督曾奏稱各屬倉穀已補足七八分。及今冬發倉賑濟,虧空甚多。若非截留漕米,發給倉粟,窮民幾至失所。昨據月選官條奏,虧空倉穀,請支動正項買補,一面嚴追本官還項。朕已交與九卿議行。令直省地方,俱定限三年,將一應倉穀,務期買補還足,不得顆粒虧欠。三年之後,朕必特差官員,前往盤查。如有缺欠,定行從重治罪。倘有不能補足情由,著該督撫題奏。凡虧空錢糧,猶可勒限追還,無損國帑。若虧空倉穀,則一時旱潦無備,事關民瘼非小。是虧空倉穀之罪,較虧空錢糧爲甚,自宜嚴加處分。并著内閣、九卿確議定例具奏。”遵旨議定:倉穀虧空處分,以穀一石比照錢糧一兩定罪。嗣後,虧空倉穀,係侵蝕入己者,一千石以下,照監守自盜律擬斬,准徒五年;一千石以上,擬斬監候,秋後處決,不准赦免。將侵欺穀石,動支正項買補,著落妻子名下嚴追。係那移者,除數止千百石,照律准徒,五千石至一萬石,照律擬流外,一萬石至二萬石,發邊衛充軍;二萬石以上者,照侵盜例擬斬。其虧空之穀,動支正項錢糧買補,於各犯名下,勒限一年,果能盡數全完,免罪。若不完,再限一年追完,減二等發落。若三年限滿,不能全完,除完過若干之外,照現在未完之數治罪。〇又諭:“各省虧空,動稱無著之項。夫錢糧未經徵收,則欠在民。既經徵收而有虧空,則欠在官。州縣力不能完,則上司有分賠之例。本人雖已病故,而子孫有應追之條。何得藉口無著,以虚國帑?此皆督撫等瞻徇情面,不肯大破積習者。蓋自存不肖之心,以己身現爲督撫,恐將來亦被牽累,故目前預留地步也。從前彌補虧空,皆捐俸工銀兩。及朕有旨不許捐輸俸工,今則皆稱以耗羨抵補。夫耗羨亦出於民,乃不問當日督撫等所以致此虧空之由,而動稱耗羨彌補。以百姓之脂膏,飽有司之谿壑,豈朕憫惜元元之至意乎!今特沛寬恩,凡各省虧空,未經補完者,再限三年,寬至雍正七年,務須一一清楚。如届期再不全完,定將該督撫從重治罪。如有實在不能依限之處,著督撫奏聞請旨。”〇五年諭:“向來内外文武官員,虧空甚多。我聖祖皇帝,深知其弊,屢降諭旨,諄諄戒飭。祇以聖心仁慈寬大,不忍加誅,冀其悛改。乃伊等不知感戴天恩,反至肆行無忌。日積月累,虧空之數愈多。朕即位以來,念此虧空之項,關係國帑。朕爲天下主,豈能以國家一定之經費,任貪官污吏之侵漁,令小人藐視國法,可乎?且聞貪婪之員,平日侵蝕國帑,而於被參之後,則將所有貲財,或藏匿於衙署,或送歸於鄉里,或分寄於宗族親黨之家。及接任官查出虧空,則故作貧窶之狀,希冀遷延數年,援家産盡絶之例,以圖豁免。此種伎倆,朕知之甚悉,而内外臣工,條陳此事者亦甚多。是以朕從衆所奏,將被參虧空之員,查搜其宦囊家産並及其寄放之處。蓋不欲使貪污之輩盜國帑、剥民膏,以飽囊橐也。此輩本有應死之罪,但朕念弊端已久,相習成風,若遽然按律治罪,則誅戮者衆,幾於不教而殺,此心有所不忍。若仍任其温飽,朕心又所不甘,故令其完補虧項,而復全其身命。此朕仁育義正,用中之大道。而無知小人,妄以爲嚴刻,乃坐井窺天之輩,亦無足論也。朕意原欲暫行二三年,俟天下咸聞朕諭,共知朕心之時,若再有犯者,則按法律治罪。今已曉諭四年,不得謂之不教而殺矣。上年已令九卿酌定條例,嗣後,有侵欺虧空之員,則按所定之例治罪。有應正法者,即照例正法。其搜查宦囊家産及於寄放宗族親黨之處,應不必行矣。自此諭下之日,俱著停止。伊等若知朕化導保全之恩,盡洗從前侵尅之弊,實伊等之福,亦朕之所深望。若仍執迷不悟,顧貲財而不恤身命,亦其自取,不足憫惻。著遵諭行。”〇又諭:“凡州縣錢糧之虧空,總不出侵欺那移二項。當其侵那之時,官固主之,而經手之經承,自無不知也。乃不及稟阻,且從而慫恿,以便作奸分肥。迨至本官監追,而經承且優游於事外;本官問重罪,而經承僅得不行稟阻之處分。故凡虧空纍纍,多由於官吏之相成也。朕意以爲,經承庫吏、經管倉庫之人,亦宜重其處分之例,更定以勸懲之法。凡州縣官到任,則先揀選殷實老成吏胥二人,以充錢糧總吏,通詳報部。凡徵收錢糧,即令隨徵報解,不得存留内署。承辦五年,該縣無虧空者,即將總吏咨部,以九品雜職即用。本官少有虧空,該總吏力行稟阻。如不聽,從徑赴司院呈明,免罪。若該吏不行稟阻,致本官以虧空糾參,即將經承一同監追,該經承減本官一等治罪。如此,則經承有所責成,迫於勸懲,不敢順從本官,擅動國帑,亦杜絶虧空之一法。其如何詳悉定例之處,著九卿會議具奏。”遵旨議定:嗣後,虧空之案,審係侵欺者,數止一千兩以下,本官照律擬斬,准徒五年,該總吏照雜犯流罪例,杖一百,徒四年;其一千兩以上者,本官擬斬監候,遇赦不准援免,該總吏杖一百,流三千里。如係那移者,數止千百,本官照律准徒四年,該總吏杖一百,徒三年;五千兩以上至一萬兩,本官流三千里,該總吏杖一百,流二千五百里;一萬兩以上至二萬兩,本官照侵盗錢糧例擬斬,該總吏杖一百,發邊衛充軍。將本官監追,該總吏監禁。俟本官虧空全完之日,一體分别發落。倘本官少有虧空,總吏稟阻不從,許即赴司、院或府、道,就近據實首明,本官參處,總吏免罪。〇又覆准:晉省虧空,尚有未完銀五十五萬二千四百五十六兩零,除任所承追各官,仍遵照原限報參外,其分咨原籍承追者,應照送到原册開單。行令各該旗都統并各省督撫,以文到之日爲始,限一年内,務將各員原籍什物房地即行變價,其分賠并借欠銀兩,速行追完,咨明晉省。仍將完過銀兩數目報明户、刑二部,并令晉撫照各員原參續參銀兩,合算已未完數目,報部查核。如限内各旗省承追之員,不實力追變者,各該旗該撫立即揭參,交與該部,照任所承追官一例議處。如房地一時無人承買,即入官,暫行招租招種,所得租銀彙解,租糧入倉，加謹收貯，分晰報明，仍不時變賣。

凡霉爛倉穀，康熙三十九年覆准：凡州縣收貯米穀，遇颶風大雨等災，輓運江海飄流並霉爛者，該督撫題參，革職離任，員缺另補。限一年内賠完免罪，復還原職另補。如逾一年之限賠完者，止免罪，不復原職。二年之内，如不賠完，仍照例治罪，著落家產追賠。○四十一年覆准：凡官員將存倉一應米穀虧空霉爛者，該督撫題參，仍照例革職留任。限一年賠補，賠完免罪復職。如逾限不完，解任，再限一年賠完，仍准復職。如二年外不賠完者，照定例擬罪，著落家產追賠。○四十三年覆准：各省州縣虧空霉爛倉糧，實在賠補完日，令該府道即出實在補完印結，報明督撫藩司存案。倘再有虧空之事發覺，將該道府一併議處。○五十二年諭：霉爛倉穀官員，限内賠完，仍候原缺補用，不得另補别缺。○雍正四年議准：嗣後，凡地方倉廒，倘有滲漏及墻垣木植不堅全之處，所需工費無多者，該地方官即爲粘補修整。若有年久廒座木料毁爛、磚瓦破碎倒塌者，該地方官即詳明上司，該上司即委員查勘確實，估計工費，一面報部，一面動支正項錢糧，急行修蓋。其有地方廒座無多，將倉糧寄貯僧寺道院者，或有該地方所收糧石並無寄貯之處，將米穀露囤者，該地方官即詳請督撫，該督撫查勘確實，將作何建蓋倉廒之處，分晰酌量妥議具題。倘有漫不經心之州縣，因循怠玩，不將倉廒粘補修理，不詳請修理蓋造，以致米穀霉爛者，照溺職例革職。限一年内，照動帑買補銀兩之數賠完。如限内不完，即照侵蝕錢糧之例，以未完米穀之數，依律治罪，遇赦不宥。倉廒既經修理，猶有託名霉爛虧空者，查出之日，即照侵蝕例治罪。

凡交盤，順治十三年題准：官員交代，務清查錢糧，交盤明白，取具甘結，方准離任。違者，不論陞任去任，題參究追。○十四年覆准：前官交盤不清，後官朦混聽其去任，即令接管官與原任官同賠。○十五年題准：前任官未完錢糧，果係民欠，令接管官催徵，不得推諉。若前官侵欠，後官不能清查，互相朦蔽者，一體治罪。○十七年覆准：廳官署州縣印，攫取錢糧，勒令屬官交代，上司徇庇不舉者，一體治罪。○十八年覆准：州縣官有革職病故者，選委官員署印。若丁憂離任及詿誤者，錢糧未完，俱暫留任，俟新官交代。如本任内錢糧全完，不候交代，另行委署。○康熙六年覆准：州、縣、衛、所錢糧，以欠作完，督、撫、司、府扶同捏報，許接管官逐項清查。如起解無批，存留無銀，交代時，即具文直達部科，以憑題參。○又諭：凡州、縣、衛、所欠糧降革各官，若令候代，恐復派民。以後，留任候代全完開復之例,永行停止。○十二年覆准:前任官有侵那拖欠者,署印、新任官交代時,即通報督撫、上司題參。如徇隱不報,交代後察出者,罪坐接管官。如已通報,而上司不詳報題參,徇庇舊官,逼勒受代者,許新任官據實報部,逼勒上司以徇庇議處,本官赴部另補。○十四年題准:布政司新舊交代,務於一月内,造舊管、新收、開除、實在清册題報。○二十七年題准:司庫交代錢糧,如有侵欺虧空等弊,將隱匿不參之該督撫革職。如督撫有侵欺入己之處,照侵欺例從重治罪。○又議准:州縣虧空,知府不行揭報,反逼新任官出結者,革職。○二十八年題准:廣東瓊州,距省遼遠,交代之限,於兩月定例外,再展限一月。○又題准:嗣後,令各省巡撫,於每年奏銷時,將司庫錢糧親身盤察。如無虧空,即於奏本内一併保題。保題之後,仍有查出虧空者,照新定交盤例治罪。每於歲底,令知府將各州縣經徵、帶徵錢糧,調取比册詳查,倘有徵多報少,虧空情弊,立行申報藩司巡撫。如徇匿不舉,事發,將知府亦照新定交盤例議處。○又題准:糧、驛二道貯庫錢糧,責成藩司。各府貯庫錢糧,責成各該道。令每年歲底,親身盤查。如無虧空情弊,即具保結,立送巡撫。倘保結之後,仍有查出侵那虧空者,該撫題參,將藩司、各道,俱照新定交盤例議處。○三十年覆准:定例内,司庫交代錢糧時,令該督撫親身確查出結。如總督隔省,路途遥遠,將司庫交代錢糧時,據詳確查明白,出結具題。○三十七年題准:嗣後,官員交代,不於兩月内查明呈報上司,該撫將因何遲延之故,逐一詳查。或虧缺庫銀倉糧,據實題參,將該州縣照侵欺錢糧議處。如止題參遲延,而不申明因何遲延之故,將申詳司、道、府等官,照徇庇例,降三級調用,督撫照含糊具題例,降一級留任。○三十九年題准:直省錢糧,以守道督管,將各道庫錢糧,交與守道年底確查。○又題准:上司盤查所屬倉庫,例責年底,時限甚迫。准自次年奏銷以前,秉公親察,據實出結。○又覆准:州縣道府收貯錢糧,於地丁正供及常平倉糧之外,一切雜項錢糧,經手之官,不入考成,該上司亦以不在盤查之例,移彼補此,滋弊無窮。嗣後,令其一并照例盤查出結。○又題准:歲底,知府盤查州縣錢糧,應存留者存留,其餘銀兩,於三日内起解藩庫。如三日内不行起解,即行題參。○又覆准:定例陞任官員,以文憑到日,該督撫即行委署,限兩月内,將任内各事件交代明白,准其離任。如本任内有經管未完錢糧盗案,不於兩月内查明呈報上司,違例遲延,及署官新官推諉不接者,俱各罰俸一年。上司督催不力,罰俸六個月。如已經申報上司,該管上司不即轉報,或不即委官署理,俱各罰俸六個月。該管上司已經轉報,督撫具題遲延者,罰俸六個月。如並無未完錢糧盜案,上司乘隙借端抑勒遲延者,將抑勒之上司各官降二級調用,督撫降一級留任。其署官新官如有抑勒,亦照此例處分。至陞任後續起盜案及未完錢糧,署官不於兩月内揭報該撫題參,將本官每案各罰俸一年。其任内有侵欺那移情弊,署官新官揭報該撫題參,將本官照例議處。至署官、新官不查明呈報,或司、道、府官不行轉報,或督撫不行題參,俱照户部所定新舊官交代不明例議處。如陞任官不候文憑,不與署官、新官交代明白,即行離任者,將本官降二級調用。若有錢糧盜案等件未經清楚,上司官任其赴任者,各降一級調用,督撫各罰俸一年。如陞任者有各項錢糧册籍等項未完,詭稱完結,或假揑印結,申詳上司,或增改投遞者,革職。倘本官册籍等件未交代以前,被衙役燒燬、擲水、藏匿等情,降一級調用。如任衙役乘機作弊,侵匿銀兩者,革職。凡鹽課錢糧未完離任之官,巡鹽御史等官,亦照此例處分。〇又覆准:解任、裁缺、降調官員,不候交代,擅自離任,及該管上司督撫聽其離任者,俱照陞員離任例處分。〇又覆准:司、道、府、州、縣新舊官交代之時,如前官任内,有侵欺、透冒、那移、墊解并拖欠未清等弊,署官、新官,徇隱不行揭報,交代後始行查出者,罪坐接任官,前任之官不議。侵欺、透冒者,照侵欺例擬罪追贓。其那移、墊解者,照那移例議處。〇四十二年,直隸守道交盤錢糧,奉旨,定限兩個月。所有各省藩庫交盤,亦應定限兩個月。〇四十四年覆准:嗣後,州縣倉庫錢糧,知府年底盤查出結之後,仍令不時盤查。無論幾時察出,立即報參,免其治罪分賠。或别案發覺,始行揭報者,仍照舊例治罪分賠。如有不肖知府,需索州縣者,亦許州縣即時通報司道、督撫題參,嚴加治罪。如督撫不行具題,或被科道糾參,將督撫照徇庇例處分。〇五十年覆准:州縣虧空錢糧,歷年那新補舊,或借貸掩飾,知府盤查時,確有實數,事發,始行揭報,將虧空之州縣治罪,其歷年盤查之知府免議。〇又議准:州縣虧空錢糧,知府止將本年揭報,其歷年虧空,直至題參之後,始行查出,仍將通同隱匿之知府照例題參。〇五十九年覆准:各省虧空錢糧,皆因夤緣餽送禮物所致,發覺之日,與受均著革職。嚴飭督撫照例實心奉行。其有上司逼勒交盤,以致虧空者,許新任官徑行據實揭報部、院、科、道衙門題參。審明,將逼勒各官照例議處。具揭之新官赴部,另於别省調補。〇雍正元年議准:州縣存倉米穀,令各該督撫嚴飭該管各官,核實嚴查,於年底造册保題。至督撫陞轉離任,將册籍交代新任督撫,限三個月查核奏聞。如有虧空,即行題參。倘新任督撫徇隱不行參出,後經發覺,一併照例議處,仍令分賠。〇又覆准:知府盤查倉庫,凡一應禮物,永行禁止。〇又議准:嗣後,藩庫錢糧,於每年奏銷時,該省有總督者,令總督會同巡撫親身盤查;無總督者,責成巡撫盤查。錢糧無缺,出具印結,於奏銷本内,一併保題。如有虧空,該督撫即行題參。如扶同隱徇,事發,一并從重治罪,照例分賠。如督撫抑勒下司那借濫動,以致虧空者,該布政司即照交代不明之例,據實通詳各部院衙門,或具揭密送各部院衙門據揭奏聞,即將督撫嚴加議處。〇二年議准:直省司、道、府、廳、州、縣各官新舊交代,照例於兩月内盤查明白,出具印結詳報。如有督撫逼勒交盤者,許新任官揭報户部,户部題參,交與都察院審明議處。〇又諭:總督有管轄兩三省之責,或隔二三年,或隔三四年,於題明巡查地方事情之便,會同盤查藩庫。〇四年覆准:知府、直隸知州離任時,除本任内倉庫錢糧仍照定例限兩月交代外,其所轄州縣一切正雜錢糧,再限一個月造册交代,令署官盤查出結。如被署官查出虧空揭報,即著前任府州均半分賠。署官亦與新任官造册交代。如逾限不即交代及該管官督催不力者,一并題參,交吏部議處。〇又議准:嗣後,州縣交代,除實在民欠外,其有將已徵在官之錢糧侵蝕虧空,捏稱民欠,令接任官接受者,接任官即行揭報督、撫、司、道,該督撫即行題參。或督、撫、司、道護庇離任之員,該管知府、知州畏慮分賠,因而抑勒交盤者,被抑勒之員,直揭部科,部科代爲陳奏。其揭司、道、府、州等官者,行令各該督撫據實確審定擬具奏。其有干連督撫者,將具揭之員與前任虧空之員,俱押赴來京,交都察院查審明確,將抑勒之督撫,一并從重議處。或係誣捏枉揭,將誣捏枉揭之員,交與刑部加倍治罪。倘前官虧空,後官瞻徇,容隱不報,出結接受者,將欠項坐後官賠補。及已經接受,至本身離任之時,有虧空未清,稱係前任虧空者,將欠項追賠外,仍治以瞻徇私受之罪。其出結之員,後經調任他省,該管上司有因該員從前揭報之故,多方搜求,借端誣陷者,許該員於都察院呈辯。果係参處冤抑,將該上司交部議處。如該員本有應得之罪,借從前揭報之名誣捏呈辯者,於本罪之外,加倍治罪。〇五年覆准:凡倉糧多至五萬以上者,報明上司,於交代定限之外,展限一個月。〇又諭:直隸各省倉穀,若有前任官折價存庫者,不許新任官接受交代,仍令前任官買穀交倉,不許顆粒短少。其該管上司,亦不得徇情寬縱。如有故違者,將本官及該管官,分别從重治罪。〇又諭:凡屬新舊官員交代遲延,大約由於舊官案件不清者多,而由於新官勒索者少。若新舊一例處分,未爲允協。著九卿分别定議具奏。遵旨議定:凡督撫核參交代遲延,即將情由詳細確查。如果係舊任官希圖掩飾,不於兩月内將任内錢糧等項徹底清白造册,交送新任官,則遲延之咎專在舊任官,與新任官無涉。該督撫即將舊任官因何遲延情由,明白開註指參,將舊任官照例罰俸一年,新任官免議。如舊任官至限期將届,始將册籍造送,新任官又不即上緊查核,以致遲延,則其咎固在舊任官,而新任官亦難辭責。該督撫將此情由亦行分别註明指參,將舊任官照例罰俸一年,新任官罰俸六個月。如舊任官已徹底造册送交,而新任官推諉不接,以致遲延者,該督撫即將情由註明指參,將新任官照例罰俸一年,舊任官免議。其督催不力之上司,仍照定例議處。

凡開復,順治十四年諭:錢糧考成各官,近來參處降調紛紜,新舊交代,反誤催徵。以後,因錢糧議降調者,俱令帶降級在任追徵,完日開復。該督撫每季彙題。〇十八年覆准:錢糧議處官員,於未離任前,催徵全完,准與開復。至後任官代徵完者,不准。〇康熙六年題准:有司參後續完錢糧者,該管官一面給批收,一面申報督撫題請開復。如該管官遲延不報,借端駁查留難者,聽督撫指參。督撫不即具題者,一并議處。〇十二年題准:凡已參未經離任之官,於接任并署印官未到之先,將拖欠在民錢糧催徵全完者,仍准開復。〇十五年題准:有司參後續完錢糧,該管官不爲詳報,或不應開復之官申請開復者,俱罰俸一年,巡撫罰俸六個月。或重報開復及遺漏續完各官職名者,俱罰俸六個月。〇又議准:官員未完錢糧,或奉蠲免恩旨,或參後續完,該部查明應開復各官職名,具題銷案,移咨吏部,停其議覆。〇五十二年諭:虧空開復官員,仍補原缺。〇五十六年覆准:嗣後,虧空案内,如果係民欠,捏報全完,或私借倉糧,捏報無欠,除私借之員照原律治罪,其捏報官員,照虚出通關鈔律,計所出之銀數并贓以監守自盗論。其實在民欠,著落原籍之人完納。其那移有抵,即令接任官催徵。若捏報私借之項,該員情愿一年内代民全完,准其復還原職。〇五十九年議准:州縣虧空,如係因公那用者,該督撫於初參疏内聲明緣故,將本官革職留任,勒限填補,少者限一年,多者限二年或三年,限滿全完。其既參虧空之州縣,若審明是那非侵,能於一年内全完者,亦照例准其開復。其霉爛倉穀,不論在任解任,以及分賠之知府,果能於一年内全完,准其一體開復。〇雍正二年諭:凡官員虧空錢糧倉穀,該管上司失於盤查,自應革職分賠。但定例,虧空官員,審無侵欺入己之項,勒限一年内,賠補全完,准以原職補用。而失察革職之上司,反不得與本官一體開復,似屬可憫。嗣後,虧空銀穀限内全完,例應開復者,該督撫查明原參失察之上司,一并題請開復。〇三年議准:嗣後,州縣虧空,審明確係知府徇隱獨賠之項,將知府革職離任,本犯擬罪監追,即將本犯任所財物及原籍家產搜查,勒限一年賠補。無論本犯完補或知府協同完補,但能於限内全完,係侵欺之項,本犯擬死罪者,照例減二等發落,擬軍流徒杖者,照例釋免;係那移之項,至二萬兩以上者,本犯照例釋免,未至二萬者,本犯照例准其開復。其徇庇之知府,亦照二年八月内上司與本官一體開復之例,俱准開復。如一年限内,無論侵欺那移,本人家產不能完補,即將本人照現在未完之數治罪發落。其未完銀兩,照數著於徇隱之知府,勒限一年完補。若能於限内全完者,准其開復。如不完,再限一年完補。若能於二限内全完者,將伊原職降一級調用。如二限内完不足數者,再限一年完補。若能於三限内全完者,將伊原職降二級調用。如三限内不完,即將知府家產搜查變補。雖賠補全完,亦不准其開復。如遇分賠之項,亦先在本犯名下,勒限一年追補全完。將本犯分别侵那,照例發落開復。如限内本人止完一半,例得開復者,仍照例俟知府全完之日,俱准開復。如本犯限内全無完補及不足一半,仍照例將本人監追。照依原虧之數,令知府分賠一半。其知府分賠一半銀兩,勒限一年賠補。如全完者,准其開復。如不完,再限一年。若能於二限内全完者,准其開復,於補官日罰俸一年。如二限内完不足數,再限一年。若能於三限内全完者,照伊原職降一級調用。若三限不完及本犯名下應追銀兩未完者,俱不准開復,未完銀兩,仍著落伊等名下分賠。

大清會典卷之三十五

户部

〔蠲恤一〕

恤荒之政，救民急務。我朝深仁厚澤，立法周詳。凡遇水旱蟲雹，議豁免、議緩徵、議蠲賑、議勸輸，預籌積貯，兼行糶借。雖偶值歉收，民不失所。意美法良，具載於後。

〔報勘〕

順治六年定：地方被災，督、撫、按即詳查頃畝分數具奏，毋得泛報。〇十年諭：京城内外，該部確查被災户口，據實登報。直省督撫，凡有災傷地方，勘明分數，奏請軫恤。〇又題准：報災之法，責令督撫速核分數馳奏。〇十六年覆准：報災地方，撫、按遴選廉明道、府、廳官履畝踏勘，不得徒委州縣。〇十七年覆准：直省災傷，先以情形入奏。夏災，限六月終旬；秋災，限九月終旬。州縣官遲報，逾限一月以内者，罰俸六個月；逾限一月以外者，降一級調用；二月以外者，降二級調用；三月以外者，革職。撫、按、道、府官，以州縣報到日爲始。如有逾限者，照例一體處分。仍限一月内，續將報災分數查明，造册題報。各官如有違限者，亦照前定例議處。永著爲例。〇十八年覆准：八旗旱澇地畝，遣各部侍郎以下，該旗副都統以上大臣，率户部司官筆帖式，至被災地方，該佐領、領催指明勘驗。若造册舛漏，責在部員、筆帖式；冒指地畝，責在領催。其災傷輕重、地勢高下，不詳加踏勘，責在差往大臣。事發，照例察議。〇康熙三年覆准：州縣報災，或離督撫駐劄地方遼遠，定限一月内，難以確查。嗣後，限三月内查報。違限者，仍照例議處。〇四年題准：州縣以被災情形申報布政司。如布政司違限，亦照道、府、州、縣官例處分。〇又定：八旗遇災地畝，停遣都統等勘驗。止令驍騎校、領催等詳勘,保結送部具題。〇六年題准:各旗報災,不得過七月二十日。〇七年題准:各旗災地,遠近不一,難以徧驗。准寬至八月初十日,逾期不准。〇又詔:直省凡有水旱蝗蝻等災,有司速申督撫。督撫減帶人役,親踏詳勘,確定分數,造册報部,酌令蠲免。〇又覆准:從前定例,夏災不出六月,秋災不出九月。題報情形,又限一月内題報分數,後寬至三月。則報夏災分數直至九月,報秋災分數直至十二月,苗根已盡,無憑踏勘,易致捏報。以後,仍照從前定例行。〇八年題准:被災地方,停令督撫親勘,專責有司核實具報。督撫即委廉幹官,減從踏勘奏免。〇九年題准:八旗災地,各該佐領具結報都統,差旗員查勘,赴部呈告。部委官員驗實具題。〇十年覆准:河南省被災分數未確,駁查恐至滯遲。准一面扣免,一面奏報。〇十五年議准:被災地方,撫、司、道、府、州、縣官遲報情形及遲報分數,逾限半月以内者,罰俸六個月;一月以内者,罰俸一年;一月以外者,仍照從前定例議處。又,官員勘災,不委廳員、印官,乃委教官、雜職查勘,或妄報饑荒,或地方有異災不申報者,原委官,罰俸一年。若止報巡撫,不報總督及報災時未繳印結,册内不分晰明白者,罰俸六個月。督撫亦照此例處分。〇十八年覆准:直省災傷,如地方官隱漏不報,許小民赴登聞鼓院聲明。〇三十六年諭:直隸被災地方,著差户部賢能司官一員,會同該撫等逐一親行確勘具奏。〇四十六年諭:"頃者,浙江巡撫奏報浙江旱災。今日,江南總督具摺奏稱江南全省亢旱。閲此,則遇旱之處,似屬甚廣。朕屢次南巡,疆域山川形勢及生民産業,無不深悉。南方溝渠甚多,水易於蓄洩,祗足以濟平時之用。若值大旱,河蕩之水驟涸,附近大河田地,猶能薄收。而高阜與不近河之處,得水頗艱。且百姓有田地者少,佃户居多。每遇豐年,完納錢糧之後,與佃户計數均分。一值荒歉,則佃户無策可施。南方地勢卑濕,民知諸物不能蓄積,故有米穀之家甚少。凡一應飲食之物,俱係每日置買。民皆守常,不能經理。屢年以來,頻遇豐稔,久已未經空乏。倘值大旱,所係匪輕。這所奏後,若得雨澤,固不必言。如或未雨,此時不行詳議,則有負朕視民如赤子之心。九卿詹事科道掌印不掌印官會同速行確議,繕摺具奏。"遵旨議定:令浙江、江南督撫,既奏之後,若得雨,州縣有無成災之處,速行逐一查明具奏。其查勘時,將應徵正項錢糧暫緩三月。俟查明具題之日,再行催徵。倘未獲雨,一面將被災分數情形奏報,一面選委賢能道府等官,動常平倉所存米穀,酌量均勻散給。

〔豁免上〕

直省地方,偶有災沴,纖悉具達九重,即行蠲恤。及大有屢豐,聖主念切民依,又每恩膏特沛。順治初,削除明季苛斂,登民袵席。康熙六十餘年,休養生息。所蠲免,除水旱照例豁除外,特恩所貸,計一萬萬三千九百萬餘兩,米穀不計焉。皇上蠲舊欠千二百餘萬。外,兩江兩浙,又奉特旨减免額徵常數,每歲數十萬。按諸史册,我朝仁政,亘古未有。今將歷年條款開後。

順治元年定:京城遷徙之家,准免賦役三年。房舍被毁者,准免一年。大兵經由地方,田禾被踐者,免本年租税之半。河北府、州、縣、衛租賦屯糧,免本年三分之一。〇又題准:明季加派三餉及召買津糧,槩與豁除。〇又題准:宣鎮寇亂,加以冰雹,應徵額賦,被災輕者,免半;其重者,全免。〇又定:各旗壯丁差徭、糧草、布疋,永停輸納。〇二年定:山西地方初復,免本年田租之半。〇又覆准:江南丹徒、丹陽二縣,明末加派馬折銀,悉與豁除。〇三年覆准:延鎮所屬冰雹蝗蝻被災田畝,免本年額賦之半。〇又覆准:直隸任邱縣鹹水浸地,賦税無出,照數蠲豁。〇又覆准:江南各府,疊罹寇患,漕米折價,於恩詔外再免三分之一。江陰,漕白二糧亦如之,潛山、太湖、英山、霍山,盡予蠲免。〇又覆准:江右疊被旱澇,將三年分漕米,除已開幫二萬石解京外,餘悉豁免。〇四年覆准:淮徐荒地,無主者,錢糧全蠲;有主者,量免額賦三年,漕米一年。〇五年覆准:陝西臨洮府屬,被雹災重者,本年額賦全蠲;稍重者,蠲三分之二;稍輕者,蠲三分之一。〇又覆准:山東夏津蝗災,免賦一年。朝城罹土賊之患,所欠糧米,悉行蠲免。〇又覆准:陝西水災、蝗蝻、冰雹相繼,被災一等者,蠲一年額賦;二等,免一年之半;三等,免三分之一。〇又覆准:湖廣岳州等處,大兵經過,附郭錢糧免半;餘,免三分之一。衡、永等處,大兵駐劄頗久,辰、靖等處,地方殘破,附郭免十分之七;餘,免半。〇六年覆准:直省災傷,奉旨蠲免。户部行文各地方,於起存項下均减。如存留無餘,即於起運款内减除。若有司藉無項可免,使小民不沾實惠者,該管上司及科道官指參。〇八年覆准:直屬荆隆河决地畝,男婦被淹者,准照地丁,除免徭賦。〇又覆准:湖廣火災,延燒貯倉米豆,准予開除。〇九年覆准:陝西莊浪、西寧、肅州所屬,故絶拋荒並水淹沙壓地畝,額徵糧草,悉予豁免。〇十年覆准:江南浙江各屬旱災,被災八分、九分、十分者,免十分之三;五、六、七分者,免十分之二;四分者,免十分之一。有漕糧州、縣、衛、所,准令改折。〇又覆准:地方災傷,題蠲後,各州縣以應免數目,刊刻免單頒發。有已徵在官,准抵本名次年正額。官胥不給單票者,以違旨計贓議罪。〇又覆准:江西九年分漕糧,俱照地方被災輕重攤折,減免耗貼。〇十一年詔:順治六、七兩年,直省地丁本折錢糧,拖欠在民者,悉予豁免。〇又覆准:減江西瑞州、袁州浮糧。瑞州府,照元季例徵收。袁州府,照新喻縣上則田徵收。瑞州府,明初,田糧比元季多九萬九千六百九石。袁州府,元季,每田一畝,納米三鄉斗,止抵官斗九升。明初,誤以鄉斗作官斗。後嫌過重,命減半科,每畝納米一斗六升五勺,比元季每畝多七升五勺,較新喻上則田每畝,仍多米六升七合二勺零。因係浮糧,議准減額。〇十二年覆准:陝西地震,全家被災者,盡豁歷欠錢糧草束。餘,免本年地糧丁徭。〇十三年覆准:上林苑監署丁銀,因連歲災荒,照直隸例蠲免。〇又覆准:河南磁州蝗災、汲縣風災、輝縣水災,按分數蠲免。〇又詔:順治八、九兩年,直省地丁本折錢糧,拖欠在民者,悉予豁免。〇又題准:蠲荒流抵,恐民間不得實惠。令百姓登填布政司原簿,以禁濫徵。〇十五年覆准:浙江寧、紹二府屬,龍颶霪雨,被災田畝,按分數免本年正額錢糧。〇十八年覆准:江南江都、如皐、海州三州縣,修理烽墩馬路,各免一年差徭。〇康熙元年覆准:江南海州近海居民,遷移内地,所遺田糧,准予豁免。〇二年覆准:廣東、福建遷移沿海田地,無徵銀米,照數豁免。〇三年覆准:貴州新添等衛所,蛟行沙壓,被災田地,照例按分數蠲本年額賦。〇又覆准:江南鳳陽等府屬,颶風海潮,冲決隄岸,民被水災,照分數免本年正賦。〇又詔:直省順治十五年以前,民欠各項銀米、藥材、紬絹、布疋等項錢糧,槩行蠲免。〇四年,特遣部員,往勘山西災荒。現年正賦并舊欠,槩行蠲免。〇又詔:直省順治十六、十七、十八等年各項民欠錢糧,俱令蠲除。〇又覆准:山東棲霞、寧海等州縣衛,遭寇亂瘟疫,荒地亡丁徭賦,槩予蠲免。〇五年覆准:蠲免陝西威武、清平二堡霜災地畝錢糧。〇六年題准:奉蠲地方官員,將應免錢糧,取每圖現年里長不扶結狀,分送部科查核。如有已徵在官,不行流抵次年者;有不扣除應蠲分數,一槩混比侵吞者;或經題定蠲免分數後,故將告示遲延,不即通行曉諭者;或稱止蠲起運,不蠲存留者;或於由單内扣除不及蠲額者,州、縣、衛、所官,俱以違旨侵欺論罪。上司不行詳察,使災民無告者,道、府,降三級調用;督、撫、布政、都司,降一級調用。〇又題准:蠲災流抵,如本年蠲免者,填明次年由單之首;如流抵次年者,填明第三年由單之首。州、縣、衛、所官,不開載確數者,議處。〇七年覆准:淮、揚二府屬及正定府屬,各被重災十分、九分者，本年正賦全免；八分、七分者，免十分之四。○八年題准：直省州縣災傷，不得以闔境地畝總算分數，仍按區圖村莊地畝被災分數蠲免。○又恩詔：蠲免江南等省康熙元、二、三年舊欠地丁等項錢糧。○九年覆准：災傷蠲賦，或有窮民租種官紳、富户田地，其應納租穀租銀，亦令地主照分數免徵。○又覆准：江南淮屬邳、宿、沭三州縣，揚屬通泰海三州，坍塌地畝，令勘明永蠲。○又覆准：織造局種藍地，因旱澇蟲蝕，免本年納靛。○又覆准：桃源、高郵連年被災，帶徵漕糧、漕項，俱行豁免。蘇、松、常、嘉、湖被災，漕白糧折徵。其耗米及贈貼銀糧，俱免徵。○又覆准：湖廣徵收火米，照各省例，免令蒸晒。○十年覆准：河南陝州等處包荒銀、及江南臨淮縣古荒地、靈璧縣包荒地，槩准豁除。○又覆准：湖南各官捏報墾荒，一時希圖紀録，以致百姓包賠錢糧，世受其累。行令該撫查明，悉予蠲免。○又覆准：高、寶等十州縣積淹，本年并帶徵舊欠漕糧、漕項，俱行蠲免。○又詔：巡幸經歷，通州以東至山海關地丁錢糧，蠲免一年。○又恩詔：蠲免直省康熙四、五、六年舊欠地丁等項錢糧。○十一年覆准：江南高、寶等處被災十分，本年額賦並漕糧、漕項銀，全免。○十二年詔：江南蘇、松、常、鎮、淮、揚六府，連年災荒，免明年地丁錢糧之半。○又覆准：泰州等處未完鳳、淮二倉漕項銀，俱蠲免。○十三年覆准：江南丹徒、金壇二縣田地，有坍入大江，形址無存者，准予永豁。○十五年覆准：蠲免銀兩，增減造册者，州、縣、衛、所官，降二級調用；該管司、道、府、都司，罰俸一年；督撫，罰俸六個月。如被災未經題免之先，報册内填入蠲免者，州、縣、衛、所官，罰俸一年；該管上司，俱罰俸六個月。○十六年覆准：陝西疊遭荒亂，十五年正賦，涇州等處，免九分；崇信等處並鹽茶廳，免八分；莊浪縣，免七分；寧遠等縣，免六分；通惠縣，免五分；伏羌等縣，免四分；平屬學租銀，亦照分數蠲免。○十七年覆准：淮、鳳、滁等屬田地漕糧，被災七分、八分者，准免十分之二；九分、十分者，准免十分之三。○十八年覆准：直屬地震，通州、三河、平谷本年徭賦並撥補地畝錢糧，盡行蠲免；香河、武清、永清、寶坻，免十分之二；金吾等衛所，照坐落州縣例，分别蠲免。○又覆准：凡流抵錢糧，應蠲已徵者，給與紅票，次年按數抵免。○又覆准：蠲免錢糧，州縣官侵蝕肥已者，照貪官例，革職提問。督、撫、司、道、府官不行稽察者，俱革職。○十九年覆准：江南財賦繁多，舊欠追比累民。康熙十二年以前錢糧，俱令蠲免。○二十年恩詔：康熙十七年以前民欠錢糧，該督撫查明，保題豁免。○二十三年諭：東巡經行山東、江南各州、縣、衛、所丁銀，曲阜地丁銀，俱行蠲免。○又恩詔：江南、浙江、江西、湖廣省分，自用兵以來，供應繁苦，宜加恩恤。二十四年所運漕糧，著免三分之一。自十三年起至二十二年拖欠漕項錢糧，著自康熙二十三年起，每年帶徵一年，以免小民一時並徵之累。○二十四年諭：河南、湖北康熙二十五年錢糧，蠲免一半。其二十四年錢糧，全免。直隸、江南被災地方，二十四年下半年、二十五年上半年錢糧，俱予豁免。○二十五年諭：直隸順、永、保、河四府，四川、貴州兩省，康熙二十六年地丁各項錢糧及二十五年未完錢糧；湖南、福建兩省，二十六年下半年、二十七年上半年地丁各項錢糧，及二十五年未完錢糧，盡行蠲免。○又諭：正、順、廣、大四府，康熙二十六年地丁各項錢糧，一體蠲免。○又覆准：蠲免魚臺、郯城二縣康熙二十四年下半年、二十五年上半年地丁各項錢糧。○二十六年覆准：直隸宣化一鎮，本年額賦盡予蠲免。○又題准：直隸霸州、文安、保定、武清、寶坻、玉田、豐潤等縣被水災地畝錢糧，共免十分之三。其已徵銀兩，准流抵二十七年錢糧。○又覆准：山西沁州被災地畝，將被災十分、九分者，免本年錢糧三分；八分、七分者，免本年錢糧二分。○又覆准：直屬寧晉縣水淹地畝，槩予豁免錢糧。俟水退可耕之日，再行勸墾。○又覆准：湖廣嘉魚等州、縣、衛被災田地，照分數蠲免錢糧。○又覆准：山西沁州被雹災地畝，錢糧按分數蠲免。○又覆准：江西永豐、貴溪二縣秋被旱災，錢糧照分數蠲免。○又恩詔：自用兵以來，一應動用錢糧，有因原未題明，不准開銷，屢經核減，現在追取召買價值，拖欠在民，變價糧草，多給兵餉各項，及蓋造營房、修理軍器、僱募船隻，俱令賠補。歷年未清者，槩予開銷豁免。○又恩詔：自康熙十三年以後，加增各項雜税銀兩，該部查明，槩予豁免。○又覆准：山東博興縣被水成災田地，錢糧照分數蠲免。○又諭：除漕項錢糧外，江蘇、陝西省康熙二十七年應徵地丁各項錢糧，俱著蠲免。二十六年未完錢糧，亦悉予豁除。○二十七年詔：免江南安徽府屬二十八年地丁漕糧。○又覆准：貴州鎮遠、施秉二縣被水，其沙壓田畝，將本年錢糧蠲免。○又覆准：江南丹徒縣，康熙十八年以後坍卸入江田畝，將錢糧蠲豁。俟漲出之日，仍報部陞科。○又覆准：湖廣武昌、黄州、安陸三府屬崇陽等七州、縣、衛被旱災地畝，錢糧分别分數豁免。○又覆准：江西省寧州、吉安等十二州縣，照例蠲免被災錢糧。○又諭：康熙十七年以前，民欠漕項銀兩米麥，俱著蠲免。○二十八年諭："今歲畿甸亢暘情形，朕所親見，將直隸被災州、縣、衛、所本年地丁各項錢糧，除已徵在官外，其餘未經徵收，及康熙二十九年上半年錢糧，盡行蠲免，令小民均沾實惠。如使民人仍至流散，不肖官員朦混侵蝕，將該撫一并嚴加議處。”〇又覆准：甘肅涇州秋被雹災，照例按分數蠲免錢糧。〇又覆准：江南邳州、宿遷等八州、縣、衛，夏被水災，錢糧照分數蠲免。〇又覆准：宿遷等州、縣丁銀，亦一例蠲免。〇又諭：“朕過邳州，親見彼處田地，多爲水所淹没。應納地丁及漕項錢糧，俱行蠲免。歷年逋欠，亦盡予豁除。”〇又諭：“朕南巡以來，軫念民依，勤求治理。頃至江南境上，所經宿遷諸處，民生風景，較前次南巡，稍加富庶。朕念江南財賦，甲於他省，素切留心。因尚有歷年帶徵錢糧，恐爲民累。出京時，曾詢户部，知全省積欠約有二百二十餘萬。今親歷兹土，訪知民隱，無異所聞。除江南正項錢糧，已與直隸各省節次蠲免外，再將江南全省積年民欠地丁一應錢糧、屯糧、蘆課、米、麥、豆、雜税，槩予蠲除。自此，民免催徵，官無參罰。督撫務須切實奉行，俾均沾實惠，副朕愛恤民生至意。如有以完作欠、侵收肥己等弊，一經發覺，定行從重治罪。夫民爲邦本，足民即以富國。朕平日躬行節儉，一絲一粟，未嘗輕費。所以如此簡約者，無非愛養物力，爲優恤元元之地。在民間惟正之供，軍國所需，豈得驟言蠲免？邇年國用少裕，故能頻沛恩施。總期藏富於民，使家給人足，則禮讓益敦，庶幾漸臻雍穆之治歟。著速行諭令，咸知朕意。”〇又諭：雲南百姓，供億王師，運送勞瘁。著將二十一年至二十七年所欠屯賦、銀兩、米、麥等項，盡行蠲免。〇又覆准：浙江宣平、雲和二縣旱蝗災傷田畝，錢糧照例免徵。〇又覆准：淮揚二府屬州縣，康熙二十六年被淹，至今並無涸出。其錢糧仍應停徵，俟涸出起徵。〇又諭：“朕念小民衣食，惟田畝是賴。必年穀順成，斯生計無乏。若遭罹荒歉，饘粥尚且艱難，正賦安能輸辦？今年湖北亢旱爲災，已遣官會同該督察勘。今據將武昌等府所屬二十九州縣、八衛所災傷分數，勘明具奏。朕心深用軫念，倘不急加蠲恤，恐致流移失所。武昌等四府，今年錢糧，前已全蠲。其被災二十州縣、四衛所，康熙二十九年上半年地丁錢糧，著與蠲免。荆州、安陸二府所屬被災九州縣、四衛所，本年地丁錢糧，除已徵在官外，其未經徵收，及二十九年上半年錢糧，亦盡行蠲免。該部速行該督撫通行曉諭，務使均沾實惠，以副朕拯濟窮黎至意。如民人或致流散，不肖官役朦混侵蝕及仍行私徵者，將該督撫一并嚴加處分。”〇二十九年覆准：山東省本年地丁錢糧，盡行蠲免。并令地方官勸諭紳衿富室，將地租酌量減徵。嗣後，奉有特旨蠲免錢糧之省，將蠲免錢糧之數分作十分，以七分蠲免業户，以三分蠲免佃種之民。如業户抗不遵行,或地方官查出,或被旁人首告,將業户從重治罪。○又覆准:江南六合縣秋災,准免民屯田地錢糧。○又覆准:浙江省餘姚、上虞、諸暨、慈谿四縣地畝被災,錢糧照分數蠲免。○又覆准:武清等州縣被水,成災田地,錢糧照分數蠲免。○又覆准:江南廬、鳳等屬被秋災田地,錢糧照分數蠲免。○又覆准:甘肅寧州被雹災田地,錢糧按分數蠲免。○又覆准:凉州衛、所被旱,錢糧照分數蠲免。○又諭:"朕撫育烝黎,勤求民瘼。務期休養,漸致阜安。間閻間有疾苦,朕衷時切軫念。近見廣東高州、瓊州等府所屬州縣,丁地各項錢糧,歷年每致逋欠。此内,係官役侵漁及豪强頑梗抗納者,自應嚴究追取。如果因丁缺地荒,不能輸納,倘仍行徵比,照例考成,小民既困追呼,有司復罹參罰,徒滋擾累,終無裨益。著該督撫將實係户口稀少、田畝荒蕪、一切徭賦無從辦納州縣,歷年所欠錢糧數目,詳加察明具奏。"遵旨議定:高州府屬吴川縣、瓊州府屬臨高、澄邁二縣,自康熙十八年起至二十八年止,未完地丁銀一十二萬八千六百兩零、米四千六百石零,實係户口稀少、田畝荒蕪、徭賦無從辦納,照數豁免。○三十年諭:保定州等被災,既經續報,且現在供辦軍需。其未完錢糧,俱著豁免。○又覆准:江南淮安府屬海州、桃源等七州縣,照例免夏災額賦。○又題請將江西、南昌等五府自二十三年起至二十七年止歷年積欠,分年帶徵。奉旨:這所欠錢糧,著免其追取。務令小民得沾實惠。○又命蠲免湖南三十一年漕糧。○又覆准:江西吉水縣二十七年以前民欠地丁銀,悉予蠲免。○又覆准:直隸永清等五十三州、縣、衛、營、城、堡,本年分額賦,照夏災分數蠲免。○又覆准:河南省所屬州縣,照例免秋災額賦。○又諭:"朕孜孜圖治,軫切民依。間閻耕穫,時勤咨訪。其有以荒歉上聞者,或蠲或賑,旋即施行,務令得所。念河南一省,連歲秋成,未獲豐稔。非沛特恩蠲恤,恐致生計艱難。康熙三十一年錢糧,通行蠲免,並漕糧亦著停徵。至山西、陝西被災州縣錢糧,除照分數蠲免外,其康熙三十一年春夏二季應徵錢糧,俱著緩至秋季徵收。用稱朕眷愛黎元,撫綏休養至意。"○又覆准:山西岳陽等八州縣,本年蝗災,額賦照例蠲免。○又覆准:江南興化縣,本年秋災,額賦蠲免十分之三。○又覆准:陝西乾州、咸陽等州縣,本年蝗災,額賦照分數蠲免。○又覆准:江南睢寧縣坍廢地畝及缺額丁銀,自康熙三十年爲始,槩予蠲免。從前舊欠,並免追徵。○又諭:"朕撫御區宇,三十年以來,夙夜圖維。惟以愛育蒼生,俾咸臻安阜爲念。比歲各省額徵錢糧,業已次第蠲豁。其歲運漕米,向來未經議免，朕時切軫懷。所有京通各倉米穀，撙節支給，數載於兹。今觀歷年儲積之粟，恰足供用。應將起運漕糧，逐省蠲免，以紓民力。除河南省明歲漕糧已頒諭免徵外，湖廣、江西、浙江、江蘇、安徽、山東應輸漕米，自康熙三十一年始，以次各蠲一年。至江寧、京口、杭州、荆州大兵駐防地方，亦應預行積貯。將康熙三十一年起運三十年漕米，各截留十萬石，存置倉廒，以備需用。”〇又覆准：豁免江南通州海門鄉坍江田地額賦，銀四百九十二兩、米麥一百二十六石。〇又覆准：蠲免直隸霸州等二十四州縣本年分秋災額賦。〇又覆准：蠲免雲南昆明、昆陽等十州縣本年分水災額賦。〇又覆准：陝西西安、鳳翔二府屬渭南、扶風等二十一州、縣、衛，并都司屬民屯更名地畝，本年旱災，額賦照例蠲免。〇又覆准：陝西寧州、鎮原縣雹災，照分數蠲免本年錢糧。〇三十一年覆准：江南江寧府屬六合等州縣，被災五分至十分不等，本年額賦，照分數蠲免。〇又覆准：淮安府屬鹽城縣，秋被災傷九分、十分不等，照例蠲免本年錢糧。〇又覆准：揚州府屬興化縣，被災十分，蠲免本年正賦十分之三。〇又覆准：江西九江府屬瑞昌縣，自洪下源頭起至烏石止，砂石堆積，水決田地七頃九十七畝九分零，蠲免三十年分應徵錢糧。〇又覆准：永寧縣起蛟，水決田地，蠲免三十年分應徵錢糧。〇又覆准：上饒、建昌二縣，被災田地七分、八分不等，應徵本年錢糧，照例蠲免。〇又覆准：豁免化州、瓊山等四州縣自十八年至二十九年民欠。〇又覆准：雲南鄧川州，水冲石壓田畝，不能開墾，應徵銀米，永行除豁。〇三十二年諭：“朕念切民生，時廑宵旰。或在宫禁之中，或經巡省之地，務以編氓疾苦，備悉諮詢。其從各省來京陛見官員及往來奉使人等，亦無不以該省雨澤曾否應時、田畝有無收穫、並閭閻資生情形，一一體訪。比年以來，因國家經費尚充，遂將各省地丁額賦及舊欠錢糧，節次蠲免。即從前未經停徵之漕糧，亦逐年免徵。總欲使海隅蒼生培固元氣，以庶臻於家給人足之風。今歲畿輔地方，雖禾稼未獲稔收，初意小民餬口之需，猶足資給，未必生計遂致艱難。頃者展謁山陵，沿途察訪民隱，見今歲雨水過溢，田畝被淹没者甚多，穀秏不登，米價翔貴。又聞順天、河間、保定、永平四府所屬皆然。目前米價既貴，將來春夏之際，時值益昂，小民艱粒鮮飽。此朕目所親覩。若來歲錢糧仍然徵收，朕心實有未忍。順天、河間、保定、永平四府，康熙三十三年應徵地丁銀米，著通行蠲免；所有歷年舊欠，悉予豁除。行文該撫曉諭各屬，務令人沾實惠，以副朕子育黎元至意。”〇又諭：陝西西、鳳二府，連被災傷。屢經轉粟蠲租，又招集流民，散給牛種。然後流民復還鄉井。今雖雨澤霑足,百穀阜成,而甫脱饑寒,未饒生計。將西、鳳二府被災州、縣、衛、所康熙三十三年地丁銀兩,著通予蠲免。〇又覆准:西、鳳、延、漢并興安一州,本年課程匠價銀兩及牲畜地税等銀,照地丁一體豁免。〇又覆准:山西沁州、臨晉等州縣被雹災田畝,照分數蠲免錢糧。〇又覆准:蠲免江南高郵、六合、天長等州縣被水地畝錢糧。〇又覆准:浙江餘姚等縣被災,錢糧照分數蠲免。〇又覆准:蠲免山西河津、滎河二縣被水衝瀉入河田地錢糧。〇又覆准:蒲州等處被水,照分數蠲免錢糧。〇又覆准:湖廣江夏、武昌等州縣被水,照分數蠲免錢糧。〇又覆准:直隸新城等三十九州、縣、衛、所被災,照分數蠲免錢糧。〇又諭:“朕撫馭寰宇,蚤夜孜孜,惟以實惠及民,俾登康阜爲念。廣西、四川、貴州、雲南四省,俱屬邊地,土壤磽瘠,民生艱苦,與腹内舟車輻輳,得以廣資生計者不同。朕時切軫懷,歷歲以來,屢施恩恤。廣西省康熙十六年通省錢糧,十七年、十八年民欠錢糧,貴州省二十二年秋冬及二十三年春夏地丁錢糧,又貴州、四川二省二十五年未完及二十六年應徵錢糧,雲南省二十七年以前屯地積欠錢糧,俱經次第蠲豁。兹念育民之道,無如寬賦。矧邊省地方,非再沛優恤之恩,則閭閻無由充裕。所有康熙三十三年四省應徵地丁銀米,著通行蠲免。仍行文該督撫徧加曉諭,令人沾實澤,以稱朕加惠遠省民生至意。如有不肖有司借端朦混,私自徵收者,該督撫指名奏劾,從重治罪。”〇三十三年諭:山西平陽府、澤州、沁州所屬地方,前因旱蝗災傷,民生困苦,已經蠲免額賦,並加賑濟。而被災失業之衆,猶未盡覩盈寧。其康熙三十年、三十一年未完地丁銀糧及借賑銀米,若仍令帶徵,尅期完納,誠恐閭閻力絀,益致艱難。著將所逋欠錢糧五十八萬一千六百餘兩、米豆二萬八千五百八十餘石,通行蠲豁,用紓民力。户部行文該撫嚴飭該府、州、縣官悉心奉行,務俾人沾實惠。倘有已完在官,捏稱民欠,及已奉蠲免,仍復重徵,官吏作奸,侵漁中飽,一有發覺,定以軍法從事,遇赦不宥。〇又諭:密雲縣應徵豆二千石,著免追徵。〇又諭:鹽城等五州縣存水田畝,地丁錢糧漕米,俱照該督撫所題蠲免。仍俟水涸開墾,再行起徵。〇又覆准:山東邱縣地畝,被漳河水淹,所徵銀米,照數蠲免。俟涸出再行陞科。〇又諭:河南百姓,連年爲陝西運送米石,甚爲勞苦。今陝西田禾大穫,應補運折耗米石,著通行豁免。如已經起運,則仍解交該撫。〇又覆准:江南山陽等縣被水淹地,錢糧照分數蠲免。〇又諭:邳州二十四年至二十七年積欠租銀,俱著蠲免。〇又諭:安州等十一州縣賑濟貧民，著一半給與米穀，一半照時價給銀兩。所餘米穀，著視時價稍減，發糶於民。密雲等迤北州縣，交與守道，文安等迤南州縣，交與巡撫，親行散賑發糶。仍差户部賢能司官各一員，公同料理。俾小民得沾實惠。其十一州縣康熙三十四年地丁錢糧，俱著蠲免。○三十四年諭：直隸順天、保定、河間、永平四府所屬地方水潦傷稼，將康熙三十五年地丁銀米，全予蠲免。其霸州、雄縣、香河、寶坻四處，皆有水道可轉輸，每處著發米一萬石，各差司官一員賫往，照時價減值發糶，以資民食。○又諭：奉天等處，今年田畝薄收，本年錢糧，通著蠲免。○又諭：宣化府屬，地土瘠薄，秋禾被災。今年錢糧除已完納外，未完者，俱免徵。其康熙三十五年錢糧，仍照順天等四府，通行蠲免。○又恩詔：凡應追賠贓私，察果家産盡絶，力不能完者，准予豁免。○又恩詔：山西、陝西、江南、浙江、江西、湖廣、廣東、福建等省，康熙三十三年以前歷年積欠及帶徵未完銀米，俱著豁免。○又詔：免河南三十二、三、四等年民欠。○又覆准：照例蠲免江南高郵等州縣被災田地錢糧。○又覆准：河津、滎河二縣冲瀉入河地畝錢糧，仍行蠲免，俟涸出再行陞科。○又覆准：廣東南韶等府屬被災，銀米照分數豁免。○又覆准：江西新淦等三縣被災，錢糧照例蠲免。○又諭：香河、寶坻二縣、宛平等處，田地被災者多。今年錢糧，除已經完納外，未完者，俱著蠲免。○又諭：梁城所、薊州、豐潤縣、高陽縣、玉田縣、東安縣，田地被災者多。今年錢糧，除已經完納外，未完者，俱著蠲免。○又覆准：直隸固安、濬縣，照香河等縣蠲免。○三十五年諭：漕項歷年積欠及帶徵未完銀米，著豁免。○又諭：宣化府比年以來，大兵供億，殊勞民力。著將三十六年地丁銀米，全予豁免。○又覆准：江南上元等縣被水田畝，照例蠲免錢糧，速行賑濟。○又覆准：沭陽等縣河灘租地被淹，錢糧按分數蠲免。○又覆准：香河、寶坻等處地畝被水錢糧，照數蠲免。○又諭：比年以來，軍前需用馬匹，在大同府屬牧養者甚多。措辦草料等項，雖俱支用正項錢糧，而供億浩繁，殊勞民力。康熙三十六年大同府屬州、縣、衛、所應徵地丁銀米，著全予豁免。○又覆准：陝西地方，大兵往來，供應勞苦。其三十六年全省地丁併草折銀兩，悉予蠲免。○又諭：免浙江台州衛所未完三十二年存留銀。○又諭：淮、揚、徐、泗等處，去歲水勢驟發。被災小民困苦萬狀，朕心深爲惻惻。三十五年一應錢糧，俱盡行蠲免。其三十四年未完錢糧，於三十七年帶徵。○三十六年諭：霸州十七州、縣、衛被災地畝，錢糧俱著全免。○又諭：鹽城等六州縣被淹田畝，錢糧盡行蠲免。○又覆准：江南淮揚府屬田畝被水,蠲免本年地丁銀兩。○又諭:海州等十八州縣、三衛,被九分、十分重災田畝,本年應徵地丁銀米及此項田畝所有漕糧、漕項,俱著通行蠲免。○又覆准:沛縣、泗州等州、縣、衛被災田畝,錢糧照分數蠲免。○又諭:比年出師討寇,總爲中外生民,永圖休息。故不憚軍興征繕之煩,遠歷邊塞。其一切飛芻輓粟,皆動支正供額賦,不使累及閭閻。獨是大兵牧養馬匹及三次師行出入,皆經山西地方。緣邊各州、縣、衛、所固屬,勉力急公。其餘諸郡雖非師旅所經,亦有協辦轉輸、行賫居送之事。又,該省歲屢不登,穀價翔貴。民間生計,甚屬艱難。朕乘輿頻臨,目所親覩。軫念殷切,未嘗一日釋懷。昨歲曾有諭旨:俟噶爾丹殄滅之後,誕布德音,渙敷庥澤。今寇氛盡滌,邊境輯寧,是宜格外加恩,用綏黎庶。康熙三十七年山西通省地丁銀米,著一槩蠲免。該部行文該撫,令徧飭各所屬實心奉行,家喻户曉。俾深山窮谷,均沾朝廷德惠。倘或借端徵派,澤不下究,事覺,定行從重治罪。”○又覆准:江西宜春等縣被旱,錢糧照分數蠲免。○又諭:山陽高郵被淹,蕩租銀兩,俱著全免。○又諭:“朕惟治安天下,惟期民生得所。而欲民生之得所,必以敷恩寬賦爲要。朕爲一切事務,稍有動用民力之處,即廑懷殷切,刻不能忘。比年以來,因厄魯特噶爾丹狂逞逆命,遣發大兵,分道進勦,軍興供億,不得已而煩民力。甘肅所屬各州、縣、衛、所,榆林等處沿邊各州、縣、衛、所,適當師行要道。其喂養軍前需用馬匹並大兵往來經過各項措辦,雖俱支給正項錢糧,而供應繁多,閭閻勞苦,朕心深用軫念。著將康熙三十六年甘肅巡撫所屬州、縣、衛、所,陝西巡撫所屬榆林等沿邊州、縣、衛、所地丁銀米,盡行蠲免。行文各該撫徧加曉諭,務俾小民均沾實惠,稱朕體恤黎元至意。甘肅所屬銀米既經全免,需用錢糧,著於鄰近省分作速撥給。○三十七年覆准:直屬遵化州秋旱,被災七分田畝,蠲免本年應輸錢糧十分之二。○又覆准:薊州豐潤縣地畝,被災六分,照例蠲免十分之一。○又覆准:淮、揚二府并徐州、海山等州、縣、衛被災,將三十五、六兩年地丁錢糧,全予蠲免。○又諭:泗州被災地方錢糧,著照蠲免海州錢糧例,盡行蠲免。○又覆准:鹽、高等六州三十六年被淹田地應徵地丁,亦照山、海等州縣被災蠲免之例全蠲。○又覆准:江南壽、泗等州、縣、衛本年被水,照分數蠲免錢糧。○又題准:鹽城縣三十七年錢糧,照被災分數蠲免。○又覆准:照例蠲免天長縣被水災田錢糧。○又覆准:高郵等州縣,原報夏災,今又被災十分。除夏災案內蠲免外,將應徵起存錢糧,照例按分數蠲免。○又覆准:蘇、松等府、州屬,康熙十八年起至二十六年止,民欠正雜錢糧,盡行蠲免。〇又覆准:浙江程、安、德、武四縣被災,將地丁錢糧,照數豁免。〇又諭:直隸宣化府屬三十六年地丁銀米,既予蠲免。其通州等州縣受補宣屬地畝之民,同受災傷,錢糧一例蠲免。〇又諭:"淮安、揚州、鳳陽等處,比來水患頻仍,浸漫隄岸,田多淹没,耕穫無從,百姓艱於粒食。經朕屢賑屢蠲,被災地方,賴以安堵。但久歉之餘,恐致資生匱乏。朕廑憫殷切,未嘗稍釋於懷。前此雖頻敷庥澤,至再至三,用裨羣黎生計,猶恐開春東作,農事艱難。若不大沛恩施,安能使小民各得其所?著將海州、山陽、安東、鹽城、高郵、泰州、江都、興化、寶應、壽州、泗州、亳州、鳳陽、臨淮、懷遠、五河、虹縣、蒙城、盱眙、靈璧等州縣并被災各衛所,康熙三十八年一切地丁銀米等項及漕糧,盡行蠲免。務使民間均沾實惠,以副朕體恤元元,生息愛養至意。"

大清會典卷之三十六

户部

〔蠲恤二〕

〔豁免下〕

康熙三十八年，聖祖仁皇帝南巡。駐蹕浙江，特沛恩綸。將三十四、五、六年奏銷未完民欠地丁錢糧、米、麥、豆、雜税，一槩免徵。○又諭：“東南爲財賦重地，朕時切軫念。兹以巡省，並閱河工，見淮南北地方，叠遭水患，屢蠲屢賑，仍命截留漕糧，减價平糶。但賦役浩繁，民生拮据，歷年逋負，積算日增。合江蘇、安徽所屬舊欠帶徵錢糧，計及百萬。念小民方供新税，復急舊逋，物力維艱，勢難兼辦。今除康熙三十三年恩詔内已經赦免外，其三十四、五、六等年奏銷未完民欠地丁錢糧、米、麥、豆、雜税，著户部行文該督撫察明，俱着免徵。飭有司務悉心奉行。如已徵在官，詭稱民欠，希圖侵蝕肥己者，一經發覺，定從重治罪。”○又諭：“朕因淮揚地方數被水患，躬臨巡省，目擊田廬淹没之苦，深加軫恤。既截留漕糧，以濟民生，仍蠲除積欠，以紓民力。其昨歲淮揚兩屬被災錢糧，曾經該督撫具題，部議照例减免三分。今念百姓餬口維艱，安能辦賦？應破常格，用沛特恩。淮安府屬之海州、山陽、安東、鹽城，揚州府屬之高郵、泰州、江都、興化、寶應九州縣，並淮安、大河二衛，康熙三十七年未完地丁、漕項等銀一十九萬有奇、米麥一十萬石有奇，着全予蠲免。户部行文該督撫，即飭各州縣張示曉諭。務體朕惘惻災黎之至懷，俾窮鄉僻壤，均沾實惠。”○又覆准：陝西漢中等屬州縣，去秋被災，照例蠲免。○又覆准：江南淮揚徐等屬州、縣、衛被淹田地，錢糧照例蠲免。○又覆准：浙江龍游縣被水，照例蠲免。其沙壓田地及蘭谿縣水衝田地，俱按分數蠲免。○又覆准：蠲免江南沛縣、沭陽等縣被災河灘地畝錢糧。〇又諭："朕巡幸江南，遍察地方疾苦，深知民間生計艱難，故將通省積欠錢糧，盡行蠲免。所過州縣，有被災者，俱經賑濟，務俾得所。兹聞鳳陽府屬，去歲潦災甚重，是用破格加恩，以示優恤。康熙三十七年該府屬壽州、泗州、盱眙、靈璧十一州縣並泗州一衛未完地丁、漕糧等項，著一槩免徵。户部行文該督撫，即飭該地方有司張示曉諭，令窮鄉僻壤，咸悉朝廷曲軫災黎之至意。"〇又諭："朕巡省民生風俗，南至於江浙。兹已返蹕，行經山東，沿途見父老，諮詢農事。幸今歲雨暘時若，二麥繼登，小民可以無憂粒食。但前年被災泰安等二十七州縣，生計尚未豐盈，宜更加恩休養。所有康熙三十六年未完地丁銀米，俱着免徵。其三十七年應徵錢糧，原因災傷，令三十八年完納。今念一歲之内，並輸兩歲之租，恐物力艱難，未能兼辦。著分作三年帶徵，以示寬恤。户部移文該督撫，轉飭有司明白張示，務使窮鄉僻壤，均沾實惠，以無負朝廷曲軫民依至意。倘有不肖官吏，私徵侵蝕，致上澤不下究者，察出，定治重罪。"〇又薊州未完康熙三十、三十一、三十二等年退地租銀，奉旨：薊州所欠地租銀兩，俱着免追。〇又題准：直隸通州等六縣，額設紅剥船共六百隻，剥運南漕計船一隻，給地十頃，免其正賦。嗣後，剥船地畝，凡遇災傷蠲免之年，俱照民地一例蠲免。剥運之項，照依淺夫工食撥給。〇又覆准：浙江鄞縣等三縣被災，其地丁錢糧，照分數蠲免，并委官賑濟。〇又諭："朕思小民生計，惟農畝是賴。必年穀收成，斯衣食無缺。淮揚所屬海州等州、縣、衛，連年河流浸漫。田廬編氓，艱於粒食。朕心深切軫念，已將康熙三十八年錢糧，俱行蠲免。今春南巡，目覩民間疾苦，恐致失所，復將康熙三十七年未完錢糧，盡予豁除。諭令所司將沿河堤岸堅固修築。乃修防未竣，夏秋又致冲決，田廬盡没水中。特命該撫往駐被災地方，動支積貯米穀，並將漕糧截留，親行賑給。今念清河口河流未通，民田仍遭淹没，耕穫無從，百姓饘粥尚且艱難，來年租賦安能輸辦？着將被災海州、山陽、安東、鹽城、大河衛、高郵、泰州、江都、興化、寶應等州、縣、衛康熙三十九年地丁銀米等項及漕糧、漕項銀兩，盡行蠲免。户部速行該督撫，通行曉諭，務使均沾實惠，以副朕拯恤災黎至意。"〇又覆准：淮揚三十塲竈户康熙三十七、八兩年應徵鹽課，盡予蠲免。〇又覆准：湖廣華容、安陽二縣夏被水災，將錢糧按分數蠲免，兼令委員動倉穀賑濟。〇又覆准：直隸霸州、玉田等州縣被災，照分數蠲免錢糧。〇又覆准：浙江鄞縣地方，潮水衝田地一千七十餘畝，錢糧俱准豁免。〇又覆准：蠲免湖廣沔陽州及沔陽衞被災田地錢糧。○又諭:湖廣康熙三十九年全省地丁銀,俱行蠲免。○又覆准:山西平定等十一州縣,年歲歉收,蠲免歷年民欠。○又覆准:福建臺灣府屬三縣,康熙三十七年七月颶風大作,被災田園應徵之粟,照例豁免。○三十九年覆准:順天等府屬被水,蠲免地丁銀兩。○又江南蘇、松等屬康熙三十四、五、六等年帶徵漕項銀米,新舊不能兼輸。奉旨:漕項積欠銀兩,着分年帶徵。其積欠米麥,俱着豁免。○又覆准:陝西南鄭等縣被災,錢糧照例蠲免。○又覆准:照例蠲免邳州、桃源等州縣今年秋災錢糧。○又覆准:高郵州湖蕩草灘地畝被災,錢糧照例蠲免。○又覆准:直隸文安等縣被災,錢糧照例蠲免。○又覆准:浙江鄞縣十一都,三面近海田地,舊有塘閘禦湖蓄水。自順治十七年衝没,迄今未建,田地被水淹没。每年應徵銀兩,永予豁除。○又覆准:金華府屬五縣被旱,照例蠲免。○又覆准:浙江江山縣被旱,錢糧照數蠲免。○又覆准:蠲免直隸保定、河間二縣本年分水災額賦有差。○四十年諭:江蘇康熙四十一年地丁漕糧,盡行蠲免。○又題准:免直隸廣平府被水田租,俟涸出再行起科。○又諭:甘肅巡撫所屬地方,康熙四十一年地丁錢糧,盡行蠲免。○又諭:霸州、文安、大城三州縣,地居窪下,被水最甚。雖遇豐年,民猶艱食。其三州縣節年積逋及本年應徵地丁正項,户部即將應蠲錢糧,備細查明豁免。○又覆准:廣東廣、肇等府屬被災,錢糧照分數豁免。○四十一年諭:安徽康熙四十二年地丁銀兩,盡行蠲免。○又覆准:山東新泰等六州縣被水,康熙四十二年錢糧,盡行蠲免。○又覆准:山東萊、蕪等州縣被水,錢糧按分數蠲免。○又覆准:河南永城等縣被水,錢糧照分數蠲免。○又覆准:沔陽州及沔陽衞被水,錢糧按分數蠲免。○又諭:“朕撫御寰區四十餘年,無一刻不以民生爲念。天下至大,兆民至衆。惟恐窮鄉僻壤,百姓疾苦,不能上達。孜孜勤求,未嘗少懈。從來水旱自古有之,備荒之法,全賴督撫得人。倘以諱災爲事,任意虧空,一有歉薄,莫知所措。視民命如草芥,何以爲民父母?況秦省不通水運,若不謹於蓋藏,儉歲難於賑恤。河西一帶地方,素稱貧瘠。雖免四十一年錢糧,民生未裕。再將四十二年地丁錢糧,通行蠲免。該督撫徧示所屬地方,務使閭閻均沾實惠,以副朕惠愛元元之至意。”○四十二年覆准:浙江西安等八縣、衢、嚴二所旱災錢糧,照例蠲免。○又諭:泰安、郯城等七州縣,四十一年未完錢糧,俱着蠲免;四十二年地丁錢糧,着分三年帶徵。○又諭:東省康熙四十三年地丁銀米,著通行蠲免。有積年錢糧拖欠在民者,亦著察明免徵。○又諭:徐州、睢寧縣康熙三十七、三十八、三十九三年未完地丁錢糧,俱著免徵。邳州四十年未完錢糧,亦著免徵。〇又覆准:山東魚臺等州縣衛被災,錢糧照分數蠲免。〇又覆准:邳、沛二州縣,湖灘租地被災,錢糧按分數蠲免。〇又覆准:邳州等州縣被災,錢糧按分數蠲免。〇又覆准:河南開、歸等府屬州縣被災,錢糧按分數蠲免。〇又覆准:直隸南皮等縣及天津衛被災,錢糧照分數蠲免。〇又覆准:薊州、豐潤等州縣被災,錢糧按分數蠲免。〇是年,聖祖仁皇帝駕幸山西,諭:免康熙四十一年民欠銀米。〇又諭:河南民欠,著蠲免。〇又詔:免河南全省康熙四十三年地丁漕糧。〇又詔:免雲南、貴州、廣西、四川四省康熙四十三年應徵地丁各項錢糧。〇四十三年諭:山東全省康熙四十四年地丁銀,著蠲免。〇又覆准:直隸南樂縣上年秋被水災,照分數蠲免錢糧。〇又覆准:江西省清江等六縣,夏被水災,照分數蠲免錢糧。〇又覆准:廣東廣、韶等府屬被災,錢糧照分數蠲免。〇又覆准:湖廣常德府屬之武陵、桃源二縣,秋被旱災,照分數蠲免錢糧。〇又覆准:湖南道州被災,錢糧按分數蠲免。〇又諭:浙省康熙四十四年應徵地丁錢糧,通行豁免。〇四十四年覆准:湖廣江夏等州、縣、衛被水災,照分數蠲免錢糧。〇又覆准:江寧蕭縣地方被災,照分數蠲免錢糧。〇又諭:"朕宵旰勤民,廑思愛養。惟務簡徵寬賦,以期實惠黎元。間有州縣水旱不登,即詔所司亟議蠲賑。其直隸各省每歲應輸額賦,有以次遞蠲者,有頻蠲數年者,有將帶徵積欠暫令停徵者。凡以蠲除額賦,專爲小民樂業遂生。一歲以内,足不踐長吏之庭,耳不聞追呼之擾。庶幾休養日久,馴致家給户足,而民咸得所也。曩年楚省錢糧,雖屢行豁免,今已歷數載,未經特蠲。應將該省額賦,全免一年,以示朕加恩優渥之至意。湖北、湖南康熙四十五年除漕糧、漕項外,其餘地丁銀米,一槩免徵。舊欠未完者,並停輸納。該部移文該督撫,令各飭屬員張示徧諭,窮鄉僻壤,咸使周知。〇又諭:嗣後,蠲免新年錢糧時,若令將歷年未完錢糧蠲免,則一并蠲免;若止令將新年錢糧蠲免,並無將舊欠錢糧一并蠲免之旨,則蠲免新糧之年,停其徵收,次年仍照常徵輸。〇四十五年諭:朕宵旰圖維,勤求民隱。每欲敷蠲貸之恩,以爲閭閻留有餘之力。直隸、山東地方,康熙四十二年偶遇災沴。因特免山東四十三、四兩年額賦並四十一年以前積欠錢糧。直隸,則順天、河間兩府四十四年額賦,亦俱豁免。今雖屢年收穫,民氣漸舒,而所有宿逋,尚應輸納。朕念黎元方有起色,辦賦猶艱,一時新舊並徵,勢難兼應,宜更加寬恤,以弘休養。直隸,自康熙四十一年至四十三年各府屬未完民欠,銀八萬二千七百兩有奇、糧五千九百石有奇,山東省,自康熙四十二年各府屬未完民欠銀一百六十九萬一千七百兩有奇、糧五千九百石有奇,或見在徵取,或分年帶徵,俱着通行蠲免,俾小民實除逋負之累。倘應徵舊欠,有見完納在官者,即准抵本年正賦。諭旨到日,各該撫速行所屬有司,徧示曉諭。有不肖官吏,朦混徵收,不與開除明白者,該撫即時參劾,嚴加治罪。”〇又諭:“朕子育黎元,日求所以休養利濟之道。念惟賜租減賦,實有裨益於民生。直隸各省錢糧,次第全蠲一年者,業經數舉,獨是歷歲逋負,積累加增。舊税新徵,勢難兼辦。縱使少寬民力,分年帶輸,而督令續完,仍多拮据。朕睠懷及此,深切軫恤。是用蠲逋己責,大沛恩膏,俾閭閻獲免追呼,官吏亦不罹參罰。直隸山東積欠錢糧,今年俱已蠲免。其山西、陝西、甘肅、江蘇、安徽、浙江、江西、湖北、湖南、福建、廣東各省,自康熙四十三年以前未完地丁銀二百一十二萬二千七百兩有奇、糧十萬五千七百石有奇,着按數通行蠲免。或舊欠已完在官,而見年錢糧未完足者,亦准扣抵。諭旨到日,各該撫立行所屬,張示徧諭。有不肖有司以完作欠,朦混銷算,及開除不清者,該督撫即行題參,嚴加治罪。”〇又題准:湖南華容縣、安鄉縣被災,照例准其蠲免錢糧。〇又覆准:徐、淮二屬及大河等衛被災,本年錢糧盡予蠲免。〇又覆准:桃源洪澤湖旁淹没田地,准其蠲免錢糧。〇又覆准:湖北漢川等州縣被災,錢糧按分數蠲免。〇又覆准:直隸武清等州縣本年秋災,按分數蠲免錢糧。〇又覆准:江西新建等縣被災,照分數蠲免本年錢糧。〇又諭:今歲漢江水大,南鄭等縣,城垣田舍被水衝没,且米價騰貴,小民艱食。所有本年應徵錢糧,著豁免。明年以後地丁錢糧,亦著暫行停徵。俟應徵收之年,著該督撫察明具奏起科。見在被災之人,該督撫速行賑濟。〇四十六年覆准:直隸東安等州縣被災,錢糧照分數蠲免。〇又諭:“江浙地方,賦役殷繁,倍於他省。朕屢經巡歷,時時切廑軫懷。比年以來,業已節次敷恩,頻行蠲貸。頃因兩省偶被旱災,隨命按數減徵,豁免漕欠,並分截本年漕糧,令該督撫親往散賑。猶念民間素鮮儲蓄,生計不充,非更加格外滋培,則荒歉之餘,未能即臻康阜。兹特再施膏澤,用弘休養。康熙四十七年江南、浙江通省人丁,共徵銀六十九萬七千七百餘兩,著悉與蠲免。其本年被災安徽巡撫屬七州縣、三衛、江寧巡撫屬二十五州縣、三衛應徵地畝銀一百九十七萬五千二百餘兩、糧三十九萬二千餘石,浙江二十州縣、一所應徵地畝銀九十六萬一千五百餘兩、糧九萬六千餘石,四十七年,亦俱著免徵。所有舊欠帶徵銀米,亦暫停追取。俟開徵時,一并輸納。務使小民一歲之内絶迹公庭,安處隴畝,俾得優游作息,經理農桑。庶幾閭閻氣象,可以日加豐豫。諭旨到日,該督撫體朕孜孜惠愛黎元至意,各飭有司實心奉行。仍張示通曉,令咸知悉。倘所蠲不實,致有侵冒,察出,定治重罪。”〇又諭:“從來漕米關繫倉儲,最爲重要。每歲剋期輸輓,槩不停徵。即蠲除節年額賦,亦不及漕項。朕前以國家經費尚充,曾有酌免漕糧之事,係出特恩。去年頒發諭旨,已將江南省民欠地丁銀米,自康熙四十三年以前,通行蠲豁。而漕項所欠,尚在徵收。今念江南地方見被旱災,除新徵糧米另有諭旨,酌量截留散賑外,其四十三年以前,江寧巡撫所屬各府、州、縣未完民欠漕項,銀六十八萬七千兩有奇、米麥三十一萬一千八百石有奇,着該撫一一察明,悉予全免。用紓閭閻之餘力,俾辦額運之正供,事切利民,蠲逾常格。户部移文該撫,令張示徧諭,務使均沾實澤,以稱朕深軫民依之意。”〇又覆准:江西清江等縣被災,錢糧照分數蠲免。〇又覆准:山東章邱等七州縣被災,錢糧照分數蠲免。〇四十七年諭:江南四十八年地丁銀兩,著蠲免。〇又覆准:免潛山等州縣被災額賦。〇又覆准:浙江仁和等七縣被災,錢糧照分數蠲免。〇又覆准:臨、海二縣被風雨傷禾,錢糧照分數蠲免。〇又覆准:福建臺灣、鳳山、諸羅三縣,秋被旱災,按分數蠲免輸粟。〇又覆准:湖廣湖北所屬被災,錢糧照分數蠲免。〇又覆准:山東鄒平等二十九縣、德州等四衛被災,錢糧照分數蠲免。〇四十八年覆准:直隸霸州等處被災,照分數蠲免錢糧。〇又諭:“今歲入夏以後,朕因南方二麥不登,北地亦被微潦,宵旰軫慮,甚切焦勞。繼而畿輔稔收,三吴秋熟,兼以四方奏報,咸獲有年,朕心始爲稍慰。夫水旱災傷,事所時有。而小民皆如赤子,一以疾苦見告,即不忍恝置於懷。今念江南淮安府、徐州、揚州府三屬,地卑積水,被災獨重,秋禾未播種者甚多。雖本年錢糧業經全免,又曾遣官分賑,而失業之民,宜加格外之恩,以弘愛養。康熙四十九年淮、揚、徐三屬邳州等十九州縣、三衛額徵地丁銀五十九萬三千八百兩有奇,着通行蠲免。又,河南省歸德府屬商邱等六縣、山東省兖州府屬濟寧等四州縣,或被夏災,或被秋災。雖已各依分數例免額賦,並宜更施膏澤,用厚民生。四十九年商邱等縣應徵地丁銀二十萬二千四百兩有奇、濟寧等州縣應徵地丁銀一十四萬六千六百兩有奇,俱着通行蠲免。州縣有舊欠未完錢糧,亦著停徵一年。諭旨到日,各該督撫嚴飭有司,體朕殷殷軫恤災氓至意,張示徧諭,悉心奉行,務俾窮鄉僻壤,均沾實惠。如有不肖官吏,借端私徵者，即行察參。"〇又覆准：江南省亳州所屬被災，蠲免更名田地銀。〇又覆准：山東省金鄉、濟南、章邱等州縣被災，錢糧按分數蠲免。〇又覆准：河南永城等縣被災，錢糧按分數蠲免。〇四十九年諭："朕恭膺天眷，祇承列祖鴻庥。統御萬方，子育兆庶。厪懷至治，宵旰靡寧。幸際海宇同風，邊隅向化，遐邇中外，帖然衽席之安。是皆仰荷天地，祖宗福佑之所致也。方朕八齡踐祚之初，太皇太后問朕何欲。朕對臣無他欲，惟願天下治安，生民樂業，共享太平之福而已。迄今五十年矣，惓惓此心，未嘗一日少釋。每思民爲邦本，勤恤爲先，政在養民，蠲租爲急。數十年以來，除水旱災傷，例應豁免外，其直省錢糧次第通蠲一年者，屢經舉行，更有一年蠲及數省，一省連蠲數年者。前後蠲除之數，據户部奏報，通共會計，已逾萬萬，朕一無所顧惜。百姓足，君孰與不足？朝廷恩澤，不施及於百姓，將安施乎？朕每歲供御所需，槩從儉約。各項奏銷浮冒，亦漸次清釐。外無師旅饟餽之煩，内無工役興作之費。因以歷年節省之儲蓄，爲頻歲涣解之恩膏。朕之蠲免屢行，而無國計不足之慮，亦恃此經畫之有素也。比來省方時邁，已歷七省。南北人民風俗及日用生計，靡不周知。而民所以未盡殷阜者，良由承平既久，户口日繁，地不加增，産不加益，食用不給，理有必然。朕洞燭此隱，時深軫念，爰不靳敷仁，用甦民力。明年爲康熙五十年，思再沛大恩以及吾民。原欲將天下錢糧一槩蠲免，因衆大臣集議，恐各處兵餉撥解之際，兵民驛遞，益致煩苦，細加籌畫，悉以奏聞。故自明年始，於三年以内，通免一周，俾遠近均沾德澤。直隸、奉天、浙江、福建、廣東、廣西、四川、雲南、貴州各巡撫及府尹所屬，除漕項錢糧外，五十年應徵地畝銀共七百二十二萬六千一百兩有奇、應徵人丁銀共一百一十五萬一千兩有奇，俱著察明全免，并歷年舊欠共一百一十八萬五千四百兩有奇，亦俱着免徵。其五十一年、五十二年應蠲省分，至期候旨行。民間舊欠，既經豁免，嗣後每年額徵錢糧，務如數全完。倘完不及額，或别有虧空，託稱民欠，則負國甚矣，即責令督撫以下官員償補，仍從重治罪。夫地方大吏，以及監司守令，皆與民誼均休戚者也。誠克體朕孜孜保赤之懷，實心愛養，力杜侵牟朘削，則閭閻咸得衣食滋殖，無有失所，而爲官吏者，亦身名俱泰。豈非昇平樂利之盛事歟！户部移文各督撫，諭旨到日，即刊刻頒布窮簷，令咸知悉。"〇又覆准：直隸霸州等州縣，秋被水災，照分數蠲免錢糧。〇又覆准：安徽舒城縣，秋被水災，照分數蠲免錢糧。〇又諭：免江南淮、揚、徐三屬淮、泰、徐三衛地丁銀。〇又覆准：免江南荒銀。〇又諭：免山東金鄉等縣地丁銀。〇又諭:漕糧例不蠲免。念浙省被災之後,民力艱難,其緩徵漕米,著免徵收。〇五十年覆准:江南六安等州縣及廬、鳳二衛被災,錢糧盡行蠲免。〇又題請:江蘇所屬府、州、縣無著銀兩,將俸工等項捐助補還。奉旨:"此無著錢糧,俱係南巡時,地方官公同動用。伊等不敢聲明。但前任官那用虧空之項著落後任官員賠補,必致科派,擾害百姓。此等之處,朕所甚悉,心殊不忍。此無著錢糧,十萬八千有奇銀兩,免其賠補,以示朕軫念官民至意。"〇又諭:蠲免湖廣省康熙五十一年地丁銀、康熙四十八、九兩年民欠銀。〇又覆准:蠲免奉天錦縣等處地丁銀。其奉德等七處康熙五十年應徵米豆,亦一體蠲免。〇又諭:臺灣府屬康熙五十年應徵穀石,已經徵完在官,雖蠲免,與小民無益。其應徵五十一年穀石,著行蠲免。〇五十一年覆准:直隸井陘等縣被災,錢糧照分數豁免。〇又覆准:浙江彙報風雨災傷,蠲免安吉等三州縣錢糧。〇又諭:"朕宵旰孜孜,勤求民瘼。永惟惠下實政,無如除賦蠲租。除每歲直省報聞偶有水旱災傷,照輕重分數蠲免正供,仍加賑恤外,將天下地丁錢糧,自康熙五十年爲始,三年之内,全免一週。使率土黎庶,普被恩膏。除將直隸奉天、浙江、福建、廣東、廣西、四川、雲南、貴州及山西、河南、陝西、甘肅、湖南、湖北各直省康熙五十年、五十一年地丁錢糧一槩蠲免,歷年舊欠錢糧一并免徵外,所有江寧、安徽、山東、江西各撫屬,除漕項外,康熙五十二年應徵地畝銀共八百八十二萬九千六百四十四兩有奇、人丁銀共一百三萬五千三百二十五兩有奇,俱著察明全免。其歷年舊欠銀二百四十八萬三千八百二十八兩有奇,著一并免徵。計三年之内,總免過天下地畝、人丁新徵、舊欠,共銀三千二百六萬四千六百九十七兩有奇。各該督撫務須實心奉行,體朕軫念民生至意。"〇又覆准:江南淮安等府屬州縣夏被水災,照分數蠲免錢糧。〇又諭:潼關衛大同府所屬康熙五十一年應徵米豆草束既已徵完,今雖蠲免,亦無益於小民。明年應徵米豆草束,著蠲免。〇又覆准:山東魚臺等四州縣被災,錢糧照例蠲免。〇又諭:免陝西西安等屬地丁并歷年民欠銀。〇五十二年恩詔:天下地丁錢糧,既沛恩澤,於三年内悉予豁免。其自京城及各省房地租税,多係貧民賃僦官地棲身營業,宜并蠲免,以覃恩惠。著察明京城内并各省每年地租額數,於康熙五十三年豁免一年。其歷年逋欠若干一并察明,免其追補。〇又覆准:免江蘇等屬荒銀。〇又覆准:浙江海寧等縣并台州衛旱災,錢糧照分數蠲免。〇又覆准:偏沅臨湘縣衝壞田畝,豁免應徵銀米。〇又覆准:福建侯官縣并福防廳水衝民屯田地,銀米准其全蠲。〇又諭:山西、河南地丁銀兩,著蠲免。〇又諭:陝西西安府等屬錢糧,著蠲免。〇又諭:"朕勤求民瘼,無間遐邇。雖在邊徼遠省,偶有旱澇災傷,無不訪察情形,殫思賑救。今歲直省各處,俱獲收成。惟廣東三水、清遠、高要、高明、四會五縣,福建侯官縣、福防廳所屬福右衛二處,甘肅靖遠衛、環縣、鎮原縣、固原州、固原衛、平涼縣、平涼衛、崇信縣、慶陽衛、靈州所、會寧縣、寧夏中衛、寧夏所、古浪所一十四處,今歲夏秋被災,各督撫已經奏聞。雖各省地丁錢糧新經全免,然一方災歉,悉廑朕心。艱食之際,重以追呼,朕所不忍。其明年應徵廣東省三水等五縣額銀七萬七千九百兩零、米一萬七千六百石零,福建省侯官縣等二處額銀三萬六千六百兩零、米六千四百石零,甘肅靖遠衛等處額銀四萬七千七百兩零、糧八萬八千五百石零、草八十四萬三百束零,盡予蠲豁。户部即行文各督撫,務須星速奉行,即刻徧行曉諭,俾民間無催徵之累,肆力東作,用稱朕撫恤災黎至意。倘有不肖有司,奉行稽遲,或借端别行科派,使小民不沾實惠,該督撫嚴察參處。如該督撫失察,一并從重治罪。"〇又諭:會寧縣等處今歲錢糧,著補行豁免。〇五十三年覆准:浙江奉化縣水冲田地,無徵錢糧,俱行免徵。〇又覆准:山東蒙陰縣本年被旱,按分數蠲免錢糧。〇又覆准:江南桃、宿等州縣、鎮江等衛被災,錢糧照例蠲免。〇又覆准:安、寧等府屬被災,錢糧照分數豁免。〇又覆准:蠲免浙江錢塘等二十縣及嚴、衢二所被災錢糧。〇五十四年諭:順天、永平、保定、河間、宣化五府五十五年地丁銀、米、豆、穀、草束,通行蠲免。〇又覆准:江南太、長等州、縣、衛被災,錢糧照例蠲免。〇又覆准:湖廣江夏等州、縣、衛被災,錢糧按分數蠲免。〇又覆准:湖南岳州等府屬縣衛被災,照例蠲免錢糧,并動倉穀賑濟。〇又覆准:山東商河等縣被災,錢糧照分數蠲免。〇五十五年諭:"朕統一寰宇,宵旰孜孜。惟以年穀順成,民生康阜爲念。故凡地方水旱情形,必時加諮詢。其有歲偶不登,即詔所司亟行蠲賑。五十餘年來,未嘗稍懈。前因甘肅靖遠衛等處歉收,既已多方籌畫,蠲賑頻施,復將甘肅被災二十八州、縣、衛、所康熙五十四年額徵銀、糧、草束,通行蠲免。但被災之餘,民鮮蓋藏。若非再沛弘施,恐來歲辦賦猶艱。除寧州、隴西、渭源、狄道、臨洮五州、縣、衛五十五年額徵銀、糧、草束已經蠲免外,其靖遠等二十八州、縣、衛、所五十五年額徵銀九萬七千八百七十兩零、糧二十三萬九千四十石零、草二百五十三萬七千八十束零,亦盡與蠲免。諭旨到日,該督撫即徧行曉示,俾遐陬僻壤,莫不周知,務期均沾實惠，以副朕軫恤邊民至意。"〇又諭："朕統一寰宇，無分中外，皆欲久安長治，共樂昇平。宵旰孜孜，五十餘年，未嘗頃刻去懷也。策妄阿喇布坦，前曾頻行請安，遣使來往，近忽狂悖，侵擾哈密。哈密係我編置佐領之部落，與内地無異。若不遣發師旅，置之不問，斷乎不可。故特徵兵備邊，一切飛芻輓粟，悉支正供，毫無累及閭閻。然而行軍置驛及諸凡輓運，皆由邊境。今歲山西、陝西二省屬豐收，喜登大有，猶念邊民效力，轉輸無誤。急公固其常分，而民勞亦所堪恤。若非格外施恩，何以昭示鼓勵？兹特大沛膏澤，加意培養。著將沿邊一帶運糧地方，自山西大同府屬前衛、右衛、大同、懷仁、馬邑、朔州、保德等七州、縣、衛，直至陝西延安府屬府谷、神木、安塞、綏德、米脂、安定、吴堡、保安、榆林、保寧、常樂、雙山、魚河、歸德、嚮水、波羅、懷遠、威武、清平，甘肅屬山丹、高臺、古浪莊、浪西、寧肅、鎮寧、夏左屯、中屯、平羅中衛、靈寧、平涼、固原鎮、戎西、安慶、陽阜城、甜水、河州、歸德、蘭州、洮州等四十二州、縣、衛、所、堡康熙五十六年額徵銀八萬六千一百兩零、糧米豆穀三十一萬七千七百二十五石零、草二百七十六萬五千九百束零，通行蠲免，并將從前積年逋欠銀糧草豆，亦悉予蠲除。諭旨到日，該督撫即徧行張示，使遐陬僻壤，莫不周知。仍嚴飭所司實心奉行，以副朕加厚邊民至意。其或陽奉陰違，澤不下究，該督撫題參，從重治罪。"〇又覆准：湖廣巴陵等縣田禾被災，照例蠲免錢糧。〇又諭：直屬地丁銀米草束，著蠲免。〇又覆准：免江南上元、宣城、邳州等州、縣、衛被災錢糧。〇又覆准：浙江金華等縣及嚴州所被災，錢糧照分數豁免。〇又覆准：直隸濬縣等處，秋被水災，照分數蠲免錢糧。〇又覆准：蠲免新城等七縣及衢州所被災錢糧。〇又覆准：山東泰安等州縣被災，錢糧照例蠲免。〇五十六年諭："朕撫馭寰宇，五十餘年。夜寐夙興，爲小民勤求生遂。凡率土遠近，皆期共享樂利，聿成家給人足之休，未嘗一日不廑諸懷也。數十年以來，各省正賦，屢經全免。歷年積欠，亦已蠲徵。偶有雨澤愆期，或發倉廩散賑，或截漕糧賑救，不惜數萬萬金錢米穀，頻沛恩施。誠念窮簷之艱，慮其致於顛連失所耳。近者民力雖已稍舒，然念分年帶徵銀兩，若不格外優寬，則小民一歲所獲，分納二年之賦，以其贏餘養贍室家，斷難充足。朕每懷及此，軫惻良深，宜更加殊恩，通行豁免。今將直隸、安徽、江蘇、浙江、江西、湖廣、西安、甘肅等八處帶徵地丁、屯衛銀二百三十九萬八千三百八十兩有奇，槩免徵收。其漕項雖例不准免，亦著破格施恩。將安徽、江蘇所屬帶徵漕項銀四十九萬五千一百兩零、米麥豆一十四萬六千六百一十餘石内,免徵各半。户部即行文該督撫,嚴飭所屬實心奉行,徧加曉諭,俾民間無催徵之累,均沾實惠,用稱朕撫恤羣黎至意。倘有不肖有司,借端朦混,私行徵收者,該督撫嚴察參處。如該督撫失察,一并從重處分。"〇又諭:"朕御極以來,念切民生,時勤宵旰。凡巡歷所至,必以編氓疾苦,備悉諮詢。蓋欲比户之蓋藏恒裕,三時之水旱無虞,斯民氣和樂,聿成豐亨豫大之休也。頃者,朕巡口外,經過三河等州縣,暨永平府交界地方,見今歲秋成豐稔,米價稱平,惟是去年雨水過溢,田畝間被淹没。朕深加軫恤,蠲賦平糶,轉漕分賑貧民使不致失所。今者雖復有年,然僅足支一歲之用,恐來年之輸將,尚多難繼。是必再沛恩膏,始可大培民力。著將順天、永平兩府所屬大興、宛平、通州、三河、密雲、薊州、遵化、順義、懷柔、昌平、寶坻、平谷、豐潤、玉田、良鄉、涿州、武清、永清、香河、霸州、大成、文安、房山、保定、延慶、梁城、盧龍、遷安、樂亭、灤州、撫寧、昌黎、山海等州、縣、衛、所康熙五十六年地丁銀二十六萬四千三百三十六兩零、米豆糧二萬一千六百四十六石零、草九萬四千九百五十束零,俱通行蠲免。所有歷年積欠銀九萬三百九十六兩零、米豆高粱一萬六千二百七十五石零、草八萬四千四百七十束零,亦并予豁除。户部行文該督撫,嚴飭所屬實心奉行,俾遐村窮谷,均沾德意。"〇五十七年覆准:徽屬歙縣等處被災,錢糧照分數蠲免。〇又覆准:福建臺灣三縣旱災,錢糧照分數蠲免。〇又覆准:甘屬丹山衛等處旱災,錢糧照分數蠲免。〇又諭:"朕臨御五十年,凡師行轉餉及災祲偶見,即廑懷殷切,蠲免賑濟之恩,靡不下逮。蓋以治安天下,惟期民生得所。而欲民生得所,必以敷恩寬賦爲急也。三年以來,策妄阿喇布坦狂逞跳梁,遣發大兵屯駐西邊,一切軍興征繕,皆動支正供錢糧,不使累及閭閻。而轉輸輓運,陝西百姓雖勉力急公,勞苦實堪憫恤。又,莊浪縣等處地震,隨經遣部院堂官星馳前往察賑。而用兵之後,宜格外加恩,用綏黎庶。將陝西巡撫、甘肅巡撫所屬通省各府、州、縣、衛、所錢糧、米、豆、草束,俱行蠲免。目今係有軍務之時,除米豆草束外,其康熙五十八年應徵地丁銀一百八十八萬三千五百三十六兩有奇,并歷年積欠銀四萬七百五十七兩有奇,著一槩蠲免。户部速行文該督撫,通行曉諭,實心奉行,務俾均沾德意,以副朕篤念民勞、拯恤災傷至意。如有不肖官吏,朦混私徵,澤不下究者,該督撫嚴察指參,從重治罪。"〇又諭:甘肅巡撫所屬康熙五十三、四、五、六等年民間舊欠銀米草豆,著盡行豁免,務令得沾實惠。〇五十八年覆准:江南山陽、合肥等縣被災,錢糧照例蠲免。〇又覆准：浙江錢塘等二十一縣、衢嚴二所被旱，錢糧照分數蠲免。○又覆准：會稽、上虞二縣被風潮災傷，錢糧照分數蠲免。○五十九年諭："朕惟治天下之要，首以乂安民生爲急。故自御極以來，於閭閻疾苦，無不博諮廣詢，涣敷恷澤。其有動用民力之處，尤孜孜廑念，刻不能忘，蓋六十年如一日也。比年因策妄阿喇布坦狂逞跳梁，軍興征繕，遠歷邊陲。其沿邊數處，師旅屯駐，一切雖皆支用正項錢糧，而協辦轉輸、行齎居送之事，民力勞瘁。朕心時切軫念，曾將陝西、甘肅巡撫所屬康熙五十八年額徵地丁銀一百八十八萬兩零、歷年舊欠銀四萬兩，特沛恩綸，悉行蠲免。而沿邊各州、縣、衛、所軍行既多飛輓之勞，辦賦復滋催科之擾。若非格外加恩，黎民恐致失業。所有沿邊一帶，陝西延安府屬府谷、神木、安塞、綏德、米脂、安定、吴堡、保安、榆林、保寧、常樂、雙山、魚河、歸德、嚮水、波羅、懷遠、威武、清平、葭州、龍州、鎮靖、鎮羅、寧塞、靖邊、柳樹澗、安邊、磚井、定邊、饒陽、水堡、高家堡，甘肅屬山丹、高臺、古浪、莊浪、西寧、肅州鎮、寧夏左屯、中屯、平羅中衛、靈州、寧州、平凉衛、固原州、鎮戎、西安、阜城、甜水、河州、歸德、蘭州、洮州、寧夏前衛、平凉縣、固原衛、固原廳、河州衛、蘭州衛、蘭州廳、慶陽、凉州衛、永昌衛、鎮番衛、甘州衛、甘州右衛、肅州衛、鎮彝所等六十八州、縣、衛、所、堡康熙五十九年錢糧，米、豆、草束，俱宜蠲免。但目今係有軍務之時，除米豆草束外，將五十九年額徵銀九萬八千一百兩零，盡行蠲免。户部移文該督撫通行曉諭，實心奉行，務俾均沾德惠，以副朕曲軫邊民之至意。"○又諭："朕自御極以來，無日不以民生爲念，凡閭閻疾苦，必詳加諮訪。至於地方偶遇災傷，一有所聞，即行蠲賑，撫恤備至，務期黎庶安生樂業，優游化日。六十年來，夙夜孜孜，未嘗少釋也。邇年因西陲用兵，師行糧從，雖芻粟悉支正供，絲毫無擾民間，然轉輸必須民力，勞苦宜恤。曾將康熙五十八年陝西、甘肅所屬額徵地丁銀一百八十八萬兩零、歷年舊欠銀四萬兩零，康熙五十九年沿邊各州、縣、衛、所額徵銀九萬八千一百兩零，浹沛恩綸，屢行蠲免。近聞二年歉收，民有艱於粒食者，辦賦急公，力何能支？若非涣敷德澤，無以培養窮氓。是宜特頒浩蕩之恩，用申勤求民瘼之念。著將陝西巡撫、甘肅巡撫所屬通省各州、縣、衛、所，除應徵米豆草束外，康熙六十年應徵地丁銀一百八十八萬三千七百四十四兩零，通行蠲免。户部速行文該督撫徧行曉諭，實心奉行，務必均沾實惠。如有不肖官吏，陽奉陰違，澤不下究者，該督撫嚴察題參，從重治罪。"○又覆准：江南高郵、合肥等州縣衛被災，額賦照例蠲免。○又覆准:龍州等堡秋禾被災,其應徵錢糧,照例蠲免。〇又覆准:定邊等四堡、所,夏禾被災,其應徵本色糧石,照例蠲免。〇又諭:延慶等五州縣,米、豆、穀石、雜糧,俱著蠲免。〇又覆准:湖廣漢川等州、縣、衛被災,錢糧按分數蠲免。〇又覆准:固原等州、縣、衛、所被災,錢糧照例蠲免。〇六十年覆准:蠲免江蘇等六府、州、縣并沛縣被災正賦。〇又覆准:安徽新安等州、縣、衛被災,錢糧按分數蠲免。〇又覆准:河南祥符等州縣被災,錢糧按分數蠲免。〇又議准:免徽、寧、廣三府、州屬被災錢糧。〇又題准:浙江仁錢等州、縣、衛被災,錢糧照例蠲免。〇又議准:臺灣康熙六十年額徵民番銀二萬二千二百十五兩、粟十三萬八千九百五十石,盡行蠲免。〇又覆准:甘肅静寧州等處被災,照分數蠲免錢糧。〇六十一年覆准:固原等州、縣、衛秋禾被災,錢糧按分數蠲免。〇又覆准:江寧上元等州、縣、衛被災,錢糧按分數蠲免。〇又覆准:安徽歙縣等處被災,錢糧按分數蠲免。〇又覆准:山西平汾等府、州、縣、衛、所,夏被旱災,錢糧按分數蠲免。〇是年十一月二十日恩詔:各省民欠錢糧,該部查明具奏。其年久應免者,候旨豁免。〇又恩詔:地方災傷已經查勘,蠲免賦役者,有司不遵,仍行濫派,及但免有力之家,致窮民不沾實惠者,事發,決不饒恕。〇又諭:"皇考御極六十年,澤周兆姓,恩洽人心。凡巡幸所經州縣,小民無不除道清塵,趨事恐後。古北口一路,爲我皇考每年行幸之地。農工商賈皆得仰瞻天顔,親承膏澤。今聞皇考賓天,民心不知如何悲痛。此路百姓歷年出力,實堪憐憫。今將宛平、順義、懷柔、密雲、平谷五縣,昌平一州,雍正元年應徵正項錢糧一萬四千三百八十兩,盡行豁免。又,陵寢一路,此時正當修道之際,亦宜軫恤。今將大興、三河二縣,通州、薊州、遵化州三州,雍正元年應徵正項錢糧一萬三千三百七十六兩零,亦盡行蠲免。户部移文該撫,令徧飭所屬州縣實心奉行,務令小民均沾實惠。倘有不肖有司私行徵收,澤不下究者,事覺,定行重處。"〇雍正元年覆准:康熙六十年,濟、兗、東、青四府屬歷城等四十九州、縣、衛、所,二麥被旱成災地畝應徵銀二十三萬二千一百九十八兩九錢零,照例蠲免。〇又覆准:六十年,平凉等廳、州、縣、衛、所被災,錢糧按分數蠲免。〇又覆准:山東壽張等五州縣,康熙六十一年水災,照分數蠲免錢糧。〇又覆准:淮、徐二府屬海州等十一州、縣、衛,康熙六十一年夏旱被災田地,勘明分數。其應徵錢糧,照例蠲免。〇又覆准:廬州府屬之合肥、舒城等十八州、縣、衛,秋禾被旱田地,其應徵錢糧,照例蠲免。〇又覆准:直隸廣、大二府屬春夏旱災,錢糧照例蠲免。〇又覆准：宛平等十一州、縣，一切地丁、房租、核桃榛栗等項，除已蠲銀二萬七千七百五十二兩零，其未蠲銀二萬一千七百八十九兩，一并蠲免。〇又覆准：江南江、蘇、常、鎮、淮、揚六府屬州、縣、衛，秋被蟲旱災傷，十分至五六分不等。應徵錢糧，照例蠲免。〇又覆准：湖廣鍾祥等州、縣衛被災，錢糧按分數蠲免。〇又覆准：山東濟南等府，康熙六十一年被旱，錢糧按分數蠲免。〇又，江蘇等屬，康熙三十三年以前未完民、屯、地丁等項錢糧，奉旨：這民欠地丁等項銀一百三十一萬餘兩，内蘆課等項銀九萬八百兩零，雖非恩詔内應行豁免之項，但此事歷年最久，倘行催徵，窮民必致受累。著一并盡行豁免。〇又，江蘇等屬，康熙三十四年以後積年民欠錢糧，奉旨：這民欠地丁等項銀七百二十九萬六千餘兩，外蘆課等項銀十九萬二千七百兩零，雖不應蠲免，但此事歷年最久，若行催徵，窮民必致苦累。著一并豁免。〇又，蘇、太等衛，積年未完屯折銀，奉旨：這未完屯折銀二萬四百九十餘兩，内存留俸工銀一千二百九十餘兩，雖不應豁免，但此事歷年已久。既稱實係拖欠在軍，著一并豁免。〇又，江蘇等屬，四十七年以後民欠，奉旨：這民屯地丁等銀三百五萬九千餘兩，内地租等項銀六千八百七十餘兩，雖不應豁免，但此事歷年已久，實欠在民，著一并豁免。〇又諭："陝西省自軍興以來，大兵駐劄，運送糧餉，供支草豆，無一不需民力，原非他省可比。皇考每爲軫念。今當大沛恩膏，以子惠元元。所有康熙六十年以前，陝省除借給籽種，著該督撫查明定議，分年帶徵外，其餘凡有民屯衛所實在未完銀米豆草，悉予蠲免。倘有不肖官吏，敢以虧空捏稱民欠，濫邀曠典者，一經發覺，罪在不赦。户部作速行文，毋得遲留。"〇又諭："朕惟治安天下，欲兵民並得其所，必以敷恩減賦爲要。比年以來，策妄阿喇布坦狂逞逆命，發師致討。四川、陝西官兵經歷險道，往返萬有餘里，甚屬勞苦。朕深憫念。其倒斃駝載馬匹價銀及口外沿途與西藏留駐兵丁續補駝馬價銀，著悉免追賠。又，西陲軍興以來，民間急公趨事，應付差役，實厪朕懷。聞陝西、甘肅二屬各州、縣、衛、所，地丁銀兩每錢額外徵收三釐，米每斗額外徵收三合，以爲備荒之用。此項徒有加賦之徵，而無賑濟之實。著自雍正元年爲始，將額外徵收銀米，永行停止。如有舊欠，亦悉予蠲除。户部速行文該督撫，遵諭奉行，務俾均沾實惠，以副朕篤念民生至意。"〇又覆准：將宛平等縣一切地丁雜賦等項，通行蠲免。〇又諭："琉璃、亮瓦兩廠官地，每月按間計檁徵租，相沿已久。朕念兩廠多係流寓賃住、揭本經營之民，情可憫惻。嗣後，止徵地租，免其按間計檁逐月輸納。著即通行曉諭,以副朕撫恤窮黎至意。"〇又覆准:浙江富陽等二十九縣及台州衛、嚴州所,秋被旱災,共免地丁銀八萬六千九百五十七兩零。〇又覆准:續報秋旱仁和等二十一州縣并杭州右、前二衛、湖州所,共蠲地丁銀五萬七千五百九十八兩零。〇又覆准:甘屬古浪所地方,冰雹傷禾,錢糧按分數蠲免。〇又覆准:河南中牟等十縣被災,蠲免地丁銀四萬二千五百七十三兩零。〇二年覆准:廣東海康、遂溪二縣被災,錢糧按分數蠲免。〇又覆准:江南省蘇、松、常、鎮、淮、揚六府屬,潮水泛溢,秋禾被淹,屯民蘆課田地,勘明災傷十分至五分不等,應免錢糧,照分數豁除。〇又覆准:江西南昌府屬之南昌、新建、豐城、進賢、奉新、寧州、靖安七州縣,蠲免浮糧七萬五千五百四十九兩八錢七分五釐零,以雍正三年爲始。〇又,户部遵奉恩詔,議免各省錢糧。奉旨:這事情,部議自康熙十八年至四十五年止,舊欠銀米等項蠲免。著將五十年以前舊欠銀米等項,俱察明豁免。〇又覆准:浙省蘭溪、建德二縣,被水冲坍成溪田畝,無徵銀米,免其徵收。其被災田地錢糧,照例蠲免。〇又覆准:仁和等十一州、縣,被水田地,應徵銀三萬六千九百兩零,照例蠲免。又,水冲沙地,無徵銀八十一兩三錢零,免其徵收。〇又覆准:靖江、丹陽二縣,秋禾被旱。其應徵錢糧,照分數蠲免。〇又覆准:湖廣臨湘縣及岳州衛田地,秋被旱災。其應徵錢糧,按分數蠲免。〇三年諭:"蘇松之浮糧,當日部臣從未陳奏。常廑皇考聖懷,屢頒諭旨,本欲施恩議減。乃彼時大臣,以舊額相沿已久,國課所關綦重,恐損上益下,非理財之道,數以不應裁減固執覆奏。凡國家大事因革損益,必君臣計議畫一,始可舉行。若皇考違衆獨斷,既非詢謀僉同之義,且恐一時減免,倘後來國用不足,又開議論之端,只得從衆議而中止。然聖慈軫念蘇松,誕敷渥澤,屢蠲舊欠,以紓民力。其數較他處爲多,是亦與裁減正額無異也。今朕仰體皇考愛民寬賦之盛心,准將蘇州府額徵銀蠲免三十萬兩,松江府額徵銀蠲免十五萬兩。《論語》曰:'百姓足,君孰與不足?'《周易》曰:'損上益下,民説無疆。'朕但願百姓之足,時存益下之懷。用是特沛恩膏,著爲定例。俾黎民輕其賦税,官吏易於催科。可飭令該地方知之。"〇又覆准:江南丹徒縣濱江坍没民屯田地,共一百八十一頃二十三畝零,應輸錢糧,永行豁除。其四十五年以前,每年民欠銀一千六百二十二兩零、米麥一千九百七十七石零,一并蠲免。〇又覆准:雍正二年,直屬霸州等七十三州、縣、廳所秋禾淹没。令地方官查明被水村莊,其錢糧照被災分數蠲免。〇又覆准:睢寧、宿遷二縣,秋被水災地畝,應徵錢糧，照分數豁免。○又覆准：霸州等七州、縣，未完額徵銀三萬七千七百二十六兩六錢，蠲免十分之五，以紓民力。○又覆准：福建臺灣府鳳山縣上淡水、下淡水等八社，自康熙十九年平定臺灣，照舊額徵丁稅，番婦每口徵穀二石，於康熙二十五年入於臺灣奏銷册内。今將鳳山八社番婦一千八百四十四口，折納穀三千六百八十石。自雍正四年爲始，照諸羅番婦一體，免其納賦。○又覆准：山東禹城等州縣被災，錢糧按分數蠲免。○又覆准：浙省蘭、建二邑，二年被水冲坍田畝，未能耕種，共田二頃三十八畝九分零，免其徵收錢糧。○又覆准：蘇松二府額徵浮糧，已奉特旨永免。其二府有田之人向佃户收租，如蒙恩免額徵銀一錢者，於納租人名下減免米三升。倘有將減免之數重收者，該地方察出，從重責治。其佃户於減數之外圖賴短少者，地方官察出，亦從重責治。○又覆准：江南興化縣，秋禾被淹。其被災田地，錢糧照分數蠲免。○又覆准：江安泗州，秋被水災。其田地錢糧，蠲免十分之二。○又覆准：河南西華、滎澤、延津、原武四縣，被災田地，錢糧按分數蠲免。○又覆准：江南山陽、清河、寶應三縣，秋禾被水。其成災田地，除漕項外，悉予蠲免。○又覆准：廣東海康、遂溪二縣，於雍正元年八月内，海潮湧溢。田地鹹氣未消，三年之後方可耕種。其雍正二年未完地丁銀兩，悉予蠲免。○又覆准：雲南曲靖府所轄越州鄉并南宁等州縣被災，錢糧照分數蠲免。○又覆准：河南陽武、封邱、中牟三縣，連年黄水漫溢，田地被淹。所有未完康熙六十年、六十一年、雍正元年、二年地丁銀、漕米，及雍正三年應完地丁、漕項銀兩，槩行蠲免。○又諭："直隸九府，今秋歲登大有。惟霸州、東安、大城、武清、玉田、寶坻、梁城所七州、縣、所地畝，稍被水傷。朕即諭巡撫將倉糧發賑。今奏請將七州、縣、所被水村莊本年錢糧，緩至雍正三年麥收後帶徵。但念此小民生全初遂，若將今歲錢糧歸於明歲帶徵，則新舊之賦，輸納於一年之内，物力維艱，勢難兼顧。夫百姓雖登樂利，猶資惠養有方。户部行文該撫，著將霸州等七州、縣、所被水村莊，雖未成災，今年應徵錢糧内，或應有蠲免之處，詳查定議具題。務紓民力，以副朕軫念黎元至意。"遵旨議定：將霸州等七州、縣、所未完銀三萬七千七百二十六兩零，蠲免十分之五，以紓民力。○四年覆准：安屬南陵、繁昌、貴池、宿松等縣，田禾水淹被災田地，應徵錢糧，照分數豁免。○又覆准：雍正三年，東省平原等十七州、縣、衛，二麥被旱，共蠲免銀五萬三千四百六兩五錢九分零。○又覆准：東省歷城等五十三州、縣、衛、所，雍正三年，秋禾被水成災地二十一萬五千六百五十四頃一十畝六分零，蠲銀一十五萬四千二百二十五兩九錢零。○又覆准：寧古塔地方官莊，被蟲食傷田地二百四十一晌，共蠲免糧二百四十一石。○又覆准：安屬之無爲、銅陵、宣城、望江、泗州、蕪湖、虹縣等處，夏被水災，其被災田畝應徵錢糧，照分數豁免。○又議准：昭陽湖田地，嗣後如遇涸出，收成之歲，每畝悉照舊額徵科。倘遇水淹，即勘實題請豁免。該州縣有將涸出地畝仍報水淹，或以已報涸出後，即有水淹，不爲申報請免者，該督撫即行題參。如徇隱不參，及州縣申詳水淹，不即委員勘實，題請豁免者，一經發覺，將該督撫一并嚴加議處。○又覆准：宿遷、碭山、蕭縣、睢寧、邳州等州、縣、衛，禾苗被冰雹打傷。被災田地應徵錢糧，照分數豁免。○又覆准：霸州、玉田等州縣，去年被水，錢糧按分數蠲免。○又覆准：廣東南海等縣被災，錢糧按分數豁免。○又覆准：蠲免蘇、松等屬州、縣、衛被災錢糧。○又覆准：蠲免河南西華等縣被災錢糧有差。○又覆准：江西南昌等縣被災，錢糧按分數豁免。○又覆准：河南祥符縣被河水衝決田地，難以耕種。將每年額徵地丁漕折等銀，及康熙六十年、六十一年、雍正元年、二年、三年未完民欠地丁等銀，俱行豁免。○五年諭：直隸近水低窪之處，易於被水。用沛特恩，遣官發帑，加恩軫恤。此乃額外惠及窮民之意。至於被水之處，仍應勘明分數，題請照定例蠲恤。不得因已經遣官發帑，遂不照定例遵行。並諭別省知之。○又覆准：湖北咸寧、蒲圻等縣、衛，蠲免本年錢糧。○又諭：湖南近江被水州、縣，著該督撫確實查明。照湖北咸寧、蒲圻等縣衛之例，將今歲錢糧蠲免。○又覆准：仁和等州、縣，雍正四年，秋禾被淹。其應徵錢糧，照分數豁免。○又諭："玉田縣之還鄉河，隄岸衝決，附近之田禾廬舍，有被淹傷損之處。朕心深爲軫念。著散秩大臣一員率同御史二人，前往悉心查勘，帶帑金二萬兩，速往賑濟。若有動用倉穀之處，將本縣倉穀即行動用。務使小民得所，不致流移。再，被水之地畝，本年應納之錢糧，著行緩徵。朕本欲加恩，將本年錢糧全免，但恐此時有已經完納者，著將被水之地明年錢糧，蠲免一年。該地方官應加意撫綏，以副朕愛養窮民之至意。"○又覆准：蠲免江南福泉等縣被災錢糧有差。○又諭："各省之中，賦税最多者，莫如江南之蘇、松二府，浙江之嘉、湖二府。每府多至數十萬，地方百姓未免難於輸將。查蘇、松、嘉、湖賦税加重之由，蓋始於明初洪武時，四府之人爲張士誠固守。故平定之後，籍富民之田以爲官田，按私租爲税額。夫負固之罪，在士誠一人。而乃咎歸於百姓，加其税賦。此洪武之刻政也。明朝二百餘年，減復不一。

我朝定鼎以來，亦照明例徵收。蓋因陸續辦理軍需經費所在，未便遽然裁減。皇考聖祖仁皇帝常論及此。雍正三年，朕仰體皇考多年寬賦之聖心，將蘇、松二府額徵浮糧豁免。彼時頒發諭旨甚明。本欲一體加恩於嘉、湖二府，因浙江風俗澆漓，正須化導，不便啓其望恩倖澤之心，故爾暫止。今見浙俗漸次轉移，將來可望改行遷善。朕心深慰，特沛恩膏。查嘉興府額徵四十七萬二千九百餘兩，著減十分之一，計免銀四萬七千二百九十兩零，湖州府額徵銀三十九萬九千九百餘兩零，著減十分之一，計免銀三萬九千九百九十兩零，共二府免銀八萬七千二百兩零。永著爲例。著該督撫督率有司，敬謹奉行，以副朕蠲賦恤民之至意。”

大清會典卷之三十七

户部

〔蠲恤三〕

〔賑濟〕

順治二年題准:八旗澇地,每晌給米一石。〇又題准:邊外八旗蒙古地畝被災,按饑民名口,折給米銀。許沿邊糴米,毋令進邊。〇又題准:游牧地方被災人户,每名月給米一斗。在張家口者,給米;古北口者,給銀。〇又題准:王、貝勒、貝子、公等府内人役澇地賑米,照例支給。其投充人帶來地不准給。〇五年題准:直省駐防官,應給澇地米。所留家口,在京支給;隨帶家口,在駐防所支給。〇六年定:八旗每歲倚恃賑給,不務農桑,嗣後停其踏勘。如遇歲荒,王以下,有俸官員以上,每歲照俸米倍給。〇八年覆准:江南、浙江、山東水災頻仍,亟需賑濟。以倉穀賑窮民,以學租賑貧士。〇九年題准:京都五城,每年自十一月起至次年三月中止,每日每城發米二石煮粥,銀一兩以供煤薪。定例事宜,詳《都察院》。其係特典載後。〇十年題准:賑恤旱澇地畝,自諸王府佐領下,以至小民,令旗員確查口數。七歲以上爲一口,六歲以下、四歲以上爲半口,不得以投充及傭僱人充數。〇又題准:八旗貧人,滿洲、蒙古每佐領下,給布六十疋、棉花六百觔、米一百石;漢軍每佐領下給布三十疋、棉花三百觔、米五十石。〇十一年覆准:八旗澇地,令即賑給到通漕米。滿洲、蒙古每佐領下,給倉米二百石;漢軍每佐領下,給倉米一百石。不論有無俸糧,該旗員酌量散給。〇又覆准:看守南苑海户災地,每晌給米一斛。〇又,特命發户、禮、兵、工四部庫貯銀十六萬兩,並宫中節省銀八萬兩,分給賑濟直隸各府饑民。〇十二年詔:八旗災地,官員以上,停其勘驗,甲兵以下,勘驗得實,仍行賑賜。○又覆准：令各省地方官，照京師例設廠煮賑，以救饑民。事竣，仍將捐輸官民姓名併銀米數目，彙册題報議叙。○十三年題准：滿洲、蒙古每佐領，給米三百石；漢軍每佐領，給米一百石。著該佐領、領催親驗貧户給發。其官員家人披甲者，不准給。○又題准：八旗被災地畝，每晌給米一斛。○又諭：發宫中節省銀三萬兩，賑濟畿輔饑民。○十四年諭：發内帑銀十萬兩，分給八旗兵丁，及賑濟畿輔饑民。○康熙元年覆准：八旗被水災地，每晌給米二斛；蝗雹災地，每晌一斛。○三年覆准：賑給八旗災地米，京通各倉挨給。駐防在外者，行文該地方官支給。○九年，特遣部院大臣往勘淮、揚水災，以鳳陽倉米麥及捐輸糧穀、罪囚口糧、存剩銀米、扣存截曠米稻、採買存剩及納贖稻米，盡數賑給。如不敷，即動正項錢糧凑濟。○十年，特遣部臣會同江南督撫，截留漕米并鳳、徐各倉米，賑濟淮揚災民。每名給米五斗。六歲以上，十歲以下，半給。各處約同日散票，以杜重冒之弊。兩河岸旁窮民，酌量加給。○又題准：淮、揚府州縣，分設米廠，散給饑民。每日人給米一升，三日一放。部差每府一員，協同地方官親驗給放。○十一年覆准：八旗旱災地，每晌給米二斛，本折各半。其折色照時價支給。○十八年議准：饑民願赴河工者，該管官隨到隨收。照例支給夫役銀兩。○又議准：賑濟災民錢糧，州縣官侵蝕肥己，督、撫、司、道、府官不行稽察，俱照蠲免例處分。○二十五年，特遣大臣往鳳陽、徐州等處，發鳳陽倉銀米，併動支附近州縣正項錢糧賑濟。○二十七年覆准：滇省鶴慶、劍川二處地震，壓死兵民。該撫委員賑濟。壓死者每名給銀一兩；壓傷者，每名給銀五錢；壓倒房屋，每間給銀二兩；其被災無棲止之人，每名給穀一石；幼小者，給穀五斗。動支常平積穀。○又覆准：江寧邳州等五州縣，秋被水災，動用積穀賑濟。○又覆准：鳳陽府屬州、縣、衛被災，動積穀賑濟。仍令地方官勸輸以備用。○二十八年諭："近因直屬地方亢旱，朕心深切焦勞，已經遣官詳察。今湖北地方亢旱，小民饑饉，朕心益廑憂慮。著差户部賢能司官速往，會同該督撫詳察具奏。"遵旨議定：湖北地方被災，將積穀煮粥賑濟。○又諭："今歲天氣亢暘，雨澤鮮少。畿輔地方，雖間有得雨之處，然或甘澍未敷，播種已後，收穫失望。窮民閱歷冬春，難保必無艱食。用是朕衷預切，軫慮加殷。著差户部賢能司官會同該撫，於州縣等處遍行親歷，詳加察勘。其有果係被災者，作何贍救，使不罹患害，著一併確議具奏。"遵旨議定：直隸州縣有積貯米石之處，即賑濟本處災黎。如本處無積貯米石，或米石不敷，動正項錢糧散給。又奉旨：賑濟饑民,關係緊要。著將户部庫銀撥給三十萬兩,差官解與直隸巡撫,速行賑濟。〇又覆准:滇省開化府久旱,令捐輸賑濟。〇又題准:江南亳州,二十七年秋災之後,二麥未登,將該州存倉積穀動賑。如有不敷,勸輸接濟。〇又覆准:常平倉糧,原係預備地方旱澇之災。若遇災傷,該督撫等一面賑濟,一面報部。〇二十九年論:"畿輔地方,去歲荒歉。朕恐民生艱食,既蠲免錢糧,又特發帑金三十萬兩及動支常平等倉粟,交與該撫通行賑濟。務俾災黎得所,毋致流散。今聞沿途大路之民,雖已沾惠,而鄉僻山村,流離者甚衆。小民如此流移,該撫所賑濟者安在?所發三十萬帑金如何散給,及民人有無流離,應遣部院大臣前往察視。至於外來窮民,多集京師。現在五城粥廠雖倍給銀米,寬展期日,恐人多難以徧濟,未能普得沾惠。應添設粥廠,選各部滿漢賢能司官賑濟。大學士、九卿、詹事、科道會同議奏。"遵旨議定:遣部院堂官分爲四路,詳加察勘。如有草率塞責者,即行指參治罪。五城增粥廠五處,每廠令賢能滿漢司官各一員,逐日親往散給。此新增五廠,日需米二十石,銀十兩。併前五城原設粥廠,俱至六月終止。〇又覆准:甘肅靖遠衛今春鮮雨,米價騰貴,土瘠民窮,亟宜拯救。先動用常平倉及捐輸糧石支給。其不敷者,在各年存貯倉糧内動支。秋收買補還倉。〇又題准:直隸被災未及十分州縣,查明賑濟。九分以下清苑等州、縣,以二月起至四月終止,照三個月之數支給。其馬營、桃花二堡併茂山衛、紫荆關外饑民,一併賑濟。〇又覆准:山西太原、大同二府屬賑濟饑民,共動倉穀一萬七千九百九十八石八斗。〇又覆准:紹興府屬被水,動積穀賑濟。〇又覆准:江南淮安府屬州、縣、衛被水,田禾失收。將存倉麥豆及常平倉穀石賑濟,仍一面勸捐接賑。〇又覆准:湖廣嘉魚、江夏等六縣被災各屬,窮民待賑。將原捐積貯米穀,設粥廠賑濟。〇三十年覆准:陝西西安府屬原報被災二十四州、縣、衛、所,及鳳翔府屬原報被災三縣,饑民待賑。著撥山西省銀二十萬兩,解赴陝西賑濟。大口每日給米三合,小口一合五勺,照時價折銀發給,至明年四月終停止。〇又覆准:開、彰、衛、懷四府屬,春旱米貴。將常平倉穀賑濟,仍令地方官勸輸補額。〇又覆准:郃陽等州縣,旱蝗米貴,動常平倉穀賑濟。〇又論:近因西安等處災荒,撥發正項錢糧賑濟。著遣部院堂上官一員前往,親行驗給,務使饑民均沾實惠。〇又覆准:直隸被災井陘等十四州縣,將積穀賑濟。每大口日給四合,小口日給二合。〇又論:江南江都縣被災軍民,將常平倉存貯米穀動賑。〇三十一年覆准:山西蒲州、解州、芮城、絳縣、平陸五州縣,雨水不調，麥收歉薄，秋禾仍未得雨。令該撫委道府官員，將常平倉穀賑濟。〇又諭：陜西西安、鳳翔各屬，二麥無收。供應軍需，賑恤民生，俱關緊要。將户部庫銀撥一百萬兩，作速解送陜西支用。〇又諭："朕勤求治理，念切民依。凡有往來人等，必以年歲之豐歉、雨澤之有無，一切閭閻情形，備悉諮訪。前聞陜西西安、鳳翔各屬饑荒，已經特頒諭旨，蠲免錢糧，並發帑金，專遣大臣賑濟。仍撥給别省錢糧，剋期運送，務使均沾實惠，人獲更生。近又聞頒賑之前，尚有貧民散入四方，流離失業，勢不能復還鄉井。倘不曲加撫綏，必至轉於溝壑，深爲可憫。凡流民所至地方，應令該督撫，董率有司官員，區畫賑濟，令各得所。其賑濟人口數目，著具册題報。有能酌量資結，俾回原籍者，一併造册具奏。至於湖廣襄陽等處，距潼關相近，且道路平坦，易於轉輸。襄陽等處，所有積貯米穀，應令該督撫運至潼關，陜西督撫接受轉運。庶於散給軍餉，賑濟饑民，均有裨益。應作何輓運，户部作速詳議具奏。"遵旨議定：將湖廣等處積貯米穀，發一十五萬石，運至潼關。〇又諭："運送潼關米十五萬石，爲數甚多，又鄖陽山路崎嶇，難於輸輓。著停止鄖陽運米，將襄陽等處米穀，運送十萬石。其運送事宜，遣部院堂上官一員，前往管理。這運米，俱現給脚價。如陜西流民在襄陽等處地方，有情願運米者，著即給價，令其運送。既可以濟轉輸，亦可俾流民還籍。"〇又諭：饑民流移所至，地方官有捐資設法賑濟，俾各回原籍，仍行議敘。〇又覆准：將山西省貯庫三十年地丁銀内，撥十萬兩，解赴西安，該撫查明實在饑民散給。〇又覆准：山西浮山等十三州縣災民，煮粥賑濟。〇又覆准：湖廣地方，秦省流民頗衆。於漢陽、襄陽兩處，設法賑濟。俟二月終，遣歸原籍。〇三十二年諭：今年盛京失收，糧價甚貴，來年春夏，恐糧價更貴。今歲山東地方大穫，俟來年冰解，將附近米石由海運至三岔河賑賣。遵旨議定：將登州府屬近海州縣常平倉穀。併捐輸穀内，動四萬石，運至三岔河。仍令東撫，俟來年秋成，動正項照數買補還倉。〇又覆准：臨海、太平二縣，颶風驟雨，衝壞田禾房屋，將台屬貯倉米穀賑濟。〇又覆准：湖廣江夏等四州縣被旱，動積穀賑濟。〇又覆准：江南高郵等州縣被災，動用常平倉米穀賑濟。〇又覆准：山西徐溝縣被災，將貯倉穀麥共八千五百二石，按口賑給。〇又覆准：江南興化、鹽城二縣，叠被蟲旱災傷。該撫飭查實在饑民，將常平倉捐輸米石賑濟。〇三十三年諭："朕惟黎元率育，全恃農桑。每遇歲時豐穰，比屋皆能自贍。倘一經旱潦，粒食無資，即有俯仰不給之虞。非相時緩急，而先事圖維，則補助之恩,難以徧霑。頃巡歷邊外道,經密雲等處地方,見田畝歉收,米穀價貴,閭閻匱乏,衣食不充。目前既已艱難,來歲何所倚賴?宜預爲籌畫,用裨資生。著遣部院堂上官二員,會同直隸巡撫,親詣年歲不登之各州縣,詳察明白。應作何區處賙濟,確議具奏。”遵旨議定:直隸霸州、文安等十州縣地方被災,將各州縣現貯備賑米石,委賢能道員按日給發。大口給米三合,小口給米一合五勺。自二月初一日起,至四月終止。〇又議准:江南高郵、全椒等州縣被災。將倉穀賑濟,至麥熟後停止。〇又覆准:湖廣黄州府屬黄岡等五州縣,夏被旱災,武昌府屬江夏等四州縣,秋受旱災,饑民望賑。將各倉内捐積穀麥,照二十八年旱災之例賑濟。〇又覆准:福建閩清等縣,秋被水災,動積穀賑濟。〇三十四年覆准:江南江都寶應二縣被災,動積穀賑濟。〇又,奏請賑恤平陽被災人民。奉旨:平陽被災人民,察明被災地方,本年應徵錢糧,停止徵收。其所請大口給銀一兩五錢之處,著增五錢。〇又覆准:興化縣上年被水,時屆東作,動積穀散給賑濟。〇又覆准:福建龍巖縣,山水衝倒城垣房屋,淹没人口,動積穀分賑。〇又覆准:廣東南海等三縣被災,饑民動常平穀賑濟。〇又覆准:江南長洲等縣被災,動常平穀賑濟。〇三十五年覆准:江南淮、徐、揚三處,黄淮秋漲,邳州等州、縣、衛,軍民田地廬舍皆被淹没。將省城存米十萬石,該撫親詣被災之處散給。〇又覆准:湖廣潛江等州縣被災,動積穀賑濟。〇三十六年覆准:江南泗、潁等四州縣被災,該撫遴委賢能道府,親查實在災民,動該地方積貯穀石賑給。〇又覆准:江南淮安、揚州、徐州水災,將存倉米麥及截留京口漕米賑濟。〇又覆准:山東新城等十五州、縣、衛、所,去歲秋收歉薄,發倉穀煮粥賑濟,至麥熟停止。〇三十七年覆准:山西平定州、隰縣等十一州縣,連年歉收,將各倉所貯米穀賑濟。〇又覆准:動積穀賑濟鹽城等州縣饑民。〇又覆准:直屬被災之豐潤等縣,與不成災之保定等二十一州縣,動積貯倉穀,於十一月起,煮粥賑濟五月。〇又覆准:直屬安州,秋收歉薄。令該撫查明,果有粒食艱難之民,一面賑給,一面奏聞。〇又覆准:臺灣地方洪水汎溢,淹没房舍田園,動積穀賑濟。〇又諭:山東濟、兖、青三府屬,比歲不登,米價騰貴。保舉賢能司官二員前往,會同該撫,一面賑濟,一面奏聞。〇又覆准:湖廣安陸府、鍾祥等州縣被災,將積貯穀米,自本年十月起至次年二月終止,軍民一體賑濟。〇三十八年覆准:江南天長縣、城門鄉等鎮,沿湖地畝被水。該督撫查明實在災民,動支該縣所積米穀賑給。〇又覆准:江南海州、泗、盱等州縣,秋被水災,將存倉穀石賑濟。○又諭：著江南巡撫前往淮揚駐劄，秋成以前，設法賑恤。○又覆准：浙江衢州、金華二府屬被災，將各縣存貯倉穀賑濟。○又覆准：湖南華容縣被災饑民，將存倉穀石賑濟。○三十九年覆准：湖北安陸府屬沔陽州及沔陽衛，三十八年秋被水災。著發常平倉穀石賑濟。○又覆准：江南山陽等州縣被災饑民，令該撫酌量賑濟。○又覆准：賑濟浙江金華等縣被災饑民。○四十年覆准：賑濟江南宿州衛去秋被災屯丁。○又覆准：甘肅河州地方亢旱，二麥枯槁，發銀及倉穀賑濟。○又覆准：動積穀賑濟寧夏等州縣災民。○又覆准：甘肅地方被災。該撫親歷查閱應賑之處，將存貯糧石，即行動賑。無貯糧者，於附近轉運。○又覆准：甘屬安會等州縣，被災尤重，動司庫銀一萬五千兩，設廠煮粥賑濟。○又覆准：甘肅河州所屬土司，今歲亦被旱災。照依内地，每大口給一倉斗，小口給五倉升。○四十一年覆准：河南永城等縣，秋被水災，動本縣積年義社等倉貯穀賑濟。如有不敷，將附近州縣積穀撥給。○又覆准：山東濟、兖、青三府屬萊、蕪等八州縣被水，動積穀散賑。其不成災之泰安州、寧陽縣，一同酌量賑給。○又覆准：陝西甘屬，去歲被旱，動用倉糧，於被災之蘭州等縣衛十一處，開廠煮粥賑濟，至三月終止；隴西、安定等州縣，至四月初止。但甘屬地土寒凉，入夏田始種植，入秋麥纔收穫，目下正值青黄不接之時。再動庫銀一萬兩，於原設粥廠處，仍行煮粥賑濟。併令各州縣，凡有饑民地方，亦俱行煮粥。俟麥熟收成之日停止。○四十二年覆准：直隸永清等四州縣及大名府各州縣被災人民，分别賑濟借給。其餘沿河下地州縣，各經被災者，亦分别賑濟，以恤窮民。○又覆准：河南歸德府屬永城等三縣，秋禾被災，將常平義社倉穀併撥府州縣倉穀，照數賑濟。○又諭："朕經過泰安州、新泰縣、蒙陰、沂州、郯城縣等處，見民有饑色，應急行賑救。經過地方雖經賑濟，蠲免錢糧，但州縣倉穀年久朽爛，無裨於散賑。今著將總漕漕米内二萬石，交與河道總督，揀選賢能官員，運至濟寧州、兖州府等處州縣，減價平糶。有應賑之處，即行賑濟。漕運總督亦將米二萬石，於泰安州一路散給。又將收税差回之官七員，竝發在京旗民犯罪降級贖罪人一百名，伊等俱照養蒙古例，以所用之多寡議叙。"遵旨題定：移咨總漕，將山東附近州縣漕糧，截留二萬石，運送被災州縣，減價平糶。若州縣並無倉穀，即將截留漕米賑濟。其京城贖罪人員一百名，發泰安州等處六十名，撥四十名發兖州府屬被災地方，養活饑民。○又議准：山東賑濟饑民，差户部賢能司官，馳驛速往，截留漕運尾船米五十萬石，交與山東地方官。

併派出八旗官員，各支庫銀三千兩，往山東會同地方官，賑濟饑民。○又諭：賑濟山東饑民，事關緊要。應差大臣分爲三路，每路差大臣一員，將先派去人員，一併往返巡察，於事有益。截留漕糧，亦屬緊要。總漕現今無事，著作速前來，親看截留。其賑濟饑民人員，所領雖係公物，而勉力自効，有益於民。事竣回時，一併議敘。○又覆准：陝西、甘肅平涼等州縣，蟲食禾苗，行令督撫將該縣存貯倉穀散賑。恐有不敷，於平屬附近所貯撥給。○又覆准：陝西甘屬，連歲被災，饑民流散，限一年内招回。實在窮民，大口給米五升，小口給米一升。其原有地畝之人，查明，於來春種麥時，每畝給籽種三升。原無産業者，令地方官將無主荒地撥與耕種，即給爲業，籽種亦照數支給。○又覆准：陝西寧夏衛，秋被水災。行令該撫，將存倉穀動支賑濟。○又覆准：江南鳳陽府屬亳州等州、縣、衛，賑濟饑民，大口每名日給穀五合，小口每名日給穀二合。○又議准：江南淮、徐二屬邳、宿等八州、縣、衛，夏麥被災。行令該撫，即將八州縣存貯捐積穀石，速行賑濟。○又覆准：江南清河等三縣，夏雨連綿，加之黄水泛濫，叠災之後，民鮮蓄儲，行令該撫酌量賑濟。○又覆准：浙江諸暨等五縣，賑濟被災人民，存倉穀石，如有不敷，動支鄰近屬縣倉穀協賑。○又覆准：浙江西安等九縣併衢、嚴二所旱災，將各屬所存倉穀，速行賑濟。○又覆准：湖廣沔陽等州、縣、衛，四十一年被災失收。將常平等倉各案捐穀，按口給發賑濟。○又覆准：湖南長沙等三府屬，夏被旱災，行令該撫，將存倉穀賑濟。○四十三年諭："朕宵旰孳孳，惟以利濟民生爲念。每歲四方水旱，皆諭令各督撫不時奏聞。仍間遣人員，馳往各路，諮詢農事。有自外省來者，必詳問所過地方雨暘耕穫之狀。凡以民生所重，無如粒食不得不預爲籌畫也。四十一年冬，朕巡幸至山東德州，聞知萊、蕪等六州縣民被災傷，即與蠲免四十二年錢糧。及四十二年春，南巡視河，經行泰安，一路見閭閻生聚，遠不逮於從前，隨下諭詳察被災州縣，蠲除額賦，並動倉穀賑濟。但蠲賑雖行，而人民甚屬窘迫，非以贍養蒙古之法行之，不能立遂生計。再三籌策，乃命官民願効力者百餘人，星速前赴山東，計口授糧，給衣濟用，兼量助牛種等物。貧窶之民，皆賴以全活。比朕避暑口外，覺夏月雨水頗多，即令行文移問山東等省。而山東果告潦災，秋禾失收，民滋困苦，而地方人情，猶帖然安堵。此即遣官養民之實效也。因又下諭，增益多員，並准運通倉米石，以資急用。顧各州縣地廣人衆，需費浩繁，尤必大加賑施，方能徧及。特命漕臣親赴東省，截留漕糧五十萬石，分貯沿河鎮市衝要之地，散賑而外，即平價發糶。又諭八旗滿洲、蒙古、漢軍，每三佐領下，合派一人，計得四百餘人。此所派人員，每佐領下，以帑金一千兩給之，竝備車輛駝馬等物，令分往山東各州縣，照前遣人員贍養，以至來年七月爲期。其登、青、萊三府，則截留漕米，由天津海道運至其地，每府各三萬石。又遣大臣三員，分三路往來巡視，稽核散賑事宜，酌定平糶價值，而民始盡沾實惠。至於未經散賑之際，饑民有流入京城者，老弱仳離，急於得食。爰於今歲春，命八旗王、貝勒、大臣、内務府官員竝漢大臣官員，設飯廠數十處，煮賑一月有餘。復念饑民拋棄鄉土，久住京師，究非良策。特遣官僱募船隻，悉送還籍。仍給以銀兩爲日用籽粒之資，流移之人遂得復安本業。入夏以來，風雨和調，二麥稔登，秋田多稼。該省呈進穀穗，合之往來人等奏對之言，朕心始爲大慰。夫水旱災傷，事所時有，非恃廟堂之上多方賑救，則民將何依？朕爲山左勞心籌畫者，兩載於兹，迺幸奏有成效。今三路大臣及該撫，俱奏年穀順成，民生得所。賑事告竣，前後効力諸臣，宜加獎勸。去歲春秋二次，遣往養民各員，著察明議叙。内有自出己力，贍養民者，從優議奏。其在京捐銀及資送回籍人員，亦著一併議叙。"〇又諭："朕因山東饑民，流入京城者甚多，特命諸大臣官員設飯廠數十處，分行煮賑。近見直隸河間等府人民，來赴賑廠者亦甚衆。雖目前逐日散給，究非長策。若不速行回籍，必致坐誤農時，廢棄本業。今山東省人民已遣官員分送回籍。直隸巡撫可將所屬各官内，作速選擇賢能人員，前來京師，將流移人民，悉行收領。俾各回原籍，仍捐給籽粒，令得耕種田畝，無失生計。如此則饑饉之民，庶不至仳離流散矣。"〇又覆准：山東歷城等二十七州縣、四衛所，雨水不足，又被蟲傷，將常平倉穀十萬石，設廠煮粥散給。〇又覆准：湖廣監利縣被災，行令該撫將常平倉積穀撥賑。每日大口給穀一升，小口給穀六合。自十一月起，至次年二月止。〇又覆准：湖廣道州，夏被水災，將常平倉穀，速行賑濟。〇四十四年題准：江南江、淮、揚三府屬，五六兩月，大雨連綿，秋禾無望，動穀賑濟。〇又題准：賑濟江南壽州等十州縣併鳳陽等三衛被災人民。〇又覆准：浙江寧、紹二府屬定海等四縣，颶風海潮，田禾被災，行令該撫動支存倉米賑濟。〇又覆准：湖廣沔陽等州、縣、衛，夏被水災，酌地方被災輕重，分別賑濟。〇又覆准：湖南岳州衛及華容縣等處，秋被水災，將存貯倉穀，遴委賢員賑給。〇又覆准：湖南常德府屬武陵、桃源二縣，秋被旱災，將存貯倉穀賑濟。〇又覆准：廣東肇慶府屬，五月以來，陰雨連綿，洪潦齊發，冲没田禾，著動支倉穀賑濟。

○又覆准:各省額設孤貧銀米,務期按季給發。如遇隆冬之時,間有貧民難以度日者,各地方官酌量勸募,捐貲賑濟,無使失所。其孤貧銀米,如有遲延侵扣者,該督撫嚴行察出,從重治罪。○四十五年題准:賑濟江南潁州、邳州等州縣被災人民。○又覆准:湖廣漢川等一十五州、縣、衛,秋被旱災。行令該撫,將常平倉穀賑濟。○又覆准:岳州府屬臨湘等縣,夏被旱災,饑民乏食,速行賑濟。○四十六年題准:江南江蘇等六府被災,將常平倉穀賑濟。○又,浙江新城等八縣並衢、嚴二州所秋災。奉旨,著動常平倉穀酌量散給。○又諭:江南地方,頻年雨暘時若,百穀阜成,閭閻黎民,咸得遂生樂業。但民間夙鮮蓋藏,禦荒無術,一遇歲歉,即有匱乏之憂。朕屢次南巡,素所洞悉。今年自夏入秋,雨澤愆期,該督撫先後奏至。因念小民久未被災,驟罹荒旱,所關甚鉅,隨命九卿等,速同詳議應行事宜,業經敕令停徵,並發倉穀賑濟。顧倉儲數少,未足徧給,惟各州縣截留漕米,可以實惠及民。目下時已屆冬,總漕無事,著會同總督巡撫,親歷各州縣被災地方,備加察勘。將今年所徵漕糧,每州縣或留八九萬石,或留十萬石,酌量足支賑給之數,分別多寡,存留支散。及今漕米尚未開兑,截現收之糧,以濟待哺之衆,實於民生大有裨益。此朕殷殷懷保赤子,軫念如傷之至意。户部即移文該督撫等,實心奉行,仍開具賑濟實數奏聞。○四十七年題准:江南蘇、松等五府屬,秋被水災,將淮、徐二府屬存貯米穀七萬餘石,四路設廠,煮粥賑濟。○又覆准:浙江湖州府屬,雨水過多,田禾被淹,動倉穀賑濟。如有不敷,將布政司庫内存貯原糶米穀價銀,購買散賑。○又恩詔:浙省餘杭等州縣,秋月狂風暴雨,致民間屋廬傾圮,生齒仳離,江船漂損,人口淹没,田禾悉被災傷,殊可憫惻。著該撫行該地方官,察明人口數目。應作何賑恤,速議具奏。遵旨議定:將衢屬之西安、台屬之臨海二縣,飭查災民户口,委員散給。其餘杭等縣大小十二萬餘口,每大口給穀二斗,小口給穀一斗,動常平倉賑濟。○又恩詔:罰贖積穀,原係備賑冬月嚴寒。恐鰥寡孤獨貧民,無以爲生,著直省各督撫,督令有司,務將積穀酌量賑濟,毋令奸民假冒支領。○又恩詔:凡被災地方,該管官應照例動支倉糧,實心散給,毋致失所。○又題准:山東武定等三州、縣、衛,秋被旱災,動倉穀賑濟。○又題准:湖廣武昌府屬八州、縣、衛,夏被水災,發穀賑濟。○又覆准:黄州府屬蘄州,秋被蟲災,及鄖陽府屬鄖陽等縣,秋被旱災。行令該撫,各開賑三個月。○又題准:湖南長沙府屬益陽縣,夏被水災,動支倉穀賑濟。○又覆准:江西清江等縣,上年被災,動支積穀賑濟。○四十八年議准：直屬武清等十三州縣，秋禾被淹，民食維艱。自本年十月十五日起，至次年三月止，在於各被淹地方，設粥廠賑濟。○又覆准：山東金鄉等四縣被災，動常平倉穀四萬石，按口散賑。○又覆准：湖廣武昌等州縣衛，夏被水災，賑濟饑民。○又覆准：江南淮、徐、揚三府屬，叠被水災，倉無存穀。將司庫四十七年截留平糶銀内，動十萬兩賑給。大口給銀三錢，小口給銀一錢五分。○又題准：浙江餘杭等六縣被災，將常平倉穀賑濟。○四十九年覆准：直隸霸州等七州縣，夏秋雨水過多，田禾淹没。動本處倉穀，自十一月起，至明年三月止，按數散給。如有不敷，即於附近地方借給。○又覆准：邳州等十三州縣併徐州衛，秋被水災，作速賑濟，勿致流移。○又覆准：河南商邱等三十九州縣被災，收成歉薄，將常平倉穀賑濟。○又覆准：淮安府舒城縣，秋被水災。行令該撫作速賑濟，毋致災黎失所。○又議准：福建泉州、漳州地方被旱災。將今冬應運鎮江漕糧，截留十萬石，運至狼山；松江、湖州漕糧，截留各十萬石，運至乍浦。令福建總督，選賢能總兵官二員，親帶大小戰船，至狼山乍浦交割，運至漳、泉等處散給。其本年未完錢糧，暫行停徵。○又覆准：浙江漕糧，向係十月開徵。今於九月二十五日開徵，不論早籼晚米，一概徵收。務期速完，以濟福建賑事。○五十年題准：賑濟江南六安等州縣被災人民。○又題准：湖南衡陽、安仁二縣，夏被水災，饑民乏食，將常平倉穀賑濟。○五十一年覆准：浙江奉化等州縣，風雨傷禾，行令地方官作速賑濟。○又題准：江南海山等州、縣、衛被災，將捐穀麥米賑濟。如本處積貯不敷，於鄰近府、州、縣協濟散賑。○又題准：賑濟湖南臨湘縣被災人民。○五十二年題准：浙江寧海等縣旱災，發穀賑濟。○又覆准：甘肅靖遠衛等處薄收，動倉糧接濟貧民，併將本年錢糧緩徵。○又覆准：廣東三水等縣水災，按口給穀賑濟。○又題准：雲南尋甸、嵩明二州，二月地震，兵民被災，將各屬捐穀撥給賑濟。○五十三年覆准：江南上元、桐城等州、縣、衛被災，將常平倉穀酌量賑濟。○又諭：直隸各省、州、縣官，或革職，或被參解任，或身故者，妻子尚能回籍。其縣丞、主簿、典史、驛丞等微員革職、解任、身故者，無力回籍，覊留異鄉，不免凍餒，甚至有全家死亡者。即使犯罪至死，亦與伊等妻子無涉。此等甚屬可憫。如各地方鰥寡孤獨不能度日，向設立有養濟院養育。此等微員，理應撫恤。嗣後將伊等作何令其回籍，大學士與九卿會議具奏。遵旨議定：令直隸各省查明所屬地方，如有縣丞、主簿、典史、驛丞等一應微員内，革職、被參解任、身故，無力回籍，羈留異鄉者,交與該督撫查明,設法捐助,令回原籍。無致妻子顛連失所,死亡異鄉。仍於歲底開明回籍數目,咨報户部奏聞。嗣後,永遠遵行。○又覆准:浙江山陰、建德等五縣併嚴州所,俱被水災,作速賑濟。○又覆准:錢塘、山陰等十六州縣併衢州所,秋被旱災,將常平倉所貯穀石散賑。○又覆准:陝西甘屬,去歲薄收,於附近存貯糧内撥賑。自二月起至六月終止,每日大口給糧三合,小口二合。其有耕田缺乏籽粒牛具者,每畝給糧五升。有未回籍者,令該地方官酌給路費搬回。○又覆准:令甘屬各州縣修城,使窮民得以傭工度日。○又題准:賑濟湖廣嘉魚等十七州、縣、衛被災饑民。○五十四年覆准:江南太倉等十四州、縣、衛,秋被水災,將常平倉穀賑濟。如有不敷,再於江、蘇、淮三府存貯截留漕米内,酌量撥給。○又覆准:陝西甘屬蘭州等處,連年被災。分給買穀種銀兩,并照例給口糧養贍。○又議准:派大臣一員,巡查甘肅被災地方,銀米兼行賑濟。○又覆准:甘屬保安堡四寨,冰雹災傷。行令該撫,將被災人民,作速賑濟。○又覆准:陝西靖邊等五處沿邊地方,雨水不足。將附近州縣存倉糧石,輓運賑救。○又覆准:直屬寶坻等州縣被災,動倉糧酌量賑借。○又覆准:賑濟河南商河縣被災饑民。○又覆准:湖廣江夏、嘉魚等州縣併武昌、武左、沔陽三衛,秋被水災。將常平倉穀,酌計地方受災輕重,分别賑濟。○五十五年諭:"朕惟民爲邦本,必年穀順成,家給人足,乃愜朕撫育元元之意。自御極五十餘年,宵旰孜孜,無論遐方近地,編民疾苦,必備悉諮詢。設有水旱,蠲賑頻頒,務求實惠霑被羣生,蓋不徒事軫恤之虚文也。直屬順、永、保、河、宣五府,去歲雨水過多,穀秏不登,因全蠲額賦,撥米减糶。今巡撫以目下正當青黄不接之時,順、永二府米價騰貴,疏請借道庫銀六萬兩,委員赴乏米州縣,貴買賤賣。朕思閭閻蓋藏未裕,本地出米無幾,以銀易米,恐米價反致翔踊。現在京、通二倉積米甚多,不如將舊米分發二十萬石於各州縣,賑濟乏食窮黎。官無轉售之勞,民獲現在之米,於地方大有裨益。"○又題准:江南上元、桐城等州縣被災,人民乏食,給米賑濟。○又覆准:賑濟山東泰安等州縣被災人民。○又覆准:直隸文安大城等縣被水村莊,將二十萬石倉米内,下剩米石散賑。○又覆准:浙江金華、新城等州縣併衢、嚴二府,秋被水災,動支倉穀賑濟。○又覆准:湖廣巴陵等州、縣、衛,夏被水災,饑民困苦,速行賑濟。○五十七年諭:"索倫人等効力圍場,甚屬年久,亦有現在出兵之人。聞被水災,朕甚惻然。今將朕所用户部帶來銀兩内動支一萬兩,前往散給。將被災之人,逐一查明。無房屋者,即給賞房屋;無衣服者,即給賞衣服。務令均沾實惠,以副朕軫恤至意。”○又覆准:陝西平凉府屬静寧等七州縣地震,查明賑濟。其續報安定等縣五處地震,一併酌量散給。○又覆准:江南桐城等三十州縣併廬州等七衛被災軍民,動支倉糧散賑。○又諭:“今年安徽所屬地方出蛟,大水傷民。督撫雖未奏聞,朕聞之深爲憫惻。著督撫捐給銀兩賑恤。”○又覆准:湖廣鍾祥等十一州縣併武昌等七衛所屯地,秋被旱災,將常平倉穀賑濟。○五十八年題准:江南泰州等州縣被災饑民,給米散賑。○又覆准:陝西甘屬靖遠衛等十五處,夏被旱災,作速賑濟。○又覆准:浙江錢塘等二十一州縣併衢、嚴二所旱災,將存貯倉穀賑濟。○又覆准:會稽、上海二縣,風潮傷禾,動備賑米穀賑濟。○又覆准:貴州鎮遠、施秉二縣,官民房屋被山水淹没,動倉穀賑濟。○五十九年諭:“陝西省地方,現有軍務,今歲糧穀,適又歉收。已預頒諭旨,著總漕將運米路徑勘視具奏,協同總督辦事。除陝西歷年錢糧屢經蠲免,明歲錢糧另頒諭旨蠲免外,今雖動支常平倉糧散給,而地方官大半俱在軍前,現今所有,俱係署事官員,辦事人員殊少,應照曩年差官賑濟山東百姓,遣往賑濟。”遵旨議定:動户部庫銀五十萬兩,委司官運送,將西安、延安、蘭州分作三路散賑。併將陝屬各州、縣、衛、所、廳常平倉糧六十九萬二千石零、甘屬各州、縣、衛、所、廳常平倉糧六十七萬二千石内,就近酌量散給。除失收地方外,如有應行散賑之處,一面具題,一面會同散給。再,旗民有情願効力人員,許自備銀米,赴部具呈,將職名送散賑官處効力。事竣,照數目之多寡,核明議叙。○又覆准:甘屬固原州等二十州、縣、衛,夏禾被災,動糧借賑。併於西安藩庫存貯五十九年地丁錢糧内,動銀十萬兩,解送甘撫,以備散賑。○又覆准:延慶等處地震,大口給銀二兩,小口給銀七錢五分。無力之户,每户散給銀一兩。○又覆准:江南淮、揚二府屬,秋禾被災,將常平倉穀酌量動賑。○又覆准:湖廣漢川、潛江等八州、縣、衛,夏被水災,委員賑給。自本年十一月起,至次年二月止,共賑四個月。○又覆准:山西平、汾二府,去秋被旱,動倉穀二十萬石散賑。○又覆准:臺灣颶風大作,傷損人民,倒塌房屋,照保安等散賑例散給。其船壞淹溺兵丁,照出征病故緑旗兵丁之例賞給。○六十年議准:直隸、山東、山西、河南、陝西五省被災,將各省常平倉穀,酌量動賑。其直屬常平倉,先經正、順、廣、大四府米貴,將常平倉穀十分之内,動三分糶賣,二分借給。今照此例,酌量賑濟。山東濟、兖、東、青四府,動支倉穀,散賑河南,將截留漕米散賑,仍平價糶賣。山西將常平倉穀酌量平價糶賣。陝西去歲歉收,已發帑銀五十萬兩,遣部員三路賑濟。如有不敷,將河南續運米石,併湖廣運送米石,酌量散給。其陝省錢糧,已經全蠲,直隸四省,暫將錢糧緩徵。〇又覆准:山、陝二省,去秋歉收,小民艱食。良由地方官於閭閻疾苦,漠不關心,不能設法料理,以致百姓流離。行令山、陝督撫,確查地方官内,有貪污實迹,不惜民瘼者,即行題参,從重治罪,仍責令養活饑民,以貸其死。其平日不留心民瘼,而惡迹尚未昭彰者,該督撫即行查明,亦令養活饑民,從寬暫留,以策後効。督撫徇庇,不行查參,别經發覺,一併治罪。如該地方官有真正實心愛民,設法賑救保全者,該督撫保題,准從優即陞。〇又諭:今春雨澤甚少,備荒緊要。著發帑金五十萬兩,差大臣往山、陝地方買米賑濟。〇又覆准:江南徽州府屬歙縣等十二州縣旱災。令該撫查明存貯常平倉穀,於隆冬散給。〇又覆准:浙江仁錢等三十九州縣併杭、湖等五衛所,秋被旱災,人民乏食,著煮粥賑濟。〇又覆准:雲南中甸地方,因罹火災。令督撫發帑銀二千兩,以一千兩買備布疋、茶葉前往,按家口多寡,分别散賑。〇又議准:臺灣窮民乏食,動倉糧散賑。〇又覆准:行令各省督撫,遇有轉徙饑民來境,毋得遽行驅逐。令所在有司隨便安插,或令傭工度日,或給值墾荒。如地方官併富户人等,有情願捐貲養贍,全活多人者,督撫核實題薦,從優議叙。併通行各省督撫,遴委府、州、縣佐貳等官,遇有疾病饑民,務令設立棚廠,廣備丸散診視,不時查看拯救。〇六十一年,特遣大臣賑濟直隸贊皇等四十二州縣饑民,併發米各州縣煮賑。〇又題准:江南上元等州縣併揚州、廬州等衛被災,發穀賑濟。〇又題准:河南開封等五府所屬州縣,雨澤愆期,二麥失收,將存倉米石動賑。〇又覆准:山東濟、兗、東、青四府屬州縣,去年秋收歉薄,今春雨未遍,二麥無收。令於被災州、縣、衛、所,將存貯倉穀開倉救賑。〇又覆准:湖廣鍾祥等七州、縣、衛,秋被旱災,田禾失收,軍民乏食,將常平倉穀動撥賑濟。〇又覆准:東省壽張等六州縣,黄沁水發,禾麥被淹,將常平倉穀及監穀酌量賑濟。〇又覆准:直隸長垣四州縣,黄沁水發,田禾被淹,動倉糧賑濟。〇雍正元年詔:罰贖積穀,原以備賑冬日嚴寒。恐鰥寡孤獨貧民,無以爲生。著直省各督撫督令有司,務將積穀酌量賑濟,毋令奸民假冒支領。〇又詔:各處養濟院,所有鰥寡孤獨及殘疾無告之人,有司留心,以時養贍,毋致失所。〇又諭:"朝廷設官置吏,原以養民,遇有災荒,即多方撫恤,方不負委任之重。今據山東巡撫奏稱,直隸、河南鄰境小民,資生無策,間有携家就近覓食者,朕覽奏惻然。當此春初,農事方興,若任其流離,則小民何歸? 著直隸、河南巡撫,即遴遣賢員,招輯復業,核實賑濟,務令得所,勿失農時。仍督飭文武官弁,稽察奸慝,以安良善,方副朕惠養元元之至意。"○又諭:"朕受皇考付託之重,撫有羣黎,夙夜孜孜,惟恐閭閻失所。昨山東巡撫奏稱,東、兖二屬,上年二麥失收,小民未免困苦。直隸、河南鄰境之民,資生無策,亦有携家覓食者。朕覽奏惻然。比即飭諭直隸、河南巡撫,加意撫綏,招集復業。但兩省巡撫並未奏聞,朕恐其視爲泛常,奉行不力。九卿會同確議,或特遣大臣,或交與該撫,作何賑濟安輯之法,務使窮黎得沾實惠。又,前歲河南黄河潰決,汎溢於直隸地方。比年以來,兩省近水居民,耕種無資,衣食匱乏,均應加恩撫恤,一併議奏。"遵旨議定:直隸、河南二處,各派大臣一員,會同該撫,將乏食窮黎,速動常平倉穀,查明户口,按數賑濟。如常平倉穀不敷,將分貯監穀,併截留漕米賑濟。其耕種無資,衣食匱乏者,酌量資給。至携家覓食,不能回籍者,令直隸、河南、山東巡撫查明,加意撫綏,招輯復業。仍將賑過大小户口米穀數目造册,報部查核。如有不肖官員,侵蝕肥己,併遲延遺漏者,即令派出大人,指名題參。○又諭:"治天下要道,莫過安民。朕纘承大統以來,軫念蒼生,痌瘝時切。直隸、山東、河南連年歉收,特降諭旨緩徵,遣官賑濟。每歲京師五城,設立粥廠,自十月初一日起,至三月二十日止,交五城御史,煮粥賑饑。今猶青黄不接之時,著展期一月,煮粥散賑至四月二十日止。但就食之民,來京者多,每日各加增米銀一倍。務使得沾實惠,以副朕憫念窮民之至意。"○又諭:直隸、河南、山東流民,有就食京師,不能回籍者,著五城御史清查口數,量給盤費,送回本籍,毋致失所。遵旨議定:每口每程給銀六分。其間有老病不能行走者,每口每程加給三分,以爲脚力之資,委員管送,一面行文三省巡撫,飭令地方官,逐程出具收結,轉送至原籍。若有中途患病者,令地方官留養醫治,俟病痊之日再行轉送,毋致失所。○又覆准:江南蘇、松、常、鎮、淮、揚六府屬之溧陽、太倉等州縣,天道亢旱,禾苗枯槁,行令該撫,將各州縣積貯米,以及各案存倉米内,照數散賑。如有不敷,於新收捐穀内湊賑。如再不敷,於存貯漕米内,酌量動用。其太倉等衛被災屯軍,於災田坐落州縣,一體賑濟。○又覆准:河南中牟等縣,黄水漫溢,又武陟縣沁黄並漲,淹塌房屋,現在貧民共三千五百八户,動支地丁錢糧,每户給銀一兩。○又覆准:河南開封府屬之陽武等四縣,麥收甚薄,不足接濟,仍賑給六七兩月口糧。○又覆准:河南歉收之後,復經河決。遣員會同巡撫及司道,於被災州縣鄉村,親歷詳細察明,動用藩庫銀兩賑濟。〇又覆准:發山東倉穀,賑濟歷城等九十五州、縣、衛、所被旱被水饑民。〇又覆准:東省連年荒旱,秋收歉薄。兖州府屬之泗水、東昌府屬之堂邑等處,被災尤甚。如無穀之縣,動用庫銀,委員會同該地方官,按名散給,著賑濟三個月。有鄰省就近覓食窮民,亦一體散賑。其稍可存活者,酌量動倉穀。並截留漕糧,減價平糶。秋收後,照數補足還倉。〇又覆准:浙江富陽等縣衛被旱乏食饑民,按口煮賑,至來年麥熟停止。〇又,遣員賑濟山西平定州、壽陽、徐溝、祁縣饑民。〇又覆准:平陽府屬之霍山、靈石,汾州府屬之平遥、介休、石樓,潞安府屬之襄垣、黎城,太原府屬之平定,沁州屬之武鄉九州縣,動支庫銀賑濟。〇又覆准:江西臨江等府屬,水冲田舍房屋,令該撫酌量賑濟。〇二年,通、泰、淮三分司所屬沿海場竈,海潮冲決。奉旨:據奏,七月内海潮冲決,范堤沿海二十九場,溺死竈丁男婦,鹽池草蕩,盡被漂没。朕心惻惻,如同執熱。著即動鹽課銀三萬兩,委員分頭賑恤,務使得所,不必該御史捐補。其未完折價錢糧四萬餘兩,悉行蠲免,毋得仍稱帶徵名色,致累現在窮丁。該部遵旨速行。〇又覆准:江南蘇、松、常、鎮、淮、揚六府屬太倉等州縣,本年海潮汎濫,人民被災。著將康熙五十八年截留漕米及雍正元年二年例積穀、折米,分發各屬,設廠煮粥賑濟。自本年十一月初一日起,至明年三月終止。又,蘇松等屬,連歲荒歉,復罹重災,煮賑米石,恐有不敷。將現存司庫銀,動支五萬兩,於産米地方,採買接濟。〇又覆准:江寧山陽、宿遷等縣,秋被水災,動支收捐例積米穀,自本年十一月初一日爲始,煮粥賑濟五個月。〇又諭:"前因浙江督撫等摺奏,七月十八、十九等日,驟雨大風,海潮汎溢,衝決堤岸。沿海州縣、近海村莊居民田廬,多被漂没。朕即密諭速行具本奏聞賑恤。但思被災小民,望賑孔迫,若待奏請,方行賑恤,恐時日耽延,災民不能即沾實惠。朕心深爲憫惻。著該督撫委遣大員踏勘,被災小民,即動倉庫錢糧,速行賑濟,務使災黎不致失所。其應免錢糧田畝,即詳細察明請蠲。凡海潮未至之村莊,不得混行冒蠲。至於緊要堤岸衝決之處,務須速行修築,毋使鹽水流入田畝。朕念切痌瘝,令早沾實惠。該地方官各宜實心奉行,加意撫綏,使凋瘵得蘇,生全速遂,以副朕勤恤民隱至意。"〇又諭:"今歲夏秋以來,直隸、山東、河南三省雨水過多,小民謀生無術者有之。朕心甚爲憫惻,晝夜靡寧。兹秋成將届,憂念彌深。該督撫可作速遴選賢員,實心詳察。其有生計蕭條,升斗無資,以及田地被淹,不得收穫,房廬倒塌,不安厥居者,即一面賑恤,一面具奏。務使窮幽極僻之區,亦不致一夫失所。至所遣官吏,或有草率將事,及隱匿不聞,甚至捏報賑給,侵漁朦混,使澤不下究者,察出,將該管官一併從重治罪,斷不姑恕。督撫等實心誠求,竭力料理,如恤子孫,如辦家事,勿視爲具文,以稱朕宵旰憂勞之意。”〇又覆准:福建龍溪等三縣,溪水汎溢,淹壞人口房屋,速動倉穀賑濟。〇三年諭:今冬天氣甚冷,京城一帶有窮民。廣寧門外、安定門外養濟院,此二處將變色米,賞給一百石,煮粥賑濟。傳諭倉場侍郎,將變色樣米呈驗,然後賞給。〇又覆准:浙江平湖等五縣,俱被水災,其錢糧一例緩徵。凡被災饑民,設粥廠賑濟三個月。〇又覆准:直屬霸州等七十二州、縣、廳、所,秋禾淹没。令地方官查明被水饑民,發穀賑濟。〇又覆准:雲南曲靖府屬州縣,起蛟被水,淹没田廬,動常平倉穀散給賑濟,併撥needed益局制錢及備公銀兩,給窮民修葺房屋。其條丁銀米,暫緩徵三個月。〇又覆准:河南祥符等十九州縣被災,動常平倉穀散賑。〇又覆准:儀封、蘭陽二縣,黄河漫決,村莊被水更甚,動截留漕米賑恤。〇又覆准:江南睢寧、宿遷二縣水災,動支積穀,自十月初一日爲始,煮粥散賑五個月。〇又諭:“今歲直隸地方被水,小民乏食。朕軫念維殷,已截漕發倉,多方賑恤。但恐停徵之後,正值東作之時,農民謀食無策,著再加賑一月。如從前所發之米不足賑糶,著確查奏,請增發米石,以副朕愛養黎元之至意。”〇又題准:直隸雨水較多,秋成稍薄。將漕米三萬石,運送保定平糶賑濟。〇又覆准:湖廣臨湘等縣、衛被旱,動支倉穀賑濟。〇又諭:“前因今歲直隸、山東、河南三省雨水過多,小民被水受困,特降諭旨,令三省大吏委員詳察,速行賑濟。今據山東巡撫奏報歷城、聊城等州縣,秋禾被淹,農民失望,已飭各地方官撫恤等語,該撫務須督率有司,加意經理,毋使窮黎失所。”〇又諭:於通倉六七成米内,不拘粳梭粟米,將十萬石運赴天津,聽候指揮。其運津脚價,動支通濟庫錢糧給發。仍不得有誤起卸。〇又諭:今歲天津等處地方被水,米價甚是騰貴。去歲盛京自海運過糧十萬石。今行文將軍府尹等,將伊地方糧十萬石,由海運至天津新倉,俟到日交與地方官收貯。將盛京等處倉内收貯舊米,每年糶賣,易進新米。所出舊米,若足十萬石,即行運至;倘不足十萬石,酌量賤價買足十萬石之數運至。今歲收成之處,尚未深知,不可遽定。今歲若果豐收,價值平賤,即行買運;若價值騰貴,有不便之處,即令將軍等將不便之處奏明。再,若有自海運糧之商人,不必禁止,令自海運至天津貿易。天津以外,不可令其往别省山東登州等處買賣。〇又覆准:滇省嵩明等五州縣地震，被災人民，動常平倉穀散賑。〇又覆准：山東濟、兖、東、萊四府屬歷城等州縣被水，坍塌房屋，無力蓋造者，飭令該撫督率有司加意賑恤。其被水災民，暫動存倉米穀，分别借給，俟來歲照數還倉。〇又覆准：直屬霸州等七十二州、縣、廳、所，秋禾被水，散賑三個月。其被水村莊，錢糧暫行緩徵。至大興等四縣，雖勘不成災，小民被水乏食，亦量賑一月，併於各屬存倉米内，酌量糶借。俟秋收後，買補還倉。〇四年覆准：江南淮安府屬之無爲、望江等州縣被災窮民，寒冬乏食，煮賑五個月。其應賑穀石，於鄰近州縣積穀内撥給。〇又覆准：安屬舒城等州縣，夏雨連綿，田禾被淹，令該撫速行賑濟。〇又諭："朕軫念東省被水窮黎，粒食維艱。特允山東巡撫之請，於大清河興疏濬之工，令乏食小民得力役之資，爲餬口之計。今天氣和暖，土脉鬆潤，正施畚插之時矣。去秋該撫奏請設廠查賑，今赴工者衆，粥廠可以停止。但念此就食小民，其中豈無老弱殘疾，不能赴工者？煮賑既停，麥秋之期尚遠，此輩窮無所歸之人，或仍至失所。朕心深爲惻然。應行文山東巡撫，將不能赴工之窮民，查明若干，每日仍給與升合之資，俟至秋收後停止。所用銀兩，俱作正項開銷。該撫嚴飭各州縣官務實心奉行，以副朕養育百姓之至意。"〇又諭："聞福建今年春夏以來，雨水稍多，天氣寒凉，禾苗興發甚晚。目前米價昂貴，民食頗覺艱難。江西素稱産米之鄉，况去歲今春皆獲豐收，理宜通融，以濟閩省。近聞江西地方官，遏糴不令出境，甚非情理。著將江西存倉之穀碾米十五萬石，動用脚價，遴委能員，即速運至閩省交界地方。先期知會閩省督撫，委員領去，分給各地方，以濟民食，毋得遲延。"〇又諭：江南泗州，逼近黄河，地勢低窪。因去年黄河冲決之岸，尚未合龍，今年四月間，水勢漫溢，以致泗州地方，禾麥又被淹損。朕心深爲軫念，著布政使動支庫銀二萬兩，親往泗州，確查被災之民，逐户散給，勿令鄉約里長及胥吏人等絲毫侵蝕。務使窮民均沾實惠，不致失所。"〇又覆准：杭、嘉、湖三府屬被水，令該撫委員速行賑濟。〇又覆准：廣東南海等縣被水，動常平社倉穀石，按名散賑。〇又諭：上年廣東、福建二省所屬郡縣，有數處歉收，是以今年米價昂貴，已諭該督撫等設法接濟撫恤貧民。今年福建雨澤調匀，秋成豐稔，廣東早禾大收。惟八月間雨水稍多，恐晚禾收成歉薄。至明歲青黄不接之時，小民不無乏食之慮。此時正當預爲籌及。應如何運送米穀赴廣備用之處，著九卿確議具奏。該撫所報濱海被水之十一州縣，應如何賑恤之處，一併速議具奏。遵旨議定：將各省常平倉事例，改爲運穀。令鄰省皆得捐運，廣東所捐穀石,俱照常平例,折半交納。計各州縣賑發之穀若干,捐足原數,即行停止。所運穀石,不許在廣東買糴,務由本地運送,州縣不得私收折價。違者,本生斥革,州縣參劾,從重議處。再令湖南、廣西,於明年早禾收後,聽商賈運販,不得遏禁。其現今被災之歸善等縣,將存倉穀石,按名散給。再,將錢糧緩徵,於五年夏熟後,再行徵收。〇又覆准:福建羅江等縣被水,動倉穀賑濟。〇又覆准:安屬泗州等處,黄河冲決,被災地方,速行賑濟。〇又覆准:蕭縣等處,冰雹傷禾,速行賑濟。〇又覆准:江蘇等府屬州、縣、衛被水災地方,速委員賑濟。〇又覆准:江西南昌府屬被災,速行賑濟。〇五年,特遣大臣、御史,分往直隸被災玉田等二十三州縣,逐户計口,悉心勘查,發帑金十數萬散賑。〇又覆准:江南金壇等縣,上年被水,隆冬饑寒窮民,設廠煮賑三月。〇又諭:"聞江南、浙江近水之地,亦有數處被水,未曾加以格外之恩。然軫念窮民,朕懷殷切。著江南總督動用庫銀二萬兩,於上下兩江應用之處散賑。著浙江巡撫動用庫銀一萬兩,於應用之處散賑。務選賢員辦理,令窮民均沾實惠。"〇又覆准:山東鄒平等十三縣衛被災,將常平倉穀併所存截留漕米,酌量賑濟。

凡勸賑,順治十年覆准:士民捐助賑米五十石或銀一百兩者,地方官給匾旌獎;捐米一百石或銀二百兩者,給九品頂帶。捐多者,遞加職銜。〇十一年題准:見任官員并鄉紳,捐銀一千兩、米一千石以上者,加一級;銀五百兩、米五百石以上者,紀録二次;銀一百兩、米一百石以上者,紀録一次。生員捐米三百石,准貢。俊秀捐米二百石,准入監讀書。〇十八年題准:凡捐穀,每二石折米一石;豆,照時價計銀議叙。〇康熙元年題准:捐賑銀米,不分本屬隔屬。如一年内捐及額者,題請議叙。〇七年覆准:滿洲、蒙古、漢軍並現任漢文武官紳,捐輸賑災銀一千兩或米二千石,加一級;銀五百兩或米一千石,紀録二次;銀二百五十兩或米五百石,紀録一次。進士、舉人、貢生,捐銀及額,出仕時,照現任官例議叙。生員捐銀二百兩或米四百石,准入監讀書;俊秀捐銀三百兩或米六百石,亦准送監讀書。富民捐銀三百兩或米六百石,准給九品頂帶;捐銀四百兩或米八百石,准給八品頂帶。〇八年題准:停止督撫捐助議叙之例。〇二十九年覆准:江寧邳、睢等八州縣并徐州衛,因被水災,田禾失收,以致窮民饑寒。曉諭本地鄉紳,捐輸接賑。〇三十四年諭:自天津兩次運送盛京米石,所到日期甚速,大有裨益。兩次運米官員、捐輸官員人等,俱著議叙。遵旨議定:郎中、同知、通判、州同及八品筆帖式等官,各加一級。其捐輸脚價官員,一次者,紀録一次;二次者,紀録二次。捐輸脚價商人,令該撫酌量獎賞。○六十年覆准:山、陝被災地方紳士、富户并内外現任官員,願捐米者,計官職之大小,捐米之多寡,具呈該地方官照數收捐,出給實收,隨收隨報。督撫題明,轉咨吏部,遇缺即陞。富户,題明,破格旌獎。

大清會典卷之三十八

户部

〔蠲恤四〕

〔借給〕

康熙三十年諭：山西平陽府、岳陽等八州縣被災人民，將五、崞二縣所儲米石貸給。〇又覆准：平陽府屬夏、聞等十五州縣，再將太、大二府屬買貯捐米借給，於明年秋收還倉。〇三十一年覆准：山東存貯捐穀二十八萬九千餘石，將此酌量借給窮民，接濟春耕。俟秋成照例償還。〇又覆准：夏、聞等縣，捐項將竣，饑民日增。各州縣有分貯米價，令借給窮民。〇又題准：西、鳳二府屬，叠遭荒旱，動州縣捐銀借給，以爲種籽之用。〇又覆准：高平、臨川、武鄉、沁源等州縣，去年雖未成災，亦俱歉收。該州縣各有頒發分貯米價，令借給窮民，以爲口食籽種之資。俱於本年秋成償還。〇三十二年覆准：山西太原等縣夏災，動縣倉積貯米石，借給貧民。〇三十三年覆准：江南全椒縣，旱澇交祲，動捐穀借給災民。〇三十四年覆准：宛平等十五廳縣，續被秋災，動倉糧借給窮民。〇三十五年諭：直屬頻年被災，屢經蠲賑，俾小民得以資生。寶坻等州縣，受水患之處甚多，今年錢糧業已免徵，無可蠲恤。該撫責成賢能地方官，確察實係窮民，借支倉米。務令均霑實惠，不致流離失所。〇又諭：固安等十二州縣所借米石，於三十六年秋收後，照數還倉。〇三十六年覆准：甘肅安化等州縣被旱，動積穀借給窮民，再動司庫銀賑濟。三十五年未完錢糧，暫行緩徵。〇三十七年議准：山西平定等州、縣、衛、所三十五、六兩年借給貧民米穀，保德等縣衛三十七年借給貧民米穀，因連歲薄收，將三十五、六兩年借穀，俟三十八年秋收補還，三十七年借穀，俟三十九年秋收補還。〇又覆准：湖廣鍾祥等州縣饑民,動積穀借給。〇三十八年覆准:直屬贊皇縣,向因紙糊套賊爲害,附近居民,悉多逃避。今漸歸鄉里,失業既久,資生無術。暫動倉糧,借給牛種籽粒,俟秋收還倉。〇又覆准:湖廣武陵等三縣被水災饑民,將積穀借給。〇四十一年覆准:西寧運西安糧石,借給本地窮民,於明秋照數還倉。〇又覆准:山東海豐等州縣被水,於積貯糶三存七穀石,借糶並行,以濟窮黎。〇四十二年覆准:將盛京所貯米穀,酌量借給烏喇虞人。〇又覆准:陝西漢中府屬之南沔等七州縣,夏被水災,秋被蟲災。行令該撫遴委賢能官員,親身踏勘,即動倉糧借給,俟秋收後照數還倉。〇又覆准:河南祥符等州縣被災饑民,動倉穀借給。〇四十三年題准:湖南各屬,去年秋收歉薄,將積貯倉穀一半借給窮民,俟秋收還倉。〇四十五年題准:畿輔米價漸昂,已將常平倉米穀,動十分之三減糶。其有實在窮民,無力買米,亦於三分之中,酌量借給,秋收後補還。〇四十七年題准:河南省各州縣常平倉存貯穀石,每年三分之一,出陳易新。令將新貯倉穀,亦照常平倉之例,不必限定借數,隨民便借給。〇五十一年諭:陝西鞏昌等處,存倉米二十萬石,於青黄不接時,聽民借領,俟秋收後照數還倉。〇又覆准:鞏昌等處,産米無幾。民欠倉糧,准以麥一石抵米一石,大豆、豌豆一石零抵米一石還倉。有現價糶賣者,將價報明,亦俟秋收後,採買還倉。〇五十二年覆准:廣西米價昂貴,將常平穀借給貧民。〇五十三年議准:廣東省歉收,動借倉穀,俟來歲買補還倉。〇又覆准:甘屬地方歉收,動捐穀借給平糶。〇五十四年覆准:直屬欒亭等三州縣,收成歉薄,暫動倉糧,分别借給。〇五十八年覆准:陝西靖遠等十堡,秋禾被災,窮民乏食,將附近倉糧,酌量撥運借給。〇又覆准:山東青、萊等府災民,將常平倉穀,酌量借給。〇又覆准:甘屬被災,酌量給發籽種。〇六十年覆准:直隸大名府、長垣等四州縣,因黄沁水溢衝漫,秋禾被淹,貧民乏食,該州縣將存倉米穀借給。如有不敷,於截留漕米内,通融動支。〇又覆准:山西被災地方,令該撫將倉貯米穀,借給小民。〇又覆准:黑龍江兵丁水手人等,所種地畝被災,借給口糧。於次年所得糧石,照數還倉。〇又覆准:陝西甘屬,五十九年夏秋被災。今值春耕,撥解庫銀二十萬兩,給發籽種,俟秋收後補還。〇六十一年覆准:直隸贊皇等五十九州縣,出借米穀,以濟民生。〇雍正三年覆准:東省曹縣、魚臺二處,黄水漫溢,被淹窮黎難於度日。暫動常平倉穀,酌量借給。明歲麥熟後,照數還倉。仍將借過穀石數目,造册報部查核。〇又覆准:直屬被水之後,小民乏食。於各屬存倉米内,酌量減價平糶。據領借給,以濟民食。於次年秋收後,買補還倉。○四年諭:"借放倉糧,每爲地方官掩飾虧空之計。且借放之時,往往利歸有力之家,窮民不得實沾恩惠。直隸倉糧,向來虧空甚多,朕知之甚悉。今直隸總督爲未報災之州縣奏請糶借倉糧。著派翰林、御史、部院賢能官十數員前往,會同各該地方官,核實監糶,務使小民均沾實惠。其各處糧穀,果否實貯在倉,一併查驗。"○又覆准:歷城等州縣,田禾被淹,動倉穀酌量借給。○又覆准:嗣後,直省州縣,遇借給民糧之時,或有貧乏兵丁需借米穀者,該管官詳報督撫,一面報部,一面批行各該州縣查驗。果係兵丁需借,取具該管官印領借給。於支放兵糧時,按領扣還。倘有該管官不行詳報及不待批行,私出印領,州縣官私行借給,或州縣官不待督撫批行,擅即支借者,該督撫即指名題參,照私動倉穀律治罪。其有該管官,假託兵丁告借爲名,私支入己者,州縣官即行揭報,該督撫即行題參,以侵盜律治罪。如州縣官失於覺察,或明知而不揭者,各照本律議處。更或有奸詐兵丁,於借給民米之時,冒充百姓私領米石者,發覺之日,將兵丁保甲等,一并從重治罪。○又議准:嗣後穀石,務令各州縣官按名面給,至秋熟之後,按户繳還。倘有爲吏胥朦混、捏名虚領,秋時追欠無著,將捏領之胥役,從重治罪。其所欠米穀,即於該州縣官名下追還,并照失察例治罪。其有官役侵刻,小民不沾實惠者,該督撫察出題參,亦按律治罪。

〔緩徵〕

順治八年議准:勘過被災地方,暫停徵比,以俟恩命。○康熙四年題准:遇災地方,督撫一面題報,一面行令州縣停徵錢糧十分之三。如州縣故將告示遲延,不即通行曉諭者,以違旨侵欺從重議罪,道、府降三級調用,撫、司降一級調用。○七年題准:淮、揚二府屬被災九分、十分田地,漕糧漕項於八、九兩年帶徵。○九年覆准:淮安府屬災田,除蠲免外,其應徵錢糧緩至十年、十一年,各帶徵一半。○又覆准:淮、揚帶徵漕糧漕項,改於明年麥熟時徵解。其八年分漕糧漕項,於九、十、十一三年帶徵。○又覆准:淮、揚九年分漕糧漕項,寬至十年帶徵。○又覆准:山東金鄉等縣九年分漕糧,於後三年帶徵。○十一年諭:江南省連年水旱,將舊欠錢糧一并停徵,并將十一年帶徵八、九兩年漕項漕白銀米,俱暫停徵。○十二年覆准:浙江嘉、湖二府屬漕折銀,分兩年帶徵。○十七年題准:江南宿遷縣帶徵十六年漕糧漕項,於十八年帶徵。○十八年題准:江南邳、宿、徐、蕭、碭五州縣災荒,以前逋欠,分作五年帶徵。○又題准:江蘇等七府州漕米,本年徵一半,其一半,於次年帶徵。○十九年覆准:江南賦繁,積欠追比累民。其十三年至十六年錢糧,自十九年始,分年帶徵,以紓民力。○二十年題准:溧陽等州縣,去年被災,將十九年分未完漕糧漕項,於本年帶徵。○二十三年詔:江南、江西、浙江、湖廣,自用兵以來,供應繁苦。自康熙十三年至二十二年拖欠漕項錢糧,著自二十三年起,每年帶徵一年,以免小民一時並徵之累。○二十八年覆准:湖北各府被災,顆粒無收。將本年漕糧漕項,於二十九、三十兩年帶徵起運。○又覆准:太原、大同所屬歉收,將上半年錢糧,緩至來年徵收。其應給兵餉,先動庫項買貯。○二十九年覆准:山東沂州、郯城等二十四州縣及濟南等衛所,歲收歉薄,其未完二十八年錢糧一十三萬二千有零,於康熙三十年帶徵。○又,江西寧州等州縣,去秋被旱。奉旨,被災九分、十分田畝,本年錢糧,著緩徵。○三十年題准:山西平陽府屬浮山等十一州縣,澤、沁二州,陽、沁二縣蝗災,本年錢糧,已經照分數蠲免,舊欠錢糧,准於三十一年秋成帶徵。○又諭:原武等州縣未完錢糧,著於三十二年、三十三年帶徵。○又諭:"朕頃巡行邊外,入喜峰口,見有民間田畝爲蝗蝻所傷。又聞榛子鎮及豐潤等處地方,被蝗蝻災者,亦所在間有。秋成失望,則粒食維艱,朕心深切軫念。倘及今不爲區畫儲蓄,恐至來歲,不免饑饉之虞。著行該撫親歷直隸被災各州縣,通加察勘,悉心籌畫。應作何積貯,該撫詳議具奏。其被災各地方明歲錢糧,若仍照例催科,小民必致苦累。著俟該撫察報分數到日,將康熙三十一年春夏二季應徵錢糧,緩至秋季徵收,用稱朕體恤民生,休息愛養至意。"○又覆准:陝西西、鳳二屬被災州、縣、衛、所并都司民、屯、銀糧,除蠲免外,其餘未完及舊欠,俱緩至三十一年秋成帶徵。○三十一年諭:陝西華陰、澄城等州縣,三十年未完銀米及三十一年春夏應徵銀米,俱著於秋成後帶徵。○又諭:長武縣積欠銀米,著一并緩徵。○又覆准:平陽澤州所屬州縣錢糧,一并緩徵。○又,山西夏、聞等州縣三十年帶徵未完錢糧,并借賑分貯米石,奉旨,於三十二年帶徵。○三十二年諭:"江浙二省今年夏旱雖不成災,秋收量必有限。若漕糧照常徵收起運,恐民食將至匱乏,朕爲此常切軫念。除浙江漕糧今年蠲免外,其江南漕糧,今年或三分免一,或免一半。俟至該省蠲免之年,將今年所免米石,照數補徵起運。於漕糧既無缺少,官民大有裨益。"遵旨議准:將江蘇、安徽本年漕糧,三分免一。此所蠲漕糧,俟至該省蠲免年分,照數補還。○三十三年題准:江南六合縣荒歉,將二十二年并二十四年至三十年軍欠漕項銀米,於三十三年爲始，分年帶徵。〇三十四年，江南未完地丁銀米，江蘇所屬二十八年起至三十二年止，廬、鳳二屬六合等五州縣二十七年起至三十二年止，及蘇、松、江、安糧道所屬未完漕項漕糧十八年起至三十一年止，奉旨：這歷年地丁及漕項未完錢糧，俱著自康熙三十四年始，分年帶徵。〇又覆准：湖廣沔陽衛水冲田地，二十三年至三十二年未完銀兩，分年帶徵。〇三十六年題准：直屬被災之霸州等三十九州縣，與未經成災之獻縣等六州縣，三十五年民借米穀，著緩徵。〇又覆准：山西五臺等縣，田禾歉收，三十五年未完錢糧、三十六年應徵錢糧，俱於秋成徵收。〇又題准：直屬三十六年上半年錢糧，緩至明年帶徵。其下半年錢糧，二麥告成之際催納。〇又題准：江南淮、揚、徐、泗地方，去歲水災，三十五年一應錢糧已經蠲免。其三十四年未完錢糧，於三十七年帶徵。〇三十七年諭：山西省康熙三十七年錢糧，已有諭旨通行蠲免。静樂等縣三十六年未完錢糧，若於三十七年徵收，則小民仍有催科之累。著於三十八年帶徵。〇三十八年諭："朕巡省民生風俗，自江浙返蹕，行經山東，幸今歲雨暘時若，二麥繼登，小民無憂粒食。但前年泰安等二十七州縣，生計尚未豐盈。所有康熙三十六年未完地丁銀米，俱著免徵。其三十七年應徵錢糧，恐一歲未能完納，令分作三年帶徵。"〇又題准：江西省進寧等州縣田畝，盡在山中，蓄積亦少，舊逋新欠，難以並徵。將三十五、六兩年未完民欠銀，於三十九、四十年帶徵。〇三十九年題准：山西省静樂、沁源二縣，三十五、六兩年未完錢糧，俱緩至三十八年帶徵。但合之三十八年額徵正賦，小民有三年並徵之苦。將三十六年未完錢糧，再緩至三十九年秋成徵收。〇又，江南三十四、五、六年漕項民欠未完。奉旨：這漕項積欠銀兩，著分年帶徵。其積欠米麥，俱著免徵。〇又覆准：直隸廣平縣夏被水災，未完錢糧，緩至四十年秋成徵收。〇四十年覆准：甘肅寧夏等處被旱，將錢糧暫行停徵。〇又議准：甘屬本年錢糧，於四十二年帶徵。〇四十一年，山東省泰安等六州縣，墾荒地畝陞科錢糧未解。奉旨：分三十八、九、四十年帶徵。〇又題准：山西静、嵐二縣被災最重，其三十六年未完錢糧，准於四十一年起，分作三年帶徵。〇又題准：陝西西寧衛下任、上川口、巴古等堡，應徵屯糧，於四十二年帶徵。〇四十二年題准：祥符等州縣被災錢糧，著緩徵。〇又覆准：奉天承德等州縣歉收，將四十二年應徵米豆，并借給民人穀石，俱於次年帶徵。〇又諭：東省今歲錢糧漕米，俱應速行停徵。〇四十三年題准：直屬廣平等處，高下俱遭雨水淹没，照荒田墾種，三年起科，至所有未完民欠及俸工銀，分作三年帶徵。〇又題准：山東省泰安等州縣，麥禾被災，四十二年錢糧已經停徵。其歷年民欠，分作三年帶徵。〇四十四年諭：嗣後蠲免錢糧時，將歷年未完舊欠錢糧，停其徵收。次年仍照常徵收。〇又題准：直隸河間府屬，去歲收成歉薄，將四十一、二、三等年未完錢糧，緩至次年帶徵。〇又題准：江南睢寧等縣被災，應徵地丁漕項銀米，著暫停徵。〇四十五年諭：南鄭、城固、略陽、沔縣、鄖縣被水災地方應納銀米，著暫停徵。〇又覆准：寶坻等處減糶，并民借米穀，均緩至來年秋成催買還倉。〇四十六年題准：直隸武清、寶坻、永清、東安、梁城所、楊村廳等六處，四十五年被災。其未完起運銀，於四十六年秋成帶徵。〇四十七年諭："朕屢次南巡，見閭里殷阜之家，遠不逮於舊時。朕於民生風俗，無不一一咨訪。雖不時蠲免額賦，停徵積逋，僅可支吾卒歲，絶無餘蓄。且今承平既久，生齒日繁，食漸不充，用多不給，亦理勢之所必致。朕每念及此，未嘗不爲之惻然。去年江南、浙江二省俱被旱災，多方軫恤，始蘇民困。今歲復報潦傷，旋經照例蠲賑，並下詔書，留漕資濟。但歲再不登，生計益匱，欲令辦賦，力必難供。朕於國家一切經費，屢年撙節，帑藏充裕。以此弘敷膏澤，藏富於民，俾得盡力農桑，衣食滋殖。百姓既足，國用何憂？所有舊欠帶徵銀米，仍暫停追取。此朕因江、浙二省爲東南重地，特於格外施恩，用弘休養之至意。"〇又覆准：浙省杭、湖二府屬被災之仁和等八州縣，應納本年漕糧共三十六萬八千九百三十四石零，於本年徵收一半，其一半，俟次年帶徵完納。〇又覆准：江南地方，兩歲被災。將本年應徵一半漕米，於四十八年秋收後帶徵。〇又題准：福建臺灣等三縣，連年旱災。將四十六年應徵額粟，於四十七、八兩年帶徵。〇四十八年題准：山東禹城等二十一州縣、濟南等二衞，大風有傷麥苗。將被災州、縣、衞四十七、八兩年地丁錢糧，暫緩催徵，俟本年秋收後完納。〇又題准：河間等府屬州縣，未完四十七年民欠錢糧，緩至四十八年秋成帶徵；四十八年地丁錢糧，緩至四十九年麥收之後，帶徵一半，俟秋成全完。〇又題准：江、淮、揚、徐屬邳、宿等十三州、縣、衞，本年夏麥、秋禾俱傷，其現運漕糧及漕項銀兩及舊欠漕項錢糧，俱於四十九年秋收後，帶徵搭運。〇又覆准：河南鹿邑等縣被災，應徵四月完半錢糧，緩至秋成徵解。〇又覆准：浙江德清一縣，被災尤甚，所有應徵未完平糶漕米一萬二千八百六十七石三斗，於秋收後照數徵完，同帶徵一半漕糧搭運。〇又諭：武清等被災十三州、縣、衞、所，本年未完錢糧，著於明年秋收後帶徵。〇又諭：邳、宿等十三州縣一衛,現運漕糧及漕項銀兩,並舊欠漕項錢糧,俱於明年秋收後,帶徵搭運。〇四十九年覆准:河南省雨水失時,人民乏食。四十八年未完錢糧,於四十九年秋收後帶徵。〇又覆准:江南省山陽等州、縣、衛四十八、九兩年河灘地租,已照民田地丁一體全免。其四十七年以前舊欠,亦停徵一年。〇又覆准:江南、江蘇等屬及淮、揚、徐三府屬,屢經水旱,新舊民欠錢糧,令於五十三年帶徵。〇又覆准:江南溧陽縣四十七年被災,錢糧既完,其舊欠照松、蘇等屬一例於四十九年秋收後帶徵。〇又題准:江蘇等屬四十四、五、六、七等年未完地丁漕項屯折銀糧,於五十年起至五十三年,挨次分年帶徵。〇又覆准:福州等府屬州縣,雨澤稀少,將四十九年未完地丁錢糧,暫行緩徵。〇又,兩浙竈地,濱海低窪,連被水淹,所有四十七、八兩年未完鹽課,奉旨,自四十九年起,分作三年帶徵。〇又諭:浙江省四十五、六、七年舊欠錢糧,分三年帶徵。〇五十二年題准:陝西甘屬四十九年舊欠銀兩,於五十五年帶徵。〇又覆准:四川茂州本年應徵錢糧,暫行停徵。〇五十四年覆准:直屬地方,雨水過多,春夏青黄不接,艱於粒食。將順天府屬之寶坻、霸州等州縣、河間府屬之任邱等十四州縣及武清境内蘆漁課地今歲未完錢糧,一并緩徵。〇又題准:陝西甘屬被災地方五十三年未完錢糧,暫行停徵。〇又覆准:陝西甘屬五十三年被災地方共二十八處,歷年未完銀糧草束,各照數分年帶徵。〇又題准:陝西甘屬,今歲雨澤愆期。將本年錢糧,暫行停徵。〇又題准:浙江杭紹等七府屬並遭旱澇,新舊錢糧,分作三年帶徵。〇五十五年覆准:蘇、松等府屬,去年被災,錢糧緩至五十五年秋成後,帶徵一半,五十六年全完。〇又覆准:浙江、江寧、安徽等屬被災州、縣、衛現年應徵地丁錢糧,再歷年舊欠漕項地丁銀米,均令緩徵,俟來春麥熟徵報。〇五十六年題准:直隸南和等四縣,五十五年秋被水災。將五十五年未完地丁銀兩,於本年秋成帶徵。〇又覆准:江南、安徽所屬歷年民欠,值災荒之後,行令該撫將四十六年至五十四年各項舊欠,分年帶徵。〇五十七年覆准:陝西涼州衛等一十三處,夏禾被災。其本年應徵錢糧,暫行緩徵。〇又覆准:福建臺灣府屬三縣,去歲旱災。將五十六年正項錢糧,分於五十七、八兩年帶徵。〇又覆准:浙江仁和等州、縣、衛、所,秋被旱災,將本年錢糧,緩至來歲麥熟後徵收。其五十四年以前所有民屯尾欠地丁銀米,亦令分年帶徵。〇五十八年題准:陝西靖邊等十堡,秋禾被災。其應徵本色糧草,暫行停徵。〇五十九年覆准:江南江蘇等屬,自四十八年起至五十八年止倉糧銀米及衛屯糧,於五十九年起，挨次分年帶徵。五十五年地丁等項錢糧，於六十二年帶徵。四十七年漕米，於五十九年起，三年帶徵。○又覆准：陝屬五十四、五、六、七等年未完民欠錢糧，令其分年帶徵。○又題准：陝西固原、平涼、臨洮等州縣，夏禾被災，將本年分額徵錢糧停徵。○又覆准：西安屬之定邊一所、磚井、安邊、鹽場三堡地方不雨失收，本年錢糧已經皇恩蠲免。其本色糧石草束，暫予緩徵。○又覆准：葭州並宜川等州縣，秋禾失收。額徵草束，照例停徵。○又覆准：浙江金、衢二府屬五十八年旱災，其五十四、五二年錢糧，於六十年秋成帶徵；五十六、七兩年錢糧，於六十一年秋成帶徵。○又覆准：山東樂安等十五州縣、安東等六衛所，五十八年秋旱。其未完緩徵銀兩，於六十、六十一兩年帶徵。○六十年覆准：直隸、山東、河南、山西四省被災州縣，令督撫查明應徵錢糧，暫行緩徵。○又覆准：山東壽張等縣被災，本年錢糧并五十九年未完錢糧，緩至六十一年徵收。其本年未完漕糧，分爲三年帶徵。○又覆准：浙省仁、錢等縣被災，將五十四、五、六三年錢糧，於六十一年帶徵。其五十七、八、九三年舊欠，挨次三年帶徵。○又覆准：浙省於、潛等州、縣、衛被災，錢糧緩至六十一年麥熟後徵完。○又覆准：黄、沁兩河水決，長垣、東明、開州、滑縣田禾被淹。新舊錢糧，俟明年麥熟後徵收。○又覆准：沁河水決，流入東省之壽張、濮州、范縣、聊城、博平等境内，麥豆淹没。將各州縣六十年未完漕糧，分作三年帶徵。○又題准：陝西西、鳳、延三府屬夏禾被災，貧民乏食。將六十年額徵糧草，暫行停徵。○又覆准：湖廣沔陽州、衛夏被水災，田禾淹没。將五十九年地丁屯餉銀，緩至六十年秋成後開徵，至五十四、五、六、七、八等年未完舊欠，自六十年起分年帶徵。○又覆准：安徽新安衛被災，本年地丁及各年舊欠，緩至來歲麥熟徵收。○又覆准：江蘇等屬三十三年起至五十七年未完蘆課銀，於六十一年起，挨次每歲帶徵二年。○又題准：山西平、汾二府旱災歉收，新舊錢糧自六十年起，分作五年帶徵。○又覆准：山西潞安府之襄垣等五州縣被旱，新舊錢糧緩徵，秋成完納。○六十一年題准：山西平陽府被旱，將五十六等年未完民欠，自六十一年起，分作五年帶徵。汾州府五十八、九兩年未完民欠，於六十一年起，分作三年帶徵。○又覆准：山東壽張等州縣，其本年錢糧并漕糧漕項以及六十年未完民欠，均俟下年成熟之後，分作三年帶徵。○又題准：江南常、鎮、淮府屬州縣叠被旱災，本年漕糧緩徵一半，俟下年帶徵。又，海、邳等州縣被災更甚，本年地丁漕項，緩至秋成起徵。○雍正元年覆准：直隸開州、長垣、東明、滑縣四州縣，康熙六十年未完民欠錢糧，自雍正二年爲始，分作三年帶徵。○又議准：河南衛輝等府屬，夏被旱災，入秋黄水爲患。本年錢糧及舊欠錢糧，緩至秋收後再行徵收。○又覆准：山東歷城等州、縣、衛、所六十年民欠錢糧，自雍正元年起，分作三年帶徵。○又覆准：山東壽張、濮州等四州、縣、衛，黄水未退，所有六十一年帶徵六十年漕糧漕項，自雍正元年始，分作三年帶徵。○又覆准：江南武進等州縣災田漕糧，緩徵一半，俟雍正二年秋成帶徵。○又諭："朕惟治民之道，在愛養民力。蓋民力寬舒，則元氣自復，此裕阜之要務也。山東、山西、河南三省連年田禾歉收，朕軫念窮黎，已發帑賑濟，復將現年錢糧盡行緩徵。而歷年民欠帶徵之項，若仍行追比，緩新而徵舊，於兆姓終無裨益。目今時雨霑足，秋禾滋茂，登穫在望。俾耕鑿小民終歲無催斂之煩，家室有蓋藏之慶，則力既有餘，輸將亦易，來年自必急公完賦。户部將山東省五十八年至六十一年分帶徵未完錢糧、山西省五十六年至五十九年分帶徵未完錢糧、河南省五十九年至六十一年緩徵錢糧，作速行文三省該撫，著俱停徵一年。務使里井沾恩，吏胥無擾，以副朕愛養民力至意。○又覆准：河南開封等府屬五十九、六十年未完民欠，在停徵之外，亦令於二年帶徵。其六十一年未完銀，於三年帶徵。○又覆准：浙江富陽等二十九縣、台州衛、嚴州所，秋被旱災。本年應徵錢糧，於來年麥熟後徵收。○又覆准：仁和等二十一州縣、杭州右、前二衛及湖州所，秋旱被災。本年錢糧，緩至來年麥熟後徵收。○又覆准：直隸正、順、廣、大府屬四十二州縣，上半年錢糧，緩至次年徵收。○二年覆准：浙江仁和等十一縣，秋被潮淹。本年錢糧，緩至次年麥熟後開徵。○又諭："朕軫念民依，時廑宵旰。遇有旱澇災荒，惟恐窮黎失所。雍正元年，因直隸、河南、山東、山西二麥歉收，特遣廷臣發粟賑濟，錢糧除被災分數，已經蠲免停徵。嗣蒙天庥，雨暘時若，四省秋成豐稔，少慰朕懷。但念四省頻歲荒歉，較別省爲甚。今百姓元氣方復，若將兩年舊欠，并於本年徵收，民力恐不能支。速行文各該撫查明，實在舊欠若干，據實題報，分作三年帶徵。其已收在官者，速飭起解。毋令不肖有司，借端牽混，致滋虧空。"○又覆准：河南省康熙五十九、六十兩年舊欠錢糧，於雍正三、四兩年，各帶徵一半。○又覆准：山西省太、平、潞、汾、大五府，澤、沁、遼三州，歷年未完民欠錢糧并帶徵銀兩，均分作三股，於雍正二、三、四等年，每年帶徵一股。○又覆准：福建臺灣遭匪類蹂躪，五十九年未完稻粟，分作三年帶徵。○又覆准：江南蘇、松、鎮、淮、揚五府屬之太倉等十四州縣，本年田禾,被風潮淹損,將漕糧緩徵一半,俟三年秋收後帶徵。又,海州地方,今歲被災更甚於去歲,本年災田漕米,全予緩徵,俟來歲秋收後,徵完起運。○三年諭:“朕撫育烝黎,務期休養寬裕,俾咸臻安阜。故於各省雨暘節候,時時咨訪體察,無刻少釋於懷。近聞河南、山東春雨稍缺,朕心深切軫念。雍正元年七月,曾降諭旨,將河南省康熙五十九年至六十一年分帶徵未完錢糧、山東省康熙五十八年至六十一年分帶徵未完錢糧,俱著停徵一年。雍正二年二月,復念二省去歲秋成雖稔,百姓元氣方復,舊欠新徵恐難兼顧,諭令該撫將實在民欠,分作三年帶徵,以紓民力。今二省春雨未足,民氣未能舒暢。朕念本年正供,方竭力輸將,而分年舊欠,復欲及時完納,民力未免拮据。用是再沛恩澤,著將河南省康熙五十九年至六十一年帶徵錢糧,并雍正元年未完民欠,俱從雍正二年起限,寬作五年帶徵。山東省康熙五十八年至雍正元年帶徵錢糧,爲數更多,著從雍正二年起限,寬作八年帶徵。速行文該撫,查明實在民欠數目,按照年分,以便帶徵。俾閭閻納賦舒徐,以副朕勤恤民隱至意。倘不肖有司,不按年分,預行追比者,即指名題參,從重治罪。其已收在官者,速飭起解,毋令借端牽混,以致侵蝕虧空。”○又覆准:長蘆民被水災,鹽觔壅積未銷,應輸正課,勢難責其按季完納。將雍正三年秋冬二季引課等銀二十一萬四千九百七十餘兩,分作二年帶徵,於四、五兩年照數徵解。○又覆准:長蘆各場竈地亦被水災,將雍正三年青、滄二分司被災十六場額徵課銀一萬餘兩,於雍正四年帶徵全完。○又覆准:直屬霸州等七十三州、縣、廳、所,秋禾淹没。令地方官查明被水村莊地畝錢糧,緩其徵收。○又覆准:濟、東二府屬禹城等十七州、縣、衛,天道亢暘,二麥損傷,新舊錢糧,暫緩至秋成後徵收。○又覆准:山東曹縣,黄水冲決,沿太行堤田地被淹,應徵新舊錢糧,暫緩至明歲麥熟後徵收。○又覆准:廣東歸善等縣被災,錢糧暫行緩徵。○又覆准:直隸霸州等七十二州、縣、衛、所村莊緩徵地畝,凡佃户有未完之租,田主不得照常催討,緩至明年豐收之時,一并完納。其未被水村莊地畝,仍令照常納租,不得借端圖賴,致田主徵賦無辦。○又覆准:東省歷城等四十三州縣,秋禾被災。其本年應徵漕米漕項及臨德二倉米麥銀兩,并德州、濟寧、東平、東昌、臨清等五衛所應徵本年河銀漕項銀兩,均緩徵一半。俟下年秋收後,徵完起運。○四年諭:“去秋北方多雨,直隸所屬七十三州縣被水歉收,朕心深爲軫恤,叠沛恩澤,加惠窮黎。已將七十三州縣被災地畝之錢糧,照例蠲免。其餘應徵額賦,又復停徵在案。朕思一省之中,既有七十餘州縣收成歉薄,則鄰封隔縣,必有謀生覓食之人。當此青黄不接之時,閭閻豈能寬裕?若仍照舊徵收錢糧,民力輸將未免竭蹶。用是特頒諭旨,施恩於常格之外,將雍正四年通省應徵額賦,一并停其徵收。俾民力寬舒,各得用力於南畝,以副朕勤恤民隱之至意。"○又諭:去歲畿南被水,深軫朕懷。雖截漕發粟,賑糶頻施,然恐小民甫經災沴之後,無力供輸。是以又特降諭旨,將雍正四年錢糧,通省俱令緩徵。夫今年錢糧尚且緩徵,則從前未完之欠,豈有反急徵之理?今聞地方官竟有仍追比前欠者,漠視民瘼,莫此爲甚,深負朕憂念斯民之至意。著傳旨直隸總督速飭各地方官,凡一切舊欠錢糧,一概緩徵。其所有兵餉工料各項需用之處,俱動藩庫銀撥給,不得短少尅扣。如地方官仍有私徵等弊,一經察出,定行從重治罪。"○又諭:"去年山東濟南、兗州、東昌三府,偶有水患。朕心軫恤,蠲賑兼施,復將本年漕米或全緩徵,或緩徵一半,以紓民力。今年山東雨水調勻,二麥豐登,民生樂業。惟是去歲低窪之處,又經今夏之雨,未必能及時播種,可獲全收。查去歲緩徵之米,應於今年並徵,誠恐民力艱於輸將。用是再沛恩澤,將去年全緩之州縣,令其於今年帶徵一半,明年帶徵一半。著山東巡撫轉飭各該州縣實力奉行,務使民力寬餘,以副朕加惠閭閻之意。"○又諭:"江南地方,今歲秋冬雨水稍多,低窪之處,未免減收。目前米價雖平,恐明歲青黄不接之時,價值不免昂貴。朕心軫念,預爲籌畫,已特遣專官將從前截留糧米一一清查,會同該督撫商酌,以濟地方之用。又令該督撫動用正項錢糧,委員於鄰省採買米穀,以備積貯平糶之需。朕思蘇、松、常、鎮四府,地廣人稠,需米甚多。而四府所屬漕兑,共一百四十餘萬石,居七省漕糧三分之一。今州縣既有被水之區,恐小民輸納匪易。著將成災五分以上之地畝應出漕米,緩徵一半,約計將及二十萬石。俾閭閻既寬正額之輸將,而地方又有多餘之米粟,則編户窮黎當不慮其乏食矣。其緩徵一半漕米,著於雍正五年秋收後,帶徵完納。其不成災之地畝,仍照額徵之數,准其紅白兼收。著將此速諭該督撫遵行。"○又覆准:江西南昌等府屬地方被災,錢糧暫行緩徵。○又覆准:東莞等十一縣被水,將存倉穀石賑濟,其錢糧暫行緩徵。○又覆准:東省鄒平等縣衞被水,將本年錢糧,緩至來歲麥熟後徵收。

大清會典卷之三十九

户部

〔蠲恤五〕

〔積貯平糶附〕

國家豫籌民食。直省州縣各設常平倉及義倉、社倉，歲儲穀米，并聽所在官民捐輸備用。每年出陳易新，儉歲穀貴，則減價平糶。法制綦詳，具列於後。

順治十一年詔：各府、州、縣俱有預備常平倉及義倉、社倉，積貯備荒。責成該道員稽察舊積，料理新儲，每年二次造册報部。察積穀多寡，分别議奏，以定功罪。〇十二年題准：各衙門自理贖鍰，春夏積銀，秋冬積穀，悉入常平倉備賑，置簿登報布政司，彙報督撫，歲底造報户部。如有假公潤私，隱匿漏報者，督撫查參。其鄉紳富民樂輸者，地方官多方鼓勵，勿勒定數，勿使胥吏侵尅及加耗滋弊。〇十三年議准：太和山香税，留貯常平積穀賑濟。〇又議准：積穀賑濟，務令修葺倉廒，印烙倉斛，選擇倉書糴糶平價，不許别項動支。〇十七年議准：常平倉穀，春夏出糶，秋冬糴還，平價生息，務期便民。如遇凶荒，即按數給散災户貧民，飭有司實力奉行。〇康熙十八年題准：地方官整理常平倉，每歲秋收，勸諭官紳士民捐輸米穀，照例議叙。鄉村立社倉，鎮店立義倉。捐輸積貯，公舉本鄉敦重善良之人管理。出陳入新，春月借貸，秋收償還，每石取息一斗，歲底州縣將數目呈詳上司報部。管倉人儲穀多者，題明給頂帶榮身。有官吏掊尅者，照侵欺錢糧例處分。有强派抑勒，借端擾民者，該督撫題參治罪。〇十九年覆准：直省常平倉穀，留本城備賑；義社倉穀，留本村備賑，永停協解外郡。〇又題准：奉天等處城守尉征收雜税，於米價賤時，購貯内府，修造倉廒，名曰“備米”,遇有緊急撥用。〇二十四年諭:山海關、古北口、張家口等處,積貯米石,以備蒙古饑荒。令户部官監視運送,蓋造倉廒。〇二十五年題准:黑龍江默爾根地方起造倉廒,收貯米石。〇二十九年諭:常平倉不必撥給兵米。〇又諭:“朕撫育黎元,勤思治理。足民之道,宜裕蓋藏。從來水旱靡常,必豐年恒有積儲,庶歉歲不憂饑饉。如康熙二十七年,頗稱歲稔。誠使民間經營撙節,早爲儲偫,何至二十八年偶遇旱祲,室皆懸罄。總因先時無備,遂至餬口維艱。比蠲除正賦,特發帑金,分行賑濟,所在官司,悉仰體朕懷,竭力從事,被灾之衆,始獲安全。倘非拯救多方,則烝黎必流移失所。今霖雨時降,黍苗被野,刈穫在即,可望有秋。惟恐愚民不知愛惜物力,狼籍耗費,祇爲目前之計,罔圖來歲之需。縱令年復屢豐,亦難漸臻殷阜。應行直省各督撫,嚴飭地方官吏家諭户曉,務使及時積貯,度終歲所食常有餘儲,用副朕軫念民依,綢繆區畫至意。”〇又覆准:山東霖雨時降,秋成可稱豐熟。本年正賦,已奉特沛洪恩蠲免。紳衿士民咸及時樂輸,無論高粱穀石,每畝捐出三合。在各州縣適中大鄉之内,保舉殷實良善之人收貯,以備荒年,止今年舉行一次。〇三十年覆准:直屬所捐米石,大縣存五千石,中縣存四千石,小縣存三千石。倘遇荒歲,即以此項給散。其留倉餘剩者,俱於每年三四月,照市價平糶。五月初旬,盡數解交守道貯庫。九月初旬,各州縣仍領出,買新穀還倉。〇又覆准:山西亦照直屬之例,積穀分貯備賑。〇又覆准:直屬捐穀,每州縣照前再扣貯一倍。〇又覆准:直屬捐米内有高粱,春氣一動,即易發紅。著即糶賣,買粟石還倉,以備賑濟。〇又諭:江寧、京口等處,大兵駐防之地,著將漕米各截留十萬石,建置倉廒,以備積貯。〇三十一年覆准:山東夏秋二季,每畝應捐米麥,秋成後即令易穀。今并作一次,每畝共捐穀四合。除原有可貯倉廒外,其無倉廒之州縣,交與地方官酌量修蓋,將所捐穀石,加謹收貯。〇又覆准:江西常平倉存貯舊米,春間槩行出陳。秋成,每米一石,收買穀二石還倉。〇又覆准:福建濱海之地,民間多種稻穀,不比北省多種麥粟。嗣後,勸輸稻穀。〇又諭:山西平陽等處,麥田大熟。著遣堂官一員前往,照時價採買積貯。〇又議准:西安鳳、翔二府照山東之例,勸輸均貯。〇又議准:各省常平倉,俱照直隸分貯各州縣。州縣官有陞遷事故離任者,照交代收受正項錢糧例,取具印結。有短少者,該督撫題參,照虧空正項錢糧處分。〇三十二年覆准:浙省産麥無多,所收不敷民食。鄉紳士民捐輸,夏秋并作一次,每畝捐穀四合。如有舊設倉廒,該地方官設法修蓋。其無倉基之處,擇空闊寺院,捐修備貯,選誠實鄉紳耆老管理。耕種之時,以一半聽民借貸,限十月還倉。交盤時,照正項錢糧收受。〇三十四年題准:江南捐積穀石,以七分存倉備賑,以三分發糶。俟秋收,買穀還倉。〇又覆准:將廣東積穀最多之處,酌撥十萬石,運赴省倉,以一半支放兵米,一半遇歲歉備用。〇又諭:積貯米穀,最爲要務。倘能實有蓋藏,則雖遘凶荒,必不至於饑餒。但小民不知儲蓄,每於豐稔之年,恣意糜費。一遇歉歲,即坐困不支。今正值麥石收穫之時,應行各該地方官勸諭百姓,令各户量力捐輸積貯。該州縣官將輸納之人姓名數目詳記册籍。其秋禾收穫以後,亦依此例舉行。如春月轉貸於乏穀之民,俟秋月即照此數,償還備用。每歲當收穫時,遵行此捐輸之法,不數年間,米穀充裕。縱使歲偶不登,何至閭閻艱於粒食?大學士等與九卿、詹事、科道會議具奏。遵旨議定:令直省各督撫飭各州、縣、衛、所官員,勸諭鄉紳士民人等,每歲收穫時,令各户量力所能,不論幾石幾斗,捐輸積貯。若將米麥貸於乏穀之人,俟收穫時,即照原領米麥之數交納。如有不肖官員抑勒多收情弊,事發,即照私派錢糧例處分。每歲收穫時,俱照此遵行。〇三十五年覆准:江南出糶舊穀,於本年爲始,輪年挨次出易。〇又覆准:江南於各屬糶三銀内,酌提四萬石價銀解省。俟秋成時,收買新穀貯省,以爲下年存七糶三之用。〇三十六年覆准:湖廣三十五年分各官捐輸穀石,貯各屬倉廒備賑。〇三十七年題准:直屬實存勸輸存倉米麥高粱,久貯倉中,恐有浥爛。著變價解貯道庫,以備賑濟。〇又覆准:四川松潘鎮等處積貯雜糧,改爲三分,二分存貯,以一分遇糧貴借給兵民。將此穀按年出易,周而復始。永著爲令。〇又覆准:山東新泰、濱州等十六州縣,貯穀缺少,滕縣等二十州縣,貯穀過多。今將滕縣等州縣之穀,存七糶三。其糶三銀兩,分撥存穀缺少之新泰等十六州縣。俟秋成購買入倉。〇四十年題准:楚省漕糧二十萬九千餘石,盡數截留,存於江寧省倉。此項米内,動用六萬四千石,充給兵食。將採買兵米價值,照數扣留。再動四萬五千石,分發淮安等處,照時價糶賣,以濟民食。俟秋成,將糶賣米價并兵米扣留價值,照數買補還倉。其餘存剩米石,如不動用,仍俟下年,循例給兵發糶。〇四十一年諭:"朕躬理幾務年久,深知稼穡之事。念阜民之道,期於有備。去冬北地少雪,今春雨澤微降,尚未霑足,誠恐蝗蝻易生,有傷農事。所在官吏,亟宜先時預防。直隸、山東、山西、陝西、河南、江北地方,歷年積貯倉糧果否足額,該督撫宜確加稽核。務使廩有餘儲,不致匱乏。其一切應行預備事宜，須悉心講求料理。縱年歲不甚豐稔，亦可賑濟無虞。至直隸各省，現今雨澤有無多寡，着該督撫即行具摺奏聞，以紓朕宵旰勤民之意。”〇又題准：陝西西安撥倉米十五萬石，運送臨鞏等處。北路運送五萬石，南路運送十萬石，陸續全運至甘肅所屬盤龍舖瓦雲驛。移咨該撫，將米石速運入倉，毋致浥爛。〇又題准：陝西甘屬西寧，乃緊要地方，産米甚少，莊浪係接連三邊。此二處俱於西安倉米内，各運送五萬石收貯。〇又諭：各省、府、州、縣經管錢糧官員，虧空庫銀，理應照定例處分賠補。其虧空霉爛存倉穀石者，既經賠完，仍行治罪，似屬太過。且各州縣存貯米穀甚多，倉廒不能盡貯，在各處分貯，況南省地方，又極潮濕，米穀易至霉爛。大學士與九卿會議具奏。遵旨議定：凡官員將存倉一應米穀霉爛虧空者，該督撫題參，仍照例革職，留任一年賠補，完日免罪復職。如逾一年不能賠完，解任，再限一年賠補，完日仍准復職。如二年外不完，照定例擬罪，着落家産追賠。如各省州縣虧空霉爛倉穀實在賠補完日，令該管道府具結報明督撫存案。各州縣倉廒如有不敷，該督撫勸諭各官捐造，給與紀録，以示鼓勵。〇四十二年諭：“聞陝省米糧豐收，不勝忻悦。但山陝不通水路，若稍遇災，即至艱窘。自古以來，不能使其無災，以備荒爲要。從前屢降諭旨，但督撫等實心周詳籌畫奉行者，並無一人。今值糧米豐裕之際，無有急於各地方積貯者，務將預備之處，盡心究議。”遵旨題定：將陝西人口衆多之州縣增貯米三千石，其次州縣二千石，再次州縣一千石，交與地方官採買存貯。動西安司庫兵餉銀十四萬兩，以十萬兩照依時價買米，增貯各州縣，以四萬兩蓋造倉廒。其甘屬地方，既無倉廒，應於常平倉糧内，十分之中動一分，蓋造倉廒。將此項用過糧石缺數，照依原定數目填還。再，甘、陝二處，照依應徵地丁銀一錢、米一斗輸納者，令其捐輸糧三合，以爲備災之用。如遇歉年，停其捐輸。〇又諭：“直隸各省州縣，雖設有常平倉收貯米石，遇饑荒之年，不敷賑濟，亦未可定。應於各村莊設立社倉，收貯米石。直隸有滿洲莊頭，可合數村，立一社倉。其管理社倉事宜，令莊頭内有情願經管者，交與收貯。百姓村莊公設社倉，百姓有情願經管者，交與收貯，以備饑荒。傳諭直隸巡撫，如設立社倉，果有益於民生，著各省亦照例，於各村莊設立社倉，收貯穀石。大學士會同九卿詳議。”遵旨議定：設立社倉，於本鄉捐出，即貯本鄉，令本鄉誠實之人經管。上歲加謹收貯，中歲糶借易新，下歲量口發賑。〇又諭：社倉事，曾面諭直隸巡撫，酌量舉行三年。果否於民有濟，俟題到時再議。〇四十三年議准:各省府、州、縣積貯米穀,大州縣存一萬石,中州縣八千石,小州縣六千石。其餘按時價易銀,解存藩庫。其存倉米穀,每年以三分之一,出陳易新。〇又覆准:直隸各屬現存米穀無多,惟南宫、南樂、長垣三縣過二萬石,其餘州縣存貯不多。仍令照舊存貯,每年出陳易新。倘值歉薄之年,詳明題請發糶。〇又覆准:山西之民,别無他業,惟資田畝,恐積貯穀少,一時需用,購買維艱。每大州縣存穀二萬石,中州縣一萬六千石,小州縣一萬二千石。〇又覆准:江西省州縣大者,止存穀一萬二千石,暫停糶三。〇又覆准:江南江寧所屬,大州縣存貯米五千石,中州縣四千石,小州縣三千石。其江寧省倉捐米八萬七千餘石,久貯必致浥爛,照常平倉每年糶三,秋成買補。〇又覆准:廣東存貯常平倉米穀,照例存貯,多餘米穀易銀。近省者,將銀兩交貯藩庫;遠者,將銀兩交貯府庫。遇有荒年,准司府將庫貯銀兩,遣官赴鄰省豐熟地方採買,運至被災之處,照買價糶賣。至存倉米穀,照例出陳易新。惟潮州府僻處山陬,或遇荒歉,米粟價值騰湧。令存貯穀四萬八千七百餘石,以備不虞。〇又覆准:川省人民稀少,大州縣貯穀六千石,中州縣四千石,小州縣二千石,無容糶三。〇又覆准:雲南糶三銀兩,令州縣官員用印封固,就近解府。俟秋收,領銀買補。〇又覆准:河南現存穀石,每年將一半存倉備賑,一半借給窮民。〇又議准:閩省現在捐輸穀二十七萬餘石,常平倉穀約五十六萬餘石。其内地積穀,仍按原存州縣之額數存留。其常平穀照依時價,盡數發糶。至臺灣一府三縣,遠在海外,現存捐輸穀八千六百餘石,常平倉穀一十一萬餘石。除每縣應存穀石,其餘盡行發糶貯銀,遇荒歉賑濟。其所存穀石,仍照每歲出陳易新之例,加謹收貯。至臺灣鳳、諸三縣額徵稻粟,自二十三年開徵起,至四十年奏銷止,共存粟米七十餘萬石。爲數既多,積貯日久,令留二十萬石,爲臺屬預貯三年兵需。其餘存粟,一槩照依時價變銀,收貯府庫,即以留充本處兵餉。〇又覆准:盛京地方,與各省不同,無容分别州縣大小定數。其九州縣積貯米糧,有多寡不同。錦縣現在積貯六萬石,寧遠州現在積貯五萬餘石,爲數頗多,承德等七州縣,止各存一萬六七千石不等。自四十三年起,將錦、寧二州縣應徵米豆,改徵銀兩,解交承德等七州縣買糧,蓋倉積貯。〇又覆准:黔省各府州縣常平倉,現貯米一千二百餘石,稻、蕎麥共一十八萬餘石。内,惟貴安等地方,俱係要衝,且官兵駐劄,自宜多貯。貴陽府存貯稻一萬一千餘石,貴筑縣存貯稻一萬四千餘石,安順府存貯稻八千石,其餘各府屬有六千石及三、四、五千石不等,俱不足大、中、小州縣應存之數。俟捐貯贏餘之日，另請糶賣。○又覆准：川、陝二省倉糧無多，俟積有贏餘日，再行糶賣。○又諭：山東省昨歲歉收，江南産米之地，又水路易於輓運。著總河等即從江南購買穀石，至東省交倉。○四十四年題准：陝西存貯常平倉穀石，每年支放官兵餘糧，年久恐致朽爛。嗣後，將新收及餘糧存貯，其舊糧照新收之數，换出發糶。○又議准：河南省河南府居數省之中，積穀以備賑濟山、陝之需。令將四十三年漕米，每米一石易穀二石，共穀四十六萬五千六百石零，於河南府收貯；穀二十三萬五千六百八十一石，造倉廒二百九十三間；其餘二十三萬，於近汴近洛之祥符縣，貯穀三萬石，中牟縣貯穀二萬五千石，汜水縣貯穀二萬石，鞏縣貯穀二萬五千石，偃師縣貯穀二萬八千石，陝州貯穀二萬七千石，靈寶縣貯穀二萬八千石，閿鄉縣貯穀二萬七千石，共造倉廒三百六十四間，嚴飭加謹收貯。每年於青黄不接之時，出陳易新，照依三分之一借給民人，秋後還倉。○四十五年覆准：直屬社倉四十一、二、三等年勸捐米穀，共七萬四千九百七十石零，出借窮民得息米一千五十一石零；又，四十四年永、保二府陸續捐穀四百三十五石零，俱貯各屬社倉。係本鄉捐出者，即貯本鄉，令本鄉誠實之人經管。○四十六年覆准：州縣虧空倉穀，知府隱匿，分賠。賠完，府、縣一體復職。○四十七年覆准：福建去歲被災，各處商販稀少，米價漸昂。借藩庫銀兩，於他省採買，存貯備賑。○又覆准：粤東地方，濵海炎濕。各州縣倉穀，久貯必致浥爛。將存倉穀米六萬石，運貯省倉，預備官兵支用。○又議准：州縣官於額貯積穀之外，買穀貯倉，照盤查贏餘之例，准其議叙。或州縣官捐穀本管倉内，捐少報多；或將現貯之米捏作捐輸，以邀議叙，後本官任内，復有虧空，事發，除知府照例分賠外，原報贏餘之督撫，一并議處。○又議准：職官將倉穀私借與民，合依監臨主守將官錢糧私借與人者，計贓以監守自盗論，係雜犯准徒五年律，不准折贖。所少穀石，仍著落本官追賠。○四十八年覆准：江浙二省，蓋藏維艱。各該有司勸諭紳士人民，於秋收時遵行捐輸之法，積貯備荒。○四十九年題准：直隸安州存貯漕米，十有餘年，恐致浥爛。行令地方官，估值發糶。○又題准：陝西、甘肅存貯米石歷久，恐有浥爛。行令該管官員，糧貴之年，存五糶五；糧賤之時，存七糶三。○又議准：霉爛倉糧官員，已經陞任，應革職，留於新任，限一年賠完之日開復。○又議准：湖南鎮筸地方，僻處苗邊，改協爲鎮，移駐道廳，兵民日增，歲歉恐食不敷。撥司庫銀三千兩，買穀備貯。○五十一年覆准：東省將捐穀分貯，大縣萬石，小縣八千石。仍於沿河等處，酌留數十萬石，以備鄰省撥運。○五十四年諭：密雲、古北口，各運米一萬石，彼處現有倉廒，著令存貯。○又題准：浙江省平糶漕米十萬石，存貯仁、錢等九縣倉廒。開徵新糧之日，難以並貯。在省城廣豐倉之舊址，建造倉廒二百四十間收貯。○又覆准：湖北巡、撫、司、道、府、州、縣等官，共捐輸穀三萬五千七百石。按大、中、小州、縣、衛所，分發收貯備用。○又議准：直省社倉勸輸之例，富民能捐穀五石者，免本身一年雜派差徭。有多捐一倍二倍者，照數按年遞免。至紳衿若能捐穀四十石，令州縣給匾；捐穀六十石，令知府給匾；捐穀八十石，令本管道給匾；捐穀二百石者，督撫給匾。其富民好義，比紳衿多捐二十石者，亦照紳衿例，次第給匾。捐至二百五十石者，咨明吏部，給與義民頂帶，照未入流品服榮身。凡給匾民家，永免差役。○五十九年覆准：將河南截留漕米内，撥十萬石運至西安存貯。○六十年諭："去冬雪大，所以今春雨澤甚少。大約冬雪多，則春雨必少；春雨少，則秋霖必多。此非由占驗而知者。朕六十年來，留心農事，較量雨暘，往往不爽。且南方得雪，於田土有益。而北方雖有大雪，被風刮去，於田土無益。今歲山東得雨，而河南、山西、陝西地方未甚得雨。備荒最爲緊要，不可不預爲籌畫。若直隸、河南、山東易於料理，至山西、陝西，補救尤難。古人云'三年耕，則有一年之蓄；九年耕，則有三年之蓄。'言雖可聽，行之不易。設立社倉，原屬良法，但亦曾舉行，終無成效。至於各省積貯穀石，雖俱報稱數十百萬，實在存倉者無幾。即出陳易新之法，不爲不善，然春間僅有所出，秋收並無所入。州縣官員侵蝕入己，急則即以折銀掩飾。此等積弊，朕知之甚詳。即報荒之真僞虛實，朕亦知悉。如熱河所積穀石，每年減價平糶，秋收糴補還倉，數目無多，稽查頗易，所以每有餘糧。語云：'大兵之後，必有凶年。'昔征勦三逆時，豐收足以供給，並無一州一縣貽悮。平定以後，亦間有歉歲。玆當綢繆未雨，不可不預爲之慮。"○又議准：各省州縣現在存倉米麥穀石，令該督撫嚴查。如有虧空者，勒限補足，務期實貯，以備賑濟。倘有賑濟之時，其存倉米穀虧空事發，將地方有司官員，即行革職治罪。暨不行稽查之上司，一併嚴加議處。○雍正元年議准：常平倉積貯米穀，定例，歲底各省督撫造册奏銷。如有虧空，即行題參。今各省存倉米穀，雖有知府、司、道盤查管理，不能保其一無徇私。當責之督撫核實嚴查，造册具奏。督撫陞轉離任，將册籍交代新任督撫，限三個月查核奏聞。如有虧空，即行題參。新任督撫不行據實參出，後經發覺，一併照例議處，仍令分賠。○又覆准：

動浙江庫帑買米三萬石，運厦門收貯一萬石，泉、漳二府各貯六千石，其餘八千石，運赴福州省城。設遇米價稍貴，一面奏請，一面平糶。〇又覆准：西安捐賑糧石、支放兵糧，以倉斗支給。如留爲備賑之需，以京斗支銷報部。〇又覆准：河北三府，麥苗稀少，秋禾未種，小民艱於粒食。將康熙六十一年漕糧六萬二千五百九十石，截留衛輝府存貯；陝州收捐米内，酌撥二萬石，運送懷慶府倉存貯，以備需用。〇二年諭："社倉之設，原以備荒歉不時之需，用意良厚。然往往行之不善，致滋煩擾，官民俱受其累。朕以爲奉行之道，宜緩不宜急，宜勸諭百姓，聽民便自爲之，而不當以官法繩之也。近時各省漸行社倉之法，貯蓄於豐年，取之於儉歲，俾民食有賴，而荒歉無憂，朕心深爲嘉悦。但因地制宜，須從民便，是在有司善爲倡導於前，留心照應於後，使地方有社倉之益，而無社倉之擾。督撫當加意體察。"〇又覆准：社倉之法，原以勸善興仁。該地方官務須開誠勸諭，不得苛派，以滋煩擾。至收貯米石，先於公所寺院收存，俟息米已多，成造倉廒收貯，設立簿册，逐一登明其所捐之數。不拘升斗，積少成多。若有奉公樂善，捐至十石以上，給以花紅；三十石以上，獎以匾額；五十石以上，遞加獎勵。其有好善不倦，年久數多，捐至三四百石者，該督撫奏聞，給以八品頂帶。其每社設正、副社長，擇端方立品，家道殷實者二人。果能出納有法，鄉里推服，令按年給獎。如果十年無過，該督撫題請給以八品頂帶。徇縱者，即行革懲。侵蝕者，按律治罪。其收息之多寡，每石收息二斗，小歉減息一半，大歉全免其息，祇收本穀。至十年後，息已二倍於本，祇以加一行息。其出入之斗斛，照部頒斗斛，公平較量。社長預於四月上旬，申報地方官，依例給貸，定日支散。十月上旬，申報依例受納，兩平較量，不得抑勒多收。臨放時，願借者，先報社長，州縣計口給發。交納時，社長先行示期，依限完納。其册籍之登記，一社設立用印官簿一樣二本，一本社長收執，一本繳州縣存查，登記數目，毋得互異。其存縣一本，夏則五月申繳，至秋領出，冬則十月申繳，至來春領出，不許遲延，以滋弊竇。每次事畢後，社長、本縣各將總數申報上司。如有地方官抑勒那借、强行糶賣、侵蝕等事，許社長呈告，上司據實題參。〇三年諭："古者視土之上中，爲儲蓄之節。蓋爲民經畫久遠，不爲一時苟且之計。積之於豐年，用之於歉歲。所謂'有備無患'，法良而意美也。朕自臨御以來，宵旰勤求，無刻不以民依爲念，乃重農積粟之詔屢下。而閭閻率少蓋藏，官倉亦多虧缺。即如直隸保定等府，去歲頗稱有秋，今春二麥亦熟，乃以夏秋雨水過多，田禾被澇,而民間遂有饑色,幾至流離。若非多方賑恤,窮民必致失所。此皆草野無知,食不以時,用不以禮。但快目前之有餘,罔計異日之不足。一遭旱澇,追悔無從。至於常平等倉,原爲備荒而設,乃有司奉行不力,多至缺額,罪何可逭!兹據江南、浙江、江西、湖廣、福建、河南、山西、陜西、廣東、廣西、雲南、貴州等省督撫,報稱今歲秋成八、九、十分不等。朕覽奏不勝慰悦,又重爲吾民計及長久。宜及此時,講求儲蓄之道,以備將來。該督撫等可轉飭有司,徧行曉諭,務須撙節愛惜,各留有餘,預爲他時緩急之需。社倉之法,亦宜乘此豐年,努力爲之,勿但視爲虚文故事。朕爲吾民籌畫養贍之道,惓惓於懷,無時或釋。而吾民自謀其身家,若但苟且因循,不復長顧遠慮,則重負朕軫念元元之意矣。至於州縣倉儲向有虧缺者,若不乘此豐收之時,速行買補,將來發覺,斷不姑貸。慎之慎之!"○又諭:積貯倉糧,特爲備荒賑濟之用。但南省地方,甚屬潮濕,米在倉一二年,便致霉爛,實難收貯。改貯稻穀,似可長久。應否改貯稻穀收貯之處,著詳議具奏。遵旨議定:江、安、閩、浙、湖廣、江西、四川、廣東、廣西、雲南、貴州十省,内除安徽,但有稻穀,原無存貯米石,及浙江、福建倉米有限,無容改易。其湖南、湖北、四川、江西四省存貯米石,皆在五萬石内外,令於一年内,改换稻穀。江、淮截漕米、廣東存倉米,皆八萬餘石,廣西存倉米十萬餘石零,分作二年,改换稻穀。雲南米五十七萬餘石、貴州米四十萬餘石,一二年内不能盡行改易。每年,雲南應給兵糧十四萬九千六百餘石、貴州兵糧九萬五千六百餘石,即將二省存倉之米支給。至秋成時,於額徵内,徵收稻穀補項。雲南存倉米石,四年内盡可改换,貴州三年内,盡可改换。令各地方官添造倉廒,以備收貯。○又議准:州縣倉糧,凡遇出陳易新之時,令佐貳官公同收放。如州縣私自糶賣,佐貳官不據實通報,扶同隱匿,一併議處。○又覆准:河南社倉,預造排門細册。將姓名年貌住址以及官紳士庶商賈逐一註明,送官用印存案。日後借貸,悉以此爲準。其游手好閒者,不許借貸。於正、副社長外,再公舉一身家殷實者,總司其事,令其不時查察。如有欺隱,令其賠償。果能使倉儲充牣,題請准給恩典,以示激勸;此項積貯,無論官員不得撥用,即同邑之社,亦不得以此應彼。如有官員抑勒那借,許社長呈告,上司據實題參。其所需一切紙張筆墨以及人工飯食,或行勸輸,或撥罰項,以充其用,不得濫行科斂,致滋擾累。至積米既多,於夏秋之交平糶,秋成照時價採買還倉。○又覆准:州縣虧空倉穀,令接任官於秋成穀賤之時,申覆督撫布政,酌動錢糧,照時價先行買補。該州縣出具倉收,該管道府加具印結。一面報部,一面於虧空人員名下,勒限一年,將動用銀兩,照數追補。如逾限不完,即照侵那倉穀定例治罪,仍著落本人家産,變易還項。〇又覆准:江、安、閩、浙、湖廣、江西、四川、兩廣、雲、貴十省,所存米石,俟改穀既完之後,每年額徵應給兵糧,仍收米石,餘悉改徵稻穀。各省均照此例。其有虧空倉米者,亦令悉以稻穀追補還項,凡有需用,挨年先碾舊穀支給。倘需用米多,一時礱碾不及,應給米一石者,給穀二石。〇又覆准:晉省存倉米石,悉照奏銷兵馬錢糧成例,每穀一石,抵米六斗,易穀入倉。其民欠及虧空米糧,亦令照例改折,交倉存貯。至糜子蕎麥等項,各處出産不同,令該撫嚴飭各屬確訪時價,易穀入倉,不得故爲低昂,希圖肥己。偏僻小縣,暫行米穀兼買,陸續易穀入倉。〇又覆准:河南存倉米麥糶賣後,秋收即將米價買穀。分貯穀少之州縣,至民欠未完、虧空買補各項,亦以一米二穀徵收,追補還倉。〇又覆准:四川倉米,富順等縣,改易稻穀。茂州素不産米,向貯米二百石,令易蕎糧六百石。其建昌衛之左所米石,令搭放兵米,徵稻穀還倉。松潘衛存貯軍需米石,匀作兩年平糶,另買新米貯倉,五年更换一次。〇又諭:湖廣爲産米之鄉,穀石最宜多貯,將來運往別省,皆爲近便。今查湖廣通省存倉之穀,僅數十萬石,爲數無多。今歲湖廣收成豐稔,著即行文該省督撫,令其動支庫銀十餘萬兩,遴委賢員,採買穀石,於省倉及府州縣應貯之處,加謹收貯。此時陸續採買,不可因官價一時採買,致令穀價騰貴。設若民間穀價稍昂,即停止,俟明年再行採買。江南、浙江,今歲俱獲豐收,著各該撫就近商酌。若亦可動項採買穀石有益,即著一面採買,一面定數奏聞。〇四年,兩淮衆商公捐銀二十四萬兩,又備鹽院公務銀八萬兩。奉旨:以二萬兩賞給兩淮御史,以三十萬兩爲江南買貯米穀、蓋造倉廒之用。所蓋倉廒,賜名鹽義倉,即著兩淮御史交與商人經理。遵旨議定:於揚州府治建倉積貯。每年於青黄不接之時,照存七糶三之例,出陳易新。或於米貴之時,開倉平糶,總至秋成糴補。倘地方有賑濟之用,各該撫一面具題,一面動支。管理之商人,每年將出易糶補動支之數,呈報巡鹽御史。該御史核實奏報。其出陳易新平糴平糶之内,或有贏餘,即以增買米穀。〇又諭:聞山東青、登、萊三府連年豐稔。此時,商販之米自東而西者,絡繹不絶。著山東巡撫酌量動用帑銀,委官購買,分貯於濟南等屬米少之州縣。再,勸諭各商販等,多運米石至濟南三府,俾民間得以收買存貯。則明歲青黄不接之時,米價不致騰貴,實預籌足民之善策也。〇又議准:前,奉旨命江西撫臣運米十五萬石，以濟閩省。江西已經運五萬石，尚有十萬石未經交運。令江、安二撫將未徵漕米十萬石，改徵穀十萬石，從海運赴閩。其江西應運之米，至明歲秋成，運還江、安。令江、安二撫酌量分發貯倉，以備賑濟之用。〇又諭：今歲江南地方，秋雨稍多。其江安所屬被水之州縣，已令該督撫轉飭有司，確查賑恤，務使小民得所。但聞入冬以後，時有陰雨，積水未消，秋麥未能及時耕種，恐交春米價漸昂。而青黄不接之時，更須爲籌及。況蘇、松户口繁多，民間食米，多取給於外販，尤當早爲留意。查江、安糧道，有存貯還漕一項，約計二萬八千餘石。安慶、廬州、鳳陽、淮安四府，各有分貯存留之項，共計九萬餘石。此米原爲地方備用而設，但恐年月已久，未必實貯在倉。應差京官一員，前往確查，並會同江南督撫，作何分別留運平糶之法，以濟民食。但江南地廣人稠，恐需米之處，此數未必敷用，必設法多貯，方覺寬裕。其應作何採買、運送、備用之處，著九卿速議具奏。遵旨議定：江南地廣人稠，需用米穀，倍於他省。動帑買運以濟民食，恐稽時日。暫照河工議叙貢監之例，將銀兩改爲本色米穀。每銀一兩，收米一石，或穀二石。鄰省之人亦准捐輸，不論梭秈，紅白兼收。行文江南總督、蘇州、安慶巡撫，一面動支正項錢糧，委員於出産米石地方，照依時價採買運送。其採買若干、運貯何地之處，該督撫公同商酌，妥議具奏。一面行文鄰省，并出示曉諭本省生俊，令其急公赴輸。且分别府、州、縣之大小，酌量應輸米穀之多寡。俟各該處應貯米穀捐足之日，即行停止。其所收米穀，加謹存貯，按季造册報部。如有私自收取折銀并勒索包攬情弊，即行指名題參，從重治罪。此所貯米穀有應用平糶、賑散、出借之處，該督撫一面具題，一面即行動支，將動用數目，報部查核。〇又覆准：蘇、松、常三府，買穀八萬石收貯。〇又覆准：浙江寧波、金華等府，買穀五萬五千餘石分貯。〇又覆准：杭、嘉、湖等府，動司庫銀十萬兩，買穀分貯。〇又覆准：四川建昌龍州倉，照舊收貯米石，以備接濟兵食之需。〇又覆准：廣東生齒繁庶，家鮮蓄積。將羡餘銀兩，造倉買穀運貯。於南澳鎮各營，貯五千二百石；潮州鎮各營，貯六千二百石；提標五營，貯五千石；督標各營，貯七千石。每兵一名，約存穀一石零，借給各兵，其有餘者，不必借給。〇又覆准：將桂林等六府屬積穀，分撥三十萬石，運赴廣東，交肇慶府倉并省倉收貯，以備動用。〇又諭：福建、廣東二省，地處極邊。米穀應作何貯備，著九卿會議具奏。遵旨議定：閩省於臺灣常運平糶米五萬石之外，動正項錢糧，運米十萬石，存邊海地方。若遇臺灣豐收之年,再酌量加增運貯。仍令臺灣商販,得至福、泉等府貿易。至廣東,於通省府、州、縣存倉穀石數多者,開倉平糶,即將價銀交穀少之州縣,買穀存貯。其有虧缺者,嚴追完補。再,將廣西桂林等府捐穀糶三價值,不必買穀還倉,仍採買穀石,運交廣東分貯。○又覆准:陝西倉糧,久未糶賣。令於每年二三月内,存七糶三,至八九月買補還倉。○又覆准:將西安司庫存貯耗羡銀動五萬兩,於省城并附近州縣,買穀存貯。○又覆准:山西動銀四萬兩,買穀分貯太、平、潞、大四府各州縣,酌定數目。其素無蓄積,并向來積貯不多,務購買充足。於青黄不接之時,糶賣銀兩,解貯司庫。秋收時,領出買補。嗣後五年之内,每年准動庫銀四萬兩,照數買貯。責令知府、直隸州盤察。如有侵那等弊,令其揭報。該州縣力行三年,出納盡善,督撫保題議敘。盤察官如有徇隱不報,一并題參。○五年議准:嗣後,各省常平倉,每年春間借出穀石,秋收後勒限征比。務於十月底照數完納,造具册收送部。歲底,令知府、直隸知州親往盤查。其府、州倉穀,責令該管道員盤查,出具印結申報。如逾限不完或捏造册收,即行揭參議處,在該員名下照數追賠,仍令欠户照數完納。如係頑紳劣衿、奸牙積蠹,將佃户家人姓名影射,每名借穀四五斗,零星領出入己,積至二三十石者,其紳衿即行黜革,所欠穀石,加倍追還,仍照抗欠錢糧之例枷責治罪;牙蠹立即拿究,所欠穀石,亦著加倍追還,枷責治罪。其代爲造册之鄉保地方,嚴審有無受贓,分别治罪。如該管上司不行揭參,照徇庇例議處。再,倉穀出糶之時,不無奸商勢豪,串通牙蠹,捏名影射,零星糶出,囤積射利。地方官若不嚴行查禁,該督撫即行指名題參,照溺職例議處。或有不肖州縣,以糶借爲名,掩飾虧空,該督撫即行指名揭參,嚴審是侵是那,分别定罪。該管道府、直隸知州,有不時盤查之責。如有徇庇隱匿,亦即題參,照例議處,將所虧倉穀,著落分賠。如道、府、直隸知州已經揭報,而督撫不行題參者,將督撫亦照徇庇例議處,所虧倉穀,亦照例分賠。○又議准:湖廣鹽商捐買穀銀十萬兩。令湖北分買穀價銀六萬兩,湖南分買穀價銀四萬兩,分發各府,飭令就近採買存貯。其倉廒所需工料,每間估銀三十五兩。武、荆二府,蓋倉四十間;漢、黄等六府,先蓋倉二十間。共需銀七千兩,於鹽商捐修荆江堤工銀内借支,於常平開捐倉費項下補還。并行令該撫,將各商姓名報部議敘。

凡平糶,順治二年,江西水旱災荒,發倉米三千餘石,減價糶賣,以濟饑民。○十七年覆准:災荒地方,鄰境豐稔,糴糶米糧,各聽民便。勿得禁止,亦不許居穀射利。○康熙十八年覆准:荒歲有富商大賈積貯穀糧者,地方官勸諭,令及時發糶。○二十八年覆准:湖北被旱米貴,動司庫餉銀二萬兩,購買米穀,到楚之日平糶。○三十一年題准:直隸永平所屬及豐潤、玉田等處,去歲薄收,奉天地方,屢登大有。暫啓關禁數月,不准大車裝載,許令肩挑騾馱,進關轉糶。○三十二年諭:"朕意今年京城近畿米穀,雖未豐收,所穫尚足民食,不致艱難。頃朕謁陵,沿途觀看民生。今歲雨水頗多,米穀失收,米價亦貴。目今米價既昂,來春至夏,米價愈加騰貴,民食必致艱難。此朕所親見,不得不預爲籌畫。朕欲將通倉米石,每月發出萬石,比時價少減糶賣。糶賣之時,止賣與糴買數斗之窮民,不許賣與多收販賣之人。"○又諭:今歲盛京穀石失收,糧價甚貴。來年春夏,恐糧價更貴,必致窘迫,亦未可定。運糧之處,亦著預議。自盛京錦州乘海船往山東,水路甚近。今歲山東地方年成豐熟,俟來年冰解,著盛京户部侍郎,親身由海前往山東,會同山東巡撫,將附近地方米石多多發出,由海運至三岔河,賑賣與無糧之人。○三十三年諭:"各州縣積貯米穀,減價發糶,於民生大有裨益。霸州等被災地方,所有積穀,除散賑外,餘著減價發糶。其沿河一帶景州等各州、縣、衛,著將山東漕米每處截留二千石,亦發糶以平米價。户部行文該撫,責成州縣官實心奉行,務使小民均沾實惠。朕不時遣人稽察,如小民不沾實惠,將該管官一併從重治罪,決不寬宥。"○又諭:去歲將通倉米石,每月發出一萬石,平價糶賣,民間大有裨益。今年通州附近,田禾歉收,應照去歲,每月發米一萬石。著倉場侍郎親身監看,平價糶賣。○又諭:密雲縣田禾失穫。今年水大,速令倉場侍郎,將倉内所有粟米,乘有水時,作速輓運至各縣平糶。密雲縣一萬五千石,順義縣五千石。○又諭:"密雲、順義附近地方,今年田禾失收。其散給民間收存米石,照常糶賣外,朕令其運送存貯米石,每月發出一千石,著平價糶賣。"○三十六年諭:將通倉米,運至天津一萬石,寶坻、三河二處一萬石,照時價糶賣。○又覆准:直隸三十五年春季糶賣米穀,於三十六年秋收後,買補還倉。○三十七年諭:著户部保舉司官二員,與沿河被災之保定、霸州、固安、文安、大城、永清、安州、新安等州縣,將山東、河南漕糧截留,每處運送一萬石存貯,照時價糶賣。○三十八年諭:"朕君臨天下,期於黎民樂業,各獲其所。凡興利除害之事,靡不舉行;蠲免賑濟之恩,靡不下逮。比年以來,因淮揚所屬地方疊罹水患,業已歲蠲額賦,賙恤頻施。又動支數百萬帑金,責令在河諸臣,於應挑應築之處,酌量修理,使氾濫之水匯歸入海，被淹之廬舍田畝，盡皆涸出，用底幹寧。乃錢糧竟爾虛費，卒不能使積潦有歸。田廬未涸，民生未遂，朕聞之惻然軫懷。值兹四海無事之時，欲將一切修舉事宜，詳閱指示。用是躬親臨幸，沿途審視河水之勢，咨訪地方父老。惟是被淹地方，米價翔湧，生計維艱。朕目擊民依，深用廑念。著漕糧截留十萬石，於高郵、寶應、興化、泰州、鹽城、山陽、江都受災七州縣，各留一萬石，悉較時價減值發糶。餘米三萬石，著於邳州留八千石，宿遷、桃源、清河、安東四縣，各留五千五百石，亦較時價減糶。此各州縣發糶之米，著就近交與漕運總督、河道總督，邳州著遣司官一員前往監視。"○又覆准：直屬固安、永清等縣，秋被水災，將上年糶剩漕米，減價平糶。○又覆准：江南於存貯漕米十萬石之内，動四萬石，於邳州、山陽等八州縣，各糶米四千石，宿遷等四縣，各糶米二千石，減價以濟平民。○又覆准：淮揚地方米貴，再動漕米四萬石，減價發糶。○又議准：淮揚地方，小民尚艱於粒食，且爲河工人等聚集之所，需米甚多。將所剩六萬石，照前例減價發糶。○四十年題准：江南截留湖廣漕米二十萬九千餘石，動支四萬五千石，分發淮安各處糶賣。再動支六萬四千石，充給兵食。○又覆准：甘肅鞏昌府屬，夏秋二次歉收，將存貯米石十分減二，糶與被災窮民。再動支一萬石，於明春將隴西縣重被冰雹災民，每户散給五斗，以爲籽種。○四十一年議准：山東積貯倉穀，除前賑濟外，行令該撫於春耕時，選委才能官員，照時價稍減平糶，以濟窮黎。所糶銀錢，俱交存司庫，俟秋收後，照數糴買新穀入倉。○又議准：西寧米價騰貴，運西安糧米，照時價十分減三糶賣，俟明秋照數還倉。○四十二年議准：山東省截留漕米，將二萬石運至泰安州賑糶，二萬石運至兗州府屬賑糶。俟來年秋收後，照數買補還倉。○又覆准：河南收成六七分地方，將倉糧減價平糶。無力糴買貧民，照例借給。○又覆准：將通倉米石，挨陳於本年八月起，至次年麥收時止，按月發出一萬石，照時減價糶賣。○又議准：山東東昌等四處截留漕米并海運米石，養濟旗員、糴買散給民人外，仍交與地方官平糶。○四十三年議准：直隸所屬，米價騰貴，將各州縣所存米石，量減平糶，俟秋成時購買存貯。如有富室指稱窮民，於中居積射利，查出治罪。不肖官員將穀私行那移虧空，擅稱減糶，該撫即行指参。○又議准：直隸河間府沙河橋，收貯米石短少，不能接賑。行令該撫，將平糶米價及各省捐俸買補賑濟米銀内，撥五萬兩，選擇廉幹之員在糧賤處收買，分貯附近河道之處。如遇米價昂貴，轉運平糶。○又題准：雲南省會之區，兵民雜處，每至青黄不接之時,米少價貴。嗣後,每歲動支公項銀二萬兩,採買米石,比時價平糶。○四十四年覆准:將保定存貯截留漕米,照時價發糶。○四十五年覆准:直隸米價漸昂,將常平倉米穀暫動十分之三,量減時價糶賣。如米穀少之州縣,即於附近酌撥運糶。○又覆准:陝西漢中府屬九州縣額徵屯糧,除支給兵餉外,每年餘剩六千餘石。今將現在歷年所積糧石,存七糶三。嗣後,每年餘剩之糧,將新糧入倉,陳糧照數糶賣。○四十六年覆准:將獻縣等處存貯米穀,撥運永清等縣,米貴之日發糶。○四十七年題准:直隸順、廣、大三府屬及河間府屬之寧津縣、天津衛,秋被旱災,動常平倉穀十分之三,減價平糶。○又覆准:江寧等府屬截留漕米平糶,因二麥登場,議將糶剩米石,分貯州縣。今自五月以來,雨水連綿,湖廣、江西等省又禁止米石出境,以致米價漸貴。將賣餘米石,仍行平糶發賣。其湖廣等處,停其禁止販賣出境。○又覆准:截留漕米糶與貧民,以一石之米,分量數十處,頗多折耗,每石加耗三升。○又諭:聞江南地方米價甚貴,現今一兩六、七錢不等。若至青黄不接之際,恐價復漸長,民食益艱。目前江西、湖廣漕船,已將抵江南。應截留三十萬石,江寧、蘇州、松江三府各留十萬石,減價平糶,於民間大有裨益。所糶之米,仍於本歲購買楚米補償,則倉糧亦不至虧折。○又諭:截留米數尚少,常州府,著再截留五萬石。此外,應否有截留米石之處,大學士會同九卿、詹事、科道議奏。遵旨議定:將江西漕米截留三十萬石,湖北截留五萬五千石,湖南截留四萬五千石,於江寧、蘇州、松江三府,各貯十萬石,常州五萬石,鎮江二萬五千石,揚州二萬五千石,於各府屬州縣減價平糶。行令江西、湖廣巡撫,於秋收後動藩庫銀,購買楚米,補償原數,於來歲搭運赴通。其江寧等處糶賣銀兩,彙解户部。○四十八年議准:浙江寧、紹二府,人稠地窄,米少價騰。温、台二府,上年豐熟價賤。給與温台殷實商民買米印照,開明米數,勒限繳銷。將所買米石,從内洋運入寧、紹二府,平價糶賣接濟。俟秋收米價漸平,該撫具題,停止販賣。若有借此販賣外洋者,巡海防汛官員不時查拿,從重治罪。○四十九年諭:江南蘇、松等府屬,連年水旱。著將藩庫現存銀内,酌撥鄰省各處米賤之地,照依時價購買。務於三四月内運回,分發被災各屬,減價平糶。○又命湖南省買穀,於青黄不接之時,減價平糶,俟秋成後買補還倉。○又覆准:閩省晚禾歉收,於藩庫内動銀二三萬兩,前往浙江、廣東買米,運回平糶。○又覆准:福州等府,米價漸昂,將所存積貯穀糶賣。其厦門地方,將臺灣穀石,酌量借撥。○五十年覆准:福建臺灣府所屬正供米,久貯五六十萬石,令及時平價糶賣。○五十一年覆准:偏沅鎮筸鎮積貯穀石,每石減價照數出糶。○五十二年議准:江南鳳陽等屬,麥收歉薄。將本年官役俸工銀兩,暫借赴楚購米平糶。○又諭:浙江今歲歉收,將捐納米十萬石,仍留浙省備用。江南捐納米十萬石内,作速將五萬石運至福建,五萬石運至廣東。米到日即行平糶,毋致浥爛。○又覆准:將江西省自康熙三十五年起積穀,減價出糶。○又議准:江西豐城等縣江水陡漲,田禾淹没。於米貴之處,量撥倉穀平糶。○又覆准:湖廣長、衡、永三府屬,米價騰貴。將三府屬存貯倉穀,照數減糶。○又覆准:閩省四十三年以前常平倉穀,照數減價發糶,價銀解貯司庫。去歲,漳、泉等屬歉收。將此項銀兩委員於鄰省豐熟之處速行買運,照府、州、縣分别大小,發糶平價。○又覆准:廣東廣州府,人民稠密,本地産米不敷。將附近可通水道州縣積貯倉穀,照依存七糶三之例,捐給水脚,運赴減價平糶。○又覆准:廣東歉收,米價騰貴,動藩庫銀一萬兩,前赴湖南買米,運至本省平糶。○五十三年覆准:浙省米價漸長,動截留漕米内一萬石,在杭州平糶。○五十四年覆准:差部院才能司官四員,運米二萬石至密雲、古北口平糶。不許賣與富户客商。每户買米,不得過一石。○又議准:浙江去歲薄收,米價騰貴。將截留漕米九萬石,酌量分給各縣平糶。○五十五年諭:“京畿左近,至此時雨水未足,朕心甚屬躊躇。京城地方,非别處可比。今值亢旱之際,若不先事擬議預備,爲君、爲臣者,所理何事?著於五月初十日,即於京城減價糶賣米石。若有應議之處,各出所見議奏。”遵旨議定:五城所賣米五萬石,俱已賣完。今每城發米各六千石,共米三萬石,交與原派賣米官員,仍照前減價糶賣。○又覆准:河南、山東,此二年大收。京城麥價未見甚減,皆由富商人等預行收買久貯,不得均糶所致。行文山東、河南巡撫,查明由水路北來賣給商賈麥穀數目,每月繕摺奏聞。仍行知會直撫,凡本處商賈有多買久貯者,嚴行禁止。其已至直隸麥穀數目,亦令直撫查明,每月繕摺奏聞。除沿途照常買賣外,富商人等有多買久貯,亦令嚴行禁止。沿途地方不肖官役,或有借名稽察,留難勒索者,該撫題参治罪。○又諭:熱河米價,每石一兩七錢,甚爲騰貴。著將熱河之倉及唐山營所貯米石發出,另立一廠,每石定價一兩賣與跟隨人。買者,令各頭目率領,不許多買。其賣米銀兩,秋收後買米還倉。○五十八年議准:江南淮、揚所屬,秋禾水淹。將分貯鎮、淮二府米,派發減價平糶。○又覆准:浙江杭州等府屬,雨澤愆期。將存漕米石,酌撥減價平糶。

○又覆准:山東青、萊、登三府屬沿海一帶,地畝低窪,禾苗被淹。將存貯倉穀,酌給平糶。○又議准:湖南鎮筸地方,借司庫銀三千兩,買穀貯倉減糶。自五十七年起,每年於糶穀價内,扣還六百兩,均作五年完納。○又覆准:閩省産米甚少,數年捐積一百四十八萬餘石。今泉、漳二府,米貴於往日。酌量各地方需用米數,分别府、縣貯穀數目,撥發減價平糶。○六十年諭:發京倉米五萬石,於五城減價平糶。○又諭:禁止買米居積,係府尹專職,著嚴行禁止,亦著交與提督、八旗都統等,嚴行禁止。○又諭:直隸正、順、廣、大四府,少雨米貴。著截留漕米,自廣、大二府陸路運至正、順地方糶賣。○又命該督委道員前往大名等府查看倉糧及米糧時價,將倉糧減價糶賣。○又議准:京倉積米年久,官兵不願領支。令倉場總督查明,擇其可食者,令地方官運往米價稍昂之處,分别米色高下,減價平糶。○又覆准:江南上元等州縣,秋被旱災。將分貯江、蘇、鎮、淮四府米石,量動一半,於來歲青黄不接時平糶。○又諭:陝西省冬春雨雪愆期,秋成難望。其河南運米十萬石,借支駐防兵糧,湖廣所運米十萬石,速催運到,酌量平糶。○六十一年覆准:京城米價漸昂,行令倉場發稉米二萬五千石、梭米二萬五千石,交五城御史分發舖户,平價糶賣。再,發稉、梭米二萬石,交與大、宛二縣,設廠平糶。○又覆准:五城另設米廠,令御史親身監糶。不必限定數目,自一二升以至一二石,聽其糴買,務使小民均沾實惠。○又諭:"據直隸巡撫奏:欲將收貯正定、順德各州縣四萬石米平糶。其餘州縣如有米貴之處,亦將倉糧平糶十分之三。俱俟秋收後,買補還項等語。去年各州縣收貯莊頭等所交米石,部内曾遣司官會同地方官糶賣。其糶賣銀兩,至今尚未交完。據此,各州縣收貯倉糧,俱無實在。平日積貯,原爲備荒而設。今值青黄不接之時,固應平糶。但州縣虧空倉糧,不過糶賣數石,即借此掩飾伊等虧空。而倉糧既虧,百姓從何糴買?並無益處。存倉米穀,果如數全有,即照該督所請糶賣。倘朕遣大臣查看時,州縣並無米穀,黎庶不得糴買,將州縣官即行正法,該管上司從重治罪。"○是年十一月諭:令米價仍然騰貴,口外米石進口,不必攔阻,令其進口販賣。將燒鍋嚴行禁止。○雍正元年諭:"朕自御極以來,宵衣旰食,無日不以民依爲念。督撫以下,守令以上,凡有地方之責者,皆宜公忠體國,仰副朕心。今年夏月,朕以北省二麥歉收,差員到南省,於秋成後採買米石,以備賑貸平糶。朕意切於爲民,正欲酌盈劑虚,以羡補不足也。又恐有不便於民之處,差員臨行之時,再三申諭,地方米多,方可採買,不必定要買足。

今聞各省地方官，因欽差買米，禁止商販，不許出境，大負朕痌瘝一體之意，甚屬不合。況浙江及江南蘇、松等府，地窄人稠，即在豐收之年，亦皆仰食於湖廣、江西等處。今秋成歉收，若商販不通，亦致米價騰貴。該部速即行文各省總督巡撫，凡有米商出境，任便放行，使湖廣、江西、安慶等處米船，直到蘇州，蘇州米船，直到浙江，毋得阻撓。庶幾有無流通，民皆足食，以副朕愛養元元之至意。"〇又諭：山西平定州等處，山多田少，粒食維艱，小民向賴陶冶器具，輸運直省易米，以供朝夕。向聞直隸州縣因米貴禁糴，此方百姓何以仰給？昔春秋時，諸侯各君其國，尚申遏糴之禁。今天下一家，海内之民皆吾赤子，自宜緩急共濟。豈有坐視鄰封乏食，反行禁遏之理？目今凡鄰近郡邑，偶遇荒歉，即相賑恤，毋得各分疆界，漠不相關。其所當禁者，富户規利販米，動盈千萬。又，沿海數省，運米出洋，玩法網利，該督撫、提鎮當著實嚴查禁止。至肩負小民，貿易度日，悉從民便可也。著直隸巡撫，曉諭鄰近平定州等處州縣，不得禁糴，以副朕一視同仁之意。并諭直省各督撫，通使知悉。〇又題准：將盛京所貯糧石，自海運至天津十萬石，照時價稍減糶賣，所賣銀兩交盛京户部充餉。〇二年命山東、河南各運米四萬石，安徽運米五萬石，交江蘇巡撫分發各屬平糶。湖廣運米十萬石，江西運米六萬石，交浙江巡撫分發各屬平糶。〇又諭：山東、河南二省，壤接江南。可速動司庫銀兩，買米四萬石，陸續運交蘇州平糶。所糶之銀，仍移還補庫。〇又議准：安徽壽州等州縣，收成歉薄。於安慶府留貯漕米十萬石内，動米四萬石，減價平糶。俟秋收買補還項，分貯鳳陽府二萬石，廬州府一萬石，其餘一萬石，仍運安慶府收貯。〇又覆准：浙江寧、台、温三府，上年秋旱。將福建福州、臺灣、福寧三處倉穀碾米九萬二千石，由海運赴寧、台、温各屬平糶。〇三年諭：上年雨水過多，米價騰貴，可將廒内成色米，酌量平糶。并行文直隸總督，近水州縣，可通舟楫者，俱令赴通州領運平糶。遵旨奏准：除行文直隸總督外，將京、通二倉二成至七成三色米一百餘萬石、本裕倉三成四成稜米共三萬二千餘石，於京城東、南二城立廠一處，西、北二城立廠一處，通州立廠二處，清河立廠一處，照時價減糶，按成核收。〇又覆准：福建漳、泉二府，田少人稠，令臺灣道府，於每年正月起，至五月止，每月將貯倉穀石碾米一萬石，運至漳、泉二府平糶。〇又議准：直屬勘不成災之州縣，小民於被水之後，不無乏食之虞。於各屬存倉穀内，酌量減價平糶，據領借給，以濟民食。〇又覆准：差員採買存貯江西米石，行令運浙平糶。〇四年諭：聞京城近日米價騰貴，雖因天氣連陰，然一時驟長，恐有奸人囤積射利，借此擾亂情弊。著都察院轉飭五城，曉諭各行户，不得過高價值，勒索小民。倘有囤積遏糴，不遵勸諭，該城御史密行訪察，從重治罪。再，將京倉好米，發五萬石分給五城，每城領米一萬石，照例立廠，委員平糶。其價值，著九卿定議具奏。此所糶米石，俟市價平減，即行停止。其存剩之米，即存貯該城。將來若市價一貴，即將此米平糶，以濟窮民。若此米用完，仍需平糶，著都察院再行奏請。○又覆准：江南蘇、松等府被災，動存漕米石，按數分發各州縣，減價平糶。○又覆准：將河南積穀分發祥符等州縣，減價平糶。○又覆准：河南糶穀發各州縣四門關厢，設法糶賣。○又議准：凡有平糶州縣，多立廠所，各預定日期，令附近村莊居民赴廠糴買。該州縣官，親盤監糶，毋使窮民有遠涉守候之苦。其有奸商勢豪居積射利者，即時訪拿，按律治罪。該州縣官不嚴行查禁，該督撫即行題參，交部議處。其州縣官有將平糶米穀雜以灰沙者，一經察出，或百姓首告，該督撫即指名題參，從重治罪。其所糶倉穀，或貯積年久，及零星量糶，稍有虧折，各州縣據實詳報，每石准銷三升，該督撫核實稽查。倘有捏報者，亦即指參交部治罪。○又覆准：貴州貴陽府、平遠州各存米一萬二千石，貴筑縣存米一萬五千石，安順府存米一萬八千石，普定縣存米一萬八千石。此存貯之外所餘米石，令其照時價平糶，銀兩解交司庫，報部查核。其清鎮縣現存米八千石，鎮寧州現存米六千三百六十餘石，黔西州現存米一萬一千四百餘石，貴定縣現存米八千五百餘石，皆僅足供二三年之用，無庸糶賣。威寧、平越等二十二府、廳、州、縣，存貯米石雖少，已足備用，無庸買補。鎮遠、石阡二府、獨山、麻哈等十三州縣舊貯米石，自二千石至七八百石不等，不敷三年之用。令該撫將州縣平糶解司銀兩内，動支買米。原存二千石者，再買一千石，不足二千石者，俱買足二千石，悉照時價，核實開銷。俟各州縣平糶買補完日，總造清册報部查核。各府州縣所收新米，積貯既多，俱令易陳出糶。○又議准：江安等屬被水，令該撫於四年地丁銀内，各動支銀四萬兩，委官赴湖廣、江西地方採買。所買米到日，如米價未平，即一面具題，一面動用平糶。糶過銀兩，仍各解還司庫。○又覆准：濟南府青黄不接之際，將現貯捐納米石，令該撫減價平糶，俟麥熟後停止。秋收，照時價買補還倉。○五年諭：聞老米市價一兩八錢，今年又多一閏月，當此青黄不接之時，民間恐有艱食者。可將成色米石，照舊例發糶。○又覆准：廣西入春以來，米價騰貴，將存倉捐穀，作速動支二十萬石，酌減定價平糶。○又覆准：濟南米價騰貴，動該府所貯米石，減價平糶，於麥熟後停止。〇又覆准：浙省居民稠密，産米不敷民食。將鹽臣歸公項内動支十萬兩，赴川買米十萬五千餘石，分發杭、嘉、湖三府平糶。再，於糶米銀内動支五萬兩，仍赴川買米貯用。〇又覆准：廣東駐防兵丁，家口甚多，糴食維艱。將廣西去年存剩糶三穀二萬三千餘石，令廣東將軍運往平糶。〇又覆准：江夏等州縣，雍正四年夏被水災，將各州縣倉穀減價平糶，俟麥熟停止。

大清會典卷之四十

户部

〔漕運一〕

國家歲輸東南漕於京師，以充軍國之用。有正兑米，有改兑米。正兑入京倉，改兑入通倉。每歲，額運四百萬石。間遇陞科荒折，隨時增減。其官弁交納、運輓，禁令詳明，恩恤優渥。一切事例，條具於後。

〔歲額〕

正兑米三百三十萬石

江南，一百五十萬石。江寧府，一十萬石。○蘇州府，六十五萬五千石。○松江府，二十萬三千石。○常州府，一十七萬五千石。○鎮江府，八萬石。○淮安府，二萬五千石。○揚州府，六萬石。○徐州，三萬石。○安慶府，六萬石。○寧國府，三萬石。○池州府，二萬五千石。○太平府，一萬七千石。○廬州府，一萬石。○鳳陽府，三萬石。○以上正兑米内，永折灰石米共一十五萬二千三百八石六斗三升五合。

浙江，六十萬石。杭州府，一十萬石。○嘉興府，二十九萬石。○湖州府，二十一萬石。○以上正兑米内，灰石折米一萬二千六百八十九石二斗。

江西，四十萬石。南昌府，八萬三千四百二十七石七斗四升。○饒州府，五萬三百五十石二斗二升。○廣信府，二萬三千一百二十石二斗。○南康府，一萬六千一百九十石。○建昌府，一萬六千九石一斗一升。○撫州府，三萬四千七十七石六升。○臨江府，四萬一千六百三十六石六斗三升。○吉安府，六萬九千九百二十五石八升。○瑞州府，五萬五千一百九十八石一斗。○贛州府，一萬六千五石八斗六升。

湖廣，二十五萬石。武昌府，三萬二千二百三十二石八斗。○漢陽府，三千八百四十三石七斗四升四合零。○安陸府，一萬八千六百石四斗。○德安府，六千三百一石八斗。○黄州府，四萬九千九百四十二石三斗。○荆州府，二萬二千二十一石六斗六升九合零。○岳州府,二萬三千七百七十石六升零。○長沙府,六萬四千三百二十石二斗三升零。○衡州府,二萬七千四百五十九石三斗五升五合零。○永州府,一千五百七石六斗。○以上正兑米内,永折米三萬七千七百三十四石七斗。

山東,二十八萬石。濟南府,一十一萬三千八百石。○兖州府,六萬三千二百石。○東昌府,一十萬三千石。○以上正兑米内,永折米七萬石。

河南,二十七萬石。開封府,八萬六千九百石。○歸德府,一萬二千石。○彰德府,四萬一千五百石。○衞輝府,二萬九千石。○懷慶府,四萬一千石。○河南府,五萬一千石。○汝州,八千六百石。○以上正兑米内,永折米七萬石。

改兑米七十萬石

江南,二十九萬四千四百石。江寧府,二萬八千石。○蘇州府,四萬二千石。○松江府,二萬九千九百五十石。○鎮江府,二萬二千石。○淮安府,七萬九千一百五十石。○揚州府,三萬七千石。○徐州,一萬八千石。○鳳陽府,三萬三百石。○廣德州,八千石。○以上改兑米内,永折灰石米共五萬一千二百六十一石六斗七升三合。

浙江,三萬石。杭州府,五千石。○嘉興府,一萬五千石。○湖州府,一萬石。○以上改兑米内,灰石折米六百三十四石五斗。

江西,一十七萬石。南昌府,五萬六千八百四十六石五斗四升。○饒州府,一萬七千六十一石六斗七升。○廣信府,七千四百二十石九斗九升。○南康府,五千四百八十六石一斗九升。○建昌府,五千一百三十八石六斗四升。○撫州府,一萬九百三十八石二斗一升。○臨江府,一萬七千九百三十七石六斗六升。○吉安府,二萬八千二百二十二石二斗六升。○瑞州府,一萬七千七百一十七石。○贛州府,三千二百三十石八斗四升。

山東,九萬五千六百石。濟南府,七萬五千石。○東昌府,二萬六百石。

河南,一十一萬石。開封府,三萬六千三百四十七石五斗。○歸德府,三千三百二十八石五斗。○彰德府,九千八百九十二石。○衞輝府,一萬一千一百八十七石三斗。○懷慶府,一萬五十七石八斗。○河南府,三萬一千七百二十六石二斗。○汝州,七千四百六十石七斗。

六省漕糧原額,共四百萬石。除永折灰石米三十九萬四千六百二十八石七斗八合及浮糧積荒并改折陞科,歷年增減不一。康熙二十四年,核得實運正兑、改兑米二百八十九萬六千七百九十五石九斗零。今核得雍正四年實運正兑、改兑米三百二十九萬六千三百二石五斗八升九合零。

〔永折米〕

江南,十八萬二千四百五十四石零。内,泗州、安東、興化,每石連耗折銀五錢;嘉定、高淳、溧水,每石連耗正兑米折銀七錢,改兑米折銀六錢。順治十六年題准:每石加銀二錢五分一釐三毫零。湖廣,三萬七千七百三十四石七斗。每石連耗折銀七錢。山東,七萬石。内,二萬石,每石連耗折銀六錢;五萬石,每石連耗折銀八錢。河南,七萬石。内,二萬石,每石連耗折銀六錢;五萬石,每石連耗折銀八錢。俱改折徵銀。

舊例,江南永折米十四萬九千七百六十三石零。○順治九年覆准:江南高淳縣漕糧一萬六千八百五十石,改折徵銀。○十五年覆准:江南溧水縣漕糧一萬五千八百四十一石,改折徵銀。○康熙二十二年覆准:河南舊例,徵銀買米起運。改令全漕折銀解部。○二十九年議准:河南省漕米,本年仍徵收本色起運。令該撫揀選賢能官員保題兼理。至漕船及各項錢糧,俱照舊例遵行。○三十二年諭:河南漕米,停止民間採買,著折徵銀兩。該撫身往直隸大名府所屬地方,照額購買,親驗起運。如有遲誤,將該撫從重治罪。○五十八年覆准:豫省漕糧,將附近水次之衛輝、彰德、懷慶三府,并開封府屬附近水次之州縣,額徵漕糧,每石合銀八錢。内,節省銀一錢五分,仍令民間上納。其餘六錢五分,令徵本色起運。其不近水次之歸德、河南、南陽、汝寧四府,及汝州、開封府屬不近水次之州縣,額徵米石,照常令民間每石折銀上納。内,仍照例節省銀一錢五分解部。其餘銀六錢五分,令該撫交與糧道,在大名、衛輝等處採辦米石,該撫親驗起運。如有遲誤及派委州縣苦累小民之處,該撫不時查參。如別經發覺,將該撫一并交部從重治罪。○雍正二年議准:鎮江府屬漕糧,康熙二十五年題准,留充京口兵米。嗣後,仍令照數徵收起運。

〔灰石折米〕

江南,二萬一千一百十六石三斗。

浙江,一萬三千三百二十三石七斗。

順治十八年覆准:工部備辦灰石,每歲於蘇、松、常、杭、嘉、湖六府屬,改折米三萬四千四百四十石,遇閏加折二千八百七十石,每石連耗折銀一兩六錢八分。○康熙十二年題准:蘇、松、常三府改折灰石漕糧之幫貼漕贈等銀,俱行免徵。

〔隨時改折〕

或因恤災,或因撥餉,俱照時價折徵,多寡不一。

順治八年覆准:江浙水災,除三分以下不議外,四分至七分爲輕災,每石徵本色六斗,折色四斗;八分至十分爲重災,每石徵本色五斗,折色五斗。隨糧贈耗,俱行免徵。惟輕賫、蓆木等銀,照數徵解。○九年覆准:各省督撫,凡有災傷地方題准改折者,將改折原疏某府某州縣、改折漕米若干,每石照時折價若干併蠲免潤耗細數,刊示張掛,務使民沾實惠。不遵者,指參重處。〇又覆准:江南改折三十八萬石,浙江改折四萬三千石,江西改折五萬石,山東改折一萬石。令總漕并各督撫按被災輕重之分數,酌派改折之多寡。〇康熙元年定:漕折銀兩解部脚費,江南,每兩八釐;浙江、江西,每兩九釐。俱於漕折項下支給。〇九年覆准:浙江嘉、湖二府屬被水災獨重,應徵漕米照時價改折。〇又覆准:蘇、松、常三府水患,被災九分、十分田地應徵漕糧,准於九年折徵一半,十年折徵一半。其耗費等米,俱行免徵。〇十年覆准:鳳陽等府屬,連年旱澇,不論被災分數,槩行折徵。〇十一年覆准:沭陽、海州,連年被災,正耗漕糧暫行改折一年,漕贈銀米免徵。〇十六年議准:江南,粳米每石折銀九錢,粟米七錢,豆七錢,麥五錢五分。嗣後,如有減存貯倉,俱照此例。〇十八年覆准:鳳、廬、安三府屬旱蝗,漕糧盡准折解。〇二十九年覆准:河南被旱歉收,本年漕糧,暫免辦運。俟三十年,遵例徵解。其米折銀兩并行月輕賫等項錢糧,照例徵收解部。〇三十年題准:河南漕運,再停止一年。〇四十二年覆准:河南漕糧,暫免辦運一年。〇雍正元年河南省應買米石,奉旨:免其輸運,折銀解送。〇又諭:"浙省偶值秋旱,被災地方,已降諭旨蠲免錢糧,令有司加意撫綏。查杭、嘉、湖所屬被災十四州縣,額徵漕米三十二萬石。朕恐荒歉之歲,民間納米爲難。著令徵收一半,改折一半,俾地方多存正米十六萬石,又耗米若干。既可以濟民之食,又可以紓民之力,於閭閻大有裨益。其改折之價,著照康熙九年例,每米一石,折銀一兩,按限解部。又念被災之後,米色未能純一。其十六萬漕米,著令紅白兼收,以示朕軫恤地方,格外施仁之至意。"

〔截留〕

康熙三年定:以江西尾漕,留充京口兵餉。照運北例,正兑,每石加耗二五;改兑,加耗一七交收。〇十三年定:楚省大兵口糧,截留湖南、湖北并江西漕米濟用。〇二十六年覆准:山東濟、兖二府應解漕米,就近支放兵餉,免其交倉。其節省蓆木脚價等銀,照數解部。〇三十一年覆准:江浙二省,於三十一年漕米内,各截留十萬石,貯倉備用。〇又諭:陝西西安、鳳翔二府屬,去年被災,雖解送内帑銀兩,又遣大臣賑濟,民人仍有流離,此皆不預行積貯之故。應將本年漕糧截留二十萬石,交與總河,僱覓船隻,自黄河運至山西蒲州等處備貯。既有預備,偶爾災傷,亦無妨碍,軍需民生均有裨益。至黄河上運危險艱難,米船倘有疏失,免其議處。〇又諭:陜西西安地方,雨水不調,有無秋收亦未可定。襄陽府近於西安,乃適中之地。應將江寧、荆州截留預備米各十萬石,交與該督撫等,以官船運至襄陽備貯。〇三十四年議准:陵上官兵、當差人、匠役及緑旗兵丁,一年所需粟米共三萬六百餘石。將山東漕糧粟米,照數截留,以原船自天津衛運至新河口。自新河口,將天津紅剥船撥一百五十隻,運至薊州五里橋。每船載一百石,每百里給脚價銀一兩三錢二分。此所需銀兩,將過閘入倉脚價銀兩内撥給。〇三十六年覆准:陵寢官兵匠役俸餉,嗣後,將各省協運通州等衛所船内,揀選不曾搭運輕小之船,將一年所需米石,足數裝載,委押運之官,即以原船運至薊州五里橋,俱照抵通交兑限期,交與該管地方官。其押運之員,即將船隻令其速回,仍將回空日期咨報倉場,照例題報。所收正耗米數,直隸巡撫造册報部。〇三十九年覆准:淮揚二府屬,疊被水災,已截留漕米二十萬石。今將湖廣一省之船截留,約計餘米九千餘石,一併截留存貯。〇四十二年覆准:將進京正兑米石,酌量截留二十餘萬石,就近存貯通倉。除今年秋季俸米支放外,將明年春秋二季應放米石,一併支給,虚廒座以便修理。〇四十三年諭:河間府去歲被水,人民艱食。應將糧船到天津者,截留一幇。由西沽達子牙河,運至河間府所屬沙河橋兩岸收貯,以備借糶。〇四十四年覆准:四十一年江南、山東兩處截留漕米,出入交收,不無折耗。每石折耗米三升。〇四十七年詔:江南、浙江二省,今歲俱有被災州縣。應酌量留漕糧,爲平糶散賑之用。每省應截留若干石,該部確議具奏。山東、河南二省,田禾雖有收穫,而山東州縣間被微旱,河南所産之米顆粒較小。此二省米,各應留爲本地方之用。所有應起運漕糧,著酌量改折,以價銀解部。每省應改折若干石,作何定價,該部作速確議具奏。遵旨議定:截留江蘇十萬石,安徽五萬石,浙江八萬石,山東八萬石,河南八萬石,照例折銀解部。〇五十三年諭:"朕聽政年久,深悉民生。凡國家要務,無時不預爲籌畫。今有前來奏摺子人,俱經問及,皆稱江南暵旱,江浙米價亦不甚賤。今春,山東、河南田麥歉收,交冬,米價必致騰貴。彼時雖急爲料理,亦不能及,徒空勞爾。朕詳悉思維,將漕糧撥三十萬石,江寧府十萬石,蘇州府八萬石,淮安、揚州五萬石,杭州府五萬石,河南開封府二萬石。著漕運總督親身閲兑,速行運至,令其加謹照數收貯。有此米石,軍民心即寬慰,而米價不致驟貴。且與通倉無甚關係,較之一年所缺之數,亦不浮多。至豫省漕糧,該部亦應預行詳議。

若雨澤及時，田禾豐收，則此項米石，由水路撥給他處亦可。”遵旨議定：將河南漕米停運一年，於五十四、五、六等年分買搭運。其所徵之銀，盡行解部。至買米補運時，於各該年减存銀内動用。〇又諭：“朕臨涖多年，無時不軫念民瘼。每歲，於直隸及各省，凡民間暘雨期候，豐歉情形，莫不留心訪察。雖在僻遠，必務周知。偶值一二處災傷，蠲免賑救，不惜糜費倉帑，以蘇我民困也。近思賑濟災歉，以速爲貴。必待督撫奏報，往返候命，使小民嗷嗷待哺，何如預備積貯於平時，則所在有可恃之資糧，而臨事免轉移之勞費。今漕輓通行，太倉充裕，江浙地方年來頗有歉收，州縣應酌量截留糧米，分貯各處。江寧原留五萬石，今再截留十萬石，皆於本年起兑内就近截留，令地方官加謹收貯。至應動用之時，著該督撫題請。”〇五十五年覆准：江、常、鎮、淮、揚、徐六府州屬之上元等三十五州、縣、衛，將本年、現年漕糧，截留米二十五萬石，委員酌量賑濟。〇五十八年諭：今以京城通州倉内，貯米甚多，恐致耗散。念及杭州、蘇州、鎮江、江寧、淮安、安慶等處相近水路，俱有倉廒，可以分貯，預備賑濟减糶之需。截留漕米，使江浙黎民賴以有備無患，而京通各倉，亦不致堆積耗散。遵旨議定：浙江杭州府，五十三年截留漕米尚存米一十八萬一千八百石零，毋庸截留外，於蘇州府截留十萬石，鎮江府截留三萬石，江寧府截留十五萬石，淮安府截留五萬石，安慶府截留十萬石。再行文總漕，將江西、湖廣現今起運米内，酌量照數截留，交與該地方官，加謹收貯。〇又諭：今年湖廣田禾大收，若將漕糧截留，湖廣米價更賤，而江浙米價自然亦賤。著交與户部速議具奏。遵旨議定：將湖廣額徵漕米，截留十萬石，分派應存各府、州、縣存貯。〇五十九年諭：今歲河南歉收，又現往陝西賫送穀石，次年穀價必致騰貴。著於河南省明年應運京師漕糧内，照數填補送往陝西穀石。其餘剩漕糧，不必解運京師，著留彼處收貯。〇六十年諭：差派部院賢員二人、倉場賢員一人，截留漕米二十萬石，運至廣、大二府收貯。〇又覆准：江西、湖廣漕米，截留江南、山東等處，將加四耗米，作爲正數交收。〇又覆准：浙省杭、湖等府被災，將六十一年杭、嘉、湖三府起運六十年漕糧内，均派截留二十萬石，分發各府，加謹收貯備用。〇六十一年覆准：將江西糧船尾幇梭米，截留天津十三萬石，霸州等處截留八萬石，照三十七年脚價給與。〇雍正元年議准：將河南六十一年運到水次米六萬二千五百九十石零，截留衛輝府倉存貯。陝州捐米内，撥二萬石，運貯懷慶府倉。〇又覆准：山東連年荒旱，將漕米截留十萬石，分貯沿河州縣减糶。〇又諭:"山東連年荒旱,百姓艱食。朕夙夜焦勞,已諭巡撫多方賑濟。近聞兖州等處,雨未霑足,誠恐小民乏食,無以爲生。現今糧船未入閘河,可乘此時截留,以備賑恤。户部酌議截留米石數目及分貯何府、州、縣,作速具奏,敕諭該撫遵行。"遵旨議定:將江西尾幫糧米,截留二十萬石,交與山東巡撫,分貯各府、州、縣。其支過月糧等項銀米,按程扣追。○三年諭:於天津截留漕米二十萬石,分撥直隸各州縣收貯備賑。户部可即派賢能滿漢司官各一員,會同倉場總督商酌料理。俟直隸總督分派州縣官至津,將所截留之米分給領去。

〔紅白兼收〕

順治八年定:江南上元縣,向以秈米交兑。今田禾失收,許徵收晚米起運。○康熙八年定:江南泰州等處被災,暫准紅白兼收。○九年覆准:蘇、松、常所屬被災,令以秈米兑運。○十年覆准:宿遷本年漕糧,以粟米代運。○十二年覆准:浙省被災州縣,許以秈米兑運。○又題准:江南廬州府屬無爲等八州縣,向徵紅米。嗣後,准其以白米兑運。○十七年覆准:淮北各州縣錢糧,向徵紅米。若遇災傷,准紅白兼收。○十八年覆准:蘇、松、常、鎮四府旱災,令紅白兼收,不足以秈米凑兑。○十九年覆准:江寧等處被災,十八年漕糧,許以麥代,凑給運丁。○三十二年諭:淮、揚、鳳、廬等處漕米,著隨其地方所出,不論紅白,一體兼收。○四十六年覆准:江、松、常、鎮等府屬被旱,漕米不拘紅白兼收。如有不敷,將乾净秈米凑兑。○五十三年覆准:上元等縣,米穀不登,漕糧不拘紅白兼收。○雍正元年覆准:江蘇等府屬被災,漕糧准其紅白兼收,秈粳凑納。○又諭:浙省十六萬漕米,著令紅白兼收。

〔脚耗輕齎蓆木〕

正兑米。江南江、蘇、松、常、鎮、安、寧、池、太、廬十府,每石加耗米五斗六升、尖米一斗,共六斗六升。内,除四斗隨船作耗,餘米二斗六升,折銀一錢三分,名二六輕齎。鳳、淮、揚三府,每石加耗米四斗六升、尖米一斗,共五斗六升。内,除三斗隨船作耗,餘米二斗六升,折銀一錢三分。徐州,每石加耗米四斗一升、尖米一斗,共五斗一升。内,除二斗五升隨船作耗,餘米二斗六升,折銀一錢三分。浙江、江西、湖廣,每石加耗米六斗六升、尖米一斗,共七斗六升。内,除四斗隨船作耗,餘米三斗六升,折銀一錢八分,名三六輕齎。山東、河南,每石加耗米三斗一升,河南,有三斗四升者。尖米一斗,共四斗一升。河南,有四斗四升者。内,除二斗五升隨船作耗，河南，有除二斗八升者。餘米一斗六升，折銀八分，名一六輕齎。其永折米、灰石折米、荒米等項，俱無本色耗米。

改兑米。江南江、蘇、松、鎮四府、廣德州，每石加耗米三斗二升。鳳、淮、揚三府，耗米二斗七升。浙江、江西，耗米四斗二升。以上，各折米二升，易銀一分，名折易輕齎。餘給本色，作隨船耗米。徐州，每石加耗二斗二升。山東、河南，每石加耗一斗七升。俱給本色，無折易銀。

正、改兑米，每二石，科蓆一領。正兑米，每二千石，科楞木一根，松板九片，蓆。二分五釐本色，隨糧給軍，七分五釐折色，彙解通庫。舊例，本色三分，折色七分。康熙二十五年改。木、板，三分本色，七分折色。其折色，蓆，每領銀一分；楞木，每根江南、浙江折銀五錢五分或五錢不等，湖廣折銀四錢；松板，每片江南折銀四錢五分或四錢不等，浙江折銀四錢五分，湖廣折銀二錢五分。山東、河南及廬、鳳、淮、揚、徐等府州，例無板木。其本色蓆、木、板，江南蘇、松、常、鎮四府并浙江、湖廣，俱折銀給領運弁丁辦交本色。至江西省，正兑米，每石徵蓆、木、板銀七釐二毫零；改兑米，每石徵蓆折銀五釐六毫零。俱三分給運丁，七分解通庫。順治十三年覆准：京通二糧廳，經收蓆、木、板，查明完欠，隨糧奏銷。〇又題准：輕齎銀兩，向解部庫。其修船、水脚、簹、羡等銀，在部庫給發。今改歸倉場總督收貯通濟庫。其修船、水脚、修理倉廒、簹、羡等銀，俱於通州給發，按季報部。每年用剩銀兩，仍解部庫，年底倉督造册報部查核。〇又覆准：蓆、片、板、木本色，係官丁隨糧解交。其長短闊狹，各有尺寸格式，照樣交納，不許短小充數。如不合式，除退换外，仍提經管人役究治。毋得濫收折罰，致滋弊竇。〇十五年題准：經管楞木、松板，京糧廳既裁，令大通橋監管收放。〇康熙元年題准：蓆片、板、木，如有攬棍買交倉役折銀等弊，監督申報倉場拿究。如監督不報，一併題參。〇三年覆准：隨漕蓆片，令大通橋驗收印發。〇六年定：輕齎等銀，應先漕運解。若遲延在先，後雖續完，亦難辭咎。催徵各官，照遲延例處分。〇十二年覆准：軍、南等糧，係支給本地行、月兵米，免其徵耗五升。〇十八年定：大通橋收貯楞木、松板，存剩過多。今將新運本色，改折徵解。俟完日題明，再解本色。〇又覆准：各倉鋪墊板木，原給鋸解工價等銀一十三兩四錢，今按時價減去五兩。其鋪墊板木，十年以後果係朽爛，詳請更换。舊板内，仍揀選堪用者，亦凑鋪廒座。〇二十四年議准：松板、楞木鋪墊不敷。令總漕將各省板木，照舊隨糧三分辦解，七分折銀解部。〇二十五年覆准：蓆片三分本色内，減去五釐，折銀解通濟庫。〇三十三年諭:各省漕糧耗米,該督撫嚴飭所屬官員,務照定例,徵收本色,給與運丁。如有不徵本色,徵銀折給者,漕運總督,察參治罪。〇四十三年議准:將耗米内,支三升八合給運丁,作回空飯米。〇四十四年覆准:漕項内耗贈五米并白糧給丁飯米,一年約有三萬餘石,原徵民間糙米,給發旗丁。近將此二項米石裁減,不給旗丁,五米每石折銀一兩五錢。但江南米價,每石不過七八錢,折價太重。嗣後,將此二項米石,停其折銀,仍照舊徵米,於漕船内搭運。〇四十七年議准:每年,江南等省所解輕齎銀兩三十八萬四千兩。内,除山東、河南、湖廣、江西、浙江、江安等處額解輕齎銀二十四萬六千九百二十六兩七錢留倉場衙門通濟庫應用,其蘇松糧道所屬額解輕齎銀兩一十三萬七千七十三兩,停解通庫,竟解户部。如給發脚價不敷,仍於户部咨取應用。

〔督運官員〕

總理

漕運總督一員

分轄

江安糧道一員　蘇松糧道一員
浙江糧道一員　江西糧道一員
湖北糧道一員　湖南糧道一員
山東糧道一員　河南糧道一員康熙二十二年,全省改折,員額裁。二十九年,仍徵本色,以開歸驛鹽道兼理。

監兑

江南各府廳官一十六員

江寧同知　蘇州同知　蘇州通判
松江同知　松江通判　常州通判
鎮江通判　淮安通判　揚州通判
徐州同知　安慶通判　寧國通判
池州通判　太平通判　廬州通判
鳳陽同知

浙江各府廳官三員

杭州通判　嘉興通判　湖州通判

江西各府廳官三員

南昌通判　吉安通判以上二員,監兑南昌、廣信、南康、建昌、撫州、臨江、吉安、瑞州八府。

臨江通判監兑饒州。

湖廣各府廳官九員

武昌通判　漢陽通判　安陸通判

德安通判　黄州通判　荆州通判

岳州通判　長沙通判　衡州通判

山東各府廳官三員

濟南通判　兖州通判　東昌通判

河南各府廳官四員

開封通判　歸德通判　衞輝通判

懷慶通判

押運山東，係糧道押運。河南，係彰、衞、懷三府通判輪流押運。

江北通判一員　江南通判一員

浙江通判一員　江西通判一員

湖北通判一員　湖南通判一員

趲運

淮南沿江沿河將領

淮北沿河將領

順治初定：設漕運總督一員，駐劄淮安。〇又定：設總理侍郎一員，同總漕督理運務。〇又定：設漕儲道一員，專轄糧運。〇二年定：差御史一員，催趲漕運。〇七年定：停差巡漕。〇八年覆准：山東州縣，隔遠水次者多。責令佐貳糧官，徵收督運。其額定脚費，盡給本官，勿令百姓轉運。〇又題准：總理侍郎，裁。〇又定：復差巡漕御史。〇十年定：裁漕儲道。添設江南、江北、浙江、江西糧道各一員，輪徵輪解，一應督催漕糧、修造船艘、僉運交兑、督押鈐束領運官丁，俱係糧道職掌，别衙門不得干預。有勢要把持及不服鈐束者，聽其指實奏參。〇十二年，遣户部司官四員，一員往臨清，一員往濟寧，二員往淮安，同總漕催趲漕糧。每員各帶筆帖式一員、通事二員、領催四名。〇又覆准：漕船過淮，總漕親行掣驗，不得委官。〇又定：復設總理侍郎一員。〇又覆准：漕運錢糧，盡歸糧道專管。其他省協運官丁，各該管官將支給行、月、僱募等項造册，移送彙報總漕，送部查核。〇十四年覆准：江西舊例，通省漕米，詳委推官一員，監兑押運至淮。今定，監兑仍屬推官，押運專責通判。〇又覆准：停差巡漕御史。

○十五年定：裁江南、江北、浙江、江西糧道各一員。復設漕儲道一員。○十六年覆准：漕儲道催重趲空，糧道專司僉選、追比、督運諸務，皆不能分身抵通。督押過淮盤驗後，令回本省料理新漕。除山東、河南糧道照舊押運外，餘省令總漕該撫，於本省管糧通判中，遴選一員督押抵通。○十七年覆准：糧道不得别委，俾得專司漕務，毋悮職掌。○十八年覆准：漕項錢糧，除支解外，凡行、月、減存、廪、工、缺扣，與備料小修等銀，及節年追比銀，解淮庫。令總漕分别四柱造册，歲底奏銷。○又定：總理侍郎，裁。○康熙元年覆准：沿江沿河各官，凡遇漕船入境出境，分汛催趲糧道親身往來督催。○二年諭：各省糧道，不必分别正官署官，功罪一體。○四年，裁漕儲道。○六年覆准：推官既裁，監兑漕糧，於各府同知、通判内選委。○七年覆准：監兑同知、通判内，有賫表代覲及計處緣事者，即令署事官料理。○十年覆准：荆州等四衛丁船，武昌左衛添補船隻，聽湖南糧道催運。武昌等六衛所丁船，聽湖北糧道催運。○二十一年議准：舊例，不速催趲漕船，文武官罰俸，例不畫一。今定，文武官一例。專管、專汛官，罰俸九個月。兼管、兼轄官，罰俸六個月。○二十二年覆准：河南全漕改折停運，裁撤糧道。其廳官監兑，舊例，歸德通判，監兑開封、歸德二府；衛輝通判，監兑彰德、衛輝二府；懷慶通判，監兑河南、懷慶二府，亦著停止。○又諭：漕運總督管理船糧，是其專責。過淮及回空時，令漕督親身往來催趲，不致貽誤。○二十七年題准：江南行、月、減存錢糧，停其解淮，俱解蘇松糧道支用。○二十九年議准：押運之官，不許攜帶侍妾、優人及多帶僮僕。其餽送積弊，盡行革除。仍將管押幫船，自開行日起，計程計日嚴督催趲。○又覆准：河南漕糧，仍徵本色。其漕項事務，歸驛鹽道管理。通判，亦照舊管糧。○三十三年覆准：江南漕船三千五百餘隻，浙江漕船一千三百餘隻，每省派通判一員，首尾不能稽查。嗣後，江南省派七員，浙江省派三員。○三十四年覆准：江南、浙江、江西三省押運通判，職卑不能彈壓。仍令糧道押運。○三十五年覆准：停止糧道輪流押運，仍照舊例，通判押運。○三十六年覆准：歲運江南、浙江糧艘，例由京口渡江，進瓜州閘口，最爲險要。其催護漕船事宜，責令副將董理。○四十五年覆准：嗣後，漕船至德州、臨清等處，交與山東巡撫，派官自濟寧隨押督催。遇淺刨挖，催出山東地界，將屢次出界日期奏報。如催趲不力，以致遲誤，照例題參議處。○五十一年議准：押運同知、通判，浙江添派二員。○六十一年題准：令總漕親趲漕船赴通。○雍正元年題准：額設監兑之同知、通判，不得以别項公事差委,以州縣佐貳雜職代理,以致誤漕。每於漕糧開倉交納之期,該員親身赴次,驗明米色純潔,照數交兑。糧船開行之後,仍令該員親押到淮,聽總漕盤驗。〇四年覆准:江南漕白糧船,除遴選廳員押運外,仍循舊例。令總漕於江、蘇二糧道内,派委一員,輪流親押過閘。俟糧船照數過閘,方回本任。〇又覆准:北河疏淺,其應收應銷之錢糧,令坐糧廳管理。其漕船運近北河之時,坐糧廳預爲轉行各汛官弁,先期疏濬。若漕船接續而來,即於前船既過,後船方來之際,立加疏導,自不致淺阻。如坐糧廳取用人役不服各汛應用,即令各汛官弁申報倉塲,即時究處。倘各汛官弁,夥同人役虚冒侵蝕錢糧,或督率不力致稽漕運者,令倉塲據實查明,一併題參。

〔運糧官丁〕

江安糧道屬

興武衛九幇,領運千總十八員。

江淮衛九幇,領運千總十八員。

淮安衛四幇,領運千總八員。

大河衛前幇、二幇、三幇,領運千總六員。

揚州衛四幇,領運千總八員。

儀徵衛江南一幇,領運千總二員。

徐州衛一幇,領運千總二員。

安慶衛一幇,領運千總二員。

新安衛池州一幇,領運千總二員。

宣州衛一幇,領運千總二員。

建陽衛太平一幇、寧國一幇,領運千總四員。

廬州衛三幇,領運千總六員。

滁州衛一幇,領運千總二員。

鳳陽衛一幇,領運千總二員。

鳳陽右衛二幇,領運千總四員。

鳳陽中衛一幇,領運千總二員。

長淮衛三幇,領運千總六員。

宿州衛二幇,領運千總四員。

泗州衛前幇、後幇,領運千總四員。

蘇松糧道屬

蘇州衛前幇、後幇,領運千總四員。

太倉衛前幇、後幇,領運千總四員。

鎮海衛二幇,領運千總四員。

金山衛一幇,領運千總二員。

鎮江衛前幇、後幇,領運千總四員。

浙江糧道屬

杭州前衛前幇、後幇,領運千總四員。

杭州右衛前幇、後幇,領運千總四員。

紹興衛前幇,領運守備一員、千總一員;後幇,領運千總二員。

嘉海所一幇,領運千總二員。舊有海寧所、嘉興所,今裁併。

湖州所一幇,領運千總二員。

嚴州所一幇,領運千總二員。

寧波衛前幇,領運守備一員、千總一員;後幇,領運千總二員。

台州衛前幇、後幇,領運千總四員。

温州衛前幇、後幇,領運千總四員。

處州衛前幇,領運守備一員、千總一員;後幇,領運千總二員。

金衢所一幇,領運千總二員。舊有金華所、衢州所,今裁併。

江西糧道屬

南昌衛前幇,領運守備一員、千總一員;後幇,領運千總二員。

袁州衛一幇,領運守備一員、千總一員。

贛州衛一幇,領運守備一員、千總一員。

九江衛前幇、後幇,領運千總四員。

吉安所一幇,領運千總二員。

安福所一幇,領運千總二員。

永新所一幇,領運千總二員。

撫州所一幇,領運千總二員。

建昌所一幇,領運千總二員。

廣信所一幇,領運千總二員。

鉛山所一幇,領運千總二員。

饒州所一幇,領運千總二員。

湖北糧道屬

武昌衛一幇,領運守備一員、千總一員。

武昌左衛一幇,領運守備一員、千總一員。

蘄州衛一幇,領運守備一員、千總一員。

黄州衛一幇,領運守備一員、千總一員。

襄陽衛一幇,領運守備一員、千總一員。

沔陽衛一幇,領運守備一員、千總一員。

德安衛一幇,領運千總一員。

荆州衛一幇,領運守備一員、千總一員。

荆州左衛一幇,領運守備一員、千總一員。

荆州右衛一幇,領運守備一員、千總一員。

湖南糧道屬

岳州衛一幇,領運守備一員、千總一員。

山東糧道屬

臨清衛一幇,領運千總二員。

東昌衛一幇,領運千總二員。

濟寧衛前幇、後幇,領運千總四員。

東平所一幇,領運千總二員。

德州衛一幇,領運千總二員。

濮州所一幇,領運千總二員。

河南糧道屬

直隸通州所一幇,領運千總二員。

天津衛一幇,領運千總二員。

山東德州衛河南一幇,領運千總二員。

臨清衛河南前幇、後幇,領運千總四員。

東昌衛河南二幇,領運千總四員。

濟寧衛河南一幇,領運千總二員。

江南長淮衛河南一幇,領運千總二員。

徐州衛河南一幇,領運千總二員。

河南漕船,原係各省協運。康熙二十二年,河南全漕改折。惟通州所,撥運山東糧,其餘俱裁。二十九年,仍徵本色,照舊領運。

順治三年定:每衛設掌印守備一員、千總一員,俱係部推;百總一員,係外委;衛軍改爲屯丁。其漕運造船事務,令都司分轄。〇四年覆准:領運千、百總,如有不足,聽總漕、各撫照幇酌選委用。〇五年題准:督領運弁,向因明代舊名爲"欽依把總"。今改授都司僉書銜,仍管漕務。其運官各照千、百總原職,加"運糧"字樣。〇七年覆准:選委運官,責成各該糧道。每年七月呈報職名。遲至八月不報者,罰俸三個月;九月不報者,罰俸六個月;十月不報者,降俸一年,糧完開復。其僉補運丁,責成清軍同知。〇八年覆准:漕糧侵欠,皆因僉選官軍不得其人。宜慎選運官,清查舍餘。班軍、營軍、屯丁、黄快船丁及充各衙門書吏承差,俱令僉選,毋得規避。〇九年覆准:舊例,用黄快船以載貢物,設運船以輓漕糧。邇年,運丁苦於運糧,每多竄名黄快船丁。令俱查出補運。〇十年覆准:凡僉幇,須公平鬮派。不得賄買换幇,致悮漕運。〇又覆准:遴選運官、運丁,係糧道專責,他衙門不得干預。如濫用匪人,欠糧無償,即令糧道賠足。〇又覆准:運弁到通,糧米全完,有别事詿誤,若不係貪贓、軍政、隱匿逃人等罪,仍酌量議叙。〇十一年覆准:運糧旗丁,令各衛領運官自行選用,不許有司干預。〇十二年議准:裁漕運都司十一員。〇又覆准:各省殷實屯丁,或竄入民籍,希圖免運,或運弁賣富差貧,或小民鄰近運衛,勾攝擾害,令督撫責成道員,分别軍民,開除補足。五年一次,編審造册。倘朦混累民,指參治罪。〇又覆准:運糧,每丁管船一隻,不得詭名僉報,闕丁誤漕。〇十四年覆准:江寧歸併衛幇,每幇設千總二員,更番領運。其隨幇百總臨時選委。〇十六年覆准:領運止許用衛守備、千總及完糧應受職之官。其欠糧者,不得復委。〇又覆准:僉派運丁,按籍分班供役。令清軍同知并州縣,從公確查,分别等則,次第領運。徇庇者,參處。〇十七年覆准:江南省衛及蘇、太、鎮等衛,各該糧道會同屯道、都司,公選領運。其外衛,由府廳官詳請僉選。〇又覆准:僉選後,旗丁遇有事故,即令運官總領漕米,分散帶運。〇康熙元年覆准:各該糧道,於漕米未兑之先,務選部推守備、千總、殷實旗甲、領運,不得濫用貧乏無行之人。如僉選不當,總漕即將該糧道題參議處。〇又覆准:領運官員,既於部推守備、千總内僉選,其佐貳官不得委運。〇二年覆准:各鎮牙軍及明季護衛運丁,悉令僉運。如有串名朋匿,或殷丁占役避運,各官徇庇不僉者,總漕該督撫指參。〇五年題准:各省經制百總,出運給俸,停運住支。〇六年題准:運官欠糧脱逃者,出結委用官,罰俸六個月。〇八年題准:運官因公羈絆,起卸後始趕至者,罰俸六個月。〇九年覆准:凡運糧,先就本衛官輪派。不足,方及他衛。隨幇各弁，亦應均輪。如有任意顛倒、索詐鑽營情弊，總漕、該督撫題參。○十一年題准：運官欠糧脱逃者，出結委用官，罰俸一年。○又題准：運弁完糧，如遇别事註誤，應降調者，除從前加銜不准抵銷外，其現在應叙，准其抵銷所降之級。若罪至革職者，不准抵銷。○又題准：委用汛地土弁押運者，出結官，罰俸一年。○又題准：運官緣事，如應革職究擬，未及起程者，另僉他員領運。已起程者，革職帶罪押運，俟交糧完日，押回究擬。○又題准：衛官揑報運官侵欠糧石，希圖奪運，遲誤漕糧者，將原告之官革職。其運官已經僉運，抗違規避悞漕者，革職。又，運官以私事不親押運，起卸後始行趕至，及運竣南旋，托故回籍者，俱革職。○十九年覆准：僉委領運各弁，不必坐定，輪流揀選年壯賢能者領運。其年邁不堪者，總漕查明參革。○二十五年覆准：各省運丁，每船多寡不一。江寧等衛，每船十二名；蘇、太、鎮、金、松五衛所，每船十一名；鎮江衛，每船十二名；安徽寧、太、廬、鳳、淮、揚、滁、徐等衛，每船十名、十一名、十二名不等；浙江各衛，每船十一名；唯江西、湖廣、山東，每船十名。今畫一裁減。江南、浙江運丁，俱照江西、湖廣、山東例，每船額設十名。○二十六年題准：嗣後，旗丁正身不行押運，將承派運丁各衛守備，罰俸一年；押運通判，罰俸六個月。領運守備、千總，如徇私不行查出，各降一級留任。○二十九年覆准：豫省漕糧，復徵本色。現在直隸通州、天津等衛所千總，仍令協運。其所裁山東德州等衛、江南長淮、徐州等衛各千總，照舊例銓選。其德州左衛已歸併德州衛，任城衛已裁併濟寧衛，平山衛已裁併東昌衛，今千總既經復設，令歸併之衛管轄。○三十五年覆准：漕船，每隻僉丁一名，僱覓有家屬水手九名，恊同輓運。令總漕飭令各該管官，務選殷實之丁。如任其濫充以致侵欠者，題參議處。○四十一年覆准：江淮、興武二衛幇船，獨無贍田，將原減駕軍二名，照舊添設。○四十五年覆准：全漕杜欠，務在僉丁須殷實誠厚之人。僉丁之例，親僉，責在糧道；舉報，責在衛守備；用舍，責在運弁；保結，責在通幇衆丁。一丁無保，不准僉運；一丁有欠，衆丁賠補。○五十一年覆准：各省運糧僉丁，令同幇運丁出具互結。如互結赤貧無賴之丁，以致掛欠，不能賠補，即將本丁應賠五分之内，互結各丁攤賠一分，其餘仍令本丁賠補。○又覆准：僉丁，令千總保結，呈報衛守備、府、廳、糧道等官，再行驗看，加具印結。如有掛欠，千總守備，仍照例處分外，一幇掛欠，府廳等官，罰俸一年；糧道，罰俸半年。數幇掛欠，照此例遞加罰俸。○又覆准：每幇，十船連環保結，互相稽查。如有折乾盜賣等弊，有能出首者,酌量給賞。如隱匿不首,事發,本丁照律治罪,其餘九丁,一體責懲。所欠米石,即行買補運通。〇又覆准:每船十丁駕運,今一船止有正丁一人。若有掛欠留通追比,則回空無人。嗣後,於正丁兄弟子姪内,再派一丁隨運。如抵通掛欠,留一丁追比,一丁駕空回南,設措完欠。如到淮短少,令一丁運北,一丁買米趕補。仍照舊例,止給十名行月錢糧。若留通追比之丁,限内不能全完,仍照舊例,發南追比。〇又覆准:每幫設立千總二員,輪流押運。嗣後,將候選千總,兵部帶領引見,揀選三四十人,發與漕標効力。如有缺出,聽總漕委署押運。果能抵通全完,倉場總督咨送兵部,准其即用。如有虧欠,仍照例治罪賠補。〇又題准:湖北僉丁,原由衛備,以運丁散住各屬,更有寄籍江南、江西、河南等省,由千總保結,復解衛、廳、府、道,往返守候,勢難副開兑之期。應仍照舊例,由衛僉報。〇五十三年覆准:江西屯糧,歸併州縣徵收,一切户口屯册,悉存州縣,仍照舊例僉丁。〇雍正元年諭:漕船關係緊要,除本船正副旗丁外,其頭舵水手,皆應擇用本軍。庶各知守法,不致誤漕生事。近聞多僱募無藉之徒,朋比爲奸,不服旗丁彈壓。當漕糧兑足之後,仍延捱時日,包攬貨物,以致載重稽遲,易於淺阻,不能如期抵通。及回空經産鹽之地,又串通奸棍,收帶私鹽。此其弊端之彰著者。聞尤有不法之事,凡各省漕船,多崇尚邪教,聚衆行兇,一呼百應。邇年以來,或因争鬬傷害多人,或行刼鹽店,搶奪居民。種種兇惡,漸不可長,急宜懲治。各該督撫即嚴飭所屬各衛所,嗣後糧船務於本年内,擇其能撑駕者,充當頭舵水手,不許僱募無籍之人。更嚴禁邪教,諭令歸業,務爲良民。如仍怙惡不悛,該地方官不時查拏,從重治罪。如奉行不力,即將該管官弁指名題參。〇又覆准:守備千總,令該督於丁衆大衛,秉公揀選才守兼長之員調補。其才幹平常者,移調丁船減少之幇。倘有運弁鑽營者,該弁革職,該督降二級調用。如調補不得其人,以致生事、掛欠,該督降一級調用。〇又覆准:部發候選千總,抵壩全完者,令坐糧廳給單,勒限一月,到淮投驗。如有過淮違限革職綑打之案,將該弁照例發落,具題開復,查並無别項事故,仍咨回倉場,照例咨送兵部,准其推用。〇又覆准:江西船多丁衆之南昌前、後、九江等三幇,每幇派定丁船五六十隻。其餘丁船,於廣信等五幇,均勻分派。作爲定例。〇又題准:令總漕糧道,嗣後嚴飭運弁,隨幇務必親身管押,不許擅自離幇。正丁、副丁,務僉家道殷實,取具連環互結,不許包丁代運。〇二年諭:"漕船關係緊要,朕前降諭旨,除本船正副旗丁外,其頭舵水手皆應擇用本軍。庶各知守法，不敢誤漕生事。此雖係總漕專責，然亦關地方之事。各該督撫當嚴飭所屬糧道、都司、衛、所等官，務須清查什軍，毋令隱漏規避。頭舵水手，作何更換，毋令假冒；其換去之人，作何安插，毋令失所，俱宜協同總漕，悉心籌畫商確，實力奉行，以爲永久之計。如奉行不力，即將該管官弁指名題參。”遵旨議定：令該督撫清查什軍之子弟內，有能撑駕漕船者，令充當水手，九丁出具連環印結，正丁、運弁、衛備等官加結。給以腰牌，上書姓名年貌，以便過淮時查驗。將本幫僱募不守本分之水手，即行更換。其不能撑駕者，使在船學習，以八年爲率。責成正丁分別課程，嚴其賞罰，務期撑駕習熟，補充水手，將召募之人，悉行换去。倘有仍僱募假充及中途更換者，察出，將本軍照逃軍例治罪，互結各丁及正丁綑打斥革，出結之官題參。或正丁不親身督運，散丁有沿途生事者，將正丁從重治罪，該運弁、衛備一併議處。運軍未熟練之時，暫僱頭舵。倘有永遠召募代替者，察出，將本丁從重治罪，正丁綑打斥革。换去之人，願回籍貿易者，聽其回籍；有願駕民船營生者，聽其駕船，隨便安插，毋令失所。〇又議准：旗丁僱募水手，令總漕定價，永遠勒石遵行。仍檄飭沿河文武官弁，不時巡察。如有不法水手設立加添名色，聚衆打搶，即行嚴拿，從重治罪。倘該地方官不行查拿，事發之日，即照失察例題參。〇又議准：定例内糧船回空，每幫設有隨幫一名。將揀選之候補千總武舉，有情願頂補者，在總漕處呈明，遇有隨幫缺出，令總漕咨兵部給劄，准其頂補。三運無誤，照例以衛千總推用。〇三年覆准：凡運弁掛欠者，即行查明咨部，發回追比。其掛欠弁員之缺，令總漕即將完糧候補千總武舉人員推補實授。欠糧運弁，俟限内全完，題請開復。〇又覆准：一應幫船，除正副丁外，餘悉仍舊僱募水手頭舵。其所僱募水手頭舵，責成各衛所及運弁正丁僱募。務擇諳練老成、不妄生事之人，開明姓名籍貫，各給腰牌，嚴行保甲之法。令前後十船互相稽查，取具正丁甘結，十船連環保結。如一船生事，將本船旗丁照例治罪外，十船連坐。糧道押運等官在途稽察，倘有生事，地方官即會同押運各官審訊懲治，仍將生事情由通報總漕指參。如該地方官及押運各官隱匿不報，總漕察出，一併題參。總漕不行題參，發覺，一併交部，嚴加議處。

〔行月錢糧〕

江南、江寧等衛領運、千、百總，各有廪俸，又支行糧三石；運丁，每名行糧三石、月糧十二石，俱本折各半。行糧，每石折銀一兩二錢；月糧，每石折銀七錢。蘇、太、鎮、金、松五衛所千、百總,不支行糧;運丁,每名行糧三石、月糧九石六斗,俱本折各半。行糧,每石折銀一兩二錢;月糧,每石折銀一兩。鎮江衛千、百總,不支行糧;運丁,每名行糧二石九斗七升五合、月糧九石五斗四合,本折各半。行糧,每石折銀八錢;月糧,每石折銀五錢。安徽寧、太、廬、鳳、淮、揚、滁、徐等衛千、百總,於廪俸外,照各衛兼支行糧;運丁,每名行糧二石四斗、二石六斗、二石八斗不等,月糧八石九斗、九石六斗、十一石六斗、十二石不等,本折各半。行糧,每石折銀四錢、八錢、一兩、一兩二錢不等;月糧,每石折銀三錢、四錢、五錢、八錢、一兩不等。以上行月本折,於各州、縣、衛南屯銀米,及折漕加漕新增裁扣工食等項,併淮安、鳳陽、徐州三倉派給。浙江各衛千、百總,於廪俸外,兼支行糧三石;運丁,每名行糧三石、月糧九石六斗,本折均半。行糧,每石折銀一兩二錢;月糧,每石折銀七錢。其寧紹等八府,本色,每石改折給銀一兩二錢。以上行月本折,於各州、縣、衛、屯折銀内派給。江西各衛千、百總,於廪俸外,兼支行糧三石;運丁,每名行糧三石、月糧九石六斗,俱給折色。行糧,每石折銀六錢;月糧,每石折銀五錢。其行糧,九江、廣信二衛所,於屯糧銀内動支;餘衛所,於過江過湖銀内動支。月糧,俱於屯糧銀内動支。湖廣各衛千、百總,於廪俸外,兼支行糧三石;運丁,每名行糧三石、月糧九石六斗,俱給折色。行月,每石俱折銀四錢,於隨漕項下支給。山東各衛千、百總,於廪俸外,兼支行糧二石四斗;運丁,每名行糧二石四斗、月糧九石六斗,本折均半。行月,每石俱折銀八錢,於山東糧道及臨清倉支給。濮州所,以屯地錢糧抵給。河南領運千總,於廪俸外,兼支行糧二石四斗;運丁,每名行糧二石四斗、月糧九石六斗,本折均半。每石俱折銀八錢。天津衛行月、通州所行糧,在河南糧道支給。通州所月糧,本色在中南倉,折色在坐糧廳支給。山東各衛,俱在河南糧道支給。臨清衛河南幫,在臨清倉支給。順治三年覆准:行月二糧,同漕并兑。如正糧已足而行月不給者,一併參處。〇五年覆准:運官私折行糧,與屯丁蠹役一併究擬。委用衙門官,亦行察議。〇九年題准:江南省南米,改歸漕項給行月糧,不得仍充兵餉。〇又題准:各省行月糧,令總漕飭各糧道,按時給發,不得扣尅累軍。〇十年定:鳳陽各幫月糧,前五個月,每石給銀五錢;後七個月,給銀三錢。〇又覆准:官丁行糧,務派現兑水次。不足,方派貼鄰州縣。運船到,即如數給發。違者,總漕題參議處。〇十一年詔:運糧官丁行月糧,各地方本折不等。令漕督確查贍給,務期本折均平。遵旨議定:湖廣、江西,照舊仍支折色。餘省，悉半本半折。永爲定例。○十二年覆准：江南協濟江西運船行糧，於江西存剩南糧内撥給。○又題准：江南省南米，給行月糧米外，有餘，方充兵餉。○又議准：行、月二糧，向扣除三個月，折銀解京，以防掛欠。嗣後，照數給發，不得勒留。○十五年覆准：各省領運官丁月糧，遇閏年照例加給。江西、湖廣二省，無閏月銀米。○又覆准：山東行、月二糧，酌量州縣水次遠近，分别本折徵給。編入《全書》遵行。○康熙二年定：江寧省衛閏月銀米，停其支給。○六年覆准：運官領兑漕糧，例有行、月、贈耗銀米。赴倉交納，皆有餘米。如有逋欠，或水次折乾，應查取盤驗官職名議處；或中途盗賣，應查取該地方督催各官職名議處。並過淮不行察出，致有前弊，該管各官俱照失察例議處。○八年定：蘇州、太倉、鎮海三衛，於行、月外，每船又給貼運銀二十二兩三錢零。今行月不敷，將蘇、太二衛貼運銀，停其支給。○十年覆准：浙江寧紹等府，不通舟楫。本色月糧，每石折給銀一兩二錢。○十一年定：復給江寧省衛閏月銀米，蘇、太二衛貼運銀兩。○二十一年覆准：行月二糧，令總漕嚴飭各糧道，當堂按名照數給發，違者指參。○二十四年覆准：行月錢糧，舊例，遇災停徵，缺額請補，旗丁不沾實惠。令停其除荒，竟以漕項錢糧支給。○又覆准：軍船到次，應給行、月、贈、截、修造、負重等項，無論糧道等官，派糧單到，俱限五日内照數當面給軍。若不照數給發，該督即將糧道等官指參。○二十九年題准：行、月錢糧，設立易知由單，列明應給各項錢糧，每丁各給一張，照欵支給。○三十年覆准：湖北漕船，帶運上年漕糧，給行月銀米。○三十三年諭：河南省運丁行、月、耗、贈等米，照數給與。○又覆准：行月二糧，就近一處支給。○三十四年覆准：安慶衛運丁，歲支行月銀米，歷係按丁派給。但運船一百一十隻，每船裝正耗米七百三十石，船重難行。著照例按糧支給行月。○雍正元年覆准：丁船到次，三日内，即將行月本色米麥，照定額給發。其折色銀兩，解送糧道衙門。該糧道驗明，將一半給發該丁開船，一半封固到淮。於各幇過淮時，總漕眼同該道，面給該丁收領。如本色給發愆期，折色解送遲延，或短少扣尅，總漕即照誤漕例題參。○又覆准：江、興二衛，每船屯丁十二名，每丁行糧，照例支給。從前駁追者，免其追賠。嗣後，永爲定例。○二年議准：豫省元年漕糧，奉旨停運。其旗丁安家月糧減半，在通濟庫給發。嗣後，漕船停運，俱照此例。○又議准：江西領運屯丁行、月二糧，於該道庫貯米折銀内動給。

大清會典卷之四十一

户部

〔漕運二〕

〔**限單**由單串票附〕

總漕置造全單。每年派某衛所幇、官丁船隻、應運糧數，赴某府州縣領兑，以糧艘到日爲始，限日支領月糧，空船赴次開兑、重船過閘、過壩、到淮，計程酌扣守風阻淺參謁較斛等期，逐一定限填單。每幇分給一紙。運官及監兑官查照欵目，各於前件項下開註有無違限并官吏姓名，用有司監兑印鈐記，到淮日查算。如違程限，或罪在有司，或罪在領運官丁，照數參究責懲。仍編幇改限，嚴責如期入閘抵灣。起糧完日，全單繳送，照例查比，奬薦參罰。總漕派發全單後，即取造軍衛有司額漕數目報部。

順治十七年覆准：總漕發單給與糧道，開明某衛船若干隻、兑州縣米若干石。糧道頒發號單，每單兑米一百石并贈耗數目，分頒各州縣。每交完一單，令運官填註收數。一船兑足，即出給水程，勒令開幇。又，頒發各屬每倉號簿，開列丁船，兑足註明。如逾期不完，監兑官據簿責比。〇康熙元年覆准：總漕各撫嚴飭各屬，必遵照全單依式填註。如違誤不填及填註不實者，在南，聽總漕，在北，聽倉塲，察核參處。〇八年覆准：運弁領運全單，不填註支領糧銀月日者，照疎忽之例議處。〇九年覆准：隨漕贈費銀米，刊列易知由單，不得額外私派。〇二十七年定：停止由單。〇二十九年覆准：漕項錢糧，設立易知小單，照欵支給。如有官役扣尅需索，許本丁據實即於單内開明官役姓名、扣尅情由，於過淮時陳控，審實題參治罪。〇四十三年題准：錢糧一經恩赦，有司即將百姓所完儘作赦免之地丁入己。其未完者，皆爲不赦之漕項，復行徵收。著將各圖甲花户註定地丁若干、漕項若干，分給串票，自康熙四十三年爲始。○五十二年覆准：漕船過閘，務按漕規啓閉，均於單内註明，在八月内照數抵通。○又題准：丁船受兑開幫，巡撫給以限單，填明該船開行日期，飭令沿河州縣挨註入境出境時日。抵淮盤驗，即將驗單呈繳總漕察核。總漕盤糧之後，開行北上，亦給以驗單，將經過州縣界址，照原定限日刊入單内，飭令沿河州縣註明入境出境日期。俟船糧抵通，即將限單申繳倉場察驗。如有在淮揚以至蘇松南河遲延者，巡撫查取督催不力文武各官，同押運領運官弁職名題參，巡撫亦聽總漕參處。其有在淮安以至天津北河遲延者，總漕倉場行文該撫，查取專催督催不力各官弁并領運押運官弁題參。

〔樣米〕

應運漕米州縣，各將倉貯乾圓潔净樣米四升，裝盛二袋，用印鈐封，同兑米交付運官，解送倉督查核，轉發坐糧廳及各倉比對米色驗收。如有違玩不送者，參處。

康熙二十五年定：漕糧兑運起交，例照各省米樣，不許混交。至掛欠米石追完補運與本幫原欠米色不合者，將過淮不行駁换之總漕及督催承追各官并採買搭運之員，一并題參查議。其運到米石，若行發回，必致苦累旗丁，應照數查收。○二十九年題准：河南米石，無論黄白，運送乾圓潔净好米。如有抑勒不收等弊，該撫嚴查題參。○又覆准：州縣如有指稱呈送樣米科派等弊，該督撫即行指名題參。○三十九年覆准：嗣後，如有米色不齊，令於漕糧未運之先，預行題明。○五十四年覆准：嗣後州縣樣米，照常呈送。該糧道親驗，將每船各兑米一石，裝於布袋，鈐印加封，仍放原艙。到淮之日，總漕對驗加封。抵通時，倉場帶領坐糧廳對驗起卸。如有攙和糠粃等弊，將弁丁照例處分。○雍正五年覆准：糧艘過淮，俱經盤驗米色潔净。如到通仍不純者，由奸丁攙和所致，令倉場總督將押運官題參，交部議處。○又覆准：江南淮安等衛到淮之船，米色潮濕霉變。其虧折之米，運弁出具米色結狀者，著落該幫旗丁賠補；未出結狀者，縣幫各半均賠。

〔水次交兑〕

每年漕糧，經徵州縣，限十月開倉，十二月兑完。

順治六年覆准：州縣開兑之時，監兑官逐一驗明，實米足額交兑，官丁不許私折顆粒。兑完，即將各幫糧數，備造清册，交付糧道，照數驗實。督押至淮，盤驗明白，付押運官嚴加防範巡察，不得聽其停泊作奸。○七年覆准:兑米入船,即將米數開明,懸於倉口,聽糧道不時查驗,以杜盜賣。○九年題准:官收官兑,軍民兩不相見,止令監兑官與運官公平交兑。兑完一船,立刻開行。○十二年議准:經徵州、縣、衛、所各官,或船到無米,或有米無船,開行過十二月者,各罰俸半年;過正月者,各罰俸一年;過二月者,各降二級留任。○又覆准:江南、湖廣協運江西漕船,定限十月内赴水次。如船到無米,責在江西撫道;如船不到次,責在江南、湖廣撫道,俱令總漕題參。○十三年覆准:水次折乾,罪在經徵有司并監兑官。如過淮盤驗短少,將監兑官照糧道考成則例一體參罰。其嚴禁盜賣,責令沿河各官具結呈報。如糧船到通掛欠,審係某地方盜賣者,即將某地方官參處賠補。○十四年覆准:截廒配船,儘一廒米派兑一丁。如有畸零米石,方准湊兑别船。○康熙二年覆准:運船一到水次,有積年牙儈,關說旗丁,引裝客貨,令於交兑之初,專責糧道,曉諭商牙,禁約旗丁,不許夾帶私貨,輕上糧船。漕糧兑畢未開之先,專責監兑各官逐船搜檢。如有犯者,拏解糧道,呈報總漕題參,照律治罪。事畢,糧道取監兑官已經查過並無夾帶賣法認罪甘結,送總漕、總河、倉場三處,以備稽考。後經盤詰衙門查出私貨,將糧道監兑各官一并題參。○十七年定:裁山東運米脚價,令民間赴水次交倉。○二十三年恩詔:將山東運米脚價復給。○三十四年諭:江西所屬州縣,多處山陬。百姓自願貼費,將漕米運至水次。著聽民貼運,從前已經支給者,俱免追賠。○三十五年覆准:河南漕糧,原在衛輝兑運。因路遠河淺,改於小灘受兑,支給盤剥銀兩。今小灘採買數多,商牙勒索增價,本地之米,反致壅積。仍改於衛輝水次兑運。○三十七年覆准:河南漕米,自衛輝府運送,山河崎嶇,仍改小灘兑運。○三十八年覆准:仍復衛輝水次兑運。○四十九年覆准:嗣後,漕糧在水次交兑上船之時,糧道監兑官,務必眼同照數兑足上船。抵淮時,總漕親身嚴行盤查。過淮後,沿河文武各官,嚴行速催出境,毋致盜賣。如不嚴催出境,致有弁丁盜賣情弊,將該地方各官交與該部嚴加議處。○五十年覆准:州縣水次兑米,令糧道親歷稽查,務須正耗米如數兑足。如有折乾情弊,將州縣、運官照私自改折例革職,米石照數追賠,監兑官降二級調用,糧道降二級留任。○又覆准:漕糧須糧道同監兑官親督到淮。一有短少,即行審明題參,留旗丁兄弟子姪一人,交與監兑官購買趕幇交足,押運官出具甘結呈報。如押運官揑具印結,以通同情弊治罪。○五十一年議准:監兑官務令坐守水次,將正耗行月搭運等米,逐船兑足,親押到淮盤驗。○五十八年覆准:

開、歸等五府一州，離水次道遠，定爲折徵，交官採買，於衛輝交兑。河北之彰德、衛輝、懷慶三府及陽武、原武、封邱三縣，與水次相近，改收本色，亦於衛輝交兑。〇雍正元年議准：嗣後，該督飭令各幇務於冬兑冬開。如州、縣、衛、所等官，船到無米、有米無船，以致開兑遲延，照例處分。該管上司徇庇，不行查察，以致誤漕，該督撫指名題參。〇又諭："朕自臨御以來，勤求民瘼，事無鉅細，必延訪體察，務期利民。而於徵收錢糧，尤爲留意，惟恐閭閻滋擾，此念時切於懷。如江西省産漕各州縣，運糧到省，又自省倉搬上軍船，故有脚耗、扒夫、修倉、鋪墊等項，編載《全書》，歷來支給已久。自康熙二十三年，部中誤駁不准支給，行令追還。嗣後一例駁追，究無完解。至三十四年，聖祖仁皇帝特頒諭旨，將從前已經支給者，俱免追賠，恩至渥也。至康熙三十八年，部議又以脚耗與扒夫等項，分晰未清，仍令扣追。不知脚耗乃貼運之總名，扒夫等項，乃支給之細數，其實一事，非兩項也。自康熙三十八年，至今已二十餘年，應追銀五十一萬餘兩、米六十一萬餘石。積累既多，究無完解，追比日久，官民俱受其累，朕知之甚悉。著將從前積欠，盡免追賠。嗣後，准其支給，以副朕加惠黎元，體恤有司之意。"〇二年覆准：湖南向例七月開徵，及運赴岳州水次，每多遲至正月以後。嗣後，務於十一月内運貯岳倉。如遲至十二月中旬到者，照過十二月兑開例議處；過十二月到者，照過二月兑開例議處。如州縣漕米、運軍船隻俱到水次，監兑領運、廳、弁交兑稽遲，致過十二月者，亦即照過二月兑開例議處。如能依限過淮，該督撫據實題明開復。〇又覆准：開、歸等處，辦買漕米十五萬餘石。查衛輝至小灘，經濬、滑、内黄、大名四縣。今分地分船，米多之地，多撥受兑船隻；米少之地，少撥受兑船隻。各衛幫船，到所撥之處交兑。〇又覆准：令總漕嚴飭監兑官，驗明實米足額，眼同州縣官交兑軍船。如有專覔巧手做斛飛色走盪等弊，即行嚴拏治罪。如旗丁不肯受兑，額外勒索，亦將旗丁嚴拏治罪。監兑領押等官徇縱者，總漕題參，交部議處。〇五年覆准：漕運船隻，無論土著協運，皆就向年原兑府屬，止調本府各邑水次，定以三年一調，杜其久戀情熟盗賣鑽營之弊。

〔程限〕

江北各州縣漕糧，限十二月過淮。江寧蘇松等府，限正月内過淮。浙江、江西、湖廣，限二月内過淮。山東、河南，限正月内全數開幇。又，江北，限四月初一日到通。江南，限五月初一日到通。浙江、江西、湖廣，限六月初一日到通。山東、河南，限三月初一日到通。

順治十二年議准:過淮違限一月以上,督撫罰俸三個月,糧道、監兑官罰俸六個月;違限二月者,督撫罰俸六個月,糧道監兑官罰俸一年;遲至三月以上,督撫住俸,帶罪督催,俟糧船抵通,交明開復,糧道等官降一級調用。領運官,如兑糧及期、過淮違限十日者,總漕嚴挐綑打二十;違限一月者,綑打四十,革職帶罪督催,俟全完開復。若過淮及時,抵通遲誤者,河漕二督及沿河大小文武各官,亦照督撫遲誤過淮例處分。○十三年覆准:漕糧到通違限,一二月者,領運官罰俸半年;三四月者,罰俸一年;五六月者,降職一級。外委者,倉督分别違限日期責治。部推千總,無級可降,兵部酌量議處。○十四年覆准:重運過淮,前後幫船,互相輓運,水火不測,互相策應。坐視不救,一併議處。○又覆准:令糧道遵行伍長保甲之法,糧船魚貫聯絡。遇淺過溜,五船各相援助,併力牽挽。折乾盜賣,亦互相覺察。○十七年覆准:運官白糧由閘雖皆全完,如過淮違限者,不准議叙。○又覆准:押運廳官過淮抵通違限者,照糧道例處分。○康熙元年覆准:漕糧過淮後,總漕將各幫盤足米數、過淮日期及押運廳官職名,預咨倉督及巡倉御史查考。其廳官押運抵通後,將過淮以北路程、入境出境、某官催趲,計日揭送倉督及巡倉。其天津南北沿河道官,五日揭送倉督,互相磨對。如有時日不符,停泊盜賣,以致欠糧者,按地指名參究。○十年題准:黄河決口,漕船阻淺,於原限外寬限一月過淮。○又覆准:蘇、松等府,採買秈米,往返需時,并鎮江回空漕船凍阻,再寬限一月過淮。○十四年題准:浙江回空運船,裝送大兵,并載柳交卸,不能依限到次,准寬限一月過淮。○又題准:蘇、松等府,收穫時陰雨愆期,回空裝柳,到次遲滯,准寬限一月兑行過淮。○十七年議准:重運赴北,務在限内驅令出境。如限半日而違限一時,以至限十二日而違限兩日者,專催官罰俸一年,督催官罰俸半年。如限半日而違限三時,以至原限十二日而違限四日者,專催官降一級調用,督催官罰俸一年。違限之期與限期相等者,專催官降二級調用,督備官降一級調用。如違限逾於限期者,專催官革職,督催官降二級調用。押運之官自受兑以至交倉,曾於一二處逾限者,罰俸半年;三四處者,罰俸一年;五六處者,降一級調用;七八處者,降二級調用;十處以上,革職。其回空漕船違限,沿河文武并隨幫官,俱照此議處。隨幫百總旗頭,曾逾限一次者,笞五十;二次,杖六十;三次,杖七十。逾限多者,每一次遞加一等,罪止杖一百徒三年。該督應參不參,照催糧違限官例,一同議處。○二十年覆准:漕糧關係重大,恐回京大兵争先放閘。嗣後,兵船隨漕船起放，毋致誤運。○二十一年論：“漕糧關係國儲，理應早登倉庾。向因經管各官及旗丁人等怠玩遷延，每致遲誤，故嚴定處分之例，以警積玩。但定例過嚴，期限迫促，經管文武大小各官及旗丁人等，不無苦累。户部會同吏、兵二部，將見行之例，再加詳酌定議。務期不誤漕運，不病官民，寬嚴適中，永可遵守，以副朕軫恤之至意。”遵旨議定：將十七年議行例停止，仍照舊例遵行。○三十四年覆准：嗣後，漕、白二糧，令漕臣將過淮船糧數目造册，繕摺進呈。○三十五年覆准：豫省輝、安、河内三縣，農務在於每年三四月，漕船全數抵臨之期，在於五月，應於五月初一日爲始，封板塞渠。如該管官員陽奉陰違，不封板塞渠，以致漕船阻滯者，將經管官降一級調用，該管官罰俸一年。該撫不行查參，罰俸六個月。○四十一年議准：漕船各幫，兑竣開行，時值隆冬，嚴寒水涸，以致過淮違限，歷受參處。今各展限一月。江北，例於十二月過淮，今改正月内過淮；江南，例於正月過淮，今改二月内過淮；江西、浙江、湖廣，例於二月過淮，今改三月内過淮。若過淮遲延，違限一月以上者，比舊例加倍處分，將督撫罰俸六個月，糧道監兑官罰俸一年；違限二月，督撫罰俸一年，糧道監兑官降一級；遲至三月以上者，督撫俱降一級，帶罪督催，俟糧船抵通，交明開復，糧道監兑等官各降二級調用。仍嚴催照依定限抵通，於三月内完糧。如違限，將押運領運各官，比舊例加倍處分，違限不及一月者，罰俸六個月；一月以上者，罰俸一年；二月以上者，降一級；三月以上者，降一級調用。○五十一年議准：過淮違限一二月者，仍照舊例處分外，其違限二月以上或七十日者，該督撫俱降一級，帶罪督催，俟糧船抵通，交明開復，糧道監兑等官降二級調用；違限八九十日，督撫俱降二級留任，糧道監兑等官，降三級調用。○五十二年題准：江南糧船回空到次，糧道督令星夜修理完竣，於歲内兑開，依舊限正月過淮。如逾限，該撫將遲延兑開之州縣、運弁，彙入題報開幫疏内參處。如該撫督催不力，聽漕臣於過淮案内列參。○五十四年議准：每年漕船至臨清、德州等處，河水淺阻，耽延時日。嗣後，交與山東巡撫，揀派所屬司道官員，自濟寧隨押督催。遇淺，照例刨挖，催出山東地界，將出界日期奏報。如催趲不力，以致遲誤，照例題參。○五十七年覆准：淮限一寬，弁丁不無稽延。江、廣、浙省幫船，仍照原限二月以内過淮。江北糧船，照舊例十二月以内過淮。江南漕船，仍照原題正月以内過淮。如有過淮違限者，仍照舊例處分，停其加倍處分。○雍正元年論：“糧運關係國儲，必須遄行無阻，始得及早抵通。自揚州至通州，河道多有淤淺,糧船起剥,每至耽延,以至回空凍阻,并誤新漕。著該督嚴飭坐糧廳,查看河道有淤淺處,作速挑濬深通,毋使阻滯,并知會天津總兵官,用心催赶。且天津一帶地方,向有販賣私鹽等弊,糧船不許停泊,火速儹行,直抵通州。至抵通後,速行起卸交倉,毋得需索勒掯,苦累軍丁。朕去年親自閲倉,知漕糧過壩,一晝夜可五萬袋,可見交卸甚易。倉場總督等加意督催,務使空船早得回南,新漕亦可毋誤。漕運一事,朕親身閲歷,纖悉洞知。倘不盡心料理,或因勒索致有遲延,責無所諉。”〇二年諭:糧艘關係甚重,務須及時抵通。豫省向因漕米截留,並不留心,河道漸致淤淺。今糧船逾限未至。此係地方官責任,必須刨挖深通,使舟行無阻,早到早回,不誤抵次。再,南糧大米幫船,亦爲遲滯,至今未過臨清。河南、山東巡撫并沿河鎮道等官,皆有催儹之責,當協力儹行,務令速得抵通,將來回空之船,方不致誤冬兑。〇三年諭:“入三月來,山東雨澤稍缺,恐運河淺涸,糧艘北來,不免阻滯。目今京師雨澤霑足,若山東一帶亦得如此雨澤,河水自可暢流。總漕、總河、直隸總督、山東巡撫,可即星速轉飭沿河文武官弁協力催儹漕船,勿致留滯生事。今年有新换水手之糧船,倘借稱新充不能撑駕,希圖延挨時日,該管官查明,即嚴拏治罪,並將押運官員題參,毋得隱縱。”

〔完糧期限〕

各省漕船到通後,俱限三個月内完糧。

順治十三年覆准:官丁完糧完呈,專任坐糧廳并各倉監督印發。如有以欠作完者,罪坐出給官。〇康熙八年題准:各衛所糧船凍阻天津,漕糧收受進倉,非本年内全完,至隔年始行運完。其押運通判并糧道等官,不准議叙。〇十一年覆准:完糧在原限三月之外,違限不及一月者,領運官罰俸三個月;一月以上者,罰俸六個月;二月以上者,罰俸一年;三月以上者,降一級留任。〇三十九年覆准:各省糧船,於各限内運到石壩、土壩,以運到之日爲始,限十日内起完,將空船照例發回。如逾限守凍,將坐糧廳監督等革職。

〔優恤運丁〕

軍丁輓運,優恤歲有常額。額内或裁或減,額外賞給借給,裒多益寡,因時制宜。

順治十年覆准:江南隨漕耗贈,每百石加銀五兩、米五石,久經遵行,不得額外多索。〇又覆准:清查贍軍田地,歸給原丁,以便出運,不許衛豪侵占。其班軍操軍既裁，額徵班操田糧，量貼運軍。其任城衛並無贍軍地畝，每船給贍軍銀十兩，在屯糧内撥給。〇十二年覆准：浙江漕兑正米，每百石，加篩揚濕潤米九石八斗、盤運銀二十兩，名爲截留。其耗米内起運二斗五升，亦照正米例徵截。其餘耗米，不得溷徵。〇又覆准：簟夫、葦把、紙劄、羨餘、小封，并防欠水脚、行糧、月糧八項，向係扣留抵銷漕欠。今定，水脚、行、月及剥船小封，俱令全給。其完糧運官簟夫、葦把、紙劄、羨餘錢糧，查明剋期給發，以勵勞弁。〇十三年覆准：稽核運官完欠，分别應給應扣，在南，總漕核算，在北，倉督會同巡倉，各造册具題。〇又覆准：浙江運丁，按屯田畝數，配給領運船隻。至無運衛所及無屯田不願領運者，不得妄行僉派。〇十四年覆准：應給運丁簟羨等銀，務查本丁上年全完無欠，方准給發。别幇别丁，不得溷冒。〇十五年覆准：扣留簟羨等銀，照餘米例，查抵舊欠，以三年爲止。仍有餘銀，照數給還，以勵完糧。〇又覆准：蘇、松、常、鎮四府，於漕米每百石加贈銀五兩、米五石外，再加銀五兩。〇十七年覆准：簟羨銀兩，務期運官親到，查明糧米完欠。應給者，唱名給散本人，不得給以空照。如有買照代領情弊，即指名題參。〇康熙三年覆准：交倉餘米，如該幇有欠，扣留十分之七，以抵掛欠。如該幇全完，照數給還。〇四年覆准：九江衛額造漕船，將通衛屯田，照股分授軍丁領造，按年挨序僉派。〇九年覆准：各省隨漕截費銀米，刊列由單，漕糧項下徵給。〇又覆准：湖廣復行起運，仍照《全書》，每石贈米二斗。〇十年覆准：湖廣運軍，止給行月，不准給安家贍田。〇又覆准：江寧等府起運耗米，與正糧一體貼贈。〇又覆准：浙江漕米，每百石，徵貼截銀三十四兩七錢。〇十五年定：舊例羨餘，除掛欠外，照抵通船算。浙江、江西、湖廣，每船給銀四兩；江南，每船給銀二兩；山東、河南，每船給銀一兩。今將浙江、江西、湖廣每船裁減二兩，江南裁減一兩，以充兵餉。舊例簟夫，除抵欠外，照石土二壩起米算，每米一石給銀一分，今裁減五釐。紙劄，定例照衛所分算，每幇給銀二兩，今令全裁。〇十七年定：將蘇、松等四府加贈五兩裁減。〇二十年諭："積貯爲國家大計。歲運漕米，充實京倉，最爲緊要。旗丁人等，輓運勤勞，宜加存恤。朕頃巡行近畿，至通惠河一帶，見南來漕艘，旗甲人丁，資用艱難，生計窘迫，深爲可憫。若不預爲籌畫，恐有苦累難支，以致沿途遲滯，貽誤倉儲，所關非細。前以軍需浩繁，漕運額設錢糧，節行裁減。今作何酌復欵項，詳議具奏。"遵旨議定：將耗贈銀米，照舊支給。浙江所裁贈銀八兩，亦行復給。〇又議准：各省每幇，仍給紙劄銀二兩。江南、浙江、江西、湖廣,每石給篙夫銀一分。江南,每船仍給羨餘銀二兩。浙江、江西、湖廣,每船仍給羨餘銀四兩。其漕贈,蘇松等府,每百石給銀十兩、米五石;浙江,每百石給銀二十兩;江西,每百石給銀三兩、米十六石;湖廣,每百石給米二十石;山東、河南,每百石給銀五兩、米五石。○又,本年漕船凍阻,奉旨:旗丁俱係南方貧苦之人,難受北地寒冷,甚屬可憫。作何不致凍餒之處,著户部議奏。遵旨議定:將通濟庫銀兩借給,仍令總漕將應給漕贈銀兩,照數扣解補還原項。○又定:江蘇各府耗米,俱不准給贈。○二十四年覆准:隨漕贈截銀兩,免解道庫,竟令州縣給發。○二十六年覆准:漕運抵通起米無欠,定例,坐糧廳給發篙羨等項銀兩。今太平等幇船,截留西運,涉黄河之險,更甚於運河。各丁不能遠赴通州,應於漕項下就近支給。○又覆准:湖北截留漕米十萬石,漕船業已開行,以原船原米轉運荆州。其行月銀兩,免其追還。○三十一年覆准:將漕截銀停其支給。○三十五年題准:江淮、興武二衛漕船,凍阻不能回南。動支通濟庫銀兩,每船給銀二十兩,速催回次。仍令總漕於漕贈銀内扣解還項。○三十六年題准:各幫完糧之丁餘剩米石,扣抵該幫别丁舊欠,則運官旗丁將餘米沿途花費,亦未可定。嗣後仍照舊例,該丁如有舊欠,准其扣抵;若無舊欠,給發本丁。○四十四年覆准:浙省漕糧,每石給漕截銀三錢四分七釐,原係里民津貼旗丁,以資長途運費。自康熙四十三年爲始,無分正耗,照例一槩支給。○又覆准:江南運丁,向例,每石給米五升、銀五分,仍照舊給與。○四十六年諭:"朕屢次視河南巡,凡所過地方,遇有各省漕船,務加詢問,備悉其長途輸輓之事。看其每船額糧數百石,全責成於旗丁。旗丁重運,遠涉江河,經行數千里,方始抵通,身家性命攸關,其責更鉅。且又交兑入倉,設有糧數欠少,則處分追賠,定例甚嚴。既有示懲處分之例,則不可無勸賞之典。今如各營兵丁内,有人材壯健,勉力報効,拔補將領者甚多。旗丁中有歷運四五十年者,累歲積勞奉公,若不定議叙之例,則希榮無階,衆丁何所鼓勵?嗣後,凡有領運照數全完者,應行總漕獎賞。若於額定糧數之外有多交者,計其米數并領運次數議叙,授以職銜。庶各幫運丁,皆踴躍自効,而不肖之徒侵蝕虧損之弊,可以漸止。此朕破格優恤旗丁,裨益漕務之至意。"遵旨議定:嗣後,各省領運旗丁,限内過淮抵通,照數全完者,令總漕賞給花紅。如抵通交糧於額糧之外,有領運三年、陸續多交米至一百石者,倉場咨部註册;運六年、多交米至二百石者,給以九品頂帶榮身。如有旗丁運米二十年,雖無多交米石，並無掛欠及過犯事故，倉塲查明咨部，亦給與九品頂帶榮身。〇五十年題准：江西副米，停其支給。〇五十一年覆准：江西仍照舊例支給副米一斗三升，從前已給之副米，免其扣追。〇六十一年十一月覆准：漕船回空凍阻，旗丁盤費無措。暫動東省藩庫錢糧，每船借給八兩。於六十一年各該糧道應給旗丁月糧内坐扣，移解東省還項。〇又題准：到淮各幇漕船，因雇募民船，諸費浩繁，所領行月錢糧，已經用盡。借給河庫銀兩，作民船口糧水脚之用。江安漕船，每船借銀五十兩；蘇松漕白船，每船借銀四十兩；江西漕船，每船借銀三十兩；浙江漕白船，每船借銀五十兩，俱於次年旗丁應領行月等項錢糧内扣還。〇雍正元年詔：各省運糧旗丁，急公効力，宜沛恩澤。後到之船，寒冬守凍，尤可軫念。各省旗丁作何恩恤，其糧石全完無掛欠虧缺者，應作何加恩，倉塲查明議奏。遵旨議准：各省完糧各丁并守凍完糧丁船，每船，正丁一名，賞給銀二兩。〇又覆准：山東張秋、臨清一帶地方，浙江、江西、江南等省幫船旗丁頭舵人等，守凍不能放空回次，酌量支藩庫銀四千兩，每船給銀六兩。〇二年諭："朕惟漕運，關係甚大，經費本無不敷。運丁恣行不法，皆由官弁剝削所致。如開兑之時，糧道發給錢糧，任意扣尅；而僉丁之都司、監兑之通判，又多誅求；及至開行沿途，武弁借催趲爲名，百計需索；又過淮盤查私貨，徒資擾累，究屬無益。運丁浮費既多，力不能支，因而盗賣漕糧、偷竊爲非，無所不至矣。嗣後，各省糧道給發錢糧，不許扣尅分釐；沿途武弁，不許借端需索；運丁除包攬抗違外，所帶些須貨物，亦無庸苛刻盤查。至江浙船政同知，經管修造糧船，侵漁尤甚。此官於漕政毫無裨益，著即裁去。户部行文各督撫，不時查察，如有仍前需索等弊，立即指參，從重治罪。庶運丁漸有起色，自必保守身家，凜遵約束。禁官弁之侵削，即所以戢旗丁之刁悍也。"〇又覆准：隨漕銀兩，嗣後，起運之日，該衛守備出具印領，交與本衛千總，加具戳記，赴道投遞。該道即照應領額數給發，仍取具該衛並無預借印結，申送總漕查核。如有預借扣尅情弊，總漕查明題參，交與該部，照誤漕例嚴加議處。

〔漂燬勘失〕

江、洋、黄河漂流，爲大患。勘實具題，准與豁免。如未經題報，即於本丁名下追賠。不足，將本幇餘米、篷、蓆等銀扣抵足數。裏河漂流，爲小患，不准豁免。若二百石以上，總漕該撫查明具題，准免晒颺，仍令補充。凡應運納京倉糧米，如漂流十石，減除一百石，改納通倉，每石省脚米一斗,以補缺額。如漂流一百二十石,免晒一千石,每石省晒折米五升并耗米七升,以補缺額。如數多抵補不敷,扣除該幇羨餘銀兩。該幇不足,將該衛該總羨餘扣除,務足原數。

順治八年議准:地方官,經過漕船,全無漂燬者,註上考;實係漂燬者,註中考;通同揑報者,註下考。〇十二年覆准:漕船火燬,各弁丁按律究擬,照數追賠漕糧,補造船隻。〇十四年覆准:糧船漂燬,憑該糧道勘報,倉漕等衙門核實補充,不得止以衛弁呈結爲據。〇又覆准:改兑漕糧漂流,舊無充補之例。今定,照正兑米,除進倉每石耗米八升三合六勺零及原備晒颺米每石八升六合三勺零抵補不足,將羨餘扣除足數,凡補充米石,查明買補全完者,免其議罰。〇康熙二十一年覆准:漕船漂流,定例,總漕止取文官并運官印結。嗣後,如遇漂流,沿途催趲各官及汛地文武官,親臨確勘,各具保結並運官結狀。該督撫確查具題,照例豁免。若運糧官丁揑報漂没,及故將船放失,并損失不多乘機侵盜,至六百石者,擬斬;不及六百石者,發邊衛永遠充軍,照數賠糧。催趲各官不親臨確勘,遽出保結者,革職。該督撫不嚴查確實,遽行題豁,後至詐冒事發者,降二級調用。〇又題准:押運官員巡查不謹,以致失火燒燬漕船者,降一級調用。地方官不行協救,延燒别船者,罰俸一年。〇又議准:官員凡遇漕船沉溺,不將情由申報者,降一級調用。〇又議准:嗣後,大江、淮、河漂没搶救者,將所搶米石,灑帶各船運送,其漂没米石,准其豁免。若坐視不救者,該督題參之日,從重治罪。〇二十六年議准:漕船失風沉溺,船未抵通。而所兑之糧搭運到通全完者,行月錢糧免追。令坐糧廳查明,呈報户部,停其行查總漕。〇又題准:瓜洲舊設望樓,置立旗杆。風平,則高張旗幟,爲渡江之標準。今年久坍廢,令於高阜處,仍立旗杆,擇善測風信者,專司其事。〇又題准:京口、瓜洲相對,渡江之處,彈壓經理,專責江鎮道董率地方文武各官。遇有江浙重運一到,當風平静浪之時,亟令過渡。若遇狂風巨浪,飭令稍待,不使前行。如有汛弁員役勒索情弊,察出,將道官一并題參。至瓜洲一面,波濤尤險。責令京口左路總兵官,照沿江沿河鎮將例,一體催護。漕艘過江,該鎮躬親巡視江干。若遇大風一起,督令標弁兵丁操舟預備。倘有江心船隻難以近岸收口者,設法盡力挽救。并造渡生船十隻,分泊兩岸,漕船遭風,並出互救。平日亦令稽查汛弁,不得需索運丁,亦不得縱容逗留。〇又覆准:渡生船,設善水頭舵十名。每名,月給工食銀一兩,止給冬春三個月工食。漕船過盡,聽其載渡商民。過往船隻遇遭風患，一體協救。其所需工食、修葺銀兩，於六升米折項下存剩銀内支銷。〇三十九年，江南武進、無錫二縣漕船，因決口水溜，由湖越口，遭風壞船一十九隻。奉旨：漕船因運河難走，從湖中遶行，以致遭風，船壞米沉。著照大江黄河船壞米沉例，免其賠補。〇四十二年，宿州衛二幇漕船二十一隻，在洪澤湖失風。奉旨：洪澤湖水勢，更甚於大江、黄河。失風漂没船糧，從寬豁免。此後，洪澤湖有失風漂没船糧，亦照大江黄河漂没之例議奏。〇五十四年，泗州等幇旗丁漕船一十二隻，在通州張家灣等處遭風漂没。奉旨：今歲北河水發，風大溜急，以致船壞米沉。著照大江黄河之例，免其賠補。〇雍正元年覆准：漕船在内河失風，押運官弁，照失於防範例，罰俸一年。〇五年覆准：沿途專催督催各官，嗣後，倘有不顧風色水勢，催趲前進，在内河致有疎虞，將地方官與押運官弁，均照失於防範例議處。俟風息水平，仍須立刻催趲出境。如有揑稱風水未便，停泊逗遛者，該地方官員及押運官弁，均照揑報兑開例，降二級調用。

大清會典卷之四十二

户部

〔漕運三〕

〔漕船〕

原額漕船，一萬一百七十隻。江寧等衛，一千六百一十六隻。安徽等衛，四百八十三隻。盧、鳳等衛，二千七百八十八隻。蘇、松等衛，六百四十八隻。浙江，一千九百九十九隻，又協運船四十一隻。江西，一千三隻。湖廣，八百二十六隻。山東，七百二十七隻。通、津等衛，三十九隻。内抽運白糧船，江南，三百隻；浙江，一百隻。歷年漕船，或遇陞科增造，或遇永折灰石、減荒及裁併、灑帶缺額，歲無定數。

康熙十一年，見運船七千九百六十四隻八分。江南，四千四百三十二隻八分。浙江，一千三百五十隻。江西，一千三隻。湖廣，四百七十三隻。山東，六百六十七隻。通津協運河南，三十九隻。

康熙二十四年，見運船六千五十一隻。江南，三千四十五隻，又協運江西一百六十五隻。浙江，一千一百九十二隻。江西，七百四隻。湖廣，三百一十五隻。山東，六百三十隻。

雍正三年，各省見存漕白船數共七千一百一十九隻。江南，三千七百五十四隻。湖廣，四百一十隻。河南，四百五十一隻。江西，七百八隻。浙江，一千八十九隻。山東，七百七隻。

〔歲造補造〕

每年照見運船隻，修理十分之一，名爲歲造。其陞科積缺漂没者，名爲補造。十年限滿，方准改造。江寧省衛，原赴淮安清江廠，後改江寧龍江廠修造，今俱令運丁領銀自造。安、徽、松、鎮等衛，原係運丁領銀，於本地設廠修造；蘇、太、鎮海三衛，於蘇州廠修造；廬、鳳、淮、揚等衛，於淮安清江廠修造，今俱令運丁領銀自造。山東各衛，於淮安山東廠修造，今俱令運丁領銀，於本地自造。浙江各衛，於仁和、錢塘二廠修造。江西各衛，於本地設廠修造。湖廣各衛，於武昌、漢陽二廠修造。應給銀兩，各衛官丁於回空過淮時，按年造報，總漕批給。

江南通省漕船，每隻原給料價銀二百八十三兩二錢七分零，後給銀一百七十七兩一錢五分零，今給銀二百八兩七錢七分三釐。康熙二十六年，題定。

浙江漕船，每隻原給料價銀二百八十三兩二錢七分零，後給銀一百七十七兩一錢五分零，今給銀二百八兩七錢七分三釐。

江西漕船，每隻原給料價銀二百八十三兩二錢七分零，後給銀一百七十七兩一錢五分零，今給銀二百八兩七錢七分三釐。

湖廣漕船，每隻原給料價銀二百五十兩，後給銀一百七十七兩一錢五分零，今給銀二百八兩七錢七分三釐。

山東漕船，料價銀照江南淮安廠給發。

通州所、天津衛協運河南船隻，不支領料價。每船於三年後，每年給修艌銀二十兩九錢七分，在通濟庫支領。

順治三年覆准：漕船先造一隻爲式，估定價值，准動關税蘆課銀修造。〇八年覆准：各衛補造漕船需用錢糧，查各省有應扣永折行月、荒折行月及六升餘米扣存者，通行清解淮庫，以供修造。〇十年覆准：漕船每十年一改造，歷限不足者，舊例，照年賠銀，今議定加賠。每船料價銀二百八十三兩二錢七分三釐零，經運一年者，舊賠銀一百一十兩四分二釐零，今追賠銀二百五十四兩九錢四分五釐零；二年者，舊賠銀九十七兩八錢一分五釐零，今追賠銀二百二十六兩六錢一分八釐零；三年者，舊賠銀八十五兩五錢八分八釐零，今追賠銀一百九十八兩二錢九分一釐；四年者，舊賠銀七十三兩三錢六分一釐四毫，今追賠銀一百六十九兩九錢六分三釐零；五年者，舊加罰銀十五兩，今追賠銀四十六兩四錢七分八釐零；六年者，舊加罰銀十五兩，今追賠銀四十一兩四錢一分三釐；七年者，舊加罰銀十兩，今追賠銀二十八兩七分三釐零；八年者，舊加罰銀十兩，今追賠銀二十六兩四錢九分八釐；九年、十年者，照舊例免賠。〇十三年題准：貼備造船銀兩，江寧各衛屯米，每石協濟銀三分，黃快船，每丁協濟銀五分。官舍餘丁編爲三則，上則納銀五錢，中則三錢，下則二錢，審定造册徵收解廠。安慶衛以屯田均配上下兩運，公同貼造。新安、宣州二衛，按屯田編徵貼造。

建陽衛，於屯丁銀内加徵貼造。盧、鳳、淮、揚、滁、徐等衛，蘇、太等衛所及山東各衛，俱按清出丁舍編徵貼造。浙江，按清出閒丁，每丁徵銀四錢；江西，每丁徵銀二錢五分；湖廣，每丁徵銀二錢，以供貼造。若船多銀少，儘數均攤。○十四年覆准：漕船例有軍三民七，軍三，即運丁屯月二糧。民七，即淺船料價。并減存行月錢糧，專供修造。今仍於額設銀兩内撥給。○十七年題准：江淮、興武二衛料價銀，每隻減四十八兩五錢。○康熙四年覆准：淮廠改造、補造漕船，總漕親身查驗，果不堪再運者，方許改補。如有剩料，留充下年歲造之用。○又覆准：造船運丁，不僉不解，責在該府、廳、衛、所；解丁不造，責在糧道、造船同知，該督撫指名題參。○又覆准：江南應協濟江西漕船銀兩，限江安粮道每年十月内完解。○六年覆准：漕船每隻載米四百石，糧道等官親臨船廠，依式成造。○七年題准：漕船改造、管造之官，親加驗明。如内有可加修再運一二年者，即量給加修銀兩，仍令載運，照年扣算。倘有可用舊船不行驗明，該督撫查出題參。○十一年題准：漕船不足，應運該管官不早爲僉丁補造，又不設處僱募以竣運者，降一級調用；經管造船玩誤者，罰俸一年。○又題准：衛所官解送漕剥船隻遲誤朽爛者，罰俸一年。○又題准：江淮、興武二衛料價銀，每隻減十兩四錢，其不足年分追賠銀，照例遞減扣算。○十四年議准：官員奉委修造漕船，或謊報朽爛，或修造未竣捏報已完，或朽爛船隻册報掩飾者，俱降二級調用。如承造漕船，推諉不行監造，或檄催日久不完者，俱降一級調用；該管官督催不力者，罰俸一年。如朽爛船隻，不估價申報者，亦罰俸一年。○又覆准：漕船有額給料價，清出餘丁銀兩，停其支給。○十五年議准：山東漕船赴淮成造，每一船，支給月糧五石。○十七年題准：漕船載米，不得過四百石，入水不得過六捺。六寸爲捺。空船，以四捺爲度，依式成造。○又題准：江南、山東衛所，減料價銀七十四兩五錢零；江淮、興武二衛，減十五兩六錢；浙江，減二十二兩二錢四分零。○十八年議准：應造船隻，預行咨部核定，方准成造。如未奉文之先，私給銀成造者，即將該管官指參。○十九年題准：歲造漕船内，清江、龍江二廠，係船政同知督造，所用料價錢糧，工部核銷；江南、浙江、江西、湖廣等處，係各糧道令運丁領造，其料價及按年修艌銀兩，户部核銷。今工部題差司官督造清江廠漕船，酌定工價。其江南等處新造船隻，照例銷算。○又題准：江南、山東，減料價銀三十一兩六錢一分零。浙江，減三十九兩五錢四分零；江西，減四十二兩九錢零；湖廣，減七十二兩八錢四分零。○二十一年覆准：令總漕及各督撫嚴檄糧道等官,糧船務須依式成造。如有違式,即行指參。〇二十二年題准:各省康熙十九年所裁料價銀,俱行復給。〇又議准:遣官往各省監造船隻,每船實用料價銀一百七十七兩一錢五分。嗣後造船,俱照此例。〇二十四年覆准:江浙漕船幫次,各令附近歸併。中幫船少者,併二爲一;小幫船尤少者,併三爲一。〇二十六年覆准:歲修銀兩,各省多寡不同。今酌中畫一,通漕一例。每年出運一船,給修費銀七兩五錢。〇又覆准:每年漕船,照見運船數,按年加一成造。〇又覆准:新改式船小載重,量加寬大,仍復給原定價二百八兩零。其不足年限追賠,照例扣算。〇二十八年覆准:廬、鳳等衛船隻,向在清江、江寧二廠内打造。嗣後,改歸各旗丁,領銀自造。〇三十二年覆准:太平、寧國二府,截留漕米三修銀兩,已供修船之用。將下運修艌銀兩,停其支給。〇三十三年覆准:仍設清江、江寧二廠,修造漕船。〇三十四年題准:浙江添設船政同知一員。〇雍正元年議准:江、興二衛歲修漕船,除支給料價銀外,其鑽夫底料銀兩,永行停給。〇二年覆准:漕船到次,糧道即行給發三修銀兩,令該船旗丁立刻修艌堅固,候兑新漕。該丁或有事故,即著該船舵工修艌。如有修艌稽遲,至誤開兑、過淮期限者,總漕題參。若該丁虚領錢糧,並不修艌,總漕於過淮時察出,即將糧道、監兑、押運衛守備等官題參議處。修艌銀兩,仍著落該丁賠補。〇又議准:湖廣、江西漕艘,遠歷長江,應令造船以十丈爲率,短不過九丈。其寬深丈尺酌量合式,船底務須寬平。該督飭令兩省糧道,照式成造。如有私放寬大者,該督即將糧道題參。給發料價銀兩,仍照定例。〇又議准:船政同知,已經奉旨裁汰。江寧、清江、浙江廠造之船,令各糧道經管。其山東漕船,則歸山東糧道經管,俱給料價,令旗丁自造。至船式料價,悉照康熙二十六年題定之例。

〔協運〕

康熙二十七年覆准:江西省本年漕糧四十九萬五千三百九十餘石。本省缺船,將江南減存漕船,暫撥協運江西漕糧一年。〇二十九年覆准:河南應用漕船共四百五十九隻,將山東各衛現存船二百一十隻、通州、天津二衛所船三十九隻協運。〇又覆准:長淮、徐州二衛,協運河南漕糧。〇三十年議准:江西每年撥江南船協濟。嗣後,該撫停止每年題請,將江南減存船内,撥給江西七十八隻,永行運糧。〇三十三年覆准:將江南漕船,停其協運江西。

凡灑帶,順治十八年覆准:浙江缺船,漕米灑帶見運船隻,每船例給負重銀四十八兩。江西漕船加載糧米,每石給銀一錢六分五釐。○康熙元年覆准:補解一項,欠三四百石者,許搭新運。糧道先取運官願搭甘結,發縣稽查。五百石以上,不許搭運。○五年題准:江西加載米石,每石給銀一錢六分五釐。○八年定:河南灑帶米石,其行月糧,照例支給。○十四年題准:江南漕船,抽運白糧。其應運之米,分灑餘船帶運,每石給負重銀五分。○二十年議准:江淮等衛,帶運上年災糧,每石給銀五分。○二十五年覆准:浙江缺船灑帶米石,不得按船支給負重銀。照江南例,每石給銀五分。○三十四年覆准:嗣後,陸科米石過多,停其灑帶。總漕將陸科米數,預先題明,撥給船隻。○四十七年覆准:湖廣四十六年漕米,截留江寧四萬五千石平糶。於秋收後,動司庫銀兩購買楚米,補償原數。即於湖南起運漕船内,分爲兩年,搭運赴通。○雍正二年議准:凡有掛欠漕糧,必以本色交兑搭運。於過淮之日,即將正米并搭運米石盤查驗數,方許開行北上。如有麥、豆、雜糧等項,抵充漕欠搭解,或過淮之後小船赶送者,總漕查明題參,交與該部嚴加議處。○五年覆准:東省雍正三年緩徵漕糧,于四年帶運。照江南搭運之例,每米一石給負重銀五分。

凡僱募,順治二年覆准:糧船缺額,僱募堅固民船裹運。倘有掛欠,但追運官,不得扳累船户。○十年定:糧艘凍阻,許僱募民船,不得短價强僱。○又覆准:僱募民船,每糧百石,定給水脚銀三十五兩,照進倉船糧,扣除掛欠銷算。查明解糧印册,果係僱募,方准開銷。如有隱匿見船,希圖支領及僱少開多者,參究。○十一年詔:漕船缺額,准動輕齎銀兩,令運官自僱。不許重派地畝,擅拿民船。○十二年議准:地方所僱漕船,即大兵經臨,不許封捉。○康熙四年議准:江西僱船裝運,每石給銀四錢。○六年覆准:江西漕糧僱運京口,每石水脚銀一錢二分。○二十年覆准:浙江漕船凍阻,僱募民船兑運至淮,交與運丁。每石水脚銀一錢。○二十一年覆准:浙省船復凍阻,派地方官二分、旗丁五分僱民船,長運抵通。○二十九年覆准:河南缺船,暫行僱募起運,仍將節省行月錢糧并潤耗銀米扣除解部。○四十五年覆准:江西漕船凍阻,僱募民船,每石給僱價一錢二分、食米四升。○五十一年覆准:抵通遲延之船,不能依限兑運。查明該省減存船隻,依限兑運開行。如無減存船隻,即在本省漕船内搭運。倘無搭運之船,即行捐輸僱船,依限兑運。其遲滯船隻,來年開凍之時,沿河文武官員星夜飛催,迎淮受兑北上。如不行設法僱船,依限兑運,即將該糧道監兑等官題參。如遲滯船隻不能迎淮受兑,即將沿河催趲回空之文武各官參處。○六十一年覆准：六十年分漕糧，因回空凍阻，令各衞募民船，依限兑開，迎船换載。如民船抵淮，守候漕船修艌，恐耽延時日，遲悮重運。將民船加添船户水脚，長運抵通。回空漕船，留搭下運。如有遲誤，即行題參。○又覆准：今歲傭募民船，非往年可比，暫准越幫行走。○雍正元年議准：令各省督撫，將回空各船，速催抵次，即速裝運漕糧過淮，務於限内作速抵通。若有凍阻不能抵次者，照例傭募民船，即令長運抵通。雖在途相遇回空船，亦不必迎船换載。○二年諭：聞今春丹陽、常州等地方，漕船沿途遇淺，槩拿商船起剥，且借名需索，貪暴公行。得賄者，雖空船亦行釋放，不遂其欲者，抑勒當差。有將貨物行李抛棄河干，紛紛露積，或爲風雨所損傷，或爲盜賊所窺伺。該管漕運文武官弁漫無約束，毫不經心。小民營販資生，何以堪此擾害！江南總督、巡撫、總漕係地方大吏，皆當實心體恤，稽察周詳。奉諭之後，若再用起剥，當各嚴飭所屬官弁，申明約束，不得仍蹈前轍。○三年議准：令倉場轉飭坐糧廳，遇漕船起剥之時，於空載民船齊集之處，令旗丁照時價出銀傭剥，領封貼船，毋許彼此抑勒，亦毋得濫捉商船。如有此等情弊，倉場將司剥之官題參，丁役船户，一併責治。

〔盤查〕

舊例，漕船每隻，許帶土宜六十石。順治八年題准：運丁所帶土宜，凡遇關津巡攔員役及護漕兵丁，不許指稱報税，稽留搜搶，致滋延緩。○十五年覆准：漕米過淮，盤驗明白，並無攙雜。如弁丁私行攙和，藉口狡飾，倉場官將原米變價充賠。其掛欠者，嚴行追比，仍題參重處。○十七年題准：總漕倉場，於漕船過淮抵通日，盤查貨物。自六十石外，盡追入官，弁丁治罪。○康熙二年題准：糧船經由儀徵、瓜洲、淮安、濟寧、天津五處，地方官嚴加盤詰。如有夾帶私貨，呈報督撫題參。若徇情容過，事發，降一級調用。如水次附載貨物，沿途包買，運官通同奸商附載者，糧道不行嚴禁，罰俸一年；監兑押運等官，降一級調用。○又覆准：運丁包攬客貨，私載船上，運官、幫官嚴加稽查，許於司漕衙門據實出首免罪。如隱匿不報，定係受贓賣法，一經查出，運官、幫官加倍究擬，運丁照例治罪。其奸商希圖漏税附載者，交與刑部，照律治罪。○又覆准：各丁夾帶私貨，水次雖經禁戢，沿途不無包買。專責押運通判，通幫前後不時稽察。如有犯者，立刻申報題參，照例議處。○五年題准：運官縱容運丁私攬客貨者，革職，俟交糧完日提審。若自帶貨物者，革職。帶私鹽者，降一級調用。○九年題准:停免天津盤查,一應重運糧船,各鈔關不許借端稽留盤查。〇十一年題准:停免瓜洲儀徵盤查。〇又題准:運官自攬客貨,與私載己貨,裝運私鹽者,俱革職。運丁私攬客貨,私載己貨,裝運私鹽者,運官降一級調用。〇十五年題准:淮安濟寧地方官,失查糧船夾帶者,罰俸一年。〇二十一年議准:凡糧船經由地方,自水次至淮安,總漕同淮揚道盤詰一次;至濟寧,總河同濟寧道盤詰一次。如有夾帶私貨,該地方官不行確查,徇情容隱,或旁人告發,或後經查出,將前失於覺察之官罰俸一年。〇二十二年議准:回空船隻,量許攬載貨物家口以濟運丁,毋得違限到次。〇四十一年題准:私錢禁令甚嚴,京城週圍仍有用者,皆由別省買來,偷載運糧船内,帶至京城發賣。行令有漕各省督撫,嚴檄各該管官,於糧船開幫時,確查放行。再,各省糧船過淮時,總漕亦確查放行。如不確查,被別省官員拿獲,將總漕及該管督、撫、糧道、押運等官,交部嚴加議處。〇五十八年覆准:湖廣、江西二省漕船起運後,令總漕該督撫飭各糧道於上流漢口、吴城、集貨馬頭,親身嚴查,仍嚴飭押運等弁。如有違例多載私貨及帶木筏過關者,將貨物照例入官,該管糧道運弁,一併題參治罪。〇雍正二年議准:各船裝載漕糧,正耗之外,有隨漕之米,以供長途飯食,而水手工食銀兩,又往往買米入船,赴北發賣。原係另包存貯,與漕糧各別。乃有奸丁水次折收,正米虧缺。到淮之日每借包米湊數盤驗。本船不足,又賃別船包米,巧爲遮飾。過淮之後,水手之米,仍歸水手,別船之米,仍歸別船。其盤查雖足,而正數仍虧。嗣後,糧船過淮時,總漕按數查驗。如正數有虧,將別項米石湊抵補數者,總漕即將此米印記,作爲正米運通,不得復歸水手別船,仍將該幫領押官弁題参,嚴拿治罪。〇又諭:漕船回空夾帶私鹽,固宜嚴禁。但仍照例在運河口内地方,派官搜查。查出私鹽,必究明根窩埸竈,照例治罪。若船至大江,不可攔阻搜查,致生事端,有誤漕運。〇三年諭:"天庾積粟,漕運最爲緊要。而通商裕國,關税亦應留心。朕上年因恐糧船遲滯,曾有旨:船至大江,不可攔阻搜查,致生事端,有誤漕運。今聞,諸糧船有於兑糧起運之後,即多包攬貨物;回空時,又行夾帶私鹽。此皆由其所經過馬頭停泊裝卸,地方官不行嚴查也。至於窮丁裝帶些須貨物,情尚可恕。如私鹽,乃大干法紀之事。况斷無沿途零買零賣之事,必有一定之處。其裝卸亦必非俄頃半日可辦,必須二三日乃能。若該地方官果實力稽查,自然弊絶。其如何稽查,如何勸懲,必使裕國通漕兩得其宜,並行不悖。著總漕、安徽巡撫會同虚公,詳議具奏。至糧船中聞有帶火砲鳥鎗火藥者，伊等皆係合幫結隊而行，不畏盜賊，火砲鳥鎗，安所用之？著通行嚴禁。該管地方官，若虛應故事，陽奉陰違，一經察出，決不輕貸。”遵旨議定：嗣後，糧船販賣私鹽，地方之兼轄官，降一級，罰俸一年；押空之運官，照徇庇例，降三級調用，該幫隨幫革退。如有倚恃糧船，任意販載私鹽，不服盤查，闖關及鬧，持械傷人，押運等官明係知情故縱，將押運等官革職；隨幫，責四十板，革退。押運官弁，於一年内，該幫無犯私鹽者，紀録一次。弁丁兑糧之後，准帶土宜六十石。此外，如有夾帶并包攬商貨木筏者，弁丁、商人俱照漏税律治罪。産貨馬頭地方官，不行驅趲，任其停泊，包攬裝載，與糧道等官一併題參議處，貨物入官。再，糧船帶火砲鳥鎗者，查得，本犯，照私藏鳥鎗例，責四十板；糧道、衛守備、運弁失察，照失察銃砲鳥鎗例，分别議處。

〔回空〕

順治四年覆准：完糧後，運官查明船數，管押南旋。如有遺棄，責令賠補。倉督給回空照票，關津驗放。沿途各官，逐程催赶南下。俟空船回南，管押官赴糧道，投繳原票。違者，照依單例降罰。〇五年覆准：每年重運過畢，通惠河分司，責令回空官丁，開列姓名船數，投司詳定期限給單。押至天津，投天津道轉單。至濟寧，總河查驗換牌註限。至淮安，總漕查驗。責令沿河文武各官嚴催，不許時刻停留。〇七年覆准：運船交卸後，即照數交密雲道，自通州起，押到天津，天津道督押出境，武德、東昌各道督押至淮安，呈明總漕，至江寧，呈明兩江總督，至杭州，呈明浙閩總督。各該道逐程督押，交割該管衙門，接濟新運。遲誤者，該道及原領官丁議處。〇十二年覆准：沿河督撫鎮道等官，遇回空糧船入境，照坐糧廳編號船數，分汛督催，將出境入境日期，報部查核。〇十五年覆准：漕船回空，抛棄河干，地方官并押船官丁議處，船隻著管押官丁賠補。〇十六年題准：回空漕船，後船已過，前船未到及逗遛脱幫者，押回官參處。〇又覆准：漕船回空到淮，令押空官先期投驗限單，查該幫原過淮船若干，差官點驗。如有缺少，即按法治罪，仍押發該糧道，嚴拿棄船逃丁追賠，從重究擬。其山東、河南不過淮者，專責糧道稽核。〇康熙元年覆准：押空官如有棄船由陸路先回者，沿河督撫指參重處。〇又覆准：回空船私攬商貨，沿河貿易者，許沿途官盤詰禁止。如不遵抗違，該地方官申報總漕，嚴究題參。如地方官容隱不禁，該督撫查明參處。〇十一年議准：回空漕船，赴次遲延者，隨幫外委官責逐。〇二十年覆准：令漕河各督撫，嚴檄鎮道等官,親往河干,將各省回空糧船,無分晝夜,嚴行催回,以副冬兑春開之限。○三十四年覆准:嗣後,漕船回空,令通判管押。如有不遵,從陸路回省者,即照差遣官員枉道例處分。其回空船隻過淮,亦照題定限期。如有違誤,照重運過淮違限之例處分。並令沿途官員嚴飭運丁,不許逗遛,借端生事,將堅固漕艘私自换賣。○五十一年覆准:嗣後,凡抵通遲延之船,令倉塲勒限交糧回空。○五十二年覆准:回空漕白糧船,倉塲所給回空限單内,將州縣經過界址,照原定限日刊入單内。令沿河州縣註明入境出境日時,至淮申繳漕臣察驗。其催趲之責,在天津及淮安北河文武官弁。到淮之後,漕臣另給抵次限單,亦令沿河州縣註明入境出境日時。各船抵次之限,總不得出十一月,將限單申繳巡撫衙門查驗。其催趲之責,在淮揚及蘇松南河文武官弁。○又諭:今年漕船,較之往年,過淮既早,兼之河水甚好,沿途無所遲滯,其抵通自早於往年矣。再,向年俱於九月底,卸完米石回空。今過淮到通,無所遲滯,務必催趲,俾八月内卸完。空船早到水次兑米,即得起運,則明年更可早到於今年,庶於漕務大有裨益。○六十一年覆准:糧船額設副丁一名,令其管駕。嗣後副丁,務令跟隨重運過淮抵通。交糧完日,押運官同隨幫官逐名查點,令其管押頭舵水手回空。通判所押尾幫糧船起卸完日,坐糧廳即將批回印發,呈送户部查驗,令其押空南回。如通判、隨幫副丁托故逗遛,不親管押回空,將通判並隨幫人等,照規避例議處。坐糧廳勒措批回,不行印發投驗,該通判呈報倉塲,將坐糧廳照抑勒遲延例,題参議處。○又議准:漕船因上年回空凍阻,以致今歲遲滯。將先抵通者,隨到隨收。在後漕船,自天津以上桃花口楊村等處起卸,陸續運通。其空船即催回南,毋致凍阻。○雍正元年覆准:嗣後無欠運弁,倉塲轉飭坐糧廳,立給限單,限一月到淮投驗。如逾限,照規避例咨革。如果因公稽留在通,坐糧廳詳明倉塲,移知總漕。其起交無欠、勒限到淮各弁,坐糧廳陸續移知各道查考。

〔考成〕

凡催徵漕糧完欠,順治十三年題准:經徵漕糧,州、縣、衛、所官,未完不及一分者,免議;一分以上者,罰俸六個月;二分以上者,住俸;三分以上者,降二級;四分以上者,降三級;五分以上者,革職。俱帶罪督催,完日開復。参後違限不完者,加倍議處。如應罰俸者,住俸;應住俸者,降二級;應降二級者,降四級;應降三級者,革職。仍帶罪督催,完日開復。應革職帶罪者,實降二級調用。署印官,照署徐、淮等倉錢糧官例處分。○十八年覆准:行、月、經費、雜項錢糧,向無考成則例,今照正項錢糧原定例處分。○康熙二年題准:隨漕行、月、輕齎各項錢糧,俱在地畆銀米内支辦,不必各作分數,應總作十分。州、縣、衛所官,欠不及一分者,停陞、罰俸一年;欠一分者,降一級;欠二分者,降二級;欠三分者,降三級;欠四分者,降四級,俱帶罪徵收。欠五分以上者,俱革職。知府、糧道,欠不及一分者,停陞、罰俸六個月;欠一分者,罰俸一年;欠二分者,降一級;欠三分者,降二級;欠四分者,降三級;欠五分者,降四級,俱帶罪督催。欠六分以上者,俱革職。巡撫,欠一二分者,罰俸三個月;三分者,罰俸六個月;四分者,罰俸一年;五分者,降俸一級;六分者,降俸二級;七分者,降職一級;八分者,降職二級,俱帶罪督催,完日開復。凡本年内接徵、接催之官,或一官經管,或數官經管,總計十分,不必各作十分,仍照經徵經催官例處分。署印官,欠不及一分者,罰俸三個月;欠一分者,罰俸六個月;欠二分者,罰俸九個月;欠三分者,罰俸一年;欠四五分者,降一級調用;欠六七分者,降二級調用;欠八分以上者,革職。不及一月者,免議。參後,州、縣、衛、所官,限一年;糧道、知府,限一年半;巡撫,限二年。其年限内不完者,不復作分數,照原參分數處分。如州、縣、衛、所官限内不完,原欠不及一分者,降一級調用;原欠一分者,降三級調用;原欠二分者,降四級調用;原欠三分者,降五級調用;原欠四分以上者,革職。巡撫、糧道、知府限内不完,原欠不及一分者,降一級,仍帶罪督催。其餘俱照州縣例處分。至限年錢糧,接徵、接催之官,俱并前官,總作十分,以到任日爲始,限半年催完。如不能完,題參之日,照初次分數例處分。凡各官催徵,本年内全完者,紀録二次;三年連次全完者,加一級;未經催完,因他事離任者,俱罰俸一年。○九年題准:漕項錢糧接管之官,照康熙二年地丁錢糧例考成。○十年題准:各省漕糧,督催糧道、知府等官,欠一分者,罰俸三個月;欠二分者,罰俸六個月;欠三分者,住俸;欠四分者,降二級;欠五分者,降三級;欠六分以上者,革職。俱帶罪督催,完日開後;參後違限不完者,加倍議處。應罰俸三個月者,罰俸六個月,應罰俸六個月者,住俸,應住俸者,降二級,應降二級者,降四級,應降三級者,革職。俱帶罪督催,完日開復。應革職帶罪者,實降二級調用。欠不及一分者,免議。○十四年覆准:漕糧改折銀兩,與隨漕項下錢糧,各作分數題參。○又題准:隨漕錢糧,原參各官既限一年,接徵、接催之官止限半年,限期太迫。今定,接徵州縣等官,亦限一年;接催糧道、知府、直隸知州,限一年半,接催巡撫,限二年。如仍不完,照初參例議處。○又議准:隨漕錢糧,州、縣、衞、所官,原欠不及一分,年限内不完者,降一級留任,再限一年,帶罪催完。如又不完,照所降一級調用。若年限内不完,原欠一分者,降三級調用;原欠二分者,降四級調用;原欠三分者,降五級調用;原欠四分以上者,革職。巡撫、糧道、知府等官,年限内不完,原欠不及一分者,降一級,帶罪督催;其餘,俱照州縣等官例處分。○三十三年覆准:隨漕輕齎、行、月等項錢糧,舊例,隔年奏銷。各官因畏考成,捏造全完,希圖將新補舊。嗣後,著照地丁錢糧考成,於次年奏銷。○三十四年題准:凡有分數錢糧,俱將接徵、接催官員已完分數扣除,照現在分數處分。○三十五年覆准:隨漕銀兩,若照地丁之例,於次年奏銷,七個月内,即行處分,有司勢必嚴比累民。仍照舊例隔年奏銷。○四十四年題准:江南蘇、松、常、鎮四府屬,賦稅繁重。州縣官經徵每年地丁漕項錢糧,於奏銷時,完至九分以上,而接徵未完舊欠錢糧,於年限復參降級調用者,改爲降級留任,再限一年催徵。如仍不完,照所降之級調用。至四府督催各官,亦照此例議處。○雍正四年覆准:嗣後,僉派收書徵收糧米,務令遴選老成殷實之人充當。如僉派匪人,以致侵蝕漕糧者,題參審究確實,按其米數,照監守自盜律治罪;僉派之州縣,照溺職例治罪。侵蝕米石,即於户役名下嚴行追補。再,各州縣收糧交兑外,倘有贏餘,令該撫及糧道,就近臨時到倉,盤驗斛面,計兑交之外,應有餘米若干,計算明白,存爲修倉賑濟之需,每歲底將存貯動用數目造册報部。仍令該撫不時查察,如有扶同徇隱,及各州縣或借名私加斛面累民者,即指名題參。○五年覆准:浙省各屬,額徵南秋等米,解貯省倉,支給官兵俸餉,向入地丁奏報,並未另有處分,是以各官任意拖延。自五年爲始,另爲一本題銷,將已未完分數,照漕白糧處分,巡撫仍照地丁例督催。

凡運納漕糧完欠,順治四年覆准:漕糧掛欠,千石以上,送刑部;千石以下,發該糧道嚴追擬罪。○五年覆准:漕糧掛欠,不分多寡,俱發糧道追比,將行月耗米抵補,餘欠追完。○六年題准:運官擇殷實才幹者,加千總銜,押運漕糧,一年無欠,實授千總;二年無欠,加署守備;三年無欠,實授守備;五年無欠,加都司僉書。如有掛欠,加等治罪追賠。○又覆准:運官領運漕糧,防範不周,以致虧折米石,雖續買交完,仍照疎忽例議處。○七年覆准:選委運官,專責糧道。僉補運丁,專責清軍廳。如有盗賣包攬,掛欠一二分者,罰俸三個月;三四分者,罰俸六個月;五六分者,罰俸一年,停其陞轉;七八分者,降職一級;九十分者,降職二級。運官欠者,責在糧道;

運丁欠者，責在清軍廳，賠補十分之二。○又題准：官丁掛欠漕糧，即遇赦，亦不准豁免，仍行究追。○又覆准：官丁欠糧，產無可變者，即依律擬罪，不得聽其株扳。○八年題准：運官，一運全完，委用守備、千、百總，俱准實授；二運全完，各加銜一級；三運全完，各實陞授一級。○又題准：漕糧掛欠二三分者，總漕、巡撫、糧道，住俸督催，完日開復；欠四五分者，各降一級留任，督催完日開復；欠六七分者，各降二級調用。若一年糧運全完，總漕以通漕論，巡撫、糧道以本屬論，加陞二級。官丁，掛欠一二三分者，發總漕追比；四五分者，交刑部監禁，行本處變產充賠；六七分者，刑部監比，家產妻孥變賠；八九分者，本犯官丁立斬，仍將家產妻孥變賠。○十年覆准：糧道運務未畢，俱停陞轉。統計該管漕糧全完者，陞二級。一運欠一分者，罰俸一年；再運欠一分者，降一級調用。一運欠二分者，降二級調用；欠三分者，革職。如前官遇有事故，後官接管在未開幫以前者，前官免議，後官照例陞降。在開幫以後接管者，後官完十分，陞一級；欠一分，罰俸六個月；欠二分，降一級調用；欠三分，降二級調用；欠四分，革職。前官酌量另議。○又議准：漕糧掛欠，坐糧廳審究，係某處折乾盜賣，申詳倉場總督，將該管官一併治罪。其欠多官丁，分別枷示。○十二年覆准：運官，掛欠一分者，見任守千降級發追，完日還職，不完革職；欠二分者，革職發追，完日免罪，不完徒一年；欠三分者，革職發追，完日免罪，不完徒三年；欠四分者，責四十發追，完日免罪，不完發附近衛所充軍；欠五分者，責六十發追，完日仍杖一百，不完發邊遠衛所充軍；欠六分者，責八十發追，完日徒一年，不完絞；欠七分者，責一百發追，完日徒三年，不完斬；欠八九十分者，立斬，籍没家產妻孥抵償。如不足，令原僉報各官代賠。○又覆准：官欠追官，旗欠追旗。如旗丁欠糧，從本旗名下究追，仍照官欠分數行法。每年發淮追比之時，分别欠數，嚴審明確，官旗一體嚴追，變賣充賠欠多者，一體行法。其未發淮者，坐糧廳審明官丁欠數，分别嚴追。如有奸旗侵糧脱逃者，報明户部，行總漕衙門，提究追擬。運弁包攬賣放灑帶代運者，一併查明重處。○十三年覆准：欠糧各弁，在通追比，定限一年，歲底題明。有未完者，發南追比，亦限一年，總漕歲底造册題明。仍有未完，變產賠補，送刑部擬罪。○十四年覆准：運官糧米全完，有别事詿誤者，如非貪贓失守、大計、隱匿逃人之罪，酌議分别，以爲鼓勵。○十五年覆准：官旗納剩餘米，如本丁有舊欠數多而餘米少者，通行扣留；餘米多而欠數少者，扣完，悉令照出。本衛有欠，每十石扣留三石，亦扣完即止。但昔未定年限,今官旗到通,掛欠一年,即發南追,在南亦限一年追完,不完即變産攤賠,則餘米餘銀應以三年爲止。如十五年有餘,則查至十二年;十六年有餘,則查至十三年,以後挨年遞減。至於新餘簹羡等銀,亦應照餘米扣抵,三年而止。若扣外仍有餘米、餘銀,照數給發領出,以鼓完糧。〇十七年題准:江、安、蘇、松、浙江、江西糧道糧多,全完者,加陞一級。山東、河南糧道糧少,全完者,紀録一次;未完者,照十年例,各省糧道一例處分。接管官,在開幫以後全完者,紀録一次,未完者,亦照十年例處分。漕儲道,計通漕全完者,加陞二級;接管官,在開幫以後全完者,加陞一級;未完者,照糧道例議處。押運通判,全完者,紀録一次;欠一分者,罰俸六個月;欠二分者,降一級調用;欠三分者,降二級調用;欠四分者,革職。巡撫照糧道例,總督照漕道例議處。〇又覆准:糧雖全完,而本色蓆、木、板片未完者,亦不准議叙。〇又覆准:領運官,除銷算買補及隨幫帶運全完者不議叙外,江南、浙江、江西糧多路遠,部推守、千、百總,全完者,每運加銜一級。外委運官,一運全完者,紀録一次;二運全完者,准實授;三運全完者,加銜一級。山東、河南糧少路近,部推守、千、百總一運全完,紀録一次,二運全完,紀録二次,三運全完,加銜一級。外委運官,一運全完,倉督從優獎賞;二運全完,紀録一次;三運全完,准予實授。〇康熙元年覆准:搭解舊欠米石,復有掛欠,倉場開列分數題參,照例處分,掛欠米石照追。〇二年題准:巡撫等官,參後限滿逾期,該撫將自欠原參分數,暨糧道等官分數,不行查參,察出,照原參分數,加等治罪。〇又題准:署印各官未完錢糧,俱照署印官分數議處,不必停其陞轉。〇三年題准:追比運官掛欠漕糧,州縣官初參欠,不及一分者,停陞;欠一分者,罰俸六個月;欠二分者,罰俸一年;欠三分者,降俸一級;欠四分者,降俸二級;欠五分者,降職一級;欠六分者,降職二級;欠七分者,降職三級;欠八分者,降職四級,俱帶罪督催,完日開復。欠九十分者,革職。布政使、糧道、知府、直隸知州初參,欠不及一分者,停陞;欠一分者,罰俸三個月;欠二分者,罰俸六個月;欠三分者,罰俸一年;欠四分者,降俸一級;欠五分者,降俸二級;欠六分者,降職一級;欠七分者,降職二級;欠八分者,降職三級;欠九分者,降職四級,俱帶罪督催,完日開復。欠十分者,革職。總漕、巡撫初參,欠不及一分者,停陞;欠一二分者,罰俸三個月;欠三分者,罰俸六個月;欠四分者,罰俸一年;欠五分者,降俸一級;欠六分者,降俸二級;欠七分者,降職一級;欠八分以上者,降職二級,俱帶罪督催,完日開復。署印官初參,欠不及一分者，停陞；欠一二分者，罰俸三個月；欠三四分者，罰俸六個月；欠五六分者，罰俸九個月；欠七八分者，罰俸一年；欠九十分者，降一級調用。署印不及一月者，免議。參後，州縣官，限一年内全完。如一年内不完，原欠不及一分者，罰俸一年；原欠一二分者，降三級調用；原欠三四分者，降四級調用；原欠五六分者，降五級調用；原欠七分以上者，革職。布政使、糧道、知府、直隸知州限一年半全完。如限内不完，照州縣官例處分。總漕、巡撫，限二年全完。如限内不完，原欠不及一分者，罰俸一年；欠一二分者，降二級調用；欠三四分者，降三級調用；欠五六分者，降四級調用；欠七八分者，降五級調用；欠九十分者，革職。其接徵、接催各官，以到任日爲始，限半年催完。如不完，照初參分數例處分。〇又題准：江西漕糧，節年多有掛欠。舊例，該幫有欠，三七扣留。今以該省各丁，應照出之餘米借扣，以補本省各丁之欠。補完有餘者，仍令照給。其借抵餘米價值，移咨該撫追償各丁。〇八年定：停止總漕議敍。〇又定：漕船依限過淮，米石催趲進倉，係倉場職掌。應將本年起運到通，除帶運米石不算外，其扣收舊欠餘米，算入正運數内，總作十分。完至九分八釐者，照常考核；完至九分九釐以上者，紀録一次。比及三年，全完至九分八九釐並十分全完者，加一級；十分之内，欠五釐以上至一分者，罰俸一年；三年一連欠五釐以上至一分者，降一級，帶罪督催。〇九年覆准：湖廣漕糧，仍舊起運，照山東例考成。〇十一年題准：衞所裁外委百總名色，改爲隨幫官。江南、浙江、江西、湖廣隨運三次，山東、河南隨運四次，給千總劄，再隨運二次，以衞千總推用。〇十四年題准：追比拖欠漕糧署印官，欠不及一分者，免其停陞。〇又題准：追比拖欠漕糧原參各官，既限一年，接徵、接催之官，止限半年，爲期太迫。今定，接徵州縣等官，亦限一年；接催司、道、府、直隸州官，限一年半；接催總漕、巡撫，限二年。如仍不完，照初參例議處。〇二十年覆准：運官欠糧，追比病故，著落欠丁追完報部。〇二十一年議准：運官掛欠漕糧，未完不及一分者，停陞。〇又議准：運官領運，漕糧過壩短少者，革職，交與倉場總督追比。若全完者，還職。〇三十四年覆准：康熙二十八年至三十二年，太倉等衞運官掛欠漕米，并本年沿途失風船隻缺少米石，將本省本幫餘剩耗米扣收、抵完全欠，令倉場扣收報部。其在通留比弁丁，通行發回。轉行該道，著落欠糧弁丁，補還原主。如有未完，將承追各官，仍照比掛欠例處分。〇四十三年覆准：糧船抵通掛欠，除押運廳官，督押通省船糧，鞭長莫及，仍照舊例議處外，其運弁督押幫船，是其專責,應嚴定處分。今以通幫糧米計算,如有掛欠不及一分者,責二十,革職,留通追比一年。如年限内不完,發南追比。追完,還職免罪。不完,杖一百,革職。欠一分者,責三十,革職,留通追比一年。如年限内不完,發南追比。追完,免罪。不完,杖一百,徒一年。欠二分者,責四十,革職,留通追比一年。如年限内不完,發南追比。追完,免罪。不完,杖一百,徒三年。欠三分者,責六十,革職,留通追比一年。如年限内不完,發南追比。追完,免罪。不完,發附近衛所充軍。欠四分者,責八十,革職,留通追比一年。如年限内不完,發南追比。追完,仍杖一百。不完,發邊遠充軍。欠五分者,責一百,革職,留通追比一年。如年限内不完,發南追比。追完,仍徒一年。不完者,絞。欠六分以上者,斬,仍照例籍其家產妻子抵償。如不足,令原僉衙門各官代賠。至旗丁駕運一船,即以一船糧米計算。如有掛欠不及一分者,責二十,革運,留通追比一年。如年限内不完,發南追比。追完,免罪。不完,杖一百。欠一分者,責三十,革運,留通追比一年。如年限内不完,發南追比。追完,免罪。不完,杖一百,徒一年。欠二分者,責四十,革運,留通追比一年。如年限内不完,發南追比。追完,免罪。不完,杖一百,徒三年。欠三分者,責六十,革運,留通追比一年。如年限内不完,發南追比。追完,免罪。不完,發附近衛所充軍。欠四分者,責八十,革運,留通追比一年。如年限内不完,發南追比。追完,仍杖一百。不完,發邊遠衛所充軍。欠五分者,責一百,革運,留通追比一年。如年限内不完,發南追比。追完,仍徒一年。不完者,絞。欠六分以上者,斬,仍照例籍其家產妻子抵償。如不足,令原僉衛、所、糧道、監兑、州、縣各官代賠。再,失風漕船,如有虧欠,事出天災,仍照舊例不作分數計算。至船糧起交足額之外,原有餘米,聽其回空之時,沿途糶賣。○四十五年覆准:各丁每年抵通,多有掛欠。嗣後,耗、贈、漕截等項銀米,暫存糧道倉庫内,俟回空時,倉場查明行文到日,按其掛欠數目扣抵。倘有不足,將行糧一並扣抵。如交納無欠,照數支給。將前項扣抵米石附搭運通,銀兩買米搭運。○四十九年議准:運官欠四分以下者,照例加一等議處,令其賠完。五分,擬立絞。六分,擬立斬。○又覆准:漕糧運通,甚屬緊要。今漕糧掛欠,由糧道監督,押運等官不親詣水次,眼同兑足,又糧船過淮,總漕不嚴行盤查,以致弁丁受兑之時,任意折銀,或沿途盜賣。嗣後,將掛欠不及一分至六分之弁丁,照例分别治罪。其總漕糧道等官,亦照例按所欠米石分數議處,并將所欠漕糧,算作十分分賠。總漕半分,糧道一分，監兑官半分，總押運官半分，運官一分半，僉丁衛所官半分，旗丁五分半分賠，令其照例於限内賠完。如不完，交與該部議處。○又覆准：掛欠漕米，原無總漕糧道分賠之例，既令分賠，其米石全完者，亦應加倍議叙。定例内，山東、河南、湖廣三省漕糧數少，經管糧道，十分全完者，紀録一次，今改爲加一級；江南、浙江、江西三省漕糧數多，經管糧道，十分全完者，加一級，今改爲加二級。至總漕，於康熙八年停止議叙。今既令其分賠掛欠，各省漕糧十分全完者，仍將總漕照例加二級。○五十一年覆准：押運同知、通判抵通，如一次無欠者，加一級；二次無欠者，加二級；三次無欠者，不論俸滿即陞。一次掛欠者，降一級留任；二次掛欠者，降二級留任；三次掛欠者，降三級調用，仍照例將所欠之米分賠。○五十四年覆准：倉糧關係緊要，弁丁免其留通追比。自五十四年起，交糧掛欠旗丁，倉場拏交運官，即行發南，照四十九年九卿議定之例計算，作爲十分分賠。總漕糧道各官，如限内不完，交與該部嚴加議處。弁丁分賠米石，限内不完，將弁丁照例治罪，承追之官議處。仍將弁丁不能賠補米石，著落總漕糧道等官賠補，限次年附搭運通。如次年不行搭運，照例題參。○雍正元年諭："漕糧自康熙三十八年至五十年止掛欠者，盡行寬免。五十年至五十八年止掛欠者，暫停併追。五十九、六十、六十一三年掛欠者，如果幾年之内，能一齊賠還，朕亦施恩寬免。如仍延挨，不肯竭力，將新舊一併嚴追。"○又覆准：押運千總，如一運全完，加銜一次；二運全完，加銜二次；如能三運全完，毫無事故者，從優議叙即陞。其江浙每年積欠之幫，仍照舊例，二運全完，准其即陞。至於運弁不職怠惰者，令該督據實查明咨參。○又議准：漕糧兑完，有餘剩之米，顆粒不許出倉，本衛本丁有欠，准其抵欠。有情願賣與别幫抵欠者，亦准於本倉賣抵。如再有餘剩，令該監督報明倉場，加具印結咨部，差官將坐糧廳及各倉所得茶果銀兩，照數按丁唱名給發。每石稉米給銀七錢、梭米六錢、粟米五錢。如監督積有盈餘，計功議叙。○二年題准：五十九、六十、六十一三年掛欠旗丁，每年每船，以所裝米石，作爲十分計算。欠一分者，限一年追完搭運；欠二分者，限二年追完搭運；欠三分者，限三年追完搭運。其掛欠三分以上者，再寬限二年完搭。倘限内延挨，不竭力完搭，將該弁丁嚴拏，新舊併追。仍將弁丁從重治罪，糧道、衛備、指參，聽部議處。

大清會典卷之四十三

户部

〔漕運四〕

〔雜禁〕

國初定:監兑漕糧未完捏報兑完,漕船未開捏報開行者,各降二級調用。〇又定:收兑漕糧,攙和糠粞砂土,及私自改折漕糧者,該管官俱革職,監兑官降一級調用。其抵通交兑漕糧,有糠粞砂土者,押運官革職,糧道降一級調用。如無糠粞砂土,經收官抑勒不收者,降二級調用。〇又定:河漕總督,專管督率運糧。如各官不預行挑淺疏通,以致糧艘遲誤者,該督題參議處。如回空船隻,該督不行力催,又不題參各官者,降二級留任。〇又定:官員不速催趲漕船及無故容先後越幇者,各罰俸九個月。該管官漕船入境日期不查明轉報者,罰俸六個月。〇又定:官員解送舊斛遲延及損失者,罰俸六個月。〇又定:監兑官任蠹惡包攬,横行水次,侵蝕漕糧者,降二級調用。或旗丁生事,不能禁止者,該管官降一級調用。〇又定:運官領運赴北,運竣南旋,托故回籍者,照規避例,革職。〇又定:旗丁沿途盜賣漕糧,押運官不能查出,降一級調用。〇又定:押運官不候交完漕糧,未經掣批,私自回任者,罰俸一年。〇又定:運船立纛豎旗、吹樂張號者,管運官員,罰俸一年。〇順治三年覆准:漕糧無論官、儒、民、户,一體督催,及時入廒候兑。不得堆貯私家,逼令官丁赴兑,違者治罪。〇五年覆准:運官赴次交兑,屢催始到者,革職,帶罪交糧,完日開復。〇又議准:文武官不得擅受領運官丁詞訟,違者指參。〇七年覆准:漕兑積弊四欵,一科派常例,一濫差滋擾,一苛勒贈耗,一交兑留難,通行勒石禁革。〇十年覆准:嚴禁盤放糧船私債,許官旗自首,照私放官債例,加等治罪。

○又覆准：漕糧徵收，責在州縣；監兑，責在推官，康熙六年，推官俱裁，責成同知通判。查驗管押，責在糧道。其餘道府各官，不得借驗糧名色苛索，如違題參。○又覆准：漕米依限收完，即給票歸農，官兑軍收。不許點充倉頭，私派耗贈，勒碑永禁，仍取具州縣遵依。○又覆准：漕糧盤剥，俱有額設銀兩，嚴禁私拿貨船。○十二年覆准：監兑官事竣，將有無需索等弊，具結該督撫存驗。如運弁至通掛欠，果有需索費用，事有指實者，許開報倉督，移文總漕嚴鞫提追。○十三年覆准：交兑漕糧，如有州縣蠹役，包攬侵蝕，扳累百姓，將州縣官嚴參重處。其侵糧等役，立行監追，籍其家産妻孥賠償，仍治以重罪。○十四年覆准：沿河督、撫、鎮、道等官，遇有生事弁丁，照營兵鼓譟例，先從重處治，一面題請發刑部究擬，刊榜曉示。○又覆准：防汛官兵，如汛地内有漕船盗賣，事發，一并治罪。○十五年覆准：官收官兑，軍民不許相見，有陽奉陰違，查參重處。運丁鼓譟，有司能捍禦者，上司據實題叙。巡察密訪各屬倉蠍巨蠹及各衙門常例、弁丁淋尖、踢斛、割單等弊，題參重處。○又覆准：總漕及各撫按衙門，不許旗丁子弟謀充書承，本官失察，一并參處。○又覆准：運官領運漕船，全單開載定數，中途灑帶歸併，到通船少，冒支行月、水脚、銀米，嚴追完日，仍從重處分。○又覆准：州縣拖欠，該管監兑、糧道等官，祗當嚴檄飛催，不得差役更番迭至，恣其勒索。違者，該督指參。○又覆准：糧道等衙門，借名盤驗，多帶人役需索，該管官一并坐罪。○十六年覆准：積年幇蠹，專以放債爲生，勒寫行、月、錢糧聽其支領，又借名使費，侵扣多端，并取官糧准折。責成糧道，加意訪拿，以除漕害。○十七年覆准：總漕各撫按，於兑糧時採訪。如有糧道取索州縣、州縣攤派糧里、胥役苛索運弁、科斂旗丁等弊，即行參究。○康熙元年諭：糧船經由漕河，領運官丁恪遵條約，依期抵通，方爲供職無罪。乃有等頑奸官役，不守成法，多有夾帶私販貨物，隱藏犯法人口，倚恃勢力，行兇害人；借名阻礙河道，毆打平人；托言搜尋失物，搶劫民船；且有盗賣漕糧，故致船壞，貽累地方。種種奸惡，難以枚舉，藐法病民，莫此爲甚！以後如有仍前作弊違禁，肆行無忌者，督漕各官並該地方官，一有見聞，即行參奏，務將官丁嚴提，治以重罪。若知而徇情不奏，督漕各官及地方官，亦從重治罪。○四年覆准：漕船僉造之年，如有衛所官，勒索軍民幇貼者，該督撫指名題參。○十一年題准：領運官朘削運丁，或將應給行月錢糧及修艌等銀，侵扣不發，或勒索不遂，酷打運丁者，俱革職究擬。○又題准：運官抗不赴次，及赴次勒索淋尖，毆辱糧官，并不嚴飭運丁，争索斛面酒席，謾辱糧官，及沿途生事，阻壓行船，欺負官員，毆斃民命，及回空時，縱丁毆打催趲官兵者，俱革職究擬。〇又題准：運官停泊漕船，不聽督催，陵辱閘官，責打閘夫，帶去閘板，洩水誤漕者，革職究擬。不挨程速進、沿途脱幫遲誤者，降二級，帶罪督催。若謊報水淺搪塞者，罰俸六個月。〇十四年覆准：蘇、松等府，於定例加贈五米十銀外，永禁私派貼運名色。〇十七年覆准：禁革小民納糧時修倉鋪墊，及屯丁領運行月扣除陋規，違者參究。督撫失察徇庇，一并治罪。〇又覆准：沿途運丁，停泊生事等項，許徑報地方官拿解。糧道或兵、巡、守道重處，將運官申報總漕，於過淮時懲治。〇二十年覆准：浙江運丁，私勒民兑，另立私截名色，嚴行禁止。〇二十一年覆准：運河淺澀，漕船定有程限。各處兵船，行至閘河，務隨漕啓閉行泊。如有扭鎖掀板，任意争鬪者，該督指參，領兵官嚴加議處。〇又議准：總漕不預行挑淺疏通，以致遲誤者，請旨議處。〇二十六年覆准：嗣後，運丁不正身押運者，將承派運丁各衞守備，罰俸一年；押運通判，罰俸六個月；領運、守備、千總，徇私不行查出，各降一級留任。〇四十二年覆准：新漕過淮，總漕驗明放行。及抵通起交，輙有掛欠，皆沿途盜賣所致。嗣後，重運北上，飭沿河文武各官稽察，不許私自擅賣。抵通交完，所餘米石，仍准其沿途賣買。〇又諭：漕船未經抵通之先，有沿途偷賣者，押運官即申報總漕。若地方官察出，亦即申報該管上司題參。〇四十三年議准：各省漕白二糧過淮，旗丁土棍勾串，貪利私賣以致虧空。嗣後，重運入境，令該管、道、府、州、縣往來巡察。如有盜賣一起者，州縣官罰俸六個月，道府各罰俸三個月；二起者，州縣官罰俸一年，道府罰俸六個月；三起者，州縣官降一級留任，道府各罰俸一年；四五起以上者，州縣官各降一級調用，道府官各降一級留任。若道、府、州、縣能察實拿獲，將賣糧買糧之人，均各枷號一個月，滿日，責三十板；糧米追交本船，米價入官充餉；運弁，俟回南，總漕綑打四十。〇四十九年覆准：漕糧在水次受兑上船之時，糧道、監兑官，務必眼同照數兑清。及上船抵淮時，總漕親身嚴行盤查過淮。過淮後，沿河文武各官嚴催出境，無致盜賣。如沿河文武各官不嚴行速催出境，致有弁丁任意盜賣情弊，將該地方各官，交部嚴加議處。〇六十一年覆准：沿途地方文武各官，不力催趲糧船，協拿奸匪，以致旗丁水手生事擾害，將專管官照溺職例議處，兼轄官照失察例議處。該督撫容隱不行查參，照徇庇例議處。〇又覆准：押運、領運、隨幫官弁，嚴押催趲，毋許丁舵水手生事。如有不遵約束奸徒，會同地方催漕各官協拿究治。倘平時不行約束，臨事又復容隱，該督撫指名題參。〇又覆准：嗣後，頭舵水手，必須有室家之人，方准僱覓。仍取鄰佑甘結，并頭舵水手花名、年貌、籍貫，清册報名，該運官弁轉報糧道、總漕存案。若水手十人以上，執持器械搶奪者，將爲首之犯，照强盗律治罪，爲從者，減一等；如十人以下，無器械者，照搶奪律議罪。出結之頭舵水手容隱不首及徇庇者，照强盗窩主律，分别治罪。〇又覆准：漕米到壩，因不堪起卸，賣易買補，不肖奸丁乘機夾帶好米，私行盗賣，倉場坐糧廳應不時巡查。如在南串通州縣倉役，將米石折算銀兩等弊，應令總漕密加察訪，即將弁丁胥役從重究處，該管官題參。〇雍正元年議准：嗣後，糧米不許顆粒上崖，以致奸丁盗賣，該地方官仍不時嚴加稽查。如遇過淺添夫，止許照常給錢，不許任意索米。倘敢擅動漕糧，事發之日，將該弁丁并不法夫役，以盗賣盗買從重治罪。該地方官，以失察偷盗題參。〇二年覆准：每幇全糧入船，取具連環互結存查。如有折乾盗賣等弊，將本丁治罪，其餘九丁，一體責懲；所欠米石，即著落買補運通。〇又諭："各省旗丁，運糧進京，沿途行走，理應奉公守法。乃數年前浙江、湖廣糧船，因懷挾私忿，彼此争鬬，持戈放箭，殺傷者多，逞其兇頑，肆行無忌。又聞前歲冬，糧船守凍，在山東地方，竟行搶奪，擾害居民。去歲回空，又聞强取百姓衣物。此等皆大干法紀。嗣後，總督若不嚴加約束，禁止妄行，仍然寬縱，直隸、山東、河南巡撫，即著轉飭沿河官弁，不時稽察。倘犯法爲非，即分輕重，按律治罪，不得稍有徇縱推諉，以長刁風。若有從前争鬬傷人及搶奪擾民之事，該督撫即行奏聞請旨，於彼地立行正法，决不寬貸。可預先曉諭各省運丁知之。"〇又議准：糧船篷桅器具等物，係動支錢糧成造。乃幇船到通，多私賣桅木。嗣後，糧船開行之時，該督嚴飭官弁，約束各丁，無得私自變賣。並行倉場嚴禁通州木廠，不許串通運丁盗賣。如有仍前私行買賣等弊，即將押運官弁題參，交部嚴加議處。〇又覆准：漕船到汛之日，催漕官弁，速行催趲。如有前船阻滯，各汛遞相催趲。倘前汛不行力催，有礙後船者，許申報倉場，查明不力緣由，題參。如漕船到汛，不親身赴河并坐視前船阻抵，不行申報者，一并查察，俱照催趲不力之例議處。

〔白糧〕

白糧解運

京師所以供上用及頒給俸禄。其徵兑考成，槩同漕糧。其則例之不同者，詳列於後。

原額,正米二十一萬七千四百七十二石五斗八升七合二勺。

耗米一萬一千二百二十石六斗二升六合一勺。

内倉,舊名"内官監",順治十年,改名"内倉"。白熟粳、白熟細粳,正米一萬二千八百二十五石,每石加耗米五升。

供用庫,白熟粳,正米八萬二千四百五十二石四升七合,每石加耗米五升。

光禄寺,白熟粳、糯,正米六萬六千九百八十石二斗八升九合。

酒醋局,白熟糯,正米一萬二千二百石,每石加耗米五升。

王禄,上白粳,正米九千二百八十三石二斗,每石加耗米五升。糙白粳,正米七百一十六石八斗,每石加耗米三升。

各衙門,糙白粳,正米三萬二千八百九十石二斗五升一合二勺,每石加耗米一斗。

犧牲所,糯稻准糙,正米一百二十五石,每石加耗米一斗。

江南正米一十五萬一千二百七十二石五斗八升七合二勺。蘇州府,熟粳糯,正米四萬五千二百三十三石二斗;糙白粳、正米一萬五千三百一十九石七斗三升六合。松江府,熟粳糯,正米三萬七千三百五十二石四升七合;糙白粳,正米一萬三千一百二十七石七斗九升五合二勺。常州府,熟粳糯,正米三萬三千二百五十五石二斗八升九合;熟細粳,正米一千七百石;糙白粳,正米五千二百八十四石五斗二升。以上,除荒陞墾,按年增減。

耗米七萬二千二百六十三石八升八合四勺。熟白米,每石加耗五斗。糙白米,每石加耗四斗。交倉耗米,在内支辦。

舂辦米三萬六千三百五十石一斗六升八勺。熟白、糙白、正、耗米,每石俱加舂辦米二斗。常州府熟細正米,每石加舂辦米九斗四升。

經費銀二十三萬五千八百五十八兩三錢六分三釐三毫,米一萬八百九十一石六斗二升六合二勺。

實運船二百九十三隻。每船,看糧船夫二名,量斛束包挑運夫二名。

領運、候運、千總六員。領運,每員馬纖夫役四名,書辦一名。舊有牢役三名,康熙七年,裁。

隨幫百總三員

浙江正米六萬六千二百石。嘉興府,白粳糯,正米四萬一千三十四石六斗九升一合八勺。湖州府,白粳糯,正米二萬五千一百六十五石三斗八合一勺。浙江無除荒陞墾之例。

耗米二萬九千七百九十石。正米,每石原徵糙耗米五斗五升。康熙十一年，改徵白耗米四斗五升。交倉耗米，在内支辦。

經費銀七萬六千六百九十一兩四錢四分四釐，米一萬二千二百五十九石八斗。

實運船一百二十六隻。無看糧、量斛等夫役。

領運、候運、千總四員。領運每員夫役，與江南同。

隨幫百總二員。

白糧交倉，每千石收葦席一百領、小葦把一百個，以爲鋪墊苫蓋之用。順治二年覆准：白糧民運，改爲官解。〇三年題准：江南督押白糧，委府佐貳官爲總部，州縣佐貳官爲協部。各府限十月内，詳委總協部官。有司徵糧及脚價，限十一月内全完。僱船修艙、舂辦、包捆、挑運，限十二月内上船，正月内開幫。尾漕北上，三月中旬過淮，七月初旬抵通交兑。如有遲誤，悉照漕例處分。〇又題准：江南經費不敷，三府畫一，照欵編徵。〇六年題准：江浙白糧，本年徵解十萬石，餘俱改折充餉，每石連耗米舂辦夫船米，共折銀一兩五錢。〇十年議准：令各糧道都司禁飭漕船，不得欺陵白糧船。〇十一年恩詔：白糧民解累民，官解仍以累民。今後以該省漕船分帶，以甦官民之累。應行事宜，該督撫速議具奏。遵旨議定：浙江白糧，用漕船裝運。江南白糧，仍僱民船官運。〇又題准：白糧考成，除糧道照漕糧例議外，總部官，掛欠不及一分者，免議，欠一分者，降一級，欠二分者，降二級，欠三分以上者，革職。協部官，欠不及一分者，降一級，欠一分者，降二級，欠二分以上者，革職。立限追比，悉照漕例。〇十二年議准：改折白糧，因米價甚貴，每石折銀二兩解部。〇又覆准：白糧照漕例，冬兑春行。如有違誤，按例議處。〇十三年題准：白糧經徵州縣官完欠分數及參後違限，俱照漕糧例處分。〇十五年定：浙省白糧，仍僱民船運解。〇十七年定：運官掛欠白糧，坐糧廳追比無完，倉場題請發南，押赴總漕，嚴行追比，變産完納，限文到五個月内全完，隨新運解交，不許借端派累小民。如有過限不完及暗派累民情弊者，俱立行題參重處。〇康熙二年題准：白糧，除光禄寺改折三萬石，每石折銀一兩五錢解該寺外，餘米俱徵本色起運。〇三年題准：白糧改折銀兩，限文到六個月全完。如有不完，巡撫、布政使、糧道，并府、州、縣官，俱照地丁錢糧考成例議處，再限六個月催完。如又不完，大小各官，俱照地丁錢糧年限例議處。〇又定：浙江白糧，仍選漕船裝運，額編經費，不敷支給，量行加徵，按實運船數派給。永著爲例。〇六年題准：白糧不便總歸漕糧考成，催徵各官另作十分考成。其押運官，一運全完，紀録一次；二運全完，紀録二次；三運全完，加一級。凡交兑過淮抵通，俱照漕糧定例。〇又題准：浙江白糧，向係文官押運，今改武官專管運解。其議叙處分，照江南協部例。至通判押運漕糧、帶管白糧之官，仍於漕糧内考成。〇八年覆准：白糧船隻臨境，漕督、河督、倉塲並沿河督撫，嚴檄文武各官，即撥兵防護，立行押送出境。如有奸丁逗留作弊，即行拏究。〇十一年題准：嘉、湖二府正項白糧，一石之外，各給白耗米四斗五升，減徵一斗，以抵舂折之數。〇十四年覆准：江南白糧，照浙省例，抽選漕船裝運，五年一次更换。每船給行月糧米六十九石三斗、銀五十六兩七錢六分。經費銀，浙江舊例四百五十七兩一錢一釐。今江浙畫一，減去銀一百二十六兩二錢四分零、米二十八石。每府另設千總二員，更替領運。責令各州縣舂辦完備，交與弁丁裝運，出具通關實收。每幫設隨幫百總一員，押趲回空，原編運夫銀，仍留供用。其月糧内扣貼灑帶，每石負重銀五分。〇又定：將浙江白糧船神福柴薪等費，暫停支給。〇又題准：江南白糧，實徵正米五百石爲一船。每船扣由閘銀四十兩，由閘一項，乃白糧抵通，自石壩等五閘以至大通橋運進京倉，各行人役應得之脚價。解交通濟庫，照例支給，餘剩解部。〇又題准：江南舊例，每船有量斛束包等夫二名，每名額編工食銀七兩二錢，照數支給。〇十五年議定：蘇、松、常三府白糧，改設千總領運，以全單爲憑。船糧抵通之日，將全單送部查驗，交糧完日掣回，不必起批。〇又題准：白糧如改進通倉，減經費銀二十二兩八錢六分。如遇河兑，裁經費銀四十二兩八錢六分。〇又題准：白糧全徵折色充餉，每石折價一兩五錢。〇十七年題准：白糧改折經費銀兩，仍與白糧一例考成。〇十八年題准：仍徵本色。〇二十年奉恩詔：改折白糧。〇二十一年定：浙省由閘銀，每石給七分四釐九毫零。〇二十二年覆准：江浙白糧，全徵本色起運。〇又覆准：浙省缺船，將免徵經費銀，暫徵一半，購買民船，充入漕幫抽運。所給經費銀米，按實運船數派給。〇二十三年定：白糧自本地用包包裹運通，恐開包斛量，米石抛撒，顔色變更，故用秤稱。坐糧廳所定觔數，正耗米共一百六十觔爲一石。若米色不凈，以一百七十觔爲一石，以備加倍晒颺之用。俱係旗丁親押赴倉，短少，旗丁賠補；有餘，發還旗丁。〇二十六年覆准：浙省白糧經費銀，照原定例全給。〇二十七年覆准：江南白糧行、月、銀米，停其支給。〇三十二年覆准：舊例，欠糧旗丁，止議革運。嗣後，掛欠白糧旗丁，除革運外，仍照監守自盗律，嚴加治罪。交糧無欠者，即爲殷丁。俟上年選用丁船運回之日，核驗完足，五年一調，常隸千總統轄，以重責成。〇三十五年覆准：蘇松等府三十四年分漕糧，補徵三分之一起運，而白糧，乃係全運。向例，白糧在現運船内抽裝。今現運一分，船數甚少，不能抽調運白。照舊例，在通漕船内，酌撥起運。〇四十二年題准：將興武等十一幇無欠丁船，五年一調，抽選裝運白糧。〇四十三年覆准：運漕運白，均屬一體。將江、浙白糧經費銀兩，通行裁去，照漕糧一例，支給行贈銀兩。〇四十四年議准：江、浙二省起運白糧船隻，照依漕糧，支給行、月、贈貼銀兩，令運白糧。五年滿後，始行更换。至白糧俱係本處包束運送，並無折耗。行令倉塲侍郎，俟白糧抵通之日，照漕例交收。其減省經費米石折銀同減省銀兩，一并解部。〇四十九年覆准：浙省白糧，旗丁往來回空飯米，九十七石三斗，係民間情願津貼，並非額編正項，不必裁革。〇五十六年覆准：浙江白糧，除行月之外，每石給漕截銀三錢四分七釐、米七升二合。江南，除行月之外，每石止給贈銀一錢四分五釐。准其照浙江漕截之例，每石補給二錢二釐，於五十五年爲始，在道庫減存銀内支給。〇五十七年覆准：起運白糧，每石人夫食米七升二合，浙省現係支給，蘇、松、常三府均有額編，多在民欠，應於原編七升二合民欠未完米内，速行徵給濟運。〇雍正五年覆准：白糧運費多於漕糧。令該督於通漕船内，抽選堅固船隻；歷年無欠殷丁，掣運白糧。於雍正五年爲始，五年一次更替，令其少有赢餘。如有掛欠，即綑打革换，以示勸懲。

〔漕糧起剥〕

額設土壩剥船一百五隻，裹河剥船，二十五隻；石壩外河剥船，二百八十隻；裹河剥船，三百三十隻。土壩車户，定額口袋四萬條；石壩經紀，口袋三十四萬條。脚價，每百石，自桃家淺至張家灣，給銀二兩二錢；楊村至灣，一兩九錢；蔡村至灣，一兩六錢；蒙村至灣，一兩五錢二分五釐；河西務紅廟車營至灣，一兩三錢；王家樓至灣，一兩；河西務紅廟車營抵壩，二兩二錢；王家樓抵壩，一兩九錢；蕭家林抵壩，一兩七錢；瀰家馬頭抵壩，一兩四錢；李二司抵壩，六錢五分；下八莊抵壩，五錢五分；郝家務抵壩，四錢五分；中心樓抵壩，二錢五分。大通橋至朝陽門剥船，二十八隻；朝陽門至東直門剥船，十四隻。脚價，照土、石二壩例。

舊有天津鈔關紅剥船六百隻。漕船至楊村以北，遇有淺阻。該關查發剥船，動支税銀，每隻墊給小封銀八錢。運畢，坐糧廳於通庫水脚銀内，照數解還補税，俱照抵通實數。其失風、火燎、截留、停運之船，俱不准給。康熙三十九年，裁天津剥船，僱民船剥運。

漕糧抵石壩，經紀負米，每石給銀一釐。土壩車户，自壩起運至通州三倉、八門，每石給脚價銀二分九釐、落崖銀一釐。石壩經紀，自壩起運至大通橋，每石給脚價銀二分四釐。六閘，每閘負米，每石給銀三釐。大通橋車户，運至各倉，每石給脚價銀四分七釐。京通各倉收受漕糧，傭夫負米入廒包囤，名曰"傭長"，每石給銀八釐。進倉負米歸囤，名曰"小脚"，每石給銀四釐。鋪廒、打捲、抱籌、擡斛，京倉名曰"花户"、曰"舖軍"，通倉名曰"甲斗"，每石給銀七毫。

布袋，每年石壩經紀先製四萬，土壩車户先製二萬，照時給價，扣各役本年脚價還庫。

順治九年題准：石土二壩船袋，缺額不敷，補造外河剥船，每隻給排造銀八十五兩六錢二分八釐零；裏河剥船，每船給排造銀七十八兩一錢三分。照例於脚價内，十年匀扣。二壩口袋，令坐糧廳勒限追比，經紀添製接運。其務關剥船，舊例，每船一隻，給地十頃，免其正供，以備修造。今地圈船缺，酌派應僉州縣撥給。〇又定：剥船排造艱難，外河選買民船應用。〇又覆准：漕船至楊村地方，遇有淺阻，務關例發河剥接濟。及過務關抵紅廟地方，遇有淺阻，坐糧廳例發條剥接濟。舊制，一母二剥，共船三隻抵通。今關剥定有額數，按地僉充，務令照額補足，以備接運。〇十年議准：到通漕糧，在河次兑放俸餉米石，既無盤閘灑颺之費，將正兑米原備每石耗米二斗五升，改兑米原備每石耗米一斗七升，照數交納。〇十二年題准：河兑脚價，俱係運官自備。其附餘耗米，收四升四合入官，餘給運軍。〇又題准：修補紅船，向係務關監督之責，定額六百隻，坐派通州、武清、寶坻、漷、永清、東安、香河等州縣、武清衛協力修船。今責成霸通二道，嚴督州、縣、衛，秉公僉派。抗違者，督撫指名參處。〇又題准：官剥每遇起運，勒索運丁私貼水脚飯米。至糧米過船時，淋尖、踢斛、攙砂、使水，暗通艙隙盗米，不一而足。及其交卸，賄通伍長，硬起過壩，虚折之米，貽累疲丁。甚至盗米多者，將船鑿漏潛逃。又有私剥小船，多借莊頭名色，勒索脚價飯米等弊。該地方道、廳、關、司，嚴行禁飭。凡遇起剥，必照漕運則例，毋許額外需索。〇十三年題准：石壩、裏河補造剥船，每隻給料價銀二百九十八兩三錢九分六釐。照例於脚價内，十年匀扣。〇十七年題准：石土二壩船户買補民船，每隻估價一百四十兩，於脚價内，八年匀扣。舊例，每船裝米一百石。今定，裝一百五十石。〇康熙六年定：排造剥船銀，限六年内扣還。其新船行運三年後，每年每船，給修艙銀十兩，仍於本年脚價銀内扣完。〇八年定：外河買補之船，八年限滿，價銀扣完，准其買補。其新船行運三年,照例給修艌銀,於脚價内扣還。○二十四年議准:天津紅剥船,既經按船給地,其水脚銀兩裁去。○二十五年覆准:紅剥船户,剥運潮濕短少米石,限令正身賠補,僱覔人治罪。如違限不完,正身治罪,立限將家産變價賠完。如限内再不完,該州縣官議處。若有攙石灰糵水者,運官、旗丁呈報查實,僱覔人發寧古塔等處,與新披甲爲奴,米石亦限正身賠完。如剥運好米,官丁勒揹不收者,運官、旗丁,從重治罪。○二十六年覆准:紅剥船隻,向係天津關監督。嗣後,改令通惠河分司管理。○三十一年覆准:五閘剥船二十五隻,康熙二十年起造,十年限滿。每隻給排造銀二百九十八兩三錢,乘時辦料鳩工。其給過銀兩,仍於各役脚價内,匀扣還官。○三十五年覆准:江西糧艘重大,許隨帶裝載一百石之小剥船一隻。其過百石之船,不准隨帶。○三十七年覆准:漕糧關係重大,應速令糧艘回空。於大通橋至朝陽門,設立裝運二百石之船二十八隻;朝陽門至東直門,設立裝運二百石之船十四隻。其脚價俱照土石二壩例,於通濟庫支給,在車户脚價内八年匀扣。朝陽門至東直門,蓋設蓆棚栅欄,修築墻垣,存貯米石。其民人貿易小船,亦設立四十二隻,仍不得阻碍糧船。若糧運緊急之時,暫行禁止,交與通惠河分司管理。○三十九年議准:每歲糧船轉衞,設紅剥船剥卸。今船隻俱已破壞,不堪運糧,裁革變價。辦船地畝六千頃,交各該縣徵收錢糧解部,每歲均分散給出運丁船,以爲剥淺僱募之需。其旗丁有情願自備者,照江西例,准其自備裝載一百石小剥船一隻。○又覆准:裁石土二壩船户,歸併經紀車户。其未扣剥船銀兩,於經紀車户脚價内匀扣。又,減每石負米價二釐。其節省銀兩,抵補通州城工動用之項。抵完之日,照正項錢糧解部。○四十五年議准:設立本裕倉。自通州土壩水運至順成閘,復用車輛運進倉内,每石共給脚價銀一錢五分四釐。○四十七年覆准:沙子營車户,運本裕倉糧米,自通州土壩水運至順成閘。共造剥船三十四隻,用料價銀六千三百四十六兩四錢四分,分作八年,將脚價匀扣還庫。○五十三年覆准:沙子營一帶河道淤淺,不增脚價,由土壩起車,陸運進倉。○五十九年覆准:坐糧廳將庫銀不行詳報題明,擅行借給經紀車户者,題參交部議處。○六十一年覆准:今歲米石,在桃花口等處起卸,交與坐糧廳。將向來支放起剥銀動用,僱覔船隻,交與弁丁,作速運通。用剩銀兩,再行匀給到通丁船。○雍正元年題准:將米石從船起卸,交與經紀,至大通橋,交與車户,運進各倉。令監督查兑。如有短少,照各交米石,著令賠還。其脚價一分九釐,免其節省。○二年覆准:新建萬安倉在東直門外,較太平倉稍遠,將運價比照禄米等七倉脚價四分九毫,核減一分五釐,給二分五釐九毫。○又覆准:紅剥船既裁之後,即僱民船剥運。除山東粟米船不納船料外,其各省漕船起剥,俱於河西務交納船料。嗣後,此項銀兩,令通永道於通州交納。馬頭、燒酒巷二處,不必驗票。○又覆准:經紀運米到橋,車户運米到倉,舊例,每米五十石,抽掣一袋,一袋短少,餘袋照數均賠。康熙六十一年、雍正元年,掣欠米石甚多。若照定例,粳稄每石折銀一兩四錢,粟米每石折銀一兩二錢,不特各役脚價不敷扣抵,而經紀車户之欠,終難完結。照議定米不出倉之例,粳米每石七錢,稄米每石六錢,粟米每石五錢折算。除石壩經紀、土壩車户掣欠,在未領爛米銀兩内折抵外,其大通橋車户掣欠,即於各役脚價内,三年勻扣還項。但恐此例一定,不肖各役藉此多欠,亦未可定。嗣後,經紀車户掣欠,酌定數目,不許多欠。經紀係船運,每運米十萬石,定掣欠二百石。車户係陸運,每運米十萬石,定掣欠二百五十石。通倉車户,係水陸並運,每運米十萬石,定掣欠二百石。俱於各役脚價内,准其扣抵。此外若有多欠,除不准扣抵外,仍將各役照依盗賣漕糧例,嚴加治罪,仍交與地方官,著落家産變賠。○三年覆准:沙子營一帶河道,淤淺甚多。其本裕倉漕糧,改由陸路運送。其脚價仍照水運,給銀一錢五分四釐。○又諭:今年雨水大,糧船不無遲滯。須要速於起卸,方可不誤回空。著賞給口袋二萬條,以助轉運。不必動正項錢糧,亦不必入奏銷册。所用布疋,向户部咨取。縫紉工值,於内庫咨取。

〔白糧起剥〕

額設石壩白糧經紀裏河剥船二十五隻,十年一造。每隻給排造銀二百九十八兩三錢九分六釐,定限六年内,將本役脚價内勻扣完官。

白糧抵石壩,經紀負米,每石給銀一釐。石壩裏河白糧水脚負米通壩,每石給銀三釐五毫。石壩白糧經紀,自壩起運至大通橋,每石給脚價銀一分八釐。大通橋、慶豐、平下、平上、普濟五閘白糧水脚負米過閘,每閘每石給銀二釐一毫零。大通橋白糧車户運進京倉,每石給價銀四分。如改進通倉,每石止給外河負米銀一釐,裏河負米過壩銀三釐五毫。自壩起運至倉銀一分,餘銀解部。如遇河兑,即按石扣銀解部。康熙十四年定:白糧運價,舊例,每石槩給銀七分五釐九毫零。今減去一釐九毫零。○十五年題准:白糧改進通倉,每船減經費銀二十二兩八錢六分。如遇河兑,每船減銀四十二兩八錢六分。○二十一年定:白糧運價,每石增給銀九毫零。

大清會典卷之四十四

户部

〔倉庾一〕

國家設倉儲粟，支給廩禄，兼以贍軍賑民。自京師、通州以及木次六倉，具列於後。其直省府、州、縣倉庾，亦附載焉。

〔京通倉〕

舊太倉　　禄米倉

南新倉　　海運倉以上四倉，屬左翼。

興平倉　　太平倉

富新倉　　北新倉以上四倉，屬右翼。

清河本裕倉康熙四十五年設。

萬安倉雍正元年設。○以上十倉，爲京倉。

大運西倉　　大運中倉

大運南倉以上三倉，爲通州倉。

倉場官制

倉場滿漢總督侍郎各一員。

京倉巡察都統御史每倉二員。

坐糧廳滿漢各一員。

京倉左翼滿漢正監督八員、副監督八員。

京倉右翼滿漢正監督八員、副監督八員。

本裕倉滿漢正監督二員、副監督二員。

萬安倉滿漢正監督二員、副監督二員。

通州西倉滿漢正監督二員、副監督二員。

通州中南倉滿漢正監督二員、副監督二員。

大通橋滿漢正監督二員、副監督二員。

凡總理倉儲，順治元年，設漢倉場總督户部侍郎一員，特奉專敕，督理京通各倉。〇九年定：添設滿缺。〇十五年定：倉場侍郎專理漕務，其總漕、督撫及沿河道員，將弁、廳、倉等官，凡關漕運事宜，俱照報部欵式，造報文册，以凴稽查完欠，照例舉劾，按期造册，報部覆核。〇康熙七年裁漢缺，止設滿侍郎一員。〇八年定：復設漢侍郎一員。

舊有總理滿侍郎一員，順治四年添設，與總漕同理漕務，名爲總理。八年裁，十二年復設，十八年仍裁。

凡京通各倉監督筆帖式員額，順治元年定：户部差漢司官一員，同筆帖式管理在京八倉。〇又定：差通州坐糧廳漢司官一員，管理起運漕糧及收放輕齎脚費銀兩。〇又定：差滿司官二員，分管通州西倉、中南倉收放米石。〇又定：差大通橋漢司官一員，管理漕白二糧。〇又定：通州二倉停差滿官，設户部漢司官各一員。〇十一年議准：郎中各有專職。嗣後，各差停其差遣，止差員外主事。〇十二年定：設京糧廳，專管京倉漕米，查比掛欠，一年更差。〇十三年定：通州二倉，添設滿官各一員，筆帖式各一員。〇十五年，裁京糧廳，歸坐糧廳管理。〇十六年定：分八倉爲左右兩翼。每翼差滿漢監督各一員，每倉筆帖式一員。〇又題准：通倉差滿漢監督各二員，筆帖式二員。〇康熙二年題准：坐糧廳衙門，差滿漢司官各一員，筆帖式一員。〇又題准：從前止用户部漢司官。嗣後，照滿官例，不論郎中、員外、主事，六部輪差。〇又題准：大通橋，設滿漢監督各一員，筆帖式一員。〇四年題准：京通各差，仍專遣户部漢司官。〇六年題准：京倉滿漢監督，添設四員，共八員，分轄八倉。〇八年題准：裁添設官員，仍差户部滿漢司官爲監督，每翼二員。〇十六年議准：京倉兩翼，復差滿漢司官各四員，每倉專撥一員管理。〇二十六年議准：坐糧廳，向止差户部司員及筆帖式。嗣後，照各關差例，將各部院衙門官員、筆帖式均行差遣。〇三十二年定：每倉用筆帖式二員。〇三十三年定：每倉仍用筆帖式一員。〇四十五年定：清河地方添設本裕倉，差滿漢監督各一員。〇四十七年議准：通州、大通橋、會清河三處，相隔甚遠，諸事難以兼辦。大通橋衙門，照舊設立滿漢監督各一員辦理。〇五十年覆准：每倉差滿漢監督二員。〇五十六年，裁各倉筆帖式。〇五十七年題准：嗣後，令九卿將部院賢能官員揀選保舉。户部引見後，再掣派各倉。〇五十九年議准：嗣後，更換倉差,各部院衙門員外主事等官,由堂官保送,酌量官員數目。宗人府派滿官一員,吏部派滿漢官各一員,户部滿官二員漢官三員,禮部滿漢官各一員,兵部滿漢官各一員,刑部滿官二員、漢官三員,工部滿漢官各一員,大理寺滿漢官各一員,國子監滿官一員,太常寺滿官一員,太僕寺滿官一員,光禄寺滿漢官各一員,鴻臚寺滿官一員。俱定於正月内保送户部,會同九卿揀選滿官十一員、漢官十一員,掣籤具題,定於二月内到任。○雍正元年定:添設萬安倉滿漢監督各一員。○又議准:大通橋及石土二壩五閘等處,添差滿漢司官四員,巡查三年俸滿。如果實心辦事,倉場題明交與吏部,以應陞之缺即用。如查驗不實,徇私隱蔽及怠惰誤事者,即行題參。○又覆准:候補候選郎中員外郎主事内,有年力精壯,才猷敏達者,吏部會同九卿揀選,給與本衙食俸,管理監督事務。○二年覆准:嗣後,下年監督,於上年開印後,預先揀選引見,授爲副監督。令倉場總督不時稽查,果實心辦事,下年副監督到倉,即以上年副監督實授爲正監督;如辦事平常,漫無覺察者,即題明更换;作事有弊者,即題參從重治罪。○四年諭:倉差甚有關係,小京官内未必有人,御史又有職掌,漢監督,著將候補候選道、府同知、知州有情愿効力者,報名吏、户兩部,會同九卿揀選引見。如任内果能効力,以應陞之缺即用。滿監督,著各部院挑選筆帖式引見。若能實心効力,以主事即用。若係中等,仍回原職。其不好者,著革退。

凡京通各倉監督筆帖式差滿更代,順治元年定:通倉司官,一年更代。○十三年定:通州二倉,滿官,久任;漢官,一年更代。○十八年定:兩翼滿漢監督各一員,一年更代。○又議准:通倉滿司官筆帖式,令與漢官一體,一年差滿更代。○又議准:各倉滿漢監督,定限正月内更代。○康熙二年題准:坐糧廳滿、漢司官、筆帖式,一年更代。○三年題准:京通各倉監督,二年更代。○又題准:大通橋滿漢監、督筆帖式,一年更代。○六年議准:各倉俱令三年更代。○七年題准:仍俱令一年更代。○十四年議准:復俱令三年更代,仍於每歲底造册題報。○十六年議准:坐糧廳事繁,仍三年更代。京通倉收糧數多,交盤宜清,令其一年更代。○十七年議准:京倉筆帖式八員,亦令一年更代。○三十三年定:各倉筆帖式,三年更代。○三十八年覆准:坐糧廳管理一切錢糧,非各關差可比,停其限滿更代,論俸陞轉,逐年奏銷。考核陞轉之時,將各部院衙門關差保舉官員,具題引見點用。○五十年題准:大通橋監督,照各倉例,一年更代。○雍正元年諭:各倉監督,俱係限年,滿漢一同更换,立法最善。前任若有未清,後任豈肯接受?所以稽錢糧之出入,而除虧空之弊端也。查通州坐糧廳有通濟庫,每年動用輕齎等項銀數十萬兩,關係錢糧,亦屬緊要。而坐糧廳一差,並無年限更换,或滿員陞轉,則更滿員,或漢員陞轉,則更漢員。滿漢參差更换,彼此牽制回護,勢難徹底清查。况在任日久,倘有虧欠,必至累積增多,更難清理。户部可將通濟庫錢糧,逐一確查,務期明晰。其坐糧廳一差,嗣後,或限二年、三年,滿漢一同更换。庶接受之際,不致含糊,而弊端不致久而益深也。户部即確議具奏。遵旨議定:坐糧廳三年一次,滿漢一同更换。作爲定例。〇又覆准:現任監督内,有操守清廉,米好數足者,題留再任二年。〇又覆准:候補、候選官,揀選授爲監督,以本衙食俸者,如操守清廉,數多米足,倉場題留,再任一年,准作試俸。如三年任滿,果能實著勞績,倉場逐一開造清册,具題核明,以應陞之缺即用。如怠玩悮公,米數短少,不時題參,交部議處。如改易操守與偷盗倉糧者,照侵盗錢糧例治罪。

凡巡倉,順治二年定:差漢御史一員,巡視京通各倉。〇七年定:停止巡倉御史。〇八年定:京通各倉,仍差御史巡視。〇康熙七年題准:裁巡倉御史。〇二十年,復差滿漢巡倉御史,滿漢各一員。〇二十六年,停止。〇雍正二年定:仍差巡倉御史。〇五年諭:"米糧乃國家第一要緊政務,關係最爲重大。試思此項米石,民間輸納,何等辛苦;官員徵解,何等煩勞;且糧艘運送京師,何等委曲繁重!一顆一粒,皆當愛惜,不忍輕忽。朕爲此一事,宵旰焦勞,時時切加訓飭,至再至三。且曾降旨,令修理倉廒等項,不惜多費帑金,務期完固,此民所共知者。倉場侍郎,自當仰體朕心料理,使倉廒堅固,天庾充盈,不致霉爛,乃爲稱職。昨,朕特遣大臣等前往查看,則見京通各處倉廒,屋瓦滲漏,墻壁損壞者,十居其八九。所貯米糧,漸至潮濕霉爛。夫以如珠如玉之米糧,而視爲泥沙之棄擲,忍心害理,莫此爲甚。若不嚴行稽查,無以儆怠忽而清弊端。在京十倉,每倉或都統、副都統各派一員,御史中不論滿漢,每倉各派一員,專任稽查之責。其米石出入支放奏銷事件,不必經管,仍屬倉場侍郎管理。其房屋滲漏,墻垣損壞與倉内鋪墊及匪類偷竊一切情弊,俱交與派出之都統、副都統、御史稽查。一有查出之處,即行文與倉場侍郎知之。若倉場侍郎不行辦理妥協,敢致遲延,著派出之都統、副都統、御史奏聞。倘有應行查出之處,不行查出,則將缺少米石應賠之項,著落倉場監督等官,與派出之都統、副都統、御史分賠。其通州三倉,即照此例,交與通永道副將稽查。其失察分賠之處,亦與京倉同。"

凡京、通等閘催糧官,舊例,每閘一員,舍人二名。康熙二十六年,裁。

凡管理内倉官,康熙三十二年題准:内倉兼收白糧,舊例,户部差委廣西司滿漢各官管理。嗣後,於應派小差之滿洲、蒙古、漢軍年久司官内,挨次派出一員管理。一年任滿,照京通各倉之例,新舊交代考核。

在倉員役

坐糧廳,漕糧經紀一百名,白糧經紀二十五名,土壩車户二十五名。舊係五十名。康熙二十五年,裁二十五名。四閘,白糧水脚八名。石壩普濟閘、平下閘,軍糧水脚各二十六名,平上閘、慶豐閘軍糧水脚各十三名。漕糧經紀、白糧經紀、土壩車户、軍糧水脚,謂之四行運役。大通橋,軍糧車户二十八名,軍糧水脚十三名,白糧車户十三名,白糧水脚二名,板木車户十三名。各倉倉役,舊太倉四十名,禄米倉四十名,南新倉三十八名,海運倉四十名,興平倉三十九名,太平倉四十名,富新倉三十九名,北新倉四十一名,萬安、本裕二倉書役各四十名,大西倉甲斗二十四名、小脚一百二十三名,中南倉甲斗二十名、小脚一百二十八名。各官員下雇長,每員或十餘名,或五六名不等。

順治元年定:八倉分隸八旗,每二旗差滿洲旗員一員,每倉設倉尉二員、外郎一名。〇六年覆准:坐糧廳裁革積役并投充人等,另招殷實人户補充。〇九年定:滿洲旗員,裁。〇十五年覆准:凡廳倉人役,照經制留用,冗濫者,嚴行禁革。其應設攢典,照例招納。〇十六年定:倉尉,裁。〇十七年覆准:各廳倉有走部一項人役,經制不載,嚴行禁革。〇康熙三年覆准:坐糧廳於經制額外,增用委官書吏舍役。其廩工銀米,即於經制舊額内匀給。〇十年定:外郎,裁。〇二十一年題准:京通各倉雇長各役,年久恐致作弊。嗣後,照攢典例,五年更换。〇二十六年覆准:坐糧廳所屬及倉役名缺,責令通州知州,僉選誠實良民應役。如有保送旗人,及以一人而充兩三役等弊,倉場查參,將知州降一級留任。其霸充及保結之人,係旗下,枷號一月,鞭一百;係民,責四十板,徒二年。〇雍正五年覆准:行令倉場侍郎,將新募經制吏攢姓名、年貌、籍貫、著役日期,取具該地方官印結報部。俟五年役滿,該管官出具並無虧空過犯印結送部,准照州縣總吏之例,以九品雜職即用。

巡倉員役

禄米倉,旗員四員,領催四名,披甲五十名。南新倉,旗員二員,領催二名,披甲二十八名。舊太倉,旗員三員,領催二名,披甲二十八名。海運倉,旗員二員,領催四名,披甲三十六名。北新倉,旗員二員,領催四名,披甲三十八名。富新倉,旗員二員,領催二名,披甲二十八名。太平倉,旗員六員,領催二名,披甲九十名。萬安倉,旗員,驍騎校六員,披甲七十名。本裕倉,旗員三員,披甲六十名。大西倉,旗員二員,領催八名,披甲四十二名。中南倉,旗員四員,披甲七十名。

康熙十年覆准:京八倉防兵甚少,不能巡邏。每倉設本旗旗員及披甲人等看守。〇二十六年覆准:坐糧廳衙門有委官一項,令其裁去。其通倉向設巡捕二名,專司巡緝,照舊留用。〇三十四年覆准:通倉亦撥滿洲兵看守。除舊設巡倉舖軍外,每倉令各該旗派出旗員及披甲人等。其官兵所住房屋,於近倉空地,令工部蓋給。〇四十五年,設本裕倉,添旗員披甲人等如額。〇雍正二年,設萬安倉,添旗員披甲人等如額。〇三年覆准:裁巡捕二名、舖軍一百四十五名。酌添披甲一百二十名。

凡倉糧收支,順治五年題准:漕米入京倉,每石有耗米七升、尖米四升二合。通倉,每石有耗米四升、尖米四升二合。舊例,每石每月准除尖米一合一勺六抄,以備鼠耗。三年内,遞減尖米,三年外,每年遞減耗米二升。今定,三年内尖、耗,俱准遞減。〇八年定:漕糧進京、進通及漕、白二糧,派撥進倉,聽倉場總督隨時酌議。〇十三年覆准:漕米貯倉,挨年給放。新收糧米,另貯一廒,不許攙入舊米内,開明收過米數,并驗收監督、經管攢典姓名及收貯年月,標置廒門,仍註明循環簿報部。領米人役,按次支給,不得任其揀擇。〇又題准:輕齎由閘等銀,係隨漕錢糧,向解部庫支給。嗣後,歸倉場督催,各糧道起解到通,發坐糧廳通濟庫收貯,歲底倉場奏銷。支剩銀兩,解送部庫。〇又題准:京通各倉,收受漕米,以紅單到日爲始,米石進完,隨即晒颺,必期如法。至雙晒雙颺之後,看其米色乾潔者,即收受入廒。倘非乾潔,有礙支放者,必三晒三颺,始行收受。務要十日内報完,如過期不完,聽倉場題參,即以需索治罪。〇十四年覆准:倉糧三年内,祇准遞減尖米。其耗米不准遞減,作正支銷。〇又覆准:本年新運,剥船不足濟用,暫將正兑漕米,酌撥通倉。〇十五年覆准:京倉交納餘米,必俟通倉交完,查明扣留外,方准照出。其扣存餘米,坐糧廳彙咨總漕,移抵官旗舊欠,各倉登註循環簿,作正支銷。〇又覆准:改兑進通,例無板木鋪墊。若不先行支放，浥蛀可虞。嗣後，放米之時，先於通倉挨陳支放。〇又覆准：扣除餘米，照舊例三七扣抵外，又挨抵上年欠數，以三年爲止，如十五年餘米，查至十二年止。仍有餘米，照數給發，以示鼓勵。〇十六年議准：車户交米，每票抽掣兩袋。如一袋短少，五袋照數追賠，即將脚價扣補。〇十七年題准：掣欠米石，令經紀、車户立刻補還，扣抵明白。如大通橋掣少，經紀賠補，各倉掣少，車户賠補。〇十八年議准：各倉在廒内支放米石，恐有短少。嗣後，如米滿廒，則自廒口流出量給。若剩至半廒，即將廒口開板，盡行掣起，與領米之人同看量給。〇康熙元年覆准：漕船抵天津，例有截留。如一幫不敷，即挨幫截留，不得先後攙越。〇二年覆准：俸米向多河兑，今剥船倉廒俱備，仍舊分京、通倉支放。〇十四年題准：盤鬨耗米五升，將三升收廒，作正支銷，以二升聽作各鬨折耗。〇十九年題准：八旗官員俸米并官員未分居披甲子弟及官員家下兵丁餉米，俱於通倉支給。其餘護軍領催兵丁等餉米，俱於京倉支給。〇二十二年題准：大通橋監督，將運倉米數先期行文八倉監督，定日開倉，務於本日照數收完。不能收完者，該監督查明登簿，連袋寄倉，次日掣收，以杜侵盗攙和等弊。〇二十三年題准：嗣後放米，如遇廒米蒸熱溢出者，該監督將溢數開報倉場，作爲正項，歲底奏銷。如有隱匿遲延不報者，嚴加議處。〇二十四年定：經紀運米到橋，該督抽掣一二袋。數少二升者，係通州到橋短少，例不賠補。二升以外者，即照所少之數，按袋扣算賠補。其各倉定例，自車户接受入囤，令原運官旗丁晒颺，短少，責令運官旗丁賠補。如監督違例，將車户所運米石攤晒量驗者，罰俸一年。〇二十六年覆准：京倉粟米不敷支給，將通倉支剩稜米改派進京。尚有不敷，將年深粳稜米石，代粟米支放。〇三十四年覆准：河道凍阻，不及入倉，在河堤囤米十萬八千餘石。將八旗王以下，有頂帶官員以上並官員子弟家下甲兵等明年春季米石，即在河堤支給。此米給發之後，陞任官員不准支給，革職降級等員亦不扣裁，並明年滿歲上朝官員新授官員等，仍照例支給。再，一季應給米二十九萬六千石零，河堤打囤米石，不敷支放。此不敷米石，仍將通倉稜粟米石支給。〇四十一年覆准：嗣後，將留倉舊任監督變色之米，聽旗人看驗。有可以支放者，新舊監督公同監放，每年務放變色米十分之一。如有攙和爛米塵土者，倉場侍郎查參，嚴加議處。又，凡給發脚價，將變色米搭放留任監督之倉，十分之中，銀二分，米八分。無留任監督之倉，銀五分，米五分。〇四十三年題准：京倉支放八旗兵米，舊例，春季自二月放起，秋季自八月放起，限三個月内放完。但八月正當南米抵通撥運入倉之時，收放交錯，日生弊端。嗣後，放八旗秋季兵米，改爲十月，以部檔到日，限兩個月放完，春季亦限兩個月。〇又覆准：本年漕船遲滯，在張家灣等處河干，酌量起卸，囤貯漕米四十餘萬石。自王以下各官，明年春秋二季俸餉米石，即於河干支放。白米，將新老米代給；粟米，將新梭米代給。〇四十五年議准：將本裕倉漕米支給鄭家莊駐防官兵。〇四十七年題准：輕齎等銀，蘇松解部，餘省解坐糧廳。〇五十五年議准：八旗甲米，分作三季支放。頭季米石，於上年十一月内支給；二季米石，於本年三月内支給；三季米石，於八月内支給。〇五十六年覆准：通倉霉爛米石，每石作銀二錢，給與經紀車户人等及各役，抵作工食，餘賞給各旗兵丁。〇又覆准：嗣後，八旗米檔，於每季上月初十日内送部，移咨倉場，兩個月内放完。如該監督并監放旗員，違限一月者，罰俸一年；違限兩月者，罰俸兩年。如八旗不於上月初十日内將米檔送部，即將造册遲延之官題參，交與該部議處。至官兵俸餉已造册行倉，如有陞轉，不准添補；其年老告休病故者，亦不令扣裁；如獲罪革退，仍令該旗移咨扣裁。〇六十年題准：將蘇松輕齎五萬兩解通，其餘八萬兩解部。如有不敷，倉場具題，户部查核酌撥。〇六十一年覆准：漕糧定例，正兑進京倉，改兑進通倉。今歲，不分正改兑米，俱起卸張家灣，就便支放俸米。將下年運通米石撥運京倉，補還原項。〇又諭："倉糧關係甚要。放米之時，理應一廒放畢，再放一廒。今聞此廒米石，支領方半，又向别廒支領，所剩米少而所占之廒甚多。又，支領白米時，諸王、公主等屬下之人，不按應放之廒領米，而揀廒、霸占支領者有之。此等斷然不可，理應按廒支領。如廒内餘米一半者，即是弊端，應將此徹底清查。若遣他人，亦不能辦。著和碩雍親王前往會同查勘。再，從前倉内每日進廒之米，止四五千石。自康熙五十二年以來，每日進廒之米至四萬石。進米多，則於回空糧船有益。至於米色之變，全在收貯，即如昭五達地方所貯米石，歷四十年，米色照常，並未霉爛。廒座有損漏者，著即修理。廒座如不敷用，著即添造。皇上遵奉聖祖仁皇帝諭旨，率諸臣查勘，奏准：通州西、中、南三倉，共三百七十六廒。除支放已空者七廒外，其餘各廒所貯之米及院内露囤四百六十一圍，通共米五百一十三萬九千石有奇。内，未經支放好米二百七十六廒；已經支放，尚有餘剩之米得半者，四十八廒。又，變色之米七成以下，不可久貯，亦已經支放，尚有餘剩之米得半者，四十五廒。因此變色之米占留廒内，致新米不得歸廒，而多入露囤，被雨蒸潮,易致霉爛。請遣部院大臣一員,同倉場總督,先將此變色之米照減價例悉行糶賣,則所占之米既空,而露囤之新米亦得歸入廒内。至於放米領米之例,誠不可不定。嗣後,諸王以下領米時,務各按廒支領,俟此廒既空,再放別廒。倘仍前揀廒支領,遺剩半廒者,該監督即報倉場總督題參,將領米官員,交部嚴加議處。放米時,每旗派參領一員,監視約束。如該監督不將好米給與,而參雜變色之米,勒令支領,亦許領米官員呈告倉場總督,將該監督亦交部嚴加議處。查定例,支領米石,限兩月領完。若有無故延挨踰限者,即停止給與。如係該監督勒措遲延,亦即將該監督題參議處。又,舊監督任内之米,或米色霉變,額數有虧,新監督勢難接受。若勒令接受,則彼此互虧,愈難究詰。是以舊例將此等虧額之舊監督題參,仍令伊等留倉監放,俟完日查明,追賠治罪。今查康熙五十年以前,虧額留倉之舊監督任内米石,亦尚有餘剩半廒者。應令新監督分別米色,呈驗倉場總督。其未經霉變者,歸併同色好米廒内,以便支放。其已經霉變七成以下者,遷入露囤,即行糶賣。并行文直隸巡撫派各屬州縣,設法運去,俟來春令民間糴買,大有裨益。此外,又有抵給倉役工價之米,堆積倉外,霉爛成灰,原不在數内。恐有不肖胥吏,將此攙雜充數,鋪墊廒底,亦未可定。請給與耕種之民,聽其量力運去,以壅田畝,有益。若其中尚有成色之米,仍行減價糶賣。倉無混占之廒,地無委棄之粟矣。再,查米色之霉變,多由廒倉之損漏。通州各倉,應大修者,五十廒;應小修者,一百三十二廒。又,三倉舊制,各有一百八十二廒。若將新舊之米併貯,似屬不敷。應於各廒空地,添造十八廒,以足二百之數。請交與工部,確估修理添造。再,查通倉惟支放俸米,所用少而存貯日久,陳陳相因。京倉米石,所用甚多。不若於京城擇可建廒之處,另建一倉收貯,便於支放。亦請交工部,相度處所,估確建造。至於糧艘到後,按時將米催卸入倉,每日可進五萬七千六百石之數,已嚴飭倉場坐糧廳等照此催卸,自不至貽誤回空糧艘矣。"○雍正元年奏准,每年到通船六千餘隻,内,大船五千餘隻,小船一千餘隻。向有茶果銀兩,每大船十兩,小船七兩,共三萬兩有餘,内,給發皇船水手工食銀一萬一千八百餘兩。外,以二千二百兩,爲滿漢總督修理衙署并筆帖式盤費等用。餘二千四百兩,封貯通濟庫,遇有公事動用。○又覆准:嗣後,旗丁交兑漕糧,照例晒颺。交完,果有餘剩,照數給與價值,顆粒不許出倉。本衛本丁有欠,准其抵欠。有情願賣與別幫抵欠者,亦准於本倉賣抵。抵賣之後,再有餘剩,令該監督報明倉場,加具印結,轉咨户部差官會同倉場,將坐糧廳及各倉所得茶果銀兩,照數按丁唱名給發,餘米留倉。如不敷用,再於通濟庫銀内,動用給發。○又覆准:五城賑濟粥米,兵部箭匠、工部作官、織染局匠役等項米石,停給老米,槩行支放梭米。○又命:抵通糧船,倉場三日奏報。○二年諭:驍騎校、護軍校,雖係職官,原與兵同。伊等赴通關米,多費脚價。此後,隨八旗甲米,在京倉支領。令驍騎校、護軍校與八旗分爲九處,將萬安倉同禄米等八倉掣籤支放。○又諭:圓明園駐防官兵米石,在本裕倉支領。○又諭:支放甲米,遇閏年,早放一個月。○三年諭:八旗應放甲米,原有限期,近日雨水稍多,車輛難行,著寬限一月。嗣後,放甲米之時,或遇雨水稍多,即寬限一月。永爲定例。○又覆准:各倉每季開放大檔,所有擡斛挖筲僱覓之費,别無應領之項。惟各倉進米,舊有茶果銀,每倉約計銀六七百兩不等,令監督發爲僱覓人夫之用。其舊太、興平兩倉,茶果銀已經扣抵舊任虧空,將脚價銀兩,以八成折抵虧空,給與二成爲進米之費。至京通各倉收放米石,既經動用錢糧,如有倉役暗中需索旗人者,嚴查題參,將監督嚴加議處,倉役從重治罪。○又覆准:嗣後,令八旗都統,將驍騎護軍校應領米石照册,同大檔一併送部,分發九倉支放。○四年覆准:於雍正五年爲始,將改兑梭米,全進京倉;改兑粟米,亦撥入京倉十萬石。於五年春季俸米内,除王俸外其餘官俸應得粳稄粟三色米内,全放梭米一季。嗣後,俸餉米石,每隔一年,照例支放一次。○五年諭:"據倉場侍郎等奏稱:蘇、松、常、杭、嘉、湖六府糧米,潮濕霉變,有五成、六成、七成、八成不等。若一槩駁回,則重船回次遲滯。若勒令在通賠償,則北地稻米稀少,不敷買補。請將五成、六成、七成之米,俟糧務告竣之後發賣,將價銀發與總漕,嚴追買補,分年搭解。其八成之米,於開放甲米時支放,等語。朕思七成、八成之米,俱可供食,著將此二項米石開放甲米。向例,甲米應將老米、粟米、稄子米三色搭放。今朕加恩全放老米。雖成色稍次,然較之粟米、梭米,猶爲有益。其放米日期,先期一月,於六月内放起,限兩個月從容放完。至於六成、五成之米,難以支放,應如所奏,照數出糶,將所得價值,交總漕發原兑各州縣,照折净之數,採買好米,分年帶運完項。但俟漕務告竣,方行出糶,不免又有霉爛之患。著倉場侍郎即委誠實人員,同各該運弁旗丁親看發賣,即將所得價值,發與該督撫糧道,採買好米,帶運完項。"

凡考成,順治十年題准:坐糧廳經管漕、白二糧,差滿回部。考核稱職者,從優陞轉。○十六年題准:倉場侍郎督催漕、白二糧告竣,照督撫完糧例議叙。通倉監督,亦照糧道全完例議叙。〇康熙三年題准:倉場侍郎及坐糧廳催趲運糧到通,除帶運外,凡進倉米石并扣收舊欠餘米,總作十分。坐糧廳,完至九分八釐者,照常考核;完至九分九釐以上者,優陞;欠不及一分者,罰俸六個月;欠一分以上者,罰俸一年。倉場侍郎,完至九分八釐者,照常考核;完至九分九釐以上者,紀録一次。三年全完者,加一級;欠五釐至一分者,罰俸一年;三年連欠五釐至一分者,降一級,帶罪督催。〇四年議准:京通倉監督,任滿稱職者,照坐糧廳例議叙。〇五年題准:停止優陞例。〇又議准:京通各倉缺少糧米,分坐賠補,監督三分,筆帖式外郎二分,倉役一分,追完入倉。監督自首,免交吏部,倉役,交刑部擬罪。倉督、巡倉失察,各罰俸一年。所存米仍令原管官役支放俸餉,放剩之米,與新任官交盤。〇八年議准:停止倉督催糧加級紀録之例。〇二十三年定:各倉監督,將糧米人役不行嚴查,以致短少支放,將監督照委官監放兵餉不行親臨查閱例,各罰俸一年。頭役不行從公量驗,照不應重律,杖八十,折責三十板。〇三十九年定:自天津催趲糧船至通,及往來查看,水淺督夫挑挖,向係倉場管理,今俱歸併坐糧廳。〇四十一年覆准:嗣後,將留倉舊任監督色變之米,每季務放十分之一。如仍前延緩,一年不放如數者,降職二級;二年不放如數者,革職,帶罪支放,完日開復。現任監督不力爲催放,一年内不放如數者,罰俸一年。〇五十年議准:京通各倉漢監督,除外陞者,暫停其陞轉。其在京陞轉者,照滿洲出差官員,遇陞轉時,准其照常陞轉,仍令一年差滿更替。如有虧空,交與刑部從重治罪,著落家産賠還。有贏餘正額米者,照議叙州縣官之例,每米一百石,紀録一次,四百石,加一級,五百石至三千石,照數遞算加級,三千石以上,以應陞之缺即用。大通橋監督,係專管轉運京倉之員,一年内,照數運完,准其加一級。如有不完,交與該部議處。〇五十五年議准:停止監督議叙。〇五十九年議准:京通各倉監督,向例,限兩個月交盤。嗣後,限四個月交代明白,五個月具題考核。違限者,照交代遲延例處分。如舊監督果有短少攙雜之處,新監督查明,揭報倉場,押同盤量。將舊監督題留監放,仍交與該部從重治罪。如新監督含糊揭報,亦交部議處,仍令赴倉,一同監收。〇六十一年議准:嗣後,京通各倉新舊監督交代之時,如有互相推諉,不受交代,延挨月日者,倉場驗看明白,有應接受者,即令接受交代;如有短少,不應令其接受交代,即行題參,嚴加議處。將好米交與新任監督,如有短少,著落舊監督賠補。〇雍正二年覆准:嗣後,各倉監督差滿,欽點部院大臣滿漢各一員,會同倉場逐廒查驗。如果米好數足,倉場分晰造册,報部核明,交與吏部,議叙陞用。如有短少浥爛并尅扣軍丁等弊,倉場查參,交部從重治罪。○又覆准:各監督議叙時,除動用通濟庫錢糧所得餘米不准議叙,其動用茶果銀兩所得餘米,按米石數目,照例議叙,仍將存貯贏餘米數并動用銀數,造册報部查核。○又覆准:各倉監督虧折米石,行令各原籍勒限一年追賠全完。浥爛米石,每石照例折銀三錢,亦勒限一年追完報部。○又覆准:康熙五十七、八、九、六十等年各倉虧折餘米,在各該年監督名下均攤賠補。照例,每石老米七錢、梭米六錢、粟米五錢,勒限一年全完。如有已故、實無力賠補并家產盡絶者,該旗該地方官題報,將各倉役未領二成脚價抵補。

凡禁令,順治六年定:坐糧廳嚴禁人役兜攬詐騙等弊。其漕糧抵通之日,民間販賣雜糧船隻,皆不得擁擠停泊土石二壩。其東關店房,仍令照舊貿易,但糧到之日,不得糴糶粳粟二米,以杜運丁盗賣。○八年覆准:運河兩岸,或有假充運官,保押掛欠,或旗人積棍,借稱歇家引户名色作奸,嚴行禁革。○又覆准:兩岸莊頭人等,不許近漕船,交通剥運。剥船人役,不許倚恃莊頭,公行不法。如有盗賣盗買,事發,該管官一例治罪。○十年覆准:官丁掛欠,皆由勒索多端。嗣後,河剥船户有犯,責在務關;經紀等役有犯,責在坐糧廳;車户有犯,責在橋廳;倉役有犯,責在各監督,違者重究。○十二年諭:京通積蠹,侵吞漕糧。剥船盗賣、旗丁勾通地棍、私相交易等弊,著倉場總督加意釐剔。其過淮以後漕弊,著總河倉督協同稽察。○十五年題准:河兑之日,預差旗員同坐糧廳,躬赴河干,挨次支放。倘有混籌搶籌等弊,聽倉場查參究治。○十六年覆准:漕米進倉,各監督務晒颺乾潔,違者參處。○又覆准:放糧時,務照各旗佐領,挨次赴倉支領。不許混擠進倉,擁塞倉門,乘機偷盗,并奸棍霸占廒口,串同倉役作弊,違者,拏解刑部重治。○又覆准:各倉放米之時,監督不時巡查。如有故違不法,車輛擁擠,點火喫烟,偷盗及買頭奸棍霸占廒口,串通倉役包攬糧米者,即拏送刑部,從重治罪。○十七年覆准:漕糧抵通,挨序進倉,隨到隨收,不許地棍奸蠹需索陋規。倉場刊單,行坐糧廳頒給運官,填註有無情弊,以便察懲。如運官容隱捏填,事發并參。其積年買頭定買瓜分等弊,照律議處。○又題准:起運漕糧,搬運脚價,務須依期給發,不得抑勒遲滯。如有應給不給者,即指名題參。其各運役有藉口散給脚價遲延,故爲科詐盗漕情弊,即行嚴訪緝拏,解送刑部究擬。○康熙元年議准:京通倉放糧,每翼各遣户部司官一員,每旗筆帖式一員,又每旗委官員,同該倉監督、筆帖式驗放。如攙和糠土,糧米浥爛,呈明户部,將監督、筆帖式題參。如部員、旗員通同攙和支領,倉場、巡倉嚴查題參。其漕糧進倉時,監督、筆帖式不能稽查,致有攙和浥爛,及受賄虧損情弊,將監督、筆帖式交吏部,倉役送刑部,重處。其領米之領催及家人,若將好米攙和偷賣者,亦送刑部重處。如在倉場外賣米者,聽。若在倉内賣米者,買主賣主,俱交刑部重處。倉場、巡倉失察者,一并参處。〇六年覆准:米内加水和土,事發,將押運官舍一并治罪。〇十九年定:各廒所貯米石,那貯别廒並未報明者,將該倉監督及筆帖式一并参處。〇二十一年定:經紀、車户、剥運交倉偷盗漕糧者,交與刑部,究審治罪。〇又定:各倉被賊偷出米石,雖經獲賊,但不能預先防範,將該倉監督及看守旗員、披甲人等,交與吏、兵二部議處。〇二十五年覆准:攔路戳袋挖倉越墻之盗,照律治罪。不至死罪者,係另户人,發黑龍江、寧古塔等處,披甲當差;係奴僕及民人,發黑龍江、寧古塔等處新披甲人爲奴。至褲襖細袋偷米小賊,即於倉門枷號四十日,係旗人,鞭一百。係民,責四十板。〇三十九年議准:京通各倉支放八旗官兵米時,倉役人等,如有攙和沙土支放者,交與刑部,從重治罪;抑勒留難需索銀錢者,僉妻,發邊衛充軍;因索賄打人至死者,擬斬,監候秋後處決。關米人等私給銀錢,與受錢之人同科治罪。該監督不行查出,一并議處。若監督知情故縱者,革職,交與刑部,從重治罪。不行查出之倉場侍郎,亦交與吏部議處。〇又議准:各省糧船,運到土石二壩,起米盤壩過閘,運入京通各倉,晒颺,俱照定例。如不即令過壩過閘,抑勒遲延,或晒颺後不令入倉者,許運丁等首告,將監督交與吏部,從重議處,倉役交與刑部治罪。〇四十三年題准:放米逾限,雖係監督遲延,實係倉内惡棍串通領米之人推故延挨,以圖偷竊。嗣後,監放及監領官員不行嚴催,及領米之人不即領米,推託時日者,倉場查出,指名題参。〇五十三年定:偷盗倉米,照火倉偷豆例治罪。〇雍正二年覆准:倉中收放人夫,有夾帶偷盗之弊,交與該監督,取具保結,每人給以腰牌,逐名點驗搜查。如仍有夾帶偷盗情弊,將監督題参議處。〇又覆准:通倉偷米,有墻上釣鱔等弊,交與看倉官兵嚴行巡查。如有疎縱,題参議處。〇四年議准:壩、閘、大通橋及朝陽門,各製有蓋木桶一隻。凡船内岸上狼藉之米,收貯桶内,數滿十石,即行報明,就近運入太平倉廒内收貯。俟漕運完竣之日,通計掃收米石若干,倉場據實奏聞,以爲冬月煮賑之用。仍出示嚴禁,不時巡查。如有將狼藉米粒掃棄河中,即行拏究。○五年議准:經車運役所領脚價銀兩,不許放債,并不許圖利保債。倘有從前所保之債,已經償過本銀者,毋得牽連拖累,將所領運價逼迫代償。此後如有盤踞其地,違禁取利,尅剥旗丁者,該地方文武各官、坐糧廳,立即嚴拏究治。如世宦大家,係有職人員,亦即指名題參治罪。該地方各官、坐糧廳不行查察及該管運弁仍縱容旗軍花費,私下借債還償者,一經發覺,俱交部嚴加議處。○又覆准:倉場書役,熟久弊生。嗣後,少進多出,以致虧空者,書攢頭役,俱照侵欺錢糧之例,比監督減一等治罪。其虧空米石,著落監督賠六分,書攢賠二分,頭役花户合賠二分,勒限一年之内賠補全完。倘限内不完,著地方官將家産變賠。

〔水次倉〕

德州常豐倉有二倉。　臨清倉

淮安常盈倉　徐州廣運倉

鳳陽永泰倉廣儲倉　江寧倉

德州倉,額徵本色米麥三萬三千六百四十七石九斗零,折色銀五萬二千六百六十兩六錢八分零。係濟南、兗州二府屬州縣徵解,給發運軍月糧并駐防、過往官兵糧餉,隸山東糧道管理。凡徵本、徵折,該撫於年前,預行題請。

臨清倉,額徵本色米麥六萬九千三百八十九石二斗零,折色銀一萬四千九百五十三兩二錢四分零。係濟、兗、東、青、萊五府屬州縣徵解,給發運軍月糧并駐防、過往官兵糧餉,隸臨清關監督管理。

淮安倉,額徵本色米麥二萬九千四百四十三石五斗零,折色銀一萬五千八百二十六兩五錢二分零。係淮安、揚州、廬州、常州四府屬徵解,給發運軍行月糧。舊隸淮安關監督管理,今改隸江安糧道。

徐州倉,額徵本色麥豆二萬六百九十三石五斗零,折色銀二萬五百一十七兩八錢六分零。係本州屬縣徵解,給發運軍行糧,隸淮徐道管理。

鳳陽倉,額徵本色米麥四萬四千六百六十八石六斗零,折色銀八萬八千四百八十七兩六錢六分零。係廬、鳳二府屬,壽、泗、宿、潁、亳等州及長淮、鳳陽等衞徵解,給發運軍月糧及兵糧,隸江安糧道管理。

江寧倉,額徵本色米二萬九千一百六十六石零。係江寧、鎮江二府屬,滁州、和州等州縣徵解,給發運軍行月糧,隸江安糧道管理。

凡管糧專官,順治元年,差户部司官管理臨德倉,一年更代。○二年,差户部司官管理徐州倉。○康熙元年議准:鳳陽倉部差官員,照例給精微批文。〇四年,停鳳陽、徐州、德州、臨清倉部差。鳳陽倉,歸并本府通判管理。德州倉,委萊州府通判管理。臨清倉,委登州府通判管理。徐州倉,半歸淮安倉,半歸徐州知州管理。〇五年議准:江寧倉,令本府理事同知兼攝,仍屬江安糧道管理。〇七年議准:鳳陽倉,改歸本府知府管理。〇八年,復差部員管轄鳳陽倉。又,併臨清倉與臨清關爲一差,仍差部員兼攝收放。〇十三年,停差鳳陽倉部員,仍歸鳳陽府知府管理。〇十八年題准:德州倉,令山東糧道兼管。〇二十年,復差部員管理鳳陽倉。〇二十一年定:徐州知州分管倉務,歸淮徐道兼攝。〇三十四年議准:淮安倉、鳳陽倉,俱歸併江安糧道管理。

凡倉糧收支,順治九年議准:山東州縣應解臨德倉糧,舊例,有徵解本色者,有每石徵銀八錢,僉民買米上納者。令俱派徵本色,各州縣佐貳官解運該倉,以備軍需。〇康熙三年題准:臨、德二倉本色米麥,改折銀解部。〇九年定:河南應解臨、德二倉錢糧,改解河南糧道。〇十年議准:臨清倉本年額徵米麥,改折收貯。米,每石折銀八錢;麥,每石折銀一兩一錢。德州倉存貯米麥不足支放,本年額徵米麥,仍徵本色解倉。〇又議准:河南應解臨、德二倉米石,浙江應解淮倉米石,隔省運解不便,改解各本省糧道。〇十三年議准:臨清倉,米,折銀解部;麥,仍徵本色,貯倉備給。〇十四年議准:臨清倉米,仍徵本色。〇二十四年覆准:臨清倉米麥,止將臨清、濟寧近水二處仍徵本色。其各屬距倉遠者,俱准折徵。〇又題准:德州倉、臨清倉本色米麥,除支放外,麥石給放運軍,米石起解通倉。〇又題准:淮、徐二倉存剩米麥,變價解部。〇二十九年覆准:德州倉米石,將濟陽等六處,徵收本色。其餘麥石,照例折徵。〇三十年覆准:德倉舊例每歲額徵米石,春季預徵一半,支給官兵,本年動支庫帑,於秋成後,照時價採買四千餘石,以作下年春季支放之用。今將三十一年額徵米石,俱於秋成後徵解貯倉,將一半支放本年秋季兵米,一半支放次年春季兵米,以免預徵之累。〇三十一年覆准:嗣後,臨德二倉本折錢糧,俱於五月内造報。〇三十三年議准:淮、徐、鳳三倉各州縣應解本色,照漕折例,槩徵折色,行月給軍,減存解部。〇三十五年題准:德州倉米,仍徵本色。臨清倉,改徵折色,每米一石,照例折銀八錢。

凡倉糧考成,順治初,定:徐、淮、臨、德等倉監督,一年差滿,將任内舊管、新收、開除、實在數目,核算相符,方准回部辦事。〇十一年題准:淮、徐等倉錢糧,各州縣官,未完一二三分者,住俸;四五分者,降俸一級;六七分者,降職一級;八九分者,降職二級;十分者,革職。俱帶罪督催,限文到三個月内催完。如限内不完,原欠一二三分者,罰俸三個月;四五分者,罰俸六個月;六七分者,罰俸一年;八九分者,實降職一級;十分者,實降職二級,俱調用。糧道以合屬通算,未完一分者,免議;二三四分者,住俸;五六七分者,降俸一級;八九分者,降職一級;十分者,降職二級。俱帶罪督催,亦限三個月催完。如限内不完,原欠二三四分者,罰俸三個月;五六七分者,罰俸六個月;八九分者,罰俸一年;十分者,實降職一級調用。凡糧道、州、縣已陞、已降者於現任,丁憂者於補任,照例降罰。〇康熙三年題准:徐、淮、臨、德四倉監督,自到任至任滿,按日扣算。凡任内錢糧,與舊欠錢糧,各作十分。如任内錢糧全完,又完舊欠至二分以上者,紀録一次;至四分以上者,加一級。止完現年錢糧,照常考核。現年錢糧,未完不及一分者,免議;未完一分者,罰俸三個月;二分者,罰俸六個月;三分者,罰俸一年;四分者,降一級調用;五分者,降二級調用;六分者,降三級調用;七分以上,革職。〇又題准:鳳陽、江寧二倉監督,催收各州、縣、衛、所錢糧完欠,俱照徐、淮、臨、德四倉例考核。〇又題准:徐、淮、臨、德四倉及鳳陽、江寧二倉錢糧,州縣官,欠不及一分者,停其陞轉;欠一分者,罰俸六個月;二分者,罰俸一年;三分者,降俸一級;四分者,降俸二級;五分者,降職一級;六分者,降職二級;七分者,降職三級;八分者,降職四級,俱帶罪督催,完日開復。欠九分以上者,革職。布政使、糧道、知府、直隸知州,欠不及一分者,停其陞轉;欠一分者,罰俸三個月;二分者,罰俸六個月;三分者,罰俸一年;四分者,降俸一級;五分者,降俸二級;六分者,降職一級;七分者,降職二級;八分者,降職三級;九分者,降職四級,俱帶罪督催,完日開復。欠十分者,革職。巡撫,欠不及一分者,停其陞轉;欠一二分者,罰俸三個月;三分者,罰俸六個月;四分者,罰俸一年;五分者,降俸一級;六分者,降俸二級;七分者,降職一級;八分以上者,降職二級,俱帶罪督催,完日開復。署印官,欠不及一分者,停其陞轉;欠一二分者,罰俸三個月;三四分者,罰俸六個月;五六分者,罰俸九個月;七八分者,罰俸一年;九十分者,降一級調用;署印不及一月者,免議。州縣官參後限一年徵完,如限内不能全完,原欠不及一分者,罰俸一年;原欠一二分者,降三級調用;原欠三四分者,降四級調用;原欠五六分者,降五級調用;原欠七分以上者,革職。布政使、糧道、知府、直隸知州參後限一年半催完,如限内不能全完,原欠不及一分者,罰俸一年;原欠一二分者,降三級調用;原欠三四分者,降四級調用;原欠五六分者,降五級調用;原欠七分以上者,革職。巡撫參後限二年全完,如違限不完,原欠不及一分者,罰俸一年;原欠一二分者,降二級調用;原欠三四分者,降三級調用;原欠五六分者,降四級調用;欠七八分者,降五級調用;原欠九分以上者,革職。其接徵、接催各官,俱以到任日爲始,限半年催完,如不能完,照初參分數例處分。至帶徵節年拖欠錢糧之大小各官,俱限二年全完,如不能完,照各職任定例處分。〇四年議准:山東、河南糧道,免其德、臨二倉考成。〇六年題准:徐州倉歸知州經管,如經徵本州錢糧不完,照州縣官限例議處。如督催各縣錢糧,照直隸州限例議處。〇七年定:河南應解臨、德二倉錢糧,歸糧道給放運軍行月,照舊考成。〇十四年題准:署印官,欠不及一分者,不必停陞。接徵、接催官,槩限半年,爲期太迫。改定,州縣官限一年,司、道、府、直隸州限年半,巡撫限二年。如不全完,仍照初參例處分。〇十九年定:德州倉糧,歸併糧道,照監督例考核。〇三十二年覆准:常、德二倉,定例,四月内將完欠分數職名造册具題。但糧道每年三月底押運北上,故每年題請展限一月。嗣後,定於五月内造報,免致題請展限。〇三十三年覆准:淮、徐、鳳三倉徵收各州縣米麥雜豆及折色銀兩,徑交糧道,給發旗丁,餘剩解部。完欠考成,皆歸糧道造報。

大清會典卷之四十五

户部

〔倉庾二〕

〔直省府州縣衛倉〕

直省倉庾

國初以來,建革不一。又有經制未設,圮廢未修者。故或一縣數倉,或有縣無倉。雍正三年,命天下縣各建倉,以防紅腐。於是直省府、州、縣、衛收糧處所,莫不有倉。又舉行義、社倉之法,勸民積貯。縣城之外,鄉各有倉。名目既多,不更備載。今據吏部銓選有倉大使缺者,載於前;其舊有倉名及歷年建置見於科抄者,列於後。

直隸

保定府廣盈倉大使

天津州倉大使

正定府豐盈倉大使

江南

淮安府大軍倉大使

山東

濟南府廣豐倉大使

青州府永阜倉大使

萊州府慶豐倉大使

山西

太原府大盈倉大使

寧武府寧武縣縣倉副使　　萬億倉副使

神池縣八角永寧倉大使
五寨縣廣盈倉副使
代州邊儲倉大使
繁峙縣平刑關倉大使
崞縣利民堡倉大使
潞安府永豐倉大使
朔平府常盈倉副使　　常豐倉大使
陝西
西安府永豐倉大使
漢中府廣積倉大使
河東解鹽中塲倉大使
延安府榆林廣有倉大使
湖廣
襄陽府大盈倉大使
江西
九江府廣盈倉大使
臨江府豐積倉大使
贛州府大濟倉大使
福建
興化府大有倉大使
漳州府常平倉大使
平和縣南臺鹽倉大使
廣東
廣州府永豐倉大使
韶州府通濟倉大使
惠州府受納倉大使
潮州府永豐倉大使
肇慶府豐濟倉大使
高州府永安倉大使
廉州府廣儲倉大使
瓊州府廣豐倉大使
儋州大豐倉大使

貴州
貴陽府豐濟倉大使
直隸順天府
昌平州居庸倉
密雲縣龍慶倉　古北口倉
石匣倉　廣貯倉
廣有倉
懷柔縣廣濟倉
涿州常盈倉　陸樊倉
霸州常盈倉
薊州供應
陵工倉
平谷縣倉
遵化州供應
陵工倉　永盈倉
喜峰口倉　馬蘭峪倉
喜雨倉　平安城倉
羅文峪倉　洪漢倉
永平府
盧龍縣永豐倉
昌黎縣南倉
玉田縣際留倉　存留倉
賑濟倉　東關倉
西關倉　轆轤莊倉
鴉鴻橋倉　窩洛沽倉
林南倉　采亭橋倉
豐潤縣供應
陵工倉　豐盈倉
河間府巨盈倉
景州廣積倉
順德府永濟倉
廣平府永豐倉

大名府廣存倉
宣化府宣政倉
宣化縣前衛倉　　深井堡倉
　　城廳倉　　雞鳴驛倉
萬全縣右衛廣盈倉
　　膳房堡軍儲倉
　　張家口堡軍儲倉
　　張家口新廒
　　新河口堡軍儲倉
　　洗馬林堡軍儲倉
懷安縣廣備倉　　萬全左衛廣積倉
　　西陽河堡軍儲倉
　　柴溝堡軍儲倉
蔚縣蔚州衛倉　　廣昌衛軍儲倉
　　桃花堡軍儲倉
西寧縣西城軍儲倉
　　東城軍儲倉
赤城縣開平衛廣積倉
　　雲州堡廣盈倉
　　滴水崖堡軍儲倉
　　鎮寧堡軍儲倉
　　馬營堡廣盈倉
　　赤城堡廣備倉
　　龍門堡倉
　　鎮安堡軍儲倉
　　獨石口堡倉
　　獨石口新倉
龍門縣龍門衛廣盈倉
　　葛峪堡倉　　趙川堡倉
　　鵰鶚堡倉　　長安嶺倉
懷來縣懷來衛廣皇倉
　　保安衛新興倉

土木堡倉　榆林倉
延慶州軍儲倉　靖安堡倉
四海治堡倉　永寧衛倉
保安州永豐倉　公字倉
裹餱倉
奉天府
户部三倉
工部柴倉
内務府倉
奉天將軍倉
備米倉
承德縣倉
遼陽州倉
海城縣倉
蓋平縣倉
開原縣倉
鐵嶺縣倉
錦州府倉
錦縣倉
寧遠州倉
廣寧縣倉
寧古塔將軍倉
寧古塔副都統倉
黑龍江默爾根倉
江南江寧府復成倉　新倉
江寧縣倉。舊爲虎賁左倉。
上元縣倉。舊爲虎賁右倉。
句容縣歲積倉
溧陽縣樂登倉
六合縣倉
蘇州府
吴縣和豐倉

長洲縣青邱倉　席墟倉
荻溪倉　蘇巷倉
濟農倉　滸溪倉
崑山縣玉峰倉
常熟縣東倉　南倉
豐倉
吴江縣總收倉
太倉州便民倉
崇明縣縣儲倉
松江府
青浦縣太平倉
常州府
江陰縣和豐倉
靖江縣常餘倉
鎮江府
丹徒縣鎮西倉
丹陽縣便民濟農倉
金壇縣便民常盈倉
淮安府
鹽城縣東倉　西倉
安東縣大益倉
海州通濟倉　永濟倉
邳州倉
揚州府軍儲倉　保揚倉
鹽義倉。雍正四年設。
江都縣廣儲倉
儀徵縣廣實倉　積穀倉
高郵州廣儲倉　兑軍倉
興化縣便民倉　永興倉
泰州兑軍倉　常盈倉
通州通濟倉
如皋縣兑軍倉　便民倉

安慶府萬億倉
懷寧縣便民倉
桐城縣際留倉　便民倉
潛山縣黄土倉
太湖縣倉　鄉倉
宿松縣便民倉
望江縣際留倉
徽州府永豐倉
休寧縣義儲倉　廉惠倉
婺源縣廉惠倉
黟縣廣濟倉
寧國府軍儲倉
宣城縣和豐倉
涇縣聚糧倉　存留倉
丁糧倉　濟農倉
寧國縣存留倉　濟農倉
均義倉　便民倉
旌德縣大命倉　濟農倉
池州府
貴池縣便民倉　馬田倉
東流縣常盈倉　馬田租倉
太平府豐濟倉　歲增倉
當塗縣水濟倉
蕪湖縣水濟倉　馬田倉
廬州府
巢縣際留倉
鳳陽府
鳳陽縣倉
臨淮縣倉
懷遠縣起運倉
泗州廣運倉
盱眙縣倉

五河縣倉
潁州廣濟倉
潁上縣倉
霍邱縣倉　際留倉
亳州倉
和州和豐倉
滁州永寧倉
浙江杭州府廣豐倉　廣濟倉
大有倉
錢塘縣便民倉
仁和縣便民倉
海寧縣盈積倉　便民倉
富陽縣便民倉
餘杭縣便民倉　存留倉
臨安縣便民倉
於潛縣便民倉
新城縣便民倉
昌化縣便民倉
嘉興府嘉興倉
嘉興縣便民倉
秀水縣便民倉
嘉善縣便民倉
海鹽縣便民倉　常積一二倉
廣儲倉
石門縣便民倉
平湖縣便民倉
桐鄉縣便民倉
湖州府泰定倉
烏程縣便民倉
歸安縣便民倉
長興縣留餘倉　便民倉
德清縣便民倉

武康縣俸給倉　　便民倉
安吉州便民倉
寧波府餘米倉　　廣盈倉
永寧倉
奉化縣存留倉
定海縣廣安倉　　常盈一二三四五倉
象山縣廣積一二三四倉
紹興府如坻倉　　大有倉
山陰縣三江倉
諸暨縣永利倉
餘姚縣常積一二三四五倉
台州府天台倉　　永盈倉
臨海縣東倉　　西倉
廣儲一二三四倉
太平縣廣盈一二三四倉
金華府永濟倉
衢州府廣盈倉
龍游縣永積倉
常山縣際留倉
嚴州府和豐倉
温州府平定倉
永嘉縣廣豐三倉
瑞安縣豐積倉　　廣豐四倉
樂清縣廣豐一二五倉
平陽縣常豐倉　　廣濟一二三倉
泰順縣廣豐倉
處州府永豐倉
江西南昌府南糧倉　　廣積裕民倉
南昌縣長寧倉　　漕糧官倉
豐城縣廣惠倉　　永裕倉
進賢縣便民倉　　三陽倉
奉新縣廣仁倉

靖安縣便民倉　惠愛倉
武寧縣東鎮倉　南鎮倉
西鎮倉
寧州便民倉
饒州府
鄱陽縣便民倉
廣信府
弋陽縣便民倉　存留倉
東南西北四倉
貴溪縣南倉　北倉
鉛山縣便民倉　廣平倉
興安縣便民倉
南康府豐濟倉
星子縣便民倉
都昌縣東南西北四倉
建昌府豐盈倉
南城縣豐盈倉　永濟倉
便民倉
新城縣大有倉　便民倉
南豐縣便民倉
廣昌縣大盈倉　西倉
上南倉　大有倉
撫州府本府倉
臨川縣官倉　賑濟倉
崇仁縣惠民倉
臨江府
清江縣便民倉
峽江縣預積倉
吉安府便民倉
廬陵縣便民倉
吉水縣東義倉　北義倉
龍泉縣便民漕倉

萬安縣便民倉
永新縣便民倉　大有倉
永寧縣際留倉
瑞州府瑞豐倉
上高縣便民倉
袁州府豐盈倉
分宜縣萬石倉
萍鄉縣南糧倉
萬載縣株樹潭倉
贛州府
雩都縣東倉　西倉
信豐縣豐積倉
會昌縣昌聚倉
寧都縣永盈倉
南安府大備倉
湖廣武昌府積穀倉
武昌縣便民倉
崇陽縣積穀倉
通城縣廣豐倉
興國州便民倉
大冶縣大有倉
安陸府
潛江縣廣儲倉　便民倉
沔陽州永豐倉
天門縣廣運倉　積穀倉
廣儲倉　兩便倉
襄陽府
南漳縣積穀倉　存留倉
均州廣積倉
鄖陽府
房縣大豐倉
竹山縣竹山倉　濟豐倉

德安府大盈倉
　　孝感縣廣儲倉
　隨州便民倉
黄州府軍儲倉
　　黄陂縣永豐倉
荆州府常濟倉　便民倉
　　江陵縣便民倉
　　石首縣便民倉
　　監利縣積穀倉
　　松滋縣便民倉
　彝陵州
　　宜都縣便民倉
　歸州
　　巴東縣豐儲倉
長沙府常平倉
　　長沙縣常平倉　南漕倉
　　　　水次倉
　　善化縣常平倉　豐裕倉
　　湘潭縣常平倉　水次倉
　　湘陰縣常平倉　水次倉
　　寧鄉縣常平倉　廣盈倉
　　　　鞏豐倉
　　瀏陽縣常平倉　南盈倉
　　　　水次倉
　　醴陵縣水次倉
　　益陽縣常平倉　便民倉
　　　　水次倉
　　湘鄉縣常平倉　義倉
　　　　便民倉　水次倉
　　攸縣常平倉　水次倉
　　安化縣常平倉
　茶陵州常平倉　漕糧倉

漕倉
岳州府常平倉
巴陵縣預備倉　常平倉
水次倉
臨湘縣南米倉　常平倉
水次倉
華容縣南糧倉　常平倉
漕糧倉
平江縣南糧倉　常平倉
水次倉
澧州常平倉　新倉
石門縣常平倉
慈利縣義倉
安鄉縣義倉
寶慶府預備倉
邵陽縣常平倉
城步縣糧倉　常平倉
新化縣常平倉
武岡州常平倉　廣平倉
新寧縣際留倉　預儲倉
南倉　預備倉
衡州府常平倉
衡陽縣廣盈倉　常平倉
水次倉
衡山縣南漕倉　常平倉
水次倉
耒陽縣南倉　義倉
水次倉
常寧縣南漕倉　常平倉
水次倉
安仁縣漕倉　義倉
桂陽州常平倉

嘉禾縣常平倉
臨武縣常平倉
藍山縣常平倉
常德府
龍陽縣常平倉
沅江縣義倉
辰州府常平倉
沅陵縣常平倉
盧谿縣義社倉
辰谿縣義倉
漵浦縣義倉　社倉
沅州常平倉
黔陽縣常平倉
麻陽縣常平倉　義倉
永州府
零陵縣義倉
祁陽縣預備倉
東安縣永豐倉
道州常平倉
寧遠縣義倉
永明縣義倉
江華縣廣積倉　常平倉
新田縣儲積倉
靖州永豐倉
會同縣際留倉　常平倉
通道縣際留倉　常平倉
綏寧縣際留倉　常平倉
郴州常平倉　義倉
社倉
宜章縣常平倉
興寧縣常平倉
桂東縣義倉

福建福州府常平倉	
閩縣可久廒	
古田縣常平倉	預備倉
社倉	義倉
閩清縣常平倉	
長樂縣本縣倉	預備倉
常平倉	
連江縣本縣倉	
羅源縣預備倉	
永福縣預備倉	
福清縣預備倉	
泉州府廣平倉	
晉江縣常平倉	
南安縣預備倉	
惠安縣際留倉	預備倉
儒學倉	崇武倉
德化縣預備倉	際留倉
安溪縣預備倉	
同安縣預備倉	常平倉
社倉	義倉
永春縣預備倉	際留倉
建寧府廣實倉	
建安縣本縣倉	社義倉
甌寧縣常豐倉	社義倉
建陽縣常豐倉	
崇安縣中區倉	常平倉
社倉	義倉
浦城縣預備倉	義倉
政和縣廣實倉	
松溪縣際留倉	儒學倉
壽寧縣預備倉	
延平府豐衍倉	

南平縣預備倉
將樂縣廣豐倉　社義倉
大田縣預備常平倉
沙縣新豐倉
尤溪縣預備倉
順昌縣際留倉
永安縣浮流倉
汀州府永惠倉　預備倉
長汀縣鴻儲倉　永豐倉
寧化縣預備倉　際留倉
儒學倉　義倉
上杭縣常平倉　際留倉
武平縣常平倉
清流縣常平倉　際留倉
儒學倉
運城縣常平倉
歸化縣常平倉
永定縣東倉　西倉
興化府
莆田縣常平倉　義倉
仙游縣常平倉　義倉
邵武府常豐倉
邵武縣常豐倉
光澤縣常豐倉
泰寧縣預備倉
建寧縣際留倉　常平倉
預備倉　儒學倉
漳州府
龍谿縣預備倉
漳浦縣預備倉
龍巖縣預備倉
南靖縣常平倉

長泰縣預備倉
漳平縣預備倉
詔安縣南詔倉
海澄縣預備倉
寧洋縣預備倉
福寧州廣寧倉　社義倉
福安縣預備倉
寧德縣預備倉
臺灣府大有倉
臺灣縣廣積倉
鳳山縣萬年倉　寧南倉
諸羅縣開善倉
山東濟南府廣儲倉　廣受倉
廣豐倉
長山縣廣儲倉
肥城縣阜積倉
濱州積穀倉
兖州府廣盈倉
濟寧州永豐倉
鉅野縣永豐倉
沂州永豐倉
東昌府廣盈倉
青州府永阜倉
臨淄縣永平倉
諸城縣存留倉
莒州永豐倉
日照縣廣豐倉　安東倉
登州府和豐倉　預濟倉
招遠縣官儲倉
萊陽縣預備倉
寧海州常盈倉
萊州府慶豐倉　大嵩衛倉

　　靈山所倉　　海陽所倉

山西太原府

　　陽曲縣成晉驛倉

　代州廣濟倉

　　繁峙縣北樓倉

　　崞縣客兵倉

　保德州保德倉　　恒羡倉

　　廣濟倉

平陽府

　　曲沃縣蒙城倉　　侯馬倉

大同府古北倉　　坡賴村倉

　　懷仁縣廣豐倉

　　陽高縣廣積倉

　　天鎮縣廣聚倉

　應州廣盈倉

朔平府

　　左雲縣廣充倉

　　右玉縣大有東北二倉

　朔州永豐倉

　　馬邑縣軍儲倉

寧武府

　　寧武縣寧化倉

　　神池縣神池倉　　利民倉

　　五寨縣五寨倉

汾州府常盈倉

　沁洲豐贍倉

河南開封府軍儲倉

歸德府廣盈倉

彰德府崇盈倉

衞輝府廣積倉

懷慶府

　　河內縣豐儲倉

河南府豐濟倉
洛陽縣豐濟倉
永寧縣廣濟倉
南陽府濟安倉
汝寧府常平倉
信陽州廣濟倉
光州
固始縣際留倉
息縣際留倉
商城縣際留倉
陝西西安府永慶倉共六十四處。
收貯糧料倉
支放兵米倉
延安府預備倉
膚施縣預備倉　常平倉
安塞縣常平倉
甘泉縣預備倉　常平倉
安定縣常平倉　義社倉
保安縣常平倉
宜川縣預備倉　常平倉
延川縣預備倉　常平倉
延長縣預備倉　常平倉
鄜州預備倉　常平倉
洛川縣預備倉　常平倉
中部縣預備倉
宜君縣預備倉
綏德州常平倉
米脂縣預備倉　常平倉
清澗縣預備倉　常平倉
葭州預備倉　常平倉
吴堡縣預備倉　常平倉
神木縣預備倉　神木倉

鳳翔府廣積倉
平凉府雄贍倉
固原州大官倉
鞏昌府豐贍倉
安定縣廣富倉
會寧縣廣定倉
泰州廣益倉
階州永濟倉
文縣豐贍倉
臨洮府廣儲倉
慶陽府
安化縣永盈倉
合水縣預備倉
真寧縣預備倉
寧州預備倉
甘州府
張掖縣甘肅倉　洪水堡倉
黑城堡倉　甘肅邊倉
東樂堡倉　南古城堡倉
山丹縣永豐倉　硤口堡倉
新河堡倉
高臺縣富積倉　廢鎮彝所倉
黑泉堡倉　平川堡倉
紅泉堡倉
凉州府
武威縣廣儲倉　靖邊驛倉
柔遠驛倉
永昌縣水泉倉
鎮番縣常盈倉
古浪縣豐盈倉
平番縣莊浪倉　紅城子驛倉
南大通驛倉

苦水驛倉　沙井驛倉
武勝驛倉　岔口驛倉
西大通驛倉
松山倉　阿壩倉
裴家倉

西寧府
西寧縣廣儲倉　鎮海倉
北川倉　平戎倉
古鄯倉
碾伯縣倉　威遠倉

寧夏府
寧夏縣倉　李鋼倉
洪廣倉
寧朔縣倉
鎮北倉　平羌倉
玉泉倉　大壩倉
平羅縣倉　威鎮倉
靈州倉
中衛縣應理倉　棗園倉
廣武倉　古水倉
不空寺倉　威武堡富有倉
保寧堡保寧倉
清平堡常積倉
新安邊堡便利倉
舊安邊堡便利倉
磚井堡新建倉
龍川堡倉　鎮靖堡巨積倉
鎮羅堡倉　柳樹澗堡倉
寧塞堡倉　定邊所倉
高家堡阜盈倉
靖邊所利益倉
魚河堡永豐倉

波羅堡廣足倉
雙山堡常盈倉
嚮水堡永益倉
懷遠堡永盈倉
岷州撫民廳民運倉
臨洮衛廣儲倉
河州衛濟軍倉
靖邊衛廣盈倉
肅州通判倉
四川成都府廣豐倉
成都縣常平倉
温江縣常平倉
新繁縣常平倉
金堂縣常平倉
仁壽縣常平倉
新都縣常平倉
井研縣常平倉
郫縣常平倉
資縣常平倉
灌縣常平倉
安縣常平倉
内江縣常平倉
資陽縣常平倉
簡州常平倉
崇慶州常平倉
新津縣常平倉
漢州常平倉
什邡縣常平倉
綿竹縣常平倉
綿州常平倉
德陽縣常平倉
茂州常平倉

汶川縣常平倉
威州常平倉
保縣常平倉
保寧府永豐倉　廣積倉
閬中縣常平倉
蒼溪縣常平倉
南部縣常平倉
廣元縣常平倉
昭化縣常平倉
巴州常平倉
通江縣常平倉
南江縣常平倉
劍州常平倉
梓潼縣常平倉
順慶府
南充縣常平倉
西充縣常平倉
蓬州常平倉
營山縣常平倉
儀隴縣常平倉
廣安州常平倉
渠縣常平倉
大竹縣常平倉
鄰水縣常平倉
敘州府博濟倉
宜賓縣常平倉
慶符縣常平倉
富順縣常平倉
南谿縣常平倉
長寧縣常平倉
高縣常平倉
筠連縣常平倉

珙縣常平倉
興文縣常平倉
隆昌縣常平倉
建武安邊廳常平倉
敘永管糧廳永寧倉　常平倉
重慶府
巴縣常平倉
江津縣常平倉
長壽縣常平倉
永川縣常平倉
榮昌縣常平倉
綦江縣常平倉
黔江縣常平倉
合州常平倉
忠州常平倉
酆都縣常平倉
墊江縣常平倉
涪州常平倉
彭水縣常平倉
夔州府
巫山縣常平倉
雲陽縣常平倉
萬縣常平倉
開縣常平倉
梁山縣常平倉
建始縣常平倉
達州常平倉
東鄉縣常平倉
太平縣常平倉
馬湖府
屏山縣常平倉
龍安府

平武縣常平倉
江油縣常平倉
石泉縣常平倉
遵義府
遵義縣常平倉
桐梓縣常平倉
綏陽縣常平倉
真安州常平倉
仁懷縣常平倉
潼川州常平倉
射洪縣常平倉
鹽亭縣常平倉
中江縣常平倉
遂寧縣常平倉
蓬谿縣常平倉
樂至縣常平倉
眉州常平倉
丹稜縣常平倉
嘉定州常平倉
峨嵋縣常平倉
洪雅縣常平倉
夾江縣常平倉
犍爲縣常平倉
榮縣常平倉
邛州常平倉
大邑縣常平倉
蒲江縣常平倉
瀘州常平倉
納谿縣常平倉
合江縣常平倉
江安縣常平倉
雅州常平倉

名山縣常平倉
滎經縣常平倉
蘆山縣常平倉
建昌衛打冲河倉　常平倉
會州衛國儲倉　常平倉
鹽井衛打冲河倉　常平倉
寧番衛寧番倉　冕山倉
常平倉
越嶲衛越嶲倉　鎮西倉
黎州大渡河守禦所常平倉
廣東廣州府石龜倉
東莞縣永豐倉　大鵬倉
龍門縣際留倉
新寧縣存留倉
增城縣際留倉
新會縣存留倉
清遠縣存留倉
連州豐泰倉
新安縣永豐倉
韶州府
樂昌縣存留倉
仁化縣存留倉
乳源縣存留倉
翁源縣存留倉
英德縣恩洽倉
南雄府常平倉
保昌縣東義倉
惠州府
歸善縣平海倉
永安縣際留倉
龍川縣際留倉
連平州長豐倉

河源縣際留倉
潮州府
潮陽縣際留倉
程鄉縣際留倉
饒平縣大城倉
惠來縣際留倉　靖海倉
甲子倉
平遠縣裕武倉　文會倉
肇慶府
四會縣廣盈倉
新興縣常豐倉
陽春縣際留倉
陽江縣大有倉
廣寧縣石凋倉　永平倉
開平縣本縣倉
德慶州廣備倉
高州府
信宜縣存積倉
化州在城倉
吴川縣廣積倉
石城縣永豐倉
廉州府
合浦縣本縣倉
欽州永豐倉
靈山縣存留倉
雷州府廣積倉
海康縣廣積倉
遂溪縣際留倉
徐聞縣際留倉
瓊州府
澄邁縣存留倉
定安縣存留倉

文昌縣清瀾倉
會同縣存留倉
樂會縣存留倉
臨高縣存留倉
儋州大豐倉
昌化縣廣儲倉
萬州廣積倉
陵水縣軍儲倉
崖州軍儲倉
感恩縣軍儲倉
羅定州存留倉
廣西桂林府廣儲倉
興安縣際留倉
靈川縣永豐倉　際留倉
陽朔縣際留倉
永寧州永豐倉
永福縣永盈倉
義寧縣際留倉
全州長盈倉
柳州府大軍倉
馬平縣東平倉
雒容縣廣積倉
羅城縣際留倉
柳城縣廣聚倉
懷遠縣積穀倉
融縣永豐倉
象州受納倉
賓州常豐倉
上林縣廣積倉
來賓縣際留倉
慶遠府廣盈倉
宜山縣思恩倉

天河縣積儲倉
思恩縣際留倉
平樂府慶豐倉
平樂縣還源倉
恭城縣際留倉
富川縣萬石倉
賀縣際留倉
荔浦縣永豐倉
修仁縣永豐倉
昭平縣永豐倉
永安州粒辛倉
梧州府廣備倉
藤縣廣儲倉
容縣永豐倉　廣備倉
岑溪縣際留倉
懷集縣際留倉
鬱林州永盈倉
博白縣際留倉
北流縣際留倉
陸川縣際留倉
興業縣際留倉
潯州府常平倉
桂平縣粗備倉
貴縣通濟倉
南寧府大軍倉
隆安縣際留倉
横州軍儲倉
永淳縣際留倉
太平府乃積倉　常豐倉
思恩府
西隆州左倉
西林縣左倉

雲南雲南府廣備倉
昆明縣小惠倉
宜良縣永寧倉
富民縣右衛軍儲倉
嵩明州存留倉
晉寧州廣盈倉
呈貢縣便民倉
羅次縣永得倉
禄豐縣豐盈倉
昆陽州大有倉
大理府崇盈倉
趙州廢景東衛外屯倉
雲南縣泰安倉
臨安府廣濟倉　興足倉
建水州大倉
石屏州育賢倉
阿迷州廣積倉
寧州永豐倉
通海縣大豐倉
河西縣足食倉
嶍峨縣永濟倉　盈滿倉
新平縣永豐倉
楚雄府大有倉
楚雄縣軍倉
廣通縣廣勝倉
定遠縣俸給倉
南安州常盈倉
鎮南州永興倉　師和寺屯倉
赤草溯屯倉
澂江府廣積倉
河陽縣存留倉
路南州會計倉

景東府景豐倉
廣南府永寧倉
廣西府廣豐倉
鎮沅府永寧倉
順寧府常裕倉
曲靖府本府倉　　廣盈倉
　馬龍州預儲倉
　羅平州預備倉
　　平彝縣廢衛軍儲倉
姚安府廣備倉
　　大姚縣永盈倉
　姚州廢所廣備倉
武定府
　和曲州大有倉　府城倉
麗江府大有倉
元江府開豐倉　　永豐倉
蒙化府大積倉
永昌府足食倉
　　永平縣有司倉
　騰越州廣積倉
永北府充實倉
　雲州本州倉
　貴州開州豐濟倉
　定番州廣儲倉
思州府永豐倉
鎮遠府永豐倉
黎平府大有倉
　　天柱縣布政司民倉
　　　　永豐倉　　預備倉
安順府廣積倉
　　安平縣廢平壩衛倉
南籠府

普安州廢衛倉
安南縣廢衛永豐倉
普安縣大豐倉
平越府大有倉
甕安縣安濟倉
平越縣蓄裕倉
黄平州永豐倉
大定州永盛倉

大清會典卷之四十六

户部

〔庫藏一〕

〔京庫〕

國初,錢糧統歸户部。順治七年,分屬各部寺收支。康熙三年,改爲地丁一條鞭法,一應錢糧,仍歸户部總理。其京庫設滿司官,掌稽出納。雍正元年,設總理官,鑄給印信,命親王總理三庫。凡解納支給,規條備列於後。其各庫係内務府及工部所屬者,詳見各該衙門,兹不具載。

銀庫舊爲金銀庫。凡金珠玉石,俱貯本庫。雍正元年,將金珠等改歸内務府收貯。

凡直省解到地丁正雜銀兩,俱送本庫收。

緞疋庫

凡各省解到紬、緞、布疋、皮張、蔴觔等項,俱送本庫收。

顔料庫

凡各省解到硃砂、黄丹、沉香、降香并紙張等項,俱送本庫收。

以上三庫,俱隸户部衙門。順治元年,止設後庫。十二年,分爲三庫。

裏新庫

凡緞疋并遠年藥料、青藍雜紙等項,俱本庫收貯。

供用庫

凡江、浙解到白熟粳米,送本庫收。内府及各衙門并寺廟等處應用黄白蠟、各項香料、蔴油,户部查給本庫辦造。

承運庫

凡遠年紙張,俱本庫收貯。

甲字庫

凡各省解到黄蠟、桐油、芽茶、烏梅、黄紅熟銅、靛花、光粉、錫等項,俱送本庫收。

乙字庫

凡各省解到布蔴等項,并遠年緞、紬、絲綿、棉花、蔴、雜香,俱本庫收貯。

以上五庫,俱分屬本部三庫兼管。〇西安門内,舊有十庫,曰承運庫、甲字庫、乙字庫、丙字庫、丁字庫、戊字庫、廣積庫、廣盈庫、天財庫、贓罰庫。順治初,惟存承運庫、甲字庫、乙字庫、丁字庫,屬户部;戊字庫、廣積庫,屬工部。其丙字庫、廣盈庫、天財庫、贓罰庫,皆廢。至太倉庫,舊建朝陽門内,今亦廢。

凡管庫官役,順治初,設後庫滿洲郎中四員、員外郎二員、司庫六員、筆帖式十員。〇十二年,分爲三庫,設理事官二員,掌庫印;添設司庫三員,筆帖式二員。〇十六年,設巡視十庫科、道官各一員,驗糧廳一員。〇十八年,裁巡庫科、道及驗糧廳。〇康熙二十五年定:滿洲掌印郎中三員。三庫各一員。員外郎三員。三庫各一員。司庫六員。三庫各二員。筆帖式二十四員。三庫各八員。庫使三十二員。金銀庫十二員,緞疋、顔料庫各十員。軍一百三十名。金銀庫、緞疋庫、顔料庫共五十名。裏新庫四十名。承運庫、甲字庫、乙字庫共四十名。太監六名。供用庫。庫役八名。供用庫。匠役四十五名。金銀庫三名,供用庫四十二名。〇四十四年諭:銀庫、緞疋庫、顔料庫郎中、員外缺出,向係將本部官員斟酌選放。嗣後,將各部院保舉官員引見。〇雍正元年,命親王總理三庫,鑄給印信。〇二年,添設檔房主事、大使等員。滿郎中三員。三庫各一員。滿員外郎六員。三庫各二員。檔房主事一員。大使三員。每庫各一員。司庫五員。銀庫一員,緞疋、顔料庫各二員。筆帖式二十一員。三庫各七員。庫使二十一員。銀庫四員,緞疋庫七員,顔料庫十員。旗員七員。銀庫三員,緞疋庫二員,顔料庫二員。軍一百四十名。銀庫六十名,緞疋、顔料庫各四十名。銀庫,領催三名,銀匠三名,庫丁四十名,皂役四名。緞疋庫,庫役二十一名。顔料庫,驗匠二名,庫役二十八名,匠役四十一名。緞疋、顔料二庫,庫尉八名。

凡外國進貢禮物,有交送内庫者,有存貯盛京庫者,有收貯户部庫者,隨時酌議撥收。

凡交納,順治初,定:直省起解本折物料到部,各該司查驗,移文掌庫司官,照數秤驗貯庫,出給庫收,付覆各司。○七年定:凡屬内庫錢糧,俱歸并户部管理。○十二年題准:掌庫司官、司庫,每歲底,將收放錢糧造册到部核算。○十三年議准:各省金花銀并本折絲、綿、絹疋等項錢糧,歸内承運庫收。○十四年題准:各省本折顔料布疋等項,歸各監院局收。○十六年定:顔料庫屬内監衙門管理。○又覆准:絲、綿、絹疋等項,已經户部該司揀驗堪用者,該庫不許覆驗延挨,抑勒多收,違者治罪。○十八年定:内監所屬顔料庫、供用庫、甲字庫、乙字庫、丁字庫,俱歸户部管理。○康熙十四年議准:管庫官員,庫内物件不行固貯,以致庫使等偷盗者,降一級調用,罰俸一年。○二十八年題准:各省所解顔料,該督撫計路途遠近,酌給水脚,以杜派累。○四十五年諭:凡庫内錢糧,俱有交代,所以容易盤查。惟户部銀庫,貯銀甚多,盤查甚難。其出入數目,必不清楚。著將每年新收銀兩,另行收貯。至於用銀時,將舊銀挨用。則易於盤查,而數目亦得清楚矣。○五十年諭:嗣後,如有用綵紬紡絲之處,著内務府出給印文,派官到部取用。事完之日,仍令原取之官,親身赴部交明。○五十一年題准:各省應解顔料等項,如物料不堪應用,將監辦官員交與該部,照侵蝕入己之例,嚴加議處,該撫照不行遴委能員之例議處。其辦買價值,即著落監辦官及該撫分賠。○五十八年覆准:緞疋、顔料二庫,照銀庫例,動支舊存物件,將新進者,另行收貯。○雍正二年題准:三庫各設大使一員辦理,將各省送解錢糧、緞疋、顔料,限定日期,或差官某人,或差役某人,某項銀兩、緞疋、顔料若干,木鞘包箱若干,俱用印封封固,於某日起程,於幾日到部之處,預行知會大使。文到,令大使呈報總理及庫官。俟銀兩物料解到之日,將批文登記號簿,送承發科。即令該司官員公同監收,呈報總理。至劈鞘時,令大使看劈。如有補交短少銀兩者,令大使公同該司官到庫驗收。將點鞘承辦之處,專責大使,門官不得干預。○又題准:三庫總記册檔,設主事一員辦理。三庫印信,收貯總理處。有用印事件,令三庫記檔之主事,先一日查對明白,將相符之處回明總理,令主事公同看用記檔,至歲底,將兩三處所記册檔。同總理處所存册檔,詳加查對。

〔直省各庫〕

凡直隸各省府、州、縣、衞錢糧出入,皆有府庫。歷年建革不一,不更縷悉。今將現設庫大使官者列於前,舊册所載名目列於後。

户部分司通州通濟庫大使

直隸布政司恒裕庫大使
長蘆運司廣積庫大使
江南江蘇布政司永盈庫大使
安徽布政司長盈庫大使
兩淮鹽運司廣盈庫大使
山東布政司廣儲庫大使
山東鹽運司益昌庫大使
山西布政司豐贍庫大使　　副使
　東路廳庫大使
　大同府銀億庫大使
　朔平府常盈倉庫大使
河南布政司巨盈庫大使
陝西布政司廣濟庫大使
湖廣湖北布政司廣備庫大使
　糧道庫大使
湖南布政司廣盈庫大使
　驛鹽糧儲道廣盈庫大使
浙江布政司廣濟庫大使　　副使
兩浙鹽驛道將盈庫大使
江西布政司廣濟庫大使　　副使
福建布政司廣濟庫大使
廣東布政司廣豐庫大使
　鹽運司庫大使
廣西布政司廣盈庫大使
雲南布政司濟用庫大使
　鹽課運司庫大使
貴州布政司豐濟庫大使

直隸各省

直隸通永道餉庫
順天府永清縣積貯庫
　通州東庫　　西庫
　　三河縣財賦庫

昌平州餉司銀庫
懷柔縣貯庫　寄庫
密雲縣餉司銀庫
涿州架閣庫
房山縣架閣庫　保定縣架閣庫
薊州贓罰庫
遵化州東庫　西庫
架閣庫
永平府大潤庫
盧龍縣東庫　西庫
樂亭縣東庫　西庫
玉田縣架閣庫　錢帛庫
保定府永益庫
清苑縣儲積庫　滿城縣儲積庫
安肅縣永益庫　定興縣永裕庫
新城縣積儲庫　唐縣積儲庫
博野縣積儲庫　慶都縣公帑庫
容城縣架閣庫　蠡縣儲積庫
雄縣常積庫
祁州園庫　束鹿縣永盈庫
安州廣積庫　高陽縣滿字庫
新安縣儀仗庫
易州永盈庫　淶水縣東庫
河間府廣成庫
河間縣架閣庫　獻縣贓罰庫
阜城縣架閣庫　肅寧縣廣積庫
任邱縣架閣庫　寧津縣帑藏庫
景州錢糧庫　架閣庫
鑾駕庫
吴橋縣錢糧庫　東光縣帑藏庫
故城縣錢糧庫　架閣庫
儀仗庫

滄州廣積庫
鹽山縣儀仗庫　慶雲縣慎守庫
正定府巨盈庫
順德府大盈庫
邢臺縣架閣庫　沙河縣豐盈庫
南和縣架閣庫　平鄉縣架閣庫
廣宗縣架閣庫　鉅鹿縣架閣庫
唐山縣架閣庫　内邱縣架閣庫
任縣架閣庫
廣平府大有庫
永年縣架閣庫　曲周縣架閣庫
肥鄉縣大有庫　雞澤縣架閣庫
廣平縣架閣庫　邯鄲縣架閣庫
成安縣架閣庫　威縣架閣庫
清河縣架閣庫
大名府永昌庫
元城縣架閣庫　大名縣架閣庫
南樂縣架閣庫　魏縣架閣庫
清豐縣架閣庫　東明縣架閣庫
開州架閣庫　長垣縣架閣庫
口北道萬億庫　南路廳庫
西城廳庫　上北路廳庫
奉天將軍庫
奉天府承德縣庫
遼陽州庫
海城縣庫　蓋平縣庫
開原縣庫　鐵嶺縣庫
錦州府庫
寧遠州庫
廣寧縣庫
寧古塔將軍錢糧庫　船料庫
火藥庫

寧古塔公署庫
江南江安糧道銀庫
蘇松糧道銀庫
江寧府永積庫
　　上元縣東庫　　西庫
　　江寧縣外庫
蘇州府豐盈庫
　　吴縣東庫　　西庫
　　長洲縣永寧庫　　架閣庫
　　常熟縣豐盈庫　　吴江縣架閣庫
太倉州廣積庫　　嘉定縣架閣庫
松江府架閣庫
　　華亭縣架閣庫　　上海縣架閣庫
　　青浦縣架閣庫
常州府豐積庫
　　無錫縣庫　　江陰縣架閣庫
　　宜興縣豐盈庫　　靖江縣架閣庫
鎮江府廣盈庫
　　丹徒縣架閣庫　　丹陽縣架閣庫
淮安府漕運庫　　阜積庫
　河務廳河庫
　宿桃廳河庫
揚州府大積庫
　江防廳軍器庫
　　江都縣架閣庫　　儀徵縣庫
　高郵州廣儲庫
　　興化縣架閣庫　　寶應縣架閣庫
　泰州架閣庫
通州泰興縣架閣庫
徐州永成庫
安慶府崇積庫
　　懷寧縣架閣庫　　宿松縣常盈庫

徽州府慶積庫

歙縣大有庫　　休寧縣大有庫

婺源縣大有庫　　祁門縣大有庫

黟縣大有庫　　績溪縣大有庫

寧國府永實庫

宣城縣永實庫　　涇縣發運庫

太平縣東庫　　西庫

池州府咸寧庫

貴池縣永寧庫　　青陽縣耳房庫

銅陵縣裕寧庫　　石埭縣耳房庫

建德縣架閣庫　　耳房庫

東流縣耳房庫

太平府富積庫

當塗縣永豐庫　　蕪湖縣鑾駕庫

廬州府常積庫

鳳陽府永盈庫

臨淮縣永盈庫　　懷遠縣永盈庫

泗州天長縣積貯庫

潁州永盈庫

潁上縣黃册庫

亳州太和縣永寧庫

廣德州永寧庫　　建平縣永寧庫

和州和豐庫　　架閣庫

浙江布政司黃册庫

杭州府資盈大庫　　資盈小庫

錢塘縣耳房庫　　仁和縣耳房庫

海寧縣耳房庫　　架閣庫

富陽縣耳房庫　　餘杭縣耳房庫

臨安縣耳房庫　　於潛縣耳房庫

新城縣耳房庫　　昌化縣耳房庫

嘉興府軍資庫

嘉興縣耳庫　　秀水縣耳庫

嘉善縣耳庫　海鹽縣耳庫
石門縣耳庫　平湖縣耳庫
桐鄉縣耳庫
湖州府豐德庫　架閣庫
烏程縣東耳房庫　西耳房庫
架閣庫
歸安縣東庫　架閣庫
長興縣耳房庫　架閣庫
德清縣西耳房庫　架閣庫
武康縣耳房庫　架閣庫
安吉州耳房庫　孝豐縣耳房庫
寧波府宏濟庫
鄞縣耳房庫　慈谿縣耳房庫
奉化縣耳房庫　定海縣耳房庫
象山縣耳房庫
紹興府泰積庫
蕭山縣耳庫　諸暨縣耳庫
餘姚縣耳庫　上虞縣耳房庫
新昌縣耳庫
台州府廣積庫
臨海縣耳房庫　黄巖縣耳房庫
天台縣耳房庫　僊居縣庫
寧海縣耳房庫　太平縣耳房庫
金華府昌濟庫
金華縣耳房庫　架閣庫
蘭谿縣耳房庫　東陽縣耳房庫
義烏縣耳房庫　架閣庫
永康縣耳房庫　架閣庫
武義縣耳房庫　浦江縣耳房庫
湯溪縣耳房庫
衢州府架閣庫
西安縣架閣庫　龍游縣耳房庫

常山縣架閣庫　江山縣架閣庫
開化縣耳房庫
嚴州府永豐庫
建德縣耳房庫　淳安縣耳房庫
桐廬縣耳房庫　遂安縣耳房庫
壽昌縣耳房庫　分水縣耳房庫
温州府洪積庫
永嘉縣耳房庫　瑞安縣耳房庫
樂清縣耳房庫　平陽縣耳房庫
泰順縣耳房庫
處州府大有庫
麗水縣耳房庫　青田縣耳房庫
縉雲縣耳房庫　松陽縣耳房庫
遂昌縣耳房庫　龍泉縣耳房庫
慶元縣耳房庫　雲和縣耳房庫
宣平縣耳房庫　景寧縣耳房庫
江西督糧道廣裕庫
南昌府厚儲庫
南昌縣東庫　西庫
新建縣東庫　西庫
進賢縣耳房庫　奉新縣慎儲庫
靖安縣東庫　西庫
武寧縣錢糧庫
饒州府豐衍庫
鄱陽縣常足庫　樂平縣金銀庫
浮梁縣金銀庫
廣信府永盈庫　架閣庫
上饒縣永盈庫　玉山縣耳房庫
貴谿縣錢糧庫　鉛山縣架閣庫
永豐縣永盈庫　興安縣永盈庫
南康府資積庫
星子縣資積庫　建昌縣金銀庫

九江府架閣庫　　大盈庫
德化縣架閣庫　瑞昌縣架閣庫
湖口縣永盈庫　彭澤縣永盈庫
建昌府巨積庫
南豐縣儀仗庫　廣昌縣廣儲庫
撫州府富有庫　　儀仗庫
臨川縣富有庫　宜黄縣富有庫
崇仁縣東庫　　西庫
東鄉縣廣積庫
臨江府廣豐庫　　黄册庫
清江縣黄册庫　峽江縣錢糧庫
吉安府阜財庫
廬陵縣阜財庫　泰和縣節用庫黄册庫
吉水縣架閣庫　　黄册庫
永豐縣阜財庫　安福縣財帛庫
龍泉縣阜財庫　萬安縣阜財庫
永新縣阜財庫　永寧縣阜財庫
瑞州府銀庫
上高縣架閣庫　新昌縣金銀庫
袁州府永積庫
宜春縣金銀庫　分宜縣後堂庫
萍鄉縣金銀庫　萬載縣東庫
贛州府昌實庫
贛縣阜積庫　寧都縣東庫
石城縣架閣庫
南安府咸積庫
大庾縣裕國庫　南康縣裕國庫
上猶縣咸積庫　崇義縣裕國庫
湖北布政司知印庫
武昌府宏阜庫
江夏縣東庫　　架閣庫
武昌縣西庫　咸寧縣積順庫

崇陽縣儀仗庫　　大冶縣錢糧庫

漢陽府富潤庫

安陸府廣盈庫

京山縣廣盈庫

襄陽府巨資庫

南漳縣架閣庫

鄖陽府永阜庫

竹山縣架閣庫

德安府富備庫

安陸縣錢帛庫　　雲夢縣錢帛庫

應城縣錢帛庫　　孝感縣錢帛庫

隨州錢帛庫　　應山縣永藏庫

黄州府常積庫

黄岡縣國儲庫　　黄安縣藏盈濟庫

蘄水縣永裕庫　　麻城縣慎德庫

黄陂縣積貯庫

蘄州廣積庫

廣濟縣大有庫　　黄梅縣錢糧庫

荆州府東庫　　西庫

監利縣永豐庫　　長陽縣裕民庫

歸州豐積庫

興山縣庫　　巴東縣存用庫

湖南長沙府廣備庫

湘潭縣廣備庫　　湘陰縣廣備庫

寧鄉縣廣備庫　　瀏陽縣廣備庫

醴陵縣廣備庫　　益陽縣廣備庫

湘鄉縣廣備庫　　攸縣廣備庫

安化縣廣備庫

茶陵州廣備庫

岳州府永儲庫

臨湘縣庫　　華容縣庫

平江縣庫

澧州庫

石門縣耳房庫　　安鄉縣庫

寶慶府廣安庫　　儀仗庫

邵陽縣庫　　城步縣廣豐庫

新化縣廣盈庫

武岡州廣盈庫

新寧縣廣盈庫

衡州府宏備庫

衡陽縣東庫　　衡山縣庫

耒陽縣西庫　　常寧縣東庫

安仁縣東庫　　酃縣庫

桂陽州東庫

嘉禾縣東庫　　臨武縣東庫

藍山縣東庫

常德府常阜庫

武陵縣新庫　　桃源縣新庫

龍陽縣耳房庫　　沅江縣新庫

辰州府廣資庫

沅陵縣東庫　　盧谿縣左庫

辰谿縣左庫　　溆浦縣左庫

沅州永安庫

黔陽縣庫　　麻陽縣庫

永州府庫

零陵縣庫　　祁陽縣庫

東安縣庫

道州典積庫

永明縣興濟庫　　江華縣庫

靖州大安庫

會同縣耳房庫　　通道縣耳房庫

綏寧縣錢帛庫

郴州庫

永興縣庫　　宜章縣庫

　　興寧縣廣備庫　　桂東縣庫
福建福州府大儲庫
　　侯官縣架閣庫　　古田縣架閣庫
　　閩清縣儲庫　　長樂縣庫
　　連江縣架閣庫　　羅源縣架閣庫
　　永福縣架閣庫　　福清縣架閣庫
泉州府豐衍庫
　　晉江縣永盈庫　　南安縣崇會庫
　　惠安縣庫　　德化縣架閣庫
　　安溪縣架閣庫　　永春縣架閣庫
建寧府永豐庫
　　建安縣庫　　甌寧縣庫
　　建陽縣架閣庫　　崇安縣架閣庫
　　浦城縣庫　　政和縣庫
　　松谿縣庫　　　架閣庫
　　壽寧縣架閣庫
延平府常豐庫
　　南平縣架閣庫　　將樂縣庫
　　大田縣廣積庫　　沙縣架閣庫
　　尤谿縣架閣庫　　永安縣庫
汀州府慶豐庫
　　長汀縣架閣庫　　寧化縣架閣庫
　　上杭縣架閣庫　　武平縣豐盈庫
　　清流縣架閣庫　　連城縣上林庫
　　歸化縣寶積庫　　永定縣庫
興化府豐盈庫
　　莆田縣豐盈庫　　僊遊縣豐盈庫
邵武府興阜庫　　　架閣庫
　　光澤縣庫　　泰寧縣架閣庫
　　建寧縣架閣庫
漳州府廣濟庫
　　龍巖縣廣積庫

南靖縣廣濟庫　　龍亭庫
長泰縣庫　　漳平縣庫
平和縣庫
詔安縣庫　　黃册庫
寧洋縣架閣庫
福寧州寧裕庫
福安縣庫　　寧德縣永豐庫
臺灣府恒裕庫
臺灣縣永盈庫　　鳳山縣長盈庫
諸羅縣新安庫
山東濟南府豐濟庫
濟陽縣架閣庫
兖州府洪備庫
滋陽縣架閣庫　　魚臺縣架閣庫
單縣架閣庫　　東庫
城武縣架閣庫　　定陶縣架閣庫
東阿縣架閣庫
濟寧州東庫　　西庫
嘉祥縣堂庫　　鄆城縣視府庫
東昌府大盈庫
堂邑縣架閣庫　　冠縣架閣庫
茌平縣左庫　　右庫
館陶縣恒足庫
青州府將盈庫　　架閣庫
高苑縣架閣庫　　東庫　西庫
壽光縣東庫　　安邱縣西庫
蒙陰縣架閣庫　　日照縣積貯庫
登州府豐益庫
萊陽縣阜裕庫
寧海州東庫
萊州府慶豐庫
膠州東庫　　西庫

山西布政司軍需庫
鴈平道常盈庫　銀億庫
太原府錢糧庫　紙贖庫
中路廳中盈庫
西路廳西盈庫
陽曲縣紙贖庫　交城縣錢糧庫
文水縣贓罰庫
平定州壽陽縣紙贖庫
忻州錢糧庫
代州五臺縣會計庫
平陽府豐實庫
臨汾縣廣盈庫　趙城縣帑藏庫
岳陽縣撥實庫　曲沃縣架閣庫
靈石縣藏富庫　絳縣賦儲庫
霍州廣盈庫
蒲州永盈庫
臨晉縣銀億庫　猗氏縣架閣庫
萬全縣廣積庫
絳州襄陵縣黄册庫　河津縣鑾駕庫
稷山縣積貯庫
解州軍資庫　安邑縣安昌庫
夏縣架閣庫　垣曲縣架閣庫
吉州蒲縣永盈庫
隰州架閣庫　永和縣廣積庫
大同府
懷仁縣儀仗庫
潞安府豐盈庫
長治縣廣積庫　長子縣長裕庫
屯留縣公儲庫　襄垣縣出收庫
潞城縣豐積庫　壺關縣聚積庫
平順縣貯收庫　黎城縣大豐庫
汾州府

介休縣太平庫

遼州豐贍庫

榆社縣豐贍庫　和順縣豐贍庫

沁州豐贍庫　浮寄庫

贓罰庫

沁源縣錢糧庫　武鄉縣廣積庫

河南開封府常益庫　河庫

歸德府恒足庫　河庫

彰德府永盛庫

内黄縣架閣庫

衛輝府大備庫

濬縣永豐庫　滑縣架閣庫

懷慶府廣聚庫

修武縣源泉庫

河南府廣積庫

南陽府永平庫

泌陽縣廣積庫

鄧州瓊盈庫　内鄉縣節用庫

淅川縣架閣庫　舞陽縣公貯庫

陝西西安府常濟庫

鳳翔府富聚庫

漢中府大有庫

延安府豐潤庫

平凉府永寧庫

鞏昌府廣益庫

甘州府甘肅庫

凉州府廣儲庫

臨洮府廣實庫

狄道縣廣積庫　渭源縣廣積庫

蘭州廣積庫　金縣廣積庫

河州廣積庫

慶陽府廣儲庫

榆林衛廣有庫

寧夏道廣裕庫　雜項庫

四川布政司廣濟庫

成都府廣盈庫

資縣常益庫　安縣永盈庫

崇慶州廣濟庫　德陽縣永豐庫

綿州永豐庫　廣盛庫

威州鎮邊庫　保縣永豐庫

保寧府廣資庫　軍器庫

順慶府永承庫

敘州府泰興庫

重慶府永昌庫

夔州府永安庫

龍安府永盈庫

平武縣豐盈庫　江油縣永勝庫

遵義府弘積庫

遵義縣豐盈庫　桐梓縣永積庫

綏陽縣永濟庫

嘉定州榮縣長府庫

瀘州永盈庫

松潘衛廣淵庫

廣東廣州府常阜庫

廣西桂林府興隆庫

靈川縣永豐庫　陽朔縣豐實庫

永寧州永盈庫

永福縣永盈庫　義寧縣永豐庫

全州全陽庫

灌陽縣儀仗庫

柳州府巨實庫

馬平縣西平庫　雒容縣德盈庫

柳城縣大有庫

賓州帶管庫

來賓縣廣積庫　武宣縣恒裕庫
慶遠府
宜山縣豐盈庫　天河縣廣豐庫
平樂府永濟庫
平樂縣永饒庫　恭城縣儀仗庫
富川縣儀仗庫　賀縣湧泉庫
荔浦縣儀仗庫　耳房庫
修仁縣儀仗庫　昭平縣永積庫
永安州永阜庫
梧州府富實庫
藤縣金銀庫　容縣麗金庫
岑谿縣儀仗庫　懷集縣架閣庫
鬱林州架閣庫
博白縣儀仗庫
北流縣儀仗庫　架閣庫
陸川縣儀仗庫　架閣庫
興業縣儀仗庫　架閣庫
潯州府廣平庫
桂平縣耳房庫
南寧府慶阜庫
橫州廳房庫
太平府耳房庫
永康州永寧庫
思恩府豐積庫
武緣縣左庫
西隆州右庫　西林縣右庫
雲南雲南府廣盈庫
昆明縣裕國庫
嵩明州豐盈庫
晉寧州廣盈庫
安寧州豐盈庫
昆陽州豐盈庫

大理府軍資庫

趙州廣通庫

賓川州豐盈庫

臨安府萬盈庫

石屏州豐盈庫

阿迷州永盛庫

寧州永裕庫

通海縣盈濟庫　嶍峩縣永盈庫

蒙自縣盈裕庫　新平縣新庫

楚雄府常盈庫

澂江府廣盈庫

河陽縣豐盈庫　江川縣寶元庫

新興州豐盈庫

景東府積盈庫

廣南府廣安庫

廣西府廣豐庫

順寧府豐盈庫

雲州常盈庫

曲靖府豐寶庫

尋甸州永豐庫

姚安府永盈庫

鶴慶府崇資庫

武定府常盈庫

和曲州豐盈庫

元謀縣常盈庫

麗江府萬鎰庫

元江府廣積庫

蒙化府濟用庫

永昌府永豐庫

貴州思州府架閣庫

黎平府架閣庫

天柱縣節庫

平越府

甕安縣慎祥庫

黄平州永豐庫

大清會典卷之四十七

户部

〔庫藏二〕

〔本色錢糧〕

國初，直省應徵解本色物料，各有條欵，其後漸議酌減。凡係緩用及易採買者，俱令折銀解部。惟上用及京城無從購辦者，仍解本色。自康熙二十五年以後，累行停解，僅存三分之一。今將現在解額，開列於後。

直隸布政司舊有花羢一萬七千三百三十二觔十五兩，黄櫨木二千四百二十觔，蒲杖二千一百六十三觔十一兩二錢，康熙三十九年停解；牛角弓面十六副一隻，雍正三年，改令江南、湖北、湖南三省分解。

芝蔴五百十石。本色一百石，折色四百十石。○舊全解本色，雍正五年改。

江南布政司。江蘇布政司，舊有靛花青二千六十八觔四錢七分零，臙黄二百四十四觔十四兩九分零，康熙二十六年停解；芽茶八千四百八十四觔九兩一分零，魚綫膠八百十觔一兩二錢一分零，三十二年停解；光粉二千五百二十四觔六兩五錢二分零，膩硃五千五百四十一觔十二兩一錢八分零，三十九年停解；黄白絹一百五十四疋一丈二寸，農桑絹十三疋二丈一尺九寸零，黄絲絹二十二疋零，生絹六百九十三疋五尺零，白麻一萬六千二百八十四觔一兩七錢零，四十一年停解；綿布二萬七千三百六十八疋七尺三寸零，五十一年停解；烏梅一千一百三十六觔二兩七錢零，明礬二千七百六觔十四兩八錢零，五十四年停解；三梭三綫布二千四百九十八疋一丈六尺八寸零，三梭二綫布二千四百九十八疋一丈六尺七寸九分零，平鐵八萬四百九十八觔零，雍正三年，改令山西解送。○安徽布政司，舊有狐皮二十一張，康熙二十五年停解；臙黄六十二觔十二兩六錢六分零，靛花青九百八十三觔三兩三錢九分零，二十六年停解；芽茶一萬一千二百三十七觔十四兩一錢五分零，魚綫膠一千一百七十七觔七兩四錢,三十二年停解;苧布三百疋,三十七年停解;膩硃四千九百七十八觔五兩八錢九分零,光粉二千二百十四觔十一兩三錢四分零,三十九年停解;生絹一千二百八十六疋四丈九尺七寸零,絲絹一百四十七疋二丈七尺九寸五分零,農桑絹一疋四丈八尺三寸九分零,税絲絹十二疋三丈九尺七寸零,四十一年停解;黑鉛七百四觔一兩七錢三分零,四十六年停解;烏梅九百二十九觔二錢五分零,明礬二千二百五十觔十五兩五錢三分零,五十四年停解;榜紙一萬六千四百八十一張零,吐絲二觔十兩八錢,雍正三年停解。

黄熟銅五千一百四十五觔零。舊解二千九百九十三觔九兩零。○以下,俱雍正三年改。

紅熟銅九千六百二十五觔零。舊解六千三百十觔十三兩零。

錫三萬三千三百九觔零。舊解六千二百三十八觔十一兩零。

桐油一萬三千五百四十三觔。舊解七千七百二十八觔九兩零。

黄蠟四萬三千六百七十七觔零。舊解一萬二千九百六十四觔零。

燈草八百觔。舊解五百觔。

銀硃三千八百十一觔零。舊解一千五百九十四觔零。

白蠟一萬二千五百觔。舊解一百五十觔。

鐵九萬觔。

牛角弓面八百四十一副零。舊係直隸山東解送。雍正三年,改江南、湖北、湖南三省辦解。

桐油四百八十三觔。舊係福建解送。雍正三年,改江南、江西、浙江三省辦理。

浙江布政司。舊有黄絲四千觔,康熙四十年,改解白絲;芽茶七千四百七十六觔,三十二年停解;宁兒紅土即膩硃一千一百八十六觔,熟鐵六萬七千一百十六觔,三十九年停解;杭紬五百疋,五十四年停解;烏梅七百十觔八兩,五棓子四百十八觔,五十四年停解。

絲綿二百觔。

白絲九千觔。舊解五千觔。

黄熟銅一千六十五觔。

黄蠟一萬五千二百七十觔。舊解七千二百六十四觔。

黄茶九十二簍。

桐油八千三百二十八觔。舊解七千八百四十六觔。雍正三年,將福建省舊解桐油,改令浙江、江南、江西三省分解,增四百八十三觔。

江西布政司舊有紫草八十一觔四兩,康熙二十六年停解;苧布五千四百九十六疋二丈，三十七年停解；黄蠟四千一百五十八觔十五兩九錢一分零，白蠟七千七百九十觔十兩六錢三分零，膩硃五百二十四觔十一兩一錢四分零，三十九年停解；五棓子二百九十七觔三兩三錢五分零，烏梅五百五十二觔六兩八錢一分零，明礬一千九十一觔五兩三錢一分零，五十四年停解；紅熟銅一千六十觔二兩九錢五分零，雍正三年，改令福建解送。

銀硃五百八十九觔四兩九錢三分零。

桐油二千五百一十一觔四兩二錢六分零。舊解二千二十八觔四兩二錢六分零。雍正三年，將福建省舊解桐油，改令浙江、江南、江西三省分解，增四百八十三觔。

湖北布政司

黄蠟三千八百三十七觔八兩。舊解一千八百三十七觔八兩。

白蠟六千三百觔。舊係福建省解送，雍正三年，改湖北、湖南二省辦解。

牛角弓面八百三十五副半。舊係直隸、山東解送。雍正三年，改湖北、湖南、江南三省辦解。

湖南布政司舊有硃砂七十觔十五兩零，黑鉛三萬五千三百三十七觔零，康熙四十五年停解。

黄蠟三千八百三十七觔八兩。舊解一千八百三十七觔八兩。

白蠟六千三百觔。舊係福建額解。雍正三年，改令湖南、湖北二省辦解。

牛角弓面八百三十五副半。舊係直隸、山東解送。雍正三年，改湖南、湖北、江南三省辦解。

福建布政司舊有降真香五百觔，康熙二十六年停解；鐵二十一萬六千十五觔，三十一年停解；芽茶四千七百十七觔十三兩，三十二年停解；銀硃三百二十八觔十二兩二錢，膩硃一千二百十五觔七兩三錢，黄蠟五千五百七十八觔一兩三錢，三十九年停解；黑鉛五萬五千一百五十七觔四兩，四十六年停解；五棓子三百六十七觔五兩，烏梅六百八十二觔，五十四年停解；白蠟一萬二千六百觔，雍正三年，改令湖北、湖南二省分解；桐油一千四百五十觔八兩，雍正三年，改令江南、江西、浙江三省辦解。

錫二萬二千二十八觔。舊解二千二十九觔三錢。

沉香三百觔。舊解一百觔。

紅熟銅四千六百二十二觔。舊係山東、江西、河南解送，雍正三年改。

黄熟銅三千一百二十七觔一兩七錢零。内二千六百二十五觔，舊係山東、山西、河南解送，雍正三年改。

山東布政司舊有牛角九百七十六副零，康熙二十六年停解；紅花二千觔，三十年停解;槐花四千四百四十觔,水膠二千七百五十一觔,三十二年停解;花羢一萬四百九十二觔,三十九年停解;黄丹一萬七百八十六觔,四十六年停解;黄熟銅六百九十三觔,紅熟銅一千七百二觔八兩,雍正三年,均改令福建解送;牛角弓面二千五百七副,雍正三年,改令江南、湖北、湖南三省辦解。

闊白綿布二千三百疋。

黄蠟二萬一千三百五十九觔零。舊解六千三百六十觔,雍正三年改。

牛觔六百觔。

山西布政司舊有木膠二千七百四十九觔,康熙三十二年停解;茜草九百六十觔二兩六錢零,三十九年停解;明礬二千二百六十三觔,五棓子三百八十觔,五十四年停解;黄熟銅八百六十六觔,雍正三年,改令福建解送。

生素絹一千二百疋。舊解五百疋。

農桑絲絹三百疋。

錫一萬一千八百三十九觔。舊解一千八百三十九觔。

平鐵八萬四百九十八觔。舊係江南額解,雍正三年改。

黄蠟二百八十三觔。

毛頭紙十五萬張。舊解一百二十萬張。雍正三年,停解一百五萬張。

呈文紙一萬張。

河南布政司舊有白芨二十一觔、牛角四百七十副,康熙二十六年停解;衣羢三千五百二十三觔,光粉一百二十六觔,三十九年停解;黄丹二千七百五十四觔,黑鉛五萬六千十二觔,四十六年停解;明礬六百七十八觔八兩,五十四年停解;芝蔴一百五十石,五十五年停解;紅熟銅一千八百六十觔,黄熟銅一千六十六觔,雍正三年,均改令福建解送。

闊綿布四千疋。

牛觔二百二觔零。舊解一百九十五觔。

黄蠟二萬一千三百七十五觔零。舊解五千三百七十五觔。

陝西鞏昌布政司

茜草三千三百十六觔零。雍正三年,令暫停解。

廣東布政司舊有沉香一百觔,康熙二十六年停解;芽茶四千七百一觔十二兩一分零,魚綫膠九百二十六觔,三十二年停解;黄蠟一萬三千九百十九觔十五兩五錢八分,銀硃一千四百五十觔十五兩六錢,膩硃五百十五觔七兩二錢八分,三十九年停解。

白蠟一萬二千六百觔。舊解一萬一千八百六十七觔零。

廣膠一千觔零。舊解二千八十觔六兩七錢一分。

錫三萬五千六百六十四觔零。舊解五千七百九觔。

紫榆木十四段。每段長八尺,重一百五十觔。○舊解九段。

花梨木十四段。每段長七尺,重二百觔。○舊解九段。

降香六百觔。舊解五百觔。

廣西布政司舊有魚綫膠九百八十觔零,康熙三十二年停解;生銅一萬二百十八觔零。熟鐵三萬六千六百十三觔,四十一年停解。

雲南布政司

天大青三十觔零。

天二青十六觔零。

凡解納,順治初,定:直省起解本折物料,守道布政司差委廉幹官,填付勘合,水陸撥夫,限程押運到京。先將批迴赴京畿道掛號,方投户部各司查驗收貯。印判批迴,給原解官回銷,本部立案以備查核。○九年議准:直省應解本色顏料藥材等項,酌議折銀起解。○十年諭:民間辦解物料,僉點解户,賠累難堪。其應解本色,更議折多解少,并令官收官解,不得仍派小民。○十五年題准:直省起解錢糧,徑投各部,免赴京畿道掛號驗批。○十六年覆准:絲綿絹疋等項,各司府印官先呈式樣,到部比驗。如有不堪者,分別治罪。○十七年題准:顏料等項,定限每歲八月交納。○又題准:解到本色物料,不足供用,令酌議舊額增數辦納。○康熙七年題准:各省本色顏料,每年四月領銀辦買,改限十月解部。○十一年題准:顏料等項,該撫委的當官役,批内註定到京月日,赴崇文門掛號,限五日内交納户部照批查驗。逾限者,領解官役參處。如已解到京,不即交納,或惡棍包攬及崇文門役需索抑勒者,照侵欺例處分。○二十五年諭:直隸、山東、河南停解本色狐皮,准以折色解部,在京採買。○二十六年覆准:直省停解芝蔴、花絨折色解部,俟庫内用完,再行解送。其梨木板片停其解送,俟需用時在京購買。如尺寸不符,再行文該撫辦解。○又覆准:山東等省,停解牛角、白芨、紫草、靛花折色解部。○二十七年覆准:蜀省道險,解送白蠟,恐致累民。著停其解送,將採辦價值銀,撥充兵餉。○二十八年覆准:嗣後,廣東解送本色,每年止委府佐二員分批彙解。○三十年諭:庫内無檔各樣物件,應槩行查明,俱入册檔使用。各省分所解交辦買之物,俱令將可用好物解送辦買。户工二部,會同確議具奏。遵旨議定:舊存無檔各樣物件,二部選賢能官員,槩行清查註册,交庫官收貯,每年造册進呈。嗣後,直省及崇文門監督,如解送不堪用之物,將該監督并承辦官員,題參議處。若庫官不詳加驗收,及將物件不加謹收貯,將庫官題參,交部議處。〇三十一年覆准:豫省不産牛角,將增辦一千五百副,改令廣東太平橋、海關、揚州關每關派五百副。揚州關,每年限十一月内到部;太平橋、海關,限次年二月到部。〇三十二年諭:各省解送各項物料内,或有無用之物,亦有此處辦買價值賤者,交與户部,將應行解送、應行停止欵項,議明具奏。遵旨議定:各省解送黄櫨木等九十九項,令照舊解送。白銅無應用之處,將此項停解。青粉等三十八項,外省價值并脚價合算,比在京時價反貴,停其外解。如有應用之處,在京照時價採買。或遇時價騰貴,户部具題,令出産省分解送。〇又議准:江南六安、霍山等州縣芽茶,照常解送。浙江、江西、湖廣福建等省每年所解芽茶,停其解送,所徵價銀,報部查核。〇三十五年覆准:豫省辦解黑鉛一十萬六千一十四觔,編爲三分,令湖南辦解一分,此辦買價值,每觔給銀三分五釐,其餘仍令豫省解送。〇三十八年議准:各省辦解物料,俱照《全書》開載辦解。其辦買價值路費,俱動用正項錢糧。〇四十年覆准:廣西原額解部生銅及添解銅二萬觔,停其解送,將銅價水脚等項解部。其内務府、工部所用銅觔二萬餘觔,改於崇文門解寶泉局銅内領取。〇雍正元年諭:羊羢,著動支庫銀,在京採買。〇三年奏准:舊定各省解送物料,有非本省所出者,皆停其解送,改於出産省分,或貨料聚集之處,令其解送。直隸、山東原解牛角弓面,停其解送。俟庫存牛角將用完時,改令出産之江南、湖北、湖南三省分解。陝西所解茜草,暫停解送。俟庫内所存將用完時,令其起解。山西添解之毛頭紙一百五十萬張,停其解送,每年但將原解十五萬張解送。俟數年之後,酌量足用,再定解額。〇五年奏准,直隸額解芝蔴五百十石,嗣後,令解本色一百石,折色四百十石。

大清會典卷之四十八

户部

〔庫藏三〕

〔錢法〕

國家開局鑄錢，頒行天下，所以重王制，利民用也。自部鑄外，各省、鎮或設或停，隨時更定。其設官監鑄、辦銅、搭放，咸有成法。私鑄及行使廢錢，禁例尤嚴。至寶源局隸工部者，兹不具載。

〔監鑄〕

順治元年，置寶泉局，設爐一百座，鑄順治通寶錢，每文重一錢。令户部漢右侍郎一員，督理京省錢法，滿漢司官各一員，監督寶泉局，每年掣差。河南、陝西、臨清、宣府、薊州、延綏等省鎮，開爐鼓鑄，令布政司總理，就近道廳官分管。〇二年題准：鑄錢，每文重一錢二分，每七文准銀一分；舊錢，每十四文准銀一分。官以此徵收，民以此輸納，聽便行使。〇又定：山西省及大同、密雲二鎮開鑄。〇三年，設寶泉局筆帖式二員。〇又定：開湖廣併荆州、延綏鎮鼓鑄。〇又題准：禁用舊錢。送部者，每觔給價八分，以資鼓鑄。〇四年定：每錢十文准銀一分。〇又題准：盛京及江西、河南、廣東、常德、甘肅，各開局鼓鑄。〇五年議准：江寧設廠開鑄。〇又覆准：停止延鎮局及盛京局。〇六年定：浙江、山東、福建，各設局鼓鑄。移大同局於陽和。〇七年定：武昌、襄陽，各開爐鼓鑄。〇八年議准：各布政司，止各開一局，餘俱停止。〇又議准：鑄錢，每文重一錢二分五釐，不許輕重違式。〇九年，停常德、襄陽局。令荆州、鄖陽，各設局開鑄。〇又題准：各省鑄錢本息，責成各該衙門按季報部，歲底彙報奏銷。〇十年題准：鑄造制錢，務令精工。背鑄“一釐”兩字，户部添一“户”字，各省添“本省”

一字。江寧,"江"字。浙江,"浙"字。武昌,"昌"字。福建,"福"字。山東,"東"字。臨清,"臨"字。太原,"原"字。陽和,"陽"字。宣府,"宣"字。薊州,"薊"字。河南,"河"字。陝西,"陜"字。鑄不合式者,參究。○十一年定:舊錢壅滯,改鑄錢,每文重二錢一分五釐。○十二年設山東萊州鼓鑄爐座。○十三年議准:各州縣官,錢本過三月不完者,罰俸六個月,再限三月;又不完者,住俸,再展限三月;仍不完者,降二級調用。接催官未完,亦照例處分。如樣錢頒發,而鑄造遲延及季報愆期,鑄錢粗壞者,俱罰俸一年。○又覆准:移陽和局於大同,改鑄"同"字。○十四年題准:各省鑄局,概行停止,獨令寶泉局鼓鑄。每文重一錢四分,一面鑄"順治通寶"四漢字,一面鑄"寶泉"二滿字。○十七年,復設各省爐座。雲南亦令開鑄。背鑄"雲"字。○十八年議准:無"釐"字舊錢,每觔給價七分,收燬鼓鑄。○又題准:鑄成康熙通寶樣錢,頒發各省局,依式鑄造。順治錢,仍舊行使。○康熙元年定:停各省鑄錢,止留寶泉局、江寧局。○又題准:收買釐錢,每觔給銀六分。○六年,復開各省爐座,添設蘇州、鞏昌等處鑄局,照式鑄字。蘇州,"蘇"字。湖南,"南"字。鞏昌,"鞏"字。廣東,"東"字。廣西,"桂"字。四川,"川"字。貴州,"貴"字。○九年,停江寧、蘇州、江西、湖廣、福建、山東、山西、河南、陝西、甘肅、四川、廣東、廣西、雲南、貴州廠局。○十年,停薊、密、宣三鎮局。○又題准:廢錢盡數交官,每觔給價六分五釐。○十三年,停浙江鑄局。○十四年,停臨清鑄局。○十八年議准:復令廣西鼓鑄。○又議准:令滿右侍郎一員,公同督理錢法。○十九年議准:令滿漢科道官各一員,稽察錢局,一年輪差。○又覆准:福建漳州府設爐鼓鑄。背鑄"漳"字。○二十年,設雲南鼓鑄爐座。○又覆准:停止廣西鑄局。○二十一年,停止福建鑄局。○二十二年,湖南設爐鼓鑄。○二十三年議准:鼓鑄制錢,每文足重一錢。行文鑄錢各省,俱照新式鼓鑄。○又議准:督理錢法堂官及稽察科道、監督司官,俱開列應差職名,題請欽點。○二十五年覆准:廣東及肇慶府設爐鼓鑄,歲底造册具題。○二十六年,停止肇慶府鑄局。○又覆准:開湖北鼓鑄錢局。○又,題請管理錢法。奉旨,著該部管理。○又諭:錢法關係國計。有稱湖廣鑄錢式樣,甚屬不堪,又復輕小。此皆經管官員積弊相沿,希圖侵蝕所致。著新任巡撫嚴加申飭,務令盡除積弊,實心鑄造,合式精工,有裨國用。如仍前濫造,不行悛改,該部察參,從重治罪。○二十八年題准:閩省臺灣建設郡縣以來,猶用僞錢。頒發錢樣,就地開爐鼓鑄。工料等項,照依定例造報。其銅本,就兵餉銀内動用。鑄出制錢,歸還原項。○又覆准:雲南舊設爐四十八座,裁去二十四座。○又覆准:雲南暫停鼓鑄。三年後,再照常開爐。○三十一年,停臺灣廣東錢局。○三十五年議准:浙江開局鼓鑄。○三十六年覆准:滇省俟積錢疏通完日,再行鼓鑄。○三十八年題准:暫停浙省鼓鑄。所餘銅觔,解交京局。○又覆准:停止湖北錢局。○三十九年覆准:停止湖南錢局。○四十一年覆准:順治十年,因舊錢壅滯,改鑄錢一文重二錢一分五釐。十四年,因各省設爐太多,又改鑄一文重一錢四分。每銅百觔,原耗銅十二觔,支給匠工物料等項錢二串六百九十五文。康熙二十三年,將耗銅減三觔作九觔,支給匠工物料等項,減去七百二十一文,作一串九百七十四文。今制錢易於攙和,仍照順治十四年,錢一文鼓鑄重一錢四分,耗銅、匠工、物料、銅價,照二十三年支給。三年之内,暫且兼用舊制錢,新鑄錢一串作銀一兩,舊制錢一串作銀七錢。俟三年滿日,將舊錢令其各自銷燬。其新鑄制錢,務令照順治十四年之例,分兩准足,精工鼓鑄。如銷燬新制錢,鼓鑄私錢,攙和使用者,仍照定例議罪。○四十四年題准:户部寶泉局監督,關係緊要。嗣後,寶泉局監督任滿,將户部保舉滿漢才能官引見選放。向係一年更换,新舊接任時,其中情弊,不能即知。應俟三年滿日,具題更换。○五十一年覆准:湖南所用錢文,係三十年以前鼓鑄舊制,新制錢尚未流通。將户部寶泉局新制錢發三萬貫,工部寶源局發一萬貫,於湖南回空糧船載回易銀。○六十一年十一月題准:從前,寶泉局每年鑄錢四十卯,後因銅觔不敷,議減四卯。今解到銅鉛甚多,照舊鑄四十卯雍正通寶錢文。再行文雲南、四川兩省督撫,設爐鼓鑄,揀選賢能道府官監督。若制錢薄小,多攙鉛觔,將督撫交部議處。○又覆准:滇、蜀二省,並開鼓鑄。應將滇省銅觔,停其解部,留滇省鼓鑄。將寶泉局錢樣,頒發滇、蜀二省。雲南錢背,用"寶雲"二字。四川錢背,用"寶川"二字。以後别省鑄錢,俱將"寶"字爲首,次加各本省字樣鼓鑄。○又題准:雲南鼓鑄,省城、霑益、臨安、大理四局,共設爐四十七座。○雍正元年題准:停止稽察錢局滿漢科道官。○又覆准:停止四川局。○二年覆准:滇省鼓鑄,設爐四十座,以銅六鉛四搭配鼓鑄,工本於廠課銀内動支。○四年奏准:於舊例四十卯外,加鑄一卯。○又覆准:將雲南霑益等局,裁去爐十一座。○又覆准:滇省裁去大理、霑益二局。其臨安二局,設爐三十座鼓鑄。錢文除本省搭放流通外,以四萬串發運湖廣、廣東、廣西、四川、江南、江西各省。令各督撫動藩庫銀兩,每大錢一千給銀一兩,交滇省解官領回,接濟工本。各省所收錢文,搭放兵餉流通。如錢文輕薄,不能合式,各該督撫即行奏聞,將滇省監局之員,交部議處。〇又覆准:甘肅暫開鼓鑄,收小錢鑄大錢,小錢收盡,即行停止。其錢式,背鑄"寶鞏"二字。〇五年奏准:收廢銅鑄錢,加鑄六卯。〇又定:嗣後,以銅五鉛五鼓鑄。

〔辦銅〕

每年額銅四百四十三萬五千一百九十九觔一兩。户部寶泉局銅二百九十二萬三千三百八十四觔八兩六錢,工部寶源局銅一百五十一萬一千八百一十四觔八兩四錢。

順治二年題准:崇文門、天津、臨清、淮安四處,各動支銀一萬兩,辦銅解部。〇四年題准:蕪湖、揚州、滸墅、九江、北新、西新六處,各動支辦銅銀一萬兩。〇七年題准:臨清、淮安、蕪湖、滸墅、九江、北新六處,各增辦銅銀一萬兩。〇九年題准:減西新關辦銅銀五千兩,改增蕪湖關銀二千兩,滸墅關銀三千兩。〇康熙元年題准:關差回部,額辦銅觔,限兩月内全完。如未完五分以下者,罰俸半年,辦銅人役及原保併領運商人,各責三十板;六分以上者,罰俸一年,人役各責四十板,再限兩月。如不完,五分以下,罰俸一年,停其陞轉;六分以上,降一級留任,仍罰俸一年,人役等各責四十板,該撫催徵,限一年内完解。如不足,令原監督四個月内賠補。仍不完,户部題參,解任追補,完日開復,辦役保商,照侵盜錢糧例治罪。〇三年題准:各關額税銀少,辦銅銀多,不能添買。又,崇文門在京,難以採買。將蘆課額税十六萬四千五百十兩零採買。〇十二年議准:浙江辦銅,照臨清局例,每觔給價六分五釐外,增脚價銀五釐。〇十四年議准:官員採買銅觔,並未起解,捏報起解者,降二級調用;解送遲延者,照違限例議處。〇十八年題准:各關銅觔,到任後,限八個月解一半。不完者,降一級留任。其一半,在差滿後,限四個月完解。如不完,降二級留任,限一年全完開復。仍不完,革職,變産追完。商役照前例治罪。〇又題准:寶泉、寶源二局,爐頭、局役,將各官應解銅觔,包攬買交者,責四十板,枷號三個月,併妻及未分家子流徙尚陽堡。出差各官,知情者,革職。〇又題准:撥兩淮鹽課三萬兩,兩浙、長蘆各一萬五千兩,河東五千兩,照關差例,令各巡鹽御史督催各運司,遵部定價值,採買銅觔解部。〇十九年題准:各關解銅,不許在京城辦買。違者,辦買人係旗下,枷號三個月,鞭一百;係民,枷號三個月,責四十板,流三千里,銅觔銀兩入官。如被旁人出首,銅觔銀兩給出首之人。監督知情令辦買者,革職。各差解銅,至臨清,該關官會同知州查驗,各給印文;至天津,該關官會同天津道查驗,各給印文;至崇文門,該監督會同科道查驗,給與印文。若不查驗,給與虛數印文者,革職。〇又題准:各關收買廢銅舊器。如無廢銅舊器,准以紅銅六十觔、鉛四十觔折解銅一百觔,不許攙和板塊等銅。〇二十年題准:停止鹽差辦銅。〇二十二年題准:減臨清關銅觔銀一萬兩,改令贛關、太平橋各支銀五千兩辦銅。又,增湖口關辦銅銀三千兩,鳳陽關辦銅銀一萬二千兩。〇二十三年覆准:各關辦銅,不拘板塊及廢錢器皿,以堪用者解送。如解送不堪者,不收,仍行治罪。〇二十四年議准:西新關代龍江關辦銅銀五千兩。〇二十五年議准:各關銅價,每觔增銀三分五釐,共計每觔一錢。〇二十七年覆准:各關銅價值,俱係一錢。蘆課辦銅價值,亦照各關例,每觔增銀三分五釐,以足一錢。江寧加銀五千九百五十兩。安徽、湖廣、江西三省,各加銀二千七百八十四兩二錢五分。四處共增銀八千七百三十四兩一錢五分。俱係蘆課銀兩内動支購買。〇三十一年論:各關差官員,於京城浼人購銅,及令衙役解銅,俱著嚴行禁止。務於該差地方,如數辦買銅觔,令同差筆帖式依期親解送部。〇四十二年題准:辦銅,照康熙十八年之例,長蘆三分之二,認銅十六萬六千六百六十六觔,該支鹽課銀一萬六千六百六十六兩六錢外,該給水脚餘銀八千三百三十三兩三錢;山東三分之一,認銅八萬三千三百三十四觔,該支鹽課銀八千三百三十三兩四錢外,給水脚餘銀四千一百一十六兩七錢。〇四十六年題准:浙江銅觔,於四十五年鹽課項下撥給,買賣人銅價銀一萬二千五百兩,到浙具領,計節省車脚銀八十七兩。〇五十二年覆准:將江寧、安徽、江西、湖南、湖北等處所辦銅觔,交與内務府買賣人承辦,每年節省銀五萬兩。再於兩淮鹽差,添銅十七萬觔;河東、廣東鹽差,添銅各十萬觔;福建鹽差,添銅六萬觔;福建海差,添銅四萬觔,俱交買賣人,照定限全交。如逾限遲延虧欠,錢法侍郎指名題參,將保結之佐領,一併從重治罪。其布政司蘆課銀兩,俱行解部。〇五十四年議准:採買銅觔鼓鑄,令户部及錢法衙門專理,停止買賣人採辦。〇又議准:每年額辦銅鉛七百三十九萬一千九百九十九觔,以銅六鉛四計算,每年所需銅四百四十三萬五千一百九十九觔。歷年商人虧空,不便仍交採辦。以五十五年爲始,均派與江寧、安徽、湖北、湖南、浙江、江西、廣東、福建等八省督撫,遴選賢能官員,動正項錢糧採辦。八省各辦銅五十五萬四千三百九十九觔十四兩一錢二分五釐。内解户部銅三十六萬五千四百二十三觔一兩七錢五釐,解工部銅一十八萬八千九百七十六觔十三兩五分。每年所需鉛二百九十五萬六千七百九十九觔。寶泉局鉛一百九十四萬八千九百二十三觔四錢，寶源局鉛一百萬七千八百七十六觔五兩六錢。户部給發銀兩，仍向買賣人鉛礦買用。銅鉛共價銀七十三萬九千一百九十九兩零，向係動正項錢糧；水脚銀三十六萬九千五百九十九兩零，向係各關差、鹽差及江南等五處有蘆課地方官捐出。今銅每觔定價銀一錢二分五釐，鉛每觔定價銀六分二釐五毫，水脚各三分，俱動正項錢糧採辦。其各關差、鹽差併有蘆課地方官所捐水脚銀三十六萬九千五百九十九兩零，計每觔五分。除所動正項錢糧，支給銅鉛水脚銀二十二萬一千七百五十九兩零，照數歸還解部外，節省二分，計銀十四萬七千八百三十九兩零，亦解交户部。其銅鉛分爲兩運，上運四月完解，下運十月完解。〇五十五年覆准：江南等八處督撫辦銅，以事在創始，不能依限解交。令買賣人每年辦買舊器皿廢銅一百三十三萬觔，交寶泉局鼓鑄。其銅價，每觔一錢；水脚銀，五分計算。户部給發銀兩，一面辦買，一面交納錢局，務令不誤鼓鑄。仍將伊等所辦舊器皿廢銅，照例以銅六鉛四合算，將銅六價值併水脚銀兩數目扣明，行文江南等八處督撫，照扣除數目減辦。其減辦銅價併水脚銀兩，令其彙齊解部。〇五十六年覆准：錢局收買舊器皿廢銅，小民圖利，以致將小制錢燬壞變賣。嗣後，停其收買，通行八旗提督併五城宛、大二縣，嚴緝燬壞之人治罪。〇又覆准：江寧等八省辦銅價内，各節省二分，共節省銀八萬八千七百兩零。此節省銀兩，仍照一錢五分零之價，添買紅銅，務於限内解到。如違限，將承辦官員指參。〇五十七年議准：制錢全在辦銅，四月完半，限期太迫。嗣後，辦買次年銅觔，今年即預動錢糧給發。再，銅價既貴，將節省二分銀兩，自五十八年爲始，停其添買，增入銅價，一同給發。採辦八省額辦銅觔數内，如紅銅不足，著於十分内，兼買三分舊器皿銅觔交納。其價，每觔連水脚給銀一錢一分九釐九毫零。〇五十九年題准：湖南桂陽州五十八年税鉛一十二萬三千三百一十一觔，并五十九年以後所抽税鉛，停其變價，每年解部。以七分解户部，以三分解工部。照商人辦鉛之例，每觔給水脚銀三分，令其解部，配銅鼓鑄。〇六十年議准：洋銅船隻，俱收江浙二海關。將八省分辦銅觔，歸併江浙巡撫辦解。自六十一年爲始，江寧辦五省銅數，浙江辦三省銅數。〇六十一年題准：鉛價昂貴，照八省銅價增給二分之例，每鉛一觔增價二分。〇又覆准：長蘆鹽商，拖欠銅觔節省銀兩，分作六年帶完。〇又議准：江浙二省每年解部銅觔，照九卿原議，四月完半，十月全完。倘逾限不完，照例治罪。如上運銅觔，於四月不完者，即應初參，再限四個月;不完,爲復參,再限四個月;仍不完,爲三參。下運銅觔,一照上運扣限糾參。如有徇隱不行揭報,將該督撫一并交吏部,嚴加議處。再,銅觔價銀,關係重大。該督撫務委賢能大吏,不時稽查。如有侵那等弊,即行據實指參。〇又題准:安南國産銅,著雲、貴、兩廣督撫行文安南國王,凡有客商採買銅觔,務令照常貿易,不時放行,毋得禁止阻留。〇雍正元年議准:各省尾欠銅觔,照江、浙辦銅題定四個月之限初參復參三參之例議處。〇又覆准:從前解銅各官,多係雜職微員,今銅觔歸併江、浙兩省總辦。行令江、浙督撫,遴選賢能府佐,家道殷實者,委令領解。〇又覆准:浙省辦銅,動用南新等關税銀。嗣後,永以爲例。〇二年議准:江寧洋銅不敷,照浙省之例,承辦三省銅數。其餘二省銅觔,派交福建、廣東巡撫。於雍正三年爲始,仍照舊額採辦。其辦銅官,逐年更换,著爲定例。〇又議准:浙海關洋銅不敷,將浙省應辦雍正三年三省銅觔,暫分出二省銅觔,交與湖北、湖南承辦。俟二省辦有成效,再行定議。〇又覆准:行令雲南督撫,所産銅觔,除本省鼓鑄需用外,其餘聽從商販,毋得禁遏。〇又覆准:每年上下兩運銅觔,仍於四月、十月起運。報文一到,扣算程途,勒限解交。若上運至九月,下運至次年三月,有不到部者,將承辦委解各官併該管上司,俱嚴加處分。〇又議准:嗣後,銅觔初次逾限,承辦官革職留任,委辦上司降二級留任,展限四個月承辦。如仍未完,原承辦官革職,交刑部照例治罪,另委賢員接辦。查有虧空,著落家産追賠,委辦上司各官降二級,併令分賠完結。如參後六個月内買足交完者,准其開復。至該撫報解之後,上運准其本年九月,下運准其次年三月到部。逾限不到,解官革職帶罪,管解上司降三級留任,併將沿途催趲官弁,照催趲糧船不力之例題參。所欠銅觔,著落本解官追賠,委解上司分賠。如參後六個月解部交完,亦准其開復。〇又覆准:舊器皿廢銅,照五十五年之例,收買接濟攙用。除遠僻省分,載運維艱者,毋庸知照,併不足六成之低銅,不准收買外,令近京省分、原辦銅觔省分各撫,出示曉諭,毋論旗民,有願將舊器廢銅運送到局者,錢法侍郎預向銀庫領銀貯局,俟銅觔運到,隨到隨收。照所收數目,每觔給銀一錢一分九釐九毫三絲。俟外解紅銅足用之日,即行停止。如各省採辦額銅之外,收有廢銅,亦准其解部,照廢銅價值支給。〇又覆准:令商人自備資本,向各省及本京地方,將廢銅兼收交納。其外省收買者,運送至局給銀,每觔一錢五分。本京地方收買者,照新定價給與。如有紅銅,每觔給銀一錢七分五釐。户部給與該商沿途護牌,并行文漕運、河道總督轉飭地方文武官弁,照督催漕船例,趲運到局。○三年覆准:江寧本年上運銅觔寬至十二月,下運銅觔寬至次年六月起解,倘限内仍不全完,照定例議處。○四年覆准:浙省舊欠銅觔,亦交湖南、湖北分辦。上運於四年十月起解,下運於五年四月起解。○又覆准:行令八旗、滿洲、蒙古、漢軍都統及都察院,將各佐領下與各城御史報有黄銅器皿出賣者,一面咨報錢法堂,一面即著各本人前赴鑄局交納錢局,按成色給發價值。其八旗人等,在直隸州縣居住者,令直督轉飭各該地方官收買給價,彙行解部。○五年覆准:滇省現獲銅觔甚多,除留本省供鑄外,尚餘二百數十餘萬觔。令委員運至鎮江一百數十萬,以備江南承辦三省銅觔;運至漢口一百餘萬,以備湖廣承辦二省銅觔。至於各省辦銅定價,每百觔十四兩五錢,水脚三兩,共十七兩五錢。令滇銅每百觔價銀九兩二錢,加以運至鎮江、漢口、江蘇、湖廣,再由鎮江、漢口遞運至京,每百觔水脚三兩,總計脚價較原定脚價銀兩稍有節省。令該督動用鹽務贏餘六萬兩收銅發運,賣價還項。至將來所辦滇銅,均作雍正六年額辦,不必拘定舊例,仍分上下兩運。倘有不敷,另行凑補,總以不缺額數爲準,不逾六月到部爲率。其江蘇雍正六年銅觔,既可無藉洋銅。嗣後,海口所收洋銅,均追抵歷年舊欠。倘再遷延推諉,即行題参治罪。再,辦銅舊例,均係預年給價。而滇省將來出産銅觔,盈縮難以懸擬。令該督將滇省所辦之銅,自雍正五年四月起,扣滿一年之期,獲銅若干,即行題明,知照江蘇、湖廣巡撫,以憑預定曾否足額,庶辦解雍正七年額銅不致有悮。其所運銅觔,遴委賢員,查驗足色净銅,不得夾雜低銅;經過關津隘口,毋得抽課,驗明放行,沿途防護。該委員嚴飭衙役船户等不得私帶貨物。仍知照江蘇、湖南、湖北巡撫遵行。

〔搭放〕

順治十三年題准:鑄錢搭放兵餉工食,令州縣扣算,刊入由單,填註收簿。○十四年題准:徵收錢糧,銀七錢三。銀兩儘數起解,其錢充存留之用。○康熙七年覆准:存留驛站官役俸工雜支等項,俱照銀七錢三例,收放制錢。該督撫查取所屬徵收流水底簿磨對,歲底將收放數目造册報部。如奉行不力,指名題参。○十年定:直省存留錢糧,照數收錢,上下通行,方無壅滯。有不收制錢者,以違制論。○二十七年覆准:滇省制錢,除搭放兵餉外,存餘甚多。將驛站官役俸工雜用等項,俱全用錢給放。○又覆准:滇省錢賤,支放兵餉,俱全用銀支給。○三十七年覆准:浙省鑄錢,停其搭放兵餉，於俸工内支給。〇四十二年議准：廣東錢價日賤，著暫停鼓鑄。其所存之錢，統於别項役食及俸工之内，照例搭放。〇四十四年議准：四十一年十一月起，至本年六月止，局内所鑄新制錢不敷。將舊制錢暫停銷燬，於本年十一月起，展限五年，配搭使用。限滿之日，將舊制錢令其銷燬。〇五十八年議准：每年八旗兵餉，給錢一半，及各部衙門公費、漢官俸錢，合算共用錢三十七萬五千餘串。查寶泉局一年共鑄錢三十三萬四千二百六十三串，合現今所用錢數，尚不敷四萬一千餘串。將漢官俸錢及各衙門公費，停其給錢，每錢一串給銀一兩。錢價若賤，將銀照數減給。〇六十一年議准：京城制錢，每銀一兩易錢八百八十文。今每銀一兩易錢七百八十文，錢價日貴，民間日用，以錢交易，資用甚艱。嗣後，將賣米所交制錢，即令五城照市價易銀交庫，併將八旗給發月餉，暫以銀錢各半搭放。俟錢價稍平，即行停止。〇雍正元年覆准：嗣後，户部放餉，改爲每兩月銀八錢二，搭放一次。〇二年奏准：工部有餘錢二十萬串，每年雙月銀八錢二搭放外，二八兩月，添搭錢十萬串。〇四年奏准：停止每年二八月添搭錢。〇五年奏准：將工部餘錢，盡交户部放餉。〇又覆准：商人辦銅，有外洋照票，方許採買，每張約銀二三千兩、四五千兩不等。今將欠銅商人照票追出，另招殷實者，納銀給照。所獲照銀，即抵所欠銅觔。如不敷，於從前承辦官商勒追。如無可追，再於原委上司名下，分賠完結。

〔禁令〕

順治四年定：各處地方不許私鑄僞錢，及用前代舊錢，通行嚴禁。〇八年題准：明季廢錢，願送部者，量給價值。如文到三月，仍舊行使者，責四十板，枷號一個月，地方官以溺職治罪。〇十年題准：官爐夾帶私鑄者，照枉法計贓治罪。〇十三年議准：緝獲私鑄三次者，紀録一次。〇十四年議准：私鑄，爲首及匠人，俱處斬；爲從及知情買使者，擬絞監候；經紀、舖户、興販攙和者，責四十板，流徙尚陽堡；在京總甲，在外十家長，知情不首者，照爲首例治罪，不知者，責四十板，徒一年；告捕者，賞銀五十兩；該管地方官，知情任其私鑄者，照爲首例治罪，不知情及聽其販賣攙和者，照失察例處分；五城坊官、州、縣、衛、所官失察，每起降一級；掌印兵馬司、知府、直隸知州，二起降一級；司道失察，至三次降一級。同知、通判、吏目、典史有捕盜之責者，各照印官例，運使照司道例，分司照知府例，大使照典史例，副參遊擊照司道例，都司、守備、千總照州縣例。如五城御史、各撫按不行察參者，一併議處。〇又議准：攙和廢錢、舊錢者，係民，責四十板,枷號一個月;係旗下人,鞭一百,枷號一個月。○十八年議准:私鑄,爲首及匠人,處斬,家産入官;總甲、十家長,知情者,俱處斬,家産入官,不知情者,枷號一個月,責四十板,徒一年;爲從及知情買使者,立行處絞;告捕者,照例給賞;該管地方官,知情任其私鑄者,照爲首例,不知失察者,降三級調用。如經紀、舖户、販賣攙和私鑄者,枷號一個月,責四十板,流徙尚陽堡;在内五城坊官,在外州、縣、衛、所正官失察,一起降二級,二起降四級,俱調用,三起革職;掌印兵馬司、知府、直隸知州失察,一起降一級,二起降二級,三起降三級,俱調用,四起革職;司道、都司失察,二起降一級,三起降二級,四起降三級,俱調用,五起革職;府、州、縣捕盗、佐貳、鹽場、武職各官,各按職掌,照新例處分;五城御史、該撫不行察参者,以疎忽治罪。○康熙三年題准:失察私鑄,該州縣官併吏目、典史、衛所官,各降三級調用;知府、直隸知州、捕盗廳官,各降一級調用;司道、都司,各罰俸一年;督撫,罰俸六個月。運司照司道例,分司照知府例,大使照典史例,議處。○四年題准:官員不能疏通錢法,仍將舊錢廢錢攙和行使者,督撫,一起罰俸三個月,二起罰俸六個月,三起罰俸一年;司道、都司,一起罰俸六個月,二起罰俸一年,三起降一級留任;知府、直隸知州,一起罰俸一年,二起降一級,三起降二級,俱留任;州、縣、衛、所官,一起降二級,二起降四級,俱調用,三起革職。○七年題准:攙和私錢,十文以上,照例治罪;九文以下,仍枷責,免流徙。○又題准:私鑄人鄰佑,不分知情與不知情,枷號一個月,責四十板,徒一年。○九年題准:販賣攙和私錢,五城御史、各該撫不行察参,一起罰俸三個月,二起罰俸六個月,三起罰俸九個月,四五起罰俸一年,六起以上,降一級留任。○十年題准:行使廢錢,被人首告者,廢錢入官,制錢給賞首告之人。本犯枷示,係旗下,鞭五十;係民,責二十板。○十二年覆准:銷燬制錢者,犯人與失察官員,俱照私鑄例治罪。官員拿獲,每一起,紀録一次,至四起,加一級。旁人首告者,所獲銅一半入官,一半給賞。除紅銅鍋及現存銅器不禁外,其鑄造一應銅器,止許五觔以下。違禁者,係官,革職;係旗下人,鞭一百,枷號一個月;係民,責四十板,流三千里,所獲銅入官。驍騎校失察,照知縣例,佐領照知府例,参領照司道例,都統、副都統照巡撫例議處。領催,每一起鞭一百。○十八年議准:禁止鑄造銅器。除銅鍋併現用已成銅器不議外,其軍器、樂器、鏡子、臉盆、鈕子、鎖鑰、箱櫃、鍬轡、事件、等子、天平、法馬、刀束、刀箍、刀環等物,此俱係民間必用之物,五觔以下者,許其造賣。此外,一應銅器皿等物,一概禁止鑄造。如有犯者,按律治罪。失察之員,照例議處。○十九年議准:攙和廢錢、舊錢行使者,照順治十四年定例議處,廢錢、舊錢入官,制錢給舉首之人,户部再賞銀十兩。○二十三年議准:錢局内爐頭併匠役等,有私鑄小錢者,令錢法侍郎同稽察錢局科道及監督等,嚴行查緝。如不行嚴拿,别經發覺者,俱議處。○又定:五城御史、巡捕三營併步軍統領等,嚴拿盜鑄、私鑄及銷燬制錢之人。若别經發覺訪獲者,五城三營併步軍統領官員,俱照處分錢局官員例議罪。○二十四年議准:旗下人有犯私鑄者,該管驍騎校降一級,罰俸一年,佐領降一級,俱留任;鄰佑總甲十家長知情者,照爲從例治罪,不知情者,係旗下,鞭一百,係民,責四十板,係官,降一級留任。旗下另户人,在本旗地方私鑄及銷燬制錢者,照例治罪。若别旗下人或民人在該旗地方私鑄、銷燬,失察者,領催,鞭八十;步軍校、驍騎校,罰俸半年;佐領、步兵副尉,各罰俸三個月;参領罰俸兩個月;都統、副都統罰俸一個月;犯人本旗該管官,俱免議。如家僕有犯,其主,係官,降二級留任;係平人,鞭一百,該管官免議。賃房之主,知情者,照爲從例治罪;不知情者,係官,降一級留任,係平人,鞭一百。其城外居住及看墳家人有犯,伊主照此例處分。若看房家人賃與他人有犯者,家人照房主例處分,伊主免議。在屯莊處有犯,屯莊領催,知情者,照爲從例治罪;不知情者,鞭一百,伊主及該管官俱免議。○二十九年議准:錢文務照定例,每銀一兩不許不足一千之數。違者,係旗人,鞭一百,枷號一個月;係民,責四十板,枷號一個月。○又覆准:攙和私錢行使之人,免其論錢數多寡枷號流徙。如有查拿被獲者,係旗下人,鞭八十釋放;係民,責三十板釋放。京城外責令司坊官員,京城内責令順天府屬之宛平、大興二縣官員,直隸各省責令該州、縣、衛、所官員,不時嚴行查拿。若仍有攙和私錢者,被督撫科道糾參,或另有發覺,將該管司坊、州、縣、衛、所官員,俱每起罰俸一年。京城内外,令五城御史、該部司官亦不時嚴行查拿。其私錢,在内,限六個月交送户部,照買銅價,每觔給銀一錢收取,交錢局鼓鑄制錢;在外,以文到之日爲始,限六個月,各州、縣、衛、所官動庫銀收取,亦照買銅價,每觔給銀一錢,收取解交布政司。限内交送私錢之人,免其治罪。○三十六年議准:嗣後,内外文武各官,將各該管地方銷燬制錢、私鑄販賣者,若自行查獲,免其治罪。不行查出,或被户部、都察院差官察出、督撫差官查獲,或被旁人首告,五城坊官及州、縣、衛、所官員不知情者,一起降三級調用,二起革職;掌印兵馬司、直隸各省知府、直隸知州不知情者,一起降二級,二起降四級調用,三起革職;司道官員不知情者,一起降一級,二起降二級,三起降三級調用,四起革職;五城御史、直隸各省巡撫不知情者,二起降一級,四起降二級,六起降三級,八起降四級調用,至十起革職;有捕盗責任之同知、通判、吏目、典史及千總、守備、都司照掌印官員例;兵馬司掌印指揮、分司、遊擊參將照知府例;鹽運使照道員例;管鹽大使照典史例;副將照司道例。至各旗地方鑄造私錢、銷燬制錢、攙和小錢行使事發,照十二年覆准銷燬制錢例處分。其奸惡之徒,自别省買私錢、船車裝載、牲口馱帶販賣者,或被看守津關之人拿獲,或被旁人拿獲申首者,將私錢入官;拿獲之人,照例賞銀十兩;將未經查出該管官員及販賣私錢之人,仍照例治罪。其小錢在京城者,限兩個月交送户部免罪,將小錢收取,照買銅價值,每觔給銀一錢。直隸各省以文到之日爲始,限三個月交各該地方官,送布政使將小錢收取,亦照買銅價值,每觔給銀一錢,咨報户部。其攙和低鉛所鑄小錢,不便照好銅給與價銀,於所定限内各自銷燬者,免其治罪。在京城者,户部、都察院差官不時查拿;直隸各省者,督撫亦差官不時查拿。〇又覆准:湖廣昌字、南字錢,色紅,不堪使用。照小錢例,依限收交。行令該督撫,鑄造務必精工。如仍攙和鉛多,將司道官員以尅減治罪,督撫以徇隱治罪。〇又覆准:收燬小錢,鉛多耗重,每觔改給銀八分。鑄時,仍令開除九觔折耗。其小錢不必解部,竟交寶泉局,户部官與該監督公同收取。〇三十七年覆准:南字、昌字錢禁止,不准使用。〇三十八年覆准:收取小錢、紅色錢,每觔給銀六分五釐。〇又覆准:各處所有小錢、紅銅錢,俱令銷燬,停其交送寶泉局。在京城者,以命下之日爲始,外省,以文到之日爲始,俱限兩個月,自行銷燬。如踰限不行銷燬,仍照前存貯使用販賣者,照前議定之例,將經紀舖户等,俱責四十板,枷號一個月;係旗人,鞭一百,枷號一個月。再,將失察該管地方官,亦照九卿所定之例,計起數議處。〇四十一年議准:改鑄新制錢,將舊制錢於三年後停其使用,各自銷燬。〇四十四年題准:私鑄處分,經紀舖户、興販攙和者,責四十板,枷號兩個月,流徙尚陽堡;總甲十家長不知情者,責四十板,枷號一個月,徒二年;地方文武官員失察者,降三級調用;掌印兵馬司、各省府、州、縣等官不行查拿者,一起降二級,二起降四級調用,三起革職;司道官員不行查拿者,一起降一級,二起降二級,三起降三級調用,四起革職;巡城御史及直省巡撫不行查出者,一起罰俸一年,二起降一級,三起降二級,四起降三級調用,五起革職。再,知府下捕盗同知、通判,州縣下吏目、典史,其罪各照掌印官例;鹽運使照司道例;分司照知府例;鹽場大使照典史例。若營伍内有私鑄、販賣、行使等事,發覺,千總、守備、都司各官照州縣例,遊擊、參將、副將照司道例,總兵、提督照巡撫例。再,各旗有鑄造私錢,將制錢銷燬、攙和小錢行使者,事發,驍騎校照知縣例,佐領照知府例,參領照司道例,都統、副都統照巡撫例。其漕船夾帶者,船户照興販例,同船人照不知情之總甲十家長例治罪,押運官知情者,革職,不知情者,照失察例議處。〇又覆准:行令直隸、陝西、山西、河南督撫,將水陸衝衢要口,查拿販賣攙和私錢之人。若經拿獲,將錢入官,販賣之人,照例立絞。凡經過地方州、縣、衛、所文武官員,俱照失察私鑄例,降三級調用。〇四十五年覆准:嗣後,所鑄之錢,務必磨鑢精工,每文重一錢四分。如有攙和輕薄、磨鑢不精、不合式之錢,即將該監督指名題參,照例治罪。〇又覆准:新制錢尚少,將舊錢展限五年,再行銷燬。〇四十七年議准:湖廣武昌所鑄制錢,俟五年限滿之日,不准使用,另行銷燬。〇又覆准:嗣後,私鑄販賣不法之徒,該管地方官若不行嚴拿,或上司查出,或旁人出首,地方文武各官知情者,立斬,家産入官;不知情者,革職。司道,每發覺一起者,降二級;二起者,降四級調用。私鑄爲首造意及匠人,凡私行買賣販運,爲首之人,立斬,家産入官;爲從者,立絞。左右鄰、總甲、十家長知情不查拿出首者,俱照私鑄爲首造意人立斬,家産入官。糧船人等,若將私錢販運者,同。管船千總與旗丁知情者,俱立斬,家産入官。總管運船廳官,知情者,同;不知情者,革職。凡貿易及鹽船内偷運私錢,發覺,亦照此例處分,將船貨俱入官。〇五十六年議准:寶泉局爐頭預借工料錢以致虧空。嗣後,永行禁止預支。再,寶泉局每年奏銷,照舊例開明,不必另造欵項。〇六十一年十一月諭:錢文係國家要務,皇考常注意勞思此事。著九卿定議具奏。遵旨議定:寶泉局每年添鑄大錢四卯,應於順天宛大兩縣,仍照前設立官牙,將錢價議平買賣。〇雍正元年覆准:雲南省自康熙四十四年設立官銅店,短少價值,加長秤頭,礦民賠累。該督撫嚴行禁革,悉聽商民採買販賣,照市秤市價,出入畫一,照四十四年以前銅廠則例,公平抽收,毋得抑勒商民。至所産銅觔,除供本省現在鼓鑄之用,有餘,聽民間販賣流通,不必解運來京。〇四年議准:嗣後鑄造器皿,除紅白銅不禁,其黄銅除樂器、軍器、天平、法馬、等子及五觔以下之圓鏡亦不禁外,其餘一應器皿,毋論大小輕重,俱不許仍用黄銅製造。倘有犯者,製造舖賣之人,照違例造禁物律治罪;買用之人,照不應例治罪;失察之員,亦照例議處。其已成之銅器,有情願賣者,俱作廢銅交官,照部定每觔一錢一分九釐九毫三絲之數,給與價值,官吏不得勒逼扣尅。江南、浙江、湖北、湖南、福建、廣東現在採辦銅觔,六省廢銅,交與委辦銅觔之員採買。如紅銅不敷,即以此項銅器解部,扣六成紅銅,核算補額。其四成鉛觔,准扣出,另給價值。應用脚價,照現今銅鉛之例,每觔給算水脚三分。其不足六成之銅器,亦准收買,總照成色遞減其價,於解部時報明成色。如所報不實,令委辦之員賠補。至廣西、貴州、江西三省,雖無辦銅之事,然廣西與廣東,貴州與湖廣,江西與江南,俱壤地相接,一水通聯。廣西之廢銅,歸於廣東,貴州之廢銅,歸於湖廣,江西之廢銅,歸於江南,即著三省之上司委員收買。雲南省現開鼓鑄,所收黄銅,即可和入紅銅,扣算成色,入爐鼓鑄。直隸、山東二省,至京城甚近,令各州縣分收廢銅,交布政司彙齊解部。直隸所解廢銅,每觔於價值之外,給水脚一分。山東所解廢銅,每觔於價值之外,給水脚一分五釐。至山西、陝西、河南、四川四省所收廢銅,暫存本省。俟一二年後,視所收多寡,多則或於本省設局開鑄,少則作何解送,不致多費。至期,令各該督撫詳議具題請旨。〇又諭:"錢文乃民間日用之所必需,向因錢價昂貴,朕悉心籌畫,至再至三。今鼓鑄之錢日增,而錢文不見其多,錢價仍復不減。是必奸民圖利,有銷燬制錢,打造器皿之事。若不禁止銅器,則錢價究不能平,而無以便民間之用。從前九卿議令不許製造黄銅器皿,其已成之銅器有情願出賣者,俱作廢銅交官,給與價值。朕思如此奉行,究不能盡除積弊。況且些微物件,亦難彙集交官,終屬有名無實。嗣後,京城之内,除三品以上官員准用銅器外,其餘人等,不得用黄銅器皿。定限三年,令其將所有黄銅器皿,悉行出賣,當官給與應得之價。如旗人,則於本旗交出領價;漢官、民人,則於五城該管之處交出領價,不論輕重多寡,隨便收買,不許發價之人絲毫扣尅。違者,重治其罪。若三年之後,仍有私藏黄銅器皿者,從重治罪。如此,庶可永杜燬錢製器之弊,而國寶流通,民用充裕,實爲大有裨益。著九卿確議具奏。"遵旨議定:嗣後,京城内三品以上官員准用黄銅器皿,民間樂器、圓鏡、等子仍照原議外,其文武各官軍民人等,一應大小器皿,俱不得仍用黄銅。所有舊存黄銅器皿,除箱櫃上銅事件外,其餘不論輕重多寡,悉行交官領價。旗人交本旗佐領管收,漢官民人交五城御史管收。各該管處,無論多寡,隨交隨收,按依成色,估足銅鉛觔兩,照部定每觔一錢一分九釐九毫三絲之價給發。如有以低銅冒開好銅,及應領之價故意勒扣者,冒開銀兩照侵蝕錢糧例,扣尅銀兩照尅減官價例治罪。其收買銀兩，八旗都統、都察院堂官酌量於户部支領。所收銅觔，該管處每季解交錢局，以供鼓鑄，併將所給銀兩實數造具清册，報明户部。寬以三年之限，如過限不交賣者，以私藏禁物律治罪。其小舖冷攤，從前收買零星銅器，限三個月内盡行交官領價。違者，即照私藏禁物例治罪。其打造銅器店舖，如仍將黄銅製造器皿者，照銷燬制錢爲從律治罪。令九門提督、五城御史、順天府尹出示遍行曉諭，仍不時稽查。有犯者，即行拿究。其直省悉照京城之例，均以三年爲限交收。〇又覆准：晉省小錢，寬限三年，令該撫試行收買，歲底彙報户部，候文銷解。俟大錢流通，然後通行收禁。倘逾限三年，猶有私錢事發者，將奉行不力之各該地方官失察一次者，降職一級；二次者，降職二級；三次者，降職三級；四次者，降職四級，俱准其帶罪限一年内拿獲。果能拿獲私錢一次者，還職一級；二次者，還職二級；三次者，還職三級；四次者，還職四級。如失察五次以上者，降一級調用。〇五年諭："國家設立寶源、寶泉二局，鼓鑄制錢，原期充足流通，以便民用。乃鼓鑄日增，而錢文不見其多，錢價不見其平，民間甚爲不便。朕再四思維，必有奸僞之徒，銷燬制錢，造作器皿，以賈利於己而貽害於民者。向已屢經申飭，上年又經九卿會議，凡黄銅器皿除樂器、圓鏡、等子外，其餘不准使用；民間所有銅器，悉令交官，給與價值。朕令先試行於直隸八府及各省督撫駐劄之省城，無非欲杜燬錢之弊而清其源也。乃立法甚明，而玩法者尚衆。昨九門提督現於崇文門外，拿獲銷燬制錢之人。朕思近在輦轂，尚有此違禁射利之徒，則鄉邑偏僻之地可知矣。現今稽察甚嚴，尚有此愍不畏死之輩，則從前未曾嚴察之時，更不待言矣。此弊不除，則錢文何以得充，民用何由得裕？著直隸總督嚴飭各地方官密行緝拿，毋致潛藏，以爲民患。如有怠忽疎縱，不行查出者，或被旁人首告，或被京中番捕緝拿，定將該地方官照溺職例革職。至於銅器交官給價，先試行於直隸八府及各處省城，其餘各府、州、縣地方，一時難以通行，故尚准其使用。然朕細思之，既准其使用，又復任其打造貨賣，則將來仍滋弊端，於事無益。著該督撫通行禁飭，嗣後，各處舖户人等，不得鑄造黄銅新器，出賣與人。違者，照例治罪。如此則銷燬制錢之弊可除，而錢文可以常充，實便民利用之道也。"〇又諭："民生日用所需，制錢最爲切要。朕專爲便民起見，屢頒諭旨，嚴禁銷燬制錢，並令京城及各省督撫駐劄之省城，不許鑄造黄銅器皿，三品以下官民不得私用銅器。此朕欲期錢文豐裕，爲小民易於資生，非朕有所需用也。已曾諄切詳諭，不啻再三，自曉然於天下矣。京城現今奉行,錢價已覺稍平。乃近聞各處督撫駐劄之省城,銅器店内仍用黄銅鑄造者甚多。此明係各督撫奉朕諭旨之後,不曾實力奉行,只以告示曉諭,虚文掩飾而已。朕時時切諭内外諸臣,若朕所頒諭旨有不便於民之處,即當據實敷陳,請弛其禁,斷不可陽奉陰違,有失爲政之體。各省督撫等寧不聞之乎!且銷燬制錢以鑄造銅器之弊,朕向因錢局鼓鑄日增,而錢文日見短少,知其情事有灼然者。嗣於京城内,果屢次拿獲銷燬之奸民;而欽差官員至甘肅地方,亦見有銷燬爲器者,與朕所料若合符契,則銅器之必當嚴禁明矣。省會乃督撫駐節之區,耳目最近,政令易行,非若遠鄉僻壤之難於稽查也。若果實心遵奉,甚屬易事。朕爲制錢籌畫,宵旰焦勞。各省地方官辦運銅觔,亦甚費經營跋涉之苦。然後官局得以鼓鑄錢文,以資百姓之用。夫以鑄制錢如此之難,而奸徒貪財射利,竟將已成之錢,復行銷燬。蠹國害民,孰大於此?故禁用銅器者,所以杜燬錢之源也。乃督撫畏一二犯法貪利工商之怨望,背朕旨而輕民計,是何心也!今特再加訓誡,各省督撫,務宜實力奉行。朕各省令人查訪,倘仍前疎忽,定將督撫嚴加處分。至於黄銅器皿,亦非人生必不可缺之物。鐵鉛瓦木,可以代銅器者甚多。朕前諭旨甚明,況交官仍得價值,又何樂而不爲?但從前曾酌議三品以上許用黄銅,今猶覺濫用者多。嗣後,惟一品官員之家,器皿許用黄銅,餘著遍行禁止。如有藏匿私用,不肯交官者,槩以違禁論。中外臣民,其知朕意,毋忽!"〇又諭:"朕前降諭旨,令各省設立收買銅器公所,於屬員中選擇廉謹老成之人,專司其事,在司庫先撥數千金,以爲價值,嗣後陸續給發,業經通行曉諭。但恐各州縣與所設公所有寫遠之處,民間交納未便。朕意欲令直省州縣,凡民間交納銅器,准其抵作何項錢糧。但恐交納者多,而經費所在有未便之處,或行之既久,轉有燬錢交官之流弊。應如何舉行方爲妥協,其可行於何等省分,並作何交納扣抵,與生銅熟銅定價之處,著户部詳議具奏。朕又聞,外省官員有欲捐買銅觔者,此斷不可行。該地方官但能實心辦理收銅事務,便於公事有益。如有已將己資現買銅觔者,著交官照觔數給與價值。"遵旨議定:將各省未完舊欠錢糧,准其以黄銅器皿抵交。除四川、廣西、雲南、貴州四省並無民欠,西安民欠無多,其餘各省,各該督撫酌量於該省民欠内,以二十萬兩爲率,准令欠户交納銅器,扣抵應完舊欠之數。倘銀數抵扣完日,該省尚有交納銅器者,該督撫再行具題請旨。此所交銅器,熟銅,照頒定價值每觔一錢一分九釐九毫零;生銅,價值比熟銅減二,每觔九分五釐九毫零。各州縣官於紳民交納時,按其生熟成色觔兩,以所定價值算扣。如有奸民銷燬制錢,充作廢銅片塊,不成器皿物件者,發覺之日,照律治罪。其收銅之州縣官,不得絲毫扣減價值,亦不得以重秤收兑。每季將所收銅器觔兩數目報明督撫,解交公所,該督撫於歲底奏報。其無民欠之省分及無民欠之州縣,與無舊欠之糧户併奉天州縣人民,有以銅器交官者,俱按生熟銅色,給與價值,將所收銅器存貯公所,於歲底奏報。如各省地方官有現將己資收買黄銅器皿者,著解交公所,該管官即按生熟銅觔,給與價值。倘地方官有不遵諭旨,借捐買名色以賤價收買民間銅器者,該督撫即指名題參,照例議處。

〔織造錢糧〕

順治初,江寧、蘇州、杭州三局織造、錢糧事宜,俱隸户部。八年,改隸工部。康熙三年,織造事宜隸工部,錢糧復歸户部。今將雍正三年現在報銷銀數,開列於後。其事宜隸工部者,不具載。

江寧織造,每年織辦内務府上用官用緞紗料工銀四萬三千三百三十三兩三錢三分,織辦户部緞紗料工銀一萬五千三百六十七兩零。

蘇州織造,每年織辦上用官用緞紗料工銀四萬三千三百三十三兩三錢三分,織辦户部緞紗料工銀一萬四千三百五十五兩零。

杭州織造,每年織辦上用緞紬等項工料銀四萬七百十九兩三分零,織辦户部緞紬等項工料銀五萬六千三百三十五兩六錢零。

大清會典卷之四十九

户部

〔課程一〕

〔鹽法上〕

國朝鹺政，其在盛京者，屬府尹兼理；在直省者，差御史四員，分巡督課，或歸督撫管理，設運使、分司提舉、吏目、大使等官。間有就近司道兼攝者。其在各省，有正引、有改引、有小票，按數徵課，分地撥銷。其間隨時徵免，酌宜損益。規條詳密，備載於後。

歲額

各省竈丁地蕩，陞除不一，間或因時增減，歲額無定。康熙二十六年，核得順治間及康熙二十四年行引實數開載。今核得雍正四年行引實數，備列於後。

順治間歲額，鹽引四百一十萬九千六百九道，小票八千四百二十二張，課銀二百七十萬一千一百二十四兩三錢九分七釐七毫。

康熙二十四年歲額，鹽引四百三十七萬二千二十三道，小票三萬一千三百五十張，課銀三百八十八萬二千六百三十三兩三錢六分五釐零。

雍正四年歲額，鹽引五百十三萬八千一百七道。內，票引二十萬四千一百五十張，課銀三百八十六萬六千三十四兩四錢三分零。銅觔脚價十三萬八千兩。

盛京

奉天、錦州二府屬鹽政，奉天府尹兼理。各場，分隸州縣佐貳官兼轄。

黄旗場　　藍旗場

竹心臺場　　磨攔裏場

大板橋場　　小板橋場
葫蘆套場　　甜水河場
天橋場　　二道溝場
三道溝場　　四道溝場
柴河溝場　　白馬溝場
劉三場　　柳柴場
小鹽場　　料河堡場
團山堡場　　鐵廠屯場
鐵廠屯河西場　　芝麻灣場

行鹽地方

奉天府　　錦州府

天聰五年，令守邊人稽察煎鹽。○七年定：煎鹽人照價每兩納税三分。帶私鹽者，以其半入官。○九年，差領催徵收鹽税，按月解送，仍委各旗員役監管。○順治元年定：奉錦各屬鹽場，歲辦上用白鹽及祭祀陵寢，長白山白鹽并皇莊官莊鹽，共六萬六千觔。○四年定：盜賣鹽者，鞭八十，仍追鹽入官。○十一年題准：遼陽新民，聽自煎鹽，毋禁。○康熙十八年題准：復禁私煎，令商置鍋，召募竈户煎鹽配引。民有願充竈户者，免其徭役。○又題准：奉錦各屬，頒引一萬三千七百七十四道，每引徵課銀四錢七分三釐零，共徵課銀六千五百二十三兩九錢九分一釐零。○十九年題准：增引三千一百道，課銀一千四百六十八兩三錢零。○二十年議准：停止引鹽，仍聽民置鍋煎賣。

長蘆

長蘆都轉運鹽使司管鹽法道運使原駐滄州，康熙二十四年移天津。

小直沽批驗所大使
滄州批驗所大使

青州分司運同駐劄天津。

興國場大使　　富國場大使
豐財場大使　　蘆臺場大使
越支場大使　　濟民場大使
石碑場大使　　歸化場大使

舊有三汊沽、厚財、惠民三場。康熙二十四年，裁。

滄州分司運判康熙十七年，裁併青州分司。十八年，復設，駐劄本州。

利民場大使　　　阜民場大使
利國場大使　　　海豐場大使
富民場大使　　　深州海盈場大使
阜財場大使　　　嚴鎮場大使原隸青州。康熙十八年,改隸滄州。
舊有潤國、益民、海阜、海盈、海潤五場。康熙二十四年,裁。

課額

順治間歲額,正改鹽七十五萬八千六百三引,課銀三十萬五千五百五十三兩五錢四分五釐七毫零。

康熙二十四年歲額,正改鹽八十九萬七千五百五引,課銀四十七萬七千八百一十兩三錢四分三釐零。又,額外鹽税銀三千二百八十一兩一錢四分零。

雍正四年歲額,正改鹽九十二萬一千五百四十六引,每引行鹽二百五十觔加五十觔,徵銀四錢二分零至四錢六分零,共額徵課銀四十四萬六千九百十四兩二錢八分零。

行鹽地方

順天府
直隸永平府　　　宣化府
　保定府　　　河間府
　正定府　　　順德府
　廣平府　　　大名府
　延慶州　　　保安州
河南開封府　　　彰德府
　衛輝府　　　懷慶府
　陳州　　　商水縣
　西華縣　　　項城縣
　沈邱縣　　　舞陽縣

順治元年題准:長蘆,正引七十一萬九千五百五十道,改引三萬五千四百五十三道,每引徵課銀二錢六分五釐七毫零。〇十二年題准:增備用引四萬五千道,照正引例徵課。〇十三年題准:正、改、備用,每引增銀四分七釐八毫零。〇又題准:開封府,每引增補額銀六分六釐六毫零。〇又題准:增正引一十二萬道,照例徵課。〇十五年題准:停止備用、新增二項引目。每正引,攤納課銀七分一釐九毫零。〇十七年題准:改引附同正掣。增順天、永平二府屬三千六百引,照例徵課。〇康熙二年題准:開封所加補課,於正引内均攤,每正引共課銀三錢九分六釐四毫零。〇五年題准:開封府屬杞、通、太、蘭、儀五縣,改掣蘆鹽,增正引一萬三千一百八十九道,照例徵課。〇六年題准:宣鎮改掣蘆鹽,增改引一千二百道,併保安衛改引三百道,照例增課。〇十四年題准:正改每引加課銀五分。〇十六年題准:每鹽一包加鹽二十五觔,每引加課銀七分。〇又議准:京師地方,自十七年爲始,納三引之課,行兩引之鹽。〇十七年題准:薊、永、正、河、采、宣引,每引加課銀四分。〇又題准:計丁加正引五萬七千四百六十七道,改引二萬九千四百九十五道,共徵課銀四萬三千六百四十七兩零。〇二十四年覆准:河南懷慶府屬,因河東鹽少,改食蘆鹽,增三萬七千二百五十一引,照例增正引課銀一萬九千二百九十八兩三錢零。〇又議准:興國場撥給地畝,免徵銀兩。〇又,長蘆每引加課五分,自二十五年爲始,奉旨停止。〇二十六年題准:舊州營汛内黄村等集鎮所行鹽引,歸併宛大兩縣完銷。〇又題准:河南陳州等六屬,因淮鹽難於輓運,照懷慶府例,改食蘆鹽,將兩淮課銀照數扣除。自二十七年爲始,增入蘆額,共增引二萬四百一十九道,增課銀九千五百二十三兩八錢零。〇二十七年題准:陳州六屬,原納淮課,兩倍於長蘆。今按課計引,將長蘆鹽引,照數速行給商行鹽,懸秤自賣,勿致按丁派食。〇二十八年題准:長蘆新增引三萬三千二百六十三引,課銀一萬五千三百餘兩,原屬軍需暫增,俱行豁免。〇二十九年覆准:直隸滄州所屬海豐、嚴鎮二場,私販充斥。德州爲蘆東要區,直隸之棗强與山東之武城接壤。將棗强、武城二縣縣丞,移駐棗、武交界之地,與海豐、嚴鎮二場舊設千總二員,協同巡查。〇又題准:將天津衛十七年加引四千道豁除。〇又覆准:長蘆各屬,積引難銷。各商情愿運往别屬易銷之處通融代銷,著取地方官印結,呈報巡鹽御史及巡撫衙門,隨時代銷。〇又覆准:陳州六處額引二萬四百一十九引,照衛輝輸租例,每引該徵銀八釐,共銀一百六十三兩三錢零,於奉文之日爲始,徵收解部。〇又題准:東西兩城、深井堡三處,將額引除去,聽民設鍋煎鹽,包納引課。〇三十年題准:將懷來等衛六處,改食彝鹽,仍照舊額納課。〇三十二年題准:永寧衛等地方既改設州縣,包課銀兩,歸併徵收。永寧衛歸併延慶州,該包課銀九百七十九兩零。深井堡改宣化縣,該包課銀四十二兩零。懷來衛改懷來縣,保安衛、礬山堡亦歸併懷來縣,該包課銀五百八十四兩零。西城、東城二堡歸併西寧縣,該包課銀四百六十六兩零。保安州,該包課銀五百二十二兩零。○三十三年議准:長蘆加增課一萬二千兩。○三十五年覆准:將三十四年運米朝鮮海船,給與長蘆綱商運鹽使用。其造船帑本五萬六千五百有零,自三十六年爲始,分作五年帶徵。○又覆准:長蘆新增引五萬道,令各商均派行銷。應徵課銀,以三十六年爲始徵收。○三十七年覆准:三十三、三十四年運送盛京米石,商人急公,將二年水脚,盡行捐助,又不得行鹽,殊爲竭力。本年鹽課銀十九萬八百餘兩,分爲四年,於明年爲始,每年帶徵一分。○三十八年,命長蘆運司,每年將節省餘銀一萬兩,解送河工,於三十八年爲始。○又覆准:河工運石等船,照糧船盤查私鹽例,令該御史委員驗看盤查,作速放過,勿誤河工。○四十一年覆准:將瀞縣營額引五百五十道,交通州知州管理。其私販,責令該州州判嚴緝。○又覆准:宛大兩縣,加增引三萬五千三百一十三道,每年應徵課銀同四十二年引額,造入奏銷册内,報部查核。○又覆准:京城近來積鹽俱行銷完,將代銷之例停止。○四十三年題准:長蘆應交四十三年鹽課銀四十四萬兩,分爲五年帶徵。○四十七年議准:長蘆增鹽引一萬道,徵課銀四千二百三十六兩零。自四十七年爲始,照數徵收。○又議准:薊、遵等處,增引一萬道,課銀四千二百三十六兩零。○又議准:永屬六州縣,增引五百七十二道,課銀二百四十二兩零。○五十年題准:五十年引課二十一萬二千六百四十八兩零,分作五年帶徵。○五十四年覆准:長蘆京引十四萬,向設京館勾簿,商鹽挨次輪銷,日久司事不均。今革除京館,令衆商張灣買鹽,闔綱公保老成之商,於廣渠門張灣催課登記。另委員發鹽收課,立循单給商,赴張灣委員處,驗換環照運鹽,止許從廣渠一門進城。循单環照,月底彙繳。○又覆准:將歷年商埸舊欠五十四萬餘兩,分作十年帶徵。○五十八年覆准:商欠課銀,除現在徵解外,京城窩引,商人歷年積欠未完,向有該御史衙門餘銀,每年捐出補還商欠。其包課餘引,著落長蘆衆商綱,均勻分認行銷。○五十九年題准:鹽課積欠九萬五千七百九十餘兩,自六十年起,分爲十年帶徵。○又題准:宛大兩縣包課餘引三萬五千三百一十三道,令衆綱商分認行銷。○六十年議准:歲旱,鹽船阻運。本年課餉,暫行停徵。○六十一年覆准:宛平八州縣引窩價值銀兩,分作九年帶完。○雍正元年議准:長蘆定例,每引行鹽二百五十觔。今商欠甚多,將現行鹽觔,每包加鹽五十觔,以三百觔爲一包,令各商照例運銷,免其加課。徵完日。令該御史將所增鹽觔作何加賦併應否裁存之處,題明再議。○又議准:長蘆鹽商,歷年積欠銀一百一十七萬六千餘兩，分作十二年帶徵。〇又題准：長蘆課銀，留官本五萬兩，委滄州分司收買場鹽，陸續發商告運官本隨課兼收，按年造報。所得羨餘銀，令運司詳明，接濟京引窮商。〇又覆准：長蘆各州縣，有全不能銷引者，或有一二年止可銷二三季者，是以各商日就困乏。嗣後，照代銷之例，准商人通融代銷完課。若有不敷銷賣之處，量增引目。〇三年覆准：長蘆竈丁，自康熙十八年以後，未經編審。以本年爲始，將各場竈丁，逐户查現在丁數。昔年丁多而今少者，開除；昔年丁少而今多者，頂補。〇又覆准：長蘆竈場灘地及兩省民竈交錯之處，俱行細加丈量。除各州縣魚鱗册所載民田外，將竈地悉行清出。凡有從前典賣與民者，俱准其回贖。無力者，暫令現在管業之人耕種納糧。所丈出地畝，不得混侵民地尺寸，造具魚鱗圖册，并查明竈户名姓，開載圖籍，申詳該鹽政及該督撫存案，該鹽政造册送部查核。如有豪衿土棍，不服勘丈或不肯收價退地，分司申報該鹽政及各該督撫，嚴提審究，按律治罪。〇四年諭：長蘆竈地，久未清查，以致民竈争控不已。聞當年竈地轉售與民，其年分久遠，有百餘年者，業主售主多半變更，即有子孫，當時價值多寡，亦俱遺失，或有逃亡等户，更無從質問，以致同姓影響之人彼此争贖，紛紛告訐，實滋煩擾。若必俟原業竈户有力之日回贖，倘原業之人始終無力，則此項地畝，久久竟成民地，亦非清查竈地之良法。朕意以爲，不若將竈户賣與民人之地，交易年近，確有實據者，令竈户備價取贖。其餘年久迷失之地，所有争告無憑詞狀，該衙門俱行註銷。凡民人所有竈地，嗣後，止許賣與竈户，永遠爲業。如有仍轉行典賣與民者，照盗賣官地律治罪。永以爲例。〇五年議准：天津駐劄水師營官民所食鹽觔，商人將就近灘場生鹽一百包，運至該處，交與該同知，呈明都統，按名分給，以濟官兵食鹽。每包定價銀五錢。其鹽價銀兩，官兵初到，令該同知於俸餉内，照數扣交鹽法道庫。至明歲官兵駐劄已定，令該御史照依天津附近軍民食鹽之例，行文該都統，將官兵水手人等，查明户口若干，應用鹽觔若干，造具清册，飭令分司聽其自備鹽價買食。如有不肖兵丁混雜灘場偷竊以及串通商人夾帶行私等弊，該御史即行查拿治罪。

山東附隸長蘆巡鹽御史。

山東都轉運鹽使司兼理鹽法道運使駐劄濟南。

濼口批驗所大使｜蒲臺批驗所大使

濱樂分司運同舊駐濟南。康熙四年，移駐蒲臺。

永利場大使　　富國場大使

王家岡場大使　永阜場大使

舊有豐民、利國、新鎮、高家港、寧海、豐國、官臺、固堤八場。康熙二十四年,裁。

海滄場大使　西田場大使

登寧場大使　石河場大使

信陽場大使　濤雒場大使

以上六大使,舊屬膠萊分司。康熙五十八年,膠萊分司奉裁,歸併濱樂分司。

舊有行村場。康熙二十四年,裁。

課額

順治間歲額,正票鹽三十三萬九千四十七引,課銀九萬二千二百三十五兩二錢八分四釐四毫零。

康熙二十四年歲額,正票鹽四十四萬六千四百四十四引,課銀一十四萬二千八百七十二兩六分九釐零。

雍正四年歲額,鹽五十五萬四千引。内正引四十五萬五百四十八引,票引一十萬三千四百五十二引。每引行鹽二百二十五觔。每正引徵銀二錢四分五釐零,票引徵銀二錢八釐零,共課銀一十四萬八千四百二十九兩三釐零。

行鹽地方

山東濟南府　兖州府

東昌府　青州府

萊州府　登州府

江南徐州　宿州

河南歸德府

順治元年題准:山東,正引四十六萬三千七百三十七道,每引徵課銀二錢五釐零;票引九萬四千四十七道,每引徵課銀一錢一分八釐三毫。○十一年題准:減正引二十三萬三千七百三十七引,照額減課。○十二年定:復行正引一萬五千道,照例徵課。○十三年題准:增正引八萬道,照例徵課。○十七年題准:停止新增引目,課銀按額攤納。○康熙五年題准:開封府屬五縣,改掣蘆鹽,減正引一萬三千一百八十九道,照例除課。○六年覆准:復行正引八萬道,照舊徵課。○十四年題准:正票每引加課銀五分。○十六年題准:每正引加鹽三十五觔,加銀四分,每票引加觔銀三分。○十八年題准：票引每引陞課六分。○又題准：每十引加增一引，共加正引三萬一千一百八十一道；每十票加增一票，共加票引九千四百五道，照例徵課。○二十四年覆准：停徵每引加課五分。○二十九年命豁免竈丁等項額外銀一萬四千二百八十四兩五錢一分。○三十五年題准：加增引五萬道，照例徵課。○三十八年，命山東運司，每年節省餘銀七千兩，解送河工。○四十九年覆准：山東鹽課舊欠一十九萬兩，照兩淮例，分爲十五年完納。○五十一年題准：山東回空糧船水手，販載私鹽。嗣後，每年糧船回空，至德州桑園地方，該漕運總督委員協同德州衛弁搜查，并令長蘆御史、河道總督、山東巡撫、登州總兵官嚴飭官弁，嚴行查拿。○五十六年題准：加增引五萬七千五百五十六道，照例徵課。○五十七年覆准：山東鹽引四十五萬零，節次漸增，著散派舊商行銷。○雍正三年覆准：東運行鹽地方，因從前節次漸加引目，未經分别州縣，止按引數派散，是以有引多引少之嫌。將魚臺等三十一州縣額引，减去一萬八千四百六十道，量增於鹿邑等二十一州縣行銷。○又覆准：東省應徵竈丁銀六千二百五十六兩零，内分一半丁銀，攤入各場竈地及歷城等四十四州縣民佃竈地之内，每兩加銀三錢六分零，照數完納；其一半丁銀，令該鹽政挨户查明，將實在竈丁，按名均攤。○四年議准：各場竈地俱被水淹，將青滄二分司所屬興國、利民等場，雍正三年竈課准其緩徵。

兩淮

兩淮都轉運鹽使司管鹽法道運使駐劄揚州。

舊有關橋分司運同、解綑分司運副，俱康熙十七年裁。

儀徵批驗所大使　　淮安批驗所大使

泰州分司運判駐劄本州。

富安場大使　　栟茶場大使

安豐場大使　　角斜場大使

梁垛場大使　　東臺場大使

何垛場大使　　小海場大使

草堰場大使　　丁溪場大使

通州分司運判駐劄本州。

餘東場大使　　餘中場大使

餘西場大使　　吕四場大使

金沙場大使　　西亭場大使

石港場大使　　馬塘場大使

掘港場大使　　豐利場大使

舊有天賜場。康熙二十四年,裁。

淮安分司運判駐劄安東。

白駒場大使　　劉莊場大使

廟灣場大使　　伍祐場大使

板浦場大使　　新興場大使

莞瀆場大使　　徐瀆浦場大使

臨洪場　　興莊團場以上三場,順治十八年,裁。康熙十七年,復徐瀆浦場。十八年,復臨、興二場,附隸州縣,不設大使。

課額

順治間歲額,綱食鹽一百六十七萬四千四百五十八引,課銀一百三十三萬九千八百四十六兩五錢三分零。

康熙二十四年歲額,綱食鹽一百六十二萬二千七百五十五引,課銀二百三萬九千二百八十五兩七錢一分一釐零。

雍正四年歲額,鹽一百六十萬一千八十一引。每引行鹽二百三十五觔。淮北,每引徵銀八錢六釐零;淮南,每引徵銀一兩一錢一分一釐零,共額徵課銀一百七十五萬九千七百八十七兩零。

行鹽地方

江南江寧府　　淮安府

揚州府　　安慶府

寧國府　　池州府

太平府　　廬州府

鳳陽府　　滁州

和州

湖廣武昌府　　漢陽府

安陸府　　襄陽府

鄖陽府　　德安府

黄州府　　荊州府

長沙府　　岳州府

寶慶府　　衡州府

常德府　　辰州府

永州府　　靖州
江西南昌府　　饒州府
南康府　　九江府
建昌府　　撫州府
臨江府　　吉安府
瑞州府　　袁州府
河南汝寧府

貴州黎平府,就近食湖廣商鹽,不行引。

舊有江西南安、贛州二府。康熙二十五年,改食粵鹽。河南陳州、舞陽等六州縣,二十六年,改食蘆鹽。

順治二年題准:兩淮綱引一百四十一萬三百六十道,每引徵課銀六錢七分五釐四毫零。派行淮南一百一十八萬一千二百三十七引,淮北二十二萬九千一百二十三引。〇九年題准:增寧國食鹽引一十六萬七千三百九十八道,每引徵課銀五錢二分五釐。派行淮南一十一萬三千九百七十八引,淮北五萬三千四百二十引。〇十年題准:增引九萬二千六百九十七道,照綱引例徵課。〇十三年題准:增綱引一十六萬道,照例徵課。〇十四年題准:改江都食鹽一萬引,於寧國行銷。〇十六年題准:上江增食鹽九萬六千七百引,照例徵課。〇十七年定:停行新增二項綱引,每綱引攤納課銀一錢二分一釐零。〇康熙元年題准:改淮北食鹽一萬引,於寧國、和、含等處行銷。〇五年題准:吉安府改掣淮鹽,增綱引五萬一千三百二道,照例徵課。〇六年題准:湖廣衡、永、寶三府,改掣淮鹽,撥銷淮南額内綱引八萬一千七百六道。其舊額課銀,仍於淮南現行引目,每引攤納六分八釐二毫零。〇八年題准:食鹽照綱引例,每引增課銀一錢五分四毫零。〇又題准:停止歸綱引一十三萬八千八百四十七引,於淮南綱引内,每引攤納課銀一錢一分五釐九毫零。〇十年題准:改江都食鹽六千引,於寧國、和、含等處行銷。〇十三年題准:改淮安食鹽一萬一千九百三十引,於綱引地行銷。江都食鹽三萬五千九百八十一引,於寧國、和、含等處行銷。〇十四年題准:綱食鹽引,每引加課銀五分。〇又題准:改山陽等處食鹽三萬二千引,於寧國、和、含等處行銷。淮安食鹽一萬二千一百引,於綱引地行銷。〇十六年題准:增綱食鹽引,每引加鹽二十五觔,帶課銀二錢五分。〇又題准:食鹽每引陞課銀一錢。〇又題准:江西南、贛二府,改掣淮鹽,增綱引一萬五千一百道,照例徵課。〇十七年題准:增寧國、和、含等處食鹽五萬六千引,照例徵課。○十八年題准:計丁加綱引二萬七百四十二道,照例徵課。○二十一年題准:停寧國、和、含等處新增鹽引,減除課銀。○二十三年議准:兩淮鹽課解部,選委才幹鹽運司屬官領解,不得仍委府州縣佐貳官。○二十四年覆准:停徵每引加課銀五分。○二十五年覆准:江西南、贛二府,仍改食廣東鹽,除去課額。○二十七年覆准:淮南綱引鹽,例有額徵桅封銀兩。原因既掣之後,船中總散難稽,故每船給以印封,帖之桅上。吉安復食淮鹽,嗣後,引目亦照例徵輸,每歲增銀三百七兩八錢一分二釐,於二十六年爲始。○又覆准:河南陳州等六屬,既改食蘆鹽,其舊欠淮北未銷之引,責淮北地方通融銷繳。○又覆准:淮南寧國等處,增食鹽一萬引,太平、池州、安慶三府,增綱鹽二萬引,共增課銀二萬七千九百四十二兩六錢零,自丁卯綱爲始。○二十八年覆准:安、池、太等府食鹽所加三萬引,准其除去,仍循舊額行銷。○三十三年議准:加課一十五萬兩。○三十七年覆准:兩淮鹽觔,壅積難消。將原加二十五觔之鹽,暫行停止。所停鹽課,自三十六年爲始,分作五年帶徵。其三十七年,仍將原加二十五觔之課鹽,照舊徵運。○三十八年諭:將康熙十六年所增課銀,著免一半。○又議准:兩淮行鹽之處,督撫以下官員,俱有餽送陋規,槩行禁止。○三十九年覆准:鹽觔係民生日用,商人計本經營,貴則累民,賤則病商。該御史會同該督撫,照時價貴賤估值,務使商民兩便。○四十二年題准:兩淮未完鹽課,先作五年帶徵。今淮北諸商,引積難銷。將課銀八萬四千三百九十四兩,分作十年帶徵。○四十三年題准:兩淮增織造、銅觔、河工等項錢糧三十餘萬兩,每引加鹽四十二觔。○又題准:兩淮浮費,凡鹽院差滿日,賞給各差役銀一萬六千八百兩;凡鹽院差滿起行之前,送遠近别敬,用銀二萬一千六百兩;凡餽送官員及過往程儀雜費,共用銀三萬一千六百餘兩;凡鹽院書差,每引帶鹽七觔,收銀四分二釐,計銀五萬六千兩;凡隔年未曾過所殘引,次年續過,書差,每引帶鹽五觔,收銀三分,約計銀五六千兩不等;凡書差隨費,每引收銀一分六釐,計銀二萬一千三百三十餘兩;凡書差飯食,每引收銀八釐,計一萬六百六十餘兩;凡書差收桅封,每引銀八釐,計一萬六百六十餘兩;凡北橋承差指守橋,每引收銀一釐計一千三百三十餘兩;凡隔年殘引未曾過所,至新院到任過所,復派規費一錢幾分不等;凡鹽每引額重二百五十二觔,過所掣稱,間有以多出鹽觔令衆商納價,并發倉堆貯變賣者;凡新院到任,向有力商家借每年應滋息利銀三四萬兩不等;凡每年新院到任,於額設承差二十名之内點用一名,名曰“發收”,以上各欵,勒石永行嚴禁。〇四十六年題准:江南上元、江寧等縣商人退回鹽引七萬六千九百九十五引,交與兩淮商人,行鹽辦課。〇又題准:兩淮起解鹽課錢糧,例係差委鹽屬官員,近年改委府佐貳及州縣官押解。嗣後,鹽課銀兩,仍委鹽屬官員領解。〇四十七年覆准:揚州等九營水師官員,有巡防海口并盤查私販之責。如有大夥興販者,該御史即會同總督、提、鎮,差撥官兵查拿。〇四十九年覆准:兩淮鹽課,該御史十月到任,六月奏銷,期限太速。俟任滿日,造册報部。〇又覆准:四十七年未完鹽課,於四十八年起,分爲五年帶徵。〇又覆准:湖南長、岳等八府與湖北武、漢等八府,俱食淮鹽。嗣後,湖南衡、永、寶三府,通融行銷。〇五十年題准:兩淮鹽課缺額,自辛卯綱起,於三年内帶完。〇五十一年題准:湖南辰州府,增鹽税銀一千三百八十六兩零,分爲二年帶徵。〇五十三年題准:湖南桂陽等四州縣行銷粤東引鹽,鹽船由韶州府樂昌河直至臨武縣,不必由星子縣陸運。〇五十四年議准:兩淮未銷鹽引八十五萬張,自五十四年起至五十八年止,分作五年帶銷。〇五十八年,兩淮商人願捐銀一十六萬兩,以佐軍需。奉旨:軍前各項錢糧,俱已料理完足。兩淮商人所捐銀兩,御史收貯庫内,以補歷年未完之項。〇六十年諭:兩淮商人所捐犒軍銀二十四萬兩,不必解部,著留充補伊等未完之項。〇雍正元年,兩淮商人交加觔銀十三萬餘兩。奉旨:准其抵算往年商欠。其未完銀二十餘萬兩,著盡行豁免。遵旨議定:歷年積欠銀一百三十五萬餘兩,除抵完外,餘剩銀分作三年帶徵補完。〇又諭:兩淮行鹽,國課攸關。凡關鹽務之事,督撫理應會同該御史酌量料理。但督撫與該御史如相和好,即長鹽價病民;如不相和好,即不巡緝私鹽累商。嗣後,倘各有臆見,著將情由達部,聽部定奪。〇又議准:湖廣鹽觔,革除陋規,每包減去鹽價六釐。價賤時,每包以一錢一分九釐爲率;價貴時,每包不得過一錢二分四釐。安鹽較梁鹽再減二釐。又,淮鹽運至楚省,皆水商販買轉售,飭地方官嚴禁囤積,務俾流通。其小販賣價,許按道里遠近,量取微利,不得任意昂貴。〇二年,通、泰、淮三分司所屬各塲,海潮洊漫。奉旨:即動庫銀三萬兩,委員分賑。其未完折價銀四萬餘兩,急行蠲免。〇又議准:兩淮行鹽地方,如湖廣、江西、上元等處,地方廣大,鹽不敷用,每引准其加鹽五十觔。其山陽等州縣,逼近塲竈鹽多,反致引壅,不必加鹽。至所加鹽觔,以甲辰綱爲始,交與巡鹽御史,照數秤掣,令其出運。〇三年諭:"鹽價之貴賤,亦如米價消長。歲歉則成本自重,價亦隨之;歲豐則成本自輕,不待禁而自减。朕意若隨時銷售，以便商民，均屬有益。”遵旨議定：兩淮南北行鹽，除積存廪鹽，係從前煎辦之額，仍照平價運銷外，其自雍正二年海潮渰没以後，商本自必倍增。令兩淮巡鹽御史，將淮南、湖廣等處行鹽，以本年成本之輕重，合遠近脚價，酌量時價，移會該地方官，諭令商民公平買賣，隨時銷售。不得禁定鹽價以虧商，亦不得高擡時價以病民。務令商民兩有裨益。仍將各地方所賣鹽價數目，分晰報部。○又覆准：兩淮舊例，於商人之中，擇家道殷實者，點三十人爲總商，歷年開徵之前，將一年應徵錢糧數目核明。凡散商，分隸三十總商名下，令其承管催追。嗣後，該鹽政運司不時查訪，遇有分外科派，無故私索者，一經發覺，務行從重治罪。○又覆准：歷年巡鹽於三十總商之内，擇其二三人，或四五人，點爲大總，各項加派衆商。嗣後，禁止點大總主名管事，以除加派侵欺之弊。○又覆准：令該鹽政運司嚴飭衆商，如有私派，指稱送某官送某要路之事，許立赴道院首告，即行指名題參，照例從重治罪。○又覆准：商籍行鹽者，子孫官於朝，遂自立爲官商。凡引課歸入名下，希圖免出公費，從中取利，嗣後，務令一體出費，將官商之名，永行禁革。○又覆准：兩淮消乏商人，不能完課，推入衆商代賠，是爲推綱。嗣後，除實在消乏者，仍照前分完外，如有積惡商棍，假托消乏，私賣引窩，將自己欠課，希圖衆商代完者，許衆商立赴院道首告，該鹽政運司嚴行查追，將本商革去，不許行鹽，引窩價值，抵補欠項。如已經私賣，務將引窩追收入官，買者賣者，均行治罪。○又覆准：兩淮因海潮淹没塲竈，其癸卯綱未完引鹽，寬限於雍正三年六月内，督令運掣全完。○又覆准：兩淮食鹽之課，輕於綱鹽。如有綱鹽行銷不敷之處，令該御史具題，將食鹽改撥，令其照綱輸課，暫且接濟民食。俟各塲煎辦旺足，即行停止。○四年，兩淮衆商公捐銀二十四萬兩，又備鹽院公務銀八萬兩。奉旨：以二萬兩賞給兩淮御史，以三十萬兩爲江南買貯米穀、蓋造倉廒之用。所蓋倉廒，賜名“鹽義倉”，即著兩淮御史，交與商人經理。○又覆准：湖廣荆州府巴東縣地湧鹽泉，增引二千五百二十六道，課銀二千八百六兩三錢零。○五年諭：聞竈户皆住居海濱之地，離城最遠，一遇歉收之歲，覓食維艱。若遠赴鹽義倉運致米石，恐窮民多往返之勞。朕意應計地之遠近，人之多寡，酌立數倉於近竈之地，積貯米穀，以備貧苦竈户一時緩急之用。令誠實商人經管其事。若遇歉歲，即以賑貸之資，濟其困乏。著巡鹽御史悉心經理，即於乙巳綱商人公捐銀兩内，酌量動用若干，以爲建倉積穀之費，並遴選商人管理，務期實有裨益。○又覆准：停止食鹽，改撥綱地行銷。

〇又覆准：兩淮鹽價，令該御史及兩淮行鹽地方之各該督撫出示曉諭，令商民公平置賣。仍不時查察，嚴飭該商，不得高擡時價，貽累窮民。如有不肖商人高擡鹽價，射利病民等弊，該御史、督、撫等，即行指名題參，照例治罪。倘該御史、督、撫等通同徇隱，不行查察，發覺之日，即將該管各官一併題参，交與該部，嚴加議處。〇又諭："據兩淮巡鹽御史奏稱，乙巳綱商人呈稱感戴撫恤皇恩，鹽豐課裕，家足户盈，情願公捐銀二十四萬兩，以充公用，以達微忱等語。朕軫恤衆商，是以減除浮費，加添鹽觔。種種施恩之處，無非欲使衆商均沾利益，資本饒裕，並不計其感激報効也。伊等上年公捐銀兩，朕因其既已捐出，難於退還，故令即於本地建立鹽義倉，以裕積貯，備地方之用。今伊等又復公捐，大非朕意。但據御史所奏，衆商情詞懇切。著將此項銀兩，令衆商各暫行存貯，將來遇有公事動用之處，再候諭旨。或將此項任伊等資生利息，亦從其便，向後不必。若衆商實至充裕，數年舉行一次，尚可。又，據御史奏稱，衆商備伊公務銀八萬兩，一併交庫等語。此係御史應得之項，若有需用之處，聽其自行支用。伊若不接受，任其退還衆商。朕不收受。"

兩浙

兩浙驛鹽道駐劄杭州。舊爲鹽運使，康熙五十年，改。

仁和場大使　許村場大使
杭州批驗所大使　嘉興批驗所大使
紹興批驗所大使　台州批驗所係場員帶管。
松江批驗所大使　浦東場大使
袁浦場大使　青村場大使
下沙一場大使

舊有仁和場副使一員，青浦場大使一員，康熙二十四年裁；温州批驗所大使，康熙三十五年裁；松江分司運同，康熙四十一年，裁併嘉興分司兼理。下沙三場大使，四十一年裁。下沙二場大使，雍正二年裁。

寧紹分司運副舊駐杭州。康熙三年，移駐紹興。今仍移駐杭州。

錢清場大使　三江場大使
曹娥場大使　石堰場大使
鳴鶴場大使　清泉場大使
大嵩場大使　穿山場大使

舊有玉泉、龍頭、長山三場。康熙二十四年，裁。西興場大使，雍正二年，裁。

嘉松分司運判舊爲嘉興分司運判，駐劄嘉興。康熙四十一年，將松江分司裁併，復移駐杭州。

西路場大使　　鮑郎場大使

海砂場大使　　蘆瀝場大使

横浦場大使　　長亭場大使

黄巖場大使　　長林場大使

雙穗場大使

舊有温台分司運判，康熙二十四年，裁併寧紹分司兼理；永嘉、杜瀆二場，二十四年裁；南監場大使，三十五年，裁併雙穗場兼理；北監場大使，三十九年，裁併長林場兼理。

課額

順治間歲額，正票鹽七十四萬一千九百三引零，課銀三十六萬三百九十八兩八錢二分二釐七毫零。

康熙二十四年歲額，正票鹽八十萬二千三百九十七引，課銀五十萬一千一百三十一兩四錢三分五釐零。

雍正四年歲額，引鹽八十萬二千三百九十六引。内正引七十萬一千六百九十八引，票十萬六百九十八引。每引行鹽二百五十觔，又加三十五觔，徵銀一錢八分七釐零，共額徵課銀四十二萬五千四十二兩三錢四分五釐零。

行鹽地方

浙江杭州府　　嘉興府

湖州府　　寧波府

紹興府　　金華府

衢州府　　嚴州府

温州府　　台州府

處州府

江南蘇州府　　松江府

常州府　　鎮江府

徽州府　　廣德州

江西廣信府

順治二年題准：兩浙正引六十六萬七千一百五十三道，每引徵課銀四錢五分六毫零。派浙東三十萬八千五百九十八引，浙西三十五萬八千五百五十五引。小票改引五萬七千二百九十五道，每引徵課銀一錢一分一釐五毫零。〇十年覆准：增票引一萬七千四百五十五引，照例徵課。〇十三年題准：增正引一十萬道，照例徵課。〇十六年定：停止新增引目，課銀於正票引內攤補。〇康熙元年覆准：改台所一萬引，於嘉、松二所行銷陞課。〇七年覆准：增松所正引一萬四千九百道，照例徵課。〇又題准：改紹所二萬一千八百引，於杭、嘉、松三所行銷陞課。改台所二千六百二十五引，於杭所行銷陞課。改紹所下則三千二十四引爲中則，照則陞課。〇十年題准：改温所六千引，於杭所行銷陞課。〇十四年題准：正、票，每引加課銀五分。〇又題准：松所下則三千引，改中則陞課。〇十五年覆准：太倉地窄引多，將新增引目三千道，改於常熟縣地方行銷。〇十六年題准：正、票照兩淮例，每引加鹽二十五觔徵課。杭、嘉二所及松所中則，每引一錢。紹、台二所及松所下則、下下則，每引七分。温所及紹所下則并票引，每引四分五毫。〇又覆准：票引，每引陞課銀三分五毫零。〇十八年題准：計丁加引，嘉所九千一百七十五引，松所一千三百八十三引，照例徵課。〇又覆准：崇明縣地居海外，向不行引，亦無包課。今以十三丁派一引，按引包課，共計二千八百五十六引，照温所課則，徵銀七百四十一兩零。〇又覆准：靖江縣逼近淮竈，商人不肯挾貲蹈險。今照崇明例，十三丁派一引，共二千二百六十九道，徵銀五百八十九兩零。〇十九年題准：計丁加正引八百八十七道五分，票引一萬八千九百四十八道，照額徵課。〇二十年題准：計丁加仁錢二縣票引六千道，照例徵課。〇二十二年題准：加仁錢二縣票引一千道，紹所中則正引一千道，照例徵課。〇二十三年覆准：温、台、寧各場招徠竈丁，墾鹽田地及新漲海塗，共陞課銀一千五百三十五兩八錢一分零。〇二十四年覆准：增墾鹽田地稅銀四百七十二兩五錢零。〇又覆准：增下沙、西興等場陞課銀二百三十四兩五錢零。〇又覆准：停徵每引加五分課銀。〇二十五年覆准：兩浙鹽課，每兩加滴珠銀一分，於二十四年起徵。解餉車脚，每兩支給七釐。〇二十六年，兩浙遷缺課銀，攤令各場竈户代輸。奉旨：悉予蠲除。未復銀兩，該御史速行招墾，以足原額。〇又覆准：下沙等場新漲蕩地，共五千六百二十八畝二釐零，計陞課銀一百八兩七錢九分九釐零；外，再加滴珠銀一兩八分七釐零，於本年起科。〇又題准：兩浙鹽課，於近場府縣，照民户納糧之例，立櫃徵收，竈丁自封投櫃，給票寧家。不許官收民解，以致棍蠹包攬科索。〇二十七年題准：兩浙私鹽充斥，嘉、定等縣逼處邊海，梟徒橫行。著江南提鎮轉飭所屬，將弁於海邊隘口，率兵嚴緝，毋許大夥梟徒，私販透漏。如兵弁知情故縱，或借端生事，該督撫、御史，題參治罪。○又覆准：永嘉等五塲，續招竈丁一千三百，認墾地一十四畝六分，共復課銀一百六十兩二錢零，於本年爲始。○又覆准：下沙等塲，漲墾蕩地，共六千八百八十五畝零，共陞課銀八十八兩五錢四分二釐零，於本年爲始。○二十八年覆准：兩浙石堰、鮑郎等塲，新增竈丁六丁，蘆薪沙塗沙蕩陞科税銀，於二十七年起徵。○又覆准：玉泉、長亭二塲，招徠竈丁八十三丁五分，認墾蕩田地，共復課銀七十一兩七錢九分四釐零，每兩加滴珠銀一分，於二十八年爲始。○二十九年覆准：穿山、玉泉等塲招徠竈丁，認墾蕩田地，共復課銀五十一兩二錢二分零，加滴珠銀五錢一分零，於二十八年爲始徵收。○又覆准：兩浙各塲竈課，既歸併州縣徵收，府縣各官，照專管例考成。○三十二年覆准：定海縣鹽課銀兩，照十八年崇明縣例，派引增課。○又覆准：雙穗等五塲，招徠竈丁四百一十五丁，照例增課，於三十二年爲始。○又覆准：餘姚縣并錢清、石堰等塲，漲墾蕩地沙塗，共七千一百七十二畝，照例陞課，於三十一年爲始。○三十三年覆准：定海縣派引二百一道，於本年爲始，照例起徵。○又議准：加課銀五萬兩。○三十六年覆准：兩浙各塲漲墾蕩地，共三千三十一畝一分，於三十五年起徵。○又覆准：竈丁赴縣輸納課税，道路遼遠，著令塲員徵收。○又奉旨：免加觔銀一半，共三萬一千三百八十九兩零。○又覆准：浙西與江南之常、鎮連界，淮鹽越販督緝，責之鎮江海防官。其蘇、常等處，責成各廳縣并防汛官弁。浙東私鹽出於金華、嚴州等府，責之諸暨等縣緝拿。○三十七年覆准：浙西崇明一縣，私竈繁多，内地引課受害。令該御史嚴飭該地方查拿，照私鹽例治罪。○三十八年議准：兩浙運司，每年節省銀一萬兩，分作兩次，解送河工。○四十二年覆准：浙省杭州等六府所屬地方竈課，歸入就近之平湖等州縣徵收。○四十六年題准：浙江雙穗等塲，共招復丁地課税銀二十五兩五錢零，滴珠銀二錢零，於四十五年爲始，入額徵解。○又題准：浙江慈谿縣并西興等鹽塲，共墾過地九百二十六畝，於四十五年入額徵解。○四十八年題准：兩浙三江、石堰等鹽塲，報陞新丁併蕩地，共二百八十七畝九分，於四十八年起，入額徵解。○四十九年題准：四十七、八兩年未完鹽課，分三年帶徵。○五十一年覆准：將温所額引七千九百四十八引，歸入紹所，照則徵收。○五十五年覆准：兩浙現行保甲法，更申以嚴察私鹽之條，責令地方官力行查緝，使總甲里民，互相稽察。如同甲内有窩頓及外來興販等人,有能告獲者,照例給賞;有容隱徇縱等情,治以連坐之罪。○六十年議准:兩浙引鹽,歲掣七十一萬一千三百餘引。今海水衝決,商人艱於配銷,照長蘆、河東例,分作十年帶徵。○雍正元年覆准:婺源分銷休寧引鹽,祁門分銷黟縣引鹽。○又覆准:長林、雙穗等場,認墾坍地二十五畝,招徠竈丁三十八丁,於本年爲始,入額徵解。○又覆准:西興等場,新墾沙地等項一千三十四畝零,於本年爲始徵課。○二年覆准:紹屬之西興、松屬之下沙二場,竈舍無幾,售私滋弊,均令裁毀。將西興場應配鹽引,並丁蕩由單,歸併附近之錢清場管理;下沙二場應配鹽引,並丁蕩由單,歸併附近之下沙首場管理。○三年覆准:兩浙每引加鹽三十五觔。令該鹽政將地方之大小、銷鹽之多寡,據實查明,酌量配銷。○五年覆准:蘇、松二府屬及太倉州所轄之縣,凡有私販,專責蘇松巡道督緝。倘有巨夥梟徒,照例協同營員嚴督弁兵拏報。其一切鹽務,令該道承審定案詳結。如有官吏失察,兵捕玩法,亦聽其懲處。其常、鎮二府所屬,就近責成常、鎮道督緝。該撫仍不時稽查,務令該道實力遵行。如有督緝疎縱,即行指名題參。

大清會典卷之五十

户部

〔課程二〕

〔鹽法中〕

河東

河東都轉運鹽使司管鹽法道運使駐劄山西運城。

中分司運同。康熙十六年,裁。雍正二年,復設。

舊有東分司運副、西分司運判,俱康熙十六年裁。分理渠堰運判,雍正二年,裁。

解鹽中場大使　　解鹽東場大使

解鹽西場大使

課額

順治間歲額,正改鹽四十萬九千九百三十三引,課銀一十六萬三千九百七十一兩九錢八分一釐六毫零。

康熙二十四年歲額,正改鹽四十一萬七千四百四十三引,課銀二十二萬二千七百二十一兩九錢七分六釐零。

雍正四年歲額,正改鹽四十一萬七千四百四十三引。每引行鹽二百觔,又加四十觔,徵銀三錢九分八釐零,共額徵課銀十七萬一千七百二十八兩八錢一分零。

行鹽地方

山西太原府　　平陽府

潞安府　　汾州府

遼州　　沁州

澤州	大同府
陝西西安府	鳳翔府
興安州	
河南河南府	南陽府
汝州	襄城縣

順治元年題准：河東正引四十萬六千七百三十三道，改引三千二百道，每引徵課銀三錢二分。〇二年議准：山西太原府汾、遼等州，停止票鹽，改行引鹽。〇十三年題准：增正引一十萬道，照額徵課。〇十六年定：停新增引目，每正改引攤納課銀七分八釐零。〇康熙十四年題准：正改引，每引加課銀五分。〇十六年題准：增正改引，每引加餉銀七分。〇十七年題准：計丁加引四萬四千七百六十一道，照額徵課。〇十九年題准：計丁加引四千三百三十二道，照額徵課。〇又覆准：鹽池圍墻堤堰，皆係鹽丁責任。除原留二千名外，再酌給二千名，以供修築。其餘鹽丁，盡令納糧。〇二十四年覆准：停徵每引加五分課銀。〇又題准：懷慶府引課，俱歸蘆商完納，減河東引三萬七千二百五十一道。〇二十五年覆准：將河東五小鹽池停止，令仍歸大池澆曬。〇又覆准：懷慶府屬，既改食蘆鹽，其舊欠河東未完之引，責令河東地方，通融繳銷。〇二十八年覆准：停徵每引加課銀七分。〇二十九年覆准：花馬小池并臨、鞏二府鹽課，改令甘肅巡撫管轄。〇三十三年議准：加課一十五萬三千三百二兩四錢二分零。〇三十八年覆准：河東運使，每年節省銀四千兩，解送河工交納。〇四十三年議准：河東各州縣鹽引，聽民隨便販運買食。其修築堤堰，照舊例撥用民夫。其需用木石等料，專責商人預辦。〇五十三年覆准：河東巡鹽衙門贏餘銀二萬一千一百九十五兩，運司衙門贏餘銀四千二百五十七兩，運判衙門贏餘銀二千七百二十九兩零，俱令按數造入鹽課奏銷。〇又題准：山西平陽、潞安二府竝澤州所屬，陝西西安府、興安州所屬，河南河南、南陽二府竝汝州所屬及襄城一縣，俱食河東解鹽；山西太、汾、遼、沁所屬，食本地煎鹽；陝西鳳翔府屬，食花馬池鹽。〇五十六年題准：河東本年出鹽甚多，民食之外，積有餘鹽，每引一道，帶掣餘鹽三引六分。〇六十年覆准：河東本年夏秋被旱，將舊欠鹽餉銀二萬二百六兩并本年未完銀八萬六千三百二十八兩，自六十年爲始，分爲五年帶徵。〇六十一年覆准：本年引課，分三年帶徵。如限内不完，將原題之該御史并督催運使等官，一并交部議處。其商人，著落家產，照數追賠。〇雍正二年題准：河東鹽引，分

派山西、陝西、河南三省行銷，各州縣常有不敷。自雍正三年爲始，每年頒餘引十萬道，如遇額引不敷之處，即令運使填給，照例納課。於奏銷時，將已行餘引，儘數題報，存剩餘引，仍繳内部。其有不能銷額引之州縣，於附近州縣帶銷。〇又題准：河東舊例，殘引，皆於三年内通融繳部；新引，巡鹽御史親齎赴任。自雍正二年爲始，每年舊引，俱在奏銷時一起繳部，以杜重複影射之弊；歲前頒發新引，及時行銷。〇又題准：河東奏銷，例在四月。嗣後，與地丁錢糧一例，總於六月到部。〇又題准：運庫有兑收而無支放，多貯銀兩，恐致那新掩舊，捏報虧空之弊。著將河東鹽課已經奏銷者，照數撥支甘肅兵餉。〇又題准：河東行鹽，皆係陸運，駄載遠行，加重耗折數觔，非同夾帶私販。通行山、陝、河南三省，凡盤查州縣止驗引點鹽，不得稱掣，借端需索。〇三年覆准：將盤查州縣止驗引點鹽、不得稱掣之處改定，仍照鹽法舊例遵行。〇四年覆准：河東鹽引，各州縣不能行銷之處，分發額引不敷之州縣代銷。額引再有不足，將餘引十萬道，酌分領運。存剩餘引，仍繳户部。至商人納課行鹽，必需時日，每年額引，若令其一年之内照數銷完，勢有不能。令仍照例准其遞年帶銷。其鹽秤以十六兩爲準，每引一張，運鹽二袋，每袋裝鹽一百觔，明加二十觔，補其折耗。再，運鹽經過地方，驗明引張，點明口袋，隨手掣稱，即刻放行。不得一概攔阻，全行稱掣，致稽時日。

陝西

陝西鹺法，隸河東巡鹽御史。其大小兩池、漢中等地，就近司道兼理。

靈州小池大使　　定邊大池大使

課額

順治間歲額，正鹽一十萬四千三百引，課銀一萬五千八百八十六兩三錢三分零。

康熙二十四年歲額，正鹽一十萬六千八十八引，小票二萬六百六十四張，課銀三萬三千五百九十三兩六錢八分二釐零。

雍正四年歲額，正鹽一十萬六千八十八引，課銀二萬八千一百四兩三錢零。

行鹽地方

陝西漢中府　　平凉府
鞏昌府　　臨洮府
慶陽府　　延安府

順治五年題准：花馬大池一萬引，每引徵課銀一錢五分六釐，漢中府屬二萬五千引，每引徵課銀八分。〇八年題准：花馬小池五萬五千四百四十引，每引徵課銀一錢一分五釐五毫。〇九年題准：西和縣六百五十九引，每引徵課銀五錢八分五毫零。漳縣二千八百一引，每引徵銀一兩一錢三釐五毫零。遇閏，加課銀二百八十九兩四錢七分四釐。〇十三年題准：增小池六千引，大池四千四百引，照額徵課。〇康熙二年題准：綏德、米脂、魚河三屬，置票二萬六百六十四張，核收鍋税。〇十四年題准：每引加課銀五分。〇十八年題准：增每引加觔銀七分。〇又題准：西安府屬照長蘆例，計丁加增鹽引二萬六百六十道，每年徵課銀九千一百四十二兩零。〇十九年題准：大池每引增課銀三分。〇二十年題准：西和縣計丁加八百四十五引，照額徵課。〇二十一年題准：小池每引增課銀三分。〇二十四年覆准：停徵每引加課銀五分。〇二十九年覆准：花馬小池并臨、鞏二府徵收鹽課之處，離河東鹽差衙門路遠，令甘肅巡撫管轄徵課。〇三十二年覆准：西、鳳二府荒歉之後，鹽引積壅難銷。將十八年加增鹽引，暫行豁免。其本年額引，暫減一半。俟年豐人民復業，照原額行銷。〇三十九年覆准：陝西三水縣，地界萬山，鹽店甚遠。另招土販接運官鹽至縣，就近賣食。所需水脚，令商人每鹽一斗幇銀一分八釐。〇四十年題准：花馬小池產鹽，在寧夏地方平、慶二府分行鹽引，考成舊歸寧夏道。嗣後，將平、慶二府十五州縣并固屬四營堡行鹽辦課奏銷考成之責，改歸平慶道。其寧夏二十九營堡，仍屬寧夏道管理。〇雍正二年題准：漢中府屬，向食花馬大池鹽觔。自雍正三年爲始，改食花馬小池鹽觔。

福建

福建鹽驛道住劄省城。舊爲鹽運使，雍正元年裁，四年改設。

舊有竹崎批驗所大使、閩安批驗所大使，俱雍正元年裁；黄崎分司，康熙十六年裁；水口分司，雍正元年裁；牛田場，康熙二十四年裁；海口場、上理場、潯美場、浯州場、浯州場、惠安場，俱雍正元年裁。

課額

順治間歲額，正鹽二萬一千四百四十五引，小票三千四百八十二張，課銀三萬四千四百四十七兩四錢六分三釐三毫零。

康熙二十四年歲額，正鹽四萬五千二百五十六引，小票三千四百八十二張，課銀六萬一百四十一兩六錢六釐零。

雍正四年歲額，正鹽一十萬九千九百二十二道，正雜鹽課銀一十七萬二千六百七十一兩零。雍正元年,裁去額引。四年,復設。

行鹽地方

福建福州府　建寧府

延平府　興化府

邵武府　漳州府

泉州府　福寧州

順治三年題准:福建正鹽二萬一千四百四十五引。分銷西路二萬引,每引課銀一兩一錢三分五釐四毫零;東路一千一百九十引,每引課銀二兩一錢一分三毫零;南路二百引,每引課銀二兩五錢八分一釐零;永福港五十五引,每引課銀一兩一錢七分三釐二毫零;又,南路六澳,每澳徵課銀六十七兩七錢二分一釐;東路細鹽,課銀二百二兩;漳屬西溪鹽二萬二千二百三十六包,每包税銀二分七釐七毫零;北溪鹽一萬九千五百四十八包,每包税銀八分六釐九毫零。○康熙十六年題准:每正引加課銀五分。○又題准:西路增鹽二千引,照額徵課。○十七年題准:增西路每引加觔銀七分,東、南二路每引加觔銀三分。○二十二年覆准:招回晒丁墾復鹽坵,每坵加徵銀一錢。○二十三年覆准:福、興、泉、漳等府屬,增二萬一千八百一十一引,課銀五千八百四十二兩八錢零。其鹽引觔數與舊引不同,另鑄銅板刷給辦課。○二十四年議准:新引加觔,增課銀六百五十二兩七錢零。○又議准:徵續墾鹽坵銀三百二十五兩八錢。○又覆准:福建依山竈户,墾復田地,徵鹽折銀四千三百一十六兩零;附海竈户,墾復田地,徵收本色鹽,聽商支取辦課。○又覆准:停徵每引加五分課銀。○三十一年覆准:專設鹽差運司,刊造由單,呈該御史報部。○又覆准:海、牛二場,依山附海,一田兩賦,田地被海潮衝没。其鹽折與本色鹽觔,免其徵收。○又題准:增閩縣壺江澳課銀四十五兩,長樂縣石澳課銀三十兩,連江縣奇達、定海、北茭、依山館頭四澳課銀三百二十兩。○又題准:泉屬七縣,福清、閩縣、連江三縣,認增畹鹺鹽額加課銀一千二百四十五兩,興屬莆、僊二縣畹鹺鹽觔加税銀二百九十二兩五錢,漳屬鹽包鹽額加增銀一千七百四十一兩。○三十二年題准:將細鹽一半,仍爲畹鹺,按東路引額减半徵課;一半改引,照引額徵課。○又覆准:永福、詔安二縣,加課銀一百二十六兩一錢。○又題准:各路增引六萬四千三百九十四道,增課銀一萬八千九百兩零,於三十二年爲始,照數徵收。○又題准:加引之興、泉、漳三府屬并福清等縣各場地方,行令專設捕役,責其緝私鹽,以疏官引。○三十七年覆准:梧州一場墾復鹽坵一百五十七坵，照則徵課。〇三十八年命：將運司贏餘銀三千兩，於歲底差員解赴河工衙門。〇四十一年覆准：福建鹽田，徵輸鹽折，總屬民田。將海牛場鹽折銀兩，歸并福清縣徵收；上里場鹽折銀兩，歸并莆田縣徵收。其海牛、上里二場官，俱行裁革，俸食充餉。其督緝諸務，歸并福、莆二縣丞管理巡查。鹽折銀兩，二縣徑解運司，仍照例奏銷考成。〇又覆准：福建運司，有商人隨繳銀三千四百兩。嗣後，歸入正額内，一體奏銷。〇五十九年題准：福建福州、興化、延平、建寧、邵武等府屬縣并福寧州屬縣鹽觔銀一千四百一十一兩五錢，向充鹽臣衙門紙劄等需，今歸正額，於五十八年爲始。〇六十一年覆准：閩省私鹽，照江浙例，令該督、提、鎮、御史等官，揀選賢能協領、佐領等員，分派地方，嚴行查拏。〇雍正元年覆准：將鹽院衙門各官及商人，盡行裁革，應徵課餉，照廣東瓊州府徵課之例，均攤各場，交與各州縣照數收納，解交司庫。仍令每場選派佐貳官一員，監管鹽務。令買賣人等，俱平買平賣。〇五年覆准：閩省未完康熙六十一年、雍正元年鹽課公費等銀二萬一千八百八兩一錢七釐零，於通省鹽觔内，每百觔加鹽三觔，帶銷舊欠一分，於一二年内，照數清完，完日停止。仍將帶完銀兩，於歲底造册，報部查核。仍令該督等，將每年羡餘確數，據實奏聞充餉。

廣東

兩廣都轉運鹽使司鹽運使駐劄廣州。康熙三十二年設。

潮惠汀贛分司運同駐劄潮州。雍正二年設。

廣盈庫大使	歸德場大使
東莞場大使	靖康場大使
海晏場大使	雔筒場大使
淡水場大使	石橋場大使
招收場大使	隆井場大使
茂暉場大使	白石場大使

舊有白皮、小江、西界、東界、雙恩、香山、博茂、丹兜、調樓、武郎、感恩、馬裹、樂會、蘭馨、臨川、新安、白沙官寨十七場，康熙二十四年裁。

舊有市舶提舉司提舉一員，康熙五年，裁併鹽課提舉司，三十二年，并裁；南衙吏目一員，三十二年裁；鹽埠批驗所大使一員，四十五年裁，潮州運同廣惠分司，四十六年裁。

課額

順治間歲額，正鹽四萬一千九百二十引，課銀一十七萬二千三百一兩零。

康熙二十四年歲額，正鹽二萬七千五百七十引零，課銀一十八萬六千九百二十三兩二錢八分六釐零。

雍正三年歲額，正鹽六十萬三百三十二引，每引行鹽二百三十五觔，徵銀三錢七分至一兩二錢六分零不等，額徵課銀四十五萬五千九百八十兩六錢一分零。

行鹽地方

廣東廣州府　韶州府
南雄府　惠州府
肇慶府　高州府
羅定州潮、雷、廉、瓊各屬，徵收鹽餉，不行部引。

廣西桂林府　柳州府
慶遠府　平樂府
梧州府　潯州府
南寧府　太平府
思恩府　賓州
鬱林州

江西南安府
贛州府二府，舊食淮鹽。康熙二十五年，改。

湖廣桂陽州　郴州

福建汀州府

順治十一年題准：兩廣正鹽五萬九千八百八引，派行廣東四萬一千八百八引，廣西一萬八千引。除廣西徵解課銀外，各路徵課不等。派銷廣、肇、惠三路一萬四千五百七十八引，每引課銀一兩一錢三釐；連、韶二路八千六百三十引，每引課銀一兩二銭三釐；南雄路一萬八千引，每引課銀一兩二錢三釐；梧州路一萬八千引，每引除廣西徵收軍餉外，廣東止徵加餉引目紙價銀六錢三釐；懷集縣六百引，在廣西徵收課銀。〇十四年題准：增龍川縣引一百一十二道，照惠州路額徵課。〇康熙三年題准：停梧州路九千引，減徵課銀。〇五年題准：吉安改行淮鹽，減南雄路一萬四千三百一引零，并除課銀。〇六年題准：衡、永、寶三府改行淮鹽，減梧州路四千五百九引，并除課銀。〇十年題准：增番禺縣一百二十引，照廣州路額徵銀。〇十二年題准：減連州路五千四十九引零，併除課銀。〇十五年題准：每引加課銀五分。〇十七年題准：南贛改行淮鹽，減南雄路三千二百四引零，併除課銀。〇又題准：每引行鹽十四包，每包一百五十觔，每引加鹽二百六十二觔八兩，徵加觔銀每引一兩五分。○二十年題准：計丁加廣、韶等路鹽引三千二百二十四引零，照額徵課。○二十一年題准：增茂名縣引一百五十四道，召商辦課。○又題准：兩廣每引增徵引餉銀九錢四分五釐。○二十三年覆准：封川等五埠，改行生鹽，增課銀八百八十八兩四錢零。○二十四年覆准：徵墾復竈田銀二千二兩四錢零。○又覆准：停徵每引所加課銀五分。○二十五年覆准：南贛仍食廣東鹽，增額辦課。○二十六年題准：番禺縣熟引，改行生引，加課銀三百四十六兩四錢零。○二十七年題准：花縣改行生引，加課銀一百二十八兩一錢零。○又覆准：廣東鹽務陋規，每引加派，嗣後一概禁止。○又題准：粤省認埠行鹽，三年一换，視商埠爲傳舍，官私夾運，地方受害。今定，大埠招商二名，小埠一名，公平貿易者，令永遠承充，不許勢要官員，擅立引窩名色，私自頂替。○又題准：廣東東莞等縣，逼近沿海，無地非鹽，小民隨便取食，所以官引壅積，有縣屬雖小，食鹽者衆，官引常致不敷，令通加酌量，增減行銷。其私廢埠商課餉，向派田畝完納者，令該撫查明原撥引數，招商行運。○又題准：鹽埠商人，概招土著殷實民人投充，毋許旗人隱匿藩棍，及現任文武各官，占奪民利。○又覆准：廣屬水路，虎門港口、惠州浮橋皆爲要津，各差佐貳一員，駐守盤查。其餘小口私販出没之地，一并飭該官弁嚴緝。十觔以下，不爲私鹽，毋許巡役借端滋擾。○又覆准：廣東行鹽，生熟二引，各聽民便行銷。毋得照舊將生熟三七硬派，致商難於運銷。○又題准：廣東無論鹽之生熟，俱令就場打包，責成場官逐包驗明上船。再，經過省城盤掣之後，三十里至佛山，停其泊船盤掣。○又題准：適中定價，酌量水陸運費之多寡，遠以一分二釐爲率，近以七釐爲率。倘遇陰雨之時，量增一二釐。其奸商攙和沙土，或私自起鍋，權衡不均，一并嚴禁。○三十年題准：加潮州廣濟橋課銀一萬七千五百兩，海陽等七州縣菜鹽課銀二千五百兩。○三十二年題准：廣東鹽課，一引改爲十引，照兩淮之例，給發引一萬道。其連州、樂昌、仁化三埠，增引一千道，加課銀五千六十一兩八錢。自三十年起，照數徵收。○又諭：廣東竈丁竈地等項，康熙二十二年原額外，加增銀一萬四千二百四十六兩零。此項加增銀兩，自今年起，著免一半。○又題准：廣東鹽商，向係里排承充，三年一换，均非殷實良商。今將排商名色除去，令見在商人永遠充當。每引加餉銀四錢七分。○又覆准：沿海各處網漁，另立漁引，共增引八千七百道，歸算陽、江二埠，增漁引一千八百五十道。○又覆准：贛州府屬，向食廣鹽,著就近改食潮鹽。〇又題准:潮州廣濟橋并海陽等七州縣,按餉配引一十四萬二千六百二十道。〇又題准:高、雷、廉三府,配引八千一百八十三道。〇又覆准:連山等九埠引,加三千二十道,照原額徵餉。〇又題准:海、潮、揭等七縣菜鹽,每引加鹽七十觔,增引四千二百五十一道。〇三十五年題准:廣東各埠,每引加鹽七十觔,共配引一十二萬七千三百八十三道零。〇三十六年覆准:江西南、贛二府引課,俱照兩淮例徵收,每引加鹽七十觔,亦一體配引完課。〇又覆准:淡水等四場,加增課銀三千兩。自三十四年爲始,入額報銷。〇三十七年題准:設永安縣,立埠行引一百二十道。〇又覆准:鼓鑄壅積,商人賣鹽之錢,無從易銀,暫行收錢抵餉錢,每串作銀三錢收取。嗣後,仍照舊徵銀。〇四十年題准:設饒平縣海山隆澚場,徵餉銀二百兩。又設漁引三百道,徵餉銀四十五兩。〇四十一年覆准:兩廣鹽觔壅積,令通融配引均銷。〇四十六年諭:凡行鹽之地,道、府、州、縣俱有規例,兩省合計之,不下十餘萬兩,嚴行禁革,以裕正課。〇又題准:海晏、矬筒二場,新墾竈丁,徵復課銀五兩四錢六分,照例加增課銀三兩一錢八分,於該年起徵。〇又題准:海山隆澚場,增引三百道,每引加銀七分。〇又題准:鹽差衙門羨餘銀十萬兩,運使衙門羨餘銀六萬兩,歸入正項。〇又題准:廣東省鹽觔,南、贛二府每引减課。令沿海窮民,課輕價賤,易於銷引。〇四十七年議准:巡鹽御史,每年在節省銀内撥銀二萬兩公用。〇又覆准:順德等各埠漁引配鹽,增引五千七百一十二道。〇四十八年覆准:連州、樂昌縣二處之引,多於衡、郴八州縣之額,以致鹽多壅積,郴州等處,每不足行銷。今將兩處原額引餉,作爲十分,量地匀均。連、樂二處各行銷十分之三,郴州等處行銷十分之七。〇又覆准:將平遠等五縣引一十萬餘道内,匀銷於龍川等三縣三千八十道。其贛屬十二縣,匀銷引二萬五千二百道。至贛屬十二縣内信豐、龍南、定南三縣,原食潮鹽,就近改食惠州府場鹽。〇又覆准:將長汀縣引三萬一千八百餘引内,撥出引一萬六百一十八道,匀於寧化等七縣行銷。將靈川等三縣額引内,撥出三千四百三十五道,匀於全州等三州縣,酌量匀銷。〇又覆准:富、賀二縣,原額引八千八百二十道,將此二縣鹽引内,配搭於平樂、永安、修仁、荔浦、恭城、昭平六州縣,代銷四千六百二十六道,即爲各州縣實在之額。其宣化等三州縣,認代銷引二千九百四十道。查有百邑地方,原無額引行銷,於此地設立一埠,專銷宣化等三州縣代銷鹽引。〇又覆准:潮州埠額引二十一萬四百四十六道,共派餘費銀五萬一千六百六十六兩。今按引均出，每引徵銀二錢四分五釐零。○四十九年議准：兩廣鹽課，向例招商辦課，在運司衙門完納。嗣後，召殷實商人承充引目，專責州縣督催徵解。○五十年覆准：廣東各州縣招商辦課，專責徵解，與地丁相等，州縣土商不得諉卸。嗣後，如有州縣各官催徵不力，限内不完，該御史指名題參，交部議處，并將土商亦從重治罪。○五十四年覆准：江西贛埠銷引，舊由省運，後改運潮鹽。今仍循舊例，復由省運。○五十六年題准：兩廣商貧竈困，鹽課轉輸不前。動支藩庫鹽課銀，斟酌接濟場埠。○五十七年議准：兩廣舊欠并新徵課銀，嚴飭運司州縣，照限全完。如有窮乏奸商，即行革退，更换殷實者承充。○又題准：撤回兩廣巡鹽御史，鹽課事務，交與巡撫管理。○又題准：食鹽户口，原有定數。前因各案虧空，俱以運鹽抵補。嗣後虧欠帑項，其有借稱行鹽，抵補名色者，永行禁止。○又覆准：嗣後，如有州縣官，仍將鹽課存庫錢糧那移，該撫即行指參。○又覆准：兩廣自四十五年至五十五年積欠鹽課銀九十一萬兩，於五十八年起，分年帶徵。○五十八年覆准：將各州縣難銷之引，酌量易銷之埠，暫令匀撥代銷。○又覆准：兩廣鹽課未完，議處最重。其州縣經徵官，若能於歲内全完者，照地丁錢糧全完例議叙。○雍正元年覆准：裁去廣東場商，令總督發帑六萬兩，委官監收，責埠商運鹽納課。其有課餉難完，無人充商之地，著落地方官領鹽運銷。如引多壅積，聽各地方通融銷售。其發帑收鹽散給竈丁等項，每包量行加增，以恤窮民。至賣與埠商，每包量增一二三分。除加給竈丁外，每年所得羨餘銀七萬兩，俟歲底造册具題。商人轉賣民間，仍照定價，不許增長。○二年覆准：廣東發帑收鹽，所給竈價、水脚銀兩，照從前所定數目，每十分之内加增一分。其所加銀兩，即於羨餘銀内給發。仍將給過細數，於歲底造册題報。○又覆准：福建汀州府屬八縣，例食粤鹽。將汀郡引課，通歸長汀等八縣協辦，通融銷售，專責知府彙總，每年引課，務須照數全完。如有不完，將該管府縣照例考成。○三年覆准：廣東香山縣，税田近海，低陷鹹潮，種苗不生，改爲鹽場，增輸餉銀。於雍正二年起科，造入該年奏銷册内報部。○又覆准：兩廣領鹽運銷，與經徵引課，事同一例，若無勸懲，恐滋怠玩。行鹽州縣官，如果歲内全完，照例准其議叙，以示鼓勵，並將嗣後銷解不清之員，酌定處分，著爲成例。○四年覆准：廣東海豐縣小堰塭一口，海潮冲湧，浮沙填塞，改築池漏，照例陞課，仍納田税。○五年覆准：汀屬引鹽，以雍正四年爲始，照前委官辦理之法，發帑融銷。每年所銷鹽觔賣出銀兩，除歸還鹽本、水脚及官役工食等項外，其餘銀兩，儘數解庫，造入奏銷册内，報部查核。其運鹽委官，令該督遴選賢員實心辦理，并將所委之員姓名報部，仍飭令各該府縣協同辦理。如有失時銷售，以及私販土棍、鬨礙鹽政、不能實心禁止等弊，許該委官據實揭報，該督等即行指名題參。并嚴飭該管官，不得於鹽務之外藉端滋擾。如有借發帑銷鹽名色，夾帶行私、滋擾地方等弊，亦許該府縣據實揭報，該督等指名題參，照例治罪。

廣西

廣西分銷廣東鹺引，在廣東納課外，至本省，又按包抽税，隸蒼梧驛鹽道徵報奏銷。

桂林廠　平樂廠

潯州廠　南寧廠

慶遠廠　戎虚各埠在梧州府蒼、藤二縣。

課額

順治間歲額，正鹽一萬八千引，課銀六萬二千一百一兩九錢零。

康熙二十四年歲額，正鹽六千五百六十五引，課銀四萬七千五百一十四兩六錢三分八釐零。

雍正三年，歲行東引五萬九千六百一十道，每引行鹽二百三十五觔，徵銀七錢八分五釐，額徵課銀四萬七千五百一十四兩六錢三分零。

順治十一年題准：廣西分銷廣東鹽，至梧州府盤驗繳引，轉給印票押運行鹽。除在廣東納課外，廣西每引納軍餉銀九錢，盤割五項銀三錢七分八釐五毫零。又，按包抽税。經過桂林廠者，徵税銀一錢五分，引餉銀七分五釐。過平樂廠者，徵税銀三錢。過潯州廠者，徵税銀三分。過南寧廠者，徵税銀三錢。又，富、賀二縣，照包抽税，每引銀一兩一錢六分二釐。懷集縣，每引徵軍餉引目等銀一兩一錢三釐。○康熙三年題准：減梧州引額，併除餉税。○五年題准：各廠均攤餉税，合計每引六兩六錢三分六釐五毫零，總歸梧州府徵解。其懷、富、賀三縣餉税，仍照舊例。○六年題准：減梧州引額，併除餉税。○九年題准：改富、賀二縣額引五百八十八道，於太平、思恩二府并馬平縣行銷。○十一年定：凡廠税，改隸蒼梧驛鹽道經徵。○十七年題准：按包加觔，增收餉税。○二十一年題准：南、太、柳、思四府屬，代銷富、賀二縣東引，歸西商辦運，加西餉三千六百二十一兩零。○又題准：富、賀二縣，除代銷外，其所銷東引，亦歸西商辦運，共加西餉五千四百三十二兩零。○又題准：廣西鹽課，水客拆運賒欠，令僉殷實客商認領分運。〇三十二年題准:南、太、思三府及鬱林等七州縣,改食廉、高二府鹽。〇又題准:西省引課,照各鹽差例,收貯道庫。〇又覆准:廣西原額大引及富、賀代銷引,照兩淮例,一引改爲十引,共計行小引五萬九千六百一十道。〇又題准:凡鹽引經過梧廠,每年共徵船頭銀一百零四兩。〇又諭:廣西地瘠民貧,鹽課著停其加增。〇三十三年題准:粵西引目奏銷,照四差之例遵行。〇四十六年覆准:場商無力養贍竈户,令各州縣自募土著殷實之家承充。〇四十七年覆准:廣西鹽課,令解貯藩庫。〇四十八年覆准:全州、灌陽、興安三州縣,額引二千一百九十道零。靈川、陽朔、義寧三縣額引六千二百八十道零。將靈川等三縣額引内,撥出三千四百三十五引,於全州三州縣,酌量匀銷。〇又題准:將富、賀二縣額引四千六百一十六道,配搭於平樂、永安、修仁、荔浦、恭城、昭平六州縣代銷。〇又題准:武緣縣百色埠,代銷富、賀二縣引二千九百四十道。〇五十二年題准:廣西行鹽,四十六年,改設土商,皆本地衿棍假托外籍承充。嗣後,無論外籍土著,量其殷實者准充。〇又題准:廣西通省額引,東餉輸於廣東,西餉係蒼梧道徵收。該道駐劄省城,鹽船到梧,盤驗遲滯。嗣後,鹽船由梧州經過者,令梧州府知府查收;不經梧州者,令南、太、思三府知府及州縣官查收。〇五十七年議准:廣西未完東餉銀,令各州縣具文領引配運,發埠行銷。〇六十年題准:廣西鹽引透運銀兩,追貯存庫,并解餘剩鹽價共五萬六千三百兩零,就近撥餉,以充軍需。〇雍正元年覆准:廣西地處邊遠,商人資本無多,歷年誤鹽誤課。嗣後,令官運官銷。計廣西各州縣,每年應銷額引五萬九千六百一十道,先動藩庫銀六萬兩,令廣西鹽道委員赴領,按引買鹽,運至廣西,分給各州縣,照部定價值行銷,將鹽價收貯道庫。除扣存應納西税銀兩,將東餉委員解赴廣東鹽道貯庫,仍令該督將動借藩庫六萬兩,照數歸還。此外,通計所得餘銀四萬六千六百八十餘兩,二年可得九萬三千三百餘兩,内扣存六萬兩,永爲每年鹽本,至第三年,照部價每鹽一觔,減銀二釐。該督於歲底,將各官運銷鹽數,分晰造册報部。〇五年覆准:將粵西雍正四年未拆鹽包并嗣後額鹽,仍照原定部價,一體銷售,仍令該督不時查察。如有不肖官員,於原定部價之外,私行增價,貽累小民等弊,即行指名題參,交部嚴加議處。〇又覆准:粵西近安南地方州縣,未完鹽引各官,嗣後,以接受引紙之日扣限查參。該州縣遇有陞遷事故,務將接受引紙日期,并已未完數目,載明交代册内,申報該管上司,以憑督催。如前官任内業經接受引紙,遇有陞遷事故,仍照舊例,按應徵未完分數,扣明截參。其接任之員,以到任之日扣限,不必另作分數,仍照本年所遺未完分數查參。外,如前官已經離任,其應銷引紙,至接任之員始行接受,所有未完分數,即以後官接受之日,扣限參處。

四川

四川鹽驛道順治間,四川布政司照部引式刊票,申送巡撫掛號,印發鹽法道,轉行各屬,照井支鹽,按鹽徵税。康熙二十五年,令寶泉局鑄造銅板刷印給發,後改歸按察司兼理。雍正五年,設鹽驛道。

井研縣十九井　資縣二井
内江縣五井　簡州十八井
綿州六井　閬中縣六井
南部縣八十五井　富順縣九十井
南充縣十井　西充縣二十二井
蓬州一井　忠州七井
彭水縣四井　奉節縣二井
雲陽縣一井　萬縣二井
太平縣一井　潼川州四十三井
射洪縣三百六井　鹽亭縣十一井
中江縣六井
蓬溪縣一百四十一井
嘉定州一百七井　犍爲縣二百八十井
榮縣六井　建昌衛一井

以上一千一百八十二井,俱係各州縣官兼理。

課額

順治間歲額,小票四千九百四十張,課銀八千二百七十二兩一錢八分零。

康熙二十四年歲額,小票七千二百四張,課銀一萬八百八十六兩七錢四分三釐零。

雍正四年歲額,鹽二萬五千二百九十九引。每陸引行鹽四包,徵銀二錢七分二釐零;水引行鹽五十包,徵銀三兩四錢五釐,額徵課税銀三萬四千七百六兩零。遇閏加徵。

行鹽地方貴州省,除黎平府外,俱食川鹽,歸本省糧驛道徵税,不載。

四川成都府　保寧府

順慶府　　叙州府
重慶府　　夔州府
馬湖府　　龍安府
嘉定州　　遵義府
鎮雄土司　玖姓土司

順治八年題准：四川鹽票四千九百四十張，每張填鹽水運五十包，陸運四包，每包稅銀六分八釐一毫。○十年題准：開淘鹽井，分上中下三等，以定課程。○十一年題准：開淘鹽井，照墾荒例，三年後徵課。○康熙六年題准：建昌衛開井置竈煎鹽，每竈徵鹽一千一百觔，每觔變價銀一分二釐。遇閏，加課二十七兩二錢。○又題准：增鹽票一千一百四十八張，照額徵課。○十年題准：增鹽票五百八十二張，照額徵課。○十二年題准：增鹽票四百二十八張，照額徵課。○二十一年題准：增鹽票三十張，照額徵課。○二十三年議准：新收鹽井鍋竈課銀二十三兩六錢。遇閏，加銀一兩二錢。○二十四年議准：增鹽井銀十四兩二錢零。○二十五年覆准：川省部頒水陸鹽引，共七千二百四張，暫刊木板，照數分發各州縣，給商行鹽輸稅。○二十六年覆准：四川增水陸鹽引七千張，俟發二十七年額引之日，照數給發。○三十七年覆准：潼川等十七州縣，增水陸引一千七百二十六張，共增稅銀七百五兩一錢零，自三十八年爲始，徵收造報。○四十一年議准：中江縣新淘鹽井一十六眼，增水引二十道，於四十二年起，行鹽輸課。○四十二年覆准：雅州、邛州、滎經縣三處，共增引四千九百一張，本年起徵。○四十三年題准：潼川州增水引二十張，又中江縣增水引二十八張，照例徵稅，於四十三年爲始，輸稅行鹽。○四十五年題准：射洪、綿州、樂至三州縣，增水陸鹽引二百五張，徵稅銀四百三十一兩七錢五分四釐，於四十六年爲始。○又覆准：簡州增鹽引六百張，徵銀一百六十三兩四錢四分，於本年爲始。○四十六年題准：雲陽縣增陸引五十二張，增稅銀一十四兩一錢，自四十六年爲始。○又覆准：射洪縣、樂至縣、潼川州，共增鹽引一百七十八張，於四十七年爲始，納稅行鹽。○四十八年題准：犍爲縣增陸引三十六張，雲陽縣增陸引一十三張，共收稅銀一十三兩零，於四十八年爲始。○又覆准：蓬溪縣增水陸鹽引共一百二十二張，徵銀一百八十九兩八錢六分，於四十八年爲始。○四十九年覆准：射洪等縣增水陸鹽引二百五十一張，於本年爲始徵課。○又題准：增邊引八百張，每張增稅銀四錢七分二釐，於四十九年爲始。○又題准：樂至縣新增鹽引共二百九十四張,徵税銀三百二十七兩五錢五分零;又,滎縣增水陸二引共三十八張,徵税銀一百七兩四錢六分,俱於五十年爲始。○五十年題准:富順等六州縣,新增水陸鹽引二百四十九張,徵税銀一百四十三兩一分零,俱於五十一年爲始。○五十一年題准:嘉定、富順、犍爲、簡州、潼川、開縣等六州縣,增水陸鹽引共三百六十張,徵税銀一百四兩零,俱於五十二年爲始。○五十四年議准:井研等三州縣,增陸引七十張,共徵税銀一十九兩零,於五十五年爲始。○又議准:建昌鹽井衛白鹽井各竈户,鍋口所産鹽觔,應配陸引四百道,共徵税銀一百八兩零,自五十四年爲始。○五十五年覆准:鎮雄、玖姓兩土司,向無額引。今增陸引一百張,自本年起,納税行鹽。○五十七年覆准:潼川等五州縣,開淘鹽井十一眼,增陸引二百九十五張,於本年爲始,納税行鹽。○五十八年題准:潼川等五州縣,開淘鹽井四十一眼,增水引六張、陸引九十八張,於五十八年爲始。○五十九年題准:井研、潼川、中江等三州縣,開淘鹽井四十九眼,增陸引一百七十九張,徵銀四十八兩七錢,於六十年爲始。○又題准:樂至、富順等五州縣,增水引七張、陸引三百四十五張,徵税銀一百一十七兩,於五十九年爲始。○六十一年題准:井研等五州縣,新增水引一百二張,每張徵税銀三兩四錢五釐,陸引一百八張,每張徵税銀二錢七分一釐,於本年爲始,納税行鹽。○雍正元年覆准:樂至、潼川、綿州、井研、資縣、嘉定等州縣,開淘鹽井五十五眼,歲共産鹽一十三萬六千六百四十觔,增陸引三百四張,每張徵銀二錢七分二釐四毫,於本年爲始。○又覆准:潼川州開淘鹽井一十二眼,增水引四十二張,每張徵税銀三兩四錢五釐,每張配鹽五十包,每包重一百觔,外加耗鹽一十五觔,自雍正二年爲始,納税行鹽。○二年覆准:井研、射洪、中江、資縣等四縣,開淘鹽井一百七十五眼,歲共産鹽一百二十八萬五千二百四十觔,增水引二百一十六張,每張徵税銀三兩四錢零,增陸引九十四張,每張徵税銀二錢七分零,自雍正二年爲始。○三年覆准:豐王新舊鹽井四十眼,原額水引一百張。今各井一歲約産餘鹽二千包,增水引四十張。自雍正三年爲始,照例徵税造報。○又覆准:卭州生齒日繁,額引不敷行銷。增邊引一千三百張,每張徵税銀四錢七分二釐,共徵税銀六百一十三兩六錢,於雍正三年爲始。永爲定額。○又覆准:中江、潼川、井研、樂至、嘉定等州縣,開淘鹽井二十八眼,歲共産鹽九萬九千一百三十觔,增水引九張,陸引一百零三張,自雍正三年爲始,照例徵税。○又覆准:上豐玉井新舊鹽井一十五眼,每歲産餘鹽三千包,增水引六十張,自雍正四年爲始，照例徵税。〇四年覆准：射洪鹽井一千三百四十七眼，所產鹽觔，除配額行水引二千一十二張外，尚有餘鹽一百二十三萬六千二百五十觔，增水引二百一十五張，自雍正四年爲始，照例徵税。〇又覆准：中江、綿州、潼川、樂至、射洪、蓬溪、井研、資陽、富順等九州縣，開淘鹽井二百九十三眼，歲共產鹽二百二十九萬七千九百三十觔，增水引三百九十一張，陸引一百零八張，於雍正四年爲始，照例徵税。〇又覆准：資縣新開鹽井一十八眼，歲產鹽五萬七千五百觔，應增水引十張，自本年爲始，照例徵税。〇又覆准：犍爲縣新舊鹽井五百三十眼，近年出產鹽觔，除配額引外，每歲所產餘鹽一十四萬四千六百七十觔，增水引七張、陸引二百二十七張，自雍正四年爲始，照例徵税。

雲南

黑鹽井鹽課提舉司提舉

黑鹽井大使

白鹽井鹽課提舉司提舉

白鹽井大使

琅井鹽課提舉司提舉

琅井吏目　　阿陋猴井大使

諾鄧井大使　　大井天耳井大使

順盪井師井大使　　彌沙井大使

景東井隸本府同知。　　安寧井隸本州吏目。

課額

順治間歲額，鹽井課銀一十四萬六千一百九兩三錢六分。

康熙二十四年歲額，鹽井課銀一十五萬二百三十八兩七錢二分六釐。

雍正四年歲額，鹽井課税銀一十六萬八千一百四十五兩七錢零。遇閏，加銀一萬三千八百九十一兩一錢九分六釐零。

行鹽地方

雲南雲南府　　大理府

臨安府　　楚雄府

澂江府　　景東土府

廣南府　　廣西府

永北府　　順寧府

曲靖府　　鶴慶府

姚安府	蒙化土府
武定府	元江府
麗江府	永昌府

順治十七年題准:雲南不行部引,按井給票,徵收鹽課。〇康熙元年題准:黑井鹽課九萬六千兩,琅井鹽課九千六百兩,景東井鹽課三百二十兩。以上,遇閏加課八千八百二十六兩六錢六分零,不除小建。白井鹽課二萬八千五百六十兩,安寧井鹽課一千九百八十兩,雲龍州五井鹽課四千七百六十三兩七錢,阿陋猴井鹽課二千九百二十三兩二錢,彌沙井鹽課四百兩,只舊草溪井鹽課二百六十二兩四錢六分。以上,遇閏加課三千二百四十兩七錢八分零,扣除小建。〇三年題准:黑井鹽增税銀三千兩,以備城工之用。遇閏,加税二百五十兩。〇四年題准:黑井加煎鹽觔課銀二萬四千七百五十兩。遇閏,加課税二千六十二兩五錢。〇十年題准:只舊草溪井,歸併黑井辦課。〇二十一年題准:減黑井加煎鹽課。〇二十七年題准:滇南僻處天末,無富商大賈,向係井司督竈户煎鹽,聽各府州縣僉定土商小販,赴井支配。今將行鹽各府州縣,定完欠考成處分,令其領運行銷,先行鹽而後納課。〇三十四年覆准:黔省普安州等處,向食滇鹽,完黑井鹽課五千七百六十兩。今改食川鹽,將滇課扣除。〇三十五年覆准:仍徵收黑井加增鹽課。〇三十八年題准:黑白等井,每年所用柴米役食,共需銀六萬兩,預於撥餉銀内動支,發各井煎鹽辦課,補還撥餉。〇五十八年題准:鹽課遞年缺額,民間有派烟户之累。今私鹽不行,官引疏通,派烟錮弊,著勒石永革。〇雍正元年覆准:雲南九井行鹽辦課,令該督撫轉飭該管官儘煎儘銷,革去上下一切陋規,召募商民赴井納課,聽於各府州縣販賣。不許督撫鹽道等官,赴井煎鹽,居積買賣。〇又題准:迤東民食鹽不敷,自雍正二年爲始,將近井之禄豐、富、羅次、禄勸、元謀、和曲六州縣,改食白井沙滷。所有原銷黑井鹽觔,統運昆明省店行銷。〇二年覆准:黑井産新井二眼,每年約煎鹽一百萬觔,每百觔照井價二兩七錢,除發竈户薪本役食器具銀一萬兩,尚存銀一萬七千兩。向來,白雲井有撥補黑井課銀四千兩,雲龍抵補課銀三千二十兩零。今將白雲二井每年所幇銀,一併歸公。其黑井缺課,於新井鹽課内撥補,以免互幇。〇又覆准:白井每年有沙滷鹽一百萬觔,禄豐等州縣,原食黑鹽,今改食沙滷,以路遠脚價倍貴,將沙滷鹽定價一錢六分。其姚州、大姚、定遠、廣通、雲南五處,係近井地方,從前因食私誤課,以致壓派烟户,計口授鹽。今仍食沙滷,每觔議定價二分。官鹽

既賤，自可杜絶私販。將五處額鹽，分發於民多鹽少之楚雄府、蒙化府、趙州、太和縣及鄧川州行銷。其鄧川州原銷雲龍井額鹽，撥騰越州、保山縣行銷。其昆陽州之三泊，向係額銷阿陋井鹽觔，令就近改食安寧井。其阿陋舊額，撥開化府行銷。〇又覆准：白井河邊土坑，出有沙滷餘鹽，每年於一百萬觔之外尚可多收，勢必分地行銷。惟開化一府，食鹽頗多，然去白井幾千里，馱運維艱。將易門縣食鹽額數，改食白井多出之沙滷，仍照定價一兩六錢完解。其原銷阿陋井額鹽，一并撥發開化府添銷。〇三年覆准：威遠地方，産有按板、抱母、恩耕等井，招撫竈户煎辦鹽觔，於元江、順寧等府及耿馬等處行銷，每年所獲價息二萬餘兩，足供新設威遠地方文武井官并茶山一帶官兵俸餉。又，琅、安二井，鹽價高昂，量爲酌減，將麗江土井息銀二千二百餘兩抵補。至琅、安井額鹽，不敷民食，令石屏州就近在威遠地方，領銷按板、抱母等井之鹽。其原銷鹽觔，分發寧州、道海、河西、新興四州領銷。〇四年覆准：新開阿陋井内之改板等井所煎鹽觔價銀，除給薪本各役工食等項銀兩外，仍有贏餘銀兩，每年於奏銷時，造入額外贏餘册内，報部查核。〇又覆准：普洱地方，新開磨黑、磨弄鹽井大小七口，所産鹽觔，除還鹽本等項外，每年該課銀三百六十三兩五錢二分零。又，元江府屬猛野、磨舖等井所出土鹽，因該寨原無田畝糧欵，借此完納，每年認納課銀二百三兩，一併歸入按板、抱母等井項下，報部查核。〇五年覆准：將黑井所煎正額鹽五百六十餘萬觔，内每百觔加銀四分二釐八毫，補足八錢之數，該銀二千四百一十三兩九錢二分。又，額煎撥給不敷課欵鹽二十四萬觔，内每百觔酌加銀二錢，該銀四百八十兩。二項共該加銀二千八百九十三兩九錢二分，於所收沙滷等項贏餘銀内給發。〇又覆准：黑鹽發價，於定額三分價内，每觔准其再減二釐，共減銀一萬六千一百一十兩六錢零，並黑井所加薪本銀二千八百九十三兩九錢二分，共銀一萬九千四兩五錢二分零，於多收沙滷等項贏餘銀内，照數抵補。並飭令該管官員，將每觔減價二釐之處，出示曉諭，務使窮黎均沾實惠。該督等仍不時查察。如有不肖商人於鹽價既減之後，仍照從前貴價發賣，貽累窮民等弊，該督等即行指名題參，交部治罪。其餘正項贏餘、額外贏餘銀六萬一千九百餘兩，令該督等遵照原議，每年照數收兑貯庫。如有留抵銀廠虧缺及地方公用之處，將用過數目造册，報部查核。〇又覆准：雲南只舊、草溪二井，於雍正五年爲始煎鹽，每年共陞課銀四千二百八十三兩四錢，遇閏加增。至二井應發薪本銀兩，每觔一分五釐，於鹽價内借動發給,輪流解還。所有該井官吏養廉工食等項,每月計銀四十兩,於正項內開銷。該井鹽務,令阿陋井大使兼管。其黑井代納銀兩,每年於奏銷時,造報歸公。

貴州

貴州商販運他省鹽,經過該府、州、縣、衛,按數徵稅。布政司及糧驛道,兼理報銷。

課額

順治間,按鹽抽稅,歲無定額。

康熙二十四年歲額,鹽稅銀六千二百三十二兩一分。

雍正三年歲額,鹽稅銀七千一十一兩七錢五分零。遇閏,加銀五百八十四兩三錢一分零。

行鹽地方

貴州貴陽府　思州府
思南府　鎮遠府
石阡府　銅仁府
安順府　都勻府
平越府　威寧府以上俱食川鹽。
黎平府食湖廣引鹽。

順治十七年題准:貴陽、思南、鎮遠三府,每鹽百觔,徵稅二錢。普安州,每鹽百觔,徵稅三錢。〇康熙二年題准:抽稅府、衛,在貴陽、思南、鎮遠、石阡、安順、平遠、大定、黔西、永寧、畢節、烏撒、鴨池等處,每鹽百觔,徵稅銀二錢四分;普安,仍徵三錢。除黎平就近食湖廣鹽不再徵稅外,共鹽稅銀五千七百三十六兩五錢九分四毫,定爲額數。每年間有浮缺,據實報解。遇閏,加稅四百一十八兩四分九釐二毫。〇二十五年覆准:貴陽、平越、都勻、思南、石阡、大定、威寧等府及安順府屬盤江以下州、縣、衛、所,均食川鹽;普安等處,令食滇鹽。〇二十六年題准:普安等州之民,聽其買食川鹽。〇二十九年覆准:普安等處,仍食滇鹽,各辦各課。〇三十二年題准:普安等處,虧缺鹽課銀一萬九千餘兩,免令賠補。〇三十四年覆准:普安等處,自食滇鹽,滇商苦於遠運,黔民苦於價貴。將普安等處,仍改食川鹽。課銀照川例徵收,滇課照數扣除。〇又覆准:貴陽等處,向食川鹽,徵落地稅銀每百觔二錢四分,普安等處,亦照例徵收。

2011–2020國家古籍整理出版規劃項目

國家古籍整理出版專項經費資助項目

大清會典

嘉慶朝

1

楊一凡　宋北平　主編

（清）托　津　等纂

王帥一　劉盈皎　王正華　校點

鳳凰出版社

圖書在版編目（CIP）數據

大清會典. 嘉慶朝 / (清) 托津等纂 ; 楊一凡, 宋北平主編. -- 南京 : 鳳凰出版社, 2021.5
ISBN 978-7-5506-3401-5

Ⅰ. ①大… Ⅱ. ①托… ②楊… ③宋… Ⅲ. ①會典—中國—清代 Ⅳ. ①D691.5

中國版本圖書館CIP數據核字(2020)第269718號

書　　名	大清會典(嘉慶朝)
著　　者	(清)托津 等 纂　楊一凡　宋北平 主編
校 點 者	王帥一　劉盈皎　王正華
責任編輯	韓鳳冉
裝幀設計	徐　慧
出版發行	鳳凰出版社(原江蘇古籍出版社) 發行部電話025-83223462
出版社地址	江蘇省南京市中央路165號,郵編:210009
出版社網址	http://www.fhcbs.com
照　　排	南京凱建文化發展有限公司
印　　刷	蘇州市越洋印刷有限公司 江蘇省蘇州市吴中區南官渡路20號,郵編:215104
開　　本	718毫米×1005毫米　1/16
印　　張	69
字　　數	1095千字
版　　次	2021年5月第1版
印　　次	2021年5月第1次印刷
標準書號	ISBN 978-7-5506-3401-5
定　　價	360.00圓(全三册)

(本書凡印裝錯誤可向承印廠調換,電話:0512-68180638)

前　言

《大清會典》是清朝官修典章制度的彙編，詳細地纂輯了清王朝中央文武衙門的編制、職掌、官員品級、統屬關係以及各項辦事制度，是當時國家機構及其職官處理公務的法律依據，也是中國歷史上最完備的具有大經大法性質的法典。

《大清會典》於康熙、雍正、乾隆、嘉慶、光緒五朝凡五修，故又總稱其爲"五朝會典"。

《會典》名之爲"典"，源於先秦時期的《周禮》。《周禮》又名《周官》，專載西周設官分職制度，采用"六卿分職，各率其屬"（康熙《大清會典》書首御製序）編纂體例。沿及唐、宋、元，仿爲《唐六典》，輯爲諸《會要》，修成"經世大典"。明初參照《唐六典》，頒《諸司職掌》，其後因之，編纂《明會典》。以"會典"命名始於明代。清朝承之，繼有《清會典》之編，而"會典事例"另成專書，則是清代的獨創。

康熙《會典》是清朝編纂的首部會典。康熙二十三年（一六八四）五月，康熙皇帝鑒於"條例、事宜多散見於卷牘，在百司既艱於考衷，而兆姓亦無由通曉"（康熙《大清會典》書首《皇帝敕諭内閣》），敕命纂修《會典》。二十九年（一六九〇）成書，共一百六十二卷，載崇德元年（一六三六）至康熙二十五年（一六八六）中央五十個文武衙門現行的典章制度，康熙二十六年（一六八七）孝莊文皇后喪禮以特例附載"禮部"。此書仿明萬曆重修《會典》體例，以官統事，以事隸官，典例合一；"因事分類，因類分年，每一事例，略叙數語，以見大竟"（雍正《大清會典》書首《凡例》）。

雍正《會典》續修始於雍正二年（一七二四），十年（一七三二）完成，共二百五十卷。與康熙《會典》比較，編纂體例無新的變化，主要是續入了康熙二十六年（一六八七）至雍正五年（一七二七）典章制度，並對舊典的一些内容進行了考訂和增補。

乾隆《會典》是清五部《會典》中編纂體例、内容變化最大的一部。乾隆十二年(一七四七),清高宗“以典例無辨,始命區會典則例各爲之部”(清崑岡等修、吴樹海等纂修光緒《大清會典》書首《凡例》),命續修典,二十九年(一七六四)成書。乾隆《會典》采用“以典爲綱,以則例爲目”的編纂體例,把原附在《會典》之後的事例與《會典》分編,計有《會典》一百卷,《會典則例》一百八十卷,接續雍正六年(一七二八)至乾隆二十三年(一七五八)典章制度,典章制度不可通融改變,有較强的穩定性;《會典則例》專輯《會典》中所載各項典制的沿革損益的諭旨、奏章及具體事例,事例可因時因地根據情況通權達變。這種典、例分編的做法,爲嘉慶、光緒年間修典所倣法。

嘉慶《會典》始修於嘉慶六年(一八〇一),二十三年(一八一八)告成,分爲三部編輯,即會典八十卷,事例九百二十卷,圖一百三十二卷,接續乾隆二十三年(一七五八)至嘉慶十七年(一八一二)典章制度。該書將“會典則例”改稱“會典事例”,將乾隆《會典》後附圖分離出來,另行成書,名曰《大清會典圖》,開創了清代《會典》有典、有例、有圖編纂體例之先河。

光緒《會典》始修於光緒十二年(一八八六),二十五年(一八九九)成書,其中會典一百卷,事例一千二百二十卷,圖二百七十卷,接續嘉慶十八年(一八一三)至光緒十三年(一八八七)典章制度。該書增加了神機營、總理多國事務衙門和一些典制、禮制的内容,是五朝會典中規模最大,内容最完善的一部。

雍正、乾隆、嘉慶、光緒四部《會典》雖然在名義上是對康熙《會典》的續修或增修,但各朝《會典》相對獨立成書,獨立行世,是典章制度的獨立記述。

《大清會典》的資料來源主要有四大類,一是朝廷頒行的各有關典章制度的官修書,如《品級考》《賦役全書》《學政全書》《中樞政考》《大清律例》及各部院寺監則例等;二是各衙門的檔案文牘;三是《清實録》中有關典制的資料;四是其他記載清代典制的書籍。就事例的來源講,主要是選自皇帝的諭旨、中央各衙門和督撫等的條陳、歷年的成案。

關於《大清會典》的性質,學界長期存在争議。有些學者認爲《會典》是典章制度史料彙編,其性質爲“官修史書”;有些學者認爲皇帝明令“照依會典”、“永遠遵守”,其性質爲“行政法典”。筆者以爲,五朝《會典》的内容雖多寡不一,但實際上都是由國家典章制度和累朝事例構成,其事例又有“遠年事例”和“現行事例”之分。現行的國家典章和事例無疑具有法律效力，史籍中有關行用《會典》的記載比比皆是，而“遠年事例”屬於前朝舊例，非經皇帝欽准不得援引，其價值是“以備後世查考”。另外，五朝《會典》的編纂體例、收入《大清律》的情況前後也有變化。康熙、雍正《會典》典、例未分，將《大清律》全文收入；乾隆《會典》及《會典則例》按照“已刊刻頒行”諸書“只備參考，無庸復載”的編纂原則，未收入《大清律》（乾隆《會典》書首《凡例》）；嘉慶、光緒《會典》典文只載經久可行的現行典章，而把《大清律》律文及附例收入《會典事例》。因此，關於《大清會典》的性質，應在全面、認真研讀五朝《會典》《會典圖》及《會典事例》的基礎上，根據編纂的宗旨、內容和該書有無法律效力、是否行用等綜合加以判斷，不可只憑某一朝《會典》，或僅據光緒《會典》典文而不及其他就下結論。“官修史書”説忽視了《會典》與其他政書不同，它是通過立法活動修成，所載必經久可行之制，具有最高的法律效力。“行政法典”説忽視了康熙、雍正《會典》收有《大清律》，忽視了嘉慶、光緒《會典》典文收有刑法基本制度和原則，且《大清律》作爲典文之目收入《會典事例》，故還是按照清代統治者對《會典》性質的表述，稱其爲“大經大法”爲妥。用現代法律語言則可表述爲：《大清會典》是全面規範國家政務和各項基本制度、經久常行、在國家法律體系中居於“綱”的地位的大法。

《大清會典》的内容涉及國家典章制度的方方面面，展現了清代典例法律體系的概貌，是研究清史和中國法制史學者的必讀之書。乾隆《大清會典·凡例》云：“《會典》以典章會要爲義，所載必經久常行之制。兹編於國家大經大法，官司所守，朝野所遵，皆總括綱領勒爲完書。”清代通過定期修訂《會典》，把增補、删除或修正的典章制度以《會典》形式確定下來。《會典事例》又按時間順序，以事例形式記載了清一代各項典章制度的變遷，彙集了歷年頒佈的有關國家機構組織活動的各種法律規範。清《會典》結構體例頗爲縝密，以官統事，以事隸官；以典帥例，以例、圖助典；以本文領注，以注詳文；詳略結合，經緯分明，體用相須，使這部宏篇鉅著得以經世致用。它所記載的清代不斷完善法律制度的成功經驗，對於加强我國當前的法治建設也有重要的借鑒價值。

長期以來，由於五朝《會典》卷帙繁衆，内容龐博，加之藏本較少，給讀者利用造成了很大困難。多年來，學界主要是使用光緒《會典》研究清代法律制度，以致清代前、中期法制研究，至今仍是清代法制史研究的薄弱環節。現存的《大清會典》已有影印本出版，對一般古漢語水平較低的讀者來説，閲讀仍有一定難度。標點本五朝《會典》的出版，無論是對於學術研究還是現實的法治建設，都有重要的意義。

現存的《大清會典》版本，康熙《會典》有康熙二十九年（一六九〇）内府刻本；雍正《會典》有清雍正十年（一七三二）武英殿刻本；乾隆《會典》有乾隆二十九年（一七六四）武英殿刻本、乾隆四十三年（一七七八）《四庫全書薈要》本、光緒十九年（一八九三）上海圖書集成印書局鉛印本、光緒二十七年（一九〇一）上海文林石印本、光緒二十八年（一九〇二）著易堂書局石印本；嘉慶《會典》有清嘉慶二十三年（一八一八）武英殿刻本、同治十一年（一八七二）湖北崇文書局刻本；光緒《會典》有光緒二十五年（一八九九）京師官書局石印本、光緒三十四年（一九〇八）上海商務印書館石印本、宣統元年（一九〇九）上海商務印書館石印本、宣統三年（一九一一）上海商務印書館石印本。課題組在整理過程中，按照"擇善而從"的原則，五朝《會典》分别以康熙《會典》内府刻本和雍正、乾隆、嘉慶《會典》武英殿刻本、光緒《會典》光緒二十五年（一八九九）石印本爲底本，以其他版本爲參校本。

與大清五朝《會典》相並行的還有大清會典事例、大清部院則例這兩類重要的法律典籍，三者融爲一體，以《會典》爲綱，則例、事例爲目，共同構成完整的法律體系，充分顯示了清王朝近三百年間的典章制度的基本面貌。因事例、則例卷帙浩繁，標點整理工作量甚大，我們先把標點本五朝《大清會典》奉獻給讀者。

本書的整理工作從二〇一二年開始，組織實施中的各種事宜，由宋北平先生承擔。嘉慶朝《會典》卷首至卷五十由中國社會科學院法學研究所王帥一、清華大學歷史系王正華整理，卷五十一至八十由北京航空航天大學法學院劉盈皎整理。文獻録入及其訂正等基礎性工作由北京華夏國典教育科技研究院負責。

鳳凰出版社原社長兼總編輯姜小青先生、現社長兼總編輯倪培翔先生對本書的出版一直關心支持。本書得以順利出版，是參加整理工作的各位學者共同努力和鳳凰出版社大力支持的結果。謹誌於此，以表謝意。

楊一凡　宋北平

二〇二〇年十月

整理凡例

一、本書係大清五朝《會典》標點本。整理時分别以康熙《會典》内府刻本和雍正、乾隆、嘉慶《會典》武英殿刻本、光緒《會典》光緒二十五年（一八九九）石印本爲底本，以其他版本爲參校本。

二、凡底本與參校本音義皆同的異體字，不出校記。若參校本與底本文字差異較大，如史料改動、文字删衍等，則出校。

三、凡底本不誤而參校本誤者，不出校。

四、古人引書，常有省改。凡原書引他書不失原意者，保持原貌。底本中引文與原始文獻有較大不同者，在校記中列出原始文獻文字並予以説明。

五、凡底本明顯訛、脱、衍文字，出校改正。訛、衍字用（）標明，改正或增補文字用〔〕標明，原書文字缺失或因底本漫漶無法辨識者，用□表示。

六、凡避聖賢諱及清帝名諱者，無論缺筆或是改字，如“弘”作“宏”，“玄”作“元”，“丘”作“邱”等，均直接回改，不出校。

七、凡明顯因形近而誤刻的字，如“日”與“曰”，“己”“已”“巳”等，徑行改正。

八、原書中的舊字形，統一改爲新字形。一些少見的異體字和俗體字，徑改爲規範漢字，不出校。

九、原文爲表示尊崇而使用的抬頭格式，無論是空抬、平抬、單抬還是雙抬等格式，一律删除，不予保留，以保持内容的完整性和連貫性。

十、原書中的空心圓圈表示另起語段，予以保留。書中的段落基本保持不變，僅對個别篇幅特别冗長者再次分段，並在再分段段首冠以實心圓圈。

續脩大清會典序

洪惟我太祖高皇帝受天景命，瀋陽建都。太宗文皇帝式廓版圖，設官立政。世祖章皇帝入關定鼎，肇造區夏，六部八旗，文脩武備，革前明之秕政，立昭代之規模。聖祖仁皇帝冲齡踐阼，創守相兼，俊德豐功，洋溢宇宙。至康熙二十三年，特命纂脩《大清會典》，鉅細畢該，綱維貫串，紹三聖開創之神謨，垂萬年守成之法戒，洵熙朝大典也。經天緯地，制度丕昭。雍正二年，世宗憲皇帝重加纂輯，集大成，著定則，猗歟盛哉。皇考高宗純皇帝承五朝之良法，作奕葉之隆規，於乾隆十二年聖諭，以原議、舊儀連篇並載，是典與例無辨，恐後人妄相牽引，轉致無所適從。伏讀序文，謂例可通，典不可變。今將緣典而傳例，後或摭例以殽典，其可乎？於是區《會典》《則例》，各爲之部，而輔以行。此誠我皇考善繼善述、立綱陳紀之鉅製，益昭美備矣。予小子寅承慈諭，受璽元辰，日勤庶政，率由舊章。自乾隆十二年至今，皇考作述之大經大法，美不勝書。雖宏綱鉅目，全載前編，然其間亦有因時損益、補苴罅漏之處。爰命開館續修，準古酌今，務求詳盡，以心爲心，以政爲政。何敢參以拘墟檮昧之識見，妄思更易乎？我皇考臨御寰區，闡揚列聖，經國制度，久道化成，臻於至善。親政以来，祇恐荒廢典章，怠忽程式，宵旰勤求，惟期順則述且弗能，曷敢言作。敬集六十餘年盛德大業，昭垂成憲，布在方策者，續入《會典》，著奕禩之法程，爲億齡之典則。後嗣恪遵勿替，期永勉旃。是爲序。

嘉慶戊寅夏御製。

凡　例

一、我朝《會典》，於康熙二十三年、雍正二年兩次奉勅纂輯，皆裒爲一書。至乾隆十二年奉勅續修，於時聖諭以原議、舊儀連篇並載，是典與例無辨，始分《會典》爲一書，《則例》爲一書，其《圖式》即列於《會典》之内。此次奉旨續修，自開館以後，屢經奏請訓示，準古酌今。《會典》一書别爲體裁，如《周六官》《唐六典》，以官舉職、以職舉政，而凡聖明作述之大經，朝野率由之定則，即備見於設官分職之間。《會典事例》一書如唐、宋《會要》，以官司所守，條分件系，析爲門目，按年編載，俾一事一例，原始要終，用資考覆。其《圖式》則别爲一書，附於《會典》之末。

一、《會典》所載皆宏綱鉅目，然其間亦有因時損益者。至《會典事例》各門各目，本係按年排比而成，是以歷届舊典於《凡例》内各著明所載止於某年。如康熙二十九年書成，所載止於二十五年，雍正十年書成，所載止於五年，乾隆二十九年書成，所載止於二十三年，惟理藩院所載止於二十七年。此次《會典》奏准載至嘉慶十七年，其十八年以後續有更定者，概不登載。

一、《會典》爲昭代政事之書，經緯本末，具臚治要。如任人以立政，故列爵建官階秩之差、選舉考察之例，雖賾具詳；明罰以勑法，故刑章憲令刺宥之典、撻贖褫奪之條，惟中悉協；壇廟、陵寢、宫殿明其規制，而後可以悉五禮之儀文；山川、關塞、郵驛辨其嚮方，而後可以籌九州之控制；七音六律，損益以得中聲，是爲中和樂考定之根；三角八線，乘除以求密合，是爲時憲法推步之準；隄防疏濬，察奠安之成效，可以衛民生；俸餉賦榷，綜出納之大凡，可以制國用；禮以别等威，準之於輿衛物采之不渝，聿昭其辨；兵以輯遐邇，飭之於弓矢櫜囊之必豫，用戒不虞；頒尚方者，一服御咸有成規，所以肅宫中府中之治；馭外裔者，一燕賚悉依故事，所以弼要服荒服之成。此皆於全書陸續經進時，仰稟睿裁。凡盛德大業施諸天下者，即以昭垂成憲,故布在方策,具見聖聖相承、致治太平之實政焉。

一、雍正以前舊典,文職衙門四十有八,武職衙門惟鑾儀衛、京衛,後京衛裁省。乾隆年間《會典》,於武職增列領侍衛以下各衙門,凡文職衙門三十有一,武職衙門十有一。此次《會典》,凡在京大小文武衙門,無不備列。其增於舊典者,文武以類相從。有自爲職掌不相附屬者,如軍機處之於内閣,尚虞備用處之於侍衛處是也。有别分職事仍歸統率者,如批本處爲大學士所轄,則隸於内閣,奏事處,爲御前大臣所轄,則隸於侍衛處是也,其餘所增衙門倣此。其非在京衙門如盛京五部、陵寢禮部、工部衙門,則各列於在京本部之後。惟盛京、吉林、黑龍江將軍衙門主事、察哈爾游牧員外郎主事,雖亦京秩,以無可附麗,故祇見於吏部,不具列焉。若外官,則用《周官》“鄉遂”之例,概著於篇。文職附於吏部,武職附於兵部。内外蒙古扎薩克協理台吉章京以下,回城阿奇木伯克以下、唐古特噶布隆以下,附於理藩院。蓋我朝昄章式廓,迥越前代,是以建官之備,視《周官》三百六十,亦什百過之。至舊典之序,自宗人府、内閣以下,今率仍之,惟移侍衛處於鑾儀衛之前,又内務府舊列於太醫院之後,序亦未協。府屬官有文職、有武職,皆不隸吏兵二部,今改序於文職武職諸衙門之後,按所屬文武各自爲列,以盛京内務府官附焉。

一、《唐六典》有分註,以附考各官沿革。《會典》例不追溯前代,且有《欽定歷代職官表》成書,足資考證,是以不循用六典分註。惟《會典》義取簡要,其官司所守儀節、科條、會計,有必須詳舉者,各分註於《會典》本文之下。

一、《會典事例》。自開國以來百九十餘年,禮樂刑政大端以及庶司條件,歲月更定,積久愈多,皆爲考覈所關,寧詳無畧。舊以會典所分衙門爲綱,每會典一卷,各以則例副之。如一部數司,則例亦按司分隸,其諸司職掌從同者,則統載於一衙門之下,不復分析。此次事例爲卷九百二十,實爲繁賾,若循舊例分列諸司,門類過多,難於尋閲。是以各就一衙門之事例,皆分列數門;每門之下,析爲子目;每目之下,仍按年編次。其門目皆標明每卷之首,俾一覽了然。其曰原定,曰奏准,曰議准,則悉仍舊例。

一、《圖式》。舊惟禮部典内列有壇廟圖,兵部典内列有輿地圖,欽天監典内列有儀器圖,爲圖一百一十有四,餘皆闕如。此次會典圖别出爲書,凡典之需圖乃明者,無不增繪爲圖。每圖皆附以説,列爲十有二門。凡爲圖一千四百三十,以昭皇朝制度之備。

表

會典館正總裁大學士臣托津等奉勅續修《大清會典》告成，謹奉表上進者，伏以帝居當辰七政經相循之道，皇建有極九疇錫攸敘之倫，位乘六御以時行環臻盛軌，國並兩儀而中立肅挈宏綱。《書》曰典常作之師，《易》言會通行其禮，式遵四海，昭示萬年。臣等誠懽誠忭，稽首頓首上言。竊惟遂皇握機始置三名之輔，犧聖創禮以類萬物之情。紀二十七萬六千年，九事繫於軒易，朞三百六十有六日，百工釐自虞書。禹作貢別九州弼成五服，殷建制先六太典司五官。營洛卜圖，垂周禮致太平之迹。入關收籍，雜秦儀定長樂之朝。百官春秋職令，沿於漢表。九品月旦選簿，昉於魏臺。拓跋遷雒之規，與晉曹儀而競美。宇文襲姬之典，至隋集禮而更新。唐開元損益曲臺，裒爲成帙。宋政和指揮御筆，定次新編。建統中原，元通制兼資二國。徵文勝代，明《會典》自備一朝。蓋書契肇興，即不乏官治民察之具，載籍極博，皆足備郯諏聃訪之資。然虞夏商周之已遥，頗有墜典，漢唐宋明之方盛，猶爲小康。紀志所書譏率等於自鄶廢興可按鑒或備。夫于殷從未有勒官禮爲一經，萃典謨於全袠，垂世大法，示民有常如今日者也。欽惟皇帝陛下扆嚮明離，魏懸申巽，天德達於聰明，睿知淵淵其淵，聖學新於誠正，修齊日日又日。此有人，此有土，丕能諴於小民，作之君，作之師，用端命於上帝。是彝是訓，率祖考之攸行；克寬克仁，合天地之大德。八灋八則，八柄八統，民極斯歸；五典五禮，五服五刑，天工其代。敷教養之治，乾資始而坤資生；具制作之原，身爲度而聲爲律。粤惟熙朝大典之纂，肇於上元初甲之年，既續修於雍正甲辰，復分編於乾隆丁卯，大綱鉅目彙爲專書，原議舊儀別存副册。嗣因歷久而當蒐輯，諭以暫需而事增裒。備亘古之罕儀，紀授受於帝堯帝舜；臚近今之實政，接創垂於天命天聰。越在紀元之六年，始勅《會典》之四輯。溯遵聖訓，書仍別以正稗，仰秉睿裁，辭必歸於體要。《周六官》《唐六典》取文約而義賅，右次史、左次圖,俾體分而用合,如琴與瑟未嘗改弦而更張,若綱在綱,具已有條而不紊。綜百九十餘年之典制,成千一百餘卷之政書。道真冠越乎百王,孝乃繼述乎六聖。顯哉謨而承哉烈,紀歷歷於前聞,作者聖而述者明,著班班爲後式。建國辨方正位,制列八旗;分職授政任功,隸歸六部。爵宗藩以遞及九族,惇於堯仁;任樞閣以攸分一相,黜夫漢制。畫分郡縣,扎薩克仍以封建爲宜;實測躔離,歐羅巴自較授時爲密。南北郊歲將琮璧,兼採夫明堂宗祀之儀;東西陵時舉和鑾,迥越於原廟出游之典。臨雍宣講引年不泥乎老更,躬耤加推無逸先知乎稼穡。五禮訂爲通制,缺儀補漢淹中;六律考其中聲,依詠聞虞堂上。疆逾於崑崙積石,禹紀可徵;典汰夫封禪云亭,舜巡仍舉。鑑垂儲貳府坊局僅沿其官,訓守衣冠禮吉常各辨其等。京旅省師如指臂,陋宋禁厢;蕃服荒裔悉尊親,狹元撻伐。唐兩税沿爲正式,詔免算其添丁,金二派屏厥老流,治獨神於東水。任士分司内職,悉除明季奄寺之階;要囚親决廷評,更求周人肺嘉之達。此其什一百一犖犖大者,若乃三百三千郁郁文哉。幸惟上聖之折衷備兹郅隆之治迹,善之善集成千古,用敷錫厥庶民,時乎時付畀一人,俾緝熙於純嘏。然猶睿懷冲抑,孝思殷肫。伏讀御製之弁言,具見聖傳之心法,會降衷於一貫。親親仁民懋典學於萬幾,經經緯史述而不作如揭。夫德盛禮恭,久而常新,益被以政治道洽,臣等編摩忝與膚末容窺。蓋道出函三象有滋,滋有數,禮本太一,窮則變,變則通。議禮制度,考文豫百世以俟聖,列爵建官,位事先五教以重民。其永監成憲無愆,在明明德,乃惟由舊典時式,弼丕丕基。兹逢鉅帙之成,益布皇猷之廣,繼自今立政惟吉士不愆不忘,允若時官人及黎民有册有典。近民而紀民事克協乎爲龍爲火爲雲之師。後天而奉天時聿符乎惟歲惟月惟日之省。臣等無任瞻天仰聖,踴躍懽忭之至,謹奉表恭進以聞。

正總裁官

經筵講官太子太保東閣大學士　　臣托　津

經筵日講起居注官太子太保體仁閣大學士　　臣曹振鏞

副總裁官

經筵講官刑部尚書　　臣崇　禄

工部左侍郎　　臣王以銜

前充正總裁官

原任大學士　　臣王　杰

原任大學士　臣慶　桂
原任大學士　臣劉　墉
予告太保大學士　臣董　誥
原任大學士義烈公　臣保　寧
原任大學士　臣朱　珪
原任大學士　臣戴衢亨
原任大學士在籍食俸　臣劉權之

前充副總裁官

原任協辦大學士禮部尚書　臣紀　昀
原任兵部尚書忠勇公　臣豐伸濟倫
原任大學士　臣宗室禄康
原任協辦大學士工部尚書　臣彭元瑞
原任户部尚書　臣德　瑛
原任協辦大學士刑部尚書　臣覺羅長麟
原任禮部尚書三等承恩公　臣恭阿拉
原任禮部尚書　臣周兆基

提調官

户部郎中　臣福　來
兵部郎中　臣納蘇泰

提調官兼總纂修官

户部郎中　臣葉繼雯
兵部郎中　臣程同文
兵部主事　臣朱爲弼

前充提調官

原任内閣侍讀　臣覺羅德祥
原任内閣侍讀學士　臣砥　柱
原任内閣侍讀學士　臣博　慶
原任内閣侍讀學士　臣福　柱
原任内閣侍讀學士　臣文　通
翰林院侍講學士今任盛京禮部侍郎　臣昇　寅
内閣侍讀今任貴州貴西道　臣何　金
原任内閣侍讀學士　臣金光悌

內閣侍讀今任四川潼川府通判 臣景　昌
原任內閣侍讀學士 臣梁上國
刑部郎中今任雲南澂江府知府 臣王厚慶

前充提調兼總纂修官

原任户部主事 臣錢儀吉

總纂修官

翰林院編修 臣朱　鴻
湖廣道監察御史 臣盧炳濤
吏部郎中 臣余本敦
禮部主事 臣喻元準
刑部主事 臣徐養灝
翰林院孔目 臣楊宜之
前任內閣中書 臣沈欽霖
內務府員外郎 臣德　音

前充總纂修官

原任內閣學士兼禮部侍郎 臣汪滋畹
原任户部員外郎 臣楊芳燦
原任禮部員外郎 臣汪德鉞
詹事府左春坊左庶子 臣朱方增
兵部員外郎今任安徽巡撫 臣康紹鏞
户部郎中今任山東兖沂曹濟道 臣童　槐
原任禮部員外郎 臣周泰元
工部員外郎 臣汪全德
户部郎中 臣戴　聰
翰林院侍講今任禮部右侍郎 臣湯金釗
刑部郎中 臣戴敦元
翰林院編修今任雲南雲南府知府 臣錢昌齡

前充纂修官

翰林院侍講學士今任禮部尚書 臣汪廷珍
翰林院侍讀今任山西巡撫 臣成　格
翰林院編修今任都察院左副都御史 臣蔣祥墀
翰林院檢討今任理藩院左侍郎 臣常　英

翰林院編修今任大理寺卿	臣覺羅寶興
詹事府少詹事今任盛京兵部侍郎	臣書　敏
翰林院編修	臣邱　煌
内務府郎中	臣祝　麟
工部郎中	臣俞恒澤
吏部員外郎	臣趙盛奎
翰林院編修今任户部員外郎	臣朱　澄
禮部員外郎	臣黄大名
禮部員外郎	臣黄維烈
原任京畿道監察御史	臣徐國楠
原任廣西道監察御史	臣李培元
户部員外郎	臣象　曾
原任刑部郎中	臣劉　鈺
前任翰林院侍讀候補郎中	臣楊惠元
户部員外郎	臣福　載
内閣中書今任安徽廬州府同知	臣薛玉堂
原任吏部主事	臣章爲棣
原任兵部主事	臣林鍾岱
兵部主事	臣應　軒
刑部郎中	臣楊本昌
原任刑部主事	臣孔廣廉
刑科給事中今任廣東布政使	臣趙慎畛
雲南道監察御史今任貴州古州兵備道	臣沈樂善
工部郎中今任福建福州府知府	臣雷維霈
刑部郎中今任湖北按察使	臣方　體
兵部郎中今任安徽安慶府知府	臣申　瑶
禮部主事今任福建延平府知府	臣蔡鑾揚
户部郎中今任廣東瓊州府知府	臣史　祐
户部郎中今任陝西延安府知府	臣陳鍾麟
翰林院編修今任湖北施南府知府	臣佟景文
内閣中書今任江西廣信府知府	臣楊書紹
前任刑部主事	臣吴　準

前充協修官

翰林院侍講今任内閣學士兼禮部侍郎	臣毛　謨
内閣中書	臣蔡毓林
内閣中書今任户部主事	臣屈廷鎮
内閣中書	臣茅潤之
内閣侍讀今任山東沂州府知府	臣陸　藻
原任户科給事中	臣嚴　烺
户部主事	臣羅　宸
户部員外郎	臣郭泰成
原任户部主事	臣張　旭
户部員外郎	臣趙光禄
户部員外郎	臣陳俊千
禮部主事	臣聶鏡敏
湖廣道監察御史今任直隸大名府知府	臣黄鳴傑
禮部主事	臣何朝彦
禮部郎中今任貴州貴陽府知府	臣周錫章
禮部主事	臣楊樹基
禮部主事	臣尹濟源
禮部郎中今任湖北德安府知府	臣周開謨
原任禮部員外郎	臣吴賡枚
禮部主事	臣李芳梅
禮部主事	臣金應城
兵部主事	臣徐受荃
兵部郎中今任廣東肇羅道	臣慕　鏊
兵部主事	臣祖瓊林
原任兵部主事	臣金菁莪
前任兵部主事	臣俞　烈
原任兵部員外郎	臣何南鈺
前任兵部員外郎	臣凌鳴喈
兵部郎中今任廣東惠潮嘉道	臣盧　坤
刑部郎中今任江西瑞州府知府	臣石　俊
刑部郎中今任廣東廉州府知府	臣何天衢

刑部郎中今任江西饒州府知府	臣徐兆桂
刑部主事	臣石時榘
刑部員外郎	臣汪兆槐
工部員外郎今任江西臨江府知府	臣朱　淥
工部員外郎	臣晁尚忠
原任工部郎中	臣馬瑞辰
工部郎中	臣周廷授
工部主事	臣李光先
工部郎中	臣張本枝
工部主事	臣楊景誼
原任工部主事	臣韓元宸
原任户部主事	臣興　亮
禮部主事	臣宋其沅
吏部郎中	臣孟　晟
前任工部員外郎	臣李世治

校對官

内閣中書	臣莫樹蕃
兵科給事中	臣盧　浙
詹事府主簿	臣文　福
禮部司務	臣方玉璧
詹事府主簿	臣朱增榮
内閣中書	臣鄭士杰
刑部主事	臣楊景仁
翰林院待詔	臣孫崇祜
刑部司務	臣陶惟模
内閣中書	臣朱　璜
内閣中書	臣陳寶儉
内閣中書	臣汪喜孫
内閣中書	臣陳書曾
内閣中書	臣王繼昺
内閣中書	臣吴思權
内閣中書	臣曾資見

內閣中書　臣奚先愷
兵部主事　臣朱　鏻

前充校對官

兵部員外郎今任江西建昌府知府　臣王庭華
吏部筆帖式今任廣東廣州府理事同知　臣舒綸泰
翰林院典簿今任廣東廣州府通判　臣雷奉清
內閣中書今任山西汾州府同知　臣楊棟秀
內閣中書今任浙江紹興府同知　臣董彩鳳
原任工部郎中　臣康亮鈞
原任户部郎中　臣汪　桂
原任宗人府主事　臣徐　焕
內閣中書今任江蘇太湖廳同知　臣羅　琦
內閣中書今任福建漳州府同知　臣薛凝度
原任內閣中書　臣俞恒泰
翰林院待詔　臣宋其濬
內閣中書　臣孫蘭枝
原任內閣中書　臣程元吉
原任內閣中書　臣黄中傑
內閣中書今任湖北黄州府同知　臣何兆元
原任內閣中書　臣牟顯儒
原任刑部筆帖式　臣楊書維
內閣中書　臣石文熢
原任工部主事　臣温際清
吏部主事今任湖南永州府知府　臣吴玉堂
內閣中書　臣邊廷英
內閣中書今任翰林院修撰　臣吴其濬
內閣中書今任宗人府主事　臣戴鼎恒
內閣中書　臣喬用遷
內閣中書　臣荆宇寧
內閣中書今任浙江衢州府同知　臣譚用德
內閣中書　臣王輯寧

收掌官

工部筆帖式　臣錫　麟
詹事府筆帖式　臣錦珠勒
候補筆帖式　臣桂　保
刑部主事　臣農伊善
兵部筆帖式　臣書　桂
刑部筆帖式　臣瑞　明
翰林院筆帖式　臣邁豐阿
工部筆帖式　臣慶　善

武英殿修書處刊校欽定《大清會典》諸臣職名

總理

和碩瑞親王　臣綿　忻
經筵講官户部右侍郎兼管錢法堂事務總管内務府大臣管理雍和宫事務清漪園等處花炮作西洋堂事務稽察會同四譯館正藍旗滿副都統　臣穆彰阿

前充總理

和碩定親王　臣綿　恩
兵部左侍郎總管内務府大臣　臣常　福
經筵講官太子少保吏部尚書總管内務府大臣　臣英　和
御前大臣理藩院尚書總管内務府大臣宗室　臣禧　恩

總裁

經筵講官禮部尚書實録館總裁尚書房行走　臣汪廷珍
經筵講官户部右侍郎兼管錢法堂事務總管内務府大臣管理雍和宫事務清漪園等處花炮作西洋堂事務稽察會同四譯館正藍旗滿洲副都統　臣穆彰阿
經筵講官都察院左都御史署兵部尚書署正黄旗漢軍都統管理光禄寺事務稽察左翼宗學幼官學　臣那清安

提調

原任翰林院編修陞浙江道監察御史　臣黄玉衡
翰林院編修今任廣西右江道　臣翟錦觀

詹事府右春坊右贊善今任福建建寧府知府　臣王惟詢
翰林院編修　臣顔伯燾
翰林院編修　臣祝慶蕃

總纂

翰林院編修今任山西潞安府知府　臣王茂松
翰林院編修今任河南道監察御史　臣孫貫一
詹事府左春坊左贊善　臣史　評
翰林院編修　臣郎葆辰
翰林院編修　臣王炳瀛

纂修

翰林院編修　臣裘元善
原任翰林院編修　臣傅　綬
翰林院編修雲南學政　臣楊殿邦
翰林院編修　臣吴　傑
翰林院編修　臣王贈芳
翰林院檢討　臣丁　傑
翰林院編修　臣伍長華
翰林院編修　臣雷文模
翰林院編修　臣吴慈鶴
翰林院編修山西學政　臣龍元任
翰林院庶吉士　臣方傳穆
翰林院編修　臣李昭美
翰林院編修　臣楊　峻
翰林院編修　臣秦恩復
翰林院編修　臣周貽徽
翰林院編修　臣吴振棫
翰林院編修　臣吴敬恒
翰林院庶吉士　臣鄂木順額
翰林院庶吉士　臣周　錡
翰林院編修　臣張日晸
翰林院庶吉士　臣田嵩年
翰林院庶吉士　臣劉師陸

翰林院庶吉士	臣邵日誠
翰林院庶吉士	臣明　訓
翰林院庶吉士	臣文　蔚

協修

翰林院編修今任陝西道監察御史	臣李振庸
翰林院侍讀	臣穆馨阿
南書房行走翰林院編修	臣程恩澤
翰林院庶吉士	臣徐汝鑾
翰林院編修	臣徐法績
翰林院編修貴州學政	臣錢寶琛
翰林院庶吉士	臣陳增印
翰林院編修	臣李裕堂
翰林院編修	臣錢　騋
翰林院編修	臣成世瑄
翰林院編修	臣沈鑅彪
翰林院庶吉士	臣張　曾
翰林院庶吉士	臣章　沅

校録

副貢生	臣李汝楫
副貢生	臣蔡允修
副貢生	臣石　韶
拔貢生	臣傅爾賡
舉人	臣王煜文
舉人	臣徐　瑃
拔貢生	臣符國球
副貢生	臣俞懋典
舉人	臣王德茂
舉人	臣吴　楷
舉人	臣蘇培世
拔貢生	臣楊德山
舉人	臣張　績
副貢生	臣張用糈

拔貢生　臣米豐年
副貢生　臣陳　鶴
副貢生　臣史福臻
舉人　臣錢聚仁
優貢生　臣濮啓宗
優貢生　臣馬　傑
副貢生　臣畢元勲
拔貢生　臣潘聖翼

收掌

内務府筆帖式　臣清　平
内務府筆帖式　臣文　燦
翰林院筆帖式　臣蘇芳阿
翰林院筆帖式　臣阿克唐阿

監造

内務府郎中兼佐領　臣廣　敏
内務府員外郎　臣祝　麟
内務府員外郎　臣麟　保
正監造員外郎　臣經　文
副監造副内管領　臣光　裕
委署主事　臣廣　惠
六品銜庫掌　臣格圖肯
筆帖式　臣慶　頤
七品銜庫掌　臣豫　恒
七品銜庫掌　臣福　桂
委署庫掌　臣保　謙
委署庫掌　臣得　辛
委署庫掌　臣松　魁
候補筆帖式　臣定　邦

目　録

欽定大清會典卷一

宗人府，宗令一人，於親王或郡王内特簡。左宗正一人、右宗正一人，於親王、郡王或貝勒、貝子、鎮國公、輔國公内特簡。左宗人一人、右宗人一人，於貝勒、貝子、鎮國公、輔國公或鎮國將軍、輔國將軍内特簡。掌皇族之政令。

○凡皇族别以近遠，曰宗室，曰覺羅，顯祖宣皇帝本支爲宗室，伯叔兄弟之支爲覺羅，生子則以告而書於册。宗室、覺羅生子女，三月報府一次，書其年月日時、嫡庶、次第、名某、母某氏，具册送府。宗室親王以下至輔國公，由長史等官開送，鎮國將軍以下至閒散宗室，由族長開送，覺羅由各旗首領開送。宗室入黄册，覺羅入紅册，兼清漢文，存者硃書，殁者墨書。如撫養異姓捏報己子及遲誤不報，報不以實者，罪之。繼嗣亦如之。宗室繼嗣者，視其族近遠、輩數，闔族及總族長、族長同保，呈報到府，查明註册。近派宗室本支及學長同保，報府查明註册。如生子先已出繼，身故無嗣者，准撤回承祀，不得另行入繼。如奏明過繼者，亦奏明撤回。孤子不准出繼。王公過繼由府具奏，或王公自奏，得旨交府註册。覺羅過繼者，子女首領、佐領、族長查明同保，由該旗報府。婚嫁亦如之。宗室、覺羅娶婦，以其母家姓氏、職名報府；嫁女，以婿姓氏、職名報府註册。近支宗室子女應指婚者，交派出之王等進名。世宗憲皇帝支派至綿字輩止，奕字輩以下不進名。高宗純皇帝支派至載字輩止，奉字輩以下不進名。其不進名者，皆令自行及時婚嫁。宗室、覺羅不准娶民女爲妻，不准嫁女與八旗另記册檔人。許字時，先令將所許之姓氏、職名報族長呈府。如許字外藩蒙古者，王公由本家奏請，章京、閒散報府轉奏。爵秩始末亦如之。宗室、覺羅，封爵襲替、選授職官、陞調降革及身故，皆令報府註册。十年則登於《玉牒》。《玉牒》以十年纂修一次，按黄册、紅册所記，彙載於牒，統以帝系，序以長幼，存者硃書，殁者墨書。其未經載入《玉牒》黄册之皇子、皇女、皇孫、皇孫女，内務府具奏請旨，由總管内監開明，派内務府總管一人送至宗人府，授宗令或宗正、宗人一人祗授載入。凡修《玉牒》，前期則以聞。每届十年，由府題請。得旨，遂率其屬而充執事。纂修《玉牒》，以宗令、宗正暨滿漢大學士、禮部尚書侍郎、内閣學士，充正、副總裁官，以府丞，充總校官；以府屬理事官一人暨滿漢内閣侍讀學士或侍讀一人，充提調官，以府屬理事官、副理事官、主事三人暨翰林院官三人、内閣侍讀一人、禮部司官二人,充纂修官,以府屬筆帖式十二人,充收掌官,以滿漢内閣中書各八人、禮部筆帖式八人、各部院筆帖式十二人,充謄録官。總裁官欽點,總校官例充,提調以下官由堂官酌派,餘由各衙門咨送。書成,皇帝恭閲而藏之。《玉牒》成,届期,總裁王大臣率提調以下官陳玉牒於綵亭。至太和殿階下,提調以下官捧玉牒詣中和殿,陳於黄案。總裁王大臣等行禮畢,捧玉牒詣乾清門,授内監進呈御覽。俟内監捧出,王大臣率提調以下官捧設綵亭,詣皇史宬行禮尊藏。又恭繕玉牒一部,送盛京敬典閣尊藏,由府奏派王公祗送。凡宗室之名非欽賜,則令報名於府,近支得依字輩,如永字、綿字、奕字、載字近支宗室之名上一字,皆得按其行輩取用,稽其名之不協者。宗室之名敬避與御名及皇子名之下一字偏旁相同,如與王公及尊長同名,則令卑幼者改避。凡用蒙古名及似漢姓名者,皆禁之。禁繫以姓,如覺羅太之類。又凡以清字書名,或二字,或三四字,皇子、皇孫及近支宗室單寫,其餘均連寫。凡宗室、覺羅,皆别以帶。宗室繫金黄帶,覺羅繫紅帶,革退宗室者繫紅帶,革退覺羅者繫紫帶。

〇凡宗室封爵之等十有二,曰和碩親王,曰多羅郡王,曰多羅貝勒,曰固山貝子,曰奉恩鎮國公,曰奉恩輔國公,曰不入八分鎮國公,曰不入八分輔國公,天命年間,立八和碩貝勒共議國政。各置官屬,朝會燕饗,皆異其禮,錫賚均及,是爲八分。後定封爵,貝子以上皆入八分,鎮國公、輔國公有入八分者,有不入八分者。入八分公與王、貝勒、貝子一體分左右翼列班,不入八分公與鎮國將軍以下各隨旗行走。曰鎮國將軍,曰輔國將軍,曰奉國將軍,鎮國、輔國、奉國將軍,又各有三等。曰奉恩將軍,無爵則給以品。奉恩將軍以下爲閒散宗室,至年十八由府彙題,各給四品官頂。親王應封之子未封以前,給一品官頂。郡王、貝勒應封之子,給二品官頂。貝子、入八分公應封之子,給三品官頂。各按品級,用武職補服。嫡子之受封者,其等二,曰世子,曰長子。親王一子封世子,嗣親王。郡王一子封長子,嗣郡王。均奉特旨,始行封授。凡福晉、夫人之號,各視其夫之爵以爲差。親王正室封親王福晉,世子正室封世子福晉,郡王正室封郡王福晉。親王封側福晉四人,世子、郡王封側福晉三人。長子、貝勒以下至輔國將軍正室封夫人,奉國將軍正室封淑人,奉恩將軍正室封恭人。長子、貝勒封側室二人,貝子及鎮國公、輔國公封側室一人。凡應封側福晉、側室者,必生有子女,以姻族姓氏奏明得旨後咨禮部註册,每年由府彙奏一次。凡公主之等二,曰固倫公主,曰和碩公主。皇女由中宫出者封固倫公主,由妃嬪出者封和碩公主。如中宫撫宗室女下嫁,亦封和碩公主。固倫公主品級視親王,和碩公主品級視郡王。格格之等五,曰郡主,曰縣主,曰郡君,曰縣君,曰鄉君。親王女和碩格格爲郡主,郡王女多羅格格爲縣主,貝勒女多羅格格爲郡君,貝子女固山格格爲縣君,入八分鎮國公、輔國公女格格爲鄉君,親王側福晉所生女降二等爲郡君,郡王側福晋所生女降二等爲縣君,貝勒側室所生女降二等爲鄉君。郡主品級視郡王福晋,縣主品級視貝勒夫人,郡君品級視貝子夫人,縣君品級視鎮國公夫人,鄉君品級視鎮國將軍夫人。格格等俱於許婚後報府,查明合例,移咨禮部奏請授封。其已授封者,不隨父陞降。不入於五等,曰宗女。貝子側室所生女給五品俸,入八分公側室女給六品俸,皆不授封。其不入八分公以下女不給俸,亦不授封。凡額駙之品級,各視其公主、格格之等以爲差。尚固倫公主者爲固倫額駙,品級視固山貝子。尚和碩公主者爲和碩額駙,品級視超品公。公主所生之子至年十三,各給以其父固倫額駙、和碩額駙品級。郡主額駙品級視武職一品,縣主額駙視武職二品,郡君額駙視武職三品,縣君額駙視武職四品,鄉君額駙視武職五品。額駙品級皆於指婚後,由禮部奏請欽定。近支王公之女封授後,格格、額駙各給以俸。其遠支王公之女各封格格、額駙虚銜,不給俸。凡額駙本爵優於應得品級者,則從其爵。額駙有處分、應降級調用者,各按其額駙之等降調。革職者、無級可降者,革去額駙品級。額駙降革者,其格格各隨夫降革,如格格有處分,革去格格品級者,額駙品級亦並革,仍留額駙本身職官。其開復者,格格與額駙皆一併開復。格格故後額駙不另娶者,仍留額駙品級,另娶者,革除。凡額駙除已得官職外其閒散者,遇應用、應選之處,仍令選用。惟不應鄉、會試。

〇凡封爵,有功封,宗室王公有勳績受封者爲功封。有恩封,以天潢近支得封爲恩封。皇子生十五歲,例由府奏請封爵,如奉旨暫停者,每至五年再奏請。有襲封,親王以下奉恩將軍以上缺出,由府選其子嗣内人才騎射、清語優者數人,無論嫡庶,引見欽定。其大宗原襲之子孫因罪降革,如係功封,准以旁支子孫一體承襲。有考封,親王以下除一子襲封外,諸子至二十歲,例得推封。親王餘子封不入八分輔國公,親王側福晋子封二等鎮國將軍,别室所居妾媵子封三等輔國將軍。郡王餘子封一等鎮國將軍,側福晋子封三等鎮國將軍,别室所居妾媵子封三等奉國將軍。貝勒餘子封二等鎮國將軍,側室子封一等輔國將軍,别室所居妾媵子封奉恩將軍。貝子餘子封三等鎮國將軍,側室子封二等輔國將軍,别室所居妾媵子封奉恩將軍。奉恩鎮國公餘子封一等輔國將軍,側室子封三等輔國將軍。奉恩輔國公餘子封二等輔國將軍,側室子封一等奉國將軍。不入八分鎮國公、不入八分輔國公、一、二、三等鎮國將軍餘子均封三等輔國將軍。一、二、三等輔國將軍餘子均封三等奉國將軍。一、二、三等奉國將軍餘子均封奉恩將軍。惟奉恩將軍餘子爲閒散宗室,不推封。親王以下嫡子未襲封者,至及歲,一體視餘子例先行推封。世子之嫡子推封視親王餘子,世子餘子封一等鎮國將軍,側福晋子封三等鎮國將軍,别室所居妾媵子封三等奉國將軍。長子嫡子推封視郡王餘子,長子餘子封二等鎮國將軍,側室子封一等輔國將軍,别室所居妾媵子封奉恩將軍,皆由府彙題。試以翻譯、馬步射,皆優者授應封之爵,兩優一平者降一等,一優兩平、兩優一劣者降二等,三平及一優一平一劣者降三等,一優兩劣、兩平一劣、一平兩劣及全劣者皆停封。凡因考停封者,下届不准與考。其應封奉恩將軍無等可降,如應降一等者停俸二年,降二等者停俸三年,降三等者停俸四年。若應封二等奉國將軍,有降三等者應封三等奉國將軍,有降二等、三等者降至奉恩將軍外仍有應降之等,每等停俸一年有半。奉恩將軍一子承襲外,其餘有優者奏請考試,准食雲騎尉俸。各辨其勲烈、親賢之差,而延以世。左翼和碩睿親王一人,始封多爾衮,後削,乾隆四十三年高宗純皇帝命以淳潁仍續原封。和碩豫親王一人,始封多鐸,後降改信郡王,乾隆四十三年仍晉原封。和碩肅親王一人,始封豪格,後改顯親王,乾隆四十三年仍改原封。奉恩輔國公一人,始封饒餘親王阿巴泰,後降至奉恩將軍,乾隆四十三年賞封今爵。又奉恩輔國公一人,始封固山貝子博和託,後降至今爵。右翼和碩禮親王一人,始封岱善,後改巽親王,又改康親王,乾隆四十三年仍改原封。和碩鄭親王一人,始封濟爾哈朗,後改簡親王,乾隆四十三年仍改原封。和碩莊親王一人,始封和碩承澤親王碩塞,後改今封。多羅克勤郡王一人,始封岳託,後改平郡王,乾隆四十三年仍改原封。多羅順承郡王一人,始封潁親王薩哈璘子勒克德渾,今仍襲。奉恩鎮國公一人,始封和碩敬謹親王尼堪,後降至奉恩輔國公,乾隆四十三年晉封今爵。奉恩輔國公一人,始封固山貝子傅喇塔,後降至今爵。又奉恩輔國公一人,始封芬古,今仍襲。又奉恩輔國公一人,始封廣畧貝勒褚英子多羅安平貝勒杜度,後降至今爵。不入八分輔國公一人,始封巴爾哈,今仍襲。一等鎮國將軍一人,始封謙郡王瓦克達,後削,乾隆四十三年復封今爵。三等鎮國將軍一人,始封固山貝子薩弼,後降至今爵。一等輔國將軍一人,始封禮親王岱善子巽親王滿達海,無襲,乾隆四十三年賞封今爵。一等奉國將軍一人,始封鎮國公屯齊,無襲,乾隆四十三年賞封今爵。均係功封,其爵皆世襲罔替。左翼和碩怡親王一人,始封允祥,本係恩封,乾隆三十九年詔以怡賢親王公忠體國其爵亦應世襲罔替。其餘恩封、考封之爵,皆以次遞降。和碩親王降至奉恩鎮國公而止,多羅郡王降至奉恩輔國公而止,多羅貝勒降至不入八分鎮國公而止,固山貝子降至不入八分輔國公而止,奉恩鎮國公降至一等鎮國將軍而止,奉恩輔國公降至一等輔國將軍而止,餘爵降至奉恩將軍而止,並准世襲罔替。歲終,則以襲替之數登於皇册。封爵皆載於皇册,每歲十二月由府具奏,得旨,宗人府官赴保和殿改繕,增註皇册,存者硃書,殁者墨書。凡封爵,皆錫之册誥,親王、親王福晉、公主皆給金册,郡王、郡王福晉給鍍金銀册,貝勒、貝子及貝勒貝子夫人、郡主、縣主、郡君用紙册,奉恩鎮國公以下至奉恩將軍及其夫人、淑人、恭人、縣君、鄉君用誥命。而優以賚予、王等俸銀、俸米及藍甲錢糧,公主、格格及額駙俸銀、俸米,公主、格格居蒙古者俸緞,隸户部。王等分封時,給與莊田、牧場、珠軒各應得分例,隸内務府。撥給紅白甲,親王一百六十副、郡王一百五十副、貝勒一百副、貝子八十副、鎮國公六十副、輔國公四十副,不入八分公以下不給。其原有紅白甲,降至不入八分鎮國公者,仍留三十副,降至不入八分輔國公者,仍留二十副,降至鎮國將軍者,全撤。藍甲,親王六十副、郡王五十副、貝勒四十副、貝子三十副、公二十副。服物、王以下冠服儀衞之制，隸禮部。府第園塋之制，隸工部。其由親王等遞降者，府第各仍其舊，惟行馬及下馬樁，各按應得之制改設。行馬，親王八、郡王六、貝勒四。下馬樁，親王高一丈、郡王高九尺、貝勒高八尺，貝子以下均不設。入八分公以上用紫韁，貝子以上紫禁城騎馬。官衞。王公、公主府屬官，親王設長史一人、一等護衞六人、二等護衞六人、三等護衞八人、四品典儀二人、五品典儀二人、六品典儀二人；郡王設長史一人、一等護衞六人、二等護衞四人、三等護衞五人、五品典儀二人、六品典儀二人；貝勒設司儀長一人、二等護衞六人、三等護衞四人、五品典儀一人、六品典儀二人；貝子設三等護衞六人、六品典儀一人、七品典儀二人；入八分公設三等護衞四人、七品典儀一人、八品典儀二人；固倫公主設長史一人、一等護衞一人、二等護衞二人、三等護衞二人、六品典儀二人；和碩公主設長史一人、二等護衞二人、三等護衞一人、六品典儀一人、七品典儀一人。又親王七品首領一人、太監四十人；郡王八品首領一人、太監三十人；貝勒太監二十人；貝子太監十人；八分公太監八人；公主額駙太監十人。又下五旗各有王公屬下包衣，每旗設包衣參領五人，每參領下或一佐領或二佐領，每佐領下設包衣佐領一人、驍騎校一人，並各設親軍校、護軍校等分屬王公門上當差。又親王、郡王府，各設六品管領，六品司牧、司飯，七品司庫，八品鐵匠長、鍐匠長、鞍匠長、鏇匠長、羊群長、牛群長等官，由王等選補。凡親王、郡王，封則賜號，親王、郡王初封日，請旨加給封號，乃給册寶、册印，至承襲即稱其祖父封號。惟以襲者之名，於册内增註。乾隆十年定例，貝勒以下不給封號。歿則予謚，諸王皆於封號下加一字爲謚，貝勒以下兼一品職任者，仍以應否予謚請旨，其兼二品以下職任者不請謚。皆定以班。王等班次，皆照原封所定。如有肇封之王，以班次請旨。親王班，首禮親王，次睿親王，次鄭親王，次豫親王，次肅親王，次莊親王，次怡親王，次儀親王，次成親王，次定親王。郡王班，首克勤郡王，次順承郡王，次慶郡王，次和郡王，次榮郡王。如分翼，則左翼首睿親王，次豫親王，次肅親王，次怡親王，次儀親王，次定親王，次和郡王；右翼首禮親王，次鄭親王，次莊親王，次成親王，次克勤郡王，次順承郡王，次慶郡王，次榮郡王。貝勒而下，則敘以行輩，朝會燕饗皆準焉。常朝，左翼王公單日，右翼王公雙日，坐班於太和門外，如遇巡幸，坐班於午門外。大朝，王以下入八分公以上班位在丹陛上，大燕列坐殿内。遇親祭壇廟、堂子，豫集壇廟、堂子門外，按左右翼序立，及祭，各就班位，陪祀行禮。其不入八分公以下，遇有典禮，皆隨旗會集。

○凡紫禁城進班日，以王公一人直焉。紫禁城内進六班，王公由府奏請欽派，並請欽點數人補班。如進班王公有奉差使及事故者，報府以補班輪直。巡幸則扈從。聖駕巡幸，由府開列王公名籤，奏請欽派扈從。如領府事之王公未經派出，即於隨駕王公内，請旨攝行在宗人府事。承陵廟之祀事。東西兩陵，每遇忌辰、清明、中元、冬至、歲除，太常寺先期行文咨取王、貝勒、貝子、公等銜名，由府移送太常寺題請欽派前往祭祀。其守護陵寢之貝勒、貝子、公無定額,每届三年,由府奏遞在京貝勒、貝子、公名籤一次,候旨更换。盛京三陵,以宗室將軍六人,各給田廬,往盛京居住,其子孫承襲世爵,永遠承祀。太廟朔望拈香,以親王、郡王除在内廷當差不拈香外,餘均輪班拈香行禮。又親王、郡王内兼都統者,有查壇差使缺出,由現查壇之王大臣開列銜名,奏請欽派。其各壇廟開列承祭王公,事隸禮部、太常寺。

〇凡王公子弟未封者、封而未及歲者,皆萃於府而季考。歲以四季各考一次,演習步射後,面試以清語。孟冬則欽派王大臣而閱之。宗室將軍季考皆與焉。每次季考,鎮國將軍以下一體與考。三歲則察以軍政。宗室將軍三年軍政,由府造册送欽派大臣考試。凡王公將軍之軍器,五歲則簡閱。簡閱軍器,每五年兵部驗閱八旗後,奏請左右翼王公等軍器,由宗人府分兩日驗閱。若王公奉差出征及居住陵寢,不隨驗閱。有服制在百日内者,本王公不隨驗閱。其長史、護衛、典儀等官軍器,許以子弟代驗。親王箭三千、弓十,郡王箭二千、弓八,貝勒箭千五百、貝子箭千,均弓六,鎮國公箭七百、輔國公箭六百,均弓四,鎮國將軍箭四百、輔國將軍箭三百、奉國將軍箭二百、奉恩將軍箭百七十,均弓二,世子箭二千五百、弓九,長子箭千七百、弓七。親王盔甲一、撒袋二、刀二、大纛二、條纛二、旗槍十、豹尾槍四、儀刀四、蒙古畫角二、海螺四,世子盔甲一、撒袋一、刀二、大纛一、條纛二、旗槍八、豹尾槍二、儀刀二、海螺四。郡王盔甲一、撒袋二、刀二、條纛二、旗槍八、豹尾槍二、儀刀二、海螺四,長子盔甲一、撒袋一、刀一、條纛一、旗槍六、海螺二。貝勒、貝子並盔甲一、撒袋一、刀一、條纛一、旗槍六、海螺二,鎮國公、輔國公並盔甲一、撒袋一、刀一、旗槍四。府屬宗室官及王公等屬官軍器,均隨驗閱,以覈軍實。盔頂並垂薰貂纓,親王、郡王均十有八,貝勒、貝子均十有四。甲條,親王、郡王用金黄色,貝勒以下用石青色。鎮國將軍、輔國將軍、奉國將軍、奉恩將軍盔甲,均視一品。

〇設宗室、覺羅之長以治族務,近支宗室,左翼設族長四、學長八,右翼設族長二、學長四。遠支宗室,鑲黄旗設族長一、學長一,正黄旗設族長二、學長三,正白旗設族長三、學長五,正紅旗設族長五、學長五,鑲白旗設族長三、學長七,鑲紅旗設族長六、學長十一,正藍旗設族長十三、學長二十六,鑲藍旗設族長七、學長十。遠支宗室,復設總族長十四,兩黄旗各一,餘旗各二。盛京宗室,設總族長一,左右翼各設族長一。覺羅子女首領,左翼九、右翼五,族長左翼十一、右翼二十九。近支族長,於近支王公内由府奏請欽派;學長,由本族長於本族無論官員、閒散内選擬奏補。遠支總族長,於本翼遠支王公大臣内由府奏請欽派;族長,於本旗遠支五品以上官員内引見補用;學長,於本族無論官員、閒散由府選補。盛京總族長,於陵寢宗室將軍内由盛京將軍選擬送府引見補用;族長,於宗學總管、副總管内補用。覺羅子女首領,於本旗覺羅大臣、官員内由府選擬引見補用;族長,於本旗造册送府指覆補用。乃申其教誡,宗室、覺羅,皆令崇立品行,讀書安分。其有孝子、順孫、義夫、節婦、貞女,除已得誥封外，並准旌表。閒散宗室，十歲以上交族長督令演射，春秋兩季，由管理府事王貝勒等定期分左右翼，各閲射一次。宗室自世職至閒散，禁耽玩絲竹，演戲觀魚，城内闕厢放鷂，畜養僧道、星命術士，容留閒雜匪類。不繫黄帶，私去官頂，閒游滋事，入茶坊酒肆與人鬭毆，輒先動手，凡平人毆宗室者，定例加倍治罪，如宗室去頂、不繫黄帶被毆者，以凡論。覺羅不繫紅帶，入茶坊酒肆滋事召侮並同。嘉慶十三年頒示御製宗室訓曰，我大清受命於天，聖人龍興遼瀋，率兄弟子姪，合力同心，開基創業，本支百世，源遠流長，洵爲國家之屏藩，永作河山之帶礪矣。洪惟列祖惇宗睦族之深恩，分茅胙土之厚澤，誠度越周家，遠溯堯典。親親而仁民，仁民而愛物，推而曁乎四海，誠爲政之大根本也。我皇考上繼列祖之隆施，深培國家之元氣，昭雪廢藩之誣謗，普錫合族之頂戴，自孩提即賜以銀米養贍之資，惟恐有啼飢號寒之累。凡所以養之之道，至矣盡矣。既養則應繼之以教，特簡賢王管理宗人府，復分置族長，設立宗學，教以國語騎射，間有讀漢書習詩文者，是教之之道亦備矣。予欽承考訓，聿懷祖恩，先家齊而後國治。曰養、曰教，仰循成憲，曷敢有所增損哉？定鼎都京，已百六十餘年，宗室蕃衍，户口歲增，度支計口給糧，迥非八旗不應差役之閒散絶無養贍者之可比也。然則養之之道，無以復加，而教之之道，實有所未盡也。蓋承平日久，漸耽安逸，近年以來，我宗室中，自親王以至閒散宗室，奉公守法、樂道安常者固多，然不肖子弟越禮逾閑、干犯憲章者，亦層見迭出。所爲之事，竟同市井無賴。朕實不能不加懲治矣。敬思始祖萬支一本，奕葉同根，分藩京邸，爲天下之觀瞻，綿億齡之統緒，所繫豈淺鮮哉？管理宗人府王等，只知奉行成例，陞遷調補諸事不舛，即謂盡職。儻遇不肖犯法，唯知叩首請罪耳。於良善者無所勸，巧詐者無所懲，同一宗室，視同陌路，自問於心能無愧乎？夫公忠體國之大臣，必先以視國事如家事，自勉誠要道也。諸王管理宗人府，雖曰國事，實家事也，名爲公事，實私事也。上智之資，國爾忘家，公爾忘私，固爲至善，次則家事私事，未有不盡心力者也。若家事私事亦毫不動念，漠不關心，自問爲何如人哉。朕以此數語訓諸王，諸王以此數語訓諸子弟曁諸族長，諸族長又以此數語遍訓諸閒散宗室。若問予立身之要，曰孝弟、忠信、禮義、廉恥。若問予應爲之事，曰國語、騎射、讀書、守分。若問予不應爲之事，則一二不肖子弟自知，予實不忍言也。諸王思予不忍言之意，諒必動心矣。此訓著另録一紙，懸挂上書房，俾諸皇子觸目警心，敬紹予志。

優其賞卹，閒散宗室年及二十，月給養贍銀三兩，歲給米四十五斛。閒散覺羅，年及十八，月給銀二兩，歲給米二十一石二斗。其無父幼子及身故無嗣，以近族之子過繼者，均不待及歲一體給與。宗室殘疾不能行走者，月給銀二兩，歲給米四十二斛二斗。又閒散宗室之子弟至十歲，月給銀二兩。又緣事革退宗室將軍，月給銀二兩。是爲養贍銀。惟現任王公之子不給，其發往盛京之宗室、覺羅亦給與半分錢糧。又宗室婚禮，給銀一百兩，喪事給銀一百二十兩。覺羅婚禮，給銀二十兩，喪事給銀三十兩。是爲恩賞。銀惟現任王公之子孫、一二品大臣之子女、革退王公、外任官員、未娶妻十四歲以下宗室、十七歲以下覺羅及將軍等媵妾所生之子、正室無出承受正分家産者、緣事圈禁並在家圈禁者，不給。其在家圈禁宗室之女，仍給。又宗室房屋被火，每間卹銀五兩，無産業者，每間卹銀十兩。又宗室内甚貧者，交族長等代置房地，報府存案。平素安分，留心清語騎射者，散給獎賞銀。其安分之人，猝遇意外事故致失産業者，酌量撥給卹銀，俾完舊業。又五旗諸王，除期服至親各相敦睦外，其大功、小功及緦麻之宗室，平日守分循理、有志上進，而生計過艱或遇事故者，令諸王酌量賙濟。至貝勒、貝子、公等亦各量其力之所能，以卹近族。賢能者，各予録用焉。宗室仕途，侍衛定有宗室額缺，十五善射與八旗一例挑選。宗人府各缺，並用宗室。六部、理藩院、東陵、西陵郎中、員外郎、主事及御史，亦定有宗室額缺。其宗人府、六部、理藩院宗室官，遇有三庫倉差、税差並一體保送。盛京城守尉缺，例以宗室補放。其科目有宗室鄉會試，各於鄉會試之年舉行，中式會試者一體與殿試，欽點庶吉士主事，歸班者以小京官用。翻譯進士，欽點主事，歸班者用内閣中書。翻譯舉人用筆帖式。惟不用道以下文職外官及武職緑營官。覺羅仕途，並照八旗滿洲例。又太廟，宗室獻爵官三十人，於不兼任他職之宗室將軍内挑取；覺羅獻爵官十五人，於世襲官及參領佐領内挑取。

○凡王公、將軍應處者、應敘者，皆議焉。王公、將軍不兼職任者，議處、議敘皆由府專辦。其以私事處分，應革、應降、應罰俸，皆降革本爵、罰本俸。如本爵内有勤勞議敘者，給以紀録，每一次抵本俸二年，若因公事議處，雖無兼銜，如陵寢貝勒、貝子、公等，亦准照兼都統職任例罰職任俸，於本俸内扣除，餘俸仍給。兼職任，則會吏部、兵部以定議。王公將軍兼職任者，文職由吏部會府，武職由兵部會府，應罰俸者，罰職任俸，應降級者，照八旗世爵例，每一級以罰俸二年抵降。如一案内有同事之大臣因處分降調者，則倍加一等。每一級罰職任俸四年，抵降。宗室、覺羅官亦如之。宗室、覺羅官議處，文職由吏部，武職由兵部會府議敘軍功。宗室由府會吏兵部，覺羅由吏兵部會府。額駙亦如之。額駙不兼職任者處分，由府專辦，其兼職任者，各由吏兵部會府。凡宗室、覺羅之訟，則會户部、刑部而决之。户婚田土之訟，係宗室由府會户部，係覺羅由户部會府。人命鬭毆之訟，係宗室由府會刑部，係覺羅由刑部會府。親王、郡王應問者，行文訊問，如必應傳問者，奏聞後傳問。貝勒以下皆傳問。若有罪，輕則折罰，宗室、覺羅犯罪應笞杖者，折罰養贍銀，免其笞杖。笞二十以下者，罰一月。笞三十者，罰二月。笞四十者，罰三月。笞五十者，罰四月。杖六十者，罰六月。杖七十者，罰七月。杖八十者，罰八月。杖九十者，罰十月。杖一百者，罰一年。重則責懲而加圈禁。宗室，覺羅犯罪應枷及徒以上至軍流者，皆折以板責、圈禁。板責以本府堂官監視，效力筆帖式掌板。圈禁皆於空室，枷罪、徒罪拘禁，軍流罪鎖禁。其應枷罪者，責二十，圈禁一日，抵枷一日；徒一年、徒一年半、徒二年者，責二十五，圈禁三月；徒二年半、徒三年者，責三十，圈禁九月；流二千里者，責三十，圈禁一年二月；流二千五百里、流三千里者，責三十，圈禁一年八月；附近充軍、近邊充軍者，責四十，圈禁二年；邊遠充軍、極邊煙瘴充軍者，責四十，圈禁二年六月。如遇恩旨，軍流以下減等，則圈禁之宗室、覺羅，一體查案彙奏請旨。若罪大，則奏聞以候旨。凡宗室圈禁，則除其品。宗室犯罪至圈禁，皆革除官頂。歲終，察其在圈禁者而彙奏。空房圈禁之宗室、覺羅，於年終(其)[各]列其所犯罪由，彙奏一次。

府丞，漢一人，掌治本府漢文之事。

堂主事，宗室二人、漢二人，掌守文册。宗室堂主事，掌清文檔案、奏疏、文稿，漢主事，掌漢文册籍。

經歷，宗室二人，掌出納文移。

左司理事官，宗室二人，副理事官，宗室二人，主事，宗室二人，委署主事，宗室二人，右司理事官，宗室二人，副理事官，宗室二人，主事，宗室二人，委署主事，宗室二人，掌左右翼宗室、覺羅之事，皆具稿而呈於堂以定議。左司管左翼宗室、覺羅，右司管右翼宗室、覺羅。凡世爵承襲次序，宗室、覺羅、文武官員秩俸等差，陞遷、降革及養贍、恩賞并户口、田土、刑名之案，皆分翼承辦。每遇朝會、壇廟祭祀，開列王以下至奉恩將軍，查其已到及未到者。宗室等應陪祀之員，查齋戒。每遇常朝之期，查坐班。宗室鄉會試揭曉之日，赴貢院接榜，隨至宗人府懸挂。

筆帖式，宗室二十有四人，效力筆帖式，宗室二十有四人，掌翻譯。

銀庫，本府堂官一人，滿洲大臣一人，司官二人，筆帖式四人，本府堂官、滿洲大臣由欽派，司官、筆帖式由府引見補授，三年更代。掌出納庫藏。凡宗室養贍銀、宗室覺羅恩賞銀及其餘卹銀，皆由庫關支，年終奏銷。

黄檔房，司官、筆帖式無定員，由堂官委派。掌書黄册、紅册。宗室黄册，覺羅紅册，各據報文詳覈載入，即譯漢付漢主事，載入漢文册籍。

空房，司官二人，筆帖式四人，由堂官委派。掌圈禁。

左右翼宗學總理學務，王二人，左翼宗學一人，右翼宗學一人，由府奏請欽派。稽察宗學京堂官三人，於滿洲京堂官、漢京堂官内，由府奏請欽派輪流稽察兩學。總管四人，副管十有六人，總管左右翼各二人，副管左右翼各八人，以宗室中分尊年長者，由府引見補授。總管給七品俸，副管給八品俸。清書教習六人，左右翼各三人，以進士、舉人、貢生生員，翻譯進士、舉人、生員，筆帖式、閒廢滿洲官考充。騎射教習六人，左右翼各三人，以閒廢滿洲官及護軍校護軍之善射者選充。漢書教習八人，左右翼各四人，以舉人、貢生考充。掌教宗室學生。左右翼兩學，各額設學生一百人。學生，月給銀三兩、米三斗並紙筆墨，冬給炭，夏給冰。兩學清漢書教習，月給銀二兩、米二斛，歲給綿衣、紗衣一次，三歲給皮衣二次。騎射教習，月給銀一兩。

八旗覺羅學總理王公八人，每學一人，由府奏請欽派。稽察覺羅學京堂官八人，每翼四人，於滿洲京堂官、漢京堂官内，由府奏請欽派，輪流稽察各本翼四學。副管十有六人，每學二人，於覺羅内，由府引見補授，給八品俸。清書教習十有五人，每學皆二人，惟鑲白旗學一人，考充與宗學同。騎射教習八人，每學一人，以各本旗十五善射什長前鋒護軍選充。漢書教習十有五人，各學皆二人，惟鑲白旗學一人，考充與宗學同。掌教覺羅學生。覺羅學生，鑲黄旗六十一人，正黄旗三十六人，正白旗四十人，正紅旗四十人，鑲白旗十五人，鑲紅旗六十四人，正藍旗三十九人，鑲藍旗四十五人。其學生教習支給，與宗學同。

欽定大清會典卷二

内閣大學士，例兼殿閣銜，曰保和殿大學士、文華殿大學士、武英殿大學士、文淵閣大學士、體仁閣大學士、東閣大學士，凡補授大學士，由内閣開列請旨。滿洲二人、漢二人，協辦大學士，於尚書内特簡，滿漢或一人或二人，掌議天下之政，宣布絲綸，釐治憲典，總鈞衡之任，以贊上理庶務。凡大典禮，則率百寮以將事。

○凡大祀、中祀，前期書祝版。圜丘、方澤、祈穀、常雩、社稷壇，列聖升配，列聖、列后升祔，加上尊謚，太廟時饗祫祭，日壇、月壇、先農壇、歷代帝王廟、先師廟，皇帝親詣行禮，或遣官行禮，前期二日，太常寺官送祝版於内閣，由滿洲中書敬書祝辭。凡祀天、地、太廟、社稷、日、月應書御名者，大學士敬書於版，因事告祭如之。恭遇巡幸，告祭古昔陵寢之在其地者及親詣闕里祇告先師孔子，均由行在太常寺官具祝版，送交行在内閣恭書，豫期送往祭所。奉神位於壇廟，則視鐫與其飾青。列聖升配南郊、北郊，工部製神位，安奉幄次，内閣官題清字，翰林院官題漢字，大學士滿漢各一人，朝服視鐫，上香行禮。先期一日，皇帝宿齋宫，大學士入幄右門，朝服上香行禮，視工部以青飾神位題字。列聖、列后升祔太廟，製神位於陵寢配殿，行禮如儀，加上尊謚，恭請神位於太廟街門内潔室，題字漆飾畢，大學士二人朝服上香行禮，視飾青，奉安中殿上香行禮如儀。製册、寶亦如之。恭上尊謚、廟號，工部製册、寶恭設於政事堂，大學士率學士及禮部、工部堂官俱朝服行禮。大學士一人奉册，一人奉寶，授匠鐫字及填金，皆行禮如儀。册立皇后，册封皇貴妃、貴妃，製金册、金寶；册封妃、嬪，製册、印，皆於内閣鐫字行禮。惟恭製玉册、玉寶及加上尊謚，改製玉册、玉寶，皆於太廟街門内潔室鐫製，大學士等行禮如儀。皇帝登極則奉詔。皇帝登極，内閣學士奉詔書陳於東楹北案，大學士率學士詣乾清門請皇帝之寶。學士恭奉，大學士從，入殿，設於中案，退。俟皇帝御太和殿，王公百官行禮畢，大學士進殿左門，奉詔陳於中案，少退，學士進，就中案用寶訖。大學士奉詔由闌東出殿中門，授禮部尚書，禮部尚書跪受，興，降自東階，陳於雲盤，由中道出，乃頒於天下。授受大典，奉寶亦如之。授受大典，大學士奉傳位詔，設太和殿東楹北案，詣乾清門請寶，如登極儀。

俟太上皇帝陞殿,宣慶賀傳位表,嗣皇帝率王公百官行禮畢,大學士二人恭導嗣皇帝近御座前跪。左旁大學士請寶,跪奉太上皇帝,太上皇帝親授嗣皇帝,嗣皇帝跪受。右旁大學士跪接,奉設御座右旁几上,大學士恭導嗣皇帝詣拜褥,嗣皇帝率王公百官行禮,太上皇帝還宫。嗣皇帝於保和殿暖閣,更衣皇帝禮服。學士奉傳位詔及皇帝之寶,設於太和殿正中案上。嗣皇帝御太和殿登極,行禮畢,大學士奉傳位詔授禮部尚書,頒布如儀。册立、册封則授節。册立皇后之禮,先期命册立使正副各一人,至日,工部官以節送内閣。禮部侍郎一人,奉節入太和殿中門,陳於中案。皇帝陞殿,正副使行禮畢,乃宣制,正副使跪,大學士進殿左門,詣中案,奉節由闑東出殿中門。至丹陛,以節授正使,正使受節,偕副使興,持節由中階出。册封皇貴妃,命册封使正副各一人。皇帝不陞殿。禮部官奉節設於太和殿中案,正副使由東階升北面跪,大學士朝服詣案,奉節授正使如儀。命將出師授勅印,亦如之。命將出師,皇帝陞殿,學士二人豫奉勅印陳於東案。大將軍自東階升,立丹陛之東,北面,接勅印官二人從升,大學士一人入殿左門,奉勅出授大將軍。大將軍祗受,授接勅官,跪奉退,俟於左。授印如之。若大將軍先在軍營,遣使齎授,皇帝陞殿,大學士一人奉勅授正使,一人奉印授副使,以次祗受,自東階降,奉勅印以往。文武傳臚,則奉牓。文進士傳臚之日,内閣官奉黄牓設太和殿内東案,大學士一人立殿外東檐下,皇帝陞殿,讀卷官行禮畢,大學士進殿左門,詣案前奉黄牓授禮部尚書,乃宣制。武進士傳臚,設黄牓於殿内西案,大學士立西檐下,俟行禮畢,大學士進殿右門,詣案前奉黄牓授兵部尚書如儀。凡大朝會進表,則展表以聽宣焉。每歲三大節朝賀及恭遇慶典,皇帝陞殿受賀。諸王及大學士率百官具賀表,豫送禮部。屆期,宣表官奉表入殿中門檐下,北面跪,大學士二人左右跪展表,乃宣表。皇帝臨雍禮成陞殿,衍聖公進表如之。

〇凡綸音之下達者,曰制,曰詔,曰誥,曰勅,皆擬其式而進焉。凡大典禮,宣示百寮,則有制辭。大政事,布告臣民,垂示彝憲,則有詔、有誥。覃恩封贈五品以上官及世爵承襲罔替者,曰誥命。勅封外藩,覃恩封贈六品以下官及世爵有襲次者,曰勅命。諭告外藩及外任官坐名勅、傳勅,曰勅諭。皆先期撰擬呈進,恭候欽定。惟覃恩封贈誥勅,則定有成式,按品繕軸。祝辭亦如之。祭告祝辭,有由翰林院撰擬者,有由内閣撰擬者,先期擬式呈進後,乃書之。進賀表,若致辭,亦如之。每歲三大節朝賀及恭遇慶典,王大臣慶賀表文;實録、聖訓告成,臣工慶賀致辭,亦豫擬呈進。凡承宣諭旨,若章奏之批答者既下,乃布於百司而抄焉。每日欽奉上諭,由軍機處承旨,其應發抄者,皆下於閣。内外陳奏事件,有摺奏,有題本。摺奏,或奉硃筆,或由軍機處擬寫隨旨;題本,或票擬欽定,或奉旨改簽。下閣後,諭旨及摺奏則傳知各衙門抄録遵行,題本則發於六科,由六科傳抄。

〇定進本之式。每歲開印以後,封印以前,皆按日進本。惟圜丘、祈穀、常雩,皇帝親詣行禮,前三日齋戒及祭日,俱不進本。方澤、社稷壇、太廟時饗祫祭,皇帝親詣行禮，前三日齋戒，不進刑名本，祭日不進本。日壇、月壇、先農壇、歷代帝王廟、先師廟，皇帝親詣行禮，前二日齋戒，不進立決本，祭日不進刑名本，如遣員行禮，一日不進立決本。皇帝親祭奉先殿，皇后親祭先蠶壇，俱一日不進立决本。皇帝謁陵日，不進本。巡幸盛京展謁三陵，禮成陞殿慶賀，一日不進本。社稷壇祈祀、報祀，皇帝親詣行禮，前三日齋戒及祭日，俱不進刑名本，如遣員行禮，前三日不進立决本，祭日不進刑名本。三壇祈祀、報祀，前二日齋戒及祭日，俱不進立决本。黑龍潭、龍神廟祈祀、報祀，皇帝親詣行禮，一日不進立决本。高宗純皇帝誕辰不進本。實録告成恭進日不進本。皇帝御中和殿恭覽實録日不進本。恭進玉牒日不進立决本。每月初一日及庚辰日俱不進刑名本。十月初六日萬壽聖節，初一日進賀本，初五、初六兩日俱不進本，初三、初四、初七、初八、初九五日不進刑名本，自九月二十日至十月二十日不進重辟本。十月初十日千秋令節，不進刑名本。萬壽聖節、千秋令節、元旦、冬至進儀注本章之日及王大臣進慶賀表之日，俱不進刑名本。封印開印、冬至次日，陞殿行慶賀禮，俱一日不進本。皇帝臨雍、大閲、臨幸翰林院、陞殿、啓鑾、回鑾、文武傳臚日、先師誕日、佛誕日、立春、重陽日、皇子婚日、公主下嫁日、歸寧日、册封妃嬪日、開印後三日、朝審秋審勾到日、奉旨輟朝日，俱不進刑名本。鴻臚寺奏請陞殿日、端陽日、中秋日、册封妃嬪進儀注日，俱不進立决本。凡本，有通本，各省將軍、督撫、提鎮、學政、鹽政、順天、奉天府尹、盛京五部本章，俱齎至通政司，由通政司送閣，爲通本。有部本，六部本章及各院、府、寺、監衙門本章，附於六部之後，統爲部本。先期以達於閣，通本到閣，不兼清漢文者，由漢本房翻貼黄，滿本房照繕清字，移送票簽處。其有書寫違式，印信模糊及年月挖補者，通政司加揭帖。部本於前期一日送閣，有密題者加封，刑部則於例進本外，另具備本二件以備撤换，不用仍領回。外藩朝貢呈進金葉、蒲葉表文及各處表牋方物狀，另繕清漢文合璧一分，與原表文一併呈遞，發下後，將原表文交典籍廳存貯。皆備其副。通本、部本，正本外另繕副本一分，正本於得旨後發科，副本存貯以備查。若圖，若册，河工報銷及各項營建工程，例應繪圖繕册，隨本進呈。各處錢糧報銷及朝審、秋審本皆繕册，其鄉會試試録題名録、欽天監時憲書式及隨本奏摺如之。若單，本内有例應開單進呈，如名單、缺單、履歷單、祭祀點單之類，覈其應留、應發者，皆於票簽内分别擬寫，其不在應留、應發之例者，不列於簽。若夾簽，刑部本内，有罪應重辟或案關服制，罪名加重，而覈其情有可原，或死者在保辜限外，例得减等者，刑部另繕夾簽，隨本聲明請旨。皆附焉。票擬則繕簽。每日應進通本、部本，侍讀等詳細校閲，擬寫草簽，大學士閲定後，令票簽處中書繕寫清漢字合璧正簽，次日黎明恭遞。其票擬之式，凡通本内應議覆者，則交各部院議奏，或查議，或察議，或議處，或嚴議，或速議。無庸議覆者，則交名部院知道。錢糧出納，則交部察覈。刑名本罪至斬絞者，由三法司覈擬。軍流以下，由刑部覈擬。官員應降革勒休者，情罪重則照擬票寫。各院寺衙門本，有應交部議者，俱如通本之例。部本内議敘、議處事件,在京文職編檢科道以上,武職副都統以上,各省文職臬司以上及學政、鹽政,武職總兵以上,皆出名。外官題陞調補,文職鹽大使以上及河工佐雜,武職守備以上,皆出名。實降、實革者,不論品秩皆出名。刑部本罪至死者皆出名。京堂五品以上,翰詹中允以上,各省臬司以上,學政、鹽政、試差、關差及各項差使開列請簡,俱票空名簽。文武會試中額,則空其名數。其餘尋常事件,皆票依議及知道了等簽。又有該部院所議未協,隨時更正票擬,或奉旨另擬者及違式錯誤,應飭行應議處者,各就情事審定。有圖册者,應留、應發,皆列於簽。夾單有票寫者,有不票寫者,惟刑部夾簽,皆不票寫。有兩擬者,繕雙簽。雙簽之式,凡各部院題請事件,有應准、應駁未敢擅便,或議功、議罪、議賞、議卹,可輕、可重,處分應議、應免,本内雙請候欽定者,大祀、中祀皇帝親詣行禮或遣員行禮雙請者,俱照擬票寫雙簽。各省州縣以上官請陞、請調,與例不符,經部駁者,覈係專摺奏請,聲明人地實在相需,除照部議票簽外,再票准調、准陞一簽。外官道府以下,部議實降、實革,覈係因公議處,級紀准抵者,除照部議票簽外,再票送部引見一簽。三法司覈擬罪名,除雙請及夾簽外,其有罪名已定,而情節實可矜憫者,照擬票寫一簽,再票九卿定議一簽。三法司駁審本,票依議一簽,再票部駁甚是一簽。凡雙簽次序,如一准一駁,以准者爲第二簽;罪名一輕一重,以輕者爲第二簽;處分應議應免,以寬免者爲第二簽,其餘皆以本内聲請之先後爲序。三簽、四簽倣此。若三簽,若四簽,皆備擬以候欽定。三簽、四簽之式,如應准、應駁雙請,而准駁之例各有差;功罪卹賞,可輕可重,而輕重之等各有差;處分應議、應免,而應議之條與應免之例各有差;或案内人數繁多,功罪互有重輕,俱分别票擬三簽、四簽。又三法司駁審本,有該督撫等原擬本無舛錯,法司誤駁者,除票雙簽外,再票照該督撫所擬完結一簽。申以説帖。凡票擬雙簽、三簽、四簽皆加具説帖,申明義例,亦有單簽加説帖,如通本内應速議、或議處、或嚴議,部本内照議實降、實革出名者,俱隨本聲請,恭候欽定。得旨則批本,每日進本,或照擬,或另降諭旨,或於原簽内奉硃筆改定。及雙簽、三簽、四簽,奉旨應用何簽,由批本處翰林中書等批寫清字,漢學士批寫漢字,皆以朱書。乃發於六科。清漢字批寫後爲紅本,六科給事中赴閣恭領,隨傳抄於各衙門。御門聽政,則進折本。部本進呈後,有未奉諭旨,折本發下者,按日收貯,積至十件或十一二件,得旨御門聽政。届期,皇帝御乾清門升座,各部奏事畢,侍讀學士二人詣奏案前,奉各部奏函以退,學士一人奉折本函恭設於案,啓函依序啓奏。大學士承旨訖,另繕簽隨本呈進。凡開印後第一次御門,例無刑部本。皇帝駐蹕圓明園,則御勤政殿,儀同。朝審、秋審之勾决者,得旨則予勾。勾到之年,刑部以朝審、秋審情實各犯名册送閣,覈計省分、遠近、人數,定期勾到。先新疆、雲南、貴州,次四川、廣西、廣東、福建、奉天、陝西、甘肅,次湖南、湖北、浙江、江西,次安徽、江蘇、河南、山東、山西,次直隸,豫交欽天監擇日於冬至前六十日具奏。朝審勾到,則於冬至前十日,届期,監察御史奏勾到本,大學士及學士祗候召入。學士奏某省勾到各犯姓名,皇帝閲漢字黄册，酌定降旨。大學士一人，遵旨勾漢字本，勾訖，奉本以出，照漢字本勾清字本，繕簽進呈，俟批寫清字、漢字畢，密封交該御史恭領，即交刑部遵行。凡進本逾二日乃下焉。其即下者不越日。進本奉旨後，下批本處，次日由批本處批寫，又次日乃下於閣。有緊要事件，奉旨速下者，即於進本之日下閣。如遇巡幸啓鑾前一日，則三單俱下。

〇貯御寶於交泰殿。凡二十有五。一曰大清受命之寶，白玉，方四寸四分，厚一寸，盤龍紐高二寸。二曰皇帝奉天之寶，碧玉，方四寸，厚一寸一分，盤龍紐高三寸五分。三曰大清嗣天子寶，金，方二寸四分，厚八分，交龍紐高一寸七分。四曰皇帝之寶，青玉，方三寸九分，厚一寸，交龍紐高二寸一分。五亦曰皇帝之寶，栴檀香木，方四寸八分，厚一寸八分，盤龍紐高三寸五分。六曰天子之寶，白玉，方二寸四分，厚八分，交龍紐高一寸二分。七曰皇帝尊親之寶，白玉，方二寸一分，厚七分，盤龍紐高一寸三分。八曰皇帝親親之寶，白玉，方二寸二分，厚一寸二分，交龍紐高一寸二分。九曰皇帝行寶，碧玉，方四寸八分，厚一寸九分，蹲龍紐高二寸五分。十曰皇帝信寶，白玉，方三寸三分，厚六分，交龍紐高一寸六分。十有一曰天子行寶，碧玉，方四寸八分，厚一寸九分，蹲龍紐高二寸三分。十有二曰天子信寶，青玉，方三寸八分，厚一寸三分，交龍紐高一寸七分。十有三曰敬天勤民之寶，白玉，方三寸一分，厚一寸五分，交龍紐高一寸七分。十有四曰制誥之寶，青玉，方四寸，厚二寸，交龍紐高二寸七分。十有五曰勅命之寶，碧玉，方三寸五分，厚一寸三分，交龍紐高一寸八分。十有六曰垂訓之寶，碧玉，方四寸，厚一寸五分，交龍紐高二寸。十有七曰命德之寶，青玉，方四寸，厚一寸四分，交龍紐高二寸一分。十有八曰欽文之寶，墨玉，方三寸六分，厚一寸五分，交龍紐高一寸六分。十有九曰表章經史之寶，碧玉，方四寸七分，厚二寸一分，交龍紐高二寸二分。二十曰巡狩天下之寶，青玉，方四寸七分，厚二寸，交龍紐高二寸五分。二十有一曰討罪安民之寶，青玉，方四寸八分，厚二寸，交龍紐高二寸五分。二十有二曰制馭六師之寶，墨玉，方五寸三分，厚一寸四分，交龍紐高二寸二分。二十有三曰勅正萬邦之寶，青玉，方三寸八分，厚一寸五分，盤龍紐高二寸二分。二十有四曰勅正萬民之寶，青玉，方四寸一分，厚一寸五分，交龍紐高二寸。二十有五曰廣運之寶。墨玉，方六寸，厚二寸一分，交龍紐高二寸。凡宣綸音，皆請寶而用焉。請用御寶，先期將用寶之數奏明。及期，學士率侍讀學士侍讀典籍等，赴乾清門恭接，與内監公同驗用。如遇巡幸，則會内務府大臣一人，在乾清門驗用。惟誥命、勅命、勅書常行之事則不奏。巡幸則奉以從。巡幸請寶隨往行在，學士率典籍一人，赴乾清門接出，交齎寶中書，服采服乘馬在華蓋前行，如不設騎駕鹵簿，則常服在豹尾班後隨行。回鑾日學士及典籍公同驗視，奉至乾清門，交内監恭收。歲終，乃洗寶。每歲封寶日洗寶，學士率典籍一人赴乾清門接出，洗畢，交内監恭收。其貯盛京者，備尊藏焉。盛京尊藏御寶十。一曰大清受命之寶，碧玉，方四寸八分，厚一寸九分，蹲龍紐高二寸四分。二曰皇帝之寶，青玉，方四寸八分，厚一寸九分，交龍紐高二寸七分。三曰皇帝之寶，碧玉，方五寸，厚一寸八分，盤龍紐高三寸。四曰皇帝之寶，栴檀香木，方三寸八分，厚六分，素紐高五分。五曰奉天之寶，金，方三寸七分，厚九分，交龍紐高二寸。六曰天子之寶，金，方三寸七分，厚九分，交龍紐高二寸。七曰奉天法祖親賢愛民，碧玉，方四寸九分，厚一寸五分，交龍紐高二寸。八曰丹符出驗四方，青玉，方四寸七分，厚二寸，交龍紐高二寸二分。九曰勅命之寶，青玉，方三寸七分，厚一寸八分，交龍紐高二寸五分。十曰廣運之寶，金，方二寸四分，厚八分，交龍紐高一寸五分。

〇凡謚法，各考其字義而著於册。定爲上、中、下三册，曰鴻稱通用。上册分上、中、下三卷，中册分上、下二卷，下册一卷。上册之上，列聖廟號取焉。肇紀立極曰高，神武創業曰肇，光啓千禩曰太，聖圖丕振曰興，光有令緒曰景，鴻基式廓曰烈，功德懋著曰顯，貽庥奕葉曰世，德業粹備曰純，峻德垂統曰聖，善繼善述曰孝，生安允迪曰德，聖神媲美曰懿，大化廣運曰神，德威遐暢曰武，亶聰作則曰睿，明周萬彙曰哲，高朗有融曰昭，知人善任曰明，敬德光輝曰熙，政教廣布曰宣，功德隆備曰成，奠安四海曰康，温仁育物曰和，中外向化曰寧，仁聖佑啓曰裕，典法懋昭曰度，樂天循理曰順，小心昭事曰僖，文治昌明曰理，以德化民曰道，納身軌物曰恭，淵脩罔問曰敬，整躬率下曰肅，威儀不忒曰莊，動容中禮曰安，紀綱整肅曰定，正己垂型曰端，德容静深曰穆，執要不苛曰簡，敦本合義曰質，岐嶷明斷曰英，健行合天曰毅，功宏參贊曰襄。上册之中，列聖尊謚取焉。睿知通明曰聖，敬賓厚禮曰聖，神化難名曰聖，安仁立政曰神，則天廣運曰神，經天緯地曰文，脩德來遠曰文，慈惠愛民曰文，紹脩聖緒曰文，聲教四訖曰文，克定禍亂曰武，保大定功曰武，刑民克服曰武，德威遐暢曰武，聲入心通曰聰，邇言必察曰聰，照臨四方曰明，任賢致遠曰明，至誠先覺曰明，遠慮防微曰明，聖知通微曰睿，慮周事表曰睿，明知淵深曰哲，官人應實曰哲，王心克一曰中，剛柔不偏曰中，因時致治曰中，内外賓服曰正，主極克端曰正，萬幾就理曰正，功德盛大曰高，覆燾同天曰高，敬慎高明曰章，法度大明曰章，文教遠耀曰章，至誠無息曰純，内心和一曰純，治理精粹曰純，主極精純曰懿，慈惠愛親曰孝，協時肇享曰孝，五宗安之曰孝，德加百姓曰孝，綏柔士民曰德，諫諍不違曰德，周旋中禮曰德，澤及遐外曰德，純德合天曰誠，從容中道曰誠，推心御物曰誠，寬仁孚衆曰信，政令畫一曰信，德性静深曰淵，沈幾燭隱曰淵，聰明睿哲曰獻，體元立極曰仁，如天好生曰仁，教化溥浹曰仁，愛民好與曰惠，德威可懷曰惠，澤及萬世曰惠，大德包蒙曰寬，御衆不迫曰寬，樂育群生曰温，慈和接下曰温，體仁長民曰元，道德純一曰元，思能辨衆曰元，建中垂統曰裕，寬仁得衆曰裕，號令民悦曰和，敦睦九族曰和，懷柔胥洽曰和，慈和遍服曰順，好惡公正曰順，温仁厚下曰敦，篤親睦族曰敦，安民法古曰定，大應慈仁曰定，静正無爲曰定，乂安中外曰定，裕以安民曰寧，令民安樂曰康，思善無逸曰康，柔德安衆曰靖，政刑不擾曰靖，耆意大圖曰景，明照旁周曰景，自强不息曰剛，政刑明斷曰剛，正己攝下曰肅，法度脩明曰肅，賞勸刑懲曰威，聲靈震疊曰威，以刑服遠曰威，莊以臨下曰威，英明有執曰毅，經德不回曰毅，宏濟生民曰烈，秉德遵業曰烈，聖武宣昭曰烈，正身肅下曰義，裁制適宜曰義，威德服遠曰襄，恭儉莊敬曰禮，納民軌物曰禮，嚴敬臨民曰莊，威而不猛曰莊，德盛禮恭曰莊，齊莊中正曰敬，戒慎幾微曰敬，肅恭無怠曰敬，尊賢貴義曰恭，正己接物曰恭，昭事不忒曰恭，勤恤民隱曰恭，節以制度曰儉，舉事有經曰儉，威儀悉備曰欽，夙夜祇畏曰欽，敬慎萬幾曰欽，兆民寧賴曰安，恭德不勞曰安，聖脩式化曰端，嚴恭莅下曰端，布德執義曰穆，聖敬有儀曰穆，植德開基曰原，慶流奕葉曰原，思慮不爽曰厚，質淵受諫曰僖，愛民好治曰翼，小心昭事曰翼，賞善罰奸曰憲，聰明法天曰憲，表正萬邦曰憲，心能制義曰度，寬裕有容曰度，創制垂法曰度，政平刑肅曰理，措正施行曰理，表章道術曰理，執心克莊曰齊，貞心大度曰匡，布綱治紀曰平，執事有制曰平，肇敏行成曰直，秉道正物曰直，治典明肅曰簡，臨下無苛曰簡，名實不爽曰質，真純一德曰質，至治還淳曰質，德華茂著曰英，明識大畧曰英，明作有功曰敏，英斷如神曰敏，禮樂明具曰成，安民立政曰成，久道化隆曰成，聖聞周達曰昭，明德有勞曰昭，威儀恭明曰昭，遐隱不遺曰昭，施而不私曰宣，聖善周聞曰宣，盛德昭臨曰顯，有光前烈曰顯，能紹前業曰光，功烈耿著曰光，敬德光明曰熙，隆稱赫奕曰熙。上册之下，列后尊謚取焉。慈惠愛親曰孝，徽音克嗣曰孝，愛育必周曰慈，撫柔平恕曰慈，中正和粹曰純，肫誠克一曰純，柔德流光曰懿，温和賢善曰懿，慮善從宜曰淑，温仁咸仰曰淑，執義揚善曰德，懿脩罔懈曰德，明德有成曰賢，内治隆備曰賢，慈心爲質曰仁，惠愛溥洽曰仁，仁恕中存曰惠，慈恩廣被曰惠，德性和厚曰温，寬仁惠下曰温，柔克有光曰和，温厚無苛曰和，温良好學曰康，視履安和曰康，慈和遍服曰順，德協自然曰順，内德醇備曰成，坤寧化治曰成，懿行可紀曰憲，儀範永昭曰憲，温仁忠厚曰敦，樹德純固曰敦，性量寬平曰裕，仁惠克廣曰裕，静正不遷曰安，懿恭中禮曰安，大應慈仁曰定，鎮静守度曰定，秉德純一曰誠，明信率下曰誠，齊莊自持曰敬，應事無慢曰敬，莊以莅下曰恭，謙和不懈曰恭，恭己有容曰端，秉心貞静曰端，履正志和曰莊，嚴恭自律曰莊，温恭不怠曰恪，懋勤内治曰恪，神明儼翼曰欽，威德悉備曰欽，嚴畏自飭曰肅，攝下有禮曰肅，粹德深遠曰穆，肅容持敬曰穆，恭儉合度曰禮，内則克脩曰禮，執心克莊曰齊，思慮深遠曰翼，贊宣德化曰翼，厚德安貞曰静，律身恭簡曰静，淑慎持躬曰正，端型式化曰正，淵衷湛一曰寧，端重自毖曰寧，小心恭慎曰僖，樂聞善言曰僖，宅心篤實曰質，淳茂無華曰質，誠心中孚曰慤，率真御下曰慤，一德不懈曰簡，約己恕物曰簡，恭謹鮮言曰靖，紀綱肅布曰靖，志行清正曰潔，容儀脩飭曰潔，德性正固曰貞，率義好脩曰貞，淑敏早成曰慧，柔質受諫曰慧，明知周通曰哲，識微慮終曰哲，明達不滯曰敏，聞義必徙曰敏，心能制義曰度，懿徽足式曰度，善聞周達曰宣，哲惠昭布曰宣，懿行宣著曰明，智能晰理曰明，德輝内蘊曰昭，中外仰德曰顯。中册之上，以謚妃嬪。温柔賢善曰懿，善行著聞曰淑，内德有成曰賢，智質有理曰獻，柔質慈仁曰惠，德性寬和曰温，柔順無違曰和，和比於理曰順，温仁忠厚曰敦，寬和不迫曰裕，凝重合禮曰安，純行不爽曰定，夙夜儆戒曰敬，遜順事上曰恭，謙和善讓曰遜，守禮自重曰端，儼恪有儀曰莊，小必勵翼曰欽，貌恭心敬曰肅，容儀肅静曰穆，温恭朝夕曰恪，謹飭自持曰慎，能脩内職曰勤，思慮深遠曰翼，柔德安貞曰静，小心恭慎曰僖，静正無華曰質，表裏如一曰慤，一德不懈曰簡，恭慎鮮言曰靖，清正不渝曰潔，德性正固曰貞，柔質通敏曰慧，明知周通曰哲，蒙恩優渥曰榮，善聞式布曰宣，柔德有光曰昭，德美宣昭曰顯，慈仁不壽曰憫，中年早逝曰悼，慈仁短折曰懷。中册之下，以謚王。廉方公正曰忠，危身奉上曰忠，慈惠愛親曰孝，秉德不回曰孝，中正和粹曰純，安危一心曰純，行義合道曰賢，道德博聞曰文，勤學好問曰文，智質有理曰獻，賢善著美曰懿，履正志和曰莊，夙夜儆戒曰敬，善合法典曰敬，守禮執義曰端，執心決斷曰肅，敬以事上曰恭，既過能改曰恭，尊賢敬讓曰恭，温恭朝夕曰恪，威容端嚴曰恪，布德執義曰穆，温柔好善曰康，善行足法曰儀，博聞多能曰憲，行善可紀曰憲，德性寬和曰温，勤施無私曰惠，不剛不柔曰和，和比於理曰順，小心敬事曰良，竭忠無隱曰良，善行不怠曰敦，寬和自得曰裕，和好不争曰安，以德安衆曰靖，質柔受善曰慧，知能辨物曰哲，昭晰群性曰明，物至能應曰通，行善無滯曰通，質直好善曰達，克勤世業曰脩，應事有功曰敏，好古不怠曰敏，夙夜匪懈曰勤，甲胄有勞曰襄，思慮詳審曰密，追補前過曰密，心無偏曲曰正，夙夜敬畏曰慎，推心行恕曰平，念終如始曰思，心能制義曰度，擇善而從曰比，制事合宜曰義，純行不爽曰定，小心敬畏曰僖，愛民作刑曰克，潔己自愛曰清，不汚不義曰潔，好廉自克曰節，謹行制度曰節，執一不遷曰介，肫篤無欺曰誠，表裏如一曰慤，平易不訾曰簡，執要能周曰簡，出言可復曰信，忠誠自植曰厚，樸直無華曰質，剛强直理曰武，折衝禦侮曰武，致果克敵曰毅，强而能斷曰毅，秉德遵業曰烈，安民有功曰烈，見義必爲曰勇，强義果敢曰剛，威武不屈曰剛，敏行不撓曰直，好力致勇曰果，臨事善斷曰果，布義行剛曰景，勝敵克亂曰壯，善聞周達曰宣，明德有功曰昭，容儀恭美曰昭，寵禄光大曰榮，行見中外曰顯，懷情不盡曰隱，慈仁君折曰懷，早孤夭折曰哀，未家短折曰殤，中年早夭曰悼，使民悲傷曰愍。下册，則群臣賜謚者得用之。肫誠翊贊曰忠，危身奉上曰忠，慈惠愛親曰孝，大慮行節曰孝，能養能榮曰孝，志慮忠實曰純，安危一心曰純，肫篤無欺曰誠，實心施惠曰誠，道德傳聞曰文，脩治班制曰文，勤學好問曰文，錫民爵位曰文，智質有禮曰獻，遂物之美曰成，通達强立曰成，博聞多能曰憲，行善可紀曰憲，善聞周達曰宣，誠意見外曰宣，明德有勞曰昭，容儀恭美曰昭，獨見先識曰明，察色見情曰明，譖愬不行曰明，智能辨物曰哲，心能制義曰度，剛强直理曰武，闢土斥境曰武，折衝禦侮曰武，剛强以順曰武，有功安民曰烈，勝敵壯志曰勇，見義必爲曰勇，武而不遂曰壯，勝敵克亂曰壯，屢征殺伐曰壯，死於原野曰壯，强義果敢曰剛，追補前過曰剛，威武不屈曰剛，好力致勇曰果，猛以强果曰威，强義執正曰威，辟土服遠曰桓，致果殺敵曰毅，强而能斷曰毅，敬慎事上曰恭，愛民弟長曰恭，執事堅固曰恭，尊賢敬讓曰恭，既過能改曰恭，夙夜儆戒曰敬，小心恭事曰敬，善合法典曰敬，嚴敬臨民曰莊，威而不猛曰莊，履正志和曰莊，守禮執義曰端，敬共官次曰恪，威容端嚴曰恪，温恭朝夕曰恪，威儀悉備曰欽，寅恭奉職曰欽，布德執義曰穆，中情見貌曰穆，忠誠自植曰厚，敦仁愛衆曰厚，和好不争曰安，止於義理曰安，循理安舒曰泰，臨政無慢曰泰，温仁忠厚曰敦，善行不怠曰敦，寬和自得曰裕，竭忠無隱曰良，宅衷易直曰良，安樂撫民曰康，温柔好樂曰康，勤施無私曰惠，撫字心殷曰惠，興利裕民曰專，推賢讓能曰和，不剛不柔曰和，柔遠能邇曰和，和比於理曰順，慈仁體民曰順，德性寬和曰温，守道不移曰正，心無偏曲曰正，執心决斷曰肅，身正人服曰肅，平易不訾曰簡，執要能周曰簡，寬樂令終曰靖，柔德安衆曰靖，避遠不義曰清，潔己奉法曰清，執一不遷曰介，好廉自克曰節，謹行制度曰節，艱危莫奪曰節，表裏如一曰慤，小心畏忌曰僖，恭慎無過曰僖，治而無眚曰平，執事有制曰平，布綱治紀曰平，清白守節曰貞，不隱無屈曰貞，執德不回曰確，强立守義曰質，名實不爽曰質，不汚不義曰潔，念終如始曰思，追悔前過曰思，夙夜敬畏曰慎，小心克勤曰填，思慮詳審曰密，追補前過曰密，純行不爽曰定，安民大慮曰定，敏行不撓曰直，率性無邪曰直，制事合宜曰義，先君後己曰義，能脩其官曰勤，宣勞中外曰勤，夙夜匪懈曰勤，闢地有德曰襄，甲胄有勞曰襄，因事有功曰襄，由義而濟曰景，布義行剛曰景，好古不怠曰敏，才猷不滯曰敏，才敏詳審曰理，治繁不擾曰理，物至前應曰通，行善無滯曰通，質直好善曰達，疏中通理曰達，寵禄光大曰榮，懷情不盡曰隱，使民悲傷曰愍，賢善著美曰懿。皆擬上而請定焉。恭上廟號、尊謚，大學士偕九卿科道等官會議，謚妃嬪及王大臣賜謚者，皆由大學士酌擬奏請欽定。凡封號，若建置，則擬其美名。凡勅封山川、神祇，册封妃嬪、親王郡王、文武官，褒封世爵及建置府廳州縣城堡，改設官職暨勅建寺廟、頒賜扁額，皆恭擬美名，進呈欽定。

典籍廳典籍，滿洲二人、漢軍二人、漢二人，侍讀學士、侍讀中書兼廳者，由大學士派委，無定員。掌章奏文移，内閣行文各衙門，皆鈐用典籍廳關防。其稽查欽奉上諭事件處及内廷修書各館、俄羅斯館文移稿案，亦移付本廳，借用關防。治其吏役，收圖籍之藏。

學士，例兼禮部侍郎銜，滿洲學士、漢學士同。滿洲六人，掌奏本章，御門聽政進折本，朝審、秋審進勾到本，皆由學士奉至御前宣奏。請御寶。用御寶時，與漢學士輪班赴乾清門恭請。

學士，漢四人，掌批本。本章接下後，由漢學士照欽定漢字簽，用紅筆批於本面。如學士有奉差者，在閣僅餘一二人不敷批本，由大學士開列三四品京堂翰林院侍讀侍講學士、内閣侍讀學士銜名，請旨簡派一二人協同批本。

滿本房，侍讀學士，滿洲二人，侍讀，滿洲四人，掌校閱清本。通本由漢本房翻清字後，交滿本房中書繕寫，侍讀學士、侍讀等詳細校閱。凡皇史宬及大庫之收藏皆掌焉。皇史宬額設守尉三人，守吏十六人，大庫無專設員役，皆與典籍廳分司稽查局鑰。

〇凡《實録》，按日以進焉。列朝實録，每日按卷進呈御覽，於滿本房、漢本房、蒙古房中書内輪派二人，敬謹呈遞。謹其收藏。每歲春季、秋季，恭奉大庫尊藏實録及皇史宬尊藏實録，翻晾一次，各衙門及修書各館有恭請實録者，驗明卷帙及其期日，呈明大學士敬謹收發。凡圖籍，皆驗收焉。

中書，滿洲三十有九人，貼寫中書，滿洲二十有四人，掌繕清本，書印文之清篆。清篆三十六體書印文與漢篆稱，其印文有用蒙古字、托忒字、回子字、唐古特字，由蒙古房各以本字書寫，不備篆體。

漢本房，侍讀學士，滿洲二人、漢二人，侍讀，滿洲三人、漢軍二人，掌收發通本，定緩急之限而發翻焉。通本衹有漢字，無清文合璧者，由漢本房照貼黄翻清文，俟滿本房繕寫後，即移交票簽處。其發翻酌量緩急，如有關繫官員陞調、降革、離任、開缺者，俱定有期限，不得遲逾。

中書，滿洲三十有一人、漢軍八人，貼寫中書，滿洲十有六人，掌翻清本。

中書，漢三人，掌繕本單。

蒙古房，侍讀學士，蒙古二人，侍讀，蒙古二人，掌翻譯外藩各部文字，内扎薩克及喀爾喀四部落、阿拉善、額濟納、青海蒙古用蒙古字，科布多、伊犁之杜爾伯特、土爾扈特、和碩特用托忒字，各回部用回子字，西藏用唐古特字，俄羅斯用俄羅斯字，緬甸南掌用緬字，西洋諸國用拉體諾字。遇有陳奏事件及表文，皆譯出具奏。其頒發誥勅及勅賜碑文扁額，武英殿蒙古字長方書簽，並各體印文及奉旨特交事件，皆翻出繕寫。稽俄羅斯館之課程。俄羅斯館專司翻譯俄羅斯文字，選八旗官學生二十四人，入館肄業，五年後考試一次。一等授八品官，二等授九品官，三等不授官，皆留學。八品官再考列一等授七品官，九品官再考列一等授八品官，其不及原考等第者，各照現考等第分别降級留學。七品官又考列一等，以主事即補。額設助教二人，於教習内奏補，教習即於考得職品各員内派委。以蒙古侍讀學士或侍讀一人充提調官，專司稽察課程，再由理藩院派委郎中或員外郎一人兼轄。

中書，蒙古十有六人，貼寫中書，蒙古六人，掌習竹筆字以供譯寫。蒙古字以竹筆書之，其托忒字、回子字、唐古特字、俄羅斯字、緬字，各傳該館人至蒙古房譯寫。拉體諾字，傳西洋堂人譯寫。

滿票簽處，侍讀，滿洲三人，委署侍讀，由大學士於滿洲典籍中書内派委，無定員。掌校閲清文本章，擬寫票簽之式。每日通本、部本，由漢侍讀等擬寫草簽，移送滿票簽，侍讀等詳校清文，檢查票簽成式，擬寫清文草簽，以副本呈軍機處大學士，以正本呈在閣大學士閲定票擬。乃繕正簽，如係清字本，即不票漢字簽，部本内有清文舛錯及應行撤换者，即傳到各該衙門司員分别改换。凡進本，别其緩急輕重，敬謹貯匣，有應貼名簽或黄簽者，皆貼於上方。巡幸則發本報。聖駕巡幸，先期呈堂奏定發報到報期日，啓鑾後按日辦本。俟發報之日，齎至行在呈遞。凡各部院衙門摺奏事件，皆附本報馳達，到報亦如之。凡各衙門抄事，皆傳知焉。每日軍機處奏事處交發事件應傳抄者，分别清文、漢文，傳到各該處司員到閣抄出。

中書，滿洲二十人、蒙古二人，於滿漢本房派撥二十人，蒙古房派撥二人，貼寫中書，滿洲八人，俱於滿漢本房派撥。掌繕票簽，與其清文檔案。

漢票簽處，侍讀，漢二人，委署侍讀，由大學士於漢典籍中書内派委，無定員。掌校閲漢文本章，擬寫票簽之式。每日通本、部本，侍讀等詳校漢文，檢查票簽成式，擬寫漢文草簽，移交滿票簽處，呈堂閲定票擬，有應加説帖者，亦擬稿附呈。凡部本内有漢字舛錯及應行撤换者，即傳到各該衙門司員分别改换。

中書，漢二十有七人，掌繕票簽，與其漢文檔案。

撰文中書，由大學士於漢中書内派委，無定員。掌撰擬進御文字。凡撰擬制詔誥敕及祭告祝文，由大學士閲定進呈，其宫殿扁額楹帖御製詩文集及賜王大臣碑文應繕寫者，皆恭書焉。

誥敕房，隸漢本房兼管，恭遇覃恩辦理誥敕，由大學士於漢侍讀中書内添派管理，無定員。掌收發誥敕，審其撰擬，與其繕寫之式。册封金銀册，於鐫刻後交誥敕房校閲，其餘册誥敕，繕寫後交誥敕房校閲。封贈誥敕，擬定文式，刊版存貯。每遇覃恩，俟吏兵二部彙題請旨後，將刊定文武，刷印草本，交中書科，按品繕軸，仍移交誥敕房校閲。各省文武官坐名敕書、流傳敕書及頒賜外藩敕書，俱於各處知照到日，由撰文中書撰擬文式，或奏請欽定，或由大學士閲定後，分别繕寫清漢文。其頒發蒙古、回藏誥敕撰擬繕寫，俱由蒙古房辦理。用寶乃頒給焉。凡辦理誥敕，俟繕寫既竣，詳細校閲，定期請用寶，乃發交各該處祗領。

稽察房，由大學士於滿漢侍讀中書内派委，無定員。掌覈各部院已結、未結之事，月終則彙奏。各部院遵旨議覆事件，由票簽處傳抄後，稽察房按日記檔，俟各部院移會到時，逐一覈對，分别已結幾件、未結幾件，每月彙奏一次。恭繕諭旨亦如之。每日軍機處發出清漢字諭旨，由票簽處移交存貯，詳細覈對，繕寫清漢字合璧奏摺，與稽察事件月摺一併彙奏。

收發紅本處，由大學士於滿漢中書内派委，無定員。掌收紅本以發於科，歲終則彙收焉。通本、部本批寫清漢文後，即交紅本處，每日六科給事中赴閣領出，歲終，仍由六科交回紅本處收貯。

飯銀庫,由大學士於滿洲侍讀典籍中書内派委,無定員。掌收支飯銀。

副本庫,由大學士於滿漢中書内派委,無定員。掌收副本。

批本處,額設滿洲翰林院官一人,於翰詹内開列簡放。中書七人,由大學士於滿洲中書内擬定正陪,引見補授。掌批本。本章進呈發下後,批本處照欽定清字簽,用紅筆批於本面。凡進本,司其收發。每日進本,由滿票簽處中書恭奉本函,赴乾清門交批本處中書恭收,即將應下之本,交滿票簽處中書恭收,遇有改簽及折本,皆存記檔案,按日交發。

欽定大清會典卷三

辦理軍機處，軍機大臣，於滿漢大學士、尚書侍郎、京堂内特簡，無定員。掌書諭旨，綜軍國之要，以贊上治機務。

○常日直禁庭，以待召見。軍機堂在隆宗門内，每日寅時軍機大臣入直於此，至辦事畢，内奏事太監傳旨令散，乃下直。召見無時，或一次，或數次。軍機大臣至上前，豫敷席於地，賜坐。凡發下各處奏摺，奉硃批另有旨，即有旨及未奉硃批者，皆捧入以候旨，承旨畢，乃出。駕幸西苑、景山，或詣雍和宫，如在臨幸處所召見者，軍機大臣隨往，如在宫召見，即不隨往。駐蹕圓明園入直，亦如之。圓明園軍機堂在左如意門内，每日軍機大臣入直、召見、散直，皆與在宫之日同。駕幸清漪園、静明園、黑龍潭，如在臨幸處所召見者隨往，否則不隨往。惟駕幸静宜園駐蹕之日，軍機大臣皆隨往入直。行在所，亦如之。聖駕衹謁陵寢，駐蹕南苑、湯山、盤山及歲幸熱河本蘭行圍，並巡幸盛京暨各省，其有行宫者，軍機大臣入直於宫門直房，或設蒙古包入直，如在行營，則於白布城東門夾道内設蒙古包入直。其在看城等城，則皆於黄布城左右設帳房入直。凡諭旨明降者，既述則下於内閣。特降者爲諭，因所奏請而降者爲旨，其或因所奏請而即以宣示中外者亦爲諭。其式，諭曰内閣奉上諭，旨曰奉旨，各載其所奉之年月日，擬寫述上。俟欽定發下後，特降者即發抄。因奏請而降者，即同摺發抄。其餘奏摺，如奉硃批該部議奏，該部知道者，亦即發抄。其硃批覽，或硃批知道了，或硃批准駮其事，或硃批訓飭嘉勉之詞，皆視其事，係部院應辦者即發抄，不涉部院者不發抄。其發抄者，皆交内閣中書領出傳抄。凡未奉硃批之摺，即以原摺發抄。奉有硃批之摺發抄、不發抄，皆另録一分。其硃批原摺，如在京衙門之摺，即存軍機處彙繳，如各省各城之摺，俱即發還，係專差齎奏者，交内奏事封發，由驛馳奏者，即由軍機處封交兵部捷報處遞往。如本由驛奏而發還不須亟亟者，封存遇便發往。其内閣傳抄畢，即將所領之摺交回，同不發抄之摺一併備案。諭軍機大臣行者，既述則封寄焉。或速諭，或密諭，不由内閣明降者爲廷寄，徑由軍機處封交兵部捷報處遞往。視事之緩急，或馬上飛遞，或四百里，或五百里，或六百里，或六百里加緊。其式，行經畧大將軍、欽差大臣、將軍、參贊大臣、都統、副都統、辦事領隊大臣、總督、巡撫、學政，曰軍機大臣字寄；行鹽政、關差、藩臬，曰軍機大臣傳諭，皆載奉旨之年月日。凡有旨存記者，皆書於册而藏之，届時則提奏。設存記簿，凡奉旨存記事件，皆以面奉諭旨書於簿，至應行時提奏請旨。其應密存事件，則密封存記，亦於届時拆封辦理。議大政，讞大獄，得旨則與。奉旨交議事件，如特交軍機大臣議奏者，即由本處查議。其交軍機大臣會同該衙門議奏者，或由本處主稿，或由所會衙門主稿，臨時酌定。奉旨交審事件，如特交軍機大臣審辦者，即由本處傳訊，其應刑訊者，或就内務府公所，或就步軍統領衙門公所提訊。其皁役刑具，皆於刑部傳用。如會同刑部者，或刑部堂官前來會訊，或就刑部會訊，臨時酌定。軍旅，則考其山川、道里與兵馬、錢糧之數，以備顧問。山川險夷，道里遠近，皆稽諸圖史，並參考今昔情形，按其實在。其邊裔絶域，古書茫昧者，則追尋新舊册檔，並加諮訪，使皆可徵驗。兵馬錢糧，各就户部、兵部、理藩院等衙門行取簡明確數備查。遇有旨詢問，或繪圖，或繕單，即時呈遞。文武官特簡者，承旨則進其名單、缺單。文職大學士以下及京堂，武職御前大臣以下至步軍前鋒、護軍統領，外任將軍總督巡撫、布政使、按察使缺出，有旨令開列應補應陞人員及繕遞名單，鹽運使缺出，有旨進單，即交吏部查開俸深道十員，知府十員，開單呈遞。其文武大臣職任多者，遇出缺應補、出差應署者，有旨令查開管轄處所，即繕遞缺單。差特簡者亦如之。會試、順天鄉試主考官，會試、鄉試後覆試、殿試、朝考庶吉士、散館翰林大考及各項考試閲卷官，有旨令查開應點人員，即繕遞名單。各省學政届子卯午酉年八月應行更换之期，有旨進單，即將各學政到任年月及曾否歲考註明開單，並將由進士出身之侍郎、京堂開單，其曾否得過試差、學差皆註明，得差者，並註明次數。又奉天府府丞係兼奉天學政，並將進士出身對品應調之太常寺少卿、鴻臚寺卿、太僕寺少卿、順天府府丞銜名，另繕一單，一併呈遞。内務府京察一等記名之郎中、員外郎，例得用各關監督。除山海關張家口殺虎口三處監督及將軍總督巡撫兼管之各關外，遇有關差更换之期，由户部題本到閣後，即將内務府一等人員應用關差名單，交紅本處隨本呈遞。凡大臣之换防於西北兩路者，則稽其班，西北兩路，除伊犂將軍、定邊左副將軍、烏嚕木齊都統外，參贊大臣有塔爾巴哈台一人、喀什噶爾一人、烏里雅蘇台一人、科布多一人，辦事大臣有喀喇沙爾一人、阿克蘇一人、烏什一人、葉爾羌一人、和闐一人、哈密一人、西寧一人、西藏二人、庫倫一人，幫辦大臣有喀什噶爾一人、葉爾羌一人、和闐一人、哈密一人，領隊大臣有伊犂五人、庫爾喀喇烏蘇一人、塔爾巴哈台二人、烏嚕木齊一人、古城一人、吐魯番一人、巴里坤一人、英吉沙爾一人。凡换防之班，以到任後三年爲期滿，每年十月將各處期滿之大臣開單呈遞，更换與否，候旨定奪。其到任以後續經調任者，乃以初次到任之日起，通前後任扣算滿三年者，一體列入單内。書其名以備覽。旬有五日而更之。西北兩路各大臣皆由軍機處繕具月摺，每月於初五、二十日兩次呈遞，其有出缺、補放、更調者，即於摺内查明改繕。凡文武官記名者，遇缺則奏其名。文職,運使道員記名以按察使用。武職,一等侍衛翼長參領協領長史總管城守尉記名以副都統用,總兵記名以提督用,副將記名以總兵用。遇缺出各將,記名人員繕單呈遞,以備簡放。道若府記名者,遇請旨缺則奏焉。道府請旨缺,不由銓選保題,皆係特旨簡放。遇缺出,則由軍機處請旨。其或選缺道府,在部無應選之人,由吏部請旨。又或題缺道府,該省無可題之人,由督撫請旨。皆軍機處進單。京察一等記名之給事中、御史,郎中、員外郎,内閣侍讀,翰林院侍讀、侍講、修撰、編修、檢討,詹事府洗馬、中允、贊善,以滿洲、蒙古人員爲一單,漢員爲一單,皆道府兼用,内務府郎中、員外郎爲一單,以道府關差兼用。其或遇引見,或因保舉奉,特旨記名者,皆各爲一單,知府以道用,同知、直隸州知州以知府用,京員視奉旨指明,或以道用,或以知府用,或道府兼用。道府兼用者,遇請旨道府缺皆進單,以道用者,遇請旨道缺進單,以知府用者,遇請旨知府缺進單。其漢給事中、御史郎中俸滿截取記名以繁缺用者,除由部銓選繁缺道府外,遇請旨道缺,給事中一體進單,遇請旨知府缺,御史郎中一體進單。又原任請旨道府丁憂起復者、降革離任原案開復者,到部後由吏部知照軍機處亦一體進單。其原任請旨道府因告病或終養開缺,其病痊及養親事畢例應坐補原缺,到部後由吏部知照軍機處遇該員坐補缺出,亦一體進單。其有知州、知縣奉旨記名者,應用同知、直隸州知州,遇有同知、直隸州知州簡放知府遺缺,即將該知州、知縣名單呈遞,請旨補放。新疆章京之用廢員者,伊犁、烏嚕木齊暨南路各回城章京,内例由廢員補放者,伊犁糧餉章京缺二、駝馬章京缺一、管倉章京缺四,烏嚕木齊管倉章京缺三,喀喇沙爾糧餉章京缺一,庫車糧餉章京缺一,阿克蘇糧餉章京缺一,葉爾羌糧餉章京缺一,喀什噶爾糧餉章京缺一,烏什糧餉章京缺一。豫期,集而選焉以引見,記名,則用以其次。由軍機處豫行八旗查明各廢員獲咎案由,開送清册,軍機大臣傳齊該廢員揀選,將獲咎較輕、年力富强者,每次酌取數員引見,奉旨記名者,遇缺按名補放,將次用竣,再行揀選引見。凡賜予,得旨則進名單以候欽定。御書處進呈新刻御書搨本,南書房進呈新刋御製詩文集,武英殿進呈新刋御纂欽定各書籍及其他頒賞珍幣。有旨令軍機大臣擬賞者,各按分數多寡開列,皇子、皇孫、王大臣等名單呈遞請旨,發下後,交内閣知照各處祗領。其有頒賞各省總督、巡撫、漕運河道總督及衍聖公者,傳各省駐京提塘祗領。西北兩路大臣賜藥物,若果餌,亦如之。西北兩路大臣端午賞以各種錠子藥一匣、平安丸百顆、平安散一瓶爲一分,中秋賞以荔枝一瓶爲一分,除夕賞以蓮子藕粉各十四斤、乾葡萄乾瓜各六斤、乳餅二十斤、挂麪四十束爲一分,歲除於果餌外,復有荷包銀錢銀錁之賞,或加賜福字,皆由軍機處交兵部驛遞發往。伊犁將軍一人、領隊大臣五人、總兵一人、阿奇木伯克一人,端午藥賞三分,中秋果賞四分,歲除果賞一分半。塔爾巴哈台參贊大臣一人、領隊大臣二人,端午藥賞一分,中秋果賞一分,歲除果賞半分。烏嚕木齊都統一人、領隊大臣一人、提督一人、古城領隊大臣一人、巴里坤領隊大臣一人、吐魯番領隊大臣一人、庫爾喀喇烏蘇領隊大臣一人,端午藥賞二分,中秋果賞四分,歲除果賞一分。哈密辦事大臣一人、幫辦大臣一人、阿奇才伯克一人、喀喇沙爾辦事大臣一人、庫車辦事大臣一人、阿奇木伯克一人,端午藥賞二分,中秋果賞二分,歲除果賞一分。喀什噶爾条贊大臣一人、幫辦大臣一人、阿奇木伯克一人、英吉沙爾領隊大臣一人,端午藥賞一分,中秋果賞二分,歲除果賞半分。阿克蘇辦事大臣一人、阿奇木伯克一人、烏什辦事大臣一人,端午藥賞一分,中秋果賞一分,歲除果賞半分。葉爾羌辦事大臣一人、幫辦大臣一人、阿奇木伯克一人、和闐辦事大臣一人、幫辦大臣一人、阿奇木伯克一人,端午藥賞二分,中秋果賞二分,歲除果賞一分。北路烏里雅蘇台定邊左副將軍一人、參贊大臣一人、蒙古參贊大臣一人、科布多參贊大臣一人,端午藥賞一分,中秋果賞二分,歲除果賞半分。庫倫辦事大臣一人、蒙古辦事大臣一人,端午藥賞一分,中秋果賞一分,歲除果賞半分。又駐藏大臣二人,端午藥賞一分,歲除果賞半分。歲除果賞外,伊犁將軍、定邊左副將軍,各大荷包一對,小荷包三對,銀錢四,銀錁四;庫倫蒙古辦事大臣大荷包一對,小荷包三對,銀八寶一分;烏嚕木齊都統、塔爾巴哈台喀什噶爾烏里雅蘇台科布多參贊大臣、烏里雅蘇台蒙古參贊大臣、哈密郡王、喀什噶爾阿奇木伯克及駐藏大臣首一人,各大荷包一對,小荷包二對,銀錢二,銀錁四;哈密、喀喇沙爾、庫車、阿克蘇、烏什、葉爾羌、和闐庫倫辦事大臣、哈密、喀什噶爾、葉爾羌、和闐幫辦大臣、伊犁、塔爾巴哈台、烏嚕木齊、古城、巴里坤、吐魯番、庫爾喀喇烏蘇、英吉沙爾領隊大臣、烏嚕木齊提督、庫車、阿克蘇、阿奇木伯克及駐藏大臣次一人,各大荷包一對,小荷包一對,銀錢二,銀錁二;伊犁總兵、伊犁、葉爾羌、和闐阿奇木伯克,各大荷包一對,小荷包一對,銀錁二;伊犁將軍、定邊左副將軍、烏嚕木齊都統、塔爾巴哈台、喀什噶爾、科布多參贊大臣、庫倫蒙古辦事大臣及駐藏大臣,首一人各加賜福字一幅。外藩、外國之朝正者,擬其頒賜。外藩,内蒙古四十九旗、外蒙古喀爾喀四部落、青海蒙古及阿拉善額濟納並前後藏,年班來京,由理藩院擬賞外,其伊犁所屬之南路東路西路北路、土爾扈特中路、和碩特、科布多所屬之杜爾伯特、新土爾扈特、扎哈沁烏梁海、烏里雅蘇台所屬之烏梁海,年班來京,由軍機處擬進賞單。汗、親王各賞小卷八絲緞五,小卷五絲緞五,金八寶一分,銀八寶一分,金錁二,銀錁二,大荷包一對,小荷包四對;郡王賞小卷八絲緞四,小卷五絲緞四,金錢二,銀八寶一分,銀錁六,大荷包一對,小荷包三對;貝勒賞小卷八絲緞三,小卷五絲緞三,金錁一,銀錁二,大荷包一對,小荷包二對;貝子賞小卷八絲緞二,小卷五絲緞二,金錁一,銀錁二,大荷包一對,小荷包二對;公扎薩克台吉各賞小卷八絲緞一,小卷五絲緞一,銀錁四,大荷包一對,小荷包一對;台吉達喇嘛大卷八絲緞疋之半,銀錁四,大荷包一對,小荷包一對;汗、親王、郡王、貝勒之母妻各賞小卷八絲緞二,小卷五絲緞二,銀錁八,小荷包二對;貝子、公、扎薩克台吉、台吉之母妻各賞小卷八絲緞一,小卷五絲緞一,銀錁四,小荷包二對;來使各賞大小銀錁四,大荷包一對,小荷包一對。哈密、吐魯番兩扎薩克郡王、貝子、公、各回城伯克及四川土司,年班來京,頒入燕賞三次,初次於中正殿,二次於重華宮,三次或於紫光閣或於山高水長。兩扎薩克郡王初次各賞瓷器六，大荷包一對，小荷包三對；二次各賞玻璃器四，鼻煙壺二，火鐮一，小荷包三對，茶葉四瓶；三次各賞錦二，漳絨二，蟒緞一，大緞一，小卷八絲緞三，小卷五絲緞三，銀一百兩。貝子、公及三品伯克，初次賞各減瓷器一，小荷包一對；二次賞各減玻璃器一，鼻煙壺一，小荷包一對，茶葉二瓶；三次賞各減蟒緞一，大緞一，銀五十兩。四品伯克初次賞再減瓷器一；二次賞再減玻璃器一，茶葉一瓶；三次賞再減小卷八絲緞一，小卷五絲緞二，銀十兩。五品伯克初次賞再減瓷器一，小荷包一對；二次賞再減玻璃器一，小荷包一對；三次賞再減錦一，銀十兩，其漳絨二易作綢二。六品伯克初次賞再減瓷器一，大荷包一對；二次賞再減玻璃器一；三次賞再減錦一，銀十兩，其綢二易爲綾二。若初來者，一、二品頂戴及三品伯克加賞染貂帽、狐肷緞補褂、狐肷蟒袍、緞鞾、緞襪、綾襖、緞帶、雲産石朝珠一分，四品伯克狐肷蟒袍易作灰鼠蟒袍，緞襪易作布襪，五品伯克灰鼠蟒袍易作羊皮蟒袍，六品伯克染貂帽易作騷鼠帽。四川、甘肅番子土司，年班來京者，入燕賞三次及初次來加賞衣帽，各按品級與回子伯克同。其除夕給與伯克土司等麅鹿賞，按年班伯克人數在十五人左右者，給餑餑桌六、鹿三、鹿尾三、羊四、野雞二十、魚十、挂麪二十束、白棗五斤、橘餅五斤、南棗五斤、藕粉十斤、蓮子五斤、荔枝五斤、龍眼五斤。其增三四人或七八人以上者，以次酌增，減三四人或七八人者，以次酌減。其於各次賞外，有奉特旨加賞者，即查照舊案酌擬。其非年班來京，如哈薩克霍罕廓爾喀各部遣使入貢，亦給入燕賞三次，初來者亦給衣帽賞，除夕亦給麅鹿賞，各照伯克等之例增減酌擬。其使回並擬給哈薩克汗王、台吉、霍罕伯克、廓爾喀王之賞，奉旨後交内閣，載入敕書。外國如朝鮮、琉球、越南、暹羅、南掌、緬甸遣使入貢，除國王及使臣等正賞由禮部辦理外，其加賞由軍機處擬進賞單。正使加賞錦三，漳絨，大卷八絲緞四，小卷五絲緞四，大荷包一對，小荷包二對；副使加賞錦二，漳絨二，大卷八絲緞三，小卷五絲緞三，大荷包一對，小荷包二；對朝鮮書狀官加賞與副使同。其朝鮮、琉球、越南使臣能詩者，恭進詩章，復加賞該國王蟒緞二，福字方一百幅，大小絹箋四卷，筆四匣，墨四匣，硯二，雕漆器四，玻璃器四；獻詩之使臣加賞大緞一，箋紙二卷，筆二匣，墨二匣，其於照常加賞外，有奉特旨加賞者，即查照舊例酌擬。其不定年例入貢之外國，如博爾都嘉利亞、意達里亞、博爾都噶爾、暎咭唎各國遣使入貢，應行給賞者，臨時酌議，請旨遵辦。慶祝萬壽來庭者，亦如之。外藩各部慶祝萬壽來京者，除理藩院辦賞外，其應由軍機處擬賞者，賞例與年班同，如奉特旨加賞者，亦查照舊例酌擬。各外國慶祝萬壽來京者，除例賞由禮部辦理外，其加賞該國王、該使臣等，皆由軍機處查照舊例，擬進賞單。皇帝幸山莊，若木蘭頒賜，亦如之。内蒙古四十九旗，外蒙古喀爾喀四部落，青海蒙古及阿拉善額濟納並西北兩路之杜爾伯特、土爾扈特、和碩特王公，一、二、三等台吉塔布囊隨扈者於至行在時，汗、親王、郡王各賞大卷八絲緞一、小卷宫綢二、春綢三，貝勒、貝子各減春綢一，公再減小卷宫綢一，一、二、三等台吉塔布囊再減春綢一。如賜燕於萬樹園，汗、親王、郡王各加賞錦一、大卷八絲緞一、大卷寧綢一、春綢一、大呢馬褂料一件，貝勒、貝子各減錦一,公減大呢馬褂料一件,一、二、三等台吉塔布囊再減大卷八絲緞一,協理旗務之四等台吉再減小卷春綢一。其杜爾伯特、土爾扈特和碩特、阿爾泰烏梁海、唐努烏梁、扎哈沁及吐魯番、哈密各汗、王、貝勒、貝子、公、台吉、總管等隨扈者,復由軍機處擬賞衣帶、荷包、韈一分,曾賜黄馬褂者加賞黄馬褂一件,汗、親王各賞銀二百兩,郡王、貝勒各賞銀一百五十兩,貝子賞銀一百兩,公賞銀八十兩,一等台吉賞銀六十兩,二、三等台吉、散秩大臣銜總管、副都統銜總管各賞銀四十兩,四等台吉、三品總管賞銀三十兩,係初來者復加賞補褂、蟒袍一分。又駕幸熱河木蘭,除密雲熱河接駕官兵及看守行宫官兵蘇拉等,奉旨分别賞給一月半月錢糧外,其由軍機處擬賞者,達什達瓦總管賞小卷八絲緞一、小卷五絲緞二,副總管參領佐領減小卷五絲緞一,驍騎校再減小卷五絲緞一,兵九十名賞一月錢糧,木蘭圍場總管賞小卷五絲緞二、小卷宫綢二,翼長減小卷五絲緞、小卷宫綢各一,防禦再減五絲緞一,驍騎校及兵四十名各賞一月錢糧,普寧寺、普佑寺、扎什倫布、布達拉殊像寺、溥仁寺、溥善寺、安遠廟各喇嘛内,堪布達喇嘛賞小卷五絲緞二、宫綢二,達喇嘛、副達喇嘛、蘇拉喇嘛各賞小卷五絲緞一、宫綢一,得木齊格斯貴各賞春綢一、紡綢一,小喇嘛賞銀一兩。如哲布尊丹巴、呼圖克圖及各游牧喇嘛來熱河者,亦由軍機處查照舊例,擬進賞單。凡試題欽命者,豫期,以其上届之題繕單以進御。會試順天鄉試頭場,四書題三、詩題一,宗室鄉會試,四書題一、詩題一,皆係欽命,由軍機處查開上三次題目清單並以四書一部一同呈遞。其自乾隆元年以後出過會試及順天鄉試題者,皆於四書内黏貼黄籤。其會試後覆試四書題一、詩題一,新進士朝考論題一、擬古詔題一、疏題一、詩題一,庶吉士散館賦題一、詩題一,大考翰詹賦題一、論題一、詩題一,考差四書題二、詩題一,亦由軍機處查開上三次題目清單豫期呈遞。其翻譯各項考試題及考試御史廕生各題,皆由南書房豫期呈遞,以備欽命。皇帝舉鉅典、紀成憲,有旨考證,則書其事之本末進焉。國家有大典禮,豫期有旨令軍機大臣查考舊案者,即行查所司詳稽册檔,彙齊後摘敘簡明節畧,開單呈覽。或值御製書事之文、紀事之詩,有旨令軍機大臣查明事之起訖者,亦即繕具節畧清單呈覽。

○凡清字、漢字之檔,歲久則繕。清字、漢字檔,每届五年或十年,由軍機大臣奏明另繕一分,並原檔一同存貯,以備闕失。清字檔令方畧館譯,漢官繕寫。漢字檔傳内閣中書繕寫。越三歲,則舉其章京以聞而敘焉。每遇三年,准軍機大臣於滿漢章京内酌保數人,請旨給予議敘。凡章京,豫期考取以引見,記名,傳補以其次。滿洲章京以内閣中書、六部、理藩院郎中、員外郎、主事、筆帖式兼充。漢章京以内閣中書、六部郎中、員外郎、主事、七品小京官、由進士舉人拔貢出身者兼充。豫行傳知各衙門保送,軍機大臣考取或數名或十餘名引見,奉旨記名者,遇出有軍機章京缺,以次傳補。三品京堂以上及外官臬司以上之親、子弟,皆迴避。其補放御史者,即不充章京或陞任京堂。至通政司副使、大理寺少卿者,亦不充章京。小四品以下京堂，仍照常行走。

軍機章京，滿洲十有六人、漢十有六人，各分爲二班，每班滿洲章京八人，漢章京八人，其八人内，各以一人領班，曰達拉密，由軍機大臣揀派。掌分辦清字、漢字之事。繕寫諭旨，記載檔案，查覈奏議，係清字者，皆歸滿洲章京辦理，係漢字者，皆歸漢章京辦理。在京旗營及各省駐防西北兩路補放應進單者，内外蒙古藩部及喇嘛並哈薩克、霍罕、廓爾喀朝貢應擬賞者，皆隸滿洲章京。在京部院及各省文員、緑營武員補放應進單者，王公内外大臣應擬賞者及朝鮮、琉球、越南、暹羅、緬甸、南掌等各外國朝貢應擬賞者，皆隸漢章京，惟承審案件無論滿漢章京一體，由軍機大臣酌派。

方畧館總裁，係軍機大臣兼充。掌修方畧。每次軍功告蕆及遇有政事之大者，奉旨纂輯成書，紀其始末，或曰方畧，或曰紀畧，皆由館承辦。凡書有旨交輯者，各編録以候欽定。方畧、紀畧之外，遇有奉旨特交纂輯之書，亦率在館人員敬謹辦理。

提調，滿洲二人、漢二人，收掌，滿洲二人、漢二人，於滿漢軍機章京内，由軍機大臣派充。掌章奏文移，治其吏役。設譯漢官，無定額，由吏部傳取，遇清字文案應譯漢者，即令譯寫成册，以備纂輯。又設供事，無定額，由内閣翰林院詹事府等衙門傳取。

纂修，滿洲三人、漢六人，漢纂修缺内，由翰林院咨送充補一人，其餘滿洲纂修、漢纂修，皆於軍機章京内，由軍機大臣派充。掌分司編纂之事。

校對，由軍機大臣咨取内閣中書兼充，無定員。掌分司校勘之事。

内翻書房管理大臣，以滿洲軍機大臣兼管。掌翻清譯漢之事，率其屬以供令。

○凡諭旨，清字則譯漢，漢字則翻清。各衙門抄出於内閣者，皆録送以翻譯。部院衙門以清字、漢字諭旨咨交翻書房翻譯，復由該衙門自送軍機處閱對，無譌即行照録，仍將原翻譯之本交回存檔。起居注，應翻應譯者，亦如之。每年起居注館承辦起居注，其應翻應譯者，按年咨交翻譯。其前序、後跋亦交翻清。皇帝御經筵，則翻御論，御製經筵書論、經論各一，發下後，即敬翻清字。經筵前期進呈欽定。與其講章。講官豫擬講章，書題一篇、經題一篇，亦由翰林院送交翻清。若册文，册立、册封由翰林院撰擬册文，即交翻書房翻清，一併進呈欽定。若勅文，勒諭外藩、外國。若祝文，各壇廟山川，有特旨令撰祝文者。若祭文，若碑文，諭祭、諭葬之祭文、碑文，除漢大臣不備清文外，其餘並交翻清。皆翻焉。凡經史有旨翻清者，則纂輯以候欽定。清字四書五經、通鑑綱目各種，俱有成書，其有奉旨交辦者，皆隨時纂輯。御製詩文之勅翻者，亦如之。御製詩文有奉旨翻清者，皆即翻成録進。

○凡清文音義，各準以定式。高宗純皇帝欽定三合清文鑑，精微廣博，義類畢該，翻譯一皆準此。名物象數以時增益者，得旨則擬進。舊時清語無此應添者，隨時遵旨擬就，以候欽定。提調官二人協辦。

提調官二人，收掌官四人，掌檔官四人，皆由管理大臣於翻書房行走官内酌委。掌文移檔案，兼行走官。翰林院官二人，内閣中書各部院司官筆帖式，無定額，各以通於翻譯者兼充。翻譯官四十人，掌翻譯之事。

稽查欽奉上諭事件處管理大臣，於滿漢大學士、尚書左都御史内特簡，無定員。掌察各部、各旗諭旨特交之事，而督其限。部院已結、未結之件，每月稽查存案，至年終彙奏一次，八旗承辦之件及引見官員有無逾限遺漏，三月彙奏一次。

○稽國史館之課程。國史館修書功課，滿洲謄録每人每日繕寫八百五十字，漢謄録繕寫一千五百字，校對各官每人每日校對二十五篇，纂修等官功課由總裁酌定，咨本處奏准遵照。每月於初五日前造册送察，每三月一次，將修成書目及有無告竣期限察奏，有稽延者劾參。

委署主事，滿洲一人，行走司官，漢四人，委署主事於本處筆帖式内揀選，擬定正陪奏補。二年期滿，奏咨吏部以部院主事用，兼本處行走司官，於吏兵刑工四部漢司官内保送揀補。掌稽查事件。本處額設供事五名，於各部書吏内考取，他庫爾什八名，於八旗馬甲内挑補。部院各衙門欽奉上諭事件，以奉旨之日爲始，限五日移送本處，内閣典籍按十日將奉到上諭彙送一次，由本處互相稽覈。按月具稿呈堂存案。至年終彙奏八旗事件，每十日將奉到上諭彙送一次，按三月具稿呈堂彙奏。

筆帖式四人，額外筆帖式八人，筆帖式於額外筆帖式内揀補，額外筆帖式由部院筆帖式内保送，經本處揀留挨補。掌翻譯，給使令。

中書科、稽察科事内閣學士，滿洲一人、漢一人，於内閣學士内特簡。掌稽察中書科之事。領發册軸，考察保送屬官及關支公費役食等事，稽察學士與大學士同列銜畫稿。

掌印中書，滿洲一人，掌科中書，漢一人，中書，滿洲一人，漢三人，滿洲中書咨俸深者掌印，漢中書資俸深者掌科。掌書誥勅。清字，滿洲中書書焉。漢字，漢中書書焉。

○凡書誥勅必於册軸。封親王、世子、親王福晉、世子福晉、公主册文，書於金册。封郡王、郡王福晉册文，書於鍍金銀册。封貝勒、貝子及貝勒、貝子夫人、郡主、縣主、郡君册文，書於紙册。封蒙古親王、郡王、貝勒册文，書於紙册。封鎮國公、輔國公、鎮國將軍、輔國將軍、奉國將軍、奉恩將軍及其夫人、淑人、恭人、縣君、鄉君誥命，書於龍邊軸，玉飾。封世職世襲罔替者誥命，封蒙古貝子、鎮國公、輔國公、扎薩克台吉、塔布囊、蒙古王公福晉、夫人誥命及封外國王妃、世子、世孫誥命，書於龍邊軸，犀飾。文武官封典五品以上者誥命,六品以下者勅命,書於錦軸,别以玉飾、犀飾、角飾。封世職襲有次數者勅書,書於龍邊卷,不設軸。清字右行,漢字左行,合於中幅。而書年月,年月各按奉旨、奉詔之日書之。凡金册、銀册既書,遂監其匠而鐫之。金册、銀册,由工部派製造庫工匠,至科鐫刻。凡襲封,各於其故册、故軸而加註。世襲有次數者及世襲罔替者,每襲一次,各以原給之誥命、勅命、勒書註寫於後。如註寫已滿,乃易寫新者,送内閣用寶,及原給者一同發給。

〇凡貯册軸,則各司其守藏。内外授封之册軸,由掌印中書專管。封典之軸,由掌科中書專管。

筆帖式十人,掌翻譯,給使令。

欽定大清會典卷四

吏部，尚書，滿洲一人、漢一人，左侍郎，滿洲一人、漢一人，右侍郎，滿洲一人、漢一人，掌天下文職官吏之政令，以贊上治萬民。凡品秩銓敘之制，考課黜陟之方，封授策賞之典，定籍終制之法，百司以達於部，尚書、侍郎率其屬以定議，大事上之，小事則行，以布邦職。

○凡引見文職官於乾清宮，若養心殿，如遇三大祀齋戒則引見於齋宮，駐蹕圓明園則引見於勤政殿，巡幸則引見於行宮。尚書、侍郎以綠頭名籤進於上，得旨出而宣焉。引見之次日，具摺述旨後，始由部頒布。如奉旨交部記名，亦於述旨後記名於册，遇缺分别陞用。如交軍機處記名，即傳旨由軍機處述旨，記名遇缺請旨陞用。皇帝御門，則引見六部官。御門奏事畢，引見六部滿洲官四人、漢官四人，以次輪直，周而復始，以備識認。月選堂議乃出敘。滿洲官月選以月之十四日堂議，漢官月選以月之二十三日堂議，乃定應選官名單，曰出敘。尚書、侍郎會河南道御史，掣籤於天安門外，漢月官選以二十五日掣籤於天安門外，滿洲官選以初五日，筆帖式選以二十日，則尚書、侍郎掣籤於堂。三歲則傳舉人以揀選，近省舉人會試三科後揀選，遠省舉人會試一科後揀選。例以福建、湖南、四川、廣東、廣西、雲南、貴州爲遠省，餘爲近省。分發掣籤以定省分，部亦如之。京察則關防其屬而覈之，及竣則令過堂而遍察焉。京察官過堂，尚書、侍郎會同大學士、左都御史、左副都御史、吏科、京畿道於吏部堂，傳入京察各官畢，赴聽候察驗。乃引見歲終，註世爵之數於皇册，滿洲右侍郎會内閣學士於保和殿率中書而書之。

○乃頒職於天下。凡京畿、盛京、十有八省之屬，皆受治於尹與總督、巡撫，而以達於部。尹分其治於府、奉天府所轄有錦州府。廳、順天府所轄有京畿四路廳。州、縣，順天府轄京畿州縣，奉天府轄盛京州縣。總督、巡撫分其治於布政司、於按察司，於分守、分巡道，司道分其治於府、於直隸廳、凡撫民同知直隸於布政司者爲直隸廳。於直隸州，凡州直隸於布政司者爲直隸州。府分其治於廳、凡撫民同知、通判，理事同知、通判有專管地方者爲廳，其無專管地方之同知、通判是爲府佐貳，不列於廳焉。州、縣，直隸廳、直隸州復分其治於縣，直隸州皆有屬縣，直隸廳有屬縣者，惟四川直隸敘永廳。而治其吏、户、禮、兵、刑、工之事。佐貳而下，皆任其彈壓，府佐貳爲同知、通判，所管或理事，或理餉、督糧、監兑，或清軍，或總捕，或驛，或茶，或鹽，或馬，或營田，或水利，或江防，或海防，或撫邊、撫夷、撫番、撫猺、撫黎。州佐貳爲州同、州判，縣佐貳爲縣丞、主簿，所管或糧，或捕，或水利。凡府州縣之佐貳，或同城，或分防，其雜職内之巡檢，皆分防管捕，或兼管水利。首領官給差委焉。布政司首領有經歷、理問、都事、照磨，按察司首領有經歷、知事、照磨，府首領有經歷、知事、照磨、檢校，廳首領有經歷、知事、照磨，州首領有吏目，縣首領有典史。廳無司獄者，即以首領兼司獄，州縣首領即爲管獄官，兼與巡檢分管捕務。凡兼府尹事大臣二人，府尹二人，兼府尹事大臣、府尹，順天府、奉天府各一人。總督八人，直隸、兩江、閩浙、湖廣、陝甘、四川、兩廣、雲貴各一人。巡撫十有八人，山東、山西、河南、江蘇、安徽、江西、福建、浙江、湖北、湖南、陝西、廣東、廣西、雲南、貴州省各一人，直隸、甘肅、四川省以總督兼巡撫事三人。承宣布政使司布政使十有九人，江蘇省二人，餘省各一人。提刑按察使司按察使十有八人，每省各一人。分守、分巡道八十有二人，直隸分守地方口北道一人，分巡地方霸昌道、大名道、熱河道三人，管河兼分巡地方清河道、通永道、天津道三人。山東分守地方濟東泰臨武道、登萊青道二人，管河兼分巡地方兖沂曹濟道一人。山西分守地方冀寧道、雁平道二人，分巡地方歸綏道一人，鹽法兼分守地方河東道一人。河南分巡地方南汝光道、河陝汝道二人，管河兼分守地方河北道一人，糧鹽兼分巡地方道一人。江蘇分巡地方蘇松太道一人，管河兼分守地方常鎮通道一人，管河兼分巡地方淮揚道、徐州道、淮海道三人，鹽法兼分巡地方道二人。安徽分巡地方廬鳳道、寧池太廣道二人。江西分巡地方廣饒九南道、吉南贛寧道二人，糧儲兼分巡地方道一人，鹽法兼分巡地方道一人。福建分守地方興泉永道一人，分巡地方寧福道、延建邵道、汀漳龍道、臺灣道四人。浙江分巡地方杭嘉湖道、寧紹台道、金衢嚴道、温處道四人。湖北分守地方漢黄德道、安襄鄖道二人，分巡地方荆宜施道一人，鹽法兼分守地方道一人。湖南分守地方岳常澧道一人，分巡地方辰永沅靖道、衡永郴桂道二人，鹽法兼分巡地方道一人。陝西分守地方潼商道一人，分巡地方陝安道、延榆綏道二人，糧儲兼分守地方西乾鄜道一人，鹽法兼分巡地方鳳邠道一人。甘肅分守地方甘涼道一人，分巡地方蘭州道、平慶道、鞏秦階道、西寧道、安肅道、鎮迪道六人，鹽法兼分巡地方寧夏道一人。四川分巡地方川東道、川北道、永寧道、建昌道、松茂道五人，鹽茶兼分巡地方道一人。廣東分巡地方肇羅道、惠潮嘉道、南韶連道、高廉道、雷瓊道五人，糧儲兼分巡地方道一人。廣西分巡地方左江道、右江道二人，鹽法兼分巡地方蒼梧道一人。雲南分巡地方迤東道、迤西道、迤南道三人，糧儲兼分守地方道一人。貴州分巡地方貴西道、黎平都勻古州道二人，糧儲兼分守地方貴平石仁道一人。知府百八十有二人，奉天府尹屬錦州府一人。直隸省保定府、承德府、永平府、河間府、天津府、宣化府、正定府、順德府、廣平府、大名府十人。山東省濟南府、泰安府、武定府、兖州府、沂州府、曹州府、東昌府、青州府、萊州府、登州府十人。山西省太原府、平陽府、蒲州府、汾州府、潞安府、澤州府、大同府、寧武府、朔平府九人。河南省開封府、陳州府、歸德府、彰德府、衛輝府、懷慶府、河南府、南陽府、汝寧府九人。江蘇省江寧府、蘇州府、松江府、常州府、鎮江府、淮安府、揚州府、徐州府八人。安徽省安慶府、徽州府、寧國府、池州府、太平府、廬州府、鳳陽府、潁州府八人。江西省南昌府、饒州府、廣信府、南康府、九江府、建昌府、撫州府、臨江府、吉安府、瑞州府、袁州府、贛州府、南安府十三人。福建省福州府、泉州府、建寧府、延平府、汀州府、興化府、邵武府、漳州府、福寧府、臺灣府十人。浙江省杭州府、嘉興府、湖州府、寧波府、紹興府、台州府、金華府、衢州府、嚴州府、温州府、處州府十一人。湖北省武昌府、漢陽府、安陸府、襄陽府、鄖陽府、德安府、黄州府、荆州府、宜昌府、施南府十人。湖南省長沙府、岳州府、寶慶府、衡州府、常德府、辰州府、沅州府、永州府、永順府九人。陝西省西安府、同州府、鳳翔府、漢中府、興安府、延安府、榆林府七人。甘肅省蘭州府、平凉府、鞏昌府、慶陽府、寧夏府、西寧府、凉州府、甘州府、鎮西府九人。四川省成都府、寧遠府、保寧府、順慶府、敘州府、重慶府、夔州府、綏定府、龍安府、潼川府、嘉定府、雅州府十二人。廣東省廣州府、韶州府、惠州府、潮州府、肇慶府、高州府、廉州府、雷州府、瓊州府九人。廣西省桂林府、柳州府、慶遠府、思恩府、泗城府、平樂府、梧州府、潯州府、南寧府、太平府、鎮安府十一人。雲南省雲南府、大理府、臨安府、楚雄府、澂江府、廣南府、順寧府、曲靖府、東川府、昭通府、麗江府、普洱府、永昌府、開化府十四人。貴州省貴陽府、思州府、思南府、鎮遠府、石阡府、銅仁府、黎平府、安順府、興義府、都勻府、大定府、遵義府十二人。直隸之承德府、廣西之思恩府、貴州除遵義府外之十一府知府，有親轄地方，制如直隸州。京畿四路廳同知四人，京畿西路廳、東路廳、南路廳、北路廳同知，管理刑錢，分屬順天府二十四州縣，以隸於直隸布政司，制如知府。直隸廳同知十有八人，江蘇海門廳一人，湖南乾州廳、鳳凰廳、永綏廳三人，四川敘永廳、石砫廳、松潘廳、太平廳、雜谷廳、懋功廳六人，廣東理猺廳、佛岡廳二人，雲南景東廳、蒙化廳、永北廳三人，貴州仁懷廳、松桃廳、普安廳三人，皆直隸於布政司。直隸州知州六十有七人，直隸省遵化州、易州、冀州、趙州、深州、定州六人，山東省臨清州、濟寧州二人，山西省平定州、忻州、代州、保德州、解州、絳州、隰州、沁州、遼州、霍州十人，河南省許州、陝州、光州、汝州四人，江蘇省太倉州、海州、通州三人，安徽省六安州、泗州、和州、滁州、廣德州五人，江西省寧都州一人，福建省永春州、龍巖州二人，湖北省荆門州一人，湖南省澧州、桂陽州、靖州、郴州四人，陝西省商州、乾州、邠州、鄜州、綏德州五人，甘肅省階州、秦州、涇州、肅州、安西州、迪化州六人，四川省資州、綿州、茂州、酉陽州、忠州、眉州、邛州、瀘州八人,廣東省連州、南雄州、嘉應州、羅定州四人,廣西省鬱林州一人,雲南省廣西州、武定州、元江州、鎮沅州四人,貴州省平越州一人,皆直隸於布政司。廳同知四十有七人,通判三十有一人,理事、撫民有專管地方之廳,或屬於府,或屬於道,或屬於將軍。直隸口北道屬張家口廳、獨石口廳、多倫諾爾廳三人,吉林將軍所屬吉林廳、伯都訥廳二人,山西歸綏道屬歸化城廳、大同府屬豐鎮廳、伊犁將軍所屬理事廳三人,均爲理事廳同知。江蘇蘇州府屬太湖廳、松江府屬川沙廳二人,江西吉安府屬蓮花廳、贛州府屬定南廳二人,福建漳州府屬雲霄廳、臺灣府屬淡水廳、噶瑪蘭廳三人,浙江温州府屬玉環廳一人,陝西西安府屬孝義廳、寧陝廳、同州府屬潼關廳、漢中府屬留壩廳、定遠廳五人,甘肅蘭州府屬循化廳、鞏昌府屬洮州廳、平凉府屬鹽茶廳、西寧府屬貴德廳、凉州府屬莊浪廳、鎮西府屬吐魯番廳、伊犁將軍所屬撫民廳七人,四川敘州府屬馬邊廳、重慶府屬江北廳、雅州府屬打箭爐廳三人,廣東廣州府屬前山寨廳、惠州府屬碣石廳、潮州府屬南澳廳三人,廣西思恩府屬百色廳、太平府屬龍州廳、明江廳三人,雲南昭通府屬大關廳、普洱府屬思茅廳、威遠廳、麗江府屬中甸廳、永昌府屬龍陵廳五人,貴州貴陽府屬長寨廳、安順府屬郎岱廳、都勻府屬八寨廳、鎮遠府屬台拱廳、黎平府屬古州廳五人,均爲撫民廳同知。奉天府屬興京理事廳、岫巖廳、昌圖廳、吉林將軍所屬長春廳四人,山西歸綏道屬和林格爾廳、托克托城廳、清水河廳、薩拉齊廳、朔平府屬寧遠廳五人,均爲理事廳通判。河南開封府屬儀封廳一人,福建泉州府屬馬港廳、臺灣府屬澎湖廳二人,陝西興安府屬漢陰廳一人,甘肅西寧府屬巴燕戎格廳、甘州府屬撫彝廳、鎮西府屬哈密廳三人,四川寧遠府屬越巂廳、敘州府屬雷波廳、嘉定府屬峩邊廳三人,廣西桂林府屬龍勝廳、鎮安府屬小鎮安廳二人,雲南昭通府屬魯甸廳、麗江府屬維西廳、順寧府屬緬寧廳、普洱府屬他郎廳四人,貴州安順府屬歸化廳、鎮遠府屬清江廳、黎平府屬下江廳、都勻府屬都江廳、丹江廳、大定府屬水城廳六人,均爲撫民廳通判。知州百四十有七人,順天府尹屬州五,通州、昌平州、涿州、薊州、霸州,仍屬直隸。奉天府尹屬州二,遼陽州、復州;錦州府屬州二,寧遠州、義州。直隸省順天西路廳屬州一,涿州;東路廳屬州二,通州、薊州;南路廳屬州一,霸州;北路廳屬州一,昌平州;保定府屬州二,祁州、安州;承德府屬理事同知兼州一,平泉州;永平府屬州一,灤州;河間府屬州一,景州;天津府屬州一,滄州;宣化府屬州三,蔚州、延慶州、保安州;正定府屬州一,晉州;廣平府屬州一,磁州;大名府屬州一,開州。山東省濟南府屬州一,德州;泰安府屬州一,東平州;武定府屬州一,濱州;沂州府屬州一,莒州;曹州府屬州一,濮州;東昌府屬州一,高唐州;登州府屬州一,寧海州;萊州府屬州二,平度州、膠州。山西省太原府屬州一,岢嵐州;平陽府屬州一,吉州;汾州府屬州一,永寧州;大同府屬州二,渾源州、應州;朔平府屬州一,朔州。河南省開封府屬州二,鄭州、禹州;歸德府屬州一,睢州;南陽府屬州二,鄧州、裕州;汝寧府屬州一,信陽州。江蘇省揚州府屬州二,高郵州、泰州;徐州府屬州一,邳州。安省鳳陽府屬州二,壽州、宿州;廬州府屬州一,無爲州;潁州府屬州一,亳州。江西省南昌府屬州一,義寧州。浙江省杭州府屬州一,海寧洲。湖北省武昌府屬州一,興國州;漢陽府屬州一,沔陽州;襄陽府屬州一,均州;德安府屬州一,隨州;黄州府屬州一,蘄州;宜昌府屬州二,歸州、鶴峰州。湖南省長沙府屬州一,茶陵州;寶慶府屬州一,武岡州;永州府屬州一,道州。陝西省西安府屬州一,耀州;同州府屬州一,華州;鳳翔府屬州一,隴州;漢中府屬州一,寧羌州;榆林府屬州一,葭州。甘肅省蘭州府屬州二,狄道州、河州;平凉府屬州二,静寧州、固原州;鞏昌府屬州一,岷州;慶陽府屬州一,寧州;寧夏府屬州一,靈州。四川省成都府屬州三,簡州、崇慶州、漢州;寧遠府屬州一,會理州;保寧府屬州二,巴州、劍州;順慶府屬州二,蓬州、廣安州;重慶府屬州二,合州、涪州;雅州府屬州一,天全州。廣東省惠州府屬州一,連平州;肇慶府屬州一,德慶州;高州府屬州一,化州;廉州府屬州一,欽州;瓊州府屬州三,儋州、萬州、崖州。廣西省桂林府屬州二,永寧州、全州;柳州府屬州一,象州;慶遠府屬州二,河池州、東蘭州;思恩府屬州一,賓州;泗城府屬州一,西隆州;平樂府屬州一,永安州;南寧府屬州三,新寧州、横州、上思州;太平府屬州四,養利州、左州、永康州、寧明州;鎮安府屬州一,歸順州。雲南省雲南府屬州四,嵩明州、晉寧州、安寧州、昆陽州;大理府屬州四,趙州、鄧川州、賓川州、雲龍州;臨安府屬州三,石屏州、阿迷州、寧州;楚雄府屬州三,姚州、南安州、鎮南州;澂江府屬州二,新興州、路南州;順寧府屬州一,雲州;曲靖府屬州六,霑益州、陸凉州、羅平州、馬龍州、尋甸州、宣威州;麗江府屬州二,鶴慶州、劍川州;永昌府屬州一,騰越州;昭通府屬州一,鎮雄州。貴州省貴陽府屬州三,開州、定番州、廣順州,鎮遠府屬州一,黄平州;安順府屬州二,鎮寧州、永寧州;興義府屬州一,貞豐州;都匀府屬州二,麻哈州、獨山州;大定府屬州三,平遠州、黔西州、威寧州;遵義府屬州一,正安州。知縣千二百九十有三人。順天府尹屬京縣二,大興縣、宛平縣,縣十七,良鄉縣、固安縣、永清縣、東安縣、香河縣、三河縣、武清縣、寶坻縣、寧河縣、順義縣、密雲縣、懷柔縣、房山縣、文安縣、大城縣、保定縣、平谷縣,仍屬直隸。奉天府尹屬京縣一,承德縣,縣五,海城縣、蓋平縣、寧海縣、開原縣、鐵嶺縣;錦州府屬縣二,錦縣、廣寧縣。直隸省順天西路廳屬京縣二,大興縣、宛平縣,縣二,良鄉縣、房山縣;東路廳屬縣五,香河縣、三河縣、武清縣、寶坻縣、寧河縣;南路廳屬縣六,固安縣、永清縣、東安縣、文安縣、大城縣、保定縣;北路廳屬縣四,順義縣、密雲縣、懷柔縣、平谷縣;保定府屬縣十五,清苑縣、滿城縣、安肅縣、定興縣、新城縣、唐縣、博野縣、望都縣、容城縣、完縣、蠡縣、雄縣、束鹿縣、高陽縣、新安縣;承德府屬理事通判兼縣五,灤平縣、豐寧縣、建昌縣、赤峰縣、朝陽縣;永平府屬縣六,盧龍縣、遷安縣、撫寧縣、昌黎縣、樂亭縣、臨榆縣;河間府屬縣十,河間縣、獻縣、阜城縣、肅寧縣、任邱縣、交河縣、寧津縣、吴橋縣、故城縣、東光縣;天津府屬縣六,天津縣、青縣、静海縣、南皮縣、鹽山縣、慶雲縣;宣化府屬縣七,宣化縣、赤城縣、萬全縣、龍門縣、懷來縣、西寧縣、懷安縣;正定府屬縣十三,正定縣、獲鹿縣、井陘縣、阜平縣、欒城縣、行唐縣、靈壽縣、平山縣、元氏縣、贊皇縣、無極縣、藁城縣、新樂縣;順德府屬縣九,邢臺縣、沙河縣、南和縣、平鄉縣、廣宗縣、鉅鹿縣、唐山縣、内邱縣、任縣；廣平府屬縣九，永年縣、曲周縣、肥鄉縣、雞澤縣、廣平縣、邯鄲縣、成安縣、威縣、清河縣；大名府屬縣六，元城縣、大名縣、南樂縣、清豐縣、東明縣、長垣縣；遵化州屬縣二，玉田縣、豐潤縣；易州屬縣二，淶水縣、廣昌縣；冀州屬縣五，南宫縣、新河縣、棗强縣、武邑縣、衡水縣；趙州屬縣五，柏鄉縣、隆平縣、高邑縣、臨城縣、寧晉縣；深州屬縣三，武强縣、饒陽縣、安平縣；定州屬縣二，曲陽縣、深澤縣。山東省濟南府屬縣十五，歷城縣、章邱縣、鄒平縣、淄川縣、長山縣、新城縣、齊河縣、齊東縣、濟陽縣、德平縣、禹城縣、臨邑縣、平原縣、陵縣、長清縣；泰安府屬縣六，泰安縣、東阿縣、平陰縣、新泰縣、萊蕪縣、肥城縣；武定府屬縣九，惠民縣、陽信縣、海豐縣、樂陵縣、利津縣、霑化縣、蒲臺縣、青城縣、商河縣；衮州府屬縣十，滋陽縣、曲阜縣、寧陽縣、鄒縣、泗水縣、滕縣、嶧縣、汶上縣、陽穀縣、壽張縣；沂州府屬縣六，蘭山縣、郯城縣、費縣、沂水縣、蒙陰縣、日照縣；曹州府屬縣十，菏澤縣、曹縣、范縣、觀城縣、朝城縣、鄆城縣、單縣、城武縣、定陶縣、鉅野縣；東昌府屬縣九，聊城縣、堂邑縣、博平縣、茌平縣、清平縣、莘縣、冠縣、館陶縣、恩縣；青州府屬縣十一，益都縣、博山縣、臨淄縣、博興縣、高苑縣、樂安縣、壽光縣、昌樂縣、臨朐縣、安邱縣、諸城縣；登州府屬縣九，蓬萊縣、黄縣、福山縣、棲霞縣、招遠縣、萊陽縣、文登縣、榮成縣、海陽縣；萊州府屬縣五，掖縣、濰縣、昌邑縣、高密縣、即墨縣；濟寧州屬縣三，金鄉縣、嘉祥縣、魚臺縣；臨清州屬縣三，武城縣、夏津縣、邱縣。山西省太原府屬縣十，陽曲縣、太原縣、榆次縣、太谷縣、祁縣、徐溝縣、交城縣、文水縣、嵐縣、興縣；平陽府屬縣十，臨汾縣、洪洞縣、浮山縣、鄉寧縣、岳陽縣、曲沃縣、翼城縣、太平縣、襄陵縣、汾西縣；蒲州府屬縣六，永濟縣、臨晉縣、虞鄉縣、榮河縣、萬泉縣、猗氏縣；潞安府屬縣七，長治縣、長子縣、屯留縣、襄垣縣、潞城縣、壺關縣、黎城縣；汾州府屬縣七，汾陽縣、孝義縣、平遥縣、介休縣、石樓縣、臨縣、寧鄉縣；澤州府屬縣五，鳳臺縣、高平縣、陽城縣、陵川縣、沁水縣；大同府屬縣七，大同縣、懷仁縣、山陰縣、陽高縣、天鎮縣、廣靈縣、靈邱縣；寧武府屬縣四，寧武縣、偏關縣、神池縣、五寨縣；朔平府屬縣三，右玉縣、左雲縣、平魯縣；平定州屬縣二，盂縣、壽陽縣；忻州屬縣二，定襄縣、静樂縣；代州屬縣三，五臺縣、崞縣、繁峙縣；保德州屬縣一，河曲縣；霍州屬縣二，趙城縣、靈石縣；解州屬縣四，安邑縣、夏縣、平陸縣、芮城縣；絳州屬縣五，垣曲縣、聞喜縣、絳縣、稷山縣、河津縣；隰州屬縣三，大寧縣、蒲縣、永和縣；沁州屬縣二，沁源縣、武鄉縣；遼州屬縣二，和順縣、榆社縣。河南省開封府屬縣十四，祥符縣、陳留縣、杞縣、通許縣、尉氏縣、洧川縣、鄢陵縣、中牟縣、蘭陽縣、滎陽縣、滎澤縣、汜水縣、密縣、新鄭縣；陳州府屬縣七，淮寧縣、商水縣、西華縣、項城縣、沈邱縣、太康縣、扶溝縣；歸德府屬縣七，商邱縣、寧陵縣、鹿邑縣、夏邑縣、永城縣、虞城縣、柘城縣；彰德府屬縣七，安陽縣、湯陰縣、臨漳縣、林縣、内黄縣、武安縣、涉縣；衛輝府屬縣十，汲縣、新鄉縣、獲嘉縣、淇縣、輝縣、延津縣、濬縣、滑縣、封邱縣、考城縣；懷慶府屬縣八，河内縣、濟源縣、原武縣、修武縣、武陟縣、孟縣、温縣、陽武縣；河南府屬縣十，洛陽縣、偃師縣、鞏縣、孟津縣、宜陽縣、登封縣、永寧縣、新安縣、澠池縣、高縣；南陽府屬縣十一，南陽縣、南召縣、鎮平縣、唐縣、泌陽縣、桐柏縣、内鄉縣、新野縣、淅川縣、舞陽縣、葉縣；汝寧府屬縣八，汝陽縣、正陽縣、上蔡縣、新蔡縣、西平縣、遂平縣、確山縣、羅山縣；許州屬縣四，臨潁縣、襄城縣、郾城縣、長葛縣；陝州屬縣三，靈寶縣、閿鄉縣、盧氏縣；光州屬縣四，光山縣、固始縣、息縣、商城縣；汝州屬縣四，魯山縣、郟縣、寶豐縣、伊陽縣。江蘇省江寧府屬縣七，上元縣、江寧縣、句容縣、溧水縣、江浦縣、六合縣、高淳縣；蘇州府屬縣九，吴縣、長洲縣、元和縣、崑山縣、新陽縣、常熟縣、昭文縣、吴江縣、震澤縣；松江府屬縣七，華亭縣、奉賢縣、婁縣、金山縣、上海縣、南匯縣、青浦縣；常州府屬縣八，武進縣、陽湖縣、無錫縣、金匱縣、江陰縣、宜興縣、荆溪縣、靖江縣；鎮江府屬縣四，丹徒縣、丹陽縣、金壇縣、溧陽縣；淮安府屬縣六，山陽縣、阜寧縣、鹽城縣、清河縣、安東縣、桃源縣；揚州府屬縣六，江都縣、甘泉縣、儀徵縣、興化縣、寶應縣、東臺縣；徐州府屬縣七，銅山縣、蕭縣、碭山縣、豐縣、沛縣、宿遷縣、睢寧縣；太倉州屬縣四，鎮洋縣、崇明縣、嘉定縣、寶山縣；海州屬縣二，贛榆縣、沭陽縣；通州屬縣二，如皋縣、泰興縣。安徽省安慶府屬縣六，懷寧縣、桐城縣、潛山縣、太湖縣、宿松縣、望江縣，徽州府屬縣六，歙縣、休寧縣、婺源縣、祁門縣、黟縣、績溪縣；寧國府屬縣六，宣城縣、寧國縣、涇縣、太平縣、旌德縣、南陵縣；池州府屬縣六，貴池縣、青陽縣、銅陵縣、石埭縣、建德縣、東流縣；太平府屬縣三，當塗縣、蕪湖縣、繁昌縣；廬州府屬縣四，合肥縣、廬江縣、舒城縣、巢縣；鳳陽府屬縣五，鳳陽縣、懷遠縣、定遠縣、鳳臺縣、靈璧縣；潁州府屬縣五，阜陽縣、潁上縣、霍邱縣、太和縣、蒙城縣；廣德州屬縣一，建平縣；滁州屬縣二，全椒縣、來安縣；和州屬縣一，含山縣；六安州屬縣二，英山縣、霍山縣；泗州屬縣三，盱眙縣、天長縣、五河縣。江西省南昌府屬縣七，南昌縣、新建縣、豐城縣、進賢縣、奉新縣、靖安縣、武寧縣；饒州府屬縣七，鄱陽縣、餘干縣、樂平縣、浮梁縣、德興縣、安仁縣、萬年縣；廣信府屬縣七，上饒縣、玉山縣、弋陽縣、貴溪縣、鉛山縣、廣豐縣、興安縣；南康府屬縣四，星子縣、都昌縣、建昌縣、安義縣；九江府屬縣五，德化縣、德安縣、瑞昌縣、湖口縣、彭澤縣；建昌府屬縣五，南城縣、新城縣、南豐縣、廣昌縣、瀘溪縣；撫州府屬縣六，臨川縣、金谿縣、崇仁縣、宜黄縣、樂安縣、東鄉縣；臨江府屬縣四，清江縣、新淦縣、新喻縣、峽江縣；瑞州府屬縣三，高安縣、新昌縣、上高縣；袁州府屬縣四，宜春縣、分宜縣、萍鄉縣、萬載縣；吉安府屬縣九，廬陵縣、泰和縣、吉水縣、永豐縣、安福縣、龍泉縣、萬安縣、永新縣、永寧縣；贛州府屬縣八，贛縣、雩都縣、信豐縣、興國縣、會昌縣、安遠縣、長寧縣、龍南縣；南安府屬縣四，大庾縣、南康縣、上猶縣、崇義縣；寧都州屬縣二，瑞金縣、石城縣。福建省福州府屬縣十，閩縣、侯官縣、古田縣、屏南縣、閩清縣、長樂縣、連江縣、羅源縣、永福縣、福清縣；泉州府屬縣五，晉江縣、南安縣、惠安縣、安溪縣、同安縣；建寧府屬縣七，建安縣、甌寧縣、建陽縣、崇安縣、浦城縣、政和縣、松溪縣；延平府屬縣六，南平縣、將樂縣、沙縣、尤溪縣、順昌縣、永安縣；汀州府屬縣八，長汀縣、寧化縣、上杭縣、武平縣、清流縣、連城縣、歸化縣、永定縣；興化府屬縣二，莆田縣、仙游縣；邵武府屬縣四，邵武縣、光澤縣、泰寧縣、建寧縣；漳州府屬縣七，龍溪縣、漳浦縣、南靖縣、長泰縣、平和縣、詔安縣、海澄縣；福寧府屬縣五，霞浦縣、福鼎縣、福安縣、寧德縣、壽寧縣；臺灣府屬縣四，臺灣縣、鳳山縣、嘉義縣、彰化縣；永春州屬縣二，德化縣、大田縣；龍巖州屬縣二，漳平縣、寧洋縣。浙江省杭州府屬縣八，錢塘縣、仁和縣、富陽縣、餘杭縣、臨安縣、於潛縣、新城縣、昌化縣；嘉興府屬縣七，嘉興縣、秀水縣、嘉善縣、海鹽縣、平湖縣、石門縣、桐鄉縣；湖州府屬縣七，烏程縣、歸安縣、長興縣、德清縣、武康縣、安吉縣、孝豐縣；寧波府屬縣六，鄞縣、慈谿縣、奉化縣、鎮海縣、定海縣、象山縣；紹興府屬縣八，山陰縣、會稽縣、蕭山縣、諸暨縣、餘姚縣、上虞縣、嵊縣、新昌縣；台州府屬縣六，臨海縣、黃巖縣、天台縣、仙居縣、寧海縣、太平縣；金華府屬縣八，金華縣、蘭谿縣、東陽縣、義烏縣、永康縣、武義縣、浦江縣、湯溪縣；衢州府屬縣五，西安縣、龍游縣、江山縣、常山縣、開化縣；嚴州府屬縣六，建德縣、淳安縣、桐廬縣、遂安縣、壽昌縣、分水縣；温州府屬縣五，永嘉縣、瑞安縣、樂清縣、平陽縣、泰順縣；處州府屬縣十，麗水縣、青田縣、縉雲縣、松陽縣、遂昌縣、龍泉縣、慶元縣、雲和縣、宣平縣、景寧縣。湖北省武昌府屬縣九，江夏縣、武昌縣、嘉魚縣、蒲圻縣、咸寧縣、崇陽縣、通城縣、大冶縣、通山縣；漢陽府屬縣四，漢陽縣、漢川縣、孝感縣、黄陂縣；安陸府屬縣四，鍾祥縣、京山縣、潛江縣、天門縣；襄陽府屬縣六，襄陽縣、宜城縣、南漳縣、棗陽縣、穀城縣、光化縣；鄖陽府屬縣六，鄖縣、房縣、竹山縣、竹谿縣、保康縣、鄖西縣；德安府屬縣四，安陸縣、雲夢縣、應城縣、應山縣；黄州府屬縣七，黄岡縣、黄安縣、蘄水縣、羅田縣、麻城縣、廣濟縣、黄梅縣；荆州府屬縣七，江陵縣、公安縣、石首縣、監利縣、松滋縣、枝江縣、宜都縣；宜昌府屬縣五，東湖縣、長陽縣、興山縣、巴東縣、長樂縣；施南府屬縣六，恩施縣、宣恩縣、來鳳縣、咸豐縣、利川縣、建始縣；荆門州屬縣二，當陽縣、遠安縣。湖南省長沙府屬縣十一，長沙縣、善化縣、湘潭縣、湘陰縣、寧鄉縣、瀏陽縣、醴陵縣、益陽縣、湘鄉縣、攸縣、安化縣；岳州府屬縣四，巴陵縣、臨湘縣、華容縣、平江縣；寶慶府屬縣四，邵陽縣、新化縣、城步縣、新寧縣；衡州府屬縣七，衡陽縣、清泉縣、衡山縣、耒陽縣、常寧縣、安仁縣、酃縣；常德府屬縣四，武陵縣、桃源縣、龍陽縣、沅江縣；辰州府屬縣四，沅陵縣、瀘溪縣、辰谿縣、漵浦縣；沅州府屬縣三，芷江縣、黔陽縣、麻陽縣；永州府屬縣七，零陵縣、祁陽縣、東安縣、寧遠縣、永明縣、江華縣、新田縣；永順府屬縣四，永順縣、龍山縣、保靖縣、桑植縣；澧州屬縣五，石門縣、安鄉縣、慈利縣、安福縣、永定縣；桂陽州屬縣三，臨武縣、藍山縣、嘉禾縣；靖州屬縣三，會同縣、通道縣、綏寧縣；郴州屬縣五，永興縣、宜章縣、興寧縣、桂陽縣、桂東縣。陝西省西安府屬縣十五，長安縣、咸寧縣、咸陽縣、興平縣、臨潼縣、高陵縣、鄠縣、藍田縣、涇陽縣、三原縣、盩厔縣、渭南縣、富平縣、醴泉縣、同官縣；同州府屬縣八，大荔縣、朝邑縣、郃陽縣、澄城縣、韓城縣、白水縣、華陰縣、蒲城縣；鳳翔府屬縣七，鳳翔縣、岐山縣、寶雞縣、扶風縣、郿縣、麟游縣、汧陽縣；漢中府屬縣八，南鄭縣、褒城縣、城固縣、洋縣、西鄉縣、鳳縣、沔縣、畧陽縣；興安府屬縣六，安康縣、平利縣、洵陽縣、白河縣、紫陽縣、石泉縣；延安府屬縣十，膚施縣、安塞縣、甘泉縣、保安縣、安定縣、宜川縣、延長縣、延川縣、定邊縣、靖邊縣；榆林府屬縣四，榆林縣、神木縣、府谷縣、懷遠縣；商州屬縣四，鎮安縣、雒南縣、山陽縣、商南縣；乾州屬縣二，武功縣、永壽縣；邠州屬縣三，三水縣、淳化縣、長武縣；鄜州屬縣三，洛川縣、中部縣、宜君縣；綏德州屬縣三，米脂縣、清澗縣、吴堡縣。甘肅省蘭州府屬縣四，皋蘭縣、金縣、渭源縣、靖遠縣；平凉府屬縣三，平凉縣、華亭縣、隆德縣；鞏昌府屬縣八，隴西縣、安定縣、會寧縣、通渭縣、漳縣、寧遠縣、伏羌縣、西和縣；慶陽府屬縣四，安化縣、合水縣、環縣、正寧縣；寧夏府屬縣四，寧夏縣、寧朔縣、平羅縣、中衛縣；西寧府屬縣三，西寧縣、碾伯縣、大通縣；凉州府屬縣五，武威縣、鎮番縣、永昌縣、古浪縣、平番縣；甘州府屬縣二，張掖縣、山丹縣；鎮西府屬縣二，宜禾縣、奇台縣；涇州屬縣三，崇信縣、鎮原縣、靈臺縣；階州屬縣二，文縣、成縣；秦州屬縣五，秦安縣、清水縣、禮縣、徽縣、兩當縣；肅州屬縣一，高臺縣；安西州屬縣二，敦煌縣、玉門縣；進化州屬縣三，昌吉縣、阜康縣、綏來縣。四川省成都府屬縣十三，成都縣、華陽縣、雙流縣、温江縣、新繁縣、金堂縣、新都縣、郫縣、灌縣、彭縣、崇寧縣、新津縣、什邡縣；寧遠府屬縣三，西昌縣、冕寧縣、鹽源縣；保寧府屬縣七，閬中縣、蒼溪縣、南部縣、廣元縣、昭化縣、通江縣、南江縣；順慶府屬縣八，南充縣、西充縣、營山縣、儀隴縣、渠縣、大竹縣、鄰水縣、岳池縣；敘州府屬縣十一，宜賓縣、慶符縣、富順縣、南溪縣、長寧縣、高縣、筠連縣、珙縣、興文縣、隆昌縣、屏山縣；重慶府屬縣十一，巴縣、江津縣、長壽縣、永川縣、榮昌縣、綦江縣、南川縣、銅梁縣、大足縣、璧山縣、定遠縣；夔州府屬縣六，奉節縣、巫山縣、雲陽縣、萬縣、開縣、大寧縣；綏定府屬縣三，達縣、東鄉縣、新寧縣；龍安府屬縣四，平武縣、江油縣、石泉縣、彰明縣；潼川府屬縣八，三臺縣、射洪縣、鹽亭縣、中江縣、遂寧縣、蓬溪縣、樂至縣、安岳縣；嘉定府屬縣七，樂山縣、峩眉縣、洪雅縣、夾江縣、犍爲縣、榮縣、威遠縣；雅州府屬縣五，雅安縣、名山縣、榮經縣、蘆山縣、清溪縣；敘永廳屬縣一，永寧縣；資州屬縣四，仁壽縣、資陽縣、井研縣、内江縣；綿州屬縣五，德陽縣、安縣綿、竹縣、梓潼縣、羅江縣；茂州屬縣一，汶川縣；酉陽州屬縣三，秀山縣、黔江縣、彭水縣；忠州屬縣三，酆都縣、墊江縣、梁山縣；眉州屬縣三，丹稜縣、彭山縣、青神縣；邛州屬縣二，大邑縣、蒲江縣；瀘州屬縣三，納谿縣、合江縣、江安縣。廣東省廣州府屬縣十四，南海縣、番禺縣、順德縣、東莞縣、從化縣、龍門縣、新寧縣、增城縣、香山縣、新會縣、三水縣、清遠縣、新安縣、花縣；韶州府屬縣六，曲江縣、樂昌縣、仁化縣、乳源縣、翁源縣、英德縣；惠州府屬縣九，歸善縣、博羅縣、長寧縣、永安縣、海豐縣、陸豐縣、龍川縣、河源縣、和平縣；潮州府屬縣九，海陽縣、豐順縣、潮陽縣、揭陽縣、饒平縣、惠來縣、大埔縣、澄海縣、普寧縣；肇慶府屬縣十二，高要縣、四會縣、新興縣、陽春縣、陽江縣、高明縣、恩平縣、廣寧縣、開平縣、鶴山縣、封川縣、開建縣；高州府屬縣五，茂名縣、電白縣、信宜縣、吴川縣、石城縣；廉州府屬縣二，合浦縣、靈山縣；雷州府屬縣三，海康縣、遂溪縣、徐聞縣；瓊州府屬縣十，瓊山縣、澄邁縣、定安縣、文昌縣、會同縣、樂會縣、臨高縣、昌化縣、陵水縣、感恩縣；連州屬縣二，陽山縣、連山縣；南雄州屬縣一，始興縣；嘉應州屬縣四，長樂縣、興寧縣、平遠縣、鎮平縣；羅定州屬縣二，東安縣、西寧縣。廣西省桂林府屬縣七，臨桂縣、興安縣、靈川縣、陽朔縣、永福縣、義寧縣、灌陽縣；柳州府屬縣七，馬平縣、雒容縣、羅城縣、柳城縣、懷遠縣、來賓縣、融縣；慶遠府屬縣三，宜山縣、天河縣、思恩縣；思恩府屬縣三，武緣縣、遷江縣、上林縣；泗城府屬縣二，凌雲縣、西林縣；平樂府屬縣七，平樂縣、恭城縣、富川縣、賀縣、荔浦縣、修仁縣、昭平縣；梧州府屬縣五，蒼梧縣、藤縣、容縣、岑溪縣、懷集縣；潯州府屬縣四，桂平縣、平南縣、貴縣、武宣縣；南寧府屬縣三，宣化縣、隆安縣、永淳縣；太平府屬縣一，崇善縣；鎮安府屬縣一，天保縣；鬱林州屬縣四，博白縣、北流縣、陸川縣、興業縣。雲南省雲南府屬縣七，昆明縣、富民縣、宜良縣、呈貢縣、羅次縣、禄豐縣、易門縣；大理府屬縣三，太和縣、雲南縣、浪穹縣；臨安府屬縣五，建水縣、通海縣、河西縣、嶍峨縣、蒙自縣；楚雄府屬縣四，楚雄縣、定遠縣、廣通縣、大姚縣；澂江府屬縣二，河陽縣、江川縣；廣南府屬縣一，寶寧縣；順寧府屬縣一，順寧縣；曲靖府屬縣二，南寧縣、平彝縣；麗江府屬縣一，麗江縣；普洱府屬縣一，寧洱縣；永昌府屬縣二，保山縣、永平縣；開化府屬縣一，文山縣；東川府屬縣一，會澤縣；昭通府屬縣二，恩安縣、永善縣；廣西州屬縣二，師宗縣、彌勒縣；武定州屬縣二，元謀縣、禄勸縣；元江州屬縣一，新平縣；鎮沅州屬縣一，恩樂縣。貴州省貴陽府屬縣四，貴筑縣、龍里縣、貴定縣、修文縣；思州府屬縣二，玉屏縣、青溪縣；思南府屬縣三，安化縣、婺川縣、印江縣；鎮遠府屬縣三，鎮遠縣、施秉縣、天柱縣；銅仁府屬縣一，銅仁縣；黎平府屬縣三，開泰縣、錦屏縣、永從縣；安順府屬縣三，普定縣、清鎮縣、安平縣；興義府屬縣三，普安縣、安南縣、興義縣；都勻府屬縣三，都勻縣、清平縣、荔波縣；石阡府屬縣一，龍泉縣；大定府屬縣一，畢節縣；遵義府屬縣四，遵義縣、桐梓縣、綏陽縣、仁懷縣；平越州屬縣三，湄潭縣、甕安縣、餘慶縣。佐貳，京府治中二人，通判二人；府同知百一十有六人，通判百有八人；直隸州州同二十有二人，州判三十有五人；州同三十有二人，州判四十有四人；京縣縣丞二人；縣丞三百五十人，主簿五十有八人。京府治中，順天、奉天各一人，通判亦各一人。府佐貳地方同知，直隸省正定府、廣平府、宣化府各一人，又保定府、河間府、順德府、大名府管河兼地方各一人；山東省濟南府、武定府、兖州府、曹州府、東昌府、青州府、登州府、萊州府各一人；山西省太原府、平陽府、蒲州府、潞安府、汾州府、澤州府各一人；河南省開封府、南陽府各一人；江蘇省江寧府二人，蘇州府三人，揚州府一人，又管河兼地方一人；安徽省安慶府、徽州府、太平府、廬州府、鳳陽府、潁州府各一人，又鳳潁一人；江西省南昌府二人，饒州府、廣信府、九江府、建昌府、瑞州府、袁州府、南安府各一人；福建省泉州府、汀州府、邵武府各一人；福州府、臺灣府各二人；浙江省杭州府、嘉興府、湖州府、寧波府、紹興府、台州府、衢州府、嚴州府、温州府、處州府各一人；湖北省武昌府、漢陽府、安陸府、德安府、荊州府、襄陽府、宜昌府、施南府各一人，黄州府二人；湖南省長沙府、永州府、寶慶府、岳州府、常德府、永順府各一人；陝西省西安府一人；甘肅省寧夏府一人；四川省成都府一人；廣東省廣州府、潮州府、廉州府、雷州府、瓊州府各一人；廣西省桂林府、慶遠府、平樂府、梧州府、南寧府各一人；雲南省雲南府、臨安府、曲靖府、開化府、東川府各一人。理事同知，順天一人；奉天一人；直隸省保定府、永平府各一人；山東省青州府一人；山西省朔平府一人，又歸綏道所屬一人；河南省開封府一人；江蘇省江寧府、鎮江府各一人；福建省福州府一人；浙江省杭州府、嘉興府各一人；湖北省荆州府一人；陝西省西安府、延安府、榆林府各一人；甘肅省寧夏府一人；四川省成都府一人；廣東省廣州府一人。地方通判，直隸省保定府、永平府、廣平府、大名府、宣化府各一人，又天津府、正定府管河兼地方各一人；山東省濟南府、泰安府、兖州府、沂州府各一人，又兖州府、沂州府管河兼地方各一人；山西省平陽府、汾州府、大同府各一人；河南省陳州府、彰德府、懷慶府、河南府、汝寧府各一人，又開封府、衛輝府管河兼地方各一人；江蘇省蘇州府、鎮江府、淮安府各一人，江寧府、松江府、常州府各二人，又揚州府管河兼地方一人；安徽省安慶府、徽州府、寧國府、池州府、太平府、廬州府、鳳陽府、潁州府各一人；江西省南昌府、饒州府、廣信府、南康府、九江府、建昌府、撫州府、臨江府、吉安府、贛州府各一人；福建省福州府、泉州府、延平府、興化府、漳州府各一人；浙江省杭州府、嘉興府、湖州府、寧波府、紹興府、台州府、金華府、衢州府、温州府各一人；湖北省武昌府、漢陽府、襄陽府、鄖陽府、德安府、黄州府、荆州府、宜昌府、施南府各一人；湖南省長沙府、岳州府、寶慶府、衡州府、常德府、辰州府、沅州府、永州府、永順府各一人；陝西省鳳翔府一人；甘肅省寧夏府一人；四川省成都府、順慶府、重慶府、夔州府、潼川府、嘉定府各一人；廣東省廣州府二人，潮州府、肇慶府、高州府各一人；廣西省柳州府、思恩府、平樂府、潯州府各一人；雲南省雲南府、大理府各一人。理事通判，直隸省保定府二人；山西省太原府一人，又歸綏道所屬一人；甘肅省凉州府、鎮西府各一人。直隸州佐貳地方州同，直隸省遵化州、易州、定州各一人；山東省濟寧州、臨清州各一人；河南省汝州一人；江蘇省太倉州一人；安徽省六安州、和州、泗州各一人；福建省永春州、龍巖州各一人；湖北省荆門州一人；湖南省桂陽州一人；陝西省商州、鄜州各一人；甘肅省階州、秦州、肅州各一人；四川省酉陽州一人；廣東省南雄州、嘉應州各一人。州判，直隸省遵化州、易州、冀州、趙州、深州各一人；山西省平定州、代州、解州、絳州各一人；河南省許州、陝州、光州各一人；江蘇省海州一人；安徽省廣德州、泗州各一人；江西省寧都州一人；湖南省郴州、澧州、靖州各一人；陝西省乾州、邠州各一人；甘肅省秦州、階州、安西州各一人；四川省忠州、眉州、邛州、瀘州、資州、綿州、酉陽州各一人；廣東省羅定州、連州各一人；廣西省鬱林州一人；雲南省廣西州一人。州佐貳地方州同，山東省莒州、寧海州、平度州、膠州各一人；河南省鄧州一人；安徽省無爲州、壽州、亳州各一人；江西省義寧州一人；湖北省沔陽州、隨州各一人；湖南省武岡州一人；陝西省隴州、寧羌州各一人；甘肅省靈州一人；四川省崇慶州、涪州、天全州各一人；廣西省全州、河池州、南丹州、忠州、江州、太平州、萬承州、龍英州、思州、田州、西隆州各一人；雲南省鎮雄州一人；貴州省獨山州、貞豐州各一人。州判，順天涿州、霸州各一人，仍屬直隸；直隸省平泉州、灤州、晉州、磁州、開州、延慶州各一人；山東省德州、濱州、濮州、高唐州各一人；河南省禹州、睢州、裕州、信陽州各一人；安徽省宿州一人；江西省義寧州一人；浙江省海寧州一人；湖北省興國州、蘄州、沔陽州、鶴峰州、歸州各一人；湖南省茶陵州、道州各一人；陝西省華州一人；甘肅省狄道州、河州各一人；四川省簡州、巴州各一人；廣東省欽州一人；廣西省那地州、安平州、憑祥州、向武州、奉儀州、西隆州各一人；雲南省南安州、姚州、騰越州、鎮雄州各一人；貴州省定番州二人。縣佐貳，京縣縣丞，順天大興縣、宛平縣各一人；地方縣丞，順天良鄉縣、密雲縣、房山縣各一人，仍屬直隸；直隸省東鹿縣、建昌縣、赤峰縣、南宮縣、赤城縣、萬全縣各一人，又大名縣管河兼地方一人；山東省歷城縣、章邱縣、禹城縣、平原縣、長山縣、齊河縣、長清縣、泰安縣、東阿縣、惠民縣、利津縣、蒲臺縣、滋陽縣、鄒縣、滕縣、汶上縣、曹縣、陽穀縣、蘭山縣、沂水縣、聊城縣、茌平縣、恩縣、益都縣、壽光縣、安邱縣、蓬萊縣、萊陽縣、掖縣、濰縣、昌邑縣各一人；山西省陽曲縣、永濟縣、平陸縣、長治縣、長子縣、大同縣各一人；河南省祥符縣、淮寧縣、太康縣、商邱縣、鹿邑縣、夏邑縣、永城縣、洛陽縣、宜陽縣、靈寶縣、閿鄉縣、南陽縣、唐縣、汝陽縣、固始縣各一人；江蘇省上元縣、江寧縣、句容縣、吴縣、長洲縣、元和縣、崑山縣、新陽縣、常熟縣、吴江縣、震澤縣、鎮洋縣、崇明縣、嘉定縣、寶山縣、華亭縣、奉賢縣、婁縣、上海縣、南匯縣、青浦縣、武進縣、無錫縣、江陰縣、宜興縣、靖江縣、金壇縣、溧陽縣、山陽縣、清河縣、沭陽縣各一人；安徽省懷寧縣、桐城縣、潛山縣、宿松縣、歙縣、休寧縣、婺源縣、宣城縣、涇縣、南陵縣、貴池縣、當塗縣、蕪湖縣、合肥縣、鳳陽縣、阜陽縣各一人；江西省南昌縣、新建縣、豐城縣、進賢縣、奉新縣、靖安縣、武寧縣、鄱陽縣、餘干縣、樂平縣、浮梁縣、德興縣、安仁縣、萬年縣、上饒縣、玉山縣、弋陽縣、廣豐縣、貴溪縣、鉛山縣、都昌縣、建昌縣、安義縣、南城縣、新城縣、南豐縣、瀘溪縣、臨川縣、金谿縣、崇仁縣、東鄉縣、清江縣、新淦縣、新喻縣、峽江縣、高安縣、新昌縣、上高縣、廬陵縣、泰和縣、吉水縣、永豐縣、安福縣、龍泉縣、萬安縣、永新縣、贛縣、上猶縣各一人；福建省閩縣、侯官縣、古田縣、福清縣、晉江縣、南安縣、同安縣、建安縣、建陽縣、甌寧縣、崇安縣、浦城縣、松溪縣、南平縣、沙縣、順昌縣、長汀縣、寧化縣、上杭縣、莆田縣、邵武縣、龍溪縣、漳浦縣、平和縣、寧德縣、鳳山縣、噶瑪蘭廳各一人，嘉義縣、彰化縣各二人。浙江省錢塘縣、仁和縣、富陽縣、餘杭縣、嘉興縣、秀水縣、嘉善縣、海鹽縣、平湖縣、桐鄉縣、烏程縣、歸安縣、長興縣、武康縣、安吉縣、鄞縣、慈谿縣、奉化縣、鎮海縣、山陰縣、會稽縣、蕭山縣、諸暨縣、餘姚縣、上虞縣、臨海縣、黄巖縣、寧海縣、太平縣、金華縣、蘭谿縣、東陽縣、永康縣、西安縣、龍游縣、江山縣、常山縣、開化縣、建德縣、桐廬縣、永嘉縣、瑞安縣、樂清縣、平陽縣、麗水縣、龍泉縣各一人；湖北省江夏縣、武昌縣、蒲圻縣、漢陽縣、孝感縣、鍾祥縣、京山縣、天門縣、襄陽縣、黄岡縣、蘄水縣、麻城縣、黄梅縣、江陵縣、公安縣、石首縣、監利縣、長樂縣、恩施縣、利川縣、建始縣各一人；湖南省長沙縣、善化縣、湘潭縣、湘陰縣、瀏陽縣、益陽縣、湘鄉縣、巴陵縣、衡陽縣、武陵縣、沅陵縣、芷江縣、麻陽縣、零陵縣各一人；陝西省長安縣、咸寧縣、咸陽縣、興平縣、臨潼縣、涇陽縣、三原縣、盩厔縣、渭南縣、富平縣、大荔縣、郃陽縣、華陰縣、鳳翔縣、寶雞縣、洋縣、西鄉縣、安康縣、定邊縣各一人；甘肅省皋蘭縣、隆德縣、平羅縣、平番縣、張掖縣、高臺縣、阜康縣各一人；四川省成都縣、華陽縣、西昌縣、冕寧縣、鹽源縣、南部縣、渠縣、大竹縣、永寧縣、巴縣、梁山縣、萬縣、平武縣、三臺縣、遂寧縣、蓬溪縣、榮縣各一人，富順縣二人；廣東省南海縣、番禺縣、順德縣、東莞縣、新寧縣、香山縣、新會縣、三水縣、新安縣、曲江縣、歸善縣、海豐縣、海陽縣、潮陽縣、揭陽縣、高要縣、陽江縣、合浦縣、遂溪縣、瓊山縣各一人；廣西省桂林縣、永福縣、宜山縣、上林縣、凌雲縣、崇善縣各一人；雲南省昆明縣、師宗縣、永善縣各一人；貴州省鎮遠縣、施秉縣、天柱縣、銅仁縣、開泰縣、永從縣、普安縣、清平縣、荔波縣各一人。主簿，山東省歷城縣、泰安縣各一人；山西省太谷縣一人；江蘇省吴縣、長洲縣、元和縣、昭文縣、吴江縣、寶山縣、華亭縣、婁縣、上海縣、青浦縣、陽湖縣、金匱縣、江陰縣、丹徒縣、丹陽縣、金壇縣、山陽縣、如皋縣各一人；安徽省宣城縣、鳳陽縣、懷遠縣、定遠縣各一人；江西省南昌縣、新建縣各一人；福建省閩縣一人；浙江省錢塘縣、仁和縣、嘉興縣、秀水縣、嘉善縣、石門縣、平湖縣、烏程縣、歸安縣、長興縣、德清縣各一人；湖北省潛江縣、陽縣、江陵縣、監利縣各一人；湖南省巴陵縣一人；陝西省長安縣、朝邑縣、紫陽縣各一人；甘肅省皋蘭縣、平羅縣、西寧縣各一人；四川省南充縣、東鄉縣、平武縣各一人；廣東省南海縣、增城縣各一人；廣西省羅城縣、懷遠縣各一人；貴州省鎮遠縣一人。府廳州縣屬之巡檢司，九百四十有九人。巡檢，順天大興縣禮賢司、采育司、黄村司，宛平縣齊家莊司、王平口司、石港口司，武清縣河西務司，密雲縣古北口司，房山縣磁家務司，薊州中營司各一人，仍屬直隸，管河兼地方，宛平縣石景山司，寧河縣蘆臺司各一人；奉天海城縣牛莊司，錦縣天橋廠司，寧遠州中後所司，廣寧縣新民屯司，岫巖廳屬司、鳳凰城司，昌圖廳屬司，吉林廳伊通河司，伯都訥廳伯都訥本城司、孤榆樹屯司，長春廳長春堡司、寧古塔本城司各一人；直隸省遵化州西半壁司，唐縣倒馬關司，淶水縣黄莊司，承德府張三營司，灤平縣喀喇河屯司、鞍匠屯司，平泉州八溝司，豐寧縣郭家屯司、黄姑屯司、大閣兒司、土城子司，建昌縣塔子溝司、牤牛營子司，赤峰縣烏蘭哈達司，朝陽縣鄂爾土版司、三座塔司，遷安縣三屯營司、喜峰口司、建昌營司，臨榆縣石門寨司，交河縣新橋司，景州龍華鎮司，故城縣鄭家口司，天津縣葛沽司，静海縣獨流鎮司，滄州孟村司，鹽山縣舊縣司、楊二莊司，行唐縣碑兩嶺口司，平山縣洪子店司，邢臺縣西黄村司，東明縣杜勝集司，多倫諾爾廳本城司，懷來縣沙城司，延慶州永寧司，灤州榛子鎮司，清苑縣張登司，河間縣北魏村司各一人；山東省歷城縣龍山鎮司，東平州平家集司，新泰縣上四莊司，海豐縣大沽河口司，利津縣豐國鎮司，蘭山縣青駝寺司，費縣關陽鎮司、平邑集司，莒州十字路司、石埠集司，沂水縣垛莊司，日照縣安東衛司，菏澤縣沙土集司，清平縣魏家灣司，臨清州王家淺司，臨朐縣穆陵關司，諸城縣信陽司，黄縣海口司，福山縣海口司，文登縣靖海司、威遠司，榮成縣石島司，海陽縣行寨司，濰縣固隄店司，膠州靈山司，即墨縣栲栳島司、鼇山衛司各一人；山西省陽曲縣石嶺關司，徐溝縣清源司，交城縣故交村司，静樂縣婁煩司，代州廣武城司，五臺縣臺懷鎮司，繁峙縣平刑關司，河曲縣河邑司，靈石縣仁義司，臨晉縣角杯村司，解州鹽池司、長樂司，安邑縣聖惠鎮司，河津縣禹門渡司，隰州廣武莊司，潞城縣石城里司、虹梯關司，汾陽縣冀村司，永寧州柳林鎮司、方山堡司，沁水縣端氏鎮司，遼州十八盤司，和順縣八賦嶺司，豐鎮廳張皐兒司、大莊科司，渾源州王家莊司，應州安東司，山陰縣岱岳鎮司，寧武縣寧化所司，偏關縣老營堡司，寧遠廳後營子村司，右玉縣殺虎口司、威遠堡司，朔州馬邑司，左雲縣助馬口司、歸化城屬司，和林格爾廳屬司又畢齊克齊司，薩拉齊廳屬司又包頭村司，清水河廳屬司，托克托城廳屬司各一人；河南省祥符縣朱仙鎮司，滎澤縣河陰司，滑縣老岸鎮司，濟源縣邵源鎮司，澠池縣南村司，嵩縣舊縣司，盧氏縣朱陽司，南陽縣賒旗店司，南召縣李清店司，内鄉縣西硤口司，汝陽縣廟灣司，信陽州楊家堂司，羅山縣大勝關司，固始縣往流濟司，商城縣牛食畈司，魯山縣趙家村司各一人；江蘇省江寧府江東司、秣陵關司，上元縣淳化司，江寧縣江寧司，句容縣龍潭司，六合縣瓜埠司，高淳縣廣通鎮司，太湖廳甪頭司、東山司，吴縣光福鎮司，長洲縣吴塔司，元和縣周莊司，崑山縣石浦司，新陽縣巴城司，常熟縣黄泗浦港司，昭文縣白茆司，吴江縣同里司、汾湖司，震澤縣震澤司、平望司，太倉州七浦司、甘草司，崇明縣貊貔鎮司，嘉定縣諸翟鎮司，華亭縣金山司，奉賢縣南橋鎮司，婁縣小徵司，金山縣金山司，上海縣吴淞江司、黄浦司，南匯縣三林司，青浦縣澱山司、新涇司，武進縣奔牛司、小河司，陽湖縣馬蹟山司，無錫縣高橋司，金匱縣望亭司，江陰縣顧山鎮司，宜興縣鍾溪司、下邾司，荆溪縣湖汊司、張渚司，靖江縣新港司，丹徒縣丹徒鎮司、安港司、高家鎮司，丹陽縣吕城司、包港司，金壇縣湖溪司，山陽縣版閘司，鹽城縣上岡司、沙溝司，阜寧縣草堰司，桃源縣史家集司，海州高橋司、惠澤司，贛榆縣青口鎮司，江都縣萬壽司，甘泉縣邵伯鎮司、上官橋司，儀徵縣舊江口司，高郵州界首司、時堡司，寶應縣槐樓司、衡陽鎮司，泰州寧鄉司、海安司，通州吕東司，如皋縣西場司、石莊司，泰興縣黄橋司、日莊司、口岸司，銅山縣雙溝鎮四界司、利國司，蕭縣張山店司，沛縣夏陽司，邳州舊城司，宿遷縣峒峿司各一人；安徽省懷寧縣長楓夾鎮司、三橋鎮司，桐城縣六百丈司、練潭鎮司、北硤關司、馬踏石司，潛山縣天堂寨司，太湖縣後部司、白沙司，宿松縣小姑山司、涇口司，望江縣華陽鎮司，歙縣黄山司、街口司，休寧縣汰厦司，婺源縣項村司，祁門縣大洪嶺司，績溪縣濠寨司，宣城縣水陽司、黄池鎮司，寧國縣岳山司、湖樂司，涇縣茹麻嶺司，太平縣宏潭司，旌德縣三溪司，貴池縣李陽司，銅陵縣大通司，東流縣吉陽鎮司，當塗縣采石司、大信司，蕪湖縣河口鎮司，繁昌縣荻港司、三山司，合肥縣青陽鎮司、梁園司、官亭司，舒城縣曉天鎮司，無爲州土橋河鎮司、黄雒司、泥仪河司、奥龍司，巢縣柘皐司，鳳陽縣臨淮鎮司，定遠縣池河司，壽州正陽鎮司，鳳臺縣闞疃集司，靈璧縣固鎮司，阜陽縣沈邱鎮司，霍邱縣開順鎮司、三河尖鎮司，亳州義門司，太和縣洪山司，廣德州杭村司、廣安司，建平縣海渚司，滁州大鎗嶺司，和州牛屯河司、裕溪河鎮司，含山縣運漕鎮司，六安州和尚灘司、馬頭汛司，英山縣七引店司，霍山縣上土市司，天長縣城門司各一人；江西省南昌縣市汊司，新建縣生米鎮司，豐城縣大江口司,進賢縣梅莊司,奉新縣羅坊司,武寧縣高坪司,義寧州排埠塘司、八疊嶺司,鄱陽縣石門司,浮梁縣景德鎮司,德興縣白沙司,萬年縣石頭街司,上饒縣八房場司、鄭家坊司,玉山縣太平橋司,貴溪縣鷹潭鎮司、上清鎮司,鉛山縣湖坊鎮司,廣豐縣洋口司,星子縣青山司、渚溪司,都昌縣周溪司,德化縣大姑塘司、小池口司、城子鎮司,瑞昌縣肇陳口司,彭澤縣馬當鎮司,南城縣新豐司,新城縣極高司、同安司,南豐縣龍池司、羅坊司,廣昌縣白水鎮司,臨川縣東館司、溫家圳司,崇仁縣鳳岡司,宜黄縣棠陰司,樂安縣招携司,新淦縣杯山司,新喻縣水北墟司,高安縣灰埠司,新昌縣大姑嶺司、黄岡洞司,宜春縣黄圃司、潤富嶺司,萍鄉縣安樂司、蘆溪市司,萬載縣珠樹潭司,蓮花廳黄陂司,盧陵縣固江鎮司、永陽鎮司、富田司,泰和縣早禾市司,吉水縣阜田司,永豐縣沙溪司、層山司、表湖司,安福縣蘿塘司,龍泉縣北鄉司、左安司、秀洲司,萬安縣皁口司、灘頭司,永新縣上坪寨司,永寧縣升鄉寨司,贛縣桂源司、長興司,雩都縣興仁司,信豐縣楊溪司,興國縣衣錦司,會昌縣筠門嶺司,安遠縣版石司,長寧縣新坪司,定南廳下歴司,寧都州下河寨司,瑞金縣瑞林寨司、湖陂司,大庾縣鬱林鎮司、赤石嶺司,南康縣相安司、潭口司,崇義縣鉛廠司、長龍司、金坑司各一人;福建省閩縣五虎門司、閩安鎮司、永慶司,侯官縣竹崎司、五縣寨司,連江縣東岱司,永福縣際門司,福清縣江口司,泉州府劉五店司,晉江縣維陽司、鷓鴣司,南安縣康店鎮司,惠安縣良興司,同安縣灌口司、石潯司,建安縣房村街司,甌寧縣葉坊司、營頭司,建陽縣南槎司,崇安縣五夫村司,浦城縣廟灣司、溪源司、高泉司,政和縣下莊司,松溪縣二十四都司,南平縣嵢峽司,將樂縣萬安寨司,沙縣北鄉寨司,尤溪縣高才坂司,永安縣安沙司、湖口司,長汀縣古城寨司,寧化縣安遠寨司、石牛司,武平縣象洞寨司、永平寨司,清流縣鐵石磯頭司,連城縣北團寨司,歸化縣夏陽司,永定縣三層嶺司、興化鄉司、太平司,莆田縣凌洋司、迎仙寨司、涵江司,仙游縣楓亭司、興泰里司,邵武府拏口司,邵武縣水口司,光澤縣大寺寨司,龍溪縣江東司,南靖縣和溪司、永豐司,平和縣漳汀司,詔安縣漳潮司,海澄縣海門司,霞浦縣柘洋司、杯溪司,福鼎縣瀲城司、嵊嶼司,福安縣白石司,寧德縣霍童司、石堂司,壽寧縣漁溪司,永春州一都黄坂司,大田縣桃源司、花橋司,龍巖州雁石司,臺灣府羅東司,臺灣縣漢羅門司,鳳山縣下淡水司,嘉義縣大武壠司、佳里興司,淡水廳竹塹司,彰化縣鹿仔港司、貓霧捒司各一人;浙江省仁和縣塘棲鎮司,海寧州赭山司,平湖縣白沙灣司、乍浦鎮司,桐鄉縣青鎮司,烏程縣大錢湖口司、南潯鎮司,歸安縣連市司、埭溪鎮司,長興縣四安司,德清縣新市司,孝豐縣天目山司,鄞縣杖錫司,慈谿縣松浦司,奉化縣塔山司,鎮海縣管界司、長山司、穿山司,定海縣沈家嶴司、岑港司,象山縣趙嶴司、石浦司,山陰縣柯橋司,會稽縣曹娥司,蕭山縣漁浦司,饒姚縣廟山司、三山司、中村司,上虞縣梁湖司,臨海縣前所司,黄巖縣長浦司,太平縣松門司,西安縣全旺司,龍游縣湖鎮司,常山縣草坪司,開化縣金竹嶺司,玉環廳玉環司,永嘉縣西溪司,瑞嘉縣大嵤司,樂清縣磐石司,平陽縣蒲門司各一人;湖北省江夏縣鮎魚口鎮司、金口鎮司、滸黄鎮司、山陂司,武昌縣白湖鎮司、金子磯鎮司,嘉魚縣簰州鎮司、石頭口司,蒲圻縣港口司，興國州富池鎮司、黄顙司，大冶縣道士洑司，漢陽縣蔡店鎮司、仁義司、禮智司、沌口鎮司、新灘鎮司，漢川縣劉家隔司、小里潭司，孝感縣楊店司，黄陂縣灄口鎮司、大成潭鎮司，沔陽州鍋底灣司、沙鎮司，鍾祥縣麗陽司，京山縣宋河鎮司，潛江縣高家場司，天門縣乾鎮司，荆門州石橋鎮司、建陽鎮司，當陽縣河溶鎮司，襄陽縣吕堰鎮司、雙溝司，南漳縣方家堰司，宜城縣田家集司，穀城縣馬腦觀司，光化縣左旗營司，鄖縣黄龍鎮司，房山縣版橋山司、九道梁司，竹山縣官渡河司，應城縣長江埠司，隨州高城總司，東湖縣南沱司、合河店司、梅垳鎮司，應山縣平靖關司，黄岡縣倉子埠司、但店鎮司、陽邏司、團風鎮司，黄安縣中和司、黄陂站司，蘄水縣巴河鎮司、蘭溪司，羅田縣多雲鎮司，麻城縣鵞籠司、虎頭關司，蘄州大同鎮司、茅山鎮司，廣濟縣龍坪鎮司、馬口鎮司，黄梅縣亭前鎮司、孔壠鎮司、新開口鎮司，江陵縣沙市司、虎渡口司、龍灣市司，公安縣孱陵鎮司，監利縣白螺磯司、窰圻司、分鹽所司，松滋縣磨盤洲司，巴東縣野山關司，鶴峰州山羊隘司，恩施縣崔家壩司，宣恩縣東鄉鎮司、乾壩鎮司，來鳳縣卯峒百户司，咸豐縣張家平司，利川縣南坪堡司、建南司各一人；湖南省長沙縣橋頭司，湘潭縣黄茅司，湘陰縣新市司、大荆鎮司，瀏陽縣永安市司，醴陵縣淥口司，湘鄉縣婁底市司，攸縣鳳嶺司，茶陵州視渡口司，臨湘縣城陵磯司、桃林土門司，華容縣黄家鎮司，平江縣長壽司，澧州清化司、順林司，石門縣水南渡司，慈利縣九谿衛城司，邵陽縣隆回司、黑田司，城步縣黄嶺峝司、江頭汛司，武岡州硤口司、石門隘司，清泉縣新城司，衡山縣草市司、永壽司，桂陽州泗州寨司，藍山縣大橋司，武陵縣大龍司，桃源縣新店司、鄭家店司，龍陽縣龍潭橋司，乾州廳河溪司，鳳凰廳屬司，沅陵縣馬底司、船溪司，辰溪縣黄溪口鎮司，溆浦縣龍潭司，芷江縣便水司、凉山司、懷化司，黔陽縣安江司，麻陽縣高村司，祁陽縣永隆太平市司、歸陽市司，東安縣蘆洪司、石期市司，寧遠縣魯觀司，永明縣桃川市司，江華縣錦岡司、錦田寨司，靖州零溪司，會同縣洪江司，通道縣播陽司，綏寧縣雙江司、青陂司，郴州良田司，永興縣高亭司，宜章縣赤石司、白沙司，興寧縣滁口司，桂陽縣益將司、鎮安司，永順縣王村州司，龍山縣隆頭司，保靖縣張家壩司，桑植縣二峝司各一人；陝西省西安府孝義川司，寧陜廳五郎關司，雒南縣三要司，潼關廳風陵渡司，蒲城縣永豐鎮司，寶鷄縣虢川司，定遠聽簡池壩司、漁渡壩司，南鄭縣青石關司，褒城縣黄官嶺司，西鄉縣大巴山司，沔縣南星司，興安府漢陰司，平列縣鎮平司，靖邊縣寧條梁司，宜君縣馬欄鎮司，府谷縣麻池溝司各一人；甘肅省中衛縣渠寧司，古浪縣大靖堡司，肅州嘉峪關司，奇臺縣古城司，迪化州屬司，昌吉縣呼圖壁司，綏來縣霍爾果斯司，土魯番廳屬司，又闢展司哈密廳屬司，伊犁廳惠遠城司、惠寧城司、綏定城司各一人；四川省華陽縣太平場司，簡州龍泉司，西昌縣德昌所司，會理州苦竹壩司、迷易所司，廣元縣百丈司、朝天鎮司、神宜驛司，巴州江口鎮司，屏山縣石角營司，敘永廳古藺州司，雷波廳黄螂司，巴縣木洞鎮司，涪州武隆司，銅梁縣安居司，酉陽州龔灘鎮司，秀山縣石隄司，彭水縣都山鎮司，忠州敦里八甲司，石砫廳西界沱司，達縣麻柳場司，江油縣中壩場司，松潘廳南坪司，射洪縣洋溪鎮司，中江縣胖子店司，邛州火井漕司,瀘州嘉明鎮司,雅州府瀘定橋司各一人;廣東省南海縣神安司、金利司、黄鼎司、江浦司、三江司、五斗司,番禺縣沙灣司、鹿步司、慕德司、菱塘司,順德縣紫泥司、江村司、都寧司、馬寧司,東莞縣缺口鎮司、京山司、中堂司,從化縣流溪司,龍門縣廟子角司,新寧縣廣海寨司,增城縣茅田司,香山縣香山司、黄圃司、黄梁都司、淇澳司,新會縣沙村司、牛肚灣司、潮連司,三水縣三水司、胥江司,清遠縣濵江司、濱江司、迴岐司,新安縣官富司、福永司,花縣獅嶺司、水西司,連州朱岡司、星子司,陽山縣淇潭堡司,連山縣宜善司,曲江縣平圃司、濛濃司,樂昌縣九峰司、羅家渡司,仁化縣扶溪司,乳源縣武陽司,翁源縣際下司,英德縣象岡司、洸口司,南雄州百順司、平田司、紅梅司、桂山司,始興縣清化徑司,歸善縣碧甲司、内外管理司、平山司、平政司、平海司,博羅縣善政司、石灣司、蘇州司,長寧縣拃坪司,永安縣寬仁里司、馴雉里司,海豐縣鵞埠嶺司,陸豐縣黄沙坑司、河田司、甲子司,龍川縣通衢司、十一都司、老隆司,連平州昌吉里司、忠信里司,河源縣藍口司,潮州府南澳司,海陽縣浮洋司,豐順縣湯坑市司,潮陽縣招寧司、門闢司、吉安司,揭陽縣河婆司、北寨司,饒平縣黄岡司,專來縣神泉司、葵潭司,大埔縣三河司、大産司,澄海縣鮀浦司、樟林鎮司,普寧縣雲落徑司,嘉應州太平鄉司、豐顺鄉司,長樂縣十二都司,興寧縣十三都司、水口司,平遠縣壩頭司,鎮平縣羅岡司,高要縣横查司、禄步司,四會縣南津司,新興縣立將司,陽春縣古良司、黄泥灣司,陽江縣太平司、海陵島司,高明縣三洲司,開平縣沙岡司、松柏司,鶴山縣藥徑司、雙橋司,德慶州悦城鄉司,封川縣文德司,茂名縣平山司、赤水司,電白縣沙瑯司,信宜縣懷鄉司,化州梁家沙司,吴川縣硇洲司,石城縣凌禄司,合浦縣高仰司、珠場司、永平司,欽州防城司、如昔司、沿海司、那陳司、長墩司,靈山縣西鄉司、林墟司,海康縣清道司,遂溪縣湛川司,徐聞縣寧海司、東場司,瓊山縣水尾司,澄邁縣澄萬司,定安縣太平汛司,文昌縣鋪前司、青藍頭司,臨高縣和舍司,儋州薄沙汛司,萬州龍滚司,陵水縣寶停汛司,崖州樂安汛司、永寧司,羅定州晉康鄉司,東安縣西山司,西寧縣夜護司各一人;廣西省桂林府龍勝司,臨桂縣蘇橋司、六塘墟司,興安縣社水陸峒司,永寧州喇峒司,義寧州廣南司,全州山棗司、山角司,灌陽縣吉寧鄉崇顺里司,馬平縣穿山司、三都汛司,雒容縣平樂鎮司、江口鎮司,羅城縣武陽鎮司,柳城縣東泉鎮司、古砦寨司,懷遠縣梅寨司,來賓縣界牌司,融縣長安鎮司、思管鎮司,象州龍門司,宜山縣白土司、德勝鎮司、龍門司,思恩府百色寨司,武緣縣高井寨司,賓州安城鎮司,遷江縣平陽墟司,上林縣周安鎮司、思隴驛司,凌雲縣平樂一甲司,西林縣潞城司,恭城縣鎮峡寨司,富川縣白霞司,賀縣信都鄉司、會寧司,昭平縣馬江塘司,蒼梧縣安平鄉司、長行鄉司、東安司,藤縣白石寨司、竇家寨司,容縣波羅里大峒司、粉壁寨司,岑溪縣上里平河村司,懷集縣武城鄉司、慈樂寨司,鬱林州撫康司,博白縣沙河寨司、周羅寨司,北流縣雙威寨司,陸川縣温水司,桂平縣大黄江口司、穆樂墟司,平南縣大鳥墟司、秦川鄉司,貴縣五山汛司,武宣縣廊鎮司,宣化縣八尺寨司、金城寨司、三官堡司、遷龍寨司、墰落墟司,横州大灘司,永淳縣武羅鄉司、南里鄉司,崇善縣馱廬司,歸順州湖潤寨司各一人;雲南省建水縣曲江司，景東廳猛統司，彌勒縣竹園村司，順寧府猛緬司，南寧縣白水司，霑益州炎松司，尋甸州易古司，宣威州可渡司，武定州金沙江司，元江州因遠司，新平縣揚武壩司，普洱府思茅司，蒙化廳浪滄江司、漾濞司、南澗司，永昌府龍陵廳司、杉木和司、施甸司，騰越州龍川江司，會澤縣歹補司、者海司，鎮沅州新撫司，昭通府古寨魯甸司，大關廳鹽井渡司，鎮雄州毋亨司各一人；貴州省貴陽府扎佐司，天柱縣鎮遠司，黄平州舊州司，銅仁府盤石司，安順府羊腸塘司，永寧州慕役司，興義縣捧鮓司，威寧州得勝坡司各一人。首領，布政司經歷十有五人，理問七人，都事二人，照磨七人；按察司經歷十有四人，知事一人，照磨六人；京府經歷二人；府經歷百六十有七人，知事九人，照磨二十有八人，檢校三人；廳經歷十人，知事六人，照磨二十有一人；州吏目二百十有九人，長官司吏目三人；縣典史千二百九十有四人。布政司經歷直隸、山東、山西、河南、安徽、江西、浙江、福建、湖北、陝西、四川、廣東、廣西、雲南、貴州各一人，理問直隸一人、江蘇二人、江西、浙江、湖南、陝西各一人，都事河南、福建各一人，照磨山西、浙江、福建、湖北、甘肅、四川、廣東各一人。按察司經歷直隸、山東、山西、河南、江蘇、江西、浙江、福建、湖北、陝西、四川、廣東、廣西、雲南各一人，知事江西一人，照磨安徽、浙江、福建、湖南、甘肅、貴州各一人。京府經歷順天、奉天各一人。府經歷奉天錦州府一人，直隸省保定府、承德府、永平府、河間府、天津府、正定府、順德府、廣平府、大名府、宣化府各一人，山東省濟南府、泰安府、武定府、兗州府、沂州府、曹州府、東昌府、青州府、登州府、萊州府各一人，山西省太原府、平陽府、蒲州府、潞安府、汾州府、澤州府、大同府、寧武府、朔平府各一人，河南省開封府、歸德府、彰德府、衛輝府、懷慶府、河南府、南陽府、汝寧府各一人，江蘇省江寧府、松江府、鎮江府、淮安府、揚州府、徐州府各一人，安徽省安慶府、徽州府、寧國府、池州府、太平府、廬州府、鳳陽府、潁州府各一人，江西省南昌府、饒州府、廣信府、南康府、九江府、建昌府、撫州府、臨江府、瑞州府、袁州府、吉安府、贛州府、南安府各一人，福建省福州府、泉州府、建寧府、延平府、汀州府、興化府、邵武府、漳州府、臺灣府各一人，浙江省杭州府、嘉興府、湖州府、寧波府、紹興府、台州府、金華府、衢州府、嚴州府、温州府、處州府各一人，湖北省武昌府、漢陽府、安陸府、襄陽府、鄖陽府、德安府、黄州府、荆州府、宜昌府、施南府各一人，湖南省長沙府、岳州府、寶慶府、衡州府、常德府、辰州府、沅州府、永州府、永順府各一人，陝西省西安府、同州府、鳳翔府、漢中府各一人，甘肅省蘭州府、平凉府、鞏昌府、慶陽府、寧夏府、西寧府、凉州府、甘州府、鎮西府各一人，四川省寧遠府、保寧府、順慶府、敘州府、重慶府、夔州府、綏定府、龍安府、潼川府、嘉定府、雅州府各一人，廣東省廣州府、韶州府、惠州府、潮州府、肇慶府、高州府、廉州府、雷州府、瓊州府各一人，廣西省桂林府、柳州府、慶遠府、思恩府、泗城府、平樂府、梧州府、潯州府、南寧府、太平府各一人，雲南省雲南府、臨安府、廣南府、順寧府、麗江府、普洱府、東川府、昭通府各一人，貴州省貴陽府、思州府、思南府、鎮遠府、銅仁府、黎平府、安順府、興義府、都匀府、石阡府、大定府、遵義府各一人；知事江蘇省蘇州府、松江府、鎮江府、常州府各一人，浙江省杭州府一人，廣西省太平府、鎮安府各一人，雲南省順寧府、昭通府各一人；照磨順天府一人，河南省開封府一人，江蘇省江寧府、蘇州府、常州府、揚州府、鎮江府各一人，安徽省安慶府一人，江西省南昌府、饒州府、廣信府、九江府、撫州府、臨江府、袁州府、吉安府、贛州府、南安府各一人，浙江省杭州府、嘉興府、紹興府、衢州府各一人，陝西省漢中府、興安府、延安府、榆林府各一人，甘肅省平凉府一人，貴州省黎平府古州一人；檢校江蘇省江寧府、淮安府、揚州府各一人。廳經歷湖南省鳳凰廳、永綏廳、乾州廳各一人，四川省越巂廳、太平廳各一人，雲南省景東廳、威遠廳、蒙化廳、永北廳各一人，貴州省松桃廳一人；知事湖南省鳳凰廳、永綏廳各一人，雲南省他郎廳、威遠廳、永北廳、大關廳各一人；照磨河南省儀封廳一人，江蘇省海門廳一人，江西省蓮花廳、定南廳各一人，福建省馬港廳、雲霄廳各一人，甘肅省洮州廳一人，四川省雜谷廳、越巂廳、馬邊廳、敘永廳、雷波廳、江北廳、石砫廳、太平廳、松潘廳、打箭爐廳各一人，廣西省龍州廳一人，貴州省永城廳、仁懷廳、普安廳各一人。州吏目順天五人，仍屬直隸，奉天四人，直隸省十七人，山東省十一人，山西省十六人，河南省十人，江蘇省六人，安徽省九人，江西省二人，福建省二人，浙江省一人，湖北省八人，湖南省七人，陝西省十人，甘肅省十三人，四川省十九人，廣東省十一人，廣西省二十三人，雲南省三十一人，貴州省十四人；長官司吏目貴州省三人；典史順天十九人，仍屬直隸，奉天八人，直隸省一百五人，山東省九十六人，山西省八十五人，河南省九十七人，江蘇省六十二人，安徽省五十人，江西省七十五人，福建省六十二人，浙江省七十六人，湖北省六十人，湖南省六十四人，陝西省七十三人，甘肅省五十一人，四川省一百十一人，廣東省七十九人，廣西省四十七人。又忻城縣土知縣屬一人，雲南省三十九人，貴州省三十四人。

欽定大清會典卷五

〇學則學政督之，分府、廳、州、縣學以教士。凡學政十有八人，府教授百八十有九人，州學正二百有十人，縣教諭千一百十有一人，府廳州縣訓導千五百二十有一人。學政順天、山東、山西、河南、江蘇、安徽、江西、福建、浙江、湖北、湖南、陝甘、四川、廣東、廣西、雲南、貴州各一人，奉天府丞兼學政一人。滿洲教授順天府一人，教授順天府一人，奉天府及所屬錦州府各一人，直隸省保定府、承德府、永平府、河間府、天津府、正定府、順德府、廣平府、大名府、宣化府各一人，山東省濟南府、泰安府、武定府、兖州府、沂州府、曹州府、東昌府、青州府、登州府、萊州府各一人，又兖州府四氏學一人，山西省太原府、平陽府、蒲州府、潞安府、汾州府、澤州府、大同府、寧武府、朔平府各一人，河南省開封府、陳州府、歸德府、彰德府、衛輝府、懷慶府、河南府、南陽府、汝寧府各一人，江蘇省江寧府、蘇州府、松江府、常州府、鎮江府、淮安府、揚州府、徐州府各一人，安徽省安慶府、徽州府、寧國府、池州府、太平府、廬州府、鳳陽府、潁州府各一人，江西省南昌府、饒州府、廣信府、南康府、九江府、建昌府、撫州府、臨江府、瑞州府、袁州府、吉安府、贛州府、南安府各一人，福建省福州府、泉州府、建寧府、延平府、汀州府、興化府、邵武府、漳州府、福寧府、臺灣府各一人，浙江省杭州府、嘉興府、湖州府、寧波府、紹興府、台州府、金華府、衢州府、嚴州府、温州府、處州府各一人，湖北省武昌府、漢陽府、安陸府、襄陽府、鄖陽府、德安府、黄州府、荆州府、宜昌府各一人，湖南省長沙府、岳州府、寶慶府、衡州府、常德府、辰州府、沅州府、永州府、永順府各一人，陝西省西安府、同州府、鳳翔府、漢中府、興安府、延安府、榆林府各一人，甘肅省蘭州府、平凉府、鞏昌府、洮州廳、慶陽府、寧夏府、西寧府、凉州府、甘州府、鎮西府各一人，四川省成都府、越巂廳、保寧府、順慶府、敘州府、重慶府、夔州府、綏定府、龍安府、松潘廳、潼川府、嘉定府、雅州府各一人，廣東省廣州府、韶州府、惠州府、潮州府、肇慶府、高州府、廉州府、雷州府、瓊州府各一人，廣西省桂林府、柳州府、慶遠府、思恩府、泗城府、平樂府、梧州府、潯州府、南寧府、太平府、鎮安府各一人，雲南省雲南府、大理府、臨安府、楚雄府、澂江府、景東廳、廣南府、順寧府、曲靖府、麗江府、蒙化廳、永昌府、永北廳、開化府、東川府、昭通府各一人，貴州省貴陽府、思州府、思南府、鎮遠府、銅仁府、黎平府、安順府、興義府、都匀府、石阡府、大定府、遵義府各一人。學正順天通州、昌平州、涿州、霸州、薊州各一人，仍屬直隸，奉天遼陽州、復州、寧遠州、義州各一人，又吉林將軍所屬一人，直隸省遵化州、祁州、安州、易州、灤州、景州、滄州、晉州、冀州、趙州、深州、定州、磁州、開州、蔚州、延慶州、保安州各一人，山東省德州、東平州、濱州、濟寧州、莒州、濮州、高唐州、臨清州、寧海州、平度州、膠州各一人，山西省岢嵐州、平定州、忻州、代州、保德州、吉州、霍州、解州、絳州、隰州、永寧州、沁州、遼州、渾源州、應州、朔州各一人，河南省鄭州、禹州、許州、睢州、陝州、鄧州、裕州、信陽州、光州、汝州各一人，江蘇省太倉州、海州、高郵州、泰州、通州、邳州各一人，安徽省無爲州、壽州、宿州、亳州、廣德州、滁州、和州、六安州、泗州各一人，江西省義寧州、寧都州各一人，福建省永春州、龍巖州各一人，浙江省海寧州一人，湖北省興國州、沔陽州、荊門州、均州、隨州、蘄州、歸州各一人，湖南省茶陵州、澧州、武岡州、桂陽州、道州、靖州、郴州各一人，陝西省耀州、商州、華州、乾州、邠州、隴州、寧羌州、鄜州、綏德州、葭州各一人，甘肅省狄道州、河州、静寧州、固原州、涇州、岷州、階州、秦州、寧州、靈州、肅州、安西州、迪化州各一人，四川省簡州、崇慶州、漢州、資州、綿州、茂州、會理州、巴州、劍州、蓬州、廣安州、合州、涪州、忠州、眉州、邛州、瀘州各一人，廣東省連州、南雄州、連平州、嘉應州、德慶州、化州、欽州、儋州、萬州、崖州、羅定州各一人，廣西省永寧州、全州、象州、河池州、東蘭州、賓州、永安州、鬱林州、新寧州、横州、上思州、養利州、左州、永康州、寧明州、歸順州各一人，雲南省嵩明州、普寧州、安寧州、昆陽州、趙州、鄧川州、賓川州、雲龍州、石屏州、阿迷州、寧州、姚州、南安州、鎮南州、新興州、路南州、廣西州、雲州、霑益州、陸涼州、羅平州、馬龍州、尋甸州、宣威州、武定州、鶴慶州、劍川州、元江州、騰越州、鎮沅州、鎮雄州各一人，貴州省開州、定番州、廣順州、黄平州、鎮寧州、永寧州、貞豐州、麻哈州、獨山州、平越州、平遠州、黔西州、威寧州、正安州各一人。教諭順天良鄉縣、固安縣、永清縣、東安縣、香河縣、三河縣、武清縣、寶坻縣、寧河縣、密雲縣、房山縣、文安縣、大成縣、平谷縣各一人，仍屬直隸，奉天寧海縣一人，直隸省清苑縣、滿城縣、安肅縣、定興縣、新城縣、唐縣、博野縣、望都縣、容城縣、完縣、蠡縣、雄縣、玉田縣、豐潤縣、束鹿縣、高陽縣、新安縣、淶水縣、廣昌縣、盧龍縣、遷安縣、撫寧縣、昌黎縣、樂亭縣、臨榆縣、河間縣、獻縣、阜城縣、肅寧縣、任邱縣、交河縣、寧津縣、吴橋縣、故城縣、東光縣、天津縣、青縣、静海縣、南皮縣、鹽山縣、慶雲縣、正定縣、獲鹿縣、井陘縣、阜平縣、樂城縣、行唐縣、靈壽縣、平山縣、元氏縣、贊皇縣、無極縣、藁城縣、新樂縣、南宫縣、新河縣、棗强縣、武邑縣、衡水縣、柏鄉縣、隆平縣、高邑縣、臨城縣、寧晉縣、武强縣、饒陽縣、安平縣、曲陽縣、深澤縣、邢臺縣、沙河縣、南和縣、平鄉縣、廣宗縣、鉅鹿縣、唐山縣、内邱縣、任縣、永年縣、曲周縣、肥鄉縣、雞澤縣、廣平縣、邯鄲縣、成安縣、威縣、清河縣、元城縣、大名縣、南樂縣、清豐縣、東明縣、長垣縣、宣化縣、赤城縣、萬全縣、龍門縣、懷來縣、西寧縣、懷安縣各一人，山東省歷城縣、章邱縣、鄒平縣、淄川縣、長山縣、新城縣、齊河縣、齊東縣、濟陽縣、德平縣、禹城縣、臨邑縣、平原縣、陵縣、長清縣、東阿縣、平陰縣、新泰縣、萊蕪縣、肥城縣、陽信縣、海豐縣、樂陵縣、利津縣、霑化縣、蒲臺縣、青城縣、商河縣、滋陽縣、曲阜縣、寧陽縣、鄒縣、泗水縣、滕縣、嶧縣、汶上縣、陽棣縣、壽張縣、金鄉縣、嘉祥縣、魚臺縣、郯城縣、費縣、沂水縣、蒙陰縣、日照縣、曹縣、范縣、觀城縣、朝城縣、鄆城縣、單縣、城武縣、定陶縣、鉅野縣、聊城縣、堂邑縣、博平縣、茌平縣、清平縣、莘縣、冠縣、館陶縣、恩縣、武城縣、夏津縣、邱縣、益都縣、臨淄縣、博興縣、高苑縣、樂安縣、壽光縣、昌樂縣、臨朐縣、安邱縣、諸城縣、蓬萊縣、黄縣、福山縣、棲霞縣、招遠縣、萊陽縣、文登縣、(滎)[榮]成縣、海陽縣、掖縣、濰縣、昌邑縣、高密縣、即墨縣各一人,山西省陽曲縣、太原縣、榆次縣、太谷縣、祁縣、徐溝縣、交城縣、文水縣、興縣、平定州樂平鄉盂縣、壽陽縣、定襄縣、五臺縣、崞縣、繁峙縣、臨汾縣、洪洞縣、浮山縣、曲沃縣、翼城縣、太平縣、襄陵縣、趙城縣、靈石縣、永濟縣、臨晉縣、滎河縣、萬泉縣、猗氏縣、安邑縣、夏縣、平陸縣、芮城縣、垣曲縣、聞喜縣、絳縣、稷山縣、河津縣、長治縣、長子縣、屯留縣、襄垣縣、壺關縣、黎城縣、汾陽縣、孝義縣、平遥縣、介休縣、臨縣武、鄉縣、鳳臺縣、高平縣、陽城縣、陵川縣、沁水縣、榆社縣、大同縣、寧武縣、右玉縣各一人,河南省祥符縣、陳留縣、杞縣、通許縣、尉氏縣、洧川縣、鄢陵縣、中牟縣、蘭陽縣、儀封廳、滎陽縣、汜水縣、密縣、新鄭縣、淮寧縣、商水縣、西華縣、項城縣、沈邱縣、太康縣、扶溝縣、臨潁縣、襄城縣、郾城縣、長葛縣、商邱縣、寧陵縣、鹿邑縣、夏邑縣、永城縣、虞城縣、柘城縣、安陽縣、湯陰縣、臨漳縣、林縣、内黄縣、武安縣、涉縣、汲縣、新鄉縣、獲嘉縣、淇縣、輝縣、延津縣、濬縣、滑縣、封邱縣、考城縣、河内縣、濟源縣、原武縣、修武縣、武陟縣、孟縣、温縣、陽武縣、洛陽縣、偃師縣、鞏縣、孟津縣、宜陽縣、登封縣、永寧縣、新安縣、澠池縣、嵩縣、靈寶縣、閿鄉縣、盧氏縣、南陽縣、南召縣、鎮平縣、唐縣、泌陽縣、桐柏縣、内鄉縣、新野縣、淅川縣、舞陽縣、葉縣、汝陽縣、正陽縣、上蔡縣、新蔡縣、西平縣、遂平縣、確山縣、羅山縣、光山縣、固始縣、息縣、商城縣、魯山縣、郟縣、寶豐縣、伊陽縣各一人,滎澤縣二人,江蘇省上元縣、江寧縣、句容縣、溧水縣、江浦縣、六合縣、高淳縣、吴縣、長洲縣、崑山縣、常熟縣、吴江縣、崇明縣、嘉定縣、華亭縣、婁縣、上海縣、青浦縣、武進縣、無錫縣、江陰縣、宜興縣、靖江縣、丹徒縣、丹陽縣、金壇縣、溧陽縣、山陽縣、鹽城縣、清河縣、安東縣、桃源縣、贛榆縣、沭陽縣、江都縣、儀徵縣、興化縣、寶應縣、如皋縣、泰興縣、蕭縣、碭山縣、豐縣、沛縣、宿遷縣、睢寧縣各一人,安徽省懷寧縣、桐城縣、潛山縣、太湖縣、宿松縣、望江縣、歙縣、林寧縣、婺源縣、祁門縣、黟縣、績溪縣、宣城縣、寧國縣、涇縣、太平縣、旌德縣、南陵縣、貴池縣、青陽縣、銅陵縣、石埭縣、建德縣、東流縣、當塗縣、蕪湖縣、繁昌縣、合肥縣、廬江縣、舒城縣、巢縣、鳳陽縣、懷遠縣、定遠縣、靈璧縣、潁上縣、霍邱縣、太和縣、蒙城縣、建平縣、全椒縣、來安縣、含山縣、英山縣、霍山縣、盱眙縣、天長縣、五河縣各一人,江西省南昌縣、新建縣、豐城縣、進賢縣、奉新縣、靖安縣、武寧縣、鄱陽縣、餘干縣、樂平縣、浮梁縣、德興縣、安仁縣、萬年縣、上饒縣、玉山縣、弋陽縣、貴溪縣、鉛山縣、廣豐縣、興安縣、星子縣、都昌縣、建昌縣、安義縣、德化縣、德安縣、瑞昌縣、湖口縣、彭澤縣、南城縣、新城縣、南豐縣、廣昌縣、瀘溪縣、臨川縣、金谿縣、崇仁縣、宜黄縣、樂安縣、東鄉縣、清江縣、新淦縣、新喻縣、峽江縣、高安縣、新昌縣、上高縣、宜春縣、分宜縣、萍鄉縣、萬載縣、廬陵縣、泰和縣、吉才縣、永豐縣、安福縣、龍泉縣、萬安縣、永新縣、永寧縣、贛縣、雩都縣、信豐縣、興國縣、會昌縣、安遠縣、長寧縣、龍南縣、瑞金縣、石城縣、大庾縣、南康縣、上猶縣、崇義縣各一人，福建省閩縣、侯官縣、古田縣、閩清縣、長樂縣、連江縣、羅源縣、永福縣、福清縣、晉江縣、南安縣、惠安縣、安溪縣、同安縣、建安縣、甌寧縣、建陽縣、崇安縣、浦城縣、政和縣、松溪縣、南平縣、將樂縣、沙縣、尤溪縣、順昌縣、永安縣、長汀縣、寧化縣、上杭縣、武平縣、清流縣、連城縣、歸化縣、永定縣、莆田縣、仙游縣、邵武縣、光澤縣、泰寧縣、建寧縣、龍溪縣、漳浦縣、南靖縣、長泰縣、平和縣、詔安縣、海澄縣、福安縣、寧德縣、壽寧縣、德化縣、大田縣、漳平縣、臺灣縣、鳳山縣、嘉義縣、彰化縣各一人，浙江省錢塘縣、仁和縣、富陽縣、餘杭縣、臨安縣、於潛縣、新城縣、昌化縣、嘉興縣、秀水縣、嘉善縣、海鹽縣、石門縣、平湖縣、桐鄉縣、烏程縣、歸安縣、長興縣、德清縣、武康縣、安吉縣、孝豐縣、鄞縣、慈谿縣、奉化縣、鎮海縣、定海縣、象山縣、山陰縣、會稽縣、蕭山縣、諸暨縣、餘姚縣、上虞縣、嵊縣、新昌縣、臨海縣、黄巖縣、天台縣、仙居縣、寧海縣、太平縣、金華縣、蘭谿縣、東陽縣、義烏縣、永康縣、武義縣、浦江縣、湯溪縣、西安縣、龍游縣、江山縣、常山縣、開化縣、建德縣、淳安縣、桐廬縣、遂安縣、壽昌縣、分水縣、永嘉縣、瑞安縣、樂清縣、平陽縣、泰順縣、麗水縣、青田縣、縉雲縣、松陽縣、遂昌縣、龍泉縣、慶元縣、雲和縣、宣平縣、景寧縣各一人，湖北省江夏縣、武昌縣、嘉魚縣、蒲圻縣、咸寧縣、崇陽縣、通城縣、大冶縣、通山縣、漢陽縣、漢川縣、孝感縣、黄陂縣、鍾祥縣、京山縣、潛江縣、天門縣、當陽縣、遠安縣、襄陽縣、宜城縣、南漳縣、棗陽縣、穀城縣、光化縣、鄖縣、房縣、竹山縣、竹溪縣、保康縣、鄖西縣、安陸縣、雲夢縣、應城縣、應山縣、黄岡縣、黄安縣、蘄水縣、羅田縣、麻城縣、廣濟縣、黄梅縣、江陵縣、公安縣、石首縣、監利縣、松滋縣、枝江縣、宜都縣、東湖縣、長陽縣、興山縣、巴東縣、恩施縣各一人，湖南省長沙縣、善化縣、湘潭縣、湘陰縣、寧鄉縣、瀏陽縣、醴陵縣、益陽縣、湘鄉縣、攸縣、安化縣、巴陵縣、臨湘縣、華容縣、平江縣、石門縣、安鄉縣、慈利縣、安福縣、邵陽縣、新化縣、城步縣、新寧縣、衡陽縣、衡山縣、耒陽縣、常寧縣、安仁縣、酃縣、臨武縣、藍山縣、嘉禾縣、武陵縣、桃源縣、龍陽縣、沅江縣、沅陵縣、瀘溪縣、辰谿縣、溆浦縣、黔陽縣、麻陽縣、零陵縣、祁陽縣、東安縣、寧遠縣、永明縣、江華縣、新田縣、會同縣、通道縣、綏寧縣、永興縣、宜章縣、興寧縣、桂陽縣、桂東縣各一人，陝西省長安縣、咸寧縣、咸陽縣、興平縣、臨潼縣、高陵縣、鄠縣、藍田縣、涇陽縣、三原縣、盩厔縣、渭南縣、富平縣、醴泉縣、大荔縣、朝邑縣、郃陽縣、澄城縣、韓城縣、華陰縣、蒲城縣、武功縣、三水縣、淳化縣、鳳翔縣、岐山縣、寶雞縣、扶風縣、郿縣、麟游縣、汧陽縣、南鄭縣、城固縣、洋縣、西鄉縣、沔縣、安康縣、洵陽縣、膚施縣、安塞縣、洛川縣、吴堡縣、神木縣、府谷縣各一人，甘肅省皋蘭縣、靖遠縣、平凉縣、華亭縣、靈臺縣、鎮原縣、隴西縣、安定縣、文縣、崴縣、寧夏縣、寧朔縣、中衛縣、西寧縣、武威縣、鎮番縣、永昌縣、張掖縣、山丹縣、高臺縣各一人,四川省成都縣、華陽縣、温江縣、新繁縣、金堂縣、新都縣、郫縣、灌縣、新津縣、什邡縣、仁壽縣、資陽縣、井研縣、内江縣、德陽縣、安縣、綿竹縣、梓潼縣、汶川縣、雜谷廳、西昌縣、冕寧縣、鹽源縣、閬中縣、蒼溪縣、南部縣、廣元縣、昭化縣、通江縣、南江縣、南充縣、西充縣、營山縣、儀隴縣、渠縣、大竹縣、隣水縣、宜賓縣、慶符縣、富順縣、南溪縣、長寧縣、高縣、筠連縣、珙縣、興文縣、隆昌縣、屏山縣、敘永廳、永寧縣、巴縣、江津縣、長壽縣、永川縣、榮昌縣、綦江縣、南川縣、銅梁縣、彭水縣、墊江縣、梁山縣、奉節縣、開縣、東鄉縣、平武縣、江浦縣、石泉縣、三臺縣、射洪縣、鹽亭縣、中江縣、遂寧縣、蓬溪縣、丹稜縣、峩眉縣、洪雅縣、夾江縣、犍爲縣、榮縣、大邑縣、蒲江縣、納谿縣、合江縣、江安縣、名山縣、滎經縣、蘆山縣各一人,廣東省南海縣、番禺縣、順德縣、東莞縣、從化縣、龍門縣、新寧縣、增城縣、香山縣、新會縣、三水縣、清遠縣、新安縣、花縣、陽山縣、連江縣、曲江縣、樂昌縣、仁化縣、乳源縣、翁源縣、英德縣、始興縣、歸善縣、博羅縣、長寧縣、永安縣、海豐縣、龍川縣、河源縣、和平縣、海陽縣、潮陽縣、揭陽縣、饒平縣、惠來縣、大埔縣、澄海縣、普寧縣、長樂縣、興寧縣、高要縣、四會縣、新興縣、陽春縣、陽江縣、高明縣、廣寧縣、封川縣、開建縣、茂名縣、電白縣、信宜縣、吴川縣、石城縣、合浦縣、靈山縣、海康縣、遂溪縣、徐聞縣、瓊山縣、澄邁縣、定安縣、文昌縣、會同縣、樂會縣、臨高縣、昌化縣、陵水縣、感恩縣、東安縣、西寧縣各一人,廣西省臨桂縣、興安縣、靈川縣、陽朔縣、永福縣、義寧縣、灌陽縣、馬平縣、雒容縣、羅城縣、柳城縣、懷遠縣、來賓縣、融縣、宜山縣、武緣縣、遷江縣、上林縣、平樂縣、恭城縣、富川縣、賀縣、荔浦縣、修仁縣、昭平縣、蒼梧縣、藤縣、容縣、岑溪縣、懷集縣、博白縣、北流縣、陸川縣、興業縣、桂平縣、平南縣、貴縣、武宣縣、宣化縣、隆安縣、永淳縣各一人,雲南省昆明縣、富民縣、宜良縣、呈貢縣、羅次縣、禄豊縣、易門縣、太和縣、雲南縣、浪穹縣、建水縣、通海縣、河西縣、嶍峨縣、蒙自縣、楚雄縣、定遠縣、廣通縣、大姚縣、河陽縣、江川縣、師宗縣、彌勒縣、順寧縣、南寧縣、平彝縣、元謀縣、禄勸縣、麗江縣、新平縣、寧洱縣、保山縣、永平縣、恩樂縣、永善縣各一人,貴州省貴筑縣、龍里縣、貴定縣、修文縣、玉屏縣、青溪縣、安化縣、婺川縣、印江縣、鎮遠縣、施秉縣、天柱縣、銅仁縣、開泰縣、錦屏縣、永從縣、普定縣、清鎮縣、安平縣、普安縣、安南縣、普安廳、都勻縣、清平縣、湄潭縣、甕安縣、餘慶縣、龍泉縣、畢節縣、遵義縣、桐梓縣、綏陽縣、仁懷縣各一人。滿洲訓導順天府一人。訓導順天府一人,又良鄉縣、固安縣、永清縣、東安縣、香河縣、通州、三河縣、武清縣、寶坻縣、寧河縣、昌平州、順義縣、密雲縣、懷柔縣、涿州、房山縣、霸州、文安縣、大成縣、保定縣、薊州、平谷縣各一人,仍屬直隸,奉天海城縣、蓋平縣、開原縣、鐵嶺縣、廣寧縣各一人,直隸省保定府清苑縣、滿城縣、安肅縣、定興縣、新城縣、唐縣、博野縣、望都縣、容城縣、完縣、蠡縣、雄縣、遵化州、玉田縣、豐潤縣、祁州、束鹿縣、安州、高陽縣、新安縣、易州、淶水縣、廣昌縣、永平府盧龍縣、遷安縣、撫寧縣、昌黎縣、灤州、樂亭縣、臨榆縣、河間府河間縣、獻縣、阜城縣、肅寧縣、任邱縣、交河縣、寧津縣、景州、吴橋縣、故城縣、東光縣、天津府天津縣、青縣、静海縣、滄州、南皮縣、鹽山縣、慶雲縣、正定府獲鹿縣、井陘縣、欒城縣、行唐縣、靈壽縣、平山縣、元氏縣、贊皇縣、晉州、無極縣、藁城縣、新樂縣、冀州、南宫縣、新河縣、棗强縣、武邑縣、衡水縣、趙州、柏鄉縣、隆平縣、高邑縣、臨城縣、寧晉縣、深州、武强縣、饒陽縣、安平縣、定州、曲陽縣、深澤縣、順德府邢臺縣、沙河縣、南和縣、平鄉縣、廣宗縣、鉅鹿縣、唐山縣、内邱縣、任縣、廣平府永年縣、曲周縣、肥鄉縣、雞澤縣、廣平縣、邯鄲縣、成安縣、威縣、清河縣、磁州、大名府元城縣、大名縣、南樂縣、清豐縣、東明縣、開州、長垣縣、蔚州、延慶州、保安州各一人,山東省濟南府歷城縣、章邱縣、鄒平縣、淄川縣、長山縣、新城縣、齊河縣、齊東縣、濟陽縣、德州、德平縣、禹城縣、臨邑縣、平原縣、陵縣、長清縣、泰安縣、東平州、東阿縣、平陰縣、新泰縣、萊蕪縣、肥城縣、惠民縣、陽信縣、海豐縣、樂陵縣、濱州、利津縣、霑化縣、蒲臺縣、青城縣、商河縣、兖州府滋陽縣、曲阜縣、寧陽縣、鄒縣、泗水縣、滕縣、嶧縣、汶上縣、陽穀縣、壽張縣、濟寧州、金鄉縣、嘉祥縣、魚臺縣、蘭山縣、郯城縣、費縣、莒州、沂水縣、蒙陰縣、日照縣、菏澤縣、曹縣、濮州、范縣、觀城縣、朝城縣、鄆城縣、單縣、城武縣、定陶縣、鉅野縣、東昌府聊城縣、堂邑縣、博平縣、茌平縣、清平縣、莘縣、冠縣、館陶縣、恩縣、高唐州、臨清州、武城縣、夏津縣、邱縣、青州府博山縣、臨淄縣、博興縣、高苑縣、樂安縣、壽光縣、昌樂縣、臨朐縣、安邱縣、諸城縣、登州府蓬萊縣、黄縣、福山縣、棲霞縣、招遠縣、萊陽縣、寧海州、文登縣、萊州府掖縣、平度州、濰縣、昌邑縣、膠州、高密縣、即墨縣各一人,山西省太原府陽曲縣、太原縣、榆次縣、太谷縣、徐溝縣、文水縣、嵐縣、興縣、平定州、盂縣、壽陽縣、忻州、定襄縣、静樂縣、代州、五臺縣、崞縣、繁峙縣、河曲縣、平陽府臨汾縣、洪洞縣、岳陽縣、曲沃縣、翼城縣、太平縣、襄陵縣、汾西縣、鄉寧縣、霍州、趙城縣、靈石縣、永濟縣、虞鄉縣、滎河縣、猗氏縣、解州、安邑縣、夏縣、平陸縣、芮城縣、絳州、垣曲縣、聞喜縣、絳縣、稷山縣、河津縣、大寧縣、蒲縣、永和縣、潞安府長治縣、長子縣、屯留縣、襄垣縣、壺關縣、汾州府汾陽縣、孝義縣、平遥縣、介休縣、石樓縣、臨縣、永寧州、寧鄉縣、沁源縣、鳳臺縣、高平縣、陽城縣、沁水縣、遼州、和順縣、大同府大同縣、懷仁縣、渾源州、應州、山陰縣、陽高縣、天鎮縣、廣靈縣、靈邱縣、寧武府、偏關縣、神池縣、五寨縣、朔平府右玉縣、左雲縣、平魯縣各一人,潞城縣、朔州各二人,河南省開封府祥符縣、陳留縣、杞縣、通許縣、尉氏縣、洧川縣、鄢陵縣、中牟縣、蘭陽縣、鄭州、滎陽縣、滎澤縣、禹州、密縣、新鄭縣、陳州府淮寧縣、商水縣、西華縣、項城縣、沈邱縣、太康縣、扶溝縣、許州、臨潁縣、襄城縣、郾城縣、長葛縣、歸德府商邱縣、寧陵縣、鹿邑縣、夏邑縣、永城縣、虞城縣、睢州、柘城縣、彰德府安陽縣、湯陰縣、臨漳縣、林縣、内黄縣、武安縣、衛輝府汲縣、新鄉縣、獲嘉縣、輝縣、延津縣、濬縣、滑縣、封邱縣、考城縣、懷慶府河内縣、濟源縣、原武縣、修武縣、武陟縣、孟縣、温縣、陽武縣、河南府洛陽縣、偃師縣、孟津縣、宜陽縣、登封縣、永寧縣、新安縣、嵩縣、陝州、靈寶縣、閿鄉縣、南陽府南陽縣、南召縣、鎮平縣、唐縣、泌陽縣、鄧州、内鄉縣、新野縣、裕州、舞陽縣、葉縣、汝寧府汝陽縣、上蔡縣、新蔡縣、西平縣、遂平縣、信陽州、羅山縣、光州、光山縣、固始縣、息縣、商城縣、汝州、魯山縣、郟縣各一人,江蘇省江寧府上元縣、江寧縣、句容縣、溧水縣、江浦縣、六合縣、高淳縣、蘇州府吴縣、元和縣、新陽縣、昭文縣、震澤縣、鎮洋縣、寶山縣、奉賢縣、金山縣、南匯縣、青浦縣、常州府陽湖縣、金匱縣、江陰縣、荆溪縣、靖江縣、鎮江府丹徒縣、丹陽縣、金壇縣、溧陽縣、淮安府山陽縣、阜寧縣、清河縣、安東縣、桃源縣、海州、贛榆縣、沭陽縣、揚州府甘泉縣、儀徵縣、高郵州、興化縣、寶應縣、東臺縣、海門廳、通州、如皋縣、泰興縣、銅山縣、蕭縣、碭山縣、豐縣、沛縣、邳州、宿遷縣、睢寧縣各一人，安徽省安慶府懷寧縣、桐城縣、潛山縣、太湖縣、宿松縣、望江縣、徽州府歙縣、休寧縣、婺源縣、祁門縣、黟縣、績溪縣、寧國府宣城縣、寧國縣、涇縣、太平縣、旌德縣、南陵縣、池州府貴池縣、青陽縣、銅陵縣、石埭縣、建德縣、東流縣、太平府當塗縣、蕪湖縣、繁昌縣、廬州府合肥縣、廬江縣、舒城縣、無爲州、巢縣、鳳陽府鳳陽縣、懷遠縣、鳳臺縣、宿州、靈璧縣、阜陽縣、潁上縣、霍邱縣、亳州、太和縣、蒙城縣、廣德州、建平縣、滁州、全椒縣、來安縣、和州、含山縣、六安州、英山縣、霍山縣、泗州、盱眙縣、天長縣、五河縣各一人，江西省南昌府南昌縣、新建縣、豐城縣、進賢縣、奉新縣、靖安縣、武寧縣、義寧州、饒州府鄱陽縣、餘干縣、樂平縣、浮梁縣、德興縣、安仁縣、萬年縣、廣信府上饒縣、玉山縣、弋陽縣、貴溪縣、鉛山縣、廣豐縣、興安縣、南康府星子縣、都昌縣、建昌縣、安義縣、九江府德化縣、德安縣、瑞昌縣、湖口縣、彭澤縣、建昌府南城縣、新城縣、南豐縣、廣昌縣、瀘溪縣、撫州府臨川縣、金谿縣、崇仁縣、宜黄縣、樂安縣、東鄉縣、臨江府清江縣、新淦縣、新喻縣、峽江縣、瑞州府高安縣、新昌縣、上高縣、袁州府宜春縣、萍鄉縣、萬載縣、吉安府蓮花廳、廬陵縣、泰和縣、吉水縣、永豐縣、安福縣、龍泉縣、萬安縣、永新縣、贛州府贛縣、雩都縣、信豐縣、興國縣、會昌縣、安遠縣、長寧縣、龍南縣、定南廳、寧都州、瑞金縣、石城縣、南安府大庾縣、南康縣、上猶縣、崇義縣各一人，福建省福州府閩縣、侯官縣、屏南縣、閩清縣、長樂縣、連江縣、羅源縣、永福縣、福清縣、泉州府晉江縣、南安縣、惠安縣、安溪縣、同安縣、建寧府建安縣、甌寧縣、建陽縣、崇安縣、浦城縣、政和縣、松溪縣、延平府南平縣、將樂縣、沙縣、尤溪縣、順昌縣、永安縣、汀州府長汀縣、寧化縣、上杭縣、武平縣、清流縣、連城縣、歸化縣、永定縣、興化府莆田縣、仙游縣、邵武府邵武縣、光澤縣、泰寧縣、建寧縣、漳州府龍溪縣、漳浦縣、南靖縣、長泰縣、平和縣、詔安縣、海澄縣、福寧府霞浦縣、福鼎縣、福安縣、寧德縣、永春州、德化縣、大田縣、龍巖州、漳平縣、寧洋縣、臺灣府臺灣縣、鳳山縣、嘉義縣、彰化縣各一人，浙江省杭州府錢塘縣、仁和縣、海寧州、富陽縣、餘杭縣、臨安縣、於潛縣、新城縣、昌化縣、嘉興府嘉興縣、秀水縣、嘉善縣、海鹽縣、石門縣、平湖縣、桐鄉縣、湖州府烏程縣、歸安縣、長興縣、德清縣、武康縣、安吉縣、孝豐縣、寧波府鄞縣、慈谿縣、奉化縣、鎮海縣、定海縣、象山縣、紹興府山陰縣、會稽縣、蕭山縣、諸暨縣、餘姚縣、上虞縣、嵊縣、新昌縣、台州府臨海縣、黄巖縣、天台縣、仙居縣、寧海縣、太平縣、金華府金華縣、蘭谿縣、東陽縣、義烏縣、永康縣、武義縣、浦江縣、湯溪縣、衢州府西安縣、龍游縣、江山縣、常山縣、開化縣、嚴州府建德縣、淳安縣、桐廬縣、遂安縣、壽昌縣、分水縣、玉環廳、永嘉縣、瑞安縣、樂清縣、平陽縣、泰順縣、處州府麗水縣、青田縣、縉雲縣、松陽縣、遂昌縣、龍泉縣、慶元縣、雲和縣、宣平縣、景寧縣各一人，湖北省武昌府江夏縣、武昌縣、嘉魚縣、蒲圻縣、咸寧縣、崇陽縣、通城縣、興國州、大冶縣、通山縣、漢陽府漢陽縣、漢川縣、孝感縣、黄陂縣、沔陽州、安陸府鍾祥縣、京山縣、潛江縣、天門縣、荆門州、當陽縣、遠安縣、襄陽府襄陽縣、宜城縣、南漳縣、棗陽縣、穀城縣、光化縣、均州、鄖陽府、鄖縣、房縣、竹山縣、竹谿縣、保康縣、鄖西縣、德安府安陸縣、雲夢縣、應城縣、隨州、應山縣、黄州府黄岡縣、黄安縣、蘄水縣、羅田縣、麻城縣、蘄州、廣濟縣、黄梅縣、荆州府江陵縣、公安縣、石首縣、監利縣、松滋縣、枝江縣、宜都縣、長樂縣、鶴峰州、施南府宣恩縣、來鳳縣、咸豐縣、利川縣、建始縣各一人，湖南省長沙府長沙縣、善化縣、湘潭縣、湘陰縣、寧鄉縣、瀏陽縣、醴陵縣、益陽縣、湘鄉縣、攸縣、安化縣、茶陵州、岳州府巴陵縣、臨湘縣、華容縣、平江縣、澧州、石門縣、安鄉縣、慈利縣、安福縣、永定縣、寶慶府邵陽縣、新化縣、城步縣、武岡州、新寧縣、衡州府清泉縣、衡山縣、耒陽縣、常寧縣、安仁縣、酃縣、桂陽州、臨武縣、藍山縣、嘉禾縣、常德府武陵縣、桃源縣、龍陽縣、沅江縣、辰州府沅陵縣、溆浦縣、鳳凰廳、永綏廳、乾州廳、芷江縣、黔陽縣、永州府零陵縣、祁陽縣、東安縣、道州、寧遠縣、永明縣、江華縣、新田縣、靖州、會同縣、通道縣、綏寧縣、郴州、永興縣、宜章縣、興寧縣、桂陽縣、桂東縣、永順縣、龍山縣、保靖縣、桑植縣各一人，陝西省西安府長安縣、咸寧縣、咸陽縣、興平縣、臨潼縣、高陵縣、鄠縣、藍田縣、涇陽縣、三原縣、盩厔縣、渭南縣、富平縣、醴泉縣、同官縣、耀州、商州、鎮安縣、雒南縣、山陽縣、商南縣、同州府大荔縣、潼關廳、朝邑縣、郃陽縣、澄城縣、韓城縣、白水縣、華州、華陰縣、蒲城縣、乾州、武功縣、永壽縣、邠州、三水縣、淳化縣、長武縣、鳳翔府鳳翔縣、岐山縣、寶雞縣、扶風縣、郿縣、麟游縣、汧陽縣、隴州、漢中府南鄭縣、褒城縣、城固縣、洋縣、西鄉縣、鳳縣、寧羌州、沔縣、略陽縣、興安府平利縣、洵陽縣、白河縣、紫陽縣、石泉縣、延安府甘泉縣、保安縣、安定縣、宜川縣、延長縣、延川縣、定邊縣、靖邊縣、鄜州、洛川縣、中部縣、宜君縣、米脂縣、清澗縣、榆林縣、府谷縣、懷遠縣各一人，甘肅省蘭州府循化廳、皋蘭縣、金縣、狄道州、渭源縣、平涼府固原州、涇州、崇信縣、鞏昌府隴西縣、安定縣、會寧縣、通渭縣、漳縣、寧遠縣、伏羌縣、西和縣、階州、成縣、秦州、秦安縣、清水縣、禮縣、兩當縣、慶陽府安化縣、合水縣、環縣、正寧縣、寧州、寧夏府平羅縣、中衛縣、西寧府西寧縣、碾伯縣、大通縣、凉州府古浪縣、平番縣、甘州府敦煌縣、玉門縣、宜禾縣、奇臺縣、昌吉縣、阜康縣、綏來縣各一人，隆德縣二人，四川省成都府成都縣、華陽縣、雙流縣、温江縣、金堂縣、新都縣、灌縣、彭縣、崇寧縣、簡州、崇慶州、漢州、什邡縣、資州、仁壽縣、資陽縣、井研縣、内江縣、綿州、綿竹縣、梓潼縣、羅江縣、西昌縣、鹽源縣、會理州、保寧府閬中縣、蒼溪縣、南部縣、廣元縣、昭化縣、巴州、通江縣、南江縣、劍州、順慶府南充縣、西充縣、蓬州、營山縣、儀隴縣、廣安州、渠縣、大竹縣、岳池縣、敘州府馬邊廳、宜賓縣、慶符縣、富順縣、南溪縣、長寧縣、高縣、筠連縣、珙縣、隆昌縣、屏山縣、敘永廳、永寧縣、雷波廳、重慶府江北廳、巴縣、江津縣、長壽縣、綦江縣、南川縣、合州、涪州、大足縣、璧山縣、定遠縣、西陽州、秀山縣、黔江縣、彭水縣、忠州、酆都縣、墊江縣、巫山縣、雲陽縣、萬縣、大寧縣、石砫廳、綏定府達縣、太平廳、新寧縣、龍安府平武縣、江油縣、石泉縣、彰明縣、射洪縣、鹽亭縣、中江縣、樂至縣、安岳縣、眉州、彭山縣、青神縣、樂山縣、峩眉縣、洪雅縣、夾江縣、犍爲縣、威遠縣、邛州、大邑縣、蒲江縣、瀘州、九姓長官司、納谿縣、合江縣、江安縣、雅州府天全州、名山縣、清溪縣各一人，廣東省廣州府南海縣、番禺縣、順德縣、東莞縣、從化縣、龍門縣、新寧縣、增城縣、香山縣、新會縣、三水縣、清遠縣、新安縣、花縣、連州、陽山縣、連山縣、韶州府曲江縣、樂昌縣、仁化縣、乳源縣、翁源縣、英德縣、南雄州、始興縣、惠州府歸善縣、博羅縣、長寧縣、永安縣、陸豐縣、龍川縣、河源縣、和平縣、潮州府海陽縣、豐順縣、潮陽縣、揭陽縣、饒平縣、惠來縣、大埔縣、海澄縣、普寧縣、嘉應州、長樂縣、興寧縣、平遠縣、鎮平縣、肇慶府高要縣、四會縣、新興縣、陽春縣、陽江縣、高明縣、恩平縣、廣寧縣、開平縣、鶴山縣、德慶州、封川縣、開建縣、高州府茂明縣、電白縣、信宜縣、化州、吳川縣、石城縣、廉州府合浦縣、欽州、靈山縣、雷州府海康縣、遂溪縣、徐聞縣、瓊州府瓊山縣、澄邁縣、定安縣、文昌縣、會同縣、樂會縣、臨高縣、儋州、萬州、羅定州、東安縣、西寧縣各一人，廣西省桂林府臨桂縣、興安縣、靈川縣、陽朔縣、永寧州、永福縣、義寧縣、全州、灌陽縣、柳州府馬平縣、雒容縣、羅城縣、柳城縣、懷遠縣、來賓縣、融縣、象州、慶遠府天河縣、思恩縣、思恩府武緣縣、賓州、遷江縣、上林縣、西隆州、西林縣、平樂府、平樂縣、恭城縣、富川縣、賀縣、荔浦縣、修仁縣、昭平縣、永安州、梧州府蒼梧縣、藤縣、容縣、岑溪縣、懷集縣、鬱林州、博白縣、北流縣、陸川縣、興業縣、潯州府桂平縣、平南縣、貴縣、武宣縣、南寧縣、宣化縣、新寧州、隆安縣、橫州、永淳縣、上思州、太平府養利州各一人，雲南省雲南府昆明縣、富民縣、宜良縣、嵩明州、晉寧州、呈貢縣、安寧州、羅次縣、祿豐縣、昆陽州、易門縣、大理府太和縣、趙州、雲南縣、鄧川州、浪穹縣、賓川州、雲龍州、臨安府建水縣、石屏州、阿迷州、寧州、通海縣、河西縣、嶍峨縣、蒙自縣、楚雄府楚雄縣、定遠縣、姚州、南安州、鎮南州、廣通縣、大姚縣、澂江府河陽縣、江川縣、新興州、路南州、景東廳、廣南府廣西州、師宗縣、彌勒縣、順寧府順寧縣、雲州、曲靖府南寧縣、霑益州、陸凉州、羅平州、馬龍州、尋甸州、平彝縣、武定州、元謀縣、祿勸縣、麗江府麗江縣、鶴慶州、劍川州、寧洱縣、蒙化廳、永昌府保山縣、永平縣、騰越州、永北廳、開化府各一人，貴州省貴陽府貴筑縣、龍里縣、貴定縣、修文縣、開州、定番州、廣順州、思州府玉屏縣、青溪縣、思南府安化縣、婺川縣、印江縣、鎮遠府鎮遠縣、施秉縣、天柱縣、黄平州、銅仁縣、松桃廳、黎平府開泰縣、錦屏縣、永從縣、安順府普定縣、鎮寧州、永寧州、清鎮縣、安平縣、興義府興義縣、普安縣、安南縣、都匀府都匀縣、麻哈州、獨山州、清平縣、荔波縣、平越州、湄潭縣、甕安縣、餘慶縣、石阡府龍泉縣、大定府平遠州、黔西州、威寧州、畢節縣、遵義府遵義縣、桐梓縣、綏陽縣、正安州、仁懷廳各一人。

〇糧則漕運總督，山東、河南、江安、蘇松、江西、浙江、湖北、湖南轉漕之糧，統以漕運總督。其八省南糧及不轉漕之各省兵米，皆統以總督、巡撫。分其治於糧儲道，道分其治於押運官以治運。總督、巡撫分其治於糧儲道，道分其治於地方府州縣官、督糧官以治餉。押運官、督糧官皆任以地方佐貳。凡漕運總督一人，總理八省漕運一人，餘省糧務不隸於漕運總督。糧儲道十有二人。山東、河南各一人，江蘇二人，江西、浙江、湖北、湖南、陝西、廣東、雲南、貴州各一人。其山西、福建、甘肅、四川、廣西不設糧儲道，係布政司兼治其事。

〇鹽則鹽政，凡總督、巡撫所兼之鹽政，有題奏事件，則列總督、巡撫銜，其非總督、巡撫兼者，關繫錢糧之案，皆由總督、巡撫會銜題奏。分其治於運使、鹽法道。凡專設鹽政者，皆設有運使。以總督、巡撫兼鹽政事者，惟兩廣設運使，餘省則以鹽法道兼都轉鹽運司事。其不兼都轉鹽運司事之鹽法道，則專掌緝私疏引之事。凡鹽政行鹽所至之省，其鹽法道皆爲所轄。運使分其治於場、於井、於池，鹽場、鹽井、鹽池皆司以大使，惟雲南黑白琅三井則司以提舉。分司督之，運同、運副、運判皆爲分司，以分督各鹽課大使。以治課。所官則任其掣驗。監掣同知批驗大使及巡檢皆分管盤驗掣巡之事。首領給差委焉。凡巡視鹽政監察御史八人，都轉鹽運司運使五人，鹽法道十有三人，運同三人，運副一人，運判七人，提舉三人，鹽課大使百二十有一人，監掣同知三人，批驗大使十有四人，首領經歷六人，知事三人，巡檢二人。巡視鹽政監察御史長蘆、兩淮、兩浙各一人。總督兼鹽政福建、四川、廣東各一人。巡撫兼鹽政山西、雲南各一人。都轉鹽運司運使長蘆分直隸、山東二人，兩淮、兩浙、廣東各一人。兼都轉鹽運司事鹽法道山西、福建、雲南各一人，鹽茶道四川一人。鹽法道不兼都轉鹽運司事者，江南、江西、湖北、湖南、陝西、廣西各一人。地方兼鹽法道甘肅二人，糧鹽道河南一人。運同直隸、山東廣東各一人。運副兩浙一人。運判直隸省薊永分司、滄州分司二人，山東省膠萊分司一人，兩淮海州分司、通州分司、泰州分司三人，兩浙嘉松分司一人。提舉雲南省黑鹽井、白鹽井、琅鹽井三人。鹽課大使直隸省越支場、興國場、嚴鎮場、富國場、蘆臺場、豐財場、石碑場、歸化場、濟民場、海豐場各一人，山東省王家岡場、永阜場、永利場、富國場、信陽場、濤雒場、石河場、官臺場、西繇場、登寧場各一人，山西省東場、西場、中場各一人，兩淮版浦場、臨興場、中正場、金沙場、吕四場、餘東場、餘西場、掘港場、豐利場、石港場、角斜場、拼茶場、廟灣場、劉莊場、新興場、伍佑場、富安場、安豐場、梁垛場、何垛場、草堰場、丁溪場、東臺場各一人，福建省福清場、詔安場、莆田場、下里場、浯洲場、洪白團場、赤杞團場、福興場、江陰團場、潯美場、洒洲場、惠安場、漳浦南場、前江團場、祥豐場、蓮河場各一人，兩浙仁和場、三江場、錢清場、曹娥場、穿長場、石堰場、鳴鶴場、清泉場、大嵩場、雙穗場、長林場、長亭場、黄巖場、下砂場、下砂頭場、杜瀆場、西路場、許村場、海砂場、鮑郎場、蘆瀝場、横浦場、袁浦場、永嘉場、青村場、浦東場、龍頭場、玉泉場、黄灣場、東江場、金山場、崇明場各一人，四川省青隄渡場、康家渡場、牛華溪場、雲安場、大寧場各一人，廣東省白石場、博茂場、大洲場、招收場、淡水場、娷峒場、小靖場、石橋場、茂暉場、隆井場、東界場、墩白場、電茂場各一人，雲南省黑鹽井、白鹽井、安豊井、阿陋井、香鹽井、按版井、彌沙井、大井、麗江井各一人。監掣同知山西省河東一人，兩淮淮南一人、淮北一人。批驗大使直隸省小直沽一人、長蘆一人，山東省雒口一人、北關一人，兩淮儀徵一人、淮安一人，兩浙杭州一人、紹興一人、松江一人、嘉興一人，四川省府經歷兼者重慶府、嘉定府二人，縣丞兼者遂寧縣一人，廣東省西匯關一人。鹽運司經歷直隸、山東、兩淮、兩浙、廣東各一人。鹽法道經歷山西一人。鹽運司知事直隸、兩淮、廣東各一人。巡檢江蘇省烏沙河司、白塔河司二人。

〇北河、東河、南河則河道總督，直隸河道總督以總督兼之。分其治於管河道，道分其治於廳、於汛，同知、通判爲河廳，州同以下爲汛官。以治工。凡河道總督三人，管河道十有四人，同知三十人，通判三十人，州同十有一人，州判十有七人，經歷一人，縣丞七十人，主簿七十有二人，巡檢三十人。河道總督東河、江南各一人，直隸以總督兼管河道一人。管河道直隸省永定河道一人，又地方兼河通永道、天津道、清河道、大名道四人，山東省運河道一人，又地方兼河兗沂曹濟道一人，河南省開歸道一人，又地方兼河河北道一人，江南省河庫道一人，地方兼河淮揚道、徐州道、淮海道、常鎮道四人。同知直隸省永定河道所屬石景山廳、南岸廳、北岸廳三人，通永道所屬務關廳一人，天津道所屬天津府管河廳、河間府管河廳二人，清河道所屬保定府管河廳一人，大名道所屬順德府管河廳、大名府管河廳二人；山東省運河道所屬運河廳、泇河廳二人，兗沂曹濟道所屬曹河廳一人，河南省河北道所屬祥符北岸廳、下北河廳、黄沁廳三人，開歸道所屬上南河廳、下南河廳、蘭儀廳三人，江南省徐州道所屬蕭南廳、銅沛廳、睢南廳、宿北廳四人，淮揚道所屬山清裏河廳、山清外河廳二人，淮海道所屬海安廳、海阜廳、山安廳、山阜廳、桃源北岸廳五人，常鎮道所屬江防廳一人。通判直隸省永定河道所屬三角淀廳一人，通永道所屬楊村廳、漕運廳二人，天津道所屬天津府管河廳、河間府管河廳、子牙河廳三人，清河道所屬保定府管河廳、正定府管河廳二人；山東省運河道所屬張秋廳、上河廳、下河廳、泉河廳四人，兗沂曹濟道所屬糧河廳、曹考廳二人；河南省河北道所屬上北衛廳一人，開歸道所屬中河廳、儀睢廳、睢寧廳、商虞廳、歸河廳五人；江南省徐州道所屬豐銅廳、邳北廳、宿南廳、邳宿廳四人，淮揚道所屬山清外河北岸廳、桃清南岸廳、高堰外河廳、山盱廳、揚河廳五人，淮海道所屬桃源中河廳一人，常鎮道所屬揚糧廳一人。州同直隸省南岸廳所屬霸州一人，務關廳所屬通州一人，保定府管河廳所屬祁州一人；山東省張秋廳所屬東平州一人，下河廳所屬德州一人；河南省儀睢廳所屬睢州一人；江南省銅沛廳所屬宿州一人，邳北廳所屬邳州一人，海安廳所屬海州一人，揚河廳所屬高郵州一人，揚糧廳所屬泰州一人。州判直隸省南岸廳所屬涿州霸州二人，北岸廳所屬涿州霸州二人，天津府管河廳所屬滄州一人，河間府管河廳所屬景州一人，子牙河廳所屬霸州一人，保定府管河廳所屬安州一人，務關廳所屬通州二人，灤州一人；山東省運河廳所屬濟寧州一人，張秋廳所屬東平州一人，上河廳所屬臨清州一人；河南省上南河廳所屬鄭州一人，睢寧廳所屬睢州一人；江南省邳北廳所屬邳州一人，揚河廳所屬高郵州一人，揚糧廳所屬通州一人。經歷河南省蘭儀、儀睢二廳分轄儀封汛一人。縣丞直隸省南岸廳所屬宛平縣、良鄉縣、固安縣、永清縣四人，北岸廳所屬武清縣北上汛、北中汛、宛平縣北下汛、良鄉縣、固安縣、永清縣六人，務關廳所屬武清縣耍兒渡一人，楊村廳所屬楊村汛一人，天津府管河廳所屬天津縣一人，河間府管河廳所屬河間縣、故城縣、清河縣三人，通判所屬吴橋縣一人，子牙河廳所屬大城縣一人，保定府管河廳所屬雄縣、高陽縣、新安縣、蠡縣四人，通判所屬清宛縣、新城縣、滿城縣三人，大名府管河廳所屬大名縣、長垣縣二人；山東省運河廳所屬汶上縣一人，泇河廳所屬滕縣、嶧縣二人，下河廳所屬武城縣一人，曹河廳所屬曹縣一人，糧河廳所屬曹單汛一人；河南省上北衛廳所屬汲縣、濬縣、安陽縣、湯陰縣、内黄縣、陽封縣六人，黄沁廳所屬河内縣、武陟縣二人，上南河廳所屬滎澤縣、中牟縣上汛二人，中河廳所屬中牟縣下汛一人，下南河廳所屬祥符縣、陳留縣二人，蘭儀廳所屬蘭陽汛一人，歸河廳所屬虞城縣一人；江南蕭南廳所屬碭山南岸汛一人，豐銅廳所屬豐碭北岸汛一人，銅沛廳所屬銅山縣南岸汛一人，睢南廳所屬睢寧縣南岸汛一人，宿南廳所屬宿遷縣南岸汛一人，邳宿廳所屬宿遷縣中河汛一人，山清裏河廳所屬清河縣、山陽縣二人，山清外河廳所屬清河縣一人，山安廳所屬安東縣一人，山阜廳所屬鹽城縣、阜寧縣二人，桃清南岸廳所屬桃源縣南岸汛一人，揚河廳所屬寶應縣一人，揚糧廳所屬如皋縣、東臺縣、興化縣三人，江防廳所屬江都縣、儀徵縣、丹陽縣、丹徒縣四人，山盱廳所屬盱眙縣一人。主簿直隸省三角淀廳所屬東安縣南七汛、北七汛、八汛、武清縣南八汛四人，務關廳所屬武清縣河西務汛、香河縣、玉田縣、豐潤縣、寶坻縣五人，楊村廳所屬東楊村汛一人，天津府管河廳所屬静海縣、青縣二人，通判所屬天津縣海河汛、南皮縣二人，河間府管河廳所屬獻縣一人，通判所屬交河縣、東光縣二人，子牙河廳所屬文安縣、保定縣二人，保定府管河廳所屬任邱縣一人，通判所屬唐縣一人，正定府管河廳所屬正定縣一人，大名府管河廳所屬元城縣一人；山東省運河廳所屬鉅嘉汛、魚臺縣二人，泇河廳所屬沛縣、郯城縣二人，張秋廳所屬壽東汛、陽穀縣二人，上河廳所屬聊城縣、堂博汛、清平縣、館陶縣四人，下河廳所屬夏津縣一人，泉河廳所屬寧陽縣一人，曹河廳所屬曹縣一人，糧河廳所屬單縣一人；河南省曹考廳所屬考城縣一人，祥符北岸廳所屬祥符縣北岸汛一人，上北衛廳所屬輝縣、陽武縣、封邱縣三人，下北河廳所屬蘭陽縣北岸汛一人，黄沁廳所屬武陟縣、孟縣、滎澤縣、原武縣四人，下南河廳所屬祥符縣南岸汛一人，睢寧廳所屬寧陵汛一人，商虞廳所屬商邱縣、虞城縣二人；江南蕭南廳所屬碭山縣南岸汛、蕭縣南岸汛二人，豐銅廳所屬豐碭北岸汛一人，銅沛廳所屬銅山縣南岸汛、北岸汛二人，睢南廳所屬靈璧縣、睢寧縣南岸汛二人，宿南廳所屬宿遷縣南岸汛一人，宿北廳所屬宿遷縣北岸汛一人，邳宿廳所屬宿遷縣一人，山清裏河廳所屬清河縣一人，山清外河廳所屬山陽縣南岸汛一人，山清外河北岸廳所屬清河縣北岸汛一人，山安廳所屬安東縣一人，桃清南岸廳所屬桃清南岸汛一人，桃源北岸廳所屬桃源縣北岸汛一人，桃源中河廳所屬桃源縣中河汛、清河縣中河汛二人，高堰廳所屬山陽縣高堰汛一人，又高堰山盱二廳分轄高澗汛一人，揚河廳所屬寶應縣一人，揚糧廳所屬甘泉縣一人。巡檢直隸省北岸廳所屬子牙河汛一人，三角淀廳所屬淀河汛一人，天津府管河廳所屬興濟汛、杜林汛、李村汛三人，通判所屬風化店汛一人，河間府管河廳所屬景和汛一人，又地方兼河石景山廳所屬石景山汛一人，務關廳所屬蘆臺汛一人；山東省下河廳所屬甲馬汛一人，曹考廳所屬曹縣汛一人；河南省曹考廳所屬蘭考汛一人，下北河廳所屬祥陳北岸汛一人；江南豐銅廳所屬鬬虎汛一人，銅沛廳所屬吕梁洪汛一人，宿南廳所屬歸仁隄汛一人，宿北廳所屬劉馬莊汛一人，邳宿廳所屬新安汛、南河汛二人，山清外河廳所屬馬頭汛一人，山安廳所屬五港汛、羊寨汛二人，山阜廳所屬童營汛、馬邏汛、大套汛三人，桃源北岸廳所屬三義鎮汛一人，桃源中河廳所屬長樂汛一人，揚糧廳所屬富安塲汛、安豐汛二人，江防廳所屬瓜洲汛一人。

〇浙之海塘，則巡撫分其治於道，杭嘉湖道、寧紹台道，皆兼管海塘。道分其治於海防廳，杭嘉湖道所屬有西塘同知、東塘同知，寧紹台道所屬有南塘通判。以治工。凡兼管海塘巡撫一人，即浙江巡撫。道二人，海防同知二人，通判一人。

〇雜職，則官各舉其一職。凡庫官，布政司庫大使十有九人，鹽運司庫大使五人，鹽法道庫大使三人，鹽茶道庫大使一人，道庫大使十人，關庫大使一人，廳庫大使一人。倉官，盛京、吉林、黑龍江各城倉官二十人，布政司倉大使一人，道倉大使一人，府倉大使二人，縣倉大使一人。税官，崇文門副使一人，道關大使一人，府宣課司大使二人，稱課大使六人，州縣税課大使七人，茶引批驗所大使一人。獄官，按察司司獄十有八人，府司獄五十有三人，廳司獄八人。驛官，驛丞六十有八人。閘官四十有四人。河泊所官二人。布政司庫大使直隸、山東、山西、河南、江寧、江蘇、安徽、江西、福建、浙江、湖北、湖南、陝西、甘肅、四川、廣東、廣西、雲南、貴州各一人；鹽運司庫大使直隸、山東、兩淮、兩浙、廣東各一人；鹽法道庫大使山西、福建、雲南各一人；鹽茶道庫大使四川一人；道庫大使直隸通永道庫一人，山東糧道庫一人，江蘇糧道庫江安一人、蘇松一人、河道庫一人，江西、湖北、湖南、糧道庫各一人，廣東分巡道庫雷瓊一人、高廉一人；關庫大使廣東粤海關庫一人；廳庫大使山西綏遠城廳一人。倉官盛京熊岳倉、遼陽倉、牛莊倉、蓋平倉、金州倉、開原倉、錦州倉、寧遠倉、廣寧倉、義州倉各一人，吉林伯都訥倉、吉林倉阿勒楚喀倉、拉林倉、三姓倉、寧古塔倉各一人，黑龍江倉、呼蘭倉、齊齊哈爾倉、墨爾根城倉各一人；布政司倉大使江寧一人；道倉大使陝西糧道永敬倉一人；府倉大使直隸保定府廣盈倉、山西太原府大盈倉各一人；縣倉大使直隸天津縣北倉一人。崇文門副使順天府所屬一人；道關大使直隸霸昌道所屬居庸關一人；府宣課司大使江蘇江寧府聚寶門一人，龍江關一人；府稅課大使江蘇淮安府一人，浙江杭州府四人，廣東潮州府一人；直隸州稅課大使山東臨清州一人，江蘇通州一人；縣稅課大使江蘇六合縣、儀徵縣二人，浙江錢塘縣二人，仁和縣一人；茶引批驗所大使江蘇江寧府一人。按察司司獄直隸、山東、山西、河南、江蘇、安徽、江西、福建、浙江、湖北、湖南、陝西、甘肅、四川、廣東、廣西、雲南、貴州各一人；府司獄順天府一人，仍屬直隸，奉天府一人，直隸省保定府、宣化府各一人，山東省濟南府、泰安府、武定府、兖州府、沂州府、曹州府、東昌府、青州府、登州府、萊州府各一人，山西省太原府一人，河南省陳州府一人，福建省福州府、泉州府、建寧府、延平府、汀州府、興化府、漳州府、福寧府各一人，浙江省杭州府、嘉興府、湖州府、寧波府、紹興府、衢州府各一人，湖北省武昌府、漢陽府、德安府、荆州府、宜昌府各一人，湖南省長沙府、岳州府各一人，陝西省西安府一人，四川省成都府一人，廣東省廣州府、韶州府、惠州府、潮州府、肇慶府、高州府、廉州府各一人，廣西省桂林府、思恩府各一人，雲南省大理府、楚雄府、澂江府、曲靖府、永昌府各一人；廳司獄順天南路廳、西路廳、北路廳各一人，仍屬直隸，山西省豐鎮廳、寧遠廳各一人，江蘇省太湖廳、川沙廳各一人，陝西省定遠廳一人。驛丞盛京盛京驛、舊邊驛、巨流河驛、白旗堡驛、二道井驛、小黑山驛、廣寧驛、十三山驛、高橋驛、小陵河驛、寧遠驛、東關驛、沙河驛、易路驛、高麗堡驛、開原驛、穆奇驛、噶布喇村驛、沙喇呼驛、十里河驛、東京驛、浪子山驛、甜水站驛、通遠堡驛、連山驛、法庫驛、雪裏站驛、鳳凰城驛、嚴千户驛各一人，吉林驛一人，順天通州和合驛、武清縣楊村驛各一人，仍屬直隸，直隸省撫寧縣榆關驛、天津縣楊青驛、青縣流河驛、宣化縣雞鳴驛、懷來縣土木驛、懷安縣萬今驛、易州上陳驛各一人，山西省太平縣史村驛、鳳臺縣星軺驛、平定州甘桃舖驛、柏井驛、盂縣芹泉驛、壽陽縣太安驛各一人，河南省新鄭縣、郭店驛、湯陰縣宜溝驛、獲嘉縣亢村驛、南陽縣博望驛、林水驛、葉縣保安驛、信陽州明港驛、陝州硤江驛各一人，江西省九江府通遠驛、大庾縣小溪驛各一人，浙江省嘉興府西水驛、寧波府四明驛、蕭山縣西興驛、江山縣廣濟渡驛各一人，陝西省留壩廳留壩驛、褒城縣馬道驛、鳳縣草凉驛、三岔驛、寧羌州黄壩驛各一人，四川省劍州劍門驛、武連驛、梓潼縣魏城驛各一人，貴州省興義縣巡檢兼管亦資孔驛一人。閘官順天大興縣慶豐閘、宛平縣柳村閘、通州通流閘各一人，仍屬直隸，山東省東平州安山閘、靳家口閘、戴家口閘、嶧縣頓莊閘、萬年莊閘、臺莊閘、韓莊閘、汶上縣開河閘、寺前閘、南旺閘、珠梅閘、袁家口閘、陽穀縣阿城閘、荆門閘、七級閘、鉅野縣通濟閘、聊城縣永通閘、通濟橋閘、周家店閘、堂邑縣梁土閘、清平縣戴家灣閘、濟寧州棗林閘、在城閘、天井閘、仲家淺閘、石佛閘、新店閘、魚臺縣南陽閘、臨清州甎版閘各一人，江蘇省丹徒縣横越閘、鹽城縣天妃閘、清河縣清江閘、惠濟閘、通濟閘、福興閘、揚州府芒稻河閘、儀徵縣清江閘、興化縣白駒閘、東臺縣草堰閘、沛縣楊莊閘、彭口閘各一人。河泊所官廣東省南海縣、番禺縣各一人。

○土官，則府廳州縣轄之，以治其土民。凡土知府四人，雲南永昌府轄土知府一人，景東廳轄土知府一人，蒙化廳轄土知府一人，永北廳轄土知府一人。土同知三人，雲南廣南府轄土同知一人，貴州鎮遠府轄土同知一人，獨山州轄土同知一人。土通判一人，四川石砫廳轄土通判一人，其雲南麗江府轄土通判一人，鶴慶州轄土通判一人，不管理苗番村寨不與其數。土知事二人，四川龍安府轄土知事一人，雲南景東廳轄土知事一人。土知州三十人，廣西南寧府轄土知州三人，太平府轄土知州十六人，鎮安府轄土知州四人，慶遠府轄土知州二人，思恩府轄土知州一人，雲南永昌府轄土知州二人，廣南府轄土知州一人，永北廳轄土知州一人。土州同四人，廣西慶遠府轄土州同一人，雲南永北廳轄土州同二人，鎮南州轄土州同一人。土州判三人，廣西思恩府轄土州判一人，雲南鎮南州轄土州判一人，新興州轄土州判一人。土吏目一人，貴州平越州轄土吏目一人。土知縣四人，廣西太平府轄土知縣二人，慶遠府轄土知縣一人，思恩府轄土知縣一人。土縣丞五人，雲南永北廳轄土縣丞一人，平彝縣轄土縣丞一人，雲南縣轄土縣丞一人，新平縣轄土縣丞一人，貴州印江縣轄土縣丞一人，其雲南楚雄縣轄土縣丞一人，不管理苗番村寨不與其數。土主簿一人，雲南雲南縣轄土主簿一人。土典史一人，雲南浪穹縣轄土典史一人。土巡檢二十有五人，四川茂州轄土巡檢三人，廣西太平府轄土巡檢一人，思恩府轄土巡檢九人，雲南臨安府轄土巡檢一人，順寧府轄土巡檢二人，景東廳轄土巡檢三人，雲龍州轄土巡檢一人，趙州轄土巡檢一人，浪穹縣轄土巡檢四人，其雲南鎮南州轄土巡檢一人，鶴慶州轄土巡檢一人，羅次縣轄土巡檢一人，不管理苗番村寨不與其數。土驛丞一人，雲南景東廳轄土驛丞一人，係兼管苗村。從九品土官一人。廣西思恩府轄從九品土官一人，係管理土尚。其雲南正六品土官二人、從六品土官一人、正八品土官一人、正九品土官一人、從九品土官五人、未入流土官二人，貴州正六品土官一人、正七品土官一人、正八品土官三人、正九品土官二人、從九品土官二人，不管理苗番村寨不與其數。

檔房，清字堂主事二人，掌守檔案本房，漢字堂主事滿洲二人、漢軍一人，繕本筆帖式十有二人，掌繕清字、漢字之題本。

司務廳司務，滿洲一人、漢一人，掌治吏役收外省衙門之文書，呈堂書到，記其號以分於司。

督催所，郎中、員外郎、主事無定員，由堂官派委。掌催四司所議之件，而督以例限。科抄已結者、未結者，每月終令四司造册送吏科河南道，其有故不能依限辦結者，於册内註明。出本，令四司移會吏科河南道以註銷。凡四司應題、應奏付查之件，皆付於督催所稽察限期。

當月處司員，滿洲一人、漢一人，以四司郎中、員外郎、主事七品小京官輪直。掌監堂印，收在京衙門之文書，以付於司，送題本於内閣，内閣傳抄清字，則滿洲司員抄焉，漢字則漢司員抄焉。

欽定大清會典卷六

文選清吏司，郎中，滿洲三人、蒙古一人、漢一人，員外郎，滿洲二人、漢二人，主事，滿洲一人、漢二人，掌考文職官之品級與其開列、考授、揀選、陞調之事，掌月選之政令。

○凡中外、大小、正雜、流土之文官，其級十有八。一曰正一品，太師、太傅、太保、大學士。二曰從一品，少師、少傅、少保、太子太師、太子太傅、太子太保、協辦大學士、尚書、都察院左都御史、右都御史。三曰正二品，太子少師、太子少傅、太子少保、總督、侍郎。四曰從二品，巡撫、内閣學士、翰林院掌院學士、布政使。五曰正三品，都察院左副都御史、右副都御史、宗人府府丞、通政使、大理寺卿、詹事府詹事、太常寺卿、府尹、按察使。六曰從三品，光禄寺卿、太僕寺卿、鹽運使。七曰正四品，通政司副使、大理寺少卿、詹事府少詹事、太常寺少卿、鴻臚寺卿、太僕寺少卿、府丞、道。八曰從四品，翰林院侍讀學士、侍講學士、國子監祭酒、内閣侍讀學士、知府、土知府、鹽運司運同。九曰正五品，左右春坊庶子、通政司參議、光禄寺少卿、給事中、宗人府理事官、郎中、治中、欽天監監正、太醫院院使、同知、土同知、直隸州知州。十曰從五品，翰林院侍讀、侍講、司經局洗馬、鴻臚寺少卿、御史、宗人府副理事官、員外郎、知州、土知州、運副提舉。十有一曰正六品，内閣侍讀、左右春坊中允、國子監司業、堂主事、主事、都察院都事、經歷、大理寺左右寺丞、宗人府經歷、太常寺滿洲寺丞、欽天監監副、太醫院院判、京府通判、京縣知縣、兵馬司指揮、欽天監漢春夏中秋冬五官正、太常寺漢寺丞、神樂署署正、通判、土通判、僧録司左右善世、道録司左右正一。十有二曰從六品，左右春坊贊善、翰林院修撰、光禄寺署正、欽天監滿洲蒙古五官正、漢軍秋官正、和聲署署正、布政司經歷、理問、運判、直隸州州同、州同、土州同、僧録司左右闡教、道録司左右演法。十有三曰正七品，翰林院編修、大理寺左右評事、太常寺博士、國子監監丞、内閣典籍、通政司經歷、知事、太常寺典簿、太僕寺主簿、部寺司庫、京縣縣丞、兵馬司副指揮、太常寺滿洲讀祝官、贊禮郎、鴻臚寺滿洲鳴贊、順天府滿洲教授、訓導、知縣、按察司經歷、教授。十有四曰從七品，翰林院檢討、鑾儀衛經歷、中書科中書、内閣中書、詹事府主簿、光禄寺署丞、典簿、國子監博士、助教、京府經歷、欽天監靈臺郎、祠祭署奉祀、和聲署署丞、布政司都事、鹽運司經歷、直隸州州判、州判、土州判。十有五曰正八品，司務、五經博士、國子監學正、學録、欽天監主簿、太醫院御醫、太常寺協律郎、布政司庫大使、鹽運司庫大使、鹽道庫大使、鹽課司大使、鹽引批驗所大使、按察司知事、府經歷、縣丞、土縣丞、四氏學學録、州學正、教諭、僧録司左右講經、道録司左右至靈。十有六曰從八品，翰林院典簿、國子監典簿、鴻臚寺主簿、欽天監挈壺正、祠祭署祀丞、神樂署署丞、布政司照磨、鹽運司知事、訓導、僧録司左右覺義、道録司左右至義。十有七曰正九品，禮部四譯會同館大使、欽天監監候、司書、太常寺漢贊禮郎、按察司照磨、府知事、縣主簿。十有八曰從九品。翰林院待詔、滿洲孔目、禮部四譯、會同館序班、國子監典籍、鴻臚寺漢鳴贊、序班、刑部司獄、欽天監司晨、博士、太醫院吏目、太常寺司樂、工部司匠、府廳照磨、州吏目、道庫大使、宣課司大使、府税課司大使、司府廳司獄、司府廳倉大使、巡檢、土巡檢。不列於九品，曰未入流，翰林院漢孔目、部院庫使、禮部鑄印局大使、兵馬司吏目、崇文門副使、典史、土典史、關大使、府檢校、長官司吏目、茶引批驗所大使、鹽茶大使、廳州庫大使、税課分司大使、州縣税課司大使、驛丞、土驛丞、河泊所所官、閘官、道縣倉大使、府僧綱、道紀、正術正科、州僧正、道正、典術典科、縣僧會、道會、訓術訓科。其級則附於從九品。凡官不繫以正從者，則以其品爲差。如翰林院庶吉士照七品官食俸，天文生照九品官食俸，部院七品小京官，七品、八品、九品筆帖式，禮部四譯會同館六品、七品、八品朝鮮通官，曲阜三品以下執事官，皆不繫以正從。

○凡百官之任，有管理以重其務，六部、理藩院以大學士管理者，由特派，無定例。樂部、太常寺、鴻臚寺，以滿洲禮部尚書兼管，樂部又或特派大臣兼管。户部、工部錢法堂，各以右侍郎兼管。兵部馬館，於滿漢侍郎内特派一人兼管。武英殿御書處、宗人府銀庫、户部三庫、工部火藥局及光禄寺、國子監、欽天監，皆特派兼管大臣。太僕寺、太醫院，亦或特派大臣兼管。步軍統領由副都統簡用者，以刑部侍郎協理。順天府以尚書侍郎兼管，奉天府以五部侍郎兼管。有行走以供其職，入直南書房、尚書房、懋勤殿及軍機處奏事處、批本處，皆曰行走，官無專設。有加銜以顯其秩，太師、太傅、太保、少師、少傅、少保、太子太師、太子太傅、太子太保、太子少師、太子少傅、太子少保爲大臣加銜及贈官。總督兼右都御史、兵部尚書銜，總漕、總河、巡撫兼右副都御史、兵部侍郎銜。内閣學士兼禮部侍郎銜。四譯會同館監督兼鴻臚寺少卿銜。學政以郎中等官任者，其甲第係賜進士出身兼編修銜，係賜同進士出身兼檢討銜。有稽察以慎其法，内閣、六部、理藩院、鑾儀衛、通政司、順天府及寺監衙門，例以御史分道稽察，宗人府以宗室御史稽察，内務府以滿洲御史稽察，各旗亦以滿洲御史稽察，各京倉通倉以滿漢御史稽察，皆由都察院引見簡派。其稽查欽奉上諭事件處,或以大學士,或以尚書,稽察中書科以内閣學士。至稽察兩翼宗學之滿洲一二品及科甲出身之三四品文臣一人,又每翼科甲出身之三四品漢京堂二人,稽察八旗覺羅學每旗科甲出身不論滿漢之三四品京堂一人,皆由特簡。有兼充以省其官,經筵講官、日講起居注官、文淵閣領閣事、直閣事、提舉閣事、校理、檢閲、武英殿、國史館、方畧館及纂書各館總裁官、副總裁官、總纂官、提調官、纂修官、校對官、收掌官、翰林院教習官,皆無額設,各以本職兼充。其本係專官例由兼攝者,翰林院掌院學士,以大學士、尚書、左都御史、侍郎滿洲一人、漢一人兼攝,威遠堡等六關口事務,以盛京五部侍郎一人兼攝。有差委以寄其責,凡欽派曰差,各衙門堂官所派曰委。如學政係三年期滿之差,直隸、江南、浙江三省以翰林院侍讀侍講中允贊善開列,餘省以編修檢討十人、進士出身之俸深郎中十人開列請簡,或奉特旨以進士出身之侍郎以下七品京官以上差往。鹽政係一年期滿之差,由都察院以給事中御史開列請簡,或奉特旨以内務府卿員司員差往。巡視淮安漕務、濟寧漕務、天津漕務、通州漕務、巡視五城、大通橋抽查,皆係一年期滿之差,由都察院以給事中御史引見請簡。督理街道以給事中御史及工部步軍統領衙門司員引見請簡。崇文門兩翼税務監督係一年期滿之差,由户部奏派或奉特旨以滿洲大臣兼管。户部寶泉局、工部寶源局、倉場坐糧廳係二年期滿之差,滿洲以六部、理藩院郎中員外郎、太僕寺員外郎,漢以六部郎中員外郎,寶泉局坐糧廳監督由户部引見,寶源局監督由工部引見派往。京倉監督係三年期滿之差,以部院員外郎以下及各衙門小京官由户部引見記名,以次派往。其大通橋及通倉監督,皆由倉場侍郎於各倉監督内揀調,亦三年期滿。户部内倉監督係三年期滿之差,兵部馬館監督、刑部提牢係一年期滿之差,皆由本堂官揀選司員引見派管。工部木廠、琉璃窰廠監督係二年期滿之差,由本堂官揀選司員奏派。各關監督係一年期滿之差,山海關、張家口、殺虎口以保送之宗人府理事官、副理事官一人,六部滿洲司員各一人,内務府滿洲司員二人及俸深宗人府六部司員八旗每旗一人,内務府司員一二人,由户部引見派往;淮安關、鳳陽關、九江關、粤海關監督,由户部題請欽派。盛京銀庫監督係三年期滿之差,以六部、理藩院郎中由部引見派往,其副監督係二年期滿之差,由盛京户部侍郎會同將軍、副都統於五部京缺郎中員外郎主事内揀派。威遠堡等六關口章京係二年期滿之差,由盛京兵部侍郎會同將軍、副都統於五部無論京缺、本處缺郎中員外郎主事及小京官内揀派五人遇缺掣定奏派。盛京五路驛站正副監督係三年期滿之差,由盛京五部侍郎於郎中員外郎主事内揀員題派。熱河辦事章京係三年期滿之差,以刑部司員、滿洲蒙古一人、漢一人由部引見派往。喜峰口、古北口、獨石口、張家口、賽爾烏蘇、殺虎口管站章京、塔子溝、烏蘭哈達、三座塔、熱河、神木、寧夏、庫倫、恰克圖、西寧、西藏理事章京皆三年期滿之差,由理藩院以司員引見派往,其管站筆帖式、西寧西藏筆帖式,由理藩院堂官派往。新疆西北兩路辦事章京、内伊犁印務一缺、糧餉一缺、塔爾巴哈台印務一缺、烏嚕木齊駝馬一缺、喀什噶爾、葉爾羌、喀喇沙爾印務各二缺、和闐、烏什、阿克蘇、庫車各一缺、烏里雅蘇台印務、糧餉、驛站、牧務蒙古事件共四缺、科布多糧餉、驛站牧務蒙古事件共二缺，皆由京派往，係三年期滿之差。內喀喇沙爾一缺，由理藩院以蒙古司員專派，又一缺由部以六部、理藩院、國子監、欽天監蒙古司員小京官引見派往，烏里雅蘇台分內閣侍讀一缺，户部、兵部、理藩院司員各一缺，由部引見派往，其餘以六部、理藩院、太僕寺、光禄寺、國子監、欽天監滿洲蒙古司員小京官引見派往。其各衙門分設處所，官無額缺者，如宗人府之黄册房、空房、內閣之稽察房、誥勅房、紅本處、副本庫、飯銀庫、吏部之稽俸廳、户部之井田科、俸餉處、現審處、軍需局、飯銀處、捐納房、禮部之版片庫、南庫、養廉處、地租處、兵部之滋生庫、捷報處、刑部之秋審處、贖罪處、律例館、贓罰庫、飯銀處、工部之皇木廠、軍需局、硝黄庫、鉛子庫、炮子庫、官車庫、惜薪廠、冰窖、綵綢庫、料估所、飯銀處、理藩院之蒙古房、內館、外館、太常寺之犧牲處、光禄寺之黄册房、國子監之錢糧處、各衙門之督催所，皆由本堂官派委。有分發以練其事，京官曰分，衙門學習行走。有新進士以額外主事學習者，有庶吉士散館改主事分部行走者，有拔貢朝考後以七品小京官分部學習者，有廕生以司員小京官用分部分衙門行走者，有特旨用人員指明何部何衙門先准行走者，有外任滿洲蒙古人員丁憂回旗或在原部或掣定部分行走者，有新疆印務等章京期滿以主事用分部行走者，有京察調部人員掣部行走者，有捐輸議敘人員分部分衙門行走者。外官曰發省差委試用。有新進士以知縣用分發差委者，有大挑一等舉人分發試用者，有拔貢朝考後以知縣分發試用者，有特旨用人員指明省分發往差委者，有請挑人員發省差委者，有開復人員留省差委者，有議敘遇缺補用留省差委者，有捐輸發省試用者。有署理以權其乏，尚書侍郎京堂出差，其缺應署理者，皆由特簡。總督巡撫印務，或互相署理，或以藩臬護理，藩臬印務，或互相兼署，或藩以臬署、臬以道署，有奉特旨者，有由督撫奏請者，其道府署印皆令奏聞。同知以下印務，由督撫委署。其設有額缺者，理藩院有題署主事滿洲二缺、蒙古六缺，以一等筆帖式題補；禮部鑄印局委署主事一缺、上諭處委署主事一缺、侍衛處委署主事一缺、景運門委署主事一缺，各以本衙門筆帖式委署；察哈爾牧場委署主事一缺，以太僕寺主簿筆帖式委署。其本係專缺例由題署者，四川懋功直隸廳同知，由總督於候補或實缺人員內揀選。題署實缺者三年更換，候補者五年更換，其各省試用題補、咨補者及應題缺分，由督撫保題陞用者，於未經實授以前，亦謂之署缺。又滿洲蒙古外任丁憂回京百日後，由本旗引見，奉旨在原衙門行走者，遇應補缺出，先准題署，俟服闋再行實授。與額缺官相輔焉。

〇分出身之途，以正仕籍。凡官之出身有八。一曰進士，文進士、滿洲蒙古翻譯進士。二曰舉人，文舉人、滿洲蒙古翻譯舉人、漢軍武舉。三曰貢生，恩貢生、拔貢生、副貢生、歲貢生、優貢生、例貢生。四曰廕生，恩廕生、難廕生。五曰監生，恩監生、優監生、廕監生、例監生。六曰生員，文生員、滿洲蒙古翻譯生員、漢軍武生。七曰官學生，八旗官學生、義學生、覺羅學生、算學生。八曰吏。供事、儒士、經承、書吏、承差、典吏、攢典。無出身者，滿洲、蒙古、漢軍曰閒散，拜唐阿親軍前鋒護軍領催馬甲就文職者，出身與閒散同。漢曰俊秀。武生行伍就文職者，出身與俊秀同。各辨其正雜以分職。文進士、文舉人出身者，亦謂之科甲出身，與恩拔副歲優貢生、恩優監生、廕生爲正途，其餘經保舉者，亦同正途出身。旗人並免保舉皆得同正途出身，其有仍視出身者，如滿洲翰林院編修檢討，皆進士出身，侍講以上官、國子監祭酒及滿洲司業、順天府教授訓導，皆科甲出身，其他出身人員皆不得與。又考取中書筆帖式，閒散出身者不與，考漢内閣學士、翰林院檢討以上官、詹事府贊善以上官、國子監祭酒司業、奉天府丞，皆進士出身。禮部尚書侍郎、順天府丞、内閣侍讀典籍中書、國子監監丞博士助教學正學録、起居注主事，皆科甲出身。漢吏部禮部郎中員外郎主事、宗人府主事，皆進士出身。惟吏禮二部七品小京官，雖拔貢出身，亦准陞本部司員，其業經陞降出部者，即不復至吏禮二部。學政及考官同考官，皆進士出身。漢科道皆正途出身，其非正途出身者，雖經保舉不與。教職除進士舉人正途貢生外，其例貢生非由廩膳生員者不與。非監生出身但由俊秀捐輸得官者，止授從九品未入流。其以醫祝、僧道出身者，各授以其官而不相越。醫士止授正科、典科、訓科，其授太醫院官者，至院使而止。樂舞生止授太常寺司樂、祠祭署祀丞、神樂署署丞，至寺丞而止。署史止授和聲署署丞。陰陽生止授正術、典術、訓術。僧人止授僧録司左右善世、闡教、講經、覺義、僧綱、僧正、僧會。道士止授道録司左右正一、演法、至靈、至義、道紀、道正、道會，各不准遷轉他途。

○凡内外官之缺，有宗室缺，稽查宗人府御史及宗人府理事官以下筆帖式以上，皆由宗人府於宗室内保題揀選。其部院司官，則於滿洲缺内，分吏部員外郎一缺、主事一缺，户部郎中一缺、員外郎二缺，禮部員外郎一缺、主事一缺，兵部郎中一缺、員外郎一缺，刑部郎中一缺、員外郎一缺、主事一缺，工部員外郎一缺、主事一缺，理藩院郎中一缺、員外郎一缺，陵寢衙門郎中一缺、員外郎二缺、主事二缺，定爲宗室缺。有滿洲缺，京官除順天府府尹府丞、奉天府府丞及京府京縣官、司坊官無滿洲缺外，大學士以下翰林院孔目以上，皆有滿洲缺。奉天府府尹、奉天義州、廣寧、開原、鐵嶺縣，直隸熱河道、口北道、平泉州、灤平、豐寧、建昌、朝陽、赤峰縣，山西歸綏道，甘肅鎮迪道、西寧道、鎮西府、迪化直隸州、伊犁撫民廳、吐魯番廳、宜禾、奇台、昌吉、阜康、綏來縣及各省理事、同知、通判定爲滿洲缺。部院衙門筆帖式，皆定有滿洲缺。有蒙古缺，唐古特司業、助教、中書、游牧員外郎、主事定爲蒙古缺。内閣侍讀學士、侍讀中書、給事中、御史、郎中、員外郎、主事、堂主事、司務、國子監司業、助教、欽天監五官正靈臺郎、挈壺正博士、部院衙門筆帖式，皆定有蒙古缺。有漢軍缺，欽天監從六品秋官正定爲漢軍缺。内閣侍讀、典籍中書、部院堂主事、大理寺寺丞、太常寺博士、欽天監靈臺郎、司晨博士、部院衙門筆帖式，皆定有漢軍缺。有内務府包衣缺，内務府郎中以下未入流以上官，皆由總管内務府大臣，於内務府人内保題揀選。不准推陞部院缺，惟坐辦堂郎中、總理六庫事務郎中三缺，於得缺後咨部以應陞之缺列名。有漢缺。凡宗室京堂而上得用滿洲缺，蒙古亦如之，惟内閣侍讀學士，仍按滿洲、蒙古缺分用。内務府包衣亦如之。漢軍司官而上，得用漢缺，惟刑部司官不補漢軍。京堂而上，兼得用滿洲缺。凡外官蒙古得用滿洲缺，滿洲、蒙古、漢軍包衣，皆得用漢缺。滿洲、蒙古無微員，從六品首領佐貳以下官，不授滿洲、蒙古。宗室無外任。外任道以下官不授宗室，其督撫藩臬由特旨簡放者，不在此例。

〇凡授官之班有六。一曰除班，文進士、一甲一名進士除修撰，一甲二名三名進士除編修。其進士改庶吉士散館後留翰林者，二甲除編修，三甲除檢討。新進士引見分部學習者，爲額外主事，三年期滿奏留後，按報滿月日以次除。以中書用者、以學正學録用者，各按科分甲第除。其中書先到閣行走，一年期滿，亦准留補，其以知縣即用者，按科分甲第除。歸班者，除國子監監丞、博士、知縣，其遇國子監學正、學録補用無人，由部於會試後以歸班進士通行引見，記名者以次除。進士就教者，除府教授以知縣分發者，歸各省補用。散館以主事用者，以知縣即用者，各按散館名次除。歸班者，仍按原科甲第入月選。其以主事用者先分部行走，如經堂官奏留，亦准題補本衙門之缺。滿洲、蒙古、漢軍翻譯進士分部學習者，歸班者例與文進士同。滿洲、蒙古、漢軍舉人除知縣，以科名爲次，於三科後入月選。漢舉人以福建、湖南、四川、廣東、廣西、雲南、貴州爲遠省，餘爲近省，遠省於會試一科後，近省於三科後，赴部揀選註册，除國子監監丞、博士、翰林院待詔、知縣、直隸州州同，遠省率早近省兩科，以科分名次爲先後，名次同者以順天、江南、山東、山西、河南、陝甘、浙江、江西、福建、湖北、湖南、四川、廣東、廣西、雲南、貴州之次爲先後入月選。年力就衰者，除經制學正教諭入月選。滿洲、蒙古筆帖式中文舉人者亦除知縣。漢軍就教者亦除直隸省學正、教諭。滿洲、蒙古文進士、文舉人、翻譯進士除翰林院典簿、詹事府主簿、光禄寺署丞、國子監監丞、博士、典簿六項，是爲科甲小京官。宗室文進士、文舉人、翻譯進士，皆不除知縣，文進士歸班者，亦除科甲小京官。文舉人除宗人府筆帖式，翻譯進士歸班者除中書，内務府滿洲、蒙古、漢軍文進士均與外旗一體除職，其滿洲、蒙古文舉人亦除科甲小京官，漢軍舉人亦除知縣。拔貢朝考後引見以七品小京官用者，分部行走，三年期滿奏留，即爲實缺。又三年期滿奏留者，作額外主事。又三年期滿奏留，即歸本衙門留補主事。以知縣用者，分發各省試用甄别。除知縣，滿洲、蒙古、漢軍與漢同。滿洲、蒙古奉旨准就職者，除筆帖式，漢以教職用者，除復設教諭、經制訓導，復設訓導專補勒休之缺。恩拔副貢就職者，除直隸州州判，漢軍與漢同就教者，除復設教諭。歲貢除經制訓導，復設訓導優貢附於本年歲貢班末，以年分先後爲次，同年者掣籤。國子監肄業三年期滿，恩拔副歲貢各按應除之教職，歸肄業班入月選，其優貢肄業期滿，亦入月選。除復設訓導，俱以期滿月日先後爲次。廕生按原廕官之大小引見，滿洲除員外郎主事、都察院經歷、大理寺寺丞、光禄寺署正、通政司經歷、太常寺典簿、部寺司庫、光禄寺典簿、鴻臚寺主簿、八品筆帖式,蒙古除員外郎主事、七品八品筆帖式,漢軍除員外郎主事、大理寺寺丞、七品八品筆帖式,漢除員外郎治中主事、都察院經歷、京府通判、光禄寺署正、中書科中書、大理寺評事、太常寺博士、通政司經歷、太常寺典簿、光禄寺典簿、鑾儀衛經歷、詹事府主簿、京府經歷,奉旨外用者,除同知、知州、通判、知縣,漢四品官廕生除縣主簿、州吏目,皆入月選。其滿洲、蒙古、漢軍各項廕生,皆分衙門行走,二年期滿奏留者,准補本衙門之缺,其咨歸部選者仍入月選,不能學習者,令隨旗行走。漢廕生主事、都察院經歷,先分衙門行走,三年期滿奏留者,准補本衙門之缺。難廕生按死事官大小,滿洲、蒙古除主事、七品筆帖式,漢軍漢人除知州、知縣、縣丞、縣主簿、州吏目,皆入月選。其滿洲、蒙古難廕生,先分衙門行走,與恩廕生例同。以考除者,滿洲順天府學教授、以文進士文舉人訓導、以恩貢拔貢副貢歲貢,皆由禮部考擬正陪,交部引見。除國子監助教以部院筆帖式與進士舉人貢生,由部奏派大臣考試引見,記名以次除。盛京禮部助教,由盛京禮部、兵部會同以筆帖式舉人貢生考取咨部註册,以次引見,除滿洲内閣中書。旗缺,由内閣以本旗貼寫中書擬正陪,公缺,按旗輪轉,由内閣以本旗貼寫中書與本旗文舉人考擬正陪。蒙古中書,由内閣以貼寫中書擬正陪一次,以現任蒙古筆帖式及文舉人、翻譯舉人出身之候補筆帖式並文舉人考擬正陪一次,皆交部引見除。滿洲貼寫中書,以舉人、貢生、監生、生員、官學生、算學生、覺羅學生及由以上各項出身之候補筆帖式、現任及候補之繕本筆帖式、現任及已邀議敘並候補之翻譯官謄録官、年滿及現任並候補之教習、現任未年滿及年滿户部貼寫筆帖式、未年滿之兵部外郎,由部會同内閣奏派大臣考試擬取,進呈欽定,交部註册,以次傳補。蒙古貼寫中書,奏派考取例同。漢軍中書,由内閣以現任漢軍筆帖式及翻譯舉人出身之候補筆帖式,考取交部註册,缺出,按名擬正陪引見除。滿洲、蒙古、漢軍筆帖式,以文舉人、武舉、貢生、監生、文生員、翻譯生員、武生、官學生、覺羅學生、義學生,由部奏派大臣考試,分别等第擬取,進呈欽定,交部註册,入月選以次除。蒙古翻譯筆帖式,以蒙古應考筆帖式之人能翻譯滿洲、蒙古字話者,由部奏派考取,交部註册除。欽天監蒙古筆帖式、理藩院蒙古筆帖式,入月選以次除。盛京滿洲、漢軍筆帖式,由盛京兵部以本處應考之人考列等第,由部奏派,大臣覆閲進呈,交部註册,咨盛京兵部以次除。盛京蒙古筆帖式,亦由盛京考取蒙古翻譯之人補用,如無應考之人,以在京考取之蒙古翻譯筆帖式除。蒙古托忒學生、滿洲蒙古漢軍俄羅斯學生,教習五年,由部奏派考試。托忒學生一等除中書,二等除筆帖式,俄羅斯學生一等授八品銜,二等授九品銜,再五年考試一等八品授七品銜,九品授八品銜,再五年考試七品又列一等者除主事。各部繕本筆帖式、户部貼寫筆帖式,皆以滿洲、蒙古、漢軍應考筆帖式之人,由部奏派考取,以次補用,三年期滿除筆帖式。庫使,以滿洲、蒙古、官學生,由部奏派考取,以次補用,三年期滿除筆帖式。八旗隨印外郎,以漢軍生員、監生、官學生、義學生,由部附入各項翻譯場内考取,以次補用。盛京外郎,即以由漢軍生員、監生、官學生考取之筆帖式候補人内挨補，外郎六年期滿，由部考職。除州同、州判、縣丞，盛京外郎同，其有願就筆帖式者，亦除盛京本處筆帖式。天文生，由欽天監考取咨部註册，係監生生員出身者，爲八品天文生，係官學生、算學生出身者，爲九品天文生，以次除。漢五官監候漏刻博士，以天文生考取正陪引見除。漢國子監學正、學録，以進士、舉人，由部奏派大臣考取引見記名以次除。翰林院孔目，以恩貢、拔貢、副貢，由部奏派大臣考擬正陪交部引見除。貢生、監生考職者，或奉特旨考試，或由部豫期請旨，以漢軍、漢人恩拔副歲、優貢生、例貢生、優監生、恩監生、廕監生、例監生，奏派大臣考取分别等第，咨部註册。恩拔副貢生一等除州同，二等除州判，三等除縣丞，其餘貢生監生一等除縣主簿，二等除州吏目，皆入月選以次除。吏員考職者，供事及内外衙門書吏五年役滿，由本堂官督撫考取，在京不過十之七，在外不過十之五，咨部，一等除從九品之宣課司大使、州吏目、道庫大使、府税課司大使、按察司司獄、府廳司獄、巡檢、司府廳倉大使，二等除未入流之京縣典史、典史、崇文門副使、關大使、長官司吏目、茶引批驗所大使、鹽茶大使、廳州庫大使、税課分司大使、州縣税課司大使、驛丞河泊所官、閘官、道縣倉大使。乾隆五十五年以前京吏、外吏考職者，一等除府經歷，二等除縣主簿，三等除從九品，四等除未入流。此例停止後，其原經考定之員，現仍入選以揀選除者，太常寺陵寢衙門滿洲讀祝官、贊禮郎、鴻臚寺滿洲鳴贊，各由該寺咨部奏派大臣會同揀選引見，太常寺滿洲學習讀祝官、贊禮郎、鴻臚寺滿洲學習鳴贊，由寺揀選引見，皆以舉人、貢生、監生、生員、官學生、前鋒、護軍、親軍、拜唐阿、東三省新滿洲烏拉齊及筆帖式、庫使、候補筆帖式、庫使、護軍校、驍騎校、騎都尉、雲騎尉、恩騎尉除。其以文武職官除者，仍兼原任行走。每揀選太常寺陵寢衙門讀祝官、贊禮郎、鴻臚寺鳴贊時，其本衙門學習讀祝官、贊禮郎、鳴贊亦准一體揀選。鴻臚寺漢序班，由本衙門咨行順天府，以順天生員揀選除。看守壇廟官，例用廢員，無他陞轉，除四品官、五品官以本處應陞之員陞用外，其除班五品官以休致之郎中、員外郎、翰詹官揀選引見，除六品官以休致及降調願補壇廟官之主事以下等官揀選，由部驗放。會試後，如奉旨大挑舉人，由部奏派大臣揀選。一等者引見分發各省試用除知縣，二等除經制復設教諭、訓導。四氏學教授、學録，由衍聖公會同山東巡撫於孔顔曾孟四氏揀選，教授以舉人、貢生除，學録以貢生除。以效力期滿除者，各學教習三年期滿，滿洲舉人及筆帖式充者除小京官，監生充者除筆帖式，滿洲廢員充者原係主事知州以上官三年授七品銜，再三年除小京官，原係小京官知縣以下官三年授八品銜，再三年除筆帖式，覺羅學副管長五年期滿授八品官，再五年除小京官，在京事繁書吏五年役滿，由部以從九品未入流掣定除，儒士應以已著役二年以上之經承充三年役滿除鑄印局大使、檢校、典史，烏里雅蘇台科布多隨印供事三年役滿除府經歷，新疆辦事書吏五年役滿，由部以從九品未入流掣定除。以保舉除者，孝廉、方正、幕友由部引見除知縣佐雜，孝廉方正並除教職。以議敘除者，各館修書議敘進士舉人除知縣，恩拔副貢生除州同、州判、縣丞，其餘貢生監生生員除縣主簿、州吏目，供事除從九品未入流，其有職銜者各照職銜除。捐輸者,京官郎中以下、外官道以下,皆按例除。二曰補班,補班有裁缺候補者,在京各缺及外任陞除得缺尚未領憑赴任並教職,皆由部銓選,外官裁缺者,仍留各本省遇相當之缺補用。有迴避開缺候補者,京官由部銓選,外官或指缺對調,或留省酌補其應迴避出省者,或由總督於統轄省分改調,或由部掣省補用。有丁憂服滿候補者,京官以原衙門補用,外官由部銓選。有終養事畢候補者,有病痊候補者,京官以原衙門補用,外官坐補原缺。有降革開復候補者,有援例捐輸開復候補者,皆由部銓選。其分部行走未經得缺人員,開復者仍在原衙門行走。京官有省親修墓送親歸娶假滿候補者,因差開缺差竣候補者,皆以原衙門補用。惟部員出學差任滿回京候補者,以六部通用。其降調候補者,京官降至三品以上皆按品補用,降至正四品者不補通政司副使、大理寺少卿,以太常寺少卿、太僕寺少卿、鴻臚寺卿用,降至從四品者不補祭酒、内閣侍讀學士,借補正五品京堂,遇有開列陞轉,列於五品京堂之前,降至正五品、從五品仍補京堂,降至六品以下與各項降官一體按級補用,科道郎中以下降官各按級補用,部院小京官滿洲降至從六品者,不補光禄寺署正,借補正七品,降至正八品者,不補司務,借補從八品,其應降用光禄寺典簿、鴻臚寺主簿者,無本項應得之缺,光禄寺典簿准改補七品筆帖式,鴻臚寺主簿准改用八品筆帖式,降至正九品者以九品筆帖式用,蒙古降至七品以上者,准以原銜借補中書,降至正八品者,不補理藩院司務,准改補筆帖式,漢軍降至正七品者,不補典籍,降至正八品以下無缺可補,俱以筆帖式用,理事、同知、通判降調者,同知照主事,通判照光禄寺署正降補,漢官降至正七品,不補大理寺評事、太常寺博士,降至從七品不補中書科中書,降至正八品不補司務,各以對品别缺補用,外官布政使降調,不補按察使,借補道員,仍帶所餘之級,運使降調,不補道員,其運同、同知、提舉、通判、布政司經歷、理問、運判、州同降調者,不補州縣,例貢生、例監生、生員、吏員出身者,惟藩臬降至正從四品,由部以應否補用道府,或以運同借補請旨,餘均不補正印官,以對品别缺補用,其正印官由正途出身降調者,遇正印仍按級補用,滿洲、蒙古外任降調由正印官降者,正印、佐貳皆准補用,由佐貳降者,不補正印,降至從六品以下外任無缺可補者,以京官降等補用,皆由部銓選,各按所降之官補用。三曰轉班,六部、理藩院右侍郎轉左侍郎,翰林院侍講學士轉侍讀學士、侍講轉侍讀,詹事府右庶子轉左庶子、右中允轉左中允、右贊善轉左贊善,皆於開列本内列名請轉,再以轉出之缺請陞。惟滿洲庶子以下係引見轉補。都察院御史轉給事中,滿洲給事中以宗室、滿洲、蒙古御史通行引見,轉補漢給事中以漢御史通行引見轉補。四曰改班,以開列改者,六部、理藩院尚書,以左都御史改,總督以左都御史改。八旗武職奉特旨改用文職者,一等侍衛改三品京堂,二等侍衛改四品京堂,輕車都尉參領三等侍衛改郎中,騎都尉副參領四等侍衛佐領改員外郎,藍翎侍衛雲騎尉改主事,前鋒校、護軍校、驍騎校改主事及七品小京官。奉旨記名改者,滿洲原任文職承襲世職在參領、佐領上行走者,由部引見記名註册,參領改太常寺少卿、鴻臚寺卿、太僕寺少卿,佐領改鴻臚寺少卿。以揀選引見改者,宗室御史以理事官宗室郎中員外郎改,滿洲御史以郎中員外郎内閣侍讀改,蒙古御史以郎中員外郎改。以保送考試引見改者,漢御史以修撰編修檢討郎中員外郎内閣侍讀改。以甄别改者,分部學習主事期滿,以不諳部務甄别咨部,由滿洲、蒙古翻譯進士分部者改科甲小京官,由漢軍翻譯進士分部者改内閣漢軍中書、太常寺漢軍博士,由漢進士分部者改知縣,國子監監丞、助教就教者改教授。拔貢小京官期滿,以不諳部務甄别咨部者,滿洲、蒙古改七品筆帖式,漢軍、漢人改直隸州州判,復設教諭,其留部後又經甄别者,滿洲改正從七品小京官,蒙古改從七品小京官,内閣中書漢軍漢人改正從七品小京官,内閣中書國子監博士助教以文理生疏、年力堪以辦事甄别咨部,滿洲科甲出身者改詹事府主簿、光禄寺署丞、典簿,非科甲出身者改光禄寺典簿,漢改鑾儀衛經歷、中書科中書、詹事府主簿、光禄寺典簿、京府經歷。大挑知縣到省後以不勝民社甄别者,改直隸州州同、州判、州同、州判、庫大使、鹽大使,留省補用,改教職入月選。捐輸分發之員試用一年後,以才具平常甄别者,道府改同知,直隸州知州改通判,知縣改州判、府經歷、縣丞。以呈明願改者,滿洲、蒙古舉人臨選知縣時願改京職者,改科甲小京官,滿洲、蒙古文進士即用知縣願改京職者,改筆帖式,漢進士以主事用未滿三年、以中書用未滿一年、以學正學録用,未補缺願註銷京職者,改知縣,願改教者改教授,滿洲、蒙古、漢軍外任親年七十五歲以上改補京職者,藩臬與應陞之員一體開列改京堂,道改郎中,知府改員外郎,直隸州知州、同知、知州改主事,通判改小京官,州同、知縣改七品筆帖式,其餘佐雜各按出身改八九品筆帖式。滿洲、蒙古外任丁憂回旗百日後,由本旗引見回原衙門行走者,改補同。遇缺先行委署,服闋後實授,如服闋仍未得缺者,由部以本衙門之缺坐選。滿洲、蒙古外在降調至從六品以下者,除由正印官降至七品者,准補知縣外,餘改京職降至從六品者改正七品小京官,降至正七品者改從七品小京官,降至從七品者改從八品小京官,降至從八品、正九品者改九品筆帖式。其應降補小京官者,如願告降筆帖式,亦准以七八品筆帖式改補。其由知縣降至從七品及八品九品者,皆按品改補筆帖式。候補候選之員,除各項議敘者不准告降外,其餘告降之提舉、運副准改通判,告降之通判準改按察司經歷知事、布政司都事、鹽運司經歷、府經歷、縣丞,告降之州同、州判准改縣丞,告降之正九品主簿等官准改從九品,漢軍考職吏目告降從九品者准改巡檢等官,告降未入流者准改典史等官。各省分發孤缺、無缺之員,准改補正從對品官,正從對品又係孤缺、無缺者,准降一等,從六品正七品改從七品官,從七品改正八品官,從八品正九品改從九品官,從九品改未入流官。借改者,各省大挑知縣,准借補直隸州州同州判、州同州判、府經歷、縣丞、鹽庫大使,分發首領、佐貳雜職官,從六品正從七品准借補至從八品官,正從八品准借至從九品官,正從九品准借至未入流官。五曰陞班,以開列具題陞者,滿洲大學士,以尚書、左都御史爲應陞,漢缺同。滿洲尚書、左都御史,以侍郎爲應陞,以内閣學士、左副都御史、通政使、大理寺卿、詹事爲其次應陞,漢缺開列應陞同,不開列其次。總督,以侍郎、巡撫爲應陞。滿洲侍郎,以内閣學士、左副都御史、通政使、大理寺卿、詹事爲應陞,以太常寺卿、奉天府尹、光禄寺卿、太僕寺卿、通政司副使、大理寺少卿、少詹事、太常寺少卿、鴻臚寺卿、太僕寺少卿、内閣侍讀學士、蒙古内閣侍讀學士、翰林院侍讀學士、侍講學士、祭酒、庶子爲其次應陞,漢缺開列應陞同,以太常寺卿、順天府尹、光禄寺卿、太僕寺卿爲其次應陞。巡撫以内閣學士、左副都御史、府尹、布政使爲應陞。滿洲内閣學士,以詹事、太常寺卿、奉天府尹、光禄寺卿、太僕寺卿、通政司副使、大理寺少卿、少詹事、太常寺少卿、鴻臚寺卿、太僕寺少卿爲應陞,以内閣侍讀學士、蒙古内閣侍讀學士、祭酒、庶子、通政司參議、光禄寺少卿、鴻臚寺少卿、給事中、御史爲其次應陞,漢缺以詹事、少詹事、翰林院侍讀學士、侍講學士爲應陞,以庶子、翰林院侍讀、侍講爲其次應陞,又以翰詹改補之太常寺卿、順天府尹、光禄寺卿、太僕寺卿、通政司副使、大理寺少卿,另繕夾單。布政使,以按察使爲應陞。滿洲左副都御史,以通政使、大理寺卿爲應陞,以太常寺卿、府尹、光禄寺卿、太僕寺卿爲其次應陞,漢缺開列應陞,内有宗人府丞,餘同。滿洲通政使、大理寺卿,以詹事、太常寺卿、府尹、光禄寺卿、太僕寺卿爲應陞,以通政司副使、大理寺少卿爲其次應陞,漢缺開列應陞無詹事,餘同。宗人府丞,開列如之。滿洲詹事,以科甲出身之通政司副使、大理寺少卿、少詹事、太常寺少卿、鴻臚寺卿、太僕寺少卿、翰林院侍讀學士、侍講學士、祭酒、庶子爲應陞,以科甲出身之内閣侍讀學士、蒙古内閣侍讀學士、通政司參議、光禄寺少卿、鴻臚寺少卿、給事中、御史爲其次應陞,漢缺以少詹事、翰林院侍讀學士、侍講學士、祭酒爲應陞,以庶子、翰林院侍讀、侍講爲其次應陞,又以翰詹改補之光禄寺卿、太僕寺卿、通政司副使、大理寺少卿,另繕夾單。滿洲太常寺卿,以光禄寺卿、太僕寺卿、布政使爲應陞,以通政司副使、大理寺少卿、内閣侍讀學士、蒙古内閣侍讀學士、翰林院侍讀學士、侍講學士、祭酒、庶子爲其次應陞。奉天府尹,開列應陞及其次應陞同。漢太常寺卿,以光禄寺卿、太僕寺卿爲應陞,以通政司副使、大理寺少卿爲其次應陞,又以少詹事、翰林院侍讀學士、侍講學士、祭酒,另繕夾單,又以布政使另繕一單。順天府尹,開列應陞及其次應陞與太常寺卿同,以翰林院侍讀學士、侍講學士、庶子,另繕夾單,無布政使一單。按察使,以運使、道爲應陞。滿洲光禄寺卿、太僕寺卿,以通政司副使、大理寺少卿、少詹事、太常寺少卿、鴻臚寺卿、太僕寺少卿、布政使爲應陞,以内閣侍讀學士、蒙古内閣侍讀學士、翰林院侍讀學士、侍講學士、祭酒、庶子、通政司參議、光禄寺少卿、鴻臚寺少卿、給事中、御史爲其次應陞,漢缺以通政司副使、大理寺少卿爲應陞,以太常寺少卿、鴻臚寺卿、太僕寺少卿、順天府丞、奉天府丞、内閣侍讀學士爲其次應陞,又以少詹事、翰林院侍讀學士、侍講學士、祭酒,另繕夾單,又以布政使另繕一單。滿洲通政司副使、大理寺少卿,以太常寺少卿、鴻臚寺卿、太僕寺少卿爲應陞,以内閣侍讀學士、蒙古内閣侍讀學士、通政司參議、光禄寺少卿、鴻臚寺少卿、給事中、御史爲其次應陞,又以京察一等郎中另給夾單,漢缺以太常寺少卿、鴻臚寺卿、太僕寺少卿、順天府丞、奉天府丞爲應陞,以内閣侍讀學士、通政司參議、光禄寺少卿、鴻臚寺少卿爲其次應陞,又以翰林院侍讀學士、侍講學士、庶子,另繕夾單,又以按察使另繕一單。

滿洲少詹事，以翰林院侍讀學士、侍講學士爲應陞，以庶子、翰林院侍讀、侍講、洗馬、司業爲其次應陞，漢缺應陞内有祭酒、庶子，其次應陞内無司業。漢太常寺少卿，以内閣侍讀學士、通政司參議爲應陞，以光禄寺少卿、鴻臚寺少卿、給事中、御史爲其次應陞，又以翰林院侍讀、侍講、洗馬、中允、司業、贊善，另繕夾單，又以俸深道十人另繕一單。滿洲鴻臚寺卿、太僕寺少卿，以内閣侍讀學士、蒙古内閣侍讀學士、通政司參議、光禄寺少卿、鴻臚寺少卿、給事中、御史爲應陞，以京察一等郎中另繕夾單，漢缺開列均與太常寺少卿同。順天府丞、奉天府丞開列亦同，惟無道單。順天府丞，以科甲出身者開列，奉天府丞，以進士出身者開列。滿洲侍講學士、祭酒，以庶子、翰林院侍讀、侍講、洗馬、司業爲應陞，漢缺以洗馬、司業開列入其次應陞，中允、贊善亦入其次應陞。滿洲内閣侍讀學士，以通政司參議、光禄寺少卿、鴻臚寺少卿爲應陞一次，以給事中、御史爲應陞一次，以理事官、郎中爲應陞一次，蒙古缺以蒙古人之給事中、御史、郎中、翰林院侍讀、侍講、洗馬、司業爲應陞，漢缺三次開列應陞與滿洲缺同。滿洲通政司參議，以光禄寺少卿、鴻臚寺少卿、給事中、御史爲應陞，以京察一等郎中另繕夾單，漢缺以光禄寺少卿、鴻臚寺少卿爲應陞，以給事中、御史爲其次應陞，又以俸深道十人另繕夾單。滿洲光禄寺少卿，以鴻臚寺少卿、給事中、御史爲應陞，以京察一等郎中另繕夾單，漢缺以鴻臚寺少卿爲應陞，以給事中、御史爲其次應陞。漢鴻臚寺少卿，以給事中、御史爲應陞一次，郎中爲應陞一次。漢庶子，以侍讀、侍講、洗馬爲應陞，以中允、司業、贊善爲其次應陞。漢侍講，以洗馬、中允、贊善爲應陞，以修撰、編修、檢討、推俸次深者二十人爲其次應陞。漢洗馬，以中允、司業、贊善爲應陞。漢中允，以司業、贊善三人一體較俸次開列，以論俸引見陞者。漢司業、贊善，以修撰、編修、檢討、推俸次深者二十人引見。滿洲欽天監監副，以五官正論俸推取二人，如無人，於靈臺郎主簿内推取擬正陪引見。滿洲庶子、侍講、洗馬，分内外班相間，庶子内班以侍讀、侍講、洗馬、司業爲應陞，侍講、洗馬内班，除編檢出身之中允、贊善儘陞外，以編修、檢討爲應陞。中允、贊善不分内外班，中允除編檢出身之贊善儘陞外，以編修、檢討爲應陞，贊善以編修、檢討爲應陞，皆於應陞内論俸推取二人引見。以揀選引見陞者，滿洲國子監司業，以科甲出身之編修、檢討、員外郎、内閣侍讀、中允爲應陞，以太常寺寺丞、欽天監監副、起居注主事、堂主事、主事、都察院都事、經歷、大理寺寺丞、贊善、光禄寺署正爲其次應陞。滿洲庶子，外班以科甲出身之通政司參議、光禄寺少卿、鴻臚寺少卿、給事中、御史、理事官、郎中爲應陞，以科甲出身之副理事官、員外郎、内閣侍讀、中允爲其次應陞。侍講、洗馬，外班以科甲出身應揀選庶子之其次應陞等官爲應陞，以科甲出身應揀選國子監司業之其次應陞等官爲其次應陞。中允應陞之編檢無人，以科甲出身應揀選侍講、洗馬之其次應陞等官爲應陞，各於應陞及其次應陞内以二人擬正陪引見。贊善應陞之編檢無人，以科甲出身之通政司知事、經歷、大理寺評事、太常寺博士、典簿、部院寺司庫、太僕寺主簿、順天府教授、訓導、詹事府主簿、光禄寺典簿、署丞、中書科中書、内閣中書、國子監監丞、内閣典籍、翰林院典簿、國子監博士、助教、典簿、鴻臚寺主簿、太常寺讀祝官、贊禮郎、各部院寺司務、翰林院待詔、鴻臚寺鳴贊、製造庫司匠、翰林院孔目及筆帖式揀選二人擬正陪引見。漢欽天監監副,以五官正靈臺郎、主簿、挈壺正,由本衙門揀選擬正陪引見。論俸推陞者,京官,宗人府理事官、部院宗室郎中,以副理事官、部院宗室員外郎陞,副理事官、宗室員外郎,以宗人府經歷、主事、部院宗室主事陞,宗人府經歷、主事、部院宗室主事,以宗人府筆帖式、宗學總管陞,滿洲郎中以員外郎、内閣侍讀陞,蒙古缺以員外郎陞,漢缺與滿洲缺同,滿洲員外郎以太常寺寺丞、欽天監監副、起居注主事、各部院衙門堂主事、主事、都察院都事、經歷、大理寺寺丞、光禄寺署正、理事、同知、通判陞,蒙古缺六部以六部主事、太僕寺主事、盛京刑部主事、理事、同知、通判陞,理藩院太僕寺以理藩院主事、盛京刑部主事、唐古特司業、理事、同知、通判陞,漢缺以宗人府主事、起居注主事、本部主事、各部院漢軍堂主事、盛京刑部漢軍堂主事、治中、都察院都事、經歷、大理寺寺丞、京府通判、欽天監監副、府同知、直隸州知州陞,治中以京府通判、知州、運副、提舉陞,滿洲六部堂主事、主事、理藩院主事、太僕寺等衙門主事、都察院經歷、大理寺寺丞、光禄寺署正,以通政司知事、經歷、大理寺評事、太常寺博士、典簿、各部院司庫、太僕寺主簿、順天府教授、訓導、詹事府主簿、光禄寺典簿、署丞、中書科中書、内閣中書、國子監監丞、内閣典籍、翰林院典簿、國子監博士、助教、典簿、鴻臚寺主簿、太常寺讀祝官、贊禮郎、各部院寺司務、翰林院待詔、鴻臚寺鳴贊、刑部司獄、製造庫司匠、翰林院孔目、各部院衙門將軍督撫衙門筆帖式陞,其六部漢字堂主事以各應陞人員之科甲出身者陞,六部太僕寺蒙古主事以内閣中書、欽天監五官正、吏部兵部太僕寺等衙門筆帖式陞,六部、理藩院漢軍堂主事以翻譯舉人出身之中書及筆帖式陞,盛京刑部漢軍堂主事以五部筆帖式陞,六部漢主事、都察院漢都事以大理寺評事、太常寺博士、中書科中書、内閣典籍、中書、光禄寺署正、京縣知縣、兵馬司指揮、通政司經歷、知事、鑾儀衛經歷、部寺司務、太常寺典簿、國子監監丞、博士、助教、欽天監五官正、知縣、直隸州州同、漢軍七品八品筆帖式陞,都察院漢經歷以知縣、直隸州州同陞,大理寺漢軍寺丞以欽天監秋官正、太常寺博士、内閣典籍、中書、各部院衙門筆帖式陞,漢寺丞以光禄寺署正陞,京府通判以通政司漢經歷、知事、太常寺漢典簿、京縣知縣、通判、知縣、直隸州州同陞,光禄寺漢署正以太常寺典簿、詹事府主簿、光禄寺典籍、鑾儀衛經歷、布政司經歷、理問、運判、州同陞,滿洲通政司知事、經歷、大理寺評事、太常寺博士、各部寺司庫、太常寺典簿、光禄寺典簿、各部院寺司務、鴻臚寺主簿以各部院衙門、將軍督撫衙門筆帖式陞,中書科滿洲中書以内閣典籍中書陞,滿洲翰林院待詔、工部司匠、翰林院孔目以各部院衙門筆帖式陞,太常寺漢軍博士以各部院衙門筆帖式陞,大理寺漢評事、太常寺漢博士、中書科漢中書以知縣、直隸州州同陞,通政司漢經歷、知事以知縣、詹事府主簿、直隸州州同陞,太常寺漢典簿以光禄寺典簿、國子監學正、學録、翰林院典簿、詹事府主簿陞,鑾儀衛經歷以國子監學正、學録、典簿、翰林院典簿、國子監典簿、知縣、直隸州州同陞,詹事府漢主簿以國子監典簿陞,光禄寺漢典簿以州判陞,京府經歷以縣丞陞，國子監漢博士以京府教授、府廳教授、四氏學教授陞，部寺漢司務以國子監學正、學録、典簿、典籍、翰林院待詔陞，翰林院漢典簿以翰林院待詔、京府教授、府廳教授、四氏學教授陞，翰林院漢待詔、國子監漢典籍以翰林院孔目、州學正、縣教諭、直隸州州判陞；外官，道以漢給事中、知府陞，知府以漢御史、漢郎中、治中、運同、同知、直隸州知州陞，運同以治中、同知、直隸州知州、知州、運副、提舉陞，同知以大理寺漢寺丞、京府通判、光禄寺漢署正、京縣知縣、兵馬司指揮、鑾儀衛經歷、内閣漢典籍、中書、漢軍典籍、中書中、書科漢中書、大理寺漢評事、太常寺漢博士、漢軍博士、太常寺漢典籍、通政司漢經歷、知事、國子監漢監丞、博士、助教、部寺漢司務、知州、運副、提舉、通判、知縣、直隸州州同陞，知州以通判、知縣、布政司經歷、理問、運判、直隸州州同、州同陞，運副以通判、知縣、運判、直隸州州同、州同陞，提舉以通判、運判、州同陞，通判以詹事府漢主簿、兵馬司副指揮、光禄寺漢典簿、國子監學正、學録、翰林院漢典簿、國子監漢典簿、京縣縣丞、漢軍八品筆帖式、知縣、布政司經歷、理問、運判、直隸州州同、州同、按察司經歷陞，布政司經歷以兵馬司副指揮、京府經歷、布政司都事、按察司經歷、鹽運司經歷、州判陞，布政司理問以兵馬司副指揮、京縣縣丞、京府經歷、布政司都事、鹽運司經歷、州判、縣丞陞，州同以兵馬司副指揮、京縣縣丞、京府經歷、漢軍九品筆帖式、鹽運司經歷、布政司都事、州判陞，知縣以兵馬司副指揮、京縣縣丞、漢軍七品筆帖式、京府經歷、按察司經歷、布政司都事、鹽運司經歷、直隸州州判、按察司知事、府經歷、縣丞、京府漢教授、府廳教授、四氏學教授、州學正、縣教諭、布政司庫大使、鹽運司庫大使、鹽課司大使、批驗所大使陞，按察司經歷以鴻臚寺漢主簿、布政司都事、州判、府經歷、縣丞、布政司庫大使、鹽運司庫大使、鹽課司大使、批驗所大使陞，京府漢教授、府廳教授以州學正、縣教諭陞，布政司都事以州判、縣丞、布政司照磨陞，鹽運司經歷以州判、府經歷、縣丞、布政司庫大使、鹽運司庫大使、鹽課司大使、批驗所大使陞，州判以鴻臚寺漢主簿、鳴贊、漢軍九品筆帖式、按察司知事、府經歷、縣丞、布政司照磨、府廳知事、縣主簿、府州縣訓導、布政司庫大使、鹽運司庫大使、鹽課司大使、批驗所大使陞，按察司知事以布政司照磨、鹽運司知事、按察司照磨、府廳知事、縣主簿、府廳照磨陞，府經歷以會同館大使、鴻臚寺漢鳴贊、鹽運司知事、按察司照磨、府廳知事、縣主簿、府州縣訓導陞，縣丞以會同館大使、鴻臚寺漢鳴贊、序班、刑部漢司獄、漢軍九品筆帖式、布政司照磨、鹽運司知事、按察司照磨、府廳知事、縣主簿、府州縣訓導、府廳照磨陞，州學正、縣教諭以府州縣訓導陞，布政司照磨以按察司照磨、府廳照磨陞，鹽運司知事以縣主簿陞，按察司照磨以府廳知事、縣主簿、府廳照磨陞，府廳知事以刑部漢司獄、宣課司大使、兵馬司吏目、司府廳司獄、府税課司大使、府廳照磨、州吏目、府檢校、道庫大使陞，縣主簿以鴻臚寺序班、刑部漢司獄、宣課司大使、兵馬司吏目、司府廳司獄、府税課司大使、州吏目、府廳倉大使、巡檢典史、道庫大使陞，京府照磨、府廳照磨以宣課司大使、禮部鑄印局大使、兵馬司吏目、州吏目、巡檢、司府廳司獄、府税課司大使、府檢校、典史陞，宣課司大使以京縣典史、典史、茶引批驗所大使、鹽茶大使、廳州庫大使、税課司分司大使、州縣税課司大使、驛丞、河泊所官、閘官陞，州吏目以宣課司大使、禮部鑄印局大使、兵馬司吏目、典史、崇文門副使、巡檢、關大使、府檢校、長官司吏目、茶引批驗所大使、鹽茶大使、廳州庫大使、税課司分司大使、州縣税課司大使、驛丞、河泊所官、閘官陞，道庫大使以京縣典史、典史、驛丞、河泊所官、閘官陞，府税課司大使以批驗所大使、鹽茶大使、廳州庫大使、税課司分司大使、州縣税課司大使、驛丞、河泊所官、閘官陞，巡檢以司府廳倉大使、長官司吏目、京縣典史、典史、驛丞、河泊所官、閘官、道縣倉大使陞，司府應倉大使以崇文門副使、關大使、長官司吏目、茶引批驗所大使、鹽茶大使、廳州庫大使、税課分司大使、州縣税課司大使、驛丞、河泊所官、閘官陞，京縣典史、典史以茶引批驗所大使、鹽茶大使、廳州庫大使、税課分司大使、州縣税課司大使、驛丞、河泊所官、閘官、道縣倉大使陞，崇文門副使、關大使以驛丞、河泊所官、閘官陞。以揀選陞者，宗人府應題之理事官以副理事官陞，副理事官以經歷主事陞，經歷主事以筆帖式、宗學總管、副管陞，陵寢宗室郎中以陵寢宗室員外郎陞，陵寢宗室員外郎以陵寢宗室主事陞，陵寢宗室主事以宗人府筆帖式、宗學總管、副管陞。吏户禮兵工五部理藩院應題之郎中、員外郎、主事，刑部理藩院應留之郎中、員外郎，盛京户禮兵刑工五部應題之郎中、員外郎、主事，步軍統領衙門應題之郎中、員外郎、主事、司務，光禄寺應題之滿洲署正，各以本衙門應陞之員陞。宗人府漢主事，以大理寺評事、太常寺博士、中書科中書、内閣典籍中書、光禄寺署正、通政司經歷、知事、鑾儀衛經歷、部寺司務、太常寺典簿、國子監監丞、博士、助教陞。六部理藩院漢軍堂主事，以欽天監秋官正、太常寺博士、内閣典籍中書、部院衙門筆帖式陞。侍衛處主事，以本處應陞之員陞。内閣侍讀，以典籍中書陞。起居注滿洲主事，以本處筆帖式陞，漢主事以内閣典籍中書陞。察哈爾京缺游牧員外郎，以蒙古主事陞。游牧主事，以蒙古國子監助教、内閣中書、欽天監五官正、唐古特助教、中書、理藩院司務陞。盛京、吉林、黑龍江將軍衙門管檔主事，以筆帖式、倉官、驛站官陞。黑龍江理刑司主事，以刑部理藩院筆帖式陞。銀庫主事，以六部一等筆帖式陞。國子監漢助教，以學正、學録陞。理藩院司庫，以各部院一等筆帖式陞。盛京户部司庫，以在京衙門一等筆帖式陞。盛京刑部、工部司庫，以俸深筆帖式陞。唐古特學助教，以本學中書陞。中書，以本學筆帖式陞。太僕寺主簿，以本衙門筆帖式陞。欽天監滿洲五官正，以靈臺郎、主簿陞。靈臺郎，以挈壺正陞。挈壺正，以博士陞。博士，以天文生筆帖式陞。蒙古五官正，以靈臺郎、挈壺正陞。靈臺郎，以挈壺正陞。挈壺正，以博士陞。博士，以天文生筆帖式陞。漢軍秋官正，以國子監算學助教、靈臺郎陞。靈臺郎，以司晨博士陞。司晨博士，以天文生陞。漢春夏中秋冬官正，以主簿、五官、司書、漏刻、博士陞。靈臺郎，以五官、監候、漏刻、博士陞。主簿，以挈壺正、五官、司書、監候、漏刻、博士陞。五官、司書，以漏刻、博士陞。京縣縣丞，以州判、府經歷、縣丞、布政司庫大使、鹽運司庫大使、鹽課司大使、批驗所大使陞。各省應題之道、知府、同知、通判、直隸州知州、知州、知縣要缺之佐雜官，各以本省應陞之員陞。以請旨陞者，運使以知府陞。以保舉記名陞者，京察一等記名之翰林院侍讀、侍講、洗馬、中允、贊善、修撰、編修、檢討、内閣侍讀、給事中、御史、六部理藩院内務府步軍統領衙門郎中、員外郎、太僕寺員外郎陞道府，俸滿截取保舉堪勝繁缺、簡缺記名漢給事中陞道，漢御史郎中陞知府，特旨令部院保舉記名之滿洲、蒙古、漢郎中陞道，特旨令督撫保舉記名之知府陞道，同知、直隸州知州陞知府，六部、理藩院、步軍統領衙門保舉記名之滿洲、蒙古、漢軍漢主事陞直隸州知州，各衙門保舉記名之滿洲、蒙古小京官陞同知、通判。以保送揀選記名陞者，滿洲、蒙古小京官筆帖式陞理事、同知、通判，筆帖式陞知縣。以效力期滿保題註册陞者，侍衛處主事三年期滿陞部院衙門員外郎，京缺游牧主事三年期滿陞游牧員外郎，禮部鑄印局委署主事、筆帖式二年期滿陞本衙門主事，刑部滿洲司獄三年期滿陞滿字堂主事、主事、都察院都事、經歷、大理寺寺丞、光禄寺署正六項，國子監算學助教五年期滿係滿洲、蒙古陞五官正，係漢軍陞秋官正，係漢人陞春夏中秋冬五官正，盛京禮部助教四年期滿，由科甲出身者與在京科甲出身助教論俸陞漢字堂主事，非科甲者陞滿字堂主事等六項，上論處委署主事、筆帖式二年期滿陞在京衙門主事，景運門委署主事、筆帖式四年期滿陞部院衙門主事，如係蒙古陞太僕寺主事，察哈爾辦理牧場事務委署主事、筆帖式五年期滿陞部院主事，盛京倉官四年期滿陞盛京本處主事，吉林、黑龍江倉官四年期滿陞在京滿字堂主事等六項，其倉官係漢軍陞盛京刑部堂主事、大理寺寺丞，吉林驛站官四年期滿，七品者陞在京滿字堂主事等六項，八品者陞在京正從七品小京官，新疆西北各城辦事章京除由京員差往及廢員效力外，其以本處筆帖式奏給主事銜補用者，伊犁印務一缺、糧餉一缺、駝馬一缺、烏嚕木齊印務一缺、糧餉一缺、塔爾巴哈台糧餉一缺、駝馬一缺、哈密印務一缺、科布多印務一缺，其例應由京員差往之噶什噶爾、葉爾羌、喀喇沙爾印務各二缺、和闐、烏什、阿克蘇、庫車印務各一缺，亦准以本處筆帖式奏給主事銜補用，皆七年期滿陞主事。六曰調班。以開列具題調者，吏部尚書以五部、理藩院尚書調，吏部侍郎以五部、理藩院、盛京五部侍郎調。以保舉調用年滿更換者，户部三庫郎中以宗人府理事官、部院宗室郎中、六部、理藩院、步軍統領衙門、内務府滿洲郎中調，員外郎以宗人府副理事官、六部、理藩院、宗室滿洲員外郎、步軍統領衙門、内務府滿洲員外郎、内閣滿洲侍讀調，三庫檔房主事以宗人府經歷、主事、六部、理藩院、宗室滿洲主事調，司庫以刑部、工部、理藩院、太常寺、光禄寺司庫及滿洲内閣中書、翻書房中書、中書科中書、通政司知事、經歷、大理寺評事、太常寺博士、典簿、光禄寺典簿調，大使、筆帖式以翻書房中書科、六部、理藩院、都察院六科、通政司、大理寺、翰林院、起居注、詹事府、鑾儀衛、太常寺、光禄寺、太僕寺、鴻臚寺、國子監、欽天監滿洲筆帖式調，庫使以刑部、工部、理藩院、太常寺、光禄寺庫使調，寶泉局大使以户部筆帖式調，寶源局大使以工部筆帖式調，刑部滿洲司獄以本衙門筆帖式調，皆三年更換，盛京刑部司獄以本衙門滿洲筆帖式調，五年更換。以年滿調京者，陵寢宗室郎中、員外郎、主事六年期滿調宗人府及部院宗室缺，滿洲郎中、員外郎、主事六年期滿調在京部院缺，盛京五部京缺郎中、員外郎主事三年期滿調在京部院缺，盛京户、刑、工三部司庫三年期滿調在京司庫及司庫對品之小京官，京缺游牧員外郎五年期滿註册其由六部出身者調六部員外郎，由理藩院等衙門出身者調理藩院等衙門員外郎。以揀選調者，工部節慎庫滿洲郎中、員外郎、製造庫滿洲郎中、漢郎中各以本衙門郎中、員外郎調，步軍統領衙門、倉場、直隸、陝甘、四川、雲貴總督、山西、陝西巡撫衙門筆帖式以部院衙門筆帖式調。各省應調之道、知府、同知、通判、直隸州知州、知州、知縣要缺之佐雜官，各以本省相當之員調。凡特旨用者，則别爲班焉。奉旨以某官即用者，爲即用班。奉旨以某官用者，爲特用班。其奉旨指明何衙門及何省者，亦遇缺即用。

〇凡官非特授者有缺，各考其班，以請旨而授之。大學士、尚書、左都御史、侍郎、翰林院掌院學士、總督、巡撫、學政、布政使、按察使缺，皆不俟開列具題，即奉特旨補放，其有旨令部開列者，仍一體照例辦理。凡授官，大學士而下至京堂以開列，大學士、尚書、左都御史、侍郎、内閣學士、左副都御史、通政使、大理寺卿、詹事、太常寺卿、府尹、光禄寺卿、太僕寺卿、通政司副使、大理寺少卿、少詹事、鴻臚寺卿、太僕寺少卿、翰林院侍讀學士、侍講學士、祭酒、參議、光禄寺少卿滿洲缺與漢缺，皆開列具題。内閣侍讀學士滿洲缺、蒙古缺、漢缺，皆開列具題。滿洲缺之欽天監監正、漢缺之宗人府丞、順天府丞、奉天府丞及太常寺少卿、鴻臚寺少卿，亦開列具題。開列之例，其應轉者先以應轉之員聲明開列，即以轉出之缺將應補、應陞開列。如應補之員，其原缺本即應轉之缺，則先以應補開列，再聲明開列應轉，開列内有應補、應改、應調、應陞，有應補則以應補開列於前，無應補則以應改、應調開列於前，無應改、應調，則止開列應陞，皆於本内開列。其次應陞者，於夾單内開列。無應陞，則以其次應陞者於本内開列。其有應另單開列，又一單開列者，皆各爲夾單入於其次應陞單之後。凡開列應陞各員，内有降革、留任、處分者，出缺在補任、陞任之後者，及滿洲蒙古人員親服未滿二十七月者，皆於本内聲明不開列。其陞任雖在出缺以後，其未陞以前本應開列，及本在其次應陞者，皆帛照陞銜開列。侍衛奉特旨以京堂用者，遇應用之缺，各開列於應陞之前。大學士如因降革開缺者，隨時開列具題。其予告或病故開缺者，逾月乃開列具題。得旨則授。開列之本或隨本降旨，或於御門辦事日降旨。若太常寺、若鴻臚寺滿洲少卿，則開列以引見。滿洲太常寺、鴻臚寺少卿由部以應補、應陞及應改之參領、佐領並太常寺保送之讀祝官、贊禮郎、鴻臚寺保送之鳴贊一併開列引見，補授。不開列者，有揀授，滿洲、蒙古國子監司業，以應陞之員揀選，擬正陪引見補授，漢欽天監監正，則由本衙門揀定，交部具題。有推授。漢司業，以應陞之員論俸推取二十人，引見補授。滿洲欽天監監副，以應陞之員論俸，擬正陪引見補授。漢監副，由本衙門揀，擬正陪交部引見補授。翰詹坊缺，翰林院、詹事府衙門官一體互相陞轉，修撰、編修、檢討無定額。其由修撰、編修、檢討陞者，以贊善最爲初階，故由贊善而上統謂之坊缺。至侍讀、侍講、學士，則列於京堂。亦如之。坊缺，漢庶子、侍讀、侍講、洗馬、中允，皆以應轉、應陞之員開列具題。滿洲内班庶子、侍讀、侍講、洗馬，除應轉外，以應陞之員論俸，擬正陪引見，外班除應轉外，以應陞之員揀選，擬正陪引見。滿洲中允、贊善，先儘内班應陞之員論俸，擬正陪引見，如無人，再以外班應陞之員揀選，擬正陪引見。漢贊善，論俸以二十人引見。科道皆引見，科則通列，道則列其記名者三人以候旨。科除掌印給事中以給事中題補外，其給事中缺，由部以十五道御史通行引見補授。道除掌道御史由本衙門以協道銜史轉補外，其協道御史缺，由部於奉旨記名御史内，每一缺以三人引見補授。滿洲給事中缺，宗室、滿洲、蒙古御史一體轉補。滿洲御史二十八缺内，有宗室缺四、蒙古缺二，餘爲滿洲缺。宗室四缺内，如有轉科者，其遺缺仍補宗室，如係掌道缺，俟轉掌後，仍即補宗室，不計科，以道四缺歸宗室。蒙古二缺内，如有轉科者，其遺缺即補滿洲。統計以科道二缺歸蒙古。司官，宗人府理事官、副理事官、主事、漢主事、六部、理籓院、盛京五部、陵寢衙門、步軍統領衙門郎中、員外郎、主事、太僕寺員外郎、主事、起居注、鑾儀衛主事及盛京、吉林、黑龍江將軍衙門主事、察哈爾游牧員外郎、主事，皆爲司官。内閣侍讀陞轉與員外郎同，宗人府經歷、都察院都事、經歷、大理寺寺丞陞轉與主事同，滿洲太常寺寺丞、光禄寺署正陞轉亦與主事同，並爲司官。有留授，司官有定爲題缺者，皆由本衙門留補。宗人府分理事官一缺、副理事官一缺、主事一缺、經歷一缺，吏部分文選司郎中滿洲二缺、漢一缺、員外郎滿洲一缺、漢二缺、主事滿洲一缺、漢一缺、考功司郎中滿洲一缺、漢一缺、員外郎滿洲二缺、漢一缺、主事滿洲一缺、漢一缺、户部分江南司員外郎滿洲一缺、漢一缺、主事滿洲一缺、福建司郎中滿洲一缺、員外郎滿洲一缺、主事漢一缺、山東司郎中滿洲一缺、漢一缺、員外郎滿洲一缺、主事漢一缺、陝西司郎中滿洲一缺、漢一缺、員外郎滿洲一缺、主事漢一缺、廣東司員外郎滿洲一缺、漢一缺、主事滿洲一缺、廣西司員外郎滿洲一缺、漢一缺、主事滿洲一缺、雲南司郎中滿洲一缺、漢一缺、員外郎滿洲一缺、主事漢一缺、貴州司員外郎滿洲一缺、漢一缺、主事滿洲一缺，禮部分儀制司郎中漢一缺、員外郎滿洲一缺、漢一缺、祠祭司郎中滿洲一缺、漢一缺、員外郎滿洲一缺、漢一缺，兵部分武選司郎中滿洲一缺、漢一缺、員外郎滿洲二缺、漢一缺、主事滿洲一缺、車駕司郎中漢一缺、職方司郎中滿洲一缺、漢一缺、員外郎滿洲二缺、漢一缺、主事滿洲一缺、漢一缺，工部分營繕司郎中滿洲二缺、漢一缺、員外郎滿洲二缺、漢一缺、主事滿洲一缺、都水司郎中滿洲一缺、漢一缺、員外郎滿洲二缺、漢一缺、主事滿洲二缺，爲題缺。盛京五部司官分京缺、本處缺。京缺以京師人員陞轉，本處缺以本處人員陞轉。其本處缺内，户部分郎中一缺、員外郎一缺、主事一缺爲題缺，禮部分員外郎一缺、主事一缺爲題缺，兵部分員外郎一缺、主事一缺爲題缺，刑部分郎中一缺、員外郎一缺、主事一缺爲題缺，工部分員外郎一缺、主事一缺爲題缺。理藩院分郎中蒙古二缺、主事滿洲二缺、蒙古二缺，爲題缺，步軍統領衙門郎中、員外郎、主事、起居注滿洲主事、盛京、吉林、黑龍江將軍衙門檔房主事皆，爲題缺，滿洲光禄寺署正分大官署、珍羞署二缺，爲題缺。凡題缺，皆歸本衙門留補。其本係選缺、計缺歸本衙門留補者,刑部滿洲郎中、員外郎、主事每出三缺,以二缺歸選,以一缺留補。其應留之缺定爲郎中一次、員外郎一次、主事一次輪間。如應留郎中時,適無郎中之缺,准於員外郎、主事内酌留一缺,下次仍留郎中。漢郎中、員外郎每出六缺,第一缺歸選,第二、第三缺留補,第四、第五缺歸選,第六缺留補。其應留之缺,以郎中、員外郎輪間。如應留郎中適值無缺,准復留員外郎如滿洲缺例。理藩院於題缺外,滿洲郎中、員外郎、蒙古員外郎三項選缺内,各積各缺每項出三缺,皆歸選二缺後,准以一缺留補。又吏部、户部、禮部、兵部、工部、理藩院、太僕寺滿洲主事選缺内,皆准本衙門留補四缺,後以第五缺歸選。各部院蒙古主事選缺内,皆准本衙門留補二缺,後以第三缺歸選。六部漢主事選缺統計,准各本衙門留補四缺後,以第五缺歸選。又宗人府選缺,理事官、副理事官、主事、經歷及各部院宗室郎中、員外郎、主事缺,皆歸宗人府辦理。各衙門留缺,或以應陞人員擬正陪奏陞,或以應補人員奏補,皆由本堂官揀選咨部,查覈後,自行引見補授。惟盛京、吉林、黑龍江皆於揀選正陪後,送部引見應陞之例,先儘京察一等之員,如無人則以次揀選。惟京察三等及試俸未滿者,滿洲人員親服未滿二十七月者,不與應陞之例。有題選缺兼補之員,如新進士分部行走三年期滿奏留者,庶吉士散館分部奏留者,拔貢以七品小京官分部六年期滿改爲額外主事又三年期滿奏留者,滿洲西北兩路將軍大臣處所差滿分部奏留者,吏兵二部掌稿筆帖式議敘奏留者,俄羅斯館翻書房議敘分部者,禮部鑄印局委署主事二年期滿者,滿洲外任丁憂在原衙門行走者,漢丁憂服滿經原衙門奏留者,皆題選缺兼補。起居注主事、都察院都事、經歷、大理寺寺丞、滿洲太僕寺、鑾儀衛主事、太常寺寺丞、光禄寺署正、漢宗人府主事京察一等,經本堂官保送到部引見。例調六部主事,如有旨指定何部者,兼補題選缺,其由部籤分者,專補選缺。滿洲廕生分部行走二年期滿者,漢廕生分部行走三年期滿者,捐輸人員分部行走奏留者,皆專補選缺。有調授,户部三庫郎中、員外郎、主事皆係調缺,工部節慎庫滿洲郎中、員外郎、製造庫滿洲郎中亦係調缺。三庫郎中、員外郎、主事,皆准各衙門保送,由管理三庫大臣引見,三年更换一次。其新調之員遺缺,即以任滿庫員補授。惟所遺或係内閣侍讀之缺,應歸内閣留補,或係宗室員缺,應歸宗人府留補者,即將任滿庫員分部行走,遇京缺即行補用。工部二庫調缺,由本堂官以本部郎中、員外郎引見調補。有揀授,内閣侍讀滿洲缺、蒙古缺、漢缺,皆由大學士揀選交部引見。起居注漢缺主事,翰林院掌院學士會同大學士揀選,由院引見。六部、理藩院漢軍缺堂主事、宗人府漢缺主事、盛京刑部蒙古缺主事,皆由部奏派大臣揀選。察哈爾游牧蒙古缺員外郎、主事,由理藩院揀選。黑龍江理刑司主事、銀庫主事,不分滿洲、蒙古缺,理刑司主事,刑部會同理藩院揀選。銀庫主事,六部各揀選一人,皆交部引見。游牧員外郎、主事,亦曰理事官,共十六缺,不分員外郎、主事。内八缺,由察哈爾都統於武職官内揀補,不入陞轉。其八缺由京補放。皆引見,得旨則授,餘則以選授。司官各缺除留缺、調缺、揀選缺外,皆歸部銓選。其應留缺内,如本衙門無合例堪補之人,亦咨歸部選。小京官,滿洲從六品之欽天監五官正，正七品之通政司知事、經歷、大理寺評事、太常寺博士、典簿、部院寺司庫、太僕寺主簿、順天府教授、訓導、内閣典籍、國子監監丞、太常寺讀祝官、贊禮郎、鴻臚寺鳴贊，從七品之中書科中書、内閣中書、詹事府主簿、光禄寺署丞、典簿、國子監助教、博士，正八品之部院寺司務，從八品之翰林院典簿、國子監典籍、鴻臚寺主簿，從九品之翰林院待詔、刑部司獄、製造庫司匠、翰林院孔目，蒙古從六品之欽天監五官正，從七品之内閣中書、國子監助教、唐古特助教、中書，正八品之理藩院司務，漢軍正六品之大理寺寺丞，從六品之欽天監秋官正，正七品之太常寺博士、内閣典籍，從七品之内閣中書，漢正六品之欽天監春夏中秋冬官正，從六品之光禄寺署正，正七品之大理寺評事、太常寺博士、國子監監丞、内閣典籍、通政司經歷、知事、太常寺典簿，從七品之鑾儀衛經歷、中書科中書、内閣中書、詹事府主簿、光禄寺典簿、國子監博士、助教，正八品之部寺司務、國子監學正、學録，從八品之翰林院典簿、國子監典簿，從九品之翰林院待詔、國子監典籍，未入流之翰林院孔目，皆爲小京官。盛京、吉林、黑龍江倉官、驛站官亦同小京官陞轉。至欽天監靈臺郎以下，陞轉不出本衙門，不列於班。若漢鴻臚寺主簿、序班、禮部四譯會同館大使、序班、鑄印局大使、刑部司獄、奉宸苑閘官，皆係雜班京職，不與小京官之例。亦如之。小京官缺留補者，滿洲欽天監五官正、太僕寺主簿、内閣典籍、刑部司獄，蒙古欽天監五官正、唐古特助教、中書、理藩院司務，漢軍欽天監秋官正、内閣典籍，漢欽天監春夏中秋冬五官正、内閣典籍、國子監助教，又漢缺内閣中書，除應補外，以一缺歸選，一缺留補。調補者，户部三庫司庫，如三庫司官例，三年更換。揀補者，滿洲理藩院、太常寺、盛京户部司庫，由部奏派大臣揀選交部引見，盛京刑部、工部司庫，由各衙門保送吏部揀選引見，太常寺讀祝官、贊禮郎、鴻臚寺鳴贊，由部奏派大臣會同本衙門揀選，即由本衙門引見，盛京禮部讀祝官、贊禮郎，由本衙門揀選咨送太常寺，與在京應揀之人一同，再行揀選引見，蒙古國子監助教由理藩院會同本衙門揀選交部引見。殊者有考授。滿洲順天府學教授、訓導、國子監助教、盛京禮部助教、漢翰林院孔目，皆以考授，其國子監學正、學録無進士候補班，亦以考授，皆由部奏派大臣考試，擬正陪交部引見。惟盛京助教由盛京禮部會同兵部考試咨部。又滿洲、蒙古、漢軍中書，皆以考授。滿洲、蒙古中書額缺外，皆設有貼寫中書缺，貼寫中書皆豫期考取，俟缺傳補。其額缺中書滿洲七十缺内，公缺十四，八旗每旗缺七。旗缺以本旗貼寫中書揀選，如本旗無人，於八旗貼寫中書内通行論俸擬正陪。公缺挨旗輪補，以該旗内無職文舉人與貼寫中書一同考選擬正陪。蒙古缺以貼寫中書擬正陪一次，以筆帖式、文舉人翻譯舉人出身之筆帖式、無職文舉人考選擬正陪一次。漢軍缺以筆帖式、翻譯舉人出身之筆帖式，由内閣考試，豫取數名交部註册，缺出按次擬正陪，皆交部引見。其有滿洲、蒙古、漢軍文進士奉旨以中書用者，各於二缺之後補用。小京官之缺，除留補、題補、揀補、考補外，皆歸部選。筆帖式亦如之。筆帖式調缺，有户部三庫十九缺，户部倉場四缺，步軍統領衙門十六缺，以部院筆帖式調補。直隸、雲貴總督、陝西巡撫衙門各一缺，陝甘、四川總督衙門各二缺,以部院一等筆帖式揀選引見調補。由本處考選缺,有盛京五部筆帖式滿洲八十三缺、漢軍八缺,盛京將軍衙門及所屬各城筆帖式滿洲二十六缺、漢軍二缺,吉林、黑龍江將軍、德州、太原右衛、開封莊浪城守尉衙門各一缺,杭州、成都、廣州將軍、察哈爾都統、青州、京口、凉州副都統衙門各二缺,綏遠城、江寧、福州、荆州、西安、寧夏將軍、山海關副都統衙門各三缺,熱河都統衙門六缺,由本處於考取之筆帖式内送部引見補用。其餘在京部院及陵寢衙門之缺,各分翼缺、旗缺,歸部銓選。惟宗人府筆帖式,由本衙門自行考選。五城二尹所屬官,亦如之。五城所屬指揮吏目,皆爲揀選缺,仍由部分班揀補。順天府尹所屬,除府學滿洲教授、訓導列入小京官外,其京縣知縣由府尹會同直隸總督,於知縣内奏請陞調,京縣縣丞於州判、府經歷、縣丞、布政司鹽運司庫大使、鹽課大使、批驗大使内,咨部陞調。奉天府所屬京縣知縣,由府尹於知縣内奏請陞調。其治中及京府通判、經歷俱歸部選。至照磨、司獄、典史等官,品秩與外官不異者,其缺並列於外官。外官,督撫藩臬以開列。總督、巡撫、布政使、按察使非奉特旨補放者,由部開列,應補、應改、應陞之員具題請旨。運使,則請旨授焉。運使皆爲請旨缺,缺出由軍機處以俸深道十人、知府十人進單特授。如由部請旨者,以在部候補之運使及應陞之知府開單奏請簡放。道府有請旨,請旨道缺,有直隸永定河道、霸昌道、天津道、大名道,山東督糧道、濟東道、兖沂曹濟道、運河道、登萊青道,山西河東道、雁平道,河南開歸陳許道、河北道,江蘇江安糧道、蘇松糧道、蘇松太道、常鎮通道、河庫道,安徽寧池太廣道、廬鳳道,江西督糧道、廣饒九南道、吉南贛寧道,福建寧福道、鹽法道、興泉永道、汀漳龍道、臺灣道,浙江督糧道、寧紹台道、温處道、杭嘉湖道,湖北荆宜施道、安襄鄖道,湖南鹽法道、衡永郴桂道、岳常澧道,陝西西乾鄜道、潼商道、陝安道、延榆綏道,甘肅蘭州道、鞏秦階道、寧夏道、西寧道、甘凉道、安肅道,四川鹽茶道、川北道、川東道、松茂道,廣東督糧道、南韶連道、惠潮嘉道、高廉道、雷瓊道,廣西左江道、右江道,雲南糧儲道、鹽法道、迤東道、迤西道,貴州糧儲道、貴西道。請旨知府缺,有直隸保定府、承德府、永平府、河間府、天津府、宣化府,奉天錦州府,山東濟南府、泰安府、兖州府、沂州府、曹州府、青州府、登州府,山西太原府、平陽府、蒲州府、汾州府、大同府、朔平府,河南開封府、歸德府、南陽府、汝寧府,江蘇江寧府、蘇州府、松江府、常州府、鎮江府、淮安府、揚州府、徐州府,安徽安慶府、徽州府、鳳陽府、潁州府,江西南昌府、饒州府、廣信府、九江府、建昌府、撫州府、吉安府、贛州府,福建福州府、泉州府、汀州府、漳州府、臺灣府,浙江杭州府、嘉興府、湖州府、紹興府、金華府、衢州府,湖北武昌府、漢陽府、安陸府、黄州府、荆州府、施南府,湖南長沙府、岳州府、衡州府、常德府、辰州府,陝西西安府、同州府、漢中府、榆林府,甘肅蘭州府、鞏昌府、寧夏府、西寧府、凉州府、甘州府,四川成都府、綏定府、順慶府、敘州府、重慶府、夔州府、雅州府,廣東廣州府、惠州府、潮州府、肇慶府、瓊州府、高州府、廉州府,廣西桂林府、慶遠府、思恩府、南寧府,雲南雲南府、臨安府、曲靖府、昭通府，貴州貴陽府、鎮遠府、安順府、遵義府。缺出，皆由軍機處以奉旨記名之員進單請旨。其有外在引見及京察一等引見奉旨交部記名應陞道府之員及給事中俸滿記名以繁缺道用者、御史郎中滿俸記名以繁缺知府用者、在部候補班内有原係補用請旨缺之員丁憂起復降革原案開復者，皆豫期知照軍機處遇請旨缺，一體進單。其原係補用請旨之員告病告養例應坐補原缺者，亦豫期知照軍機處遇應坐補之缺，一體進單。其請旨缺内，直隸承德府一缺，專以滿洲、蒙古人員請旨。有揀，直隸熱河道、口北道、山西歸綏道係揀補缺，如非奉旨特授者，由部行六部、理藩院各揀選滿洲、蒙古郎中一人保送到部，引見補授。有題，題補道缺，有直隸通永道、清河道，山西冀寧道，江蘇淮揚道、徐州道、淮海道，湖南辰永沅靖道，四川建昌道，雲南迤南道，貴州古州道。題補知府缺，有直隸正定府、大名府，湖南永順府，陝西興安府，四川寧遠府，雲南麗江府、永昌府、開化府、東川府、廣南府，貴州黎平府、興義府、都匀府、大定府。缺出，由本省督撫以應調應陞之員揀選題補。有調，調補道缺，有甘肅鎮迪道。調補知府缺，有甘肅鎮西府，廣西泗城府、太平府、鎮安府，雲南順寧府、普洱府。缺出，由本省督撫以應調之員揀選調補，其通省並無堪調之員，始准聲明揀員陞補。其調缺内，甘肅鎮迪道、鎮西府二缺，專以滿洲、蒙古人員揀調。有留，道府部選缺，内有陞調所遺之缺，例准督撫留缺。凡奉旨命往委署試用者、先經督撫奏准試用者、告病告養起復降革開復引見發往原省者、錢糧開復留省補用其前任内未經實授者，皆合爲一班，以次補用。其奉旨命往補用及督撫奏准補用者，則無論應題、應調、應選，皆准酌量補用。餘則選。廳州縣之缺，有揀，理事同知、通判缺，除山西豐鎮廳同知爲題缺，直隸多倫諾爾廳、山西歸化城廳同知、奉天岫巖廳通判爲調缺，又直隸平泉州知州以理事同知兼，灤平縣、豐寧縣、建昌縣、赤峰縣、朝陽縣知縣以理事通判兼，皆爲題缺外，餘皆爲揀補缺。由部行知内閣部院各衙門，於京察一等之小京官筆帖式内除。由親軍前鋒護軍拜唐阿挑取之讀祝官、贊禮郎、鳴贊不准保送，其保送之員由部奏派揀選引見，記名註册，每出理事同知、通判一缺，以十人引見。其京察一等引見之小京官筆帖式，有奉旨記名者，即附於上次記名人員之後一併引見請簡。有題，題補直隸廳同知缺，有湖南乾州廳、鳳凰廳、永綏廳，四川敘永廳、雜谷廳，廣東理猺廳、佛岡廳，雲南永北廳，貴州仁懷廳、松桃廳、普安廳。題補廳同知缺，有山西豐鎮廳，江西定南廳，浙江玉環廳，陝西孝義廳、寧陝廳，甘肅循化廳、貴德廳，雲南大關廳、龍陵廳，貴州郎岱廳、八寨廳、台拱廳、古州廳。題補廳通判缺，有陝西漢陰廳，甘肅哈密廳，四川峩邊廳，雲南他郎廳，貴州歸化廳、清江廳、下江廳、都江廳、丹江廳、水城廳。題補管河同知缺，有直隸石景山廳、永定北岸廳、永定南岸廳、務關廳、天津管河廳、河間管河廳、順德管河廳、大名管河廳，山東運河廳、泇河廳、曹河廳，河南祥符北岸廳、下北河廳、黄沁廳、上南河廳、下南河廳、蘭儀廳，江南蕭南廳、銅沛廳、睢南廳、宿北廳、山清裏河廳、山清外河廳、海安廳、海阜廳、山安廳、山阜廳、桃源北岸廳、江防廳。題補管河通判缺，有直隸三角淀廳、楊村廳、漕運廳、天津河捕廳、泊河廳、正定管河廳,山東張秋廳、上河廳、下河廳、泉河廳、糧河廳、曹考廳,河南中河廳、儀睢廳、睢寧廳、商虞廳、歸河廳、衛北上廳,江南豐銅廳、邳北廳宿南廳、邳宿廳、山清北岸廳、桃清南岸廳、高堰廳、山盱廳、楊河廳、中河廳、楊糧廳。題補海塘同知缺,有浙江東塘廳、西塘廳。題補海防通判缺,有浙江南塘廳。題補府佐貳同知缺,有山東兗州府、曹州府,山西太原府、潞安府、汾州府、澤州府,河南開封府,安徽鳳陽府、鳳潁二府,福建福州府、泉州府,湖北漢陽府、荆州府,湖南永順府,雲南東川府同知,江西南昌府之捕盜同知。題補府佐貳通判缺,有河南陳州府、安徽鳳陽府、江西臨江府通判。題補直隸州知州缺,有直隸遵化州、易州、冀州、深州、定州,山西平定州、忻州、代州、保德州、解州、絳州、霍州,河南許州、陜州、光州、汝州,安徽六安州、泗州,江西寧都州,福建永春州,湖北荆門州,湖南澧州、靖州、郴州,四川綿州,廣東嘉應州、南雄州、羅定州,雲南元江州。題補知州缺,有直隸平泉州,山東濮州、高唐州,山西朔州,河南鄭州、信陽州,安徽壽州、宿州、亳州,浙江海寧州,湖北隨州,湖南武岡州,廣西全州,雲南騰越州、鎮雄州,貴州定番州、貞豐州、獨山州、威寧州。題補知縣缺,有直隸灤平縣、豐寧縣、建昌縣、赤峰縣、朝陽縣、永年縣,山東惠民縣,山西陽曲縣、榆次縣、臨汾縣、曲沃縣、永濟縣、臨晉縣、平遥縣、介休縣、鳳臺縣、大同縣、安邑縣、聞喜縣,河南祥符縣、中牟縣、蘭陽縣、滎澤縣、淮寧縣、太康縣、商邱縣、鹿邑縣、永城縣、河内縣、武陟縣、孟縣、南陽縣、固始縣,安徽懷寧縣、桐城縣、貴池縣、宿松縣、宣城縣、合肥縣、定遠縣、靈璧縣、阜陽縣、霍邱縣、盱眙縣,福建晉江縣、南安縣、惠安縣、同安縣、龍溪縣、漳浦縣、詔安縣、霞浦縣,浙江海鹽縣、平湖縣、鄞縣、鎮海縣、定海縣、臨海縣、黄巖縣、永嘉縣、平陽縣,湖北竹山縣、竹谿縣,湖南長沙縣、善化縣、湘潭縣、湘陰縣、湘鄉縣、攸縣、巴陵縣、城步縣、衡陽縣、衡山縣、武陵縣、芷江縣、永順縣、保靖縣、綏寧縣,陜西鳳縣、安康縣,廣東南海縣、番禺縣、高要縣,廣西臨桂縣、蒼梧縣、懷遠縣、宣化縣,雲南昆明縣、建水縣、寶寧縣、文山縣,貴州荔波縣。缺出,由督撫以應陞應調之員題補。其直隸承德府州縣及山西豐鎮廳、甘肅哈密廳缺,專以滿洲、蒙古人員題補。有調,調補直隸廳同知缺,有江蘇海門廳,四川松潘廳、太平廳,雲南景東廳、蒙化廳。調補廳同知缺,有直隸多倫諾爾廳,山西歸化城廳,江蘇川沙廳,江西蓮花廳,陜西潼關廳、留壩廳、定遠廳,甘肅洮州廳、鹽茶廳、吐魯番廳、伊犁撫民廳,四川馬邊廳、江北廳、打箭爐廳,廣東前山寨廳、南澳廳,廣西百色廳、龍州廳、明江廳,雲南思茅廳、威遠廳、中甸廳、龍陵廳。調補廳通判缺,有奉天岫巖廳、昌圖廳,福建馬港廳、澎湖廳、噶瑪蘭廳,四川莪邊廳,廣西龍勝廳、小鎮安廳,雲南緬寧廳。調補管河同知缺,有直隸保定管河廳。調補府佐貳同知缺,有山東武定府、東昌府,江西饒州府、廣信府、瑞州府,浙江杭州府、嘉興府、湖州府、台州府,湖北襄陽府,廣東瓊州府,雲南東川府同知,又江蘇蘇州府海防水利二同知、江西南昌府之水利同知、福建臺灣府理番海防二同知。調補府佐貳通判缺,有河南懷慶府通判、廣東廣州府之永寧通判。調補直隸州知州缺,有山東濟寧州、臨清州,江蘇太倉州、海州、通州，陝西商州、乾州、邠州、綏德州，甘肅秦州、涇州、肅州、安西州、廸化州，四川資州、茂州、酉陽州、眉州、邛州、瀘州，廣東南雄州、嘉應州，雲南廣西州、武定州、鎮沅州，貴州平越州。調補知州缺，有直隸通州、昌平州、涿州、薊州、灤州、景州、滄州、蔚州、延慶州、磁州、開州，奉天寧遠州、義州，山東德州、東平州、膠州，河南睢州，江蘇高郵州、泰州、邳州，江西義寧州，湖北沔陽州，陝西寧羌州，甘肅狄道州、河州、静寧州、固原州、靈州，四川巴州、合州、涪州，廣東欽州、儋州、萬州、崖州，廣西東蘭州、西隆州、養利州、左州、寧明州、歸順州，雲南雲州，貴州黄平州。調補知縣缺，有直隸良鄉縣、固安縣、永清縣、東安縣、三河縣、武清縣、寶坻縣、順義縣、密雲縣、大城縣、清苑縣、雄縣、遷安縣、臨榆縣、河間縣、獻縣、任邱縣、交河縣、吴橋縣、東光縣、天津縣、青縣、静海縣、南皮縣、宣化縣、萬全縣、正定縣、邢臺縣、邯鄲縣、大名縣、長垣縣、玉田縣、豐潤縣、棗强縣，奉天錦縣、廣寧縣，山東歷城縣、章邱縣、齊河縣、長清縣、泰安縣、商河縣、滋陽縣、滕縣、嶧縣、汶上縣、陽穀縣、蘭山縣、郯城縣、菏澤縣、曹縣、單縣、鉅野縣、聊城縣、茌平縣、冠縣、恩縣、益都縣、壽光縣、諸城縣、掖縣、濰縣、魚臺縣，山西徐溝縣、太平縣、汾陽縣，河南杞縣、安陽縣、洛陽縣、息縣，江蘇上元縣、江寧縣、句容縣、吴縣、長洲縣、元和縣、常熟縣、吴江縣、華亭縣、上海縣、青浦縣、南匯縣、武進縣、無錫縣、江陰縣、丹徒縣、山陽縣、清河縣、江都縣、甘泉縣、東臺縣、銅山縣、碭山縣、宿遷縣、崇明縣、寶山縣，安徽鳳陽縣、太和縣、蒙城縣，江西南昌縣、新建縣、豐城縣、鄱陽縣、浮梁縣、上饒縣、玉山縣、都昌縣、德化縣、湖口縣、彭澤縣、南城縣、南豐縣、臨川縣、清江縣、廬陵縣、龍泉縣、贛縣、瑞金縣，福建閩縣、侯官縣、福清縣、南平縣、臺灣縣、鳳山縣、嘉義縣、彰化縣，浙江錢塘縣、仁和縣、嘉興縣、秀水縣、嘉善縣、石門縣、烏程縣、歸安縣、德清縣、慈谿縣、山陰縣、蕭山縣、諸暨縣、餘姚縣、蘭谿縣、江山縣、樂清縣，湖北江夏縣、漢陽縣、孝感縣、黄陂縣、鍾祥縣、潛江縣、天門縣、襄陽縣、棗陽縣、黄岡縣、蘄水縣、江陵縣、監利縣，湖南瀏陽縣、邵陽縣、耒陽縣、桃源縣、沅陵縣、瀘溪縣、麻陽縣、零陵縣、宜章縣，陝西長安縣、咸寧縣、咸陽縣、臨潼縣、涇陽縣、三原縣、渭南縣、富平縣、蒲城縣、寶雞縣、西鄉縣、平利縣、鎮安縣，甘肅臯蘭縣、金縣、平涼縣、寧夏縣、中衛縣、西寧縣、武威縣、永昌縣、平番縣、張掖縣、山丹縣、宜禾縣、奇台縣、高臺縣、敦煌縣、玉門縣、昌吉縣、阜康縣、綏來縣，四川成都縣、華陽縣、灌縣、廣元縣、南充縣、宜賓縣、富順縣、巴縣、渠縣、西昌縣、達縣、平武縣、雅安縣，廣東順德縣、東莞縣、新寧縣、香山縣、新會縣、新安縣、歸善縣、海陽縣、潮陽縣、揭陽縣、饒平縣、澄海縣、陽江縣、電白縣、昌化縣、陵水縣、感恩縣，廣西上林縣、凌雲縣、西林縣、崇善縣、天保縣，雲南蒙自縣、順寧縣、平彝縣、麗江縣、寧洱縣、保山縣、會澤縣，貴州貴筑縣、婺川縣、普定縣、興義縣、畢節縣、遵義縣、桐梓縣、湄潭縣。缺出，由督撫於通省對品各員内揀調。順天所屬，由直隸總督、順天府尹會同酌調。奉天所屬，由奉天府尹酌調。其直隸多倫諾爾廳，奉天昌圖廳、義州、廣寧縣，甘肅吐魯番廳、伊犁撫民廳、迪化州、宜禾縣、昌吉縣、阜康縣、綏來縣缺，專以滿洲、蒙古人員揀調。其對品人員内，無合例堪調之員，始准聲明陞補，如道府調缺例。有留，同知、通判、直隸州知州、通判、州縣留缺之例，皆與道府同。惟大挑舉人分發之知縣，於陞調所遺選缺外，其有告病、休致、病故三項之選缺亦准留補。餘則選。佐雜、從六品以下首領、佐貳、雜職通謂之佐雜。要缺則留，佐雜除北河、東河、南河管河、直隸州州同、州同、直隸州州判、州判、縣丞、主簿、巡檢、閘官俱爲要缺外，其地方直隸州州同要缺有直隸遵化州、易州，山東臨清州，江蘇太倉州、海州，陝西商州，甘肅階州、肅州州同，州同要缺有山東平度州，湖北沔陽州，四川涪州，廣西全州、河池州、思州、西隆州，雲南鎮雄州，貴州獨山州、貞豐州州同，又廣西土南丹州、土忠州、土江州、土太平州、土萬承州、土龍英州、土田州之州同，直隸州州判要缺有直隸遵化州、冀州，山西解州，河南光州，江蘇海州，湖南靖州，甘肅西安州州判，州判要缺有直隸通州、涿州、灤州、磁州、平泉州、延慶州，浙江海寧州，湖北沔陽州、歸州，廣東欽州，廣西西隆州，雲南鎮雄州州判，貴州定番州之大塘羅斛二州判，廣西土那地州、土安平州、土憑祥州、土向武州、土奉議州之州判，府廳經歷要缺有直隸承德府，福建臺灣府，湖南鳳凰廳、永綏廳、乾州廳，甘肅鎮西府，四川太平廳、峩邊廳，廣西泗城府、太平府，雲南廣南府、麗江府、東川府、威遠廳，貴州黎平府、興義府、松桃廳經歷，府廳知事要缺有湖南鳳凰廳、永綏廳，廣西太平府、鎮安府，雲南昭通府、威遠廳、永北廳、大關廳、他郎廳知事，府廳照磨要缺有江蘇海門廳，江西定南廳，陝西漢陰廳，四川打箭爐廳，廣西明江廳，貴州古州廳、水城廳照磨，縣丞要缺有直隸密雲縣、清苑縣、河間縣、天津縣、萬全縣、大名縣、建昌縣、赤峰縣，山東長山縣、利津縣、滕縣、汶上縣、陽穀縣、掖縣，山西永濟縣、長治縣、平陸縣，河南祥符縣、淮寧縣、夏邑縣、永城縣、固始縣，江蘇上元縣、江寧縣、吴縣、長洲縣、元和縣、常熟縣、吴江縣、鎮洋縣、崇明縣、嘉定縣、寶山縣、華亭縣、奉賢縣、婁縣、青浦縣、武進縣、無錫縣、宜興縣、丹徒縣、丹陽縣、金壇縣、山陽縣、清河縣、沭陽縣，安徽涇縣、貴池縣、鳳陽縣、阜陽縣，江西武寧縣、餘干縣、玉山縣、弋陽縣、貴溪縣、金谿縣、上猶縣，福建福清縣、同安縣、崇安縣、上杭縣、邵武縣、鳳山縣，浙江仁和縣、嘉興縣、秀水縣、海鹽縣、平湖縣、長興縣、鄞縣、臨海縣、太平縣、西安縣、江山縣、常山縣、桐廬縣、麗水縣、龍泉縣，湖北江夏縣、漢陽縣、孝感縣、鍾祥縣、京山縣、天門縣、江陵縣，湖南衡陽縣、芷江縣、麻陽縣、零陵縣，陝西辰安縣、咸寧縣、興平縣、涇陽縣、洋縣、西鄉縣、安康縣，甘肅臯蘭縣、隆德縣、張掖縣、阜康縣，四川成都縣、華陽縣、南部縣、渠縣、梁山縣、巴縣、萬縣、遂寧縣、蓬溪縣，廣東南海縣、順德縣、新寧縣、三水縣、曲江縣、歸善縣、海豐縣、揭陽縣、高要縣、瓊山縣、遂溪縣，廣西宜山縣、上林縣、凌雲縣、崇善縣，雲南師宗縣、永善縣，貴州鎮遠縣、施秉縣、天柱縣、銅仁縣、開泰縣、永從縣、普安縣、清平縣、荔波縣縣丞，福建彰化縣之本城及分防新莊二縣丞、嘉義縣之分防笨谿斗六門二縣丞、噶瑪蘭廳之縣丞、四川富順縣之分防鄧井關自流井二縣丞，主簿要缺有直隸正定縣，山東歷城縣、泰安縣、寧陽縣，山西太谷縣，江蘇吴縣、長洲縣、元和縣、吴江縣、陽湖縣、金匱縣、山陽縣、寶山縣、如臯縣，安徽鳳陽縣，江西南昌縣、新建縣，福建閩縣，浙江嘉興縣、秀水縣、石門縣、平湖縣、長興縣，湖北潛江縣、江陵縣、監利縣，湖南巴陵縣，陝西長安縣、紫陽縣，甘肅臯蘭縣、平羅縣，四川南充縣、東鄉縣、平武縣，廣東南海縣、增城縣，廣西羅城縣、懷遠縣，貴州鎮遠縣主簿，吏目要缺有甘肅肅州、安西州、廸化州，廣東欽州、儋州、萬州、崖州，廣西東蘭州、西隆州、寧明州，雲南廣西州、武定州、元江州、鎮沅州、鎮雄州，貴州貞豐州吏目，又廣西土養利州、土左州、土思陵州、土茗盈州、土佶倫州、土都結州、土下雷州、土歸順州、土都康州之吏目，巡檢要缺有直隸采育司、王平口司、中營司、河西務司、張三營司、喀喇河屯司、鞍匠屯司、八溝司、郭家屯司、黄姑屯司、大閣兒司、土城子司、塔子溝司、烏蘭哈達司、鄂爾土版司、三座塔司、鄭家口司、獨流鎮司、多倫諾爾司、石景山司、蘆臺司、景和鎮司、杜林鎮司、青滄減河司、牤牛營子司，奉天牛莊司、中後所司、岫巖城司、昌圖廳司，山東王家淺司，山西柳林鎮司，河南朱仙鎮司、老岸鎮司、賒旗店司、全流濟司、牛食畈司，江蘇角頭司、東山司、周莊司、小河司、馬蹟山司、顧山鎮司、板閘司、史家集司、惠澤司、邵伯鎮司、貊貔鎮司、諸翟鎮司，安嶶練潭鎮司、青陽鎮司、梁園司、曉天鎮司、柘臯司、運漕鎮司、馬頭汛司，江西大江口司、梅莊司、八疊嶺司、景德鎮司、八房場司、太平橋司、湖坊司、洋口司、青山司、城子鎮司、羅坊司、鳳岡司、棠陰司、招攜鎮司、灰埠司、黄岡洞司、蘆溪市司、固江鎮司、永陽鎮司、左安司、楊溪司、衣錦司、�門嶺司、下歷司、金坑司，福建劉五店司、南槎村司、嵊嶼司、羅東司、羅漢門司、下淡水司、大武壠司、佳里興司、竹塹司、鹿仔港司、猫霧捒司，浙江埭溪鎮司、柯橋司、玉環司、盤石司，湖北仁義司、禮智司、沙市司、磨盤洲司，湖南黄嶺岗司、江頭汛司、河溪司、鳳凰廳司、雙江司、青陂司、王村司、張家壩司，陝西孝義川司、五郎關司、寧陝司、簡池壩司、黄官嶺司、漢陰司、鎮平司、寧條梁司，甘肅嘉峪關司、古城司、迪化城司、呼圖壁司、吐魯番司、哈密司、闢展司、霍爾果斯司、綏定城司、惠遠城司、惠寧城司，四川太平場司、苦竹壩司、江口鎮司、西界沱司、洋溪鎮司、胖子店司，廣東黄鼎司、江浦司、五斗口司、慕德里司、菱塘司、江村司、都寧司、馬寧司、缺口鎮司、廟子角司、廣海寨司、香山司、小黄圃司、黄梁都司、淇澳司、沙村司、牛肚灣司、宜善司、吉安司、河婆司、神泉司、珠場司、永平司、防城司、如昔司、沿海司、那陳司、長墩司、西鄉司、薄沙汛司、龍滚司、寶停汛司、樂安汛司、永寧司、硇洲司、湛川司，廣西龍勝司、社水陸峒司、廣南司、穿山司、梅寨司、白土司、龍門司、百色寨司、周安鎮司、思隴驛司、平樂一甲司、潞城司、馱𥨊司、湖潤寨司，雲南曲江司、猛統司、竹園村司、猛緬司、可渡司、金沙江司、因遠司、思茅司、龍陵廳司、歹補司、者海司、新撫司、魯甸司、鹽井渡司、毋亨司，貴州舊州司、盤不營司、羊腸塘司、慕役司、捧鮓司巡檢，司獄要缺有直隸按察司、保定府、承德府，山東按察司，濟南府司獄，典史要缺有直隸大興縣、宛平縣、清苑縣、臨榆縣，山東歷城縣，山西陽曲縣，江蘇上元縣、江寧縣、吳縣、長洲縣、元和縣，江西南昌縣、新建縣，福建臺灣縣、鳳山縣、嘉義縣、彰化縣，湖南保靖縣、綏寧縣、城步縣、永順縣，甘肅宜禾縣、奇臺縣、昌吉縣、阜康縣、綏來縣、玉門縣、敦煌縣，四川成都縣、華陽縣、灌縣、巴縣，廣東昌化縣、陵水縣、感恩縣，廣西忻城縣、崇善縣、天保縣、凌雲縣、西林縣，雲南順寧縣、麗江縣、文山縣、會澤縣、永善縣、寧洱縣、寶寧縣、恩樂縣，貴州貴筑縣、興義縣典史，驛丞要缺有直隸楊村驛、楊青驛、流河驛、浙江廣濟渡驛驛丞。遇缺出，皆由本省督撫以實缺之員咨部陞調。惟煙瘴缺，並准以分發之員咨補。餘則咨與選分缺焉。佐雜除要缺外，惟布政司庫大使爲揀選缺，餘皆爲選缺。各省有分發之員遇缺，皆准其留補。惟吏目一項，除捐輸指缺分發者仍准留補外，其餘試用從九品之員不准留補。教職亦如之。順天府漢教授、訓導缺出，由府尹會同直隸總督於實缺教職内調補。其各省教職要缺，有直隸承德府，福建臺灣府，甘肅鎮西府，廣西泗城府教授，甘肅安西州、迪化州，廣東欽州、儋州、萬州、崖州，廣西東蘭州、寧明州學正，福建晉江縣、安溪縣、同安縣、龍溪縣、漳浦縣、平和縣、詔安縣、臺灣縣、鳳山縣、嘉義縣、彰化縣，廣東昌化縣、陵水縣、感恩縣教諭，福建晉江縣、安溪縣、同安縣、龍溪縣、漳浦縣、平和縣、詔安縣、臺灣府、臺灣縣、鳳山縣、嘉義縣、彰化縣，甘肅循化廳、貴德廳、玉門縣、敦煌縣、宜禾縣、奇台縣、昌吉縣、綏來縣、阜康縣，廣東欽州、儋州、萬州，廣西西隆州、西林縣訓導。缺出，皆由各省於實缺教職内咨部調補，其餘皆由部選。鹽官亦如之。鹽務官要缺，有山西、河東、兩淮、淮南、淮北監掣同知，浙江寧紹運副，雲南黑鹽井、白鹽井提舉，長蘆滄州、薊永、山東膠萊、兩淮泰州、通州、海州、浙江嘉松運判，山西東場、福建莆田場、下里場、福興場、江陰團場、潯美場、前江團場、蓮河場、雲南可陋井、香鹽井、按板井、彌沙井、麗江井大使，山西鹽道經歷。缺出，皆由鹽政會同督撫於實缺鹽員内陞調，其監掣同知並准以地方之員題補。此外鹽運司庫大使、鹽道庫大使、場大使、批驗所大使爲揀選，缺餘爲選缺，有分發之員遇缺亦准留補。

欽定大清會典卷七

○定月選之法，雙月曰大選，單月曰急選。二、四、六、八、十、十二月爲雙月，正、三、五、七、九、十一月爲單月。初定選法，以除班、陞班於雙月開選，故曰大選，以補班於單月開選，故曰急選。後以補班内丁憂起復之漢郎中、員外郎、主事及補班之漢國子監監丞、典簿、翰林院待詔，亦入漢官雙月選班；以除班之滿洲期滿教習及捐輸、議敘二項，亦入滿洲官單月選班；以除班之進士、舉人及捐輸、議敘二項陞班内之京陞一項，亦入漢官單月選班。惟閏月不選。凡月選，滿洲、蒙古、漢軍官以上旬，每月初五日。漢官以下旬，每月二十五日。筆帖式以中旬，每月二十日。前期截缺。截缺之期，各先選期五日，内外官陞任調任及添設員缺，俱以題覆奉旨科抄，到部開缺。告假、修墓、省親，以該衙門咨到開缺。有承襲官職者，以該旗咨到開缺。丁憂終養者，稽勳司付到開缺。休致、告病、降調、革職解任、隔省赴審及提解來京、京察大計甄别處分離任者，考功司付到開缺。咨參離任者，督撫咨到開缺。病故者，在京各衙門咨到，在外督撫咨到，或科抄揭帖先到開缺。領憑或因差在京病故者，五城司坊官申報開缺，如旗員，該旗咨報開缺。其科抄咨文移付於截缺以前到者，作本月之缺，截缺以後到者，作下月之缺。其事關開缺已屆截缺之前，如滿洲官於二十八九日出缺，漢官於十八九日出缺，在京衙門立即咨報開缺。其應具題奉旨開缺者，滿洲缺係二十一日以前到部者，趕於二十六日以前具題，漢缺係十二日以前到部者，趕於十七日以前具題。科抄雖在截缺以後下部，其缺仍爲本月之缺，如滿洲缺至二十二日到部，漢缺至十三日到部，趕題不及，其缺即爲下月之缺。截缺以後，其到班應選之員遇有事故扣除，或奉特旨補放者，即算一班，其缺即爲截缺以後另開之缺，歸下月一體辦理。凡月選之缺，京官郎中以下，除題缺、調缺、揀選缺、考選缺外，皆爲月選缺。外官道以下，除請旨缺、題缺、調缺、揀選缺、佐雜除要缺外，皆爲月選缺。凡京官，滿洲郎中八十缺、員外郎一百三十一缺、主事八十二缺、都察院都事、經歷各一缺、大理寺寺丞二缺、評事一缺、光禄寺署正四缺、署丞八缺、典簿一缺、通政司知事、經歷各一缺、部寺司庫七缺、工部司匠二缺、太常寺博士、典簿各一缺、中書科中書二缺、詹事府主簿一缺、國子監監丞、博士、典簿各一缺、鴻臚寺主簿一缺、翰林院典簿、待詔、孔目各一缺，蒙古郎中十一缺、員外郎三十四缺、主事十二缺，漢軍盛京堂主事一缺、大理寺寺丞二缺、太常寺博士一缺、漢郎中三十八缺、員外郎三十五缺、主事四十八缺、都察院都事、經歷各一缺、大理寺寺丞、評事各二缺、光禄寺署正四缺、典簿一缺、太常寺博士、典簿各一缺、中書科中書四缺、通政司經歷、知事各一缺、國子監監丞、博士、典簿、典籍各一缺、鑾儀衛經歷一缺、詹事府主簿一缺、部寺司務七缺、翰林院待詔二缺、典簿、孔目各一缺、京府治中二缺、通判一缺、經歷二缺、外官道十六缺、知府五十九缺、運同三缺、同知六十七缺、直隸州知州十四缺、知州八十二缺、通判九十九缺、提舉一缺、知縣九百四十四缺、直隸州州同十四缺、州判二十八缺、州同十五缺、州判二十七缺、布政司理問七缺、經歷十五缺、都事二缺、照磨七缺、按察司經歷十四缺、知事一缺、照磨五缺、鹽運司經歷五缺、知事三缺、府經歷一百五十九缺、縣丞二百十五缺、主簿二十一缺、府知事六缺、府廳照磨四十二缺、州吏目一百八十七缺、司府廳司獄七十五缺、道庫大使八缺、府檢校三缺、崇文門副使一缺、宣課司大使二缺、關税大使三缺、巡檢七百五十三缺、司道府倉大使四缺、縣倉大使一缺、府税大使四缺、州縣税大使七缺、府州庫大使二缺、茶引批驗所大使一缺、鹽茶大使一缺、典史一千二百二十九缺、長官司吏目三缺、驛丞三十二缺、河泊所官二缺。以上各月選缺，除在京各衙門留補及各省留補外，皆入月選。有分，滿洲郎中、員外郎、主事，皆分在京部院缺、陵寢衙門缺、盛京五部缺，其五部缺内又分京缺、本處缺。在京部院缺、陵寢衙門缺、盛京五部京缺，皆用京員，盛京本處缺，用本處之員。陵寢衙門及盛京缺年滿調京者，皆補在京部院缺。六部員外郎缺内各分一缺，爲科甲缺，專用科甲之員。堂主事内分滿字、漢字，以漢字缺專用科甲。主事缺内分鑾儀衛主事一缺，爲上三旗缺，專用上三旗人。筆帖式分兩翼缺、八旗缺，各用本翼、本旗之人。蒙古員外郎内分六部缺、理籓院太僕寺缺，主事缺内分六部太僕寺缺、理藩院缺，各有陞班。筆帖式分吏部等衙門缺，用考取翻譯之員。理藩院缺、欽天監缺皆用考取蒙古翻譯之員。漢教諭、訓導皆分經制缺、復設缺，各有班次。從九品内分州吏目一項、府廳照磨一項，另爲專缺。未入流内分府檢校一項，另爲專缺。有合，滿洲郎中、員外郎、主事，除盛京本處缺，員外郎再除科甲缺，主事再除漢字堂主事缺外，其餘部院缺、陵寢衙門缺、盛京京缺，一體通計。太僕寺員外郎與部院員外郎通計。太僕寺鑾儀衛主事與部院主事通計。都察院都事、經歷、大理寺寺丞、光禄寺署正，雙月與滿字堂主事、部院衙門主事同爲滿洲六品官，一併計缺陞除。翰林院典簿、詹事府主簿、光禄寺署丞、國子監監丞、博士、典簿六項，通爲滿洲科甲小京官缺，專用科甲之員。通政司經歷、太常寺典簿、部寺司庫、光禄寺典簿四項，雙月一併計缺陞除。此外，小京官除鴻臚寺主簿，雙月自行計缺陞除，中書科中書另有陞班外，其餘通政司知事、大理寺評事、太常寺博士、部寺司務、翰林院待詔、孔目、工部司匠，雙月一併計缺推陞，其單月則統與通政司經歷、太常寺典簿、部寺司庫、光禄寺典簿、鴻臚寺主簿，一併計缺，漢中書科中書、大理寺評事、太常寺博士三項，雙月一併計缺陞除，雜職從九品官除州吏目、府廳照磨外，一併計缺，未入流官除府檢校外，一併計缺。各以其月所開之缺，按其人之到班者而選之。雙月缺選雙月到班之人,單月缺選單月到班之人。選至何班,各註於册,雙月接雙月,單月接單月。惟滿洲科甲員外郎缺、漢字堂主事缺、科甲小京官缺,雙月、單月一併接算。其内外官雙月陞班内,以八月十二月爲推陞月分,專計俸深,以二月、四月、六月、十月爲即陞月分,滿洲理事同知、通判卓異者,不論歷俸深淺,先儘陞用。漢員俸滿即陞班,俸滿照例陞轉班。卓異班皆於此四月陞用。凡陞班之人,皆在任候陞。惟煙瘴期滿者,撤回内地候陞。盛京五部京缺司官、小京官及陵寢衙門司官期滿調部,亦在任候調,俱無庸到部。除班、補班之人,皆由各本旗、本籍豫行咨部註册。滿洲、蒙古、漢軍官,按部册入選,得缺時咨取本旗,查明有無事故,現任者並咨取本衙門堂官考語,皆限三日内覆齊掣籤。漢官七品以上赴部,於每月初一日投供驗到,以投供後扣足五十五日入選。八品以下在籍候選,亦以本省文結到部後扣足五十五日入選。其捐陞離任之員及八品以下官,有在部候挑並修書各館議敘得官。由本館咨明留館候選者,皆即就近令其在部候選。每月截缺後,由部以本月所開各若干缺,按數截出到班者若干人,先司議,後堂議,至選日封固缺籤,傳齊各官掣定。凡選,有即選,滿洲郎中、員外郎、主事、六品等官、小京官,單月選。先儘病痊坐補原衙門之員。郎中雙月選,遇内閣侍讀學士以郎中陞用後,由内閣揀選侍讀一人,咨部註册,於陞班之前先用。其陵寢郎中、員外郎、主事、盛官缺郎中以下及司庫等官,期滿調京者咨部註册,按期滿先後不論雙單月缺出,即行調補。其司庫及司庫對品之小京官缺出,亦准將司庫調補。户部三庫郎中以下期滿,除將新調庫員遺缺補用外,其遇理事官、副理事官及内閣侍讀遺缺不應調補者,掣部行走。遇有京缺即選、助教甄别改補者,科甲不論雙單月,以詹事府主簿、光禄寺署丞先儘補用,非科甲專用光禄寺典簿先儘補用。侍衛處主事期滿陞員外郎者,上諭處委署主事期滿陞主事者,皆遇缺即陞,迴避者遇缺即選。外官親老改京職者,遇有京缺即選。如適有調京之員,遇京缺先儘調京,次用迴避。若迴避之員又有親老者,則選於調京之前。蒙古、漢軍月選之缺,單月先儘病痊坐補之員,其迴避及蒙古親老改京並與滿洲例同。漢郎中、員外郎、主事,雙月選先儘丁憂服滿坐補原部之員,單月選於坐補原部各項内先儘丁憂服滿者,次儘病痊假滿開復坐補原部之人。國子監監丞,雙單月選皆先儘應補之員,次儘進士分部學習期滿奏明改補之員。國子監典簿、翰林院待詔,雙單月皆先儘應補之員。教授雙月先用進士就教之員,經制學正、教諭雙月選班先用舉人就教之員。拔貢朝考後引見以教職用者,以復設教諭、經制訓導、復設訓導勒休之缺先儘選用。如至同年拔貢開選,而此項之員仍未選完,即併入拔貢本班,先儘選用。拔貢分部三年期滿,甄别以直隸州州判復設教諭改用者,皆於雙單月先儘補用,六年期滿,甄别以正從七品小京官内閣中書改用者,於雙單月先選裁缺,赴部另補者、迴避者,皆遇缺即選。親老告近查覆到部者,不論雙單月,遇本員近省缺即選。外任官經督撫保題即陞。卓異及俸滿保薦未經陞用者,遇丁憂服滿降革本案開復,俱歸單月不入班次遇缺即補。各班人員於部選後,適其缺改爲在外題調因而扣選者,如下月不能到班入選,准於五缺後選用。其五缺選後再經扣缺者,准其即用。凡奉旨即用之員,不論雙單月遇缺即選。其特用班人員,有奉旨指明何衙門何省補用及現在止有三缺四缺者,亦不論雙單月即選。有正選,滿洲雙月選郎中以應陞爲正班,員外郎以一應陞、一廕生爲正班,科甲員外郎專以應陞爲正班,滿字堂主事、主事、都察院都事、經歷、大理寺寺丞、光禄寺署正統以二應陞、一廕生、一散館庶吉士爲正班,通政司經歷、太常寺典簿、部寺司庫、光禄寺典簿、鴻臚寺主簿各以一應陞、一廕生爲正班,通政司知事、大理寺評事、太常寺博士、中書科中書、部院寺司務、翰林院待詔、工部司匠、翰林院孔目皆以應陞爲正班。單月選郎中、員外郎、主事各以一捐輸、一議敘、一捐輸、一議敘、一捐輸、一議敘、一降調、一開復爲正班,都察院都事、經歷、大理寺寺丞、光禄寺署正皆以一捐輸、一降調、一議敘、一開復爲正班,各項小京官皆以一捐輸、一降調、一期滿教習、一議敘、一開復、一期滿教習爲正班。滿洲科甲員外郎雙月、單月統以科甲應陞爲正班。漢字堂主事雙月、單月統以五科甲出身之應陞、一翻譯舉人出身之應陞爲正班。國子監監丞博士、典簿、詹事府主簿、光禄寺署丞、翰林院典簿雙月、單月統以一進士、一舉人、一翻譯進士爲正班。其科甲員外郎、漢字堂主事、科甲小京官遇單月,則科甲出身之應補人員亦一體補用。蒙古郎中員外郎、主事雙月、單月選法與滿洲同。漢軍雙月選大理寺寺丞,以二應陞、一二品廕生、一散館庶吉士爲正班。太常寺博士以應陞爲正班,單月選法,各與滿洲同。漢雙月選郎中以四應陞、一捐輸爲正班,員外郎以二應陞、一捐輸、一廕生爲正班,應陞内以京陞班五次、外陞班一次輪,主事以二京陞、一翰詹大考改部、一散館庶吉士、一捐輸、一廕生、二外陞、一翰詹大考改部、一散館庶吉士、一捐輸、一廕生爲正班,京陞内以小京官與正指揮合爲一班,京府治中以一捐輸、一應陞、一廕生、一應陞爲正班,都察院經歷、京府通判、光禄寺署正、通政司經歷、太常寺典簿、京府經歷、鑾儀衛經歷、光禄寺典簿、詹事府主簿各以一廕生、一捐輸、一廕生、一捐輸、一應陞爲正班,中書科中書、大理寺評事、太常寺博士統以一廕生、一捐輸、一廕生、一捐輸、一應陞爲正班,都察院都事、大理寺寺丞、通政司知事、國子監博士、典籍、部寺司務各以一捐輸、一應陞爲正班,國子監監丞、典簿各以一進士、一捐輸、一舉人、一捐輸、一舉人、一捐輸爲正班,翰林院待詔以二舉人、一捐輸、一推陞爲正班,翰林院典簿、會同館大使各以應陞爲正班。道以一京陞、一外陞、一捐輸爲正班,知府以一京陞、一外陞、一捐輸爲正班。京陞内以記名御史班與記名郎中班輪,外陞内運同、同知、直隸州知州與治中合爲一班,以二俸滿即陞,二卓異、一俸深輪。直隸州知州以二記名主事、一捐輸爲正班,運同、同知、知州、提舉各以一捐輸、一應陞爲正班,通判以四捐輸、一應陞爲正班,知縣以五進士、五舉人、四捐輸、三應陞爲正班,直隸州州同以四舉人、一捐輸爲正班,直隸州州判以二貢生就職、一捐輸爲正班,就職班内以恩拔副三項輪,州同、州判、縣丞各以二捐輸、一恩拔副貢生考職、一應陞爲正班,教授以應陞爲正班,經制學正、教諭以四舉人就教、一應陞爲正班,復設教諭以一恩貢、一拔貢、一副貢、一捐輸爲正班,經制訓導以歲貢爲正班,復設訓導以一歲貢、一捐輸、一教習爲正班，布政司經歷、理問、都事、照磨、按察司經歷、知事、照磨、鹽運司經歷、知事、府知事各以四捐輸、一應陞爲正班，府經歷以一京吏、二外吏、一捐輸、一應陞爲正班，京吏、外吏班内各以一考職、一捐輸輪，縣主簿、州吏目各以一監生、一吏員、二歲貢考職、一應陞爲正班，監生、吏員班内各以一考職、一捐輸輪，府廳照磨以一應除、一應陞爲正班，其應除到班之缺即併入從九品内，以各項應除之員掣補，從九品之宣課司大使、道庫大使、府税課大使、司府廳司獄、巡檢、司府廳倉大使、未入流之典史、崇文門副使、關大使以四應除、一應陞爲正班，應除班内以一京吏、二外吏輪，京吏、外吏班内又各以一考職、一捐輸輪，未入流之長官司吏目、茶引批驗所大使、鹽茶大使、廳州庫大使、税課分司大使、州縣税課大使、驛丞、河泊所官、道州縣倉大使以應除爲正班，從九品未入流應除班内皆以一京吏、二外吏輪，京吏、外吏班内又各以一考職、一捐輸輪，未入流之府檢校以儒士爲正班。單月選郎中以一捐輸、一京陞爲正班，員外郎以一降補、一捐輸、一京陞爲正班，主事以一翰詹大考改部、一散館庶吉士、一降補、一捐輸、一京陞爲正班，京陞班内以小京官、正指揮合爲一班，京府治中、通判、都察院都事、大理寺寺丞、通政司經歷、知事、太常寺典簿、鑾儀衛經歷、詹事府主簿、部寺司務、翰林院典簿、國子監博士、典籍皆以一應補、一捐輸、一京陞爲正班，國子監監丞、典簿以一進士、一捐輸、一舉人、一捐輸、一舉人、一捐輸爲正班，翰林院待詔以一舉人、一捐輸、一京陞爲正班，道府皆以一應補、一捐輸、一京陞爲正班，知府京陞班内以御史與郎中輪，運同以一應補、一捐輸、一京陞俸滿治中爲正班，同知以一應補、一捐輸、一京陞俸滿正指揮爲正班，直隸州知州以一應補、一捐輸、一京陞記名主事爲正班，知州以一應補、一捐輸、一京陞照銜陞轉副指揮爲正班，通判以一應補、一捐輸、一京陞俸滿副指揮爲正班，知縣以四丁憂服滿、二開復應補、四捐輸、四進士、四舉人、一京陞俸滿副指揮爲正班，直隸州州同以一應補、一舉人、一應補、一舉人、一捐輸爲正班，布政司經歷、理問、州同以一應補、一捐輸、一京陞俸滿副指揮爲正班，直隸州州判以一應補、一恩拔副貢生就職、一捐輸爲正班，教授、經制學正、教諭、訓導以應補爲正班，復設教諭、訓導以一應補、二應除、一捐輸爲正班，其餘京外各官皆以一應補、一捐輸爲正班。有插選，滿洲刑部司獄期滿者，於雙單月主事等官除不積缺外，陞選十缺後陞用一人。滿洲内閣票簽中書期滿者，於雙單月主事等官除不積缺外，陞選八缺後陞用一人。蒙古中書則無論題選，併計八缺之後陞用一人。蒙古游牧員外郎期滿，本係六部出身者補六部，本係理藩院等衙門出身者補理藩院等衙門，於雙單月無論題選，併計二缺後調用一人。盛京倉官期滿居官好者，以盛京本處主事單月陞用三缺後陞用一人。吉林、黑龍江倉官、吉林驛站官期滿居官好者，以在京主事等官雙單月除不積缺外，陞選八缺之後陞用一人。尋常者，以在京小京官雙月陞用三缺後陞用一人。盛京刑部司獄五年期滿，以盛京本處缺主事單月陞選三缺後陞用一人。伊犁等處辦事文員年滿保題者，遇應得之缺不論雙單月題選，併計五缺後選用一人。景運門委署主事期滿者，滿洲陞部院主事，蒙古陞六部太僕寺主事，皆不論雙單月題選，併計五缺後陞用一人。察哈爾牧場委署主事期滿者,滿洲、蒙古陞用之例同。漢軍堂主事係揀選缺,每揀選五缺之後將一缺歸選,以翻譯舉人出身之中書筆帖式論俸陞用一人。漢員外郎每遇雙月陞班,無論出缺多寡皆爲一次,京陞五次後,以在外之同知、知州陞補一次。京官推陞六缺後,以漢軍堂主事陞用一人。主事於雙月小京官推陞四人後,以漢軍小京官筆帖式陞用一人。知縣雙月選,於舉人用過十缺後選用舉人教習二人、貢生教習二人,又於正班三班後陞班之末選用漢軍舉人一人。縣丞陞班七缺之後,選用外郎一人。廕生奉旨以外任用者,同知、知州、通判各於雙月陞班之後選用一人。知縣於雙月捐輸之前選用一人。新科進士奉旨以知縣即用者,於雙單月進士班之後各選用二人。教職俸滿保題引見以知縣用者,於雙單月舉人班之後各選用二人。舉人揀選大使期滿,保題引見以知縣用者,於單月俸滿教職之後選用一人。孝廉、方正及幕賓保薦奉旨以知縣用者,於雙月五十一缺之後選用一人。其以直隸州州同用者,於單月捐輸之後選用一人。以直隸州州判及佐雜用者,各於單月正班一周之後選用一人。孝廉、方正以教諭用者,於雙月復設教諭正班一周之後選用一人。以訓導用者,於雙月復設訓導肄業人員用過兩班之後選用一人。滿洲、蒙古小京官引見記名以同知、通判用者,同知於雙月兩班後陞用一人,單月兩班後陞用一人,通判於雙月一班後陞用一人,單月一班後陞用一人。漢典籍中書俸滿引見記名以主事、同知用者,俱於雙單月不論是否積缺各計五缺之後陞用一人。漢部寺司務、太常寺博士、典簿、通政司經歷、知事、國子監監丞、博士、助教、大理寺評事、中書科中書、光禄寺署正、鑾儀衛經歷、漢軍太常寺博士、内閣典籍中書以同知用者,合爲一班,詹事府主簿、光禄寺典簿、國子監學正、學録、典簿、翰林院典簿以通判用者,合爲一班,於雙單月不論是否積缺,各計同知通判五缺後陞用一人。京察一等之六部、理藩院、步軍統領衙門滿洲堂司主事、六部漢主事引見記名以直隸州知州用者,滿洲起居注主事、漢起居注、宗人府主事、滿洲蒙古六品以下小京官引見記名以同知用者,皆於雙單月陞班到班之前陞用一人。漢中書小京官引見記名以同知、通判用者,於雙單月俸滿記名陞班之前陞用一人。如俸滿記名無人,即照俸滿記名之例,雙單月各計五缺之後選用一人。吉林、黑龍江倉官期滿係漢軍者,於雙單月漢主事俟漢軍俸深班陞過一人之後陞用一人。吉林、黑龍江主事期滿係漢軍者,於雙單月漢缺員外郎與在京漢軍堂主事較俸,俟漢主事陞過六缺之後陞用一人。盛京禮部助教期滿係漢軍者,於雙月漢主事俟漢軍俸深陞過一人後陞用一人。咸安宫等處漢教習期滿,係進士引見以主事用者,於雙月主事正班一周之後選用一人。其進士、舉人以知縣用者,各於進士、舉人本班兩班之後選用一人。舉人以教職用者,於雙月復設教諭四選一陞之後選用一人。滿洲、蒙古文舉人出身之筆帖式及閒散文舉人奉旨以知縣用者,於雙月兩班後選用一人。滿洲、蒙古筆帖式奉旨以知縣記名者,於雙月三陞之後陞用一人。又經京察一等記名者,於雙月本班到班之前陞用一人。會試後大挑舉人二等以教職用者,遇經制、復設教諭、訓導,皆於正班每一人之前選用一人。其選用訓導者,以教諭銜管訓導事,仍照原銜陞轉。二等舉人後中式進士歸班者，以教授雙月於就教班之前選用一人，單月於應補班之前選用一人。兵馬司吏目三年期滿保薦陞用者，以府知事、縣主簿、府廳照磨、州吏目於雙月陞選十缺之後陞用一人，單月一應補、一捐輪輪，用十缺之後陞用一人。館書告成議敘至即用者，遇應得之缺各於正班之前選用一人，間正班一人後再選用一人，輪流間用。議敘至幾班後用者，各以正班輪用一周爲一班，於到班選用一人。幾缺後用者，按正班之缺計算於到班選用一人。其所敘各項之官，即用者，幾班後用幾缺後用者，又各自爲班，其同館議敘官同、班同者，即統爲一班，以奉旨先後爲序，按館各挨選一人，周而復始。武英殿校對之恩拔副貢生五年期滿以應得之州同、州判、縣丞掣定一等者，於雙月二班後選用一人，二等者於雙月陞班七缺後選用一人，就教者一等於恩拔副貢教習輪用二班之後選用一人，二等於輪用三班後選用一人。未期滿以前中式舉人者，一等、二等於知縣雙月舉人輪用十班之後選用一人。降革捐復之員，單月選内無開復班者，於單月各項人員輪用五缺之後選用一人。佐雜獲盜奉旨以何項官陞用者，於雙單月別項人員選用五缺之後陞用一人。奉特旨用人員非即用及指明衙門省分者，各以應得之缺，無論積缺、不積缺，併計於五缺之後選用一人。司官、小京官凡月選之缺無論留選，併計於五缺之後選用一人。有併選，盛京、吉林將軍衙門管檔主事、黑龍江將軍衙門管檔主事、銀庫主事、理刑主事，五年期滿者，併入在京主事等官班内，一體論俸陞轉。如以漢軍補授者，併入漢主事班内一體陞用。盛京禮部助教四年期滿科甲出身者，併入在京科甲班論俸陞用，非科甲者併入吉林倉站官，較年滿日期以京城主事陞用。如係漢軍併入議敘班，較奉旨日期以盛京刑部主事、大理寺寺丞陞用。外任降革之員奉旨起用者，併入單月開復應補班，統較奉旨日期選用。如本係降調而奉旨指補之官，適與所降之級相同者，即併入降補班選用。有抵選，滿洲雙月選，滿字堂主事、主事、都察院都事、經歷、大理寺寺丞、光禄寺署正六項通選，遇滿字堂主事、都察院都事二項例不選廕生，即將應陞抵選。其散館庶吉士到班無人，亦以應陞抵選。單月選小京官教習班，例以三年期滿者補用二人，六年期滿者補用一人，三缺遞輪。如三年期滿無人，以六年期滿抵選。漢知府京陞班例以一御史、一郎中輪，如御史無人，以郎中抵，郎中無人，以御史抵，外陞班例以二即陞、二卓異、一俸深輪，如即陞無人，以卓異抵，卓異無人，以即陞抵，即陞、卓異俱無人，以俸深抵。知縣正班内雙月、單月各有捐輪班四人，如無人皆以舉人抵選插班内。新進士即用班雙月單月各二人，如無人，雙月以進士抵，單月以舉人抵。教職俸滿保陞班雙月單月各二人，如無人皆以舉人抵。有坐選。外官病痊、起用、終養事畢及霉爛倉穀、虧空錢糧、全完開復者，俱坐補原缺。其親老告近改選者，至丁憂起復亦坐補原選之缺。其原缺係月選之缺在部候補，係題調之缺赴該省候補。如其缺已裁，或先係選缺後經改爲題調，原官不能勝任者，即於相當缺内，由部另掣一缺坐補。其道府同知、通判、知州病痊起用引見，奉旨不必坐補原缺者，即歸單月應補班銓選。其親老改近終養服滿引見，奉旨不必坐補原缺者，於單月五缺後選用一人。知縣親老改近終養服滿並病痊起用引見,奉旨不必坐補原缺者,歸單月開復班内銓補。各辨其積缺、不積缺,而選以其序。每月所選之缺,正選者、併選者皆積算。即選者、插選者、坐選者皆不積算。抵選者仍以原班積算,不以抵者積算。如以舉人抵捐輪者,仍積捐輪之缺,不積舉人之缺。其例不著明抵選者,到班無人,即過班,其數缺於幾缺後用者,或祇數正班積缺,或無論積缺、不積缺併計,或以月選缺無論保題銓選統計,皆按各本例入選。凡月缺揀補者,内閣漢中書、國子監學正、學録、翰林院漢孔目、兵馬司指揮、副指揮、吏目、刑部司獄、布政司庫大使、鹽連司庫大使、鹽課司大使、批驗所大使,皆爲揀補缺。内閣漢中書以進士由朝考引見記名及舉人由召試特用者,皆爲考取班,雙單月缺出,皆先儘應補之員,無應補雙月以二考取、一損輸輪,單月以一考取、一捐輸輪。其雙單月考取班,又各以一進士、二舉人輪,若舉人班無人,專用進士。國子監學正、學録有進士朝考引見記名者,有由部於歸班進士通行引見記名者,又有由部以進士、舉人奏派考取引見記名者,缺出不分雙單月,先儘應補之員,無應補以進士引見記名與考取記名者,分爲兩班,各按本項名次,分缺間用。翰林院孔目由部以恩拔副歲優貢生奏派,考取正陪引見補授,缺出雙單月皆先儘應補之員,無應補雙月以二考取、一捐輪,單月以一考取、一捐輸輪。司坊官不分雙單月,指揮以候補、候選之通判,候補、候選進士出身之知縣揀選,副指揮以候補、候選州同揀選一次,候補、候選之舉人、知縣揀選一次。又教習期滿及各項議敘舉人班知縣揀選一次,其應揀選州同之班如州同不敷,即以應陞副指揮之候補布政司都事、州判、府經歷、布政司庫大使、鹽運同、庫大使、鹽課司大使、批驗所大使揀選。吏目以候補、候選之正從九品官揀選。刑部漢司獄以候補、候選之從九品官揀選。司坊官及刑部漢司嶽如有應補及指缺之員,則以補班與捐班相間輪用,補班無人專用捐班,捐班無人照例揀選。布政司庫大使、鹽運司庫大使、鹽課司大使、批驗所大使缺出,皆以舉人揀選。每月出缺在二十日以前者,将本月應選之舉人按科分名次挨名擬補,如二十一日缺出到部,適值知縣班内亦應用舉人,先儘名次在前之員擬選知縣,再擬選各項大使,俟月選知縣引見後,即以擬正備、再備之員擬補。如各項大使有應補及指缺捐輸之員,則以一應補、一捐輸、一舉人三項輪用。凡鹽道庫大使與鹽運司庫大使不分缺,其鹽課司大使、批驗所大使與布政司庫大使、鹽運司庫大使,除指缺之員遇到班有本項之缺先儘選用外,其餘缺出無專項指缺之員,即准通融選用。其各項揀補缺遇有緑事降革後,援例捐復原官者,准以雙單月一併計算,五缺之後補用一人。不入於月選。

〇凡銓政,别其流品,選人無論正途、雜途皆須身家清白,其入旗户下人及漢人家奴、長隨、娼優、隸卒子孫,概不准冒入仕籍。步軍統領衙門番役、緝捕、勤奮者,祇准該衙門酌加獎賞,毋許奏給頂戴,其子孫概不准應考出仕。八旗另記檔案。人改入民籍者,如本身現係職官,停其陞轉,若果係勞績賢能出衆,在内許該堂官保題,漢缺在外准督撫具題請旨,其原係旗缺者,出缺後不准再補,原係候補漢缺者,仍准補用，停其陞轉。惟另户抱養民人之子改入民籍者，仍准考試出仕。其八旗及漢人家奴，服役已經三代，經伊主放出爲民者，旗人由本旗，漢人由督撫咨部存案，俟放出三代後所生子孫方准出仕。京官不得至京堂，外官不得至三品。如放出後未經呈報，仍以補報之日起限。其八旗户下帶地投充莊頭，無論旗檔是否有名，均不准出仕。觀其身言，月選，京官郎中以下至未入流，外官道以下至知縣、直隸州州同、州判，皆欽派九卿科道驗看，其有行止不端、出身不正、混冒籍貫、虚捏年歲並年老衰疾、祖父有錢糧虧空者，舉出交吏部奏聞並加考試，如果政治確有所見，准其據實條奏，或自述何以居官莅事，亦准敷納。若無陳奏，不許濫用頌聖套語，止令繕寫履歷，各本員密封，由吏部彙齊進呈。其佐雜在部得選及捐輸分發之員驗看者，皆附於月選官之末一同驗看。覈其事故，滿洲人員親喪，外官開缺，京官不開缺，在二十七月内除奉特旨陞補外，其應陞、應除、應補，概行停扣。惟裁缺另補及别項對品補用以及盛京、陵寢年滿調京者，過百日仍准銓補。外官丁憂開缺回京之員，於百日後引見，其改京職分衙門行走者，遇相當缺出，准其奏署，如服滿仍未署缺，准咨部扣限三十日後，以應得之缺歸於月分通融坐補。其應陞、應選、應補人員已經銓補得缺，適遇親喪扣除及服制内有因親喪過班過缺未經銓用者，如係雙月應用之員仍歸雙月先用，單月應用之員仍歸單月先用。若係數缺補用之員，服制内過缺者，准其不積缺用。其陵寢、盛京等處有年限之缺，終養服滿赴補，如未滿年分在一年以外者，仍以外缺用，在一年以内者，再扣一年，半年以内者，再扣半年，俱以京缺用。病痊起補之員，已經坐補得缺又經服制扣除服滿後京缺之員，准以京缺通補。如係陵寢、盛京缺，准以陵寢、盛京缺通補。其係有年限之缺，年限未滿者，照終養官例扣限補用，如奉旨指定何衙門者，服滿時仍以指定衙門補用。滿洲、蒙古、漢軍親年至七十五歲者，停其陞選、保送外缺、外官，遇祖父母、父母年至七十五歲准回京送部引見。其改京職分衙門行走者，遇京缺先儘補用，丁憂及養親事畢，改用部員者，於每年十月由部引見一次，欽定内用、外用。其外用者於服闋後，仍各以原官補用。惟外任題署、陞署未經實授分發試用、未經得缺及由京得缺引見尚未到任者，丁憂回旗，百日後，本旗咨部分衙門行走，停其十月引見服闋時，仍赴原省候補。親年七十五歲之候選外官遇到班時，各按品級以京員改補，歸入月分，專以在京衙門缺先儘補用，俟養親事畢，仍以外任歸於原班銓選。滿洲、蒙古京官因病告假，准由該管官咨部存案，在家調治不得過六月之限，逾限不痊，咨部開缺，病痊之日，仍以原衙門補用。漢官丁憂皆開缺，漢軍補漢缺者，即照漢官例。服闋歸丁憂起復班銓選，獨子之親年七十、衆子之親年八十者，京官停其陞用，外缺、外官概行停陞。其曾經卓薦無論獨子、衆子親年七十、八十以上，在外准其以本省應陞之缺保題陞用，在内准以近省之缺按班推陞，至教職推陞教職，仍按班推陞，如陞用地方官，亦一體辦理。終養事畢者，病痊起用者，京官仍以原衙門補用，外官皆坐補原缺。滿洲、蒙古外任病痊起用者，亦坐補原缺。京官任内有罰俸之案者，不停陞，自降留以上，皆停陞。外官任内有罰俸之案，皆停陞，其所罰俸銀業經完繳，由户部於截缺之前知照到部者,准其照常陞轉。惟直隸州知州論奉應陞知府,任内有降罰住俸,查係並無轉參,及雖有轉參不致降調者,准其一體陞用。俟到新任,將前任降罰住俸銀兩限一年完解,兼三兼四知縣任内罰俸在十案以内,例無轉參,及雖有轉參不致降留降調者,准其論俸推陞。知州罰俸銀兩限一年内完解,其逾限不完者,皆飭令離任,仍以原官補用。各省保薦即陞人員,任内有降革留任之案,亦准保舉註册,俟開復後再行陞用。其降俸、降職、罰俸、住俸者,仍准陞用,其降罰之案帶於陞任。若擬陞之後,未經引見及扣缺另選,續有降革、留任事故,亦一體帶於新任。凡京外大小官,有因事提問及被参劾訐告議處未結者,於擬陞時豫行查明,於二十日到班時,在本員名下註明現因何事例應作何議處,以憑查覈停陞,其過二十日續到者,不停陞。其告病終養休致揭帖,在二十日前到部未奉科抄,亦即停陞。論其資考,各官論俸推陞者,滿洲、蒙古郎中專較本任之俸,員外郎以下通較前俸。以補用筆帖式之日起,其前曾食餉者,不准當俸通計。漢單缺較俸之法同。其漢軍補漢缺,即照漢員之例。如滿洲、蒙古由武職改文職者,於文職任内扣滿三年後,准其以武職食俸年分通較陞轉。若本係文職後改武職復經改文者,准其接算從前文職之俸,其武職之俸不准通理。拜唐阿在部院行走對品實授者,以題准之日起扣滿五年後,有品級者通計。拜唐阿前俸無品級授爲九品筆帖式仍食餉者,亦准通計拜唐阿之餉。太常寺、陵寢衙門讀祝官、贊禮郎、鴻臚寺鳴贊、鑾儀衛鳴贊、鞭官,由驍騎校等官及兵挑補者,其前餉准以二年作俸,一年通計。漢官論俸,除内閣典籍准接算中書俸外,其餘無論京官、外官,皆專論本任之俸。陞任官於陞任内論俸,降補官於降補任内論俸。惟調任官准其通理前俸,其舊任卸事之後,新任未到之先,或本身交代未清,或因患病稽留及往返候缺日期,俱行扣除,不准計算,如因承辦公事未竣,未能赴任者,其留辦以後事竣以前,題咨到部,仍准一體論俸。凡裁缺、迴避、丁憂、服滿、終養事畢及病痊銷假之員補缺後,仍准接算前俸。降革離任官本案審虚開復及特旨以參處宽抑復還原職,或部議降革隨本奉旨留任者,亦准接算。其不因本案開復,或經保題留任,或引見奉旨回任,或降革後特旨起用原官者,不接前俸。至降革後捐復原官者,即照捐輸人員之例,於補缺後,另起試俸。其知縣、知州、同知等官,有因卓異即陞班推陞京職,每年十月例由部引見一次,如奉旨以原官用者,至補知縣、知州、同知各缺後,准其仍接算推陞離任以前原官之俸。凡有停俸、罰俸處分者,其歷俸年月仍准計算。各省運使、道府、直隸州知州,有俸滿由部調取引見之例,直隸、山東、山西、河南、江南六年俸滿,江西、浙江、湖北、湖南、陕西、甘肅七年俸滿,福建、四川、廣東、廣西、雲南、貴州八年俸滿。其係推陞題陞之員例應引見者,以引見奉旨之日爲始。特旨補放卓異,未滿三年陞授例不引見者,以奉旨之日爲始。其二次俸滿者,以初次俸滿引見之日爲始。其有現任對調、迴避並特旨調任補授,前後俸次俱准接算。同知、通判、州縣歷俸十年願引見者,准督撫出考送部引見。從六品以下至未入流首領佐雜官及捐輸出身之鹽庫各大使,各以到任之日起歷俸六年。由督撫、鹽政甄别其堪膺保薦者,出考具題奉旨註册入卓異班陞用。其鹽庫大使由舉人並候選知縣補授者，歷俸五年准其保題。凡論俸推陞者，京官、外官各自計俸。其有京官與外官一同論俸推陞，如治中推陞知府、運同，京府通判、京縣知縣推陞同知之類，皆分京俸、外俸，京俸二年抵外俸三年，餘一日作日半。京官以歷俸二年爲俸滿，外官以歷俸三年爲俸滿，未俸滿者不入俸深班推陞。其外官論俸復分腹俸、邊俸，各省邊缺除俸滿入即陞班者，各較奉旨先後日期不計俸深月日外，其不入即陞班祇入俸深班論俸推陞者，有雲南開化府知府、文山縣知縣、典史、竹園村司巡檢、麗江府知府、經歷、麗江縣知縣、典史、黑白二井提舉、彌沙、阿陋二井大使、順寧府知府、順寧縣知縣、典史、永昌府知府、騰越州知州、保山縣知縣，皆爲邊俸。邊俸二年半抵腹俸三年，餘一日作二日。其邊俸、腹俸接算者，歷過邊俸，准以十日作十二日。滿洲、蒙古、漢軍官議敘者、捐輸者，俱試俸三年。漢官捐輸者，試俸三年。試俸未滿，不准陞轉。至年滿銷去試俸時，其歷過試俸月日仍准計算推陞。惟京官由本衙門題陞者，應於試俸年滿之後，再歷俸二年方准題陞。其得缺以前，先經在本衙門學習期滿奏留。又行走過三年始得缺者，於補缺後試俸年滿准其題陞。若奏留後未過三年得缺者，則於試俸年滿後，再扣限一年，准其題陞。惟五城正指揮、副指揮、吏目三年俸滿保題候陞，刑部司獄三年俸滿保送離任候陞，均毋庸試俸。河工人員經歷桃汛、伏汛、秋汛後，即銷去試俸，准其題陞。至京官額外行走給俸者，皆不計算，仍於補缺後論俸陞轉。外官由分發試用補缺者，試署一年，如銜小缺大者，試署二年。知縣以上保題實授，佐雜咨部實授，其捐輸出身者，仍於試署年滿實授後，另扣試俸三年。其由部論俸推陞，亦俟實授後，方准計算，不准通理試署之俸。京官俸滿截取保舉外放者，給事中、御史三年俸滿，郎中二年俸滿，小京官六年俸滿。其由捐輸出身之郎中，於試俸年滿後，再歷俸二年，始准截取。滿洲、蒙古由捐輸議敘補用主事小京官者，俟試俸年滿，方准保送直隸州知州、撫民同知、通判。筆帖式歷俸五年以上，方准保送知縣。各省佐貳首領官歷俸三年以上者，方准題陞州縣。其知州、知縣題陞者，必俟歷俸三年。知府、直隸州知州題陞者，必俟歷俸五年。沿河要缺，山東直隸濟寧州、臨清州知州、德州、東平州知州、單縣、滕縣、嶧縣、魚臺縣、汶上縣、陽穀縣、恩縣、曹縣知縣、河南鄭州知州、祥符縣、滎澤縣、中牟縣、蘭陽縣、商邱縣、武陟縣、河内縣知縣、江蘇高郵州、邳州知州、山陽縣、江都縣、甘泉縣、宿遷縣、銅山縣知縣、安徽直隸泗州知州、靈璧縣、盱眙縣知縣，三年俸滿保題陞用。沿海要缺，山東膠州知州、諸城縣、掖縣知縣、江蘇直隸海州、通州、太倉州知州、泰州知州、常熟縣、崇明縣、華亭縣、上海縣、南匯縣、東臺縣知縣、廣東東莞縣、香山縣、順德縣、新會縣、新寧縣、歸善縣、潮陽縣、揭陽縣、饒平縣、澄海縣、海陽縣、陽江縣、電白縣知縣，三年俸滿保題陞用。浙江杭州府東塘、西塘同知、嘉興府乍浦同知、紹興府海防同知、南塘通判，三年俸滿保題，入即陞班陞用。廣東廣州府永寧通判、茭塘司、沙灣司巡檢，五年俸滿分别題咨，入即陞班陞用。江蘇蘇州府海防同知、松江府川沙廳同知、柘林水利通判、直隸太倉州州同，三年俸滿保題優敘。福建臺灣道府同知、通判、知縣、佐雜，五年俸滿道府引見候旨陞用。同知、通判、知縣、佐雜遇臺灣應陞之缺即陞,其内地應陞之缺並准照例題咨陞用。未滿五年不准他調,其論俸推陞,亦俟扣滿五年後,再行按班入選。巡檢一項於臺灣無陞缺,五年俸滿予以主簿陞銜,再滿三年照銜陞轉教職,三年俸滿調回内地,咨部以應陞之缺即用。閩縣、侯官縣、福清縣、晉江縣、南安縣、惠安縣、同安縣、龍溪縣、漳浦縣、詔安縣知縣,三年俸滿保題以陞銜註册,再滿三年無論應題、應調、應選各陞缺准其保題陞用。浙江玉環廳同知、海寧州知州、平湖縣、海鹽縣、鄞縣、鎮海縣、定海縣、臨海縣、黄巖縣、永嘉縣、平陽縣知縣,三年俸滿保題以應陞之銜註册,再滿三年,玉環廳同知准其以知府選缺保題陞用,餘准以應陞之缺保題陞用。口外要缺,直隸承德府經歷、三座塔、烏蘭哈達、大閣兒、張三營、八溝、塔子溝、土城子、黄姑屯、鞍匠屯、喀喇河、屯鄂爾土板巡檢,三年俸滿,咨部即陞。甘肅鎮迪道伊犁撫民廳同知、直隸迪化州知州及所屬知縣、佐雜、教職,皆三年俸滿。鎮西府知府及所屬廳縣同知、通判、知縣、佐雜、教職,直隸安西州知州及所屬知縣、佐雜、教職,皆五年俸滿。其三年、五年俸滿後,俱再令協辦新任半年調回内地,道府引見候旨陞用。廳州縣留省題陞。教職及三年俸滿之佐雜,咨部即陞,五年俸滿之佐雜留省陞用。伊犁撫民廳同知,以廢員補用者,五年俸滿協辦半年,引見候陞。伊犁惠遠城、惠寧城、綏定城、霍爾果斯巡檢,三年俸滿,保題即陞。伊犁理事廳同知、烏魯木齊理事廳通判,三年俸滿後,協辦半年給咨赴部,以員外郎即陞。伊犁理事廳同知,以廢員補用者,五年俸滿協辦半年,引見候陞。理番之循化、貴德二廳同知,三年俸滿,保奏陞用。如無可接手之員,奏給陞銜,暫行留任。俟有替員,遇缺陞補。其兩廳訓導五年俸滿,咨部即陞。陝西南山之寧陝廳、孝義廳、留壩廳、定遠廳同知、鎮安縣、鳳縣知縣,五年俸滿,亦保題即陞。四川理番之打箭爐廳、松潘廳、雜谷廳同知,五年俸滿保題優敘,再滿三年保題引見,奉旨准其陞用者,照湖南苗疆例陞用。懋功廳同知、懋功、章谷、撫邊、綏靖、崇化五屯、打箭爐裏塘、巴塘、拉里察木多、西藏六臺,共十二缺,皆係揀員,委署三年期滿,更换保題即陞。如由未經得缺之員委署者,到屯、到臺後,准其以相當之缺,先行奏咨補實,仍在屯、在臺,即以得缺之日起扣滿三年,更换保題即陞。西藏錢局以同知、知州、知縣委署一年期滿,更换如由未經得缺之員委署者,到局之後,准其以相當之缺,先行補實,仍留局,以得缺之日起扣滿一年,更换俱保題註册,再扣滿二年,入即陞班陞用。苗疆要缺,湖南永綏廳、鳳凰廳經歷、知事、乾州廳經歷、麻陽縣縣丞、永順縣、保靖縣、城步縣、綏寧縣典史、王村司、張家覇司、横嶺峒司、江頭汛司、雙江司、青陂司、河溪司巡檢,五年俸滿咨部即陞。永順府知府、同知、永綏廳、乾州廳、鳳凰廳同知、直隸靖州知州、永順縣、保靖縣、城步縣、綏寧縣知縣,五年俸滿保題以陞銜註册,再滿三年保題陞用,遇應陞之缺,無論題選,概准保題,其道府遇請旨缺,亦准題陞。廣西懷遠縣、羅城縣知縣,五年俸滿保題優敘,再滿三年,照湖南之例辦理。煙瘴要缺,廣東瓊州府同知、崖州知州、感恩縣、昌化縣、陵水縣知縣及一州三縣所屬之佐雜、教職,皆三年俸滿,儋州、萬州知州及所屬佐雜、教職、直隸欽州知州及本屬佐雜、教職、靈山縣屬之西鄉司巡檢，又廉州府合浦縣屬之珠場司巡檢，皆五年俸滿，其三年、五年俸滿後，皆撤回内地，同知、州縣、州判留省以應陞之缺題陞，吏目、巡檢、典史、教職咨部即陞。廣州府永寧通判五年俸滿，保題即陞。瓊山縣之水尾司、定安縣之太平司巡檢，三年咨部加一級，再三年保題陞用。廣西桂林府龍勝廳通判、巡檢、太平府明江廳同知、龍州廳同知、照磨、寧明州知州、學正、吏目、泗城府知府、教授、經歷、凌雲縣知縣、縣丞、典史、平樂一甲司巡檢、西隆州知州、州同、州判、訓導、吏目、西林縣知縣、訓導、典史、潞城司巡檢、慶遠府東蘭州知州、學正、吏目、太平府憑祥土州州判、佶倫土州、都結土州、茗盈土州、思陵土州吏目、馱盧司巡檢、思恩府百色廳同知、巡檢、鎮安府向武土州州判、都康土州、下雷土州吏目，三年俸滿，撤回内地，府廳州縣保題即陞，佐雜、教職咨部即陞。柳州府羅城縣主簿、懷遠縣主薄、梅寨司巡檢、馬平縣穿山鎮司巡檢、慶遠府河池州州同、宜山縣縣丞、龍門司、白土司巡檢、南丹土州州同、那地土州州判、忻城土縣典史、南寧府忠土州州同、太平府知府、經歷、知事、崇善縣縣丞、典史、左州、養利州吏目、江土州、太平土州、萬承土州、思土州、龍英土州州同、安平土州州判、思恩府上林縣縣丞、周安司、思隴司巡檢、鎮安府知府、知事、小鎮安廳通判、天保縣典史、歸順州吏目、湖潤司巡檢、田土州州同、奉議土州州判，三年俸滿，分别題咨即陞。太平府知府、崇安縣知縣、左州養利州知州、鎮安府知府、歸順州知州、天保縣知縣、思恩府上林縣知縣、桂林府全州州同、社水陸峒司、廣南司巡檢，五年俸滿，分别題咨即陞。雲南迤南道普洱府知府、寧洱縣知縣、思茅廳同知、巡檢、他郎廳通判、威遠廳經歷、順寧府雲州知州、吏目、緬寧廳通判、巡檢、直隸元江州、鎮沅州知州、吏目、因遠司、新撫司巡檢、廣南府經歷、寶寧縣典史、景東廳猛統司巡檢、抱母井、按板井大使，皆三年俸滿撤回内地，道引見候旨陞用，府廳州縣保題即陞，佐雜咨部即陞。普洱府經歷、威遠廳知事、昭通府知事、師宗縣縣丞、永善縣縣丞、典史、直隸鎮雄州州同、州判、吏目、思樂縣、會澤縣、恩安縣、寧洱縣典史、鹽井渡司、母亨司、魯甸司、可渡司、則補司巡檢，皆三年俸滿，咨部即陞。廣南府知府、大關廳、威遠廳、中甸廳、龍陵廳同知、魯甸廳通判、直隸鎮雄州知州、寶寧縣知縣，三年俸滿保題優敘，再滿三年保題，以陞銜註册陞用。貴州興義縣知縣、典史、捧鮓司巡檢，三年俸滿，撤回内地題咨即陞。貞豐州知州、州同、吏目、定番州、羅斛州州判、松桃廳經歷、黎平府照磨、銅仁縣、開泰縣、永從縣、天柱縣、荔波縣縣丞、鎮遠縣主簿、盤石司巡檢，三年俸滿題咨即陞。黎平府、興義府經歷、水城廳照磨、獨山州州同、施秉縣、清平縣、鎮遠縣、普安縣知縣、德勝坡司、羊腸塘司、慕役司、舊城司巡檢，五年俸滿咨部即陞。古州道八寨廳、台拱廳、松桃廳同知、丹江廳、都江廳、清江廳、下江廳通判、荔波縣知縣，三年俸滿，保題優敘，再滿三年，保題以陞銜註册陞用。貴州糧道、鎮遠府、都勻府、黎平府、大定府、興義府知府、普安廳同知、歸化廳、永城廳通判、定番州、獨山州知州，五年俸滿，保題以陞銜註册，再滿三年保題陞用。京官題陞者，先儘京察一等之員。該衙門無一等之員，則京察二等及未曾歷過京察者，亦准題陞，其京察三等者不准。如三等之員至下届京察列入

一、二等者，仍准題陞。筆帖式、京察一等記名以理事、同知、通判用者，再遇京察如列入二等、三等，即將記名註銷。惟曾經調任京察列入二等者，毋庸註銷。京官郎中、員外郎、主事、大理寺寺丞、評事、太常寺博士、中書科中書、兵馬司正指揮，爲正印官，漢人非由進士、舉人、恩拔副歲優貢生出身者，不准陞除。其先於小京官任内經京察保舉一等及經本堂官指缺保舉陞京官正印一次者，雖非正途出身，亦准陞補。惟禮部會同館大使、鑄印局大使、刑部司獄、兵馬司吏目、鴻臚寺主簿、鳴贊、序班、順天府照磨、司獄、大興縣、宛平縣典史、奉天府司獄承德縣典史，雖算京俸，係京官雜職，不論出身保舉。外官佐雜各缺例貢監生生員、吏員，皆准陞除。其正印官亦必正途出身，或曾經得過俸滿保舉者及大計卓異並督撫指缺保題陞用正印一次者，亦准陞補。滿洲、蒙古、漢軍不論出身及有無保舉，其漢軍由捐輸出身者，由部奏派大臣會同考試取，其漢文通順字畫端楷者，奏聞交部按班銓選。其不堪録用者，停其銓選，俟將來考取後再行補用。其有援例由户部免其保舉考試者，咨部註册一體入選。定其期限，滿洲、蒙古文進士、翻譯進士分部行走者，兵差年滿分部行走者，捐輸分部行走者，漢進士分部行走者，廕生分部行走者，捐輸分部行走者，皆以三年爲期滿。滿洲、蒙古廕生分部行走者，以二年爲期滿。内閣中書行走者，以一年爲期滿。拔貢分部行走者，統以九年爲期滿。候補主事、捐輸分發各省試用官，以一年爲期滿。拔貢知縣分發試用者，教習知縣分發試用者，皆以二年爲期滿。在京各衙門題補、留補之缺，限十日内咨部查覈，由部查明與例相符者，限十日内咨覆。如與例未符，應先行咨查辦理者，限十五日咨覆該衙門，於咨覆到者，限十日内引見。各省題補、調補之缺，如係丁憂、病故遺缺，以督撫題咨開缺之日起限，緣事降革及陞調、終養、告休遺缺，由部於每月二十日截缺，至下月初五日開單行文知照，即以接到部文之日起限，統限一月内揀員陞調。於揭帖内聲明某日接到部文，某日具題以憑查覈。其陞調所遺部選缺，留於該省題補、題署者，亦不得過一月之限。至州縣以下告病開缺，有應陞、應調、應補之員，於文内聲明將原缺扣留，再行分别題咨補用。其揭報患病到部，不得轉在遴員陞調補署之後，其保題之員應引見者，於接到部覆之日起，責令交代清楚勒限給咨送部，一面報部查覈。如任内有承辦要件，在半年以内可以完竣者，於交代限内先行咨部展限，其半年以上方可完竣者，奏明加展，依限給咨送部引見，統不得過一年之限。現任官特旨陞調他省者，其交代勒限赴任及有承辦要件准其咨部展限，奏明加展，統限不過一年並同。密其迴避，滿洲、蒙古尚書以下，司官、小京官以上，親伯叔兄弟同衙門者，令官小者迴避，係同官則令後至者迴避。祖孫父子，除係堂司，仍令司官迴避。其餘無論品秩及先後至，均令子孫迴避。母之父及兄弟、妻之父及兄弟、女之夫、親姊妹之子係堂司，令官小者迴避，同係司官免其迴避。此外，宗族及妻之姊妹夫、中表兄弟、兒女姻親、子婦之親兄弟，概不迴避。内閣滿洲、蒙古、漢軍中書、理藩院蒙古司官、盛京五部本處司官、各處讀祝官、贊禮郎、鳴贊，雖祖孫、父子、伯叔兄弟翁壻甥舅同在一衙門，皆毋庸迴避。至京缺、盛京五部司官，於例應迴避者，仍迴避，改補其有與該堂官係本宗功服以外及外姻遠親非例應迴避者，到任後亦准該堂官咨部，以盛京餘四部京缺司員内，改掣對調。漢官在京部院祖孫、父子、親伯叔、兄弟迴避之例，與滿洲、蒙古同。其大功服兄弟如係堂司，令官小者迴避，同係司官者不迴避。外姻除照滿洲、蒙古迴避外，其親姑舅中表兄弟及兒女姻親係堂司，亦令官小者迴避。户部十四司、刑部十七司分省者，司官應迴避之宗族有任該省藩臬以上，令司官調司行走，父兄現任三品京堂以上官及外任督撫者，其子弟俱令迴避科道。未任者不准考選，已任者都察院具奏迴避，咨部改補。郎中、御史十五道、户部十四司、刑部十七司，各令本省人迴避，現充鹽商之員迴避户部。凡各部院堂官署任係長署者，其司官迴避照現任之例。如係暫署爲時無幾者，毋庸迴避。外官同宗不論有無服制，凡聚族一處者，俱令迴避。其支分派遠、滿洲、蒙古、漢軍不同旗、漢人散居各省各府籍貫迥異者，不迴避。其外姻視京官迴避之外，又增親姑之夫、妻之姊妹夫、妻之親姪，亦令迴避。其母之姊妹夫、妻姊妹之子及兩姨表兄弟並例應迴避之宗族外姻，業經出繼不應迴避者，皆毋庸迴避。凡外官皆令官小者迴避。總督管轄兩省三省者，迴避所轄之省，巡撫、藩臬及道管轄全省者，迴避至總督所轄之鄰省。巡道管轄數府及知府以下管轄一府、一州、一縣者，迴避至本省他府州縣，皆由督撫調補，分别應奏、應題、應咨調補。其無總督省分應迴避全省者，由部籤掣令赴掣定省分，交督撫先儘補用。其道府以上，如有大功服兄弟以上親，同在一省爲同知、通判、州縣官者，雖非本屬，亦令官小者迴避。督撫以下至佐雜，皆迴避本省。直隸人並迴避五城司坊官。如係寄籍者，祖籍寄籍一體迴避。鹽場河工之員不迴避祖籍，教職祇令迴避本府，其一府縣設兩教官者，同宗近支迴避同任。滿洲人員補用直隸州縣者，迴避五百里以内，其補用道府同知及盛京州縣，如有田莊在境，亦令呈明迴避。漢軍人員迴避順天、直隸及北河員缺。漢人鄰省接壤在五百里以内者，亦令迴避。凡滿洲人員等係特旨補用者，五百里以内不迴避，如有田莊在境，呈明上司報部存案。其知縣以上月選引見，有奉旨調補在五百里以内者，亦不扣除另選，令於赴省後，由督撫題請對調。各省學政有祖孫、父子、親伯叔、兄弟同省者，督撫藩臬自行奏明請旨。道府在内呈部，在外詳明，督撫具奏請旨，其餘毋庸迴避。凡京官、外官應行迴避，業已題咨，其缺未補，適遇迴避之上司離任者，即不必開缺，仍留原任。凡應迴避之員部選者，於過堂之日呈明，准其迴避，以别缺掣補。在外推陞及在籍候補、候選者，由督撫咨部准其迴避開缺，分别赴部在籍另補。揀選奏派大臣遇應與揀選之人係祖孫、父子、親伯叔、兄弟、母之父及兄弟、妻之父及兄弟、女之夫、姊妹之子，亦令迴避。如各項人員足敷揀選者，令應與揀選之人迴避。如例應先儘一等及著有勞績之人，揀選人數較少者，由部於奏請欽派時聲明請旨，多派數員。有應迴避者，令大臣開明自行迴避。驗其文憑。貢監、考職肄業、期滿及各館議敘謄録供事，皆由部給發本員執照。在京衙門役滿書吏，由部將執照封交著役衙門給發。在外役滿書吏，將執照封發各省督撫給發。其捐輸人員，則由户部給與執照。赴部候選、候補者，取具本旗都統，本籍或原任省分督撫咨文。惟各學教習、各館議敘官候選者,取具本學、本館咨文。漢京官郎中以下,外官道以下,並取具同鄉六品以上京官印結,赴部投供驗到。奉旨即用之員免其取具原籍文結,亦令投供驗到仍照例扣限。不入月選之候補,俟選内閣中書、兵馬司正指揮、副指揮、吏目、刑部司獄、鹽庫各項大使,亦令投供驗到。惟不扣五十五日之限。其餘八品以下官,取具赴選文結咨部,准在籍候選。陞選官赴任者,除京官由部知照各衙門,毋庸給憑外,外官赴任,皆由部給憑。如在外陞任及在籍候選官,毋庸引見者,將憑咨發各督撫轉給。其八品以下官有在京候挑及引見奉旨降至八品以下得缺並留館候選之員,仍由部給憑赴任。各省到任文憑,除布政使、按察使由京員補放及外任簡放調補者,其部給之憑,於到任後申詳督撫單咨報部。其餘各官文憑俱按季繳部。現任官來京引見者,皆由督撫給咨赴部,其回任亦由部給照。滿洲選授盛京等處官,除兵部給其路引外,仍由部給與執照,到任後呈繳咨部。凡官考試者,滿洲、蒙古、漢軍内閣中書、貼寫中書筆帖式、繙本筆帖式、户部貼寫筆帖式、滿洲助教、庫使、漢軍捐輸人員、漢御史、國子監學正、學録、翰林院孔目、廕生、恩監生,皆由部奏請考試。其滿洲、蒙古謄録翻譯官、漢貢監考職及謄録如不由鄉會試落卷挑取,亦皆由部奏請考試。此内御史或奉特旨在保和殿考試,其餘與考試數人者在上諭館考試,如數在二百名以内者,在天安門外朝房考試,二百名以上者,在貢院考試。天安門外考試,由部奏請欽派監試御史二人,並行文景運門直班護軍統領派護軍參領、護軍校率護軍巡邏。貢院考試,由部奏請欽派搜檢大臣數人、彈壓副都統一人、監試御史二人,並令巡邏官兵來往稽查。其題目皆請欽命,閲卷大臣由部奏請欽派,取定後以試卷進呈御覽。揀選者,滿洲、蒙古司業及滿洲外班翰林、太常寺、陵寢衙門讀祝官、贊禮郎、鴻臚寺鳴贊、盛京户部司庫、盛京刑部蒙古主事、六部及理藩院漢軍堂主事、宗人府漢主事,皆由部奏请揀選。其滿洲、蒙古中書、小京官、筆帖式揀選理事、同知、通判,筆帖式揀選知縣及各省督撫奏准揀發人員,亦由部奏請揀選。其揀選皆於上諭館。揀選大臣由部奏請欽派。至會試後,奉旨大挑舉人,亦由部開列,請簡大臣在内閣揀選。各以時請旨,若咨送,則引見焉。考試揀選不由部辦理者,聽各衙門於考試、揀選後,咨送由部引見奉旨註册。

○凡官予銜者,皆註於册。或由特賞、或由議敘、或由捐輸給有虚銜頂戴者,各按品註於部册,不入銓選。

欽定大清會典卷八

考功清吏司，郎中，滿洲三人、漢一人，員外郎，滿洲二人、蒙古一人、漢一人，主事，滿洲一人、漢二人，掌文職官之處分與其議敘，三歲京察及大計則掌其政令。

○凡處分之法三。一曰罰俸，其等七。罰其應得之俸，以年月爲差，有罰俸一月、罰俸二月、罰俸三月、罰俸六月、罰俸九月、罰俸一年、罰俸二年之別。二曰降級留任者，其等三，就其現任之級遞降，即照所降之級食俸，仍留現任，以級爲差，有降一級留任、降二級留任、降三級留任之別。調用者，其等五。視現任之級實降離任，以級爲差，有降一級調用、降二級調用、降三級調用、降四級調用、降五級調用之別。三曰革職，其等一，留任者別爲等焉。革職之等，在降三級調用之上革職，留任者其等在降三級留任之上與降一級調用同等。凡降調而級不足者，則議革。如從八品官降三級，正九品官降二級，從九品官降一級，調用者無級可降，則議革職，未入流與從九品同。筆帖式食俸雖有七品、八品、九品之別，與從九品未入流官同爲無級可降之員，如例應降調止於降三級因公者行查居官何如，由該管官以居官好聲明到部，則議以革職留任。三年無過開復，否則議以革職。如初任未定賢否，則議以暫行革職留任。試看一年，好者亦三年無過開復，否則參革。其私罪降調及降級過三級者，皆議革任。凡處分有展參者，則變其法。經徵、督徵、承緝、督緝處分，皆有展參。是以催徵官有停陞住俸處分，緝捕官有停陞降俸降職處分，與尋常處分異制。凡處分至革職，則止焉。甚者，曰永不敘用。凡官以計參革職及犯贓汚等罪者，皆永不敘用。革職有餘罪，則交刑部。凡官老疾者，則休致。凡年老有疾告退者，不在處分之列。其年老有疾戀職不去而被議者，則勒令休致，罷其職而存其銜。

○凡處分，一事而兩失者，從其重。如承審有失入，因有失出，關汛衙役賄縱出口，失察出口，即失察賄縱。檢驗錯認傷痕，以致不能審出實情，清文譯漢情節舛錯，以致事件誤行准駁之類。雖二事而一人者，亦如之。如失察科場作弊頂冒之人，又復換卷，雖係二事，而作弊總屬一人。失察官處分，亦從其重者定議。案異者，則分議。如盜案疏防，一日數起，倉場放米，前後冒領。又如失察衙役犯贓，雖同在一日，共屬一事，而案犯既殊，起數亦别。又如一案内所參數款罪名不相因，款件不相涉者，皆分條定議。一官而兼任者，祇一議焉。一人而兼數任者，一案而彼此任内皆有處分，止就一任内議處。其議敘，亦如之。一案而數任皆有議敘者，亦祇就一任議敘。

○凡議敘之法二。一曰紀録，其等三。計以次，有紀録一次、紀録二次、紀録三次之别。二曰加級。其等三，計以級，有加一級、加二級、加三級之别。合之，其等十有二。自紀録一次至紀録三次，其上爲加一級。又自加一級紀録一次，至加一級紀録三次，其上爲加二級。加二級以上，紀録如之，至加三級而止，凡十二等。其加級隨帶者、凡議敘加級有指明隨帶者與兵部所敘軍功之級，遇陞任皆准隨帶。食俸者、卿貳大員有議敘加級食俸者，皆照所加之級支俸。予銜者，凡加級給予陞銜者，即照所加之銜换給頂戴。得旨乃准焉。若即陞，凡議敘至即陞者，付文選司歸即陞班陞用外，並與註册。若卓異，大計卓異官覆准後，即將卓異註册。皆當級之一，級一，當紀録之四。凡抵降，罰有加級，則當其級，有紀録，則當其俸。處分、降級、罰俸准抵者有加一級，銷去抵降一級，有紀録四次，銷去亦抵降一級，如有兵部所敘之軍功加一級，銷去抵降二級，如銷去軍功加一級，給還加一級，亦抵降一級，有即陞註册一次，銷去亦抵降一級，有卓異註册一次，銷去亦抵降一級。有紀録一次者，銷去抵罰俸六月，如有兵部所敘軍功紀録一次者，銷去抵罰俸一年，如銷去軍功紀録一次，給還紀録一次，亦抵罰俸六月。罰俸不及六月者，京官則註册合計至六月准抵，外官不准合計，有加一級欲抵罰俸者，如以勞績議敘及特旨加賞之級，每一級准改爲紀録四次，按次抵銷罰俸。惟覃恩所得及捐級，不准改抵。凡官陞者，存其紀録。紀録與兵部所敘之軍功紀録，皆准隨帶。惟以加級所改之紀録，如本係隨帶之級改者，仍准隨帶，其非隨帶之級所改，如未經銷抵罰俸四次俱在者，則以四次改爲一次，准其隨帶。如銷過一、二、三次者，所餘紀録皆即註銷。有級，則改以紀録而存之。加一級改爲紀録一次，如前任有功至陞任後議敘者，應加一級改爲陞任内紀録一次，應即陞，改於陞任内紀録四次。惟隨帶者不改。有隨帶加級者，仍於陞任内隨帶加級，其加級食俸者，如三品陞至二品，二品陞至一品，俱將食俸加級改爲尋常加級，再遇陞任則改爲紀録一次。

○定處分之例，其屬有六。一曰吏屬，二曰户屬，三曰禮屬，四曰兵屬，五曰刑屬，六曰工屬。吏屬之目十有五。公式、陞遷、降罰、舉劾、考績、赴任、離任、歸籍、本章、印信、限期、曠職、事故、營私、書役。户屬之目十有二。倉場、漕運、田宅、户口、鹽政、錢法、關市、災賑、催徵、解支、盤查、承追。禮屬之目五。科場、學政、儀制、文詞、服飾。兵屬之目五。驛遞、馬政、叛案、海防、邊裔。刑屬之目七。盜賊、逃人、提解、審斷、用刑、禁獄、雜犯。工屬之目二。河工、修造。目皆有條，凡官交部者，皆按條以定議。議處事件如有正條不行引用，故將別條割裂增刪援引比照，以致應議之員或免議、或減議，係有意營私者治罪，係失察書吏舞弊者議處，如加重以致被議之員革職、降調、離任者，事覺除將處分更正外，承辦之員有意者，即照所議降革議處，係失察書吏舞弊，仍照本別議處，如未經發覺之先自行查出者，准其更正免議。例無正條，則引律，律無正條，則比議。例無正條，按大清律文定議，律文無可引，取情事相近者援引比照，必以律例全條載入。如全條不便引用，即將律例內一段或數語載入，不得徒取字面，以滋高下之弊。無可比，則酌議。無律例正條，又無可比照，本司官將案情詳細察覈，酌定處分，呈堂定議。凡酌議，則附聞於疏，請以著於例焉。

〇凡官罪有二。曰公罪，謂因公事獲罪及雖私事獲罪而出於無心者，如失察家人之類。有處分以勵官職。曰私罪，謂因私事獲罪及雖公事獲罪而出於有心者，如徇庇屬員之類。有處分以儆官邪。凡處分，惟公罪罰俸者、降級者，准銷其級紀抵焉。私罪罰俸者皆實罰，降級調用者皆實降，雖有紀録加級，不准抵銷。

〇凡引律以當罪者，笞五等，杖五等，論如律，皆别其公罪、私罪，而以處分準之。公罪處分十，笞一十者罰俸一月，笞二十者罰俸二月，笞三十者罰俸三月，笞四十者罰俸六月，笞五十者罰俸九月。杖六十者罰俸一年，杖七十者降一級留任，杖八十者降二級留任，杖九十者降三級留任，杖一百者降四級調用。私罪處分十。笞一十者罰俸二月，笞二十者罰俸三月，笞三十者罰俸六月，笞四十者罰俸九月，笞五十者罰俸一年。杖六十者降一級調用，杖七十者降二級調用，杖八十者降三級調用，杖九十者降四級調用，杖一百者革職。凡公罪皆減私罪一等，私罪至滿杖則革職。

〇凡交部，有特旨，有參奏，有陳請，輕曰察議，重曰議處，又重曰嚴加議處。凡得旨嚴加議處者，則加議。若參奏、若陳請以議處，而得旨改爲察議者，則減議。凡加議罰俸者、罰俸者，由罰俸一月遞加至罰俸二年，止於降一級留任，凡八等。降留者、降留者，自降一級留任遞加至降三級留任，止於革職留任，凡四等。降調者，降調者，自降一級調用至降五級調用而止。皆加於其等而不相越。降留者不加至於降調，降調者不加至於革職。若減議，則革職而下，通爲九等而減之。一革職、二降三級調用、三降二級調用、四降一級調用與革職留任、五降一級留任、六罰俸一年、七罰俸九月、八罰俸六月、九罰俸三月。凡議處，情與例不相比，亦得引例而加減焉。凡參奏，不得輒参嚴加，如原參有嚴加議處字樣，部議上時，仍照常例定議，並以違例參劾之大員隨案聲明參奏。議處不得輒議加倍。議處不得擅用加倍字樣，違者以故入人罪論。

〇定檢舉之法，以寬過失。凡事已行得更正者，則准其檢舉。惟更正不及者及行私者，不准作檢舉論。京官科道而下，外官道府而下，則減議。應革職者，革職留任；應革職留任者，降四級留任；應降級調用者，降一級留任；應降級留任及罰俸二年者，皆罰俸一年；應罰俸一年及九月者，皆罰俸六月；應罰俸六月者，罰俸三月；應罰俸三月者免議。京官京堂而上，外官藩臬而上，則請旨。以事由檢舉，應否照例減議請旨。若以其屬之過而議者及檢舉，亦令請旨焉。以事由檢舉，承辦官現經減議上司應否照例免議請旨。

〇凡處分，有兼任官之别，世職官兼文武職任者，以貪污及行止不端革職，則世職與職任並革。以溺職革職，則革其職任，世職應否存留，具題請旨。至因公詿誤革職，則或由文任，或由武任，止革其本職。其降調者，於何任議處，則由何任降調。革職留任者，於何任議處，即停何任之俸。若文職兼世職處分不由職任得者，世職大就世職，議處職任大就職任議處。有借補官之别，大銜借補小缺之官有降調處分，如係照原銜陞轉者，仍照原銜降調，如不照原銜陞轉者，即照現缺降調。原有虛銜，准其隨帶降調之任。儻現缺無級可降，即革任，仍給與所餘職銜。有出師官之别，派往出兵之官議處，應罰俸者准註册於事竣之日補罰，應降調者帶所降之級仍留軍營效力，於事竣之日引見請旨，應革職者議處時聲明請旨，如仍留軍營者事竣之日引見請旨。凡係暫停開缺者，皆准支俸餉。有候補官之别，凡罰俸處分，候補官於得官日罰俸，調任官原任内處分罰俸者，於新任罰俸，降革留任者於新任降俸，停俸降調者於新任降調。有休致官之别。凡老病休致官議處，應降調者按級降去頂戴，應革職者革去職銜，其應議罰俸、降俸、住俸、降職及降革留任者，俱免議。若宗室官，亦與凡異焉。宗人府管理旗務之王公及承辦陵寢事務貝子公等，如因私事罰俸者罰世職之俸，因公罰俸者罰職任之俸。宗人府五品理事官以下遇降調至七品者，照例議降，至八品九品者即聲明革職。

〇定開復之法，降級留任者，三年無過則開復，革職留任者，四年無過則開復。若有旨六年、八年開復者，至期無過則開復，有過則以續案計之。如降級留任者，仍接扣三年，無過開復。革職留任者，仍接扣四年，無過開復。以後案降革之日爲始，至後案滿日一併開復。如前案、後案均係特旨留任者，則俟前案年限滿後，方接扣後案年限，至滿日一併開復。如罰俸，則竢所罰之俸年月日已盡，或如數繳完方准開復。降革官引見，以原官用者，其開復亦如之，得官乃計限。有參限者，銷案則開復。如經徵督催者，完欠開復。承緝督緝者，獲犯開復之類。

〇凡命婦有罪得准罰俸者，視其夫、若子、若孫之俸而罰焉。如其夫子孫原有官職身故者，視其夫子孫原官品級之俸，追取銀兩。

○考群吏之治，京官曰京察，外官曰大計。京察有列題，尚書、侍郎、左都御史、副都御史爲一本，總督、巡撫爲一本。由吏部繕履歷清單具題，候旨定奪。有引見，三品以下京堂及内閣侍讀學士、翰林院侍讀學士、侍講學士、左右春坊庶子，由吏部繕履歷清單引見，奉天府尹、府丞引見與否，於京察本内請旨。有會覈。翰詹科道司官、小京官、中書、筆帖式，皆由本衙門註考，吏部會同大學士、都察院吏科、京畿道定稿，繕等第黄册具題。大計有考題。布政使、按察使，由督撫出考咨部彙覈具題，候旨定奪。有會覆，各省及河員道以下、鹽員運使以下，由督撫、河督、鹽政分應舉、應劾爲二本具題，吏部會同都察院吏科、京畿道考覈題覆。三歲則舉行焉。京察於子、卯、午、酉年舉行。凡由各衙門出考者，皆三月十五日以前送部。大計以寅、巳、申、亥年舉行。凡由督撫舉劾者，皆以上年十二月内具題。其届期督撫新任而舊任官已覈定者，即密交代題。如距期尚遠未覈定者，准奏請展限。藩司到任未及三月，舊任官未覈定者，亦准奏請展限三月。如舊任官已覈定者，即列舊任官銜名用印代送不展限。至臬司、道、府、直隸州知州到任未及三月，如舊任官已覈定者，即列舊任官銜名用印代送，未覈定者即以無憑考覈申轉，不展限。

○凡京察，堂官察其屬之職，而註考焉。内閣自侍讀以下，宗人府自理事官以下，六部、理藩院、户部三庫自郎中以下，都察院自御史以下，翰林院自侍讀以下，詹事府自洗馬以下，通政司自經歷以下，大理寺、太常寺自寺丞以下，光禄寺自署正以下，太僕寺自員外郎以下，國子監自監丞以下，欽天監自五官正以下，鴻臚寺自主簿以下，倉場衙門自坐糧廳以下，步軍統領衙門自郎中以下，侍衛處、鑾儀衛自主事以下，順天府、奉天府自治中以下，皆由本衙門堂官註考。中書科中書、筆帖式，由内閣大學士、學士註考。六科給事中，由都察院堂官註考，筆帖式由本科給事中註考，送都察院彙覈。起居注主事、筆帖式由翰林院掌院學士註考。上諭館、翻書房章京、筆帖式，由管理本處大臣註考。其軍機處、奏事處、批本處章京，仍由原衙門堂官註考。俄羅斯館教習，由内閣滿洲大學士註考。唐古特學司業教習，由管理唐古特學大臣註考。宗室官之任部院衙門職者，即由部院衙門堂官註考。翰林院、詹事府滿洲官兼刑部、理藩院行走者，由行走衙門堂官註考。太常寺、鴻臚寺讀祝、鳴贊等官陞任部院衙門仍兼太常寺、鴻臚寺行走者，由本寺堂官註考。順天府所屬崇文門副使，由崇文門監督註考。陵寢官員筆帖式，由總管註考。盛京五部所屬官，由侍郎會同將軍、副都統註考。盛京將軍衙門主事、筆帖式、吉林黑龍江將軍衙門主事，由將軍註考。熊岳、錦州各城、各邊門筆帖式，由該管將軍、副都統註考。威遠等六邊門司員、筆帖式，由管理六邊門將軍註考。出差官離衙門在一年以内者，遇京察一體註考。若一年以外，免其考察。出派兵差官雖離衙門一年以外，應列爲一等者，仍准保送。出派近京各工程處到工未及半年者，歸原衙門註考。半年外者，由工程處大臣註考。仍由原衙門按其考語定等。部院陞轉官員及旗員補授部院官，無論半年内外，俱由新任衙門註考。一等曰稱職,二等曰勤職,三等曰供職,乃定以四格。一曰守,有清、有謹、有平。二曰才,有長、有平。三曰政,有勤、有平。四曰年。有青、有壯、有健。以別其等,而送部。守清、才長、政勤,年或青、或壯、或健爲稱職,列爲一等。守謹、才長、政平,或政勤、才平,年或青、或壯、或健爲勤職,列爲二等。守謹、才平、政平,或才長、政勤、守平爲供職,列爲三等。無格,則以考別其等。太常寺所屬各壇廟奉祀寺丞、四品、五品、六品官、贊禮郎、協律郎、讀祝官、司樂署丞,禮部所屬堂子七品、八品官、鑄印局大使、會同四譯館序班、大使、六品、七品、八品朝鮮通事官,鴻臚寺所屬鳴贊、序班、各陵寢贊禮郎、讀祝官,欽天監所屬五官正、中官正、春官正、夏官正、秋官正、冬官正、博士、司書、靈臺郎、監候、挈壺正、司晨,太醫院所屬御醫、八品、九品吏目,皆不註四格。奉祀等官以禮儀是否嫻熟,行走是否敬謹,鳴贊等官以舉止是否安詳,音節是否洪暢,欽天監官以數學是否精研,太醫院官以醫理是否通曉,填註考語,分別稱職、勤職、供職,定一、二、三等。及會覈一等者,二等、三等之逾齒限者,京察二等、三等官,年逾六十五歲,另班引見。太常寺四、五品官,年老者不引見。皆引見以候旨。凡入於六法者則劾。

〇凡大計,藩臬、道府、州縣遞察其屬之職,州縣察其屬出考詳府,直隸州之屬縣亦察其屬出考詳直隸州,知州、知府、直隸州知州復遍察其屬出考詳道,直隸廳亦察其屬出考詳道,道復遍察其屬出考移司,司彙覈加考詳總督、巡撫,河員則河廳察其屬出考詳管河道,河道復遍察其屬出考詳河道總督,鹽員則運使察其屬出考詳鹽政,無運使者由鹽道、總督巡撫兼鹽政者詳總督、巡撫。而申於總督、巡撫,總督、巡撫乃遍察而註考焉。卓異者,必按其事而書於册,如無加派、無濫刑、無盜案、無錢糧拖欠、無虧空倉庫銀米、境内民生得所地方日有起色之類。及題則報部。凡官供職者,皆註考而咨焉。不入舉劾官,知縣以上,錢糧倉庫註其收管無虧。居官,註其守才政年該管上司申於總督巡撫註考咨部。及會覆卓異官,知縣而上,皆引見以候旨。凡入於六法者則劾。

〇凡京察一等、大計卓異,皆曰舉。未逾年限者不舉,京察官丁憂、告病坐補原衙門者,以到任逾半年爲限,由別衙門陞調官及由外省陞補者,以到任逾一年爲限。若出差回任及告假依限回任者,皆不扣年限。其告假違限者回任後,亦扣到任半年之限。未逾限者,不准列入一等。非歷俸滿者不舉,京察官到任已逾年限者,前後所歷之俸皆准接算,以歷俸三年爲俸滿。其廢員起用非本案開復,不勝道府改補京職,外任滿洲官親老改補京職者,前俸不准接算。部院議敘官生出身之員,以歷俸五年爲俸滿。其先經行走期滿奏留又逾三年得缺及奏留後未逾三年得缺而免試俸者,仍以歷俸三年爲俸滿。奏留後未逾三年得缺未免試俸者,以歷俸四年爲俸滿。其議敘官生出身之筆帖式、刑部司獄、五城兵馬司指揮、副指揮、吏目,仍以歷俸三年爲俸滿。凡非歷俸滿者，不准列入一等。大計官均以歷俸三年爲俸滿。其計俸，題署之員以引見後到任之日爲始，陞署之員以實授之日爲始。凡在本省前後所歷之俸皆准接算，别省所歷之俸不接算。非歷俸滿者，不准卓異。革職留任者與錢糧之未完者不舉，大計官有罰俸降級處分，仍准卓異。至有革職留任處分及錢糧未清者，皆不准卓異。惟兼三、兼四要缺官，在本省歷俸至五年以上，有錢糧未清及革職留任處分者，經薦舉卓異，會覈時以應否引見請旨。其大計官前任内錢糧未完，議以離任官罰俸者，所罰之俸已經抵繳，仍准卓異。滿洲官不射布靶與清語之不習者不舉。凡滿洲派出隨圍之員，應射布靶，有託故不射者，皆註册。遇下届京察，不准列入一等。其不能清語者，京察亦不准列入一等。舉者，京官七而一，筆帖式八而一，道府廳州縣十有五而一，佐雜、教職百三十而一，以是爲率焉。京察，内閣舉滿洲侍讀典籍三人、中書十一人、漢侍讀典籍中書五人，翻書房舉章京一人、筆帖式二人，上諭處舉章京一人、筆帖式一人，中書科舉中書一人、筆帖式一人，宗人府舉理事官、副理事官、主事、經歷二人、漢主事一人、筆帖式二人，吏部舉滿洲郎中、員外郎、主事、司務四人、漢郎中、員外郎、主事、司務二人、筆帖式九人，户部舉滿洲郎中、員外郎、主事、司務十一人、漢郎中、員外郎、主事、司務六人、筆帖式十五人，三庫舉郎中、員外郎、主事、司庫二人、筆帖式二人，倉場衙門舉滿洲坐糧廳監督二人、漢坐糧廳監督二人、筆帖式一人，禮部舉滿洲郎中、員外郎、主事、司務四人、漢郎中、員外郎、主事、司務二人、筆帖式五人，兵部舉滿洲郎中、員外郎、主事、司務五人、漢郎中、員外郎、主事、司務二人、筆帖式九人，刑部舉滿洲郎中、員外郎、主事、提牢、司務十人、漢郎中、員外郎、主事、提牢、司務八人、筆帖式十五人，工部舉滿洲郎中、員外郎、主事、司務、司庫、司匠九人、漢郎中、員外郎、主事、司務二人、筆帖式十二人，理藩院舉郎中、員外郎、主事、司庫九人、筆帖式十二人，俄羅斯館舉教習一人，都察院舉滿洲御史、都事、經歷四人，漢御史、都事、經歷、指揮、吏目六人、筆帖式五人，六科舉滿洲給事中一人、漢給事中一人、筆帖式七人，通政司舉經歷、知事一人、筆帖式一人，大理寺舉寺丞、評事、司務一人、筆帖式一人，翰林院侍讀、侍講、修撰、編修、檢討七人内舉一人，舉筆帖式五人，舉起居注主事一人、筆帖式二人，詹事府舉滿洲洗馬、中允、贊善一人、漢洗馬、中允、贊善一人、筆帖式一人，太常寺舉滿洲寺丞、讀祝官、贊禮郎、博士、典簿五人、漢寺丞、署正、署丞、博士、典簿一人、筆帖式一人，光禄寺舉滿洲署正、署丞、典簿、司庫一人、漢署正、典簿一人、筆帖式二人，太僕寺舉員外郎、主事、主簿一人、筆帖式二人，國子監舉滿洲監丞、助教、博士、典簿二人、漢監丞、助教、博士、學正、學録、典簿、典籍一人、筆帖式一人，欽天監舉滿洲五官正、靈臺郎、主簿、挈壺正、博士一人、漢五官正、靈臺郎、主簿、挈壺正、監候、司書二人、筆帖式一人，鴻臚寺舉主簿、鳴贊、序班二人、筆帖式一人，侍衛處舉主事一人、筆帖式一人，步軍統領衙門舉郎中、員外郎、主事、司務一人、筆帖式二人，鑾儀衛舉滿洲主事、鳴贊、鞭官、漢經歷一人、筆帖式一人，順天府舉滿洲教授、訓導、漢治中、通判、經歷、照磨、司獄、教授、訓導一人，東陵舉郎中、員外郎、主事、讀祝官、贊禮郎五人、筆帖式二人，西陵舉郎中、員外、郎主事、讀祝官、贊禮郎四人、筆帖式二人，盛京三陵舉筆帖式一人，盛京户部舉郎中、員外郎、主事、司庫、六品官二人、筆帖式二人，盛京禮部舉郎中、員外郎、主事、助教、讀祝官、贊禮郎、六品、七品官二人、筆帖式一人，盛京兵部舉郎中、員外、郎主事一人、筆帖式一人，盛京刑部舉郎中、員外郎、主事、司庫、司獄二人、筆帖式三人，盛京工部舉郎中、員外郎、主事、司庫、六品官二人、筆帖式一人，盛京將軍衙門舉主事、筆帖式二人，黑龍江將軍衙門舉主事一人，吉林將軍衙門舉主事一人，奉天府舉治中、教授、經歷、司獄一人，其唐古特學司業、助教不足保送之額，果得其人准舉一人。卓異，直隸舉州縣以上官十三人、佐雜教職四人，河員舉通判以上官一人，鹽員舉運判以上經歷以下官一人，奉天舉州縣以上官一人、佐雜教職一人，山東舉州縣以上官九人、佐雜教職三人，鹽員舉運判以上經歷以下官一人，山西舉州縣以上官九人、佐雜教職三人，河南舉州縣以上官九人、佐雜教職三人，江蘇舉州縣以上官七人、佐雜教職三人，鹽員舉運判以上經歷以下官一人，安徽舉州縣以上官六人、佐雜教職二人，江西舉州縣以上官八人、佐雜教職三人，福建舉州縣以上官六人、佐雜教職三人，鹽員舉大使一人，浙江舉州縣以上官八人、佐雜教職三人，鹽員舉運判以上經歷以下官一人，湖北舉州縣以上官七人、佐雜教職三人，湖南舉州縣以上官七人、佐雜教職三人，陝西舉州縣以主官七人、佐雜教職二人，甘肅舉州縣以上官六人、佐雜教職二人，四川舉州縣以上官十一人、佐雜教職鹽大使四人，廣東舉州縣以上官八人、佐雜教職四人，鹽員舉運同以上經歷以下官一人，廣西舉州縣以上官六人、佐雜教職二人，雲南舉州縣以上官七人、佐雜教職二人，鹽員舉提舉大使一人，貴州舉州縣以上官五人、佐雜教職二人，江南河員舉通判以上官二人、佐雜一人，河東河員舉通判以上官二人、佐雜一人。其吉林將軍所屬同知、學正、巡檢、烏嚕木齊都統所屬通判以上官並雜職，皆不及保薦之額，如果得人亦准各舉一人。

〇六法，一曰不謹，二曰罷軟無爲，三曰浮躁，四曰才力不及，五曰年老，六曰有疾。凡京察及大計，皆按其實而劾之。不謹者、浮躁者，則令著其事，及覆覈乃處分焉。不謹者、罷軟無爲者、革職浮躁者，降三級調用。才力不及者，降二級調用。年老者、有疾者，休致。令送部以引見。京察六法官，皆引見。大計六法官，知縣以上交代清楚，限六月由總督、巡撫給咨送部引見，逾六月者毋庸送部。年老有疾不能來京者聽。凡官貪者、酷者，則特參，不入於六法。

〇凡京察題者、引見者，有旨議敘則議。會覈者，一等則加一級。若記名，則令堂官加考引見，以備外用。凡京察一等引見記名，交本衙門堂官再加考語，覆行引見。大計卓異，則註册。引見者，得旨則加一級，以準章服焉。舊例，卓異官引見後，賜朝衣一襲。乾隆二十六年停止，准加一級。

○凡官年老告休者，則令致仕。大臣予告者，或加銜，或食俸，皆出特恩，示優異焉。

○凡京官，有疾則告。滿洲官告病，准在家調治六月，逾六月則開缺。漢官告病，准開缺回籍調治。滿洲、蒙古、漢軍官，有故出京則告。除程限外，假期不得過四月。漢官省親者、侍親以行者、修墓若遷葬者、娶者，則告。除程限外，假期不得過四月。既事，各返其衙門以供職。外官有疾則告，及起復乃坐補。外官道府廳州縣告病者，具題解任，州同以下官告病，咨部解任，及病痊起復，皆令坐補原缺。

稽勳清吏司，郎中，滿洲一人、漢一人，員外郎，宗室一人、滿洲一人、漢一人，主事，宗室一人、漢一人，掌文職官守制、終養之事。凡官出繼者、入籍者、更名復姓者，皆掌其政令。

○凡官守制者，子爲父母，嫡母、繼母、生母同。喪三年，皆丁憂二十有七月而除。不計閏，扣足二十七月爲滿。爲人後者，爲所後父母亦如之。承重者，孫若曾孫亦如之。本身及祖父俱係嫡長，而祖若父先故者，於祖父母、曾祖父母喪，則爲承重。無嫡長，則令嫡次承重，無嫡次令庶長承重。爲人後者，爲其父母期則治喪。不計閏，扣足一年爲滿。養子爲所養父母亦如之。孫爲生祖母治喪者亦如之。生祖母親子先故，無同母兄弟，親孫治喪。終制則起復。丁憂治喪官於任所遭喪者，以遭喪日爲始。聞訃者，丁憂官以聞訃日爲始。治喪官旗員以聞訃日爲始，漢員以見喪日爲始。軍營辦事旗員丁憂治喪者，以親故日爲始，皆扣滿丁憂治喪月日起復。

○凡守制，滿洲、蒙古京官百日而出行走，朝會祭祀不與焉，如期而起復。丁憂者仍二十七月起復，治喪者仍一年起復，未起復者除特旨陞用外，皆停陞。外官則回旗百日而於原衙門行走，由何衙門補放外官者，即於何衙門行走，無衙門者掣分衙門行走。朝會祭祀不與焉，如期而起復。惟軍營辦事旗員聞訃不能即行回旗守制，竢回旗後穿孝百日，於未起復期内不停陞。漢官則回籍如期而起復，漢軍用漢缺者亦如之。京官漢軍缺如堂主事、筆帖式之類，皆於百日後進署行走，其用漢缺者，皆開缺在旗守制。

○凡官終養者，按其祖父母、父母之年，而爲之例。旗員祖父母、父母年七十五歲以上爲合例。漢員祖父母、父母及爲人後者，所後父母已故，其本生父母年八十以上，或七十以上而獨子，家無次丁者及有兄弟而篤疾者，俱出仕者，母老有兄弟而非同母者，皆爲合例。其六十以上未及七十者，或伯叔父兄弟篤疾，或家無次丁不能迎養，呈請終養者，雖未合例，州縣以上亦准具題請旨，州同以下取結到部准行。漢官得告，則聽其回籍，京官三品以上自行陳請，四五六品京堂具呈本衙門，移咨吏部具題開缺。內閣侍讀學士、翰林院侍讀學士、侍講學士、庶子以下及科道部院等官，具呈本衙門移咨吏部開缺。外官州縣以上，具題於科抄到部日開缺。州同以下，據咨開缺，皆准其回籍侍養。及起復乃坐補。終養官事畢起復，京官坐補原衙門之缺，外官道以下至知縣赴部引見。除奉旨不必坐補者，歸另班銓選外，其照例用者，俱令坐補原缺。佐雜等官不引見者，起復報部後，亦坐補原缺。凡原缺係部選者，分别在部、在籍候補，係在外揀選者，給照赴原省坐補，准藩臬於人文到部後，遇缺開列。滿洲、蒙古、漢軍京官停其外任，外官則改京職焉。滿洲、蒙古、漢軍京職郎中以下至筆帖式，父母年七十五歲以上者，停其陞選保送外缺。外官藩臬以下至州縣，祖父母、父母年七十五歲以上願回京者，具呈督撫奏明送部引見。布政使、按察使以京堂用，道以郎中用，知府以員外郎用，直隸州知州、同知、知州以主事用，通判以小京官不分品級用，知縣以七品筆帖式用。其漢軍佐雜改補者，州同以七品筆帖式用，餘官按其出身以八九品筆帖式用。陵寢贊禮郎、讀祝官改補者，即令在太常寺贊禮等官上行走。

〇凡官出繼者，辨其宗之昭穆與其遠近。凡無子立繼者，許立同宗昭穆相當之姪。先儘同父周親，次及大功、小功、緦麻，又次及遠房，又次及同姓。其或擇立賢能及所親愛者，又或繼子不得於所後之親而別立者，於昭穆倫敘不失，不許宗族指次序争告，如子已婚而故及已聘未婚，其媳能以女身守志者，又如子未聘娶因出兵陣亡者，皆應爲其子立繼。如無昭穆相當可爲其子立繼者，仍爲其父立繼。若子未婚而夭，其父無後者，應爲其父立繼。如無昭穆相當可爲其父立繼者，仍爲未婚之子立繼。至世爵官無嗣，而近宗昭穆相當之姪係獨子，及應繼之姪雖係獨子，而爲孀婦所願繼者，即獨子亦准出繼，如本生父母無嗣，准其一子兩祧。本籍官詢其鄰族，取其宗圖册結而達於部，以定議。其歸宗，亦如之。凡官先經出繼後，因繼父生有親子願歸宗者，亦由本籍地方官取具宗圖册結併親族甘結，報部准行。

〇凡官入籍者，辨其祖父寄寓之歲與其業，而聽爲土著。先因祖父貿易、遊幕及出仕於寄居地方置有産業，在二十年以上者，准其入籍。寄籍官察而達於部，以定議。復籍者，辨其墳廬。先因寄籍外省，後願改歸原籍者，應查明原籍，果有墳墓、廬舍，准其改歸原籍。祖籍官察而達於部，以定議。

〇凡官更名者，皆覈而更焉。京官由該衙門咨部更名者，旗員行取本佐領圖記，漢員取具同鄉京官印結，在部候補、候選官具呈更名者，亦取具同鄉京官印結。旗員由本旗咨部者，即不必行取佐領圖記，漢官在籍候、補候選者，由本籍總督、巡撫咨部。外官由任所總督、巡撫咨部，皆准更改，遂付於文選司以註册。復姓亦如之。漢軍復姓者，户部按於檔而行焉，乃復。漢軍復姓之案，由本旗移咨户部，准其歸宗者，乃移咨吏部復姓。

〇凡名，避與王公大臣同者，避一省而兩官並者，如司道同名者，將道改名,道府同名者,將知府改名。避其稱之不協於義者,如周元良、張聖謨,皆經奉旨飭改。避同於陵名者,清語恩特和墨、瑚圖靈阿、額勒登額、孝順阿、安巴靈武額勒和、托謨宏武,漢字若永、福、昭、孝、景、泰、裕字,下屬以齡、靈音字者,皆避。滿洲、蒙古之名,不繫以姓,如覺羅太、完顏扎拉芬,皆經奉旨訓飭。對音不依附漢義,如甘珠露、嘉木燦,皆經奉高宗純皇帝諭旨訓飭。不似漢姓名。如何督、廣明福,皆經奉高宗純皇帝諭旨訓飭。凡官之名,有蹈於是者,則皆更焉。

〇凡吏員出身者,歸宗、復姓、改籍皆禁。

稽俸廳,郎中、員外郎、主事,皆以稽勳司官兼之。掌稽文職京官之俸。

〇凡官之即任者、去任者,罰俸、降俸、停俸者,開復者,皆註於册。春秋支俸於户部,則覈而咨焉。由各衙門、各旗造清漢册,春季於十二月十五日,秋季滿洲、蒙古、漢軍官於六月十五日以前,漢官於七月初一日以前送部,與存廳底册覆對,移咨户部關支。凡支俸,春則以二月,秋則以八月,起者、止者,皆彙於是月而截之。支俸以二月、八月。滿洲、蒙古、漢軍官以十二月十五日、六月十五日過册之日即爲截止之日。漢官以二月、八月初七日爲截止之日。是日以前,有除授、陞遷及開復者,則起領,休致、革退、物故者,則止領。逾是日,雖除授、陞遷、開復,亦不補領,雖休致、物故,亦不扣領。惟滿洲、蒙古、漢軍官開復者及除授而無原俸、原餉可領在正月、七月三十日以前除授者,准其趕領。凡截止日後革職者,仍裁其俸。

欽定大清會典卷九

驗封清吏司，郎中，滿洲一人、漢二人，員外郎，滿洲二人、漢一人，主事，滿洲一人、蒙古一人、漢一人，掌頒世爵及土官之世職。凡文官之封與其卹，文武官之恩廕，皆掌之。掌凡吏之政令。

○凡封爵之制，其別有五。宗室、覺羅世爵，宗人府掌之。外藩蒙古世爵，理藩院掌之。外國世爵，禮部掌之。其事不隸於部，不具列。一曰酬庸，以彰世賞。建立大功，則有酬庸之典，封賞皆由特旨。其敘功受封者，八旗官兵有攻城之功，有奪舟之功，皆按等給爵。至積有戰功，八旗緑管皆計算功牌給爵。凡兵部議功至應給世爵者，則咨部具題請給。二曰奬忠，以優死事。爲國捐軀，忠烈昭著，褒奬封贈者，皆由特旨。其陣亡及傷亡例應贈爵者，八旗緑管及文職官，皆按本職大小贈爵承襲。凡兵部議恤至應給世爵者，則咨部具題請贈。三曰推恩，以逮外戚。外戚推恩，皇太后、皇后之父，封爲三等承恩公，其故者則追贈，皆世襲罔替，其承襲由本旗具奏咨部。四曰加榮，以殊聖裔。至聖先師後裔，以本支嫡長封爲衍聖公，其承襲由山東巡撫具題到部覆行。五曰備恪，以卹勝國。雍正二年詔訪明代後嗣，得鑲白旗漢軍知府朱之連等六人引見，奉旨封朱之連爲一等侯世襲，以奉明陵春秋祭饗。乾隆十四年賜名一等延恩侯，其承襲由本旗具奏咨部。凡封爵，皆給誥勅。世襲罔替者授誥命，有承襲次數者授勅命，至襲次已盡授恩騎尉時，亦改授誥命。其誥命、勅命之軸於部具題後，由内閣撰書加寶交部給發，如承襲即將原給之誥命、勅命交内閣，於軸内添寫承襲人之名與承襲年月加寶，仍由部給還。歲終，以一歲襲替之數，登於皇册。存者、故者，皆別以朱墨而書之。歲終增書皇册，宗人府、吏部同日奏聞得旨，吏部行内閣並内務府轉行總管太監，祗領皇册至保和殿，吏部滿洲右侍郎一人率司員會同内閣學士率繕清字中書。凡世爵襲替之人，存者朱書，故者墨書。滿洲、蒙古、漢軍、漢世爵及外藩蒙古世爵，皆增於皇册。其宗室、王公及覺羅册，則由宗人府增註。凡十年奏修皇册一次。

○凡世爵之位九，其等二十有七。一曰公，其等三。一等公、二等公、三等公。二曰侯，其等四。一等侯兼一雲騎尉、一等侯、二等侯、三等侯。三曰伯，其等四。一等伯兼一雲騎尉、一等伯、二等伯、三等伯。四曰子,其等四。一等子兼一雲騎尉、一等子、二等子、三等子。五曰男,其等四。一等男兼一雲騎尉、一等男、二等男、三等男。六曰輕車都尉,其等四。一等輕車都尉兼一雲騎尉、一等輕車都尉、二等輕車都尉、三等輕車都尉。七曰騎都尉,其等二。騎都尉兼一雲騎尉、騎都尉。八曰雲騎尉,其等一。九曰恩騎尉,其等一。凡封爵,以雲騎尉爲準,加等、進位、襲次,皆以是積焉。合兩雲騎尉爲騎都尉,加一雲騎尉爲騎都尉兼一雲騎尉。合兩雲騎尉爲三等輕車都尉,加一雲騎尉爲二等輕車都尉,加一雲騎尉爲一等輕車都尉,加一雲騎尉爲一等輕車都尉兼一雲騎尉。合兩雲騎尉爲三等男,加一雲騎尉爲二等男,加一雲騎尉爲一等男,加一雲騎尉爲一等男兼一雲騎尉。合兩雲騎尉爲三等子,加一雲騎尉爲二等子,加一雲騎尉爲一等子,加一雲騎尉爲一等子兼一雲騎尉。合兩雲騎尉爲三等伯,加一雲騎尉爲二等伯,加一雲騎尉爲一等伯,加一雲騎尉爲一等伯兼一雲騎尉。合兩雲騎尉爲三等侯,加一雲騎尉爲二等侯,加一雲騎尉爲一等侯,加一雲騎尉爲一等侯兼一雲騎尉。合兩雲騎尉爲三等公,加一雲騎尉爲二等公,加一雲騎尉爲一等公。雲騎尉襲一次,騎都尉襲二次,騎都尉兼一雲騎尉襲三次,三等輕車都尉襲四次,二等輕車都尉襲五次,一等輕車都尉襲六次,一等輕車都尉兼一雲騎尉襲七次,三等男襲八次,二等男襲九次,一等男襲十次,一等男兼一雲騎尉襲十一次,三等子襲十二次,二等子襲十三次,一等子襲十四次,一等子兼一雲騎尉襲十五次,三等伯襲十六次,二等伯襲十七次,一等伯襲十八次,一等伯兼一雲騎尉襲十九次,三等侯襲二十次,二等侯襲二十一次,一等侯襲二十二次,一等侯兼一雲騎尉襲二十三次,三等公襲二十四次,二等公襲二十五次,一等公襲二十六次。其承襲次數,以初受封之人爲立爵官,不入次數。如追封,則初襲爵之人,亦不入次數。繼此爲第一次,按次計算。若有旨世襲罔替者,不計次。計次者次盡,則改恩騎尉,以世襲罔替焉。凡世爵有承襲次數,至襲次既盡,則改給恩騎尉。惟因軍功給與世爵非陣亡者至,襲次既盡不給恩騎尉。其傷亡議給世職者,襲次既盡亦不給恩騎尉。又如立爵官子孫中絶而推與其旁支承襲者,襲次既盡,亦不給恩騎尉。凡恩騎尉皆世襲罔替,惟或因軍功,或因傷亡,由雲騎尉減等特旨賞給恩騎尉者,照雲騎尉之例襲一次。凡公、侯、伯,皆按其勳閥而錫以名。雍正年間錫名忠達公、褒績公、奉義公、超武公、雄勇公、果毅公、信勇公、建烈公、勇勤公、英誠公,乾隆年間錫名奉義侯、恭誠侯、順勤侯、昭武侯、延恩侯、敦惠伯、翼烈伯、宣義伯、襄寧伯、昭毅伯、威靖伯、襄勤伯、誠毅伯、昭信伯、懋烈伯、誠武伯、勤宣伯,係錫名之始。後凡公、侯、伯始封,皆由内閣撰擬嘉名欽定後,載入襲爵誥敕内頒給。

〇凡襲爵,有併襲,以軍功先後賞有世爵者,准以兩爵合併一爵承襲。如雲騎尉又得一雲騎尉,則合併爲騎都尉之類。其先承襲祖父世爵,又以軍功賞有世爵,亦准合併一爵承襲。若先以軍功奉特旨賞給世爵,復有軍功議給功牌應授世爵者,如現在所議之爵大於前爵,即銷其前爵仍按其從前立功等第補給功牌,統計前後所得功牌,給與世爵。如先以軍功立爵後奉特旨晉封者,晉爵後即註銷前爵,其承襲祖父世爵續以軍功奉特旨晉爵者,仍准其合併一爵承襲。皆合併至一等公止。又如世爵缺出應襲之子姪兄弟中,先准以無爵之人承爵,若無無爵之人,方准以有爵之人承襲,亦准其合併一爵,其合併不得過子爵。有分襲,先經合併之爵,有呈請應襲之子姪兄弟分襲者。原係幾人所併之爵仍准分襲,如二三人所立之爵,准其至二三人。若一人所立之爵合併者,不准分襲。皆考其誥勑之襲次,與其罔替者,而併之,而分之。以兩爵或數爵合併一爵者,皆按其原領誥勑内開載,如俱係世襲罔替者,其合併之爵承襲時,亦書世襲罔替字樣。如有承襲次數者,其承襲時亦書承襲次數字樣。如一係世襲罔替、一有承襲次數者,其承襲時載入合併緣由,仍分計其應襲次數,分別襲替。其合併之後呈請分襲者,各按其所分之爵,或有承襲次數,或世襲罔替,分別襲替。凡襲爵,則辨其系,世爵官或故,或因疾告退,或有罪應革而不致除爵者,皆以其子孫承襲。無子孫則以兄弟承襲,無兄弟則以從兄弟及兄弟之子孫承襲,或其祖父尚存者亦得承襲。本支無人,准以近族承襲,再無人則除其爵。分襲亦如之。先經合併後請分襲者,以爵之大者令其子孫承襲,其爵之小者,以次令兄弟及兄弟之子承襲。凡爵除,而其人存者,卹之。軍功所立世爵,或傷殘,或病廢告退,與其子孫承襲。至子孫故後,襲次已盡,而立爵官尚在者,給與全俸。或立爵官已故,而其母尚在,給與半俸。或立爵官之母已故,而其妻尚在者,亦給與半俸。

〇世爵官以罪革者,皆存其爵,而以其嗣襲焉。若犯贓,則廢其嗣。立爵官以罪革爵者,仍准以應襲之子孫承襲。惟犯枉法贓侵盗錢糧者,皆除其爵。如承襲祖父之爵因犯贓革爵者,不准以其子孫承襲,於立爵官其餘子孫内揀一人承襲。如立爵官無其餘子孫,則於立爵官兄弟叔伯子孫内揀一人承襲。恩騎尉除係公罪而革職無餘罪者,方准其子孫承襲。其公罪而有餘罪者,則另於立爵官子孫内揀一人承襲。若犯貪婪一切重罪,皆查銷。無嗣則除。革爵官之子孫及其應襲之族,皆准承襲。如無子孫與應襲之族者,竢生子後亦准承襲,如終身無嗣則查銷。

〇凡雲騎尉、恩騎尉,以文武生員應試者聽。漢雲騎尉、恩騎尉,滿洲、蒙古、漢軍恩騎尉,如本係文武生員准其應試,仍給雲騎尉、恩騎尉俸。如非文武生員願應試者,准作文武生員應試,不給俸。

〇凡土官之職,皆給以號紙。號紙書土官之職,並載世系及襲職年月。土官襲職者,先繳其原領號紙,改給新號紙。

〇土府廳州縣,則加以印。凡土官皆襲以世。或土官故,或年老有疾請代,准以嫡子嫡孫承襲,無嫡子嫡孫則以庶子庶孫承襲,無子孫則以弟或其族人承襲。其土官之妻及壻有爲土民所服者,亦准承襲。如有子而幼者,或其族,或其母能撫孤治事,由督撫揀委,至其子年及十五歲,再令承襲。凡襲者,總督、巡撫題而下於部，以定議。督撫查覈係應襲者，先令視事，取具宗圖及司府廳州縣並鄰封土司之結，隨題咨部。

○辨土官之等，土府廳六等，土知府、土同知、土通判、土推官、土經歷、土知事，凡六等。土推官舊有貴州鎮遠府土推官一人，乾隆四十九年因不管理番苗村寨改爲正七品土官。土經歷舊有雲南開化府土經歷一人，嘉慶二年因不管理番苗村寨改爲正八品土官。今土官已無此二項。惟存其等以爲土府廳支庶降授之階。土州四等，土知州、土州同、土州判、土吏目，凡四等。土縣四等。土知縣、土縣丞、土主簿、土典史，凡四等。土巡檢、土驛丞爲土官支庶降授所不及，不列於等。凡土官之地分支庶者，得旨則降二等而授之職焉。土官以所管地土較大，欲令支庶分管者，由督撫察看，果其子弟馴謹能率衆者，具題奉旨後，由部按本土官之職降二等給予號紙，其分地不過三分之一。

○凡土官，有功則敘，經徵錢糧一年内全完者，督撫獎以銀牌、花紅。能嚴行鈐束擒勦盜賊，一應案件於一年内全完者，加一級。完結過半者，督撫加獎。軍功保列出衆者，加銜一等。頭等者加一級，二等者紀録二次，三等者紀録一次。兇犯盜首逃匿土官境内，一年内查解五名以上者，紀録一次，十名以上者，紀録二次，十五名以上者，加職一級，三十名以上者，加職二級。如不足五名者，准併次年查解之數積算。有罪則處，土官處分罰俸者，按品計俸罰米，貯常平倉備賑。應降調三級以内者，皆降一級留任，五級以内者，皆降二級留任，革職者，降四級留任。如有貪婪等罪者，潛往外省及縱容土人潛往外省者，土民有犯盜抄搶掠争訟等者，准州縣移會徇庇不解者，承緝兇犯盜犯議者，降級留任。至五案以上者，皆革職擇其子弟之賢者承襲。如隱匿逸犯逃人查獲之日，審係土官受賄者，革職不准其子承襲，擇本支伯叔兄弟子孫之賢者承襲。覃恩則封，由督撫具題准給。死事則卹。陣亡授爵，如流官例，傷亡加銜一等，准照加銜承襲一次，其卹賞銀兩，俱如緑營例給與。治之皆如流官焉。

○凡覃恩予封者，辨其官之任，外官皆照現任之級給封，如陞任、改任奉旨在詔前者，雖未到任，亦准照改任、陞任給封。其借補官，如知縣借補州同，從九品借補未入流之類，准照原銜給封。京官改任、陞任，如外官之制。其額外行走郎中、員外郎、主事等官，係奉旨分發者，皆准給封。與其級，京官准照加級請封，未入流有加級者，亦准給封。恩詔内有加級者，即照新加之級給封。加級多者，三品、四品官不得逾二品，五品、六品官不得逾四品，七品官不得逾五品，八品以下官不得逾七品。其捐輸得級者不計。列其應封者之名氏、存故，而題焉，本身爲授曾祖父母、祖父母、父母及妻，存者爲封，歿者爲贈。得旨則給以誥勅。五品以上官授誥命，六品以下官授勅命。凡官九品而上予以其身之階，八品、九品官給勅命一軸。七品而上逮其父母及其妻，四品、五品官給誥命二軸，六品、七品官給勅命二軸。三品而上逮其祖父母，二品、三品官給誥命三軸。一品逮其曾祖父母。一品官給誥命四軸。

〇凡文官之階十有八。一曰光禄大夫，二曰榮禄大夫，三曰資政大夫，四曰通奉大夫，五曰通議大夫，六曰中議大夫，七曰中憲大夫，八曰朝議大夫，九曰奉政大夫，十曰奉直大夫，十有一曰承德郎，十有二曰儒林郎，亦曰宣德郎，吏員出身者爲宣德郎。十有三曰文林郎，亦曰宣議郎，吏員出身者爲宣議郎。十有四曰徵仕郎，十有五曰修職郎，十有六曰修職佐郎，十有七曰登仕郎，十有八曰登仕佐郎。高下各如其官之數。授階自一品至九品，皆分正從。惟庶吉士按七品食俸，不分正從，則分二甲進士之庶吉士照正七品，三甲進士之庶吉士照從七品。六部七品小京官，各衙門七八九品筆帖式，欽天監八九品天文生，亦不分正從，皆各照正七品、正八品、正九品。曲阜執事官本身有實銜者，即按實銜給封，無實銜之貢監生童所充執事官，無論品級，均以八品給封。

〇凡命婦之號有九。一曰一品夫人，二曰夫人，三曰淑人，四曰恭人，五曰宜人，六曰安人，七曰孺人，八曰八品孺人，九曰九品孺人。高下各如其官之品。自一品至九品不分正從。八品、九品官不封贈其妻。惟貤封者，乃封贈其母。凡封妻者，嫡妻、繼妻皆封焉。妻再繼者不封。合於其身之軸封母者，嫡母、繼母、生母皆封焉。出母守志不嫁者，其子有官亦准給封。合於其夫之軸封祖母，若曾祖母者亦如之。祖母合於其祖之軸，曾祖母合於其曾祖之軸，曾祖母、祖母、母存者，皆加太字。如一品，則曰一品太夫人，二品曰太夫人，已殁不加太字。又或其夫尚存者，亦不加太字。

〇若貤封，各以其情請焉。由部查覈彙題。得旨則停其身與妻之封而予之。凡貤封不逾制。八、九品官貤封父母，不得貤封祖父母。四、五、六、七品官貤封祖父母，不得貤封曾祖父母。二、三品官貤封曾祖父母，不得貤封高祖父母。一品官亦不得貤封高祖父母。其本宗惟伯叔祖父母、伯叔父母、兄嫂及庶母准其貤封，外姻惟外祖父母准其貤封，此外皆不得貤封。爲人後者，其所後祖父母、父母已封贈者，准貤封本生父母，貤封本生祖父母。八品九品官，皆令貤封父母焉。八九品官，其父母未封贈者，不給本身封，皆令貤封。惟其父有官或已受他子封贈者，乃給本人之封。

〇凡階大者得加於小，業經受封後又陞調者，再遇覃恩皆授以新階，曾祖、祖父先有封者，子孫階大，亦准封贈。小者不得加於大。祖父官高於其子孫者，不受其子孫封贈，亦不准照祖父原官封贈。封母者，如父官高於子，生母則從其子官封贈，嫡母、繼母不准照其父原官封贈，如願照子官受封者聽。又如宗室女曾賜名爵者，不受其夫與子孫封贈。階同，則視其大者從之。如子孫同仕非止一人，其祖父封贈，則從其階之大者，婦人夫與子孫皆有官，亦從其品之大者封贈。若官方仕者，不授以子若孫之階焉。無論文武大小官，現任者皆不給以子孫之封，已受子孫之封者，亦不准出仕。其願棄職就封及註銷封典出任者聽。

○凡給封，限以制。請封以詔下後二年爲限，逾此請封者，不准給。候補、候選官及議敘官生分發部院學習之郎中以下官，皆不給封。應給封之官守制終養及因省親修墓改葬告假之官，仍照原官品級給封。其餘在詔前告假休致之官，不給封，在詔後仍給。詔後緣事至降調官，仍准給封。至革職則不給封。以京察大計降者，亦不給封。若革職後還職在二年限内者，仍准補給。其應封贈之曾祖父母、祖父母、父母曾犯罪至十惡者，妻非禮聘室女，皆不給封。其官員已給封後革職者，如因失誤軍機及貪污者，誥勅追奪。如因公詿誤及别項革職者，免其追奪。婦人因夫與子得封者，不許再嫁違者，誥勅追奪。八旗職官之妻已經受封，夫亡願歸母家者，准其父母領回，亦令繳還誥勅。

○凡官死事者，因公事而死於外洋、大江、黄河、洞庭、洪澤諸湖者。皆贈以銜，而廕其子焉。如陣亡、傷亡或守城禦賊力盡捐軀，或隨營運餉遇賊受害者，皆議給世爵，不加贈廕。凡贈銜之等十有八，總督贈太子少保銜，巡撫贈右都御史銜，布政使贈内閣學士銜，按察使、鹽運使贈太常寺卿銜，道贈光禄寺卿銜，知府贈太僕寺卿銜，同知、知州、通判贈道銜，知縣贈知府銜，州同、布政司經歷、理問贈知州銜，州判、布政司都事贈都察院經歷銜，縣丞、府經歷贈鑾儀衛經歷銜，教諭贈國子監助教銜，訓導贈國子監學録銜，布政司照磨贈布政司都事銜，按察司照磨贈按察司知事銜，主簿贈鹽運司經歷銜，吏目、巡檢贈鹽運司知事銜，典史贈主簿銜。廕子之等五，二品以下官，滿洲、蒙古廕主事，漢軍暨漢廕知州。四品以下官至知縣，滿洲、蒙古廕七品筆帖式，漢軍暨漢廕知縣。其首領、佐貳以下等官，六品、七品者廕縣丞，八品、九品者廕縣主簿，未入流廕州吏目。皆視其官之職以爲差。若減議，非在軍營，亦非因軍務，以公事而猝然遇害者，因公事而死於内洋、内河者，在軍營辦事及催趲糧餉出力因病身故奉旨議卹者。則别爲等焉。贈銜減等者，布政使贈太常寺卿銜，按察使贈光禄寺卿銜，道贈太僕寺卿銜，知府贈道銜，同知、知州、通判贈知府銜，知縣贈同知銜，布政司經歷、理問、州同、按察司經歷贈通判銜，布政司都事、州判贈按察司經歷銜，府經歷、縣丞、教諭贈國子監學録銜，訓導贈國子監典簿銜，按察司照磨、縣主簿贈鹽運司知事銜，司獄、吏目、巡檢贈府知事銜，典史贈吏目銜。廕子減等者，三品以上官廕知縣，四品以下官至知縣廕縣丞，首領、佐貳以下官，六品、七品者廕縣主簿，八品以下者廕監生。

○凡覃恩予廕者，文職京官四品而上，大學士以下至内閣侍讀學士皆廕。外官三品而上，總督以下至運使皆廕。皆得廕一人焉。凡品皆以實俸，不論加級加銜。武職二品而上亦如之。世爵五等以下至副都統副將皆廕。在告而食俸者亦如之。以原品解任食俸者，准照現任與廕，其餘告病者、告休者、回籍守制者、終養者不與廕。凡予廕,各辨其所受,廕生皆以嫡長子、嫡長孫,無嫡長則以次子、次孫及庶子、庶孫,無子孫則以弟及兄弟之子。如嫡長子孫先經出仕、中式或廢疾者,亦准其依次承廕。續廕亦如之。承廕後未出仕、中式而故者,廢疾者,准其以次續廕。其業經出任中式者不准,續廕再續者不准。凡生於詔前者,無過犯者,乃廕。若詔後所生之子孫及先經緣事治罪者,不准廕。

○辨任職之等,滿洲、蒙古、漢軍廕生差以品,其等四。一品官廕生爲一等,二品官廕生爲一等,三品官廕生爲一等,四品官廕生爲一等,公侯伯廕生照一品官,子廕生照三品官,男廕生照四品官。漢廕生差以級,其等七。正一品官廕生爲一等,從一品官廕生爲一等,正二品官廕生爲一等,從二品官廕生爲一等,正三品官廕生爲一等,從三品官廕生爲一等,正從四品官廕生爲一等,公侯伯、尚書、左都御史、總督廕生俱照正一品官,侍郎、巡撫廕生俱照從一品官,子廕生照正三品官,男廕生照正從四品官。及歲則引見,廕生年二十爲及歲,到部後,由部奏派大臣試以論一、策一,進呈,交部引見。得旨皆按其等而任之。滿洲一品官廕生任員外郎,二品官廕生任主事、都察院經歷、大理寺寺丞、光禄寺署正,三品官廕生任通政司經歷、太常寺典簿、部寺司庫、光禄寺典簿,四品官廕生任鴻臚寺主簿、八品筆帖式。蒙古一品官廕生任員外郎,二品官廕生任主事,三品官廕生任七品筆帖式,四品官廕生任八品筆帖式。漢軍一品官廕生任員外郎,二品官廕生任主事、大理寺寺丞,三品官廕生任七品筆帖式,四品官廕生任八品筆帖式。漢正一品官廕生任員外郎、治中,從一品官廕生任主事,正二品官廕生任主事、都察院經歷、京府通判,從二品官廕生任光禄寺署正,正三品官廕生任中書科中書、大理寺評事、太常寺博士、通政司經歷、太常寺典簿,從三品官廕生任光禄寺典簿、鑾儀衛經歷、詹事府主簿、京府經歷。外用者正一品官廕生任同知,從一品官廕生任知州,正二品、從二品官廕生任通判,正三品、從三品官廕生任知縣,正從四品官廕生不引見,考定一等者任主簿,二等者任吏目。若任武職者,則兵部掌焉。滿洲、蒙古廕生願就武職者,及引見奉旨以旗員用者,皆令隨旗行走。漢軍暨漢廕生願就武職者,由兵部任職。

○設在官之人,以治其房科之事,曰吏。凡京吏之别三。一曰供事,宗人府、内閣、上諭館、文淵閣、翰林院、詹事府、中書科、内廷三館及修書各館、各衙門則例館,皆曰供事。二曰儒士,禮部於經承之外復有儒士。三曰經承。部院衙門之吏,以役分名,有堂吏、門吏、都吏、書吏、知印、火房、獄典之别,統名曰經承。外吏之别四。一曰書吏,總督、巡撫、學政、鹽政、各倉、各關監督之吏,皆曰書吏。二曰承差,總督、巡撫、鹽政,於書吏之外復設承差。三曰典吏,司道、府廳、州縣及司府首領官之吏,皆曰典吏。四曰攢典。州縣佐貳官、雜職官之吏,皆曰攢典。皆選於民而充之。宗人府、内閣、翰林院、詹事府供事由考取,内廷三館及修書各館供事由内閣、翰詹等衙門供事送館,則例館供事由本衙門經承、貼寫充補。儒士出經承轉補,餘皆募充。役五年而更焉。非經制者,曰貼寫,曰幫差,其濫者禁之。

〇凡各衙門之吏,在京則任其管轄之官而稽察之。在京衙門之吏,宗人府以府丞專管,内閣以典籍專管,翰林院以典簿專管,詹事府以漢少詹事專管,六部以漢右侍郎專管,理藩院以右侍郎專管,都察院以副都御史專管,通政司以參議專管,各寺以漢少卿專管,國子監以漢司業專管,欽天監以漢監副專管,太醫院以院判專管,六科以漢掌印給事中專管,中書科以漢掌印中書專管,内務府亦以總管大臣一人專管。其各衙門有司廳者,司廳承辦官並責成稽察。外省則任稽察衙門。府州縣之吏,以本管道爲稽察衙門,無本管道者,以按察司爲稽察衙門。兩司及各道衙門之吏,以督撫爲稽察衙門。督撫、總河、總漕、學政、鹽政衙門之吏,則自行稽察。歲終,本管官取其結而申焉。有重役者,役滿不退者,舞文弄法者,皆治以法。

〇凡經制之吏,五年役滿則考職。京吏事簡者及外吏皆考職。孟秋之月,在京則堂官,外省則總督若巡撫,彙其已滿之吏而考焉。試以告示、申文各一。取者,京吏無過十之七,外吏無過十之五。其僅止一人不敷録取者,如果當差勤慎、文理明通,亦准録取。一等爲從九品,二等爲未入流,咨部給照,遂註册入於銓選。惟京吏事繁者及烏里雅蘇台效力之供事役滿,皆免考職。京吏掣籤授從九品、未入流職,烏里雅蘇台供事議敘授府經歷職,皆註册入於銓選。

額外郎中、員外郎、主事、七品小京官。無定員,由堂官分派四司一體辦事。

筆帖式,滿洲五十有七人、蒙古四人、漢軍十有二人,由堂官分派四司。掌翻譯,給使令。

欽定大清會典卷十

户部，尚書，滿洲一人、漢一人，左侍郎，滿洲一人、漢一人，右侍郎，滿洲一人、漢一人，掌天下之地政與其版籍，以贊上養萬民。凡賦税徵課之則，俸餉頒給之制，倉庫出納之數，川陸轉運之宜，百司以達於部，尚書、侍郎率其屬，以定議。大事上之，小事則行，以足邦用。

〇凡耕耤前期，皇帝閲耕具，尚書、侍郎率其屬進耒鞭及箱於中和殿。既事則徹，而授順天府尹，及幸耤田，尚書進耒，皇帝三推，雍正二年，乾隆九年，皆有旨四推四返，今每歲耕耤，皇帝舉三推禮，皆加一推。侍郎取種於箱而播之。凡引見户部分司之監關者及監倉者、監局者，尚書、侍郎以緑頭名籤進於上，得旨出而宣焉。運官、解官之引見者，亦如之。

〇乃經天下之疆理。凡尹與總督、巡撫所統，曰府、廳、州、縣。府、廳、州、縣，統以總督、巡撫，領以布政司。府領廳、州、縣，亦有親轄地方者，直隸廳、直隸州皆親轄地方，亦領縣。惟京畿四路廳領州縣，而無親轄。廳、州、縣皆分轄地方。將軍、大臣所統，曰城。城統以將軍，分屬於大臣、副都統、總管、城守尉、防守尉。各治其所隸之地，以分井里而任衆庶。畿輔，曰直隸，布政司一，治在保定府。所屬府十，保定府治在清苑縣，承德府有親轄，不設附郭縣，永平府治在盧龍縣，河間府治在河間縣，天津府治在天津縣，正定府治在正定縣，順德府治在邢臺縣，廣平府治在永年縣，大名府治在元城縣，宣化府治在宣化縣。順天四路廳四，西路廳、東路廳、南路廳、北路廳。直隸州六，遵化州、易州、冀州、趙州、深州、定州。廳三，口北道領張家口廳、獨石口廳、多倫諾爾廳。州十有七，順天府西路廳領涿州，東路廳領通州、薊州，南路廳領霸州，北路廳領昌平州，保定府領祁州、安州，承德府領平泉州，永平府領灤州，河間府領景州，天津府領滄州，宣化府領蔚州、延慶州、保安州，正定府領晉州，廣平府領磁州，大名府領開州。縣百二十有四。順天府西路廳領大興縣、宛平縣、良鄉縣、房山縣，東路廳領三河縣、武清縣、寶坻縣、寧河縣、香河縣，南路廳領保定縣、文安縣、大城縣、固安縣、永清縣、東安縣，北路廳領順義縣、懷柔縣、密雲縣、平谷縣，保定府領清苑縣、滿城縣、安肅縣、定興縣、新城縣、唐縣、博野縣、望都縣、容城縣、完縣、蠡縣、雄縣、束鹿縣、高陽縣、新安縣，承德府領灤平縣、豐寧縣、建昌縣、赤峰縣、朝陽縣，永平府領盧龍縣、遷安縣、撫寧縣、昌黎縣、樂亭縣、臨榆縣，河間府領河間縣、獻縣、阜城縣、肅寧縣、任邱縣、交河縣、寧津縣、吴橋縣、故城縣、東光縣，天津府領天津縣、青縣、静海縣、南皮縣、鹽山縣、慶雲縣，宣化府領宣化縣、赤城縣、萬全縣、龍門縣、懷來縣、西寧縣、懷安縣，正定府領正定縣、獲鹿縣、井陘縣、阜平縣、欒城縣、行唐縣、靈壽縣、平山縣、元氏縣、贊皇縣、無極縣、藁城縣、新樂縣，順德府領邢臺縣、沙河縣、南和縣、平鄉縣、廣宗縣、鉅鹿縣、唐山縣、内邱縣、任縣，廣平府領永年縣、曲周縣、肥鄉縣、雞澤縣、廣平縣、邯鄲縣、成安縣、威縣、清河縣，大名府領元城縣、大名縣、南樂縣、清豐縣、東明縣、長垣縣，遵化州領玉田縣、豐潤縣，易州領淶水縣、廣昌縣，冀州領南宫縣、新河縣、棗强縣、武邑縣、衡水縣，趙州領柏鄉縣、隆平縣、高邑縣、臨城縣、寧晉縣，深州領武强縣、饒陽縣、安平縣，定州領曲陽縣、深澤縣。其張家口廳、獨石口廳境之察哈爾左翼四旗，多倫諾爾廳境之克什克騰一旗，平泉州境之喀喇沁二旗，建昌縣境之喀喇沁一旗、敖漢一旗，赤峰縣境之翁牛特二旗、巴林二旗，朝陽縣境之土默特二旗、喀爾喀左翼一旗、奈曼一旗及接達里岡愛牧場之蘇尼特二旗、阿巴哈納爾二旗、阿巴噶二旗、浩齊特二旗，建昌縣、赤峰縣北境外之阿嚕科爾沁一旗、扎嚕特二旗，則隸於理藩院。其山，西山、西山在京師西。盤山、盤山在薊州。大房、大房山在房山縣。封龍、封龍山在元氏縣。贊皇、贊皇山在贊皇縣。興安。興安嶺在圍場西北。封山，則昌瑞、東陵陵山曰昌瑞。永寧。西陵陵山曰永寧。其川，通惠、通惠河亦曰大通河，其上源爲玉泉水東流，經京師入禁籞爲金水河，流出爲玉河，東流爲通惠河，經通州入北運河。永定、永定河即桑乾河，亦曰盧溝河，自山西入境東流，經西寧縣，南納自山西入境經蔚州之壺水東流，經保安州，北納洋河，洋河出山西陽高縣，經天鎮縣入境爲西洋河，東流經懷安縣，南納南洋河，北納出張家口廳南流入邊牆之東洋河東流，經宣化縣北納出獨石口廳經張家口廳入邊牆之泥河東南流，至保安州入桑乾河，桑乾河又南流，東納出延慶州經懷來縣之嬀河，入居庸關邊牆，經宛平縣爲永定河，南流經固安縣、永清縣合淀河入北運河。白、白河亦曰潞河，出龍門縣東流，經赤城縣，北納出獨石口廳之獨石水，東北流出邊牆，復東南流入邊牆，南流經密雲縣，東納出豐寧縣入邊牆之潮河，經順義縣南流，經通州，西納出昌平州經順義縣之沙河，復與通惠河合，是爲北運河，東南流經香河縣，又南流經武清縣，東分一支爲減河入海，又南流經天津縣，西合淀河，南流會衛河，由直沽入海。衛、衛河亦曰永濟河，自河南入境，經大名縣東北流入山東境，復自山東入境，經故城縣復入山東，仍自山東入境，東北流經吴橋縣，是爲南運河，東分一支爲減河，由老黄河入海，又東北流經東光縣、南皮縣、滄州，凡東分減河三，又東北流經青縣西合滹沱河，東北流經静海縣至天津縣，會於直沽入海。漳、漳河自河南入境，經成安縣分爲二,南一支東流經元城縣入山東境合於衛河,北一支東北流經廣平縣復分爲二,一支東南流與南支合,一支北流至山東邱縣界復分爲二,東一支經邱縣之東,東北流仍入境經威縣、故城縣、景州、阜成縣至交河縣,合於滹沱河,西一支北流經廣宗縣、鉅鹿縣入寧晉泊。滏、滏陽河出磁州,東北流,經邯鄲縣、永年縣、曲周縣、雞澤縣、平鄉縣匯爲大陸澤。滹沱、滹沱河自山西入境東流,經平山縣,南納出山西平定州入境經井陘縣之西韓河東流,北納出靈壽縣之衛水東流,經正定縣、藁城縣、晉州、束鹿縣入寧晉泊,復自泊流出,經衡水縣,東北經武邑縣、武强縣,至獻縣分爲二,南一支東流經交河縣與漳河合,又東北流至青縣入南運河,北一支東北流經河間縣、文安縣、大城縣爲子牙河,東北流入於淀河。豬龍、豬龍河上流爲滋河、沙河、滱河,滋、沙二河皆出山西五臺縣,東流入境,滋河經靈壽縣、無極縣、深澤縣,沙河經阜平縣、行唐縣、曲陽縣、新樂縣,滱河出山西渾源州經靈邱縣入境,東南流經唐縣、定州至祁州,三河合東北流,是爲豬龍河,經安平縣、蠡縣、肅寧縣、高陽縣,匯於西淀。巨馬、巨馬河亦曰淶水,出廣昌縣東流,經易州、淶水縣、涿州,北納出房山縣之琉璃河南流,經新城縣,亦曰白溝河,西納出易州之易水南流,經雄縣匯於西淀。潮、潮河亦曰白龍港,即薊運河,與出豐寧縣之潮河異源,出薊州爲龍池河,南流東納出遵化州合沙河西流之淋河南流是爲沽河,西納出平谷縣邊牆外經三河縣之泃河,南流經寶坻縣是爲白龍港,東納出玉田縣之柳沽河,又南流東納出豐潤縣之還鄉河,南流經寧河縣,西合天津縣之新河入海。祁、祁河出完縣東流,南與唐縣滱河分出之廣利渠合,東流經滿城縣爲方順河,東流經清苑縣,北合清苑河東流,北納出易州經安肅縣之徐河東流,經安州北納出易州經容城縣之雹河,入於西淀。灤、灤河出獨石口廳,名商都河,北流經多倫諾爾廳,折而東流經察哈爾游牧,復折而南流,經豐寧縣,東南流北納出圍場之庫爾奇勒河,始名灤河,東南流西納興州河,東流經灤平縣,北納出圍場合伊瑪圖河之伊遜河,東南流經承德府,北納熱河,東南流西納白河,東納老牛河,南流西納柳河,南流經遷安縣東納出平泉州之豹河,南流入邊牆,西納澈河,又南流西納恒河,東流北納出邊牆外之長河,東南流經盧龍縣,北納出平泉州之青龍河,西南流經灤州,東南流經樂亭縣入海。灤河以西灤州之青河、素河,灤河以東昌黎縣之潮河、撫寧縣之湯河、臨榆縣之榆河,皆南流入海。潢、潢河蒙古名錫喇木倫,出克什克騰游牧南流,西納塞納河東流,南納拜察河東流,經赤峰縣北納出克什克騰游牧之喀喇河東流,經朝陽縣與老河合,老河亦曰土河,蒙古名老哈木倫,出平泉州北流,西納霍爾霍老河、布爾罕河北流,經建昌縣東納烏巴河西納坤都倫河北流,經赤峰縣西納出圍場合錫爾哈河、錫伯河、卓索河之英金河北流,西納伯爾克河東北流,經朝陽縣合於潢河,兩河既合,折而東南流,繞朝陽縣又東南流,經奉天昌圖廳,會赫爾蘇河,是爲遼河,其出朝陽縣之養息牧河,則南流入彰武臺邊,亦入於遼河。凌。大凌河蒙古名傲木倫,出建昌縣東北流,經朝陽縣東流,入九關臺邊,又小凌河蒙古名明安木倫,出朝陽縣東流,入松嶺邊。其澤,東西之淀、西淀環雄縣、保定縣、任邱縣、高陽縣、安州、新安縣之間，受豬龍、白溝、清苑諸河，自淀東北流出，爲會同河。其北有月河，爲中亭河，皆入於東淀。東淀環永清縣、東安縣、霸州、文安縣、静海縣之間，復受子牙河、永定河，同自淀流出之淀河入於北運河。南北之泊、南泊即大陸澤，環鉅鹿縣、雞澤縣、任縣、隆平縣之間，受滏陽河之外，復受沙河縣、邢臺縣、任縣諸水，自泊東北流出爲新豐河，入北泊。北泊亦曰寧晉泊，環新河縣、隆平縣、寧晉縣、冀州之間，復受滹沱河、漳河及内邱縣、臨城縣、高邑縣、贊皇縣、元氏縣、欒城縣諸水，自東北流出，仍爲滹沱河。昂古里、昂古里諾爾，即集寧海子，在張家口廳。達里。達里諾爾，與岡愛諾爾相連，在阿巴哈納爾右翼旗地達里岡愛牧場，在阿巴哈納爾之西北，故因以爲名。留都，曰盛京，其北曰吉林，又北曰黑龍江，是爲東三省。盛京，奉天府尹所屬府一，錦州府治在錦縣。廳三，奉天府領興京理事廳、岫巖廳、昌圖廳。州四，奉天府領遼陽州、復州，錦州府領寧遠州、義州。縣八。奉天府領承德縣、海城縣、蓋平縣、寧海縣、開原縣、鐵嶺縣，錦州府領錦縣、廣寧縣。將軍本屬城一，盛京城。所屬副都統城二，錦州城、熊岳城。城守尉城八，興京城、開原城、遼陽城、復州城、金州城、岫巖城、鳳凰城、義州城。協領城三。牛莊城、廣寧城、蓋州城。其昌圖廳境及西境外之科爾沁左翼三旗，則隸於理藩院。其山，輝、輝山亦曰灰山，在承德縣。千、千山在遼陽州。窟窿、窟窿山在鳳凰城，濱海。旅順、旅順山在寧海縣南，孤懸海中。長嶺、長嶺亦曰分水嶺，清語果勒敏珠敦，在英額邊外圍場。大峪。大峪山亦曰平頂山，又曰青雲山，在鳳凰城，西接海城縣，南接岫巖城。封山，則啓運、永陵陵山，曰啓運。天柱、福陵陵山，曰天柱。隆業，昭陵陵山，曰隆業。北鎮醫巫閭在焉。醫巫閭山在廣寧縣。其川，巨流、巨流河亦曰句題河，又曰拘柳河，清語爲珠爾呼珠，即東遼河，出英額邊外圍場，名赫爾素河，西北流入吉林境，東納雅哈河西流，出赫爾素邊門，經昌圖廳南流，合西遼河，始名巨流河，入邊經開原縣，東納出吉林境合瞻河、哈達河之葉赫河南流，經鐵嶺縣東納鐵嶺河、范河、懿路河西南流，經廣寧縣北納出彰武臺邊外之養息牧河南流，經承德縣東合渾河，渾河亦曰小遼河，清語爲瑚努和，出英額邊外圍場東流，入邊經興京，南納出汪清邊外之蘇子河西流，經承德縣北納出開原縣之碩賓河，南納伊爾登河、拉古峪河、高素屯河、白塔鋪河南流，經遼陽州，東納出靉廠邊外之太子河，南納沙河西流，合於巨流河，遂名三岔河，南流經海城縣，東納土河、鞍山河，西流入海。三岔河以南耀州河、蓋州河、熊岳河、復州河，皆西流入海。鴨緑、鴨緑江亦曰靉江，出吉林長白山南西北流，北納十二道溝至頭道溝之水，折而南流入境，東與朝鮮爲界，西納栗子溝河、梨河、小三道溝、二道溝、頭道溝之水破城子河、白馬郎河、九郎堡河、螞蟻河、虎溝河、榆樹河、岔溝水南流，西合於佟家江，佟家江亦曰渾江，出汪清邊外與吉林接界之依爾哈雅番山南流，西納哈爾敏河、額爾敏河、嘉勒圖河、伊木遜河、瓦爾喀什河、理雅達河、大小雅爾滸河、大小鼓河，東納烏勒河、瑪察河，合於鴨緑江，鴨緑江又南流，西納當石河、黄溝河、長甸河、安家灣河、蘇子溝河、鋪西河又南流，西納靉河，靉河出靉陽邊外，西流入邊，南流復出邊，西納出鳳凰城之三名河、薩瑪吉河、草河、三岔子河東流，入鴨緑江，鴨緑江又南流，西納阿布河、永安河、戴家木廠河入海。大小凌、大凌河出九關臺邊外，東南流入邊，經義州錦縣入海。小凌河出松嶺邊外，東南流入邊，經錦縣入海。大凌河以東出廣寧縣之東南西三沙河、泥河，皆南流入海。小凌河以西出寧遠州之姜女河、六州河、高兒河、凉水河、石子河，皆東南流入海。大小洋。大洋河出海城縣，東南流經岫巖城，東納五道河南流入海。小洋河出岫巖城，南流入海。小洋河以西出岫巖城之沙河，出蓋平縣經復州之畢里河，出復州之望簪河，出寧海縣之清水河、大沙河、澄沙河，皆東南流入海。吉林將軍本屬城一，吉林城。所屬副都統城四，寧古塔城、伯都訥城、阿勒楚喀城、三姓城。協領城三，打牲烏拉城、琿春城、拉林城。廳三。吉林廳、伯都訥廳、長春廳。其長春廳境及伯都訥城北境外之郭爾羅斯二旗，則隸於理藩院。其山，長白、長白山清語爲果勒敏珊延，在吉林城東南。小白、小白山在吉林城東北與阿勒楚喀城接界，山南與佛思亨山額敦山相屬，北與拉林山相屬，西南爲納穆窩集，南爲塞齊窩集，西北爲和倫窩集，東北爲瑪延窩集。温德亨、温德亨山在吉林城西南，爲望祭長白山神之所。費德里、費德里山在吉林城西南，與盛京接界，迤西即分水嶺。錫赫特、錫赫特山在寧古塔城東南。扎木蘭呼勒。扎木蘭呼勒山在寧古塔城東，與三姓城接界。其川，混同、混同江亦曰松花江，又曰松阿里江，出吉林城東南長白山之北，爲大土拉庫、小土拉庫河北流東納尼雅木尼雅庫河，是爲混同江之源，北流東納出吉林城與寧古塔接界額敦山之富爾哈河，西納出費德里山之三音諾音額赫諾音河，北流西納出盛京圍場之輝發河，東納出小白山之拉發河，西納出和倫窩集之鄂河北流，出巴彦鄂佛羅邊西北流，南納出和倫窩集出邊經長春廳之伊通河西北流，經伯都訥城北與黑龍江境之嫩江合，折而東流，南納出伯都訥城與阿勒楚喀城接界之拉林河東流，北納出黑龍江境之呼蘭河、呼蘭城與三姓城接界之布雅密河，南納阿勒楚喀河、費克圖河、扎巴蘭河、瑪延河東流，經三姓城南合瑚爾哈河，瑚爾哈河亦曰呼爾海河，出吉林城東南額敦山爲勒富善河，北流經古俄朵里城，東納富爾嘉哈河、珊延木克河，折而東流，北納都凌古河東流，入寧古塔城境，合十餘水瀦爲阿卜湖，復自湖東北流出爲瑚爾哈河，東流經古會寧城，南納塔克通阿河東流，折而北流繞寧古塔城，東納呼錫哈里河、尼葉赫河，西納海蘭河、富達密河、阿穆蘭河，經三姓城境，東納武斯呼河，西納安巴河阿、布罕河入混同江，混同江東流，北納出黑龍江境經古木訥城入境之吞河，南納音木達河東流，經奇勒爾赫哲各屯，北合自黑龍江境入境之黑江東流，南合烏蘇里江，烏蘇里江出錫赫特山北流，西納法納圖河，東納富金河北流，東納寧古塔城與三姓城接界之嫩屯河，西納呼雅河北流，西納自興凱湖流出之松阿察河北流，西納穆林河北流，經奇勒爾赫哲各屯合於混同江，混同江東北流，西納格楞河，南納奇吉泊之水東流，經費雅喀各屯北納興滚河東流入海。圖們、圖們江出吉林城東南長白山東，爲大圖們江、小圖們江合流而東，經寧古塔城境南，與朝鮮接界東北流，北納噶哈里河、琿春河入海。綏芬、綏芬河出寧古塔城東南大嶺東流，北納鄂爾琿綏芬河東南流，西納舒藩河南流入海。綏芬河以西蒙古河、額濟密河、哈濟密河，皆南流入海。綏芬河以東乾溝子河、石頭河、大小烏濟密河，皆南流入海。雅蘭河東南流入海。石人溝、夾皮溝、外富金河，皆東流入海。約色。約色河出寧古塔城東北奇雅喀爾各屯之北，東流入海，北與三姓所屬費雅喀各屯接界。其澤，阿卜、阿卜湖亦曰畢爾騰湖，在寧古塔城西南。興凱。興凱湖亦曰鏡泊，在寧古塔城東，其北爲達巴庫湖，下流同入烏蘇里江。黑龍江將軍本屬城一，齊齊哈爾城。所屬副都統城二，黑龍江城、墨爾根城。總管城二，呼倫貝爾城、布特哈城。城守尉城一。呼蘭城。其齊齊哈爾城東之杜爾伯特旗、西南之扎賚特旗、呼倫貝爾城南之科爾沁右翼三旗，西南之烏珠穆沁二旗，則隸於理藩院。其山，雅克、雅克山在齊齊哈爾城西北連雅克嶺。興安、内興安嶺繞墨爾根城，城東之興安嶺與黑龍江城接界，城西之興安嶺與呼倫貝爾城接界，外興安嶺在黑龍江城之北，起喀爾喀車臣汗部之西北，迤邐而東，繞尼布楚雅薩克之北，東盡於海，嶺北接俄羅斯界。伊勒呼里、伊勒呼里山在墨爾根城西北。索岳爾濟、索岳爾濟山在呼倫貝爾城之南，山之西接車臣汗部界，山之西南接烏珠穆沁旗界，山之東南接科爾沁旗界。喀穆尼、喀穆尼山在黑龍江城南。佛思亨。佛思亨山在呼蘭城東，與三姓城接界。其川，嫩、嫩江亦曰腦温江，出墨爾根城西北伊勒呼里山南流，經墨爾根城，西納甘河南流，經布特哈城，西納努敏河，東納納莫爾河南流，西納阿倫河，經齊齊哈爾城，西納雅爾河、綽爾河南流，經扎賚特杜爾伯特兩旗之間，西納洮爾河南流，經郭爾羅斯旗入混同江。黑、黑江清語爲薩哈連烏拉，亦曰黑龍江。自喀爾喀車臣汗部之敖嫩河東北流，經尼布楚城始名黑江，東流，經俄羅斯界碑，北納出大興安嶺之格爾必齊河，南納額爾古訥河，額爾古訥河自呼倫池流出，其上源有二，一自車臣汗部喀魯倫河東流入境匯於呼倫池，一出呼倫貝爾城東南達兒彬池，西南流爲喀爾喀河南納小熱河、大熱河西北流入車臣汗部境，瀦爲貝爾池，復自貝爾池流出爲鄂爾順河，北流入境亦匯於呼倫池，池水自北流出爲額爾古訥河，東納哈拉爾河，哈拉爾河出呼倫貝爾城東内興安嶺西流，南納依奔河、輝河，北納墨勒根河西流，入額爾古訥河，額爾古訥河東北流，東納根河、眉勒爾喀河，入黑江，黑江東流經雅薩克城東南流，北納出大興安嶺合錫林木迪河之精奇里江南流，經黑龍江城東南流，東納牛滿河東流，北納與三姓城接界之畢占河，入三姓城境，合於混同江。呼蘭、呼蘭河出墨爾根城東南内興安嶺，西南流，經呼蘭城入混同江。瑚裕爾。瑚裕爾河出墨爾根城東南内興安嶺，南流，入杜爾伯特旗境，瀦爲察漢泊。其澤，庫楞。庫楞湖亦曰呼倫池，又曰闊灤海子即俱輪泊,在呼倫貝爾城西。環畿輔凡三省,南曰山東,西曰山西,西南曰河南。山東布政司一,治在濟南府。所屬府十,濟南府治在歷城縣,泰安府治在泰安縣,武定府治在惠民縣,兗州府治在滋陽縣,沂州府治在蘭山縣,曹州府治在菏澤縣,東昌府治在聊城縣,青州府治在益都縣,登州府治在蓬萊縣,萊州府治在掖縣。直隸州二,濟寧州、臨清州。州九,濟南府領德州,泰安府領東平州,武定府領濱州,沂州府領莒州,曹州府領濮州,東昌府領高唐州,登州府領寧海州,萊州府領平度州、膠州。縣九十有六。濟南府領歷城縣、章邱縣、鄒平縣、淄川縣、長山縣、新城縣、齊河縣、齊東縣、濟陽縣、德平縣、禹城縣、臨邑縣、平原縣、陵縣、長清縣,泰安府領泰安縣、東阿縣、平陰縣、新泰縣、萊蕪縣、肥城縣,武定府領惠民縣、陽信縣、海豐縣、樂陵縣、利津縣、霑化縣、蒲臺縣、青城縣、商河縣,兗州府領滋陽縣、曲阜縣、寧陽縣、鄒縣、泗水縣、滕縣、嶧縣、汶上縣、陽穀縣、壽張縣,沂州府領蘭山縣、郯城縣、費縣、沂水縣、蒙陰縣、日照縣,曹州府領菏澤縣、曹縣、范縣、觀城縣、朝城縣、鄆城縣、單縣、城武縣、定陶縣、鉅野縣,東昌府領聊城縣、堂邑縣、博平縣、茌平縣、清平縣、莘縣、冠縣、館陶縣、恩縣,青州府領益都縣、博山縣、臨淄縣、博興縣、高苑縣、樂安縣、壽光縣、昌樂縣、臨朐縣、安邱縣、諸城縣,登州府領蓬萊縣、黃縣、福山縣、棲霞縣、招遠縣、萊陽縣、文登縣、榮成縣、海陽縣,萊州府領掖縣、濰縣、昌邑縣、高密縣、即墨縣,濟寧州領金鄉縣、嘉祥縣、魚臺縣,臨清州領武城縣、夏津縣、邱縣。其山,華、華山即華不注山,在歷城縣。原、原山在淄川、萊蕪、博平三縣。徂徠、徂徠山在泰安縣。梁甫、梁甫山在泰安縣。嶧、嶧山在鄒縣。蒙、蒙山在費縣。勞、勞山在即墨縣。成、成山在榮成縣。陪尾、陪尾山在泗水縣。之罘。之罘山在福山縣。東嶽泰山、泰山在泰安縣。東鎮沂山,沂山在臨朐縣。在焉。其川,會通、會通河即運河,北至臨清州接衛河,南至濟寧州接江南運河,其源出萊蕪縣曰汶河,西流,經泰安縣北納泮河,南納出新泰縣之小汶河西流,經東平州爲戴村壩遏其北流之道,遂西南流,經汶上縣匯爲馬場、蜀山、南旺三湖,入運河分南北流,北流者經東平州、壽張縣,西納自直隸東明縣入境經菏澤縣、鄆城縣、陽穀縣之趙王河,又北流納自直隸開州入境經濮州、觀城縣、范縣、壽張縣之沙河北流,經東阿縣、陽穀縣、聊城縣、博平縣、清平縣至臨清州入衛河,衛河自直隸入境東流,經冠縣與漳河南支合東北流,經館陶縣至臨清州納會通河又東北流,經武城縣、德州入直隸境,會通河南流者經嘉祥縣、濟寧州,東納出寧陽縣之洸河,由泗河分流,經滋陽縣之府河南流,經鄒縣東納出泗水縣經曲阜縣合出鄒縣白馬河之泗河南流,經滕縣東納獨山湖水,西納微山湖水,獨山湖受鄒縣、滕縣所出南北沙河、南梁河,微山湖受舊運河、順隄河,舊運河自直隸東明縣入境,經曹縣循黃河之北東流,分一支爲白花河北流,經曹縣城武縣爲樂成河,南納出單縣之桑家河爲徠河,經金鄉縣北納出定陶縣夏月湖,經鉅野縣之萬福河東流,爲新開河,經魚臺縣北納牛頭河,牛頭河出菏澤縣、定陶縣之間,爲北渠河東北流經鉅野縣爲瀦水河,東流經嘉祥縣爲澮臺河，北納自鄆城縣分流經嘉祥縣之趙王河爲牛頭河，東南流經魚臺縣，西納出鉅野縣之蔡河南流，合新開河爲舊運河入微山湖，順隄河自曹縣東流經曹縣、單縣，至江蘇豐縣境入微山湖，運河復南流經嶧縣，西納自微山湖流出之伊家河，南流入江蘇境。膠萊、膠萊河南北皆達海，其源出諸城縣曰膠河，東北流，經高密縣至平度州匯爲百脈湖，分數道流入，復東納白沙河、藥石河之水南流，曰膠萊南河，北流曰膠萊北河，南河東納出招遠縣經萊陽縣之大姑河、出掖縣之小姑河，經膠州南流入海，北河西納出高密縣之五龍河北流，經昌邑縣入海，膠萊北河以東出掖縣之掖河、出招遠縣之界河、出棲霞縣經黄縣之黄水河、出棲霞縣經福山縣之清洋河皆北流入海。五龍、五龍河與入膠萊河之五龍河異源，出萊陽縣南流曰九里河，東納出棲霞縣之縣河、陶章河爲五龍河，東納昌水河南流入海，五龍河以東出寧海州之乳山河、出文登縣之母珠河、郭家河皆南流入海。白狼、白狼河出安邱縣北流，經濰縣西納小于河、大于河，出昌樂縣合大小丹河之堯河，北流入海。瀰、瀰河出臨朐縣北流，經益都縣西納南洋河東北流，經壽光縣入海。濰、濰河出臨朐縣東流，經諸城縣北流，西納出臨朐縣經、安邱縣之汶河北流，經昌邑縣入海。大小清、大清河亦曰鹽河，自東阿縣八里廟滚壩受運河之溢流東流，至東平州南納戴村壩汶河之溢流轉北流，經平陰縣東北流，經長清縣、齊河縣東流，經歷城縣南納濼河東北流，經濟陽縣、齊東縣、青城縣、濱州、蒲臺縣、利津縣入海。小清河出章邱縣爲獭河，東流至鄒平縣匯爲滸山泊，東北流經長山縣名小清河，經新城縣南納出淄川縣經長山縣之孝婦河東流，經高苑縣、博興縣南納麻大泊、會城泊水東流，經樂安縣合淄河入海，淄河出博山縣東北流，經臨淄縣、樂安縣，東合出臨淄縣經壽光縣之女織河，出益都縣經壽光縣之北洋河匯爲清水泊，合小清河入海。東西泇、東泇河出費縣東南流，經蘭山縣東納芙蓉湖水南流，入江蘇境。西泇河出費縣東南流，入江蘇境與東泇河合入運河。沂、沂河出臨朐縣沂山東南流，經沂水縣轉西南流，北納出蒙陰縣之東汶河南流，經蘭山縣西納出費縣之祊河及武河之分流南流，經郯城縣入江蘇境，武河出費縣東流經蘭山縣分一支入沂河，一支南流經郯城縣入江蘇境合於泇河。沭。沭河出沂水縣東南流，經莒州轉西南流，經蘭山縣南流，經郯城縣入江蘇境。河瀆介其南。河自河南入境東流，經曹縣、單縣南與河南分界東流，入江南境。其澤，微山、微山湖北連昭陽湖，又北連南陽湖，東隔運河，連蜀山湖，魚臺縣、鄒縣、滕縣、嶧縣及江蘇之邳州、豐縣環之。南旺、南旺湖東隔運河與汶河口北岸之馬踏湖、南岸之獨山湖三湖相連，迤南爲馬場湖，嘉祥縣、汶上縣、濟寧州環之。鉅定、鉅定泊亦曰清水泊，在樂安縣與東光縣接壤。百脈。百脈湖在平度州。山西布政司一，治在太原府。所屬府九，太原府治在陽曲縣，平陽府治在臨汾縣，蒲州府治在永濟縣，潞安府治在長治縣，汾州府治在汾陽縣，澤州府治在鳳臺縣，大同府治在大同縣，寧武府治在寧武縣，朔平府治在右玉縣。直隸州十，平定州、忻州、代州、保德州、解州、絳州、隰州、沁州、遼州、霍州。廳七，歸綏道領歸化城廳、和林格爾廳、托克托城廳、清水河廳、薩拉齊廳，大同府領豐鎮廳，朔平府領寧遠廳。州六，太原府領岢嵐州，平陽府領吉州，汾州府領永寧州，大同府領渾源州、應州，朔平府領朔州。縣八十有五。太原府領陽曲縣、太原縣、榆次縣、太谷縣、祁縣、徐溝縣、交城縣、文水縣、嵐縣、興縣，平陽府領臨汾縣、洪洞縣、浮山縣、岳陽縣、曲沃縣、翼城縣、太平縣襄、陵縣、汾西縣、鄉寧縣，蒲州府領永濟縣、臨晉縣、虞鄉縣、榮河縣、萬泉縣、猗氏縣，潞安府領長治縣、長子縣、屯留縣、襄垣縣、潞城縣、壺關縣、黎城縣，汾州府領汾陽縣、孝義縣、平遥縣、介休縣、石樓縣、臨縣、寧鄉縣，澤州府領鳳臺縣、高平縣、陽城縣、陵川縣、沁水縣，大同府領大同縣、懷仁縣、山陰縣、陽高縣、天鎮縣、廣靈縣、靈邱縣，寧武府領寧武縣、偏關縣、神池縣、五寨縣，朔平府領右玉縣、左雲縣、平魯縣，平定州領盂縣、壽陽縣，忻州領定襄縣、静樂縣，代州領五臺縣、崞縣、繁峙縣，保德州領河曲縣，霍州領趙城縣、靈石縣，解州領安邑縣、夏縣、平陸縣、芮城縣，絳州領垣曲縣、聞喜縣、絳縣、稷山縣、河津縣，隰州領大寧縣、蒲縣、永和縣，沁州領沁源縣、武鄉縣，遼州領和順縣、榆社縣。其豐鎮廳、寧遠廳境之察哈爾右翼四旗，歸化城境之土默特二旗及歸化城北境外之喀爾喀右翼一旗、四子部落一旗、茂明安一旗、西境外之烏喇特三旗，則隸於理藩院。其山，太行、太行山在省之東，東界直隸，南界河南，澤、潞、遼、沁屬諸州縣，皆踞其上。中條、中條山亦曰雷首山，又曰歷山，在永濟縣與虞鄉縣接壤。岢嵐、岢嵐南山即管涔山，北山即蘆芽山，在岢嵐州與静樂縣、寧武縣、五寨縣接壤。清凉、清凉山亦曰五臺山，在五臺縣。大青。大青山即陰山，在歸化城北。北嶽恒山、恒山在渾源州。中鎮霍山，霍山在霍州。在焉。其川，汾、汾河出寧武縣南流，經静樂縣、交城縣，西納出嵐縣之嵐河東南流，經陽曲縣南流，經太原縣西納晋渠水，東納泥小河南流，經徐溝縣西南流，復經交城縣，東納出祁縣之沙河西南流，經文水縣西納出永寧州之文峪河西南流，經平遥縣、汾陽縣南流，經孝義縣西納義河、孝河南流，經介休縣東納出平遥縣之中都河南流，經靈石縣西納出隰州之新水峪河，東納出沁源縣之仁義河南流，經霍州趙城縣、洪洞縣，東納出岳陽縣之澗河南流，經臨汾縣東納出浮山縣之黑水河南流，經襄陵縣、太平縣、曲沃縣西南流，經絳州東納出翼城縣之澮河西流，經稷山縣、河津縣入河汾，河以北出鄉寧縣之羅峪河、出吉州之清水河、出隰州合出蒲縣蒲川河經大寧縣之昕川河、出永和縣之仙芝河、出石樓縣之沙河、出永寧州之南北東三川河、出興縣經臨縣之湫河、出嵐縣經興縣之蔚汾河、出岢嵐州經興縣之嵐漪河、出朔州經河曲縣之大澗河，皆西流入河。沁、沁河出沁源縣南流，經岳陽縣、沁水縣西納梅河南流，經陽城縣西納濩澤河，入河南境。漳、清漳河二源，一出平定州樂平鄉南流，經和順縣東納萬泉河西南流，經遼州，一出和順縣東南流，至遼州合而南流，經黎城縣東南流入河南境，濁漳河三源，一出長子縣東北流，經長治縣、屯留縣、襄垣縣，一出沁州東南流，至襄垣縣與南源合，一出榆社縣南流，經武鄉縣西納甲水河，東納儀川河東南流，至襄垣縣三源合流名濁漳河，東流經黎城縣入河南境。涑、涑河出絳縣西南流，經聞喜縣、夏縣、安邑縣、臨晉縣、虞鄉縣，東納出夏縣經安邑縣、解州之姚暹渠瀦爲五姓湖，西南流經永濟縣入河，涑河以東出虞鄉縣之嫣汭水，出垣曲縣之亳清河、沇河，皆南流入河。滹沱、滹沱河出五臺縣西流，經繁峙縣西南流，經代州崞縣轉東南流，經忻州、定襄縣西納出陽曲縣之牧馬河東流，經盂縣南納秀水河，北納出五臺縣之清水河東流，入直隸境。桑乾、桑乾河出朔州之馬邑鄉，東南流，經朔州南納出寧武縣之恢河東北流，經山陰縣南納出朔州之黄水河東北流，經應州東納渾河東北流，經大同縣西納出右玉縣經左雲縣合出豐鎮廳御河之十里河東流，經陽高縣、天鎮縣入直隸境。兔毛、兔毛河亦曰紅水河，蒙古名烏蘭木倫，出平魯縣北流，經右玉縣出邊牆，經和林格爾廳折而西流，經清水河廳入河。黑水。黑水河蒙古名圖爾根河，出寧遠廳西流，經歸化城廳南納出托克托城廳之黄水河西流，經薩拉齊廳入河。河瀆介其西南。黄河自鄂爾多斯旗之北、烏喇特旗之南東流入境，經薩拉齊廳折而南流，經清水河廳逾邊牆南流，西與陝西爲界，經偏關縣、河曲縣、保德州、興縣、臨縣、永寧州、寧鄉縣、石樓縣、永和縣、大寧縣、吉州、鄉寧縣、河津縣、榮河縣、臨晉縣、永濟縣折而東流，南與河南爲界，經虞鄉縣、芮域縣、解州、平陸縣、垣曲縣入河南境。其澤，五姓、五姓湖在永濟縣與臨晉縣、虞鄉縣接壤之間。奇爾、奇爾泊在豐鎮廳。岱哈。岱哈泊在寧遠廳。河南布政司一，治在開封府。所屬府九，開封府治在祥符縣，陳州府治在淮寧縣，歸德府治在商邱縣，彰德府治在安陽縣，衛輝府治在汲縣，懷慶府治在河内縣，河南府治在洛陽縣，南陽府治在南陽縣，汝寧府治在汝陽縣。直隸州四，許州、陜州、光州、汝州。廳一，開封府領儀封廳。州六，開封府領鄭州、禹州，歸德府領睢州，南陽府領鄧州、裕州，汝寧府領信陽州。縣九十有七。開封府領祥符縣、陳留縣、杞縣、通許縣、尉氏縣、洧川縣、鄢陵縣、中牟縣、蘭陽縣、滎陽縣、滎澤縣、汜水縣、密縣、新鄭縣，陳州府領淮寧縣、商水縣、西華縣、項城縣、沈邱縣、太康縣、扶溝縣，歸德府領商邱縣、寧陵縣、鹿邑縣、夏邑縣、永城縣、虞城縣、柘城縣，彰德府領安陽縣、湯陰縣、臨漳縣、林縣、内黄縣、武安縣、陟縣，衛輝府領汲縣、新鄉縣、獲嘉縣、淇縣、輝縣、延津縣、濬縣、滑縣、封邱縣、考城縣，懷慶府領河内縣、濟源縣、原武縣、修武縣、武陟縣、孟縣、温縣、陽武縣，河南府領洛陽縣、偃師縣、鞏縣、孟津縣、宜陽縣、登封縣、永寧縣、新安縣、澠池縣、嵩縣，南陽府領南陽縣、南召縣、鎮平縣、唐縣、泌陽縣、桐柏縣、内鄉縣、新野縣、淅川縣、舞陽縣、葉縣，汝寧府領汝陽縣、正陽縣、上蔡縣、新蔡縣、西平縣、遂平縣、確山縣、羅山縣，許州領臨潁縣、襄城縣、郾城縣、長葛縣，陜州領靈寶縣、閿鄉縣、盧氏縣，光州領光山縣、固始縣、息縣、商城縣，汝州領魯山縣、郟縣、寶豐縣、伊陽縣。其山，林慮、林慮山在林縣。大伾、大伾山在濬縣。蘇門、蘇門山在輝縣。王屋、王屋山在濟源縣。陸渾、陸渾山在嵩縣。北邙、北邙山在洛陽縣。伊闕、伊闕山在洛陽縣。胎簪。胎簪山在桐柏縣,中嶽嵩山在焉。嵩山在登封縣。其川,潁、潁河出登封縣東南流,經禹州分爲二,一經許州之東,一經許州之西,曰石梁河,至臨潁縣復合爲一,東南流,西合出登封縣經禹州之渚河,遂名渚河,東流折而南流,至商水縣復合於沙河,沙河出嵩縣名汝河,東北流,經伊陽縣、汝州轉東南流,經郟縣、襄城縣,西與出魯山縣經葉縣之沙河合,遂名沙河,東南流,經郾城縣西納出舞陽縣之澧河東流,至商水縣合渚河復東流,北納賈魯河,賈魯河出滎陽縣曰索河、曰京河,合而東流,經滎澤縣、鄭州名小賈魯河復東流,經中牟縣遂名賈魯河,南流經尉氏縣,至扶溝縣西納出密縣經新鄭縣、長葛縣、洧川縣之雙洎河復南流,經西華縣至商水縣亦合於沙河,沙河東南流分爲二,一東流入安徽境,一入於渦河,渦河出商水縣分爲二,一東流與沙河分支合,一東南流經項城縣,曰分河,至沈邱縣二支復合東南流,入安徽境,與沙河復合,仍曰潁河。汝、汝河與入沙河之汝不同源,出泌陽縣東流,經遂平縣轉東南流,經汝陽縣西納出確山縣之小沙河,出沁陽縣經確山縣之吴寨河東流,經新蔡縣北納出舞陽縣經西平縣、上蔡縣之洪河東流,入安徽境,合於淮。洛、洛河自陝西入境東流,經盧氏縣轉東北流,經永寧縣、宜陽縣至洛陽縣,北納出澠池縣合穀水經新安縣之澗河東流,北納纏河,南納出嵩縣經伊陽縣之伊河東流,經偃師縣、鞏縣入於河。衛、衛河其上流曰丹河,自山西入境,東南流,經河内縣分爲二,一曰大丹河,南流入於沁,一曰小丹河,東流經修武縣轉東北流,經獲嘉縣北合出輝縣之百泉河,始名衛河,東流經汲縣,北納出林縣經洪縣之淇河,轉東北流,經滑縣濬縣西納出湯陰縣之湯河,出林縣經安陽縣之洹河東北流,經内黄縣入直隸境,沁河自山西入境,經濟源縣分爲二,一東流經河内縣合大丹河,經武陟縣南流入河,一曰廣濟河,自濟源縣東南流,經河内縣、温縣、武陟縣疏爲數十渠,合溴河、豬龍河以資灌溉,餘流入於河,溴河出濟源縣,東南流,與濟水合經孟縣分爲二,一南流入河,一爲餘濟渠,東流,合温縣自廣濟渠分流之豬龍河,東南流入於河。漳、漳河有二,曰清漳,曰濁漳,皆自山西入境,經涉縣合爲一,東流經臨漳縣入直隸境。丹、丹河與入衛河之丹不同源,自陝西入境東流,經淅川縣北納淅河南流,入湖北境。白、白河亦曰淯河,出南召縣南流,分爲二,一東南流曰栗河,合於唐河,一南流經新野縣,西納出鎮平縣之潦河、出内鄉縣之湍河,復南流西納出鄧州之刁河,入湖北境,唐河凡三源,出泌陽縣爲泌河、出裕州爲趙河、出桐柏縣爲盧家河,至唐縣合爲唐河西南流,與栗河合南流,入湖北境與白河合入漢。濟瀆、濟水出濟源縣西天壇山太乙池,伏流復出爲雨池,曰濟池,東南流爲濟水,合龍潭之水爲千倉渠,經河内縣引一支東流爲順利渠,合於廣濟渠入河,其一東南流合於溴河入河。淮瀆,淮水出桐柏縣西胎簪山東流,經信陽州、羅山縣、息縣、光州、固始縣入安徽境,出信陽州之獅河、出羅山縣之小黄河、竹竿河、出光山縣之小潢河、春河、出商城縣之曲河、出固始縣之石槽河、史河,皆北流入焉。出焉。淮瀆經其南。河瀆經其北。黄河自陜西入境,東流,經閿鄉縣、靈寳縣、陜州、澠池縣之北,北與山西分界,迤東經新安縣、洛陽縣、孟津縣、偃師縣、鞏縣、汜水縣、滎澤縣、祥符縣、陳留縣、蘭陽縣、睢州之北,濟源縣、孟縣、温縣、武陟縣、原武縣、陽武縣、延津縣、封邱縣、考城縣之南,又東經商邱縣、虞城縣之北,北與山東分界,又東入江蘇境。山東省之南,爲兩江,其省三,曰江南之江蘇,曰江南之安徽,曰江西。江蘇布政司二,江寧布政司治在江寧府,蘇州布政司治在蘇州府。所屬府八,江寧府治在上元縣、江寧縣,蘇州府治在吴縣、長洲縣、元和縣,松江府治在華亭縣、婁縣,常州府治在武進縣、陽湖縣,鎮江府治在丹徒縣,淮安府治在山陽縣,揚州府治在江都縣、甘泉縣,徐州府治在銅山縣。直隸廳一,海門廳。直隸州三,太倉州、海州、通州。廳二,蘇州府領太湖廳,松江府領川沙廳。州三,揚州府領高郵州、泰州,徐州府領邳州。縣六十有二。江寧府領上元縣、江寧縣、句容縣、溧水縣、江浦縣、六合縣、高淳縣,蘇州府領吴縣、長洲縣、元和縣、崑山縣、新陽縣、常熟縣、昭文縣、吴江縣、震澤縣,松江府領華亭縣、婁縣、奉賢縣、金山縣、上海縣、南匯縣、青浦縣,常州府領武進縣、陽湖縣、無錫縣、金匱縣、江陰縣、宜興縣、荆溪縣、靖江縣,鎮江府領丹徒縣、丹陽縣、金壇縣、溧陽縣,淮安府領山陽縣、阜寧縣、鹽城縣、清河縣、安東縣、桃源縣,揚州府領江都縣、甘泉縣、儀徵縣、興化縣、寳應縣、東臺縣,徐州府領銅山縣、蕭縣、碭山縣、豐縣、沛縣、宿遷縣、睢寧縣,太倉州領鎮洋縣、崇明縣、嘉定縣、寳山縣,海州領贛榆縣、沭陽縣,通州領如臯縣、泰興縣。其山,鍾、鍾山在上元縣。茅、茅山在句容縣。陽、陽山在長洲縣。狼。狼山在通州。其川,秦淮、秦淮河凡二源,一出句容縣南流,一出溧水縣北流,合而西流,經上元縣、江寧縣入江。荆溪、荆溪自高淳縣東壩遏絶固城湖東流之水,壩下東流者爲胥河,經溧陽縣北合金壇縣之崑崙河,受句容縣、溧水縣及安徽廣德州諸水瀦爲長蕩湖東流,爲荆溪,北納滆湖經宜興縣、荆溪縣入太湖。吴淞、吴淞江亦曰松陵江,自太湖長橋口流出,經吴江縣貫運河,東北流爲龎山湖,合尹山湖經長洲縣東流,經崑山縣分爲夏駕河、新陽江等數道,北入婁江,正流轉東南,經青浦縣納大盈顧會等浦東流,經寳山縣、上海縣合黄浦入海,婁江亦曰劉河,自太湖鮎魚口流出,經吴江縣北流貫運河,經長洲縣東北流爲陽城湖,合巴城湖,經崑山縣,南納夏駕河、新陽江等水東流,經太倉州、嘉定縣入海,黄浦自吴江縣吴淞江分派爲姚城江、白蜆江,東南流經青浦縣爲澱山湖,南流經金山縣爲泖湖,西納浙江嘉善縣諸水,南納浙江平湖縣諸水,轉東北流,經婁縣、華亭縣、奉賢縣、南匯縣、上海縣合於吴淞江入海。石梁、石梁河出天長縣東流入邵伯湖。滁、滁河亦曰後河,出安徽合肥縣,經含山縣、全椒縣入境,東北流經江浦縣、六合縣入江。沭、沭河自山東入境南流,經沭陽縣分爲二,曰前沭河、後沭河,東流經海州,復合爲漣河入海。鹽、淮北鹽河自桃源縣運河北岸仰化集劉老澗東流,合駱馬湖之下流是爲六塘湖,亦曰鹽河,東流分爲二,曰南六塘河、北六塘河,俱東南流,西納自清河縣中河鉗口壩分出之新鹽河及王營減壩分出之舊鹽河東流，入版浦河穿各場入海，淮南鹽河自山陽縣永利閘分運河之水爲鹽河，亦曰烏沙河，東南流入大蹤湖，大蹤湖受山陽縣、寶應縣、高郵州運河各涵洞分洩之水，東分支流，達阜寧縣、鹽城縣、興化縣各場，皆曰鹽河，分數道入海，其經興化縣者東南流，經泰州復與甘泉縣灣頭閘分出之鹽河合，東流分爲二，一南流經泰興縣入江，一東流經如皋縣，亦名串場河，分數支達各場，俱合於通州入江。運。黄河以北之運河自山東八閘河入境，東南流，經邳州東引自山東入境之泇河，西引微山湖流出之荆山橋河，東南流，北引彭家河，南引自山東入境沂河分出之徐塘口河，東南流，經宿遷縣東引沂河所匯之駱馬湖水，西引竹絡壩黄河水東流，是爲中河，經桃源縣至楊莊閘入河，截河至清口，沂淮至惠濟閘入運口，南流經清河縣、山陽縣、寶應縣、高郵州，西納白馬、寶應、高郵、邵伯等湖水，東分洩入下河，北流經甘泉縣、江都縣分爲二，一爲瓜洲運河，一爲儀徵運河，皆入江，由瓜洲運河出口，截江而南是爲徒陽運河，引江水自丹徒縣入口南流，經丹陽縣西納金壇縣之珥瀆河東分流於九曲河，洩於江，運河轉東南流，南納白鶴溪河，北分流於孟瀆河，洩於江，又東南流經武進縣南納通宜興縣、溧陽縣之西蠡河，東分流於山塘河，達江陰縣又東南流，經無錫縣北納受江陰縣申港所引江水之五瀉河東南流，經元和縣北納通常熟縣之治長涇東流，合於婁江，經吴縣復與婁江分，南流經長洲縣貫吴淞江而南經吴江縣，泝流經震澤縣至平望驛，與浙江入境之南塘河、西塘河接。淮瀆於是合於河。淮河自安徽入境匯爲洪澤湖，由清河縣東流出清口入河。河瀆、河自河南、山東入境東流，經豐縣、碭山縣、沛縣、蕭縣、睢寧縣、邳州、宿遷縣、桃源縣、清河縣與淮河合，復東流經山陽縣、阜寧縣、安東縣入海。江瀆於是入海焉。江自安徽入境，東北流，北岸經江浦縣、六合縣、儀徵縣、江都縣，南岸經江寧縣、上元縣、丹徒縣，轉東南流，北岸經泰興縣、靖江縣、通州，南岸經丹陽縣、江陰縣、常熟縣、夾海門廳入海。其澤，太湖、太湖亦曰五湖，又曰具區，震澤縣、吴江縣、吴縣、無錫縣、宜興縣及浙江之歸安縣、烏程縣環之，湖中有太湖廳。洪澤、洪澤湖，睢寧縣、桃源縣、清河縣、山陽縣與安徽之盱眙縣、泗州環之。白馬、白馬湖受高堰減水，南連青蕩湖、寶應湖，又南連汜光湖、高郵湖，又南連邵伯湖，在山陽縣、寶應縣、高郵州、甘泉縣、天長縣之間。大蹤、大蹤湖北連九里蕩、馬家蕩，南連蜈蚣湖、護金蕩，在山陽縣、阜寧縣、鹽城縣、興化縣、寶應縣之間。碩項、碩項湖北連青伊湖，在海州、沭陽縣之間。駱馬。駱馬湖在宿遷縣東北。安徽布政司一，治在安慶府。所屬府八，安慶府治在懷寧縣，徽州府治在歙縣，寧國府治在宣城縣，池州府治在貴池縣，太平府治在當塗縣，廬州府治在合肥縣，鳳陽府治在鳳陽縣，潁州府治在阜陽縣。直隸州五，廣德州、滁州、和州、六安州、泗州。州四，廬州府領無爲州，鳳陽府領壽州、宿州，潁州府領亳州。縣五十。安慶府領懷寧縣、桐城縣、潛山縣、太湖縣、宿松縣、望江縣，徽州府領歙縣、休寧縣、婺源縣、祁門縣、黟縣、績溪縣，寧國府領宣城縣、寧國縣、涇縣、太平縣、旌德縣、南陵縣，池州府領貴池縣、青陽縣、銅陵縣、石埭縣、建德縣、東流縣，太平府領當塗縣、蕪湖縣、繁昌縣，廬州府領合肥縣、廬江縣、舒城縣、巢縣，鳳陽府領鳳陽縣、懷遠縣、定遠縣、鳳臺縣、靈璧縣，潁州府領阜陽縣、潁上縣、霍邱縣、太和縣、蒙城縣，廣德州領建平縣，滁州領全椒縣、來安縣，和州領含山縣，六安州領英山縣、霍山縣，泗州領盱眙縣、天長縣、五河縣。其山，潛、潛山亦曰皖山，又曰天柱山，其北山曰霍山，又曰霍嶽，在潛山縣、霍山縣接壤。黄、黄山亦曰黟山，跨歙縣、太平縣境。九華、九華山在青陽縣。陵陽。陵陽山在宣城縣。其川，石牌、石牌河亦曰長河，上流爲潛水，亦曰皖水，出潛山縣東南流，經懷寧縣西納出太湖縣之後部河，由皖口入江，石牌河以東爲樅陽河，出桐城縣東南流，東納孔城河，西納練潭河，東南流，西納出潛山縣之沙河入江，又東爲泥汊河，自廬江縣白湖、黄陂湖流出，東南流經無爲州入江，又東爲黄落河，即濡須水，自巢湖東南流出，經巢縣、含山縣分爲二，一爲裕溪河，南流經無爲州入江，一爲牛屯河，東南流經和州入江，石牌河以西爲楊溪河，出湖北黄梅縣爲三溪河，入境東流，經宿松縣北合二郎河，瀦爲泊湖，南流經望江縣入江。水陽、水陽河亦曰長河，自江蘇高淳縣銀林堰下西流爲固城湖，南接南埼湖，其水出廣德州者爲東溪、西溪，合爲綏溪，西南流經建平縣出寧國者爲東河、西河，合爲大河，南流經宣城縣，皆匯於南埼湖，與固城湖合，又南爲石臼湖、丹陽湖，東北受江蘇高淳縣、溧水縣、江寧縣之水西流，爲黄池河，北合青弋江，青弋江出石埭縣爲陽溪，東北流，東納出太平縣之小溪東北流，經涇縣北納出旌德縣之梅溪爲青弋江，北流經宣城縣合於黄池河，復瀦爲五丈湖、路西湖，西流爲水陽河，經蕪湖縣入江，水陽河以北爲姑熟溪，自丹陽湖分出西流，經當塗縣入江，水陽河以南爲魯港，自五丈湖分出西流，經蕪湖縣入江，又南爲荻港，出銅陵縣西北流，經繁昌縣入江，又南爲五溪河、白沙河，皆出青陽縣西流入江，又南爲通濟河、雲溪河、張溪河，皆出貴池縣西流入江，又南爲前河，出建平縣西北流，經東流縣入江。潁、潁河自河南入境東流，經阜陽縣北與自河南入境經大和縣之沙河合，東南流經潁上縣入淮。肥、肥河出合肥縣，同源異流，南流者入巢湖，北流者經定遠縣、壽州入淮，又淮以北有西肥河，出河南鹿邑縣東南流，入境爲茨河，經亳州分爲二，一支東流爲十字河，合於渦河，一支東南流爲西肥河，經阜陽縣、潁上縣至壽州入淮，渦河出河南柘城縣東南流，經亳州西納十字河東流，北納自澮河分出之雉河東南流，經蒙城縣至懷遠縣入淮，澮河出河南永城縣，東南流分一支爲雉河入於渦河，一支入境經宿州，東南流經靈璧縣，西納蟹河東南流，至五河縣入淮，又東肥河、夾渦河、澮河之間。出宿州東南流經懷遠縣入淮。池、池河出定遠縣東流，經盱眙縣入淮。淠。淠河出霍山縣北流，經六安州、霍邱縣至壽州入淮。淮瀆經其北。淮自河南入境，經阜陽縣、潁上縣、霍邱縣、壽州、懷遠縣、鳳陽縣、五河縣、泗州、盱眙縣匯爲洪澤湖。江瀆經其南。江自江西入境，東北流，西岸經宿松縣、望江縣、懷寧縣、桐城縣、廬江縣、無爲州、和州，東岸經東流縣、貴池縣、青陽縣、銅陵縣、繁昌縣、蕪湖縣、當塗縣入江蘇境。其澤，丹陽、丹陽湖與石臼湖、固城湖、南埼湖相連，建平縣、宣城縣、當塗縣及江蘇之溧水縣、高淳縣環之。巢、巢湖在巢縣、合肥縣、舒城縣、廬江縣之間。漳。漳湖與武昌湖、青草湖、白土湖相連，在望江縣東北。江西布政司一，治在南昌府。所屬府十有三，南昌府治在南昌縣、新建縣，饒州府治在鄱陽縣，廣信府治在上饒縣，南康府治在星子縣，九江府治在德化縣，建昌府治在南城縣，撫州府治在臨川縣，臨江府治在清江縣，瑞州府治在高安縣，袁州府治在宜春縣，吉安府治在廬陵縣，贛州府治在贛縣，南安府治在大庾縣。直隸州一，寧都州。廳二，吉安府領蓮花廳，贛州府領定南廳。州一，南昌府領義寧州。縣七十有五。南昌府領南昌縣、新建縣、豐城縣、進賢縣、奉新縣、靖安縣、武寧縣，饒州府領鄱陽縣、餘干縣、樂平縣、浮梁縣、德興縣、安仁縣、萬年縣，廣信府領上饒縣、玉山縣、弋陽縣、貴溪縣、鉛山縣、廣豐縣、興安縣，南康府領星子縣、都昌縣、建昌縣、安義縣，九江府領德化縣、德安縣、瑞昌縣、湖口縣、彭澤縣，建昌府領南城縣、新城縣、南豐縣、廣昌縣、瀘溪縣，撫州府領臨川縣、金谿縣、崇仁縣、宜黄縣、樂安縣、東鄉縣，臨江府領清江縣、新淦縣、新喻縣、峽江縣，瑞州府領高安縣、新昌縣、上高縣，袁州府領宜春縣、分宜縣、萍鄉縣、萬載縣，吉安府領廬陵縣、泰和縣、吉水縣、永豐縣、安福縣、龍泉縣、萬安縣、永新縣、永寧縣，贛州府領贛縣、雩都縣、信豐縣、興國縣、會昌縣、安遠縣、長寧縣、龍南縣，南安府領大庾縣、南康縣、上猶縣、崇義縣，寧都州領瑞金縣、石城縣。其山，匡廬、匡廬山在星子縣、德化縣境。大庾、大庾山在大庾縣。麻姑、麻姑山在南城縣。龍虎、龍虎山在貴溪縣。金精、金精山在寧都州。玉笥。玉笥山在峽江縣。其川，豫章、豫章江亦曰章江，其上流爲贛江，又上爲章水、貢水，章水出大庾縣東流，經南康縣折而北流，西納出湖南桂陽縣入境經崇義縣、上猶縣之上猶江，至贛縣與貢水合，貢水出瑞金縣西南流，經會昌縣南納出長寧縣之朗溪，折而西北流，西納出安遠縣之梅林江北流，經雩都縣北納出寧都州、合石城縣灞水、琴水之寧都水西流，北納出興國縣之瀲江，南納出龍南縣經定南廳、信豐縣之桃江，西與章水合，是爲贛江，北流經萬安縣，西納出龍泉縣之遂江北流，經泰和縣西納牛孔江北流，經廬陵縣，西納出蓮花廳經安福縣合永新縣溶江之王江北流，經吉水縣東納出樂安縣經永豐縣之恩江北流，經峽江縣、新淦縣至清江縣分爲二，東支北流，西支西流，折而北流，西納出宜春縣經分宜縣、新喻縣之袁江，復折而東流與東支合，東北流經豐城縣爲劍江，分一支東流納豐水、富水、雩韶水，合於撫河，其正流西北流，西納出萬載縣經上高縣合新昌縣藤江，經高安縣之錦江，是爲豫章江，東北流至南昌縣與撫河合，撫河上流爲汝水，又上爲盱江，出廣昌縣東北流，經南豐縣北流，經南城縣東納出新城縣之黎灘水西北流，爲汝水，東納出金谿縣之苦竹水西北流，經臨川縣西與臨水合，臨水出樂安縣東北流，經崇仁縣南納出南豐縣經宜黄縣之東港，至臨川縣合於汝水，是爲撫河，西北流，東納出東鄉縣之三港水，分一支北流爲武陽水，經進賢縣入鄱陽湖，其正流西北流，至南昌縣與豫章江合，北流入鄱陽湖。弋陽、弋陽江源出浙江，常山縣爲上干溪，江山縣爲下干溪，俱西流入境，經玉山縣合流，北納玉溪西流，經上饒縣北納靈山水，南納出福建浦城縣入境經廣豐縣之永豐溪西南流，經鉛山縣南納雙溪西流，北納出興安縣之黄溪西流，經弋陽縣始名弋陽江，西流經貴溪縣，南納出福建光澤縣入境之須溪西流，經安仁縣又名錦江，亦曰安仁江，南合白塔河，白塔河出福建光澤縣，西流入境爲瀘溪，經瀘溪縣北流經貴溪縣爲白塔河，北流合於安仁江，西北流經餘干縣入鄱陽湖。鄱、鄱江上流合昌江、樂安江之水，昌江出安徽祁門縣爲南河，西流，北納歷河入境西流，北納小北港，經浮梁縣爲昌江，西流至鄱陽縣與樂安江合，樂安江出安徽休寧縣，經婺源縣爲婺河，西南流入境，經德興縣南納泊水西流，經樂平縣爲樂安江，西流至鄱陽縣與昌江合，是爲鄱江，南納出萬年縣之竹屯河，西流分爲二，一西流入鄱陽湖，一北流會童子港、石門港入鄱陽湖。廬、廬河出德安縣，合黄姳河東流入鄱陽湖。修、修河出義寧州，北流折而東流，經武寧縣東南流，經建昌縣南納出靖安縣之雙溪，東流入鄱陽湖。馮。馮水出奉新縣，東流經安義縣入鄱陽湖。江瀆介其北。江自湖北入境，東流，經瑞昌縣、德化縣、湖口縣、彭澤縣入安徽界。其澤，鄱陽。鄱陽湖亦曰彭蠡，與宫亭湖合，南昌縣、建昌縣、德安縣、星子縣、德化縣、餘干縣、鄱陽縣、都昌縣、湖口縣環之。兩江之南，爲閩浙，其省二，曰福建，曰浙江。福建布政司一，治在福州府。所屬府十，福州府治在閩縣、侯官縣，泉州府治在晉江縣，建寧府治在建安縣、甌寧縣，延平府治在南平縣，汀州府治在長汀縣，興化府治在莆田縣，邵武府治在邵武縣，漳州府治在龍溪縣，福寧府治在霞浦縣，臺灣府治在臺灣縣。直隸州二，永春州、龍巖州，廳四，泉州府領馬港廳，漳州府領雲霄廳，臺灣府領淡水廳、澎湖廳。縣六十有二。福州府領閩縣、侯官縣、古田縣、屏南縣、閩清縣、長樂縣、連江縣、羅源縣、永福縣、福清縣，泉州府領晉江縣、南安縣、惠安縣、安溪縣、同安縣，建寧府領建安縣、甌寧縣、建陽縣、崇安縣、浦城縣、政和縣、松溪縣，延平府領南平縣、將樂縣、沙縣、尤溪縣、順昌縣、永安縣，汀州府領長汀縣、寧化縣、上杭縣、武平縣、清流縣、連城縣、歸化縣、永定縣，興化府領莆田縣、仙游縣，邵武府領邵武縣、光澤縣、泰寧縣、建寧縣，漳州府領龍溪縣、漳浦縣、南靖縣、長泰縣、平和縣、詔安縣、海澄縣，福寧府領霞浦縣、福鼎縣、福安縣、寧德縣、壽寧縣，臺灣府領臺灣縣、鳳山縣、嘉義縣、彰化縣，永春州領德化縣、大田縣，龍巖州領漳平縣、寧洋縣。其山，鼓、鼓山在閩縣。洪、洪山在霞浦縣。武夷、武夷山在崇安縣。壺口、壺口山在莆田縣。清源、清源山在晉江縣。天寶、天寶山在龍溪縣。浮蓋、浮蓋山在浦城縣。傀儡、傀儡山在鳳山縣。雞籠。雞籠山在彰化縣。其川，閩、閩江源出浙江江山縣，南流入境，經浦城縣爲浦溪，南流經建陽縣，西納出崇安縣之交溪南流，經甌寧縣與松溪合，松溪出浙江慶元縣，西流入境，經松溪縣南流，經政和縣東納七星溪西南流，經建安縣與浦溪合，是爲東溪，南流經南平縣與西溪合，西溪源出江西石城縣，入境東流，經寧化縣、清流縣折而南流，西納出連城縣之文溪東流，經永安縣南納出寧洋縣之西小溪東北流,北納出歸化縣之沙洋溪,經沙縣爲沙溪,東北流,與順陽溪合,順陽溪源出寧化縣,爲寧溪,北流經建寧縣,西納均溪東北流,北納出泰寧縣之龍河折而東南流,經將樂縣爲金溪,東流經順昌縣北納出光澤縣,經邵武縣之紫雲溪,是爲順陽溪,東流與沙溪合爲西溪,至南平縣與東溪合,是爲劍溪,東南流,西納出大田縣經尤溪縣之尤溪,東納出古田縣之瀨溪東南流,經閩清縣始爲閩江,西納出永福縣之梅溪東南流,經侯官縣西納出德化縣經永福縣之雙溪東流,經閩縣、長樂縣入海,閩江以北出連江縣之連江、出羅源縣之九龍溪、出古田縣經寧德縣之龍溪、出政和縣經寧德縣之外渺溪、出浙江泰順縣入境經福安縣之環溪、出霞浦縣之白水江,閩江以南出永春州經仙游縣、莆田縣之瀨溪,皆東流入海。晉、晉江二源,一出永春州南流爲東溪,一出安溪縣東流爲西溪,合爲晉江,東南流經晉江縣入海。柳營、柳營江上流爲九龍江,出寧洋縣南流,經漳平縣西納出龍巖州之雁石溪東南流,經長泰縣爲柳營江,東納龍津溪南流,經龍溪縣西納出南靖縣之南溪南流,又爲港口江,夾海澄縣入海,港口江以東出同安縣之西溪,港口江以西出漳浦縣之南溪、出雲霄廳之大陂溪、出平和縣經詔安縣之大溪,皆南流入海。龍陂、龍陂溪出長汀縣南流,經上杭縣東南流,東納出龍巖州經永定縣之大洲溪,入廣東境。南安。南安溪亦曰化龍溪,出武平縣南流,入廣東境。浙江布政司一,治在杭州府。所屬府十有一,杭州府治在錢塘縣、仁和縣,嘉興府治在嘉興縣、秀水縣,湖州府治在烏程縣、歸安縣,寧波府治在鄞縣,紹興府治在山陰縣、會稽縣,台州府治在臨海縣,金華府治在金華縣,衢州府治在西安縣,嚴州府治在建德縣,温州府治在永嘉縣,處州府治在麗水縣。廳一,温州府領玉環廳。州一,杭州府領海寧州。縣七十有六。杭州府領錢塘縣、仁和縣、富陽縣、餘杭縣、臨安縣、於潛縣、新城縣、昌化縣,嘉興府領嘉興縣、秀水縣、嘉善縣、海鹽縣、平湖縣、石門縣、桐鄉縣,湖州府領烏程縣、歸安縣、長興縣、德清縣、武康縣、安吉縣、孝豐縣,寧波府領鄞縣、慈谿縣、奉化縣、鎮海縣、定海縣、象山縣,紹興府領山陰縣、會稽縣、蕭山縣、諸暨縣、餘姚縣、上虞縣、嵊縣、新昌縣,台州府領臨海縣、黃巖縣、天台縣、仙居縣、寧海縣、太平縣,金華府領金華縣、蘭谿縣、東陽縣、義烏縣、永康縣、武義縣、浦江縣、湯溪縣,衢州府領西安縣、龍游縣、江山縣、常山縣、開化縣,嚴州府領建德縣、淳安縣、桐廬縣、遂安縣、壽昌縣、分水縣,温州府領永嘉縣、瑞安縣、樂清縣、平陽縣、泰順縣,處州府領麗水縣、青田縣、縉雲縣、松陽縣、遂昌縣、龍泉縣、慶元縣、雲和縣、宣平縣、景寧縣。其山,天目、東天目、西天目二山相屬,在臨安縣、於潛縣、安吉縣、孝豐縣及安徽寧國縣之間。四明、四明山在鄞縣、奉化縣、餘姚縣之間。栝蒼、栝蒼山在縉雲縣、仙居縣之間。天台、天台山在天台縣。雁蕩。雁蕩山在樂清縣。南鎮會稽在焉。會稽山在會稽縣。其川,錢塘、錢塘江亦曰浙江,上流爲富春江,又上爲桐江,又上爲新安江,出安徽休寧縣,經歙縣東流入境,東南流,經淳安縣東納東溪南流,經遂安縣西納龍溪東流,南納出壽昌縣之艾溪東流,經建德縣與蘭溪合，蘭溪二源，一曰衢港，一曰婺港，衢港出江山縣爲文溪，北流經西安縣，西納出開化縣經常山之金溪，南納出遂昌縣之柘上溪爲衢港，東北流經龍游縣，南納出遂昌縣之桃溪東流，經湯陰縣南納小龍溪東流，至蘭谿縣與婺港合，婺港一出新昌縣，一出天台縣，合爲雙溪西流，經東陽縣、義烏縣南納出仙居縣經東陽縣之荆浦溪西南流，經金華縣爲務港，南納出永康縣經武義縣之梅溪西北流，與衢港合，是爲蘭溪，北流與新安江合，東北流經桐廬縣，西納出昌化縣合於潛縣柳溪經、分水縣之桐溪水爲桐江，西北納出新城縣之溪河，經富陽縣爲富春江，東北流經蕭山縣始名錢塘江，東納漁浦，漁浦上流爲浦陽江，出浦江縣東流，折而北流，經諸暨縣東北流，至蕭山縣有臨浦壩遏其東流，折而西流，爲漁浦，合於錢塘江東流，經錢塘縣、仁和縣、海寧州入海。椒、椒江上流爲靈江，二源一出天台縣南流爲始豐溪，一出仙居縣東流爲永安溪，至臨海縣合爲靈江，東流經黄巖縣，南納永寧江爲椒江，東流入海，椒江以北出臨海縣之大横溪、出寧海縣之白渚溪、石瑜溪、出奉化縣之浮溪、金溪、椒江以南出太平縣之新河，皆東流入海。甌、甌江二源，一出龍泉縣東流經雲和縣爲小梅溪，一出遂昌縣東南流經松陽縣爲松溪，至麗水縣合爲大溪，西納出宣平縣之茭溪，北納出縉雲縣之好溪東流，經青田縣始名甌江，南納出景寧縣之外卸溪東流，經永嘉縣南納出瑞安縣之會昌河，北納出樂清縣之楠溪，東流入海，甌江以南出泰順縣經瑞安縣之飛雲江、出平陽縣之横陽江，皆東流入海。二小江、錢清江爲西小江，曹娥江爲東小江，西小江自蕭山縣臨浦壩下之水東流，北合西興壩下之水爲錢清江，東南流經山陰縣自三江口入海，東小江出新昌縣西北流，經嵊縣爲剡溪，北流經上虞縣爲曹娥江，北流入海。四塘、四塘一曰上塘，一曰下塘，一曰東塘，一曰西塘，上塘河出錢塘縣，自西湖流出，東流經仁和縣爲臨平河，東流至長安壩下塘河，出臨安縣曰南溪、北溪，合爲西溪，亦曰東苕溪，東流經餘杭縣分支，北流爲餘不溪，其東流者經錢塘縣與自西湖流出之水合，是爲下塘河，東北流經仁和縣、德清縣分支，北流爲横塘河，其正流經石門縣南納長安壩下之水東流，經桐鄉縣、秀水縣南納長水塘河，長水塘起自長安壩東，東流爲二十五里塘，經海寧州東北流爲袁化塘，經海鹽縣爲長水塘，北流經嘉興縣匯爲南湖，分流東出爲東塘河，其北流與下塘河合，又爲南塘河，北流入江蘇境，西塘河出孝豐縣，爲西苕溪，北流經安吉縣，西納横溪河爲龍溪河，北流經長興縣北納荆溪東北流，與餘不溪合，餘不溪自餘杭縣分出北流，經錢塘縣、德清縣西納出武康縣之前溪北流，經烏程縣、歸安縣與苕溪合一，曰霅溪，是爲西塘河，北分支數道入於太湖，又分一支爲長興運河，與長興縣之四安溪合，北流者入於太湖，其東流者爲西塘河，入江蘇境合於南塘河，横塘河自卜塘河分出，北流經德清縣爲含山塘，東北流經烏程縣桐鄉爲瀾溪，北流入江蘇境，亦合於南西二塘河，東塘河自南湖分出東流，經嘉興縣分爲二，一支東南流爲平湖塘，經平湖縣北流入江蘇境，一支東北流爲嘉善塘，經嘉善縣東流入江蘇境。三港。三港一曰南港，一曰西港，一曰東港，其上流爲姚江，自上虞縣通明壩下之水東流，經餘姚縣、慈谿縣爲西港,至鄞縣分二道,南流者爲南港,東流者爲東港,皆與甬江合,甬江上流爲北渡江,出奉化縣西納東剡溪東北流,合南港、東港,是爲三港口,東流經鎮海縣爲大浹江入海。河南省之南,曰湖廣,其省二,曰湖北,曰湖南。湖北布政司一,治在武昌府。所屬府十,武昌府治在江夏縣,漢陽府治在漢陽縣,安陸府治在鍾祥縣,襄陽府治在襄陽縣,鄖陽府治在鄖縣,德安府治在安陸縣,黄州府治在黄岡縣,荆州府治在江陵縣,宜昌府治在東湖縣,施南府治在恩施縣。直隸州一,荆門州。州七,武昌府領興國州,漢陽府領沔陽州,襄陽府領均州,德安府領隨州,黄州府領蘄州,宜昌府領歸州、鶴峰州。縣六十。武昌府領江夏縣、武昌縣、嘉魚縣、蒲圻縣、咸寧縣、崇陽縣、通城縣、大冶縣、通山縣,漢陽府領漢陽縣、漢川縣、孝感縣、黄陂縣,安陸府領鍾祥縣、京山縣、潛江縣、天門縣,襄陽府領襄陽縣、宜城縣、南漳縣、棗陽縣、穀城縣、光化縣,鄖陽府領鄖縣、房縣、竹山縣、竹谿縣、保康縣、鄖西縣,德安府領安陸縣、雲夢縣、應城縣、應山縣,黄州府領黄岡縣、黄安縣、蘄水縣、羅田縣、麻城縣、廣濟縣、黄梅縣,荆州府領江陵縣、公安縣、石首縣、監利縣、松滋縣、枝江縣、宜都縣,宜昌府領東湖縣、長陽縣、興山縣、巴東縣、長樂縣,施南府領恩施縣、宣恩縣、來鳳縣、咸豐縣、利川縣、建始縣,荆門州領當陽縣、遠安縣。其山,荆、荆山在南漳縣。章、章山亦曰内方山,在鍾祥縣。大别、大别山亦曰魯山,在漢陽縣。武當。武當山亦曰太和山,在均州。其川,襄江、襄江即漢水,自陝西入境東流,經鄖西縣北納吉水河、曲遠河,南納出竹谿縣經竹山縣之陡河東流,經鄖縣、均州南納吕家河,北納自河南入境之丹河東南流,經光化縣、穀城縣,南納出房縣經保康縣之南河東流,經襄陽縣北納白河,白河自河南入境,與河南入境之唐河合,南流,東納出棗陽縣之滚河,西納出襄陽縣之清河,入於襄江,襄江折而南流,經宜城縣西納出保康縣經南漳縣之蠻河南流,經鍾祥縣西納出荆門州之樂鄉河東南流,經潛江縣、天門縣、漢川縣,其南凡分支數道瀦爲湖,流爲港,貫潛江縣、沔陽州、漢陽縣各境,至新灘口沌口分流入江,其北出天門縣之内河、陽水河、中水河、出京山縣之阜市河、出鍾祥縣經應城縣之西河、出雲夢縣之楊家河、出隨州經安陸縣、雲夢縣之涓河、出應山縣經孝感縣之澴河,下流皆瀦爲湖,互相灌注分數道入襄江,襄江又東流至漢陽縣入江。清江、清江出利川縣東流,經恩施縣北納龍溪河,南納出宣恩縣之冷水河東流,南納出鶴峰州之桃符河東流,經長陽縣南納出長樂縣之金雞河東流,經宜都縣南納出長樂縣之漢洋河北流入江,清江以東出枝江縣之白水港、洋溪,清江以西出長陽縣之卷橋溪、出歸州之茅坪溪、沙鎮溪,皆北流入江。岐亭、岐亭河出麻城縣南流,經黄岡縣入江,岐亭河以西出黄安縣之龍河、出黄安縣經黄陂縣之灄河,岐亭河以東出羅田縣之油河、出安徽英山縣入境經蘄水縣之浠河、出廣濟縣之縣河、出黄梅縣之古角河,皆南流入江。陽辛、陽辛河出通山縣東流,南納江西武寧縣入境之龍港東流,經興國州入江,陽辛河以北出大冶縣之金河匯爲漳源湖,亦東流入江。沮、沮河出房縣南流,經遠安縣、當陽縣,東納出南漳縣經荆門州之漳河南流，經江陵縣入江，沮河以西出松滋縣之碼磘河、出東湖縣之梁村河、出興山縣經歸州之香溪、出巴東縣之元渡河，皆南流入江。雋。雋河出江西義寧州北流入境，經通城縣西納白港河東北流，經崇陽縣折而西北流，經蒲圻縣入江，雋河以北出咸寧縣之咸河，瀦爲斧頭湖，經江夏縣，亦西北流入江，咸河以東出咸寧縣之大港，瀦爲梁子湖，東北流經武昌縣入江。江瀆經焉。江自四川入境，東流，經建始縣、巴東縣、歸州、興山縣、東湖縣、長陽縣、宜都縣、枝江縣、松滋縣、江陵縣、公安縣、石首縣、監利縣入湖南境，仍自湖南入境，南岸經嘉魚縣，北岸經沔陽州，轉東北流，西岸經漢陽縣，東岸經江夏縣，與漢水合，轉東流，南岸經武昌縣，北岸經黄陂縣、黄岡縣，轉東南流，西岸經大冶縣、興國州，東岸經蘄水縣、蘄州，轉東流，南岸自興國州以東入江西境，北岸經廣濟縣、黄梅縣入江西境。湖南布政司一，治在長沙府。所屬府九，長沙府治在長沙縣、善化縣，岳州府治在巴陵縣，寶慶府治在邵陽縣，衡州府治在衡陽縣、清泉縣，常德府治在武陵縣，辰州府治在沅陵縣，沅州府治在芷江縣，永州府治在零陵縣，永順府治在永順縣。直隸廳三，乾州廳、鳳凰廳、永綏廳。直隸州四，澧州、桂陽州、靖州、郴州。州三，長沙府領茶陵州，寶慶府領武岡州，永州府領道州。縣六十有四。長沙府領長沙縣、善化縣、湘潭縣、湘陰縣、寧鄉縣、瀏陽縣、醴陵縣、益陽縣、湘鄉縣、攸縣、安化縣，岳州府領巴陵縣、臨湘縣、華容縣、平江縣，寶慶府領邵陽縣、新化縣、城步縣、新寧縣，衡州府領衡陽縣、清泉縣、衡山縣、耒陽縣、常寧縣、安仁縣、酃縣，常德府領武陵縣、桃源縣、龍陽縣、沅江縣，辰州府領沅陵縣、瀘溪縣、辰谿縣、溆浦縣，沅州府領芷江縣、黔陽縣、麻陽縣，永州府領零陵縣、祁陽縣、東安縣、寧遠縣、永明縣、江華縣、新田縣，永順府領永順縣、龍山縣、保靖縣、桑植縣，澧州領石門縣、安鄉縣、慈利縣、安福縣、永定縣，桂陽州領臨武縣、藍山縣、嘉禾縣，靖州領會同縣、通道縣、綏寧縣，郴州領永興縣、宜章縣、興寧縣、桂陽縣、桂東縣。其山，嶽麓、嶽麓山在善化縣。幕阜、幕阜山在平江縣，與湖北通城縣、江西義寧州接壤。九疑、九疑山在寧遠縣、藍山縣境。松梁。松梁山亦曰天門山，在永定縣。南嶽衡山在焉。衡山在衡山縣。其川，湘、湘江自廣西入境東流，經東安縣南納石期江，北納清溪江東流，經零陵縣南納瀟江，瀟江一出永明縣北流，一出江華縣西流，一出寧遠縣西流，經道州三水合曰瀟江，北流入湘江，湘江又東北流，經祁陽縣，南納浯溪，北納出邵陽縣之祁水東流，經常寧縣南納宜江東北流，經衡陽縣南納歸水、耒水，歸水出藍山縣東北流，經嘉禾縣西納出新田縣之舂水北流，經桂陽州、耒陽縣入湘江，耒水出桂陽縣北流，東納出桂東縣之桂水西北流，經興寧縣東納資興江西流，經郴州南納郴江北流，納永興縣，西納出桂陽州之曲塘河北流，經耒陽縣入湘江，湘江又北流，西納出邵陽縣之烝水東北流，經衡山縣東納洣江，洣江出酃縣西北流，經茶陵州、攸縣，東納出江西安福縣入境之攸水西流，南納出安仁縣之永樂江西流入湘江，湘江又北流，經湘潭縣，東納出江西萍鄉縣入境經醴陵縣之渌江，西納出邵陽縣經湘鄉縣之連溪北流，經長沙縣,東納出瀏陽縣會出平江縣澇水之瀏陽河,西納出寧鄉縣之潙水北流,經湘陰縣西納資江,資江出武岡州東北流,經邵陽縣南納出新寧縣之夫餘水北流,經新化縣西納洋溪北流,經安化縣南納敷溪東流,經益陽縣分支,北流入洞庭湖,其東流入湘江,湘江又北流,東納出江西新昌縣入境經平江縣之汨水,入洞庭湖。沅、沅江自貴州入境東北流,經會同縣南納出通道縣經靖州之渠江東流,經黔陽縣北納自貴州入境經芷江縣之㵲江,南納出城步縣經綏寧縣之洪江北流,經辰谿縣東納出溆浦縣之溆水,西納自貴州入境經麻陽縣之麻陽江北流,經瀘溪縣西納自貴州入境經乾州廳會鳳凰廳烏巢江之武溪東北流,經沅陵縣西納自四川入境經保靖縣會龍山縣臘行江、永順縣靈溪之酉水東北流,經桃源縣、武陵縣、龍陽縣入洞庭湖。澧、澧江出桑植縣東流,經永定縣、慈利縣,北納出湖北鶴峰州入境之漊水東流,經石門縣北納出湖北長樂縣入境之渫水東流,經澧州南納道水,北納澹水、茹水東流,至安鄉縣入洞庭湖。涔。涔水出澧州東流,與湖北江陵縣分出江流經公安縣入境之虎渡河合東南流,至安鄉縣入洞庭湖。江瀆介其北。江自湖北入境,東流,經華容縣、巴陵縣、臨湘縣入湖北境。其澤洞庭。洞庭湖亦曰巴陵湖,與赤沙湖、青草湖相連,巴陵縣、華容縣、安鄉縣、龍陽縣、沅江縣、湘陰縣環之,由臨湘縣出江。山西省之西,爲陝甘,其省二,曰陝西,曰甘肅。甘肅之西曰伊犁,其西南曰青海。陝西布政司一,治在西安府。所屬府七,西安府治在咸寧縣、長安縣,同州府治在大荔縣,鳳翔府治在鳳翔縣,漢中府治在南鄭縣,興安府治在安康縣,延安府治在膚施縣,榆林府治在榆林縣。直隸州五,商州、乾州、邠州、鄜州、綏德州。廳六,西安府領孝義廳、寧陝廳,同州府領潼關廳,漢中府領留壩廳、定遠廳,興安府領漢陰廳。州五,西安府領耀州,同州府領華州,鳳翔府領隴州,漢中府領寧羌州,榆林府領葭州。縣七十有三。西安府領咸寧縣、長安縣、咸陽縣、興平縣、臨潼縣、高陵縣、鄠縣、藍田縣、涇陽縣、三原縣、盩厔縣、渭南縣、富平縣、醴泉縣、同官縣,同州府領大荔縣、朝邑縣、郃陽縣、澄城縣、韓城縣、白水縣、華陰縣、蒲城縣,鳳翔府領鳳翔縣、岐山縣、寶雞縣、扶風縣、郿縣、麟游縣、汧陽縣,漢中府領南鄭縣、褒城縣、城固縣、洋縣、西鄉縣、鳳縣、沔縣、畧陽縣,興安府領安康縣、平利縣、洵陽縣、白河縣、紫陽縣、石泉縣,延安府領膚施縣、安塞縣、甘泉縣、保安縣、安定縣、宜川縣、延長縣、延川縣、定邊縣、靖邊縣,榆林府領榆林縣、神木縣、府谷縣、懷遠縣,商州領鎮安縣、雒南縣、山陽縣、商南縣,乾州領武功縣、永壽縣,邠州領三水縣、淳化縣、長武縣,鄜州領洛川縣、中部縣、宜君縣,綏德州領米脂縣、清澗縣、吴堡縣,其榆林、延安邊外之鄂爾多斯七旗,則隸於理藩院。其山,終南、終南山綿亘長安縣、鄠縣、盩厔縣、咸寧縣、藍田縣、商州、鎮安縣、漢陰廳各境。太白、太白山在郿縣。龍門、龍門山在韓城縣。嶓冢、嶓冢山在寧羌州。商、商山在商州。岐。岐山在岐山縣。西嶽華山、華山在華陰縣。西鎮吴山、吴山在隴州。在焉。

其川，南北之洛、南洛河出洛南縣東流，入河南境，北洛河出定邊縣東南流，經靖邊縣、保安縣北納周水東南流，經甘泉縣、鄜州西納華池水南流，經洛川縣、中部縣西納沮水南流，經澄城縣、白水縣、蒲城縣轉東流，經大荔縣、朝邑縣入河。東西之漢、東漢水出寧羌州，初名漾水，東流經沔縣北納沮水，又名沔水，南納黄壩河東流，經褒城縣北納褒水，始名漢水，東流經南鄭縣、城固縣、洋縣，北納子午河東南流，經西鄉縣西納洋河東流，經石泉縣折而南流，經漢陰廳、紫陽縣西納渚河東流，經安康縣南納嵐河、黄羊河東流，經洵陽縣北納洵河東流，經白河縣入湖北境，西漢水亦曰嘉陵江，自甘肅入境東流，經畧陽縣北納斜峪水南流，經寧羌州入四川境。渭、渭河自甘肅入境東流，經隴州、寶雞縣北納出隴州之汧水東流，經鳳翔縣、岐山縣、郿縣南納斜水東流，經盩厔縣、武功縣北納出鳳翔縣經岐山縣、扶風縣、武功縣會出麟游縣武亭河之雍水東流，經興平縣、鄠縣、咸陽縣南納澧水東流，經長安縣、咸寧縣、高陵縣南納滻灞水北合涇河，涇河自甘肅入境東南流，經長武縣、邠州西納出靈臺縣之黑水河東南流，經淳化縣、醴泉縣、涇陽縣、高陵縣入於渭，渭河又東流，經臨潼縣北納漆沮水，漆水出同官縣，沮水出中部縣南流，經耀州合流爲漆沮水，經富平縣入於渭，渭河又東流，經渭南縣、華州、華陰縣入河。丹、丹河出商州，經商南縣入河南境。秀延、秀延河出安塞縣東流，經清澗縣、延川縣入河，秀延河以南出安塞縣經膚施縣、延長縣之濯筋河、出宜川縣之丹陽水、出韓城縣之芝水，皆東流入河。奢延。奢延河亦曰無定河，出鄂爾多斯右翼前旗界至威武堡八邊經懷遠縣東北流，出邊合出鄂爾多斯右翼前旗界之黄水河、清河，復入邊東流，經榆林縣北納榆河東流，經米脂縣南流，經綏德州西納懷寧河東南流入河，奢延河以北出榆林縣經葭州之葭蘆川、出鄂爾多斯左翼中旗界入邊經神木縣之禿尾河、屈野河、出府谷縣之九股水、黄甫川，皆東流入河。河瀆介其東北。河自鄂爾多斯界入境，南流，東與山西爲界，經府谷縣、神木縣、葭州、吴堡縣、綏德州、清澗縣、延川縣、延長縣、宜川縣、韓城縣、郃陽縣、朝邑縣，折而東流，經華陰縣、潼關廳入河南境。甘肅布政司一，治在蘭州府。所屬府九，蘭州府治在皐蘭縣，平凉府治在平凉縣，鞏昌府治在隴西縣，慶陽府治在安化縣，寧夏府治在寧夏縣、寧朔縣，西寧府治在西寧縣，凉州府治在武威縣，甘州府治在張掖縣，鎮西府治在宜禾縣。直隸州六，涇州、階州、秦州、肅州、安西州、迪化州。廳九，蘭州府領循化廳，平凉府領鹽茶廳，鞏昌府領洮州廳，西寧府領貴德廳、巴燕戎格廳，凉州府領莊浪廳，甘州府領撫彝廳，鎮西府領吐魯番廳、哈密廳。州七，蘭州府領狄道州、河州，平凉府領静寧州、固原州，鞏昌府領岷州，慶陽府領寧州，寧夏府領靈州。縣五十有一，蘭州府領皐蘭縣、金縣、渭源縣、靖遠縣，平凉府領平凉縣、華亭縣、隆德縣，鞏昌府領隴西縣、安定縣、會寧縣、通渭縣、漳縣、寧遠縣、伏羌縣、西和縣，慶陽府領安化縣、合水縣、環縣、正寧縣，寧夏府領寧夏縣、寧朔縣、平羅縣、中衛縣，西寧府領西寧縣、碾伯縣、大通縣，凉州府領武威縣、鎮番縣、永昌縣、古浪縣、平番縣，甘州府領張掖縣、山丹縣，鎮西府領宜禾縣、奇台縣,涇州領崇信縣、靈臺縣、鎮原縣,階州領文縣、成縣,秦州領秦安縣、清水縣、禮縣、徽縣、兩當縣,肅州領高臺縣,安西州領敦煌縣、玉門縣,迪化州領昌吉縣、阜康縣、綏來縣。土司四十有二。蘭州府狄道州轄臨洮衛土司,河州轄韓家集土司、河州衛土司、上六工撒拉土司、下六工撒拉土司、乩藏土司,鞏昌府洮州廳轄卓泥土司、資卜土司、著遜土司,岷州轄峰崖武坪土司、麻竜里土司、攢都溝土司、林口堡土司,西寧府西寧縣轄寄彦才溝土司、北川土司、南川土司、起塔鎮土司、西川土司、乩迭溝土司,碾伯縣轄上川口土司、勝番溝土司、趙家灣土司、老鴉堡土司、米喇溝土司、三川朱家堡土司、美都溝土司、三川王家堡土司、九家港土司,大通縣轄大通川土司,凉州府莊浪廳轄武威番土司、古浪番土司、平番番土司,永昌縣轄西山流水溝寺土司,平番縣轄連城土司、古城土司、大營灣土司、大通硤口土司、紅山堡土司、古城渠土司、馬軍堡土司、西五渠土司、西六渠土司。其寧夏府邊外之阿拉善和碩特一旗,肅州邊外之額濟納土爾扈特一旗,哈密廳之哈密回部,吐魯番廳之吐魯番回部,則隸於理藩院。其山,崆峒、崆峒山在平凉縣。鳥鼠、鳥鼠山在渭源縣。唐述、唐述山亦曰小積石山,在河州。賀蘭、賀蘭山亦曰阿拉善山,在寧夏。祈連、祈連山亦曰南山,綿亘凉州府、甘州府、肅州各屬境。武都、武都山在階州。仇池、仇池山在成縣。合黎、合黎山亦曰龍首山,在山丹縣北,蒙古語阿拉克鄂拉。岷、岷山在岷州,爲白水江之所出,與四川松潘邊外之岷山相屬。嶓、嶓山亦曰嶓冢,在秦州,爲西漢水之所出,與陜西寧羌州之嶓冢同名。亦不喇、亦不喇山在鎮番縣北,與阿拉善接界。博克達。博克達鄂拉,蒙古語謂首山也,爲天山最高峰,在阜康縣。其川,洮、洮水出洮州廳邊外西傾山,與青海蒙古南右翼中旗接壤,蒙古名巴爾巴,東流經洮州廳、岷州,南納疊藏河北流,經狄道州、河州、皋蘭縣入河。漢、西漢水出秦州西流,經禮縣折而南流,經西和縣復折而東流,經成縣、徽縣復折而南流,東與陜西分界,經文縣入四川境,爲嘉陵江。涇、涇河出平凉縣東流,經涇州南納華亭縣之汭水,北納鎮原縣之陽晉水東流,北納馬連河,馬連河出環縣爲環河,東南流經安化縣,西納柔遠川南流,經合水縣、寧州與涇水合,入陜西境。渭、渭河出渭源縣東南流,經隴西縣西納出漳縣之漳河東流,經寧遠縣、伏羌縣北納出通渭縣之華川水東流,經秦安縣北納出固原州經静寧州、隆德縣、秦安縣之隴水南流,經秦州西納籍水,東納出清水縣之東亭水東流,入陜西境。大通、大通河出肅州南邊外,與青海蒙古前左翼頭旗接壤東流,經甘州邊外青海蒙古西右翼前旗界入境,經大通縣東南流,經碾伯縣與湟水合,湟水出西寧邊外青海蒙古南左翼末旗界,東流入境,經西寧縣至碾伯縣入大通河南流,至皋蘭縣境入河。大夏、大夏河出貴德廳所屬番界東流,經循化廳入邊,經河州北流入河。坤都倫、額濟納、滔賴二河至金塔寺營北,合流爲坤都倫河,額濟納河出山丹縣,爲山丹河,西北流經張掖縣,南納黑水河、沙河西流,經高臺縣折北流,名額濟納河,經毛目縣丞境至故平索營入坤都倫河,滔賴河出金佛寺營南邊外北流,經肅州南納豐樂川北流，出邊經金塔寺營北流，入坤都倫河，坤都倫河北流入額濟納舊土爾扈特旗界。布隆吉、布隆吉河亦曰蘇賴河，出玉門縣南邊外北流，折而西流，經安西州至敦煌縣，南納黨河入於沙。瑪納斯、瑪納斯河出綏來縣南山中北流，入於沙瑪納斯河以東，天山北所出諸水皆北流入於沙。托克遜。托克遜河出吐魯番廳西北山中，東南流入於沙托克遜河以東，天山南所出諸水，皆南流入於沙。河瀆經焉。河自西寧邊外入境，東流，經貴德廳、循化廳、巴燕戎格廳、河州、皋蘭縣折而北流，經靖遠縣折而東流，經中衛縣、靈州折而北流，經寧夏縣、寧朔縣、平羅縣折而東流，入鄂爾多斯烏拉特游牧界。其澤，白海、白海亦曰白亭海，在古浪縣北邊外，與阿拉善接壤，古浪河出邊瀦焉。魚海、魚海亦曰瀦野，在鎮番縣東北，與阿拉善接壤，武威縣、鎮番縣諸水出邊瀦焉。昌寧、昌寧湖在鎮番縣西北，與阿拉善接壤，永昌縣水出邊瀦焉。居延、居延海在金塔寺營北，入土爾扈特旗界，自坤都倫河北流，瀦爲二澤，東澤蒙古語曰朔博諾爾，西澤蒙古語曰朔都克諾爾，皆即居延海。巴爾庫爾、巴爾庫爾池即蒲類海，在宜禾縣北。羅布諾爾。羅布諾爾即鹽澤，在吐魯番廳南。伊犁將軍本屬城九，惠遠城、惠寧城、熙春城、綏定城、廣仁城、瞻德城、拱宸城、塔爾奇城、寧遠城。所屬伊犁將軍所屬内有哈密辦事大臣、巴里坤古城吐魯番領隊大臣又烏嚕木齊都統亦受將軍節制，其所管各城已隸入甘肅境内。參贊大臣城二，塔爾巴哈台城、喀什噶爾徠寧城。辦事大臣城八，葉爾羌城、烏什永寧城、和闐城、阿克蘇本城及賽哩木拜二城、庫車城、喀喇沙爾城。領隊大臣城二，庫爾喀喇烏蘇城，英吉沙爾城。廳一。伊犁撫民廳。其喀喇沙爾城所屬之珠勒都斯土爾扈特四旗、和碩特三旗，庫爾喀喇烏蘇城所屬之精河土爾扈特一旗、濟爾哈郎土爾扈特二旗，塔爾巴哈台城所屬之和博克薩哩土爾扈特三旗，則隸於理藩院。其山，騰格里、騰格里鄂拉，蒙古語謂天山也，南路烏什、阿克蘇、庫車、喀喇沙爾以至吐魯番、哈密，皆在山南，北路伊犁、精河、庫爾喀喇烏蘇以至迪化州、鎮西府，皆在山北。其伊犁城南一山，名曰汗騰格里鄂拉，乃天山之主峰也。木素爾、木素爾鄂拉，蒙古語謂雪山也，在伊犁城西南，爲天山西段之最高峰。塔爾奇、塔爾奇山在伊犁城北。哈朗歸、哈朗歸塔克，回語謂深山也，在和闐南，亦曰南山。塔爾塔什、塔爾塔什即葱嶺，在喀什噶爾嶺以東，水皆東流，嶺以西，水皆西流。其川，伊犁、伊犁河凡三源，一曰特克斯河，出伊犁城南汗騰格里山東北流，至伊犁城東南會崆吉斯河，崆吉斯河出伊犁城東南山中西流，會特克斯河西北流，合哈什河，哈什河出精河西南哈什山西流，會崆吉斯河復西流，是爲伊犁河，北納察罕烏蘇河、霍爾果斯河，南納察林河、固爾班賽里河西北流，入於卡倫外之巴爾喀什諾爾。精、精河出哈什山北，北流入鹽海子，精河迤東天山北諸水，如敦穆達河、濟爾哈朗河、庫爾喀喇烏蘇河，皆北流入鹽海子。吹、吹河在伊犁西卡倫外，自特穆爾圖泊流出，一支西北流，合十餘小水入於沙。塔里木、塔里木河凡三源，一曰喀什噶爾河,出喀什噶爾城西南葱嶺,名雅滿雅爾河,東流北納赫色勒河東流,經烏什阿克蘇境,一曰葉爾羌河,出葉爾羌西南葱嶺西流,南納的雜布河東流,經阿克蘇境,一曰和闐河,出和闐南山北流,至阿克蘇城南與葉爾羌、喀什噶爾兩河合,又北納阿克蘇河東流,經庫車北納拜河東流,經喀喇沙爾北納開都河東流,又名額爾勾河,至吐魯番南入羅布諾爾。額米爾、額米爾河出塔爾巴哈台城東珠爾呼珠山西流,經城南合十餘水出卡倫,入阿拉克圖古勒泊,又塔爾巴哈台城西有裕勒雅爾河南流,亦入阿拉克圖古勒泊。額爾齊斯。額爾齊斯河出科布多阿爾泰山西北流,合十餘水瀦於齊桑泊,復自泊流出,仍名額爾齊斯河,西北流經哈薩克境入俄羅斯。其澤,賽里木、賽里木泊在伊犁城東北。額彬格遜、額彬格遜泊在塔爾巴哈台西南卡倫外。阿拉克圖古勒、阿拉克圖古勒泊在塔爾巴哈台西南,額彬格遜泊之北。特穆爾圖、特穆爾圖泊在伊犁城西南。齋桑、齋桑泊在塔爾巴哈台東北,與科布多接壤。待雅、待雅海子亦名博斯騰泊,在喀喇沙爾南,開都河所匯,復流出入羅布諾爾。伊西洱庫爾。伊西洱庫爾諾爾在喀什噶爾西,上有高宗純皇帝聖製碑,爲伊犁極西境。青海辦事大臣屬土司,三十有九。巴彦囊謙土司、桑巴爾土司、隆東土司、綽火爾土司、上阿里克土司、下阿里克土司、蒙古爾津土司、永沙普土司、玉樹土司、蘇魯克土司、尼牙木錯土司、固察土司、稱多土司、安圖土司、阿薩克土司、列玉土司、阿永土司、葉爾吉土司、拉爾吉土司、典巴土司、隆布土司、多布領扎武土司、巴爾通上扎武土司、巴爾通下扎武土司、班石土司、上阿拉克碩土司、下阿拉克碩土司、上隆壩土司、下隆壩土司、蘇爾莽土司、上格爾吉土司、中格爾吉土司、下格爾吉土司、洞巴土司、白利土司、哈爾受土司、吹冷多爾多土司、覺拉巴土司、拉布土司。其辦事大臣所屬之蒙古二十九旗,則隸於理藩院。其山,木素鄂拉、木素鄂拉,蒙古語謂冰山也,亦曰大雪山,即積石山,在阿里克土司之西。魯察布拉、魯察布拉山即西傾山,亦名強臺山,在青海和碩特右翼中旗之東南。枯爾坤、枯爾坤凡三山,一曰阿克坦齊欽山、一曰巴爾布哈山、一曰巴顔喀喇山,總曰枯爾坤山,在玉樹土司之東。噶達素。噶達素齊,老蒙古語謂北極星石也,爲巴顔喀喇山東麓之峰,乃黄河源所自出。其川,布喀、布喀河在青海蒙古北右末旗之東,出額枯山,初名喀喇錫納河南流,西納英額池水東南流,西納沙爾池水東流,北納西爾噶河東流,北納濟瑪爾台河東流入青海,青海所受凡十饒水,惟布喀爲大。齊普、齊普河在青海西土爾扈特旗南,出滂馬山,初名圖生圖河,西北流,西納得爾多河東北流,入黄河,黄河西岸諸水自齊普河以南凡十餘小水,齊普河以北出青海南土爾扈特中旗之呼呼烏蘇河,皆東流入河。崑都崙、上中下三崑都崙河出四川所屬郭羅克土司之北,皆西北流入黄河,黄河東岸諸水,自崑都崙以南凡十餘小水,崑都崙以北出青海和碩特南右翼中旗之哈爾渾舍里河、出青海和碩特前旗之小哈柳圖河、出青海南土爾扈特前旗之大哈柳圖河、出青海和碩特南左翼中旗之恰克圖河、出察漢諾們罕游牧之碩爾渾河，皆西流入河。柴達木、柴達木河在黄河源，北出扎遜池西流，合阿拉克池水北流，東納格德爾古河東北流，東納烏蘭烏蘇河及布隆吉爾池水西流，入於沙。烏蘭木倫、烏蘭木倫河即大通河，出青海和碩特西右翼前旗之西，東流入邊。博羅冲克克、博羅冲克克河即湟河，出青海和碩特南左翼末旗之西，東南流入邊。木魯烏蘇、木魯烏蘇河亦曰巴楚河，其下流即金沙江，出西藏北境巴薩通拉木山東流，南納拜都河、阿克達木河、呼圖爾河，北納三烏蘭穆倫河東南流，玉樹、白利各土司分居南北岸，至下扎武土司，東南接四川所屬邊外土司境。雜楚、雜楚河亦曰格爾吉河，其下流爲瀾滄江，出格爾吉土司之南，東南流，阿拉克碩隆壩各土司分居南北岸，至巴彦囊謙土司南入西藏察木多境。索克。索克河出蘇魯克土司之西東南流，入西藏境。河瀆出焉。河自羅布諾爾伏流至噶達素齊老山復出，是爲黄河重出之源，東流，經積石山之南至西傾山之西，折而北流，復折而西流，繞積石山之北，復折而北流，經青海和碩特前頭旗、青海南土爾扈特前旗、察漢諾們罕游牧界，復折而東北流，至貴德廳界入邊。其澤，庫可諾爾、庫可諾爾，蒙古語謂青海也，在西寧西五百餘里。鄂敦他拉、鄂敦蒙古語謂星，鄂敦他拉即星宿海，河源，初出爲阿勒坦河，穿鄂敦他拉而東。扎凌、扎凌海在鄂敦他拉之東。鄂凌。鄂凌海在扎凌海之東，二海皆河所經。陝甘之南，其省曰四川，四川之西，曰西藏。四川布政司一，治在成都府。所屬府十有二，成都府治在成都縣、華陽縣，寧遠府治在西昌縣，保寧府治在閬中縣，順慶府治在南充縣，敘州府治在宜賓縣，重慶府治在巴縣，夔州府治在奉節縣，綏定府治在達縣，龍安府治在平武縣，潼川府治在三臺縣，嘉定府治在樂山縣，雅州府治在雅安縣。直隸廳六，敘永廳、石砫廳、太平廳、松潘廳、雜谷廳、懋功廳。直隸州八，資州、綿州、茂州、酉陽州、忠州、眉州、邛州、瀘州。廳六，寧遠府領越嶲廳，敘州府領雷波廳、馬邊廳，重慶府領江北廳，嘉定府領峩邊廳，雅州府領打箭爐廳。州十有一，成都府領簡州、崇慶州、漢州，寧遠府領會理州，保寧府領巴州、劍州，順慶府領蓬州、廣安州，重慶府領合州、涪州，雅州府領天全州。縣百一十有一，成都府領成都縣、華陽縣、雙流縣、温江縣、新繁縣、金堂縣、新都縣、郫縣、灌縣、彭縣、崇寧縣、新津縣、什邡縣，寧遠府領西昌縣、冕寧縣、鹽源縣，保寧府領閬中縣、蒼溪縣、南部縣、廣元縣、昭化縣、通江縣、南江縣，順慶府領南充縣、西充縣、營山縣、儀隴縣、渠縣、大竹縣、鄰水縣、岳池縣，敘州府領宜賓縣、慶符縣、富順縣、南溪縣、長寧縣、高縣、筠連縣、珙縣、興文縣、隆昌縣、屏山縣，重慶府領巴縣、江津縣、長壽縣、永川縣、榮昌縣、綦江縣、南川縣、銅梁縣、大足縣、璧山縣、定遠縣，夔州府領奉節縣、巫山縣、雲陽縣、萬縣、開縣、大寧縣，綏定府領達縣、東鄉縣、新寧縣，龍安府領平武縣、江油縣、石泉縣、彰明縣，潼川府領三臺縣、射洪縣、鹽亭縣、中江縣、遂寧縣、蓬溪縣、樂至縣、安岳縣，嘉定府領樂山縣、峨眉縣、洪雅縣、夾江縣、犍爲縣、榮縣、威遠縣，雅州府領雅安縣、名山縣、滎經縣、蘆山縣、清溪縣，敘永廳領永寧縣，資州領仁壽縣、資陽縣、井研縣、内江縣，綿州領德陽縣、安縣、綿竹縣、梓潼縣、羅江縣，茂州領汶川縣，酉陽州領秀山縣、黔江縣、彭水縣，忠州領豐都縣、墊江縣、梁山縣，眉州領丹稜縣、彭山縣、青神縣，邛州領大邑縣、蒲江縣，瀘州領納溪縣、合江縣江、安縣。土司二百六十有九。寧遠府越嶲廳轄邛部土司、暖帶密土司、暖帶田土司、松林地土司、白石村土司、老鴉漩土司、六翁土司、野豬塘土司、前後山土司、料林坪土司，會理州轄黎溪州土司、迷易所土司、普隆土司、紅卜苴土司，西昌縣轄沙罵土司、河東土司、阿都土司、威龍州土司、普濟州土司、昌州土司，冕寧縣轄酥州土司、架州土司、苗出土司、大村土司、糯白瓦土司、大鹽井土司、熱即瓦土司、中村土司、三大枝土司、窩卜土司、虚郎土司、河西地土司、白路土司、阿得橋土司，鹽源縣轄木裏土司、瓜别土司、馬喇土司、古柏樹土司、中所土司、左所土司、右所土司、前所土司、後所土司，敘州府馬邊廳轄泥溪土司、平夷土司、蠻夷土司、沐川土司、明州樂土司、油石洞乞希土司、旁阿孤土司、大羊腸魯咯土司、膩乃窠土司、挖黑土司、阿招土司、斡田壩土司、麻柳土司，雅州府打箭爐廳轄沈邊土司、冷邊土司、明正土司、布拉克底土司、巴旺土司、德爾格特土司、裏塘二土司、巴塘二土司、化林坪土司、單東革什咱土司、喇袞土司、霍耳綽窩土司、霍耳章谷土司、瓦述餘科土司、霍耳甘孜孔撒土司、霍耳甘孜麻書土司、霍耳咱土司、春科土司、林葱土司、上納奪三土司、下瞻對土司、瓦述崇喜土司、瓦述毛了土司、瓦述曲登土司、霍耳納林葱土司、瓦述更平二土司、瓦述色他二土司、霍耳白利土司、霍耳東科土司、春科高日土司、上瞻對茹色土司、蒙葛結土司、中瞻對茹色土司、嘓隴土司、咱哩土司、上瞻對峪納土司、瓦述寫達土司、上瞻對撒墩土司、中渣壩熱錯土司、他咳土司、上渣壩卓泥土司、魯密梭布土司、瓦七土司、呷那工弄土司、魯密租卜柏哈土司、魯密達媽土司、魯密達則土司、木轆土司、魯密結藏土司、八哩籠壩土司、白桑土司、下八義土司、少誤石土司、吉增卡桑阿籠土司、魯密郭宗土司、魯密格桑土司、作蘇策土司扒桑土司、魯密東谷土司、沙卡土司、上八義土司、魯密本滚土司、上渡噶喇住索土司、格窪卡土司、魯密卓籠土司、樂壤土司、姆朱土司、惡落土司、魯密長結杵尖土司、魯密堅貞土司、中渣壩沱土司、上渣壩惡疊土司、下渣壩莫藏土司、中渡亞出卡土司、本噶土司、惡拉土司、入烏籠土司、魯密普供碟土司、魯密初把土司、魯密拉昌土司、索窩籠土司、惡熱土司、魯密長結松歸土司、下渣壩業窪石土司、魯密白隅土司、那里土司、瓦述毛茂了土司、來隆石土司、岡裏土司、下蘇阿土司、上臨卡石土司、下臨卡石土司、上蘇阿土司、郭布土司、瓦述更平東撒二土司、瓦述墨科土司、科則護土司、圖根滿碟土司、革齎土司、東暑二土司、下革齎二土司、上革齎四土司、雜竹罵竹卡土司、雜竹卡二土司、籠壩土司、上納奪黎窩二土司、雲多土司、儀蓋土司、麻里土司，清溪縣轄穆平土司、松平土司、大田二土司，龍安府轄陽地隘口三土司，石砫廳轄石砫土司，松潘廳轄包子寺寨土司、麥雜蛇灣寨土司、毛革阿寨土司、峨眉喜寨土司、七布寨土司、阿思峝土司、寒盼寨土司、商巴土司、祈命寨土司、上包坐佘灣寨土司、下包坐竹當寨土司、川柘寨土司、谷爾壩那浪寨土司、雙則紅亞寨土司、班佑寨土司、上阿壩甲多寨土司、中阿壩墨倉寨土司、下阿壩阿强寨土司、丢骨寨土司、雲昌寺土司、呷竹寺土司、拈阿革寨土司、熱務作壩寨土司、押頓寨土司、郎寨土司、竹自寨土司、藏咱寨土司、東丕五亞寨土司、達弄阿壩寨土司、香咱寨土司、咨罵寨土司、八頓寨土司、阿細土司、巴細蛇任壩土司、上作革土司、下作革土司、合壩奪雜土司、轄幔寨土司、物藏寨土司、熱當寨土司、磨下寨土司、甲凹寨土司、阿革寨土司、上撒路木路惡寨土司、中撒路殺按楨寨土司、下撒路竹弄寨土司、崇路谷謨寨土司、作路生納寨土司、上勒凹貢按寨土司、下勒凹卜頓寨土司、鵲箇寨土司、郎惰安出寨土司、中郭羅克土司、上郭羅克車木塘寨土司、下郭羅克土司、上阿樹艮達寨土司、中阿樹宗箇寨土司、下阿樹郎達寨土司、小阿樹寨土司、中羊峝蹈藏寨土司、上羊峝阿按寨土司、上羊峝挖藥寨土司、中岔寨土司,雜谷廳轄梭磨土司、卓克基土司、松岡土司、黨壩土司,懋功廳轄沃克什土司、綽斯甲布土司,茂州轄長寧土司、静州土司、隴木土司、岳希土司、小姓土司、小姓黑水土司、疊溪大姓土司、松坪土司、疊溪大姓黑水土司、牟托土司、水草坪土司、竹木坎土司,瀘州轄九姓土司。其山,岷、岷山在松潘廳黄勝關外土司境。蒙、蒙山在名山縣。峨眉、峨眉山在峨眉縣。青城、青城山在灌縣。劒門、劒門山亦曰大劒山,在劒州。巫峽。巫峽山在巫山縣。其川,金沙、金沙江自西寧所屬土司境流入打箭爐廳所屬邊外各土司界,南流,經巴塘土司境入雲南界,復自雲南東北流入境,北納打冲河,打冲河亦曰鴉礲江,出松潘廳所屬邊外郭羅克土司西北,東南流,經打箭爐廳所屬邊外各土司境入邊,經靖遠營、瀘寧營、懷遠營、會鹽營,東納安寧河,安寧河出冕寧縣南流,經西昌縣永定營入打冲河,復南流入金沙江,金沙江折而東南流,入雲南境,復東流入境,經會理州北流,經雷波廳南納自雲南昭通府入境之横江東流,至宜賓縣入江。大渡、大渡河出懋功廳西南流,經打箭爐廳南流,經泰寧營東流,南納越嶲河東流,經峨眉縣北納出蘆山縣經雅安縣、洪雅縣、夾江縣之青衣江東流,至樂山縣入江。嘉陵、嘉陵江自甘肅入境南流,經廣元縣東納南河南流,經昭化縣北納出甘肅階州入境之白水江南流,經蒼溪縣、閬中縣東納出陝西寧羌州入境之東江南流,經南部縣西納出劒州之西河東南流,經蓬州折而西南流,經南充縣南流,至合州東合渠河,西合涪江渠河,合二水,一曰通川江,一曰巴江,通川江出太平廳,凡三源,曰前江、中江、後江,皆西南流,至東鄉縣合爲通川江西南流,經達縣,巴江出南江縣南流,經巴州東納出通江縣之巴水東南流,與通川江合,是爲渠河西南流,經廣安州、岳池縣入嘉陵江、涪江出松潘廳東南流,經平武縣北納火溪河東南流,經江油縣南流,經彰明縣西納出茂州之石密溪南流,經綿州西納茶坪河南流,經三臺縣西納出羅江縣經中江縣之羅江東南流,經射洪縣北納出梓潼縣經鹽亭縣之梓潼水東南流,經遂寧縣西納安居河東南流,至合州入嘉陵江,嘉陵江又東南流,至巴縣入江。涪陵、涪陵江自貴州入境北流,經彭水縣東納南溪,折而西流,南納自貴州入境之芙蓉江北流,西納大溪河北流至涪州入江。

資、資江亦曰中江，又曰沱江、大江，自灌縣而下釃爲渠，凡十餘道，其東出者爲沱江，南北夾沱江東流者，凡數道經崇寧縣、彭縣、新繁縣、新都縣至金堂縣，皆合於沱江，北納德陽縣、綿竹縣、什邡縣所出諸水東南流，經簡州、資陽縣、資州、内江縣南流，經富順縣西納出榮縣之榮溪東南流，至瀘州合於江。綦。綦江自貴州入境北流，經綦江縣西北流入江。江瀆出焉，江出松潘廳黄勝關外西北土司境甘松嶺，東南流入邊，經松潘廳疊溪營西納黑水河南流，經茂州西納雜谷河西南流，經汶川縣南流，經灌縣西納出茂州之白沙江南流，出灌口釃爲渠十數道東南流者爲沱江，南流爲岷江，東西分岷江南流者，凡數道至彭山縣皆合於岷江南流，經眉州、青神縣、樂山縣、犍爲縣、宜賓縣東流，經南溪縣、江安縣、納谿縣、瀘州，復與沱江合，東流，經合江縣東北流，經江津縣、巴縣東流，經長壽縣、涪州東北流，經酆都縣、忠州、萬縣、雲陽縣、奉節縣至巫山縣，入湖北境。西藏駐藏大臣屬土司三十有九。瓊布噶魯土司、瓊布巴爾查土司、瓊布納克魯土司、勒納夥爾土司、色里瓊札寧塔克土司、色里瓊札尼查爾土司、色里瓊札參嘛布瑪土司、色里瓊札嘛魯土司、木朱特羊巴土司、木朱特勒達克土司、木朱特尼牙木查土司、木朱特利松嘛巴土司、木朱特多嘛巴土司、勒達夥爾土司、依戎夥爾移他瑪土司、查楚夥爾孫提瑪爾土司、巴爾達山木多川目桑土司、嘛拉布什嘛弄土司、窩柱特只多土司、窩柱特娃拉土司、彭楚克夥爾土司、彭楚克彭他瑪爾土司、彭楚克拉寨土司、盆索納克書達格魯克土司、沁體牙岡納克書畢魯土司、盆沙尼牙固納克書色爾查土司、巴爾達穆納克書奔盆土司、納格沙納克書拉克什土司、洛克納克書貢巴土司、三渣土司、三納拉巴土司、撲族土司、吉楚上岡噶魯土司、吉楚下岡噶魯土司、白绷上阿札克土司、白绷下阿札克土司、白臘札嘛爾土司、年絨上奪爾樹土司、年絨下奪爾樹土司。其布達拉、札什倫布、類烏齊、乍了、察木多各喇嘛及達木蒙古八旗，則隸於理藩院。其山，岡底斯、岡底斯，唐古特語謂根也，言此山爲衆山、衆水之根，在阿里之東。僧格、僧格喀巴布，唐古特語謂獅子口也，山在岡底斯之北。郎千、郎千喀巴布，唐古特語謂象口也，山在岡底斯之南。瑪布加、瑪布加喀巴布，唐古特語謂孔雀口也，山在岡底斯之西。達木楚克、達木楚克喀巴布，唐古特語謂馬口也，山在岡底斯之東。四喀巴布，爲近岡底斯之四大山。朗布、朗布山在後藏之北。巴薩通拉木、巴薩通拉木山在衛藏之東北。諾莫渾烏巴什。諾莫渾烏巴什山在衛藏之北。其川，鄂穆楚、鄂穆楚河在衛藏東北，出瓊卜諸土司境東南流，入四川邊外察木多境又雜楚河出鄂穆楚河之北東南流，至察木多與鄂穆楚合，下流爲瀾滄江。喀喇烏蘇、喀喇烏蘇郭勒，蒙古語謂黑水河也，其下爲潞江，亦曰怒江，出衛藏北布喀池西北流，爲額爾吉根池，又東北流爲集達池，又東南流爲喀喇池，東流始名喀喇烏蘇，經納克書等土司境，北納索克河東南流，經碩般多洛隆宗南流，東納鄂宜楚河東南流，入雲南界。薄藏布、薄藏布河二源，一出碩般多南曰雅隆楚河，一出拉里曰桑楚河，各合十餘水至薄宗城合流，爲薄藏布河，南流經外裔境，復入雲南爲龍川江。雅魯藏布、雅魯藏布河出後藏之西達木楚克山，東流，南納郭永河、翁楚河、式爾的河、薩布楚河，北納嘉克嘉河、烏克藏布河、薩楚河、滿楚河、薩爾格河、鄂楚河東流，經扎什倫布南納年楚河、隆千河，北納商河東流，經扎什城北合噶爾招木倫河、噶爾招木倫河，出米底克池，初名米底克河，南流，西納達穆河西南流，經布達拉南流入雅魯藏布河，雅魯藏布河又東南流，北納岡布藏布河南流，入外裔境。朋楚、朋楚河出後藏西南舒爾木藏拉山東南流，北納吉楚河，東北納長楚河南流，東納帕里河，西納尼雅河南流，入廓爾喀界。岡噶。岡噶江出岡底斯山瑪帕木達賴池，初名狼楚河，西流經阿里之極，西合拉楚河，拉楚河出僧格山西流，經阿里之西北，折而南流，入狼楚河又南流，經阿里之西南，折而東流，與瑪楚河合，瑪楚河出瑪布加山西南流，經阿里入狼楚河，遂名岡噶江，南流入外裔境。其澤，瑪帕木達賴、瑪帕木達賴池在岡底斯山東南。郎噶、郎噶池在岡底斯山之西南。牙母魯克、牙母魯克池在布達拉西南，中有三山。騰噶里、騰噶里池在衛藏之北。牙爾佳、牙爾佳池出巴薩通拉木山，西北流入於沙。江西與湖南省之南，爲兩廣，其省二，曰廣東，曰廣西。廣東布政司一，治在廣州府。所屬府九，廣州府治在南海縣、番禺縣，韶州府治在曲江縣，惠州府治在歸善縣，潮州府治在海陽縣，肇慶府治在高要縣，高州府治在茂名縣，廉州府治在合浦縣，雷州府治在海康縣，瓊州府治在瓊山縣。直隸廳二，理猺廳、佛崗廳。直隸州四，連州、羅定州、南雄州、嘉應州。廳二，廣州府領前山寨廳，潮州府領南澳廳。州七，惠州府領連平州，肇慶府領德慶州，高州府領化州，廉州府領欽州，瓊州府領儋州、萬州、崖州。縣七十有九。廣州府領南海縣、番禺縣、順德縣、東莞縣、從化縣、龍門縣、新寧縣、增城縣、香山縣、新會縣、三水縣、清遠縣、新安縣、花縣，韶州府領曲江縣、樂昌縣、仁化縣、乳源縣、翁源縣、英德縣，惠州府領歸善縣、博羅縣、長寧縣、永安縣、海豐縣、陸豐縣、龍川縣、河源縣、和平縣，潮州府領海陽縣、豐順縣、潮陽縣、揭陽縣、饒平縣、惠來縣、大埔縣、澄海縣、普寧縣，肇慶府領高要縣、四會縣、新興縣、陽春縣、陽江縣、高明縣、恩平縣、廣寧縣、開平縣、鶴山縣、封川縣、開建縣，高州府領茂名縣、電白縣、信宜縣、吴川縣、石城縣，廉州府領合浦縣、靈山縣，雷州府領海康縣、遂溪縣、徐聞縣，瓊州府領瓊山縣、澄邁縣、定安縣、文昌縣、會同縣、樂會縣、臨高縣、昌化縣、陵水縣、感恩縣，連州領陽山縣、連山縣，南雄州領始興縣，羅定州領東安縣、西寧縣，嘉應州領長樂縣、興寧縣、平遠縣、鎮平縣。其山，西樵、西樵山在南海縣。白雲、白雲山在番禺縣。羅浮、羅浮山在博羅縣。五指。五指山在定安縣。其川，三江、三江一曰西江，一曰北江，一曰東江，西江自廣西入境東流，經封川縣北納自廣西入境經開建縣之賀江南流，經西寧縣西納自廣西入境之文昌水東流，經德慶州南納出羅定州合東安縣耽尚水之瀧水江東流，經高要縣南納出新興縣之新江東流，分爲二派，一東流，一南流，東流者北納綏江分出之清岐水至三水縣與北江合，南流者經新會縣西納出開平縣經鶴山縣、新會縣之潭江南流入海，北江亦曰湞江，出南雄州西流，北納自江西入境之昌水西流，北納出仁化縣之錦江西南流，經曲江縣北納自湖南入境經樂昌縣之武水南流，經英德縣東納出翁源縣之江鎮水，西納出連山縣經連州、陽山縣之湟水南流，經清遠縣、三水縣西納自廣西入境經廣寧縣、四會縣之綏江東南流，與西江之分派合，南流，經南海縣入海，東江亦曰龍江，出江西定南廳入境南流，經龍川縣西納出和平縣之利溪水西南流，經河源縣北納出連平州合長寧縣羅紋水之新豐江西南流，經歸善縣東納出永安縣之秋鄉江，南納城西江西流，經博羅縣、東莞縣北納出龍門縣經增城縣之增江西流，至番禺縣入海。九洲、九洲江出廣西陸川縣，入境南流，經石城縣入海。晏、晏江亦曰廉江，又曰合浦江，出廣西興業縣，南流入境，經合浦縣入海。欽、欽江出靈山縣南流，經欽州由南港入海，又漁洪江出欽州南流，亦由南港入海。吴、吴水出信宜縣爲竇江南流，經茂名縣爲鑑江西南流，至化州北合羅江東南流，東納三橋河，經吴川縣名吴水，南流入海。韓、韓江自福建入境，曰鄞江，西南流至大埔縣爲大河，東納大小靖溪，西合小河，小河出長樂縣東流，經嘉應州北合出平遠縣經鎮平縣之溪河東流，入於大河，南流經海陽縣爲韓江，南流分三派，經澄海縣入海。漠陽、漠陽江亦曰恩江，又曰鼍江，出陽春縣南流，經陽江縣入海。玉滘、玉滘溪出永安縣，曰南北琴溪，合而東流，經普寧縣、揭陽縣南納南溪，北納北溪，東南流，經潮陽縣入海。廣西布政司一，治在桂林府。所屬府十有一，桂林府治在臨桂縣，柳州府治在馬平縣，慶遠府治在宜山縣，思恩府有親轄不設附郭縣，泗城府治在凌雲縣，平樂府治在平樂縣，梧州府治在蒼梧縣，潯州府治在桂平縣，南寧府治在宣化縣，太平府治在崇善縣，鎮安府治在天保縣。直隸州一，鬱林州。廳五，桂林府領龍勝廳，思恩府領百色廳，太平府領龍州廳、明江廳，鎮安府領小鎮安廳。州十有六，桂林府領永寧州、全州，柳州府領象州，慶遠府領河池州、東蘭州，思恩府領賓州，泗城府領西隆州，平樂府領永安州，南寧府領新寧州、横州、上思州，太平府領養利州、左州、永康州、寧明州，鎮安府領歸順州。縣四十有七，桂林府領臨桂縣、興安縣、靈川縣、陽朔縣、永福縣、義寧縣、灌陽縣，柳州府領馬平縣、雒容縣、羅城縣、柳城縣、懷遠縣、來賓縣、融縣，慶遠府領宜山縣、天河縣、思恩縣，思恩府領武緣縣、遷江縣、上林縣，泗城府領凌雲縣、西林縣，平樂府領平樂縣、恭城縣、富川縣、賀縣、荔浦縣、修仁縣、昭平縣，梧州府領蒼梧縣、藤縣、容縣、岑溪縣、懷集縣，潯州府領桂平縣、平南縣、貴縣、武宣縣，南寧府領宣化縣、隆安縣、永淳縣，太平府領崇善縣，鎮安府領天保縣，鬱林州領博白縣、北流縣、陸川縣、興業縣。土司四十有六。慶遠府河池州轄南丹土司，東蘭州轄那地土司、東蘭土司，宜山縣轄忻城土司、永定土司、永順土司，天河縣轄永順副土司，思恩府百色廳轄田州土司、陽萬土司、上林土司、定羅土司、都陽土司、下旺土司，武緣縣轄白山土司、興隆土司、那馬土司、舊城土司、安定土司、古零土司，南寧府新寧州轄忠州土司，上思州轄遷隆峒土司，隆安縣轄果化土司、歸德土司，太平府龍州廳轄上下凍土司、上龍土司，養利州轄下石西土司、萬承土司、全茗土司、龍英土司、茗盈土司，左州轄安平土司、太平土司、羅白土司，永康州轄結安土司、佶倫土司、都結土司、鎮遠土司、羅陽土司，寧明州轄思州土司、憑祥土司、思陵土司，崇善縣轄江州土司，鎮安府歸順州轄下雷土司，奉議州州判轄都康土司、上映土司，天保縣轄向武土司。其山，海陽、海陽山亦曰陽海山，又曰陽朔山，在興安縣。覆釜、覆釜山在全州。丹甑、丹甑山亦曰瑞雲山，在賀縣。臨賀、臨賀嶺即桂嶺，在賀縣，與湖南江華縣、廣東連山縣接壤。石室、石室山亦曰南山，在桂平縣。大容、大容山在鬱林州。勾漏。勾漏山在北流縣。其川，桂、桂江亦曰灕江，出興安縣與湘水同源，繞興安縣西南流，經靈川縣北納大小融江南流，經臨桂縣西納陽江、相思江，東納乖水南流，經陽朔縣西納犀潭南流，經平樂縣東納出湖南永明縣入境經恭城縣之平樂江，西納出修仁縣經荔浦縣之荔水南流，經昭平縣東納出富川縣之思勤江東南流，經蒼梧縣入潯江。柳、柳江亦曰黔江，又曰北江，又曰右江，出貴州永從縣南流入境，名融江，經懷遠縣東納出龍勝廳之桑江，西納出貴州古州廳入境之古州江南流，經融縣西納背江南流，經柳城縣與龍江合，龍江出貴州荔波縣，爲勞村江，南流入境，經南丹土司、河池州西納秀水爲龍江，東流經思恩縣，北納帶溪東南流，經宜山縣北納出天河縣經羅城縣之東小江東流，至柳城縣合於融江，是爲柳江，東南流經馬平縣，折而北流，復東南流，北納洛清江，洛清江出義寧縣北，曰義江，南流經永福縣東納相思江之分流，西納出永寧州之黄源水，是爲永福江，西南流經雒容縣爲洛清江，入於柳江，柳江又南流，經象州是爲象江，東納運江南流，與紅水江合，紅水江自雲南入境東流，經西隆州爲南盤江，東流經凌雲縣北與自貴州入境之北盤江合，是爲紅水江，東流經那地土司北納出貴州都勻縣入境之巴羅江，折而南流，經安定土司南納馱蒙江之北流東流，經忻城土司，西北納出河池州經永順正土司之刁江，北納龍塘江東南流，經遷江縣南納出賓州合上林縣南北江之思覽江東流，經來賓縣又東流入柳江，柳江又東南流，經武宣縣是爲潭江，東南流經桂平縣與鬱江合，始名潯江，東流經平南縣亦曰龔江東流，經藤縣北納出永安州之濛江，南納劒江，劒江出陸川縣東南初名六潭水北流，經北流縣曰北流江，亦名思賀江，東納出岑溪縣之皇華江，是爲繡江，北流經藤縣始名劒江，入於潯江，潯江又東流，經蒼梧縣與桂江合，東流入廣東境。鬱、鬱江亦曰左江，又曰南江，自越南國東北流入境，凡二源，一經憑祥土司，一經上下凍土司，至龍州廳合流，曰龍江，東流，南納出上思州經明江廳之明江又東流，爲麗江，北納出歸順土司、下雷土司、恩城土司、養利州安平土司、五水至太平土司合流之邏水東流，經崇善縣東北流，經左州北納橋龍江東南流，經新寧州、宣化縣北與西洋江合，西洋江亦曰右江，出雲南寶寧縣東流，入境經百色廳北納自雲南入境經西林縣之同舍河南流，西納自雲南入境之者郎河東流，經百色廳北納出凌雲縣之泗河東流，經田州土司北納塞歐溪，南納出奉議州州判境之若溪東流，經上林土司南納出天保縣之洪滰江東流，經隆安縣北納出思恩府經武緣縣駄蒙江之南流東南流，經永康州南納龍壯江東南流，合左江是爲鬱江，東流經永淳縣，北納東班江東流，經橫州南納出廣東靈山縣入境之橫漾江東北流，經貴縣東流，至桂平縣合於黔江。湘、湘江出興安縣，與灕江同源，東北流，爲湘江，經全州北納羅水，南納出灌陽縣之觀水東北流，入湖南境。賀、賀江出富川縣南流，經賀縣入廣東境。末。末水出小鎮安廳，合㳫水南流，入越南國境。四川省之南，曰雲貴，其省二，曰雲南，曰貴州。雲南布政司一，治在雲南府。所屬府十有四，雲南府治在昆明縣，大理府治在太和縣，臨安府治在建水縣，楚雄府治在楚雄縣，澂江府治在河陽縣，廣南府治在寶寧縣，順寧府治在順寧縣，曲靖府治在南寧縣，麗江府治在麗江縣，普洱府治在寧洱縣，永昌府治在保山縣，開化府治在文山縣，東川府治在會澤縣，昭通府治在恩安縣。直隸廳三，景東廳、蒙化廳、永北廳。直隸州四，廣西州、武定州、元江州、鎮沅州。廳九，麗江府領中甸廳、維西廳，普洱府領思茅廳、威遠廳、他郎廳，永昌府領龍陵廳，順寧府領緬寧廳，昭通府領大關廳、魯甸廳。州二十有七，雲南府領嵩明州、晉寧州、安寧州、昆陽州，大理府領趙州、鄧川州、賓川州、雲龍州，臨安府領石屏州、阿迷州、寧州，楚雄府領姚州、南安州、鎮南州，澂江府領新興州、路南州，順寧府領雲州，曲靖府領霑益州、陸涼州、羅平州、馬龍州、尋甸州、宣威州，麗江府領鶴慶州、劒川州，永昌府領騰越州，昭通府領鎮雄州。縣三十有九，雲南府領昆明縣、富民縣、宜良縣、呈貢縣、羅次縣、祿豐縣、易門縣，大理府領太和縣、雲南縣、浪穹縣，臨安府領建水縣、通海縣、河西縣、嶍峨縣、蒙自縣，楚雄府領楚雄縣、定遠縣、廣通縣、大姚縣，澂江府領河陽縣、江川縣，廣南府領寶寧縣，順寧府領順寧縣，曲靖府領南寧縣、平彝縣，麗江府領麗江縣，普洱府領寧洱縣，永昌府領保止縣、永平縣，開化府領文山縣，東川府領會澤縣，昭通府領恩安縣、永善縣，廣西州領師宗縣、彌勒縣，武定州領元謀縣、祿勸縣，元江州領新平縣，鎮沅州領恩樂縣。土司五十。大理府轄十二關土司，趙州轄定西嶺土司，雲龍州轄箭杆場土司，雲南縣轄雲南二土司，浪穹縣轄小浪穹土司、鳳羽鄉土司、上江嘴土司、下江嘴土司、蒲陀崆土司，臨安府轄納更山土司、納楼茶甸土司、虧容甸土司，廣南府轄廣南土司、富州土司，楚雄府鎮南州轄鎮南二土司，徵江府新興州轄新興土司，順寧府轄猛猛土司、猛麻土司、耿馬土司、孟連土司，曲靖府平彝縣轄平彝土司，普洱府思茅廳轄車里土司，永昌府轄孟定土司、灣甸土司、鎮康土司、遮放土司，龍陵廳轄芒市土司、潞江土司，騰越州轄南甸土司、隴川土司、千崖土司、盞達土司、猛卯土司、户撒土司、腊撒土司，東川府會澤縣轄土期古土司，景東廳轄景東二土司、三岔河土司、保甸土司、版橋土司，蒙化廳轄蒙化土司，永北廳轄永寧土司、北勝二土司、順州土司、南潤土司，元江州新平縣轄新平土司。其山，碧雞、碧雞山在昆明縣。點蒼、點蒼山在太和縣。玉龍、玉龍山亦曰雪嶺，在麗江縣。雞足。雞足山在賓川州。其川，金沙、金沙江自四川巴塘土司入境，經維西廳南流，折而東流，經中甸廳北納碩多岡河，經麗江縣復折而南流，經永北廳東納出四川裏塘土司經木裹土司入境之五郎河南流，經鶴慶州西納出麗江縣之冲江河折而東流，繞永北廳北納程海水，南納出賓川州之答旦河東流，經白鹽井南納出雲南縣之泡江東流，經大姚縣折而南流，西納出姚州經大姚縣之大姚河，折而東流，經武定州南納出鎮南州經楚雄縣、琅鹽井、廣通縣、元謀縣之龍川江又東流，南納普渡河，普渡河自滇池流出，經昆陽州北流，經安寧州、富民縣，西納出禄勸縣之掌鳩河北流，入金沙江，金沙江復折而北流，經會澤縣東納出尋甸州之壁谷江北流，東納以濯河北流，東納車洪江，車洪江亦曰牛攔江，出嵩明州嘉利澤東北流，經尋甸州東納馬龍州之西河北流，經宣威州東納鴉八箐水東北流，經會澤縣入金沙江，金沙江北流經永善縣入四川境，其出恩安縣北流經大關廳之撒魚江，則至四川境入金沙江。瀾滄、瀾滄江自西藏東南流入境，經維西廳南流，經麗江縣、雲龍州東納沘江南流，經順寧縣東納出永平縣之銀龍江東南流，經雲州北納黑惠江，黑惠江出麗江縣南流，經鶴慶州合數水至劒川州匯爲劍湖南流，西納出維西廳之彌沙浪河爲漾濞江南流，經浪穹縣、鄧川州、太和縣東納洱海之水南流，經蒙化廳西納出永平縣之勝備江，是爲黑惠江，南流至雲州入瀾滄江，瀾滄江又東流，經蒙化廳折而南流，西納出順寧縣經雲州之孟佑河南流，經景東廳西南流，經緬寧廳復東南流，經威遠廳，東納出景東廳經鎮沅州合出寧洱縣猛撒江之威遠江，遂名九龍江，東南流經思茅廳，北納漫達河南流，經車里土司入南掌國境。禮社、禮社江出雲南縣西南流，經趙州爲白崖瞼江東南流，經蒙化廳西納陽江東南流，經楚雄縣爲大場江東南流，經南安州碍嘉州判境北納馬鹿河東流，經新平縣合緑汁江，緑汁江出富民縣北流，經羅次縣折而西南流，爲金水河，經禄豐縣爲星宿江東南流，經易門縣東納易江爲緑汁江，至新平縣合大場江爲禮社江，東南流經元江州、石屏州東納出新平縣之亞泥河東流，經建水縣爲河底江東南流，經蒙自縣又爲梨花江，入越南國境。盤、盤江亦曰八達河，出霑益州爲沙河，西納臘溪河南流，經南寧縣西與瀟湘江合，遂名瀟湘江，南流經陸涼州匯爲中埏澤西流，經宜良縣折而南流，經路南州名鐵池河，東納興寧溪南流，經河陽縣西納仙湖水南流，經寧州西納出新興州經嶍峨縣、河西縣、通海縣之小曲江，東納出路南州經彌勒縣之巴盤江南流，經阿迷州西納出石屏州經建水縣之瀘江河，折而東流，復折而北流，始名盤江，經彌勒縣折而東北流，經廣西州師宗縣爲混水江，東流經羅平州，南納邱北縣丞境之清水河，始名八達河，折而北流，南納出寶寧縣之馬別河，北納出平彝縣之塊澤河，折而東流，入廣西境。潞、潞江亦曰怒江，自西藏西南流入境，經維西廳南流，經雲龍州、保山縣東納出施甸土司之羅窖河南流，東納出保山縣清華海合出鎮康土司鎮康河之沙河西南流，入緬甸國境。龍川、龍川江自騰越州北邊外入境南流，合曲石江繞騰越州境西南流，經遮放土司、孟卯土司西南流，入緬甸國境。檳榔、檳榔江自騰越州西北邊外入境南流，東納大盈江西南流，經盞達土司，西納盞達河西南流，入緬甸國境。李仙、李仙江出景東廳南流，經恩樂縣爲把邊江東南流，經普洱府北納山恩樂縣經他郎廳之阿墨江，東納薩普河，是爲李仙江，東南流入南掌國境。盤龍，盤龍江出文山縣南流，東納迷勒河又南流，至邊西納賭咒河南流，入越南國境。其澤，滇池、滇池在昆明縣南，呈貢縣、晉寧州、昆陽州環之。洱海。洱海在太和縣東，浪穹縣、鄧川州、趙州環之。貴州布政司一，治在貴陽府。所屬府十有二，貴陽府有親轄治在貴筑縣，思州府有親轄無附郭縣，思南府有親轄治在安化縣，鎮遠府有親轄治在鎮遠縣，銅仁府有親轄治在銅仁縣，黎平府有親轄治在開泰縣，安順府有親轄治在普定縣，興義府有親轄無附郭縣，都匀府有親轄治在都匀縣，石阡府有親轄無附郭縣，大定府有親轄無附郭縣，遵義府治在遵義縣。直隸廳三，松桃廳、普安廳、仁懷廳。直隸州一，平越州。廳十有一，貴陽府領長寨廳，安順府領朗岱廳、歸化廳，都匀府領八寨廳、都江廳、丹江廳，鎮遠府領台拱廳、清江廳，黎平府領古州廳、下江廳，大定府領水城廳。州十有三，貴陽府領開州、定番州、廣順州，鎮遠府領黄平州，安順府領鎮寧州、永寧州，興義府領貞豐州，都匀府領麻哈州、獨山州，大定府領平遠州、黔西州、威寧州，遵義府領正安州。縣三十有四，貴陽府領貴筑縣、龍里縣、貴定縣、修文縣，思州府領玉屏縣、清溪縣，思南府領安化縣、婺川縣、印江縣，鎮遠府領鎮遠縣、施秉縣、天柱縣，銅仁府領銅仁縣，黎平府領開泰縣、錦屏縣、永從縣，安順府領普定縣、清鎮縣、安平縣，興義府領興義縣、普安縣、安南縣，都匀府領都匀縣、清平縣、荔波縣，石阡府領龍泉縣，大定府領畢節縣，遵義府領遵義縣、桐梓縣、綏陽縣、仁懷縣，平越州領湄潭縣、甕安縣、餘慶縣。土司八十有一。貴陽府轄中曹土司、養龍土司、白納二土司、虎墜土司，開州轄乖西二土司，定番州轄程番土司、小程番土司、上馬橋土司、盧番土司、韋番土司、卧龍番土司、金石番土司、羅番土司、方番土司、大龍番土司、小龍番土司、木爪二土司、麻嚮土司，龍里縣轄大谷龍土司、小谷龍土司、羊場土司，貴定縣轄平伐土司、大平伐土司、小平伐土司、新添土司，思州府轄都坪二土司、黄道二土司、者素二土司、施溪土司，思南府轄蠻夷土司、朗溪二土司、沿河祐溪二土司，印江縣轄木村土司，鎮遠府轄偏橋土司、邛水土司，黄平州轄重安土司、巖門土司，銅仁府轄省溪二土司、提溪二土司，黎平府轄潭溪二土司、歐陽二土司、龍里土司、亮寨土司、中木土司、古州土司、湖耳二土司、八舟土司、新化土司、洪州二土司，安順府朗岱廳轄西堡土司，歸化廳轄康莊土司，永寧州轄頂營土司、沙營土司，都匀府轄都匀二土司、邦水土司，麻哈州轄平定土司、樂平土司，獨山州轄獨山土司、爛土土司、豐寧二土司，松桃廳轄烏羅二土司、平頭二土司，平越州轄楊義土司。其山，陽寶、陽寶山在貴定縣。西望、西望山在修文縣。福泉、福泉山在平越州。雲臺。雲臺山在施秉縣。其川，烏、烏江出威寧州東流，經畢節縣爲七星河，北納落折河東流，經大定府爲六廣河，北納烏西河東流，經黔西州南合鴨池河，鴨池河出普定縣爲谷龍河，東流經平遠州爲簸朵河，東北流經黔西州爲玀革河，又爲鴨池河，合六廣河是爲烏江，東流經修文縣，南納出廣順州經清鎮縣、修文縣之雞公河北流，經遵義縣西納出黔西州之沙溪東流，經甕安縣南納清江，清江出平伐土司爲甕首河，北流經貴定縣，西納出龍里縣之博奇河，是爲清江，西北流，西納出貴筑縣之三水江北流，經開州西納洗泥河東北流入烏江，烏江又東流，北納出遵義縣合綏陽縣洪江之湘江，南納甕安江東流，經餘慶縣北納出湄潭縣之湄潭河，南納白泥河東北流，經石阡府南納龍底江東北流，經安化縣又爲德江，北納出龍泉縣之義陽江，南納出印江縣之思昂江東北流，西納出龍泉縣經婺川縣之豐樂河東北流，爲入四川境之涪陵江。盤、盤江出雲南宣威州，爲可渡河，東南流入境，經永寧州西納出普安廳經普安縣、安南縣之者卜河，東納出普定縣經鎮寧州之寧穀河南流，經興義府折而東流，北納出定番州之濛江東南流，入廣西境爲北盤江。清水、清水江出都匀縣，爲劍河，東流繞城北流，經清平縣、黄平州，西納出都匀縣經麻哈州合平越州地松河之麻哈江東流，經施秉縣、台拱廳、清江廳，南納出丹江廳之九股河東南流，經開泰縣南納新化江東北流，經天柱縣入湖南境沅江。赤水、赤水河出雲南鎮雄州東流入境，經畢節縣東北流，東納出桐梓縣之齋郎河，西北流經仁懷縣、仁懷廳，至四川境入於江。平、平江亦曰鎮陽江，出黄平州東北流，經施秉縣、鎮遠縣、清溪縣，北納出思州府之架溪東北流，爲平江，經玉屏縣入湖南境，爲潕江。都、都江出都匀縣爲邦水，東流經獨山州爲獨山江，東流經古州廳、永從縣，北納彩江爲福禄江，南流入廣西境爲融江。芙蓉、芙蓉江出婺川縣西北流，經正安州南納出綏陽縣之小烏江，北流入四川境。馬別，馬別河出普安縣東南流，經貞豐州北納出興義府之都威河，南流入廣西南盤江。直隸之北，越蒙古四十九旗游牧度大漠，則定邊左副將軍治焉。定邊左副將軍本屬城一，烏里雅蘇台城。所屬參贊大臣城一，科布多城。其定邊左副將軍所屬，喀爾喀土謝圖汗部落二十旗、喀爾喀三音諾顔部落二十四旗、喀爾喀車臣汗部落二十三旗、喀爾喀扎薩克圖汗部落十七旗、唐努烏梁海五旗三佐領。科布多城所屬新土爾扈特二旗、和碩特一旗、杜爾伯特十六旗、阿爾泰烏梁海七旗、阿爾泰諾爾烏梁海二旗、額魯特一旗、明阿特一旗、札哈沁一旗，則隸於理藩院。其山，杭愛、杭愛山在土謝圖汗旗之西，與三音諾顔部分界。肯特、肯特山在土謝圖汗部右翼左末旗之東北，與車臣汗部分界。唐努、唐努山在唐努烏梁海旗。金、金山，蒙古名阿爾泰，在科布多之西，與塔爾巴哈台分界。汗。汗山在庫倫之南。其川，喀嚕倫、喀嚕倫河即臚朐河，出車臣汗部中後旗南流，經中右後旗折而東流，北納僧庫爾河東流，經右翼中左旗、車臣汗旗，北納塔爾河東流，經右翼左旗、左翼右旗、左翼中旗、中左旗、左翼左旗、中左前旗、中前旗，入呼倫貝爾城境。色楞格、色楞格河即昔令哥河，又曰仙娥河，其上流爲齊老圖河，出三音諾顔部中左末旗，東北流經中左旗，北納出扎薩克圖汗部中左翼末旗之德勒格爾河，東流經左翼中旗，南納出扎牙班第達喇嘛游牧經右翼前旗之哈綏河，遂名色楞格河，東流經土謝圖汗部右翼左旗，北納額赫河，額赫河出唐努烏梁海旗爲庫蘇古爾泊，東南流爲額赫河，經扎薩克圖汗部中左翼末旗、三音諾顔部中末旗東流，經土謝圖汗部右翼左旗入色楞格河，色楞格河又東流，經右翼右末次旗、中左翼末旗，與鄂爾坤河合。鄂爾坤河出三音諾顏旗東流，經三音諾顏部額魯特旗折而北流，經土謝圖汗旗、三音諾顏部額魯特前旗，西納出左翼中右末旗之塔米爾河北流，經左翼左末旗折而東流，經土謝圖汗部左翼前旗、右翼左後旗，南納土拉河，土拉河出土謝圖汗部中旗，折而西流，經庫倫復西流，經中右末旗、中右旗折而北流，經右翼左後旗，西納出左翼中左末旗之喀嚕哈河東北流，入鄂爾坤河，鄂爾坤河又東北流，經右翼左旗南納出右翼右末旗經右翼左末旗之哈拉河、出右翼左末旗之伊遜河，又東北流，合於色楞格河，又東北流，經中左翼末旗至恰克圖西北，流入俄羅斯境。扎布噶、扎布噶河，出三音諾顏部右翼右後旗，西南流經左翼左旗，北納布爾噶蘇台河西南流，經尼魯班禪喇嘛游牧折而西北流，合烏里雅蘇台河。烏里雅蘇台河出中後旗西流，經烏里雅蘇台城北，經蘇布拉河西流，合於扎布噶河，扎布噶河又西流，經扎薩克圖汗部左翼左旗西北流，東納空歸河西流，北會奇勒稽思泊、愛拉克泊之水西南流，復南會都爾根泊、喀喇泊之水西流，經明阿特旗匯於阿拉克泊，阿拉克泊之西爲科布多河，出阿爾泰烏梁海旗爲索果克河，東流經杜爾伯特右翼旗折而南流，西納胡爾噶泊、和通泊之水東南流，北納烏里雅蘇圖河，遂名科布多河，東南流經科布多城，西納出阿爾泰烏梁海旗經額魯特旗之布彥圖河東流，會於阿拉克泊。敖嫩、敖嫩河即斡難河，出車臣汗部中後旗東北流，經中末次旗南納科勒蘇河出卡倫，經尼布楚城，南納温都河，北納尼布楚河，遂名黑龍江，東流入黑龍江城境。翁金、翁金河出三音諾顏部右翼左末旗東流，經中前旗東南流，經土謝圖汗部左翼中左末旗，瀦於沙爲胡爾哈鄂倫泊。拜塔里克、拜塔里克河出三音諾顏部右翼右後旗南流，東納出右翼末旗之墨特河南流，分東西瀦於沙，曰察漢泊，綳察漢泊。塔楚、塔楚河出額爾德尼班第達喇嘛游牧，南流瀦於沙。推、推河出三音諾顏部中右旗南流，瀦爲鄂羅克泊。喀爾喀、喀爾喀河出黑龍江境，西流經車臣汗部左翼前旗，西北流經中右旗，東與呼倫貝爾城分界，瀦爲貝爾池，自北流出爲鄂爾順河，入黑龍江境。烏隴古、烏隴古河凡二源，東曰布爾干河，出新和碩特旗南流，經扎哈沁旗，西曰青吉斯河，出新土爾扈特旗南流，與布爾干河合，是爲烏隴古河，折而西流，繞新土爾扈特旗，復折而北流，經阿爾泰烏梁海旗，西南與塔爾巴哈台城分界，瀦爲赫薩爾巴什泊。額爾齊斯、額爾齊斯河出新土爾扈特旗，西北流經阿爾泰烏梁海旗，西與塔爾巴哈台城分界，瀦爲齋桑泊，復自泊北流，繞阿爾泰烏梁海旗東北流，入俄羅斯境。克穆、克穆河出唐努烏梁海旗之北托羅斯嶺，凡二源，曰華克穆，曰貝克穆，華克穆南流折而西流，復折而北流，貝克穆自伯魯克泊流出，西南流，北納圖集泊、特爾里克泊之水西流，與華克穆河合爲大克穆河，西流復與出唐努烏梁海旗西境之克穆齊克河合，北流入俄羅斯境。特斯、特斯河出扎薩克圖汗部中左翼左旗西流，經杜爾伯特左翼旗瀦爲烏布薩泊，烏布薩泊之西爲喀喇奇拉河，亦東流匯於泊。哈屯。哈屯河出阿爾泰烏梁海旗，凡二源，曰噶老圖河，曰喀喇河，皆北流合爲納爾噶河，東北流經阿爾泰諾爾烏梁海旗，南納達爾欽圖河，是爲哈屯河，東北流，西納亨吉河，南納阿爾泰泊之水，北流入俄羅斯境。其澤，阿拉克、阿拉克泊在科布多城之東，泊東爲科布多牧場，泊南爲科布多屯田，泊北係明阿特旗，蒙古稱曰伊克阿拉克伊克，蒙古語謂大也，又有阿拉克泊在扎薩克圖汗部右翼後末旗西，接甘肅鎮西府境。都爾根、都爾根泊北與喀喇泊相接，在科布多牧場之東，泊東係扎薩克圖汗部左翼左旗。愛拉克、愛拉克泊北與奇勒稽思泊相接，在扎薩克圖汗部左翼左旗，泊西北係杜爾伯特左翼旗。博格勒、博格勒泊在扎薩克圖汗旗。烏布薩、烏布薩泊在杜爾伯特左翼旗。鄂羅克、鄂羅克泊在額爾德尼班第達喇嘛游牧。察漢、察漢泊在三音諾顔部中右旗及右翼中末旗接界之間，其西又一泊曰綳察漢泊，在右翼中末旗、右翼末旗、右翼右後旗與青蘇珠克圖喇嘛游牧接界之間，其西即係扎薩克圖汗部左翼後旗，又扎薩克圖汗部中右翼末旗，亦有察漢泊，泊東係輝特旗，有濟爾哈小河流入，其地名濟爾哈朗，西南接甘肅鎮西府界，又科布多屯田之南，復有察漢泊，泊西爲扎哈沁旗，泊東南爲扎薩克圖汗部左翼右旗。貝爾、貝爾池在車臣汗部中左旗。齋桑、齋桑泊在阿爾泰烏梁海旗。庫蘇古爾、庫蘇古爾泊在唐努烏梁海旗。桑錦達賴、桑錦達賴泊在扎薩克圖汗部中左翼右旗、中左翼左旗之間。赫薩爾巴什。赫薩爾巴什泊在阿爾泰烏梁海旗。

欽定大清會典卷十一

〇正天下之户籍。滿洲、蒙古、漢軍丁檔，則户部八旗俸餉處專司之。外蕃扎薩克所屬編審丁檔，則掌於理藩院。凡各省諸色人户，有司察其數而歲報於部，由各省親轄府、直隸廳、直隸州、廳、州、縣分管民户之州縣佐貳官、營官、衛所、鹽提舉司、鹽課司。曰煙户。凡户之别，有民户，土著者、流寓入籍者、八旗銷除旗檔者、漢軍出旗者、所在安置爲民者，皆爲民户。有軍户，原編屯衛，或歸併廳州縣，或仍隸衛所官，其屯丁皆爲軍户。凡充發爲軍者，其隨配之子孫及到配所生之子孫，亦爲軍户。有匠户，原編丁册，各省皆有匠户輪班供役，嗣改爲按户徵銀，解京代班，曰匠班銀，後各省漸次攤入地丁徵收。惟於賦役全書仍存其目。有竈户，各鹽場井竈丁，是爲竈户。有漁户，原編漁户皆隸河泊所，後漸次歸併入州縣。有回户，各省散處之回民皆列於民户，惟甘肅撒拉爾等回户仍設土司管轄。又鎮西府迪化州有驛站回户，伊犁有種地回户及南路各城所屬，皆爲回户。有番户，甘肅循化、莊浪、貴德、洮州、四川雜谷、懋功、打箭爐、雲南維西、中甸、福建臺灣理番同知等處所屬，爲番户。有羌户，甘肅階州、四川茂州所屬，有羌户。有苗户，湖南乾州、鳳凰、永綏、城步、綏寧、四川酉陽、秀山、廣西龍勝、懷遠、慶遠、泗城、貴州都匀、興義、黎平、松桃等處所屬，有苗户。有猺户，湖南、廣東理猺同知等所屬，爲猺户。有黎户，廣東瓊州所屬，有黎户。有夷户。雲南雲龍、騰越、順寧、普洱等處所屬，有夷户。凡民，男曰丁，女曰口，未成丁，男年十六，爲成丁。亦曰口。丁口繫於户。凡腹民計以丁口，直省民數，督撫飭所屬，按保甲門牌册實在民數，歲以十月同穀數造册送部，户部於年終彙繕黄册具題。每年開除、兹生多寡不齊，今按嘉慶十七年各省册報。直隸丁口二千七百九十九萬八百七十一，奉天丁口九十四萬二千有三，吉林丁口三十萬七千七百八十一，山東丁口二千八百九十五萬八千七百六十四，山西丁口一千四百萬四千二百有十，河南丁口二千三百三萬七千一百七十一，江蘇丁口三千七百八十四萬三千五百有一，安徽丁口三千四百一十六萬八千五十九，江西丁口二千三百四萬六千九百九十九，福建丁口一千四百七十七萬七千四百有十，臺灣府番丁一千七百四十八，浙江丁口二千六百二十五萬六千七百八十四，湖北丁口二千七百三十七萬九十八，湖南丁口一千八百六十五萬二千五百有七，陝西丁口一千二十萬七千二百五十六，甘肅丁口一千五百一十九萬三千一百二十五，巴里坤烏嚕木齊丁口一十六萬一千七百五十，四川丁口二千一百四十三萬五千六百七十八，廣東丁口一千九百一十七萬四千三十，廣西丁口七百三十一萬三千八百九十五，雲南丁口五百五十六萬一千三百二十，貴州丁口五百二十八萬八千二百十九。其八旗在京及各駐防人丁，不與其數。邊民計以户。回、番、黎、苗、猺、夷人等，久經向化者，皆按丁口編入民數。黑龍江所屬索倫達呼爾、鄂倫春、畢拉爾進貂皮壯丁四千四百九十七，其計户者，三姓所屬赫哲費雅喀、勒爾、庫葉、鄂倫春、恰克拉五十六姓二千三百九十八户，每户納貂皮一張，喀什噶爾、葉爾羌、和闐、阿克蘇、庫車、喀喇沙爾各回城伯克所屬及伊犁種地回子六萬九千六百四十四户，甘肅各土司及莊浪廳所屬番子土民二萬六千七百二十八户，吐魯番種地屯丁七百，各回子二千三百六十八户，羅布諾爾回子一百八十三户，貢水獺九張，四川各土司所屬番子七萬二千三百七十四户，青海各土司所屬三十九族七千八百四十二户，西藏各土司所屬三十九族四千八百八十九户，烏里雅蘇台所屬唐努烏梁海貢貂户五百九十五，貢灰鼠户，四百十二，科布多所屬阿爾泰烏梁海，貢貂户二百五十六，貢狐皮户四百二十九，阿爾泰諾爾烏梁海貢貂户一百四十七，貢灰鼠户六十一，貂皮每户二張，狐皮每户四張，灰鼠每户八十張。又有土司所屬番夷人等，但報明寨數、族數不計户者，及外藩人丁編審隸理藩院者，不與其數。凡丁輸賦者，以康熙五十年爲額。康熙五十二年，欽奉恩詔，嗣後編審人丁衹將實數奏聞，其徵收辦糧但據五十年丁册，定爲常額，續生人丁永不加賦。五十年丁册之額，直隸民丁三百二十七萬四千八百七十，奉天民丁八萬三千四百五十，吉林民丁三萬三千二十五，山東民丁二百二十七萬八千五百九十五，屯丁二萬六千二百十，山西民丁一百七十二萬七千一百四十四，屯丁三萬三千二百十九，河南民丁三百九萬四千一百五十，江蘇江寧布政司民丁一百五萬六千九百三十，屯丁三萬三千三十二，蘇州布政司民丁一百五十九萬九千五百三十五，屯丁八百十三，安徽民丁一百三十五萬七千八百二十九，屯丁四萬八百五十五，江西民丁二百十七萬二千五百八十七，屯丁六千一百七十九，福建民丁七十萬六千三百十一，屯丁二萬四百二十六，浙江民丁二百七十一萬三百十二，屯丁四千二百七十七，湖北民丁四十三萬三千九百四十三，屯丁七百十九，湖南民丁三十三萬五千三十四，屯丁一千二百九十，陝西民丁二百十五萬六百九十六，屯丁十萬六千九百六十三，更名校丁一十三，甘肅民丁、屯丁三十六萬八千五百二十五，四川民丁三百八十萬二千六百八十九，廣東民丁一百十四萬二千七百四十七，黎丁一千一百八十二，屯丁六千七百三十六，廣西民丁二十一萬六百七十四，雲南民丁十四萬五千四百一十四，軍丁二萬九千八百九十三，舍丁八千三百九十四，貴州民丁三萬七千七百三十一。歲編審有羨餘，曰盛世滋生人丁，不加賦焉。凡民之著於籍，其别有四。一曰民籍，諸色人户非係軍商竈籍者，皆爲民籍。二曰軍籍，軍户即爲軍籍,亦有註稱衛籍者。三曰商籍,商人子弟准附於行商省分,是爲商籍,四曰竈籍。竈户即爲竈籍。察其祖寄,人户於寄居地方置有墳廬已逾二十年者,准其入籍。出仕令聲明祖籍迴避,文員罷職不准寄居别省。如本身已故,子孫於他省有田土丁糧願附入籍者,聽。軍流人等,子孫隨配入籍者,准其考試。十年限滿後,由配所督撫報部查覈。奉天地方貿易商人不准於該處入籍。江蘇省安插安南夷人,撥給入官田畝,聽其與民人婚嫁入籍。四川梁黄等八寨番夷,准其入茂州民籍當差。辨其宗系,民人無子,許立同宗昭穆相當之姪爲嗣,先儘同父周親,次及五服之内,如俱無,准擇立遠户或擇立賢能及所親愛者,於昭穆倫序不失。不許宗族指以次序争告。如非同姓者及尊卑失序者、獨子出繼者、本生父母有子所後之親無子而捨去者,皆論如律。惟孀婦無子,雖獨子亦准出繼,無子而女婿、義男爲所親愛者,聽其相依,准酌給財産。仍立同宗應繼之人承祀,乞養異姓義子願歸宗者,聽,不得以所得財産携回本族。收養三歲以下小兒即從其姓,准酌給財産,不得遂以爲嗣。區其良賤。四民爲良,奴僕及娼優、隸卒爲賤。其山西、陝西之樂户,江南之丐户,浙江之惰民,皆於雍正元年、七年、八年先後豁除賤籍,如報官改業後已越四世,親支無習賤業者,即准其應考出仕。其廣東之蛋户、浙江之九姓漁户,皆照此例。凡衙門應役之人除庫丁、斗級、民壯仍列於齊民,其皁隸、馬快、步快、小馬、禁卒、門子、弓兵、仵作、糧差及巡捕營番役,皆爲賤役,長隨亦與奴僕同。其奴僕經本主放出爲民者,令報明地方官咨部,覆准入籍。其入籍後所生之子孫,准與平民應考出仕,京官不得至京堂,外官不得至三品。冒籍者、跨籍者、越邊僑籍者,奉天地方非貿易營運人,不准前往,准往者仍不得冒濫入籍。吉林伯都訥地方,除新集流民業已開墾地畝安分守業者,准其納丁入册,不准再有流民踵至。私墾阿爾楚喀拉林二處種地閒散滿洲,不准私招民人代種。山西歸化城大青山種地民户,該管官查察毋許私添。直隸平泉、建昌、朝陽、赤峰四州縣,盛京昌圖廳、吉林長春廳等處,租種蒙古地畝之民人,除現在開墾各户准其入於民册安插外,不准多墾一畝、增居一户。令各關口、海口地方官嚴密稽查。皆禁之。凡編保甲户,給以門牌,書其家長之名與其丁男之數,而歲更之。出註所往,入註所來。如户有遷移,隨時報,則换給門牌。十家爲牌,牌有頭。十牌爲甲,甲有長。十甲爲保,保有正。牌頭、甲長、保正,皆令士民公舉誠實識字有身家者充之,限年更代。稽其犯令作慝者而報焉。如盜竊、邪教、賭博、製造賭具、窩逃、姦拐、私鑄私銷私鹽、踹麴、販賣硝黄並私立名色斂錢、聚會及面生可疑、形迹詭秘之徒,皆令牌頭、甲長、保正查報。城市、鄉屯、自五城所屬村莊以及各省府、廳、州、縣所屬城廂、市鎮、鄉村、屯所土著軍民,自縉紳以至商賈、農工、吏役、兵丁,皆挨户編審。其旗民雜居之村莊,亦一體編入,將旗分户名並所隸領催、屯目註明牌册。竈、各鹽場井之竈户,另編牌甲,所雇工人隨竈户填註,令場員督察。廠、礦廠丁户,令廠員督率廠商課長及峒長、爐頭等編查,各處煤廠令雇主將傭工人等册報。寺觀、寺觀僧道,令僧綱道紀按季册報。店埠、凡客民在地方開張貿易或置有産業者,即與土著一律挨編。其往來無定之商賈,令客長稽察至客商投寓店埠,皆令店主、埠頭詢明來歷並騎馱夥伴去來月日,循環册報。棚、各省山居棚民,按户編册,令地主併保正結報。寮、浙江、福建、廣東沿海附近炮臺、塘汛各島寮民,令文武官稽察,照内地保甲之例,設立牌頭、甲長、澳保約束,並無許添蓋寮房,續行占住。至外洋離汛較遠之島,則禁止民人居住。邊徼,邊外蒙古地方,種地居人皆設牌頭、總甲等稽查,有隱匿内地逃人者,並令扎薩克查拏。其苗疆省分,苗猺寄籍内地者即編入民甲,其餘各處苗猺令千百户及頭人、峒長等稽查。甘肅番户設有土司者,令土司稽察,其地方官管轄者,令該管頭目編查。四川改土歸流各番寨,令鄉約、教化、甲長稽查,仍聽撫夷掌堡管束。廣東樂昌縣、翁源縣安插湖南省遷來猺民設立猺甲稽查,給與官荒地畝耕種,所居山場不許占越定界。雲南永昌之潞江、順寧之緬寧居住近邊之人,編造寄籍,互相保結,禁與玀夷結親,如有進關回往,報明驗放。皆編之。凡海船,亦令編甲焉。沿海商漁船以十船編爲一甲,各給與執照。商船於照内註明船主姓名及船工、水手,出洋時由汛口官驗放。漁船則書船甲字號於大小桅蓬及船旁,照内註明船主其舵工、水手,汛口官隨時查註放行。

○度天下之土田。凡地,東西爲經,南北爲緯。經度候其月食,地偏東一度者,月食遲四分,積三十度則遲一時;偏西一度者,月食早四分,積三十度則早一時。緯度測其北極,地當赤道之下,北極與地平,地漸北則北極漸高,高九十度則地當北極之下矣。以定京師之中,而周知各省各城四至廣長之數。京師東西中緯度,北極高三十九度五十五分。直隸東至臨榆縣東境山海關偏東三度三十一分,西至井陘縣西境偏西二度三十六分,南至長垣縣南境北極高三十五度一分,北至多倫諾爾廳北境北極高四十四度。盛京東至鴨緑江朝鮮界偏東十度一分,西至寧遠州西境偏東二度五十二分,南至旅順城南境濱海北極高三十八度十五分,北至昌圖廳北境北極高四十三度二十六分。吉林東至費雅喀鄂倫春等居住海中大洲東境偏東三十一度二十分,西至伯都訥西境偏東八度二十分,南至鴨緑江朝鮮界北極高四十一度二十三分,北至赫哲奇勒爾等居住北境濱海北極高五十八度。黑龍江東至黑龍江城東境必占河偏東十五度二十六分,西至呼倫員爾城西境偏東四十分,南至呼蘭城南境混同江北極高四十六度,北至大興安嶺俄羅斯界北極高六十二度。山東東至榮成縣東境濱海偏東六度十五分,西至邱縣西境偏西一度十五分,南至嶧縣南境北極高三十四度三十一分,北至海豐縣北境北極高三十八度十四分。山西東至廣昌縣東境偏西一度三十三分,西至永濟縣西境濱河偏西六度二十二分,南至虞鄉縣南境濱河北極高三十四度四十分,北至歸化城北境北極高四十一度二十分。河南東至永城縣東境偏東二十三分,西至閿鄉縣西境偏西六度二十分,南至商城縣南境北極高三十一度五十六分,北至涉縣北境北極高三十七度。江蘇東至崇明縣東境濱海偏東五度十四分,西至碭山縣西境偏西三分,南至金山縣南境濱海北極高三十度四十分,北至贛榆縣北境北極高三十五度六分。安徽東至廣德州東境偏東三度四分,西至太和縣西境偏西一度二十八分,南至婺源縣南境北極高二十九度二分,北至亳州北境北極高三十四度十三分。江西東至玉山縣東境偏東一度五十分,西至萍鄉縣西境偏西三度三分,南至長寧縣南境北極高二十四度二十四分,北至彭澤縣北境北極高三十度十四分。福建東至淡水廳東境濱海偏東五度二十四分,西至武平縣西境偏西四十分,南至鳳山縣南境濱海北極高二十四度四分,北至浦城縣北境北極高二十八度二十一分。浙江東至定海縣東境濱海偏東五度五十五分,西至開化縣西境偏東一度三十七分,南至平陽縣南境北極高二十七度十分,北至長興縣北境北極高三十一度十三分。湖北東至黄梅縣東境偏西十二分,西至利川縣西境偏西八度七分,南至通城縣南境北極高二十八度五十九分,北至鄖陽縣北境北極高三十三度十八分。湖南東至平江縣東境偏西二度二十分,西至芷江縣西境偏西七度二十分,南至江華縣南境北極高二十四度四十七分,北至澧州北境北極高三十度四分。陝西東至商南縣東境偏西五度二十五分,西至畧陽縣西境偏西十度二十九分,南至平利縣南境北極高三十一度五十六分,北至府谷縣北境北極高三十九度二十九分。甘肅東至正寧縣東境偏西八度,西至綏來縣西境偏西三十度三十分,南至文縣南境北極高三十二度三分,北至奇台縣北境北極高四十五度十分。伊犁東至塔爾巴哈台東境偏西二十八度,西至喀什噶爾西境偏西四十七度,南至和闐南境北極高三十六度,北至塔爾巴哈台北境北極高四十九度五十分。青海東至魯察布拉山偏西十四度三十八分,西至噶斯口偏西二十七度二十分,南至三崑都崙河北極高三十三度十五分,北至大通河北極高三十八度。四川東至巫山縣東境偏西六度八分,西至喇貢偏西十九度十分,南至會理州南境北極高二十六度二分,北至黄勝關外土司北境北極高三十四度。西藏東至察木多東境寧静山偏西十八度十分,西至阿里西境偏西四十四度三十分,南至聶拉木城南境絨轄北極高二十六度一分,北至烏蘭穆倫河北極高三十六度二十五分。廣東東至南澳廳屬之適中偏東二十八分,西至欽州西境越南界偏西九度三分,南至崖州南境濱海北極高十八度十三分,北至樂昌縣北境北極高二十五度三十一分。廣西東至懷集縣東境偏西四度四十七分,西至小鎮安廳西境偏西四十一度二十分,南至思陵土司南境越南界北極高二十一度四十八分,北至全州北境北極高二十六度十四分。雲南東至土富州東境偏西十度二十九分,西至騰越州西境銅壁關緬甸界偏西十八度四十八分,南至車里宣慰司南境阿瓦界北極高二十一度四十分,北至永寧土府北境北極高二十七度五十六分。貴州東至永從縣東境偏西六度五十八分,西至威寧州西境偏西十二度三十八分,南至興義府南境北極高二十四度三十八分,北至婺川縣北境北極高二十八度五十八分。定邊左副將軍所屬東至車臣部東境索約爾濟山偏東三度,西至科布多西境阿爾泰山偏西三十二度三十分,南至瀚海北極高四十三度,北至唐努烏梁海北境托羅斯嶺北極高五十六度四十分。以營造尺起度,營造尺爲縱黍尺,古里尺當營造尺十之八。五尺爲步,三百六十步爲里。凡緯度一爲里二百，經度當赤道下亦如之，迤北而漸朒，至當北極下，則無經度焉。以距等弧立算，當赤道下北極與地平，每經度二百里，北極出地五度，每經度一百九十九里八十六步，北極出地十度，每經度一百九十六里三百四十六步，北極出地十五度，每經度一百九十三里六十六步，北極出地二十度，每經度一百八十七里三百三十七步，北極出地二十五度，每經度一百八十一里九十四步，北極出地三十度，每經度一百七十三里七十三步，北極出地三十五度，每經度一百六十三里二百九十八步，北極出地四十度，每經度一百五十三里七十五步，北極出地四十五度，每經度一百四十一里一百五十一步，北極出地五十度，每經度一百二十八里二百步，北極出地五十五度，每經度一百十四里二百五十七步，北極出地六十度，每經度一百里，北極出地六十五度，每經度八十四里一百八十八步，北極出地七十度，每經度六十八里一百四十五步，北極出地七十五度，每經度五十一里二百七十四步，北極出地八十度，每經度三十四里二百六十二步，北極出地八十五度，每經度十七里一百五十五步，北極出地九十度，則赤道與地平。經度減盡。一法，每緯度皆截地心如赤道弧，以三角兩邊兩角相等形求經度，則每度計里皆得直綫。惟於北極出地若干度中邊不相應，故仍依距等弧立算。凡地之墾者曰田，田亦曰地。南方目低田爲田，高田爲地。北方目水田爲田，餘皆爲地。其民間旱地願改作水田者，聽民自便，錢糧仍照旱田科則。若水田減則者，照所減之則徵納。凡田地之別，有民田，民間恒產聽其買賣者，爲民田。有更名地，前明分給各藩之地，國朝編入所在州縣，與民田一體給民爲業，曰更名地。有屯田，衛所軍田，有仍由衛所官經徵錢糧，有改歸州縣官經徵者，皆曰屯田。其屯田有續墾者，亦曰贍軍地。又伊犁、烏嚕木齊、巴里坤、吐魯番、哈密、科布多等處，有緑營兵及遣犯所種屯田，懋功廳有番民所種屯田。有竈地，長蘆、山東、兩淮、浙江、福建、廣東竈丁之地，曰竈地。有旗地，盛京十四城旗人所種之地及近京圈地徵收旗租者，皆曰旗地。奉天、山西有先係旗地後給民墾種者，曰退圈地。有莊田，内務府徵糧之地，爲莊田。近京州縣及盛京各城有之。有恩賞地，國初於近京州縣分給八旗馬場之地，後因坐落較遠棄置不用，歷次清丈給民墾種，改名恩賞地。有牧地，直隸、山西邊外牧場餘地召種升科者及各駐防馬場召種徵租者，皆曰牧地。有監地，國初沿明制，於甘肅設苑馬七監，後經停止，以其地給民墾種，爲監地。有公田，江蘇有之。各省亦有目爲基地、園地、養廉地者，又吉林、黑龍江給壯丁所種之地，亦曰公田。有學田，各省皆設有學田，以爲學中公費。直隸、山東、江蘇、安徽、江西、福建、浙江、湖北、湖南、四川、雲南所設學田，即在民田數内。其山西、河南、陝西、甘肅、廣東、廣西、貴州，則於民田之外另設學田，免其民田科則。有賑田，貴州有之。有蘆田，江蘇、安徽、江西、湖北、湖南濱江隨時坍漲之地，曰蘆田。皆丈而實其頃畝之數，以書於册。凡丈地，五尺爲弓，二百四十弓爲畝,畝方十五步,又三十一分步之十五。百畝爲頃。頃方百十四步,又三百九分步之二百八十四。凡各省各城,爲田七百九十一萬五千二百五十一頃九十六畝有奇。各省各城田地,每年開墾衝壓互有升除,今按嘉慶十七年奏銷册:直隸民田屯田共六十八萬四千七百二十六頃五十九畝有奇,河灘地十三頃九十三畝有奇,八旗地三萬七千三百三十三頃二十一畝。察哈爾左翼四旗及右翼正黄旗之半,又豐寧縣湯河報墾地四千九百二十五頃二十九畝有奇,官莊田地一萬四千四百三十五頃六十九畝有奇。奉天民田一萬九千六百七十四頃八十六畝有奇,民餘地一萬三百八十九頃十三畝有奇,退圈地七千五百六十六頃九十一畝有奇,旗地十四萬六千五百五頃八十八畝有奇,旗餘地一萬八千二百三十八頃五十二畝有奇,官莊地七千一百四十六頃九十七畝有奇,園地二百六十五頃三十二畝有奇,牧場地三千二百十九頃三十一畝有奇。吉林並所屬寧古塔、伯都訥、三姓、阿爾楚喀、拉林民田一萬四千三百八十二頃五十畝有奇,公田五百四十頃。黑龍江公田八百十六頃。山東民田九十五萬六千四百七十一頃六十一畝有奇,屯田二萬九千四百五十五頃十八畝有奇,學田四百十八頃三十二畝有奇。山西民田四十九萬七千四百九十七頃八十畝有奇,又地三十六晌,山地一座,屯田二萬九千八百十一頃三畝有奇,退圈地五百十三頃二十一畝,贍軍地五千五百四十九頃九十二畝有奇,太原府屬基地六十九頃四十四畝有奇,大同、朔平二府額外地七百六十七頃五十二畝有奇,大同府清出地百十七頃五十二畝有奇,學田二百七十七頃九十八畝有奇。察哈爾右翼四旗、右衛六旗,又太僕寺及大青山牧場地共一萬八千六十八頃十一畝有奇。河南民地六十三萬九千七百六十五頃四十三畝有奇,更名田二萬一千二百六十四頃七畝有奇,屯田六萬四十四頃十九畝有奇,學田七十二頃二十三畝有奇。江寧布政司民田四十萬一千九百四十三頃二十六畝有奇,屯田二萬三千七頃三十一畝有奇,上元江寧城濠田地五百五頃五十三畝有奇,蘆田三萬五千四百十頃四十二畝有奇。蘇州布政司民田二十四萬五千五百二十二頃六十四畝有奇,屯田二千八百六十二頃四十七畝有奇,吴縣公田一百二十五頃九畝,蘆田一萬一千五百十八頃十四畝有奇。安徽民田三十四萬九百五頃三十五畝有奇,屯田四萬一千六百八十六頃五十畝有奇,蘆田三萬一千五百四十四頃七十二畝有奇,學田二百三十二頃十八畝有奇。江西民田四十六萬二千四百八頃三十三畝有奇,屯田五千七百十一頃六十八畝有奇,蘆田四千六百二十一頃六畝有奇。福建民田十二萬八千六百二十九頃十九畝有奇,屯田七千八百七十五頃十畝有奇,南澳、雲青澳田三十二頃三十三畝有奇,臺灣府田園二千九十七頃二十一畝有奇,又五萬七千八百八十四甲。浙江民田四十五萬九千四百四十九頃九十畝有奇,屯田一千一百七十三頃四畝有奇,沙塗地四千三百八十頃七十五畝有奇。湖北民田五十六萬八千九百九十五頃三十三畝,屯田二萬四百七十一頃七十畝有奇,蘆田一萬五千七百十八頃五十三畝有奇。湖南民田二十七萬八千六十三頃四畝有奇,更名田三千九百九十一頃五十六畝,屯田三萬九百八十八頃十二畝有奇,蘆田二千七百七十三頃二十四畝有奇。陝西民田二十五萬八千五百七十二頃五十三畝有奇，屯田四萬七十四頃二十三畝有奇，鳳翔、漢中、興安三府並長安縣退灘地九頃十六畝有奇，更名地八千六十三頃八十五畝有奇，學田五十五頃四十五畝有奇。甘肅民田十一萬三千一百七十六頃七十畝有奇，屯地九萬六千四百十二頃四十三畝有奇，更名地一萬三千四百十八頃十二畝有奇，養廉地一千八百四十九頃四十畝有奇，監地一萬七百六十四頃六十二畝有奇，蘭州、鞏昌、涼州、西寧四府番地九百六頃六十三畝有奇，又二十一萬六千五百十四段，學田三百十三頃四十五畝有奇，鎮西府、迪化州民地九千五百五十二頃二十四畝有奇，巴里坤屯田三百三頃三十六畝，哈密屯田一百十三頃，吐魯番屯田一百四十七頃，烏嚕木齊屯田三百五十四頃四十四畝，伊犁緑營十八屯田三百九十六頃，塔爾巴哈台屯田一百四十一頃二十畝，喀喇沙爾屯田八十三頃三十三畝，烏什屯田五十頃。四川民田四十六萬二千七百九十八頃九十三畝有奇，屯秋田一百三十四頃九十六畝有奇，寧遠府豆田五百二十三頃五十四畝有奇，懋功廳五屯新疆地一千八百四十二頃七十三畝，馬場地一百七十一頃十八畝。廣東民田三十一萬四千九百九頃四十九畝有奇，屯田五千二百八十七頃七十畝有奇，學田一百五十一頃十六畝有奇。廣西民田八萬九千五百九十六頃有奇，又田白二十二白，又田墥六千六百二十三墥有奇，又膳田三百三十九户，官田三十頃三十六畝，學田一百三十四頃七畝有奇。雲南民田八萬三千九百七十四頃五十四畝有奇，夷田八百八十二段，屯田九千一百五十頃四十八畝有奇，義田十三頃三十八畝有奇，夷田二段，學田九十畝有奇，夷田一段，義學田二頃十五畝有奇，馬場地九頃八十一畝有奇。貴州民田二萬五千九百八十八頃七十六畝有奇，又地土八百六十三頃九十六畝有奇，又一百九十三分有奇，屯田六百三十一頃五十六畝有奇，賑田一百三十一頃三十六畝有奇，學田四十四頃四十三畝有奇。定邊左副將軍所屬科布多屯田一百十五頃八十三畝有奇。其封禁者、江西廣信府屬銅塘山中零星地畝，浙江象山縣之大小南田、樊嶼、鵓鴣頭、大佛頭、大月嶼、箬魚山等處荒田，永遠封禁。畸零者、零星土地聽民開墾。直隸、江西不及二畝爲斷。福建及江蘇之蘇州等屬不及一畝，浙江及江蘇之江寧等屬不及三畝，陝西不及五畝，安徽、湖北、湖南、貴州水田不及一畝，旱田不及二畝爲斷。河南上地不及一畝，中地不及五畝，山東中則以上地不及一畝，山西下地不及十畝，廣西中則以上水田不及一畝，旱田不及三畝，下則水田不及五畝，旱田不及十畝，四川上田、中田不及五分，下田、上地、中地不及一畝者，永免升科。若河南之下地，山東之中則以下地，四川之下地，雲南之山頭地角、水濱河尾，廣東之畸零沙地，高州、雷州、廉州三府之山場荒地，俱不論頃畝，概免升科。奉天十畝以下尚宜禾稼者，減半徵租，山岡、土阜、傍河、濱海、窪下之處，僅宜雜植，不成邱段者，永免升科。免科者、各省社稷、山川、學校、先聖賢廟墓、祭田，並一切祠墓、厲壇、寺觀等地不科賦者：直隸一十九頃六十四畝有奇，奉天一頃四十一畝有奇，山東九十八頃九十六畝有奇，山西三十八頃六十七畝有奇，河南一百一頃七十四畝有奇，江蘇一百八頃八十四畝有奇，安徽一十三頃一十三畝有奇，江西一十四頃三十一畝有奇,福建五百二十頃五十五畝有奇,浙江七十六頃五十四畝有奇,陝西一十六頃二十三畝有奇,四川一十五頃一十九畝有奇。又孔林地、廟基原地二十一頃五十四畝有奇,續拓地一十一頃一十四畝九分,衍聖公祭田二千一百五十七頃五十畝,四氏學學田五十頃,復聖裔祭田、墓田、廟基地五十四頃一十五畝有奇,宗聖裔祭田、墓田、廟基地六十二頃一十四畝有奇,亞聖裔祭田、墓田、廟基地五十九頃七十六畝有奇,先賢仲氏裔祭田、墓田、廟宅地七十五頃五十六畝有奇,元聖周公裔祭田五十頃。其各省士民有捐置義塚、廟宇及築塘、濬河,建造衙署、營堡,一切公占併給價買用各田地原額賦糧,並准覈實題豁。免丈者、甘肅、四川番户,雲南夷户,伊犁南路各城回户,除墾耕官屯、民田,仍按畝起科外,其所種番夷地、回地,皆計户納糧,免其查丈。採捕者、木蘭圍場、盛京英額邊外圍場及盛京、吉林等處採參山場,並布特哈、寧古塔、三姓等處所屬鄂倫春、畢拉爾、奇雅喀爾、赫哲、費雅喀、奇勒爾等捕貂處所,皆開墾所不及。游牧者,平泉州、建昌縣、赤峰縣、朝陽縣、多倫諾爾廳、昌圖廳、長春廳民人租種蒙古之地及内外蒙古扎薩克並察哈爾、歸化城土默特、索倫達呼爾、巴爾呼、額魯特、明阿特、扎哈沁、烏梁海喇嘛等游牧,皆隸理藩院。又大凌河商都達布遜諾爾牧場、達里岡愛牧場,内務府三旗牛羊牧場、八旗王公牧場,甘州、凉州、西寧、肅州、巴里坤、伊犁、嗒爾巴哈台、科布多各牧場,皆僅分别界址,不計頃畝。不與焉。

〇均天下之賦役。凡賦役之法,各覈其地丁之數,析之以科則,而約於條鞭。科則載於《賦役全書》,其於易知由單則但刊列地丁應徵之數,俾民不惑,是爲條鞭法。凡賦,有地賦,原編地賦,有夏税,有秋糧,有軍資庫鈔,有雜徵。夏税徵麥、徵絲,秋糧徵米豆雜糧及草,皆徵本色。軍資庫鈔徵銀,雜徵内,坐辦如藥材、顔料、蠟茶等項,則徵本色,雜辦如箋表、祭祀、鄉飲、迎春、桃符、牲口、果品、科舉、心紅、水手、軍器、雕漆、修理、書算、激勸孤貧等項,則徵銀。嗣夏税或徵本色,或改折色,爲麥折絹、折銀。秋糧或徵本色,或徵折色,爲米折草、折銀。雜徵,惟歲額起運顔料,仍徵本色,餘俱折銀。有丁賦。原編丁賦,有市民、鄉民、富民、佃民、客民,各區爲上、中、下則。又有成丁、未成丁並食鹽小口之别,五年編審,歲有增除。自康熙五十二年恩詔,以康熙五十年編審册爲率,嗣後編審丁數增多者,爲盛世滋生人丁,永不加賦,各省遂有常額,後漸攤入地糧併徵。惟山西之陽曲縣、嵐縣、興縣、岢嵐州、應州、陽高縣、右玉縣、平魯縣、寧武縣、神池縣、偏關縣、五寨縣、遼州、籌陽縣、盂縣、絳州、絳縣、永和縣、蒲縣,廣西之融縣,貴州之貴陽府、都匀府、安順府、興義府、鎮遠府、大定府、思南府、石阡府、思州府、銅仁府、黎平府各親轄,及定番州、廣順州、開州、貴筑縣、貴定縣、龍里縣、修文縣、鎮寧州、永寧州、普定縣、清鎮縣、安平縣、興義縣、普安廳、普安縣、安南縣、平越州、獨山州、麻哈州、都匀縣、清平縣、鎮遠縣、施秉縣、平遠州、威寧州、安化縣、印江縣、婺川縣、龍泉縣、銅仁縣、永從縣、錦屏縣,仍另徵丁銀,不攤入地賦。山西之平定州、翼城縣、長治縣、長子縣、屯留縣、潞城縣、黎城縣、壺關縣、廣靈縣、夏縣、沁源縣、武鄉縣、隰州、吉州、祁縣、河曲縣、和順縣、榆社縣、大寧縣、永寧州、沁州、代州、保德州、寧鄉縣、繁峙縣，有地丁分徵之鄉。臺灣番民，按丁納糧，不輸地賦。奉天丁賦，仍歲有增除，亦係地丁分徵。役，有均傜，原編均傜法，在官人役，皆於所屬民人内簽當，是爲力差。後改徵力差銀，令輸銀以助役。後復攤徵於地糧，爲均傜銀，役皆募充，以均傜銀給役食。有支驛，原編驛站，係由民支，後改官支，編徵爲驛站銀。隨地丁徵焉。不隨地丁者，曰雜賦。雜賦，有課，盛京、吉林、江蘇、安徽、江西、福建、浙江、湖北、湖南、廣東、四川、雲南、貴州有漁課。江蘇、安徽、江西、湖北、湖南有蘆課。山西、湖南、廣東、廣西、雲南、貴州有礦課。江西、湖北、湖南、貴州之仁懷縣有茶課。其甘肅、四川之茶課，則專案奏銷。江蘇、安徽、浙江茶課，則入於關税。雲南茶課，則併入地丁。又鹽課則鹽政奏銷，皆不列於雜賦。有租，直隸省旗地租銀，每年徵收解京，賞給八旗兵丁。各省府廳州縣衛學，皆設有學田，徵其租以供修理學舍及贍給貧生之用。又各省公地、公田、官田、官園、官房，及伊犁、塔爾巴哈台、烏嚕木齊、吐魯番、喀喇沙爾、庫車、阿克蘇、烏什、喀什噶爾、烏里雅蘇台、科布多、塔密爾商鋪，皆徵其租。有税，雜税有當税、有牙税、有契税，各省皆徵之，其餘或有或無，原編不一。其目有牛税、馬税、驢騾税、有爐税、有酒税、有坑税、有鐵税、有茶税、有木筏税、有煙税、有靛税、有麴税、有石膏税，市集之地有落地税，皆隨徵隨解附於地丁奏銷。至各關關税，則監督奏銷不列於雜賦。有貢。福建臺灣各番社生番有鹿皮、獐皮之貢，甘肅番民有馬貢，四川番民有馬牛、貝母、狐皮之貢，廣西土司有馬貢，雲南怒夷有鹿皮、山驢皮、麻布、黄蠟之貢，貴州土司有馬蠟之貢，葉爾羌、喀什噶爾、和闐等處回民有金、布、葡萄、金絲、緞等貢，皆折價或變價入奏銷。凡各省各城額賦，銀三千二百八十四萬五千四百七十四兩有奇，普爾錢九百萬五千六百有奇，各省賦銀、賦糧，每年豁免增升不能一定，今按嘉慶十七年奏銷册：直隸民屯田賦銀二百二萬七千七百十五兩有奇，民屯丁賦銀四十萬八千七百九十五兩有奇，雜賦銀八萬四千一百六十四兩有奇，屯田糧折銀一萬五千六百二兩有奇，河灘地租銀八十二兩有奇。察哈爾東四旗並正黄半旗入官地畝，又豐寧縣湯河墾熟地，賦銀共六千九百四十四兩有奇，八旗地租銀四十六萬三千四十三兩有奇，學租、義租銀二千七百六十八兩有奇，錢五十一千四百有奇。奉天民地賦銀二萬一千五百九十三兩有奇，民餘地賦銀六萬一千三百五十兩有奇，民丁賦銀一萬四千八百十七兩有奇，退圈地糧折銀七千九百四十五兩有奇，旗餘地賦銀九萬九千八百十八兩有奇，官莊地糧折銀一千二百四十五兩有奇，園地賦銀二千一百二十二兩有奇，馬場地賦銀一萬二千八百七十七兩有奇，雜賦銀一萬二千六百二十一兩有奇，開原等城雜賦並中江商税銀一萬五千一百九十六兩有奇。吉林並所屬寧古塔、伯都訥、三姓、阿爾楚喀、拉林民地賦銀五萬五千四百九兩有奇，民丁賦銀六千六百九十二兩有奇，米折銀二萬四千三百九十八兩有奇，雜税銀六千一百十八兩有奇。黑龍江齊齊哈爾城雜賦銀一千八百五十五兩有奇。山東民田賦銀二百九十二萬四千一百八十九兩有奇，民丁賦銀三十三萬六千九百二十八兩有奇，雜賦銀九萬六千八百七十四兩有奇，屯田賦銀六萬一千八百八兩有奇，屯丁賦銀五千四百二十三兩有奇，屯田雜賦銀八千二百十四兩有奇，學田租銀一千三百十六兩有奇。山西民田賦銀二百三十三萬六千三百五十一兩有奇，民丁賦銀五十五萬二千三百六十八兩有奇，雜賦銀十七萬八百二十七兩有奇，屯田賦銀二萬七十七兩有奇，屯丁賦銀一萬一千三百五十八兩有奇，地租銀一萬五千十一兩有奇，學租銀二百五十七兩有奇，豐鎮、寧遠、和林格爾、清水河各廳牧場地租銀三萬四千八百三十一兩有奇。河南民田賦銀二百七十九萬八千五百九十二兩有奇，更名田賦銀六萬二千六十二兩有奇，屯田賦銀十八萬三千七百五十一兩有奇，學田租銀二千三百四十二兩有奇，民丁銀十一萬四千七百二十一兩有奇，更名丁銀二千八百八十八兩有奇，屯丁銀六千四百二十九兩有奇，雜賦銀三十六萬三千二百三十八兩有奇。江寧布政司民田賦銀八十一萬八千五百九十八兩有奇，屯田賦銀四萬七千五兩有奇，上元江寧公費田餉税銀八千五百八十八兩有奇，蘆田賦銀十萬九千六百三兩有奇民，丁賦銀十八萬四千三百十六兩有奇，屯丁賦銀一萬九百兩有奇，雜賦銀三萬一千一百五十七兩有奇，雜税銀十一萬五千九百九十三兩有奇，學租銀一千三百九十六兩有奇。蘇州布政司民田賦銀二百八萬五千一百五十五兩有奇，民丁賦銀五萬四百七十兩有奇，屯田賦銀一萬八千九百五十三兩有奇，屯丁賦銀一百九十六兩有奇，吴縣公田租銀八百四十二兩，蘆課銀四萬七千三百九十四兩有奇，雜賦銀九萬二千三百九十九兩有奇，學租銀四千五十一兩有奇。安徽民田賦銀一百四十二萬七十兩有奇，民丁賦銀二十萬七千八百十六兩有奇，雜賦銀十四萬二千五百六十二兩有奇，屯賦銀十萬七千三百三十七兩有奇，學租銀一千六百四十二兩有奇，蘆課銀五萬八百二十九兩有奇。江西民田賦銀一百六十九萬九千六百三十六兩有奇，屯田賦銀四萬八千四百三兩有奇，蘆課銀六千七十四兩有奇，民丁賦銀十八萬一千八百十九兩有奇，屯丁賦銀一千三百二十六兩有奇，雜賦銀二十二萬九百四十五兩有奇，學租銀十三兩有奇。福建民田賦銀九十三萬八百六十八兩有奇，屯田賦銀三萬九千四十九兩有奇，南澳、雲青澳田賦銀一百二兩有奇，民丁賦銀十七萬一千二百三十兩有奇，屯丁賦銀五千四百二十四兩有奇，雜賦銀十八萬一千四百六兩有奇，學租銀二千二百四十二兩有奇，臺灣府田賦銀二萬九千五百三十九兩有奇，丁賦銀四千五十六兩有奇，雜賦銀一萬六千四百四十四兩有奇。浙江民田賦銀二百五十二萬七千九十二兩有奇，屯田賦並米折銀二萬一千二百三十一兩有奇，民丁銀二十三萬六千九百三十五兩有奇，屯丁銀四百八十六兩有奇，沙塗地賦銀一萬二千九百九十三兩有奇，雜賦銀十五萬四百七兩有奇，學租銀三千五十兩有奇。湖北民田賦銀九十八萬六千九十四兩有奇，屯田賦銀五萬一千三百八十九兩有奇，蘆田課銀一萬一千一百四十三兩有奇，民丁銀十萬二百十五兩有奇，屯丁銀一百三十九兩有奇，雜賦銀二萬九千五百六兩有奇，學租銀一千八百四十八兩有奇。湖南民田賦銀九十八萬一百五十九兩有奇，更名田賦銀一萬七百十三兩有奇，屯田賦銀九萬八千四百八十五兩有奇，民丁銀七萬六千五百二十七兩有奇，屯丁銀四百九十五兩有奇，雜賦銀三萬四千七百二兩有奇，蘆課銀一千七百十六兩有奇，學租銀一千二百五兩有奇。陝西民田賦銀一百二十七萬九千三百五十八兩有奇，屯田賦銀五萬六千七百十三兩有奇，鳳翔、漢中、興安三府、長安縣退灘地租銀五百四十七兩有奇，更名地賦銀八千四百九十兩有奇，民丁賦銀二十二萬五百五十一兩有奇，屯丁賦銀九千八百四十二兩有奇，更名丁賦銀二兩有奇，民田雜賦銀八萬三千六兩有奇，屯田雜賦銀六百二兩有奇，學田租銀一百五十四兩有奇。甘肅民地賦銀三千七百七十四兩有奇，糧折銀十九萬三千六百六兩有奇，屯地賦銀一萬五千四百三十七兩有奇，糧折銀三千八百五十九兩有奇，草折銀二兩有奇，更名地賦銀八千七十兩有奇，糧折銀三百八十二兩有奇，養廉地賦銀六百六十九兩有奇，監地賦銀六千四百五十八兩有奇，民丁屯丁銀六萬七千四百四十一兩有奇，雜賦銀四萬二千五百八十一兩有奇，學田租銀八十九兩有奇。鎮西府、迪化州民地賦銀二千九百五十七兩有奇，雜賦銀二萬二千六百八十七兩有奇，吐魯番商民地課銀一百二十八兩有奇，雜賦銀一千六百七十九兩有奇，伊犁雜賦銀二萬一千五百八十二兩有奇，塔爾巴哈台商民雜賦銀四千十二兩有奇，喀喇沙爾商民雜賦普爾錢二百七十二千九百六十九，庫車商民雜賦普爾錢四十二千七百六十八，阿克蘇商民雜賦普爾錢二百五十三千八百六十八，葉爾羌回户正賦普爾錢二千五百十五千，雜賦普爾錢三百七十二千七百六十四，烏什商民雜賦普爾錢一百五十六千四百六十一，喀什噶爾商民雜賦普爾錢三百六十四千七百六，回户正賦普爾錢二千八百九十九千八百四十七，糧折普爾錢九百二十七千三百十六，和闐回户正賦普爾錢一千二百千。青海大臣所屬玉樹等番族貢馬折銀六百二十七兩有奇。四川民田、民丁賦銀六十六萬四千六百十三兩有奇，秋糧折銀七百二十四兩有奇，寧遠府秋豆田糧折銀一萬四千四百八兩有奇，雜賦銀十一萬九千三百八兩有奇，番民賦糧折銀二千一百七十七兩有奇，漳臘會鹽及董卜土司貢馬折銀三百十二兩有奇，雅州府打箭爐口内、口外土司賦銀四千十兩有奇，馬場地租銀二千四百十四兩有奇。廣東民田賦銀九十萬六千一百九十一兩有奇，民丁賦銀十一萬八千三百二十八兩有奇，雜賦銀四萬八千七百三十五兩有奇，屯田賦銀一百十八兩有奇，屯丁賦銀一千六百八十九兩有奇，學租銀一千九百三十兩有奇，廣西民田賦銀三十四萬七千三百七十兩有奇，民丁賦銀四萬六千三百八兩有奇，雜賦銀八萬六千六百二十四兩有奇，學田租銀一千七十三兩有奇，雲南民田、夷田賦銀十六萬五千七百十五兩有奇，民丁賦銀二萬八千六百九十五兩有奇，屯田賦銀七萬一千六百三十一兩有奇，雜賦銀十一萬三千九百三十五兩有奇，學田租銀十兩有奇，義學田租銀三十八兩有奇，馬場地租銀二十一兩有奇。貴州民田賦銀十萬七千八百六十二兩有奇，賑田租銀四十七兩有奇，民丁賦銀一萬三千八百六兩有奇，雜賦銀二萬五千三百六十一兩有奇，學田租銀二百四十七兩有奇。糧四百三十五萬六千三百八十二石有奇，草五百四十九萬四千七百八十二束。直隸民田、屯田本色糧九萬三千三百五十八石有奇，學租、義租本色糧一千九百八石有奇,民田、屯田本色草九萬四千四百二十六束有奇,又額解户部黑豆二百三十九石、芝麻九十九石、榛栗二十八石。奉天民田本色米四萬三千八百二十八石有奇,退圈地本色豆三萬四千七百四十一石有奇,旗地米、豆五萬二千六十七石有奇,草四十一萬七千二百六十一束。吉林並所屬寧古塔、伯都訥、三姓、阿爾楚喀、拉林公田本色糧二萬二千六百八十石。黑龍江公田本色糧八千二百八十三石。山東民田本色糧四十三萬四千三百四十一石有奇,穀八百八石有奇,以二穀一米計,實糧四百四石有奇,折色糧七萬八千八百三十三石有奇。山西民田本色糧八萬一千八百七十四石有奇,折色糧一萬五千六石有奇,本色草三束有奇,折色草九千三十八束有奇,屯田本色糧一萬三千二百十五石有奇,折色糧一萬四千五百四十一石有奇,折色草一萬九千一百八十五束有奇,地租本色糧二百六十石有奇,學租本色糧一千一百八十九石有奇。河南民田折色糧二萬八千八百七十六石有奇。江寧布政司民田本色糧五萬三千六百四十四石有奇,屯田本色糧三萬六千三十石有奇。蘇州布政司民田本色米二十四萬一千二百六十五石有奇,本色豆八百五十九石有奇,折色豆一千三百四十七石有奇,屯田本色米一萬四百一石有奇。安徽民賦本色糧二萬七千五百六十四石有奇,折色糧四萬六千八百十四石有奇,屯賦本色糧二萬六千九百六十八石有奇,折色糧五萬二千五百九十八石有奇。江西民田本色糧五萬一百四十四石有奇,折色糧七萬九千四百四十六石有奇,學租穀六千五百三十四石有奇。福建民田本色糧十萬八百七十一石有奇,屯田本色糧二萬五千二百二十五石有奇,南澳、雲青澳田本色糧二百三十二石有奇,雜賦本色糧一千八百四十五石有奇,臺灣府田賦本色糧十九萬七百九十九石有奇,糯米七石有奇。浙江民田本色糧二十四萬二千一百八石有奇,折色糧三萬五千七百二十石有奇。湖北民田本色糧十三萬六千九百十六石有奇,折色糧四萬五千一百六十七石有奇,學租穀一百二十四石有奇。湖南民田本色糧十四萬四千一百六十七石有奇,屯田本色糧四十一石有奇,折色糧一百七十石有奇。陝西民田本色糧三萬二千十八石有奇,草六千五十一束有奇,屯田本色糧十二萬九千六百十六石有奇,草九千五百八十一束有奇,鳳翔、漢中、興安三府並長安縣退灘地本色糧五百三十四石有奇,更名地本色糧三萬九千六百六十六石有奇,學田本色糧一千二百二十八石有奇。甘肅民丁、屯丁本色糧二萬九千八百八十五石有奇,本色草三萬一千四百三十四束有奇,屯地本色糧四十六萬二千八百八十三石有奇,本色草四百八十五萬七千七百八十五束有奇,草折糧八斗有奇,雜賦本色糧六十一石,更名地本色糧二萬二千四百五十九石有奇,草三萬九千六十束有奇,養廉地本色糧一百四十七石有奇,蘭州、鞏昌、凉州、西寧四府番地本色糧一萬三千四百三十一石有奇,草五百八束有奇,學田本色糧一千二百九十四石有奇。鎮西府、迪化州民田本色糧七萬四千三百七十五石有奇,巴里坤屯糧二萬二千八百四十三石有奇,哈密屯糧六千九百十六石有奇,草一萬四百四十八束,吐魯番屯糧一萬四百九十四石有奇,回屯糧四千五百六十五石,磨課雜糧二千六百九十六石有奇,烏嚕木齊屯糧三萬三千二百九十二石有奇，伊犁屯糧四萬四千五百五十九石有奇，回屯糧十萬石，塔爾巴哈台屯糧一萬四千一百九十七石有奇，喀喇沙爾屯糧六千一百四石有奇，回户賦本色糧九百八十二石，庫車回户賦本色糧二千八百八十五石有奇，阿克蘇回户本色糧八千一百四十一石有奇，葉爾羌回户正賦本色糧二萬一千三百六石，磨課糧九十二石有奇，烏什屯糧五千一百十二石有奇，回户賦本色糧二千十石，喀什噶爾回户本色糧八千四百八十石有奇，和闐回户正賦本色糧一萬三千八百八十六石。四川番民賦本色糧一千二百五十六石有奇，懋功廳五屯新疆地雜糧一千二百九十五石有奇，馬場地米穀雜糧二千一百三十一石有奇。廣東民田本色糧二十五萬六千四百三十五石有奇，内原徵本色三萬二千三百二十二石有奇，以地銀改徵二十二萬四千一百十二石，計銀二十三萬六千八百六十五兩有奇，屯田本色糧九萬一千八百十一石有奇。廣西民田本色糧七萬八千七百五十七石有奇，折色糧五萬一千三百七十六石有奇，學田折色糧三十二石有奇。雲南民田本色糧十一萬八百十七石有奇，屯田本色糧二萬七千二百十七石有奇，義田租穀五百七十一石有奇，學田租穀二十石，義學田租穀一百二十四石。貴州民田本色糧十二萬二千一百八石有奇，穀七十五石有奇，屯田本色米五千五百石有奇，賑田租米二百四十石有奇，穀六千六百九十二石有奇，學田租米三百五石有奇，穀三百六十八石有奇。其山東、河南、江南、浙江、江西、湖廣起運漕白糧，係雲南司專管，不與此數。無定額者，則實收而實解焉。直隸、山東、安徽、浙江、湖南、四川落地雜税銀，安徽、甘肅、湖南常德府商税銀，黑龍江齊齊哈爾五城牛馬税銀，山東濟寧等府商茶課程銀、牛驢牙雜税銀，江蘇京口騾税、靛花雜税，福建牛豬門攤税銀、漁課，湖北黄檗牛馬驢騾税、安陸府府市及大鄉鎮等二十七處、荆州府城内外沙市、草市、襄陽府樊城、鄖陽府西關落地税銀，甘肅商雜落地税銀，伊犁屯田賦銀，廣西馬税銀，貴州遵義府仁懷縣落地雜税銀、遵義府靛税銀，俱歲無定額，儘收儘解。伊犁十五屯田糧，每年按收成分數納糧，科布多屯田，每年給籽種七百石，按收成分數，儘數交官，均歲無定額。凡徵賦，有耗羨，則提於公。正賦，徵銀、徵糧，皆有耗羨。糧起漕者，其耗羨即入漕項，雲南司覈之。耗羨皆有常，每地丁銀一兩，隨徵耗羨：直隸遵化州、豐潤縣、張家口廳、獨石口廳五分，房山縣、正定縣六分，香河縣、武清縣八分，贊皇縣九分，承德府親轄、灤平縣、豐寧縣、建昌縣、平泉州、霸州、保定縣、文安縣、大城縣、固安縣、永清縣、東安縣、宛平縣、大興縣、密雲縣、平谷縣、寶坻縣、寧河縣、臨榆縣、安肅縣、定興縣、新城縣、完縣、雄縣、安州、任邱縣、景州、天津縣、青縣、静海縣、滄州、井陘縣、獲鹿縣、元氏縣、欒城縣、阜平縣、新樂縣、延慶州、保安州、宣化縣、萬全縣、懷安縣、西寧縣、赤城縣、龍門縣、懷來縣、淶水縣、玉田縣、蔚州歸併之蔚縣一錢，唐縣、廣平縣、安平縣一錢一分，滿城縣、博野縣、望都縣、平山縣、晉州、邢臺縣、邯鄲縣、成安縣、雞澤縣、開州、元城縣、深州、武強縣、饒陽縣、易州一錢二分，昌黎縣、清苑縣、蠡縣、束鹿縣、高陽縣、河間縣、靈壽縣、行唐縣、無極縣、藁城縣、沙河縣、永年縣、肥鄉縣、大名縣、南樂縣、清豐縣、東明縣、長垣縣、蔚州、趙州、定州、曲陽縣、深澤縣、廣昌縣一錢三分，容城縣、寧津縣、南皮縣、曲周縣、威縣、南宫縣、棗强縣、武邑縣、衡水縣、寧晉縣一錢四分，灤州、盧龍縣、遷安縣、撫寧縣、樂亭縣、祁州、新安縣、獻縣、阜城縣、肅寧縣、交河縣、故城縣、吴橋縣、東光縣、鹽山縣、慶雲縣、南和縣、平鄉縣、廣宗縣、鉅鹿縣、唐山縣、内邱縣、任縣、清河縣、磁州、冀州、新河縣、柏鄉縣、隆平縣、臨城縣、高邑縣一錢五分。奉天一錢。山東一錢四分。山西太平縣、大同縣、懷仁縣、山陰縣、朔州除馬邑、臨晉縣、虞鄉縣一錢，岳陽縣、永寧州、寧鄉縣一錢二分，其餘各州縣一錢三分。豐鎮廳、寧遠廳五分。河南封邱縣、儀封廳、滎澤縣、考城縣、延津縣、濟源縣、温縣、襄城縣一錢，祥符縣、陳留縣、尉氏縣、新鄭縣、盧氏縣一錢一分，杞縣、蘭陽縣、洧川縣、汜水縣、陽武縣、武安縣、内黄縣、獲嘉縣、淇縣、原武縣、洛陽縣、淅川縣、太康縣、許州一錢二分，鄢陵縣、中牟縣、鄭州、涉縣、新鄉縣、濬縣、滑縣、偃師縣、登封縣、澠池縣、遂平縣、扶溝縣、沈邱縣、長葛縣、禹州、汝州、寶豐縣一錢三分，通許縣、商邱縣、睢州、夏邑縣、臨漳縣、林縣、汲縣、輝縣、河内縣、修武縣、孟縣、永寧縣、嵩縣、南陽縣、南召縣、新蔡縣、西平縣、羅山縣、密縣、息縣、靈寶縣一錢四分，餘州縣一錢五分。江蘇蘇州府、松江府、太倉州屬五分，常州府、鎮江府屬七分，其餘州縣一錢。安徽歙縣、黟縣七分五釐，休寧縣、績溪縣八分，其餘州縣一錢。江西一錢。福建一錢，惟臺灣丁銀，隨徵七分。浙江仁和縣、錢塘縣、蕭山縣、遂安縣四分，富陽縣、秀水縣、嘉善縣、平湖縣、石門縣、烏程縣、仙居縣、蘭谿縣、桐盧縣五分，臨安縣、餘杭縣、於潛縣、嘉興縣、桐鄉縣、歸安縣、慈谿縣、會稽縣、諸暨縣、餘姚縣、上虞縣、新昌縣、嵊縣、金華縣、東陽縣、龍游縣、江山縣、建德縣、淳安縣、縉雲縣六分，海寧州、新城縣、海鹽縣、長興縣、德清縣、安吉縣、孝豐縣、武康縣、鄞縣、鎮海縣、奉化縣、山陰縣、湯溪縣、西安縣、常山縣、開化縣、麗水縣、龍泉縣七分，臨海縣、黄巖縣、永康縣、浦江縣、壽昌縣、樂清縣、瑞安縣、平陽縣、天台縣、松陽縣八分，昌化縣、象山縣、定海縣、太平縣、寧海縣、義烏縣、武義縣、分水縣、永嘉縣、泰順縣、青田縣、遂昌縣、雲和縣、慶元縣、宣平縣、景寧縣九分。湖北一錢一分。湖南一錢。陜西一錢五分。甘肅一錢五分，惟安西州及所屬之二縣一錢。四川一錢五分。廣東一錢六分九釐。廣西懷集縣田租、寧明州學租不徵耗，恭城縣民糧丁編一錢、屯餉八分，懷集縣民糧一錢五釐、餘糧五分七釐、屯糧三分，崇善縣民糧一錢、屯糧六分，左州、養利州、羅城縣八分，泗城府、鎮安府親轄、臨桂縣、靈川縣、興安縣、陽朔縣、永寧縣、永福縣、全州、義寧縣、灌陽縣、平樂縣、永安州、富川縣、賀縣、修仁縣、荔浦縣、昭平縣、蒼梧縣、藤縣、容縣、岑溪縣、桂平縣、平南縣、貴縣、武宣縣、宣化縣、隆安縣、横州、永淳縣、新寧州、上思州、寧明州、馬平縣、雒容縣、柳城縣、融縣、懷遠縣、來賓縣、象州、宜山縣、天河縣、思恩縣、河池州、東蘭州、武緣縣、賓州、上林縣、遷江縣、西隆州、西林縣、歸順州、奉議州判所屬、鬱林州、博白縣、北流縣、陸川縣、永康州、興業縣一錢。雲南二錢。貴州荔波縣、天柱縣、玉屏縣、青溪縣、錦屏縣、開泰縣一錢，貴陽府親轄一錢二分，思州府親轄、定番州一錢三分，鎮遠府親轄、長寨廳、廣順州、平越州、清平縣、鎮遠縣、施秉縣一錢四分，安順府、思南府、都匀府、石阡府、銅仁府、黎平府、大定府親轄、郎岱廳、歸化廳、開州、貴筑縣、貴定縣、龍里縣、修文縣、鎮寧州、永寧州、普定縣、清鎮縣、安平縣、興義縣、安南縣、黄平州、餘慶縣、甕安縣、湄潭縣、獨山州、麻哈州、都勻縣、安化縣、印江縣、婺川縣、龍泉縣、銅仁縣、永從縣、威寧州、平遠州、黔西州、畢節縣、正安州、遵義縣、桐梓縣、綏陽縣、仁懷縣、普安廳、普安縣一錢五分。惟直隸涿州、良鄉縣、昌平州、順義縣、懷柔縣、通州、三河縣、薊州，不徵耗。雲南除條丁外，公件銀亦不加耗。糧一石，隨耗羨：直隸永平府、宣化府屬暨廣昌縣一斗。奉天一斗，盛京户部所屬各城旗倉及吉林、黑龍江官莊三升。山西大同府、朔平府屬，官收官運者四升，納户自運者二升，太原等府州屬同知、通判、州縣經管者二升，州判、倉官、巡檢等官經管，併太原理事通判督同倉官徵收者三升，忻州三升，定襄縣二升七合，静樂縣二升八合。福建連併餘，共一斗二升。湖北三升。陝西延安府豫備倉三升。甘肅一斗五升。廣東一斗六升，瓊山縣、文昌縣一斗。廣西一斗。雲南三升。貴州一斗五升，普定縣一斗四升，天柱縣一斗。浮以毫忽，則罪之。仲春而開徵，經徵錢糧，專責印官，上司不得濫委府佐協徵。州縣催徵錢糧，設立滚單。每單或五户、十户，於名下註明田地、銀米數目，分作十限。每限應完若干，發給甲首，挨次滚催。沉單者究處。經收錢糧，用三聯串票，每聯内填寫款項、數目，於騎縫處大書完數，分中截開，一存案備查，一付差應比，一給花户收執。如官吏朦混填寫，及無票付執與勒索票錢者，奉處治罪。凡正雜錢糧，俱聽納户自封投櫃，如數在一兩以下，准其交與數多之户附帶投納。尾欠、折欠、短封，數在一錢以下者，准以制錢一文，作銀一釐抵納。官選銀匠數人，聽民傾銷自封之外，不得設立當官總銀匠，以致藉官累民。鄉民有願折錢交納者，督撫按時價合定，每兩收制錢若干文，先期出示曉諭，聽民自便，如有不按市價，絲毫浮收，以及私加、私派及隔歲豫徵者，據實參辦。上司扶同徇隱，一併嚴議。開徵之期，各省皆以二月。惟雲南、貴州，限九月開徵。仲夏而停之。四月完半，五月則停徵，是爲停忙。仲秋而接徵，各省於停忙後，至八月接徵。惟福建於七月接徵，山東、河南及安徽之廬州府、鳳陽府、潁州府、泗州各屬，於六月接徵。仲冬而徵畢焉。各省皆限十一月全完。惟雲南、貴州限次年二月全完。稽其隱寄，糧隨田辦，不准寄納。有田在此縣而糧寄彼縣者，將應徵錢糧改隸有地州縣徵收。各省寄莊田地，於開徵時經徵州縣造册，移交住居州縣代行催徵，如有未完，責成代徵之員。有司官吏不得於任所地方置買田宅，武職參將以下任所置有産業，錢糧照民賦輸納。糾其抗欠，各州縣有紳衿抗欠錢糧，經徵官逐户開出，另册申詳知府、司院。該督撫指名參革治罪，所欠錢糧嚴追全完，方准開復。每年將紳衿有無抗欠情由，咨報户部。又貢監生員有借立儒户、官户名目包攬侵收入己，或包攬而尚無拖欠者，均分别治罪。兵丁拖欠錢糧，移會本管官弁照追。上司書役抗糧，州縣一面詳報，一面拘拏，革役追比。徵存以納於司庫而報部。錢糧以解司爲完，如止報徵存，未解司者，不得列作實完。所徵錢糧，除例應留支外，儘收儘解。

統計一年之數,至年終,令道府檢查該州縣徵收紅簿及花户串根,覈明留支起解及完欠之數,申報督撫,於開印前報部。凡起解錢糧,限委員監拆後,三日以内,違者參處。應解款項數目及起程日期、離省路程,於三日前具報。督撫行司查察,防護兵役,如銀數一萬兩以下派兵一名、民壯二名,一萬兩以上派兵二名、民壯四名,多者酌量添撥,先期移會前途州縣照撥接護。越歲則奏銷,奏銷地丁錢糧,由藩司覈造總册,申送督撫覆覈鈐印,隨本送部。督撫另繕黄册,隨本進呈。又將歷年錢糧續完,仍未完併動存各數,分别造册,隨本年奏銷,另疏具題。各省奏銷限期:直隸、山東、山西、河南、陝西、甘肅,限次年四月。奉天、安徽、江西、浙江、湖北、湖南及江蘇蘇州布政司,限次年五月。福建、四川、廣東、廣西、雲南、貴州及江蘇江寧布政司,限次年六月。山西大同、朔平二府經徵米豆,限次年年底奏銷。各覈其分數以考成。州縣衛所官經徵錢糧,作爲十分考成,督催之道、府、直隸州以所屬計,督撫、布政司以通省計,各按分數,分别議敘、議處。其不作分數之雜項錢糧及存留支剩銀款,經徵官議處,督催之上司免議。凡錢糧三百兩以上,係一官經徵督催,於奏銷前全完者,議敘。一官經徵三載,錢糧俱能於奏銷前全完者,再加議敘。若止完地丁,而雜項錢糧未完者,不准議敘。初參以後,戴罪徵收。州縣、衛所官限一年督催之,布政司、道、府、直隸州限一年半,巡撫限二年。全完俱准其開復,如限内不完,不復作分數,各按原參分數議處。其有原官離任,接徵接催之員,以到任日爲始,另行起限,亦同初參限期。如限内不完,按現在未完分數查議。署印官除不及一月者,免其查議外,餘俱照本任官之例。凡錢糧奏銷題參後,未經部覆奉旨,而督撫咨報續完者,准其減議。全完者,准其扣除免議。已經奉旨,尚未行文者,由部據咨題請開復。若該省已接准奉旨部文,續報全完者,由督撫題請開復。如該管官勒揹不詳,及延遲不報者,分别參處。未完南秋糧米,奏銷後限三月全完,限滿不完,按未完分數參處。江蘇等省經徵未完蘆課錢糧,照淮徐水次倉之例議處。口外巴里坤、烏嚕木齊、吐魯番、伊犁、塔爾巴哈台、烏什、喀喇沙爾、科布多等處管屯官員,按種地收糧分數及額、不及額,分别議敘、議處。各土司經徵各項錢糧,如一年内全完者,督撫題請獎賞花紅銀牌。

欽定大清會典卷十二

〇制天下之經費。凡國用之出納皆權以銀，量其歲之入，以定存留、起運之數，春秋則報撥。各省庫貯，每年於春秋將實在存庫銀，造撥册報部覈明，除存留支用及協餉外，餘皆候部撥用。凡歲出之款，十有二。一曰祭祀之款，京城各壇廟祭祀，由太常寺領取物價咨部覈銷。各處陵寢祭祀米麥折價銀兩，由禮部支領覈銷。各省壇廟祭祀銀兩，俱在地丁銀動用，如有坍荒蠲免，即於本省存公銀内撥補，按年報銷。額支銀數：直隸二萬六千二百十兩有奇，奉天九百六十六兩有奇，吉林九十三兩，山東一萬一千七百七十四兩有奇，山西一萬五千七百四十八兩有奇，河南一萬一千一百四十兩，江蘇江寧布政司六千四百三十四兩有奇，蘇州布政司五千八百五十四兩有奇，安徽一萬二百五十一兩有奇，江西一萬三千十六兩有奇，福建一萬五百五十兩有奇，浙江一萬八千四兩有奇，湖北一萬一千一百四十四兩有奇，湖南六千二百一兩有奇，陝西一萬一百九十二兩有奇，甘肅七千三百六十五兩有奇，伊犁三百九十三兩有奇，普爾錢一萬二千四百九十五文，四川九千八百二十三兩有奇，打箭爐口外二十三兩，西藏十六兩，廣東一萬五千一百十五兩有奇，廣西一千九百四十一兩有奇，雲南五千四百七十四兩有奇，貴州併春牛花鞭合支銀一千一百六兩有奇。各省先農壇祭祀銀，俱動支耤田穀價。如有不敷，於地丁銀内撥補，一體報銷。二曰儀憲之款，儀憲各款，有鄉飲酒禮、春牛花鞭、刋刻《時憲書》工價、歲貢坊儀。各省有在地丁銀内編徵者，有動支正項錢糧者，每年覈實報銷，有餘則報撥。鄉飲酒禮銀：直隸一千七百四十三兩，奉天二十六兩，山東三百五十九兩，山西一千二百七十九兩有奇，河南三百六十六兩，安徽四百二十七兩有奇，江西六百四十一兩，福建九十九兩有奇，浙江五百七十七兩有奇，湖北三百七十八兩有奇，湖南三百六十八兩有奇，陝西一百九十兩有奇，甘肅六十七兩有奇，廣東四百三十兩有奇，廣西五十兩。春牛花鞭銀：直隸四兩，奉天十五兩，山西九十二兩，浙江一百八十一兩有奇，廣東五百三十四兩有奇，雲南二百四兩有奇。《時憲書》工價銀：直隸五百七十四兩，山東一百七十六兩有奇，山西一千一百二十二兩有奇，河南一百七十兩有奇，江蘇一百十三兩有奇，安徽二百二十一兩有奇，江西四百二十八兩有奇，福建三百三十六兩，浙江七百兩，湖北四百九十八兩有奇，湖南四百二兩有奇，陝西、甘肅各二百十二兩有奇，四川三百二十八兩有奇,廣東二百四兩有奇,廣西七十五兩有奇,雲南三百四十七兩有奇,貴州二百四兩。歲貢坊儀銀,除河南、陝西、四川向不支給外,餘省各以額徵銀,按出貢名數匀給:直隸四百十五兩,山東一千二百二十七兩有奇,山西七百五十九兩有奇,江蘇江寧布政司十三兩有奇,蘇州布政司七百五十五兩有奇,江西二百七十一兩有奇,福建一百三兩有奇,浙江三百十七兩有奇,湖北三百十八兩有奇,湖南四千四百四十四兩有奇,甘肅二十八兩有奇,廣東博羅縣編徵銀五兩,餘不支給,廣西三百九兩,貴州天柱縣、玉屏縣各額編銀六兩,餘屬每年動支銀一百八十三兩。又歲科兩試花紅棚廠銀:一千一百九十三兩有奇,奉天每名給銀二十兩,雲南每名給銀十二兩,俱在地丁銀内支給。三曰俸食之款,京城各衙門俸工役食,歸陝西司八旗俸餉處專覈。外省文員,均按品給俸。每於季首造册申司,覈實支給,道府以下官俸役食,准於額編銀内坐支。遇有坍豁錢糧,在督撫以下及州縣正印官編俸銀内,均攤其佐雜教職俸銀及胥役工食,概免攤荒。遇有緩徵,在存公銀内墊發。額支官俸役食銀:直隸二十二萬一千三百八十六兩有奇,奉天一萬三千六百十三兩有奇,吉林一千五十兩有奇,山東十四萬五千九百七十二兩有奇,山西十一萬八千九百六十六兩有奇,河南十三萬八百三十八兩有奇,江寧布政司五萬七千三百十九兩有奇,蘇州布政司六萬五百八十二兩有奇,安徽九萬九千三百兩有奇,江西八萬六千二十三兩有奇,福建七萬一千六百五十六兩有奇,浙江十二萬九千二百七十兩有奇,湖北九萬四千八百八十兩有奇,湖南八萬四千五百五十二兩有奇,陝西十萬七千七百四十四兩有奇,甘肅九萬四千四百四十四兩有奇,伊犁四千二百一兩有奇,四川十萬九千九百五十一兩有奇,廣東十一萬六千七百五十七兩有奇,廣西七萬七千三百六十兩有奇,雲南六萬五百兩有奇,貴州三萬八千五百十四兩有奇。四曰科場之款,文武鄉會試經費,有主考路費銀、科場供應銀、新舉人花紅筵燕銀、會試盤費銀、旗扁銀、進士坊價銀、帽頂銀、主考路費銀,在各省存公銀下給發。出京時,户部先給每員銀二百兩,知會各省於應給銀内,照數扣存報撥。科場供應及花紅、筵燕、盤費等銀,各省有動用編徵銀及地丁正項、耗羡、存公程費各項銀不同,俱每年按數扣存司庫,事竣覈實報銷,餘剩報撥。旗扁銀,在藩庫正項銀内給發。順天鄉試由國子監、順天府咨行户部領給,歸福建司專覈。坊價銀,每科無定額。文進士,一甲每名八十兩,二甲、三甲每名三十兩。武進士,每名十八兩。文進士每名給表裏一端,武進士每名給帽頂銀五兩。除直隸省編解銀八千二百三十四兩有奇,餘由户部給發,歸福建司專覈。一甲一名文進士不給表裏,加給朝服全事,一甲一名武進士不給帽頂銀,加給盔甲,由工部給發。主考路費銀:山東、山西、河南每員四百兩,江南、江西、浙江、湖北、陝西每員五百兩,福建、湖南、四川、廣東、廣西每員六百兩,貴州每員七百兩,雲南每員八百兩。科場經費併花紅筵燕,各省每科額支銀:順天一萬五百八十餘兩,奉天花紅銀六十五兩,山東二千三百七十七兩有奇,山西二千八百二十一兩有奇,河南按時價報銷,每科約需銀八千餘兩,江南一萬二千六百四十餘兩,江西一萬三百四十四兩有奇,福建一萬二千兩,浙江一萬一千二百兩有奇,湖北七千八百二十三兩有奇，湖南五千六百九十七兩有奇，陝甘一萬六百四十四兩有奇，四川五千兩，廣東九千一百七十兩，廣西二千五百兩，雲南九千八十六兩有奇，貴州五千八百九十六兩有奇。盤費銀，每年編徵申解藩庫，會試之年將本款存銀及地丁銀給發：奉天每名九兩、十兩不等，山東額徵銀五百八十九兩有奇，山西一千九百四十四兩有奇，河南二千五百六十餘兩，江寧布政司二百九兩有奇，蘇州布政司八百五十三兩有奇，安徽二千八百四十三兩有奇，江西一千六百四十八兩有奇，福建五千九百六十七兩有奇，湖北四千六百四十二兩有奇，湖南二千六百二十一兩有奇，陝西四千一百九十八兩有奇，俱每科按名數均勻攤給，浙江每名額給銀十兩，甘肅每名五兩有奇，四川每名四兩有奇，廣東每名十八兩至三十兩有奇不等，廣西每名十二兩有奇，雲南、貴州每名三兩，往來給驛馬一匹。旗匾銀，每中式舉人一名，給銀二十兩，除順天鄉試臨時定額，各省額給銀：山東一千三百八十兩，山西一千二百兩，河南一千四百二十兩，江南二千二百八十兩，江西、浙江各一千八百八十兩，福建一千七百兩，湖北九百六十兩，湖南九百二十兩，陝甘一千二百二十兩，四川一千二百兩，廣東一千四百四十兩，廣西九百兩，雲南一千八十兩，貴州八百兩。五曰餉乾之款，京城八旗官兵俸餉，由八旗俸餉處專覈。陵寢官兵俸餉及各處牧群官丁俸餉，歸福建司專覈。巡捕五營官兵俸餉，由陝西司專覈。各直省綠營駐防官員應支俸薪、馬乾、心紅、紙張、蔬菜、米豆、草折等銀、兵丁餉銀及官兵本色米豆，各督撫於冬季，將明年夏、秋、冬及後年春季應需數目，確估造册，彙同司庫實存地丁雜稅清册，咨部酌撥，由部彙覈具題。凡兵馬錢糧奏銷，與地丁錢糧各爲一疏，同時具題。各省綠營俸餉額數：直隸八十九萬五千九百四兩有奇。山東二十九萬六千二百八十九兩有奇，米一萬七千一百五十七石有奇，河營三萬四千六百九十六兩有奇。山西四十六萬六百四兩有奇，米豆六萬七千五百六十八百有奇。河南二十七萬二千一百九十四兩有奇，米二萬九千九百九十三石有奇。江寧布政司八萬三千四十六兩有奇，米豆八千六百十五石有奇。蘇州布政司四十二萬九千八百二兩有奇，米豆六萬五千三百三石有奇，河營四萬四千五百五十六兩有奇，米四千一百六十五石有奇，漕營七萬九千七百七十四兩有奇，米七千五百八十八石有奇。安徽十六萬八千八百六十一兩有奇，米豆二萬六千六百十八石有奇。江西二十三萬八千六百二十四兩有奇，米豆五萬一百四十四石有奇。福建一百二十八萬一千三百七十九兩有奇，米九萬一千四百九十八石有奇。浙江六十二萬五千六百十七兩有奇，米十三萬八千九百十三石有奇。湖北三十九萬八千七百三兩有奇，米八萬八百九十七石有奇。湖南四十九萬三千四百八十三兩有奇，米十萬三千五百十四石有奇。陝西六十六萬八千四百六十七兩有奇，糧料五萬二千四百四十石有奇，草一百三萬五千六百二十一束。甘肅一百七十七萬二千五百六十三兩有奇，糧料三十一萬一千二百八石有奇，草三百萬七百三十一束有奇。伊犁十二萬五千八百八十八兩有奇。四川七十八萬五百二十九兩有奇，米一萬三千五百三十六石有奇。廣東一百十一萬五千七百七十七兩有奇，米二十四萬四千三百五十石有奇。廣西四十萬一千九百九十九兩,米八萬四千九百十六石有奇。雲南七十六萬五千一百八十四兩有奇,米十四萬八千四石有奇。貴州六十五萬六千二百十一兩有奇,米十二萬七千四百石有奇。駐防俸餉額數:直隸四十四萬三千二百八十九兩有奇,米四萬七千四百八十二石。盛京五十八萬一千五百五十四兩有奇。吉林三十七萬二千七百七十三兩有奇。黑龍江二十六萬七千八百四十二兩有奇。山東青州、德州十萬五千四十九兩有奇,米一萬一千一百三十九石有奇。山西綏遠城、太原右衛二十四萬二千九百三十九兩有奇,米豆四萬八十九石有奇。河南開封十萬六千一百四十兩有奇。江蘇江寧二十三萬九千六百二十五兩有奇,米豆七萬五千三十七石有奇,京口七萬七千六百二十五兩有奇,米豆三萬八千四百四石有奇。福建福州十二萬三百十二兩有奇,米五萬七千四百五十八石有奇。浙江杭州、乍浦十九萬一千二百四十八兩有奇,米十萬五千七百九十二石有奇。湖北荆州二十七萬四千四兩有奇,豆五十三石。陝西西安四十七萬三千五百十三兩有奇,糧九萬一千四百三十四石有奇,料八萬九百三十一石,草三百五十一萬六千三百束。甘肅寧夏、凉州、莊浪、巴里坤、古城、烏嚕木齊、吐魯番七十八萬九千五百九十四兩有奇,糧十八萬六千四百九十石有奇,草七十七萬八千一百三十五束有奇。伊犂五十一萬七千三百六十九兩有奇,口糧二十二萬四千九百四十斤,糧八萬二千四百三十六石有奇,料一萬三千二百五十五石有奇。四川成都十八萬四千三百十兩有奇。廣東廣州十六萬八千七百二兩有奇,米八萬八千二百四十一石有奇。六曰驛站之款,驛站支銷,有工料銀、牛馬價、廩糧、船價、雇價、修車船兜轎銀、雇船雇夫價、租賃驛舍銀、藥餌銀、雜支銀,各省款目不同,俱准於州縣額編銀兩坐支。如遇錢糧蠲緩及有驛無徵與額徵不敷之州縣,在藩庫地丁銀内撥給。每歲支銷銀兩,按察司會同布政司造册詳請題銷,由兵部覈覆具題。各省額支銀數:直隸三十七萬七千五百九十二兩有奇,米豆三千八百三十石有奇,草二萬一千二百四十束,又車馬奏銷銀七千五百十五兩有奇,又廩糧奏銷銀十三兩有奇,又户部題銷玉石車價歲無定額,嘉慶十七年報銷銀一百六十六兩有奇。盛京七千九百十九兩有奇。吉林四千九百八兩有奇。黑龍江三千六百六十六兩有奇,米五十石。山東十三萬九千一百六十兩有奇。山西十七萬二千二百七十兩有奇,又户部題銷伯克車價銀八百九十九兩有奇。河南十六萬二千四百七十二兩有奇。江蘇十一萬五千一百四十八兩有奇。安徽七萬五千三百四十兩有奇,又馬田奏銷米麥豆六千四百三十八石有奇。江西六萬六千二百九十七兩有奇。福建二萬八千三百五十兩有奇。浙江六萬一千六百一兩有奇。湖北九萬七千七百七十二兩有奇。湖南六萬四千一百七十五兩有奇。陝西十五萬三千四百四十三兩有奇。甘肅十八萬二千八百十二兩有奇,糧五千九百九十二石有奇,草二萬二千五百六十八束,又塘站奏銷銀五萬三千十三兩有奇,米麥豆六千五百六十七石有奇,麪八千六百三十七斤有奇,又車馬奏銷銀六千四百四十一兩有奇。四川五萬六千二百七十七兩有奇。廣東一萬一千六百六十五兩有奇。廣西三千五百四十一兩有奇。雲南二萬六千七百九十六兩有奇。貴州七萬二千七百兩有奇。七曰廪膳之款，各省、府、廳、州、縣、衛學，生員有廪糧膳夫銀，亦有給本色糧米者，數目多寡不齊，俱於編徵銀米内，按名匀給。無額編者，動支地丁銀兩，遇有荒缺，按數撥補，免其攤扣。由州縣官造册申送學政查覈，移知督撫題銷。又額設學租，賑給廪生貧生者，教官查造清册，俟學政按臨之日，按名親給，報部覈銷。各省額支廪膳銀：直隸一萬一千一百七十七兩有奇。奉天三百十六兩有奇。吉林八兩有奇。山東二萬二千三百八十五兩有奇。山西八千一百六十三兩有奇。河南八千三十五兩有奇。江蘇並孤貧口糧合支銀一萬七千九百四兩有奇。安徽六千三百二十兩有奇。江西四千一百九十七兩有奇。福建四千四百二十四兩有奇。浙江六千三百六十八兩。湖北四千兩。湖南三千九百二十七兩有奇。陝西七千三百三十一兩有奇。甘肅四千一百九兩有奇，糧八百七十九石有奇。廣東五千三百二十三兩有奇。廣西三千八百六十四兩有奇。四川九千六百兩。雲南五千六兩有奇。貴州七百九十五兩，米六千三百六十石。八曰賞卹之款，直省府、州、縣、衛，有孝子、貞女、節烈之婦及男婦壽登百歲者，督撫題請旌表，每名給建坊銀三十兩，壽數多者，以次加增。民人一産三男，賞米五石、布十疋，俱動用地丁正銀，歲無定額。境内鰥寡孤獨、殘疾無告之人，照額收養養濟院。人多於額，以額外收養，在地丁正項銀米及耗羨下，分别動支。又通都大邑設有普濟堂、育嬰堂，除紳士好義捐建者，經費聽其自行經理，其動用官發生息銀及存公銀者，均每歲報部覈銷。司、府、州、縣監犯口糧、鹽菜錢文，及軍流遞解人犯沿途口糧，除地方官自行捐給外，或動獄田租息銀米及存倉米穀及存公等銀，均按年造册題銷。孤貧口糧銀米，除京城五城，大興、宛平二縣，歸陝西司專覈，育嬰、普濟二堂歸順天府覈銷外，各省額内、額外孤貧銀米數目：直隸二萬九千八百八十四兩有奇，米一千三百八十三石有奇，穀二百三十六石有奇。奉天二百四十九兩，米一千九百四十二石有奇。山東二萬三千四百六十九兩有奇，米四千五百十九石有奇。山西一千二百五十五兩有奇，米五千一百六十七石有奇。河南七千八百三十三兩有奇。江寧布政司五千九百十四兩有奇，米一千二百四十石有奇。蘇州布政司五千七百三十五兩有奇，米一萬三千五百十五石有奇，崇明縣四十三兩有奇，蘇城隆冬煮賑銀一千二百七兩，米一千石。安徽九千四百六十七兩有奇，米二千二百四十六石有奇。江西一萬六千一百三十八兩有奇，普濟堂歲支銀九百八十七兩有奇，育嬰堂歲支銀四百八兩有奇。福建二萬四千三百九十兩有奇，普濟、育嬰二堂歲支銀二千八百二十兩有奇，穀一千一百餘石。浙江二萬七千六百二十五兩有奇，玉環廳四百二十兩，又省城及各處育嬰堂歲支銀一千一百餘兩。湖北五千五百十六兩有奇，普濟堂歲支銀一千三百兩，育嬰堂歲支銀無定額。湖南二千八百四十七兩有奇，米九百七十石有奇，普濟堂歲支銀四千兩。陝西一萬七百五十四兩有奇，米九百七十石有奇。甘肅四千六十七兩有奇，米一千八百六十九石有奇。迪化州所屬，每名日給白麪半斤，冬月棉衣一件。四川無定額，嘉慶十七年報銷銀三千八百八兩有奇，普濟堂向無定額。廣東一萬八千二百五十五兩有奇，普濟、育嬰二堂除動支租息銀一千五百七十餘兩，其餘在洋船放關飯銀撥補，又肇慶府及曲江縣普濟、育嬰二堂共二千五百十二兩。廣西一千三十二兩有奇，米九百三十八石有奇。雲南三千三十兩有奇，普濟、育嬰二堂歲支銀一千二百八十兩。貴州收養孤貧歸普濟堂報銷，歲無定額，惟天柱縣額支銀三兩五錢有奇，米四十三石，省城育嬰堂歲支銀二百十三兩有奇。囚糧銀米每年無定，今案嘉慶十七年奏銷册：直隸四千九百五兩有奇，米八千一百四十三石有奇。奉天二千二百三十兩有奇，米三千九百九十五石有奇。吉林米折銀八百二十六兩有奇。山東八百三十七兩有奇，米一千二百九十四石有奇。山西六千四百九十五兩有奇。河南錢二千一百二十六千有奇，米三千五百三十石有奇。江蘇錢三千二百六十八千有奇，米五千四百二十五石有奇。安徽三千七百三十五兩有奇，米四千八百二十三石有奇。江西二千一百五十三兩。福建一千九百二十兩有奇。浙江銀一萬二百七十兩有奇，米一千五百五十八石有奇。湖北一萬五千四百二十三兩有奇。湖南一萬二千六百三十三兩有奇。陝西錢二千八百九十一千有奇，糧四千二百四十五石有奇。甘肅一千三百三十八兩有奇，糧一千八百二十一石有奇。四川一萬六千二百十兩有奇。廣東六千一百五十五兩有奇，米一萬二百十八石有奇。廣西五千一百二十三兩有奇，米三百八十六石有奇。雲南二千四百二十五兩有奇，米一百九石有奇。貴州四千六百四十九兩有奇。九曰修繕之款，各省河湖隄堰有關民田水利工程，准借動司庫銀兩興修，分年攤徵還款，免其報銷。各項歲修工程，有動用發商生息銀者，事竣覈實報銷。文武官員借項修理衙署，文職准借動閒款銀，武職准借動空缺扣半養廉銀，俱於應得養廉銀内，分限扣還。駐防官兵修理兵房，准借銀兩在餉銀内，分限扣還。山西、江蘇、安徽、江西、陝西、雲南諸省緑營營房，每間歲給修理銀一錢、三錢不等，墩臺木樓牌坊每項歲給銀五分。河南每年動支州縣公費銀一百八十兩至三百兩不等。廣西每間歲給銀二錢至四錢不等。貴州大路每塘給銀二兩，僻路五錢。河工銀兩，除另案工程臨時奏辦，每年歲修、搶修銀及各省修理渠堰歲修銀數，俱詳載工部。十曰採辦之款，各省物料，按照例價，動用正項錢糧採買，事竣報銷。亦有例價不敷，准其動用存公銀兩協貼者，俱令覈實報銷。各省採辦物料銀數：山東牛筋、黄蠟、黄丹銀六百三十二兩有奇。山西鐵斤、紙張、農桑、絹生、素絹銀九千六百五十四兩有奇。河南棉布、牛筋、黄蠟銀三千六十三兩有奇。江蘇飛金、桐油、白礬、鐙草、黄熟銅、烏梅、銀硃、各色布銀六萬四千四百八兩有奇。安徽白麻、黄熟銅、鐵斤、銀硃、桐油銀四千一百五十七兩有奇。江西銀硃、桐油、五倍子、紫草銀四千七百十九兩有奇。福建臺連紙、黑鉛、黄熟銅銀七千七百六十五兩有奇。浙江黄蠟、黄熟銅、桐油、芽茶、黄茶、絲綿歲無定額，嘉慶十七年報銷銀一千一百五十一兩有奇。湖北白蠟銀八百三十一兩有奇。湖南白蠟、木植銀一萬六百二十四兩有奇。廣東白蠟、檀香、膠靛、花梨木、紫榆木、高錫銀一萬六百七十兩有奇。雲南天青、石黄銀三千三百七十兩有奇。凡採買物料，運解進京水脚運費銀，在耗羡銀内動支，隨同料價一體報銷。十有一曰織造之款，江寧、蘇州、杭州三處織造，每年户部、工部、内務府派辦，上用、官用綢緞、紗羅、布疋，及制帛誥軸遜衣，辦解甘肅綢緞，需用工料水脚銀兩及機匠口糧米，俱動用正項錢糧，每年造册題銷：江寧額定銀四萬三千三百三十三兩有奇，米一萬石。蘇州額定銀六萬四千五百兩米九千七百八十八石有奇。杭州無定額，嘉慶十七年報銷銀三萬二千二百二十二兩有奇，米一萬一千八十九石有奇。十有二曰公廉之款。京城滿漢官員公費、巡捕營紅白事例，歸陝西司。八旗官員養廉，歸山東司。八旗官兵紅白事例，歸俸餉處專覈。外省文職養廉，在耗羨銀内動支。緑營武職公費銀，在地丁正項銀内動支。緑營武職及駐防官兵養廉、紅白事例銀，在耗羨匣費及鹽規雜税銀内動支。統於年前，豫行估撥，分别文給，年終造册報銷。凡署任官應支養廉，均於扣缺養廉銀下動支。各省書院公費，各有恩賞銀，委員經理，或置産收租，或籌備賞借，以充膏火。不敷，在存公項下撥補，每年造册報銷。文職養廉銀：直隸十三萬五千八百三十六兩有奇，奉天六千五百七十六兩有奇，吉林八百五十九兩有奇，山東二十七萬八千十六兩有奇，山西二十一萬一千一百五十兩有奇，河南十萬二千五百五十四兩有奇，江蘇二十三萬五千四十五兩有奇，安徽十萬九千九百五十三兩，江西十八萬三千一百四十兩有奇，福建十五萬一千二十四兩有奇，浙江十二萬七千二百十三兩有奇，湖北十七萬一千五百兩，湖南十四萬一百六十兩，陝西十四萬一千五百六十二兩有奇，甘肅十三萬一千一石七十兩有奇，四川十九萬五千九百六十兩，廣東十六萬一千四百五十六兩有奇，廣西十萬一百七十五兩有奇，雲南十九萬一千八百二十八兩有奇，貴州八萬六千二百七十一兩有奇。緑營武職養廉銀：直隸十一萬四千一百六十二兩，山東四萬二千二百九十六兩有奇，山西五萬七百五十四兩，河南二萬六千六十兩，江蘇八萬九千六百四十八兩，安徽二萬九百五十八兩，江西三萬一千九百三十六兩，福建十一萬四千一百六十二兩，浙江八萬五千八百二十三兩有奇，湖北五萬二千六百三十四兩，湖南六萬五千三百二十二兩，陝西六萬七千七十四兩，甘肅十四萬九千五百九十四兩，伊犁一萬一千三百五十二兩，四川八萬五千五百八兩，廣東十二萬六千二百四十六兩，廣西五萬一千七百五十八兩，雲南八萬五百九十二兩，貴州八萬七千七百十八兩。駐防養廉銀：直隸察哈爾、山海關一千九百兩，盛京四千一百兩，吉林五千兩，黑龍江三千六百兩，山東青州、德州五百兩，山西綏遠城、太原右衞二千五百兩，河南開封二百兩，江蘇江寧、京口二千九百五十兩，福建福州二千一百九十四兩有奇，浙江杭州、乍浦二千九百兩，湖北荆州二千七百兩，陝西西安二千一百兩，甘肅寧夏、凉州、莊浪、烏嚕木齊、巴里坤、古城、吐魯番九千一百四十八兩，伊犁七千二百兩，四川成都二千七十兩，廣東廣州二千四百九兩。各省緑營公費銀，除江蘇、江西歲無定額，每年覈實報銷，餘省每年額設銀數：直隸一萬五千一百二十一兩有奇，遇閏加銀一千二百六十兩，山東一萬二千兩，山西九千五百四十四兩有奇，遇閏加銀二百七十四兩有奇，河南二千兩，安徽一千七百二十三兩有奇，福建二萬三千八百六十九兩有奇，浙江一萬九千五百兩有奇，湖北九千三百二十三兩有奇，湖南一萬二千一百九十八兩，陝西一萬三千二百十八兩有奇，甘肅四萬八千二百七十三兩有奇，四川三萬三千兩，廣東二萬六千一百七十七兩有奇，廣西八千五百四十四兩有奇，雲南二萬六千九百五十九兩有奇，貴州一萬二千五十兩有奇。緑營駐防兵丁紅白事例銀：直隸三萬七千九十二兩有奇，盛京五萬六千四百九十七兩，吉林一萬四千六百十一兩，黑龍江九千五十七兩，山東一萬四百七十一兩，山西一萬六千兩，河南六千三百八十八兩，江蘇二萬七千五百四十六兩，安徽四千兩，江西四千八百兩，福建四萬二千兩，浙江一萬兩，湖北一萬七千二百四十兩有奇，湖南七千兩，陝西一萬二千八百兩，甘肅二萬五千兩，伊犁八千兩，四川二萬五千兩，廣東三萬六千五百九十九兩有奇，廣西八千兩，雲南一萬七千二百四十三兩，貴州一萬二千八百四十六兩有奇。書院經費銀：順天義學四百兩，直隸蓮池書院動用營田水利銀向不報銷，承德府所屬義學三千六十兩，奉天瀋陽書院八百七十三兩有奇，山東濼源書院一千二百五十二兩有奇，山西晉陽書院一千五十九兩，河南大梁書院二千四百兩，江蘇鍾山書院一千兩，安徽紫陽書院一千四百四十兩，江西豫章書院一千兩，福建鼇峰書院、海東書院一千九百四十八兩有奇，浙江敷文書院一千二百六十兩，湖北江漢書院九百兩有奇，湖南嶽麓書院、城南書院二千四百十六兩有奇，陝西關中書院一千六百五十三兩有奇，甘肅蘭山書院一千八百四兩有奇，四川錦江書院八百三十六兩，廣東端溪書院、越華書院、粵秀書院六千九百三十三兩有奇，廣西秀峰書院、宣城書院一千九百五兩，雲南五華書院二千四百八十四兩有奇，貴州貴山書院七百十二兩。凡動款，有坐支，有給領，有協解，有估撥，皆按其實而銷焉。坐支之款，如官俸役食、鋪兵工食、驛站料價、祭祀香燭、廩生銀糧、歲貢坊儀、鄉飲酒席、民七軍三小料銀、孤貧口糧，俱於編徵項下支給。給領之款，如俸餉水脚、鞘箍、船工河工水脚、閘夫工食、憲書工價、孝子節烈婦壽民建坊銀、官兵紅白事銀、舉人坊儀、會試盤費、物料價脚、貧生膏火，俱由藩庫支領報銷。協解之款，或地丁不敷動用，例由外省協濟，或蠲緩不敷支放，奏請鄰省撥解，統於地丁案内報銷。估撥之款，如武職餉乾上歲豫估撥給，河工購料先期奏請撥發，俱按年覈實報銷。曠則存之。文職官俸銀米養廉扣缺、廩糧空缺，於地丁奏銷案内造報。武職官兵俸餉空缺小建銀米，於兵馬奏銷案内造報入撥。凡事故離任官員及引見陞調他缺，自離任日起住支俸廉。署任官支食養廉，照例覈給。而任内銀數有餘者，均歸截曠項下。兵餉扣存小建銀兩、留抵閏月餉銀、額徵驛站銀、額撥科場經費銀，支用有餘，統歸藩庫報撥。織造工價如有實存，歸入下届報銷。凡奏銷，必以四柱之册。一曰舊管，二曰新收，三曰開除，四曰實在。司若道以册申於總督、巡撫加印而送部焉。及本下，十有四司各按其所隸而覈之。奏銷錢糧，造具四柱款册送部，由部按款查覈覆題。有循例支給請銷者，有舊案相符准銷者，有應俟本案覈結之後准銷者，有應立專案造册覈銷者，本下之後，行文各督撫遵照欽定五年之限，儘數完結。凡解餉，有京餉，有協餉。按其水陸之程，而給以資。各省每年批解春秋二撥京餉及撥解鄰省協餉，俱歲無定額。直隸、山東、山西、河南、福建、湖北、湖南、陝西、廣西解餉，俱由陸程。江蘇、安徽、江西、浙江、廣東,由水陸二程。支銷水脚銀數:直隸、山西、江蘇、安徽、浙江銀數在五萬兩以下者,每萬兩每站給銀五錢,十萬兩以下者四錢,十萬兩以上者三錢;江西十萬兩以下者,每萬兩每站給銀五錢五分,十萬兩以上者四錢五分;湖北四萬兩以下者,每萬兩每站給銀四錢,四萬兩以上者三錢;山東京餉每萬兩每站給銀四錢,協餉解西安者,每萬兩每站給銀三錢八分,解蘭州者三錢五分,解肅州者三錢;福建每萬兩每站給銀四錢;河南、湖南、陜西、廣東、廣西,每萬兩每站給銀三錢。凡解餉時值冬春,每站加給銀五分,江西省不加給,山東惟解肅州之餉加給,餘不加給。每餉銀千兩,給鞘籠傾鎔銀,自一錢至六錢,各省不等。解官視銀數之多寡而委焉。批解錢糧委員管解,數在十萬兩以上委同知、通判,五萬兩以上者委州同、州判,五萬兩以下者委佐貳雜職官。如同知、通判、州同、州判不敷差遣,准委知州、知縣。護以兵役,餉鞘本省起程之時,文武衙門各派定防護兵弁,餉銀一萬兩派防護兵二名、役四名,多者酌量加派,解官按名查點。沿途約束,鞘面自一至百編定號數,所撥人夫開具姓名、住址,亦自一至百編號對照鞘號扛擡,開具清單,一存州縣,一交解官以備稽查。越境亦如之。餉鞘起程,先將應用夫馬、車輛知會前途,豫爲齊備。到境時,地方官查明掛號,照鞘即應付車馱接遞。如係山僻,一鞘兩夫,仍派委防護官弁,按站催趲交替,不許解官停留。將入境、出境日期及並無事故之處,具結申報督撫,加結報部。凡解餉官不申請防護、不經由大路以致失事者,解官全賠。若已請防護經由大路而失事者,地方文員分賠十分之五,僉差不慎之大員分賠十分之三,解官分賠十分之二。若係微末窮員力不能賠者,仍著僉差之員分賠。武員祇報參處,免其分賠。凡庫貯之別有五。户部銀庫爲天府之藏,内務府銀庫、圓明園銀庫爲内庫,不與五者之列。一曰封貯,直省酌留布政司庫銀兩,督撫公同封貯,每年附撥册送部查覈。如有急需,題明動支,撥餉時請部撥還歸款。封貯銀數:盛京銀庫備貯銀一千萬兩。各省藩庫:直隸三萬一千四百兩,山東二十五萬兩,山西三十九萬兩,河南三十五萬兩,江寧四十八萬兩,蘇州四十八萬兩,安徽四十萬兩,江西一十七萬兩,福建四十萬兩,浙江三十萬六千兩,湖北四十萬兩,湖南三十二萬三千兩,陜西三十一萬兩,甘肅三十一萬兩,四川一百五萬兩,廣東二十萬兩,廣西三十八萬四千兩,雲南四十八萬五千三百四十二兩有奇,貴州四十五萬九千兩。二曰分貯,各省府庫封貯銀兩,遇州縣急需請領,知府即行給發,一面詳報藩司、督撫,仍令各州縣將支銷銀數,隨案具詳聽覈。直省道、府、州、縣庫分貯銀數:直隸口北道、霸昌道、永平府、天津府、大興縣、宛平縣各庫十五萬一千四百七十三兩有奇。山西大同府、蒲州府、朔平府各庫五萬兩。江蘇鎮江府、徐州府、崇明縣各庫八萬兩。江西廣信府、南安府、贛州府各庫三萬兩。福建泉州府、漳州府、汀州府、臺灣府各庫十萬兩,又鹽課盈餘項下撥貯鹽道庫、興化府、泉州府、漳州府各庫十三萬餘兩。浙江嘉興府、湖州府、寧波府、紹興府、台州府、金華府、嚴州府、温州府、處州府各庫九萬四千兩。湖南衡州府、永州府、寶慶府、常德府、辰州府、永順府、沅州府、靖州各庫七萬七千兩。陝西延安府、鳳翔府、漢中府、興安府、榆林府、綏德州、鄜州各庫五萬兩。甘肅甘凉道、甘州府、凉州府、寧夏府、平凉府各庫二十二萬兩。新疆烏嚕木齊提督、巴里坤總兵、哈密副將各庫五萬六千六百三十五兩。四川寧遠府、打箭爐同知、松潘廳同知各庫五萬兩。廣東韶州府、惠州府、潮州府、嘉應州、肇慶府、高州府、廉州府、雷州府、瓊州府、南雄州、南澳同知各庫十萬兩。廣西南寧府、柳州府、太平府、慶遠府、思恩府、泗州府、鎮安府各庫六萬六千兩。雲南昭通府、臨安府、東川府、普洱府、廣南府、開化府、永昌府、順寧府、永北廳同知、景東廳同知、鎮沅州各庫一萬八千兩。貴州古州兵備道、思南府、鎮遠府、銅仁府、黎平府、都勻府、安順府、台拱同知、八寨同知、清江通判、都江通判、丹江通判、威寧州各庫四萬一千兩。三曰留貯,存留屬庫坐支銀兩按款給發例免解司。四曰解貯,藩庫爲錢糧總彙,歲貯府、州、縣、衛徵解田賦、雜賦銀。東三省將軍、副都統、城守尉所管各庫,歲貯京城及盛京移解官兵俸餉銀。各省按察司庫,歲貯贓罰銀錢。糧道庫,歲貯藩司移解地丁項下統徵之漕項銀。五曰撥貯。盛京銀庫,每歲由京撥貯俸餉銀一百四五十萬兩。各省兵備道庫,歲貯由布政司或鄰省協撥兵餉銀。河道庫,歲貯本省及鄰省撥給官兵俸餉及歲修搶修銀。黄河每歲額撥貯庫銀六十餘萬兩,甘肅口外伊犁各處歲需俸餉銀六十七萬餘兩,由各省撥解將軍、辦事大臣衙門各糧餉處收貯。西藏應需臺費銀三十萬兩,三年兩解,由各省撥解四川藩庫,轉解各臺糧務官收貯。雲南歲需銅本銀一百萬兩,貴州歲需鉛本銀二十九萬餘兩,俱由鄰省撥解各該省藩庫收貯。慎其收發,各省解司銀兩,無論元寶、小錠,均令錠面鑿鑿年月、州縣及銀匠姓名,以憑稽覈。解部地丁,將足色紋銀傾鎔元寶,合部頒法馬,每箇五十兩,不許另加滴珠。起解餉銀,布政司親同解官兑封押字,令庫官鈐印,當堂裝鞘,給發兵牌。清其交代,州縣官錢糧交代,由接任官造具接收清楚册結,同監盤官印結、上司加結,送司詳請咨部,俱於正限内交收結報,款册與印結同送,不得於限内止送總結,不送款册。如限内交代不清,該督撫查明遲在何任,分晰咨參,並將督催不力之上司,隨案參處,再照原限兩月完結。凡二參限期,即於限滿咨參之日算起,不准奉到部覆起扣。凡經管錢糧之同知、通判、縣丞、營衛等官,均照州縣之例。布政使陞轉離任及因公陛見,將庫貯錢糧並無虧挪之處附奏,其新任接收,亦具摺奏聞,仍照例限詳請具題。如布政使陞本省巡撫,令總督確查具題。無總督省分,接任布政使覈題,按察使交代,會同藩司查覈詳題。交代正限:布政使、州縣織造、直隸河廳汛員限兩月,糧鹽道巡道、知府、緑營武職、儒學教官限一月,南河廳員限三月。如州縣錢糧倉庫有應行展限者,准其分别展限。庫項在五萬兩以上展半月,十萬兩以上展一月,十五萬兩以上展一月半,倉穀在二萬五千石以上展半月,五萬石以上展一月。又一官而有兩任交代展一月,江蘇州縣民欠錢糧在五萬兩以上者再展兩月,五萬兩以下者再展一月。鹽運使交代照布政使之例,由鹽政具題。運同、運判、提舉、大使等官照州縣之例,由管鹽督撫、鹽政咨部。時其盤查,布政司庫錢糧,每值奏銷交代,總督、巡撫親赴盤查具結報題。督撫新任亦一例盤查。府、州、縣庫貯錢糧奏銷時，該管道、府親赴盤查結報，不得委查取結及豫示日期、縱令掩飾。凡州縣等倉庫錢糧實存數目，每三月申報一次，由道府查覈加結，彙送藩司，轉呈督撫隨時抽查。凡盤查各屬錢糧，督撫於歲底彙摺具奏。甘肅鎮迪道所屬府、廳、州、縣動存銀兩，按年造具册結，申送總督密委道府前往抽查。西藏糧務官所管錢糧，駐藏大臣每年盤查造册，加結咨送總督查覈。凡糧鹽道庫錢糧，每值奏銷交代，責成督撫、鹽政，照盤查藩庫之例。罪其虧缺者。屬官虧空，上司明知故縱者，令徇隱之上司各賠一分。凡州縣虧空，審係侵貪入已者，將本員治罪嚴追。追不足數，令各上司分賠。若係挪移及倉穀浥變之類，止將該員擬罪著追，不必概令上司攤賠。凡州縣虧空，審係知府不行揭報，應著落分賠。先即將知府革職，其銀米於本犯名下咨追。一年限内全完，本犯與知府俱准開復，二限、三限補還，本犯照例發落三年，限滿不完，本犯治罪。實係家産全無，不能完交，將未完銀米著落不揭報之知府分賠一半，一半入於無著項下歸結。知府分賠一半之銀，立限一年全完，即准開復，二年補完，准開復。於補官日罰俸一年，三年補完，降一級調用，如仍不完，不准開復，仍追銀兩。凡題參虧空，一面於任所咨追，一面行文原籍，將家産查存立案，如任所無完，即變價抵補。

〇裕天下之積貯，令各省所在皆設倉。視其人民之所聚與其地之燥濕，以定其額貯，權歲之豐歉，而出納之。凡倉之別有五。京通各倉爲天庾，又各省兵米存貯之倉係專供兵餉，附近水次之倉係協濟漕運，不與五者之列。一曰常平倉，直隸常平倉貯穀二百十九萬七千五百二十四石有奇。奉天常平倉貯米五十二萬石。山東常平倉貯穀二百九十四萬五千三百石。山西常平倉貯穀二百二十七萬三千三十二石有奇。河南常平倉貯穀二百七十二萬五千九百九十九石有奇。江蘇常平倉貯穀一百五十三萬八千石。安徽常平倉貯米九十四萬七千石。江西常平倉貯穀一百三十二萬七百十三石有奇。福建常平倉貯穀二百九十六萬二千五百五十九石有奇。浙江常平倉貯穀二百九十二萬六千五百六十一石有奇。湖北常平倉貯穀一百九十五萬五千四百三十三石有奇。湖南常平倉貯穀一百四十八萬七千七百十二石。陝西常平倉貯糧三百八萬三千十一石有奇。甘肅常平倉貯糧六百六十三萬四百二十八石有奇。四川常平倉貯穀二百八十八萬七千九百十七石有奇，又貯青稞米麥五千三百四十五石有奇。廣東常平倉貯穀二百八十六萬七百三十石石奇。廣西常平倉貯穀一百二十七萬四千三百八十八石有奇。雲南常平倉貯糧八十三萬六千六百七十四石有奇。貴州常平倉貯穀二百萬九石有奇。二曰裕備倉，河南裕備倉貯穀三十五萬六千石，又米抵穀六十九萬七千石。安徽裕備倉貯穀二十萬石。四川裕備倉貯穀八十萬石，又裏塘、巴塘、察木多拉里、西藏各處裕備倉貯雜糧八千四百石。貴州裕備倉貯穀一萬石。三曰旗倉，盛京旗倉貯米二十萬石。吉林旗倉貯糧二十萬六千八百四十五石。黑龍江旗倉貯穀二十六萬石，又糧七萬石。四曰社倉，各省社倉係士民捐置，聽士民自爲經理。惟陝西社倉係動耗羨款銀買置，廣西社倉係以常平息穀增置，仍官爲經理。五曰義倉。義倉亦係捐置，聽士民經理，與社倉同。其兩淮、浙江及江西九江關、湖北漢口鎮鹽義倉，亦聽各商經理。凡倉政，有準色以順土宜，常平倉所貯各色糧石，皆按各省出産準作穀數：山東豆莜、雜糧一石，麥六斗。河南黑豆、高梁一石，麥七斗。江蘇大麥一石，粟米、黄豆、小麥五斗。安徽大麥、粟、穀、黍一石，粟米、黄豆、小麥五斗。陝西小麥、黄豆五斗。四川小麥五斗，莜九斗，青稞八斗。甘肅小麥、豌豆、粟米、黄米五斗，青稞、大豆、青豆、大麥、糜穀一石。貴州小麥五斗，莜一石，均準作穀一石。有折耗以權經久，倉貯折耗曰氣頭曰廒底，均計收貯年分及各省地氣燥濕定以折耗之數，准該管官開報，驗明米色，減價發糶，秋後買補。有平糶以易陳新，各省常平倉穀，常年平糶，皆以存七糶三爲率，間有地方燥濕不同，隨時酌糶。存三糶七、存半糶半、存六糶四及不限額數者，如遇豐歲或酌糶十之一二或全行停糶，遇歉歲或逾額出糶，皆令報部查覈。惟不得空倉全糶。其平糶，豐歲每石减市價銀五分，歉歲減銀一錢，秋收後以糶存價銀採補。裕備倉，常年出陳易新，亦照常平倉例。旗倉，額貯内變色糧石，亦照時價減銀平糶。兩淮各場、江西九江關、湖北漢口鎮鹽義倉，每年平糶仍以原價買補。浙江鹽義倉，發場平糶，收鹽抵款，令商人於運庫領銀買補。有借放以資接濟，社倉、義倉常年當青黄不接之際，准農民借領，旗倉准八旗兵借領，皆於秋後徵收還倉。有交盤以慎監守。州縣各官有倉者，遇新舊接任，皆令交代結報，並責成上司隨時察驗。其領價買補還倉，亦令上司委驗。社倉、義倉如司事之社長等，有侵食等弊，亦准同社士民報官究治。歲終，以其出納之數報於部。其非時撥用者則以聞，乃發帑而補貯焉。凡災賑動用常平、裕備各倉及他有撥解碾動倉穀者，皆由總督、巡撫具奏，准動用正項，採買還倉。凡荒政十有二。一曰備祲，凡勤耕務本之農，該管官時加奬勵，每州縣量設老農數人，以爲董率，察其勤儉無過者，准給與八品頂戴。歲遇農忙，則停徵、停訟以勸農務。各省有實在可墾荒地，招徠報墾，酌借牛種，限以水田六年、旱田十年准其陞科，永爲己業。民間有自費工力，挑築池塘、渠堰，准照定界，蓄水灌溉。他人竊放灌田者，照盜種田畝律科罪，以勸墾荒。山隰土田阡陌相連宜穀之處，禁種煙草。官兵軍民行獵及出青馬駝踐躪田禾，除懲處外，仍追糧銀給主，以禁妨稼。令所在官司飭查製麴燒鍋，以禁糜穀。陂澤池蕩蓄水處所，無論官地、民地，概禁開墾。瀕臨江海湖河沙漲地畝，如有阻遏水道爲隄工之害者，禁其報墾，以禦旱潦。二曰除孽，各省瀕臨湖河低窪之處，令該管官於每年二三月豫防蝻子化生，一有萌動即多撥兵夫撲捕，或掘地取種，或於水涸草枯時縱火焚燒，併徑移鄰封協捕。如致長翅飛騰，根究生蝗處所，治以捕蝗不力之罪。山中出蛟每爲水患，蛟卵入地之處，冬不積雪，亦令所在留心挖除。若因亢旱，愚民向有燒除旱魃之事，殘忍不經，大爲風俗之害，久經禁革。三曰救災，水災驟至，有司官即率衆救濟，漂毁房屋給與搭篷修費銀，淹斃人口給與葬銀，淹傷人口給與撫䘏銀,水衝沙壓地畝給與挑培修復銀,皆按各省例,定銀數散給。四曰發賑,題報成災情形,即一面發倉,將乏食貧民,先散賑一月,是爲正賑。及查明分數後,隨分晰極貧、次貧,具題加賑:災十分者,極貧加賑四月,次貧加賑三月。九分者,極貧加賑三月,次貧加賑二月。八分、七分者,極貧加賑二月,次貧加賑一月。災六分者,極貧加賑一月。五分者,酌借一月口糧。正賑、加賑米數,皆按日散給,大口日五合,小口半之。學中貧生、屯衛貧軍,隨坐落地方與賑。盛京旗地、官莊、站丁被災,各先借一月口糧,不作正賑。及查明被災分數,不論極貧、次貧:旗地災十分、九分者,賑五月。八分、七分者,賑四月。六分、五分者,賑三月。官莊災十分、九分、八分者,賑五月。七分、六分者,賑四月。五分者,賑三月。站丁災十分、九分、八分、七分者,賑九月。六分、五分者,賑六月。米數皆按月散給,大口月二斗五升,小口半之。凡閒散貧民與力田災民一體給賑,米不足者,銀米兼賑,其銀按各省折賑定價散給。五曰減糶,歲歉米價騰貴,出糶常平倉穀,督撫確覈情形,於常年平糶照市價例減之外,再酌定應減之數,具奏出糶。如倉穀不足,則動帑赴鄰省採買出糶。事竣,動倉穀者糴穀還倉,動庫帑者易銀歸庫。六曰出貸,災歲之明春,農民無力播種者,酌借籽種、口糧,或夏月風雹、旱蝗、水溢等災,除不能復種秋禾者,即照秋災辦理外,如秋禾尚可播種,應俟秋穫時確勘分數,辦理者遇必需接濟,亦先酌借籽種、口糧,皆於常平倉出借。秋災麥熟後徵還,夏災秋成後徵還,皆免息穀。七曰蠲賦,以災户原納地丁正耗準作十分,按災分之數蠲免:災十分者,蠲賦十分之七。九分者,蠲賦十分之六。八分者,蠲賦十分之四。七分者,蠲賦十分之二。六分、五分者,蠲賦十分之一。屯衛田地,隨坐落州縣分數蠲免。山西未經攤徵之丁銀及無地災户丁銀,統隨地糧分數蠲免。八旗官地災十分者,蠲租十分之五。九分者,蠲租十分之四。八分者,蠲租十分之二。七分者,蠲租十分之一。六分以下者,緩徵。江蘇吴縣公田蠲租,照民田之例。至各省漕糧及漕項,或分年帶徵,或一律蠲免,奏明遵旨辦理。八曰緩徵,災地勘報之日,即行停徵。所停錢糧,係被災十分、九分、八分者,三年帶徵;係被災七分、六分、五分者,二年帶徵;五分以下勘不成災,有奉旨緩徵及題明緩徵者,緩至次年麥熟後啓徵。其次年麥熟後應徵錢糧,遞行緩至秋成。若被災之年深冬方得雨雪及積水方退者,另疏題明將應緩至麥熟錢糧,再緩至秋成,新舊並納。又成災五分以上州縣中之成熟鄉莊,應徵錢糧亦一體緩徵。九曰通商,災區需米接濟,奏明招徠商販。有運米前往糶賣者,所過關口,免其納税,給與印票,到境之日,呈送地方官蓋印,回空覈銷。如未到被災地方先行糶賣及偷運他省,加倍罰税,仍照違禁例治罪。十曰勸輸,紳衿商民於歉歲出資捐賑者,准親赴布政司具呈所捐之項,聽其自行經理,不許州縣抑派。事竣,督撫覈實,捐多者題請議敘,少者給扁旌獎。十有一曰興工築,災歲閭閻艱食,令督撫於地方應舉之工,如溝渠、城垣、隄防,酌量題請辦理,俾貧民傭工就食。十有二曰集流亡。被災貧民,令該管官善爲撫䘏,毋令輕去鄉土。其流亡外出聞賑歸來者,即准入册一體散給。凡地方有災者,必速以聞,題報被災情形,夏災限於六月盡,秋災限於九月盡。甘肅夏災不出七月半,秋災不出十月半。遂定其災分而題焉。督撫於題報情形時,一面委員勘定被災分數,自六分至十分者爲成災,五分以下爲勘不成災。結報督撫扣除程限,統限四十五日内具題。如被災異常之區,令督撫一人親勘,即以應行賑恤事宜奏聞。罪其匿災者、減災分者、報災之不速者。

南檔房,清字堂主事,滿洲二人,掌守檔案。三歲,則稽八旗之丁數,以疏聞。每届三年,户部將在京八旗各省駐防送到滿洲、蒙、古漢軍人數,造入各旗丁檔,繕寫清單,恭摺奏聞。嘉慶十七年,八旗丁口在京並各省駐防:滿洲二十二萬二千九百六十八,蒙古五萬五千六百三十九,又額魯特二千五百八十一,察哈爾都統屬一萬六千四百八十九,又茂明安當差人二百八十五,黑龍江將軍屬巴爾呼一千二百五十一,内務府正白旗屬回子一百二十三,八旗漢軍併内務府及下五旗包衣、台尼堪、富西拜唐阿十四萬三千五百五十四,正黄旗滿洲屬金川番子六十三,滿洲、蒙古家人五萬一百六十三,内務府併下五旗包衣内監、北京尼堪、多什喀尼堪二萬九千八百九十三,土爾扈特家人四十三。選秀女,則繕緑頭名籤,以授於内監而引閲。三年一次,選看十四歲以上秀女,户部豫年行文,將京城八旗滿洲、蒙古護軍領催以上、漢軍文職筆帖式以上、武職驍騎校以上之女,外省文職知府以上、武職參將以上之女,查明送部備選。八旗公主之女,免其選看。皇后、妃、嬪姊妹及親兄弟、親姊妹之女,於挑選時另爲一班,於各本旗頭起帶領。掌本部滿洲官之陞補。

北檔房,漢字堂主事,滿洲二人、漢軍二人,繕本筆帖式二十人,掌繕清字、漢字之題本奏摺,撥京省之餉。

○凡撥餉,曰春撥,曰秋撥,令各省以其實存之數報於部,乃察其盈朒,而撥於京省。曰冬撥,各省估其來歲之兵餉以報部,則酌而撥之。凡撥餉,先以本省,不足,則視其省之近者而協撥焉。春季撥册,限二月二十日到部,秋季撥册限八月二十日到部,冬季撥册限十月内到部。

司務廳司務,滿洲一人、漢一人,掌治吏役,收外省衙門之文書,呈堂書到,記其號,以分於司。督催所,郎中、員外郎、主事無定員,由堂官派委。掌催十有四司所議之件,而督以例限。每月於户科江南道註銷。

當月處司員,滿洲一人、漢一人,以十四司司員輪直。掌收在京衙門之文書,以付於各司,送題本於内閣,内閣傳抄。清字則滿洲司員抄焉,漢字則漢司員抄焉。

監印處司員,滿洲二人、漢二人,以十四司司員分日輪直,一月更代。掌監堂印。以兩人監堂印,兩人監鹽茶引印。

欽定大清會典卷十三

江南清吏司，郎中，滿洲一人、漢一人，員外郎，滿洲三人、漢一人，主事，滿洲一人、漢一人，掌覈江南三布政司之錢糧，及江寧、蘇州織造之奏銷。凡各省之平餘與其地丁之逾限而未結者，皆彙而察焉。掌官之借養廉於部者。

○凡錢糧，入有額徵，動有額支，解有額撥，存有額貯，無額則有案。徵無額者，令儘徵儘解。支無額者，令實用實銷。撥無額、貯無額者，令隨時報撥報貯。皆據案入銷。及奏銷，則稽其額與其案而議之。省各隸於司，凡十有四司恒仿焉。

○凡濱江之蘆田坍者、漲者，皆令報於官以勘而申焉。五年則大丈，蘆洲坍漲，地方官據報親勘，註册申詳立案。五年，巡撫遴委道員，覆加勘丈，曰大丈。以其漲者，補其坍者。撥補蘆洲，先儘成洲輸課之坍户，有餘則及沙灘水影無課之坍户，仍各以報坍先後爲序。其隔屬灘漲，確有此坍彼漲形蹟者，亦准隔屬撥補。如無形蹟可憑，則各以本屬之漲，補本屬之坍。有餘則陞科，不足則除之。江蘇、安徽蘆課，本司覈之。其江西司、湖廣司所覈蘆課，皆同此例。

○凡織造，有上用，有官用，各辨其精麤，絲分經絲、緯絲、絨絲，又各分上用、官用。染分紅色、雜色及白色胰湅，金線分紅圓、金雙料二紅圓金、黄圓金、青圓金、淡圓金、紫赤圓金、枯赤匾金、肥赤匾金、闊匾金，亦各分上用、官用。與其工，工有掉工、摇工、刷工、牽工、接工、打邊工、挽花工、織工，或計以絲之斤兩，或計以疋，或計以日。以定直而覈銷焉。江寧、蘇州織造報銷同。浙江司覈銷杭州織造，亦同此例。

○凡平餘，視正餉萬之百二十有五，扣於耗羨而存之，直隸、奉天、陝西、甘肅、四川、廣西、雲南、貴州，額徵正項不敷，歷係鄰省協撥。安徽、福建、湖北、湖南，因耗羨不敷支用，皆不扣平餘。江寧、蘇州、浙江，惟京餉扣報平餘。其餘山東、山西、河南、江西、廣東各省，凡京餉、協餉及本省動支正項，皆每千兩扣平餘銀十二兩五錢，於耗羨内劃出報存藩庫。賑卹則動焉。歲終，令各省以其平餘之數，報於部而彙奏。

〇凡地丁未結者，截五年乃察而彙奏。甲年應徵地丁，例以乙年奏銷，其有銀米各款輾轉行查者，限於五年内結案，至庚年則入於彙奏。逾限則交吏部議焉。

〇凡官即任者，許借予養廉以資其行，文職道而下、武職副將而下請者，則給之。以其品級與其道之遠近而爲之數。文職准借養廉銀：道府，直隸三百兩，奉天、山東、山西、河南五百兩，江蘇、安徽、江西、浙江、湖北、陝西七百兩，福建、湖南、甘肅、四川、廣東、廣西八百兩，貴州九百兩，雲南一千兩；州縣，直隸一百五十兩，奉天、山東、山西、河南二百兩，江蘇、安徽、江西、浙江、湖北、陝西三百兩，福建、湖南、甘肅、四川、廣東、廣西四百兩，貴州五百兩，雲南六百兩；同知、通判，直隸一百兩，奉天、山東、山西、河南一百五十兩，江蘇、安徽、江西、浙江、湖北、陝西二百五十兩，福建、湖南、甘肅、四川、廣東、廣西三百兩，貴州三百五十兩，雲南四百兩；在部領憑之州同、州判，直隸六十兩，奉天、山東、山西、河南八十兩，江蘇、安徽、江西、浙江、湖北、陝西一百兩，福建、湖南、甘肅、四川、廣東、廣西一百二十兩，貴州一百五十兩，雲南二百兩；佐雜官，直隸三十兩，奉天、山東、山西、河南、江蘇、安徽、江西、福建、浙江、湖北、湖南、陝西、甘肅、四川、廣東、廣西四十兩，貴州五十兩，雲南六十兩；在籍領憑之州同、州判，自籍赴任五百里至一千里以外者六十兩，二千里以外者八十兩，三千五百里以外者一百兩，五千里以外者一百二十兩，七千里以外者一百五十兩，八千里以外者二百兩；佐雜官，五百里至一千里以外者三十兩，二千里以外者四十兩，三千五百里以外至五千里以外者五十兩，七千里、八千里以外者六十兩。武職准借養廉銀：副將，直隸二百兩，山東、山西、河南二百四十兩，江蘇、安徽、江西、浙江、湖北、陝西二百八十兩，福建、湖南、甘肅、四川、廣東、廣西三百二十兩，貴州三百六十兩，雲南四百兩；參將，直隸一百三十兩，山東、山西、河南一百五十兩，江蘇、安徽、江西、浙江、湖北、陝西一百八十兩，福建、湖南、甘肅、四川、廣東、廣西二百兩，貴州二百二十兩，雲南二百四十兩；游擊，直隸一百兩，山東、山西、河南一百二十兩，江蘇、安徽、江西、浙江、湖北、陝西一百四十兩，福建、湖南、甘肅、四川、廣東、廣西一百六十兩，貴州一百八十兩，雲南二百兩；都司，直隸七十兩，山東、山西、河南九十兩，江蘇、安徽、江西、浙江、湖北、陝西一百兩，福建、湖南、甘肅、四川、廣東、廣西一百二十兩，貴州一百三十兩，雲南一百五十兩；衛守備，山東八十兩，江蘇、安徽、江西、浙江、湖北一百兩，湖南一百二十兩；營守備，直隸五十兩，山東、山西、河南六十兩，江蘇、安徽、江西、浙江、湖北、陝西七十兩，福建、湖南、甘肅、四川、廣東、廣西八十兩，貴州九十兩，雲南一百兩；衛所千總，直隸二十五兩，山東四十兩，江蘇、安徽、江西、浙江、湖北五十兩，湖南六十兩；營千總，直隸二十五兩，山東、山西、河南三十兩，江蘇、安徽、江西、浙江、湖北、陝西三十五兩，福建、湖南、甘肅、四川、廣東、廣西四十兩，貴州四十五兩，雲南五十兩。

分發試用官,照數減半。大挑舉人分發各省以知縣用者,照州同、州判之數減半。再任官員前借已完者仍准借給,未完者將前欠扣除所餘,仍准找借。及扣存乃入於撥,歲終則彙奏。實缺官於到任後起扣,試用官於委署得缺後起扣。文職:奉天、雲南、貴州,六季扣完;餘省四季扣完。武職:雲南、貴州,八季扣完;直隸、山東、山西、河南,四季扣完;餘省六季扣完。造入季册報撥。歲終,將已扣、未扣數目造册,送部彙題。

浙江清吏司,郎中,滿洲一人、漢一人,員外郎,滿洲二人、漢一人,主事,滿洲一人、漢一人,掌覈浙江布政司之錢糧及織造之奏銷。織造奏銷,與江寧、蘇州同例。凡天下之民數、穀數掌焉。每歲仲冬,各省各城督撫、府尹、將軍,將所屬民屯户口增減、倉穀存用實數詳查具奏,造册隨奏咨部。户部於次年年底,彙繕黄册具題。嘉慶十七年册報實在,各省各城民屯丁口:三萬六千一百六十九萬一千二百三十一,存倉米穀:三千三百五十八萬八千五百七十五石有奇。

江西清吏司,郎中,宗室一人、漢一人,員外郎,滿洲二人、漢一人,主事,滿洲一人、漢一人,掌覈江西布政司之錢糧。凡各省之協餉,則稽其數。每年直隸、福建、陝西、甘肅、四川、廣西、雲南、貴州不敷兵餉銀由北檔房覈明,在鄰省協撥,限四月、九月兩起完解。各督撫將起解日期、銀數具題報部,户部於年終彙案具題。

福建清吏司,郎中,滿洲二人、漢一人,員外郎,滿洲五人、漢一人,主事,滿洲一人、蒙古一人、漢一人,掌覈直隸、福建兩布政司之錢糧與天津之海税。天津海税,嘉慶十三年定額正銀四萬兩,以二萬六千兩解部,以一萬四千兩解直隸,留充公用。盈餘銀,儘收儘解,無定額,由直隸總督委天津道管理。凡直隸之雜款,劄放於部者,皆覈焉。京城内外支給之款,有陵寢祭祀銀、駐防俸餉銀、科場銀、驛站銀、寺廟喇嘛錢糧銀、工程銀、各項雜支銀。陵寢祭祀,除常例採買折價由廣西司管覈外,其另案由司領給者,每年或有或無,向無一定。俸餉銀,除直隸總督題請估撥外,其每歲由部領給者,東陵官員歲支恩正俸銀二萬一千六百四十兩有奇,西陵官員歲支恩正俸銀一萬一千八百六十七兩有奇。又熱河駐防歲支文武官俸廉、馬乾一半米折等銀一萬三千二百四十七兩有奇,兵餉、馬乾一半米折路費并書吏工食等銀十二萬九千四百七十二兩有奇,備公銀二千一百五十七兩有奇,本色米由内務府覈銷。又歲支額魯特官俸銀五百五兩,兵餉銀二千四百五十七兩。又歲支圍場官俸、兵餉、米折等銀,二萬三千九百一十七兩有奇,均由熱河都統委員赴京支領。密雲駐防歲支官俸養廉、馬乾一半米折等銀,一萬九百五十一兩有奇,兵餉、馬乾一半米折等銀,十一萬三千六百二十七兩有奇,備公銀三千六百五十兩有奇,由密雲副都統委員支領。察哈爾兩翼牧場歲支官俸銀一千三百三十五兩,兵餉銀二萬五千七百四十四兩有奇,由太僕寺行文支領。察哈爾三旗歲支牧群官丁俸餉銀二萬三千三百八十三兩，達里岡愛歲支羊群官丁俸餉銀二萬八千五百三十三兩有奇，均由内務府行文支領。達里岡愛歲支馬駝群官丁俸餉銀一萬七千一百九十三兩，商都達布遜諾爾歲支牧群官丁俸餉銀二萬六千四百三兩，大凌河牧群出青賞給牧長、牧副羊折銀每群二兩，嘉慶十七年給銀六十八兩，均由上駟院行文咨領。泰陵内務府咨領黄新莊、永福寺等處看守行宫千總兵丁餉銀租折銀連閏一千一百七十兩，昆明湖教演水師千總歲支俸銀四十八兩，由内務府行文咨領。理藩院歲支飯食銀八百四十兩，科場銀除文武鄉會試經費銀，歲有直隸編徵之款，其由部領給者，每科會試製備考官銀、花等銀三百兩，製備筆墨等銀三百十兩有奇，武會試供應銀除直隸額解銀四百兩外，由部領給銀一千三百五十兩，旗扁坊價銀每科多寡不定，嘉慶十五年給順天鄉試舉人銀五千四百四十兩，翻譯鄉試舉人銀七百八十兩，十六年給文會試進士坊價銀七千二百六十兩，翻譯會試進士坊價銀三百兩，武會試進士坊價銀八百八十二兩，又賞給盔甲銀二百四十兩，由順天府、國子監、禮部、兵部行文咨領。供應驛站銀除由直隸總督動撥報銷外，歲無定額，由部領給者，有駐防官赴任車價銀、察哈爾支領鐵器等項車價銀，均由兵部行文咨領。又由京補放察哈爾官員折給蒙古帳房羊隻銀，由各旗行文咨領。又張家口過往乘驛官兵廪糧銀，由兵部行文咨領，每年或有或無，向無一定。又直隸境内巡幸經過地方，供應馱城駝隻，每隻日給空草一束，皇帝謁陵馱城駝隻加給豆一升。察哈爾赴任官員兵役馬匹，每匹日支空草一束。陵寢衙門咨領乳牛備牛，每隻日支料四升、草三束，退回乳牛備牛，每隻日給料二升、草二束，官役馬匹每匹每站支料二升、草二束，均由户部牌行經過州縣照例供應。喇嘛錢糧銀，京城宏仁寺、嵩祝寺、福佑寺、妙應寺、梵香寺、護國寺、瑪哈噶喇廟、常泰寺、慈渡寺、察漢喇嘛廟、資福院、西黄寺、北黄寺、達賴喇嘛廟、普度寺、普勝寺、慧照寺、化成寺、隆福寺、静住寺、新寺、三佛寺、聖化寺、永慕寺、永寧寺、正覺寺、闡福寺、通福寺，在京居住之熱河普仁寺、普善寺喇嘛，月給銀二千十七兩有奇，學經藝處實諦寺、普寧寺、殊象寺、布達拉廟、功德寺，五臺山屬居住京城護國寺、須彌福壽寺、正覺寺喇嘛，續添錢糧月給銀二千三百五十一兩有奇，均由理藩院行文咨領。熱河普寧寺等五處歲支銀一萬八百兩，由熱河都統行文咨領。京城内外興修工程，由工部具奏，欽派大臣估需工料銀數，行文户部劄庫支放，歲無定額。掌賑鬻之政令。每年十月初一日起，至次年三月二十日止，五城地方設立鬻廠賑濟窮民。每城日給十成稜米二石、柴薪銀一兩，米由倉場給發，銀由户部劄庫給領，歸廣西司管覈。九月中旬，具題賑鬻事宜。官房稽其租入。正陽門外等處建蓋官房，由内務府官房祖庫徵收租銀，交户部歸款，每月交銀九十七兩有奇。其專令京官租住房租，按季坐扣俸銀者，由陝西司管覈，不在此數。井田科，以福建司選缺滿洲郎中坐辦，餘郎中、員外郎、主事無定員，由堂官酌委。掌覈入官之旗地。

〇凡旗地，禁其私典、私賣者，犯令則入官。直隸各屬民人及旗下家奴，在例禁前典賣旗地，清查時自行首明者，官爲給價回贖，召佃輸租，爲入官旗地。其有隱匿不報者及例禁以後典賣者，或贖後復行典賣者，俱將地畝徹出入官，作爲公産旗地。每年陞除數目不能一定，今按嘉慶十七年奏銷册，額徵入官旗地三萬七千三百三十三頃二十一畝有奇。若抵帑者、抵帑入官地畝，覈其租數定價，以一分三釐之息爲斷，如徵租銀得百三十兩者，准抵銀一千兩，以次增加抵算。如係契典他人田地，聽原業主回贖。籍没者，官兵緣事抄産入官地畝，由部咨直隸總督委員履畝確勘，酌定租數，造册徵租，一併奏銷。皆徵其租，民人佃種入官旗地，照契價以十一議租，每市平市色銀一兩，減納銀一成三分，統以庫平庫色交官報解。嘉慶十一年奏銷册，徵旗租銀四十六萬三千四十三兩有奇。官贖者亦如之。旗地除在清查以前典賣者，官爲給價回贖入官外，另户漢軍出旗爲民，其置買旗地及原圈地，准其隨帶執業。日後祇准賣與旗人，不准賣與民人，另記檔案養子開户出旗爲民，其置買旗地併原圈地，報官給價，回贖地畝入官。凡塋地之在官者，各以其等給焉。入官旗地，内有墳園、祭田，數在三頃以下者，免其入官，即有多者給還，亦不過三頃。官贖旗地，原業葬有墳塋，准其回贖，三品以上不得過二頃，四品以下不得過一頃，兵丁閒散不得過五十畝。出旗爲民，原管旗地有墳塋地畝，係另記檔案曾任職官者給與五十畝，兵丁閒散給與三十畝。養子開户户下給與十畝，已官贖者令其回贖，未官贖者照數扣除。其易於官者三倍之。旗人有兑易官地爲墳者，以地三畝易官地一畝，仍覈其所易地租與官地租，務使有盈無絀。凡地公用則撥補，旗地有開濬河道及營造工程官用者，地方官丈勘後，行旗查原業姓名相符，准以官地按畝撥補。若原業租數比官地多至一倍，准以二畝抵補一畝。察其存地、退地、餘地、絶地。存地，旗人駐防外省，將原有地畝交官徵租，兑易任所地畝，回京時仍給還管業。乾隆二年停止，惟張家口、山海關尚准兑换。退地，舊例撥給内務府莊頭地畝，如有沙薄不堪耕種者，查明原撥地畝，退交官佃徵租。餘地，丈量餘出之地。絶地，入旗無嗣人地畝，在一頃以上，以十分之七入官，十分之三給族人，祭埽在一頃以下，概給三十畝。無族人者，給親女、親姊妹、親姪女、外甥、外孫或本户家奴及該佐領，爲祭埽之需。凡存退餘絶官地，俱歸另案奏銷。又乾隆十六年以前，八旗下屯種地旗人有身故者，原領官地聽妻子承種，如無妻子而家口册内有名嫡屬，亦准頂補，如俱無者，徹出地畝入官徵租，爲屯莊奏銷。歲終，會其租入以備恩賞。經徵旗租，例於十月内具解户部，冬至後特頒恩旨，普賞八旗兵丁一月錢糧。如租銀未能到齊，在於部庫節年賞剩旗租項下先行動撥，續解歸款。留京當差之新滿洲，按其等第應得地畝租銀，減半折給。一等、二等侍衛各二十二兩有奇，三等侍衛、藍翎侍衛、護軍校、驍騎校各十八兩，護軍親軍、司鞍、司轡各十三兩有奇，拜唐阿馬甲各十一兩有奇。嘉慶十七年恩賞八旗兵丁租銀三十九萬五千五百八十九兩有奇，新滿洲租銀六千八十兩有奇。

湖廣清吏司，郎中，滿洲二人、漢一人，員外郎，滿洲二人、漢一人，主事,滿洲一人、漢一人,掌覈湖北、湖南兩布政司之錢糧與其廠課。湖北武昌廠額徵船料銀三萬三千兩,欽定盈餘銀一萬二千兩。游湖關應徵船料銀,每年儘收儘解,嘉慶十七年報解銀三千九十五兩有奇。正銀造入地丁奏銷,盈餘銀留充官員養廉,由湖廣總督委武昌府管理。凡耗羨之政掌焉。各省每年徵收地丁耗羨銀兩,乾隆五年諭各督撫將地方必需公費,分晰款目,定立章程,由部覈明彙奏存案,每年動款分別循例請銷。有定款有定數者、有定款無定數者,以五年通融比較,無定款隨時動用者,通融撙節,不得出範圍之外。又常例之外遇,有興作必需者,隨時奏明動用。每年將收支動存各數造册送部,户部於年終查覈彙奏。額徵耗羨銀數,隨正銀陞除不能一定,今按嘉慶十七年奏銷册:直隸併山西協解銀,三十萬八千五百三十八兩有奇。奉天併中江、山海關税羨、地租等銀,一萬二千六百十兩有奇。山東四十八萬七百五十兩有奇。山西三十七萬六百十八兩有奇。河南四十一萬六千九百九十九兩有奇。江蘇江寧布政司併鹽規、匣費銀,十四萬五千八百九十八兩有奇。蘇州布政司併鹽規、匣費銀,三十二萬八千九百三十四兩有奇。安徽并匣費銀,十九萬一千西百九十二兩有奇。江西併鹽規、關税、火耗羨餘等銀,二十二萬八千八十四兩有奇。福建併官莊、關税、鹽課贏餘、寺田租穀變價等銀,二十一萬八千五百三十兩有奇。浙江十六萬四千一百兩有奇。湖北併鹽規各税贏餘等銀,二十萬六千八百二十六兩有奇。湖南十六萬三千五百二十五兩有奇。陜西二十三萬七千七百九兩有奇。甘肅併税務贏餘等銀,十萬八千二百七十六兩有奇。四川併鹽茶耗羨、雜税贏餘銀,三十一萬二千七百三十一兩有奇。廣東併落地税羨銀,二十三萬三千九百五十一兩有奇。廣西併鹽羨銀,四萬二千十七兩有奇。雲南併公件銅價等銀,十二萬四百三十六兩有奇。貴州併秋糧耗米、官田租米、軍田租穀變價銀,二萬四千六百六十一兩有奇。

山東清吏司,郎中,滿洲二人、漢一人,員外郎,滿洲三人、漢一人,主事,滿洲一人、漢一人,掌覈山東布政司及東三省之錢糧。凡八旗官之養廉,察而給焉。掌鹽課、參課之政令。

〇凡八旗官之養廉,有歲額,歲額養廉銀八萬六千兩。其給以七等。領侍衛内大臣爲一等,歲給養廉銀九百兩。總理鑾儀衛大臣、滿洲都統爲一等,歲給養廉銀七百兩。蒙古都統、漢軍都統、前鋒統領、護軍統領爲一等,歲給養廉銀六百兩。滿洲副都統、總管内務府大臣爲一等,歲給養廉銀五百兩。蒙古副都統、漢軍副都統、内大臣、散秩大臣、鑾儀使、上駟院鄉、武備院鄉、奉宸苑鄉、内務府三旗護軍統領、步軍營翼尉、副都統銜在軍前者、鄉銜有專管衙門者爲一等,歲給養廉銀四百兩。健鋭營翼長、火器營正翼長、稽查圍場總管爲一等,歲給養廉銀二百兩。翼長爲一等,歲給養廉銀一百兩。不入於七等者,則以其餘逮焉。八旗參領、印房章京、左右翼前鋒營正署前鋒侍衛、八旗護軍營正署護軍參領、火器營護軍參領、副護軍參領、委署護軍參領營總、健鋭營前鋒參領、副參領、察哈爾總管,以七等額支養廉餘銀匀給。

○凡鹽法，籍竈與商於官，令出鹽、行鹽，量天下食鹽之户，而均布之。凡鹽，有海鹽，長蘆鹽運司屬越支場、興國場、嚴鎮場、富國場、蘆臺場、豐財場、石碑場、歸化場、齊民場、海豐場，山東鹽運司屬王家岡場、永阜場、永利場、富國場、信陽場、濤雒場、石河場、官臺場、西繇場、登寧場，兩淮鹽運司屬版浦場、臨興場、中正場、金沙場、吕四場、餘東場、餘西場、掘港場、豐利場、石港場、角斜場、拼茶場、廟灣場、劉莊場、新興場、伍佑場、富安場、安豐場、梁垛場、何垛場、草堰場、丁溪場、東臺場，兩浙鹽運司屬仁和場、三江場、錢清場、曹娥場、穿長場、金山場、石堰場、鳴鶴場、清泉場、大嵩場、雙穗場、長林場、長亭場、黄巖場、下砂場、下砂頭場、杜瀆場、西路場、許村場、海砂場、鮑郎場、蘆瀝場、横浦場、袁浦場、永嘉場、青村場、浦東場、龍頭場、玉泉場、黄灣場、東江場、金山場、崇明場，福建鹽法道屬福清場、詔安場、莆田場、下里場、浯洲場、洪白團場、赤杞團場、福興場、江陰團場、潯美場、洒洲場、惠安場、漳浦南場、前江團場、祥豐場、蓮河場，廣東鹽運司屬白石場、博茂場、大洲場、招收場、淡水場、矬峒場、小靖場、石橋場、茂暉場、隆井場、東界場、墩白場，及盛京鹽莊等處所産爲海鹽。有池鹽，山西河東鹽法道屬解池，陝西布政司屬花馬大池，甘肅布政司屬花馬小池，所産爲池鹽。有井鹽，甘肅布政司屬漳縣三井、西河縣一井，四川鹽茶道屬簡州五百三十三井、榮昌縣十四井、大足縣三井、合州一井、涪州二井、銅梁縣一井、忠州三十四井、閬中縣八井、南部縣四百三十六井、南充縣二十九井、西充縣四十九井、蓬州一井、大竹縣一井、富順縣三百八十二井、長寧縣一井、大寧縣二井、萬縣四井、雲陽縣一百三十五井、開縣三井、鹽源縣二井、樂山縣二百五十七井、犍爲縣一千一百二十井、榮縣二十三井、威遠縣二井、三臺縣二百六十八井、射洪縣三千井、鹽亭縣一百九十六井、遂寧縣八井、蓬溪縣一千二百六十一井、中江縣一百二十五井、樂至縣一百八十六井、安岳縣三井、江安縣一井、綿州一百五十九井、資州二百三十七井、井研縣一百十三井、仁壽縣一井、内江縣六井、資陽縣五井、太平廳三井、彭水縣十四井，雲南鹽法道屬黑鹽井、新井、沙滷井、白鹽井、安豐井、琅鹽井、麗江井、老姆井、安寧井、新洪井、雲龍井、阿陋井、草溪井、只舊井、抱母井、香鹽井、按版井、恩耕井、景東井、彌沙井、磨黑井、水城井、安樂井、石膏箐井，所産爲井鹽。有土鹽，陝西布政司屬永樂倉、三眼泉、馬湖峪，及直隸宣化縣、西寧縣，山西太原縣、徐溝縣，甘肅臯蘭縣等處所産，爲土鹽。有口鹽，察哈爾鄂爾多斯、青海各游牧内所産，爲口鹽。皆視其産之多寡與其運之遠近以配引，長蘆引九十六萬六千四十六，每引配鹽三百斤。山東引五十萬五百票十七萬一千二百四十，每引每票配鹽二百二十五斤。河東引三十八萬一千三百二，每引配鹽二百四十斤。兩淮綱引一百四十一萬五千三百九十四、食引二十七萬九十八，每引配鹽三百六十四斤。兩浙引七十萬四千六百九十九，票十萬六百九十八，台州府、處州府、温州府、松江府、太倉州屬及東陽縣、永康縣、武義縣、崑山縣、新陽縣、常熟縣、昭文縣引，奉化縣、嵊縣、新昌縣票，每引、每票配鹽四百斤，湖州府、衢州府、嚴州府、常州府、鎮江府、徽州府、廣德州、廣信府屬及富陽縣、臨安縣、於潛縣、昌化縣、新城縣、金華縣、蘭谿縣、湯溪縣、義烏縣、浦江縣、諸暨縣、吴縣、長洲縣、元和縣、吴江縣、震澤縣引，嘉興縣、秀水縣、嘉善縣、桐鄉縣引及票，每引、每票配鹽三百三十五斤，仁和縣、錢塘縣、餘姚縣、海寧州、海鹽縣、石門縣、平湖縣、鎮海縣、山陰縣、會稽縣、蕭山縣票，每票配鹽八百斤，鄞縣、慈谿縣、象山縣、餘姚縣、上虞縣票，内住票每票配鹽四百斤，肩票每票配鹽八百斤。福建引五十四萬五千六十二，延平府、邵武府屬及建安縣、甌寧縣、建陽縣、崇安縣、浦城縣引，每引配鹽六百七十五斤，福州府、福寧府、興化府、泉州府、漳州府、永春州、龍巖州屬及松溪縣、正和縣引，每引配鹽一百斤。陝西花馬大池引一萬四千四百，每引配鹽二百斤，永樂倉、馬湖峪、三眼泉票二萬六十四，每票配鹽一百斤。甘肅花馬小池引六萬七千四百四十，每引配鹽二百斤，漳引三千六百二十二，每引配鹽一百七十八斤五兩，西和引一千六百二十六，每引配鹽二百斤二兩。四川永引二萬八千八百四十，每引配鹽五千斤，陸引十三萬八百二十八，每引配鹽四百斤。兩廣正引六十萬五千八十三，改引十七萬六千六百九十五，廣西省入額羨餘引三萬二千七百三十二。江西南安府屬每引配鹽三百二十二斤，贛州府、寧都州屬每引配鹽二百六十四斤，其餘每引配鹽二百三十五斤。雲南票十三萬二百二十七，每票配鹽三百斤。凡正引、正票不敷民食，則給餘引、餘票，配鹽與正同。長蘆歲給入額餘引五萬，又餘引十萬至十五萬。山東歲給餘引五萬、餘票八萬三千一百八十，河東餘引二十四萬，活餘引八萬七千五百。兩浙餘引二十萬。福建入額餘引四十萬一千四百二十三，又餘引十二萬。兩廣餘引五萬。兩淮以提引作餘引，豫提下年綱引二十萬至五十萬，豫提下年食引二萬至三萬。而各行於口岸。直隸除承德府、宣化府屬、口北道屬三廳及廣昌縣外各屬，河南開封府、彰德府、衛輝府、陳州府、懷慶府屬及舞陽縣、許州、臨潁縣、郾城縣、長葛縣，爲長蘆引鹽口岸。山東兖州府、東昌府、曹州府、濟寧州、臨清州屬及歷城縣、齊河縣、禹城縣、長清縣、德州、平原縣、德州衛、泰安縣、肥城縣、東阿縣、平陰縣、東平州，河南歸德府屬，江蘇銅山縣、蕭縣、碭山縣、豐縣、沛縣，安徽宿州，爲山東引鹽口岸。又青州府、登州府、萊州府、武定府、沂州府屬及章邱縣、鄒平縣、淄川縣、長山縣、新城縣、齊東縣、濟陽縣、臨邑縣、陵縣、德平縣、新泰縣、萊蕪縣，爲山東票鹽口岸。山西平陽府、蒲州府、潞安府、澤州府、寧武府、大同府、朔平府、解州、絳州、霍州、保德州屬、歸綏道屬五廳及蒲縣、岢嵐州、嵐縣、興縣、臨縣、永寧州、沁源縣、静樂縣、繁峙縣，陝西西安府、同州府、興安府、乾州、商州屬，河南南陽府、河南府、陝州、汝州屬及襄城縣，爲河東引鹽口岸。陝西延安府、鄜州屬及清澗縣，爲花馬大池引鹽口岸。河南汝寧府、光州屬，安徽安慶府、池州府、太平府、盧州府、潁州府、泗州、六安州屬及鳳陽縣、懷遠縣、定遠縣、靈璧縣、壽州、鳳臺縣、滁州、來安縣，江西南昌府、饒州府、南康府、九江府、建昌府、臨江府、瑞州府、撫州府、袁州府、吉安府屬，湖北除施南府屬及鶴峰州、長樂縣外各屬，湖南除桂陽州、郴州屬及鄙縣外各屬，爲兩淮綱引口岸。江蘇江寧府、揚州府、淮安府、通州、海州屬及邳州、宿遷縣、睢寧縣，安徽寧國府、和州屬及全椒縣，爲兩淮食引口岸。浙江湖州府、金華府、衢州府、嚴州府、台州府、温州府、處州府屬及富陽縣、臨安縣、於潛縣、昌化縣、新城縣、諸暨縣，江蘇蘇州府、松江府、常州府、鎮江府屬及太倉州、鎮洋縣、嘉定縣、寶山縣，安徽徽州府、廣德州屬，江西廣信府屬，爲兩浙引鹽口岸。仁和縣、錢塘縣、餘杭縣、海寧州、海鹽縣、平湖縣、石門縣、鄞縣、奉化縣、鎮海縣、慈谿縣、象山縣、山陰縣、會稽縣、蕭山縣、嵊縣、新昌縣、餘姚縣、上虞縣，爲兩浙票鹽口岸。嘉興縣、秀水縣、嘉善縣、桐鄉縣，爲引票兼行口岸。福建除汀州府屬外，各屬爲福建引鹽口岸。甘肅平凉府、鞏昌府、慶陽府、寧夏府、階州、秦州屬及靖遠縣，爲甘肅引鹽口岸。四川各屬，湖北施南府屬及鶴峰州、長樂縣，爲四川引鹽口岸。廣東、廣西各屬，江西南安府、贛州府、寧都州屬，福建汀州府屬，湖南桂陽州、郴州屬及鄢縣，貴州古州廳，爲廣東引鹽口岸。雲南雲南府、曲靖府、臨安府、澂江府、普洱府、大理府、麗江府、永昌府、楚雄府、元江州、武定州、鎮沅州屬及蒙化廳、永北廳、景東廳，爲雲南票鹽口岸。其山西平定州、遼州屬及陽曲縣、榆次縣、太原縣、徐溝縣、太谷縣、祁縣、交城縣、文水縣、汾陽縣、孝義縣、平遥縣、介休縣、石樓縣、寧鄉縣、忻州、定襄縣、代州、五臺縣、崞縣、隰州、大寧縣、永和縣、沁州、武鄉縣，銷河東引四萬二千一百五十一，各兼食本境、鄰境土鹽。陝西鳳翔府、邠州屬，銷河東引二萬一百四十七。漢中府屬，銷花馬大池引二萬五千，皆食花馬小池鹽，餘皆不行引。其課，則別以竈課、長蘆竈課，内有白鹽、折價鹽、甎折價邊布京山吏班公費、草蕩、灘鍋等款，徵銀一萬二千七百六十兩有奇，加閏銀一百三十一兩有奇。山東竈課，内有竈丁、竈地、草蕩、灘池、鍋面、民佃、鹽課、白鹽、折色等款，徵銀一萬五千四百六十七兩有奇。兩淮竈課，内有草蕩、折價、沙蕩、折價倉基甎池各款，徵銀八萬六千六百十五兩有奇。兩浙竈課，内有竈丁、竈田、鹽田、蕩坦、塝垛、倉基、團墩、灰場、塗淤課税餘糧、水鄉庫價等款，徵銀十一萬四千三百七十五兩有奇。福建竈課，内有依山附海丁地、坵折公費等款，徵銀一萬四千六百七兩有奇。廣東竈課，内有竈丁、竈地、鹽地、鹽竈各款，徵銀一萬一千八百十七兩有奇。四川竈課内有井課、鍋課等款，徵銀一萬四千四百三十七兩有奇。雲南鹽課，皆就井徵之有正課，養廉經費、井費等款，徵銀三十七萬二千六百二十五兩有奇。河東、陝西、甘肅無竈課。長蘆鹽運司屬灘地、草蕩、竈地二百六十九頃四十六畝有奇。山東鹽運司屬竈地、草蕩、灘地六千八百十頃八十五畝有奇。兩淮鹽運司屬草蕩、沙蕩、沙地、倉基，五萬九千一百六十八頃二十五畝有奇。浙江鹽運司屬蕩地，一萬二千五百七十一頃三十一畝有奇。福建鹽法道屬田園池地山，四千六百四十七頃十七畝有奇。廣東鹽運司屬場地，五千六百三十七頃八十八畝有奇。引課、長蘆引課内有正課、加課，徵銀四十九萬一千九百三十兩有奇。山東引課、票課、額餘引票課内，有正課、加課，徵銀十八萬六千一百五十九兩有奇。河東鹽課内有正餘活引課、解安課等款，徵銀二十八萬二千九百三十九兩有奇。兩淮引課内，有正課、加斤、寧餉、巴東增引、吉安引課、衡永寶代納、兩粤引課、粤西雜税、認納停引各款，徵銀一百七十九萬二千五百二十兩有奇。

兩浙引課内有正課、引價、改課、鹽斤引課、加票陞則等款，徵銀二十八萬九千五百九十九兩有奇。福建引課以鹽菜、鹽斤公費等款，俱併入正課，凡正引、額餘引，徵銀二十八萬八千一百二兩有奇。廣東正引、額餘引，徵銀五十七萬六千六百十八兩有奇。甘肅引課，徵銀一萬九千八百四十一兩有奇。四川水引、陸引，徵銀十三萬三千八百三十七兩有奇。雜課、長蘆雜課内有更名食鹽變價、滷鹽折價、鹽廠房租贓罰、昌平牙税、懷慶賑丁、陳西税銀、坨租等款，徵銀八千二百十三兩有奇，又養廉公費、鹽花、考察領費告費等款，徵銀十三萬一千八百七十六兩有奇。山東雜課内有食鹽變價、魚鹽課鈔、餘銀歸公、河工銅斤水脚等款，徵銀四萬四千一百四十一兩有奇，又紙硃、鹽斤、養廉公費、解費等款，徵銀六萬四千三百兩有奇。河東雜課内有官務盈餘、充餉公費平餘、解安官務、唐縣溉池歸公等款，徵銀二十二萬二千六百十六兩有奇。兩淮雜課内有食鹽變價、潮包倉鹽折價贓罰、京書廩費、河餉銅斤、織造滷税、贖鍰積餘、節省經費公費、心紅等款，徵銀三十五萬六千六百五兩有奇，又經費、脚價等款，徵銀七萬五千八百五十二兩有奇，又拼茶折價、水脚引費、儀徵軍器牙税平餘耗費外，支不敷教場租銀等款，徵銀五十二萬八千七百七十一兩有奇，又紙硃、鹽規、匣費、鹽鈔、養廉公費等款，徵銀五十一萬四千九百六十四兩有奇。兩浙雜課内有京書廩費、功績牙税、裁冗工食、備荒雜餉、滴珠等款，徵銀十三萬九千一百十七兩有奇，車脚、紙硃公費、引費、程費、脚價、鹽規、引規等款，徵銀三十六萬三千三百九十九兩有奇。福建雜課内有鹽規，徵銀一萬八千八十四兩。廣東雜課内有子鹽、京羨，徵銀一萬四千八百六十兩有奇。廣西雜課内有船頭銀、土司鹽羨等款，徵銀三千六百十六兩有奇，又秤羨，徵銀二萬七千一百六十三兩有奇。四川雜課内有鹽羨，徵銀十四萬兩有奇。雲南雜課内有猛野磨鋪井認納鹽課銀、蠻磨井積餘銀、粵鹽餘息抵補鹽規等款，徵銀一千一百四十六兩。税課、廣東黄江廠、清遠廠、星子埠、連山縣、遇仙橋、淦光廠、太平關鹽包税，徵銀五千三百八十一兩有奇。廣西鹽税，徵銀四萬七千五百十四兩有奇。貴州貴陽府、興義府屬及安順府、思南府、大定府府城、清鎮縣、婺川縣、威寧州、黔西州、畢節縣川鹽税，鎮遠府、銅仁府屬淮鹽税，徵銀七千六百十五兩有奇。包課，直隸宣化縣、懷來縣、西寧縣、保安州、延慶州，包納長蘆課銀二千五百九十四兩有奇。山西平定州、遼州屬及陽曲縣、榆次縣、太谷縣、祁縣、交城縣、文水縣、太原縣、徐溝縣、汾陽縣、孝義縣、平遥縣、介休縣、石樓縣、寧鄉縣、忻州、定襄縣、代州、五臺縣、崞縣、隰州、大寧縣、永和縣、沁州、武鄉縣，又陝西鳳翔府、邠州屬，包納河東課銀二萬七千七百九十二兩有奇。江蘇海門廳、崇明縣，浙江定海縣，包納兩浙課銀七百八十三兩有奇，又滴珠銀八兩有奇。福建雲湾、臺灣鹽埕，包納課銀及盈餘銀一萬二千二百十七兩有奇。陝西漢中府、延安府、綏德州、鄜州屬及榆林縣、神木縣、府谷縣、懷遠縣，包納花馬大池、永樂倉、馬湖峪、三眼泉課銀八千九百八十兩有奇。甘肅皋蘭縣、金縣、狄道州、渭源縣、河州，包納鹽税銀五百七十四兩有奇。廣東廣州府、瓊州府屬竈丁，包納鹽課銀三千四百五十兩有奇。而榷之。凡貢鹽、長蘆歲額徵貢鹽十九萬九千一百四十九斤有奇,例徵折色八於竈課,遇内務府、光禄寺需鹽,即於白鹽折色銀内辦解。每白鹽三萬斤銷銀一百兩,甎鹽二千斤銷銀三十七兩有奇。官鹽、盛京户部供應三陵及支給經由官兵、各衙門匠役夫丁鹽,於盛京内務府支鹽二萬斤。額設鹽莊莊頭三名,各交鹽一萬六千斤。又官莊所屬分往鹽場煎鹽之無地丁夫五百名,每名交鹽四十斤,合八萬八千斤,以資官用。錋鹽,山東衍聖公府例支供祭之鹽,曰錋鹽。永利場解一千七百四十七斤,富國場解一千四百三十五斤,永阜場解五千一百四十四斤,王家岡場解八百七十四斤,内以九千斤爲錋鹽,餘二百斤留爲鄉試闈中之用。各以其地供焉。

〇凡刨參,官給以票,盛京每票,刨夫一人,隨爨夫四人。吉林每票,刨夫四人,隨爨夫不得過五六人,多者作爲餘夫,注於票尾。而定其額,盛京十五城放票一千七百五十二,吉林各城内吉林放票四百六十五,寧古塔放票一百九十六,伯都納放票三十二,阿爾楚喀放票二十七,三姓放票三十三。視其盈絀而賞罰焉。各城短放參票,按成數分别議處,果能實心經理,放票足額無虧者,給與議敘,遞年無虧,給與優敘。參山,盛京曰額爾敏,曰哈爾敏,吉林曰烏蘇里,曰綏芬,曰羅拉米,曰瑪延,曰英額東山,曰蒙古魯山。凡山採歇皆以聞。各參山於無關風水地方,每值開採,將軍先於年前奏明,或應歇山亦確實具奏。春夏令入山,而巡其禁令。烏蘇里、綏芬爲大山,每年副都統帶同弁兵於春間刨夫入山之先,分往搜查,秋間押同刨夫出山。其吉林寧古塔、琿春、三姓各界内小山,各處協領分帶兵役搜查,嚴拏栽種秧參、偷挖私參之人,每年於查山事竣後,將經由地方情形彙奏一次。凡刨夫入山者,皆定其所嚮與其時,刨夫入山,皆以信票驗放,水路每夫三人合乘小船一,陸路每夫隨馱子一,水陸每夫皆帶米六斗,回山於各口照入,將所得參數及刨夫姓名、年貌註於回山照票,按程判定月日,令赴官局呈驗。如刨夫不往所指山,或賣票他往,或私採禁山,或於例米之外私帶米石籽種過冬及帶鳥鎗網犬者,皆治罪。回山則徵其課。盛京每票徵參五錢,吉林每票徵參二兩,票内有餘夫者,每餘夫一人徵參五錢。交官之餘,聽於官局與商市易。所徵參内,以六之五爲官參,六之一爲公用,參皆解交内務府。其公用參,每參一兩於存公項下抵支銀五兩,以給公用。官率其屬而揀選,稽其作僞者、官參入局,將軍、副都統、府尹、侍郎督同局員詳加揀驗。儻有秧參攙雜,即查明何界、何人所交。將種參人治罪,地方及稽查官參處。儻解交以後,經内務府挑有秧參及鉛條、鉛塊等弊,參斤著落分賠,局員及將軍等官並行參處。偷越者。參山隘口,設立卡倫官兵,稽查出入刨夫,以杜奸人混雜。各邊門文武地方官及番役,一體嚴查。奉天海口二十餘處,每年派侍郎帶同協領相度緊要地方,往來移駐緝查,如拏獲私參等弊,即究明從何處偷越,將該管地方官嚴參。凡商參入關者護之。商參,不准自帶入山海關,官爲雇車護送,隨官參進口於護票内書官參、商參之數並入關人夫花名，黏單鈐印，按站引護至京。其關税、車脚，吉林商参每一斤輸銀六兩，盛京商参輸銀四兩，關監督照票驗放，不得再税。

山西清吏司，郎中，滿洲一人、漢一人，員外郎，滿洲一人、蒙古一人、漢一人，主事，滿洲一人、漢一人，掌覈山西布政司之錢糧。凡各省歲入歲出之數掌焉。每年各省額徵之款爲歲入銀，支銷之款爲歲出銀，以所入抵支所出。有餘省分，或入撥解部，或留協鄰省。不敷省分，或於舊存及雜支項下動用，或由鄰省協撥。於各省奏銷到齊之後，分款彙繕清單，具摺奏聞。凡歲入、歲出，俱將上年數目多寡，開列比較額徵之數，因地丁蠲緩不同，鹽引行銷無定，雜税、關税例係儘收儘解，不能一律支銷之款，係循例支給者，與上年或相同，或較多、較少係隨時動用者，或上年所有、今年所無，或上年所無、今年所有，均分別列款。並將俸工曠缺不齊、兵餉驛站豫提先後不一、協撥銀兩數目無定、與上年互有多寡緣由，清晰聲敘。鹽課、關税項下支銷款目無多、其留充本省兵餉、賑濟及發解河工銀兩，亦列入歲出項下開造。今按嘉慶十七年奏單，歲入銀，除蠲緩銀四百八十三萬二千八百六十二兩有奇，實入銀四千十三萬六千一百九十四兩有奇，歲出銀三千五百十萬七千五百三十四兩有奇。

河南清吏司，郎中，滿洲一人、漢一人，員外郎，滿洲二人、漢一人，主事，滿洲一人、漢一人，掌覈河南布政司之錢糧及察哈爾之俸餉。察哈爾官俸兵餉，歲以春秋二季支給，每季約需官俸銀一萬八千三百十九兩有奇，兵餉銀七萬三千八百六十三兩，由都統造册，委員赴部關支。凡硃批之下於户部者，彙而奏焉。乾隆三十一年諭，前因各省奏報動用耗羨章程，各摺批交該部知道者，仍令户部按例查覈辦理，不得僅以動支各數存案了事。嗣後各該部遇有照例彙奏事件，及一切督撫題奏經批交該部知道者，將應否准駁之處，俱於年終詳查，覈議具奏。掌報銷之未結者。乾隆十九年諭，外省動用錢糧及工程報銷，應駁、應准俱有定例，乃督撫於部駁後，輾轉行查，不即剋期辦結。或據屬員詳禀疊覆請銷，該部仍復往復駁詰，以致塵案纍積。嗣後報銷之案例符者，該部不得漫行駁詰，例應駁查者，至三次後該部具摺聲奏，或按例駁減照數追賠完案，或據情酌予豁銷務令剋期速結，仍於每歲底將未完各案，彙摺奏聞。又四十四年户部奏，嗣後直隸等省動用錢糧報銷，已未完結案件，均令各督撫一體自行具奏，於每年十二月以前奏到，由部逐案覈明，照例於次年二月彙奏。

欽定大清會典卷十四

陝西清吏司，郎中，滿洲一人、蒙古一人、漢一人，員外郎，滿洲三人、漢一人，主事，滿洲一人、漢一人，掌覈陝甘兩布政司及糧儲道之錢糧與新疆之經費。凡茶法掌焉。掌在京之支款。

〇凡茶商，官給以引，商人買茶，具數赴官給引，許其出境售賣。每引一道，配茶百斤，不及百斤者，給以由帖。除直隸、奉天、山東、山西、河南、福建、廣東、廣西並無茶課不頒額引外，江蘇引一萬五千道，安徽引八萬七千八十道，餘引一萬五千一百道，江西引二千六百三十八道，浙江引十四萬道，湖北引二百四十八道，湖南引二百四十道，陝甘引二萬八千七百六十六道，四川引十一萬四千七百四十八道，餘引五千道，雲南引三千道，貴州引二百五十道。而歲納其課。茶課内有課銀，有税銀，有紙價銀。江蘇、安徽不徵課銀，其税銀聽商於經過關口交納，惟徵紙價銀。江西徵課銀、紙價銀，其税銀亦聽到關自行交納。浙江按引徵引價銀，内扣除額定紙價銀外，餘爲課銀。湖北、湖南、四川、雲南、貴州，皆徵紙價銀税銀。其湖北行銷引及四川、貴州各引並徵課銀。陝甘除徵紙價銀外，每引皆徵本色茶，其折徵者爲茶價銀。其歲額：江蘇紙價銀四十九兩有奇，安徽紙價銀二百八十七兩有奇，江西課銀三百六十五兩有奇，紙價銀八兩有奇，浙江課銀一萬三千五百三十八兩，紙價銀四百六十二兩，湖北課銀二兩有奇，税銀二百三十四兩有奇，紙價銀八錢有奇，湖南税銀二百四十兩，紙價銀七錢有奇，陝甘折徵茶價銀六千二百六十六兩，紙價銀九十四兩有奇，四川課銀一萬四千三百四十三兩有奇，税銀四萬九千一百七十一兩有奇，紙價銀四百三十二兩有奇，雲南税銀六百六十兩，紙價銀九兩，貴州課銀一兩有奇，税銀六十二兩有奇，紙價銀七錢有奇。江蘇、安徽、江西、浙江茶税各歸入關税，由貴州司覈銷。浙江茶課辦上用黄茶二十八簍，内庭黄茶及供備陵寢所用黄茶九十二簍，又解内務府茶課銀六千兩，餘爲飯食解費，由浙江司覈銷。湖北、湖南、貴州課銀税銀，歸入雜税，雲南歸入地丁，由各省司覈銷。惟陝甘、四川，由司專案覈銷。官茶則輸以額。陝西西安府、鳳翔府、漢中府、同州府，甘肅西寧茶司、甘州茶司、莊浪茶司商銷茶引，以半爲官茶、半爲商茶，領交官茶十斤爲篦，共十三萬六千四百八十篦。初制於邊外互市，以易番馬，後停易馬之令，茶徵貯庫搭放兵餉，每封抵銀三錢，新疆亦准運往搭放。凡官茶折徵之年,每封亦折收銀三錢。凡引有行銷,有坐銷,江蘇吴縣、荆溪縣爲給商行銷引,江寧茶引所大使爲給店坐銷引,安徽潛山縣、太湖縣、歙縣、休寧縣、黟縣、宣城縣、寧國縣、太平縣、貴池縣、青陽縣、銅陵縣、建德縣、蕪湖縣、六安州、霍山縣、廣德州、建平縣爲給商行銷引。江蘇、安徽行銷茶引,遠近聽商自便。江西有給徽商行銷湖廣引,有給小販行銷本省引。浙江給商茶引,或行内地,或行蒙古,商人具呈報明。湖北建始縣給商赴奉節縣者爲行銷引,咸寧縣、嘉魚縣、蒲圻縣、崇陽縣、通城縣、興國縣、通山縣給園户經紀者爲坐銷引。湖南善化縣、湘陰縣、瀏陽縣、湘潭縣、益陽縣、攸縣、安化縣、邵陽縣、新化縣、武岡州、巴陵縣、平江縣、臨湘縣、武陵縣、桃源縣、龍陽縣、沅江縣爲給行户坐銷引。陝甘西安府、鳳翔府、漢中府、同州府、榆林府、西寧茶司、甘州茶司、莊浪茶司爲商銷引,靖邊縣、定邊縣、神木同知爲官銷引。四川由本省州縣行銷爲腹引,由打箭爐、松潘廳行銷爲邊引、土引。雲南引由麗江府給商赴鶴慶州、中甸番夷地方行銷。貴州仁懷縣引分赤水里、二郎里、吼灘里、小溪里、土地里,給商赴四川永寧縣行銷。各驗以戳截,茶引,過崇文門者,戳去中間,過各關者,截去引角。江蘇、安徽茶引至關驗截。江西行湖廣引,由九江關驗截,小販茶引賣畢,赴縣驗截。浙江由北新關驗截後,聽往所指地方。其行殘之引,係京城者,由崇文門驗戳,係外省及蒙古者,由各關驗截。湖北行奉節縣茶引,在青巖地方查驗,行本省者由州縣查驗。湖南亦如之陝甘,陸運之茶由陝州驗引,潼關稱盤截角,水運之茶由襄陽府及漢中府同知盤截引角,水陸俱再由鞏昌府盤驗截角。四川腹引,由經過州縣盤截,邊引、土引由茂州、汶川縣及榮經縣之小關山、天全州之禁門關驗截。雲南茶引,由麗江府之邱塘關、金沙江盤驗。貴州茶引,由仁懷縣之猿猴地方掛驗,四川合江縣盤查。殘引解於部。江蘇行銷本省殘引,送司解部,行外省者,免追殘引。安徽、浙江殘引,概免追繳。江西商銷殘引,於次年領新引時繳交。江西小販及湖北、湖南殘引,繳歸州縣彙解。陝甘商銷、官銷殘引,俱於次年領新引時繳解。四川殘引,奏銷時附解。雲南由中甸同知查繳,貴州由仁懷縣查繳,俱解司送部。凡私茶,則禁之。茶無由引及茶引相離,或茶引不相當與有餘茶者,並將殘引影射照茶者,即以私茶論。聽人告捕查究,興販私茶與外國人交易,及賣與回程外國人者,甘肅西寧府、河州、洮州、四川雅州府私販未經入番在百斤以上者,均照律治罪。凡興販私茶,論如私鹽法。

〇凡在京之支款,有官俸,俸,有銀、有米、有緞。其滿洲官俸米,雲南司覈之。俸銀、俸緞内,如宗室王公、公主、額駙、八旗世職官、八旗文武職官俸,皆俸餉處覈之。有兵餉,餉,有銀、有米。八旗餉銀,准搭放二成、三成制錢,視局錢多寡,豫期奏定。八旗餉米,雲南司覈之。餉銀内八旗兵餉,皆俸餉處覈之。有公費,各衙門公費銀、修書各館桌飯銀,皆按每銀一兩折給制錢一千。有役食,各衙門役食有支銀者,有銀米兼支者,有但支折色米者,每米一石折給銀一兩三錢。餘者爲雜支。凡俸之别有八。一曰宗室之俸,其等二十有一。親王歲支俸銀一萬兩、世子六千兩,郡王五千兩、長子三千兩,貝勒二千五百兩,貝子二千三百兩,鎮國公七百兩,輔國公五百兩,一等鎮國將軍四百十兩,二等鎮國將軍三百八十五兩,三等鎮國將軍三百六十兩,一等輔國將軍兼一雲騎尉三百三十五兩,一等輔國將軍三百十兩,二等輔國將軍二百八十五兩,三等輔國將軍二百六十兩,一等奉國將軍兼一雲騎尉二百三十五兩,一等奉國將軍二百十兩,二等奉國將軍一百八十五兩,三等奉國將軍一百六十兩,奉恩將軍兼一雲騎尉一百三十五兩,奉恩將軍一百十兩。每俸銀一兩兼支俸米一斛。二曰公主、格格之俸,其等十有四。下嫁京城八旗固倫公主歲支俸銀四百兩,和碩公主三百兩,郡主一百六十兩,縣主一百十兩,郡君六十兩,縣君五十兩,鄉君四十兩,六品格格三十兩。其額駙之俸:固倫公主額駙歲支銀三百兩,和碩公主額駙二百五十兩,郡主額附一百兩,縣主額駙六十兩,郡君額駙五十兩,縣君額駙四十兩。每俸銀一兩兼支俸米一斛。下嫁外藩固倫公主歲支俸銀一千兩、緞三十疋,和碩公主四百兩、緞十五疋,郡主一百六十兩、緞十二疋,縣主一百十兩、緞十疋,郡君六十兩、緞八疋,縣君五十兩、緞六疋,鄉君四十兩、緞五疋,六品格格三十兩、緞三疋。其額駙之俸:固倫公主額駙歲支俸銀三百兩、緞十疋,和碩公主額駙二百五十五兩、緞九疋,郡主額駙一百兩、緞八疋,縣主額駙六十兩、緞六疋,郡君額駙五十兩、緞五疋,縣君額駙四十兩、緞四疋。三曰世爵之俸,其等二十有七。一等公歲支銀七百兩,二等公六百八十五兩,三等公六百六十兩,一等侯又一雲騎尉六百三十五兩,一等侯六百十兩,二等侯五百八十五兩,三等侯五百六十兩,一等伯又一雲騎尉五百三十五兩,一等伯五百十兩,二等伯四百八十五兩,三等伯四百六十兩,一等子又一雲騎尉四百三十五兩,一等子四百十兩,二等子三百八十五兩,三等子三百六十兩,一等男又一雲騎尉三百三十五兩,一等男三百十兩,二等男二百八十五兩,三等男二百六十兩,一等輕車都尉又一雲騎尉二百三十五兩,一等輕車都尉二百十兩,二等輕車都尉一百八十五兩,三等輕車都尉一百六十兩,騎都尉又一雲騎尉一百三十五兩,騎都尉一百十兩,雲騎尉八十五兩,恩騎尉四十五兩。其不列等者,閒散公二百五十五兩,閒散侯二百三十兩,伯品級官二百五兩,子品級官一百八十兩,男品級官一百五十五兩,輕車都尉品級官一百三十兩,騎都尉品級官一百五兩,雲騎尉品級官八十兩。在京八旗世爵,每俸銀一兩兼支米一斛。四曰文職官之俸,其等十。文職官一品歲支銀一百八十兩,二品一百五十五兩,三品一百三十兩,四品一百五兩,五品八十兩,六品六十兩,七品四十五兩,八品四十兩,正九品三十三兩有奇,從九品、未入流三十一兩有奇。其不列等者,宗人府筆帖式及部院七品筆帖式歲支銀三十三兩,八品筆帖式歲支銀二十八兩,九品筆帖式歲支銀二十一兩有奇,滿洲司業中允由員外郎陞任者仍支五品俸,天文生由官學生、義學生考補者照九品筆帖式給俸,漢天文生食俸者支九品俸。京員例支雙俸,以所列各數爲正俸,復照數添給恩俸,又每正俸銀一兩兼支米一斛,大學士、六部尚書、侍郎俸米復加倍支給。其部院額外官由考選録用奉旨試用行走者,新進士奉旨以六部主事學習行走者,裁缺另補及病痊候補奉旨在京員上行走者,拔貢以七品小京官學習行走者,盛京等處及駐防年滿回京候補筆帖式籤掣部院學習者,均按品支給正俸,不支恩俸。順天府尹所屬及五城司坊官,不支恩俸,司坊官設養廉銀,正指揮八十兩,副指揮七十兩,吏目五十六兩,隨俸支領。五曰八旗武職官之俸,其等九。八旗武職官一品至九品俸銀各與文職官同,但支正俸,不支恩俸。其不列等者,四等侍衛歲支銀七十兩,散秩大臣支三品俸,八旗武職官在京者兼支俸米。六曰緑營武職官之俸,其等九。緑營武職官從一品歲支俸銀八十一兩有奇,正二品六十七兩有奇,從二品五十三兩有奇,三品三十九兩有奇,四品二十七兩有奇,五品十八兩有奇,六品十四兩有奇,正七品十二兩有奇。世職人員發營發標學習者,仍按世職品級支給俸銀、俸米,其隨俸關支者,有薪銀、蔬菜燭炭銀、心紅紙張銀,從一品歲支銀五百二十四兩,正二品四百四十四兩,從二品三百二十四兩,正三品二百四兩,從三品一百九十二兩,四品一百十四兩,五品七十二兩,六品三十三兩有奇,正七品二十三兩有奇。巡捕營自副將至把總俸銀外,每員月支俸米一石,閏月加支。又設養廉銀,提督八百八十兩,總兵八百兩,副將七百兩,參將六百兩,游擊五百兩,都司三百兩,守備二百四十,兩千總一百四十兩,把總一百兩,經制外委二十兩,每年需銀三萬二千五百四十兩,隨兵丁月餉支領。其提督、總兵如兼管旗務,准從多支領,不得兼支。七曰外藩蒙古之俸,其等九。外藩蒙古汗歲支俸銀二千五百兩、緞四十疋,親王二千兩、緞二十疋,世子一千五百兩、緞二十疋,郡王一千二百兩、緞十五疋,長子、貝勒各八百兩、緞十三疋,貝子五百兩、緞十疋,鎮國公三百兩、緞九疋,輔國公二百兩、緞七疋,扎薩克一等台吉一百兩、緞四疋。其不列等者,科爾沁三親王照支汗俸,一郡王照支世子俸,蒙古有賜達爾漢號者歲支銀二十兩、緞四疋。御前乾清門行走之一等台吉歲支銀一百兩,二等台吉八十兩,三等台吉六十兩,其加子、男、輕車都尉、騎都尉、雲騎尉世爵者,各視八旗世職減半給俸。其烏梁海之散秩大臣、副都統及喀爾喀之八品官,亦視八旗武職官減半給俸,均不給緞。其授侍衛者,照八旗一律支俸。八曰回爵之俸,其等六。郡王職銜貝勒歲支銀八百兩,輔國公二百兩,公職銜一等台吉、扎薩克一等台吉、閒散一等台吉各一百兩,二等台吉八十兩,三等台吉六十兩,四等台吉四十兩,其不列等者内大臣照八旗減半支俸,至授侍衛者照八旗一例支俸。每俸銀一兩,均兼支米一斛。凡餉之别有二。一曰八旗兵之餉,其等五。親軍前鋒、護軍領催、弓匠長、鐵匠長月支銀四兩,馬甲弓匠、二等鐵匠、炮手月支銀三兩,外郎、步軍領催、銅匠、三等鐵匠、學習炮手、鄂爾布月支銀二兩,步甲養育兵月支銀一兩五錢,四等鐵匠月支銀一兩。其不列等者,親軍前鋒、護軍由覺羅挑補,月支銀五兩,甲米,親軍前鋒、護軍領催、馬甲弓匠歲支米二十二石二斗,銅匠、鐵匠長、二、三等鐵匠,歲支米二十一石二斗,炮手歲支米二十六石四斗,學習炮手歲支米十七石六斗,步軍領催、步甲、四等鐵匠歲支米十石六斗,養育兵歲支米一石六斗。二曰緑營兵之餉,其等三。馬兵字識月支銀二兩,戰兵月支銀一兩五錢,守兵月支銀一兩,均月支米三斗。

凡頒俸文武官，歲以仲春、仲秋，在京漢文職官、五城司坊官、巡捕營武職官，由各衙門造送俸册，春季於上年十二月十五日，秋季於七月初一日送部，由部將原册分送吏部、兵部覈對，咨部給發。其截俸日期二月、八月，皆以初七日爲限。陞遷除授開復在初七日以前者，准其趕領，老病告休物故在初七日以前者，即行扣除，過初七日者不補不裁。緑營武職於受劄任事後計日支俸，離營之日即將銀米扣存，回爵之俸由理藩院造册送部，亦以春秋二季支領。凡各衙門俸銀，按總數劄庫，聽各衙門總領分支，俸米亦按總數劄倉，指定倉口聽各衙門按員分領。領米限期，以倉監督報部開倉之日起，限四十日領竣，如領米官無故違限，將米石註銷，仍行議處。文武官任内有降革留任處分，降支停支俸銀，仍照常支俸米。漢官恩正額俸，每歲應支銀六萬六千六百九十八兩有奇，米一萬八千五百五十一石。無額缺者，嘉慶十七年春季支正俸銀八千七百十五兩、米二千七百十八石有奇，秋季支正俸銀八千八十五兩、米二千六百二十五石有奇。巡捕營額俸，每歲應支銀三千一百九十六兩有奇、米二千四百三十六石有奇，遇閏加支米二百三石。無額缺者，嘉慶十七年春秋兩季支俸銀一千六百四十七兩有奇、米五百三石。在京回爵俸銀歲有多寡，嘉慶十七年春秋二季支銀一千兩、米四百七十石。八旗截俸領俸限期，由俸餉處覈定。外藩蒙古，則以仲春頒焉。外藩蒙古王公、台吉並下嫁外藩之公主、格格、額駙俸銀、俸緞及蒙古世職各官俸銀，每年二月内，各該處差官赴京，由理藩院咨部關領，每歲約需銀十二萬五千餘兩、緞三千五百餘疋。其青海蒙古俸緞一百六十餘疋，亦由理藩院咨部領取，其俸銀由陝甘總督給發。伊犁之土爾扈特、和碩特俸銀、俸緞，均由伊犁將軍給發，不於部庫關領。兵餉，月給以銀，夏冬給以米。巡捕營兵餉銀按月支放，米按夏冬二季支放。中營坐支豐益倉，其餘四營於本月輪放。八旗甲米之三倉内，按米數多寡劄倉支放。左營、右營劄貯米最多之倉，南營劄米數次多之倉，北營劄米數較少之倉，餉銀餉米俱由步軍統領衙門造册送部覈給。每月需餉銀一萬六千餘兩，每季需米一萬七千四百餘石。其馬乾銀由廣西司覈給。公費皆月給。各衙門公費錢，工部官由寶源局支給，其餘由本衙門於上月具文到部，各於本月十一日放給。月支銀數：宗人府宗人、大學士、尚書左都御史五兩，侍郎、食場侍郎、總管内務府大臣、内閣學士、宗人府府丞、左副都御史、通政使、大理寺卿、太常寺卿、太僕寺卿、光禄寺鄉、詹事、武備院卿、上駟院卿、奉宸苑卿、圓明園清漪園總管、鑾儀使四兩，通政司副使、少詹事、鴻臚寺卿、國子監祭酒、内閣侍讀學士、各寺少卿、翰林院侍讀學士、侍講學士、侍讀、侍講、庶子、洗馬、欽天監監正、太醫院院使、宗人府理事官、給事中、御史、郎中、冠軍使三兩，内閣侍讀、通政司參議、太常寺寺丞、中允、贊善、司業、修撰、編修、檢討、宗人府副理事官、員外郎、主事、各處苑丞、都察院經歷、都事、内閣典籍中書、中書科中書、通政司知事、翰林院典簿、待詔、孔目、詹事府主簿、大理寺寺丞、太常寺讀祝官、贊禮郎、光禄寺署正、署丞、司庫、鴻臚寺鳴贊官、欽天監監副、五官正、太醫院院判、御醫、七品吏目、三庫司庫、内務府司庫、理藩院司務、司庫、武備院、奉宸苑尚虞備用處營造司庫掌、雲麾使、治儀正、翰林院起居注詹事府筆帖式、唐古特學司業助教、俄羅斯文館助教二兩二錢,部院七品小京官、内閣貼寫中書、理藩院造册筆帖式二兩,各處苑副一兩八錢,三庫大使、大理寺評事、太常寺博士、典簿、司庫、六部、大理寺、步軍統領衙門司務、太僕寺主簿、通政司、鑾儀衛經歷、鴻臚寺序班、主簿、國子監監丞、博士、典簿、助教、算學生、光禄寺典簿、欽天監主簿、靈臺郎、挈壺正、司書、司晨、監候、博士、天文生、陰陽生、筆帖式、太醫院吏目、醫士、整儀尉、侍衛處筆帖式、刑部醫官、司獄一兩五錢,南苑苑丞、八品催長一兩一錢,國子監學正、學録、典籍、宗人府、各部院寺、内務府各處園苑、國子監、步軍統領衙門、六科倉場筆帖式、户部、内務府、理藩院、太常寺、光禄寺庫使、武英殿庫掌、武備院、營造司庫守、内務府執事人一兩,南苑苑副九錢。修書各館月支桌飯銀數,總裁官二十九兩有奇,副總裁官十四兩有奇,提調官、纂修官八兩有奇,收掌官、校對官、滿洲謄録官、翻譯官四兩有奇,漢謄録官、供事官三兩有奇,方畧館翻譯官八兩有奇,如有兼管處所祇就一處支領,本衙門公費銀亦即停支。茶膳房人一等月支錢三千,二等月支錢二千,其侍衛月支馬錢三千,由俸餉處覈給。役食,有月給,有季給,有歲給。役食,月季歲支,皆由各衙門具文總領,按名分給應支數目。宗人府季支銀三十八兩有奇,内閣季支銀五十二兩有奇,中書科季支銀四兩有奇,匠役季支米十一石有奇,吏部季支銀六十四兩有奇,户部季支銀一百一兩有奇,三庫季支銀三百七十一兩有奇,香蠟匠季支米三十石有奇,内倉季支銀三十七兩有奇,寶泉局季支銀一百二十二兩有奇,禮部季支銀一百十九兩有奇,鑄印局季支米三十石,兵部季支銀一百二兩有奇,馬館季支銀二千九百五十八兩,又夫役脚價歲無定額,刑部月支銀三百九十七兩有奇,醫士歲支銀二十一兩有奇,更夫歲支米二百二十七石有奇,工部季支銀二百九十九兩有奇、米一千九百七十一石有奇,製造庫月支銀二百九十七兩有奇,都察院季支銀五十五兩,六科季支銀二十八兩,五城季支銀五百三十餘兩,大理寺季支銀二十六兩有奇,通政司季支銀四十二兩有奇,理藩院季支銀六十二兩有奇,内務府月支銀一百五十五兩有奇,歲支米八百二十一石有奇,廣儲司月支銀四十兩有奇,歲支米四百二十石,欽天監月支銀九十九兩,季支銀二百六兩有奇,太醫院月支銀一百二十兩,季支銀二百八十一兩有奇,翰林院季支銀三十二兩有奇,詹事府季支銀二十四兩有奇,鑾儀衛月支銀一千八百餘兩,上駟院獸醫季支銀九十六兩、米九十六斛,鍘草太監月支米無額,武備院韄匠月支銀二百二十八兩,季支米六百八十三石有奇,太常寺廚役季支銀六百五十一兩有奇,太廟太監季支銀一百四十一兩、米四十八石有奇,光禄寺廚役季支銀四百兩有奇,國子監季支銀五十四兩有奇,太僕寺季支銀十八兩有奇,鴻臚寺季支銀十二兩有奇,順天府季支銀一百十四兩有奇,步軍統領衙門季支銀七兩有奇,番役月支銀一百二十四兩,歲支米八百八十八石,左翼季支銀二十八兩有奇,右翼季支銀二十四兩有奇,奉宸苑清漪園、静明園、綺春園閘軍月支銀五百四十四兩,季支米八百十六石,嵩祝寺、法淵寺、大西天經廠、萬善殿、乾元閣、景山關帝廟季支銀八十五兩有奇,倉場衙門季支銀九兩有奇,大通橋季支銀十九兩有奇,京通倉季支銀四百七十餘兩。雜支,則辨其款而給之。朝鮮使臣元旦貢賞、萬壽聖節貢賞、冬至貢賞、年節貢賞,共需銀三千一百兩,由禮部行文支領。外藩入覲進貢王公等盤費,每次領銀五萬兩,又豫備馬匹、豆草、柴薪每次領銀五千兩,由理藩院行文支領。車機處飯銀支銀庫銀二千一百兩,支户部飯銀處銀二千兩,由内務府行文支領。兵部歲領修車銀一百四十七兩,樂部樂舞生每季支銀一千九百五十九兩有奇,熱河等處千總、副千總、兵丁錢糧有閏之年二萬四千二百八十餘兩、無閏之年二萬二千四百十餘兩,由熱河總管派員赴京請領。國子監肄業生桌飯衣服賙助等銀歲額五千七百兩,及武英殿校録公費銀歲額三百兩,由國子監咨領分給。宗學、覺羅學教習每名月支銀二兩、米二石,宗學副管月支銀三兩,覺羅學副管月支銀二兩,俱支米三斗,八旗官學教習每名月支銀二兩、米一石七斗有奇,騎射教習月支銀一兩,俄羅斯館教習月支銀二兩有奇,由各管理學務處具文咨領。順天府學廪生歲需米一千九百餘石,由順天府咨領。八旗節婦建坊銀每名三十兩,由各旗咨部領給。巡捕營兵丁紅事本身娶妻、子女嫁娶,賞銀二兩,白事父母、本身、妻室,賞銀四兩,每年額定銀四千兩,由步軍統領衙門咨領分給。大光明殿、東嶽廟、萬壽宫、元靈宫、仁佑廟、寧佑廟、時應宫、宣仁廟、永佑廟、凝和廟、昭顯廟住持道士每季支米折銀九百十八兩有奇,由禮部行文支領。大興縣、宛平縣、五城額設孤貧九百六名,每名月支銀三錢、米三斗,每季支銀八百六十四兩有奇、米八百十五石有奇,由順天府咨部給領,如有餘剩銀米,歸入普濟、養濟、育嬰三堂收管。刑部、内務府、步軍統領衙門四糧及五城羈候人犯口糧,每名日給倉米一升,順天府囚糧每名日給米八合三勺,均按年造册,咨部覈銷。刑部、五城季支米三百石,内務府順天府每次支米四十石,步軍統領衙門每次支米六十石。凡大臣予告者,特旨賜俸則給焉。或全俸,或半俸,八旗隨旗俸關領,各省由藩庫支給,入奏銷。武職官有軍功者,既罷而予俸,亦如之。八旗武職大臣,老病告休有軍功者,或給全俸,或給半俸,由兵部具奏請旨,三品至五品由兵部分别六十、五十以上,曾經打仗受傷殺賊得功牌,可否賞給全俸、半俸或半俸之半,具題請旨。其受傷三處以上者,五十以下亦准給半俸。緑營提督總兵視一、二品旗員例,副將至守備視三品以下旗員例,得旨後亦分别在旗、在籍關支。兵子餉亦如之。兵丁曾經出征受傷患病,或成廢疾及年老告退,如有子孫食糧者,月給餉米三斗,無子孫食糧者,給與守糧一分,其告休之守備以上官,曾經出征有功,因格於例不准食俸,該上司查明無産可依,准令子弟一人食糧,無子弟者給與守糧一分,如係旗員給與馬甲錢糧一分,退休之千總、把總外委,曾經出征受傷年過五十者,給與步糧一分,或曾經出征受傷成疾及年力衰老被黜者,如無子嗣食糧,亦給與守糧一分,旗員難廕生在巡捕營學習者,給與馬甲錢糧一分,出征陣亡、病故兵丁,如子弟幼少不能食糧者,月給半餉銀五錢、米三斗,俟子弟年十六堪以頂補食糧,停其支給,無子弟者以半餉銀米養其現存之祖父母、父母、眷屬終身,弁兵打仗未出及迷失衝失照陣亡例減半,議卹者給與半餉銀米之半。

○凡八旗俸餉之數，每年八旗滿洲、蒙古、漢軍王以下官員以上，支過俸銀、俸米、兵丁餉銀、餉米、馬銀、馬豆、隨甲錢糧、教習公費錢各數，各旗都統開造黄册，自行具奏後，將原摺各送户部覈覆彙題，每年多寡數目不定，今按嘉慶十七年奏銷册支銀四百九十八萬九千六百八十兩有奇，錢九十四萬一千七百九十八串有奇，米三百二萬二千二百六十二石有奇。與旗員之賠款，旗員分賠代賠及因公覈减之項，查明實係無力完交，别無隱寄，該旗照例取結咨部，無庸在各該員子孫兵餉坐扣，統於年底將免過案由銀數，彙案具題。歲終彙而題焉。

八旗俸餉處，滿洲郎中、員外郎、主事，無定員，由堂官酌委。掌覈八旗之俸餉與其賞卹。凡八旗之丁檔掌焉。選秀女則掌其排單，按秀女年歲及伊父官職大小，分别排列。

○凡旗俸，宗室王、貝勒、貝子、公、將軍、公主、額駙及八旗世職官、文武職官、漢侍衛及各部院漢軍用漢缺者，各在旗領俸。其世職官未及歲者，給半俸。及歲當差者與未及歲已當差者，俱支全俸。世職别兼文武職任，其正俸照多處支領。額駙及世職官外任者應得職任，俸銀在任所支領，餘俸留京關支。丁憂回旗派有差使行走者，仍支世職全俸。文武大臣蒙恩賞銜派有差使者，照賞銜支俸。經制文員賞大銜者，照大銜給正俸，照本任給恩俸。大員離任候旨旋經派有差使者，該旗將作何支俸，具奏請旨。由外任文職丁憂回旗在原衙門指缺行走或由吏部籤分行走者，按品支正俸，補署實缺兼支恩俸。春秋則頒焉。開放旗俸，二月、八月各以初一日爲始，俸銀限初三日放竣，俸米限兩月放竣。關俸之後，遇有降革及事故者，概免扣追。旗俸歲支銀多寡不一，今按嘉慶十七年八旗王以下及世職職任官春秋二季關領俸銀額數：鑲黄旗十三萬四千九百四十二兩有奇，正黄旗十二萬五千三百二十九兩有奇，正白旗十二萬九千五百六十九兩有奇，鑲白旗十一萬四千九百六十六兩有奇，正紅旗十萬八千七百五十六兩有奇，鑲紅旗九萬八千四百三十四兩有奇，正藍旗十五萬四千七百六十八兩有奇，鑲藍旗九萬五千二十五兩。八旗俸米額數載雲南司。截俸定其限，旗俸册檔由旗查造，春俸册限上年十二月十五日以前到部，秋俸册限六月十五日以前到部。户部查覈截俸，各以十五日爲斷，陞遷除授在截俸日前者，准支新任之俸，告休物故在截俸日以前者，原任之俸不准領支，以後者不趕不裁。其在截俸以後，未經領俸以前之四十五日有新得職官，而無原俸原節可食者及處分開復者，准其趕領新俸。世職承襲雖在截俸以後，但在正月、七月以内者，無論有無原俸，俱准趕領新俸。隨甲則各辨其等而給之。大臣隨甲錢糧：領侍衛内大臣、滿洲都統各八名，蒙古都統、漢軍都統、前鋒統領、護軍統領各六名，步軍統領五名，滿洲副都統四名，蒙古副都統、漢軍副都統各三名，前鋒參領、護軍參領、驍騎參領、上三旗包衣參領各二名，副護軍參領、副驍騎參領、前鋒侍衛各一名半，步軍翼尉一名，每隨甲一名月支銀三兩，米折銀一兩。民公四名，侯伯三名，大學士、尚書、左都御史、内大臣子各二名，侍郎、内閣學士、副都御史、通政使、大理寺卿、詹事、散秩大臣、男、王府長史、下五旗包衣參領各一名,每隨甲一名月支銀一兩,米一石。八旗佐領、上三旗包衣佐領,各於額缺馬甲内撥給隨甲一名,步軍協尉於額缺步甲内撥給隨甲三名,步軍副尉、捕盗章京各二名,步軍校一名。八旗每月應支隨甲銀數:鑲黄旗一千五百六十六兩有奇,正黄旗一千三百十一兩有奇,正白旗一千三百四十六兩有奇,正紅旗九百四十四兩有奇,鑲白旗九百五十九兩有奇,鑲紅旗九百三十九兩有奇,正藍旗九百六十三兩有奇,鑲藍旗九百五十兩有奇,按月隨同兵餉支領。凡旗餉,月給以銀,食俸之親軍校、前鋒校、護軍校、驍騎校,俸銀亦入兵餉,册内按月支領。每月初一、初二兩日開放餉錢,初三、初四兩日開放餉銀。每月八旗應支餉銀數目:鑲黄旗六萬一千八百七十兩有奇,正黄旗六萬三千六十四兩有奇,正白旗六萬三千四百五十一兩有奇,正紅旗四萬二千十三兩有奇,鑲白旗四萬六千五百四十八兩有奇,鑲紅旗四萬七千五百十一兩有奇,正藍旗五萬四千一百五十四兩有奇,鑲藍旗五萬一千一百二兩有奇。季給以米,食俸之親軍校、前鋒校、護軍校、驍騎校,歲支俸米二十八石五斗,亦入甲米册内,四季支領,每月甲米額數載雲南司。豫月以册送於部。凡補者、追者,皆察焉。錢糧册檔於上月十五日送部,是爲過檔定限。陞遷、挑補、病退、物故,俱照截俸之例覈辦。每月初十以前所出兵缺,即行挑補,趕入錢糧册内,初十以後出缺,歸於下月挑補入册。革退兵丁在初一以後長支餉銀免追,在上月三十日以前入檔餉銀即行扣繳。逃兵領過兵米之後一月内逃者,追後兩月之米,兩月内逃者追後一月之米,在後一月逃者免追。予俸者,告休武職旗員,給全俸半俸者,按其原品以京俸銀米數目支給,其由外任回旗者,減原品一等,亦以京俸銀米數目支給。予餉者,官兵故後,其妻矢志守節者,該旗查明不論年歲、有無子嗣,照伊夫原食俸餉減半給與週年。陣亡官兵,其妻無子守節者,照伊夫原食俸餉之半支給終身,雖先係再醮者,亦准支給。或父母尚存並無俸餉,子孫僅食養育兵錢糧者,亦照伊子俸餉之半支給終身。凡八旗鰥寡孤獨人等,月給養贍銀一兩五錢,歲給米一石六斗,漢軍不給米,無依孤女亦准照支,孤子年至十二歲即挑補養育兵額缺。内務府上三旗鰥寡孤獨無産業者,月給銀一兩,歲給米十石四斗,下五旗包衣公中佐領下者,亦照支給。八旗每月約需鰥寡孤獨養贍銀數:鑲黄旗二千三百七十餘兩,又包衣一千八百六十餘兩,正黄旗二千三十餘兩,又包衣一千六百八十餘兩,正白旗二千三百十餘兩,又包衣一千九百三四十兩,正紅旗一千三百七十餘兩,鑲白旗一千八百八十餘兩,鑲紅旗一千三百五十兩,正藍旗一千八百二十餘兩,鑲藍旗一千四百二十餘兩,每月隨同兵餉造册支領。各附於册。

○凡賞卹,有賞俸,八旗官員遇有紅白事,除文職副都御史以上,武職副都統、散秩大臣以上及下五旗王公包衣官員、外任旗員,均不領賞俸。又八旗世職及三品以下官,本身病故蒙特旨賞給銀兩者,不再領賞俸外,餘俱按等給與賞俸。每歲於長蘆鹽政解交户部賞借利銀二萬四千兩内動支,餘剩利銀歸入下届報銷。又兩淮鹽政每年解部發商生息銀五萬七千六百兩,遇閏增解銀四千八百兩,爲宗人府支給紅白賞卹之用。有賞銀,兵丁遇有紅白事,按等給與賞銀,每月滿洲八旗各給銀七百兩,蒙古八旗、漢軍上三旗各給銀三百兩,漢軍下五旗各給銀二百二十兩,在户部所存長蘆、兩淮鹽課盈餘銀内,由各都統四季領存旗庫動用。每季銀兩如有盈餘或不敷支放,於下季領銀時找支扣抵。有事請而給焉。旗員遇有白事,該旗查明與例相符,即由旗庫兵丁賞銀内墊發,由户部支領還款。紅事咨部請領,不准先給兵丁。遇有白事,該佐領等出具鈐記保結,先赴旗庫支領,補行呈明都統。紅事豫先呈報都統給領。歲終則以聞。官兵領過賞俸、賞銀,每月將銀數事案造册,送户部及查旗御史提督衙門查覈。賞俸由户部於年終彙奏,賞銀由各都統於年終彙奏,咨送户部覈銷。

○凡官馬,月給以芻豆,出青則除之。每馬一匹,每月支豆草折銀三兩,滿洲八旗圈養馬一千六百匹,月支馬乾銀四千八百兩,蒙古八旗圈養馬八百匹,月支馬乾銀二千四百兩。酌給公費銀,滿洲每旗月支銀二百兩,蒙古每旗月支銀一百兩,歲需銀一萬四千四百兩,於察哈爾牧放馬匹節存馬乾銀内動支,官兵拴馬一萬一千六百四十五匹,月支馬乾銀三萬四千九百三十五兩,每年九月至次年三月,官圈馬、官拴馬月支豆一石二斗,兵拴馬月支豆一石,均每石扣銀七錢六分,即入於馬銀檔内,按月扣清,馬銀册上月十八日送部,次月初六、初七兩日關支,馬豆册於上月月底送部,次月十四、十五兩日關支,官圈馬及官拴馬内一千三十三匹,每年立夏出青以後,霜降歸圈以前,扣除馬銀,其出青之馬,口内每站給空草一束,由部派員監放。

○凡八旗之檔,户繫於佐領,丁繫於户,書其家長之名氏,有官者書某官某,無官者書披甲某、閒散某。與其子弟,而附以奴僕。凡男,年十有六則爲丁,皆登於檔。如養育兵雖未成丁,亦於户内注明。三歲則編審,在京由佐領編審造册,在屯派領催赴屯查對,若陵寢各衙門及駐防並旗員外任,由各該管官編審造册。以報於部,由京編審之册,都統鈐印送部,由外編審之册到部後,咨旗檢校送部。遂更故檔而以其數聞焉。

四川清吏司,郎中,滿洲一人、漢一人,員外郎,滿洲二人、漢一人,主事,滿洲一人、漢一人,掌覈四川布政司之錢糧與其關税,夔關額徵正税銀七萬三千七百四十兩有奇,欽定盈餘銀十一萬兩,除留支夔州協巫山營、梁萬營、忠州營、大昌營、鹽廠營、石砫廳官俸、養廉兵餉、役食雜費銀六千八百四兩有奇,餘銀解司歸地丁奏銷造報。打箭爐關欽定額徵正税銀二萬兩,盈餘儘收儘解,除支給達賴喇嘛茶價脚銀及喇嘛口糧同知養廉、役食銀六千八百五十餘兩,餘銀兑支兵餉歸入兵馬奏銷造報,嘉慶十七年打箭爐關徵收盈餘銀二千三百七十二兩有奇。稽草廠之出納,紙硃覈其奏銷,掌入官之款。京城入官人口、房屋,由各衙門估變發賣價銀解交部庫,贓罰銀亦如之。凡天下收成之數,彙而奏焉。

〇設草廠，稻草廠，設在宣武門内象房橋之西太平湖。食象則取給焉，鑾儀衛餧象，每隻晝夜食稻草一百六十斤，除奉宸苑交官稻草外，令商人於秋成後二次採買運廠驗估發價，每草以七斤爲一束，定價銀一分八釐，車脚銀四釐，嘉慶十七年象二十一隻，一年需草一百十八萬九千四百四十斤，計十六萬九千九百二十束，給苫蓋銀四百八十二兩有奇，奉宸苑稻田交稻草三十二萬三千三十斤，給車脚銀一百七十二兩有奇，不敷草八十六萬六千四百十斤，採買銀二千七百二十三兩有奇。餘則各與其直。每年各衙門需用草束，定例折銀支給，穀草每束給銀九釐八毫，羊草每束六釐五毫一絲，每年支領數目不能一定，今按嘉慶十七年禮部支朝鮮貢使請封及領時憲書並謝恩官員馬草銀六百四十七兩有奇，盛京差送鯢魚、蜂蜜員役馬草銀五兩有奇，兵部支輦馬草銀九百九十一兩，館馬季支銀三千九百餘兩不等，工部月支拉車官馬草銀十兩有奇，内務府支錦州打牲窩鋪頭目送狐皮、野雞人馬草銀一兩有奇，打牲烏拉送蜂蜜員役馬草銀二兩有奇，理藩院按月支領宏仁寺學經處、普寧寺、布達拉廟、須彌福壽寺、殊像寺馬牛草折銀共三千六百三十五兩有奇，理藩院支蒙古王公、公主、格格及留京固倫額駙、和碩額駙館馬豆草銀一萬二千五百三十九兩有奇，太僕寺支察哈爾領俸餉兩次官兵馬草銀十二兩有奇，犧牲所支黑牛草折銀二千兩、糟價銀一千兩，上駟院支大凌河牧群官丁送册領銀送馬進京馬草銀十兩有奇，顏料庫支供用庫碾香驢草銀四兩有奇。

〇凡紙硃，皆給於庫，紙張銀硃等項由顏料庫支領，綢綾緞絹等項由緞疋庫支領。歲稽其額，每歲各衙門支用紙硃顏料，除軍機處、内閣典籍廳、禮部、刑部、都察院、庶常館、光禄寺、欽天監及修書各館向無定額隨時支用外，其餘宗人府、吏部、户部、兵部、工部、侍衛處、理藩院、步軍統領衙門、翰林院、詹事府、通政司、大理寺、上駟院、太常寺、太僕寺、鴻臚寺、奉宸苑、國子監、中書科、上諭處、順天府、倉場衙門、陵寢衙門歲有定額，按數支領。而奏銷焉。支用紙硃各數，由各衙門自行具奏，户部彙奏覈銷。

〇凡歲收，八分以上爲豐，六分以上爲平，五分以下爲歉，皆覈其實以聞。每年各省二麥、早禾、晚禾收成豐歉分數，督撫隨時確奏，仍彙齊通省分數，分别夏收、秋收兩疏題報，次年二月到齊，户部於三月彙奏。

廣東清吏司，郎中，滿洲一人、漢一人，員外郎，宗室一人、滿洲二人、漢一人，主事，滿洲一人、漢一人，掌覈廣東布政司之錢糧與八旗繼嗣之政令。旗人無子，許立同宗昭穆相當之姪承繼，先儘同父周親，次及大功、小功、緦麻，如俱無方准擇立遠房及同姓，取具參領、佐領、族長、族人及生父印甘各結送部，准其過繼。繼子不得於所後之親，准其别立，或擇賢能及所親愛者，於昭穆倫序不失，不許宗族以次序争告。凡子已婚而故者，已聘未娶，其媳能以女身守志者，未聘娶而出兵陣亡者，均准立繼。凡孀婦應行承繼，而故夫之兄弟祗有一子，雖獨子亦准出繼，准其以一人承兩房宗祀，遇有應襲之職令其承襲。駐防旗人繼嗣，由將軍等取具該管官印結、族人甘結分咨部旗，該旗查明丁册加結咨部。另户旗人之子，自幼給與另户旗人撫養，請歸宗者聽，若給與另記檔案開户，户下家奴及民人撫養者，不准歸宗。凡户差之更代，户差，有錢局差、倉差、關税差、寶泉局、坐糧廳滿漢監督，由六部於司員内各保送一員，引見派往，二年報滿。京倉滿漢監督，由各衙門以員外郎主事小京官保送，宗人府宗室一人，内閣滿洲一人、漢二人，吏部、禮部、兵部、工部、大理寺、光禄寺、通政司、欽天監、國子監、太常寺滿洲各一人、漢各一人，户部、刑部滿洲各二人、漢各三人，理藩院、太僕寺、鑾儀衛、鴻臚寺滿洲各一人，中書科漢一人，由部引見，記名註册，缺出論俸挨補，三年報滿。西倉、中倉監督，由倉場侍郎於各監督内任一年以上者調補。大通橋監督，由倉場侍郎於各監督内任一年以上者揀選引見調補。内倉監督，由户部於滿洲郎中員外郎選擬正陪引見補用。税差監督，由宗人府以理事官、副理事官，各衙門以滿洲郎中、員外郎保送註册，宗人府一人，六部步軍統領衙門各一人，内務府二人及俸深宗人府、六部、步軍統領衙門司員、八旗每旗各一人，内務府陪班司員二人，山海關缺出一同引見派往，張家口、殺虎口例同，惟内務府陪班司員祇一人。淮安關、鳳陽關、九江關、粤海關監督，由户部即以保送之員具題，請旨派往。崇文門左右翼監督，由部奏請特簡。其由將軍、督撫、鹽政、織造兼管者，不在此例。凡各差人員，均給與赴任劄付，其特派大臣及兼管者不給。税差連閏扣十二月報滿，惟崇文門扣一年報滿不計閏。凡保送差使，其曾經得差之員，十年後方准保送。本部漢官之陞補，皆掌焉。

廣西清吏司，郎中，滿洲一人、漢一人，員外郎，宗室一人、滿洲三人、漢一人，主事，滿洲一人、漢一人，掌覈廣西布政司之錢糧及其廠税。梧廠正税銀四萬八千二十四兩有奇，欽定盈餘銀七千五百兩，潯廠正税銀三萬四千七百三十四兩有奇，欽定盈餘銀五千二百兩，又舊額盈餘銀二千九百九十兩，俱每年按額徵收報解。又兩廠額外盈餘銀六萬兩，嘉慶七年奏定，每年留充本省兵餉之用。凡兩廠商貨，按斤科税者爲多，亦有按箇件包疋起科者，貴賤各視其物。潯廠税物分寧税、潯税，輕重互異。凡礦政皆覈之，掌天下之錢法，内倉則稽其出納。

○凡礦政，即山置廠，辨五金之産而採之。一曰銅廠，産紅銅者，有湖南緑紫坳廠、石壁下廠、大有隴廠、金川塘廠、杉樹坑廠，四川吕家溝廠、龍門溪廠、細沙溪廠、迤北廠、北子廠、金獅廠、金獅子廠、金馬廠、金馬子廠、金牛廠、老洞溝廠、甲子夸廠、豹子溝廠、銅大廠、分水嶺廠，廣西金雞頭廠，雲南湯丹廠、湯丹子廠、碌碌廠、碌碌子廠、大水溝廠、大水溝子廠、茂麓廠、茂麓子廠、大風嶺廠、大風嶺子廠、紫牛坡廠、獅子尾廠、人老山廠、箭竹塘廠、樂馬廠、金沙廠、梅子沱廠、雙龍廠、大寶廠、青龍廠、青龍子廠、迴龍廠、寧臺廠、寧臺子廠、得寶坪廠、馬龍廠、寨子箐廠、紅坡廠、大興廠、發古廠、鳳凰坡廠、紅石巖廠、金釵廠、鼎新廠、緑硔硐廠、義都廠、萬寶廠、大美廠、小巖坊廠、長發坡廠、香樹坡廠、秀春廠、竜岜廠、者囊廠、大功廠、大功子廠、白羊廠、青陽山廠，貴州陳家溝廠、銅川河廠、哈喇河廠。産白銅者，有四川黎溪廠，雲南嫣泰廠兼産白銅。雲南紅銅、白銅各廠，隸雲南司。二曰鉛廠，産白鉛者，有湖南馬家嶺廠、東坑湖廠、長富坪廠，四川白沙嶺廠，廣東桑枝林廠，廣西冷峒山廠、馬鞏廠，雲南卑浙廠、塊澤廠、者海廠，貴州蓮花廠、福集廠、水洞帕廠、興發廠。産黑鉛者，有甘肅都蘭哈喇廠，四川盤龍山廠、沙雞廠、龍頭山廠，廣西渌泓廠、渌谷廠、渌旺廠，雲南妥妥廠，貴州柞子廠，又馬家嶺廠、卑浙廠、塊澤廠，亦産黑鉛。産錫者，有湖南旱窩嶺廠、東冲廠、祄竹園廠，廣西南丹廠、擦米水廠、新塘坑廠、梅子坑廠、黄京坪廠，雲南箇舊廠。産水銀者，有四川西流廠。雲南鉛廠、錫廠，隸雲南司。三曰銀廠，産銀者，有廣西焦木山廠、挂紅廠，雲南安南廠、馬腊廠、永盛廠、土革喇廠、石羊廠、沙潤廠、蒲草廠、白沙廠、摸黑廠、三道溝廠、悉宜廠、摹迺廠、湧金廠、金牛廠、棉華地廠、角麟廠、銅廠、坡廠、太和廠，又甲子夸廠、豹子溝廠、沙雞廠、沙溝廠、紫古哵廠、桑枝林廠、大灣廠、二灣廠、李樹灣廠、打禾坪廠、南丹廠、馬龍廠、金沙廠、樂馬廠、迴龍廠、箇舊廠、柞子廠，亦産銀。雲南銀廠，隸雲南司。四曰金廠，産金者，有甘肅哈布塔海哈喇山廠、敦煌縣沙州廠、大通縣札馬圖廠、綏來縣廠、庫爾喀喇烏蘇廠，雲南北衙廠、蒲草廠、麻姑廠、金沙江廠、麻康廠、冷水箐廠、黄草壩廠。雲南金廠，隸雲南司。五曰鐵廠。廣西産鐵之廠，設爐五十二，每爐徵課銀十兩。餘省如江西、福建、浙江、湖北、四川、雲南皆産鐵，其課入於雜税，各省司覈之。廣東鐵課，附於鹽課之册，山東司覈之。皆因其産之衰旺而徵課焉。湖南出銅二十九萬四千三百斤，徵課五千五百七十九兩。四川出銅二十五萬八千餘斤，白銅六萬三千二百餘斤，抽課變價銀二千三十三兩有奇。雲南出銅一千二十五萬五千斤，徵課息銀一萬八千二十五兩有奇，底母餘息銀八百三十兩有奇，又抽商白銅課每百斤折收銀七錢及三錢不等，歲無定額。貴州出銅二萬斤，抽課變價銀八十五兩有奇。湖南出白鉛二十萬八千一百四十七斤，徵鉛沙税銀二百九十五兩有奇，黑鉛八萬二千一百四十七斤有奇，徵鉛沙税銀一百六十八兩。四川出白鉛十八萬九千七百餘斤，黑鉛九萬八千四百七十斤有奇，抽課變價銀九十餘兩，水銀八千斤，抽課變價銀一千八兩。廣東出白鉛一萬二千餘斤，抽課變價銀四兩有奇。廣西出白鉛二十二萬三千三百七十斤，黑鉛六萬一千二百九斤，抽課變價銀一百四十七兩有奇。雲南出白鉛五十一萬三千四百餘斤，抽課變價銀六百八十餘兩，黑鉛三萬九千五十六斤，抽課變價銀二十一兩有奇。貴州出白鉛六百六十九萬六千二百餘斤，抽課變價銀一萬七千二百三十七兩有奇，黑鉛一百四萬斤，抽課變價銀一百九十六兩有奇。湖南出錫一萬五千三百餘斤，抽課變價銀四百十七兩。廣西出錫九千二百八十餘斤，變價銀九百六十兩。雲南徵錫價銀四千兩，錫票税課銀三千一百八十六兩。四川出銀八百五十四兩，抽課銀二百七兩有奇。廣東出銀八百十兩有奇，抽課銀四百四十五兩有奇。廣西出銀一萬四千二百九十五兩有奇，抽課銀三千一百三十六兩有奇。雲南出銀四萬二千九百七十一兩有奇，報解餘平隨正課交納。貴州出銀九千五百三十五兩，抽課銀四千一百十九兩有奇。甘肅出金三百四兩有奇。雲南出金三十五兩有奇。凡廠啓閉，必以聞。各省採礦由總督、巡撫委員會勘，無礙民間田園廬墓者，題請開廠。其採礦年久，硐老山空，題明封閉。

〇凡錢法，置部省之局，户部曰寶泉局，工部曰寶源局，直隸曰寶直局，山西曰寶晉局，江蘇曰寶蘇局，江西曰寶昌局，福建曰寶福局，浙江曰寶浙局，湖北曰寶武局，湖南曰寶南局，陝西曰寶陝局，四川曰寶川局，廣東曰寶廣局，廣西曰寶桂局，雲南曰寶雲局，貴州曰寶黔局，伊犁曰寶伊局，西藏曰寶藏局，回城普爾錢設局於阿克蘇。各按其爐之數與其卯以出錢。寶泉局分四廠，設爐座五十，又勤爐十，又俸爐十三，歲鑄七十五卯，又俸爐加鑄十六卯，出錢一百十三萬七千三百十八串，閏月加鑄四卯，出錢四萬九千九百九十二串。寶源局分爲二，老局設爐十二，又勤爐六，新局設爐十三，歲鑄八十六卯，出錢五十三萬七千四百三十七串有奇，閏月加鑄七卯，出錢四萬六千八百六十九串有奇。寶直局設爐五，歲鑄四十八卯一尾卯，出錢六萬七百五十六串有奇，不加閏。寶晉局設爐六，歲鑄十二卯，出錢二萬六千二百八串，閏月加鑄一卯，出錢二千一百八十四串。寶蘇局設爐十六，歲鑄二十八卯，出錢十一萬一千九百八十二串有奇，閏月加鑄二卯，出錢六千一百九十八串有奇。寶昌局設爐六，歲鑄二十四卯，出錢四萬二千三十八串有奇，閏月加鑄二卯，出錢三千五百三串有奇。寶福局設爐四，歲鑄三十六卯，出錢四萬六千二百串有奇，閏月加鑄二卯，出錢二千四百串。寶浙局設爐十，歲鑄不限卯，出錢十四萬四百串，閏月加鑄出錢一萬八百串。寶武局設爐十，歲鑄二十一卯一尾卯，出錢八萬六千二百八十八串，不加閏。寶南局設爐十五，歲鑄三十六卯，出錢七萬二千八十一串，不加閏。寶陝局設爐二十，歲鑄二十四卯，每卯有正鑄、帶鑄，出錢六萬五千四百六十九串有奇，閏月加鑄二卯，出錢七千二百八十串。寶川局設爐三十，歲鑄十二卯，每卯有正鑄、帶鑄，出錢十四萬五千六百串，不加閏。寶廣局設爐六，歲鑄三十六卯，出錢三萬四千五百六十串，閏月加鑄三卯，出錢二千八百八十串。寶桂局設爐五，歲鑄三十六卯，出錢二萬四千串。寶雲局分爲二，省局設爐二十八，東川局設爐十，歲鑄三十六卯，每卯有正鑄、帶鑄、附鑄，出錢十七萬五百七十串有奇，閏月加鑄三卯，出錢一萬一千八百五十六串。寶黔局分爲二，省局設爐十五，大定局設爐五，歲鑄三十六卯，有正鑄、帶鑄、附鑄，出錢八萬九千七百七十三串有奇，不加閏。寶伊局設爐二，歲以春秋二季開爐，有正鑄、加鑄，出錢一千七百二十串。阿克蘇局歲鑄普爾錢，有正鑄、餘鑄，出錢二萬七千二百縢格有奇。惟寶藏局歲鑄無額。凡錢，圜徑十分寸之八，周廓而方其内，面文曰通寶，冠以年號，冪文著其局之名焉。面文漢字，冪文清字。惟普爾錢背文以回字鑄其城名，舊在葉爾羌、烏什開鑄，即爲葉爾羌、烏什字，今移局阿克蘇，即爲阿克蘇字。寶藏局錢面文，於年號通寶外，並添鑄造錢年分，冪文寶藏二字上亦冠以年號，用唐古特字。準噶爾、回城、廓爾喀等處，爲高宗純皇帝所平定，凡寶伊、阿克蘇、寶藏局，每歲十成内，仍鑄二成乾隆通寶，永爲定制。凡供内廷曰樣錢，行於天下曰制錢。樣錢百，其重一斤，制錢得樣錢四之三，普爾錢亦如之，藏錢大小權以行，大錢十，其重一兩，小錢半之。西藏錢，大者重一錢，小者重五分。凡鑄錢十分，其劑銅六鉛四，以鑄樣錢。樣錢，每銅六斤合白鉛四斤。百分其劑，銅五十有四，鉛四十有六，以鑄制錢。寶泉、寶源、寶直、寶晉、寶川、寶雲、寶黔等局，每銅五十四斤，合白鉛四十二斤十二兩、黑鉛三斤四兩。寶蘇、寶昌、寶福、寶浙、寶武、寶南、寶陝、寶廣、寶桂等局，每銅五十四斤，合白鉛四十六斤。惟寶伊局，因白鉛運遠，酌定每銅七十斤，合黑鉛二十九斤，點錫一斤。純銅以鑄普爾錢。惟藏錢鑄以銀焉。凡制錢千曰串，普爾錢百曰滕格，串一，滕格一，藏大錢九，小錢十有八，以當銀得一兩。各省徵收、支放通例，皆制錢一串作銀一兩。惟雲南搭放兵餉廠本運脚鹽帑，皆以制錢一串二百作銀一兩。回城以普爾錢一滕格作銀一兩。西藏每大錢九圓、小錢十八圓，例添入火工銀一錢，作銀一兩。凡爐耗，有内耗，有外耗，其率以百九，寶泉、寶源、寶直、寶晉、寶蘇、寶昌、寶福、寶浙、寶川、寶雲、寶黔局，每鑄銅鉛一百斤，收錢九十一斤，以九斤爲耗，是爲内耗。寶武、寶南、寶廣、寶桂局，每鑄銅鉛一百九斤，收錢一百斤，以九斤爲耗，是爲外耗。耗净則覈錢之數以其重，除耗净銅鉛七十五斤，例鑄錢十串。準其本與其直以均盈朒焉。錢本有四，一銅斤價脚，一鉛斤價脚，一爐火工料，一局費，以所出之錢銷錢本，有餘爲息錢，不足爲不敷成本銀，准銷正項。寶直局銅本價脚銀四萬一千六百三十八兩有奇，鉛本價脚銀一萬六十二兩有奇，工料銀五千五十四兩有奇。寶晉局銅本價脚銀一萬八千一百四十四兩，鉛本價脚銀四千七百三十五兩有奇，工料錢三千八百六十一串有奇。寶蘇局銅本價脚銀七萬一千九百三十四兩有奇，鉛本價脚銀一萬八千二百十九兩有奇，工料錢一萬六千六百四十四串有奇。寶昌局銅本價脚銀二萬五千五百二十四兩有奇，鉛本價脚銀七千四百八十兩有奇，局費銀三百六十七兩有奇，工料錢六千二百四十一串有奇。寶福局銅本價脚銀三萬一千八十二兩有奇，鉛本價脚銀九千三百七十兩有奇，工料銀七千四百五十四兩有奇。寶浙局銅本價脚銀九萬六百二十二兩有奇，鉛本價脚銀二萬四千八百九十五兩有奇，工料銀二萬二千六百五十三兩有奇。寶武局銅本價脚銀四萬八千一百六十兩有奇，鉛本價脚銀一萬四千一百五十一兩有奇，工料錢一萬二十六串有奇。寶南局銅本價脚銀四萬一千三百九十六兩有奇，鉛本價脚銀一萬一千一百九十二兩有奇，工料錢八千七百九十六串有奇。寶陝局正鑄、帶鑄銅鉛本價脚銀五萬五千六百六十一兩有奇，工料錢九千三百二十九串有奇。寶川局正鑄、帶鑄銅本價脚銀七萬四千四百四十七兩有奇，鉛本價脚銀二萬五千七十四兩有奇，工料錢二萬八百五十五串有奇。寶廣局銅本價脚銀一萬九千九百三十九兩有奇，鉛本價脚銀三千六百七十兩有奇，工料錢四千五百三十八串有奇。寶桂局銅本價脚銀一萬三千六百兩有奇，鉛本價脚銀二千三百八十三兩有奇，工料銀三千四百八十五兩有奇。寶雲局正鑄、帶鑄外耗銅本價脚銀五萬一千七十八兩有奇，鉛本價脚銀一萬一千四百七十兩有奇，工料錢二萬四百九十七串有奇，東川局銅本價脚銀一萬六千八百九十一兩有奇，鉛錫本價脚銀四千四百六十八兩有奇，工料錢七千三百二十串有奇。寶黔局銅本價脚銀三萬六千七百四十三兩有奇，鉛本價脚銀一萬一千二百兩有奇，工料銀九千八百十一兩有奇，大定局銅本價脚銀一萬三千三百六十兩有奇，鉛本價脚銀一千三百七十一兩有奇，工料銀三千二百七十兩有奇。寶直局不敷成本銀一千七百三十兩有奇。寶蘇局息錢五千一百八十四串有奇。寶晉局不敷成本銀五百三十二兩有奇。寶昌局息銀二千四百二十三兩有奇。寶福局不敷成本銀一千七百七兩有奇。寶浙局息銀二千二百二十八兩有奇。寶武局息銀七千二百五十八兩有奇。寶南局息錢一萬六百九十五串有奇。寶陜局息銀四百七十七兩有奇。寶川局息錢二萬五千二百二十二串有奇。寶廣局息錢六千四百十串有奇。寶桂局息錢四千五百三十串有奇。寶雲局息錢六萬三千一百三十三串有奇，東川局息錢二萬二千九百串有奇。寶黔局息錢九千五百七十二串有奇，大定局息錢四千四百四十串有奇。

〇滇之銅、黔之鉛，歲以其良者，入京局。雲南歲辦解京正銅、耗銅、餘銅五百八十三萬六千二百二十斤有奇，選圓整大塊，鏨明廠名、斤數、號數。貴州歲辦解京白鉛四百三十九萬一千九百十四斤，黑鉛四十七萬三千二百三十八斤有奇，選鉛鎔净，每五十斤爲塊，以供户工二局鼓鑄之用。尚不足黑鉛二十五萬斤，由湖南解辦。雲南正額銅每百斤銷價銀九兩二錢，貴州白鉛黑鉛每百斤銷價銀一兩五錢，湖南黑鉛每百斤銷價銀三兩六錢。省局則於距之近者取給焉。寶南、寶川、寶桂、寶雲、寶黔等局，各就本省所出銅鉛鼓鑄，有不敷者買於鄰省。寶直、寶蘇、寶昌、寶浙、寶武、寶陜等局，兼用滇銅、洋銅。寶晉、寶福、寶廣等局，專用滇銅，寶晉、寶福於漢口就買黔鉛，寶廣買廣西白鉛。滇銅每年夏冬二季截數，除撥備京運及本省鼓鑄外，以餘銅之數行知採買省分。其買銅者委員齎價及運脚解貯雲南藩庫，由藩司覈明赴廠程站，酌給夫馬之直，餘給委員沿途支用。發銅以委員到滇先後爲序，同時到者先儘路遠之員。每日領兑，以一萬四千七百餘斤爲限。定價，高銅寶蘇、寶昌、寶福、寶浙、寶武、寶陜、寶廣、寶桂，每百斤銷價銀十一兩，寶黔銷價銀九兩，低銅每百斤俱銷價銀九兩。其銅多及下游路近之廠委員赴廠領運，銅少及上游路遠之廠由廠員雇運，至雲南府、大理府、麗江府接收轉發，其上游運脚歸滇省報銷，下游運脚歸各省報銷。洋銅由蘇州府選商，每年在江蘇藩庫發銀六萬八千七百餘兩承領採買，寶蘇在鼓鑄錢價銀款撥還，餘局於委員赴蘇領銅時繳價，寶直每年領運一次，寶昌、寶武、寶陜兩年領運一次。每洋銅百斤，寶直、寶陜銷價銀十四兩，寶蘇、寶昌、寶浙、寶武銷價銀十三兩。寶晉招商辦買銅斤，每百斤銷價銀十四兩一錢八分。黔鉛以福集廠、蓮花廠白鉛，柞子廠黑鉛，每年委官一員運赴湖北漢口，各省委員齎價赴買，鉛價暫貯湖北藩庫，俟鉛局委員事竣，領解回黔。凡楚運鉛斤船隻經過瀘州、重慶巴縣地方，俱一律查驗，每白鉛百斤合價銀三兩八錢八分九釐有奇，黑鉛百斤合價銀三兩七錢九分有奇。每年各省局應採辦銅鉛額數。寶直局洋銅二十九萬餘斤，兩年並買白鉛四十二萬七千五百斤，黑鉛三萬二千五百斤。寶晉局商辦銅十二萬斤，白鉛九萬五千斤，黑鉛七千二百二十斤。寶蘇局洋銅二十五萬餘斤，三年採買滇銅一次六十五萬斤，每年白鉛四十四萬三千三百餘斤。寶昌局兩年並買滇銅三十四萬斤，白鉛四十萬斤，每年洋銅十二萬斤。寶福局兩年並買洋銅六十六萬餘斤，每年白鉛十七萬四千斤。寶浙局滇銅四十萬斤，洋銅四十二萬斤，白鉛五十萬餘斤。寶武局滇銅二十二萬四千餘斤，漢銅十萬餘斤，洋銅四萬斤，白鉛三十三萬六千九百餘斤。寶南局本省銅十萬餘斤，滇銅二十萬斤，本省白鉛十萬餘斤，採買十五萬斤。寶陝局滇銅三十五萬斤，洋銅四萬斤，白鉛三十五萬斤。寶川局本省商銅六十萬斤，白鉛三十萬斤，黔鉛二十六萬六千六百餘斤，其餘不敷在本省各廠收買供鑄。寶廣局每年採買滇銅十七萬六十斤有奇，廣西白鉛十四萬一百六十斤。寶桂局本省白鉛十四萬八千餘斤，黑鉛二萬四千餘斤，兩年並買滇銅二十一萬二千五百餘斤。寶雲省局本省銅五十五萬五千餘斤，本省白鉛四十三萬九千餘斤，黑鉛三萬三千四百餘斤，東川局本省銅十八萬三千五百九十餘斤，白鉛二十八萬五百二十餘斤，黑鉛一萬二千八百五十餘斤，錫一萬一千六百七十餘斤。寶黔省局滇銅三十四萬一千七百餘斤，本省白鉛二十六萬餘斤，大定局滇銅九萬三千九百餘斤，本省銅二萬斤，本省白鉛九萬六千餘斤。凡京銅歲運六，京鉛歲運二，雲南京銅，每歲正運四起，於八月十月開運，加運二起，於次年二月開運。貴州京鉛，每歲兩運。湖南黑鉛，不分運。若轉運而達於局，雲南京銅，由各廠交尋甸、東川兩路分運至瀘州，運官兑領上船。貴州京鉛，由廠運至永寧，運官兑領上船，至瀘州易船至重慶。銅鉛皆起載川東道督同過秤雇船换載並行文夔關查驗，至漢口易船，至儀徵又易船，由湖北江南護送之員盤查過秤，其加運銅至漢口，撥湖南湖北站船接運至儀徵易以隖船，湖南京鉛運官自長沙兑領上船均收儀徵口，由南北運河至天津雇船起撥，起六存四，如原船破漏不能前進者，全行起撥抵通壩，運官打包過秤，坐糧廳親赴掣點，經紀、運貯、號房、大通橋監督復加掣點，車户由朝陽門陸運赴局，錢法堂侍郎驗包兑收。餘銅、餘鉛隨正起交驗貯號房，如提取添秤，由運官雇車補交，有餘准其納税自賣。凡護送、京銅經過省分，各奏派藩臬一人經理，及到境復各派道府一人照料押送出境，通飭沿途各屬護送。正運每起撥兵十三名、役七名，加運每起撥兵十六名、役八名。經過川江險灘，地方員弁豫帶兵役、水手候護，遇有銅鉛沉溺，即報明地方官會同查勘。如因失風及險灘急水，人力難施者，地方官結報，於庫項内借給撈費作正開銷，督同打撈，督撫即派道府查勘。撈銅工費水深四丈以内者，獲銅百斤，給銀三錢，四丈以外每百斤加銀一錢，限一年全獲，咨部議敘，不及一年者，量予優敘，内河平水毋庸議敘。如逾限無獲，參處賠完，若次險處所，除當時撈獲外，其未獲者，以一年之限，按月分算，撈不足數，運員賠十分之七，地方官賠十分之三。惟各省例載險灘處所沉溺銅鉛，非水手舵工不行揀選，兼無浮載營私情弊者，由督撫移咨本省會題豁免，官爲補解。起撥、船過江河險灘遇水淺溜急,或雇夫加縴,或起撥十之五六,令地方官會同稽查,用過脚價准其報銷。如運員圖省脚價以致失事者,照數著賠。催趲,運官先期知會沿途地方官,會同營員派撥兵役催趲。閘河行漕之時,並由巡漕御史查催。各責於其境。銅鉛起程出境,由本省巡撫奏報。沿途入境、出境,有無停泊事故,由所在督撫奏報。抵通之日,由倉場侍郎奏報。省局則各視其水陸之程而運之,各省局赴雲南買銅者,各廠銅自尋甸店、省店運至竹園村,由竹園村至剝隘,金釵廠銅自蒙自縣運至剝隘,再由剝隘經百色寶廣徑達粵江,餘局由陡河達湘江,分别水陸程站覈給脚價。皆限以月日,雲南京銅,運官在瀘州裝載限三十五日,自瀘州抵通壩限九月零二十五日。貴州京鉛,運官由永寧裝載運至瀘州限三十日,瀘州换船至重慶限二十日,重慶起船貯屋鎔化限三月,雇船裝載限二十日,自重慶開行抵通壩限八月零十日。湖南京鉛自長沙省城領運至漢口限一月,自漢口抵通壩限五月。運官回任,部給執照。雲南限一百十日,貴州限一百日,湖南限七十日。其貴州辦運漢口鉛斤委員,自永寧一年限内兑清之日起限,到漢口限三月。各省採買滇銅運官,從各廠各府轉運者,馬運日限一站,牛運日限半站,領運寧臺廠銅在省改煎每日限一千斤,蓋房打爐每運限六十日,辦咨領脚價每運限三十日,雇募牛馬銅數在十萬斤者限三十日,多者以次加展不得過九十日。運官自本省領銀赴滇,江蘇限六月零二日,江西限兩月零十七日,福建限六月零八日,浙江限四月,湖北限三月零四日,陜西限三月,廣西限三月零十五日。廣東應買滇銅,由滇省委員自廠運至剝隘交廣南府設店收貯,豫咨粵省委員至剝隘領運回粵。自剝隘回省,江蘇限七月零十五日,江西限四月零二十一日,福建限八月零五日,浙江限七月零二十一日,湖北限五月零三日,陜西限九月零二十三日,廣東限二月零二十二日,廣西限三月零十五日,貴州不經剝隘赴滇回省各限十九日。各省赴漢口買鉛,運官領銀赴漢及領鉛回省,直隸限七月零八日,山西限九月,江蘇限二月零二十日,江西限二月零十二日,福建限四月零十六日,浙江限三月零六日,陜西限八月零十四日,四川赴貴州辦鉛往回限六月,赴廣西辦鉛限三月零十日。凡運官抵通,無故遲至一月以上者題參。如封峽、封閘、守凍、過關查驗、川江大江黄河阻風阻水、運官告病及歸途打撈沉銅報明地方有案者,俱准其扣除展限。凡守風不得過四日,守水不得過八日。運官則優其支給。委運滇銅,運官月支養廉、役食、雜費銀六十八兩一錢有奇,由省起程至回省日,按十七月零二日支給,守凍日期減半。湖南、湖北、江南協運委員,養廉、丞倅支銀四十兩,佐雜支銀二十兩。黔鉛運官自永寧至重慶月支銀四十五兩,重慶起運後及回省之日止,月支銀七十五兩。辦運漢口銷售鉛斤,每運給運官養廉銀五百兩,各省採買銅鉛運官俱給飯食、雜費、盤費。京銅、京鉛由本省督撫造册題銷,各省局由各省督撫造册題銷,俱由部覈覆。凡京運既事,則引見而予敘焉。京運銅鉛到局,無缺欠遲逾者,由部引見入卓異班陞用。

〇凡支於内倉者,曰米,每歲東陵、西陵祭祀應用糯米,朝鮮諸國貢使食米,各寺喇嘛口糧米，皆由内倉支給。曰豆，朝鮮諸國貢使馬豆，亦由内倉支給。皆覈其數而劄放。米豆應給之數，陵寢糯米由禮部覈明咨部，貢使食米正使、副使日各支米二升，餘官各一升，伴送五品官日各支米二升，餘官及跟役各一升。官支白米、役支老米、喇嘛口糧，嵩祝寺、宏仁寺、福佑寺、妙應寺、梵香寺、護國寺、長泰寺、慈渡寺、資福寺、西黄寺、北黄寺、普度寺、普勝寺、普仁寺、普寧寺、慧照寺、化成寺、隆福寺、净珠寺、聖化寺、三佛寺、永寧寺、永慕寺、正覺寺、闡福寺、功德寺、實諦寺學經處、瑪哈噶喇廟、察漢喇嘛廟、達賴喇嘛廟、布達拉廟、文殊菩薩廟、須彌福壽寺等處之大分喇嘛，每名月給米七斗五升，減半大分喇嘛每名月給米三斗七升五合，小分喇嘛每名月給米三斗一升一合，每年約支米二萬五千餘石，由理藩院覈明咨部，遇閏加支。貢使馬豆，每馬一匹，給豆四升。採買者，每歲東陵、西陵應用白麥玉棠米，由陵寢承辦事務衙門派員會同禮部按五城時價採買，其價銀咨部劄庫給發。隨支者，運送陵寢米麥需用袋席車價銀，亦由部覈給，每年採買米麥及運送銀約需三千八百餘兩。又朝鮮國貢使隨料支給者，每馬一匹支穀草、羊草各一束，亦由部劄廠放給。折給者，巡捕營官員坐馬四百二十八匹、騎操馬二千匹，門千總坐馬三十二匹，每匹月支馬乾銀二兩五錢，由步軍統領衙門按月咨部覈給。每年應支銀七萬三千八百兩。並覈焉。

〇凡内倉之出納，歲終則具題。内倉每年收放米豆、芝麻各數，由監督造具四柱清册，送部覈覆具題。

欽定大清會典卷十五

雲南清吏司，郎中，滿洲二人、漢一人，員外郎，滿洲三人、漢一人，主事，滿洲一人、漢一人，掌覈雲南布政司糧儲道之錢糧，稽其廠課。廠課，滇省有銅廠、銀廠、金廠、鉛廠、錫廠、鐵廠，課金每年抽收搭解户部交納，課銀按通省總額，視各廠衰旺情形通融撥補，覈實報解，不必分廠報算。凡銅課、銀課、鉛課、錫課、鐵課銀兩，俱造入季册内報撥。銅廠由專管道府赴布政司支領，工本銀兩轉給廠員經放爐户，辦銅上月發本，下月收銅，按季造具支收款册送部查覈。每出銅一百斤，抽課十斤，官買八十斤，通商十斤，給與廠民爲易换鹽米之資。又按每百斤抽收歸公銅三斤，廠員養廉銅一斤，俱按廠價變解司庫。路耗銅一斤以一半准銷，路上折耗其耗不盡之銅，歸入銅廠報銷。又每三百五十斤抽收捐銅一斤，爲金沙江歲修之費，統於一年限内覈計。獲銅多寡分數，造報考成清册具題，州縣爲經营，道府爲專管，藩司爲總理，巡撫爲主政，分别議敘議處。如係知府、直隸州專管之廠，道員有督催稽考之責，一併增入考成。凡廠勢豐旺多於舊額者，據實報增，或礦砂衰薄不能足額者，具報上司委員勘查，或應減額、封閉，俱於考成案内題報。凡年久礦薄之廠，令其多覓子廠開採，以補母廠之不足，所獲銅除照額交官外，聽其自售，不拘一成通商之例。凡放給工本銀每百兩扣市平一兩貯司，如廠民工本短欠查明有著之項，向各爐户勒追，追不足數，即令廠員賠繳，實係廠勢衰薄，爐户貧絶無著之項，准以扣存市平銀撥補外，其餘督撫奏明請旨加恩豁免。凡漕政皆掌之。

〇漕於京師，凡八道，山東糧道督理濟南府、泰安府、武定府、兖州府、曹州府、東昌府、濟寧州、臨清州漕糧，河南糧道督理開封府、歸德府、彰德府、衛輝府、懷慶府、河南府、陳州府、許州、陜州、汝州漕糧，江安糧道督理江寧府、安慶府、寧國府、池州府、太平府、廬州府、鳳陽府、淮安府、揚州府、徐州府、潁州府、六安州、泗州、海州、通州漕糧，蘇松糧道督理蘇州府、松江府、常州府、鎮江府、太倉州漕糧白糧，浙江糧道督理杭州府、嘉興府、湖州府漕糧白糧，江西糧道督理南昌府、瑞州府、臨江府、吉安府、撫州府、建昌府、廣信府、饒州府、南康府、贛州府、寧都州漕糧，湖北糧道督理武昌府、漢陽府、黄州府、安陸府、德安府、荆州府漕糧，湖南糧道督理長沙府、衡州府、岳州府、澧州漕糧。其運由江達淮，截河徑泇、泗、洸、汶之水，沿衛泝潞，以抵於通壩。南漕涉大江入運口，一由儀徵，一由瓜洲，並會於江都縣南之三汊河，二十五里徑揚州府城，一百里徑高郵州城，西岸界槐子邵伯高郵等湖，東岸鄰芒稻河艾陵湖荇絲湖，洩水有車邏昭關金灣等閘壩，八十里徑寶應縣城，西岸界寶應界首等湖，東岸鄰廣洋湖馬家蕩，洩水有雙龍黃浦等閘，九十五里至淮安府山陽縣北淮關盤糧廳，四十五里徑清江浦，過龍王福興通濟惠濟等閘，出清口，黃河自邳州東南流淮水，自泗州過洪澤湖，東北流會於清口，是爲清黃交匯之處，糧運出口，越甘羅城順流過惠濟祠西北，從楊莊進運口入下中河，三十五里徑宿遷縣北境入上中河，一百十三里至中河口，北鄰黃河，南界駱馬湖，湖上承白馬芙蓉諸湖之水南流，有竹簍王家溝等閘，與運河通，舊謂十字河，四十里徑邳州北境入泇河，水有東西兩源，東泇出山東費縣箕山，東南流徑蘭山縣西，西泇出嶧縣抱犢山，南流至三合村與東泇合流，至邳州西北入運河，百里至黃林莊入山東嶧縣境，沂水支流自徐塘口入泇河，一百六十里至沛縣夏鎮閘，兩岸受濟運諸泉凡九，會承水出針溝口者三泉，出侯遷萬年等閘者四泉，注微山湖出湖口閘者二泉，由夏鎮閘入新河，一百十四里至魚臺縣境南陽閘，東岸受濟運諸泉凡五十四，合流入滕縣出彭口新支河者三泉，會薛河出彭口新支河者七泉，出修永閘者五泉，出鮎魚涎等口者三泉，會南梁河出滿家口者九泉，會北沙河出王家口者六泉，注獨山湖出張家口趙家口者十二泉，注新河出棗林閘者九泉，由南陽閘入會通河，二十四里至師莊閘，泗水自東岸入運河，水有四源，並出泗水縣陪尾山，西南流經曲阜縣北，又徑滋陽縣城西金壩口分爲二支流，西入洸河，經流會沂河白馬河，出魯橋入運河，受濟運諸泉凡一百十八，會泗水出魯橋者八十二泉，會沂河入泗者二十一泉，會白馬河入泗者十四泉，出南陽閘者一泉，四十九里至濟寧州城西天井閘，洸水自東北來入運河，水本汶河南出之支流，出寧陽縣堽城壩，西南流經滋陽縣，西會灃水，南流合泗水支流，徑濟寧州城北分爲二，北支入馬場湖，南流由會通橋入運河，受濟運諸泉凡三十二，會灃水入洸者十一泉，會泗水支流入洸者二十泉，出通濟橋者一泉，八十里至汶上縣西南柳林閘迤北爲分水口，汶水自北來入運河，水源一出萊蕪縣原山，西南流經泰安縣南故縣鎮，一出泰山仙臺嶺，東南流經故縣鎮，二水合流，西南會牟汶嬴汶塹汶小汶衡魚河席橋河諸水，至此出口，分濟運道四分，南流出柳林閘合於泗沂六分，北流出十里閘合於漳衛，受濟運諸泉凡二百十二，會汶水出分水口者五十一泉，會小汶入汶者五十九泉，會牟汶嬴汶入汶者三十九泉，會塹汶入汶者十六泉，由衡魚河席橋河入汶者四十七泉，一百十六里至東平州戴家廟閘，東鄰蜀山馬踏湖放水有利運等閘，西鄰南旺湖安山湖，洩水有焦鸞等斗門闞家等閘，進水有安濟等口，二百五十七里至臨清州城東南板閘，西岸通黃河故道趙玉河沙河，進水有新建等涵洞龍灣等閘，東岸通大清河馬頰河徒駭河，減水有一空二空等橋，臨清州城西衛河自西南來，與運河會，水源出河南輝縣蘇門山，東北流會淇水漳水，過臨漳水分爲二，北流入滹沱河，東流經大名府東，又東北流至此與會通河合，北流是爲南運河，由南板閘入衛河，三百五十里至德州桑園鎮，東岸恩縣境四女寺鎮與老黃河通，洩水有減水壩，又德州城外哨馬營，洩水有滚水壩，由桑園鎮北入直隸吴橋縣境，四百五十里至天津縣三岔口，東岸滄州静海縣，洩水有二減水壩，西岸滹沱河自青縣南，東北流入運河，天津縣三岔口北潞河自北來，與衛河會，是爲北運河，水源出赤城縣，流經邊牆外，入密雲縣西境，南流經通州城，東南流經故漷縣入武清縣境，東岸筐兒港引河，洩水有減水閘，河西務引河入七里海，洩水有青龍灣壩，又南流，西會淀河，經天津城北直沽南會衛河，東入於海。漕運過津關，泝潞河北上二百里，至通州城東石土二壩坐糧廳驗收。山東糧船停泊運河有漕州縣，糧米陸運至水次上船，泰安府、兖州府、曹州府、東昌府、濟寧州漕糧在閘内兑運，濟南府、武定府、臨清州及東昌府之恩縣、館陶縣、冠縣漕糧在閘外兑運。河南派運糧船在衛輝府衛河水次受兑，東北經濬縣境，又東北經滑縣、湯陰縣、内黄縣過臨漳歷直隸大名府境，又東入山東館陶縣境至臨清州南板閘，與山東漕船會。江南江安糧道屬漕船，由各州縣水次開行，出江歷安慶、池州、太平各府境，經西梁山之麓，由采石磯順流入江寧府之龍江關北二十里，渡江北至瓜洲，又東北至北新河入儀徵運口。淮北、淮南各州縣漕船，俱由淮入洪澤湖，經清河縣師家莊入運。徐州衛江北幫及長淮三四兩幫漕糧，由徐州撥船運至阜河載上糧船，邳州、沛縣糧船俱出泇河，蘇松糧道屬糧船由各州縣水次開行，出運河自吴江縣西北塘河，西行至蘇州府城閶門，松江府、太倉州糧船由婁江來會，出滸墅關北行，會常州、鎮江二府糧船，至京口閘渡江北入瓜洲運口，浙江糧船杭州府自省城北武林驛開行，過塘棲歷湖州府德清縣境東，過北陸橋歷石門、桐鄉二縣境，經嘉興府城西遶北出杉青閘，會嘉興府糧船，至王家涇北爲平望驛，東過鶯脰湖，湖州府糧船入焉，又東北會於吴江縣之北塘河，江西糧船自省城南浦驛大江開行，經揚子洲歷星子、都昌二縣境，入鄱陽湖，至湖口縣出大江，經梅家洲入彭澤縣境，經小孤山、彭浪磯入江南宿松、東流二縣境，順流與安徽省漕船會，湖北糧船由省城將臺驛大江開行，經小青山、大青山、馬家洲、趙家磯、道士洑營，入大冶縣境，經漳源塘、菖蒲港歷蕲水縣烏江廟，過風磯入黄梅縣、廣濟縣境，經魯肅港、余家涯入江西德化縣界，與江西糧船會，湖南糧船由岳州府巴陵縣洞庭湖口開行，經劉公磯、蓮花塘至臨湘縣境，經白螺、楊林等磯入湖北嘉魚縣、沔陽州境，平江順流經江安塘、王家港入江夏縣境，至湖北省城與湖北糧船會。凡糧，有正兑，漕糧原定運京倉者，爲正兑。山東正兑米八萬三千王百十五石有奇，麥九千九百十五石有奇，豆八萬二千一百一十四石有奇。河南正兑米九千五百七十一石有奇，麥二萬四千六百五十二石有奇，豆六萬七千九百九十二石有奇。江安正兑米二十八萬九千五百十二石有奇。蘇松正兑米一百四萬三千二百五石有奇。江西正兑米三十五萬一千七百五十六石有奇。浙江正兑米六十二萬一千七百七十八石有奇。湖北正兑米九萬四千五百十六石有奇。湖南正兑米九萬五千五百五十二石有奇。有改兑，原定運通倉者，爲改兑。山東改兑米四萬二千九百六十六石有奇，麥九千三百九十一石有奇，豆三萬一千八十二石有奇。河南改兑米九千六百四十九石有奇，麥一萬二千七百六十六石有奇，豆二萬八千二百三十五石有奇。江安改兑米十萬四千三百四十二石有奇。

蘇松改兑米九萬五千二百七十七石有奇。江西改兑米十五萬一千九百五十五石有奇。浙江改兑米二萬九千三百六十五石有奇。湖北、湖南無改兑米。又奉天錦縣、寧遠州、廣寧縣、義州併牛莊其解京黑豆四萬二千石有奇。有改徵，山東黑豆係粟米改徵，河南小麥、黑豆亦係粟米改徵，其粟米改徵黑豆並不定額，惟視京倉何項缺少，户部倉場隨時奏明辦理。江蘇、浙江省有白糧改徵漕糧，糯米改徵漕糧。有折徵，山東、河南、江蘇、安徽、湖北、湖南六省，折徵漕糧三十六萬一百八十六石有奇，價銀統歸地丁算銷。河南離水次最遠之南陽府、汝寧府、光州、汝州、陝州各屬併河南府之嵩縣、永寧縣，每縣俱減徵漕米二千石，折徵銀每石八錢，易錢解司分撥。内黄縣、濬縣、滑縣、儀封廳、考城縣協辦本色米，永城縣、鹿邑縣、虞城縣、夏邑縣、柘城縣、宜陽縣、新安縣、澠池縣、淮寧縣、西華縣、商水縣、項城縣、沈邱縣、臨潁縣、襄城縣、郾城縣、陝州、靈寶縣、閿鄉縣應徵黑豆，每石折收銀八錢，在彰德府、衛輝府、懷慶府，屬開封府之陽武縣、封邱縣代徵本色黑豆，仍按每石八錢之栁支銷。民折官辦漕糧，江蘇清河縣、桃源縣、宿遷縣、阜寧縣、海州併所屬之沭陽縣、贛榆縣及太倉州所屬之嘉定縣、寶山縣，每年按十月時價動司道庫銀兩購買，十一月内照價起徵還款，安徽寧國縣、旌德縣、太平縣、英山縣、江西瀘溪縣，每年開徵時照價動公項銀兩在水次購買，照價徵完歸款。浙江富陽縣、於潛縣、新城縣、昌化縣零星小户漕糧，按照十月時價徵收折色，官爲辦運。湖北通山縣、當陽縣漕糧，在江夏縣、嘉魚縣、漢陽縣、黄陂縣、孝感縣、雲夢縣、應城縣餘剩漕耗米内撥運，民間以每石一兩四錢五分折銀交納。凡漕糧奉旨折徵之年，督撫按照定價題明辦理。山東、河南二省粟米每石徵銀五錢。江南、浙江二省粳米每石徵銀一兩，稄米每石徵銀七錢五分，令地方官照數徵收。江蘇、浙江二省改折灰石米石每石折徵銀一兩，有閏之年江蘇徵銀三萬一千三十一兩有奇，浙江徵銀二萬二千八百二十兩有奇，無閏之年江蘇徵銀二萬六千七百四十六兩有奇，浙江徵銀二萬二千三百八十三兩有奇。有撥運，山東、河南二省額徵薊州、東陵官兵米五萬七千石，因改支折色糧米停運，嗣因保定雄縣等處兵米改支本色，仍於東豫二省薊糧内照數派撥。山東額徵薊糧米二萬八千五百石，撥運保定雄縣兵米六千三百七十一石有奇，密雲兵米一萬一千六百石，良鄉兵米五千六百五十石，俸米三百六十六石，固安、寶坻兵米一千一百五十石，青州兵米二千七百七十七石，又德州兵米不敷，亦准動支河南額徵薊糧米二萬八千五百石，撥運保定雄縣兵米六千四百二十五石有奇，密雲兵米一萬一千六百石，良鄉兵米五千六百五十石，俸米三百六十六石，固安、寶坻兵米一千一百五十石，二省餘剩薊糧如遇緩徵之年，准動放行月不敷米石。皆隨以漕耗、漕糧加收隨漕耗米，爲京通各倉並沿途折耗之用，每正兑正米一石，山東加耗米二斗五升，河南加耗米二斗五升及二斗八升不等，俱隨正起交，蘇松、江西、浙江、湖北、湖南及江安屬之江寧府、安慶府、寧國府、池州府、太平府、廬州府、六安州交耗米四斗，以一斗五升隨船作耗，餘隨正起交，淮安府、揚州府、鳳陽府、潁州府、通州、海州、泗州、徐州府屬之邳州、宿遷縣、睢寧縣交耗米三斗，以五升隨船作耗，餘隨正起交，徐州府屬之銅山縣、豐縣、沛縣、蕭縣、碭山縣加耗米二斗五升，俱隨正起交，改兑正米一石，山東、河南加耗米一斗七升，俱隨正起交，蘇松及江安屬之江寧府、廬州府、廣德州加耗米三斗，以一斗三升隨船作耗，餘隨正起交，江安屬之淮安府、揚州府、鳳陽府、潁州府、泗州及徐州府之邳州、宿遷縣、睢寧縣加耗米二斗五升，以八升隨船作耗，餘隨正起交，銅山縣、豐縣、沛縣、蕭縣、碭山縣加耗米二斗二升，以五升隨船作耗，餘隨正起交，江西、浙江加耗米四斗，以二斗三升隨船作耗，一斗七升隨正起交，山東、河南正兑、改兑黑豆、小麥與漕米同。漕費。漕費皆隨漕徵收，有贈貼銀米爲運軍長途輓運之費，有漕耗銀米爲官軍兑漕雜費及州縣辦公之用，有輕齎易米折銀委員解通爲轉運脚價之費，隨漕席片爲京通倉鋪墊苫蓋之用，松板楞木爲京通倉鋪墊廒座之用，毛竹爲京通倉編造氣筒之用，江南有水脚銀爲離省寫遠州縣輓運舟車之費，江西有倉費銀爲縣省兩倉修理之費，贈貼銀米每正耗米一百石，山東、河南徵潤耗銀五兩，米五石，本色給丁，江安徵漕贈銀五兩，米五石，蘇松徵漕贈銀十兩，米五石，俱州縣變價，每石以一兩九錢折給，浙江徵漕截銀三十四兩七錢，江西徵貼運銀三兩，米三石，内以十分之七州縣變價，每石一兩九錢折給，十分之三支給本色，留爲回空食用，又徵副耗米十三石，湖北、湖南徵貼運米二十石本色給丁，漕耗銀米，山東每正耗糧一石徵漕耗米一斗五升，河南各屬每正耗糧一石，徵漕耗米一斗五升，惟陽武縣、封邱縣徵一斗，淇縣徵一斗二升，温縣徵一斗四升，俱給領運隨幫官銀六釐，運軍銀三分，米五升五合，餘爲州縣運米不敷脚價，江安每正糧一石徵漕耗米一斗，州縣變價每石以一兩九錢全數給丁，蘇松每正糧一石，徵漕耗銀六分，折收錢四十六文，全數給丁，惟溧陽縣每漕糧一石，民貼湖米三升，爲軍船赴次撥淺修船之費，浙江各屬每正糧一石，徵漕耗錢八文至二十一文不等，仁和縣、錢塘縣、海寧州、富陽縣、餘杭縣及湖州府屬加收錢二十文，嘉興府屬加收錢三十文，俱全數給丁，江西每正糧一石，徵收協濟運軍銀一分三釐七毫，州縣脚耗銀三分九釐六毫米七勺六抄，湖北每正糧一石，徵漕米七升、漕費銀七分，全數給丁，湖南每正耗米一石，徵漕耗米六升、漕費銀自四分四釐至一錢一分二釐不等，每兑米一石，給丁尖米三升，及各州縣運米船户食米運官飯食盤費、運丁京脚、州縣修倉之費、輕齎易米折銀於耗米之外，徵收餘耗米折銀兩，正兑謂之輕齎銀，改兑謂之易米折銀，每正兑米一石，山東、河南徵米一斗六升，江南徵米二斗六升，江西、浙江、湖北、湖南徵米三斗六升，改兑除山東、河南及江安屬之銅山縣、豐縣、蕭縣、沛縣、碭山縣不徵米折銀外，蘇松、江西、浙江及江安餘屬每改兑米一石，徵米二升，每石折徵銀五錢，隨漕席片，山東、河南每正米一石，徵斜席一領，長六尺四寸，闊三尺六寸，江南、江西、浙江、湖北、湖南每正米一石，徵方席一領，長闊俱四尺八寸，應交席片按十分算，以一分七釐徵收本色，八分三釐徵收折色，每領折徵銀一分或一分有奇，應交本色，山東、江安徵收本色給丁解交，河南、蘇松、江西、浙江、湖北、湖南俱徵銀給丁辦交，隨漕板木，江南、江西、浙江、湖北、湖南每正兑米二千石，徵楞木一根，長一丈四尺九寸，圓二尺五分，松板九片，每片長六尺五寸，闊一尺三寸五分，厚五寸五分，江西、湖北、湖南辦交本色，江南、浙江楞木每根折徵銀五錢及五錢五分不等，松板每片折徵銀四錢及四錢五分不等，隨糧交納，改兑米俱不徵楞木、松板，山東、河南及江安屬之淮安府、揚州府、徐州府、廬州府、鳳陽府、潁州府、六安州、泗州、海州、通州正兑米亦不徵楞木、松板，帶運毛竹，江南、江西、浙江、湖北、湖南漕船，每船均帶交大毛竹一根、中毛竹三根，採辦價銀江西於道庫裁兵米折項下動支，湖北於南糧抵兑節省水脚項下動支，江南、浙江、湖南於道庫減存銀内動支，江南省州縣水脚銀，江安屬之潛山縣、太湖縣、宿松縣、涇縣、青陽縣、合肥縣、舒城縣、壽州、鳳臺縣、宿州、舊虹縣、阜陽縣、亳州、蒙城縣、霍邱縣、太和縣、六安州、霍山縣、建平縣每米一石，加徵銀二三分至五六分、錢十餘文至四十餘文不等，定遠縣每米一石徵錢一百文，蘇松屬每石徵錢五文，水次離倉遠者，每石每十里加錢二文，給由倉上船脚價費，江西倉費銀，有漕州縣，有縣省兩倉者，每米一石徵倉費銀四釐，止有縣倉者，徵銀二釐，均以十分之三留作歲修，十分之七解道以備大修。其色，有稻、有稄、有粟、有麥、有豆，各因其所産而供之。山東、河南徵收粟米、麥豆，蘇松徵收粳米、糯米，江安徵收粳米、稄米、秈米、粟米，浙江徵收糯米、粳米、秈米，江西、湖北、湖南徵收稄米。凡米色皆令顆粒圓净乾潔，不准紅白兼收，如實在水旱歉收之年，不能一律圓潔者，該省豫行奏明請旨。白糧，則惟蘇松、浙江供焉。蘇松、浙江額徵白糧，交内倉供用，庫酒醋麪局、光禄寺王禄之用，每米一百六十斤爲一石，白糧正米蘇松六萬九千二十五石，浙江二萬九千九百七十五石，白糧耗米蘇松二萬七百七石有奇，又正耗米一石加舂辦米二斗，共舂辦米一萬七千九百四十六石有奇，浙江一萬三千四百八十八石有奇，又正耗米一石加舂辦米三斗，共舂辦米一萬三千三十九石有奇，隨糧徵收經費銀米蘇松銀六萬九百五十三兩有奇，盤用耗米一萬三千八百五石，運船水手飯米四千九百六十九石有奇，浙江銀二萬一千四百一兩有奇，行月本色米三千七百八十石，又白糧每正米一石，解由閘銀八分爲運米進倉脚價之用，白糧遇有荒缺，於本州縣現徵南米内，通融辦足起運。凡運船，視其江河之宜而別其製，以時修艌。漕船舊制船身長七丈一尺，中闊一丈四尺四寸，底長五丈二尺，兩庲兩棧共深四尺四寸，天篷高二尺八寸，江南、浙江更定漕船身長八丈，中闊一丈五尺，底長五丈九尺，兩庲兩棧共深六尺，天篷高二尺八寸，江西、湖北、湖南更定漕船身長九丈，中闊一丈六尺五寸，底長七丈，兩庲兩棧共深六尺六寸，天篷高二尺八寸，江西、湖廣幫船體質較重，經歷江湖，每幫准帶三百石之撥船一隻跟艄行走，成造漕船漕運總督於過進時親加查驗，如有違式私放寬大，旗丁治罪，道衛官參處。凡糧船，十年滿號除驗明，可以加修出運者，准其加修出運，其應行改造之船，糧道先期詳請豫備物料，原船到次即刻興工以副兑限，每船額給料價銀二百八兩七錢七分有奇，江南興武、江淮二衛，加給鑽夫銀五十兩、底料銀五十一兩，除動支額編民七軍三銀兩外，不敷銀在餘丁協濟及道庫減存銀内動支，於漕項册内報銷，衛弁監造完竣之日，詳報糧道驗看烙印，驗以九法，一驗木、二驗板、三驗底、四驗梁、五驗棧、六驗釘、七驗縫、八驗艌、九驗頭艄。凡新造之船運至五六年及未至五六年而有風火事故者，責令賠造，七八年而有事故者，責令賠造，無故朽腐者，仍責令賠造，九年而有事故及朽腐者，責令雇募一次以足十運，十運限滿給價配造。惟山東自備船隻，衹令雇募，並不賠造。凡滿號單船抵通交糧後，江西、湖北、湖南准留通變賣，每船扣變價銀六十兩，發交隨幫帶回，以資成造。江南、浙江、山東、河南仍令跟幫駕回，配料成造。每船每運給三修銀七兩五錢，到次之日即行給發修艌，惟初次出廠新船及有事故賠造之船不給，如回空遇煞壩挑河未經進口，即令於停泊處所修艌。山東省自備船隻不給三修銀兩，於應領折色月糧每船先發銀八兩，以資修艌。運丁，則僉於衛所，運丁，按四年編審一次，由衛弁與州縣秉公僉選家道殷實之丁，呈報衛守備、知府驗看具結，詳解糧道定僉，造册請題。江南、浙江由總漕題報，直隸、山東、江西、湖北、湖南由總督、巡撫題報。凡隸軍籍之丁，不得冒填民籍，每届編審之年，各衛所屯軍、操軍、赤丁、舍丁、班軍、門軍、駕軍、什軍、綱軍、閒丁、黄快丁，除文生員，免其報僉外，其餘紳宦、貢監、武生與書吏官承俱一律僉選，該管官毋許以疲報殷及賣富差貧諸弊，册内註明，各丁田地、房産，如四年以内，家産稍有消乏，隨時另僉接運。凡僉選之丁，俱令正身出運，再於兄弟子姪内添設副丁一名隨運，每十船中擇有身家者立爲什長，自領兑至沿途抵壩，皆責令監管雇募頭舵水手，亦責成衛所及運弁正丁，擇其身有家屬撑駕諳練之人，取具册結送道存查。凡旗丁運糧過淮抵通，無逾限米數全完者，總漕賞給花紅，如額糧之外，三運多交米至一百石者，倉場咨部註册，六運多交米至二百石及出運十二年無掛欠過犯者，均給與九品頂戴。官給以資，運弁除蘇松外，皆支行糧，旗丁皆支行糧兼支月糧，俱一半本色，一半折色，亦有名本實折與正糧，一體在水次兑給，每船按十丁配運給發錢糧，惟江南江淮、興武二衛無贍運屯田，按十二丁給發，江西及江安之安慶衛，按所載米數給發。凡行糧、月糧，本色於三日内兑給，折色銀解送糧道，一半到淮放給，一半同别項錢糧沿途按段支發外，數多者每船扣留三分之一，數少者扣銀八兩，均於過淮時呈漕運總督查驗，交領運千總到通呈明坐糧廳，照數散給以資回空，其例不過淮幫船，山東留銀三十兩沿途支領，河南扣銀十兩作回空之費，江南徐州衛、江北幫，河南前後兩幫、廬州衛四幫、淮安衛四幫、宿州衛頭幫、二幫、長淮衛二幫、鳳陽中衛三幫，均酌留三分之一以資回空，山東糧道屬四衛一所十幫千總二十人，除濟寧左右二幫、臨清衛山東前幫，未設隨幫外，隨幫七人，旗丁六千四百六十人，每弁每丁行糧二石四斗，每丁月糧九石六斗，本色、折色俱在兑漕州縣及德州倉支給，河南糧道屬撥直隸天津所、通州所二幫，山東德州衛左幫、任城幫、平山前幫、後幫、臨清衛河南前幫、後幫，江南徐州衛河南前幫、後幫，千總二十人，隨幫十人，旗丁三十七百五十人，每弁每丁行糧二石四斗，每丁月糧九石六斗，行糧本色、折色在河南道庫支給，月糧本色、折色，直隸幫在通州倉坐糧廳支給，山東幫在河南道庫及臨清倉支給，江南幫在江安道庫支給，江安糧道屬江淮衛、興武衛十八幫，千總三十六人，隨幫十八人，旗丁一萬八百三十六人，每弁每丁行糧三石，每丁月糧十二石，本色在南米及省倉米支給，折色在道庫支給，安慶衛兩幫，千總四人，隨幫二人，旗丁按載米三十石准給一丁，每弁每丁行糧二石八斗，每丁月糧九石六斗，本色在安慶府支給，折色在道庫支給，新安衛、宣州衛、建陽衛、鳳陽衛、滁州衛、長淮衛頭幫，千總十六人，隨幫八人，旗丁四千七百五十人，併長淮衛三幫、四幫，千總四人，隨幫二人，旗丁七百二十人，輪兑常糧之年，每弁每丁行糧三石，每丁月糧九石六斗，本色在池州、寧國、太平各府屬及和州含山縣江安道漕項米、淮揚鳳壽鎮等倉支給，折色在道庫併揚徐鎮等倉支給，廬州衛頭幫、揚州衛三幫、大河衛前幫，千總六人，隨幫三人，旗丁一千五百九十人，併淮安衛頭幫、二幫、泗州衛前幫、後幫，千總八人，隨幫四人，旗丁二千九十人，輪兑淮糧之年，每弁每丁行糧二石八斗，每丁月糧十二石，本色在廬州府屬及道庫支給，折色在道庫及德州倉支給，廬州衛二幫、三幫、揚州衛頭幫、儀徵幫、大河衛二幫、三幫，千總十二人，隨幫六人，旗丁四千一百人，併淮安衛頭幫、二幫、泗州衛前幫、後幫，輪兑蘇糧之年，每弁每丁行糧三石，每丁月糧十二石，本色在廬州府屬揚鎮等倉支給，折色在道庫支給，長淮衛宿州頭幫，千總二人，隨幫一人，旗丁二百六十人，併長淮衛三幫、四幫，輪兑徐糧之年，每弁每丁行糧二石八斗，每丁月糧九石六斗，本色、折色俱在道庫支給，淮安衛三幫，千總二人，隨幫一人，旗丁三百六十人，每弁每丁行糧二石八斗，每丁月糧八石，本色、折色俱在江安道庫支給，淮安衛四幫，千總二人，隨幫一人，旗丁二百六十人，每弁每丁行糧三石，每丁月糧九石，本色、折色俱在蘇松、江安二道庫支給，徐州衛江北幫，千總二人，隨幫一人，旗丁五百九十人，每弁每丁行糧二石六斗，每丁月糧九石六斗，本色、折色俱在道庫支給，長淮衛宿州二幫，千總二人，隨幫一人，旗丁五百二十人，每弁與每歸併丁行糧二石八斗，每本幫丁行糧三石，每丁月糧十二石，本色、折色在漕項下及鳳陽倉、德州倉支給，揚州衛二幫，千總二人，隨幫一人，旗丁五百八十人，每弁每丁行糧三石，每本幫丁月糧十二石，每歸併丁月糧九石六斗，本色、折色俱在江安道庫支給，蘇松糧道屬蘇州衛、太倉衛、鎮海衛金山幫，千總十四人，隨幫七人，不支行糧，旗丁三千四百八十人，每丁行糧三石，月糧九石六斗，本色、折色俱在蘇州府屬軍儲屯糧銀米及松江府屬編徵行月項下支給，鎮江衛，千總四人，隨幫二人，不支行糧，旗丁一千七百四十人，每丁行糧二石九斗七升五合，月糧九石五斗四合，在道庫支給，浙江糧道屬七衛一所二十一幫，千總四十二人，隨幫二十一人，旗丁一萬一千五十人，每弁每丁行糧三石，每丁月糧九石六斗，本色在杭州、嘉興、湖州三府屬支給，折色在道庫支給，江西糧道屬三衛八所十三幫，千總二十六人，隨幫十三人，旗丁六千三百八十人，行糧月糧以每正米四百石爲一淺，給每弁每丁行糧三十石，旗丁月糧九十六石，在脚耗及裁減運漕折耗米内，給本色米一萬二千三百十二石有奇，餘支折色在過湖銀倉米銀屯糧銀内支給，湖北糧道屬五衛一所三幫，千總六人，隨幫三人，旗丁一千八百人，湖南糧道屬五衛三幫，千總六人，隨幫三人，旗丁一千七百八十人，每弁每丁行糧三石，每丁月糧九石六斗，俱支折色，江蘇抽運白糧船三幫，千總六人，隨幫三人，不支行糧，旗丁一千三百六十人，行糧月糧，各隨本幫漕船支給外，每石加給贈銀三錢四分七釐，飯米七升二合，浙江白糧幫船每石加給贈銀三錢七分四釐，飯米折銀每船四十一兩一錢六分，在道庫支給，山東德州衛正幫、左幫、任城幫，每船給贍軍銀十兩，德州衛在屯糧項下支給，任城幫在地丁銀内支給，蘇松糧道屬蘇州鎮海太倉三衛幫，每船給貼運銀二十兩有奇，金山幫每船二十二兩有奇。凡幫船每隻載正米四百石，如有多載加給負重銀，山東、江南、浙江每加正米一石，給銀五分，江西給銀二錢二分五毫。凡漕糧截留停運之船，如未經兑開給與減半，月糧已兑未開加給三修銀兩，開行在途除減半，月糧三修銀之外，加給幫費銀，山東、河南每船五十兩，江南、浙江每船六十兩，江西每船九十兩，湖北、湖南每船七十兩。以屯田所入，爲津貼焉。各省衛所屯田，按漕船額數照畝編派現運之丁自行執業者，不徵津貼銀，其執田而不出運者，或係閒丁與減船之丁，或向係軍民承種或田地坐落各州縣，難以撥歸現運，均令輸津貼銀，由州縣衛所官徵解散給運丁，如運丁就近自向佃户取租者聽。凡漕船裁減原設之屯田，均派給本幫現運之船。凡派給津銀，先將各丁自執之田，覈其多寡有無，通計每船原額田數爲準，執田多者津貼銀少，執田少者津貼銀多。直隸通州、天津二所屯田，每畝津貼銀三四分至一錢不等，照數散給，山東東昌衛東昌幫、濮州幫、東平所東平幫屯田，均係現運之丁執業收租，濟寧衛前幫、後幫屯田，每畝徵租銀五分，以四分五釐給本幫，以五釐給濟寧衛左幫、右幫，臨清衛之山東後幫贍運、東昌衛平山前幫、後幫無糧軍地，每畝津貼銀六分，有糧軍地及軍民開墾地，每畝津貼銀四分，給現運之丁贍運，江安安慶衛、淮安衛、滁州衛、揚州衛頭幫、三幫、儀徵幫屯田，俱係現運之丁執業收租，江淮衛、興武衛向無贍運屯田，於各衛所歸併快丁之田額徵錢糧内，每銀一兩米一石，各徵津貼銀一錢，新安衛、宣州衛屯田，每畝津貼銀八分，建陽衛民典屯田，每畝津貼銀一錢二分，廬州衛屯田，每畝津貼銀六分，鳳陽衛糧田，每畝津貼銀一分，屯田正衛常州頭幫，每畝津貼銀三分五釐，前衛二幫，每畝津貼銀三分七釐，後衛三幫，每畝津貼銀二分，懷遠二幫，每畝津貼銀六分七釐，揚州衛二幫屯田除運丁執業外減丁執業屯田，津貼現運船丁銀一萬七千六百九十兩有奇，徐州衛屯田除運丁執業外民户及歸併衛閒丁承種田，每畝津貼銀七分，正衛閒丁執業田，每畝津貼銀二分，籍隸湖北省軍，共津貼銀一千六百八兩有奇，泗州衛坐落本境屯田，每畝津貼銀一分，坐落各屬屯田，每畝津貼銀一分一釐六毫，典出運田，按正賦一兩津貼銀五分五釐，大河衛屯田，除運丁執業外減丁執業田，每畝津貼銀五釐八毫一絲，長淮衛糧田，每畝津貼銀一分，運田三幫每畝津貼銀一分六釐，四幫每畝津貼銀一分八釐，宿州頭幫屯田，每畝津貼銀九釐六毫有奇，二幫每畝津貼銀一釐七毫及三分不等，蘇松蘇州衛屯田運丁管業收租，太倉衛屯田除運丁執業外，每畝津貼銀一錢，鎮海衛民人執業屯田，每户津貼米五斗，掛户運田每户津貼銀二兩，攤歸屯田每畝津貼銀一錢，金山幫屯田除運丁執業外，坐落上海縣屯田，每畝津貼銀五錢五分八釐，坐落南匯縣屯田，每畝津貼銀一錢，民人執業屯田，每畝津貼市平色銀四錢，鎮江衛屯田，每畝交租六斗，内坐落泰州、甘泉縣、泰興縣者，每畝減租一斗二斗不等，浙江每船一隻派給屯田一頃二畝八分有奇，杭州衛、嘉興衛、寧波衛俱運丁執業收租，其餘令衛所官徵解道庫給丁濟運，杭州衛坐落餘杭衛上中下屯田，每畝津貼錢三百五十文至五百二十文不等，台州衛上中下屯田，每畝津貼銀七分至一錢不等，温州衛本衛併派給寧波衛、紹興衛、處州衛上中下屯田，每畝津貼銀四錢至七錢不等，衢州所屯田以一頃六分九釐零爲一單，每單津貼銀九兩九錢五分，又通徵租折銀二百六十兩，嚴州所屯田每畝津貼銀一錢五分九釐有奇，屯地每畝津貼銀六分九釐有奇，江西屯田除完糧外，官收餘租分給各丁，餘剩銀兩存公備用，南昌衛上中下屯田地，每畝徵銀三分至二錢二分不等，每船每運給銀五十五兩，袁州衛軍管屯田每畝徵銀一錢，民管屯田每畝徵銀一錢七分，屯地每畝徵銀四分至八分不等，每船每運給銀七十兩，贛州衛上中下屯田，每畝徵銀四分八釐至二錢八分不等，又通徵米折銀九千三百六十三兩有奇，每船每運給銀二百八十兩，信豐所軍管屯田每畝徵銀五錢，改歸田每畝徵銀八分，每船每運給銀四百十兩，會昌所屯田，每畝徵銀二錢三錢不等，寄莊田每畝徵銀八分，每船每運給銀三百十兩，南安所屯田每畝徵銀二錢，給撫州所城軍濟運，九江幫上中下屯田地，每畝徵銀三分至二錢二分不等，每船每運給銀八十八兩，吉安所屯田每畝徵銀一錢至三錢三分六釐不等，又徵租折銀四千六十二兩有奇，每船每運給銀五十兩，又撥給龍軍伍船，屯田運丁自管收租，永新所屯田徵租折銀五千五百六十八兩有奇，每船每運給銀一百兩，安福所屯田徵租折銀四千二百十兩，每船每運給銀一百兩，撫州所上中下屯田每畝徵銀二分五釐至一錢六分不等，屯軍每船每運給銀一百二十兩，城軍每船每運給銀八十八兩有奇，建昌所屯田每畝徵銀一錢七分，新墾屯田每畝徵銀一錢，每船每運給銀一百兩，廣信所上中下屯田地，每畝徵銀四分至二錢五分不等，每船每運給銀一百十九兩，弋陽縣、貴溪縣船每運給銀二百兩，鉛山所上中下屯山地，每畝徵銀四分至三錢不等，每船每運給銀二百六十兩，饒州所上中下屯田，每畝徵銀二分五釐至一錢二分不等，每船每運給銀六十兩，湖北屯田除完正糧外，按糧石數目徵收幫費銀給丁濟運，武昌衛、武左衛屯田，正糧一石，運屯徵銀五錢，絶屯徵銀三錢，典賣民户屯糧，每石加徵銀一兩三錢，黄州衛正糧一石，徵銀三錢五分，典賣民户屯糧，每石加徵銀一兩二錢，蘄州衛正糧一石徵銀五錢四分，典賣民户屯糧，每石加徵銀一兩三錢，德安所正糧一石徵銀七錢三分二釐，典賣民户屯糧，每石加徵銀一兩三錢，襄陽衛屯田，每畝徵銀一分一釐至三分三釐不等，典賣民户屯糧每石加徵銀三分至七分不等，湖南屯田除正餉正糧外，按糧餉數目徵收運費銀給丁濟運，沔陽衛運田、班田正餉銀一兩徵銀九錢二分至一兩七錢三分不等，赤丁每名徵銀二兩四錢，每船每運給銀一百二十兩，荆州衛運田每正餉銀一兩，徵銀一兩四錢三分有奇，操田每正餉銀一兩，徵銀一兩二錢一分九釐有奇，赤丁每名徵銀一兩七錢五分，枝江、彝陵、長寧、遠安四所屯田，每畝徵銀一分六釐有奇，每船每運給銀二百兩，左衛屯田每正糧一石，徵銀六錢四分六釐三毫有奇，每船每運給銀一百八十兩，右衛運田每正餉銀一兩，徵銀一兩四錢二分九毫有奇，操田每正餉銀一兩，徵銀一兩二錢七分五釐有奇,赤軍每名徵銀一兩三錢三分有奇,每船每運給銀一百六十兩,岳州衛屯田、運軍、操軍按糧徵費,每船每運給運費銀一百五十兩有奇。

○凡船皆分以幫,各定其水次以配運。山東德州衛正幫船五十二隻兑運德州禹城縣、陽信縣、齊東縣、鄒平縣、長山縣糧,濟寧衛前幫船八十六隻兑運歷城縣、冠縣、高唐州、平陰縣、肥城縣、東阿縣、陽穀縣、莘縣、城武縣、金鄉縣、單縣、嘉祥縣、鉅野縣、魚臺縣、滕縣、嶧縣糧,後幫船八十隻兑運長清縣、邱縣、高唐州、清平縣、冠縣、菏澤縣、萊蕪縣、滋陽縣、曲阜縣、寧陽縣、鄒縣、泗水縣、曹縣、定陶縣、濟寧州糧,左幫船八十四隻兑運歷城縣、章邱縣、鄒縣、齊河縣、商河縣、德平縣、臨邑縣、恩縣、惠民縣糧,右幫船六十隻兑運平原縣、商河縣、蒲臺縣、歷城縣、陵縣、樂陵縣、邱縣、長清縣糧,東昌衛東昌幫船六十六隻兑運長清縣、濟陽縣、利津縣、堂邑縣、博平縣、聊城縣、茌平縣糧,東平所幫船五十四隻兑運陽信縣、長山縣、陵縣、泰安縣、萊蕪縣、東平州、汶上縣糧,濮州所幫船五十三隻兑運青城縣、濱州、淄川縣、壽張縣、濮州、范縣、觀城縣、朝城縣糧,臨清衛山東前幫船六十四隻兑運利津縣、蒲臺縣、武城縣、夏津縣、臨清州、館陶縣糧,後幫船四十七隻兑運章邱縣、青城縣、新城縣、平原縣、齊東縣、臨清州糧。河南無額設衛所,撥直隸天津所幫船十七隻兑運安陽縣、涉縣、孟縣、商邱縣、寧陵縣、濬縣糧,通州所幫船二十隻兑運安陽縣、武安縣、林縣、涉縣、陳留縣、通許縣、杞縣、祥符縣、温縣、鞏縣、睢州、河内縣、濬縣、考城縣糧,山東德州衛左幫船二十四隻兑運修武縣、武陟縣、林縣、内黄縣、滑縣糧,任城幫船四十三隻兑運内黄縣、湯陰縣、洛陽縣、鞏縣、偃師縣、孟津縣、修武縣、商邱縣、輝縣、滑縣、淇縣、延津縣、陳留縣、鄭州、榮陽縣、榮澤縣、濟源縣、武陟縣糧,東昌衛平山前幫船四十三隻兑運陽武縣、太康縣、中牟縣、杞縣、洧川縣、蘭陽縣、臨漳縣、原武縣、濟源縣、長葛縣、禹州、密縣、新鄭縣、鄭州、榮陽縣、榮澤縣、汜水縣糧,後幫船四十三隻兑運湯陰縣、臨漳縣、睢州、杞縣、尉氏縣、許州、孟縣糧,臨清衛河南前幫船二十九隻兑運濟源縣、河内縣、孟縣、温縣、修武縣糧,後幫船五十九隻兑運通許縣、祥符縣、封邱縣、陳留縣、扶溝縣、原武縣、汲縣、新鄉縣、獲嘉縣、淇縣、許州、武安縣、涉縣、濬縣、滑縣、杞縣、洧川縣、鄢陵縣、中牟縣、濟源縣、武陟縣、長葛縣糧,江南徐州衛河南前幫船四十九隻兑運輝縣、太康縣、湯陰縣、河内縣、商邱縣、儀封廳、濬縣、杞縣、陽武縣、尉氏縣、通許縣、祥符縣、考城縣、禹州糧,後幫船四十八隻兑運河内縣、登封縣、武陟縣、睢州、新鄉縣、安陽縣、臨漳縣、汲縣、鞏縣、孟津懸、滑縣、汜水縣、獲嘉縣、陽武縣糧。江安興武衛九幫船二十四隻兑運上元縣、江寧縣、江浦縣糧,安慶衛前幫船五十六隻兑運懷寧縣、桐城縣、潛山縣糧,後幫船五十五隻兑運太湖縣、宿松縣、望江縣糧,新安衛池州幫船四十六隻兑運青陽縣、銅陵縣、貴池縣、建德縣糧,宣州衛幫船四十五隻兑運涇縣、宣城縣、寧國縣、旌德縣、太平縣、南陵縣、建平縣糧,建陽衛寧太幫船九十隻兑運當塗縣、蕪湖縣、繁昌縣、廣德州、宣城縣、南陵縣、貴池縣、東流縣糧,廬州衛頭幫船二十八隻兑運無爲州、合肥縣、舒城縣、巢縣、廬江縣糧,宿州衛頭幫船二十六隻兑運宿州、靈璧縣、舊虹縣、五河縣、盱眙縣糧，二幫船五十二隻兑運亳州、蒙城縣、懷遠縣、太和縣、阜陽縣、壽州、定遠縣、潁上縣、霍邱縣、鳳臺縣、六安州、英山縣、霍山縣糧，淮安衛三幫船三十六隻兑運清河縣、宿遷縣、睢寧縣、桃源縣、邳州、贛榆縣糧，大河衛前幫船三十八隻兑運山陽縣、鹽城縣、阜寧縣、沭陽縣、泰州糧，揚州衛二幫船五十八隻兑運高郵州、寶應縣、甘泉縣、江都縣、儀徵縣、泰興縣、興化縣、天長縣糧，三幫船九十六隻兑運泰州、興化縣、江都縣、甘泉縣、如皋縣糧，徐州衛江北幫船五十九隻兑運銅山縣、沛縣、蕭縣、碭山縣、豐縣糧，江淮衛九幫船四十五隻、興武衛二幫船三十八隻遞年輪兑上元縣、江寧縣、句容縣、六合縣糧，長淮衛三幫船三十三隻、四幫船三十九隻、淮安衛頭幫船五十隻、二幫船五十一隻、泗州衛前幫船五十二隻、後幫船五十六隻輪兑山陽縣、鹽城縣、阜寧縣、高郵州、海州、沭陽縣、銅山縣、蕭縣、豐縣、碭山縣併撥兑蘇松各屬糧，江淮衛頭幫船六十五隻、二幫船六十六隻、三幫船四十七隻、四幫船七十四隻、五幫船六十三隻、六幫船二十九隻、七幫船五十七隻、八幫船三十一隻、興武衛頭幫船二十三隻、三幫船五十六隻、四幫船五十九隻、五幫船五十五隻、六幫船七十一隻、七幫船三十四隻、八幫船六十六隻、廬州衛二幫船七十四隻、三幫船七十七隻、鳳陽衛常州幫船七十七隻、鳳中衛常州幫船五十四隻、二幫船六十九隻、淮安衛四幫船二十六隻、揚州衛頭幫船七十四隻、儀徵幫船七十四隻、滁州衛蘇州幫船四十八隻、大河衛二幫船四十八隻、三幫船六十三隻、長淮衛頭幫船四十六隻、蘇松蘇州衛前幫船七十五隻、後幫船七十四隻、太倉衛前幫船四十七隻、後幫船四十七隻、鎮海衛前幫船三十六隻、後幫船三十六隻、金山幫船三十三隻、鎮江衛前幫船八十七隻、後幫船八十七隻，以上各幫俱就原兑府屬各邑水次，定以三年一調，鎮洋縣幫船併入蘇州府屬更調輪兑，吴縣、長洲縣、元和縣、崑山縣、新陽縣、常熟縣、昭文縣、吴江縣、震澤縣、太倉州、鎮洋縣、嘉定縣、寶山縣、華亭縣、奉賢縣、婁縣、金山縣、上海縣、南匯縣、青浦縣、武進縣、陽湖縣、無錫縣、金匱縣、江陰縣、宜興縣、荆溪縣、丹徒縣、丹陽縣、溧陽縣糧，蘇州府白糧幫抽運船五十五隻，松江府白糧幫抽運船四十五隻，常州府白糧幫抽運船三十八隻，均兑運各屬白糧。浙江杭嚴衛頭幫船五十隻兑運仁和縣、錢塘縣糧，二幫船四十九隻兑運仁和縣、錢塘縣、海寧州、餘杭縣、新城縣、昌化縣、於潛縣、臨安縣糧，三幫船五十四隻兑運秀水縣、嘉善縣糧，四幫船六十隻兑運海寧州、富陽縣、石門縣糧，寧波衛前幫船五十八隻兑運嘉興縣糧，後幫船五十四隻兑運秀水縣、嘉興縣糧，紹興衛前幫船六十四隻兑運嘉善縣糧，後幫船六十三隻兑運平湖縣、嘉善縣糧，台州衛前幫船五十隻兑運烏程縣、長興縣、德清縣糧，後幫船五十八隻兑運歸安縣、烏程縣糧，温州衛前幫船五十二隻兑運烏程縣、長興縣糧，後幫船五十隻兑運烏程縣、德清縣糧，處州衛前幫船四十五隻兑運石門縣、桐鄉縣糧，後幫船五十二隻兑運德清縣、安吉縣、武康縣糧，海寧所幫船四十二隻兑運海寧州糧，嘉興衛幫船匹十四隻兑運嘉興縣、秀水縣、海鹽縣、平湖縣糧，嘉興府白糧幫船七十六隻兑運所屬七縣白糧，湖州府白糧幫船四十五隻兑運烏程縣、歸安縣、長興縣、德清縣、武康縣白糧。江西南昌衛前幫船五十六隻兑運南昌縣、上高縣、上饒縣、弋陽縣、新喻縣糧,後幫船五十四隻兑運新建縣、武寧縣、高安縣、南昌縣糧,袁州衛幫船四十三隻兑運豐城縣、義寧州、靖安縣、新淦縣、南豐縣、興安縣、樂平縣、高安縣、安福縣、安義縣、新昌縣、玉山縣、廣豐縣糧,贛州衛幫船六十隻兑運玉山縣、永豐縣、臨川縣、金溪縣、崇仁縣、贛縣糧,吉安所幫船五十七隻兑運高安縣、永新縣、吉水縣、南城縣、東鄉縣、新昌縣、樂平縣、臨川縣、蓮花廳糧,安福所幫船三十九隻兑運廬陵縣、建昌縣、新建縣、瀘溪縣、奉新縣、新喻縣、新淦縣糧,永新建昌所永建幫船五十二隻兑運峽江縣、清江縣、永新縣、廣豐縣、永豐縣、萬年縣、鉛山縣、廬陵縣、上饒縣、餘干縣、上高縣糧,撫州所幫船三十三隻兑運高安縣、建昌縣、崇仁縣、廬陵縣、吉水縣、安仁縣糧,廣信所幫船四十六隻兑運浮梁縣、新喻縣、新城縣、奉新縣、進賢縣、太和縣、龍泉縣糧,鉛山所幫船五十隻兑運都昌縣、安義縣、建昌縣、新城縣、安福縣、萬安縣、瀘溪縣、蓮花廳糧,饒州所幫船四十七隻兑運清江縣、鉛山縣、弋陽縣、貴溪縣、上高縣、奉新縣、靖安縣、豐城縣、進賢縣、新喻縣、新淦縣、峽江縣、廬陵縣、南豐縣糧,九江衛前幫船四十五隻兑運泰和縣、萬安縣、鄱陽縣、高安縣、靖安縣、新建縣、清江縣糧,後幫船五十六隻兑運鄱陽縣、德興縣、新淦縣、永豐縣、樂平縣、浮梁縣、安仁縣、萬年縣、永新縣、蓮花廳糧。湖北武昌衛、武昌左衛、黄州衛、蘄州衛、襄陽衛、德安所分爲三幫,頭幫船六十隻兑運江夏縣、通城縣、咸寧縣、嘉魚縣、蒲圻縣、崇陽縣、通山縣、漢陽縣、黄陂縣、孝感縣、當陽縣、安陸縣、雲夢縣、荆門州、應城縣、隨州、應山縣、黄岡縣糧,二幫船六十隻兑運江夏縣、武昌縣、通山縣、漢陽縣、沔陽州、當陽縣、荆門州、天門縣、蘄水縣、大冶縣、羅田縣、潛江縣、江陵縣糧,三幫船六十隻兑運江夏縣、通山縣、大冶縣、當陽縣、沔陽州、蘄州、漢陽縣、荆門州、江陵縣、監利縣、興國州、松滋縣、公安縣、廣濟縣、石首縣、黄梅縣糧。湖南沔陽衛、荆州衛、荆州左衛、右衛、岳州衛分爲三幫,頭幫船六十七隻兑運長沙縣、湘陰縣、醴陵縣、寧鄉縣、茶陵州、湘鄉縣、常寧縣、華容縣、澧州、安福縣糧,二幫船六十三隻兑運善化縣、攸縣、瀏陽縣、益陽縣、臨湘縣、巴陵縣、衡山縣糧,三幫船四十八隻兑運湘潭縣、衡陽縣、耒陽縣、安仁縣、平江縣、清泉縣糧。凡兑運,先儘本地衛所就近派兑,如船不足,方派隔屬衛所撥兑,遇有災緩及在本地截留以出運船隻減存在次者,造册報部。凡兑,有冬兑,有春兑,區以路之遠近,既兑則開行。漕糧各省,皆以十月開倉,十二月兑完開行。山東省閘内閘外各幫,俱定於次年二月初一日兑完開行。凡幫船到次,糧道將各衛所丁船派定前後,臨兑之時州縣懸牌以次輪兑,監兑官秉公查驗,兑完運弁即出具通關米結報查,其有縣衛争持米色者,令將現兑米樣封固,馳送漕運總督、巡撫察驗,或責令賠换,或押令受兑,秉公飭遵。如已報開行,遲至十日半月尚未離次者,官丁一併懲處。糧米未兑以前,責在州縣,既兑以後,責在弁丁,兑米入船後,官丁即將所載米數懸牌艙口,糧道不時抽查。開幫日期令糧道造册送巡撫,題報漕運總督,復將糧船數目、運丁姓名文册,豫行送部。凡督運、押運、領運、趲運官,各分其責,漕運總督爲督運,總理漕務,駐劄淮安府,運務統歸督察,南漕過淮盤驗後,督押尾幫隨漕北上。糧道及派委之同知、通判爲押運官,山東、河南、江安、蘇松、浙江各糧道俱押運抵通,江西、湖北、湖南各糧道俱押運抵臨清州,即回任辦理新漕,皆令出具糧米無虧印結送部,三次押運後,准給咨送部引見。押運同知、通判,山東、河南、湖北、湖南各一人,江安、江西各二人,蘇松五人,浙江三人,管押各幫船隻,於適中之幫坐押,約束官丁,嚴加防範,以杜盜賣、攙和諸弊。凡過淮進口、進閘、過津門一帶路程,出境、入境、某官催趲各日期,皆令開報上司查考,軍船經過鎮集輻輳之所,竭力催趲不許停留,如三次完糧並無事故,漕運總督奏明出具考語,送部引見。千總爲領運官,領到全單後,即督丁修船,公同驗米交兑,沿途約束旗丁、水手生事勒索、折乾偷盜、停泊耽延諸弊,夜間率領丁舵人等互相防範,到通起米後,督同運丁料理回空身工飯米,事畢齎領完呈限單,星飛趕幫協同,隨幫管押回空,如重運脱幫遲誤,查察議處,俟依限完糧,准其開復。漕運總督僉選運弁,糧道於七月呈報職名,其每幫隨幫一員,專司押空。沿河地方文武爲趲運官,糧船一入境汛,總督、巡撫及河道總督即令該管將弁同州縣印官,率領兵役親往河干,晝夜催趲出境,具結詳報查考,一面移文前途文武接催,如遇守候風水,將守候日期申報各上司,其回空漕船入境、出境,一體趲行,詳報咨部查覈。催趲員弁,除實缺人員本任例支廉俸者不給盤費,其候補試用人員以及隨漕各項兵役,准於淮商息銀款内,動支薪水舟費。疏其阻滯,運河疏濬,責成河道總督、漕運總督,督率各官籌辦,如不豫行挑治及石塊木樁阻礙不除致誤漕船及抵觸者題參議處。凡南北各越河,於疏濬漕河之時,一律挑濬去其柳石,以備運行,其挑撈器具,如刮板鐵篦鐵口線袋等件,各該廳汛豫行置備入於交代,以備應用。直隸省通州至天津,沿河州縣各分汛地各汛之淺,令汛弁督率人役開挖,所需器具、人役開銷,令坐糧廳經管。山東省運河每年十月初一日煞壩挑淺,開壩日期以南漕船抵臺莊爲準,該省運河原賴衆泉流蓄微山、獨山諸湖以濟漕運,不許民間偷截水泉,各閘遇春夏水微之時,務遵漕規啓閉,如糧船到壩,必俟上下會牌俱到,始行開板,如河水充足,相機啓閉,以速漕運,總不得兩閘齊開,以洩水勢,每年回空,將次過竣,河道總督、巡撫、巡漕御史確加履勘,若有積淤,即確切估計覈實,奏明辦理,不必拘於銀數。江南淮揚運河,乾隆元年奏准大加挑濬,定以水深一丈五尺爲準,徒陽運河每歲委員撈淺,工料銀兩於蘇松糧道、浙江糧道屬,按照漕額撥解。江西糧船,由鳳凰灘至罐子口一帶及贛水十八灘以下,遇水小歸槽時,巡撫糧道委員於河溜兩旁分設插柳,標記深淺,以防淺擱。慎其風火,漕船遇風火事故,押領官弁即據實報,沿河地方官協同救護,船未被沈者,無論已過淮、未過淮,俱令修固。原船抵通,如已被沈,未過淮以前,令雇船載運,仍一體盤驗,若過淮以後及在黄河中流地方失事,無民船可雇,准暫分通幫帶運開行,俟至前途雇船載運。漕船火燬者照例賠造,若抵次已屆兑收之期,賠造不及,准其灑帶,其因民船失火延燒官弁,兵役實力救護餘船得保無虞者,被燒米石、船隻例應分賠之處奏明,請旨加恩。凡船在大江、黄河、大湖險要處所遭風漂没,押領官弁免其處分,内河失風,如係自備之船,或將軍船岸護修固,糧無虧折及買補全完,亦免其處分。

如船非滿限,不能庌救,米有掛欠,雖買補全完,仍照例議處,其有捏報失風有所規避者,官丁究處。凡大江、黄河、洞庭、洪澤等處漕船遭風漂没得生者,官弁、旗丁俱照軍功例分别議敘給賞,被溺身故者,弁丁、水手均照陣亡例分别賞恤,内河遭風者減半。江南之瓜洲、京口、黄河口,江西之鄱陽湖,俱設立救生船隻,於經過漕船遇風竭力救護,京口協副將於糧運渡江之時,令標兵操舟豫備,儻遇風湧,江心船隻不能近岸,收口設法挽救。備其起撥,南北運河遇有淺阻,重運不能通行,漕督河督一面奏明,一面轉飭地方官,豫備民船定價撥運,毋許旗丁尅扣船户勒索。額設官撥船,直隸一千五百隻交天津縣、通州、武清縣、静海縣、滄州、青縣、南皮縣、交河縣、吴橋縣、東光縣、大城縣、文安縣、任邱縣、新安縣、香河縣、雄縣、霸州、安州經管,漕船未到之先運赴楊村備撥,山東撥船三百隻分爲五站,每站安設六十隻,交附近之恩縣、德州、武城縣、夏津縣、臨清州經管,江南清江地方三百隻,河廳各官及清河縣分管,黄河口至臺莊一帶旗丁自備船三百隻,山陽、清河二縣分管,其船户、水手、工食、油艌、修船銀兩,直隸在天津道庫扣存撥價及商捐銀項下動支,山東在東商生息銀項下動支,江南在河道庫淮商生息銀項下動支。凡撥船船户,務選有身家誠實之人出結承充,給與腰牌,填註姓氏、年貌、住址及船隻號數,以杜頂冒,經管官督令小心照管,如有滲漏隨時黏補,儻遇風火事故,實係人力難施,令地方官取結查勘詳報,免其賠造。凡沿途提溜趕幫、雇用短縴,每夫每里給制錢一文,自惠濟閘至臺莊每里給制錢一文半,臺莊至韓莊每里給制錢三文,楊村至通州每里給制錢二文,天雨泥濘酌量加增,不得過四文,打閘過壩應用短縴,每夫過一船給制錢一文,如一幫之船兩三日過完者酌量增添。北運河旗丁雇船起撥官定價值,天津至通州如遇船多,每百石給銀五兩、飯米一石,船少給銀六兩、飯米一石四斗,楊村至通州如遇船多,每百石給銀三兩七錢九分有奇、飯米七斗五升有奇,船少給銀四兩五錢五分有奇、飯米一石六升有奇,務關至通州如遇船多,每百石給銀二兩五錢一分有奇、飯米五斗二合有奇,船少給銀三兩一分有奇、飯米七斗三合有奇,儻旗丁有越先搶雇短發價值並船户刁難勒索者,即行究治。詰其姦慝。凡正耗漕糧及贈耗行月各米,官丁不許私折顆粒,儻有州縣串通弁丁,私自折給監兑等官,徇隱一併查參。到淮、到通,驗看糧米質嫩色暗,或攙和沙土粃糠潮濕者,監兑押領官及糧道分别議處。到通米有霉變,查係弁丁不勤加風晾所致,倉場驗明尚堪起卸者,飭廳起卸,不堪起卸之米,責令賠補,漕督及該管官一併議處。運丁盜賣漕米及行月米石按律治罪,欠米著追,頭舵私受銀錢及知而不舉首者,分别治罪。旗丁使水攙和糧米,致米質變爛者,查拏治罪,官弁議處。漕船艙底用蘆席鋪墊,如過淮時查有以石灰鋪墊者,無論米石曾否潮濕,弁丁議處治罪。每幫十船,各丁連環保結,互相稽察,如有折乾盜賣諸弊能出首者,酌量賞給,隱匿不報者事發之日,本丁治罪,九丁一體責懲。雇募舵工水手,如有包攬貨物、聚衆行兇、登岸滋事、擾害過往船隻、砍伐官柳、折毁橋板、奪取房間、堆貯蘆席等事,俱從重治罪,官弁議處。漕船經過地方,如有無賴棍徒勾串水手,勒加身工銀兩及打船滋擾等事,漕督將不行查拏之地方文武官嚴參。

撥船船户水手肆行强竊米石,將船丢棄,該地方官嚴緝到案,從重治罪。小船受雇載糧盜賣者,照例發落。過淺添夫應給錢文,不許任意索米,違者以盜賣盜買治罪。運弁擅自離幫,正丁浼託别丁包運及隨幫與副丁不親身在幫回空者,弁丁從重治罪,糧道一併參處。回空糧船除每船准帶食鹽四十斤,查出止多帶二三斤者不問,日用盤費錢文准其携帶,領運千總准其分帶鳥鎗一杆以備防守,此外如有風客囤户串通旗丁,夾帶私鹽併制錢數十千串,成綑包挾捏稱壓船及偷帶鳥鎗、私茶、硝黄等物查出,運丁治罪,官弁參處。運弁有串通頭船,科派各船銀兩,及頭船尖丁科派各船沿途使費,俱分别究議。南漕裁存各衙門書役飯銀石刻條款,領運千總雇募字識班役紙張飯食,河南、山東每船給銀六分,江南、江西、浙江、湖北、湖南每船給銀八分,押運丞倅、書吏、差役紙張飯食,山東、河南每幫給銀八錢,江南、浙江、江西、湖北、湖南每幫給銀一兩,糧道衙門號房門役每幫各給銀三錢,各關報文及查驗土宜,山東、河南每關每幫給銀三錢,江南、浙江、江西、湖北、湖南每關每幫給銀五錢,巡漕衙門投送文册,每幫給銀三錢,總漕衙門投文掛號每幫給銀三錢,又領驗全長二單,每幫給銀五錢,沿途營汛如有黏貼印花、抄寫掛號並報入汛、出汛文書,每汛兵役每幫給銀二錢,東昌泊頭、甎河、楊村、河西務各汛,山東、河南每幫每處給制錢五十文,沿途閘座如果水深溜急必須閘夫料理者,每處每幫給銀二錢,平坦閘座不准給與,以上各款,如有另立名色,額外婪索及違例私給者,一併治罪。凡南漕,過淮關則盤查。糧船過淮,運官造具各船艙口正耗、行月米石、席竹、土宜、錢糧,各册結投送,漕運總督覈驗封貯,親赴盤糧廳派員點驗,丁舵水手查對樣米加封,分督兵役逐船簽量註明艙口尺寸,公同覈算,如並無短少,米色純潔,即催過淮北上,如米數短少,審明題參,仍留旗丁兄弟子姪一人,飭令買補足數。雇船趕幫,或米色有潮爛攙雜等弊,即刻起出節飃,弁丁責處,併令糧道將受兑弊混之處查明究參。盤驗糧米,責令淮安府通判協同漕標營將,於簽盤日拈鬮,分派簽米,簽貨嚴禁尖丁包攬使費,勾通簽殮,以少報多,以潮雜報乾潔,及簽手上船之時,丁舵暗擲小包,隨意多報等弊。幫船應交津貼飯銀,大幫六兩,小幫四兩,當官呈繳,不得書吏私相授受,運弁應造册籍,令幫識自造,或雇覓代造,其包攬册房,永行禁革。江浙糧艘篷桅過淮時,總漕逐一點驗,其江口豎立時,催漕官不許假查看名目,需索陋規。各幫船應放到淮一半折色行月錢糧,江安、蘇松、浙江各糧道封交領運千總解淮,江西糧道封交押運官解淮,湖北、湖南糧道親帶至淮,均由總漕驗明散給。過淮程限,江北各幫限十二月内,江南、江寧、蘇松各屬并江北廬州衛頭幫限正月内,浙江、江西、湖北、湖南限二月内,江西、湖北、湖南及江南之松江府於原限外寬限十日,如依限到者,官丁賞給花紅,逾限十日以外者免參,一月以上者,運官綑打。凡漕船進瓜洲、儀徵河口至三岔河時,有一幫齊到,即令越過先行,過淮之後仍依原次挨幫前進,不許漫越。旗丁例帶土宜,得免税焉。重運糧船舊例,旗丁准帶土宜一百石,頭舵二人,每人准帶土宜三石,水手無論人數多寡,准帶土宜二十石,共一百二十六石,例得免税。嘉慶四年恩准旗丁再加土宜二十四石,每船共帶土宜一百五十石,均照題定章程,分別貨物麤細,酌量綑束,大小定數,作石刻榜曉諭,如有違例多帶及沿途攬載者,貨物入官,丁商官弁分別定議。江西、湖北、湖南糧船,准其於天篷上裝帶竹木,毋得高過二尺,水大之年在臺莊以南卸賣,不得過臺莊,水小之年在淮安、揚州卸賣,不得過黄河。回空糧船,每船准帶梨、棗、瓜、豆四項食物並土宜共八十四石,免其過關輸税,如有多帶,各關照例徵税。江南、浙江每船准帶食米三十石、燒煤二十五石,江西每船准帶食米四十五石、燒煤四十石,湖北每船准帶食米三十三石七斗五升、燒煤三十石,湖南每船准帶食米三十六石、燒煤三十二石,俱逐關查驗免税。

〇凡水次,各設倉以濟運。水次倉以備支給各幫船官丁行月裁增銀米,併減船苫蓋月糧俸廩,造船料價之用,江安糧道屬江寧倉額徵米一萬九千一百六十一石有奇,淮安倉額徵正銀二萬五千五百三十二兩有奇,耗銀二千三百八十五兩有奇,徐州倉額徵正銀二萬七千六百九十五兩有奇,耗銀二千七百六十九兩有奇,鳳陽倉額徵正銀九萬三千六百九十九兩有奇,耗銀八千四百六十六兩有奇,山東糧道屬臨清倉額徵米粟二千八百六十七石有奇,正銀九萬八千三百五十四兩有奇,耗銀一萬三千三百八十四兩有奇,德州倉額徵米一萬七千四百十五石有奇,銀六萬五千二百九十六兩有奇,河南糧道屬額徵運解臨清、德州二倉米一萬一千八十五石有奇,銀二萬一千三十兩有奇,米折席葦銀五百五兩有奇。

〇凡京倉、通倉之糧,皆稽其數。每年糧米到通,坐糧廳將正兑、改兑正耗米及搭運米數造册,送倉場覈明題報。各倉進米完竣,倉場會同御史親丈,覈足封固,註册報部。倉監督於每月放米全完,即將存貯米石並零厫空厫字號造册報部。凡查倉御史,一年期滿,將所查之倉並無少收、多放之處,奏明交部存案。倉場之奏銷,則覈而題焉。倉場每年題報漕糧到通本、白糧到通本、席竹到通本、京倉報銷本、各省輕齎銀報銷本、通濟庫報銷本、廳茶果銀報銷本、倉茶果銀報銷本,皆按款覈覆具題。

〇凡八旗之甲米,豫月則令報於部而劄倉。八旗甲米,按四季支領。凡應領米之本旗都統,先期覈明所屬各佐領、管領下應領米數、人數,造册咨送户部,倉場亦將各倉現存米色、年分,開列厫名,於開放五日前造册送部,劄倉轉行倉場,俟開倉之日,令應放米之都統,將滿洲、蒙古、漢軍、包衣共分作十五起,陸續關支,每旗全數放完,將日期報部查覈。每季八旗應領甲米額數,鑲黄旗滿洲三萬三千一百餘石、蒙古一萬七百餘石、漢軍一萬五千餘石、包衣三萬六千八百餘石,正黄旗滿洲三萬五千六百餘石、蒙古九千一百餘石、漢軍一萬四千六百餘石、包衣三萬五千二百餘石,正白旗滿洲三萬四千四百餘石、蒙古一萬七百餘石、漢軍一萬四千七百餘石、包衣三萬九千二百餘石,正紅旗滿洲二萬七千九百餘石、蒙古八千一百餘石、漢軍一萬餘石、包衣九千餘石,鑲白旗滿洲三萬餘石、蒙古八千八百餘石、漢軍一萬八百餘石、包衣一萬三百餘石,鑲紅旗滿洲三萬二千五百餘石、蒙古八千一百餘石、漢軍一萬五百餘石、包衣一萬二千七百餘石，正藍旗滿洲三萬二千五百餘石、蒙古一萬九百餘石、漢軍一萬五百餘石、包衣一萬八千餘石，鑲藍旗滿洲三萬二千九百餘石、蒙古九千一百餘石、漢軍一萬六百餘石、包衣一萬六千八百餘石。放米各按其期，與其限，開放甲米，按季派定月分輪放，每季孟月放鑲黄旗、正黄旗甲米，仲月放正白旗、正紅旗、鑲白旗甲米，季月放鑲紅旗、正藍旗、鑲藍旗甲米。由户部按照城内禄米等七倉分派二旗、城外太平等四倉分派一旗挨定倉口次序，於每月初三日，鬮厫開放起，扣滿三十日報竣，於每旗之中按滿洲、蒙古、漢軍、包衣米數多寡，或四日、五日，或七日至十五日不等，分立限期，依次關領，若有遲逾，户部即指明逾限之旗，併經放監督等查參，如在夏秋雨水較多之時，道途泥濘，運米稍難，准令報明户部酌量展限。凡補領零檔米石，於劄倉日起限十日放完。凡八旗閏月甲米，户部按十一倉貯米最陳之三倉，覈明劄放。凡兵丁新挑趕領及長支追繳米石，俱照緑營兵餉之例辦理。而嚴其禁令。各倉放米，先舊後新，挨年順支，若越陳厫發新厫及抑勒攙和與斛面輕重者，將監督題參，倉役究治。官員兵丁領米，倘監督花户以低潮之米任意攙和，或短少米數勒索錢文，許領米之人首告，查實治罪，如領米之人有揀佔厫座，越次請支，並米色與樣米本無高下，而在倉争競生事，許監督呈明參處治罪。每日應放米數即日放完領出，如實係陰雨□少，將米票交倉，次日驗放，不准領米人持回。凡旗員私售米票串通冒領滋弊者，指明題參，該管參領、領催從重查究，倉役及買票人照偷盜律治罪，米票入官。凡米商將兵丁米票違禁豫買者，將應領之米飭令兵丁自行關支外，兵丁仍行責處，用過鋪户銀錢，不准索討償還。凡各倉放米之季，部派監放司員二人，領米旗分各派押旗參領一人，分司稽察。旗俸亦如之。八旗及内務府官員俸米，由各旗都統出給總領，令押旗參領等員先赴該倉换票，監督按各佐領官員數目，每員各换給米票一張，發交各佐領散給應領俸米官，遵照定限赴倉關支，春季自二月起，秋季自八月起，限兩月放完，逾限者照例議處。如領米官無故違限不領，米石停給，仍分别議處。王公大臣俸米，由通州支領進城，步軍統領派撥員弁暨稽查御史，於石道一帶往來稽查，及朝陽門内外各設册檔登記，將每日驗放進城米數互相覈對，十日具奏一次。提督衙門副將應領俸米，照參游以下等官例，於京倉關支。凡銜大米少之員，照此一律辦理，官員俱不得擅交鋪户領賣，如奸商囤户有在京城、通州地面，私立米局收買俸米者，該管官查拏究治。官料亦如之。八旗官圈馬並各衙門官員兵丁拴養馬、五營差馬等項，每年共應領豆十六萬餘石，照支放甲米之例，一律匀放，毋得有攙和、短發之弊。官圈馬每月每匹領豆八斗、粟米四斗，官拴馬每月每匹領豆一石二斗，兵拴馬每月每匹領豆一石。凡倉糧有餘，則奏糶以平市價。京倉積存米麥，如遇青黄不接之時，五城内報糧價昂貴，奏明請旨，於五城分設十廠減價糶賣，以平市價，每人日准買一二升止，不得逾數多買，由户部奏請欽派大臣督同五城御史稽查。如市價遞平官價，亦奏請酌減。所糶錢文解部，搭放兵餉，如無須平糶之年，舊貯麥石查覈市價，麥賤於米抵放俸米，麥貴於米抵放甲米，積存黑豆由部奏明，准王公官員照市值酌減認買，於應領俸銀、公費隨甲錢糧内坐扣完款。認買之額，親王准買一百八十石，郡王准買一百二十石，貝勒、員子准買九十石，宗室公及一、二品職任官准買六十石，一、二品散秩官准買三十石，三品官准買二十四石，四品官准買十八石，五六品官准買十二石，七品官准買六石。内倉支剩芝麻已過三年者，交招買象草商人承變，按照年分以時價遞減。若有蠲緩，令各省採買，而備儲焉。各省遇災荒蠲緩之年，全漕不能到通，令産米省分各督撫體察地方情形，動用正項錢糧酌量採買搭運，以備京倉支放，或於常平倉貯動碾起運，陸續補額，務察看市價貴賤，不致有穀貴傷民之弊，併嚴禁地方官減價抑派。

〇頒漕斛、倉斛。各省徵收漕糧及各倉收放米麥，俱由部頒發鐵斛，令如式製造木斛，公平收放。州縣每年應用木斛，春間辦料曬乾，八月送糧道較驗烙印，其無庸換造者亦將舊斛送道較驗，加烙某年復驗字樣。京通各倉木斛三年一製，呈明倉場烙印。凡收米、放米之時，斗斛隨厫封貯，次早驗封給發。通倉由倉場查驗，京倉由查倉御史查驗，監放旗員一體覈較，如與鐵斛稍有贏縮，飭令隨時修整。

欽定大清會典卷十六

貴州清吏司，郎中，滿洲一人、漢一人，員外郎，滿洲三人、漢一人，主事，滿洲一人、漢一人，掌稽貴州布政司糧儲道之錢糧。凡門關之税，皆頒其政令，掌覈貂貢。

○凡户關之屬，二十有四，京城崇文門、左翼、右翼、通州坐糧廳，直隸天津關、山海關、張家口，山西殺虎口、歸化城，山東臨清關，江蘇江海關、滸墅關、淮安關兼廟灣口、揚州關兼由閘、西新關，安徽鳳陽關、蕪湖關，江西九江關、贛關，福建閩海關，浙江浙海關、北新關，廣東粤海關、太平關。其殺虎口、臨清關、蕪湖關、由閘所設之工關，俱歸工部管理，户關之直隸天津海税歸福建司，奉天鳳凰城中江歸山東司，湖北武昌廠、游湖關歸湖廣司，四川夔關、打箭爐歸四川司，廣西梧州廠、潯州廠歸廣西司查覈。各關監督，崇文門欽差大臣正副二人，左翼、右翼欽差大臣各一人，坐糧廳、山海關、張家口、殺虎口係各衙門保送司員，由户部引見派往，淮安關、鳳陽關、九江關、粤海關由户部開列各應放關差人員請旨簡放，天津關係長蘆鹽政兼管，歸化城係山西巡撫委歸綏道督理，臨清關係山東巡撫委臨清州督理，江海關係江蘇巡撫委蘇松太道督理，滸墅關係蘇州織造兼管，揚州關係江蘇巡撫委常鎮道督理，西新關係江寧織造兼管，蕪湖關係安徽巡撫委寧池太廣道督理，贛關係江西巡撫委吉南贛道督理，閩海關係福州將軍兼管，浙海關係浙江巡撫委寧紹台道督理，北新關係浙江巡撫兼管，太平關係廣東巡撫委南韶連道督理。其課，有正額，各關税課定額：崇文門正税銀九萬四千四百八十三兩、銅斤水脚銀七千六百九十二兩有奇，左翼正税銀一萬兩，右翼正税銀一萬兩，坐糧廳正税銀六千三百三十九兩有奇，天津關正税銀四萬四百六十四兩有奇、銅斤水脚銀七千六百九十二兩有奇，山海關正税銀三萬二千二百兩，鮑家馬頭等七口岸正税銀一千三百九兩有奇，黄豆豆餅正税銀二萬八千一百三十三兩有奇，張家口正税銀二萬兩，殺虎口正税銀一萬六千九百一十九兩有奇，歸化城正税銀一萬五千兩、錢九千串，臨清關正税銀二萬九十六百八十四兩、銅斤水脚銀七千六百九十二兩有奇，江海關正税銀二萬一千四百八十兩有奇、銅斤水脚銀二千五百兩，滸墅關正税銀十六萬八千七百九兩有奇、銅斤水脚銀二萬二千四百四十二兩有奇，淮安關正税銀一十八萬六千二百五十五兩有奇、銅斤水脚銀一萬五千三百八十四兩有奇，兼轄之廟灣口正税銀三千八百四十兩，揚州關正税銀四萬四千八百八十四兩、銅斤水脚銀七千六百九十二兩有奇，兼轄之由閘正税銀四萬二百一十四兩有奇，西新關正税銀三萬三千六百八十四兩、銅斤水脚銀七千六百九十二兩有奇，鳳陽關正税銀七萬九千八百三十九兩、銅斤水脚銀一萬三百二十兩有奇，蕪湖關正税銀十三萬八千四百九十六兩、銅斤水脚銀一萬八千四百二十三兩有奇，九江關正税銀十五萬三千八百八十九兩、銅斤水脚銀一萬八千三百九十二兩有奇，贛關正税銀四萬二千一百二十四兩有奇、銅斤水脚銀五千三百四十六兩有奇，閩海關正税銀六萬六千五百四十九兩有奇、銅斤水脚銀七千兩，浙海關正税銀三萬二千一百五十八兩有奇、銅斤水脚銀三千七百五十兩，北新關正税銀十萬七千六百六十九兩、銅斤水脚銀一萬五千三百八十四兩有奇，粤海關正税銀四萬兩、銅斤水脚銀三千五百六十四兩，太平關正税銀四萬六千八百二十九兩、銅斤水脚銀五千八百四十六兩有奇。有盈餘，各關盈餘，舊例以歷年數目比較，嗣於嘉慶四年九年兩次欽定數目：坐糧廳額定銀六千兩，天津關額定銀二萬兩，山海關額定銀四萬九千四百八十七兩有奇，張家口額定銀四萬五百六十一兩有奇，殺虎口額定銀一萬五千四百十四兩有奇，歸化城額定銀一千六百兩，臨清關額定銀一萬一千兩，江海關額定銀四萬二千兩，滸墅關額定銀二十五萬兩，淮安關額定銀十二萬一千兩，兼轄之廟灣口額定銀二千二百兩，揚州關併兼轄之由閘額定銀七萬一千兩，西新關額定銀三萬三千兩，鳳陽關額定銀一萬七千兩，蕪湖關額定銀七萬三千兩，九江關額定銀三十六萬七千兩，贛關額定銀三萬八千兩，閩海關額定銀十一萬三千兩，浙海關額定銀四萬四千兩，北新關額定銀六萬五千兩，粤海關額定銀八十五萬五千五百兩，太平關額定銀七萬五千五百兩，惟崇文門、左右兩翼無定額，由該監督自行奏聞。各以時報解，徵收税銀，崇文門、左翼、右翼、殺虎口、滸墅關、揚州關、九江關四季報解，淮安關、西新關、蕪湖關兩季報解，坐糧廳、山海關、張家口、歸化城、江海關、贛關、閩海關、太平關四季咨報一年彙解，天津關、臨清關、鳳陽關、浙海關、北新關、粤海關一年報解。凡銅斤銀彙入正課解部，水脚銀於額解盈餘之外，照額按季解部。期滿則以聞。崇文門、左翼、右翼、山海關、張家口、殺虎口，徵收正税盈餘銀，俱扣足一年，自行奏聞。一年之外如有餘日，交接任監督，歸於下年期滿時分晰彙報。其未及一年離任者，將所收税銀報部，後任監督出結接徵扣至一年期滿，分晰前任、本任徵收數目，彙行奏報。凡各關交代，責令接任之員確查，如有侵蝕，准其參奏徇隱者議處，查無虧缺具報之後，即不得再以前任推諉。凡商人親填册檔，均於任滿具題之後即行起解，以題本科抄到部日起限二十日到部，逾限參處。崇文門、左翼、右翼、山海關、張家口，限任滿三月内，送部考覈。償其不足者，課銀正税有虧，按分數分别議處，所虧銀兩勒限追還，如未滿一年交代彼此兩任，能抵補者毋庸議，不能抵補將短少之員議處，俱不足者並議盈餘不足定額之數者，亦著賠補。有餘，則各以其實解焉。嘉慶四年諭：各省管理關務各員，自盈餘減定不行比較之後，固不得稍事苛收，儻遇徵收豐旺之時，仍當覈實辦理，儘收儘解，亦不得以盈餘業經減額，將多收税銀隱匿不報，徒飽官吏私囊，有損國帑，儻有前項情弊，必當從重治罪。又諭：嗣後各處所徵關税盈餘銀兩，如較定額實有加增，即當據實報出，朕必加恩甄敘。凡徵税，各定其口岸，各關口岸題報有案者，照舊設立，此外不准私行增添。題定徵税口岸，崇文門在本門徵税，左翼、右翼俱在本衙門徵税，永定門牲税兩翼分徵，坐糧廳在通州東西南北四門、楊富店、洪仁橋、浮橋、張家灣、新河口、崔家樓、東嶽廟、南北鵝房徵税，晏公橋止收糧税，天津關在苑口、東安、永清、楊村、蔡村、河西務、王擺、張家灣、三河、獨流、海下徵税，山海關本關在大關東西南北四門、馬市徵税，海口在中後所、錦州、牛莊、蓋州、熊岳、復州、南金州徵税，岸口在清河門、九官臺、松嶺子、梨樹溝、新開門、喜峰口、界嶺、冷口、鐵門關、董家口、羅文峪、劉家口、潘家口、横城九門徵税，海船在鮑家馬頭、沙河子、尖山子、英納河、青堆子、大孤山、紅旗溝徵税，張家口在邊口、通橋、居庸關徵税，殺虎口在南門、河口、黄甫川邊口、黄甫川城内、朔平府東西南北四門、馬市徵税，歸化城在總局徵税，歸化城、綏遠城、和林格爾、托克托城、薩拉齊、西包頭、都崑崙、八十家子分徵牲畜税，臨清關在本關、德州、魏家灣、尖塚、樊村廠徵税，江海關在大關、劉河、吴淞、七了、白茆、徐六涇、福山、黄田、瀏港、黄家港、孟河、任家港、小海口、吕四石莊、施翹河、新開河、當沙頭、漴缺口徵税，滸墅關在大關徵税，淮安關在大關及移駐二井之天妃口外河口、草灣口、永豐口、周閘口、仲莊口、廟灣口、長河口、新河口、白洋口、後河口、軋東口、移駐涇河之流均口下一鋪徵税，海關在廟灣口、新溝口、朦朧口、佃湖口、石磋口徵税，宿遷户關在東關、西關、徐關徵税，揚州關在大關徵税，兼轄之由閘在本閘中閘徵税，西新關在大關、下關、大勝關、河定橋、青龍山、儀徵、東壩、芮鞘、和州、含山、龍潭、上方橋、抽分廠、烏江、石磧、觀音門、浦口、江浦、王溝、趙溝徵税，新橋、赤埭壩、白度橋、銅城閘、聚寶、太平、通濟、神策四門分徵零税，鳳陽關在本關、正陽鎮、臨淮、長淮、懷遠、新城、蚌埠、亳州、盱眙、澗谿、移駐濉河口之青陽鎮、符離集徵税，蕪湖關在本關、金柱、清弋、新莊、裕谿、泥汊徵税，東河兼收零税，九江關在大關、姑塘口徵税，贛關在東西兩關徵税，北新關在大關、城南、城中、城北、江漲、臨平、西溪、安溪、東新橋、打鐵橋、觀音橋、板橋、良畝橋、良馬橋、司口、六家橋徵税，浙海關在大關、古窰、小港、湖頭渡、象山、瀝海頭圍、乍浦、家子口、江埠、白橋、温州、瑞安、平陽徵税，鄞港商豆運至台温二府及閩省販賣者，赴海關納税，閩海關在南臺、厦門、泉州、涵江、安海、銅山、石碼、閩安鎮、移至酒嶼之寧德、沙埕、福寧白石司、劉五店、雲霄、移駐懸鍾之詔安、舊鎮、楓亭、江口港尾渡徵税，五虎門進口之船在閩安鎮納税，出口之船在南臺納税，粵海關在大關、瓊州海口總口、潮州總口、甲子總口、梅菉總口、海安總口、墨門總口、樂會、清瀾鋪前、陵水、崖州、沙茎、儋州、萬州、北黎、北炮臺、巷埠、澄海、潮陽、黄岡、東隴、靖海、神泉、烏溦、平海、汕尾、陽江、兩家灘、雷州、廉州、欽州、江門徵正税規銀，溪東、雙溪、汕頭、南洋、卡路、達濠、後溪、海門、烏塘、樟林、揭石湖、東墩頭、芷芓、暗鋪總巡、西炮臺、佛山、東炮臺、黄埔、虎門、紫泥、市橋鎮口徵規銀，太平關在本關、遇仙橋、滄光廠徵税。巡查亦如之。題定巡查口岸，崇文門在盧溝橋、東壩、板橋、海淀設役巡查，左翼在安定、東直、朝陽、廣渠、左安、永定六門設役巡查，右翼在德勝、西直、阜成、西便、廣寧、右安、永定七門設役巡查，坐糧廳在水南設役巡查，天津關在東馬頭、西馬頭、東沽、西沽、三岔河、稍直口、楊柳青設役巡查，山海關在太平寨、馬蹄峪、桃陵口、大毛山、義院口、箭杆嶺、白楊峪、白土廠、寬幫、牛頭岸、背陰鋪設役巡查，張家口在東門、南門、馬市、水門、古北口設役巡查，殺虎口在寧魯口設役巡查，歸化城在東西南北四柵設役巡查，和林格爾、東白塔兒文武員弁就近查察，江海關在過船港口岸、鄂家港、衙前港、天生港、龍潭港、官河頭、狼山港、大汛港設役巡查，滸墅關在崇福、竹青、龍華、望亭、烏溪、大渲、福山、徐六涇、白茆、吴塔港、南北角、新塘、長蕩、石堰橋、南塘河、北塘河、豬總巡、大浦、東汛、太湖東灘、西灘、王莊、楊尖、毛塘橋、嚴塘莊、横塘、陸墅、九里橋、許賣布橋、南河橋、無錫南橋、顧二房廊下、上下橋查樁、婁齊門、宛山蕩設役巡查，淮安關在軍餉口、清江口、上一鋪、烏沙河口、草壩、中渡、水溝、西灘、二壩、龍王廟、高良澗、蔣家壩、清河縣裏頭閘、孫家堂、毛家宅、清溝、益林、魏家灘、楊家廟設役巡查，廟灣口海關在新河、匣子港、小關子、板溝設役巡查，宿遷户關在駱馬湖、六塘河設役巡查，揚州關在便益門、芒稻河、邵伯鎮、白塔河、儀徵閘設役巡查，西新關在雙閘、北河口、老鸛夾、西江、龍王廟、高埂頭、樸樹灣、二套口、梅渚、定埠、固城、七橋、塘溝、小丹陽鎮、洪藍橋、新橋、雙橋渡、獅子樹、練城灣、亮陡門、赤埭壩、石跋河、姥下河、白渡橋、黄山寺、西梁山、裕溪河、銅城閘、青谿、雍家鎮、林頭、東關、聚寶、太平、通濟、神策、洪武、朝陽、三山、石城、儀鳳、定淮十門設役巡查，鳳陽關在溜口、十里城、何家窪、舊縣、上洪渡、夾山口、市兒上、白龍王廟、雉河集、二山子、明光、紅廟、移駐舊虹南關之濉河口、蔣家壩、河口設役巡查，自來橋、北塔集、西高廟、劉家集、三界寺、桂家營於油坊餅開榨時差役巡查，蕪湖關在内河南北浮橋、下關、櫓港、澛港、西江、大信、裕工設役巡查，九江關在龍開河、北關、清江口、老鸛塘、八里江、白石觜、扶山、馬家灣、梅家洲、龍華寺設役巡查，贛關在本城東、西、南、建春、湧金五門、儲潭設役巡查，北新關在鳳山、候潮、望江、清泰、慶春、艮山、武林、錢塘、湧金、清波十門、德勝壩、新河壩、江口、赤山埠、富陽、上陌、趙家務、知足天、螺螄埠、銀杏埠、龍口、潮神廟、千秋嶺設役巡查，閘口江面設船巡查，浙海關在蠏浦、邱洋、王家路、健跳、寧村設役巡查，閩海關在館頭、江南橋、東岱、厦門港、古浪嶼、排頭門、石潯、移駐石美之玉洲、法石、馬頭山、東石、三江、小山、杜潯、羅源、蓁嶼、牛頭道、東冲、陳塘港、南山邊、虹江口設役巡，查粵海關在稔山、鮎門、白沙、博賒、南樵、對流、田頭、錦囊山口、大馬頭、娘媽閣、南灣閘設役巡查。禁其苛擾，額設口岸之外，有濫差多役，於近關水岸各口四出擾民者，督撫察實題參。管關人役有巧立名色、需索飯錢、重戥苛收者，拏究計贓治罪，監督縱容袒護及督撫徇隱，别經發覺，嚴參議處。近關土豪革役冒充巡攔，將不應納税之物勒索銀錢者，許監督及地方官協拏究治。歸化城商民换買耕馱、騍騸馬匹，由殺虎口經過納税，守口員弁違例禁止者查參。

九江關二套河如遇水漲漫溢時，差役稽查，平時毋得派巡擾累。北新關之姚石陡門松木古蕩南北中塘三處，每年五六月絲市，差役在額定地方巡查，外來受寄絲斤，其非管轄境内，借名查税滋事，及將民間不賣絲斤指爲漏税，及藉端帶查别項土貨擾累者，嚴拏究治，千秋嶺差役巡查絲斤，不准查徵本處土貨。豫期送税册於部，鈐印而給發焉。税册，有親填册、循環册、稽考册。親填册，商人輸課數目，令其親行書寫，毋得遺漏代填。循環册，逐日輸税、收税、紅單税底簿、商人姓名按日登填，兩季送部查覈。稽考册，每日收過商税銀兩、花名、數目按日逐一登填，一送部考覈，一存關，一付監督收執，三項税册令各關先期照部頒册式、事由刊刷裝釘，於面頁上鈐蓋關印，僉差送部，鈐蓋堂印，轉給各關。凡赴部請册限期，崇文門、左翼、右翼限關期未滿一月以前，坐糧廳、天津關限關期未滿兩月以前，山海關、張家口、殺虎口、歸化城限關期未滿三月以前，臨清關、江海關、滸墅關、淮安關、揚州關、西新關、鳳陽關、蕪湖關、九江關、贛關、北新關、浙海關限關期未滿六月以前，閩海關、粤海關、太平關限關期未滿九月以前，如有逾限及關期已滿册檔未到、擅用本關印簿登填者，照例參處。凡税關，各頒其則，鍥而樹於市。徵税科則，該管官詳刻木榜樹立街市，併令地方官刊刷小本，聽行户頒發遵照。凡各關貨物之税，有衣物税，有食物税，有用物税，有雜貨税，各關皆準此四項以爲則，惟左翼、右翼專徵契税、牲畜税，崇文門、坐糧廳、天津關、殺虎口、歸化城、臨清關、淮安關、滸墅關、江海關、西新關、鳳陽關、贛關、北新關、夔關、打箭爐、太平關、梧州厰兼徵牲畜税，張家口、臨清關兼徵車馱税，西新關兼徵船契税、經紀税、地租税，歸化城兼徵油酒鋪房税，太平關兼徵鹽税、木税，天津關、山海關、淮安關、揚州關、江海關、浙海關、北新關、閩海關、武昌關、粤海關兼徵船料税，滸墅關兼徵鹽船船料税，惟九江關專徵船料及鹽茶竹木税。凡衣物之屬以疋計、以身計、以卷計、以筒計、以件計、以箇計、以副計、以條計、以斤計、以十雙、百雙、十頂、百頂計，食物用物及雜貨之屬以斤計、以簍計、以包計、以箇計、以擔計、以塊計、以件計、以張計、以罎計、以埕計、以石計、以十套、百套、十把、百把計，牲畜之屬以口計、以價計，鹽以包計、以引計，茶以斤計，竹木之大者以丈尺計、小者以根計，船料以桅封計、以艙計、以梁頭計，各按丈尺以起科，限其年月與其往來之次數。凡貨物之以車計、以馱計、以箱捆計者，各準其斤數、件數之限以起科，其以船計者，按其梁頭之寬深，以準其貨物之多寡，或祇徵船料，或祇徵商税，或船料、商税並徵，各視其土之所産、用之所宜與價值之低昂、程途之遠邇衝僻以爲差。凡貨物之不徵税者，亦刊於則，俾商民咸知之。令商自註於册，而輸課，商民到關，即將貨物艙口據實開單投報，該關立即查驗，算明税課，當堂設櫃，令本商親自填簿，輸銀投櫃，驗明放行。其有不令商親填及鋪户包攬居奇，串通關役苛索者，該管官役分别究處。崇文門税務，如貨到而本商未至，准店鋪代報納課，粤海關外洋夷船進口應納貨税，令受貨洋行商人於夷船回帆時輸納，出口貨物應納貨税，行保爲夷商代置貨物時，隨貨扣算先行完納。遂給以單，商民輸税填寫收税紅單二紙，一給商人，一送部察覈，如有納銀數多給票數少，及不給紅單多徵勒索者，許商民首告究治。每日兩次放關，隨放隨即驗單截角，再於單尾用戳記將到關、放關時日填明，以便稽查。稽其隱匿者、凡商賈到關，先取官置號單，備開貨物，憑官驗引，照貨起税，海船到岸即將貨物盡實報官抽分，若停歇不報及報册不實、不盡者，即同匿税例。山海等關一年之内，搜獲人参至二十斤、珠子至四兩者，賞巡役銀二十兩，多者遞加，該管官議敘。越行者，商貨須直赴關口輸税，陸路不許遶避别口，水路不得私走支河，若有脚夫船户包送漏税者，分别究治，地方官議處。恰克圖、庫倫等處商販皮張、牛羊、駝馬，令多倫諾爾同知查驗，於票内註明，赴張家口照例報税入關，不准遶越古北口。江北、江廣、江寧等處貨物赴蘇杭者，均進京口赴滸墅關報税，不准遶道赴海關納税。福建、浙江、奉天、山東、登萊等處貨船及南通州土物，由海對渡者，均進劉河、上海等口，歸江海關報税。閩廣、江西貨船，從浙江至蘇州、松江等處者，赴北新關報税，蘇州、松江商貨往閩廣者，北新、浙海二關任其投納，其已從海關澉浦納税，過鼈子門從長江行走者，北新關不納税。重則罪之，輕則罰之。客商漏税，照律治罪，貨物一半入官。若所漏之税爲數無多，分别議罰，免其究治。天津關按税加罰三倍，滸墅關按税倍罰，淮安關每貨百石籤多五石者，補足正税免其加罰，多十石以上者，補足正税外仍罰一倍，多二罰二，多三罰三。北新關凡商民攜帶應税貨物，税銀在一二錢内外者，令其補納正税。閩海關漏税貨物，税銀一兩以内者倍罰，一兩至三兩者三倍，三兩至五兩者五倍，五兩以上者治罪。粤海關漏税貨物，税銀五錢以上者倍罰，一兩以上者兩倍，每加一兩加罰一倍，五兩以上將貨物一半入官充公，一半補税，如擔雜等貨銀數在五錢以下者，止令完納正課。凡貢物皆徵其税，惟外藩之貢物則不徵。各省貢物，令承辦官開單行文，各關查驗，按例納税，該監督將驗過數目出具印文，交解差持赴京城該衙門查對，押運官役隱匿夾帶者，從重治罪。外藩進京貢物，及蒙古王公、台吉人等來京所帶進貢物件，並乾糧、茶葉、騎馱、馬駝、食羊，及自京帶回恩賞俸禄、緞布，均照例查驗放行，免其納課，若有餘物，仍令按則輸税。凡免徵者，皆覈其實而驗放焉。凡關口及徵收落地税處所，所有肩挑背負及小船攜帶箕筐、笤帚、鞋韈、麥麪、尺布、斗粟、蔬果、食物，均免輸税。崇文門食米及出京貨物，概免輸税。各省官辦銅鉛錫斤及一切物料到關、到廠，與本處批文數目相符者免税，赴鄰省採買倉糧及撥運賑濟米穀，經過關口驗明免税。北運河撥運漕糧船隻免税。船料、内地商税由殺虎口納税，至歸化城進栅零星發賣者免税。山海關、張家口、殺虎口、江海關、西新關、廟灣口、贛關、閩海關、太平關概不徵米麥税，亦不徵船料。天津關、蕪湖關、九江關、北新關、浙海關之寧波、温州、淮安關之清江廠止徵船料，不徵米税。滸墅關、鳳陽關之亳州口不徵船料，止徵米税。揚州關本地卸賣米穀免税。浙江嘉興、湖州二府南糧過南北兩關及民間交納漕糧租米船隻並免納料，沿海單桅捕魚船，概免領牌納税。粤海關珍珠寶石，概不徵税。凡税耗，各徵其十之一，經費皆出焉，無耗則取諸盈餘。坐糧廳、山海關、殺虎口、臨清關、滸墅關、淮安關、揚州關、西新關、九江關、贛關、閩海關、北新關、浙海關、太平關俱隨正徵收加一火耗，蕪湖關徵收解費飯銀，均爲各處經費之用。天津關、張家口、歸化城、江海關、鳳陽關、粤海關有不徵耗，有耗銀隨正報解所需經費，均動用盈餘銀兩。崇文門、左右兩翼支銷經費，向不造册報部，經費開除有翰林院庶吉士幫俸銀、管關官養廉銀、起解税課盤費銀、正額盈餘添平銀、盈餘隨解飯銀、解部考覈飯銀、季報飯銀、領册飯銀、户科季報考覈飯銀、内閣飯銀、户部廣東司飯銀、起解税課木匣鞘箍口袋銀、關署心紅紙張銀、各口岸巡查人役房租工食銀，監督一年期滿造册具題，其勒支經費銀兩未清應行減追者，户部先行按年考覈，另於本案追結。凡貨物，稽其犯禁者。犯禁之物，如紙牌、骰子、雙陸各種賭具及私鹽、私茶、鴉片煙、硝黄等物，皆不准携帶。張家口、殺虎口等處出口商民，除鐵鍋、農具日用之物，准其携帶外，若廢鐵、鐵料有關製造軍器者，仍行嚴禁。商船之出海者，則給以照，而驗其出入之期。沿海民人成造海洋貿易商船，報明海關監督及該管地方官，查係殷實良民取具保結，准其依式成造，將船身烙號刋名，仍取具船户不得租與匪人甘結，出口時查明在船人口，與例相符填給執照驗放，回日銷號。沿海貿易之船，亦令於出口時驗照掛號，回日覆驗銷號。各處商人出洋，地方官查明姓名、住址及往何洋貿易，取具里鄰甘結，給與印照，守口官弁驗明放行，仍載入稽考簿内。其從外洋進口者，詳查人貨，訊明經由何洋註册。小本商民因風信届期不能回籍，請照呈明所在地方官，各取具行户船主保結，給與印照，行知該管地方官備案，回日仍赴原衙門銷照。福建由五虎門渡臺商民，不能赴原籍領照者，報明福防同知給照放行，由淡水内渡商民，免其給照取具，行鋪認保，開明姓名、籍貫，呈交管口員弁，驗戳放行。如有無照船隻私渡者，船户治罪，船隻入官。若食米、洋船携帶食米，覈計人口多寡、往返程期，每人每日准帶食米一升五合。奉天貿易商船往天津者，每人准帶食米三市斗，往山東者准帶五市斗，往江南、閩廣者准帶一市石。松江沿海等處給有印票之樵採小船，每人每日准帶食米一升、餘米一升。臺灣商船准帶食米六十石。如有違例多帶者，分别究治。凡海口外來船隻及各項小船出入，汛口員弁不時稽查，如能盤獲私帶米麥糧豆者，准賞十分之三，在洋拏獲者給半，餘充公，首報者賞亦如之。若巡查兵役有將居民食米指稱私積，借端詐害者嚴究。奉天黄豆、山東青白二豆、福建及江蘇贛榆縣豆、麥、雜糧豐收之年，准商民由海運往鄰省及附近州縣發賣，地方官給與印照，到官查驗，如無印照及匿照私賣者，分别治罪。綢緞、江蘇東洋銅商船，每船歲准帶綢緞三十三卷，每卷一百二十斤，其願帶絲斤者，許配帶二三蠶糙絲，每絲一百二十斤抵綢緞一卷，仍不得過一千二百斤，令江海、浙海二關驗明收税，給照往販。閩粤越南等處商船，歲准帶糙絲三百斤。浙江東洋辦銅商船，每船准帶綢緞絲斤，亦照江蘇之例。往南洋咖喇吧等處貿易者，歲准帶土絲及二蠶麤絲各一千斤。福建省海洋内外商船，歲准帶土絲及二蠶麤絲各一千斤。廣東噶國等外洋商船，歲准配帶土絲及二蠶纜絲各五千斤。其願織成綢緞帶回者,每八百斤抵絲一千斤,統在八千斤限内,扣算本港商船歲准帶土絲、二蠶絲共一千六百斤,綢緞以八折扣算。凡海口,如有將内地頭蠶湖絲及綢緞綿絹私販出洋者,照米石出洋例治罪。鐵器,皆限以制。各處洋船出口,准帶煮食鐵鍋,其有額外多帶鐵鍋出洋者,照廢鐵出洋例治罪。沿海樵採船隻,每船止帶鐵鍋一口,每人止帶鐵斧一把,在船不得過十人,地方官於照内註明,出入查驗,若有夾帶出口及進口缺少者嚴究。凡鐵斤、鐵貨、廢鐵,令海關監督,嚴禁出洋,違者照斤數多寡,分别治罪。沿海文武員弁,奉行不力及徇私故縱者,分别議處。若係内地商民轉相貨賣,地方官弁借端索詐,計贓治罪。凡黄金、紅黄銅斤、銅器私販出洋者,照鐵貨出洋例辦理。

〇凡索倫達呼爾、鄂倫春之貢貂者,辨其等而給賞,各與其直。索倫達呼爾打牲壯丁,每名歲納貂皮一張,派打牲總管兵丁解送進京,户部會同内務府照例編等。駐蹕熱河則解送行在,户部、内務府會同辦理。應交一等貂皮五百張、二等貂皮一千張,其餘聽交三等。如納貂皮足數並及等第者,來京之人給與賞賜,不及等第者,將來京及不來京之人交理藩院議處或,足數而不及等第者,奏明請旨加恩。不食錢糧之鄂倫春進貢貂皮,選及一等者每張給價四兩,二等每張給價三兩五錢,三等每張給價三兩,仍照例三等者准作二等,四等、五等者准作三等,給價所需銀兩於黑龍江將軍庫存税銀内給發。總管賞緞半疋、青標布十疋,兵每名緞半疋、布七疋半。緞每疋折銀四兩七錢五釐,布每疋三錢三分。又齊齊哈爾護送官兵,佐領一員給盤費銀二十兩,兵每名給盤費銀五兩。赫哲費雅喀之納婦者,則給其賞,頒其廩餼。赫哲費雅喀來京求親者,例進元狐皮二張、貂皮一百張,九張合成青狐皮褥二,九張合成黄狐皮褥四十,七張合成貂皮衣料十二,驗明等第,交緞疋庫,由領侍衛内大臣引見後給婚,賞無披領蟒緞朝衣、緞袍、大緞褂各一,綢布襯衣、中衣各一,鍍扣擐拴手巾荷包帶子一,弓箭撒袋一副,凉帽一,賞其婦朝衣、緞袍、大緞褂各一,緞襯衣、中衣各一,青素緞袍褂、綢襖中衣各一,毛青布袍襯衣、中衣各一,花凉帽一,扣帶一,緞裙三,布裙二,毛青布八十疋,製帳房七庹長白布五疋,鍼五百,線綹三十,木梳、篦子各十,帶五十,衣裹二十,包頭二十,零緞一箱,人二對,牛二,耜犁二,緞被褥、小花被褥、布被褥各一,銀項圈一,耳飾五對,夫妻鞍轡各一,馬各一,夾牙縫韡連韈各一雙,不夾牙縫韡連韈各一雙,給其婦母家銀五十兩,來人在京,每日給白米八合三勺,跟役給老米八合三勺,蔬菜由禮部支取,柴薪由工部給發。

欽定大清會典卷十七

現審處，郎中、員外郎、主事無定員，由堂官派委。掌聽旗民之訟事。旗民争控户口、田房之案，旗人於本旗具呈，民人於地方官具呈。如該管官審斷不公實有屈抑者，許其赴部控訴，亦有事係必須送部，該管官查取確供、確據，送部查辦。如兩造匿情不吐必須刑訊者，會同刑部審理，有地址不清必須查丈者，將兩造押發州縣官，會同理事同知查丈審結。在京宗室旗人，如有莊地追租等事，准其在户部具呈。直隸承德府屬旗地遇有占地追租等事，如業主在京照例在部旗控告，行文該處查辦。凡户部控案行查，八旗限一月咨覆到部，直隸限兩月。

軍需局，郎中、員外郎、主事、七品官無定員，由堂官酌委。掌覈新疆之奏銷。新疆哈密、喀什噶爾、葉爾羌、和闐、庫車、科布多、烏里雅蘇台各城，每年銀糧、綢緞、牲畜、軍器、農具收除各數，由陝甘總督及各大臣、將軍造册題銷，户部覈覆具題，其烏什、阿克蘇、喀喇沙爾、伊犁、烏嚕木齊、巴里坤、古城、吐魯番各處歸陝西司覈銷，每年各處備用綢緞除頒給賞賚之外，所餘變價充餉。嘉慶十四年，各城新收江寧、蘇州、杭州三織造及山東、山西解送綢緞數目：哈密緞綢綾紗絹三千九十疋，喀什噶爾緞綢綾五百五十疋、澤綢一百疋，葉爾羌緞綢綾紗五百二十疋、繭綢三十疋、澤綢一百三十疋，科布多、烏里雅蘇台由部支領大小彭緞五百二十五疋，伊犁緞綾紗絹八百疋、澤綢二百疋，塔爾巴哈台緞綢紗絹六百三十疋、澤綢七十疋，喀喇沙爾緞綢紗二百八十疋、澤綢五十疋，烏什緞綢綾二百三十疋、澤綢三十疋，阿克蘇緞綢五十疋、澤綢五十疋。各處孳生牲畜駝隻五年一齊場，按三年每駝十隻收駝羔二隻，馬匹三年一齊場，每馬三匹取馬駒一匹，牛隻四年一齊場，按每年牛十隻取牛犢二隻，羊隻每年一齊場，每羊十隻取羊羔三隻。嘉慶十四年，庫車收馬駒六匹、牛犢六隻，喀什噶爾收牛犢十二隻、羊羔一千一百十九隻，科布多、烏里雅蘇台收駝羔九百四十五隻、馬駒五百三十六匹、羊羔四千八百隻，塔爾巴哈台收馬駒四百八十七匹、牛犢一百三十五隻、羊羔二萬一千二百六十隻。凡軍需皆覈焉。軍需事例，乾隆四十年議定規條，永遠遵照。凡官兵俸餉、行裝、鹽菜、口糧、騎馱、馬駝、運送糧石軍裝脚價、隨征人役整裝、安家、工食、口糧、採買物料價值、折價口糧、料草價值及辦理軍需經費，令各督撫據實具報，户部覈覆具題，其官兵廪糧、車馬、鍋帳、塘站、夫馬、工料、軍功議敘、卹賞、土司軍功議敘,由兵部覈覆,配製火藥軍裝器械、修理道路橋座、製造渡船,由工部覈覆。

飯銀處司員,滿洲二人、漢二人,由堂官於郎中、員外郎、主事、七品小京官内派管,二年更代。掌稽飯銀之出入。各省解到户部飯銀,由各省司付飯銀處兑收,貯飯銀庫,逾限未解者,亦由該司行文咨催,每年應入銀數:江南司屬額解銀九千七百五十二兩有奇,浙江司屬額解銀二千六百三十兩,江西司屬額解銀三千三百十兩,又每逢藩司交代飯銀正任二百四十兩、署任一百二十兩,福建司屬額解銀四千二百二十六兩,又每逢鄉試報銷飯銀二百四十兩,湖廣司屬額解銀二千九百四兩有奇,又每逢藩司交代飯銀二百四十兩,山東司屬額解銀二萬二千二百四十一兩,又兩浙運司每逢交代飯銀四百兩,山西司屬額解銀二千八百四十九兩有奇,又每逢藩司交代飯銀一千二百兩,修理貢院報銷飯銀六十兩,河南司屬額解銀四千六十一兩有奇,又每鄉試報銷飯銀二百八十兩,每藩司交代飯銀二百兩,陝西司屬額解銀三千五百七十五兩有奇,又恩榮燕飯銀三兩有奇,四川司屬額解銀三千一百二十兩,廣東司屬額解銀五千九百六十兩,又每逢藩司交代飯銀三百兩,廣西司屬額解銀一千六百八兩,又鉛商領價飯銀每次一百兩,雲南司屬額解銀七千九百八十六兩,又浙江、江西、蘇州、松江等處,每造運船一隻飯銀六兩,坐糧廳每造剥船一隻飯銀三兩,湖北糧道每交代飯銀正任八十兩、署任四十兩,貴州司屬額解銀一萬八千一百八十二兩有奇,司務廳掌額解銀二百三十三兩有奇,又投銅批飯銀每批十兩。應出銀數:户部堂官養廉銀一萬五千四百餘兩,司員養廉銀一萬三千一百八十餘兩,各司桌飯銀一萬一千餘兩,幫貼内閣飯銀一千兩,軍機處飯銀二千兩,理藩院飯銀一千兩,起居注飯銀二百兩,盛京户部飯銀四百兩,户部書役工食銀四萬四千一百二十兩有奇,餘爲留存辦公之用。

捐納房司員,滿洲四人、漢四人,由堂官於郎中、員外郎、主事、七品小京官内派管,一年更代。掌捐納之事。常例報捐,如俊秀及文武生捐納貢生、監生職銜,及内外官員捐加級紀録,捐請封典,平人捐職銜者,亦准捐請封典,俱由户部具呈交銀,給與執照。貢生、監生兼給國子監執照。凡遇暫開事例,一併管覈。

額外郎中、員外郎、主事、七品小京官。無定員,由堂官分派十四司,一體辦事。

筆帖式,滿洲百人、蒙古四人、漢軍十有六人,由堂官分派十四司。掌翻譯。

内倉監督,滿洲二人,掌内倉之出納。内倉收款,每年漕糧三萬三千石、白糧四千餘石、漕豆二千石,直隸額解黑豆二百餘石、芝麻一百石。支款,有月支、季支、歲支。月支之款,宗學、覺羅學教習米二百餘石,太醫院切造醫生口糧米二石有奇,喇嘛口糧老米二千餘石、白米二石有奇、黑豆一百餘石,士默特、科爾沁額駙口糧白米六石有奇,上駟院鍘草太監口糧米二石有奇、象米一百餘石。季支之款,供用庫匠役口糧米三十餘石,太廟太監口糧米四十餘石,各衙門口糧米四百五十五石,工部馬豆九十餘石,順天府廩糧米九百餘石,察哈爾領俸委員口糧米四石有奇。歲支之款,蒙古來京人員口糧米三千餘石,朝鮮官員口糧白米一百餘石、老米二百餘石、黑豆三百餘石,盛京送物來京人員口糧米四五十石、黑豆一百餘石,光禄寺造酒糯米一百餘石,陵寢衙門造酒糯米五六十石,内務府供用糯米一百餘石、芝麻一百石,工部工程糯米三四十石,供用庫驢豆十餘石,會試之年供應場内白米二百數十石。

管理錢法侍郎,滿洲一人、漢一人,以本部滿漢右侍郎兼管。掌寶泉局鼓鑄之政令。寶泉局在安定門内大街分設四廠,東廠在東四牌樓四條衚衕,南廠在錢糧衚衕,西廠在千佛寺衚衕,北廠在北新橋三條衚衕。

○凡銅鉛進於局,驗而收焉,寶泉局每年應收:雲南辦解銅四百十萬六千八百八十斤,貴州辦解白鉛二百九十四萬斤、黑鉛三十二萬六千四百七十六斤有奇,湖南舊定辦解黑鉛十六萬六千六十六斤有奇,近因出産不敷不定歲額。凡銅鉛進局之後,錢法侍郎督同大使抽包鏨驗,銅色以十成爲則,遞至九五、九成、八五、八成亦准兑收,八成以上准作八五,八五以上准作九成,九成以上准作九五,九五以上准作十成,不及八成不准交納。缺者補之。運解銅鉛,如正額交兑完足,所餘准其留通變賣,如不敷正額,錢法侍郎行知坐糧廳提取餘銅、餘鉛,令解員於六日内運局兑收,清楚給與實收,如尚有掛欠,於實收内註明。銅不足色者,抵以耗。銅色在九五以上者,發鑪鼓鑄,無庸加耗,原解耗銅八斤全行節省,九成以上每百斤加耗銅五斤,再加色四兩,尚餘節省銅二斤十二兩,九成以下加以原解耗銅八斤,不扣節省,亦不得再加。凡鑄錢,月定其卯,寶泉局六十鑪,每月鑄六卯,歲鑄七十二卯,應用銅四百三十一萬九千餘斤、白鉛二百八十四萬六千餘斤、黑鉛二十四萬六百餘斤,共鑄錢九十萬二千五百七十六串,内鑄樣錢二千數百串,遇閏之年加鑄四卯,用銅二十三萬九千九百四十四斤、白鉛十五萬八千一百十二斤、黑鉛一萬三千三百二十餘斤,共鑄錢四萬九千九百九十二串。驗而解於部,每月卯錢鑄出,錢法侍郎赴局督同監督查驗,樣錢解送内務府,制錢解送户部銀庫。每卯解制錢一萬二千四百餘串,給車脚錢十五千文,如搭放八旗餉錢劄局支放者,車脚錢歸入節省,於每月請領料錢内扣除。附鑄亦如之,四廠鑪座渣土,每年得淘洗餘銅五千一百八十四斤,歸於下年附卯配鑄錢六百八十二串三百九十文,淘洗工價每銅百斤給銀四兩,按時價折給制錢,淘洗後渣土招商承買,每百萬斤交價銀百五十兩留局充公。考其式法,查驗卯錢,如輕重不均、磨鑢不精,飭令回鑪重鑄,並將合式、違式立册登載,按其違式次數,分别懲處。給其工料,寶泉局每年應給工匠銀九萬八千二百五十一兩有奇,由部庫領銀九萬五千八百八十二兩有奇,銅批飯銀内給銀二千三百六十八兩有奇,又領部庫附卯工匠銀七十四兩有奇,每年應給料錢七萬一百五十六串八百文,又附卯料錢五十三串二百一文,均於解部卯錢内扣存局庫,俱按月給發。越歲則奏銷。收發銅鉛、銀錢等款數目,監督造入循環簿,錢法侍郎按月查覈,次年五月造册題銷,户部覈議題覆,其節省耗銅四廠淘洗餘銅出賣渣土各數目,錢法侍郎俱於每歲歲底覈實具奏。

主事,滿洲一人、漢一人,由錢法堂侍郎會同本部堂官派委,二年更代。掌出納文移。

寶泉局監督,滿洲一人、漢一人,掌監收銅鉛及鼓鑄之事,察匠役之勤惰。

局大使,滿洲一人,掌守庫藏給使令。

東廠大使,滿洲一人,南廠大使,滿洲一人,西廠大使,滿洲一人,北廠大使,滿洲一人,掌分管四廠。

管理三庫大臣,滿洲一人、漢一人,管理三庫大臣,三年期滿,具奏請旨更派。掌三庫之政令。銀庫在户部署後,緞疋庫在東華門外,顔料庫在西安門内,銀庫内庫在東華門内。

〇凡庫,慎其守藏。銀庫、緞疋庫、顔料庫,每日各以司員一人輪流夜直,内庫每日以八旗章京一人、護軍校十人,進内夜直,又護軍十名在庫門外巡邏,由直宿庫官點驗出入,護軍統領一體查察。三庫大臣更代接任之時,奏請欽派大臣,將庫貯各項錢糧,會同逐一盤查。月終,具出納之數以聞。三庫收放錢糧、物料數目,按月具奏一次,銀庫又於每年冬底將一年贏餘數目具奏,下年正月將上年進出銀錢比較數目具奏。越歲,彙覈而奏銷焉。每年五月將各庫一年錢糧物料大進、大出之數,比較上年多寡,彙繕黄册,具題報銷,銀庫每届三年,將贏餘數目,彙奏一次。

〇凡解官,各定其程限。各省起解京餉,以接到部文之日爲始,委員扣限起解。直隸、山東、山西、河南限六十日到部,江南、江西、浙江、湖北、湖南限八十日,福建、廣東、廣西限一百日,與原省批限不得逾一月以外,解員回任自填給限照後,直隸限二十日,奉天、山東、山西、河南限三十日,江蘇、湖北、陜西限五十日,安徽、浙江限五十五日,江西限六十日,湖南限七十日,福建限八十日,廣東限九十日,廣西限一百日,如有中途患病情事,准其報明扣展。既事則引見。解官自知縣以上事竣,由三庫大臣引見,其引見後未滿三年者,毋庸帶領。

檔房主事,滿洲一人,掌守檔案,管三庫之吏役。凡解官之批迴,覈而給焉。各省解送錢糧、料物,出具印批,役交大使廳,呈堂書到,送總檔房掛號,即發各庫驗收。既竣,鈐蓋庫印,仍發總檔房書寫批迴字樣,鈐用堂印轉給解員,隨到隨發不得稽延,並於前一日移付承辦司分,轉傳解員,如期赴領。若有事故不到者,所司移知總檔房存案稽覈。凡驗發批迴,將管庫吏役有無需索,令解官出具甘結附批。凡直省解部錢糧、料物,由起解衙門備具領批印領給解員,於事竣之後持領掣批,在京八旗批交銀兩,其批迴仍由承辦之司呈堂鈐印給發,兼用印文知照。凡各司劄庫收發錢糧,各設總册登記,每月送檔房覈對原掛號册。

筆帖式，滿洲二人，掌給使令。

銀庫，郎中，滿洲一人，員外郎，滿洲二人，司庫，滿洲一人，各衙門保送三庫郎中、員外郎、司庫大使及檔房主事、筆帖式，俱由三庫大臣引見補授，三年更代。掌銀錢之出納。

〇凡庫藏之出納，皆驗以劄。銀庫歲貯各省額解春秋二撥地丁、鹽課、關税、雜賦及臟罰銀兩、寶泉局制錢。凡經收銀兩，均由承辦之司劄庫收納，有解批者衹出印付，經放銀兩亦由承辦之司劄庫支發，均令各員役親自交收，該司員赴庫監收監放，毋許假手書吏領催。凡各衙門文領，除侍衛處、理藩院、察哈爾准不兼寫漢文，順天府准不兼寫清文，其餘須清漢文兼寫。凡暫舉工程及特支款項，於文領到部後，將是否實於某日支領之處，行查原衙門咨覆相符，劄庫給發。遇有急需銀兩辦劄不及者，庫官公同該司員驗明印領咨文，先行開放，再行補劄存案。按其期日、各省解到銀兩、餉鞘，投批後按其先後隨時兑收，先期知會工部派員帶同匠役到部劈鞘，每月將到鞘、劈鞘兑收日期送江南道查覈，户部捐納銀及各項在部交納銀隨到隨收，每月放銀日期初一、初二放八旗餉錢，初三、初四放八旗餉銀，初六、初七放馬銀，十一、二十一放各衙門、各館公費桌飯錢，十六放巡捕五營兵餉馬乾銀，二月、八月放滿漢文武京員俸銀，其餘雜支之款，驗明印領，隨到隨發。平色，經收地丁銀兩，以元寶驗收，每個五十兩，不加滴珠。關税、鹽課、漕項及雜項銀兩，悉以散碎小錠驗收。關税、鹽課每千兩加平十五兩，漕項每千兩加平五兩，歸入盈餘款下報銷。雜項銀，俱按市平千兩，加庫平銀三十六兩兑收。凡支發京城内外賑濟撥解軍需及外藩俸銀，專以元寶驗放。八旗兵餉、月選官借支養廉及雜項支款，專以散碎小錠驗放。京城各處工程銀，每千兩扣平銀二十兩。買辦物料銀、直隸河工銀、顏料緞疋折價銀及凡應以市平給發之銀，俱每千兩扣平銀三十六兩。兵部鹽菜銀、刑部醫藥銀、光禄寺備用銀、買辦豆草及物料銀、役食米折銀、喇嘛口糧銀，俱每千兩搭放成色銀三十兩。凡銀庫經收外省銀，如有短少十兩以内者，令其補足，十兩以上查明參處。而收發焉。

大使，滿洲二人，掌收外省之文批，呈堂書到，而以付於庫於各司。批付銀庫文付各司。凡餉鞘到部則點驗，劈鞘則監焉。餉鞘到部，不論遲早，大使照批點明，令原送人夫運入銀庫大門堆貯，夜間督役巡邏並查察門役包攬需索。劈鞘時令大使看劈，如有補交短少銀者，令大使公同驗收。

筆帖式，滿洲六人，庫使，滿洲六人，掌守檔案，給使令。

緞疋庫，郎中，滿洲一人，員外郎，滿洲二人，司庫，滿洲二人，掌綢緞布疋之出納。

〇凡緞疋，有額解，每年定額解部，山東棉布二千三百疋，山西生絹一千五百疋，農桑絲絹二百疋，三梭棉布二千四百九十八疋有奇，江蘇五色三梭布五千疋，棉布二萬七千三百六十七疋，安徽白麻三萬四千一百五十八斤，江西苧布五千四百九十六疋,浙江白綿二百斤,白絲八千五百斤。凡額解之款,如庫藏有餘,酌令停辦。有添解,江寧、蘇州、杭州三織造,應辦解大蟒緞、小蟒緞、金線蟒緞、暗蟒緞、三等蟒緞、立蟒袍、大閃緞、小閃緞、糚花緞、寸蟒糚緞、次糚緞、中錦、草錦、金字緞、補緞、補服料、羅緞、片金羅、片金倭緞、帽緞、次帽緞、滿水緞、裙蟒緞、蟒紗、立蟒紗、糚花紗、裙蟒紗、紗片金金字紗、補紗、大緞、次大緞、亮花緞、衣素緞、次衣素緞、各色光素緞、次光素緞、揚緞、次揚緞、彭緞、次彭緞、宫綢、各種紗羅、紡絲、綾、西絹、杭綢、三梭布、三線布、油墩布、苧布、白苧布、夏布、絲緯、絲絨、繡線、絹線、生絲、手帕等項,每年視庫貯,應需某項酌覈數目,於上一年八月奏交各織造辦解,再有不敷,隨時添辦。各權其重而納焉。驗收緞疋分兩輕重,以合總稱驗,不足者駁令回换,不得逐件稱計。花樣舊則更之。三處織造需用花本,十年更换一次。

大使,滿洲一人,掌收外省之文批,呈堂書到,而以付於庫於各司。

筆帖式,滿洲三人,庫使,滿洲九人,掌守檔案,給使令。

顔料庫,郎中,滿洲一人,員外郎,滿洲二人,司庫,滿洲二人,掌顔料、紙硃之出納。

○以庫貯之盈絀,定其解額,各省採辦物料,有紅黄熟銅、鐵、黑鉛、飛金、銀硃、白蠟、黄蠟、牛筋、桐油、硃砂、天青、石黄、黄丹、芽茶、黄茶、烏梅、明礬、茜草、燈草、紫草、五倍子、定元子、芝麻、黄櫨木、紫榆木、花梨木、紫降香、沈香、檀香、廣膠、廣靛、紙張等項,每年辦解增減,不拘定額,庫貯足用則停解,不敷則行文咨取,備各衙門支款及各處工程之用。凡收放物料,均按斤數計算,惟紙劄以張計,飛金以塊計。採辦各因其産。雍正三年奏准,舊定各省解送物料,有非本省所出者,嗣後皆停其解送,改於出産省分,或貨物聚集之處,令其解送。

大使,滿洲一人,掌收外省之文批,呈堂書到,而以付於庫於各司。

筆帖式,滿洲四人,庫使,滿洲十有一人,掌守檔案,給使令。

欽定大清會典卷十八

户部倉場,侍郎,滿洲一人、漢一人,掌京倉、通倉之政令。凡北河之運務掌焉。

○凡京倉十有三,通倉二,禄米倉、南新倉、舊太倉、海運倉、北新倉、富新倉、興平倉在京城内,太平倉、萬安倉、裕豐倉、儲濟倉在京城朝陽門外,本裕倉在京城外清河地方,豐益倉在京城外安河地方,中倉、西倉在通州,内倉則隸户部,恩豐倉則隸内務府。各定其倉儲之額,京城内及朝陽門外十一倉,貯滿洲漢官俸米、八旗甲米,内務府官三倉,黄老米、各衙門領催匠役米、國子監八旗教習米、順天府等處孤貧米、五城賚賑米、官圈馬粟米及豆、内務府光禄寺供應小麥、犧牲所餧牛豆、官兵拴馬豆、熙春園餧鹿豆,本裕、豐益二倉,貯圓明園八旗官兵併健鋭營外火器營官兵俸甲米、本倉看倉兵餉米,西倉、中倉支放王公大臣俸米、内務府白粳米、御船水手口糧、本倉看倉兵米、通州所運丁月糧、通州養濟院孤貧米,其蒙古朝鮮貢使口糧米石、盛京送物人員口糧米豆、光禄寺造酒米、内務府供用米芝麻、文武會試供應米、宗室覺羅教習順天府廩生口糧米、喇嘛口糧米豆、鑾儀衛餧象米、刑部順天府等衙門囚糧米、供用庫匠役米、太廟内監口糧米、工部拉車馬豆,則貯於内倉,内務府三旗内監人等口糧,則貯於恩豐倉。而分以廒,廒實以萬石。禄米倉五十七廒,南新倉七十六廒,舊太倉八十九廒,海運倉一百廒,北新倉八十五廒,富新倉六十四廒,興平倉八十一廒,太平倉八十六廒,萬安倉九十二廒,裕豐倉六十三廒,儲濟清一百八廒,本裕倉三十廒,豐益倉三十廒,西倉一百四十二廒,中倉一百八廒,内倉二十廒。每廒貯米不論正兑、改兑,各以紅斛一萬石爲額,不許盈縮,如有奇零,另貯一廒,以便稽覈。惟恩豐倉七大廒,每廒貯米三千石,小五廒每廒貯米一千八百石。凡倉,必慎其守藏,倉廒貯米,京倉由御史封識,通倉由倉場封識,御史加封,夏冬二季查驗,重加新封,倉場收掌鑰匙,四月至八月暫給監督收管,遇大雨時行,呈請御史倉場到倉開驗,儻有應行修補之處,毋得聽其滲漏,致米石浥爛。凡倉内空地遇有積存灰堆,即雇夫搬運出倉,以杜胥役攙和弊竇。凡新漕進倉之時,封固廒座,於廒門上檐空版四五尺,宣通蒸氣,竢入深秋,全行封閉,每倉各派官兵於倉外巡綽,在倉供差人役承充時,監督飭取連環保結,給與腰牌出入,新任監督接受交代米石,整廒者驗封,零廒者抽盤,如有攙雜短少,即行揭報御史倉場公同盤驗，虧缺屬實，治罪勒賠。凡監督在任，有將米石無故私放出廒者，照侵盗錢糧律治罪，書攢人役罪減監督一等，所虧米石監督賠六分，書攢賠二分，花户賠二分，限一年全完。看倉旗員，禄米倉、南新倉、富新倉、興平倉、太平倉、萬安倉、儲濟倉、本裕倉、豐益倉、舊太倉、海運倉、北新倉各四人，裕豐倉、西倉、中倉各二人。兵，禄米倉三十五人、儲濟倉七十人、南新倉、舊太倉、北新倉、富新倉、興平倉、裕豐倉各四十人，海運倉四十八人、太平倉四十九人、萬安倉三十九人、本裕倉六十人、中倉西倉四十八人、豐益倉六十人。耗各定以額。京通各倉所收漕米，不及一月者不准減耗，一月之外每石每月於原收四升二合之尖米内，准其遞減折耗米一合一勺六抄，内倉白粳糯米如原收耗米四升九合九勺七抄八撮八圭者，每石每月准遞減米一合三勺八抄八撮三圭，如原收耗米二升九合九勺九抄八撮八圭者，每月准遞減米八勺三抄三撮三圭，通倉白粳糯米每石每月准遞減米八勺三抄三撮三圭，均以滿三十六月爲止，此外作正支放不准遞減，其倉貯黑豆不准減耗。

○凡放糧，各覈其廒貯之色與其新陳，豫報於户部，以備劄放。八旗甲米，以三色支放，粳米五成、稄米三成五分、粟米一成五分，養育兵統支稄米。每年新漕進倉，倉場酌量舊存各色米多寡勻派分貯，將某倉存貯某年米色數目造册，先期咨部存案，廒座次序以貯米之新陳爲定，每月應放三色米，豫行覈明派定，由陳而新各廒字號令監督造册，於上月二十五日以前送户部劄倉，隨行知查倉御史查驗標封。至放米之日，御史監督同領米旗員，揭去氣頭移貯空倉，將應放之米一律放給，監督與各旗俱將所領樣米送部覈對。凡開放甲米，先將存貯青腰白臍之米闔廒開放，完竣後先儘最陳之米，如有不敷添放次陳之米，監督放米一員在官廳檢閱米檔，一員赴廒口監察，不得委家人、倉役支發。土米，則以發於五城而糶焉。各倉放米一廒既畢，將盤出氣頭廒底成色米覈數估色，聲明原收年分，由倉場委勘咨部發糶，京倉發五城，本裕、豐益二倉專發北城，通倉發通州，設廠減價糶賣，止准零星領糴以防囤積，每石准報銷折耗米一升。凡京倉夏秋兩季、通倉春季支剩成色米，均於十月後發糶，京倉冬春兩季、通倉秋季支剩成色米，均於三四月間發糶，司坊官領米到廠，將樣米封送監糶部員及巡城御史，於開糶時親赴米廠比驗稽察。坐糧廳、大通橋埽收每運零撒土米，由太平倉驗收，與成色米一例待糶。凡發糶成色米價，十成粳米每石一兩、稄米每石八錢、粟米每石六錢，不足十成者每石減銀五分，仍按成色遞減。糶米價錢限月之一日六日投批，五日十日交錢，五城糶價報銷按月截數，兩月彙報，由巡城御史加結覈銷，通州由通州知州出具册結報部覈銷。各廠赴倉領糶成色米車脚，東城每石給錢三十二文，南城每石給錢三十三文，中城每石給錢三十四文，西城每石給錢三十九文，北城每石給錢三十七文，北城領本裕、豐益二倉米，每石給錢七十文，通州每石給錢二十文，通廠起解糶價錢赴部，每千給車脚錢四文。

○凡東漕、南漕，既抵壩以次驗而收之，糧船到通，山東、河南限三月初一日，江北限四月初一日，江南限五月初一日，江西、浙江、湖北、湖南限六月初一日，其完糧之期各量加三月，遲不得過九月初十日，逾者罪之。幫船既到，倉場侍郎會同巡漕御史督率坐糧廳驗看米色，乾潔者照例起卸，如有潮濕責令旗丁自行曬颺，計其折耗即以原備曬颺耗米補足，不敷責令買補，有餘仍作正交倉。起卸漕糧，每日以三萬石爲率，平斛響擋，禁止淋尖踢斛，坐糧廳責令經紀、車户、倉役人等作速收受，即發紅單，如有刁勒需索，即行治罪。完糧既竣，運弁於三日内呈驗全單，由倉場鈐印，於三日内送户科，户科於五日内送户部，户部亦於五日内驗明鈐印，令運弁親身赴部，當堂給領。越五日則以聞，糧船抵通日期、起卸過糧數及回空船數，皆五日具奏一次，並以本年到通幫船次序與上年到通幫船次序比較遲早，兼聲明石壩外河淺深水勢。辨其糧之色，以配於京倉、通倉而貯焉。漕糧抵通，不論正兑、改兑，將粳、稜、粟三色均匀派撥分貯京、通倉，白糧分貯内倉、通倉，小麥派貯禄米、南新、舊太、海運、北新、富新、興平、萬安、裕豐、儲濟十倉，黑豆派貯舊太、海運、萬安、儲濟四倉。運送内倉漕白二糧，各幫掣籤輪流運送，已經掣過之幫，次年抽免。各倉收糧，以坐糧廳紅單到日爲始，京倉限十日，通倉限七日，内倉驗收白糧，於弁軍投文後限十日收完，以印結倉收轉移坐糧廳，併令運弁報完正米完後，倉監督各覈其餘米之數，報明倉場給價收買，顆粒不許出倉。小麥驗收後，紮囤收貯，收糧既竣，開具揭帖，呈報倉場，會同查倉御史丈量覈足，以收貯米數月日、監督吏攢姓名標置廒門，封固註册報部，並於十日内分填連三編號印單，送倉場及坐糧廳備查。新糧不得攙入舊米之内，其在廒支剩氣頭廒底之米另封備糶，不許存留攙和。收買餘米價銀，粳米每石七錢、稜米六錢、粟米五錢，白糧餘米，概照粳米價銀給發。截撥亦如之。直隸遵化等州縣，每年供應陵寢官員、内監米石併滄州駐防兵米，由直隸總督豫期咨部，轉行倉場，於二月内輪派截撥，以供支放，遵化州白米八百五十石、糯米一百二十石、粳米六百石、老米六百石、稜米二百五十石、粟米二萬八千九十石，薊州白米三百五十石、糯米五十石、糙粳米四百五十石，隆福寺新設喇嘛糙粳米三百五十石，豐潤縣白米五百石、糯米五十石、粳米七百石，易州上次平白米一千二百七石有奇、平糯米一百八十五石有奇、平粳米三千八百九十五石有奇、平稜米三萬四千八石有奇、平粟米七千七百九十五石有奇，滄州正米一萬一千四百石、耗米三百十九石有奇。凡正兑、改兑，皆隨以耗，各收以紅斛。坐糧廳收兑糧米以紅斛，各倉以倉斛正兑紅斛，每石得倉斛一石二斗五升，改兑紅斛，每石得倉斛一石一斗七升，其較倉斛羨餘之數，即係耗米，正兑米一石二斗五升，内計正米一石、尖米四升二合、耗米七升、耗上加尖米二合九勺四抄，又盤閘作正新耗米三升，共應收正耗平斛米一石一斗四升四合九勺四抄，除五閘顛抗折耗米二升，其餘八升五合六抄以三升八合爲旗丁餘米，四升七合六抄爲進倉曬颺耗米，亦作正交納。如運進通倉，則不除顛抗折耗，改兑米一石一斗七升，内計正米一石、尖米四升二合、耗米四升、耗上加尖米一合六勺八抄，共應收正耗平斛米一石八升三合六勺八抄，其餘米八升六合三勺二抄，分爲旗丁餘米及進倉曬颺耗米，視正兑之例。如運進京倉,則於正米一石之内減除二升,以爲五閒顛抗折耗米。凡搭運無耗平米、石土兩壩,概以加二五紅斛斛量,運送京通各倉,給發脚價,倉中仍以平斛收受。起運德州倉糧,如坐京倉石壩,照正兑紅斛折算給發脚價,如坐通倉土壩,照改兑紅斛折算給發脚價,倉中均以平斛收受。凡搭運上年失風買補之米,正兑米一石收平米一石一斗四升四合九勺四抄,改兑米一石收平米一石八升三合六勺八抄,免其曬颺折耗顛抗之米。白糧則權其重,白糧以一包爲一石,以一百六十斤爲一包。察其虧羡,而賞罰之。糧米抵通無故掛欠者,坐糧廳將旗丁勒限追完,仍行捆責,如有未完,令總漕著落領運官丁分賠,於下年起解搭運,限滿不完,查明參處。運弁及領運丞倅督運糧道所管幫船,有一丁掛欠,即限内全完,不准議敘,倉場於歲底將掛欠丁名、幫次彙册送部查覈。起卸白糧每十包稱驗一包,其有斤數不足者,坐糧廳鈐記包上報明倉場,并倉監督收兑時,倉場驗明過斛,如有短少即令該丁補足。弁丁抵通完糧並無違限米數,全完賞給花紅、綾扁、銀牌,即於茶果銀内支銷。旗丁於額糧之外,三運多交米至一百石者,倉場咨部註册,六運多交米至二百石者,給以九品頂戴,其出運二十年並無挂欠過犯,亦給與九品頂戴。凡丁,應解者、應支者,各覈其款而收發,旗丁運糧抵通,除交米外,應解之款有毛竹、松版、席片,有廳倉茶果銀,其有舊欠者並令搭解,坐糧廳各照數驗收,其應領之款有餘米折價銀,有羡餘銀,有簹夫銀,有紅撥餘剩銀,有運官紙劄銀,有幫船吏役紙張飯食銀,其扣留行月銀,亦應在通放給,皆於完糧後五日内,在坐糧廳衙門唱名給發。其毛竹、版席,旗丁堆卸報明坐糧廳,督令經紀雇車陸運,弁丁應投橋倉文册前,赴各處自行投遞掣領倉收呈驗。廳茶果銀,按實在到通幫船覈算,山東、河南每船額交銀七兩,旗丁自行交納,蘇州、松江、常州、嘉與、湖州五府白糧幫船,每船額交銀十兩,糧道於漕贈銀内扣留,封交押運官交納,其餘各省俱每船額交銀十兩,於應領簹羡紅撥銀内扣抵。倉茶果銀,按進米一石旗丁交銀五釐一毫七絲二忽五微,爲各倉收放米石之用,於餘米折價内扣抵西中二倉白糧飯銀三百五十兩。羡餘銀,山東、河南每船給銀一兩,江南每船給銀二兩,浙江、江西、湖北、湖南每船給銀四兩。簹夫銀,山東、河南不給,江南、浙江、江西、湖北、湖南每收紅斛米一石,給銀一分。紅撥地畝額徵銀,一萬四千五百四十九兩五錢,除給北運河舊設淺夫標夫工食標竿銀外,每船應派餘剩銀兩,山東、河南二省按船支領,江南、浙江、江西、湖北、湖南等省應得之數扣留作新設淺夫工食之用。運官紙劄銀,每幫給銀二兩。吏役紙張飯食銀,大米白糧每船二兩,小米每船二兩四錢,於茶果銀内打給。到通應給扣留行月銀,由糧道按其數多者,每船扣留三分之一,數少者酌留十兩,交領運千總呈明坐糧廳,於完糧日照船散給,以資回空。凡遇風火事故買補雇募撥運兵米之船,茶果銀兩,免其交納簹羡紙劄等銀,停其支給,又每幫之頭船,免交廳茶果銀。遂限以回空。幫船於糧米起卸完日,坐糧廳即將批迴印發,呈送户部查驗,令其押空南下,倉場給發限單,自通開行限六十五日抵淮,十一月終抵次,並將經過州縣界址,照原定限日刋入單内，令沿河州縣註明出境入境時日，至淮申繳總漕察驗。山東、河南不過淮之幫，由糧道稽覈。回空之時，如有存剩行月等米，坐糧廳給票，聽其沿途售賣，毋許在通州私糶。

○凡京倉之糧，過石壩運以舟，過大通橋運以車，通倉之糧過土壩，則以舟、車遞運焉。石土兩壩，起運京通各倉漕白二糧，俱按照交倉石數算給脚價，石壩經紀由外河抗米落崖堆貯號房，漕白糧每石給抗價銀一釐，由號房抗米上裏河船，漕糧每石給抗價一銀釐，白糧每石三釐五毫，由裏河五閘撥運至大通橋，漕糧每石給脚價銀二分四釐，白糧每石一分八釐，普濟、平下、平上、慶豐四閘抗米過閘上船，漕糧每石給抗價銀一分八毫，白糧每石八釐七毫有奇，大通橋水脚抗米落崖堆貯號房，漕糧每石給抗價銀二釐七毫，白糧每石二釐一毫有奇，土壩車户由外河抗米落崖堆貯號房，漕白糧每石給抗價銀一釐，由號房抗米上船，運至新舊兩城之南門落崖堆貯號房，陸運進西中二倉，每石給脚價銀二分九釐，白糧每石給抗價銀三釐五毫，脚價銀一分，漕糧由土壩陸運進西中二倉，每石給脚價銀三分四釐，大通橋車户運米進禄米、南新、舊太、海運、北新、富新、興平、恩豐等倉及内倉，每石給脚價銀三分四釐，太平倉每石一分五釐九毫，萬安倉每石二分五釐九毫，裕豐倉每石二分二釐，儲濟倉每石二分六釐，本裕倉每石九分四釐，豐益倉每石一錢二分四釐，各倉進米倉役脚價，每進米一石，給抗米開廒掃廒銀四釐、打捲簽廒銀一釐、回空記袋銀一釐二毫、抱籌擡斛鋪廒銀七毫、拌米銀二釐五毫、寫送循環簿銀八毫、戽坎銀五毫、拾袋車錢八毫、堆袋房錢二毫、翻跳銀五毫、抖袋銀五毫，共一分二釐七毫，内禄米等七倉、太平等四倉、内倉西中二倉，俱減半給銀六釐三毫五絲，本裕、豐益、恩豐等倉全給，如領運小麥、黑豆脚價，與漕糧一律支給。額設號房間數，石壩一百六間，土壩二十五間，舊城南門十間，新城南門外二十五間，大通橋五十八間。額造撥船數目，軍糧經紀一百隻，白糧經紀二十五隻，土壩車户二十隻，大通橋車户二十八隻。撥運易州供應米，每雇船一隻，給雇撥銀一兩。撥運薊州、遵化州、豐潤縣供應各色米，俱由通州陸運至薊州，每石每百里給脚價銀一錢四分。凡過壩、過橋，則掣欠。經紀車户運米到橋進倉，每票十袋抽掣二袋，一袋短少，餘袋照數均賠，石壩經紀起壩抵橋，係船運，每百石准掣欠二斗，大通橋車户起車抵倉，係陸運，每百石准掣欠二斗五升，土壩車户運進通倉，係水陸並運，每百石准掣欠八斗。掣欠在額内者，照收買餘米價值折銀交庫，其逾額掣欠米石，即令買米交倉，如一時不能如數買足，准照五城市價酌量加增折價交納，即於該役等應領脚價銀内，照數扣繳，仍分别逾額在三斗以外者，懲責五斗，以上照盜賣漕糧例治罪。如書攢人等勾通經紀，將掣欠米數以多報少，私向折價分肥，即行查參究治，併密差妥人於沿河一帶稽查訪緝，以杜偷盜及賄買斛面之弊。凡糧借貯於通倉者，凍解則補運，借貯於北倉者亦如之。起卸糧米，每日以三萬石爲率，除通倉例進粳米十五萬石、稜米十三萬石，其餘皆令經紀趕運至大通橋，隨令分進各倉，即時押回口袋，輪轉起卸。如實因幫船到通較遲，以應運京倉之米借貯通倉者，一竢開春冰泮，仍即速運京，其未凍前或尚可趕運，併令儘數先運。又漕船最後各幫不及抵壩，於北倉起卸借貯者，倉場侍郎及坐糧廳各以二人前往督辦，明春冰泮時即令豫東二省回空軍船裝運進京，每米百石由截留運丁給船價米折銀七兩九分有奇，津貼銀二兩五錢，本色米一石，給撥船作運費。凡糧米截留北倉，旗丁應交茶果銀、箇兒錢照數交納，應給簟夫銀減半支給，羨餘銀全給。

○凡役，歲給其例費，而濟以津貼，倉場坐糧廳衙門書役裁存飯銀，依石刻條款數目收受，又禄米等十一倉，每進米一石，給倉場衙門書役飯食銀五毫，禄米等十一倉併本裕、豐益二倉，每進米一石給各倉書攢飯銀一釐八毫，内倉給吏役工食銀七十九兩有奇，西中二倉給書吏夫役公用銀五百二十二兩，經紀車户運米進米入倉脚價抗價，照例支給。又十年排造撥船，石壩、土壩每船給料價銀二百九十八兩有奇，大通橋每船給料價銀二百兩，石壩經紀額置口袋十六萬條，土壩車户額置口袋二萬條，俱豫發官銀借給，於脚價内扣還，殘袋每條變價五分，即爲置袋之用。起卸漕糧旗丁津貼、經紀箇兒錢，每米一石給錢二十七文，經紀津貼大通橋車户大米一石制錢一文、小米二石制錢一文，官員支領俸米每石給該倉箇兒錢二十文，兵丁支領甲米，本裕、豐益二倉每石給倉役箇票錢二十一文，禄米等十一倉每石給倉役箇票錢二十四文，西中二倉每放白糧一石給花户銀二釐，各倉運送内務府米麥，每石給車價銀三分五釐，租賃口袋每石給銀五分，京倉運送上駟院馬圈粟米，西中二倉運送内務府白糧，俱每石給車脚銀六分。倉場書役裁存飯銀條款，軍糧經紀脚價飯銀二百兩，白糧經紀脚價飯銀一百八十六兩四錢，四閘水脚抗價飯銀二百二十兩，土壩車户脚價飯銀三十兩，布袋每萬條飯銀四十兩，經紀載錢飯銀二百八十兩，經紀頭役飯銀四十兩，各倉脚價飯銀每倉四兩，卯歷飯銀每倉四兩，各倉書攢每年給倉場衙門裝釘循環簿銀每倉二兩四錢，每年給磨對奏繳黄册飯銀每倉六兩四錢，給裝釘奏繳黄册銀三兩二錢，每倉年規飯銀六兩四錢，坐糧廳三節每年給銀八兩，出巡回巡給銀八兩，大通橋每年給銀八兩，新任監督給銀一百三十兩，進米報單每倉二兩四錢，經紀掣欠每年飯銀六十兩。坐糧廳衙門裁存飯銀條款，軍糧經紀頭卯幫貼東科飯銀三百十五兩，幫貼東科貼寫飯銀一百二十兩，軍糧經紀載錢幫貼東科飯銀一百五十兩，買布幫貼東科飯銀三百四兩，又貼寫飯銀四十兩，軍糧經紀倒袋幫貼東科殘袋二千條，白糧經紀幫貼東科飯銀八十兩，軍糧經紀幫貼南科飯銀九十四兩，南科貼寫飯銀二十四兩，白糧經紀幫貼南科飯銀十兩，四閘軍糧水脚每卯幫貼南科飯銀二十五兩六錢，又每閘每年幫貼南科飯銀二兩，慶豐閘閘官每年幫貼南科飯銀七兩五錢，折賣江西滿號船每隻給南科造册飯銀二兩四錢，又給挂號銀一兩二錢，運官加銜給南科飯銀二兩或一兩六錢不等，軍糧經紀幫貼西科銷算飯銀四十兩，西科貼寫銷算飯銀四十兩，每年徵收額税盈餘平餘銀六十餘兩，又交税銀一兩收飯銀五分，紅單每大張收制錢四十文，每小張收制錢十五文，小票每張收制錢一文，巡舍更名給河税科銀一兩，又貼寫銀五錢，豬酒雜貨布四行每行給河税科年節銀二兩。頒其禁令。倉場坐糧廳衙門書役飯銀,不照石刻款目額外婪索及違例私給者,均照律治罪,失察各官分别議處,經紀收受旗丁箇兒錢外,如把持勒貼,有意耽延,奏明按律治罪,大通橋車户脚價按卯給發,如有擅動卯銀及官吏私派苦累情弊,參奏治罪。各倉書攢混領倉米,希圖價賣者,照州縣書役欺侵錢糧律治罪,花户嚮領米兵丁勒索錢文,許領米人首告從重治罪,該管官一併嚴參。

○凡漕倉之出納,歲終則奏銷,通濟庫亦如之。各省解通輕齎由閘等銀,倉場題明完欠各數,仍由坐糧廳覈明收支各款,造册題銷。到通漕糧撥運各處兵米,暫貯北倉漕糧及失風挂欠買補掣欠數目併白糧、毛竹、席片,坐糧廳各查對倉收,分款造册,送倉場查覈,併列巡撫糧道各官,完欠數目題銷。京倉、通倉漕白二糧,收放各款,造册題銷。廳茶果銀、倉茶果銀及應用公費、應出十色,併通濟庫每年收支及平餘銀兩,坐糧廳按款分晰造册,倉場覆覈奏銷,均限次年五月内具奏。

○凡漕船入北河,則督地方官而催趲,南漕抵濟寧入直隸境,相離遠近日期,漕運總督先期咨報,並行令天津道酌調撥船,至楊村以北起撥,倉場侍郎、坐糧廳帶領官役,親赴天津一帶催趲,額設催漕快船三十二隻,蔡村以上每十里設船一隻,蔡村以下每十五里設船一隻,倉場侍郎、坐糧廳催漕之日,每日各給盤費銀六兩。淺滯以時奏聞而疏濬。北運河身寬水散,並無正槽,最易停淤,漕船過天津後,倉場令各汛官弁督率淺夫隨時實力疏刮,標夫逐日探量水勢,多插柳標指引,毋致淺阻。如有積淤應需大挑之處,倉場奏明辦理,咨委直隸河員分段趕辦。新舊額設刮版四十三副,淺夫八百六十名,標夫三十三名,淺夫每名每月給工食銀一兩二錢,標夫自糧船過關日起,至回空出關日止,每名每月給標竿銀五錢,每日給工食銀八分,俱於紅撥銀内動支。閘河亦如之。裹河五閘,向於漕運竣後,開閘放水,修補隄岸,每逢秋冬水旺之時,嚴閉畜水,竢漕船到通,上游各閘提版放水,以濟漕運,倉場於每年春間出巡查看,令慶豐各閘閘官於沿河一帶栽種柳樹,以固隄根,雷閘口、過水關二處安設鐵櫺閘版,添設撈濬夫二名,朝陽門至大通橋護城河,每年挑淺銀六百兩,減水等閘如有汕刷,俱動項修理,除歲修之外,如有應需大挑工程,倉場侍郎奏明辦理。

筆帖式六人,掌給使令。

坐糧廳,滿洲一人、由六部理藩院郎中、員外郎内簡用。漢一人,由六部郎中、員外郎内簡用。掌驗收漕糧,轉石壩、土壩水陸之運,司通濟庫之出納。坐糧廳管轄石壩州判、土壩州同、漕運通判、通濟庫大使、通流閘官、慶豐閘官。每年南漕抵通時,石壩州判、土壩州同俱移駐河干,自石土二壩至郝家鋪一帶地方匪類不法等事,皆令分界稽查。通濟庫收放銀兩,由坐糧廳造册,送倉場查覈奏銷。每年收款:各省輕齎易米折銀、蘆席折價銀、蘇松浙江白糧由閘銀、通州六州縣紅撥地畝銀、大通橋車户承買豆價銀、橋壩辦公銀,又另案奏銷廳茶果銀併餘平銀、倉茶果銀、輕齎易米折銀,山東一萬八千三百八十九兩有奇,河南八千八百五十兩有奇,江安一萬八千六百六兩有奇,蘇松除解部外解通六萬九百四十七兩有奇,浙江十一萬四千九百七十二兩有奇,江西五萬五千二兩有奇,湖北一萬二千二百四十五兩有奇,湖南一萬七千五百九十五兩有奇。由閘銀,蘇松五千五百五十五兩有奇,浙江二千四百七兩有奇,紅撥地畝銀有閏之年一萬四千八百七十八兩有奇,無閏之年一萬四千五百四十九兩有奇,大通橋車户承買黑豆每石例價銀七錢,橋壩車户津貼各倉收米箇兒錢每大米一石、小米二石,各給制錢一文,停給扣存每年約銀六千餘兩。每年支款:北運河淺夫標夫工食標竿銀、通惠河挑挖淤淺銀、護城河挑挖淤淺銀、修理閘壩工程銀、修理號房銀、排造撥船銀、墊發置備口袋銀、給發旗丁簹夫銀、羨餘銀、運官紙劄銀、運進京通倉漕白糧及各倉運送内務府米麥脚價銀、麥囤繩席銀、建造木斛銀、鋸版工價銀,天津、通州二所屯丁修船併通州屯丁月糧銀、通惠河河兵月糧銀、坐糧廳西中二倉監督漕運通判庫大使心紅俸工銀,俱於輕齎等銀内放給。收買餘米價銀、撥運易州米船價銀、運送薊州米脚價銀、催漕快船修艙銀、完糧弁丁花紅綾扁銀、河神祭祀銀、户部奏銷飯銀、河南道刷卷飯銀、倉場坐糧廳催漕盤費銀、坐糧廳督催挖淺驗米飯食銀、委員赴易州驗米盤費銀、倉場各衙門養廉銀、千總把總外委工食銀、通濟庫大使養廉併史役飯食銀、清漪園水手加增工食銀、通流等閘閘夫工食銀、懷柔縣地方搭蓋浮橋銀、倉場修理衙署銀、各倉拔草勾抿工程銀,俱於廳茶果銀内放給。各倉放米制錢、運送内務府老黄米租口袋銀、運送上駟院粟米脚價銀、各倉編造氣筒銀、搭篷挑溝銀、糊裱官廳銀、各倉給倉場書吏飯食銀、各倉書攢飯銀、紙硃銀、西中二倉公用銀、内倉飯食銀,俱於倉茶果銀内放給。修理號房銀六百兩,製造木斛三年更换一次,每張給工匠鐵葉銀七錢,鋸版工價每號例給銀十二兩九錢有奇,如抽换數片者照例遞減,通州、天津兩所船三十七隻,每隻給修艙銀二十兩有奇,通州屯丁二十名,每名給半月糧銀三十八兩有奇,通惠河兵四十名,每名月給餉銀一兩二錢,坐糧廳每年心紅役食銀二百九十兩有奇,西中二倉監督心紅役食銀三百二十七兩有奇,漕運通判每年俸薪銀六十兩,役食銀二百八十二兩,庫大使每年廪俸銀三十一兩有奇,役食銀二十一兩有奇,修艙催漕快船,每隻給銀二兩,河神祭祀銀二十四兩,户部奏銷飯銀一百九十二兩,河南道刷卷飯銀六百兩。坐糧廳在張家灣督挖淤淺兩壩驗米,自糧船過津關日起,至運竣日止,每日給銀一兩,委員赴易州驗米,給盤費銀二十兩。養廉銀,倉場侍郎二人各二千四百兩,坐糧廳二人各二千二百兩,大通橋監督二人各五百兩,京城禄米等十三倉、通州西中二倉監督三十人各三百兩,内倉監督二人折抵袋價銀八百兩,恩豐倉監督二人共三百五十兩,營運通判五百兩。筆帖式六員飯銀各四百五十兩,北河游巡千總二員、漕運把總三員、外委五員,每員歲支字識工食銀十二兩。又糧船過關口起,至回空出關日止,每員日給催漕飯食銀一錢,水手每員二名,每名給銀五分,把總外委每員歲支房舍銀十二兩,通濟庫大使養廉并吏役飯銀三百五十五兩有奇,通流閘閘夫十九名,除香河縣額解銀五兩外,領銀七兩,雷閘口濬夫工食銀十二兩,減水等閘夫工食銀一百五十六兩,懷柔縣搭蓋浮橋水手,每名口給銀二錢,倉場修理衙署銀二百兩,禄米等十三倉拔草勾抿工程銀五千兩。各倉放米制錢，每放米一石給花户銀二釐，除禄米等十一倉扣存橋壩辦公，餘照舊例給發，西中二倉開放白糧，在白糧飯銀内給發，禄米等十一倉、内倉、通州倉，每倉給搭蓬銀十兩，本裕、豐益二倉，每倉給搭篷銀五兩、挑溝銀四兩、紙硃銀十六兩，内倉糊官廳銀八兩。編造氣筒銀，倉廒每貯米萬石，給銀二兩九錢六分八釐二毫，不及萬石者，照數覈減。内倉飯食銀七十六兩有奇，廳茶果平餘銀開除倉場、坐糧廳衙門公費之用，歲無定額。凡北河之淺滯，率其屬而挑濬。漕運通判駐張家灣，專司疏濬，把總二員、外委四員聽其調遣，有淺淤報明通判，在坐糧廳領銀挑濬，管理六汛刮版淺夫標夫，如有更换，照僉丁例，隨時報部。游巡千總督同把總專司刨挖淤淺。凡漕船入北河，旗丁雇船起撥，漕運通判禁止旗丁越先搶雇、短發價直及船户刁難勒索諸弊，通流、慶豐二閘閘官管束工閘運米脚夫，往來督率稽查，毋任抛散。東直門、角樓迴龍閘，歸慶豐閘閘官管理，水大則洩，水小則蓄。

大通橋監督，滿洲一人、漢一人，由倉場侍郎於京通十五倉監督内，選擬正陪，引見補用。掌轉大通橋之陸運。

禄米倉監督，滿洲一人、漢一人，南新倉監督，滿洲一人、漢一人，舊太倉監督，滿洲一人、漢一人，海運倉監督，滿洲一人、漢一人，北新倉監督，滿洲一人、漢一人，富新倉監督，滿洲一人、漢一人，興平倉監督，滿洲一人、漢一人，太平倉監督，滿洲一人、漢一人，萬安倉監督，滿洲一人、漢一人，裕豐倉監督，滿洲一人、漢一人，儲濟倉監督，滿洲一人、漢一人，本裕倉監督，滿洲一人、漢一人，豐益倉監督，滿洲一人、漢一人，十三倉監督，由户部於各衙門保送記名人員内，按次補用。掌分管京倉。

中倉監督，滿洲一人、漢一人，西倉監督，滿洲一人、漢一人，中西二倉監督，由倉場侍郎於京城十三倉監督内調補。掌分管通倉。

盛京户部侍郎，滿洲一人，掌治盛京之財賦。

○凡官莊，一曰糧莊，盛京糧莊一百十八所，每莊莊頭一名，分爲四等，頭等莊頭十二名，每名歲交糧三百八十石，二等莊頭二十名，每名歲交糧三百五十二石，三等莊頭三十七名，每名歲交糧三百七石，四等莊頭四十九名，每名歲交糧一百九十二名。二曰鹽莊，鹽莊三所，每莊莊頭一名，每名歲交鹽一萬六千斤。三曰棉花莊，棉花莊五所，每莊莊頭一名，每名歲交棉花七百斤。皆結以官牛。糧莊、棉花莊莊頭，每名額給牛六頭，鹽莊莊頭每名額給牛十頭，共歲給牛七百六十八頭。牛隻倒斃，六品官呈報本部，劄庫發銀買補。每牛定價七兩，每歲每莊牛倒斃不得過二頭。凡徵莊賦，有折色，有本色，糧莊每歲應徵糧三萬二千三百九十一石，内一萬四千一百三十七石八斗，每石折銀二錢二分交納，共折徵銀三千一百十兩三錢一分六釐，餘以本色徵米。鹽莊每歲應徵鹽四萬八千斤，棉花莊每歲應徵棉花三千五百斤，俱以本色徵。秋成則請簡，在京大臣會視而納焉。官莊租賦，每歲由部奏請，欽派在京部院堂官一人，詣盛京監收。

〇量旗地之遠近，而飭徵其稅。凡旗租，在何界内種地，即將其界協領城守尉爲督催之官，佐領防禦驍騎校爲經徵之官，徵收報部。其遼陽、開原、廣寧等三城與内倉附近，即由内倉監督徵收，其餘各外城相近者，各城協領等徵收。雜稅、當稅，亦如之。盛京本城牛馬驢騾羊豕等雜稅，由部開列盛京五部侍郎，奏請欽點一員徵收，一年一次更代。當稅係本部徵收，其各城雜稅、當稅，俱由旗員徵解，惟鐵嶺向無旗員，其當稅歸開原旗員徵收。中江稅，亦如之。中江稅由盛京五部司員内揀選一人，題請欽點管理徵收。

堂主事，滿洲一人，掌檔案文移。

經會司，郎中，滿洲一人，員外郎，滿洲二人，主事，滿洲二人，掌泉貨之出納。

〇歲請備用銀於京師。每歲奏請於師户部豫領下年應用銀，酌依上届請領數目一百二十萬兩至一百五十萬兩不等。若雜稅，盛京本城牛馬羊豕等雜稅，俱依原價，每一兩稅銀三分，歲額徵銀五千餘兩，其各外城雜稅，有冲馬羊豕稅、斗秤牙行稅、船筏稅、中店稅、海鮮稅、香蘑稅、魚網亮稅、牛馬羊豕稅，興京開原徵銀，餘各城銀錢兼徵，歲額徵銀一千三百四十兩有奇，制錢一千二百四十串有奇。斗秤牙行稅，各城共帖一千一百四十六張，每張稅銀二兩四分至一兩不等，蓋州、金州、復州銀錢兼徵，餘各城徵銀，歲額徵銀二千六百兩有奇，制錢八十四串有奇。船筏稅，錦州、寧遠、中前所、中後所、廣寧有桅船票共二十八張，每張稅銀三兩，額徵銀七十四兩，又無桅船票共三十二張，每張稅銀一兩五錢，歲額徵銀四十八兩，蓋州、牛莊、金州、復州、熊岳魚船票共二百三十七張，每張稅銀三兩至一兩不等，復州銀錢兼徵，餘各城徵銀，歲額徵銀五百三十六兩有奇，制錢十八串有奇，牛莊蘆葦鹽船票十九張，每張稅銀三兩，歲額徵銀五十七兩，復州筏子一隻，稅銀三兩，銀錢兼徵，歲額徵銀一兩五錢，制錢一千五百文。中店稅，惟開原有之，計帖十四張，每張稅銀五兩，歲額徵銀七十兩。海鮮稅，惟金州有之，計票十四張，每張稅銀一兩五錢至一兩不等，銀錢兼徵，歲額徵銀七兩七錢有奇，制錢七千七百有奇。香蘑稅，惟興京有之，計帖十張，每張稅銀一兩五錢，歲額徵銀十五兩。魚網亮稅，蓋州、牛莊共五十二塊，每塊稅銀五錢，蓋州銀錢兼徵，牛莊徵銀，歲額徵銀十八兩二錢有奇，制錢七千七百有奇。若當稅，每當一座，稅銀二兩五錢，無定額。若中江稅，中江稅係牛皮尾綢布紙張之屬，亦依原價，每一兩稅銀三分，歲額徵銀二百餘兩。皆納而致諸庫，官莊折徵銀兩，一體歸庫。以充俸廉，盛京將軍、五部各衙門官員養廉，俱由本司劄庫給發，其吉林、黑龍江各屬雜稅等項，由各將軍衙門徵收，即抵充各該處俸餉。以供廪給。盛京將軍、五部、三陵總管、内務府管理六邊各衙門，每歲心紅紙張銀六百兩，准各該衙門來文給發，三陵飼牲人丁置備冬裘銀八十餘兩，三年一次給發，賞喇嘛布折銀六百七十餘兩、狐皮銀九十餘兩、香鐙銀八十餘兩，守衛陵寢國戚子孫當直者，每人每月廪贍銀二兩，俱准三陵關防處來文給發，三旗馬群牧副，每人每月廪贍銀三兩，牧人每人每月廪贍銀二兩，准兩翼牧場來文給發，錫哷圖庫倫喇嘛每歲廪贍銀八百兩，准内務府來文給發，又盛京各寺廟香果銀、誦經銀、贍僧銀，准盛京禮部來文給發，盛京兵部驛站備用銀，准盛京兵部來文給發，又本部庫軍、盛京禮部校尉，每三年一次給置備冬裘銀五十餘兩，俱山本司劄庫給發。各登其數於册，歲終則題銷。銀錢出入數目，每季册報京師户部，年終彙造考成奏銷細册，送京師户部具題。凡布帛紙麪之物，皆請於京師以備用。三陵歲需用緞疋、布疋、紙張、金銀箔及酥油、白麪等項，又太廟歲需紗布、紙張、酥油、白麪，本部、兵部、刑部、將軍各衙門歲需酥油、白麪，三陵廚役、飼牲、人丁及庫頁、赫哲費雅喀人及本部匠役、工部匠役、禮部廚役、校尉歲給製襖綢布棉花内，惟棉花即係官莊徵收，餘俱由京師户部請領，運至盛京本部，照例發給，覈實題銷。

銀庫，掌關防郎中，滿洲一人，由京師六部郎中内，揀選充補。副關防，滿洲一人，由盛京五部郎中、員外郎、主事内，揀選充補。司庫，滿洲二人，由京師部院笔帖式内，揀選充補。掌守銀庫之藏。

糧儲司，郎中，滿洲一人，員外郎，滿洲二人，主事，滿洲二人，掌穀糈之出納。

○納官莊之米於内倉，官莊糧米，全數交倉。徵旗地之米若草豆，盛京十五城，額徵旗地一千四百七十五萬四千一百八十畝内，應徵米地一千一百四十四萬一千二百三十餘畝，每畝徵米四合四勺二抄五撮，草豆地共二百七十三萬五千六百七十餘畝，每六畝豆地徵豆一升七合七勺，草地徵草一束。惟牛莊一城，豆地五十七萬七千二百六十餘畝，每畝徵黑豆四合四勺二抄五撮。别其所貯而謹其藏。遼陽、開原、廣寧三城，就近在内倉交納，各外城俱在各該城倉交納，仍報部查覈。凡俸餉廪餼芻秣，皆給焉。盛京將軍、五部各衙門俸米，俱由本司劄倉給發，本部倉軍、樓軍，兵部驛丁，禮部聽事人、廚役、校尉，内務府黑牛館、乳牛館壯丁，工部匠役、樓軍，將軍衙門捕手，俱月給口米三斗五升四合、鹽一斤，本部銀庫拜唐阿，歲給鹽三十斤，取牛乳蒙古人，日給口米八合八勺五撮、鹽五錢，又捕送鹿羔至京師之御車官丁、取乳人，俱日給米八合三勺，駕車牛日給豆三升、草一束，其鹿日給高粱一升、豆一升，又送駑馬至京師之翼領牧長、牧人等，俱日給米八合三勺，騎馬日給草一束、豆二升，拏馬日給草一束，又送樺皮、貂皮至京師之佐領、領催，俱日給米八合三勺、馬豆二升、稗二升，又盛京各城、吉林、黑龍江等處有遷家至京師者，官員日給米八合三勺、馬草一束，併隨案發給糧單，沿途照發。各登其數於册，歲終則題銷。内倉、各外城倉，俱由本部彙造考成、奏銷等册，送京師户部具題。

○凡旗人餘地，皆辨其上中下則，而均其賦。盛京官莊餘地，招旗丁耕墾者，各城分爲三等。上等城上則地每畝租銀八分，中則地七分，下則地六分。中等城上則地每畝租銀七分，中則地六分，下則地五分。下等城上則地每畝租銀六分，中則地五分，下則地四分。

内倉，正監督，滿洲一人，副監督，滿洲一人，由盛京五部郎中、員外郎、主事及將軍衙門堂主事内，揀選充補。掌守倉糈之藏。

農田司，員外郎，滿洲二人，主事，滿洲一人，掌田畝升降之數。

○凡旗地之餘者，若首報，若私墾，皆定其科則，盛京各城旗人私墾餘地，自行首報者，每畝歲徵銀三分，經官查出者入官召佃。其首報新開，如係紅册地旁添開之地，准業户作爲己産照例納租，如係另段私開及納租餘地邊開出之地，交原佃，原佃無力耕作，官另召佃，不得私相授受。治牧地之税務。盛京各城可墾馬場地三十八萬九千八百七十四畝，聽各城旗人開墾，每畝歲徵銀四分。如有新開陞科，自行首報者，每畝徵銀三分，經官查出者，每畝徵銀四分。

○凡户婚之事，皆聽焉。遇有争控悔婚、遺漏户口，俱由本司覈辦。

管莊六品官，滿洲三人，由盛京五部、將軍衙門筆帖式内，揀選充補。掌徵莊賦。六品官二人，管理官莊，六品官一人，管理各廟撤出入官之地。

筆帖式，滿洲二十有一人、漢軍二人，掌翻譯。

欽定大清會典卷十九

禮部，尚書，滿洲一人、漢一人，左侍郎，滿洲一人、漢一人，右侍郎，滿洲一人、漢一人，掌考五禮之用，達於天下，以贊上導萬民。凡班制論材之典，達誠致慎之經，會同職貢之政，燕饗餼廩之式，百司以達於部，尚書、侍郎率其屬，以定議，大事上之，小事則行，以布邦教。

○凡舉典禮，前期疏以聞，每歲元旦令節、萬壽聖節，皇帝御太和殿受賀及御内殿受賀，太和殿設筵燕，冬日至皇帝躬祀南郊，次日行朝賀禮，不請筵燕，皇帝萬壽大慶聖節禮儀、皇后宫三大節慶賀禮儀、皇后千秋節筵燕，實録、聖訓告成，御保和殿受書、御太和殿受賀，及玉牒告成，應行豫備各事宜。崇上皇太后尊號、徽號、製造册寶、進奏書、進册寶各禮儀，尊封皇貴太妃、貴太妃、太妃、太嬪各禮儀，册立皇后、製造册寶、御殿、遣使、慶賀各禮儀，册封皇貴妃、貴妃、妃、嬪、製造册寶印、儀仗、采仗、祭告、遣使各禮儀，固倫公主、和碩公主奉旨授封、册封親王以下貝子以上各禮儀，御經筵、臨雍、親征凱旋慶賀告成紀功勒碑太學、編次親征方畧，命將出師、製備勅印、凱旋皇帝行郊勞禮告祭燕勞各事宜，殿試傳臚、每歲祭祀日期、壇廟興工事宜，皇帝親耕、皇后躬桑各禮儀，均由部前期具題。皇帝巡幸盛京、躬謁祖陵應行禮儀，巡幸之方應行秩祀、親詣曲阜致祭先師、駕詣闕里講書、臨幸翰林院、大軍凱旋獻俘受俘各典禮，均由部前期具奏。巡幸盛京，陞崇政殿受賀筵燕，會同樂部、内務府前期具奏。大婚納采、大徵、奉迎、慶賀各事宜，皇子、皇孫、皇曾孫婚禮、公主下嫁各事宜，均會同内務府前期具奏。立春日恭進春山寶座、芒神土牛時刻，會同順天府前期具奏。得旨遂進儀注，授受大典儀注，軍機大臣會同各衙門酌擬，由部恭進。太上皇帝三大節朝賀儀注、元旦萬萬壽聖節筵燕儀注、皇太后三大節朝賀儀注、元旦次日皇太后萬壽聖節筵燕儀注、皇帝三大節朝賀儀注、元旦萬壽聖節筵燕儀注，實録、聖訓告成御殿受書受賀儀注，恭上皇太后尊號、徽號、進奏書、進册寶、陞殿頒詔各儀注，尊封太妃親進册寶、次日御殿受賀儀注，册立皇后前期具奏皇帝儀注、皇后儀注及慶賀日皇帝受賀儀注、皇后、妃嬪行禮各儀注，公主下嫁皇帝、皇后筵燕儀注，臨幸翰林院儀注，親征凱旋御殿受賀儀注、命將出師御殿頒勅印告祭堂子賜酒祖餞各儀注、凱旋郊勞儀注、受俘儀注，元旦親詣堂子行禮儀注、立杆致祭親詣堂子行禮儀注、耕耤儀注，均由部會同樂部恭進。大婚納采、奉迎、慶賀儀注，由部會同内務府恭進。皇后躬桑儀注、皇子初定成婚儀注，均由内務府會同禮部恭進。皇后三大節行禮受賀儀注、皇后千秋節及各慶典奉旨於皇后宫設燕儀注，均由部奏交内務府轉交内監恭進。尊封太妃儀注、册封皇貴妃以下應進皇貴妃、貴妃、妃、嬪儀注，均奏交内務府轉啓。授受大典謝恩頒詔各儀注、閲玉牒儀注、遣官尊封太妃儀注、册封皇貴妃、貴妃、妃、嬪應進皇帝儀注、御經筵儀注、臨雍儀注、皇帝謁陵儀注、盛京朝賀儀注、駕詣闕里講書儀注、時巡親詣嶽鎮、前代帝王陵廟、先聖祠墓奠酒拈香儀注、親征啓行親詣堂子告祭儀注、凱旋親祭堂子儀注、飲至策勳燕勞從征將士儀注、奉旨於軍中勅命大將軍御殿遣使儀注、郊勞禮成告祭堂子儀注、御殿令大將軍恭繳勅印謝恩行禮儀注、殿試儀注、陞殿傳臚儀注、因事祗告嶽鎮、海瀆、前代帝王陵寢、先師闕里奉旨親閲祭文香帛儀注、奉旨召見外國貢使儀注，均由部恭進。郊勞圖及各燕圖並由部呈進。及期則請駕。恭遇聖駕陞殿朝賀筵燕、受書，上皇太后尊號、徽號，尊封太妃、親進册寶，册立皇后、大婚册迎，御經筵、臨雍講學、臨幸翰林院，元旦親祭堂子、親征命將告祭堂子、凱旋郊勞、御午門樓受俘因事告祭、親閲祝版香帛謁陵，均由禮部堂官請駕。行耕耤禮，皇帝詣耕耤位，禮部堂官及太常寺卿請駕。常朝御太和殿，兼管鴻臚寺事禮部尚書及鴻臚寺卿請駕。惟親祭壇廟，太常寺卿請駕，巡幸盛京大政殿筵燕，内務府大臣請駕。若前引，凡遇典禮，賀出宫，禮部堂官二人前引。惟壇廟祭祀，禮部滿洲堂官一人充對引，如禮部滿洲堂官充贊引，太常寺將各部院堂官奏請欽派一人充對引。耕耤，禮部堂官同太常寺卿恭引，若時巡親祭嶽鎮、前代帝王陵廟、先師闕里及親詣奠酒拈香，仍以禮部堂官二人前引，若隨駕之禮部堂官止一人，於扈從大臣内奏請欽派一人恭導。皇帝謁陵，禮部堂官前引，駕臨孝淑皇后陵寢，禮部堂官不導引。若侍儀，壇廟親祭，均以禮部堂官二人侍儀。圜丘，立第一成東案之南、西面。祈穀，立東案之南、西面。方澤立第一成東案之北、西面。太廟立東案之南、西面。社稷壇，立東案之北、西面。日壇、月壇，皆立右案之次，位南北序。先農壇，立東案之次，西面，位東西序。歷代帝王廟、先師廟，皆立東案之南、西面。若執事，恭遇頒詔，大學士奉詔，由闑東出殿中門，授禮部堂官。禮部堂官跪受，興，奉至丹陛正中黄案上恭設，行一跪三叩禮，復奉由中階下，至丹墀陳於雲盤内。詔書至部，禮部堂官於香案前，行三跪九叩禮。殿試跪受制策興，由中路至丹陛跪設案上，行三叩禮，傳臚日跪接金牓興，由中階左旁下，跪置於丹陛上正中黄案上，行三叩禮，諸進士行禮畢，禮部堂官進，就牓案前北面跪奉以興，下自中階陳於雲盤，禮部堂官率一甲三名進士隨牓由中路出。巡幸盛京朝賀，禮部堂官奉王以下文武各官慶賀表文，恭設於崇政殿内東旁案上。恭上皇太后尊號、徽號，禮部堂官奉册寶。登極，跪奏請即皇帝位，御殿受賀受書、御經筵、臨雍講學、耕耤各典禮，奏禮成，御殿筵燕，會同内大臣、内務府大臣、光禄寺堂官，共視設席，禮畢奏禮成。册立皇后、大婚册迎、册封皇貴妃、貴妃、妃、嬪，均禮部侍郎奉節，陳太和殿中案。奉旨授封公主、册封親王以下貝子以上，禮部侍郎就節案舉節，西面授正使。大婚納采大徵，禮部尚書充正使，奉迎充副使，皇子奉旨指婚吉日、公主下嫁指婚吉日，禮部堂官率屬吉服司儀。命將出師，行郊勞禮，禮部堂官偕兵部堂官奉大將軍茶。立春日，會同順天府府尹，朝服恭進春山寶座芒神土牛。考試滿漢教習、會試、翻譯試、宗室試、選拔貢生朝考、優生到部考試，禮部堂官祇領欽命題。翻譯童試發牓，禮部堂官一人齎印入闈填牓。會試、翻譯會試，均以禮部堂官一人充鈐牓大臣。殿試，禮部堂官二人，分東西點名給卷。祈禱三壇，禮部堂官率屬將事。祭先醫廟，禮部堂官一人主祭。興工祭司土、司工，會工部堂官一人行禮。迎吻，會工部、内務府堂官行禮。因事祭告，禮部尚書一人奉祝帛香交遣官齎奉，如皇帝不親閲，禮部尚書齋戒，於禮部恭視畢授遣官。豐澤園演耕，禮部堂官同奉宸苑卿、順天府府尹吉服祗俟，每歲整齊王公等神杆石座，禮部堂官一人同内務府大臣一人，詣堂子閲視。救護日月食，禮部堂官上香，伐小鼓。外國貢使至京於禮部進表，禮部堂官一人朝服受表。召見貢使，禮部堂官一人吉服引貢使入，皇帝降旨慰問，禮部堂官承旨傳知，貢使奏對，通事譯言，禮部堂官代奏。頒賞貢使，禮部堂官一人，立午門外案北西面監視。經筵禮成，於文華殿東配殿賜燕，以禮部堂官一人主燕。賜衍聖公燕於禮部，以禮部尚書主席。外國貢使朝見後，在部筵燕，以禮部堂官主席。恭修實録、聖訓等書，開館及告成日，在部賜燕。會試上馬下馬燕、傳臚後恩榮燕，均以禮部堂官陪燕。順天鄉飲酒禮，禮部堂官一人監禮。各敬共其職。

〇大祭祀則省牲，大祀天地，親王、郡王一人於前五日視牲，禮部尚書、太常寺卿於前二日省牲，太廟、社稷於祀前三日，各中祀於前二日，均禮部尚書、太常寺卿省牲。既陳而省齍，圜丘常雩，太常寺博士引禮部堂官一人，率屬由西階登第一成，詣皇天上帝位前，省視玉帛、齍盛及籩豆、登俎之實，以次詣列聖位前省齍畢，仍由西階降至第二成從位前，閲視如儀。祈穀，升西階，入祈年殿右門，詣皇天上帝位前、列聖位前，省齍如儀。方澤，登第成詣皇地祇位前，省視齍盛，次詣列聖位前省齍，降至第二成從位前，閲視如儀。太廟時饗及祫祭，詣後殿、前殿神位前，省視牲帛、齍盛及籩豆、登鉶之實，次詣東西廡周視如儀。社稷壇，詣正位、配位前，省齍如儀。日壇、月壇、先農壇，均詣壇省齍。歷代帝王廟，詣正殿兩廡省齍。先師廟，詣殿廡及崇聖祠，省齍各如儀。請神牌以奉御。圜丘、方澤、祈穀、常雩、社稷、日、月、先農，均禮部堂官一人，率太常寺卿屬，於祭日恭請神牌，禮部堂官上香行禮，祭畢，奉請神牌還御，上香行禮如初。恭請神牌，天壇、地壇於齋宫鳴鐘時，餘於皇帝降輿時，皇帝駕至，均於幄次恭俟奉安神牌畢，太常寺奏請行禮。至壇廟興工奉移神牌，大祀之壇廟，禮部堂官詣神位前上香行禮，送别殿安設畢，行禮如初。工竣恭請神牌還殿，禮部堂官行禮如初。中祀之壇廟奉移神牌日，遣官於本壇廟祗告，禮部堂官率太常寺卿恭詣神位前行禮。

○凡五禮，一曰吉禮，其目百二十有三。吉禮之目：曰冬日至南郊大祀，曰立春後得辛祈穀，曰龍見常雩，曰大雩，曰因事祗告南郊，曰升配南郊，曰夏日至北郊大祭，曰因事祗告北郊，曰升配北郊，曰時饗太廟，曰大祫，曰親詣祗告太廟，曰遣官祗告，曰升祔太廟，曰加上尊謚，曰恭進玉册、玉寶，曰親饗奉先殿，曰遣官祭饗奉先殿，曰親詣奉先殿祗告，曰遣官祗告，曰月朔望奠獻，曰升祔奉先殿，曰親謁陵寢，曰親饗陵殿，曰皇后、妃謁奠陵寢，曰遣官饗薦陵寢，曰寶城上土，曰聖誕忌辰奠獻陵寢，曰萬壽節奠獻，曰朔望奠獻，曰因事祗告陵寢，曰皇子謁陵，曰群臣恭謁，曰園寢致祭，曰春秋親祭社稷壇，曰因事祗告社稷，曰親詣祈報社稷，曰遣官祈報，曰直省社稷壇常祀，曰直省祈報，曰日壇親祀，曰遣官，曰月壇親祀，曰遣官，曰親饗先農，曰遣官，曰直省饗先農，曰皇后親饗先蠶，曰遣妃，曰遣官，曰浙江祭先蠶，曰親饗歷代帝王，曰遣官，曰時巡親饗前代帝王，曰遣官，曰因事遣官，曰直省專祭前代帝王陵廟，曰親詣傳心殿祗告，曰遣官祗告，曰月朔望常祀，曰春秋親詣先師廟釋奠，曰遣官釋奠，曰臨雍釋奠，曰月朔釋菜，曰月望上香，曰賓典釋褐，曰因事祗告，曰時巡親釋奠闕里，曰謁孔林，曰遣官釋奠元聖周公，曰遣官釋奠顔曾思孟四氏，曰直省文廟釋奠釋菜，曰直省忠孝、節義、名宦、鄉賢祠，曰親祀天神壇，曰祈祀天神壇，曰報祀，曰祈祭地祇壇，曰報祭，曰直省雲雨、風雷、山川壇祈報，曰時巡親祭方嶽，曰遣官祭方鎮，曰遣官祭所過名山大川，曰時巡所過山川上香，曰嶽鎮海瀆因事遍祭，曰嶽鎮海瀆所在專祭，曰名山大川所在專祭，曰直省山川專祠，曰元旦歲除迎祖太歲，曰祈祭太歲，曰報祭，曰先醫廟，曰關帝廟，曰文昌廟，曰北極佑聖真君廟，曰火神廟，曰都城隍廟，曰東嶽廟，曰黑龍潭龍神祠，曰玉泉山龍神祠，曰昆明湖龍神祠，曰炮神，曰司土、司工神，曰窰神、門神，曰倉神，曰直省各神祠，曰時巡遣祭聖賢、忠烈、名臣、勳臣祠墓，曰京師賢良祠，曰直省賢良祠，曰京師昭忠祠，曰雙忠祠，曰旌勇祠，曰獎忠祠，曰褒忠祠，曰功臣專祠，曰盛京賢王祠，曰直省昭忠祠，曰直省功臣、名臣專祠，曰直省祭厲，曰親王、世子、郡王家祭，曰貝勒、貝子、宗室、公家祭，曰品官家祭，曰庶士家祭，曰庶人家祭。二曰嘉禮，其目七十有四。嘉禮之目：曰授受大典，曰皇帝登極，曰太和殿朝賀，曰盛京朝賀，曰外官朝賀，曰太上皇帝御殿朝賀，曰皇太后宫朝賀，曰皇后宫朝賀，曰御門聽政，曰常朝陞殿，曰常朝坐班，曰盛京陞殿，曰盛京坐班，曰恭上皇太后尊號、徽號，曰尊封太妃、太嬪，曰大婚，曰皇子、皇孫婚，曰公主釐降，曰王公以下婚，曰郡主以下出嫁，曰品官婚，曰庶士婚，曰庶人婚，曰册立皇后，曰册封皇貴妃，曰册封貴妃，曰册妃，曰册嬪，曰册封親王、世子、郡王，曰册封長子、貝勒、貝子，曰册封公主，曰册封福晉、夫人，曰册封郡主、縣主、郡君，曰頒詔，曰直省迎詔，曰外國迎詔，曰頒朔，曰受朔，曰外國受朔，曰進春，曰直省迎春，曰親耕耤田，曰直省耕耤，曰皇后躬桑，曰恭進實録、聖訓，曰恭進玉牒，曰恭進列聖本紀，曰經筵進講，曰臨雍講書，曰臨幸闕里講書，曰順天鄉試，曰直省鄉試，曰會試，曰臨軒策士，曰傳臚，曰表謝，曰時巡省方，曰太和殿筵燕，曰太上皇帝筵燕，曰皇太后宫燕，曰歲除燕，曰臨雍燕，曰經筵燕，曰修書燕，曰凱旋燕，曰鄉試燕,曰會試燕,曰恩榮燕,曰會武燕,曰燕衍聖公,曰燕外國貢使,曰王公燕,曰順天鄉飲酒,曰直省鄉飲酒。三曰軍禮,其目十有八。軍禮之目:曰大閲,曰京營訓練,曰直省閲兵,曰親征,曰親征凱旋,曰親征告至,曰親征飲至策勳,曰親征告成紀功,曰命將,曰遣使頒勅印,曰納降,曰凱旋,曰告成燕賚,曰獻俘,曰受俘,曰日食救護,曰月食救護,曰直省日月食救護。四曰賓禮,其目二十。賓禮之目:曰外國朝貢,曰勅封外國,曰外國表謝,曰宗室、外藩、親王相見,曰宗室、外藩、郡王相見,曰宗室、外藩、貝勒、相見,曰宗室、外藩、貝子、公相見,曰京官敵體相見,曰京師屬官見長官,曰國學師弟子相見,曰直省官敵體相見,曰直省文職見長官,曰直省武職見長官,曰直省官見學政、鹽政,曰京府官屬相見,曰直省文武官相見,曰直省滿洲、漢官相見,曰士賓朋相見,曰受業弟子見師長,曰卑幼見尊長。五曰凶禮,其目十有五。凶禮之目:曰列聖大事,曰列后大事,曰皇貴妃喪,曰貴妃喪,曰妃喪,曰嬪喪,曰貴人喪,曰皇太子喪,曰皇子喪,曰親王以下喪,曰親王福晉以下喪,曰公主以下鄉君以上喪,曰品官喪,曰庶士喪,曰庶民喪。

清檔房,堂主事,滿洲二人,掌守册檔,本部滿洲、蒙古官員題陞調補,由清檔房承辦。每届京察,本部司員筆帖式並堂子四譯館官員册,均由清檔房承繕分送吏部吏科,兼覈轉鴻臚寺京察官册。每遇朝會祭祀,開具官單,呈堂派員監禮。繕清字、漢字之奏摺。

漢本房,堂主事,滿洲一人、漢軍一人,掌繕清字、漢字之題本。

司務廳,司務,滿洲一人、漢一人,掌治吏役,收外省衙門之文書,呈堂書到,記其號以分於司,會試送試卷於貢院。會試舉人投文納卷後,由司務廳呈堂用印,分别三場封貯卷箱,送至貢院。

督催所,郎中、員外郎、主事無定員,由堂官酌委。掌催四司題奏咨存之件,而督以例限。每月於禮科、浙江道註銷。

當月處司員,滿洲一人、漢一人,以四司郎中、員外郎、主事、七品小京官輪直。掌監用堂印,每日請堂印於大庫,鈐畢還貯庫,鑰交當月司官掌管,並稽察看守大庫官員兵丁。收在京衙門之文書,在京各衙門文移會稿,交當月司官接收,交司務廳呈堂分司。送題本於内閣,内閣傳抄,清字則滿洲司員抄焉,漢字則漢司員抄焉。

書籍庫,由堂官酌委司員管理,無定員。掌庫貯書籍。庫貯欽頒書籍,届順天鄉試、會試期,送内簾檢閲,事竣取回存貯。

版片庫,由堂官酌委司員管理,無定員。掌庫貯版片。庫貯欽定三禮義疏、大清會典、會典則例、本部則例、科場條例等書版片。

南庫,由堂官酌委司員管理,無定員。掌庫之存貯。庫貯各省解部試卷並暫貯各處繳回舊印及封王金册,恩賞壽民、壽婦,緞疋、銀兩等項。

養廉處,由堂官酌委司員經理,一年更换,無定員。掌支放養廉。每歲支户部銀五千兩,除本部一切公用支銷外,餘俱按季放給各官養廉,由户部奏銷。其吏役飯銀,由河南、山西二省每歲各解銀一千兩,隨時支放,由養廉處經管。

地租處,由堂官酌委司員經理,二年更换,無定員。掌徵收地租。禮部取租地畝,雍正年間給爲添補養廉之用,其地畝坐落郭公莊、豐臺廠、沿西垈、天竺廠、北臯廠。凡五處自嘉慶七年飭委大興、宛平兩縣丈量後,五處現存地二百五十頃四十九畝有奇,實徵地租制錢二千九百九十九千五百有零,每歲六月開徵麥秋地租,九月開徵大秋地租,其徵收之錢隨時付養廉處。

欽定大清會典卷二十

儀制清吏司，郎中，滿洲二人、漢一人，員外郎，滿洲三人、漢一人，主事，滿洲一人、漢一人，掌朝廷府署鄉國之禮，稽天下之學校，凡科舉掌其政令。

〇凡元旦、萬壽聖節、冬日至，則大朝，三大節大朝，皆上表慶賀，冬至躬祀南郊於次日行朝賀禮。皇帝御太和殿而受焉。大朝御太和殿，皆先御中和殿。常朝，亦如之。應謝恩官滿一百名以上，鴻臚寺疏請御殿，得旨，行常朝禮。皆備其陳設，鑾儀衛陳法駕、鹵簿，樂部和聲署設中和韶樂、丹陛大樂，鴻臚寺設筆硯案，大朝並設表案，頒詔並設詔案、黃蓋、雲盤。正其班位，導駕官，大朝，禮部滿洲尚書一人，侍郎一人，立丹陛下螭頭前，常朝，禮部尚書兼管鴻臚寺事一人，鴻臚寺卿一人，立丹陛上，均東西面。侍班官，前引大臣十人，立御座前東西面，後扈大臣二人於御座左右僉立，豹尾班執槍侍衛十人、佩刀侍衛十人，於御座後左右翼立，記注官四人立前楹西第三柱，東面北上，内閣大學士、學士、翰林院掌院學士、詹事府詹事、少詹事、翰林院侍讀學士、侍講學士，各滿洲一人、漢一人，立東檐第三柱，西面，都察院左都御史、副都御史，各滿洲一人、漢一人，樂部大臣一人，立西檐第三柱，東面，皆北上。執事官，和聲署領樂官十八人，分立樂次，東西面，鴻臚寺鳴贊四人，分立東西檐第二柱，東西面，鑾儀衛鳴贊六人，立丹陛西階，每階二人，皆東面，引王公鴻臚寺官二人，立於丹陛，引百官、引外國貢使鴻臚寺官各四人，立於丹墀，東西面，皆北上。糾儀官，滿洲御史二人，立西檐第三柱，東面北上，滿洲御史四人、禮部滿洲司官二人，立丹陛上近南，都察院堂官二人，立第一層品級山兩旁，滿漢科道共三十六人，分立品級山，每品正從東西各一人，均北面，禮部司官四人，在丹墀之南東西僉立，御史四人、禮部司官四人、侍衛二人，分立昭德門階下之左、貞度門階下之右，東西面。朝班，丹陛上親王、郡王、貝勒、貝子、入八分公分，左右翼立，位東西各二班，東西面，均北上，拜位東西各四班，左翼西上，右翼東上，均北面，丹墀内文武各官，分左右翼，立位在鹵簿外，東西各九班，東西面，北上，拜位在鹵簿内，依品級山東西各十八班，東班西上，西班東上，外國貢使在西班之末，均北面。大朝、常朝同，大朝宣表官一人，立東檐侍班官之次。

辨其節次，大朝之儀，質明，王公百官咸朝服，王公暨一、二品官由右翼門入，三品以下官由午門左掖門入昭德門，右掖門入貞度門，外國貢使隨入，糾儀暨執事官咸入，就位立。欽天監官於乾清門報時，導駕官禮部尚書、侍郎奏請御殿。後扈大臣、侍衛於乾清門，禮部尚書、侍郎於門階下，前引大臣於太和殿後階下，左右序立祗俟。午門鳴鐘鼓，皇帝禮服乘輿出宮，導駕官恭導，後扈從，至保和殿後降輿，皇帝御中和殿升座。侍班、導從、糾儀、執事官，於殿前行三跪九叩禮畢，各先趨出，就外朝位，惟導駕官俟駕興，暨前引大臣恭導，後扈如初，中和韶樂作，皇帝御太和殿升座，樂止。導從官各就位，三鳴鞭，丹陛大樂作，王公就拜位，百官由鹵簿南轉入拜位，按班北面立，皆進，皆跪，樂暫止。宣表官自東檐入殿左門，詣表案前奉表，至檐下正中北面跪，大學士二人左右跪展表，宣表官宣表畢，奉表進復於案，退，樂作，王公百官行三跪九叩禮興，退，復位立，樂止，三鳴鞭，中和韶樂作，駕興還宮，王公百官退。若頒詔，大學士奉詔書，由殿中門少左出至殿檐下，授禮部尚書，禮部尚書跪受，由中階左旁至丹陛正中，設案上，行一跪三叩禮，跪奉以興，由中階降，儀制司官以雲盤跪承，舉起，出太和門中門，張黃蓋，官屬前引，尚書、侍郎從，百官隨出。常朝，王公由午門左右門、太和門左右門入，百官由午門左右掖門入昭德門、貞度門，皇帝不御中和殿，不進表，惟謝恩官出班行三跪九叩禮，餘皆按立位立。若遇覃恩後，百官皆謝恩，則仍御中和殿。遇萬壽大慶聖節，各省來京慶祝人員及進士、舉人、貢監生員、耆老等，於午門外、天安門外，排班行禮。傳臚御太和殿，朝儀亦如之。傳臚設牓案二，一於楹東，一於丹陛。大學士一人、禮部尚書一人立殿外東檐下，宣制官一人立東樂懸之南，均西面。傳臚，鴻臚寺官立丹陛西階，每成一人，均東面，讀卷及執事官序立丹墀東，諸貢士在丹墀內各官之次，依會試名次，奇者在東，偶者在西，兩翼序立，其餘陳設班位如儀。鳴鞭後，讀卷執事各官進，行三跪九叩禮興，退，復位，大學士進殿左門，詣東案前奉黃牓出，授禮部尚書，禮部尚書跪接，興，陳於丹陛案，北面三叩，興，避立於左，諸貢士排班跪聽宣制。傳臚畢，行三跪九叩禮，興，退，復位，禮部尚書進，就牓案前北面跪，奉牓興，降中階，儀制司官承以雲盤，黃蓋前導，出太和門中門，一甲進士隨出，諸進士左出昭德門，右出貞度門，餘儀與大朝同。駐蹕圓明園，則御正大光明殿。駐蹕山莊，則御澹泊敬誠殿。幸盛京，則御崇政殿。其朝儀亦如之。圓明園、避暑山莊、盛京朝賀，皆陳法駕、鹵簿，中和韶樂，丹陛大樂。圓明園，皇帝御龍袍衮服，皇子王以下、文三品武二品以上官，按翼在正大光明殿階下左右，文四品武三品以下各官，在出入賢良門外，皆蟒袍補服行禮，外國貢使附西班之末。避暑山莊，皇子王以下、三品官以上及蒙古王公以下、三等台吉以上，在澹泊敬誠殿階下左右，四品以下官、蒙古四等台吉以下，在二宮門外，各按品級排立行禮，皆不宣表。盛京，詔案表案陳設，各如儀。皇帝御禮服，隨駕王公並蒙古王等，在崇政殿外左右排立，隨駕文武各官，在丹墀東，盛京文武各官，在丹墀西，皆按品級排立，朝鮮使臣等附西班之末。王公百官咸朝服進表，宣表行禮，頒詔如儀。若值行在所朝賀，皇帝御帳殿，皇子王公以下、文武二品以上官，在網城内，三品以下各官，在網城外，按翼排班行禮。巡幸盛京回鑾，皇帝御太和殿，王公百官慶賀如儀。若進表，恭遇慶典，諸王、大學士率在京官，各省文武率闔屬官及外藩屬國，各具賀表，由部備表亭、香亭，派引表司官二人、筆帖式十人，届期，儀制司官奉表文恭設於亭，鑾儀衛校尉舁行，香亭前表亭後，導迎樂作，由東長安門至午門外，亭止，香亭設甬道左，在京王公百官表亭設甬道右，餘設甬道左右。儀制司官恭奉在京王公百官表文，進太和殿，設東楹案上，俟宣讀行禮畢，王公百官退，儀制司官奉殿上表及午門外亭内，各表送内閣。若進表日皇帝不陞殿，則香亭設甬道上，在京王公百官表亭設香亭後，各省表亭設甬道左右，鴻臚寺設案於午門外正中，王公百官行三跪九叩禮如儀。駕幸盛京，慶賀進表，表亭舁至大清門外安設，餘儀同。其在京官員，仍於午門外進表行禮如儀。駕幸避暑山莊，御殿受賀，在京官員進表行禮，與駕幸盛京同。傳臚後五日，狀元率進士上表謝恩，由東長安門入至午門外，序立甬道左右東西面，狀元奉表詣案前北面跪陳於案，三叩退，及諸進士重行北面行三跪九叩禮退。臨雍次日上表謝恩，衍聖公、國子監祭酒，各親奉表文，由東長安門至午門外案前跪陳於案，衍聖公在東，祭酒在西，行三跪九叩禮退，衍聖公率五經博士、各氏後裔，祭酒率所屬官及進士、舉人諸生行三跪九叩禮退，皆禮部官奉表送内閣。若頒詔，覃恩頒詔，内閣學士恭奉詔書，先設太和殿内東楹案上。禮部豫設龍亭、香亭於午門外，樂部和聲署陳樂於香亭南。工部設宣詔臺於天安門樓東第一間，設金鳳朵雲於門上雉口正中，鴻臚寺設案於臺上。禮部派陳設司官一人、奉雲盤司官二人、奉詔書司官一人、前引筆帖式二人，儀制司官奉詔書出午門設於龍亭，行一跪三叩禮。校尉舁行，香亭在前，導迎樂作，御仗前引，至天安門由東磴道升樓，設於正中。奉詔官進，跪叩如初，恭奉詔書登臺，設於案，退立臺東，龍亭、香亭移設門外正中。文武百官在金水橋南，按翼排班進，領催耆老别爲班隨後立，均北面，宣詔官登臺西面立，衆皆跪聽宣詔。先清文，後漢文，畢，行三跪九叩禮退，奉詔官奉詔書置朵雲内，綵繩懸繫，自金鳳咮銜下，禮部司官接受，仍設於龍亭，跪叩如初，由大清門出，導引如初，官兵護送，詣禮部，望闕陳香案，尚書、侍郎率屬行三跪九叩禮，謄黄刊刻頒行，其用寶詔書，繳送内閣。在京王以下、入八分公以上，各給一道，部院八旗每衙門各給一道，直隸、兩江、閩浙、湖廣、陝甘、四川、兩廣、雲貴各總督，山東、山西、河南、江西、浙江、廣西、貴州各巡撫及河道總督、漕運總督，由内閣繕寫用寶送部，交各齎詔官頒發各一道，江蘇、安徽、福建、湖南、湖北、陝西、廣東、雲南各巡撫及各省駐防將軍、都統、副都統、提督、總兵，附各路齎詔官頒發謄黄各一道，盛京各衙門並駐防城守尉、防守尉、參領、協領及新疆等處應給謄黄，俱交兵部轉發，外藩蒙古由内閣兼繕蒙古字樣，咨取理藩院筆帖式二人，到部謄黄刊刻，交理藩院行兵部轉發，朝鮮諸國候欽命正副使齎往，或諸國使臣在京奏交帶回本國。各省齎詔官，内閣中書七人、翰林院筆帖式二人、起居注筆帖式一人、禮部筆帖式三人、吏户兵刑工五部筆帖式共五人，由部掣籤奏派，皆備儀從並畫筒黄布，由部移取給發回日並用寶詔書繳還。惟頒發朝鮮寶詔，向例存留該國。齎詔往返限期：直隸十五日，山西、河南二十日，山東二十五日，山東、河南、河道總督三十日，漕運總督、江南河道總督四十五日，江南六十日，江西、浙江、湖廣、陝西七十五日，貴州九十日，福建、四川、廣東、廣西一百五日，雲南一百二十日。若駕幸盛京頒詔，詔書由盛京禮部謄黄頒發東三省後，發回内閣，交部謄黄，頒發在京八旗及各省。若進書，恭進實録、聖訓之禮，太和殿前法駕、鹵簿、樂懸陳設如儀，設書案於保和殿正中，表案於殿門外之左，均南嚮備，香亭、龍亭、表亭於館前，監修、總裁率提調、纂修各官在館祇候，王公於太和門外金水橋北，文武百官於橋南祇候，均朝服，舉案侍衛於保和殿外，内監於乾清門外祇候，均蟒袍補服。届時，監修官奉表於亭，纂修各官恭奉實録聖訓設龍亭内，行三跪九叩禮畢，校尉舁行，張黄蓋，列御仗、龍旗，導迎樂作，香亭、龍亭循中道入太和門，王公百官跪，候過，興，表亭循道左入太和左門，監修、總裁以下官隨入，以次陳亭於殿階下，纂修等官詣亭跪，三叩興，恭奉實録、聖訓，監修官奉表，各亭皆撤，奉書官升中階，由太和殿中門入，詣保和殿陳於中案，奉表官升左階，由太和殿左門入，詣保和殿陳於門外東案，監修總裁以下各官，於丹陛東行三跪九叩禮畢，西面序立，王公百官入昭德門、貞度門按位立，禮部尚書、侍郎奏請皇帝禮服乘輿出宫，前引後扈如儀，至保和殿後降輿，皇帝入保和殿，侍衛豫布拜褥於書案前，禮部尚書、侍郎恭導皇帝就拜位，北嚮，行三跪九拜禮，興，退立案東，西嚮，侍衛進，舉書案及表案，由殿北門詣乾清門，内監恭接送入乾清宫，監修、總裁以下各官出，至太和殿百官班内序立，禮部尚書、侍郎奏受書禮成，恭導皇帝御中和殿、御太和殿，王公百官排班跪，奏致辭，宣制辭畢，王公百官行禮如儀，皇帝還宫，皆退，擇吉，尊藏皇史宬。奉書設龍亭内行禮如儀，黄蓋旗仗前導，導迎樂作，出東華門，各官隨行，詣皇史宬行禮，恭奉藏於金匱，行三跪九叩禮如儀。是日纂修官以副本送内閣。恭送盛京，則奉書貯於行箱，陳於龍亭，欽派王公一人、禮部工部堂官各一人、侍衛十人、館派提調官一人、纂修官二人、禮部工部各派司官一人、筆帖式一人、欽天監派官一人護送。護送官詣館，行三跪九叩禮，蓋旗、御仗作樂如儀。出朝陽門，樂止，載以行駕、綵亭，蓋旗、御仗如初，所過守土官朝服跪道左迎送。至奉天城外，盛京將軍備綵亭、鼓樂，派官前引，將軍、五部侍郎、府尹丞，咸率其屬出郭跪迎，引入，恭設崇政殿案上，各官行三跪九叩禮，提調等官同盛京五部司官，行一跪三叩禮，按次包裹畢，再行一跪三叩禮，擇吉，仍設綵亭，送往之王大臣等及將軍以下各官，詣案前行一跪三叩禮，奉設亭内行禮如初，恭送至崇謨閣前，衆行禮如初，提調等官同盛京五部司官，恭奉尊藏畢，衆行三跪九叩禮退。若啓行日，皇帝親詣拈香，則於東華門外綵棚前，行三跪九拜禮。恭進本紀，總裁官吉服進表後，至國史館率提調、總纂、纂修各官均蟒袍補服，陳書於案，行三跪九叩禮，提調、總纂官奉設龍亭内，亭座以次排列文華殿門外，南嚮，提調、總纂各官嚮亭行一跪三叩禮，蓋旗、仗樂如儀，由景運門至乾清門外階下，提調、總纂各官詣亭前行一跪三叩禮，内務府豫設書案於乾清宫中，又設香案一，均南嚮，提調、總纂各官按次分翼，總裁官前引，進乾清宫中門，以次恭設於各案畢,總裁、提調、總纂各官,於階下行三跪九叩禮,退,總管内務府大臣蟒袍補服,敬謹閲視,分别歸架,擇吉尊藏皇史宬,總裁以下各官,詣館行禮,提調、總纂各官奉設亭内行禮,蓋旗、仗樂如儀,至皇史宬行禮,恭奉尊藏行禮,均如儀。恭進玉牒,按卷數設案於中和殿正中,又設案於左右兩旁,東西嚮,總裁、王大臣率提調、纂修各官在館祗候,親王以下、入八分公以上,於太和門外金水橋,未入八分公以下、文武各官,於午門外祗候,均朝服,届時,恭奉玉牒設龍亭,行三跪九叩禮,蓋旗、仗樂如儀,自宗人府堂入大清門,至天安門外,總裁以下各官下馬,至午門外,諸王下馬,百官跪迎,樂止,至太和門外,王公跪迎,候過輿,至太和殿階下,亭止,提調、纂修官奉書,升中階入殿中門,總裁以下各官由東階入殿左門,至中和殿分陳各案訖,於丹陛東行三跪九叩禮,總裁、王大臣進詣中案前,恭展玉牒,退殿外侍立,禮部尚書、侍郎奏請皇帝禮服乘輿出宫,御中和殿,立於案左,西嚮,禮部尚書奏請閲玉牒,皇帝詣正中案,北嚮,閲畢,禮部尚書奏禮成,皇帝還宫,總裁、提調、纂修各官奉書詣乾清門,内監接入,龍亭、綵亭移設乾清門外,導迎樂移設東華門外,皇帝覽畢,内監奉出,總裁、王大臣、提調、纂修各官奉設亭内,内大臣派侍衛二十人前引,散秩大臣一人率豹尾槍侍衛十人後護,由保和殿中階以次出中和殿、太和殿,蓋旗、御仗前導,出太和門、協和門、東華門各中門,導迎樂作,王公百官跪送如儀,詣皇史宬行禮,恭奉尊藏,復行禮如儀,如奉旨在宫中恭覽,王公以下迎送如儀,送往盛京尊藏於敬典閣,與實録、聖訓儀同。則各定其儀。常朝,皇帝不御殿,則坐班。凡月之初五日、十五日、二十五日爲常朝之期,皇帝不御殿,王公、百官坐班,咸朝服,王公於太和門外東西各二班,百官於午門外朝房前東西各九班,東西面,重行北上,鴻臚寺官東西各二人、糾儀御史二人、吏部禮部司官各二人,分位東西班首,御史二人、吏部禮部司官各二人,分位東西班末,均東西面,北上。坐時,春冬以辰正,夏秋以卯正,門校禁斷行人,糾儀官就位,王公、百官各以次就位坐,吏部、禮部派官收職名,糾儀官起繞班,行上下一匝還,復位坐,少頃,王公出,百官皆退。又每月初一日、初十日、二十日,王公以下、八旗武職官補服坐班,八旗世襲三品以上大臣二人分翼率領,禮部、兵部滿漢司官各二人查班。又每月左翼逢單日、右翼逢雙日,王公等坐班,皇帝在宫,於太和門,恭遇聖駕巡幸日,於午門,宗人府屬官稽察,儀均如常朝。凡常朝日,遇雨雪及素服之期,均免坐班,大臣官員等在内廷行走辦事,各部院堂官遇令節赴圓明園祗賀及帶領引見,併遇有事故册内聲明者,均無庸坐班,奏事者仍留一員坐班。凡坐班各官有言語喧譁、附耳交談、背面坐立、逾越御道者,糾儀等官指名題參。

○仲春、仲秋之吉,御經筵,則請旨。凡御經筵,每歲春季於開印後,秋季於七月下旬,由部具題,得旨劄欽天監擇吉日時,於前三日恭繕儀注具奏,如先期奉旨某日御經筵,仍劄欽天監擇吉時,恭進儀注。欽命四書經義各一道,直講官撰擬講章進呈,若二仲月恭遇巡幸,停止具奏。皇帝御文華殿,御經筵於文華殿,鴻臚寺設皇帝書案、講官講案,講官滿洲二人、漢二人,俱補服,袍用蟒袖,及侍班侍儀各官,俱補服，序立丹墀兩旁，記注官四人，補服，立西階下。屆時，禮部尚書、侍郎，奏請皇帝，常服乘輿出宫，前引、後扈如儀，由景運門詣文華殿丹陛上降輿，御寶座。記注官升西階入殿右門，立西柱之西，導駕禮部尚書、侍郎於門外左右立，後扈大臣於御座兩旁左右立，侍衛於階下左右立，講官暨侍班官於丹陛左右行二跪六叩禮畢，各官入殿内，滿洲講官立東柱前，漢講官立西柱前。侍班官，東班大學士、吏部、户部、禮部、通政使司、詹事府各堂官，西班兵部、刑部、工部、都察院、大理寺各堂官，序立於講官後，若衍聖公來京，居東班大學士之次。侍儀，東班給事中二人，西班監察御史二人，立班末，鴻臚寺卿東西檐下立。進講，左陳以書，右陳以經，皇帝宣御論焉。翰林院官奉御覽講章，設皇帝書案，進講副本設講案，皆四書講章在左，經講章在右，講官出班進至講案前，行一跪三叩禮，退就原班立。先講四書，滿洲講官出東班南行數武西趨，及中門左棖前折旋北面，就案左進講，畢，郄退折旋東趨復位，漢講官出西班南行東趨，及中門左棖前折旋北面，就案左進講，畢，郄退折旋西趨復位，皇帝宣講御論，各官跪聽，畢，次講經，滿洲講官、漢講官以次趨至中門右棖前，折旋就案右，講畢退，皇帝宣講御論，各官跪聽如儀。各官至丹陛左右排班，行二跪六叩禮，禮部尚書、侍郎奏經筵禮成，皇帝御文淵閣，各官進至閣内列班，賜茶畢，皇帝乘輿還宫，賜各官燕於文華殿東配殿。若遇雨，執事官服雨衣列班，其階下行禮及賜茶諸儀，俱停止。臨雍亦如之。臨雍，樂部設中和韶樂、丹陛大樂、丹陛清樂，鴻臚寺設皇帝書案、講案，祭酒恭奉御覽講章陳案上，書左經右，進講副本書陳左案，經陳右案。進講官，東班大學士滿洲、漢各一人，由部奏請欽派，西班即令祭酒滿洲、漢各一人。進講，皇帝釋奠先師禮畢，乘輿御彝倫堂更衮服，衍聖公率五經博士、各氏後裔，祭酒、司業率所屬官暨王公、大學士以下官、各學教習、進士、舉人咸吉服，肄業諸生暨貢生、監生、官學生咸公服，均先至辟雍南，分東西班序立，記注官、侍儀官、鳴贊引禮官皆按位立。屆時，禮部尚書、侍郎奏請皇帝御辟雍殿，行講學禮，鳴鐘鼓，禮部尚書、侍郎恭導，前引後扈如儀。皇帝御辟雍殿升座，中和韶樂作，導駕官前引大臣趨至廊下立，侍衛於階下東西翼立，記注官立殿内西南隅，侍儀、給事中、御史立東西檐柱内，樂止，齊班，丹陛大樂作，衍聖公、進講大學士、五經博士、各氏後裔在東班，祭酒以下官在西班，肄業諸生各隨東西班末，外藩使臣附甬道西百官之末，行二跪六叩禮，退復位，樂止，進講官由南橋升階，王公、衍聖公、大學士、九卿、詹事由東西橋升階，俱入左右門，進講大學士二人立左案，西面，祭酒二人立右案，東面，左翼王公四人、衍聖公及東班各官，右翼王公四人及西班各官，分立進講官之後，東西面，鴻臚寺卿就東西檐下立。皇帝賜講官坐，講官就位，一叩坐，東班滿洲進講官、漢進講官，以次講四書，皇帝宣御論，衆跪聽，西班進講官以次講經，皇帝宣御論，衆跪聽，畢，進講官退橋南，暨司業以下官就拜位，樂作，行三跪九叩禮，樂止，進講官仍由左右門入，復位立，司業以下及各官生，先至成賢街序立祗俟。御前進茶，丹陛清樂作，皇帝賜進講官及王公、衍聖公、大學士、九卿詹事茶，俱行一跪一叩禮，坐，賜茶畢，樂止，王公、大學士以下各官，自左右門出，至橋南，東西序立，禮部尚書、侍郎奏禮成，中和韶樂作，皇帝乘輿出太學門，樂止，祭酒、司業率所屬官暨進士、舉人、諸生跪送。幸闕里，御詩禮堂，亦如之。詩禮堂正中，設御幄寶座，南嚮，御座前設經書案，堂東設勑案，西檐下設講案，内閣中書奉勑，翰林院官奉講章，各陳於案如儀，進講官選十一氏子弟二人充。皇帝釋奠先師禮畢，出同文門，至奎文閣前就大次，扈從大學士以下、京堂科道以上、守土官巡撫司道，於承聖門左序立，衍聖公率五經博士及直講官於門右序立，禮部尚書奏請皇帝出大次乘輿，前引後扈如儀，至承聖門外，各官跪迎，候過，隨入序立，司道官候於門外。皇帝至詩禮堂前降輿，御寶座，禮部尚書、侍郎暨前引大臣止立門外，餘各就位如儀，衍聖公以下就庭西拜位，行三跪九叩禮，直講官一人升西階，詣講案前跪，三叩興，就案西東面，講四書畢，降階復位，次一人升階講經。如講書儀，大學士入左門，奉勑出堂中門，授宣勑官，奉至階前，西面，衍聖公以下跪聽，宣勑畢，宣勑官奉勑降中階左，西面，授衍聖公，衍聖公恭受，執事官趨進，跪奉以興，退，衍聖公率博士以下謝恩，行三跪九叩禮，興，豫往毓粹門外祗候，各官咸出，禮部尚書奏禮成，皇帝起座，導從如儀，至毓粹門，就大次，更常服出，祗謁孔林，禮畢還行宮。

○立春，則進春。立春前一日，順天府豫設春山寶座，芒神、土牛各案於禮部，設案於午門外正中。屆日，於立春前一時，若立春在夜則於質明後擇時，各官俱朝服，漢生員六十人、滿洲蒙古漢軍天文生八人，俱公服，生員舁案，天文生導引，由東長安門、天安門、端門各中門至午門外，陳於案，禮部尚書、侍郎、順天府尹丞各率其屬，畢會，屆時，生員舁案，禮部官前引，尚書、侍郎及府尹丞後從，由午門中門入昭德門，至後左門外止，内監接舁，前引後從如初，至乾清門，各官止立，内監舁入乾清宫，恭進於皇帝、皇后，各官退，内務府官恭候，將上次春山各件奉出。

○凡典之鉅者，曰登極，順治元年十月乙卯朔，世祖章皇帝定鼎燕京，登極受朝賀，前期，司設監，設寶座於郊壇之東，南嚮，設寶案於座前，屆日，大駕、鹵簿全設，世祖章皇帝御禮服，親詣南郊，祗告天地，行禮畢，内院大學士跪奏禮成，禮部堂官恭導至天壇之東，御幄次，更朝服，御寶座，王公百官皆跪，禮部堂官引大學士一人由東階升，正中北面跪，學士一人自案上奉寶授大學士，大學士奉寶致辭畢，以寶授學士，學士跪接陳於案，復位，群臣行三跪九叩禮畢，駕還宫，鴻臚寺設御座於皇極門，即今太和門正中，設表案於檐東，王、貝勒、貝子、公序立於内金水橋之北，文武各官序立橋南，均東西面，樂作，世祖章皇帝御寶座，樂止，鳴鞭，内大臣、侍衛、内院、禮部、都察院、鴻臚寺執事各官，先於階上行三跪九叩禮畢，各就執事位，王公、文武百官跪進表，内院大學士奉王等所進表跪設案上，宣表官詣案前奉表，大學士二人跪，展表，宣表官跪宣訖，仍設案上，行三叩禮，復位，樂作，群臣行三跪九叩禮畢，樂止，鳴鞭，樂作，駕還宫，樂止，越九日甲子頒詔。順治十八年正月己未，聖祖仁皇帝嗣位登極，是日聖祖仁皇帝衰服，詣世祖章皇帝几筵前，行三跪九拜禮，祗告受命，詣側殿，更禮服，詣孝莊文皇后宫、孝惠章皇后宫、孝康章皇后宫，各行三跪九拜禮，御中和殿，侍班、導從、糾儀、執事各官行禮,御太和殿,午門鳴鐘鼓,不作樂,王公、百官上表,不宣表,王公百官行禮畢,復位,大學士進殿左門,就東案奉詔,陳於中案,少退,西面立,内閣學士進,就中案北面,用寶訖,退,大學士奉詔出,授禮部尚書如儀,賜茶不設燕,駕還宫,易服,是日頒詔。康熙六十一年十一月辛丑,世宗憲皇帝嗣位登極,由乾清門左門出,乘輿,御殿,上表、行禮、頒詔諸儀,與順治十八年同,惟不設茶。雍正十三年九月己亥,高宗純皇帝嗣位登極,禮儀與康熙六十一年同。曰授受大典,嘉慶元年元旦,行授受大典之禮。是日,鑾儀衛設嗣皇帝拜褥於太和殿檻内正中,内閣、禮部、鴻臚寺設寶案於殿内正中,内務府設香几二於御座左右,詔案、表案、龍亭、香亭、鹵簿、樂懸陳設如儀。内閣學士奉傳位詔設東楹案上,儀制司官設傳位賀表於西楹案上。大學士率内閣學士詣乾清門請皇帝之寶,學士恭奉,大學士從,恭設左旁几上,大學士二人分立殿東西檐下。王公、百官,朝鮮、安南、暹羅各國使臣咸集。届時,禮部尚書、侍郎先詣毓慶宫,啓請嗣皇帝服皇太子服祗候。禮部尚書、侍郎奏請太上皇帝禮服乘輿出宫,嗣皇帝隨行,前引後扈如儀。太上皇帝至中和殿後降輿,御中和殿升座,嗣皇帝在殿内西嚮侍立,侍班、導從、糾儀、執事各官行禮如儀。中和韶樂作,太上皇帝御太和殿升座,樂止,嗣皇帝在殿内西嚮立祗候,鳴鞭,丹陛大樂作,禮部尚書、侍郎導引嗣皇帝詣正中拜位後立,王公、百官排班立,嗣皇帝率王公、百官跪,樂止,宣慶賀、傳位表如儀。嗣皇帝仍立左旁西嚮祗候,大學士二人恭導嗣皇帝近御座前跪,左旁大學士請寶,跪奉太上皇帝。太上皇帝親授嗣皇帝,嗣皇帝跪受,右旁大學士跪接,奉設御座右旁几上。大學士恭導嗣皇帝詣拜褥,樂作,嗣皇帝率王公、百官行三跪九叩禮,樂止,禮部尚書奏禮成,鳴鞭,中和韶樂作,太上皇帝乘輿還宫,嗣皇帝於保和殿暖閣更服皇帝禮服。内閣學士奉傳位詔、皇帝之寶於太和殿正中案上,儀制司官奉登極賀表於殿東楹案上,前引後扈俱侍立保和殿外如儀。届時,禮部尚書、侍郎奏請嗣皇帝御中和殿,侍班、導從、糾儀、執事各官行禮如儀。嗣皇帝御太和殿登極,宣表、行禮、頒詔如儀。曰上皇帝尊號、徽號,天命元年,太祖高皇帝即皇帝位,建元,貝勒、群臣恭上尊號,曰覆育列國英明皇帝,八大臣跪進賀表,侍臣接表宣讀,太祖高皇帝率貝勒、群臣告天,行三跪九叩禮畢,御寶座,貝勒大臣各率本旗官慶賀行禮。天聰十年四月乙酉,建國號曰大清,改元崇德,行受寶禮,貝勒、群臣恭上尊號,曰寬温仁聖皇帝,前期,築壇於天壇之東,設御座於壇上,陳大駕、鹵簿於壇前,届日,太宗文皇帝率貝勒以下文武百官出德盛門,詣天壇,祗告天地,禮成,太宗文皇帝升壇,御寶座,貝勒、大臣等行三跪九叩禮畢,太宗文皇帝受寶,群臣復行三跪九叩禮畢,皆跪,宣表官奉滿洲、蒙古、漢字三體表文,立壇東,以次宣讀,群臣復行三跪九叩禮,復位,列儀仗還宫,次日,御殿作樂慶賀,貝勒、大臣率滿洲各官行三跪九叩禮畢,奉表跪進,侍臣跪宣訖,群臣復行三跪九叩禮,退,次外藩貝勒、大臣進表行禮,次漢官進表行禮,均如儀,次執事各官行三跪九叩禮畢,賜燕,頒詔。康熙二十年、二十二年、二十六年、三十六年、四十一年、五十年、五十一年、六十年,廷臣、外藩及士民等八次請上尊號,聖祖仁皇帝均不允行。

乾隆十四年、二十年、二十四年，三次請上尊號，高宗純皇帝均不允行，六十年，於歸政之先，豫降諭旨，禁止群臣請上尊號。曰上太皇太后、皇太后尊號、徽號，崇德八年，世祖章皇帝嗣位，尊母后皇后爲皇太后、聖母爲皇太后，順治八年，世祖章皇帝親政，恭上聖母皇太后徽號，曰昭聖慈壽皇太后，前期一日進奏書，皇太后宫儀駕、樂懸陳設如儀，大學士朝服，奉奏書函，至中和殿，陳於殿内正中案，展書加函上，退，禮部尚書、侍郎奏請世祖章皇帝禮服乘輿出宫，御中和殿，詣案前北嚮，閲奏書畢，轉立於東，西嚮，大學士進，納書函内，恭奉由殿中門出，禮部尚書、侍郎前引，世祖章皇帝乘輿至皇太后宫門前，大學士奉奏書由中階升，郤立於左門之東，西面，世祖章皇帝由東階升，至門左，西嚮立，皇太后禮服御宫，樂作，升座，樂止，世祖章皇帝詣門檻外正中案前拜褥北嚮立，奉奏書大學士自左門之東，大學士一人自西檐下，咸進至案前左右立，世祖章皇帝跪，大學士跪進奏書於右，世祖章皇帝奉奏書恭獻，大學士跪接於左，奉置案上，俱退，宣讀官自西檐下進至案前北面跪啓函，恭奉奏書宣讀訖，仍納於函，退，皆復位，樂作，世祖章皇帝行三跪九拜禮，興，樂止，皇太后起座，樂作，皇太后還内宫，樂止，禮部尚書、侍郎奏禮成，恭導世祖章皇帝出，乘輿還宫，内監舉奏書案入，大學士以下皆退，届日，太和殿外，皇太后宫鹵簿、樂懸陳設均如儀，奉册寶官奉册寶於盝，奉宣讀册文寶文於函，分置龍亭内，校尉舁行，册亭前，寶亭後，禮部官屬十人前引，導以御仗二、華蓋一，由中路行，至太和殿，前引止階下，亭至殿内，册亭左，寶亭右，奉册寶官奉置正中案上，册東寶西，王公於太和殿丹陛上，分翼排立，禮部尚書、侍郎奏請世祖章皇帝禮服乘輿出宫，御太和殿，樂作，世祖章皇帝閲册寶訖，樂止，奉册寶官奉置亭内，校尉舁行，自中階下，詣皇太后宫，王公暨右翼門外諸大臣、侍衛等，俱於所立處俟册寶亭、御駕過時，跪候，隨後行，龍亭至皇太后宫門外，奉册寶官恭奉置於階下案上，大學士二人奉宣讀册寶文設於東旁案上，退，郤立案東，皇太后禮服御宫，樂作，升座，樂止，奉册寶官就階下案上，奉册寶升中階，設於正中案上，退，世祖章皇帝詣拜褥立，王公於階下，大臣、侍衛等各於儀駕之末，按翼排立，世祖章皇帝率王以下諸臣皆跪，大學士奉宣讀册寶文依次跪進，世祖章皇帝奉以恭獻，大學士跪接於左，奉置正中案上，俱退，宣讀官依次從案上奉册寶跪宣訖，仍置案上退，宫殿監侍等二人前引，四人舉案，入中門，安設於皇太后宫中槅扇外正中，樂作，世祖章皇帝行三跪九拜禮，王以下諸臣隨行禮，午門外三品以下各官，由内接傳，隨班行禮畢，樂止，世祖章皇帝復位，西嚮立，王以下諸臣各復位立，禮部尚書、侍郎轉傳内監奏禮成，皇太后起座，樂作，皇太后還内宫，樂止，世祖章皇帝乘輿還宫。次日，世祖章皇帝御太和殿，王公百官進表行慶賀禮，頒詔。是年八月，世祖章皇帝大婚禮成，加上昭聖慈壽恭簡皇太后徽號，儀同，禮成後，皇后禮服率妃嬪以下及命婦，詣皇太后宫，行六肅三跪三拜禮。十一年，世祖章皇帝大婚禮成，加上昭聖慈壽恭簡安懿皇太后徽號，儀同。十三年，因册封皇貴妃，加上昭聖慈壽恭簡安懿章慶皇太后徽號，儀同。十八年，聖祖仁皇帝嗣位，尊聖祖母皇太后爲太皇太后，尊母后皇后爲皇太后，尊聖母爲皇太后。

康熙元年,恭加上聖祖母太皇太后昭聖慈壽恭簡安懿章慶敦惠太皇太后徽號,恭上母后皇太后仁憲皇太后徽號,恭上聖母皇太后慈和皇太后徽號,不朝賀,進表、頒詔如儀。四年,聖祖仁皇帝大婚禮成,加上昭聖慈壽恭簡安懿章慶敦惠温莊太皇太后徽號,加上仁憲恪順皇太后徽號,先期一日,同上太皇太后、皇太后奏書,大學士二人奉太皇太后奏書陳於中和殿黄案正中,皇太后奏書陳於東旁稍後,聖祖仁皇帝閲畢,大學士二人奉奏書前行,皇太后奏書暫陳隆宗門外案上,聖祖仁皇帝乘輿先詣太皇太后宫恭上奏書,禮成,次詣皇太后宫恭上奏書,均行禮如儀。届日,陳册寶於太和殿黄案上,如陳奏書儀,太皇太后用玉册、玉寶,皇太后用金册、金寶,設太皇太后册寶龍亭於太和殿正中,皇太后册寶龍亭於東旁稍後,聖祖仁皇帝閲畢,校尉舁行,皇太后册寶龍亭於隆宗門外少竢,先詣太皇太后宫恭上册寶,次詣皇太后宫恭上册寶,禮成,慶賀、上表、頒詔均如儀。六年,聖祖仁皇帝親政,加上昭聖慈壽恭簡安懿章慶敦惠温莊康和太皇太后徽號,加上仁憲恪順誠惠皇太后徽號。十五年,因册立皇太子,加上昭聖慈壽恭簡安懿章慶敦惠温莊康和仁宣太皇太后徽號,加上仁憲恪順誠惠純淑皇太后徽號。二十年,因滇黔蕩平,加上昭聖慈壽恭簡安懿章慶敦惠温莊康和仁宣弘靖太皇太后徽號,加上仁憲恪順誠惠純淑端禧皇太后徽號,均與康熙四年同。六十一年,世宗憲皇帝嗣位,尊聖母爲皇太后,恭上徽號,曰仁壽皇太后,雍正十三年,高宗純皇帝嗣位,尊聖母爲皇太后,恭上徽號,曰崇慶皇太后,次日頒詔,不行朝賀禮,均與康熙元年同。乾隆二年,因册立皇后,加上崇慶慈宣皇太后徽號,十四年,因册立攝六宫事皇貴妃,是年金川平定,加上崇慶慈宣康惠皇太后徽號,高宗純皇帝御殿受賀禮統,於恭上皇太后徽號次日舉行,高宗純皇帝率王公、百官,先詣皇太后慈寧宫行禮畢,乃御殿受賀頒詔。十五年,因册立攝六宫事皇貴妃爲皇后,加上崇慶慈宣康惠敦和皇太后徽號,十六年,聖母皇太后六旬萬壽,加上崇慶慈宣康惠敦和裕壽皇太后徽號,二十年,因平定準噶爾,加上崇慶慈宣康惠敦和裕壽純禧皇太后徽號,二十六年,聖母皇太后七旬萬壽,加上崇慶慈宣康惠敦和裕壽純禧恭懿皇太后徽號,典禮均與順治八年同。三十六年,聖母皇太后八旬萬壽,加上崇慶慈宣康惠敦和裕壽純禧恭懿安祺皇太后徽號,用玉册、玉寶,奏書、表文均御製,於暢春園進奏書,陳於九經三事殿内正中案上,禮部堂官轉傳内監總管恭奉詣皇太后宫陳設,高宗純皇帝御龍袍衮服,詣暢春園請皇太后安,禮成,還圓明園,大學士皆退,餘如儀。四十一年,平定金川,加上崇慶慈宣康惠敦和裕壽純禧恭懿安祺寧豫皇太后徽號,大學士自内閣奉奏書,詣慈寧宫恭進,高宗純皇帝奉皇太后懿旨,酌省御太和殿閲册寶儀節,奉册寶大臣自内閣恭奉,敬詣慈寧門陳設,大學士跪進,高宗純皇帝恭獻,宣表官宣表,不宣讀册文、寶文,餘儀同。尊封皇貴太妃、貴太妃,均用册寶、儀仗,太妃用册印、儀仗,太嬪用册、采仗,内監設座於宫内,皇貴太妃、貴太妃座西南嚮,僉設,太妃座西嚮,旁設,同日封者,皇貴太妃、貴太妃座,西南、東南嚮,僉設,太妃座東西嚮,旁設,如皇帝親詣行禮,太和殿前鹵簿、樂懸陳設如儀,殿内册亭在左,寶印亭在右,同日封者,僉設、旁設如設座儀,皆册亭在上,寶印亭在下，皇帝禮服御太和殿，南嚮閱册寶，校尉舁亭，御仗前導，詣太妃宫，奉册寶大臣奉陳於宫門正中案上，大學士奉宣讀册寶文陳於東旁案上，皇帝乘輿至太妃宫門降輿，升自中階，立於門左，西嚮，太妃禮服出宫升座，皇帝就正中拜褥立，大學士跪進册寶，皇帝立奉拱舉，授接册寶官跪接，起，奉置正中案上，宣讀官宣讀如儀，内監舉册寶案進，設太妃座前，皇帝行二跪六拜禮，太妃起避立座旁，禮畢，皇帝復位立，太妃還宫，奏禮成，皇帝由中階降，乘輿還宫，翼日，御太和殿行慶賀禮如儀。若遣官尊封，禮部堂官朝服，自内閣奉册寶印設於亭，校尉舁行，御仗前導，禮部司官前引，大學士一人暨禮部堂官後隨，恭送至太妃、太嬪宫門外，内監奉册寶印，入獻太妃、太嬪，出告禮成，各退。各考其禮而著焉。

欽定大清會典卷二十一

○凡巡幸，駕出入，備其禮樂。啓行之日，鑾儀衛陳騎駕、鹵簿、鳴角、鐃歌大樂、鐃歌清樂，於聖駕所出禁門外。扈從王公、各官服行衣、佩弓矢，留京王公、百官，蟒袍補服，按翼列序門外祗候，皇帝御行衣乘輿出宫，導從扈衛如常儀，鼓吹振作，鹵簿前導，扈從王公各官咸跪，候過，乘騎隨發。留京王公、百官跪送，候過，各退。鑾輿經過地方文武各官咸朝服，率紳士耆民於御道右百步外，跪迎跪送。聖駕回鑾，王公暨文官京堂、武官副都統以上，内廷行走官、記注官、翰詹科道等官，咸蟒袍補服，豫出郊，至駐蹕行營外道右序立。駕至，跪，候過，隨至行營恭請聖安，各退，翼日序列於聖駕所入禁門外，祗候駕至，跪迎，皇帝還宫，各退。凡遇慶典，皇帝至圓明園及自圓明園回宫，駕出入，陳鹵簿，百官迎送如儀。親征亦如之。親征啓行之日，騎駕、鹵簿陳設自午門外至堂子門外，皇帝御行衣、佩刀出宫，乘騎，詣堂子圜殿外大纛前，均行三跪九拜禮。鹵簿移設自堂子至所出都門外，皇帝行禮畢，乘騎，導迎樂作，領侍衛内大臣、侍衛班領率親軍、護軍，舉黄龍大纛，扈蹕隨行，八旗官軍分翼陳列郭外。駕出都門，三舉炮，官軍皆馬上俯伏候過，整隊隨行。不從征之王公、各官咸蟒袍補服，於郊外跪送如儀。大軍克捷，皇帝率王大臣於行營南門外，設香案謝天，行三跪九拜禮。入行營，大學士等進表賀捷，王公百官於黄幔城外、外藩王公於行宫前，均三跪九叩行慶賀禮。凱旋之日，鑾輿先發，諸軍振旅徐還。駕將至，鑾儀衛陳法駕、鹵簿自郊外五里至堂子門外，王公、百官蟒袍補服，跪迎如儀。駕入都門，導迎鼓吹樂皆作，皇帝詣堂子行禮，鹵簿移設自堂子至午門外。駕入東長安門，百官於午門外跪迎如儀，王公隨入，於内金水橋候駕入宫，皆退。擇日疏請皇帝御太和殿，中外群臣上表慶賀，頒詔如大朝儀。

○凡軍禮十有二。一曰授敕印，經略大將軍出師，設敕印案於太和殿内東楹之南，内閣學士二人奉敕印陳於案，其餘陳設位次如儀。經略大將軍暨從征各官吉服俟丹墀之東，西面，皇帝龍袍衮服御太和殿。鳴鞭後，經略大將軍升自東階，立丹陛之東，北面，接敕印。從征内閣官二人從升，立於左，西面，從征各官按翼就拜位跪。大學士一人奉敕授經略大將軍，經略大將軍祗受，授接敕官跪奉，興，退，俟於左。授印如之。經略大將軍暨從征各官行三跪九叩禮，奉敕印官降自東階出太和門中門，經畧大將軍從出，從征各官皆出。若皇帝不御殿，不設鹵簿樂懸，百官無執事者不與。若命在軍大臣爲大將軍，皇帝御殿，正副使就拜位行三跪九叩禮畢，至丹陛上跪，大學士二人，一奉勑授正使，一奉印授副使，以次祗受，由東階降。皇帝還宫，正副使出。將至軍中，大將軍率屬郊迎，豫於演武場築壇，正中設勑印案香案均南嚮，屆時正副使吉服登壇，陳勑印於案，東面立。大將軍吉服詣香，案前跪，執事官東面宣勑畢，正使奉勑、副使奉印授大將軍，大將軍祗受。授執事官，執事官跪接興，復於案，大將軍行三跪九叩禮。正副使退，大將軍奉勑印莅事，正副使還朝復命。二曰祓社，經畧大將軍出師，先期祗告奉先殿。啓行之日，皇帝親率經畧大將軍、諸王貝勒及隨征諸將詣堂子行禮，鳴角吹螺祭纛。三曰祖道，工部設黄幄於長安門外，南嚮，武備院設御座，光禄寺官備酒以俟，皇帝乘輿至長安門外降輿，群臣跪迎。皇帝御黄幄升座，召經畧大將軍入，親賜后酒，經畧大將軍跪飲，退，率從征各官謝恩，行三跪九叩禮畢，皆佩弓矢辭駕。命乘馬，乘馬啓行。皇帝乘輿還宫，文武大臣承旨送至郊外，有司具祖帳，望闕設屏案。經畧大將軍就案前拜位，行三跪九叩禮畢，就席。禮部、兵部尚書侍郎奉茶燕畢，謝恩行禮乃行。四曰整旅，經畧大將軍前隊列上賜軍械，次令箭十二，次勑印、護勑印官、内閣學士一人隨行。經畧大將軍騎後建大纛，參贊大臣及户部、兵部、刑部司官各一人，記室官四人，内閣中書二人，翰林院筆帖式二人，及侍衛等均隨纛行。若蒙古地方，并用理藩院官一人，次標旗十二，大隊軍旅殿。五曰過境，經畧大將軍所過地方，守土官將軍、督撫蟒袍補服出郭迎候，文官司道以下咸蟒袍補服，武官總兵以下披執，率弁兵列隊跪道迎接，提督、副都統近前問安。經畧大將軍升官廳正坐，將軍、督撫旁坐，司道、提督、副都統以下官行庭參禮，起行時將軍、督撫以下各候送如儀。六曰封章拜詔，凡封奏，記室官恭捧奏函設帳中案上，經畧大將軍行三跪九叩禮畢，兵部官奉函由中道出，授臺站官齎馳。若詔書至營，經畧大將軍出營恭候，兵部官接授黄篋，設帳中案上，經畧大將軍行三跪九叩，禮受篋啓閲。七曰升帳接屬，軍營設大幕，議事時，經畧大將軍正坐，參贊大臣及一品官咸僉坐。有問則起立。參贊出入，經畧大將軍起立，不迎送。提鎮等官稟事，由傳宣官轉達，令入則引進，令坐嚮上僉坐。每月吉及逢五逢十常參之期，參贊大臣等官入幕，按品列坐待茶。凡參贊大臣、一品大臣入見，於營門内下馬，餘皆於營門外下馬。八曰簡閲，凡簡閲營伍，經畧大將軍啓行，守營各大臣及官兵離營里許候送。頭隊齎勑印前行，十二標旗隨後，周巡各提鎮等官屯營處所。每至一營，官兵皆離營一里外整隊列陣迎候。經畧大將軍閲過，提鎮等率所屬官兵隨行，離本汛乃止。九曰受降，凡克捷受降，軍營飛章入告，得旨允降。大書露布。傳示中外，築受降壇於大營之左，壇方南嚮，壇以南百步許樹大旗，書"奉詔納降"字。降者至，兵部官率引立旗下，經畧大將軍出營，鼓吹聲炮，參贊大臣及各官隨行。兵部官令降者於受降旗旁北嚮跪匍伏，候經畧大將軍登壇，鼓吹聲炮。參贊大臣及一品大臣分翼僉坐，隊伍將領各官分兩旁肅立，其餘官校兵丁分班排列。兵部官引降者抵壇前匍伏，經畧大將軍宣諭德意訖，酌加賞賚。軍門鼓吹，降者泥首叩謝而退。十曰奏凱，經畧大將軍奏凱功成，祭告天、地、太廟後殿、奉先殿、社稷、陵寢，釋奠於先師孔子，勒碑太學，並命儒臣輯平定方畧，以垂奕禩。十有一曰勞師，經畧大將軍克捷，師旅將入城，命廷臣出郊迎勞，經畧大將軍率從征將士望闕謝恩行禮。皇帝御太和殿，經畧大將軍率凱旋文武諸臣咸朝服，於丹陛上謝恩行禮，恭繳勅印如儀。翼曰賜燕，經畧大將軍及凱旋大臣官員將士咸與，王公滿漢大臣陪燕。禮成，經畧大將軍及隨征大臣並官弁等所立功勳，由兵部考覈議敘爵賞各有差。如親行郊勞禮，武備院設黃幄御座於郊，正中南嚮，禮部工部於兩翼設青幕各八，東西嚮，直隸有司築臺於黃幄正南，兵部建凱旋纛於臺上之南左右，工部設下馬紅柱東西各一，鑾儀衛陳法駕鹵簿自行宮至臺前，武備院設皇帝拜褥於臺上正中，樂部設鐃歌樂於臺左右，設凱歌樂於御道左右，兵部列鳴螺軍士於臺左右。屆時，禮部尚書侍郎奏請皇帝龍袍衮服，乘輿出行宮，三品以下官吉服跪送。駕將至，鳴螺，鐃歌大樂作，經畧大將軍及從征官兵戎服跪迎於紅柱外。駕至，恭請聖安，王公大臣吉服跪，候過隨行。皇帝降輿，禮部尚書侍郎恭導至臺上拜位立，經畧大將軍從征各官於西班立，王公大臣於東班立。皇帝拜天，行三跪九拜禮，經畧大將軍及王公以下各官隨行。禮畢，禮部尚書侍郎恭導皇帝御黃幄升座，王公大臣於東班幕下立，經畧大將軍及從征官兵於甬道東西排班北面，行三跪九叩禮畢，候旨。將軍大臣行抱見禮畢，於西班幕下立，次投誠人等排班行三跪九叩禮畢，賜坐。經畧大將軍從征各官及投誠人等於西班幕下坐，有功兵丁坐於後，王公大臣於東班幕下坐，各行一跪一叩禮，賜茶，各於坐次行一叩禮，禮部尚書侍郎奏禮成。皇帝出黃幄乘騎，鐃歌鳴螺止，馬上凱歌樂作，在鹵簿前行，内班凱歌樂隨駕左右行，王公將軍等從，至行宮前跪迎。駕還行宮，凱歌樂止，皆退。十有二曰受俘。解送俘囚至京師，欽天監擇日獻俘於太廟、社稷。至期，兵部率解俘官兵，押所解之俘，白組繫頸，由西長安門天安門右門進至太廟街門外，嚮北立，候承祭官至。俘嚮北跪，承祭官入太廟行禮畢，兵部率解俘官兵押俘至社稷街門外，嚮北立，候承祭官至。俘嚮北跪，承祭官入社稷壇行禮畢，兵部率解俘官兵押俘仍由天安門右門西長安門出。獻俘次日，行受俘禮，工部設御座於午門樓正中，武備院張黃蓋於樓檐下，和聲署陳樂懸，鑾儀衛陳法駕、鹵簿、金鼓、鐃歌大樂。侍儀内閣大學士、學士，翰林院學士，都察院左都御史、副都御史，立當闕左右門之北，東西面。糾儀御史，禮部司官，鴻臚寺官，各四人，立當闕左右門，又各四人，立當闕左右門之南，均東西面。王公拜位，當闕左右門。百官拜位，當闕左右門之南。皆於甬道東西北面。其立位在鹵簿外，咸朝服按翼序立。兵部刑部尚書侍郎立當闕右門之南鹵簿後，兵部司官率解俘將校，以俘由西長安門天安門右門入，立於右翼金鼓之後。刑部司官立兵部官之次。屆時，禮部尚書侍郎詣乾清門奏請皇帝龍袍衮服乘輿出宮，前引後扈如儀。午門鳴鐘，駕至太和門，金鼓鐃歌大樂作。皇帝由東磴道登午門樓，至前楹降輿升座，樂止。前引大臣立樓外陛上，東西面。後扈大臣豹尾班侍衛分立御座左右如儀。記注官立於豹尾班之末，東面。承旨大臣二人，鴻臚寺官二人，立於陛下，東西面。鑾儀衛鳴贊立於其次。内大臣、散秩大臣、侍衛分翼接連豹尾班。以次排列至兩觀廊下。鳴鞭，丹陛大樂作，解俘將校於儀仗前進，至御道西，北面行三跪九叩禮，興，樂止，退，復位立。兵部司官率解俘將校以俘至右翼金鼓之下北面跪匍伏，兵部尚書由儀仗内趨至午門前御道之旁，跪奏平定某處，所獲叛逆俘囚，謹獻闕下請旨。奏訖興，少退，東面立。刑部尚書趨至御道之旁恭立承旨。大臣傳制曰，所獻俘交刑部，鴻臚寺官接宣，刑部尚書趨進，北面跪領旨，興，偕兵部尚書退，復位。兵部司官引俘至金鼓之外，交刑部司官。刑部司官將俘械繫出，如赦不誅，宣制釋縛，俘叩首，將校引出。丹陛大樂作，王公百官行三跪九叩禮。樂止，鳴鞭，金鼓鐃歌大樂作，午門鳴鐘，駕還宮，皆退。是日賞賚有差。凡命將出師，則頒其儀。

〇凡册立皇后，授以册寶。皇帝御太和殿，命使持節而行禮焉。册立皇后之禮。命大學士、禮部尚書一人充正使，禮部侍郎、内閣學士一人充副使，太和殿前法駕、鹵簿、樂懸陳設如儀。殿内設節案、册案、寶案，皇后儀駕陳於皇后宮階下及宮門外，設丹陛樂於宮門内。設節案於宮内正中，前設香案，均南嚮。設册寶案於左右，東西嚮。設皇后拜位於香案之南。届時，内閣禮部官奉金册、金寶及宣讀册文、寶文，分置龍亭内。禮部侍郎奉節，校尉自内閣門外舁亭，禮部司官前導，由中路入太和門，至太和殿階下，亭止。内閣禮部官奉册寶，隨節升中階，入殿中門，陳於案，退。正副使祇俟於丹墀東，大學士一人立殿東檐下，西面。宣制鴻臚寺官一人立於後，王公百官朝服陪位如儀。禮部尚書侍郎奏請皇帝禮服乘輿出宮，午門鳴鐘鼓，前引後扈如儀。皇帝御太和殿，中和韶樂作，禮部尚書侍郎恭導皇帝詣册寶案前閲册寶畢，皇帝升座，樂止，鳴鞭，丹陛大樂作，王以下正副使百官行禮如儀。樂止，正副使至丹陛上中路左，跪聽宣制畢，大學士入殿左門，詣中案奉節，由中門出授正使。正使受節，偕副使興，鳴鞭，中和韶樂作，皇帝還宮。樂止，内閣禮部官入殿左右門，奉册寶由中門出，正使持節前行，副使隨行，由中階下，奉册寶分置亭内。禮部官前導，校尉舁亭，張黄蓋，列御仗，出太和門，王等俱出。正使持節於册寶亭前行，副使隨行，由協和門中門出。至景運門外，正使奉節授内監，内鑾儀校接舁册寶亭，至皇后宮門外，亭止，内監以次奉節册寶，由中門入。皇后禮服出内宮，丹陛樂作，引禮女官二人，引皇后迎於宮門内道右，立候過，隨入宮，東面立。内監奉節陳於中案，奉金册册文、金寶寶文陳於東案，退，樂止，女官引皇后就拜位北面立。侍儀女官四人立拜位左右，東西面。宣讀女官二人立東案之南，西面。引禮女官奏跪，皇后跪，贊宣册，宣讀女官就案奉宣讀册文，西面立。宣訖，贊受册，宣讀女官奉册授侍右女官，女官跪接，授皇后，皇后祇受，轉授侍左女官，女官跪接，興，陳於西案。贊宣寶、受寶，儀如之。引禮女官奏興，皇后興。樂作，奏行禮，皇后行六肅三跪三拜禮畢，少退，東面立。樂止，内監進至中案奉節出。樂作，女官引皇后於宮門内道右恭送，候過。樂止，皇后還宮。内監至景運門，以節授正使，正使持節，偕副使詣後左門復命，各退。翼日，皇帝御太和殿受賀，王公百官進表慶賀,頒詔布告天下。是日,皇后禮服詣皇帝前行禮。皇后還宫,妃、嬪率公主、福晉、命婦詣皇后宫行慶賀禮,皇子於皇后前行禮如儀。若奉皇太后懿旨册立者,次日,皇帝率群臣詣皇太后宫行禮,乃御太和殿受賀。皇后詣皇太后宫行禮,乃詣皇帝前行禮。嘉慶元年正月,孝淑皇后以嫡妃正位中宫,先詣太上皇帝前行禮。是年奉高宗純皇帝勅旨,王公大臣及外省督撫等,停止呈進慶賀表箋。六年,册立皇后,奉旨,中外臣工慶賀表箋。及遇壽節、令節奏上箋賀,欽遵聖訓停止。凡册封,各辨其等而定制。封皇貴妃、貴妃,用册寶儀仗。封妃,用册印采仗。封嬪,用册采仗。命正副使,均與册立皇后同。皇帝不御殿,不設鹵簿、樂懸,太和殿設節案、册寶印案。封嬪不設印案,宫内設案如之。又設香案於節案前,設拜位於其南,儀仗采仗,設宫門外。内閣禮部官自内閣奉册寶印,分置綵亭。禮部侍郎内閣學士奉節,禮部司官前導,詣太和殿,奉册寶印隨節以升,入殿陳於案。屆時,正副使自丹墀東升東階,至丹陛左,北面。大學士入殿奉節出,正副使跪,授節於正使。正使受,偕副使興。内閣禮部官入殿舉册寶印出,由中階下,陳於亭。黄蓋御仗前導,以次詣景運門外。正使奉節授内監,内鑾儀校接舁亭至宫門外,内監奉節册寶印入。皇貴妃、貴妃、妃、嬪禮服迎於宫門内,候過,隨行。内監奉節,册寶印陳於案。引禮女官引皇貴妃、貴妃、妃、嬪就拜位,不作樂,聽贊跪。女官宣讀册文、寶印文,皇貴妃、貴妃受册寶,妃受册印,嬪受册,行六肅三跪三拜禮畢,送節於宫門内道右如儀。正副使持節復命如儀。次日,皇帝御内殿,皇貴妃、貴妃、妃、嬪行禮如儀。詣皇后宫行禮如儀。如封皇貴妃,則貴妃、妃、嬪率公主、福晉、命婦,於皇貴妃宫行禮如儀。如奉皇太后懿旨册封者,次日均先詣皇太后宫行禮。册封親王及親王世子,用金册、金寶。郡王,用鍍金銀册、鍍金銀印。命領侍衛内大臣、内大臣、散秩大臣一人爲正使,禮部侍郎、内閣學士、翰林院學士一人爲副使。郡王長子、貝勒、貝子,用紙册無印,命内閣侍讀、學士侍讀,翰林院侍讀、學士侍講、學士侍讀、侍講一人爲使,禮部郎中、員外郎、主事一人副之。各設案,府屬官備鼓吹於長安門外,禮部儀制司官奉節,陳册寶印於亭。校尉自部舁行,由長安門入,至太和殿下,奉節册寶印陳於案。正副使朝服升東階詣案前北面跪,禮部侍郎西面授節如儀。册寶印亭出,禮部官二人前引,導以御仗,至長安門外。正副使及執事官皆乘騎,鼓吹前導,詣王等府第。豫設節案於府堂内正中,前設香案,左設册寶印案,設樂於儀門内,設儀衛於庭。正副使將及府門,下馬,正使持節前入,册寶印亭隨入。樂作,受封王等率所屬官朝服,迎於大門外道右,跪。候過,隨入樂止。正副使及禮部官升中階,陳節册寶印如儀,就案東立。府屬引贊引王等升西階就拜位北面立。樂作,行三跪九叩禮。樂止,進至香案前跪。禮部官展册,宣讀官西面宣訖,以册授正使,正使授王等。王等祗受,轉授從官,從官跪接,興,陳於案。次宣寶印,副使奉授王等,儀如之。正副使復位,王等退至拜位,樂作,行三跪九叩禮畢,樂止,正使持節,副使及執事官從出,王等跪送如儀。固倫公主、和碩公主成婚之後,請旨授封,用金册。命内大臣、散秩大臣一人充正使,禮部侍郎、内閣學士、翰林院學士一人充副使。正副使及執事官自太和殿詣公主府，如册封親王之儀。公主府陳設如儀。正副使將及門，下馬，額駙朝服率族屬跪迎大門外道右，公主禮服率侍女跪迎儀門内道右，均如儀。公主就拜位，樂作，行六肅三跪三拜禮。樂止，進至香案前跪，宣讀官宣册訖，以册授副使，副使授内監，内監跪接授侍女，侍女跪授公主，公主祗受，復授侍女，侍女跪接，興，陳於案。公主就拜位，樂作，行禮如初。正使奉節，副使及執事官從出，公主於儀門内，額駙於大門外，跪送節如儀。册封福晉夫人之禮，閲五年彙疏請封。親王福晉，及親王世子、福晉用金册。郡王福晉，用鍍金銀册，遣使諸儀，與封親王、親王世子、郡王同。貝勒貝子夫人，及郡主縣主、郡君縣君，均用紙册，遣使諸儀，與封貝勒、貝子同。其迎節册、受册、送節諸儀，與封公主同。鎮國公、輔國公、鎮國將軍、輔國將軍夫人，奉國將軍淑人，奉恩將軍恭人，及鄉君，均給誥命，傳各家取佐領圖記赴部祗領。若郡主以下有現居口外者，行文理藩院，將應給册誥，發該盟長頒給。外藩自汗、親王以下應封者，事隸理藩院。其福晉夫人，及郡主等下嫁應封者，由部於封内藩之次年彙疏請封。外藩王福晉、貝勒貝子夫人，及郡主縣主、郡君縣君，均給紙册。公夫人、鄉君，均給誥命。由部派員咨送理藩院。内扎薩克及喀爾喀部落王福晉、格格等册誥，發給盟長。青海杜爾伯特、土爾扈特、和碩特，哈密、吐魯番王福晉等册誥，由驛遞發該將軍大臣頒給。至公夫人以下及鄉君誥命，由各該旗遣人至理藩院請領。若郡主以下有留京者，准理藩院咨，奏請將應給制册留，照内藩之例授封。

○凡大婚之禮，納采，皇帝大婚前期，擇吉行納采禮。用文馬十，鞍轡具，甲胄十，緞百，布二百，由内務府豫備。大徵，大婚納采後行大徵禮，用金二百兩，銀萬兩，金茶器一，銀茶器二，銀盆二，緞千，文馬二十，鞍轡具，閒馬二十，馱甲二十。賜后父母金百兩，銀五千兩，金茶器一，銀茶器一，銀盆一，帛五百，布千，鞍馬六，甲胄一，弓一韔，矢一箙，朝服各二襲，衣各二稱，皆冬一夏一，貂裘各一，帶一。賜后兄弟及從人服物有差，均内務府豫備。皆命使持節而行禮焉。納采、大徵，正副使以禮部尚書一人内務府總管一人充。届期，太和殿内設節案，内閣官奉陳如儀。内務府官以龍亭分載儀物。納采甲胄布帛陳丹陛上左右，文馬在丹陛下左右。大徵則陳儀物於丹陛上，陳賜物馱馬於丹陛下。皆大學士授節，鴻臚寺官宣制。並引禮贊禮，均朝服。使者自丹墀東進，行三跪九叩禮。升東階，至丹陛北面跪，聽宣制，受節如儀。校尉舁亭，衛士率馬，御仗前導，由中門出。使者乘騎，詣皇后邸。將及門，下馬，后、父朝服迎於大門外道右，跪候過，興，使者入中門，升中階，登堂，陳節於中案，偕副使退案東，西面立。龍亭隨入，至儀門外止，内務府官奉儀物登堂，衛士以馬入。納采，則陳甲胄布帛於左右案，陳馬於庭左右。后父升自西階，於中門外正中北面跪，正使少進，西面傳制，復位。后父跪受，行三跪九叩禮，興，正使詣案奉節出，偕副使復命，后父跪送於大門外如初。納采日，皇后邸設燕，皇帝特命公主、大臣命婦燕后母於内，内大臣侍衛、八旗公侯以下及二品以上官燕后父於外，如儀，燕由光禄寺備。大徵，則陳儀物於堂，陳賜物於階上，馱馬於中階下之南，傳制如儀。后父跪受行禮訖，率子弟於中階下之東嚮節行三跪九叩禮，豫往大門外祗俟。后母率諸婦出，於中階下之西，嚮節行六肅三跪三拜禮畢，退。正使持節偕副使復命，后父以下跪送如儀。册迎，則御太和殿，命使持節而授以册寶。大婚之日，行册迎禮。正副使以大學士一人禮部尚書一人充，太和殿内節案、册寶案，殿前法駕鹵簿、樂懸陳設如儀。陳皇后儀駕於太和門外階下及午門外，陳冠服於鳳輿之南。禮部尚書侍郎奏請皇帝禮服御太和殿，正副使行禮後，鳴臚寺官宣制，大學士授節，内閣禮部官奉册寶及宣讀册文、寶文設龍亭内，均如儀。皇帝還宫，龍亭由太和門中門出，使者持節前導。次册寶亭，次儀駕冠服，護從内大臣十人，侍衛十人，隨亭後行。恭侍二品以上命婦十人，朝服，豫詣交泰殿外祗俟。前導命婦四人，後扈命婦七人，侍儀女官四人，贊引宣讀女官各二人，朝服，及給事皇后邸内監均綵服，豫詣皇后邸祗俟。皇后邸第之内堂，正中設節案一香案一，左右設册寶案二，香案南設皇后拜位，均如儀。侍儀女官立拜位左右，東西面。宣讀女官立東案之南，西面。内監於外堂階下承應。使者至，后父率子弟跪迎如儀。正副使升中階，立外堂之東，均西面。册寶亭權設外堂左右，内務府官奉冠服授内監齎入，授女官，以進於皇后。鳳輿陳階上正中，儀駕陳階下左右至大門内，導迎樂左大門左右，后父升自西階至外堂中門外正中跪。傳制行禮如儀。正使授節於内監，副使奉册寶授内監，由中門入。皇后御禮服，引禮女官恭導，出迎於内中門道右立。后母以下朝服跪，候過，隨入。内監奉節册寶各陳於案，退。引禮引皇后就拜位跪，宣讀女官次第宣册寶。皇后受册受寶，行六肅三跪三拜禮，均如册立儀。内監奉節出授正使，皇后及后母祗送如儀。女官奉册寶仍授内監，分設於龍亭。皇后乃乘鳳輿，陳儀駕以入宫。欽天監官報升輿吉時届。内鑾儀校進鳳輿於内堂階下正中，南嚮，前導命婦恭導，後扈命婦翼擁，后母率諸婦送至輿前。皇后升輿，后母及諸婦退。使者持節先行，后父跪送。導迎樂前導，不作。次儀駕，次册寶亭，次皇后鳳輿。啓行，出大門，前導後扈命婦均乘騎，内監步行，左右扶輿，内大臣侍衛乘騎護從。由大清門中門入，至金水橋，正副使下馬，持節入。皇后輿至午門外，鳴鐘鼓，儀駕止。九鳳曲蓋前導，執事命婦下馬，步行導從，内大臣侍衛於金水橋步從。由午門太和門中門，入中左門後左門至乾清門，龍亭止，正副使復命，偕内大臣侍衛各退。内監奉册寶前行，恭導命婦導皇后輿入乾清門中門，至乾清宫階下，内監奏請皇后降輿。詣交泰殿，導從命婦退，恭侍命婦祗迎皇后入中宫，内監奉册寶授守寶内監，退。合巹吉時届，宫中設合巹燕。宫殿監督領侍奏請皇帝禮服御中宫，行合巹禮，給事宫人恭侍命婦皆退。越日，皇帝御太和殿，王公中外百官上表慶賀行禮，頒詔如儀。皇帝御中宫，皇后禮服行禮，妃、嬪等率命婦於皇后宫行禮如儀。如奉皇太后懿旨成婚者，皇太后宫陳皇太后儀駕樂懸，皇太后御宫，皇帝行禮畢，乃御太和殿，行册迎禮。合巹次日，行朝見禮，皇太后宫儀駕樂懸陳設如儀。質明，皇后禮服出，中宫乘輿，導從如儀。贊引命婦引詣皇太后宫降輿，至丹陛上，西位東嚮立。皇太后禮服出内宫升座，贊引引皇后詣正中拜位，行六肅三跪三拜禮畢，乃行盥饋醴饗禮。次日，皇帝率群臣詣皇太后宫行禮畢，御太和殿受賀。皇后詣皇太后宫行禮畢，詣皇帝前行禮。皇子、皇孫婚禮，必先指婚。指婚之禮，以偕婦偕老大臣襄事。襄事大臣偕福晉父蟒袍補服，詣乾清門東階下北面跪。襄事大臣西面宣旨，福晉父行三跪九叩禮，退。駕駐圓明園，則於出入賢良門行禮。指婚後擇日，皇子綵服，往見福晉父母，以内大臣、散秩大臣、侍衛、護軍參領、護軍校、護軍等隨往，至門，福晉父綵服迎於門外。皇子升堂拜，福晉父答拜，三拜，興。見福晉母如之。出，福晉父送於門外。皇孫指婚往見儀均同。初定、奉迎，皆辨其儀物。皇子婚，初定納幣。用金大簪三，銜珍珠各五，小簪三，銜珍珠各一，金領約一，銜東珠七，金耳飾三對，皆銜東珠，金釧二對，衣鈕金者百，銀者二百，諸色表裏緞百，綿三百斤，貂皮製冠者三張，製衣者百四十張，緣朝服獺皮七張，製衾褥狐皮二百五十張。賜福晉父金十兩，銀七百兩，狐皮朝衣一，薰貂帽一，金帶佩飾鞾襪具，鞍馬一。福晉母銜珍珠金耳飾三對，狐肷袍一，緣朝服獺皮六張，鞍馬一。如福晉父無爵秩者，停給朝衣及緣朝衣獺皮，給狐肷衣服一襲。舁以綵亭，内務府大臣將事，福晉父朝服迎門外，入，陳儀幣於堂，賜幣於階上，馬於中階下，福晉父跪受，率子弟於中階下之東，望闕行三跪九叩禮。福晉母率諸婦於中階下之西，望闕行六肅三跪三拜禮。將事者退，送如儀。是日，所司備伶樂，燕席五十，羊三十六，詣福晉家設燕，外燕於廳事，東西相嚮，布席，北上。福晉親族職官，及不入直之公侯伯内大臣侍衛，一、二品官，朝服畢會，鴻臚寺官引禮，兵部官兵巡邏，欽天監官候時，禮部官察職名。午刻，升堂就席，福晉親族及木旗大臣侍衛東位西面，各旗公侯伯等官西位東面，一叩，序坐。司茶奉茶，衆受茶，飲茶，皆一叩。司筵奉果食，酌酒，樂作，衆獻酬。樂闋，興，出，司筵徹果食。衆易蟒袍補服，入就位，司筵奉饌，酌酒，奏樂，獻酬，交錯如初。樂闋，興，衆詣堂下，望闕行三跪九叩禮，退。内燕於中堂，福晉親屬諸婦，及一、二品命婦，咸會。内管領妻量人給事行酒，如外堂儀。成婚前一日，福晉家以糚奩送皇子宫。屆日，皇子蟒袍補服詣皇帝、皇后前行禮。若妃、嬪所出，並於妃、嬪前行禮各如儀。鑾儀衛備綵輿，紅緞幃，舁以校尉，内務府總管一人，率屬官二十人，護軍參領一人，護軍校四人，護軍三十六人，至福晉第奉迎。綵輿陳於中堂，執事女官以升輿吉時告，福晉禮服，隨從女官翊衛升輿，母率諸婦送於庭，父率子弟送於門。内校舁綵，輿行，鐙十六，炬二十，前導，女官從，出大門乘騎，内務府官屬及護軍前後導護。至紫禁城門外，衆下馬步入，女官隨綵輿入。至皇子宫門前，下輿，女官導入。合巹吉時屆，燕用羊五，以年命相合夫婦偕老之大臣命婦二人贊事。上合巹酒，行合巹禮。執事者皆退。是日，於皇子宫近處張幕結綵，設燕六十席，羊四十五，燕福晉父母，與納幣日同。翼日，皇子偕福晉朝服，内務府内管領妻二人導詣皇帝、皇后前行朝見禮，皇子三跪九叩，福晉六肅三跪三拜。如詣妃、嬪前行禮，皇子二跪六叩，福晉四肅二跪二拜，各如儀。若聖駕巡幸，俟回鑾日擇吉行禮。既婚之九日，行歸寧禮。皇子偕福晉至福晉家，福晉第設燕，畢偕還，率不過午。皇孫婚，初定納幣，用金領約一，銜珊瑚東珠七，金耳飾三對銜珍珠，表裏緞八十，綿二百五十斤，緣朝服海龍皮七張，餘同皇子。賜福晉父母綠朝服海龍皮六張，餘俱同皇子。設燕三十席，羊二十六。成婚日，設燕四十席，羊三十五。皇曾孫婚，初定納幣，用金耳飾一對，衣鈕金者六十，銀者百三十，表裏緞五十，綿百七十斤，餘同皇孫。賜福晉父母金六兩，銀四百兩，金耳飾一對，餘俱同皇孫。設燕十六席，羊十二。成婚日，設燕二十席，羊十六。皇元孫婚，初定納幣，衣鈕金者四十，銀者八十，表裏緞四十，綿百五十斤，製衣貂皮百二十張，製衾褥狐皮二百二十張，綠朝服海龍皮六張，餘同皇曾孫。賜福晉父母金四兩，銀三百兩，帶用鍍金，餘俱同皇曾孫。設燕十二席，羊八。成婚日，設燕十四席，羊十二，其餘成婚之儀，並同皇子。公主下嫁亦如之。指婚日，襄事大臣偕額駙吉服詣乾清門宣旨行禮如儀。指婚後，禮部奏請欽定額駙品級。初定前一日，額駙詣午門外恭進初定一九禮，駝一，馬八。初定日，進燕九十席，羊九九，酒四十五鐏，由光禄寺備辦。保和殿燕額駙及其族中人員，皇后宫燕額駙族中女眷，各行禮如儀。禮畢，額駙及族中人員至内右門外，嚮皇后宫行三跪九叩禮。下嫁前一日，額駙蟒袍補服率族人詣乾清門外、内右門外，行禮各如儀。内務府官率鑾儀校齎送粧奩，内管領命婦率執事婦女詣額駙第陳設。届日，額駙備九九禮，文馬二九，鞍轡具，甲胄二九，馬二十一，駝六，燕九十席，羊九九，酒四十五鐏，詣午門恭納。保和殿皇后宫筵燕各如儀。和碩公主，則停止此燕。是日，陪送之王福晉貝勒貝子夫人，暨導從之内務府大臣命婦二人，内管領命婦十人，皆盛服，於宫外别室祗候，贊事命婦豫詣額駙邸别室祗候，鑾儀衞備儀仗綵輿。届時，公主吉服詣皇帝、皇后前行六肅三跪三拜禮。若皇貴妃、貴妃、妃、嬪所出，詣行四肅二跪二拜禮如儀。命婦導翊升輿，内校舁行出宫，儀仗前列鐙十六，炬二十，前導，陪送之福晉夫人及隨從命婦乘輿隨行，内務府總管一人、内管領二人，乘騎少遠導從，護軍參領二人，護軍校二人，護軍二十人，乘騎護行。詣額駙邸第，及門，衆下，馬步入，儀仗止。及儀門，各官止，輿入，至廳事正中，輿止，命婦階下下輿，導公主出輿。福晉夫人下輿，隨公主入室。額駙父禮賓於外堂，額駙母禮内賓於中堂。饗各執事人合巹吉時届，設燕用羊九，酒九鉼，贊事命婦上合巹酒，額駙與公主行合巹禮，衆退。成婚後九日歸寧行謝恩禮，導引護從用内管領妻二人，内務府官一人，護軍參領一人，護軍校二人，護軍二十人。公主額駙朝服，公主進内行禮，額駙於宫門前行禮。若額駙進内與公主一同行禮，候旨遵行。駕駐圓明園，指婚行禮於出入賢良門外，皇帝賜燕於正大光明殿。格格自宫中下嫁者亦如之。皇孫女、及王公之女、蒙古王公之女，由大内聘嫁者，内務府奏請格格品級及初定禮成婚禮日期，行知禮部。成婚前期，禮部奏請額駙品級。内庭撫養格格嫁朝臣者，不進初定禮物。成婚禮物用鞍馬，郡主七，縣主五，郡君四，縣君三，鄉君二，由禮部具奏。嫁外藩者，進初定禮物，用一九禮。郡主，駝一，馬四，羊四。縣主，駝一，馬三，羊五。郡君，駝一，馬二，羊六。縣君，馬三，羊六。鄉君，馬二，羊七。由理藩院具奏。成婚禮物，郡主，用馬牛各六，羊什之。縣主以下，馬牛遞減一，羊遞減十。至鄉君，用馬牛各二，羊二十。由禮部具奏，均届期於午門前進納。媵送，郡主，女子六名，男婦四户。縣主，女子四名，男婦三户。郡君,减一名一户。縣君,又减女子一名。鄉君,女子二名。嫁朝臣與外藩同。初定不設燕,成婚於額駙府設燕。嫁朝臣,郡主用席五十,羊三十六。縣主席四十,羊二十七。郡君席三十,羊二十一。縣君席二十,羊十七。鄉君府十六,羊十四。嫁外藩,郡主縣主皆用席三十六,羊三十六。郡君席三十,羊三十。縣君、鄉君席二十四,羊二十四。合卺燕均用羊六,酒六缾。成婚前一日行謝恩禮,九日歸寧。格格進内行禮,額駙於宫門前行禮,各如儀。凡婚禮,王以下至庶人各頒其儀。王公婚禮。親王,初定備燕五十席,牲三十六,納幣用金領約一,金耳飾三對,金簪大小各三,金指鐶十,均綴珍珠,緞衣裳九襲,綴金珠,緞衾褥七具,金二十兩,銀千兩。給女父朝衣冠一襲,帶鞾具,鞍馬一。女母金耳飾一對,蟒緞衣裳一襲,鞍馬一。王府官公服齎詣福晉家,主人公服迎入。使者陳物於堂,馬陳於庭,以納幣告。主人拜受,使左右徹之,送使者如儀。是日,福晉家設燕。婚前一日,送糚奩。届日,王禮服俟於次使其長史率官屬備儀仗禮輿往迎。届時,納禮輿於中堂,福晉禮服出閤。送女者翊升輿每送於閤門外,親屬送於輿前,父送於外堂,子弟送於門外。鐙炬前輿,送女者升車從。詣王府,由中門入至堂前下車。王出次,俟於堂,送女者導福晉出輿入室,行合卺禮。是日設燕六十席,用牲四十五。親王世子郡王初定席四十,牲二十七,貝勒席三十,牲十八。貝子席二十,牲十四。鎮國公席十八,牲十三。輔國公席十六,牲十一。納幣。親王世子郡王,金指鐶八,綵繪衣裳八襲,緞衾褥六具,金十兩,銀七百兩,餘如親王。郡王長子貝勒以下,金指鐶遞减二,衣裳遞减一,貝子以下不綴金珠,衾褥遞减一。金,郡王十兩,郡王長子貝勒减半,貝子以下不備金。銀,郡王七百,郡王長子貝勒五百,貝子四百,鎮國公三百,輔國公不備銀。給女父母。郡王同親王。貝勒以下衣裳不綴采,鞍馬一,閒馬一。貝子以下减閒馬,餘俱如郡王。婚燕,席遞减十,牲遞减九。至貝子席三十,牲二十一。鎮國公席二十八,牲十七。輔國公席二十六,牲十五。其婚儀偕同。若聘外藩女,初定,親王郡王行七九禮,鞍馬三,甲胄各三,銀器一具,緞十一,布四十二,燕用牲五九。貝勒行五九禮,鞍馬二,甲胄各二,緞八,布三十,燕用牲三九,餘如親王郡王。貝子行三九禮,鞍馬一,甲胄各一,緞四,布十九,燕用牲二九,餘如貝勒。鎮國公行二九禮,緞三,布十一,餘如貝子。輔國公行一九禮,布二,餘如鎮國公。納幣。親王聘外藩親王女,用鞍馬甲胄各十二,閒甲二十四,緞六十,布六百,銀器三具。聘外藩郡王之女、貝勒之女、台吉之女。鞍馬甲胄遞减二,閒甲遞减四,緞遞减十,布遞减百。台吉之女,銀器二。其親王世子郡王納幣,若聘外藩親王郡王女,禮視親王聘外藩郡王女。聘貝勒台吉女,禮視親王聘貝勒台吉女。郡王長子貝勒納幣,如親王聘外藩貝勒女。貝子如親王聘外藩台吉女,鎮國公聘外藩女,鞍馬甲胄各五,閒甲十,緞二十五,布二百五十,銀器二具。輔國公鞍馬甲胄各减一,閒甲减二,緞减五,布减五十。親王親正世子郡王婚燕,用牲七九,貝勒五九,貝子公皆三九。親王給福晉父母送女來者,冬夏衣各一襲,貂裘一,帶一,弓一韔,矢一箙,甲胄各一,鞍馬二,緞三十,布二百,銀器三具。兄弟送來者,時衣一襲,給隨從男婦三十人衣服各有差。親王世子郡王以下,娶外藩親王郡王之女,給其父母兄弟送來者,均得準親王。親王世子郡王娶外藩貝勒台吉之女,給送女來者,減緞五,減布五十,隨從衣服減五人。郡王長子貝勒娶外藩貝勒台吉之女,給送女來者,易貂裘以猞猁猻,又減緞五,減布五十,鞍馬銀器各減一,隨從衣服又減五人,餘同。貝子公娶外藩貝勒台吉之女,給送女來者,易猞猁猻以狐裘,又減緞五,減布五十,銀器減一,隨從衣服又減五人,餘同貝勒。宗室將軍婚禮,鎮國將軍納幣,金領約一,金簪二,金耳飾一對,衣緞三襲,布一襲,衾褥緞二具,布一具。燕用牲六,成婚燕十五席。輔國將軍納幣,緞衣衾褥各減一,餘同。燕用牲四,成婚燕十席。奉國將軍納幣無領約,餘同。燕用牲三,成婚燕八席。閒散宗室婚禮,納幣,金耳飾一對,衣緞二襲,布一襲,緞衾布褥一具,燕用牲二,成婚燕六席。覺羅無職者,納幣同閒散宗室,成婚燕減一席。王公之女,嫁朝臣及外藩,由本家自行辦理者,俱奏聞請旨。至成婚時,格格額駙應得品級,由宗人府查覈,知會禮部奏請。郡主成婚之儀。前一日送糕奩。屆日,額駙朝服祗俟邸第,王使其官屬備儀仗禮輿,送郡主于歸。郡主禮服,侍女引出閤,詣王前辭,次詣福晉前辭,均行四肅二跪二拜禮。輿進中堂,侍者引升輿,王府護衛官前導鐙炬,前輿侍婢媵。至額駙第,額駙迎於門外,輿至導入,至内堂降輿,行合巹禮。是日,額駙第設燕,縣主以下婚儀準是,嫁朝臣納幣禮物。嫁外藩初定一九禮,納幣用馬牛羊數,及成婚燕、席牲,均準自宫中下嫁之例。媵送名户亦如之。鎮國輔國將軍女嫁外藩,媵送用滿洲男婦二名,蒙古漢人男婦六名。奉國奉恩將軍女,惟用蒙古漢人男婦六名,宗室女減二名。外藩親王女,媵婢八名,男婦五户。郡王女以下,遞減一名一户,至鎮國公女用四名二户,輔國公女用三名二户。一等以下四等以上台吉塔布囊女,媵婢係屬下人用二名,家下人用六名。台吉等女,媵婢二名。凡奉旨賜婚者,王公及額駙咸吉服,詣宫門前謝恩行禮。成婚日行禮,及成婚次日謝恩行禮,各如儀。民公以下官婚,禮,既成議,納采,主人具書,請女爲誰氏出,並問生年月日,别具婚者生年月日,附於書,使媒氏豫告女家。屆日,以子弟一人爲介,公服,主人公服奉書,西面授介,再拜,介避拜,受書。如女家,女氏主人亦使子弟一人爲擯,公服,賓至,擯告。主人如賓服,迎門外,揖入升堂,賓左主右。賓東面奉書致辭,從者陳禮物於庭,主人北面再拜受書,賓避拜。擯揖賓款於别室,主人以書告於廟,八品以下官告於寢。乃具復書,具女所出,及生年月日,附於書,擯延賓升堂。主人奉書西面授賓,再拜,賓受書避拜,授從者。主人醴賓,饌者布席中堂,賓東主西,就坐,進饌,行酒三巡,賓興,告退,揖,主人答揖,送賓門外如儀。介還復命,主人納書,如授書儀,醴介以家人之禮。納幣,具書,備禮物。公用金領約一,金簪四,金耳飾一對,緞衣裳四襲,緞衾褥三具。侯伯金簪三,餘同公。一品官緞衣裳三襲,餘同侯伯。二品官緞衣裳衾褥各二,餘同一品。三品官金簪二,餘同二品。四品官無金簪,緞衣裳衾褥各一,領約耳飾稱其力以具。五品六品以下官準是。其儀如納采,是日壻家設燕。公用牲九,侯伯遞減二,一品用牲六,二品四,三品三,四品以下皆二。請期,具書,三品以上備羊酒,四品以下鵞酒。主人遣使如女家,致辭請期，主人辭遜，賓乃奉書告期，主人拜受，具復書，授賓，賓還，復於主人，皆如納幣儀。八品以下，使媒氏請期如儀。婚期前一日，女家使人以奩具陳壻室。至日，壻家筵於室中，東西嚮，設案於牖下，陳壺一，琖四，合巹剖匏爲二，設醮爵於堂下之東，壺琖具。初昏，婚者公服俟堂下，主人公服出醮子，位於堂東，西面。婚者升自西階，再拜，執事者升，授爵。婚者跪受，卒爵。反於執事者，主人命之迎，應唯，俯伏，興，降，出乘馬，儀從在前，二燭前馬，隨以雁，婦輿在後，襜蓋飾采絹，垂流蘇。五品以上前後左右各二，六品以下前二後二，八品以下惟飾采絹二。如女家，其日女父告於廟，八品以下告於寢，畢，醮女於内堂，父東母西，姆相女具服加飾，服視壻之等，出，至父母前，北面再拜，侍者斟酒醮女，如父醮子儀。父訓女，母爲之整冠裾，申以父命。壻至，主人迎門外，揖讓入，壻執雁從入，主人東階上西面，壻西階上北面，立，奠雁，再拜，主人不答拜。姆爲女加景蓋首，出，壻揖降，女從，主人不降送。姆導女升輿，二燭前輿，壻乘馬先，俟於門，婦至，降輿，壻導升西階，入室逾閾，媵布壻席於東，御布婦席於西，壻婦交拜訖，姆脱婦景，壻揖婦就筵坐。饌入，卒食，媵取琖實酒酳壻，御取琖實酒酳婦，三酳用巹，卒酳，壻出，媵御施衾枕，壻入，燭出。是日設燕，公用二十席，侯十八，伯十七，一品官十五，二品官十三，三品官八，四品官六，五品官五，六品以下官用牲三。厥明，婦以棗栗服脩爲贄，見舅姑，設席於堂中，舅東姑西，均南嚮。婦執笲實棗栗，升西階，北面，拜，奠於席，舅坐撫之。婦興，降階，執笲實服脩，开，拜，奠於席，姑坐撫之。舅姑興，入室，婦具酒饌，行盥饋禮。舅姑就坐，婦奉饌，入獻舅姑，視卒食，乃酌酒，酳舅姑，送酒皆再拜，舅姑卒飲，興，乃其饗婦。侍者布婦席於阼階上，西嚮，具酒饌，舅姑於堂中臨之，婦卒食，姑酳之，婦拜受。卒飲，舅姑先降自西階，婦降自阼階，退。饗婦送者，男於外，女於内，酬以布帛。三日，婦見於廟，八品以下官見祖禰於寢。設饌具，布主人席於階下之東，婚者在後主婦席於階下之西，婦在後，各就位再拜。主人升，上香，獻酒，讀告辭，畢，俯伏，興，退立於東。婦進當中階下北面再拜，興，復位。主人復位，及主婦以下行再拜禮畢，徹退。婦見同居尊者，如見舅姑。見夫之伯叔母，與見姑同，答以肅拜。見娣姒小姑，以夫之齒序，拜皆答拜。夫兄弟之子若女，婦受拜，答以肅拜。其明日，壻以贄往見婦之父母，主人迎門外，揖讓入，升堂奠贄，北面再拜，主人西面答拜。請見主婦，主婦立門内，壻立門外，再拜，主婦答拜。壻出，主人醴以一獻之禮。士婚禮，與八品以下官同。凡民公以下百官之于未受爵者，禮皆攝盛視其父。三品以上攝五品服，五品以上攝七品服，六品以下攝八品服，儀從亦加之。軍民納采，使媒氏，道遠女家具饌，近則否。納幣，用幣衣一襲，衾褥一具，筵用牲一，請期備鵞。婚日，醮子於廳事東序，婦輿襜蓋無飾，筵用牲二。凡有品級宫婚嫁，用本官執事，鼓樂不得過十二名，鐙不得過六對。無品級人及生監軍民，不得用執事，鼓樂不得過八名，鐙不得過四對，軍民綢絹不得過四，果盒不得過四。官民概不許用金銀財禮，庶民婦女不許用冠帔補服大轎。

欽定大清會典卷二十二

〇凡冠服之制，冠，有冬冠，冬冠，青緞表，布裏，簷上仰。朝冠上綴朱絨長出簷，梁二，在頂左右。吉服冠、常服冠，上綴朱緯，長及於簷，梁一，亘頂上，兩旁垂帶，交頷下。女冬朝冠，後有護領，垂條二。吉服冠，無垂帶，餘制皆同。有夏冠。夏冠，織玉草或藤絲竹絲爲質，表以羅，簷敞，内加以圈。朝冠，緣石青片金二層，裏用紅片金或紅紗，上綴朱絨。吉服冠、常服冠，石青片金緣，紅紗裏，上綴朱緯。行冠，上綴朱氂，梁帶均如冬冠，帶屬於圈。女夏朝冠，如冬朝冠。服，裘綿袷單惟其時。服，有袍，有褂。朝服蟒袍，外皆加補褂，冬則應服端罩者加端罩。常服褂，無補。行袍，長減常服袍十之一，右裾短一尺。行褂，長與坐齊，袖長及肘，裳左右各一幅，前直，後上斂中豐下削，並屬橫幅。女褂，長與袍齊。女朝服朝褂，領後皆垂條，每歲春季换用涼朝帽及夾朝衣，秋季换用暖朝帽及緣皮朝衣。於三九月内，由部擬日，豫期請旨。十一月初一日起，至次年正月十六日止，朝會祭祀用貂表朝衣，由部先期請旨。

皇帝冠服，有禮服，皇帝朝祭冠服，皆爲禮服。冬冠簷用薰貂，十一月朔至上元用黑狐。夏冠，前綴金佛，飾東珠十五，後綴舍林，飾東珠七，頂皆三層，貫東珠各一，皆承以金龍四，飾東珠如其數，上銜大珍珠一。端罩，用紫貂，十一月朔至上元用黑狐，皆明黄緞裏，左右垂帶各二，下廣而鋭，色與裏同。袞服，色用石青，繡五爪正面金龍四團，兩肩前後各一。其章，左日右月。前後萬壽篆文，間以五色雲。朝服，色用明黄，惟南郊祈穀常雩用藍，朝日用紅，夕月用月色。其制有二：一、披領及袖俱石青。冬用片金加海龍緣，夏用片金緣。繡文，兩肩前後正龍各一，腰帷行龍五，衽正龍一，襞積前後團龍各九，裳正龍二，行龍四，披領行龍二，袖端正龍各一。列十二章日月星辰山龍華蟲黼黻在衣，宗彝藻火粉米在裳，間以五色雲，下幅八寶平水。一、十一月朔至上元所服，披領及裳皆表以紫貂，袖端薰貂。繡文，兩肩前後正龍各一，襞積行龍六，列十二章均在衣，間以五色雲。朝珠，用東珠一百有八佛頭記念背雲大小墜，珍寶雜飾，各隨所宜。惟祀天用青金石爲飾，祀地珠用蜜珀，朝日用珊瑚，夕月用緑松石，雜飾惟宜，條皆明黄色。朝帶之制二，色皆明黄。一、龍文金圓版四，飾紅寶石或藍寶石緑松石，每版銜東珠五，圍珍珠二十，左右佩帉淺藍及白各一，下廣而鋭，中約鏤金圓結，飾寶如版，圍珠各三十，佩囊文繡，燧觿刀削結佩惟宜，條皆明黄色。一、龍文金方版四，其飾，祀天用青金石，祀地用黃玉，朝日用珊瑚，夕月用白玉，每版銜東珠五，佩帉及條。惟圜丘用純青，餘如圓版朝帶之制。中約圓結，飾如版，銜東珠各四，佩囊純石青，左觿右削，並從版色。有吉服，皇帝冬吉服冠，簷用海龍，立冬後易薰貂，或紫貂。頂滿花金座，上銜大珍珠一。夏吉服冠頂同。端罩衮服，與禮服同龍袍。色用明黃，領袖俱石青片金緣。繡文，金龍九，列十二章，間以五色雲。領前後正龍各一，左右及交襟處行龍各一，袖端正龍各一。下幅八寶立水，裾四開。吉服朝珠、珍寶隨所御。吉服帶，明黃色，鏤金版四，方圓隨所御，銜以珠玉雜寶惟宜，左右佩帉純白。下直而齊，中約金結，飾如版，餘如朝帶，條皆明黃色。有常服。皇帝常服冠，紅絨結頂，不加梁，餘如吉服冠之制。褂色石青，袍裾四開。花文袍色，皆隨所御。帶同吉服帶。冬行冠，有黑狐，有黑羊皮，有青絨，俱如常服冠之制。夏行冠，紅紗裹上綴朱氂，梁黃色，前綴珍珠一。行褂，色用石青行袍色與花文，及行裳之色，皆隨所御。裳氊袷惟時。冬用鹿皮或黑狐爲表，横幅用石青布。行帶，色用明黃，左右佩繫用紅香牛皮，飾金花文，鋄銀鐶各三。佩帉用高麗布，視常服帶，帉微闊而短。中約以香牛皮束，綴銀花文。佩囊明黃，圓條，飾珊瑚結，削燧雜佩惟宜。冬雨冠，頂崇前簷深。夏雨冠，頂平，前簷敞。皆明黃色，有氊、有羽緞，皆月白緞裹，有油綢不加裹，皆藍布帶。雨衣之制六，皆明黃色。一、如常服褂而長與袍稱，白衽以下加博，上襲重衣，領下爲襞積，無袖，斜幅相比，上斂下遞豐，油綢不加裹，兩重均加掩襟，領及紐約皆青色。一、不襲重衣，餘制同。有氊、有羽緞，皆月白緞裹，領及紐約如衣色，有油綢不加裹，紐約青色。一、如常服褂而加領，長與袍稱，領及，紐約如衣色，有氊、有羽緞，皆月白緞裹。一、如常服袍而袖端平，前施掩襠，油綢不加裹，領用青羽緞，紐約青色，外加袍袖如衣色。一、如常服褂而加領，長與坐齊，領及紐約如衣色，有氊、有羽緞，皆月白緞裹。一、如常服袍而加領，長與坐齊，袖端平，油綢不加裹，前加掩襠，領用青羽緞，紐約青色。雨裳之制二，皆明黃色，油綢不加裹。一、左右幅相交，上斂下遞博，上前加淺帷爲襞積，兩旁綴以紐約青色，腰爲横幅，用石青布，兩末削爲帶以繫之。一、前爲完幅，不加淺帷，餘制同。

皇后冠服亦如之。皇后朝冠，冬用薰貂、夏用青絨爲簷。頂三層，貫東珠各一，皆承以金鳳，飾東珠各三，珍珠各十七，上銜大東珠一。朱緯上。周綴金鳳七，飾東珠各九，貓睛石各一，珍珠各二十一，後金翟一，飾貓睛石一，珍珠十六，翟尾垂珠五行二就，共珍珠三百有二，每行大珍珠一，中間金銜青金石結一，飾東珠珍珠各六，末綴珊瑚，護領垂明黃條，末綴寶石。帶用青緞。吉服冠，不綴鳳翟，頂用東珠。金約，鏤金雲十三，飾東珠各一，間以青金石，紅片金裹。後繫金銜緑松石結，貫珠下垂，五行三就，共珍珠三百二十四，每行大珍珠一，中間金銜青金石結二，每結飾東珠珍珠各八，末綴珊瑚，耳飾左右各三，每具金龍銜一等東珠各二。朝褂之制三，皆石青色，片金緣。一、前後繡立龍各二，下通襞積，四層相間。上爲正龍各四，下爲萬福萬壽。一、前後繡正龍各一，腰帷行龍四，中有襞積，下幅行龍八。一、前後繡立龍各二，中無襞積，下幅八寶平水，領後垂條皆明黄色，其飾珠寶惟宜。龍褂之制二，皆石青色。一、繡五爪金龍八團，兩肩前後正龍各一，襟行龍四，下幅八寶立水，袖端行龍各二。一、袖端及下幅不施章采，餘制同。朝袍之制三，皆明黄色，披領及袖皆石青，加緣，肩上下襲朝褂處亦加緣。一、繡金龍九，間以五色雲，中無襞積，下幅八寶平水，披領行龍二，袖端正龍各一。袖相接處行龍各二，緣用片金加貂。一、裾後開，冬用片金加海龍緣，夏用片金緣，餘制同。一、前後繡正龍各一，兩肩行龍各一，腰帷行龍四，中有襞積，下幅行龍八冬用片金加海龍緣，夏用片金緣，領後垂條皆明黄色，飾珠寶惟宜。龍袍之制三，皆明黄色，領袖皆石青，袖如朝袍，裾皆左右開。一、繡金龍九，間以五色雲，福壽文采惟宜，下幅八寶立水，領前後正龍各一，左右及交襟處行龍各一。一、繡五爪金龍八團，兩肩前後正龍各一，襟行龍四，餘制同。二，下幅不施章采，餘制同。領約，鏤金，飾東珠十一，間以珊瑚，兩端垂明黄條二，中各貫珊瑚，末綴緑松石各二，朝珠三盤，東珠一，珊瑚二，佛頭、記念、背雲、大小墜珠寶雜飾。惟宜吉服用一盤，珍寶隨所御。綵帨，緑色，繡五穀豐登，佩箴管縏袠之屬，條皆明黄色朝裙，冬片金加海龍緣，上用紅織金壽字緞，下石青行龍粧緞，夏片金緣緞紗惟時，皆正幅有襞積。

皇貴妃而下，各以其等爲差。朝冠，冬薰貂夏青絨，皇貴妃以下皆同。頂飾，皇貴妃、貴妃如皇后，上銜大珍珠一，周綴金鳳不飾貓睛石，翟尾垂珠三行二就，共珍珠一百九十二。青金石結飾東珠珍珠各四。妃，頂二層，貫東珠各一，皆承以金鳳飾東珠共九，上銜貓睛石。周綴金鳳五，飾東珠各七。翟尾垂珍珠一百八十八，餘同。嬪，頂承金翟，上銜礶子，周綴金翟五，飾東珠各五，珍珠各十九。後金翟不飾貓睛石，垂珍珠一百七十二。結飾東珠珍珠各三，餘同。吉服冠頂，皇貴妃、貴妃用東珠，妃、嬪用碧砨玊金約。皇貴妃、貴妃鏤金雲十二，飾東珠各一，間以珊瑚，紅片金裏，後繫金銜緑松石結，垂珍珠三行三就，共二百有四。中間金銜青金石結二，每結飾東珠珍珠各六，末綴珊瑚。妃，鏤金雲十，間以青金石，後垂珍珠一百九十七，餘同。嬪，鏤金雲八，後垂珍珠三行二就，共一百七十七，中間每結飾東珠珍珠各四，飾同。耳飾，皇貴妃、貴妃用二等東珠，妃用三等東珠，嬪用四等東珠。朝褂各三，制皆與皇后同。貴妃以下，領後垂條，皆用金黄色。龍褂各一。妃以上，繡金龍八團，兩肩前後正龍各一，襟行龍四，下幅八寶立水，袖端行龍各二。嬪，兩肩前後正龍各一，襟夔龍四。朝袍各三，制皆與皇后同。貴妃、妃用金黄色，嬪用香色。龍袍各一，繡金龍九，如皇后龍袍一之制，色如朝袍。領約，皇貴妃以下，皆飾東珠七，垂條末綴珊瑚各二，餘與皇后同。朝珠各三盤，皇貴妃、貴妃、妃，蜜珀一，珊瑚二。嬪，珊瑚一，蜜珀二。吉服各用一盤。綵帨，皇貴妃、貴妃，繡文與皇后同。妃，繡雲芝瑞草。嬪，不繡花文。凡垂條之色，皇貴妃，明黄；貴妃、妃、嬪，皆金黄。朝裙之制，均與皇后同。

皇子冠服，特殊其制。皇子冬朝冠，用薰貂。十一月朔至上元用青狐夏朝冠，前綴舍林，飾東珠五，後綴金花，飾東珠四。頂金龍二層，飾東珠十，上銜紅寶石。吉服冠，紅絨結頂。端罩，紫貂，金黄緞裏。垂帶色與裏同龍褂，石青色，繡五爪正面金龍四團，兩肩前後各一，間以五色雲。朝服制二，皆金黄色。一、披領及袖皆石青，冬用片金加海龍緣，夏用片金緣。繡文，兩肩前後正龍各一，腰帷行龍四，裳行龍八，披領行龍二，袖端正龍各一，中有襞積，下幅八寶平水。一、披領及裳皆表以紫貂，袖端薰貂。繡文，兩肩前後正龍各一，襞積行龍六，間以五色雲。蟒袍，色用金黄，片金緣，通繡九蟒，裾四開。朝珠，不得用東珠，餘隨所用，絛皆金黄色。帶，金黄色。朝帶，金銜玉方版四，每版飾東珠四，中飾貓睛石一。吉服帶，版飾惟宜，左右佩絛，皆如帶色。兩冠兩衣兩裳之色，均用紅，氈羽紗油綢惟時。皇子福晉朝冠，頂鏤金三層，飾東珠十，上銜紅寶石。朱緯上，周綴金孔雀五，飾東珠各七，珍珠三十九，後金孔雀一，垂珠三行二就，中間金銜青金石結一飾東珠各三，末綴珊瑚。護領垂金黄絛二，末亦綴珊瑚。青緞帶。吉服冠，頂用紅寶石。金約，鏤金雲九，飾東珠各一，間以青金石紅片金裏，後繫金銜青金石結垂珠三行三就，中間金銜青金石結二，每結飾東珠珍珠各四，末綴珊瑚。耳飾，左右各三，每具金雲銜珠各二。朝褂，石青色，片金緣。繡文，前行龍四，後行龍三。吉服褂，石青色，繡五爪正龍四團，前後兩肩各一，朝袍香色，披領及袖皆石青色，冬用片金加海龍緣，夏用片金緣，肩上下襲朝褂處亦加緣。繡文，前後正龍各一，兩有行龍各一，襟行龍四，披領行龍二，袖端正龍各一，袖相接處行龍各二，裾後開，領後皆垂金黄絛，雜飾惟宜。蟒袍，香色，通繡九龍。領約，鏤金，飾東珠七，間以珊瑚，兩端垂金黄絛二，中各貫珊瑚，末綴珊瑚各二，朝珠三盤，珊瑚一，蜜珀二，吉服用一盤。綵帨，月白色，不繡花文，結佩惟宜，絛皆金黄色。朝裙，冬片金加海龍緣，上用紅緞，下石青行龍粧緞。夏片金緣，緞紗惟時。皆正幅，有襞積。王以下，各以其等爲差。王公冬朝冠，皆有薰貂，有青狐。夏朝冠，皆前綴舍林，後綴金花，飾東珠。親王、親王世子，前五後四。郡王，前四後三。貝勒，前三後二。貝子、固倫額駙，前二後一。鎮國公、輔國公、和碩額駙，前東珠一，後緑松石一。頂皆金龍二層。百官冬朝冠，文武一品以上，有薰貂，有青狐。文三品武二品以上，有薰貂，有貂尾。文四品武三品以下，惟薰貂無貂尾，頂皆鏤花金座。王公百官冬吉服冠，皆海龍及薰貂、紫貂，青絨惟時。貝子以下至輔國公及侍衛，皆戴翎。王公百官補服，皆石青色。朝服蟒袍，藍及石青諸色隨所用。朝服，皆中有襞積，披領及袖石青色。王貝勒至文三品武二品官、一等侍衛，冬朝服各二，夏朝服一。文四品武三品四品官，冬夏各一。文武五六七品官，惟一，冬夏用之。蟒袍，宗室裾皆四開，餘前後開，領袖皆片金緣。文三品、武二品及縣主額駙、輔國將軍以上，及京堂翰詹科道官、侍衛，有端罩，皆緞裏，左右垂帶各二，色與裏同。文五品武四品以上，及京堂軍機處、翰詹科道、侍衛、禮部、國子監、太常寺、光禄寺、鴻臚寺所屬官，皆得用朝珠。帶，宗室皆金黄色，覺羅紅色，餘皆石青或藍色。朝帶佩帨下廣而鋭，吉服常服帶，版飾惟宜。佩帉下直而齊。親王，朝冠，頂飾東珠十，上銜紅寶石，吉服冠頂紅寶石。端罩，青狐，月白裏。補服，繡五爪金龍四團，前後正龍，兩肩行龍。朝服，一、披領及袖冬片金加海龍緣，夏片金緣，兩肩前後繡正龍各一，腰帷行龍四，裳行龍八，披領行龍二，袖端正龍各一，下幅八寶平水。一、披領及裳俱表以紫貂，袖端薰貂，兩肩前後繡正龍各一，襞積行龍六，間以五色雲。蟒袍，通繡九蟒。朝珠，不得用東珠，餘隨所用。朝帶，金銜玉方版四，每版飾東珠四，貓睛石一，絛皆金黄色。坐褥，冬純貂皮，夏五爪龍紅緞，襯紅白氊。親王世子，朝冠頂飾東珠九。朝帶，每版飾東珠三。坐褥，冬猞猁猻，緣貂皮，夏四爪蟒文藍緞，餘如親王。郡王，朝冠頂飾東珠八。補服，五爪行龍四團。朝帶，每版飾東珠二，猫睛石一，餘如親王世子。貝勒，朝冠頂飾東珠七。補服，前後四爪正蟒各一團，朝服通繡蟒文四爪，蟒袍如之。朝帶，每版東珠二，絛皆石青色。坐褥，冬猞猁猻皮，夏藍花緞，餘如郡王。貝子，朝冠頂飾東珠六，戴三眼孔雀翎。補服，前後四，爪行蟒各一團。朝帶，每版飾東珠一。坐褥，冬白豹皮，夏藍緞，緣以糚緞，餘如貝勒。固倫額駙，吉服冠頂珊瑚。朝帶，金銜玉圓版四，每版飾東珠一，餘如貝子。鎮國公，朝冠頂飾東珠五，戴雙眼孔雀翎。端罩，紫貂，月白裹。補服，前後四爪正蟒方補。朝帶，每版飾貓睛石一。坐褥，冬紅豹皮，夏紅閃緞，襯紅氊，餘如貝子。輔國公，朝冠，頂飾東珠四。坐褥，冬紅豹皮，去首尾，夏青閃緞，餘如鎮國公。不入八分公，吉服冠頂如固倫額駙，餘同。和碩額駙，吉服冠頂朝帶如固倫額駙，每版飾貓睛石一，餘如鎮國公。民公朝冠頂飾東珠四，上銜紅寶石，吉服冠頂珊瑚。端罩，貂皮藍裏。補服，前後四爪正蟒。朝服，一貂表者，襞積行蟒四，一片金海龍緣者，腰帷行蟒四。裳，行蟒八。均兩肩前後正蟒各一，蟒袍九蟒四爪，朝帶鏤金，銜玉圓版四，每版飾貓睛石一。坐褥，冬用全虎皮，夏青閃緞，襯紅氊。侯，朝冠頂飾東珠三。朝帶，每版飾緑松石一。坐褥，冬虎皮，去首尾，夏青色緑花閃緞。餘妃公、伯，朝冠頂飾東珠二。朝帶，每版飾紅寶石一。坐褥，夏藍雲緞，餘如侯。一品官，朝冠頂飾東珠一。補服，文繡鶴，武麒麟。朝帶，鏤金銜玉方版四，飾如伯。坐褥，冬狼皮，夏紅褐，餘如公。鎮國將軍、子，皆如武一品。郡主額駙，朝帶及飾如侯。坐褥，冬如侯，夏藍緞，襯紅氊，餘如武一品、二品官。朝冠，頂飾小紅寶石一，上銜鏤花珊瑚，吉服冠頂鏤花珊瑚。補服，文繡錦雞，武獅。朝帶，鏤金圓版四。坐褥，冬獾皮，夏紅褐，緣皁褐，餘如一品。輔國將軍，男，如武二品。縣主額駙，坐褥，夏青布，緣紅布襯紅氊，餘如武二品。三品官，朝冠，頂飾小紅寶石，上銜藍寶石，吉服冠頂藍寶石。補服，文繡孔雀，武豹。朝服，武無貂表。朝帶，鏤花金圓版四，不加飾。坐褥，冬貉皮，夏皁褐，緣紅褐，餘如二品。奉國將軍，如武三品，郡君額駙。坐褥，夏青布，襯紅氊，餘如武三品。一等侍衛，戴孔雀翎。端罩，猞猁猻，間以貂皮，月白裹。冬朝服，貂表，餘如武三品。四品官，朝冠，頂飾小藍寶石，上銜青金石。吉服冠，頂青金石。補服，文繡雁，武虎，朝服文亦無貂表。蟒袍通繡八蟒四爪。朝帶，銀銜鏤花金圓版四。坐褥，冬山羊皮，夏皁褐，餘如三品。奉恩將軍，如武四品。縣君額駙，朝帶，鋄金方鐵版四。坐褥，冬用青羊皮，夏皁布，襯紅氊，餘如武四品。二等侍衛，翎如一等侍衛。端罩，紅豹皮素紅裏。朝服，雲緞，剪絨緣，色用石青，前後方襴，行蟒各一，腰帷行蟒四，領袖石青糚緞，冬夏用之，餘如武四品。五品官，朝冠，頂上銜水晶，吉服冠頂水晶。補服，文繡白鷳，武熊。朝服，石青雲緞,片金緣,前後方襴,行蟒各一,領袖糚緞。朝帶,銀銜素金圓版四。坐褥,冬青羊皮,夏藍布,襯白氊,餘如四品。鄉君額駙,朝帶,如縣君額駙,餘如武五品。三等侍衛,翎如一等侍衛。端罩,黃狐皮,月白裏。朝服剪絨緣,餘皆如武五品。六品官,朝冠,頂上銜硨磲,吉服冠頂硨磲。補服,文繡鷺鷥,武彪。朝帶,銀銜玳瑁圓版四。坐褥,冬黑羊皮,夏黑椶色布,餘如五品。藍翎侍衛,戴藍翎。端罩、朝服,如三等侍衛,餘如武六品。五品以上有翎者,均戴孔雀翎。六品有翎者,均戴藍翎。七品官,朝冠,頂飾小水晶一,上銜素金。吉服冠,頂素金。補服,文繡鸂鶒,武犀牛。蟒袍,五蟒四爪。朝帶,素銀圓版四。坐褥,冬鹿皮,夏灰色布,餘如六品。八品官,朝冠,陰文鏤花金頂,無飾。吉服冠,頂鏤花同。補服,文繡鵪鶉,武犀牛。朝服,石青雲緞無蟒,領袖青倭緞。朝帶,銀銜明羊角圓版四。坐褥,冬麅皮,夏土布,餘如七品。九品官,朝冠,陽文鏤花金頂。吉服冠,頂鏤花同。補服,文繡練雀,武海馬。朝帶,銀銜烏角圓版四。坐褥,冬獺皮。餘如八品。未入流官,如文九品,左都御史、副都御史、監察御史、各省按察使、道,補服,均繡獬豸。會試中式貢士,朝冠,頂上銜金三枝九葉。吉服冠,頂素金。舉人,公服冠,頂鏤花銀座上銜金雀。吉服冠,頂銀座上銜素金。公服袍,青綢藍緣,披領如袍飾。公服帶,如八品朝帶。貢生,吉服冠,頂鏤花金。監生素銀,餘皆如舉人。坐員,公服冠,頂鏤花銀座上銜銀雀。吉服冠頂如監生。公服袍,藍綢青緣,披領如袍飾。公服帶,如九品朝帶,王公百官行冠各如冬吉服冠,氊貂惟時。行褂,領侍衛内大臣、御前大臣、侍衛班領、護衛統領、健鋭營翼長,色用明黃。八旗副都統、正黃旗色用金黃。正白旗、正紅旗、正藍旗,各如旗色。鑲黃旗、鑲白旗、鑲藍旗,紅緣。鑲紅旗,白緣。前鋒參領、護軍參領、火器營官,皆如之。火器營兵,色用藍,白緣。健鋭營前鋒參領,色用明黃,藍緣。健鋭營兵,色用藍,明黃緣。豹尾班侍衛,色用明黃,無袖,前施雙帶結之。虎槍營總統、總領,色用金黃。虎槍營虎槍校,色用紅。虎槍營兵,色用白。皆領左右端至前裾青緣,餘皆用石青色。行袍行裳,色隨所用。行裳,冬以皮爲表。行帶,佩帉素布,視常服帶帉微闊而短。版飾惟宜,絛皆圓結。雨冠雨衣雨裳,氊及羽紗油綢惟時。雨冠,王貝勒貝子、公侯伯子男、一品至三品文武官、御前侍衛、乾清門侍衛、内廷行走官,皆全紅色。四五六品文武官,紅色加青緣。七八九品文武官,凡有頂戴人員,青色加紅緣,緣皆前二寸五分,後五寸。軍民,用青色氊及油綢,帶均藍布。雨衣各工制,一如常服袍而袖端平,一如常服褂而加領,長與坐齊,皆前施掩襠。王貝勒貝子、公侯伯子、文武一品以上官、御前侍衛、各省巡撫,皆紅色。二品以下文武官,至軍民,皆青色。雨裳色如之。王公、額駙、民公侯伯、一二品大臣、侍衛,有賜紅絨結頂冠者,不得如式更製。王公以下,不得用上用服色黃色、秋香色,及黑狐皮。其端罩裹,及朝服蟒袍之色,惟特賜金黃色,得用金黃色,特賜黃褂者,行褂得用明黃色。衣服織文,親王郡王貝勒用龍文。貝子以下、宗室各將軍、民公以下四品以上,及御前侍從官,得用蟒文。七品以上官,用諸花繒。八九品官,用雜花及素繒。舉人視七品,貢監視八品。軍民吏員,得用綾絹。郡王以下,非奉特賜不得用織金彩色五爪龍衣服，及五爪暗龍緞。五品官以下，不得用蟒緞粧緞貂皮猞猁猻。八品官以下，不得用大花緞紗，及白豹天馬等皮。凡朝會祭祀，俱服朝衣補服。筵燕、迎鑾，及一應嘉禮，俱服蟒袍補服。每月朔日，及初五、初十、十五、二十、二十五等日，俱服補服。應服端罩者，以端罩代補服。不應用端罩者，不得於朝會之地，反穿皮褂，以混補服。文六品以下，除翰詹等官外，武五品以下，除侍衛外，其禮部主事，及太常寺、鴻臚寺、光禄寺、國子監所屬官，在壇廟執事，及殿陛侍儀，得掛朝珠。平時燕處，及在公署，仍不得用。文武官上朝及坐班，如非下雨，戴雨帽者參處。迎送謁見上司，止用補服，不得濫用朝服。文武官父母受封者，冠服得如所封之品。官員加級受封，冠服坐褥，均從本任。惟致仕後，准照所封之品服用。革職留任之員，准照原品頂戴服用。其有加級捐封因公革職未追封誥者，准用原品官頂戴榮身。商賈捐納職銜者，冠服各從其品。無職銜者，不得僭用。考職吏員，在籍止用頂帽，不得用補服。供事書吏非年滿考職者，不得用金頂。外郎耆老用錫頂。奴僕、優伶、皁隸，只准服繭綢、毛褐、葛布、梭布、貉皮、羊皮。其紡絲、綢絹、緞紗、綾羅，及各種細毛，俱不得用。冬帽用染騷鼠狐貉獺皮，不得用貂。公主，公主至鄉君，朝冠，皆冬用薰貂，夏用青絨，頂皆上銜紅寶石，朱緯，上皆周綴金孔雀五，後金孔雀一，垂珠三行二就，中間金銜青，金石結一，末綴珊瑚，垂條末亦綴珊瑚，青緞帶。吉服冠，薰貂，頂皆紅寶石。耳飾，左右各三，每具金雲銜珠各二。朝褂，色用石青，片金緣。吉服褂，色用石青。朝袍，披領及袖俱石青。冬片金加海龍緣，夏片金緣，肩上下襲朝褂處亦加緣。裾後開，綵帨，月白色，不繡花文，結佩惟宜。朝裙，冬片金加海龍緣，上用紅緞，下石青行龍粧緞。夏片金緣，緞紗惟時。皆正幅，有襞積。固倫公主，朝冠，頂鏤金三層，飾東珠十，每孔雀飾東珠七，珍珠三十九。石結飾東珠三，垂條金黄色。金約，鏤金雲九，飾東珠各一，間以青金石，紅片金裏，後繫金銜青金石結，垂珠三行三就，中間金銜青金石結二，每結飾東珠珍珠各四，末綴珊瑚。朝褂，繡行龍前四後三，垂條金黄色，雜飾惟宜。吉服褂，繡五爪金龍四團，前後正龍，兩肩行龍。朝袍，用香色。繡文，前後正龍各一，兩肩行龍各一，襟行龍四，披領行龍二，袖端正龍各一，袖相接處行龍各二，垂條金黄色，雜色惟宜。蟒袍，用香色，通繡九龍。領約，鏤金，飾東珠七，間以珊瑚，兩端垂金黄條二，中各貫珊瑚，末綴珊瑚各二，朝珠三盤，珊瑚一，蜜珀二，吉服用一盤，條皆金黄色，綵帨條色同。和碩公主，朝冠，頂鏤金二層，飾東珠九，每孔雀東珠六。金約，鏤金雲八，飾東珠各一，餘如固倫公主。郡主，朝冠，飾東珠，頂八，每孔雀五。金約，惟中間青金石結，不飾東珠珍珠，餘如和碩公主。縣主，朝冠，飾東珠，頂七，每孔雀三，冠後護領，垂石青條二。金約，鏤金雲七，飾東珠各一。吉服褂，繡五爪行龍四團，餘如郡主。郡君，朝冠，飾東珠，頂六，每孔雀三。金約，鏤金雲六，飾東珠各一。朝褂，繡蟒四爪。吉服褂，前後四爪正蟒各一團。朝袍蟒袍，皆藍及石青諸色隨所用。朝袍，繡蟒四爪。蟒袍，通繡九蟒。凡條皆石青色，餘如縣主。縣君，朝冠，飾東珠，頂五，每孔雀三。金約，鏤金雲五，飾東珠各一。吉服褂，前後四爪行蟒各一團，餘如郡君。鄉君、鎮國公女,朝冠,飾東珠,頂四,每孔雀三。金約,鏤金雲四,飾東珠各一。輔國公女,朝冠飾東珠,頂三,每孔雀三。金約,鏤金雲三,飾東珠各一。吉服褂,皆繡花八團,餘皆如縣君。福晉,親王福晉,冠服如固倫公主。親王世子福晉,朝冠金約,如和碩公主,餘如親王福晉。郡王福晉,朝冠金約,如郡主。吉服褂,如縣主。餘如親王世子福晉。貝勒夫人,朝冠金約,如縣主。朝褂吉服褂朝袍蟒袍,如郡君。餘如郡王福晉。縧皆石青色。貝子夫人,朝冠金約,如郡君。吉服褂,如縣君。餘如貝勒夫人。鎮國公夫人,朝冠金約,如縣君。吉服褂,如鄉君。餘如貝子夫人。輔國公夫人,朝冠金約,如鎮國公女、鄉君。餘如鎮國公夫人。命婦,民公夫人至七品命婦,朝冠,皆冬用薰貂,夏用青絨。朱緯前綴金簪三,飾以珠寶。朝冠頂,吉服冠頂,各從其夫之品。金約,用青緞,紅片金裏,中綴鏤金火燄,飾珍珠一,左右金龍鳳各一,後垂青緞帶二,亦紅片金裏。耳飾,左右各三,每具金雲銜珠各二。朝褂,色用石青,片金緣,繡行蟒前二後一。吉服褂,色用石青,皆繡花八團。朝袍蟒袍,藍及石青諸色隨所用。朝袍,無襞積,披領及袖皆石青色。三品命婦以上,冬夏各一。四品命婦以下,惟一,冬夏用之。領約,皆鏤金,飾紅藍小寶石五,兩端垂縧二。中冬貫珊瑚,末綴珊瑚各一。綵帨,月白色,不繡花文,結佩惟宜。民公至五品命婦,皆用朝珠,朝服用三盤,珊瑚、青金、緑松、蜜珀隨所用,雜飾惟宜,凡縧皆石青色。民公侯伯子男夫人、一品二品三品命婦,朝袍,冬片金加海龍緣,夏片金緣。繡文,前後正蟒各一,兩肩行蟒各一,襟行蟒四,披領行蟒二,袖端正蟒各一,袖相接處行蟒各二。蟒袍,通繡九蟒四爪。朝裙,冬片金加海龍緣,上用紅緞,下石青行蟒粧緞,夏片金緣,緞紗惟時。皆正幅,有襞積。鎮國將軍夫人、輔國將軍夫人、奉國將軍淑人,皆同。四品命婦,朝袍,片金緣,繡行蟒前後各二。蟒袍,通繡八蟒四爪。朝裙,片金緣,上用緑緞,下石青行蟒粧緞,餘如三品以上命婦。奉恩將軍恭人,及五品六品命婦,皆同。七品命婦,蟒袍五蟒,餘如六品以上命婦。亦如之。

〇凡王公百官之輿衛,各辨其制。皇帝鹵簿,皇后儀駕,皇貴妃、貴妃儀仗,妃、嬪采仗,俱隸鑾儀衛。王公百官輿衛。親王,明轎一,木質灑金,不施幰蓋,轅杆髹朱飾金。暖轎一,銀頂,金黃蓋及幨,紅幃、緞氊惟時。均舁以八人。乘馬金黃韁,紅羅繡五龍曲柄繖一,繡四季花繖二,銷金瑞草繖二,均紅羅。扇,紅羅二,繡四季花。青羅二,繡孔雀。豹尾槍四,旗槍十,大纛二,條纛二,色從本旗。立爪、卧爪、骨朵、吾仗,各四。儀刀四。前引十人,後從六人。轎夫執事人,黑氊帽,綴紅絨纓,上插紅翎,繡團獅緑緞衣,紅布帶。親王世子,暖轎紅蓋,金黃幨,紅幃,繡四龍曲柄繖、花繖、瑞草繖各一。豹尾槍二,旗槍八,大纛、條纛各一,卧爪、骨朵各二,儀刀二。前引八人,後從六人,餘如親王。郡王,暖轎,蓋幨幃均紅,瑞草繖二,無花繖,條纛二,無大纛,餘如親王世子。郡王長子、貝勒,暖轎,紅蓋,青幨,紅幃。乘馬貝勒紫韁,瑞草繖二,無曲柄繖,花扇二,無孔雀扇,旗槍六,條纛一,立爪、卧爪、骨朵、吾仗各二,無儀刀。前引後從均六人,餘如郡王。貝子,暖轎,紅蓋,紅幨,青幃。明轎、暖轎,均舁以四人。

瑞草繖一，無卧爪，前引四人，後從六人。轎夫執事人衣用素緑緞，餘如貝勒。鎮國公，暖轎，皁蓋，紅幨，皁幃，孔雀扇一，無花扇，無條纛，骨朵、吾仗各二，無立爪。前引二人，後從八人，餘如貝子。輔國公，暖轎，青蓋，紅幨，青幃，餘如鎮國公。不入八分公以下，乘馬用青韁。鎮國將軍，杏黄繖一，青扇一，旗槍六。前引二人，後從六人。執事人黑氈帽，上插緑翎，青布衣，緑鑲紅布帶。輔國將軍，前引一人，後從四人，餘如鎮國將軍。奉國將軍、奉恩將軍，無杏黄繖，餘如輔國將軍。親王以下儀衛，遇大典禮，陳於府第。出使，用以導從。在京不得用旗繖，進皇城不得用大扇及棍。凡宗室覺羅之有官者，各從其品。扇柄及棍，皆髹以朱。固倫額駙，乘馬用紫韁，紅繖一，雲羅不施繡，青扇二，飾以方金四，豹尾槍二，旗槍十，紅仗二。前引二人，後從八人。執事人，青帽紅翎，青衣紅帶。和碩額駙，杏黄繖二，雲羅不施繡，紅棍四，無豹尾槍、紅仗。執事人紅帽緑翎，餘如固倫額駙。郡主額駙，杏黄繖一，青扇二，飾以方金三，餘如和碩額駙。縣主額駙，青扇一，旗槍六，無紅棍。前引二人，後從六人，餘如郡主額駙。郡君額駙，無繖。前引二人，後從四人，餘如縣主額駙。縣君額駙，旗槍四。後從二人，無前引，餘如郡君額駙。鄉君額駙，旗槍二。後從一人，餘如縣君額駙。蒙古親王，銷金紅繖二，條纛二，旗槍十。郡王，繖纛各減一，旗槍減二。貝勒，繖不銷金，旗槍又減二。貝子、公，又減二，無條纛。其儀衛，遇行圍出師，俱用之。馬韁不得用金黄色、紫色。民公儀衛，視和碩額駙。侯，金黄棍四，餘視郡主額駙。其有加級者，棍得用紅。伯，青扇飾圓金四，餘如侯。子，旗槍八，棍二，餘如伯。男，青扇二，飾圓金三，後從六人，餘如子。京官一品，與子同。二品，旗槍六，餘如男。三品，青扇二，飾圓金二，餘如二品。四品，青扇二，灑金，旗槍四，餘如三品。五品以下，惟青扇一。凡扇，各以清漢文書銜。以上儀衛，許於京城外排列，在京惟用扇。一品前引二，後從八，二品、三品，後從遞減。二、三品以上，文用甘蔗棍二，武用櫻竹棍二。四品以下，無前引。直省文官總督，杏黄繖、青扇、飛虎旗、兵拳、雁翎刀、獸劍、金黄、棍、桐棍、槊、迴避牌、肅静牌，各二。旗槍四，青旗八。巡撫，無飛虎旗、兵拳、雁翎刀，旗槍二，餘同。布政使、按察使，無獸劍、桐棍、槊、旗槍，青旗六，餘同。道，杏黄繖、青扇，各一，桐棍、槊、迴避牌、肅静牌，各二，青旗四。知府同。府佐貳，藍繖、青扇各一，桐棍、槊各二，肅静牌二，青旗四。知州、知縣同縣丞，藍繖一，桐棍二。學官，藍繖一。雜職，竹板二。河道、漕運總督視總督，學政、鹽政、織造，暨各欽差官三品以上視巡撫，四品以下視兩司。直省武官提督，如總督，無棍、槊有刑杖二，總兵官無兵拳、雁翎刀、刑杖，有大刀二。餘如提督，旗槍減二。副將杏黄繖減一，青旗減二，無飛虎旗、大刀、獸劍，有金黄棍二，餘如總兵官。參將游擊都司，扇減一，青旗減二，無金黄棍，有桐棍二，餘如副將。守備，減牌，餘如都司。各省駐防將軍、都統、副都統，視在京都統、副都統，滿洲官，文武均乘馬，惟親王、郡王、大學士、尚書得乘轎。貝勒、貝子、公、都統，及二品文大臣，非年老疾病不能乘馬者，均不得乘轎。八旗大臣，不得坐車。漢官，文職乘轎。大學士尚書以下，三品以上京官，在京許乘四人轎。頂用銀，幃蓋用皁。四品以下，頂用錫，舁夫二。直省文官乘轎，督撫舁夫八，司道以下教職以上，舁夫四，雜職乘馬，餘同京官。武官乘馬，將軍、副都統、提督、總兵官年老不能乘馬者，奏聞請旨。凡四品以上官，馬繫繁纓。在京文職大學士尚書以下學士大九卿以上，武職民公侯伯以下散秩大臣男以上，許用引馬。公主、福晉、命婦輿衛。固倫公主，暖轎一，金頂。朱輪車一，皆黄金蓋，四角紅緣，金黄幨，紅幃，金黄。緞曲柄繖一，紅羅繖二，青羅扇二，皆繡寶相花。紅羅孔雀扇二，黑纛二，紅仗二，骨朵、卧爪、立爪各二。和碩公主，暖轎及朱輪車，紅蓋，四角金黄緣，無青羅扇，餘如固倫公主。郡主，暖轎及朱輪車，紅蓋，四角皁緣，紅幨，無曲柄繖，無卧爪，餘如和碩公主。縣主，暖轎及朱輪車，紅蓋，四角青緣，青幨繖減一，無扇纛骨朵，餘如郡主。郡君，車朱輪，紅蓋，四角青緣，紅幨，青幃。縣君車朱輪，皁蓋四角紅緣，紅幨，皁幃。鄉君車，朱輪皁蓋。鎮國公女，四角青緣，紅幨，皁幃均用雲緞。輔國公女，蓋四角無緣，紅幨，青幃，均用素緞。親王福晉如固倫公主，親王世子福晉如和碩公主，惟暖轎及朱輪車、紅蓋、四角皁緣、曲柄繖，皆用紅羅，側室均降一等。郡王福晉如郡主，惟暖轎及朱輪車用皁幨。貝勒夫人如縣主，惟暖轎及朱輪、車蓋四角皁緣、紅幨、皁幃。貝子夫人如郡君，鎮國公夫人如縣君，輔國公夫人如鎮國公女鄉君，鎮國將軍夫人如輔國公女鄉君。輔國將軍夫人，車朱輪，青蓋，紅幨，青幃。奉國將軍淑人、奉恩將軍恭人，車均朱輪，皁幨皁幃。民公夫人，車黑輮輪，緑蓋，四角皁緣，緑幨，皁幃。侯伯夫人，車蓋四角青緣，餘如民公夫人。子夫人，車皁蓋，餘如侯伯夫人。男夫人，車皁蓋不緣，餘如子夫人。一品命婦，車皁蓋，四角青緣，緑幨，皁幃。二品命婦，車蓋不緣，餘如一品。三品命婦，車皁幨、蓋幨幃泃用布，餘如二品。四品命婦，車青幃，餘如三品。五品以下命婦，車蓋幨幃皆青。凡王公等進午門，親王，隨從六人。親王世子郡王，五人。郡王長子貝勒，四人。貝子，三人。公，二人。進太和門，親王、親王世子，隨從三人。郡王、郡王長子貝勒，二人。貝子、公，一人。恭遇皇帝陞殿。王以下公以上，止用護衛一人，携坐褥。公主福晉，恭遇朝賀，許侍女隨入。固倫公主，五人。親王福晉、和碩公主、世子福晉，四人。郡主、郡王福晉、縣主，三人。郡君、貝勒夫人，二人。縣君以下，俱一人。

欽定大清會典卷二十三

〇凡相見，有王公禮，親王，於外藩親王來見，迎殿階下，主人左，賓右，入殿中門。主人西面，賓東面，行二跪六叩禮，乃坐。賓之從官於殿外行二跪六叩禮，入右門，賓後坐。進茶，賓受茶叩，主人答飲茶，敘語畢，從官趨前楹一叩先退，賓離坐跪叩，主人答，送至殿階下，府屬官送於府門外。於外藩郡王，迎送不降階。賓二跪六叩，答其半。賓辭退跪叩，答跪不叩。餘儀同。於外藩貝勒，離坐迎，不出殿。賓入殿右門，行二跪六叩禮，拱手立受。王坐正中，賓坐西旁，辭退跪叩，立受如初，不送。餘儀同。於外藩貝子公，府屬官引至殿内，行二跪六叩禮，拱手坐受。賓辭退跪叩，坐受如初，餘儀同。郡王，於外藩親王來見，迎送大門内，升階，主人由東，賓由西辭退，各就坐行一跪一叩禮，餘如親王儀。於外藩郡王，如内外親王相見儀。於外藩貝勒，如親王於外藩郡王。於外藩貝子，如親王於外藩貝勒。於外藩公，儀如親王。貝勒，於外藩親王來見，迎送府門外。賓先入，主人少後從。主人入門而左，賓入門而右，各行一跪三叩禮。從官亦一跪三叩，餘如郡王儀。於外藩郡王，如郡王於外藩親王。於外藩貝勒，如内外郡王相見儀。於外藩貝子，如郡王於外藩貝勒。其行禮皆一跪三叩。於外藩公，如郡王於外藩貝子。貝子、公，於外藩王貝勒來見，迎大門外，賓自西先行，主人自東少後從，各行一跪一叩禮，從官亦一跪一叩，送賓大門外，候乘馬，餘如貝勒於外藩郡王。貝子，於外藩貝子，如内外貝勒相見儀。於外藩公，如貝勒於外藩貝子。其行禮皆一跪一叩。公，於外藩貝子，如貝子於外藩貝勒。於外藩公，如内外貝子相見儀。五旗王公輪燕外藩王公，於元旦後擇吉，每旗一次。王府設席，外藩親王、郡王、貝勒、貝子、公、額駙，各席一。台吉塔布囊等二人，共席一。隨從護衛諸官十人，共席一。每二席用蒙古羊一，三席酒一鉼，又用大蒙古羊三。主席以親王或郡王一人，本旗諸王貝勒貝子公陪燕。主人席西嚮，賓席東嚮，均北上。從官席檐下及，露臺上，東嚮稍後。賓至，主人迎入，行禮序坐，視賓秩尊卑，接待如儀。有統屬禮，親王生辰元旦，該旗都統以下佐領以上官慶賀，行二跪六叩禮。郡王生辰及元旦，府屬官稱賀，行二跪六叩禮。貝勒生辰及元旦，行一跪三叩禮。皆聽各府選擇鳴贊贊唱行禮，作樂。在京閣部院寺監屬官見長官，初見，公服詣署，首領官引至堂上，呈銜名履歷於長官坐案，以次向坐三揖，長官避席答揖，退。若燕見，於大門外下輿馬，通名，俟傳,入見,長官迎於階下詣廳事,屬官北面三揖序坐,屬官東位西面。旅見則以次東西面,長官位於西南,東北面,命坐,揖。茶至,揖,啓事畢,辭出,三揖,凡揖皆答,長官送於二門外。屬官出大門,少遠乘輿馬。公所白事,長官坐,屬官侍立,不屈膝。若事件繁多,屬官設褥席地坐。八旗官於本署白事,都統、副都統前,參領侍衛、藍翎侍衛及騎都尉以上之副參領、署參領皆侍立,佐領以下官、雲騎尉以下之副參領皆屈一膝,驍騎校等官於參領前屈一膝,佐領前侍立。步軍副尉,於步軍統領總兵前屈一膝,翼尉前侍立。步軍校城門領,於統領總兵翼尉前屈一膝,協尉前侍立。公所白事,都統、副都統前,男以上官侍立,輕車都尉以下官屈一膝。管旗務之王、貝勒、貝子、入八分公前,參領以下官屈一膝。佐領係大臣兼攝者,從其品。係小京堂及科道等官兼攝者,視參領。係宗室,於八旗都統前皆侍立。前鋒統領、護軍統領前,前鋒參領侍衛、護軍參領侍衛以下,騎都尉以上之各副參領、署參領,並視八旗參領。雲騎尉以下副參領、署參領及護軍參領、署參領,並視八旗佐領。前鋒校、護軍校,視八旗驍騎校。八旗官白事於別旗各長官,與本旗同。宗室管佐領白事,於王公前皆屈一膝。順天府、奉天府堂屬相見府尹,視督撫府丞視學政。治中、通判視司道,經歷以下官視首領官。其所屬州縣教官,見府尹視督撫,見府丞視司道,見治中通判視府廳。奉天府屬官,見盛京五部侍郎將軍視府尹。各省文職,見長官初見,具銜名履歷,公服詣署。司道見督撫,大門外下輿。及儀門,由左門入,督撫迎於外堂後,屏門内先行,司道從。升堂,北面稟參,辭,三揖命坐揖。督撫正坐,司道東旁侍坐。旅見則以次東西面,茶至,揖。辭出,三揖,凡揖皆答。送至屏門外,司道三揖,俟督撫入門,復三揖,趨出,至大門外乘輿。督撫次日用名柬答拜。若公事謁見,常服具銜名手本,三揖就坐,餘儀同。知府、直隸州知州見督撫,不迎送,不答拜。府同知通判,轅門外下輿馬,餘儀皆同。見司道,司迎送於屏門外,道迎送於堂檐下。坐次,知府等東位西面,司道於西南,東北面,餘如見督撫儀司。道用名柬答拜。州縣官、教官、直隸州州同、州判,見督撫,升堂北面再拜,辭退三揖,督撫皆立受,餘如府同知通判儀。見司道,不出迎。司送於階下,道送於屏門外,餘如知府儀。見知府,迎送於屏門外,餘儀同。州縣、教官,見府同知通判,迎送於堂檐下,餘如見知府儀。直隸州所屬之知縣教官,見知州,如見知府。首領佐貳雜職官,見督撫司道知府,行一跪三叩禮,不揖,不坐。府首領縣佐貳等官見同知通判,如州縣見司道。雜職官,見同知通判、直隸州知州,如見知府。見知縣,如州縣見知府。見直隸州州同州判,如見知縣。督撫新任莅境,司道差役於境内迎接一次,府州縣官於本管地十里内躬迎。其並不經由及經由離城十里以外之府州縣,概不迎接。司道以下等官到任,屬員準此。武職見長官,初見,具銜名履歷,披執。副將見提督,轅門外下馬,傳免披執,易公服,帶刀,由左門入,升堂,北面稟參,辭,三揖,提督西面答揖。提督正坐,副將侍坐,茶畢,辭退,三揖如初,送至階下。常見,用銜名手本,免披執,仍帶刀,餘儀同。見本鎮總兵官,迎於堂後屏内,送至屏外。坐次,副將東位西面,總兵官位西南,東北面,餘如見提督儀。參將游擊,見提督,行一跪三叩禮畢,三揖，坐，辭退揖如初，提督皆起立答揖，不送，餘如副將儀。見本鎮總兵官，儀同。若非本鎮，則如副將見提督儀。游擊見本協副將，副將出位送，餘如見總兵儀。都司守備，見提督，初見，披執，北面跪，自宣銜名，三叩，提督坐受，命坐，西面席地坐，不設茶，辭出三叩，趨退，提督不起立。公事謁見，常服帶刀，不宣銜名，餘儀同。見總兵官，旁坐，待茶，餘如見提督儀。見本協副將，不宣銜名，凡揖皆起立答揖，餘如見總兵儀。若非本協，則如游擊儀。見本轄參將游擊，初見，行庭參禮。常見，三揖，參將游擊僉坐，都司守備旁坐。茶畢，三揖辭出，參將游擊出位送，凡揖皆答，餘如見副將儀。若非本轄，則送至屏內。千總把總，見提督、總兵、副將、參將游擊，皆不坐，餘如守備見提督儀。千總，見本轄都司守備，初見，行庭參禮，都司守備答揖。常見，一揖就坐，都司守備正坐，千總旁坐。茶畢，趨出，餘如守備見游擊儀。若非本轄，則送至屏門外。把總，見都司守備，初見，三叩，答揖。常見，一揖。旁坐，茶畢，趨出，都司守備起立，不送，餘如見游擊儀。各省駐防將軍以下所屬官見長官，如八旗官屬見長官儀。河道總督所屬官見長官，漕運總督所屬官見長官，各如文武屬官見長官儀。鹽運使鹽道見鹽政，如司道見督撫。運同運副提舉軍判見鹽政，如府廳見督撫。鹽運使司經歷大使知事等官見本管上司，如首領雜職見上司。若鹽大使由舉人進士出身者見上司，如知縣儀。運同運判見運使，如府廳見司道。欽差關監所屬派委稽察税務之府佐貳見監督，如見道。教官見學政，如見督撫，行禮皆立受，文武相統屬。提督見總督，由中門入，至儀門外下馬，總督迎於堂檐下，升堂三揖，總督正坐，提督僉坐。總兵官見總督，迎送於階上，餘如司道儀。總督答拜，皆於堂檐前下轎。總兵官，迎送出儀門。總督按臨出鎮閱兵，總兵官，如司道初見總督之儀。總督將至，總兵官出城迎接，路旁打恭，隨至教場，候總督升座，總兵官上堂北面稟參，辭，嚮上三揖，總督出座答揖，總兵官旁坐。事畢，總督升轎，總兵官在旁打恭，送至原接處，仍於路旁打恭。副將，見總督，大門外下馬，由左門入。初見，稟披執，免，公服帶刀。常見，帶刀。均北面三叩，興，西面侍立。茶畢，三揖退。初見巡撫，稟披執，免，行庭參禮，辭，三揖。巡撫正坐，副將侍坐。常見三揖，辭退三揖。送至屏門内。參將、游擊以下官見總督，稟披執免，行一跪三叩禮。參將、游擊見巡撫，迎送至檐下，餘儀皆同。都司初見巡撫，及霜降日皆披執，進參，出，更衣入見，照司道例待茶。常見，都司、守備、千總免披執，行全屬禮。分防標下中軍守備、掌印、專城並道標中軍及各營中軍守備見巡撫，免披執，行全屬禮，皆不迎送。守禦所千總、衛千總，行一跪三叩禮。兵備道所屬都司以下，俱行屬官禮。廳官有稽察錢糧之責者，其屯衛守備，行屬官禮。巴里坤理事通判，見領隊大臣，如府廳見四品以下學政儀。回疆伯克並土爾扈特金川番子，於所轄駐防大臣，每初一十五兩日，進署相見，平日不得私見。如有事面回，方許相見。阿奇木並四五品以上伯克初見請安，初一十五進署，及有事面回，俱不叩頭。六品以下小伯克等初見請安，平日不必叩頭。土爾扈特王、貝勒、貝子等，相見如常儀。台吉以下旁坐隨行。金川衆夷官見大臣，雜谷腦屯弁給與都司、守備、千總、外委銜者，如緑營員弁例。

明止各土司大小不同,如伯克例,其非統屬而行統屬禮者。司道運司見提督,於儀門下轎,迎送於堂檐下。提督正坐,司道等言僉坐。提督答拜,於儀門下馬,迎送出儀門。知府同知通判,見提督,大門外下轎馬,由中門八迎送至檐下。提督正坐,知府同知通判侍坐。見總兵官,二門外下轎馬,迎送至階上,餘儀、及總兵官答拜儀,均如司道於提督。州縣,見提督總兵官,大門外下轎馬。見提督由左門入,不迎送。見總兵官,由中門入,迎送至檐下。提督總兵官正坐,州縣侍坐。見副將,如見總兵官,免三揖。八九品以下佐雜官,見提督總兵官,行一跪三叩禮。分防標下中軍守備、掌印、專城並道標中軍及各營中軍守備,見司道,大門外下馬,由中門入,迎送至檐下。直省司道以下官,見河道總督、漕運總督,如見督撫儀。見學政,若學政係三品以上大臣,司道,如見督撫儀。知府、直隸州知州、同知、通判,由中門入,不稟參,迎送於屏門外,餘如司道見督撫儀。學政用名柬答拜,州縣行庭參禮,學政出位答揖,送至屏門内,餘如見督撫儀。首領佐貳雜職官,如見督撫儀。司道以下官,見鹽政及欽差官,均如見三品以上學政儀。運使,見督撫,如司道儀。運同,如知府儀。運副、提舉、運判,如同知、通判儀。府廳州縣見織造,大門外下轎馬,由角門進。關監督與督撫以下官相見,如副將儀。若係三品以上京堂職銜者,如總兵儀。司道以下官,見將軍如總督,副都統如總兵官。府廳州縣,見子爵如總兵官,男爵如副將,輕車都尉、參領如參將,騎都尉、副參領如都司,雲騎尉並五品官如守備。協領參領見督撫與司道同,佐領防禦等官與知府同,驍騎校與州縣同。有賓主禮,京官敵體相見。賓及門,從者通名,閽人入告。主人肅衣冠迎於大門内,揖入,每門讓於賓。及階讓升,及門讓入,賓主皆北面再拜。興,主人爲賓設坐西嚮。賓禮辭,揖,主人答揖,卒正坐。賓爲主人,正坐東嚮,揖如之。主人揖賓就坐,執事者進茶,賔受茶,揖,主人答。飲茶,敘語畢,賓告辭揖,主人答,降階。賓辭,主人固請,送賓於大門外,視賓乘輿馬,主人乃退。尚書左都御史見大學士,均行敵體禮。賓降一等者,主人趨正賓坐,賓辭,賓還正主人坐,辭如之,餘儀同。二品以下京堂官、翰詹科道見大學士,迎於儀門内,送出大門外,不視乘輿馬。科道見左都御史、副都御史、各部尚書,儀同。五六七品官見大學士,迎於堂階下,賓由東階升,主人導賓入,賓北面拜,辭,三揖,主人東面答揖,賓趨正主人坐,主人禮辭,固請,卒正坐。左還,告坐,揖,主人答。賓西面,主人東北面坐。辭退,三揖如初。主人送於二門外,餘儀同。翰詹科道見二、三品官,如賓降一等禮。見四、五品官,均行敵體禮。順天府、奉天府府尹與府丞相見,奉天府尹與盛京將軍相見,儀皆同。直省文武官敵體相見,賓至署,從者通名,門吏啓門,賓由中門入,儀衛止儀門外。主人出迎賓至外堂檐下,下輿馬,揖讓入,如京官儀。出,送至外堂檐下,視乘輿馬。總督、河道總督、漕運總督與巡撫相見,總督巡撫與學政、鹽政、織造欽差官相見,提督與總兵相見,提督、總兵與巡撫相見,提督兼世職子爵以上者與總督相見,直省鎮守將軍、副都統與督撫、提鎮相見,總兵官與非所屬之副將相見,副都統、總兵官與司道相見,城守尉與兩司相見,織造與督撫、司道、運司相見,關監督係三品以上京堂職銜者與督撫、提鎮、司道相見，兼銜或武職二品以下者與司道、運司、府廳相見，司道、運司、府廳與副將相見，司道、府廳州縣與參將、游擊相見，布政使、按察使、府廳州縣與都司相見，府廳州縣與守備、千總相見，參將與副將、游擊與非本轄之副將、游擊與參將、都司與非本轄之參將游擊、都司與守備、千總與把總相見，直隸州知州與知府，直隸州州同、州判與府同知、通判，知縣與府首領、州同、州判相見，均同。司道見學政，用銜名柬，儀門外下轎，由中門入，迎送堂檐下，行賓主禮，由中門步出，學政隨用名柬答拜。司道見巡察巡視御史，如見學政儀。兩司首領官與府廳州縣相見，用名柬由中門入。惟照磨知事見府廳，用晚生名柬。由左門入，皆行賓主禮。同知通判見知府用晚生名柬，由中門入，行賓主禮。州縣佐貳見州縣如之。教官見州縣用治晚生名柬，由中門入，行賓主禮。士人敵體相見，迎送於大門外，餘如京官相見儀。直省總督巡撫接見外藩國王禮，賓至轅門，從官致辭，執事官轉啓，賓乘輿至大堂，督撫延賓於大堂上，賓西面，主人東面，賓行一跪三叩禮，主人答拜。興，賓東主人西升階，各就坐，從官階下北面西上，行一跪三叩禮。興，執事官獻茶，賓受茶揖，主人答。飲訖，令通事傳語慰問致辭。畢，從官階下跪一叩，先退。賓離席一叩，辭，主人答。興，下階，送賓升輿，退。司道以下各官接見，俱用賓主禮，傳語慰問，遞加和巽。有師生禮，國學生見國子師之禮，初見，具名柬，公服詣學，國學首領官引自東階升堂，北面三揖，師立受，弟子侍立於左。退，三揖如初，出。若燕見，通名，俟於門内，師召入，迎於階上，弟子升階，揖，從師入，北面再拜，師西面答揖。趨正師位，師命坐，北面揖，師位於西南，東北面，弟子西面。旅見則以次東西面。請問揖，茶至揖，辭退北面三揖，師皆答。師出送，前行，弟子從，及二門外，弟子三揖，俟師入，乃退。翰林院庶吉士見大學士，及教習庶吉士，儀同。直省儒學弟子見學師之禮同。凡弟子見師儀皆同。凡卑幼見尊長，亦如弟子見師之儀，尊長不送。若尊長來見，則迎送於大門外，行禮坐次如儀。

各辨其儀節。遇於塗，郡王遇親王，讓道行。貝勒遇親王、郡王，執事迴避，讓道旁行。貝子、固倫額駙、鎮國公遇親王、郡王，勒馬鞠躬，側立道旁候過。遇貝勒，讓道旁行。鎮國公遇貝子、固倫額駙，分路行。和碩額駙、郡主額駙，遇親王郡王，下馬立。遇貝勒，勒馬側立。遇貝子、固倫額駙，讓道旁行。遇鎮國公，分路行。輔國公、鎮國將軍、民公、都統、子、尚書，遇親王郡王，下馬立。遇貝勒，勒馬側立。遇貝子、固倫額駙，讓道旁行。遇鎮國公，及鎮國將軍、都統、子、尚書，遇輔國公、都統、子、尚書，遇和碩額駙、郡主額駙，皆分路行。輔國將軍、副都統、侍郎，遇貝勒，下馬立。遇貝子、固倫額駙、鎮國公，勒馬側立。遇輔國公，讓道旁行。遇鎮國將軍，分路行。副都統、侍郎，遇和碩額駙、郡主額駙、民公、都統、子、尚書、縣主額駙，讓道旁行。奉國將軍，遇輔國公、鎮國將軍，勒馬側立。遇輔國將軍，讓道旁行。參領、佐領，遇貝子、固倫額駙、鎮國公，參領勒馬側立，佐領下馬立。遇和碩額駙、郡主額駙、輔國公、鎮國將軍、民公、都統、子、尚書、縣主額駙，皆勒馬側立。遇輔國將軍、副都統、護軍統領、步軍統領、前鋒統領、郡君額駙、侍郎，參領讓道旁行，佐領勒馬側立。佐領，遇奉國將軍、一等侍衞、護衞參領、前鋒參領、縣君額駙、郎中,讓道旁行。郎中、員外郎、主事,遇和碩額駙、郡主額駙、縣主額駙、民公、都統、子、尚書,皆勒馬側立。遇護軍統領、步軍統領、前鋒統領、副都統、侍郎、郡君額駙,郎中讓道旁行,員外郎、主事勒馬側立。員外郎、主事,遇一等侍衞、護衞參領、縣君額駙、郎中,皆讓道旁行。各部院司員遇堂官,皆勒馬候過。護軍校、驍騎校等官,遇輔國公、鎮國將軍、輔國將軍、奉國將軍、民公、和碩額駙、郡主額駙、都統、子、尚書、縣主額駙、副都統、護軍統領、步軍統領、前鋒統領、郡君額駙、侍郎,皆下馬立。遇一等侍衞、護衞參領、前鋒參領、縣君額駙、郎中,勒馬側立。遇二等侍衞、護衞、鄉君額駙、佐領、員外郎、主事,讓道旁行。内大臣與都統同,侯伯與民公同,男與副都統同,輕車都尉與參領同,騎都尉、雲騎尉與佐領同。固倫公主,與親王、郡王遇,相讓尊長在先,分路行。和碩公主以下,縣君以上,皆停車候過。貝勒遇固倫公主,讓道行。遇和碩公主、郡主、縣主、郡君,相讓分道行。縣君遇貝勒,停車候過。貝子,遇固倫公主,勒馬候過。遇和碩公主、郡主、縣主,讓道行。遇郡君、縣君,相讓分道行。閒散宗室,遇親王以下輔國將軍以上,皆下馬。遇和頭額駙、民公以下大臣,皆不下馬,分路行。覺羅有職者,凡迴避各視其品級。無職者,遇親王以下輔國將軍以上,皆下馬。遇和碩額駙、民公、都統、尚書等官,皆不下馬,引馬迴避。欽使遇應迴避者,不下馬,分路行。民公以下文武各官命婦,均照本夫迴避例。趨於門,親王府門,郡王過,並隨從皆不下馬。貝勒鞠躬趨馬過,隨從下馬。親王福晉、郡王福晉過,序長幼,應下車者步行過,不應下車者徑過,隨從婦女各從其主。固倫公主、和碩公主、郡主、縣主過,並隨從婦女,皆不下車,隨從人員皆下馬。郡君、縣君過,不下車,隨從男婦皆下車馬。貝子、和碩額駙、民公以下過,皆下馬。貝勒夫人以下過,皆下車。郡王府門,與親王同。貝勒府門,貝子、鎮國公過,不下馬,隨從下馬。輔國公、和碩額駙、民公以下過,皆下馬。貝勒夫人過,如福晉過親王門。郡君縣君過,如郡主、縣主過親王門。貝子夫人以下過,皆下車。欽使過王府門,皆不下馬。亦如之。

○凡官文書,上行、下行、平行,各别其制。在京各部院行文,宗人府用咨呈。宗人府行各部院用咨,六部、都察院行順天府用劄,六部行太常寺、太僕寺、光禄寺、鴻臚寺、國子監、欽天監、太醫院、寶泉、寶源局、各倉監督均用劄。其各衙門來文均用咨呈。都察院行六科用劄,六科行都察院用呈文。六部、理藩院、都察院、内務府、各旗都統、步軍統領衙門相行文均用咨。通政司、大理寺行文,除各部院用咨外,餘皆用移會。六科各道、内廷各館、内閣典籍廳、稽察房、中書科等處與各部院寺監行文,均用移會。軍機處用交片。各部院行五城司坊官、大興宛平二縣,用牌文。其行文外省,各部院行各省總督、巡撫、都統、將軍等衙門,吏禮二部行衍聖公,禮部行外裔各國,均用咨,來文亦用咨。六部、都察院行奉天府尹用劄。六部行布政使、按察使、城守尉、各關監督、各省鹽政織造,禮部行各省學政,兵部行各省提督總兵,順天府尹行各省布政使,均用劄。凡用劄之衙門,來文皆用咨呈。惟各省織造鹽政、各關監督於户部,提督總兵於兵部,均用呈文。布政使護巡撫篆,行文六部亦用咨呈。六部行道府以下,均咨督撫轉飭。其有須徑行者用牌文。其來文均用呈文申文。在京内閣,及各府司寺監各科道各旗,行文外省,均由部院轉行。軍機處行文督撫將軍用咨,其來文用咨呈。行文鹽政、布政使、按察使用劄,其來文用呈。步軍統領衙門行府廳州縣,順天府尹行直隸布政使司以下,均用牌文,來文均用申文。各省文衙門總督與巡撫平行用咨文。督撫行司道以下,司道行府廳以下,府廳行知縣以下,直隸州知州行所屬知縣以下,州縣行雜職,皆用牌,其上行皆用申文。知府行府佐貳,州縣行州縣佐貳,皆用關文。府佐貳行知府,州縣佐貳行州縣,各用牒呈。知府行直隸州知州,用墨筆照會。直隸州知州行知府,用牒呈。府廳州縣行兩司首領,均用關文。兩司首領行知府,用牒呈。行廳州縣,用關文。州縣行儒學,用牒。儒學行州縣,用牒呈。直隸州與非所屬之知縣,知縣與府首領州同州判,州同州判與儒學,皆平移。武衙門,提督與總兵,平行。提督行副將以下,總兵行參將以下,副將行所轄游擊以下,參將行所轄都司以下,參將游擊行千總把總,都司行所轄千總以下,都司守備行把總,皆用牌,其上行皆用詳文呈文。總兵行兼轄副將,用牌。行非所轄之副將,用照會。副將行總兵,均用咨呈。副將於非所轄之都司守備,用照會,都司守備用呈文。參將游擊於非所轄之守備,用照會,守備用咨呈。都司守備於非所轄之千總,用照會,千總用呈文。副將於非所轄之游擊,用平關,游擊用咨呈。副將與參將,參將與游擊,都司與守備,千總與把總,皆平行。文武衙門,總督巡撫與提督,巡撫與總兵,司道與總兵,兩司與參將游擊,均平行用咨文。總督於總兵,提督於司道運司,總兵於府廳州縣,皆用照會,其上行皆用咨呈。提督行府廳州縣,巡撫行副將、參將、游擊、都司,用劄付。行守備千總,用牌票。府廳於提督,用牒呈。州縣於提督,副將、參將、游擊、都司、守備、千總於巡撫,皆用申文。專城、守備並道標各營中軍守備,巡撫下行用劄付,司道下行用照會。其上行,於巡撫用申文,於司道用牒呈。其與府廳州縣用平關。副將行州縣用照會,州縣於副將用牒呈。府廳與參將游擊,府廳州縣與都司,俱用平關。司道運司府廳與副將,各道運司州縣與參將游擊,司道運司與都司,均用平關。兵備道於所轄營都司以下官行文,如屬員例。屯衛守備與同知通判,平行。駐防鎮守將軍與督撫提鎮,皆平行用咨文。會銜,將軍在總督上,若總督加兼銜在將軍上,則將軍在下。文武各官上行將軍,如督撫例。駐防副都統與督撫,平行。於非所屬之副將,用照會,副將用咨呈。司道府廳州縣與副都統,上行下行俱如總兵例。烏里雅蘇台將軍喀什噶爾參贊大臣與伊犁將軍,俱用咨文。本處駐劄大臣及各省提督總兵與伊犁將軍,均用咨呈。巴里坤領隊大臣行理事通判,用牌,通判用申文。學政鹽政與督撫提鎮,平行用咨文。學政行兩司,仰司經歷抄文呈堂。兩司行學政,仰經歷轉呈。學政行道府廳州縣以下,皆用牌。道於學政用呈文,府廳以下皆用申文。如學政係三品以上京堂官出差者,司道以下行文,如督撫例。鹽政及巡察巡視御史於司道行文,如學政例。鹽政於運司鹽道行文,如督撫於司道例。於運同運副提舉運判行文,如督撫於府廳例。鹽運使司經歷知事大使等官上行本管衙門，如首領雜職上行例。運同運判於運使文移往來，如府廳於司道例。織造與督撫司道運使，俱用咨文。於府廳州縣用牌檄，府廳州縣用咨呈。關監督係三品以上京堂職銜者，與督撫以下行文，如總兵例。若兼銜或武職，即過三品，仍如副將例。經署行文將軍督撫，用照會，於提督、副都統用劄，總兵以下用牌。將軍督撫行文經署用咨呈，提督副都統以下用申呈。其官文書蓋印，宗人府、六部、都察院、通政司、大理寺、翰林院、詹事府、内務府、理藩院、太常寺、光禄寺、太僕寺、鑾儀衛、武備院、上駟院、奉宸苑、順天府尹、倉場侍郎等衙門，盛京五部、奉天府、各省總督巡撫，色用紫。惟本章内用朱，衍聖公同，其餘文武各衙門皆用朱。

○凡各省官，三大節則拜龍牌而慶賀。各省三大節朝賀之禮，省會及各府州縣，豫於公所正中，恭設皇帝萬歲萬萬歲龍牌於亭，南嚮，設香案於亭之南。是日五鼓，有司設燎於庭，設鐙於門廡。省用道員或府同知一人糾儀，府用同知或通判，如無同知通判，用教官一人，州縣均用教官一人糾儀。學生員二人通贊，二人引班。省會班次，將軍、總督、加將軍銜提督，爲一班。巡撫、副都統、提督、學政，爲二班。總兵、協領、參領、鹽政、織造、督關郎中、布政使、按察使、各道，爲三班。佐領、督關員外郎、知府、副將、參將，爲四班。防禦、督關主事、司庫、同知、通判、游擊、都司，爲五班。驍騎校、知州、知縣、守備，爲六班。有品級筆帖式、庫使、經歷、州同、州判、縣丞、千總等官，爲七班。遇有欽差人員，一、二品大臣，列第一班之首。三品以下之京堂，列第二班之首。五品以下之部院官，均列第二班之末。滿洲蒙古護軍分左右翼，漢官文東武西立位，東西面，北上，拜位，北面，東班西上，西班東上。糾儀官，位班行之北。通贊、引班，位糾儀官之南，東西面。夜漏未盡，朝服畢會。質明，引班引入，至丹墀内序立。通贊贊齊班，引班分引至拜位前立，贊進，少進，贊跪叩興，各行三跪九叩禮畢，引退。府不附省、縣不附府者，文武官於公所按班行禮，均如省會儀。恩詔下，出郊以迎，率士民以聽宣，遂謄黄而遍布焉。詔下直省，所過府州縣五里之内，文武官朝服跪迎，軍民伏道右，候過。省會有司，豫於公廨設詔案、香案，案東設臺。詔及郊，備龍亭旗仗出迎，使者承詔書以架，恭奉安置龍亭内。乘馬後隨，鼓樂前導。文武大僚率所屬官，朝服出迎道右，跪，候過，興，先至公廨門外序立，紳士耆老軍民咸集。詔至門，跪迎如初，使者下馬，隨龍亭入，衆隨入，使者奉詔書陳於案，退立案東，西面。引禮生引各官就位，班次如朝賀儀，紳士在文官之末，耆老軍民在武官之末，通贊贊跪叩興，衆行三跪九叩禮。贊宣詔，使者奉詔，授宣詔官，復位立，宣詔官跪接，登臺，展詔書官一人從升，均西面，展詔書，宣讀訖復於案。退，衆聽贊復行三跪九叩禮。使者以詔授督撫，謄黄恭鐫，頒學政、鹽政、織造、管關、兩司、道府轉頒所屬州、縣、衛、將軍、提鎮、副將、參將，轉頒所屬營汛。至日宣布軍民，均如儀。立春，則鞭春。各府州縣，豫造芒神土牛於東郊。立春日，迎春，設案於芒神土牛前，陳香燭果酒之屬，案前布拜席。府州縣正官，率僚屬，咸朝服詣東郊。立春時至，通贊贊行禮，正官一人在前，餘官以序列行，就拜位。通贊執事者於拜席左右立，贊跪叩興，衆行一跪三叩禮，執事者舉壺爵跪於正官之左，正官受爵，酌酒、酹酒三，授爵於執事者，復行三叩禮，衆隨行禮。興，乃舁芒神土牛，鼓樂前導，各官後從，迎入城。至署，陳於堂前，各官執綵杖環立，擊土牛三，樂工擊鼓。月朔望，屬其民以讀法。各府州縣文武官，每朔望詣文廟、關帝廟、文昌廟、城隍廟上香行禮畢，易吉服，詣公所，集士民，宣讀《聖諭廣訓》及律條。文武官東西席地坐，宣讀者立於東北，西面，以次宣讀。耆老軍民，階下環立而聽。各鄉村巨堡及番寨土司地方，設立講鄉約之所，揀選老成公正者一人爲約正，樸實謹守者三四人爲值月。每月朔望，集老幼人等，宣讀《聖諭廣訓》及律條。州縣教官，不時巡行宣導。孟春之望、孟冬之朔則鄉飲。各省府州縣，舉行鄉飲酒禮於本學之明倫堂。府以知府、州以知州、縣以知縣爲主，監司官監禮。皆立一人爲司正，以教官充。二人司爵，二人贊禮，二人引禮，一人讀律，以生員充。揚觶、讀法、奏樂，視順天府。

〇凡孝義忠節者，察實以題而旌焉。京師暨各省府州縣衞，各建忠義孝弟祠一，祠内立石碑，節孝祠一，祠外建大坊。應旌表者，題名其上，身後設位祠中。宗室覺羅應旌表者，宗人府奏交禮部題請旌表。在京八旗及各省駐防應旌表者，由部於每歲三月内，咨查在京都統及駐防將軍都統，造册報部，覈議彙題。各省應旌表者，由督撫、學政會題，取具册結，送部覈題。其在部呈請者，由部行查督撫，覈實咨部。定限直隸五月，奉天、山東、山西、河南、陝西六月，江蘇、安徽、江西、福建、浙江、湖南、湖北、甘肅七月，廣東、廣西、四川、雲南、貴州、八月。以文到日依限先行查咨，再由督撫學政彙題。在各省呈請者，限四月。儒學州縣詳府司，督撫學政彙題。宗室應旌表者，頒勅諭一道褒獎。固倫公主、親王福晉、坊銀一百兩，緞十六。和碩公主、親王世子福晉，坊銀九十兩，緞十四。郡主、郡王福晉，坊銀八十五兩，緞十二。縣主暨貝勒夫人、郡君暨貝子夫人、縣君暨鎮國公夫人、鄉君暨輔國公夫人，銀遞減五兩，緞遞減一。側福晉、側室，視嫡福晉夫人各降一等。至輔國公側室，銀六十兩，緞七。鎮國將軍夫人，銀五十五兩，緞六。輔國將軍夫人、奉國將軍恭人，又遞減銀五兩，減緞一。鎮國將軍、輔國將軍、奉國將軍、奉恩將軍女，及側室，並閒散宗室妻女，俱銀三十五兩，緞二。覺羅不頒勅諭，給銀三十兩，緞一。八旗官兵妻女，給銀三十兩，不給緞。各省應旌表者，題准後，令地方官給銀三十兩，建坊。如奉有御賜詩章扁額緞疋，由内閣交部，發提塘齎送督撫，行地方官給領。守節之婦，不論妻妾，自三十歲以前守節至五十歲，或年未五十身故，其守節已及十五年，果係孝義兼全阨窮堪憫者，俱准旌表。其循分守節合年例者，給與"清標彤管"四字扁額，於節孝祠另建一碑，鐫刻姓氏，不設位，不給坊銀。婦人因子受封，准與旌表。因夫受封守節者，不旌表。夫婦未成婚，流離失散，守志至老合巹者，准與旌表，建坊用貞義之門字様。孝女以父母未有子孫，終身奉親不嫁者，如孝子例。未婚貞女合年限者，如節婦例。其有在夫家守貞身故，及未符年例身故者，一體旌表。陣亡官員全家隨任被害者，每家給銀三十兩，合建一坊，男婦並題名其上。本邑忠義孝弟祠、節孝祠内，照例設位。打仗未出，其妻守節合年例者,准其旌表。遭寇殉難紳士庶民,於本邑忠義孝弟祠内,設位題名。其被戕之大小婦女,督撫飭地方官,每縣給銀三十兩,於通衢總建一坊,全刻姓氏,並於節孝祠設位。遇難死事之臣,曾入昭忠祠者,仍於本邑忠義孝弟祠設位,毋庸建坊。婦女遭寇守節致死,雖事歷年久,覈實,准其補行題請,給銀建坊。如無親屬,則官爲建坊於墓前,節等祠内設位。婦女因强姦不從致死,及因調戲自盡非曾再醮者,刑部禮部會題請旨建坊如例。猝遭强暴被污見戕,及被污後刻即捐軀者,坊銀減半,不於祠内設位。本夫逼令賣姦抗節自盡者,童養之女未成婚拒夫調姦致死者,建坊於父母之門。節婦被親屬逼嫁致死者,旌表如例。若係翁姑逼勒,坊銀另擇家長支領,督理建坊。旗人僕婦守節者,雖經開户,祇給銀建坊,不於祠内設位。凡僕婦婢女及女尼女冠拒姦致死者,建坊於本婦墓前,不於祠内設位。孝子割股傷生,及烈婦夫亡無逼迫而遽殉節者,例不准旌。如有奏請旌表者,入祀建坊,候旨遵行。各省府州縣崇祀名宦鄉賢,該督撫會同學政,確覈事蹟,合詞具題,並造册結送部,由部於年終彙題,得旨,准設位入祠。其鄉賢子孫現任九卿者,祖父不得題請。若保舉而未經彙題,其子孫有由庶僚擢至九卿,及子孫曾任九卿,業經身故,其應否入祠之處,均專奏請旨。大臣身後有題請入祠者,亦由部專奏請旨。凡士民或養恤孤貧,或捐資贍族助賑荒歉,或捐修公所及橋梁道路,或收瘞屍骨,實於地方有裨益者,八旗由都統具奏,各省由督撫具題,均造册送部。捐銀至千兩以上,或田粟准值銀千兩以上者,均請旨建樂善好施坊,由地方官給銀三十兩。所捐不及千兩者,請旨交地方官給樂善好施扁額。如有應旌表而願議敘者,由吏部定議,給與頂戴。累世同居者亦如之。凡屢世同居,和睦無間者,督撫題請旌表,禮部專題給銀建坊,題名忠義孝弟祠碑如例,或御賜詩章扁額緞疋,遵旨頒給。百歲者,耆壽至百歲,宗室覺羅由宗人府具奏,八旗由都統、各省由督撫題請,部覆奉旨旌表者,俱准建坊。壽民給與昇平人瑞字樣,壽婦給與貞壽之門字樣。兄弟同臻百歲者,給與熙朝雙瑞字樣。夫婦同登百歲者,給與期頤偕老字樣,均令並建一坊。壽至百有十歲者,坊銀加倍。百二十歲加二倍。百二十歲以上,請旨加賞,不拘成例。壽民、壽婦年届百歲,五世同堂者,照例建坊外,請旨賞給銀十兩,緞一疋。未届百歲,五世同堂者,令督撫分别年歲,給與扁額、緞疋、銀兩。壽民上事祖父,下逮元孫,親見七代者,給與七葉衍祥字樣,令督撫製造扁額頒給。親見八代者,給與八葉衍祥字樣。壽婦上事祖姑,下逮元孫,親見七代者,亦如壽民例,均造册結送部覈題。其於常例外,奉旨賞給御製詩章扁額緞疋銀兩。並有職官員加賞職銜。及貂皮等物。均由特恩。壽民、壽婦於題請奉旨後身故者,所有建坊銀兩,並恩賞銀緞,仍准給領。如未經題覆身故者,隨本聲明,毋庸旌表。一産三男者,三男並産,八旗由都統、直省由督撫,咨報禮部及户部。户部行文該處,照例給與米五石,布十疋。仍行知禮部,入於年底彙題。旨下,知照該旗及督撫,並移咨户部覈銷。其男女並産,及一産三女者,不咨報,不給米布。則以聞而加恩賚。

欽定大清會典卷二十四

〇凡學，皆設學官以課士。各學教官，皆用本省人。盛京與直隸通用，江蘇與安徽通用，陝西與甘肅通用，惟迴避本府州。府曰教授，教授，府各一人。惟順天府於漢教授外，增設滿洲教授一人。湖北之施南，四川之寧遠，雲南之普洱，不設教授。其甘肅之洮州廳，四川之越巂、松潘廳，雲南之景東、蒙化、永北廳，亦各設教授一人。州曰學正，學正，州各一人。直隸州與府屬州同，惟直隸之平泉，湖北之鶴峰，四川之酉陽、天全，廣西之西隆、奉議，及土知州所管各州，不設學正。吉林廳，亦設學正一人。縣曰教諭，教諭，有經制教諭，復設教諭。順天之固安、武清、寶坻、文安、大城，直隸之清苑、安肅、新城、蠡、雄、束鹿、高陽、臨榆、河間、任邱、交河、吴橋、故城、東光、天津、鹽山、正定、獲鹿、阜平、邢臺、南和、永年、曲周、肥鄉、元城、大名、清豐、東明、長垣、宣化、西寧、萬全、懷安、懷來、赤城、龍門、玉田、豐潤、隆平、寧晉、南宫、棗强、武邑、饒陽，奉天之寧海，山東之歷城、章邱、鄒平、淄川、長山、齊東、平原、萊蕪、滋陽、滕、曹、單、聊城、恩、益都、壽光、諸城、蓬萊、萊陽、海陽、榮成、掖、濰、金鄉、魚臺，山西之陽曲、榆次、文水、臨汾、洪洞、曲沃、翼城、襄陵、臨晉、猗氏、長治、汾陽、介休、高平、陽城、寧武、右玉、安邑、聞喜，河南之祥符、杞、鄢陵、商邱、鹿邑、夏邑、永城、安陽、汲、濬、滑、新鄉、河内、陽武、洛陽、南陽、唐、内鄉、新野、舞陽、汝陽、上蔡、太康、郾城、光山、固始、息、商城，江蘇之上元、江寧、句容、吴、長洲、崑山、常熟、吴江、華亭、婁、上海、青浦、武進、無錫、江陰、宜興、靖江、丹徒、丹陽、金壇、溧陽、山陽、鹽城、江都、儀徵、興化、嘉定、泰興，安徽之懷寧、桐城、歙、休寧、婺源、宣城、涇、鳳陽、全椒，江西之南昌、新建、豐城、進賢、鄱陽、上饒、南城、新城、臨川、金谿、清江、廬陵、泰和、吉水、安福、高安、新昌、宜春、分宜、贛、信豐、龍南，福建之閩、侯官、長樂、福清、建安、甌寧、建陽、崇安、浦城、南平、將樂、沙、順昌、永安、邵武、建寧、泉州府屬五縣、汀州府屬八縣、興化府屬二縣、漳州府屬七縣、臺灣府屬四縣，浙江之仁和、錢塘、富陽、餘杭、臨安、烏程、歸安、長興、安吉、德清、鄞、慈谿、鎮海、定海、山陰、會稽、蕭山、諸暨、餘姚、上虞、臨海、黄巖、金華、蘭谿、東陽、義烏、西安、龍游、建德、淳安、遂安、永嘉、麗水、縉雲、嘉興府屬七縣，湖北之江夏、武昌、嘉魚、蒲圻、漢陽、漢川、孝感、黄陂、鍾祥、京山、潛江、天門、襄陽、宜城、棗陽、鄖、鄖西、安陸、應城、黄岡、黄安、蘄水、麻城、廣濟、江陵、公安、石首、監利、東湖、恩施，湖南之長沙、善化、湘潭、湘陰、益陽、攸、巴陵、臨湘、華容、邵陽、新化、衡陽、衡山、耒陽、武陵、桃源、沅陵、零陵、祁陽、安福、會同、綏寧、宜章，陝西之長安、咸寧、臨潼、涇陽、三原、盩厔、渭南、富平、大荔、朝邑、郃陽、韓城、蒲城、鳳翔、南鄭、洋、安康、安塞、神木、吴堡，甘肅之靖遠、平凉、隴西、安定、中衛、鎮番、永昌、山丹、徽，四川之西昌、冕寧、鹽源、珙、屏山、奉節、汶川，廣東之南海、番禺、順德、東莞、香山、新會、花、曲江、歸善、博羅、海豐、海陽、潮陽、揭陽、澄海、高要、茂名、瓊山，廣西之臨桂、融、宜山、上林、平樂、富川、賀、蒼梧、懷集、宣化，雲南之昆明、宜良、太和、浪穹、建水、通海、河西、楚雄、定遠、師宗、彌勒、祿勸、保山、永善，貴州之玉屏、清溪、天柱、開泰、錦屏、遵義、桐梓、綏陽、仁懷，縣各設經制教諭一人。又四川之敘永、雜谷廳，亦各設經制教諭一人。順天之良鄉、永清、東安、香河、三河、寧河、密雲、房山、平谷，直隸之滿城、定興、唐、博野、望都、容城、完、新安、盧龍、遷安、撫寧、昌黎、樂亭、獻、阜城、肅寧、寧津、青、静海、南皮、慶雲、井陘、欒城、行唐、靈壽、平山、元氏、贊皇、無極、藁城、新樂、沙河、平鄉、廣宗、鉅鹿、唐山、内邱、任、雞澤、廣平、邯鄲、成安、威、清河、南樂、淶水、廣昌、新河、衡水、柏鄉、高邑、臨城、武强、安平、曲陽、深澤，山東之新城、齊河、濟陽、德平、禹城、臨邑、陵、長清、東阿、平陰、新泰、肥城、陽信、海豐、樂陵、利津、霑化、蒲臺、青城、商河、曲阜、寧陽、鄒、泗水、嶧、汶上、陽穀、壽張、嘉祥、郯城、費、沂水、蒙陰、日照、范、觀城、朝城、鄆城、城武、定陶、鉅野、堂邑、博平、茌平、清平、莘、冠、館陶、武城、夏津、邱、臨淄、博興、高苑、樂安、昌樂、臨朐、安邱、黄、福山、棲霞、招遠、文登、昌邑、高密、即墨，山西之太原、太谷、祁、徐溝、交城、興、浮山、太平、趙城、靈石、永濟、榮河、萬泉、長子、屯留、襄垣、壺關、黎城、孝義、平遥、臨、鳳臺、陵川、沁水、大同、武鄉、定襄、夏、平陸、芮城、垣曲、絳、稷山、河津、榆社、代州屬三縣、平定州屬二縣，河南之陳留、通許、尉氏、洧川、中牟、蘭陽、滎陽、滎澤、汜水、密、新鄭、淮寧、商水、西華、項城、沈邱、扶溝、寧陵、虞城、柘城、湯陰、臨漳、林、内黄、武安、涉、獲嘉、淇、輝、延津、封邱、考城、濟源、原武、修武、武陟、孟、温、偃師、鞏、孟津、宜陽、登封、永寧、新安、澠池、嵩、南召、鎮平、泌陽、桐柏、淅川、葉、正陽、新蔡、西平、遂平、確山、羅山、臨潁、襄城、長葛、汝州屬四縣、陝州屬三縣，江蘇之溧水、江浦、六合、高淳、清河、安東、桃源、寶應、蕭、碭山、豐、沛、宿遷、睢寧、崇明、贛榆、沭陽、如皋，安徽之潛山、太湖、宿松、望江、祁門、黟、績溪、寧國、太平、旌德、南陵、懷遠、定遠、靈璧、潁上、霍邱、太和、蒙城、含山、來安、建平、池州府屬六縣、太平府屬三縣、廬州府屬四縣、六安州屬二縣、泗州屬三縣，江西之奉新、靖安、武寧、餘干、樂平、浮梁、德興、安仁、萬年、玉山、弋陽、貴溪、鉛山、廣豐、興安、南豐、廣昌、瀘溪、崇仁、宜黄、樂安、東鄉、新淦、新喻、峽江、上高、萍鄉、萬載、永豐、龍泉、萬安、永新、永寧、雩都、興國、會昌、安遠、長寧、南康府屬四縣、九江府屬五縣、南安府屬四縣、寧都州屬二縣，福建之古田、閩清、連江、羅源、永福、政和、松溪、尤溪、光澤、泰寧、壽寧、福安、寧德、德化、大田，浙江之於潛、新城、昌化、武康、孝豐、奉化、象山、嵊、新昌、天台、仙居、寧海、太平、永康、武義、浦江、湯溪、江山、常山、開化、桐廬、壽昌、分水、瑞安、樂清、平陽、泰順、青田、松陽、遂昌、龍泉、慶元、雲和、宣平、景寧,湖北之咸寧、崇陽、通城、大冶、通山、當陽、遠安、南漳、穀城、光化、房、竹山、竹谿、保康、雲夢、應山、羅田、黄梅、松滋、枝江、宜都、長陽、興山、巴東,湖南之寧鄉、瀏陽、醴陵、湘鄉、安化、平江、城步、新寧、常寧、安仁、酃、龍陽、沅江、瀘溪、辰谿、溆浦、黔陽、麻陽、東安、寧遠、永明、江華、新田、石門、安鄉、慈利、通道、永興、興寧、桂陽、桂東、桂陽州屬三縣,陝西之咸陽、興平、高陵、鄠、藍田、醴泉、澄城、華陰、岐山、寶雞、扶風、郿、麟游、汧陽、城固、西鄉、沔、洵陽、膚施、府谷、武功、三水、淳化、洛川,甘肅之皐蘭、華亭、寧夏、寧朔、西寧、武威、張掖、高臺、文、靈臺、鎮原,四川之成都、華陽、温江、新繁、金堂、新都、郫、灌、新津、什邡、南充、西充、營山、儀隴、渠、大竹、鄰水、宜賓、慶符、富順、南溪、長寧、高、筠連、興文、隆昌、永寧、巴、江津、長壽、永川、榮昌、綦江、南川、銅梁、開、平武、江油、石泉、射洪、鹽亭、中江、遂寧、蓬溪、峩眉、洪雅、夾江、犍爲、榮、名山、滎經、蘆山、德陽、安、綿竹、梓潼、黔江、彭水、墊江、梁山、東鄉、丹稜、保寧府屬七縣、資州屬四縣、瀘州屬三縣、邛州屬二縣,廣東之從化、龍門、新寧、增城、三水、清遠、新安、樂昌、仁化、乳源、翁源、英德、長寧、永安、龍川、河源、和平、饒平、惠來、大埔、普寧、長樂、興寧、四會、新興、陽春、陽江、高明、廣寧、封川、開建、電白、信宜、吴川、石城、澄邁、定安、文昌、會同、樂會、臨高、昌化、陵水、感恩、始興、廉州府屬二縣、雷州府屬三縣、連州屬二縣、羅定州屬二縣,廣西之興安、靈川、陽朔、永福、義寧、灌陽、馬平、雒容、羅城、柳城、懷遠、來賓、武緣、遷江、恭城、荔浦、修仁、昭平、藤、容、岑溪、隆安、永淳、潯州府屬四縣、鬱林州屬四縣,雲南之富民、呈貢、羅次、禄豐、易門、雲南、嶍峨、蒙自、廣通、大姚、順寧、麗江、永平、寧洱、元謀、新平、恩樂、澄江府屬二縣、曲靖府屬二縣,貴州之安化、婺川、印江、鎮遠、施秉、銅仁、永從、普安、安南、都匀、清平、龍泉、畢節、貴陽府屬四縣、安順府屬三縣、平越州屬三縣,縣各設復設教諭一人。又山西平定州、平樂鄉學,河南儀封廳、滎澤縣、河陰鄉學,亦各設復設教諭一人,其餘各縣,不設教諭。皆以訓導副之。訓導,有經制訓導、復設訓導。府學於教授外,州學於學正外,縣學於教諭外,各設訓導一人。惟順天府於漢訓導外,增設滿洲訓導一人。又直隸之承德、宣化、奉天府、及奉天之錦州,山東之泰安、武定、沂州、曹州,山西之蒲州、澤州,江蘇之松江、徐州,安徽之潁州,浙江之温州,湖北之宜昌,湖南之沅州、永順,陝西之榆林,甘肅之西寧、鎮西,四川之夔州、潼川、嘉定,廣西之泗城、鎮安,雲南之東川、昭通,貴州之銅仁各府,奉天之遼陽、復、寧遠、義,山西之保德、隰、沁、岢嵐、吉,江蘇之太倉、泰,安徽之壽,湖北之歸,陝西之綏德、葭,甘肅之肅、安西、迪化、河、静寧、岷、靈,四川之茂,廣東之連平、崖,廣西之河池、東蘭、左、永康、寧明、歸順,雲南之元江、鎮沅、宣威、鎮雄,貴州之貞豐、普安各州,直隸之阜平、宣化府屬七縣,奉天之寧海,山東之益都、榮成、海陽,山西之祁、徐溝、交城、浮山、臨晉、萬泉、黎城、陵川、寧武、武鄉、榆社,河南之汜水、涉、淇、鞏、澠池、桐柏、淅川、正陽、確山、盧氏、寶豐、伊陽,江蘇之長洲、崑山、常熟、吴江、華亭、婁、上海、武進、無錫、宜興、鹽城、江都、嘉定,江西之永寧,福建之古田、壽寧,湖北之東湖、長陽、興山、巴東、恩施,湖南之衡陽、瀘溪、辰谿、麻陽,陝西之安康、膚施、安塞、吴堡、神木,甘肅之靖遠、平凉、華亭、寧夏、寧朔、西寧、武威、鎮番、永昌、張掖、山丹、靈臺、鎮原、文、徽、高臺,四川之新繁、郫、新津、冕寧、鄰水、興文、永川、榮昌、銅梁、梁山、奉節、開、東鄉、遂寧、蓬溪、榮、德陽、安、汶川、丹稜、榮經、蘆山、黔江,廣東之海豐、昌化、陵水、感恩,廣西之宜山,雲南之新平、恩樂、永善,貴州之仁懷各縣,祇設教授學正教諭,不設訓導。其餘府州有教授學正,縣有經制教諭者,各副以復設訓導。惟福建之永春州,四川之雅州府、會理州、西昌、鹽原、珙縣,貴州之正安州、遵義、桐梓、綏陽縣,皆爲經制訓導。縣有復設教諭者,各副以經制訓導。惟順天之寧河,山西之永濟、鳳臺,河南之南召、淮寧,四川之華陽,雲南之河陽、順寧、南寧、麗江、寧洱,貴州之安化、鎮遠、永從、普定、普安、都匀、餘慶、龍泉、銅仁,皆爲復設訓導。府州應無教授學正教諭者,設經制訓導。惟山東之泰安、惠民、蘭山、菏澤、博山,山西之虞鄉、神池、五寨,江蘇之元和、新陽、昭文、震澤、鎮洋、寶山、奉賢、金山、南匯、陽湖、金匱、荆溪、阜寧、甘泉、東臺、銅山,安徽之鳳臺、阜陽,福建之霞浦、福鼎,湖北之施南府、宣恩、來鳳、利川,湖南之芷江,陝西之靖邊、榆林、懷遠,甘肅之平羅、古浪、燉煌、昌吉、奇臺、綏來,四川之大寧、巫山、三臺、樂山、新寧,廣東之陸豐,廣西之西隆州、西林,貴州之興義縣,皆爲復設訓導。又四川之寧遠,雲南之普洱府,直隸之平泉,廣西之奉議、及土知州所管之各州,順天之大興、宛平,直隸承德府屬之五縣,奉天之承德、錦,四川之雅安,廣西之凌雲、崇善、天保,雲南之寶寧、文山、會澤、恩安、及土知縣所管之各縣,併不設訓導。廳有教授教諭者,四川之敘永廳,副以經制訓導。雲南之景東、蒙化、永北廳,副以復設訓導。其無教授教諭者,江西之蓮花、定南,湖南之乾州、鳳凰、永綏,四川之馬邊、雷波、江北、太平廳,及山西之朔州馬邑鄉、徐溝縣清源鄉、潞城縣平順鄉,四川之瀘州九姓長官司,各設經制訓導一人。浙江之玉環,陝西之潼關,甘肅之循化、貴德,四川之石砫,貴州之松桃、仁懷廳,及甘肅之隆德縣莊浪鄉,各設復設訓導一人。又山東四氏學教授一人,學録一人,尼山學學録一人,皆用聖裔。

○凡生員,有廩膳生,廩膳生額數,京師八旗滿洲蒙古六十,漢軍三十,隸順天府學。盛京滿洲蒙古六,漢軍三,隸奉天府學。順天府學八十,貴州大定府學兼水城廳四十六,貴州黎平府學四十二,直隸永平、保定、河間、天津、正定、順德、廣平、大名、宣化九府學,山東十府學,及四氏學,山西太原、平陽、潞安、汾州、大同、澤州、蒲州七府學,河南九府學,江蘇八府學,安徽八府學,江西十三府學,福建福州、興化、泉州、漳州、延平、建寧、邵武、汀州、福寧九府學,浙江十一府學,湖北武昌、漢陽、黄州、安陸、德安、荆州、襄陽、鄖陽、宜昌九府學,湖南長沙、岳州、衡州、永州、寶慶、辰州、常德七府學,陝西七府學,甘肅蘭州、平凉、鞏昌、慶陽、寧夏、凉州、甘州七府學,洮州廳學,四川成都、重慶、保寧、順慶、敘州五府學,廣東廣州、韶州、惠州、潮州、肇慶、高州、雷州、瓊州八府學,廣西桂林府學,雲南雲南、曲靖、臨安、澂江、開化、楚雄、大理、永昌八府學,景東、蒙化、永北三廳學,貴州貴陽、安順、都匀、鎮遠、思南、思州、石阡、銅仁八府學,平越州學,均四十。福建臺灣府學,閩籍三十,粤籍八,共三十八。廣西南寧府學三十八。甘肅西寧府學,廣東嘉應州學,貴州遵義府學,均三十六。廣東南雄州學,廣西柳州府學,均三十四。梧州府學三十三。廣東廉州府學三十一。直隸遵化、易、冀、趙、深、定、涿、霸、薊、昌平、通、灤、祁、安、景、滄、晉、磁、開、蔚、延慶、保安,二十二州學,青縣併興濟縣學。山東十一州學及德左二衛學。山西朔平、寧武,二府學,十六州學。河南十州學。江蘇海、通、高郵、邳,四州學。安徽廣德、滁、和、六安、泗、無爲、宿亳,八州學。江西寧都、義寧,二州學。福建永春、龍巖,二州學。浙江海寧州學。湖北荆門、興國、沔陽、蘄、隨、均、歸,七州學。湖南沅州府學,澧、桂陽、靖、茶陵、武岡、道,六州學。陝西十州學。甘肅涇、秦、階、固原、静寧、岷、寧、靈,八州學。四川龍安府學,邛、瀘、忠、簡、崇慶、漢、合、涪、巴、劍、蓬、廣安,十二州學。廣東連、德慶、化、儋、崖、萬,六州學。廣西鬱林、全、賓,三州學。雲南廣南、順寧二府學,廣西元江、武定、晉寧、安寧、昆陽、嵩明、霑益、陸凉、馬龍、羅平、尋甸、石屏、阿迷、寧、新興、路南、鎮南、南安、姚、趙、鄧川、賓川、雲龍、騰越、雲、鶴慶、劍川,二十八州學。貴州興義府學,定番、廣順、開、鎮寧、永寧、獨山、麻哈、黄平、威寧、黔西、正安,十一州學,均三十。甘肅河州學二十八。廣西横州學二十六。四川資州學,廣西太平府學,均二十五。廣西潯州府學,貴州普安、平遠二州學,均二十四。四川眉州學,廣西思恩府學,貴州開泰縣學,均二十二。直隸除順天府之大興宛平、承德府之一州五縣、天津府之青縣外,其餘府州所屬各縣學,及蔚州鄉學、延慶州鄉學、大名縣鄉學。山東各縣學,及安東、鼇山二衛學。山西運學,蒲州府之永濟、猗氏、榮河、萬泉,及餘府州所屬各縣學,平定州之樂平鄉學,徐溝縣之清源鄉學。河南各縣學,儀封廳學,滎澤縣之河陰鄉學。江蘇泰州學,吴、青浦、江陰、靖江、清河、安東、桃源、儀徵、興化、寶應、崇明,及江寧、鎮江、徐州三府,海、通二州所屬各縣學。安徽鳳陽府之鳳陽、懷遠、定遠、靈璧,及餘府州所屬各縣學,鳳陽之臨淮鄉學,泗州之虹鄉學。江西吉安府之廬陵、吉水、永豐、萬安、泰和、龍泉、永寧,及餘府州所屬各縣學,定南廳學。福建福州府之閩、侯官、閩清、長樂、連江、羅源、永福、福清,福寧府之福安、寧德、壽寧,龍巖州之漳平,及餘府州所屬各縣學。浙江寧波府之鄞、慈谿、奉化、鎮海、象山,及餘各府所屬各縣學。湖北宜昌府之東湖、長陽、興山、巴東,施南府之建始,及餘府州所屬各縣學。湖南郴州學,衡州府之衡山、耒陽、常寧、安仁、酃,澧州之石門、安鄉、安福及長沙、岳州、永州、寶慶、辰州、常德、沅州七府,郴、靖、澧、桂陽四州所屬各縣學。陝西興安府之安康,及餘府州所屬各縣學。甘肅肅、狄道二州學,西寧府之西寧、碾伯,及蘭州、平凉、鞏昌、慶陽、寧夏、凉州、甘州七府,涇、秦、階、肅四州所屬各縣學,隆德縣之莊浪鄉學。四川夔州、嘉定、潼川三府學,敘永、太平二廳學,綿州學,成都府之温江、金堂、新都、灌、什邡,順慶府之南充、西充、營山、儀隴、渠、大竹、鄰水,敘州府之宜賓、慶符、富順、南溪、長寧、高、�連、琪、興文、隆昌，寧州府之巫山、雲陽、萬、開，龍安府之平武、江油、石泉，雅州府之雅安、名山、滎經、蘆山，嘉定府之樂山、峨眉、犍爲、洪雅、夾江，綏定府之達、東鄉，眉州之丹稜，綿州之安、綿竹、梓潼，忠州之酆都、墊江，酉陽州之黔江、彭水，敘永廳之永寧及重慶、保寧、潼川三府，邛、瀘、資三州，所屬各縣學，銅梁縣之安居鄉學，瀘州屬之九姓土司學。廣東羅定、連平二州學，廣州府之南海、番禺、順德、東莞、從化、龍門、新寧、增城、香山、新會、三水、清遠、新安，肇慶府之高要、四會、新興、陽春、陽江、高明、恩平、封川，廉州府之合浦，及餘府州所屬各縣學。廣西平樂府學，永寧州學，臨桂、靈川、興安、灌陽、陽朔、富川、賀、蒼梧、懷集、藤、桂平、貴、平南、宣化、馬平、陸川十六縣學。雲南東川、麗江二府學，宣威州學，雲南府之昆明、宜良、富民、呈貢、羅次、祿豐、易門，大理府之太和、浪穹、雲南，及曲靖、臨安、澂江、楚雄、永昌五府。廣西武、定二州，所屬各縣學。貴州都勻府之都勻、清平，鎮遠府之鎮遠、施秉，銅仁府之銅仁，黎平府之錦屏，遵義府之遵義、綏陽、桐梓，及餘府州所屬各縣學，均二十。四川五昌縣學，廣西慶遠府學，均十九。安徽壽州學，四川會理州學，鹽源縣學，廣西融、興業二縣學，均十八。江西安福、永新二縣學，四川茂州學、雜谷廳學、汶川縣學，廣西象州學，均十七。江蘇山陽、鹽城二縣學，福建寧洋縣學，四川酉陽州學，屏山、秀山二縣學，廣西宜山、武緣、上林、博白、北流五縣學，貴州永從、仁懷二縣學，均十六。江蘇太倉州學、鎮洋縣學，福建古田、臺灣、鳳山、嘉義、彰化五縣學，陝西潼關、漢陰二廳學，平利、洵陽、紫陽、石泉、白河五縣學，四川寧遠、雅州二府學，越嶲廳學，成都、華陽、冕寧、新寧、德陽、梁山六縣學，廣東花、開平、廣寧、開建、鶴山五縣學，廣西恭城、容二縣學，均十五。江蘇華亭、婁、南匯三縣學，湖南慈利縣學，四川石砫廳學，廣西永福、武宣二縣學，均十四。四川奉節縣學，廣東靈山縣學，廣西平樂、隆安、雒容三縣學，均十三。山東靈山衛學，江蘇上海縣學，安徽鳳臺縣學，湖北恩施縣學，湖南永定縣學，四川松潘廳學，廣西義寧縣學，雲南普洱、昭通二府學，白鹽井學，均十二。江蘇奉賢、金山二縣學，四川彭山、青神二縣學，廣西柳城縣學，均十一。奉天府學，錦縣學，山西臨晉、虞鄉二縣學，江蘇長洲、元和、崑山、新陽、常熟、昭文、吳江、震澤、武進、陽湖、無錫、荆溪、金匱、宜興、江都、甘泉、東臺、嘉定、寶山十九縣學，海門廳學，福建霞浦、福鼎二縣學，浙江定海縣學，湖南永順府學，衡陽、清泉二縣學，四川綏定府學，天全州學，郫、崇寧、新繁、彭、新津、雙流、岳池、彭明、清溪、榮、威遠、羅江十二縣學，廣西上思、新寧、左三州，學、荔蒲、昭平、永淳、懷遠、遷江五縣學，雲南鎮沅州學，順寧、麗江二縣學，均十。廣東欽州學九。江蘇阜寧縣學，浙江玉環廳學，湖北利川縣學，廣西永康、寧明二州學，來賓、天河二縣學，雲南鎮雄州學，永善、恩樂二縣學，黑鹽井、琅鹽井二學，貴州仁懷廳學，均八。奉天錦州府學，遼陽、寧遠二州學，海城縣學，四川大寧縣學，廣西養利、河池二州學，羅城縣學，均七。江西蓮花廳學，湖南鳳凰廳學，永順、保靖、龍山、桑植四縣學，四川雷波廳學，廣西鎮安府學，永安州學，修仁縣學，均六。奉天復州學，福建屏南縣學，廣西思恩縣學，均五。直隸承德府學，平泉州學，豐寧縣學，湖北鶴峰州學，長綏縣學，湖南乾州、永綏二廳學，甘肅安西州學，四川馬顯廳學，廣西泗城府學，西隆州學，崇善縣學，均四。直隸灤平、建昌、赤峰、朝陽四縣學，奉天廣寧縣學，均三。奉天義州學，錢嶺、蓋平、開原、寧海四縣學，吉林廳學，湖北施南府學，宣恩、來鳳、咸豐三縣學，甘肅鎮西府學，循化、貴德二廳學，迪化州學，大通、宜禾、奇臺、敦煌、玉門、昌吉、阜康、綏來八縣學，廣西歸順、東蘭二州學，西林、天保二縣學，太平土州學，貴州松桃廳學，貞豐州學，荔彼縣學，均二。有增廣生，壇廣生額數如廩膳生。惟廣東廉州府學二十一，欽州學十八，封川縣學十四，合浦縣學十三，不與廩生數同。有附生，文童取進附生額數，京師八旗滿洲蒙古六十，漢軍三十。盛京滿洲蒙古十一，漢軍八。順天府學二十五，合大興、宛平二縣各二十五，共七十五。廣東廣州府學四十，内東莞、新安、客童各二，嘉應州學二十二，内酌撥所屬四縣八。福建臺灣府學閩籍二十一，粵籍九，共三十。廣東南雄州學二十九，内撥給始興縣額五。廣東肇慶府學、貴州平越州學，均二十八。浙江西安縣學二十五，合孔氏二，共二十七。廣東惠州府學二十七。直隸冀州學、蠡縣學，均二十六。順德府學，定州學，任邱縣學，江蘇江寧、松江、常州、鎮江四府學，高郵、邳二州學，上元、江寧、句容、吴、青浦、江陰、及鎮江府屬各縣學，安徽安慶、徽州、寧國、池州、太平五府學，廣德州學，懷寧、桐城、宣城、涇、鳳陽五縣學，浙江十一府學，海寧州學，仁和、錢塘、嘉興、秀水、嘉善、海鹽、平湖、烏程、歸安、長興、德清、鄞、慈谿、山陰、會稽、蕭山、諸暨、餘姚、金華、蘭谿、建德、淳安、永嘉、臨海二十四縣學，均二十五。江蘇通州學二十三，合沙童二，共二十五。浙江麗水縣學兼畲民在内二十五。湖南長沙府學二十五，内茶陵州額二，仍隸府學。廣東潮州府學二十五，内南澳廳録送撥入者一，瓊州府學二十四。直隸永平、保定、廣平、大名、宣化五府學，通、景、開三州學，文安、清苑、高陽、河間、清豐、東明、長垣、南宫、棗强、豐潤十縣學，河南滑縣學，江蘇淮安府學，安徽鳳陽府學，廣東高州府學，均二十三。貴州大定府學，二十三，内水城廳額五。河南睢州學，安徽廬州府學，江西寧都州學，陝西大荔縣學，均二十二。直隸正定府學，趙、祁二州學，束鹿、元城二縣學，江蘇山陽、鹽城二縣學，廣東韶州、雷州二府學，貴州黎平府學，均二十一。直隸河間、天津二府學，深州學，山東濟南、泰安、武定、沂州、曹州、青州、萊州、登州八府學，濟寧、德、東平、濱、濮、高唐、膠七州學，歷城、章邱、泰安、萊蕪、滋陽、滕、魚臺、菏澤、單、曹、聊城、壽光、安邱、諸城、掖、蓬萊、萊陽十七縣學，及四氏學，山西潞安、汾州二府學，忻、代、解、絳四州學，陽曲、榆次、文水、臨汾、襄陵、洪洞、曲沃、太平、翼城、長治、汾陽、介休、鳳臺、高平、陽城、永濟、猗氏、安邑、聞喜十九縣學，河南開封、歸德、彰德、衛輝、懷慶、南陽、陳州七府學，許州學，祥符、杞、商邱、永城、鹿邑、安陽、河内、洛陽、太康九縣學，江蘇蘇州、揚州、徐州三府學，海州學，溧水、高淳、靖江、清河、安東、桃源、寶應、宿遷、睢寧、崇明、沭陽、如皋十二縣學，安徽潁州府學，滁、和、六安、泗、無爲、宿、亳七州學，潛山、太湖、宿松、歙、休寧、婺源、黟、南陵、寧國、旌德、太平、貴池、青陽、建德、當塗、蕪湖、合肥、全椒、含山、建平二十縣學，江西十三府學，南昌、新建、豐城、高安、宜春、清江、廬陵、吉水、臨川、金谿、南城、新城、上饒、鄱陽、贛十五縣學，福建福州、延平、建寧、邵武、汀州、福寧六府學，閩、侯官、長樂、福清、莆田、仙游、晉江、南安、惠安、同安、安溪、龍溪、漳浦、海澄、南靖、平和、南平、建安、甌寧、建陽、崇安、邵武、長汀、上杭、永定二十五縣學，浙江富陽、餘杭、臨安、石門、桐鄉、奉化、海、上虞、新昌、嵊、東陽、義烏、永康、龍游、常山、遂安、瑞安、平陽、黄巖、天台二十縣學，湖北武昌、漢陽、黄州、德安、荆州、襄陽、鄖陽、宜昌八府學，興國、沔陽二州學，江夏、武昌、黄陂、孝感、黄岡、蘄水、黄梅、京山、天門、江陵、公安、石首、監利、襄陽十四縣學，湖南永州、寶慶、常德三府學，郴、靖、澧、武岡四州學，長沙、善化、益陽、攸、湘潭、巴陵、華容、耒陽、衡山、零陵、祁陽、邵陽、新化、武陵、桃源、會同十六縣學，陝西西安、同州、鳳翔、漢中四府學，綏德、華二州學，三原、韓城、郃陽、蒲城、清澗五縣學，甘肅蘭州、慶陽、寧夏、凉州四府學，秦州學，秦安縣學，四川成都、重慶、保寧、順慶、敘州五府學，廣東南海、番禺、東莞、順德、香山、澄海六縣學，廣西桂林、平樂、潯州、南寧、太平、柳州、慶遠、思恩八府學，鬱林、全、横、新寧、賓五州學，臨桂、蒼梧、懷集、宣化、武緣、上林六縣學，雲南雲南、曲靖、臨安、澂江、開化、楚雄、大理、永昌八府學，景東、蒙化、永北三廳學，武定、晉寧、安寧、尋甸、石屏、新興、姚、趙、鄧川、騰越、鶴慶、劍川十二州學，昆明、宜良、南寧、建水、通海、河西、河陽、楚雄、大姚、太和、浪穹、保山十二縣學，貴州貴陽、安順、鎮遠、思南四府學，威寧州學，貴筑縣學，均二十。福建興化府學二十，莆田額撥十四，仙游額撥六、泉州府學二十，晉江額撥十二，餘縣額撥八。漳州府學二十，内南澳廳録送撥入者一。浙江縉雲縣學兼番民在内二十。雲南廣西州學二十，與五嶆童生合取。直隸安肅縣學十九。山東濰縣學，合金、復二衛，額各二，共十九。直隸易、遵化、涿、霸、薊、灤、安、滄、晉、磁、蔚、延慶、保安十三州學，固安、大城、武清、盧龍、遷安、昌黎、樂亭、撫寧、新城、博野、雄、新安、獻、阜城、交河、寧津、吴橋、東光、故城、天津、静海、鹽山、正定、獲鹿、邢臺、南和、永年、曲周、肥鄉、雞澤、成安、清河、南樂、宣化、萬全、懷安、武邑、衡水、隆平、寧晉、饒陽、安平、玉田四十三縣學，蔚州鄉學，山東兖州、東昌二府學，河南濬縣學，福建永春、龍巖二州學，湖南辰州府學，陝西延安府學，廣東潮陽、揭陽二縣學，廣西梧州府學，雲南蒙自縣學，貴州都匀、遵義二府學，均十八。直隸大名縣學，山東臨清州學，山西太原、平陽、大同三府學，河南河南府學，湖北安陸府學，荆門州學，湖南衡州府學，甘肅鞏昌府學，階州學，寧夏、寧朔二縣學，貴州石阡府學，均十七。湖南茶陵州學十七，内撥長沙府學二。直隸大名縣鄉學，山東榮成、海陽二縣學，河南汝寧府學，江蘇江浦、六合、華亭、婁、蕭、沛、豐、碭山、贛榆九縣學，安徽望江、祁門、績溪、銅陵、石埭、東流、繁昌、舒城、廬江、巢、懷遠、定遠、蒙城、盱眙、天長十五縣學，鳳陽縣之臨淮鄉學，浙江新城、於潛、昌化、武康、安吉、武義、浦江、湯溪、江山、開化、壽昌、桐廬、樂清、太平、寧海十四縣學，陝西乾州學，朝邑、武功、洛川三縣學，甘肅甘州府學，涇州學，四川樂山縣學，廣東海陽、長樂二縣學，貴州思州府學，均十六。山東曲阜縣學十六，内於文廟樂舞生取四名。江西萬載縣學十六,内棚童額四。浙江青田、松陽、龍泉三縣學,兼番民在内十六。直隸昌平州學,良鄉、永清、東安、香河、順義、密雲、三河、臨榆、滿城、定興、唐、完、容城、肅寧、青、南皮、慶雲、井陘、樂城、行唐、靈壽、平山、元氏、贊皇、無極、藁城、新樂、沙河、平鄉、鉅鹿、廣宗、唐山、内邱、任、廣平、邯鄲、威、懷來、西寧、新河、柏鄉、高邑、武强、曲陽、深澤四十五縣學,山東平度、莒、寧海三州學,鄒平、淄川、長山、新城、長清、齊東、濟陽、平原、東阿、惠民、陽信、海豐、樂陵、商河、利津、霑化、寧陽、鄒、汶上、陽穀、金鄉、蘭山、日照、城武、定陶、鉅野、鄆城、堂邑、茌平、館陶、恩、益都、臨淄、昌樂、高密、即墨、棲霞、文登三十八縣學,德、左二衛學,山西朔平、寧武、澤州、蒲州四府學,遼、沁、平定、朔四州學,平遥、臨、大同、偏關、臨晉、盂、五臺、崞、夏、稷山、絳、靈石十二縣學,河南汝、陜、光、鄭、禹、鄧、裕、信陽八州學,陳留、通許、鄢陵、中牟、夏邑、臨漳、内黄、湯陰、汲、新鄉、延津、濟源、武陟、孟、温、陽武、偃師、南陽、唐、内鄉、新野、舞陽、葉、汝陽、上蔡、淮寧、西華、襄城、郾城、靈寶、固始、光山、息、商城三十四縣學,江蘇泰州學,南匯、銅山二縣學,安徽阜陽縣學,江西進賢、奉新、新昌、分宜、泰和、安福、宜黄、東鄉、南豐、廣昌、貴溪、餘干、星子、都昌、建昌、德化、湖口、大庾十八縣學,福建連江、長泰、詔安、順昌、將樂、沙、永安、浦城、建寧、寧化、清流、歸化、連城、武平、福安、漳平十六縣學,湖北蘄、隨二州學,嘉魚、蒲圻、大冶、漢陽、漢川、麻城、黄安、廣濟、鍾祥、潛江、安陸、雲夢、應城、棗陽、宜城、鄖、東湖十七縣學,湖南岳州、沅州二府學,桂陽、道二州學,湘陰、寧鄉、湘鄉、臨湘、常寧、沅陵、溆浦、芷江、永興、宜章、桂陽、綏寧、安鄉十三縣學,陜西商州學,咸寧、長安、涇陽、富平、臨潼、咸陽、盩厔、鄠、醴泉、興平、渭南、澄城、華陰、鳳翔、寶雞、南鄭、城固、洋、膚施十九縣學,甘肅狄道、固原二州學,臯蘭、隴西、安定、會寧、通渭、伏羌、安化、武威、鎮番、張掖、鎮原、文、高臺十三縣學,四川龍安、嘉定、潼川、綏定四府學,邛、瀘、簡、崇慶四州學,閬中、南部二縣學,廣東儋州學,新會、增城、三水、曲江、英德、歸善、博羅、龍川、饒平、高要、陽江、茂名、瓊山、興寧十四縣學,廣西永安、上思、永康、寧明、象五州學,靈川、興安、灌陽、平樂、富川、賀、桂平、貴、隆安、永淳、融、宜山十二縣學,雲南廣南、東川、普洱三府學,元江、昆陽、嵩明、霑益、陸凉、阿迷寧、鎮南、賓川九州學,呈貢、定遠、雲南、彌勒四縣學,貴州黄平、黔西二州學,畢節、遵義二縣學,均十五。河南考城縣學,江蘇上海縣學,江西瑞金、石城二縣學,甘肅靈州學、中衛縣學,雲南禄勸縣學,均十四。廣東新寧縣學,十四,内客童二。江蘇太倉州學,長洲、震澤、常熟、新陽、奉賢、金山、陽湖、金匱、宜興、江都、嘉定十一縣學,福建臺灣、鳳山、嘉義、彰化四縣學,湖北當陽縣學,陜西鄜州學,甘肅平凉府學,貴州開泰縣學,均十三。直隸寶坻縣學,山東齊河、禹城、臨邑、陵、德平、新泰、肥城、青城、蒲臺、嶧、壽張、嘉祥、郯城、費、蒙陰、沂水、范、觀城、朝城、博平、清平、莘、冠、邱、夏津、武城、博興、高苑、樂安、臨朐、昌邑、黄、福山、招遠三十四縣學,山西保德、隰、霍、吉、永寧、應、渾源七州學,太原、太谷、祁、徐溝、交城、興、浮山、長子、屯留、襄垣、黎城、壺關、孝義、右玉、陵川、沁水、榮河、萬泉、榆社、武鄉、壽陽、定襄、繁峙、平陸、芮城、河津、垣曲、趙城二十八縣學，徐溝縣之清源鄉學，平定州之樂平鄉學，河南尉氏、洧川、蘭陽、滎澤、滎陽、密、新鄭、寧陵、虞城、柘城、林、武安、輝、獲嘉、封邱、修武、原武、孟津、宜陽、登封、永寧、新安、嵩、南召、泌陽、鎮平、新蔡、西平、遂平、羅山、商水、項城、沈邱、扶溝、臨潁、長葛、魯山、郟、閿鄉三十九縣學，江蘇元和、吴江、昭文、崑山、武進、無錫、荆溪、甘泉、鎮洋、寶山十縣學，安徽壽州學，靈璧、潁上、霍邱、太和、來安、英山、霍山、五河八縣學，泗州之虹鄉學，江西義寧州學，上高、萍鄉、新淦、新喻、峽江、永豐、萬安、永新、崇仁、樂安、玉山、廣豐、鉛山、弋陽、樂平、浮梁、安仁、德興、萬年、安義、德安、瑞昌、彭澤、南康、雩都、信豐、興國、會昌、安遠、龍南、長寧三十一縣學，福建古田、尤溪、松溪、寧德、德化、大田六縣學，浙江孝豐、象山、定海、分水、泰順、仙居六縣學，湖北均、歸二州學，咸寧、崇陽、通城、羅田、應山、松滋、枝江、穀城、房、鄖西、恩施十一縣學，湖南永順府學，瀏陽、醴陵、安化、平江、衡陽、清泉、安仁、東安、永明、寧遠、新寧、辰谿、龍陽、黔陽、興寧、安福、臨武、藍山十八縣學，陝西興安、榆林二府學，隴、寧羌、葭三州學，高陵、岐山、扶風、郿、汧陽、褒城、西鄉、沔、宜川、安定、三水、米脂十二縣學，甘肅西寧府學，肅、河、静寧、寧四州學，平涼、寧遠、漳、正寧、永昌、平番、山丹、禮、徽、成十縣學，四川敘永廳學，眉、資、忠、漢、涪、巴、劍、蓬、廣安九州學，成都、華陽、温江、巴、江津、廣元、南充、西充、營山、渠、宜賓、富順、雅安、犍爲、洪雅、夾江、三臺、射洪、遂寧、内江、永寧、西昌二十二縣學，廣東廉州府學，羅定、連平、化、崖、萬五州學，始興、河源、和平、永安、大埔、惠來、陽春、四會、新興、電白、吴川、海康、澄邁、臨高、文昌、定安、會同、樂會、平遠、鎮平、東安二十一縣學，廣西鎮安府學，永寧、左、養利、河池四州學，陽朔、恭城、昭平、藤、平南、馬平、雒容、柳城、博白、北流、陸川十一縣學，雲南順寧、昭通二府學，馬龍、羅平、路南、南安、雲龍、雲六州學，富民、羅次、禄豐、易門、平彝、嶍峨、江川、廣通、永平、師宗、元謀十一縣學，姚州之白鹽井學，貴州興義、銅仁二府學，定番、鎮寧、平遠、正安四州學，貴定、修文、普定、清鎮、安平、施秉、天柱、安化、綏陽、甕安、湄潭十一縣學，均十二。浙江遂昌、慶元、雲和、宣平、景寧五縣學，兼番民在内十二。廣東高明縣學十二，内客童二。直隸寧河縣學十一。廣東開平縣學十一，内客童二。直隸房山、保定、懷柔、平谷、望都、阜平、赤城、龍門、臨城、淶水、廣昌十一縣學，密雲衞學，延慶州鄉學，山西虞鄉縣學，江蘇東臺縣學、海門廳學，四川夔州府學，綿、會理二州學，屏山、鹽源、鹽亭、中江、井研、梓潼六縣學，廣東連州學，海豐、陸豐、普寧、信宜、西寧五縣學，廣西泗城府學，雲南鎮雄州學、永善縣學，貴州普安州學，均十。奉天錦州府學，陝西潼關廳學、安康縣學，甘肅靈臺縣學，四川金堂、仁壽、資陽、德陽四縣學，均九。山東平陰、泗水、博山三縣學，安東、鼇山二衞學，山西岢嵐州學，嵐、岳陽、汾西、鄉寧、潞城、石樓、寧鄉、懷仁、山陰、靈邱、廣靈、陽高、天鎮、左雲、平魯、寧武、神池、五寨、和順、沁源、静樂、河曲、大寧、蒲、永和二十五縣學，朔州之馬邑鄉學，潞城縣之平順鄉學，河南儀封廳學，汜水、涉、淇、鞏、澠池、桐柏、淅川、確山、正陽、寶豐、伊陽、盧氏十二縣學，滎澤縣之河陰鄉學，江蘇阜寧縣學，安徽鳳臺縣學，江西蓮花、定南二廳學，武寧、靖安、龍泉、永寧、瀘溪、興安、上猶、崇義八縣學，福建羅源、閩清、永福、政和、光澤、泰寧、霞浦、壽寧、寧洋九縣學，浙江玉環廳學，湖北施南府學，鶴峰州學，通山、宜都、南漳、光化、保康、竹山、竹谿、長陽、興山、巴東、遠安十一縣學，湖南酃、江華、新田、城步、瀘溪、沅江、麻陽、永順、保靖、龍山、桑植、桂東、石門、慈利、永定、嘉禾十六縣學，陝西邠、耀二州學，同官、藍田、白水、麟游、郿陽、鳳、甘泉、延長、延川、安塞、保安、靖邊、定邊、榆林、懷遠、神木、府谷、雒南、鎮安、山陽、商南、永壽、淳化、長武、中部、宜君、吴堡二十七縣學，甘肅洮州廳學，岷州學，渭源、靖遠、金、華亭、隆德、西和、合水、環、平羅、西寧、碾伯、古浪、崇信、清水、兩當十五縣學，隆德縣之莊浪鄉學，四川寧遠、雅州二府學，太平廳學，酉陽、天全二州學，郫、崇寧、新都、灌、什邡、新繁、彭、新津、雙流、長壽、大足、永川、滎昌、綦江、南川、璧山、定遠、銅梁、蒼溪、昭化、通江、南江、儀隴、大竹、鄰水、岳池、南溪、長寧、隆昌、慶符、筠連、高、珙、興文、奉節、萬、開、平武、江油、石泉、冕寧、名山、滎經、蘆山、峨眉、蓬溪、安岳、樂至、達、東鄉、新寧、丹稜、大邑、蒲江、江安、合江、納溪、安、綿竹、酆都、墊江、梁山、秀山、黔江、彭水六十五縣學，銅梁縣之安居鄉學，瀘州九姓長官司學，廣東德慶、欽二州學，龍門、從化、新安、清遠、樂昌、仁化、乳源、翁源、長寧、豐順、恩平、廣寧、封川、開建、鶴山、石城、遂溪、徐聞、合浦、靈山、陵水、昌化、感恩、陽山、連山二十五縣學，廣西永福、義寧、修仁、荔浦、谷、岑溪、武宣、崇善、羅城、懷遠、來賓、天河、思恩、遷江、興業十五縣學，雲南麗江府學，鎮沅、宣威二州學，順寧、新平、恩樂三縣學，貴州廣順、開、永寧、獨山、麻哈五州學，龍里、興義、普安、安南、都匀、清平、鎮遠、印江、婺川、玉屏、清溪、龍泉、銅仁、錦屏、桐梓、餘慶十六縣學，均八。湖南通道縣學八，於本籍取六名，於靖州寄籍吴梁諸姓内取二名。奉天承德、錦二縣學，福建福鼎縣學，湖北長樂、建始二縣學，陝西漢陰廳學，平利、洵陽、紫陽、石泉、白河五縣學，四川巫山、雲陽二縣學，廣東花縣學，雲南麗江縣學，均七。直隸承德府學，奉天府學，湖南鳳凰廳學，甘肅安西州學，敦煌、玉門二縣學，四川越巂、石砫、雜谷三廳學，茂州學，清溪、滎、威遠、彭山、青神、羅江、汶川七縣學，貴州仁懷廳學、永從縣學，均六。奉天遼陽、復、寧遠三州學，海城縣學，山東靈川衛學，四川馬邊廳學、彰明縣學，均五。直隸承德府屬一州五縣學，奉天義州學、寧海縣學，福建屏南縣學，湖北利川縣學，湖南乾州、永綏二廳學，甘肅循化、貴德二廳學，迪化州學，宜禾、奇臺、昌吉、阜康、綏來五縣學，四川松潘廳學，大寧縣學，廣西西隆、歸順、東蘭三州學，西林、天保二縣學，太平土州學，貴州松桃、仁懷二廳學，貞豐州學，荔波縣學，均四。奉天蓋平、廣寧二縣學，湖北宣恩、來鳳、咸豐三縣學，甘肅鎮西府學，四川雷波廳學，均三。奉天鐵嶺、開原二縣學，甘肅大通縣學，均二。凡府有親轄地方者，即將所轄地方童生録送學政，拔入府學，不於州縣撥取。其無親轄地方者，於所屬州縣内撥入府學。各省有撥府學舊額在别屬取進者，山東濟寧州撥兖州府學舊額二名，一名定爲濟寧州額，一名於金鄉、嘉祥、魚臺三縣輪發。臨清州撥東昌府學舊額二名，一名定爲臨清州額，一名於武城、夏津、邱三縣輪撥。山西忻州撥太原府學舊額一名,代州撥太原府學舊額二名,皆各於州屬取進。河南陝州撥河南府學舊額三名,光州撥汝寧府學舊額四名,皆歸於各州及所屬取進。江蘇太倉州撥蘇州府學舊額五名,海州撥淮安府學舊額二名,通州撥揚州府學舊額五名,皆在各州屬取進。安徽六安州撥廬州府學舊額三名,泗州撥鳳陽府學舊額二名。湖南澧州撥岳州府學舊額五名,桂陽州撥衡州府學舊額三名,皆歸於各州及所屬取進。廣西鬱林州撥梧州府學舊額五名,在州屬取進。各省商籍、竈籍率皆十名取一。直隸商籍三名,即應試人多,不得過三名,儻人數不及十名,實有文理明通者,亦准酌取一名,否則寧缺無濫。竈籍七名,應試人在七十名以上,方准照額取進,人少則照商籍例十名取一,屬天津府學兼管。山東商籍四名,果有四十名,方准照額取進,人數再多,不得過額,屬濟南府學兼管。山西商籍十名屬運學。浙江商籍五十名,内撥杭州府學二十名,仁和、錢塘各十五名。廣東商籍七名,如人數不及七十名,寧缺無濫,屬廣州府學兼管。湖南苗民、猺民應試爲新童,寧遠、芷江二縣學,均五名。青、道、武岡三州學,常寧、零陵、祁陽、江華、新田、新寧、城步、溆浦、黔陽、宜章、桂陽、興寧、綏寧、通道、藍山十五縣學,均三名。鳳凰、乾州、永綏三廳學,均二名。東安、永明、邵陽三縣學,均一名。又辰谿縣如猺童應試人多,量取一二名,郴州量取一名。其衡州、永州、辰州、寶慶四府,暨郴、靖二州,雖無新童進額地方,如有苗民、猺民應試,爲數較多,亦另編字號量取一二名,皆不爲定額。廣西苗疆增設苗童進額,桂林府學,額外進龍勝廳苗童二名,西隆州學,羅城、懷遠二縣學,均額外進苗童二名。應歲科試,彌封試卷時,填註苗民字樣。各省駐防童生,遇歲科兩試,除現食錢糧者不准應試外,有願赴考者,准其就近考試,覈計應試人數,約於五六名内取一名。佳卷不敷,寧缺無濫,惟新疆駐防,毋庸考試文童。各視其大學、中學、小學以爲額。順治四年定,直省儒學,視人文多寡,分大中小學,取進童生。大學四十名,中學三十名,小學二十名。直省各學廩膳生、增廣生,府學各四十名,州學各三十名,縣學各二十名,衛學各十名。十五年題准,直省取進童生,大府二十名,大州縣十五名,小學四五名。康熙九年題准,各直省取進童生,大府州縣仍舊,中學十二名,小學或八名或七名。雍正二年奉旨,令督撫學政會覈人文最盛之州縣,題請小學改爲中學,中學改爲大學,大學照府學額取録。奉恩詔則廣額,康熙三十八年,奉恩旨增廣江南、浙江學額一次,府學、大學、中學、小學各加取五名。康熙六十一年、雍正十三年恩詔,嘉慶元年、四年恩詔,各增廣直省學額一次,均大學加取七名,中學加取五名,小學加取三名。乾隆六十年親詣先師孔子廟釋奠成禮,恩旨增廣直省學額一次,均大學五名,中學四名,小學三名。巡幸亦如之。乾隆十三年,高宗純皇帝東巡,增廣山東省學額一次,大學三名,中學二名,小學一名。三十六年,東巡,增廣山東省學額一次。四十一年、五十五年,東巡,各增廣直隸、山東二省學額一次。十六年、二十二年、二十七年、三十年、四十五年、四十九年,南巡,各增廣江蘇、安徽、浙江三省學額一次。三十二年、三十五年,巡幸天津,各增廣直隸省學額一次。四十三年、四十八年,駕詣盛京,恭謁祖陵,各增廣盛京滿合二號及奉天所屬各學額一次,定額六名以上者增三名,四五名者增二名,二三名者增一名。嘉慶十年,皇上詣盛京,恭謁祖陵,增廣盛京滿合二號及奉天所屬各學額,如乾隆四十三年之例。十三年,巡幸天津,增廣直隸省學額一次。十六年,巡幸五臺,增廣山西省學額一次,均大學五名,中學四名,小學三名。

大清會典

嘉慶朝

2

楊一凡　宋北平　主編

（清）托　津　等纂

王帥一　劉盈皎　王正華　校點

鳳凰出版社

欽定大清會典卷二十五

〇簡學政以董教事，各省學政，及奉天府府丞兼盛京學政，三年任滿，由吏部開列，請旨簡用，禮部轉行内閣，撰給坐名勅書。惟福建臺灣府巡道，兼理考校，不給坐名勅書。及按試，順天學政駐京師，各省學政除江蘇學政駐江陰縣、安徽學政駐太平府、陜甘學政駐陜西三原縣外，餘皆駐省。奉天府丞兼理學政駐盛京城，除所駐外，其餘各府各直隸州皆設有考棚，學政以次按臨考試。惟甘肅鎮西府屬密封題目，遞交鎮西府扃試。迪化州屬密封題目，遞交烏嚕木齊大臣扃試。各以試卷封送學政取進。福建臺灣府屬以巡道考試，一切事宜申學政咨部。嚴以關防。按臨所過州縣，除護送勅印及隨行文卷官物准用驛站夫馬船隻，餘俱自行雇備。考棚應用官備各物及額設書役工食准酌動公項，餘俱自行購買。不得違例索取紅案等項陋規。閲文幕友在本省五百里以外延請，小省亦必五六人。按臨至府以知府爲提調，州以直隸州知州爲提調。豫備試卷鈐印彌封，試日點名搜檢、招覆發案後，將試卷折角勘對底册，及一應收發公文、催買供應、究治招摇撞騙等事，均由提調經理。提調教官遇有應稟學政事宜，當堂面議，不得私謁。學政不得收接私書，非公事不得接見官吏師生。隨從吏役封固場内，不得容留一人在外。投文放告事不關學校者不准，不得泛受民詞，試畢不得探望鄉紳親故。歲試，歲試，生員咸與，有故欠考者，皆令按次補考附等。其生員充欽天監算學生，及在軍營效力奉旨賞給職銜、保舉孝廉方正給六品頂戴者，免其歲試。其願應試者聽，仍准補廩出貢。又入學已三十年或年届七旬及患篤疾者，准給與衣頂，免其歲試，不准應鄉試。科試，科試，生員將應鄉試者則與，各省中有距學政衙門遼遠之府州不能再行周歷者，准學政奏明歲科連考。遇特開恩科之年，鄉試期迫，亦准其歲科連考或即以歲作科，於恩科鄉試後再行科考。各别其文之等第，以賞罰而勸懲之。歲試以四書文一，五經文一，五言六韻排律詩一。科試以四書文一，策問一，五言六韻排律詩一。並每棚之始，另爲一場試。詩賦經解，擇其可觀者加以覆試。又歲科試並點五經一段。文理平通者列爲一等，文理亦通者列爲二等，文理畧通者列爲三等，文理有疵者列爲四等，文理荒謬者列爲五等，文理不通者列爲六等。一等增附青社俱補廩，無廩缺。附青社先補增，無增缺。青社先復附，仍各候廩。

原廩增停降者,俱收復照序補廩。二等增補廩,附青社俱補增,無增缺。青社先復附,原停廩降,增者復廩。增降附者復增。三等原停廩者收復候廩,其丁憂起復、病痊考復、緣事辨復及原增降附者,亦收復照新舊間補。青衣發社者復附。廩已降增者不准復。四等廩姑免責,暫停食餼不作缺,予限讀書六月送考定奪。原係停降者不准限考,至下次歲考定奪。增附青社均扑責示懲。五等廩停作缺,原停廩者降增,增降附,附降青衣,青衣發社。原降增降附者照增附遞降,原發社者黜爲民。六等入學未及六年與廩十年以上發社,廩六年以上與增十年以上者,俱發本處各充吏,不願者聽,餘俱黜退爲民。及發案,六等卷,先拆,唱名給看收繳,諭令先散,教官率諸生聽候發落。領出試卷唱名給看,先將訪過優劣生員,同衆察實賞罰。次分别考案等第賞罰,一、二等賞絹紗絨花紙墨筆,三等前十名賞紙筆紙花,四等以下罰如例。一等二等各爲一班,三等人多量分數起。交卷領賞,用鼓樂導引,行優者居前,次一等,次二等,由中門出,次三等,由東角門出,次四五等,由西角門出。發落不到者革頂戴,限一月考奪。考試教官題目如生員例一體封門,試畢,分别等第移明督撫,以備大計考覈。取其童生之優者以入學。歲試科試並考童生,取中入學如額。試以四書文二,五言六韻排律詩一。覆試以四書文一,五經文一,五言六韻排律詩一,並默寫《聖諭廣訓》一條。又童生詩賦經解可觀,及有能背誦五經或《周禮》《儀禮》並能講解者,文藝平順,亦准其録取。童生新充附生者,發落隨生員後。凡試生員,令學官册而送於院,歲試造格眼册一,令通學生員親填年貌、籍貫、三代、入學幫補年月,及停降、收復、丁憂、緣事、改名、給假、患病等項,於學政考校牌到日解送。又造便覽册一,開通學生員若干名,分别廩增附青社及現在聽考若干名,丁憂、給假、患病若干名,前案幾等生員若干名,優行劣行若干名,及五科鄉試並前案已出各題,於學政下馬日送閲。其與格眼册同時解送者,尚有提調憲綱册,首列提調正官,次佐貳首領官履歷,次教官履歷,次鄉賢名宦現祀者,及先聖先賢祠墓,次舉報過孝義貞節及鄉士大夫爵里名號,次有無山林隱逸懷才抱德之士,及鄉飲賓介事實姓名,及某人保舉,次射圃社學鄉約址所,教讀約正副姓名,次學田地畝屢房租税數目,次山川圖志、名賢著述、書籍、碑刻、古蹟,各爲一款。科試造應試生員各册。試童生,令地方官册而送於院。童生考試,以同考五人互結,廩生認保出結。府州縣試查照格眼册式,令童生親填年貌、籍貫、三代、認係、姓名,並各結狀,黏送府州縣,試畢造册申送學政。縣籍之童生先縣試,州籍廳籍如之。府屬之廳、州、縣,於廳試、州試、縣試後加以府試。府轄不設州縣者,府籍童生先委同知通判或他縣代行縣試後,加以府試。直隸廳、直隸州屬之縣,縣試後加以廳試、州試。直隸廳、直隸州籍之童生,祇由廳州一試。順天府屬之州縣,於州試、縣試後由府丞府試。八旗滿洲蒙古漢軍童生,祇由府丞一試。駐防童生,亦由地方官於府試時併試。商籍童生,先以鹽運分司試,加以鹽運使司試。山西運學商籍、竈籍童生,即於安邑縣應試,註明商、竈籍。衛學童生,各於州縣應試註明衛籍,准由該衛學廩生認保。如無廩生,該學增附生員互相保送。湖南等省苗童應試,用土著廩生一人，苗生一人，不論廪增附生，公同聯名保結。其應試苗童，仍用五童五結，不許民童冒入苗籍。浙江處州府各屬畲民應試，亦照此例。凡童生考試，一縣合爲一場，每府各州縣俱關會一日同考，府州試亦會齊一日，以防重冒。府州縣試題目，亦如學政試之例。各將正場試卷合釘封貯，於學政按臨之日解送。提調俟院試取進後，連三卷逐一磨對。學政試八旗童生，先行文都察院奏派滿漢御史各一人監試，行文兵部奏派左右兩翼副都統各一人，隨帶參領、章京各二人入場彈壓，場外巡邏仍令治中等嚴行巡察，各旗派正參領一人率各佐領下領催認識。試各府州童生，點名散卷時，使認保、派保及同考者互相覺察。順天府屬州縣及天津府屬應考童生，嚴加審音，具結申送學政。鄉試則録科。科試一等二等及三等前列或五名、或十名，准送鄉試外，八旗筆帖式、小京官應順天鄉試者，各旗造具履歷、年貌，分別官民，滿洲、蒙古、漢軍並包衣字樣清册，移送學政録科。各省駐防文生員咨送回旗，照在京八旗生員例一體考試馬步箭録科。翻譯生員願應文鄉試者，由旗咨送學政録科。直隸恩拔歲副優貢生，及由廪增附加捐之貢監生非實在國子監肄業者，官學教習各寺院效力，及各館肄業謄録各生，部院筆帖式由生員充選者，天文生由順天生員充補者，均由順天學政録科。各省貢監生應本省鄉試者，貢監生就職加捐及候選候補人員教職願就本省鄉試者，孝廉方正給以頂戴榮身願應鄉試者，難廕生及由文生員承襲世職尚未學習期滿補缺者，承襲世職中有未諳弓馬願應鄉試即以本職頂戴作文生員一體應試者，武生舉優准作監生並准改應文鄉試者，邊省土司有志觀光陳請科舉者，均由本省學政録科。其科試及録科未取，或未與科試録科者，臨場再行録遺。録科録遺題目，亦如科試例。科舉定額，每舉人一名，大省江南、浙江、江西、福建、湖南、湖北録八十名，中省順天貝字號、山東、山西、河南、陝西、四川、廣東六十名，小省廣西、雲南、貴州五十名。每副榜一名，大省録四十名，中省三十名，小省二十名。各省學政合科試、録科、録遺所取計之，於定額外查照歷年投卷不到數目，酌量備取若干名。令提調俟投卷既齊後，將原額所缺之數挨次抵補，抵補不盡者仍扣除。其由正途貢監生出身之現任小京官，本衙門咨送順天府無庸録科。現任京外官親兄弟子姪隨任讀書，無論正途俊秀，准其取具本官隨任印文，徑送國子監，或咨禮部轉送收録。佐雜由所任地方官加具印文申送。順天府生員兼充樂舞生者，如科試列在三等，免其録遺。聖廟執事官由貢監生充補願鄉試者，准令一體應試，若係生員童生准作監生應試。學政丁憂事故離任，鄉試期近，新任學政不能抵任録遺者，即准署理之督撫録遺。各申以禁令。童生考試，有冒籍頂替倩代匿喪假捏姓名，身遭刑犯，及出身不正如門子、長隨、番役、小馬、皁隸、馬快、步快、禁卒、仵作、弓兵之子孫，娼優、奴僕、樂户、丐户、蜑户、吹手，凡不應試者混入，認保派保互結之五童，互相覺察，容隱者五人連坐，廪保黜革治罪。生員歲試無故臨點不到者，告假欠考至三次以外者，皆褫革。補考者即考附一、二等不准幫補，四、五、六等仍照例行。丁憂者本生具呈本學詳報學政。不應試，廪增出缺，服闋查無違礙，照例取師生里鄰保結呈學報學政，分別廪增附生收復與考，報驗過限三月者申究。丁本生父母憂，期年不應試，廪增不出缺。獨子承祀兩房，所嗣係大宗，准其兼承，仍不得並行三年之喪，於本生父母仍服期年。告病者，提調官取該學及醫生甘結，於學政按臨半月前開報，限三月補考，違限者照例懲飭。如染患瘋疾被革，病愈並不復發，學政確查取結報部，准其開復。告假者呈學開明地方事由，詳報學政批行，不得誤歲考。果有千里外不能即回者，取具地鄰甘結，詳報學政批行。其非有本生父兄叔伯濫稱隨任及不呈報私自他出者，分別懲革。復姓歸宗者，取具兩姓族長甘結。改籍者，取具地方官印結，俱呈明學政送部定議。改名者呈學政批准，報部註明學册更正。如有假捏姓名入學者，查出褫革。教官子弟不許隨任冒籍。凡生童考試，查有懷挾片紙隻字及金銀等物，或冒籍頂名代考者，照律問罪。給卷後有往來行走，故不進號，及已就坐東西觀望者，扶出黜退。在場作傳遞等弊者究治。犯規如移席换卷丢紙者，生員黜退，童生責懲。其説話顧盼攙越吟哦等弊，生員閲卷定奪，童生卷屏不閲。交卷時不揭浮籤，或書寫姓名門第關節，及卷内夾帶片紙者，不許給照出籤，即時稟究。放牌無籤者，拘留稟究。試日學政督同提調及巡捕各官上下巡查。其未經出題之先，將書吏衙役概行封鎖，以防傳遞。凡暗通關節弊生於内者，責之學政。招摇傳遞弊生於外者，責之提調。州縣正考之外不准補考，府州縣不得以雷同不通之卷濫送，如至五十本以上，學政咨送督撫查實揭參。府州縣去取公當。生童有挾私妄控及聚集多人争嚷喧鬧者，分别究治。三年報滿，學政任事三年期滿，其接任者，按臨所屬地方未及一半，令於下三年考試一週之後報滿，過大半者准其報滿。歲科兩試所録生童，造具清册，三年兩次解部。報滿時，將歲科報部底册及科試報部後之革頂、緣事、開復、補考、補廪各項册籍，逐一鈐印，交新任學政。各列所剔之弊，題而下於部以考覈。三年任滿，學政開明剔除十弊具題。一、考試童生，並無府册無名徑取入學之弊。二、考試録取，悉遵定額，並無額外濫取撥學之弊。三、彌封編號印簿，並無存署私查之弊。四、考完即發賛案，並無遲延更改之弊。五、考案俱經手定，並無書役人等出入嚇詐之弊。六、文武童生各取各額，並無以文充武之弊。七、各府俱係親臨，並無憚勞遠調之弊。八、教官不許私謁，並無縱容包攬之弊。九、考試憑文去取，並無曲徇請託之弊。十、部册俱照原額，並無頂補朦溷之弊。若不能剔除，或有貪贓等弊，及未曾剔除而註剔除者，均照例分别治罪。

〇凡教學，必習其禮事，恭遇萬壽、元旦、冬至三大節，拜龍牌，及春秋二仲月上丁，釋奠於先師。用賛禮四人，以生員嫻於禮儀者充之，並傳令優等生員暨貢監等分班陪列行禮。居址稍遠者，亦令輪班入城學習行禮。至遇督撫等官到任及學臣按試祇謁文廟，亦令一體遵行。正月十月，舉行鄉飲酒於明倫堂。用司爵二人，賛禮二人，引禮二人，讀律一人，皆以生員充。教官爲司正，豫率諸生習禮。明其經訓，御纂諸書，頒發直省，依式鋟版流傳，並分給各學存貯尊經閣，俾士子咸資誦習。書坊賈肆願行刊印者聽。其頒行各省者，《聖祖仁皇帝御纂周易折中》《欽定書經傳説彙纂》《欽定詩經傳説彙纂》《欽定春秋傳説彙纂》《日講四書解義》《欽定孝經衍義》《御纂性理精義》《御製律書淵源》《御纂朱子全書》《御選古文淵鑑》及《資治通鑑綱目》等書。《高宗純皇帝御製文初集》《御製詩初集二集》《御纂周易述義》《御纂詩義折中》《御纂春秋直解》《欽定三禮義疏》《御選唐宋文醇》《欽定四書文》,其十三經、二十四史、三通諸書,令各督撫購買,給與有尊經閣之府州縣,交學官收貯,以資諸生誦讀。頒發熱河學宫者,《聖祖仁皇帝御製詩文全集》《世宗憲皇帝御製詩文全集》《高宗純皇帝御製樂善堂全集定本》《御製文初集》、《御製詩(初集、二集、三集)》《聖諭廣訓》《硃批諭旨》《御纂周易折中》《欽定書經傳説彙纂》《欽定詩經傳説彙纂》《欽定春秋傳説彙纂》《日講易經解義》《日講書經解義》《日講春秋解義》《日講禮記解義》《日講四書解義》《御註孝經》《御定孝經集註》《御定孝經衍義》《御定音韻闡微》《御定康熙字典》《御批資治通鑑綱目》《御纂性理精義》《御纂朱子全書》《御定子史精華》《御定淵鑑類函》《御定佩文韻府》《御定韻府拾遺》《御定全唐詩》《御選古文淵鑑》《御製日知薈説》《御製評鑑闡要》《御製薩爾滸戰書事》《御纂周易述義》《御纂詩義折中》《御纂春秋直解》《欽定三禮義疏》《欽定增訂清文鑑》《欽定滿洲蒙古文鑑》《欽定同文韻統》《欽定清漢對音字式》《欽定大清會典》《欽定大清會典則例》《欽定各部則例》《欽定大清通禮》《欽定皇朝禮器圖式》《御選唐宋文醇》《御選唐宋詩醇》《欽定四書文》及《十三經注疏》《史記》《前漢書》《後漢書》《三國志》《晉書》《宋書》《南齊書》《北齊書》《梁書》《陳書》《隋書》《魏書》《北周書》《南史》《北史》《舊唐書》《唐書》《五代史》《宋史》《遼史》《金史》《元史》《明史》《通典》《通志》《文獻通考》。頒發奉天府學宫者,《聖祖仁皇帝御製文集》《世宗憲皇帝御製文集》《聖諭廣訓》《硃批諭旨》《高宗純皇帝御製樂善堂全集定本》《高宗純皇帝御製文集》《高宗純皇帝御製詩集》《御製日知薈説》《御纂周易折中》《欽定書經傳説彙纂》《欽定詩經傳説彙纂》《欽定春秋傳説彙纂》《日講易經解義》《日講書經解義》《日講春秋解義》《日講禮記解義》《日講四書解義》《欽定周官義疏》《欽定儀禮義疏》《欽定禮記義疏》《御註孝經》《御定孝經集註》《御定孝經衍義》《御纂周易述義》《御纂詩義折中》《御纂春秋直解》《御定音韻闡微》《御定康熙字典》《御批資治通鑑綱目》《御製評鑑闡要》《御製薩爾滸戰書事》《御纂朱子全書》《御纂性理精義》《御定子史精華》《御定淵鑑類函》《御定佩文韻府》《御定韻府拾遺》《御定全唐詩》《御選古文淵鑑》《御選唐宋文醇》《御選唐宋詩醇》《欽定四書文》《欽定增訂清文鑑》《欽定滿洲蒙古文鑑》《欽定同文韻統》《欽定清漢對音字式》《御製翻譯四書》《御製翻譯五經》《欽定大清通禮》《欽定皇朝禮器圖式》《欽定大清會典》《欽定大清會典則例》《御製味餘書室全集》《御製詩初集》及《十三經注疏》、二十四史、三通諸書。頒發奉天府所屬各州縣學宫者,《聖諭廣訓》《欽定書經傳説彙纂》《欽定詩經傳説彙纂》《欽定春秋傳説彙纂》《御纂周易折中》《欽定周官義疏》《欽定儀禮義疏》《欽定禮記義疏》《御註孝經》《御定孝經集註》《御纂周易述義》《御纂詩義折中》《御纂春秋直解》《御纂朱子全書》《御纂性理精義》《御定康熙字典》《御批資治通鑑綱目》《御定子史精華》《御定佩文韻府》《御選古文淵鑑》《御選唐宋文醇》《御選唐宋詩醇》《欽定四書文》《十三經注疏》。各省學官時率諸生與之講貫,令其熟習。學政考試經解,於御纂諸經中摘取先儒異同之處發問,令生童等條對。民間删本經書版片書籍,由各督撫嚴飭所屬查收銷燬。其有刊刻小本講章及編輯經書擬題套語策畧等類,概行禁止。嚴禁淫詞小說,有乖風化,及一切非聖之書,違者從重治罪。學官按月月課、四季季課,嚴傳各生面試以四書題文一,排律詩一,或加策一。次日將律内刑名錢穀關緊要者,與諸生詳爲講解。或間月,或每季,試以五經疑義及史册,均衡定等次,及取列優等之試卷按季彙送學政備查。其非實在丁憂、患病、游學,託故三次不到者,由該教官戒飭。終年誤課者,詳請褫革。府學生員距府學百里外者,在州從州,在縣從縣,令州縣教官帶理,有干犯學規者即令就近約束。在京八旗生員,責成滿洲教官考課約束。其在外屯居及駐防各生,滿洲教官查明造册,申送順天學政,轉行該省學政,按其住址分發州縣學教官,照民籍例就近考課約束。至舉報優劣並歲科幫補出貢事宜,仍由滿洲教官查辦。示其程式,應試文不得逾七百字,策不得在三百字内。題目皆低二格寫,長題則二行以後皆低三格。排律詩題目上用賦得字,下注幾言若干韻得某字,賦題下注以某某字爲韻,春秋題下注某公幾年。題有一書中複見者,在前不必注,在後注某章或某節。文論皆頂格寫,詩賦策經解皆低二格寫,詩賦擬古者亦頂格寫。詩賦官限之韻不得失押,其餘韻不得重押。六韻八韻排律詩不得有重字,策内不得用執事等字。及意涉祈請語,臨文宜恭避者,至聖先師聖諱加"阝"於右旁,讀如期音。亦不得寫古字,惟祭天於圜丘,"丘"字不必避。恭遇聖祖仁皇帝聖諱,上一字敬避作"元"字,如有偏旁及字中全書者,俱於本字敬缺末筆,下一字敬避作"煜"字。世宗憲皇帝聖諱,上一字敬避作"允"字,有偏旁者敬缺末筆,下一字敬避作"禎"字。高宗純皇帝聖諱,上一字敬避作"宏"字,如有偏旁及字中全書者敬缺末筆,下一字中寫作"林"字下寫作"心"字。皇上御名,上一字右旁之下敬缺二筆,下一字右旁之下作"又"字。詩賦策經解中應擡頭者,恭遇"天""祖"字擡三格,"皇帝"字擡二格,"朝""廷""宫殿"等字擡一格,擡頭字不許誤寫重改。恭默《聖諭廣訓》,不許誤寫添改。凡題目及擡頭字,草稿中亦須楷書。敦其士習,明倫堂之左,刊立世祖章皇帝欽定臥碑,曉示生員。其文曰:朝廷建立學校,選取生員,免其丁糧,厚以廪膳,設學院學道學官以教之,各衙門官以禮相待,全要養成賢才以供朝廷之用。諸生皆當上報國恩,下立人品。所有教條開列於後。一、生員之家,父母賢智者,子當受教。父母愚魯或有非爲者,子既讀書明理,當再三懇告,使父母不陷於危亡。一、生員立志,當學爲忠臣清官。書史所載忠清事蹟,務須互相講究。凡利國愛民之事,更宜留心。一、生員居心忠厚正直,讀書方有實用,出仕必作良吏。若心術邪刻,讀書必無成就,爲官必取禍患。行害人之事者,往往自殺其身,常宜思省。一、生員不可干求官長,交結勢要,希圖進身。若果心善德全,上天知之,必加以福。一、生員當愛身忍性,凡有司官衙門不可輕入。即有切己之事,只許家人代告,不許干與他人詞訟,他人亦不許牽連生員作證。一、爲學當尊敬先生,若講說皆須誠心聽受。如有未明,從容再問,毋妄行辨難。爲師者亦當盡心教訓,勿致怠惰。一、軍民一切利病,不許生員上書陳言。如有一言建白,以違制論,黜革治罪。一、生員不許糾黨多人,立盟結社,把持官府,武斷鄉曲。所作文字,不許妄行刊刻,違者聽提調官治罪。又頒奉《聖祖仁皇帝御製訓飭士子文》《聖諭十六條》《世宗憲皇帝廣訓萬言》《御製朋黨論》《高宗純皇帝御製訓飭士子文》,均敬謹刊刷,裝潢成帙,藏於尊經閣。每月朔望,及督撫等到任,學臣按臨祗謁先師之日,教官率諸生詣明倫堂,望闕行三跪九叩禮畢,教官恭奉宣讀,令諸生拱聽。無故不到者戒飭。居址遠者,輪班入城恭聽宣講。其有唆訟抗糧緣事之生,令階下跪聽,以示懲戒。學政歲科試時,教官與提調州縣官各開生員優劣事蹟密報學政,體訪確實,隨棚咨部。劣生如有改過自新者,聲明免黜,舉報優劣。府學生員在百里外者,仍會同本籍教官辦理。生員不得充當書吏、入伍食糧、及開設牙埠。其貧乏者,教官確查極貧、次貧造具細册,於學政按臨之日,呈送覈實面賑。地方官不得强令生員充當社長。凡總甲圖差之類,一應雜色差徭,均例應優免。儻於本户之外,别將族人借名濫充者,仍將本生懲治。生員不得抗糧逋賦,違者褫革。革後全完,准予開復。其不待限先完納者,量加獎賞。或有將本身錢糧多立户名花分,詭寄拖延者,治罪。包攬錢糧,侵收入己者,褫革,按贓定擬。其有聚衆罷考,挾制官長,及關涉詞訟,無故挺身作證,并有巧搆訟端,潛身局外者,俱分别革懲。生員是否專心肄業,教官於科試時,備造全册,詳細註明,申報學政。生員所犯有應戒飭者,地方官不得擅自扑責,會同教官具詳學政,於明倫堂戒飭。其所犯應革除者,申詳督撫學政,革訊治罪。例貢、例監戒飭,亦會同教官扑責。生員已革,仍令教官隨時造册牒送州縣,以備查察。如革後冒充衣頂,按律治罪。年老諸生既經入學未應鄉試以前,地方官會同教官詳加查覈,並於鄉試録科時,出並無老生揑報年歲彙結,申詳督撫學政。給頂生員每年取具五人互結,結得並無抗糧、包訟等事,由教官加具印結,並於歲試時另造優劣清册詳送學政查察,行止不端者即請黜革。生員不得任意命名,致涉謬妄有乖敬謹之義。如"肇""興""景""顯"字下不得用"祖"字,"永""福""昭""孝""景""泰""裕"字下併不得用"林""齡"等字。又如"璉"字,係端慧皇太子諱,亦不得取名。其劉姓名興漢、紹漢,李姓名繼唐、嗣唐,王姓名宗帝、法帝,及帝裔、帝命、帝璽、乘乾、御天等名,俱嚴查飭改。至前代聖賢名臣大儒,本朝大臣及現任大臣亦應一體避忌,不得名姓全行相同。正其文體。作文以清真雅正理法兼備爲尚,支蔓浮夸之言概行屏黜。教官訓課士子,遵奉高宗純皇帝《欽定四書文》以爲程法,考覈經文,以遵奉《御纂四經》《欽定三禮》及用傳注者爲合旨。《春秋》題以《左傳》本事爲文,參用《公羊》《穀梁》之説,不得仍主胡傳。應試文概不許作大結。一等生員前十卷,分别歲科解部,由部會同禮科,按歲科考分作兩次磨勘。歲考卷磨勘畢,奏請欽派大臣覆勘。其科試各卷即交覆勘歲考卷之大臣辦理。遇有命題怪僻文體疵謬者,照例指參。其試卷有應議者,生員分别斥革,廩增發學戒飭,及停鄉試、罰廩餼,學政照例議處。

〇凡生員食餼久者,各以其歲之額而貢於太學,曰歲貢。生員屢經科試者,依食餼年分爲序。同補廩者,以考案先後爲序。除停廩未復、緣事開糧及告病給假過限不補考,俱扣作曠外,其餘不問虚廩實廩,俱准出貢。停降考復、緣事辨復者,以文到日爲始,准其接算。降增復補廩者,前後通算,較其年月最深者爲正,其次爲陪,正一陪二,歲科兩試隨棚投考。正者不堪充貢,准予衣頂告老。次取陪,一陪不堪,取二陪。陪貢有意趨避託故不到,永不准其作貢。正貢考准之日,學政給與貢單。願赴國子監肄業者,取本籍地方官文結並親齎貢單投驗。有應貢之年學政按試不至者,准於上年豫考,或次年補考,貢單仍按應貢本年填註。實因患病誤本棚考試者,限一年内就近隨棚投考,違者不准出貢,並開廩缺,將次貢考補。正貢之生丁憂起復,以應貢之年爲率,無論學政按臨先後,本生可於本年歲底服闋者,概准作貢,仍限一年隨棚補考。至下年服闋者,即以次年考充歲貢。考取領文之日,即開糧作缺。其丁憂患病者仍作該年貢數,不另補。已給貢單未經報部本生身故者,聲明達部准作貢生,其本年歲貢仍照例另選頂補,旗扁銀兩,給頂補者。考歲貢原卷學政印封解部磨勘。八旗滿洲蒙古一年二貢,漢軍一年一貢。盛京滿洲蒙古三年一貢,漢軍五年一貢。吉林學五年一貢。凡府學一年一貢,州學三年二貢,縣學二年一貢。惟順天府一年二貢。甘肅洮州廳,雲南景東廳、蒙化廳、永北廳,山東濟寧州四氏學,貴州平越州,皆一年一貢。山西朔平府、寧武府,四川綏定府,廣東廉州府,雲南廣南府、順寧府,山東德、左二衛,皆三年二貢。雲南東川府,山西安邑縣運學,二年一貢。直隸承德府、平泉州、蔚州鄉學、延慶州鄉學、大名縣鄉學,盛京奉天府、錦州府、遼陽州、寧遠州,江蘇海門廳,安徽壽州臨淮鄉、虹鄉,江西蓮花廳、定南廳,山東安東衛、靈山衛、鼇山衛,山西清源鄉、平順鄉、馬邑鄉、樂平鄉,河南儀封廳、河陰鄉,湖南永順府、鳳凰廳、乾州廳,甘肅莊浪鄉,四川雅州府、夔州府、寧遠府、嘉定府、潼川府、敘永廳、太平廳、雜谷廳、錦州、茂州、會理州、安居鄉、九姓土司,廣西永寧州,雲南昭通府、麗江府、普洱府、宣威州、白鹽井,皆三年一貢。四川成都縣與華陽縣,新寧縣與梁山縣,皆二縣輪流,三年二貢。山西臨晉縣與虞鄉縣,福建霞浦縣與福鼎縣,湖南衡陽縣與清泉縣,四川郫縣與崇寧縣,新繁縣與彭縣,新津縣與雙流縣,奉節縣與大寧縣,榮縣與威寧縣,皆二縣輪流,二年一貢。江蘇山陽縣、鹽城縣,皆二年半一貢。盛京復州,江蘇太倉州、鎮洋縣、東臺縣,安徽鳳臺縣,浙江玉環廳,福建古田縣,湖南永綏廳,永順、保靖、龍山、桑植四縣,陝西潼關廳,四川越嶲廳、松潘廳,天全州、酉陽州,岳池、屏山、德陽、梓潼、秀山五縣,廣東欽州,廣西泗城府、鎮安府,永安州、上思州、河池州,修仁、羅城、來賓、天河、遷江五縣,皆三年一貢。江蘇長洲、元和、吴江、震澤、常熟、新陽、昭文、崑山、華亭、婁、上海、奉賢、金山、南匯、武進、陽湖、金匱、無錫、荆溪、宜興、阜寧、江都、甘泉、嘉定、寶山二十五縣,福建屏南縣,湖北施南府、鶴峰州,長樂、利川、宣恩、來鳳、咸豐五縣,四川馬邊廳、石砫廳、雷波廳,彰明、清溪、彭山、青神、羅江五縣,廣西左、養利、永康、寧明、西隆、歸順、東蘭七州,崇善、西林、天保、思恩四縣,太平土州,雲南鎮沅直隸州、鎮雄州,永善、順寧、麗江、恩樂四縣,黑鹽井、琅鹽井,貴州松桃廳、仁懷廳,貞豐州,荔波縣,皆四年一貢。盛京義州,鐵嶺、蓋平、開原、寧海、廣寧五縣,皆五年一貢。

甘肅鎮西府，循化廳、貴德廳，安西州、迪化州，大通、宜禾、奇臺、敦煌、玉門、昌吉、阜康、綏來八縣，皆六年一貢。有恩詔則加貢焉，曰恩貢。恭遇覃恩，以本年正貢作恩貢，次貢之貢作歲貢。業經達部者，移咨改註，仍由學政换給貢單。其不值正貢之府州縣衛學，以次貢作恩貢，再次貢作歲貢。於應貢之年舉行，恭遇臨雍，至聖四配十二哲後裔來陪祀者，准入國子監讀書。係廪增附及監生送入者，准作恩貢。駕幸闕里御詩禮堂講書。各氏子孫爲諸生者，令學政考驗文行兼優者數人，送部轉送國子監准作恩貢。學官舉其生員之優者，三歲，學政會巡撫試而貢之，曰優貢。學政於各學密報文行兼優之生，隨時體察，另場試之，按棚造册報部。三年任滿，就原報册内會同總督巡撫，總督不駐劄之省會同巡撫，覆試以經解一、策一、詩一，覈其堪升太學者保題。大省無過五六人，中省無過三四人，小省無過一二人，寧缺無濫。由部彙題覈覆令其赴部，不拘人數隨時奏考，欽命四書題一、五言八韻排律詩題一。禮部堂官領題會同國子監堂官在部考試閱卷，分别等第。由廪增報優者，准作貢生。附生武生報優者，准作監生。换給執照劄監肄業。如學政接任未久，於前任原報優生學行尚未真知，准其咨部存案，於下届舉行。十有二歲，乃各拔其學之尤者而貢之，曰拔貢。拔貢每逢酉年一舉。由國子監題請，旨下，行各省學政考選。試以兩場，第一場四書題文二、經解一。第二場策一、論一、五言八韻排律詩一。果係文優品端，秉公甄拔。府學二名，縣學一名，寧缺無濫。科考事竣，鄉試以前，會同總督巡撫，覆試以四書題文一、經解一、策一，驗看張榜。滿洲蒙古每旗二名，漢軍每旗一名，由順天學政奏派大臣會同覆試驗看。奉天由府丞會同府尹。福建臺灣由巡道移送學政，會同總督巡撫覆試驗看，其正覆原卷均送部磨勘。各省拔貢由學政給單送部，限次年五月内投文驗到。禮部於六月初旬奏請朝考，欽命四書題一、五言六韻排律詩題一。卷尾印號，分别省分，交卷，彌封姓名，欽命閲卷大臣酌擬等第名數，進呈欽定。監試御史拆號填牓，交部張掛。文理荒謬者斥革，疵纇者駁回原學，學政、督撫均參處。取入一、二等者，禮部定期奏請在保和殿覆試。欽命題目及閲卷大臣，公同校閲，進呈欽定。覆試取入一、二等者，禮部按省開單引見。或以七品小京官分部學習，或以知縣分發試用，或以教職用，其餘歸班銓選以復設教諭用。願就佐貳等官者聽。各省拔貢，或有事，故後期續到者，不拘人數，隨時奏請欽命題目，禮部堂官會同國子監堂官在部考試，閲卷分别等第，進呈欽定。續到考試，准與優生同考。

〇凡學，皆設樂舞生。直省府州縣文廟，額設樂舞生三十六名，外加四名，以備疾病事故更替之用。由州縣會同教官考選本籍俊秀册報，學政查覈。學政或於取進儒童之外，擇其文理明順者，另案備取，發學充補，免其府州縣試，一體院試。順天府樂舞生，兼於願習樂舞生之生員内挑取。其童生由樂舞生入學，毋庸開缺，鄉試中式另選挑補。選充樂舞生之生員，科試在三等者免其録遺。又曲阜文廟設禮生八十名，以供祭祀、陳設、鳴贊、讀祝之事。於廟户佃户子弟内選取四十名，曲阜俊秀内選取四十名。由衍聖公辦理，造册送部查覈。浙江西安文廟設禮生四十名，由世襲五經博士於本族子弟内選取，不足，則於西安附近俊秀内挑取，造册送部查覈。仍報明衍聖公。聖賢、名臣祠墓所在，擇其裔設祀生。各省古聖先賢、名臣大儒，建有祠廟列在祀典者，於本省嫡裔内選擇立品自愛之人奉祠祀，爲奉祀生。山東孔氏、東野氏、顔、曾、孟、仲及各祀生關涉衍聖公者，衍聖公會同巡撫學政咨部。其在江南、浙江、河南、直隸、湖南、四川等省祀生，由督撫會同學政詳查孔氏及各氏嫡派子孫咨部頂補。各省名臣大儒各祀生，由督撫會同學政詳選頂補，均造籍貫、三代、履歴清册，送部覈定，給與印照。祀生有事故出缺者，繳銷原領印照，另選合例者，咨部請照封發，學政頒給。其額設祀生。直隸省，宛平縣周召公祠，元氏縣封龍書院孔氏，長垣縣河曲處孔氏，開州先賢仲子墓、宋程子顥祠，昌黎縣唐韓愈祠，博野縣宋程子顥、程子頤祠，容城縣明楊繼盛祠，高陽縣明孫承宗祠，永年縣明申佳允祠，各一名。山東省，至聖孔氏裔。曲阜縣至聖廟西廡先賢孔子忠、先儒孔安國、中興孔仁玉祠，至聖林孔叢子墓，兩觀臺，筆架山朝陽洞講書處，孔道輔墓，泗水縣泉林寺子在川上處，鄒縣尼山五老峰登臨觀風處，尼山觀川亭，尼山講書堂，尼山之側顔母井，尼山中和壑處，尼山曬書臺，尼山文德林、慎獨齋、曝書臺，寧陽縣遺像書院，汶上縣釣魚臺，至聖廟宗魯堂，郯城縣傾蓋亭，費縣登東山而小魯遺像書院，曹縣過化書院，單縣琴臺書院，淄川縣夾谷山攝行相事處，各一名。曲阜縣聖兄孟皮墓，鄒縣尼山夫子洞，尼山毓聖侯，尼山坤靈洞、中庸精舍、率性堂、嶧山石像書院，魚臺縣曝書臺，鉅野縣西狩獲麟處，泰安縣泰山登臨處，各二名。曲阜縣燕申堂，授玉堂，啓聖王墓，石門學易書院，舞雩壇崇德書院，矍相圃，鄒縣尼山發祥紱麟書院，尼山誕育書院，嶧山燕居書院，汶上縣中都宰祠，嘉祥縣獲麟書院，郯城縣問官書院，武城縣聞弦書院，肥城縣大成書院，濟陽縣聞韶書院，各四名。鄒縣中庸書院，六名。曲阜縣洙泗講學書院，息陬春秋書院，汶上縣聖澤書院，各八名。曲阜縣至聖廟崇聖祠，十名。復聖顔氏裔。曲阜縣復聖廟東廡先賢顔子高、顔子祖、顔子之僕、二世魯大夫顔歆、晉顔髦、北齊顔見遠、唐顔真卿、顔杲卿，兩廡先賢顔子噲、顔子何、顔子辛、三世魯大夫顔儉、唐顔師古，陋巷井、陋巷故址，鄒縣嶧山顔子石，尼山顔母故宅，泰安縣泰山仰高臺，東阿縣顔子祠，鄆城縣顔子祠，沂州府顔真卿祠，平原縣顔真卿祠，費縣顔真卿祠、顔杲卿祠，各一名。滋陽縣城南古陋巷，寧陽縣泗高顔子祠，各二名。曲阜縣啓聖殿杞國公，滋陽縣顔子祠，各四名。宗聖曾氏裔。嘉祥縣宗聖廟寢殿、東廡、西廡，啓聖殿、東廡、西廡，啓聖寢殿，在城書院東廡、西廡，芸瓜臺，三省亭，曾子墓，曾氏墓，在城書院先賢曾子點，二世先儒曾元、曾申、曾華、三世先儒曾西，濟寧州曾子祠，嶧縣曾子祠，滕縣曾子祠，城武縣文亭山曾子祠，費縣曾子祠，聊城縣曾子祠，各一名。嘉祥縣在城書院，影堂，三省堂，鄆城縣曾子祠，郯城縣曾子祠，臨朐縣曾子祠，各二名。亞聖孟氏裔。鄒縣先賢孟孫氏祠墓，孟仲子祠墓，孟子曝書臺祠，范縣孟子廟，青州雪宫書院，萊蕪縣止嬴祠，各一名。鄒縣亞聖廟寢殿，西廡孟仲子，啓聖邾國公殿，孟母端範宣獻夫人殿，孟母養蠶祠，廟户營三遷祠，孟子祠墓，先賢南宫子适祠墓，孟子三徙館祠，寧陽縣孟子祠，滕縣上官書院，存心堂，居休館祠，嘉祥縣孟子祠，濮州孟子祠，沂水縣孟母祠，茌平縣孟子祠，各二名。鄒縣孟母斷機堂，三遷故址家祠，滕縣性善書院，各四名。元聖周公裔。曲阜縣元聖周公廟正殿配享魯公，寢殿，城北周文王廟寢殿，望父臺，泮宫，鄒縣東野祠，濮州城南草寺周公廟，各一名。曲阜縣城北文王廟，二名。周公廟東廡、西廡，各五名。又菏澤縣曹叔振鐸祠，定陶縣墓，各一名。先賢先儒歷代名臣裔。曲阜縣至聖廟東廡樊子須、任子不齊、榮子旂、公孫子龍、曹子恤、宋周子惇頤、張子載、張栻、楊時、明胡居仁、薛瑄，西廡左邱子明、司馬子耕、鄭子國，崇聖祠從祀宋周輔成，宰子予墓，魚臺縣閔子祠，樊子須墓，費縣閔子祠、卜子祠，汶上縣仲子廟，榮子旂墓，明宋禮祠，菏澤縣冉子季祠，莒州卜子爲宰處，濟寧州任子不齊祠、高子柴祠，陳子亢墓，明薛瑄祠，四忠祠徐標、李燭，東阿縣高子柴墓，寧陽縣陳子亢祠，石子作蜀祠，鄆城縣陳子亢祠，冉子有墓，齊河縣宰子予祠，滋陽縣和聖柳下惠祠、下子祠，鄒縣澹臺子滅明墓、萬子章墓，諸城縣公冶子長祠墓，鉅野縣宋張栻祠，蘭山縣晉王祥祠、王覽祠、王羲之祠，曹縣五冉堂冉子有祠，高密縣漢鄭元祠，福山縣明孫遇祠，利津縣明李益祠，德州明蘇禄國王墓，各一名。歷城縣閔子祠，范縣閔子祠，沂水縣閔仲山祠、閔仲山先賢祖廟，東平州仲子廟，菏澤縣冉子雍廟、冉子雍舊址祠堂、冉子雍墓，曹縣冉子雍祠，鉅野縣卜子廟寢殿、東廡、西廡，曲阜縣聖廟西廡高子柴，各二名。泗水縣仲子廟，濟寧州仲子廟，范縣仲子廟，曲阜縣端木氏至聖林廬墓堂，肥城縣冉子耕廟正殿、東廡、冉子耕墓，各三名。歷城縣閔子墓，四名。山西省。平遥縣周尹吉甫祠墓，永濟縣孟子祠，介休縣漢郭林宗祠、宋文彦博祠，曲沃縣唐裴度祠，夏縣宋司馬光祠墓，河津縣明薛瑄祠墓，襄陵縣明高邦佐祠，各一名。臨晉縣城郇孟子廟、杜郇孟子祠、新郇孟子祠、孟母三徙祠，襄陵縣關帝廟，各二名。河南省。上蔡縣至聖阨廟、曾子祠，西平縣封人見聖處祠，滎澤縣端木子祠，祥符縣孟子游梁祠，許昌縣關帝廟，偃師縣唐褚遂良祠、靈佑襄濟黄大王廟，南陽縣唐張巡祠墓，安陽縣宋韓琦祠，洛陽縣宋吕蒙正祠墓，湯陰縣宋岳飛祠，内鄉縣元魯翀祠，鹿邑縣明軒輗祠墓，郾城縣明劉校祠，盧氏縣明耿裕祠，各一名。儀封廳至聖擊磬堂，中牟縣二程子祠，各二名。江蘇省。青浦縣至聖衣冠祠墓，常熟縣周吴泰伯祠、仲雍祠、仲雍墓、言子故宅、家廟、專祠、文學書院、言子墓、卜子祠、宋宗澤祠、陳元大祠、程子顥祠、程子頤祠、明陳逅祠、褚不華祠，昭文縣言子習禮堂、宋周容廟，吴縣吴仲雍祠、季札祠、晉范寧祠、宋范仲淹祠、范氏書院、范氏祠、忠烈廟、范仲淹祠、范純仁墓、張選祠、明周順昌祠墓，武進縣孟子祠、周商子瞿祠、漢毛萇祠、唐蕭穎士祠、宋周子惇頤祠、鄒浩祠墓、黄庭堅祠、蘇軾祠、張壆祠、張栻祠、范仲淹祠、胡瑗祠、元陳祖仁墓、明沈應奎祠、謝應芳墓、段氏祠、劉純仁祠、白瑜祠，陽湖縣吴季札祠墓、晉卞壼宋卞長卿祠、劉子翬祠、孫覿墓、鄒浩祠墓、張栻祠、薛極祠、劉師勇廟、明毛憲祠、陸簡祠、顧士傑祠、白昂墓、陳洽祠墓。無錫縣吴仲雍祠、宋胡瑗祠、明顧可久祠、馬世奇祠墓，江陰縣文廟西廡周施子之常、奚容子蒧、宋程子顥祠、徐蒧祠、包拯祠、耿秉祠、明湯沐墓、李應昇墓、趙用賢祠、徐晞墓、國朝徐之龍祠，丹陽縣商傳説祠、吴季札祠、漢楊震祠、宋陳東祠墓、尹焞祠墓、湯東野祠、明吉棠祠，崇明縣有子祠、樊子須祠，蕭縣孟子廟、顓孫子三遷臺、顓孫子墓，宜興縣漢毛萇祠、吴周魴祠、宋邵材祠、邵雍祠、陸九淵祠，銅山縣漢張良廟、明權謹祠，元和縣唐沈傳師祠、宋朱長文祠、朱良祠、徐奭祠、文天祥祠、明盛杲祠、姚圭姚希孟祠墓，崑山縣唐張振德祠墓，華亭縣唐范履冰祠、宋范仲淹祠、范純仁祠、明楊允繩祠墓，金匱縣宋朱子錫山書院、嵩山書院、明俞德惠祠，荆溪縣宋蔣興祖祠、明萬士和祠、徐溥祠、徐鑑祠，靖江縣宋范仲淹祠，丹徒縣宋周子惇頤祠、朱子祠、陸秀夫祠、宗澤祠、宗澤墓，甘泉縣宋范仲淹祠、胡瑗祠，吴江縣明沈漢祠，婁縣明陸樹聲祠墓，南匯縣明方孝孺祠，太倉州明顧夢麟祠，嘉定縣明黄淳耀祠、國朝陸隴其祠，溧水縣明齊泰祠墓，江浦縣明莊杲祠墓，各一名。江陰縣吴季札祠、宋周子惇頤祠、孔垕祠，蕭縣顓孫子祠、宋岳飛祠，各二名。江陰縣繆昌期墓，三名。贛榆縣仲子祠，四名。高淳縣至聖廟，六名。安徽省六安州至聖祠，安慶府曾子祠，宿州閔子祠、閔子墓、仲子祠，壽州畢公祠，廬江縣漢毛義祠，合肥縣宋包拯祠墓、元余闕祠、明周璽祠、瞿能祠，懷寧縣元余闕墓，桐城縣明張澤祠，當塗縣明陶安祠，宣城縣明陳迪祠墓，貴池縣明黄觀祠，各一名。婺源縣朱子家廟，二名。江西省。金谿縣至聖祠，貴溪縣至聖祠、宋陸九淵祠墓、謝枋得祠，永豐縣曾子點祠、曾子祠、宗聖祠、宋歐陽修祠、元劉鶚祠墓、明鄒樸祠墓、鄒瑾祠、聶豹祠墓、魏冕祠、鍾同祠墓，德化縣晉陶潛祠、國朝周岱生祠，浮梁縣唐金安祠，義寧州宋黄庭堅祠墓，德興縣宋程端蒙祠墓、董銖祠墓、王過祠墓，鄱陽縣宋江萬里祠，廬陵縣宋胡銓祠墓、明曾鳳韶祠墓，都昌縣宋江萬里祠墓、元陳澔祠墓，玉山縣宋汪應辰祠，弋陽縣宋陳康伯祠墓、謝枋得祠墓，餘干縣宋趙汝愚祠墓、張吉祠墓、明胡居仁祠墓，樂平縣宋洪皓祠、元馬端臨祠、明許瑗祠，崇仁縣元吴澄祠墓，安福縣明李時勉祠墓、劉球祠墓、鄒守益祠墓、傅應貞墓，峽江縣明練子寧祠、金幼孜祠、涂貞祠，靖安縣明况鍾墓，新昌縣明吴甘來祠墓，各一名。德化縣宋周子惇頤祠墓、義門陳氏祠，廬陵縣宋文天祥祠墓，各二名。新城縣賢溪書院、至聖祠，四名。福建省。連江縣宋李彌遜祠、明吴文華祠墓，莆田縣宋李宏祠、柯潛祠、明鄭岳祠、陳彦回祠、陳俊祠，將樂縣宋楊詩祠，歸化縣楊時祠，尤溪縣朱子祠，浦城縣宋真德秀祠，松溪縣真德秀祠，光澤縣李方子祠，順昌縣宋廖德明祠，閩縣宋祝穆祠、周子惇頤祠，古田縣宋林允中祠、林用中墓、明林英祠墓，福清縣宋林栗祠墓，漳浦縣宋高登祠，仙游縣宋陸秀夫祠，沙縣羅從彦祠，各一名。浙江省。衢州府至聖專祠正殿，慈谿縣宋黄震祠墓，江山縣宋徐揆祠，常山縣宋邵雍祠，嘉善縣明魏大中祠墓，平湖縣國朝陸隴其祠墓，各一名。衢州府至聖祠東西配、東西哲、東西廡，各二名。崇聖祠，三名。湖北省。江陵縣關帝廟，應山縣明楊漣祠墓，各一名。黄梅縣宋岳飛祠，江夏縣岳飛祠，各二名。湖南省。安福縣至聖孔氏，長沙府文廟復聖顔子，寧鄉縣宋張栻祠墓，華容縣明劉大夏祠，龍陽縣明青文勝祠，各一名。道州宋周子惇頤祠，二名。陝西省。汧陽縣周燕子伋祠墓，咸寧縣漢董仲舒祠墓，華陰縣漢楊震墓，扶風縣漢馬援祠，華州唐郭子儀祠墓，藍田縣唐柳公權祠、宋吕大忠墓、吕大防墓、吕大鈞墓、吕大臨墓，郿縣宋張子載祠墓，各一名。四川省。鄰水縣孔氏，蓬州孔氏，各一名。廣東省。南海縣新橋市至聖祠、雙溪房至聖祠、宋朱子祠，各一名。始興縣唐張九齡祠，二名。貴州省。思南府明申祐祠，婺川縣申祐祠，各一名。又浙江會稽夏禹陵，姒氏八品奉祀官一人。廣西泗城府國朝岑繼禄祠，奉祀生一名，奏給八品頂戴。

欽定大清會典卷二十六

○凡鄉試中式，曰舉人，鄉試正科，以子午卯酉年八月舉行。非正科之年特旨舉行者，曰恩科。若舉行於正科之歲，則或移正科於前，或移正科於後，或改於三月鄉試，均以初九日爲第一場，十二日爲第二場，十五日爲第三場，每場皆先一日點入，次一日放出。順天舉人中額，滿洲、蒙古爲滿字號，二十七名；漢軍爲合字號，十二名，共加五經遺額二名。奉天爲夾字號，四名。承德府爲承字號，三名。直隸生員爲貝字號，一百一名，加五經遺額五名，共一百六名。江南、浙江、江西、福建、湖北、湖南貢監生爲南皿，三十六名；順天、直隸、山東、山西、河南、陝西、甘肅貢監生爲北皿，三十六名，共加五經遺額四名。四川、廣東、廣西、雲南、貴州貢監生爲中皿，無定額，每二十名取中一名，零數過半加一名。各省舉人中額。山東六十九名，内四氏學爲耳字號三名。山西六十名。河南七十一名。江南一百十四名，内江蘇六十九，安徽四十五。浙江、江西各九十四名。福建八十五名，内臺灣爲至字號二名。湖北四十七名。湖南四十六名，内苗疆爲邊字號一名，田字號一名，外一名二省輪科取中。陝西六十一名，内寧夏爲丁字號二名，榆林爲木字號一名，一科與通省士子合試，一科另編取中。甘州西寧爲聿左號一名，肅州、安西、烏嚕木齊等處爲聿右號一名，每科另編取中。四川六十名，内寧遠府爲宁字號一名，應試滿三十人始另號取中。廣東七十一名。廣西四十五名。雲南五十四名。貴州四十名。商籍，直隸山東另立鹵字號，於本省定額之内，每五十名取中一名，人數雖多不得過二名。廣東於定額之外另設鹵字號中額一名，人數至六十名，始另號取中。在京文職京堂以上，及翰詹科道、八旗武職副都統以上，外官文三品武二品以上之子、若孫、曾孫、同胞兄弟及兄弟之子應鄉試者，爲官生。滿洲蒙古漢軍，十名取一。南北皿，十五名取一。直隸貝字、江南、江西、福建、浙江、湖南、湖北，二十名取一。山東、山西、河南、陝西、四川、廣東，十五名取一。廣西、雲南、貴州，十名取一。取中官卷定額，滿洲、蒙古共六名，漢軍一名，北貝四名，南皿二名，北皿一名。江南、江蘇四名，安徽二名，共六名。浙江六名，江西五名，福建四名，山東、山西、河南各三名，湖南、湖北、廣東、四川、陝西、雲南各二名，廣西、貴州各一名。取中不得逾額，其額即在各省中額之内。若大省官生數至三十一名以上，中省至二十三名以上，小省至十六名以上，零數已逾定數之半，准各取中一名。多不及半，不准計算,所缺之數以民卷補中。不足二十名、十五名、十名者,散入民卷,不另立官卷。正科恩科同。其有不舉恩科加恩廣額者,臨期遵旨辦理,不拘常額。副於正牓,曰副貢生,副牓與正牓同發,其數各視正牓除其奇零。每舉人五名取中副牓一名,順天貝字號二十一名,滿字號五名,合字號二名,南北皿各七名,中皿無定額。山東、河南各十三名。山西、陝西、四川各十二名。江南二十二名,内江蘇十三,安徽九。浙江、江西各十八名。福建十七名。湖北、湖南、廣西各九名。廣東十四名。雲南十名。貴州八名。正科恩科同。遇廣額之年,副牓不加中。省各定其額。會試中式,曰貢士。會試以鄉試之次年三月舉行,若恩科鄉試或在三月者,會試即在本年八月。三場之期均與鄉試同。三場畢,由部行文至公堂,查明入場舉人除貼出外,將實在數目並上三科人數中數,題請欽定本科中額,遵照取中。加恩廣額,亦不拘常例。殿試賜出身,曰進士。會試中式貢士,於保和殿覆試後,四月二十一日於保和殿殿試。一甲三名,賜進士及第,二甲賜進士出身,三甲賜同進士出身。凡鄉試,開列考官以候欽點。題派各省鄉試正副考官,先行文各衙門咨取進士出身之侍郎以下京堂各官銜名,行文吏部咨取考差官引見銜名,分繕清單,開明籍貫、俸次、科分,及曾經出過某省學差某科、某省典試某科。順天鄉試、會試分房,並應行迴避省分,由部密題。雲南、貴州以四月下旬,四川、廣東、廣西、湖南、福建俱於五月上旬,湖北、浙江、江西以六月中旬,陝西、江南以六月下旬,山東、山西、河南以七月上旬。欽命正副考官各一人,旨下,由部知會點出各官,次日朝服詣午門前,聽禮部堂官宣旨畢,行三跪九叩禮,於派出後五日内起行。順天鄉試於八月初四日以前,除順天直隸人員迴避不開列外,將由進士出身之協辦大學士尚書以下副都御史以上銜名,題請欽命正副考官二人,或三人。其同考官於考差單各員内,除順天直隸籍貫及國子監官不開列外,以江南、浙江、江西、福建、湖北、湖南人員爲一單,滿洲蒙古漢軍、山東、山西、河南、陝西、甘肅、四川、廣東、廣西、雲南、貴州人員爲一單,題請欽派十八人。凡考差開列人員,均於初六日早朝服詣午門,聽候宣旨後入闈。派出宣名不到者,參奏請旨另派。未經開列奉特旨派出者,由部專差傳到,不得稽延時刻。各省同考官,江南十八人,浙江十六人,江西十四人,山東、河南、福建各十二人,陝西、湖北、廣東、四川十人,山西、湖南各九人,廣西、雲南、貴州各八人,由總督巡撫調取進士舉人出身之州縣官。除直隸州知州不調取外,同知通判學問優長者亦准調取,試以文藝。年壯學優者准入内簾,餘供外場執事。各省正副考官,遇有丁憂病故等事,奏請改派。試期已近,改派不及者,奏令一人專辦。考官、同考官入闈後,遇有服制,停其移會場内,俟撤闈日守制。同考官於闈中病故者,各房通融辦理,不另派。會試亦如之。會試考官,以進士出身之大學士尚書以下副都御史以上官開列。同考官,仍以上年考差單各員,註明陞遷出差事故開列。於三月初四日以前,題請欽命正副考官,或二三人,或四人。欽派同考官十八人。於初六日聽候宣旨入闈,與鄉試同。凡鄉會試開列題請,將前三科鄉會試考官銜名，皆繕夾單一併進呈。會試後，覆試之閲卷大臣，特旨簡派，不由禮部開列。殿試開列讀卷官，亦如之。殿試讀卷官，開列大學士，及由進士出身之尚書、侍郎、左都御史、左副都御史、内閣學士銜名。於試前一日，奏請欽簡大學士二人，部院大臣六人。於是日朝服，集午門聽候宣旨。若聖駕駐蹕圓明園，即在左門外聽宣。恭擬殿試策問題，以俟欽定。凡科場，皆設以官役，順天鄉試監臨，會試知貢舉，皆設滿洲一人，漢一人，由部開列侍郎以下三品鄉以上官奏請欽派。提調官鄉試一人，以順天府丞充。會試正副各一人，以禮部漢司官四人分擬正陪，於前一年十一月引見派充。鄉會試、監試用科道官。稽察龍門以内及至公堂事務，滿洲四人，漢四人。稽察内簾事務，滿洲一人，漢一人。執事官，内收掌二人，外收掌鄉試一人，會試提調官兼充。受卷所八人。彌封所、謄録所、對讀所各四人，由部行知各衙門以進士出身未考差者，及舉人恩拔副貢生出身之員。鄉試，内閣中書四人，吏、禮、兵、工四部司官各二人，户、刑二部司官各六人，宗人府、翰林院、詹事府、都察院、大理寺、通政使司、光禄寺、太常寺、太僕寺、中書科等衙門各一人。如不敷用，以國子監監丞助教等官補足。會試，吏、兵、工三部各三人，户、刑二部各八人，餘院寺等衙門五人，共開列三十人。均密題欽派，與考官同日入場，外場甎門巡察御史，滿洲二人，漢二人。棘牆外巡察科道，滿洲四人，漢四人。監同甎門稽察王大臣、監同搜檢近信王大臣，用親王、郡王、大學士、内閣學士、六部都察院堂官、都統、副都統、護軍統領等官，俱無定額。稽查士子入龍門時接談、换卷、亂號等弊大臣，用内閣學士、六部都察院通政使司大理寺堂官，無定額，均由部奏派。監同搜檢士子之乾清門大臣侍衛，由部行知領侍衛内大臣自行奏派。彈壓官每翼副都統一人，由部行知兵部密題。派出者，各帶本旗參領一人，章京一人，領催五名，入場彈壓。入場巡察之參將或游擊一人，巡綽官四人，咨兵部於考官入闈之日當堂掣籤，押送入場。督門官二人，搜檢官四人，咨兵部於各門千總内派用。東西甎門點名給籤，由順天府派官、兵部各派守備一人，協同辦理。巡牆官，用五城兵馬司輪直住宿，往來巡視。八旗士子入場，每翼派參領一人，於東西甎門外約束。場内聽用醫官，太醫院派用，鄉試由順天府行文，會試由禮部行文。供給官，鄉試以順天府通判總理，會試以治中總理，均責成大興、宛平知縣會辦。其縣丞、典史等官，有應代司收發者，由縣委派，協同料理。督牌官，鄉試由順天府尹以所屬佐貳等員派委，會試部派司官二人、筆帖式六人。會試散被裁官，部派司官二人、筆帖式二人。對讀生，會試以新進生員充，除京學通州學不派外，由順天學政於附近各學選送，聽提調點驗。三場對讀無誤，劄行學政於歲科試按所考之等遞升一等，以示獎賞。鄉試對讀生以五等生員及録遺未取之四等生員充。果係老病不能供役者，准罰銀以贖，四等四兩，五等八兩。人數不敷，提調官於考選謄録時，取文義畧通者充補。謄録書手，鄉試一千名，會試七百名，由直隸總督於各州縣正身書吏内挑取，送順天府考驗。嚴行關防，届期驗明印臂押送入場。受卷各役，於各州縣謄録内選充。其辦理分卷各事宜，於各部院衙門經承書吏内，每處挑送六名，吏、禮二部各派八名，咨送監臨、知貢舉、監試、提調官籤掣，鄉試二十四名，會試二十名應用。聚奎堂供事書吏八名，吏户兵刑工五部、都察院、通政使司、大理寺衙門各選一名，由提調官考驗轉送。號軍，鄉試一千名，會試七百名，由兵部差撥。甎牆外巡邏兵丁，由兵部轉行巡捕五營派撥。搜檢捕役，由兵部轉行五城五營派撥。其看守甎門青衣並接題、送題、伺候各夫役，大興、宛平兩縣派用。刻字匠、刷印匠及内外簾應用人役，均由大興、宛平兩縣雇覓。從人，主考官三名，同考官二名。搜檢王公隨官三人，從人四名。各部院八旗大臣隨官二人，從人三名。稽查龍門大臣一品者從人四名，二品者三名，三品者二名。内外巡察監試御史，及外簾執事各官從人，俱二名。副都統從人三名。參領章京從人二名。各省鄉試監臨，俱以巡撫，四川以總督，江南以江蘇、安徽兩省巡撫，按科輪派。提調官一人，以科目出身之道員充，無則以科目出身之兩司充。監試一人，以道員充，如提調例。内監試一人，以道員充，如不敷，以正途出身之同知派用。内收掌一人。外收掌，山東、陝西、江南、江西、浙江、四川、湖南、湖北、廣東、廣西各二人，山西、河南、福建、雲南、貴州各一人，於事簡之同知通判選充。受卷所官，江南、浙江、福建各八人，廣東七人，山東五人，河南、湖南、貴州各四人，山西、江西、陝西、四川、湖北、雲南各三人，廣西二人。彌封所官，江南四人，山東、江西、浙江、廣東各三人，山西、河南、陝西、福建、四川、湖南、湖北、廣西各二人，雲南、貴州各一人。謄録所官，江南四人，浙江六人，山東五人，山西、河南、陝西、江西、福建、湖南、湖北、廣東各三人，四川、廣西、雲南、貴州各二人。對讀所官，江南四人，山東五人，浙江、廣西各四人，山西、陝西、福建、湖北、廣東各三人，江西、河南、四川、湖南、雲南、貴州各二人。以州縣官之進士舉人正途貢生出身者委充，不敷以正途出身之府佐貳首領及州縣佐貳官選充，惟直隸州知州不調取。其印卷、巡綽、搜檢、供給、督門等文武員弁，無定額，均由監臨酌量委派。醫官於官醫内取用。巡撫監臨隨帶文巡捕一人入闈傳稟事件，其武巡捕不得隨帶。對讀生，各遵本省成例辦理。浙江四等生員罰贖銀三兩，五等六兩。貴州四五等生員，聽其自行應役。年老病廢者，令其雇覓寒士充當。江蘇四五等生員不敷對讀，於各州縣書吏内選充。河南照順天鄉試例，於考選謄録字畫時，兼取畧曉文義者分别記名，以備對讀之用。謄録書手，均由布政司移取考驗。場中應用人役，監臨提調酌量取用。順天鄉試及會試三場事畢，至公堂監試科道八人内，籤掣滿漢各二人先行出闈。各省鄉試三場畢後，將闈中事務交與提調監試辦理。監臨於八月二十日出闈，即委中軍駐宿貢院門外巡邏查察。凡受卷、彌封、謄録、對讀四所官承辦事竣，即令出闈。惟内外收掌官事竣發牓，與考官一體出闈。各外簾官遇有事故通融辦理，不另派，與考官例同。會試後，保和殿覆試之監試王大臣，特旨簡派，不由禮部開列。殿試各執事官，監試四人用御史。受卷四人，用内閣侍讀學士、翰林院侍讀侍講學士、詹事府中允以下各官、及給事中禮部司官。彌封六人，用光禄寺、鴻臚寺漢堂官。餘如受卷官、收掌四人，用内閣翰詹及禮部司官。印卷二人，用禮部司官。於試前一日分别開列，奏請欽派。届期朝服集午門聽候宣旨。由部派滿洲司官、漢司官各二人，分引貢士。筆帖式四人，舉題案。滿洲司官、漢司官各四人，散給題紙。其應派王公大臣監試，由領侍衛内大臣奏派。巡邏侍衛護軍，由領侍衛内大臣護軍統領派出。代携貢士筆硯之校尉，由鑾儀衛派出。由部先期具奏。頒以規式，順天鄉試，令赴順天府投卷，卷由治中豫備，治中爲印卷官。各省鄉試，令赴布政司衙門投卷，卷由提調官豫備。會試令赴禮部投卷，卷由提調官豫備。定價每本一錢二分，墨卷式以官尺校定長一尺、闊四寸。第一、第二場前空白七頁起草，草稿起止，用小紅字爲記，後紅格十四頁謄真。第三場前空白八頁起草，後紅格十六頁謄真，每頁十二行，行二十五格，卷尾用印卷官紫色戳記。卷面填寫本生姓名、年歲、籍貫，鄉試寫應某年某省鄉試。卷面及接縫處均鈐印，順天鈐府尹印，各省鈐布政使司印，會試鈐禮部印。以四十本爲一束，送入場内，復鈐以監臨、知貢舉關防。考具俱有定制。帽用單氈，袍褂衣褲俱用單層，韈用單氈，鞋用薄底，坐具用氈片，不許携帶厚褥，卷袋不得裝裹，硯臺不得過厚，筆管鏤空，水注用瓷，蠟臺用錫單盤空柱。糕餅食物，各切開。木炭長止二寸。考籃或竹或柳，編成玲瓏格眼，底面如一。毋許携帶坐凳。號舍用千字文編列，惟天元帝皇等字、亞聖孟子名、數目字、及荒字等字樣不用。題紙分給號舍，人各一紙。交策每篇尾及詩末句下旁寫添註、幾字、塗改幾字，每場卷末填寫、通共添註塗改若干字，其式樣及詩韻字，均於題紙開明。二場録真後，默寫頭場文首藝，或次藝、三藝、小講，或起比，或中後半篇，或詩一首，於二場題紙開明。第三場策問題不照抄。於每篇策前書第一問、第二問、第三問、第四問、第五問，以爲策題。詩與策俱低二格寫。三場試卷皆自行點句勾股。士子交卷，受卷官親收，戳印銜名。每十卷一封，送彌封所糊名。會試分別省分，鄉試分別官民等卷，順天鄉試分別南北皿等字號，仍各印用紅號。由監臨知貢舉將千字文應用字樣每字編列一百號，攙亂次序用之。二、三場墨卷、硃卷同用一號，必與號簿相對。所官親自鈐印送謄録所，飭謄録各生照墨卷點畫謄入硃卷，惟不謄添註塗改字。硃卷式用闊幅墨格，第一、第二場七頁，第三場八頁，每頁二十四行，行二十五格。每張跨縫處鈐用彌封官土紅色關防。謄訖，交對讀所，飭各生將硃墨卷校對。有遺錯者，改正。彌封、謄録、對讀所官，於硃卷面頁戳印銜名。謄録、對讀各生姓名、籍貫，註於墨卷之尾。墨卷交外收掌，查明省分紅號標籤收貯，以備填牓時移送内簾覈對。硃卷由監臨知貢舉按房數分束，分別號簿，鈐蓋關防，送入内簾主考面同内監試收掌官籤掣分房，填號登簿。二、三場卷照簿辦理。其中適值本省字號卷，應迴避者，主考酌量調換。主考、同考官同堂閱卷，内監試與主考對坐。每日晚將所閱卷入箱封鎖，不許私帶入房。同考官閱卷不得互相抽看。圈點句讀，不得密點密圈。各房薦卷置中間案上，由監試驗明印某房薦條，登載號簿，送主考收閱。同考官於第一場閱薦畢，即將二、三場通行細閱。如有出色佳卷，仍准補薦頭場，聽主考酌量取中。同考官於薦、不薦之卷，均註明其故於卷内。其未經呈薦之卷，主考細加搜閱，内有佳文，仍行取中，止准於五十名後取中。中式各卷，副考官書取，正考官書中，各詳加圈點。併薦而不中之卷，皆註明批語。各房中卷多寡不均，准撥給改用薦條，不得一卷兩薦、並列銜名。順天鄉試及會試考官擬定前十名，將硃卷原本封固具摺，交監臨知貢舉進呈，恭請欽定。如遇時巡，應否進呈先期具奏。所定元魁卷，由考官酌量選刻，不得濫行改削。凡筆，主考用墨筆，同考官用藍筆，内監試官用紫筆，内收掌官及書吏用藍筆，惟三場題紙用墨印，知貢舉、監臨、監試、提調及受卷、彌封、謄録、對讀、外收掌各官均用紫筆，謄録書手用硃筆，對讀生用赭黄筆，對讀官於硃卷内有應改正處亦用赭黄筆。貼例，如通卷無一字、真草不全不符不成字、謄真用行草、混作詩歌信劄、越幅空行空格、反謄卷背、卷内挖補裁割、脱落題目、改寫跳行添入夾縫、及顛倒或錯寫、草稿内未寫全題、文不頂格、詩策不低二格、文逾七百字、詩多韻、少韻、失押官韻、策不滿三百字、詩文策内用卦畫篆字、一格内雙行沓寫、重字用兩點、不避廟諱御名先師孔子諱、擡頭錯誤或塗改、每場添註塗改過百字、脱落添註塗改字樣、及數目不符以少報多至十字外、油污墨污至莫辨字蹟、卷頁破損不全，經受卷所至對讀所迭次查出，俱將本卷截角揭明緣由，貼於貢院外照牆。覆試由部備卷，試日各給官韻。殿試由都備卷，卷面及中間接縫處、卷背，蓋用禮部印。共十二頁，前一頁親書履歷、籍貫、三代，次頁以下有直格無横格，每頁十二行。外給草本一，畧小，縱格與正卷同，横格每行二十四字，載策式於草本之前。策式，首書"臣對""臣聞"，策冒或四行、或八行，策冒後書"欽惟皇帝陛下""欽惟"二字書寫到底，至逐條分對處。第一條，用"伏讀制策有日"起，後數條用"制策又以"起，末用"臣末學新進，罔識忌諱，干冒宸嚴，不勝戰慄隕越之至。臣謹對"，"干冒"二字亦書寫到底。"策"低二格寫，"皇帝制策宸嚴"字皆兩擡寫，"臣"字旁寫。策内不許添註塗改、點句勾段，通體不得用四六頌聯。策文不限字數，最短以千字爲率，不及千字以不入式論。讀卷官校閲試卷，以策對精詳、楷法莊雅者爲上選。其有繕録不能甚工而援據典確、曉暢事務者，亦應列上卷。若對策敷衍、成文全無根據，即書法可觀，亦不得充選。前科中式貢士，或告病，或磨勘罰科，本年補行殿試者，另行封送，不得置入前十卷。丁憂服闋，補行殿試者，不在此例。不完卷者，置三甲末。密以迴避，鄉會試主考同考官、監臨、知貢舉、提調、内外監試，收掌、受卷、彌封、謄録、對讀四所官，總理供給官，於入場士子内有係本族，及外姻中母之父，及親兄弟，並親兄弟之子、母之親姊妹之子、妻之父，及親兄弟，並親兄弟之子、親姑之夫及子、親姊妹之夫及子、女之夫及子、孫女之夫者，自行開出揭示貢院外照牆，令其迴避。其同姓非本族，及外姻不著於例者，不迴避。江南鄉試，内外簾官不調取安徽籍貫人。其有江蘇、安徽兩省之人互爲巡撫、學政、司道者，及互爲知府、直隸州知州而所屬州縣有入簾者，子弟親族一體迴避。江寧首府首縣係安徽省人者，雖不入簾，其入場士子内有係本族及定例外姻之應迴避者，亦應迴避。陝西鄉試，陝西甘肅兩省迴避例同。嚴以監察，鄉會試年，該衙門先期牓示，將招摇撞騙貪緣關節，及挾讐誣捏等弊，併貢院附近居民有遥點鐙竿、連放爆竹、或縱鴿鷂、拋擲甎瓦者，嚴行拏究，均豫爲禁約。貢院内外房舍修整工竣，委員將號舍通行搜驗。有無土色鬆浮埋藏文字，以及梁頭屋角藏塞遺棄字紙文稿，悉行搜查銷燬。驗畢封固，移交提調以專責成。考官、同考官、監試、提調、京闈副都統、外省營員，併内外簾各執事官之跟役鋪陳入場出場，及先期運送器具、每日供應，均逐一查驗。對讀、謄録人等入場，嚴行搜檢。順天鄉試，國子監助教等官，出印結之同鄉京官，及直隸奉天每府各派教官二人，帶各學書役於點名時識認，以杜頂替之弊。八旗於甎門外設牌八面分别旗分，各旗參領章京帶領約束。凡送考人等不許至點名處。鄉會試每場，先將搜檢人役逐名搜查點入，然後搜檢士子。如有懷挾等弊，二門搜出，將頭門搜檢官役處治，本人枷革。若二、三場誤帶前場文字，及字紙包裹食物，實非有心作弊者，免枷革，仍逐出。卷面戳記，先照號座若干點明數目，通行攙攪，交四所官分手戳印，監臨知貢舉、監試、提調眼同防範，不得假手吏胥，以啓買囑連號之弊。領卷後，監臨知貢舉督率委官按卷查明印戳，分送八號，併由欽命大臣稽察，以杜換卷亂號等弊。既歸號，不許私出。監臨知貢舉、監試、提調等官，於封門後分段嚴查，按照年貌逐一覈對登記號簿，督同管號官封固號門，仍委各官嚴行約束，逐號稽查。内外巡察官無分晝夜，輪流巡查，以防越牆傳遞等弊。凡進食物，監試、提調等官逐件查驗，不得於認識諸生餽送飲食。交卷給籤後，不得仍入號舍及遷延逗遛。各省三場均如此例。會試後覆試，特簡王大臣監察。其出印結之同鄉京官、該管佐領，均臨場識認，以防頂替。由中書及各館謄録中式者，殿試前不許在内閣誥勅房、國史館等處住宿，以杜囑託探聽等弊。内閣刊刷殿試題紙，由部奏派護軍統領一人，率護軍校等於前後門外嚴密稽查，以杜洩漏。士子於試前有撰擬策冒分送請託者，察出嚴參治罪。讀卷大臣及監試御史、收掌各官住宿文華殿兩廊，其門啓閉，交景運門直班護軍統領派撥護軍管理。傳臚後，由部奏請欽派内閣九卿大臣察看讀卷官標識。備以供給，會試舉人水脚銀，於編徵銀内動支。其給咨，直隸以十二月，山東、山西、河南、陝西以十一月，江南、江西、浙江、湖北、湖南以十月，福建、四川、廣東、廣西、雲南、貴州以九月。其水脚銀即飭州縣給發。試畢，由部查明入場人數，知照覈銷。其有事故，在途呈明地方官詳咨，在京取具同鄉京官印結，免其追繳。雲南、貴州士子會試，准其馳驛。甘肅嘉峪關外士子會試，並准馳驛。順天鄉試及會試闈中，欽頒應用書籍存貯順天府及禮部書庫，各省存貯布政司庫。届鄉會試期，送内簾檢閲，不准往外移取官書，並不許携帶出題書籍。内外簾需用桌張器皿，京闈由順天府置備，各省布政司派員經理。每號需用之水，各設水缸於號門外。官員供給，列爲三等，除搜檢王大臣毋庸供給外，主考、監臨、知貢舉、都統，給頭等供給。同考官、監試、提調、收掌、參領章京、總理供給官，給二等供給。受卷、彌封、謄録、對讀所官，及筆帖式並在場佐雜等官，給三等供給。刊刻清單每日閲對，由内外監試查驗，交總理供給所收發。士子於初九、十二、十五三日，給粥飯各一餐，脩脯菜羹備。書吏口糧各按等次支給。京闈五城五營所派捕役，自頭場起至三場止，日給制錢四十文以資飯食。内外簾所需物料，順天鄉試由大興、宛平二縣備辦報銷，會試由工部、户部支銷。會試舉人各給科袚一件，由内務府豫備，試畢仍交内務府。殿試讀卷官執事等官，每日供給及供事匠役飯食，由光禄寺豫備。貢士茶水，令太監經管。優以燕賚，鄉試入闈日,燕考官、同考官、監臨、提調、監試、執事各官。揭曉次日,燕考官以下及中式舉人。順天於府署,江南於公所,四川於總督署,各省於巡撫署。樂以鹿鳴詩三章,爲鹿鳴燕。給考官、監臨等官金銀花、盃盤、綢緞等物,順天由府尹、各省由布政司備辦。中式舉人應領牌坊銀二十兩,順天鄉試,八旗由該旗、外省貢監由國子監、直隸由順天學政、奉天由奉天府尹,各省鄉試均由布政司給發。江南、江西、浙江、山東、湖北、湖南、陝西、四川、廣東、廣西、雲南、貴州各省,給中式舉人頂帶衣帽等物,皆由布政司備辦。會試入圍出闈日,燕考官、同考官、知貢舉以下官於禮部,簪花入闈。給考官表裏各二端,同考官各一端,於户部取用。給考官等銀花,於户部領銀,交大興、宛平兩縣製造。繖仗儀從由順天府豫備。傳臚日,燕一甲進士三人於順天府。次日,賜恩榮燕於禮部,讀卷官以下諸進士咸與,樂以棫樸詩五章。讀卷等官暨諸進士用綵花,狀元金飾銀花,於工部取用。諸進士坊銀各三十兩,一甲三名,各加五十兩,於户部領給。進士表裏各一端,由部題請日期於午門外頒賞。給狀元六品頂涼帽、披領、腰帶、手巾、佩囊、小刀、全分及韡韈等物,由工部製備。如遇齋戒日期,停止筵燕,仍赴部簪花。凡鄉會試中式届周甲之期,舉人准其重赴鹿鳴燕,進士准其重赴恩榮燕。鄉試由監臨、會試由部,奏聞請旨。重以磨勘,鄉試磨勘官四十人,由部將科甲出身京堂翰詹科道官除本科鄉試考官、順天同考官外,一體開列。會試磨勘官四十人,除會試同考官外,由部開列同。鄉會試覆勘大臣各八人,由部將内閣、六部、都察院、通政使司、大理寺堂銜除本科考官外,一體開列。均各於揭曉前請旨派出。順天鄉試發膀日,提調官將硃墨卷封固送部。由俊秀貢監生中式者,將國子監解部之録科原卷夾於中式卷内,次日磨勘。各省鄉試發膀後,監臨、提調將硃墨卷封固,依限山西、山東、河南二十日,江南、陝西四十日,江西、浙江、湖南、湖北五十日,福建七十日,廣東、廣西、四川、雲南、貴州九十日,解部。副膀硃墨卷同解,不磨勘。舉人卷分作三次,於順天磨勘後,以山東、山西、河南、陝西爲一次,江南、江西、浙江、湖南、湖北、福建爲一次,四川、廣東、廣西、雲南、貴州爲一次,限於年内磨勘完竣。會試亦於發膀次日磨勘。均於天安門外朝房。部派司官四人收發試卷,奏派御史滿洲二人,漢二人,輪班稽察。磨勘官各於卷面親書某官某磨勘字樣,註明黏籤、應議、免議各幾條。覆勘大臣定期於午門前禮部朝房覆勘畢,奏交部議。磨勘、覆勘均迴避本省試卷。其有子弟中式者,不必上班。磨勘之例,場中出題譌錯字句、經題前後顛倒、策題内擡頭誤寫者,一次,主考官罰俸三月,二次六月,三次九月。自行檢舉者,罰俸三月。出熟題、擬題及割裂小巧、牽連無理,或詩題引用僻書私集者,照出題錯字例議處。策題每問不得過三百字,不得自問自答、敷衍過多,亦不得以己見立説,不得援引本朝臣子學問人品,違者照違令例議處。試卷内同考官有未經點到者,降一級調用。主考官不行覺察,罰俸一年。主考官墨筆有未經點到者,降一級留任。同考官勾股圈點錯誤者,罰俸一年。主考官未經改正者,罰俸六月。硃卷内應列主考、同考官銜有錯誤未能自行查出者,照例議處。主考官遺批取中字,及將墨卷取中名次誤填紅號,同考官遺批薦字,俱罰俸六月。硃卷未填姓名,墨卷未填名次,主考官降一級調用。試卷内墨筆浮籤未去者,主考官罰俸三月。硃卷内同考官不實書批語,僅黏浮籤及遺漏者,罰俸六月。遺漏批語中式,後誤用墨筆補批者,罰俸三月。主考同考官墨筆藍筆誤用者,主考、同考及内監試官罰俸一年。試卷有墨筆藍筆添改者,查明何官筆蹟,降三級調用。薦條重用及遺漏者,同考官内監試官罰俸三月。同考官於試卷滿篇密圈密點,者交部察議。撥房中式之卷有應議處同考官者,止將受撥之同考官處分,原薦官免議。試卷内字句可疑,及文理悖謬、文體不正、不遵小註章旨、策内所對非所問者,均將本生黜革。黜革一名,同考官革職。二名以上,革職提問。主考官,舉子黜革一名,降二級調用,二名降三級調用,三名以上革職。凡進士舉人磨勘應黜者,本生生監全行褫革。試卷内失格違式不諳禁例者,恭遇列聖、郊壇、宗廟、皇上、聖主名字,事係實用未經擡寫,或擡寫不合,或復行塗點者,均罰停三科。考官當抹未抹,每一名同考官降一級調用,主考官罰俸一年。至不避廟諱、御名、先師孔子諱者,本生罰停三科。考官雖經抹出,仍照例主考官罰俸一年,同考官降一級調用。試卷剿襲雷同者,罰停二科,每一名同考官降一級留任,主考官罰俸九月。其全篇鈔録舊文倖中者,本生黜革,考官俱免議。擡頭塗抹者,脱寫題目改寫跳行者,添註塗改數目字添改蹟涉可疑者,均罰停二科。恩膏德意等字例應雙擡,朝廷國家等字例應單擡,如並未擡寫,及雙擡誤寫單擡者,詩内平仄失粘者,均罰停一科。考官如未抹出,同考官罰俸一年,主考官罰俸六月。文内字句疵謬,及遺漏點題,重字書作兩點,或挖補數字,策不滿三百字,草稿内未寫全題,策題譌寫卷内,空白、漏寫、添註、塗改一二處者,均罰停一科。其字句疵謬無關通體文義者,考官未經抹出,每卷同考官罰俸一年,主考官罰俸六月。凡受卷官應貼不貼者,均罰俸一年。至卷内有書寫卦畫及篆體者,本生罰停一科,考官及應貼不貼之外簾各官分别議處。其餘無心筆誤不關弊竇,及默寫頭場互異在十字内者,均免議。彌封所失印卷上條記、錯印卷面籍貫者,均罰俸三月。謄録謄寫全卷潦草不成字體者,令該督撫將原送之地方官嚴参議處。謄録作字草率遺落成行、字句譌錯、硃淡無色、洗改洗補,對讀所不爲詳對註改,及墨卷錯落題目或文内誤書字樣,謄録不照原字擅行改正,對讀所未經對出者,謄録對讀官每卷罰俸三月,謄録對讀生發該地方分别責革。廟諱各偏旁字,謄録不依原卷敬謹缺筆書寫,對讀未經對出者,謄録對讀官罰俸一年,謄録對讀生責革。考官未經抹出,同考官降一級調用,主考官罰俸一年。謄録錯落字句,文低格,詩頂格,及空白一格,考官未經抹出,同考官罰俸六月,主考官罰俸三月。對讀生於硃卷題内筆誤一二字,文内錯落數字,未經對出者,將該生戒飭示儆。於點句勾股遺漏不全者,對出錯譌誤用紫筆註改者,擅將原卷添改一字無關弊竇者,官皆罰俸三月,本生戒飭。卷内漏填對讀生、謄録書吏姓名者,對讀生戒飭,謄録書吏責革,該所官各罰俸三月。硃卷上應用印記,誤用、重用、倒用、漏用者,及印號模糊,該管官均罰俸三月。磨勘官勘過試卷全無籤出,經覆勘指出應議者,降一級調用。若於疵謬之處籤出一二,覆勘尚多罣漏者,罰俸一年。其原勘有籤之卷,覆勘另有增易者，毋庸議處。籤出應議各籤，經覆勘逐一允當並無遺漏者，議敘紀録一次。或遇有事故未經勘畢者，雖無遺漏，不准議敘。至有派辦兩科磨勘並未籤摘一卷者，由部彙覈交吏部議處。磨勘官奉特旨議敘者加一級。凡停科者，舉人停會試，貢士停殿試，校對親供。順天鄉試及會試俱交覆勘大臣磨勘試卷時一併校對，各省由部彙齊奏聞，交原派出覆勘大臣校對。如有筆蹟不符，奏明交部辦理。定科場之條例。科場條例，十年奏修一次，進呈欽定，由部頒發各省督撫遵行。鄉試前一年十二月題請刊刻續增科場條例。凡本科以前欽奉諭旨，及臣工條奏有關科場未經開載者，並磨勘簡明則例，均詳查校刊，於鄉試年四月頒發各省。各省正副考官奉旨派出後，各給科場條例一帙。會試考官及同考官等，於闈中分給。提調官仍將歷年所定科場條例牓示通衢。鄉會試磨勘，由部將科場條例送至磨勘處，查照辦理。凡鄉會試，各分三場，而試以文、以詩、以策。第一場四書題文三，首《論語》，次《中庸》，次《孟子》。如首題用《大學》，則次題用《論語》，第三題仍用《孟子》。五言八韻排律詩一。第二場經題文五，以《易》《書》《詩》《春秋》《禮記》爲次。第三場策五。順天鄉試及會試第一場四書詩題，均欽命。鄉試由府尹、會試由禮部堂官，於初八日黎明詣乾清門祗領，駐蹕圓明園，則詣圓明園宫門祗領。親送貢院，交監臨、知貢舉轉送内簾。題匣鑰匙，由軍機處交考官帶進闈内，届期啓用。恭遇巡幸，欽命題匣及鑰匙，俱於留京王大臣處請領。二、三場題均由考官擬定，於十三、十六日辰刻考官親書密封，遞交監臨知貢舉捧出，鄉試由順天府、會試由禮部派員祗領，具本送内閣進呈。各省題目，考官公同擬出，於進呈題名録内開載。會試後覆試，由部奏請欽命四書題一、詩題一。中式，牓其名以揭曉。揭曉日期，主考官酌定。順天及大省鄉試於九月十五日内，中省於九月初十日内，小省於九月初五日内，會試於四月十五日内。順天鄉試豫將擇定日期，由順天府具題併行知禮部。會試將日期報部繕本具題，旨下，行兵部派撥官兵，於發牓前一日赴貢院環繞巡邏。由部豫開禮部堂官奏請欽命鈐牓大臣一人，前一日入場填牓，並率司官滿洲一人、漢一人，護印入場。會同巡察，順天鄉試由府派員，均令原派之副都統入場，會同巡察御史彈壓巡查。闈中先定草牓填號，外簾俱不得與。臨填牓時，考官公同監臨知貢舉、提調等官，於聚奎堂覈對硃墨卷紅號相符，乃拆彌封。副考官於硃卷上書姓名，正考官於墨卷上書名數，書吏依次唱姓名，及某省某府州縣某生遍告在位者，然後書牓。副牓如之。書畢鈐蓋印信，鄉試順天用府尹印，四川用總督關防，各省用巡撫關防。會試用禮部印。年月及接縫處俱鈐，乃發牓。會試豫行都察院撥弓兵，中城兵馬司撥總甲，及兵部所派巡邏官兵，禮部派司官一人。順天鄉試，府尹派員併咨取兵役，均護送牓文。會試張牓於禮部署前，鄉試張牓於府署前，各省於布政司署前，正副二牓同時張挂。三日後收貯各庫，會試貯部庫，鄉試順天貯府庫，各省貯布政司庫。牓發日進呈題名録，順天鄉試由府尹、各省由監臨拜進，會試由部豫備題本，派司官一人於前一日五鼓送至龍門。届時考官等將題名録拜發，交所派司官恭送内閣進呈御覽。各省鄉試於進呈録外，再繕三場題目並題名録十本，録内均開載年歲，鈐蓋印信隨副本一同送部，以憑磨勘。進呈試録，考官於闈中掄選，每題一篇，正考官撰前序，副考官撰後序，出闈後交提調刋刻。會試由禮部、鄉試順天由府尹恭進、各省由督撫咨送禮部彙題，交内閣收貯。殿試，試以制策。殿試前一日，讀卷官密擬策問進呈欽定後，讀卷官恭領至内閣扃門刋版搨黄。用刻字匠四十名，刷字匠二十名，於前二日劄順天府豫行送部赴閣。試日，讀卷、執事各官朝服至保和殿丹陛下兩旁立，内閣官朝服奉題設於殿内東旁案上，大學士一人奉制策由殿中門出，禮部堂官跪受。由中路至丹陛跪設於案，各官諸貢士行禮畢，禮部司官散給諸貢士。傳臚則張金牓焉。傳臚前一日，前十名引見後，讀卷官奉卷至紅本房，書一甲一名以下十名畢，奉卷至内閣將其餘各卷依次書寫，付填牓官欽派之内閣中書十二人，用清漢文填牓畢，内閣學士奉牓詣乾清門請皇帝之寶鈐牓。届日皇上御殿，傳臚行禮舉牓如儀。奉牓官奉黄牓至午門前連雲盤跪置龍亭内，行三叩禮。校尉舁亭，導迎樂作，御仗前導，引牓筆帖式十人，至東長安門外張挂，狀元率諸進士隨出觀牓，順天府備繖蓋儀從送狀元歸第。牓張三日後，恭繳内閣。金牓題名録，由内閣進呈後，交部刋刻，與會試題名録一併題交内閣收貯。進士題名碑，建立於國子監大成門外，由部題請。奉旨後，鈔録原題及各進士甲第名次籍貫，交工部國子監鐫碑。凡武科事宜，俱隸兵部。凡應鄉會試，年老士子畢三場者，奏請恩賜。鄉試三場完卷未經中式之年老士子，由監臨詳查年歲，分别貢監生員合例者，牓後奏交禮部覆覈，請旨賞給舉人副牓。其由俊秀捐監在十科以前者，一體奏請。年届九十八十，無論恩拔歲副優貢，併廩增附例貢監生，與年届七十之恩拔歲副優貢生，均請賞給舉人。年届七十之廩增附及例貢監生請賞副牓。七十以上之教職，仍分别恩拔歲副優貢並廩生捐貢出身，賞給舉人副牓。至前科已賞副牓，此次應試仍在七十以上，應否加賞舉人之處，聲明請旨。會試三場完竣，知貢舉將年届九十八十七十以上年老舉人，奏交禮部覈實，將未經中式者開單具奏請旨。奉旨賞給職銜者，禮部行知吏部及各該督撫。有蒙加賞緞疋者，由禮部出具印領赴户部支領，當堂頒給。其會試年老士子蒙恩賞給學正助教銜者，仍准會試。曾賞檢討銜者，不必會試。九十以上者，照例賞給司業銜。至在籍七十以上舉人，情願領給京銜者，由督撫具題，吏部分别年歲，照例掣籤題請賜給。

〇凡宗室鄉會試，宗室人員，在官學及在家肄業願應鄉試者，由宗人府考試馬步箭合式，奏派王大臣覆試，稽察宗學大臣彙考，録送宗人府册送順天府鄉試。盛京宗室願應鄉試者，由奉天宗學考試馬步箭，咨送盛京將軍覆試，會同府丞録科，呈送宗人府。其會試均咨禮部。鄉會試俱在貢院。於鄉會試三場後，定期十八日另爲一場。前一日點名，由宗人府派章京數人在甎門認識，龍門外由御史點名。其主考總裁閲卷，即交鄉會試文闈原派考官。監臨知貢舉、搜檢稽查王大臣併棘牆外巡察、監試、外簾各官，均由文闈派出之員接辦。其彈壓大臣，由宗人府開列左右宗人，奏請欽派一人入場辦理。凡宗室考試，祖孫、父子、同胞叔姪兄弟皆迴避。試以文、以詩。用四書題文一，排律詩一。鄉試由順天府、會試由禮部，先期奏請欽命題目。會試於三月初八日、鄉試於八月初八日，禮部堂官、順天府尹領題時一併祗領，交監臨知貢舉轉送內簾。屆日內簾交出，按號散給。試卷，鄉試由順天府、會試由禮部備辦鈐印，監試御史鈐坐號，交卷後彌封，不謄録，送主考總裁閱看。鄉試由順天府覈明試卷數月，開單進呈欽定中額。會試由總裁酌取兩三卷進呈欽定，監臨知貢舉拆名填牓，先行揭曉，送至宗人府衙門張挂，試卷存貯禮部。中式人員旗扁銀兩及表裏緞疋，均照舉人進士之例。殿試，則合貢士而試之。殿試與八旗各省貢士同日，朝考如之。坐次及引見排班，均列在新進士之前。凡翻譯童試，三歲則再舉。翻譯童試，歲試之年以八月。如遇恩科，順天府先期咨部改期。科試之年以五月，與翻譯鄉試録科合併一場，皆試於貢院。進額滿洲文藝六十名，蒙古文藝九名，寧缺無濫。應考之年，順天府行文八旗都統將應試士子馬步箭驗看揀選，備造年貌、履歷、三代清册，咨送順天府轉送兵部考試馬步箭。俟兵部箭册到日，府尹按名備卷。九品筆帖式，及新滿洲烏拉齊等在京所生已過二三世，其子孫能習翻譯者，准其一體應童試。由部開列題請欽派校閱滿洲試卷大臣二人，協同閱卷官四人，校閱蒙古試卷一人，午門前宣旨。應迴避者迴避如例。其搜檢王大臣，亦由部題請欽派。所用搜檢員役，行文步軍統領出派。甎門點名御史，滿洲一人，漢一人；至公堂監視御史，滿洲一人，漢一人。由都察院題派。左右兩翼副都統各一人，隨帶參領章京各二人，入場彈壓，由兵部題派。應試士子於前一日點名搜檢進場，欽命清漢字翻譯題各一，蒙古題清字，翻譯題漢字，由順天府尹請領，送入貢院轉送內簾，敬謹刊刻，於試日黎明散給。交卷以日入爲度，不給燭。試卷收齊，由監試御史彙封送內簾籤掣，監試御史一人入內簾經理分卷事宜。試卷閱後，將取中士子在聚奎堂嚴加覆試。閱卷大臣酌擬名次進呈欽定，併將覆試卷另行封送奏事處，以備勘對。俟發下後，交禮部拆號填牓，發順天府張挂。如遇巡幸，奉旨毋庸進呈，禮部堂官一人於發牓前一日齎印入闈，會同彈壓，監試、提調等官在聚奎堂同閱卷大臣拆號填牓。其考取名次旗分，即由閱卷大臣開單具奏，交禮部存案。翻譯鄉會試，各於鄉會試之年舉焉。翻譯鄉會試，於文闈揭曉後一日舉行。遇有恩科如之。鄉試前期，八旗滿洲蒙古漢軍翻譯生員、文生員、貢生、監生、天文生、中書七八品、筆帖式、小京官，由順天府尹行文查取名册。各省駐防生監等，由禮部據順天府咨呈轉行查取名册。奏請録科先經各旗都統驗看馬步箭揀選開送，與翻譯童生一場考試。即由翻譯童試閱卷大臣選取子弟宗族姻親，無庸迴避。分别等第名次，交禮部出牓曉諭。列在一、二、三等馬步箭合式者，准其與新進生員一體鄉試。會試滿洲蒙古漢軍翻譯舉人、文舉人、筆帖式、小京官由翻譯舉人文舉人出身者，及各省駐防舉人，各旗先行驗看馬步箭，由禮部查取名册，兵部考試馬步箭合式者，均准會試。鄉會試皆用滿洲正副主考官各一人，蒙古主考官一人，滿洲同考官四人，蒙古同考官二人，受卷所、收掌所、彌封所各二人，由禮部題請欽派。於文闈揭曉次日黎明，朝服赴午門前聽候宣旨入場。外簾所官在至公堂掣籤分所，監臨、知貢舉即以文闈之滿洲監臨知貢舉接辦。提調官一人，鄉試以順天府丞充，會試以禮部滿洲司官揀選正陪題請欽派。搜撿王大臣、彈壓副都統，即以文闈各員辦理。内簾監試御史，滿洲一人，漢一人。至公堂監試御史，滿洲一人，漢一人。入號巡察御史，滿洲二人，漢二人。先期具題。外場甎門巡察御史二人，棘牆外巡察科道四人，均於文闈滿漢各員内掣留。内簾供事八名，行取吏户兵刑工五部、都察院、通政司、大理寺書吏各一名。外簾分卷書吏，行取部院衙門各挑經承書吏二名，吏禮二部各四名，送監臨知貢舉籤掣八名入場供役。其餘内外場員役，均於文闈内酌留備用。搜檢巡緝者，照文闈例酌減取用。識認送考之參領章京及督牌執事各官，照文闈例咨取出派。供給照文闈例，派員經理。場中應用清字書籍，鄉試由順天府、會試由禮部送入備用。試卷，鄉試順天府造辦，會試禮部提調官造辦。用堅厚細紙，校定官尺長一尺闊四寸，卷前空白九幅，以八幅印章稿起止，一幅便彌封，謄真十六幅，共二十五幅。每頁用紅色分爲五行，謄真於直行上，共四行，無横格。每副定價三錢六分。卷面填年歲及滿洲蒙古漢軍佐領管領，鄉試之文生員寫順天府儒學，貢監生翻譯生員寫禮部，現任筆帖式小京官寫各衙門，併填應翻譯鄉試或應蒙古播譯鄉試字樣。會試寫中某年翻譯鄉試或蒙古翻譯鄉試，及現任某衙門或候缺筆帖式字樣。士子於場期十日前，各赴提調處親身書寫對明交投，其鈐用印信關防，與文場同。鄉試一場，會試兩場。鄉試及會試首場均於文闈揭驍後二日點名，會試第二場於文闈揭曉後五日點名。坐號，滿洲文藝在東，蒙古文藝在西。鄉試每號分坐十人，會試每號坐三人，人多則匀派。鄉試試以四書清字論題一，滿洲蒙古翻譯題各一。會試首場四書清文題一，孝經清字論題一，二場滿洲蒙古翻譯題各一。四書孝經題俱請欽命，於文闈揭曉後二日請領。翻譯各題，主考公同擬出，滿洲題用漢文，蒙古題用清文。其請題刊發及進呈考官擬出之題紙各事宜，與文場例同。鄉試彌封紅戳，貢監生用皿字，生員用貝字，筆帖式用聿字，分别官民卷。鄉會試卷，滿洲編滿字，蒙古編蒙字，漢軍編合字，若蒙古士子考試滿洲翻譯編滿蒙字。主考閱卷用硃筆，同考官用紫筆，内監試用藍筆，刷印題紙及繕寫進呈題目應用墨色，交内監試掌管。中額由部奏請欽定，中式之卷先行進呈。揭曉日期聽主考定擬，鄉試由順天府、會試由部具題。填膀用禮部、理藩院筆帖式各二人。鈐膀大臣，鄉試以順天府府尹充，用順天府印。會試奏請欽派禮部滿洲堂官一人，用禮部堂印。均隨帶官員護印入場。膀文，滿洲蒙古各爲一膀，兼書清漢字。鄉試張順天府前，會試張禮部前。試録進呈，膀後不刊刻。中式舉人給坊銀二十兩，進士給坊銀三十兩，表裹各一端。揭曉次日，主考執事等官率士子集午門前謝恩，會試行釋褐禮。其關防迴避一切場規，均如文闈例。宗室翻譯鄉會試，由宗人府考驗騎射合式者造册。鄉試咨順天府，會試咨禮部，鄉會試皆一場。鄉試清字四書論題一，翻譯題一。會試清字四書文題一，翻譯題一。四書題均欽命，由宗人府府丞請領。翻譯題，考官公同擬出。坐號另行編列，在滿洲蒙古之先。彌封紅戳、試卷編號俱用宗字。其餘一切事宜，如宗室文鄉會試例。會試中式，曰進士，不與於殿試。翻譯會試中式後，由部奏請賜進士出身。

得旨,造册送吏部引見,不立題名碑記。

○凡制科,曰博學鴻詞,康熙十七年,聖祖仁皇帝詔舉博學鴻詞。凡有學行兼優、文詞卓越之人,不論已仕未仕,令在京三品以上及科道官員,在外督撫藩臬,各舉所知,保舉各員在外現任者,不開缺,赴部候試。户部按月酌給俸廪併薪炭銀兩。十八年,御試博學鴻詞一百四十三人。於體仁閣賜燕,欽命題賦一,五言排律二,十韻詩一。御定一等二十人,二等三十人,俱授爲翰林官,已仕者授侍讀侍講至編修,未仕者授檢討。其未取人員内年老者,授内閣中書,聽其回籍。雍正十一年,世宗憲皇帝特詔内外大臣薦舉博學鴻詞,召試授職。除現任翰詹官員無庸再膺薦舉外,其他已仕未仕之人,在京滿漢三品以上,各舉所知,彙送内閣。在外督撫會同學政,悉心體訪遴選考驗,保題送部轉交内閣。至乾隆元年,高宗純皇帝御試博學鴻詞一百七十六人於保和殿,賜燕。欽命第一場題賦一,七言排律十,二韻詩一,論一。第二場經史、制策各一。御定一等五人,均授翰林院編修。二等十人,内由科甲出身者授翰林院檢討,餘授庶吉士。二年,復試被薦續到者於體仁閣,賜燕。欽命第一場題制策二道,第二場賦一,七言排律十,二韻詩一,論一。御定一等一人,二等三人,各授爲檢討、庶吉士,餘如康熙十八年例。曰經學。乾隆十四年,特諭大學士、九卿、督撫保舉經學,不拘進士舉人諸生以及退休閒廢人員,能潛心經學者,慎重遴訪,務擇老誠敦厚、純樸淹通之士以應選。十六年諭,著大學士、九卿將現舉人員再行虚公覈實,無拘人敵,務取名實相符者,確舉以聞。如果衆所共信,即可不必考試。大學士等覆奏所保人員内惟陳祖范、吴鼎、梁錫璵、顧棟高等四人,平素品行端謹,留心正學,允屬潛心經學之士。奉旨,保舉經學之陳祖范、吴鼎、梁錫璵、顧棟高,平日研窮經義,必見之著述,朕將親覽之以覘實學。在京者即交送内閣進呈,其人著該部帶領引見。在籍者行文該督撫就取之。朕觀其著述另降諭旨。或願赴部引見,或年老不能進京者,聽。于是吴鼎恭進《象數集説》一部,《集説附録》一部,《春秋四傳選義》一部,《易堂問目》一部,《考律緒言》一部。梁錫璵恭進《易經揆一》一部。吏部以吴鼎、梁錫璵引見,奉旨俱以國子監司業用,一體食俸辦事,不爲定員。陳祖范、顧棟高衰病不能供職,俱授司業銜。吴鼎、梁錫璵謝恩,特賞宫紗,召對於勤政殿。命以吴鼎、梁錫璵所著經學,派翰林二十人、中書二十人,於武英殿各繕寫一部進呈,原書給還本人。奉詔乃舉,皇帝巡幸則召試。巡幸所至,迎鑾獻册之進士、舉人、貢、監、生員,豫由本學本地方官申報該省學政。其籍隸他省者,亦令取具同鄉正印官印結赴該學政衙門呈明。均由學政會同該總督巡撫考取。除俊秀出身之貢監生不准應試,現任京堂官、翰詹科道、軍機章京、及外官府道以上之親兄弟子姪准其獻册不准應試外,其餘彙開名單進呈。試日,欽派監試大臣侍衛率護軍人等監視稽查扃試。欽命賦題一,論題一,詩題一。欽派閲卷大臣閲擬進呈欽定,取列一等者,進士舉人授内閣中書,貢監生員特賜舉人。如遇南巡,則江南、浙江取列一等之貢監生員,特賜舉人復授内閣中書學習行走。其他省附江南、浙江召試者,仍如常例。取列二等者,賞緞。若取列二等令充各館謄録者,係奉特旨。

○凡官學教習,試其學之優者充之。兩翼宗學,教宗室子弟。左翼右翼,滿洲教習各三人,漢教習各四人。八旗覺羅學,教覺羅子弟,每旗一學,每學教習滿洲漢各二人,惟鑲白旗各一人。缺出,由宗人府報部。咸安宫官學,教八旗、内務府、三旗舉貢生童之俊秀者,教習滿洲六人,漢九人。缺出,由官學報部。景山官學,教内務府子弟,教習漢十二人。缺出,由内務府報部。八旗官學,教八旗俊秀子弟,每旗教習滿洲一人,漢四人。缺出,由國子監報部。健鋭營官學,教八旗官兵子弟,教習滿洲八人。缺出,由健鋭營報部。凡滿洲教習,以文進士舉人貢生生員翻譯進士舉人生員、現任筆帖式、及因公詿誤之廢員考取。漢教習,咸安宫以進士舉人,宗學、覺羅學、景山學以舉人貢生,八旗學以貢生考取。捐納貢監生不准與試。滿洲進士舉貢生員,由各旗參領佐領保送。内務府人員不准與試。筆帖式由各部院衙門咨送,廢員由各旗將緣事全案送部覈定。漢進士舉人守部者,由吏部咨送。貢生在國子監肄業者,由監呈送。其餘進士舉人貢生,均取具同鄉京官印結投部。彙齊奏請考試。人數在二百名以内者,於天安門外朝房。二百名以外,於貢院考試。欽派大臣閱卷,御史監試。在朝房考試,本日點名,奏派護軍統領一人彈壓稽查,並帶領護軍、參領護軍、校護軍等巡邏。貢院考試,於前一日點名,奏派王大臣、搜檢副都統一人,會同監試御史在至御堂彈壓。一應供給夫役,俱由順天府派官辦理。欽命題目,滿洲翻譯題一,漢四書題一,五言八韻排律詩題一,由禮部堂官奏請祗領。監試御史同儀制司官將卷尾戳印字號,點名給卷。黎明發題,日暮盡令交卷。不給燭。收卷時彌封送閱卷大臣。酌擬名次,黏籤進呈欽定。御史拆卷,填牓交部發挂。其開列宣旨迴避識認諸條規,均如科場之例。銓補章程,舊案考取者歸舊班,新案考取者歸新班。均按名次先後,一新一舊開補。各學缺出,應補人員三日一傳,三傳不到,即傳本班之次名。滿洲教習已補者,丁憂不開缺,百日内訓課等事,令同學之滿洲教習兼攝。已傳未補者,仍令報滿之教習暫留,俟應補之員百日期滿補送。教習三年期滿,由各該處堂官引見。盛京宗學教習,滿洲漢各二人。覺羅學教習,滿洲漢各二人。滿洲教習以筆帖式充,由該將軍擬定正陪送部引見補授。漢教習於奉天所屬民籍進士舉人貢生考取。由該將軍開列五部侍郎、奉天府丞銜名,奏請欽點二人會同出題考試。試卷封呈欽定,咨部挨補。墨爾根地方助教,由黑龍江將軍揀選充補。綏遠城滿漢翻譯學,額設教習二人,閒散人皆准考試。由該將軍咨部取通本一通,禮部於内閣咨領封固,交將軍考試,原卷封送禮部。奏派大臣校閲取定名次補用。其蒙古教習由該將軍揀選。

○凡書院義學,令地方官稽察焉。直省省城設立書院,直隸曰蓮池,山東曰濼源,山西曰晉陽,河南曰大梁,江蘇曰鍾山,江西曰豫章,浙江曰敷文,福建曰鼇峰,湖北曰江漢,湖南曰嶽麓、曰城南,陝西曰關中,甘肅曰蘭山,四川曰錦江,廣東曰端溪、曰粤秀,廣西曰秀峰、曰宣城,雲南曰五華,貴州曰貴山,皆奉旨賜帑,贍給師生膏火。奉天曰瀋陽,酌撥每學學田租銀爲膏火,令有志嚮上,無力就師各生入院肄業。

書院師長，由督撫學臣不分本省鄰省、已仕未仕，擇經明行修足爲多士模範者，以禮聘請。丁憂在籍人員，理應杜門守制，不得延請。書院生徒，由駐省道員專司稽察，各州縣秉公選擇，布政使會同該道再加考驗。果係村堪造就者，方准留院肄業。各省書院部長，實有教術可觀、人材奮起，六年之後著有成效者，准督撫學臣請旨酌量議敘。諸生中材器尤異者，亦令薦舉一二以示鼓舞。其餘各府州縣書院，或紳士捐資倡立，或地方官撥公經理，俱申報該管官查覈。各處書院不得久虛講習。教官本有課士之責，不得兼充書院師長。京師暨各省府州縣俱設義學，京師由順天府尹慎選文行兼優之士，延爲館師。諸生中貧乏無力者，酌給薪水。各省由府州縣董理酌給膏火。每年仍將師生姓名册報學政。直省府州縣大鄉巨堡各置社學，擇學優行端之生員爲師，免其差役，由地方官量給廩餼，仍報學政查覈。

欽定大清會典卷二十七

鑄印局，員外郎，漢一人，掌監鑄印。

○凡印之別有五。一曰寶，親王之印曰寶，其制金質龜鈕平臺，方三寸六分，厚一寸，清漢文芝英篆。親王世子之印亦曰寶，方三寸五分，餘制同。二曰印，印用金質龜鈕平臺者，朝鮮國王印，清漢文芝英篆，用銀質飾金。駝鈕平臺者，琉球、越南、南掌、暹羅、緬甸各國王印，均清漢文尚方大篆，均方三寸五分，厚一寸。麒麟鈕平臺者，多羅郡王印，清漢文芝英篆，方三寸四分，厚一寸。用銀質直鈕三臺者，宗人府印、衍聖公印，均清漢文尚方大篆，方三寸三分，厚一寸。六部印、户部鹽茶印、都察院印、行在部院印，均清漢文尚方大篆。理藩院印，清漢蒙古三體字，清漢文尚方大篆，蒙古字不篆。均方三寸三分，厚九分。直鈕二臺者，盛京五部印、户部總理三庫事務印，均清漢文尚方大篆，方三寸三分，厚八分。辦理軍機事務印記、總管内務府印、盛京内務府印、翰林院印、鑾儀衛印，均清漢文尚方大篆，方三寸二分，厚八分。虎鈕三臺者，公印、提督總兵官印。虎鈕二臺者，侯伯印、領侍衛内大臣印、八旗滿洲蒙古漢軍都統印、前鋒統領印、護軍統領印、提督九門巡捕五營步軍統領印、總管滿洲火器營印、圓明園總管八旗包衣三旗官兵印、經畧大臣印、大將軍印、鎮守將軍印、鎮守掛印、總兵官印、管理哈密糧餉事務大臣印，均清漢文柳葉篆。總統伊犁等處將軍印，清漢托忒回子四體字，清漢文柳葉篆。總辦各回城事務參贊大臣印、辦理葉爾羌喀什噶爾阿克蘇吐魯番等處大臣印，均清漢回子三體字，清漢文柳葉篆。烏嚕木齊都統印、古城領隊大臣印、辦理伊犁等處事務大臣印，均清漢托忒三體字。熱河都統印，清漢蒙古三體字，清漢文均柳葉篆。駐劄塔爾巴哈台辦事參贊大臣目，清文托忒二體字，清文柳葉篆。管理巴里坤等處官兵市集事務大臣印，清漢托忒三體字，清文不篆，漢文柳葉篆。辦理烏里雅蘇台等處大臣印，清漢文，清文不篆，漢文柳葉篆。駐劄庫倫辦事大臣印，清漢蒙古三體字，清漢文柳葉篆。總理察哈爾八旗管理張家口官兵都統印，清文蒙古二體字，清文柳葉篆。外藩扎薩克印、各盟長印，均清文蒙古二體字，不篆。以上各印，均方三寸三分，厚九分。嚮導總領印、各省駐防副都統印，均清漢文柳葉篆，方三寸二分，厚八分。直鈕者，各省承宣布政使司印，清漢文小篆，方三寸一分，厚八分。通政使司印、大理寺印、太常寺印、順天府印、奉天府印，均清漢文小篆，方二寸九分,厚六分五釐。用銅質直鈕者,詹事府印、各省提刑按察使司印,均清漢文小篆。管理額魯特公一旗總管印,清漢蒙古二體字,清文殳篆。宣慰使司印、指揮司印,均清漢文殳篆。以上各印,均方寸七分,厚九分。光禄寺印、太僕寺印、武備院印、上駟院印、奉宸苑印,均清漢文小篆。各省鹽進使司印,清漢文鐘鼎篆。旗手衛印、城守尉印,均清漢文殳篆。衛守備印,清漢文懸鍼篆。游牧察哈爾總管印,清文蒙古二體字,清文殳篆。以上各印,均方二寸六分,厚六分五釐。宣撫司印,清漢文懸鍼篆,方二寸五分,厚六分五釐。各府印,清漢文垂露篆,方二寸五分,厚六分四釐。鴻臚寺印、國子監印,均清漢文鐘鼎篆,方二寸五分,厚六分。宗人府左右司印、左右春坊印、司經局印、六部理藩院各司印、鑾儀衛左右等所印、欽天監印、太醫院印、盛京五部各司印,均清漢文鐘鼎篆。宗人府經歷司印、各省鹽課提舉司印,均清漢文垂露篆。以上各印,均方二寸四分,厚五分。安撫司印、領運千總印,清漢文懸鍼篆,均方二寸四分,厚五分五釐。各州印,清漢文垂露篆,方二寸三分,厚五分。土千户印,清漢文懸鍼篆,方二寸三分,厚四分五釐。内務府各司印、鑾儀衛馴象等所印,均清漢文鐘鼎篆。吏兵二部稽俸廳印、都察院經歷司印、大理寺左右司印、太僕寺左右司印、光禄寺四署印、樂部和聲署印、五城兵馬司印、大興宛平兩縣印、盛京承德縣印、布政使司經歷司印、理問所印,均清漢文垂露篆。旗手衛左右司印、九姓長官司印,均清漢文懸鍼篆。以上各印,均方二寸二分,厚四分五釐。六科印、欽天監時憲書印,均清漢文鐘鼎篆。中書科印、通政使司經歷司印、鑾儀衛經歷司印、太常寺典簿印、光禄寺典簿印、詹事府主簿印、太僕寺主簿印、各部院寺司務廳印、各縣印、按察使司經歷司印、鹽運使司經歷司印,均清漢文垂露篆。以上各印,均方二寸一分,厚四分四釐。國子監三廳印、鴻臚寺主簿印、欽天監主簿印、京府儒學印、各壇廟祠祭署印、布政使司照磨所印、各府經歷司印,均清漢文垂露篆。土百户印,清漢文懸鍼篆。以上各印,均方二寸,厚四分二釐。刑部司獄司印、國子監典簿廳印、神樂觀犧牲所印、光禄寺銀庫印、太醫院藥庫印、寶泉局印、寶源局印,均清漢文垂露篆,方一寸九分,厚四分二釐。京府照磨所印、司獄司印、布政使司庫大使印、按察使司照磨所印、司獄司印、各府照磨所印、司獄司印、庫大使印、各府衛儒學印、巡檢司印、都税司印、税課司印、茶馬司印,均清漢文垂露篆,方一寸九分,厚四分。直鈕有孔者,各道監察御史印、稽察宗人府御史印、稽察内務府御史印、巡鹽御史印,均清漢文鐘鼎篆,方一寸五分,厚三分。喇嘛呼圖克圖印,或金質,或銀質。扎薩克大喇嘛印,銅質。均雲鈕,由欽賜。其文或用清文蒙古唐古特字不篆,或清漢文轉宿篆。禪師印,清漢文轉宿篆,雲鈕,其質及式均無定,候旨遵鑄。正一真人印,銅質直鈕,清漢文鐘鼎篆,方二寸六分,厚六分五釐。僧録司道録司印,銅質直鈕,清漢文垂露篆,方二寸二分,厚四分五釐。三曰關防,關防俱直鈕。銀質者,景運門直班大臣關防、總理雲梯健鋭營事務關防、八旗傳事關防,均清漢文柳葉篆。各省總督關防、巡撫關防、倉場河道漕運各總督關防,均清漢文小篆。駐劄庫爾喀拉烏蘇地方大臣關防,清漢托忒三體字,清漢文柳葉篆。以上各關防，均長三寸二分，闊二寸。銅質者，鎮守總兵官關防、管理青海番子等事務關防，均清漢文柳葉篆，長三寸二分，闊二寸。欽差關防，三品以上大臣用者清漢文尚方大篆，長三寸二分，闊二寸。四品以下官員用者，清漢文鐘鼎篆，長三寸，闊一寸九分。陵寢總管事務關防、陵寢看守山河關防、督理京省錢法堂關防，均清漢文尚方大篆。知貢舉關防、知武舉關防、順天鄉試監臨關防，均清漢文小篆。宗人府銀庫關防、内閣典籍廳關防、户部軍需局關防、禮部鑄印局關防、刑部贓罰庫關防、理藩院銀庫關防、工部料估所關防、工部製造庫關防、各部院督催所關防、辦理烏什糧餉錢局事務關防、辦理阿克蘇糧餉錢局事務章京關防、辦理烏里雅蘇台糧餉關防、辦理科布多糧餉關防、喀什噶爾印務處關防、經牧處關防、駐劄庫倫辦理買賣民人事務關防、理藩院神木寧夏分司關防，均清漢文垂露篆。左右翼管税關防、户部銀庫緞疋庫顔料庫關防、户部辦理八旗俸餉處關防、八旗現審處關防、辦理井田關防、工部管理街道關防、各倉監督關防、巡視通州天津濟寧淮安各漕務關防、順天府府丞督學關防、奉天府府丞督學關防、陵寢奉祀禮部關防、提督會同四譯館關防、崇文門税務關防、督理鈔關抽分關防、工部木倉監督關防、兩窰廠分司關防、節慎庫分司關防、兵部管理館所車馬事務監督關防、各省守巡道關防、盛京驛站監督關防，均清漢文鐘鼎篆。御茶膳房總管關防、内務府護軍統領關防、各營参領關防、各處協領關防、雲梯健鋭營火器營各翼長關防、興京等處城守尉關防、盛京宗室覺羅總族長關防、各省副將参將游擊關防、各省駐防左右司關防、各處三品總管關防、管理喀喇沙爾城守營事務關防、辦理烏什屯田兼管城守營事務關防、管理塔爾巴哈台軍臺事務關防、辦理葉爾羌緑管事務關防，均清漢文殳篆。内翻書房關防、總管邊口官關防，均清漢文小篆。看守通州三倉首領關防、各處四品總管關防，均清漢文懸鍼篆。駐防哈密統領關防，清漢文柳葉篆。辦理伊犁糧餉馬駝事務關防、駐劄伊犁管理烏嚕木齊等處各總管關防、惠寧城協領關防，均清文托忒回子三體字，清文殳篆。辦理葉爾羌印房事務關防、喀什噶爾糧餉處回務處各關防、庫車印房回務處關防，均清漢回子三體字，清漢文垂露篆。塔爾巴哈台總管關防、四營營長關防，均清文托忒二體字，清文殳篆。管理喀喇沙爾印房事務關防，清漢托忒回子四體字，清漢文垂露篆。管理葉爾羌軍臺卡倫事務關防，清漢回子三體字，清漢文殳篆。以上各關防，均長三寸，闊一寸九分。順天府治中關防、奉天府治中關防、稽查盛京五部將軍衙門關防、稽查黑龍江官關防、稽查寧古塔宫關防、巡察歸化城官關防、巡察游牧等處官關防、盛京工部估計所關防，均清漢文垂露篆。各省提督學政關防，清漢文小篆。各省織造關防、盛京户部工部各庫關防、織染局關防，均清漢文鐘鼎篆。以上各關防，均長二寸九分，闊一寸九分。巡視五城御史關防，清漢文鐘鼎篆。各同知通判關防、淮南衛所監掣官關防，均清漢文垂露篆。吐魯番同知鐫回子字，綏化同知鐫托忒字。辦理葉爾羌糧餉事務關防，清漢回子三體字，清漢文垂露篆。辦理和闐糧餉局事務關防，清漢回子三體字，清漢文懸鍼篆。營都司關防、守禦所千總關防、管理塔爾巴哈台吐魯番等處城守管事務各關防、管理吐魯番喀喇沙爾等處屯田事務各關防、管理庫車城守營軍臺牧廠事務關防、管理精河庫爾喀拉烏蘇等處屯臺事務各關防，均清漢文懸鍼篆。阿爾楚喀倉監督關防、牛羊群左右翼副總管關防、商都達布遜諾爾馬駝總管關防、管理三旗達里岡愛牛羊牧廠總管關防，均清漢文殳篆。前藏監鑄銀錢事務關防，清漢文垂露篆。防守尉關防，清漢文，三品者殳篆，四品者懸鍼篆。管理口外驛務關防、總管各牧廠關防，均清漢文，四品任者鐘鼎篆，五品任者垂露篆。以上各關防，均長二寸八分，闊一寸九分。各州分駐及直隸州州同州判關防，均清漢文垂露篆，長二寸六分，闊一寸九分。後藏管理糧務關防，清漢文垂露篆，長二寸四分，闊一寸四分。四曰圖記，圖記俱銅質直鈕。方者，管理伊犁惠寧城等處官員兵丁各領隊大臣圖記、管理烏嚕木齊額魯特部落領隊大臣圖記，均清文托忒回子三體字。管理烏嚕木齊滿洲官兵領隊大臣圖記，清文托忒二體字，清文均殳篆。官理古城領隊大臣圖記，清漢托忒三體字。辦理喀喇沙爾大臣圖記，清漢托忒回子四體字。駐劄阿克蘇領隊大臣圖記，清漢回子三體字。清漢文均殳篆。以上圖記，均方二寸七分，厚六分五釐。塔爾巴哈台領隊大臣圖記，清文托忒二體字，清文殳篆，方二寸七分，厚六分。管理庫爾喀拉烏蘇等三屯事務圖記，清漢托忒三體字，清漢文殳篆，方二寸六分，厚六分五釐。烏里雅蘇台扎薩克班上辦事圖記，清文蒙古二體字，不篆，方二寸五分，厚六分。辦理庫車吐魯番烏什和闐英吉沙爾等處事務圖記，均清漢回子三體字，清漢文殳篆，方二寸二分，厚四分五釐。八旗佐領圖記，清漢文懸鍼篆。盛京防禦圖記、宗室覺羅族長圖記、盛京八旗、吉林、黑龍江駐防、伊犁八旗、惠寧城、巴里坤、古城、吐魯番等處各佐領圖記，均清文懸鍼篆。以上各圖記，均方一寸七分，厚四分五釐。惠寧城靖遠城孤爾扎各管倉務官圖記、駐劄伊犁沙畢納爾各佐領圖記、葉爾羌喀什噶爾阿克蘇和闐烏什等處大城阿奇木伯克圖記，均清文托忒回子三體字。塔爾巴哈台佐領圖記，清文托忒二體字，清文均懸鍼篆。以上各圖記，均方一寸七分，厚四分。葉爾羌喀什噶爾阿克蘇和闐烏什等處中城小城阿奇木伯克圖記，均清文托忒回子三體字，清文懸鍼篆，方一寸六分，厚四分。長者，各省協領圖記，清漢文殳篆，長二寸六分，闊一寸六分五釐。辦理和闐印房事務圖記、管理庫車糧餉事務圖記，均清漢回子三體字，清漢文垂露篆。管理精河糧務圖記、管理喀喇沙爾糧餉事務圖記，均清漢文垂露篆。以上各圖記，均長二寸四分，闊一寸六分。五曰條記，條記，俱銅質直鈕。管理御園條記，清漢文鐘鼎篆。禮部鑄印局大使條記、官房租庫條記、各州縣儒學條記，均清漢文垂露篆。各省守備條記、各省駐防旗營佐領條記，均清漢文懸鍼篆。以上各條記，均長二寸六分，闊一寸六分五釐。盛京户部六品管莊條記、庫大使條記、縣丞條記、主簿條記、吏目條記、鹽課所條記、批驗所條記、各驛丞條記、各局各倉條記、各閘條記，均清漢文垂露篆。黑龍江齊齊哈爾城墨爾根城呼蘭城等處各七品管屯莊條記，均清漢文懸鍼篆。守邊門官條記，清漢文，文職任者垂露篆，武職任者懸鍼篆。以上各條記，均長二寸四分，闊一寸三分。各辨其質與其文而鑄焉。凡篆寫印文，由儀制司查據原定字樣發局，清漢篆字，由局書寫蒙古唐古特托忒回子等字，備具印模送内閣書寫。印文清漢本字鐫於印背,年月號數鐫於印旁。直省同名之府州縣印文上冠以某省。偶有遺失换鑄者,亦加某省字以别新舊。篆書清文有與御名同音者,奏明闕筆敬避。直隸、陝甘、四川總督關防,鐫兼巡撫字樣。安徽、江西、河南、山東巡撫關防,鐫兼提督字樣。山西巡撫關防,鐫兼提督鹽政字樣。各省按察使司印,鐫管驛傳字樣。凡添設衙門應鑄印信,由各該處奏准。奉旨指定字體,欽遵鑄給。其未經指定者,新疆伊犁等處移送軍機處定議,其清漢字,文職由吏部、武職由兵部擬定送都發局鑄給。蒙古等處,咨理藩院定議。惟鈐記不鑄。文職佐雜及無兼管兵馬錢糧之武職官所用木鈐記,均由布政司發官匠刻給。各府州縣僧道陰陽醫官等鈐記,亦如佐雜之例,由官匠鐫刻正字給發。

〇凡册立皇后則鑄寶,皇后寶,金質交龍鈕平臺,清漢文玉筯篆,方四寸四分,厚一寸二分。封皇貴妃、貴妃亦如之,皇貴妃寶、貴妃寶,均金質蹲龍鈕平臺,清漢文玉筯篆,方四寸,厚一寸二分。封妃則鑄印,妃印,金質龜鈕平臺,清漢文玉筯篆,方三寸六分,厚一寸。各敬共其事。

〇凡鑄印,金銀銅鉛各鎔合而加磨鑢焉。皇后金寶,用三等赤金五百五十兩。皇貴妃、貴妃金寶,用六成金四百兩。妃金印,用五成金三百兩。親王、親王世子金寶,用五成金三百兩。釬寶印紋銀,皆二錢五分。均先撥造蠟模,按臺鈕分寸定式進呈後,鑄印局官會同内務府官於造辦處祭鑪監造。鍍金銀印,用紋銀一百八十兩,十成金葉一兩二錢。銀印,用紋銀一百四十兩,次一百二十兩,又次一百兩不等。銀關防,用紋銀六十兩。金銀每兩俱准折耗二分,金於内務府支取,銀及銅鉛於户部支取,金葉以餘剩回殘銀兩採買。銅印,用紅銅白鉛三七相配,每次支取紅銅五百二十五斤,白鉛二百二十五斤。由局鎔成黄銅七百五十斤。俟鑄成印信關防共若干顆,除剉磨補刮見光每斤准折耗三兩外,總計覈銷。鑄造金寶、金印、鍍金印及撥造蠟模,行文都察院轉傳五城揀選精工匠役,送部應用,工部發工價。局設工匠八名,内鑄匠二名,剉匠三名,磨鑿二名,鐫字一名。凡鑄造時所需物料,均於户工二部支取。定其工限。鑄造銀印虎鈕者,限三十日。無虎鈕者,二十日。銅印關防柳葉鐘鼎殳篆者,二十日。其餘懸鍼垂露篆,均限十日。銀印由户部領到銀兩之日起限,銅印由儀制司付局之日起限。

〇凡印,官有更建,則給新印而廢其故印,敝亦如之。文武官印信、關防、圖記、條記應改鑄者,在京由該衙門、直省由督撫、新疆伊犁等處由將軍大臣具題,文職由吏部、武職由兵部、蒙古等處由理藩院議准選擬字樣到部。模糊换鑄者,照原模字樣發局,依限鑄造。親王、郡王寶印應繳銷者,由部奏准。俟繳到日,金寶交内務府銷燬,鍍金銀印交工部刮金還局銷燬。繳銷舊印,於接到新印時,將舊印清漢文正中加鐫繳字封固,限四月繳部。銀印關防,由儀制司付局確估成色貯庫。俟鑄造新印時,鎔化充鑄。銅印、關防、圖記、條記,司收貯庫,彙送户部充鼓鑄。方外人等曾奉勅諭頒有印信給與本人,非傳授承用者,本人身故後,繳部銷燬。印成,則付儀制司以頒發,親王、郡王寶印,於册封日遣正副使隨册齎授。文武官印信、關防、圖記、條記鑄成,呈堂驗明,付儀制司貯庫,分别頒發。在京各部院衙門,及各省督撫藩臬提鎮,俱派員齎文請領。各省道府副將參將等官,統限接到部文四月内,或遇便員或專差齎文請領。其需用緊急者,奏明交兵部驛遞,或交提塘齎送。同知通判游擊以下,發交提塘。東三省及綏遠城,皆令派員請領。新疆伊犁等處,由軍機處轉發。蒙古等處,由理藩院行文該處委員請領。外國王印應改篆者,襲封時换鑄,令封使齎往。如不遣使,行文交界督撫知照該國王,於正貢時將舊印送部改鑄新印,給來使齎回。各土司印應改篆者,承襲時改鑄,交提塘齎送。頒發印信、關防、圖記、條記,四角無字處各留一柱,仍用重祇密糊膠封,印面騎縫處鈐蓋司印,發本官去柱啓封。户部鹽茶印,鑄給兩顆如一式,以備印引之用。特差侍衛用鑾儀衛印。凡頒發印信,每季發過各衙門印信、關防、圖記、條記共若干顆,彙列清單,按季具奏。而定其存貯焉。内外各官印信,均存貯公署。部院各衙門行在印信,由各部院收貯。惟行在鑾儀衛印貯禮部。各省欽天監、時憲書印各一,貯該省布政使司庫。惟直隸省時憲書,由監用印頒發。知武舉關防一,貯兵部。巡視吉林關防一,巡視黑龍江關防一,貯盛京禮部。欽差大臣關防十八,欽差官員關防二十,知貢舉關防一,監臨關防一,巡視濟寧漕務關防一,巡視淮安漕務關防一,巡視天津漕務關防一,巡視通州漕務關防一,均貯禮部。以上各印應用時,由該衙門知照到部,或委員或差役具文祇領,事竣封固送部貯庫。其官之不常設者,經畧印一,大將軍印、將軍印各七,貯皇史宬。

主事銜筆帖式,滿洲一人。由堂官於本部筆帖式内,擬定正陪引見補用,掌清篆。

大使,漢一人。由部於未滿三年儒士内,揀選咨補,掌鑄印之事。

欽定大清會典卷二十八

祠祭清吏司，郎中，滿洲二人、漢一人，員外郎，滿洲三人、蒙古一人、漢一人，主事，滿洲一人、漢一人，掌考禋祀之典，以達誠敬，救眚頒朔皆掌之。凡史祝醫巫之官，則覈其除授，掌凡卹事。

○凡大祀，冬日至，祀皇天上帝於圜丘，夏日至，祀皇地祇於方澤，奉列聖配，各以天神地祇從焉。圜丘第一成，皇天上帝神位，正中幄南嚮，配位六。太祖高皇帝神位，東幄西嚮。太宗文皇帝神位，西幄東嚮。世祖章皇帝神位，東次幄西嚮。聖祖仁皇帝神位，西次幄東嚮。世宗憲皇帝神位，東又次幄西嚮。高宗純皇帝神位，西又次幄東嚮。第二成，從位四。大明幄在東，西嚮，星辰幄在其次。夜明幄在西，東嚮，雲雨風雷幄在其次。方澤第一成，皇地祇神位，正中幄北嚮，配位六。太祖高皇帝神位，東幄西嚮。太宗文皇帝神位，西幄東嚮。世祖章皇帝神位，東次幄西嚮。聖祖仁皇帝神位，西次幄東嚮。世宗憲皇帝神位，東又次幄西嚮。高宗純皇帝神位，西又次幄東嚮。第二成，從位四。五嶽幄在東，西嚮，啓運、隆業、永寧三山從之，四海幄在其次。五鎮幄在西，東嚮，天柱、昌瑞二山從之，四瀆幄在其次。常雩亦如之。常雩，正位、配位、從位，均與冬至同。孟春，祀皇天上帝於祈年殿，以祈穀，奉列聖配，而不設從祀。每年辛日在立春以前，則於立春後辛日致祭。如在正月初四日以後得辛，則用上辛致祭。如在初四日以前，則改用次辛。祈穀之禮，奉列聖神位配饗，不設從位。四時之孟月，時饗於太廟。每歲孟春上旬吉日，夏秋冬孟月朔日，時饗太廟。恭設後殿列祖列后神座於寢室前。肇祖原皇帝正中，原皇后配。興祖直皇帝左，直皇后配。景祖翼皇帝右，翼皇后配。顯祖宣皇帝次左，宣皇后配。均南嚮。恭奉中殿列聖列后神座於前殿寶座。太祖承天廣運聖德神功肇紀立極仁孝睿武端毅欽安弘文定業高皇帝正中，孝慈昭憲敬順仁徽懿德慶顯承天輔聖高皇后配。太宗應天興國弘德彰武寬溫仁聖睿孝敬敏昭定隆道顯功文皇帝左，孝端正敬仁懿哲順慈僖莊敏輔天協聖文皇后、孝莊仁宣誠憲恭懿至德純徽翊天啓聖文皇后配。世祖體天隆運定統建極英睿欽文顯武大德弘功至仁純孝章皇帝右，孝惠仁憲端懿慈淑恭安純德順天翼聖章皇后、孝康慈和莊懿恭惠溫穆端靖崇天育聖章皇后配。均南嚮。

聖祖合天弘運文武睿哲恭儉寬裕孝敬誠信中和功德大成仁皇帝東位西嚮，孝誠恭肅正惠安和淑懿恪敏儷天襄聖仁皇后、孝昭静淑明惠正和安裕端穆欽天順聖仁皇后、孝懿温誠端仁憲穆和恪慈惠奉天佐聖仁皇后、孝恭宣惠温肅定裕慈純欽穆贊天承聖仁皇后配。世宗敬天昌運建中表正文武英明寬仁信毅睿聖大孝至誠憲皇帝西位東嚮，孝敬恭和懿順昭惠莊肅佐天翊聖憲皇后、孝聖慈宣康惠敦和誠徽敬天光聖憲皇后配。高宗法天隆運至誠先覺體元立極敷文奮武孝慈神聖純皇帝東次西嚮，孝賢誠正敦穆仁惠輔天昌聖純皇后、孝儀恭順康裕慈仁翼天毓聖純皇后配。歲除則大祫。歲除前一日，奉安後殿列祖列后神位，中殿列聖列后神位，於前殿寶座，行大祫禮。肇祖原皇帝正中，原皇后配。興祖直皇帝左，直皇后配。景祖翼皇帝右，翼皇后配。顯祖宣皇帝次左，宣皇后配。太祖高皇帝次右，孝慈高皇后配。太宗文皇帝次左，孝端文皇后、孝莊文皇后配。世祖章皇帝次右，孝惠章皇后、孝康章皇后配。均南嚮。聖祖仁皇帝東位西嚮，孝誠仁皇后、孝昭仁皇后、孝懿仁皇后、孝恭仁皇后配。世宗憲皇帝西位東嚮，孝敬憲皇后、孝聖憲皇后配。高宗純皇帝東次西嚮，孝賢純皇后、孝儀純皇后配。皆以功王、功臣配饗。時饗太廟及大祫，均以兩廡功王功臣配饗。東廡，通達郡王，次武功郡王、武功郡王福晉，次慧哲郡王、慧哲郡王福晉，次宣獻郡王、宣獻郡王福晉，次禮烈親王，次睿忠親王，次鄭獻親王，次豫通親王，次武肅親王，次克勤郡王，次怡賢親王，次超勇襄親王策凌，均西面。西廡，信勇公費英東，次宏毅公額亦都，次武勲王揚古利，次果毅公圖爾格，次雄勇公圖賴，次忠達公大學士圖海，次襄勤伯大學士鄂爾泰，次大學士張廷玉，次大學士郡王銜傅恒，次大學士郡王銜福康安，次協辦大學士公兆惠，均東面。仲春仲秋上戊，祀太社、太稷，配以后土句龍氏、后稷氏，以祈報。太社位東，太稷位西，均北嚮。后土句龍氏東位西嚮，后稷氏西位東嚮。

○凡中祀，春分以朝日，秋分以夕月。日壇大明位西嚮，無配。月壇夜明位東嚮，配以北斗七星、木火土金水五星、二十八宿。周天星辰，皆南嚮。季春吉亥，饗先農，吉巳，饗先蠶。先農、先蠶西陵氏，各祭以壇，位皆正中南嚮。春秋仲月諏吉，祭前代帝王，以名臣配。歷代帝王廟，景德崇聖殿中一龕，奉太昊伏羲氏、炎帝神農氏、黄帝軒轅氏位。左一龕，奉少昊金天氏、顓頊高陽氏、帝嚳高辛氏、帝堯陶唐氏、帝舜有虞氏位。右一龕，奉夏王禹、啓、仲康、少康、杼、槐、芒泄、不降、扃、廑、孔甲、皐、發，商王湯、太甲、沃丁、太庚、小甲、雍、巳、太戊、仲丁、外壬、河亶甲、祖乙、祖辛、沃甲、祖丁、南庚、陽甲、盤庚、小辛、小乙、武丁、祖庚、祖甲、廩辛、庚丁、太丁、帝乙位。左二龕，奉周武王、成王、康王、昭王、穆王、共王、懿王、孝王、夷王、宣王、平王、桓王、莊王、僖王、惠王、襄王、頃王、匡王、定王、簡王、靈王、景王、悼王、敬王、元王、貞定王、考王、威烈王、安王、烈王、顯王、慎靚王位。右二龕，奉漢高祖、惠帝、文帝、景帝、武帝、昭帝、宣帝、元帝、成帝、哀帝、光武帝、明帝、章帝、和帝、殤帝、安帝、順帝、冲帝、昭烈帝，晉元帝、明帝、成帝、康帝、穆帝、哀帝、簡文帝，魏道武帝、明元帝、太武帝、文成帝、獻文帝、孝文帝、宣武帝、孝明帝，宋文帝、孝武帝、明帝，齊武帝，陳文帝、宣帝位。左三龕，奉唐高祖、太宗、高宗、睿宗、元宗、肅宗、代宗、德宗、順宗、憲宗、穆宗、文宗、武宗、宣宗、懿宗、僖宗，後唐明宗，後周世宗，遼太祖、太宗、景宗、聖宗、興宗、道宗，宋太祖、太宗、真宗、仁宗、英宗、神宗、哲宗、高宗、孝宗、光宗、寧宗、理宗、度宗、端宗位。右三龕，奉金太祖、太宗、世宗、章宗、宣宗、哀宗，元太祖、太宗、定宗、憲宗、世祖、成宗、武宗、仁宗、泰定帝、文宗、子宗，明太祖、惠帝、成祖、仁宗、宣宗、英宗、景帝、憲宗、孝宗、武宗、世宗、穆宗、愍帝位。均南嚮。兩廡名臣配饗，東廡祀風后、倉頡、夔、伯夷、伊尹、傅説、召公、奭、畢公高、召穆公虎、仲山甫、張良、曹參、周勃、魏相、鄧禹、耿弇、諸葛亮、房元齡、李靖、宋璟、郭子儀、許遠、李晟、裴度、曹彬、李沆、王曾、富弼、文彦博、李綱、韓世忠、文天祥、宗翰、穆呼哩、布呼密、徐達、常遇春、楊士奇、于謙、劉大夏位，均西嚮。西廡祀力牧、臯陶、龍、伯益、仲虺、周公旦、太公望、吕侯、方叔、尹吉甫、蕭何、陳平、劉章、丙吉、馮異、馬援、趙雲、杜如晦、狄仁傑、姚崇、張巡、李泌、陸贄、耶律赫嚕、吕蒙正、寇準、范仲淹、韓琦、司馬光、趙鼎、岳飛、宗望、斡魯、巴延、托克托、劉基、李文忠、楊榮、李賢位，均東嚮。

上丁，釋奠於先師孔子，以先賢先儒配焉。先師廟，大成殿正中奉先師孔子位。東配，復聖顔子、述聖子思子位，西嚮。西配，宗聖曾子、亞聖孟子位，東嚮。東序，先賢閔子損、冉子雍、端木子賜、仲子由、卜子商、有子若位，西嚮。西序，先賢冉子耕、宰子予、冉子求、言子偃、顓孫子師、朱子熹位，東嚮。東廡，先賢蘧瑗、澹臺滅明、原憲、南宫适、商瞿、漆雕開、司馬耕、梁鱣、冉孺、伯虔、冉季、漆雕徒父、漆雕哆、公西赤、任不齊、公良孺、公肩定、鄡單、罕父黑、榮旗、左人郢、鄭國、原亢、廉潔、叔仲會、公西輿如、邽巽、陳亢、琴張、步叔乘、秦非、顔噲、顔何、縣亶、樂正克、萬章、周敦頤、程顥、邵雍位，均西嚮。西廡，先賢林放、宓不齊、公冶長、公皙哀、高柴、樊須、商澤、巫馬施、顔辛、曹恤、公孫龍、秦商、顔高、壤駟赤、石作蜀、公夏首、后處、奚容蒧、顔祖、句井疆、秦祖、縣成、公祖句兹、燕伋、樂欬、狄黑、孔忠、公西蒧、顔之僕、施之常、申棖、左邱明、秦冉、牧皮、公都子、公孫丑、張載、程頤位，均東嚮。東廡，先儒公羊高、伏勝、董仲舒、后倉、杜子春、諸葛亮、王通、范仲淹、歐陽修、楊時、羅從彦、李侗、吕祖謙、蔡沈、陳淳、魏了翁、王柏、趙復、許謙、吴澄、胡居仁、王守仁、羅欽順位，均西嚮。西廡，先儒穀梁赤、高堂生、孔安國、毛萇、鄭康成、范甯、韓愈、胡瑗、司馬光、尹焞、胡安國、張栻、陸九淵、黄幹、真德秀、何基、陳澔、金履祥、許衡、薛瑄、陳獻章、蔡清、陸隴其位，均東嚮。崇聖祠殿内正中，奉肇聖王木金父位，左裕聖王祈父位，右詒聖王防叔位。左次昌聖土伯夏位，右次啓聖王叔梁乾位。均南嚮。東配，先賢顔氏無繇、孔氏鯉位，均西嚮。西配，先賢曾氏點、孟孫氏位，均東嚮。東廡，先儒周輔成、程珦、蔡元定位，均西嚮。西廡，先儒張迪、朱松位，均東嚮。迎歲、送歲，則祭太歲。每歲孟春上旬吉日，及歲除前一日，祭太歲壇奉太歲神位，殿中南嚮。東廡，正月月將、二月月將、三月月將神位，次七月月將、八月月將、九月月將神位，均西嚮。西廡，四月月將、五月月將、六月月將神位，次十月月將、十一月月將、十二月月將神位，均東嚮。

○凡群祀，曰群廟，先醫廟，景惠殿正中，奉太昊伏羲氏，左炎帝神農氏，右黄帝軒轅氏，均南嚮。東配句芒、風后，西嚮。西配祝融、力牧，東嚮。東廡，僦貸季、天師歧伯、伯高、少師、太乙、雷公、伊尹、倉公淳于意、華陀、皇甫謐、巢元方、藥王韋慈藏、錢乙、劉光素、李杲，均西嚮。西廡，鬼臾區、俞跗、少俞、桐君、馬師皇、神應王扁鵲、張機王叔和、抱朴子葛洪、真人孫思邈、啓元子王冰、朱肱、張元素、朱彦修，均東嚮。關帝廟前殿正中，奉忠義神武靈佑關聖大帝神位，後殿奉關帝先代光昭公、裕昌公、成忠公神位。文昌廟前殿正中，奉文昌帝君神位。後殿奉文昌帝君先代神位。顯佑宫，奉北極佑聖真君神位。火神廟，奉司火之神。都城隍廟，奉都城隍之神。東嶽廟，奉東嶽神。黑龍潭龍神祠，奉昭靈沛澤龍神。玉泉山龍王廟，奉惠濟慈佑靈護龍王。昆明湖廣潤靈雨祠，奉安佑普濟沛澤廣生龍神。倉神，京倉左翼祭於海運倉，右翼祭於興平倉，朝陽門外祭於儲濟倉，通州祭於大西倉，皆有廟。惟炮神祭於盧溝橋北，不立廟。曰群祠，賢良祠，前殿，祀和碩怡賢親王允祥、和碩超勇襄親王策凌。後室，祀大學士謚文成榜式達海、太傅兼太子太師内秘書院大學士一等子謚文肅范文程、蒙古副都統一等輕車都尉謚襄壯褚庫巴圖魯、少傅兼太子太傅内國史院大學士謚文毅甯完我、少師兼太子太師内國史院大學士謚文恪額色黑、少保兼太子太保定西將軍内大臣一等公謚靖康愛星阿、太子太保議政大臣一等男加一雲騎尉謚恪僖哈什屯、太子太保定西將軍都統三等侯謚敏壯墨勒根轄李國翰、太保四川陜西總督謚忠毅孟喬芳、四川陜西總督謚襄勤李國英、少保兼太子太傅中和殿大學士一等忠達公謚文襄圖海、太子太傅保和殿大學士兼禮部尚書謚文毅魏裔介、少保太子太傅保和殿大學士兼禮部尚書謚文靖王熙、文華殿大學士兼吏部尚書謚文襄李之芳、太子太保加贈少保武英殿大學士兼吏部尚書謚文清阿蘭泰、太子太保文華殿大學士兼户部尚書謚文貞張玉書、保和殿大學士兼刑部尚書謚文端吴琠、太傅文華殿大學士兼禮部尚書謚文端張英、太子太傅文淵閣大學士兼吏部尚書謚文貞李光地、太子太保領侍衛内大臣一等公謚恭懿福善、太子少師領侍衛内大臣一等公謚襄壯費揚古、户部尚書議政大臣一等男加一雲騎尉謚敏果米思翰、刑部尚書謚端恪姚文然、刑部尚書謚敏果魏象樞、工部尚書管詹事府事謚文正湯斌、太師禮部尚書謚文端顧八代、太子太傅議政大臣吏部尚書謚恭勤馬爾漢、太子太傅禮部尚書銜刑部右侍郎謚文恪勵杜訥、太子太保户部尚書謚恭毅趙申喬、吏部尚書兼翰林院掌院學士謚文敬徐潮、太傅尚書銜謚文定徐元夢、禮部尚書銜福建巡撫謚清端陳瑸、太子太保工部尚書銜河道總督謚文襄靳輔、撫蠻滅寇大將軍兵部尚書廣西巡撫謚忠毅傅宏烈、鑲藍旗滿洲都統謚襄壯根特、正白旗滿洲都統一等褒績公謚襄毅賴塔、正藍旗漢軍都統謚桓僖馮國相、太子少傅靖海將軍靖海侯福建水師提督謚襄壯施琅、少師兼太子太師靖逆將軍一等侯甘肅提督謚襄壯張勇、太子太保振武將軍甘肅提督謚襄武孫思克、太子太保奮威將軍陜西提督謚忠勇王進賓、鎮南將軍鑲白旗護軍統領謚襄壯莽伊圖、西安將軍謚恭靖佛尼勒、勇畧將軍雲南貴州總督兼一等子謚襄忠趙良棟、太子太保江南江西總督謚清端傅臘塔、太子太保江南江西總督謚清端于成龍、太子太傅武英殿大學士兼吏部尚書謚文恭富寧安、太傅文華殿大學士兼吏部尚書世襲騎都尉謚文端朱軾、少保文華殿大學士兼吏部尚書謚文端張鵬翮、太子太師文華殿大學士兼吏部尚書謚文端田從典、太子太傅文淵閣大學士兼吏部尚書世襲二等輕車都尉謚文恪高其位、領侍衛内大臣二等公謚慤敬尹德、鑲紅旗蒙古都統協理將軍謚僖恪阿爾納、太子太傅加禮部尚書銜兼管國子監祭酒事謚文定楊名時、少保湖廣總督謚清端楊宗仁、太子太傅河道總督謚勤恪齊蘇勒、太子少保兵部尚書銜直隸總督謚敏達李衛、太保加贈太傅保和殿大學士兼户部尚書世襲二等伯謚文穆馬齊、文華殿大學士兼吏部尚書謚文端伊桑阿、太師武英殿大學士謚文端福敏、少保武英殿大學士伯兼管陝甘總督謚文襄黄廷桂、太子太保東閣大學士謚文恪蔣溥、太傅文淵閣大學士謚文靖史貽直、太保東閣大學士謚文莊梁詩正、太保武英殿大學士謚文端來保、太保保和殿大學士一等忠勇公晉贈郡王銜謚文忠傅恒、太保協辦大學士一等武毅謀勇公謚文襄兆惠、太保文華殿大學士謚文端尹繼善、太子太傅東閣大學士謚文恭陳宏謀、太子太傅文淵閣大學士謚文定劉綸、太傅東閣大學士謚文正劉統勳、太保武英殿大學士謚文襄舒赫德、大學士謚文穆徐本、大學士謚文定高斌、太子太保東閣大學士謚文肅英廉、太子太傅文華殿大學士兩江總督謚文端高晉、太子太保武英殿大學士忠鋭嘉勇貝子晉贈郡王謚文襄福康安、武英殿大學士誠謀英勇公晉贈太保謚文成阿桂、太子太保體仁閣大學士謚文清劉墉、贈太子太師予告東閣大學士謚文端王杰、贈太傅體仁閣大學士謚文正朱珪、贈太子太師體仁閣大學士謚文端戴衢亨、太子少保協辦大學士工部尚書謚文勤彭元瑞、二等伯左都御史謚壯果拉布敦、太子太師吏部尚書謚文端汪由敦、太子太保户部尚書謚勤恪李元亮、太子太保户部尚書果毅公謚襄壯阿里衮、贈太傅刑部尚書銜謚文端錢陳群、贈太師禮部尚書謚文勤奉寬、禮部尚書謚文恪董邦達、太子少保兵部尚書兩廣總督謚文肅陳大受、太子太保兵部尚書閩浙總督謚慤勤喀爾吉善、太子太保兩廣總督兼兵部尚書謚文勤鶴年、加贈尚書銜四川總督謚勤肅鄂弼、一等伯都統謚襄烈傅清、一等男參贊大臣成都將軍謚文毅奎林、一等伯西路將軍謚武烈和起、伊犁將軍謚襄武伊勒圖、太子太傅直隸總督謚慤勤那蘇圖、太子太保陝甘總督謚勤毅吴達善、直隸總督謚恪敏方觀承、太子太保直隸總督謚清慤袁守侗、兩江總督謚誠恪薩載、太子太保總督管河南巡撫謚恭惠何煟、廣西提督晉贈伯爵謚昭毅許世亨、福建巡撫謚敏惠潘思榘、江蘇巡撫徐士林、廣東巡撫謚恭毅李湖，均南嚮。昭忠祠，前正室中龕，祀和碩敬謹莊親王尼堪、和碩簡親王巴爾堪、和碩簡親王巴賽、扎薩克王喇嘛金州、英誠武勳王揚古利、定南武壯王孔有德、忠勇王黄芳度、太子太保武英殿大學士忠鋭嘉勇貝子晉贈郡王謚文襄福康安。左右各龕，祀一等公太師謚忠烈佟養正、一品大臣謚順壯錫喇巴、十六大臣席爾泰、三等男謚順毅阿蘭柱、額駙托柏、護軍統領新泰、副都統謚果壯納爾察、一等公議政大臣領侍衛内大臣西哈、二等伯巴都里、大學士吏部尚書埚爾翰、内院大學士龍西、太子太保文華殿大學士兼兵部尚書張泰、内大臣兵部尚書圖捫、十六大臣贈一等子綽和諾、十六大臣三等子副都統拜蘭、十六大臣謚忠勇穆克覃、議政大臣工部尚書名蓋、議政大臣護軍統領禮部参政謚果壯朝哈爾、一等子代音布、三等子巴賴都爾莽鼐、三等子前鋒統領謚忠宣圖魯錫、贈三等子都統謚忠毅羅沙、二等子都統博波圖、護軍統領喀爾護吉、護軍統領阿爾岱、副都統刑部侍郎訥爾特、遵化巡撫賈維鑰、副都統西達爾翰、副都統孟魁、一等男副都統翁阿岱、三等男副都統羅濟、三等男羅立、三等男納海、三等男奇塔特魏徵、三等男覺羅拜三、贈一等侯巴什泰、一等伯議政大臣謚誠介程尼、太子少保大學士佟濟、贈兵部尚書閩浙總督陳錦、和碩額駙禮部承政蒙古都統布顔岱、都統沙里布、贈太子少保兩廣總督佟養甲、贈左都御史延綏巡撫王正志、一等子覺羅顧納岱、前鋒統領劉哈、一等男前鋒統領甘都、三等男護軍統領謚忠壯喀爾他喇、贈護軍統領葉喜、副都統吏部侍郎白、户部侍郎額色、刑部侍郎馬如璧、甘肅巡撫張文衡、副都統一等男盧錫、副都統吉三、副都統武京、副都統魏正、副都統覺羅阿克善、副都統多頗羅、資政大夫署副都統渾錦、一等男拜才、贈太子太傅一等男湖廣辰常總兵官徐勇、贈一等男散秩大臣覺羅登什科、贈二等男懷慶府總兵官金玉和、三等男胡伸布禄、三等男蘇班達里、三等男阿拉密、三等男宜爾格德、三等男阿納海、贈光禄寺卿廣西布政司右參議金漢蕙、贈光禄寺卿湖廣參議道劉昇祚、贈光禄寺卿廣東羅定兵備道鄔象鼎、贈光禄寺卿山東濟寧道李嵒、贈光禄寺卿分巡冀南道劉澤溥、贈光禄寺卿固原副使吕鳴夏、贈太僕寺卿陝西榆林定邊道夏時芳、贈太僕寺卿兵備副使王任杞、贈太僕寺卿廣西平樂府知府尹明延、贈太僕寺卿湖廣永州府知府紀國相、贈太僕寺卿山西潞安府知府楊致祥、贈太僕寺卿陝西延安府知府宋從心、贈太僕寺卿山西汾州府知府黄廷柏、贈太僕寺卿廣東香山縣知縣張令憲、贈太子太保水師都督同知總兵官蓋一鶚、湖廣提督孫定遼、贈左都督僉事李向堯、甘肅總兵官劉良臣、廣東靖州總兵官閻芳譽、四川成都總兵官惠應詔、陝西延綏鎮總兵官沈文華、福建總兵官楊佐、福建雲霄鎮總兵官包泰興、湖北鄖陽鎮總兵官穆生輝、湖廣總兵官郝效忠、江西布政使司左布政使遲變龍、續順公沈瑞、贈太傅一等公内大臣安北將軍鑲黄旗漢軍都統謚忠勇佟國綱、贈公爵陝西提督謚忠愍陳福、福建提督謚襄武馬得功、一等伯議政大臣穆和琳、一等伯都統議政大臣討逆將軍謚武壯宜理布、三等伯謚剛勇覺羅莫洛渾、太子少保三等伯四川提督謚忠毅王之鼎、武英殿大學士刑部尚書管兵部尚書事兼都察院右副都御史經畧陝西謚忠愍莫洛、贈大學士吏部尚書嵇永仁、太子太保文華殿大學士兼兵部尚書色思泰、贈内大臣建威將軍吴丹、議政大臣刑部尚書道禪、贈太子少保兵部尚書福建總督謚忠貞范承謨、贈太子太師兵部尚書撫蠻賊寇將軍廣西巡撫謚忠毅傅宏烈、贈兵部尚書雲南貴州總督謚忠秉甘文焜、贈太子太保兵部尚書廣西巡撫謚文毅馬雄鎮、贈太僕寺卿晉禮部尚書謚忠烈高天爵、贈光禄大夫福依賓、議政大臣長史副都統謚襄壯雅賚、太子少師護軍統領副將軍瑚里布、湖廣總督署西安將軍謚忠勇額倫特、倉場總督王秉仁、左翼前鋒統領阿爾賽、護軍統領阿納達、統領張廷輔、護軍統領謚武毅哈克三、護軍統領哈寧阿、贈副都統工部左侍郎兼管護軍統領費揚古、贈户部右侍郎雲南巡撫朱國治、贈工部右侍郎福建巡海道謚忠毅陳啓泰、贈工部侍郎湖北糧儲道參議謚忠節葉映榴、湖北巡撫柯永昇、副都統阿什圖、副都統阿喀倪、副都統阿爾護、副都統穆舒、副都統署護軍統領邁圖、副都統巴雅思虎朗、贈西安右翼副都統福建守備劉超鳳、贈副都統前鋒參領葛思特、贈三等男副都統科爾坤、贈三等子一等男路什、一等男克什圖、贈一等男二等男科普蘇、二等男國禮、贈二等男三等男艾音察、贈二等男三等男色經口、三等男何特赫、三等男察渾、三等男巴察爾、三等男署理藩院侍郎頭等侍衛色楞、三等男羅希、贈三等男一等輕車都尉棱諾穆、贈三等男一等輕軍都尉諾羅布、贈三等男一等輕車都尉噶爾都、贈三等男一等輕車都尉巴雅爾、贈三等男一等輕車都尉傑士、贈三等男二等輕軍都尉阿哈丹、贈三等男參領弼穆弼、贈光禄寺卿道署巡撫李懋祖、贈通政使司通政使浙江按察使僉事謚忠毅陳丹赤、贈太常寺卿雲南按察使李興元、贈光禄寺卿巡道楊三知、贈光禄寺卿江西饒州府知府郭萬國、贈太僕寺卿福建邵武府知府張瑞午、贈太僕寺卿福建福州府知府王之儀、贈太僕寺卿廣西潯州府知府劉浩、贈太僕寺卿雲南府同知高顯辰、左都督陳維屏、贈左都督洪徵、贈左都督楊三虎、贈左都督徐升、曜贈太子少保左都督福建右營總兵官謚忠愍吴萬福、贈太子少保左都督總兵官謚忠勇費雅達、贈右都督總兵官張存福、贈右都督副將蔡隆、贈右都督總兵官王承業、參贊大臣察哈爾提督謚襄愍博爾和對、福建提督段應舉、贈都督同知四川提督謚壯勇康奏、贈提督都督僉事紀法、贈太子少保臺灣總兵官歐陽凱、贈太子少保總兵官謚忠壯朱天貴、贈都督同知總兵官傅汝友、贈都督同知四川總兵官劉奎、贈都督同知四川總兵官何成德、贈都督同知四川總兵官傅富、贈都督同知四川總兵官王永世、雲南義勇前營總兵官劉偁、總兵官謚忠烈李坤、浙江黄巖鎮總兵官謚忠武阿爾泰、雲南鶴麗鎮總兵官李發美、廣西後營總兵官都督僉事劉承恩、贈都督同知直隸宣化鎮總兵官司九經、甘肅凉州鎮總兵官康海、贈都督同知江西參將趙登舉、贈都督僉事雲南參將馬龍、贈都督同知參將王忠孝、贈左都督總兵官湖廣游擊馬之迅、贈都督僉事廣東都司魯頒、贈都督僉事陝西延綏中路副將張國彦、贈都督僉事廣東督標副將黄相、湖南沅州副總兵官阮自雄、贈總兵官湖廣參將甘應龍、湖北荆州副總兵官陳錡、贈總兵官江西游擊楊光祖、一等公散秩大臣左翼前鋒統領議政大臣領侍衛内大臣達福、内大臣參贊大臣護軍統領馬爾薩、兵部尚書副將軍查弼納、護軍統領兼議政大臣覺羅海蘭、盛京禮部侍郎永國、副都統常禄、副都統錫密賚、副都統戴豪、歸化城副都統馬爾齊、副都統兼管吏部侍郎舒楞格、三等男郎保、贈三等男前鋒統領定壽、三等男議政大臣參贊大臣寧夏副都統蘇圖、雲南臨元鎮總兵官魏翥國、贈總兵官副將冒重光、一等台吉進達克、車臣汗統領魏麟、原任定北將軍一等誠勇公謚義烈班第、一等誠嘉毅勇公雲貴總督兼兵部尚書議政大臣謚果烈明瑞、内大臣領侍衛内大臣蒙古都統一等超勇公謚武壯海蘭察、贈一等伯駐藏都統謚襄烈傅清、贈一等伯左都御史謚壯果拉布敦、原任兵部尚書襄勤伯謚剛烈鄂容安、贈三等壯烈伯一等子廣西提督謚昭毅許世亨、定邊將軍温福、都統滿福、贈都統銜鑲白旗蒙古副都統阿爾素納、贈都統銜正藍旗蒙古副都統博靈阿、贈都統銜副都統巴朗、鑲黄旗護軍統領散秩大臣賞都統銜謚果肅台斐英阿、鑲藍旗護軍統領領隊大臣觀音保、護軍統領烏三太、正黄旗滿洲副都統參贊大臣珠魯納、黑龍江副都統呼爾起、副都統伊柱、蒙古副都統莽喀察、正白旗漢軍副都統富勒琿、西安副都統宗室明善、鑲紅旗蒙古副都統阿滿泰、副都統銜領隊大臣科瑪、副都統銜領隊大臣佛倫泰、副都統銜領隊大臣瑪爾占、副都統銜頭等侍衛哲森保、副都統銜總管阿第木保、加一等男都統銜正白旗護軍統領領隊大臣謚昭節扎拉豐阿、贈太僕寺卿署貴西道王如王、贈太僕寺卿四川重慶府知府吴一嵩、贈太僕寺卿原任四川威遠縣知縣李南暉、甘肅提督領隊大臣馬全、貴州提督謚毅節牛天畀、提督豆斌、贈署都督同知四川重慶總兵官謚烈任舉、雲南鶴麗總鎮兵官德福、雲南永順鎮總兵官李全、雲南臨元鎮總兵官王玉廷、陝西延綏鎮總兵官烏爾訥、甘肅肅州鎮總兵官曹順、廣東高廉鎮總兵官常禄保、湖北襄陽鎮總兵官馬虎、湖南永州鎮總兵官扎拉芬、甘肅肅州鎮總兵官六十六、陝西興漢鎮總兵官張大經、貴州威寧鎮總兵官王萬邦、陝西固原鎮總兵官圖欽保、浙江温州鎮總兵官貴林、湖南鎮筸鎮總兵官明安圖、廣東南澳鎮總兵官謚壯果張朝龍、廣西右江鎮總兵官謚直烈尚維昇、廣東左翼鎮總兵官李化龍、四川松潘鎮總兵官劉倖、雲南鶴麗鎮總兵官羅江鱗、頭等侍衛署福建建寧鎮總兵官敦柱、湖南長沙協副將署甘肅寧夏鎮總兵官劉輝祖、贈總兵官銜綏寧營參將曹永言、一等誠嘉毅勇公奉宸苑卿惠倫、一等超勇公頭等侍衛謚壯毅安禄、三等壯烈伯浙江提督謚忠毅李長庚、三等子前任成都副都統佛住、贈三等子固原提督謚壯節王文雄、護軍統領阿爾薩朗、西安副都統謚壯勇豐伸布、副都統銜護軍參領西津泰、副都統銜協領穆克登布、贈二等男甘肅提督謚剛烈穆克登布、贈太子少保貴州提督謚壯節花連布、甘肅提督謚壯節達三泰、湖北襄陽鎮總兵官加提督銜馬瑀、甘肅河州鎮總兵官保興、四川川北鎮總兵官謚勇烈朱射斗、雲南安義鎮總兵官施縉、廣東高廉鎮總兵官謚果壯李紹祖、廣東左翼鎮總兵官謚果壯林國良、總兵官李應貴、貴州安龍鎮總兵官那丹珠、總兵官許廷桂、陝西興漢鎮總兵官何元卿、甘肅巴里坤鎮總兵官凝德、甘肅河州鎮總兵官扎勒杭阿、山西太原鎮總兵官德齡、甘肅巴里坤鎮總兵官德寧、湖北宜昌鎮總兵官謚勇壯王凱、廣東高州鎮總兵官多爾濟扎普、湖南永州鎮總兵官王懋賞、浙江定海鎮總兵官羅江太,均南嚮。後正室,祀副將特音珠、福建臺灣水師副將許雲、陝西西鳳協副將陳紀範、浙江温州城守副將楊春芳、副將劉斌、副將郝爾德、雲南騰越副將周元、副將和善、廣東韶州協副將林芳、贈副將浙江温州協游擊魏萬侯、贈副將浙江象山右營參將趙燾、副將銜參將台弼圖、副將銜甘肅鎮標參將劉衍、贈副將廣東廉州鎮標游擊侯進學、贈副將游擊周玉麟、贈副將游擊閻福玉、贈副將參將王國泰、贈副將參將賈國良、貴州大定協副將蒙德、貴州遵義協副將五十四、貴州黔西協副將松德、四川副將巴格、甘肅河州協副將色楞泰、甘肅河州協副將多隆武、貴州鎮遠協副將二達色、甘肅永昌協副將佛遜、甘肅河州協副將新柱、福建北路協副將赫生額、廣東三江口協副將邢敦行、廣西鎮安協副將王宣、甘肅哈密協副將李文蔚、廣西梧州協副將玉柱、廣東三江口協副將張持、貴州大定協副將宋延清、雲南龍陵協副將達桑阿、山西蒲州協副將關聯陞、甘肅哈密協副將諡武烈韓加業、甘肅莊浪協副將韓自昌、四川副將署松潘鎮總兵官富森、貴州清江協副將德勝、湖南永綏協副將伊薩那、甘肅中衛協副將羅廷弼、直隸通州協副將丁有成、山東沂州協副將佟世徵、廣西義寧協副將羅定國、湖南沅州協副將佛寧、陝西洮岷協副將海洪阿、陝西洮岷協副將馬德舒、陝西潼關協副將鮑桂、貴州遵義協副將海常、廣東龍門協副將藍嘉瑛、廣東龍門協副將盧植、甘肅候補副將德亮等,均南嚮。其文四品武三品以下官員,祀後正室,及東西配樓。兵丁等,祀於兩廡。睿忠親王祠,祀睿忠親王多爾袞。定南武壯王祠,祀定南武壯王孔有德。均以福晉配。恪僖公祠,祀宏毅公諡恪僖遏必隆,位居中。領侍衛内大臣諡慤敬尹德,位左。果毅公諡襄壯阿里衮,位右。各以夫人配。勤襄公祠,祀一等公諡勤襄佟圖賴,位居中。一等公諡忠勇佟國綱,位左。一等公諡端純佟國維,位右。各以夫人配。文襄公祠,祀大學士一等公諡文襄圖海,以夫人配。宏毅公祠,祀光禄大夫宏毅公額亦都。恪僖公祠,祀一等承恩公諡恪僖哈什屯,位居中。一等承恩公諡敏果米思翰,位左。一等承恩公諡莊慤李榮保,位右。大學士晉贈郡王銜諡文忠傅恒,位左次。各以夫人配。雙忠祠,祀都統一等伯諡襄烈傅清,位東。左都御史一等伯諡壯果拉布敦,位西。旌勇祠,祀誠嘉毅勇公諡果烈明瑞,位居中。都統諡昭節扎拉豐阿、總兵王玉廷、德福,位左。護軍統領觀音保總兵李全,位右。獎忠祠,祀贈郡王銜貝子大學士諡文襄福康安。褒忠祠,祀領侍衛内大臣都統三等公諡忠毅額勒登保。盛京賢王祠,中龕,祀通達郡王雅爾哈齊、武功郡王禮敦、慧哲郡王額爾衮。東龕,祀宣獻郡王界堪、禮烈親王代善、睿忠親王多爾衮、饒餘敏親王阿巴泰、豫通親王多鐸。西龕,祀潁毅親王薩哈璘、鄭獻親王濟爾哈朗、克勤郡王岳托、武肅親王豪格、怡賢親王允祥。均南嚮。皆以其時祭焉。先醫廟,每歲春冬仲月上甲致祭。關帝廟,於春秋仲月諏吉,及五月十三日。文昌廟,於二月初三日及仲秋月諏吉。北極佑聖真君廟,於萬壽聖節。火神廟,於季夏月下旬三日。都城隍廟,於秋月諏吉。東嶽廟,於萬壽聖節。黑龍潭龍神祠、玉泉山龍王廟、昆明湖廣潤靈雨祠、倉神各廟,均於春秋諏吉。炮神,於季秋朔日。賢良祠、昭忠祠、睿忠親王祠、定南武壯王祠、恪僖公遏必隆祠、勤襄公祠、文襄公祠、宏毅公祠、恪僖公哈什屯祠、雙忠祠、旌勇祠、獎忠祠、褒忠祠,均於春秋仲月諏吉。盛京賢王祠,於春秋季月。

○凡舉大禮,則告祭。凡因事祗告,授受大典、登極、恭上尊號、加上徽號、册立皇太子,均先期遣官祗告天、地、太廟、奉先殿、社稷,並致祭嶽鎮海瀆、歷代帝王陵寢、先師闕里。大婚、册立皇后,先期祗告天、地、太廟、奉先殿。尊封皇祖妃嬪、皇考妃嬪,册封皇貴妃、貴妃、妃嬪,祗告太廟後殿、奉先殿。列聖列后升祔太廟、列聖升配南郊北郊,均祗告天、地、太廟、社稷,並致祭歷代帝王陵寢、先師闕里。恭上尊諡、廟號，加上尊謚，均祗告天、地、太廟、奉先殿、社稷。列聖列后大事奉移梓宮、建造陵寢、奉安地宫，均祗告天、地、太廟後殿、奉先殿、社稷，並致祭陵寢、几筵、后土、陵山之神。皇后升祔奉先殿，祗告奉先殿。親征、命將，均祗告天、地、太廟、社稷，並致祭太歲、炮神、道路之神、旗纛之神。凱旋如之，並祗告奉先殿、陵寢，釋奠先師廟，並致祭嶽鎮海瀆、歷代帝王陵寢、先師闕里。謁陵、時巡，均祗告奉先殿。回鑾如之。歲除大祫，及功臣配饗太廟兩廡，均祗告太廟。躬耕耤田，祗告奉先殿。御經筵，祗告奉先殿、傳心殿。凡遣官告祭，均由部奏派承祭官。惟告祭奉先殿，太常寺會同内務府辦理。凡告祭社稷壇，太社位東、太稷位西，均北嚮，不設配位。傳心殿，皇師伏羲氏、皇師神農氏、皇師軒轅氏、帝師陶唐氏、帝師有虞氏、王師夏禹王、王師商湯王、王師周文王、王師周武王，均正位，南嚮。先聖周公，東位西嚮。先師孔子，西位東嚮。凡祭告嶽鎮海瀆、前代帝王陵寢、先師闕里，由部開列侍郎以下四品滿漢堂官以上職名，題請欽派六員，六路往祭。長白山神、松花江神、北鎮遼太祖陵、北海神廟五處，遣官一員。西嶽、西鎮、江瀆、黄帝軒轅氏、周文王、武王、成王、康王、漢高祖、文帝、宣帝、後魏孝文帝，唐高祖、太宗、憲宗、宣宗陵十六處，遣官一員。東嶽、東鎮、東海、南鎮、少昊金天氏、帝堯陶唐氏、夏禹王、明太祖陵、先師闕里九處，遣官一員。中嶽、南嶽、淮瀆、濟瀆、太昊伏羲氏、炎帝神農氏、顓頊高陽氏、帝嚳高辛氏、帝舜有虞氏、商中宗、高宗、漢光武帝、周世宗、宋太祖、太宗、真宗、仁宗陵十七處，遣官一員。南海遣官一員。北嶽、中鎮、河瀆、西海、女媧氏、商湯王、金太祖、世宗、元太祖、世祖、明宣宗、孝宗陵十二處，遣官一員。祭文香帛，遣官赴部齎奉。各於其地致祭，祭品由地方官豫備。**國有慶典亦如之。**皇太后聖壽大慶、皇帝萬壽聖節大慶，均遣官祗告天、地、太廟、社稷，並致祭嶽鎮海瀆、歷代帝王陵寢、先師闕里。每歲萬壽聖節，大饗奉先殿，遣官告祭都城隍廟。**興工亦如之。**興修圜丘、皇穹宇、祈穀壇、皇乾殿、方澤、皇祇室、太廟、奉先殿、社稷壇，均前期祗告天地、太廟後殿、奉先殿、社稷壇。工竣，恭請神位還御，仍祗告。繕修宫殿、御新宫，亦如之。興工合龍門懸掛扁額，致祭后土司工之神。迎吻，祭琉璃窰神，並經過之壇廟門神、皇城紫禁城各門神。**水旱則祈。**孟夏常雩後不雨，致祭天神、地祇、太歲三壇。天神壇神位，雲師左，雨師右，風伯次左，雷師次右，均南嚮。地祇壇神位，五嶽居中，五鎮右，五陵山左，四海次右，四瀆次左，均北嚮。京畿名山大川東位西嚮，天下名山大川西位東嚮。祭告三壇後，如七日不雨，或雨未霑足，再祈禱三壇。屢禱不雨，乃請旨致祭社稷壇。太社位左，太稷位右，不設配位。又雨潦祈晴，冬旱祈雪，均致告天神、地祇、太歲三壇，與祈雨同。如親詣社稷壇祈雨祈晴，及親詣天神壇祈雨，地祇、太歲二壇遣皇子親王行禮，均奉特旨舉行。**既事而報焉。**祈雨三壇、社稷壇，雨足均報祀。如未及常雩，奏請於關帝廟、城隍等廟祈禱，或奉旨祭黑龍潭龍神祠，及飭僧道詣顯佑宫、東嶽廟、城隍廟、三官廟、關帝廟誦經，得雨均行報祀。三壇祈晴祈雪既應，均報祀。若奉旨親詣社稷壇祈雨祈晴，天神壇祈雨，既應，仍候旨親詣行報祀禮。若已齋戒，未祈雨而得雨，未祈晴而晴霽，毋庸致祈，仍行報祀。旱甚乃大雩。舉行大雩禮於圜丘。奉旨後，先期遣官祗告太廟。乃大雩上帝，不設配位。圜丘第一成，上帝位幄次正中，南嚮。第二成，設從神幄次。凡大雩，欽派親王分詣方澤行禮。若祈禱雨澤，適值夏至方澤大祀，得雨後，仍報祀方澤。

〇凡壇廟神位，各定其地以安奉。圜丘皇天上帝神位，配帝神位，安奉於皇穹宇。天神從位，安奉於宇之東西廡。祈穀壇皇天上帝神位，配帝神位，安奉於皇乾殿。方澤壇皇地祇神位，配帝神位。地祇從位，安奉於皇祇室。太廟列聖列后神位，安奉於後殿、中殿龕内，均於祭時請奉於神座。社稷壇正位配位，日壇神位、月壇神位及配位，各安奉於壇之神庫。先農壇神位，天神壇、地祇壇神位，均安奉於先農壇神庫。先蠶壇神位，安奉於壇之神殿。各於祭時請奉如之。歷代帝王廟、先師廟、太歲壇廟及群祀神位，各於其祠廟均常設，不於臨時請奉。

〇凡饗先農，既事則耕耤，耕耤，於每歲春三月吉亥祭先農壇之日舉行。皇帝或親耕或遣官恭代，於前一月具題請旨。其耕耤儀注，於前三日具奏。躬耕絲鞭耒耜飾以黄，服耜黄犢，稻種青箱。從耕三王麥穀種、九卿菽黍種箱，及鞭耒耜均飾以朱，服耜黝牛。耆老三十四人，上農夫、中農夫、下農夫各十人，從耕農官四人，歌禾詞十四人，司鑼、司鼓、司版、司笛、司笙、司簫各六人，衣蓑、戴笠、執杖、朳掀帚二十人。觀耕臺設幄次。親耕之田，長十一丈，寬四丈。皇帝三推。雍正二年，世宗憲皇帝親耕，奉旨朕四推四返。乾隆九年，高宗純皇帝親耕，奉旨四推四返。嗣後每年親耕，皆奉旨四推四返。嘉慶元年以後，皇帝舉行耕耤，亦皆奉旨四推四返，禮部於奏進儀注時夾片聲明。皇帝祭先農壇畢，詣具服殿更龍袍衮服。其從耕及陪祀執事各官，俱易蟒袍補服祗候。皇帝詣耕耤，位南嚮立，户部堂官跪進犁，順天府尹跪進鞭，皆北嚮。皇帝右手受犁，左手取鞭，耆老二人牽牛，上農夫二人扶犁，順天府官執青箱，户部堂官隨後播種。禮成，户部堂官跪接犁，順天府尹跪接鞭。禮部堂官奏請觀耕，皇帝御觀耕臺，由中階升。三王五推，九卿九推，遂終畝。從耕三王各五推五返，九卿於三王一推一返後，即行從耕，俱九推九返。皆以耆老一人牽牛，農夫二人扶犁，順天府官隨後播種畢，鴻臚寺引順天府尹率闔屬官並耆老農夫，至觀耕臺前北嚮立。贊行三跪九叩禮畢，順天府兩縣官率耆老農夫至耕耤所終畝。禮成，皇帝還宫。耆老農夫題請給領布四疋，正副牛交内務府畜養。如遇時巡省方，遣官祭先農壇禮畢，順天府尹率屬至帝耤所九推九返，農夫終畝畢，望闕行三跪九叩禮。皇后饗先蠶，既事則躬桑，每歲季春吉巳日，祭先蠶西陵氏。前期，禮部將皇后親蠶或遣妃恭代之處兩請。奉旨皇后親詣行禮，乃將躬桑禮儀具題，併聲明蠶已生，即於祭祀次日躬桑，或蠶未生，内務府具奏另期行躬桑禮。得旨，交内務府遵辦。皇后躬桑，從採桑妃、嬪二人，公主、福晉三人，命婦四人。躬桑儀注，内務府會同禮部具奏。採桑鈎筐，皇后金鈎，妃、嬪銀鈎，均黄筐。公主、福晉鍍銀鈎，命婦火漆鈎，均紅筐。皇后龍袍詣壇，至採桑處，皇后右手受鈎，左手受筐，先至東第一株桑前嚮東採桑一條，復嚮西行至西第一株桑前仍東嚮採桑二條，均蠶母二人助採。皇后升觀桑臺寶座，妃、嬪於第二株桑前，公主、福晉於第三株桑前，各採桑五條。大臣命婦於第四株桑前，各採桑九條。均蠶婦二人助採。皇后升具服殿寶座，妃、嬪以下行禮如儀。如皇后不親蠶之年，遣妃祭先蠶。翼日，蠶官令監視蠶母及蠶婦行採桑禮。越時而親繅焉。繭成日，蠶宫令報明内務府，擇吉具奏皇后，詣壇行獻繭繅絲禮。事隸内務府。

〇凡巡幸，則祭其地之山川、陵墓、祠廟。皇帝巡幸盛京，祭北鎮醫巫閭山，由部將親詣遣官之處請旨。如奉旨親詣，儀注由太常寺恭進。長白山神、北海神、松花江神、巨流河神、渾河神、遼陽太子河神、及遼太祖陵，均奏請遣官致祭。王公功臣墳墓及覺羅祖塋，均奏派大臣官員祭奠。蒙古外藩王等墳墓，由理藩院奏派往奠。如奉旨親臨克勤郡王岳托、功臣揚古利、費英東、額亦都墓賜奠，不進儀注，不奏派前引大臣。奉旨親奠蒙古王、額駙、功臣墳墓，隨駕之王、貝勒等毋庸隨往。盛京天壇、地壇、堂子、先師廟，如奉旨親詣拈香，行在禮部行知盛京禮部内務府豫備。木蘭行圍，祭興安大嶺。巡幸各省，由部將聖駕所至及經過地方嶽鎮海瀆奏請秩祀。其餘名山大川，及前代帝王陵廟、聖賢先儒名臣祠墓，在御道三十里以内者，奏請遣官致祭。歷代名臣以從祀歷代帝王廟爲斷，其忠義卓越者，雖未配饗，亦請致祭。先賢先儒以配饗從祀先師廟爲斷，國朝名臣以入祀賢良祠爲斷，其未入賢良祠者，奉特旨乃舉行。皇帝東巡，致祭東嶽泰山、東鎮沂山、先師孔子闕里、曲阜元聖周公廟、少昊金天氏陵、顔曾思孟四氏專祠、復聖廟、亞聖廟。西巡，致祭北嶽恒山、西嶽華山、西鎮吴山，周文王、武王、成王、康王、漢高祖、宣帝、唐高祖、太宗、宣宗、金太祖、世宗各陵。巡幸河南，致祭嵩嶽、河瀆、衛水、周文王廟，漢光武帝、周世宗陵，名臣伊尹、周公、許遠、吕蒙正、范仲淹、司馬光、王曾、韓琦、岳飛等祠墓，先賢端木子貢、韓愈、程顥、程頤、邵雍、朱子、許衡等祠墓。又祭殷比干墓、關帝墓、晉嵇紹祠、唐顔真卿墓。直隸境内祭唐臣宋璟墓。南巡，致祭南鎮會稽山、海神廟、河瀆、淮瀆、江瀆、黄河河神、夏禹王陵、明太祖陵、直隸先儒毛萇祠。山東，先賢仲子祠、任子祠、明臣宋禮祠、江蘇周泰伯祠、吴季札祠、先賢言子祠、晉臣卞壼祠、宋臣曹彬祠、范仲淹祠、宗澤祠、韓世忠祠、明臣方孝孺等一百十八人合祠、明臣徐達墓、常遇春墓、李文忠墓、史可法墓。浙江，唐臣許遠張巡合祠、陸贄祠、錢鏐祠、明臣于謙祠、宋臣岳飛墓。親祭五嶽之儀，牲以太牢，登一，鉶二，簠簋各二，籩豆各十。皇帝御龍袍衮服，行二跪六拜禮。其樂章交樂部定擬，不用舞。親詣嶽神廟拈香，御行服行二跪六拜禮，不贊。鎮海瀆廟，親詣拈香，御行服，其儀與嶽神廟拈香同。皇帝祭前代帝王陵寢，如祭獄神儀，不用樂，行二跪六拜禮，加上次或行三跪九拜禮，於恭進儀注時夾片聲明，親詣拈香與嶽神廟拈香同。若親詣前代帝上陵寢奠酒，御行服，三奠酒，行三拜禮。皇帝親祭闕里先師廟，及親詣孔林奠酒，禮部豫將應行典禮及遣官分祭崇聖祠各事宜具奏。得旨，移咨衍聖公及山東巡撫遵辦。先師孔子位前，設案一，陳牛一、羊一、豕一、登一、鉶簠簋各二、籩豆各十四。配位前，各設案一，陳羊一、豕一、鉶簠簋各二、籩豆各八。十二哲位前，各設案一，陳鉶簠簋各一、籩豆各四，東西各羊一、豕一。兩廡先賢先儒均二位同一案，每案簠簋各一、籩豆各四。先賢案前東西各羊二、豕二，先儒案前東西各羊一、豕一。欽頒周范彝器十事於殿正中先師案前陳設。皇帝御龍袍衮服行禮，分獻官於各神位前上香奠帛爵如儀。即用闕里四仲致祭之樂，迎神昭平，初獻宣平，亞獻秩平，終獻敘平，徹饌懿平，送神德平。儀注內皇帝行二跪六拜禮，仍將歷届行三跪九拜禮於恭進儀注時夾片聲明。分獻官，太常寺開列隨駕三品以上大臣，奏請欽點八員。如人數不敷，並將四品以下京堂開列請旨。同日祭崇聖祠，奏派大學士一員行禮。其崇聖祠配位，於隨駕之四品以下京官及翰詹科道內開列奏派。親詣孔林酹酒，與親奠前代帝王陵寢儀同。親詣元聖周公廟、孟廟拈香，皇帝御行服，行一跪三拜禮。凡親祭儀注，太常寺恭進。若親詣拈香奠酒，禮部恭進儀注。親祭隨駕官員陪祀，如在京例。外省文官知府以上，武官副將以上，俱陪祀。前引二員，奏派禮部堂官。如不敷用，開列扈從大臣奏派。若親祭先師孔子廟，衍聖公及十三氏博士均陪祀。不陪祀者，於行宫旁送迎。如遣官致祭嶽鎮海瀆，及諸名山大川，不用樂，牲用少牢、籩豆各八，簠簋各二。典儀贊引讀祝，以本地禮生充。執事官以州縣佐貳充。地方正印以下官陪祀。若遣官祭前代帝王陵寢，儀與遣官祭嶽鎮海瀆、名山大川同。時巡過境，遣官致祭先師孔子，用脯醢，果實五品，特旨遣官告祭，用太牢，承祭陪祀官均行三跪九叩禮。遣官祭周公之儀，周公正位，魯公配位，各陳羊一、豕一、登一、鉶二、簠簋各二、籩豆各八，正獻、分獻官行二跪六叩禮。遣官祭先賢先儒名臣祠墓，用鹿脯兔醢，果實五品，儀與遣官祭山川同。讀祝時，遣官及陪祭讀祝官俱不跪。皇帝巡方，曾經遣官致祭之先賢先儒名臣等，再值時巡，惟遣官拈香奠酒，不用祭文。親征亦如之。親征所過地方，凡遇名山大川、風雨之神、前代帝王陵廟、聖賢祠墓，及故將之有功疆圉者，俱奏請遣官致祭，與時巡同。

欽定大清會典卷二十九

○凡各省之列於祀典者，社稷神祇則以祀，各省府州縣，各建社稷壇、雲雨風雷山川壇。社稷壇，於每歲春秋仲月上戊日致祭。雲雨風雷山川壇，於春秋仲月諏吉致祭。雲雨風雷神位正中南嚮，境内山川神位居左，城隍神位居右。孟夏諏吉行常雩禮。水旱則祈，既應則報祀。社稷壇，主祭官省城以巡撫、有總督省分以總督，道員分駐各府，於所治主祭。府州縣以正印官主祭，以各學教職糾儀，以生員充禮生。省城以丞倅執事，府州縣以掾吏。祭社稷壇，以羊一、豕一、鉶簠簋各二、籩豆各四。上香、讀祝、三獻、迎神、送神，承祭官暨陪祀官皆行三跪九叩禮。雲雨風雷山川壇祭品及儀節，與社稷壇同。各省雲雨風雷之神專立祠廟者，清和宣惠風伯之神，祭於江蘇洪澤湖口。宣仁昭泰風伯之神，祭於廣東邊海郡縣。風神廟，祭於河南銅瓦厢、江蘇睢南廳屬。顯仁應瑞雷神，祭於甘肅蘭州府。守土官以時致祭，如各省雲雨風雷壇致祭儀。名山大川之神有專祠者，於祠内致祭。無專祠者，設壇致祭。中嶽嵩山，祭於河南登封縣。東嶽泰山，祭於山東泰安府。西嶽華山，祭於陜西華陰縣。南嶽衡山，祭於湖南衡山縣。北嶽恒山，祭於山西渾源州。中鎮霍山，祭於山西霍州。東鎮沂山，祭於山東沂州府。西鎮吴山，祭於陜西隴州。南鎮會稽山，祭於浙江紹興府。北鎮醫巫閭山，祭於奉天廣寧縣。東海，祭於山東萊州府。西海，祭於山西永濟縣。南海，祭於廣東番禺縣。北海，祭於山海關。江瀆，祭於四川成都府。淮瀆，祭於河南唐縣。河瀆，祭於山西永濟縣。濟瀆，祭於河南濟源縣。長白山神，祭於吉林城西南温德亨山。興安大嶺神，祭於木蘭圍場内。安流襄績海陽山神，祭於廣西興安縣。博克達山神，祭於烏嚕木齊。博爾圖嶺神，祭於喀喇沙爾。格登山、額林哈畢爾罕山、阿布拉勒山、阿勒坦額墨勒都圖山、塔勒奇山神，祭於伊犁。楚呼楚山、巴克圖山、巴爾魯克山神，祭於塔爾巴哈台。木素里達巴漢神，祭於阿克蘇。昭靈普潤太白山神，祭於陜西郿縣。索烏山、甲索山、墨爾多山神，祭於四川懋功廳。汗山神，祭於庫倫。靈區安瀾恒佑宏仁廣濟至德金山之神，祭於江蘇丹徒縣。昭寧助順丹達山神，祭於西藏。寧民顯佑終南山神，祭於陜西省城。松花江神，祭於吉林。漢江神，祭於陜西漢中府。涵元匯和洞庭湖神，祭於湖南常德府巴陵縣。安流廣惠永定河神，祭於直隸宛平縣龐村。盧溝橋、石景山安流衍澤永定河神，祭於永定河南下汛大頂場。東西二淀河神、大沽海口神，祭於天津縣。利運福漕漳河神，祭於山東臨清州。利運惠濟漳河神，祭於館陶縣。衛源神，祭於河南輝縣之百泉。昭惠裕阜河東鹽池神，祭於山西解州。長源永濟滹沱河神，祭於直隸正定府及平山縣。湘江神，祭於湖南長沙縣。洪澤湖神，祭於江蘇高堰。大通口神，祭於安東縣。介休水神，祭於山西介休縣。鄱陽湖神，祭於江西鄱陽縣。昭德沛澤泉源神，祭於廣西鬱林州。海神，祭於江蘇寶山縣。平潮利涉浙海之神，祭於浙江杭州府。寧民顯佑浙海之神、江海潮神，祭於海寧州。佑民溥惠靖海之神，祭於廣東番禺縣虎門山。伊犁河、空郭羅鄂博、阿里瑪圖河、哈什河、空吉斯河、薩曼河、策集河、奎屯河、賽里木諾爾、察罕烏蘇、和爾霍斯河神，祭於伊犁。額密爾河、裕勒雅爾河、阿拉克圖古勒諾爾、額彬格遜諾爾神，祭於塔爾巴哈台。靈顯青海神、河源神、星宿海神，祭於西寧口外。金川大河神，祭於四川懋功廳。遼陽太子河神，祭於盛京遼陽州。崇源協應巨流河神、靈源涵潤渾河神，祭於盛京承德縣。江神祠，祭於湖北武昌府、荆州府及江蘇江防廳屬。淮神廟，祭於河南桐柏縣及江蘇裏河廳、山盱廳各屬。黄河神廟，祭於江蘇山安廳屬。湖神廟，祭於裏河廳及揚河廳屬。黄河神廟，祭於河南祥符縣、滎澤縣。黄河佑靈觀，祭於中牟縣。黄河惠安觀，祭於蘭陽縣。黄河慶順祠，祭於睢州。黄河嘉應觀，祭於武陟縣。延庥顯應分水龍王廟，祭於山東汶上縣。黄運龍神，祭於河南武陟縣及江蘇清河縣之清口。普潤鹽井龍王，祭於雲南各鹽井。涵元昭泰鎮海龍神，祭於浙江鎮海縣。寧渠普利龍王，祭於甘肅寧夏縣及寧朔縣。助順昭靈龍神，祭於嘉峪關外得勝墩。佑濟龍神，祭於直隸涿州。青海龍神，祭於西寧口外。涵元普澤龍神，祭於甘肅蘭州府。昭靈廣濟龍神，祭於直隸密雲縣之石匣。白河神廟，祭於密雲縣之白河。裕源興寶礦脈龍神，祭於雲南東川府。寧民普惠鎮海雪山龍神，祭於浙江慈谿縣。龍王廟，祭於江蘇揚河廳屬。惟浙江鎮海縣龍神，於每歲六月朔日致祭。廣西興安縣海陽山神，於每歲季秋九日致祭。烏嚕木齊博克達山神，於每歲春日致祭。青海龍神，於每歲秋季致祭。庫倫汗山神，每歲於夏五月朔秋八月朔致祭。星宿海等處山川之神，於青海大臣巡視青海之年親行致祭。如值青海會盟及玉樹會盟之年，委員致祭。其餘皆以每歲春秋致祭。守土之吏祭以少牢，上香、讀祝、三獻、迎神、送神，承祭官及陪祭官俱行三跪九叩禮。

崇德報功則以祀，各省府州縣建先師孔子廟，每歲以春秋仲月上丁日釋奠。惟曲阜先師廟，衍聖公以四仲承祭。其四配、十二哲、兩廡先賢先儒及崇聖祠，一如京師先師廟之制。省城以巡撫爲正獻，有總督省分總督正獻，兩序以布政使按察使及道員、兩廡以知府同知爲分獻。崇聖祠以學政爲正獻，府州縣無道員分駐者，知府知州知縣正獻，兩序以佐貳及所屬、兩廡以廩生分獻。崇聖祠教諭正獻，兩序訓導分獻，兩廡廩生分獻。先師位前，陳牛一、羊一、豕一、登一、鉶簠簋各二、籩豆各十。配位前，各陳羊一、豕一、鉶簠簋各二、籩豆各八。兩序東西各陳羊一、豕一，每位前陳鉶簠簋各一、籩豆各四。兩廡先賢案前，東西各羊二、豕二，先儒案前，東西各羊一、豕一。每二位一案，每案簠簋各一、籩豆各四。上香、讀祝、三獻，用樂舞。迎神、送神，正獻、分獻俱行三跪九叩禮。崇聖祠正位前,各陳羊一、豕一、鉶簠簋各二、籩豆各八。配位東西各陳羊一、豕一,每位前簠簋各一、籩豆各四。兩廡東西各羊一、豕一,每位簠簋各一、籩豆各四。行禮如致祭先師儀,惟不用樂舞。各省建先農壇,於每歲二月亥日致祭。浙江省城建先蠶廟,並杭州、嘉興、湖州三府屬蠶神祠,均於每歲春月吉巳致祭。祭品及儀節與社稷壇同。前代帝王陵廟列於祀典者,每歲地方官以春秋仲月致祭。太昊伏羲氏,祭於河南淮寧縣及甘肅秦州。女媧氏,祭於山西趙城縣。炎帝神農氏,祭於湖南酃縣。黄帝軒轅氏,祭於陝西中部縣。少昊金天氏,祭於山東曲阜縣。帝顓頊高陽氏、帝嚳高辛氏,祭於河南滑縣。帝堯陶唐氏,祭於山東濮州及東平州。帝舜有虞氏,祭於湖南寧遠縣。夏禹王,祭於浙江會稽縣。商湯王,祭於山西榮河縣。商中宗,祭於河南内黄縣。商高宗,祭於西華縣。周文王、武王、成王、康王,祭於陝西咸陽縣。漢高祖,祭於涇陽縣。漢文帝,祭於咸寧縣。漢宣帝,祭於長安縣。漢光武帝,祭於河南孟津縣。後魏孝文帝,祭於陝西富平縣。唐高祖,祭於三原縣。唐太宗,祭於醴泉縣。唐憲宗,祭於蒲城縣。唐宣宗,祭於涇陽縣。後周世宗,祭於河南鄭州。宋太祖、太宗、真宗、仁宗,祭於鞏縣。遼太祖,祭於遼東廣寧縣。金太祖、世宗,祭於順天房山縣。明太祖,祭於江南江寧縣。明宣宗、孝宗,祭於順天昌平州。皆就陵廟致祭,惟元太祖、世祖陵,望祭於順天宛平縣清河北。凡祭前代帝王陵廟,皆羊一、豕一,惟金太祖、世宗陵用太牢。夏禹王廟又祭於江南、河南濱河州縣,行禮儀節與山川同。其各省聖賢名臣祠墓所在,均擇其嫡裔設五經博士及奉祀生,以奉祠祀。護國佑民則以祀,各省設立文昌廟、關帝廟。文昌廟,每歲以二月初三日聖誕爲春祭,秋季諏吉致祭。關帝廟,以每歲春秋仲月及五月十三日聖誕。均以地方正印官主祭,後殿以丞佐等官致祭,執事均以禮生。關帝廟前殿春秋祭,正位前,陳牛一、羊一、豕一、登一、鉶簠簋各二、籩豆各十。上香讀祝三獻、迎神送神,俱行三跪九叩禮。五月十三日正位前,陳牛一、羊一、豕一、果實五盤,不設籩豆。後殿春秋祭,每位前陳羊一、豕一、鉶簠簋各二、籩豆各八。上香讀祝三獻、迎神送神,行二跪六叩禮。五月十三日陳羊一、豕一、果實五盤,亦不設籩豆。文昌廟前殿後殿祭品禮儀,與關帝廟同。文昌帝君,又祭於四川梓潼縣。關帝,又祭於山西蒲州府及湖北當陽縣關帝墓。其餘禦災捍患之神列於祀典者,守土官皆以時致祭。顯佑通濟昭靈效順廣利安民金龍四大王,祭於江南、河南、山東濱河各州縣。燮元贊運純陽演正警化孚佑帝君,祭於江南清河縣。威顯靈佑王,祭於山陽縣高堰。昭靈顯佑水府都君,祭於山陽縣。顯佑安瀾寧漕助順之神,祭於江蘇丹徒縣都天廟及江西浮梁縣。彰靈衞漕張將軍,祭於清河縣。佑民衍澤太湖之神,祭於浙江湖州府及江蘇蘇州府屬。崇節惠利蟂磯靈澤夫人,祭於安徽蕪湖縣。靈感普濟之神,祭於江西南昌縣。顯應元將軍,祭於都昌縣左蠡鎮。誠應武肅王,祭於浙江臨安縣。英衞公,祭於錢塘縣。廣濟孚順侯、利濟孚惠侯、靈應孚佑侯,祭於仁和縣。寧江伯,祭於紹興府。保濟顯佑侯,祭於德清縣。静安公、烈彰恬顯神,祭於蕭山縣。孚惠善政靈德侯,祭於鄞縣。孚惠佑民天井潭神,祭於慈谿縣。誠孚利濟總管之神,祭於義烏縣。護國庇民妙靈昭應宏仁普濟福佑群生誠感咸孚顯神贊順垂慈篤祜天后,祭於福建省城及莆田縣湄州,又於江蘇清口惠濟祠及各省濱海各州縣。神父積慶公、母積慶夫人,祭於莆田清口天后宫後殿。福應靈孝昭順純懿慧感夫人,祭於浙江會稽縣。北極佑聖真君,祭於湖南永興縣雞公山。宣威助順靖遠侯、鎮遠侯、綏遠侯,祭於永綏廳。靈佑襄濟黄大王,祭於河南陳留、閿鄉等縣及山東、江蘇濱河各州縣。助順永寧侯,祭於江蘇、河南濱河州縣。寧漕公、永濟之神,祭於山東汶上縣。張桓侯、趙將軍,祭於曹縣。諸葛武侯,祭於四川成都府。敷澤興濟通佑王、承績廣惠英顯王,祭於灌縣。昭靈普潤之神,祭於陝西大荔縣。宣威布德康濟雷神,祭於廣東雷州府。英佑驍騎將軍、襄靖普佑之神,祭於徐聞縣。顯佑英濟廣福王,祭於廣西義寧縣。其神金龍四大王,爲宋末人謝緒。孚佑帝君,爲唐進士吕岩。威顯靈佑王,爲唐許遠。水府都君,爲明初人譚姓。顯佑安瀾神,爲唐張巡。張將軍名襄,江南宿遷人。佑民衍澤之神,爲明人王天英,浙江長興人。螺磯夫人,爲蜀漢昭烈帝孫夫人。靈感普濟神,爲晉旌陽令許遜。誠應王,爲吴越王錢鏐。英衛公,爲吴大夫伍員。廣濟侯、利濟侯、靈應侯,爲宋時蔣氏兄弟三人,長名崇仁,次崇義、崇信。寧江伯,爲明紹興府知府湯紹恩。保濟顯佑侯,爲元人戴繼元。静安公爲張夏,宋景佑間人。烈彰恬顯神,爲元楊伯遠妻王氏。孚惠善政靈德侯,爲唐鄞邑令王元暐。孚惠佑民神,爲宋禮部郎中劉揚祖。誠孚利濟總管之神,爲明初漕運總管陳道興,浙江義烏人。天后爲宋初林氏女。福應靈孝夫人,爲漢孝女曹娥。靖遠侯、鎮遠侯、綏遠侯,爲宋楊姓兄弟三人,長名瀨。黄大王,名守才,河南偃師人。助順永寧侯,爲國朝順治年間總河朱之錫。寧漕公,爲明工部尚書宋禮。永濟之神,爲老人白英。趙將軍,名雲,蜀漢將。通佑王,爲秦蜀守李冰。英顯王,爲其子二郎神。雷神,爲梁刺史陳文玉。英佑將軍,爲海安營水師副將江起龍。襄靖普佑之神,爲虎門鎮副將張瑜。英濟廣福王,爲蜀漢將武當。以上各神,守土官春秋致祭以羊一、豕一,行三跪九叩禮。又司厲之神及劉猛將軍,各省府州縣均立壇廟致祭。劉猛將軍,爲元指揮劉承忠,祭以春秋諏吉。祭厲壇於每歲清明日、七月望日、十月朔日。其司厲之神,府稱郡厲,縣稱邑厲。守土官祭以羊三、豕三、米飯三石,上香祭酒,行一跪三叩禮。忠孝節義則以祀,各省府州縣先師孔子廟左右,建忠義孝弟祠,以祀本地忠臣、義士、孝子、悌弟、順孫。建節孝祠,以祀節孝婦女。地方官歲以春秋致祭,以羊一、豕一、籩豆各四,主祭官行一跪三叩禮。又忠節諸臣,各省奉旨建立專祠。湖廣辰常總兵官左都督徐勇,祠於湖南。廣西巡撫馬雄鎮、撫蠻滅寇將軍廣西巡撫傅宏烈,祠於廣西。閩浙總督贈太子少保謚忠貞范承謨、巡海道贈工部侍郎謚忠毅陳啓泰、福寧鎮總兵官吴萬福、福州府知府王之儀、邵武府知府張瑞、江西建昌府知府高天爵、建寧府同知喻三畏、邵武府同知高舉、侯官縣知縣劉嘉猷、龍溪縣知縣李埴、福州城守營千總廖有功,祠於福建。又嵇永仁、王龍光、沈天成、范承譜,祀范承謨祠。雲貴總督甘文焜,祠於雲南。山西汾州府知府黄廷柏,祠於山西。駐藏都統加贈一等伯傅清、左都御史加贈一等伯拉布敦,祠於西藏通司崗。將軍誠勇公班第、參贊大臣襄勤伯鄂容安,祠於伊犁。西安將軍繼勇侯德楞泰,祠於四川成都府。提督許世亨、總兵官張朝龍、尚維昇,祠於越南。副將韓自昌、韓加業,祠於甘肅武威縣。浙江提督李長庚,祠於福建同安縣。又各省陣亡官兵,於本籍府城之關帝廟、城隍廟内祔祀,或别立祠設立牌位。官員居中,兵丁鄉勇分祔兩旁。地方官春秋致祭。其餘忠孝節義祠墓所在設有後裔奉祀生者,照承襲給以頂戴,以奉祭祀。名宧鄉賢則以祀。各省建立賢良祠於省城,祀守土大吏有功德於民者。直省府州縣建名宧祠,祀仕於其土有功德者。建鄉賢祠,祀本地德行著聞之紳士。地方官歲以春秋致祭,皆以羊一、豕一、籩豆各四。惟賢良祠以果實五盤,不用籩豆。知府主祭,教職等官執事。其餘各祠以教諭一員致祭。上香、讀祝、三獻,主祭官均行一跪三叩禮。其名臣奉旨建立專祠者,河道總督太子太保世襲拜他喇布勒哈番謚文襄勒輔、河道總督太子太傅世襲阿達哈哈番謚勤恪齊蘇勒、大學士前河道總督嵇曾筠、大學士内大臣前兩江總督高斌,合祠於江蘇清江。僉事陳潢配享於靳輔祠。總督田文鏡,祠於河南開封府。皆官爲致祭。凡守土官祭農壇,則令耕耤焉。各省耕耤,穀種青箱,朱鞭耒,服耜黝牛。督撫以下就耕所,執事者授耒耜,皆右秉耒,左執鞭。督撫以府佐貳官一員執種箱,一員播種。布政使按察使以首領官執箱播種。各道以州縣佐貳官執箱播種。知府知縣以丞史執箱播種。皆耆老一人牽牛,農夫二人扶犁,各九推九返畢,農夫終畝,各官率耆老農夫望闕行三跪九叩禮。若府不附省、州縣衛不附府者,正印官率佐貳丞史耕耤。各以耆老二人執箱播種,餘儀與省會同。

○凡王以下家祭之禮,王公家祭之禮。親王、郡王立廟七間,中五間爲堂,左右二間隔以牆爲夾室。庭繚以垣,南爲中門,又南爲廟門,左右各設側門。庭東西廡各三間,東藏遺衣冠,西藏祭器、樂器。廟重檐丹楹,采桷緑瓦,紅堊壁。階祀三出,陛階各七級,門繪五色花草。始封之祖,世世不祧。高曾祖禰,爲二昭二穆。親盡則祧,藏於夾室,歲以四時致祭,配以正室。仲春之祭,祧主合食,祭用樂,三獻行二跪六叩禮。合食,始封祖專案南嚮,左東夾室祧主共案西嚮,右西夾室祧主共案東嚮,左次二昭、右次二穆均共案東西嚮。時祭,始祖正中一案,高曾祖禰各一案,共五案,均南嚮。每位帛一、爵三,每案羊一、豕一、鉶二、簠簋各二、籩豆各八、尊一、罏一、鐙一。時節薦新,每案果六盤,時羞六盤。每案箸二、琖三,罏鐙具。因事致告,果盤四,庶羞四。朔望上香行禮。貝勒、貝子、宗室公立廟五間,中三間爲堂,左右各一間爲夾室。廟不重檐,門不備采,階五級。合食,始封祖專案專牲羊一、豕一,東夾室祧主暨二昭專案共牲羊一、豕一,西夾室祧主暨二穆亦如之。時祭皆專案,二昭同牲,二穆同牲,籩豆各六,不用樂,行禮皆一跪三叩,餘與親王、郡王同。時薦,果盤四,時羞四。因事致告,果盤二,庶羞二,餘同親王、郡王。品官家祭之禮,於居室之東立家廟。一品至三品,廟五間,中三間爲堂,左右各一間隔以牆,北爲夾室,南爲房。堂南檐三門,房南檐各一門。階五級。庭東西廡各三間,東藏遺衣物,兩藏祭器。庭繚以垣,南爲中門,又南爲外門，左右各設側門。四品至七品，廟三間，中爲堂，左右爲夾室爲房，階三級，東西廡各一間，餘如三品以上。八九品，廟三間，中廣左右狹，階一級，堂及垣皆一門，庭無廡。以篋分藏遺物祭器，陳於東西房。餘如七品以上。皆設四室，奉高曾祖禰四世，昭左穆右，妣以適配，南嚮。高祖以上親盡則祧，藏主於夾室，東序西序爲祔位。伯叔祖父兄弟子姓之成人無後者，及伯叔父之長殤、兄弟之長殤中殤、子姓之長殤中殤下殤，及妻先歿者，皆以版按輩行墨書。男東女西，東西嚮，歲以四時仲月擇吉致祭。各室設案各一，祔位東西案各一，堂南設香案一，鑪檠具，祝案設香案西，尊爵案設東序，盥盤設東階上。視割牲，一品至三品，羊一、豕一。四品至七品，特豕。八品以下，豚肩不特殺。視滌祭器，三品以上，每案俎二、鉶二、敦二、籩六、豆六。七品以上，籩四、豆四。八品以下，籩二、豆二。皆俎一，鉶敦數同。行三獻禮，行禮皆一跪三叩，日中乃餕。三品以上，時祭遍舉。七品以上，春秋二舉。八品以下，春一舉。世爵公侯伯子視一品用，以下按品爲差等。在籍進士舉人視七品，恩拔歲副貢生視九品。凡品官先人，恭遇恩贈，制書至，行焚黄告祭禮。牲饌視所贈之爵，饌案視追贈世數。主人以下跪聽宣制畢，奉主行三跪九叩禮。改題神主訖，讀祝獻酒，如時祭儀。貢監生員有頂戴者，其家祭於寢堂，北爲龕。以版别四室，奉高曾祖禰，皆以妣配。服親男女成人無後者，按輩行書紙位祔食，已事焚之。歲以四時節日出主而薦，粢盛二盤，肉食果蔬之屬四器，羹二，飯二。薦畢，餕如八品禮。朔望上香獻茶行禮。因事致告，如朔望儀。庶民以正寢北爲龕，奉高曾祖禰。歲時薦果蔬新物，每案不過四器，羹飯具。朔望及告事，如貢監生員儀。各定其制。

〇孟冬之朔，進來歲時憲書於上，每歲欽天監推來歲時憲書刊印成書，於九月具題，十月朔恭進。屆日黎明，監正率所屬官朝服，奉恭進皇帝、皇后、皇貴妃、貴妃、妃、嬪時憲書於龍亭，奉頒給王以下時憲書於采亭，各行一跪三叩禮畢，鑾儀衛校尉以次舁亭行。儀仗鼓吹前導，由長安左門入，至午門外，亭止。欽天監官奉恭進皇帝、皇后、皇貴妃、貴妃、妃、嬪時憲書於午門外正中黄案上，奉頒給王以下時憲書於兩旁紅案上陳設。欽天監官二人舉黄案，由午門中門入。二人前引，監正監副從。至太和殿，陳於左右階上。監正等於丹墀左行三跪九叩禮畢，内務府掌儀司官奉時憲書至乾清門授内監恭進。既事而頒朔，集王公百官於午門以受焉。頒朔前期，由部行宗人府傳王公，吏部傳文職，兵部傳武職。屆日，王公百官豫集午門外東西闕下，鴻臚寺鳴贊二人立於甬道左右，糾儀御史二人、禮部司官二人立於鳴贊之北，皆東西面。宣制鴻臚寺官一人立糾儀官之北，西面。王、貝勒、貝子、公按翼立甬道内，文武百官立甬道左右，皆北面。東班西上，西班東上，皆跪。宣制曰，某年時憲書，頒給衆官，曉諭天下。王公百官行三跪九叩禮，興，退。以次頒給王公及文武百官時憲書，各跪領訖，皆退。朝鮮陪臣在班末行三跪九叩禮畢，祗受如儀。越南國時憲書，發交廣西巡撫，委員齎至鎮南關轉交祗領。日食，則集文武官於部以救護。欽天監豫推京師各省及蒙古、朝鮮、越南所見日月食分秒時刻，於前期五月具題。得旨，由祠祭司通行在京各衙門併劄行順天府,移付精膳司,劄行奉天府,通行各省布政司轉行各該衙門,並移咨朝鮮、越南國王。前期一月,題請在京官員行救護禮。日食救護,文職及漢武職各官俱於禮部行禮。應用鑪案、采額、蘆席併潔掃堂署夫役,行順天府。旗鼓執事併校尉,行鑾儀衛。小鼓併承應伐鼓署史,行樂部。候時官由欽天監出派,鳴贊官由鴻臚寺出派,並由部派祠祭司官二人,會同欽天監官赴觀象臺測驗。屆期,百官素服詣部祇候。其班,以宗人府、吏部、翰林院、詹事府、通政司、吏科、國子監爲一班,内閣、户部、户科、禮科、太常寺、鴻臚寺、欽天監爲二班,兵部、兵科、理藩院、鑾儀衛、上駟院、武備院、太僕寺、步軍統領、漢武職爲三班,刑部、都察院、大理寺、刑科、光禄寺、順天府、大興縣、宛平縣、五城爲四班,内務府、工部、工科、中書科、太醫院爲五班。每班領以禮部堂官一人。禮部官屬各附班末。糾儀御史四人,禮部司官四人,鴻臚寺鳴贊二人、序班二人,分立香案左右。日初虧,百官行三跪九叩禮,禮部尚書上香,跪,伐小鼓三聲,儀門外金鼓並作。各官按班更番祗跪,糾儀等官更番祗立。復圓,金鼓聲止,百官行禮如初。畢,各退。若遇月朔日食,是日官員俱常服,惟救護時素服。元旦遇日食,停止朝賀筵燕。八旗滿洲蒙古漢軍都統副都統以下官屬,遇日月食,均救護於各旗公署。月食,救護於太常寺,亦如之。月食救護,各官於太常寺行禮。禮部行樂部備小鼓赴太常寺,並派署史承應。其餘事宜,由太常寺辦理。行禮儀節,與救護日食同。皇帝駐蹕山莊,救護於行在所,亦如之。皇帝巡幸熱河,遇日月食,扈從王大臣官員詣關帝廟行救護禮。應用鑪案等項並潔掃夫役,劄知熱河道豫備。奉小鼓樂舞生二名,亦劄熱河道飭備。如行在有樂部官,仍傳署史承應,知照行在各衙門傳知豫備,如在京救護禮。並行宗人府傳各王公、行在理藩院傳蒙古王公。其熱河都統、熱河道,各率屬於公署救護。屆期,百官素服詣廟祇候。王公、宗人府官爲一班,蒙古王公爲二班,内閣、吏部、翰林院、通政司爲三班,户部、太常寺、鴻臚寺、欽天監爲四班,兵部、理藩院、鑾儀衛、上駟院、武備院、步軍統領、漢武職爲五班,刑部、工部、大理寺、光禄寺、太醫院爲六班,散秩大臣、護軍統領、八旗内務府爲七班。每班以禮部堂官、内閣學士、太常寺堂官分領之。鴻臚寺官及禮部官分列香案左右,伐小鼓以禮部堂官,其餘禮節均如在京救護儀。各省文武官,皆令救護焉。日月食,各省所見不及一分及不見食者,毋庸救護。見食過一分以上者,一體救護。

〇凡聖賢後裔,設博士以奉祭祀,令報於部而襲焉。世襲博士。孔氏,設五經博士二人,太常博士一人。東野氏、姬氏,設五經博士二人。顔氏、曾氏、孟氏、閔氏、仲氏、有氏、端木氏、卜氏、言氏、冉氏耕、冉氏雍、顓孫氏,各設五經博士一人。關氏,五經博士三人。韓氏、周氏、邵氏、大程氏、二程氏、張氏,各設五經博士一人、朱氏,設五經博士二人。伏氏,設五經博士一人。其山東孔氏五經博士,主子思子祀,以衍聖公次子襲。太常寺博士,主聖澤書院祀,以衍聖公三子襲。浙江西安孔氏博士,與各氏五經博士,均由嫡長子孫襲。有故,准以嫡次子孫繼襲。其博士承襲,孔氏、東野氏,及聖門諸賢後裔,由衍聖公咨送。其餘各氏後裔,均由各省督撫咨送。

〇凡僧官、道官，皆注於籍。京師僧官曰僧録司，正印一人，副印一人，左右善世二人，闡教二人，講經二人，覺義二人。僧官分設各城者，東城、南城、西城、北城、中城、東南城、東北城、西城南路，凡八處，道官曰道録司一人，左右正一二人，演法二人，至靈二人，至義二人。道官分設各城者，東城、東南城、西城、西南城、北城、中城，凡六處。僧録司正印缺出，將副印奏補。副印缺出，將熟諳經典之僧官充補。道録司缺出，將辦理祈禱事務承應勤慎之道官奏補。其分設各城之僧官道官，各設協理一員。僧官兼善世等銜，道官兼正一等銜，給與部劄。協理給與司劄。缺出，按品陞補。凡僧録道録之印信，由部頒給。僧官道官之選取陞補，均由内務府大臣辦理，送部給劄。京師各官廟，由部暨步軍統領、督理街道衙門、内務府、太常寺派官稽查，年終會奏。直省僧官，府曰僧綱，州曰僧正，縣曰僧會。惟湖南衡山縣稱僧綱。道官，府曰道紀，州曰道正，縣曰道會。惟衡山縣稱道紀。府州縣各一人，由該地方官揀選具結詳報督撫，由督撫咨部給劄補授，年終彙報吏部。其鈐記由該省布政司給發。又龍虎山上清宫正一真人襲職，該撫報部，由部題補給劄。設提點一人，提舉一人，副理二人，贊教四人，知事十八人。缺出，由正一真人保舉報部給劄。正一真人，五年一次來京，回籍時將起程日期報部。醫學官亦如之，陰陽學官亦如之。各省醫學官，府曰正科，州曰典科，縣曰訓科。陰陽學，府曰正術，州曰典術，縣曰訓術。府州縣各一人，由地方官揀選出結具詳督撫，咨部給劄。其鈐記由該省布政司給發。

〇凡燕樂之承應者，慶隆舞、朝鮮國俳、瓦爾喀部樂舞，由禮部承應。前期則演習，每歲十月，樂部會同禮部以慶隆舞等豫備演習具奏。得旨，行文八旗以各項樂舞人等造册送部。慶隆舞司章正身十三人，學習十八人。司三弦、司節、司拍、司抃、大司舞、小司舞六項，每項咨取每旗正身二人，學習一人。瓦爾喀司舞正身八人，學習四人。咨取正黄、鑲紅、正藍、鑲藍旗各二人，正白、鑲白旗各二人。司觱栗正身四人，學習二人。咨取正黄、正紅旗各二人，正藍旗二人。司阮正身四人，學習二人。咨取正黄鑲紅旗各二人，鑲藍旗二人。慶隆舞竹馬司奚琴司箏、朝鮮國俳笛伎管伎鼓伎，每旗咨取正身一人，學習一人。其各項正身，於十二月初行，該旗停止别項差使，令其赴部演習。其學習六十九人，於十二月中定期三、六、九日赴部演習，餘日仍令在旗當差。其司章正身十三人，學習十八人，均設額缺。正身缺出，以學習人挑補。學習缺出，另行挑補。均於八旗兵丁内選充。萬壽筵燕，豫備慶隆舞人等前期一月，行各該旗止差赴部演習。既事，而給其賞賚焉。樂舞賞賚，由部行文各該處，將諸部樂舞人數造册送部，具奏請旨。喜起舞大臣，各大蟒緞一疋。未完次數者，大緞一疋。司章、司舞，各大緞一疋。司箏、司奚琴、司三弦、司琵琶、司節、司拍、司抃，各大潞綢一疋，毛青布三疋。大司舞、小司舞，各毛青布三疋。蒙古頭目併樂曲人等，各大緞一疋。瓦爾喀部舞人，各大潞綢二疋。阮伎、觱栗伎，各大潞綢一疋，毛青布三疋。朝鮮國俳，各大潞綢一疋，毛青布三疋。鼓伎、笛伎，各毛青布三疋。廓爾喀樂司舞司歌、粗緬甸樂司歌、細緬甸樂司舞,每名各大潞綢二疋。廓爾喀樂司樂、粗緬甸細緬甸各司樂,每名各大潞綢一疋,毛青布三疋。掌色司擲倒伎、火樹童子、禾詞伎人,各大潞綢一疋,毛青布五疋。如次數未完,均减半給與。善撲頭等者,各大蟒緞一疋,大潞綢一疋。二等,各大緞一疋,潞綢同。三等,各大緞一疋,綾一疋。小善撲及學習善撲,各大緞一疋。均由部出具印領,移咨户部領給。

欽定大清會典卷三十

〇凡列聖、列后之大事，各考其禮而著焉。列聖大事之禮。天命十一年八月十一日，太祖高皇帝大事。次日奉安梓宫於瀋陽城中西北隅，太宗文皇帝截髮辮成服，頒詔大赦。遇除夕元旦，俱徹樂停燕。天聰三年，奉遷太祖高皇帝梓宫，太宗文皇帝率諸貝勒、大臣謁拜几筵，奠酒讀祝文畢，親奉梓宫出殿。諸大臣奉置靈轝，安葬福陵。崇德元年，恭上尊謚。崇德八年八月初九日，太宗文皇帝大事。是日，世祖章皇帝截髮辮成服。内外親王以下，佐領以上，皆截髮辮成服。和碩福晉以下，佐領命婦以上，翦髮成服。公主格格下嫁者，皆成服，不翦髮。次日，奉安梓宫於崇政殿，設几筵。王公以下各官，每日入臨二次，凡三日止。第四日，王公各於府第齋宿，部院官於各公署、閒散官於篤恭殿前，凡十八日止。諸王以下各官不祈禱、祭祀、燕會，凡百日止，軍民人等凡十八日止。禁屠宰凡十三日止。外州縣官民以詔到日摘冠纓成服，各官於本衙署行禮舉哀凡三日止。至二十七日除服，行初祭禮、大祭禮。初祭、大祭次日，行繹祭禮，行滿月致祭禮。期年以内，滿月皆致祭。行恭上尊謚禮。恭奉寶位詣昭陵前期行祗告禮。靈駕至陵，行奉安禮、行奉安寶位致祭禮。百日期年歲暮、清明，皆致祭行禮。安葬昭陵地宫，行致祭禮。順治十八年正月初七日，世祖章皇帝大事。是日，聖祖仁皇帝截髮辮成服。王以下文武各官，固倫公主和碩福晉以下宗女，佐領三等侍衛命婦以上，皆成服。男摘冠纓截髮辮，女去首飾翦髮。恭奉梓宫安奉乾清宫，設几筵。朝晡日中三設奠，聖祖仁皇帝親詣上食王公大臣等。公主福晉以下，縣君宗室公夫人以上，日二次詣几筵前奠酒舉哀。副都統以上於乾清門外，在京文職於乾清門、景運門外，武職於隆宗門外，日二次舉哀。外藩進貢官員，各給白布服，三日而除。漢文武、候補、候選等官，及監生吏典僧道官等，於順天府署朝夕哭臨，均三日止。第四日，王公、公主、福晉等於府第，部院官於各公署，閒散官於午門外，均齋宿二十七日。二十七日後，王公大臣以下侍衛以上，日一次入宫前序立舉哀。其餘各官，於乾清門外舉哀。自大事日始滿二十七日，聖祖仁皇帝除服，衆皆除服。王公以下文武官員，不作樂，不嫁娶，凡百日。在京軍民人等摘冠纓、服縞素，凡二十七日。不嫁娶，凡一月。不作樂，凡百日。禁屠宰，凡四十九日。不祈禱、不祭神，凡二十七日。頒遺詔於天下。外省領兵、王公、官兵於詔到日，摘冠纓成服，舉哀三日。至第四日，照常供事。各省文武官於詔到日，摘冠纓成服，朝夕哭臨，凡三日。官員命婦亦素服，均二十七日而除。軍民人等素服十三日而除。不嫁娶，凡一月。不作樂，凡百日。奉移梓宫至景山壽皇殿，聖祖仁皇帝隨靈駕步行號泣，王公百官伏地悲慟。几筵前行殷奠禮，奉移前期行啓奠禮，嗣後行初祭禮，初祭次日行繹祭禮。行滿月致祭禮、行恭上尊謚獻册寶致祭禮、百日致祭禮、恭題神主禮、奉安寶位致祭禮、大祭禮。次日繹祭禮，期年致祭禮，再期致祭禮，大葬前期行祖奠禮，期年内滿月均行致祭禮。二十七月内，凡遇清明、中元、十月朔、歲暮，均行致祭禮。聖祖仁皇帝皆親詣行禮，王公、文武各官、公主、福晉、命婦齊集如儀。安葬孝陵，途次奉靈轝於黄幄内，朝夕奠獻。至陵奠獻與在途同。行安葬地宫禮，前期遣輔臣及文武三品以上官詣陵致祭。饗殿告成，行奉安神位致祭禮。康熙六十一年十一月十三日聖祖仁皇帝大事。次日大斂，世宗憲皇帝諭令王公文武大臣，皆入乾清門内瞻仰。公主、近支王公福晉夫人，於几筵殿内齊集。奉梓宫於乾清宫，以東廡爲倚廬，簡命王公大臣恭理喪儀並簡進爵大臣。世宗憲皇帝截髮辮成服，諸皇子咸截髮辮成服。孝恭仁皇后、孝敬憲皇后、妃、嬪、公主、福晉，均翦髮摘耳環成服。王公以下文武各官及諸命婦，皆成服。罷職宗室官員，及閒散覺羅人等，亦准成服。外國貢使及外藩公主、福晉、額駙、王、公、台吉等，在二十七日内至京者，成服。二十七日後至京者，男摘冠纓，女去耳環三日。初喪三日内，每日哭臨三次。王以下入八分公以上，内大臣、内閣大學士、學士、前鋒統領、護軍統領、上三旗都統、副都統、侍衛等内務府官員，於乾清門外。五旗都統、副都統、各部院滿漢大臣以下有頂戴官員以上，於景運門外。在内公主、福晉等乘馬至蒼震門入内，五旗王福晉、郡主等乘馬至隆宗門入内，大臣命婦等步行至隆宗門，俟朝夕奠隨班舉哀。值命婦等不齊集之日，右翼滿漢官員於隆宗門外序立。王以下齋宿二十七日，王公以下不嫁娶祭神，及軍民成服，外省官民哭臨成服，均如世祖章皇帝大事儀。惟内外文武官員一年内不作樂。頒遺詔，世宗憲皇帝立乾清宫外，西嚮。大學士奉遺詔由中道出，世宗憲皇帝跪候過。回苫次，世宗憲皇帝紹承大寶，行祗告禮。是日朝奠，仍親詣行禮。届二十七日除服之期，世宗憲皇帝從倚廬移御養心殿，釋縞素，仍素服，齋居三年。奉移梓宫至壽皇殿，靈駕發，世宗憲皇帝於左旁隨行。每舁校更班時，皆跪候。王公百官、公主福晉命婦等，皆按地序立，候過，跪舉哀。自安奉後，世宗憲皇帝每日黎明詣壽皇殿上食三次，退至觀德殿席地坐。晡奠畢，還倚廬。自初喪始，几筵前日三設奠。嗣後凡殷奠、啓奠、初祭、大祭、繹祭、滿月祭、恭上尊謚恭獻册寶致祭、百日致祭、清明致祭各禮，世宗憲皇帝皆親詣行禮，内外齊集如儀。世宗憲皇帝親送梓宫詣景陵，先期行祖奠禮。靈駕發，世宗憲皇帝隨出景山東門，先詣宿，次祗候。在途朝夕奠，世宗憲皇帝於蘆殿祭酒，王公百官隨行禮。沿途百里以内文武官，在路右百步外跪迎舉哀。候過，隨至宿次，於黄幔城門外行禮。靈駕至陵，世宗憲皇帝於紅門外跪迎。奉安饗殿，行暫安奉致祭禮。大葬前期，行祗告大葬致祭禮。安葬景陵，行奠獻禮、行恭題神主禮、行虞祭禮。世宗憲皇帝恭奉神主安奉黄輿回京，途次仍行朝夕奠禮。二十七月期滿，親詣太廟行祫祭禮。三周屆期，世宗憲皇帝率孝敬憲皇后、妃、嬪等恭謁景陵致祭行禮，餘均如世祖章皇帝大事儀。雍正十三年八月二十三日，世宗憲皇帝大事。高宗純皇帝於本日親視小斂。至申時大斂，奉梓宫於乾清宫中，設几筵。高宗純皇帝截髮辮成服，諸皇子咸截髮辮成服，孝聖憲皇后率孝賢純皇后、妃、嬪、公主、皇子福晉及宫人等，咸翦髮摘耳環成服。親王以下文武各官，公主、和碩福晉以下，佐領三等侍衛命婦以上，咸成服。諭令總理事務王大臣，於奠獻時在乾清宫廊下瞻仰行禮，每日三次舉哀，御前大臣侍衛於乾清門內。餘如聖祖仁皇帝大事儀。王以下齋宿二十七日，閒散官令在闕門外齋宿。几筵前奠獻時，以宗室三十人、覺羅二十人輪流入内瞻仰。諭持服三年。百日以内，高宗純皇帝服縞素。百日外，請髮易素服，詣几筵前仍服縞素。御門莅官聽政、恭詣孝聖憲皇后宫，咸素服冠綴纓緯。遇陞殿受朝不宣表，不作樂，咸用吉服禮服。凡遇典禮，咸用禮服。至二十七月期滿，高宗純皇帝除服。孝賢純皇后於二十七日後在(官)[宫]中素服，遇典禮用禮服，恭詣几筵前仍用縞素。妃、嬪於二十七日除服，二十七月之内咸素服，遇典禮用禮服。皇子以下在京王公百官，咸二十七日除服，百日薙髮除服。後有應行典禮及朝會坐班，仍用禮服吉服。入朝奏事，在署辦事，咸素服冠綴纓緯，恭詣几筵前去纓緯。二十七月後，咸遵吉禮行。在京王公百官，二十七月内不作樂，不燕會。一年内，不嫁娶。外省官員及軍民人等，仍如聖祖仁皇帝大事例行。二十七月内，門神對聯，太和殿、中和殿、保和殿仍張掛，餘處不張掛。王公以下有頂戴官員以上，咸至二十七月後張掛。頒遺詔，大學士奉詔至乾清宫檐下，高宗純皇帝接受安奉於黄案。行禮畢，由乾清宫左門出，西嚮立。大學士奉詔由中門出，高宗純皇帝跪候過，回苫次。自殷奠以後，凡遇致祭送燎，奏遣大臣祭酒皆奉旨親詣。奉移梓宫暫安於雍和宫，高宗純皇帝步行恭送。一月之内，高宗純皇帝每日親詣雍和宫一次。一月以外，間一日，兩月以外，間二日，親詣一次。奉安梓宫於泰陵。靈駕發，高宗純皇帝步送出安定門外。在途每日靈駕發，高宗純皇帝步送至第二班舁校更班後，始乘騎。至陵暫安奉隆恩殿，每月二十三日周月致祭，奏遣親王行禮。安葬泰陵前期行遷奠禮，屆日行奉安禮、行恭上尊謚恭題神主禮、行虞祭禮。滿二十七月，高宗純皇帝恭詣泰陵行釋服禮。三周屆期，高宗純皇帝恭詣泰陵。其餘致祭典禮均如聖祖仁皇帝大事儀。嘉慶四年正月初三日，高宗純皇帝大事。皇帝截髮辮成服，儀親王等隨截髮辮成服。維時皇后在皇貴妃位，翦髮摘耳環，成服，惇太妃以下公主福晉及宫人等咸翦髮摘耳環，成服。是日大斂，皇帝行斂奠禮，王公百官及福晉命婦等成服齊集齋宿，均如世宗憲皇帝大事儀。八旗及閒散官在各衙門齋宿。恭理喪儀王大臣守衛執事各官喪服百日。王公百官軍民人等，均百日，不薙髮。外省官員軍民人等，以大事日爲始，百日不薙髮。近支宗室，二十七月内不嫁娶。遠支宗室及在京王公百官，期年内不嫁娶，二十七月内，不作樂，不燕會。餘均如世宗憲皇帝大事儀。頒遺誥於天下，皇帝行禮如儀。遣使頒遺誥於朝鮮，國王率陪臣素服恭迎，止鼓樂，使臣就館，不受燕饗。頒遺誥於外藩蒙古諸部，儀同。奉移梓宫於觀德殿,皇帝於靈駕左步行恭送。皇帝居永思殿倚廬,早晡日中三次親詣奠獻。初滿月後,間一日親詣觀德殿一次。二滿月後,間二日,百日後,間三日,親詣一次。凡殷奠、啓奠、初祭、大祭、月祭、百日祭及時薦上尊謚等禮,均如世宗憲皇帝大事儀。百日内,恭遇壇廟祭祀,俱遣官行禮於便殿。召見大臣、引見官員,皇帝服縞素。二十七日内,恭遇開寶,御青長袍褂。百日,皇帝請髮易素服。詣几筵前,仍服縞素。百日之後,素服滿二十七月,恭遇祭祀天壇、地壇、社稷壇、太廟。孟冬時饗、歲暮祫祭,皇帝皆親詣行禮。乘禮輿,不御輦。祭日,御禮服,作樂。還宫時,導引樂設而不作。閱視祝版,御龍褂。惟駕詣天壇,閱視祝版及省牲視牲,均御龍袍褂。冬御貂褂。孟春、孟夏、孟秋時饗太廟,俱遣官行禮。元旦親詣堂子行禮,御禮服。恭遇祖宗聖誕,親詣奉先殿行禮,御龍褂藍色袍,掛朝珠。忌辰仍素服。宫中祀神,御龍褂藍色袍,掛朝珠。元旦,御貂皮褂,掛朝珠,不御殿受賀。前後三日御貂皮褂,不掛朝珠。忌辰仍素服。恭遇萬壽聖節,正日御常服,前三日後三日仍素服。御便殿,召見大臣、引見官員,俱素服。封寶、開寶,御龍褂藍色袍,掛朝珠。中祀、群祀,俱遣官行禮。傳臚不陞殿,御門聽政。於嘉慶五年開印後舉行經筵親耕等禮,俱於二十七月後舉行。皇后親蠶,亦於二十七月後舉行。二十七月内,遣妃恭代。王公百官,二十七日内俱服縞素。二十七日外百日内,服青長袍褂、帽綴纓,夏季戴雨纓帽,至几筵前仍摘纓。御前大臣侍衛、乾清門侍衛隨駕詣几筵前,仍服縞素。百日外,壇廟祭祀,皇帝親詣行禮。齋戒日期,各官均常服,掛朝珠。閱視祝版,均補服。駕詣天壇,閱視祝版及先期省牲視牲,各官均蟒袍補服。冬衣貂褂,掛朝珠。祭日均朝服。百日内遇中祀、群祀,承祭執事各官均素服行禮,樂設而不作。百日外二十七月内,齋戒常服。祭日朝服作樂。元旦、萬壽聖節,王公百官均蟒袍補服,掛朝珠。前後三日均常服,掛朝珠。常朝坐班、開封印信,均補服,掛朝珠。遇朔望,常服,不掛朝珠。百日内引見官員,均服青長袍褂。百日外,服青褂藍袍。遇朔望,常服。内外各官至天安門謝恩,均常服。鄉會試停止筵燕。内外簾各官謝恩,常服,掛朝珠。百日内各官雨衣雨帽氈褂,不論品級均青色。百日外,雨帽各按品級,雨衣氈褂仍青色。奉移梓宫恭送裕陵。靈駕啓行,皇帝步送出皇城,至東安門外跪,俟靈駕過,皇帝先詣蘆殿旁祗俟。靈駕將至蘆殿,皇帝於網城門外東旁跪迎。至陵,皇帝由大紅門内幄次出迎。皇帝恭代高宗純皇帝饗祖陵,行禮畢,親引靈駕上神路奉安饗殿。期年致祭,皇帝親謁裕陵,行饗奠禮。恭奉梓宫安葬裕陵。前期行遷奠禮,届期行奉安禮、恭題神主禮、虞祭禮,均如世宗憲皇帝大事儀。嘉慶五年清明,皇帝親詣裕陵行禮。皇帝服縞素,隨從執事之王公大臣官員均素服摘冠纓。再期,遣王詣裕陵致祭。届滿二十七月,皇帝率皇后恭詣裕陵行釋服禮。届三周年,皇帝親詣裕陵行禮。列后大事之禮。太祖高皇帝癸卯年九月二十七日,孝慈高皇后大事。喪斂祭饗,儀物加隆,太祖高皇帝不飲酒茹葷者逾月。天聰三年,奉遷梓宫合葬福陵。崇德元年,恭上尊謚。順治六年四月十七日,孝端文皇后大事。恭奉梓宫於宫中正殿,設几筵。世祖章皇帝率王以下文武各官、公主福晉以下官員命婦，皆成服，男摘冠纓，女去首飾。王以下輕車都尉以上，公主福晉以下三等侍衛雲騎尉命婦以上，各按翼齊集行初祭禮、大祭禮。次日，均行繹祭禮。滿月百日等祭，行禮如儀。奉移寶位恭送昭陵，行恭上尊謚禮，世祖章皇帝親詣行禮。行奉移禮，合葬昭陵，大學士奉神主回京。康熙二十六年十二月二十五日，孝莊文皇后大事。簡命親王進爵大臣恭理喪儀，頒遺誥於天下。孝惠章皇后、聖祖仁皇帝、皇子、妃、嬪、公主咸成服，王以下文武各官、公主福晉以下縣君奉恩將軍恭人以上、民公夫人以下副都統侍郎男夫人以上，咸齊集成服。内務府三旗大小各官、執事人、護軍、領催及内管領下食錢糧男婦，皆成服。每日三次奠獻。初喪三日内，每日哭臨三次。第四日後，王公以下上三旗副都統以上、外藩王公台吉，每日哭臨三次，文武各官日二次。自初喪日爲始，各齋戒二十七日。王以下各官不嫁娶，不作樂。軍民人等摘冠纓，婦女去首飾，凡二十七日。外藩公主、王等二十七日内至京者，令成服。除服後至京者，男摘冠纓，女去首飾，各三日。遣使頒遺誥於朝鮮國。罷黜宗室覺羅，官原品休致文武人員及八旗候補各官，在京朝鮮等國使臣，皆給孝服行殷奠禮。奉移梓宫至朝陽門外，殯宫前期行啓奠禮。届日靈駕發，聖祖仁皇帝於靈駕前步行恭送。滿二十七日，孝惠章皇后、聖祖仁皇帝、皇子及妃、嬪等除服，王公百官、公主福晉命婦等皆除服。聖祖仁皇帝除服後仍服布服。初祭以後各禮，均如孝端文皇后大事儀。奉移梓宫至暫安奉殿。前期，行祖奠禮。届日，靈駕發，聖祖仁皇帝步送三里餘，始乘焉。舁校更班時，聖祖仁皇帝下馬跪道旁，王以下各官、公主福晉以下命婦齊集跪送如儀。在途朝夕奠，聖祖仁皇帝於蘆殿祭酒行禮。沿途百里内文武各官，跪迎舉哀，行禮如儀。奉安饗殿，行致祭禮。奉安梓宫於孝陵之南暫安奉殿，前期行遷奠禮。届日，祭酒行禮，行恭上尊謚禮、恭題神主禮。雍正三年，於暫安奉殿營建地宫，世宗憲皇帝奉移梓宫奉安昭西陵，行禮告祭如儀。康熙五十六年十二月初六日，孝惠章皇后大事。奉梓宫於寧壽宫正殿，設几筵。聖祖仁皇帝截髮辮成服，皇子以下王公百官、公主福晉以下官員命婦，咸成服。王以下各官不嫁娶，不作樂，凡二十七日。軍民人等摘冠纓，婦女去首飾，不作樂、嫁娶，凡七日。日三上食，簡皇子數人祭酒。王以下各官、福晉命婦，齊集三日。三日後，王公官員每日早齊集一次。福晉命婦等於祭祀奉移等日齊集。頒遺誥於各省及朝鮮，誥到日，各成服二十七日。奉移梓宫於朝陽門外，殯宫前期，行奉移啓奠禮，聖祖仁皇帝親詣行禮。奉移時，親詣祭酒畢，出寧壽門西門，跪送靈駕啓行。王公百官於齊集處候靈駕至，跪迎如儀。奉移後，日三設奠及初祭，均皇子祭酒行禮。大祭日及前一日，聖祖仁皇帝均親奠行禮。周月、清明、百日等祭，均親詣。恭上尊謚，皇子恭代行禮。奉移梓宫於孝東陵。前期行啓奠禮，聖祖仁皇帝親詣殯宫祭奠。届時，詣殯宫門外跪候過。靈駕發，步行恭送奉安地宫，行安奉致祭禮、恭題神主禮。期年致祭，聖祖仁皇帝親詣孝東陵行禮。康熙二年二月十一日，孝康章皇后大事。恭奉梓宫於宫中正殿，設几筵。聖祖仁皇帝截髮辮成服，王以下文武各官齊集宫門外、公主福晉以下縣君及副都統侍郎男夫人以上，齊集宫内，咸成服。每日三次上食,聖祖仁皇帝親詣奠獻。王以下各官日二次舉哀,至第四日止。王以下各官及軍民人等不嫁娶、作樂日期,與孝惠章皇后大事同。頒詔各省及朝鮮國,詔到日,在外文武各官摘冠纓成服,於署内朝夕哭臨二次,凡三日。各官命婦去首飾、服素服,均二十七日服除。各省軍民與在京同,服内均不作樂、嫁娶。奉移梓宫安奉壩上殯宫,聖祖仁皇帝祭奠行禮,王公百官齊集隨送。公主福晉以下大臣命婦,先一日於壩上恭俟。靈駕至,奉安畢,輔臣祭酒,王以下各官及公主福晉以下大臣命婦,行禮如儀。行清明致祭禮,初祭、大祭、繹祭禮。周月、百日,均致祭行禮。行奉安寶位致祭禮。恭上尊謚,聖祖仁皇帝素服御太和門恭閲册寶畢,安設壩上殯殿内。奉移梓宫安葬孝陵地宫。前期,行致祭禮。届日,行安葬致祭禮。康熙十三年五月初三日,孝誠仁皇后大事。奉安梓宫於乾清宫,設几筵。聖祖仁皇帝輟朝成服,妃、嬪、宫人咸成服。王以下文武各官,公主福晉大臣命婦等,咸成服齊集。日三設奠,王以下各官每日舉哀二次,凡三日止。簡命大臣辦理喪儀。王以下各官不嫁娶,不作樂,凡二十七日。民間凡七日止。奉移梓宫於西華門外殯宫,聖祖仁皇帝親臨送。王以下各官,公主福晉以下内務府官命婦以上,豫赴奉安殯宫按翼齊集。頒勅諭於朝鮮,遣官到日,照例成服。直省各官免其齊集制服。行殷奠禮、初祭禮,聖祖仁皇帝均親臨。奉移梓宫暫安於都城北沙河鞏華城殯宫。前期,行奉移致祭禮。届日,聖祖仁皇帝親臨送。王以下各官,公主福晉以下命婦,按翼齊集。大祭、月祭、百日致祭,聖祖仁皇帝均親至鞏華城行禮。行册謚禮,聖祖仁皇帝素服御太和門,遣正副使至鞏華城几筵殿内陳設行禮。翼日頒詔。自百日至期年,每日仍三設奠。期年外,日一奠。每滿月,仍致祭。清明、中元、歲暮、期年、再期、三周年,均致祭。恭題神主升祔奉先殿如儀。奉移梓宫與孝昭仁皇后同日奉安陵寢。前期行遷奠禮。奉安畢,聖祖仁皇帝於方城前祭酒,王公百官行禮如儀。康熙十七年二月二十六日,孝昭仁皇后大事。奉安梓宫於宫中正殿,設几筵。聖祖仁皇帝輟朝成服,皇子及妃、殯以下宫人等成服,王以下各官、公主福晉命婦成服齊集。均如孝誠仁皇后大事儀。惟衍聖公、五經博士在京,亦給孝服,一例齊集。奉移梓宫於武英殿,又奉移於沙河鞏華城殯宫。聖祖仁皇帝均親臨,一應齊集禮儀及行册謚禮、殷奠以後致祭各禮、恭題神主禮,均與孝誠仁皇后大事同。康熙二十八年七月初十日,孝懿仁皇后大事。奉安梓宫於承乾殿,設几筵。聖祖仁皇帝輟朝成服,妃、嬪、皇子及王以下各官、公主福晉命婦等成服,均如孝昭仁皇后大事儀。惟王公、内大臣、侍衛、大學士、上三旗都統、副都統等,日三次齊集。滿漢文武官員,日二次齊集。公主福晉以下,八旗大臣命婦官員之妻以上,日一次齊集。奉移梓宫於朝陽門外殯宫,命親王恭齎册寶詣殯宫行册謚禮。殷奠以後致祭各禮,奉移、奉安各禮,聖祖仁皇帝親臨。及一應禮儀,均與孝昭仁皇后大事同。雍正元年五月二十三日,孝恭仁皇后大事。恭奉梓宫奉安寧壽宫正殿,設几筵。世宗憲皇帝截髮辮成服,諸子、王、貝勒、貝子咸截髮辮成服。皇子、皇孫咸成服。孝敬憲皇后率貴妃、妃、嬪、宫人等成服。王公百官、公主福晉命婦,咸成服齊集。均如孝莊文皇后大事儀。惟王以下文武官員,百日内不作樂,不嫁娶。軍民人等,摘冠纓,去首飾,不作樂,不嫁娶,凡二十七日。頒遺誥於各省及朝鮮國。誥到日爲始,照例成服。恭移梓宫奉安於壽皇殿,先一日行奉移致祭禮。届日,祭酒行禮。世宗憲皇帝皆親詣。梓宫啓行,舉哀跪送。靈駕至,世宗憲皇帝於壽皇殿大門外,舉哀跪迎。奉安畢,世宗憲皇帝祭酒行禮。於順貞門内設倚廬以居,每日皆親奠。滿二十七日,世宗憲皇帝除服,衆皆除服。二十七月内,世宗憲皇帝仍素服齋居。恭上尊謚,世宗憲皇帝素服行禮。奉移梓宫至景陵前一日,世宗憲皇帝親詣行祖奠禮。届日,詣梓宫前祭酒舉哀,跪視梓宫登大昇轝,步從至景山東門外。靈駕發,王以下大臣官員、公主福晉命婦等舉哀跪送如儀。世宗憲皇帝豫至宿次蘆殿祇候。在途每日朝夕奠,皆於蘆殿親詣奠獻行禮。至陵,世宗憲皇帝跪迎於碑亭前,步從入饗殿之左蘆殿内。安奉,行安奉致祭禮、行奉移遷奠禮。奉安,實城入地宫行恭題神主禮、行虞祭禮。期年,遣官詣景陵致祭行禮。二十七月,釋服,祭告奉先殿。初祭以後致祭各禮及一應典禮,均與孝康章皇后大事同。雍正九年九月二十九日,孝敬憲皇后大事。奉梓宫於暢春園正殿,設几筵。世宗憲皇帝成服縞素十三日,妃、嬪、皇子、福晉咸成服。親王以下文武百官、公主福晉命婦成服齊集。日三設奠,皇子祭酒行禮。奉移梓宫於田村殯殿,前一日行啓奠禮。届日,皇子祭酒行禮,王以下文武各官、公主福晉命婦齊集如儀。行初祭、大祭、繹祭禮,行册謚禮。周日、百日、期年、再期、三周年、清明、中元、冬至、歲暮,皆致祭。一應典禮均如孝誠仁皇后大事儀。乾隆二年,奉移梓宫合葬泰陵。乾隆四十二年正月二十三日,孝聖憲皇后大事。恭奉梓宫於慈寧宫正殿,設几筵。高宗純皇帝截髮辮成服,皇子、皇孫摘冠纓成服,妃、嬪、皇子福晉、皇孫福晉均摘耳環成服,爲子婦之福晉亦翦髮成服,王公百官、公主福晉命婦咸成服。王以下文武官員,一年内不作樂,百日内不嫁娶。王公等於府第,部院各官於本署,都統以下及閒散等官於各旗公署,外藩王等於各邸,均齋宿二十七日。二十七日,釋服。百日薙髮。自釋服後,各衙門有應行典禮及朝會坐班,仍用禮服吉服。入朝奏事及在署辦事,俱素服,冠綴纓緯。在京軍民人等,摘冠纓素服二十七日,一月内,不嫁娶,百日内,不作樂。日三設奠,王公百官奉移梓宫前,每日齊集三次。奉移後,每日早齊集一次。二十七日後,停止。公主福晉以下,男夫人以上,三日内每日齊集三次,第四日早齊集一次,初祭後停止。遇祭日,均照常齊集。内務府佐領管領下官員,護軍、領催、拜唐阿、男婦等,奉移以前每日齊集三次,奉移後三旗分爲三班,每日一旗齊集二次,大祭後分爲六班,每日一班齊集二次,至百日止。奉諭持服百日,仍素服二十七月,以含青齋爲苫次。頒遺誥於各省暨朝鮮國,誥到之日爲始,照例成服二十七日。直省文武官員,早晚哭臨,凡三日。命婦去耳環、首飾,素服,凡二十七日。以大事日爲始,白日薙髮。官員一年内不作樂,百日内不嫁娶。各省軍民人等,一月内不嫁娶,百日内不作樂。恭移梓宫奉安於暢春園之九經三事殿,高宗純皇帝親詣奠酒。梓宫啓行,高宗純皇帝攀摉步送。至第二次舁校换班時,先赴暢春園宫門外祇候。王公百官、蒙古王、公、台吉、公主、福晉以下,内務府官員妻以上,均齊集舉哀。奉安畢,高宗純皇帝祭酒行禮,親詣安佑宫聖祖仁皇帝、世宗憲皇帝神御前,行告哀禮,以無逸齋爲苫次。恭上尊謚,高宗純皇帝銜素服,冠綴纓緯。御太和門,閲册寶畢,詣暢春園大宫門外幄次易縞素,隨駕大臣官員及齊集之王公大臣官員俱摘纓緯。高宗純皇帝詣几筵前恭獻册寶行禮。奉移梓宫至泰東陵,高宗純皇帝親詣祭酒跪視梓宫登大昇轝,步從里許,豫至蘆殿祗候。王公百官、公主福晉命婦,皆齊集舉哀。途次朝夕奠,高宗純皇帝行禮,王公百官隨行禮。靈駕將至陵,高宗純皇帝於道旁遥嚮泰陵恭代孝聖憲皇后行禮。靈駕至陵,高宗純皇帝於紅門外橋前跪迎,俟靈駕過,隨行奉安饗殿祭酒行禮。行百日致祭禮,高宗純皇帝釋服請髮。奉安地宫恭題神主畢,行虞祭禮。恭奉神主黄輿回京。自殷奠以至遷奠,凡致祭之日,均親詣。期年、再期行致祭禮,滿二十七月行釋服禮,均親詣泰東陵行禮。聖祖仁皇帝子孫、近派宗室,二十七月後舉行嫁娶禮。遠派宗室及覺羅並三品以上滿漢大臣官員,期年後行嫁娶禮,嫁娶日准作樂。至尋常作樂燕會,仍俟二十七月後。四品以下滿漢官員等,百日後行嫁娶禮,嫁娶日准作樂。至尋常作樂燕會,仍俟期年後。軍民人等,百日後聽其嫁娶作樂。高宗純皇帝二十七月内,均素服。詣几筵前,冠摘纓緯。百日内遇祭壇、廟、社稷,俱遣官行禮。高宗純皇帝於先期齋戒之日,素服冠綴纓緯。百日外,親詣行禮齋戒日,常服,不掛朝珠。天壇閲視祝版,先期宿壇,御龍袍龍褂。地壇、太廟、社稷,閲視祝版,龍褂掛,朝珠。祭日,朝服作樂,還宫時樂設而不作。天壇、祈穀壇、地壇大祀,乘禮輿。祭堂子,御龍袍龍褂。百日内祭奉先殿,戴有纓冠,青袍褂。百日外,珠頂冠,藍色袍,金龍褂。二十七月内祭月壇、歷代帝王廟、先師孔子、先農等壇廟,均遣官行禮。百日外宫内祀神,聖祖仁皇帝、世宗憲皇帝聖誕,孝聖憲皇后聖誕,高宗純皇帝行禮均御龍袍龍褂,掛朝珠。百日外御門聽政,常服,不掛朝珠。閲視玉牒,御朝服。封寶、開寶,御龍褂。山陵禮成後,二十七月以内,高宗純皇帝謁陵之日,青長袍褂,冠摘纓緯,在途冠綴纓緯。恭謁祖陵,謁陵之日,素服。大祭之日,朝服。途次用行衣。傳臚不陞殿。御經筵及親耕均於二十七月後行。元旦前後七日,貂褂,掛朝珠。立春日、上元日,常服,掛朝珠。四孟月敬神、十二月二十三日祀竈,龍褂,掛朝珠。十二月十六十七日,御乾清宫引見,萬壽聖節前後七日,均常服。内庭主位,二十七日釋服,二十七月内常服。遇元旦及萬壽聖節,前後七日均吉服。文武大臣官員,二十七日釋服後,百日内素服冠綴纓緯,夏季戴雨纓帽。至几筵前,仍摘纓緯。二十七月内,服青褂。至山陵前,仍服青袍褂。百日内恭遇壇、廟祭祀,遣官先期省牲視牲,均素服。祭日,承祭執事各官朝服,作樂行禮。百日外恭遇,親詣行禮。齋戒日,常服,掛朝珠。天壇隨從閲視祝版及宿壇,蟒袍補褂,掛朝珠。地壇、太廟、社稷壇隨從閲視祝版,補褂,掛朝珠。祭日咸朝服。百日内祭奉先殿,執事隨從各官青袍褂,戴有纓帽。百日外,補服,掛朝珠。百日内祭日壇、歷代帝王廟、先師孔子、先農等壇廟,遣官及執事等官素服行禮,樂設而不作。百日外,素服。齋戒祭日,朝服。二十七月内遇元旦,隨駕祭堂子,蟒袍補褂,掛朝珠。是日,百官俱蟒袍補褂,掛朝珠。元旦前後三日及萬壽前後七日,並恭遇御門聽政,及每月朔望,均常服,掛朝珠。百日内引見人員,俱青袍褂。百日外,仍青褂。惟十二月十六十七日,御乾清宫引見百官,均常服,掛朝珠。遇陞殿常朝坐班,俱朝服。各衙門封開印信之日,常服,掛朝珠。其在署行禮,仍朝服。奉移梓宫至陵,隨從官員在途皆服青長袍褂,冠摘纓。禮成後,恭奉神主回京,併百日後聖駕謁陵,隨從官員在途皆青長袍褂,冠綴纓。回京時行衣,百日内雨衣雨帽不論品級,均青色。百日外,雨帽各按品級,雨衣仍用青色。皇子與王公大臣同。門神對聯,王公大臣官員至二十七月後張掛。乾隆十三年三月十一日,孝賢純皇后大事。恭奉梓宫於長春宫正殿,設几筵。高宗純皇帝成服用素綢,妃、嬪以下皇子、皇子福晉成服用白布。皇子截髮辮,皇子福晉翦髮。高宗純皇帝九日不辦事。王以下宗室以上滿漢文武各官、公主、福晉、命婦及内務府三旗佐領内管領下官員、護軍、領催等妻,咸成服。王公百官不嫁娶,不作樂,二十七日。軍民七日,男摘冠纓,女去耳飾。王公百官,百日後薙髮。日三設奠,王公百官每日齊集二次,十三日後,每日早齊集一次,二十七日後停止。王公福晉以下男夫人以上,三日每日齊集二次,第四日後,每日早齊集一次,初祭後停止。遇祭均仍齊集。内務府佐領内管領下官員、護軍、領催等之妻,三日内每日齊集二次,三日後日以一旗輪流齊集。王公百官照例齋宿二十七日。遣官頒敕諭於直省,以奉到敕諭日爲始。在外文武各官摘冠纓,齊集公所哭臨三日,持服二十七日。二十七日内,文武各官不嫁娶,不作樂。以大事日爲始,百日後薙髮。軍民人等摘冠纓七日,七日内不嫁娶,不作樂。遣官頒敕諭於朝鮮國及内扎薩克、喀爾喀、哈密、青海等處。在京王公百官,於百日内有應行典禮及朝會坐班,咸用禮服吉服。入朝奏事,皆素服,冠綴纓緯。御門聽政,各官常服,不掛朝珠。百日後陞殿,文武各官及外藩使臣均朝服行禮。御門之期,各官常服,掛朝珠。百日以後期年以前,朝期坐班朝服,月朔等日補服,均掛朝珠。尋常入内奏事,常服不掛朝珠。本年内常朝陞殿,但鳴鐘鼓,樂懸而不作。皇子等制服百日,二十七月内素服,詣几筵前喪服。奉移梓宫於景山觀德殿前期,行啓奠禮。届日,祭酒行禮。高宗純皇帝均親臨。奉移梓宫於静安莊,皇子祭酒行禮,王公百官、公主福晉命婦齊集均如儀。行初祭、大祭禮,册謚禮,百日、期年、再期致祭禮。奉移梓宫,行祖奠禮。奉安地宫,行遷奠禮、奉安禮。高宗純皇帝均親臨,皇子以下行禮如儀。其餘典禮,均如孝誠仁皇后大事儀。乾隆四十年正月二十九日,孝儀純皇后大事。維時孝儀純皇后在皇貴妃位,一應喪儀,均遵照皇貴妃典禮。乾隆六十年奉高宗純皇帝諭,追册爲孝儀皇后,行恭題神主禮、册謚禮。嘉慶四年,皇帝恭上孝賢純皇后、孝儀純皇后尊謚。於恭送高宗純皇帝梓宫至山陵時,先期一日舉行。嘉慶二年二月初七日,孝淑皇后大事。遵高宗純皇帝敕旨,皇帝輟朝五日,素服七日,遇奠醊摘纓。目送奉移静安莊後,皇帝更常服。皇子、公主、福晉及派出穿孝之王公等,均照例成服。王公大臣及官員兵民人等,俱素服七日,不摘冠纓,照常薙髮。皇帝宫之妃、嬪於初祭後釋服。皇子、公主、福晉截辮翦髮成服,百日後易素服。皇子於百日後薙髮。王以下各官,二十七日内不嫁娶,不作樂。軍民人等七日。日三設奠,王以下各官、福晉命婦均齊集。奉移後,惟祭日齊集。恭奉梓宫奉安於吉安所,設几筵。行殷奠禮、大祭禮、百日致祭禮,皇帝親臨,皇子以下行禮。奉移梓宫於静安莊,前期行啓奠禮。屆日奉移,皇子行禮,衆隨行禮。服闋致祭,皇帝親臨。其初祭以後致祭各禮及册謚禮,均皇子行禮,内外齊集如儀。奉安地宫,皇帝詣静安莊臨送祭酒行禮,奉安日親臨視奠。其餘一應典禮,均如孝賢純皇后大事儀。

○皇帝謁陵,則具其儀。興京啓運山,爲肇祖原皇帝陵,原皇后合葬。興祖直皇帝陵,直皇后合葬。景祖翼皇帝陵,翼皇后合葬。顯祖宣皇帝陵,宣皇后合葬。共一山,是爲永陵。盛京天柱山,爲太祖高皇帝陵,孝慈高皇后合葬,是爲福陵。隆業山,爲太宗文皇帝陵,孝端文皇后合葬,是爲昭陵。直隸遵化州昌瑞山之南,爲孝莊文皇后陵,是爲昭西陵。昌瑞山,爲世祖章皇帝陵,孝康章皇后合葬,端敬皇后祔葬,是爲孝陵。昌瑞山之東,爲孝惠章皇后陵,是爲孝東陵。孝東陵之東,爲聖祖仁皇帝陵,孝誠仁皇后合葬,孝昭二皇后、孝懿仁皇后、孝恭仁皇后祔葬,是爲景陵。易州永寧山,爲世宗憲皇帝陵,孝敬憲皇后合葬,是爲泰陵。泰陵之東,爲孝聖憲皇后陵,是爲泰東陵。昌瑞山孝陵之西,爲高宗純皇帝陵,孝賢純皇后、孝儀純皇后合葬,是爲裕陵。永寧山泰陵之西,是爲孝淑皇后陵寢。永陵、福陵、昭陵,曰盛京三陵。昭西陵、孝陵、孝東陵、景陵、裕陵,曰東陵。泰陵、泰東陵、孝淑皇后陵寢,曰西陵。恭遇皇帝展謁盛京三陵,具奏應行典禮,開列堂官銜名,奏請欽派隨駕,開列王公大臣職名,奏請欽派王公等隨至祭臺前,及前引進爵大臣。如皇帝初次謁陵,奏請於駐蹕日詣陵行謁見禮,儀注由部恭進。次日行大祭禮,儀注由太常寺恭進。恭遇皇帝展謁東陵、西陵,奏派隨駕堂官,及隨入陵寢門王公前引進爵各大臣,屆期恭進儀注,均與謁盛京三陵同。皇帝謁陵,御素服,隨從之王公百官均素服。恭謁永陵,皇帝於啓運殿之北門階下行三跪九拜禮,瞻望四陵各奠酒。凡四跪,每跪奠酒三爵,每奠行一拜禮。畢,西嚮舉哀。王以下大臣官員隨行禮舉哀。恭謁福陵、昭陵,皇帝於明樓前行禮奠酒舉哀。恭謁東陵,先謁昭西陵,次謁孝陵,次謁孝東陵,次謁景陵,次謁裕陵。恭謁西陵,先謁泰陵,次謁泰東陵。行禮奠酒舉哀與謁盛京三陵同。皇帝謁陵,乘輿降輿之處,均俟臨時酌擬具奏。隨從王等均於下馬牌下馬,貝勒以下大臣侍衛三品官以上,於未至下馬牌下馬。惟恭謁泰陵,隨從王等至東山角下馬,貝勒以下大臣侍衛三品官以上,於未至山角處下馬。皇帝恭謁盛京三陵次日,行大饗禮。永陵於啓運殿,福陵、昭陵於隆恩殿。御禮服,隨從之王公百官均朝服。恭謁東陵、西陵,如皇帝親行大饗禮,御素服。惟國有大慶,皇帝親行大饗禮,則御禮服。恭請帝后神位奉安寶座,南嚮。帝后同案,每案牛一、羊二,鑪鐙具,酒四尊。疏布冪勺具,每位奉先制,帛一,羹飯脯醢十八器,餅餌果實六十五器,夏則薦爪。茶碗一,金爵三有墊,金匕三,金筯二。皇貴妃祔饗者,設位於西旁,東嚮,素帛一,餅餌果實五十四器,餘同。皇帝行三跪九拜禮,王公百官隨行禮。上香讀祝三獻禮畢,御素服者,皇帝於禮畢後至明樓前西嚮立舉哀,王公百官於陵寢門外舉哀。御禮服者,不至明樓前舉哀。清明節,皇帝親詣行敷土禮。前期,開列親王及内大臣銜名,恭請欽派二人幫扶土擔。届日,皇帝素服進至方城前,陵寢内務府官恭備護履,皇帝納履。陵寢内務府大臣恭荷土簣至明樓東階前進土,皇帝接受。前後王公大臣各一人幫扶,由明樓東磴道升,至方城石欄東,幫扶王大臣接土擔合於一筐。皇帝至寶頂正中跪,幫扶王大臣奉筐跪進。皇帝拱舉敷土,降授筐脱履。禮畢,乃行大饗禮。皇帝臨孝淑皇后陵寢,至明樓前階下降輿升階,西嚮坐,奠酒舉哀。王公百官於大門外北面行三跪九叩禮。皇帝臨端慧皇太子園寢,御行服、於琉璃門内月臺上降輿,内務府官豫設高几奠池於饗殿外正中,皇帝詣奠几前立,進爵大臣跪進爵,皇帝立奠酒三爵。王公大臣官員等俟皇帝奠酒時,每奠一爵行一叩禮。皇后隨駕謁陵亦如之。皇后恭謁永陵,至正門之右門階下降輿。恭謁福陵,至隆恩門階下降輿。恭謁昭陵,至隆恩門月臺處降輿。恭謁東陵、西陵,均於隆恩門外降輿。皇后謁陵,素服,行六肅三跪三拜禮,奠酒舉哀。謁孝淑皇后陵寢,降輿行禮如儀。皇子而下奉命謁陵,亦如之。皇子奉命謁陵,素服。至下馬牌處下馬,至隆恩門外升左階,行三跪九叩禮,舉哀不奠酒。若展謁於陵寢門外,皇子於陵寢左門外行禮。祭陵日,皇子朝服。如皇子内有年幼未蒙賞賜朝服者,則蟒袍。執事各官,均朝服。皇子由隆恩門右門進至丹陛上,居中行禮。陳設奠獻如時饗儀。親王、郡王、貝勒、貝子、公謁陵,於隆恩門階上,按左右翼行三跪九叩禮。公主、福晉謁陵,進隆恩門右門至陵寢門外,虚中位於右旁行六肅三跪三叩禮舉哀。至妃園寢,於琉璃花門外行四肅二跪二叩禮,祭酒舉哀。親王以下,三品官以上奉使經過陵寢者,皆望陵寢行三跪九叩禮。王公於隆恩門外,三品以上官於大紅門外。盛京福陵、昭陵,遇祭饗日,二品以上官准隨守陵官分班陪祀。

○遇列聖、列后忌辰,則易服。恭遇列聖列后忌辰,内外均素服。不祭神,不作樂燕會,不理刑名。如祭天壇、地壇,皇帝閱祝版遇忌辰,御龍袍衮服,執事官咸蟒袍補褂。祭太廟閱祝版遇忌辰,御龍褂,執事官補褂。祭社稷壇、日壇、月壇,閱祝版遇忌辰,太常寺官由内閣恭奉祝版送至各神庫祭。先農壇閱祝版遇忌辰,御常服,掛朝珠。是日,恭送耕耤器具穀種至耕耤所,和聲署樂前導,設而不作。大祀齋戒日期遇忌辰,皇帝御常服,掛朝珠。陪祀執事之王公大臣官員咸常服,掛朝珠。其不陪祀及無執事者,咸常服,不掛朝珠。大祀日如遇忌辰,行禮時祭服,作樂禮畢,更常服,不掛朝珠。大祀、中祀、省牲遇忌辰,均常服。

○凡飾終之典,皆察例以疏請。皇貴妃喪,奉移以前各事宜,内務府會同禮部具奏。奉移、奉安各事宜,内務府會同禮部、工部具奏。初祭、大祭,由禮部繕寫王等名籤奏派。承祭、贈謚,由禮部題請,交各衙門遵辦。事宜及應行典禮,開列王公、大學士、尚書職名,請派正副使。周年,奏請遣官承祭、製造神位及帷幄等項,會同工部奏請。奉移園寢,禮部、工部、内務府各奏派堂官一人。送往神牌、書寫掃青,奏派大學士或内閣學士一人,偕送往之禮部堂官行禮。園寢饗殿内,如原有貴妃、妃等神位，將位次擬定，具奏請旨。貴妃、妃喪，内務府會部具奏事宜與皇貴妃同，惟不請贈諡。嬪喪具奏事宜與妃同。奉旨追封妃者，奏請交工部製造紙册及一應事宜。貴人喪，不奏請輟朝。皇貴太妃與皇貴妃同，太貴妃與貴妃同，太妃與妃同。太妃如薨於所生之子王公府第，由内務府將官爲典喪，或其子王公等治喪，請旨。皇子喪，奉特旨追封皇太子者，禮部會同内務府將治喪典禮具奏。如未分封之皇子奉旨追封者，照所追封之爵，内務府會同禮部將應行典禮具奏，行宗人府取王名銜，奏派一人承祭、贈諡，將應行事宜具奏，奏派正副使各一人。奉移園寢，奏派禮部堂官一人。送往奉移之前，會同工部、内務府將製造神牌各事宜具奏。神牌書寫掃青，奏派大學士或内閣學士一人，偕送往之禮部堂官行禮，另建園寢，奏請立碑。其未奉追封之旨者，一切事宜，内務府承辦。如交部會同内務府辦理，候旨遵行。其喪儀。皇貴妃薨，皇帝輟朝五日，皇貴妃所生皇子、皇子福晉，持服翦髮辮二十七日而除。皇子百日薙髮。其餘皇子、皇孫、王公、額駙等持服。奉旨特派，領侍衛内大臣派散秩大臣三人，侍衛九十人持服。内務府總管派佐領管領下官及其妻，以三分之一持服。皇貴妃姻戚持服者，至大祭日而除。百日薙髮。皇子隨從及官員等，並特派治喪之王大臣，均於大祭日除服薙髮。皇貴妃本佐領下人等及執事男婦、宫人内監，百日除服薙髮。皇貴妃金棺用栴木，漆飾明黄色，帳幔等均黄雲緞。奉安金棺於殿内正中，設几筵。斂奠及每日朝夕三設奠，王以下文武四品官以上去纓緯，公主福晉以下一品命婦以上去耳飾，均素服集序。禮畢，各退。仍綴纓緯戴耳飾。惟日中進果餜，公主福晉以下一品命婦以上不集序。坤寧宫停祭五日，宗室以上十日不報祭、不還願。諏日而殯，豫日行啓奠禮，皇子祭酒。如皇貴妃未生皇子或所生尚幼者，以内管領妻奠酒，或特派皇子奠酒者，候旨遵行。内外會喪者，咸集隨行，禮奉冠服篚至燎所，皇子福晉祭酒。若皇帝親臨詣奠位，坐西嚮奠。酒三爵，進爵以首領内監。皇子北面跪，每奠行一叩禮。届日奉移，治喪儀王大臣暨執事官咸會，王公以下咸集，公主福晉以下豫詣殯所集俟。恭移金棺，皇子奠酒。候啓行，先詣殯所祗俟。金棺登大昇轝，禮部堂官祭轝，王公各官依序從至殯所門外，皇子跪迎，恭安金棺於殯室正中。皇子奠叩畢，返喪次。既殯，日三設奠，内務府成服婦人輪班入哭，日三次，及百日止。行初祭禮、大祭禮，皇子奠酒，衆隨行禮，如啓奠儀。翼日均繹祭。周月致祭，如初祭儀，不讀文。再周月、三周月致祭，如初周月儀。百日讀文致祭。百日後，日一上香，朔望朝晡仍設奠。遇清明、中元、冬至、歲暮，均設奠，如月奠儀。行贈諡禮，應集序者咸會，正副使素服詣内閣册寶案前行禮。正使奉册，副使奉寶，由午門中門出，安設采亭内行禮畢，校尉舁亭，繖仗前引。至殯所門外，正副使於亭前行禮，奉册寶詣靈几前陳於案。正副使祭酒行禮畢，復命。卜葬園寢，奉移前一日行祖奠禮。奉移日，執事官役咸辦，内外送葬者咸豫會。届時，所生皇子承命往送，詣金棺前奠酒行禮。若皇帝親臨視奠，如前儀。大昇轝啓行，前導後扈，分班恭送如儀。在途宿次於葦殿，皇子朝夕奠獻，衆隨行禮。金棺至園寢，暫安葦殿，皇子奠酒。翼日行饗奠禮，王公以下暨在園寢貝勒以下各官，貝勒夫人以下命婦，皆集。將葬，豫日遷奠如饗奠儀。執事官役恭移金棺至園寢前幕内，去幬，北嚮奉安於葬車，皇子奠爵行禮。葬日，内外集序如初。屆時，皇子入幕奠爵，衆隨行禮畢，皇子出，幕旁跪俟，乃窆，實土封石門成葬，皇子哭奠跪叩如初。卒哭乃返。神位書謚號掃青，以大學士或内閣學士禮部堂官各一人，朝服行禮。皇子易吉服，上香行禮。如無皇子者，以園寢官朝服行禮。遇大祭，奉安饗殿。期年小祥，遣王等或禮部堂官致祭。再期大祥，守園寢官承祭。貴妃以下追封皇貴妃者，儀同。皇貴太妃喪儀與皇貴妃同。如皇帝親臨，於殯前正中行一跪三拜禮。太貴妃、太妃喪，親臨儀同。貴妃薨，金棺用杉木，漆飾金黄色，帳幔等金黄色緞。奉移日，棺罩頂帷等亦用金黄色。持服侍衛六十人。坤寧宫停祭二日，宗室以上五日不報祭、不還願。奉移前一日，不致祭，照常設奠。三月内，日上食三次。百日内，日上食二次。内務府官及管領下成服之男婦咸集。未葬期年内，每朔望上食一次。滿月祭，分内管領下男婦集序。期年致祭如滿月，不遣官。神位刻字填青，以内閣學士、禮部堂官行禮。餘如皇貴妃儀。妃以下晉封貴妃未受册寶者，製造絹册寶。太貴妃喪儀同。妃薨，持服散秩大臣二人。二周月内，日上食三次。百日内，日上食二次。均内務府官及執事内管領下官員男婦集序。奏請皇帝輟朝三日。大内不停祭神，宗室以上三日不報祭、不還願。奉移日，漢大臣不隨送。百日致祭不讀文。餘如貴妃儀。嬪以下追封妃者，製造紙册，無絹印。太妃喪儀與妃同。嬪薨，不派散秩大臣、侍衛持服，本分内管領下以一半成服。一月内，每日三設奠。百日内，朝夕奠。内務府成服各執事男婦，於奉移後每日各十人二次集序，百日止。奏請皇帝輟朝二月，宗室以上二日不報祭、不還願。大祭不讀文。奉安園寢，不設神位。餘如妃儀。貴人喪，金棺帷幔等用紅色。不奏請皇帝輟朝。初祭不讀文。大祭以前，每日二次設奠。百日内，日一設奠。奉移後，内務府成服各執事男婦，日各十人一次集序。奉移園寢，由部派司官一人往送，不奏派堂官，餘如嬪儀。答應常在喪，不集序，不入妃園寢。初上墳、大上墳，均設饌致祭。皇子薨，奉特旨追封皇太子者，奏請輟朝七日。追封皇太子年已冠，皇帝服十有三日。未冠，七日。已婚生子，追封皇太子福晉及所生皇孫、皇孫女咸成服，百日外易素服，二十七月而除。如奉欽定制服月日，皆遵旨行。追封皇太子，近侍内監執事人等咸成服，百日後除服薙髮。宗人府奏派王公，領侍衛内大臣奏派内大臣散秩大臣及侍衛九十人，内務府大臣奏派内務府官員、護軍驍騎校等六百人，皆成服。均於大祭日除服薙髮。侍追封皇太子讀書之大臣官員均成服，至初祭日除服。王以下官員咸摘纓素服七日。紫禁城行走仍綴纓。各省官員，以文到日爲始，摘冠纓素服三日。在京官民等，初祭内不作樂、嫁娶。各省以文到日爲始，停止三日。金棺用桐木，内襯采緞素緞七層，幨帷等均用秋香色。百日内，每日三奠獻。王以下有頂戴官員以上，公主福晉以下一品命婦以上，每日齊集二次。日中獻果筵，不齊集。皇帝親臨，詣奠位坐西嚮，祭酒三爵，進爵以大臣、皇孫北面跪行三叩禮。諏日奉移殯宫，豫日行啓奠禮，皇孫祭酒行禮。如皇孫尚幼，遣官行禮。王公百官、公主福晉命婦隨行禮。屆日，王公百官列定班位集序，公主福晉以下豫詣殯所集序。屆時，皇帝親臨奠酒，皇孫跪叩如前儀。金棺登大昇轝，前列儀駕鞍馬二十七、散馬二十三、駝十八，後隨豹尾搶六、儀刀四。禮部堂官祭轝，内大臣祭所經門橋。皇孫步行恭送，王公百官各於集序之所跪迎，候過從行。皇孫率衆迎於門外之東至殯室，恭安正中。皇孫奠爵，衆隨行禮如儀。行初祭禮、大祭禮。翼日均繹祭。周月、再周月、三周月，均設奠。行册謚禮，正使奉册、副使奉寶，詣殯宫上香行禮。承祭官致祭如儀，禮成。頒行各省及朝鮮國王令，於文到日素服，停止嫁娶作樂三日，百日奠獻行禮。未葬以前，清明、中元、冬至、歲除日，均祭奠。諏葬日，奉移前一日行祖奠禮。屆日，王公百官、公主福晉命婦齊集行禮，如奉移殯宫儀。屆時，皇帝親臨奠酒，皇孫跪叩如前儀。金棺啓行，皇孫步送，奏遣往送之王公大臣侍衛等隨行翼衛。途次，奉安葦殿，朝夕奠，皇孫率衆行禮，沿途守土官跪迎叩謁如儀。至園寢大門外，皇孫率衆跪迎暫安饗殿。次日，行饗奠禮。先葬一日，行遷奠禮畢，奉移金棺至幕内陳於葬車，去幭，北嚮，皇孫率衆奠叩。至日，恭奉金棺由葬車達於石牀，以車出乃窆實土封石門成葬，皇孫率衆奠叩如前儀。奉安神主於園寢饗殿，行題主禮，以大學士恭題畢，禮部尚書奉安後，行虞祭禮。期年小祥，遣官致祭。再期大祥，守園寢官致祭。三周年行禮與再期同。未分封之皇子薨，如奉旨追封者，喪儀視所追封之爵。皇子福晉暨側福晉及所生皇孫、皇孫女咸翦髪摘耳飾成服，百日除服薙髪，二十七月素服。所屬婦女内監近侍，咸成服，百日除服薙髪。欽派近支王公成服，大祭日除服薙髪。欽派散秩大臣三人、侍衛六十人成服，内務府派出内管領二人、佐領下男婦成服，均大祭日除服，百日薙髪。大臣官員素服日期，視輟朝日期。奏請輟朝，追封親王者三日，郡王二日。初祭後，大臣官員皆掛朝珠。大祭後，内務府執事人員皆綴纓。百日内，日二次設奠，皆内管領祭酒。初祭、大祭、百日、周年等祭，皆禮部傳行齊集。繹祭惟内務府官齊集。百日後四時祭祀，不齊集。奉移暫安處，遇門橋，司員祭酒，鞍馬、散馬各十五，駝八，豹尾槍儀刀各四。册封贈謚，正副使奉册寶詣殯所，正使奠酒，衆隨行禮。奉移園寢，行題主禮，以大學士或内閣學士一人，偕派送之禮部堂官，恭視刻字填青。餘與追封皇太子儀同。皇子福晉薨，親王世子郡王以下奉恩將軍以上，固倫公主、和碩福晉以下縣君、奉恩將軍恭人以上，齊集。每日朝供餑筵，午供果筵。初祭以禮部堂官讀文，致祭。翼日繹祭。大祭，不讀文。周、月、百日、期年、清明、中元、歲暮，皆致祭。餘儀視皇子封爵。如皇子未分封者，酌擬具奏請旨。得旨，行各衙門以供備。致祭餑筵酒尊，行光禄寺豫備。羊隻由精膳司及内務府慶豐司豫備。祭文行翰林院撰擬。包祭文黄雲緞及黄布，行户部。祭文架、黄案、書祭文、黄裱紙、祭筒、油單及楮錢等物，行工部。製造絹册寶及紙册寶，行工部。撰擬册文寶文，行翰林院。采亭校尉儀仗，行工部鑾儀衛。奉移時隨行什器鞍馬等件，及一應事宜，均由内務府備辦。予卹者亦如之。王等薨逝，奏請輟朝。親王三日，親王世子郡王二日，貝勒一日。得旨，行知内閣。貝子以下俱不請輟朝。賜祭，親王初祭、大祭各賜羊九、酒九缾、楮三萬。親王世子羊酒與親王同，楮二萬五千。郡王羊七、酒七鉼、楮二萬三千。貝勒羊五、酒五鉼、楮一萬五千。貝子羊酒同貝勒,楮一萬。鎮國公羊四、酒四鉼、楮九千。輔國公羊酒同鎮國公,楮八千。以上均題請致祭二次,以禮部堂官承祭。鎮國將軍初祭、大祭各羊二、酒二鉼、楮五千。輔國將軍羊一、酒一鉼、楮四千。奉國將軍初祭、大祭,共羊一、酒二鉼、楮六千。奉恩將軍同,惟楮減半。以上有兼一品職任者,將應否賜恤請旨。其兼二品以下職任者,毋庸奏請。親王、親王世子、郡王題請賜卹,宗人府請謚。貝勒以下輔國公以上,如兼一品職任者,將應否予謚請旨。其兼二品以下職任者,均毋庸奏請。奉旨予謚者,行翰林院撰擬碑文,行工部立碑。親王給碑價銀三千兩,親王世子二千五百兩,郡王二千兩,貝勒一千兩,貝子七百兩,入八分公四百五十兩,不入八分公二百五十兩。塋葬銀,於賜卹本内題明,行工部給發。親王五千兩,親王世子四千兩,郡王三千兩,貝勒二千兩,貝子一千兩,入八分公五百兩,不入八分公三百兩。親王福晉薨逝,題請賜祭一次,羊九、酒九鉼、楮二萬。世子福晉羊七、酒七鉼、楮一萬七千。郡王福晉楮減二千,餘同世子福晉。貝勒夫人羊五、酒五鉼、楮一萬。貝子夫人羊三、酒三鉼、楮七千。貝子夫人無祭文,將應否致祭請旨。公夫人以下不請賜祭。固倫公主與親王福晉同有子孫奏請建碑給謚者,准其立碑勒文。和碩公主與世子福晉同固倫公主、和碩公主喪,内務府將官爲治喪,或額駙家自行備辦之處請旨。如奉旨官辦,内務府會同禮部將應行事宜具奏,得旨,行各衙門遵辦。如交本家自行治喪,由部將應行齊集具奏。郡主與貝子夫人同縣主羊二、酒二鉼、楮四千。貝勒所生女郡君羊一、酒一鉼、楮三千。郡主以下無祭文,將應否予祭請旨。縣君、鄉君不請賜祭。側福晉如係現在王等生母,將應否賜祭請旨。如奉旨賜奠,禮降嫡福晉一等。外藩親王以下及公主福晉等喪,由理藩院題請賜祭。得旨,行知禮部。楮由户部支領,酒由光禄寺折價。親王羊八,親王世子郡王羊六,貝勒羊四,均牛犢一。貝子羊五,公羊四,台吉、塔布囊羊三。親王福晉牛犢一、羊六。世子郡王福晉羊五,貝勒夫人羊三,貝子、公夫人各羊二,親王側福晉羊七,固倫公主羊八,和碩公主羊六,郡主羊四,均牛犢一。縣主、郡君、縣君各羊三,鄉君羊二。固倫額駙牛犢一、羊四,和碩額駙羊四,多羅額駙、固山額駙各羊三。牛犢及羊,由祠祭司付,知精膳司行户部給與折價。如在京身故者,更牛犢以羊不折價。朝鮮國王、母妃、王妃、世子及琉球越南國王卒,均遣使告哀。具文到部,照例題請賜卹。得旨,應用祭物行文各衙門取用。朝鮮國王賜謚,遣使諭祭。朝鮮國王母妃、王妃,給檀香一炷,帛一疋,白綾六疋,白紡絲六疋,藍紡絲二疋,銀壺一,銀爵三。其牛犢一、羊二、豕二,桌席二十、酒二罎,折銀二百兩。如奉旨加祭一次,香帛及牛犢折價銀均加一倍。朝鮮世子,檀香一炷,白綾五疋,白紡絲四疋,藍紡絲一疋,白絹一疋。銀壺一,銀爵三。其牛犢一、羊一、豕一,桌席十二、酒一罎,折銀一百五十兩。遣使諭祭琉球國王、越南國王,各給銀一百兩,絹五十疋。折銀及絹均行户部給發,銀壺銀爵行工部給發。民公、侯、伯、子、男,及内外文武官員身故恩予卹典者,致祭一次。祭銀,公四十兩,侯三十五兩,伯三十兩,子及一品官二十五兩,男及二品官二十兩,均遣官讀文致祭。三品十六兩,四品十二兩,五品十兩,六品八兩,七品以下六兩,均無祭文。葬銀,公六百五十兩,侯六百兩,伯五百五十兩,子及一品官五百兩,男及二品官四百兩,三品三百兩,四品二百兩,五品以下百兩。一品官身故,應否給與恤典,專奏請旨。散秩公、侯、伯、子、爵,由本身得者身故,照一品例奏請賜卹。係世襲兼有他職者,照所兼之職奏請。如所兼職不符請卹者,毋庸辦理。一品官以上,將應否予謚請旨。予謚者,交内閣撰擬謚號,翰林院撰擬祭文,禮部堂官致祭,工部給碑價。不予謚者,内閣撰擬祭文,禮部司官致祭。在外省者,將祭文封交該督撫委員致祭。諭祭,滿洲大臣祭文兼寫清漢文,漢大臣專用漢文。二品以下官,不奏賜卹,不請謚。奉特恩予卹予謚者,均遵旨辦理。碑價,公、侯、伯四百兩,子及一品官三百五十兩。奉旨賜卹,由部題請祭葬,均按照加降品級。如從二品加二級者,照一品例。正二品降二級者,照三品例。其由一、二品降級,照三品以下官例者,仍讀文致祭,給葬費。革職留任者,照現任品級請給祭銀,無葬費。現任文武一品官給全葬,二品官在任已滿三年給全葬,未滿三年者給半葬。其予告丁憂告病回籍者,應得卹典與現任同。文武官員陣亡者,由兵部議給恤賞。得旨,行知到部,由部題請一品至九品官給與一次致祭,併造葬銀兩。不論歷俸年分,其委署職銜大於本職者,照所署職銜給與。未入流照九品例。外委照把總例。如奉旨減半議卹者,祭葬銀俱減半。官員因公差委於大洋、大江、黄河、洞庭、洪澤等湖遭風飄没者,照陣亡官例,按品給與祭葬。内洋内河飄没者,減半。如雖係外洋外河因公飄没,而事非差遣者,照減半例再減半給與官員。卒於任所,及其父母妻之喪,柩回原籍,由部知照該地方官准其入城治喪,併給發沿途照驗執照。若柩回京,不准入城。係二品以上大臣,由部專奏請旨。

○凡王以下至於庶人,各頒其喪禮。親王喪,親王以下奉恩將軍以上,民公、侯、伯、尚書、都統、子以下,佐領、騎都尉以上及本旗宗室集於外。固倫公主、和碩福晉以下,縣君、奉恩將軍、恭人以上集於内。凡會喪,男去冠纓,女去首飾,素服就喪,次俟斂畢乃退。備斂具,采棺朱髹飾金龍,内襯五層。喪主主婦及府屬官員男婦俱成服,每日朝夕日中均設奠,喪主祭酒,府屬官隨行禮。諏日而殯,前一日啓奠。陳儀衛,鞍馬、散馬各十五,舉轝舁夫八十人,幃蓋紅錦黄幨。本家自備祭筵,初祭、大祭用饌筵三十一席,羊九,金銀錠七萬。百日、期年用饌筵十五席,羊九,金銀錠一萬,楮錢一萬。期年卜葬行遣奠禮。塋制饗堂五間,門三繪五采,飾以金,覆以緑琉璃瓦。墳園周百丈,置守塋十户。再期及忌日致祭,均與期年同。親王世子郡王喪,親王以下參領以上集於外,固倫公主、和碩福晉以下縣君、奉恩將軍恭人以上集於内。采棺繪龍,鞍馬、散馬各十四,覆棺幃蓋紅錦紅幨。親王世子初祭、大祭,金銀錠六萬五千,餘同親王。百日、期年致祭,均同親王。郡王初祭、大祭用饌筵二十五席,羊十,金銀錠六萬。百日、期年用饌筵十三席,羊七,金銀錠楮錢各一萬。葬不逾七月,舁夫六十四人。世子郡王塋制,饗堂三間,門繪五采不飾金。墳園周八十丈,守塋八户,餘均如親王。貝勒喪,世子郡王以下本旗佐領以上集於外,和碩公主、世子福晉以下縣君、奉恩將軍恭人以上集於内。采棺繪蟒，鞍馬、散馬各十三，覆棺幃蓋紅錦青幨。初祭、大祭用饌筵二十一席，羊五，金銀錠五萬。百日、期年用饌筵十席，羊五。塋制，門一，施朱不繪，用甋瓦。墳園周七十丈，守塋六户，餘均如世子郡王。貝子喪，貝勒以下本旗參領郎中以上集於外，貝勒夫人以下縣君、奉恩將軍恭人以上集於内。采棺内襯三層，鞍馬、散馬各十二，覆棺青幃青幨。初祭、大祭用饌筵十五席，羊四，金銀錠四萬。百日、期年用饌筵八席，金銀錠楮錢各八千。葬不逾五月。餘均如貝勒。鎮國公、輔國公喪，貝子以下奉恩將軍以上集於外，貝子夫人以下奉恩將軍恭人以上集於内。不入八分鎮國公、輔國公喪，入八分鎮國公以下奉恩將軍以上集於外，入八分鎮國、輔國公夫人以下奉恩將軍恭人以上集於内。鞍馬、散馬，鎮國公各十，輔國公各八。初祭、大祭，鎮國公、輔國公均羊三，鎮國公金銀錠三萬，輔國公二萬。百日、期年均饌筵七席，金銀錠楮錢各七千。鎮國公羊四，輔國公羊三。墳園均周六十丈，守塋均四户，餘如貝子。鎮國將軍以下喪，内外均不傳齊集，朱棺内襯一層。鞍馬，鎮國將軍七，輔國將軍五，奉國將軍四，奉恩將軍三。初祭、大祭，鎮國將軍饌筵十席，羊三，金銀錠一萬四千。輔國將軍饌筵減二席，金銀錠減二千。奉國將軍饌筵又減二席，金銀錠楮錢一萬。奉恩將軍饌筵五席，金銀錠楮錢八千。羊均三。百日、期年，鎮國將軍饌筵五席，羊三，金銀錠楮錢各七千。輔國將軍饌筵四席，羊一，金銀錠楮錢各六千。奉國將軍饌筵三席，羊一，金銀錠楮錢各五千。奉恩將軍金銀錠楮錢各四千，餘與奉國將軍同。墳園，鎮國輔國將軍周三十五丈，奉國奉恩將軍三十丈。固倫公主喪，和碩親王以下奉恩將軍以上集於外，固倫公主、親王福晉以下縣君、奉恩將軍恭人以上集於内。斂用采棺，餘如親王。和碩公主喪，世子郡王以下奉恩將軍以上集於外，固倫公主、親王福晉以下縣君、奉恩將軍恭人以上集於内。餘儀如世子。郡主内外會喪與和碩公主同，餘儀如郡王。縣主内外會喪與郡主同，惟固倫公主、親王福晉不集，餘儀如貝勒。貝勒所生女郡君喪，貝勒以下奉恩將軍以上集於外，郡主貝勒夫人以下縣君奉恩將軍恭人以上集於内，餘儀如貝子。親王福晉内外會喪與固倫公主同，世子福晉與和碩公主同，郡王福晉與郡主同，貝勒夫人與縣主同，貝子夫人與郡君同。公夫人喪，貝子以下奉恩將軍以上集於外，郡君、貝子夫人以下縣君、奉恩將軍恭人以上集於内。其本家自備祭筵及一應禮儀，親王福晉以下各從其夫制。惟世子福晉，百日致祭饌筵十三席，羊七，楮二萬，餘同世子。郡王福晉，百日致祭饌筵十二席，餘同郡王。側福晉夫人喪，降嫡福晉夫人一等。親王福晉以下，發引儀衛，備鞍馬，不設散馬。王以下儀衛，各照生前品級陳設。凡齊集，在外者，照例傳集，在内者，由部將應否齊集之處請旨。如本家呈報願停齊集者，聽。民公用采棺朱髹飾金花，棺帷青藍采緞，舁夫六十四。前引以丹旐，鞍馬八。初祭、大祭，饌筵十五席，羊七，楮帛四萬。侯伯用采棺，鞍馬七。初祭、大祭饌筵，侯十三席，伯十二席。楮帛，侯三萬六千，伯三萬二千。餘如公。一品官，鞍馬六，棺帷銷金青藍緞。初祭、大祭饌筵十席，羊五，楮帛二萬八千，餘如侯伯。二品官，鞍馬五。初祭、大祭饌筵八席，羊四，楮帛二萬四千，餘如一品。三品官，鞍馬四，棺帷青藍雲緞，舁夫四十八。初祭、大祭饌筵六席，羊三，楮帛二萬，餘同二品。四品官，鞍馬三。初祭、大祭饌筵五席，楮帛一萬六千，餘同三品。五品官，鞍馬二。初祭、大祭饌筵四席，羊二，楮帛一萬二千，餘同四品。六、七、八品官，棺帷青藍素緞，舁夫三十二。初祭、大祭饌筵三席，楮帛一萬，餘同五品。九品官及有頂戴官員，覆棺用青絹，舁夫二十四，餘同八品。兵民鞍馬一，覆棺以布，舁夫十六，祭用饌筵二席，羊一，楮帛六千，餘同有頂戴官員。凡含具，三品以上小珠玉五，七品以上金玉屑五。斂衣，三品以上五稱，複三襌二。五品以上三稱，複二襌一。六品以下二稱，複一襌一。皆以繒。複衾，一、二品以上色絳，四品以上色緇，五品色青，六品色紺，七品色灰。紟絞皆素帛。朝衣冠帶各視其爵。棺施漆，三品以上比葬，每月三漆。五品以上月再漆。七品以上月一漆。銘旌以絳帛，三品以上長九尺，五品以上八尺，八品以上七尺，九品官及有頂戴者五尺。槓轝，五品以上皆髹朱，九品以上飾紅堊，兵民兩端飾黑、中飾紅堊。障棺畫翣，五品以上四，七品以上二。皆引布二，功布一，靈車一。墳塋園牆，公侯伯周圍八十庹，守墳四户。一品以下七十庹，守墳二户。三品以下六十庹，守墳一户。六品以下二十四庹，庶民十六庹。六品以下官至庶民，守墳不過二人。塋地，一品九十步，封高一丈六尺。二品八十步，封高一丈四尺。三品七十步，封高一丈二尺。四品六十步，封高一丈。五品五十步，封高八尺。六品四十步，七品二十步，封皆六尺。石獸，三品以上六，五品以上四。五品以上用碑，龜趺螭首。六品以下用碣，方趺圓首。庶民塋地九步，用壙銘。王公以下兵民以上，居喪二十七月内，不燕會，不鼓樂，不娶妻納妾，門户不换舊符。官員等喪葬，除賃用槓轝棺罩執事外，其鞍馬衣箱等項，量力照例備用。力不能備者，聽其節省。奇巧臺閣等項，概行禁止。官民營葬，不得造地券。葬後詣墓拜掃，設饌墓前。祀土神行禮，清明祭掃，不得插用墳花。

○凡服有五，一曰斬衰，斬衰三年。子爲父母，子之妻同。子爲繼母、慈母、養母，子之妻同。庶子爲嫡母，爲所生母，庶子之妻同。爲人後者爲所後父母，爲人後者之妻同。女在室爲父母，已嫁被出而反在室者同。嫡孫承重爲祖父母，祖父俱亡爲高曾祖父母，嫡孫之妻同，爲人後者承重同。妻爲夫，妾爲家長。二曰齊衰，有齊衰杖期。嫡子衆子爲庶母，嫡子衆子之妻同。子爲嫁母，子爲出母，夫爲妻。父母在不杖。有齊衰不杖期。祖爲嫡孫，父母爲嫡長子，及衆子父母爲嫡長子之妻。父母爲女在室者，父母爲子爲人後者，繼母爲長子衆子，子爲從居改嫁繼母，從子爲伯叔父母及姑在室者、爲親兄弟及姊妹在室者、爲親兄弟之子及女在室者，孫爲祖父母，孫女爲祖父母。雖適人不降。庶孫爲生祖母，慈母養母孫同。女出嫁爲父母，爲人後者爲其本生父母。仕者解任，士子輟考，丁憂一年，一子承祀兩祧爲其本生父母同。女在室，及雖適人而無夫與子者，爲其兄弟姊妹及兄弟之子、兄弟之女在室者。女適人爲兄弟之爲父後者。婦爲夫兄弟之子，及女在室者。妾爲家長之父母，及家長之妻、妾爲家長之長子、衆子與其所生子，爲同居繼父兩無大功以上親者。有齊衰五月。爲曾祖父母,女孫雖適人不降。有齊衰三月。爲高祖父母,女孫雖適人不降。爲繼父先同居今不同居者,爲同居繼父兩有大功以上親者。三曰大功,大功九月。祖爲衆孫及孫女在室者,祖母爲嫡孫、衆孫及孫女在室者,生祖母爲庶孫,慈養祖母同。父母爲衆子婦,爲女之已嫁者,慈母養母爲其子婦同。伯叔父母爲從子婦,及兄弟之女已嫁者。爲人後者爲其兄弟,及姑姊妹在室者。夫爲人後,其婦爲夫本生父母,爲已之同堂兄弟,及同堂姊妹在室者,爲姑及姊妹之已嫁者,爲兄弟之子爲人後者。女出嫁爲本宗伯叔父母,及兄弟與兄弟之子,及姑姊妹,及兄弟之女在室者。婦爲夫之祖父母,爲夫之伯叔父母。四曰小功,小功五月。爲伯叔祖父母。嫡孫、衆孫爲庶祖母,爲同堂伯叔父母,爲同堂姊妹之出嫁者,爲再從兄弟及再從姊妹在室者,爲同堂兄弟之子及女在室者,爲祖姑在室者,爲堂姑之在室者,爲兄弟之妻。祖爲嫡孫之婦,爲兄弟之孫及兄弟之孫女在室者,爲外祖父母,爲母之兄弟姊妹,爲姊妹之子及女之在室者。爲人後者爲其本生母之父母,爲其姑及姊妹之已嫁者。婦爲夫兄弟之孫,及孫女在室者。婦爲夫之姑,及夫之姊妹,在室出嫁同。婦爲夫之兄弟,及夫兄弟之妻。婦爲夫堂兄弟之子,及女之在室者。女出嫁爲本宗姊妹之出嫁者,爲本宗堂兄弟及堂姊妹之在室者。有子之妾爲家長之祖父母。五曰緦麻。緦麻三月。祖爲衆孫婦。曾祖父母爲曾孫、曾孫女。高祖父母爲元孫、元孫女。祖母爲嫡孫、衆孫婦,爲乳母,爲曾伯叔祖父母,爲族伯叔祖父母,爲族伯叔父母,爲族兄弟及族姊妹在室者,爲曾祖姑在室者,爲族祖姑及族姑在室者,爲兄弟之曾孫及曾孫女在室者,爲兄弟之孫女出嫁者,爲同堂兄弟之孫及孫女在室者,爲再從兄弟之子及女在室者,爲祖姑及堂姑及已之再從姊妹出嫁者,爲同堂兄弟之女出嫁者,爲父姊妹之子,爲母兄弟之子,爲母姊妹之子,爲妻之父母,爲壻,爲外孫及外孫女,爲兄弟孫之妻,爲同堂兄弟之妻,爲同堂兄弟子之妻。婦爲夫高曾祖父母,爲夫之伯叔祖父母,及夫之祖姑在室者,爲夫之堂伯叔父母,及夫之堂姑在室者,爲夫之同堂兄弟,及同堂兄弟之妻,爲夫之同堂姊妹,在室出嫁同,爲夫之再從兄弟之子,及女在室者,爲夫同堂兄弟之女出嫁者,爲夫同堂兄弟子之妻,爲夫同堂兄弟之孫及孫女在室者,爲夫兄弟孫之妻,爲夫兄弟之孫女出嫁者,爲夫兄弟之曾孫及曾孫女之在室者。女出嫁爲本宗伯叔祖父母及祖姑在室者,爲本宗同堂伯叔父母及堂姑在室者,爲本宗堂姊妹之出嫁者,爲本宗堂兄弟之子及女在室者。各辨其等以定制。斬衰以至麤麻布爲之,旁及下際不緝,麻冠、絰,菅屨,竹杖,婦人麻屨,不杖。齊衰以稍麤麻布爲之,旁及下際皆緝,麻冠絰草屨桐杖,婦人麻屨。大功以麤布爲之,冠絰如其服,繭布緣屨。小功以稍麤熟布爲之,冠絰如其服,屨與大功同。緦麻以稍細熟布爲之,絰帶如其服,素屨無飾。凡喪三年者,百日薙髮。在喪,不飲酒,不食肉,不處内,不入公門,不與吉事。期之喪,二月薙髮。在喪,不婚嫁。九月五月者,逾月薙髮。三月者,逾旬薙髮。在喪,均不與燕樂。

欽定大清會典卷三十一

主客清吏司，郎中，滿洲一人、蒙古一人、漢一人，員外郎，宗室一人、滿洲一人，主事，滿洲一人、漢一人，掌四裔職貢封賚之事。霍茶則稽其歲額，每歲安徽六安州霍山縣額進芽茶七百斤，限穀雨後十日内委員起解，五十日内到京，由部具奏，行文内務府照收，仍由部給發批迴。頒實録、玉牒告成之賞。實録告成，賜監修大臣二等玲瓏鞍馬一匹，銀一百兩，大蟒紗一疋，大綵緞表六疋，裏七疋；總裁二等漆鞍馬一匹，銀及大蟒紗大綵緞表裏，同監修大臣；副總裁三等擦臉鞍馬一匹，銀八十兩，大蟒紗一疋，大綵緞表五疋，裏六疋；提調、纂修官各銀五十兩，紗一疋，大綵緞表四疋，裏五疋；收掌、翻譯、謄録官各銀三十兩，紗一疋，大綵緞表二疋，裏三疋；供事各銀八兩，綵緞表一疋，紡絲裏各一疋；紙匠、皁役各銀五兩，毛青布五疋。玉牒告成，賜總裁王表緞十疋，裏十疋，銀二百兩；大學士表緞七疋，裏七疋，銀一百五十兩，副總裁王同；副總裁大學士表緞五疋，裏五疋，銀一百兩，奉恩輔國公、尚書同；侍郎表緞四疋，裏四疋，銀八十兩；提調監察御史、宗人府理事官表緞二疋，裏一疋，銀四十兩，副提調内閣侍讀學士，纂修官庶子、翰林院侍讀侍講學士、郎中、宗人府理事官同。纂修官内閣侍讀員外郎、宗人府副理事官表緞二疋，裏一疋，銀三十五兩；主事、編修、檢討、宗人府經歷、内閣中書表緞一疋，裏一疋，銀三十兩；收掌謄録官主事、内閣中書、筆帖式銀二十兩，供事銀十兩，紙匠銀五兩。各於奉旨後行文各衙門支取賞物，由禮部頒給。其應賞職名期開送到部，由部分别具題。全修完者給全賞，未經修完遇陞遷調補者給半賞。

○凡四裔朝貢之國，曰朝鮮，朝鮮，即古高麗。明洪武中，李成桂自立爲王，改國號爲朝鮮。國朝崇德二年，國王李倧舉國内附，始勑封爲朝鮮國王。其國北界長白山，西北界鴨緑江，東北界圖們江，東南西皆濱海。曰琉球，琉球，明初曰中山，曰山南，曰山北，各爲王，後山南、山北爲中山所併。國朝順治十一年，琉球國世子尚質繳到明季勑印，始勑封爲中山王。其國在東南大海中，當福建之東。曰越南，越南即古交趾，舊號安南。國朝康熙五年，安南國世子黎維禧繳到明季勑印，始勑封爲安南國王。乾隆五十四年，黎氏失國。其國推阮光平爲國長，款關内附，並請來朝。遂勑封阮光平爲安南國王。嘉慶七年,阮光纘復失國,農耐國長阮福映遣使齎進表貢,併縛送閩廣洋面逸盜,呈繳安南舊領敕印。上嘉其恭順,詔改國號曰越南,始敕封阮福映爲越南國王。其國北界廣西,西界雲南,東南濱大海。逾海而南,即古日南地,亦併於越南。曰南掌,南掌,即老撾,於雍正八年國王素馬喇薩始遣陪臣奉表入貢,欽頒敕諭賜該國王。乾隆六十年,始敕封爲南掌國王。其國在雲南極南徼外。曰暹羅,暹羅,古爲羅斛、暹二國。後暹爲羅斛所併,遂爲暹羅國。國朝順治十年,始遣使請貢。康熙十二年,始敕封森列拍臘照古龍拍臘馬嘑陸坤司由提雅普埃爲暹羅國王。乾隆三十一年,爲緬甸所破。四十六年,國人鄭昭復土報讎。國王無後,推鄭昭爲國長,遣使入貢。五十一年,敕封鄭華爲國王。其國在緬甸之南,與内地隔。南濱大海,皆由海道往來。曰蘇禄,蘇禄,於國朝雍正四年,始遣使入貢。五年,欽頒敕諭賜該國王。其國在東南海中。曰荷蘭,荷蘭,又名紅毛番。國朝順治十年,始通職貢。康熙三年,助大兵克取厦門、金門,頒敕諭褒奬。其國在西南海中,後占據噶喇吧,遂分其衆居之,仍遥制於荷蘭國。曰緬甸,緬甸,即阿瓦。乾隆十五年,國王蟒達喇始遣陪臣奉表入貢。五十五年,敕封孟隕爲阿瓦緬甸國王。其國在雲南騰越州天馬、虎踞諸關之外。曰西洋。西洋諸國,曰博爾都嘉利亞國,國朝康熙九年,國王阿豐肅始遣陪臣進表入貢。曰意達里亞國,雍正三年,國王伯納第多始遣陪臣入貢。曰博爾都噶爾國,雍正五年,國王若望始遣陪臣入貢。曰英咭唎國,乾隆五十八年,遣陪臣入貢。各頒敕賜該國王。其國均在西南海中。餘國則通互市焉。互市諸國,曰日本國,即倭子,在東海中。與中國貿易,在該國長崎島,與普陀東西對峙。由此達彼,水程四十更。厦門至長崎,北風由五島入,南風由天堂入,水程七十二更。曰港口國,在西南海中。雍正七年後通市,由該國經七洲大洋到魯萬山,由虎門入口達廣東界,計程七千二百里,距厦門水程一百六十更。曰東埔寨國,即古真蠟國,在西南海中,介越南暹羅間。由虎門入口,程途與港口國同,距厦門水程一百七十更。旁有尹代嗎國,距厦門水程一百四十更。曰宋腒勝國,在西南海中,爲暹羅屬國,雍正七年後通市不絶。其國距厦門水程一百八十更,旁有埭仔、六崑、大哖三國。埭仔,東北與宋腒勝接,其國距厦門水程與宋腒勝同。六崑,東與埭仔接,距厦門水程一百五十更。大哖一名大年,東北與六崑接,距厦門水程與六崑同。三國均於雍正七年後通市不絶。曰柔佛國,在西南海中,雍正七年後通市不絶。歷海洋九千里達廣東界,由虎門入口,距厦門水程一百八十更。柔佛屬國,有丁機奴、單咀、彭亨三國。丁機奴,達廣東界,計程九千里。單咀,距厦門水程一百三十更。彭亨,與柔佛相連。曰亞齊國,在西南海中。相傳舊爲蘇門答剌國。曰吕宋國,居南海中,在臺灣鳳山沙馬崎東南,至厦門水程七十二更。明時爲佛郎機所併,仍其國名。康熙五十六年,奉諭禁止南洋貿易。雍正五年後通市如故。曰莽均達老國,在東南海中,雍正七年後通市不絶。距厦門水程一百五十更。曰噶喇吧國,本爪哇故土,爲荷蘭兼併,仍其國名,在南海中。雍正五年後通市不絶。距厦門水程二百八十更。曰千絲臘國,在西北海中,與英咭唎相近。曰法蘭西國,一曰弗郎西,即明之佛郎機,在西南海中。併吕宋後,分其衆居之,仍遥制於法蘭西。又其國人自明季入居香山之澳門,國朝仍之,每歲令輸地租銀,惟禁其人入省會。由其國至中國,水程五萬餘里。曰噶國,在西北海中,計程六萬餘里達廣東,雍正十年後通市。曰嗹國,在西北海中,入廣東程途與噶國同。自雍正年間來廣東通市,後歲以爲常。

〇凡入貢各定其期,朝鮮每年四貢,於歲杪合進。琉球間歲一貢。越南二年一貢,四年遣使來朝一次,合兩貢並進。南掌十年一貢。暹羅三年一貢。蘇禄五年外一貢。荷蘭貢無定期,舊例五年一貢。緬甸十年一貢。西洋諸國貢無定期。與其道,朝鮮貢道由鳳凰城至盛京,入山海關。琉球由福建閩安鎮。越南由廣西憑祥州入鎮南關。南掌由雲南普洱府。暹羅、荷蘭由廣東虎門。蘇禄由福建厦門。緬甸由雲南騰越州。西洋諸國由廣東澳門。使各辨其數。朝鮮貢使正副使各一員,以其國大臣或同姓親貴稱君者充。書狀官一員,大通官三員,護貢官二十四員,從人無定額,賞額凡三十名。琉球貢使,正副使各一員,以其國王舅或耳目官及正議大夫、紫金大夫充。貢船至福建,該撫分爲三等,應摘回者先行歸國,應存留者留邊聽賞,賫貢入京者,正副使以下,都通事使者從人等,不得過二十人。越南貢使,或二員,或三員,衹稱姓名,不署官爵。其次爲行人,以中官充,或四五員,或八九員。其下爲從人,凡十餘名。南掌貢使,稱大頭目、次頭目。其次爲先目,爲通事。其次爲夷目,爲後生。入貢員役不得過百人,赴京者不得過二十人。暹羅貢使,有正使、二使、三使、四使,其下爲從人。赴京者不得過二十六人。蘇禄貢使,正、副使各一員,通事一名,從人無定額。荷蘭貢使,有正使、副使,或專差正使一員。其次爲夷目官,爲掌書記,各一員。其下爲從人。入貢員役不得過百人,赴京者不得過二十人。緬甸貢使稱頭目,次爲通事,次爲緬役。員役不得過百人,赴京者不得過二十人。西洋諸國貢使,船不得過三隻,每船不得過百人,正、副使及從人來京不得過二十二人,餘俱留邊聽賞。凡貢使至,則以聞,琉球由閩浙總督具題,越南由兩廣總督、廣西巡撫具題,南掌、緬甸由雲貴總督、雲南巡撫具題,暹羅、荷蘭、西洋諸國由兩廣總督、廣東巡撫具題,蘇禄由福建巡撫具題。惟朝鮮每年四貢,均於歲杪至京,開印後由部具題。如各國因謝恩等事入貢,由各該督撫奏准,鈔録原奏咨部。其各國貢使至京,由部行文崇文門監督,驗明行李照入,於次日具奏。乃進其表奏,貢使至京,先於禮部進表。貢使暨從官各服本國朝服,由館赴部。升階皆跪,正使奉表授會同四譯館卿,轉授禮部堂官。正使以下行三跪九叩禮,儀制司官奉表退。次日具奏,送交内閣。如係金葉表,由内閣收受後,即將上屆所進者交出,由部送交内務府。如貢使呈明奉國王命表文方物願親進獻者,由部轉奏,得旨准其親獻。傳知貢使,併知照該國王。達其貢物,貢物至京,由會同四譯館卿查驗,除常貢及慶賀貢物題請收受外,其謝恩及陳奏所進方物,由部將應否收受或留抵下次正貢具題請旨。如奉旨留抵下次正貢,則以貢物交内務府存貯。届應貢時,於本内聲明准抵。抵充不盡者,再移入下次,仍行知該國王。朝鮮貢物,有盛京户部例應截留者,由鳳凰城城守尉及山海關監督等處存貯。盛京禮部知會,轉行内務府查照,俟具題後得旨收受,即知照各該處,仍行知該國王。琉球所貢硫黄,豫貯福建藩庫,知照該督,聽工部於應用時取用。南掌貢馴象,由雲南督撫解送。如值嚴冬,仍先奏明知照該省,俟開歲春和另委專員解送。越南貢使,祇令齎表來京。其貢物該省委員解交内務府查收後,知照到部,具題請旨。凡各國方物題准收受後,金寳器幣交内務府,象交鑾儀衛,馬交上駟院,腰刀、鹿皮、青黍皮等交武備院。惟朝鮮貢至,豫交内務府等處存貯,題准後再行知照。凡各國方物,朝鮮年貢白苧布二百疋,白綿紬二百疋,紅綿紬一百疋,緑綿紬一百疋,木棉布三千疋,五爪龍席二張,各様花席二十張,鹿皮百張,獺皮三百張,腰刀十把,大小紙共五千卷,黏米四十石。萬壽聖節恭進皇帝前,黄苧布十疋,白苧布二十疋,黄綿紬三十疋,紫綿紬二十疋,白綿紬二十疋,龍文簾席二張,黄花席二十張,滿花方席二千張,雜彩花席二十張,獺皮二十張,白綿紙一千四百卷,厚油紙十部;恭進皇后前,紅苧布十疋,白苧布二十疋,紫綿紬二十疋,白綿紬十疋,黄花席十張,滿花席十張,雜彩花席十張。元旦令節恭進皇帝前,黄苧布十疋,白苧布二十疋,黄綿紬二十疋,白綿紬二十疋,龍文簾席二張,黄花席十五張,滿花席十五張,滿花方席十五張,雜彩花席十五張,白綿紙一千三百卷;恭進皇后前,紅苧布十疋,白苧布二十疋,紫綿紬二十疋,白綿紬十疋,黄花席十張,滿花席十張,雜彩花席十張,螺鈿梳函一事。冬至令節與元旦貢同,惟恭進皇帝儀物,加進黄花席、滿花席、滿花方席、雜彩花席各五張。每届慶典具方物表賀恭進皇帝前,黄苧布三十疋,白苧布三十疋,黄綿紬二十疋,紫綿紬二十疋,白綿紬三十疋,龍文簾席二張,黄花席十五張,滿花席十五張,雜彩花席十五張,白綿紙二千卷;恭進皇后前,紅苧布十疋,白苧布十疋,白綿紬二十疋,滿花席十張,雜彩花席十張。該國謝恩方物,與恭進慶賀方物同。該國王陳奏事件,恭進皇帝前,黄苧布二十疋,白苧布二十疋,黄綿紬二十疋,紫綿紬二十疋,白綿紬三十疋,龍文簾席二張,黄花席十張,滿花席二十張,雜彩花席十張,獺皮二十張,青黍皮三十張,白錦紙二千卷,黄毛筆百枝,油煤墨五十錠;恭進皇后前,紅苧布十疋,白苧布十疋,白綿紬十疋,滿花席十張,雜彩花席十張。恭遇巡幸盛京,該國正遣陪臣進表接駕,恭進豹皮二十張,鹿皮三十張,水獺皮五十張,青黍皮一百張,倭劍二柄,金鰒二十貼,八帶魚二十尾,大口魚二百尾,海参二百斤,海帶菜二百斤,紅蝭二百斤,浮椒十五斗,白蜜十五斗,柏子十五斗,銀杏十五斗,黄粟十五斗,柹二十貼。琉球正貢硫黄一萬二千六百斤,紅銅三千斤,白剛錫一千斤。每届慶典表賀及謝恩進貢,皆以方物,無定額。該國王請以陪臣子弟入監讀書,奉旨恩准後,該國於常貢外,加進圍屏紙三千張,蕉布五十疋。學成歸國,恭進謝恩方物,圍屏紙五千張,蕉布一百疋。越南正貢象牙二對,犀角四座,土綢、土紈、土絹、土布各二百疋,沈香六百兩,速香一千二百兩,砂仁、檳榔各九十斤。每届慶典表賀,恭進象牙二對,犀角四座，土綢、土紈、土絹、土布各一百疋。其陳謝表奏，毋庸備物，如該國王抒誠備進，應否賞收或抵下次正貢，均屆期請旨。南掌貢以馴象，暹羅貢物馴象、備象、龍涎香、幼㗚香、犀角、象牙、荳蔻、降香、藤黄、大楓子、土桂皮、烏木、蘇木、蓽撥、樟腦兒茶皮、樹膠皮、硫黄、檀香、冰片、翠鳥皮、孔雀尾、闊紅布、大荷蘭璮、冰片油、薔薇露。又貢物一分，其數減半。或有加進之物，聽其隨宜進獻。表用金葉，貯以金筒錦袱錦袋。袋上有金鈕、金圈，加盛以螺鈿盒一，貼金盒一。併有花緞盒套，套上各有金圈。蘇禄貢物無定額。荷蘭貢物，大尚馬、珊瑚珠照身鏡、琥珀、丁香、檀香、冰片、鳥鎗、火石、哆囉絨、嗶嘰緞、織金璮、自鳴鐘，凡十三種，皆無定數。其使臣有進方物者，題明收受。緬甸西洋諸國貢，皆無定額。緬甸表用金葉，盛以象牙筒。敘其朝儀，貢使在京，恭遇萬壽聖節、元旦、冬至，及凡陞殿應與朝賀，豫行鴻臚寺傳貢使演禮，付知儀制司於儀注本内聲明，令貢使暨從官詣丹墀西班末行三跪九叩禮，届期派員領入貞度門伺侯。凡貢使已與朝賀，奏明停其召見。如未與朝賀，將届回國時，將應否召見具奏請旨。若已與朝賀，而該貢使援引往例呈請進見，仍據呈代奏請旨。如奉旨召見，行欽天監選擇日時奏請欽定。届期恭進儀注，行知内閣起居注、侍衛處、内務府及鑾儀衛、景運門、武備院、鴻臚寺、欽天監，併吏部、兵部轉傳文武大臣。至日，禮部堂官一人蟒袍補服，率貢使服其國朝服，通事補服，詣宫門外祇候。皇帝常服御便殿，御前大臣、領侍衛内大臣、内大臣侍衛，左右侍立如常儀。禮部堂官引貢使入，通事隨入。至丹墀西行三跪九叩禮畢，由西階升，通事一員從升。至殿門外跪，皇帝降旨慰問。禮部堂官承旨，傳知通事，轉諭貢使。貢使奏對，通事譯言，禮部堂官代奏，禮畢引出。如朝鮮貢使有稱君者，及琉球、越南使臣係該國王兄弟世子，則待以優禮。是日，入班侍立之大臣，咸蟒袍補服。貢使於丹墀行禮畢，升西階入殿右門，立右翼大臣之末，賜坐，賜茶。入班之大臣暨貢使，咸跪行一叩禮。皇帝降旨慰問如儀。禮畢，禮部堂官引貢使出，至朝房，承旨賜貢使尚方飲食訖，各退。翼日貢使詣午門外謝恩，行三跪九叩禮。凡貢使至京，恭遇聖駕至圓明園，及幸南苑等處，皆令貢使於道旁瞻覲。若駕幸熱河而貢使適至，奉旨召至行在，由禮部堂官帶領該貢使，前赴熱河瞻仰天顔。凡已令貢使道旁瞻仰者，俱停其召見。至國王來朝之班位，謹按乾隆五十五年，安南國王阮光平親詣闕廷，慶祝萬壽。安南國王，於親王以下郡王以上班次，一體行禮。給其例賞，凡賞賜國王及貢使等物件，上駟院備馬，工部備鞍轡韡韈，户部備銀兩，内務府備綢緞絹布貂皮，各衙門俱將精良者頒給。届期，禮部堂官驗看。頒賞之日，於午門外道左設案，陳賜物。會同四譯館卿率貢使暨從官，各服其國朝服，詣端門内西朝房前序立。鴻臚寺鳴贊贊齊班，序班引貢使至丹墀西序立。北面東上，贊進，贊跪叩興，貢使行三跪九叩。禮主客司官率通事官奉頒給國王賜物授貢使，貢使跪受，轉授從人，乃以次頒貢使從人賜物。各跪受訖，贊叩興，復行三跪九叩禮。頒賞朝鮮年貢，國王表緞五疋，裏五疋，粧緞四疋，雲緞四疋，貂皮百張。正、副使各大緞一疋，帽緞一疋，彭緞一疋，綢一疋，紡絲一疋，絹二疋，銀五十兩。書狀官大緞一疋，彭緞一疋，絹一疋,銀四十兩。大通官各大緞一疋,絹一疋,銀二十兩。護貢官各彭緞一疋,布二疋,銀十五兩。得賞從人,各銀四兩。萬壽聖節貢,賜該國王二等鞍馬一匹,表緞及裏、粧緞、雲緞、貂皮並如年貢之數。正、副使各三等鞍馬一匹,大緞、帽緞、彭緞、紬、紡絲、絹、銀均如年貢。書狀官紬一疋,銀五十兩,餘如年貢。大通官紬一疋,銀三十兩。護貢官紬一疋,銀二十兩,其緞絹布疋均如年貢。得賞從人,各給銀五兩。元旦貢與萬壽聖節賞賜同,冬至貢與年貢同。其貢使有稱君者,加賞緞五疋,緞衣一襲,貂皮十張,餘均與正、副使同。慶賀謝恩陳奏等貢,賞賜不及國王。正、副使以下賞賜,均與元旦貢同,惟不賞絹布,各加賞韡一雙。若附年貢同來者不另賞,以事並至者總爲一賞。請封請謚等貢,賞賜不及國王。正、副使大緞、帽緞、彭緞、紬、紡絲各一疋,銀各五十兩,韈、韡各一雙,漆鞍全備三等馬各一匹。書狀官一員,大緞一疋,彭緞一疋,紬一疋,銀五十兩,韈、韡各一雙。大通官大緞各一疋,紬各一疋,銀各三十兩,韈、韡各一雙。押物官彭緞各一疋,紬各一疋,銀各二十兩,韈、韡各一雙。得賞從人,銀各五兩。恭遇恩詔内有外藩王公及福晉夫人加恩賜一款,朝鮮國王應照在外諸王以下公等以上恩賜例,賞蟒緞二疋,補緞二疋,粧緞二疋,片金緞二疋,倭緞二疋,閃緞五疋,衣素緞五疋,光素緞五疋,蟒緞五疋,各色緞十疋,洋緞十疋。王妃照外藩諸王福晉以下公夫人以上恩賜例,賞蟒緞二疋,粧緞二疋,錦緞二疋,倭緞二疋,閃緞二疋,帽緞二疋,衣素緞二疋,大緞三疋,彭緞三疋,石青緞二疋,紡縣四疋,紗四疋。每歲孟冬頒朔,該國差領時憲書之齎咨官一員,賞銀三十兩。小通事一名,賞銀八兩。從人每名賞銀四兩。凡遇該國齎咨來京,其賞使臣及通事從人例均同。如告訃使臣至,賜使臣大緞帽緞、彭緞及紬各一疋,銀三十兩。書狀官大緞及紬各一疋,銀二十兩。大通官各彭緞一疋,紬一疋,銀十五兩。隨帶官各彭緞一疋,銀十兩。從人各銀四兩。恭遇巡幸盛京,朝鮮國王差陪臣等接駕進貢方物,賜該國王弓矢全副,鞍馬一匹,貂皮百張,紅粧緞、龍襴緞各四疋,大緞紡絲各五疋。正使粧緞一疋,緞四疋,韈、韡各一雙,鞍馬一匹,銀五十兩。書狀官緞二疋,韈、韡各一雙,銀四十兩。大通官各緞一疋,韈、韡各一雙,銀三十兩。押物官各緞一疋,銀二十兩。從人各銀五兩。頒賞琉球常貢,國王錦八疋,職金緞八疋,織金紗八疋,織金羅八疋,紗十二疋,緞十八疋,羅十八疋。貢使各織金羅三疋,緞八疋,羅五疋,絹五疋,裏紬二疋,布一疋。使者都通事各緞五疋,羅五疋,絹三疋。從人各絹三疋,布八疋。伴送官彭緞袍一件。其士通事及留邊通事從人,賞同伴送官。其貢使係該國王舅,加賞緞五疋。其王舅通事,照都通事之例。凡遇慶賀及請封謝恩等事遣使至者,賞賜國王及來使等並同常貢。如附貢使同來者,均不另賞。凡入監官生歸國,每名例賞綵緞二疋,裏二疋,毛青布六疋。從人每名賞毛青布六疋。並將加賞緞二疋,裏二疋,從人加賞緞各一疋之處,題本内夾單進呈,旨下在部頒給。如值貢使在京,於午門前一體頒給。入監官生遇有事故,國子監咨報奏明,恩賞銀三百兩,以一百兩營葬事,其二百兩附回本家收領。從人在京者,仍照例賞給布疋。該國王於下次貢使來京時,附表謝恩。頒賞越南常貢,國王貢使與琉球同，行人與琉球使者都通事同，伴送官通事官均與琉球伴送官同。其慶賀及陳奏謝恩等事遣使至者，賞賜亦如常貢。頒賞南掌與琉球、越南同，大頭目、次頭目照琉球、越南貢使之例，先目、通事照都通事行人之例，夷目、後生照從人例，伴送官賞賜並同琉球、越南。頒賞暹羅常貢，國王與琉球等國王同，賜王妃織金緞四疋，織金紗四疋，織金羅四疋，緞六疋，紗六疋，羅六疋。貢使、通事、從人、伴送官，俱如琉球等國之例。如貢使係微員，視職分酌減。通事、從人等俱一例酌減賞給。頒賞蘇禄常貢，賜該國王蟒緞六疋，錦緞六疋，閃緞八疋，綵緞十疋，藍緞十疋，青緞十疋，綢十疋，羅十疋，紗十疋，仍將上次恩賞之處開列清單，於本内一併聲明請旨。其正、副使，綵緞六疋，裏四疋，羅四疋，紡絲二疋，絹二疋。如來使係内地人，賞綵緞三疋，裏二疋，絹一疋，毛青布六疋。通事綵緞二疋，裏一疋，絹一疋，毛青布六疋。從人及留邊從人各毛青布六疋，伴送官與琉球等國同。頒賞何蘭常貢，國王大蟒緞三疋，糚緞三疋，倭緞三疋，片金一疋，閃緞五疋，帽緞五疋，藍花緞五疋，青花緞五疋，藍素緞五疋，衣素緞五疋，綾十四疋，紡絲十四疋，羅十疋，絹二疋，銀三百兩。正使大蟒緞二疋，糚緞二疋，倭緞二疋，帽緞一疋，藍花緞四疋，青花緞四疋，藍素緞三疋，綾六疋，紡絲六疋，絹四疋，銀一百兩。標官糚緞一疋，藍花緞二疋，青花緞一疋，藍素緞一疋，紡絲二疋，絹二疋，銀五十兩。副使同庫官、掌案官倭緞一疋，藍花緞一疋，青花緞一疋，藍素緞一疋，紡絲一疋，綾一疋，綢一疋，絹一疋，銀四十兩。夷目官、掌書記官同從人綢二疋，絹二疋，銀十五兩。通事及伴送官各彭緞袍一件。頒賞緬甸常貢，國王、王妃與暹羅同。貢使、通事、伴送官與琉球等國同。緬役象奴，照琉球等國從人之例。頒賞西洋諸國，無定額。屆期，將上次賞賜物件開列具題請旨。凡賞賜各國國王及王妃物件，併特恩加賞，均開送内閣撰入敕内，交來使齎回。敕書畫筒行工部，包裹布疋行户部。至特賜國王加賞貢使，事隸軍機處、内務府。支其供具，朝鮮貢使從人及伴送來京之員役，口糧食物，付精膳司轉行光禄寺給發。餧養馬匹料豆，行户部給發。草束，行户部給銀出買。木柴木炭，行工部給發。均用印領。其餘各國貢使等供具，均由内務府經理，由部派司官二員協同照應。凡琉球入監官生至京，奏交國子監分派教習，撥給官房，共供給等項，奏交各衙門辦給。衣服、器皿、煤炭，交内務府。紙筆墨折銀及白米，交户部。雞肉等食物併廚役，交光禄寺。致其賙卹。各國貢使在途遇有事故，照來京貢使之例一併賞給。留守從人，亦照來京從人之例賞給。若貢使在京身故，遣祠祭司官致祭。在途，遣所在有司致祭。願携櫬歸國者，令伴送官員沿途妥爲照料，並將恩賞銀兩給與家屬。願葬内地者，有司擇地封窆，立表以識，費資於官。凡貢使往來皆護。外裔入貢，由部覆准，行文該督撫真給勘合，於該省同知、通判中委派一員伴送來京。應用武弁者，添派守備一員。經過各省，仍豫派幹員護送趲行。按省更替，各營汛遞遣官兵防護。至伴送之同知、通判等官，該督撫出具考語，由部帶領引見。如引見未滿三年者，該督撫於咨内聲明，毋庸帶領。至貢使回國，令該省原伴送官護送，行兵部換給勘合。經過各省，仍遴委幹員更替護送。出部將起程，日期知照各該督撫，仍令該督撫將貢使出境日期題明報部。凡貢使往來，沿途均給與館舍、廩餼、夫馬船隻。留邊人役，地方官照例給以口糧、貢使回時，同送出境、朝鮮入貢，由盛京將軍給與路引，鳳凰城城守尉派防禦一員伴送。回國時，行文兵部换給山海關路引，撥章京、驍騎校各二員，兵丁二十名，沿途遞送，由部開明行李數目，知照山海關監督副都統、鳳凰城城守尉查察，仍將出關日期報部。其領時憲書齎咨官役回國，撥章京、驍騎校各一員，兵丁十名遞送。

○凡封外國，必錫之詔勅。朝鮮奏請襲封，勅下部議，應封世子或世弟世孫某爲國王，妻某氏爲王妃。題請頒詔勅各一道，遣使持節往封。琉球奏請襲封，由閩浙總督、福建巡撫具題，勅下部議，應封某爲琉球國中山王。題請頒詔勅，遣使，與朝鮮同。奉旨後，移内閣典籍廳撰詔、勅。其越南請封，由兩廣總督代題，令該國遣陪臣齎表赴京陳奏。勅議遣使，並同朝鮮。如即令該貢使恭齎勅印歸國，或派就近之廣西省官齎詔勅前往宣示，均係特旨。册封正副使起行前期，行工部，取盛勅畫筒。行户部，取包裹布疋。使臣奉詔勅入該國境，國王遣陪臣，恭迎詔勅龍亭，行三跪九叩禮。見正副使，行一跪三叩禮。詔勅及頒賜器幣，奉設於使館。届宣讀詔勅之期，國王率陪臣等至館，肅迎詔勅陞殿。國王率陪臣行三跪九叩禮。興，乃跪受詔勅。宣讀畢，行禮如初。若册封王妃，以國王受命。封世子，國王率以受命。禮亦如之。凡詔勅宣讀後，例應齎回繳還内閣。惟琉球歷次請留，使臣得允其請，仍令該國王於謝恩表内聲明。凡遣使册封，所有該國卹典，即交使臣齎往。先於該國先王廟中諭祭，正副使入廟，奉諭祭文安於正中。使臣左右立，世子率陪臣行三跪九叩禮，乃宣諭祭文，世子等皆俯伏。宣畢，次行册封禮。世子既受封，始稱王。告於廟，受該國群臣朝。親詣使館謝封，燕勞正副使。初内附，則錫之印。崇德二年，朝鮮國王李倧内附，賜龜鈕金印。順治十一年，琉球國世子尚質内附。康熙五年，安南國世子黎維禧内附。乾隆五十四年，安南國長阮光平内附，並賜鍍金駝鈕銀印。嘉慶八年，農耐國長阮福映内附，勅封爲越南國王，賜鍍金駝鈕銀印。皆副以恩賚。凡賞賜國王及王妃、世子等各物，即交使臣齎往，行内務府等各衙門，備賞賜諸物，並行知各該督撫及該國王。賜朝鮮國王黑狐裘一襲，三等貂皮百張，鞍馬一匹，大蟒緞二疋，小蟒緞、粧緞、錦緞各一疋，大緞二疋，四團補緞二疋，石青緞一疋。賜王妃大蟒緞、粧緞、錦緞、倭緞、閃緞、帽緞、素緞、石青緞各二疋，大緞、彭緞各三疋，紗四疋，綢四疋。若請封世子或世弟、世孫，奉旨遣使往封，賜織金緞四疋，緞紗羅各四疋，裏各四疋。賜琉球國王蟒緞、閃緞、青緞各二疋，綵緞六疋，藍緞、錦緞各三疋，紗羅綢各四疋。賜王妃粧緞、閃緞各一疋，綵緞四疋，藍緞、青緞、錦緞各二疋，紗羅各四疋。凡賞賜各物，均移内閣載入勅内。凡封使，皆奉特簡。朝鮮正使，開列内大臣、散秩大臣、一等侍衛職名。副使，開列内閣滿洲學士、翰林院滿洲掌院學士、禮部滿洲侍郎職名，奏請欽派，惟宗室官員不開列。琉球、越南正副使，用内閣典籍中書、翰林院侍讀侍講修撰編修檢討、六科給事中、禮部郎中員外郎主事，先行奏請，令各衙門揀送儀度修偉之滿漢各官，暨揀選禮部滿漢司官，帶領引見，恭請簡用。得旨後，行文各衙門及該督撫，先期知會該國王。儀服資護，各予以其等。正副使豫將起行日期報部，行工部，取節及節衣，及儀從，龍旗二，黄蓋一，御仗二，欽差牌、肅静、迴避等牌各二，前行牌一。行兵部，豫發前行牌，取應用夫馬。朝鮮正副使，均用本任頂戴朝服。琉球、越南正副使，准暫用正一品頂戴，賜正一品蟒緞披領袍各一件，麒麟補褂各一件，均行工部辦給，回日繳還。朝鮮正副使跟役，照本任品級應帶額數帶往。琉球等國正使跟役二十名，副使十五名，又醫生二名，及通事人等，均由兵部填給勘合，按站撥兵護送。若封朝鮮，併給出關路引。若封琉球，行福建巡撫豫備渡海大舟，委幹弁二員，幹兵二百名護送，並酌撥修船匠役帶往。册封琉球等國正副使，照現在品級，行文户部領支二年俸銀，回日繳還。若涉海，則諭祭於其神焉。若封琉球，賜給諭祭天后文二道，海神文二道，均移會内閣撰擬，交封使齎往福建致祭，該督撫轉飭地方官備辦香帛祭品。有餽於使者，辭受必以禮。朝鮮使回京，除例應收受禮物外，不得多帶儀物。盛京將軍及山海關監督查察行李，違者參奏。琉球國王餽送使臣燕金例辭不受，若該國王具奏懇請，候旨收受。越南使臣止收食物布幣，程儀銀兩，例不收受。若無封使，則授勅印於其歸使而封之。康熙十二年，暹羅請封，給勅書併印，合貢使於午門外祗領，併行令該國王恭迎如儀。乾隆五十一年，封暹羅國王鄭華。五十五年，封阿瓦緬甸國王孟隕。六十年，封南掌國王召温猛，並如康熙十二年之例。此外蘇禄、荷蘭、西洋各國，初次入貢，及該國王嗣立後遣使入貢，皆欽頒勅諭一道賜該國王，令貢使齎還。

○凡中商夷商，許各以其所有市焉。凡夷商，自以貨物來内地貿易者，照例徵税。其海外各國通市者，日本國土産紅銅，國朝設立官商往該國採辦銅片，以資鼓鑄。其餘五金、磁器、漆器、龍涎香及海參、鰒魚之屬，皆其土産。港口國，土産海參、魚乾、蝦米、牛脯。東埔寨國，土産蘇木、象牙、白荳蔻、藤黄、麞皮、檳榔子、黄蠟。宋腒朥國，土産牛鹿肉、蝦米、燕窩、海參、番錫。埭仔、六崑二國，土産燕窩、番錫、象牙、棉花。大呢國，土産胡椒、蝦米、燕窩、黄蠟、牛鹿脯。柔佛國，土産沙金、降香、烏木、西國米、冰片、海參、胡椒、燕窩。丁機奴、單咀、彭亨三國，土産胡椒、沙金、冰片、沙藤、速香。亞齊國，土産西洋布、丁香、肉果、水安息、蘇合油。莽均達老國，土産海參、黄蠟、烏木、檳榔。法蘭西國，土産象犀、珠貝。喘國，土産黑鉛、粗絨、洋酒、葡萄乾。嗹國，土産黑鉛、琥珀、白金、葡萄乾。各國近西北者，如干絲臘國、喘國、嗹國，均該國夷商來内地貿易，夏至冬歸。其西南洋東埔寨、宋腒朥、柔佛、丁機奴、亞齊諸國，南洋吕宋諸國，均廣東本港商人，及浙江、福建商人，於冬春往各該國貿易，夏秋乃歸。朝鮮與盛京八旗臺站官兵貿易，每歲於中江春秋二市。至寧古塔人往朝鮮會寧，歲一市。庫爾喀人往朝鮮慶源，間歲一市。均由部具題，派朝鮮通事二員，行文吉林將軍，派寧古塔章京、驍騎校、筆帖式各一員，前往監視。凡貉獾騷鼠鹿狗等皮，准其市易。貂皮及水獺猞猁猻江獺等皮，不准市易。限二十日畢市。部派通事二名，各准帶跟役六名，行文兵部，填入路引，派往官兵，毋許私帶人役貨物。各國貢使附載方物，自出夫力，携至京城，於頒賞後，在會同館開市，或三日，或五日，惟朝鮮、琉球不拘限期。貢船往來所帶貨物，俱停其徵税。其就邊境貿易者，該督撫委員監視。鋪户商行人等，不得賒買拖延，及私相交易。凡朝鮮人出入山海關，由該監督驗明，與鳳凰城總管印文，及禮部劄付相符者，免其輸税。如不係彼國土産，及别帶貨物，仍照例徵税。凡銅鐵馬騾角弓絲斤例應禁止之物，經該國王奏請購買，及各督撫代奏者，均候旨遵行。越南至江寧置買綢緞，官爲經理。頒其禁令。近邊各國，不得越境漁採，及私闢田廬，隱匿逋逃。内地民人不得私度沿邊關塞，交通外境，及以海上貿易漁採爲名，販賣違禁貨物。貢使及夷商等，不得收買兵器、史書、一統志、地里圖，及餤硝、牛角、綢緞、錦絹絲斤等物，及携帶内地人口，潛運造船大木釘鐵油蔴米穀出境。伴送人員，亦不得將例禁之物，私相貿易。各國貢使入境，水陸俱遵定制，不得越行别道。外國有事陳請，其奏疏令專差陪臣齎文赴部，或交各該督撫轉奏，不得徑交遣往使臣帶來。外國一應事宜，齎文申報各部，均由禮部轉發，不得擅自徑申，及陳奏御前。各省督撫提鎮官，非有公事，不得擅自移文外國，私相往來。外國不得餽送各該督撫禮物。貢使出入關口，通事及迎送守關官兵，不得索取土物陋規。凡干禁令者俱論如法。凡難夷，各加以拯濟而遣之。凡外國商民船遭風飄至内洋，所在督撫飭有司動用存公銀兩，賞給衣糧修理舟楫，並將貨物查還，候風遣歸本國。該督撫隨時具奏，年終題銷報部。若係朝鮮商民，委員伴送來京，具疏奏聞，將難民安插會同館，令通事送至朝鮮界，或附該國貢使歸國。若内地商民船飄至外洋，其國能拯救資贍，送回各省，或附載貢船，或專差送京，如蒙恩降勑褒獎，並賜國王使臣銀幣，奉旨後，行知該國王。

○凡西洋人之效其技巧者，得旨，則令伴送焉。凡西洋人，有曉諳天文、算法、雕刻、繪畫工作諸項技能，情願赴京效力者，由兩廣總督奏明，得旨後，委員伴送來京。豫期咨部，行文兵部、軍機處辦理。

會同四譯館，稽察大臣，滿洲二人，於六部、都察院、通政司、大理寺滿洲堂官内，由部奏請欽派。提督會同四譯館兼鴻臚寺少卿，一人，於本部滿洲郎中、漢郎中内揀選二人，引見簡用，三年更代。掌賓館之事，通其譯語。

○凡貢使來京師，皆授之館舍，朝鮮貢使館舍在正陽門内東江米巷，屋七十二間。館外城根空地，闊一丈八尺，徑三丈。小屋十五間，爲畜養馬匹之所。遇有應行修理添設之處，由館卿報部查覈，移咨工部辦理。其館内堂廳房間頂槅、窗櫺、山檐、坎牆等處，及槅扇、屏架俱加糊飾。而給以器用、館内第二層東西厢房六間，炕四。第三層、第四層正房各五間，炕各二。第五層群房三間，炕四。官廳三間，炕二，木牀一。東厢房四間，炕二。土炕、木牀各鋪白氈一條，土炕加席一領，付知主客司豫行工部備辦，貢使回日繳還。廩餼、貢使廩餼，付主客司由司轉付精膳司行光禄寺備給，遇禁止屠宰，其每日食物照常給與。芻秣，薪炭付主客司行工部支取，芻豆行户部支取。正使日給木柴二十斤，若係稱君者三十斤。副使十七斤，書狀官十五斤，大通官、押物官人各十斤，從人各四斤。馬一匹日給烎料柴二斤，草十四斤，料豆四升。每歲自十一月初一日始，至次年正月三十日止，正副使、書狀官各日給木炭十斤，大通官七斤，押物官五斤，從人等不給。領時憲書齎咨官日給木柴七斤，小通事四斤，從人馬匹與入貢同。竣事則覈其數而册報。貢使等供具，按月支取，越月再給。回國之日，知照扣支。人役有事故者，照例給紅綢等物，付知精膳司扣支口糧食物。馬有倒斃者，查明日期，扣支草料。每年領過料豆及採買草束價銀，造册送司，咨户部覈銷。木柴煤炭，咨工部覈銷。各國貢使來京，除朝鮮外，俱由内務府經理。

○凡貢使行禮，皆引焉。凡貢使至京，先於禮部進表。恭遇皇帝陞殿，百官行禮畢，於丹墀西班末行禮。事竣，賜燕於部，頒賞午門外，皆由館卿率使臣以行禮。

○凡譯書，各辨其體而考其音義，率其屬以肄習。入貢諸國，朝鮮、琉球、越南表章，皆用漢文。蘇禄、南掌、暹羅等國，皆由該省督撫令通事譯録，具題館内存貯。外夷各國書，回回、高昌、西番、西天、暹羅、緬甸、百夷、八百、蘇禄、南掌凡十種，皆譯以漢文，各分天文、地理等門，惟西天國書不分門類。

大使，漢一人，於序班内陞用。掌館舍委積。外國貢使至，一應事宜大使呈明監督，付主客司辦理。

序班，漢二人，於譯字生内考充。掌教譯字生。譯字生八人，行文順天府於童生内以文義通順字畫端楷者送部考取，即以序班爲教習，分習各國文字。以回回、高昌、西番、西天爲一館，曰西域館，設譯字生四人。暹羅、緬甸、蘇禄、南掌、百夷、八百爲一館，曰百夷館，設譯字生四人。

朝鮮通事，八人，通事内六品一人，七品一人，八品二人，於内務府佐領下選習朝鮮語者充補。又六品一人，七品一人，八品二人，於鳳凰城無品級通事内，由部調取引見補用。掌譯朝鮮之語。館内設朝鮮譯學，於下五旗朝鮮子弟各咨取四名，令在館學習。擇熟諳譯語之現任通官二人爲教習，鳳凰城無品級通事缺，出由部當堂考試充補。如學習日久，不能諳曉者，發回該旗，另行咨取。

欽定大清會典卷三十二

精膳清吏司，郎中，滿洲一人、漢一人，員外郎，滿洲二人，主事，宗室一人、蒙古一人、漢一人，掌燕饗廩餼牲牢之事。凡本衙門之題銷，則彙而覈焉。禮部各司及鑄印局，每年製造簪花，刊刻進呈會試録、登科録，祭外藩王公等牛羊折價，鑄造印信諸項共領銀兩物料數目，均於次年造册付司詳覈題銷，造清漢字黄册進呈。又每年部用心紅紙張物料數目，由司於年終彙奏。

〇凡大燕於太和殿，每歲元旦、萬壽聖節，由部疏請設燕，皆於太和殿。皆備其陳設，太和殿丹陛上正中，張黄幕一，設反坫於幕内，丹墀左右設藍布幕，兩翼各八，殿内設御筵於寶座前少遠，殿内外丹墀左右設主公百官各席。均行内務府豫備禮部堂官，及領侍衛内大臣，内務府理藩院堂官，共視設席。其黄幕藍布幕下應用器皿，由光禄寺豫備，鑾儀衛陳法駕鹵簿，樂部和聲署陳中和韶樂清樂、丹陛大樂清樂如儀。序其班次，太和殿内，内外王公，及一、二品文武大臣、台吉、塔布囊、伯克等席，東西各七行，東西嚮。前引大臣席，於寶座前左右，東西嚮。後扈大臣席，於寶座左右，少後。豹尾班侍衛席，於寶座後左右；起居注官席，於其西。均僉嚮。殿門外，都察院左都御史、副都御史席，於西檐下東嚮。理藩院尚書、侍郎席，於東檐下西嚮。丹陛上，二品以上諸世爵，暨侍衛等席，於左右各三行，東西嚮。隊舞大臣席，於左翼之東，西嚮。禮部引慶隆舞大臣二人，一人席於黄幕之左，西嚮。又一人及總管内務府大臣，席於黄幕之右，東嚮。左右藍幕内，三品以下文武官席，按翼序列，均東西嚮。外國貢使，席於西班之末，東嚮。共設一百九十席。辨其儀節。是日質明，王公百官朝服，舉御筵之護軍參領等蟒袍補服，尚膳、尚茶、頒賜食品之執事官蟒袍咸集。陳設畢，王公百官序入，按朝班排立。禮部尚書侍郎奏請皇帝禮服御太和殿，午門鳴鐘鼓，中和韶樂作，皇帝升座。樂止，鳴鞭，王公百官各於席次行一叩禮，坐。護軍參領、内務府内管領尚膳正，舉皇帝御筵就近，退。復位立，尚茶進茶，丹陛清樂作。皇帝用茶，王公百官各於坐次行一叩禮，坐。賜茶，侍衛分賜王公大臣，内務府人員分賜丹墀各官，俱於坐次行一叩禮。飲畢，復行一叩禮，坐。樂止，展席羃。掌儀司官入黄幕内，由反坫上，一人奉壺，一人奉爵，一人執金卮，以次由中路進，至殿中門國外之左，西面立。

丹陛清樂作，進爵大臣離席，釋補服，服端罩時則釋端罩。王以下皆興。進爵大臣進前跪，王以下咸於坐次跪。掌儀司官舉壺，實酒於爵，由中門入，西面跪授爵，退。進爵大臣奉爵興，由中陛升於御座之右跪進爵。皇帝受爵，進爵大臣由右陛下至原跪處跪。皇帝用酒，進爵大臣行一叩禮，王以下皆行一叩禮。進爵大臣由右陛升，跪受爵，由中陛下至原跪處跪，掌儀司官跪接爵退。諸王大臣官員先興，掌儀司官以金卮酌酒進，立賜進爵大臣，進爵大臣跪受行一叩禮。飲畢，掌儀司官立接卮，退，復位。進爵大臣行一叩禮，服補服。或端罩樂止，諸王大臣官員坐，進爵大臣入席坐。皇帝用饌，中和清樂作。賜食品於諸王大臣，尚膳等進肉饌，分賜諸王大臣官員畢，進反坫。樂止，兩翼領侍衛内大臣各二人，起視侍衛與諸王大臣官員行酒一次，光禄寺官與丹墀内文武官行酒一次，各於坐次行一叩禮。飲畢，復行一叩禮，坐。是時禮部堂司官，引慶隆舞於丹陛上，司章歌作，司舞以次進揚烈舞。喜起舞大臣朝服，入殿正中，行三叩禮，退立東旁。按隊進舞，每一次舞畢，退，正中行三叩禮。次笳吹樂進，奏蒙古樂曲。次朝鮮以下諸部樂舞進，陳白戲畢，俱退。丹陛大樂作，王公百官各於坐次行一跪三叩禮畢，樂止。鳴鞭，中和韶樂作，皇帝還宫。樂止，衆皆出。大婚禮成，賜燕亦如之。大婚禮成第三日，皇帝御太和殿，賜后父及其族屬燕。后父席於殿内王公之末，其族屬按翼於本旗序品列坐。皇帝升寶座時，后父率其族屬詣丹墀東，北面行三跪九叩禮畢，入班就位坐。餘如大燕儀。公主下嫁，燕於保和殿，若正大光明殿，亦如之。固倫公主初定禮、成婚禮，和碩公主初定禮，皆燕於保和殿。張黄幕於中和殿後階下正中，設反坫於内，陳中和韶樂清樂、丹陛大樂清樂如儀。保和殿内設御筵於寶座前少遠，皇子、内外王公額駙、台吉、大學士、尚書席於殿東，西嚮。内大臣額駙及額駙族人席於殿西，東嚮。各四行。前引大臣席於寶座前左右，東西嚮。内班官席於寶座後左右，起居注官席於西。均僉嚮。理藩院官席於東階下，西嚮。侍衛席於甬道左右，禮部内務府官席於黄幕左右，均東西嚮。共設六十席。禮部堂官及内大臣、内務府大臣、光禄寺堂官視設席，額駙父、額駙暨族中人員朝服，至丹陛上立。皇子、王及大臣侍衛各就班次立，禮部尚書、侍郎奏請皇帝龍袍衮服升座，額駙父、額駙暨族中人員行三跪九叩禮畢，入班次，與衆俱行一叩禮，坐。進爵時，額駙父、額駙暨族中人員於階下甬道兩旁跪。進爵後，歸班立，與衆行一叩禮，坐。進反坫後，御前侍衛奉酒置御前桌上。侍衛授酒，衆接酒行禮如儀。蒙古什榜進，奏蒙古樂曲。若額駙非外藩，則進滿洲樂曲。及承應畢，反坫、御筵俱徹，衆起立，額駙父等於丹陛上行一跪三叩禮，皇子、王、大臣均於坐次行一跪三叩禮畢，皇帝還宫，餘儀與太和殿同。若駐蹕圓明園，則燕於正大光明殿。設反坫於出入賢良門内，皇子、親王、郡王、大學士、尚書、内大臣席於殿東，額駙及額駙族人席於殿西，行禮儀節與保和殿同。凡燕，前期，則進燕圖，太和殿大燕，及公主下嫁保和殿或正大光明殿設燕，王公大臣文武百官坐次，均由禮部先期繪圖同儀注恭進。奉旨後，將燕圖儀注，行知宗人府、内務府内大臣、内閣典籍廳、吏部、鑾儀衛、兵部、工部、都察院、理藩院、樂部、上三旗護軍統領、光禄寺、鴻臚寺、欽天監、上駟院、武備院、内茶房。其餘慶典,保和殿、正大光明殿、乾清官及皇后宮設燕,恭進燕圖,俱由内務府、凱旋賜燕於紫光閣或幄殿,亦由内務府具奏,行知禮部。行文各衙門以供備。太和殿大燕,應進桌張、羊酒、各王公名爵,由部具奏,前期行宗人府查取,得旨,行文宗人府轉知會各王公府,增備桌張及酒。交光禄寺增買羊隻,交兩翼税務備辦御用桌張及太和殿丹陛上豫備黄幕,俱行文内務府。丹墀内藍布幕十六架,併温酒木炭銅火盆及禮部增備羊隻,應用宰煮器具,均行文工部咨取。黄幕下温酒及藍布幕下應用各器皿,併添補羊隻之盛肉盤,均行文光禄寺豫備。王公恭進桌張之器皿品物數目規式,並届期派員將羊酒桌張送至太和門内陳設,均先期咨呈宗人府轉行各王公府。出派丹墀内照看桌張器皿及舉桌之護軍参領護軍校護軍,行文上三旗護軍統領。入燕賜茶豫備茶六十桶,行内茶房併知照内務府。奏請欽派進爵大臣一人,交領侍衛内大臣處。按旗分派擡送肉槽之章京披甲,行文兵部轉行八旗。恭進桌張羊酒日期,行知景運門值日護軍統領。應入燕之内外王、貝勒、貝子、公名爵,及一、二品大臣文武各官,外藩之台吉、塔布囊、伯克、外國進貢陪臣等職名,由各衙門自行開列,送領侍衛内大臣處,仍知照禮部,行文宗人府、内閣典籍廳、吏部、兵部、理藩院内大臣、内務府。派員帶引應入燕之外藩額駙、王、貝勒、貝子、公、台吉、塔布囊、伯克,行文理藩院。燕畢剩桌,給外藩王、貝勒、貝子、公、台吉、塔布囊、伯克及外國貢使,餘給執事人員内務府官拜唐阿等,前期具奏,得旨行文知照領侍衛内大臣、理藩院、内務府、上三旗護軍統領。恭遇皇后千秋節暨各慶典,設燕於皇后宮。奉旨後,由部疏請交所司備饌。尚膳監備皇后燕桌,皇貴妃、貴妃、妃、嬪桌,諸王進桌張羊酒,公主、福晉,一、二品大臣命婦慶賀與燕,行文各處,與大燕同。上三旗内派侍衛命婦鋪設坐褥,行文領侍衛内大臣。大婚納采,燕於皇后邸,與燕后母之公主、大臣命婦,暨與燕后父之内大臣侍衛八旗公侯以下、滿漢二品以上官員,均由禮部分行知會。大婚禮成,太和殿設燕。光禄寺備酒筵,禮部備羊隻。其王公等應進桌張羊酒及與燕之王公大臣,均由部先期行文。公主下嫁,保和殿筵燕。前期内務府會同具奏,得旨,豫備饌席,交光禄寺。額駙備酒送光禄寺,備羊送禮部,行文各該旗都統轉行知會額駙。若額駙係外藩,行文理藩院轉行知會。准儀制司付知入燕之額駙族中人員,及應與燕之王内大臣侍衛銜名數目。行文知會内大臣,出派上三旗護軍參領、護軍校、護軍禁止閒人。行文景運門直日護軍統領。公主合巹室,院内搭蓋藍布幕,應用紅染墜風石,及合巹處反坫桌上陳設器皿,併合時巹取額駙家所備羊酒醮祝各事宜,均行文内務府。合處巹所用煮肉木柴及墊席等項,行工部送至内務府公、主九日歸寧各事宜。内務府具奏,得旨,知照禮部,由部轉行内務府内茶膳房,其餘行文各處,與太和殿筵燕同。郡主、縣主、郡君、縣君、鄉君特恩由内聘嫁者,成婚在額駙家筵燕。内務府具奏,得旨,行知禮部。光禄寺備饌桌併茶,額駙備羊送禮部宰烹,酒送光禄寺備用。内大臣、内務府大臣、禮部、理藩院尚書侍郎與燕。其一切供具應行文各處豫備者，均由禮部行文。

〇凡賜燕於公，各辨其儀，經筵講書畢，御文淵閣，及臨雍講書畢，均賜茶。經筵禮成，賜燕於文華殿之東配殿，設席二十一，分兩行，均西嚮。又禮部尚書席一，設西南隅，北嚮。臨雍次日，賜燕於部，衍聖公、大學士、内閣學士、翰林院、詹事府、禮部、都察院、國子監、光禄寺、鴻臚寺暨執事各官、十三氏後裔咸與。三品以上專席，四品以下共席，均按品爲序。精膳司官朝服視設，於露臺上望闕設香案。各官朝服詣香案前行三跪九叩禮畢，就席，坐。茶至，叩；酒至，叩；飲畢，叩。茶一行，酒三行，詣香案前行一跪三叩禮，退。恭纂《實録》《聖訓》諸書，開館及告成日賜燕，或於部，或於館。奏請欽命内大臣一人主席，監修、總裁官、主席大臣各席一，在部則堂官陪燕各席一。纂修、提調每二人共席一，收掌每三人共席一，謄録、翻譯各官每四人共席一。均左右嚮，各官朝服赴燕畢，謝恩。在部於香案前，在館則於金水橋南，行禮如儀。文會試入闈、出闈日，俱賜燕於部，爲上馬燕、下馬燕。主考知貢舉監場副都統席於堂後楣，同行外嚮。禮部尚書、侍郎席於前楣，同行内嚮。同考官席於堂左右，相嚮，各一行，皆專席。監試官、監場參領、章京、游擊、供給所官席於同考官之後，各一行。外簾官又席於其後，各一行，均左右嚮。提調官席於左，光禄寺官席於右，禮部執事官分席於其左右，均内嚮。鳴贊、醫官、監門、巡綽諸官席於露臺左右，各相嚮。禮部司官朝服視設，主考以下官咸朝服。入闈日宣旨，出闈日復命後，集金水橋。禮部司務廳官請赴燕，各官詣部，由中門入。禮部尚書、侍郎迎於堂檐下，拱揖，各官詣香案前行三跪九叩禮畢，升堂，和聲署樂作，儀制司官、分考官表幣，精膳司官分銀花，光禄寺官奉壺爵。禮部尚書一人出堂檐前立，光禄寺官注酒於爵。尚書受爵，嚮外揖，酹酒三，授虚爵，偕衆堂官揖，各官就位，送主考酒，以次送知貢舉副都統酒。光禄寺官分送同考以下各官酒，主考答送禮部各堂官酒。遍，依次坐，供饌。燕畢，皆興，席徹，詣香案前行一跪三叩禮。同考以下官二門外升輿，禮部尚書、侍郎送主考官檐下升輿，各退。如遇齋戒日期，停止筵燕，仍赴部簪花。殿試傳臚後，賜燕於部，爲恩榮燕。奏請欽派内大臣一人主席，席於堂後楣正中。讀卷大臣、鑾儀使席於左右，同行外嚮。禮部尚書、侍郎席於前楣，同行内嚮，皆專席。受卷、彌封、收掌、監試、護軍參領、填榜、印卷各官席於堂左右，供給官席於露臺左，鳴贊官席於露臺右，均相嚮，二人共席一。一甲進士席於供給官之西，宗室進士席於一甲進士西少南，二甲一名、三甲一名進士席於宗室進士西少南，均北嚮，專席。諸進士席於露臺下，左二甲右三甲相嚮，均二人共席一。禮部司官朝服視設，諸進士集於部。主席大臣各官朝服集金水橋，光禄寺官請赴燕，詣部。禮部尚書、侍郎迎檐下，揖。主席大臣各官暨諸進士詣香案前行三跪九叩禮畢，升堂旅揖。儀制司官請簪花，精膳司官視席。和聲署樂作，一甲進士至堂檐下東面立，諸進士序立於後，拜主席大臣，四拜，後兩拜主席大臣答揖。次拜讀卷官、禮部堂官、鑾儀使，俱四拜，答二揖。次拜執事官，二拜，答二揖。畢，主席大臣出堂檐酹酒畢，光禄寺官復注酒授一甲進士，受爵立飲，卒三爵，凡三揖，主席大臣俱答揖。復位,衆就席坐,乃燕,升歌,行酒,供饌。燕畢,詣香案前行禮如儀。如有奉旨重與恩榮燕者,行如該員一體入燕。衍聖公入覲,賜燕於部。以尚書主席,設賓主席於後堂,均東嚮。以南爲上,速賓。衍聖公入儀門降輿,尚書迎於堂檐下,揖,詣香案前行三跪九叩禮畢,升堂揖,即席。光禄寺官進茶,茶畢,酌酒奠爵。和聲署升歌,酒三巡,樂止。供饌畢,興,詣香案前行一跪三叩禮畢,送如儀。外藩蒙古王公朝賀來京,由部繕緑頭籤奏請於元旦後,在五旗王府筵燕五次,由部將筵燕日期並筵席羊酒數目開列儀注,咨呈宗人府轉行各王府辦理。其歲除日在保和殿賜燕,正月十四、十五日在正大光明殿賜燕,均由内務府奏辦。凱旋筵燕及大將軍、經畧大臣起程送行,併郊勞備茶,均由内務府等衙門具奏,得旨行知禮部,由部行文各衙門。喀爾喀進九白貢使,在部賜燕一次,奏請欽派主席大臣。席於堂正中近後楣,外嚮。正使席於堂右,副使席於其次,均南嚮。以東爲上,各專席。精膳司官視設,貢使步入儀門。主席大臣率詣香案前行三跪九叩禮畢,升堂。主席大臣舉爵,貢使就席一叩。酒三巡,供饌。燕畢,謝恩如儀。赫哲費雅喀等處來京娶婦,在精膳司設燕一次,以司官主席,主席一。給夫婦二人席各一,一設司堂,一令領回。外國遣使來京朝見後燕於部各一次,惟西洋國三次。荷蘭國在部賜恩燕一次,又部燕二次,皆以禮部侍郎主席,主席一。朝鮮國,正使、副使各一人,書狀官一人,各席一,大通官三人,押物官二十四人,得賞從人三十名,無賞從人三百名,暨主席共四十五席。琉球國,耳目官一人,正議大夫一人,都通事一人,各席一,護送官一人,土通事一名,共席一,從人十七名,每三人席一,暨主席共十一席。越南國,陪臣三人,行人九人,各席一,護送官二人,共席一,從人十三名,共席三,暨主席共十七席。南掌國,貢使一人,席一,先目二人,共席一,通事二人,共席一,後生九名,共席二,護送官二人,共席一,暨主席共七席。暹羅國,正貢使一人,副貢使一人,三貢使一人,四貢使一人,通事一人,各席一,護送官一人,從人十九名,暨主席共十席。蘇禄國,貢使一人,番目一人,各席一,通事一人,護送官一人,共席一,番丁六名,跟役二名,共席二,暨主席共六席。緬甸國,貢使一人,緬目四人,通事把總四人,緬役十四名,暨主席共十一席。西洋國,來使四人,從人五名,護送官一人,每次設席五,皆精膳司官視設。主席官席於堂正中近後楣,外嚮,正使、副使席於右,通事、從官席副使後,從人席右楹下,均南嚮,以東爲上。貢使自儀門步入,主席官朝服,率詣香案前行三跪九叩禮畢,升堂。貢使見主席官,行一跪三叩禮,主席官答揖三。即席,進茶畢,酌酒奠爵,主席官舉爵,貢使就席一叩。酒三巡,供饌。燕畢,謝恩如儀。朝鮮、琉球、越南、南掌、暹羅、蘇禄、緬甸諸國,於部燕日,仍在會同館燕一次,席數照部燕例送館。又,朝鮮國遣使領時憲書,暨齎咨官役至京,在司燕一次。以司官主席,齎咨官一人,小通事一人,各席一,得賞從人十五名,共席一,暨主席共四席。如訃告使臣至,不燕,送席於館。琉球國官生入監讀書,回國時在司燕一次。以司官主席,主席一,官生各席一,跟伴每三名共席一。凡例應入燕之王公大臣、官員及外藩等,均由部行文各衙門開列職名送部。其會試考試執事官職名及殿試讀卷、執事各官員數,新進士名數，均由儀制司付知。保和殿歲除日賜燕，移咨各衙門將例應入燕之在京文武大臣官員各職名，並行文吏兵二部查明外省來京之督撫大臣及將軍都統、副都統職名，徑送領侍衛内大臣處。其筵燕日期，均由部行文各衙門，轉行知照入燕各官。凡臨雍及恩榮等燕，均行鴻臚寺派鳴贊、序班赴部贊引。會試入闈、出闈筵燕，及燕衍聖公，行文派鳴贊赴部贊禮。凡燕應用樂者，行樂部派署史至部作樂。經筵、臨雍、皇子皇孫成婚、會試及殿試後各筵燕，並外藩、喀爾喀九白貢使、外裔朝鮮等國貢使筵燕，均行文護軍統領衙門派護軍統領一人，率護軍等護燕。與其供具。凡恩賜各燕，餜席茶酒及各器皿，均劄光禄寺備具。宰牲器具及鋪墊席，行工部備具。經筵講書畢，御文淵閣賜茶。臨雍講書畢，賜王以下文武官員茶，均知照内茶房備具。臨雍，賜五經博士各氏後裔茶，劄光禄寺備具。經筵禮成賜燕，擡肉槽之披甲及看管章京，行文兵部轉行八旗。其進肉槽由東華門出入，知照景運門。會試入闈、出闈筵燕，行文户部支銀給大興、宛平兩縣委官製造銀花，考官彩旗、圍屏、紅氈、長柄牌等項，行順天府委員備送。其執旗牌夫役，令會同館大使傳館夫應差。燕所棚綵、觀椀、人物、果合、鼓手、鑲鍾、盃筯、酒托、香燭、桌塾、鋪地席及燕圖、滿漢儀注版片、紅紙等項，派撥書吏簪花執盞，均劄大興、宛平兩縣委員備辦。殿試後恩榮燕，圍屏、紅氈各項，行順天府；其棚綵、扁額等項，及派撥書吏簪花執盞，與會試入闈、出闈燕同。

廩餼則察其物而供焉。殿試，讀卷提調、鑾儀衛各大臣，受卷、彌封、收掌、填榜、印卷、監試、執事各官，每日供給飯桌。内閣寫榜、供事官、門官、火房、紙匠諸役，日給米肉酒。刊刻匠役，日給米肉。由儀制司付知，劄光禄寺備辦。衍聖公來朝，初至日，劄行光禄寺給廩餼一次。盛京禮部歲進陵寢供品官員，給十五日肉鹽。盛京、吉林等處差送官物及領取官物人員，人各給十日肉鹽。打牲烏拉送東珠官員，人各給三十日肉鹽。送人參、鰉魚人，各給十日肉鹽。索倫達呼爾、鄂倫春畢拉爾各部落貢貂皮來京，給三十日食物，回日並給路費。赫哲費雅喀等處來京娶婦，給二十日食物。均劄光禄寺給與。喀爾喀哲布尊丹巴呼圖克圖來京，暨各處喇嘛來使，由理藩院奏給食物，行知禮部。食物乃漢羊，劄光禄寺供備。牛及蒙古羊，劄兩翼税務供備。哲布尊丹巴呼圖克圖來京，日給食物，每十日加給牛一，及各食品。回日路費，給牛一隻半，及各食物，其來使亦按日給與食物。達賴喇嘛、班禪額爾德尼來使，例給食物九十日。盛京法庫居住銀哷圖呼圖克圖庫倫喇嘛，每年支給食物，由盛京將軍派員赴盛京禮部領交，知照禮部。盛京喇嘛領取香蠟等物來京，給十日肉鹽。甘肅岷州魯班等七寺喇嘛進貢來京，每五日給肉鹽一次。朝鮮國進貢使臣官役，日給廩餼。正、副使及書狀官，每五日給果品一次。正使兼君號者，食品有加。其領時憲書官役，及訃告正、副使等，並日給廩餼。進貢及領時憲書官役，回日給路費。凡食物及路費折價，均劄光禄寺備給。在京食米及回國沿途口糧，自京師至義州止，咨户部支發。朝鮮難民來京，安置會同館，每日給以口糧食物。其餘各國使臣，每日供給，均内務府承辦。禮部派官二人，協同照應。外藩蒙古王、貝勒、貝子、公、台吉、塔布囊、參領、佐領等，暨固倫公主、和碩公主額駙，郡主、縣主、郡君、縣君額駙，公主子孫等慶賀來京，遇元旦令節，均頒除夕筵席，由部繕緑頭籤請旨。固倫公主額駙、親王等各席四，和碩公主額駙、郡主額駙、郡王各席三，縣主、郡君額駙、縣君額駙、公主子孫及貝勒等各席二，貝子、公各席一，台吉、塔布囊各給羊一魚五，歸化城參領、佐領等二人給羊一。蒙古各旗送羊酒來京官員，二人給羊一。蒙古進貢官員，每人給豬肉五斤。達賴喇嘛來使，每人給羊一。凡筵席食物，均劄光禄寺頒給。各國貢使在京，遇除夕，各頒給筵席。朝鮮、越南、荷蘭各席五，琉球、南掌、暹羅各席三。

○凡燕，具蒙古羊者則供之。太和殿大燕，用羊八十二。王公等各進桌張羊酒，親王、郡王每人進羊三，貝勒、貝子每人進羊二，入八分公每人進羊一。如不敷用，由部宰備。公主下嫁設燕，額駙進燕九十席，備羊八十一，送部宰烹。郡主、縣主、郡君、縣君、鄉君由大内聘嫁者，成婚在額駙第設燕。禮部設藍凉棚，額駙備羊酒如例，其羊送部宰烹。於内選合巹所用羊六，交内務府宰備。經筵賜燕，用大羊六。凱旋賜燕，用羊四十五。部燕衍聖公，用羊二。燕喀爾喀貢使，及赫哲費雅喀等處來京婚娶者，均用羊一。燕朝鮮國使，用羊十三。燕領時憲書齎咨官役，用羊一。燕琉球國使，於部於館，共用羊五。燕讀書官生回國，用羊一。燕越南國使，用羊四。南掌國使、暹羅國使、蘇禄國使，均用羊二。緬甸國使，用羊三。送館燕席用羊，各如其數。凡由部宰羊，額設宰牲人十名。缺出，行文下五旗挑派閒散二名，送部選補。除夕頒筵席於外藩蒙古來京固倫公主額駙、科爾沁士謝圖親王、和碩公主額駙、郡主額駙等，各給大羊二。縣主、郡君、縣君額駙，公主子孫等，各給羊一。親王、郡王，各給大羊二。貝勒、貝子、公，各給羊一。至廩餼用羊，哲布尊丹巴呼圖克圖來京及來使，均日給羊一。達賴喇嘛、班禪額爾德尼正使，每十日給大羊十，每五日給燕一次。正使席一，餘每五人共席一。每七席用羊一，均蒙古羊。其餘所用漢羊及諸品物，皆劄光禄寺供備。祭祀亦如之。怡賢親王祠四時致祭，每次用大蒙古羊一，由部給領。其餘致祭用蒙古羊者，均由部送往祭所宰備。又鑄印局鑄造金印祭爐，用蒙古羊一。陵寢供乳牛以其額，陵寢祭祀，額設乳牛，昭西陵七，孝陵十七，孝東陵十九，景陵五十二，泰陵二十六，泰東陵五，裕陵四十一，孝淑皇后陵寢十一，由各陵寢禮部餧養。如有無乳者，按清明、中元、冬至、歲暮四祭，一年四次赴部更換。備卹賞之牛羊，凡王公、公主、福晉、夫人等喪，初祭及大祭，用大蒙古羊。親王、親王世子，各給九。郡王七，貝勒、貝子各五，鎮國公、輔國公各四，親王福晉九，親王世子福晉、郡王福晉各七，貝勒夫人五，貝子夫人三，固倫公主九，和碩公主七，郡主三，縣主二，貝勒女郡君一。側福晉係現在王等生母，視嫡福晉降一等。由祠祭司付知，照例給發。外藩親王牛犢一，羊八。親王世子、郡王及兼親王品級之郡王，均牛犢一，羊六。貝勒牛犢一，羊四。貝子惟羊五。公四。台吉、塔布囊三。固倫公主額駙牛犢一，羊四。和碩公主額駙、郡主額駙惟羊四。縣主、郡君、縣君額駙各三。固倫公主牛犢一，羊八。和碩公主牛犢一，羊六。郡主牛犢一，羊四。縣主、郡君、縣君各羊三。鄉君羊二。親王福晉牛犢一，羊六。郡王福晉羊五。貝勒夫人羊三。貝子、公夫人各羊二。親王側福晉羊七。均由祠祭司付知，轉行户部給與折價。春冬每牛犢銀三兩，羊一兩。夏秋每牛犢銀二兩，羊七錢。交往祭官至祭處採買。如在京病故者，改牛用羊不折價。皆於兩翼税務和買而供之。凡由部供備之牛，及蒙古羊，均劄行兩翼税務監督，照時價採買送部選用，按季咨户部覈銷。

○頒王公之麅鹿。每年盛京將軍額進麞鹿二百二十，麅八十，於歲底派官送部，行文宗人府咨取應給麅鹿之王公等名爵數目，繕緑頭籤奏請照例分給。親王麞鹿八，郡王六，貝勒四，貝子三，入八分公二。麅皆一。餘麅鹿進内膳房。

額外郎中、員外郎、主事、七品小京官。無定員，由堂官分派四司，一體辦事。

筆帖式，滿洲三十有四人、蒙古二人、漢軍四人，由堂官分派四司、滿檔房、漢本房、司務廳、鑄印局等處。掌翻譯。

昭西陵，郎中一人，員外郎二人，孝陵，掌關防郎中一人，員外郎二人，孝東陵，員外郎二人，景陵，郎中一人，員外郎二人，泰陵，郎中一人，員外郎一人，主事一人，泰東陵，員外郎二人，裕陵，郎中一人，員外郎二人，孝淑皇后陵寢，郎中一人，員外郎二人，掌奉陵寢之祭祀。

泰陵妃園寢，主事一人，孝淑皇后陵寢、妃園寢，主事一人，掌奉園寢之祭祀。盛京禮部侍郎，滿洲一人，掌盛京朝祭之儀。

○凡三陵大祭，開列承祭官，以送於太常寺而請旨。三陵，清明、孟秋望、冬至、歲暮四大祭，開列盛京宗室官六人銜名，送太常寺奏請欽派。福陵、昭陵忌辰大祭，開列同。及期，則監禮。福陵、昭陵大祭，以將軍暨本部侍郎輪班在殿内監禮，以副都統、户兵刑工四部侍郎在殿外陪祀。餘祭，以將軍暨本部侍郎監禮同，以副都統四部侍郎在殿外立班。永陵四大祭，以將軍副都統、五部侍郎輪班監禮。朔望供其常祭，萬壽聖節亦如之。福陵、昭陵每月朔望，及萬壽聖節，以宗室官六人輪直承祭。永陵十月朔，以總管承祭。餘以掌關防官承祭，俱由部届期行知。備盛京城隍之歲祀。每歲萬壽聖節，及季秋二祭，本部侍郎或郎中員外郎一人致祭。若長白山神，若賢王祠，則遣祝贊往焉。長白山，每歲春秋二仲，係吉林將軍或副都統一人承祭。賢王祠每歲春秋二仲，係奉天府府尹承祭，讀祝官、贊禮郎由本部遣往。

○朝賀於大政殿，正其班位。萬壽聖節、元旦朝賀之禮，是日，工部六品官詣大政殿啓扉，拂拭御座。黎明，將軍、五部侍郎，率所屬官弁，按旗分左右翼立班丹墀内，左翼鑲黄、正白、鑲白、正藍四旗在東，右翼正黄、正紅、鑲紅、鑲藍四旗在西。東班西上，西班東上。奉天府府尹、府丞、治中、通判、京縣等官從右翼，咸朝服行三跪九叩禮。

○盛夏禁伐青焚骸。每歲小暑日起立秋日止，出示曉諭。

堂主事，滿洲一人，掌檔案文移。

左司，郎中，滿洲一人，員外郎，滿洲二人，掌供祭祀之物，司其關領。

○設官地蒔畜以供三陵之祭，一曰田莊，史官屯、柳林河，凡二處。二曰果園，三塊石、鎮撫屯、遼陽城内、遼陽城外、羊拉峪、火連寨、凡勝堡、千山、石橋子、安平，凡十處。三曰瓜菜園，黑牛館、三王墳，凡二處。四曰魚泊，墩子泡、養豬屯、郎家堡、蓮花池、大河泡、噶喇泡、轉鄉湖、新背河、唐牛背河、灰山河、灣泉河、牛心陀、糅麻泡、大通泡，凡十四處。皆任官丁以取之。田莊壯丁九十名，果園壯丁一百六十八名，瓜菜園壯丁十名，捕魚壯丁二十四名，均屬管千丁官管轄。其管千丁六品官、七品官各一人，由本部外郎領催選充。稽其歲輸之數，田莊，歲輸黍米四十一石六斗，稷米一石，大麥一石二升，小麥七石六斗五升，高粱八石，黄豆二石六斗一升，菉豆二十二石四斗，小豆一石四斗七升，芝麻三石二斗四升，蘇子四十五石五斗。果園，歲輸櫻桃一斗二升，杏子、李子各三百六十箇，香雪梨一百六十箇，葡萄十六斤，花紅一斗，栗子二十斤，蜜漬花紅六石二斗。瓜菜園，歲輸西瓜六十八箇，香瓜二千一百箇，腌瓜四百七十二條，白菜八十斤，腌菜五缸，酸菜五缸。魚泊，歲輸鮮魚一百八十八尾。采蜜、捕雉亦如之。采蜜壯丁二百七十名，歲輸蜂蜜三千一百斤。捕雉壯丁三十名，歲輸生雉二百八十隻。凡三陵祭品，前期，行各衙門以供備，昭陵、福陵四大祭，每祭用玉棠米、糯米各八升，黍米一斗二升，稷米一斗六升，稗米二升，白鹽二十三斤，黑鹽二十一斤，蕨菜十斤，木耳二斤八兩，蘑菇八斤，雞蛋一千五百九十一枚，鵝蛋四十枚，鴨蛋六十枚。永陵倍之，皆供自盛京户部。又每歲取朝鮮貢紙六百三十一張，呈文紙五百十六張，亦供自盛京户部。又歲用八寶火纏各三百八十四斤，鹽六十斤，茶六十五斤，蘋果、梨、柿各四百二十枚，供自太常寺。又歲用乳酥一千八百二十六斤，供自兩翼牧場。其三陵歲用乾棗乾、葡萄各三百三十斤，龍眼、荔枝各二百三十二斤，橘餅六千三百三十六枚，柿餅七千九百二十枚，核桃六萬一千七百七十六枚，冰糖三百九十六斤，白糟七百六十八斤，門冬四百十斤，青梅二百八十七斤，皆由本部委員採買。具其籩豆，大祭陳設籩豆，每陵頻果、柿子、橘餅、香雪梨各四十八枚，膠棗二斤八兩，冰糖三斤，寸白糖五斤，八寶大纏各三斤，蜜漬山楂、蜜漬花紅各三斤八兩，松子八升。庀其香帛。三陵四大祭，每祭各用香三兩。福陵、昭陵忌辰，每祭各用香五錢。其常祭，永陵歲用香三斤，福陵、昭陵歲用香各二十四兩。又三陵歲用白蠟燭，重六兩者一百七十四對，三兩者二百九十八對。歲用奉先制帛，永陵四大祭，每祭用帛八端。福陵昭陵四大祭，並兩次忌辰，每祭用帛二端。共五十六端，皆供自太常寺。山川城隍亦如之。長白山神，每祭用菱米芡實各二斤，供自太常寺。

紅棗四斤，栗子五斤，榛仁二斤八兩。及松花江神，春秋二仲祭，每祭用紅棗四斤，栗子五斤。城隍廟，每祭用核桃四斤，龍眼二斤，栗子六斤，紅棗四斤，荔枝二斤，由部採買。其禮神制帛，長白山神、城隍廟每祭用白色者二端，松花江神每祭用青色者二端，賢王祠每祭用素帛二十六端。其香蠟，長白山神、松花江神、城隍廟各歲用降香六炷，黄蠟十五斤，供自太常寺。嘛哈噶喇廟亦如之。歲用白蠟燭三十六對，白檀、降真、沉香、白唵叭、黑唵叭香各三十六兩，又石青三十六兩，皆供自京師户部。其每月六日及朔望供餑餑果品，例支銀二十兩，由部採買。

○守鑾駕庫之藏，以備陳設。鑾駕庫所貯鹵簿，會同將軍衙門委員承管備用。給寺廟之物用，實勝寺、嘛哈噶喇廟、四塔、長寧寺，歲需用高麗紙、茶葉、白麪、蘇油、席。又達喇嘛格隆班第等，歲製衣帽、綢布、狐皮，又每歲喇嘛口糧銀二千五百四十四兩有奇，香鐙銀四百六兩有奇，誦經銀三百十兩有奇，齋供銀二十一兩有奇，俱移盛京户、工二部給發。而時葺之。各廟歲修工程，俱由部覈辦。凡教習、兩翼官學教習年滿考職，有應給口米。千丁、本部千丁處，有應給錢糧、口米、鹽斤。貢使，朝鮮國貢使，有應給口米、肉斤、芻秣、柴薪。皆有給。

右司，郎中，滿洲一人，員外郎，滿洲二人，掌供祭祀之物，贍其僧道。

○凡東陵、西陵之祭，歲供其物。東陵、西陵每年祭物，由左司劄千丁處備辦，皆據各陵禮部來文無定數。嘉慶十六年，東陵供用蜂蜜七千五百八十五斤十二兩，松子二十六石一斗三升，英薁七石一斗二升，乾梨七百八十二斤，蜜漬烏梨四百二十四斤，鮸魚五千四百三十九尾。西陵供用蜂蜜一千七百七十四斤。松子八石三斗七升。英薁二石六升。乾梨二百三十八斤。蜜漬烏梨一百二十一斤十二兩。鮸魚一千五百十五尾。朔望祭福陵、昭陵，亦如之。香蠟果品，付庫務處備辦。羊隻，咨行盛京内務府備辦。皆致諸陵所。東陵、西陵祭物，每年於冬至前十日，送交陵寢禮部衙門。福陵、昭陵朔望祭物，每月十四三十日，送交陵寢關防處。奉先殿薦新，則取魚。歲用花鱖魚二十五尾，本部壯丁捕取，每年十二月送交掌儀司。供祠廟之祭物。長白山祭用牛羊豕，由吉林將軍衙門採買，其銀由部覈銷。松花江祭用祝版，咨行京師工部備辦，香帛付庫務處備辦。城隍廟每祭用黑牛一羊一，咨行盛京内務府備辦；豕一，由部採買。又歲用高香六十束，及顯佑宫、景佑宫二關帝廟、地藏寺，應用香果，亦由部行盛京户、工二部關領。

○凡僧道皆有額，興京顯佑宫，衣帽道士八名。地藏寺，衣帽僧二十七名，散僧二十六名。景佑宫，衣糧道士十六名。遼陽蓮花寺，衣糧僧四名。大安寺、龍泉寺，衣糧僧九名。歲給以衣糧。歲用高梁、棉花、綢布，俱咨行盛京户部發給。有贍地者不給糧。興京顯佑宫、地藏寺僧道，俱給有贍地。巨流河、渾河神廟，亦有贍地，每年共租銀二百六十兩有奇，界官催交，由部飭僧録發給廟僧。凡道丁，皆與以部照。盛京所屬寺廟共二百十五所,真實住廟道丁共六百六十户,皆由部給與執照。

〇凡官過盛京者皆給餼,三品以上,日用豬肉三斤。五品以上,日用羊肉二斤。七品以上,日用羊肉一斤。俱付千丁處發給。給桌上人之銀布。本部庫務處,所屬七户桌上人七名,歲領銀布,俱行盛京户部發給。

讀祝官,滿洲八人,贊禮郎,滿洲十六人,掌祭祀之儀。

筆帖式,滿洲十人,掌翻譯。

欽定大清會典卷三十三

樂部管理大臣，亦曰典樂，以禮部滿洲尚書一人兼之，又王大臣知樂者簡用，無定員。掌考樂律樂均之度數，協之以聲歌，播之以器物，而辨其祭祀朝會燕饗之用，以格幽明，以和上下。

〇凡大祭祀，前期則演樂，遂戒其屬而張樂懸。及祭之日，則就其列以監樂。典樂一人立於右班，左都御史、副都御史之次。朝會亦如之。典樂一人立於殿檐下之西，中和韶樂之前。

〇凡定律之法，必以黄鍾爲元，黄鍾長九寸，空圍九分，積八百一十分，實一千二百黍。準之今尺，今尺爲縱黍尺，今尺八十一分，當古尺百分。審其管之縱長、今尺黄鍾縱長七寸二分九釐。容積、今尺黄鍾容積四百三十分四百六十七釐二百一十毫。面冪、置容積以縱長七寸二分九釐歸之，得五分九十釐四十九毫爲黄鍾面冪。圓徑、用面線相等面積不同密率，以圓面積一萬億爲一率，方面積一萬二千七百三十二億三千九百五十四萬四千七百三十五爲二率，今面五分九十釐四十九毫爲三率，推得四率七分五十一釐八十三毫五十二絲一十八忽七十七微六纖，爲圓面積徑線相等之方面積，以開平方得二分七釐四毫一絲九忽六微一纖有奇，爲黄鍾圓徑。内周，用周徑相求密率，以徑一億爲一率，周三億一千四百一十五萬九千二百六十五爲二率，今徑二分七釐四毫一絲九忽六微一纖爲三率，推得四率八分六釐一毫四絲一忽二微四纖有奇，爲黄鍾之内周。以合於真度，而得其中聲。三分而損益之，以成十有二律焉。黄鍾三分損一，下生林鍾，積二百八十六分九百七十八釐一百四十毫，同徑管長四寸八分六釐。林鍾三分益一，上生太蔟，積三百八十二分六百三十七釐五百二十毫，同徑管長六寸四分八釐。太蔟三分損一，下生南吕，積二百五十五分九十一釐六百八十毫，同徑管長四寸三分二釐。南吕三分益一，上生姑洗，積三百四十分一百二十二釐二百四十毫，同徑管長五寸七分六釐。姑洗三分損一，下生應鍾，積二百二十六分七百四十八釐一百六十毫，同徑管長三寸八分四釐。應鍾三分益一，上生甤賓，積三百二分三百三十釐八百八十毫，同徑管長五寸一分二釐。甤賓三分益一，上生大吕，積四百三分一百七釐八百四十毫，同徑管長六寸八分二釐六毫六絲六微六纖有奇。大吕三分損一,下生夷則,積二百六十八分七百三十八釐五百六十毫,同徑管長四寸五分五釐一毫一絲一忽一微一纖有奇。夷則三分益一,上生夾鍾,積三百五十八分三百一十八釐八十毫,同徑管長六寸六釐八毫一絲四忽八微一纖有奇。夾鍾三分損一,下生無射,積二百三十八分八百七十八釐七百二十毫,同徑管長四寸四釐五毫四絲三忽二微有奇。無射三分益一,上生仲吕,積三百一十八分五百四釐九百六十毫,同徑管長五寸三分九釐三毫九絲九微四纖有奇。凡律,有正律,自黄鍾七寸二分九釐至應鍾三寸八分四釐,爲正律。有倍律,倍律與正律同徑,各倍正律之長。倍應鍾長七寸六分八釐,倍無射長八寸九釐八絲六忽四微一纖有奇,倍南吕長八寸六分四釐,倍夷則長九寸一分二毫二絲二忽二徵二纖有奇,倍林鍾長九寸七分二釐,倍㽔賓長一尺二分四釐。有半律。半律與正律同徑,其長各得正律之半。半黄鍾長三寸六分四釐五毫,半大吕長三寸四分一釐三毫三絲三微三纖有奇,半太蔟長三寸二分四釐,半夾鍾長三寸三釐四毫七忽四微有奇,半姑洗長二寸八分八釐,半仲吕長二寸六分九釐六毫九絲五忽四微七纖有奇。倍律、半律迤高下於正律而佐之,已下則喑,已高則噍。故倍律、半律止於六。倍律止於倍㽔賓,再長至倍仲吕,則聲過下而抑。半律止於半仲吕,再短至半㽔賓,則聲過高而促。凡管大小,皆以其積肖於黄鍾之形,而比例以得其度,入黄鍾之積,則倍其長與其徑,八分黄鍾之積而居一焉,則半其長與其徑。凡加分、減分皆準之。以正黄鍾之積爲本,大而加分,小而減分,皆用正黄鍾之管比例成形,是爲同形管。八倍黄鍾之積,爲三千四百四十三分七百三十七釐六百八十毫,同形管徑五分四釐八毫,長一尺四寸五分八釐。七倍黄鍾之積,爲三千一十三分二百七十釐四百七十毫,同形管徑五分二釐四毫,長一尺三寸九分四釐五毫。六倍黄鍾之積,爲二千五百八十二分八百三釐二百六十毫,同形管徑四分九釐八毫,長一尺三寸二分四釐六毫。五倍黄鍾之積,爲二千一百五十二分三百三十六釐五十毫,同形管徑四分六釐八毫,長一尺二寸四分六釐五毫。四倍黄鍾之積,爲一千七百二十一分八百六十八釐八百四十毫,同形管徑四分三釐五毫,長一尺一寸五分七釐二毫。三倍半黄鍾之積,爲一千五百六分六百三十五釐二百三十五毫,同形管徑四分一釐六毫,長一尺一寸六釐八毫。三倍黄鍾之積,爲一千二百九十一分四百一釐六百三十毫,同形管徑三分九釐五毫,長一尺五分一釐三毫。二倍半黄鍾之積,爲一千七十六分一百六十八釐二十五毫,同形管徑三分七釐二毫,長九寸八分九釐四毫。二倍加四分之一黄鍾之積,爲九百六十八分五百五十一釐二百二十二毫,同形管徑三分五釐九毫,長九寸五分五釐二毫。二倍黄鍾之積,爲八百六十分九百三十四釐四百二十毫,同形管徑三分四釐五毫,長九寸一分八釐四毫。正加四分之三黄鍾之積,爲七百五十三分三百一十七釐六百一十七毫,同形管徑三分三釐,長八寸七分八釐四毫。正加四分之二黄鍾之積,爲六百四十五分七百釐八百一十五毫,同形管徑三分一釐三毫,長八寸三分四釐四毫。正加四分之一黄鍾之積，爲五百三十八分八十四釐一十二毫，同形管徑二分九釐五毫，長七寸八分五釐二毫。正加八分之一黄鍾之積，爲四百八十四分二百七十五釐六百一十一毫，同形管徑二分八釐五毫，長七寸五分八釐一毫。以上十四管，其積皆加於正黄鍾之分，其徑長亦比例而加。八分之七黄鍾之積，爲三百七十六分六百五十八釐八百八毫，同形管徑二分六釐二毫，長六寸九分七釐二毫。八分之六黄鍾之積，爲三百二十二分八百五十釐四百七毫，同形管徑二分四釐九毫，長六寸六分二釐三毫。八分之五黄鍾之積，爲二百六十九分四十二釐六毫，同形管徑二分三釐四毫，長六寸二分三釐二毫。八分之四黄鍾之積，爲二百一十五分二百三十三釐六百五毫，同形管徑二分一釐七毫，長五寸七分八釐六毫。八分之三加半黄鍾之積，爲一百八十八分三百二十九釐四百四毫，同形管徑二分八毫，長五寸五分三釐四毫。八分之三黄鍾之積，爲一百六十一分四百二十五釐二百三毫，同形管徑一分九釐七毫，長五寸二分五釐六毫。八分之二加半黄鍾之積，爲一百三十四分五百二十一釐三毫，同形管徑一分八釐六毫，長四寸九分四釐七毫。八分之二加一分四之一黄鍾之積，爲一百二十一分六十八釐九百二毫，同形管徑一分七釐九毫，長四寸七分七釐六毫。八分之二黄鍾之積，爲一百七分六百一十六釐八百二毫，同形管徑一分七釐二毫，長四寸五分九釐二毫。八分之一加一分四之三黄鍾之積，爲九十四分一百六十四釐七百二毫，同形管徑一分六釐五毫，長四寸三分九釐二毫。八分之一加一分四之二黄鍾之積，爲八十分七百一十二釐六百一毫，同形管徑一分五釐六毫，長四寸一分七釐二毫。八分之一加一分四之一黄鍾之積，爲六十七分二百六十釐五百一毫，同形管徑一分四釐七毫，長三寸九分二釐六毫。八分之一加一分八之一黄鍾之積，爲六十分五百三十四釐四百五十一毫，同形管徑一分四釐二毫，長三寸七分九釐。八分之一黄鍾之積，爲五十三分八百八釐四百一毫，同形管徑一分三釐七毫，長三寸六分四釐五毫。以上十四管，其積皆減於正黄鍾之分，其徑長亦比例而減。**其聲分應於律吕**，八倍黄鍾之管應正黄鍾，七倍黄鍾之管與八分之七黄鍾之管應大吕，六倍黄鍾之管與八分之六黄鍾之管應太蔟，五倍黄鍾之管與八分之五黄鍾之管應夾鍾，四倍黄鍾之管與八分之四黄鍾之管應姑洗，三倍加半黄鍾之管與八分之三加半黄鍾之管應仲吕，三倍黄鍾之管與八分之三黄鍾之管應蕤賓，二倍加半黄鍾之管與八分之二加半黄鍾之管應林鍾，二倍加四分之一黄鍾之管與八分之二加一分四之一黄鍾之管應夷則，二倍黄鍾之管與八分之二黄鍾之管應南吕，正加四分之三黄鍾之管與八分之一加一分四之三黄鍾之管應無射，正加四分之二黄鍾之管與八分之一加一分四之二黄鍾之管應應鍾，正加四分之一黄鍾之管與八分之一加一分四之一黄鍾之管應半黄鍾，正加八分之一黄鍾之管與八分之一加一分八之一黄鍾之管應半大吕，八分之一黄鍾之管應半太蔟，仍與正黄鍾應。**而各於所生之管爲黄鍾。**每一等管，皆可下生上生成同徑之十二律，即以與黄鍾同形管命爲黄鍾。其十一管以次命以律吕。**推而衍之，至六十有四黄鍾之積，六十有四分黄鍾之積而居一焉，其比例亦如之。**六十四倍黄鍾之積，則同形管長徑皆四倍於正黄鍾。六十四分之一黄鍾之積,則同形管長徑皆得正黄鍾四分之一。其聲則六十四倍黄鍾之積同形管應正黄鍾,五十六倍黄鍾之積與六十四分之七黄鍾之積同形管應大吕,四十八倍黄鍾之積與六十四分之六黄鍾之積同形管應太族,四十倍黄鍾之積與六十四分之五黄鍾之積同形管應夾鍾,三十二倍黄鍾之積與六十四分之四黄鍾之積同形管應姑洗,二十八倍黄鍾之積與六十四分之三加半黄鍾之積同形管應仲吕,二十四倍黄鍾之積與六十四分之三黄鍾之積同形管應甤賓,二十倍黄鍾之積與六十四分之二加半黄鍾之積同形管應林鍾,十八倍黄鍾之積與六十四分之二加一分四之一黄鍾之積同形管應夷則,十六倍黄鍾之積與六十四分之二黄鍾之積同形管應南吕,十四倍黄鍾之積與六十四分之一加一分四之三黄鍾之積同彤管應無射,十二倍黄鍾之積與六十四分之一加一分四之二黄鍾之積同形管應應鍾,十倍黄鍾之積與六十四分之一加一分四之一黄鍾之積同形管應半黄鍾,九倍黄鍾之積與六十四分之一加一分八之一黄鍾之積同形管應半大吕,六十四分之一黄鍾之積同形管應半太族,仍與正黄鍾應。以盡六律、六吕之用。正律管十二,倍律管六,半律管六,黄鍾同形管五十六,每一同形管各生同徑管十一,凡得管六百九十六,又黄鍾同形管,亦各有倍律、半律管各六,又得管六百七十二,合爲一千三百六十八管。長短大小畢備,而皆可以協之律吕。

〇凡七音,宫、商、角、徵、羽,益以變宫、變徵爲七音。下徵、下羽,即下於宫音之徵、羽。少宫、少商,即高於羽音之宫、商,故該以七音。各分其陰陽之均,清宫、清商、清角、清徵、清羽、清變宫、清變徵,各高於宫、商、角、徵、羽、變宫、變徵半音,故分爲陽聲一均、陰聲一均。而取以管度、管律七音之度,即倍律、正律、半律之度。如黄鍾爲宫首音,太族爲商二音,姑洗爲角三音,甤賓爲變徵四音,夷則爲徵五音,無射爲羽六音,半黄鍾爲變宫七音,半太族爲宫八音,其間自黄鍾宫至太族商,自太族商至姑洗角,自姑洗角至甤賓變徵,自甤賓變徵至夷則徵,自夷則徵至無射羽,自無射羽至半黄鍾變宫,自半黄鍾變宫至半太族宫。凡律度之分,即音度之分,陰吕亦然,故音度自首音至八音。凡得律度七全分,當全度九分之四。弦度,弦度之七音,即生於本弦全度。以百八之數三因而四分之,得九九八十一爲正宫。正宫三分益一得一百八爲下徵,損一得五十四爲正徵。下徵三分損一,正徵三分益一,皆得七十二爲正商。正商三分益一得九十六爲下羽,損一得四十八爲正羽。下羽三分損一,正羽三分益一,皆得六十四爲正角。正角三分益一得八十五小餘三三爲下於宫音之變宫,損一得四十二小餘六六爲高於羽音之變宫。下於宫音之變宫三分損一,高於羽音之變宫三分益一,皆得五十六小餘八八爲變徵。是爲陽聲之度。變徵三分益一,得七十五小餅八五爲清宫。清宫三分益一得一百一小餘一三爲清下徵,損一得五十小餅五六爲清徵。清下徵三分損一,清徵三分益一,皆得六十七小餘四二爲清商。清商三分益一得八十九小餘八九爲清下羽,損一得四十四小餘九四爲清羽。清下羽三分損一,清羽三分益一，皆得五十九小餘九三爲清角。清角三分益一得七十九小餅九一爲下於清宫之清變宫，損一得三十九小餘九五爲高於清羽之清變宫。下於清宫之清變宫三分損一，高於清羽之清變宫三分益一，皆得五十三小餘二七爲清變徵。是爲陰聲之度。合之律度，則凡自變宫至宫，自變徵至徵，其度止得半分，餘音之度各得全分。如假借黄鍾全分宫聲爲首音，自首音宫至二音商得全分，故二音商仍在太蔟之分，自二音商至三音角得全分，故三音角仍在姑洗之分，自三音角至四音變徵得全分，故四音變徵仍在㽔賓之分，自四音變徵至五音徵僅得半分，故五音徵則介於㽔賓夷則之間而在林鍾之分，自五音徵至六音羽得全分，故六音羽仍介於無射半黄鍾之間而在應鍾之分，自七音變宫至八音宫僅得半分，故八音宫則在半黄鍾之分，是弦度自首音至八音。凡得律度五全分二半分，合之爲六全分，當全度之半。皆應之以隔八，管音、弦音皆以自首音至七音爲一均，至八音則仍與首音應。如管音以黄鍾宫爲首音，歷七音至半太蔟少宫，則仍與黄鍾宫應，以倍㽔賓下徵爲首音，歷七音至夷則徵，則仍與倍㽔賓下徵應。弦音以全弦定黄鍾之律，則首音得羽弦之全分，聲應黄鍾，歷七音得羽弦之半分仍應黄鍾，以全弦定倍無射之律，則首音得徵弦之全分，聲應無射歷七音得徵弦之半分，仍應無射。惟管音之應在全度九分之四，而弦音之應在全度之半，則以管度第八音在九分之四，弦度第八音在全分之半，係各體生聲之不同，而隔八而應，則未嘗以管度、弦度異也。乃定其七音之位。七音以下羽、變宫、宫、商、角、變徵、徵、羽定位，至羽音則與下羽同音，其次復起變宫，如環無端。弦音不設二變，仍虚存二變之次，以紀七音之位。而旋宫以立均，均十有四。七音之位既定，每一均必有一音立乎宫位，餘六音以次而立乎商、角、變徵、徵、羽、變宫之位。惟黄鍾宫立宫，則七音仍立本位，大吕清宫立宫，則七音之清聲，以次仍立正音之本位，是爲本位陰陽二均。其餘陽聲六均、陰聲六均，皆用旋官法。如太蔟商立宫，則姑洗角立商，㽔賓變徵立角，夷則徵立變懲，無射羽立徵，倍無射變官立羽，黄鍾宫立變宫。又如仲吕清角立宫，則林鍾清變徵立商，南吕清徵立角，應鍾清羽立變徵，倍應鍾清變宫立徵，大吕清宫立羽，夾鍾清商立變宫。各均仿此，以各成一律之聲。逐羽以起調，調五十有六。每一均既以一音立宫，必以宫前二位立下羽位之一音主調，是爲宫逐羽音，此一均内立二變之音不起調，立徵位之音，亦不起調，立羽位之音與主調音同。每均凡主調及立宫、立商、立角之音起調者四。黄鍾宫立宫四調，曰正羽調、正宫調、正商調、正角調。大吕清宫立宫四調，曰清羽調、清宫調、清商調、清角調。太蔟商立宫四調，曰變宫調、商宫調、姑洗商調、商角調。夾鍾清商立宫四調，曰清變宫調、清商宫調、仲吕商調、清商角調。姑洗角立宫四調，曰宫調、角宫調、角商調、夷則角調。仲吕清角立宫四調，曰清宫調、清角宫調、清角商調、南吕角調。㽔賓變徵立宫四調，曰商調、變徵宫調、變徵商調、變徵角調。林鍾清變徵立宫四調，曰清商調、清變徵宫調、清變徵商調、清變徵角調。夷則徵立宫四調，曰角調、徵宫調、徵商調、徵角調。南吕清徵立宫四調，曰清角調、清徵官調、清徵商調、清徵角調。無射羽立宫四調，曰變徵調、羽宫調、羽商調、羽角調。應鍾清羽立宫四調,曰清變徵調、清羽宫調、清羽商調、清羽角調。倍無射變宫立宫四調,曰徵調、變宫宫調、變宫商調、變宫角調。倍應鍾清變宫立宫四調,曰清徵調、清變宫宫調、清變宫商調、清變宫角調。備閏宫閏徵以轉聲,聲九十有八。五聲之有二變,如歲之有閏。變宫隔三位而得變徵,變徵隔二位而又得變宫。正與三年一閏,五年再閏相合,故曰閏宫、閏徵。排簫鐘磬,皆備十二正律四倍律之聲,以五聲二變轉於陰陽二均之十四聲。爲聲凡九十八,而旋宫之用備矣。位失敘者,倍無射變宫立宫一均,倍應鍾清變宫立宫一均,以宫居商位,故二均所起之八調,不以入樂。音乖應者,每均七音當二變之位者不用,宫立宫一均,去變宫變徵二音,商立宫一均,去宫徵二音,角立宫一均,去商羽二音,變徵立宫一均,去角變宫二音,徵立宫一均,去變徵宫二音,羽立宫一均,去徵商二音,陰聲各均亦然。則去之,皆紀其音律,而通諸字色以爲譜。樂譜,以鐘磬爲一譜,琴爲一譜,瑟爲一譜,簫附以排簫壎篪爲一譜,笛附以笙爲一譜。鐘磬譜註以鍾吕字樣,琴譜、瑟譜註以芍芎菊苟苟字样,簫譜、笛譜註以宫商字樣,而旁加以字色。字色,有簫色、笛色、管色之殊。簫色,以工字當宫,以凡字當商,以六字當角,以五字當變徵,以乙字當徵,以上字當羽,以尺字當變宫。笛色,以四字五字當宫,以乙字當商,以上字當角,以尺字當變徵,以工字當徵,以凡字當羽,以合字六字當變宫。管色,以合字當變宫之低聲,以四字當宫,以乙字當商,以上字當角,以尺字當變徵,以工字當徵,以凡字當羽,以六字當變宫,以五字當宫之高聲,以高乙字當商之高聲,以高上字當角之高聲。餘樂器,如排簫壎篪,則紀以簫色,笙則紀以笛色,按之律吕。簫色,倍夷則爲上字,倍無射爲尺字,黄鍾爲工字,太蔟爲凡字,姑洗爲合字,蕤賓爲四字,夷則爲乙字,無射仍爲上字,倍南吕爲高上,字作仩,倍應鍾爲高尺,字作伬,大吕爲高工,字作仜,夾鍾爲高凡,字作㐲,仲吕爲六字,林鍾爲五字,南吕爲高乙,字作亿,應鍾仍爲仩字。笛色,倍夷則爲凡字,倍無射爲合字,黄鍾爲四字,太蔟爲乙字,姑洗爲上字,蕤賓爲尺字,夷則爲工字,無射仍爲凡字,倍南吕爲㐲字,倍應鍾爲六字,大吕爲五字,夾鍾爲亿字,仲吕爲仩字,林鍾爲伬字,南吕爲仜字,應鍾爲㐲字。至其旋宫起調,合之七音之位,則皆以四字定下羽之位,乙字定變宫之位,上字定宫位,尺字定商位,工字定角位。凡字定變徵之位,六字定徵位,五字定羽位,而以某一音立四字位者主調爲某調。如笛四字立本位,簫工字立四字位即爲宫調,簫四字立本位,笛尺字立四字位即爲變徵調,餘調倣此。正羽調,簫尺字四字、笛合字尺字不用。變宫調,簫工字乙字、笛四字工字不用。宫調,簫凡字上字、笛乙字凡字不用。商調,簫合字尺字、笛上字六字不用。角調,簫四字工字、笛尺字五字不用。變徵調,簫乙字凡字、笛工字乙字不用。徵調,簫上字六字、笛凡字上字不用。以各字當變宫、變徵位也。弦音必以頭管合字定弦。因弦音首弦必得下徵之分,則五音之位始正,合字爲四字前一位正當下徵之分。辨其洪纖、高下、剛柔、清濁,導之以中正而合諸樂。

○凡樂器,皆考以聲律之度,而制之八音。六律、六吕、倍半及比例同形之理,起於管度。五聲、二變、清濁及折半相應之理,起於弦度。是二者爲制器之本。竹之屬皆考以管度,絲之屬皆考以弦度。匏之音出於簧,而可以度審其列管之取分。土之音出於竅,而可以度推其中空之容積。金石器各爲音,則以其體之輕重厚薄準於度以爲均。革木聲不入律,則以其形之大小廣狹合於度以成制。金曰鐘,鐘大者爲鎛鐘。乾隆二十四年,江西得古鎛鐘,詔樂部考古制鑄十二鐘以應十二律,二十六年鑄成。其制上徑小、下徑大、縱徑大、横徑小,兩角下垂,十二鐘大小異制。黄鍾之鐘,下徑縱一尺五寸一分八釐、横一尺一寸三分九釐,上徑縱一尺二寸九分六釐、横一尺三分六釐,兩邊高一尺八寸一分二釐、中高一尺六寸二分。大吕之鐘,下徑縱一尺四寸二分二釐、横一尺六分六釐,上徑縱一尺二寸一分三釐、横九寸七分,兩邊高一尺七寸六釐、中高一尺五寸一分七釐。太蔟之鐘,下徑縱一尺三寸五分、横一尺一分二釐,上徑縱一尺一寸五分二釐、横九寸一分二釐,兩邊高一尺六寸二分、中高一尺四寸四分。夾鍾之鐘,下徑縱一尺二寸六分四釐、横九寸四分八釐,上徑縱一尺七分八釐、横八寸六分三釐,兩邊高一尺五寸一分七釐、中高一尺三寸四分八釐。姑洗之鐘,下徑縱一尺二寸、横九寸,上徑縱一尺二分四釐、横八寸一分九釐,兩邊高一尺四寸四分、中高一尺二寸八分。仲吕之鐘,下徑縱一尺一寸二分三釐、横八寸四分一釐,上徑縱九寸五分八釐、横七寸六分七釐,兩邊高一尺三寸四分八釐、中高一尺一寸九分八釐。蕤賓之鐘,下徑縱一尺六分六釐、横七寸九分九釐,上徑縱九寸一分二釐、横七寸二分八釐,兩邊高一尺二寸八分、中高一尺一寸三分七釐。林鍾之鐘,下徑縱一尺一分二釐、横七寸五分九釐,上徑縱八寸六分四釐、横六寸九分一釐,兩邊高一尺二寸一分五釐、中高一尺八分。夷則之鐘,下徑縱九寸四分八釐、横七寸一分一釐,上徑縱八寸九釐、横六寸四分七釐,兩邊高一尺一寸三分七釐、中高一尺一分一釐。南吕之鐘,下徑縱九寸、横六寸七分五釐,上徑縱七寸六分八釐、横六寸一分四釐,兩邊高一尺八分、中高九寸六分。無射之鐘,下徑縱八寸四分二釐、横六寸二分二釐,上徑縱七寸一分九釐、横五寸七分五釐,兩邊高一尺一分一釐、中高八寸九分八釐。應鍾之鐘,下徑縱七寸九分九釐、横五寸九分九釐,上徑縱六寸八分二釐、横五寸四分六釐,兩邊高九寸六分、中高八寸五分三釐。鐘各一虡,用時不並陳。如黄鍾爲宫,則設黄鍾之鐘,大吕爲宫,則設大吕鐘。高宗純皇帝聖製銘曰:自古在昔,功成作樂。辨物涓吉,鑄此鐘鎛。皇祖正音,中和大備。詎獨是遺,或存深意。績底西旅,瑞出西江。考制象器,協和萬邦。一虡特懸,用起律首。編鐘繼奏,簫韶成九。寬横樂舞,必考必精。慎遵前憲,敢或損增。宣陽導陰,立均出度。萬事本根,百王矩矱。繄余小子,蒙業重熙。賴天耆定,惟曰際時。笵器識年,悉新已盛。銘無溢辭,惕乾懋敬。小者爲編鐘,用十二正律四倍律。鐘凡十六,同虡,其制撱圓,上徑、下徑相等,中徑大,下吕平,大小同制,皆高七寸四分四釐九毫,中徑七寸一分四釐六毫,上徑、下徑五寸三釐九毫,其内高、内徑各不同。倍夷則之鐘,高七寸三分一釐六毫七絲,中徑六寸八分八釐一絲,上徑、下徑四寸七分七釐三毫一絲。倍南吕之鐘,高七寸三分七毫七絲,中徑六寸八分六釐二毫一絲,上徑、下徑四寸七分五釐五毫一絲。倍無射之鐘,高七寸三分一絲,中徑六寸八分四釐六毫九絲,上徑、下徑四寸七分三釐九毫九絲。倍應鍾之鐘,高七寸二分九釐二毫一絲,中徑六寸八分三釐九絲,上徑、下徑四寸七分二釐三毫九絲。黄鍾之鐘,高七寸二分九釐,中徑六寸八分二釐六毫六絲,上徑、下徑四寸七分一釐九毫六絲。大吕之鐘,高七寸二分八釐一毫四絲,中徑六寸八分九毫五絲,上徑、下徑四寸七分二毫五絲。太簇之鐘,高七寸二分七釐二毫四絲,中徑六寸七分九釐一毫四絲,上徑、下徑四寸六分八釐四毫四絲。夾鍾之鐘,高七寸二分六釐四絲,中徑六寸七分六釐七毫四絲,上徑、下徑四寸六分六釐四絲。姑洗之鐘,高七寸二分五釐二絲,中徑六寸七分四釐七毫一絲,上徑、下徑四寸六分四釐一絲。仲吕之鐘,高七寸二分三釐六毫七絲,中徑六寸七分二釐,上徑、下徑四寸六分一釐三毫。蕤賓之鐘,高七寸二分二釐五毫三絲,中徑六寸六分九釐七毫二絲,上徑、下徑四寸五分九釐二絲。林鍾之鐘,高七寸二分一釐六毫五絲,中徑六寸六分七釐九毫六絲,上徑、下徑四寸五分七釐二毫六絲。夷則之鐘,高七寸二分一釐三毫三絲,中徑六寸六分七釐三毫二絲,上徑、下徑四寸五分六釐六毫二絲。南吕之鐘,高七寸一分九釐七毫二絲,中徑六寸六分四釐一毫一絲,上徑、下徑四寸五分三釐四毫一絲。無射之鐘,高七寸一分八釐三毫七絲,中徑六寸六分一釐四毫一絲,上徑、下徑四寸五分七毫一絲。應鍾之鐘,高七寸一分六釐五毫七絲,中徑六寸五分七釐八毫,上徑、下徑四寸四分七釐一毫。石曰磬,磬大者爲特磬,乾隆二十六年以和闐玉琢特磬十二,其制爲鈍角矩形,長股謂之鼓,短股謂之股,大小異制。黄鍾之磬,鼓長二尺一寸八分七釐,廣七寸二分九釐,股長一尺四寸五分八釐,廣一尺九分三釐五毫,厚七分二釐九毫。大吕之磬,鼓長二尺四分七釐八毫,廣六寸八分二釐六毫,股長一尺三寸六分五釐二毫,廣一尺二分三釐九毫,厚七分六釐八毫。太簇之磬,鼓長一尺九寸四分四釐,廣六寸四分八釐,股長一尺二寸九分六釐,廣九寸七分二釐,厚八分九毫。夾鍾之磬,鼓長一尺八寸二分四毫,廣六寸六釐八毫,股長一尺二寸一分三釐六毫,廣九寸一分二毫,厚八分六釐四毫。姑洗之磬,鼓長一尺七寸二分八釐,廣五寸七分六釐,股長一尺一寸五分二釐,廣八寸六分四釐,厚九分一釐二絲。仲吕之磬,鼓長一尺六寸一分七釐九毫,廣五寸三分九釐三毫,股長一尺七分八釐六毫,廣八寸八釐九毫五絲,厚九分七釐二毫。蕤賓之磬,鼓長一尺五寸三分六釐,廣五寸一分二釐,股長一尺二分四釐,廣七寸六分八釐,厚一寸二釐四毫。林鍾之磬,鼓長一尺四寸五分八釐,廣四寸八分六釐,股長九寸七分二釐,廣七寸二分九釐,厚一寸六釐四毫。夷則之磬,鼓長一尺三寸六分五釐三毫,廣四寸五分五釐一毫,股長九寸一分二毫,廣六寸八分二釐六毫五絲,厚一寸七釐八毫七絲。南吕之磬,鼓長一尺二寸九分六釐,廣四寸三分二釐,股長八寸六分四釐,廣六寸四分八釐,厚一寸一分五釐二毫。無射之磬,鼓長一尺二寸一分三釐五毫,廣四寸四釐五毫,股長八寸九釐,廣六寸六釐七毫五絲,厚一寸二分一釐三毫六絲。應鍾之磬,鼓長一尺一寸五分二釐,廣三寸八分四釐,股長七寸六分八釐,廣五寸七分六釐,厚一寸二分九釐六毫。磬各一虡,用時惟設一磬,與鎛鐘同。高宗純皇帝聖製銘曰:子輿有言,金聲玉振。一虡無雙,九成遞進。準今酌古,既製鎛鐘。磬不可闕,條理始終。和闐我疆,玉山是矗。依度採取,以命磬叔。審音協律,咸備中和。泗濱同拊,其質則過。圖經所傳,浮嶽涇水。誰誠見之,鳴球允此。法天則地,股二鼓三。依我繹如,獸舞鸞鬖。考樂惟時,乾禧祖德。翼翼繩承,撫是萬國。益凛保泰,敢或伐功。敬識歲吉,辛巳乾隆。小者爲編磬,亦用十二正律四倍律。磬凡十六,同虡,其制亦爲鈍角矩形,大小同制,皆鼓長一尺九分三釐五毫,廣三寸六分四釐五毫,股長七寸二分九釐,廣五寸四分六釐七毫五絲,厚薄各不同。倍夷則之磬,厚六分六毫八絲。倍南吕之磬,厚六分四釐八毫。倍無射之磬,厚六分八釐二毫六絲。倍應鍾之磬,厚七分一釐九毫一絲。黄鍾之磬,厚七分二釐九毫。大吕之磬,厚七分六釐八毫。太蔟之磬,厚八分九毫。夾鍾之磬,厚八分六釐四毫。姑洗之磬,厚九分一釐二絲。仲吕之磬,厚九分七釐二毫。蕤賓之磬,厚一寸二釐四毫。林鍾之磬,厚一寸六釐四毫。夷則之磬,厚一寸七釐八毫七絲。南吕之磬,厚一寸一分五釐二毫。無射之磬,厚一寸二分一釐三毫六絲。應鍾之磬,厚一寸二分九釐六毫。絲曰琴瑟,琴弦七弦,制三繭爲一絲,十二絲爲一綸,合綸爲弦。琴弦自外而内,一弦一百八綸,二弦九十六綸,三弦八十一綸,四弦七十二綸,五弦六十四綸,六弦五十四綸,七弦四十八綸。自岳山至焦尾,弦長二尺九寸一分六釐,徽十三。七徽當全弦之半,七徽至岳山之半爲四徽,七徽至焦尾之半爲十徽,皆當全弦四分之一。四徽至岳山之半爲一徽,十徽至焦尾之半爲十三徽,皆當全弦八分之一。五徽、九徽皆當全弦三分之一。五徽至岳山之半爲二徽,九徽至焦尾之半爲十二徽,皆當全弦六分之一。三徽、十一徽皆當全弦五分之一。六徽、八徽皆當全弦五分之二。一爲下徵弦,二爲下羽弦,三爲宫弦,四爲商弦,五爲角弦,六爲徵弦,七爲羽弦。二之下、三之上爲變宫虚弦位,四之下、五之上爲變徵虚弦位,皆不設弦。其取音以頭管合字定首弦,則七弦之全弦各得本弦之音,其徽音亦各得本弦七音之位。除二變不用外,於三弦之全弦,一弦、六弦之十徽,二弦、七弦十二徽外一百分之二十四,四弦八徽内一百分之三十七分半,五弦八徽、九徽之正中得宫;於四弦之全弦,三弦之十三徽,五弦八徽内一百分之三十七分半,一弦、六弦之九徽,二弦、七弦之十徽得商;於五弦之全弦,三弦十一徽内一百分之二十,四弦之十三徽,一弦、六弦八徽内一百分之七分半,二弦、七弦之九徽得角;於一弦六弦之全弦,三弦之九徽,四弦之十徽,五弦十二徽外一百分之二十四,二弦、七弦八徽内一百分之三十七分半得徵;於二弦、七弦之全弦,三弦之八徽,四弦之九徽,五弦之十徽,一弦、六弦十三徽外九十分之五得羽。是爲弦音之正宫調。至旋宫轉調,則以各弦緊慢移易弦分。如商調則一弦、三弦、六弦各慢下管律一音,角調則二弦、四弦、五弦、七弦各緊上管律一音,皆以四弦轉宫,五弦轉商,一弦、六弦轉角,二弦、七弦轉徵,三弦轉羽;變徵調則五弦緊上管律一音,以五弦轉宫,一弦、六弦轉商,二弦、七弦轉角,三弦轉徵,四弦轉羽;

徵調則三弦慢下管律一音,以一弦、六弦轉宫,二弦、七弦轉商,三弦轉角,四弦轉徵,五弦轉羽;羽調則一弦、三弦、四弦、六弦各慢下管律一音,以二弦、七弦轉宫,三弦轉商,四弦轉角,五弦轉徵,一弦、六弦轉羽;變宫調則二弦、五弦、七弦各緊上管律一音,以二弦、七弦轉宫,三弦轉商,四弦轉角,五弦轉徵,一弦、六弦轉羽。各弦既轉,則各弦徽音之位亦因之而轉。凡弦音折半,則相應。如七徽爲全弦之半,得全弦之清聲;四徽爲七徽之半,一徽爲四徽之半,又皆得其清聲;六徽爲十一徽之半,得十一徽之清聲;三徽爲六徽之半,又得其清聲;五徽爲九徽之半,得九徽之清聲;二徽爲五徽之半,又得其清聲。瑟弦二十五,皆二百四十三綸。自前梁至後梁,弦長四尺三寸七分四釐。中央一弦色黄,餘弦二十四色朱。柱無定位,各隨宫調設柱和弦,以諧律吕。二十四弦爲陽聲一均、陰聲一均,每併二弦而取一音。竹曰簫篪,簫以排簫爲正,今之簫即古之笛,今之笛又即古之横吹,以其音和雅而簫色、笛色足備旋宫之用,故與排簫並列。排簫列管十六,用十二正律四倍律。其管徑長悉合正黄鍾三分損一之度,一管一音,分陰陽二均,左右各八管,納於積而齊其吹口。簫有姑洗簫,徑四分三釐五毫,長一尺七寸七分五毫;有仲吕簫,徑四分一釐六,毫長一尺六寸九分三釐四毫,通長之上爲出音孔旁出,出音孔之上五孔前出,又上一孔後出。笛有姑洗笛,徑與姑洗簫同,自吹口至通長長一尺二寸五分一釐七毫;有仲吕笛,徑與仲吕簫同,自吹口至通長長一尺一寸九分七釐二毫,通長之上二孔上出,二孔之上爲出音孔旁出,出音孔之上又六孔上出。簫色出音孔爲尺字,出音孔之上一孔爲工字,二孔爲凡字,三孔爲六字,四孔爲五字,五孔爲乙字,後出一孔爲尺字。笛色出音孔爲尺字,出音孔之上一孔爲工字,二孔爲凡字,三孔爲六字,四孔爲五字,五孔爲乙字,六孔爲尺字,三孔與六孔併爲低上字,一孔、二五孔併爲高上字。篪有姑洗篪,徑八分七釐,長九寸九分五釐九毫;有仲吕篪,徑八分三釐二毫,長九寸九分二釐五毫,通長之底出一孔,其上爲出音二孔下出,出音孔之上五孔外出,又上一孔内出。其取音、出音孔爲六字,出音孔之上一孔爲五字,二孔爲乙字,三孔爲上字,四孔爲工字,五孔爲凡字,内出一孔爲六字,二孔、四孔併爲尺字。匏曰笙,笙以木代匏,攢列衆管,共一吹口,施銅葉點蠟珠於管之下端爲簧,以取音,近管上端參差爲出音孔。大笙管凡十七,皆徑一分六釐五毫,管皆設簧。列管之次,一管至十七管自右左旋,簧口至出音孔,一管、二管長四寸二分五釐二毫,三管、十六管長四寸七分五釐,四管長五寸三分四釐四毫,五管長六寸七分二釐,六管、七管長七寸五分六釐,八管長二寸三分七釐五毫,九管長四寸一釐六毫,十管、十七管長三寸六毫,十一管長三寸三分六釐,十二管長三寸七分八釐,十三管長二寸六分七釐二毫,十四管長六寸一釐二毫,十五管長八寸五分五毫。其取音以十五管和四管或和十二管爲低尺字,十二管和八管爲高尺字,七管和三管爲低工字,十一管和三管或十一管獨用爲高工字,五管和二管爲低凡字,五管和一管或十七管和二管爲高凡字,十四管和十二管爲低六字,十三管獨用爲高六字,四管和十一管爲低五字,八管獨用爲高五字,三管和五管爲低乙字,三管和十管爲高乙字,二管和十四管爲低上字,二管和十二管或一管獨用爲高上字。小笙亦十七管，一管、九管、十六管、十七管不設簧。用管凡十三，皆徑一分三釐七毫，簧口至出音孔，二管、六管長四寸四分三釐五毫，三管長四寸九分九釐，四管長五寸五分七釐六毫，五管長七寸五釐八毫，七管長七寸八分八釐四毫，八管長二寸四分九釐五毫，十管長三寸一分三釐七毫，十一管長三寸五分二釐九毫，十二管長三寸九分四釐二毫，十三管長二寸七分八釐八毫，十四管長六寸二分七釐四毫，十五管長八寸八分七釐。其取音，十五管和四管或和十二管爲低尺字，十二管和八管爲高尺字，七管和三管爲低工字，十一管獨用或十一管、七管、三管同用爲高工字，五管和二管爲低凡字，十管獨用或五管和六管爲高凡字，十四管和十二管爲低六字，十三管獨用爲高六字，四管和十一管爲低五字，八管獨用或八管、四管、十一管同用爲高五字，三管獨用爲低乙字，三管和十管爲高乙字，二管和十三管爲低上字，六管和十三管爲高上字。土曰壎，壎制橢圓如鵞子，上鋭下平，頂爲吹口，前四孔、後二孔。凡六孔前左最下爲一孔，右下爲二孔，左上爲三孔，右上爲四孔，後右爲五孔，左爲六孔。有黄鍾壎，以八倍黄鍾之積爲體，内高二寸二分三釐，當内高三分之一爲大徑，得一寸七分一釐七毫，底徑一寸一分六釐八毫；有大吕壎，以七倍黄鍾之積爲體，内高二寸一分三釐三毫，大徑一寸六分四釐二毫，底徑一寸一分一釐七毫。其取音，一孔爲凡字，二孔爲六字，三孔爲五字，四孔爲乙字，五孔爲上字，六孔爲尺字，頂孔出音爲工字。革曰鼓拊，鼓面徑二尺三寸四釐，匡長三尺四寸五分七釐，腰徑三尺七分二釐，貫以柱而樹之，故曰建鼓。拊小於鼓，面徑七寸二分九釐，匡長一尺四寸五分八釐，腰徑九寸七分二釐，以手擊之，故曰搏拊。每鼓一擊，則拊再擊，以爲應和之節。木曰柷敔。柷狀如方斗，上方二尺一寸八分七釐，下方一尺六寸九分四毫，深一尺四寸五分八釐。一面正中開孔以出音，三面正中隆起爲規形以受擊，徑皆四寸八分六釐。敔狀如伏虎，長二尺一寸八分七釐，背上爲齟齬二十七，櫟之以出聲，柷以作樂，敔以止樂。惟中和韶樂，則備八音而設懸，壇廟所設之中和韶樂器，用鎛鐘一、編鐘十六、特磬一、編磬十六、琴十、瑟四、排簫二、簫十、笛十、篪六、笙十、壎二、建鼓一、搏拊二、柷一、敔一。殿庭所設之中和韶樂器，鐘、磬、排簫、壎、鼓、搏拊、柷、敔之數並同，用琴四、瑟二、簫四、笛四、笙八、篪二。次則爲丹陛樂，丹陛樂器，用雲璈二、方響二、簫二、笛四、頭管四、笙四、大鼓二、杖鼓一、拍版一，簫、笛、笙如中和韶樂之制。雲璈以銅爲之，繫以架，每架爲鑼十，中四、左右各三，大小同制，皆面外徑三寸五分二釐九毫，底外徑二寸六分三釐一毫，外深五分四釐六毫一絲。其厚各殊，下右一鑼二釐五毫二絲，中一鑼二釐八毫四絲，左一鑼二釐九毫九絲，中左一鑼二釐七毫八絲，中一鑼四釐四絲，右一鑼四釐四毫九絲，上右一鑼五釐五絲，中一鑼五釐六毫八絲，左一鑼三釐三毫六絲，最上一鑼五釐九毫八絲。其聲下右爲上字，應姑洗，下中爲尺字，應蕤賓，下左爲工字，應夷則，上左爲凡字，應無射，中左爲六字，應半黄鍾，中中爲五字，應半太蔟，中右爲高乙字，應姑洗，上右爲高上字，應半蕤賓，上中爲尺字,應半夷則,最上爲高工字,應半無射。方響以鐵爲之,繫以架,每架爲片十六,上下各八,應十二正律四倍律,大少同制,皆長七寸二分九釐,廣一寸八分二釐二毫,其厚各得編磬之半。頭管管端設哨,哨下口入管三分,七孔前出,一孔後出。大管徑二分七釐四毫,哨下口至通長五寸七分六釐,通長爲合字,通長之上一孔爲四字,二孔爲乙字,三孔爲上字,四孔爲尺字,五孔爲工字,六孔爲六字,七孔後出爲五字,八孔爲高乙字,兼高上字,六孔低吹借爲凡字。小管徑二分一釐七毫,哨下口至通長五寸六分二毫,一二三四五孔字色與大管同,六孔爲凡字,七孔爲六字,八孔爲五字。大鼓面徑三尺六寸四分五釐,匡高三尺二寸四分,腰徑四尺八寸六分,平懸架上,杖鼓上下二面冒革於鐵圈,徑一尺二寸九分六釐,復楦以木匡,面徑八寸一分,腰徑二寸八分八釐,高一尺九寸四分四釐,鼓邊鐵鉤各六聯以緶而緊束其腰,拍版堅木六片,各三片束之,聯以紃,版長一尺一寸五分二釐,上廣二寸一分六釐,中廣一寸九分二釐,下廣二寸五分六釐,上下二片剡爲春,厚四分五釐五毫,中四片厚三分八釐四毫。次則爲清樂、清樂器,中和清樂、丹陛清樂同,皆用雲璈二、笛二、管二、笙二、杖鼓一、手鼓一、拍版一,雲璈、笛、管、笙、拍版皆如丹陛樂之制。杖鼓則制微小,手鼓面徑九寸一分二毫,匡厚二寸一分六釐,腰徑一尺二分四釐,下設柄持而擊之。導迎樂。導迎樂器,用雲璈二、笛四、管六、笙二、導迎鼓一、拍版一,雲璈、笛、管、笙、拍版皆如丹陛樂之制。導迎鼓面徑二尺四分八釐,匡高一尺六寸二分,腰徑二尺四寸三分,四旁設鐶,杠舉擊之。若燕樂,燕樂器,舞樂用箏一、奚琴一、琵琶八、三弦八、竹節十六、拍版十六,蒙古樂笳吹用胡笳一、箏一、胡琴一、口琴一,番部合奏用雲璈一、簫一、笛一、管一、笙一、箏一、胡琴一、琵琶一、三弦一、二弦一、月琴一、提琴一、軋筝一、火不思一、拍版一,朝鮮國俳用笛一、管一、俳鼓一,瓦爾喀樂用觱栗四、奚琴四,回部樂用達卜一、那噶喇一、哈爾扎克一、喀爾奈一、塞他爾一、喇巴卜一、巴拉滿一、蘇爾奈一,番子樂金川用得梨一、柏且爾一、得勒窩一,班禪用得梨二、巴旺一、蒼清一、龍思馬爾得勒窩四,廓爾喀樂用達布拉一、薩朗濟三、丹布拉一、達拉一,粗緬甸樂用接内塔兜呼一、稽灣斜枯一、聶兜姜一、聶聶兜姜一、結莽聶兜布一,細緬甸樂用巴打拉一、蚌扎一、總稿機一、密穹總一、得約總一、不壘一、接足一,雲璈、簫、笛、管、笙皆如丹陛樂之制。箏,似瑟而小,弦十四,皆五十四綸,自前梁至後梁弦長三尺六寸四分五釐,設柱以取音。笳吹之箏,制微小而弦六。奚琴,下槽上柄,弦二,自山口至柱長二尺四分八釐,以木杆繫馬尾軋之。琵琶,刳木爲槽,上覆以版,弦四,自山口至覆手長二尺一寸六分,設四象十三品,分弦度以取音。三弦,槽方無角,長柄弦三有巨細,自山口至柱長二尺五寸九分二釐,定弦取聲,各隨宫調以協字色,節形如箕,以筯二枝上連下開劃之以節樂。拍版,視丹陛樂制微小而四片。胡笳,木管兩端施角,管長二尺三寸九分六釐,徑五分七釐,末角口翹上而哆,口徑一寸七分二釐,上角口徑三分六釐四毫,設三孔,下一孔爲尺字,二孔爲工字,三孔爲六字,閉三孔爲上字。胡琴,似奚琴之制。笳吹之胡琴,自山口至柱弦長二尺二寸三分。番部合奏之胡琴,自山口至柱,弦長二尺三分五釐二毫。口琴，以鐵爲之，一柄兩股如鑷，中設一簧，股長二寸八分八釐，股未相距七釐二毫，簧長隨股，末出股外七分二釐九毫，上曲點以蠟珠，横銜股於口，以揹鼓簧轉舌呼吸以取音。二弦，似琵琶而槽方柄長，弦二，自山口至覆手長二尺三寸四釐，設十七品。月琴，似琵琶而槽八角，柄長，弦四，自山口至覆手長二尺三寸四釐，設十七品。提琴，似胡琴，弦四，中東以鐶繫於柄，自鐶至柱弦長一尺一寸一分五釐。軋箏，似箏而小，弦十，自前梁至後梁弦長一尺六寸一分八釐，設柱審音，以片竹擱其端而軋之。火不思，似三弦之制而弦四，自山口至柱長一尺七寸七分四釐。俳鼓，面徑一尺二寸九分六釐，匡高四寸三分二釐。觱栗，蘆管長五寸三分七釐，徑二分四釐九毫，近上端爲簧口，下施銅口，徑一寸七分四釐，長二寸三分二釐，當銅口之半，設一孔，無聲字，管設三孔，下一孔爲尺字，二孔爲工字，三孔爲六字，閉三孔爲上字。達卜，似手鼓，一面徑一尺三寸六分五釐二毫，匡高二寸二分七釐五毫，一面徑一尺二寸二分四釐，匡高一寸六分二釐，皆以手指擊之。那噶喇，小於達卜，鐵腔，面徑六寸四分八釐，底鋭而高。哈爾扎克，似胡琴，弦二，每弦用馬尾八十一莖，自山口至柱弦長一尺四寸五分八釐，馬尾弦之下，復有鐵弦十，參差施軸於柄，而於弦柱下穿孔出之以繫於槽之下端，别以馬尾八十一莖繫於木杆，軋馬尾弦應鐵弦以取聲。喀爾奈，刳木爲槽，左平，右前廣後削，鐵弦十八，一弦爲獨弦，餘弦爲雙弦，一弦長二尺四寸三分有奇，以次而短，至十八弦長九寸八分二釐九毫有奇，以手冒撥，鼓弦取聲，一弦爲合字，二弦、九弦、十六弦爲五字，三弦、十弦、十七弦爲乙字，四弦、十一弦、十八弦爲上字，五弦、十二弦爲尺字，六弦、十三弦爲工字，七弦、十四弦爲凡字，八弦、十五弦爲六字。塞他爾，似琵琶而柄窄，絲弦二，鐵雙弦一，獨弦六，自山口至柱弦長二尺八寸四分三釐一毫，以線箍柄三十三匝，當琵琶之品。喇巴卜，似塞他爾而曲項槽如缾，絲弦五，鐵弦二，絲弦自山口至柱長一尺六寸八分，鐵弦施軸於柄，長短有差，鼓以木撥。巴拉滿，似頭管以木爲之，長九寸四分，上口徑四分，下口徑六分，上施蘆哨，管設八孔，前出下一孔爲凡字，二孔爲合字，三孔爲四字，四孔爲乙字，五孔爲上字，六孔爲尺字，七孔爲工字，最上孔後出爲凡字。蘇爾奈，木管，長一尺四寸一分四釐，上口徑三分一毫有奇，下口徑二寸五分五釐一毫五絲，上施銅管，銅管上復施蘆哨，下施銅口，管設九孔前出，下一孔爲凡字，二孔爲合字，三孔爲四字，四孔爲乙字，五孔爲上字，六孔爲尺字，七孔後出爲工字，八孔前出爲凡字，最下左旁一孔無聲字。班禪樂之得梨，似蘇爾奈而小，中木管長一尺二分四釐。金川藥之得梨，中木管長九寸七分二釐，聲字並同。柏且爾，以銅二片圓徑六寸，中隆起一寸三分四釐，繫以紃，左右相擊。得勒窩，似達卜，面徑一尺二寸，匡高五寸。巴汪，似喇巴卜，弦七，自山口至柱長三尺七分二釐。蒼清，似雲數。龍思馬爾得勒窩，似那噶喇而制以銅，面徑一尺三寸，底鋭，匡高一尺。達布拉，似那噶喇而木匡，一面徑六寸七分八釐，一面徑四寸八分。薩朗濟，刳木爲槽冒以革，韋弦四，鐵弦九，韋弦自山口至柱長八寸二分，鐵弦施軸於柄，斜列於韋弦之下，以馬尾軋韋弦與鐵弦應。丹布拉，似塞他爾，以大匏爲槽，鐵弦四。達拉，似柏且爾而小，圓徑二寸一分。接内塔兜呼，似搏拊，面徑五寸一分六釐。稽灣斜枯，似雲璈而設鑼八。聶兜姜，似蘇爾奈之制，管長一尺三寸二分，徑九分五釐。聶聶兜姜，似聶兜姜而小，管長八寸六分，徑三寸三分。結莽聶兜布，似達拉而大，徑三寸五分，中隆起一寸三分。巴打拉，刳木爲槽，以弦穿竹版二十二片，絙槽之兩端，竹版廣一尺，厚三分五釐，長短各不同，首片長五寸二分，每片遞加三分，至末片長一尺一寸五分，以竹裹綿，擊竹片取聲。蚌扎，似那噶喇，面徑六寸一分。總稿機，似箏 ，刳木施曲柄爲皺形，冒以革，弦三。密穹總，似琵琶，刳木爲魚形，弦三，設品五。得約總，似胡琴而柄短，弦三，設竹柱，以馬尾軋之。不壘，似簫制，長一尺二寸六分，徑七分，七孔前出，一孔後出，七孔之上復有一孔，以竹葉微掩之，下一孔爲凡字，二孔爲合字，三孔爲四字，四孔爲乙字，五孔爲上字，六孔爲尺字，七孔後出爲工字，八孔爲凡字。接足，似達拉而小，徑一寸八分，中隆起五分，深一寸。若鐃歌樂，鐃歌樂器，鐃歌鼓吹用晝角二十四、龍鼓四十八、大銅角八、小銅角八、金四、鉦四、笛十二、杖鼓四、拍版四，前部大樂用大銅角四、小銅角四、金口角四，鐃歌大樂用金口角八、銅鼓二、金一、鈸一、銅點一、行鼓一，鐃歌清樂用雲璈二、笛四、管二、笙二、金一、鈸一、銅點一、行鼓一。行幸樂合鐃歌大樂、鐃歌清樂之數，益以大銅角八、小銅角八、蒙古角二，鐃歌用大銅角四、小銅角四、金口角八、金四、鑼二、銅鼓二、鐃四、鈸四、小和鈸二、花腔鼓四、得勝鼓四、海笛四、雲璈四、簫六、笛六、管六、篪六、笙六，凱歌用雲璈四、方響八、鈸二、大和鈸二、星二、銅點二、錫二、簫四、笛四、管十二、笙四、杖鼓二、拍版二，簫、笛、篪、笙、雲璈、方響、頭管、杖鼓、鐃歌鼓吹之拍版，皆如中和韶樂、丹陛樂之制。晝角，木體中空，腹廣端鋭，長五尺四寸六分一釐二毫，腹徑四寸三分二釐，上口徑七分六釐八毫，下口徑八分六釐四毫，以木哨入角口吹之，哨長七寸二分九釐。大銅角，上下二截各如竹筒，下截長一尺九寸四分四釐，下口徑六寸四分八釐，上截出下截上者長一尺七寸二分八釐，上口徑四分三釐二毫。小銅角，上截如筒，下截如角，下截長一尺九寸四分四釐，下口徑四寸三分二釐，上截出下截上者長二尺一寸六分，上口徑二分一釐六毫。金口角，木管上下銅口，木管上口徑三分一釐三毫，下口徑九分三釐九毫，以蘆哨八管吹之，除哨口入管，管長九寸二分六釐，七孔前出，一孔後出，管末爲上字，管末之上一孔爲尺字，二孔爲工字，三孔爲凡字，四孔爲六字，五孔爲五字，六孔爲乙字，七孔後出爲高上字，八孔爲高尺字，聲字依簫色。海笛，制如金口角而小。蒙古角，木體中空，有雌雄二制，雄者内徑大而聲濁，雌者内徑小而聲清，長八尺二寸六分，下加銅口，徑七寸二分九釐，雄角上口徑三分四釐五毫，雌角上口徑二分八釐五毫。龍鼓，面徑一尺五寸三分六釐，匡高六寸四分八釐，腰徑一尺七寸二分八釐。行鼓，一名陁羅鼓，上大下小，面徑一尺八分，匡高一尺五寸一分二釐，腰徑一尺二寸九分六釐，底徑五寸一分八釐九毫。花腔鼓，面徑一尺五寸二分，匡高一尺六寸，腰徑一尺九寸六分一釐。得勝鼓，面徑一尺六寸一分，匡高五寸八分，腰徑一尺八寸四分。金，面徑一尺四寸五分，深二寸二分七釐五毫。鉦，口徑八寸六分四釐，深一寸二分九釐八毫，繫以木匡。

鑼，面徑九寸七分二釐，深一寸六分二釐。銅鼓，徑深與鑼同，中隆起八分一釐，徑二寸六分七釐三毫。銅點，制如銅鼓而小，面徑四寸八分六釐，深一寸八釐，中隆起四分八釐六毫，徑一寸六分二釐。錫，面徑二寸七分，口徑三寸一分，深六分。鈸，徑六寸四分八釐，中隆起一寸二分九釐六毫，徑三寸二分四釐，左右二片相擊成聲。大和鈸，徑一尺一寸八分，中隆起二寸五分，徑五寸七分。小和鈸，徑七寸九分，中隆起一寸三分，徑二寸四分五釐。鐃，徑一尺二寸，中隆起一寸三分，徑二寸四分五釐。星，徑一寸八分，深一寸，中隆起四分。凱歌之拍版，堅木三片，束其二，以一拍之聯以紃，版長一尺七分，上廣二寸，中廣一寸九分五釐，下廣二寸三分五釐，厚二分五釐。則各因其宜以異制。

○凡舞器，武曰干戚，干制，以木爲之，上寬下窄，上鋭下齊。采繪，凡六十四干，高宗純皇帝欽定書干之字，爲"雨暘時若，四海永清，倉箱大有，八方敉寧，奉三永奠，得一爲正，百神受職，萬國來庭"八句，每八干各書一句。戚制，以木爲之，斧背黑飾，斧刃白飾。文曰羽籥，羽，木柄插雉羽。籥，以竹爲之，六孔。各左右執之。武舞生，左執干，右執戚。文舞生，右執羽，左執籥。

○凡中和韶樂率以麾，麾制，黄帛爲之，上鑲藍帛，采繡，懸於朱杆，舉以作樂，偃以止樂。丹陛樂、導迎樂率以戲竹，戲竹二枝，以竹絲五十莖，栽木葫蘆，揭以竹柄，飾以流蘇。丹陛樂二人執之，立丹陛上，舉以作樂，偃以止樂。導迎樂二人執之，列於樂前。舞率以旌節。節旄九層，揭以朱杆。旌制與節同。導文舞曰節，導武舞曰旌，旌亦曰節。

欽定大清會典卷三十四

〇乃奏樂於壇廟，黃鍾爲宮，黃鍾爲宮，則以太簇爲商，姑洗爲角，夷則爲徵，倍夷則爲羽。蕤賓當變徵，倍無射當變宮不用。以祀天，以饗上帝。黃鍾，十一月之律。一陽初生，萬物資始，是爲天統。故冬至及孟夏常雩祀天於圜丘，孟春祈穀於上帝，皆以黃鍾爲宮。林鍾爲宮，林鍾爲宮，則以南呂爲商，應鍾爲角，大呂爲徵，夾鍾爲羽，倍應鍾當變徵，仲呂當變宮不用。以祭地。林鍾，六月之律。於辰爲未，坤之所位。五月一陰始生，林鍾乃蕤賓之呂，陰二而成，是爲地統。故方澤以林鍾爲宮。太簇爲宮，太簇爲宮，則以姑洗爲商，蕤賓爲角，無射爲徵，倍無射爲羽，夷則當變徵，黃鍾當變宮不用。以饗列聖、列后。太簇，正月之律。於辰爲寅，人生於寅，是爲人統。人本乎祖，故太廟、奉先殿，皆以太簇爲宮。以朝日，曰壇祭以春分，於律爲夾鍾。夾鍾乃太簇之呂。曰者群陽之宗，於陽律宜，故以太簇爲宮。以祭太歲。建寅之月，爲一歲之首。故太歲殿以太簇爲宮。南呂爲宮，南呂爲宮，則以應鍾爲商，倍應鍾爲角，夾鍾爲徵，仲呂爲羽，大呂當變徵，林鍾當變宮不用。以夕月。月壇祭以秋分，取月生於西之義。故以南呂爲宮。姑洗爲宮，姑洗爲宮，則以蕤賓爲商，夷則爲角，倍無射爲徵，黃鍾爲羽，無射當變徵，太簇當變宮不用。以饗先農。姑洗，黃鍾角也。取木德之盛，萬物去枯就鮮，木氣榮長，農夫所望。故先農壇以姑洗爲宮。春以夾鍾爲宮，夾鍾爲宮，則以仲呂爲商，林鍾爲角，應鍾爲徵，倍應鍾爲羽，南呂當變徵，大呂當變宮不用。秋以南呂爲宮，以祭太社、太稷，以饗歷代帝王，以釋奠於先師孔子。社稷壇、文廟之祭，春以二月，秋以八月，故即用其月律。歷代帝王廟，春祭諏吉於清明後，秋祭諏吉於霜降前，其月建有在三月九月者，日躔則仍是二月、八月，見亦用二月、八月之律。凡祈報於社稷，則以其月之律爲宮。如在四、五、六月，則以仲呂、蕤賓、林鍾爲宮。祈報於三壇，天神從天，天神壇以黃鍾爲宮。地祇從地，地祇壇以林鍾爲宮。太歲則以其樂，太歲壇祈報，即用歲祭之樂，以太簇爲宮。皆陳中和韶樂而進其佾舞。

〇凡群祀之樂，曰慶神歡。慶神歡樂器，用雲璈一，管二，笛二，笙一，鼓一，拍板一。皇后饗先蠶,其樂視慶神歡加隆焉。先蠶壇樂器,用雲璈二,方響一,琴四,瑟二,簫六,笛六,笙六,建鼓一,杖鼓二,拍版二。

○凡佾舞,武舞之佾八,文舞之佾八。每佾八人,凡武功之舞六十四人,文德之舞六十四人。始以武,卒以文。祭祀陳佾舞,武舞生先進,奏干戚之舞,武舞生退。文舞生進,奏羽籥之舞。惟先師廟其佾六,每佾六人,凡三十六人。舞文舞焉。始終皆不設武舞。大雩則皁衣二八,歌而舞皇舞。大雩以童子十六人,衣皁衣爲八列,皆持羽翳,按節而歌聖製雲漢之詩。

○乃奏樂於殿庭。皇帝三大節御殿,則以黄鍾爲宫。人君法天,故以黄鍾爲宫。御内殿,亦如之。皇后三大節,御中宫,則以南吕爲宫。取君曰后月之義,故以南吕爲宫。常朝皇帝御殿,則十有二月各以其律爲宫。正月以太蔟爲宫,二月以夾鍾爲宫,三月以姑洗爲宫,四月以仲吕爲宫,五月以蕤賓爲宫,六月以林鍾爲宫,七月以夷則爲宫,八月以南吕爲宫,九月以無射爲宫,十月以應鍾爲宫,十一月以黄鍾爲宫,十二月以大吕爲宫。閏月,節前則以上月之律爲宫,節後則以下月之律爲宫。仲吕爲宫,則以林鍾爲商,南吕爲角,倍應鍾爲徵,大吕爲羽,應鍾當變徵,夾鍾當變宫不用。蕤賓爲宫,則以夷則爲商,無射爲角,黄鍾爲徵,太蔟爲羽,倍無射當變徵,姑洗當變宫不用。夷則爲宫,則以無射爲商,倍無射爲角,太蔟爲徵,姑洗爲羽,黄鍾當變徵,蕤賓當變宫不用。無射爲宫,則以倍無射爲商,黄鍾爲角,姑洗爲徵,蕤賓爲羽,太蔟當變徵,夷則當變宫不用。應鍾爲宫,則以倍應鍾爲商,大吕爲角,仲吕爲徵,林鍾爲羽,夾鍾當變徵,南吕當變宫不用。大吕爲宫,則以夾鍾爲商,仲吕爲角,南吕爲徵,倍南吕爲羽,林鍾當變徵,倍應鍾當變宫不用。皆陳中和韶樂,升座降座則奏之。

○凡丹陛樂,拜舞則作焉。其節有五,一節以進,一節以退,三節以拜。朝會,群臣行三跪九叩禮,則奏丹陛大樂,以自仗外趨進各就品級山爲一節,每跪叩興爲一節,行禮畢退出仗外爲一節。如有讀表文宣制辭等儀,則於一節後樂止,及行禮乃作樂。外藩行三跪九叩禮,用丹陛大樂其節同。燕饗巡酒畢,群臣行三跪九叩禮。臨雍講畢,群臣行三跪九叩禮。御樓受俘,將校致俘,行三跪九叩禮。受俘畢,群臣行三跪九叩禮。皆奏丹陛大樂。宫中行禮,用樂之節亦同。

○凡清樂,曰中和清樂,設於中和韶樂部,曰中和清樂。曰丹陛清樂。設於丹陛大樂部,曰丹陛清樂。燕饗以侑食,進茶進酒,奏丹陛清樂。進饌,奏中和清樂。臨雍以賜茶,臨雍賜茶,用丹陛清樂。除夕元夕宫中以張鐙。除夕元夕,乾清宫上鐙,用中和清樂。

○凡燕樂有舞樂,有四裔樂。舞樂,曰慶隆舞,曰世德舞,曰德勝舞,皇帝三大節及除夕上元之燕,用慶隆舞。燕宗室用世德舞,凱旋賜燕用德勝舞。三舞同制。皆舞而節以樂。舞樂,用司琵琶,司三弦,司奚琴,司箏,司節,司拍,司抃,凡六十六人。分兩翼上,樂作乃舞。武舞曰揚烈,揚烈舞,戴面具三十二人,衣黄畫布者半,衣黑羊皮者半。跳擲象異獸,騎禺馬者八人。介冑弓矢,分兩翼上。北面一叩興,周旋馳逐象八旗。一獸受矢,群獸懾伏象武成。文舞曰喜起。喜起舞大臣二十二人,朝服儀刀入殿三叩興,退,東位西嚮立,以兩爲隊進,舞畢,三叩退,次隊繼進。四裔之樂,東曰朝鮮,太宗文皇帝平定朝鮮,獻其國之樂,列於燕樂,是曰朝鮮國俳。笛伎、管伎、鼓伎凡三人,俳長一人,戴面具北面立,以高麗語致辭,乃作樂。倒擲伎十四人,自東嚮西,各呈其藝。瓦爾喀,太祖高皇帝平定瓦爾喀部,獲其樂,列於燕樂,是曰瓦爾喀部樂舞。其樂,司舞八人。將作樂,進前三叩退。司觱栗、司阮凡八人,分兩翼上,一膝跪,奏瓦爾喀樂曲。司舞進舞,以兩爲隊,每隊舞畢三叩退。西曰回,高宗純皇帝平定回部,獲其樂,列於燕樂之末,是曰回部樂伎。其樂,司達卜、司那噶喇、司哈爾扎克、司喀爾奈、司塞他爾、司喇巴卜、司巴拉滿、司蘇爾奈凡八人,先上作樂。司舞二人,舞盤二人,以次進舞。大小回子六人繼進,呈倒擲伎。番,高宗純皇帝平定金川,獲其樂,列於燕樂之末。及後藏班禪額爾德尼來朝,獻其樂,亦列於燕樂,是爲番子樂。其樂,金川曰阿爾薩蘭,曰大郭莊,曰四角魯。班禪曰扎什倫布,阿爾薩蘭。用司得梨,司柏且爾,司得勒窩,凡三人。司舞三人,爲戲獅狀。大郭莊,用司舞十人,相携而舞。四角魯,用司舞六人,持弓盾。扎什倫布,用司得梨、司巴汪、司蒼清、司龍思馬爾得勒窩,凡六人,司舞番童十人,各執斧一,曰沙勒鼇舞,而歌梵曲。廓爾喀,高宗純皇帝平定廓爾喀,獻其國之樂,列於燕樂之末,是曰廓爾喀樂舞。其樂,司達布拉、司薩朗濟、司丹布拉、司達拉,凡六人。司舞二人,各繫鈴於足,以騰趯出聲曰"公古哩!"司歌五人,歌舞並奏。北曰蒙古,太宗文皇帝平定察哈爾,獲其樂,列於燕樂,是曰蒙古樂。曲有笳吹,有番部合奏。笳吹用司胡笳、司胡琴、司箏、司口琴,凡四人。司章四人,進殿一叩,跪一膝奏曲。番部合奏用司管、司笙、司笛、司簫、司雲璈、司箏、司琵琶、司三弦、司火不思、司軋箏、司胡琴、司月琴、司二弦、司提琴、司拍,凡十五人,爲三班,與笳吹一班同入,一叩,跪一膝奏曲。南曰緬甸。乾隆五十三年,緬甸投誠内附,獻其國之樂,列於燕樂之末,是爲粗緬甸樂、細緬甸樂。粗緬甸樂,用司接内塔兜呼、司稽灣斜枯、司聶兜姜、司聶聶兜姜、司結莽聶兜布凡五人,司歌六人。細緬甸樂,用司巴打拉、司蚌扎、司總稿機、司密穹總、司得約總、司不壘、司接足凡七人,司舞四人。歌合以粗樂,舞合以細樂。凡燕饗,則列其所用之樂,以聞而設之。燕樂内惟廓爾喀、緬甸二樂,由和聲署承應,蒙古樂由什榜處承應,餘俱屆期豫備。舞樂内之喜起舞大臣二十二人,由御前大臣處於御前乾清門行走大目寺衛,及門上侍衛内能舞者擬送。其揚烈舞,及司章、司琵琶、司三弦、司奚琴、司箏、司節、司拍、司抃,並瓦爾喀樂舞,及朝鮮國俳之笛伎、管伎、鼓伎,由禮部於八旗傳取演習豫備。朝鮮國俳之倒擲伎,由儀制司豫備。回部樂伎,由内務府傳回子營豫備。

番子樂,由健鋭營豫備。皆由樂部先期具奏。

〇凡駕出入,陳御仗則奏導迎樂,陳鹵簿則以鐃歌樂間之。惟大祭祀詣壇廟,則導迎樂、鐃歌樂,皆陳而不作。禮畢,回鑾奏樂。如仍值齋戒期内,亦陳而不作。凡前導以御仗者,出入奏導迎樂焉。皇帝三大節進表,列聖實録告成、玉牒告成進書,耕耤進穜稑,皇后親蠶進鈎筐,頒時憲書,頒詔,殿試送榜,進吻,皆奏導迎樂。凡鐃歌之樂,有鹵簿樂,鹵簿樂一部,曰鐃歌鼓吹。有前部樂,前部大樂一部,亦曰大罕波。有行幸樂,行幸樂三部,曰鳴角,曰鐃歌大樂,曰鐃歌清樂。有凱旋樂。凱旋樂二部,曰鐃歌,曰凱歌。鹵簿樂以列於法駕鹵簿,行幸樂以列於騎駕鹵簿,合之以列於大駕鹵簿。鹵簿樂、前部大樂並列,亦曰金鼓鐃歌大樂。復合以行幸樂。惟大駕鹵簿用之。凡祭祀、朝會、巡幸,則視其鹵簿之差而陳之。祭祀,圜丘祈穀、常雩用大駕鹵簿,則前部大樂、鐃歌鼓吹、行幸樂三部並陳。方澤用法駕鹵簿,則陳前部大樂、鐃歌鼓吹。太廟、社稷及各中祀用法駕鹵簿,則陳鐃歌鼓吹。朝會用法駕鹵簿,則陳鐃歌鼓吹、御樓受俘用法駕鹵簿,則陳金鼓鐃歌大樂、巡幸及大閲用騎駕鹵簿,則陳鳴角、鐃歌大樂、鐃歌清樂。郊勞以鐃歌,凱旋,皇帝郊勞則陳鐃歌。振旅以凱歌。凱旋,郊勞畢回鑾,則陳凱歌。

〇凡樂章,祭祀樂,曰平,圜丘九章,曰始平之章、景平之章、咸平之章、壽平之章、嘉平之章、永平之章、熙之平章、清平之章、太平之章。祈穀九章,曰祈平之章、綏平之章、萬平之章、賓平之章、穰平之章、瑞平之章、渥平之章、滋平之章、穀平之章。常雩九章,曰靄平之章、雲平之章、需平之章、霖平之章、露平之章、霑平之章、靈平之章、霔平之章、霈平之章。方澤八章,曰中平之章、廣平之章、含平之章、大平之章、安平之章、時平之章、貞平之章、寧平之章。時饗太廟及祭奉先殿六章,曰貽平之章、敉平之章、敷平之章、紹平之章、光平之章、乂平之章。祫祭太廟六章,曰開平之章、肅平之章、協平之章、裕平之章、諴平之章、成平之章。社稷壇七章,曰登平之章、茂平之章、育平之章、敦平之章、博平之章、樂平之章、徵平之章。歷代帝王廟七章,曰肇平之章、興平之章、崇平之章、恬平之章、淳平之章、匡平之一章、匡平之二章。文廟六章,曰昭平之章、宣平之章、秩平之章、敘平之章、懿平之章、德平之章。太歲殿六章,曰保平之章、定平之章、嘏平之章、富平之章、盈平之章、豐平之章。先蠶壇六章,曰庥平之章、承平之章、均平之章、齊平之章、柔平之章、洽平之章。曰曦,日壇七章,曰寅曦之章、朝曦之章、清曦之章、咸曦之章、純曦之章、延曦之章、歸曦之章。曰光,月壇六章,曰迎光之章、升光之章、瑤光之章、瑞光之章、涵光之章、保光之章。曰豐。先農壇七章,曰永豐之章、時豐之章、咸豐之章、大豐之章、屢豐之章、報豐之章、慶豐之章。祈報於社稷壇七章,曰延豐之章、介豐之章、滋豐之章、霈豐之章、綏豐之章、貽豐之章、溥豐之章。祈報於天神地祇壇六章,曰祈豐之章、華豐之章、興豐之章、儀豐之章、和豐之章、錫豐之章。祈報於太歲壇六章,曰需豐之章、宜豐之章、晉豐之章、協豐之章、應豐之章、洽豐之章。時巡祭岱廟、嵩廟、長白山六章,章名與神祇壇同。朝會燕饗,中和韶樂、丹陛樂皆曰平,朝會燕饗中和韶樂,有元平之章、和平之章、遂平之章、允平之章、乾平之章、泰平之章、怡平之章、昇平之章、隆平之章、顯平之章、慶平之章、盛平之章、道平之章、淑平之章、順平之章。丹陛大樂,有慶平之章、治平之章、雝平之章、正平之章。導迎樂亦曰平,導迎樂有祐平之章、禧平之章。章從同而別其辭。如中和韶樂元平、和平二章,元日御殿與幸盛京御殿,章同而辭不同。隆平、顯平二章,十二月所用之辭各不同。宗室燕、千叟燕,亦奏隆平,辭又不同。丹陛大樂慶平、治平二章,導迎樂祐平、禧平二章,亦因所用,而辭各不同。若清樂,若鐃歌樂,若蒙古樂,則章各命以名焉。清樂,有海宇昇平日之章、玉殿雲開之章、萬象清寧之章、火樹星橋之章、瑞旭中天麗之章、珠斗杓迴之章、景麗仙瀛之章、喜春光之章、雲和迭奏之章、風和日麗之章、文物京華盛之章、延閣雲濃之章、玉署延英之章。鐃歌樂有大清朝、四時仗、承天眷、貢琛球、錦繡乾坤、中天盛世、奉宸歡、晴開五雲、瑞雲籠、駕六龍、扈翠華、四時念、壯軍容、日初昇、嘉祥曲、練吉日、謁珠邱、御黼座、長白山、布爾湖、建遼陽、瀋陽城、鐵嶺山、孕嘉産、毓靈禽、蕃珍樹、建皇極、鑠皇清、九龍旂、邕皇威、整貔貅、河清海晏、輦路平、景清明、聖武光昭、皇風泰、慶雲呈、象天行、虹流華渚、皇都無外、夏諺歌、芳塍曲、渥洼曲、美留都、溯興京、格皇天、大凌河、狩于原、日上扶桑、九五飛龍、聖德巍巍、蹀躞游龍、慶皇圖、萬國瞻天、昊天命等章。蒙古樂笳吹,有牧馬歌、古歌、如意寶、佳兆、誠感辭、吉慶篇、肖者吟、君馬黄、懿德行、善哉行、樂土謠、踏摇孃、頌禱辭、慢歌、唐公主、丹誠曲、明光曲、吉祥師、聖明時、微言、際嘉平、善政歌、長命辭、窈窕孃、湛露、四賢吟、賀聖朝、英流行、堅固子、月圓、緩歌、至純辭、美封君、少年行、四天王吟、宛轉辭、鐵驪、木槵珠好合曲、童皐、天馬吟、大龍馬吟、始條理、追風赭馬、迴波辭、長豫、平調、游子吟、平調曲、高士吟、哉生明、高哉行三章、圓音、闌干、思哉行、法座引、接引辭、化導辭、七寶鞍、短歌、夕照、歸國謠、僧寶吟、婆羅門引、三部落、五部落等章。番部合奏,有大合曲、染絲曲、公莫、雅政辭、鳳鳳鳴、乘驛使、兔罝、西鰈曲、政治辭、千秋辭、鴻鵠辭、慶君侯、慶夫人、羨江南、救度辭、大番曲、小番辭、游逸辭、興盛辭、艷治曲、慶聖師、白鹿辭、合歡曲、白駝歌、流鶯曲、君侯辭、夫人辭、賢士辭、舞辭、鼗鼓曲、調和曲等章。其臨雍、千叟燕所用之清樂,凱旋所用之鐃歌、凱歌、清樂笳吹各樂章,皆係臨時撰擬,因章命名。親耕則歌禾辭,耕耤,用金六、鼓六、簫六、笛六、笙六、拍板六,奏三十六禾辭。親蠶則歌桑歌,皇后躬桑,用金二、鼓二、簫六、笛六、笙六、拍板二,奏採桑歌。

〇凡燕於公者,皆譜以詩而樂之。經筵禮畢,賜講官諸臣燕,譜懿戒十二章,樂以夾鍾爲宫。文武鄉會試入闈、徹闈,賜考官諸臣燕,皆譜鹿鳴三章,樂各以月律爲宫。賜文進士燕,譜棫樸五章,樂以蕤賓爲宫。賜武進士燕,譜兔罝三章,樂以應鍾爲宫。惟賜衍聖公燕於禮部,用洙泗發源長之章,以五童子歌而作樂,曰五魁舞。

○凡鄉國之樂,春秋釋奠於學,皆設懸而舞六佾。府、州、縣各學,皆設麾一,編鐘十六,編磬十六,琴六,瑟四,排簫二,簫六,笛六,篪四,笙六,壎二,建鼓一,搏拊二,柷一,敔一,節二,羽三十六,籥三十六,奏昭平、宣平、秩平、敘平、懿平、德平之章,陳六佾之舞。二月以夾鍾爲宫,八月以南吕爲宫。鄉飲酒則譜以聖製補笙詩,鄉飲酒禮,設雲璈一,方響一,琴二,瑟一,簫四,笛四,笙四,手鼓一,拍板一。以高宗純皇帝《聖製補笙詩》六章注於譜,先合衆器以奏笙引畢,乃工歌南陔,笙間奏南陔。工歌白華,笙間奏白華。工歌華黍,笙間奏華黍。工歌由庚,笙間奏由庚。工歌崇邱,笙間奏崇邱。工歌由儀,笙間奏由儀。畢,乃合衆器以奏笙成。正月以太蔟爲宫,十月以應鍾爲宫。令以時肄業焉。

神樂署,署正一人,署丞二人,協律郎五人,司樂二十有五人,樂生百八十人,舞生三百人,皆兼隸太常寺。掌奏壇廟之樂而舞其舞。圜丘、祈穀、常雩、方澤、太廟、奉先殿、社稷壇、日壇、月壇、歷代帝王廟、先師廟、先農壇、太歲殿,及祈禱於社稷壇、三壇,皆掌於神樂署。凡祭祀,則各專其司,設協律郎掌麾一人,司樂贊樂一人,執節四人,樂生司章十人,司鎛鐘一人,司特磬一人,司編鐘一人,司編磬一人,司琴十人,司瑟四人,司排簫二人,司簫十人,司笛十人,司篪六人,司笙十人,司壎二人,司鼓一人,司拊二人,司柷一人,司敔一人。舞生司武舞六十四人,司文舞六十四人。先師廟設司樂執節二人,樂生司章六人,司琴六人,司簫六人,司笛六人,司篪四人,司笙六人。舞生司文舞三十六人,餘同。列其次,圜丘樂懸,設於三成壇下,北嚮。方澤樂懸,設於二成壇下,南嚮。祈年殿樂懸,設於殿外丹陛上,北嚮。太廟、奉先殿樂懸,設於殿外階上,北嚮。社稷壇樂懸,設於内壝門内,北嚮。日壇樂懸,設於内壝門内,東嚮。月壇樂懸,設於内壝門内,西嚮。歷代帝王廟、先師廟樂懸,設於殿外階上,北嚮。先農壇樂懸,設於壇下,北嚮。太歲殿樂懸,設於殿内,北嚮。天神壇樂懸,設於壇下,北嚮。地祇壇樂懸,設於壇下,南嚮。鎛鐘一,在左。特磬一,在右。編鐘一,虡在鎛鐘之左。編磬一,虡在特磬之右。建鼓一,在編鐘之左。左篪三,排簫一,壎一。右篪三,排簫一,壎一,在鐘磬之前。左簫五,笛五;右簫五,笛五,在排簫、壎、篪之前。左琴五,瑟二;右琴五,瑟二,在簫、笛之前。樂生皆内嚮立,左笙五,搏拊一,柷一;右笙五,搏拊一,敔一。樂生左右相嚮立,司章左五人,右五人,左右相嚮執木笏立於笙前。麾一,設於左,掌麾西嚮立。左武舞生三十二人,文舞生三十二人。右武舞生三十二人,文舞生三十二人,立於樂前。左執節二人,右執節二人,立於舞前。先師廟減其數,所列之次同。以敬共其職事。

○凡奏樂,析之以音律,分七音十二律,别陰陽,辨清濁。合之以聲氣,樂章字句,必令習熟涵泳,使清濁高下鏗然唇齒之間與金石絲竹匏土之音相協無間。節之以間績,每奏樂章一句畢,金石絲竹匏土之器皆止,間以鼓一拊二,鼓一拊二,鼓一拊二，乃續奏。再間再續，皆以此爲節。成之以作止。凡樂始作，則擊柷，鳴鎛鐘，群器乃奏。及樂終止，群器畢奏，則擊特磬，轢敔，是爲大成。中間每奏樂一章，皆擊柷以始之，轢敔以終之，是爲小成。凡樂有九成，祀圜丘：迎帝神，奏始平一成。奠玉帛，奏景平一成。進俎，奏咸平一成。初獻，奏壽平一成。亞獻，奏嘉平一成。終獻，奏永平一成。徹饌，奏熙平一成。送帝神，奏清平一成。望燎，奏太平一成。祈穀：迎帝神，奏祈平一成。奠玉帛，奏綏平一成。進俎，奏萬平一成。初獻，奏寶平一成。亞獻，奏穰平一成。終獻，奏瑞平一成。徹饌，奏渥平一成。送帝神，奏滋平一成。望燎，奏穀平一成。常雩：迎帝神，奏靄平一成。奠玉帛，奏雲平一成。進俎，奏需平一成。初獻，奏霖平一成。亞獻，奏露平一成。終獻，奏霑平一成。徹饌，奏靈平一成。送帝神，奏霔平一成。望燎，奏霈平一成。有八成，祭方澤：迎神，奏中平一成。奠玉帛，奏廣平一成。進俎，奏含平一成。初獻，奏大平一成。亞獻，奏安平一成。終獻，奏時平一成。徹饌，奏貞平一成。送神、望燎，奏寧平一成。有七成，社稷壇：迎神，奏登平一成。奠玉帛、初獻，奏茂平一成。亞獻，奏育平一成。終獻，奏敦平一成。徹饌，奏博平一成。送神，奏樂平一成。望瘞，奏徵平一成。祈雨於社稷壇：迎神，奏延豐一成。奠玉帛、初獻，奏介豐一成。亞獻，奏滋豐一成。終獻，奏霈豐一成。徹饌，奏綏豐一成。送神，奏貽豐一成。望瘞，奏溥豐一成。祈晴於社稷壇：迎神，奏延和一成。奠玉帛、初獻，奏兆和一成。亞獻，奏布和一成。終獻，奏協和一成。徹饌，奏雍和一成。送神，奏豐和一成。望瘞，奏咸和一成。日壇：迎神，奏寅曦一成。奠玉帛，奏朝曦一成。初獻，奏清曦一成。亞獻，奏咸曦一成。終獻，奏紙曦一成。徹饌，奏延曦一成。送神，奏歸曦一成。先農壇：迎神，奏永豐一成。奠帛、初獻，奏時豐一成。亞獻，奏咸豐一成。終獻，奏大豐一成。徹饌，奏屢豐一成。送神，奏報豐一成。望瘞，奏慶豐一成。有六成，太廟時饗：迎神，奏貽平一成。奠帛、初獻，奏敉平一成。亞獻，奏敷平一成。終獻，奏紹平一成。徹饌，奏光平一成。還宫，奏乂平一成。奉先殿用樂同。太廟祫祭：迎神，奏開平一成。奠帛、初獻，奏肅平一成。亞獻，奏協平一成。終獻，奏裕平一成。徹饌，奏諴平一成。還宫，奏成平一成。月壇：迎神，奏迎光一成。奠玉帛、初獻，奏升光一成。亞獻，奏瑶光一成。終獻，奏瑞光一成。徹饌，奏涵光一成。送神，奏保光一成。祈禱於三壇，天神、地祇二壇：迎神，奏祈豐一成。奠帛、初獻，奏華豐一成。亞獻，奏興豐一成。終獻，奏儀豐一成。徹饌，奏和豐一成。送神，奏錫豐一成。太歲壇：迎神，奏需豐一成。奠帛、初獻，奏宜豐一成。亞獻，奏晉豐一成。終獻，奏協豐一成。徹饌，奏應豐一成。送神，奏洽豐一成。歲祭於太歲殿：迎神，奏保平一成。奠帛、初獻，奏定平一成。亞獻，奏赮平一成。終獻，奏富平一成。徹饌，奏盈平一成。送神，奏豐平一成。歷代帝王廟：迎神，奏肇平一成。奠帛、初獻，奏興平一成。亞獻，奏崇平一成。終獻，奏恬平一成。徹饌，奏淳平一成。送神，奏匡平。望瘞，復奏匡平，合爲一成。文廟：迎神，奏昭平一成。奠帛、初獻，奏宣平一成。亞獻，奏秩平一成。終獻，奏敘平一成。徹饌，奏懿平一成。送神，奏德平一成。辨其行禮之節而奏之。凡舞三成，三獻則作焉。每祀初獻，奏干戚之舞。亞獻、終獻，奏羽籥之舞。惟文廟三獻，皆奏羽籥之舞。

和聲署，署正，滿洲一人、内務府郎中、員外郎兼充。漢一人，禮部郎中、員外郎兼充。署丞，滿洲一人、内務府郎中、員外郎兼充。漢一人，禮部郎中、員外郎兼充。供用官三十人，本署八人，禮部筆帖式兼充二人，内務府贊禮郎兼充六人，筆帖式及各項有品級人兼充十二人，鴻臚寺贊禮郎兼充二人。署史長，十有六人，署史，百四十有八人，掌奏殿陛之樂。殿陛所用中和韶樂、丹陛大樂、中和清樂、丹陛清樂四部，皆掌於和聲署。朝會燕饗，則列其司次，朝會於太和殿，則設中和韶樂於殿檐下，設丹陛大樂於太和門内檐下，列戲竹於丹陛中階。於圓明園，則設中和韶樂於正大光明殿檐下，設丹陛大樂於出入賢良門内檐下。於避暑山莊，則設中和韶樂於澹泊敬誠殿檐下，設丹陛大樂於二宫門内兩旁樂亭。於盛京，則設中和韶樂於崇政殿檐下及階下，設丹陛大樂於兩樂亭。燕饗於太和殿，則設中和韶樂、中和清樂於殿檐下，設丹陛大樂、丹陛清樂於太和門内檐下。於保和殿，則設中和韶樂、中和清樂於殿檐下，設丹陛大樂、丹陛清樂於中和殿後檐下。於圓明園，則設中和韶樂、中和清樂於正大光明殿檐下，設丹陛大樂、丹陛清樂於出入賢良門内檐下。於豐澤園，則設中和韶樂、中和清樂於帳殿外，設丹陛大樂、丹陛清樂於帳殿南。於盛京，則設中和韶樂、中和清樂於大政殿檐下及階下，設丹陛大樂、丹陛清樂於兩樂亭，北嚮。臨雍，則設中和韶樂於辟雍階下，設丹陛大樂於太學門内，設丹陛清樂於舟陛大樂之東。幸翰林院，則設中和韶樂、中和清樂於翰林院後堂兩廊，設丹陛大樂、丹陛清樂於敬一門内兩旁。耕耤如舉燕禮，則設中和韶樂、中和清樂於兩樂亭，設丹陛大樂、丹陛清樂於齋宫門内兩旁。御樓受俘，不設中和韶樂，則設丹陛大樂於端門之北，陳金鼓鐃歌大樂於闕下。其次中和韶樂，鎛鐘一，在東。特磬一，在西。編鐘一簴，在鎛鐘之東。編磬一簴，在特磬之西。建鼓一，在編鐘之東。東，簫二，笛二，排簫一，壎一，篪一。西，簫二，笛二，排簫一，壎一，篪一，在鐘磬之前。東，琴二，瑟一。西，琴二，瑟一，在簫笛壎篪之前。署史器各一人，皆北嚮。麾一，柷一，搏拊一，在東。敔一，搏拊一，在西。東，笙四。西，笙四，在柷敔搏拊之前。署史器各一人，署史歌者，東二人西二人，在笙前。署丞，東一人西一人，在中和韶樂之前。供用官，東三人西三人，在中和韶樂之後，皆東西相嚮。麾前供用官一人，西嚮。如用中和清樂，則陳於中和韶樂東。署史器各一人，皆北嚮。丹陛大樂，戲竹二，供用官二人，執戲竹。署史二人，東西相嚮。東，大鼓一，方響一。西，大鼓一，方響一。又東雲璈二，簫二，管四，笛四，笙四，杖鼓一，拍版一。署史器各一人，供用官東四人西四人，皆北嚮。如用丹陛清樂，則陳於丹陛大樂東。署史器各一人，皆北嚮。循其序制，用樂之序，朝會：皇帝升座，用中和韶樂。群臣行禮，用丹陛大樂。每一班行禮，奏丹陛大樂一次。皇帝還宫，用中和韶樂。燕饗:皇帝升座,用中和韶樂。進茶,用丹陛清樂。進酒,用丹陛清樂。進饌,用中和清樂。及巡酒,間以燕樂。至終燕,群臣行禮,用丹陛大樂。皇帝還宫,用中和韶樂。臨雍:皇帝升座,用中和韶樂。講畢,群臣行禮,用丹陛大樂。賜茶,用丹陛清樂。御樓受俘:皇帝升座及還宫。皆作金鼓鐃歌大樂。中間將校行禮。群臣行禮。用丹陛大樂。其制,元旦,升座,奏元平。還宫,奏和平。冬至,升座,奏遂平。還宫,奏允平。萬壽聖節,升座,奏乾平。還宫,奏泰平。燕饗、皇帝三大節,升座、還宫奏樂同。進茶,奏海宇昇平日。進酒,奏玉殿雲開。進饌,奏萬象清寧。上元,升座,奏怡平。還宫,奏昇平。進茶、進酒、進饌,奏樂同。常朝,升座,奏隆平。還宫,奏顯平。宗室燕,升座,奏隆平。還宫,奏慶平。進茶,奏瑞旭中天麗。進酒,奏珠斗杓迴。進饌,奏景麗仙瀛。千叟燕。升座、還宫。奏樂同、進茶、進酒、進饌。臨時擬用。駕幸翰林院,升座,奏隆平。降座,奏顯平。進茶,奏文物京華盛。進酒,奏延閣雲濃。進饌,奏玉署延英。耕耤如舉燕禮,升座、降座,奏樂同。進茶,奏喜春光。進酒,奏雲和迭奏。進饌,奏風和日麗。臨雍,升座,奏盛平。降座,奏道平。賜茶,臨時擬用。群臣行禮,皆奏慶平。外藩行禮,皆奏治平。協其譜調。中和韶樂,皆一字一音,以群器合樂章歌而奏之。每句畢,間以鼓一拊二,鼓一拊二,鼓一拊二。丹陛大樂,以群器協樂章之音節而不歌。中和清樂、丹陛清樂,則於樂章内擇一二解奏之,每字有短長高下,各依其調。駕出入,則奏其引樂。導迎樂掌於和聲署,行幸樂前部大樂本爲鑾儀衛之樂,而以和聲署署史奏之。鑾駕鹵簿出入,引以導迎樂。騎駕鹵簿出入,引以行幸樂。法駕鹵簿出入,兼用導迎樂。大駕鹵簿出入,兼用導迎樂。行幸樂,前部大樂,其行列,導迎樂先以戲竹二,次管六,次笛四,次笙二,次雲璈二,次導迎鼓一,次拍版一。行幸樂先以金二,次銅鼓四,次鈸二,次行鼓二,次銅點二,次笛四,次雲璈二,次管二,次笙二,次金口角八,次大銅角八,次小銅角八,次冢古角二。前部大樂先以大銅角四,次小銅角四,次金口角四。凡部寺之樂,皆給焉。經筵禮畢,光禄寺設燕於文華殿東西配殿,樂用雲璈一,方響一,琴二,瑟一,簫四,笛四,笙四,手鼓一,拍版一。文場主考,及文進士之燕,設於禮部;武場主考,及武進士之燕,設於兵部;衍聖公之燕,設於禮部,皆用雲璈一,笛二,管二,笙一,鼓一,拍版一。太常寺祭先醫廟、顯佑宫、東嶽廟、城隍廟、火神廟、黑龍潭玉泉山昆明湖龍神廟,皆用慶神歡之樂。祭文昌廟、關帝廟,視慶神歡樂,器有加用雲璈二、方響二、排簫二、簫二、笛四、篪一、管二、笙二、壎二、鼓二、拍版二。迎神,初獻、亞獻、終獻、送神,樂凡五奏。

掌儀司中和樂處,無品級副首領太監二人,太監八十人。兼隸於掌儀司官。掌奏宫庭之樂,皇帝御内殿,皇后御中宫,所用中和韶樂,及行禮所用之丹陛大樂,皆掌於中和樂處。其中和韶樂、丹陛大樂陳樂之次,作樂之節,俱與外朝同。慶賀則各依其制以供用。用樂之制,皇帝御内殿:升座,奏元平。降座,奏和平。宫中行禮,奏雝平。皇后御中宫:升座,奏淑平。降座,奏順平。宫中行禮,奏正平。

旗手衛校尉，百八十有八人，兼隸於旗手衛官。掌奏鹵簿之樂，鑾儀衛樂三部，前部大樂、行幸樂，掌於馴象所。至用樂時，奏以和聲署署史。鹵簿樂，掌於旗手衛，仍校尉司之。以列於大駕法駕。大駕鹵簿、法駕鹵簿，皆用鹵簿樂，陳於引仗之前，玉輅之後、先以大銅角八，次小銅角八，次鉦四，間以紅鐙，次畫角二十四次，龍鼓二十四間，以紅鐙，次箔十二，次拍版四，次杖鼓四，次金四，次龍鼓二十四，繼以紅鐙。如陳於午門外，則東西分列於寶象之南。

什榜處，掇爾契達一人，兼三等侍衛，隸侍衛處。六品銜達二人，七品銜達二人，拜唐阿六十人，掌奏掇爾多密之樂，加吹樂、番部合奏樂二部，皆爲掇爾多密樂。燕饗則列之。燕饗，什榜處樂，列於慶隆舞之後。惟除夕保和殿、上元正大光明殿之燕，則什榜處樂列於慶隆舞之前。

○凡樂曲，皆兼習滿洲、蒙古之文，擇而並奏焉。乾隆十四年，詔以蒙古各曲皆增製滿洲曲文。嗣後每用樂，擇其曲名之佳者，或滿洲曲二蒙古曲二，或滿洲曲一蒙古曲一，先期奏聞，至時承應。大獮燕，蒙古王公於帳殿亦如之，燕於山莊亦如之。每歲皇帝巡幸熱河，什榜處掇爾契達一人，達拜唐阿十二人隨行。木蘭行圍，蒙古王公進燕於帳殿，及駐蹕避暑山莊，燕蒙古王公於萬樹園，以達拜唐阿每四人爲一班，凡三班，執樂器奏曲。

欽定大清會典卷三十五

兵部，尚書，滿洲一人、漢一人，左侍郎，滿洲一人、漢一人，右侍郎，滿洲一人、漢一人，掌中外武職官之政令，以贊上衛萬民。凡除授封廕之典，乘載郵傳之制，甄覈簡練之方，士籍軍實之數，百司以達於部，尚書、侍郎率其屬以定議，大事上之，小事則行，以整邦樞。

○凡引見武職官，令裼以執弓，武職官引見，豫脱褂，各執弓北面立而引滿，乃跪奏名。如遇皇帝閲射布靶，則引見武職官各執弓一佩矢五，先射布靶，乃跪而奏名。尚書、侍郎以緑頭名籤進於上，得旨出而宣焉。交部記名則書之，交軍機處記名，則傳旨於軍機處，並如文職。凡引見前期則堂考，觀其騎射而進退之。武職官應引見者，兵部堂官先考其步箭、馬箭於東長安門外，曰堂考。好者、中平者、平常者，分别註於緑頭籤。劣者題明休致。考驗亦如之。廕生願改武職者，漢侍衛行走年滿，由侍衛處、鑾儀衛出具考語送部者，武進士、武舉充補提塘及差官三年期滿者，均由部考驗引見。武進士、武舉願隨營者，由部考驗發標。旗員用邊缺者，都司以下，由部考驗引見。游擊以上，由部開列各部尚書、侍郎請簡會同兵部考驗引見。揀發亦如之。月選則掣籤。單月、雙月兩選，皆於月之二十五日，兵部堂宮會山西道御史掣籤於天安門外。若掣差官隨幫豫保同日等籤，皆由部掣籤於堂。三歲揀選，則會欽派大臣而定其等。會試之年武舉未經揀選者，赴部報名，由部開列滿洲大學士、領侍衛内大臣、八旗都統職名請簡，會兵部堂官考分等第。會試外場掣籤以分圍，武會試外場分四圍，由部以滿洲大學士、領侍衛内大臣、八旗都統職名奏請欽點監射大臣四人。先期，兵部按應試人數，分爲四册，繕籤封固。俟宣旨後，公同掣籤，分圍考試。順天鄉試亦如之，順天武鄉試監射大臣四人，亦由部開列奏請欽點。分册繕籤事宜，由順天府豫備，俟奉旨後，公同在部掣籤。皆監試。武會試以本部尚書、侍郎四人分圍監試，順天武鄉試以本部侍郎二人會同府尹府丞監試，皆奏請欽點。如兵部堂官有出差事故，不敷分圍考試，由部將各部、都察院堂官職名，一併開列請簡。會試内場，以漢侍郎一人知武舉，知武舉於本部漢侍郎内欽點一人，如有出差事故不敷開列，將各部漢侍郎職名一併開列請簡。殿試則充提調，武殿試提調，以本部尚書、侍郎職名奏請欽點。演炮則監之。内火器營，漢軍火器營，演炮於盧溝橋，每届三年，由部開列本部尚書、侍郎職名奏請欽點一人監放。定期五日，自九月初一日起至初五日止。如值武會試，改於九月二十一日起至二十五日止。凡大閲，前期則請旨，大閲每届三年，具奏一次，得旨，乃行知各衙門豫備。既陳，大閲之制，武備院張帳殿於閲武臺，設御座於正中，設御營於帳殿後，設御用甲冑弓矢於御營内。陣後分左右翼立營，左翼漢軍火器四旗立四，滿洲火器四旗立四營，前鋒四旗立一營，護軍四旗立四營，驍騎四旗立四營，右翼如之。左翼之末，健鋭營官兵立一營。右翼之末，外火器營宫兵立一營，共立三十六營。其陣，漢軍鹿角在陣前居中排列，漢軍鳥鎗在鹿角後排列，漢軍炮在鹿角兩旁排列，護炮、鳥鎗、藤牌在炮後排列。滿洲火器營、鳥鎗、護軍按旗立於漢軍炮之次，滿洲炮按旗間於鳥鎗、護軍之中。首隊八旗前鋒按旗乘騎在鹿角後居中排列，次八旗護軍按旗乘騎排列。翼隊左健鋭營官兵，右外火器營官兵，按翼乘騎斜嚮前排列。次隊及兩翼隊驍騎營官兵，各在首隊及首翼隊後排列。信炮在首隊之前居中排列。鑾儀衛設三旗蒙古畫角於閲武臺左右，次五旗蒙古角次親軍海螺，次護軍海螺，兩翼斜列，自閲武臺以達於鹿角之末。首隊前進駐立號纛及殿軍號纛，各按本旗汛地建立。詣行宫以請駕，尚書侍郎詣行宫奏成列，舉炮三，鐃歌大樂作，奏壯軍容之章。皇帝乘騎出行宫侍，衛二十人，前引大臣十人，騎而導。後扈大臣二人，侍衛班領率豹尾班侍衛執槍十人、佩刀十人、佩弓矢十人，騎而從。皇帝閲視隊伍，尚書、侍郎二人騎而導焉。駕入御營，侍衛、九卿、記注官蟒袍補服，豫於御營前恭俟。皇帝御甲冑，王公大臣侍衛等咸甲冑。兵部尚書奏請閲兵，皇帝佩刀出御營屬櫜鞬乘騎。武備院官張黄龍曲柄華蓋一於前，兵部尚書、侍郎二人騎導，前引後扈如儀。總理閲兵王大臣、滿洲大學士騎從，内大臣、散秩大臣率親軍舉黄龍大纛，侍衛親軍及執事王公咸附豹尾班後隨行。皇帝入左翼，出右翼，由陣中路行。經前鋒護軍隊前，火器隊後，將校甲兵各就列迴身以嚮，駕過如初。皇帝御帳殿，皇帝閲隊伍畢。至御營降騎，釋櫜鞬。御帳殿，前引大臣立帳殿前東西面，後扈大臣立御座左右，豹尾班立帳殿外，左右兩翼各建黄龍大纛一，侍衛親軍按隊環衛，總理閲兵王大臣、大學士、兵部尚書侍郎立帳殿外階上西嚮，執事王公、侍班九卿、記注官立階上東嚮，禁約聲息官在閲武臺兩旁排立，八旗給使官在臺下兩旁乘騎排立。每翼侍衛六人，乘騎在給使官之前近臺排立。派馬上嫺習之新滿洲、索倫、蒙古侍衛三十人，備馭軼馬，不穿甲，在侍衛之後，按翼排立。遂開操。皇帝用茶畢，兵部尚書奏請鳴號螺。帳殿前蒙古畫角先鳴，親軍海螺、護軍海螺以次遞鳴達於陣。首隊、次隊海螺畢鳴，陣内舉炮三，擊鼓，舁鹿角前進，鳴金乃止。麾紅旗則鎗炮齊發，如此九進。至第十次鎗炮連環施放，滿洲炮位至第七次停其點放，將炮馱載隨行。鳴金三次，連環停止。鹿角分爲八門，藤牌兵出鹿角外演舞。漢軍鳥鎗、滿洲火器營鳥鎗,亦出鹿角外排列。藤牌兵舞畢退回,鳥鎗兵即進步連環施放。首隊前鋒護軍及兩翼隊,各出鹿角外排列。次隊及兩翼隊,亦隨前進,在火器營後排列。鳥鎗兵進步連環施放畢,首隊前鋒護軍及兩翼隊即鳴螺聲喊馳進,在二層號纛下駐立。左翼隊馳歸右翼,右翼隊馳歸左翼。首隊内即出殿軍,赴頭層號纛下駐立。其首隊聲喊前進時,鹿角火器營併次隊翼隊各甲兵即結隊退回原列處,首隊兵及殿軍翼隊兵亦結隊退回。進鹿角畢鹿角掩閉,各歸原列處排列。尚書出班跪奏大閲禮成,皇帝入御營,釋甲胄,扈從王公大臣侍衛等各退,咸解甲具,吉服隨駕還行宫。舉炮三,鐃歌清樂作,奏思皇威之章。凡命將出師,與於祖餞。大將軍經畧出師,奉旨祖餞。光禄寺備茶燕,尚書、侍郎及禮部尚書、侍郎遞茶。大將軍經畧飲畢,望闕謝恩乃行。凱旋,皇帝御樓受俘,則致俘。受俘之禮,皇帝御午門樓黄幄寶座。兵部率解俘將校押俘嚮上跪,兵部尚書侍、郎一人,趨至午門前,跪奏所獲叛逆俘囚,謹獻闕下。

〇乃頒樞政於天下。凡緑旗兵,國初定八旗之色,以藍代黑。黄白紅藍,各位於所勝之方,惟不備東方甲乙之色。及定鼎後,漢兵分皆用緑旗,是爲緑營。在京,則統於巡捕營,京城四關厢,及圓明園設緑營汛地,爲巡捕五營。十有八省,則統於督標、各省總督所屬爲督標。撫標、各省巡撫所屬爲撫標。提標、各省提督所屬爲提標。鎮標,各省總兵所屬爲鎮標。軍標、四川成都將軍所屬緑營爲軍標。其福州、廣州、伊犁將軍,熱河、烏嚕木齊都統,西寧辦事大臣皆兼節制緑營,不專設標。河標、河東河道、江南河道總督所屬緑營爲河標。漕標,漕運總督所屬緑營爲漕標。而以達於部。標分其治於協,副將所屬爲協。於營,參將、游擊、都司、守備所屬皆爲營。於汛,千總、把總、外委所屬爲汛。以慎巡守,備徵調。凡提督巡捕營統領一人,左右翼總兵二人,巡捕營提督兼以步軍統領一人,總兵左翼一人,右翼一人。將軍一人,成都將軍兼轄軍標,其但節制緑營,不設軍標者不具名。總督十有一人,直隸一人,兩江一人,閩浙一人,湖廣一人,陝甘一人,四川一人,兩廣一人,雲貴一人。又河東河道總督一人,江南河道總督一人,漕運總督一人。巡撫十有五人,山東一人,山西一人,河南一人,江蘇一人,安徽一人,江西一人,福建一人,浙江一人,湖北一人,湖南一人,陝西一人,廣東一人,廣西一人,雲南一人,貴州一人。提督十有九人,除水師外,陸路提督直隸一人,福建一人,湖北一人,湖南一人,陝西固原一人,甘肅一人,烏嚕木齊一人,四川一人,廣東一人,廣西一人,雲南一人,貴州一人。兼轄水陸提督江南一人,浙江一人。山東、山西、河南、安徽、江西,以巡撫兼提督事,五人。總兵五十有六人,陸路總兵,直隸馬蘭鎮、泰寧鎮、宣化鎮、天津鎮、正定鎮五人,山東兗州鎮、登州鎮二人,山西太原鎮、大同鎮二人,河南河北鎮、南陽鎮二人,江蘇徐州鎮一人,安徽壽春鎮一人,江西九江鎮、南贛鎮二人,福建福寧鎮、汀州鎮、建寧鎮、漳州鎮四人,浙江處州鎮、衢州鎮二人,湖北鄖陽鎮、宜昌鎮二人，湖南鎮筸鎮、永州鎮、綏靖鎮三人，陝西西安鎮、延綏鎮、陝安鎮、河州鎮、漢中鎮五人，甘肅西寧鎮、寧夏鎮、凉州鎮、肅州鎮、巴里坤鎮、伊犂鎮六人，四川川北鎮、重慶鎮、建昌鎮、松潘鎮四人，廣東南詔連鎮、潮州鎮、高州鎮三人，廣西左江鎮、右江鎮二人，雲南臨元鎮、開化鎮、騰越鎮、鶴麗鎮、昭通鎮、普洱鎮六人，貴州安義鎮、古州鎮、鎮遠鎮、威寧鎮四人。其山東登州、江西九江、福建福寧、湖北宜昌等鎮，兼有所轄水師。副將百有八人，陸路副將，巡捕中營一人。直隸總督，本標左營一人，提督所屬河屯協、三屯協、山永協三人，宣化鎮所屬張家口、協獨石口協二人，天津鎮所屬河間協、通州協二人，正定鎮所屬大名協一人。山東兗州鎮所屬臨清協、沂州協二人，登州鎮所屬文登協、膠州協二人。河東河道總督，本標中營一人。山西太原鎮所屬蒲州協一人，大同鎮所屬殺虎口協一人。河南巡撫所屬荆關協一人。兩江總督本標中營及所屬江寧城守協二人。江南河道總督本標中營一人。漕運總督本標中營一人。安徽巡撫所屬安慶協一人。江西巡撫所屬南昌協一人，南贛鎮所屬袁州協一人。閩浙總督本標中營一人。福建提督所屬福州城守協、興化城守協二人，建寧鎮所屬延平城守協一人，臺灣水師鎮所屬北路協一人。浙江提督所屬杭州城守協、嘉興協、湖州協、紹興協四人，定海水師鎮所屬象山協一人，黄巖水師鎮所屬台州協一人，温州水師鎮所屬樂清協、平陽協二人，處州鎮所屬金華協一人，衢州鎮所屬嚴州協一人。湖廣總督本標中營一人。湖北提督所屬黄州協一人，鄖陽鎮所屬竹山協一人，宜昌鎮所屬施南協一人。湖南提督所屬長沙協、乾州協、永順協、常德協四人，鎮筸鎮所屬沅州協、靖州協二人，永州鎮所屬寶慶協、衡州協二人，綏靖鎮所屬永綏協一人。陝甘總督本標中營一人。陝西固原提督所屬靖遠協、静寧協二人，西安鎮所屬潼關協一人，延綏鎮所屬神木協、定邊協二人，河州鎮所屬洮岷協一人。甘肅提督所屬永固城守協一人，西寧鎮所屬大通協一人，寧夏鎮所屬中衛協一人，凉州鎮所屬永昌協、莊浪協二人，肅州鎮所屬金塔寺協、安西協二人，烏嚕木齊提督所屬瑪納斯協一人，巴里坤鎮所屬哈密協一人。四川成都將軍本標左營一人，總督本標中營一人，提督所屬阜和協、懋功協二人，川北鎮所屬綏定協一人，重慶鎮所屬夔州協、綏寧協二人，松潘鎮所屬維州協一人。兩廣總督本標中營一人，廣東提督所屬惠州協、肇慶協、廣州城守協三人，南韶連鎮所屬三江口協、南雄協二人，潮州鎮所屬黄岡協一人，高州鎮所屬羅定協一人。廣西提督所屬義寧協、平樂協、慶遠協三人，左江鎮所屬梧州協、潯州協、新太協三人，右江鎮所屬鎮安協一人。雲貴總督本標中營及所屬曲尋協二人。雲南提督所屬楚雄協一人，騰越鎮所屬永昌協、龍陵協二人，鶴麗鎮所屬維西協一人。貴州提督所屬大定協、平遠協、遵義協、定廣協四人，安義鎮所屬永安協一人，古州鎮所屬上江協、都匀協二人，鎮遠鎮所屬清江協、松桃協、銅仁協三人。參將百五十有二人，陸路參將，巡捕南營一人，北營一人，左營一人，右營一人。直隸總督所屬保定城守營、涿州營二人，提督本標中營及所屬八溝營、昌平營三人，泰寧鎮所屬紫荆關營一人，天津鎮所屬務關營一人，正定鎮所屬固關營一人。山東巡撫本標左營一人，兗州鎮所屬德州營、曹州營、泰安營、臺莊營四人，登州鎮所屬萊州營、濟南城守營、即墨營、青州營四人。河東河道總督本標左營一人。山西巡撫本標左營一人，太原鎮所屬太原營、平陽營、汾州營、潞澤營四人，大同鎮所屬寧武營、偏關營、老營、河堡營、新平路、得勝路、助馬路、北樓營、東路營九人。河南巡撫本標左營一人，河北鎮所屬河南城守營、衛輝營、彰德營三人，南陽鎮所屬汝寧營、歸德營二人。江南漕運總督所屬淮安城守營、海州營二人。江蘇巡撫本標中軍及所屬蘇州城守營二人，江南提督本標中營及所屬鎮江城守營、金山營三人。安徽巡撫本標左營及所屬嶶州營、寧國營三人，壽春鎮所屬六安營一人。江西巡撫本標左營一人，九江鎮所屬廣信營、饒州營二人，南贛鎮所屬寧都營、南安營、吉安營三人。閩浙總督本標左營、右營二人。福建巡撫本標左營一人，提督本標中營及所屬泉州城守營、長福營三人，汀州鎮所屬邵武城守營一人，漳州鎮所屬同安營一人，臺灣水師鎮所屬臺灣城守營、南路營二人。浙江巡撫本標中軍一人，提督本標中營一人，黄巖水師鎮所屬寧海營、太平營二人。湖北巡撫本標左營一人，提督本標中營及所屬荆州城守營、武昌城守營、德安營、興國營、均光營六人。湖南巡撫本標左營一人，提督本標中營及所屬澧州營、岳州營三人，永州鎮所屬臨武營、宜章營、桂陽營三人，綏靖鎮所屬保靖營一人。陕甘總督本標左營、右營二人。陝西巡撫本標中軍一人，固原提督本標中營及所屬西鳳營、慶陽營、西安城守營四人，西安鎮所屬宜君營一人，延綏鎮所屬波羅營、延安營二人，河州鎮所屬循化營、蘭州城守營二人，漢中鎮所屬寧陝營、陽平關營二人。甘肅提督本標中營及所屬甘州城守營二人，寧夏鎮所屬花馬池營、靈州營、平羅營二人，肅州鎮所屬沙州營一人。烏嚕木齊提督本標中營及所屬濟木薩營二人，伊犁鎮所屬霍爾果斯營一人。四川提督本標中營及所屬成都城守營、永寧營、普安營四人，建昌鎮所屬會川營、越嶲營二人，松潘鎮所屬漳臘營一人。兩廣總督本標左營、右營、前營、後營四人。廣東巡撫本標左營一人，提督本標中營及所屬增城營二人，高州鎮所屬欽州營、雷州營二人。廣西巡撫本標左營一人，提督本標中營及所屬全州營、融懷營、賓州營四人，左江鎮所屬鬱林營一人。雲貴總督所屬雲南城守營、尋霑營二人。雲南巡撫本標左營一人，提督本標中營及所屬武定營二人，臨元鎮所屬元江營一人，開化鎮所屬廣南營一人，騰越鎮所屬順雲營一人，鶴麗鎮所屬永北營一人，昭通鎮所屬東川營、鎮雄營二人，普洱鎮所屬威遠營一人。貴州巡撫本標左營一人，提督本標左營及所屬長寨營二人，古州鎮所屬朗洞營、黎平營二人，鎮遠鎮所屬台拱營、丹江營一人。游擊三百十有一人，陸路游擊，巡捕中營一人，南營一人，北營一人，左營一人，右營一人。直隸總督本標右營、前營、後營及所屬拱極營四人，提督本標左營、右營、前營及所屬喜峰路四人，馬蘭鎮本標左營及所屬遵化營二人，泰寧鎮本標左營及所屬易州營二人，宣化鎮本標中營、左營、右營三人，天津鎮本標左營、右營及所屬霸州營、葛沽營四人，正定鎮本標左營、右營及所屬廣平營、順德營四人。山東巡撫本標右營一人，兗州鎮本標左營及所屬高唐營、壽張營三人，登州鎮本標左營及所屬武定營二人。河東河道總督本標右營一人。山西巡撫本標右營一人，太原鎮本標左營及所屬平垣營、盂壽營三人，大同鎮本標中營、左營、右營三人。河南河北鎮本標左營及所屬開封城守營二人，南陽鎮本標左營及所屬鄧新營二人。兩江總督本標左營及所屬奇兵營二人，揚州營一人。江南河道總督本標右營一人。漕運總督本標右營一人。江南提督本標左營、前營、後營及所屬松江城守營、江陰營、常州營六人，狼山水師鎮所屬泰州營一人，徐州鎮本標中營一人。安徽巡撫本標右營及所屬游兵營、潛山營、蕪采營四人，壽春鎮本標中營及所屬潁州營二人。江西巡撫本標右營一人，九江鎮本標前營、後營及所屬建昌營三人，南贛鎮本標中營、左營二人。福建巡撫本標右營一人，提督本標左營、右營、前營、後營四人，福寧鎮本標中營、右營及所屬桐山營、連江營、羅源營五人，汀州鎮本標中營、左營、右營三人，建寧鎮本標中營、左營、右營三人，漳州鎮本標中營、左營、右營及所屬詔安營、平和營、雲霄營、龍巖營七人，臺灣水師鎮本標中營、左營、右營及所屬艋舺營四人。浙江提督本標左營、前營、後營三人，温州水師鎮本標右營一人，處州鎮本標中營、左營、右營三人，衢州鎮本標中營、左營及所屬楓嶺營三人。湖廣總督本標左營、右營二人。湖北巡撫本標右營一人，提督本標左營、右營及所屬襄陽城守營、漢陽營、荊門營五人，鄖陽鎮本標中營、左營、右營及所屬鄖陽城守營四人，宜昌鎮本標中營、左營及所屬遠安營、衛昌營四人。湖南巡撫本標右營一人，提督本標左營、右營及所屬鎮谿營、九谿營四人，鎮筸鎮本標中營、左營、右營及所屬綏寧營、長安營五人，永州鎮本標中營、左營、右營及所屬武岡營四人，綏靖鎮本標左營一人。陝甘總督本標前營、後營二人。陝西巡撫本標右營一人，固原提督本標左營、右營、前營、後營及所屬城守營、蘆塘營、馬監營、平凉城守營、漢鳳營、秦州營十人，西安鎮本標中營、左營及所屬神道嶺營、商州城守營四人，延綏鎮本標中營、左營、右營及所屬黄甫營四人，陝安鎮本標中營、左營、右營及所屬鎮安營四人，河州鎮本標左營、右營及所屬階州營、鞏昌營四人，漢中鎮本標中營、左營及所屬寧羌營、畧陽營、留壩營、定遠營六人。甘肅提督本標左營、右營、前營及所屬洪水營、山丹營、大馬營六人，西寧鎮本標中營、左營、右營及所屬永安營、鎮海營、貴德營、巴燕戎格營七人，寧夏鎮本標左營、右營、前營及所屬洪廣營、玉泉營、廣武營六人，凉州鎮本標中營、左營、右營及所屬鎮番營、大靖營、俄卜嶺營鎮、羌營七人，肅州鎮本標中營、左營、右營及所屬鎮彝營、嘉峪關營、靖逆營六人。烏嚕木齊提督本標左營及所屬庫爾喀喇烏蘇營二人，巴里坤鎮本標中營、左營、右營及所屬古城營四人，伊犁鎮本標中營、左營二人。四川總督本標左營、右營二人，提督本標左營、右營及所屬黎雅營、崇化營、綏靖營、峩邊營、馬邊營七人，川北鎮本標中營、左營及所屬順慶營、太平營四人，重慶鎮本標中營、左營及所屬酉陽營三人，建昌鎮本標中營、左營及所屬靖遠營、會鹽營四人，松潘鎮本標中營、左營及所屬疊溪營三人。廣東巡撫本標右營一人，提督本標右營、前營、後營及所屬前山營、永靖營五人，南韶連鎮本標中營、左營及所屬連陽營三人，潮州鎮本標中營、左營、右營及所屬惠來營、饒平營、潮陽營六人，高州鎮本標左營及所屬廉州營二人，瓊州水師鎮本標左營及所屬儋州營、萬州營三人。廣西巡撫本標右營一人，提督本標左營、右營、前營、後營及所屬桂林城守營五人，左江鎮本標中營一人，右江鎮本標中營、右營及所屬思恩營、隆林營四人。雲貴總督本標左營、右營二人。雲南巡撫本標右營一人，提督本標左營、右營二人，臨元鎮本標中營及所屬新嶍營二人，開化鎮本標中營及所屬廣西營二人，騰越鎮本標中營一人，鶴麗鎮本標中營一人，昭通鎮本標中營、左營、右營、前營四人，普洱鎮本標中營、右營及所屬景蒙營三人。貴州巡撫本標右營一人，提督本標右營、前營及所屬貴陽營、平越營、歸化營、黔西營六人，安義鎮本標中營、左營及所屬長壩營、普安營四人，古州鎮本標中營、左營及所屬上江協右營、都匀協右營、荔波營、下江營六人，鎮遠鎮本標中營、左營及所屬清江協右營、松桃協右營、思南營五人，威寧鎮本標左營及所屬畢赤營、水城營三人。都司四百二十有三人，陸路都司，巡捕中營一人，南營一人，北營一人，左營一人，右營一人。直隸總督本標左營及所屬新雄營二人，提督本標密雲城守營、順義營及所屬河屯協左營、三屯協左營、燕河路建昌路山永協左營、山海路石門路樂亭營、蒲河營、建昌營、赤峰營、居庸路鞏華營、懷柔路古北口城守營十七人，馬蘭鎮所屬薊州營、曹家路、牆子路三人，泰寧鎮所屬白石口營、廣昌營、馬水口、沿河口四人，宣化鎮所屬張家口協中營、紫溝營、獨石口協左營、多倫營、蔚州營、宣化城守營、懷來營、龍門路、永寧營、懷安營十人，天津鎮所屬河間協左營、通州協左營、張灣營、采育營、三河營、寶坻營、大沽營、武清營、静海營、豐潤營、玉田營、舊州營、天津城守營十三人，正定鎮所屬大名協左營、石營、杜勝營、王家坪營、龍泉關營、倒馬關營、忠順營龍、固城守營八人。山東兗州鎮本標右營及所屬臨清協中軍、沂州協中軍、東昌營、梁山營、沙溝營六人，登州鎮本標右營及所屬文登協中軍、膠州協中軍、安東營、寧福營、壽樂營六人。河東河道總督本標中營及所屬濟寧城守營二人。山西太原鎮本標右營及所屬蒲州協中軍、運城營、吉州營、靖安營、隰州營、石樓營、澤州營八人，大同鎮本標前營及所屬殺虎協左營、朔州營、神池營、樺林營、鎮西城營、保德營、平魯營、靖遠營、朔平營、歸化營、天城營、陽和營、高山營、懷仁營、平刑營、忻州營、靈邱路、山陰路十九人。河南巡撫所屬荆關協左營一人，河北鎮本標右營及所屬陝州營、内黄營三人，南陽鎮本標右營及所屬襄城營、陳州營三人。兩江總督本標中營及所屬江寧城守協中軍、浦口營、溧陽營四人。江南河道總督本標中營一人。漕運總督本標中營、左營及所屬海州營三人。江南提督所屬楊舍營、孟河營、柘林營、平望營、青村營五人，江蘇狼山水師鎮本標左營及所屬泰興營二人，徐州鎮所屬徐州城守營、蕭營、宿州營三人。安徽巡撫所屬安慶協左營、廣德營、池州營三人，壽春鎮本標右營及所屬泗州營、廬州營、亳州營四人。江西巡撫所屬南昌城守協中軍一人，九江鎮所屬鉛山營、浮梁營、廣昌營、武寧營、瑞州營、撫州營、銅鼓營、南康營八人，南贛鎮本標後營及所屬袁州協中軍、臨江營、龍泉營、萬安營、永豐營、永新營、贛州城守營、興國營、文英營、永鎮營、横岡營、羊角營十三人。閩浙總督本標中營一人。福建提督所屬福州城守協左營右營、興化城守協左營右營、安海汛、洪瀨汛、長福右營七人，汀州鎮所屬邵武城守右營一人，建寧鎮所屬延平城守協左營一人，漳州鎮所屬灌口汛、漳州城守營二人，臺灣水師鎮所屬北路協中營左營、南路下淡水營三人。浙江提督所屬杭州城守協中軍、嘉興協中軍、湖州協中軍、紹興協左營右營、寧波城守營六人，定海水師鎮所屬象山協左營右營二人，黄巖水師鎮所屬台州協中營右營二人，温州水師鎮所屬樂清協中軍、大荆營、磐石營、平陽協左營右營、温州城守營六人，處州鎮所屬金華協左營右營、麗水營三人，衢州鎮本標右營及所屬嚴州協中軍、衢州城守營三人。湖廣總督本標中營一人。湖北提督本標前營、後營及所屬黄州協中軍、蕲州營、道士洑營、安陸營六人，鄖陽鎮本標前營及所屬竹山協中軍二人，宜昌鎮所屬施南協左營、宜都營二人。湖南提督本標前營、後營及所屬長沙協左營、乾州協中軍、河溪營、永順協中軍、常德協中軍、永定營、辰州城守營、古丈坪營十人，鎮筸鎮本標前營及所屬沅州協中軍、靖州協中軍三人，永州鎮所屬寶慶協中軍、衡州協中軍二人，綏靖鎮本標右營及所屬永綏協中營二人。陝甘總督本標中營一人。陝西固原提督所屬靖遠協中軍、西安州營、静寧協中軍、關山營、長武營、邠州營、涇州營、利橋營八人，西安鎮本標右營及所屬潼關協中軍、金鎮關營、富平營四人，延綏鎮所屬神木協中軍、建安營、高家營、鎮羌營、孤山營、定邊協中軍、靖邊營、鎮靖營、安邊營、懷遠營、綏德城守營、鄜州營、延綏城守營十三人，陝安鎮所屬甎坪營、興安城守營、鎮坪營、孝義營、紫陽營五人，河州鎮所屬洮岷協中軍、文縣營、西固營岷州營、舊洮營、保安營、臨洮營、河州城守營八人，漢中鎮本標右營及所屬西鄉營、華陽營、東江口營、漢中城守營五人。甘肅提督本標後營及所屬永固城守協中軍、梨園營、馬墩營、硤口營五人，西寧鎮本標前營、後營及所屬大通協中軍、白塔營、北川營、南川營、威遠營、碾伯營、西寧城守營九人，寧夏鎮本標後營及所屬中衛協中軍、興武營、横城營四人，凉州鎮本標前營、後營及所屬永昌協中軍、安遠營、張義營、新城營、莊浪協中軍、岔口營、三眼井營九人，肅州鎮所屬金塔寺協中軍、高臺營、清水營、安西協中軍、布隆吉爾營、橋灣營、赤金營、肅州城守營八人，烏嚕木齊提督本標右營及所屬瑪納斯協左營右營、精河營、鞏寧城守營、烏嚕木齊城守營六人，巴里坤鎮所屬哈密協中軍、塔爾納沁屯田、巴里坤城守營三人，伊犁鎮本標右營及所屬巴燕岱營二人。四川成都將軍本標左營一人，總督本標中營一人，提督本標前營及所屬阜和協左營右營、泰寧營懋功協中軍、瀘州營敘馬營、建武營、大壩營、安阜營十人，川北鎮本標右營及所屬綏定協左營、城口營、潼綿營四人，重慶鎮本標右營及所屬夔州協左營、巫山營梁萬營、綏寧協左營、黔彭營、忠州營七人，建昌鎮本標右營及所屬寧越營、懷遠營、冕山營四人，松潘鎮本標右營及所屬維州協左營、茂州營、龍安營、南坪營五人。兩廣總督本標中營一人。廣東提督所屬惠州協左營、和平營、肇慶協中軍、四會營、那扶營、廣州城守協左營右營、永安營八人，南韶連鎮本標右營及所屬三江口協中軍、南雄協中軍三人，潮州鎮所屬黄岡協中軍、興寧營、平鎮營、潮州城守營四人，高州鎮本標右營及所屬羅定協左營右營、化石營四人，瓊州水師鎮本標右營一人。廣西提督所屬義寧協左營、平樂協左營、富賀營、麥嶺營、慶遠協左營、三里營、柳州城守營七人，左江鎮本標左營右營及所屬梧州協左營、潯州協左營、新太協左營、馗纛營、龍憑營、上思營、南寧城守營九人，右江鎮本標左營及所屬鎮安協左營、上林營三人。雲貴總督本標中營及所屬曲尋協左營二人。雲南提督所屬楚雄協中軍、大理城守營二人，臨元鎮本標左營、右營二人，開化鎮本標左營、右營二人，騰越鎮本標左營、右營及所屬永昌協左營、龍陵協左營四人，鶴麗鎮本標左營、右營及所屬維西協左營、劍川營四人。貴州提督所屬大定協左營、平遠協左營、遵義協左營、定廣協左營、安順營、仁懷營、新添營七人，安義鎮本標右營及所屬永安協左營、安南營、册亨營四人，古州鎮本標右營及所屬上江協左營、都匀協左營三人，鎮遠鎮本標右營及所屬清江協左營、松桃協左營、銅仁協左營、凱里營、黄平營、天柱營、石阡營八人，威寧鎮本標右營一人。守備七百十有五人，陸路守備，巡捕中營四人，南營五人，北營三人，左營三人，右營三人。直隸總督本標右營、前營、後營及所屬保定城守營、涿州營、良鄉營六人，提督本標中營、左營、右營、前營、石塘路及所屬河屯協右營、唐三營、朝陽營三屯協右營、山永協右營、八溝營、昌平營、湯泉營十三人，馬蘭鎮本標左營、右營及所屬黄花山營三人，泰寧鎮本標左營、右營、水東村營及所屬紫荆關營、插箭嶺營、攀山營、易州營、房山營、淶水營九人，宣化鎮本標中營、左營、右營及所屬張家口協中營左營右營、萬全營、膳房營、新河口營、洗馬嶺營、西陽河營、獨石口協右營、雲州營、鎮安營、龍門營、東城營、懷來城、葛峪營、永寧營、岔道營、左衛營二十一人，天津鎮本標左營、四黨口營、右營及所屬河間協右營、景州營、大城營、通州協右營、務關營、海口營九人，正定鎮本標左營右營、趙州營及所屬開州營、固關營五人。山東巡撫本標左營、右營二人，兖州鎮本標左營、右營及所屬德州營、曹州營、泰安營、臺莊營、高唐營、壽張營、鉅野營九人，登州鎮本標左營、右營及所屬萊州營、濟南城守營、即墨營、青州營、武定營、余家巷營八人。河東河道總督本標左營、右營及所屬濟寧城守營三人。山西巡撫本標左營、右營二人，太原鎮本標左營、右營及所屬太原營、平陽營、汾州營、路澤營、平垣營、盂壽營八人，大同鎮本標中營、左管、右營、前營及所屬殺虎協右營、寧武營、偏關營、河堡營、水泉營、新平營、渾源營、得勝路、豐川營、助馬路、北樓營、應州營、東路營十七人。河南巡撫本標左營、右營及所屬荆關協右營、盧氏營四人，河北鎮本標左營、右營及所屬河南城守營、衛輝營、彰德營、開封城守營、嵩縣營、王禄店營八人，南陽鎮本標左營及所屬汝寧營、歸德營、信陽營、新野營五人。兩江總督本標左營及所屬江寧城守協左營右營、奇兵營、青山營、瓜洲營六人，揚州營二人。江南河道總督本標右營一人。漕運總督本標左營、右營及所屬淮安城守營、海州營四人。江蘇巡撫本標左營、右營及所屬蘇州城守營中軍左營右營五人，江南提督本標中營、左營、前營、後營及所屬松江城守營、鎮江城守營、金山營、常州中營左營右營、江陰營、靖江營十二人，狼山水師鎮本標左營及所屬泰州營、三江營二人，徐州鎮本標中營、夏鎮營二人。安徽巡撫本標左營、右營及所屬安慶協右營、游兵營、潛山營、徽州左營右營、寧國營、蕪采營九人，壽春鎮本標中營、右營及所屬六安營、潁州營四人。江西巡撫本標左營、右營及所屬南昌城守協中軍三人，九江鎮本標前營、後營及所屬廣信營、饒州營、建昌營五人，南贛鎮本標中營、左營、後營及所屬寧都營、南安營、吉安營六人。閩浙總督本標左營、右營二人。福建巡撫本標左營、右營二人，提督本標中營、左營、右營、前營、後營及所屬興化城守協右營、泉州城守營、長福左營八人，福寧鎮本標中營、右營及所屬桐山營、連江營、羅源營五人，汀州鎮本標中營、左營、右營及所屬邵武城守左營四人，建寧鎮本標中營、左營、右營及所屬延平城守右營、楓嶺營五人，漳州鎮本標中營、左營、右營及所屬同安營、詔安營、紅花嶺營、平和營、雲霄營、龍巖營、漳州城守營十人，臺灣水師鎮本標中營、左營、右營及所屬北路協左營右營、艋舺營、噶馬蘭營、臺灣城守左營右營、南路營十人。浙江巡撫本標左營、右營二人，提督本標中營、左營、前營、後營及所屬嘉興協左營右營、湖州協左營右營、安吉營、紹興協左營右營、寧波城守營十二人，定海水師鎮所屬象山協左營右營二人，黄巖水師鎮所屬台州協左營右營、寧海右營、太平營四人，温州水師鎮本標右營及所屬大荆營、平陽協左營右營、玉環左營、温州城守營六人，處州鎮本標中營、左營、右營及所屬金華協左營、石營五人，衢州鎮本標中營、左營、右營及所屬嚴州協左營、右營五人。湖廣總督本標左營、右營二人。湖北巡撫本標左營、右營二人，提督本標中營、左營、右營、前營、後營及所屬荆州城守營、武昌城守營、德安營、興國營、均光營、襄陽城守營、荆門營十二人，鄖陽鎮本標中營左營、上龕汛、保康汛右營、豐溪汛前營及所屬竹山協中軍八人，鄖陽城守營二人，宜昌鎮本標中營、左營及所屬施南協左營右營、遠安營、衛昌營六人。湖南巡撫本標左營、右營二人，提督本標中營、左營、右營、前營及所屬長沙協右營、乾州協左營右營、鎮谿營、河溪營、澧州營、岳州營、九谿營、辰州城守營十三人，鎮筸鎮本標中營二人，又左營、右營、前營、後營及所屬晃州營、綏寧營、長安營六人，永州鎮本標中營、左營、右營及所屬臨武營、宜章營、桂陽營、武岡營七人，綏靖鎮本標左營、右營及所屬永綏協左營、芭茅坪營、保靖左營右營六人。陝甘總督本標左營、右營、前營、後營四人。陝西巡撫本標左營、右營二人，固原提督本標中營、左營、右營、前營、後營及所屬下馬關營、永安堡營、八營、石峰堡營、隆德營、會寧營、西鳳營、盩厔營、慶陽營、紅德城營、西安城守營、固原城守營、漢鳳營、秦州營十九人，西安鎮本標中營、左營及所屬宜君營三人，延綏鎮本標中營、左營、右營及所屬栢林營、永興營、木瓜園營、柳樹澗營、甎井營、波羅營、魚河營、延安營十一人，陝安鎮本標中營、左營、右營及所屬鎮安營、七里關營五人，河州鎮本標左營、右營及所屬循化營、起臺營、蘭州城守營五人，漢中鎮本標中營、左營及所屬寧陝營、陽平關營、寧羌營、畧陽營、留壩營、定遠營八人。甘肅提督本標中營、左營、右營、前營、後營及所屬甘州城守營、南古城營七人，西寧鎮本標中營、左營、右營、前營、後營及所屬鎮海營、巴暖營七人，寧夏鎮本標左營、右營、前營、後營及所屬石空寺營、古水井營、花馬池營、安定營、靈州營、同心營、平羅營、洪廣營、玉泉營、廣武營十四人，凉州鎮本標中營、左營、右營、前營、後營、西把截營及所屬大靖營、土門營、寧遠堡營、水泉營、松山營、紅水營、紅城營十二人,肅州鎮本標中營、左營、右營及所屬平川營、紅崖營、沙州營六人,烏嚕木齊提督本標中營、左營、右營及所屬瑪納斯協左營右營、濟木薩營、庫爾喀喇烏蘇營、烏嚕木齊城守營、喀喇巴爾噶遜營九人,巴里坤鎮本標中營、左營、右營及所屬穆壘營四人,伊犁鎮本標中營、左營、右營及所屬霍爾果斯營、塔爾奇營、惠遠城營六人。四川成都將軍本標右營一人,總督本標左營、右營二人,提督本標中營、左營、右營、前營及所屬黎雅營、崇化營、綏靖營、慶寧營、撫邊營、成都城守左營右營、青雲沱營、永寧營、赤水營、普安營、馬邊營十六人,峩邊營二人,川北鎮本標中營、左營及所屬綏定協右營、順慶營、太平營、通巴營、黄楊堡營七人,重慶鎮本標中營、左營及所屬夔州協右營、鹽廠營、綏寧協右營、酉陽營、邑梅營七人,建昌鎮本標中營、左營及所屬會川營、永定營、越嶲營、靖遠營、瀘寧營、會鹽營八人,松潘鎮本標中營、左營及所屬維州協右營、漳臘營疊溪營、平番營、小河營七人。兩廣總督本標左營、右營、前營、後營四人,廣東巡撫本標左營、右營二人,提督本標中營、左營、右營、前營、後營及所屬惠州協左營右營、肇慶協左營右營、陽春營、廣州城守協左營右營、前山營、三水營、增城左營右營、永靖營、永安營十八人,南韶連鎮本標中營、左營、右營及所屬三江口協左營右營、連陽營、南雄協中軍七人,潮州鎮本標中營、左營、右營及所屬黄岡協左營右營、惠來營、饒平營、潮陽營八人,高州鎮本標左營及所屬羅定協右營、欽州營、雷州左營右營、徐聞營、廉州營七人,瓊州水師鎮本標左營、右營及所屬儋州營、萬州營四人。廣西巡撫本標左營、右營二人,提督本標中營、永寧營、左營、右營、前營、後營及所屬義寧協右營、平樂協右營、慶遠協右營、東蘭營、全州營、融懷營、賓州營、桂林城守營十四人,左江鎮本標中營、左營、右營及所屬梧州協右營、懷集營、潯州協右營、新太協右營、鬱林營八人,右江鎮本標中營、左營、右營及所屬鎮安協右營、思恩營、隆林營六人。雲貴總督本標左營、右營及所屬曲尋協左營右營、雲南城守營、尋霑營六人。雲南巡撫本標左營、右營二人,提督本標中營、左營、右營及所屬武定營、大理城守營五人,臨元鎮本標中營、左營、右營及所屬元江營、新嶍營五人,開化鎮本標中營、左營、右營及所屬廣南營、廣西營五人,騰越鎮本標中營、左營、右營及所屬永昌協右營、龍陵協右營、順雲左營右營七人,鶴麗鎮本標中營、左營及所屬維西協右營、永北左營右營五人,昭通鎮本標中營、左營、右營、前營及所屬東川左營右營、鎮雄左營右營八人,普洱鎮本標中營、右營及所屬威遠左營右營、景蒙營五人。貴州巡撫本標左營、右營二人,提督本標左營、右營、前營及所屬大定協右營、平遠協右營、遵義協右營、定廣協右營、長寨左營右營、貴陽營、平越營、歸化營、黔西營、安順營十四人,安義鎮本標中營、左營、右營及所屬永安協左營右營、長壩營、普安營七人,古州鎮本標中營、左營、右營及所屬上江協右營、都匀協左營、朗洞左營右營、黎平左營右營、荔波營、下江營十一人,鎮遠鎮本標中營、左營、右營及所屬清江協左營、松桃協右營、銅仁協左營右營、台拱左營右營、丹江左營右營、思南營十二人,松桃協左營二人,威寧鎮本標左營、右營及所屬畢赤營、水城營四人。千總千五百十有五人，陸路千總，巡捕中營十人，南營十二人，北營八人，左營八人，右營八人。直隸總督本標八人，所屬保定城守營二人，涿州營二人，拱極營一人。提督本標七人，密雲城守營一人，所屬河屯協四人，唐三營二人，三屯協一人，喜峰路二人，建昌路一人，山永協一人，山海路一人，石門路一人，蒲河營一人，欒亭營一人，八溝營二人，建昌營四人，赤峰營四人，朝陽營四人，昌平營一人，居庸路一人，鞏華營一人，古北口城守營一人。馬蘭鎮本標六人，所屬遵化營一人，薊州營二人，曹家路一人，牆子路一人，黄花山營一人。泰寧鎮本標七人，水東村營二人，所屬紫荆關營一人，易州營一人，馬水口一人。宣化鎮本標六人，所屬張家口協三人，萬全營一人，獨石口協一人，滴水崖一人，多倫營一人，馬營堡一人，松樹堡一人，宣化城守營一人，龍門路一人，永寧營一人。天津鎮本標三人，四黨口營二人，所屬河間協三人，景州營三人，通州協一人，采育營一人，務關營二人，寶坻營一人，霸州營一人，葛沽營一人，武清營一人，静海營一人，舊州營一人，天津城守營一人。正定鎮本標五人，所屬大名協五人，杜勝營一人，廣平營三人，順德營二人，固關營一人，王家坪營一人，龍泉關營一人。山東巡撫本標四人，兖州鎮本標四人，所屬臨清協二人，沂州協四人，德州營一人，曹州營二人，泰安營一人，臺莊營二人，高唐營二人，壽張營二人，東昌營一人。登州鎮本標四人，所屬文登協二人，膠州協二人，萊州營二人，濟南城守營二人，即墨營二人，青州營一人，武定營二人，安東營一人，寧福營一人，壽樂營一人。河東河道總督本標六人，所屬濟寧城守營一人。山西巡撫本標四人，太原鎮本標四人，所屬蒲州協一人，吉州營一人，太原營三人，靖安營一人，平陽營二人，隰州營一人，汾州營二人，澤州營二人，平垣營一人，盂壽營一人。大同鎮本標八人，所屬殺虎協二人，神池營一人，偏關營一人，樺林營一人，鎮西城營一人，老營三人，河堡營二人，保德營一人，水泉營一人，平魯營三人，靖遠營一人，朔平營一人，新平路三人，得勝路二人，助馬路三人，北樓營一人，東路營一人，忻州營一人，靈邱路一人，山陰路一人，應州營一人。河南巡撫本標六人，所屬荆關協三人，盧氏營一人。河北鎮本標四人，所屬河南城守營二人，衛輝營二人，彰德營二人，開封城守營二人，陝州營一人，内黄營一人。南陽鎮本標四人，所屬汝寧營二人，歸德營二人，鄧新營一人，襄城營二人，陳州營一人，信陽營一人。兩江總督本標三人，所屬江寧城守協四人，奇兵營二人，浦口營一人，溧陽營一人，瓜洲營一人，揚州營三人。江南河道總督本標五人。漕運總督本標四人，所屬淮安城守營二人，海州營三人。江蘇巡撫本標四人，所屬蘇州城守營二人。江南提督本標六人，所屬松江城守營二人，鎮江城守營二人，金山營二人，常州營三人，江陰營一人，柘林營一人，平望營一人，青村營一人。江蘇狼山水師鎮本標二人，所屬泰州營一人。徐州鎮本標三人，所屬徐州城守營二人，宿州營三人。安徽巡撫本標四人，所屬安慶協二人，游兵營二人，潛山營二人，徽州右營一人，寧國營一人，蕪采營一人，廣德營一人，池州營一人。壽春鎮本標四人，所屬潁州營一人，泗州營一人，廬州營一人，亳州營一人。江西巡撫本標四人，所屬南昌城守協三人。九江鎮本標四人，所屬廣信營一人，饒州營二人，建昌營一人，撫州營一人，銅鼓營一人。南贛鎮本標六人，所屬袁州協一人，臨江營一人，寧都營二人，南安營二人，吉安營一人，興國營一人。閩浙總督本標五人，福建巡撫本標四人，提督本標九人，所屬福州城守協三人，興北城守協四人，安海汛二人，洪瀨汛一人，長福營二人。福寧鎮本標四人，所屬桐山營二人，連江營二人，羅源營二人。汀州鎮本標五人，所屬邵武城守營三人。建寧鎮本標八人，所屬延平城守協四人，楓嶺營一人。漳州鎮本標六人，所屬灌口汛二人，紅花嶺營二人，平和營二人，雲霄營二人，龍巖營二人，漳州城守營二人。臺灣水師鎮本標六人，所屬北路協六人，艋舺營一人，噶瑪蘭營一人，臺灣城守營二人，南路營三人，南路下淡水營一人。浙江巡撫本標三人，提督本標八人，所屬杭州城守協二人，嘉興協三人，湖州協四人，安吉營一人，紹興協四人，寧波城守營二人。定海水師鎮，所屬象山協四人。黃巖水師鎮所屬台州協六人，寧海右營二人，太平營一人。温州水師鎮本標二人，所屬樂清協二人，大荆營二人，磐石營一人，平陽協三人，玉環左營一人，温州城守營二人。處州鎮本標六人，所屬金華協四人，麗水營一人。衢州鎮本標六人，所屬嚴州協四人，楓嶺營一人，衢州城守營一人。湖廣總督本標六人，湖北巡撫本標四人，提督本標十人，所屬黄州協三人，蘄州營一人，荆州城守營二人，武昌城守營二人，德安營一人，興國營一人，均光營二人，襄陽城守營二人，荆門營二人，安陸營一人。鄖陽鎮本標十二人，所屬竹山協三人，鄖陽城守營二人。宜昌鎮本標四人，所屬施南協三人，遠安營一人，衛昌營二人，宜都營一人。湖南巡撫本標四人，提督本標九人，所屬長沙協四人，乾州協四人，河溪營二人，永順協二人，常德協二人，澧州營二人，岳州營一人，九谿營二人，永定營一人，辰州城守營三人，古丈坪營二人。鎮筸鎮本標九人，所屬沅州協三人，晃州營一人，靖州協二人，綏寧營二人，長安營二人。永州鎮本標六人，所屬寶慶協二人，衡州協二人，臨武營二人，宜章營二人，桂陽營二人，武岡營一人。綏靖鎮本標四人，所屬永綏協三人，保靖營二人。陝甘總督本標十人，陝西巡撫本標四人，固原提督本標十人，所屬靖遠協一人，蘆塘營一人，西安州營一人，八營一人，静寧協二人，馬監營一人，會寧營一人，西鳳營二人，關山營一人，慶陽營一人，涇州營一人，西安城守營二人，固原城守營二人，平凉城守營一人，漢鳳營一人，秦州營三人，利橋營一人。西安鎮本標四人，所屬潼關協二人，神道嶺營一人。延綏鎮本標六人，所屬黄甫營一人，波羅營一人。陝安鎮本標六人，所屬鎮安營一人，孝義營一人，紫陽營一人。河州鎮本標四人，所屬洮岷協一人，西固營一人，循化營二人，蘭州城守營一人，鞏昌營二人，河州城守營三人。漢中鎮本標五人，所屬寧陝營二人，陽平關營一人，寧羌營一人，略陽營一人，留壩營二人，定遠營二人，西鄉營一人，華陽營二人，東江口營一人，漢中城守營二人。甘肅提督本標十人，所屬永固城守協一人，甘州城守營一人，洪水營一人，山丹營一人，大馬營一人。西寧鎮本標十人，所屬大通協一人，永安營一人，鎮海營三人，貴德營一人，巴燕戎格營四人，南川營一人，碾伯營一人。寧夏鎮本標八人，所屬中衛協一人，花馬池營一人，平羅營一人。凉州鎮本標十二人，所屬永昌協一人，鎮番營一人，新城營一人，莊浪協一人，俄卜嶺營一人，鎮羌營一人。肅州鎮本標六人，所屬金塔寺協二人，鎮彝營一人，高臺營一人，安西協一人，布隆吉爾營一人，橋灣營三人，沙州營二人，嘉峪關營一人，靖逆營一人，赤金營一人，肅州城守營一人。烏嚕木齊提督本標六人，所屬瑪納斯協四人，濟木薩營二人，庫爾喀喇烏蘇營二人，精河營一人，鞏寧城守營一人，烏嚕木齊城守營二人。巴里坤鎮本標六人，所屬哈密協二人，古城營一人，巴里坤城守營一人。伊犁鎮本標六人，所屬霍爾果斯營二人，塔爾奇營一人，巴燕岱營一人。四川成都將軍本標二人，總督本標六人，提督本標八人，所屬阜和協四人，黎雅營二人，泰寧營一人，懋功協三人，崇化營二人，綏靖營二人，慶寧營一人，撫邊營一人，成都城守營四人，青雲沱營一人，永寧營二人，瀘州營一人，敘馬營二人，建武營一人，普安營一人，安阜營一人，峩邊營二人，馬邊營二人。川北鎮本標六人，所屬綏定協一人，城口營一人，順慶營二人，太平營二人，潼綿營一人，黃楊堡營一人。重慶鎮本標四人，所屬夔州協三人，巫山營二人，梁萬營一人，鹽廠營一人，綏寧協三人，酉陽營二人，黔彭營一人，邑梅營一人，忠州營一人。建昌鎮本標四人，所屬會川營二人，永定營一人，越嶲營二人，寧越營一人，靖遠營二人，瀘寧營一人，會鹽營二人，懷遠營二人，冕山營一人。松潘鎮本標四人，所屬維州協二人，茂州營一人，漳臘營二人，疊溪營一人，龍安營一人，南坪營一人，平番營一人。兩廣總督本標八人，廣東巡撫本標三人，提督本標九人，所屬惠州協二人，和平營一人，肇慶協四人，四會營一人，那扶營一人，陽春營一人，廣州城守協四人，前山營一人，增城營四人，永靖營二人，永安營二人。南詔連鎮本標六人，所屬三江口協四人，連陽營二人，南雄協二人。潮州鎮本標六人，所屬黃岡協四人，惠來營二人，饒平營二人，潮陽營二人，興寧營一人，平鎮營二人，潮州城守營二人。高州鎮本標四人，所屬羅定協三人，欽州營二人，雷州營四人，徐聞營一人，廉州營二人，化石營一人。瓊州水師鎮本標四人，所屬儋州營二人，萬州營二人，崖州營二人。廣西巡撫本標四人，提督本標九人，永寧營一人，所屬義寧協四人，平樂協二人，富賀營一人，麥嶺營一人，慶遠協二人，東蘭營一人，全州營二人，融懷營二人，賓州營二人，三里營一人，桂林城守營三人，柳州城守營一人。左江鎮本標五人，所屬梧州協二人，懷集營一人，潯州協二人，新太協二人，馗纛營二人，龍憑營一人，鬱林營二人，上思營一人，南寧城守營二人。右江鎮本標五人，所屬鎮安協三人，思恩營一人，隆林營二人，上林營一人。雲貴總督本標六人，所屬曲尋協四人，雲南城守營二人，尋霑營二人。雲南巡撫本標四人，提督本標六人，所屬楚雄協二人，武定營二人，大理城守營三人。臨元鎮本標六人，所屬元江營二人，新嶍營二人。開化鎮本標六人，所屬廣南營二人，廣西營二人。騰越鎮本標六人，所屬永昌協三人，龍陵協二人，順雲營四人。鶴麗鎮本標六人，所屬維西協二人，永北營二人，劍川營一人。昭通鎮本標八人，所屬東川營二人，鎮雄營二人。普洱鎮本標四人，所屬威遠營二人，景蒙營二人。貴州巡撫本標四人，提督本標六人，所屬大定協三人，平遠協四人，遵義協三人，定廣協四人，長寨營二人，貴陽營二人，平越營二人，歸化營二人，黔西營二人，安順營二人，仁懷營一人，新添營二人。安義鎮本標十人，所屬永安協五人，長壩營一人，普安營二人，安南營二人，册亨營一人。古州鎮本標六人，所屬上江協三人，都匀協四人，朗洞營三人，黎平營二人，荔波營二人，下江營二人。鎮遠鎮本標五人，所屬清江協四人，松桃協六人，銅仁協四人，台拱營四人，丹江營四人，思南營二人，凱里營一人，黄平營一人，天柱營一人，石阡營一人。威寧鎮本標四人，所屬畢赤營二人，水城營一人。把總三千一百三十有三人。陸路把總，巡捕中營二十人，南營二十四人，北營十六人，左營十六人，右營十六人。直隸總督本標十六人，所屬保定城守營六人，新雄營二人，涿州營四人，拱極營二人，良鄉營一人。提督本標十五人，密雲城守營一人，石塘路二人，順義營三人，所屬河屯協十二人，唐三營三人，三屯協二人，喜峰路四人，燕河路三人，建昌路一人，山永協二人，山海路一人，石門路四人，蒲河營二人，樂亭營二人，八溝營四人，建昌營一人，赤峰營一人，朝陽營一人，昌平營二人，居庸路三人，鞏華營二人，懷柔路三人，湯泉營一人，古北口城守營二人。馬蘭鎮本標十四人，所屬遵化營四人，薊州營二人，曹家路四人，牆子路二人，餘丁營一人。泰寧鎮本標十一人，水東村營二人，所屬紫荆關營四人，白石口營一人，插箭嶺營一人，易州營二人，房山營一人，淶水營一人，馬水口三人，沿河口二人。宣化鎮本標十二人，所屬張家口協五人，膳房營一人，洗馬林營一人，柴溝營一人，獨石口協三人，赤城營一人，多倫營二人，鎮寧堡一人，君子堡一人，蔚州營三人，宣化城守營四人，懷來營三人，懷來城一人，龍門路三人，永寧營三人，岔道營一人，懷安營一人，左衛營一人。天津鎮本標七人，四黨口營二人，所屬河問協十一人，景州營一人，大城營一人，通州協四人，張灣營二人，采育營一人，三河營二人，務關營六人，寶坻營三人，霸州營四人，葛沽營一人，大沽營一人，武清營二人，静海營一人，豐潤營三人，玉田營三人，舊州營三人，天津城守營二人。正定鎮本標七人，趙州營一人，所屬大名協五人，杜勝營二人，廣平營二人，順德營二人，開州營一人，固關營三人，王家坪營二人，龍泉關營二人，倒馬關營二人，忠順營二人，龍固城守營二人。山東巡撫本標八人，兖州鎮本標七人，所屬臨清協四人，沂州協二人，德州營四人，曹州營二人，泰安營四人，臺莊營五人，高唐營三人，壽張營二人，東昌營四人，梁山營二人，沙溝營一人，鉅野營二人。登州鎮本標八人，所屬文登協四人，膠州協五人，萊州營四人，濟南城守營四人，即墨營五人，青州營四人，武定營四人，佘家巷營一人，安東營三人，寧福營二人，壽樂營二人。河東河道總督本標十二人，所屬濟寧城守營二人。山西巡撫本標八人，太原鎮本標八人，所屬蒲州協三人，運城營一人，吉州營一人，太原營三人，靖安營二人，平陽營九人，汾州營四人，石樓營二人，潞澤營三人，澤州營一人，平垣營二人，盂壽營四人。大同鎮本標十六人，所屬殺虎協四人，寧武營三人，朔州營一人，神池營三人，偏關營三人，鎮西城營三人，老營三人，河堡營七人，保德營一人，水泉營三人，平魯營六人，靖遠營二人，朔平營三人，歸化營三人，新平路四人，得勝路三人，豐州營二人，助馬路一人，高山營三人，北樓營四人，東路營五人，靈邱路二人，山陰路一人。

河南巡撫本標十二人，所屬荆關協五人，盧氏營一人。河北鎮本標七人，所屬河南城守營三人，衛輝營五人，彰德營四人，開封城守營三人，陝州營三人，嵩縣營二人，内黄營一人。南陽鎮本標七人，所屬汝寧營四人，歸德營四人，鄧新營四人，襄城營四人，陳州營三人，信陽營二人，新野營一人。兩江總督本標八人，所屬江寧城守協八人，奇兵營三人，青山營一人，浦口營二人，溧陽營二人，瓜洲營二人，揚州營八人。江南河道總督本標九人。漕運總督本標十人，所屬淮安城守營四人，海州營四人。江蘇巡撫本標七人，所屬蘇州城守營七人。江南提督本標十四人，所屬松江城守營四人，鎮江城守營五人，金山營四人，常州營四人，江陰營二人，靖江營二人，楊舍營一人，孟河營一人，柘林營二人，平望營二人，青村營一人。江蘇狼山水師鎮本標四人，所屬泰州營四人，泰興營一人。徐州鎮本標二人，夏鎮營一人，所屬徐州城守營三人，蕭營二人，宿州營三人。安徽巡撫本標七人，所屬安慶協四人，游兵營三人，潛山營四人，徽州營五人，寧國營三人，蕪采營二人，廣德營二人，池州營三人。壽春鎮本標七人，所屬六安營四人，潁州營四人，泗州營二人，廬州營一人，亳州營一人。江西巡撫本標八人，所屬南昌城守營七人。九江鎮本標六人，所屬廣信營二人，鉛山營一人，饒州營二人，浮梁營一人，建昌營二人，廣昌營一人，武寧營一人，瑞州營一人，撫州營二人，銅鼓營三人，南康營一人。南贛鎮本標十二人，所屬袁州協四人，臨江營二人，寧都營四人，南安營四人，吉安營二人，龍泉營一人，萬安營一人，永豐營一人，永新營一人，贛州城守營一人，興國營一人，文英營一人，永鎮營一人，横岡營一人，羊角營一人。閩浙總督本標十二人，福建巡撫本標八人，提督本標二十人，所屬福州城守協十人，興化城守協八人，泉州城守營四人，長福營四人。福寧鎮本標九人，所屬桐山營四人，連江營四人，羅源營四人。汀州鎮本標十二人，所屬邵武城守營八人。建寧鎮本標十二人，所屬延平城守協八人，楓林營二人。漳州鎮本標十二人，所屬同安營四人，詔安營五人，平和營四人，雲霄營四人，龍巖營四人，漳州城守營四人。臺灣水師鎮本標十一人，所屬北路協十二人，艋舺營二人，噶瑪蘭營二人，臺灣城守營四人，南路營四人，南路下淡水營二人。浙江巡撫本標八人，提督本標十六人，所屬杭州城守協四人，嘉興協八人，湖州協七人，安吉營二人，紹興協十人，寧波城守營四人。定海水師鎮所屬象山協六人。黄慶水師鎮所屬台州協十一人，寧海右營四人，太平營四人。温州水師鎮本標四人，所屬樂清協四人，大荆營四人，磐石營二人，平陽協八人，玉環左營二人，温州城守營四人。處州鎮本標十二人，所屬金華協八人，麗水營一人。衢州鎮本標十二人，所屬嚴州協八人，楓嶺營二人，衢州城守營二人。湖廣總督本標十二人，湖北巡撫本標八人，提督本標二十人，所屬黄州協四人，蘄州營二人，道士洑營一人，荆州城守營四人，武昌城守營四人，德安營二人，興國營二人，均光營四人，襄陽城守營四人，荆門營四人，安陸營二人。鄖陽鎮本標二十人，所屬竹山協八人，鄖陽城守營四人。宜昌鎮本標六人，所屬施南協九人，遠安營四人，衛昌營四人，宜都營二人。湖南巡撫本標八人，又鳳凰廳標一人，永綏廳標一人，乾州廳標一人。提督本標十七人，所屬長沙協八人,乾州協三人,鎮谿營四人,河溪營三人,永順協三人,常德協四人,澧州營四人,岳州營二人,九谿營四人,永定營二人,辰州城守營七人,古丈坪營三人。鎮筸鎮本標十九人,所屬沅州協六人,晃州營二人,靖州協四人,綏寧營四人,長安營三人。永州鎮本標十二人,所屬寶慶協四人,衡州協四人,臨武營四人,宜章營四人,桂陽營四人,武岡營四人。綏靖鎮本標六人,所屬永綏協四人,芭茅坪營一人,保靖營六人。陝甘總督本標二十人,陝西巡撫本標八人,固原提督本標十八人,所屬靖遠協二人,下馬關營二人,静寧協三人,馬監營二人,石峰堡營三人,隆德營二人,會寧營二人,西鳳營四人,鬬山營一人,盩厔營一人,慶陽營二人,長武營二人,邠州營一人,涇州營一人,西安城守營三人,固原城守營一人,平凉城守營一人,漢鳳營一人,秦州營一人,利橋營三人。西安鎮本標九人,所屬潼關協四人,神道嶺營一人,商州城守營三人,金鎖關營一人,富平營二人,宜君營二人。延綏鎮本標十二人,所屬神木協一人,黄甫營一人,柏林營一人,木瓜園營一人,定邊協二人,靖邊營二人,鎮靖營二人,甎井營一人,波羅營二人,懷遠營一人,延安營二人,延綏城守營二人。陝安鎮本標十一人,所屬甎坪營一人,興安城守營二人,鎮坪營二人,孝義營二人,紫陽營一人,七里關營一人。河州鎮本標八人,所屬洮岷協三人,階州營二人,文縣營一人,岷州營一人,循化營三人,保安營二人,蘭州城守營四人,臨洮營一人,河州城守營四人。漢中鎮本標十人,所屬寧陜營四人,陽平關營一人,寧羌營一人,畧陽營二人,留壩營三人,定遠營三人,西鄉營二人,華陽營二人,東江口營二人,漢中城守營三人。甘肅提督本標二十人,所屬永固城守協四人,甘州城守營二人,洪水營一人,山丹營二人,大馬營二人,梨園營一人,硤口營一人。西寧鎮本標二十人,所屬大通協三人,永安營二人,白塔營二人,鎮海營二人,貴德營一人,巴燕戎格營二人,巴暖營一人,北川營一人,南川營二人,威遠營一人,碾伯營二人,西寧城守營二人。寧夏鎮本標十七人,所屬中衛協三人,花馬池營三人,靈州營四人,同心營一人,平羅營三人,洪廣營四人,玉泉營四人,廣武營三人,興武營二人,洪城營二人。凉州鎮本標二十三人,所屬永昌協三人,鎮番營一人,大靖營三人,土門營一人,新城營一人,寧遠堡一人,莊浪協四人,松山營一人,鎮羌營一人,紅城營二人。肅州鎮本標十二人,所屬金塔寺協五人,鎮彝營四人,安西協四人,布隆吉爾營二人,橋灣營一人,沙州營四人,嘉峪關營六人,靖逆營二人,赤金營一人,肅州城守營二人。烏嚕木齊提督本標十二人,所屬瑪納斯協七人,濟木薩營四人,庫爾喀喇烏蘇營二人,精河營二人,鞏寧城守營一人,烏嚕木齊城守營四人,喀喇巴爾噶遜營二人。巴里坤鎮本標十二人,所屬哈密協四人,塔爾納沁屯田二人,古城營二人,穆壘營二人,巴里坤城守營二人。伊犁鎮本標十二人,所屬霍爾果斯營四人,塔爾奇營一人,巴燕岱營二人,惠遠城營一人。四川成都將軍本標四人,總督本標十二人,提督本標十六人,所屬阜和協七人,黎雅營四人,泰寧營一人,懋功協五人,崇化營二人,綏靖營四人,慶寧營二人,撫邊營二人,成都城守營六人,青雲沱營一人,永寧營四人,瀘州營四人,敘馬營二人,建武營二人,大壩營一人,赤水營一人,普安營四人,安阜營一人，峩邊營三人，馬邊營二人。川北鎮本標十人，所屬綏定協三人，城口營二人，順慶營二人，太平營二人，潼綿營二人，通巴營二人，黄楊堡營一人。重慶鎮本標十人，所屬夔州協六人，巫山營二人，梁萬營一人，鹽廠營一人，綏寧協四人，酉陽營二人，黔彭營二人，邑梅營二人，忠州營二人。建昌鎮本標十二人，所屬會川營四人，越嶲營四人，寧越營二人，靖遠營四人，瀘寧營二人，會鹽營四人，懷遠營二人，冕山營二人。松潘鎮本標九人，所屬維州協五人，茂州營二人，漳臘營四人，疊溪營一人，龍安營四人，南坪營二人，平番營二人，小河營二人。兩廣總督本標十九人，所屬理猺營一人。廣東巡撫本標六人，提督本標十八人，所屬惠州協七人，和平營二人，肇慶協八人，四會營一人，那扶營一人，陽春營二人，廣州城守協八人，前山營一人，三水營三人，增城營四人，永靖營四人，永安營一人。南韶連鎮本標十二人，所屬三江口協八人，連陽營四人，南雄協四人。潮州鎮本標十二人，所屬黄岡協八人，惠來營四人，饒平營四人，潮陽營四人，興寧營二人，平鎮營四人，潮州城守營四人。高州鎮本標八人，所屬羅定協六人，欽州營四人，雷州營八人，徐聞營一人，廉州營三人，化石營二人。瓊州水師鎮本標八人，所屬儋州營四人，萬州營四人，崖州營二人。廣西巡撫本標八人，提督本標十九人，永寧營一人，所屬義寧協八人，平樂協四人，富賀營二人，麥嶺營二人，慶遠協五人，東蘭營一人，全州營四人，融懷營四人，賓州營四人，三里營二人，桂林城守營四人，柳州城守營二人。左江鎮本標十一人，所屬梧州協四人，懷集營一人，潯州協四人，新太協三人，馗纛營二人，龍憑營二人，鬱林營四人，南寧城守營四人。右江鎮本標十人，所屬鎮安協六人，思恩營二人，隆林營四人，上林營一人。雲貴總督本標十二人，所屬曲尋協八人，雲南城守營四人，尋霑營四人。雲南巡撫本標八人，提督本標十二人，所屬楚雄協四人，武定營四人，大理城守營四人。臨元鎮本標十二人，所屬元江營四人，新嶍營四人。開化鎮本標十二人，所屬廣南營四人，廣西營四人。騰越鎮本標十二人，所屬永昌協七人，龍陵協六人，順雲營七人。鶴麗鎮本標十二人，所屬維西協四人，永北營六人，劍川營二人。昭通鎮本標十六人，所屬東川營六人，鎮雄營六人。普洱鎮本標八，人所屬威遠營六人，景蒙營四人。貴州巡撫本標七人，所屬都江廳標一人，下江廳標一人。提督本標十二人，所屬大定協七人，平遠協八人，遵義協七人，定廣協八人，長寨營四人，貴陽營四人，平越營四人，歸化營四人，黔西營四人，安順營四人，仁懷營二人，新添營二人。安義鎮本標十六人，所屬永安協九人，長壩營六人，普安營四人，安南營三人，册亨營四人。古州鎮本標十二人，所屬上江協八人，都勻協七人，朗洞營六人，黎平營六人，荔波營四人，下江營三人。鎮遠鎮本標十二人，所屬清江協八人，松桃協十人，銅仁協九人，台拱營六人，丹江營六人，思南營三人，凱里營三人，黄平營二人，天柱營二人，石阡營二人。威寧鎮本標八人，所屬畢赤營四人，水城營四人。外委四千二百五十有六人，陸路外委巡捕，中營三十人，南營三十六人，北營二十四人，左營二十四人，右營二十四人。直隸總督本標十六人，所屬保定城守營七人，新雄營二人，涿州營二人，拱極營二人，良鄉營二人。提督本標二十一人，密雲城守營一人，石塘路一人，順義營一人，所屬河屯協五人，唐三營二人，三屯協一人，喜峰路二人，燕河路一人，建昌路一人，山永協二人，石門路一人，蒲河營一人，樂亭營一人，八溝營三人，建昌營一人，赤峰營一人，朝陽營一人，昌平營三人，居庸路一人，鞏華營一人，懷柔路二人，湯泉營三人，古北口城守營一人。馬蘭鎮本標十六人，所屬遵化營一人，薊州營五人，曹家路一人，牆子路三人，黄花山營二人，餘丁營一人。泰寧鎮本標十二人，所屬紫荆關營三人，白石口營一人，廣昌營一人，插箭嶺營一人，轝山營一人，易州營二人，房山營一人，淶水營一人，馬水口三人，沿河口一人。宣化鎮本標二十一人，所屬張家口協八人，萬全營一人，膳房營一人，新河口營二人，洗馬林營一人，柴溝營一人，西陽河營一人，獨石口協五人，鎮安營一人，龍門營三人，滴水崖營一人，多倫營二人，靖安營一人，鎮寧堡一人，松樹堡一人，君子堡一人，蔚州營二人，東城營一人，宣化城守營二人，懷來營一人，懷來城一人，龍門路四人，葛峪營二人，永寧營三人，左衞營一人。天津鎮本標八人，四黨口營五人，所屬河間協八人，景州營五人，大城營一人，通州協四人，張灣營一人，采育營一人，三河營二人，務關營三人，寶坻營二人，霸州營一人，葛沽營二人，海口營二人，武清營二人，静海營一人，豐潤營一人，玉田營二人，舊州營一人，天津城守營五人。正定鎮本標十九人，趙州營二人，所屬大名協二人，杜勝營二人，廣平營七人，□德營八人，開州營一人，固關營二人，王家坪營一人，龍泉關營二人，倒馬關營一人，忠順營二人，龍固城守營一人。山東巡撫本標六人，兗州鎮本標十一人，所屬臨清協五人，沂州協七人，德州營五人，曹州營三人，泰安營四人，臺莊營五人，高唐營五人，壽張營三人，東昌營三人，梁山營一人，沙溝營二人，鉅野營一人。登州鎮本標十二人，所屬文登協四人，膠州協四人，萊州營四人，濟南城守營五人，即墨營四人，青州營五人，武定營七人，佘家巷一人，安東營三人，寧福營三人，壽樂營一人。河東河道總督本標九人，所屬濟寧城守營三人。山西巡撫本標八人，太原鎮本標四人，所屬蒲州協九人，運城營二人，吉州營一人，太原營五人，靖安營一人，平陽營十四人，隰州營一人，汾州營八人，石樓營一人，潞澤營九人，澤州營四人，平垣營五人，盂壽營四人。大同鎮本標二十四人，所屬殺虎協八人，寧武營五人，朔州營二人，神池營四人，偏關營五人，樺林營二人，鎮西城營三人，老營五人，河堡營九人，保德營二人，水泉營四人，平魯營八人，靖遠營三人，朔平營三人，歸化營五人，新平路五人，天城營二人，陽河營二人，渾源營二人，得勝路八人，豐川營一人，助馬路五人，高山營二人，懷仁營二人，北樓營五人，平刑營二人，東路營六人，忻州營二人，靈邱路二人，山陰路三人，應州營二人。河南巡撫本標十二人，所屬荆關協四人，盧氏營二人，河北鎮本標十人，所屬河南城守營四人，衞輝營四人，彰德營三人，開封城守營六人，陜州營二人，嵩縣營一人，王禄店營二人，内黄營一人。南陽鎮本標十人，所屬汝寧營七人，歸德營三人，鄧新營三人，襄城營五人，陳州營三人，信陽營二人，新野營一人。兩江總督本標十一人，所屬江寧城守協十二人，奇兵營五人，青山營一人，浦口營三人，溧陽營三人，瓜洲營三人，揚州營九人。江南河道總督本標十三人。漕運總督本標十人,所屬淮安城守營六人,海州營六人。江蘇巡撫本標五人,所屬蘇州城守營九人。江南提督本標二十二人,所屬松江城守營六人,鎮江城守營八人,金山營六人,常州營七人,江陰營三人,靖江營三人,楊舍營一人,孟河營一人,柘林營二人,平望營三人,青村營一人。江蘇狼山水師鎮本標六人,所屬泰州營五人,泰興營二人。徐州鎮本標一人,夏鎮營三人,所屬徐州城守營二人,蕭營一人,宿州營五人。安徽巡撫本標五人,所屬安慶協六人,游兵營五人,潛山營六人,嶶州營七人,寧國營五人,蕪采營三人,廣德營三人,池州營五人。壽春鎮本標十二人,所屬六安營五人,潁州營二人,泗州營三人,廬州營二人,亳州營二人。江西巡撫本標六人,所屬南昌城守協八人。九江鎮本標十人,所屬廣信營四人,鉛山營一人,饒州營四人,浮梁營一人,建昌營四人,廣昌營一人,武寧營一人,瑞州營一人,撫州營三人,銅鼓營四人,南康營一人。南贛鎮本標十二人,所屬袁州協三人,臨江營二人,寧都營四人,南安營四人,吉安營三人,龍泉營一人,萬安營一人,永豐營四人,永新營一人,贛州城守營一人,興國營一人,文英營一人,永鎮營一人,横岡營一人,羊角營一人。閩浙總督本標二十四人,福建巡撫本標十人,提督本標二十五人,所屬福州城守協十八人,興化城守協十五人,泉州城守營八人,長福營九人。福寧鎮本標十四人,所屬桐山營六人,連江營六人,羅源營六人。江州鎮本標十五人,所屬邵武城守營十二人。建寧鎮本標十六人,所屬延平城守協十二人,楓嶺營三人。漳州鎮本標十八人,所屬同安營六人,詔安營八人,平和營六人,雲霄營六人,龍巖營六人,漳州城守營六人。臺灣水師鎮本標十六人,所屬北路協二十六人,艋舺營五人,噶瑪蘭營二人,臺灣城守營十二人,南路營六人,南路下淡水營三人。浙江巡撫本標十人,提督本標二十四人,所屬杭州城守協六人,嘉興協十一人,湖州協六人,安吉營一人紹,興協十三人,寧波城守營四人。定海水師鎮所屬象山協八人。黄巖水師鎮所屬台州協十五人,寧海營四人,太平營五人。温州水師鎮本標六人,所屬樂清協六人,大荊營六人,磐石營二人,平陽協九人,玉環左營三人,温州城守營六人。處州鎮本標十八人,所屬金華協八人,麗水營三人。衢州鎮本標十八人,所屬嚴州協六人,楓嶺營三人,衢州城守營三人。湖廣總督本標九人,湖北巡撫本標六人,提督本標十八人,所屬黄州協五人,蘄州營一人,道士洑營一人,荆州城守營三人,武昌城守營四人,德安營三人,興國營三人,均光營六人,襄陽城守營四人,荆門營四人,安陸營二人。鄖陽鎮本標二十人,所屬竹山協六人,鄖陽城守營六人。宜凸鎮本標八人,所屬施南協九人,遠安營三人,衞昌營四人,宜都營二人。湖南巡撫本標八人,提督本標十五人,所屬長沙協七人,乾州協七人,鎮谿營三人,河溪營六人,永順協五人,常德協四人,澧州營四人,岳州營三人,九谿營四人,永定營二人,辰州城守營六人,古丈坪營三人。鎮筸鎮本標二十三人,所屬沅州協五人,晃州營二人,靖州協五人,綏寧營三人,長安營四人。永州鎮本標十二人,所屬寶慶協四人,衡州協四人,臨武營四人,宜章營四人,桂陽營三人,武岡營五人。綏靖鎮本標十人,所屬永綏協七人,保靖營十一人。陝甘總督本標三十人,陝西巡撫本標八人,固原提督本標三十四人,所屬靖遠協四人,蘆塘營一人,西安州營二人,下馬關營一人,永安堡營二人,八營一人,静寧協四人,馬監營四人,石峰堡營二人,隆德營三人,會寧營二人,西鳳營十人,關山營二人,盩厔營二人,慶陽營三人,長武營一人,邠州營二人,涇州營五人,紅德營一人,西安城守營三人,固原城守營五人,平凉城守營二人,漢鳳營四人,秦州營五人,利橋營三人。西安鎮本標十四人,所屬潼關協七人,神道嶺營二人,商州城守營三人,金鎖關營一人,富平營三人,宜君營六人。延綏鎮本標二十人,所屬神木協四人,黄甫營一人,建安營一人,高家營一人,鎮羌營一人,孤山營一人,柏林營一人,永興營一人,木瓜園營一人,定邊協三人,靖邊營一人,鎮靖營二人安,邊營一人,柳樹澗營一人,甎井營一人,波羅營四人,懷遠營二人,綏德城守營二人,魚河營一人,延安營四人,鄜州營一人,延綏城守營四人。陜安鎮本標十二人,所屬鎮安營二人,甎坪營三人,興安城守營二人,鎮坪營四人,孝義營二人,紫陽營二人,七里關營一人。河州鎮本標十二人,所屬洮岷協六人,階州營二人,文縣營二人,西固營一人,岷州營二人,舊洮營二人,循化營六人,保安營二人,起臺營二人,蘭州城守營五人,鞏昌營四人,臨洮營二人,河州城守營六人。漢中鎮本標十四人,所屬寧陜營四人,陽平關營四人,寧羌營四人,略陽營二人,留壩營三人,定遠營五人,西鄉營三人,華陽營二人,東江口營三人,漢中城守營四人。甘肅提督本標三十五人,所屬永固城守協七人,甘州城守營六人,洪水營三人,南古城營一人,山丹營三人,大馬營三人,梨園營一人,馬墩營一人,硤口營一人。西寧鎮本標二十九人,所屬大通協五人,永安營四人,白塔營二人,鎮海營八人,貴德營三人,巴燕戎格營五人,巴暖營一人,北川營一人,南川營二人,威遠營二人,碾伯營一人,西寧城守營一人。寧夏鎮本標二十六人,所屬中衛協六人,石空寺營一人,古水井營一人,花馬池營五人,安定營一人,靈州營五人,同心營一人,平羅營四人,洪廣營四人,玉泉營五人,廣武營四人,興武營三人,横城營一人。凉州鎮本標三十二人,西把截營一人,所屬永昌協四人,鎮番營三人,大靖營三人,土門營二人,安遠營一人,張義營二人,新城營二人,寧遠堡營一人,水泉營一人,莊浪協三人,俄卜嶺營二人,松山營一人,鎮羌營四人,岔口營一人,紅水營一人,三眼井營一人,紅城營一人。肅州鎮本標二十一人,所屬金塔寺協六人,鎮彝營三人,高臺營三人,平川營一人,紅崖營一人,清水營一人,安西協七人,布隆吉爾營三人,橋灣營一人,沙州營六人,嘉峪關營二人,靖逆營五人,赤金營一人,肅州城守營三人。烏嚕木齊提督本標十七人,所屬瑪納斯協十人,濟木薩營八人,庫爾喀喇烏蘇營四人,精河營三人,鞏寧城守營二人,烏嚕木齊城守營六人,喀喇巴爾噶遜營二人。巴里坤鎮本標十八人,所屬哈密協五人,塔爾納沁屯田一人,古城營四人,穆壘營二人,巴里坤城守營二人。伊犁鎮本標十八人,所屬霍爾果斯營六人,塔爾奇營二人,巴燕岱營三人,惠遠城營二人。四川成都將軍本標六人,總督本標十八人,提督本標二十四人,所屬阜和協九人,黎雅營三人,泰寧營二人,懋功協六人,崇化營三人,綏靖營五人,慶寧營三人,撫邊營三人,成都城守營十三人,青雲沱營二人,永寧營六人,瀘州營四人，敘馬營五人，建武營三人，大壩營一人，赤水營一人，普安營六人，安阜營三人，峩邊營四人，馬邊營五人。川北鎮本標十五人，所屬綏定協六人，城日營三人，順慶營五人，太平營三人，潼綿營四人，通巴營二人，黄楊堡營二人。重慶鎮本標十五人，所屬夔州協八人，巫山營四人，梁萬營二人，鹽廠營二人，綏寧協六人，酉陽營三人，黔彭營三人，邑梅營二人，忠州營二人。建昌鎮本標十六人，所屬會川營六人，永定營二人，越巂營六人，寧越營四人，靖遠營四人，瀘寧營三人，會鹽營四人，懷遠營四人，冕山營三人。松潘鎮本標十五人，所屬維州協七人，茂州營三人，漳臘營六人，疊溪營二人，龍安營五人，南坪營三人，平番營二人，小河營一人。兩廣總督本標二十五人，所屬理猺營一人。廣東巡撫本標九人，提督本標三十人，所屬惠州協十人，和平營三人，肇慶協十二人，四會營一人，那扶營二人，陽春營三人，廣州城守協十二人，前山營二人，三水營一人，增城營八人，永靖營七人，永安營五人。南韶連鎮本標十八人，所屬三江口協十五人，連陽營五人，南雄協六人。潮州鎮本標十八人，所屬黄岡協九人，惠來營六人，饒平營四人，潮陽營六人，興寧營二人，平鎮營四人，潮州城守營四人。高州鎮本標十二人，所屬羅定協十人，欽州營四人，雷州營七人，徐聞營一人，廉州營六人，化石營三人。瓊州水師鎮本標十二人，所屬儋州營六人，萬州營六人，崖州營四人。廣西巡撫本標八人，提督本標二十八人，永寧營二人，所屬義寧協十二人，平樂協六人，富賀營二人，麥嶺營二人，慶遠協八人，東蘭營一人，全州營四人，融懷營六人，賓州營六人，三里營二人，桂林城守營六人，柳州城守營一人。左江鎮本標十五人，所屬梧州協六人，懷集營二人，潯州協六人，新太協六人，馗纛營三人，龍憑營二人，鬱林營六人，上思營一人，南寧城守營六人。右江鎮本標十八人，所屬鎮安協七人，思恩營三人，隆林營五人，上林營一人。雲貴總督本標十八人，所屬曲靖協十二人，雲南城守營六人，尋霑營六人。雲南巡撫本標十二人，提督本標十八人，所屬楚雄協六人，武定營六人，大理城守營六人。臨元鎮本標十八人，所屬元江營六人，新嶍營六人。開化鎮本標十八人，所屬廣南營六人，廣西營六人。騰越鎮本標十八人，所屬永昌協十人，龍陵協八人，順雲營十一人。鶴麗鎮本標十八人，所屬維西協八人，永北營九人，劍川營三人。昭通鎮本標二十四人，所屬東川營八人，鎮雄營八人。普洱鎮本標十二人，所屬威遠營八人，景蒙營六人。貴州巡撫本標十人，提督本標十八人，所屬大定協七人，平遠協六人，遵義協七人，定廣協七人，長寨營六人，貴陽營六人，平越營四人，歸化營四人，黔西營六人，安順營五人，仁懷營一人，新添營二人。安義鎮本標十二人，所屬永安協八人，長壩營三人，普安營二人，安南營二人，册亨營二人。古州鎮本標十八人，所屬上江協十一人，都匀協九人，朗洞營七人，黎平營七人，荔波營六人，下江營四人。鎮遠鎮本標十四人，所屬清江協十二人，松桃協十五人，銅仁協十三人，台拱營十人，丹江營七人，思南營三人，凱里營三人，黄平營三人，天柱營三人，石阡營一人。威寧鎮本標十二人，畢赤營三人，水城營二人。額外外委二千八百九十有一人。陸路額外外委巡捕，中營十五人，南營十八人，北營十二人，左營十二人，右營十二人。

直隸總督本標三十六,人所屬保定城守營九人,新雄營五人,涿州營二人,拱極營二人,良鄉營一人。提督本標二十六人,密雲城守營一人,石塘路一人,順義營一人,所屬河屯協十七人,唐三營三人,三屯協二人,喜峰路二人,燕河路一人,建昌路一人,山永協二人,山海路一人,石門路一人,蒲河營一人,欒亭營一人,八溝營三人,建昌營八人,赤峰營八人,朝陽營八人,昌平營二人,居庸路二人,懷柔路一人,古北口城守營二人。馬蘭鎮本標七十人,所屬遵化營二人,薊州營二人,曹家路六人,牆子路九人,黄花山營二人。泰寧鎮本標三十七人,所屬紫荆關營五人,白石口營二人,廣昌營二人,插箭嶺營二人,舉山營一人,易州營二人,房山營一人,淶水營一人,馬水口四人,沿河口二人。宣化鎮本標十五人,所屬張家口協三人,柴溝營一人,西陽河營一人,獨石口協二人,多倫營一人,蔚州營一人,宣化城守營五人,懷來營一人,龍門路一人,岔道營一人,懷安營一人。天津鎮本標五人,四黨口營一人,所屬河間協四人,景州營一人,大城營一人,通州協三人,張灣營一人,采育營一人,三河營一人,務關營一人,寶坻營一人,霸州營二人,葛沽營一人,大沽營一人,海口營一人,武清營一人,静海營一人,豐潤營一人,玉田營一人,舊州營一人,天津城守營三人。正定鎮本標十四人,所屬六名協三人,杜勝營一人,廣平營一人,順德營一人,開州營一人,固關營二人,龍泉關營一人,倒馬關營一人,忠順營二人,龍固城守營三人。山東巡撫本標十三人,兗州鎮本標十一人,所屬臨清協三人,沂州協三人,德州營三人,曹州營三人,泰安營二人,臺莊營三人,高唐營三人,壽張營三人,東昌營一人,梁山營一人,沙溝營三人,鉅野營二人。登州鎮本標六人,所屬文登協二人,膠州協二人,萊州營二人,濟南城守營二人,即墨營二人,青州營三人,武定營四人,安東營一人,寧福營一人,壽樂營一人。河東河道總督本標五人,濟寧城守營一人。山西巡撫本標十二人,太原鎮本標十四人,所屬蒲州協七人,運城營一人,太原營十人,靖安營一人,平陽營九人,隰州營二人,汾州營三人,潞澤營二人,澤州營一人,平垣營三人,盂壽營七人。大同鎮本標二十五人,所屬殺虎協八人,寧武營二人,朔州營一人,神池營二人,偏關營二人,樺林營一人,鎮西城營二人,老營一人,河堡營二人,保德營二人,水泉營一人,平魯營三人,靖遠營一人,朔平營一人,歸化營一人,新平路二人,天城營二人,陽和營一人,渾源營一人,得勝路三人,豐川營一人,助馬路二人,高山營一人,懷仁營二人,北樓營四人,東路營四人,忻州營二人,靈邱路一人,山陰路二人,應州營一人。河南巡撫本標六人,所屬荆關協四人,盧氏營一人。何北鎮本標七人,所屬河南城守營三人,衛輝營二人,彰德營二人,開封城守營三人,陝州營一人,内黄營一人。南陽鎮本標十人,所屬汝寧營四人,歸德營二人,鄧新營二人,襄城營二人,陳州營二人,信陽營一人,新野營一人。兩江總督本標十一人,所屬江寧城守協六人,奇兵營五人,青山營一人,浦口營一人,溧陽營二人,瓜洲營二人,揚州營七人。江南河道總督本標八人,漕運總督本標九人,所屬淮安城守營四人,海州營四人。江蘇巡撫本標六人,所屬蘇州城守營五人。江南提督本標十一人,所屬松江城守營四人,鎮江城守營四人,金山營三人,常州營五人,江陰營一人，靖江營一人，楊舍營一人，柘林營二人，平望營二人，青村營一人，孟河營一人。江蘇狼山水師鎮本標三人，所屬泰州營二人，泰興營一人。徐州鎮木標六人，所屬徐州城守營三人，蕭營一人，宿州營三人。安徽巡撫本標六人，所屬安慶協四人，游兵營二人，潛山營三人，㣲州營四人，寧國營二人，蕪采營二人，廣德營一人，池州營一人。壽春鎮本標八人，所屬六安營三人，潁州營五人，泗州營一人，廬州營一人，亳州營二人。江西巡撫本標六人，所屬南昌城守協四人。九江鎮本標三人，所屬廣信營二人，鉛山營一人，饒州營二人，浮梁營一人，建昌營二人，廣昌營二人，武寧營一人，瑞州營二人，撫州營二人，銅鼓營二人，南康營一人。南贛鎮所屬袁州協一人，臨江營一人，南安營二人，吉安營二人，萬安營二人，永豐營一人，永新營一人，贛州城守營二人。閩浙總督本標十七人，福建巡撫本標十人，提督本標十九人，所屬福州城守協十五人，興化城守協七人，泉州城守營三人，長福營四人。福寧鎮本標八人，所屬桐山營三人，連江營三人，羅源營三人。汀州鎮本標八人，所屬邵武城守營六人。建寧鎮本標十二人，所屬延平城守協六人，楓嶺營一人。漳州鎮本標十二人，所屬同安營四人，詔安營四人，平和營三人，雲霄營三人，龍巖營四人，漳州城守營四人。臺灣水師鎮本標九人，所屬北路協十二人，艋舺營二人，噶瑪蘭營三人，臺灣城守營二人，南路營四人，南路下淡水營二人。浙江巡撫本標十一人，提督本標十六人，所屬杭州城守協五人，嘉興協五人，湖州協二人，安吉營一人，紹興協六人，寧波城守營二人。定海水師鎮所屬象山協四人，黄巖水師鎮所屬台州協七人，寧海營二人，太平營二人。温州水師鎮本標三人，所屬樂清協三人，六荆營三人，磐石營一人，平陽協四人，玉環左營一人，温州城守營三人。處州鎮本標九人，所屬金華協四人，麗水營一人。衢州鎮本標九人，所屬嚴州協三人，楓嶺營二人，衢州城守營一人。湖廣總督本標十二人，湖北巡撫本標八人，提督本標十八人，所屬黄州協三人，蘄州營二人，道士洑營一人，荆州城守營二人，武昌城守營四人，德安營二人，興國營二人，均光營三人，襄陽城守營二人，荆門營二人，安陸營一人。鄖陽鎮本標二十人，所屬竹山協六人。鄖陽城守營六人。宜昌鎮本標三人，所屬施南協五人，衛昌營一人，宜都營一人。湖南巡撫本標二人，鳳凰廳標一人，永綏廳標一人，乾州廳標一人，提督本標六人，所屬長沙協四人，乾州協六人，鎮谿營一人，河溪營二人，永順協二人，常德協二人，澧州營二人，岳州營二人，辰州城守營三人，古丈坪營三人。鎮筸鎮本標二十一人，所屬沅州協二人，靖州協二人。永州鎮本標四人，所屬衡州協二人，臨武營三人，武岡營二人。綏靖鎮本標六人，所屬永綏協六人，保靖營十一人。陝甘總督本標二十四人。陝西巡撫本標八人，固原提督本標二十一人，所屬靖遠協三人，蘆塘營一人，西安州營二人，下馬關營一人，永安堡營一人，八營二人，静寧協五人，馬監營四人，石峰堡營二人，隆德營四人，會寧營二人，西鳳營六人，關山營一人，盩厔營一人，慶陽營三人，長武營一人，邠州營二人，涇州營二人，紅德城營一人，西安城守營一人，固原城守營六人，平凉城守營四人，漢鳳營三人，秦州營五人，利橋營二人。西安鎮本標十人，所屬潼關協五人，神道嶺營二人,商州城守營二人,金鎖關營二人,富平營三人,宜君營三人。延綏鎮本標十五人,所屬神木協二人,黄甫營一人,建安營一人,高家營一人,鎮羌營一人,孤山營一人,柏林營一人,永興營一人,定邊協二人,靖邊營一人,鎮靖營二人,安邊營一人,柳樹澗營一人,甎井營一人,波羅營三人,懷遠營二人,綏德城守營二人,魚河營一人,延安營二人,鄜州營一人,延綏城守營二人。陝安鎮本標十人,所屬鎮安營二人,甎坪營一人,興安城守營二人,鎮坪營二人,孝義營二人,紫陽營二人,七里關營一人。河州鎮本標八人,所屬洮岷協四人,階州營二人,文縣營二人,西固營一人,岷州營一人,舊洮營二人,循化營四人,保安營二人,起臺營二人,蘭州城守營三人,鞏昌營四人,臨洮營二人,河州城守營五人。漢中鎮本標九人,所屬寧陜營三人,陽平關營二人,寧羌營二人,略陽營二人,留壩營二人,定遠營二人,西鄉營一人,華陽營二人東,江口營三人,漢中城守營四人。甘肅提督本標二十五人,所屬永固城守協五人,甘州城守營四人,洪水營二人,南古城營一人,山丹營三人,大馬營二人,梨園營一人,馮墩營一人,硤口營二人。西寧鎮本標十九人,所屬大通協四人,永安營二人,白塔營二人,鎮海營四人,貴德營二人,巴燕戎格營五人,巴暖營一人,南川營二人,碾伯營四人,西寧城守營一人。寧夏鎮本標十八人,所屬中衛協四人,石空寺營一人,古水井營一人,花馬池營三人,靈州營四人,同心營一人,平羅營三人,洪廣營二人,玉泉營二人,廣武營二人,興武營二人,横城營一人。凉州鎮本標二十二人,所屬永昌協四人,大靖營二人,土門營二人,安遠營一人,水泉營一人,莊浪協二人,俄卜嶺營二人,鎮羌營二人,岔口營一人,紅水營一人,三眼井營一人,紅城營一人。肅州鎮本標十九人,所屬金塔寺協四人,鎮彝營五人,高臺營三人,紅崖營二人,清水營一人,安西協五人,布隆吉爾營三人,橋灣營四人,沙州營五人,嘉峪關營七人,靖逆營四人,赤金營二人,肅州城守營三人。烏嚕木齊提督本標二十二人,所屬瑪納斯協十二人,濟木薩營八人,庫爾喀喇烏蘇營五人,精河營三人,鞏寧城守營四人,烏嚕木齊城守營八人,喀喇巴爾噶遜營二人。巴里坤鎮本標十八人,所屬哈密協五人,塔爾納沁屯田二人,古城營四人,穆壘營二人,巴里坤城守營二人。伊犁鎮本標十八人,所屬霍爾果斯營六人,塔爾奇營二人,巴燕岱營三人,惠遠城營二人。四川成都將軍本標六人,總督本標二十四人,提督本標十二人,所屬阜和協五人,黎雅營二人,泰寧營二人,懋功協三人,崇化營二人,綏靖營三人,慶寧營一人,撫邊營三人,成都城守營十八人,青雲沱營一人,永寧營三人,瀘州營一人,敘馬營二人,建武營一人,大壩營一人,赤水營一人,普安營一人,安阜營一人,峩邊營二人,馬邊營三人。川北鎮本標七人,所屬綏定協三人,城口營二人,順慶營二人,太平營二人,潼綿營二人,通巴營一人,黄楊堡營二人。重慶鎮本標九人,所屬夔州協二人,巫山營一人,梁萬營一人,鹽廠營二人,綏寧協三人,酉陽營一人,黔彭營一人,邑梅營一人,忠州營一人。建昌鎮本標十一人,所屬會川營二人,永定營二人,越嶲營二人,寧越營二人,靖遠營一人,瀘寧營一人,會鹽營二人,懷遠營二人,冕山營一人。松潘鎮本標五人,所屬維州協五人,茂州營二人,漳臘營二人,疊溪營一人,龍安營一人,南坪營一人,平番營一人,小河營一人。兩廣總督本標二十二人,廣東巡撫本標八人,提督本標二人,所屬惠州協二人,肇慶協二人,廣州城守協八人,三水營一人,增城營五人南。韶連鎮本標一人。潮州鎮本標四人,所屬黄岡協二人,饒平營一人,潮陽營一人,興寧營一人,平鎮營一人,潮州城守營一人。瓊州水師鎮本標五人。廣西巡撫本標五人,提督本標十六人,所屬平樂協二人,富賀營一人,麥嶺營一人,慶遠協一人,東蘭營一人,全州營二人,賓州營一人,三里營一人,桂林城守營二人,柳州城守營二人。左江鎮本標十人,所屬梧州協三人,潯州協三人,新太協一人,龍憑營二人,鬱林營一人,上思營一人,南寧城守營一人。右江鎮本標十二人,所屬鎮安協五人,思恩營二人,隆林營四人,上林營一人。雲貴總督本標十五人,所屬曲尋協八人,雲南城守營六人,尋霑營三人。雲南巡撫本標六人,提督本標十二人,所屬楚雄協七人,武定營三人,大理城守營四人。臨元鎮本標九人,所屬元江營五人,新嶍營四人。開化鎮本標十二人,所屬廣南營五人,廣西營四人。騰越鎮本標十五人,所屬永昌協十人,龍陵協七人,順雲營十人。鶴麗鎮本標九人,所屬維西協五人,永北營五人,劍川營二人。昭通鎮本標十八人,所屬東川營六人,鎮雄營五人。普洱鎮本標十三人,所屬威遠營六人,景蒙營五人。貴州巡撫本標十一人,提督本標十二人,所屬大定協四人,平遠協四人,遵義協五人,定廣協四人,長寨營三人,貴陽營五人,平越營三人,歸化營三人,黔西營二人,安順營二人,仁懷營二人,新添營二人。安義鎮本標九人,所屬永安協六人,長壩營二人,普安營二人,安南營二人,册亨營二人。古州鎮本標十二人,所屬上江協七人,都勻協七人,朗洞營四人,黎平營四人,荔波營三人,下江營三人。鎮遠鎮本標十一人,所屬清江協七人,松桃協十五人,銅仁協七人,台拱營五人,丹江營四人,思南營二人,凱里營二人,黄平營二人,天柱營二人,石阡營一人。威寧鎮本標九人,所屬畢赤營三人,水城營二人。

欽定大清會典卷三十六

○水師則外海、内河别爲營。凡提督二人，水師提督，福建一人、廣東一人。總兵十有二人，水師總兵，江蘇蘇松鎮一人，狼山鎮一人，福建金門鎮一人，海壇鎮一人，臺灣鎮一人，浙江定海鎮一人，黄巖鎮一人，温州鎮一人，廣東陽江鎮一人，碣石鎮一人，瓊州鎮一人，福建廣東合設南澳鎮一人。其福建臺灣、浙江定海、黄巖、温州、廣東瓊州等鎮兼有所轄陸路。副將十有一人，外海水師副將，福建金門鎮所屬閩安協一人，臺灣鎮所屬臺灣協澎湖協二人。浙江温州鎮所屬瑞安協一人。廣東水師提督所屬香山協一人，瓊州鎮所屬海口協龍門協二人，南澳鎮所屬澄海協一人。内河水師副將，兩江總督所屬京口協一人，江南提督所屬太湖協一人，廣東水師提督所屬順德協一人。參將十有六人，外海水師參將，江蘇蘇松鎮所屬川沙營吴淞營一人，閩浙總督所屬南臺營一人，福建水師提督本標中營一人，金門鎮所屬銅山營一人，福寧陸路鎮所屬烽火門一人，浙江提督所屬乍浦營一人，定海鎮所屬鎮海營一人，温州鎮所屬玉環營一人，廣東水師提督本標中營及所屬大鵬營二人，碣石鎮所屬平海營一人，瓊州鎮所屬崖州營一人，南澳鎮所屬海門營一人。内河水師參將，兩廣總督所屬肇慶營一人，廣東水師提督所屬新會營一人。游擊四十有九人，外海水師游擊，山東登州陸路鎮本標前營一人，江蘇蘇松鎮本標中營、左營及所屬奇營三人，狼山鎮本標右營一人，福建水師提督本標左營、右營、前營、後營四人，金門鎮本標左營、右營二人，海壇鎮本標左營、右營二人，南澳鎮本標左營一人，臺灣鎮所屬臺灣協中營、左營、澎湖協左營、右營四人，福寧陸路鎮本標左營一人，浙江提督本標右營一人，定海鎮本標中營、左營、右營三人，黄巖鎮本標中營、左營、右營三人，温州鎮本標中營、左營二人，廣東水師提督本標左營、右營二人，碣石鎮本標中營、左營二人，陽江鎮本標左營及所屬廣海寨二人，瓊州鎮所屬海安營一人，南澳鎮本標右營一人。内河水師游擊，兩江總督所屬京口協左營、右營二人，江南河道總督所屬廟灣營一人，漕運總督所屬鹽城營一人，江南提督本標右營及所屬劉河營、福山營三人，江蘇狼山鎮本標中營一人，浙江提督所屬太湖營一人，湖北宜昌陸路鎮本標前營、後營二人，湖南提督所屬洞庭營一人，廣東水師提督本標後營一人。都司二十有八人，外海水師都司，江南提督所屬南匯營一人，江蘇蘇松鎮本標右營一人，狼山鎮所屬掘港營一人，福建金門鎮所屬閩安協左營、右營二人，臺灣鎮所屬臺灣協右營一人，浙江定海鎮所屬象山協昌石營一人，温州鎮所屬瑞安協左營一人，廣東水師提督所屬香山協左營、右營二人，碣石鎮本標右營一人，陽江鎮本標右營及所屬吴川營、硇洲營三人，瓊州鎮所屬海口協左營、龍門協左營右營三人，南澳鎮所慶澄海協中軍一人。内河水師都司，兩江總督所屬高資營一人，江南河道總督所屬佃湖營一人，漕運總督所屬東海營一人，江南提督所屬太湖協左營一人，江西九江陸路鎮所屬鄱湖營、南湖營二人，浙江提督所屬杭州城守協錢塘營一人，廣東水師提督本標前營及所屬順德協左營、右營三人。守備九十有四人，外海水師守備，山東登州陸路鎮本標前營、成山汛二人，江南提督所屬南匯營一人，江蘇蘇松鎮本標中營、左營、右營及所屬川沙營、吴淞營、奇營六人，狼山鎮本標右營一人，閩浙總督所屬南臺營一人，福建水師提督本標中營、左營、右營、前營、後營五人，金門鎮本標左營、右營及所屬閩安協左營右營、銅山營五人，海壇鎮本標左營、右營二人，南澳鎮本標左營一人，臺灣鎮所屬臺灣協中營、左營、右營及所屬澎湖協左營右營、滬尾營六人，福寧陸路鎮本標左營及所屬烽火門二人，浙江提督木標右營及所屬乍浦左營、右營三人，定海鎮本標中營、左營、右營及所屬鎮海營四人，黄巖鎮本標中營、左營、右營及所屬寧海左營四人，温州鎮本標中營、左營及所屬瑞安協右營、玉環右營四人，廣東水師提督本標中營、左營、右營及所屬香山協左營右營、大鵬營六人，碣石鎮本標中營、左營、右營及所屬平海營四人，陽江鎮六標左營、右營及所屬廣海寨、吴川營、東山營五人，瓊州鎮所屬海口協右營、龍門協左營右營、崖州營、海安營五人，南澳鎮本標右營及所屬澄海協左營右營、海門營、達濠營五人。内河水師守備，兩江總督所屬京口協左營、右營二人，江南河道總督所屬廟灣營一人，漕運總督所屬鹽城營一人，江南提督本標右營及所屬太湖協右營、劉河營、福山營四人，江蘇狼山鎮本標中營一人，江西九江陸路鎮所屬九江營一人，浙江提督所屬太湖營一人，湖北宜昌陸路鎮本標後營及所屬荆州營二人，湖南提督所屬岳州營、洞庭營二人，兩廣總督所屬肇慶營一人，廣東水師提督本標後營及所屬順德協左營右營、英清營、新會左營右營六人。千總百有九十人，外海水師千總，山東登州陸路鎮本標前營二人，江南提督所屬南匯營一人。江蘇蘇松鎮本標六人，所屬川沙營三人，吴淞營三人，奇營二人。狼山鎮本標右營二人。閩浙總督所屬南臺營二人。福建水師提督本標十人，金門鎮本標四人，所屬閩安協四人，銅山營二人。海壇鎮本標四人，南澳鎮本標左營二人，臺灣鎮所屬臺灣協六人，澎湖協四人，滬尾營一人。福寧陸路鎮本標左營一人，所屬烽火門二人。浙江提督本標右營二人，所屬乍浦營二人。定海鎮本標六人，所屬昌石營一人，鎮海營二人。黄巖鎮本標六人，所屬寧海左營二人。温州鎮本標中營二人，左營二人，所屬瑞安協四人，玉環右營一人。廣東水師提督本標六人，所屬香山協四人，大鵬營二人。碣石鎮本標六人，所屬平海營二人。陽江鎮本標五人，所屬廣海寨二人，吴川營二人，硇洲營一人，東山營一人。瓊州鎮所屬海口協二人，龍門協四人，崖州營一人，海安營二人。南澳鎮本標右營二人，澄海協四人，海門營二人,達濠營一人。内河水師千總,兩江總督所屬京口協四人,高資營一人。江南河道總督所屬廟灣營二人。漕運總督所屬鹽城營二人,東海營一人。江南提督本標右營三人,所屬太湖協四人,劉河營二人,福山營二人。江蘇狼山鎮本標中營二人。江西九江陸路鎮所屬南湖營一人。浙江提督所屬杭州城守協錢塘營二人,太湖營一人。湖北宜昌陸路鎮本標前營二人,後營二人,所屬荆州營一人。湖南提督所屬岳州營一人,洞庭營二人。兩廣總督所屬肇慶營二人。廣東水師提督本標前營二人,後營二人,所屬順德協四人,英清營一人,新會營四人。把總三百五十有九人,外海水師把總,山東登州陸路鎮本標前營四人。江南提督所屬南匯營二人。江蘇蘇松鎮本標十二人,所屬川沙營五人,吴淞營五人,奇營四人。狼山鎮本標右營四人,所屬掘港營二人。閩浙總督所屬南臺營四人。福建水師提督本標二十人。金門鎮本標八人,所屬閩安協八人,銅山營四人。海壇鎮本標八人。南澳鎮本標左營四人。臺灣鎮所屬臺灣協中營十一人,澎湖協八人,滬尾營二人。福寧陸路鎮本標左營二人,所屬烽火門營四人。浙江提督本標右營四人,所屬乍浦營四人。定海鎮本標十二人,所屬昌石營三人,鎮海營四人。黄巖鎮本標十二人,所屬寧海左營四人。温州鎮本標中營四人,左營四人,所屬瑞安協四人,玉環右營二人。廣東水師提督本標十一人,所屬香山協七人,大鵬營四人。碣石鎮本標十二人,所屬平海營四人。陽江鎮本標十人,所屬廣海寨四人,吴川營五人,硇洲營三人,東山營二人。瓊州鎮所屬海口協四人,龍門協八人,崖州營二人,海安營四人。南澳鎮本標右營四人,所屬澄海協八人,海門營六人,達濠營二人。内河水師把總,兩江總督所屬京口協八人,高資營一人。江南河道總督所屬廟灣營一人,佃湖營二人。漕運總督所屬鹽城營二人東海營二人。江南提督本標右營四人,所屬太湖協四人,劉河營四人,福山營四人。江蘇狼山鎮本標中營四人。江西九江陸路鎮所屬鄱湖營一人,南湖營二人,九江營一人。浙江提督所屬杭州城守協錢塘營三人,太湖營二人。湖北宜昌陸路鎮本標前營四人,後營三人,所屬荆州營二人。湖南提督所屬岳州營二人,洞庭營四人。兩廣總督所屬肇慶營四人。廣東水師提督本標前營二人,後營四人,所屬順德協八人,英清營一人,新會營八人。外委五百六十有二人,外海水師外委,山東登州陸路鎮本標前營六人。江南提督所屬南匯營二人。江蘇蘇松鎮本標十八人,所屬川沙營七人,吴松營七人,奇營六人。狼山鎮本標右營六人,所屬掘港營二人。閩浙總督所屬南臺營六人。福建水師提督本標三十人。金門鎮本標十八人,所屬閩安協十二人,銅山營九人。海壇鎮本標十八人,南澳鎮本標左營九人。臺灣鎮所屬臺灣協十四人,澎湖協十四人,滬尾營四人。福寧陸路鎮本標左營一人,所屬烽火門六人。浙江提督本標右營六人,所屬乍浦營六人。定海鎮本標二十人,所屬昌石營三人,鎮海營七人。黄巖鎮本標十八人,所屬寧海左營四人。温州鎮本標中營六人,左營六人,所屬瑞安協七人,玉環右營三人。廣東水師提督本標中營六人,左營五人,右營七人,所屬香山協十四人,大鵬營七人。碣石鎮本標十八人,所屬平海營七人。陽江鎮本標十三人,所屬廣海寨六人,吴川營四人，硇洲營五人，東山營二人。瓊州鎮所屬海口協九人，龍門協十四人，崖州營三人，海安營六人。南澳鎮本標右營九人，所屬澄海協十人，海門營七人，達濠營三人。内河水師外委，兩江總督所屬京口協十二人，高資營二人。江南河道總督所屬廟灣營四人，佃湖營二人。漕運總督所屬鹽城營二人，東海營二人。江南提督本標右營七人，所屬太湖協六人，劉河營六人，福山營六人。江蘇狼山鎮本標中營六人。江西九江陸路鎮所屬鄱湖營一人，南湖營三人，九江營一人。浙江提督所屬杭州城守協錢塘營五人，太湖營四人。湖北宜昌陸路鎮本標前營四人，後營四人，所屬荆州營一人。湖南提督所屬岳州營一人，洞庭營四人。兩廣總督所屬肇慶營六人。廣東水師提督本標前營四人，後營六人，所屬順德協十三人，英清營一人，新會營十三人。額外外委二百十有二人。外海水師額外外委，山東登州陸路鎮本標前營三人。江南提督所屬南匯營二人。江蘇蘇松鎮本標十五人，所屬川沙營四人，吴淞營四人，奇營五人。狼山鎮本標右營四人，所屬掘港營一人。閩浙總督所屬南臺營五人。福建水師提督本標二十人。金門鎮本標八人，所屬閩安協八人，銅山營四人。海壇鎮本標十人。南澳鎮本標左營四人。臺灣鎮所屬臺灣協八人，澎湖協六人，滬尾營三人。福寧陸路鎮所屬烽火門三人。浙江提督本標右營四人，所屬乍浦營三人。定海鎮本標九人，所屬昌石營一人，鎮海營三人。黄巖鎮本標九人，所屬寧海左營二人。温州鎮本標中營三人，左營三人，所屬瑞安協四人，玉環右營二人。廣東水師提督本標中營二人，右營一人。碣石鎮本標中營一人。南澳鎮本標右營二人，所屬澄海協二人，海門營一人，達濠營一人。内河水師額外外委，兩江總督所屬京口協六人高資營一人。江南河道總督所屬廟灣營二人，佃湖營一人。漕運總督所屬鹽城營二人，東海營二人。江南提督本標右營四人，所屬太湖協三人，劉河營三人，福山營三人。江蘇狼山鎮本標中營三人。江西九江陸路鎮所屬鄱湖營一人，南湖營一人，九江營一人。浙江提督所屬杭州協錢塘營四人，太湖營二人。湖北宜昌陸路鎮所屬荆州營一人。湖南提督所屬岳州營二人，洞庭營三人。

○直隸捕盗官，統以總督。分轄於文職，其熱河道所屬者，並隸熱河都統兼轄。凡千總九人，順天府東路廳屬一人，西路廳屬一人，南路廳屬一人，北路廳屬一人，口北道屬獨石口、外喜峰砦一人，張家口外洗馬林一人，熱河道屬八溝一人，烏蘭哈達一人，塔子溝一人。把總九人，順天府東路廳屬一人，西路廳屬一人，南路廳屬一人，北路廳屬一人，口北道屬獨石口外丁莊子灣一人，張家口外太平莊一人，熱河道屬熱河一人，三座塔一人，平泉州卧佛寺一人。外委八人，順天府東路廳屬一人，西路廳屬一人，南路廳屬一人，北路廳屬一人，獨石口一人，張家口一人，塔子溝一人，三座塔一人。額外外委十有四人。順天府東路廳屬三人，西路廳屬四人，南路廳屬二人，北路廳屬三人，熱河一人，塔子溝一人。

○北河、東河、南河置河營，統以河道總督，北河河道總督，係直隸總督兼管,統轄河營。東河、南河河道總督,於統轄河標緑營外,並統轄河營。以治工,以備汛。凡參將一人,江南統轄淮徐淮揚河營一人。游擊二人,江南淮徐河營一人,淮揚河營一人。都司三人,直隸永定河營一人,河南懷河營一人,豫河營一人。守備二十有七人,協備十有三人,直隸南運河營一人,永定河營南岸一人,北岸協備一人。山東運河營一人,協備一人。黄河營曹河協備一人,曹單協備一人。河南懷河營下北河一人,黄沁協備一人,陽封協備一人,曹考協備一人。豫河營上南河一人,中河協備一人,下南河協備一人,儀睢協備一人,睢寧協備一人,商虞協備一人。歸河管協備一人。江南蕭碭南岸河營一人,豐銅北岸河營一人,銅沛河營一人,睢靈南岸河營一人,邳州北岸河營一人,宿虹南岸河營一人,宿遷北岸河營一人,邳宿運河營一人,山清裏河營一人,山清外河營南岸一人,北岸一人,桃源南岸河營一人,北岸河營一人,山阜海防河營一人,山安阜河營一人,海安河營一人,海阜河營一人,高堰河營一人,山盱河營一人,桃源安清中河營一人,高寶運河營一人,揚河江防河營一人。千總三十有四人,直隸北運河王家務汛一人,筐兒港汛一人,浮溝汛一人,南運河唐官屯汛一人,永定河南岸一人,北岸一人。山東運河營濟寧衛北汛一人,泇河汛一人。黄河營曹縣下汛一人。河南懷河營封邱下汛一人,蘭陽北汛一人,豫河營中牟上汛一人,祥符上汛一人,蘭陽汛一人,商邱汛一人。江南蕭碭南岸河營蕭汛一人,碭上汛一人,豐銅北岸河營豐上汛一人,銅沛河營小店汛一人,睢靈南岸河營戴家樓汛一人,邳州花岸河營董家堂汛一人,宿虹南岸河營洋河汛一人,宿遷北岸河營皁河汛一人,山清裏河營清江汛一人,山清外河營外河汛一人,北岸汛一人,桃源南岸河營龍窩汛一人,桃源北岸河營崔鎮汛一人,山安阜河營安東汛一人,高堰河營高堰汛一人,桃源安清中河營清安汛一人,高寶運河營永安汛一人,汜水汛一人,揚河江防河營京口汛一人。把總五十人,直隸北運河王甫汛一人,楊村南汛一人,三里淺汛一人。南運河趙家場汛一人,良王莊汛一人,捷地汛一人,薛家窩汛一人,連鎮汛一人,安陵汛一人,子牙河汛一人。永定河營南岸一人,北岸一人,鳳河汛一人。山東運河營捕河汛一人,下河汛一人。河南懷河營武榮汛一人,祥符上汛一人,豫河營滎鄭汛一人,儀封上汛一人,睢州上汛一人。江南蕭碭南岸河營碭汛一人,豐銅北岸河營豐汛一人,銅汛一人,銅沛河營大壩汛一人,郭汛一人,睢靈南岸河營王家堂汛一人,邳州北岸河營五工頭汛一人,宿虹南岸河營蔡家樓汛一人,宿遷北岸河營古城汛一人,邳宿運河營邳運汛一人,宿遷運汛一人,運河汛一人,山清裏河營運河汛一人,平橋汛一人,山清外河營南岸汛一人,桃源南岸河營煙墩汛一人,桃源北岸河營黄家嘴汛一人,山阜海防河營童營汛一人,下河汛一人,山安阜河營上河汛一人,下河汛一人海安河營海安汛一人,海阜河營南岸汛一人,海阜汛一人,山盱河營徐壩汛一人,桃源安清中河營桃源汛一人,高寶運河營高郵汛一人,寶應汛一人,揚河江防河營甘江汛一人,江防汛一人。外委九十有六人,直隸北運河王家務汛一人,河西務汛一人,筐兒港汛一人，楊村南汛一人，通惠河南岸下汛一人，北岸上汛一人。南運河天津道衙門四人，永定河營石景山汛十人，淀河汛一人。山東運河營濟寧衛南汛一人，戴村壩一人，上河汛一人，黄河營曹縣上汛一人，曹縣中汛一人，曹單汛一人。河南懷河營武陟汛一人，原武汛一人，陽武汛一人，陽封汛一人，封邱上汛一人，祥陳汛一人，蘭陽下汛一人，考城汛一人，豫河營中牟下汛一人，祥符下汛一人，陳留汛一人，儀封下汛一人，睢州下汛一人，寧陵汛一人，虞城上汛一人，虞城下汛一人。江南蕭碭南岸河營蕭汛一人，碭汛一人，碭上汛一人，豐銅北岸河營豐汛一人，銅汛一人，豐上汛一人，銅沛河營小店汛一人，郭汛一人，大壩汛一人，睢靈南岸河營戴家樓汛一人，王家堂汛一人，邳州北岸河營董家堂汛一人，五工頭汛一人，宿虹南岸河營洋河汛一人，蔡家樓汛一人，分防周家樓工一人，宿遷北岸河營阜河汛一人，古城汛一人，邳宿運河營邳運汛一人，宿遷運汛一人，運河汛一人，山清裏河營清江汛一人，運河汛一人，平橋汛一人，山清外河營外河汛一人，北岸汛一人，南岸汛一人，桃源南岸河營龍窩汛一人，煙墩汛一人，桃源北岸河營崔鎮汛一人，黄家嘴汛一人，山阜海防河營童營汛一人，上河汛一人，下河汛一人，山安阜河營安東汛一人，上河汛一人，下河汛一人，高堰河營高堰汛一人，高澗半汛一人，海安河營北岸汛一人，海安汛一人，海阜河營南岸汛一人，海阜汛一人，山盱河營徐壩汛一人，桃源安清中河營清安汛一人，桃源汛一人，高寶運河營高郵汛一人，寶應汛一人，氾水汛一人，永安汛一人，揚河江防河營京口汛一人，甘江汛一人，江防汛一人。額外外委六十有一人，直隸北運河河西務汛一人，耍兒渡汛一人，浑溝汛一人，楊村北汛一人。南運河天津道衙門三人，永定河淀河汛十五人。山東運河營濟寧衛南汛一人，北汛一人，泇河汛一人，捕河汛一人，戴村壩一人，下河汛一人。黄河營曹縣上汛一人，曹縣中汛一人，曹縣下汛一人，曹單上汛一人，曹單下汛一人。河南懷河營武陟汛一人，武滎汛一人，原武汛二人，陽武汛一人，陽封汛一人，封邱上汛一人，封邱下汛一人，祥符上汛一人，祥陳汛一人，蘭陽北汛一人，蘭陽下汛一人，考城汛一人。豫河營滎澤汛一人，鄭州汛一人，中牟上汛一人，中牟下汛一人，祥符上汛一人，祥符下汛一人，陳留汛一人，蘭陽汛一人，儀封上汛一人，儀封下汛一人，睢州上汛一人，睢州下汛一人，寧陵汛一人，商邱汛一人，虞城上汛一人，虞城下汛一人。外委效用百二十有一人。江南蕭碭南岸河營蕭汛二人，碭汛二人，豐銅北岸河營豐汛二人，銅汛二人，銅沛河營小店汛五人，郭汛三人，大壩汛三人，睢靈南岸河營戴家樓汛四人，王家堂汛五人，邳州北岸河營董家堂汛四人，五工頭汛四人，宿虹南岸河營洋河汛二人，蔡家樓汛二人，宿遷北岸河營阜河汛二人，古城汛二人，邳宿運河營邳運汛二人，宿遷運汛三人，運河汛一人，山清裏河營清江汛二人，運河汛二人，平橋汛二人，山清外河營外河汛三人，北岸汛三人，南岸汛二人，桃源南岸河營龍窩汛三人，煙墩汛三人，桃源北岸河營崔鎮汛三人，黄家嘴汛三人，山阜海防河營童營汛二人，上河汛一人，下河汛三人，山安阜河營安東汛四人，上河汛二人，下河汛一人，高堰河營高堰汛二人，高澗半汛一人，海安河營北岸汛二人，海安汛二人，海阜河營南岸汛二人，海阜汛二人，山盱河營徐壩汛二人，高澗半汛一人，桃源安清中河營清安汛五人，桃源汛三人，高寶運河營高郵汛二人，寶應汛二人，氾水汛二人，永安汛一人，揚河江防河營京口汛一人，甘江汛二人。

〇北河近通州者，倉場統之。北運河自通州至楊村一帶，設立汛弁，專司疏淺催漕，係倉場侍郎統轄。凡千總二人，北運河游巡千總，張灣一人，河西務一人。把總三人，張灣汛一人，楊村汛一人，通州上汛一人。外委五人。通州中汛一人，下汛一人，張灣下汛一人，河西務汛一人，蔡村汛一人。

〇南河濱海有葦蕩二，刈而運於工，别爲營。江南河道總督所屬葦蕩營二，船務營一。凡守備三人，葦蕩左營一人，右營一人，船務營一人。千總二人，葦蕩左營一人，右營一人。把總六人，葦蕩左營二人，右營二人，船務營二人。外委八人，葦蕩左營三人，右營三人，船務營二人。外委效用十有七人。葦蕩左營效用三人，右營效用三人，船務營效用十一人。

〇浙江海防營，則統以巡撫以治塘。凡守備一人，千總二人，把總五人，外委九人，額外外委四人。並隸杭嘉湖兵備道。

〇衛所，則漕運總督統之以治漕。凡衛守備四十有三人，管屯衛守備，山東德州衛一人，濟寧衛一人，臨清衛一人，東昌衛一人，江南江淮衛一人，興武衛一人，淮安衛一人，大河衛一人，揚州衛一人，徐州衛一人，安慶衛一人，新安衛一人，宣州衛一人，建陽衛一人，廬州衛一人，鳳陽衛一人，長淮衛一人，泗州衛一人，滁州衛一人，蘇州衛一人，太倉衛一人，鎮海衛一人，鎮江衛一人，浙江杭嚴衛一人，嘉湖衛一人，台州衛一人，温州衛一人，湖北武昌衛一人，武昌左衛一人，蘄州衛一人，黄州衛一人，襄陽衛一人，湖南荆州衛一人，荆左衛一人，荆右衛一人，沔陽衛一人，岳州衛一人，領運衛守備浙江寧波衛一人，紹興衛一人，處州衛一人，江西南昌衛一人，袁州衛一人，贛州衛一人。衛千總二百三十有七人，直隸通州所幫二人，天津所幫二人，山東德州衛德州正幫二人，左幫二人，濟寧衛濟寧前幫二人，後幫二人，左幫二人，右幫二人，任城幫二人，臨清衛山東前幫二人，後幫二人，河南前幫二人，後幫二人，東昌衛東昌幫二人，濮州所幫二人，平山前幫二人，後幫二人，東平所幫一人，江南江淮衛頭幫二人，二幫二人，三幫二人，四幫二人，五幫二人，六幫二人，七幫二人，八幫二人，九幫二人，興武衛頭幫二人，二幫二人，三幫二人，四幫二人，五幫二人，六幫二人，七幫二人，八幫二人，九幫二人，淮安衛頭幫二人，二幫二人，三幫二人，四幫二人，大河衛前幫二人，二幫二人，三幫二人，揚州衛頭幫二人，二幫二人，三幫二人，儀徵幫二人，徐州衛江北幫二人，河南前幫二人，後幫二人，安慶衛前幫二人，後幫二人，新安衛池州幫二人，宣州衛宣州幫二人，建陽衛寧太幫二人，廬州衛頭幫二人，二幫二人，三幫二人，鳳陽衛常州幫二人，鳳中常幫二人，鳳中二幫二人，長淮衛頭幫二人，三幫二人，四幫二人，宿州頭幫二人，二幫二人，泗州衛前幫二人，後幫二人，滁州衛滁蘇幫二人，蘇州衛前幫二人，後幫二人，太倉衛前幫二人，後幫二人，鎮海衛前幫二人，後幫二人，金山幫二人，鎮江衛前幫二人，後幫二人，蘇州白糧幫二人，松江白糧幫二人，常州白糧幫二人，浙江杭嚴衛頭幫二人，二幫二人，三幫二人，四幫二人，嚴州所幫二人，嘉湖衛嘉興幫二人，湖州所幫二人，嘉興白糧幫二人，湖州白糧幫二人，台州衛前幫二人，後幫二人，温州衛前幫二人，後幫二人，寧波衛前幫二人，後幫二人，紹興衛前幫一人，後幫二人，處州衛前幫一人，後幫二人，金衢所幫一人，海寧所幫一人，江西南昌衛前幫一人，後幫二人，袁州衛幫一人，贛州衛幫一人，九江前幫二人，後幫二人，吉安所幫一人，永建所幫一人，安福所幫一人，撫州所幫一人，廣信所幫一人，鉛山所幫一人，饒州所幫一人，湖北頭幫二人，二幫二人，三幫二人，湖南頭幫二人，二幫二人，三幫二人。均輪流領運，不管屯務。守禦所千總十有二人，管屯守禦所千總，浙江衢州所一人，湖北德安所一人。管屯兼領運者，山東東平所一人。領運者，浙江金衢所一人，海寧所一人，江西吉安所一人，永建所一人，安福所一人，撫州所一人，廣信所一人，鉛山所一人，饒州所一人。隨幫千總百一十有四人。除德州左幫、濟寧左幫右幫、任城幫、臨清山東後幫、通州所幫、天津所幫未設隨幫外，山東額設十一人，江南額設六十三人，浙江額設二十一人，江西額設十三人，湖北湖南額設六人。

○駐防，則受治於將軍、都統、副都統、領隊大臣、城守尉、防守尉，盛京、吉林、黑龍江綏遠城、江寧、福州、杭州、荆州、西安、寧夏、伊犁、成都、廣州治以將軍，張家口、熱河、烏嚕木齊治以都統，密雲、山海關、青州、涼州治以副都統。盛京將軍兼轄之熊岳城、錦州城，吉林將軍兼轄之寧古塔城、伯都訥城、阿勒楚喀城、三姓城，黑龍江將寧兼轄之墨爾根城、黑龍江城，江寧將軍兼轄之京口，杭州將軍兼轄之乍浦，亦治以副都統。伊犁將軍兼轄之惠寧城，烏嚕木齊都統兼轄之巴里坤、古城、吐魯番，治以領隊大臣。保定、滄州、太原、開封治以城守尉。盛京將軍兼轄之興京城、開原城、遼陽城、復州城、金州城、義州城、鳳凰城、岫巖城，黑龍江將軍兼轄之呼蘭城，青州副都統兼轄之德州，綏遠城將軍兼轄之右衛，涼州副都統兼轄之莊浪，亦治以城守尉。寶坻、東安、采育、固安、雄縣、良鄉、霸州治以防守尉。密雲副都統兼轄之昌平、玉田、三河、順義、古北口，山海關副都統兼轄之永平、喜峰口、冷口，張家口都統兼轄之獨石口，盛京將軍兼轄之牛莊城、蓋州城、廣寧城，亦治以防守尉。其吉林將軍兼轄之打牲烏拉城，寧古塔副都統兼轄之琿春城，阿勒楚喀副都統兼轄之拉林城，以協領專城辦事，如城守尉、防守尉之制。而以達於部。駐防將軍、都統各專達部。副都統以下有兼轄者，由兼轄衙門達部。無兼轄者，亦專達部。專城協領，俱由兼轄衙門達部。皆專城，各統其同城駐防官以飭旗務。凡將軍十有三人，盛京一人，吉林一人，黑龍江一人，綏遠城一人，江寧一人，福州一人，杭州一人，荆州一人，西安一人，寧夏一人，伊犁一人，成都一人，廣州一人。都統三人，張家口一人，熱河一人，烏嚕木齊一人。副都統二十有七人，副都統專城者，密雲一人，山海關一人，熊岳城一人，錦州城一人,寧古塔城一人,伯都訥城一人,阿勒楚喀城一人,三姓城一人,墨爾根城一人,黑龍江城一人,青州一人,京口一人,涼州一人。其與將軍同城者,盛京一人,吉林一人,黑龍江齊齊哈爾城一人,江寧一人,福州一人,杭州一人,荆州二人,西安二人,寧夏一人,成都一人,廣州三人。領隊大臣五人,領隊大臣專城者,惠寧城一人,巴里坤一人,古城一人,吐魯番一人。其與都統同城者,烏嚕木齊一人。城守尉十有六人,保定一人,滄州一人,興京城一人,開原城一人,遼陽城一人,復州城一人,金州城一人,義州城一人,鳳凰城一人,岫巖城一人,呼蘭城一人,德州一人,太原一人,右衞一人,開封一人,莊浪一人。協領百有六十人,密雲四人,山海關二人,張家口三人,熱河五人,盛京十一人,熊岳城一人,錦州城一人,吉林九人,打牲烏拉城一人,琿春城一人,寧古塔城二人,伯都訥城二人,阿勒楚喀城一人,拉林城一人,三姓城二人,齊齊哈爾城八人,墨爾根城四人,黑龍江城四人,青州四人,綏遠城五人,江寧八人,京口二人,福州八人,杭州九人,荆州十人,西安八人,寧夏五人,涼州二人,伊犁惠遠城八人,惠寧城四人,烏嚕木齊六人,巴里坤二人,古城二人,吐魯番二人,成都五人,廣州八人。防守尉十有九人,寶坻一人,東安一人,采育一人,固安一人,雄縣一人,良鄉一人,霸州一人,昌平一人,玉田一人,三河一人,順義一人,古北口一人,永平一人,喜峰口一人,冷口一人,獨石口一人,盛京牛莊城一人,蓋州城一人,廣寧城一人。佐領八百有九人,密雲十六人,山海關八人,張家口十人,热河二十人,盛京六十六人,熊岳城一人,錦州城十二人,又分駐之小凌河寧遠中前所、中後所八人,開原城二人,遼陽城一人,復州城一人,金州城四人,義州城十七人,鳳凰城一人,岫巖城一人,廣寧城三人,又分駐之巨流河、白旗堡、小黑山、閭陽驛八人,吉林四十八人,又分駐之伊通額穆赫索羅三人,打牲烏拉城八人,寧古塔城十二人,琿春城三人,伯都訥城十二人,阿勒楚喀城七人,拉林城六人,三姓城十五人,齊齊哈爾城四十人,墨爾根城十七人,黑龍江城二十六人,呼蘭城八人,青州十六人,綏遠城二十人,開封十人,江寧四十人,京口十六人,福州十六人,杭州三十二人,荆州五十六人,西安四十人,寧夏二十四人,涼州十人,莊浪五人,惠遠城四十人,惠寧城十六人,烏嚕木齊二十四人,巴里坤八人,古城八人,吐魯番四人,成都二十四人,廣州十六人。副總管二人,呼蘭城二人。防禦七百人,保定四人,滄州四人,寶坻一人,東安一人,采育一人,固安一人,雄縣一人,良鄉一人,霸州一人,密雲十六人,昌平二人,玉田二人,三河二人,順義二人,山海關八人,古北口二人,永平二人,喜峰口二人,冷口二人,又分駐之羅文峪一人,張家口十人,獨石口二人,又分駐之千家店二人,热河二十人,盛京十人,熊岳城七人,興京城四人,又分駐之撫順四人,開原城六人,又分駐之鐵嶺四人,遼陽城七人,復州城七人,金州城七人,鳳凰城七人,岫巖城八人,牛莊城三人,蓋州城三人,廣寧城三人,吉林二十四人,又分駐之伊通額穆赫索羅三人,打牲烏拉城四人,寧古塔城十二人,琿春城三人,伯都訥城八人,阿勒楚喀城八人,拉林城二人,三姓城八人,齊齊哈爾城八人,墨爾根城八人,黑龍江城八人,青州十六人,德州四人,太原四人,綏遠城二十人,右衛四人,開封十人,江寧四十人,京口十六人,福州八人,杭州二十人,荆州五十六人,西安四十人,寧夏二十六人,涼州十人,莊浪五人,惠遠城四十人,惠寧城十六人,烏嚕木齊二十四人,巴里坤八人,古城八人,吐魯番四人,成都二十四人,廣州三十二人。驍騎校九百四十有六人,保定四人,滄州四人,寶坻一人,東安一人,采育一人,固安一人,雄縣一人,良鄉一人,霸州一人,密雲十六人,昌平一人,玉田二人,三河二人,順義一人,山海關八人,古北口四人,永平二人,喜峰口四人,冷口三人,羅文峪二人,張家口十人,獨石口二人,又分駐之千家店一人,热河二十人,盛京六十六人,熊岳城九人,錦州城十二人,又分駐之小凌河寧遠中前所、中後所八人,興京城四人,開原城九人,遼陽城八人,復州城九人,金州城十二人,義州城十五人,鳳凰城九人,岫巖城八人,牛莊城六人,蓋州城四人,廣寧城六人,又分駐之巨流河白旗堡小黑山閭陽驛八人,吉林四十八人,又分駐之伊屯額穆赫索羅五人,打牲烏拉城八人,寧古塔城十二人,琿春城三人,伯都訥城十二人,阿勒楚喀城六人,拉林城七人,三姓城十五人,齊齊哈爾城四十人,墨爾根城十七人,黑龍江城二十六人,呼蘭城八人,青州十六人,德州四人,太原四人,綏遠城二十人,右衛四人,開封十人,江寧四十人,京口十六人,福州十六人,杭州三十二人,荆州五十六人,西安四十人,寧夏二十四人,涼州十人,莊浪五人,惠遠城四十人,惠寧城十六人,烏嚕木齊二十四人,巴里坤八人,古城八人,吐魯番四人,成都二十四人,廣州三十二人。前鋒校十人。热河所設。

○東三省,若福州,若廣州,若乍浦水師,别爲營,將軍、副都統轄焉。東三省、福州、廣州水師以將軍統之,乍浦水師以副都統一人統之。凡總管一人,齊齊哈爾城一人。協領八人,盛京一人,福州一人,廣州一人,乍浦五人。佐領二十有二人,盛京二人,福州二人,廣州二人,乍浦十六人。四品官六人,吉林二人,齊齊哈爾城二人,又船廠一人,黑龍江城一人。防禦十有六人,盛京四人,福州二人,廣州二人,乍浦八人。五品官五人,吉林二人,黑龍江城二人,齊齊哈爾城船廠一人。驍騎校三十有六人,盛京八人,福州六人,廣州六人,乍浦十六人。六品官七人。吉林二人,齊齊哈爾城二人,又船廠一人,黑龍江城二人。

○吉林、黑龍江火器别爲營,將軍轄焉。凡叅領二人,吉林一人,黑龍江一人。佐領八人,驍騎校八人。皆吉林所設。

○置駐防以守衛陵寢,受治於總管,而以達於部。凡總管八人,永陵一人,福陵一人,昭陵一人,孝陵一人,景陵一人,泰陵一人,裕陵一人,孝淑皇后陵寢一人。翼長十有六人,永陵二人,福陵二人,昭陵二人,孝陵二人,景陵二人,泰陵二人,裕陵二人,孝淑皇后陵寢二人。防禦二百二十人,永陵十六人,福陵十六人,昭陵十六人,昭西陵十六人,孝陵十六人,孝東陵十六人,景陵十六人,景陵皇貴妃園寢四人,景陵妃園寢八人,泰陵十六人,泰東陵十六人,泰陵妃園寢八人,裕陵十六人,裕陵皇貴妃園寢八人,端慧皇太子園寢八人,孝淑皇后陵寢十六人,妃園寢八人。驍騎校二十有一人。昭西陵二人,孝陵二人孝東陵二人,景陵二人,景陵皇貴妃園寢一人,景陵妃園寢一人泰陵二人,泰東陵二人泰陵妃園寢一人,裕陵二人,裕陵皇貴妃園寢一人,孝淑皇后陵寢二人,妃園寢一人。

〇木蘭圍場,以熱河都統轄焉。凡總管一人,翼長二人,左翼一人,右翼一人。防禦八人,驍騎校八人。皆每旗一人。

〇盛京、吉林守邊官,各以將軍轄焉。凡防禦十有七人。盛京法庫邊門一人,彰武臺邊門一人,松嶺子邊門一人,新臺邊門一人,白石嘴邊門一人,梨樹溝邊門一人,明水塘邊門一人,清河邊門一人,九關臺邊門一人,白土廠邊門一人,威遠堡邊柵一人,英額邊柵一人,興京邊柵一人,吉林巴彥鄂佛羅邊門一人,伊通邊門一人,克爾素邊門一人,佈爾圖庫邊門一人。

〇若打牲,若游牧,若回疆,若西藏,將軍、都統、副都統大臣,分其治於各旗、各城,以率其部衆。打牲之部,有打牲烏拉人,編以珠軒,兼轄以吉林將軍,隸内務府。混同江岸及海中大洲居住之赫哲費雅喀、庫頁、鄂倫春、奇勒爾,不編佐領,轄以三姓副都統,統以吉林將軍。打牲處之索倫、達呼爾、鄂倫春、畢拉爾,統以黑龍江將軍。唐努烏梁海,轄以定邊左副將軍,阿爾泰烏梁海、阿爾泰諾爾烏梁海,轄以科布多參贊大臣,統以定邊左副將軍。三烏梁海皆隸理藩院游牧之部。察哈爾八旗,轄以副都統,統以察哈爾都統。呼倫貝爾之索倫巴爾呼額魯特,轄以副都統銜總管,統以黑龍江將軍。伊犁之錫伯索倫達呼爾察哈爾額魯特,轄以領隊大臣。塔爾巴哈台之察哈爾哈薩克,轄以塔爾巴哈台參贊大臣。額魯特,轄以領隊大臣,兼轄以塔爾巴哈台參贊大臣。皆統以伊犁將軍。歸化城土默特,轄以歸化城副都統,統以綏遠城將軍。科布多之扎哈沁明阿特額魯特,轄以科布多參贊大臣,統以定邊左副將軍。西藏之達木,轄以駐藏大臣。自土默特以下各部皆,隸理藩院。其热河都統管理八溝塔子溝、三座塔、烏蘭哈達一帶蒙古,西寧辦事大臣管理青海蒙古,烏嚕木齊都統、塔爾巴哈台參贊大臣、喀喇沙爾辦事大臣、庫爾喀喇烏蘇領隊大臣管理之土爾扈特和碩特,定邊左副將軍管理之喀爾喀,科布多參贊大臣管理之杜爾伯特土爾扈特和碩特,則皆由各部扎薩克自轄其衆,隸理藩院。回民喀什噶爾轄以參贊大臣、幫辦大臣,葉爾羌、和闐轄以辦事大臣、幫辦大臣,阿克蘇、庫車喀喇沙爾轄以辦事大臣,英吉沙爾及吐魯番西路轄以領隊大臣,皆兼轄以喀什噶爾參贊大臣,統以伊犁將軍。其吐魯番領隊大臣管理之東路回民,及哈密辦事大臣、幫辦大臣管理之哈密回民,則皆兩部扎薩克自轄,其衆隸理藩院。藏番轄以駐藏辦事大臣。俄羅斯則察其互市。俄羅斯互市,轄以庫倫辦事大臣。凡將軍一人,定邊左副將軍一人,其吉林、黑龍江、綏遠城、伊犁各所管打牲、游牧回民之事,皆即以駐防將軍經理。都統一人,察哈爾都統一人，即以張家口駐防都統兼任。其熱河、烏嚕木齊所管游牧之事，即以駐防都統經理。副都統三人，察哈爾副都統一人，歸化城副都統一人，呼倫貝爾副都統銜總管一人。其三姓打牲之事，即以駐防副都統經理。參贊大臣五人，塔爾巴哈台一人，喀什噶爾一人，烏里雅蘇台二人。内一人，係蒙古王公台吉兼任。科布多一人。辦事大臣十有二人，西寧一人，葉爾羌一人，阿克蘇一人，烏什一人，和闐一人，庫車一人，喀喇沙爾一人，哈密一人，駐藏二人，庫倫二人。内一人，係蒙古王公台吉兼任。幫辦大臣四人，喀什噶爾一人，葉爾羌一人，和闐一人，哈密一人。領隊大臣八人，伊犁管錫伯一人，管索倫達呼爾一人，管察哈爾一人，管額魯特一人，塔爾巴哈台二人，庫爾喀喇烏蘇一人，英吉沙爾一人。其吐魯番回民之事，即以駐防領隊大臣經理。總管二十有三人，副總管三十有二人，總管察哈爾八人，黑龍江打牲處三人，内掌關防者一人，呼倫貝爾除副都統銜總管外，索倫巴爾呼部二人，額魯特部一人，新巴爾呼部二人，伊犁錫伯部一人，索倫達呼爾部一人，察哈爾部二人，額魯特部二人，塔爾巴哈台額魯特部一人。副總管黑龍江打牲處十六人，呼倫貝爾索倫巴爾呼部四人，新巴爾呼部四人，伊犁錫伯部一人，索倫達呼爾部一人，察哈爾部二人，額魯特部三人，塔爾巴哈台額魯特部一人。參領八人，副參領八人，皆察哈爾所設。佐領三百三十有一人，察哈爾一百二十人，黑龍江打牲處九十七人，呼倫貝爾系倫巴爾呼部二十四人，新巴爾呼部二十四人，額魯特部二人，伊犁錫伯部八人，索倫達呼爾部八人，察哈爾部十六人，額魯特部二十人，塔爾巴哈台額魯特部六人，察哈爾部一人，哈薩克部一人，吐魯番回部四人。親軍校四人，察哈爾所設。護軍校百有十七人，察哈爾一百十五人，呼倫貝爾額魯特部二人。驍騎校三百三十有二人，察哈爾一百二十人，黑龍江打牲處九十六人，呼倫貝爾索倫巴爾呼部二十四人，新巴爾呼部二十四人，額魯特部四人，伊犁錫伯部八人，索倫達呼爾部八人，察哈爾部十六人，額魯特部二十人，培爾巴哈台額魯特部六人，察哈爾部一人，哈薩克部一人，吐魯番回部四人。捕盜官四人。察哈爾所設。其吉林將軍所屬打牲烏拉總管以下，則隸於内務府。定邊左副將軍科布多參贊大臣所屬烏梁海扎哈沁明阿特額魯特總管以下，藏辦事大臣所屬達木防禦以下，及各回城阿奇木伯克以下，西藏噶布倫以下，則隸於理藩院，不具列。

〇甘肅邊以内馬場六，烏嚕木齊馬場一，巴里坤馬場二、駝場一，牧以綠旗兵。伊犁馬場二十有三、駝場一，培爾巴哈台馬場二，牧以察哈爾額魯特。凡參將一人，游擊七人，都司一人，守備一人，千總把總三十有六人，外委三十有六人，甘肅提標轄馬場一，提屬永固協轄馬場一，凉州、西寧、肅州三鎮標各轄馬場一，肅州鎮屬安西沙州靖逆三營轄馬場一，烏嚕木齊提標濟木薩營轄馬場一，巴里坤鎮標轄馬場一、駝場一，巴里坤鎮屬古城營轄馬場一。甘肅提標凉州西寧鎮標所轄馬場各分五群，肅州鎮標所轄馬場分三群，安西沙州靖逆三營所轄馬場爲一群。每場設統理游擊一人，每群設牧長千總把總一人，牧副外委一人。永固協所轄馬場爲一群，設統理都司一人，牧長千總把總一人，牧副外委一人。濟木薩所轄馬場分五群，設統理參將一人，每群設牧長千總把總一人，牧副外委一人。巴里坤古城所轄馬場各分五群，每場設統理游擊一人，每群設牧長千總把總一人，牧副外委一人。巴里坤駝場設統理守備一人，牧長千總把總一人，牧副外委一人。總管七人，副總管九人，佐領驍騎校三十有九人，委官一人。伊犁察哈爾馬場九，額魯特馬場十四、駝場一，塔爾巴哈台察哈爾馬場一，額魯特馬場一。伊犁察哈爾馬場設總管二人，副總管二人，每場佐領驍騎校一人。額魯特馬場設總管二人，副總管三人，每場佐領驍騎校一人。額魯特駝場設總管二人，副總管三人，佐領一人，驍騎校一人，委官一人。塔爾巴哈台察哈爾馬場共一群，額魯特馬場共六群，設總管一人，副總管一人，每群佐領一人，驍騎校一人。

○伊犁、烏嚕木齊、巴里坤屯田，則提督、總兵統之，以治屯。伊犁鎮標中營綏定城二屯，左營廣仁城四屯半，右營瞻德城四屯半，霍爾果斯營拱宸城四屯半，巴燕岱營熙春城一屯半，塔爾奇營塔勒奇城一屯，統以伊犁鎮總兵。烏嚕木齊提標中營宣仁堡懷義堡屡豐堡輯懷城四屯，左營二工三工寶昌堡樂全堡四屯，右營頭工二工三工四工四屯，庫爾喀喇烏蘇營精河營二屯，統以烏嚕木齊提督。巴里坤鎮標三營三屯，哈密協塔爾納沁蔡把什湖牛毛湖三屯，古城營安樂太平豐盛三屯，穆壘營吉布庫一屯，統以巴里坤鎮總兵。凡參將二人，伊犁鎮所屬霍爾果斯營一人，烏嚕木齊提標中營一人。游擊五人，伊犁鎮標中營一人，左營一人。烏嚕木齊提標左營一人，所屬庫爾喀喇烏蘇營一人，巴里坤鎮標右營一人。都司五人，伊犁鎮標右營一人，所屬巴燕岱營一人，烏嚕木齊提標右營一人，所屬精河營一人，巴里坤鎮所屬哈密協塔爾納沁一人。守備九人，伊犁鎮標中營一人，左營一人，右營一人，所屬霍爾果斯營一人，塔爾奇營一人，烏嚕木齊提標中營一人，左營一人，右營一人，所屬庫爾喀喇烏蘇營一人。千總、把總三十有五人，伊犁鎮標中營二人，左營四人，右營四人，所屬霍爾果斯營四人，巴燕岱營一人，塔爾奇營一人，烏嚕木齊提標中營二人，左營四人，右營二人，所屬庫爾喀喇烏蘇營一人，精河營一人，巴里坤鎮標中營一人，左營一人，右營一人，所屬哈密協培爾納沁一人，蔡把什湖牛毛湖一人，古城營安樂太平二屯二人，又烏嚕木齊提標所屬濟木薩營派赴古城屯田一人，穆壘營一人。外委四十有七人，額外外委三十有三人。外委伊犁鎮標中營二人，左營五人，右營五人，所屬霍爾果斯營五人，巴燕岱營二人，塔爾奇營一人，烏嚕木齊提標中營三人，左營三人，右營二人，巴里坤鎮標中營六人，左營六人，右營六人，所屬哈密協塔爾納沁一人。額外外委，烏嚕木齊提標中營三人，左營一人，右營四人，巴里坤鎮標中營六人，左營六人，右營六人，所屬哈密協塔爾納沁五人，蔡把什湖牛毛湖二人。若苗屯，若苗衞，湖南、貴州巡撫統之。凡屯守備六人,屯千總六人,屯把總十人,屯外委十有七人,額外外委十有七人。屯守備,湖南鳳凰廳三人,永綏廳二人,乾州廳兼轄古丈坪保靖一人。屯千總,湖南鳳凰廳屬同全坡一人,新場堡一人,永安卡一人,得勝營一人,永綏廳屬花園一人,茶洞一人。屯把總,湖南鳳凰廳屬同全坡一人,新場堡一人,舊司一人,麻陽縣屬在城一人,浦市一人,永綏廳屬獅子橋一人,弭諾一人,管倉一人,乾州廳屬新街堡一人,古丈坪籠鼻嘴一人。屯外委,湖南鳳凰廳屬同全坡一人,新場堡一人,羅天寨一人,浪中江一人,定勝卡一人,舊司坪一人,巖門一人,拖冲一人,四都坪一人,管軍裝局一人,永綏廳屬吉洞坪一人,潮水溪一人,螺螄塳堡一人,乾州廳屬灣溪堡一人,坪榔堡一人,保靖縣屬本城一人,印山臺一人。額外外委,湖南鳳凰廳屬同全坡一人,新場堡一人,永安卡一人,得勝營一人,西關一人,石羊哨一人,管屯倉一人,苟爬巖一人,管軍火局一人,永綏廳屬花園一人,茶洞一人,管倉一人,乾州廳屬在城一人,馬頸拘堡一人,大覇坪一人,保靖縣屬水蔭場一人,馬路堡一人。苗守備九人,苗千總三十人,苗把總六十人,苗外委百一十有二人。苗守備,貴州銅仁縣屬一人,松桃廳屬八人。苗千總,貴州銅仁府屬一人,銅仁縣屬二人,安化縣屬一人,松桃廳屬二十六人。苗把總,貴州銅仁府屬四人,銅仁縣屬三人,安化縣屬一人,松桃廳屬五十二人。苗外委,貴州銅仁府屬六人,銅仁縣屬三人,安化縣屬一人,松桃廳屬一百二人。衛千總十人。衛千總,貴州貴東道屬古州左衛一人,右衛一人,八寨衛一人,台拱衛一人,黄施衛一人,丹江衛一人,凱里衛一人,清江左衛一人,右衛一人,松桃廳屬石峴衛一人。若番屯,四川總督統之。凡屯守備十有六人,屯千總二十有四人,屯把總四十有一人,屯外委九十有六人。屯守備,四川懋功協屬儹拉四屯别思滿一人,八角碉一人,宅壟一人,汗牛一人,綏靖營屬促浸兩河河東屯一人,河西屯一人,維州協屬雜谷五寨雜谷腦二人,乾堡二人,上孟董二人,下孟董二人,九子寨二人。屯千總,四川懋功協屬别思滿一人,八角碉一人,宅壟一人,汗牛一人,綏靖營屬河東屯二人,河西屯三人,維州協屬雜谷腦三人,乾堡三人,上孟董三人,下孟董三人,九子寨三人。屯把總,四川懋功協屬别思滿二人,八角碉二人,宅壟二人,汗牛二人,綏靖營屬河東屯二人,河西屯六人,維州協屬雜谷腦五人,乾堡五人,上孟董五人,下孟董五人,九子寨五人。屯外委,四川懋功協屬别思滿四人,八角碉四人,宅壟十人,汗牛三人,綏靖營屬河東屯十一人,河西屯十四人,維州協屬雜谷腦十人,乾堡十人,上孟董十人,下孟董十人,九子寨十人。

○邊鎮無額兵者則换防,兼以治屯將軍大臣,分其治於八旗緑營官,以屯以戍,而靖邊焉。伊犁北路,塔爾巴哈台南路,阿克蘇,烏什喀喇沙爾,吐魯番及科布多有换防,有屯田。伊犁南路,喀什噶爾,英吉沙爾,葉爾羌,和闐,庫車,哈密及烏里雅蘇台專設换防。喀什噶爾,英吉沙爾,葉爾羌,阿克蘇,烏什及烏里雅蘇台换防,有八旗,有緑營。塔爾巴哈台换防,專有八旗。和闐,庫車,喀喇沙爾,吐魯番,哈密及科布多西藏换防,專有緑營、八旗官兵。伊犁北路塔爾巴哈台,由伊犁駐防派往。南路各城,由烏嚕木齊,巴里坤,古城,吐魯番駐防派往。烏里雅蘇台,由綏遠城駐防派往。緑營官兵,伊犁南北路皆由陝甘各標營派往。烏里雅蘇台科布多,由直隸宣化鎮、山西大同鎮派往。西藏,由四川各標營派往。凡八旗换防協領二人,塔爾巴哈台一人,喀什噶爾一人。佐領十有三人,塔爾巴哈台七人,喀什噶爾一人,葉爾羌二人,阿克蘇一人,烏什一人,烏里雅蘇台一人。防禦七人,塔爾巴哈台三人,喀什噶爾一人,英吉沙爾一人,阿克蘇一人,烏什一人。驍騎校二十人,塔爾巴哈台十二人,喀什噶爾三人,葉爾羌二人,阿克蘇一人,烏什一人,烏里雅蘇台一人。緑營换防副將二人,喀什嚕爾一人,葉爾羌一人,參將游擊十人,喀什噶爾一人,英吉沙爾一人,葉爾羌一人,阿克蘇三人,喀喇沙爾一人,科布多一人,前藏一人,察木多汛一人。都司八人,喀什噶爾一人,葉爾羌一人,烏什一人,和闐一人,庫車一人,吐魯番一人,後藏一人,巴塘汛一人。守備十有一人,喀什噶爾一人,烏什一人,庫車一人,吐魯番一人,烏里雅蘇台一人,前藏一人,定日汛一人,江孜汛一人,乍雅汛一人,江卡汛一人,裏塘汛一人。千總二十有七人,喀什噶爾三人,英吉沙爾一人,葉爾羌三人,阿克蘇二人,烏什四人,和闐一人,庫車一人,吐魯番四人,烏里雅蘇台一人,科布多二人,前藏二人,碩板多汛一人,察木多汛一人,巴塘汛一人。把總五十有二人,喀什噶爾三人,英吉沙爾一人,葉爾羌六人,阿克蘇五人,烏什二人,和闐一人,庫車二人,喀喇沙爾二人,吐魯番四人,哈密五人,烏里雅蘇台三人,科布多六人,前藏二人,後藏一人,定日汛一人,拉里汛一人,察木多汛一人,昂地汛一人,乍雅汛一人,石板溝汛一人,江卡汛一人,裏塘汛一人,火竹卡汛一人。外委六十有八人,額外外委一人。外委喀什噶爾六人,英吉沙爾二人,葉爾羌九人,阿克蘇六人,烏什四人,和闐二人,庫車三人,喀喇沙爾五人,吐魯番八人,哈密三人,烏里雅蘇台一人,科布多一人,前藏五人,後藏一人,定日汛一人,江孜汛一人,江達汛一人,拉里汛一人,碩板多汛一人,察木多汛一人,乍雅汛一人,阿足汛一人,梨樹汛一人,巴塘汛一人,裏塘汛一人,中渡汛一人。額外外委,烏什一人。凡緑營屯田,副將一人,塔爾巴哈台一人。參將一人,烏什一人。游擊一人,喀喇沙爾一人。都司三人,塔爾巴哈台二人,吐魯番一人。守備六人,塔爾巴哈台二人,喀喇沙爾一人,烏什二人,吐魯番一人。千總十有二人,塔爾巴哈台七人,喀喇沙爾一人,吐魯番四人。把總十有二人,塔爾巴哈台五人,喀喇沙爾二人,烏什二人,吐魯番三人。外委十有八人,額外外委四人。外委塔爾巴哈台八人,烏什三人,吐魯番七人。額外外委,塔爾巴哈台四人,其阿克蘇科布多屯田,即以换防官經理不另設。

〇土弁,四川、雲南總督,貴州巡撫統焉。凡土守備三人,雲南麗江府屬一人,中甸廳二人。土千總五十有七人,土把總五十有二人,土外委一人。

土千總，四川峩眉縣屬四人，雲南雲龍州屬四人，保山縣屬二人，麗江府屬二人，中甸廳屬五人，維西廳屬二人，貴州貴陽府屬一人，定番州屬二人，羅斛州判屬八人，台拱廳屬三人，清江廳屬六人，黄平州屬一人，古州廳屬六人，下江廳屬一人，郎岱廳屬二人，普安州屬二人，八寨廳屬一人，丹江廳屬三人，都江廳屬二人，麻哈州屬一人，清平縣屬二人。土把總，四川峩眉縣屬四人，雲南雲龍州屬一人，騰越州屬五人，中甸廳屬十六人，維西廳屬五人，貴州台拱廳屬五人，清江廳屬八人，古州廳屬二人，下江廳屬一人，都匀府屬一人，八寨廳屬三人，清平縣屬一人。土外委，羅斛州判屬一人。其土官之不管理村寨者，湖北江夏縣屬世襲千總銜四人，漢陽縣屬世襲千總銜三人，把總銜一人，孝感縣屬世襲千總銜三人，把總銜四人，湖南石門縣屬世襲千總銜六人，把總銜二十二人，慈利縣屬世襲千總銜六人，把總銜二十六人，龍山縣屬世襲把總銜一人，桑植縣屬世襲把總銜二人，永定縣屬世襲千總銜一人。雲南元江州屬改授六品武土官三人，七品武土官二人，貴州貴陽府屬改授六品武土官一人，七品武土官一人，思南府屬改授六品武土官一人，鎮遠府屬改授七品武土官三人，石阡府屬改授七品武土官一人，不與此數。

○土司，甘肅、四川、廣西、雲南、貴州，統以總督、巡撫，西寧、西藏，統以大臣。凡指揮使八人，指揮同知七人，指揮僉事八人，指揮使，甘肅河州屬一人，狄道州屬一人，平番縣屬三人，西寧縣屬三人。指揮同知，甘肅河州屬一人，平番縣屬一人，西寧縣屬一人，碾伯縣屬四人。指揮僉事，平番縣屬一人，洮州廳屬二人，西寧縣屬二人，碾伯縣屬三人。宣慰使十人，宣撫使九人，安撫使十有八人，宣慰使，四川松茂道屬一人，雜谷廳屬一人，清溪縣屬一人，打箭爐廳屬四人，雲南普洱府屬一人，永昌府屬一人，騰越州屬一人。宣撫使，四川懋功廳屬一人，西昌縣屬一人，越嶲廳屬一人，打箭爐廳屬二人，雲南順寧府屬一人，騰越州屬三人。安撫使，四川懋功廳屬一人，茂州屬一人，鹽源縣屬二人，打箭爐廳屬十二人，雲南龍陵廳屬一人，騰越州屬一人。千户四十有七人，副千户二人，百户二百有二人，副百户二人，百長七十有四人，千户，甘肅莊浪廳屬三人，河州屬二人，平番縣屬一人，永昌縣屬一人，大通縣屬一人，四川松潘廳屬二十二人，冕寧縣屬一人，鹽源縣屬四人，會理州屬二人，越嶲廳屬二人，清溪縣屬一人，打箭爐廳屬五人，雲南會澤縣屬一人，西寧屬一人。副千户，甘肅平番縣屬一人，洮州廳屬一人。百户，甘肅河州屬一人，平番縣屬一人，岷州屬四人，碾伯縣屬二人，四川松潘廳屬三十六人，茂州屬三人，冕寧縣屬十三人，鹽源縣屬二人，曾理州屬二人，越嶲廳屬六人，馬邊廳屬九人，清溪縣屬一人，打箭爐廳屬八十三人，西寧屬二十四人，西藏屬十五人。副百户，甘肅平番縣屬一人，四川清溪縣屬一人。百長，西寧二十二人，西藏五十二人。長官司長官百有四人，長官司副長官十有九人。長官司，四川龍安府屬一人，茂州屬五人，雜谷廳屬三人，西昌縣屬五人，馬邊廳屬四人，瀘州屬一人，打箭爐廳屬十五人，廣西慶遠府屬二人，雲南順寧府屬三人，大理府屬一人，龍陵廳屬一人，騰越州屬二人，貴州貴陽府屬四人，定番州屬十三人，開州屬一人，龍里縣屬三人，貴定縣屬四人，郎岱廳屬一人，歸化廳屬一人，永寧州屬二人，鎮遠府屬二人，黄平州屬一人，思南府屬三人，平越州屬一人，思州府屬四人，黎平府屬十人，都匀府屬二人，麻哈州屬二人，獨山州屬三人，銅仁府屬二人，松桃廳屬二人。副長官司，四川鹽源縣屬一人，廣西慶遠府屬一人，貴州貴陽府屬一人，定番州屬一人，開州屬一人，思南府屬二人，思州府屬三人，黎平府屬四人，都匀府屬一人，銅仁府屬二人，松桃廳屬二人。

檔房，清字堂主事，滿洲二人，掌守檔案。凡本部滿洲、蒙古官之陞補、差委，皆掌焉。滿洲蒙古司員、筆帖式題補題陞，由檔房查明資俸，開單呈堂。滿洲蒙古官應派差使，亦由檔房承行。恭遇皇帝謁陵，巡幸行圍，經過城門，兵部派司員一人，在門直宿。如有勘合至門，驗明令其出入，次日報部存案。凡看守城門街道官兵，由部派員稽查，亦由檔房呈堂輪派。如遇巡幸，及每年封印以後，行文八旗於街道及各城門内添設堆撥，俟回鑾及開印日撤回。

本房漢字堂主事，滿洲二人，漢軍一人，繕本筆帖式十有五人，掌繕清字、漢字之題本。

司務廳司務，滿洲一人，漢一人，掌治吏役，收外省衙門之文書，呈堂書到，記其號以分於司。凡提塘之勤惰則稽焉。每月初一、十五日，各省提塘赴廳畫卯。

督催所，郎中、員外郎、主事，無定員。由堂官派委。掌催四司所議之件，而督以例限。每月於兵科山西道註銷。

當月處司員，滿洲一人，漢一人，以四司司員輪直。掌監堂印，收在京衙門之文書。凡鋪遞之件，記其號，以發於提塘。各衙門行各省鋪遞文書，送兵部後，由當月處飭文提塘發遞。送題本於内閣，内閣傳抄，清字則滿洲司員抄焉，漢字則漢司員抄焉。凡城門應早啓者、遲閉者，則定其晷刻以行於步軍統領衙門。每月常朝之日，於黎明啓正陽門。御門聽政之日，於曉鐘後啓正陽門。駐蹕圓明園，西直門、德勝門、西便門早啓遲閉。駐蹕南苑，正陽門、永定門早啓遲閉。俱由部行知步軍統領衙門。遇壇廟祭祀，各衙門陪祀官有應早入城出城者，由太常寺先期咨部，轉行步軍統領衙門，於五鼓後啓門。内務府衙門遇有祭祀、出城取水，或早啓或遲閉，及各部院衙門有應行早啓城門出入者，皆如之。如無本部印文，不准啓門。

欽定大清會典卷三十七

武選清吏司，郎中，滿洲三人、蒙古一人、漢一人，員外郎，滿洲四人、漢二人，主事，滿洲一人、漢一人，掌考武職官之品級而覈其銓選，封授儀式之事。凡營制掌焉，掌土司之政令。

○凡中外大小爵，任營衛屯土之武職，其級十有八。一曰正一品，領侍衛内大臣，一、二、三等子。二曰從一品，内大臣、八旗滿洲蒙古漢軍都統、提督九門巡捕五營步軍統領、駐防將軍者統提督。三曰正二品，左右翼前鋒統領、八旗護軍統領、八旗滿洲蒙古漢軍副都統、左右翼總兵、鑾儀使、一二三等男、駐防副都統、總兵。四曰從二品，散秩大臣、副將。五曰正三品，一等侍衛、冠軍使、火器營翼長、委署翼長、健鋭營翼長、委署翼長步軍翼尉、包衣護軍統領、圓明園護軍營營總、鳥鎗營總、前鋒参領、護軍参領、鳥鎗護軍参領、驍騎参領、一二三等輕車都尉、陵寢總管、圍場總管、黑龍江水師營總管、察哈爾總管、城守尉、王府長史、参將、指揮使。六曰從三品，圓明園包衣營總、包衣護軍参領、包衣驍騎参領、幫辦步軍翼尉、吉林黑龍江参領、察哈爾参領、駐防協領、一等護衛、游擊、宣慰使、指揮同知。七曰正四品，二等侍衛、雲麾使、前鋒侍衛、副前鋒参領、副護軍参領、副鳥鎗護軍参領、副驍騎参領、佐領、步軍協尉、信炮總管、南苑總尉、騎都尉、陵寢翼長、陵寢司工匠、圍場翼長、商都達布遜諾爾達里岡愛總管、太僕寺馬場總管、察哈爾牛羊群牧易總管、防守尉、吉林黑龍江管水手四品官司儀長、都司指揮僉事、宣慰使司同知。八曰從四品，城門領、包衣副護軍参領、包衣副驍騎参領、包衣佐領、察哈爾副参領、察哈爾佐領、四品典儀、二等護衛、宣撫使、宣慰使司副使。九曰正五品，三等侍衛、治儀正、步軍副尉、步軍校、監守信炮官、南苑防禦雲騎尉、陵寢防禦分管佐領、牛羊群牧場副總管、關口守禦防禦、吉林黑龍江管水手五品官守備、宣慰使司僉事、宣撫使司同知、千户。十曰從五品，四等侍衛、委署前鋒参領、委署護軍参領、委署鳥鎗護軍参領、委署前鋒侍衛、下五旗包衣参領、五品典儀、印務章京、三等護衛、守禦所千總、河營協辦守備、安撫使、招討使、宣撫使司副使、副千户。十有一曰正六品，藍翎侍衛、整儀尉、親軍校、前鋒校、護軍校、鳥鎗護軍校、驍騎校、委署步軍校、陵寢祭祀供應官、太僕寺馬場翼長、吉林黑龍江管水手六品官、門千總、營千總、宣撫使司僉事、安撫使司同知、副招討使、長官使、長官、百户。十有二曰從六品，内務府六品藍翎長、六品典儀、衛千總、安撫使司副使。十有三曰正七品，城門吏、恩騎尉、盛京游牧正尉、太僕寺馬場協領、七品廕監生、把總、安撫使司僉事、長官司副長官。十有四曰從七品，盛京游牧副尉、七品典儀。十有五曰正八品，盛京養息牧左右翼長、八品廕監生、外委千總。十有六曰從八品，八品典儀、委署親軍校、委署前鋒校、委署護軍校、委署驍騎校、圓明園副護軍校。十有七曰正九品，各營藍翎長、外委把總。十有八曰從九品，太僕寺馬場委署協領、額外外委。世爵伯以上爲超品。一、二、三等公，一、二、三等侯，一、二、三等伯，均不以品計。土官百長以下，則不列品焉，百長、土舍、土目等均不入品級。

〇凡武職官之任，有兼任，御前大臣、掌鑾儀衛事大臣、嚮導大臣，管理火器營、圓明園護軍營、健鋭營、虎槍營、尚虞備用處、養鷹養狗處、善撲營。大臣皆以本職或本爵兼任。侍衛處、鑾儀衛，及八旗各營印房章京，亦係各本處額缺官兼任。宗室佐領，以宗室職官兼任。公中佐領，以文職侍郎以下武職副都統以下兼任。駐防協領，令兼任佐領。山東、山西、河南、安徽、江西巡撫，令兼任提督。其領侍衛内大臣、内大臣、都統、副都統、統領、左右翼總兵，或以文職兼任者，皆由特簡。有協任，侍衛處委署侍衛班領、委署親軍校，火器營委署翼長、委署鳥鎗護軍參領，健鋭營委署翼長、委署前鋒參領，步軍營幫辦翼尉、委署步軍校，前鋒營委署前鋒侍衛，護軍營委署護軍參領，驍騎營委署驍騎參領，河營協辦守備，皆加給虚銜，仍食原俸。委署親軍校、委署前鋒校、委署護軍校、委署驍騎校，皆加給虚銜，仍食原餉。盛京委署官一百人，吉林委署官一百五十人，黑龍江委署官七十人，各給七品頂戴，仍食原餉。有派任，閱兵大臣、總理行營大臣、直年旗大臣、稽察午門以外地面大臣、稽察寶坻等處駐防大臣、管理舊營房新營房大臣、管理鐵匠局副都統、管理官房大臣、西北兩路參贊大臣、辦事大臣、幫辦大臣、領隊大臣、西寧庫倫辦事大臣、駐藏大臣，皆由欽派。内九門城門偏吉參領、散秩官驍騎校、舊營房新營房營總以下、八旗俸餉房、馬册房馬圈、鐵匠局、漢軍炮營、鳥鎗營、藤牌營、直年旗參領以下，皆各以本職派充。兵部差官，於本科以衛用之武進士及新揀選之一、二等武舉内掣籤派充。各省及漕河駐京提塘，由各督撫於武進士及候補候選守備或一、二等武舉内保送派充。甘肅烏嚕木齋、巴里坤、伊犁、塔爾巴哈台馬場牧官，西北兩路换防屯田及西藏换防官，東三省邊栅卡倫官，皆由各該管官酌派。有試任，八旗世爵，子男輕車都尉、騎都尉、雲騎尉、恩騎尉。或在侍衛上行走，或在鑾儀衛行走，或在護軍營行走，或隨旗行走。廕生改武者，亦令隨旗行走。武職難廕生，或隨旗行走，或在巡捕營行走。大員子弟挑取侍衛者，在侍衛上行走。挑取拜唐阿者，在御茶膳房、備弓處備箭處、養鷹養狗處、尚虞備用處行走。漢世爵，均在附近標營學習。公侯伯子男學習期滿引見後，令在侍衛上行走。廕生改武者,除用侍衛外,或在巡捕營學習,或在附近標營學習。武職難廕生,在附近標營學習。武進士以營用,如願隨營者,發鄰省學習。漢軍武進士發巡捕營及馬蘭、泰寧二鎮學習。武舉隨營之額,直隸、陝甘各三十,山西、江南、福建各二十,河南、浙江、湖廣、四川、雲南各十五,山東、江西、廣東、廣西、貴州各十。武舉願隨營者,按額發往本省學習。營兵中式武舉,願回營者,准於定額外發往。漢軍武舉,有祖父伯叔兄弟官巡捕營者,准發巡捕營學習。其餘願隨營者,按巡捕營把總缺,每八缺准發一人學習,候推守禦所千總及以衛千總用之。漢軍武舉、漢武舉願隨幫者,准總漕咨取名數,籤掣發往效力。各省緑營於馬步戰兵内挑補額外外委,南河河營設外委效用,俱准給頂戴效力。福建、廣東武進士,武舉武生、監生、民人内,有練習水師願隨巡洋效力者,准咨部留營效力。其援例議敘之分發衛守備、守禦所千總、衛千總、營千總把總,俱分發試用,以輔於額缺。

○凡武職官出身,曰世職,世爵公以下,恩騎尉以上,皆准按品補授武職,是曰世職。又八旗散秩大臣、佐領及陵寢防禦有世襲者,亦曰世職。曰武科,武進士、武舉。曰廕生,武職官難廕,有四品、五品、六品、七品、八品廕生,無品級廕生。恩廕生改武者,公、侯、伯、文武一品官所廕爲四品廕生,文武二品官除布政使、總兵、副將外,所廕亦爲四品廕生,布政使、總兵及文三品官之副都御史、通政使、大理寺卿、按察使所廕爲五品廕生,副將爲從五品廕生,文武三品官除副都御史、通政使、大理寺卿、按察使外,所廕爲六品廕生,文武四品官所廕爲七品廕生,八旗子爵所廕爲七品廕生,男爵所廕爲八品廕生,漢子爵所廕照三品官,男爵所廕照四品官。授職各以其等。八旗世職,公、侯、伯承襲後引見,或授散秩大臣,或授侍衛。子以下引見,奉旨在侍衛上行走者,年滿,子男輕車都尉、騎都尉、雲騎尉授三等侍衛,恩騎尉授藍翎侍衛。在護軍營行走者,子男輕車都尉授護軍參領,騎都尉、雲騎尉授副護軍參領,恩騎尉授護軍校。在八旗印房章京上行走者,雲騎尉以上授副驍騎參領,恩騎尉授驍騎校。遇開列,公、侯、伯、子、男授副都統。遇選擬引見,子以下騎都尉以上授王府長史,男以下騎都尉以上授步軍協尉,輕車都尉、騎都尉授信炮總管、司儀長,騎都尉、雲騎尉授步軍副尉、監守信炮官、城門領,騎都尉、雲騎尉、恩騎尉授整儀尉,雲騎尉授步軍校、委署步軍校。下五旗王等所屬子以下雲騎尉以上授散騎郎,駐防輕車都尉授協領,騎都尉授佐領,雲騎尉授防禦,其駐防無防禦者,亦授佐領,恩騎尉授驍騎校。察哈爾子、男、輕車都尉授總管、參領,遇揀選緑營,子男授副將,輕車都尉授參將游擊,騎都尉授都司,雲騎尉授守備。漢公、侯、伯、子、男在侍衛上行走年滿,遇開列,授副將。其發標學習年滿,輕車都尉、雲騎尉授職與八旗用緑營同,恩騎尉授千總。世襲散秩大臣佐領防禦及歲引見,授以其職。武進士一甲一名授一等侍衛,一甲二名、三名授二等侍衛。二甲授三等侍衛。三甲入選者,授藍翎侍衛。其歸班者,授營守備、衛守備。武舉揀選一、二等者,漢軍武舉授門千總,漢武舉授營千總。三等者,漢軍暨漢人均授衛千總。武進士充提塘者,年滿,授營守備、衛守備。武舉充提塘者,年滿,分别等第,一等授營守備、衛守備,二等授守禦所千總。以衛用之武進士及揀選一、二等之武舉充差官者,年滿,分别等第,一等授營守備、衛守備,二等武進士仍授衛守備,武舉授守禦所千總。廕生發標學習年滿,四品廕生授都司,五品廕生授守備,從五品廕生授守禦所千總,六品廕生授營千總、衛千總,七品、八品廕生授把總、外委。八旗廕生隨旗行走者,對品授職。文職之改武者,亦如之。八旗文職改武職者,科道、郎中、道府改副參領、佐領、城門領,員外郎、同知、知州改步軍校、監守信炮官,主事、通判、知縣改驍騎校,小京官、司府首領、州縣佐貳、筆帖式改城門吏。改駐防武職者,烏里雅蘇台、科布多駐班主事銜筆帖式改防禦,額外筆帖式改驍騎校。東三省倉官、臺站官、屯莊官,盛京五部及將軍衙門並各省駐防筆帖式,吉林助教,黑龍江綏遠城教習,均改驍騎校。東三省候補筆帖式改委官。其由兵丁拔補者,不以出身限焉。滿洲蒙古前鋒,准拔補前鋒校、委署前鋒校。親軍,准拔補親軍校、委署親軍校。鳥鎗護軍,准拔補鳥鎗護軍校、委署鳥鎗護軍校。圓明園護軍,准拔補副護軍校。健鋭營前鋒,准拔補副前鋒校。前鋒、親軍、護軍、鳥鎗護軍領催,俱准拔補護軍校、驍騎校。漢軍領催馬甲,准拔補驍騎校。滿洲前鋒、親軍、護軍領催馬甲,漢軍領催馬甲,俱准拔補城門吏。緑營兵丁,准拔補把總、外委、額外外委,是爲行伍出身。

〇分武職官之缺,一曰旗缺,旗缺,有分八旗者,有於每旗下復分本參領下、本佐領下缺者,有分左右翼者,有分上三旗下五旗者,有分兩黄旗、兩白旗、兩紅旗、兩藍旗者,有合八旗爲公缺者。侍衛處及八旗在京各營、各省駐防,皆爲旗缺。鑾儀衛除漢鑾儀使以漢軍漢人兼用外,其餘亦爲旗缺。二曰營缺,在京巡捕營及各省督撫、提鎮、統轄水陸各營,皆爲營缺。河營亦爲營缺。三曰衛缺,直隸、山東、江南、江西、浙江、湖廣各衛所官,專職漕務,是爲衛缺。四曰門缺。門千總爲門缺。其城門領、城門吏,仍屬旗缺。凡旗缺,滿洲、蒙古、漢軍分焉。驍騎營參領以下,滿洲蒙古漢軍,各按八旗分用。前鋒營、護軍營統領以下,火器營、圓明園護軍營、健鋭營總統以下,兼用滿洲蒙古。步軍營協尉以下,駐防協領以下,兼用滿洲蒙古漢軍。鑾儀衛兼用滿洲漢軍。其都統副都統,駐防將軍都統副都統,滿洲蒙古並准開列,漢軍惟開列漢軍。驍騎營都統、副都統,及設有漢軍營之駐防將軍副都統,其駐防總管、城守尉,亦以滿洲蒙古分用。惟盛京城守尉缺,專用宗室人員。營有滿洲缺,有漢缺。直隸山西滑邊副將四缺,參將六缺,游擊六缺,都司二十一缺,守備三十三缺,定爲滿洲缺。又直隸内地副將、參將,於五缺内扣一缺。游擊、都司、守備,於十缺内扣三缺。陝西、甘肅及四川松潘鎮副將、參將,於七缺内扣一缺。游擊、都司,於六缺内扣一缺。守備,於五缺内扣一缺。爲滿洲缺。餘俱漢缺。門爲漢軍缺,衛爲漢缺。凡營,蒙古得用滿洲缺。應用滿洲缺出,於補用滿洲四缺之後,補用蒙古一缺。滿洲、蒙古、漢軍,皆得用漢缺。鑾儀衛,蒙古得用滿洲缺,衛所、漢軍,得用漢缺。

○凡授官之法,八旗副都統而上以開列,領侍衛内大臣、内大臣,由侍衛處開列。掌鑾儀衛事大臣,由領侍衛内大臣將應行補放職名送部開列。管理火器營大臣、嚮導大臣、都統、步軍統領、前鋒統領、護軍統領、副都統、左右翼總兵、駐防將軍都統副都統,非奉特旨補放者,皆由部開列請旨。餘則以揀選。除滿洲鑾儀使,專以滿洲正辦事冠軍使二人引見補放外,其散秩大臣,及侍衛處侍衛班領以下,鑾儀衛冠軍使以下,八旗驍騎參領以下,步軍營翼尉以下,前鋒營、護軍營參領以下,火器營、健鋭營翼長以下,圓明園護軍營營總以下,白塔信炮總管以下,城門領以下,俱由各本旗本營本衙門揀選引見。陵寢翼長以下,駐防協領以下,察哈爾、黑龍江水師、口外牧場總管以下,由各該處揀選定擬正陪咨部,交該旗或直年旗引見。陵寢總管、駐防城守尉及陵寢翼長、駐防防守尉,應在該處擬補而該處不得人者,仍應於在京本旗揀補,或於各旗營公補,皆由各旗營大臣選擬引見。鑾儀衛漢鑾儀使以開列,由部開列。各省總兵而上亦如之。提督非奉特旨補放者,由部開列。總兵,除廣西右江鎮、雲南普洱鎮遇缺選擬正陪引見外,其餘非奉特旨補放者,亦由部開列。

餘則有題,各省緑營題缺陸路副將,直隸大名協,山東臨清協、膠州協、文登協,河南荆關協,閩浙督標中營,福建福州城守協、興化協、臺灣北路協,浙江杭州協、樂清協、嘉興協、象山協、台州協、紹興協、平陽協,湖北竹山協,湖南乾州協,陝甘督標中營,陝西静寧協、靖遠協、神木協、定邊協、洮岷協,甘肅安西協、西大通協、中衛協、永昌協、金塔寺協、永固協、哈密協、莊浪協、瑪納斯協,四川督標中軍、阜和協、維州協、綏寧協,廣東督標中軍、廣州協、三江口協、黄岡協,廣西義寧協,雲貴督標中軍,雲南龍陵協、永昌協、維西協、楚雄協,貴州都匀協、清江協、上江協、大定協、定廣協、松桃協、銅仁協、永安協。參將,直隸提標中軍、務關營、八溝營,山東臺莊營、德州營、即墨營,江南提標中軍、蘇州城守營、淮安城守營、金山營、海州營,安徽徽州營,福建撫標中軍、提標中軍、長福營、同安營、泉州城守營、臺灣城守營、南路營,浙江撫標中軍、提標中軍、太平營、寧海營,湖南提標中軍、保靖營,陝竹督標左營、右營,陝西固原提標中軍、陽平關營、蘭州城守營、循化營、寧陝營,甘肅提標中軍、花馬池營、平羅營、靈州營、濟木薩營、沙州營,烏嚕木齊提標中軍、霍爾果斯營,四川提標中軍、普安營、漳臘營、越嶲營、會川營、成都城守營,廣東提標中軍、增城營、欽州營、雷州營,雲南撫標中軍、提標中軍、順雲營、武定營、尋霑營、永北營、威遠營,貴州撫標中軍、提標中軍、黎平營、丹江營、台拱營、朗洞營、長寨營。游擊,直隸督標前營、後營、宣化鎮標中軍、易州營,河南鄧新營,江南提標左營、前營、松江城守營、泰州營、奇兵營、揚州營、徐州鎮標中軍,安徽潁州營、潛山營,福建提標左營、右營、前營、福寧鎮標中營、右營、漳州鎮標中營、左營、右營、連江營、羅源營、雲霄營、詔安營、龍巖營、平和營、臺灣鎮標中營、左營、右營,浙江提標左營、前營、後營、温州鎮標右營,湖北鄖陽鎮標左營、右營,衛昌營,湖南提標左營、永州鎮標中營、左營、右營、鎮筸鎮標中營、左營、右營、綏靖鎮標中軍、長安營、綏寧營、武岡營、鎮谿營,陝甘督標前營、後營,陝西西安鎮標中軍左營、固原提標左營、右營、前營、後營、漢鳳營、寧羌營、延綏鎮標中軍左營、右營、郿陽營、鎮安城守營、馬監營、留壩營、陝安鎮標中軍右營、河州鎮標左營、右營、泰州營、漢中鎮標中軍左營、定遠營,甘肅提標左營、右營、前營、烏嚕木齊提標左營、凉州鎮標中營、左營、右營、西寧鎮標中營、左營、右營、寧夏鎮標左營、右營、前營、肅州鎮標中營、左營、右營、巴里坤鎮標中營、左營、右營、洪廣營、玉泉營、廣武營、大靖營、貴德營、俄卜嶺營、鎮羌營、嘉峪關營、鎮彝營、洪水營、山丹營、大馬營、靖逆營、巴燕戎格營古城營、鎮海營、永安營、鎮番營、伊犂鎮標中營、左營、庫爾喀喇烏蘇營,四川松潘鎮標中營、左營、建昌鎮標中營、左營、疊溪營、靖遠營、會鹽營、峩邊營、馬邊營、酉陽營、太平營,廣東潮州鎮標中營、儋州營、萬州營、永靖營、瓊州鎮標左營、前山營,雲貴督標左營、右營,雲南撫標右營、提標左營、右營、普洱鎮標中營、右營、臨元鎮標中軍、開化鎮標中軍、騰越鎮標中軍、鶴麗鎮標中營、新嶍營,貴州安義鎮標中營、左營、鎮遠鎮標中營、古州鎮標中營、左營、威寧鎮標中營、都勻協右營、清江協右營、上江協右營、松桃協右營、水城營、歸化營、長壩營、畢赤營、下江營、荔波營。都司,直隸督標左營、河屯協左營、杜勝營、大沽營,山東臨清營、膠州營、文登營、寧福營、安東營,河南內黄營,江南柘林營、青村營、平望營、浦口營、海州營、徐州城守營、蕭營、宿州營,安徽泗州營、亳州營,閩浙督標中營,福建福州城守協左營、興化協右營、長福右營、漳州城守營、安海汛、漢口汛、臺灣北路協中軍、左營、南路下淡水營,浙江嘉興協中軍、象山協左營、右營、台州協中軍、右營、紹興協左營、右營、平陽協左營、右營、杭州城守營、樂清協中軍、大荆營、寧波城守營、温州城守營、磐石營,湖北施南協中軍、安陸城守營,湖南乾州協州軍提標後營、鎮筸鎮標前營、綏靖鎮標右營、永綏協中軍、沅州協中軍、永順協中軍、靖州協中軍、河溪營、古丈坪營、辰州城守營,陝甘督標中軍,陝西靜寧協中軍、靖遠協中軍、神木營、定邊協中軍、鎮羌營、孤山營、安邊營、靖邊營、涇州營、紫陽營、興安城守營、孝義城守營、鎮平營、甎坪營、洮岷營、河州城守營、岷州營、舊洮營、文縣營、西固營、保安營、利橋營、鎮靖營、西安鎮標右營、漢中鎮標右營、西鄉營、華陽營、東江口營、甘肅提標後營,烏嚕木齊提標右營、城守營、鞏寧城守營、凉州鎮標前營、後營、西寧鎮標前營、後營、寧夏鎮標後營、巴里坤城守營、安西協中軍、西大通協中軍、中衞協中軍、永昌營、金塔寺營、永固城守營、哈密協中軍、莊浪協中軍、白塔營、南川營、北川營、威遠營、横城營、新城營、張義營、安遠營、岔口營、三眼井營、清水營、梨園營、馬整營、硤口營、橋灣營、赤金營、塔爾納沁營、興武營,伊犂鎮標右營、巴燕岱營、高臺營、布隆吉爾營、瑪納斯協左營、石營、精河營,四川督標中軍、阜和協左營、右營、維州協中軍、茂州營、城口營、松潘鎮標右營、安阜營、懷遠營、寧越營、冕山營、南坪營、泰寧營、綏寧協中軍、建昌鎮標右營,廣東督標中軍、廣州城守協左營、右營、三江口協中軍、黄岡協中軍、瓊州鎮標右營,廣西義寧協中軍,雲貴督標中軍、臨元鎮標左營、右營、開化鎮標左營、右營、騰越鎮標左營、右營、鶴麗鎮標左營、右營、楚雄協中軍、龍陵協中軍、維西協中軍、曲尋協中軍、永昌協中軍、劍川營，貴州古州鎮標右營、威寧鎮標右營、都匀協左營、清江協左營、上江協左營、大定協左營、定廣協左營、凱里營、册亨營。守備，直隸督標前營、後營、河屯協右營、八溝營、四黨口營、唐三營、黄花山營、良鄉營、房山汛、淡水汛、水東村營、海口營，山東臺莊營、德州營、即墨營，河南盧氏營，江南提標中軍、左營、前營、蘇州城守營、中軍、左營、右營、淮安城守營、金山營、松江城守營、海州營、泰州營、奇兵營、青山營、三江營、常州右營、揚州營、徐州鎮標中軍，安徽徽州營左軍、右軍、潛山營、潁州營，福建撫標中軍、提標中軍、左營、右營、前營、福寧鎮標中營、右營、連江營、羅源營、雲霄營、詔安營、龍巖營、平和營、紅花嶺營、漳州鎮標中營、長福營、左軍、同安營、泉州城守營、臺灣北路協左營、右營、臺灣城守左軍、右軍、南路營、臺灣鎮標中營、左營、右營、艋舺營、噶瑪蘭營，浙江撫標左營、右營、提標中營、左營、前營、後營、温州鎮標右營、嘉興協左營、右營、象山協左營、右營、台州協左營、右營、紹興協左營、右營、平陽協左營、右營、太平營、寧海右營、大荆營、寧波城守營、温州城守營、玉環左營、海塘營，湖北提標後營、竹山協右營、鄖陽鎮標左營、右營、鄖西縣汛、施南協左營、右營、衞昌營，湖南乾州協左營、右營、保靖左營、右營、提標左營、永州鎮標中營、左營、右營、鎮筸鎮標中營、後營、左營、右營、前營、綏靖鎮標左營、右營、長安右營、綏寧營、武岡營、鎮谿營、永綏協左營、河溪營、辰州城守營、宜章營、桂陽營、晃州營、芭茅坪營，陝甘督標左營、右營、前營、後營，陝西西安鎮標中軍、左營、固原提標中軍、左營、右營、前營、後營、漢中鎮標中軍、左營、延綏鎮標中軍、左營、右營、柏林營、木瓜園營、甎井營、下馬關營、石峰堡、寧陝營、陝安鎮標左營、河州鎮標左營、右營、蘭州城守營、循化營、定遠營，甘肅提標中軍、左營、右營、前營、後營，烏嚕木齊提標中軍、左營、右營、城守營、凉州鎮標中營、左營、右營、前營、後營、西寧鎮標中營、左營、右營、前營、後營、寧夏鎮標左營、右營、前營、後營、肅州鎮標中營、左營、右營、巴里坤鎮標中營、左營、右營、花馬池營、平羅營、靈州營、濟木薩營、瑪納斯協左營、右營、庫爾喀喇烏蘇營、喀喇巴爾噶遜營、沙州營、洪廣營、玉泉營、廣武營、大靖營、石空寺營、古水井營、安定營、寧遠堡、水泉營、西把截營、土門營、紅水營、松山營、南古城營、平川營、紅崖營、巴暖營、穆壘營、紅城營、鎮海營、伊犁鎮標中營、左營、右營、霍爾果斯營、塔爾奇營，四川維州協右營、綏寧協右營、普安營、漳臘營、越巂營、會川營、成都城守左營、右營、松潘鎮標中營、左營、建昌鎮標中營、左營、疊溪營、靖遠營、會鹽營、峩邊營、中軍、左營、馬邊營、酉陽營、太平營、青雲花營、永定營、黄楊堡營、鹽廠營、邑梅營、平番營，廣東三江口協左營、右營、黄岡協左營、右營、欽州營、潮州鎮標中營、儋州營、萬州營、永靖營、瓊州鎮標左營、右營、雷州左營、右營、徐聞營、陽春營、永安營、前山營，廣西義寧協右營，雲貴督標左營、右營，雲南撫標左營、右營、提標中營、左營、右營、普洱鎮標中營、右營、臨元鎮標中軍、左營、右營、開化鎮標中營、左營、右營、騰越鎮標中軍、左營、右營、鶴麗鎮標中營、左營、龍陵協右營、永昌協右營、維西協右營、順雲營、左軍、右軍、武定營、尋霑營、永北左軍、右軍、威遠左軍、右軍、新嶍營,貴州安義鎮標左營、古州鎮標中營、左營、右營、威寧鎮標左營、右營、都匀協左營、清江協左營、上江協右營、大定協右營、定廣協右營、枸桃協左營、右營、不峴汛、銅仁協左軍、右軍、永安協左營、黎平左軍、右軍、丹江左軍、右軍、台拱左軍、右軍、朗洞左軍、右軍、長寨左軍、右軍、歸化營、長壩營、畢赤營、下江營、荔液營、黔西營。屯守備,湖南新場堡、得勝營、北關螺螄墈堡、花園城、乾州廳城。水師副將,江南京口協、太湖協,福建閩安協、臺灣協、澎湖協,浙江瑞安協,廣東香山協、龍門協、澄海協、海口協、順德協。參將,江南吴淞營、川沙營,閩浙督標南臺營,福建水師提標中營、銅山營、烽火門,浙江乍浦營、鎮海營、玉環營,廣東水師提標中軍、平海營、大鵬營、海門營、新會營。游擊,山東登州鎮標前營,江南提標右營、蘇松鎮標中營、左營、奇營、狼山鎮標中營、右營、京口協左營、右營、劉河營、福山營、鹽城營,福建水師提標左營、右營、前營、後營、海壇鎮標左營、右營、金門鎮標左營、右營、南澳鎮標左營、福寧鎮標左營、臺灣協中軍、左營、澎湖協中軍、右營,浙江提標右營、温州鎮標中軍、左營、定海鎮標中軍、左營、右營、黄巖鎮標中軍、左營、右營、太湖營,廣東水師提標左營、右營、後營、陽江鎮標中軍、碣石鎮標中營、左營、南澳鎮標右營、海安營、廣海寨營。都司,江南蘇松鎮標右營、掘港營、南匯營、太湖左營、狼山鎮標左營、東海營、高資營,福建閩安協左營、右營、臺灣協右營,浙江瑞安協中軍、昌石營、錢塘營,廣東提標前營、陽江鎮標右營、海口協中軍、香山協左營、右營、龍門協左營、右營、澄海協中軍、碣石鎮標右營、吴川營、硇洲營、順德協左營。守備,山東登州鎮標前營、成山汛,江南提標右營、吴淞營、川沙營、蘇松鎮標中營、左營、右營、奇營、狼山鎮標中營、左營、右營、劉河營、福山營、鹽城營、南匯營、京口協左營、右營、太湖協右營,閩浙督標南臺營,福建提標中軍、左營、右營、前營、後營、福寧鎮標左營、臺灣鎮標中營、左營、右營、滬尾營、海壇鎮標左營、右營、金門鎮標左營、右營、閩安協左營、右營、銅山營、南澳鎮標左營、澎湖協左營、右營、烽火門,浙江提標右營、乍浦營、中軍右營、太湖營、定海鎮標中營、左營、右營、黄巖鎮標中營、左營、右營、寧海左營、鎮海營、温州鎮標中營、左營、瑞安營、玉環右營,廣東提標中營、左營、右營、後營、順德協左營、香山協左營、右營、新會左營、右營、大鵬營、英清營、陽江鎮標左營、右營、廣海寨營、吴川營、東山營、海安營、龍門協左營、右營、海口協右營、南澳鎮標右營、澄海協左營、右營、海門營、達濠營、碣石鎮標中營、左營、右營、平海營。河標副將,河東督標中軍,江南督標中軍。參將,河東督標左營。游擊,河東督標右營,江南水師廟灣營都司,河東督標中營、濟寧城守營,江南督標中軍,又水師佃湖營。守備,河東督標左營、右營、濟寧城守營、中軍,江南水師廟灣營、河營。參將,江南淮徐營、淮揚營。游擊,江南淮徐營、淮揚營都司,直隸永定河營,河南豫河營、懷河營。守備,直隸永定河營北岸營、南運河營,河東黄運河營,河南豫河營、懷河營,江南蕭碭南岸營、豐銅北岸營、銅沛營、邳宿北岸營、睢靈南岸營、宿遷北岸營、宿虹南岸營、桃源南岸營、桃源北岸營、桃源安清中河營、邳州營、山清外河南岸營、山清外河北岸營、山阜黄河南岸營、山清裏河上營、高堰營、山盱營、高寶運河營、揚河江防營、葦蕩左營、葦蕩右營、船務營、海安營、海阜營。其沿邊之缺，如直隸多倫諾爾營、建昌營、赤峰營各都司，均爲旗員題缺。有調，各省緑營調缺。陸路副將，直隸督標中軍，湖北施南協，湖南靖州協、永順協、沅州協、永綏協，四川成都軍標中軍、懋功協、綏定協，廣西新太協、鎮安協。參將，直隸保定營，山東撫標中軍，山西撫標中軍，河南撫標中軍，江蘇撫標中軍，安徽撫標中軍，江西撫標中軍、廣信營、饒州營，湖北撫標中軍、提標中軍，湖南撫標中軍、宜章營、桂陽營，陝西撫標中軍，廣東撫標中軍，廣西撫標中軍、提標中軍、融懷營，雲南廣南營、東川營、鎮雄營、元江營。游擊，山東壽張營，湖北鄖陽鎮標中軍，四川綏靖營、崇化營，廣東連陽營，廣西右江鎮標中軍右營、思恩營、隆林營，雲南昭通鎮標中軍、左營、右營、前營、都司，江西武寧營、鉛山營、浮梁營、永新營，四川成都軍標左營、懋功協中軍，廣西右江鎮標左營、慶遠協中軍、新太協中軍、鎮安協中軍、三里營、龍憑營、馗纛營、上思營、上林營。守備，山東濟南城守中營、壽張營，江西九江鎮標後營，湖北提標右營，四川成都軍標右營、撫邊營、綏靖營、崇化營、慶寧營，廣東廣州城守左營、右營，廣西右江鎮標中營、左營、右營、慶遠協右營、新太協右營、鎮安協右營、融懷營、思恩營、隆林營、東蘭營，雲南昭通鎮標中營、左營、右營、前營、廣南營、東川左軍、右軍、鎮雄左軍、右軍、元江營。水師參將，廣東崖州營。守備，湖北荆州營，廣東崖州營。衛所衛守備，山東濟寧衛、德州衛，江南江淮衛、興武衛、蘇州衛、鎮海衛、鎮江衛、大河衛、揚州衛，安徽鳳陽衛、長淮衛，浙江杭嚴衛、嘉湖衛，湖北武昌衛、武昌左衛，湖南岳州衛。衛千總，江南江淮五幫、七幫、八幫、興武三幫、四幫、六幫、七幫、八幫、鎮江前幫、後幫、大河三幫、揚州三幫、蘇州白糧幫、松江白糧幫、常州白糧幫，安徽建陽寧太幫、長淮頭幫，各二。江西袁州幫、贛州幫、吉安所、永建所，浙江紹興前幫、處州前幫、金衢幫，各一。嚴州所、紹興後幫、台州前幫、温州前幫、後幫、處州後幫、嘉興白糧幫、湖州白糧幫，湖北頭幫，湖南頭幫，各二。其沿邊，山西歸化城營都司，直隸朝陽營、山西豐川營守備，均爲旗員調缺。有輪，陝西、甘肅及四川松潘一鎮題補副將、參將缺出，第一缺補用旗員，二三四五六七補用緑營。游擊、都司缺出，第一缺補用旗員，二三四五六補用緑營。守備缺出，第一缺補用旗員，二三四五補用緑營。凡輪用旗員者，以在京旗員内揀選二三員補放。俟三缺後，將駐防記名人員補用一缺。直隸内地推缺副將，通州協、河間協。參將，紫荆關營、涿州營、固關營。游擊，督標右營、天津鎮標左營、右營、葛沽營、霸州營、拱極營、正定鎮標左營、右營、廣平營、順德營。都司，新雄營、馬水口營、沿河口營、白石口營、廣昌營、天津城守營、通州協中軍、玉田營、静海營、武清營、蒲河口營、樂亭營、舊州營、采育營、三河營、豐潤營、寶坻營、張灣營、龍固營、王家坪營、龍泉關營、倒馬關營、忠順營、大名協中軍、磁州營、河間協中軍、密雲城守營、懷柔營、曹家路營、墻子路營。守備，督標左營、保定營、易州營、插箭嶺營、天津鎮標左營、右營、通州協右營、務關營、正定鎮標左營、右營、固關營、趙州營、開州營、河間協右營、景州營、大城營。各缺，副將参將，以第一缺調補現任旗員，二三四五缺歸部推選。游擊、都司、守備，以第一、第四、第七缺調補現任旗員，二三五六八九十缺歸部推選。如遇輪調時，兵部行文該督，於現任沿邊旗員内揀選調補。所遺邊缺，將在京旗員揀選補放。與揀選分缺焉。沿邊副將，張家口協、獨石口協，山西殺虎口協。參將，直隸昌平營，山西新平營、得勝營、助馬營、偏關營、河堡營。游擊，直隸提標右營、喜峰路營、宣化鎮標右營、遵化營，山西大同鎮標中軍、右營。都司，直隸建昌路營，山永協左營、山海路營、石門路營、鞏華城營、居庸路營、柴溝營、懷安路營、龍門路營，山西天城營、高山營、忻州營、平魯營、朔平營、朔州營、鎮西城保德營、靖遠營。守備，直隸提標中軍、前營、石塘路營、三屯協右營、山永協右營、湯泉營、張家口協中營、左營、萬全營、膳房營、新河營、洗馬嶺營、西陽河營、宣化鎮標中營、左衛城營、獨石口協右營、龍門所營、鎮安堡營、東城營、懷來城營、岔道營、磐山堡營，山西大同鎮標中營、左營、前營、渾源營、北樓營、應州營、殺虎口協右營、寧武營。遇有缺出，以在京旗員揀選二三員補放。俟三缺後，將駐防記名人員補用一缺。四川夔州協副將，以頭等侍衛揀選數員補放。巡捕營題缺副將、參將、游擊、都司、守備及題缺之直隸馬蘭鎮標中軍游擊、左營右營守備，泰寧鎮標中軍游擊、中軍右營守備，皆於滿洲蒙古漢軍緑營官員内揀選正陪，引見補放。餘則推營千總而下以校拔。千總於功加把總及把總内選拔，其隨營一、二等武舉及恩騎尉廕生以千總用者，亦一體選拔。把總於無職任功加及外委、額外外委内選拔，其隨營二等武舉及廕生之以把總用者，亦一體選拔。惟直隸千總，馬蘭鎮標左營左哨二、右哨、右營左哨、右營、黄崖關、曹家路，泰寧鎮標左營、左營左哨、張各莊、右哨、右營右哨、左營右哨。把總，馬蘭鎮標左營左哨頭司二司、右哨頭司二二司、鲇魚關、老廠溝、大窪汛、右營左哨頭司二二司、右營右哨頭司二司、餘丁營、黑峪關、吉家營、楊家堡、鎮羅關、板谷嶺、窄道子、將軍關，泰寧鎮標左營、左營左哨頭司二司、右哨頭司二司、右營、右營左哨頭司二司、右哨頭司二司、王各莊。缺出，該督將應用千總、把總人員擬定正陪，引見補授。其河屯協副將標下千總一人，把總二人，喀喇河屯、僧吉圖各千總，大店子、馬圈子、喇嘛洞、虎什哈、丫頭溝、二溝、龍鬚門、八溝、左司、右司各把總等，缺出，歸旗弁旗兵補用。餘缺以民籍弁兵内選拔。甘肅烏嚕木齊提標中營、左營，巴里坤鎮標中營、左營，瑪納斯協左營，庫爾喀喇烏蘇營各千總缺出，於烏嚕木齊滿洲蒙古候補。驍騎校及委前鋒校、領催前鋒内，由該都統會同提督揀選補放。如不得人，以伊犁委前鋒校、領催前鋒内咨取揀拔，外委於額外外委及兵丁内選拔。千總分别歸總督、提督拔補，撫標千總歸巡撫拔補，把總、外委、額外外委分别歸督撫、提鎮拔補。凡推缺，副將以開列。部推副將缺出，如有在部投供之副將，即由部擬補引見外，餘俱由部開列。惟雲南曲尋協副將缺，專歸開列。直隸沿邊河屯協、山永協副將二缺，專歸滿洲開列。參將而下，皆屬於月選。

○凡用題，缺曰豫保，湖南、陝西、甘肅、四川、廣東、廣西、雲南、貴州、福建九省參將、游擊、都司、守備、千總，令督撫提鎮將堪膺陞用者豫爲保題，由部引見註册。遇題缺，副將、參將、游擊、都司、守備缺出，按班掣補。曰揀發，各省差委需員，准督撫奏請揀發。副將、參將不得過二人，游擊、都司不得過四人。由部將在部候補候選，及巡捕營官、年滿漢侍衛並到部之各項保舉引見人員揀選。如人數不敷，再咨取八旗應用人員一併揀選引見，候旨發往。遇題缺出，按班挨補。與應陞應補者輪焉。有豫保省分，以一豫保、一揀發、一應陞應補輪。無揀發，以一豫保、一應陞應補輪。無豫保省分，以一揀發、一應陞應補輪。無揀發，專題應陞應補，其輪用應陞應補人員時，豫保人員亦准一體題用。其省無題缺者，若題缺少者，山西、江南、江西、安徽之副將，山西、河南之參將，山東、山西、江西之游擊，山西、河南之都司，山西、河南、安徽、江西之守備，是爲無題缺省分。直隸之副將，直隸、安徽、江西、湖北之參將，直隸、河南、安徽、湖北、廣東、廣西之游擊，直隸、安徽、江西、湖北、廣東之都司，直隸、山東、湖北、廣東、廣西之守備，是爲題缺無多省分。各題以推缺。無題缺省分，揀發之副將、參將、游擊、都司遇部推缺出，第一缺歸部，第二缺留補揀發之員。題缺無多省分，除補題缺外，遇部推缺出，第一、二缺歸部，第三缺留補揀發之員。年滿應陞千總回任以題缺守備用者，如係無題缺省分，遇部推缺出，第一、二、三、四缺歸部，第五缺留補候題之員。世職則問題。輕車都尉、騎都尉、雲騎尉，學習期滿，奉旨發回候題者，於輪題現任人員三缺後，題補一缺。無題缺省分，於部推第五缺扣題一缺。題缺無多省分，除於輪題三缺後題補一缺外，再於部推第七缺扣題一缺。軍功亦如之。軍營得功之員，除軍營所出之缺儘歸陞用外，遇本省所出題缺，與存營人員相間輪補。水師豫保者亦如之。各省水師題缺，將諳練之員豫行保舉。俟應陞缺出，將豫保人員與應題人員相間輪補。請改水師者，歸應題人員内相間輪補。

○凡月選，武職官月選，投供、截缺、掣籤、驗看、引見、給憑，並同文職。都司而上分以缺，參將，每年四月分，用滿洲蒙古二等侍衛、雲麾使一人。八月分，用漢軍二等侍衛、雲麾使與八旗漢軍世職，及應陞章京一人。游擊，每年十月分，用漢軍二等侍衛、雲麾使與八旗漢軍世職，及應陞章京一人。都司，每年十月分，用滿洲蒙古三等侍衛、治儀正一人。二月分、十二月分，用漢軍三等侍衛、治儀正與八旗漢軍世職，及應陞章京二人。參將、游擊，每年二月分，合用漢一等、二等侍衛一人。游擊、都司，每年四月、六月、八月分，合用漢三等侍衛三人。都司，每年正月、三月、五月、七月、九月，分用藍翎侍衛五人。各以每月所出之第一缺扣選，是爲月缺。其無題缺及題缺無多省分，應扣推缺作題者，遇有月缺皆不扣。此外所出之參將、游擊、都司推缺，單月論俸推陞，雙月用卓異二人，候補一人，薦舉一人，四缺輪用。守備而下分以班。營守備、衛守備，各分雙單月選。守禦所千總、衛千總，惟雙月選。單月營守備，遇正月、七月，專用門衛千總以營缺用者陞補。餘月分七班，一陞班，二功班，三難廕班，四科班,五捐班,六分發班,七差班。陞班,以現任千總、把總之捐陞者,與門衛千總之應陞者共爲一班。二捐陞,一應陞輪用。功班,謂現任功加千總。難廕班,謂難廕應補守備者。科班,以藍翎侍衛及以營用之武進士共爲一班。捐班,謂候補候推之營守備捐輪議敘即用者。分發班,謂發回各省題補年滿千總,因係無題缺省分,或題缺無多省分,仍准造册歸部銓選者。差班,謂各省引見之千總,奉旨交巡捕營當差者。雙月營守備,分十二班,一還班,二三科班,四五六候推班,七勞班,八效力班,九分發班,十差班,十一廕生班,十二卓薦班。還班,以開復、降調、捐復三項共爲一班,挨次輪用。科班,與單月同。候推班,謂年滿保送千總註册候推者。勞班,謂差官。效力班,謂提塘。分發班、差班,與單月同。廕生班,爲恩廕生之改武者。卓薦班,以卓異千總與薦舉千總共爲一班,二卓異、一薦舉輪用。單月衛守備,分七班,一議敘班,二俸深班,三加級班,四五六仍輪用上三班,七陞班。議敘班,謂衛千總議敘即陞者。俸深班,以門衛千總俸深無事故者論俸合用。加級班,謂衛千總領運全完議敘,加至四級以上奉旨用衛守備者。陞班,以守禦所千總之議敘、俸深、加級三項共爲一班,挨次輪用。雙月衛守備,分十二班,一還班,三五科班,七勞班,九效力班,十一改班,二四六八十十二卓異班。還班,因衛守備無降調一項,以開復、捐復二項共爲一班,挨次輪用。科班,專用武進士以衛用者。勞班、效力班,與前同。改班,以現任營守備引見以衛用者,及掣補營守備之武進士,與以營用之提塘差官,並年滿千總引見改用衛守備者,共爲一班。卓異班,以卓異衛千總與各班相間輪用。守禦所千總,分四班,一還班,二廕生班,三勞班,四效力班,均如前。雙月衛千總,分十四班,一還班,二三四五科班,六漕班,七幫班,八九武舉幫班,十漢軍幫班,十一深科班,十二深揀班,十三代重班,十四廕生班。還班,與前同。科班,專用三等武舉。漕班,爲南漕效力領押重運三運全完者。幫班,謂候推守禦所千總隨幫滿運者。其武舉隨幫運滿者,爲武舉幫班。漢軍武舉隨幫運滿者,爲漢軍幫班。又以各隨幫武舉内之科分深者揀選早者爲深科班、深揀班。代重班,以隨幫武舉在天津以南委押重運一次,及南漕委押重運科分深者,共爲一班,相間輪用。廕生班,與前同。惟門千總不分。門千總亦惟雙月選,專用一、二等漢軍武舉,按揀選先後名次補用。凡選,有抵用者,參將、游擊、都司月缺,如其月無缺,准以下月所出之缺抵還。單月營守備,陞班、難廕班、捐班無人,以候推班抵補。功班無人,以科班内武進士抵補。分發班無人,以勞班抵補。雙月營守備,廕生班無人,以還班内開復一項抵補。雙月衛守備,卓異班無人,以其餘六班挨次抵補。衛千總,廕生班無人,以武舉幫班抵補。惟雙月參將、游擊、都司,卓異候補薦舉一項無人,即過班挨用次項。三項俱無,則缺扣歸單月推陞。有即用者,營衛各官奉旨即用,及參將以下截缺候補者,無論雙單月遇缺即用。特用人員係指明省分者,遇該省缺出即用。選補推陞各官,引見及奉旨後,督撫提鎮或將前官題准留任,或另行題補有人,其擬選扣除之員遇缺即用。如該員業已起程赴任無任可到者,除留於該省候補外,遇該省出有選缺即用。迴避另補人員,歸雙月遇缺即用。邊缺俸滿人員,除伊犁、右江、普洱三鎮總兵,或開列、或擬補,副將、參將各於開列本内聲明,及廣東水師邊缺俸滿准即題陞外,其游擊、都司、守備俸滿,俱歸單月先行陞用。邊俸之例,湖南提標左營、右營、永州鎮標中營、左營、右營、鎮筸鎮標中營、左營、右營、前營、綏靖鎮標左營、右營、沅州協、乾州協、永綏協、永順協、靖州協、宜章營、桂陽營、保靖營、長安營、綏寧營、武岡營、鎮谿營、河溪營、古丈坪營、辰州城守營、晃州營、芭茅坪營,甘肅烏魯木齊提標中營、左營、右營、伊犁鎮巴里坤鎮標中營、左營、右營、瑪納斯協、安西協、哈密協、烏嚕木齊城守營、巴里坤城守營、霍爾果斯营、巴燕岱營、塔爾奇營、沙州營、濟水薩營、庫爾喀喇烏蘇營、古城營、靖逆營、赤金營、布隆吉爾營、塔爾納沁營、橋灣營、鞏寧城守營、精河營、穆壘營、喀喇巴爾噶遜營,四川松潘鎮標中營、左營、右營、維州協、茂州營、漳臘營、疊溪營、平番營、南坪營,廣東龍門協左營、欽州營、儋州營、萬州營、永靖營,廣西鎮安協、慶遠協、義寧協右營、新太協及左營、融懷營、思恩營、三里營、上思營,雲南昭通鎮標中營、左營、右營、前營、騰越鎮標左營、維西協、龍陵協、鎮雄營、廣南營、東川營,貴州安義鎮標中營、左營、古州鎮標中營、左營、右營、清江協、上江協、都匀協、松桃協、銅仁協、永安協及左營、定廣協右營、丹江營、台拱營、朗洞營、長壩營、下江營、荔波營、歸化營、册亨營、長寨右營,俱係五年邊俸之缺。四川懋功協、綏靖營、崇化營、撫邊營、慶寧營,廣西右江鎮標中營、左營、右營、義寧協及左營、新太協右營、隆林營、上林營、龍憑營、馗纛營、東蘭營,雲南普洱鎮標中營、右營、元江營、威遠營、順雲營及右營,俱三年俸滿之缺。廣東崖州營,係二年俸滿之缺。**有間用者**,守備以下奉旨補用。如無班可歸者,於雙月五缺後推用一人。終養人員服滿,如奉旨不必坐補原缺者,於單月五缺後推用一人。病痊人員,俱令坐補原缺。其旗員用緑營病痊,奉旨仍補原官者,除都司以上歸候補班外,守備於雙月五缺後推用一人。年滿衞千總,有應行拔置先用者,保送咨部,於單月四缺後推用一人。**有改用者**,旗員用緑營人員,遇丁憂及患病回旗、養親事畢,由部引見,奉旨以旗員用者,咨送該旗奏補。旗員不宜外任者,亦令回旗以相當之缺補用。難廕緑營等官,奉旨改爲内用者,以對品旗員補用。旗員任緑營降調,仍改用旗員者,應用參將、游擊之員改四品,旗員應用都司者改五品,旗員應用守備者改六品,旗員應用千總、把總者令隨旗當差。**凡參將久不選,則歸題**。在部候補參將逾五缺未經推用者,准發鄰省題補。**水師缺,無應選者亦如之**。内河水師參將、游擊、都司推缺出,於現任内河水師人員内較俸陞轉。如無合例之員,行文該督撫揀選題補。守備推缺出,以第一缺用水師年滿保送千總,第二缺用水師卓異千總。如兩項俱無,令該督撫揀選題補。

○凡官陞者,補者皆敘其資俸,左右翼總兵、八旗副都統及各省總兵,開列提督,漢軍參領及副將,開列總兵,參將開列副將,各以俸爲敘。一等二等侍衞用參將游擊,三等侍衞用游擊都司及藍翎侍衞之用都司者,均以俸爲敘,俸同以科名爲敘。藍翎侍衞用守備者,與歸班以營用之武進士及分發鄰省試用仍由原班銓選之武進士,統以科名爲敘。游擊推陞參將,都司推陞游擊,守備推陞都司,均以俸爲敘。巡捕營游擊、都司、守備爲京俸,每一日作一日半。各省游擊、都司、守備得有功加者,其計俸亦每一日作一日半。門千總、衛千總推陞守備,均以俸爲敘。營千總六年俸滿引見候推候題者,皆以引見之日爲敘,同日以俸爲敘。其引見發巡捕營當差者,以步軍統領咨送名次爲敘。難廕生及恩廕生改武者,俱以奉旨之日爲敘,同日,難廕生以題廕先後爲敘,恩廕生以改武先後爲敘。武進士充提塘差官者,以期滿之日爲敘,同日以科名爲敘。武舉充提塘差官用守備者,以奉旨之日爲敘,同日以期滿之日爲敘,又同日以科名爲敘。其用守禦所禦總者,以期滿之日爲敘,同日以科名爲敘。武舉用門衛千總者,以揀選之歲爲敘,同歲以科名爲敘,同科以直隸、江南、山東、山西、陝西、甘肅、河南、浙江、江西、湖北、湖南、四川、福建、廣東、廣西、雲南、貴州爲敘。守禦所千總、衛千總議敘班,以文到之日爲敘,同日以俸爲敘。加級班,以引見之日爲敘,同日以俸爲敘。營守備改衛者,除係現任營守備入改班即用外,其掣補改衛者,均以奉旨之日爲敘,同日,武進士以科名爲敘,提塘差官以期滿之日爲敘,年滿千總以註册之日爲敘。如二三項人員同二奉旨,則掣分先後。幫班用衛千總,以運滿之日爲敘,同日以科名爲敘。深科班及代重之南漕重運深科人員,以科名爲敘。深揀班以揀選之歲爲敘。代重班之天津以南代押重運人員,以檄委之日爲敘,同日以科名爲敘。漕班,以文到之日爲敘,同日則掣分先後。卓異人員、薦舉人員陞用者,均以俸爲敘。裁缺、迴避、終養、服闋、候補人員,以人文到部之日爲敘,同日以離任之日爲敘。開復人員,以奉旨之日爲敘,同日則掣分先後。捐陞、捐復人員,以捐輸之日爲敘,同日則掣分先後。論俸推陞人員,均計本任之俸,惟任任之日同者,以前任之俸爲敘。初任無前俸者,以原題名次爲敘。録其功績,出征得有功牌者,副都統副將以上,遇開列夾單請旨出征旗員,遇本旗本處揀選,一體陞用。健鋭營官得功牌者,由該管大臣分别等第,一等者即行陞用。其軍營效力之額外人員,遇内外旗員缺出,俱儘先坐補。緑營出征員弁,遇軍營所出之缺,儘歸軍營量功陞用,遇本省應題應拔之缺,與存營人員相間補用,遇由部掣陞推陞之缺,一體陞用。守備以上得有功加者,自奉旨日起,照京營官計俸推陞。千總有功加者,歸功班選用。把總以千總拔補,無職任人以把總拔補。軍營陞用之員,本任未經俸滿奏請陞署者,以前任領劄之日起,扣算年滿實授。陞署尚未實授,又遞行陞署者,以現任領劄之日起,扣算年滿實授。較其技能,武進士除用侍衛外,其分别營衛,皆於御試後欽定。武舉於會試之年,由部奏請欽派大臣會同揀選。將會試原挑雙好單好者,列爲一、二等。次將未經挑入雙好單好者,擇其人材弓馬較優,列入二等,材技平常者,列入三等,分别註册。其弓馬生疏者,列爲四等,俟下次再行揀選。弓馬甚劣,人衰老不堪,列爲五等,奏請革退。緑營滿洲缺人員,由部奏請欽派大臣揀選。其各省奏請揀發人員,亦由部奏請欽派大臣會同揀選。皆驗其弓馬。旗員弓馬平常者、不識漢字者,不准保送緑營。陸路題缺,由督撫提鎮豫保堪勝人員送部引見者,缺出籤掣陞補如已滿三年未經掣補,總督提督再行考驗,如弓馬技藝不及,即咨部註銷。在部候選各官,於掣籤後考驗弓馬。論俸推陞各官,令該督撫給咨送部考驗,帶領引見,平常者扣缺另選。各省考拔千總、把總、外委,皆將材技優長、弓馬嫻熟者拔取。其把總、外委,於弓馬弁兵考補二缺後,將精於鳥鎗者拔補一人。貴州弓箭、鳥鎗兵丁,相間輪拔。水師將備千、把、外委等官,遇有陞遷,考驗各項技藝,如無長足録,即停陞轉,限一年演習,期滿仍不能熟習者,分别降革。在部候補候選江南、浙江、福建、廣東人員内,有素習水性願改水師者,發該省試驗。如果諳習,三年後准其題補。廣東陸路將備内,有願效力水師者,於每年出洋巡哨時,隨同演習,果能熟習水性,准以水師員缺陞調。昆明湖委署千總五年期滿,善操舟者,咨部發回福建以千總用。巡洋兵或能緝匪擒賊,或曾遭風涉險,俱記檔先儘拔補。江南外海繒船舵工,如果熟悉海洋駕駛事宜,准給與舟師外委之牌,遇外委缺出,一體拔補。福建廣東二省武進士、武舉、生、監、民人,有熟諳水性願隨出洋巡哨者,豫由督撫列名咨部,如能擒賊立功,准保題引見敘用。河營將備,以熟習河工之員題補。如有弓馬優嫻者,亦准以河標題補。覈其事故,督撫提鎮特疏糾參,及地方疏防各官,以揭帖或科抄到部停陞提問者,不候事結,先行停陞。因公詿誤案件,議覆未結,亦停陞。其科道糾參及被人訐告者,議覆未結,不停陞。題陞各官,於未引見之前,遇有降革留任處分者扣除,部議降革。奉旨送部引見營員,於引見時照議降革。再行開缺,衞所於部議奉旨之日,先行開缺。營員如奉旨仍發往本省以原官補用者,亦即開缺發往本省候補旗員降調者,不分正從,一級降一品。除一品官降一級者,專以京外副都統擬補外,其餘各按所降之級,分别滿洲蒙古漢軍指定應補之缺擬補。一、二品官降至六品者,不補前鋒校、護軍校等官,令其隨旗行走,三年無過,進一階擬補。三、四、五品官降四級、三級、二級者,以城門吏擬補。駐防旗員降調者,以本處駐防官按品補用。如係由京補放之員,降至七品無缺可補,情願來京者,亦以城門吏擬補。察哈爾三四品官降二級一級者,該處無五品官,遇六品缺出,以第三缺擬補。鑾儀衞官降調者,以本衞官遞降補用。侍衞護衞降調者,各按等遞降補用。王等所屬長史、司儀長降調者,照三四品旗員例,遇品級相當缺出補用。典儀降調者,按品遞降補用。營員降調者,提督總兵以下依次降補。應補總兵、副將者,一體開列。參將、游擊、都司,歸雙月選用。守備,歸班選用。千總、把總,發回本籍拔補。巡捕營官降調者,仍以巡捕營官按級補用。門千總降把總者,發巡捕營補用。衞所官降調者,衞守備降一級,用守禦所千總,守禦所千總降一級,用衞千總,衞千總降一級二級,發漕標以把總、外委補用。外海水師及江南、浙江、廣東内河水師人員降調者,留於該省補用。湖北、湖南、江西内河水師人員降調應補都司、守備者,發往江南、浙江、廣東補用旗員用。綠營降調者,提督總兵請旨賞給差使,副將以下或用綠營,或用旗員,亦聲明請旨。衞所官祖父有欠繳官項者,遇選扣除。衍守備有經手錢糧未完者,遇陞扣除。俱完日再補。捐復人員,原任有應追銀兩逾限未完者,亦扣選。月選官掣籤後告病者,附下月引見,至期未痊,開缺另選。如遇巡幸行圍,例由留京王十臣驗放之官,於前兩月告病者,即扣除開缺,俟病痊,仍以原缺用。八旗武職官丁憂,給假百日。駐防官來京者,除程限外亦給假百日。俱另員署事。假滿京員入署辦事,駐防官仍回原任。二十七月之内,凡遇典禮,免其執事。應開列者,一體開列陞轉,應引見者,於百日後引見。旗員任緑營丁憂回京者,百日後由該旗送部引見,或用原官,或用旗員,聲明請旨。緑營官副將以上丁憂者,回籍守制二十七月。參將以下,准其給假,近者不得過六月,遠者不得過十月。其軍務調遣者,不准給假。衛所官現運糧者,回日准其給假。俱於二十七月内停陞。爲人後者於本生父母,副將以上,回籍治喪一年。參將以下,亦准給假。俱於一年内停陞。凡給假者,離任月日不計俸。其親喪未經報部,適遇陞補者,如原缺尚未補人,仍留原任,俟服闋陞補。若已補人,即令赴新任。如陞補在前,親喪在後,概令赴新任。在部候補候選者,掣籤後遇有親喪,已給劄者,照現任官例給假,滿日仍令赴任。未給劄者,回籍,俟服闋赴補。分發人員遇有親喪,一例准其委署,服闋再行題補坆補。武職各官,除現辦緊要軍務,不准終養外,其餘副將以上,親年逾八十,及獨子親年逾七十者,概令終養。參將以下願終養者,並准回籍終養。陞選各官,或因親老願改近省者,俱如文職官例。衛所官親老改近者,如係繁缺,於近省繁缺内揀員對調;係簡缺,將該員送部,遇近省選缺,不入班次選補。旗員親年七十五歲以上者,不准保外任。具外任旗員有親老願回京者,由督撫奏明,送部引見,或用侍衛,或用旗職,恭候欽定。在京陞遷外任各員親老者,得缺後准呈部引見,以旗員改用。記名及卓異並應陞人員,有親老家無次丁者,由該旗奏明,交部註册,停陞外缺,遇京缺准其陞補。旗員任巡捕營官推陞遠省,以親老留任者,至應補之日,不必坐補原缺,仍以巡捕營原銜補用。驗其年貌,在部投供之員,據赴選年貌文結查驗。旗員投供者,亦咨取該旗年貌册結,於投供時查驗。旗員年五十五歲以上,不准保送緑營。副將以下守備以上,年六十三歲,精力衰者休致。千總堪留任者,展至六十六歲,概令休致。稽其籍貫。武職官更名復姓歸宗改籍之制,並同文職。游擊以上,由督撫提鎮具題。都司至守禦所千總,咨部彙題。千總以下,咨部註册。武職官不准在任所置産。其罷任後,原籍無産業宗族可歸,願於任所入籍者,副將以上由督撫具奏請旨,參將以下報部,准其入籍。月選各官,均迴避本籍、寄籍。陸路題補官,副將、參將避本省。游擊、都司先儘他省人員題補,無則准以本籍五百里外人員題補。守備以隔府別營人員題補。水師副將避本省。參將先儘他省之員題補,無則准以隔府別營人員題補。游擊、都司、守備,均准以隔府別營人員題補。河營將備,皆不避本省。營千總、把總,不避本省,惟本營兵丁,不准拔補本營千總、把總。如左、右、前、後營,即准其互拔。其獨營地方,於本營左哨、右哨内調拔。旗員則註册,若營、若門、若衛,皆給劄焉。巡捕營自左右翼總兵以下,各省自提督以下至把總止,及衛所官並門千總,皆給劄付。

○凡武職官之階,十有八。一曰建威將軍,公侯伯與正一品同。二曰振威將軍,三曰武顯將軍,四曰武功將軍,五曰武義都尉,六曰武翼都尉,七曰昭武都尉，八曰宣武都尉，九曰武德騎尉，十曰武德佐騎尉，十有一曰武畧騎尉，十有二曰武畧佐騎尉，十有三曰武信騎尉，十有四曰武信佐騎尉，十有五曰奮武校尉，十有六曰奮武佐校尉，十有七曰修武校尉，十有八曰修武佐校尉，高下各如其級。命婦之號，則各如文職。公妻曰公妻一品夫人，侯妻曰侯妻一品夫人，伯妻曰伯妻一品夫人，其餘自一品至九品之號並與文職同。封贈通例，亦同文職。

○凡職任之戴翎者，離任則除。領侍衛内大臣、内大臣、侍衛、鑾儀衛滿洲鑾儀使、冠軍使、雲麾使、治儀正、整儀尉、前鋒營、護軍營、火器營、圓明園護軍營、健鋭營官、十五善射、善騎射、善射鵠人、宗室覺羅獻爵官、護衛、將軍、陵寢總管、兼提督銜之巡撫、派往西北兩路之换班大臣，並准戴翎。若軍功，若射布靶之賞翎者，得常戴焉。陞調至他職，亦得戴用。凡翎，六品以下官藍翎，五品以上官花翎。其雙眼者，則奉特賞。凡武職官不乘輿，公侯伯子男、都統以下，駐防將軍以下，緑營提督以下，概不准坐轎。將軍、提督、總兵，年逾七十不能乘馬者，准自行奏請。或因公赴京遇無馬處所，及天雨不能乘騎，暫准坐轎。將軍等眷屬赴任，亦不准坐轎。從兵限以額。都統、統領、副都統及管理各營大臣，准於前鋒護軍馬甲内挑跟班二人，不准挑取前鋒校、護軍校、驍騎校。駐防將軍、都統，准於領催内挑跟班二人，兵丁内挑跟班十人。副都統，准於領催内挑跟班一人，兵丁内挑跟班六人。因公往他省者，將軍都統帶兵不得過二十人，副都統帶兵不得過十五人。來京陛見者，將軍、都統不得過十五人，副都統不得過八人。其陞調他往，及迎送眷屬，不准私役兵丁。緑營金鼓號手，大營不得過五名，小營不得過三名。其餘各項匠役占用兵額者，概行禁止。各官赴任，禁止弁兵沿途迎接。章奏文移，别其清字、漢字之式。滿洲任緑營提督總兵者，奏摺用清字。如係海疆及出洋會哨等事，許用漢字摺。王、貝勒、貝子、公等行文部院衙門，由八旗轉行。八旗行文外省，由部轉行。遇清字事件，兼寫清漢字轉發。各省駐防將軍、都統、副都統，有移行無筆帖式、理事同知、通判省分者，俱兼寫清漢字。其有筆帖式、理事同知、通判省分，亦兼寫清漢字咨覆。無則專以漢字咨覆。

○凡駐防將軍、都統、副都統，各限年以陛見。駐防將軍一人，副都統二人者，以三班按年輪替，三年而遍。將軍一人、副都統一人，或都統一人、副都統一人者，以兩班間年輪替，四年而遍。如專城副都統，則以三年來京一次。總管、城守尉亦如之。總管、城守尉，亦令三年奏請陛見一次。如未奉允准，次年再行奏請。提督、總兵亦如之。直隸提督與總督，每年輪替來京。總兵除馬蘭、泰寧二鎮外，其餘總兵三人，與密雲副都統每二人爲一班，二年而遍。其各省提督、總兵，令三年奏請陛見一次。如未奉允准，次年再行奏請。惟伊犁總兵，俟五年俸滿調回後，再行奏請陛見。臺灣鎮總兵,遇陞調方准奏請陛見。駐防官兵之學習行圍者,亦定以班焉。駐防官兵隨駕學習行圍者,以杭州官兵十六人、乍浦官兵八人、荆州官兵十六人爲一班,西安官兵二十四人、青州官兵十六人爲一班,江寧官兵十六人、京口官兵八人、開封官兵八人、右衛官兵八人爲一班。每班輪替來京,俱由部豫期奏請飭調。東三省及熱河應派隨圍官兵,俱令在熱河豫備。其餘駐防,或地居邊遠,或官兵較少,均毋庸來京。

○凡營制,各審其地之險要,與其人民之聚而建置焉。凡統兵之法,曰管轄,巡捕營提督,管轄中營及圓明園、暢春園、静宜園、樂善園、樹村等五汛。左翼總兵,管轄南、左二營及西珠市口、東珠市口、西河沿、東河沿、花兒市、菜市口、左安、河陽、東便、廣渠等十汛。右翼總兵,管轄北、右二營及德勝、安定、東直、朝陽、永定、阜成、西便、廣寧等八汛。直隸總督,管轄本標左、右、前、後四營及保定城守、新雄、涿州、拱極、良鄉五營。四路廳屬、口北道屬、熱河道屬捕盜各汛,其熱河道屬者,並隸熱河都統兼轄。直隸提督,管轄本標中、左、右、前四營及古北口城守、密雲城守、石塘、順義、昌平、居庸、鞏華、蒲河、樂亭、懷柔、湯泉、八溝、建昌、赤峰、朝陽十二營並河屯協左右二營,協屬唐三一營、三屯協左右二營,協屬喜峰路、燕河路、建昌路三營、山永協左右二營,協屬山海路、石門路二營,其河屯協及八溝、建昌、赤峰、朝陽等營並隸熱河都統兼轄。馬蘭鎮總兵,管轄本標左右二營及曹家路、牆子路、黄花山、遵化、薊州城守、餘丁六營。泰寧鎮總兵,管轄本標左右二營及水東村、紫荆關、白石口、廣昌、插箭嶺、攀山、易州、房山、淶水、馬水口、沿河口十一營。宣化鎮總兵,管轄本標中左右三營及宣化城守、蔚州路、東城、懷來路、懷來城、龍門路、葛峪堡、永寧路、岔道城、左衛城、懷安路十一營,並張家口協中、左、右三營,協屬萬全、膳房、新河口、洗馬林、柴溝、西陽河六營、獨石口協左右二營,協屬雲州、鎮安、龍門所、多倫諾爾四營。天津鎮總兵,管轄本標左右二營及天津城守、四黨口、務關路、寶坻、霸州、葛沽、大沽、海口、武清、静海、豐潤、玉田、舊州十三營,並河間協左右二營,協屬景州、大城二營、通州協左右二營,協屬張灣、三河、采育三營。正定鎮總兵,管轄本標左右二營及龍固城守、趙州、固關、王家坪、龍泉關、倒馬關、忠順七營,並大名協左右二營,協屬杜勝、廣平、順德、開州四營。山東巡撫兼提督,管轄本標左右二營。兖州鎮總兵,管轄本標左右二營,及德州、曹州、泰安、臺莊、高唐、壽張、東昌、梁山、沙溝、鉅野十營,並臨清協、沂州協各一營。登州鎮總兵,管轄本標左右二營、外海水師前營一營,及濟南城守、萊州、即墨、青州、武定、佘家巷、安東、寧福、壽樂九營,並文登協、膠州協各一營。河東河道總督,管轄本標中、左、右三營,及濟寧城守一營。山西巡撫兼提督,管轄本標左右二營。太原鎮總兵,管轄本標左右二營,及平陽城守、隰州、太原、靖安、汾州、石樓、潞澤、澤州、平垣、孟壽十營,並蒲州協一營,協屬運城、吉州二營。大同鎮總兵,管轄本標中、左、右、前四營,及新平、天城、陽和、渾源、得勝、豐川、助馬、高山、懷仁、北樓、平邢、靈邱、東路、忻州、山陰、應州十六營,並殺虎口協左右二營,協屬寧武、朔州、神池、偏關、樺林、鎮西城、老營、河堡、保德、水泉、平魯、靖遠、朔平、歸化十五營。

河南巡撫兼提督，管轄本標左右二營，並荊子關協左右二營，協屬盧氏城守一營。河北鎮總兵，管轄本標左右二營，及河南城守、開封城守、衞輝、彰德、陜州、嵩縣、王禄店、内黄八營。南陽鎮總兵，管轄本標左右二營，及襄城城守、汝寧、歸德、陳州、信陽、鄧、新、新野七營。兩江總督，管轄本標中左二營，及江寧城守協左右二營，協屬奇兵、青山、浦口、溧陽、瓜洲五營，高資内河水師一營，京口内河水師協左右二營，揚州一營。江南河道總督，管轄本標中右二營，及内河水師廟灣、佃湖二營。漕運總督，管轄本標中、左、右三營，及淮安城守、海州二營，内河水師鹽城、東海二營。江蘇巡撫，管轄本標左右二營，及蘇州城管左右二營。江南水陸提督，管轄本標陸路中、左、前、後四營，内河水師右營一營，及陸路松江城守、鎮江城守、常州中左右、金山、江陰、靖江、陽舍、孟河、柘林、平望、青村十三營，内河水師劉河、福山二營，外海水師南匯一營，並太湖協内河水師左右二營，太湖協兼轄浙江太湖營游擊以下各官，歸浙江提督兼轄。蘇松鎮總兵，管轄本標外海水師中、左、右三營，及外海水師川沙、吴淞、奇營三營。狼山鎮總兵，管轄本標内河水帥中左二營，外海水師右營一營，及陸路泰州、泰興、三江三營，外海水師掘港一營。徐州鎮總兵，管轄本標中營一營，及徐州城守、蕭營、宿州三營。安徽巡撫兼提督，管轄本標左右二營，及徽州左右、寧國、池州、蕪采、廣德六營，並安慶協左右二營，協屬游兵、潛山二營。壽春鎮總兵，管轄本標中右二營，及六安、泗州、廬州、亳州、潁州五營。江西巡撫兼提督，管轄本標左右二營，並南昌協一營。九江鎮總兵，管轄本標前後二營，及廣信、鉛山、饒州、浮梁、建昌、廣昌、武寧、瑞州、撫州、銅鼓、南康城守十一營，内河水師九江、鄱陽、南湖三營。南贛鎮總兵，管轄本標中、左、後三營，及贛州城守、寧都、南安、吉安、興國、文英、永鎮、横岡、羊角、龍泉、萬安、永豐、永新十三營，並袁州協一營，協屬臨江一營。閩浙總督，管轄本標中、左、右三營，及外海水師南臺一營。福建巡撫，管轄本標左右二營。福建陸路提督，管轄本標中、左、右、前、後五營，及泉州城守、安海、洪瀨、長福左右五營，並福州協左右二營、興化協左右二營。福寧鎮總兵，管轄本標陸路中右二營，外海水師左營一營，及陸路桐山、連江、羅源三營，外海水師烽火門一營。汀州鎮總兵，管轄本標中、左、右三營，及邵武城守左右二營。建寧鎮總兵，管轄本標中左右三營，及楓嶺一營，並延平協左右二營，其楓嶺營屬浙江楓嶺營游擊兼轄。漳州鎮總兵，管轄本標中、左、右三營，及漳州城守、同安、詔安、平和、雲霄、龍巖六營。水師提督，管轄本標外海水師中、左、右、前、後五營，並福寧鎮水師營。金門鎮總兵，管轄本標外海水師左右二營，及外海水師銅山一營，並閩安協外海水師左右二營。海壇鎮總兵，管轄本標外海水師左右二營。南澳鎮總兵，管轄本標福建外海水師左營一營，其右營及澄海一協達濠、海門二營屬廣東管轄。臺灣鎮總兵，管轄本標陸路中、左、右三營，及陸路臺灣城守左右、南路、南路下淡水、噶瑪蘭五營，水陸兼轄艋舺一營，並北路協陸路中、左、右三營，臺灣協外海水師中、左、右三營，澎湖協外海水師左、右二營。浙江巡撫，管轄本標左右二營，及海防一營。浙江水陸提督，管轄本標陸路中、左、前、後四營，外海水師右營一營,及陸路寧波城守一營、内河水師太湖一營、外海水師乍浦左右二營,並陸路杭州協一營,協屬内河水師錢塘一營、陸路嘉興協左右二營、湖州協左右二營,協屬安吉一營、紹興協左右二營,其太湖營屬江南太湖協副將兼轄。定海鎮總兵,管轄本標外海水師中、左、右三營,及外海水師鎮海一營,並陸路象山協左右二營,協屬外海水師昌石一營。黄巖鎮總兵,管轄本標外海水師中、左、右三營,及陸路太平一營、寧海外海水師左營、陸路右營二營,並台州協陸路中、左、右三營。温州鎮總兵,管轄本標外海水師中左二營、陸路右營一營,及陸路温州城守一營、玉環陸路左營、外海水師右營二營,並陸路樂清協一營,協屬大荆、盤石二營,平陽協左右二營、外海水師瑞安協左右二營。處州鎮總兵,管轄本標中、左、右三營,及麗水一營,並金華協左右二營。衢州鎮總兵,管轄本標中、左、右三營,及衢州城守、楓嶺二營,並嚴州協左右二營,楓嶺營兼轄福建楓嶺營守備以下各官,歸福建建寧鎮管轄。湖廣總督,管轄本標中、左、右三營,及湖南岳州一營。湖北巡撫,管轄本標左右二營。湖北提督,管轄本標中、左、右、前、後五營,及武昌城守、襄陽城守、荆州城守、均、光、安陸、荆門、興國、德安九營,漢陽内河水師一營,並黄州協一營,協屬蘄州、道士洑二營。鄖陽鎮總兵,管轄本標中、左、右、前四營,及鄖陽城守一營,並竹山協左右二營。宜昌鎮總兵,管轄本標中左二營,内河水師前後二營,及遠安、衛昌、宜都三營,内河水師荆州一營,並施南協左右二營。湖南巡撫,管轄本標左右二營,及鳳凰廳屯軍三營、廳標三營。湖南提督,管轄本標中、左、右、前、後五營,及澧州城守、永定、澧州、九谿四營,内河水師岳州、洞庭二營,並常德協一營、長沙協左右二營、乾州協左右二營,協屬鎮谿、河溪二營,永順協一營,協屬古丈坪一營。鎮筸鎮總兵,管轄本標中、左、右、前四營,並沅州協一營,協屬晃州一營、靖州協一營,綏寧、長安二營。永州鎮總兵,管轄本標中、左、右三營,及臨武、宜章、桂陽、武岡四營,並寶慶協、衡州協各一營。綏靖鎮總兵,管轄本標左右二營,及保靖中右二營,並永綏協中左二營,協屬芭茅坪一營。陝甘總督,管轄本標中、左、右、前、後五營。陝西巡撫,管轄本標左右二營。固原提督,管轄本標中、左、右、前、後五營,及固原城守、平凉城守、西安城守、慶陽、長武、邠州、涇州、紅德城、西鳳、盩厔、漢鳳、關山、秦州、利橋十四營,並靖遠協一營,協屬下馬關、蘆塘、西安州、永安堡、八營五營,静寧協左右二營,協屬馬監營、石峰堡二營。西安鎮總兵,管轄本標中、左、右三營,及富平、宜君二營,並潼關協一營,協屬神道嶺、商州、金鎖關三營。延綏鎮總兵,管轄本標中、左、右三營,及延綏城守、延安、鄜州、波羅、懷遠、魚河、綏德七營,並神木協一營,協屬黄甫、建安、高家鎮、羌孤山、永興、柏林、木瓜園八營,定邊協一營,協屬靖邊、鎮靖、安邊、柳樹澗、甎井五營。陝安鎮總兵,管轄本標中、左、右三營,及興安城守、鎮安城守、孝義、甎坪、鎮坪、紫陽、七里關七營。河州鎮總兵,管轄本標左右二營,及河州城守、循化、保安、起臺、臨洮、蘭州城守六營,並洮岷協一營,協屬岷州、舊洮、階州、文縣、西固、鞏昌六營。漢中鎮總兵,管轄本標中、左、右三營,及漢中城守、寧陝、陽平關、寧羌、畧陽、留壩、定遠、西鄉、華陽、東江口十營。甘肅提督,管轄本標中、左、右、前、後五營，並永固協一營，協屬甘州城守、洪水、南古城、山丹、大馬、梨園、馬墩、硤口八營。西寧鎮總兵，管轄本標中、左、右、前、後五營，及西寧城守、鎮海、巴燕戎格、巴暖、北川、南川、貴德、威遠、碾伯九營，並大通協一營，協屬永安、白塔二營。寧夏鎮總兵，管轄本標左、右、前、後四營，及花馬池、安定、靈州、同心、平羅、淇廣、玉泉、廣武、興武、橫城十營，並中衛協一營，協屬石空寺、古水井二營。凉州鎮總兵，管轄本標中、左、右、前、後五營，及西把截一營，並永昌協一營，協屬鎮番、犬靖、安遠、張義、新城、寧遠、水泉、土門八營，莊浪協一營，協屬俄卜嶺、松山、鎮羌、岔口、紅水、三眼井、紅城七營。肅州鎮總兵，管轄本標中、左、右三營，及肅州城守、沙州、嘉峪關、靖逆、赤金五營，並金塔寺協一營，協屬鎮夷、高臺、平川、紅崖、清水五營，安西協一營，協屬布隆吉、爾橋灣二營。烏嚕木齊提督，管轄本標中、左、右三營，及烏嚕木齊城守、濟木薩、庫爾喀喇烏蘇、精河、鞏寧、喀喇巴爾噶遜六營，並瑪納斯協左右二營。巴里坤鎮總兵，管轄本標中、左、右三營，及巴里坤城守、古城、穆壘三營，並哈密協一營，協屬塔爾納沁一營。伊犁鎮總兵，管轄本標中、左、右三營，及惠遠城、霍爾果斯、塔爾奇、巴燕岱四營。四川成都將軍，管轄本標左右二營。四川總督，管轄本標中、左、右三營。四川提督，管轄本標中、左、右、前四營，及成都城守左右、青雲沱、永寧、瀘州、敘馬、建武、大壩、赤水、馬邊、普安、安阜十二營，並阜和協左右二營，協屬泰寧、黎雅、峩邊三營，懋功協一營，協屬撫邊、綏靖、崇化、慶寧四營。川北鎮總兵，管轄本標中、左、右三營，及順慶、太平、潼綿、通巴、百丈關五營，並綏定協左右二營，協屬城口一營。重慶鎮總兵，管轄本標中、左、右三營，及酉陽、黔彭、忠州三營，並夔州協左右二營，協屬巫山、梁萬、鹽廠三營，綏寧協左右二營，協屬邑梅一營。建昌鎮總兵，管轄本標中、左、右三營，及會川、永定、越巂、寧越、靖遠、瀘寧、會鹽、懷遠、冕山九營。松潘鎮總兵，管轄本標中、左、右三營，及漳臘、疊溪、龍安、平番、南坪、小河六營，並維州協左右二營，協屬茂州一營。兩廣總督，管轄本標中、左、右、前、後五營，及內河水師肇慶一營、理猺一營。廣東巡撫，管轄本標左右二營。廣東陸路提督，管轄本標中、左、右、前、後五營及增城左右、永靖、那扶四營，並惠州協左右二營，協屬永安、和平二營，肇慶協左右二營，協屬四會一營、廣州協左右二營，協屬三水、前山二營。南韶連鎮總兵，管轄本標中、左、右三營，並三江口協左右二營，協屬連陽一營、南雄協一營。湖州鎮總兵，管轄本標中、左、右三營，及潮州城守、平鎮、饒平、潮陽、興寧、惠來六營，並黃岡協左右二營。高州鎮總兵，管轄本標左右二營及欽州、廉州、化石、陽春、徐聞、雷州左右七營，並羅定協左右二營。水師提督，管轄本標外海水師中、左、右三營，內河水師前後二營及外海水師大鵬一營，內河水師新會左右、英清三營，並順德協左右二營、香山協外海水師左右二營。陽江鎮總兵，管轄本標外海水師左右二營，及外海水師吳川、硇洲、東山、廣海寨四營。碣石鎮總兵，管轄木標外海水師中、左、右三營及外海水師平海一營。瓊州鎮總兵，管轄本標陸路左右二營，及陸路萬州、儋州二營、水陸相兼崖州一營、外海水師海安一營，並龍門協外海水師左右二營、海口協外海水師左右二營。南澳鎮總兵,管轄本標廣東外海水師右營一營及外海水師達濠、海門二營,並澄海協外海水師左右二營,其左營屬福建管轄。廣西巡撫,管轄本標左右二營。廣西提督,管轄本標中、左、右、前、後五營,及桂林城守、柳州城守、全州、融懷、賓州五營,並義寧協左右二營、平樂協左右二營,協屬富賀、麥嶺二營,慶遠協左右二營,協屬東蘭營。左江鎮總兵,管轄本標中、左、右三營,及南寧城守、鬱林、上思三營,並梧州協左右二營,協屬懷集一營、潯州協左右二營、新太協左右二營,協屬馗纛、龍憑二營。右江鎮總兵,管轄本標中、左、右三營,並鎮安協左右二營,思恩、隆林、上林三營。雲貴總督,管轄本標中、左、右三營,及曲尋協左右二營、雲南城守營、尋霑營。雲南巡撫,管轄本標左右二營。雲南提督,管轄本標中左右三營,及大理城守、武定二營,並曲尋協左右二營。臨元鎮總兵,管轄本標中、左、右三營,及元江、新嶍二營。開化鎮總兵,管轄本標中、左、右三營,及廣南、廣西二營。騰越鎮總兵,管轄本標中、左、右三營,及順雲左右二營,並永昌協左右、龍陵協左右各二營。鶴麗鎮總兵,管轄本標中、左、右三營,及永北左右、劍川三營,並維西協左右二營。昭通鎮總兵,管轄本標中、左、右、前四營,及東川、鎮雄各左右二營。普洱鎮總兵,管轄本標中右二營,及威遠左右、景蒙三營。貴州巡撫,管轄本標左右二營,及古州左右、八寨、台拱、黄施、丹江、凱里、清江左右、石峴十衛,並都江、下江二營。貴州提督,管轄本標左、右、前三營,及貴陽、平越、長寨左右、歸化、黔西、安順、仁懷、新添九營,並大定協、平遠協、遵義協、定廣協各左右二營。安義鎮總兵,管轄本標中、左、右三營,及長壩、普安、安南、册亨四營,並永安協左右二營。古州鎮總兵,管轄本標中、左、右三營,及朗洞左右、黎平左右、荔波、下江六營,並上江協、都匀協各左右二營。鎮遠鎮總兵,管轄本標中、左、右三營,及台拱左右、丹江左右、思南、凱里、黄平、天柱、石阡九營,並清江協、松桃協、銅仁協各左右二營。威寧鎮總兵,管轄本標左右二營,及畢赤、水城二營。曰節制。直隸總督,節制提督一,馬蘭鎮、泰寧鎮、宣化鎮、天津鎮、正定鎮總兵五。直隸提督,節制總兵五。山東巡撫兼提督,節制兖州鎮、登州鎮總兵二。山西巡撫兼提督,節制太原鎮、大同鎮總兵二。河南巡撫兼提督,節制河北鎮、南陽鎮總兵二。江南總督,節制江南水陸提督一,安徽、江西巡撫兼提督二,蘇松鎮、狼山鎮、徐州鎮、壽春鎮、九江鎮、南贛鎮總兵六。江南水陸提督,節制蘇松鎮、狼山鎮、徐州鎮總兵三。其徐州鎮總兵,兼受江南河道總督節制。安徽巡撫兼提督,節制壽春鎮總兵一。江西巡撫兼提督,節制九江鎮、南贛鎮總兵二。閩浙總督,節制福建陸路水師、浙江水陸提督三,福寧鎮、汀州鎮、建寧鎮、漳州鎮、金門鎮、海壇鎮、臺灣鎮、定海鎮、黄巖鎮、温州鎮、處州鎮、衢州鎮總兵十二,又南澳鎮總兵所屬之半。福建陸路提督,節制福寧鎮、汀州鎮、建寧鎮、漳州鎮總兵四,其福寧鎮總兵所屬之水師營歸水師提督節制。水師提督,節制金門鎮、海壇鎮、臺灣鎮總兵三,又南澳鎮總兵所屬之半,其福建陸路鎮協各標營,兼受福州將軍節制。浙江水陸提督,節制定海鎮、黄巖鎮、温州鎮、處州鎮、衢州鎮總兵五,其浙江提鎮各標營俱兼受巡撫節制。湖廣總督,節制湖北、湖南提督二,鄖陽鎮、宜昌鎮、鎮筸鎮、永州鎮、綏靖鎮總兵五。湖北提督,節制鄖陽鎮、宜昌鎮總兵二。湖南提督,節制鎮筸鎮、永州鎮、綏靖鎮總兵三。陝甘總督,節制固原、甘肅、烏嚕木齊提督三,内安鎮、延綏鎮、陝安鎮、河州鎮、漢中鎮、西寧鎮、寧夏鎮、凉州鎮、肅州鎮、巴里坤鎮、伊犁鎮、總兵十一。固原提督,節制西安鎮、延綏鎮、陝安鎮、河州鎮、漢中鎮總兵五,其西安鎮總兵,兼受陝西巡撫節制。甘肅提督,節制西寧鎮、寧夏鎮、凉州鎮、肅州鎮總兵四,其西寧鎮總兵,兼受西寧辦事大臣節制。烏嚕木齊提督,節制巴里坤鎮、伊犁鎮總兵二,其伊犁鎮總兵兼受伊犁將軍節制。四川總督,節制提督一,川北鎮、重慶鎮、建昌鎮、松潘鎮總兵四。四川提督,節制總兵四,其建昌鎮、松潘鎮總兵兼受成都將軍節制。兩廣總督,節制廣東陸路水師、廣西提督三,南韶連鎮、潮州鎮、高州鎮、陽江鎮、碣石鎮、瓊州鎮、左江鎮、右江鎮總兵八,又南澳鎮總兵所屬之半。廣東陸路提督,節制南韶連鎮、潮州鎮、高州鎮總兵三。水師提督,節制陽江鎮、碣石鎮、瓊州鎮總兵三,又南澳鎮總兵所屬之半,其廣東陸路鎮協各標營,兼受廣州將軍節制。廣西提督,節制左江鎮、右江鎮總兵二。雲貴總督,節制雲南、貴州提督二,臨元鎮、開化鎮、騰越鎮、鶴麗鎮、昭通鎮、普洱鎮、安義鎮、古州鎮、鎮遠鎮、威寧鎮總兵十。雲南提督,節制臨元鎮、開化鎮、騰越鎮、鶴麗鎮、昭通鎮、普洱鎮總兵六。貴州提督,節制安義鎮、古州鎮、鎮遠鎮、威寧鎮總兵四,其貴州鎮協各標營兼受貴州巡撫節制。令將弁各率其兵,設防應調,以備戰守之用。若河營,直隸總督兼北河河道總督,管轄永定河、北運河、南運河三河營。河東河道總督管轄山東運河、黄河、河南懷河、豫河四河營。江南河道總督管轄淮徐、淮揚二河營,葦蕩營、船務營。若衛所,漕運總督管轄直隸、山東、江南、江西、浙江、湖北、湖南各衛所。統率亦如之。

○凡土司,土司承襲、議敘、議處、封贈、卹賞之例,並同文土官。曰指揮,曰宣慰,曰宣撫,曰安撫,曰招討,各以其長爲使。惟長官司不置使。指揮使而下,其等七。指揮使、指揮同知、指揮僉事、千户、副千户、百户、百長。宣慰使司,其等四。宣撫使司、安撫使司,亦如之。宣慰使司宣慰使、同知、副使、僉事,宣撫使司宣撫使、同知、副使、僉事,安撫使司安撫使、同知、副使、僉事。招討使而下,其等二。招討使、招討副使。長官司亦如之。長官司長官、副長官。加等者,至指揮使、宣慰使,則止焉。土司有軍功者,各就原品級以次遞加。指揮使以下,由百長以次遞加,至指揮使而止。宣慰使等三司,各由僉事遞加,至該司使。副招討使如招討使,副長官加長官。其加至長官者,准加安撫使或招討使。安撫使、招討使,准加宣撫使。遞加至宣慰使而止。降等者各於其司。土司支庶分地管理者,准降等給與職銜,與文土官例同。其降等,各按其司之等遞降,至無等可降,則爲土舍土目,不給職銜。凡土職,皆世其襲。土司辭職,改土歸流,給千總、把總職銜,均頒給勅書,准其世襲。遇襲替時,定限六月,令地方官查明咨部,彙題給劄。如願隨營者,准其食俸效力。才具優長者,按缺題補,照例陞轉。

欽定大清會典卷三十八

職方清吏司，郎中，滿洲五人、漢二人，員外郎，滿洲二人、蒙古一人、漢一人，主事，滿洲一人、蒙古一人、漢二人，掌武職官議處、議敘、議恤，與其甄別考察簡閲巡防之事，掌凡關禁、海禁。

○凡處分，有八旗例，有緑營例，八旗驍騎、前鋒、護軍、步軍、火器、健鋭、圓明園護軍各營，及各省駐防處分，皆用八旗例。其鑾儀衛滿洲官及白塔信炮官、城門領、城門吏並滿洲蒙古漢軍世職官處分，亦附於八旗例。各省陸路水師各營處分，用緑營例。其河營門衛及漢侍衛、鑾儀衛漢軍官，並漢世職、武進士、武舉等處分，亦附於緑營例。各按條以定議，有專例者，各議以本例。無專例者，或比照他例，或加等減等，或酌議請旨，或比刑律笞五等、杖五等，分别公私，凖以罰俸降革，並如文職。檢舉者減議，副都統、總兵而上，檢舉則請旨。八旗在京參領以下，在外駐防三品以下，緑營副將以下，自行檢舉者，各按應得處分減議。副都統、總兵以上，自請檢舉及屬員檢舉者，各將處分及寬免之處兩議請旨。其事出營私或先經發覺及罪已論決者，雖檢舉不准寬減，並如文職。凡抵以級紀者，公罪准以加級紀録抵銷，私罪及特旨降罰者、六法劾參者，不准抵銷，並如文職。軍功所敘，則倍其抵。軍功加一級抵降二級，銷去軍功加一級、給還尋常加一級抵降一級，軍功紀録一次抵罰俸一年，銷去軍功紀録一次、給還尋常紀録一次抵罰俸六月。其京員罰俸不及六月者，註册合計並如文職。各省駐防官，亦准合計抵銷。功加者、得功牌者，各辨其等而抵焉。功加一等准作軍功加一級。其得有功牌願换加級紀録者，一等功牌换給軍功加一級，又軍功紀録一次。二等功牌换給軍功加一級。三等功牌换給軍功紀録三次。四等功牌换給軍功紀録二次。五等功牌换給軍功紀録一次。軍營降者、罰者，皆停以俟竣，至革職則請旨，屯防亦如之。派往出兵及新疆駐劄屯防各官遇有罰俸者，於事竣補罰。降調者帶所降之級仍留效力，准食原俸，至事竣日請旨。革職者以應否開缺或作兵丁效力請旨，停開缺者准食半俸。大臣於事竣之日由部再行具奏，侍衛章京由該管大臣出考送部引見，作兵丁效力者事竣後毋庸具奏。革職留營效力者，亦准食半俸。其原係自備資斧效力，遇降革處分仍留效力者，不准支食俸餉。留營效力之大臣續經補授京職,回京後由部具奏請旨。如於差所補授外任者,由部將可否改爲革職留任帶於新任之處請旨。凡官戴罪者,得功則開復。戴罪圖功人員因公降革留於地方效力,或留緝人員如續有功績,或案犯全獲獲犯過半者,千總以上引見開復,把總以下題請開復,其餘或按年、或計案、或遇恩赦、或完繳俸銀、或本案審虛、或帶於新任開復者,並如文職。

○凡軍功,文武官皆下於部而議焉。文職官有軍功應敘者,亦由部定議,奉旨後咨吏部註册。凡敘軍功,八旗營總而下予功牌,功牌有五等,其製紫綾面紙裏螭紋邊,書其功續年月,鈐用兵部印。一等者長二尺八寸,二等者長二尺四寸,三等者長二尺二寸,四等者長二尺,五等者長一尺八寸。緑營副將而下予功加,功加以加等多寡爲差,其不及功加一等者給軍功紀録。各以其等。出衆效力者,八旗給一等功牌一,加三等功牌一,緑營功加一等,加軍功紀録五次。一等軍功,八旗給一等功牌一,緑營功加一等,加軍功紀録二次。二等軍功,八旗給二等功牌一,緑營功加一等,加軍功紀録一次。三等軍功,八旗給三等功牌一,緑營軍功紀録三次。四等軍功,八旗給四等功牌一,緑營軍功紀録二次。五等軍功,八旗給五等功牌一,緑營軍功紀録一次。其奉旨從優議敘,則出衆效力者,八旗給一等功牌二,緑營功加四等。一等軍功,八旗給一等功牌一,加三等功牌一,緑營功加三等。二等軍功,八旗給二等功牌一,加四等功牌一,緑營功加二等。三等軍功,八旗給三等功牌一,加五等功牌一,緑營功加一等。軍功之等,敵衆我寡,攻戰得獲者爲一等;敵兵衆多,我兵畧少,攻戰得獲者爲二等;兵數相等,攻戰得獲者爲三等;我兵衆多,敵兵畧少,攻戰得獲者爲四等;我衆敵寡,攻戰得獲者爲五等。由統兵大臣分别等第,咨部定議。其未分等第者,照三等軍功議敘。副都統、總兵而上予級紀。八旗副都統、緑營總兵以上,除專例定有給予功牌功加者,仍照專條議給外,其奉旨議敘及從優議敘者,俱按軍功之等予以軍功加級紀録,不給功牌功加。其係領兵大臣,亦由統兵大臣分别等第咨部。如係統兵大臣,由部按其功績分别議敘。文職官亦如之。文職軍功議敘,亦按出衆效力及五等功分别予以軍功加級紀録。優敘者,按一、二、三等分别予以軍功加級。土司亦如之。土司軍功議敘,保列出衆者加銜一等,其餘分别一、二、三等亦予以軍功加級紀録。優敘,則保列出衆者加銜一等,再加軍功加一級,一等者加銜一等,二、三等者分别予以軍功加級紀録。凡得功牌者、功加者,有旨授爵,則按其官與其得功之等而定議。八旗功牌、緑營功加,俱註册存案。如奉旨交部議給世爵者,各按其官階與所得功牌、功加之數分别定議。八旗一、二品官,有一等功牌二,二、三、四、五等功牌各一。三、四、五品官,有一等功牌三,二、三、四、五等功牌各一。六品官,有一等功牌四,二、三、四、五等功牌各一。七品以下官,有一等功牌五,二、三、四、五等功牌各一,准授一雲騎尉。其多一上等功牌者,准抵作下等功牌計算。如多一下等功牌,不准抵作上等。緑營提督有功加十等,總兵有功加十二等,副將有功加十四等,參將有功加十六等，游擊有功加十八等，都司有功加二十等，守備有功加二十二等，千總有功加二十四等，俱授一雲騎尉。若破陣，大兵所到，或敵人掘塹樹柵、排列挨牌，或大列陣勢相敵，我兵攻戰敵兵不動，有能超衆前進，衆皆隨後敗敵者，首進一人、第二人、第三人皆敘功給賞。八旗執纛人首進者，亦敘功給賞。次進、再次進者，祇給賞。如官兵前進將及十人，執纛人續進者，第一執纛人仍給賞。齊力交鋒之際，有能於本旗本營之前超衆前進，一旗一營隨後克敵者，八旗三人，緑營二人，皆敘功給賞。八旗執纛人首進者，亦敘功給賞。次進、再次進者，祇給賞。如前進將及十人執纛人續進者，第一執纛人亦給賞。若攻城，攻城之功，以城之大小，別爲四等。府城爲一等城，州城爲二等城，縣城爲三等城，衛所城爲四等城。八旗攻城之功，惟別爲三等，衛城與州城同，所城與縣城同。又各以攻城之難易，別爲五等。敵兵方衆，我兵艱苦攻克者爲一等。敵兵雖衆，領兵將帥相機設謀，我兵不甚艱苦攻克者爲二等。敵兵雖寡，守禦猶堅，我兵艱苦攻克者爲三等。敵兵既寡，領兵將帥相機設謀，我兵不甚艱苦攻克者爲四等。敵兵甚少，猶敢抗拒，我兵攻克者爲五等。如敵衆據寨築垛，我兵勞力攻克者，量其寨之大小作爲城之等第。凡敘登城之功，二等城之一等功與一等城之二等功同，三等城之一等功與一等城之三等功、二等城之二等功同，四等城之一等功與一等城之四等功、二等城之三等功、三等城之二等功同，四等城之二等功與一等城之五等功、二等城之四等功、三等城之三等功同，二等城無五等功，三等城無四等以下功，四等城無三等以下功。凡用雲梯登城者，一等功，八旗敘六人，緑營敘五人。二等功，均敘四人。三等功，均敘三人。四等功，均敘二人。五等功，均敘一人。八旗領戰官、指示官、射箭官各敘功，緑營領戰官皆敘功，指示官四等以上敘功，五等者不敘給賞。以城之等第爲差，八旗克府城者賞五人，州衛城四人，縣所城三人，領戰、指示、射箭各官及運雲梯人皆給賞。緑營克府城者賞五人，州城四人，縣衛所城俱三人。用炮攻克者，八旗照雲梯攻城例減一等議敘。給賞不論府州縣衛所，均賞三人。管炮官每炮一人敘功，領戰官、指示官及炮手皆給賞。如掘陷城垣者，八旗督掘官視首登雲梯人，前鋒校、護軍校、驍騎校視末等人，兵視運雲梯人，各給賞。其因炮攻缺及掘陷登城者、奪門入城者，八旗三人給賞，領戰官、指示官皆給賞。緑營先登一人敘功，領戰官亦敘功。若奪舟，水戰有能躍入敵船敗衆奪獲者，按船大小分爲三等。一等船，八旗五人，緑營四人；二等船，八旗四人，緑營三人；三等船，八旗三人，緑營二人，敘功給賞。其躍入平常船，八旗亦三人敘功給賞。八旗領戰官、同戰官及前鋒校、護軍校、驍騎校照所奪之舟，分別敘功給賞。緑營領戰官、同戰官均敘功。炮手以炮沈舟者，按舟數多寡，分別敘功給賞。其空船、小船及敗走之船不在此例。若招降，八旗統兵大臣招撫兵船城寨者，各分爲六等。招撫王城或船八十隻、兵三千五百名以上者，爲超等軍功。招撫一等城或船七十隻、兵三千名以上者，爲一等軍功。招撫二等城或船六十隻、兵二千五百名以上者，爲二等軍功。招撫三等城或船五十隻、兵二千名以上者，爲三等軍功。招撫四等城或船四十隻、兵一千五百名以上者，爲四等軍功。招撫有名寨崖或船三十隻、兵一千名以上者，爲五等軍功。其參贊之都統、統領、副都統及分發將領並遣往頭目與事等官，均予議敘。則皆以專條議焉。破陣、攻城、奪舟各專條内，有咨部授職者，八旗分别授一、二、三等輕車都尉、騎都尉、兼一雲騎尉、騎都尉、雲騎尉，緑營分别授參將、游擊、都司、守備、千總、把總。其八旗之給功牌者，於牌著明某功□樣，或積兩功牌即准授職，或積兩功牌准换一功牌，再積所换之兩功牌即准授職，皆著明定例，不與其餘五等軍功功牌一律計算。

○凡戰陣受傷者，辨其輕重而恤之。陣傷輕重，定爲三等，分别給與恤銀。八旗官兵一等傷恤銀五十兩，二等傷四十兩，三等傷三十兩。如被遠炮中傷者，各減銀十兩。牲丁、閒散、餘丁、壯丁一等傷二十五兩，二等傷二十兩，三等傷十五兩。如被遠炮中傷者，各減銀五兩。子弟隨征受傷者視餘丁。如係奴僕，一等傷十二兩五錢，二等傷十兩，三等傷七兩五錢。緑營官兵一等傷三十兩，二等傷二十五兩，三等傷二十兩。鄉勇、民壯、土兵各減半。鄉勇内有係生監者，不減。其受傷未列等第者，各視三等傷恤銀。出征被傷殘廢者，除照陣亡例減半給銀外，仍各按傷痕輕重，分别加減，給與恤銀。巡洋遭風被困得生者，官准軍功加一級，兵照一等傷例恤銀。内洋内河被困得生者，官准軍功紀録二次，兵照二等傷例減半恤銀。擒盜被傷平復者，官兵均照三等傷例恤銀，被傷殘廢者，照一等傷例恤銀。死事各恤以其等。陣亡八旗緑營官卹銀，公、侯、伯、領侍衛内大臣、内大臣、將軍、左副將軍、都統、一等子一千一百兩，二等子一千五十兩，三等子一千兩，一等男兼一雲騎尉九百五十兩，步軍統領、前鋒統領、護軍統領、副都統、一等男九百兩，二等男八百五十兩，三等男、散秩大臣並不管兵之一品官及提督八百兩，營總翼長、參領、總管、副總管、城守尉、協領、一等侍衛、一等輕車都尉加一雲騎尉七百五十兩，一等輕車都尉及總兵七百兩，二等輕車都尉六百五十兩，三等輕車都尉、王府長史、一等護衛並不管兵之二品官及副將六百兩，騎都尉加一雲騎尉五百五十兩，騎都尉並不管兵之三品官及參將五百兩，前鋒侍衛、二等侍衛、副參領、佐領、四品參領、四品總管、防守尉、管水手四品官四百五十兩，雲騎尉、司儀長、二等護衛、四品典儀並不管兵之四品官及游擊四百兩，三等侍衛、委署參領、防禦、管水手五品官、閒散章京、包衣參領、副參領及都司三百五十兩，四等侍衛、三等護衛、五品典儀並不管兵之五品官及守備三百兩，親軍校、前鋒校、護軍校、驍騎校、藍翎侍衛、管水手六品官、六品典儀、六品職銜官二百五十兩，恩騎尉、七品八品典儀、七品八品職銜官並不管兵之六品官二百二十兩，守禦所千總二百兩，營衛千總一百五十兩，把總、外委一百兩。參贊大臣視其本銜，如世職大者視世職，候補者視實任官，革職效力之員照原銜減半議恤。如先經奉旨賞給頂戴職銜或經軍營大臣奏署員缺者，照現在品級議卹。降調效力之員，除奉旨照原銜議卹外，餘均照所降品級議恤。小銜署大銜之員奏署者，照大銜。非奏署者，照原銜。奉旨應陞尚未得缺、在外拔補尚未咨部者，均仍按原銜。及本身應得卹賞議恤，軍營賞給空銜翎枝之員，如經奏明奉旨准照賞給職銜議恤。未經奏明賞戴藍翎者，照七品以下官議恤。兵丁恤銀，八旗親軍、前鋒、護軍領催及執纛人二百兩，馬甲一百五十兩，未披甲炮手一百三十兩，未披甲通事一百兩，牲丁、閒散、餘丁、壯丁照馬甲例減半，子弟隨征者同，奴僕照馬甲例減半之半。如奉旨優卹者，親軍、前鋒、護軍領催視七品以下官，馬甲視領催。緑營額外外委馬兵七十兩，步兵五十兩，餘丁照步兵例減半，子弟隨征者同，奴僕照步兵例減半之半。鄉勇民壯視步兵，鄉勇内有係生監者視馬兵。若兵丁、鄉勇、民壯應給恤銀，無妻子承受者，給銀二兩，由督撫委官致祭。如奉旨優恤者，馬兵視外委，步兵視馬兵。受傷定以限，一等傷限六月，二等傷限五月，三等傷限四月，再予以餘限各如其正限月數。其限内因傷身故者，卹銀與陣亡同。餘限内因傷身故者，官如無人承廕，仍照原受傷等第，再給恤銀一次，兵俱照原受傷等第，再給恤銀一次。其官兵於戰陣時失足滚崖落水及衝失迷失，查明實係殞命者，亦與陣亡同。或被掠或衝失迷失，查明無著者，照陣亡例減半給與恤銀。如隨征官兵，因公差遣遇賊被害者，亦照陣亡例減半議恤。若因放馬割草，私出被遮，並因病遣回，或旋師回營在途遇故殞命，及非出征官兵因公差委遇故殞命者，均照陣亡例減半之半議恤。如巡洋遭風，及領運下埽，或因公在大洋、大江、黄河、洪澤、洞庭諸湖漂没身故者，均照陣亡例卹銀。奉調考驗漂没身故，及在洋漂失查無下落，並在内洋、内河、海口遭風漂没身故者，各減半卹銀。舵工水手係雇募者，八旗照二等傷例卹銀，緑營照步兵例減半卹銀。擒盗被害者，照陣亡例卹銀，傷亡者亦照傷亡例，分限内、限外恤銀。如奉調考驗及因公差委，猝然遇盗，能奮不顧身殺賊捐軀者，照陣亡例減半卹銀。猝然遇賊被害者，仍照因公遇故殞命例議恤。出征病故者，一、二品官卹銀二百兩，副將及三四品官五十兩，五六品官四十兩，七品以下官三十兩。八旗兵二十兩。如行至五百里以内病故者，各減半。行止一二站者，不給。立功後病故者，係一、二品官，除給廕外，仍卹銀二百兩。緑營兵，立功後病故者，卹銀十六兩。戍防官兵病故者，八旗三品以下官及兵照出征病故例減半卹銀。染瘴身故者，並照陣亡例卹銀。土司陣亡、傷亡者，三品卹銀二百五十兩，四品二百兩，五品一百五十兩，六品一百兩，七品八品五十兩，空銜頂戴及土兵均視八品。出征病故者，三四品卹銀二十五兩，五六品二十兩，七八品十五兩。土兵立功後病故者，卹銀視官兵之半。官則錫之爵，若廕以逮其嗣。陣亡官，八旗統兵參贊之都統、緑營提督授騎都尉兼一雲騎尉。八旗統領副都統、緑營總兵授騎都尉。八旗營總參領以下有頂戴官以上、緑營副將以下外委以上，授雲騎尉。襲次完時，均給恩騎尉世襲罔替。候補者視實任官。戰陣時失足滚崖落水及衝失迷失，實係殞命者，均照例給與世職。限内傷亡者同，惟襲次完時，不授恩騎尉。屯土官弁授爵視緑營。土司陣亡、傷亡者，三品至七品俱加銜一等，令其子照加銜承襲一次。八品以下不加銜。立功後病故者，照應得之加銜加級紀録，令其子承襲時隨帶一次。其兵丁從優，八旗照七品以下官、緑營照外委議卹者，不授爵。擒盗被害者與陣亡同。其奉調考驗及因公差委殺賊捐軀者，減一等授爵，襲次完時，並給恩騎尉世襲罔替。革職效力之員，照原銜減半議卹者，如原係一、二品官應得騎都尉者，降等授雲騎尉。原係副將及三品以下官應得雲騎尉者,降等授恩騎尉。均襲一次。軍營因公差遣被害者,減等授爵同。其軍營立功後病故之員,一、二品官廕六品,副將及三品以下官查覈立功等第,一等、二等功廕七品,三等、四等功廕八品,五等功廕無品級監生。曾經立功人員,或被掠或衝失迷失,查明無著者,亦按立功等第給廕。餘限内傷亡者,一、二品官廕六品,副將及三品以下官查覈受傷等第,一等、二等傷廕七品,三等傷廕八品。巡洋遭風及在大洋、大江、大湖因公差委領運下埽漂没者,八旗三品官廕五品,四五品官廕六品,六品以下官廕七品。緑營提督、總兵廕都司,副將、參將、游擊廕守備,都司、守備廕衛千總,千總、把總廕把總。其奉調考驗漂没身故,及在洋漂失查無下落,並在内洋、内河、海口漂没身故者,各減一等予廕。兵則贍其屬焉。八旗兵陣亡傷亡,其父母妻子無養贍者,按月給半餉銀米。迷失衝失被掠無著者,給與半餉之半。緑營陣傷亡故兵子弟内,可以訓養成材者,即令頂補本兵糧餉。如無子弟及子弟幼小,亦月給半餉。不扣朋建,遇閏加增,俟子弟年十六以上堪以食糧之日截止。無子弟者,俟該故兵祖父母、父母眷屬亡故之日截止。陣傷亡故官眷屬無依者,亦給與半餉。迷失衝失、被掠無著所遺眷屬無依者,給半餉之半。凡休者、退者,並覈其功而議恤。内外一、二品旗員老病告休,該旗查明軍功咨部,由部將或給全俸半俸之處具奏請旨。三品至五品,在京由該旗咨部,在外由將軍等具題,均由部覈奏。曾經打仗受傷或殺賊捉生者,六十以上給全俸,五十以上給半俸。打仗受傷、殺賊捉生功績俱全者,五十以上亦准給全俸。打仗未經立功,及未經打仗而得有功牌者,六十以上均給半俸,五十以上給半俸之半。受傷三處以上者,無論年歲及告休勒休,均准給半俸。六品以下,毋庸具奏,應否請俸由部覈題。緑營提督、總兵如一、二品旗員例,副將至守備如三品以下例。千總以下打仗受傷者,如自行辭退,五十以上給步糧一分;衰老咨革勒休,給守糧一分。受傷三處以上者,無論年歲,係告休均給步糧一分,係咨革勒休均給守糧一分。守備以上立功後告休,因未受傷或年未五十不准請俸者,查無産業可倚,令子弟一人入伍食糧。無子弟者,均給守糧一分。退甲兵丁曾經打仗立功者,五十以上月給銀一兩、米一斛;未五十而無子嗣産業可倚者,月給銀一兩。因傷殘廢駁回者,或給與錢糧,或以老軍補用。曾爲護軍校、驍騎校者,以各館頭目、副頭目補用。緑營效力兵丁,年老解退者,五十以上月給米三斗,無子弟者給守糧一分,因傷解退者,無論年歲,均照此辦理。

〇凡緑營官之逾齒限者,三年則甄別。副將以下守備以上年至六十三者,由督撫、提鎮甄別,分别勒休留任。其留任之員,再届三年甄別仍留任者,送部引見。參將而下保送者亦如之。參將、游擊、都司、守備保送候陞人員,每届三年甄別一次。千總俸滿者亦如之。千總俸滿,送部引見,回任候題候推,及俸滿留任各員,均再歴三年照例甄別,或留任改爲保送、候推改爲候題、候題改爲即用,或仍留任候題、候推,或候題降爲候推、候推降爲留任。其年力已衰及闒茸不振者,勒令休致。至二次甄别仍候陞者,咨部註册,仍留任者送部引見。

○考中外武職官之治曰軍政,軍政在京,如文職官京察,在外如文職官大計。五歲則舉行焉。凡大臣由部疏聞以候旨,在京都統、統領、副都統、左右翼總兵爲一本,駐防將軍、都統、副都統及伊犁、烏嚕木齊、巴里坤、古城、吐魯番領隊大臣爲一本,緑營提督、總兵爲一本,均繕具清單請旨。惟御前大臣、領侍衛内大臣、内大臣、御前侍衛、乾清門侍衛,及宗室王公,或大學士、尚書、軍機大臣之兼都統等官者,不開列軍政本内。餘則註考而别其黜陟。大門上侍衛、黏杆處侍衛,由領侍衛内大臣註考。鑾儀衛章京,由掌衛事大臣鑾儀使註考。八旗驍騎營、步軍營、火器營、圓明園護軍營、健鋭營,由各該管大臣註考。前鋒營、護軍營,由領侍衛内大臣會同前鋒統領、護軍統領註考。均造册送部。王公門上五品以上護衛,由各王公咨報宗人府,彙齊送部。均限三月十五日以前到部。各省駐防,由該將軍、都統、副都統註考。開封、太原,由該巡撫註考。寳坻等九處駐防,由左右翼藉察大臣會同該管官註考。緑營副將以下千總以上,京營由提督衙門註考,各省由總督、巡撫、提督及兼轄緑營將軍、都統等註考。衛所,由漕運總督會同總督、巡撫註考。門千總,亦由提督衙門註考。均具題併造册,限十月内到部。其册均開註四格,八旗曰操守、曰才能、曰騎射、曰年歲,必以行止端方、當差勤慎、弓馬嫻習、馭兵有律、給餉無虚爲合格;緑營曰才技、曰年力、曰馭兵、曰給餉,必以才技優長、年力精壯、馭兵有術、給餉無虚爲合格。其舉者爲卓異,劾者爲貪酷六法,餘爲不入舉劾。舉者必歷俸已滿三年,任内雖有降罰之案,係因公註誤盗案,止於罰俸完結者,劾者不謹浮躁,均令登註款蹟。不入舉劾者,亦令彙册送部考覈。俱仿文職之制。在京則請簡王大臣以閲騎射,在京軍政册送部後,由部奏請欽派王大臣按左右翼分四處考驗。外火器營、圓明園護軍營、健鋭營,由欽派之王大臣前往考驗。不造册送部之宗室將軍,由宗人府註考。内務府護軍參領、驍騎參領、佐領、護軍校、驍騎校及散秩官,由内務府註考。均咨送欽派王大臣考驗。舉者由部引見,劾者處分,並仿文職京察之制。若駐防,若緑營,皆題而下於部以會覈,各省軍政具題到部,由部會同都察院、兵科、京畿道察覈題覆,舉者行取來京由部引見,劾者處分,並如文職大計之制。惟伊犁、烏嚕木齊、巴里坤、古城、吐魯番舉者覆准註册,俟有差便赴部引見。舉者各限以額。軍政卓異之額,在京各衙門、各旗營舉者,大門上侍衛、黏杆處侍衛、鑾儀衛章京均以六十人内舉一人,如不及六十人者,果有出衆之材,亦准舉一人。八旗滿洲驍騎營各五人,蒙古驍騎營各二人,漢軍驍騎營各三人,左右翼前鋒營各三人,八旗護軍營各三人,步軍營六人,内務府三旗驍騎營二人,三旗護軍營四人,圓明園八旗護軍營四人,火器營六人,健鋭營六人。駐防舉者,盛京五人,吉林四人,黑龍江六人,寳坻等九處左翼一人、右翼一人,密雲二人,熱河二人,山海關一人,察哈爾四人,青州合德州一人,太原一人,綏遠城合右衛二人,開封一人,江寧合京口三人,杭州合乍浦三人,福州一人,荆州三人,西安四人，寧夏二人，凉州合莊狼一人，伊犁四人，烏嚕木齊三人，巴里坤一人，古城一人，吐魯番一人，成都二人，廣州二人。緑營舉者，巡捕營守備以上二人，千總一人；直隸守備以上八人，千總四人；山東守備以上三人，千總一人；山西守備以上四人，千總二人；河南守備以上二人，千總一人；江南守備以上六人，千總三人；江西守備以上三人，千總一人；福建守備以上七人，千總四人；浙江守備以上六人，千總三人；湖北守備以上三人，千總一人；湖南守備以上四人，千總二人；陜西守備以上七人，千總二人；甘肅守備以上九人，千總三人；四川守備以上五人，千總三人；廣東守備以上九人，千總四人；廣西守備以上四人，千總二人；雲南守備以上五人，千總二人；貴州守備以上六人，千總三人；山東河標合河營一人；河南河營一人；江南河標合河營守備以上二人，千總一人，漕標一人，衛所守備二人，千總六人；成都軍標一人；西北兩路各處駐劄屯田官員，各准舉一人。緑營之舉劾，則間而行焉。各省副將以下千總以上軍政後二年半舉劾一次。舉者，由總督、巡撫察其賢能，並無違礙事故者，每省准保題一二人送部引見，奉旨准其薦舉回任候陞者，入薦舉班陞用。劾者，照軍政處分。凡八旗世爵，三歲則考其藝而進退之。八旗世爵不入軍政，每届三年，由該管大臣考驗騎射清語，優者列爲一等引見，准其紀録二次。中平者，仍留世爵當差。其騎射清語生疏，年力尚壯，堪以教訓者，罰俸一年，仍留世爵。如下次考驗，仍復不堪者，革爵另襲。

〇凡八旗官兵，皆訓以騎射，兩翼前鋒營、上三旗親軍營、八旗護軍營、驍騎營各官兵，皆習騎射。步軍營則專習步射。火器、雲梯、水戰，别爲專營而習焉，内火器營，習鳥鎗、習放子母炮。外火器營，習鳥鎗、習水戰。健鋭營，習雲梯，兼習鳥鎗、水戰。仍各習騎射。前鋒營，分前鋒之半習鳥鎗。漢軍驍騎營官兵，别爲鳥鎗營、炮營併護炮之藤牌營，是爲漢軍火器營，其舁鹿角之鄂爾布亦隸焉。皆以時簡閲。八旗簡閲之制，除常日習步射及火器、健鋭營等處演習各種技藝，俱由各總統大臣督率訓練外，每歲春秋二季演習騎射各三次，擐甲習步射各二次。又每年秋季每旗各營合操二次於本旗教場，兩旗各營合操一次於兩黄旗教場，八旗各營合操一次於仰山窪，皆由部傳知遵行。凡合操，皆如大閲之制。每三年由部奏請大閲，得旨，則傳知各旗營豫備。又每年九月内火器營、漢軍火器營各赴盧溝橋演炮五日，内火器營簡派總統大臣一人前往監視，漢軍火器營簡派都統、副都統各一人，御前侍衛、乾清門侍衛八人前往監視。如遇巡幸，由留京王大臣奏派大門上侍衛八人，每三年由部奏請欽派本部堂官一人前往驗看。駐防亦如之。駐防兵，各按該處情形隨時演習合操騎射與京師同，並各選兵數百名演習雲梯。其駐防水師營練習水戰，均擇天氣晴和、潮平風正之日，乘艦列陣演試。如遇停操之日，各督率官兵講習水務。將軍、都統、副都統、城守尉遇所屬官兵操演，俱令親閲。盛京、吉林、黑龍江將軍、副都統令於辦事之暇，仍親往閲操。寶坻、滄州、東安、采育、保定、固安、雄縣、良鄉、霸州九處駐防，分左右翼，由部以護軍統領、副都統職名開列欽派二人三年一次查閲。緑營亦如之。緑營訓習弓箭、鳥鎗、藤牌、長矛、雲梯等技,其水師則習水戰。總兵於所轄各營,歲一閱。提督於所轄及節制各標營,視地方遠近或歲一閱,或間歲一閱,或三歲一閱。各以出巡回任日期,及所閱營伍整飭廢弛情形具題。其鎗箭中把,皆分別等次,造册送部。臺灣營伍,由將軍、總督、巡撫及水師陸路兩提督輪往巡閱,事竣具奏。各省復定爲分年查閱之法,由部開列領侍衛内大臣、都統及滿洲大學士、尚書、侍郎,奏請欽派。直隸、山西一人,陝西、四川一人,甘肅一人,爲一年。湖北、湖南一人,雲南、貴州一人,爲一年。福建、浙江一人,廣東、廣西一人,爲一年。山東、河南一人,江蘇、安徽、江西一人,爲一年。四年而遍,或即令該總督、巡撫查閱,並候欽定。其奉旨總督、巡撫查閱者,除山東、山西、河南三省巡撫遵旨查閲外,其有總督省分,歸總督辦理,總督與巡撫隔省一時難於遍歷者,會商請旨。提督查閲之年,總兵停止查閲。總督、巡撫查閲之年,提督、總兵停止查閲。如欽派大臣查閲,則總督、巡撫、提督、總兵並停止查閲。誡以軍令。營兵平時,皆令講習軍令,務使將弁時時指導,兵丁人人通曉。雍正九年,世宗憲皇帝命將從前行軍規制酌定條約,頒刻通行,爲軍令四十條。一、戰陣之際,聽掌號、擊鼓、鳴金爲進止,聞鼓不進、聞金不止者,斬。一、遇敵進戰,有回顧畏縮、交頭接額私語者,斬。一、專司掌號、擊鼓、鳴金之人,聞令即掌號、擊鼓、鳴金,令止即止。違者,八旗兵鞭四十,緑旗兵棍責三十。臨陣時違令者,斬。一、大將軍密傳軍令,轉傳之人私自增減要言,併將疑似法令添造者,斬。一、大將軍授緊密軍令,其人私告他人以致宣揚誤事者,斬。一、官兵殺傷良人冒功者,斬。一、將他人戰功冒爲己功,及謊稱實在效力、將無作有、以輕報重者,斬。一、沿途欺壓民番、恃强買賣、掠財物、毁房屋、姦婦女者,皆斬。一、指稱夢見鬼神,造言惑衆者,斬。一、兵丁中途染病,該管委署護軍校、領催、紅旗、管隊,同護軍校、驍騎校、千總、把總驗確稟明該管官,令醫調治。如不驗看醫治,委署護軍校、領催鞭五十,紅旗、管隊棍責四十,護軍校、驍騎校、千總、把總插箭。如兵丁詐病偷安者,斬。一、大將軍與同官密議軍情,有私行竊聽者,斬。一、差往探聽形勢之人,畏縮不往,詭稱已去,及探聽不實,貽誤軍機者,斬。一、收獲逸馬,隱匿私乘,不給還馬主者,八旗兵鞭五十,緑旗兵棍責四十,仍插箭游營。有獲馬私宰,或售與他人者,皆斬。一、臨陣竊馬潛逃者,斬,梟首示衆。在劄營地方犯者,八旗兵鞭一百,緑旗兵棍責八十。一、劄營地方輪班坐卡,嚴肅訪查。夜遇緊急,即遞稟申報設備以俟。有驚怖喧譁擾動散走以致亂營者,斬。一、私語嗟怨、長吁短嘆者,八旗兵鞭七十,緑旗兵棍責六十。責後復犯,並臨陣時故違者,斬。一、黑夜無故驚呼疾走致亂營伍者,斬。白晝犯者,八旗兵鞭五十,緑旗兵棍責四十。一、面承該管官諭令,辭色傲慢者,八旗兵鞭五十,緑旗兵棍責四十。有意抗違致誤軍機者,斬。一、疏防失火燒毁草廠者,八旗兵鞭一百,緑旗兵棍責八十。如係對敵要地失火燒毁者,斬。一、失火致燒衣服器械者,八旗兵鞭五十,緑旗兵棍責四十。如係存貯火藥地方失火者,八旗兵鞭一百,緑旗兵棍責八十。該管護軍校、驍騎校、千總、把總、委署護軍校、領催、紅旗、管隊,皆插箭游營。臨陣時軍營失火以致誤事者,兵丁及該管委署護軍校、領催、紅旗、管隊皆斬。一、兵丁夤夜夢魘，旁人即行唤醒，如隨聲應和擾及營伍者，八旗兵鞭七十，緑旗兵棍責六十，該管委署護軍校、領催、紅旗、管隊插箭游營。臨敵營犯者，皆斬。一、管守營門縱人擅入者，八旗兵鞭七十，緑旗兵棍責六十。臨敵時犯者，斬。一、差往偵探之人，遇賊投誠，不行稟報者，八旗兵鞭七十，緑旗兵棍責六十。不將投誠人解送該管官，以致復行逃散者，八旗兵鞭一百，緑旗兵棍責八十。因而洩漏軍中虚實者，照洩漏軍機例治罪。一、大兵進勦敗賊後，不奉大將軍令，擅奪取車馬輜重者，插箭游營。因而擾亂營伍者，斬。一、倚强欺弱，酗酒爲非，不遵約束，輕者鞭責，重者插箭。一、營内所挖井泉不許汚穢，其飲馬泉水不許馬匹踐踏，違者八旗兵鞭一百，緑旗兵棍責八十。一、支領口糧混行抛棄狼籍者，八旗兵鞭一百，緑旗兵棍責八十。該管委署護軍校、領催、紅旗、管隊不呈報者，插箭。一、兵行不按隊伍，左右參差混行，以致踐踏路旁好草者，八旗兵鞭一百，緑旗兵棍責八十。劄營時牧放馬駝牛羊縱令蹂躪者，八旗兵鞭一百，緑旗兵棍責八十，仍插箭游營。該管官插箭。一、兵丁押運軍糧，在途私竊升合，或竊同行兵丁口糧，及損傷盛米布袋致多虧折者，八旗兵鞭一百，緑旗兵棍責八十。一、撒袋、腰刀、皮繩不行收拾牢固以致遺失，並應帶軍械不隨身携帶者，八旗兵鞭一百，緑旗兵棍責八十。該管委署護軍校、領催鞭四十，紅旗、管隊棍責三十，護軍校、驍騎校、千總、把總插箭。一、兵丁路見刀箭等物，即行拾取，稟明該管官查問給還。如見物不拾，並拾取不行給還者，八旗兵鞭四十，緑旗兵棍責三十，仍插箭游營。一、並無緊急事件，私行馳馬者，八旗兵鞭五十，緑旗兵棍責四十。一、兵行各按隊伍行走，後隊不得越過前隊，違者，八旗兵鞭五十，緑旗兵棍責四十，仍插箭游營。一、劄營後，各帳房内出一人看，藍旗出則取薪，黑旗出則取水。有便溺者，守門官兵驗明照牌，准其出入。起更後，非奉差，不准出營，違者，八旗兵鞭四十，緑旗兵棍責三十。該管委署護軍校、領催、紅旗、管隊不嚴行約束者，插箭。一、夜傳軍令，怠慢不遵及巡查坐堆偷安眠睡以致誤更曠班者，八旗兵鞭一百，緑旗兵棍責八十。管隊不行查報者，八旗兵鞭五十，緑旗兵棍責四十。臨陣時犯者，斬。一、兵丁在該管官前妄行動作驕慢無禮者，耳鼻插箭游營。一、所帶火藥不加謹收貯以致潮濕不能著火，及携帶行走時玩忽抛撒，併應用時任意糜費者，八旗兵鞭五十，緑旗兵棍責四十，該管紅旗、管隊插箭游營。如有遺失火藥者，八旗兵鞭一百，緑旗兵棍責八十，該管委署護軍校、領催、紅旗、管隊插雙箭游營。一、鉛彈務按鎗口大小，如式製造。如鉛彈不合鎗口，係平日演放查出，八旗兵鞭五十，緑旗兵棍責四十，仍插箭游營，該管委署護軍校、領催、紅旗、管隊插箭游營，護軍校、驍騎校、千總、把總插箭。臨陣時，將不合鎗口鉛彈濫用者，兵丁立斬，該管委署護軍校、領催鞭一百，紅旗、管隊棍責一百，護軍校、驍騎校、千總、把總插箭游營，營總參領、參將、守備記大過一次。一、馬駝牲畜不遵照傳檄如法吊膘，乘時牧放者，八旗兵鞭一百，緑旗兵棍責八十，該管護軍校、驍騎校、委署護軍校、領催、守備、千總、把總插箭。一、沿途所遇水泉飲馬時，挨次往飲，毋許争先壅塞。有故意違犯以致踐踏汚穢者，八旗兵鞭一百,緑旗兵棍責八十。乾隆十三年,復定軍令三條,以宣示將帥。一、統兵將帥玩視軍務,苟圖安逸,故意遷延,不將實在情形具奏貽誤國事者,斬立决。一、將帥因私忿娼嫉,推諉牽制,以致縻餉老師貽誤軍機者,斬立决。一、身爲主帥,不能克敵,傳布流言搖惑衆心,藉以傾陷他人致誤軍機者,斬立决。四十九年,命軍機大臣會同兵部擇取行軍紀律緊要者頒發各營,爲軍令十條。一、兵丁隨征勦賊,俱應奮勇直前。其見賊退走者,不過各惜身命,心懷畏怯,試思臨陣退走,律應斬首示衆,若能殺賊立功,必蒙陞賞,即或陣亡,國家自有卹典,子孫俱得邀恩。兵丁等與其臨陣畏葸,難逃國法,何如争先殺賊,奮不顧身?况勇往嚮前,未必即死,一經退後,斷不得生。此理甚明,該管將備等平時將此諄切告誡,務令兵丁等咸知大義,臨陣時自必勇氣百倍,可期殺賊立功。一、鳥鎗、弓箭最爲行軍利器,若臨陣時尚未見賊,遽將鎗箭施放,及至交戰,火藥、箭枝俱已用完,無以禦敵,即同束手待斃,關繫甚重。凡領兵將備,平日務須時加講習,令兵丁於臨陣遇賊,鎗箭可及之地,不先不後一齊施放。庶隨聲應手,皆獲實用。一、行軍携帶軍裝、火藥,俱在帳房收貯,毋令潮濕。即或途中遇雨,亦須嚴密遮護,庶遇賊緩急可用。凡帶兵將備等,須嚴加曉諭,勿致潮濕,或需烘烤以致臨時貽誤。至弓箭槍刀等項,平時尤須修整堅利,不得廢弛。一、臨陣對敵,儻遇將領受傷,隨從兵丁更當奮勇直前,竭力救護。若兵不顧將,各惜身命,觀望退限,最爲惡習。亟應申明軍紀,俾衆知悉。凡有將領受傷,兵丁不即時救護,竟至潰敗脱逃者,立即查明,按名處斬。其能奮勇保護者,立即議功優賞,以示鼓勵。該管將備等平日尤當愛恤士卒,臨時賞罰公平,庶兵將同心合力,所嚮無敵。一、兵丁對敵,乘勝追趕,刻不容遲。若貪搶賊人遺棄財物,以致賊衆逃遁,貽誤不小,該將備等於領兵臨陣時務須通行曉諭,違者,立即依律治罪,庶兵丁等各知儆畏。一、營卡最關緊要,凡領兵將備等務須嚴飭,坐卡兵丁輪班防守,留心偵探,毋得怠惰偷安。即探察有事,只須選派明幹一二人密行飛稟,餘仍嚴守坐卡,毋許輕動。無事時,不許高聲叫喊致亂營規,違者,俱照軍法處治。一、兵丁遇有調撥,當恪守軍令,即時遄行。如敢騷擾地方,欺壓良民,蹂躪田禾,搶掠財物,即應按律從重治罪。該管將備等平日加意教誡,臨時尤當嚴行約束,無許違犯。一兵丁奮勇殺賊,應予奬賞。但恐希圖冒功,任意朦混,不可不豫爲防範。凡軍法將他人戰功冒爲己功,及謊稱實在效力,將無作有,以輕報重者,斬。該管將備等應隨時曉諭,親自稽查,俾立功者得賞,冒功者治罪,以期覈實。一、行軍馬駝,最宜愛惜。凡兵丁等牧放,須揀擇水草,吊膘須按照時候。遇有瘦乏,加意調養。夜間尤宜小心看守,遇有遺失,須立時尋獲。所挖井泉,不許污穢,飲馬各挨次序,毋許争先以致壅塞。如有違犯,立即重懲不貸。一、劄營後,巡邏防守毋得疏懈,夜間不許無故行走,帳房内更須小心火燭。遇有警報,静聽將令,不得輕舉妄動。若奉有密令,須各自遵守,毋得私相漏洩。該領兵將備等尤宜申明號令,隨時曉諭,不得疏懈。五十二年,復增定軍令一條。一、用命者賞,不用命者戮。而臨陣之時,賞罰尤貴嚴明。若有兵丁恇怯畏賊退縮者,領兵大員立時誅戮數人,其餘弁兵知所畏憚,不惟不敢退縮，轉可奮勇争先。皇帝親征，既戒乃陳將士頒行軍律令焉。

〇設營、汛、墩、堡以控制險要，令各分兵而守之。各省督撫提鎮所轄標下兵曰訓練兵，其兼轄之城守分防各營，皆分領汛地。遇沿邊、沿海、沿江處所及大道之旁，皆按段置立墩、堡分駐弁兵，是爲差防兵。若巡洋，盛京所屬海汛，自金州之鐵山至菊花島等處，由該將軍撥水師營官兵巡哨。山東所屬海汛，自隍城島至直隸交界武定營等處，又自成山八家口至江南交界安東營等處，由登州鎮撥水師營官兵巡哨。其金州鐵山與山東隍城島中隔一百八十餘里，並無泊船之所。自鐵山起九十里内，令盛京官兵巡哨；隍城島起九十里内，令山東官兵巡哨。盛京水師每年於五月内出洋，十月内回哨。山東登州水師每年於三月内出洋，九月内回哨。江南、廣東、福建、浙江官兵巡洋，皆分班輪巡。江南以三月爲一班，廣東以六月爲一班，福建自二月至五月爲上班、六月至九月爲下班、十月至次年正月按雙單月輪班，浙江二月至九月以兩月爲一班、十月至次年正月以一月爲一班。其各鎮會哨，福建海壇鎮與金門鎮會哨於涵頭港，又與浙江温州鎮會哨於鎮下關，金門鎮又與南澳鎮會哨於銅山大澳。浙江定海鎮與江南蘇松鎮會哨於大洋山，又與黄巖鎮會哨於九龍港，黄巖鎮又與温州鎮會哨於沙角山。廣東洋面，區分五路，各設上下兩班。東上路上班澄海協副將、下班南澳鎮總兵，均至甲子洋面與東下路兵船會哨；東下路上班平海營參將、下班碣石鎮總兵，均至甲子洋面與東上路兵船會哨。碣石鎮又至大鵬佛堂門洋面，與中路兵船會哨。中路上班香山協副將，至黄茅洲洋面，與西上路兵船會哨；下班大鵬營參將，至佛堂門洋面，與東下路兵船會哨，又至黄茅洲洋面，與西上路兵船會哨。西上路上班陽江鎮總兵、下班陽江鎮中軍游擊，均至黄茅洲洋面，與中路兵船會哨，又至硇洲洋面與西下路兵船會哨；西下路上班海口協副將、下班瓊州鎮總兵，均至瀾州洋面，與龍門協兵船會哨，又至硇洲洋面與西上路兵船會哨。其西上路東海地方，亦分上下兩班，令硇州、吴川、東山三營官兵專巡。東海、硇洲、廣州灣一帶洋面，毋庸隨統巡官往他處會哨。西下路龍門協，亦分上下兩班，均在瀾洲洋面，與西下路兵船會哨。又巡至白龍尾，與夷洋交界，無由會哨，責成欽州文武官稟報，並令瓊州鎮不時稽查。各路兵船，統歸水師提督督巡，仍令春、秋二季親往東西兩路分查。各省沿海水師出洋巡哨，俱以總兵爲統巡，副將、參將、游擊爲總巡，都司、守備爲分巡，千總、把總爲協巡。總兵遇有事故，准以副將代，或副將亦有事故，偶以參將代。不准以游擊、都司代統巡，都司、守備代總巡，千總、把總代分巡。盛京水師，由該將軍派三品官一人爲總巡，四五品官三四人爲協巡。山東歷州水師營員較少，不能按照總巡、分巡名目輪派。南汛以千總、把總爲專汛，以膠州游擊爲兼轄；北汛以千總、把總爲專汛，以登州守備爲兼轄；東汛以把總爲專汛，以成山守備爲兼轄。俱以該總兵爲統巡。巡洋官由統巡總兵按季輪派，造册送部，並移送總督、巡撫、提督查覈。如遇有事故，應行派員更换者，亦隨時報明。若巡江，長江自四川巫山而東出三江口至湖廣界，過岳州、武昌、興國至江西界，下九江、南昌至江南界，經安慶、江寧、京口、狼山東至於海。江南、江西沿江各營汛上下巡緝，每月彼此會哨二次，對换令箭爲憑。又每月，狼山鎮派員東巡至廖角嘴，西巡至京口；京口官兵東巡至狼山，西巡至江寧；江寧將軍派員東巡至京口，江南總督派員西巡至安慶；安徽巡撫派員東巡至江寧，西巡至江西交界；江西九江鎮、南昌協各派員巡至江南交界，九江營派員巡至湖廣交界；湖廣興國、道士洑二營東巡至江西交界，西巡與武昌營會哨，武昌營與岳州營會哨，施州營東與岳州營會哨，西巡至四川交界。所到日期，俱報明總督、巡撫、提督、總兵查考。廣東内河水師，按季輪派官兵游巡，並令水師提督於夏冬二季親往游巡。其餘各省，巨川中流險要之處，一例撥派官兵巡哨。若巡山，陝西省每年十月固原提督巡查山内邊界一次，每年二月陜安鎮巡查一次。四川省每年十月令川北、重慶二鎮輪年巡查一次，每年二月令綏定、夔州二協與陝安鎮同時巡查至交界處會哨。四川提督俟川北、重慶二鎮各巡哨一次後，再依期親往巡哨一次。則各連營以會哨。

〇凡官民出邊者，皆達以票，八旗官兵閒散出邊，由該旗咨部給票。蒙古由理藩院咨部給票。現任京職由本衙門覈明移咨兵部給票。候補、候選人員取同鄉京官印結，呈明兵部給票。關口附近居民探親，由本州縣給票。商民由原籍地方給票，他處貿易者，於貿易地方給票。附近村民往來貿易，每年給印票一次，常川照驗。内地喇嘛及往蒙古部落並庫倫、恰克圖、烏里雅蘇台等處之商人，在歸化城出口者，令該同知驗明，報歸化城副都統給票。由張家口行走者，令張家口同知驗明，報察哈爾都統給票。東三省人來京，由該地方大臣官員給票。來京買人者，呈該將軍等咨部，由部覈明所買人數，於票内註明，仍行文山海關副都統照數查覈。旗人商民進威遠堡、法庫等處邊門者，呈明該管官給票。其游方喇嘛及孤身蒙古民人不許擅給路票，令其出口。山海關、喜峰口、冷口，禁止携眷民人出口。山東登、萊、青等處海口，及熱河朝陽、建昌等縣邊門，通飭查禁。公主、格格等差太監請安及他事進口出口者，在外呈明扎薩克給與印文，在京報明理藩院咨部給票。王公、福晉等差太監請安者，報明該旗咨部給票。如太監私逃出口，將守口官議處。其各省關口邊隘，俱令該管官查明照票，方准出入。守口官驗而出納之，以報部而覈焉。看守關口官員，於出口人等按名驗票，查對年貌籍貫，註册放行，每季將放過人數造册送部查覈。關口鎖鑰，責成旗員專管，原票即在關繳銷，不許仍交本人收執。在口外出兵屯種坐臺人員，遣人進京者，呈明該將軍及該管官給照赴口，守口官驗票放行，歲底造册報部。其餘進關民人，無論有無票，據概准放行。惟當嚴密稽查，勿致東三省逃遣混入。頒其關禁。軍器、硝、硫黄、牛角、銅鐵諸違禁之物，毋許私出關口。其文武官員出差赴任歸旗，及兵役因公差遣，如有携帶弓箭刀槍等項軍器防護者，在京由兵部給票，在外取地方官及該差遣上司印票，沿途照驗。蒙古進口查明軍器記檔，出口時有多帶者，不准放出。各扎薩克等欲進内置備軍器者，開明數目呈報理藩院，多者具奏請旨，少者咨部給票，該守口官驗明放行。數目不符者禁，私相買賣者禁。青海蒙古造補弓箭軍械，由扎薩克呈報辦理，青海事務大臣具奏請旨。置買鐵鍋、鐵鏟、鐵杓、犁頭並鞍轡所用之鐵什件，均報明查覈給票，聽其出口。玉樹等處准其置買鍋犁，其餘鐵器一概禁止。雲南馬白稅口黑鉛不許販運出口，商賈運販糟麯過關口者並行查禁。朝鮮國人私帶違禁之物出口，守口官搜獲報部，移交禮部查議。山海關、盛京、吉林產人參東珠之地，各設巡蹤官兵巡緝，盜採者禁。凡旗人出京者，皆達以引。八旗官兵閒散出京至外州縣及外省者，由該旗咨部給與路引。文職官由該衙門咨明吏部轉咨到部，給與路引。

○凡海禁，有島嶼之禁，海濱居民不得潛住島嶼招聚耕墾，致藏姦匪。其零星漁户搭寮暫住者，聽，仍令沿海及巡洋員弁嚴加稽察，年終將有無增添專摺奏聞。臺灣南路北路一帶山口，生番、熟番分界勒石。界以外聽生番採捕，民人越界墾地、搭寮、抽藤、吊鹿者禁。臺灣武職各官，不得托名開墾自置莊田，侵占民番產業。有船桅之禁，出海商漁各船，均由地方官查取船户族里保結，許其製造，完日驗明給照。商船許用雙桅，梁頭不得過一丈八尺。如所報梁頭一丈八尺而連兩水溝統水有三丈寬者，許用舵水八十人。梁頭一丈六七尺而連兩水溝統算有二丈七八尺者，許用舵水七十人。梁頭一丈四五尺而連兩水溝統算有二丈五六尺者，許用舵水六十人。福建漁船之桅，聽其用雙用單。各省漁船，止許單桅。梁頭均不得過一丈，舵水不得過二十人。廣東漁船梁頭不得過五尺，水手不得過五人。帆檣編號，依船照原編字號書寫。帆上大書某省某府州縣某字號某船户姓名，用黑白顔色飾以桐油，併大書深刻於船檣兩。沿海各色小船，均報明地方官取具保結，烙號給照。沿海渡船亦如之。私造者禁。有底無蓋撥船，一體報官烙號給照。西洋人附居廣東澳門大小船二十五隻，由地方官編號烙印，給與驗票，不許再行添置。奉天各屬海岸船隻，以三丈二尺爲限，衹准安用單桅，不蓋蒙板，仍照例烙號。不遵定式者，照違制例治罪。有商漁之禁，直隸、山東、江南、浙江、福建、廣東等省民人許令海上貿易，江南、浙江、福建、廣東商民許往東洋、南洋貿易，各於沿海州縣領給照票，填明籍貫、年貌、係往何處，於出口入口時呈守口官查驗。福建、廣東商船出洋，均令營員押送。俟其放洋，方許回汛。漁船不許出本省界内，欲出洋者，取具十船連環保結，出口時將該船前往何處及舵水人數填照登號，准其出入。商船換領漁照者，取具保結互結，准其出海捕魚。過期不歸，查訊治罪。沿海小船赴就近汎口掛號，進口愆期者取結存案。江南小洋山無照民人，海口員弁嚴行查禁。内地民人給照往臺灣者，由厦門驗照准其出口。流寓臺灣願回籍者，由鹿耳門驗戳掛號放行。奉天洋面商船令赴旅順口水師營掛號粘貼印花，無者不准入口。外省民人往奉天貿易及由奉天往別省者，船隻出入均由坐卡官驗票放行，傭工人等亦給有印票方准航海。有器物之禁。内洋商船及漁樵船隻，概不許配帶炮械。出販東洋、南洋大船，准其酌帶軍器，每船炮不得過二位，鳥鎗不得過八杆，腰刀不得過十把，弓箭不得過十副，火藥不得過三十斤。廣東廣州、廉州、肇慶三府餉渡船隻，照出洋商船之例酌給鳥鎗四杆，每次酌給火藥三斤。凡鎗炮，俱報官給票，赴官局製造，完日由地方官親驗鏨名編號。腰刀、弓箭、火藥等項，同牙行製造，完日報官查點，俱於執照内註明，回日依數點驗，有沉失者，於所在地方官報明，取同船人結狀呈繳備案。有將外夷銅炮帶回者，地方官給與時價收買，以充鼓鑄。硝、硫黄、銅鐵、頭蠶、湖絲，毋許私載出洋貨賣。鐵鍋除每日煮飯之鍋外，亦嚴禁出洋。食米計人定數，多帶及帶麥豆雜糧者，並禁。釘油灰麻等物，酌量携帶，足備船用而止，均於照内註明，以備查覈。其内地商民領照往暹邏等國運回米石者，按數議敘。各省洋船有將硫黄運回者，准其壓帶呈繳，隨時收買。凡官兵之攘奪者、不救生者、抑勒縱匿者，均罪焉。商船在洋遭風著淺，該汛弁兵不急爲救護，反搶取財物，拆毁船隻，以致商人斃命，或救護人命因而奪財，或飄來空船乾没貨物，或因不許搶取財物坐視不救者，各按所犯輕重治罪。抑勒賄縱隱匿者，並論如法。其有實力拯救，不貪財利者，守備、千總加級紀録，把總及汛兵記功陞拔。儻因救護受傷被溺，照因公差委受傷被溺例議恤。

欽定大清會典卷三十九

車駕清吏司，郎中，宗室一人、滿洲一人、漢一人，員外郎，宗室一人、滿洲二人、蒙古一人，主事，滿洲一人、漢一人，掌頒天下之馬政以裕戎備。凡郵驛皆 掌之。選鑾儀衛司更者。鑾儀衛更夫四十人，缺出，由部於八旗漢軍另户内無論馬甲、閒散俱准挑補。

○儲馬於京師，分於八旗而畜之，曰官馬。凡畜官馬，聚曰圈，滿洲每旗圈馬二百匹，蒙古每旗圈馬一百匹。滿洲蒙古每旗合立一圈，八旗共圈養馬二千四百匹。每圈滿洲蒙古各派參領二人，章京二人，滿洲驍騎校四人，領催四人，馬甲三十人，蒙古驍騎校二人，領催二人，馬甲十六人，以司圈務。散曰拴。滿洲每旗官拴馬九十匹，蒙古每旗官拴馬四十五匹，漢軍每旗官拴馬十五匹，兩翼前鋒營每翼官拴馬四十匹，八旗護軍營每旗官拴馬八十一匹，内火器營官拴馬七十二匹，共官拴馬二千匹，交各旗營分給官兵拴養。又嚮導處章京一人，善撲營翼長五人，鑾儀衛滿洲官六十七人，三旗侍衛六百六十人，御茶膳房尚茶正侍衛、尚膳正侍衛等官二十五人，御鳥鎗處藍翎總承二人，各拴養二匹。又鑾儀衛漢軍官拴養馬四十八匹，尚虞備用處拴養馬六十匹，嚮導處拴養馬四十匹，養鷹處拴養馬四十匹，養狗處拴養馬四十匹，善撲營拴養馬三十匹，御茶膳房拴養馬四十匹，御鳥鎗處拴養馬十六匹，上駟院拴養馬三十匹，武備院備弓處、備箭處、織房拴養馬一百二十匹。俱於章京拜唐阿及兵丁内挑選，令各拴養馬一匹。若騎操，騎操馬，親軍營一百五十匹，前鋒營、護軍營五百匹，内外火器營一千一百五十匹，圓明園護軍營五百匹，健鋭營八百匹。若傳事，八旗驍騎營傳事馬七百七十六匹。若備差，親軍營、前鋒營、護軍營、内外火器營、圓明園護軍營、健鋭營各設備差馬如騎操馬之數。皆定其額，餘則分畜於直隸各營以待用。直隸緑營餧養八旗官馬三千一百八十八匹。凡馬皆烙以印，八旗官馬，皆按本旗營印烙火印，其印長三寸徑二寸。凡更换新馬，俱報明該管大臣驗看印烙。如有殘傷馬匹，報明該管大臣毁其火烙更换。頒其芻秣，圈馬每匹月給豆八斗，米四斗，馬乾銀一兩二錢三分。官拴馬及騎操傳事備差馬、直隸官馬，俱月給馬乾銀三兩。而以時點驗焉。點驗圈馬，副都統間一月輪往一次，查旗御史間二月輪往一次，都統每季孟月點驗一次，都統、副都統、查旗御史新莅任者各點驗一次。每年冬月欽派大臣同日查閲一次，將馬數及臕分於次日即行覆奏。其官兵拴養馬匹，除本旗大臣及查旗御史查閲外，每旗由侍衛處奏派侍衛二三人專司查馬。官馬有倒斃者，扣存馬乾四月買補。傷殘者，變價並扣存馬乾三月買補。如倒斃傷殘在交馬前一二月，其馬乾不敷買補者，於公費内將不敷之數湊足買補。圈馬三年，統計十分，倒一分者官兵獎賞，二分者免議，三分者罰懲。其殘廢成數，亦照此例。官拴之馬，如平時未經拴養，點驗時雇覓充驗，及疲瘦不堪者，官參處，兵鞭責。直隸官馬出青時，由提督驗明臕分，將經管之員分别等第造册，由總督察覈送部，分别議敘議處。孟夏則出青，圈馬及直隸官馬全數出青，官拴馬二千匹内六成留京、四成出青，其各營騎操傳事備差馬及侍衛等官分拴之馬概不出青。每年立夏後四日，令察哈爾官兵豫期來京，陸續趕赴口外擇水草好處牧放。左翼四旗由獨石口出入，右翼四旗由張家口出入。牧馬官兵，每人每日給銀一錢，於起程前行文户部支領。馬匹自京出口，自口進京，按站每馬給空草一束，先期行文户部，派員前往監放。凡出差馬匹，在五月三十日以前回京者，由部酌量數目，行文該旗派撥官兵補行送場牧放。其在六月初一日以後回京者，毋庸出青。直隸官馬，亦派員送京一體監放。其在宣化鎮各營所拴之馬，令徑送張家口，由察哈爾都統監放出青，仍令總督將馬匹數目、出青日期報明户兵二部扣除乾銀。至回青，酌看天時冷暖，草枯遲早，一面奏聞，一面陸續赴京。又有常交察哈爾牧放之官馬五千九百五十二匹，由察哈爾都統管理派牧長、牧副、牧丁分群牧放。乃簡大臣以董其牧事。每屆出青，由部開列滿洲大學士、尚書、侍郎、都統，奏請欽派四人監放監收。其出牧馬匹，由部奏請欽派副都統二人、察哈爾總管二人、侍衛二人管理牧放事宜，再由察哈爾都統遴選參領及副參領各二人，前往專司稽察。出青之馬，每千匹分爲三群，每群派察哈爾官一人，兵二十人牧放。其察哈爾都統、副都統，令其輪流管理。派往牧場之副都統，於起程前將本旗鈐印封套，並印花空白，帶往備用。出青時，沿途不加管束致令馬匹踐食田禾者，出口後不在場牧放有縱逸侵擾者，兵丁强令他人代爲牧放及勒索酒食擾累生事者，奉委出牧，若逗留觀望不即前往及到場潛回者，官兵分别處分治罪。凡馬出入，皆驗其肥瘠而覈其傷斃之數。出場之時，各造具毛齒清册送部存案，並令派出之副都統、察哈爾總管侍衛等查驗，如有口老殘傷者，責令該旗營賠補。回京日，按册點驗印烙，統轄副都統及兼管官、專管官各以所管之多寡覈算，如十分之内疲瘦不及三分者，免議，逾三分者，官兵各按分數分别處分鞭責。出青倒斃之數，每百匹准倒十匹，由察哈爾都統於該處孳生群内照數撥補。倒不及六匹者，大臣官員議敘，兵丁酌賞。倒逾十匹者，大臣官兵分賠。其倒斃雖少而口老傷殘多者，亦挑出酌令賠補。至調换短缺者，將察哈爾官兵治罪，大臣等一併議處。官駝亦如之。八旗官駝二百五十隻，由宣化府屬各州縣餧養。每年四月以後出青，先期報明户兵二部，由張家口監督查明數目及出口日期報部。其傷殘倒斃，分别議敘議處,俱如官馬之例。皇帝巡幸,則頒馬於扈從官兵,驗以紅單而給焉,不足則調場馬。扈從官兵應領馬者,將官兵姓名及應得馬數於一月前造册送部。其侍衛等官本有拴養馬匹者,即於馬數内扣除。由部通覈馬數,將圈馬、官拴馬、傳事馬、備差馬、直隸官馬酌量調用,惟各營騎操馬不調,又火器營備差馬内存五百匹不調,健鋭營備差馬内存六百五十匹不調,餘皆聽調。仍按各處圈拴成數,並調用次數,輪番派撥。如計算馬匹不敷,則於商都達布遜諾爾、達里岡愛、太僕寺、兩翼牧場馬内輪番調用。應領馬者,赴部豫領紅單,持單於放馬處領取。凡放馬,於啓鑾七日前放起,五日放竣,由欽派大臣監放。武備院、御茶膳房、護軍營應用官駝,亦於一月前以駝數報部,由部於直隸駝内調撥餧養。又直隸有存價駝三百十隻,如調用餧養駝尚有不敷之數,即令動價購買應用。凡給馬,有全給,有折給,每年木蘭行圍及巡幸各省扈從官兵,各按差務情形及有力無力分别給與官馬,並折給馬銀。嚮導處、虎槍營七品以下官及兵各給馬二匹,折馬三匹。其嚮導處、虎槍營五六品官及軍機處、奏事處、批本處、翰林院、詹事府、鴻臚寺、太僕寺七品以下官,侍衛處筆帖式,各給馬四匹。尚虞備用處拜唐阿,各給馬三匹,折馬一匹。嚮導處、虎槍營驍騎校、前鋒校、護軍校,親軍營執纛親軍,尚虞備用處魚鉤人、網上拜唐阿、庫上拜唐阿,御茶膳房頂戴拜唐阿、拜唐阿、領催,杭愛墨爾根、養鷹額魯特、東三省及各省駐防學習行圍七品以下官及兵,各給馬二匹,折馬二匹。上駟院司鞍、司轡,各給馬一匹,折馬三匹。嚮導處、虎槍營三四品官,侍衛處主事,前鋒營、護軍營、善撲營、養鷹處、養狗處五品以下官及兵,軍機處、奏事處、批本處、翰林院、詹事府、鴻臚寺、太僕寺、尚虞備用處、杭愛墨爾根、養鷹額魯特、東三省及各省駐防學習行圍五六品官,鑾儀衛五六品官、筆帖式、驍騎校、校尉長,太醫院五六品堂官、御醫,吏目兵部司官、筆帖式,欽天監博士、天文生,步軍統領衙門司官、筆帖式,步軍校、委署步軍校,跟隨皇子之五六品諳達,内務府司官、司庫、筆帖式、庫使、庫守,掌儀司掌果、果上人,内管領處内管領、副内管領,車庫備用黄車庫掌、御藥房庫掌、懋勤殿副庫掌,上駟院司官、筆帖式、額外筆帖式,武備院副掌蓋、副司弓、副司矢,骲頭作司匠,各給馬三匹。親軍營派出查圍之親軍校親軍,内務府馱上恩騎尉,廣儲司拜唐阿領催,都虞司御藥房拜唐阿,會計司催長拜唐阿,御茶膳房庫掌、庖長、承應長,武備院庫守、班長,備弓處弓匠長、親隨弓匠、弓匠,備箭處班長、箭匠長、親隨備箭拜唐阿、拜唐阿,織房掌織人、承應人,穿甲處司函長拜唐阿、承應人,各給馬二匹,折馬一匹。親軍營親軍校、委署親軍校、藍翎長、親軍,前鋒營前鋒校、藍翎長、筆帖式,前鋒護軍營護軍校、藍翎長、筆帖式、護軍,善撲營前鋒校、護軍校、藍翎長、筆帖式、前鋒護軍,火器營、健鋭營六品以下官及兵,内務府御鳥鎗處鳥鎗長、庫掌拜唐阿,御船處頂戴拜唐阿,南府景山拜唐阿、催長拜唐阿,上駟院蒙古醫生、散司轡,武備院委署司匠、骲頭匠長、骲頭匠拜唐阿、領催、漢箭匠、錫伯箭匠,各給馬一匹,折馬二匹。侍衛處、軍機處、奏事處、批本處、翰林院、詹事府、鴻臚寺、鑾儀衛、前鋒營、護軍營、善撲營、養鷹處、養狗處、尚虞備用處、杭愛墨爾根、養鷹額魯特、東三省及各省駐防學習行圍三四品官,太醫院賞三四品銜堂官,欽天監堂官,内閣請寶官,什榜處三等侍衛,跟隨皇子之三四品諳達,步軍統領衙門捕盗、協尉、健步官,户部、理藩院領催,内務府三旗護軍統領、護軍参領、看井副参領、馱上驍騎校,慶豐司廐長,内管領處車庫、菜庫、酒醋房庫掌官,三倉糖倉、傢火倉、餑餑房倉長,傢火倉領催,豫備行臺領催,養心殿做鐘處委署庫掌、拜唐阿、領催,御茶膳房管甲章京、管甲領催、晾肉棚及豫備廚役馬領催,喇嘛印務處呼圖克圖、扎薩克喇嘛,上駟院錫伯章京,武備院司官、委署主事、六品庫掌、委署六品庫掌、察哈爾章京、無品級庫掌、八品司匠、筆帖式、額外筆帖式、司幄、副司幄、掌蓋、司弓、司矢,備弓處、織房班長,各給馬二匹。什榜處六七品官、拜唐阿,兵部領催,善樸營領催、馬甲,内務府看井領催,南府景山檔案房領催,御茶膳房庫守、承應人、庖人,御船處官員、筆帖式,上駟院挐黄車披甲人,及牧長、廐長、牧副、廐副,武備院庫守,各給馬一匹,折馬一匹。六部馬甲,步軍統領衙門捕盗兵,太僕寺駝丁、圍場兵,杜爾伯特跟役,太醫院切造生,内務府、廣儲司副領催、匠役,都虞司副催長、披甲,掌儀司蘇拉、匠役,慶豐司廐副、廐丁,内管領處、酒醋房蘇拉、匠役,餑餑房倉上人、廚役、黄車披甲、備用黄車、内庭青車、皇子青車、南府青車,及南府他達、豫備、行臺、看井各披甲,養心殿做鐘處披甲、匠役,中正殿蘇拉,御藥房旗醫生,南府景山檔案房披甲、蘇拉,御茶膳房廚役,番役處番役頭目、番役,御船處披甲、水手、網户、備义披甲,喇嘛印務處格隆徒弟,上駟院錫伯披甲、牽騾披甲、御馬群、駑馬群、東西騾圈、皇子馬群、皇子西騾圈及豫備黄車、皇子他達,御膳房、情茶房四執事,南府、南府後營各廐丁,武備院幄長、刅凳匠,察哈爾官兵,各給馬一匹。鑾儀衛更夫,内務府營造司匠役,内管領處菜庫庫守、蘇拉官,三倉糖倉倉上人官,三倉酒醋房匠役、餑餑房廚役,御茶膳房備膳馱、檔案馱侍衛,飯房、晾肉棚及豫備、廚役、馬馱上各披甲、牽駝人,御鳥鎗處承應披甲,上駟院牧丁、廐丁、獸醫,武備院委署拜唐阿、領催、恩甲匠役、匠役,各折馬一匹。其火器營、健鋭營五品以上官,御茶膳房尚茶正、尚膳正、尚茶副、尚膳副各侍衛,上駟院阿敦侍衛、司鞍長侍衛、蒙古醫師長侍衛,俱按品分别給馬。武備院牽駝人,按派出人數之半,各給馬一匹,其半各折馬一匹。内務府傢火倉倉上人,共給馬三匹,餘各折馬一匹。跟隨皇子之哈哈珠子,視各本營應得之馬給與。御鳥鎗處火藥庫備差,給火藥馱官兵馬二匹。土爾扈特跟役,共給馬五十匹。若聖駕祗謁東陵、西陵,並巡幸畿輔,及聖駕駐蹕熱河不行圍之年,隨從官兵給馬、折馬,均減應得之半,五匹者得三匹,四匹、三匹者得二匹,二匹、一匹者得一匹,仍分别給馬、折馬,照例辦理。其行圍之年,亦在哨門補給。惟内閣請寶官,及上駟院挐黄車披甲人之馬,均一體全給。凡大圍,減馬一匹者,給銀四兩。小圍,減馬一匹者,給銀三兩。其實給三匹者,小圍實給二匹;實給二匹者,小圍實給一匹;實給一匹者,仍給一匹。減半給者,亦按匹數減半給與。如官員等因自有馬匹,足敷乘騎,不願領馬,及應領多匹而祇願少領者,皆令先期報明。其跟隨皇子往熱河之官兵,亦分别給馬、折馬。如遇皇子前往東陵、西陵,並往盤山進香,跟隨官兵即照實給馬數給與,概不折馬。竣事而收之。收馬於回鑾後第三日收起，五日收竣。如遇春季收馬後應交出青者，限三日交完。官兵所領馬駝倒斃者，無論程期遠近，每馬一匹賠銀七兩，每駝一隻賠銀十六兩。遺失駝隻，賠銀二十兩，遺失馬匹，購買好馬賠交，如無好馬，加倍賠銀，每馬一匹，賠銀十四兩。兵丁於應得錢糧内，每月扣銀一兩，官員限兩月交與各本旗彙送户部，仍將已未交完數目報部。若馬匹臕欠迎鞍者，准其交收其殘疾疲廢者，即責令賠補好馬，如無好馬，亦准賠銀七兩。至乘騎察哈爾馬匹，圍竣交回時如有疲瘦，准察哈爾收馬章京申報監收大臣秉公點驗，即於收馬完竣摺内聲明確數，知照察哈爾都統奏明變價，解交廣儲司備用。其缺額，在牧場孳生馬内撥補。官駝回京，亦由各該處交還直隸收駝官領回，分别餧養存價。凡進哨調用牧場馬匹，如出哨後官兵有願在熱河交還者，准照所調牧場馬匹之數就近交還。罪其折交者。官兵領用馬駝有私賣紅單，至回京時不交馬駝以銀兩折交，及察哈爾官兵折收銀兩者，一體治罪。其散給紅單之該管官及知而不舉之監收監放大臣，交部議處。

○乃頒馬政於各省駐防營及緑營，而各定其額。駐防營將軍都統馬二十匹，副都統十五匹，水師副都統八匹；協領十二匹，水師協領五匹；佐領八匹，水師佐領四匹；防禦五匹，水師防禦三匹；驍騎校四匹，水師驍騎校二匹；筆帖式或四匹或三匹，水師筆帖式一匹。兵自三匹，至一匹或不足一匹。緑營提督馬三十匹，總兵十六匹，副將十二匹，參將八匹，游擊六匹，都司、守備各四匹，河工協備、千總、把總各二匹，外委一匹。兵丁騎操馬，酌量各營情形，或馬步各半，或馬四步六，或馬三步七，或馬二步八，或馬一步九。每馬兵一名，給馬一匹。各省駐防馬額，保定兵丁馬一百匹；滄州兵丁馬一百匹；密雲兵丁馬五百匹，撥分古北口十六匹、三河十匹、玉田十匹、昌平七匹、順義七匹，仍歸密雲牧放；察哈爾官員馬六十七匹；張家口官員馬一百九十八匹，兵丁馬一千三百六十匹；熱河官員馬三百六十八匹，兵丁馬五百匹；圍場兵丁馬二百六十匹；青州官員馬三百十一匹，兵丁馬二千九百二十匹；德州兵丁馬二百五十匹；太原兵丁馬二百五十匹；右衛官員馬四十匹，兵丁馬六百匹；綏遠城官員馬四百三十一匹，兵丁馬四千匹；開封官員馬一百九十四匹，兵丁馬二千四百匹；江寧官員馬七百五十九匹，兵丁馬八千五百八十九匹；京口官員馬三百三匹，兵丁馬三千四百十一匹；杭州官員馬五百二十八匹，兵丁馬三千八百匹；乍浦官員馬一百三十五匹，兵丁馬五十匹；福州官員馬三百十一匹，兵丁馬三千六百八十匹；水師官員馬三十一匹；荆州官員馬一千三十一匹，兵丁馬一萬二千匹；西安官員馬一千十四匹，兵丁馬一萬三千一百七十匹；寧夏官員馬四百七十九匹，兵丁馬四千一百十二匹；凉州官員馬二百五十三匹，兵丁馬三千三百四十二匹；莊浪官員馬一百十三匹，兵丁馬一千七百八十九匹；巴里坤官員馬一百六十三匹，兵丁馬二千五百四十四匹；吐魯番官員馬九十五匹，兵丁馬一千三百三十二匹；古城官員馬一百六十三匹，兵丁馬二千五百四十四匹；烏嚕木齊官員馬四百八十九匹，兵丁馬七千九百九十二匹；伊犁惠遠城官員馬七百八十八匹，兵丁馬九千八百四十匹，惠寧城官員馬三百二十匹，兵丁馬五千八十八匹；成都官員馬五百二十四匹，兵丁馬四千匹；廣州官員馬四百八十四匹，兵丁馬五千九百六十匹；水師官員馬三十一匹。又綏遠城兵丁駝一千隻，右衛兵丁駝一百五十隻。各省緑營馬額，巡捕五營官例馬四百四十二匹，兵丁馬四千匹；直隸官例馬一千八百十四匹，兵丁馬九千一百三十匹；山東官例馬六百二十匹，兵丁馬三千三百七十三匹；河標官例馬八十六匹，兵丁馬三百四十四匹；山西官例馬八百二十八匹，兵丁馬四千八百九十五匹；河南官例馬三百六十匹，兵丁馬二千九十九匹；江南官例馬一千三百三十八匹，兵丁馬三千七百五十五匹；河標官例馬九十六匹，兵丁馬三百七十九匹；防河官例馬一百九十四匹；漕標官例馬一百五十匹，兵丁馬四百四十六匹；江西官例馬五百二十匹，兵丁馬一千二百九十一匹；福建官例馬一千八百十二匹，兵丁馬四千三百五十二匹；浙江官例馬一千二百八十八匹，兵丁馬二千三百三十三匹；湖北官例馬八百七十六匹，兵丁馬二千四百九十匹；湖南官例馬一千七十二匹，兵丁馬二千五百四十二匹；陝西官例馬八百三十七匹，兵丁馬七千五百二十八匹；甘肅官例馬二千二百十匹，兵丁馬二萬八千三百五十五匹；四川官例馬一千三百五十四匹，兵丁馬三千九百一匹；廣東官例馬二千四十二匹，兵丁馬四千六百三十匹；廣西官例馬八百三十六匹，兵丁馬一千五百十一匹；雲南官例馬一千二百四十二匹，兵丁馬二千九百九十五匹；貴州官例馬一千四百四十六匹，兵丁馬二千六百二十一匹。駐防則有圈馬，有拴馬，張家口、熱河、江寧、京口、杭州、乍浦、福州、西安、成都、廣州駐防管，皆設官圈，輪派官兵餧養。開封每兵一名拴馬一匹，餘馬設圈餧養。其餘駐防營兵丁馬，各給兵拴養。各定其牧地。滄州牧場在鹽山縣界，密雲牧場在豐寧縣屬烏遜圖魯海溜圖地方，熱河牧場在海溜圖地方，德州牧場在霑化縣界，綏遠城牧場在大青山後，右衛牧場在殺虎口外古爾巴爾濟地方，江寧、京口牧場在當塗、蕪湖二縣界萬春湖地方，杭州牧場在錢塘江南岸。荆州牧場八處，鑲黄、正黄、正白、正紅、鑲白、鑲紅六旗牧場俱在石首監利縣界，正藍旗牧場在潛江縣界，鑲藍旗牧場在枝江縣界。西安牧場在渭河旁。寧夏牧場二處：一在黄河西岸平羅縣界；一在賀蘭山前沿邊一帶。凉州牧場在永昌縣屬黄城子地方。莊浪牧場在平番縣屬龍潭河地方，有夏場，有冬場。巴里坤牧場在石人子以東沙山子以西奎素松樹塘一帶，吐魯番牧場在北山岳歡塔拉克地方，古城牧場處在迤南一顆樹濟布庫地方。烏嚕木齊牧場在東山五工口、南山草塔版、西山頭屯河地方，分爲六場。惠遠城牧場在呢處渾一帶地方，惠寧城牧場在阿里木圖溝一帶地方，成都牧場在城東金井灣地方。其出牧之期，滄州夏秋出場，冬春收槽，出場時留馬二十匹。密雲四月十五日出場，八月十五日收槽，出場時留馬一百匹。熱河五月出場，九月收槽，出場時留馬六十匹。德州清明後出場，霜降後收槽，出場時留馬一百五十八匹。綏遠城四月出場，十月收槽，出場時每佐領下留馬十匹。右衛四月十五日出場，九月十五日收槽。江寧、京口三月出場，五六月湖水泛漲即撤回，七月水落仍赴場牧放，十月收槽。杭州春季於二三兩月牧放，夏季於四月牧放，秋季於八九兩月牧放，餘七月收槽。荆州秋、冬、春三季牧放，夏季江水漲發撤回。西安夏秋出場，冬春收槽，出場時留馬一半。寧夏四月間牧放平羅縣之灘場，六七月移山場牧放。凉州、莊浪冬春二季六分存槽，四分牧放；夏秋二季四分存槽，六分牧放。巴里坤牧放馬五百二十二匹。吐魯番存馬六十匹在城餧養外，餘馬常川牧放。古城夏秋出場，冬春收槽，收槽時以四百八十匹分給左右翼兩圈餧養，餘馬常川牧放。烏嚕木齊夏秋出場，冬春收槽。伊犁二城冬春二季六分存槽，四分牧放；夏秋二季，全行牧放。其餘各駐防不設牧場。其存價者，貯庫以備用。各駐防營餧養備用者爲實拴馬，不用者照各處例價存庫，俟需用時購買，是爲存價馬。各駐防存價者，張家口官員馬八十九匹，兵丁馬六百八十匹；青州官員馬一百四十七匹，兵丁馬一千四百六十匹；開封兵丁馬一千二百匹；右衛官員馬十六匹，兵丁馬三百匹；綏遠城官員馬一百七十三匹，兵丁馬二千匹；江寧官員馬三百五十九匹，兵丁馬五千七百二十六匹；京口官員馬一百四十三匹，兵丁馬二千二百七十四匹；杭州官員馬二百五十四匹，兵丁馬三千二百匹；乍浦官員馬六十四匹，兵丁馬十匹；福州官員馬二百六匹，兵丁馬三千一百二十匹；荆州兵丁馬八千匹；西安兵丁馬八千一百七十匹；寧夏兵丁馬一千九百十二匹；凉州兵丁馬二千七十二匹；莊浪兵丁馬一千一百九匹；巴里坤兵丁馬一千六百九十六匹；吐魯番兵丁馬八百八十八匹；古城兵丁馬一千六百九十六匹；烏嚕木齊兵丁馬五千三百二十八匹；成都兵丁馬三千二百匹；廣州兵丁馬五十匹。其餘各處俱照數實拴。又，綏遠城右衛駝隻，各以一十存價貯庫，每駝例價銀十八兩。緑營之在官者，有例馬，提督以下外委以上例給之馬日官例馬。騎操則視其兵之額。騎操馬，凖以馬兵之額。凡官例馬、騎操馬，皆於奏銷案内照各營實在數目開造，報部察覈，知照户部銷算草料。凡經費之款，曰朋扣，官兵應支俸餉銀，副將以下把總以上每月各扣二錢，馬兵扣一錢，步兵扣五分，守兵扣三分，名曰朋扣。巡捕營月扣六百七十四兩二錢，直隸月扣二千九十九兩有奇，山東月扣七百六十六兩有奇，河標月扣九十兩有奇，山西月扣一千三百四十二兩有奇，河南月扣四百七十四兩有奇，江南月扣一千六百五十三兩有奇，河標月扣一百二十二兩有奇，防河官月扣二百九十八兩有奇，漕標月扣一百八十六兩有奇，江西月扣五百九十四兩有奇，福建月扣二千八百三十九兩，浙江月扣一千六百五十一兩有奇，湖北月扣一千五十二兩有奇，湖南月扣一千三十四兩有奇，陕西月扣一千二百八十七兩有奇，甘肅月扣四千六百四十五兩有奇，四川月扣一千六百三十六兩有奇，廣東月扣二千九百三十六兩有奇，廣西月扣一千五十四兩有奇，雲南月扣二千四十三兩有奇，貴州月扣一千七百三十六兩有奇。曰賠樁，營馬未及年限倒斃者，分别責令賠項，名曰賠樁。每馬賠樁之限，直隸、山東、山西、河南、陝西、甘肅過五年者免賠，一年以内賠銀七兩，二年以内賠銀六兩，三年以内賠銀五兩，四年以内賠銀四兩，未過五年賠銀三兩。江南、江西、福建、浙江、湖北、湖南、雲南、貴州過三年者免賠，一年以内賠銀十兩，二年以内賠銀九兩，未過三年賠銀八兩。四川過三年者免賠，一年以内賠銀七兩，二年以内賠銀六兩，未過三年賠銀五兩。廣東、廣西過三年者免賠,一年以内賠銀五兩,二年以内賠銀四兩五錢,未過三年賠銀四兩。各省每年所報倒斃馬匹,已滿年限者,廣東省每百匹准倒十五匹,廣西省每百匹准倒十七匹,福建省每年准倒九百三十五匹,其餘省分均不得過十分之三,逾此數者不准開銷。營馬倒斃,該管官驗明耳尾,將倒斃日期出結詳報督撫、提鎮,毋許隱匿不報,照常支領草料。曰皮臟。營馬倒斃合例者,每匹仍分别繳回銀兩,名曰皮臟。江南督標一兩五錢,提鎮標八錢。江蘇撫標九錢二分有奇,安徽撫標一兩二錢,湖北、湖南一兩,餘省均五錢。即於買馬給價時照數扣除。馬斃,則各準其價而補額焉。各省營馬例價,直隸九兩,山東十兩,山西八兩,河南八兩五錢,江南十三兩九錢七分,江西十六兩八錢二分四釐,福建十九兩,浙江十四兩,湖北、湖南十四兩,陝西、甘肅、四川八兩,廣東十八兩,廣西十六兩,雲南十五兩,惟東川一營八兩,貴州十八兩。直隸營馬,如在商都達布遜諾爾、達里岡愛牧場撥補者,每匹除已扣皮臟銀五錢外,作價八兩五錢,於朋扣銀内照數扣存,解交内務府查覈。福建購買口馬,准銷銀二十二兩,其買補之馬,驗明膘壯,方准收營,仍將新馬價值、毛齒及領騎兵丁姓名造册報部察覈。各營朋樁銀兩,俱存貯以備買馬之用,其餘剩於歲底報部覈明,咨送户部充餉。其經該督等奏明撥給修整船隻、篷索、軍裝、器械並賞號軍務之用者,照題奏成案覈銷。其朋樁文册,巡捕五營由步軍統領衙門覈明咨部,外省由總督奏銷,無總督省分由巡撫奏銷,均限次年五月内具題,甘肅限次年十月内具題。

○設馬場、駝場於邊地,而别其群。甘肅甘州、凉州、西寧、肅州緑營所設馬場,每場以游擊一人爲總統,分爲五群。每群牝馬二百匹、牡馬四十匹,以千把總一人爲牧長,外委千把總一人爲牧副,兵丁十名爲牧丁。巴里坤緑營所設馬場,以游擊、都司、守備各一人督率經理,場各分五群,設牧長、牧副如例,每馬二十四匹設牧丁一名。其駝場每牝牡二百爲一群,設牧長、牧副如例,牧丁九名,以守備一人督率經理。伊犁、塔爾巴哈台、察哈爾、額魯特所設馬場,各以總管、副總管督率經理。伊犁、察哈爾之馬分九群,額魯特之馬分十四群,塔爾巴哈台、察哈爾之馬一群,額魯特之馬分六群。群設佐領一人,如牧長之制;驍騎校一人,如牧副之制。牧丁亦如之。伊犁、額魯特駝場與馬場同。計歲而均齊之,以其息者抵其耗。馬三歲則均齊,取其駒,準以三之一。馬牝牡三每三年取一駒。駝五歲則均齊,取其羔,準以十之四。駝牝牡十每五年取四羔。嬴者、絀者,賞罰之等各有差。均齊之年,於例取孳生外,一群之馬,多孳生一匹以上者,爲三等賞,千把總加一級,外委紀録二次,兵每名賞銀一兩;多孳生八十匹以上者,爲二等賞,千把總加二級,外委加一級,兵每名賞銀二兩;多孳生一百六十匹以上者,爲一等賞,千把總、外委均以應陞之官即用,兵每名賞銀三兩。少孳生二十匹以下者,爲三等罰,千把總罰馬五匹,外委及兵各責四十;少孳生四十匹以下者,爲二等罰,千把總罰馬七匹,外委及兵各責五十;少孳生八十匹以下者,爲一等罰,千把總罰馬九匹,外委及兵各責六十。如於原牧數内缺少者,千把總革職，罰馬十八匹，外委革去頂戴，仍加責八十，兵責八十，所罰之馬歸八馬群覈算。其提鎮、游擊等統計五群以爲賞罰，五群得賞之游擊加二級，提鎮加一級；四群得賞、一群得罰之游擊加一級，提鎮紀録二次；三群得賞、二群得罰之游擊、提鎮毋庸議賞罰；三群得罰、二群得賞之游擊降一級留任，提鎮罰俸六月；四群得罰、一群得賞之游擊降一級調用，提鎮罰俸一年；五群全罰之游擊革職，提鎮降一級調用。若於原牧數内缺少者，除將千把總罰出馬數補八外，餘著游擊、提鎮各半分賠。巴里坤都司、守備賞罰視游擊。其統轄三場之總兵，如十五群得賞者加一級，十四群、十三群、十二群得賞者紀録二次，十一群、十群、九群得賞者紀録一次，八群、七群得賞者免其議處，至九群、十群得罰者罰俸半年，十群、十一群、十二群、十三群得罰者罰俸一年，十四群、十五群得罰者降一級調用。凡牧場馬匹，毋論原牧及孳生兒騍馬駒，如有倒斃，將續得孳生之馬抵補，其餘算入孳生以定功過。至二十歲以上之騍馬及口老碎小之兒馬不能配駒産駒者，交地方官變價，即以孳生之馬抵補，考成時仍入孳生數内覈算。一群之駝，多孳生一駝至十駝者，爲三等賞，千把總紀録二次，外委紀録一次，兵每名賞銀一兩；多孳生十一駝至二十駝者，爲二等賞，千把總紀録三次，外委紀録二次，兵賞銀二兩；多孳生二十一駝以上者，爲一等賞，千把總加一級，紀録一次，外委加一級，兵賞銀三兩。每牝牡百於五年内倒斃二十者，毋庸議罰。若逾二十者，以孳生之駝抵補，其餘再計孳生。如少孳生一駝以上者，爲三等罰，千把總罰俸六月，外委及兵各責四十；少孳生十一駝以上者，爲二等罰，千把總罰俸九月，外委及兵各責五十；少孳生二十一駝以上者，爲一等罰，千把總罰俸一年，外委及兵各責六十。至經理之守備，如千把總、外委得一等賞者，准其紀録三次；得二等賞者，紀録二次；得三等賞者，紀録一次。如千把總得一等罰者，守備罰俸一年；得二等罰者，罰俸九月；得三等罰者，罰俸六月。若其孳生駝内有老弱不孳生者，准其驗實變價，所有空缺將孳生駝頂補，仍算入孳生之數，以定功過。其察哈爾、額魯特孳生馬駝，逾額、不及額賞罰例同。額魯特官應列一、二、三等賞者，不給加級紀録，均折賞緞疋。其隸太僕寺者，三歲題而下於部以覈焉。太僕寺牧場孳生馬匹，由察哈爾都統每年查驗一次，將馬數造册送部備查。至三年均齊之期，由太僕寺奏派滿洲堂官一人赴場查驗，造册送部。本部將三年内原牧、新添、動用、現存馬數，按册查覈具題。其孳生多寡，分别賞罰，俱由太僕寺具題，咨呈本部查覈註册。凡馬之例貢者，四川土司及甘肅土司三族、唐古特七族、西喇古兒俱例貢馬，有本色，有折價。四川松潘鎮標折徵馬十二匹，小河營折徵一匹，漳臘營貢馬九匹，又折徵七匹，平番營折徵二匹，龍安營折徵二匹，疊溪營折徵二匹，維州協折徵三匹，茂州營折徵一匹，建昌鎮標貢馬二十四匹，冕山營貢馬一匹，會川營貢馬六匹，寧越營貢馬六匹，又折徵一匹，越嶲營貢馬六匹，會鹽營折徵三匹，永定營貢馬四匹，靖遠營貢馬三匹，瀘寧營貢馬二匹，懷遠營貢馬四匹，泰寧營折徵三匹。甘肅甘州梨園營貢馬八十二匹，甘州城守營、龍首堡貢馬二匹，南古城營貢馬十二匹，洪水營貢馬八匹，肅州鎮屬金塔寺協、紅崖堡貢馬二十五匹，凉州城守營貢馬十匹。其折徵者,每匹徵銀八兩。抵其營馬之額。徵貢馬之營,即以充補缺額,於朋馬奏銷案内聲明,扣除買補額缺。哈薩克、布魯特之貢者市者,哈薩克、布魯特每歲來通市時,貢馬無定額。哈薩克由伊犁將軍、塔爾巴哈台参贊大臣,布魯特由喀什噶爾参贊大臣、烏什辦事大臣,各收納回賞。又每年冬季,塔爾巴哈台收移卡倫嚮内,俾哈薩克借處其地過冬。伊犁將軍、塔爾巴哈台参贊大臣於巡邊時,亦收取貢馬,皆隨時具奏。其每年通市時,换獲哈薩克、布魯特之馬,各收入本處備用群牧放。供用亦如之。伊犁等處所收貢馬及换獲之馬,以給各城臺站卡倫之用,及備伊犁等處營馬、屯馬之缺,以其餘者解交甘肅内地備用。其解馬,由將軍等挑選臕壯,烙用印記,派員緩程解至烏嚕木齊,轉解至巴里坤,由巴里坤總兵委員解至肅州。其换獲不多之歲,將内地所調之馬撥給一半,或將巴里坤牧場騸馬撥入内地添補。如甘肅撥補有餘,即由近及遠,以次充補陝西、山西、河南、山東等省營馬、驛馬額缺。

○凡市馬於邊外者,官給以票。出口買馬者,山東、河南、江南、浙江駐防營馬、緑營馬、驛馬,江西緑營馬、驛馬,湖北駐防營馬、驛馬,湖南驛馬,福建駐防營馬、緑營馬,俱准赴部領票出口。直隸、山西、陝西、甘肅駐防營馬、緑營馬、驛馬,俱准由各將軍、副都統、總督、巡撫給票出口。京城兩翼官販,亦准由兩翼監督報部領票出口。各照票開馬數買馬進口,守口員弁查閲部票,覈對馬數相符,始准放入。其由將軍等出票者,亦將馬匹數目豫行報部,知照各口覈對。禁私販者,各省買馬有票,經過地方驗票放行。其領部票者,購買回日,仍令赴部印烙給票,註明馬數,並所往該省路徑,沿途地方官將馬數印烙驗明放行。京城兩翼馬市有販馬之人,令將馬數呈明佐領至收税處報明,准其貿易。若在京外及直省販賣者,仍以私販論。其各省營馬、驛馬不出口市買者,准在本省及川黔鄰省購買,該督撫等豫行移會赴買省分之督撫地方官照例收税,仍印烙給與照票,以憑沿途稽察。其購買數目,造册報部查覈。其無票,及票外多帶進口,或越境販賣者,均按私販例治罪。竊馬、竊八旗官兵馬者,分别匹數治罪。其牧馬之人自行盜賣者,亦照偷馬例科罪。凡屯莊牧養之馬被偷,失主即時呈報該營汛官弁帶兵追捕,鄰汛官弁亦接遞追緝。如能拏獲,官紀録一次,兵於賊名下每匹追銀一兩賞給。若失主呈報,該汛官不即追緝,及鄰汛不接遞協緝者,將官兵分别降罰棍責。太僕寺牧場馬匹,沿邊地方儻有私買私賣者,查出治罪,其馬歸入本場,仍追價銀一半入官,一半賞給首告之人,失察官議處。巡幸行圍地方偷竊馬匹者,五匹以上擬絞立決,四匹以下分别發遣。偷竊蒙古牲畜者,亦分别首從匹數,擬以絞候發遣。京城内外旗民收獲遺失馬駝,不許隱匿變賣,即日呈報該管官送部,由部送館所監督餵養,仍移咨八旗,並牌行五城。有認領者,開明遺失日月及毛色口齒,係旗人取具佐領圖結,係民人取具地方官印結,由部查對毛色口齒相符,准其認領。如過一月無人認領,交館所監督變價,解交户部。宰馬者。一應馬匹有宰殺貨賣者,步軍統領及五城司坊官查拏。

○凡置郵，曰驛，各省腹地所設爲驛，盛京所設亦爲驛。各省之驛，隸於廳州縣間，有專設驛丞以司驛務者，其錢糧夫馬仍歸印官管理，均以道府稽察，復以按察使兼驛傳事務總覈一切。盛京之驛，不隸州縣，專設驛丞管理，又設正、副監督二人專司稽察，統於盛京兵部。曰站，軍報所設爲站。其常設者，自京城北回龍觀站起，迤邐而西，分兩道，一達張家口接阿爾泰軍臺以達北路文報，一沿邊域逾山西、陝西、甘肅，出嘉峪關接軍塘以達西路文報。每站各撥千把總、外委以司接遞，其夫馬錢糧仍歸所在廳州縣管理。吉林、黑龍江所設亦曰站，每站設筆帖式管理，統於將軍。又直隸喜峰口、古北口、獨石口，山西殺虎口外所設亦曰站，並接設蒙古站以達六盟四十九旗，設理藩院章京管理。其口外各站夫馬錢糧歸直隸、山西督撫奏銷。蒙古站每站各設蒙古章京、驍騎校、畢齊克齊佐領、兵丁以司接遞，統於理藩院章京。曰塘，甘肅嘉峪關口外所設，除安西州、鎮西府迪化州各本屬公文差務仍設驛外，其安西、哈密、鎮西三屬，特設軍塘以達出入嘉峪關軍站文報，又別設營塘以達尋常文報。軍塘每塘派千把總、外委、兵丁以司接遞。安西、哈密各設都司一人，鎮西設守備一人，督率稽察。夫馬錢糧歸文員奏銷。曰臺，西北兩路所設爲臺。北路張家口外各臺，每臺派蒙古章京、驍騎校、兵丁以司接遞，於張家口、賽爾烏蘇各派理藩院章京一人分管，統於阿爾泰軍臺都統。迤邐而西，達烏里雅蘇台城。每臺派喀爾喀章京、驍騎校、兵丁以司接遞，每間數臺派喀爾喀台吉一人督率稽察。由烏里雅蘇台分道而北，達近吉里克卡倫，設臺並派喀爾喀官兵亦如之，統於定邊左副將軍。由烏里雅蘇台迤邐而西，達科布多。由科布多分道而北，達卡倫，亦設臺派喀爾喀官兵管理。由科布多分道而南，達古城，設臺派扎哈沁官兵管理。均統於科布多參贊大臣。由賽爾烏蘇迤邐而北，達庫倫，再北達恰克圖，亦設臺派喀爾喀官兵管理，皆統於庫倫辦事大臣。西路伊犁將軍及各城大臣屬均設臺，每兩臺設筆帖式一人管理，各統於將軍大臣。曰所，舊設遞運所運送官物，後裁併歸驛。惟甘肅一帶尚存其制，各設牛車專司運載，亦隸所在廳州縣。曰鋪，各省腹地廳州縣皆設鋪司，由京至各省者亦曰京塘。各以鋪夫、鋪兵走遞公文，工食入户部錢糧奏銷。各量其途之衝僻而置焉。本部皇華驛一，直隸有驛有站共一百八十五，盛京驛二十九，吉林站三十八，黑龍江站三十六，山東驛一百三十九，山西有驛有站共一百二十五，河南驛一百二十，江蘇驛四十，安徽驛八十一，江西驛四十七，福建驛六十八，浙江驛五十九，湖北驛七十一，湖南驛六十二，陝西有驛有站共一百二十九，甘肅有驛有站有塘有所共三百三十一，四川驛六十五，廣東驛十，廣西驛十九，雲南驛八十一，貴州驛二十三。喜峰口章京所屬蒙古站十六，古北口章京所屬蒙古站十，獨石口章京所屬蒙古站六，殺虎口章京所屬蒙古站十一。阿爾泰軍臺都統所屬軍臺四十四，定邊左副將軍所屬軍臺三十九，庫倫大臣所屬軍臺二十五，科布多大臣所屬軍臺二十二，伊犁將軍所屬軍臺十二，塔爾巴哈台大臣所屬軍臺十，烏嚕木齊都統所屬軍臺二十七，巴里坤大臣所屬軍臺八，吐魯番大臣所屬軍臺八，喀喇沙爾大臣所屬軍臺八,庫車大臣所屬軍臺十,烏什大臣所屬軍臺三,阿克蘇大臣所屬軍臺十八,葉爾羌大臣所屬軍臺十五,和闐大臣所屬軍臺七,喀什噶爾大臣所屬軍臺六。備其夫、各省驛站夫役,直隸有驛書、驛皁、馬夫、獸醫、槓轎夫、水驛夫、車夫、騾夫、驢夫,山東有驛書、差夫、馬夫、獸醫,山西有馬夫、所夫,河南有槓遞夫、馬夫、獸醫,江蘇、安徽有馬夫、差夫、驛船水手、驛夫,福建有贍夫、遞夫、兆夫,江西有站船水手、遞夫、驛夫、馬夫,浙江有驛足、遞夫、馬夫、槓轎夫、兆夫、驢夫、驛船水手、水驛夫,湖北有馬夫、獸醫、排夫、站船水手,湖南有馬夫、獸醫、槓夫、健夫,陝西有馬夫、所夫、槓夫,甘肅有驛書、馬夫、獸醫、牛夫,四川有馬夫、槓夫、站船水手,廣東有各船水手,廣西有站夫、驛船水手、千里馬,雲南有馬夫、堡夫,貴州有馬夫、長夫,皆以民人募充。盛京專設驛丁供差,吉林、黑龍江領催壯丁係於旗人内派充。甘肅軍塘、營塘及烏嚕木齊、伊犁兵丁字識於緑營派充,其馬夫獸醫亦係募充。烏嚕木齊在臺回户係撥地移駐應差,在臺都司、守備、千總、把總、外委及筆帖式並准携帶跟役,給與口糧。塔爾巴哈台及南路各回城兵丁字識係於換防兵内撥充,各回城在臺回户各令種地應差。蒙古站及北路軍臺蒙古喀爾喀、札哈沁、昆都兵丁等均由各部落派充至驛站運送鞘餉等項。如額夫不敷,准雇民夫以百里爲一站,每名每站給銀一錢,多十里增銀一分,少十里減銀一分。貴州省古州、都江、八寨、丹江、凱里、台拱、清江等處雇募苗夫,陸路以四十里爲一站,每名每站給銀八分。雇募苗船,逆水以三十里爲一站,順水以八十里爲一站,每名每站給銀一錢五分。其隨時雇募小工併長短夫,每名每日給銀三分,口糧米一升。馬、各省驛站,惟福建、廣東、廣西不設馬,直隸兼設騾驢,山東浙江兼設驢,吉林、黑龍江、甘肅、伊犁各城兼設牛,北路軍臺兼設駝。凡驛馬每年倒斃之數,直隸、山東、河南、湖北、雲南、四川十分不得過三分,其直隸所屬之張家、獨石、喜峰等口十分不得過四分。盛京、吉林十分不得過三分,牛不得過四分。黑龍江茂興十六站馬十分不得過三分,牛十分不得過一分八釐,墨爾根十站馬牛十分均不得過三分,呼倫貝爾十站馬牛十分均不得過二分。山西、浙江、陝西、甘肅馬十分不得過二分,甘肅站馬、塘馬十分不得過三分。西北兩路軍臺馬十分不得過三分,牛不得過一分五釐。江蘇、安徽、江西、湖南馬十分不得過四分。貴州馬十分不得過七分。其准銷馬價銀,每馬一匹,直隸九兩,古北口外各站七兩,張家口、獨石口、喜峰口各站六兩五錢,盛京、吉林、黑龍江九兩,牛七兩,黑龍江之呼倫貝爾十站馬六兩,牛五兩,山東馬十兩,山西、陝西、甘肅八兩,河南八兩五錢,江蘇、安徽十三兩九錢七分,江西十六兩八錢二分四釐,浙江、湖北、湖南十四兩,雲南十五兩,貴州十八兩,俱於驛站款内動支。車、直隸、黑龍江驛站,甘肅各所,及西路軍臺,俱設車。其不設車,及驛車不敷者,准雇民車。以百里爲一站,每車每站給銀一兩,多十里增銀一錢,少十里減銀一錢。船,江蘇、安徽、江西、福建、浙江、湖北、四川、廣東、廣西水驛俱設船。江南、湖北有宣摟船、站船,浙江有座船、站船,四川有站船、渡船,廣東有座船、樓船、河船、馬船、糧船、快船、小船、站船,江西、福建、廣西有站船。其修造年限,宣樓船,江南三年小修,六年中修，九年大修，十二年拆造，湖北每年歲修，十年拆造；其餘各驛船，安徽、湖北、廣東三年小修，五年大修，十年拆造；江西三年小修，七年大修，十年拆造；浙江、四川三年小修，六年大修，十年拆造，内有四十二隻，每年歲修，十年拆造；廣西三年小修，五年拆造。修造時責成按察使專管，委員監修造具丈尺、物料、工價清册，分送兵、工二部查覈，兵部主稿會同工部題銷。站船每十船編爲一甲，每甲立一甲長。如不足十船，五六船者亦編爲一甲，一二船者即附入各甲之内。均令挨號銜尾停泊，不許離幫。每船給保甲牌一面，將船丁、頭舵、水手姓名年貌籍貫註明，懸挂船首。一甲之内互相稽察保結，如有容隱匪類及酗酒賭博等事，不出首者併坐。若遇出差加雇水手，亦將姓名年貌籍貫註明，以備沿途盤詰。至應差站船不敷，准雇民船，每一里給銀三分。其例應給縴夫者，以百里爲一站，每名給銀一錢與船户雇用，多者照數增給。浙江運送餉鞘，撥沙飛船者，每船給水脚銀九十兩；撥太平船者，每船給水脚銀八十五兩。福建省水口等驛額設報船，每隻月給雇價銀一兩，浦城縣歲給工食船租銀四百五十二兩三錢五分。與其經費，驛站夫役工食銀、馬牛草乾銀，及外備棚廠槽鍘等項銀，雇募車船脚價銀，俱按各處價值定制，於驛站款内動支。各省編徵驛站原額，直隸銀四十萬三千四百一兩有奇，又車馬工料銀七千六百六十四兩有奇，米折銀一千八百六十八兩有奇，豆折銀六千三百八十兩有奇，麩價銀九百五十五兩有奇，本色米二百八十四石，本色豆三千五百五十六石有奇，草二萬一千三百束。山東銀十五萬五千四百七十六兩有奇，山西十萬五千八百三十一兩有奇，河南二十七萬五千七百六十八兩有奇，江蘇十五萬二千一百七十兩有奇，安徽十萬四千四百七十四兩有奇，江西十萬九千九百九十七兩有奇，福建六萬五千六百五兩有奇，浙江六萬三千七百十四兩有奇，湖北九萬七千六百三十四兩有奇，湖南九萬三千四百八十九兩有奇，陝西十四萬二千一百八十一兩有奇。甘肅四萬三千六百九十五兩有奇，本色京斗米七千六百二十八石有奇，本色京斗豆一千九十石有奇，本色草三萬三千一百二十束。廣東銀五千五百四十九兩有奇，廣西銀九千八百六十九兩有奇。山東復於地糧内額撥買馬銀二萬四百四十七兩有奇，山西復於地丁内額撥驛站銀七萬五千六百四十五兩有奇。安徽額設馬田徵租稻一萬五千四百四石有奇，麥二十二石有奇，豆九石有奇，以津貼驛費。甘肅額收協解驛站銀一千三百五兩有奇，又額設拉車夫馬工料銀六千五百五十二兩有奇。各省於額設各款驛站銀動用贏餘，俱令報撥。其不敷銀兩，及四川、雲南、貴州無額設驛站銀兩者，俱准動用公項。盛京額設馬價銀二千六百六十四兩，廪給無額；吉林馬牛價銀四千三百六十五兩有奇，廪給銀五百十兩；黑龍江馬牛價銀二千八百八兩，車價銀五千兩，廪給銀一千兩。均於户部撥用。凡驛站夫馬工料扣存建曠，及馬牛皮臟變價，並各項存剩之款，於奏銷後由部移咨户部充餉。凡各省驛馬皮臟銀與營馬同，牛每隻皮臟銀三錢。以供差，以馳報，歲終則題銷。各省驛站奏銷册，每省造一省總，每府造一府總。以節年存剩爲舊管，以額設實徵爲新收，以夫馬車船各項工料及廪給雜支雇募價值爲開除，以本年支用存剩及建曠皮臟變價並節年存剩爲實在。統限次年五月由督撫覈明具題，造册分報部科察覈。其安徽馬田，每年於收成時，先將坐落村莊各收成分數造册報部，以備覈對。其奏銷，限次年十二月内由該撫專案題報。盛京驛站錢糧，由司驛官造册呈報盛京兵部具題。吉林、黑龍江司驛官造册呈報各該將軍具題。新疆驛站奏銷，除設有府廳州縣管理錢糧者，由總督覈轉外，其南路各回城均由各城大臣奏銷，以各項數目移咨總督查覈。

○凡效力於阿爾泰軍臺者，徵其鍰，更代則稽之。阿爾泰四十四軍臺臺務，以官犯發往效力者分置管理。在十臺以内者，每月繳臺費銀四十三兩；在十一臺以外者，每月繳臺費銀三十三兩。凡奉特旨及奏准發往軍臺效力贖罪者，均由刑部或各省督撫送部發往，交軍臺都統安置。三年期滿，如臺費全完者，由軍臺都統抄録獲罪原案具奏請旨。其不能完繳臺費者，文職縣丞以下武職守備以下，即改擬杖徒奏聞辦理。知縣、都司以上，由部行文該旗籍及歷過任所，查明有無財産隱寄，若力能完繳，故意觀望，將財産入官，該廢員發往烏嚕木齊永遠充當苦差；如係赤貧，取具該旗籍各結，咨行軍臺都統具奏請旨。至呈請捐贖坐臺者，由部具奏請旨，其奉旨准其贖罪者，如尚未到臺，即仍令前往，俟贖項完繳，方准釋回旗籍。其已到臺者，亦俟贖項完繳，方行釋回。

○凡差給驛者，皆驗以郵符，曰勘合，官馳驛者，給以勘合。曰火牌。兵役馳驛者給以火牌，其雲南、貴州及甘肅嘉峪關外舉子，亦給以火牌。凡各省督撫、提鎮、將軍、都統每年所用，由部豫給火牌，或並給勘合，遇應馳驛之差臨時填用。兩江、湖廣、雲貴、陝甘、兩廣、閩浙、四川總督及漕運總督，俱給火牌二十張。直隸總督、江南、山東河道總督及江蘇、安徽、浙江、湖北、湖南巡撫，俱給火牌十八張。山東、山西、河南、江西、福建、廣東、廣西、雲南、貴州巡撫，俱給火牌十六張。甘肅提督，給勘合十張，火牌四張。各省提督，給火牌四張。各省總兵，給火牌三張。奉天府府尹、各省學政，給火牌四張。鹽政，給火牌二張。至管理驛務之按察使所用勘合、火牌，不定額，於將次用完之時，約計一年應用之數，請部頒發。盛京兵部，給勘合二十張，火牌二十張。吉林、黑龍江將軍，給勘合十張，火牌十張。各處將軍，給勘合四張，火牌四張。專城副都統，給勘合三張，火牌三張。其勘合、火牌尾後，由部將騷擾、驛站多索夫馬車船處分之例，兼録清漢文一紙，黏貼交接處所用印鈐蓋。凡總督、巡撫、將軍、都統、學政、鹽政將每年頒發及用過數目，於歲底造册咨報本部，彙總題銷。提督總兵送總督咨報，無總督省分送巡撫咨報。奉天府府尹彙入盛京兵部咨報。如未用，亦將存數咨部。至盛京將軍及盛京各部衙門所需勘合、火牌，俱於盛京兵部取用。凡給驛，各以其等，勘合、火牌填給之數，奉差出京者，陸給坐馬、從馬、引馬、包馬，水給船夫，水陸不兼支。不用馬者，照應得馬數，每馬折給夫三名。惟學政減馬給夫，順天學政不給驛。凡官奉差與廩給，兵役與口糧，惟侍衛與飯食。出征官與奉差同，其帶兵領隊者，於例得給驛外加給車馬。駐防及移駐官兵俱給車，其沿途家口馬匹給口糧草束。如陞調別省，及陞任回京者，不給。若因事故歸旗，仍按應得之數折給車價。西北兩路將軍大臣等准帶眷口者,給車馬口糧,不與廪給。調駐别處亦如之。若陞調來京,及回内地,併由内地駐防調駐西北兩路者,只給車馬。新滿洲告假接眷者,准給驛馬。其家口初次來京者,准給車價。衍聖公、正一真人來京回往,俱照品給驛。外任官奉旨馳驛者,准給夫馬,水路皆給船,不與廪給口糧。休致回籍及赴任例不給驛人員,如奉旨馳驛者,亦照品給驛,不與廪給口糧。喀爾喀、青海、蒙古杜爾伯特、土爾扈特、和碩特、烏梁海、扎哈沁回往時,奉旨馳驛者,每人給一馬一車,跟役均給馬與飯食,不與廪給。巡漕御史駐淮安濟寧者,陸給馬,水給船夫。駐天津者,給船夫。駐通州者,不給。駐日均與廪給口糧。盛京各衙門齎進章奏物料,皆給馬。各處運送什物,分别給車,或折給車價,或給船。解送官給馬,不與廪給口糧。打牲烏拉運送東珠官兵,給馬騎馱,仍給口糧。外國貢使回往,俱給驛。護送官回日,照品給驛。如引見者,照新疆引見官例衹給馬,扣除廪給口糧。哈密、吐魯番回官來京,給馬與廪給,惟不給引馬。回子及土爾扈特、和碩特、哈薩克部落汗、王、台吉、伯克來京者,從役行李均照定額給車。雲貴舉人會試、嘉峪關以外士子鄉試併舉人會試,均給馬。官員陣亡,及在任在差病故者,均給夫馬。新疆效力贖罪在巴里坤外者,准給馬,不給口糧。凡引馬、包馬,按品給與,文三品武三品以上,引馬二匹,包馬四匹;文四品五品六品武三品四品五品,引馬一匹,包馬二匹;文七品武六品以下,引馬、包馬各一匹。廪給多寡,文武同一品,每日銀二錢,二品一錢八分,三品一錢六分,四五品一錢四分,六七品一錢二分,八品以下一錢。兵役口糧,每分每日銀五分。官員坐馬外,其例帶跟役各給馬一匹,口糧一分,水路則無坐馬、跟馬,改給船一隻,並給縴夫。凡官員坐馬、跟役、縴夫之數,文武一品官、經畧大臣、將軍、副將軍、參贊大臣,坐馬三匹,跟役七名,縴夫十四名;文武二品官、副都御史、宗人府府丞、通政使、大理寺卿、詹事,坐馬二匹,跟役六名,縴夫十二名;奉國將軍、男、鑾儀衛使、太常寺卿、府尹、光禄寺卿、太僕寺卿、通政司副使、大理寺少卿、少詹事、祭酒、侍讀學士、侍講學士、太常寺少卿、太僕寺少卿、順天府府丞、鴻臚寺卿、庶子侍讀侍講、洗馬、通政司參議、光禄寺少卿、鴻臚寺少卿、中允、贊善、司業、修撰、編修、檢討、給事中、御史、郎中、王府長史、前鋒參領、護軍參領、驍騎參領、頭等侍衛、冠軍使、營總翼長、總管、協領,坐馬二匹,跟役五名,縴夫十名;奉恩將軍、輕車都尉、騎都尉、二等侍衛、副護軍參領、副驍騎參領、前鋒侍衛、佐領、雲麾使,坐馬二匹,跟役四名,縴夫十名;内閣侍讀、員外郎、主事、庶吉士、都察院都事、經歷,坐馬二匹,跟役四名,縴夫八名;内閣典籍、中書,中書科中書、部院司務,大理寺寺丞、評事,太常寺博士、通政司經歷、鑾儀衛經歷、國子監監丞、詹事府主簿、欽天監監正、太醫院院使、藍翎侍衛、前鋒校、親軍校、護軍校、驍騎校,坐馬二匹,跟役三名,縴夫八名;國子監博士、助教、典簿、學正、學録、典籍,翰林院典簿、待詔、孔目,鴻臚寺鳴贊、序班、主簿,光禄寺署正、典簿,太常寺寺丞、典簿、贊禮郎,祠祭署奉祀,欽天監監副、五官、正等官、主簿,太醫院院判、御醫、吏目,坐馬一匹,跟役二名,縴夫六名。凡出差奉有制詔節册者,加馬二匹。欽天監加馱羅經時辰香馬一匹,太醫院加馱藥馬一匹。學政夫馬之數,二品夫二十二名,馬七匹;三品夫二十名,馬六匹;四品夫十八名,馬四匹;五品以下夫十六名,馬三匹。帶兵領隊官加給車馬之數,一、二品大臣馬十匹,車二輛;三品以下馬五匹,車一輛。駐防官兵給車之數,將軍、都統八輛,副都統七輛,協領三品等官五輛,佐領四品等官四輛,防禦五品等官三輛,驍騎校、筆帖式以下等官二輛,領催、披甲、炮手、匠役人等一輛,俱折給價值。其家口馬匹之數,將軍、都統家口四十名,馬五十匹;副都統家口三十五名,馬四十匹;協領家口三十名,馬三十匹;佐領家口二十名,馬二十匹;防禦家口十四名,馬十五匹;驍騎校家口十二名,馬十匹;領催、披甲、炮手家口七名,馬六匹;匠役人等家口五名,馬二匹。西北兩路官給車馬口糧之數,將軍、都統車七輛,口糧三十分,馬四十匹;副都統車六輛,口糧二十分,馬三十匹;三品匹車五輛,口糧十五分,馬二十匹;如有四品以下官,按品減給車。皆折價。新滿洲家口給車之數,一品官八輛,二品官七輛,三品官五輛,四品官四輛,五品官三輛,六品官二輛,七品以下官及兵丁一輛,俱折給價值。外任官給驛之數,總督馬十匹,夫十四名;巡撫、提督馬八匹,夫十二名;藩、臬、運司、總兵馬七匹,副將馬五匹,夫皆十名;道府馬六匹,參游馬四匹,夫皆八名;運同、運判、同知、知州、通判、州同、知縣、都司、守備馬三匹,夫六名;首領佐雜六七品者,馬二匹,八品以下,馬一匹;千總,馬二匹;把總外委,馬一匹;鄉會試舉子給馬者,人一匹。解送物件給驛之數,凡物件六百斤、餉鞘六千兩,各給車一輛;不及六百斤、六千兩者,按物件一百斤、餉鞘一千兩,各給馱馬一匹。不用車處,每一餉鞘,給槓夫二名。江浙解餉,給水路勘合。浙江餉銀,自不及十萬兩至十六萬兩,給太平船;十六萬兩至二十萬兩,給沙飛船;二十萬兩以上,酌量辦理。江蘇餉銀,三十萬兩,給三號船;四十萬兩,給二號船;五十萬兩,給頭號船。解官係同知、通判,給馬三匹;係州縣佐雜,給馬二匹。回子等行李從役之數,回子王行李六千斤,從役十五名;貝勒行李四千斤,從役六名;貝子行李三千五百斤,從役六名;公行李三千斤,從役六名;三品伯克行李三千五百斤,從役四名;四品伯克行李二千五百斤,從役三名;五品伯克行李一千五百斤,從役二名;六品伯克行李一千二百斤,從役一名;伯克子弟行李六百斤,從役一名。土爾扈特、和碩特、哈薩克汗行李四千斤,從役七名;親王行李三千斤,從役六名;郡王行李三千斤,從役五名;貝勒行李二千四百斤,從役五名;貝子行李二千四百斤,從役四名;公行李一千八百斤,從役三名。扎薩克台吉行李一千二百斤,從役三名;閒散一等台吉至四等台吉行李六百斤,從役二名。如於額外多帶從役一名,減去行李二百斤。陣亡等官給驛之數,文七品武四品以上陣亡者,夫十六名,馬四匹;京官一品至五品,外官道員、游擊以上,在任在差病故者,如之。文八品武五品以下陣亡者,夫十二名,馬二匹;京官六品以下,在任在差病故,外官知府、都司以下,隨征病故者,如之,雲、貴、川、廣、新疆微員病故者,亦如之。新疆效力贖罪者,給馬二匹。凡各衙門差當給驛者,具奏請旨,移咨到部准給,不得私以印文移取,其例應給者不在此限。頒其禁令。奉差員役,執有勘牌,藉稱緊急,不與司驛官驗看,多索夫馬車船者,司驛官揭報部院參奏。內外官非例給者，不得私用驛遞夫馬，及差遣家人衙役私發牌票支取夫馬。其家人衙役並無牌票，倚勢索取者，治罪。督撫、提鎮及學政等巡查出考途次所需夫馬等項，均自行備用，不得令經過地方官代辦。文武互相糾察，如有需索擾累等情，各據實參奏。凡馳驛，各按正道行走，不得枉道擾驛。除緊要事件准連站星馳外，平常事件均按限按站，令地方官查明應付，不得越站跑傷馬匹。賫奏本章，用小匣裝盛，不得過寸斤。若送册籍用馬馱載，不得過六十斤，包馬、背馬均不得過六十斤。違者，許驛官將斤數詳揭。如奉差員役並無需索等事，司驛官役藉端遲延，許該員役據實申報議處。凡差過境護以兵者，則驗以兵牌。凡領有詔旨及關防勅印者，撥背負兵三名。解送銀兩緞疋等項，每車一輛撥兵二名，每馬一匹撥兵一名。銅斤至二十七萬斤，撥兵十二名，其有增減，另行酌撥。押解人犯，每一犯撥兵二名。旗員休致參革携眷回旗及病故扶櫬者，該督撫查明家口數目，十名以下撥兵役各二名，填給兵牌，亦照勘合、火牌之例並給尾單，兼録清漢字黏貼於後，交接處用印鈐蓋，令沿途營汛驗明撥護，即於尾單内填註並無多索、亦無遲誤字樣，用印鈐蓋。

○凡驛遞，驗以火票，馬遞公文，皆加本部火票，令沿途各驛接遞。其由外達京及在外彼此互達者，則各黏連排單，令按程於單内登註時刻。定其遲速之限。公文限馬上飛遞者，日行三百里。其緊急公文，則標明四百里、五百里、六百里，按限馳遞。各省文武官員慶賀表箋，彙入督撫衙門，由驛遞恭進。東三省各衙門慶賀表箋，彙入盛京將軍衙門，由驛遞恭進。凡題奏緊要事件，如參官薦舉及大計軍政奏銷等項，專差賫送，准用火牌一張，填馬二匹。如有同城駐劄官同日拜本者，彙入一牌，亦止填馬二匹。其平常事件，彙至三件以上封固，由驛遞送。惟吉林、黑龍江將軍賫奏，例差員役正副二人，計用馬四匹。如物件有應用多人背負者，於火牌内詳註緣由。凡直省緊要公文，一面由馬上飛遞，一面備文報明該司道備案。其取受飛遞文書之各衙門，併沿途轉送之各州縣驛，亦將何年日月收遞何衙門事件之處知會該管驛站衙門查明，將闔屬飛遞事件按季造報，督撫於歲底咨部查覈。若報匣，凡督撫等官，皆賞給報匣，遇奏事用以封進，陞調别省即行帶往。其接任之員，有未經賞給報匣者，令自行奏請賞給。至奉旨密交事件，亦用匣頒發，覆奏時恭繳。各督撫皆先頒發匙鑰一副存留交代，其將軍、都統、提鎮、藩臬併欽差各員，如有密寄事件，臨時將匙鑰一併封固發往，存留交代。若夾版，未經賞給報匣之督撫等官，遇奏事，將奏摺貯以夾版，外用棉紙封固，接縫鈐蓋本職印信，包以黄綾乃遞。軍機處交發緊要事件，由本部捷報處加具夾板封固，黏貼印花發驛。其各部院緊要文書交部者，由司用夾版封固發驛。若印封，外省衙門彼此往來及達在京衙門各緊要文書，裹用棉紙厚褙封套，鈐以印信，發驛馬遞。各考其所達之程，自京師皇華驛至各省會程數，直隸保定府三百三十里，熱河四百五十里，盛京一千四百六十里，吉林二千二百四十五里，黑龍江三千三百十七里，山東省城九百三十里，山西省城一千一百五十里，綏遠城一千一百四十五里，河南省城一千四百九十五里,江寧省城二千三百十九里,水路二千八百六十一里,蘇州省城二千七百四十三里,水路三千一百四十一里,安徽省城二千六百二十四里,水路三千四百四十一里,江西省城三千一百八十四里,水路四千八十一里,浙江省城三千一百三十三里,水路三千五百三十一里,福建省城四千八百四十八里,湖北省城二千六百九十里,水路四千三百二十一里,湖南省城三千五百九十里,水路五千八十一里,陝西省城二千五百四十里,甘肅省城四千九里,巴里坤七千三百三十九里,烏嚕木齊由南路八千六百八十九里,由北路八千五百七十六里,伊犁由驛站一萬四十四里,由臺站九千二百九十里,喀什噶爾一萬一千六百六十五里,四川省城四千七百五十里,西藏一萬九百二十里,由西寧一路至西藏八千一百八十九里,廣東省城五千六百四里,廣西省城四千六百五十四里,貴州省城四千七百五十五里,雲南省城五千九百十里,烏里雅蘇台四千九百六十里,科布多六千二百八十里,庫倫二千八百八十里。而計以日時。日行三百里者,無分晝夜,每一時行二十五里,每一刻行三里四十五步。四百里、五百里、六百里按此遞加。其各省有不能日行六百里者,如直隸宣化府屬之長安、鵰鶚、赤城、雲州併承德府屬之灤平縣等處,俱係山路,難以奔馳,限日行三百里。山西至豫省經由之盤陀等驛,亦係山程,限日行四百里。江西與閩浙接壤經由之德化等縣驛,或巖壑崎嶇,或溝塍零錯,限日行四百里。湖北自東湖縣至成都襄陽縣屬之漢江至王政橋驛,俱崇山鳥道,馬不能馳,限日行四百里。鄖陽縣、均州、穀城等縣,不設驛馬,係健夫走遞,限日行二百四十里。浙江自會江驛起至福建小關、江西玉山等驛,向無額馬,惟資人力,限日行三百里。廣西山嶺綿延,專設夫役馳遞,限日行三百里。其自廣西至廣東水程,亦限日行三百里。貴州山高站遠,限行公文,八折扣算。廣東驛路險峻,水勢逆流,赴江入楚併至西省公文,限日行二百里。其自省至閩,限日行二百四十里。四川自成都至各省會,道路崎嶇,馬少站長,限日行四百里。其自成都至打箭爐,係通藏要道,往來文報,向撥塘兵遞送,限日行四百里。福建驛站無馬,崇山峻嶺奔走維艱,六百里公文限日行三百里,其尋常事件限日行二百四十里。河南、湖南二省限期,均應照三百里、六百里之例。惟豫省在黄河阻隔之區,楚省自祁陽至粵西,路窄嶺峻,俱准展限一時。自衡陽至廣東交界各縣,俱山僻小路,並無驛馬,健夫走遞,公文限日行二百四十里。盛京限日行兩站。吉林自寧古塔至三姓、琿春地方限日行一站,其餘俱日行兩站。黑龍江限日行三站。其軍機處交發報匣夾板釘封,除福建、兩廣三省外,餘省仍照三百里、六百里計限,不在此例。鋪遞亦如之。內外衙門尋常事件,除行東三省公文由部彙齊加包封馬遞交承德縣轉發、行新疆各路公文由部彙齊交捷報處俟有報便附遞外,其餘文書,俱交提塘官發京塘傳遞。由各省至京者,各發京塘,於到京後交提塘分送。至各省行文各府州縣,及各府州縣公文到省,並各省各府州縣互相往來,均發鋪司傳遞。各標營及駐防如之。俱按程立限,由京至直隸總督衙門四日,山東巡撫衙門九日,河東河道總督衙門十一日,山西巡撫衙門十二日,河南巡撫衙門十五日,漕運總督、江南河道總督衙門二十日,兩江總督衙門二十三日，安徽巡撫、陝西巡撫衙門二十五日，江蘇巡撫衙門二十七日，湖廣總督、湖北巡撫衙門二十八日，浙江巡撫衙門三十日，江西巡撫衙門三十二日，湖南巡撫衙門三十七日，陝甘總督衙門四十一日，四川總督、閩浙總督、福建巡撫衙門四十八日，貴州巡撫衙門四十九日，廣西巡撫衙門五十五日，兩廣總督、廣東巡撫衙門五十六日，雲貴總督、雲南巡撫衙門六十日，察哈爾都統及熱河都統衙門四日，山海關副都統衙門七日，青州副都統衙門十日，綏遠城將軍、歸化城副都統衙門十一日，江寧將軍、京口副都統衙門二十三日，西安將軍衙門二十五日，杭州將軍衙門三十日，乍浦副都統衙門三十一日，荆州將軍衙門三十四日，寧夏將軍衙門四十日，凉州副都統衙門四十三日，福州將軍、成都將軍衙門四十八日，廣州將軍衙門五十六日。其外省彼此文移，均按道里準此立限。洩漏沈匿者、稽遲者，皆察焉。軍臺遞送報匣夾板及本部加封事件關係軍務者，如有擅拆，該管大臣立即究明，毋論官役，均按軍法從事。若文移劄稟事關軍需糧餉、調遣兵馬及官員陞調參革者，擬以流罪，管臺員弁分別議處，查出之員免議。通政司收到本章，查有黴濕破損者，如在內面，將題奏官議處；如在外面，別其專差驛遞，將官役分别罰俸責處。各省大員、專差遞奏，均出具隨咨印文，令差員同奏摺併交奏事官查明轉奏，以憑查覈。其咨行部院公文，另具印單，開明角數年月日期，令提塘隨文分投。收到衙門驗明，於原單填註文到日期，發還原衙門查覈。州縣驛站，各立印簿，上站用下站印信，每月終，彼此移考。儻有遲延沈匿，詳報題參。凡六百里文報逾限者，以扣關公文論；三百里文報逾限者，以公文遲延論；四五百里照六百里減一等。如因中途陰雨、河水漲發或馬夫跌斃等事，取有地方官印結並逾限一二刻者，俱准免議。凡驛官不依原文封面填寫處所，錯遞他處者，將首站及轉遞之下站官議處。凡發遞，各辨以緩急。軍機處交寄西北兩路將軍大臣加封書字及該處發京摺奏，准由軍站馳遞。其内外各衙門與西北兩路將軍大臣往來應行馬遞公文，均由驛站馳遞，不得以軍站僉發。各省督撫等尋常咨商文移，皆由塘鋪各兵遞送，不得擅用馬遞。凡軍機處交出公文，僉馬上飛遞者，定限日行三百里。遇有加緊事件，始以日行四百里、五百里、六百里字様加僉。外省督撫奏摺，應行差人齎遞者，不得擅用驛馬。應驛遞者，亦酌量緩急，定限里數。即奉旨由六百里發往事件，該督撫奉到後，酌量情形，不必概用六百里奏覆。其咨行各衙門者，除實係緊要公事用五六百里遞送外，尋常由馬上飛遞公文，不得濫填五六百里。新疆各城大臣等應奏公務及謝恩摺，准給驛馬，毋庸差人呈遞。至回繳硃批奏摺，准由奏事之便彙繳。每年進貢馬匹、玉石、果膏等項，交卡倫侍衛换班引見之便，照料解送。如無便員，奏明專差齎送，咨部查覈。儻未奏明，不得擅委員弁。陵寢衙門奏章，俱家人齎送，不得差遣官員。至一應大小衙門私書賀稟，均不得擅用印封驛遞。凡雲、貴、川、廣、福建、甘肅、湖南等省督撫、提鎮、藩臬大員，遇有事故出缺，俱由驛四百里馳奏。

會同館，管理館所侍郎一人，於本部侍郎内奏請欽派，一年更代。監督，滿洲一人、漢一人，由堂官於司員内選擬正陪，引見補放，一年更代。掌皇華驛之事。皇華驛,設驛馬五百匹,馬夫二百五十名,車一百五十輛,車馬一百五十匹,車夫一百五十名。每年經費,由部覈明數目,移咨户部給領。馬每匹,日給草乾銀六分七釐五毫,月給藥餌銀二錢五分,歲給雜支棚廠槽鍘等項銀三兩二錢四分。馬匹不准報斃,遇有缺額,即令於月支藥餌銀内積湊買補。每車,歲給修理銀一兩四錢,扣回殘三成。車馬等夫,每名月給米九斗,每斗折銀一錢三分,鹽菜銀四錢五分。又車,每輛給束車繩一條,長三丈徑五分,赴工部支取。又館所馬頭,置典直隸三十二州縣地三百餘頃,歲得租息銀四千八百十八兩有奇,由地方官徵收彙解,以爲津貼餧馬之用。凡監督交代時,由管理館所侍郎監看,限一月内清楚。馬匹於春秋二季印烙,車駕司司員四季查驗,堂官春秋二季親加驗看。每日撥馬以備車駕司、捷報處之差,照勘合、火牌填給夫馬之數。應付馳驛官役,照火票填註里數,應付筆帖式差官馳報。凡輦馬飼焉。輦馬四十匹,歲給草乾雜支,如驛馬之例,不設馬夫。每歲准更換八匹,由兩翼監督買補。

捷報處,郎中、員外郎、主事、筆帖式無定員,由堂官酌委。掌接馳奏之摺,而遞於宫門。各省由驛馳奏之摺,均至捷報處,由司官遞交奏事處入奏。凡軍機處寄信批摺,皆加封而交發焉。軍機處交出奉旨字寄密封,由本處加兵部釘封,外加夾板,發兵部差官分交下站馳遞。其各省馳奏之摺奉硃批後,由軍機處發回者,或報匣,或夾板,亦由本處加封發遞。皇帝巡幸,隨行在以遞報亦如之。駕至木蘭,則分駐哨門以接遞。進哨以後,分派司員二人住哨門外。各省差人呈遞之摺齎至哨門,俱交該司員接收。每收兩起,即由臺轉遞行營。如適遇本報及各省驛遞奏報經過之日,附便馳送。批回後,仍由該司員付各齎摺人領回。凡本報之達行在者,令分駐東華門以接遞。巡幸時由京達行在各設臺,分撥驛馬,派各省武弁坐臺。自京排日發報,以遞内閣題本及各衙門奏章。其每日所奉諭旨及批摺紅本,皆按報遞京,由部委司員筆帖式同聽差領催專駐東華門外豫備馳遞,併將筆帖式、領催姓名知會景運門直班護軍統領。至每年駕駐熱河,本部派滿洲司員二人輪流駐劄土溝河干,豫備人夫船隻,照料遞報,毋致阻滯。遇大雨時,滿洲堂官亦輪换一人來往查看。俟秋分後雨水稀少,將駐劄司員酌量撤回。宫報亦如之。恭遇皇帝巡幸,應發宫報由敬事房封固,交内務府轉交内閣,與本報同發。其馳送果報,由内務府揀派庫使一人,本部給與驛馬馳遞。凡宫報與本報同廢者,内務府移會内閣,將發報日期豫先知會,以便同發。儻有更换日期,亦於前一日知會。至發果報之日,均有由内交出公事包同發。

駐京提塘官十有六人,直隸一人,山東一人,山西一人,河南一人,江南一人,江西一人,福建一人,浙江一人,湖北一人,湖南一人,陜甘一人,四川一人,廣東一人,廣西一人,雲南、貴州一人,漕河一人,由各督撫將本省武進士及候補候選守備咨部充補。如無合例之人,已揀選之武舉亦准保送。掌遞部院官文書,各省咨送各部院公文及各部院咨行各省公文，皆由提塘交發。勅印以達於本官。凡將軍、都統、專城副都統、提督、總兵、鹽政，由外任陞轉應給勅書者，内閣撰出，於該科登號，由部傳該省提塘官領送。該提塘官具領狀，鈐蓋戳記，送科備查。又同知、通判、州縣印信，亦由提塘官遞交。凡事件傳抄者則刊發。各省提塘官設報房，凡欽奉諭旨及題奏等事件，親赴六科抄録，刊刷轉發。其各部院奏准議覆應行發抄事件，該衙門將原奏抄録鈐蓋印信，發交直季提塘，按日刊刻頒發，仍令該提塘將發抄底本及原奏印文按十日彙報本部存案。若承辦衙門並未發交，不得刊發。凡本章有應慎密之事，必俟科抄到部十日後方許抄發。如有邸報先於部文者，該督撫將提塘參處。至一應小抄及譌傳洩漏等弊，令六科五城御史嚴查懲治。

差官二十人，以武舉已揀選者充補。掌馳報。由皇華驛或捷報處馳交通州、良鄉、昌平、順議、固安各驛接續飛遞。

欽定大清會典卷四十

武庫清吏司，郎中，滿洲二人、漢一人，員外郎，滿洲一人、蒙古一人，主事，滿洲一人、漢一人，掌稽天下之兵籍。凡軍器，掌其政令，掌武科之事。

◯凡兵之別，八旗，曰親軍，上三旗親軍營之兵爲親軍。曰前鋒，兩翼前鋒營之兵爲前鋒，健鋭營之兵亦爲前鋒。曰護軍，八旗護軍營、圓明園護軍營之兵爲護軍，内外火器營之兵亦爲護軍。曰領催，八旗驍騎營、步軍營兵之司檔册俸餉者爲領催。曰馬甲，八旗驍騎營之兵爲馬甲，漢軍藤牌兵即在馬甲額内，又步軍營所轄守城門兵亦有額設馬甲。曰炮甲，内火器營、漢軍炮營司炮之兵爲炮甲。曰鄂爾布，漢軍驍騎營舁鹿角兵爲鄂爾布。曰步軍，步軍營之兵爲步軍。曰匠役，八旗驍騎營設鐵匠隸鐵匠局，其鞍匠、鋄匠、銅匠、箭匠等役及上三旗弓匠俱隸武備院，下五旗弓匠分隸王公府屬。曰養育兵，八旗各營俱設養育兵。緑營，曰馬兵，馬兵内酌派給與頂戴者爲額外外委。曰戰兵，曰守兵。戰兵、守兵皆步兵。兵各定以額，上三旗親軍營、兩翼前鋒營、八旗護軍營、内外火器營、圓明園護軍營、健鋭營、八旗驍騎營、步軍營及各省駐防營兵額，俱載本衙門。京城緑營兵，巡捕中營額外外委十五人，兵二千七百六十人；南營額外外委十八人，兵二千三百六十人；左營額外外委十二人，兵一千六百人；北營額外外委十二人，兵一千六百人；右營額外外委十二人，兵一千四百八十人。各省緑營兵，直隸總督本標及所轄各營額外外委七十人，兵五千二百十二人；北河河營額外外委二十二人，兵三千十七人；提督本標及所轄各協營額外外委九十六人，兵九千一百四十二人；馬蘭鎮本標及所轄各營額外外委九十一人，兵二千三百八十五人；泰寧鎮本標及所轄各營額外外委五十九人，兵三千五十二人；宣化鎮本標及所轄各協營額外外委三十三人，兵七千一百二十九人；天津鎮本標及所轄各協營額外外委三十三人，兵六千二百七十九人；正定鎮本標及所轄各協營額外外委三十人，兵五千八百八十二人。山東巡撫本標二營額外外委十三人，兵一千二百九十人；兖州鎮本標及所轄各協營額外外委四十一人，兵七千五百十人；登川鎮本標及所轄各協營額外外委二十九人，兵七千五十人；河督本標及所轄各營額外外委六人，兵一千六百五十三人；河營額外外委三十九人，兵二千五百四十三人。山西巡撫本標二營額外外委十二人，兵一千五百人；太原鎮本標及所轄各協營額外外委六十人，兵八千八百四十七人；大同鎮本標及所轄各協營額外外委八十四人，兵一萬五千三十一人。河南巡撫本標及所轄各協營額外外委十一人，兵三千四百九十二人；河北鎮本標及所轄各營額外外委十九人，兵五千一百六十五人；南陽鎮本標及所轄各營額外外委二十四人，兵五千一百二十三人。兩江總督本標及所轄各協營額外外委四十二人，兵六千九百九十七人；河督本標及所轄各營額外外委十一人，兵二千二百二十七人；河營外委效用一百二十一人，兵一萬三百八人；葦蕩營外委效用六人，兵一千四百十八人；船務營外委效用十二人，兵一千五百六十三人；漕督本標及所轄各營額外外委二十一人，兵三千六百六十人。江蘇巡撫本標及所轄各營額外外委十一人，兵一千六百五十九人；提督本標及所轄各協營額外外委五十一人，兵一萬七百三十九人；蘇松鎮本標及所轄各營額外外委二十八人，兵五十三百十九人；狼山鎮木標及所轄各營額外外委十四人，兵三千一百六十九人；徐州鎮本標及所轄各營額外外委十一人，兵二千七百四十七人。安徽巡撫本標及所轄各協營額外外委二十五人，兵四千九百三十三人；壽春鎮本標及所轄各營額外外委二十人，兵三千七百六十人。江西巡撫本標及所轄各協營額外外委十人，兵二千五百五十人；九江鎮本標及所轄各營額外外委二十四人，兵五千三百十五人；南贛鎮本標及所轄各協營額外外委十二人，兵五千九百二十一人。閩浙總督本標及所轄各營額外外委二十二人，兵三千九百八十四人。福建巡撫本標二營額外外委十人，兵一千六百六十七人；陸路提督本標及所轄各協營額外外委四十八人，兵一萬二百九人；福寧鎮本標及所轄各營額外外委二十人，兵五千四百五十三人；汀州鎮本標及所轄各營額外外委十四人，兵三千八百七十三人；建寧鎮本標及所轄各協營額外外委十九人，兵四千四百十八人；漳州鎮本標及所轄各營額外外委三十四人，兵七千三百十三人；水師提督本標五營額外外委二十人，兵四千三百九十人；金門鎮本標及所轄各協營額外外委二十人，兵四千五百四十六人；海壇鎮本標二營額外外委十人，兵二千二十七人；南澳鎮本標一營額外外委四人，兵一千二十四人；臺灣鎮本標及所轄各協營額外外委五十一人，兵一萬四千一百五十人。浙江巡撫本標及所轄各營額外外委十五人，兵一千八百九十六人；水陸提督本標及所轄各協營額外外委五十人，兵一萬一千六百五十七人；定海鎮本標及所轄各協營額外外委十七人，兵五千二百十人；黄巖鎮本標及所轄各協營額外外委二十二人，兵五千六百七十一人；温州鎮本標及所轄各協營額外外委三十人，兵七千三百八十七人；處州鎮本標及所轄各協營額外外委十四人，兵三千四百二人；衢州鎮本標及所轄各協營額外外委十五人，兵三千六百二十三人。湖廣總督本標三營額外外委十二人，兵一千七百九十二人。湖北巡撫本標二營額外外委八人，兵一千一百六十九人；提督本標及所轄各協營額外外委四十三人，兵九千二百人；鄖陽鎮本標及所轄各協營額外外委三十二人，兵五千二百三十人；宜昌鎮本標及所轄各營額外外委十一人，兵五千二百四十三人。湖南巡撫本標及所轄各營額外外委二十人,兵一千五百六十人,練勇一千人,屯軍七千人;提督本標及所轄各協營額外外委三十八人,兵一萬三百三千六人;鎮筸鎮本標及所轄各協營額外外委二十五人,兵六千六百八十二人;永州鎮本標及所轄各協營額外外委十一人,兵五千一百四十八人;綏靖鎮本標及所轄各協營額外外委二十三人,兵三千七百三十七人。陝甘總督本標五營額外外委二十四人,兵三千八十二人。陝西巡撫本標二營額外外委八人,兵一千九十二人;固原提督本標及所轄各協營額外外委八十八人,兵一萬二千六百十七人;西安鎮本標及所轄各協營額外外委二十七人,兵三千五百五十九人;延綏鎮本標及所轄各協營額外外委四十五人,兵五千九百四十三人;陝安鎮本標及所轄各營額外外委二十二人,兵四千六百五十二人;河州鎮本標及所轄各協營額外外委四十二人,兵八千一百四十二人;漢中鎮本標及所轄各協營額外外委三十二人,兵六千六百九十一人。甘肅提督本標及所轄各協營額外外委四十六人,兵六千八百二十二人;西寧鎮本標及所轄各協營額外外委四十六人,兵七千七百五十九人;寧夏鎮本標及所轄各協營額外外委四十四人,兵六千七百二十七人;凉州鎮本標及所轄各協營額外外委四十二人,兵七千六百六十七人;肅州鎮本標及所轄各協營額外外委六十七人,兵八千六百七十四人。烏嚕木齊提督本標及所轄各協營額外外委六十四人,兵七千八百八十二人;巴里坤鎮本標及所轄各協營額外外委三十三人,兵三千六百十一人;伊犁鎮本標及所轄各營額外外委二十九人,兵三千人。四川總督本標三營額外外委二十四人,兵二千三百二十八人;將軍本標二營額外外委六人,兵九百八十八人;提督本標及所轄各協營額外外委六十八人,兵一萬二千五十一人;川北鎮本標及所轄各協營額外外委二十一人,兵四千二百十三人;重慶鎮本標及所轄各協營額外外委二十二人,兵五千一百九十六人;建昌鎮本標及所轄各營額外外委二十六人,兵四千五百八十三人;松潘鎮本標及所轄各協營額外外委十九人,兵四千六百四十三人。兩廣總督本標及所轄各營額外外委二十二人,兵四千九百六十五人。廣東巡撫本標二營額外外委八人,兵一千九百七人;陸路提督本標及所轄各協營額外外委二十人,兵一萬三千五百二十六人;南韶連鎮本標及所轄各協營額外外委一人,兵六千二百九十一人;潮州鎮本標及所轄各協營額外外委十一人,兵六千七百四十八人;高州鎮本標及所轄各協營兵六千一百八十二人;水師提督本標及所轄各協營額外外委三人,兵一萬五百五十五人;陽江鎮本標及所轄各營兵四千一百二十三人;碣石鎮本標及所轄平海營額外外委一人,兵三千二百五十一人;瓊州鎮本標及所轄各協營額外外委五人,兵七千六百七十六人;南澳鎮本標一營及所轄各協營額外外委六人,兵三千七百六人。廣西巡撫本標二營額外外委五人,兵一千四百四十人;提督本標及所轄各協營額外外委三十人,兵一萬六百九十三人;左江鎮本標及所轄各協營額外外委二十二人,兵七千十四人;右江鎮本標及所轄各營額外外委二十四人,兵四千一百八十人。雲貴總督本標及所轄各協營額外外委三十二人,兵六千一百三十九人。雲南巡撫本標二營額外外委六人,兵一千一百七十二人;提督本標及所轄各協營額外外委二十六人，兵五千一百十人；臨元鎮本標及所轄各協營額外外委十八人，兵三千五百八十七人；開化鎮本標及所轄各營額外外委二十一人，兵四千五十六人；騰越鎮本標及所轄各協營額外外委四十二人，兵七千一百十九人；鶴麗鎮本標及所轄各協營額外外委二十一人，兵四千八百二十四人；昭通鎮本標及所轄各營額外外委二十九人，兵五千六百九十八人；普洱鎮本標及所轄各營額外外委二十四人，兵四千八百三十八人。貴州巡撫本標及所轄各營額外外委十一人，兵一千七百六十五人，屯軍九千三百三十九人；提督本標及所轄各協營額外外委五十一人，兵九千四百三十三人；安義鎮本標及所轄各協營額外外委二十三人，兵五千五百七人；古州鎮本標及所轄各協營額外外委四十人，兵八千十五人；鎮遠鎮本標及所轄各協營額外外委五十八人，兵一萬一千四百六十三人；威寧鎮本標及所轄各營額外外委十四人，兵二千七百八人。皆註於册以報部。八旗都統將兵丁缺補之數造册，按季報部。各省督撫每年造具兵册，按實在正額馬戰守兵爲一册，屯防移駐各兵爲一册，分晰造報，不得牽混。兵丁遇有事故，即開除註册，按名募補。既募，將所募新兵年貌籍貫按季造册，出具並無頂冒印結送部。其應扣截曠糧餉，照例造入截曠項下。凡省會及提鎮駐劄地方各標協營，不得私設提塘。遇有應辦事件該標協營自給工食雇募。至各營字識，衝繁營分，每兵百名不得過三名；簡僻營分，每兵百名不得過二名，各照定數造報。凡給發兵餉，在省令布政司、糧道，在府州縣令王印官，會同該營弁封固散給。提鎮各標兵餉，令同城道員監放。將每名兵下借給、接濟、應扣之項，於三日前出示曉諭，届期覈對流單數目，按名給發。凡直省造報兵册覈對無誤，則咨覆户部准其銷餉。若拔補，入旗兵拔補之法，親軍以護軍、馬甲、養育兵、閒散挑補；前鋒以護軍、馬甲、養育兵、閒散及未逾十年之親軍挑補；健鋭營前鋒以委前鋒挑補；委前鋒以馬甲、養育兵、閒散挑補；護軍以馬甲、拜唐阿、養育兵、閒散挑補；鳥鎗護軍以東三省進貂皮人、各省駐防學習行圍留京之人，及炮甲養育兵挑補；驍騎營領催以馬甲、閒散挑補，如係滿洲蒙古兼以識字護軍挑補；步軍營領催以步軍挑補；馬甲以步軍、養育兵、閒散及年老之護軍挑補；内火器營炮甲以養育兵、閒散挑補，漢軍炮甲即以其子弟挑補；鄂爾布以養育兵、閒散挑補；步軍及鐵匠俱以閒散及户下人挑補；養育兵以幼丁挑補；駐防兵於壯丁内挑補，駐防官子弟有嫻習騎射，願在任所充伍者，聽。旗員革職，家計艱窘者，在京准挑護軍、馬甲，在外准挑領催、馬甲。降調回旗候補，有呈請注銷本銜，願挑護軍、領催、馬甲者，准考驗挑補。革退兵丁，除犯重罪外，在京准挑步軍，駐防准挑馬甲。緑營馬兵拔於戰兵，戰兵拔於守兵，守兵拔於餘丁，無餘丁乃募於民。凡參將以上各標營馬兵之缺，撥出十分之二，以步兵鳥鎗純熟並能馬槍者拔補，兼令學射。如槍射俱好，即與弓箭馬兵一體考拔外委、把總等缺。若馬兵年老騎射生踈者，降爲步兵，其糧缺，以步兵選補，不必拘十分挑二之例。八旗另記檔案開户人等調補緑營馬步兵者，與營兵間缺拔補。西安駐防兵補緑營者，亦與營兵間補。凡督撫提鎮挑補兵丁，無論馬步戰守，均親自驗收。若一時事冗不能親驗，或營汎地遠，兵丁往返苦累，則令親信大員代驗收伍,該督等巡視時仍親加考覈。凡營兵,用連環保結法,令五人連名互結,方准入伍。若調撥,各處屯田换防兵,由駐防營及緑營撥往者,均覈其應派營分,與其兵數,併换班年限。塔爾巴哈台换防旗營兵一千二百九十七人,由伊犁駐防營派撥;緑營屯田兵一千人,由寧夏、甘州、肅州等標派撥。喀什噶爾换防旗營兵三百三十一人,由烏嚕木齊派撥;緑營兵六百二十六人,由西寧、延綏二鎮派撥。英吉沙爾换防旗營兵八十人,由烏嚕木齊派撥;緑營兵一百九十六人,由河州、凉州二鎮派撥。和闐换防緑營兵二百三十二人,由凉州鎮派撥。葉爾羌换防旗營兵二百十二人,由烏嚕木齊、巴里坤、古城、吐魯番派撥;緑營兵六百五十五人,由固原、凉州二標派撥。阿克蘇换防旗營兵六十五人,由古城、巴里坤、烏嚕木齊派撥;緑營兵三百三十五人,併所屬賽里木、拜二城緑營兵六十五人,銅廠緑營兵二百九十八人,均由固原、甘州、寧夏、凉州、肅州、巴里坤各標派撥。烏什换防旗營兵一百四十人,由古城、巴里坤派撥;緑營兵六百五十八人,屯田兵二百四十七人,由固原、甘州、凉州、肅州、寧夏各標派撥。庫車换防緑營兵三百二人,由陝甘督撫兩標派撥。喀喇沙爾换防緑營兵二百九十三人,又屯田兵三百二人,由延綏鎮派撥。吐魯番聽差緑營兵三百三十人,由陝安、西安二鎮派撥;屯田兵七百人,由固原、延綏二標派撥。烏里雅蘇台、科布多换防旗營兵五十人,由綏遠城派撥;緑營兵二百四十人,由宣化、大同二鎮派撥。前藏换防旗營兵四百五十五人,後藏二百人,臺站八百四十八人,均由四川各標營派撥。凡换防换屯,旗營兵三年换班,緑營兵五年换班。惟喀什噶爾緑營兵内兵書十四人,英吉沙爾緑營兵内游擊隨帶兵書四人,均照旗營例三年换班。四川游巡色住卡兵二十人,由漳臘營派撥;游巡革齎兵二十人,由阜和協左營派撥,均於每年六月派往,九月回營。巴里坤游巡卡倫兵木成子駱駝項、托里、烏蘇、鄂什希四處,每處派兵七人,四季换班。產鉛處所之都蘭哈喇附近羊圈灣地方卡倫,發兵十人,半年换班。臺灣鎮各營兵,由内地標營派往,三年一换。在臺逃亡汰革者,不得在彼募補,仍由内地選撥。每次渡臺時,造具兵丁年貌箕斗册三本,一存原營,一送厦門查驗,一交臺灣驗收。换回時照册查對,發歸原營。皆覈而議焉。

○凡以罪戍者,定地以安置,五等軍罪,除外省由督撫定地録供送部外,其刑部現審案内問擬充軍,開明籍貫咨送到部之犯,本部查照《五軍道里表》所載應發省分,咨行該督撫酌撥安置。給傳牌一紙,劄順天府,途沿途地方差役遞解,取具收管。到配後,亦取具該地方官文結,併原發傳牌繳部。仍令該地方官嚴加管束。其由軍罪加重外遣之犯,准刑部咨送,亦照此辦理。新疆除指定地名發配之犯外,其餘令陝甘總督以伊犁三人、烏嚕木齊一人輪流派撥,均令該將軍大臣等嚴加管束。儻有中途脱逃者,將押解官照例議處。在配脱逃者,將該管官及兼轄官分别議處。均勒限緝拏。拏獲時,按照原罪輕重,照例辦理。在配十年期滿,安静無過,令該督撫奏請釋回。本犯身故,妻子願回籍者,亦令查明報部,准其回籍。中途犯故,妻子應僉配者,免其發遣。至起解人犯,除冬夏停遣外,各省以奉文之日爲始,定限兩月起解,不得無故逾限。案内人犯衆多，以五名作一起分解。每家口六人給車一輛，老病者一二人亦給車一輛。發往新疆人犯，至陜西西安府，由該府酌量分起隔日解送。其不至五名者，隨到隨遞。甘肅接遞川省人犯，於秦州停留，令該州照例辦理。奉天發黑龍江等處人犯，由盛京兵部起解，其發内地駐防及煙瘴地方者，路過京城，仍由本部僉解。充其差役。在配軍犯老疾者，撥入養濟院，給以孤貧口糧。有習藝者，聽其各自謀生，交保管轄。若少壯貧窮無藝業者，以到配日爲始，一年之内，按其妻子名數日給口糧，令該督撫於州縣存貯倉穀項下，或存公項下，動用報銷，一年後不給。有驛遞州縣，令充當驛站水草等役，照例給以工食。蒙古遣犯，亦交河南、山東驛地當差。發往新疆之犯，情罪稍輕者，於哈密屯田地方截留種地，情罪重者不得截留。如到配十年，安静守法，除老疾者令其回籍外，年力强壯之犯仍留該處，起除刺字，歸入内地，送往種地民人之内，俾盡力耕作，以免游手滋事。旗人發遣者，三年後果悔過勤慎，准其挑補匠役、步甲，給與錢糧。如能始終奮勉，再行挑補馬甲。

○凡軍器，有甲胄之屬，胄制，以革髹漆，或浴鐵前後有梁，梁前横鐵謂之遮眉，遮眉上謂之舞擎，舞擎下謂之護額，胄上謂之覆椀，椀上仰者謂之盔盤，盤以植管，管以受槍，槍周以纓，垂於後者謂之護項，左右謂之護耳，其下謂之護頸，皆敷以棉或鐵鍱。甲制，上衣下裳，衣左右謂之護肩，護肩下謂之護腋，護肩末謂之袖，裳間前謂之前襠，左謂之左襠，裳幅分左右，凡十有一屬，均敷鐵鍱，敷棉者謂之棉甲，敷鐵鍱於外者謂之明甲。親王、郡王胄頂鏤金火燄，銜寶石或珊瑚、緑松石，承以金雲。下爲金立龍二，飾寶石各一。又下爲金銜珊瑚圓珠，又下爲金垂雲寶蓋。貫槍植管，周垂熏貂纓十八，紅緞裏，管銜金葉四，承以圓盤及盤下金座皆鏤龍。胄前後梁亦鏤龍，飾以雜寶。梁左右金梵文三重，上重八，次七，間以金瓔珞，次二十。舞擎亦鏤龍，飾以雜寶。護額浴鐵鋟金龍，護項石青鍱子錦表，月白緞裏，石青倭緞緑，護耳、護頸亦如之。中敷鐵鍱，外飾金釘，繫青緞帶六。胄襯，石青緞表，月白綢裏，頂綴紅絨。貝勒、貝子、固倫額駙胄，頂銜素金，寶蓋盤座俱鏤花，垂熏貂纓十四，餘如親王、郡王之制。入八分公胄，頂植蜜鼠尾，寶蓋盤座俱髹以漆，鋟金花及雲龍垂貂尾纓十二。梁及舞擎亦髹漆鋟金雲龍。梁左右無梵文。餘如親王、郡王之制。領侍衛内大臣、都統、前鋒統領、護軍統領、總督、巡撫、提督胄，頂植鶡翎二，銜鏤花金葉，寶蓋盤座俱髹漆，鋟金花及雲龍，周垂貂尾纓十二。梁及舞擎亦髹漆鋟金雲龍。護項、護耳、護頸，皆石青緞表，藍布裏。通繡蟒五，中敷鐵鍱，外布銀釘，繫石青緞帶二。胄襯，石青緞表，藍綢裏，頂綴紅絨。内大臣、和碩額駙、郡主額駙、散秩大臣胄，頂植蜜鼠尾，周垂朱氂。公、侯、伯、子、男、文武一品、文二品、副都統、鎮國將軍、輔國將軍、奉國將軍、奉恩將軍、縣主額駙、總兵胄，頂植熏獺尾，周垂朱氂。文三品至五品、驍騎參領、郡君額駙、縣君額駙、鄉君額駙、副將胄，頂植獺尾，周垂朱氂，寶蓋盤座，前後梁及舞擎俱鋟銀雲龍，餘並如領侍衛内大臣等官之制。侍衛、鑾儀衛官胄，頂植豹尾。前鋒參領、護軍參領、前鋒侍衛，垂黑氂。文六品以下、武參將以下，垂朱氂，不鋟飾，護耳、護項、護頸不加繡文。王府長史胄,頂植猞猁猻,周垂黑氂。王府護衛胄,頂植猞猁猻,餘並如文三品以下等官之制。前鋒校、護軍校胄,頂植鐵鍱,周垂朱氂,寶蓋以下俱素鐵,護項、護耳,俱白緞表素裹,紅片金及石青布緣二重,中敷鐵鍱,外布黄銅釘。胄襯,石青緞表,藍布裹,頂綴紅絨。驍騎校胄,頂周垂黑氂,護項、護耳,俱表以緞,色各從其旗。其緣色,鑲黄、鑲白、鑲藍三旗用紅,鑲紅旗用石青,正黄、正白、正紅、正藍四旗皆如表色。前鋒護軍、緑營兵盔,護項、護耳,俱青布表,月白裹,緣如表色,不加采繡。馬甲盔,周垂黑氂,護項、護耳,俱表以布,色各從其旗,緣色與驍騎校同,餘並如前鋒、護軍校之制。護軍校棉盔,以革爲之,髹以漆,頂植銅鍱,周垂朱氂,惟正紅旗黑氂,飾皆黄銅,護項、護耳,俱白緞表,藍綢裹,緣如表色,中敷棉,外布黄銅釘。驍騎校棉盔,頂周垂黑氂,護項、護耳,皆石青緞表。前鋒護軍棉盔,周垂朱氂,護項、護耳,皆綢表布裹,外布白銅釘,盔襯,石青布表。馬甲、炮甲、鹿角兵棉盔,周垂黑氂,護項、護耳,皆綢表,色從其旗,藍布裹,其緣色,鑲黄、鑲白、鑲藍三旗用紅,鑲紅旗用白,正黄、正白、正紅、正藍四旗皆如表色,外布白銅釘,餘並如護軍校棉盔之制。武狀元盔,鍊銅爲之,不鏤花文,頂植三梁,下爲圓珠,貫槍植管,周垂朱氂,前後梁加鳳首,旁爲鳳翼,護項、護耳,俱貝文銅鍱,紅片金緣紅布裹。親王、郡王甲,石青鑠子錦表,月白綢裹,中敷鐵鍱,外布金釘,青倭緞緣,裳幅鐵鍱四重,護肩接衣處鐵鍱十四,周以鋟金雲龍,飾珊瑚、緑松、青金石各一,前懸護心鏡,絛金黄色。貝勒、貝子、固倫額駙、入八分公甲,絛用石青色,餘如親王、郡王之制。領侍衛内大臣、内大臣、和碩額駙、郡主額駙、鎮國將軍、輔國將軍、奉國將軍、奉恩將軍、八旗都統、副都統、前鋒統領、護軍統領、散秩大臣、隨旗行走之公侯伯子男、縣主額駙、文武一品、文二品、各省督撫提鎮甲,石青緞表,藍布裹,中敷鐵鍱,外布銀釘,石青倭緞緣,前後及護肩、護腋、前襠、左襠各繡團蟒一,裳幅團蟒二,護肩接衣處鐵鍱二十,髹漆鋟金龍,絛石青色。文三品以下、驍騎参領、郡君額駙、縣君額駙、鄉君額附、各省副將以下甲,前後及護肩各繡團蟒一,裳幅團蟒二。侍衛、鑾儀衛所屬官、前鋒護軍参領、前鋒侍衛、王府長史護衛、典儀甲,前後及護肩各繡團蟒一,裳幅鐵鍱四重,護肩接衣處鋟銀雲龍,餘並如領侍衛内大臣等官之制。前鋒護軍校甲,白緞表,素裹,無袖,中敷鐵鍱,外布黄銅釘,紅片金及石青布緣二重,前後繡蟒各一,通繡蓮花,裳幅鐵鍱三重。驍騎校甲,表及緣各從旗色。前鋒、護軍及緑營兵甲,青布表,月白裹,緣如表色。馬甲甲,表及緣各從旗色,餘如前鋒、護軍校之制。護軍校棉甲,白緞表,藍綢裹,緣如表色,中敷棉,外布黄銅釘,上衣下裳,左右袖、護肩、護腋、前襠、左襠皆全。驍騎校棉甲,石青緞表。前鋒護軍棉甲,石青綢表,藍布裹,外布白銅紅,餘如護軍校之制。馬甲棉甲,表及緣各如旗色,餘如前鋒之制。炮甲、鹿角兵棉甲,無裳及左襠,餘如馬甲之制。武狀元甲,鍊銅爲之,紅綢裹,紅片金緣,通簇貝文銅鍱,兩袖銅鍱四重,裾下周結緑絛,下垂紅綫四十行。有弓矢之屬,弓幹用榆木或橚木或削竹爲之,長三尺七寸,面傅牛角,背施筋膠,外飾樺皮。幹一而角兩接,接處加鹿皮,固以筋膠,暖木皮裹之,謂之弝。兩弰用桑長六寸三分,傅以牛角鍥其末，以受弦彄，弰幹之間爲弦床，謂之墊弦。親王以下至奉恩將軍，飾以鹿角。職官兵丁，飾以鯊皮。弦有二用，諸習射者曰纏弦，以絲二十餘莖爲骨，外用絲線横纏之，纏線分三節，每七寸許空一二分不纏用。諸戰陣者曰皮弦，翦鹿皮爲之。弓之强弱，視其幹面厚薄，筋膠輕重。一力至三力，用筋八兩，膠五兩；四力至六力，用筋十四兩，膠七兩；七力至九力，用筋一斤四兩，膠九兩；十力至十二力，用筋一斤十兩，膠十兩；十三力至十五力，用筋二斤，膠十二兩；十六力至十八力，用筋二斤六兩，膠十四兩。矢笴長三尺，别用數寸之木爲箭端，鍥其末以爲括，括受弦而端受鏃。親王以下至奉恩將軍，笴用樺木，首飾樺皮，皁鵰羽，括髹朱。職官兵丁，笴用柳木或樺木，首飾鸛羽，鏃以鐵爲之，曰鈚箭，曰梅鍼箭，戰陣用之；以寸木空中鑽孔，發則受風而鳴，曰骲箭，亦名響箭，教閲用之；鐵鏃上加骨用小弰者，曰哨箭，圍獵用之。親王郡王於羽間書爵貝勒，以下書爵及名，職官書銜名，兵丁書名。撒袋，親王郡王以青倭緞爲之，紅氊裏緑革緑，飾鏤金花文，銜紅寶石或緑松石、青金石，繫金黄縧，懸以金黄帶，紅片金裏，金版九，銜飾亦如之。貝勒以下至入八分公撒袋，繫石青縧，餘如親王、郡王之制。一、二品官撒袋，以革爲之，白罽裏緑革緑，加紅黄線三道，各綴鐶二，懸革帶，藍布裏，前繫以鈎，左右及後帶版各一，帶及鐶皆鐵質鍍金。三品至五品官撒袋，紅織絨裏，帶及鐶皆鐵質鋄銀塗金，餘如一、二品官之制。六品以下官撒袋，緣加紅黄線二道，帶及鐶皆銅質鏤花，餘如三品以下官之制。兵丁撒袋，黑革緣，帶及鐶皆銅質不鏤花，餘如六品以下官之制。有鎗炮之屬，火器之屬大者爲鎗炮。兵丁鳥鎗，鑄鐵爲之，長六尺一寸，不鍥花文，素鐵火機，受藥三錢，鐵子一錢。木床，滿洲蒙古髹以黄，漢軍髹以黑，緑營髹以朱。束鐵鐶二，鐵叉長一尺。金龍炮，前弇後豐，底如覆笠，重自二百八十斤至三百七十斤，長自五尺八寸至六尺，通髹以漆。前鋄金龍火珠，後鋄金回文、蕉葉文、夔龍，底鋄金花文，隆起四道，旁爲雙耳。受藥自六兩五錢至八兩，鐵子自十三兩至十六兩。制勝將軍炮，前弇後豐，底分瓜稜，重五百斤，長五尺，不鍥花文，隆起四道，近口爲照星，用藥一斤八兩，生鐵子三斤。威遠將軍炮，前哆後斂，形如仰鐘，重七百五十斤，長二尺五寸，口鍥花文，周鐫梵文，中雙魚形，隆起五道，底横連鐵輒，受藥自八兩至六斤，鐵子自三十斤至三十五斤。神威大將軍炮，前弇後豐，底少斂，重三千八百斤，長八尺五寸，不鍥花文，隆起四道，受藥五斤，鐵子十斤。神威無敵大將軍炮，前弇後豐，底如覆盂，重自二千斤至三千斤，長自七尺三寸至八尺，不鍥花文，隆起五道，受藥自三斤至四斤，鐵子自六斤至八斤。神威將軍炮，前弇後豐，底如覆笠，重四百斤，長六尺七寸，不鍥花文，隆起五道，近口爲照星，用藥八九兩，鉛子十八兩。武成永固大將軍炮，前弇後豐，底如竹節，重自三千六百斤至七千斤，長自九尺六寸至一丈一尺一寸，雜鍥花文、蕉葉回文，隆起十道，皆鍥星文，近口爲照星，用藥十斤，生鐵炮子二十斤。神功將軍炮，前弇後微豐，底如覆笠，重千斤，長七尺，不鍥花文，隆起五道，近口爲照星，用藥一斤十二兩，生鐵炮子三斤。得勝炮，前弇後豐，口如銅角，重三百六十五斤，長六尺三寸，通髹以漆，不鍥花文，隆起三道，旁爲雙耳，受藥六兩,鐵子十二兩。九節十成炮,前分九節,後加底,各有螺旋分負以涉險遠,用時合成之重自七百九十斤至七百九十八斤,長自五尺一寸至六尺九寸,底環螭三,每節飾獸面三,受藥自一斤四兩至一斤八兩,鐵子二斤八兩。渾銅炮,前弇後微豐,底如覆笠,重自一千二百斤至二千一百斤,長自六尺至六尺一寸,不鍥花文,隆起九道,旁爲雙耳,受藥自一斤十二兩至二斤八兩,鐵子自三斤八兩至五斤。臺灣炮,前弇後微豐,口形如鉢,重自三百斤至七千斤,長自四尺三寸至一丈二寸,雜鍥在文、蕉葉文、蟠螭、人獸形,隆起十道,中爲龍文雙鈕,受藥自一斤一兩至十斤,鐵子自二斤二兩至二十斤。自金龍炮以下,皆鑄銅,爲之鐵心銅炮,鑄銅爲體,内以鐵,前弇後微豐,口如螺旋,重一百十斤,長五尺六寸,青緑色,不鍥花文,隆起六道,受藥二兩四錢,鐵子四兩八錢。衝天炮,前哆後歛,形如仰鐘,重自三百斤至三百八十斤,長一尺九寸,隆起五道,旁爲雙耳,近耳鍥花文,受藥自六兩至一斤,鐵子二十斤。子母炮之制有二:其一,前弇後豐,底如覆笠,重九十五斤,長五尺三寸,通髹以漆,不鍥花文,隆起五道,加星斗,旁爲雙耳。子炮五,如管,連火門,各重八斤,受藥二兩二錢,鐵子五兩。炮面開孔,與子炮相稱,用時納之,固以鐵鈕;其一,重八十五斤,長五尺八寸,末加木柄,後曲而俯,餘皆如前制。嚴威炮,前弇後豐,底如覆笠,重三百十斤,長五尺,不鍥花文,隆起五道,旁爲雙耳,受藥十兩,鐵子一斤四兩。紅衣炮,前弇後豐,底圓而淺,重自一千五百斤至五千斤,長自六尺六寸至一丈五寸,中鍥雲螭,隆起八道,旁爲雙耳,受藥自二斤六兩至七斤八兩,鐵子自五斤至十五斤。龍炮,形如金龍,炮重一百斤,長四尺五寸,通髹以漆,口鋟金蟬文,中爲雲龍,近後爲蟠螭,隆起六道,加星斗,旁爲雙耳,受藥二兩四錢,鐵子五兩二錢。奇炮,後通底,旁如牡鑰,重三十斤,長五尺五寸六分,通髹以漆,不鍥花文,近口爲照星,中加斗,素鐵火機,旁爲雙耳,子炮四,如管,連火門,受藥自九錢至一兩,鐵子二兩六錢,後加木枬,曲而俯,下爲屈戌,開柄以納子炮。信炮,上下若一,重自四十斤至八十斤,長自一尺六寸至一尺八寸,不鍥花文,隆起四道。自衝天炮以下,皆鑄鐵爲之。凡火器之小者,曰銃,曰火甎,曰火毬,曰火箭,曰噴筒,曰火罐,其大小、輕重、長短各有差。有刀斧之屬,親王、郡王佩刀,刃長二尺二寸五分,闊一寸四分。鋆爲鐵盤,鋟金,厚二分。柄長四寸三分,木質,纏金黄絲,末鈷以鐵,亦鋟金,繫金黄綬。室長二尺五寸,木質,髹漆,繪五色蓮花,飾珊瑚、珍珠、青金石、緑松石。貝勒以下至入八分公佩刀,柄纏青絲,繫石青綬,餘如親王、郡王之制。職官佩刀,刃長二尺二寸,闊一寸三分。鋆爲鐵盤,鋟金,厚二分。柄長四寸二分,木質,纏線藍色,末鈷以鐵,亦鋟金,繫藍綬。室長二尺五寸,木質,裹革,飾皆鐵質鋟金。兵丁佩刀,飾皆黄銅,餘如職官佩刀之制。雲梯刀,刃長二尺三寸,柄長三寸二分,餘如兵丁佩刀之制。前鋒左翼順刀,鋭首,中起脊如劒,刃長八寸,闊一寸,柄長四寸,木質,塗黄油,末鈷以鐵。室長九寸,木質,裹革,兩端鈷鐵,中束鐵二道。右翼順刀,中不起脊,刃長八寸,闊一寸,梨木,柄長三寸,末鈷以鐵,繫藍綬。室長九寸,木質,裹革,近口束以鐵。前鋒左翼鐮刀,形如鋤,刃削背俯,横置柄首,自刃至背五寸八分,榆木柄,長一尺三寸,圍二寸二分,末穿孔,繫藍綏。右翼鐮刀,鐮微闊,自刃至背五寸,樺木柄,長一尺二寸,圍二寸,末裹暖木,亦穿孔,繫藍綏,餘如左翼鐮刀之制。藤牌營刀,刃長二尺二寸,闊一寸,銎爲鐵盤,厚二分,柄長五寸八分,木質,髹朱,末鈷以鐵,繫藍綏。挑刀,刃長二尺二寸,闊一寸五分,上鋭而仰銎爲鐵盤,厚二分。柄長五尺,圍四寸六分,木質,髹朱,末鐵鐏長四寸。緑營偃月刀,刃長二尺四寸五分,上豐而仰,背爲歧刃,銜以龍口,高一寸五分,銎爲鐵盤,厚二分。柄長四尺二寸八分,圍五寸二分,不質,髹朱,末鐵鐏長四寸。撲刀,刃長一尺四寸,上闊二寸四分,下半之,銎爲鐵盤,厚二分。柄長五寸,木質,纏紅黄革,末鈷以鐵,繫藍綏。斬馬刀,形如佩刀,刃長三尺四寸,闊一寸五分,銎爲鐵盤,厚二分。柄長一尺三寸八分,木質,纏紅黄革,末鈷以鐵,繫藍綏。室長三尺五寸,木質,裹革,髹朱,飾以鐵長刃。大刀,刃長三尺三寸,闊一寸五分,柄長一尺八寸,室長三尺二寸,髹以漆,餘皆如斬馬刀之制。寬刃大刀,刃長二尺五寸,上闊三寸,下半之,銎爲鐵盤,厚二分。柄長四尺,圍四寸六分,木質,髹朱,末鐵鐏長四寸。寬刃刀,刃長二尺四寸,上闊二寸四分,下闊一寸四分,銎爲鐵盤,厚二分。柄長二尺二寸,圍三寸一分,木質,纏紅藍線,末鈷以鐵。雙手帶刀,刃長二尺七寸,闊一寸五分,銎爲鐵盤,厚二分。柄長一尺五寸,木質,纏紅藍線,末鈷以鐵。室長二尺八寸,木質,裹緑革,飾以鐵。背刀,刃長二尺三寸,闊一寸三分,銎爲鐵盤,厚二分。柄長八寸,木質,纏緑線,末鈷以鐵,繫藍綏。室長二尺四寸,木質,髹朱,飾以鐵。片刀,刃長二尺,闊一寸三分,上鋭而仰,銎爲鐵盤,厚二分。柄長四尺七寸,圍四寸,木質,髹朱,末鐵鐏長四寸。虎牙刀,刃長二尺七寸,闊一寸一分,銎爲鐵盤,厚二分。柄長與刃等,圍三寸七分,木質,髹朱,末鐵鐏。窩刀,刃長二尺六寸,闊一寸,銎爲鐵盤,厚二分。柄長八寸,木質,縛藤或纏革,髹緑,末鈷以鐵,繫藍綏。室長二尺七寸,木質,裹緑革,飾以鐵。船尾刀,刃長二尺二寸,闊一寸,銎爲鐵盤,厚二分。柄長一尺二寸,圍三寸一分,木質,髹朱,末鐵鐓。割刀,刃横長一尺四寸,闊一寸,前曲而俯,銎長二寸。柄長五尺,圍三寸一分,木質,髹朱。繚風刀,刃横長一尺,闊一寸,銎長二寸。柄長一丈,圍三寸一分,木質,髹朱。滚被雙刀,刃長一尺六寸,闊一寸,銎爲半規,厚二分,並納於室。柄長四寸九分,木質,纏紅絲,末鈷以鐵,繫藍綏。室長一尺七寸,木質,裹革,飾以銅,繫藍綏,以銅鈎佩之。斧,鍊鐵爲之。前鋒左翼斧,刃如半月,背削而長,刃徑四寸,鋄銀龍火珠,背闊一寸一分,自刃至背四寸五分,横置柄首。榆木柄,長一尺二寸,末鈷以鐵。右翼斧,刃平,背微狹,刃闊三寸四分,背闊二寸,自刃至背三寸二分,横置柄首。樺木柄,長一尺,末裹暖木皮,穿孔繫藍綏。緑營長柄斧,自背至刃八寸五分,刃徑七寸,背徑四寸,厚一寸,横置柄首。柄長四尺,木質,髹朱。雙斧,刃如半月,背方,刃徑各四寸六分,背徑一寸五分,厚四分,自刃至背四寸五分,横置柄首。柄長一尺六寸,木質,髹朱。鉞,鍊鐵爲之,刃如半月,背圓而俯,刃徑四寸六分,背徑二寸四分,自刃至背四寸七分,横置柄首。柄如雙斧之制。

有矛戟之屬,矛,鍊鐵爲之。刃長七寸,中豐下殺,如柳葉形。柄長一丈,木質,髹朱,末鐵鐏長三寸。戟,錬鐵爲之。援首三折,長一尺一寸,胡外曲,徑八寸,中二鲃各横二寸五分。柄長六尺,木質,髹朱,末鐵鐏長四寸。虎槍,刃長九寸,圭首中起棱。柄長七尺四寸,白蠟木爲之,柄首繫鹿角二,長一寸,末角鐓。刃蒙革囊,樺皮裹繫革帶負之。健鋭營長槍,刃長九寸,圭首中起棱。木柄長九尺,圍四寸六分,旁銜鐵。刃如刀,貼於槍下,長一尺四寸,闊五分,下綴木圓珠,注黑氂,末鐵鐏長四寸。護軍馬甲長槍,刃長一尺一寸,銎爲鐵盤,厚二分,下注朱氂。木柄,長一丈二尺二寸,末鐵鐏長四寸。緑營長槍,刃長七寸,柄長一丈三尺,圍三寸七分,木質,髹朱,注朱氂,末鐵鐏長三寸。火燄槍,直刃上出,長七寸,旁刃十,爲火燄形,銎長四寸。柄長五尺五寸,圍四寸,大質,髹朱,末鐵鐏長四寸。鈎鐮槍,刃長八寸,上鋭,旁刃曲,嚮内,徑二寸。柄長六尺,圍四寸,木質,髹朱,末鐵鐏長四寸。雙鈎鐮槍,兩旁刃曲,嚮内。柄長七尺,圍二寸七分,木質,裹樺皮,餘如鈎鐮槍之制。虎牙槍,刃長七寸,圭首起棱,兩旁短刃,嚮内如虎牙,各一寸七分,注朱氂。柄長八尺,圍二寸八分,木質,髹朱,末鐵鐏長四寸。蛇鐮槍,刃長八寸,圭首下䋲,兩旁横刃三折如蛇行,徑七寸。柄長六尺,圍四寸,木質,髹朱,末鐵鐏長四寸。雁翎槍,刃長八寸,圭首下平,兩旁刃如雙鈎鐮槍而闊,徑五寸,柄如蛇鐮槍之制。十字鐮槍,直刃辰六寸,横刃徑一尺,皆圭首,相交如十字形。柄長四尺,圍三寸一分,木質,髹朱。火鐮槍,管長八寸以受火藥,管端横鐵,兩末加刃,一前一郤,前刃爲槍長四寸,郤刃爲鐮,長三寸,銎長四寸,周傅小筒四,各長二寸,以藏蒺藜,下鉆以鐵。柄長八尺,攢竹髹朱。梨花槍,雙刃相並,各長五寸,旁爲横刃二,各徑六寸。下施竹筒,長二尺六寸,采繪花文,束鐵三道,中藏狼煙。柄長三尺八寸,木質,髹朱,末鐵鐏長四寸。手槍,刃長五寸七分,上鋭。柄長二尺九寸,攢竹裹樺皮,末骨鐏。釘槍,刃長一尺,上鋭,以藤縛於柄端。柄長一丈四尺,攢竹髹朱。馬乂,錬鐵爲之。中刃長一尺二寸,圭首,兩旁歧刃,各横四寸,縱一尺,銎穿鐵盤三。柄長五尺,木質,髹朱,末鐵鐏長四寸。钂有鳳翅钂、五齒钂,皆錬鐵爲之。鳳翅钂,直刃如戟,長七寸,横刃如蛇鐮,徑一尺二寸,銎穿鐵盤三。柄長六尺,木質,髹朱,末鐵鐏長四寸。五齒钂,形如馬乂,旁多二刃。三鬚鈎,錬鐵爲之。鈎長各七寸,分置三面,下曲如鷄距。竹柄,長一丈五尺,髹朱,束藤八道。挽,形如鋤,亦錬鐵爲之。長五寸,斜置柄首。竹柄,長一丈二尺。有椎梃之屬,椎,形如瓜棱,長六寸。柄長一尺三寸,木質,髹朱,繫藍綫。鏑,長二尺一寸,圭首方棱,銎爲鐵盤,厚一分五釐。柄長六寸,木質,髹朱,鉆以鐵。椎與鏑,皆錬鐵爲之,左右雙持。鈀,有月牙鈀、通天鈀、月牙鈀,錬鐵爲之。中刃長四寸八分,上鋭,兩旁刃如月弦,距五寸。柄長三尺九寸,木質,髹朱。通天鈀,剫木爲之,中爲圭首,長一尺,横爲半規,皆塗銀。兩旁施鐵齒,上下各三,長一寸四分。柄長六尺,髹朱。鏢,有犁頭鏢、鐵斗鏢,皆錬鐵爲之。犁頭鏢,形如犁,刃長五寸,上鋭,下闊三寸。柄長三尺,木質,髹朱。鐵斗鏢,刃長四寸,上鋭,兩旁曲刃嚮内,徑三寸七分,柄與犁頭鏢同。棍,有漢軍連枷棍,長一尺五寸八分,枷長七寸五分,圍二寸五分,皆塗黄油。兩端鉆以鐵首,各加鐶,以鐵索相連爲一具。有緑營棍，長五尺四寸，圍四寸六分，通髹黄，兩端鈷以鐵。有虎頭棍，長四尺，圍四寸八分，通髹黄，繪虎文。有蒙盾之屬。盾，削木爲之。長二尺六寸，上闊一尺六寸，下闊一尺三寸，通髹藍，繪龍首，背髹朱，横木二道，繫藤挽之。藤牌，編藤爲之。形圓中凸，檐徑二尺六寸，高八寸，采繪虎頭，中綴朱纓，背施鐶二以挽之。虎頭牌，長二尺九寸，上闊一尺五寸，下闊一尺一寸，蒙以革，面繪虎頭雙爪，背横木二道挽之。燕尾牌，上正方，下歧出如燕尾，長二尺三寸，闊九寸，通髹藍，面繪虎頭雙爪，背髹朱穿帶挽之。挨牌，長六尺四寸，上爲仰月形，闊二尺四寸，下闊一尺八寸，通髹黄，繪虎頭雙爪，背如燕尾牌之制。圓木牌，徑二尺一寸，中髹藍，繪虎頭，周髹紅黄斑文，背亦髹朱，繫藤挽之。戰被，以墨色布爲之。凡三等，長一丈至一丈五尺，闊一丈至一丈二尺，面繪飛虎，周以火燄，中敷棉，背綴革以挽之。滚被，用藍布爲之，長五尺五寸，闊四尺，背綴革，繫藤以挽之，餘如戰被之制。鹿角，規木爲之。横木一，長八尺，圍四寸。斜木八，長五尺五寸，圍一寸五分，皆貫横木。當斜木之半首尾相屬，塗以黄油。有梯衝之屬，雲梯，規木爲之。高二丈二尺，旁植木二，中施横木二十四道。上闊一尺二寸，下闊二尺。首加横木，兩端施鐵輪，别以木柄鐵义二推之。有金鼓之屬，金，範銅爲之。面平徑一尺五寸三分，深二寸。旁穿二孔，以繩繫於木柄提之。擊以槌，形如瓜，以葦爲之，末穿藍綫。鼓，木匡冒革，面徑一尺六寸二分，中圍一尺八寸二分，厚七寸二分。面繪龍，匡緑緣朱，繪花文，上下飾銅釘二層。匡半銅鐶四，承以髹朱架，高三尺五寸五分，四柱相距二尺七分，繪花文，柱半各以銅鈎附鐶平懸之。柱端刻花文，高四寸四分，下横木交十字以樞合之。擊以雙木槌，海螺刳蠡吹之，以爲進止之節。有旗帳之屬，八旗各營都統、統領、參領、佐領及駐防將軍、都統、緑營督撫、提鎮纛，皆以緞爲之。其有副纛者，以紡絲爲之。八旗都統纛，各從旗色。鑲黄、鑲白、鑲藍三旗皆紅緣，鑲紅旗白緣。皆左平右剡，銷金流雲行龍。縿徑五尺，中徑六尺四寸，上下徑各四尺六寸，緣銷金火燄，周闊八寸。正黄、正白、正紅、正藍四旗不加緑，俱正幅，亦銷金流雲行龍，縿徑五尺，斿徑五尺八寸。杆以竹髹朱束藤，長一丈三尺。首冠鍐銀鈒花頂，注朱氂，惟正紅旗黑氂，末鐵鐏長四尺。旁施鍐金鐶，穿革植纛。護軍統領纛，斜幅，銷金雲龍，縿徑四尺八寸，斿徑五尺五寸，緣爲火燄形，餘如都統纛之制。前鋒參領纛，左翼鑲黄紅緣，右翼正黄，俱正幅，銷金雲龍，環以火燄，縿徑五尺，斿徑五尺一寸，杆長一丈一尺，首加黄影帶，亦銷金火燄，餘如都統纛之制。護軍參領纛，斜幅，銷金雲龍，縿徑六尺五寸，斿徑九尺一寸五分，緣闊八寸，杆首冠鍐銀鐵輪，加白緞影帶，銷金爲火燄形，餘如都統纛之制。驍騎參領纛，正幅，三面爲火燄形，縿徑四尺九寸，斿徑六尺一寸，餘如都統纛之制。藤牌營參領纛，正幅，銷金飛熊，環以火燄，縿徑五尺二寸，斿徑五尺六寸，杆長一丈二尺五寸，首冠鍐銀鈒花頂，加白緞影帶，餘如驍騎參領纛之制。滿洲蒙古佐領纛，不施繪繡，首注黑氂，餘如都統纛之制。漢軍佐領纛，銷金飛虎，杆首冠鍐銀鐵輪，餘如都統纛之制。駐防將軍、都統、副都統纛，有鑲黄、有正黄、有正白，俱如八旗都統纛之制。督撫、提鎮纛，緑色，斜幅，銷金雲蟒或飛熊，縿徑八尺，斿徑五尺八寸，斿及斜徑皆爲火燄形，杆以竹髹朱，長一丈四尺，首冠鈒花鐵頂，承以圓革，注朱氂，加緑緞影帶爲火燄形，銷金雲蟒，餘如都統纛之制。前鋒校旗、護軍校旗、驍騎校旗、領催旗、大帥旗、什長旗，皆以緞爲之。其有副旗者，以紡絲爲之。左右翼前鋒校旗，方幅，銷金飛虎，縿徑二尺三寸，斿徑一尺八寸，色及緑如都統纛，杆以竹髹朱束藤，長六尺。健鋭營前鋒校旗，縿徑一尺九寸，斿徑二尺二寸，杆長五尺二寸，餘俱如前鋒參領纛之制。八旗護軍校旗，斜幅，不施繪繡，縿徑一尺六寸，斿徑一尺七寸，杆以竹髹朱束藤，長五尺五寸，首冠鈒花鐵頂，末包革，繫繩植旗，餘如都統纛之制。火器營護軍校旗，斜幅，銷金雲龍，環以火燄，縿徑二尺二寸四分，斿徑三尺五寸，緣闊三寸五分，白緞影帶，亦銷金火燄，長三尺五寸四分，色及緣如都統纛，杆如左右翼前鋒旗之制。驍騎校旗，正幅，銷金雲龍，縿徑一尺八寸四分，斿徑二尺六寸五分，緣爲火燄，闊三寸五分，白緞影帶，亦銷金火燄，長三尺五寸四分，色及緣如都統纛，杆如左右翼前鋒旗之制。滿洲蒙古領催旗、鑲黄旗，斜幅，縿徑二尺二寸，斿徑三尺三寸。鑲白、鑲紅、鑲藍三旗，俱左平右剡，縿徑二尺二寸，中徑二尺九寸，上下各徑二尺。正黄、正白、正紅、正藍四旗，俱正幅，縿徑一尺九寸六分，斿徑二尺九寸，緣闊三寸三分。皆不施繪繡，杆以竹髹朱束藤，長六尺七寸，首冠鋄銀鐵壺盧頂，注黑氂，末包革，繫繩植旗，色及緣俱如都統纛之制。漢軍領催旗、鑲黄鑲白鑲紅鑲藍四旗，俱左平右剡，縿徑二尺二寸，中徑二尺九寸，上下各徑二尺。正黄、正白、正紅、正藍四旗，俱正幅，縿徑一尺九寸六分，斿徑二尺九寸，皆銷金雲龍，色及緣俱如都統纛，餘如滿洲蒙古領催旗之制。藤牌營領催旗，縿徑一尺八寸四分，斿徑二尺六寸五分，緑闊三寸五分，杆長六尺七寸，影帶長三尺三寸，餘如藤牌營參領纛之制。大帥旗，黄布爲之，正幅，書帥字漢文，縿徑一丈八寸，斿徑二丈四尺，杆以竹髹朱束藤，長一丈六尺，首冠木壺盧頂加藍布影帶，剡角長一丈五尺。什長旗，緑色，縿徑二尺三寸六分，斿徑二尺九寸六分，杆長六尺九寸，影帶長四尺，餘如督撫提鎮纛之制。凡駐防營旗纛之色，盛京、西安、江寧、綏遠城、伊犁將軍，熱河、察哈爾都統，皆用鑲黄；吉林、寧夏、杭州、福州將軍，歸化城、張家口、山海關、青州副都統，皆用正黄；黑龍江、荆州、成都、廣州將車，密雲、凉州副都統，皆用正白。其將軍、都統兼轄之副都統，各視將軍、都統旗色。凡帳房之制，王、貝勒、貝子氊帳，穹頂銜椽，羃以白氊，承椽以斜竹相交爲牆，皆髹朱，外圍白氊，下圍朱簾，頂高九尺，牆高四尺，徑一丈四尺，帳外周設藍布。城職官帳房，藍布爲之，如人字形，單袷惟宜，縱六尺四寸，横一丈二尺，上施梁爲脊，承以兩柱，各高六尺五寸，羃布斜垂至地，下加垂幨七寸，兩端皆圍以布，左當柱中分，以便出入。兵丁帳房，白布爲之，如職官帳房之制。各辨其等與其式，頒則定以數，八旗各營需用軍械，移文各承辦處製給，或給銀令其自製。各省緑營軍械，動支錢糧造給，報部覈銷。凡營内豫備火藥，酌量每年應用之數動項製造。潮濕地方豫備三年，高燥地方豫備五年。加謹收貯，每年出陳易新，造册報部。遇該管官陞遷事故，入於交代，有虧缺者，勒賠議處。各營兵丁操演時所需鉛彈火藥，設有定數。或欲令多放數次，准將實用之數銷算。凡王公弓矢之數，親王弓十，矢三千；親王世子弓九，矢二千五百；郡王弓八，矢二千；郡王長子弓七，矢千七百；貝勒矢千五百，貝子矢千，弓皆六；鎮國公矢七百，輔國公矢六百，弓皆四；鎮國將軍矢四百，輔國將軍矢三百，奉國將軍矢二百，奉恩將軍矢百七十，弓皆二。八旗世爵暨文武職官各備甲一、胄一、弓二、撒袋一、佩刀一。矢各視其秩，公五百五十，侯五百，伯四百五十，子四百，男三百五十，輕車都尉二百五十，騎都尉二百，雲騎尉百五十。武官一品至五品視子男以下，六品以下矢，均百。文職三品京堂視武二品，四品京堂、科道、郎中視武三品，員外郎視武四品，主事、鳴贊、廕監生視武五品，筆帖式視武六品。世爵中官大於爵者，從官；爵大於官者，從爵。其文職三品以下不兼武職者，不備甲胄。直省督撫、提鎮及副將、參將以下，應備弓矢甲胄，各視品秩，與八旗武職同。八旗前鋒、護軍領催，各給箭七十，馬甲五十，步兵三十，其甲、胄、弓、撒袋、腰刀各一。護軍營、驍騎營兵，每二名給長槍一。鳥鎗前鋒、鳥鎗護軍、漢軍鳥鎗營兵，每名給鳥鎗一，藤牌兵各給藤牌一、刀一、挑刀一。鄂爾布，各給連枷棍一副。護軍營，每旗設海螺三十六；左右翼前鋒營，各設海螺八；火器營，每旗設海螺十四，又隨炮海螺五；驍騎營，每佐領下設海螺一，每參領下設海螺二；漢軍鳥鎗營、炮營，每旗設鼓一、金五；藤牌營，每旗設海螺七；漢軍八旗，每佐領下各設鹿角一架；内火器營，每旗設子母炮五。其餘大小銅鐵炮位，分貯於漢軍八旗炮局。外省大炮，以兵千名設十炮爲率。郡邑城守、邊海要隘，及水師戰船，各貯炮於其所。兵少及非險要處，貯炮於督撫、提鎮駐劄之地，需用乃發。直省各營馬步兵應給甲、胄、腰刀等器，與八旗同。其金、鼓、海螺、鹿角，隨營之大小、兵之多寡以酌設。出師給官兵鍋帳之數，一品官並蒙古王公、頭等台吉四頂副，二三品官、二三等台吉一頂副，四五品官、四等台吉二頂副，六品以下官一頂副。俱連隨役，兵四名，鄉勇五名，長夫十名，各合給一頂副。隨營各官照此給與。又隨圍王公大臣應帶梅鍼箭，親王二百，親王世子、郡王、郡王長子、貝勒、貝子、鎮國公每降以十，輔國公七十，鎮國將軍、輔國將軍、奉國將軍、奉恩將軍每降以十，民公八十，侯伯、一品官、二品官、三品官亦每降以十。又滿洲蒙古發往新疆等處者，到配年滿，派赴南路換防，每名給撒袋一副，弓一、箭三十、腰刀一。凡旗營有軍器虧缺，及箭上不刻姓名者，官兵分別罰俸鞭責。如所屬官兵有盔甲弓箭等項全無，及軍器虧缺朽壞者，分別名數多寡，將該管都統、參領、佐領、驍騎校等照例罰俸。緑營軍器以都守爲專管官，參游爲兼管官。若無故虧少，照例題參，將專管、兼管各官分別罰俸，立限分賠。如係兼管官查出者，止令專管官獨賠。果係年久朽壞，或出師缺損，及因公動用者，准官爲補造，免其處分，仍禁其藉端科累兵弁。出征病故官兵遺失軍器者，免其家屬追賠。修則限以年。旗營、緑營修製軍械，均視地氣之燥濕、操演之疏數，並分別器物，以定年限之遠近。各營守禦器械及救火官製之器，均限年修理。至行軍携帶器械，應用時，歸於軍需款内製備覈銷，其非常用者停修存貯。凡軍器一有缺損，該管官即詳報上司，動項修整，務期齊全足用。如有盈餘，擇其堪用者存營，以備增補。朽壞者酌量銷燬,以免竊賣之弊。各省州縣庫貯銅鐵器械,督撫飭查有堪用之件,撥營汎抵用;不堪用者,銷鎔變價,歸製造軍器項下應用。五年查辦一次,造册報部。凡軍械已逾應製應修年限,尚屬完固整齊者,毋庸依限修理。儻因限期已届,冒混請修,將該員及查驗不實之上司議處。若承辦之員,草率偷減,以致未届年限已不堪用,查明不及定限之半者,責令全賠;及半以上者,按其未滿之年限,將原價作爲分數勒令賠補。其收貯不謹損壞者,經收之員,亦按分數勒賠。大炮建置炮車,加謹蓋藏,以避風雨。果有損壞,詳明製造。如本營未備而别營有餘者,通融撥取。鳥鎗年久不堪用者,該管官驗實重造。其舊鎗之鐵,收貯備用。新疆屯防處所庫貯鎗炮有損裂者,准該處報部,行令該督於各標營盈餘軍器内酌撥,交换班官兵帶往補换。凡修理一應軍械,該管官估定價值,呈報提鎮,查明准其動項修補,完日委員查驗,出結申送提鎮移會布政使,併詳督撫存案。該營於年終將存營公費及開除、現存之數,分晰造册,移司覈對。如有浮冒,駁減更正,仍詳督撫參處。凡製造緊急軍器,不能依限完竣,以致遲誤者,革職。遲誤豫備軍器者,降調。修製未竣,捏報已竣者,查參。匠役造弓箭,擅改式樣,及造作草率者,治罪。八旗官兵自備之弓箭、撒袋、腰刀,願豫指俸餉製造者,該都統造册送部,照定式製造給與。其工價銀兩,官員於俸銀内,分四季扣還;兵丁於錢糧内分二十箇月扣還,俱造入俸餉册内,咨明户部坐扣。扣其年久損壞無力修製者,亦照此例。官兵遇有陞遷事故,其本人舊有軍器,除官製者給與頂補之人外,若本人自造者,官員聽其自便。兵丁軍器,該管官視其利鈍,酌定價值,給與新補之兵。即將新補兵名下錢糧,限二十箇月扣給舊兵。凡官兵自備,乃營中自備器械,皆登其名於册。禁其私造私毁,地方有私鑄大小炮位,併私藏私造火炮、鳥鎗、藤牌者,看守城池倉庫等官遺失本身器械及在官器械者,將火藥及軍器棄毁質當或偷竊私賣者,私移城上備用火藥及巡防不謹致藥局被轟者,民間被火延燒軍器及汛守處所併本營衙署失火燒燬軍器者,將兵民及該管官等均照例分别議處治罪。民間鄉村險僻之地,須用鳥鎗防虎防盜者,准照營兵鳥鎗式樣製造,刊刻姓名,呈官編號登册。凡地方應留之鳥鎗有不呈報者,即以私藏論,將該管官分别次數議處。若兵丁藉稽察鳥鎗,擾害民間,亦照例治罪。而以時簡覈焉。八旗軍器,五年奏請點驗一次。王公等軍器,由宗人府奏請點驗。其餘官兵軍器,由部奏派王大臣點驗。各省駐防,將軍、都統等到任時,將所屬各營軍器委官盤驗,同城限兩月,外屬限三月,各具題一次,取具該管官並無虧少及委官並無捏飾各印結存案,年終彙題,仍將所屬各營軍器數目造册送部察覈。彙題後,如有缺額,將盤驗官及該將軍等分别議處。緑營軍械,督撫所轄者,督撫委官盤察;提督所轄者,提督委官盤察,均取結存案,年終彙題。各鎮有督提統轄者,盤察後,加具保結送督提察覈彙題;無督提統轄者,即由該鎮彙題,均將册結送部查覈。至營弁新舊任交代,限一月,將軍裝器械並無缺少出結造册,詳報督撫提鎮,年終報部。儻有推卸勒索等情,以交代遲延論。凡演習,各專其器。凡軍器專習者,爲弓矢、爲大炮、爲鳥鎗、爲藤牌。兼習者,爲大刀、爲長槍、爲挑刀。水師則有排槍、鉤鐮槍、標槍、大斧、鐵彈、火箭、火罐之屬。直隸除騎射、鳥鎗、炮位晝一演習外，宣化鎮添設藤牌兵，紫荆關改設鳥鎗兵。江南、江西演習鎗炮弓矢外，水師習大刀、藤牌、鈎鐮槍、過船槍、钺、斧、標槍、鐵彈之屬，陸路改設鳥鎗兵、藤牌兵。浙江每兵千，分二十隊，炮爲一隊，長槍五十爲一隊，鳥鎗四百爲八隊，弓箭三百爲六隊，藤牌百爲二隊，刀爲二隊。福建陸路每兵千，分二十隊，馬上弓箭四隊，步下弓箭二隊，鳥鎗十隊，炮一隊，藤牌一隊，大刀一隊，長槍一隊。水師大起繒船兵八十，排槍四十二；中趕繒船兵六十，排槍三十；小趕繒船兵五十，排槍二十五。大艍船兵三十五，排槍十六；中艍船兵三十，排槍十四；小船船兵二十，排槍十。各備火藥、彈子、火罐、火箭等物。河南駐防八旗設子母炮兵、長槍兵，撫標設藤牌兵、炮兵、大刀兵；河北鎮標設炮兵、護炮刀兵；南陽鎮亦如之，加藤牌兵。其馬步弓箭兵、鳥鎗兵，各營均習。山東每兵百，分十隊，鳥鎗五隊，弓箭三隊，藤牌一隊，長槍一隊。别設炮兵，專演炮位。山西每兵百，分十隊，鳥鎗四隊，弓箭六隊。别設炮兵，專演炮位。殺虎協設藤牌兵三百。陝西、四川除炮位、鳥鎗、弓箭通行演習外，馬上弓箭兵兼習槍棒，守兵兼習刀。其藤牌令提標守兵二百專習。廣東每兵百，二十名習弓箭兼雙刀長槍，五十名習鳥鎗，藤牌、挑刀、炮各十。廣西每兵千，百名習大炮兼牌刀，六百名習鳥鎗，二百名習弓箭，百名習藤牌。雲南、貴州亦如之，惟弓箭兵兼習弩弓。凡腹内省分，每兵千，設鳥鎗三；沿邊、沿海，四百，惟福建五百。湖廣武昌鎮前後水師二營水操不宜弓矢，每兵千，設鳥鎗四百。又閩浙沿海州縣民壯，准其演習鳥鎗，福建官製三百八十五杆，浙江官製六百六十五杆，鏨明縣名字號，平時貯庫，遇操給發，操畢即收，不得私存在外。四川民壯派十分之六演習，其鳥鎗亦遇操始給，仍令該管官隨時稽察。凡各省駐防兵，令將軍都統等，於本營内挑選數百名演習雲梯；緑營兵，亦令督撫提鎮等，各於本標下酌挑一二千名，使之隨時演習，務臻精熟。其八旗各營操演之制，各詳載本衙門，不具列。

〇凡學政，三歲一試武，各省學政按臨各屬歲試時，於文生童試畢發案後，考武生武童，先外場，次内場。其科試之年，不試武。外場會武職而莅焉。漢軍八旗及大興、宛平兩縣武生童，由部開列，八旗副都統請簡一人會順天學政考試。奉天由將軍選派協領一人，會府丞考試。各省由督撫提鎮於同城副將、參將、游擊之籍隸别省者選派一人，會學政考試。如同城無異籍者，於就近别府調委。該武職奉到委文之日，加謹闗防，封門迴避。提調官留心察訪，不得與本地人士往來，家人兵丁不得私自出入。考試生童外場，均以雙好、單好字樣挑取入内。場令其默寫武經三百字，錯誤有别字者不取。烏嚕木齊、巴里坤，由廳道録送駐劄大臣考試，外場、内場於卷面印雙單好字樣，分别等次，造册同試卷由驛遞送陝甘學政録取。凡府學武生在百里外者，令州縣學教官帶管。如遇舉報優劣，移交府學轉申，學政於歲試時將舉報優劣武生造册咨部，俟三年任滿彙題。科試時，不得舉報。凡武生文藝尚優，願告退考文者，准與文童一體考試。其篤疾者，入學已三十年及年六十者，均准給衣頂，令該學教官確查具結申詳，不必赴學政衙門候驗。凡武生願入伍者，不必註銷武生，即准充補。惟漢仗平常、弓馬生疏者，毋許兼充，以佔兵額。若驗准入伍後，果能差操勤慎，准與在營兵丁一體較拔。武生各取以其額。各省府州縣取進武童之額，八旗漢軍八十。直隸順天府大興、宛平共四十，保定府三十七，正定府二十八，冀州二十六，天津府、定州二十五，河間府、順德府二十二，趙州二十一，永平府、廣平府、大名府、宣化府、通州、文安、豐潤、蠡縣、高陽、河間、任邱、景州、南宫、棗强、清豐、東明、開州、長垣二十，深州十九，元城十八，易州十六，固安、武清、涿州、霸州、大城、薊州、遵化、玉田、清苑、安肅、新城、博野、雄縣、祁州、束鹿、安州、新安、盧龍、遷安、撫寧、昌黎、灤州、樂亭、獻縣、阜城、寧津、吴橋、故城、東光、天津、静海、滄州、鹽山、正定、獲鹿、武邑、衡水、隆平、寧晉、饒陽、安平、邢臺、南和、永年、曲周、肥鄉、雞澤、成安、清河、磁州、南樂、宣化、萬全、蔚州、蔚州鄉學、懷安、延慶、保安十五，大名十四，交河、大名鄉學十三，良鄉、永清、東安、香河、三河、寶坻、昌平、順義、密雲、滿城、定興、唐縣、容城、完縣、臨榆、肅寧、青縣、南皮、慶雲、井陘、樂城、行唐、靈壽、平山、元氏、贊皇、晉州、無極、藁城、新樂、新河、柏鄉、高邑、武强、曲陽、深澤、沙河、平鄉、廣宗、鉅鹿、唐山、内邱、任縣、廣平、邯鄲、威縣、懷來、西寧十二，承德府、寧河、密雲衛學，懷柔、房山、保定、平谷、望都、淶水、廣昌、阜平、臨城、赤城、龍門、延慶鄉學八，承德、錦縣七，遼陽、海城、復州、寧遠五，錦州府、寧海、義州四，蓋平、廣寧三，開原、鐵嶺二，奉天府一。山東濟南府、泰安府、武定府、沂州府、曹州府、青州府、登州府、萊州府、日照、膠州、即墨二十，兖州府、東昌府十八，滎成、海陽十六，歷城、章邱、鄒平、淄川、長山、德州德左二衛、平原、泰安、東平、萊蕪、惠民、濱州、滋陽四氏學，滕縣、濟寧、金鄉、魚臺、蘭曲、菏澤、曹縣、濮州、單縣、聊城、恩縣、高唐、臨清、壽光、安邱、諸城、蓬萊、萊陽、掖縣、濰縣十五，新城、齊河、齊東、濟陽、德平、禹城、臨邑、陵縣、長清、東阿、新泰、肥城、陽信、海豐、樂陵、利津、霑化、蒲臺、青城、商河、曲阜、寧陽、鄒縣、汶上、陽穀、壽張、嘉祥、郯城、莒州、沂水、范縣、朝城、鄆城、城武、定陶、鉅野、堂邑、博平、茌平、清平、莘縣、冠縣、館陶、武城、夏津、邱縣、益都、臨淄、博興、樂安、昌樂、臨朐、黄縣、福山、棲霞、招遠、寧海、文登、平度、昌邑、高密十二，平陰、泗水、嶧縣、費縣、蒙陰、觀城、博山、高苑八。山西潞安府、汾州府、忻州、代州、解州、絳州、陽曲、榆次、文水、臨汾、洪洞、曲沃、翼城、太平、襄陵、永濟、猗氏、安邑、聞喜、長治、汾陽、介休、鳳臺、高平、陽城二十，太原府、平陽府、大同府十七，蒲州府、澤州府、寧武府、朔平府、平定州、沁州、遼州、盂縣、五臺、崞縣、靈石、臨晉、夏縣、絳縣、稷山、平遥、臨縣、大同、偏關、朔州十五，保德州、霍州、隰州、太原、太谷、祁縣、徐溝、清源鄉學、交城、興縣、樂平鄉學、壽陽、定襄、繁峙、浮山、吉州、趙城、榮河、萬泉、平陸、芮城、垣曲、河津、長子、屯留、襄垣、壺關、黎城、孝義、永寧、武鄉、陵川、沁水、榆社、渾源、應州、右玉十二，虞鄉十，岢嵐、嵐縣、静樂、河曲、岳陽、汾西、鄉寧、大寧、蒲縣、永和、潞城、平順鄉學、石樓、寧鄉、沁源、和順、懷仁、山陰、陽高、天鎮、廣靈、靈邱、寧武、神池五，寨馬邑鄉學、左雲、平魯、八安邑運學四。河南睢州二十二，開封府、陳州府、歸德府、彰德府、衛輝府、懷慶府、南陽府、祥符、杞縣、太康、商邱、鹿邑、永城、安陽、滑縣、河内、洛陽二十,陝州十八,汝寧府、光州、固始、息縣十六,許州、汝州、陣留、通許、驛陵、中牟、鄭州、禹州、淮寧、西華、襄城、郾城、夏邑、臨漳、内黄、汲縣、新鄉、延津、濬縣、濟源、武陟、孟縣、温縣、陽武、偃師、靈寶、南陽、唐縣、鄧州、内鄉、新野、裕州、舞陽、葉縣、汝陽、上蔡、信陽、光山、商城十五,河南府、考城十四,閿鄉十三,尉氏、洧川、蘭陽、滎陽、滎澤、密縣、商水、項城、沈邱、扶溝、臨潁、長葛、寧陵、虞城、柘城、湯陰、林縣、武安、獲嘉、輝縣、封邱、原武、修武、孟津、宜陽、登封、永寧、新安、嵩縣、南召、鎮平、泌陽、新蔡、西平、遂平、羅山、魯山、郟縣十二,盧氏十,儀封廳、河陰鄉學、汜水、涉縣、淇縣、鞏縣、澠池、桐柏、淅川、正陽、確山、寶豐、伊陽八。江蘇江寧府、松江府、常州府、鎮江府、徐州府二十,淮安府十八,蘇州府、揚州府、通州十七,上元、江寧、句容、吴縣、青浦、江陰、靖江、丹徒、丹陽、金壇、溧陽、倩微、高郵、興化、泰興、銅山、邳州十五,崇明十四,溜州、贛榆、沭陽、如臯十三,溧水、高淳、山陽、鹽城、清河、安東、桃源、寶應、蕭縣、碭山、豐縣、沛縣、宿遷、睢寧十二,華亭、婁縣十一,南匯十,嘉定、上海、泰州九,江浦、六合、長洲、新陽、常熟、震澤、太倉、奉賢、金山、陽湖、金匱、宜興、江都八,元和、崑山、昭文、吴江、鎮洋、寶山、武進、無錫、荆溪、甘泉七,阜寧、東臺、海門廳學六。安徽安慶府、徽州府、寧國府、池州府、太平府、鳳陽府、潁州府二十,廬州府十八,廣德州、滁州、和州、懷寧、桐城、歙縣、休寧、婺源、宣城、涇縣、南陵、鳳陽、阜陽、全椒十五,六安州十四,泗州、潛山、太湖、宿松、祁門、黟縣、績溪、寧國、太平、旌德、貴池、青陽、銅陵、石埭、建德、當塗、蕪湖、合肥、無爲、巢縣、宿州、亳州、建平、含山、天長十二,壽州九,望江、東流、繁昌、廬江、舒城、臨淮鄉學、懷遠、定遠、靈璧、潁上、霍邱、太和、蒙城、來安、英山、霍山、虹鄉學、盱眙、五河八,鳳臺六。江西南昌府、饒州府、廣信府、南康府、九江府、建昌府、撫州府、臨江府、瑞州府、袁州府、吉安府、贛州府、南安府二十,寧都州十七,南昌、新建、豐城、進賢、鄱陽、上饒、南城、新城、臨川、金谿、清江、高安、新昌、宜春、分宜、廬陵、泰和、吉水、贛縣十五,瑞金十四,萬載十三,奉新、義寧、餘干、樂平、浮梁、德興、萬年、弋陽、貴溪、鉛山、廣豐、星子、都昌、建昌、德化、德安、湖口、彭澤、南豐、廣昌、崇仁、宜黄、樂安、東鄉、新淦、新喻、上高、永豐、安福、萬安、雩都、信豐、興國、會昌、安遠、長寧、龍南、大庾十二,永新、石城十,靖安、武寧、安仁、玉山、興安、安義、瑞昌、瀘溪、峽江、萍鄉、龍泉、永寧、定南廳、南康、上猶、崇義八,蓮花廳五。福建福州府、泉州府、建寧府、延平府、汀州府、興化府、邵武府、漳州府、福寧府、臺灣府二十,永春州、龍巖州、閩縣、侯官、長集、福清、晉江、南安、惠安、安溪、同安、建安、甌寧、建陽、崇安、浦城、南平、將樂、沙縣、順昌、永安、長汀、寧化、上杭、武平、清流、連城、歸化、永定、蒲田、仙游、邵武、建寧、龍溪、漳浦、南靖、長泰、平和、詔安、海澄、漳平十五,古田、連江、松溪、福安、寧德、德化、大田,臺灣鳳山、嘉義、彰化十二,閩清、羅源、永福、政和、龍溪、光澤、泰寧、霞浦、壽寧、寧洋八,福鼎七。屏南府、浙江杭州府、嘉興府、湖州府、寧波府、紹興府、台州府、金華府、衢州府、嚴州府、温州府、處州府二十,錢塘、仁和、海寧、富陽、餘杭、臨安、嘉興、秀水、嘉善、海鹽、石門、平湖、桐鄉、烏程、歸安、長興、德清、鄞縣、慈谿、鎮海、山陰、會稽、蕭山、諸暨、餘姚、上虞、臨海、黄巖、金華、蘭谿、東陽、義烏、西安、建德、淳安、遂安、永嘉、麗水、縉雲十五,新城、武康、安吉、奉化、嵊縣、新昌、天台、寧海、太平、永康、武義、浦江、龍游、常山、開化、桐廬、壽昌、瑞安、樂清、平陽、青田、松陽、龍泉十二,於潛、昌化、孝豐、象山、仙居、湯溪、江山、分水、泰順、遂昌、慶元、雲和、宣平、景寧八,定海七,玉環廳四。湖北武昌府、漢陽府、襄陽府、鄖陽府、德安府、黄州府、荆州府、宜昌府二十,安陸府、荆門州十七,江夏、武昌、嘉魚、蒲圻、興國、漢陽、漢川、孝感、黄陂、沔陽、鍾祥、京山、潛江、天門、襄陽、宜城、棗陽、鄖縣、安陸、應城、隨州、黄岡、黄安、蘄水、麻城、蘄州、廣濟、黄梅、江陵、公安、石首、監利、東湖、恩施十五,當陽十三,咸寧、崇陽、通城、大冶、穀城、均州、房縣、鄖西、雲夢、羅田、松滋、枝江、歸州十二,通山、遠安、南漳、光化、竹山、竹谿、保康、應山、宜都、長陽、興山、巴東、建始八,施南府四,長樂、鶴峰、宣恩、來鳳、咸豐、利川二。湖南長沙府、寶慶府、常德府、永州府二十,辰州府十八,衡州府、桂陽州十七,澧州十六,岳州府、沅州府、長沙、善化、湘潭、湘陰、益陽、攸縣、茶陵、巴陵、臨湘、華容、邵陽、新化、武岡、衡山、耒陽、武陵、桃源、沅陵、芷江、零陵、祁陽、道州、靖州、會同、綏寧、郴州、宜章十五,臨武十三,永順府、寧鄉、瀏陽、醴陵、湘鄉、安化、平江、安鄉、安福、新寧、常寧、安仁、藍山、龍陽、漵浦、黔陽、東安、寧遠、永明、永興、興寧、桂陽十二,石門、慈利十,永定、城步、衡陽、清泉、酃縣、嘉禾、沅江、瀘溪、辰谿、府陽、江華、新田、通道、桂東、永順、龍山、保靖、桑植八,鳳凰廳六,乾州廳、永綏廳四。陝西西安府、同州府、鳳翔府、漢中府、咸寧、長安、華州、蒲城二十,延安府十八,大荔十七,朝邑十六,乾州、綏德州、咸陽、臨潼、鄠縣、涇陽三,原盩厔、渭南、富平、郃陽、韓城、鳳翔、岐山、南鄭、城固、洋縣、膚施、米脂十五,鄜州、武功、洛川十三,興安府、榆林府、商州、興平、高陵、藍田、醴泉、澄城、華陰、寶雞、扶風、郿縣、隴州、褒城、西鄉、寧羌、宜川、清澗、神木十二,潼關廳、安康九,邠州、同官、耀州、鎮安、雒南、山陽、商南、白水、永壽、三水、淳化、長武、麟游、汧陽、鳳縣、沔縣、畧陽、安塞、甘泉、保安、安定、延長、延川、定邊、靖邊、中部、宜君、吴堡、榆林、府谷、葭州、懷遠八,漢陰廳、平利、洵陽、白河、紫陽、石泉七。甘肅蘭州府、慶陽府、寧夏府、寧夏、寧朔、張掖、高臺二十,鞏昌府、階州、靈州十七,中衛十六,秦州、皋蘭、狄道、靖遠、固原、隴西、安定、會寧、武威、平番、山丹、肅州十五,平凉府、涇州十三,西寧府、凉州府、甘州府、河州、平凉、静寧、通渭、漳縣、寧遠、伏羌、文縣、成縣、秦安、徽縣、安化、環縣、寧州、鎮番、永昌十二,鎮原十一,靈臺、平羅九,金縣、渭源、華亭、隆德、崇信、西和、岷州、洮州廳、清水、禮縣、兩當、合水、正寧、西寧、碾伯、古浪八,安西州、敦煌、玉門六,迪化州、循化廳、宜禾、奇臺、昌平、阜康、綏來四,鎮西府三,大通二。四川成都府、保寧府、順慶府、敘州府、重慶府二十,樂山十六,綏定府、龍安府、潼川府、嘉定府、雅州府、邛州、瀘州、簡州、崇慶、西昌、閬中、南部十五,錦州十四,資州、敘永廳、忠州、眉州、成都、華陽、温江、漢州、内江、鹽源、會理、廣元、巴州、劒州、南充、西充、蓬州、營山、廣安、渠縣、宜賓、富順、寧永、巴縣、江津、涪州、璧山三，臺射、洪遂、寧洪、雅江、夾、犍爲十二，夔州府、井研、梓潼、屏山、鹽亭、中江十，金堂、仁壽、資陽、德陽九，酉陽州、雙流、新繁、新都、郫縣、灌縣、彭縣、崇寧、新津、什邡、安縣、綿竹、冕寧、蒼溪、昭化、通江、南江、儀朧、大竹、鄰水、岳池、慶符、南溪、長寧、高縣、筠連、珙縣、與文、隆昌、長壽、永川、榮昌、綦江、南川、合州、銅梁、安居鄉學、大足、定遠、秀山、黔江、彭水、酆都、墊江、梁山、奉節、萬縣、開縣、達縣、東鄉、太平廳、新寧、平武、江油、石泉、蓬溪、樂至、安岳、丹稜、峩眉、大邑、蒲江、九姓司學、納谿、合江、江安、天全、名山、滎經、蘆山八，巫山、雲陽七，茂州、石砫廳、羅江、汶川、越嶲、理番、彭山、青神、榮縣、威遠、清溪六，馬邊廳、彰明五，大寧、松潘四，雷波廳三。廣東嘉應州二十五，南雄州二十七，惠州府、肇慶府二十八，瓊州府二十四，潮州府、高州府二十三，韶州府、雷州府二十一，南海、番禺、順德、東莞、香山、曲江、歸善、博羅、澄海、高要、陽江、茂名、瓊山十五，潮陽十四，揭陽、長樂十三，廉州府、連平州、羅定州、增城、三水、英德、始興、龍川、河源、饒平、興寧、四會、新興、陽春、高明、電白、化州、海康、澄邁、定安、文昌、會同、樂會、臨高、儋州、萬州、崖州十二，海陽十一，連州、新會、普寧九，從化、龍門、新寧、清遠、新安、花縣、陽山、連山、樂昌、仁化、乳源、翁源、長寧、永安、陸豐、和平、豐順、惠來、大埔、平遠、鎮平、恩平、廣寧、德慶、封川、開建、信宜、吴川、石城、合浦、欽州、靈山、遂溪、徐聞、昌化、陵水、感恩、東安、西寧八，海豐、開平、鶴山七，廣州府四。廣西桂林府、柳州府、慶遠府、思恩府、平樂府、潯州府、南寧府、太平府、宣化二十，賓州十八，梧州府十七，上林十六，鬱林州、臨桂、全州、融縣、象州、宜山、河池、平樂、富川、賀縣、蒼梧、懷集、新寧、橫州、上思、左州、永康、寧明十五，博白十三，泗城府、鎮安府、興安、靈川、陽朔、永寧、灌陽、馬平、雒容、柳城、武緑、恭城、昭平、永安、藤縣、北流、桂平、貴縣、隆安、永淳、養利十二，陸川、興業九，永福、義寧、羅城、懷遠、來賓、天河、思恩、遷江、荔浦、修仁、容縣、岑溪、平南、武宣八，西隆六，東蘭、西林、崇善、天保、歸順、土太平州四。雲南雲南府、大理府、臨安府、楚雄府、澂江府、廣南府、曲靖府、永昌府、開化府、廣西州、武定州、蒙化廳、永北廳、姚州、大姚、景東廳二十，東川府、元江州、昆明、宜良、嵩明、晉寧、安寧、昆陽、太和、趙州、鄧川、浪穹、建水、石屏、通海、河西、楚雄、定遠、鎮南、河陽、新興、彌勒、南寧、尋甸、鶴慶、劒川、保山、騰越十五，禄勸十四，普洱府、蒙自十三，順寧府、昭通府、富民、呈貢、羅次、禄豐、易門、雲南、賓川、雲龍、阿迷、寧州、嶍峨、南安、廣通、江川、路南、師宗、雲州、霑益、陸凉、羅平、馬龍、平彝、元謀、永平十二，永善、鎮雄十，麗江府、順寧、宣威、新平、鎮沅、恩樂八，麗江七，白鹽井四。貴州平越州二十八，大定府二十三，貴陽府、思南府、鎮遠府、黎平府、安順府、貴筑、威寧二十，遵義府十九，都勻府十八，石阡府十七，思州府十六，黄平、黔西、畢節、遵義十五，銅仁府、興義府、貴定、修文、定番、安化、施秉、天柱、開泰、普定、鎮寧、清鎮、安平、湄潭、甕安、平遠、綏陽、正安十二，普安州十，龍里、開州、廣順、玉屏、清溪、婺川、印江、鎮遠、銅仁、錦屏、永寧、興義、普安、安南、都勻、麻哈、獨山、清平、餘慶、龍泉、桐梓八,仁懷七,松桃廳、荔波、永從四,仁懷廳二。凡武童考外場時,給親供單,令書籍貫三代年貌,取進時覆寫,以絶外内場移印换卷之弊。新進武童到學,該教官造册移送同城,武職每月定期會同考驗弓馬。其抗不赴考者,移學示儆。武職亦不得無故違誤考期,致諸生守候。學政取進武生紅案發學後,即飭地方官將所進名數履歷造册,送督撫衙門備查。每逢歲科兩試,飭教官將歷届舊案武生照格眼册另造一本,送地方官呈送督撫存案。凡馬步守兵願應試者,歸本縣與武童一體考試,取進後仍留原糧,與兵丁一體差操較拔。其鄉試由學政録送,凡武職官子弟籍隸他省者,歸原省應試;籍隸本省者,歸原府州縣應試。均不得在任所地方考試。湖北、湖南等省熟苗,及土司願應試者,准於各該學原額内取進。及鄉試,各省武生鄉試,該州縣給文,由布政司造册彙送監臨主考。其以兵生應試者,由本營官員出具印結,交撫標中軍覆覈加結,併取五人互結詳送,方准收考。有頂名冒考者,將出結、互結官兵與本兵一體治罪。食糧武生拔補外委,學册已除名,准由該營取具將備切實印結造册送考。凡捐職武生需次未選者,准其應試。以總督若巡撫主考,各省武鄉試,以巡撫爲監臨主考,總督同城駐劄者,亦親往監射,至三場仍以巡撫主考。其無巡撫省分,即以總督爲主考官。督撫入場,祇帶文巡捕一員,武巡捕不得入場傳禀事件。會提鎮以視外場。鄉試外場,巡撫會同就近省城之提督、總兵官一人考試。若提鎮駐劄路遠,或因公他出,則令督撫提鎮遴委副將一人代之。順天外内場考官,則題請簡派,外場考官四人,以領侍衛内大臣、滿洲大學士、都統職名開列;監試大臣二人,以本部滿漢侍郎開列,並將上科有無欽派皇子之處夾籤聲明。監試御史四人、内監試御史二人,以送到滿漢御史職名開列。内場正副考官二人,以内閣、吏户禮刑工等部、都察院、翰林院、詹事府漢堂官開列;外簾官四人,以科甲及恩拔副貢正途出身之員外郎、主事及中書、評事、博士、助教等官開列,俱臨期密題請簡。其監射官四人,照例以本部滿漢司員派往。順天府府尹、府丞,亦照例同監試大臣分圍考試。又以左右兩翼副都統開列請簡一人,帶領參領、章京、領催入場彈壓稽查。凡文鄉會試,翻譯鄉會試,及考試八旗翻譯生員、八旗文生員,俱由部奏派,副都統彈壓。會試亦如之。武會試知武舉一人,將本部漢侍郎開列,儻漢侍郎有出差事故,將各部漢侍郎一併開列。其會同分圍考試,以本部滿漢尚書、侍郎四人,如有出差事故不敷開列,將各部、都察院堂官一併開列,欽點四人。收掌官,以中書科中書開列。受卷彌封印卷等官,以本部漢司官遴委。監門、巡綽、搜檢、供給、瞭望等官,以門千總及順天府官員遴委。其監射大臣、監試御史及内場正副考官開列請簡,與鄉試同。惟提調官,由本部揀選滿漢司員各二人,於六月内具題,恭候欽點滿漢各一人。凡鄉試會試,咨取各衙門職名時,應送人員内如有本族及有服姻親應試者,自行呈明,不必開送。其開送之員,均於文内聲明並無應迴避之人。儻不行呈明,經欽點入場,而應迴避之人中式者,本官革職,本生黜革。監試大臣及本部堂官,宣旨後不得歸私宅,亦不得在外圍附近舉子處居住,應於城内距外圍稍遠處住宿。順天鄉試，考官不開列直隸省人，會試考官不閱該本省卷。凡武舉會試，原籍地方官查明具結申送藩司，由司覈明造册，詳院請咨，發司轉給。現任營千把總、門衛千把總、年滿千總，有通曉文義願應試者，該統領及督撫提鎮咨送。年滿千總在京候推者，由部臨期出示，令其自行赴部具呈，一體會試。均於原額内取中。其領給盤費，除人文俱不到，及文到人不到者，仍行追繳外，若遇有事故，在途取具該地方官印結報部，在京取具同鄉官印結報部，均免追繳。凡武生武舉年六十以上者，不准咨送應試。武舉除患病親老等情外，不得三科不赴會試。其會試後揀選一、二等呈請發本省各標學習者，如偷安規避，不諳營務，該督撫等即咨參黜革。皆定其試期，武鄉試以子午、卯酉年十月舉行，初七、初八等日考馬射，初九、初十、十一等日考步射技勇，十二日挑選雙單好字號，監試御史入闈查驗搜檢，十三日主考入闈，填寫試卷籍貫履歷，十四日將武生點入内場默寫武經畢，即令出場，毋許住宿。會試以丑未、辰戌年九月舉行，初五、初六、初七等日考馬射，初八、初九、初十等日考步射技勇，十一日挑選雙單好字號，監試御史入闈查驗搜檢，十二、十三等日收卷填寫籍貫，移送外簾編號，考官知武舉入闈，十四日點入内場默寫武經。鄉會試外場，如遇風雨，均奏請展限。凡鄉試發榜後，令武舉就貢院填寫親供，同試卷一併解部。遠省限兩月，近省限一月，京城限十日。有抗違不到、不依限填寫者，參處。武舉會試，照省分遠近，於四月後八月十五日前，該省給發文批、盤費，赴部查驗，准其會試。如不於外場前三日到京投文者，不准與試。凡鄉會試揭曉日期，俱豫行題明。限其中額，鄉試中額，順天一百五十一，内漢軍四十，奉天三，江南六十三，浙江、福建、陝西、甘肅各五十，河南四十七，山東四十六，江西、廣東各四十四，雲南四十二，山西、四川各四十，廣西三十，湖北二十五，湖南二十四，貴州二十三。會試中額，於外場考畢時，將挑取雙單好實數分省開明，併將上三科比較中額，一併繕單具奏，恭候欽定額數。刊試録以進呈。各省鄉試録，陸續移送到部，於次年五月由部彙齊恭進。順天試録，由府尹恭進。會試録、登科録，由部刊刻恭進。凡鄉會試揭曉後，俱恭進題名録。及殿試，武殿試，定於十月十五日。會試揭曉後，由部將殿試默寫武經及考試馬步箭弓刀石併傳臚各日期擬定，奏請皇帝親試，或派王大臣考試之處，候旨遵行。殿試前一日，内閣刊刻題紙。由部奏請欽派護軍統領一人，帶領護軍校等，在内閣前後門外嚴密稽查。其讀卷官四人，以内閣、吏户禮刑工五部、都察院、通政司、大理寺、翰林院、詹事府各堂官開列。監試官四人，以御史開列。受卷、收掌、彌封官各四人，以内閣、翰林院、詹事府、六科各官開列。填榜官，以内閣咨送中書開列。將讀卷官爲一摺，監試等官爲一摺，分繕清單，奏請欽點。提調官，由本部滿漢堂官辦理。執事司員，將本部滿漢司員、筆帖式酌擬派用。巡綽、供給等官，將鑾儀衛、光禄寺送到人員分派，均毋庸開列具奏。鴻臚寺官先期設題案一於太和殿内西旁，又設案一於丹陛上正中。光禄寺官備試桌於丹陛下東西嚮，鑾儀衛校尉以次排設。及期，内閣官奏題設於殿内案上。本部官、鴻臚寺官補服引中式武舉進午門左右掖門,於丹墀下左右排立。讀卷、執事各官均朝服,亦於丹墀下左右排立。内閣官就殿内案上舉題出至檐下,授本部堂官。本部堂官跪受,由中路至丹陛上案前跪設,行三叩禮。贊禮官於黄案傍立,讀卷、執事各官聽贊行三跪九叩禮畢,諸武舉亦聽贊行三跪九叩禮。各就位立,本部官散題紙,武舉跪受行三叩禮。默經畢,受卷、彌封、掌卷等官俱於左廡階下收封箱貯,送讀卷官公閲。皇帝御紫光閣,本部奏請後,如得旨親試,則於殿試後一日,先將黄册陳設於紫光閣,恭候駕臨。騎射技勇,分日而試之,第一日,皇帝親閲黄册,試馬步箭。第二日,試弓刀石。各記名挑取。親第其高下。第三日,本部將中式武舉帶領引見,恭候欽定甲第。如王大臣考試,將擬在前列者引見,恭候欽定。乃御殿傳臚,傳臚以十月二十日,陳大駕鹵簿於太和殿前。王公百官俱侍班,武進士具公服,冠三枝九葉頂,侍立於丹墀班末。殿内東西設榜案各一,又設案一於丹陛正中。本部及鴻臚寺堂官請駕,皇帝禮服出宫。午門鳴鐘鼓,本部堂官等恭導陞殿。三鳴鞭,丹陛樂作,讀卷、執事等官聽贊行禮如儀。大學士由殿内舉榜出,至檐下,授本部堂官,本部堂官跪受,降由中陛右,陳於丹陛案上,行三叩禮,鴻臚寺官引武進士排班立。贊有制,武進士跪,宣制官立丹陛東宣制曰,某年某月日,試天下武舉,第一甲賜武進士及第,第二甲賜武進士出身,第三甲賜同武進士出身,乃贊第一甲第一名某,第一甲第二名某,第一甲第三名某,各聽贊進跪。復贊第二甲第一名某等若干名,第三甲第一名某等若干名,不引出班,贊禮官贊引三跪九叩禮畢,就位立。本部堂官舉榜由中階下置雲盤内,司官恭捧,張蓋由中路出太和門、午門、中門,跪設龍亭内,行三叩禮。校尉舁行,和聲署作樂,至長安右門外張掛,武進士隨出,本部堂官奏禮成,皇帝還宫,百官各引退。賞賚,傳臚後,賜武狀元盔甲、弓箭、腰刀、撒袋、鞓帶、韡襪等物,移咨各衙門備辦。其餘武進士,賜銀五兩,奏咨户部包封,在午門前給發。會試,賜考官等表裹,行户部支取;銀牌、金花杯盤,行工部支取。鄉試,由順天府行文各衙門備辦;外省,由巡撫於司庫支取備辦,皆事竣覈銷。賜燕,各以例。傳臚次日,在部賜會武燕,讀卷、執事各官及諸武進士咸與。由部奏請簡派護軍統領一人,帶領、參領、護軍等赴部管燕。又奏請簡派内大臣一人主燕。如遇忌辰,停其筵燕,仍赴部簪花。又會試九月初四日,外場考官在部筵燕。十三日,内場考官在部筵燕。發榜次日,内外場考官在部筵燕。此三次,均請派護軍統領管燕。其筵席作樂鳴贊,俱行文各該衙門供備。會武燕次日,狀元率武進士表謝,本部司官帶領狀元送表文於内閣典籍廳。凡武試,曰馬射,馬射樹的三,各離三十五步,馳馬二次,共發六矢,再射地毬一次。中三矢者,爲合式。曰步射,步射樹大侯,高五尺五寸,廣二尺五寸,遠近距三十步。試者十人爲一排,每人連發六矢,中二矢者爲合式。凡馬弓以三力爲率,步弓以五力爲率,令應試之人於投文時,將弓力報明註册,以備臨時抽驗。如所用弓與原報不符者,不准合式。若三力、五力之外,有能加重者,聽。凡步射必中的,其中侯上之旗侯下之足者，皆不作中。曰技勇，弓、刀、石爲技勇。弓有八力、十力、十二力之别，刀有八十斤、一百斤、一百二十斤之别，石有二百斤、二百五十斤、三百斤之别。凡試技勇，弓必開滿，刀必舞花，石必去地尺。三項能一二者，爲合式。硬弓註考册，即有能過頭號者，不得過十五力，總以滿足入彀爲勝。又弓、刀、石三項技勇皆係三號者，不准合式。必有一二項頭二號者，方爲合式。皆試於外場。外場第一場試馬箭，第二場試步箭、弓、刀、石。考官悉心甄别，將技藝可觀者挑入好字號，分别雙好、單好，密印於監射册姓名之上。每晚將箭册入箱封鎖，箱交提調官，鑰交監試御史。外場考畢，將册箱公同封固，交提調官送入内場，箱鑰交監試，御史帶入。又立空白印册二本，第一場馬箭挑取者，於印臂時令本人親填籍貫年貌。第二場挑取者，仍令本人親填，對其字蹟相符，准入内場，將親填册封貯。至拆號時，以默寫武經墨卷與前册磨對字蹟，如有不符，褫革查究。凡頭場挑取者印左臂，於二場驗明。二場挑取者印右臂，於三場驗明。至外場分圍考試之法，順天鄉試，由順天府查明八旗漢軍及各府州縣武生人數，匀分四册，先將分定名數每圍若干，報部繕籤封固。宣旨後，公同在部掣籤，分撥四圍考試。會試，由本部官官率同提調司員酌量各省人數，分爲四册，亦於宣旨後掣籤分撥。均以辰宿列張爲四圍字號，每圍兩旗，辰字圍鑲黄、正黄，宿字圍正白、正紅，列字圍鑲白、鑲紅，張字圍正藍、鑲藍。每旗派參領一人、兵丁十名巡管，先期行文八旗都統，照數派定，將職名送部，交提調官臨時查點。鄉試監射大臣，會同本部滿漢侍郎、順天府府尹、府丞、監試御史，分圍考試；會試監射大臣，會同本部尚書侍郎四人及監試御史，分圍考試。曰武經，鄉會試，皆由内場考官擬出武經一段，約百餘字，殿試擬請欽定。以默寫不錯落、字畫端楷者爲合爲。則於内場試焉。三場試卷，面戳用號印。令監試、提調率同受卷、彌封官，在至公堂親印，不得假手書吏，以滋聯號之弊。舉子入場後，令巡綽官親入號舍挨查。有坐號不對者，即行究治。點名册照司員記箭册繕寫，同試卷一併送入内場。其監箭册，嚴密封固，至受卷後，監試等官公同拆閲，於卷内填註，將馬步箭、弓、刀、石、地球六項親填卷内，分别雙好、單好字號，交入内簾。其取中，先於雙好字號内擇其字畫端整者。不足額，再於單好内選取。考官用赭黄筆，印卷、戳記均用紫色。取中之卷，填榜時查對原册。有雙單好誤印者，將承辦官查參。其雙好誤印單好者，仍准取中。單好誤印雙好者，不准取中。凡外場不中式者，不得與内場。凡馬射不合式者，不得試步射；步射不合式者，不得試技勇；技勇不合式者，不得試内場。外場試畢，將挑取各姓名彙開清單，出示曉諭，令入内場。其不入選者，亦將因何未挑之處註明通示。

凡會試覆試磨勘，會試揭曉後，將近派親王郡王、兼管都統之親王郡王，及大學士、六部滿漢尚書、侍郎開列，請簡二三人覆試中式武舉。按照原册弓、刀、石斤重號數，逐一演試。有前後參差者，將該武舉罰停殿試一科，原挑之大臣議處。殿試時有技藝平常者，將本人停科，會試覆試之王大臣一併議處。鄉試題名録内，令將馬步箭所中枝數、弓刀石斤重，分註於中式武生姓名之下，進呈後開列内閣九卿等官，奏請簡員磨勘覈對。凡馬步射雖能額外多中，而技勇有兩項二號者，罰停一科；一項二號，一項三號者，停二科；兩項三號者，停三科。馬步射僅中五矢，又有兩項三號者，斥革，考官按濫取名數多寡，分別議處。儻有捏飾浮開，考官嚴議，本生斥革訊究，覈竣彙題。劾其濫取者。

〇凡八旗文試，必先觀其騎射，入旗考試進士、舉人、生員，令該都統揀選馬步箭可觀者送名，由王大臣監試騎射合式，准入文場應試。凡眼近視不能騎射者，停其考試。有手疾者，該佐領出具保結，免考馬步箭。十五歲以下五十五歲以上，止考步箭，免考馬箭，願考馬箭者聽。皆奏簡王大臣以監試。考試生童及鄉試，開列領侍衛内大臣、大學士、尚書、都統、護軍統領職名，請簡四人監試。會試，開列領侍衛内大臣、大學士、都統職名，請簡二人監試。考筆帖式及翻譯童生、舉人、進士，開列領侍衛内大臣職名，如不敷，兼開列大學士、尚書、都統職名，請簡二人監試。宗室應鄉會試及考翻譯，由宗人府挑取馬步箭合式者，奏請欽派王大臣覆試。奉天宗學，試馬步箭合式者，咨送盛京將軍覆試。其奉天八旗生童，亦由該將軍、副都統等驗其騎射合式者，送府丞考試。

額外郎中、員外郎、主事、七品小京官。無定員，由堂官分派四司，一體辦事。

筆帖式，滿洲六十有二人、蒙古八人、漢軍八人，由堂官分派四司，掌翻譯，給使令。

盛京兵部侍郎，滿洲一人，掌盛京之戎政，治其郵驛。凡銓除之事皆掌焉。

〇凡盛京之軍實，三年則簡閱。若盛京各衙門，將軍、五部、内務府。若東路，興京城、撫順路、興京邊門、鹻廠邊門。若南路，遼陽城、牛莊城、蓋州城、熊岳城、復州城、金州城、岫巖城、鳳凰城、水師營、鳳凰城邊門、靉陽邊門。若西路，廣寧城、義州城、錦州城、巨流河路、白旗堡路、小黑山路、閭陽驛路、小凌河路、寧遠路、中後所路、中前所路、法庫邊門、彰武臺邊門、白土廠邊門、九關臺邊門、清河邊門、松嶺邊門、新臺邊門、白石嘴邊門、梨樹溝邊門、明水塘邊門。若北路，開原城、鐵嶺路、威遠堡邊門、英額邊門。皆稽其甲胄器械之數以聞。俱依各該處册造現在數目點驗，事畢具題。

〇春秋則監射。盛京旗員會射，春季以正月二十日起，三月二十日止；秋季以七月十六日起，九月十六日止。屆期，據將軍來文委所屬監收職名。其文職等官一體與射。

堂主事，滿洲二人，掌檔案文移。

左司郎中,滿洲一人,員外郎,滿洲二人,主事,滿洲一人,掌郵政。

〇凡驛二十有九,東路之驛三,噶布喇村驛、沙喇呼驛、穆奇驛。南路之驛八,十里河驛、東京驛、浪子山驛、甜水站驛、連山關驛、通遠堡驛、雪裏站驛、鳳凰城驛。西路之驛十有三,盛京驛、舊邊驛、巨流河驛、白旗堡驛、二道境驛、小黑山驛、廣寧驛、石三山驛、小凌河驛、高橋驛、寧遠驛、東關驛、沙河站驛。北路之驛三,易路驛、高麗堡驛、開原驛。西北路之驛二。嚴千户屯驛、法庫驛。凡公事之經由者,令驗其郵符以應付。各驛壯丁共六千八百餘名,額設馬九百八十九匹。

驛站正監督,滿洲一人,副監督,滿洲一人,掌治驛務,給驛馬之芻秣。各驛之夫,以額設壯丁充役,無例支銀糧,歲支馬乾銀一萬六千二百八十一兩。馬斃,則市以備役。歲額買補銀二千六百六十四兩。凡廩給和雇之需,官役給驛者,照例支廩給口糧銀。又應付車者,皆和雇,每車每百里給銀一兩。各登其數於册以報部。每歲,照上年所用銀數,由盛京户部支備,用銀五六千兩不等。於次年造具細册,送本部題銷。

右司郎中,滿洲一人,員外郎,滿洲二人,主事,滿洲一人,掌邊門之禁,與其銓試。

〇凡公事之由邊門者,皆給以單,守邊官稽其出入以具報。守邊官驗放後,隨時呈報,復由盛京將軍衙門按季報部查覈。

〇凡倉官、驛官、守邊官有缺,則揀選以達於吏部而題補。盛京各倉官,以將軍、五部衙門及熊岳、錦州等處筆帖式揀選二人擬正陪給,咨送吏部題授。驛站正監督,以本部司員揀選題授。副監督,以將軍、五部衙門司員揀選題授。守邊官,北路、東路、南路六邊門設文職章京六員,二年届滿,以員外郎以下小京官以上揀選題授;武職五員,三年届滿,以防禦揀選三員,驍騎校揀選二員題授。西路十邊門,設防禦十員,以驍騎校揀選題授。將試筆帖式,開列閲卷官以送於吏部而請旨,以將軍、副都統、四部侍郎銜名咨吏部奏請欽點。取中乃註册。閲卷官閲取後,復以卷送吏部,奏請欽派大臣覆閲。量取數卷,定其名次,咨覆註册。有缺,則以次補焉。不論旗分,惟較缺出先後,依名次擬補。

筆帖式,滿洲十有二人,掌翻譯。

欽定大清會典卷四十一

刑部，尚書，滿洲一人、漢一人，左侍郎，滿洲一人、漢一人，右侍郎，滿洲一人、漢一人，掌天下刑罰之政令，以贊上正萬民。凡律例輕重之適，聽斷出入之孚，決宥緩速之宜，贓罰追貸之數，各司以達於部。尚書、侍郎率其屬以定議，大事上之，小事則行，以肅邦紀。

〇凡刑至死者，則會三法司以定讞。罪應斬絞之案，會同三法司覈擬具題。惟罪至凌遲斬決梟示案内謀反大逆但同謀者，謀殺祖父母父母者，妻妾殺夫之祖父母父母者，殺一家非死罪三人及支解人爲首者，謀殺期親尊長外祖父母者，採生折割人爲首者，子孫毆死祖父母父母者，糾衆行刦在獄罪囚持械拘殺官弁爲首及下手殺官者，尊長謀占家産圖襲官職殺功緦卑幼一家三人者，發遣當差爲奴之犯殺死伊管主一家三人者，罪囚由監内結夥反獄持械拒殺官弁爲首及下手殺官者，妻妾因與有服親屬通姦同謀殺死親夫者，卑幼圖財强姦謀殺尊長者，殺一家非死罪二人如死係父祖子孫及服屬期親者，洋盜會匪及强盜拒殺官差罪應斬梟者，俱由部專摺具奏。其餘罪應凌遲斬決梟示之案，及罪應凌遲而情可矜憫例准夾籤聲請者，仍會同三法司具題。至盜刦之案，兼會同大學士詳議。秋審、朝審，九卿詹事科道各入班以集議於天安門外，秋審以八月上旬，九卿等會於天安門外金水橋西朝房，以各省秋審起數，按其實緩矜留逐案唱報。其與外擬不符另行改擬之案，即將應改緣由朗誦。如九卿等有商籤應准應駁之處，亦加朗誦，俾衆共聞。議既定，將情實緩決可矜承祀留養各犯分擬具題，恭候欽定，其緩決本内將由實改緩者開列在前。如有蒙古人犯，並知會理藩院堂官到班會審，其照蒙古例治罪者，一體列銜。朝審於霜降前刊送招册，至霜降十日，九卿等亦於金水橋西朝房集議。各司俱帶册並監提人犯唱名過堂，遂分擬具題候旨如秋審。乃進黄册於上，情實者，復詳敘案由併督撫看語，本部加具出語於後，分繕黄册進呈。凡官犯爲一册，罪干服制由立決改爲監候者爲一册，卑幼聽從尊長主使毆死本宗小功大功兄姊及尊屬例應斬候者另繕一册附於服制册後。官犯服制二册俱列於情實常犯之前，存留養親者别爲一册，秋審朝審同。及期予勾，冬至前六十日，欽天監擇期按各省道里遠近，首雲南貴州，次四川廣西廣東福建盛京陝西甘肅，次湖北湖南浙江江西，次安徽江蘇，次河南，次山東山西，次直隸，朝審則於冬至前十日，遇停勾之次年，則於冬至前五日。尚書、侍郎咸侍。是日清晨，豫設黄册於懋勤殿御案，設學士奏本案於前，候召入。奏本學士以名單捧置案上，嚮上跪，大學士軍機大臣内閣學士本部尚書侍郎跪於右，記注官侍立於左，奏本學士奏勾到某省，大學士一人展漢字本於案，奏本學士奏各犯姓名，恭候御覽黄册。大學士等各閱所攜小摺，俟皇帝降旨，大學士遵旨勾漢字本，勾訖捧出照勾清字，繕寫清漢票籤，送批本處進呈。批出清字時，兼批漢字，密封交該道御史即交部辦理。如在圓明園御洞明堂勾到，大學士軍機大臣跪於右，内閣學士本部尚書侍郎跪於左，記注官分左右侍立。如遇行在勾到，大學士等亦分左右跪，記注官侍立於案下之右，批出時，密封交行在兵部發京送内閣兼批漢字，遂交該道御史交部辦理。本下，侍郎一人接焉。勾到本下部，豫設黄案於大堂中，該道御史齎到，侍郎一人跪接，交司行文。勾到文限期，雲南貴州四川廣西廣東福建限四十日，吉林限三十日，江西浙江湖南甘肅限二十五日，江南陝西湖北限十八日，盛京限十五日，河南限十二日，山東山西限九日，直隸限四日。決囚則莅法場而監視。朝審決囚，本部侍郎一人監視綁犯畢，每司各派司員二人，押赴市曹。步軍統領衙門派步軍翼尉一員護送，又侍郎一人，會同刑科給事中赴法場，京畿道御史齎本至，侍郎等恭接。遵旨行刑畢，遂復命。凡勾決，皆榜揭以示衆。每年勾到後，大學士軍機大臣會同本部將已勾未勾各案情節摘敘簡明事由奏聞，行知各督撫於處決時，揭示通衢曉諭。朝審則由部發交該城榜示。

〇凡五刑，一曰笞罪，笞用小竹板。二曰杖罪，杖用大竹板。三曰徒罪，徒發本省驛遞充徒，在京由順天府尹於離京五百里州縣定地充配，外省由督撫於通省州縣内，覈計道里遠近，酌量人數多寡，均匀撥派。俱不論有無驛站，交各州縣嚴行管束，徒限滿日，釋放回籍。四曰流罪，流終身不返，各依犯人本籍，按《三流道里表》内應發省分，毋庸指定府州，聽該督撫酌量州縣大小遠近，在配人犯多寡，均匀派發。起解省分，豫咨應發省分督撫，先期定地，飭知入境首站州縣隨到隨發。順天直隸各州縣爲畿輔近地，奉天錦州二府爲本朝根本重地，一應軍流人犯俱停止編發。其湖北湖南四川貴州附近苗疆之府州縣，甘肅有新疆改設之府州，江蘇之崇明縣，浙江之玉環廳定海縣，孤峙海心，又係産鹽之地，亦俱停止編發。入籍他省者，從新籍計算定地，不得仍發往舊籍。流寓他省者，從原籍計算定地，不得即發寄居之省。官犯不得發犯事任所，一案内有二三人四五人情罪無别發配同省者，當分別安置。在别省犯流者，除有應追銀兩須解回原籍追賠外，如贓項已完，原籍亦無産業，即按該犯原籍應發地方於犯事處起解發配。凡發遣人犯，酌定名數分起解送。如案内人犯衆多至五名以上者，每五名作一起解送，起解時皆如法鎖銬。於批内載敘事由，開明年貌疤痣箕斗，接遞官按批驗明，於批内註明鎖銬全完字樣，鈐蓋印信，轉遞前途。五曰死罪。内外死罪人犯，除應決不待時外，俱牢固監禁，俟秋審朝審分别情實緩決可矜承祀留養,進册恭候勾到。笞罪之等五,自一十至五十,爲五等。每笞一十折責四板,仍除零計之。笞一十者折責四板。笞二十應責八板,除零責五板。笞三十應責十二板,除零責十板。笞四十者應責十六板,除零責十五板。笞五十者折責二十板。杖罪之等五,自六十至一百爲五等,四折除零與笞同。杖六十與笞五十均折責二十板。遇熱審,笞五十全免,杖六十之減笞不免。徒罪之等五,自一年至三年,每加半年爲一等,凡徒限俱連閏扣算。流罪之等三,自二千里至三千里,每加五百里爲一等。以路之遠近,别罪之重輕,道里不得過於參差。雖其中疆域相錯,不能咫尺無差,總以不逾百里爲限。死罪之等二。曰絞,曰斬,斬罪之重者曰梟示,曰凌遲處死。凡徒者、流者各予杖,徒一年者杖六十,每徒一等加杖一十,至徒三年者杖一百。流罪三等皆杖一百,各於配所决之。惟緣坐問流者不杖。發遣新疆黑龍江當差爲奴者,到配時照例安插,俱不决杖。若問擬五軍及總徒准徒罪,即俱於逐案引律出語内聲明至配所杖一百折責發落。杖罪情重者則枷示。凡枷號,或計日,或計月,或計年。計日者,如竊盜再犯計贓應杖六十者加枷號二十日,杖七十者二十五日,杖八十者三十日,杖九十者三十五日,杖一百者四十日之類。計月者,如軍犯脱逃初次枷號一箇月,二次枷號兩箇月,三次枷號三箇月之類。計年者,如煙瘴充軍復犯竊盜,計贓應徒者枷號一年,應流者枷號二年,應充軍者枷號三年。地方官按月點卯驗封,發市示衆。又黑龍江等處爲奴人犯在配行竊者,亦計初犯再犯三犯分别枷號一年二年三年。至四犯即擬以永遠枷號,遇赦不准援免。若各省永遠枷號人犯,於枷示已逾十年後,即咨部彙題分别發遣,儻在配在途脱逃,俱用重枷枷號三箇月,杖一百發落。凡應枷號者,定於滿日責放,不許先責後枷。患病即行保釋醫治,痊日補枷。凡比於流者,輕則遷徙,離鄉一千里外安置,重則充軍、軍罪凡五等:曰附近,曰近邊,曰邊遠,曰極邊,曰煙瘴。附近充軍者發二千里,近邊二千五百里,邊遠三千里,極邊煙瘴俱四千里,各按《五軍道里表》所定之地發配。如道里參差不能適符里數,附近近邊,遠近不得逾百里。邊遠極邊,不得逾二百里。其四至地方有表内註明抵邊抵海不足里數者,按計可發之處改正編發。至指發雲貴兩廣四省煙瘴人犯,俱以足四千里爲限。若籍隸煙瘴四省人犯,例應於隔遠之煙瘴省分調發。廣東省與雲南省互調,廣西省與貴州省互調。其鄰近煙瘴省分之湖南福建四川三省應發煙瘴人犯,湖南省發往雲南,福建省發往貴州,四川省發往廣東,均不拘四千里之數,解交各該巡撫衙門酌撥安置。凡徒流軍遣等犯,有妻子願隨者,聽其自便。該衙門於起解文内開明妻子年歲並隨往字樣,配所該管官記檔安插,毋得概同本犯一例羈管。有願回旗籍,及本犯身故後情願攜骸回歸者,即准回歸,咨部存案。惟奉特旨著僉妻子及例應僉妻者,配所該管官一例管束,本犯身故後,仍准其攜骸歸籍。發遣。發往吉林黑龍江伊犁烏嚕木齊等處,酌量地方大小均勻安插,分别當差爲奴。若一處人犯過多,恐其滋事,則撥發别處,或過少乏役,即從他處撥回。如應發黑龍江人犯,曾改發回城喀什噶爾烏什葉爾羌阿克蘇和闃等處;應發新疆二十二條内,曾將十六項改發内地,後因屯田缺額,仍行發往,嗣又將十二項停發,後復因各廠做工人少,摘取六條情節較重者,仍發該處酌撥當差。皆隨時調劑不拘一例,到配後,或令種地,或准其在鉛鐵各廠捐資效力。如果悔過悛改,實心出力,定以年限准其入册爲民,併准其回籍。儻有不服管教,及脱逃被獲者,别其原罪輕重,或行正法,或行枷責。該將軍都統於每年十月截數,將該處一年内發到遣犯名數同節年間發到配遣犯共計現存若干名,並有無脱逃已未拏獲各數目,詳細聲敘咨報軍機處及本部,限十二月初旬咨齊,照例彙奏。官犯則令效力贖罪焉。發遣新疆及黑龍江吉林等處效力官犯,如從前所犯僅止革職,及由徒杖等罪加重發遣者,到戍已滿三年,聽該將軍都統及辦事大臣具奏,奉旨准其釋回者,即令回旗回籍。若原犯軍流加重改發者,定限十年期滿,該將軍等遵例奏聞,如蒙允准,亦即令各回旗籍,毋庸照原犯軍流再行發配。若三年十年期滿具奏奉旨再留幾年者,俟所留年限滿日,即行照例釋回不必復奏。其軍臺效力廢員,三年期滿臺費全數繳完者,由該都統抄録獲罪原案具奏請旨;如不能完繳臺費者,文職州縣以上,武職都司以上,均由兵部行文各旗籍任所,查明委係赤貧,具結到部,兵部知照該都統該都統,即抄録獲罪原案,併聲明無力完繳臺費緣由,具奏請旨。如有隱匿寄頓情弊,發往烏嚕木齊永遠充當苦差,其文職佐雜武職守備以下各員弁不能完繳臺費者,於期滿之日例應杖一百徒三年,仍令該都統抄録原案聲明不能完繳臺費,例應改擬杖徒緣由,具奏請旨。此内有即邀特恩釋回者,兵部行文該都統將其釋回,其照例改爲杖徒者行令該都統將旗員解交本部照例辦理,漢員解交各該原籍督撫定驛充徒。凡臺費,在十臺内者,每月銀四十三兩,在十臺外者,每月三十三兩。凡流罪、死罪之雜犯者,皆通以徒,雜犯三流皆總徒四年,雜犯斬殺皆准徒五年。遷徒亦如之。遷徒准徒二年。凡笞通於杖,笞一十至五十,杖六十至一百,二罪本相通。徒與流則折以杖而通焉。凡徒流之等八,其差各杖二十。徒包杖一百,如徒一年者包杖一百加杖二十,共折杖一百二十,每加徒一等者加杖二十,至滿徒共折杖二百。流包杖一百徒三年,流二千里者包杖二百加杖二十,共折杖二百二十,每加流一等者加杖二十,至滿流共折杖二百六十。逾滿杖則減杖而加徒焉。如得杖一百一十者,應作笞五十徒一年。杖一百三十者,應作杖六十徒一年半。每杖二十作徒半年遞加,加至杖一百徒四年半而止。凡杖無過一百,徒不至五年。惟死罪准徒五年,故非死罪不得至五年之限,而滿流折杖之法,亦適止於杖一百徒四年半。凡犯刺字者,各刺於其面與臂而涅之。刺面在鬢之下頰之上,刺臂在腕之上肘之下,字方一寸五分,畫闊一分有半,並不得過限。初犯,杖罪以下刺右臂,徒罪以上刺右面,再犯三犯,不論罪之輕重並刺左面。竊盜者,搶奪者,監守常人盜官物及官糧官銀者,積匪猾賊者,均以所犯之事刺之。事由刺左者地名刺右,事由刺右者地名刺左,發遣新疆人犯,有執持軍器毆人等項例不應刺事由者,令起解省分於該犯右面刺外遣字,解赴甘省酌量分發,補刺地名。由新疆改發内地者,面刺改發字,應刺事由者仍刺之。由煙瘴改發極邊者,面刺煙瘴改發字。軍犯脱逃者,刺逃軍字。流犯脱逃者,刺逃流字。兵丁脱逃者,刺逃兵及脱逃餘丁字。運糧旗丁中途潛逃者,刺逃丁字。糧船水手聚衆滋事者,刺不法水手字。勾引賭博者,刺誘賭匪犯字。長隨索詐地方者,刺贓犯字。蠹役犯贓者,刺蠹犯字。發掘墳塚者,刺發塚字。未殯埋者,刺盜棺字。私入圍場盜砍木植者,刺盜圍場字。臺灣游民逐回原籍者,刺逐水字。回民犯竊者,刺竊賊字。旗人背主脱逃者,刺逃人字。凡旗人刺字,即銷除旗檔,另户刺臂,家奴刺面。旗人正身脱逃者,官員犯侵盜者,准竊盜論者,犯罪自首減罪者,婦人犯罪者,老幼及殘廢者,皆免刺。惟强盜自首例應外遣者,仍刺地名不刺事由。命盜案内重犯,督撫於具題日交按察使先行刺字,然後收禁。係强盜面刺强盜字,係人命面刺兇犯字,將已經刺字之處於本内聲明,其戲殺誤殺鬬毆殺俱免刺。凡發遣人犯,其原刺字與現犯事同者不重刺,不同者仍另刺左面。凡竊盜刺字後責令充當巡警,能改過擒捕盜賊,即與起除刺字,復爲良民。其私自銷毁者,枷示杖責,補刺原字。

〇重十惡之辟,一曰謀反,謂謀危社稷。二曰謀大逆,謂謀毁宗廟山陵及宫闕。三曰謀叛,謂謀背本國潛從他國。四曰惡逆,謂毆及謀殺祖父母父母,殺伯叔父母姑兄姊外祖父母及夫者。五曰不道,謂殺一家非死罪三人,及支解人,若採生折割造畜蠱毒魘魅。六曰大不敬,謂盜大祀神御物,乘輿服御物,盜及僞造御寶,合和御藥誤不依本方,及封題錯誤,若造御膳誤犯食禁,御幸舟船誤不堅固。七曰不孝,謂告言咒駡祖父母父母夫之祖父母父母,及祖父母父母别籍異財,若奉養有闕,居父母喪身自嫁娶若作樂釋服從吉,聞祖父母父母喪匿不舉哀,詐稱祖父母父母死。八曰不睦,謂謀殺及賣緦麻以上親,毆告夫及大功以上尊長小功尊屬。九曰不義,謂部民殺本屬知府知州知縣,軍士殺本管官,吏卒殺本部五品以上官長,若殺現受業師,及聞夫喪匿不舉哀,若作樂釋服從吉及改嫁。十曰内亂。謂姦小功以上親父祖妾,及與和者。犯者抵於法,雖恩赦不及焉。十惡爲法所不容,其罪至死者皆常赦所不原,惟不孝内别籍異財,不睦内毆告夫,不義内聞夫喪匿不舉哀等項罪不至死,遇恩赦得援減。

〇凡八議,一曰議親,謂宗室袒免以上親,皇太后緦麻以上親,皇后小功以上親。二曰議故,謂舊臣素得侍見特蒙恩待日久者。三曰議功,謂能斬將搴旗摧鋒萬里,或率衆來歸寧濟一時,或開拓疆宇有大勳勞銘功太常者。四曰議賢,謂有大德行之賢人君子,其言行可以爲法則者。五曰議能,謂有大才業,能整軍旅治政事爲國之良輔佐者。六曰議勤,謂有大將吏謹守官職早夜奉公,或出使遠方經涉艱難有大勤勞者。七曰議貴,謂爵一品,及文武職事官三品以上,散官二品以上者。八曰議賓。謂承先代之後爲國賓者,應議者,有罪實封以聞,取自上裁焉。凡應議者犯罪，官司不得擅自勾問，實封奏聞，得旨推問。開具所犯及應議之狀先，奏請議。議定奏聞，取自上裁。其犯十惡者不用此律，應議者之祖父母父母妻及子孫有犯亦如之。若宗親戚畹，及功臣之外祖父母伯叔父母姑兄姊妹女壻兄弟之子，文武四品五品官之父母妻及應襲廕子孫，犯罪依律追問議擬奏聞，取自上裁。滿洲蒙古漢軍緑營官員軍民等，有犯尋常鬬毆及非常赦不原之死罪，如父祖子孫有陣亡者，本部及督撫於取供定罪後，即移咨八旗兵部，查取確實簡明事蹟聲敘入本，於秋審時恭候欽定。儻蒙恩免，一人一次後不准再行聲請。宗室覺羅犯罪時繫黄紅帶者，依宗室覺羅例辦理，若繫藍帶及不繫帶者，即照常人例。

〇凡律之類有七，一曰名例律，二曰吏律，三曰户律，四曰禮律，五曰兵律，六曰刑律，七曰工律。名例之目，四十有六。曰五刑，曰十惡，曰八議，曰應議者犯罪，曰應議者之父祖有犯，曰職官有犯，曰文武官犯公罪，曰文武官犯私罪，曰犯罪免發遣，曰軍籍有犯，曰犯罪得累減，曰以理去官，曰無官犯罪，曰除名當差，曰流囚家屬，曰常赦所不原，曰流犯在道會赦，曰犯罪存留養親，曰天文生有犯，曰工樂户及婦人犯罪，曰徒流人又犯罪，曰老幼廢疾收贖，曰犯罪時未老疾，曰給没贓物，曰犯罪自首，曰二罪俱發以重論，曰犯罪共逃，曰同僚犯公罪，曰公事失錯，曰共犯罪分首從，曰犯罪事發在逃，曰親屬相爲容隱，曰處决叛軍，曰化外人有犯，曰本條别有罪名，曰加減罪例，曰稱乘輿車駕，曰稱期親父母，曰稱與同罪，曰稱監臨主守，曰稱日者以百刻，曰稱道士女冠，曰斷罪依新頒律，曰斷罪無正條，曰徒流遷徙地方，曰充軍地方。吏律之别，曰職制，其目十有四，曰官員襲廕，曰大臣專擅選官，曰文官不許封公侯，曰濫設官吏，曰信牌，曰貢舉非其人，曰舉用有過官吏，曰擅離職役，曰官員赴任過限，曰無故不朝参公座，曰擅勾屬官，曰姦黨，曰交結近侍官員，曰上言大臣德政。曰公式，其目十有四。曰講讀律令，曰制書有違，曰棄毁制書印信，曰上書奏事犯諱，曰事應奏不奏，曰出使不復命，曰官文書稽程，曰照刷文卷，曰磨勘卷宗，曰同僚代判署文案，曰增減官文書，曰封掌印信，曰漏使印信，曰擅用調兵印信。户律之别，曰户役，其目十有五，曰脱漏户口，曰人户以籍爲定，曰私創庵院及私度僧道，曰立嫡子違法，曰收留迷失子女，曰賦役不均，曰丁夫差造不平，曰隱蔽差役，曰禁革主保里長，曰逃避差役，曰點差獄卒，曰私役部民夫匠，曰别籍異財，曰卑幼私擅用財，曰收養孤老。曰田宅，其目十有一，曰欺隱田糧，曰檢踏災傷田糧，曰功臣田土，曰盜賣田宅，曰任所置買田宅，曰典買田宅，曰盜耕種官民田，曰荒蕪田地，曰棄毁器物稼穡等，曰擅食田園瓜果，曰私借官車船。曰婚姻，其目十有七，曰男女婚姻，曰典雇妻女，曰妻妾失序，曰逐壻嫁女，曰居喪嫁娶，曰父母囚禁嫁娶，曰同姓爲婚，曰尊卑爲婚，曰娶親屬妻妾，曰娶部民婦女爲妻妾，曰娶逃走婦女，曰强占良家妻女，曰娶樂人爲妻妾，曰僧道娶妻，曰良賤爲婚姻，曰出妻，曰嫁娶違律主婚媒人罪。曰倉庫，其目二十有三，曰錢法，曰收糧違限，曰多收耗糧斛面，曰隱匿費用税糧課物，曰攬納税糧,曰虚出通關硃鈔,曰附餘錢糧私下補數,曰私借錢糧,曰私借官物,曰挪移出納,曰庫秤雇役侵欺,曰冒支官糧,曰錢糧互相覺察,曰倉庫不覺被盜,曰守支錢糧及擅開官封,曰出納官物有違,曰收支留難,曰起解金銀足色,曰損壞倉庫財物,曰轉解官物,曰擬斷贓罰不當,曰守掌在官財物,曰隱瞞入官家産。曰課程,其目八,曰鹽法,曰監臨勢要中鹽,曰阻壞鹽法,曰私茶,曰私礬,曰匿税,曰舶商匿貨,曰人户虧兑課程。曰錢債,其目三,曰違禁取利,曰費用受寄財産,曰得遺失物。曰市廛,其目五。曰私充牙行埠頭,曰市司平物價,曰把持行市,曰私造斛斗秤尺,曰器用布絹不如法。禮律之别,曰祭祀,其目六,曰祭饗,曰毁大祀丘壇,曰致祭祀典神祇,曰歷代帝王陵寢,曰褻瀆神明,曰禁止師巫邪術。曰儀制,其目二十。曰合和御藥,曰乘輿服御物,曰收藏禁書,曰御賜衣物,曰失誤朝賀,曰失儀,曰奏對失序,曰朝見留難,曰上書陳言,曰現任官輒自立碑,曰禁止迎送,曰公差人員欺陵長官,曰服舍違式,曰僧道拜父母,曰失占天象,曰術士妄言禍福,曰匿父母夫喪,曰棄親之任,曰喪葬,曰鄉飲酒禮。兵律之别,曰宫衛,其目十有六,曰太廟門擅入,曰宫殿門擅入,曰宿衛守衛人私自代替,曰從駕稽違,曰直行御道,曰内府工作人匠替役,曰宫殿造作罷不出,曰輒出入宫殿門,曰關防内使出入,曰嚮宫殿射箭,曰宿衛人兵仗,曰禁經斷人充宿衛,曰衝突儀仗,曰行宫營門,曰越城,曰門禁鎖鑰。曰軍政,其目二十有一,曰擅調官軍,曰申報軍務,曰飛報軍情,曰漏泄軍情大事,曰邊境申索軍需,曰失誤軍事,曰從征違期,曰軍人替役,曰主將不固守,曰縱軍擄掠,曰不操練軍士,曰激變良民,曰私賣戰馬,曰私賣軍器,曰毁棄軍器,曰私藏應禁軍器,曰縱放軍人歇役,曰公侯私役官軍,曰從征守禦官軍逃,曰優恤軍屬,曰夜禁。曰關津,其目七,曰私越冒度關津,曰詐冒給路引,曰關津留難,曰遞送逃軍妻女出城,曰盤詰姦細,曰私出外境及違禁下海,曰私役弓兵。曰厩牧,其目十有一,曰牧養畜産不如法,曰孳生馬匹,曰驗畜産不以實,曰養療瘦病畜産不如法,曰乘官畜脊破領穿,曰官馬不調習,曰宰殺馬牛,曰畜産咬踢人,曰隱匿孳生官畜産,曰私借官畜産,曰公使人等索借馬匹。曰郵驛,其目十有六。曰遞送公文,曰邀取實封公文,曰鋪舍損壞,曰私役鋪兵,曰驛使稽程,曰多乘驛馬,曰多支廪給,曰文書應給驛而不給,曰公事應行稽程,曰占宿驛舍上房,曰乘驛馬齎私物,曰私役民夫擡轎,曰病故官家屬還鄉,曰承差轉雇寄人,曰乘官畜産車船附私物,曰私借驛馬。刑律之别,曰盜賊,其目二十有八,曰謀反大逆,曰謀叛,曰造妖書妖言,曰盜大祀神御物,曰盜制書,曰盜印信,曰盜内府財物,曰盜城門鑰,曰盜軍器,曰盜園陵樹木,曰監守自盜倉庫錢糧,曰常人盜倉庫錢糧,曰强盜,曰刼囚,曰白晝搶奪,曰竊盜,曰盜馬牛畜産,曰盜田野穀麥,曰親屬相盜,曰恐嚇取財,曰詐欺官私取財,曰略人略賣人,曰發塚日夜無故入人家,曰盜賊窩主,曰共謀爲盜,曰公取竊取皆爲盜,曰起除刺字。曰人命,其目二十,曰謀殺人,曰謀殺制使及本管長官,曰謀殺祖父母父母,曰殺死姦夫,曰謀殺故夫父母,曰殺一家三人,曰採生折割人,曰造畜蠱毒殺人,曰鬬毆及故殺人,曰屏去人服食,曰戲殺誤殺過失殺傷人,曰夫毆死有罪妻妾,曰殺子孫及奴婢圖賴人,曰弓箭傷人,曰車馬殺傷人,曰庸醫殺傷人,曰窩弓殺傷人,曰威逼人致死,曰尊長爲人殺私和,曰同行知有謀害。曰鬬毆,其目二十有二,曰鬬毆,曰保辜限期,曰宫内忿争,曰宗室覺羅以上親被毆,曰毆制使及本管長官,曰佐職統屬毆長官,曰上司官與統屬官相毆,曰九品以上官毆長官,曰拒毆追攝人,曰毆受業師,曰威力制縛人,曰良賤相毆,曰奴婢毆家長,曰妻妾毆夫,曰同姓親屬相毆,曰毆大功以下尊長,曰毆期親尊長,曰毆祖父母父母,曰妻妾與夫親屬相毆,曰毆妻前夫之子,曰妻妾毆故夫父母,曰父祖被毆。曰罵詈,其目八,曰罵人,曰罵制使及本管長官,曰佐職統屬罵長官,曰奴婢罵家長,曰罵尊長,曰罵祖父母父母,曰妻妾罵夫期親尊長,曰妻妾罵故夫父母。曰訴訟,其目十有二,曰越訴,曰投匿名文書告人罪,曰告狀不受理,曰聽訟迴避,曰誣告,曰干名犯義,曰子孫違犯教令,曰見禁囚不得告舉他事,曰教唆詞訟,曰軍民約會詞訟,曰官吏詞訟家人訴,曰誣告充軍及遷徙。曰受贓,其目十有一,曰官吏受財,曰坐贓致罪,曰事後受財,曰官吏聽許財物,曰有事以財請求,曰在官求索借貸人財物,曰家人求索,曰風憲官吏犯贓,曰因公科斂,曰剋留盜贓,曰私受公侯財物。曰詐僞,其目十有一,曰詐爲制書,曰詐傳詔旨,曰對制上書詐不以實,曰僞造出信時憲書等,曰私鑄銅錢,曰詐假官,曰詐稱内使等官,曰近侍詐稱私行,曰詐爲瑞應,曰詐病死傷避事,曰詐教誘人犯法。曰犯姦,其目十,曰犯姦,曰縱容妻妾犯姦,曰親屬相姦,曰誣執翁姦,曰奴及雇工人姦家長妻,曰姦部民妻女,曰居喪及僧道犯姦,曰良賤相姦,曰官吏宿娼,曰買良爲娼。曰雜犯,其目十有一,曰拆毁申明亭,曰夫匠軍士病給醫藥,曰賭博曰閹割火者,曰囑託公事,曰私和公事,曰失火,曰放火故燒人房屋,曰搬做雜劇,曰違令,曰不應爲。曰捕亡,其目八,曰應捕人追捕罪人,曰罪人拒捕,曰獄囚脱監及反獄在逃,曰徒流人逃,曰稽留囚徒,曰主守不覺失囚,曰知情藏匿罪人,曰盜賊捕限。曰斷獄,其目二十有九。曰囚應禁而不禁,曰故禁故勘平人,曰淹禁,曰淩虐罪囚,曰與囚金刃解脱,曰主守教囚反異,曰獄囚衣糧,曰功臣應禁親人入視,曰可囚令人自殺,曰老幼不拷訊,曰鞫獄停囚待對,曰依告狀鞫獄,曰原告人事畢不放回,曰獄囚誣指平人,曰官司出入人罪,曰辯明冤枉,曰有司決囚等第,曰檢驗屍傷不以實,曰決罰不如法,曰長官使人有犯,曰斷罪引律令,曰獄囚取服辯,曰赦前斷罪不當,曰聞有恩赦而故犯,曰徒囚不應役,曰婦人犯罪,曰死囚覆奏待報,曰斷罪不當,曰吏典代寫招草。工律之别,曰營造,其目九,曰擅造作,曰虚費工力採取不堪用,曰造作不如注,曰冒破物料,曰帶造緞疋,曰織造違禁龍鳳文緞疋,曰造作過限,曰修理倉庫,曰有司官吏不住公廨。曰河防,其目四。曰盜決河防,曰失時不修隄防,曰侵占街道,曰修理橋梁道路。凡爲目四百三十有六,各附以例。歷年欽奉諭旨更定,及奏准通行事例,分編於律文各條之後。

○凡律令，必察其字義，字義有八：一曰以，以者非實犯而與實犯同罪，如監守貿易官物無異實盜，故以枉法論，以盜論，並除名刺字，罪至斬絞皆同科。二曰准，准者取彼例此，與實犯有間，如准枉法論，准盜論，但准其罪，不在除名刺字之列，至死減一等罪止杖一百流三千里。三曰皆，皆者不分首從一等科罪，如監臨主守職役同情盜所監守事物併贓滿數皆斬之類。四曰各，各者彼此同科此罪，謂如諸色人匠撥赴内務府工作，若不親自應役雇人冒名私自代替及替之人各杖一百之類。五曰其，其者變於先意，如論八議之人犯罪先奏請議，其犯十惡不用此律之類。六曰及，及者因類而推，如彼此俱罪之贓及應禁之物没官之類。七曰即，即者意盡而復明，如犯罪事發在逃衆証明白即同獄成之類。八曰若，若者文雖殊而會上意，如犯罪時未老疾事發時老疾以老疾論，若在徒年限内老疾者亦如之之類。辨其稱名。律中有稱乘輿車駕御物者，尚方服御之物並同；稱制者，懿旨令旨並同；稱期親及祖父母者曾高同；稱孫者曾元同；嫡孫承祖與父母同。緣坐者各從祖孫本法，其嫡母、繼母、慈母、養母與親母同，改嫁義絶及毆殺子孫不與親母同，稱子者男女同，緣坐者女不同。稱監臨者，内外諸司統攝所屬有文案相關涉，及別處駐劄衙門帶管兵糧水利之類，雖非所管百姓，但有事在手者即爲監臨；稱主守者，内外各衙門該管文案吏典專主掌其事，及守掌倉庫獄囚雜物之類，官吏庫子斗級攢攔禁子並爲主守，其職非統屬但臨時差遣管領提調者亦是。稱一日者以九十六刻，犯罪違律計數滿乃坐，計工者從朝至暮，不以九十六刻爲限；稱一年者以三百六十日，如秋糧違限，雖三百五十九日亦不得爲一年。稱人年者以籍爲定。稱衆者三人以上。稱謀者二人以上，謀狀顯著明白者，一人同二人之法。稱道士女冠者僧尼同。若於其受業師與伯叔父母同，其於弟子與兄弟之子同。官司以時講讀，歲終則課試。律令參酌事理輕重，定立罪名，頒行天下，永爲遵守。百司官吏皆令講讀明晰律意以剖决事務，年終在内在外各從上司官考校，若有不能講解不曉律意者，官罰俸一月，吏笞四十，百工技藝諸色人等，有能熟讀講解通曉律意者，若犯過失及因人連累致罪，不問輕重並免一次，如官吏人等挾詐欺公，妄生異議，擅爲更改變亂成法者，重科其罪。

○凡定例，有服制之異，民人犯事有關服制者，承審官詳細研鞫，取具宗圖及里鄰族長各甘結，依律定擬。凡親屬相毆相告，各按服制遠近。尊長有犯比凡人減等科斷，卑幼有犯比凡人加等科斷，親屬相盜，尊長卑幼各比凡人減科，惟親屬相姦，不論尊卑長幼，但以服之遠近，别罪之輕重。凡有祖父母父母者，期親以下以疏遠論；雖無祖父母父母尚有期親服屬者，功緦以下以疏遠論。如卑幼有罪，至親服屬並未起意致死被疏遠親屬致死者，仍照謀故毆殺卑幼本律定擬，不准減等。又期功尊長殺死卑幼之案，如係争奪財産官職，或圖姦，或平素挾有讐矾慘毒致死者，悉依凡人謀故殺律論，不得以服制寬減。其外姻尊長，於非所自出之外孫及甥等故加凌虐致死者，承審官臨時權其曲直，按情治罪，不以服制爲限。又如祖父母父母被有服親屬毆打，止宜救解，不得還毆，若還毆者依服制科罪。儻實係事在危急，卑幼情切救護，因而毆死尊長者，於疏内聲明減爲邊遠充軍，照例兩請候旨定奪。又如毆傷及毆死期親以下尊長，或因金刃誤傷，或因迫於威嚇，或死在餘限内外，俱係情輕者，督撫按律例定擬，止於案内敘明，不得兩請。法司覈覆亦照本條科罪，若覈其情節實可矜憫者，夾籤聲明，恭候欽定。秋審時服制攸關之犯，俱入情實另册進呈，其改緩減等，皆大學士與部臣會議具奏。有良賤之異，凡良賤相毆，良賤相姦，良人有犯，減凡人一等科罪。奴婢有犯，加凡人一等科罪。有邊腹之異，凡邊外與腹地立法不同，如新疆地方兵丁跟役犯强盜及搶奪殺人者，辦事大臣審明後，一面奏聞，一面即行正法。川省匪徒場市搶刦糾夥多人者，雲貴四川有流棍勾通土棍誘拐子女捆擄販賣者，俱擬斬决，殺人者梟示。臺灣搶刦殺人等案，照黔楚紅苗例，斬决梟示。商船圖財害命者，照苗人圖財害命例，亦斬决梟示，傳首厦門。凡沿江濵海有持槍執棍混行鬬毆者，即擬滿流。又如民人與蒙古交涉之案，如蒙古在内地犯事，照刑律辦理。如民人在蒙古犯事，即照蒙古律辦理。其偷盜馬匹案件，外藩蒙古照蒙古律擬斷。察哈爾蒙古偷盜官馬民馬者，仍照例治罪。苗夷犯死罪，按律定擬題結，不准以牛馬銀兩抵償。其自相争訟之事，照苗例斷結，不必繩以官法。西藏治以番律，各回城治以回律，俱各從其俗。其得以凡論者並著於律。若職官，内外大小官員犯罪，所司開具事由奏聞，不得擅自勾問。若得旨推問，依律擬奏，仍候覆准方許判决。三品以上大員革職拏問，不得遽用刑夾，有不得不刑訊之事，請旨遵行。文職道府武職副將以上，題參後候旨提訊，其餘於題參日即行拘質。凡參革訊問之員，審係無辜，即以開復定擬，不得稱已經革職毋庸議題覆。其原參重罪審虚，尚有輕罪應以降罰歸結者，開復原職，再按所犯分别降罰。凡任滿得代改除致仕等官，與現任同。封贈官與其子孫正官同。若子孫緣事革職，其父祖誥勅不追奪者亦同。婦人犯夫及義絶不改嫁者，得與其子之官品同。此等之人犯罪，應請旨者請旨，應徑問者徑問，並依職官之法。無官犯罪，有官事發，公罪笞杖以上依律納贖。卑官犯罪，遷官事發，在任犯罪去任事發，公罪笞杖以下依律降罰，杖一百以上依律科斷。凡失陷城池行閒獲罪及貪贓革職各官，封贈誥勅俱行追奪，其别項革職者免追。凡造奪除名者官爵皆除。若旗人，旗人犯笞杖者照數鞭責，軍流徒免發遣，分别枷號。徒一年者枷號二十日，每等遞加五日，總徒准徒亦遞加五日。流二千里者枷號五十日，每等亦遞加五日。充軍附近者枷號七十日，近邊者七十五日，邊遠者八十日，極邊煙瘴者九十日。在京滿洲蒙古漢軍及外省駐防，並盛京吉林等處屯居之無差使旗人，如係寡廉鮮恥應削去旗籍者，依律發遣，仍逐案聲明請旨。若尋常軍遣流徒杖笞等罪，仍照例折枷鞭責。至内務府所屬莊頭鷹户海户人等，及附近住居莊屯旗人，王公各處莊頭，俱照民人一例定擬。八旗家奴軍流等罪，酌發駐防爲奴，不准折枷。犯徒罪者，漢軍奴僕問擬實徒，徒滿押回該旗交伊主管束。其滿洲蒙古奴僕，照旗下正身例折枷鞭責。凡滿洲蒙古漢軍奴僕已入籍爲民，俱照民人辦理。至設法贖身並未報明部旗之人，無論伊主曾否收得身價，仍作爲原主户下家奴,有犯軍流等罪,照例問發。若天文生,欽天監天文生習業已成,明於測驗推步之法能專其事者,犯軍流及徒,各決杖一百,餘罪收贖,仍令在監習業。若係反逆緣坐應流,造畜蠱毒等犯家口會赦猶流及犯鬬毆傷人搶奪竊盜等罪,編配刺字,與常人一體科斷。不在留監習業之限,其該監官員由天文生出身者,犯罪請旨提問,與職官一例問斷。該爲民者送監仍充天文生身役,該徒流充軍者,請旨定奪。凡工匠樂户犯徒罪者,依數決杖,留住衙門照徒年限拘役住支月糧,養象軍奴犯徒流罪亦決杖住糧,年限滿日,仍舊食糧養象。若婦女,婦女罪應決杖者,姦罪去衣留裩受刑,餘罪單衣決罰,皆免刺字。犯徒流罪者,決杖一百,餘罪收贖。若命婦官員正妻,杖罪亦准納贖。凡婦人非犯姦盜人命重案,一應小事牽連,俱提兄弟子姪代審,其經州縣審訊明確,及非案内緊要證犯,均毋庸轉解質審。秋審時重犯婦女解勘,經過地方派撥官媒伴送,其解勘一次情罪無可改擬者,下次即停解。孕婦應拷訊者,限産後百日,死罪應決者亦如之。其應凌遲處死者,産後一月即行正法。若老幼廢疾,凡年七十以上十五以下,及廢疾之人,犯罪到官,不得拷訊,皆據證定罪,軍流以下准其收贖,惟緣坐應流及會赦猶流者,不准贖。收贖一次後再犯罪,除連累過失仍准收贖外,其有心再犯,即不准收贖。若八十以上十歲以下,及篤疾犯殺人應死者,議擬奏聞,取自上裁。盜及傷人罪不致死者亦收贖,餘皆勿論。其篤疾犯死罪者,除鬬殺戲殺誤殺,准依律辦理外,謀殺故殺,即照常人擬罪,不准聲請。九十以上七歲以下,雖死罪不加刑,有教令者坐之,受贓者仍追徵給主。凡老幼等犯罪收贖者,若例應枷號一體放免,應得杖罪仍令收贖。秋審朝審人犯内有犯罪時年十五以下,及現在年已七十,經九卿提以可矜,蒙恩宥免減流者,俱准收贖。凡十歲以下鬬毆斃命之案,如死者長於兇犯四歲以上,准其依律聲請,若所長止三歲以下,一例擬絞監候,不准雙請。至十五以下毆斃人命之案,亦必死者長於兇犯四歲,而又理曲逞兇,及無心戲殺者,方准援丁乞三仔之例聲請。凡瞎一目之人,不得以廢疾論贖。若毆人瞎一目者,仍照例科罪。則各區其決罰。

○凡五刑之屬三千著於律,律不盡者著於例。凡罪名應律例者三千餘條,笞一十者三十一,笞二十者四十九,笞三十者四十二,笞四十者一百一十一,笞五十者一百一十八,凡笞之屬三百五十一。杖六十者一百一十六,杖七十者七十六,杖八十者二百四十一,杖九十者八十五,杖一百者四百五,凡杖之屬九百二十三。徒一年者六十六,徒一年半者五十一,徒二年者六十五,徒二年半者八十三,徒三年者一百六十三,遷徙者七,凡徒之屬五百三十五。雜犯流二千里者二,流二千五百里者二,流三千里者八,實犯流二千里者六十,流二千五百里者二十,流三千里者二百三十,凡流之屬三百二十二。發配者一百二十五,附近充軍者三十九,近邊充軍者一百,邊遠充軍者七十一,極邊充軍者一十七,煙瘴充軍者二十五,極邊煙瘴充軍者四十,凡軍之屬四百十七。雜犯絞者六,斬者八,實犯絞監候者二百一十三,斬監候者一百七十九,立絞者五十七,立斬者一百六十,凌遲處死者二十一,凡死刑之屬六百四十四。凡引律,必全引其本文,例亦如之。引用律例,一條止斷一事者,不得任意删減。若數事共一條者,全引恐有不合,許其止引所犯本罪以斷之。正律、正例之外,有奉特旨斷罪臨時處治不爲定律者,及成案未經通行者,均不得混行牽引,以致罪有出入。承問官審明定案,務須援引一定律例,不得先引一例復云不便僅照常律致滋輕縱請照某律定擬,於本律之外抑揚其詞,深文曲筆,以失刑罰之平。如督撫辦理案件,果有與舊案相合,可援爲例者,許於本内聲明,本部詳加查覈附請,著爲定例。有例則置其律。律有一定,例則隨時損益。有於律罪本重者,例或權其情節量爲寬減。有於律本輕者,例特重其科,皆體會律意,參酌變通。斷罪者當以改定之例爲準,不必拘泥律文。例有新者,則置其故者。事犯在未經定例之先,仍以律及已行之例定擬,其定例内有限以年月者,俱以限定年月爲斷。若例應從輕者,照新例遵行。律與例無正條者,得比而科焉,律令所載不能該盡事理,其應比引科斷。如僧道徒弟與師共犯罪,徒弟比引家人共犯律免科。强竊盜犯捕役帶同投首,有教令及賄求故捏情弊,比照受財故從律治罪。發賣豬羊肉灌水,及米麥等攙和沙土貨賣者,比照客商將官鹽攙和沙土貨賣律杖八十。男女定婚未曾過門私下通姦,比依子孫違犯教令律杖一百。打破信牌,比依毁官文書律杖一百。運糧一半在逃,比依凡奉制書有所施行而違者律杖一百。既聘未娶子孫之婦罵舅姑,比依子孫違犯教令律杖一百。遺失京城門鎖鑰,比依遺失印信律杖九十徒二年半。妻之子打庶母傷者,比依弟妹毆兄姊律杖九十徒二年半。殺義子,比依殺兄弟之子律杖一百徒三年。故殺者杖一百流二千里。考職貢監生假冒頂替者,比照詐假官律治罪。姦義子婦,比依姦緦麻以上親之妻律杖一百徒三年,强者斬。姦乞養子婦,比依姦妻前夫之女律科斷,其子與婦斷還本宗,强者斬。姦義妹,比依姦同母異父姊妹律杖一百徒三年,强者斬。姦妻之親生母者,比依姦母之姊妹論。姦義女,比依姦妻前夫之女律杖一百徒三年,强者斬。偷盜所掛犯人首級丢棄水中,比依拆毁申明亭板榜律杖一百流三千里。夫棄妻之屍,比依尊長棄毁緦麻以下卑幼之屍律杖一百流三千里。調戲弟婦,比依强姦未成律杖一百流三千里。拖累平人致死,比依誣告人因而致死一人律絞。官吏打死監候人犯,比依獄卒非理凌虐罪囚致死律絞。弓兵姦職官妻,比依奴及雇工人姦家長期親之妻律絞。伴當姦舍人妻,比依奴及雇工人姦家長期親之妻律絞。奴婢誹謗家長,比依罵家長律絞。奴婢放火燒主房屋,比依奴婢罵家長律絞。棄毁祖宗神主,比依棄毁父母死屍律斬。義子姦義母,比依雇工人姦家長妻律立斬。謀殺義父之期服兄弟,比依雇工人謀殺家長之期親律已行者立斬,已殺者凌遲。凡如此類,畧舉數條,餘可例推。必疏聞以候旨。斷罪無正條援引他律比附者,本部會同三法司議定罪名,於疏内聲明律無正條今比照某例科斷,或比照某律某例加一等減一等科斷,奏明候旨遵行。若本有正條者,承審官不得故意出入,不引正條比照别條,以致可輕可重。其應會三法司定擬者,如本部引例不確,許院寺自行查明律例改正。儻院寺駁改猶未允協,三法司堂官會同妥議,若院寺官扶同蒙混,草率疏忽,交部議處。至外省督撫具題案件,内有情罪不協律例不符之處,部駁再審。該督撫及司道等官虚心按律例改正具題,將從前舛錯之處免其議處。若駁至三次,不酌量情罪改正,仍執原議具題,經部院覆覈改正者,將督撫司道等官一併議處。

〇定加減之法,加者笞杖徒流其等十有八,各按等而遞加焉,不加入於死。笞杖徒各五等,流三等,應加罪者依次遞加。如笞五十加一等則坐杖六十,滿杖加一等則坐徒一年,滿徒加一等則坐流二千里。若罪已至流三千里,不得因加而坐以死,故曰至死以凡論。其有本條加入死者,如奴婢毆家長親,自緦麻至大功遞加一等加入於死,妾毆夫比妻加一等亦加入死之類,不在此例。減則二死三流各合爲一等而減之,死罪不論斬絞,減一等即坐流三千里,減二等即坐徒三年。流罪不論遠近,減一等即坐徒三年。徒以下乃别其等焉。徒杖笞仍分十五等,以次遞減如加法。凡犯罪得累減,減盡則無科。若吏典故出人罪放而獲還減一等,首領官不知情以失論。失出減五等,比吏典又減一等,獲還又減一等,通減七等。又同僚犯公罪失入者吏典減三等,若未決放又減一等,通減四等。首領官減五等,佐貳官減六等,長官減七等。又如鬭毆傷人後下手理直者減二等,保辜限内醫治平復又減二等,通減四等。官吏聽許財物准枉法論至死減一等,又減受財一等,通減二等之類,若減盡無科則免罪。

〇凡民罹於辟者,罪有公私,内外文武官員犯公罪,應笞一十者罰俸一月,二十三十各遞加一月,四十五十各遞加三月;杖六十者罰俸一年,七十者降一級,八十者降二級,九十者降三級,俱留任,杖一百者降四級調用。吏典犯公罪者,笞杖的决而留其役。官員犯私罪,應笞一十者罰俸二月,二十者罰俸三月,三十四十五十者各遞加三月;杖六十者降一級,七十者降二級,八十者降三級,九十者降四級,俱調用,杖一百者革職離任。吏典私罪,杖六十以上即罷其役。凡同僚官吏,連署文案判斷公事失錯而無私曲者,一人能檢舉改正餘人皆得免罪,官文書稽程應連坐者,亦如之,惟主典之吏不免。若主典吏自舉亦得減二等,其斷罪失入已論决者,雖自檢舉不免罪。凡不係私己而因公事得罪曰公罪,如因人連累及斷罪失出入之類皆是;若不因公事己所自犯者爲私罪,如枉法受贓及斷罪故出入之類皆是。其事干埋没錢糧遺失官物,雖係公罪,仍須追究明白,應賠償者賠償,應還官者還官。犯有首從,凡共犯罪,以造意者爲首,隨從者減一等。若一家共犯,止坐尊長,卑幼無罪。尊長年八十以上及篤疾者,則坐以次尊長。無以次尊長,方坐卑幼。若婦人與卑幼男夫同犯,雖婦人爲首,仍獨坐卑幼男夫。若竊盜財物鬭毆殺傷之類,侵損於人者,以凡人首從論。至共犯罪而首從本律各别者,各依本律首從論。如甲引他人毆兄,甲依毆兄論徒,他人依凡鬭毆論笞。又如卑幼引外人盗己家財物,卑幼依私擅用財物論笞,外人依竊盜爲從論杖。凡本條言皆者罪無首從，不言皆者依首從法。其同擅入皇城宫殿門同私越度關同避役在逃同犯姦之類，雖不言皆，亦無首從，凡二人犯罪，一人在逃，現獲者稱逃者爲首，更無證佐，則且决其從罪，後獲逃者稱前人爲首。鞫實仍依首論，通計前决之罪，以充後問之數，若事發在逃者，或首或從衆證明白，即同獄成，將來照提到官，止以原招决之，不須對問。如搶奪拒捕共毆竊盜等案，現獲之犯多於逸犯，供證確鑿，以及逸犯雖多而現獲二三人係先後拏獲，或雖同時並獲，經隔别研訊實係逃者爲首，或事主屍親旁人指證有據者，即先决從罪，毋庸監候待質。如案内人數衆多僅獲一二名，無事主屍親證佐指認者，仍將現犯擬罪候質。凡强盜引線，除盜首先已立意欲刦其家，僅止聽從引路者，仍照例以從盜論。如首盜並無立意欲刦之家，其事主姓名，行刦道路，悉由引線指出，又經分得贓物者，雖未同行，即與盜首一體擬罪，不得以情有可原聲請。又搶奪竊盜殺人之案，數人共殺一人，無論金刃他物手足，以致命重傷者爲首，在場助力，或致命而非重傷，或重傷而非致命者，以爲從論。如俱係致命重傷，以金刃者爲首，手足他物爲從。如俱係金刃，及俱係他物手足致命重傷，無可區别者，有主使以主使者爲首，下手者爲從，無主使，以先下手者爲首，後下手者爲從，若兩人同拒一人，係各自拒傷並不同場者，即各科各罪，各以爲首論。凡因人連累致罪而正犯自死者，連累人聽減本罪二等。若正犯自首得免，及遇赦原免，或蒙特恩減罪收贖者，連累人亦依罪人原免減等贖罪决。情有輕重。凡本條自有罪名與名例不同者，依本條科斷。本條雖有罪名而心有所規避，罪重者自從所規避之重罪論，其本應罪重而犯時不知者，依凡人論。如叔姪别處生長素不相識，姪打叔傷，官司推問始知是姪，止依凡鬬毆科斷。别處行竊偷得大祀神御之物而不知者，以常竊盜論。本應輕者仍聽從本法。如父不識子，毆打之後方知是子，止以打子論，不得以凡毆科斷。自首者，有免科，有減科。凡犯罪未發而自首者免罪猶徵正贓，輕罪發而因首重罪者免其重罪。如竊盜事發，自首曾私鑄銅錢，得免鑄錢之罪，止科竊盜。因問被告之事，而别言餘罪者，免其餘罪。如因犯私鹽事發被問不加拷訊，又自言曾竊牛曾欺詐人財物，止科私鹽之罪。遣人代首者，不論親疏並同自首。同居若大功以上親及奴僕雇工人爲之首者亦如之，小功緦麻親則減三等，無服之親則減一等。若自首不實不盡者，以不實不盡之罪罪之，至死者减一等。其損傷於人於物不可賠償，事發在逃，若私越度關及姦者，並不在自首之律。凡强竊盜詐欺取財而於事主處首服，受人枉法不枉法贓悔過還主，皆得免罪，知人欲告而於財主處首還者得減二等。凡自首與聞拏投首有别，盜犯自首者，如係傷人首盜擬斬監候，未傷人之首盜發近邊充軍，窩家盜線亦如之，夥盜傷人並行刦二次以上者亦如之。如係行刦止一次並未傷人之夥盜則免罪。若聞拏投首者，傷人首盜亦擬斬候，未傷人首盜照情有可原例，發黑龍江等處給披甲人爲奴，窩家盜線亦如之，傷人夥盜亦如之。未傷人之夥盜則滿徒，其餘罪犯，於律自首得免罪者，若聞拏投首，均減本罪一等。洋盜案内被脇人犯，並未隨行上盜者，如在盜所逃回欲行投首，尚未到官即被拏獲者，仍同自首免罪；若已到家並不到官呈首，旋被拏獲者，不得同自首論。凡犯罪已被囚禁，越獄在逃而投首者，免其逃罪，正罪不免。累犯者，有併科，有再科。犯罪未決而又犯者從重科斷，已決而又犯者再科後罪。重犯流者，三流並決杖一百，於配所拘役四年；重犯徒者，依後所犯杖數該徒年限，議擬明白照數決杖，仍令應役，通前亦總不得過四年。其徒流人又犯笞杖者，各依數決之，婦女天文生應加杖者亦如之。斬絞之犯，在監年久自號牢頭，串通禁卒捕役，挾制同囚嚇詐財物，教供誣陷，少不遂意，恣意凌虐，兇惡顯著者，即照原犯罪名立決。其尋常過犯，酌量嚴懲示儆，免死減等之犯復犯死罪，即行正法。復犯軍流徒，擬斬監候。改發極邊煙瘴充軍之犯復犯軍流徒罪，分别年限枷號。軍犯復犯徒罪，五徒各分限枷號，復犯軍流，照逃軍調發例辦理。雜犯死罪人犯納贖未完徒限未滿，復犯流徒以下各罪，照例决杖收贖，三犯雜犯死罪，請旨定奪。凡二罪俱發，以重者論罪。各等者，從一科斷，一罪先發已決，餘罪復發。其輕者相等者勿論，重者更論之。通計前決之罪，以充後發之數。如二次犯竊盜，一次先發計贓一十兩已杖七十，一次復發計贓四十兩該杖一百，合貼杖三十。其贓應入官物應賠償罪應刺字者，仍各盡本法。匿罪人者，罪之。凡知人犯罪官司追唤，藏匿在家不行捕告，及指引道路資給衣糧送令隱匿者，各減罪人罪一等。如犯數罪藏匿人止知一罪，以所知罪減等罪之。若知官吏追捕而漏洩其事，致罪人得以逃避者亦如之，未斷之間能自捕獲者免罪。若他人捕得，及罪人已死，若自首者各減一等。親屬糾合外人藏匿罪人，親屬雖免罪減等，外人仍科藏匿之罪。其事未發，非官司捕唤而藏匿者，止問不應。惟親屬得相容隱焉。凡同財共居若大功以上親屬，及外祖父母，外孫，妻之父母，女壻，若孫之婦，夫之兄弟，及兄弟妻，有罪相爲容隱，奴婢雇工人爲家長隱者，皆勿論。雖洩漏其事通報消息，致罪人隱匿逃避者亦不坐。若小功以下親相容隱及洩漏其事者，減凡人三等，無服之親減一等，其犯謀叛以上者，不用此律。父爲母殺，其子隱忍，於破案後始供明者，以不應重論，經官審訊猶復隱忍不言者，以違制論，若母爲父殺，仍聽依律容隱免科。

欽定大清會典卷四十二

○凡以贓獲罪者，其款有六，曰枉法贓，枉法贓一兩以下杖七十，一兩至五兩杖八十，一十兩杖九十，一十五兩杖一百，二十兩杖六十、徒一年，二十五兩杖七十、徒一年半，三十兩杖八十、徒二年，三十五兩杖九十、徒二年半，四十兩杖一百、徒三年，四十五兩杖一百、流二千里，五十兩杖一百、流二千五百里，五十五兩杖一百、流三千里，八十兩絞監候，無禄人各減一等，至一百二十兩絞監候，贓各主者通算全科。假如受一主財固全科，即受十人財一時事發，通算作一處。全科其罪，犯二事以上，一主先發，已經論决，其他後發，雖輕者相等者亦並論之。如有禄人節次受人枉法贓，先二十兩已發，科杖六十徒一年，後二十兩繼發，合並取前贓，通計四十兩，更科全罪徒三年。曰不枉法贓，不枉法贓一兩以下杖六十，一兩至十兩杖七十，二十兩杖八十，三十兩杖九十，四十兩杖一百，五十兩杖六十徒一年，六十兩杖七十徒一年半，七十兩杖八十徒二年，八十兩杖九十徒二年半，九十兩杖一百徒三年，一百兩杖一百流二千里，一百一十兩杖一百流二千五百里，一百二十兩杖一百流三千里，一百二十兩以上絞監候，無禄人各減一等罪止滿流。各主者通算折半科之，假如受十人財，一時事發，通算作一處，折半科罪，一主者亦折半科罪。曰竊盜贓，按數定等，與不枉法贓同，其不同者以一主爲重，併贓論罪。假如盜得二家財物，從一家贓多者科罪，是爲以一主爲重，十人共盜得財物計贓四十兩，雖各分四兩，通算作一處。十人俱得四十兩之罪，爲首者杖一百，爲從者各杖九十，是爲併贓論罪。曰監守盜贓，監臨主守官吏盜倉庫錢糧者，一兩以下杖八十，一兩至二兩五錢杖九十，五兩杖一百，七兩五錢杖六十徒一年，一十兩杖七十徒一年半，一十二兩五錢杖八十徒二年，一十五兩杖九十徒二年半，一十七兩五錢杖一百徒三年，二十兩杖一百流二千里，二十五兩杖一百流二千五百里，三十兩杖一百流三千里，四十兩斬。自流罪以上依雜犯，三流總徒四年，斬罪准徒五年，併贓論罪如竊盜贓法。惟不分首從，三犯者絞問實犯。曰常人盜贓，常人盜倉庫錢糧者，一兩以下杖七十，一兩至五兩杖八十，一十兩杖九十，一十五兩杖一百，二十兩杖六十徒一年，二十五兩杖七十徒一年半，三十兩杖八十徒二年，三十五兩杖九十徒二年半，四十兩杖一百徒三年，四十五兩杖一百流二千里，五十兩杖一百流二千五百里，五十五兩杖一百流三千里，八十兩絞。自流罪以上亦依雜犯，總徒准徒亦不分首從,併贓論罪。曰坐贓,凡官吏非因事而受財,如被人盜財或毆傷,若於賠償及醫藥之外因而受贓之類,又如擅科斂財物,或多收少徵,如收錢糧稅糧斛面,及檢踏災傷田糧與私造斛斗秤尺各律所載,雖不入己,或造作虛費人工物料之類,凡罪由此贓者,皆名坐贓致罪。一兩以下笞二十,一兩至十兩笞三十,二十兩笞四十,三十兩笞五十,四十兩杖六十,五十兩杖七十,六十兩杖八十,七十兩杖九十,八十兩杖一百,一百兩杖六十徒一年,二百兩杖七十徒一年半,三百兩杖八十徒二年,四百兩杖九十徒二年半,五百兩杖一百徒三年,罪止滿徒。各主者通算折半科罪。各計其贓之數以爲等。凡枉法、不枉法贓,皆辨其有禄、無禄而科焉。月俸一石以上者爲有禄人,不及一石者爲無禄人。凡無官犯贓,有官事發,照有官參提,以無禄人科斷。有官時犯贓,革職後事發,不必參提,以有禄人科斷。致仕及封贈官犯贓,與無禄人同科。凡贓入官者,給主者,凡彼此俱罪之贓,及犯禁之物則入官,取與不和,用强生事,逼取求索之贓則還主。各依其限而追之。還官贓十兩以上,入官贓二十兩以上,給主贓三十兩以上,監追一年之外,勘實力不能完者,按季彙題,請旨定奪。不及前數者免追,照擬發落。其贓已費用,而犯人身死者亦免徵,計雇工賃值爲贓者如之。監守盜倉庫錢糧,分别侵盜挪移,侵盜者,四十至一百兩,照律問擬准徒。一百兩以上至三百三十兩,杖一百流二千里。至六百六十兩,杖一百流二千五百里。至一千兩,杖一百流三千里。一千兩以上,擬斬監候。勒限一年,全完者,死罪減二等,流徒以下免罪。若不完,再限一年,全完者,死罪及流徒以下各減一等發落,如不完,流徒即行發配,死罪監禁,均再限一年,著落犯妻及未分家之子名下追賠。三年限外不完,死罪人犯永遠監禁,全完者奏明請旨,均照二年全完減罪一等之例辦理。挪移者,五千兩以下,照律擬雜犯流總徒四年。五千兩以上至一萬兩,擬實犯杖一百流三千里,不准折贖。一萬兩以上至二萬兩,發近邊充軍。二萬兩以上,雖屬挪移,亦照侵盜錢糧例擬斬監候,統限一年,全完俱免罪。其未至二萬兩者,仍准其開復。若不完再限一年,追完減二等發落。二年限滿不完,再限一年,追完減一等發落。若三年限滿不全完者,除完過若干之外,照現在未完之數治罪。又追賠各項銀兩,以一年爲一限,計應追之數,按年分限完交。現任職官初限不完者解任,令同二限銀兩戴罪完納,全完者准以原官補用。若二限内僅完初限銀兩者,仍令戴罪完納。初限二限均不能完,革去職銜,同三限銀兩一併嚴追。此三限内止完一限之數者,仍革職嚴追,如已完兩限之數者,復其職銜,戴罪完納,能照數全完者,准其開復補用。儻三限均不能完,交部治罪,所欠銀兩於家屬名下嚴追。其奉旨准其寬限,及將養廉扣抵者,不在此限。若無禄人等初限不完者監禁,令同二限銀兩,一併追比。如照數全完,暫予釋放。僅完初限銀兩,二限未能全完者,仍監禁追比。初限二限均不能完者,令該旗該地方官將財産查封,同三限銀兩一併嚴追。此三限内止完一限之數者,暫免變産;完兩限之數者,將本身釋放,財産仍行封守;照數全完者,本身釋放免罪,財産給還。儻三限俱不能完,即將財産變充，交部治罪。至追比之項，有分二年者，一年不完，照初限例處分；二年俱不完，即照三限例治罪；二年内完一年之數者，再限一年，仍不能完，或完不足數者，即行治罪。州縣虧空倉穀，及怠玩倉廒不行修理，以致米穀霉爛者，俱革職。令接任官先行動帑買補，勒限一年，照數追賠，如逾限不完，各依律治罪。凡斷付死者財産，雖遇赦不免追。虧國帑者，則籍其産以備抵。虧空題參時，一面於任所嚴追，一面行文原籍，將家産嚴查存案。如任所無完，即變價補完。若由原籍承追，督撫一面督屬嚴追，一面行查該員歷過任所有無隱寄，毋庸俟本籍無追。始行咨查，田房産業，一經入官，即令犯屬將契券呈堂出業，該管官眼同原主秉公確估，出示速售。有願買者，即給予印照，不許原主勒索找價，亦不許家屬據占。父兄隱射，其墳地及墳園内房屋，看墳人口祭祀田産，俱免入官。兄弟未經分産者，將所有産業查明，按其兄弟人數分股計算，祇將本犯名下應得一股入官，其餘兄弟名下應得者，概行給予。又贓賠之項，止著落正犯追取，不得將無干之人肆行誣賴，承追官亦不得巧借認幫名目，株連親屬，輾轉拖累。如果任所原籍，查明財産盡絶，實在無可著追者，任所官出具切實印結，由原籍官加結題請豁免。儻有隱匿寄頓，别經發覺，將家屬治罪，出結官議處分賠。凡州縣侵虧，上司徇隱不舉，及被盜刦倉庫等項，本人身故力難完繳者，即令該管各上司分賠，其因公覈減借欠之項，及本係分賠代賠者，業經查明結報家産盡絶無力完繳者，即照例題豁，毋庸於同案各員名下攤追。凡贓物必平其估。估贓，據犯處地方當時中等物價估計定罪。計雇工錢者，一人一日，爲銀八分八釐五毫，其牛馬駝贏驢車船碾磨店舍之類，照依犯時雇工賃值。賃錢雖多，各不得過其本價，其贓罰金銀，並照犯供成色追徵。若已費用無存者，追徵足色。凡州縣自理贖鍰，歲底造册申報臬司；藩臬自理贖鍰，歲底册報督撫；督撫彙造清册具題，報部查覈。

〇凡詞訟，懲其越訴，軍民陳告詞訟，皆自下而上，先赴州縣衙門具控。儻事款干礙本官，不便控告，及審斷不公，須於狀内將控過衙門，審過情節，開載明白，赴該上司衙門呈告。再有屈抑，方准來京呈訴，令其出結。如已在本省各衙門呈告有案，方與勘問。如未經在本籍具控，或現在審辦未結，遽行來京訴告者，交部訊明，先治越訴之罪，仍將該犯解回本省，令督撫等秉公審擬題報。其已經本省審結題咨到部後，又來京翻控者，即交部將現控呈詞覈對原案。如所控情事，與原案祇小有異同，無關罪名輕重者，毋庸再爲審理，即將翻控之犯照律治罪。若覈與達部案情迥不相符，而又事關重大者，或曾在本省歷控，尚未審結報部，虚實難以懸定者，或將該犯交部監禁，提取該省案卷來京，覆對質訊，或交督撫審辦，或請欽派大臣前往，皆奏聞候旨遵行。凡户婚田土錢債鬭毆賭博等細事，即於犯事地方告理，不得於原告所住之州縣呈告。原籍之官，亦不得濫准行關，彼處之官，亦不得據關拘發。旗軍有欲陳告運官不法事情者，許候糧運過淮，併完糧回南之日，赴漕督告理。如赴别衙門挾告詐財，聽該管官拏問，從重科擬。在外刁徒身背黄袱，頭插黄旗，口稱奏訴，直入衙門挾制官吏者，所在官司拏問，若係干己事情及有寃枉者，照例審斷，仍治以不應重罪。其不係干己事情，别無冤枉，並究追主使之人，一體問發近邊充軍。若於車駕出郊，及行幸西苑等處申訴者，擅入午門長安門内叫訴冤枉者，跪午門長安門及於長安門内正陽門外打石獅鳴冤者，違禁入堂子跪告者，越登聞院牆突入鼓廳妄行擊鼓謊告者，俱分别照例治罪。察其虚誣，詞狀止許一告一訴，實犯實證，不許波及無辜，及陸續投詞牽連原狀内無名之人。原告不即赴審，輒行脱逃，及並無疾病事故，兩月不到案聽審者，即將被誣及證佐之人釋放，所告之事不與審理，拏獲原告。專治誣告之罪，控告人命不實，不得聽其自行攔息，其或誤聽人言情急妄告，於未經驗屍之先，盡吐實情，自願認罪遞詞求息者，訊明果無賄和等情，照不應重罪完結。凡軍民實係干己之事，方許陳告。如將弁尅餉，須營伍管隊等頭目率領兵丁公同陳告。州縣徵派，須里長率領衆民公同陳告。如將非係公同陳告之事，捏名砌款，牽連羅織，除所告不准外，照律治以誣告之罪。若舉首詩文書扎悖逆，衹係字句失檢，涉於疑似，並無確實悖逆形蹟，即坐舉首之人以所誣之罪。捏造姦贓款蹟，編造歌謡，挾讐汚衊，以致被誣之人忿激自盡者，以誣告致死人論。至懷挾私讐，或誤執傷痕，誣告人命，以致屍遭蒸檢，及捕役誣竊爲盜，嚇詐逼認因而致死，或本係良民，捏稱蹤蹟可疑，妄拏私拷，或因夥盜未獲，將犯有竊案之人教供誣扳，濫拏充數等弊，俱分别嚴究。凡誣告人笞罪者，加所誣罪二等，流徒杖罪，加所誣罪三等，罪止滿流，不加入死。誣告充軍者，照所誣道里遠近抵充。軍役誣告人，罪應遷徙，於准徒二年上加三等流二千里，併入所應得杖一百之罪論决之。若徒罪已役，流罪已發配，雖經改正放回，按日於犯人名下，追徵用過路費給還。若曾典賣田宅者，著落備價取贖，因而致死隨行有服親屬一人者，絞監候，將犯人財産一半，斷付被誣之人。至死罪已决者，反坐以死，未决者杖一百，流三千里，於配所加徒役三年。若告二事以上，重事告實，輕事招虚，及數事罪等，但一事告實者皆免罪；若告二事以上，輕事告實，重事招虚，或告一事誣輕爲重者，皆反坐。以所剩不實之罪，其笞杖徒各按折杖法通計，惟從笞杖徒誣入流者，三流皆准徒四年，不計遠近，俱折杖二百四十。若從近流誣入遠流，仍按折杖本法計之。已論决者，全抵剩罪；未論决者，笞杖收贖，徒流止杖一百，餘罪亦聽收贖。若告二人以上，但有一人不實者，罪雖輕猶以誣告論。其誣輕爲重死罪已决者，亦反坐以死；未决者，滿流不加役。若被誣之人詐冒不實，本不曾致死親屬，詐作致死，或將他人死屍冒作親屬，誣賴犯人者，亦抵絞罪，犯人止坐誣告本罪。至獄囚已招伏罪，本無冤枉，而囚之親屬妄訴者，减囚罪三等，罪止杖一百。若囚已决配，而自妄訴冤枉，摭拾原問官吏者，加所誣罪三等，亦罪止滿流，在徒限内妄訴者，當從已徒而又犯徒律。申其冤抑。法司遇有稱冤人犯，察其情罪有可矜疑者，毋拘成案，即移文會同三法司堂上官辦理，開具所枉事蹟，實封奏聞。委官追問得實，被誣之人，依律改正，所枉之罪，坐原告及原問官吏。處决人犯，有臨刑時呼冤者，奏聞覆鞫，如審明實有冤抑，立爲申雪，將原審官參處。如係妄行翻異，冀延顯戮，除原犯斬罪仍即處斬外，如原犯絞罪者，亦改爲斬罪，即行正法。在外審理事件，應照案内人犯籍貫，批委該地方官審明詳結。如果情事未明，務須詳細指駁。儻原問官仍復蒙混申詳,題參議處,另委别官審理。凡督撫司道等官遇民人控告屈抑之案,毋論所告事理輕重,概行親提究辦,不得僅委屬員承審。如有檢驗查勘等事,即遴委賢員,不得仍會同原問官辦理。至於刁健之徒,本無冤枉,因負罪受懲,掩飾己非,捏款誣告者,仍按律治罪。凡司獄吏目典史專管囚禁,如犯人果有冤濫,許管獄官據實申明。若府州縣不准,許即直申憲司各衙門提訊。干名犯義者有誅。子孫告祖父母父母,妻妾告夫及夫之祖父母父母,卑幼告内外期親以下尊長,雖實亦坐罪。父祖期親大功尊長外祖父母妻之父母並同,自首免罪,小功緦麻尊長,得減本罪三等。奴婢告家長及家長緦麻以上親,與子孫卑幼同。雇工人減一等,誣告者不減。其告反逆謀叛,窩藏姦細,嫡母繼母慈母所生母殺其父,所養父母殺其所生父母,及被期親以下尊長毆傷其身者,不在干名犯義之限,所告之事,各依本律理斷。尊長告卑幼得實,期親大功及女壻亦免罪,小功緦麻亦減罪三等誣告者期親減所誣三等,大功減二等,小功緦麻減一等,夫誣妻妻誣妾亦減三等。若父、祖、外祖、家長誣告子、孫、外孫及奴婢、雇工人者各勿論。女壻與妻父母,果有義絶之狀許相告者,各依常人論。教唆代控者有誅。爲人作詞狀增減情罪以誣告人者,如原告之人,並未起意誣告,係教唆之人起意主令者,以主唆之人爲首,聽從控告之人爲從;如本人起意欲告,而教唆之人從旁慫恿者,依律與犯人同罪。至死者減一等,若止從旁談論是非,並非唆令控告者,科以不應重杖,不得以教唆論,凡受雇誣告人者,與自誣告同。至死者不減等,其雇人誣告之人,照設計教誘人犯法律,與犯法人同罪。内外刑名衙門,擇里民中之誠實識字者,考取代書。凡有呈狀,皆令其照本人情詞,據實謄寫,呈後登記代書姓名,該衙門驗明,方許收受。如無代書姓名,即嚴行查究,其有教唆增減者,照律治罪。坊肆所刻訟師秘本,如驚天雷相角法家新書刑臺秦鏡等一切搆訟之書,盡行查禁銷燬,不許售賣。有仍撰造刻印者,將舊書印刻販賣者,買看者,藏匿其板與書者,分别治罪。該管官失察,亦分别次數議處。地方積慣訟棍,串通胥吏,播弄鄉愚,恐嚇詐財,一經審實,即依棍徒生事擾害例治罪。欽差馳審重案,審出虚誣,除赴京捏控之人,照例治罪外,其有無訟師唆使扛幫情節,嚴究問擬,如無此種情弊,亦即隨案聲明。凡軍民干己詞訟,無故不行親齎,並隱下壯丁,故令老幼殘疾婦女家人抱齎奏訴者,俱各立案不行。仍提本身及壯丁問罪現禁之囚,不得告舉他事。其爲獄官獄卒非理凌虐者聽告,若被問,更首己之别事,及有干連之人,亦准依法推問。凡年八十以上,十歲以下,及篤疾者,若婦人,除告反逆及子孫不孝,得自赴官陳告外,其餘公事,許令同居親屬代告,誣告者罪坐代告之人。官吏有爭論婚姻錢債田土等事,聽令家人告官對理,不得用公文行移。匿名投貼者有誅。凡投貼隱匿姓名文書告言人罪者絞監候,雖實亦坐。被告言者,雖有指實不坐。若於方投時,能連人與文書捉獲解官者,官給銀一十兩充賞。若詭寫他人姓名詞帖訐人陰私陷人,或空紙用印虚捏他文書買囑鋪兵遞送,詐以他人姓名註附本牌進入官府，不銷名字，陷人得罪者，皆依律絞候。其或係泛常罵詈之語，及雖有匿名文書，尚無投官確據者，不坐此律。凡兇惡之徒，不知國家事務，捏造悖謬言詞匿名投則者，擬以絞决。其捏造尋常謬妄言詞，無關國家事務者，仍依律絞候。駐防旗人，交結姦匪，起意捏寫匿名揭帖傾陷平人者，亦擬絞决。若不肖官員，唆使惡棍黏貼揭帖，或令布散投遞者，與犯人罪同。

○凡民之詐僞者，如詐爲制書，及部院等衙門文書盜用印信套畫押字；或詐傳詔旨，及一、二品以下各官言語，分付公事；或雕刻描摹印信，及欽給關防，事關軍機。冒支錢糧，假冒官職，又如僞造文憑劄付，假予人官，及詐稱内使等官，在外體察事務，欺詐官府，煽惑人民；或假冒勳姻黨，豪横鄉里，巧立名色，强占田房，併出入衙門把持公事，包攬錢糧，或假充衙役，捏造籤票，執持鎖鍊，占宿公館，搜查客船，赫取財物；又如私鑄之犯，於山陬水濱及人煙稠密處所，夥黨鳩工，大爐廣鑄，併銷燬制錢，翦邊圖利，假借前代古錢名色，私鑄私販，經紀鋪户人等，即買取攙和貨賣，或用鉛錫藥煑僞造假銀，或將銀挖孔，傾入銅鉛，或用銅鉛等物傾成錠錁，外包銀皮，騙人行使；又如設方畧誘取良人爲奴婢，或夥黨開窰，誘買子女，藏匿勒賣，或興販轉賣與人，或假以乞養過房爲名，買良家子女轉賣，或以藥餌一切邪術，迷拐幼小子女，或將腹褢人口，用强略賣與境外土官等去處，凡詐爲制書，以造作之人爲首從坐罪，轉相謄寫者非是；詐傳詔旨，以傳出之人爲首從坐罪，轉相傳説者非是；僞造印信，但有篆文可以假詐行事者，雖非銅鑄亦坐。凡形質相肖而篆文俱全者，謂之僞造，有其質而文不全者，謂之造而未成，全無形質而惟描之於紙者，謂之摹摹。兇暴者，如豪强恃財倚勢，因事威逼挾制窘辱，令平民冤苦無申，情極自盡；又光棍設法索詐官民，或張貼揭帖，捏告官府，或糾衆繫頸，謊言欠債，逼寫文券，嚇詐取財；又不法之徒，乘地方荒歉，夥衆搶奪，損害閭閻，或因賑貸稍遲，喧閙公堂，挾制官長，及懷挾私憤，糾黨罷市辱官；又如苗人伏草捉人，横加枷肘，勒銀取贖，及川省匪徒，糾夥於場市人煙輳集之所，横行搶刦，或在野攔搶，聚衆二三人至十人以上；又如兇惡棍徒，糾衆商謀，或圖取財物，或懷挾私讐放火，故燒官民房屋公廨倉庫，凡官私積聚之物，並街市鎮店人煙稠密之地，乘火搶刦，因而殺傷人，及焚壓人致斃。邪僻者，如妄布邪言，書寫張貼，煽惑人心；及造讖緯妖書，傳用惑衆；或因事造言，編成歌曲，沿街唱和；及將一應淫詞小説，刊印市賣；又名省抄房，在京探聽事件，捏造言語録報各處。姦慝者，如異姓人年少居首，聚衆多人，歃血訂盟焚表，結拜弟兄；或土豪市棍衙役兵丁，結會樹黨，陰作記認，魚肉鄉民，凌暴寡弱，甚至持械格鬬，抗官拒捕；又如發掘他人墳塚棺槨，開棺見屍，鋸縫鑿孔，抽取衣物首飾，及盜未殯未埋之屍柩，毁棄死屍，或因争墳阻葬開棺易罐埋藏，或聽地師教誘以他骨暗埋，豫立封堆，僞説陰基，恃强占葬，或惑於風水，擅稱洗筋檢筋名色，將已葬父母及五服内尊長骸骨，發掘檢視，占驗吉凶。游蕩者，游手好閒不務本業之徒，自號教師，演弄拳棒教人，及投師學習，併輪文舞棍，遍游街市，射利惑民者，坊店寺院，不許容留，拏獲枷號治罪，遞回原籍。州縣幕友長隨書役，除詐贓誣拏等項罪有正條外，其倚官滋事，慫令妄爲累及本官者，各按本官處分上加一等治罪，遞回原籍，分别充徒管束，永遠不准復充。又旗人民人，將自己銀錢，開場誘引賭博，經旬累月，聚集無賴，放頭抽頭者，分别旗民及初犯再犯辦理，容留房主及與賭之人亦如之。攤場財物并賭坊俱入官，有賭博中人出首者，免其治罪，仍將在場財物，一半充賞，一半入官。造賣紙牌骰子及販賣者，分首從治罪。描畫紙牌者，照造賣之犯减一等，造賣未成者，照已成减一等。其左右緊鄰能據實舉首，照例給賞。若得財徇隱，准枉法從重論。房主貪得重租，知情包庇，在一年以外者，與造賣爲首同科，一年以内者，與造賣爲從同科，半年以内者，與販賣爲從同科。官員有犯，無論賭錢賭飲食俱革職枷杖，不准折贖，永不敘用，上司與屬員鬬牌擲骰，及容隱屬員賭博者亦如之。凡以馬吊混江壓寶賭財物，及開鵪鶉圈鬬雞坑蟋蟀盆者，開場與賭之人，俱論如賭博例。閩省有花會，旗人有抓金錢會，亦一體嚴禁。又如無藉之徒，窩頓流娼土妓，引誘局騙，及得受財物，挺身架護，或藉充人牙，將領賣婦人，逼勒賣姦圖利者，分别治罪。其官員生監宿娼及挾妓飲酒之類，論以參革，有媒合人者亦坐之。城市鄉村，當街搭臺懸燈，唱演夜戲，併樂人妝扮前代帝王后妃先聖先賢忠臣烈士神像者，均擬滿杖。惟神仙道扮及義夫節婦孝子順孫勸人爲善者，不在禁限。各申其禁，責所在官治焉。在京責成步軍統領衙門五城順天府訪拏，五城司坊等官，若於途次遇有兇徒不法等事，不論何城，並准當時拘執，録取日供，詳解該城御史審訊，一面報明本城御史存案。其有曖昧隱避等事，亦許密詳該城御史查拏，仍密詳本城存案，造册送院註銷，大興宛平兩縣，亦准拘執，詳該府尹辦理。各省責成地方官訪拏，其分防之佐貳巡檢及營汛，並令稽查，交地方官辦理。儻該役藉端訛詐，架詞妄禀，及司坊佐貳雜職營汛等官，擅作威福，拘拏自審者，分别議處治罪。

〇凡聽斷，依狀以鞫情，依所告本狀推問，不得於狀外别求他事摭拾人罪。若因所告事情法應掩捕搜檢，因而檢得别罪合推理者，不以摭拾論。如法以決罰，官司決人，若應笞而杖之類，謂之不如法，因而致死者杖一百。若因公事主令於人虚怯去處，非法毆打，及親以大杖或手足金刃毆人致死者，擬以滿徒，均徵埋葬銀一十兩。下手行杖之人，各减一等。其行杖之人，決不及膚，依驗所決之數抵罪，並罪坐所由。若於人臀腿受刑去處，依法決打，邂逅致死者勿論。因公干連之人，於正犯贓證已明，而相助匿非，不肯招承，承審官因而拷訊致斃者亦勿論。若將平空無事並無名字在官之人，懷挾私讐，或勒詐不遂，賄囑誣扳刑訊致死者，均擬抵。其誤執己見，不應拷而拷，及不知誣告情由，因被誣者不承，刑夾致斃者，各分别問擬，不在故勘平人之列。據供以定案。凡有司讞獄，令招房書吏照供録寫，當堂讀與兩造共聽，果與所供無異，方令該犯畫供。該有司親自定稿，不得假手胥吏。致滋出入情弊，如有司將供詞輒交與經承，致有增删改易者，許被害人首告，題參議處。書吏受財者，以枉法論。若犯人果不識字，許令在官不干礙之人，依招代寫，若吏典代寫，即罪無出入，亦以違制論。初次供招，不許擅自删改，俱應詳載揭帖。若承問官增減原供，希圖結案，按察使依樣轉詳，令督撫嚴察參處。按察使亦不得借簡招之名，故爲删改。儻遇有意義不明，序次不順，與情罪並無干礙，即就近覈正申轉，將改本備案，不得發换銷燬。如承審官改造口供，故行出入，或草率定案，證據無憑，枉坐人罪者，並行革職。凡出入增減，則别其故者失者論之，故出入人全罪者，以全罪坐之。增輕作重減重作輕者，笞杖徒流，以折杖法通計。除該犯應得本罪，坐官吏以增減餘罪，致死者坐以死罪。若失入者減所入之罪三等，失出者減五等，並以吏典爲首，首領官減吏典一等，佐貳官減首領官一等，長官減佐貳官一等科罪，失增失減者亦如之。若囚未決放，放而還獲，及囚自死者，故失出入各聽減一等。以慎庶獄。州縣審解案件，如供招已符，惟擬罪稍輕，引律稍有未協，察明果非徇私，及軍流以下錯擬者，免其參究。該上司亦不必將人犯發回，止用檄駁。俟該州縣改正申覆，即行招解咨題。若徇私枉法，顛倒是非，故出故入，情弊顯然，及將死罪人犯，錯擬軍流，軍流人犯，錯擬死罪者，仍指名題參。若罪關凌遲重案，故入失入，除業經定罪招解，分别已決未決按律定擬外，其雖未招解，業已定供通詳。經上司提審平反，究明故入失入，各照本律減一等問擬。至失出之案，原擬徒杖罪名，駁審後改爲凌遲，併斬絞立决者，將承審之州縣，覈轉之知府，照例降調，監候以下罪名錯擬，議應降調者，出具考語，送部引見。知府直隸州，有將各州縣審擬錯誤，關繫生死出入大案，虚公研鞫，究出實情，改擬得當，經上司覈題議准者，交吏部查明奏請送部引見。凡部駁案件，如督撫擬罪過輕而部議重者，應駁令再審，如外擬過重而部議從輕，其中尚有疑竇者，亦駁令妥擬。儻所見既確，即改擬題覆，不必輾轉駁審，致滋拖累。

〇凡官非正印者，不得受民詞。緝捕官除察訪不軌妖言命盜重事外，其餘軍民詞訟，不許干與。提鎮副參等官，惟有告叛逆機密重情，准接受詞訟，會同有司追問。若户婚田土鬭毆人命，一應民詞，均不得濫受。分防佐貳等官，所收呈詞，内有命盜等案，即移交州縣拘提審訊。户婚田土之案，皆令正印官理焉。罪至徒者，則達於上司以聽覈。其自理之案，如有聽斷不公，許民人將冤抑實情，赴該上司衙門呈訴，上司立提案卷查覈改正。若命案，若盜案，得報即通詳。命盜案件詣驗勘後，即用印文通詳，如先未通詳，僅止通稟，於開送職名時，聲稱業經具禀，及於招解时聲明通詳者，均仍按詳報遲延例議處。凡詳報遲延，在十日内者免議，十日以外未及一月者，州縣官降一級留任，該管府州罰俸六月，一月以上未及三月者，州縣降二級留任，該管府州罰俸九月，三月以上者，州縣降一級調用，該管府州罰俸一年，四五月以上者，州縣降二級調用，該管府州降一級留任，半年以上者，州縣降三級調用，該管府州降二級留任，一年以上者，州縣革職，該管府州降一級調用，其准前官移交，未即通詳，復因卸事移交後任者，亦照此例。若遲至獲犯後始行通詳，及准前官移交，遲至獲犯後始行通詳者,均照事件遲延例議處。凡通詳後獲犯取供,復將各供詳報,上司批飭審擬詳解。獄成,則解上司以審轉。府屬之廳州縣,由府審轉,順天府四路廳屬之州縣,由該廳審轉,直隸廳直隸司屬縣,由該廳州審轉,直隸廳直隸州本管者,由道審轉,惟湖南乾州、鳳凰、永綏三廳命盜案,移解辰州府審轉。知府有親轄地方者,其本管亦由道審轉,惟貴州都勻、鎮遠、思南、思州、銅仁、安順、興義、大定八府,及直隸承德府,俱徑解臬司審轉。凡審轉官如遇情節尚有可疑,及犯供翻易,即提集一干人證,遴員覆審。總督,若巡撫,審勘,乃具題焉。儻有應專摺具奏者,督撫接到詳文,即提至省城,率同司道親鞫。凡各省駐防旗人案件,由理事廳審詳,將軍副都統題奏。承德府旗人案件,田該府審詳,熱河都統題奏。烏嚕木齊旗人案件,由理事廳審詳,都統題奏,若係旗民交涉之案,仍詳總督會同都統題奏。伊犁地方旗人民人案件,由理事廳撫民廳審詳,將軍具奏。凡命案,有謀殺,或謀諸心,或謀諸人,造意者爲首,從者有加功有不加功,或傷而不死,或已行而未傷人,皆分别科斷。若謀而不行,造意者仍以首論,從者减行者一等。有故殺,有意欲殺,非人所知,或臨時頓起殺機,立心致斃曰故。雖共毆者不及知,故祇爲同謀共毆。凡争鬬,擅將鳥鎗竹銃施放殺人者,以故殺論。有鬬毆殺,獨毆曰毆,有從獨爲同謀共毆,造意毆人者,不問共毆與否,皆爲原謀。非原謀,又不曾下手致命者爲餘人。凡鬬毆殺人者,不論手足他物金刃,並同科罪。共毆人犯,除下手者擬絞外,必實係造意首禍之人,方以原謀擬流。其但曾與謀而未造意者,不得概擬流罪。共毆案内下手應絞人犯,果於未經到官之前,遇有原謀及共毆餘人内,毆有致死重傷之人,實因本案畏罪自盡,及到官以後,未結以前,監斃在獄,與解審中途病故者,准其抵命。將下手應抵之犯,减等擬流,若係配發事結之後身故,及事前在家病亡,或因他故自盡,與本案全無干涉者,俱不准抵。凡共毆致死二命而非一家者,如原謀病故自盡,仍將應絞之人,一體减流。若非一家而三四命以上者,原謀按照致死人數,以次加等問擬。下手致死之犯,均各擬抵,雖原謀病故自盡,不准减等。凡兩家互毆各毆斃一命者,果各係兇手本宗有服親屬,將應抵之犯,免死减等。其原毆傷輕不至於死,越十日後因風身死,及保辜正限外餘限内死者,於本罪上再减一等。兩家均係同居親屬者,毋庸追埋葬銀兩。若一家被殺之人,與减等之犯,不同居共財,仍各於犯人名下追銀二十兩,給付屍屬。其兩家互毆案内應抵正兇,當時被死者無服親屬毆死,將毆死兇手之人,擬以滿流,如係有服親屬,再减一等,擬以滿徒,仍各追埋葬銀兩。凡一人獨毆致死人,無論致命不致命,皆擬抵償。若兩人共毆致死,則以傷有致命者擬抵,若共毆傷皆致命,當時身死,則以後下手重者當其重罪,當時未死而過後身死者,究明何傷致死,以傷重者坐罪。若原謀共毆,亦有致命重傷,以原謀爲首,如致命傷輕,則以毆有致命重傷者擬抵,原謀仍照律擬流。若亂毆不知先後輕重者,有原謀則坐原謀爲首,無原謀則坐初鬬者爲首。有戲殺,以堪殺人之事爲戲,致死者以鬬殺科罪。如此較拳棒之類,若知津河水深泥淖,而詐稱平淺,橋梁渡船朽漏,不堪渡人,而詐稱牢固,誑令人過渡,以致陷溺死者,皆與戲殺相等。又以一應能傷人之物,置人耳鼻及孔竅中,寒月脱去人衣服,飢渴之人絶其飲食,登高乘馬,私去梯轡,因而傷人至篤疾者,杖一百、流三千里,斷付財産一半,至死者絞監候。有誤殺,凡欲殺人,或兩人相毆,而傷及在旁無干之人致死者,爲誤殺,因鬬毆而誤殺者,以鬬殺論,因戲而誤殺者,以戲殺論,因謀故殺而誤殺者,即以故殺論。致下手之人誤殺者,仍坐造意人。凡誤殺之案,秋審一次,即減爲滿流,惟所殺係其人之祖父母父母伯叔兄弟妻子孫在室女者,俟查辦緩決時,再行照例辦理,不在一次減流之列。有擅殺,夜無故入人家,登時殺死者勿論,其已就拘執而擅殺者,減鬬殺罪二等。又罪人已就拘執,及雖逃走不拒捕而擅殺者,以鬬殺論。若罪人本犯應死之罪而擅殺者,杖一百。凡追捕竊盜,賊勢强横,不能力擒送官,登時倉猝毆斃者,無論是否已離盜所,捕者人數多寡,賊犯已未得財,均照前律擬以滿徒。若賊已棄贓,及未得財,輒復捕毆致斃,並已被毆跌倒地,及就拘獲後輒復疊毆,又捕人多於賊犯,倚衆共毆致斃者,均照律以鬬殺論。有過失殺,耳目所不及,思慮所不到,如彈射禽獸,因事投擲甎瓦,不期而殺人,或因升高險,足有蹉跌,累及同伴,或駕船使風,乘馬驚走,馳車下坡,勢不能止,或共舉重物,力不能制,損及同舉物者。凡初無害人之意,而偶致殺傷人者,准鬬殺罪收贖,給付死傷者,以爲營葬醫藥之資。凡民人無故嚮城市及有人居往宅舍,放彈射箭,投擲瓦石,及於街市鎮店,馳驟車馬,因而傷人者,皆減凡鬬一等,致死者滿流,施放鳥鎗竹銃致殺傷人者亦如之。捕户於深山曠野猛獸往來去處,穿作坑穽,安置窩弓,不立望竿,及抹眉小索,因而傷人者,減鬬傷二等,致死者滿徒,施放鳥鎗竹銃致殺傷人者亦如之,各追埋葬銀十兩。若庸醫用藥誤不如本方致死人,審無故害之情者,因公務急速,馳驟車馬,致殺傷人者,皆以過失論,依律收贖給付其家。至以藥毒鼠及獸,誤斃人命之案,如置藥餌之處,人所罕到,或置放餧食牲畜處所,不期殺人,實係耳目思慮所不及者,依過失殺人律收贖。若在人常經過處所置放,因而殺人者,依無故嚮有人居止宅舍放彈射箭律滿流,仍追埋葬銀十兩。子孫於父祖犯過失殺者,照例擬絞立決,法司覈其情節,實係耳目不及思慮不到與律相符者,准將可原情節,照服制情輕之例,夾籤聲明,恭候欽定,改爲絞監候。妻妾之於夫,奴婢之於家長,俱照此例辦理。有義殺,如罪人持杖拒捕,捕者格殺之,姦所獲姦,登時殺死姦夫姦婦,祖父母父母被殺,子孫將行兇人即時殺死,皆得勿論。詰其證佐,官司鞫囚,而證佐之人,不言實情,故行誣證,致出犯人全罪者,減犯人全罪二等。若增減其罪者,亦減犯人所得增減之罪二等。凡詞内干證,令與兩造同具甘結,審係虚誣,將不言實情之證佐,按律治罪。凡於律得相容隱,及年八十以上十歲以下若篤疾之人,情親者恐有所諱,得免罪者有恃而誣,皆不得令其爲證。若非實係證佐之人,挺身硬證者,以誣告論。生員代人扛幫作證,審係虚誣,地方官立行詳請褫革衣頂,照教唆詞訟本罪上各加一等。驗其屍傷。遇告訟人命有自縊自殘,及病死而妄稱身死不明,意在圖賴詐財者,究問明確,不得一概發檢,以啓弊竇。其果係鬬殺故殺謀殺等項當檢驗者,在京刑部司官,及五城兵馬司京縣知縣,在外州縣正印官,立即親往相驗。止許隨帶仵作一名,刑書一名,皁隸二名,一切夫馬飯食,俱自行備用,並嚴禁書役人等不許需索。未檢之先,務須詳鞫屍親證佐兇犯人等,令其實招以何物傷何致命之處,立爲一案,隨即親詣屍所,督令仵作如法檢報,定執要害致命去處,細檢其圓長斜正青赤分寸,果否係某物所傷。公同一干人衆,質對明白,各情輸服,然後成招,或屍久發變,青赤顔色亦須詳辨。凡相驗,有致命之處,有致命之傷,仰面頂心偏左偏右顖門額顱額角左右太陽穴左右耳竅咽喉胸膛兩乳心坎肚腹兩脇臍肚腎囊,合面腦後左右耳根脊背脊膂兩後脇左右腰眼,皆致命之處,肉青黑皮破肉綻骨裂腦出血流,皆致命之傷,逐一辨視。親填屍格,不可厭惡屍氣,高坐遠離,任聽仵作喝報。吏胥填寫,以致匿重報輕,減多增少,至行兇器仗,索之少緩,則藏匿移易,糊成疑獄,干繫甚重。初時必先急爲收索,以憑參照傷痕,定驗大小闊狹。兇器未到,不可分毫增減,防他日索到異同。凡驗狀,須開具屍首原在何處,如何頓放,彼處四至,有何衣服在彼,逐一檢點名件,其屍首有無雕青鍼灸瘢痕,生前有何缺折肢體,及傴僂拳跛秃頭青紫黑紅色痣肉瘤諸般疾狀,皆須於驗狀一一聲説開載,以備推勘。如有不識姓名人屍首,後有親屬呈告者,當驗狀證辨。至獄囚軍人無主死人,驗狀尤須詳慎。凡四時屍變,各有不同,傷有真有僞,有生前之傷,有死後之傷。檢屍有洗罨之法,檢骨有蒸煮之法,檢地有薪燒醋潑之法,皆宜審辨。凡自縊溺水身死别無他故者,官司詳審明白,准親屬具結免檢,獄囚病死情無可疑者亦如之。若殺傷而死者,親屬雖告,不聽免檢,命案檢明即應定擬。若屍親控告傷痕互異者,許再覆檢,勿得違例三檢,致滋拖累。凡地方呈報人命,正印官公出,即移請壤地相接不過五六十里之鄰邑印官代驗,或地處窵遠,不能朝發夕至,又經他往,方許派委同知通判州同州判縣丞等官,毋得濫派雜職。同知等官驗後,填具結格通報,仍聽印官承審。其府州縣原無佐貳,及雖有而不同城者,准令經歷知事吏目典史等官,驗立傷單報明,印官回日查驗,填圖通報。如即官不能即回,仍請鄰邑印官查驗填報,其訊無别故之自盡病死等案,驗明即准取結殮埋,仍由印官通詳立案,將州縣未經覆驗,及原驗雜職銜名,俱於原題内聲叙。凡距城遥遠處所,該管巡檢就近往驗者,亦照此辦理。凡五城命案,除道途倒斃,客店病亡,經該城驗訊屬實,即自行完結外,其餘金刃自戕投井投繯等案,俱由該城御史報部覈覆審結。五城指揮相驗,城内不得過兩日,關外不得過三日。如一時案件坌集,不能分身,准委副指揮吏目代驗,仍歸指揮承辦。若吏役命案,本城官概令迴避,該城御史速調别城指揮,帶領本管吏仵往驗辦理,外省本州縣吏役命案亦如之。凡州縣額設仵作,大縣三名,中縣二名,小縣一名,額外再募一二人跟隨學習,每名給發洗冤録一部。選明白刑書一人,與仵作逐細講解,每年開印後,州縣將額設學習名數,造具花名清册,申送該管府州彙册通送院司存案。該管府州,每年隨時就近提考一次,考試之法,即令每人講解洗冤録一節,如果明白,當堂從優給賞,儻講解悖謬,飭令分别責革,及勒限學習另募充補，仍彙册申報司院，併將召募非人之州縣查參。至仵作工食，每名撥給皁隸工食一分，學習者兩人共一分，若果檢驗得法，洗雪奇冤，該上司賞銀十兩。儻有受賄情弊，照例治罪。五城司坊，每城額設仵作一名，學習一名。額設者每名月給工食銀二兩，學習者一兩。額設仵作缺出，即以學習之人充補。其召募考試賞罰，俱由該巡城御史辦理。凡檢驗量傷尺寸，照工部頒發營造尺一例製造，不得任意短長，致有出入。禁圖賴者，以屍身圖賴人者，或父祖家長故殺子孫奴婢，或子孫奴婢將父祖家長已死屍身，或尊長將卑幼，或卑幼將尊長，或將他人屍身，俱依律科罪。已告官者，隨所告輕重，以誣告論。其因而詐取搶奪財物者，各從其重者科斷。又有無賴兇徒，遇自盡之案，冒認屍親，吵鬧毆打，或將棺攔阻打壞，擡去屍首，勒措行詐者，嚴拏責懲。與私和者。屍親人等私和人命，除未經得財者，仍照律擬議外，如屍親期服以下親屬受財私和，及兇犯期服以下親屬用財行求，俱計贓准枉法論，分别定罪。其父祖被殺子孫受賄私和者，無論贓數多寡，俱擬滿流。若父祖於子孫被殺，受賄私和者，杖一百，兇犯父祖以財行求者亦如之。軍流減一等，徒罪減二等，説事過錢者，各減受財人一等。鬬毆則辨其傷，相争爲鬬，相打爲毆，皮膚青赤而腫者爲傷，其重則拔髪方寸以上，内損吐血，又重則折人一齒一指，眇人一目，破人骨，抉毁人耳鼻，用湯火銅鐵汁傷人，又重則髡人髮，折人二齒二指，又重則折人肋，眇人兩目，墮人胎，又重則折跌人肢體，瞎人一目，令成廢疾，又重則折人兩肢，瞎人兩目，及因舊患令成篤疾，斷人舌，毁敗人陰陽，毆傷人至篤疾者，斷付財産一半，給爲養贍。凡鬬毆，以手足爲輕，重於手足者爲他物，金刃爲最重。若執持腰刀鐵槍弓箭，並銅鐵鐧劒鞭鉞斧扒頭流星骨朵麥穗，及庫刀梭鏢騙雞尾黄鱔尾鯽魚背海蚌等刀，撲刀順刀，凡非民間常用之刀傷人者，擬以軍遣，不得與尋常刃傷同科。凡因鬬互相毆傷者，各驗其傷之輕重定罪。後下手理直者，減本罪二等。如甲乙互相毆，甲被瞎一目，乙被折一齒，則甲傷重，當坐乙以杖一百、徒三年，乙傷輕，當坐甲以杖一百。若甲係後下手而又理直，則於杖一百上減二等，止坐杖八十。乙後下手理直，則於滿徒上減二等，止坐杖八十、徒二年，惟至死則不減。常人於宗室覺羅，官吏於制使，部民於本屬長官，及佐貳首領官，軍士於本管官，吏卒於本部長官，軍民吏卒於大小職官，佐貳統屬官於長官，九品以上官於非本管長官，儒及工藝弟子於受業師，或從重特科，或比照凡毆加等。良賤相毆，尊長與卑幼，夫與妻妾相毆，至折傷以上，各照凡毆加減。若子孫於父祖，奴婢於家長，則置諸重辟。凡以威力制縛人，私加拷打監禁，若傷至内損以上，加凡鬬傷二等。其以威力主使他人毆打人致死傷者，並以主使之人爲首，下手之人爲從，若主使兩人及數人毆一人者，以下手傷重者爲從，其餘皆爲餘人。凡工匠人役，如有於紫禁城内暨圓明園大宫門大東等門，及西廠等處，併各處内圍牆以内，犯謀故鬬毆殺人，及自傷者，從重定擬。其在午門以外大清門以内，暨圓明園大宫門大東等門以外，鹿角木以内者次之，均分别殺傷，及金刃與手足他物科斷。各令保辜而予以限。手足及以他物毆傷人者，限二十日。以刃及湯火傷人者，限三十日。折跌肢體及破骨墮胎者，無論手足他物皆限五十日。刃傷至筋斷者，亦照破骨傷立限。其餘限，手足他物及金刃湯火皆十日，折跌肢體及破骨墮胎，皆二十日，餘限内果因本傷身死，情正事實者，擬以死罪，請旨定奪。如原毆並非致命之處，又非極重之傷，越數日因風身死者，免抵減流。如原毆致命而傷輕，或傷重而非致命，因風身死者，必在十日外，方准聲請改流。其致命傷重，及雖非致命，傷至骨損骨斷，即因風身死在十日外，仍依律擬抵。若已逾正限，在餘限内因風身死者，照毆人至廢疾律，擬以滿徒至因他故身死。與本傷無涉者，雖在限内，仍各從本毆傷法。若折傷以上，保辜限内醫治平復者，各減二等。限内雖平復，而成殘廢篤疾者，全科所毆傷残廢篤疾之罪。凡鬬毆傷重不能動履之人，不得扛擡赴驗，該管官即帶領仵作親往驗看，定限保辜。一面撥醫調治，一面訊明確供，提集案犯，即行審埋完結，不得以傷痊之日起限。除附近城郭，及事簡州縣，照例正印官親驗外，其離城寫遠之區，及繁冗州縣，委係不能逐起驗看者，許委佐貳巡捕等官代往驗報，仍聽州縣官定限保辜。凡立辜限日期，如係隔月者，須查大建小建，併將被傷時刻明立文案，儻失調殞命，當計算時刻，以定辜限内外。凡盜案，有刦，强者爲刦，以藥迷人圖財者同。有搶，人少而無兇器爲搶奪，人多而有兇器爲强刦，在白晝爲搶奪，在夜間爲竊盜。如在途截搶者，雖昏夜仍問搶奪。其因失火及行船遭風著淺，而乘時搶奪人財物，及拆毁船隻者同。有竊，乘人不知而取其則爲竊，掏摸者同。如竊盜臨時行强，即以强論。各辨其首從。造意糾夥者一人爲首犯，餘皆爲從犯。凡刦盜得財則皆斬。盜器物錢帛，移徙已離盜所者方爲盜，珠玉寶貨之類，入手隱藏，縱未將行者亦是。木石重器，雖移本處，未馱載者，不爲盜。牛馬駝贏已出闌圈者，鷹犬之類，專制在己者，乃成盜。未成盜而有顯迹證見者，以已行未得財律科之。已成盜以得財律科之，刦盜已行，但得財者，不論首從皆斬。已行未得財者，皆杖一百、流三千里。惟殺人、放火、姦人婦女、打刦牢獄倉庫、干繫城池衙門、聚衆至百人以上六項，有一於此，不論曾否得財，俱斬決梟示。其準以情法，有貸死者，大學士會三法司議上，得旨乃准焉。强盜首犯，及夥犯内曾經轉糾黨羽，持火執械，塗臉入室，助勢搜贓，架押事主，或到案誣扳良民者，均屬法所難宥。其祇被脅隨行，在外瞭望接贓，並無兇惡情形，行刦止此一次者，均屬情有可原。定案時，督撫將法所難宥，及情有可原者，分晰於疏内聲明，大學士會同三法司詳議，將法所難宥者，按律正法，情有可原者，免死減等發遣爲奴。惟殺人放火等六項，及響馬强盜，江洋大盜，老瓜賊，仍照定例不分别原宥。凡刦盜既報，正印官即會營以親勘，驗視出入情形，及事主有無綑縛傷痕，訊取鄰佑及汛兵更練人等供詞，繪圖録供通詳。驗其贓物，事主呈報被盜，黏連失單，令逐細開明，如贓物繁多，一時失記，准於五日内續報，地方官將原報續報緣由，於招内聲明，履勘後查驗失單，飭傳經紀確估值銀若干，造册與勘圖一併附卷。迨獲犯審實，先將各犯家産封記，現獲之贓，分别由印官捕官給領，不得聽捕役私自起贓。如有借名尋贓，逐店搜察，或囑賊誣扳，指稱收頓,或將賊犯己物作贜,或買物栽贜,或混認瞞贜等弊,事發治罪。如原贜花費,將無主贜物賠補。如仍不足,即將犯産變價,其盜刼之案,犯已獲而原贜未起,數在一百兩以内,著地方官罰賠,數百兩至千兩以上,罰賠十分之一二。尋常竊案,不在此例,至諸色人等典當收買盜竊贜而不知情者勿論,止追原贜,其價於犯人名下追徵給主。究其窩夥。强盜窩造意,身雖不主行但分贜者斬,强盜引線,如首盜並無欲刼之家,其事主名姓,行刼道路,悉由引線指出,又經分得贜物者,雖未同行即與盜首一體擬罪。其但係知而不首,或强逼爲盜,臨時逃避,行刼後衆盜分與贜物以塞其口,及盜首先行立意行刼某家,引線僅止領路者,各按例科罪,不得概與盜首同罪。强盜初到案時,即審明夥盜數目,初招既定,不許續報。如造意爲首之盜脱逃,有夥盜供出逃匿所在,於一年限内緝獲者,將供出之盜夥免死,發遣爲奴。如本係應減等之夥盜供出,改擬滿流,接買盜贜者,至八十兩爲滿數,受寄盜贜者,至一百兩爲滿數,盜後分贜者,至一百二十兩爲滿數,若窩主造意者,不在此例。凡防盜,地方編排保甲,保正甲長牌頭,須選勤慎練達之人點充,不得容豪横之徒,藉名武斷。如果訪查盜賊據實舉報,按名給賞。儻有瞻徇隱匿,即予懲警。甲長照牌頭減一等,保正減二等,若牌頭於保正甲長處舉報而不行轉報者,牌頭免坐,甲長保正照例治罪。賭博爲盜賊淵藪,令保甲一併查舉,再地方有堡子村莊聚族百人以上,保甲不能編查,選族中有品望者,立爲族正。如有匪類容隱,照保甲一體治罪。五城地方,有來歷不明游蕩姦僞之徒,令司坊官及大興宛平兩縣,不時稽查,客店庵院,取具並無容留甘結,以憑各衙門查閲。賃房居住者,必諭明保人來歷,併者兩鄰稽察。儻有此等游棍,協同斥逐。至編户居民住有常業,及候補候選讀書貿易諸色人等,確有憑據者,毋許借端擾累。捕盜,捕盜以事發日爲始,强盜一月不獲者,捕役汛兵苔二十,兩月苔三十,三月笞四十,捕官罰俸兩月,竊盜一月不獲者,兵役苔一十,兩月笞二十,三月笞三十,捕官罰俸一月。若事主經隔二十日以上告官者,不拘捕限。凡州縣遇强刼等案,立即選差幹捕擒拏,一面將失事情形,申報所轄之府州,及關移接壤别屬之州縣。其專轄之府州,立即通飭闔屬選捕懸賞,分路偵緝,無獲則一體比追。鄰境州縣,遇移關一到,亦協力捕拏,不得心存畛域,視爲通緝具文,以致犯藏境内。督撫接據詳文,即檄鄰省州縣協拏,仍移咨鄰省督撫,彼此督緝。承緝官不得假借别州縣所獲之盜,指爲本案盜首,别州縣亦不得扶同搪塞,或先報盜首脱逃,或捏報盜首病故,甚至賄盜狡供,輾轉行查,希圖銷案。捕役承緝逾限,不獲盜首,將家口監禁勒比,如有勾通豢竊,坐地分贜,從重治罪。積案久逃之犯,司道嚴提捕役比緝,其新報之案,專責令該管府廳比緝,將比過各案,並捕役姓名,報明司院查覈。五城地方竊案,司坊官申報該巡城御史,及都察院,山東道,於失事日起,勒限四月緝拏,山東道按限提比。如限内未獲,與獲不及半者,該城御史即行查參,步軍統領衙門正身番役,俱照各部院經承貼寫送查之例,將番役年貌籍貫,按季造册,並出具並無白役圓扁子印結,移送河南道御史考覈。如有緝拏,每名豫給印票一張,開明款項發交收執,並將豫給印票款項,移明河南道查覈。如係提拏審案人犯，務必給與印票，將應拏人犯姓名逐一開明，有應密者，給與密票，亦於票內開明人犯姓名。儻無票私拏，即將番役送部究訊。凡營弁拏獲盜犯，即解交該地方有司衙門嚴行究詰，將供出首夥姓名，會同設法緝拏。其賊犯由兵弁拏獲到縣翻供者，許會同原獲營員質審。如係良民被誣，並無贓證，將弁兵議處治罪，如果得實，仍計贓案多寡分別獎勵。鄰境文武官有能拏獲别案內首夥各犯，官員分别議敘，兵役分别給賞，不在夥內之人，能供出盜首即行拏獲者，地方官從優給賞，捕役獲盜首，及獲盜過半之外又獲盜者，亦酌賞之。各嚴其法。凡盜搶者，竊者，皆計贓科之。白晝搶奪人財物者，杖一百、徒三年，計贓重者，加竊盜贓二等，至一百二十兩以上，照竊盜滿貫律擬絞監候。竊盜已行未得財者，笞五十，得財者，按竊盜贓科罪，併贓論罪，爲從各減一等罪，止杖九十。若拒捕者，竊盜臨時盜所拒捕，及雖未得財而未離盜所，逞兇拒捕，或雖離盜所，而臨時護贓格鬬，因而傷人者，皆科以重辟。若棄財逃走，與未經得財逃走，被事主追逐拒捕，或夥賊携贓先遁，後逃之賊被追拒捕，及已經逃走，因見夥犯被獲，幫護拒捕，因而殺傷人者，得稍從末減，其事主於盜後搜捕，起意拒捕者，仍依拒捕本律。凡罪人持杖拒捕，捕者格殺之。及在禁或押解已問結之犯逃走，捕者逐而殺之，或囚因追逐窘追而自殺者，不分囚罪應死不應死，皆勿論。如官司勾攝罪人，或在家或中途敢有糾謀聚衆打奪毆差者，俱分别殺傷從重擬罪。若並未聚衆，止係一時争鬬，或被追情急拒毆適斃者，仍各照本律辦理。凡恭遇駐蹕圓明園及巡幸地方，有因竊盜拒傷弁兵者，仿照紫禁城皇城内犯事之例擬罪。視相距宫牆一里以內，三里以內，併刃傷他物傷，及傷之輕重，分别首從科斷。如傷至死者，首犯擬以斬決梟示，其非駐蹕之日，仍照常例。屢犯者，白晝搶奪至三次者絞立決，若搶奪竊盜，各不及三次者，免其併擬。竊盜三犯，計贓至五十兩以上者絞監候。五十兩以下至三十兩，發四省煙瘴。三十兩以下至十兩以上，發邊遠充軍。不及十兩者流三千里，俱按其第三犯贓之多寡科斷，不得將初犯再犯，業已治罪之贓通算，以致罪有重科。其竊盜再犯，計贓應科五等杖罪者，各加枷號，自二十日至四十日，每等以五日遞加。凡竊盜掏摸搶奪等犯，將犯案次數併計科罪。若遇恩赦，其從前所犯之案，咸予赦除，免其併計，有犯仍以初犯論。如再犯竊，再遇赦後，復犯案到官，審係再犯三犯，俱按照初次恩赦後所犯次數併計科罪。如係清理庶獄恩旨，免罪不免刺者，仍行併計。若於得免併計後三犯擬流，又遇恩赦釋放之犯，後復犯竊，仍以三犯科斷。若於得免併計後，因竊問擬軍流徒罪，在配釋回復行犯竊，如止一二次同時並發者，按照得免併計後犯竊到官次數，分别初犯再犯三犯科罪。若不知悛改，連竊三次以上，同時並發者，照積匪猾賊例定擬。至未經得免併計之犯，在配釋回，不知悛改，糾夥疊竊四次以上，或雖未糾夥，而被糾疊竊，及獨竊至六次以上者，及初犯再犯之賊，糾竊在六次以上，或未糾夥而被糾疊竊及獨竊至八次以上者，均照積匪猾賊例擬遣。其並未糾夥，行竊數少，而情節有類於積猾者，照積猾量減一等，擬以滿徒。盜尚方服物者，凡大祀神祇御用祭器帷帳等物，及饗薦玉帛牲牢饌具之屬，已至祭所而盜者，制書、御寶、大内圓明園、避暑山莊、静寄山莊、清漪園、静明園、静宜園、西苑、南苑等處,乘輿服物,巡幸時行宫物件,有偷竊者,及山陵紅樁以内盜砍樹木者,皆罪擬斬决。其各衙門印信,城關門鑰,若在官物産,及民間應禁軍器,與凡偷竊衙署公館等案,科罪亦重於凡竊盜。各加罪焉。

欽定大清會典卷四十三

○凡監獄,有内監,强盜及斬絞重犯居之。有外監,軍流以下輕罪居之,監獄外垣周堆棘刺,内外監皆隔以垣牆。有女監,婦人犯姦友實犯死罪者居之,其餘雜犯,責付本夫收管。如無夫者,責付有服親屬鄰里保管,隨衙聽候。別其罪囚而繫之。或鎖收,或散收,官犯公罪流以下,私罪杖以下,軍民輕罪,老幼廢疾皆散收。以時給其衣糧,在禁囚犯,日給倉米一升,冬給絮衣一件,鎖杻常須洗滌,席薦常須鋪置,冬設暖牀,夏備凉漿,支更禁卒,夜給燈油,並於本處有司在官錢糧内支放。獄官豫期申明關給,毋致缺誤,赴倉支領囚糧,每石給脚價銀五分,其遞解人犯,按程給與口糧。如遇隆冬停遣,每名給與衣帽。五城司坊羈禁人犯,及部發各司坊枷號,並看守待質等犯,果係赤貧,無家屬送飯者,每人日給老米一升,按季造報户部覈銷。凡斬絞重犯,及軍流遣犯,在監及解審發配,俱著赭衣。治其疾病,内外監獄,醫治罪囚疾病。官給以藥,選用醫生二名,年底稽考優劣。如醫治痊愈者多,照例俟六年已滿,在内咨授吏目,在外咨授典科訓科。不能醫治病死多者,即責革更換。徒罪以下人犯患病,獄官報明,承審官即赴監驗看是實,行令該地方官取具的保保出調治,俟病痊即送監審結。如係旗人,行令該佐領驍騎校取保。外解人犯,無人保出者,令其散處外監,加意調治。如獄官不報,承審官不驗看保釋,以淹禁論,本犯無病,而串通獄卒醫生捏稱有病,及病已痊愈,而該管等官不即送監,俱以詐病避事論。至督撫題報監斃人犯,必將所犯罪名,所患病症,及有無淩虐,曾否保釋,逐一聲明。嚴其防範,强盜十惡謀故殺重犯,用鐵鎖杻鐐各三道,其餘鬬毆人命等案罪犯,以及軍流徒罪等犯,止用鐵鎖杻鐐各一道,笞杖等犯,止用鐵鎖一道。如輕罪濫用重鎖,重罪私用輕鎖,及應三道而用九道,應九道而用三道,獄官題參,禁卒革役。凡獲犯到案,及解審發回之時,州縣官當堂細加搜檢,無夾帶金刃等物,方許進監。凡甎石樹木銅鐵器皿之類,不許禁卒混行取入。有買酒入監者,將禁卒嚴行責治查辦。皁隸及官員家僕人等,不許擅自出入監所。監犯祖父伯叔兄弟妻子,許一月兩次入視,隨從使役,不得過兩名,入視旋出,不得久留。有送飲食者,提牢官驗明,禁子轉送。盜犯家口,不許放入監門探視,違者枷責。官吏參處,獄囚不得給與燈油,内外監俱不得搭蓋天棚。斬絞監候之犯,每遇秋審,責令獄官監視薙髮一次。軍流人犯,每季薙髮一次,仍令留頂心一片。秋審解省者,必俟審畢發回後,方許薙髮。懲其凌虐。獄内禁用匣牀,官員擅取病呈,致死監犯者,以謀殺造意論。獄官禁卒聽從下手,以從而加功論。其獄卒受罪人讐家賄囑,謀死本犯者,亦以謀殺論。番役私拷死罪人犯者,枷號杖責。私拷軍流以下罪犯者,遞加一等治罪。逼索銀錢,計贓以枉法論。至程遞人犯,如押解人役擅加杻鐐,非法亂打,搜檢財物,剝脱衣服,逼致死傷,或姦汚犯人妻女者,照例重治,併許被害之犯,在各該處衙門控告。官司故禁平人者,罪之。凡平空無事,亦無名字在官之人,及雖有公事干連而無罪者,官吏如有挾讐故禁,或淹禁致死者,分别治罪。又如笞杖輕犯,遞回原籍安插者,承審衙門於遞解票内,註明不應收監字樣,前途接遞州縣,即差役押交坊店歇宿,取具收管,毋得濫行監禁。私繫者,亦如之。地方官私設班館自新所之類,皆屢經奉旨飭禁。凡監犯越獄者,加其罪。凡獄囚脱監,於本罪上加二等,因而竊放他囚罪重者與同罪。若盜犯越獄,原擬斬決者,即行梟示。原擬免死發遣者,改擬斬決。若殺傷兵役,亦擬斬梟。若糾夥三人以上,穿穴逾牆,乘間越獄者,分别情罪,從重加擬。在途在配脱逃者,亦如之。軍犯在配脱逃,如係附近充軍者,初次枷號一月,調發近邊,二次枷號兩月,調發邊遠,三次枷號三月,調發極邊煙瘴。其本犯近邊邊遠者,各以次遞加調發。至極邊煙瘴脱逃者,改發黑龍江等處爲奴,即令拏獲之州縣詳請咨部覈擬完結,毋庸遞回原配審斷。其中途脱逃者,亦照此辦理。流犯脱逃,亦以次遞加調發,俱由原籍計程發配,仍按照次數枷號如軍犯法。惟免死減流脱逃者,改近邊。尋常滿流人犯脱逃者,改附近,俱就現配地方計程。若所應發之地,與該犯原籍相近,而又地處邊境,無可改發者,即照表内應發之地,加一等改發。免死發遣盜犯,逃逾五日者,請旨即行正法。緩決人犯,減等發遣。如有逃後行兇,拏時拒捕,照原犯死罪即行正法,免死減軍者亦如之。尋常發遣逃犯,有行兇拒捕等事,仍照現犯罪名從重定擬。罪其主守者。獄卒失囚,果係依法看守,偶致疏脱,非得賄故縱者,聽減囚罪最重者二等,給限百日,戴罪追捕,捕得即免罪。其有將斬絞重犯鬆放刑具,以致脱逃,即將該禁卒嚴行監禁,俟拏獲逃犯之日,究明賄縱屬實,即照所縱囚罪全科。應入秋審情實者,亦入情實,應斬絞立決者,亦擬立決。如係徇情鬆放,或託故擅離,或倩人代守者,照故縱律與囚同罪,至死減一等。重犯中途脱逃之解役,亦照此分别定罪。軍流罪犯,在配脱逃,亦給限追捕,限内捕得者,將看守之保甲革役免罪。如逾限不獲一名者杖八十,每一名加一等,罪止杖一百。受財故縱者,計贓以枉法論。若軍流等犯在途疏脱,於限内捕獲者,將長解減二等問擬,短解免罪。

○凡捕亡,督役必嚴,在官應捕人,承差追捕,而推故不行,或知而不即捕者,減罪人罪一等。限三十日捕得一半以上,雖不及半,但獲最重之犯,皆免罪。犯人已死,及自首各盡者,亦如之。不盡者,依不盡之犯減等科罪。非應捕人臨時差遣者,減一等。受財故縱者，不給捕限，與囚之最重者同罪。贓重者，計贓以枉法從重論。其未經受財，但通信息，致罪人逃避者，如所縱之囚，罪在軍流以下者，亦與囚同科，不准減等。若係斬絞外遣等罪，將該犯減發極邊煙瘴充軍。凡逃回原籍之軍流人犯，本籍地方官於咨緝文到，即傳該犯親屬鄰保人等，逐一訊問根由下落。如果未逃回，即取確實供結，詳請咨部。及配所省分存案，仍令保鄰不時偵緝，一經回籍，立即首報。儻容留不行舉首，將房主鄰保，照律治罪。親屬除祖父子孫夫妻奴僕外，俱照律治罪。地方官率混詳報，及不行查出者，交部分別議處。僉差必慎。州縣廣緝重犯，不得濫給緝票。先將該犯年貌案由，併差役年貌籍貫，及所差名數，一面詳明督撫，知照各該省，一面改用通關，給與差役携帶在身，密行偵緝。知有蹤跡，即將通關呈報該地方官添差拏解。如緝無蹤跡，仍投換回文，以爲憑驗。儻有濫給印票，及差人雇倩白役代緝，以及藉端勒索，照例治罪。其僉差不慎之承緝官，嚴加議處。若通緝，州縣脱逃要犯，將該犯年貌籍貫開明行文通緝。該處地方官於文到之日，差捕認緝，一面填寫印票，分給各鄉總甲，遍行訪察。如果遍緝無蹤，年底取具甘結轉詳咨部，仍令接緝務獲，知照銷案。其通緝遣犯，各督撫於文到日，即飭屬分差緝拏，將緝役姓名申報，責成該管道府不時稽察。如有怠忽不力者，揭參議處。凡通緝已届四十年，即行查銷。逃犯停緝，以年逾七十爲準。如在逃時年已六十，勒限十年。年已五十，勒限二十年。逾限未獲，即於彙咨通緝案内，開除停緝。儻後經緝獲，仍照例辦理。若協緝，凡凌遲斬絞立決監候重犯，越獄脱逃，將管獄官革職拏問。除四月限内拏獲，免其拏問外，如不能拏獲，留於地方協緝。五年限滿不獲，審係禁役賄縱故縱脱逃者，發往軍臺效力贖罪。若審明禁役並無賄縱故縱情事，果係依法看守，偶致疏脱者，擬以杖一百徒三年，有獄官暫行革職留任。俟四月限滿不獲，仍留任一年督緝。如再不獲，按其未獲名數，議降議革，留於該地方協同接任官緝捕。五年限内拏獲，題請開復。限滿不獲，查係禁役賄縱故縱者，毋論名數多寡，概行革職，發往軍臺效力贖罪。若並無賄縱等弊，係降調之員，仍照未獲名數，分别降革完結。係革職之員，擬以杖一百徒三年。至一案内祇係一名脱逃者，有獄官革職留任，四月限滿不獲，仍留任一年督緝。如再不獲，即行革任，留於該地方協緝。五年限内拏獲，題請開復。限滿不獲，審係依法看守，偶致疏縱者，仍以革職完結。係禁役賄縱故縱者，擬以杖一百徒三年。儻犯被他人捕獲者，仍照例科罪。其軍流人犯越獄，及重犯越獄拏獲案内尚有軍流等犯未獲者，亦仍交部議處。責其所司，而論其不力者。凡官司承緝之案，於限内獲犯過半，或及半兼獲首犯者，免其查取職名開參。獲未及半，仍將職名開報咨參，聽候部議，及半而未獲首犯者亦如之。

○凡審案，必定其期限。凡審理尋常命案，限六月。盜刦及情重命案，欽部事件，並搶奪掘墳一切雜案，俱定限四月。其限六月者，州縣三月解府州，府州一月解司，司一月解督撫，督撫一月咨題。限四月者，州縣兩月解府州，府州二十日解司，司二十日解督撫,督撫二十日咨題。如案内正犯及要證未獲,情事未得確實者,題明展限。按察司自理事件,限一月完結。府州縣自理事件,俱限二十日審結。上司批審事件,限一月審報。若隔屬提人及行查者,以人文到日起限,限滿不結,督撫照例咨部,即於限滿之日接算。再限二參四月,仍令州縣兩月解府州,府州臬司督撫,各分限二十日。如逾限不結,督撫將易結不結情由,詳查註明題參議處。至卑幼擅殺期功尊長,屬下人毆傷本管官,并妻妾謀死本夫,奴婢毆故發家長等案,承審官限一月内審解,府司督撫各限十日審轉具題。如限滿未結,即接扣二參限期,州縣限二十日,府司督撫,仍各限十日完結。如有遲延,分别初參二參,照例議處。其殺死三命四命之案,該督撫即提至省城,督同速審,其審解限期,即照此例。承審官内有陞任革職降調,及因公他往,委員接審者,如前官承審未及一月者,准其按審過日期扣展。一月以上離任者,准其展限一月,分限兩月三月事件,前官承審,歷限過半離任者,准其扣半加展。如前官於二參限内離任者,接任官准其以到任之日起,無論六月四月事件,俱扣限四月審結。至原問官審斷未當,及犯供翻易情節,督撫另委賢員,或會同原問官審理。委審之員,展限一月,該管各上司,亦統限一月覈轉具題,總以兩月完結。督撫參遲延時,將解審月日,駁查次數聲明,聽部查覈。凡案内正犯要證,及首從人犯,已經到案,間有餘犯未獲者,即將現獲之犯,據情研審,按限完結。遇有續獲之犯,到案在州縣分限以内者,即一併審擬,毋庸另展限期。如到案在分限外,不能併案審擬者,將續獲人犯,另行展案,扣限四月完結。如到案在州縣分限將滿者,亦不得逾違統限。凡總督兼轄兩省,遇有欽部等事件例限四月具題者,隔省事件,准六月具題。兩廣總督廣東巡撫所屬瓊州,亦照隔省例。福建臺灣府限十月,湖廣衡州等府所屬有苗民二十六州縣,及乾州平溪距省窵遠。凡命盜案件,俱於定限外展限兩月,督撫新任及署理印務。如欽部事件,原限内難於完結,准分别展限。原限四月展兩月,原限六月展三月,遇公事出境,一切事件,准題展限。若監臨科場,准按日扣限。凡參審之案,督撫於具題後,即行提人犯要證到省,俟奉旨文到日,率同司道審理。即扣限起,舊限四月者限兩月,總督隔省,舊限六月者,限四月具題。如果案情繁重,奏請展限,亦總須在四月六月内完結。凡在京衙門承審事件,限一月内審結。被證在外者,以到齊日爲始。内外移咨行查者,以文到爲始。本部現審事件,應會三法司者,仍限一月。杖責等罪限十日,發遣軍流等罪限二十日。案内有應行提質及患病之犯,以提到及病愈之日爲始,仍將應行扣限。及三法司會審日期,並於科道衙門註銷内聲明。凡本部行文八旗内務府五城順天府提人,限文到三日内,即行查送過部。或人犯有他故不到,即將情由報明。如違參處,尋常移咨外省案件,如行查家産,關提人犯,俱以文到之日爲始,依限查覆,於覆文内將何日接到部咨,有無逾限之處,隨案聲明。儻一時未得清晰,必須輾轉咨查,不能依限查覆者,亦即聲請展限。凡州縣承審案件,遇正犯要證患病者,准其計日扣展期限,將起病病痊月日,及醫生醫方,先後具文通報,成招時出具甘結附送,令該管府州於審轉時查察,加結轉送。如府州司道審轉之時,或遇犯證患病,亦准報明扣除。毋論司府州縣,凡犯病逾一月以上者止准扣限一月。若州縣捏報藉延,府州扶同加結,一併開參。州縣自理之案,則責其上司督之。州縣將每月自理事件,作何審斷,與准理拘提完結之月日,逐件登記,按月造册,申送該府道司撫督查考。其有隱飾,按其干犯,别其輕重,輕則記過,重則題參,仍照在京衙門安月註銷之例,設立循環簿。將一月内事件填註簿内,開明已未結緣,由其有應行展限,及覆審者,亦即於册内註明,於每月底送該管知府直隸州知州查覈,循環輪流註銷。其有遲延隱漏,詳報咨參。該管巡道巡歷所至,即提該州縣詞訟號簿,逐一稽查。如有未完之案,號簿未經造入,即係任意遷延。先提書吏責處,併將州縣揭報督撫,分别嚴參。其事雖審結,斷理不公,該道覈其情節可疑者,立提案卷查覈改正。若關繫積賊刁棍衙蠹及胥役弊匿等情,即令巡道親提究治。凡民間詞訟細事,如田畝之界址溝洫,親屬之遠近親疏,許令鄉保查明呈報,該州縣官當即親加剖斷,不得批令鄉保處理完結。農忙,則停訟。自四月初一日至七月三十日,時正農忙,一切民訟,除反叛命盗及貪贓壞法等重情,併姦牙鋪户騙刦客貨查,有確據者,俱照常受理外,其餘户婚田土細事,一概不准受理。自八月初一日以後方許聽斷。若查勘水利界址等事,現涉争訟,清理稍遲,必致有妨農務者,即令州縣親赴該處審斷速結,不得票拘至城,或至守候病農。其一切呈訴無妨農業之事,照常辦理,不許藉稱停訟,任意稽延,仍令該管巡道嚴密申報,據實參處。案犯之應禁者,如侵欺錢糧一千兩以上皆鎖禁監追,奉旨遞回原籍。及犯徒罪以上援免,解交地方官管束之犯,經過州縣,照例收禁之類。凡鞫獄管獄等官,於罪囚應鎖杻而不用鎖杻,及應杻而鎖,應鎖而杻者,照例問擬。應保釋者,問刑衙門,除重犯例應監禁外,其餘干連,並一應輕罪人犯,即令地保保候審理。部發取保犯證,如係五城送部之案,其案犯住址,即在原城所管地方,仍發交原城司坊官取保。其餘各衙門移送案内應行取保人證,俱按其居址坐落何城,發交該城司坊官就近取保。其由外省州縣提到人證,即令本人自舉親識寓居所在,交城就近發保,仍將保人姓名報部查覈,其並無親識者,酌量交城看守。凡詞訟對問得實,被告人已招認服罪,原告人别無應對事理者,隨即放回,毋得拘留。其挾讐扳害者,申解督撫詳審,果係誣枉,即行釋放,不得令候結案。内外枷杖輕罪,竟行發落。軍流徒罪,於審結之日,先行發落,按季彙題。若非尋常經見之事,及酌重酌輕之案,併犯罪文自生監以上,武自驍騎校以上,或本身雖白丁,係現任大員子弟,犯該遣軍流徒者,俱詳敘供招。不拘件數時日,隨結隨題。仍於酌重酌輕之處,黏貼黄籤,恭呈御覽,俟奉旨之日發落。至案内贓證未明,監候待質之犯,如發遣軍流罪已過十年,徒罪已過五年,杖罪已過三年者,督撫查明咨部覈覆。應遣軍流徒者,照原擬罪名即行發配。應杖罪者,取具的保釋放在外,俟緝獲正犯之日,再行質審。若監候年限内恭遇恩赦,如在逃本犯拏獲時例得減免者,待質之犯,准其即行查辦省釋。應關提者,凡推問罪囚,有起内人伴現在他處,官司停囚待對者,雖彼此職分不相統攝,皆聽直行勾取。若應對之囚,已在他處事發,見問者,聽輕囚就重囚。罪相等者,少囚從多囚。數相等者,以後發之囚,送先廢官司併問。若兩縣相去三百里之外者,往返移就,恐致疏虞,各從事發處歸斷,移文知會。若將重就輕,將多就少,當處官司隨即收問,仍申達所管上司究問違法移囚之罪。凡鄰縣關提人犯,限文到二十日拏解,不得聽信地保差役捏稱並無其人,及久經出外空文回覆,措不發人。尋常對質人犯,隔省關提者,一面詳明督撫移咨,一面差人關會該地方官添差協緝,不得擅給批牌,竟行拘提,在本省隔屬者亦如之。若探實贓盜之處,無論隔縣隔府隔省,一面差役執持印票即行密拏,一面移文關會。拏獲之後,仍報明地方官添差移解。一應竊匪窩賭窩娼等類,有竄入鄰境者,亦照此例。凡關提人犯,務將緊要緣由,及關提月日,通報各上司稽考。至審結題咨時,亦將關到日期,扣明程限,聲明有無遲延,聽候部議。其並非緊要案犯,不得藉稱關提,希圖展限。凡關提人犯,及關查口供,皆得展限兩月。應解審者,秋審案犯,緩決者解審一次之後,情罪無可更定者,祇令有司敘由詳報,停其解審。其曾擬情實,未經勾決之犯,及前擬緩決,後改情實,併緩決人犯内情可矜疑者,仍照例飭提解審。凡解審,令州縣報明該管府州徑行解司。押解之員,逐程更替,將人犯併解役當面點交前站委員接解,審畢發回。由司給發護牌,逐程遞回州縣收禁,仍彙文行知各該府。其距省寫遠之府州,秋審人犯免解審者,湖北省則鄖陽、宜昌、施南三府所屬之各州縣,湖南省則永順、沅州二府,鳳凰、乾州、永綏三廳及靖州所屬各縣,陝西省則榆林、延安、漢中、興安四府及綏德州所屬,四川省則寧遠、重慶、夔州、綏定四府及酉陽州、忠州、敘永廳各所屬,廣東省則高州、廉州、雷州、潮州四府所屬,廣西省則泗城、鎮安、太平、思恩四府所屬之凌雲、西林、西隆、小鎮安、天保、歸順、奉議、崇善、龍州、寧明、永康、左州、養利、武緣百色各廳州縣,雲南省則永昌、順寧、麗江、昭通、廣南、普洱六府,景東、永北兩廳,鎮沅直隸州及州屬恩樂縣,俱責成不由審轉之道員,於冬季巡歷時,逐一親鞫,造册加結,移報院司彙覈,不必會同知府。儻有鳴冤翻易者,即將該犯解省,聽候院司覆覈。如有續行補入秋審之案,補勘移報。必求其當,以無累於民。每遇清理庶獄恩旨,必將因事牽涉,拘繫待質各犯,速行訊明省釋。一切案件,俱令速爲完結,以免拖累。凡地方官審理詞訟,不得任意遲延,使民朝夕聽候,以致廢時失業,牽連無辜,小事累及婦女,甚至賣妻鬻子者,該管上司,不時查察,毋得狗庇。

○凡贖刑之制三。一曰納贖,無力決配,有力納贖,仍分有力稍有力二等。有力者每笞一十,贖銀二錢五分,照數遞加。至笞五十,贖銀一兩二錢五分。杖六十,贖銀三兩。自杖七十以上,每加五錢。至杖一百,贖銀五兩。徒一年,贖銀七兩五錢,自一年半以上,每加二兩五錢。至徒三年,贖銀十七兩五錢。總徒四年,二十兩。准徒五年,二十五兩。稍有力者,每笞一十,照力役一月折銀之數,贖銀三錢。笞二十以上,每一等加役十五日,折銀一錢五分,以次遞加。至笞五十,贖銀九錢。杖六十,贖銀一兩二錢。杖七十以上,每等亦遞加一錢五分。至杖一百,贖銀一兩八錢。徒一年,贖銀三兩六錢,一年半以上,每等遞加一兩八錢。至徒三年,贖銀十兩八錢。總徒四年，十四兩四錢。准徒五年，十八兩。凡納穀者，每一石折米五斗。納米者，每一石折銀五錢。軍民犯公罪者准焉。一應軍民人等，若僧道官，大常寺廚役，各壇祠祭署奉祀祀丞，神樂觀提點，協律郎，贊禮郎司樂等官，並樂舞生，及養牲官軍，犯非姦盜贓私，及失誤供祀之罪，但因人連累及公事過誤者，並聽納贖。生員以上，輕罪則贖，重罪則否。凡進士、舉人、貢監生及一切有頂戴官，有犯笞杖輕罪，照律納贖。罪止杖一百者，分别咨參除名，徒流以上，照例發配。文武官員犯罪，杖一百以下者，分别降級罰俸，犯該杖一百者革職。如本案已革職，其笞杖輕罪，毋庸納贖。若革職後另犯笞杖罪者，照例納贖，徒流軍遣亦依例發配。二曰收贖，笞一十，贖銀七釐五毫，每等照數遞加。至杖一百，贖銀七分五釐。徒一年，則倍加七分五釐，共一錢五分。徒五等，每等以七分五釐，折半爲三分七釐五毫遞加。至徒三年，贖銀三錢。流二千里，復加七分五釐。流三等，每等亦折半以三分七釐五毫遞加。至流三千里，贖銀四錢五分。絞斬死罪，復加七分五釐，贖銀五錢二分五釐。老幼廢疾、天文生及婦人犯非的决者准焉。天文生犯徒流罪，决杖一百，餘罪照此收贖。婦人除姦盜不孝外，其餘有犯，不論有力無力，概准收贖，即依此法。三曰贖罪，笞一十，贖銀一錢，每一等加一錢。至杖一百，贖銀一兩。徒流以上，各按折杖法，並以杖一百爲正罪。贖銀一兩外，餘數爲餘罪，其贖銀各有差。如徒一年者折杖一百二十，除杖一百正罪贖銀一兩，餘罪杖二十，贖銀七分五釐，每加徒一等。如餘罪贖銀三分七釐五毫。至流二千里，折杖二百二十，除正罪贖銀一兩外，餘罪杖一百二十，贖銀三錢，每加流一等，加餘罪贖銀三分七釐五毫。至死罪，除正罪贖銀一兩外，餘罪贖銀爲四錢五分。命婦例應的决者准焉。命婦及凡官員正妻犯罪應杖，非例應的决者，依收贖法外，其例應的决而聽其贖者，用贖罪之數。各别以其等，過失殺傷人者，亦如之。過失殺人，准鬭毆殺擬絞，依律收贖，折銀十二兩四錢二分，付被殺家營葬。其過失傷人致篤疾者，罪擬滿流，折銀十兩六錢四分五釐。致廢疾者，罪擬滿徒，折銀七兩九分七釐。折傷以上罪應徒二年者，折銀五兩三錢二分二釐。罪應徒一年者，折銀三兩五錢四分八釐罪。應杖一百者，折銀一兩七錢七分四釐。折傷以下罪應杖八十者，折銀一兩四錢一分九釐。罪應笞五十者，折銀八錢八分七釐。罪應笞四十者，折銀七錢九釐。罪應笞三十者，折銀五錢三分二釐。罪應笞二十者，折銀三錢五分四釐。各付被傷者，以爲醫藥之資。徒限内老疾者，亦如之。如年六十九以下犯徒役三年，役限未滿，年入七十或入徒時無病，徒限内成廢疾，並准收贖。收贖之法，若犯杖六十徒一年者，合計全贖銀一錢五分。除已受杖六十，准去四分五釐，剩徒一年。該贖銀一錢零五釐，計算每徒一月，贖銀八釐七毫五絲，如已役一月，准除去此數，以餘數收贖，徒五等以此類推，每受杖加一十，准去銀七釐五毫，仍以剩徒年分，與餘該贖銀之數計算。每徒一月該贖銀若干，除去已役年月，而以其餘數收贖。誣輕爲重未决者，亦如之。誣輕爲重，各坐以剩罪。如被誣已决者，按剩罪全抵。未决者，笞杖收贖，徒流剩罪過杖一百者,止决杖一百。再有剩罪,亦准收贖。每笞一十,贖銀七釐五毫。每加笞杖一十,加贖銀七釐五毫,徒流折杖並同。皆著於贖例。不著於例者,曰捐贖,必敘其情罪以疏請,得旨乃准焉。乾隆元年三月二十六日奉旨贖罪一條,原係古人金作贖刑之義,况在内由部臣奏請,在外由督撫奏請,皆屬斟酌情有可原者,方准納贖。其事尚屬可行,嗣後將贖罪一條,仍照舊例辦理。凡捐贖之數,斬絞罪,三品以上官,一萬二千兩,四品官五千兩,五六品官四千兩,七品以下官及進士舉人,二千五百兩,貢監生員二千兩,平人一千二百兩。軍流罪各减十分之四,徒罪以下,各减十分之六,枷號杖責,照徒罪捐贖,俱准免罪。至杖笞例應的决,而情有可贖者,分杖爲一等,笞爲一等。如貢監生杖罪,捐穀四百石,納銀二百兩,笞罪捐穀二百石,納銀一百兩。平人杖罪,捐穀二百石,納銀一百兩,笞罪,捐穀一百石,納銀五十兩。職官革職,餘罪例不納贖者,三品以上杖罪,捐穀二千四百石,納銀一千二百兩,笞罪半之。四品杖罪,捐穀二千石,納銀一千兩,笞罪半之。五六品杖罪,捐穀一千六百石,納銀八百兩,笞罪半之。七品以下及進士舉人杖罪,捐穀一千二百石,納銀六百兩,笞罪半之。在部具呈者,限一月交納。在外具呈者,於文到州縣之日兩月交納。逾限不完,除本犯不准贖免外,將具呈之犯屬,按本犯罪名减三等治罪。凡奏准贖罪,立限完交者,仍令前赴戍所,俟贖項完清之日,再令回籍。如有及早完項者,即可令其早回,不必拘定期限。

○凡犯罪而親老疾者,則留養。死罪人犯父祖年七十以上,或有篤疾廢疾應侍,家無以次成丁,年十六以上者,准開具所犯並應侍緣由,奏聞請旨。如准留養者,枷號兩月,責四十板。鬬殺等案追銀二十兩,給死者家屬養贍。免死流犯,亦枷號兩月。軍流枷號四十日,徒罪枷號一月,各照數决杖,准其存留養親。凡兄弟犯罪俱擬正法者,例留一人養親,仍奏聞請旨定奪。若問擬一死一遣,准其將遣犯留養。凡留養之犯,於未奉部文之先親故,即不准留養。節婦之子,亦如之。嫠婦獨子,其母守節已逾二十年者,如犯軍流徒罪,及戲殺誤殺鬬殺等死罪,俱准其留養。若有意逞兇致死人者,雖寡婦守節二十年,而又年逾五十者,不准留養,與人鬬毆致傷其母身死者亦不准。有次丁則否。獨子留養者,如該犯本有兄弟及姪出繼可以歸宗,即不得以留養聲請。若有兄弟廢疾不能侍養,及外出多年,查無音信,不知存亡者,仍准留養。所殺者無次丁則否。被殺之人,亦係獨子,親老無人侍養,則殺人之犯,不准留養。即其父母雖未老疾,而現在無次丁,即屬無人侍養,不得以年齒尚壯,懸揣他日尚可生子,遂准兇犯留養。至孀婦獨子被殺,尤爲煢獨無依,無論是否老疾,兇犯概不准留養。若被殺之人無姓名籍貫可以關查者,仍准聲請留養。又被殺者雖係獨子,已無應侍之親,或律應歸宗,非親老無人侍奉可比,俱准兇犯留養。至擅殺罪人之案,與毆斃平人不同,如有親老應侍,照例聲請,毋庸查被殺之家有無父母,是否獨子。爲人後者,可別繼則否。死罪及軍流遣犯,身爲人後者,若所後之家,可以另繼,即不得以留養聲請。惟徒罪人犯，爲人後者，毋庸令所後之家另繼，其兄弟等出繼者，亦毋庸令其歸宗，概准留養。忘親不孝者則否。曾經觸犯父母犯案，併素習匪類爲父母所擯逐，及在他省獲罪，審係游蕩他鄉遠離父母者，俱屬忘親不孝之人，概不准留養。若係官役奉差者，客商貿易在外，寄資養親，確有實據者，及兩省地界毗連，相距在數十里以内者，或離在數百里外，逾時歸省，及時有資財書信寄回者，俱不得以忘親不孝論。該督撫於定案時，察覈明確，按其情罪輕重，照例將應侍緣由，於題咨内聲敘。情罪之重者則否。凡謀故殺及連斃二命，秋審應入情實無疑之案，俱不准留養。卑幼毆死本宗期功尊長者，亦不准聲請。若按其所犯情節實可矜憫者，督撫於疏内聲明，恭候欽定。若毆死本宗緦麻外姻功緦尊長，統俟秋審時取結辦理，其發遣等犯，依例載强盜窩主等三十項款不准留養。此外情節稍重之犯，俱可類推。至如搶竊滿貫，以至造賣賭具等情輕人犯應留養者，詳記檔案。一次之後，復犯遣軍流徒等罪，概不准再請留養。凡祖父母父母同案犯罪者，不得以留養聲請。應留者得旨乃准焉。凡戲殺誤殺秋審緩決一次例准減等之案，並擅殺鬬殺情輕，及救親情切傷止一二處應入可矜者，該督撫查取各結，聲明具題。法司隨案覈覆，聲請留養。其非秋審應入可矜，並不准緩決一次減等者，督撫定案時，止將應侍緣由聲明，不必分别應准不應准字樣，統俟秋審時取結報部，九卿覈定，入於另册進呈，恭候欽定。夫毆妻死應行留養承祀者，亦照此辦理。若定案時，犯親年歲不符，原題内未經聲明，應侍秋審後，覈其父祖現已老疾，孀婦守節年已合例，及成招時家有次丁，嗣經身故。被殺之家先有父母，嗣已物故，與留養之例相符。由督撫查明，已入秋審緩決可矜者，隨時隨案具題，本部覈題覆准，其未入秋審各案亦酌其情節輕重，分别或隨時查辦，或俟秋審時辦理。漏報者，捏報者，論如律。部内題結軍流徒犯告稱留養者，如屬大興宛平二縣民人，該縣查明，府尹確查報部。如屬五城民人，兵馬司指揮查明，巡城御史確查報部。如屬外省民人，州縣官查明，督撫確查報部。若外省人犯咨解到部後始告留養者，取具該犯確供，一面解配，一面行查。如到配後告稱留養者，該配所一面收管，一面行查。如果例應留養，取結報部，將該犯解籍留養，原審官照軍流人犯未經審出實情例議處。凡人命案件，地方官於相驗時，即將兇犯之親有無老疾，該犯是否獨子，訊證明確，一併詳報。若並非獨子，知情捏報，以故出論。受賄者以枉法論。鄰保族長人等假捏出結者，減本犯罪二等科擬。若地方官查報後，復將假捏情弊自行查明，及鄰保等自行首送。除本犯仍行發配外，官員鄰保等俱免議。

〇凡恤刑之典，曰停刑，每年正月、六月、十月及元旦令節七日，上元令節三日，端午中秋重陽令節各一日，恭遇萬壽聖節七日，各壇廟祭饗齋戒，以及忌辰素服等日，並封印日期。四月初八日，每月初一初二日，皆不理刑名。秋審朝審處決重囚，及一應立決人犯。如遇冬至以前十日爲限，夏至以前五日爲限，俱停止行刑。若文到正值冬至夏至齋戒日期，及已過冬至夏至者，於冬至七日夏至三日以後，照例處決。凡各省奉到立決部文,督撫按日按程計算,由府廳州轉行州縣。適在正六十等月停刑期内者,即將部文密存按察使内署,俟按計程日已過停刑日期,釘封專差馳遞。該州縣接奉部文,即日處決。惟兇盜逆犯,干涉軍機,應行立決者,仍即隨時辦理,聲明咨部,毋庸拘泥停刑之例。在京現審案件,有應行立決人犯,如適當雨澤愆期,清理刑獄之時,即將此等應結案牘,暫行停止題奏,俟雨澤霑足,再行請旨。曰減刑,每年小滿後十日起,至立秋前一日止,如立秋在六月内,以七月初一日爲止,内外問刑衙門,除軍流徒犯及竊盜鬭毆傷人罪應杖笞人犯,不准減免外,其餘杖罪人犯,各減一等,遞行八折發落。笞罪寬免,枷號者暫行保釋,俟立秋後照例減等補枷,滿日發落。凡犯案審題在熱審之先,而發落在熱審期内者,照前減免。儻審題雖在熱審期内,而發落已逾熱審者,概不准減免。至熱審期内監禁重犯,令管獄官量加寬恤,其情罪可疑,及牽連待質人等,暫予保出,俟秋後再行拘禁。若故爲遲延,罪人希圖漏網,胥吏夤緣作奸,除本犯不准減等外,官吏俱嚴加議處。曰停遣,直省軍流遣犯,及實發新疆,併新疆改發内地人犯,未起解者,十月至正月終及六月,俱停其發遣。若已至中途,初冬十月,經過州縣照常接遞,至十一月初一日方准停遣,俟次年二月轉解。如遇六月,照前停遣。儻抵配不遠,併發往東南省分各項人犯,有情願前進赴配者,取具本犯確供,一體起解,並將不行停遣緣由,移咨前途接遞,仍報部查覈。惟雲南省並無盛暑嚴寒,各省解往軍流遣犯已入該省邊境者,不必停遣,其起解之時,有情願前進者,亦照解往東南省分之例辦理。至中途患病應留養者,原解報明所在官司親驗確實,具結申請,即著該地方官留養醫治,隨行親屬病者,亦准存留,候病痊起解,仍將患病日期報部,併飭各屬將每年有無患病留養人犯,及已未起解之處,按季報明該督撫等造册報部查覈。解犯取結後身死者,官役免議。如不行留養致有病故,及受財囑託捏病遲延者,將地方官交部議處。其在配脱逃例應解回原配,及改調他省者,雖遇隆冬盛暑,不准停遣。其民人在外省犯徒,例應遞回原籍發配之犯,若離籍在一千里外者,時遇隆冬盛暑,亦准停解。各定以時日。若停勾,恭遇奉旨停止勾決之年,將秋審之案,併入次年辦理。其情罪重大之案,如糾衆聚匪,奪犯傷差,妖言惑衆,逞兇殘殺,並官員侵漁帑項,勒斂民財之類,非殘忍不法,即有關民俗官方,不得久稽顯戮,仍彙單具奏,請旨辦理。若減等,秋審朝審人犯,每届數年積數既多,即降旨勅部臣將緩決三次以上各犯,覈其情節,常犯摘敘案由,分别准減不准減,及減軍減流之處,開單呈奏,官犯止敘案由,不分准減不准減,請旨定奪。或減至一二次緩決之犯,又或將情實未勾人犯内有一綫可原者,亦量予寬減,則尤爲特恩。又每遇京師雨澤愆期,及炎暑特甚,奉旨清理庶獄,將軍流以下人犯,覈其案情分别減等,或將徒杖以下人犯,分别減等釋放,或將各衙門永遠監禁永遠枷號人犯,查明原案,摘敘事由,開單進呈,一體加恩減釋。恭遇翠華巡幸,輦輅所經各省分,軍流以下人犯,皆勅令查覈案由,分别減等。又直省偶被水旱偏災,一經奏聞,必特沛恩膏,將輕重罪囚,酌予減等發落。又凡比照大逆緣坐人犯,或發遣,或羈禁,俱分别釋回釋放。官犯重案内子孫發遣釋回後,有不准當差應試者，亦量加寬宥。發遣新疆等處人犯，情罪本輕，而年分久者，即予減等，到配未久者，扣滿十年，情罪稍重而到配未久者，扣滿二十年，皆予減釋。則皆俟恩旨。其例得請減者，秋審官常犯情實十次未勾，服制常犯情实二次未勾，俱查明奏請改入緩決，不得輒改可矜。至官犯已改緩决後，如遇查辦緩決三次以上時，不得與常犯一例減等。其中有應行寬宥者，候旨辦理。官犯服制犯，俱會同大學士詳勘請旨。各按其情罪請焉。戲殺誤殺及竊贓滿貫，並竊盜三犯贓逾五十兩者，緩決一次之後，查覈奏明，將戲殺誤殺之犯，減爲杖一百流三千里。竊贓滿貫及竊盜三犯贓逾五十兩之犯，減爲發雲貴兩廣極邊煙瘴充軍。其可矜人犯，例應隨案請減。至如子婦不孝詈毆翁姑，其夫忿激致斃，或因該犯之母，素有姦夫，已經拒絶，後復登門尋衅，以致拒毆致斃，此等情切天倫，一時義忿，與尋常很鬬者不同。既入隨本減流之内，九卿會審時，覈其案情既確，即量爲區别，照免死減等例再減一等。又如擅殺案内拒捕成傷有據，及殺姦實由義忿者，擬入可矜，俱得隨本請減。大赦則頒詔，恭遇國家行慶大典，頒詔肆赦，其例款各有輕重。除徒杖以下概行免罪外，其斬絞軍流情輕人犯，有竟予赦免者，有量予減等者，各視詔書所載，謹遵辦理。乃會大學士而議其例款。凡赦款皆比照舊例。如嘉慶元年恩詔事宜，俱遵照乾隆元年章程辦理。嘉慶十一年恩赦事宜，俱遵照乾隆十一年章程辦理。凡十惡、殺人、盜官財物、强竊盜、放火、發塜、受枉法不枉法贓、詐僞、犯姦、略人略賣和誘人、若姦黨、及讒言左使殺人、故出入人罪，若知情故縱，聽行藏匿引送，説事過錢之類，一應實犯，俱不原宥。其過誤犯罪，因人連累致罪，官吏犯公罪，並從原宥，若赦書臨時指定罪名特免，及減降從輕者，不在此限。其斬絞情輕，及軍流情輕，應援免之案，或僅予減等者，則將各犯應減等之案，摘敘事由，彙開清單，奏聞請旨。其官犯俱敘案由，不分應免不應免，恭候欽定。凡官吏犯贓，取問明白，罪雖減免，仍革去職役。錢糧婚姻田土等案，遇赦免罪，事須究明，應追取者，仍行追取，應改正者，仍行改正。凡軍流人犯發遣在途，會赦即放免。已到配者不准放，到配而程限未滿者仍准放。若雖在途而計程已過限者，亦不放免。過限而有事故，如犯病阻風之類，有所在官司報勘文憑者，聽除去事故日數，不入程限，徒罪雖到配，亦准放免。凡與赦款相符之犯，題咨審結，已在赦後，而覈其犯事到官，在恩詔前者，俱准減免。如恩詔内開有已發覺未發覺咸赦除之之語，雖到官羈禁在詔後，但犯事在詔前者，亦准減免。有以赦前事告言人罪者，以其罪罪之。若聞知將有恩赦，而故犯罪以覬倖免者，加常罪一等。會赦不宥，赦免後仍滋事不法者，亦加一等治罪。

清檔房，堂主事，滿洲二人，繕本筆帖式，十有二人，掌守册檔繕清字、漢字之奏摺。凡題本不由科抄者，亦由清檔房承繕。凡各司已結未結之案，三月而一奏。各司奏摺科抄咨申現審事件已結未結，每届三月，彙數奏聞。恭遇巡幸，則一月一奏。凡本衙門旗員之陞補，皆掌焉。滿洲、蒙古、漢軍司員筆帖式題陞題補,及保舉奏留等事,回堂定奪,具稿以奏。

漢檔房,堂主事,滿洲三人、漢軍一人,繕本筆帖式,二十有八人,掌繕清字、漢字之題本。凡各省科抄題本,俱由漢檔房承繕。

司務廳,司務,滿洲一人、漢一人,掌治吏役,收外省衙門之文書,記其號而分於司,解犯到,移司以收禁,給以批回。解到人犯,移付承審之司,該司交提牢廳收禁。如有胥役勒索不行放入者,察出嚴究。

督催所,管理司員無額缺,由堂委辦。掌催十八司題咨現審之件,而督以例限。凡速議事件,限五日具奏。覈議事件,限十日具題。殺一家二命之案應速題者,亦限五日具題。立決案件,奉旨後限三日行文,監候者限五日行文。咨申事件,限三十日行文。科抄限三十日交抄,會外衙門者,限五十日交抄。現審限三十日完結,如有須行查行提,以文到人到日起限,各司應會三法司書題事件,將稿面鈐蓋司印,註明緣由,交所彙齊,轉交大直日司分。用印文移送法司衙門書題,限五日内亦用印文送回。如有酌改,即將應酌議改易之處,用印文聲明緣由,亦於五日内送回本部查覈定議。本部仍用印文,將應否改易之處聲明,再行會送法司衙門,及移會科道註銷。即於註銷册内,將會稿衙門定議日期,逐一詳開,聽候科道查覈。有遲延違誤者察參。凡各省命盜之案,歲終則彙題。每歲命盜彙題册内,開載某省强盜案件若干,鹽梟案件若干,姦淫案件若干,謀故殺案件若干,鬬毆殺案件若干,干名犯義案件若干,於封印前,本所將題結之案彙齊,俟開印後,分類分省,逐案摘敘簡明事由,及犯案題結年月,於三月底繕册具題。現審贓罰之數,亦如之。現審案内贓罰,應追銀錢若干,除應豁免若干,人犯脱逃未追若干外,共追交户部銀錢若干,未完銀錢若干,逐案分晰,每年於封印前三日繕册具題。煙瘴充軍者,現審案内應實發雲貴兩廣煙瘴充軍人犯,如忤逆發遣者,盜倉庫錢糧一百兩以下者,積匪猾賊及搶奪傷人者,偷刨人參者,旗人怙惡不悛解部轉發者,及犯竊盜刺字銷除旗檔,改發邊遠者,回子酗酒滋事者,各司俱交所照例定地。竊蒙古牲畜者,凡偷竊四項牲畜,以匹數多寡别罪之輕重,除死罪外,其餘應發遣者,分爲三等。重者雲貴兩廣,其次湖廣福建浙江江西江南,其次山東河南,皆計其多寡首從,照例定擬。凡蒙古牲畜,有牛馬駝羊四項。羊係小畜,以羊四隻,作牛馬駝一隻,計算科罪。則定其應發之地。

當月處,司員,滿洲一人、漢一人,以十八司郎中員外郎主事七品小京官輪直,四川司自秋審上班起,至大決日止,廣西司自四月初一日起,至大決日止,俱不輪直。掌監用堂印,收在京衙門之文書以付於各司,現審則呈堂而分司焉。五城及步軍統領等衙門移送案件,其人犯有應收者,或散或鎖,酌量收禁,開列清單呈堂,當堂掣籤分司註册。以事之輕重,分爲三等,奏案爲大籤,竊盜爲小籤,其餘爲中籤,各司内惟督捕司不辦現審案件。廣西司當朝審期内,亦不分現審。凡司坊呈報無傷身死之案,經該坊驗明屬實,無可審理者,即由當月處具稿呈堂咨結,不必分司。

凡旗人命案，應部驗者則往驗之。內城正身旗人及香山等處各營房旗人，遇有命案，本家稟報該佐領徑報部相驗，當月官即帶吏作往驗，提人審辦。其街道命案，無論旗民，步軍校呈報步軍統領衙門，一面咨明本部，一面飛行五城兵馬司指揮星往相驗報部。外城地方人命，亦無論旗民，總甲呈報該城指揮即速相驗，詳明該城御史轉報本部及都察院。若係旗人，併報該旗。凡不由部驗者，亦掣籤分司，俟該城移報相驗文書到日，即由該司提訊。送題本於內閣，內閣傳抄，清字，則滿洲司員抄焉，漢字，則漢司員抄焉。

欽定大清會典卷四十四

直隸清吏司，郎中，滿洲一人、漢一人，員外郎，滿洲一人、蒙古一人、漢二人，主事，滿洲一人、漢一人，掌覈直隸省及察哈爾左翼，察哈爾，鑲黄正白鑲白正藍四旗，又正黄東半旗。刑名之事。

◯凡外省刑名之案，題者、咨者到部，各憑其供勘，察其證據，按其律例，覆其斷擬，具稿呈堂而定以准駁。凡十有七司，皆倣焉。惟督捕一司，不掌外省刑名。

奉天清吏司，郎中，蒙古一人、漢一人，員外郎，滿洲一人、漢一人，主事，滿洲一人、漢一人，掌覈奉天府及盛京、吉林、黑龍江刑名之事，分所理衙門之文移。宗人府，理藩院文移，由司收辦。凡各司現審，及外省題咨案内免死減等之盜犯，應發吉林黑龍江爲奴者，移付本司定地。

江蘇清吏司，郎中，滿洲一人、漢一人，員外郎，滿洲二人、漢一人，主事，滿洲一人、漢一人，掌覈江蘇省刑名之事，恩赦則察案以具奏。每遇恩詔肆赦，將應否准其減免各案，詳細覈定，按省分遠近分次具奏，得旨則行知各省。

贖罪處，無定員，由堂官於即中員外郎主事内酌委，行文用江蘇司印。掌贖罪之事。凡贖罪，開列所犯之案以聞，凡在部呈請贖罪之案，照吏部辦理廢員捐復之例，毋論准駁，俱開列案情具奏。得旨准者，乃以贖鍰之數，行於户部。奉旨准贖者，由部以銀數移行户部，令依限完繳。如官犯贖罪，不必依例定之數，或願加倍，或願加二倍三倍，各按其所呈之數移知。

安徽清吏司，郎中，滿洲一人、漢一人，員外郎，滿洲一人、漢一人，主事，滿洲一人、漢一人，掌覈安徽省刑名之事，分所理衙門之文移。鑲紅旗、宣武門交移，由司收辦。

江西清吏司，郎中，滿洲一人、漢一人，員外郎，滿洲一人、漢一人，主事，滿洲一人、漢一人，掌覈江西省刑名之事，分所理衙門之文移。中城御史、正黄旗、西直門文移，由司收辦。

福建清吏司，郎中，滿洲一人、漢一人，員外郎，滿洲一人、漢一人，主事，滿洲一人、漢一人，掌覈福建省刑名之事，分所理衙門之文移。户部、户科、倉場衙門、左右兩翼監督、鑲藍旗、阜成門文移，由司收辦。又漢官之俸及滿洲漢官公費，由司關領。

浙江清吏司，郎中，滿洲一人、漢一人，員外郎，滿洲一人、漢二人，主事，滿洲一人、漢一人，掌覈浙江省刑名之事，分所理衙門之文移。都察院、刑科、南城御史文移、由司收辦。凡本部彙題彙奏之件，定稿以呈於堂。有按季彙題者，如現審輕罪案件，贓銀請豁之類。有年底彙題者，如題駮議敘，斬絞監犯病故，五城贓罰之類。其官犯等軍流以下罪名，隨結隨題。各省遞籍人犯，三月彙奏一次。書吏役滿者，行吏部而給以照。繁缺書吏役滿，由司具咨移吏部籤掣職銜，及執照到部，交該司取具領狀，給付該吏。

湖廣清吏司，郎中，宗室一人、漢二人，員外郎，滿洲二人、漢一人，主事，滿洲一人、漢一人，掌覈湖北、湖南二省刑名之事。

河南清吏司，郎中，滿洲一人、漢一人，員外郎，滿洲一人、漢一人，主事，滿洲一人、漢一人，掌覈河南省刑名之事，分所理衙門之文移。禮部、太常寺、光禄寺、國子監、鴻臚寺、禮科、欽天監、太醫院、東城御史、正紅旗、德勝門文移，由司收辦。凡熱審，則定其期。每年熱審減等，本部照例題請，則審定日期，以咨行於各省。

山東清吏司，郎中，滿洲一人、漢一人，員外郎，滿洲二人、漢一人，主事，滿洲一人、漢一人，掌覈山東省刑名之事，分所理衙門之文移。兵部、太僕寺、兵科文移，由司收辦。又每歲步軍營所獲竊賊，准步軍統領衙門移知，覈其名數，是否相符，咨兵部議敘。

山西清吏司，郎中，滿洲一人、漢一人，員外郎，滿洲一人、漢一人，主事，蒙古一人、漢一人，掌覈山西省及察哈爾右翼與迤北各城，察哈爾、正黄半旗、正紅、鑲紅、鑲藍三旗及綏遠城將軍、歸化城副都統、定邊左副將軍、科布多參贊大臣、庫倫辦事大臣所屬。刑名之事，分所理衙門之文移。軍機處、内閣、翰林院、詹事府、起居注、中書科、内廷各館、内務府、北城御史、鑲白旗、崇文門文移，由司收辦。又各司應用各色紙張，及黄綾、銀硃、廣膠、蘇木、錠粉、謙礬、靛花、胭脂等項，皆由司具咨支領。歲底以用過若干，存剩若干，併上年領過若干，具摺奏銷。凡各省年例咨報之件，則察而彙題。各省彙咨之件，如命盜已未獲破，竊案記功過，各項遣犯有無脱逃，已未拏獲，盜藏未起，應令地方官罰賠，私藏鳥鎗收繳數目，各處並無私設班館刑具，新疆等處並無邪教異端生事之人，又四川匪徒搶奪傷人及新疆各廠局當差人犯年滿爲民數目，各城回子命案，福建民人私渡臺灣等款，各省俱於每年十月截數,咨報本部及軍機處,限十二月初咨齊。除咨軍機處者,由軍機大臣自行查覈外,其咨報本部者,由部分别覈議具題,其覈對各款,與該省原咨併册造數目是否相符。又或有某款某省未經咨報,俟咨到再行覈題,均於本内詳細聲敘,有應議敘議處等件,咨送吏兵二部辦理。

陝西清吏司,郎中,滿洲一人、漢二人,員外郎,滿洲二人、漢一人,主事,滿洲一人、漢一人,掌覈陝西、甘肅二省及迤西各城,伊犁南北二路,刑名之事,分所理衙門之文移。大理寺、西城御史文移,由司收辦。掌給囚糧。凡支給囚糧,准提牢廳移知則覈其數,移咨户部關領。

四川清吏司,郎中,滿洲一人、漢一人,員外郎,滿洲一人、漢一人,主事,滿洲一人、漢一人,掌覈四川省刑名之事,分所理衙門之文移。工部、工科文移,由司收辦。又秋審條例有更定者及九卿等商定之案,應聲覆者,皆由司行文。掌刑具。

○凡刑具,曰版,以竹篦爲之。小竹版,大頭闊一寸五分,小頭闊一寸,重不過一斤八兩,大竹版,大頭闊二寸,小頭闊一寸五分,重不過二斤,長皆五尺五寸。須削去鱻節毛根,照尺寸較準,應決者,執小頭,臀受。曰枷,以乾木爲之,長二尺五寸,闊二尺四寸,重二十五斤,斤數刻誌枷上。凡例内有特用重枷者,不在此限。曰杻,所以械手者,一名手銬,以乾木爲之,長一尺六寸,厚一寸。死罪重囚用之,輕罪及婦人不用。曰鐐,所以絏足者,一名鈦,以鐵爲之,連環重一斤。徒罪以上用之。曰鉗,所以絏頸者,一名練,以鐵爲之,承以貫索,共長七尺,重五斤。輕重囚皆用。曰夾棍,以梃木三根,中梃木長三尺四寸,旁木各長三尺,上圓徑一寸八分,下方闊二寸,自下而上至六寸,於三木四面相合處各鑿圓窩,徑一寸六分,深七分,尺寸長短寬窄,刻於中梃之上。重案不輸實情始用之,不得過二次。凡外省衙門夾棍,州縣呈明知府驗烙,知府呈明按察使驗烙,按察使呈明督撫驗烙,如有擅用未曾驗烙夾棍者,以酷刑題參。曰桚指,以圓木五根爲之,各長七寸,徑圍各四分五釐,婦人犯重案不得實者用之。皆辨其輕重、小大之制,稽其數,本部刑具,凡夾棍十副,桚指十副,枷一百四十具,版二十副,鐐銬鎖各八百件,又扛子二十根。各項刑具,查有朽壞不足例數者,補造之,其尚可用者修理之。而收發之。各司常用刑具,俱由司給發,其夾棍桚指等不輕用,有堂發之案應刑訊者,呈請批准,移付於司乃給之。在京别衙門有請給刑具者,具咨移給之。禁不合於制者。凡各衙門一切刑具,須遵照題定尺寸式樣,官爲印烙頒發,不得私造腦箍竹籤鐵烙等刑。又如短夾棍止長尺許,大鎖重至數十斤,大枷重百三十斤,連根帶鬚瓦樣重版,俱屢奉諭旨嚴禁。外省除督撫按察使正印官許酌用夾棍外,其餘官員,俱不准擅用。州縣申報事件,必將夾訊幾次,及未曾夾訊處,於招册内聲明,上司於解審時詳加察驗,佐貳官奉批審事有應夾訊者,詳請改委印官。

廣東清吏司，郎中，滿洲一人、漢一人，員外郎，滿洲二人、漢一人，主事，滿洲一人、漢一人，掌覈廣東省刑名之事，分所理衙門之文移。鑾儀衛、正白旗、安定門文移，由司收辦。

廣西清吏司，郎中，滿洲一人、漢一人，員外郎，宗室一人、漢一人，主事，宗室一人、漢一人，掌覈廣西省刑名之事，分所理衙門之文移。通政司文移，由司收辦。朝審則具題稿。朝審應行事，先期題請，及九卿議定，復彙各司之案辦題。掌給囚衣。

○凡囚衣，支其直於贓罰庫而製焉，以時散給之。每年朝審重囚，動支贓罰庫銀兩，按其名數製衣散給。又動支庫銀豫製冬衣一百五十套，以給現審内隆冬停遣，併未結斬絞軍流及監禁行查傳訊各項人犯，如有餘存，留俟次年給發。其給過數目，歸於下届製衣時題銷。歲題銷其數。

雲南清吏司，郎中，滿洲一人、漢一人，員外郎，滿洲一人、漢一人，主事，滿洲一人、漢一人，掌覈雲南省刑名之事，分所理衙門之文移。鑲黄旗、東直門文移，由司收辦。凡堂印之封啓掌焉。

貴州清吏司，郎中，滿洲一人、漢一人，員外郎，滿洲一人、漢一人，主事，滿洲一人、漢一人，掌覈貴州省刑名之事，分所理衙門之文移。吏部、吏科、正藍旗、朝陽門文移，由司收辦。凡本衙門漢員之陞補皆掌焉。漢司員題陞題補保舉奏留等事，回堂定奪，具稿以奏。書吏役滿，簡缺書吏。則試之，得職者，咨吏部而給以照。如繁缺役滿之例。

督捕清吏司，郎中，滿洲一人、漢一人，員外郎，滿洲一人，主事，滿洲一人、漢一人，掌督捕旗人逃亡之事。

○凡旗人有逃者，則令遞逃牌，凡投遞逃牌，在京限五日。二百里以内者，限十日。四百里以内者，限十五日。赴該管衙門投遞，若不遞逃牌者，拏獲逃人入官，給與八旗兵丁爲奴。若逃人之主，已將逃牌交領催，領催遺漏不遞者，將該領催鞭一百。若從前已遞逃牌，逃人自回不銷逃檔，後逃人復逃，而伊主不遞新檔，仍留舊檔者，將逃人之主鞭七十，拏獲逃人俱免入官，仍給原主。若夫妻父子同逃，一半遞有逃牌，一半遺漏不遞者，其夫妻父子不便拆散，俱免其入官，將遺漏遞牌之人鞭七十。護軍披甲人逃走，該管佐領驍騎校務行據實呈報，不得瞻顧避忌，詭稱患病發狂，朦混呈報。報於部而緝焉。八旗一切逃人，該旗照例一面咨部外，一面即將該犯實在逃走日期，徑報步軍統領衙門順天府五城迅速查拏。本部接到旗咨之日，亦即速行知應行緝犯各衙門一體嚴拏。别其良賤、年齒與其逃之次數，而科其罪。在京另户旗人初次逃走被獲者，鞭一百，二次枷號一箇月，鞭一百，三次發黑龍江等處當差，均免刺字。宗室公以上家下莊頭,併户部官莊頭,光禄寺園頭,亦照另户例免刺,其莊頭家下壯丁,仍照常刺字。如有用藥私毁面上刺字者,枷號鞭責,仍行補刺。盛京等處,並各省駐防,及屯居旗人逃走,俱照此分别次數辦理。旗下家人初次逃者,左面刺清漢逃人字,鞭一百,二次逃者,右面刺字,枷號一箇月,鞭一百,均交旗給主領回。如伊主不願領回者,免其刺字,交地方官與民人一體管束。三次逃者,右面刺所發地名,咨送兵部,發寧古塔烏拉等處給披甲人爲奴。盛京旗下家奴,如爲匪畏罪逃走,初次枷號兩箇月,二次發往伊犁等處給駐防兵丁爲奴。凡逃人十日内拏獲者鞭一百,免刺,不算逃走次數,過十日照例治罪。凡計算次數,家奴以曾經刺字爲坐,另户以曾經鞭責記有檔案爲坐。被獲發落後,伊主轉賣與人,復從後買主家逃走者,仍以鞭刺計前後通算。無主認領之逃人,入官後再逃者,亦連前計算。若有一二次逃在赦前者,免其通算,於赦後逃至三次者,方擬發遣。逃人年六十以上,十五以下,俱免鞭刺發遣。凡竊騎馬羸携帶器械逃走被獲者,不論十日内外,枷號兩月,鞭一百。其奴僕偷竊財物,計贓科罪。至帶逃物件,載在原遞册内者,准行提,不載原册,雖告不准行,册内虚開者,免其行提,將逃人仍治逃罪。其家下莊頭拖欠地租,偷典地畝,並帶家業逃走者,拏獲時將帶逃家業分爲三分,一分給出首之人,二分給與逃人之主,若謊稱逃人携帶軍器者,以私賣軍器論。凡在逃處犯事發覺送部者,照例分司,會同督捕司官審定,從重歸結。投回者,按其次數與其歲月,而減之。另户初次逃走,一年内投回免罪,一年外投回鞭六十。二次逃走,六月内投回免罪,六月外投回鞭八十。三次逃走,三月内投回免罪,三月外投回鞭一百。投回三次後復逃者,雖自行投回,不計年月,即照初次逃走例鞭一百,交旗管束,仍俱准挑補差使。旗下家人逃走投回者,亦照此例,免其刺字,俱不算逃走次數。三次投回發落後,復喫酒行兇者,即送部發遣。凡該旗圈銷逃檔文内,務將投回逃犯在外有無爲匪,及逃走次數,月日多寡之處,聲明咨部。至數人同逃後,商量一同投回,内一二人先回,供明餘犯住處提來者,均照逃人自回例,分别年限次數科斷,窩家人等免究。首告者,亦如之。凡逃人被伊祖父母父母子孫出首者,將逃人照自首自回例科斷,仍著該管官取具實係親屬甘結申送。凡出境無票者,即坐以逃。八旗兵丁及拜唐阿閒散人等,如有告假前往各省及口外者,俱令稟明各該管官係何事,前往何處,及告假限期,詳晰聲明存檔,給領印票,回日圈銷。儻有告假逾限不回,及回而不交納原領印票者,鞭五十。如不領印票私行前往,或領有印票私往别處者,俱鞭一百。凡旗人私自出境取債探親者,閒散鞭責,官員議處。若出境需索財物,借端挾詐,及囑託行私者,枷號鞭責,係官革職,鞭一百,不准折贖。逃而别有犯者,從重科焉。在京正身旗人,逃後有犯搶竊及搶竊私逃同時並發,俱從其重者論,仍盡搶竊本法刺字。罪止枷杖者,銷除旗檔,交縣與民人一體管束。應發遣者,銷除旗檔,發雲貴兩廣邊遠地方,與民人一體管束。至各省駐防旗人有犯,亦照此例辦理。

○凡逃人之餘屬，不坐罪。凡祖父帶子孫逃，伯叔兄帶弟姪逃，夫帶妻逃，父帶女逃，子帶母逃，兄弟帶姊妹逃，爲首帶逃者，分别次數照例治罪。其隨逃之子孫弟姪婦女，俱免其鞭責刺字，不算逃走次數。

○凡緝逃，各記其功過。凡知州知縣衛所千總衛守備，查解逃人十五名者，加一級，三十名，加二級。知府直隸州知州所屬地方，查解逃人三十名者，加一級，六十名，加二級。道員所屬地方，查解逃人四十五名者，加一級，九十名，加二級。巡撫所屬地方，查解逃人二百名者，紀録一次，四百名者，加一級。同知通判吏目典史自行拏獲之逃人，各照掌印官例。五城兵馬司掌印指揮照知府例，副指揮吏目照知縣例。鹽運司所屬地方查解逃人，運司照道員例，分司照知府例，鹽場大使照典史例。在京錢局查解逃人者，將所管之官照知府例，外省錢局查解逃人者，布政使照道員例，錢局同知照知縣例。窰廠查解逃人者，將所管之官照知府例。營伍武官查解逃人者，將守備都司各官照州縣例，游擊參將副將照知府例，總兵提督照道員例。將此功一年一敘，若不足議敘之數者，併於下年通算議敘。如仍不足數，將前一年之數截去，止留一年之功，於次年接算，不准三年合算。各省總督，及順天奉天二府尹獲逃，及失察，功過均免議。凡州縣衛所官獲逃，未足議敘之數，而該上司官以所轄各屬統算，雖已足議敘之數者，不准議敘。凡伊犁等處盤獲逃犯，究出經過卡倫地方未經查拏者，將該處失察官員，并失察之地方官，及該管大臣，交部分别議處。如有藏匿負罪潛逃之犯者，從重分别議處。買逃者，地方官覓買旗下奴僕，謊稱逃人，申解邀功者，嚴加議處。奴僕入官，其並無逃人，揑寫空名造册報部邀功者，亦從重究議。誣逃者，地方官將實係平人妄作逃人拏解者，交部議處。若故行拏解希圖議敘者，照故入人罪例治罪。妄報，凡將屯莊居住不曾逃走之人，謊遞逃牌者，閒散鞭責，官員議處。如係不服呼唤，抗拒避匿，以致伊主報逃者，將伊主免罪，家奴不科逃罪，照子孫違犯教令律鞭一百。若旗人民人首告逃人，指明窩所，及移咨查拏，並無逃人，審係謊告讐告者，均照誣告例治罪。若有圖財行詐等弊，照棍徒擾害例發遣。私拏者，凡逃人之主，及平素認識逃人之人，在京附近地方，或屯莊等處，及出差遇見逃人者，准其拘拏。其餘訪得逃人下落，令其在部控告，或向附近地方官呈告拏解，不許私自拘拏。違例私拏者，閒散鞭責，官員議處。皆罪之。

○凡窩逃之罪，減逃者一等。旗民窩留逃人，照知情藏匿罪人例治罪。知情不首者，民人，鄰佑等杖八十，旗人，領催等鞭八十。凡各省駐防官員閒散等窩帶者，寧古塔駐防水手炮手等窩隱者，邊外游牧處所，及屯莊旗人窩隱者，漢官家人窩隱者，營伍窩隱者，僧道窩隱者，糧船軍船商船窩隱者，各照窩逃例治罪。凡窩逃之犯，如年逾七十，及未及十六者，篤疾廢疾者，依律收贖。婦人窩逃，罪坐夫男。若無夫男，及外出不知情者，將本婦依律問擬，准其收贖。官員生監等窩逃，亦照例治罪。如誤典誤買，及雇覓傭工者，將保人及引進之人，斷作窩家，有將房地賣與逃人者亦如之。若逃人在原娶之妻家居住被獲者,其妻給與完聚,窩家人等照例治罪。保賣者,亦如之。凡將旗下家人稱係民人保賣者,保人及賣身之人,俱枷號三箇月杖一百。若賣身之人係逃人,除初次二次仍照本例治罪外,如逃至三次,即照三次逃走例發遣,保人照窩家例治罪。窩閲數家者,坐末家以窩罪。凡逃人換住數家,將末家斷作窩家。其移住别處窩隱逃人者,將移住之處鄰長地方及地方官,均照例治罪。窩而首者,併其窩罪免焉。凡逃人被窩家出首者,窩家人等免罪。若窩家不行出首,或該管地方十家長鄰佑人等内有一人出首者,止將窩家治罪,餘人俱免。如窩逃之人一村居住,族中人等及主僕互相出首者,窩家亦免罪。逃者就獲而首其妻子者,減等科之。逃人被别處及旁人拏獲後,窩家將逃人妻子出首者,照聞拏投首例,減二等治罪。若逃人未被拏獲之先,窩家將逃人妻子出首者免罪。誣扳者,逃人誣扳窩家審虚,續供窩家審明又屬誣扳者,將逃人刺字,不論逃走次數,照奸棍詐害良民例發遣。如年力强壯者,改發烏魯木齊等處種地爲奴,地方官教令逃人招扳富室爲窩家,計圖詐害者革職,照指使犯人誣扳平人例。治罪受贓者,以枉法從重論。從重科焉。

○凡行提逃人,各定其限。道府州縣衛所官員,行文提取逃人,及行文移查案件,一百里以内者,往返限十日解覆,如不解覆,行催一次,再限十日解覆,每百里往返加限五日,一千里以外者,每百里往返加限四日,遞加扣算。若行催後逾限不解不覆者,交部議處。解送亦如之。州縣拏獲逃人,詳報督撫請咨起解,即於批文内限定日期,若逾限者,將逾限之地方官,交部議處。必慎其僉差。凡拏解逃人,必嚴加肘鎖。每名差有家産正身解役二名遞解,經過地方換差者亦如之。如有疏脱賄縱,及雇倩代替夥逃搶奪等弊,除將解役各照例治罪外,仍將僉差不慎之地方官,分别交部議處。凡歲獲逃人,各省彙册以報於部而察覈。文武官員獲逃記功者,將拏獲逃人年月姓名,及獲逃官員之職名,開造清册,於每年四月内解部,與部内底册查覈議敘。若自回逃人,令該佐領等呈報各該管衙門,圈銷逃册,照例完結,仍將完結緣由,移會緝逃衙門一體圈銷逃册。

秋審處,郎中、員外郎、主事無定員,由堂官酌委。掌覈秋審朝審之案。

○凡各省秋決之囚,得旨則監候,越歲,審其應決與否而上之,曰秋審。各省截止秋審日期,以本部題覆奉旨之日爲斷。雲南、貴州、廣西、廣東、四川以年前封印日爲止,福建以正月三十日爲止,奉天、陝西、甘肅、湖北、湖南、浙江、江西、安徽、江蘇以二月初十日爲止,河南、山東、山西以三月初十日爲止,直隸以三月三十日爲止,如題結在截止期後者,歸入下年辦理,不得遽請趕入本年秋審。間有情罪較重之案,審結在行刑期前者,補疏題請。予勾者雖已過大決,亦即行刑。凡距京路遠省分,按察司於道員冬季巡歷時,即將已經審結具題,約計次年可以接准部咨者,移行該道府同已准部咨各案，一體覆審，造册申送。如至期有未准部咨，及部駁另審者，照例扣除，仍移會該道歸入下年秋審。及覈辦招册，按察司先期詳審定稿，陸續移咨在省司道，會同虛衷商搉，聯銜具詳，至期，司道等齊赴督撫衙門，督撫率同會勘定擬。儻遇案件繁多，不妨多寬時日，不必於一日定議，其題本，各省俱限於五月内到齊，逾限者查參。凡外省决囚，常犯審勘後，即發回州縣監禁，接准勾决部咨，由道府轉行州縣，其州縣近而道府遠者，不行道府，即派委在省同知通判等官，馳往監决。惟官犯定案後，即在按察使衙門收禁，秋審勾本到省，照部内决囚之例，將情實官犯全行綁赴市曹，即令按察使監視行刑，奉到諭旨，當場開讀，按照予勾之犯驗明處决。又福建之臺灣府屬，甘肅之哈密，安西，玉門，敦煌等屬監候人犯，審勘後，按察使照舊收監，奉到部文，即於省城處决。其外州縣處决者，若部文到日，正印官公出，令同城之佐貳官會同武職官代行監决。如該地方無佐貳官，知府即委府屬之同知通判經歷等官，速至該州縣會同武職監决，其非附郭首縣，及猝奉調遣，未及報府者，准令該吏目典史會同營員代决。凡本部秋審勾决，及一應立决公文咨行各省者，俱釘封註明件數，馬上飛遞字様，派筆帖式送兵部轉發。在部之囚亦如之，曰朝審。凡秋審之别有四，曰情實，曰緩决，曰可矜，曰留養承祀。十七司擬而付於總辦，總辦擬而呈於堂。總辦司員，於年底即請堂派各司專辦次年秋審官，滿洲一員，漢二員，將各該司應入秋審人犯，依原案題結先後，以次摘敘案由，分别實緩矜留，出具看語，陸續彙送本處。坐辦司員，將各司署節删繁補漏，交總看司員酌覈允當，加具看語，呈堂批閲，仍於堂議之前，總看坐辦各司員，齊集覈議，將情實緩决可矜留養承祀各犯，詳細參酌，平情定擬。如謀故殺應情實，而謀殺加功之犯，或止係聽從，並無圖財圖姦，及兇暴情狀者，擬緩决。鬭殺之案應緩决，而攢毆多傷死未還手者，擬情實。竊盜臨時拒捕，及搶奪殺傷人應情實，其有情急圖脱，被追回毆致死者，擬緩决。竊贓滿貫應緩决，如贓至五百兩以上擬情實，有雖未至五百兩而爲害商旅者，亦擬情實，以此類推。凡同一罪名，而其中情節微有區别，即實緩判然，必準酌案情，一歸允協。儻有與外省所擬不符者，另繕一册，俟堂議定奪。乃彙招册以送於九卿、詹事、科道而待集議。每年開印後，即具行催稿呈堂，傳各司行文各省催取秋審後尾，限四月内到齊。及署節閲定，先發寫紅格交匠刊刻，俟各省後尾到，合内外看語，一併刊入招册，分送九卿詹事科道。凡各省秋審本揭，如係新事初次入秋審者，備敘案由，確加看語，以憑會覈。其舊事緩决人犯，摘敘簡明署節，依次彙爲一本具題，俱不敘入問供。至本部分送九卿招册内，除初次入秋審各案外，亦惟舊事情實未勾，併由實改緩。下年初入秋審緩决者，仍刷印分送。其已入緩决者，不復備册，止於會審時逐一唱名，進呈本内，亦第開列起數名數。若舊事内有一二案尚須商議，並該督撫前擬情實後改緩决，前擬緩决後改可矜之案，仍摘出臨期印册，分送九卿公議。凡秋審情實者，皆繕黄册，以呈御覽。舊例緩决、可矜之案，俱繕招册進呈。乾隆二十四年奏准删除，止進情實册。朝審,亦如之。

○凡秋審、朝審歲支之款,皆覈而題銷。每年辦理秋審,動支户部銀五千兩。凡黄册描邊,繕寫本章紅格,刊刷裝釘招册,及版片鉋面鋸邊,修補舊字,又繕寫命盜等案黄册,併監犯衣糧藥物等項,俱於秋審項内支取,按年覈銷。

律例館,每届修例之歲,設提調官,滿洲一人,纂修官,滿洲二人、漢二人,校對官,漢二人,收掌官,滿洲二人,翻譯官,滿洲四人,謄録官,滿洲四人,皆由堂官於司官筆帖式内酌派,例成即裁撤。掌修條例,五年則彙輯,十年則重編。凡欽奉諭旨,及議准内外臣工條奏,除止係申明例禁無關擬議罪名者,毋庸編輯外,若關繫罪名輕重應行修改,及新舊條例不符應修應删者,必悉心參校,照奏定章程分修改修,併移改續纂删除各名目,開列本例之首,黏貼黄籤,並於本條之下各加按語,分晰陳明。有原例者,先敘原例於前,次敘新例於後,使眉目犁然不紊。皆予以限。五年小修,限十月告成,十年大修,限一年告成。如應修條例較多,開館時即聲請展限。既成,恭候欽定,命下乃頒行。既進黄册,復將新例翻譯清文,另繕清漢黄册進呈,乃分寫清漢樣册,咨呈武英殿刊刻頒發。仍先刊草本,通行内外問刑衙門,一體遵照。

提牢廳,主事,滿洲一人、漢一人,例由本部試俸及額外主事内,揀選引見補授,一年期滿,試俸者作爲實俸,額外者咨吏部題請實授。司獄,滿洲四人、漢軍二人,由本部筆帖式内揀選引見補授,不開筆帖式缺,三年期滿,回原任陞用。如實缺司獄不敷差使,於筆帖式内揀派數人幫班辦事,實缺期滿,即將幫班奏補。漢二人,亦三年期滿,咨吏部銓選。掌管獄卒,凡獄卒將重犯故鬆刑具,及醉飲熟睡以致疏虞等類,必時加禁戒。犯人出監之日,提牢司獄細加查問,如有禁卒人等凌虐需索者,計贓治罪,仍追贓給還,兩禁版棚,不許禁卒人等私相租賃。如有受賄頂租者從重治罪。稽查南北所之罪囚,現審人犯,由當月司發交,外省解到人犯,由承審司發交,皆准移付,驗問名數,應散應鎖,嚴飭收禁。其提訊,亦准該司移付,驗其名數發交。司獄八人於兩所輪班值宿,五日一代,每月本部派司員二人查視一次,都察院派御史二人查視一次。凡支更梆鑼等物朽壞,當更换者,移知浙江司備具交廳。支衣糧、藥物,而散給之。犯人衣糧俱移各承辦之司支領,察其侵蝕冒濫之弊,每日放飯。提牢官必親監視,病則飭醫調治,驗其方劑。有病故者,即時呈報請驗,移知浙江司彙題。額設醫生二名,時考其療治之績而懲勸之。其餘冬夏應用之物,如薑湯冰水之類,皆飭令周給,毋闕乏。

贓罰庫,司庫,滿洲一人,庫使,滿洲二人,掌收貯現審贓款,凡本部現審案内有贓罰贓變贓贖銀兩,行文該處追繳,立限一年。如逾限不追,將承追各官查參議處。及其支放之事。如製備囚衣,及關領囚糧脚價之類,皆動支庫項。

飯銀處,由堂官於司員中酌派四員管理。掌收貯飯銀及其支放之事。每年各省應解飯銀三萬九百四十兩，有不能如期完解者，隨時咨催。凡堂官司官每月應支飯銀之數，尚書各八十兩，侍郎各六十兩，郎中各六兩六錢六分六釐，員外郎各五兩八錢三分三釐，主事各五兩，額外主事司庫司務各四兩一錢六分六釐，司獄筆帖式庫使各二兩，繕本筆帖式各一兩，捐班各減半。書吏每節應支飯銀之數，堂書一百六十兩，清檔房四十兩，漢檔房四十八兩，直隸司三百兩，奉天司一百九十八兩，江蘇司二百二十兩，安徽司一百九十二兩，江西司一百九十二兩，福建司一百九十二兩，浙江司一百九十二兩，湖廣司二百二十兩，河南司一百九十二兩，山東司一百九十八兩，山西司一百九十二兩，陝西司二百七十二兩，四川司二百四兩，廣東司二百二十兩，廣西司一百三十六兩，雲南司一百三十六兩，貴州司一百三十六兩，督捕司八十兩，司務廳四十八兩，督催所六十六兩，當月司四十兩，秋審處一百九十二兩，提牢廳六十四兩，大庫二十兩，其餘各役工食，及一應雜項應支領者，皆覈實而給之。

額外郎中、員外郎、主事、七品小京官。無定員，由堂官分派十八司一體辦事。

筆帖式，滿洲一百有五人、蒙古四人、漢軍十有五人，分派十八司，視事之繁簡以爲額，其額外行走者亦如之。掌翻譯。

盛京刑部，侍郎，滿洲一人，掌讞盛京旗人及邊外蒙古之獄。凡盜參者，皆治焉。

○凡秋審，會各衙門以定讞，本部重犯，每歲秋審，會同四部侍郎、奉天府尹酌定。別其情實、緩決、可矜者，而彙題焉。奉天府囚，亦如之。奉天府重犯秋審，亦由本部會同酌定具題。

堂主事，滿洲一人、漢軍一人，掌檔案文移。

肅紀前司，郎中，滿洲一人，員外郎，滿洲二人，主事，滿洲一人，肅紀左司，郎中，滿洲一人，員外郎，滿洲二人，主事，滿洲一人，掌治十五城旗人之獄，及其與民交涉者。

○凡聽獄，近者親聽之。案在盛京所屬六十里以內，皆由部員審訊，應驗視者，會同地方官往驗。逾六十里，則界官以報於部，各以廳州縣聽焉。盛京城所屬六十里以外，及各外城所屬界址，各由該廳州縣就近驗訊。獄具，令解於部以定讞。命盜重案，及軍流徒罪案内之首從，併緊要人證，俱解部審擬，其餘訊供詳報。若尋常案犯罪止枷杖者，各州縣審擬完結，按月造册詳報。

肅紀右司，郎中，滿洲一人，員外郎，滿洲一人，主事，滿洲一人、蒙古二人，掌治邊外蒙古之獄。盛京法庫柳條邊外蒙古犯竊盜人命，與旗民交涉之案，由將軍奉天府尹或該蒙古扎薩克咨送者，皆提犯到部審訊，應驗視者，行奉天府尹酌派附近州縣往驗，填格録供報部。

肅紀後司,郎中,滿洲一人,員外郎,滿洲一人,主事,滿洲一人,掌治私刨參者,與私販者。私刨人參,無論已得未得一兩至十兩上下及私販者,俱會同將軍管轄六邊侍郎奉天府府尹審訊定擬。

司獄,滿洲一人,漢一人,掌獄。

司庫,滿洲一人,庫使,滿洲二人,掌守贓罰之鍰。

筆帖式,滿洲二十有三人、蒙古二人、漢軍五人,掌翻譯。

欽定大清會典卷四十五

工部，尚書，滿洲一人、漢一人，左侍郎，滿洲一人、漢一人，右侍郎，滿洲一人、漢一人，掌天下造作之政令，與其經費，以贊上奠萬民。凡土木興建之制、器物利用之式、渠堰疏障之法、陵寢供億之典，百司以達於部，尚書、侍郎率其屬以定議，大事上之，小事則行，以飭邦事。

〇凡引見監工官、督運官，五城管街道司員，寶源局監督，及督運官，欽工木植官，皆由本部引見。尚書、侍郎以緑頭名籤進於上，得旨，出而宣焉。巡幸，則飭守土官以治道。巡幸，由鑾導處查明輦路經由橋道，開單送部，轉行地方官先期修治。啓鑾後，由行在本部堂官督率司員查勘次日經由橋道，回鑾亦如之。凡京工之歸部者，得旨則監修。在京工程，由部派員興修者，輪直堂官一人赴工所監視。陵寢則計歲而驗其工。東陵、西陵歲修工程，每歲十月，奏請欽派本部侍郎二人分往查驗。盛京三陵，每三年奏請欽派王大臣查驗，並派本部堂官二人隨同前往，查有應修之工，率屬估計，敬謹修理。凡宫殿，供其簾幕，則會勘焉。每年宫殿修换雨搭氊簾竹簾，本部堂官會内務府直年大臣滿洲御史逐一查勘，奏明辦理。

〇凡工之興建者、製造者、修繕者，皆查估、查驗。在京則各衙門以報於部，工鉅則以聞，逾千兩則簡大臣以董之。在京各處，一切大小工程，如工價五十兩以内，料價二百兩以内者，各該處報部，查係應修之工，即派員勘估興修，工價過五十兩料，價過二百兩者，奏明請旨，由本部派員辦理。如銀數在一千兩以上者，將約估銀數詳細聲敘，開列各部堂官銜名，奏請欽派大臣查估，俟估册送部，奏請欽派大臣承修。工竣，即由承修大臣奏請欽派大臣查驗，俟查與原估相符，造册送部覈銷。各省則别其題咨，或專案，或彙案，而以達於部，各省修建一切工程，動用正雜錢糧數在一千兩以上，如部中有例案可循，册檔可覈者，照歲終彙奏事例，隨案咨部，於年終開單彙奏一次。其並無例案册檔者，先行專摺奏准後，再將應需工料銀兩題估題銷。凡歲修工程視常例增加者，皆如之。皆覈其估銷之册，而審定焉。在京工程，本部委員承辦者，由承辦之員造册呈堂，欽派大臣查估承修者，由查估承修之大臣造册送部。直省則由督撫造具正册副册，及保固印結，以達於部。有駁減則於副册黏籤發還，正册存部以備案。

〇凡工費，有定款，工程有定款者，指明動用何項錢糧，分别有無定額支給。有籌款，定款錢糧不敷，及另案大工向無定款者，於别項錢糧酌請動撥。其交商生息，及酌留地租房租籌備應用者，亦如之。有借款，修建衙署兵房等工，例無應動款項者，酌借閒款錢糧，工竣後，分限歸款。賠修者亦如之。有攤款，各省堤埝等工例應民修者，官爲墊項興修，工竣後攤徵歸款。皆别其工價、料價、運價之數而覈之，各準以例價。工料運脚，皆定有例價。如實因時直昂貴，或要工期限緊迫，及河工漫口，迎溜頂衝，水勢湍急，實有必須加增之處，許令據實開報，如例價浮於市價，則照市價開報。又偏災地方以工代賑，係官修之工，雇夫給全價，係民修之工，雇夫給半價。凡例價皆以銀計，惟在京工價以錢計。鳩工則定其限。在京工程一千兩以内者，備料二十日，工作四十日，二千兩以内者，備料三十日，工作五十日，五千兩以内者，備料四十日，工作六十日。如工程較大，酌量遞加。各省工程所需料物，或係本地出産，或須越境購辦，由各該處自行酌定，限期報部，工竣依限報銷。若勘估，若報銷，亦如之。在京工程，由各衙門奏咨到部者，約估以十日，查估以二十日造册呈遞。其承辦司分覈算錢糧細數，亦以二十日造册呈堂。查估後，如因款項繁多，錢糧費鉅，不能依限覈算者，准呈明展限。其由欽派大臣查估者，造册送部及本部覈算錢糧，亦以二十日爲限。工竣後，欽派大臣查驗，及由部委員查驗者，俱限十日，管工官造册報銷亦如之。承辦司員覈銷限十五日，二千兩以外增限五日。各省修建工程，數在千兩以上者，該管道府親往勘估，千兩以下者，委附近府廳直隸州親往勘估，其工鉅費繁者，督撫藩司親往覆勘。其造報册籍，如銀數千兩以内者，該管官於奉文之日起，内地限四月造報，邊疆海外限六月造報，銀數在萬兩内外者，該督撫酌定限期，嚴飭辦理完結，統於報銷時，將起限限滿日期詳細聲明。直隸河工歲修，於三汛後將次年約估銀數具題，搶修各工，於三汛後將本年約估銀數具奏。江南，河南，山東歲修各工，於三汛後造册題估，搶修各工，於三汛後咨送工段不題估，均於次年四月題銷。其有故不能依限估銷者，咨明展限，各省城工完竣，委勘之藩司道府，各限一月。不及估即給帑。凡遇有緊急工程，不及先行料估覈算者，酌量工程大小，速行修竣，覈實報銷。增估者，先事以達於部，原估工料不敷，必應添用，及興工後有增加之工，務須先行估報。即工程險急，勢難緩待，亦應隨修隨估，不得於報銷案内一併開報。節省則准抵。工程節省，如所用匠夫，原估需匠十名，工竣止開九名，需夫十名，工竣止開八名，係實在節省。覈銷時，遇有别項覈減銀兩，准其抵銷。如原估修工十丈，工竣止修九丈，物料例價一兩，今按時價止須九錢，此項銀兩，仍照數歸款。凡歲修，有大修，有小修，皆定以歲額，而覈其增減之數。各項歲修，及大修小修工程，皆有歲額定數。如歲額之外，需費加倍，先行奏請，得旨，則准其興工報銷。如酌量節省,及可緩修者,照數歸款。遇應行改造之年,停支歲額錢糧。浮冒,則議駁而更正焉。估報工程,以原奏爲憑。如段落丈尺與原奏不符,及報銷册開載工料浮多,俱隨案奏駁。如款項繁多,開單不能詳盡者,將原册黏籤指示發還,令改正後另照妥册,同原册一併繳送。其駁款無多,易於申説者,即開單指駁。除開單黏籤之外,其餘款項如可另爲銷算者,即將應准者准銷給發,應減者覈減著追,餘俟另册到日再覈。至工程本小,銀數無多者,即徑行覈減追繳。凡例應駁查者,駁至三次後,仍不覈實造報,即詳覈本案情節,或按例減銷,或據情請豁,以清積案,隨將該督撫及承辦各官,分别奏請議處。又修建工程,未經聲明前次保固限期,有無舊料,及工料做法並不遵照部頒則例分晰註明者,俱分别奏請議處。

○頒部定之做法,以辨其用料、用工之數。内外各工,皆定有做法,並載明用料若干,用工若干。凡料,先支於官。在京用料,支於本部各廠,及户部三庫。各省工程,有例定官料可支者,亦報明支用。不足,則市以給之。在京各工用料,非各廠庫所有者,皆買用市料,各省工程如之。各計以其物。物中權者計以輕重,中度者計以長短廣狹邊徑,中量者計以堆方。凡工,曰金工,有鏨匠,有花匠,有銲匠,有釘鉸匠,有鏇匠,有鑲嵌匠,有鈒花匠,有鋄匠,有鍍金匠。曰木工,有木匠,有鋸匠,有雕刻䊩鑾匠。曰竹工,有劈竹匠,有刮竹匠,有攢竹匠,有編竹匠,有膠合匠,有箍匠。曰籐工,有紮籐匠,有纏籐匠。曰石工,有開鑿石匠,有占斧石匠,有疊落石匠,有剔洗石匠,有匾光石匠,有磨光石匠。曰瓦工,有瓦匠,有砍甎匠,有拔草鈎抿匠。曰土工,有刨夫,有平地夫,有夯築夫。曰絲工,有結絲匠,有緶匠。曰帛工,有裁縫匠,有結綵匠。曰革工,有硝皮匠,有緘皮匠。曰角工,有角匠。曰筋工,有捶筋匠,有撕筋匠,有纏筋匠。曰紙工,有摔紙匠,有砑邊匠,有摺紙匠,有裱匠,有裝釘匠。曰漆工,有漆匠,有油匠。曰畫工,有繪畫匠,有貼金匠。曰染工,有染匠,有湅匠。皆計以日焉。一日爲一工,十分之爲分,百分之爲釐。

○凡造作之法,緪之以取直,懸之以取正,測之以取平,較之以取均,罫之以取方,旋之以取圓,皆以營造尺起度,以布算而馭線面體之積。凡數,由點引而爲線,求邊積之法因之,由線交而爲面,求羃積之法因之,由面立而爲體,求容積之法因之。線面皆以度起算,至成體而後,則度量權其用各殊,而其數可以相通,以斗斛高廣求其容積。凡物高廣先乘得其實,以斗斛所容爲法除之,則度可通於量,以諸物製爲立方徑寸,各權其重,體積同而輕重不同,各定爲率。凡物大小以立方體積準之,則度可通於權。凡物長短、大小、輕重,皆準焉。

○定保固之限,城垣保固三十年,在京衙署保固十五年。十五年之外,二十五年之内黴朽者,該衙門自行修理。二十五年之後,始准動項興修。監牆荆茨保固十月,各省衙署拆御大修者,保固十年。倉廒監獄庫坐等項工程,每年動支額設歲修銀兩分別黏修及零星修理者,保固三年,其挪移拆建大修者,保固十年,營房墩汛,亦如之。沿江沿海等處,六年後即准興修。直隸,江南,山東,河南,埽工,保固一年。堤岸土工,直隸永定河保固一年,北運河二年,南運河,通惠河,保固三年。江南及豫東二省,黄河保固一年。江南,山東,運河保固二年。江蘇海塘,柴埽各工保固一年,土塘保固二年,石塘保固三年,柴塘保固三汛。浙江海塘,石塘保固一年,附石土塘保固半年,土備塘保固三年,柴塘竹簍保固三汛,江塘石塘保固三年,柴埽工保固三汛。江西江防石工與浙江同。湖北江夏蕎麥灣,照黄河之例,保固一年,荆州萬城堤工保固十年,漢陽江工保固三年。四川都江堰工保固十年。不及限則議賠。未及保固期限倒塌者,令原辦官賠修,先墊用公帑,工竣後按數追繳。覈減者亦如之。承追、承變之不實者,亦如之。凡賠,有獨賠,工程限内倒塌,及各省承修之員未及前後任交代者,該管上司未經查勘保題之前倒塌者,與擅動庫項至奏銷時始行開報者,俱令承辦官獨賠。有分賠,或上司爲屬員分賠,或前後任分賠,或經手之家人吏役分賠,或題估之督撫等造報籠統,工部未即查出,至銷算時始行奏駁者,併工部堂司官,一併均匀攤賠。有代賠,或上司爲屬員代賠,或屬員爲上司代賠,或本員已故,其子孫及承産之弟兄叔姪代賠,或祖父代賠之項,子孫有服官者,亦令代賠。覈其數以爲差。賠項三百兩以下者,定限半年,三百兩以上者,定限一年,千兩以上至五千兩者,定限四年,五千兩以上者,定限五年,一萬兩以上者,定限六年,二萬兩以上者,定限七年,五萬兩以上者,定限十年,十萬兩者限十五年。如限内不完,查係一人獨賠之項,情節較重者,照例參處。如係因公覈減,及分賠代賠之項,多至五千兩以上者,以十分計算,限滿日完至七分,其餘准照未完銀數另行起限。其無力完繳者,或坐扣,或豁免,或補官日完繳,俱與户部例同。官之應補者、應陞者,皆覈其賠項以咨於吏部。候補題陞官員,有無賠項未完,吏部行查工部,如有逾限未完,停其陞補。其查明無力完繳,准坐扣廉俸者,亦一併查明咨覆。降革人員,請援例開復者,亦如之。

清檔房,清字堂主事,滿洲二人,掌守檔案。凡咨送堂銜,與滿洲司員陞補差委之事,皆掌焉。

漢檔房,漢字堂主事,滿洲一人、漢軍一人,掌繕清字漢字之題本,與其黄册。

黄檔房,郎中、員外郎、主事,由堂官派委,無定員。掌稿筆帖式,由堂官遴委一人。掌覈帑藏歲支之數,與其材物。仲冬則彙而上之,以待會計。每歲用過雜項錢糧,並内務府取用庫貯物料,皆書於册。冬至月,本部會同内務府奏請欽派大臣查奏。

司務廳,司務,滿洲一人、漢一人,掌治吏役,收外省衙門之文書,呈堂書到,記其號以分於司。

督催所，郎中、員外郎、主事，由堂官派委，無定員。掌催四司所議之件，而督以例限。每月於工科陝西道註銷。有工作亦如之，别其保固遠近之差。

當月處，司員，滿洲一人、漢一人，以四司司員輪直。掌監堂印，收在京衙門之文書，以付於四司，送題本於内閣，内閣傳抄。清字，則滿洲司員抄焉，漢字，則漢司員抄焉。

營繕清吏司，郎中，滿洲四人、蒙古一人、漢一人，員外郎，滿洲五人、漢一人，主事，滿洲二人、蒙古一人、漢二人，掌營建之事。凡木税、葦税皆覈焉。

○建都城，方四十里，其門九。内城週四十里，南面廣二千二百九十五丈九尺三寸，北二千二百三十二丈四尺五寸，東長一千七百八十六丈九尺三寸，西一千五百六十四丈五尺二寸，下石上甎，共高三丈五尺五寸，堞高五尺八寸，址厚六丈二尺，頂闊五丈。南面三門，曰正陽、崇文、宣武，東西北三面門各二，東曰朝陽、東直，西曰阜成、西直，北曰安定、德勝。每門門樓一，四維角樓各一，城闉九，城垛一百七十二，雉堞萬有一千三十八，炮窗二千一百有八。門樓均朱楹丹壁，檐三層，覆以緑琉璃瓦。正陽門城闉三門，譙樓一，闉樓三，其餘八門各闢門一，譙樓、闉樓亦如之。正陽門東西，崇文門東，宣武門西，朝陽門南，東直門南，德勝門西，各設水關一，均内外三層，每層護以鐵柵。外城環其南，其門七。内城南一面環以外城，計二十八里，南面廣二千四百五十四丈四尺七寸，東長一千八十五丈一尺，西一千九十三丈二尺，下石上甎，共高二丈，堞高四尺，址厚二丈，頂闊一丈四尺。南面三門，曰永定、左安、右安，東西面門各二，東曰廣渠、東便，西曰廣寧、西便，每門門樓一，角樓六，城闉七，城垛六十三，雉堞九千四百八十七，炮窗八十八。東西便門門樓及角樓，制如内城。東便門東，西便門東，水關各一，皆三洞，每洞内外皆設鐵柵，東便門西，水關一，内外二層，鐵柵如之。皇城，其門七，環於皇城之南者，其門三。皇城之制，廣袤三千六百五十六丈五尺，高一丈八尺，下廣六尺五寸，上廣五尺三寸，甃以甎塗朱，覆黄琉璃瓦。週六門，南曰天安，東曰東安，西曰西安，北曰地安。天安門之内，重以端門，端門之内，東曰闕左門，西曰闕右門。天安門之外，環以城制，與皇城同。正中曰大清門，東曰長安左門，西曰長安右門。天安門五闕，上覆重樓九閒，彤扉三十六，環以金水河，跨石梁五，門内東西廡各三十六間，端門制與天安門同，門内東西廡各五十閒。紫禁城，其門四，皇城之内爲紫禁城，紫禁城之制，南北長二百三十六丈二尺，東西長三百二丈九尺五寸，高三丈，堞高四尺五寸五分，下廣二丈五尺，上廣二丈一尺二寸五分，週四門，南曰午門，東曰東華，西曰西華，北曰神武，四維角樓各一，午門三闕，上覆重樓九閒，南北彤扉各三十六，左右設鐘鼓明廊，翼以兩觀，傑閣四聳，左右各一闕，闕下西嚮以達於午門内者爲左掖門，東嚮者爲右掖門。正中則建皇居。外朝，曰太和殿,曰中和殿,曰保和殿。午門内正中爲太和門,九楹三門,崇基石闌,前後陛各三出,左右陛各一出,環以金水河,跨石梁五,左曰昭德門,右曰貞度門,門各三間,内爲太和殿,基高二丈,殿高十一丈,廣十一楹,縱五楹,前後金扉四十,金瑣窗十六,殿前爲丹陛,環以石闌,陛五出各三成,丹墀下甬道左右爲文武官朝賀行禮位,范銅爲山形,東西各二行,行十有八。殿左右各一門,左曰中左門,右曰中右門,皆南嚮。太和殿後爲中和殿,縱廣各三間,方檐圓頂,金扉瑣窗各二十四,南北陛各三出,東西陛各一出。其後爲保和殿,九楹,前陛各三出,與太和殿丹陛相屬,中和殿左右陛各三成,東西出,保和殿後陛三出,各三成,北嚮殿左右各一門,左曰後左門,右曰後右門,皆南嚮,前後出陛。凡宫殿門廡,皆崇基,上覆黄琉璃瓦,門設金釘,闌柱、窗扉、丹壁、青瑣,咸雕鏤繪采。内庭,曰乾清宫,曰交泰殿,曰坤寧宫。保和殿之後,正中爲乾清門,五間三門,前三出陛,環以石闌。門内左右陛北出者二,中路甬道相屬。正中曰乾清宫,廣九楹,深五楹,左右陛南出者二,東西出者各一。乾清宫之後爲交泰殿,制與中和殿同。交泰殿之後爲坤寧宫,後爲坤寧門,北嚮,門後南嚮者爲天一門,内爲欽安殿,殿後北嚮者爲承光門,又後爲順貞門,順貞門之後爲神武門,是爲紫禁城北門。凡環列於東西者,各序以次。午門内東西兩廡各二十二間,東廡之中爲協和門,東嚮,西廡之中爲熙和門,西嚮,太和門内東西兩廡各三十二間,東廡之中爲體仁閣,西廡之中爲宏義閣,東廡之北爲左翼門,西廡之北爲右翼門。協和門東爲文華殿,後爲主敬殿,後爲文淵閣,東爲傳心殿,其前稍東,東出者爲東華門,是爲紫禁城東門。熙和門西爲武英殿,西爲咸安宫,南爲南薰殿,西出者爲西華門,是爲紫禁城西門。乾清門之外,東爲景運門,西爲隆宗門。景運門東爲奉先殿,其東爲寧壽宫,宫後亘以横街。北爲養性殿,東爲景福宫,隆宗門西爲慈寧宫,宫之西爲壽康宫,北爲壽安宫,宫之東爲中正殿,殿之西爲英華殿,乾清宫之東爲昭仁殿,西爲宏德殿,東廡爲端凝殿,其南爲日精門,西廡爲懋勤殿,其南爲月華門。由日精門而東,南出者爲内左門,門之北,南嚮者,爲近光左門,自是而北。爲東一長街,街東以次列三宫,前爲景仁宫,其北爲承乾宫,又北爲鍾粹宫。三宫之東爲東二長街,街東以次列三宫,前爲延禧宫,其北爲永和宫,又北爲景陽宫。日精門之東爲齋宫,殿曰孚顒殿,齋宫之東爲毓慶宫,殿曰惇本殿,宫垣東嚮之門爲昭華門,又東爲蒼震門。由月華門而西,南出者爲内右門,門之北南嚮者,爲近光右門,自是而北。爲西一長街,街西以次列三宫,前爲永壽宫,其北爲翊坤宫,又北爲儲秀宫。三宫之西爲西二長街,街西以次列三宫,前爲啓祥宫,其北爲長春宫,又北爲咸福宫,三宫之北爲重華宫,殿曰崇敬殿,宫之西爲建福宫,殿曰撫宸殿,宫之南爲延慶殿。月華門之西爲養心殿,宫垣西嚮之門爲啓祥門,又西爲長庚門。紫禁城之南,左太廟,太廟在端門外之左,朱門丹壁,覆以黄琉璃瓦,衞以崇垣。大門三,左右門各一,戟門五間,崇基石闌,中三門,前後皆三出陛,門内外列戟百二十,左右門各三,皆一出陛。前殿十一間,正中三間,飾金梁棟,階三成,繚以石闌,正南及左右凡五出陛,各三成。中殿九間,同堂異室,内奉列聖列后神龕,後界朱垣,中三門，左右各一門，内爲後殿，制如中殿，奉祧廟神龕，均南嚮。前殿兩廡各十五間，東廡爲配饗功王位，西廡爲配饗功臣位，東廡前，西廡南，燎鑪各一。中殿後殿兩廡各五間，均藏祭器，後殿東廡南，燎鑪一。戟門外，東爲神庫，西爲神廚，廟垣週二百九十一丈六尺，街門五間，在西南，右門三間在西北，均西嚮。右社稷。社稷壇在端門外之右，制方，北嚮，二成，高四尺，上成方五丈，二成方五丈三尺，皆四出陛。上成以五色土辨方分築，内壝方七十六丈四尺，高四尺，厚二尺，甃以四色琉璃甎，各隨方色，覆瓦亦如之。門四，内壝西北瘞坎一，壇北爲拜殿，戟門各五間，戟門列戟七十二，皆上覆黄琉璃瓦，前後各三出陛，内壝西南，神庫神廚各五間，壇垣週二百六十八丈四尺，内外丹雘，覆以黄琉璃瓦。北三門，東西南各一門，壇北門外東北隅正門一，左右門各一，南門外街門五間，左門三間，皆東嚮。設壇於四郊，都城之巳爲天壇，天壇在正陽門外東南，中爲圜丘，形圓象天，南嚮三成，上成徑九丈，高五尺七寸，二成徑十五丈，高五尺二寸，三成徑二十一丈，高五尺，週圍甃石各九重，上成自一九遞加至九九，二成自九十遞加至百六十二，三成自百七十一遞加至二百四十三，每成四出陛，上成石闌七十二，二成百有八，三成百八十。内壝形圓，週百有六丈四尺，高五尺九寸，壝門四壝外東南丙地燔柴鑪一，瘞坎一，燎鑪六，西南鐙杆三。外壝形方，週二百十丈一尺，高八尺六寸，門制與内壝同。燎鑪四，分設於壝東西門之左右。壝北門後爲皇穹宇，南嚮，環轉八柱，圓檐，上安金頂，基高九尺，徑五丈九尺九寸，東西南三出陛，左右廡各五間，一出陛，殿廡門座，均覆青琉璃瓦，圍垣形圓，週五十六丈六尺八寸，高一丈八寸，南設三門，崇基石闌，前後三出陛，外壝東門外東北隅神庫神廚各五間，祭器庫樂器庫薦庫各三間，壝外内垣門四，東曰泰元，南曰昭亨，西曰廣利，北曰成貞，皆覆緑琉璃瓦。成貞門北爲祈年殿，設圓壇三成，南嚮，上成徑二十一丈五尺，二成徑二十四丈四尺，三成徑二十八丈三尺，面甃金甎，圍以石，石闌四百二十，南北三出陛，東西一出陛，壇上建祈年殿，制圓，上安金頂，左右廡各九間，均覆青琉璃瓦，前爲祈年門，崇基石闌，前後三出陛，門外東南燔柴鑪二，瘞坎一，燎鑪五，内壝週百九十丈七尺二寸，門四。北門後爲皇乾殿，五間，上覆青琉璃瓦，南嚮，正面三出陛，東西一出陛，石闌五十九，南設三門，西角門一，内壝東門外長廊七十二間，壝外圍垣東西北三面各有門。西門内稍南爲齋宫，東嚮，前殿五間，崇基石闌，三出陛，正殿五間，一出陛，均覆緑琉璃瓦。内宫牆方百二十三丈九尺九寸，中三門，左右各一門，東北隅鐘樓一。外宫牆週百九十八丈二尺，環以迴廊百六十三間。廣利門外西北爲神樂所，東嚮，中爲凝禧殿，後爲顯佑殿，凡奉祀協律各廨舍，分列廊廡中，西爲犧牲所，中祀犧牲之神，後爲官署，外垣内西南鐘樓一。圜丘祈年殿各圍垣二重，内垣高丈一尺，址厚九尺，頂厚七尺，週千二百八十六丈一尺五寸，外垣高丈一尺五寸，址厚八尺，頂厚六尺，週千九百八十七丈五尺，西嚮門二，南北並列，南入圜丘，北入祈年殿，皆三門，角門一。丑爲地壇，地壇在安定門外，中爲方澤，形方象地，方折四十九丈四尺四寸，深八尺六寸，闊六尺深中貯水，北嚮二成，上成方六丈，下成方十丈六尺，均高六尺，上成正中六六，外八方均以八八，積成縱横各二十四路，二成倍上成八方八八之數半徑各八路，皆甃以青白石，每成四出陛，二成南左右，設五嶽五鎮五陵山石座，鑿山形，北左右，設四海四瀆石座，鑿水形，皆東西嚮，水形座下，鑿池貯水以祭，内壝方二十七丈二尺，高六尺，厚二尺，壝北三門，東西南各一門，壝北門外東北鐙杆一，西北瘞坎一，燎鑪五，外壝方四十二丈，高八尺，厚三尺四寸，門制與内壝同，門内從壇瘞坎二，壝南門後皇祇室五間，北嚮，覆黄琉璃瓦，圍垣正方，週四十四丈八尺，高一丈一尺，外壝西門外神庫神廚祭器庫樂器庫各五間，均覆緑琉璃瓦。西北爲齋宫，東嚮，正殿七間，崇基石闌，五出陛，左右配殿各七間，内宫門三間，左右門各一，均覆緑琉璃瓦，外宫牆週百有十丈二尺，門三，東嚮，門東北鐘樓一，西南爲祠祭署，壇内垣週五百四十九丈四尺，西北各三門，東南各一門，外垣週七百六十五丈，西嚮三門，角門一。卯爲日壇，日壇在朝陽門外，制方，西嚮一成，方五丈，高五尺九寸，面甃金甎，四出陛，圓壝週七十六丈五尺，高八尺一寸，厚二尺三寸，壝正西三門，東南北各一門。壝西門外燎鑪一，瘞坎一，西北鐘樓一，壝北門外，東爲神庫神廚各三間，北爲祭器庫樂器庫稷薦庫各三間，鐘樓一，西北爲具服殿，正殿三間，南嚮，左右配殿各三間，衛以宫牆宫門三，壇垣週二百九十丈五尺，西北各一門，皆三間。北門西角門一，均覆緑琉璃瓦。酉爲月壇。月壇在阜成門外，制方，東嚮一成，方四丈，高四尺六寸，面甃金甎，四出陛，方壝週九十四丈七尺，高八尺，厚二尺二寸，壝正東三門，西南北各一門，壝東門北門外燎鑪各一，瘞坎一，東北鐘樓一，壝南門外西爲神庫神廚各三間，南爲祭器庫樂器庫各三間，東北爲具服殿，正殿三間，南嚮，左右配殿各三間，衛以宫牆。宫門三，壇内垣週二百三十五丈九尺五寸，東北各一門，北門東角門一，外垣週三百三十二丈九尺七寸，東南柵門各三，均覆緑琉璃瓦。未爲先農壇，三壇附焉。先農壇在正陽門外西南，制方，南嚮一成，方四丈七尺，高四尺五寸，四出陛，東南爲瘞坎，壇北爲殿五間，以藏神牌，東神庫，西神廚，各五間，東南爲觀耕臺，方廣五丈，高五尺，面甃金甎，南東西三出陛，前爲耤田，後爲具服殿五間，南嚮，三出陛，東北爲神倉，中廩制圓，前爲收穀亭，左右倉十二間，後爲祭器庫，繚以週垣，南門一。太歲殿在先農壇之東北，正殿七間，南嚮三出陛，東西廡各十一間，前爲拜殿七間，殿東南燎鑪一，壇内垣門四，各三間。神祇壇在先農壇内垣外東南，正南三門，繚以重垣，東爲天神壇，制方，南嚮一成，方五丈，高四尺五寸五分，四出陛。壇北設有青白石龕四，鏤雲形，各高九尺二寸五分，祀雲雨風雷之神。壝方二十四丈，高五尺五寸。壝正南三門，東西北各一門，東南燎鑪一。西爲地祇壇，制方，北嚮一成，廣十丈，縱六丈，高四尺，四出陛。壇南設青白石龕五，内鏤山形者三，祭五嶽、五鎮、五陵山之祇，鏤水形者二，龕下四圍鑿池貯水，祭四海、四瀆之祇，各高八尺二寸。壇東從位石龕山水形各一，祭畿輔、名山大川之祇，西從位石龕山水形各一，祭天下、名山大川之祇，各高七尺六寸，壝方二十四丈，高五尺二寸。壝正北三門，東西南各一門，西北瘞坎一。先農壇内垣東門外，北爲慶成宫，南嚮，正殿五間，崇基石闌，前左右三出陛，後殿五間，左右配殿各三間，内宫牆南三門，東西掖門各一，外宫牆正門三間，左右掖門各一，東南鐘樓一，垣後爲祠祭署。壇外垣週千三百六十八丈，東嚮門二，南入先農壇，北入太歲殿，皆三門，角門一。先蠶壇則設於西苑。先蠶壇在西苑之東北隅，制方。南嚮一成，徑四丈，高四尺，四出陛，西北瘞坎一。東南先蠶神殿三間。西嚮，朱扉，覆緣琉璃瓦，崇基三出陛。北爲神庫，南爲神廚，各三間。東爲觀桑臺，方廣三丈二尺，高四尺，面甃金甎，圍以白石，東西南三出陛。前爲桑園，後爲具服殿五間。南嚮三出陛，東西配殿各三間，後殿五間，東西配殿如前。四週迴廊二十間，均覆緑琉璃瓦，衛以宫牆。北抵外垣，垣東西各一門。浴蠶河在宫牆東，自外圍北垣流入，由南垣出。垣下各設水關啓閉。蠶署三間，蠶室二十七間，均西嚮。壇垣週百六十丈。西南隅正門三，左右門各一，西北隅角門一。圍垣南陪祀室二重，皆西嚮。凡廟祠在都城者，中祀群祀備焉. 歷代帝王廟在阜成門内，南嚮。廟門三間，左右門各一。内景德門五間，崇基石闌，前後三出陛。正中景德崇聖殿九間，崇基石闌，南三出陛，東西一出陛。兩廡各七間，燎鑪各一。殿東西御碑亭四。殿後祭器庫五間，均南嚮。景德門外神庫、神廚各三間。其西爲承祭官致齋所，東南鐘樓一。圍垣週百八十六丈三尺八寸。正殿覆黄琉璃瓦，門廡庫廚，中覆黑琉璃，封檐列脊，用緑琉璃瓦。御碑亭覆黄琉璃瓦，各祠廟皆同。先師廟在安定門内太學之左，南嚮。街門三間，西爲持敬門一間，西嚮。大成門五間，崇基石闌，中三門，前後三出陛。門内左右列戟二十四，内外石鼓各十，石鼓音訓碣一。左右各一門，内東西列舍十一間，北嚮。大成殿七間，崇基石闌，三出陛。兩廡各十九間，殿東西列舍各十一間。西廡南燎鑪一。西北瘞坎一。甬道左右門外御碑亭十三。大成門外神庫、神廚各五間。承祭官致齋所三間。每科進士題名碑分列左右，外衛崇垣。正殿正門皆覆黄琉璃瓦，餘屋均甋瓦，以緑琉璃封檐。後爲崇聖祠，正殿五間，東西廡各三間，燎鑪一。廟門三間，圍垣一重，門一。正殿正門均覆緑琉璃瓦，餘均甋瓦。顯佑宫在地安門外，南嚮，廟門三間，重門三間，正殿五間，崇基石闌，三出陛。兩廡各五間。殿東南燎鑪一。後殿五間。廟門内東西鐘鼓樓各一。正殿門樓均覆黑琉璃瓦，餘均甋瓦。火神廟在地安門外，廟門一間，東嚮。左右門各一，内爲牌坊門。正殿三間，南嚮。西配殿三間，南殿三間，東西廡各一間，燎鑪一。正殿後閣五間，東西配殿各三間。閣後群樓十五間。廟門内鐘鼓樓各一。門樓覆緑琉璃瓦，殿覆黑琉璃瓦。宣仁廟、凝和廟在東安門内，昭顯廟在西安門内，時應宫在西苑，均南嚮。大門六間，正殿三間，後殿五間，鐘鼓樓各一。兩廡正房六間，耳房二間，群房十八間。正殿廟門均覆黄琉璃瓦，餘均甋瓦。文昌廟在地安門外，南嚮。大門三間，左右門各一間，正殿三間，東西配殿各三間，魁光閣三間，御碑亭一，鐘鼓樓各一，後殿五間，迴廊二十三間，東西山房各三間。殿外燎鑪二，其東爲具服殿三間，配殿六間，殿宇皆覆黄琉璃瓦，餘均甋瓦。都城隍廟在宣武門内，南嚮。廟門三間，内爲順德門、闡威門皆三間，左右門各一。前殿五間，東西兩廡各三間，迴廊各二十二間。東西御碑亭二，燎鑪二。後殿五間。闡威門外東爲治牲所，西爲遣官房，各三間，門内鐘鼓樓各一。正殿中覆甋瓦，以黑琉璃封檐,餘均瓵瓦。東嶽廟在朝陽門外,南嚮。廟門三間,牌坊門三間,瞻岱門五間。門外御碑亭東西各一,燎鑪東西各一。正殿七間,兩廡各三間,迴廊各三十六間。後殿五間,兩廡各三間,迴廊各七間。三面環樓三十三間。廟門内鐘鼓樓各一。殿宇門廡均覆瓵瓦,以緑琉璃封檐。鐘鼓樓覆黑琉璃瓦。先醫廟在太醫院署左,廟門一間,咸濟門三間,更衣室左右各三間,景惠殿三間,南嚮。左右步廊六間,東西廡各五間。廟門内燎鑪一。正殿門廡皆覆瓵瓦。關帝廟在地安門外,南嚮。廟門一間,左右門各一,正門三間。前殿三間,殿外御碑亭二,東西廡各三間,東廡南燎鑪一,廡北齋室各三間。後殿五間,東西廡及燎鑪與前殿同。東爲祭器庫,西爲治牲所,各三間。正殿覆黄琉璃瓦,餘均瓵瓦。昭忠祠在崇文門内,南嚮。正門五間,左右門各一,二門三間,左右御碑亭各一。正屋七間,左右廊各十四間,其東燎鑪一。其後正屋五間,左右屋各三間,群房十六間,東西燎鑪一。其東爲祭器庫、宰牲房、治牲所、遣官房各三間。門及正屋均覆緑琉璃瓦,餘均瓵瓦。賢良祠在地安門外,南嚮。大門二門各三間,左右門各一。正殿三間。東西廡各三間,東廡南燎鑪一。後屋五間,兩廡及燎鑪如前。左右門各一。東爲治牲所,西爲宰牲房,門外左右御碑亭各一。正殿正門皆覆緑琉璃瓦,餘均瓵瓦。雙忠祠在崇文門内,南嚮。大門三間,左右門各一。正中御碑亭一,左右祭器庫、遣官房各五間,二門一間,正屋三間,東南燎鑪一。正屋正門均覆緑琉璃瓦,餘均瓵瓦。凡門楹之制,俱飾以丹雘、梁楝五采。功臣專祠、武壯王祠在廣寧門外,恪僖公祠、宏毅公祠均在安定門外,勤襄公祠在朝陽門,外文襄公祠在德勝門外,恪僖公祠在東安門内,俱正屋三間,兩廡各三間,大門三間。均覆黑琉璃瓦,門楹朱飾,繚以朱垣。旌勇祠在地安門外,南嚮。大門三間,左右門各一。正中御碑亭一。東遣官房五間,西庫房一間,二門一間,界以朱垣。正屋三間,東西廡各三間,鑪一。正屋正門均覆黑琉璃瓦,繚以甎垣。睿忠親王祠在朝陽門外,南嚮。圍以朱垣大門三間,正中御碑亭一。正屋五間,東西廡各三間,後垣門一。正屋正門均覆緑琉璃瓦。獎忠祠在東安門内,南嚮。大門三間,正中御碑亭一。正屋三間,東西廡各三間,燎鑪一,均覆黑琉璃瓦。褒忠祠在地安門外,南嚮。大門三間,正屋五間,東西廡各三間,燎鑪一,覆以黑琉璃瓦。兩翼忠孝祠、節孝祠各大門一間,内立石碑一,二門一間。正屋三間,兩廡各三間。後屋五間,兩廡各三間。覆以瓵瓦。惟龍神各祠於其所。黑龍潭龍神祠在京城西北三十里黑龍潭山頂,東嚮。正殿三間,崇臺朱闌,殿左燎鑪一。前爲廟門,門外御碑亭二。又前爲牌坊。東北爲龍潭。潭西殿三間,繞潭迴廊三十五間,南祝版房三間,外治牲所齋室各三間,又外爲大門。正殿廟門牌坊均覆黄琉璃瓦,餘均瓵瓦。神廚治牲所皆在廟外之右。玉泉山龍神祠在玉泉山之麓,正殿三間,東嚮,覆緑琉璃瓦。殿外燎鑪一。昆明湖龍神祠在昆明湖之南,正殿三間,覆黄琉璃瓦,殿外燎鑪一。凡廨署、内閣、國史館、稽察欽奉上諭事件處、誥勑房、起居注、翻書房、尚虞備用處、鷹狗處、侍衛處、内務府、造辦處、廣儲司、上駟院、方畧館、咸安宫官學、回緬官學,在紫禁城内。六科、中書科、皇史宬、武備院、奉宸院、慎刑司、慶豐司、掌儀司、都虞司、會計司、營造司、光禄寺、内務府三旗護軍統領、户部緞疋庫、顔料庫、景山官學,在皇城内。宗人府、六部、都察院、翰林院、詹事府、通政使司、大理寺、理藩院、鑾儀衞、太常寺、太僕寺、鴻臚寺、欽天監、太醫院、國子監、貢院、順天府、河南道察院、五城察院、大興宛平二縣、八旗都統、步軍統領、兩翼前鋒統領、八旗護軍統領、户部銀庫、内倉、寶泉局、工部寶源局、左右翼宗學、八旗覺羅官學、八旗官學、漢軍義學、觀象臺,在内城。督理街道衙門、五城正指揮、中城副指揮、五城吏目、巡捕南營參將以下六汛,在外城。東城西城南城北城副指揮、巡捕中營參將以下五汛、左營右營北營參將以下各四汛,在城外。倉廒、京城内外倉廒十三,通州倉廒二,倉每間廣一丈四尺,縱五丈三尺,檐高一丈五尺有奇。下藉青甎,上加木板,牆址留下孔以洩其濕,廒頂建氣樓以散其蒸,門用棧板,甎上加木板,聯五間或四間六間爲一廒。統數十廒或百餘廒爲一倉。中建官舍,四旁鑿井,外環圍牆。在城内曰禄米倉、南新倉、舊太倉、海運倉、北新倉、富新倉、興平倉。城外曰太平倉、萬安倉、裕豐倉、儲濟倉、本裕倉、豐益倉。通州曰中倉、西倉。又設大通橋盤糧廳三間,號房六十四間,朝陽門號房二十八間。漕糧輸倉經由之處,設石壩土壩。通州之南門設屯屋,以免露積。凡倉門外均開水道,跨以橋梁。營房,營房在皇城内者,八旗滿洲步軍堆撥九十所,左翼鑲黄鑲白二旗各十所,正白正藍二旗各十一所,右翼四旗各十二所。内城九門,各設堆撥,左翼三百二十七所,鑲黄旗滿洲五十三所,蒙古二十二所,漢軍十七所,正白旗滿洲五十一所,蒙古二十所,漢軍十四所,鑲白旗滿洲四十六所,蒙古十三所,漢軍十二所,正藍旗滿洲四十五所,蒙古十九所,漢軍十五所,右翼二百九十九所,正黄旗滿洲五十五所,蒙古漢軍各十八所,正紅旗滿洲三十八所,蒙古十四所,漢軍十所,鑲紅旗滿洲四十八所,蒙古十三所,漢軍十所,鑲藍旗滿洲五十所,蒙古十五所,漢軍十所。内城九門城上堆撥房一百三十五所,收貯旗鐙信炮火藥一百六所。城外舊營房一萬六千間,每旗滿洲一千五百間,蒙古五百間。新營房三千六百八十間,除正陽門外,每門滿洲蒙古漢軍四百六十間,守門班房九十間,更房十五間。外城巡捕南營堆撥房二百九十六所,城上堆撥房四十三所,守門班房六十二間。城外巡捕北營堆撥房一百二十一間,左營堆撥房一百三十所,右營堆撥房一百一十所。圓明園八旗護軍營房一千五百間,包衣三旗護軍營房五百四間,健鋭營營房三千五百二十二間,碉樓六十八間,外火器營營房七千一百九十六間,巡捕中營堆撥房二百五十七所。各相其城内外之地而置之。凡興工,則辨其大小而分治其事。宫殿黏修工程,及糊飾窗牖,均由内務府承辦。如工程重大,先期奏明,交部勘估辦理。壇、廟歲修,由太常寺估計興工,咨部覈銷。每届祭祀先期修葺,及製備祭器皆如之。其修建御碑亭,及臨雍釋奠凱旋勒石太學,暨每科進士題名碑,專由部料估興修。皇城由部按時委官巡視,其南歲一葺治,東西北五歲一葺治。内城外城應届修理,由步軍統領查明,咨部辦理。各旗營公所,及取租房屋,如已逾保固年限,必須修理者,該旗奏明咨部,由部會内務府及該旗查勘辦理,工竣題銷,知照户部查覈。其零星修葺工程,令該旗支領房租銀兩，自行修理，報部查覈。各衙署應修之工，銀數在二百兩以上者，該衙門自應奏明，咨部辦理；二百兩以下，除實在無項可動者，准咨部辦理，餘皆自行籌辦。倉廒分別大修歲修，大修由倉場侍郎會查倉御史確勘咨部料估。千兩以下，由部派員修葺，工竣造册，并取具該監督印結送部覈銷。歲修統計十五倉不得過千兩，工竣報部，委員勘驗，歲終由倉場侍郎造册報銷。其每年拔草鈎抿添瓦，統計十五倉不得過五千兩，分交各監督自行估計修葺，由倉場侍郎查驗，將用過銀兩造册彙案報部題銷，修理營房工程，各旗由都統，各營由總統大臣，咨部覈估，工竣報銷亦如之。

○凡府第，各頒其制。親王府制，正門五間，啓門三，繚以崇垣，基高三尺。正殿七間，基高四尺五寸，翼樓各九間，前墀環護石蘭，臺基高七尺二寸。後殿五間，基高二尺。後寢七間，基高二尺五寸。後樓七間，基高尺有八寸，共屋五重。正殿設座，基高一尺五寸，廣十一尺，後列屏三，高八尺，繪金雲龍。凡正門殿寢，均覆緑琉璃瓦，脊安吻獸，門柱丹雘，飾以五采金雲龍文，禁雕刻龍首。壓脊七種，門釘縱九横七。樓屋旁廡均用甋瓦。其府庫倉廩廚廄，及典司執事之屋，分别左右，皆板瓦。黑油門柱，親王世子府制。正門五間，啓門三，繚以崇垣，基高二尺五寸。正殿五間，基高三尺五寸，翼樓皆五間，前墀環以石闌，臺基高四尺五寸。後殿五間，基高二尺。後寢五間，基高二尺五寸。後樓五間，基高一尺四寸，共屋五重。殿不設屏座，梁楝繪金采花卉四爪雲蟒，金釘壓脊，各減親王七分之二，餘與親王同，郡王府制亦如之。貝勒府制，基高二尺，正門一重，啓門一，堂屋五重，各廣五間，甋瓦壓脊，門柱紅青油漆，梁楝貼金，采畫花草，餘與郡王府同。貝子府制，基高二尺，正門一重，堂屋四重，各廣五間，脊用望獸，餘與貝勒府同。鎮國公、輔國公府制亦如之。公侯以下至三品官房屋，基高二尺，門柱飾黝堊，中梁飾金，旁繪五采雜花。惟二品以上房脊得立望獸，公門鐵釘，縱横皆七，侯以下遞減至五。四品以下官及士民房屋，基高一尺，其門柱中梁旁繪采花，與三品以上官同。

○凡建置，曰省，布政使所治，爲省城。曰府，除省城知府外，其餘知府所治爲府城。曰廳，直隸同知及府屬分管地方之同知、通判所治，皆爲廳城。曰州，直隸州知州及知州所治，皆爲州城。曰縣，除省城、府城知縣外，其餘知縣所治爲縣城。皆衛以城，城制方圓隨其地勢，城牆中築堅土爲土牛，外鑲砌以甎，上爲雉堞，城門外圈以月城。惟僻壤之廳州縣城，直土堅處所，間或築土爲城。又倚山之城，亦有削壁令陡以作城者。惟臺灣府廳縣各城，皆樹竹木爲之。而備其衙署、各省文武官皆設衙署，其制，治事之所爲大堂二堂，外爲大門儀門，大門之外爲轅門，宴息之所爲内室，爲群室，吏攢辦事之所爲科房，大者規制具備，官小者以次而減，佐貳官復視正印爲減。布政使司、鹽運使司、糧道、鹽道，署側皆設庫，按察使司及府廳州縣署側皆設庫獄。教官署皆依於明倫堂。各府及直隸州皆設考棚。武官之大者，於衙署之外，别設教場演武廳。祠廟、各省城及府廳州縣城，皆設社稷壇、風雲雷雨山川壇、先農壇、文廟、關帝廟、文昌帝君廟、城隍廟、厲壇、名宦祠、鄉賢祠、忠義孝弟祠、烈女節婦祠，各府直隸州城，兼設昭忠祠。各省城，兼設龍神廟、賢良祠，浙江省城兼設先蠶廟，其餘勅封捍災禦患諸神祠，各就所在地方建立。倉廒、各省州縣所設常平倉、兵米倉，及有漕地方所設漕倉，各按穀數糧數分別設廒。營汛。汛兵分駐巡防處所，各設營房墩臺。沿邊要隘，兼設堡城。沿海口門，兼設炮臺。將軍，若大臣，所駐亦如之。將軍副都統城守尉等，除在省城府廳州縣城駐防外，其綏遠城、乍浦、莊浪、采育里、鳳凰城，及吉林、黑龍江，將軍副都統城守尉所駐，並西北兩路將軍參贊辦事領隊大臣所駐，皆專設駐防之城其衙署等工，並建設如制。凡興工，皆按其規制而估報。興建城垣衙署祠廟倉廒營汛等工，皆由督撫將軍大臣等酌定規制奏准後，飭委勘估，造册具題覈定興工。其逾保固限應行修理者，亦由地方官估計申報，分别奏咨，覆准葺治。營房則由總兵副將會地方官親勘估報。竣事，則覈而銷焉。題案則題銷，咨案則咨銷，皆造册送部覈算。各定其用款。特建工程，奏准動用正項，及奏明動用某款者，皆按款覈銷。其修理各工，如祠廟倉廒等項無定款者，亦於奏咨案内指明酌動何款，作正開銷。城工數在三百兩以上者動正項，三百兩以下，地方官捐修。山西城工數在二千兩以内者，借支司庫錢糧於州縣繁費銀内，分年歸款。其城工有由士民捐修者，捐銀十兩以上，賞給花紅，三十兩以上，賞給扁額，五十兩以上，申報督撫遞加獎勵，至三四百兩者，奏請給八品頂戴。營房，内地十年之外，沿江沿海六年之外，四川懋功廳一帶三年之外，皆准動項大修，惟山西亦借支興修，於繁費銀内分年歸款。其歲修，山西、河南、江蘇、安徽、湖北、陝西、甘肅、廣西、雲南、貴州，皆有歲修額銀。直隸、福建、浙江、湖南、四川，由地方官捐修。廣東由原修官賠修。山東運河堤岸堡房、江西大路營房，皆有歲修額銀，餘亦捐修。駐防兵房，如該營有生息銀兩者，准其動支修葺。衙署、督撫藩臬將軍提鎮奏明於閒款内動支。其督撫旗杆鼓亭，准於心紅紙張及雜項公用銀内動支。文職道府以下，駐防協領以下，各准借支閒款修理，於俸廉内坐扣歸款。道府一千五百兩，丞倅州縣一千兩，首領佐雜二百兩，協領二百四十兩，佐領一百六十兩，驍騎校一百二十兩，筆帖式八十兩，學政借款，亦如道府之例。惟雲南學政考棚，設有經費，按歲科兩考分限題銷。武職副將以下，准以空缺留半養廉銀内動支。副將參將八百兩，游擊六百兩，都司二百兩，守備一百六十兩，千總一百兩，把總八十兩。八溝、塔子溝、烏蘭哈達三座塔税務衙署，准於税銀内動支，覈定據實報銷。凡城工，歲終則報部。城垣無論新舊，皆令州縣官會同營弁，按季親勘。夏秋雨後，督率佐雜及外委等，分段察勘，如有孔隙，隨時葺護，仍按季報明上司。至年終，督撫將各城應急修緩修情形，分晰聲敘，造册報部。

○凡屋入官者，定其直，估變入官房屋，有瓦房，有灰房，有樓房，有游廊，各分五等，垂花門分三等。房屋糙舊尚屬全整者爲一等，需黏補者爲二等，頭停糟朽山檐牆檻坍塌需折修者爲三等，門窗缺少椽檁枋柱應换者爲四等，房屋傾斜者爲五等，每等計以檁。瓦房九檁,一等每間銀四十七兩,以次遞減至三檁五等每間銀三兩而止。灰房九檁,一等每間銀四十兩,以次遞減至三檁五等每間銀二兩而止。樓房九檁,一等每間銀七十兩,以次遞減至四檁五等每間銀七兩而止。游廊四檁,一等每間銀十三兩,以次遞減至三檁五等每閒銀三兩而止。垂花門七檁,一等每座銀三十三兩,以次遞減至三檁三等每座銀五兩而止。其池沼亭臺,臨時估計無定價。分限而售之。入官應變房屋,承管官覈明原契券確估定價招買,一千兩以下限六月,一千兩以上至數千兩者,酌分一年或二年完解。承買者或現交全價,或先交半價。先交半價者,如原限六月,於限内交銀一半,其餘銀兩再限六月完繳,定限一年二年者如之。如入官房屋係契典者,令原業主照限領贖,如逾限,則出示變價。凡估變之數,較應追之數有餘者,將餘銀給還本人。徵租則準焉。官房取租者,按房價每兩每月徵銀一分五釐。如入官房屋内有取租鋪面房屋,即照每月徵銀一分五釐者,覈作房價銀一兩。如係租錢,以每制錢八百文作銀一兩。

〇凡新滿洲之住京者,各予以屋之直。新滿洲官兵來京者,三品官應給房十間,折價銀七百四兩。四品官應給房八間,折價銀六百六十兩。五品官應給房六間,折價銀四百九十五兩。六七品官應給房四間,折價銀三百三十兩。八九品官應給房三間,折價銀九十兩。前鋒領催應給房二間,折價銀六十兩。披甲閒散應給房一間,折價銀三十兩。其房價併軍器家具銀兩折給者,頭等二等侍衛六百兩,三等侍衛藍翎侍衛四百兩,前鋒護軍拜唐阿二百兩。

〇凡致物材,曰陶,琉璃窰設於正陽門之西,以造琉璃器具。臨清窰設於山東臨清州,製造城甎。蘇州窰設於江蘇蘇州府,製造金甎。曰木,皇木廠設於通州,木倉設於大清門内。各省解到木植,由部委員會皇木廠監督驗收,交倉存貯。曰石,石料視近畿州縣諸山産石最良者,委員開採。皆辨其等而定直。燒造琉璃器具有十樣,除第一樣與第十樣,向無需用處,無庸製造外,自第二樣至第九樣,各照定式,以琉璃料及鉛斤之輕重,分别定價。其無定式者,除瓦料仍照各樣甋版瓦料給價。其餘物件,以二樣版瓦之長闊較對相同者,照樣給價,短小者以次遞減,有較二樣版瓦長闊至見方二尺者,照七樣博縫例折算價直。雕刻花卉者,照例價外加十分之三,有模式印作者不加。臨清城甎,每塊長一尺五寸,寬七寸五分,厚五寸,以聲音響亮者爲上,啞聲者次之,破碎者又次之。需用,行令山東巡撫如式燒造。蘇州金甎,每正甎十,備副甎三,方二尺二寸者爲上,方二尺者次之,方一尺七寸者又次之。需用,行令江蘇巡撫如式燒造。凡甎料,各分三等定價。如長寬尺寸有不同者,各折實見方尺寸覈算。各省運解木植,以長徑尺寸及大圍圓小圍圓覈算。其每歲額解者,桅木杉木,由江蘇、江西、湖南解辦,架木桐皮槁,由江蘇、浙江、江西、湖南辦解。凡桅木價直,江蘇爲一等,江西、湖南爲一等,其餘木植各分三等。其無歲額者,需用時,行令各省按照例價辦解。石料,有青白石、旱白玉石、青沙石、豆渣白道石、紫石、虎皮石,於大石窩及西山盤山等處採取,俱以寬厚見方一尺折算長短定價。雜料亦如之。雜項物料,除由本部及在户部支領外,其由商人鏞户購買者,由部派員監送。將收過物料,由該工給發印文會同察覈。凡轉運,量其所需而給之。在京運送瓦料,及臨清成甎,由漕船帶運者,俱不給價。金甎及城甎之由民船運送者,運價以塊計。如甎料長寬尺寸不同者,折方覈算。瓦料脊料運至城外者,每四十件用小車一,運價以里計。木植自張家灣運至木倉,桅木杉木,以長徑尺寸折見方,每尺重二十斤,每一千五百斤爲一車,架木每二十根爲一車。桐皮槁每四十根爲一車,其運價,有春冬之例,有夏秋之例。石料以大小折長,大石窩青白石,每折長二丈七尺爲一車,用騾一,四丈六尺以外,用騾二,五丈二尺以外,用騾三,以次遞加至十四丈以外用騾十一。西山旱白玉石,每二丈四尺三寸爲一車。馬鞍山青白石、盤山青白石,俱以二丈七尺爲一車。鮎魚口豆渣石,每三丈七尺爲一車。車各用騾一,其運價以日計。凡各項料物,或計件裝載,或計斤裝載,在城内以車計不以里計,城外俱計里給價。運至,則以時驗收焉。各省運解木植等項,該督撫於委解起行之日,一面報部,一面知會沿途督撫飭行地方官催趲出境,不得無故逗遛。到日由部覈與原省批限無違,即派委司官驗收。在京各工驗收物料,或由部給領,或由商人鋪户,不必俟全完,隨到即收,俱不得藉端勒索。曠誤工程。凡舊料,貯以待用。各項工程估計覈算舊料若干,分別成數抵用。其不堪用者變價,外省工程如之。

○製幔城、網城以備巡幸。巡幸駐蹕大營,内方外圓。建黄幔城,門南嚮。中建圓幄,高二丈,徑三丈四尺,上爲穹蓋,頂用圓木加楅,銜椽下覆,皆髹朱。幕以白氈,緣用藍布,上加素布雨蓋,以髹朱木杆十四分楮之。承椽以斜木相交爲牆,外圍白氈,亦以藍布緑,下圍朱簾,内圍黄洋氈紅花文。幄内藉高麗席,加白氈。庭左右各設圓幄一,高九尺五寸,徑一丈五尺,内圍白氈,餘制如前。正中圓幄後,達以長幄,高七尺六寸,直梁横棟,四方啓門,後爲幄殿三楹,高一丈一尺,東西室皆啓窗,後爲圓幄六。幔城外左右各設連帳,以爲茶膳儲偫之所。其外爲網城,索綯爲之,貫以杆,高六尺。周圍設連帳一百七十五爲内城,啓旌門三。外設連帳二百五十四爲外城,啓旌門四。内城宿衛帳九,外城宿衛帳四,隨城有門楅、門檻、門套、布屏、板凳,裝成則有布包。其修理幔城,有拆翻,有拆染,分别初次、二次、三次以備料物,其不堪用者,收貯以爲布包之用。凡行則供具,沿途張設添備各項料物,令承辦官將實在用過數目據實呈報,事竣覈銷。頓營亦如之。頓營之制,設黄幔城,門内嚮。正中設圓幄,高一丈。外加網城如大營之制,行圍看城與頓營同。駕出入供圍幕。圍幕以藍布爲之,高八尺,寬八尺八寸,穿以竹絆。内裹網繩,其張設用杉木杆一,木柱及竹竿各二,承以鐵樁。

○凡器之用於工者,備其制。運送物材,有快車,有旱船。製造火藥,有碾盤碾柁石磨。凡應用木槌及神杆石、打糕石、插柳枝石,併各工應用物件,俱由司製辦。

○凡木税,工關之隸於司者,有直隸通永道六小口税、多倫諾爾廳大河口税、山東臨清州甎版閘税、山西殺虎口税、交城縣武元城税、湖南辰州府辰關税、四川夔州府渝關税。凡七處,其六處皆徵木税,惟甎版閘徵船料木税,通永道六小口、大河口、殺虎口按木植長徑尺寸,覈以部定之價,折徵十分之一。武元城、辰關,按部價折徵百分之三。渝關,覈估價木折徵百分之三。船料按梁頭尺寸徵收。各定其額,各關歲額,直隸通永道六小口税一千二百兩大河口六千七百十兩有奇,山東臨清甎版閘四千五百七十二兩有奇,山西殺虎口七千六百四十六兩,武元城一千二百三十一兩有奇,湖南辰關一萬二千五百兩,四川渝關五千兩。與其盈餘。各關盈餘,臨清關三千八百兩,武元城一千二百六十九兩,辰關三千八百兩,其餘各處皆儘收儘解無定額。越歲則報解。應解木税銀,以一年期滿後定限二月。如額完解,不及額則議賠。如一人兼司兩關,此贏彼絀,准其抵補。凡工關填寫號簿巡查口岸按限奏咨各事宜,俱如户關之例。葦税,亦如之。盛京牛莊葦税,照例二八抽分。每年額徵葦束,除三陵及各處織席用葦三萬八百四十束,其餘交商變價,實徵銀二千一百四十七兩有奇。由盛京工部派員徵收貯庫,報部覈題,每年仍令委員會同地方官按畝履勘報部,如有產葦茂盛處所可增歲額,即據實報明增額。

皇木廠,監督,滿洲一人、漢一人,由堂官於司員内派委,一年更代。掌監收木材。

○凡解木,各以其額,江蘇每年額解桅木二十根。杉木,一等一百二十八根,二等一百二十六根,三等一百二十六根。架木,一等、二等、三等各八百根。又年例架木,一等三百三十四根,二等、三等各三百三十三根。桐皮槁,一等六十八根,二等、三等各六十六根。江西每年額解桅木二十根。杉木,一等、二等各一百二十七根,三等一百二十六根。架木,一等、二等各四百六十七根,三等四百四十六根。桐皮槁,一等、二等各六十七根,三等六十六根。湖南每年額解桅木二十根,杉木三百八十根,架木一千四百根,桐皮槁二百根。浙江每年額解架木,一等四百六十七根,二等、三等各四百六十六根,桐皮槁,一等、二等各六十七根,三等六十六根。其餘木植,需用時,行令各省採辦無定額。入廠、出廠皆稽之。各省額解木植,由該督撫委員照數採辦,逐一量驗,將根件丈尺,於批内分晰註明解至木廠,赴部投批。由部派員丈量記印斧號,會同監督照數收貯。竣部委運木官到廠,將木植點驗交運木倉。桅木之抵者,準以限。運解桅木,如額定丈尺實難足數,其折算添補,以三四根爲限。不得藉有添補之例,將額辦二十根桅木,概行均匀牽算,致誤工作。幫木,亦如之。運解正額之外,如必須備帶幫木,將木植名色數目,於批牌内填註,不得違例夾帶私木。

木倉監督,滿洲一人、漢一人,由堂官於司員内奏請兼管,二年更代。掌儲木材。

○凡用木材,則取於倉而給焉。内務府及在京各工應用木植,就倉支取,各令將湊長尺寸開明,以備繪繕黄册。用架木者,工竣則歸倉。支搭天棚,及一切筵燕供應取用架木,各定其丈尺,支搭天棚准鋸截二成。筵燕棚座及各工取用,准鋸截一成。凡各工取用架木,如别工對用,及連對數處者,俱准其通融對用。至鋸截成數,除初次照例鋸截外,其對用各工,不准遞行開銷鋸截。各工取用架木後,有欠交者,將欠交數目按季造册,付承辦之司,並於歲終彙總造册付司。該司按季勒催,其神木罩棚,每年春搭秋卸,一切物料收貯近地廟内,令巡捕營派員看守。幔城、網城,亦如之。幔城、網城及隨城料物,均貯於倉以待用。凡枏材,皆貯焉。各處官房,如有拆下枏木,該管官驗明報部,運交木倉存貯備用。

琉璃窰監督,滿洲一人、漢一人,由堂官於司員内奏請兼管,一年更代。掌監製陶器。

○凡陶器,各辨其質與其色,琉璃質用澄泥,色有黄緑、天青、翡翠、紫黑及素白,瓦料自二樣至九樣,分别鉛斤價直,及琉璃料多寡各有差。頒式於窰户。燒造琉璃甎瓦,尺寸式樣,每件燒造成式。上鐫年月日期,並式樣名色,永存窰廠,令窰户照定式造辦。凡承充窰户,擇身家殷實之人,仍取具地方官保結著役。凡燒造,皆定以限,工竣則彙其數以册報。各工需用,令管工官先將應用實數覈算報部。該監督照數請領銀兩黑鉛,豫行備辦。除冬三月及正月停止燒造,餘月以文到日爲始,定限三月燒造,送往工所。管工官親身驗看,隨到隨收,給發實收。完日將用過數目,及餘剩數目,送部覈銷。

欽定大清會典卷四十六

虞衡清吏司，郎中，滿洲四人、漢一人，員外郎，宗室一人、滿洲三人、蒙古一人、漢一人，主事，滿洲三人、漢二人，掌製器用。凡軍裝軍火皆覈焉，別東珠之等。

○凡製權量，皆準以營造尺，辨其體積、容積以爲程。製權之法，審其體積。黄銅方寸重六兩八錢，紅銅方寸重七兩五錢，倭鉛方寸重六兩，黑鉛方寸重九兩九錢三分，生鐵方寸重六兩七錢，熟鐵方寸重六兩七錢三分。權之輕重，或净銅、或配鉛、或生熟鐵，皆以各體積多寡、隨形方圓大小可以入算。製量之法，審其容積。一倉石，容積三千一百六十寸，隨器方圓大小可以入算。權之屬，曰法馬，曰秤，曰戥。法馬有正有副。一百兩法馬，每副自一分至一百兩，共二十八件。一千兩法馬，每副自一分至五百兩，共三十二件。一千六百兩法馬，每副四圓，每圓四百兩。大秤，百斤至五百斤。小秤，十斤至五十斤。小盤秤，三斤至十六斤。大戥，五十兩至百兩。小戥，十兩至三十兩。量之屬，曰斛，曰斗，曰升。鐵斛，按照户部庫貯祖斛式様。内口方六寸六分，内底方一尺六寸，内高一尺一寸七分，邊底各厚九分，鐵鼻八，高一寸、厚二寸。每斛重二百四十斤。各倉所用木斛，皆於鐵斛較準。斗内口内底方八寸，内高四寸九分三釐七毫五絲。升内口内底方四寸，内高一寸九分七釐五毫。以頒式於天下。自道庫以上，及西安駐防營坐糧廳，均給與一百兩正副法馬各一。盛京、吉林、黑龍江等處，給與一千兩正副法馬各一。各省彈兑銅鉛，給與一千六百兩正副法馬各一。各處赴部請領時，本部司官會同户部司官，及該處委員，公同較準，具結發用。如正法日久銅輕，即以副法兑放，將正法送部换鑄，副法敝亦如之。不得將正副二法同時請换。内外各衙門工所需用秤戥，並由部令秤匠造給。鐵斛一存户部，一發倉場，一發漕運總督，餘頒各省布政司糧道，及内務府官三倉思豐倉各一。鐵斗、鐵升，亦頒發各直省通行遵照。如盛京金石金斗、關東斗、陝西永豐倉斗等，大小不一者，皆禁用。凡官民之出納，皆準之。陳嘉量於闕庭，恭遇皇帝御殿及聖駕出入午門，則陳嘉量一於午門外左闕之前，常日貯於製造庫。其製笵銅塗金形圓上下平。上爲斛，下爲斗，兩耳形圓平如身，柄屬於身。左耳爲升，右耳上爲合，下爲龠，其重二鈞。聲中黄鍾之宫，斛徑一尺二寸二分六釐二毫，深七寸二分九釐。斗徑同斛，深七分二釐九毫。升徑二寸四分五釐二毫，深一寸八分二釐二毫五絲。合徑一寸，深一寸九釐六毫。龠徑如合，深半之。鐫識高宗純皇帝聖製銘，以垂則萬世焉。高宗純皇帝聖製嘉量銘曰：皇予聖祖，建極憲天，度律均鐘，洞契元聲，微顯闡幽，何天衢亨，小子纘緒，寰區撫臨，協時月正日，同律度量衡，製兹法器，列於大廷，匪作伊述，大猷敬承，遵鍾得度，率度量成，量爲權輿，律諧六英，猗聖合天，天心聖明，七政是齊，爲萬世法程。如衡無私，如權不凝，如度制節，如量祇平，律得環中，紹天明命，永寶用享，子孫繩繩，我日斯邁，而月斯征，中元甲子，乾隆御銘。

○庀官司之器用，銅錫器、鐵器、陶器、木器、竹葦藤草器、骨角器、氊皮麻絲等器，皆據在京及陵寢各衙門來文給領。應造辦者，由户部顔料庫支領料物，督匠製給。應採辦者，按例價買給。其用畢繳回者，各貯庫以備臨時給領。供其棚帳。内務府各部院衙門，並各工所及外藩來使需用棚座，其葦席竿繩，均據各處來文辦給。皇帝巡幸，恭備有堂屋帳房四百四十架，又備無堂屋帳房二百四十架，爲八旗護軍左右兩翼等衙門隨圍之用。又設有堂屋帳房五百八十架，爲八旗滿洲漢軍官兵赴盧溝橋演炮之用。除恭備巡幸及八旗兩翼領用之帳房，准隨時修理外，其餘帳房，以成造日爲始，限五年後如有損壞，准管庫官呈報查驗修補，十年後果有不堪用者，准奏請添製。凡製帳房，横木爲樑，有堂屋者長七尺，無堂屋者長六尺六寸。有堂屋者於後柱外接以小樑，長二尺五寸，正樑包鐵四道，小樑包鐵二道。下用二柱，長六尺五寸，包鐵三道。樑柱相接處，用鐵榫聯屬以爲固。上冒以布，或單或夾，惟其所宜，斜垂至地。左右廣一丈二尺，復施垂幨七寸，周圍以繩繫於樁。

○凡軍裝、軍火，各按其營額與其省之例價而覈銷焉。各省軍裝什物增造拆修，令該督撫按各營情形，分别輕重大小料物工匠，確訪該處價值，覈實造册送部定議飭遵。遇有製備，該督撫照兵部經制額數具題，由部覈准成造，將工料銀兩，分晰造册奏銷。所需火器各項，亦由該督撫覈明奏准造備，仍咨部查覈。其每年操演火藥鉛子，均報部覈算，由部將兵丁名數鎗炮數目，咨查兵部覆准奏銷。在京各旗營請領鉛藥，先將兵丁鎗炮之數報兵部覆准，再咨本部覈給應用。凡火繩用麻煮以藥，惟廣東、廣西用榕樹皮，雲南用榕樹椰樹皮。每馬鎗一出，用火繩二寸，步鎗一出，用火繩一寸。各省旗營緑營火繩，均係兵丁自備。遇有軍需動用，令督撫製造報銷。炮位鉛子，重自二兩至二十八兩。鳥鎗鉛子，重自二錢二分至五兩。京營領用鉛子，揀回七成，開銷三成。盛京、西安、江寧、杭州、涼州、廣州，全數揀回。貴州揀回六成，開銷四成。在京者，旗營之近京者，則給以部製。在京八旗各營，及巡捕營所用旗纛，併操演鎗炮之火藥鉛彈火繩等項，均由部製給。其熱河、密雲、山海關、古北口、喜峰口、冷口、獨石口、張家口、察哈爾等處駐防營旗纛火藥，併駐防東三省旗纛，綏遠城右衛火藥，亦由部製給，該處委員赴領。其裝盛油簍，併驛車門票沿途派撥兵丁之處，照例辦給。又遇京營兵派往出征,所需帳房,由部給領。東三省兵因調發過京住宿,亦給與帳房,起行即繳部。非部製者,請旨造而給之。各處炮位年久請换,由部奏請飭令造辦處鑄造給用,或於庫貯内酌量撥給。隨炮什物,仍由部製辦給發,至各門存貯銅鐵炮位年久應修,亦由部奏請交造辦處擇其可修者,添安星斗,碾磨膛銹。其有火門衝壞不能修理者,交鑄鑪處銷燬備用。又軍營需用炮位,由部會造辦處委員,帶領炮手併炮子水平匣等物,演放試準,照例解往。凡部製旗纛,各辦其物。部製旗有方旗、牛肚旗、尖旗,纛有方纛、牛肚纛、尖纛。兩翼前鋒營小方旗,通高八尺,方幅高二尺,廣三尺。鑲者心高一尺二寸,廣二尺二寸,餘高廣以爲緣。八旗護軍尖纛,通高一丈四尺,斜幅高五尺九寸,下廣九尺五寸,上斜長一丈一尺二寸。鑲者心高三尺六寸,下廣五尺九寸,上斜長六尺九寸,餘高廣以爲緣。尖旗,通高八尺,斜幅高二尺二寸,下廣三尺二寸,上斜長四尺。鑲者心高一尺二寸,下廣一尺九寸,上斜長二尺三寸,餘高廣以爲緣。八旗驍騎營、鑲黄、鑲白、鑲紅、鑲藍牛肚纛,通高一丈四尺,剡幅高五尺,中廣六尺四寸,上下廣四尺六寸,心高三尺四寸,中廣四尺五寸五分,上下廣三尺四寸,餘高廣以爲緣。正黄、正白、正紅、正藍方纛,通高一丈四尺,正幅高五尺,廣五尺八寸。鑲黄小尖旗,鑲白、鑲紅、鑲藍小牛肚旗,正黄、正白、正紅、正藍小方旗,皆通高八尺。尖旗,斜幅高二尺二寸,下廣三尺三寸,上斜長四尺,心高一尺二寸,下廣一尺九寸,上斜長二尺三寸,餘高廣以爲緣。牛肚旗,剡幅高二尺二寸,中廣二尺九寸,上下廣二尺,心高一尺五寸四分,中廣二尺一寸四分,上下廣一尺五寸,餘高廣以爲緣。方旗,正幅高一尺九寸六分,廣二尺九寸。火器營尖纛,通高一丈四尺,斜幅高六尺五分,下廣九尺一寸五分,上斜長一丈九寸七分,鑲者心高三尺八寸五分,下廣五尺八寸二分,上斜長六尺九寸八分,餘高廣以爲緣。方纛,通高一丈四尺,正幅高四尺九寸,廣六尺一寸五分,鑲者心高三尺三寸四分,廣四尺五寸九分,餘高廣以爲緣。尖旗,通高八尺,斜幅高二尺二寸四分,下廣三尺五寸,上斜長四尺二寸,鑲者心高一尺三寸,下廣一尺九寸五分,上斜長二尺三寸八分,餘高廣以爲緣。方旗,通高八尺,正幅高一尺八寸四分,廣二尺六寸五分,鑲者心高一尺一寸四分,廣一尺九寸五分,餘高廣以爲緣。健鋭營牛肚纛、牛肚旗,八旗都統牛肚纛、方纛,高廣尺寸,均如驍騎營之制。大將軍大尖纛,通高一丈四尺五寸,斜幅高七尺下,廣九尺,上斜長一丈一尺四寸。各省將軍都統牛肚纛、方纛,均如驍騎營之制。凡旗纛皆製以雲緞。兩翼前鋒營方旗,心貼金飛虎者,邊貼金火燄,心繪五彩飛虎者,邊繪五彩火燄。號帶之製,與邊幅同。滿洲、蒙古營心貼金飛熊,漢軍營貼金飛虎,邊皆貼金火燄。其小尖旗、小牛肚旗、小方旗,皆不加繪飾,旗纛皆加號帶一條。長過幅下垂剡其首,旗纛杆皆以熏竹爲之。纛杆纏藤十三道,旗杆不纏藤,皆髤朱,纛頂用鋄銀鐵頂,或葫蘆,或風火輪式,旗頂用魁藤裹豹皮若虎皮,纓皆用紅氂牛尾。其隨旗纛之具,有大藍布罩、小藍布罩、大布荷包、小布荷包、大油綢罩、小油綢罩、大布包袱、小布包袱,總旱罩、畫龍油綢總罩、畫龍油綢小雨罩。圍旗、圍纛,亦如之。内城小尖旗,通高八尺,斜幅高二尺二寸,下廣三尺三寸,上斜長四尺,心高一尺二寸,下廣一尺九寸,上斜長二尺三寸。外城鑲黄、正黄、正白、正紅小方旗,均如兩翼前鋒營方旗之製。内外旌門方纛,通高一丈六尺,方幅高四尺八寸,廣五尺,心高三尺二寸,廣三尺四寸。蒙古方纛,通高一丈六尺,方幅高廣皆六尺。吉爾丹纛,通高一丈七尺,斜幅高七尺三寸,下廣八尺,上斜長一尺九寸。凡圍旗圍纛,亦製以雲緞,惟蒙古方纛,製以紡絲。内圍旗纛,及吉爾丹纛,心貼金行龍。外圍旗纛,心貼金飛虎,邊皆貼金火燄。其號帶内圍纛,貼金行龍,外圍纛,貼金如意雲。内外圍旗號帶,均貼金火燄。炮則製其車。八旗漢軍炮車,分貯炮局及内外城門樓。鑲黄旗、鑲藍旗炮局,各存二十四輛。正黄旗、正紅旗、鑲紅旗、正藍旗炮局,各存三十六輛。正白旗、鑲白旗炮局,各存三十五輛。内城九門城樓,分貯五十三輛。外城七門城樓,分貯三十五輛。五年小修,十年大修。每届應修之年,本部委員前往各處,將炮車露明損壞處所,詳看開單呈遞,覈計應需工料之數,撙節修理,工竣題銷。凡製炮車,金龍炮車,長一丈六寸,廣二尺四寸。制勝炮車,長八尺,廣一尺二寸。衝天炮車,長四尺六寸,廣二尺二寸。九節十成炮車,長六尺一寸,廣一尺一寸。武成永固炮車,長一丈五尺,廣三尺。神功炮車,長一丈二寸,廣一尺五寸。神威炮車,長九尺五寸,廣二尺五寸。得勝炮車,長一丈二尺六寸,廣二尺五寸。法貢炮車,長九尺五寸,廣一尺四寸五分。四輪無敵炮車,長一丈五寸,廣二尺四寸。三輪無敵炮車,長一丈二尺二寸,廣二尺八寸。大鐵心炮車,長一丈二尺一寸,廣三尺五寸。小鐵心炮車,長三尺四寸,廣七寸。子母炮車,長三尺四寸,廣七寸。大紅衣炮車,長一丈一尺,廣二尺三寸。小紅衣炮車,長一丈一尺,廣二尺四寸。大臺灣炮車,長一丈二尺七寸,廣三尺。小臺灣炮車,長一丈五寸,廣二尺。鐵衝天炮車,長五尺,廣二尺三寸。鐵衝天炮行車,長一丈二尺二寸,廣三尺。其輪崇之數,金龍炮、神威炮,俱三尺六寸。制勝炮、得勝炮,俱三尺七寸。衝天炮,一尺一寸。九節十成炮,一尺三寸。武成永固炮,五尺。法貢炮,四尺。四輪無敵炮,四尺二寸。大鐵心炮,四尺一寸。小鐵心炮、子母炮,俱四寸。小紅衣炮,四尺五寸。小臺灣炮,四尺一寸。鐵衝天炮,一尺一寸。鐵衝天炮,行車四尺。金龍、制勝、神威、得勝、法貢等炮,及鐵衝天炮,行車俱二輪。神功炮,三輪前,二輪高四尺二寸,後一輪高二尺。三輪無敵炮,前二輪高四尺二寸,後一輪高二尺九寸。大紅衣炮,四輪,前二輪高三尺九寸,後二輪高二尺八寸。大臺灣炮,四輪,前二輪高四尺六寸,後二輪高四尺四寸。若衝天炮、武成永固炮四輪,無敵炮、大鐵心炮、小鐵心炮、子母炮、小紅衣炮、小臺灣炮、鐵衝天炮,俱四輪,其高前後相等。凡車沿横棖車箱底版,車輪,髹朱,炮苫長短廣狹隨炮爲制,俱用松木爲横順斜直棖,并山花版,竹片釘席再重,外髹朱,畫行龍五彩,内髹紅土。惟九節十成炮、小鐵心銅炮、子母炮,不設苫。又操演炮位時所用炮把,漢軍炮把,長八尺,寬六尺五寸,厚一寸二分。火器營炮把,長七尺,寬五尺,厚一寸,均面畫五彩。月光三圓,每圓漢軍徑二尺,火器營徑一尺五寸。凡火藥,定其歲用之額而頒其禁。火藥烘藥,各定其用硝用黄之数,入以廣膠,碾三日者以備軍需。碾一日者爲演放鎗炮之用。各省解部硝黄，直隸、山東、河南解硝每次二十萬斤，山西解硫黄每次十萬斤。至各省應用硝黄，浙江每年用硝八萬五千餘斤，江西每年用硝五萬六千餘斤，俱赴河南採辦；福建每年用硝十五萬三千餘斤，赴山東採辦；浙江每五年用硫黄二萬斤，江蘇每二年用硫黄二萬五千餘斤，安徽每年用硫黄二萬斤，俱赴山西採辦；江西每年用硫黄七千餘斤，赴廣東採辦；廣西每三年用硫黄三萬二千斤，赴湖南採辦。惟山東應用硫黄赴河南、山西採辦，陝西應用硫黄赴四川、山西採辦，無定額。其産自本省者，直隸、河南、湖北、湖南、四川、甘肅、山西、廣東、雲南、貴州十省皆産硝黄，福建産黄，山東、陝西産硝，其採辦無定額。惟江蘇産硝，每年額採五萬四千餘斤；廣西産硝，每年額採六萬五千餘斤。凡開採硝黄，或招商採辦、或設官店官局、或設爐座熬煎，俟足數即行封閉。各省委員辦解硝黄，俱按程途遠近勒定限期。其匠鋪需用硝黄，由地方官報明藩司給與印票，自赴産地購買。該處驗明印票發售，仍勒限回目將印票繳銷。凡煎採售買各數，及啓閉日期，併鋪户領票購買各數，俱造册取具印甘各結咨部備查。

○凡頒王命旗牌，則製而移於兵部。王命旗以藍緞爲之，方二尺六寸，中銷金令字，清漢文，鈐用兵部印，杆木質髹朱，注朱氂，長八尺，牌椵木爲之。髹朱，圓徑七寸五分，上刻蓮葉形。髹緑，中鐫令字，清漢文，懸於槍上，槍以榆木爲之，長八尺，鐵頂冒木。髹黄，繪龍，注朱氂，牌及槍旁鐫合字第幾號。凡頒旗牌，經畧將軍十二副，總督巡撫提督八副，總兵官五副。加謹收護，不得損折。如歲久剝蝕，准照式修整，咨部備案。令旗亦如之。駐防將軍都統、副都統令旗，以緞爲之，各從纛色，皆正幅，銷金令字及注銜，皆清漢文。縿徑一尺五寸五分，斿徑九寸五分，貫以令箭，笴長三尺，髹朱，皁羽，上括下鏃，鏃面鋟銀令字，分十二辰，皆清漢文。督撫提鎮令旗，黄緞爲之，斜幅，縿徑一尺八寸，斿徑二尺四寸，餘如駐防將軍等令旗之制。

○凡選東珠，別以五等，打牲烏拉牲丁採變東珠，該總管委翼領驍騎校等解送至京，將珠數呈報本部内務府。由内務府定期揀選，咨會本部。本部滿洲堂官一人，帶車珠匠二名，往内務府會同驗看，分別等第。除無光東珠及珍珠珠丁不入正額外，餘珠定爲五等，准其抵算。頭等東珠，每顆准抵尋常東珠五顆。二等者准抵四顆。三等者准抵三顆。四等者准抵二顆。五等者仍以一顆計算。由内務府開單具奏，仍抄録原單咨部。定其賞罰而題焉。上三旗五十九珠軒，每一珠軒歲徵珠十六顆爲定額，每歲共應徵珠九百四十四顆。令該將軍等於解送時，按各旗分所得之珠，分析封記。其領催等名，亦按旗分造册送部，以憑覈議賞罰。解到之珠，如按照抵算之數覈計，每旗均適符定額，及多不至三十顆，少不至十顆者，毋庸議賞罰。多至三十顆爲一分，每一分賞總管翼領等彭緞各一疋，驍騎校等潞綢各一疋，領催毛青布四疋。牲丁等每多得珠一顆，賞毛青布二疋。所賞官兵緞疋，俱按照例價折給銀兩。一分以上均按分加賞。多至一千顆以上，總管翼領停其賞賜，准加一級。驍騎校領催，仍按分給賞。若於額内少至十顆爲一分，每一分總管翼領驍騎校等罰俸一月，領催鞭責一十。再有缺少，俱按分遞加罰責。總管等罰俸至一年者降一級，領催等罰止鞭一百。

每歲准内務府抄單過部,由部將應賞應罰之處繕本具題。至下五旗東珠,該委員齎至本部,由司監匠揀選,分定等第,咨取王公府官員領回。其應行賞賚,聽王公等自行照例辦理。得旨則移咨於内務府。題下即抄録原題行内務府遵照辦理。

軍需局監督,滿洲一人、漢一人,由堂官於司員内派委,一年更代。掌收發旗纛帳房。

司庫監督,滿洲一人、漢一人,由堂官於司員内派委,一年更代。掌收發駝屜與其器用。

硝黄庫監督,滿洲一人、漢一人,由堂官於司員内派委,一年更代。掌收發硝黄。

鉛子庫監督,滿洲一人、漢一人,由堂官於司員内派委,一年更代。掌收發鎗炮鉛子。

炮子庫監督,滿洲一人,由堂官於司員内派委,一年更代。掌收貯廢鐵炮子。

官車處監督,滿洲一人,漢一人,由堂官於司員内派委,一年更代。掌設官車以備用。額設官車九輛,馬十八匹,馬夫九名,豫備運送祭祀冰塊廣鍋,宫殿冬夏更换簾幔,併各處需用料物,每年於本部飯銀處領銀四十兩,爲修理車輛醫治馬匹之用,其役食馬乾,由户部放給。

惜薪廠監督,滿洲一人、漢一人,由堂官於司員内派委,一年更代。掌收發葦席、竿繩。凡各處取用竿席等件,如係支搭天棚,新席繳回五成,新竿繳回八成,舊席舊竿免其繳回。其搭蓋不久之棚,新席新竿繳回九成,舊席繳回五成,舊竿繳回八成,麻繩在一月内者,大繩繳回八成,一月外每月遞減一斤。紮縛繩繳回七成,連二繩繳回六成,一月外遞減二斤,用至三次者,作麻經應用,竿席於工竣後限十日繳廠。儻遇存貯不敷支領,准扣明回殘之數,照例價給銀。

欽定大清會典卷四十七

都水清吏司，郎中，滿洲五人、漢一人，員外郎，滿洲五人、漢一人，主事，滿洲四人、漢二人，掌天下河渠關梁川塗之政令。凡壇廟、殿廷之供具，皆掌焉。

○凡河道分治者三，曰北河，直隸總督兼管河道總督所治爲北河。曰東河，河東河道總督所治，爲東河。曰南河。江南河道總督所治爲南河。北河工之鉅者，爲永定，桑乾河逾石景山以下，曰永定。經宛平縣、良鄉縣、涿州、固安縣、永清縣、霸州、文安縣、東安縣、武清縣、静海縣、天津縣各境，納廣陽河、鹽溝河、合鳳河，匯於清河爲三角淀，入北運河，河性湍悍，挾沙而行，中泓慮淤，兩隄慮決，歲有濬防之役。餘水兼治焉。北河兼治諸水。京西曰清河，上流合豬龍、巨馬諸河，自西淀歷東淀，會永定河入北運河，曰子牙河。上流合滹沱滏陽諸河，及漳河之北支，與清河隔一隄，偕行入北運河。京南曰漳河，入南運河。曰衛河，即南運河之上流，均匯於天津淀河入海。京東曰薊運河，曰灤河，皆别入海。以上諸水，或疏或防，有官工，有民工，皆分置河員管理。東河、南河，分上下以治黄。黄河在河南孟津以上，東於群山中，無衝决之虞。北岸歷孟縣、温縣至武陟縣境，南岸歷偃師縣、鞏縣而下，至汜水縣、滎陽縣境，出險入平。汗漫善决，全藉隄防捍衛。自是以東，歷滎澤縣、鄭州、原武縣、陽武縣、中牟縣、封邱縣、祥符縣、陳留縣、蘭陽縣、儀封廳、睢州、商邱縣、虞城縣、考城縣，及山東之曹縣、單縣，隸東河。入江南境，歷碭山縣、豐縣、沛縣、蕭縣、睢寧縣、銅山縣、邳州、宿遷縣、桃源縣、清河縣，淮河出清口會之，復歷山陽縣、阜寧縣、安東縣、逾雲梯關二百餘里入海，隸南河。若淮，淮河在安徽境，不屬於河員。至盱眙以下，匯於洪澤湖。以高堰障其東南，必高堰鞏固足恃，設誌樁蓄水使足，常以三分入運河達江，以七分暢注清口敵黄，令黄得清水之助，刷沙愈力，海口疏通，則河身日滌日深，自無壅潰之患。此治淮即以治河之法也。若江，儀徵、瓜洲一帶江防，亦以河員治之。南河兼治焉。運河自江以北達於京師，三河分治之。運河隸南河者，江以南惟徒陽運河受江潮之淤，歲需濬治。江以北入儀徵、瓜洲兩口，同會於三汊河，循是以上曰江甘運河，曰高寶運河，曰山清運河。其河首受淮流，尾洩於江。西岸與邵伯、高郵、寶應諸湖相屬，以一隄隔浩瀚之勢。東岸爲下河，地勢卑下，倚隄爲保障。於分淮之始，設惠濟、通濟、福興、龍王四閘，俾受水有節。下游設車邏、昭關、金灣等閘壩，遇盛漲令分道宣洩入江，兼於東岸間段設涵洞，以資下河民田灌溉。出清口後，截黄河而北。自楊莊入口，其運河，曰中河、曰邳宿運河。中河，上承邳宿運河之水，復藉駱馬湖蓄水濟運。邳宿運河，至黄林莊以上隸東河，入山東嶧縣滕縣境，復經江蘇沛縣境，再入山東魚臺縣境，至濟寧州境，接會通河，魚臺運河以下，及邳宿運河。其水上承會通河之水，西藉微山湖蓄水，東受泗沂洸泇之水，并藉獨山湖蓄水。會通河係引汶河至汶上縣境，出分水口，南北分流。南經嘉祥縣、濟寧州，與魚臺運河接。北經東平州、壽張縣、東阿縣、陽穀縣、聊城縣、堂邑縣、博平縣、清平縣、臨清州，入衛河。衛河自河南汲縣以下，爲河南省之運河。經濬縣、滑縣、内黄縣、直隸大名縣、元城縣，入山東境。歷冠縣、館陶縣，至臨清州，與會通河合，復歷夏津縣、武城縣，經直隸故城縣，再歷山東恩縣，入直隸境。隸北河，是爲南運河。歷景州、吴橋縣、東光縣、交河縣、南皮縣、滄州、青縣、静海縣，至天津縣三岔河，與北運河接。北運河自天津縣，歷武清縣、香河縣，至通州過石壩，爲大通河，抵京師東便門外大通橋。凡河工分隸於道，北河設管河道五人，永定河道管永定河，通永道管北運河、通惠河及薊灤諸河，天津道管南運河及子牙河，清河道管豬龍、巨馬、滹沱諸河及東西淀，大名道管漳衛諸河。東河設管河道四人，河南開歸道、河北道、山東兖沂曹道，管黄河，運河道管會通河、泇河、衛河。南河設管河道五人，徐州道管黄河及中河、邳宿運河，淮揚道管黄河、洪澤湖及山清高寶運河，淮海道管黄河及海口，兼管葦蕩船務，常鎮道管江防及江甘徒陽運河，河庫道管收放工銀。轄廳，若營，以分汛而守焉。北河永定河道轄河廳四、河營二。石景山廳同知一人，所屬一汛，巡檢一人。南岸廳同知一人，所屬七汛，州同一人，州判二人，縣丞四人。北岸廳同知一人，所屬九汛，州判二人，縣丞六人，巡檢一人。三角淀廳通判一人，所屬五汛，主簿四人，巡檢一人。永定河營都司一人。南岸營守備一人，所屬千總一人，把總一人，外委五人，額外外委七人，又兼屬二汛，把總一人，外委二人。北岸營協備一人，所屬千總一人，把總一人，外委四人，額外外委八人，又兼屬一汛，外委一人。共河兵一千五百八十九人。通永道轄河廳三。務關廳同知一人，所屬七汛，州同一人，州判一人，主簿三人，巡檢一人。又灤薊河員，灤州州判一人，武清縣縣丞一人，主簿二人，又兼屬武弁六汛，千總一人，把總一人，外委二人，額外外委二人。楊村廳通判一人，所屬二汛，縣丞一人，主簿一人，又兼屬武弁八汛，千總二人，把總二人，外委二人，額外外委二人。通惠河漕運通判一人，所屬二壩二閘閘官二人，又兼屬武弁二汛，外委二人。共北運河河兵五百八十二人，淺夫五百人。通惠河河兵四十四人，閘軍八十人。天津道轄河廳五，河營一。天津漕運廳同知一人，所屬六汛，縣丞一人，主簿二人，巡檢三人。河捕廳通判一人，所屬四汛，州判一人，主簿二人，巡檢一人，河間河捕廳同知一人，所屬五汛，縣丞三人，主簿一人，巡檢一人。泊河廳通判一人，所屬四汛，州判一人，縣丞一人，主簿二人。子牙河廳通判一人，所屬四汛，州判一人，縣丞一人，主簿二人。南運河營守備一人，所屬千總一人，把總一人，又兼屬十四汛，千總一人，把總六人，外委四人，額外外委三人。共南運河河兵四百六人，子牙河河兵四十人。清河道轄分管河淀各河員，同知一人，通判二人，州同一人，州判一人，縣丞七人，主簿三人。大名道轄分管漳衛各河員，同知二人，縣丞二人，主簿一人。東河運河道轄河廳六。河營一運河廳同知一人，所屬四汛，州判一人，縣丞一人，主簿二人，又閘官十二人。泇河廳同知一人，所屬四汛，縣丞二人，主簿二人，又閘官七人。張秋廳通判一人，所屬四汛，州同一人，州判一人，主簿二人，又閘官六人。上河廳通判一人，所屬五汛，州判一人，主簿四人，又閘官六人。下河廳通判一人，所屬四汛，州同一人，縣丞一人，主簿一人，巡檢一人。泉河廳通判一人，所屬一汛，主簿一人，并所屬管泉各州縣運河營守備一人，所屬五汛，千總二人，把總一人，外委二人，額外外委五人，又協備一人，所屬二汛，把總一人，外委一人，額外外委一人。共河兵四百人，閘夫、淺夫、徭夫、壩夫、橋夫二千七百十八人。兖沂曹道轄河廳三，河營三。曹河廳同知一人，所屬二汛，縣丞一人，主簿一人。糧河廳通判一人，所屬二汛，縣丞一人，主簿一人。曹考廳通判一人，所屬三汛，主簿一人，巡檢二人。曹考營協備一人，所屬一汛，外委一人，額外外委一人。曹河營協備一人，所屬二汛，千總一人，外委一人，額外外委二人。曹單營協備一人，所屬二汛，把總一人，外委一人，額外外委二人。共河兵二百六十四人。其曹考營協備兼隸於河北道。河北道轄河廳四，河營五。祥符北岸廳同知一人，所屬一汛，主簿一人。下北河廳同知一人，所屬二汛，主簿一人，巡檢一人。黄沁莊廳同知一人，所屬六汛，縣丞二人，主簿四人。上北衛廳通判一人，所屬九汛，縣丞六人，主簿三人。祥河營都司一人，所屬一汛，把總一人。下北河營守備一人，所屬二汛，千總一人，外委一人，額外外委二人。黄泌營協備一人，所屬三汛，把總一人，外委二人，額外外委三人。曹考營協備一人，所屬二汛，外委二人，額外外委二人。陽封營協備一人，所屬四汛，千總一人，外委三人，額外外委四人。共河兵七百八十三人，椿掃夫四十人。開歸道轄河廳八，河營八。上南河廳同知一人，所屬三汛，州判一人，縣丞二人。下南河廳同知一人，所屬三汛，縣丞二人，主簿一人。蘭儀廳同知一人，所屬二汛，縣丞一人，經歷一人。中河廳通判一人，所屬一汛，縣丞一人。儀睢廳通判一人，所屬二汛，州同一人，經歷一人。睢寧廳通判一人，所屬二汛，州判一人，主簿一人。商虞廳通判一人，所屬二汛，主簿二人。歸河廳通判一人，所屬一汛，縣丞一人。蘭儀營都司一人，所屬二汛，千總一人，把總一人，額外外委二人。上南河營守備一人，所屬二汛，千總一人，把總一人，額外外委三人。下南河營協備一人，所屬三汛，千總一人，外委二人，額外外委三人。中河營協備一人，所屬一汛，外委一人，額外外委一人。儀睢營協備一人，所屬二汛，把總一人，外委一人，額外外委二人。睢寧營協備一人，所屬二汛，外委二人，額外外委二人。商虞營協備一人，所屬二汛，外委一人，額外外委二人。歸河營協備一人，所屬三汛，千總一人，把總一人，外委一人，額外外委一人。共河兵一千九十四人，堡夫、埽夫一千四百五十二人。南河徐州道轄河廳八,河營八。蕭南廳同知一人,所屬三汛,縣丞一人,主簿二人。銅沛廳同知一人,所屬五汛,州同一人,縣丞一人,主簿二人,巡檢一人。睢南廳同知一人,所屬三汛,縣丞一人,主簿二人。宿北廳同知一人,所屬二汛,主簿一人,巡檢一人。豐銅廳通判一人,所屬三汛,縣丞一人,主簿一人,巡檢一人。邳北廳通判一人,所屬二汛,州同一人,州判一人。宿南廳通判一人,所屬三汛,縣丞一人,主簿一人,巡檢一人。邳宿運河廳通判一人,所屬四汛,縣丞一人,主簿一人,巡檢二人。蕭碭南岸營守備一人,所屬三汛,千總二人,把總一人,外委三人,外委效用四人。銅沛營守備一人,所屬三汛,千總一人,把總二人,外委三人,外委效用十一人。睢靈南岸營守備一人,所屬二汛,千總一人,把總一人,外委二人,外委效用九人。宿遷北岸營守備一人,所屬二汛,千總一人,把總一人,外委二人,外委效用四人。豐銅北岸營守備一人,所屬三汛,千總一人,把總二人,外委三人,外委效用四人。邳睢北岸營守備一人,所屬二汛,千總一人,把總一人,外委二人,外娄效用八人。睢宿南岸營守備一人,所屬二汛,千總一人,把總一人,外委三人,外委效用四人。邳宿運河營守備一人,所屬三汛,把總三人,外委三人,外委效用六人。淮揚道轄河廳七,河營七。山清裏河廳同知一人,所屬三汛,縣丞二人,主簿一人,又閘官四人。山清外河南岸廳同知一人,所屬三汛,縣丞一人,主簿一人,巡檢一人。山清外河北岸廳通判一人,所屬一汛,主簿一人。桃清南岸廳通判一人,所屬二汛,縣丞一人,主簿一人。高堰廳通判一人,所屬二汛,主簿二人。山盱廳通判一人,所屬一汛,縣丞一人。揚河廳通判一人,所屬四汛,州同一人,州判一人,縣丞一人,主簿一人。山清裏河營守備一人,所屬三汛,千總一人,把總二人,外委三人,外委效用六人。山清外河南岸營守備一人,所屬二汛,千總一人,把總一人,外委三人,外委效用六人。山清外河北岸營守備一人,所屬一汛,千總一人,外委一人,外委效用三人。桃清南岸營守備一人,所屬二汛,千總一人,把總一人,外委二人,外委效用六人。高堰營守備一人,所屬一汛,千總一人,外委二人,外委效用三人。山盱營守備一人,所屬一汛,把總一人,外委一人,外委效用三人。揚河營守備一人,所屬四汛,千總二人,把總二人,外委四人,外委效用七人。淮海道轄河廳六,河營六。海安廳同知一人,所屬一汛,州同一人。海阜廳同知一人,所屬一汛,縣丞一人。山安廳同知一人,所屬四汛,縣丞一人,主簿一人,巡檢二人。山阜海防廳同知一人,所屬五汛,縣丞二人,巡檢三人,又閘官一人。桃源北岸廳同知一人,所屬二汛,主簿一人,巡檢一人。桃清中河廳通判一人,所屬三汛,主簿二人,巡檢一人。海安營守備一人,所屬一汛,把總一人,外委一人,外委效用四人。海阜營守備一人,所屬一汛,把總一人,外委一人,外委效用四人。山安營守備一人,所屬三汛,千總一人,把總二人,外委四人,外委效用七人。山阜海防營守備一人,所屬二汛,把總二人,外委三人,外委效用六人。桃源北岸營守備一人,所屬二汛,千總一人,把總一人,外委二人,外委效用六人。桃清中河營守備一人,所屬二汛,千總一人,把總一人,外委一人,外委效用八人。常鎮道轄河廳二,河營一。江防廳同知一人,所屬五汛，縣丞四人，巡檢一人，又閘官二人。揚糧廳通判一人，所屬八汛，州同一人，州判一人，縣丞三人，主簿一人，巡檢二人，又閘官三人。江防營守備一人，所屬三汛，千總一人，把總二人，外委三人，外委效用三人。共河兵七千二百五十四人，堡夫、閘夫二千八百七十八人。淮揚淮徐河營兼轄以參將一人，淮揚河營游擊一人，淮徐河營游擊一人。淮海道兼轄葦蕩營、船務營、葦蕩左營守備一人，所屬千總一人，把總二人，外委三人，外委效用三人，右營守備一人，所屬千總一人，把總二人，外委三人，外委效用三人，兵一千四百十九人。船務營守備一人，所屬把總二人，外委二人，外委效用十一人，兵一千四百十一人。江南、浙江之瀕海者衞以塘，江南海塘，自松江府金山衞城北十里至華家角，六千二百餘丈。自華家角至南匯縣東界，九千三百二十七丈六尺。自奉賢縣西界至上海縣東界，一萬五千四百六十四丈。自南匯縣西界至太倉州寶山縣黄家灣，一千二百二十三丈八尺。自黄家灣至寶山縣城，四千二百二十八丈一尺。浙江海塘，自杭州府仁和縣界烏龍廟迤東至章家庵，自章家庵迤東至翁家埠，入海寧州界，自翁家埠迤東至尖山韓家池，自韓家池迤東至尖山塔山中間石壩，又自嘉興府海鹽縣界西山長牆山迤東至青山，又迤東至秦駐山，又迤東至朱公寨。自朱公寨至行素庵，入平湖縣界，自行素庵迤東至天后宫，又自益山東至獨山，迤東至茅竹寨，又迤東至江南金山縣界，共長三萬七千二百四十三丈有奇。其江海毗連者曰江塘，自杭州府錢塘縣獅子口迤東至仁和縣大郎巷，二千八百六丈九尺，又一千五百八千七丈八尺。自仁和縣大郎巷迤東至八仙石，一千九百三十三丈五尺。又南岸塘工，紹興府蕭山縣界，自西興關迤東歷山陰縣界，至會稽縣宋家漊爲海塘。自宋家漊至曹娥江寶山寺，爲南塘。自上虞縣界張家埠至纂峰寺，爲北塘。自蕭山縣西興關至山陰縣界麻溪壩，爲西江塘。又自西興關至山陰縣界三祇庵，爲北海塘。計山陰縣塘工七千八百七十一丈五尺。會稽縣南塘八千三百八十丈，北塘二千八百二十丈，西江塘八千八十六丈八尺，北海塘六千七百四十四丈五尺。又自上虞縣界後郭至會稽縣界張家埠，爲前江塘。自張家埠至餘姚縣界烏盆，自烏盆至洋浦，爲後海塘。計上虞縣江塘六千六百二十六丈，海塘四千七百六丈。餘姚縣海塘一萬五千三十三丈五尺。皆編列字號，以二十丈爲一號。惟土備塘不編字號。其受治，亦如之。江南海塘，隸蘇松太道，轄松江府海防同知一人，所屬縣丞二人。太倉州海防州同一人，所屬主簿一人，巡檢一人，共設塘長七十五人。浙江海塘北岸，仁和、錢塘、海寧、平湖、海鹽五州縣，隸杭嘉湖道轄杭州府東海防同知一人，西海防同知一人，嘉興府海防同知一人。南岸山陰、會稽、蕭山、餘姚、上虞五縣，隸寧紹台道轄紹興府南塘通判一人，所屬縣丞二人，海防水利通判二人，所屬縣丞二人，共設堡夫八百十二人。杭嘉湖道兼轄海防營守備一人，所屬千總、把總各五人，外委九人，額外外委四人，兵三百人。若防，若隄，若堰，凡利民者，皆以守土官分治焉。各省江防，除江南瓜儀江工兼隸河道，浙江江工兼隸海塘，其餘各省江防，及河湖隄堰各工不屬於河員者，均令該管道府及丞倅州縣，視旱潦之宜，隨時蓄洩以利民焉。

○凡河工，曰歲修，凡舊有埽工處所，或係迎溜頂衝，或因年久舊埽腐壞，每歲酌加鑲築，曰歲修。曰搶修，河流間有遷徙，及大汛經臨迎溜生險，多備料物，晝夜巡防搶護，曰搶修。各辨其桃汛、伏汛、秋汛而禦之。每歲清明節後二十日爲桃汛，自桃汛至立秋前爲伏汛，自立秋至霜降爲秋汛，歲修於冬令水落後興工，次年桃汛後完竣。春修後間有蟄刷，隨時鑲築，搶修則視工之平險無定期。凡工，有隄，隄之式，有大隄、有月隄、有越隄、有遥隄、有縷隄、有格隄、有撑隄，以土或石爲之。土隄高一丈者，上寬三丈，下寬十丈。先將本土鏟補平整，施以水硪，然後加以新土，層層潑水夯硪，以籤試不漏爲度。隄頂加培高厚，則築子埝。無隄處所，則築攔堰以資捍禦。隄身漫缺，則築圈堰以障口門。石隄之式，與石壩同。有壩，壩之式，有禦黄壩、有順黄壩、有束清壩、有挑清壩、有攔水壩、有束水壩、有滚水壩、有兆水壩、有迎水壩、有挑水壩、有磯嘴壩、有魚鱗壩、有竹絡壩，以石或土或柴爲之。石壩之式，用條石成砌。外爲面石，中爲裹石，自七八層至十五六層不等。上下坦坡，皆鋪砌條石。壩身條石，後視砌城甎，地脚刨槽，築灰土素土，下硪釘樁，扣以鐵錠鐵鋦，貫以石灰米汁。南河壩工，間有用片石成砌者，不加城甎。竹絡壩則用竹簍，每簍長一丈，或九尺，高三四五尺不等，兩簍交接處，上下縫用塊石填實，其上以竹加紮，絆以篾纜，扣以樁橛。其柴土各工，以長一丈土半方爲率，壓土用秫秸縈麻，幫以樁橛。如用埽軟鑲，做法與埽工同。有埽，埽之式，有關門埽、有藏頭埽、有盤頭埽、有雁翅埽、有護崖埽、有護尾埽、有防風埽、有沉水大埽、有軟鑲埽。北河埽工，以高三尺長一丈爲率。東河埽工，以高五尺長二丈爲率。南河埽工，以高五尺長一丈爲率。用柴草秫秸及葦柳，各加以纜與樁橛。凡因兩埽並下，或因埽靠隄土，中有溝槽爲埽眼，皆以柴草或葦柳填之。有閘，閘之式，有減水閘、有節水閘，皆用條石成砌，外爲面石，中爲裹石，自十餘層至二十餘層不等。裹石後襯砌城甎，金門及雁翅下，皆鋪石，兩牆爲閘耳石。其築土釘樁灌漿，及用鐵器鋦貫，皆與壩工同。金門用閘板二槽，長與金門口寬等，加以鐵鐶，啓閉用絞關石。有涵洞，涵洞之式，有淤窪涵洞、有洩水涵洞、有溉田涵洞，以石爲之。牆身砌面石，下爲鋪底石，上爲蓋口石。牆石後襯砌城甎，餘與石閘同。北河則間用甎工。有坦坡，坦坡以碎石或土爲之。因隄身陡峻，波濤激撞，在隄内臨水一面幫築，以資保護。救生則有樁。洪澤湖設救生樁，每長十丈，釘樁木二十根，每根長二丈九尺，入土一尺。管木十根，每根長二丈三尺。竪檔高四尺，横檔寬五尺一二寸，皆釘梯木，兩頭出樁木外名二尺，或一尺八九寸。歲修、搶修所不及者，曰另案，曰大工，凡新生埽工，接添埽段，不在歲修搶修常例者，曰另案。其堵築漫口，啓用閘壩，事非恒有者，曰大工。均臨時相度情形，先行具奏，次將工段丈尺開單彙奏，照例題估題銷。皆度其工之需以備料。隄之加培者，亦如之。直隸永定河、江南黄運兩河，歲加五寸隄工，於歲修項下報銷。東省運河、泇河、捕河、上河四廳隄工，除運河廳屬南陽以北至石佛閘西隄，上河廳屬聊城堂博二汛隄工，歸入搶修案内辦理，其餘東西兩岸隄工,照南河隄工之例,每歲加培五寸。

〇凡河道,有歲濬,有大濬,各量其受水之寬、深,以舉工。河道每歲疏濬者,直隸永定河,北運河,南運河,并興濟捷地兩壩減河,江南葦蕩,及徒陽運河,豫省漳衞河,山東運河,獨山湖隔隄水口,馬踏湖,南旺湖,四女寺支河,各州縣泉河,皆額設歲款。徒陽運河,除歲濬外,六年大濬一次,其積年淤墊疏濬各工,俱臨期奏明辦理,無定期。引河亦如之。引河或因河勢坐灣,溜緩河停,挑河取直,得資順暢,或因衝決漫口,水勢旁溢,挑河引溜,使循故道,或隨減水閘壩,引水別注,或隨湖河高下,引水濟運,皆臨時相度,無定限。備其器具。凡挑濬河道,或用浚船、或用勺、或用混江龍、或用刮板、或用鐵罱,皆因地制宜,以期一律疏通。凡蓄水,測其水之高下而蓄焉,放水亦如之,皆測以誌樁。洪澤湖水誌。高堰五壩,高於水面七尺,及七尺五寸。清口兩壩,口門展寬二十丈,如湖水以次遞長,則清口以次遞寬。以壩上增一尺之水,下口加開十丈之門爲率。如湖水消存四尺,將口門酌留二十丈。消存三尺,酌留口門十二丈。消存二尺,酌留口門八丈。毛城鋪迤東唐家灣引河視徐城水誌。長水至一丈一尺五寸以上,將引河開放,俟漫灘水落,自行關閉。運河誌樁,以水深四尺爲度。如水至四尺以上,許農民戽水灌田,其不及四尺者,毋許戽水。東省以微山湖爲水櫃,如在誌樁九尺以上,則將藺家山壩工開放以濟運,如在九尺以下,不得開壩,以致湖水耗竭。凡蓄水、放水,有閘者啓閉視其宜。東省運河閘座,遇春夏水少之時,緊閉閘板,俟上下閘會牌俱到,始行開閘。如河水充足,相機啓閉,以速漕運。自嶧縣臺莊閘,至臨清南板閘,計四十八閘。每值重運經行,官民等船不得越漕啓放,以政洩水誤運。豫東小丹河辛勾口等處水口,輝縣搠刀泉五閘,安陽縣萬金渠,及洹河閘座,三日放水濟運,一日塞口灌田。自衞河以上,每年漕船起運時,一切民渠支港,暫行堵閉,下游各閘,俱下板蓄水,俟漕船出境之日止。

〇凡歲料,爲木,木工有樁木、有簽釘、有留橛、有木桶木橇。北河樁橛,以松杉楊榆爲之,簽釘雜用檀柏等木。東河樁木,以杉楊爲之,簽釘以樁尖,橛用柳木。南河樁橛,以杉楊爲之,簽釘以毛竹,其長徑尺寸各有定式。木桶木橇皆按件計算。爲石,北河石工,有青砂石、豆渣石、青白石,以寬厚一尺長一丈爲一方,石片石子,以方一丈高二尺五寸爲一方。東河南河石工,有裹石、有面石,皆別以雙料、單料。東河惟用雙料,南河則雙料單料兼用焉。爲甎,北河甎工,有城甎、大河甎、大小砂滚甎,南河甎工,有河甎、大料河甎,各計以長寬厚尺寸,東河無甎工。爲鐵,鐵工有生鐵錠、熟鐵鋦、熟鐵拉扯、鐵捎、鐵葉、鐵繩、鐵橇、鐵掀、鐵鶯嘴、鐵幌鎚、鐵釘、鐵硪,俱按大小斤重計算。爲柴,柴工有葦柴、秫稭、柳枝、豆秸、稻草、綵麻、軟草、穀草、雜草,或計束,或計斤。以斤計者,辨其乾濕用之。用則頒其值於廳官、印官,凡辦料,覈定價值,或由廳員承領採買,或由附近州縣官承領採買,運至工所,另委員盤量監收。而以時購焉。永定河歲修搶修辦料,均於八月給銀,十月辦足。東河歲料,於八月給銀。南河歲料,四五月發辦葦柴,七八月發辦秫稭,俱於十二月全數完交。豫則有備貯,東河南河,除豫備歲料外,每年添辦料物堆貯上游。遇有新險,星飛撥解協濟,如無新險工程,入於次年歲修搶修内動用,照數扣銀,另購新料堆貯。迫則有協濟。南河間有堵築漫口大工,用料較多,一時難以購辦。奏明由豫東二省採買協濟。凡積土,皆計以方。土以長寬一丈高一尺爲一方。土方之工有二,曰挑河土方、築隄土方、挑河土方,北河有旱土、水土、泥濘土、旱葦板土、水葦板土、水中撈土、蘆根土之别,東河有乾土、水土之别,南河有旱土、淤土、稀淤土、瓦礫土、大小沙礓土、罱撈土之别。築隄土方,曰旱地取土、濘地取土、水中撈土。四省河工皆如之。東河别有搶買筐土,皆分别定價。採葦柳以其額,各計其園地、蕩地之所産納焉。東河開歸道屬,額採葦草三萬六千六百六十束,柳二千三百十八束。河北道屬,額採葦草三百九十四束,柳一萬五千八百二十一束。兖沂曹道屬,額採葦草七十五萬束,柳三千一百六十五束。又曹縣額採葦草八百九十束,運河道屬,額採葦草十四萬三千一百二束,柳二千一百二十一束。又安山湖,額採葦草三千三十束,東平州,額採葦草一千一百七十九束,又額徵程粲二萬四百三斤。南河四道屬,額採葦草二百八十七萬七千九十六束,柳一百十八萬八千三百六十三束。葦蕩營,額採正柴二百二十五萬束。凡額徵之外,如有盈餘,儘數報部。如缺額,委員查勘取具文武名官印結送部查覈。其種值之數,河南、山東、江南、黄河各營,每兵一人每年栽柳一百株,山東、江南運河各營,每兵一人每年栽柳二十株。其沿河文武官並瀕河居住民人捐栽葦柳,將成活數目造册咨報吏兵二部,按其多寡,分别議敘。坍壓則撥補。豫東二省柳園地畝,如有坍缺,即於次年新淤灘内民人未經認糧領種以前,詳報咨部,按數撥補,每五年查丈一次。南河葦蕩營界内,有淤墊及不産葦柴之地,招民開墾升科,仍將附近産葦之地,如數撥補,每二年清釐一次。凡運料,有浚船,有柳船,有土車。南河設浚船、柳船七百七十一。浚船之式三,曰大浚船、中浚船、小浚船。柳船之式一俱。三年小修,五年大修,八年更造。柳船專供運料,浚船兼供挑河之用。又永定河加培土隄,製單輪土車一千輛,分貯各汛,其修理拆造年限與浚船同。凡料,皆運於工,所以給用,餘則存之,各責於專管兼管官而覈焉。辦工以守備爲專管,廳員爲兼管,稽查辦料,以廳員爲專管,守備爲兼管稽查。凡河廳各員交代經手工程錢糧,將各項存貯料物一併交代。

〇稽經費之多寡而儲其備。凡河銀之歲解者定以額,北河額徵河銀三千一百四十九兩五錢有奇,又河淤地租銀七千三百一十九兩八錢有奇。東河河銀,河南額徵銀九萬八百八十二兩四錢有奇,山東額徵銀四萬五千四百三十八兩五錢有奇。南河河銀,安徽布政司屬額徵銀二萬二千六百二十一兩五錢有奇,江寧布政司屬額徵銀八萬六百九十二兩,河湖灘租并升科地租銀六千六百六十五兩二錢有奇,蘇州布政司屬額徵銀二萬六百一十七兩一錢有奇,又司庫每年撥解銀九萬九千八百二十八兩有奇,淮關并由閘額徵河餉銀三萬四千四百九十一兩四錢有奇,兩淮鹽運司認解節省銀五萬兩,兩浙鹽運司認解節省銀一萬兩,長蘆鹽運司認解節省銀一萬兩,山東鹽運司認解節省銀七千兩,福建鹽道認解節省銀三千兩,兩淮鹽政額撥銀三十萬兩。修防之費具焉。工料俸餉役食公費,各取給於此。不足,則請撥。每年歲修搶修,加培疏濬,及另案各工估需銀兩,庫貯不敷支放,題明動用司庫錢糧辦理。堵築大工,臨時奏請别撥帑項,或赴部請領,無定款。設道庫以出納之。河道錢糧。北河分貯永定河道、通永道、天津道、清河道、大名道庫,東河分貯開歸道、河北道、兖沂曹道、運河道庫,南河專隸河庫道,歲由河道總督盤查庫貯。用各視其歲款,無款則以歷歲所用較焉。經費有歲定者。直隸永定河歲修銀二萬二千兩,搶修銀二萬七千兩。石景山隄工歲修銀二千兩。南運河歲修銀一萬五千兩。北運河歲修銀一萬九千兩。永定河道庫豫備要工銀二萬兩。天津道庫豫備要工銀三萬兩。永定河疏濬銀一萬兩。南河歲修銀九十餘萬兩,搶修銀四十餘萬兩。黄運兩河加培五寸隄工歲需銀四萬兩。徒陽運河每歲疏濬銀八九千兩。豫省黄河歲修搶修銀二十四萬。兩衛河每歲疏濬銀八千餘兩。山東運河加培五寸隄工歲需銀七千五百三十八兩。黄河歲修徭夫工食銀一萬二千八百六十一兩。四女寺支河疏濬銀一千二百兩。泉河修砌銀一千餘兩。獨山湖隔隄水口疏濬銀二千兩。其餘皆無定額。凡額定經費銀兩,如工程化險爲平,或現在鞏固無需修築,酌量節省貯庫以備工用。其無定者,按年比較,不得遞加。凡工料皆有例價,加各限以數。用料用工,各有刊定例價,不敷者酌量加增。永定河歲修較舊,額加銀一萬四千兩,搶修加銀一萬五千兩。上游八汛,秫稭加運脚銀八千五百兩。河南每年採辦歲料計每垛幫價銀二十五兩,係通省捐辦,山東歲料幫價銀係籌款生息。南河除鐵器、煤炭等物仍照例價,毋庸加增。其秫稭海柴各按産地之遠近、轉運之難易,酌量加價,均勻覈派,以加至兩倍爲率,另案大工亦如之。

〇凡海塘,有石塘,迎溜頂衝坐臨險要及土性堅實之處,皆用石工。其式,或以條石,或以塊石,平鋪實砌,於石之縱横交接處,上下鑿成槽榫,嵌合聯貫。又於每石合縫處,用油灰或米汁抿灌,箝以鐵鋦。塘基密排梅花樁,加築三和土,以防滲漏。又有内築土塘,外蓋條石者,其式亦如之。有柴塘,活土浮沙,不能釘樁砌石者,則用柴埽各工。其式,先用埽牛鋪底,以柴土間層加鑲,塘頂培土。每長寬一丈,釘底樁腰樁面樁各二,樁頭鏇削令尖,簽插柴上。若當頂衝,則於岸上深釘橛樁篾纜,以防衝激。有土塘,凡有山嶺倚靠,或形勢凹進潮汐不衝者,則用土塘,如河工土隄之式,塘外皆釘以排樁。各辨其險易以舉工。若壩,地勢頂衝之處,下砌坦水以抵禦迴溜,外建盤頭以挑分潮勢,其式或土或石惟其宜。凡坦水,有單層、有雙層、有三層,皆視其險易以爲差。若隄,柴埽工之後,加築月隄,其形如月牙,以資保護。若複塘,石塘外建貼石土塘,或碎石子塘,以爲重障。若竹簍,以竹爲簍,盛貯碎石成砌,與河工竹絡壩同。若木櫃,木櫃以松杉宜大木爲之,長丈餘,高寬四尺,横貼塘底,實以碎石，以固塘基。若土圩，江蘇寶山縣護城土圩，瀕臨海澨，潮汐衝刷。每年於塘工歲修案内，確估加培。各相其地之宜而置之。定歲修之制。江南海塘，每年於節省平餘銀内撥銀四千兩，交蘇松太道經管，發松江府太倉州各半存貯，以爲歲修之用。浙江於本工餘剩銀内撥銀五十萬兩，發商生息，歲得息銀六萬兩，作老鹽倉迤西新舊塘工歲修之用。又於本工經費項下撥銀五十萬兩，發商生息，歲得息銀六萬兩，作東西兩塘歲修加貼之用。又以鹽務項下，每年節省銀二萬七千兩有奇，備零星籌項之用。又於西湖生息本銀二十萬兩，及積存藩庫銀生息銀六萬兩内撥銀一萬六千兩，作西塘埽工歲修不敷之需。各項生息銀兩，俱存貯司庫，以備撥用。如不敷，奏明動用程費銀兩。凡應修築之工，承修官會同地方正印官確估，彙造清册，由該管道員詳覈，申報督撫咨部，工竣據實題銷。遇有緊要工程，承修官先行督率兵夫上緊搶護，即馳報該管道員親往察看，確估詳辦。凡物材，皆以時備貯焉。江蘇海塘，照河工例冬勘春修。每年於大汛後勘估辦料，春令刻期興工，限四月以前完工報驗。浙江海塘，採辦柴薪。杭嘉湖紹四府，於文到日限五十日解齊。寧嚴二府，限四十日。金衢二府，限六十日。台温二府，限七十日。凡各項料物，於例領外按照奏定加貼銀數撙節辦理。

○凡江防，若水利之應治者，有官工，有民工，定其歲修之款。各省江防歲修官工。江西有九江府護城石磡。湖北有武昌府江工，金沙洲江工，江夏縣蕎麥灣隄工，漢陽府江岸隄工，襄陽府隄内普陀庵、頭工嘴、二工嘴、黑龍廟石磯四座隄工，潛江縣護城隄工，俱動支發商生息銀兩無定數。襄陽府老龍石隄，荆門州沙洋隄工，歲徵湖糧銀各三百兩，不敷則以籌款生息銀備貯動支。四川都江堰工，動支鹽茶耗羨銀五千一十二兩有奇。各省水利歲修官工，直隸温榆河疏濬，動支通永道庫木税銀二千兩。廣仁嶺旱河疏濬，動支熱河道庫滋生銀以三千兩爲率。滹沱河壩工，動支發商生息銀一千八百兩。山西太原護城土堰、汾州府護城石隄，俱動支司庫耗羨銀六百兩。鹽池疏濬，動支發商生息銀五千兩。江蘇六塘河，動支司庫地丁銀八百兩。安徽洪濉二河，動支江寧藩庫匣費銀三千兩。安慶城外漳葭港，動支發商生息銀無定數。江西豐城縣石隄，動支監規引費銀以一千四五百兩爲率。浙江西湖，動支田租銀無定數。乍浦開濬閘河，動支司庫程費銀以二百四五十兩爲率。陝西龍洞渠，動支司庫耗羨銀三百兩。延安府城外濯筋河道，引河石堺石壩，動支司庫公項銀一百二十兩。興安府隄工，每年估計於公用銀内動支無定數。甘肅各處渠道，動用司庫正項銀五百兩。雲南金汁河及昆陽各海口，動支鹽道衙門合平銀二千兩，灘工，動支運銅節省銀三百兩。廣東潘公河道，於歸公鉛價銀及田租銀内動支無定數。廣西陡河，於存公銀兩内動支無定數。其無官修定款者，皆由民修，或借項興工，攤徵歸款，或地方官隨時督率民夫，加培疏濬。無款，則視其旱潦之宜而治之。凡民修者，工鉅，則報於部而覈焉。民修各工，除款項無多，無關緊要者，仍聽民間自行辦理。如係要工，經費逾五百兩者,俱一體報部覈銷,定保固限期,以杜侵冒。

○頒各省之船政。凡水師營設戰船,外海、内河分隸焉。外海戰船。盛京戰船十。山東趕繒船四,雙篷艍船二,沙船六。江南大舢船三十八,沙船十七,小哨船三十七,趕繒船二,同安船四,唬船十六,哨船三十一,快哨巡船二,巡船五,海哨巡船四,雙篷舢船二。福建同安船二百二十二,趕繒船十,雙篷艍船二,雙篷舢船一,米艇船三十,杉板船一,横洋船一。浙江同安船一百三十九,釣船五十六,米艇船三十,快哨船四十九,趕繒船十,洋泊船一,八槳巡船二十四,唬船四,艕快船二。廣東繒船二,艍船五,艕仔船十二,烏艇船二,米艇船一百三十五。内河戰船。江南沙船十四,唬船五十二,大唬船二,小唬船五十三,哨船二十七,巡船二百十八,快船二十,槳櫓快船二十二,海哨船十六,槳船十一,大舢船十二,櫓哨船四,四櫓哨船十,小哨船十,大快船六,小快船二十。江西唬船三十九,巡船十。福建八槳船三十五,六槳船八,四槳船五,快哨船十一,艕船二,花座船三,小哨船十,小巡船十八,哨船六十三。浙江哨船十四,巡船十五,中巡船四十,小巡船五十七,八槳巡船二,快船十八,沙船六,快唬船十八。湖北戰船六十八,巡船十八。湖南戰船五十。廣東櫓槳船十八,急跳船三十五,快船七,櫓船六,快槳船二十六,槳船五十一,舢艚船四,巡船一百二十六,快馬船二。修造則置廠,山東有膠州南汛廠。江南有江寧廠、淮安廠、海州廠、蘇太廠、松江廠。浙江有寧波廠、温州廠、乍浦廠。福建有福州廠、泉州廠、漳州廠、臺灣廠。廣東有河南廠、庵埠廠、海口廠、龍門協子廠、芷芋廠。盛京戰船,於閩浙二省分造,自山東登州駕往。凡船廠,由道府及附近之副將參將管理,仍遴委丞倅都守等官在廠監修。定其年限。外海戰船,自新造之年爲始,届三年小修,小修後三年大修,大修後三年拆造。如尚堪修理者,仍令再次大修。内河戰船,自新造之年爲始,届三年小修,五年大修,大修後三年仍行小修。如尚堪修理,仍令再次大修。各省戰船分别内河外洋,年限俱同。戰船應同時修造者,届期一併題明。先修一半,仍留一半在汛巡防,俟輪修完竣,一併題銷。更换篷索,亦如之。更换篷索。浙江、福建、廣東三省外海戰船,係按年更换,其餘各省外海戰船,於三年中更换一次。内河戰船於五年内均匀更换二次。若水驛船,各省水驛,皆設驛站船以應差。江蘇驛站船四十三,安徽四十二,江西三十六,浙江五十九,湖北六十二,又由湖南撥歸湖北站船十二,廣東二百四十四,廣西四十六,四川四。其修造之例,有小修,有大修,有拆造。小修各以三年,大修江蘇以九年,安徽、湖北、廣東以五年,江西以七年,浙江、四川以六年。拆造江蘇以十二年,廣西以五年,其餘各省俱以十年。江蘇驛站船,小修之後有中修,以六年。浙江之沙飛太平明堂江山等船,每年修理不分期限。江蘇驛站船外,别有應差船,修造年限亦如之。若渡船,若橋船,各省水陸通衢,額設渡船,及浮梁橋船以濟渡,或隨時艌補,或分别年限修造,各視其地之衝僻以爲差。若救生船,各省水道危險之處,額設救生船,其修造年限,如内河戰船之例。修造亦如之。

○凡木税、船税、貨税，工關之隸於司者。江蘇龍江關，徵竹木及商船桶簍箱籃包裹等税，其分口，有大勝關、河定橋、東壩、芮嘴、和州、含山六處。大勝關徵收茶簍包捆税，河定橋徵收茶簍税，東壩、芮嘴、和州、含山等處徵收桶簍税。宿遷關徵竹木及船契船鈔捆包桶簍擔束税，其分口曰徐關，徵貨物箱簍包件税，由閘關專徵河餉，上下水船俱徵隨船纜銀。安徽蕪湖關，徵竹木船料商貨籃簍箱桶米麥柴炭税，其分口，有清弋、新莊、裕溪、泥汊四處，各徵竹木及包捆税。浙江南新關，徵竹木税，其分口，有漁臨、美政、安溪、富新、北新、觀音、板橋、良畈、敉糏等處，徵税與正關同。湖北荆關，徵竹木及盆桶税，其分口曰田關，徵税如之。吉林寧古塔、輝發、穆欽等處，徵木税。各定其額，龍江關税銀四萬六千八百三十八兩。宿遷關税銀四萬八千八百八十四兩，由閘關税銀七千六百六十六兩有奇。蕪湖關税銀五萬五千五百三十兩。南新關税銀三萬二百四十七兩有奇。荆關税銀一萬三千三百六十三兩有奇。其應解銅斤水脚銀。龍江關一萬七百六十九兩有奇。蕪湖關一萬四千六百十六兩有奇。荆關三千七十六兩。應解雜項銀。蕪湖關歲解漕造銀一萬八千七百七兩。南新關歲解杉木料銀四千七百八十二兩有奇，漕造銀一萬四千四百四十兩。荆關應解溢額銀五百八十兩，竹篾盆桶銀六百六十七兩有奇。吉林寧古塔、輝發、穆欽等處木税銀三百七十兩。與其盈餘。各關盈餘，龍江關五萬五千兩，蕪湖關四萬七千兩，宿遷關七千八百兩，荆關一萬三千兩，其餘各處俱無盈餘。盛京木税，十五而取一焉。盛京呼納呼河、大凌河、小凌河、六周河、太子河、清沙鶯納河、大莊河、碧赫河、師河、艾河、曹河，各項木植十五取一，以備三陵之用。其不堪用者，隨時變價，每歲多寡不齊無定額。

○凡京師，城以内、城以外，各經以街衢，内城街道，曰崇文門街、曰宣武門街、曰安定門街、曰德勝門街、曰地安門街，均南北爲衢。曰朝陽門街、曰阜成門街、曰東直門街、曰西直門街，均東西爲衢。大清門東曰敷文坊，西曰振武坊。東長安街、西長安街，均以街名坊，崇文門内曰就日坊，宣武門内曰瞻雲坊。東大市街、西大市街，南北皆以街名坊。其東皆曰履仁坊，其西皆曰行義坊。太學東西皆曰成賢坊，府學東西皆曰育賢坊，歷代帝王廟東西皆曰景德坊。城外街道，曰正陽門街、曰永定門街、曰崇文門街、曰宣武門街、曰左安門街、曰右安門街，均南北爲衢。曰廣寧門街、曰廣渠門街，均東西爲衢。正陽門之外，正陽橋即以橋名坊。朝陽門外至日壇神路，曰景升坊。阜成門外至月壇神路，曰光恒坊。安定門外至地壇神路，曰廣厚坊。凡衢巷皆附焉，界以栅欄。環以河濠，京城河道，西自玉泉山發源，迤東爲長河，經高梁橋至城西北，分爲二支。一循城北，歷安定、朝陽門而東入通州，會於白河。一由水關入内城，亦分爲二。一自地安橋迤東經東步梁橋，入皇城東北隅，一自西步梁橋，入皇城西北隅，合流出玉河橋，是爲紫禁城護城河。玉河橋之水，迤南由内城水關流出，會於正陽橋城河，環繞九門，是爲内城濠河，皆界以水關。又自高梁橋分流，經西角樓迤而南,歷右安門東流至東角樓折而北,至東便門外,與内城濠河合流,匯於大通橋,是爲外城濠河。其隸奉宸苑、清漪園各處河道,俱詳内務府。疏以溝渠,皇城及内城官溝,隸鑲黄旗滿洲六十段、蒙古十四段、漢軍八段,隸正黄旗滿洲三十八段、蒙古十八段、漢軍十九段,隸正白旗滿洲五十五段、蒙古十八段、漢軍九段,隸正紅旗滿洲三十五段、蒙古七段、漢軍十段,隸鑲白旗滿洲五十三段、蒙古二十二段、漢軍十二段,隸鑲紅旗滿洲三十七段、蒙古十三段、漢軍二十九段,隸正藍旗滿洲四十八段、蒙古二十三段、漢軍十二段,隸鑲藍旗滿洲六十四段、蒙古十一段、漢軍十三段。外城官溝,隸中城十五段,隸南城十二段,隸東城西城各六段,隸北城十八段。達以橋梁。内外城水陸大小橋梁三百九十五。歲修則報於部。街道橋梁,有應修治者。内城由步軍統領衙門報部,外城由街道衙門報部,奏請修理。河道溝渠,有應修濬者,會直年河道溝渠大臣勘估辦理。每年淘挖官溝,内城由步軍統領衙門,外城由街道衙門辦理,工竣,報明直年河道溝渠大臣,咨部覈給工價,並各派司員十人,分城查驗。内城柵欄,由步軍統領衙門咨部修理。外城由巡捕營弁呈報,步軍統領咨部,行街道衙門勘估修理。每年由都察院會步軍統領,將有無修理及是否完整之處,於歲終具奏。凡各省橋道,皆令以時治焉。各省橋道有損壞者,地方官查明隨宜建置,由該督撫奏明辦理,報部覈銷。

〇凡冰政,量歲之所需而藏於窖。各窖藏冰,專設監督。每年冬至三九後伐冰,先期由部行文奉宸苑,指給背陰沍寒處所,以便採伐。仲夏則頒冰,越三月而徹焉。自五月初一日始,至七月三十日止。陵寢供冰,亦如之。昭西陵,由遵化州與薊州輪年供用。景陵,由遵化州供用。景陵妃園寢,由薊州供用。孝陵、孝東陵、裕陵,俱由豐潤縣供用。泰陵、泰東陵、孝取皇后陵寢,俱由易州供用。巡幸則計用冰之數而供備。駐蹕避暑山莊,需用冰塊。熱河藏冰二千塊,喀喇河屯三百塊,巴克什營、兩間房、常山峪、樺榆溝、中關、小營、波羅河屯等七處各一百塊。江浙二省遇巡幸之年,蘇州、淮安二府,各於本處設窖藏冰,江寧、揚州、徐州、常州、鎮江等府,雇覓蘇淮窖户在宿遷及各府城收藏。浙江委官於蘇州府設窖,均豫年辦理。

〇凡奉安神位於壇廟,皆辨其式而謹製焉。壇廟神牌,用栗木質。髹飾塗金,承以龕座。應行製造及髹飭,派員帶領匠役於壇廟内奉移潔室,遵照長寬尺寸,敬謹修製。升祔則於陵寢配殿内敬製。凡大臣官員入祀賢良祠、昭忠祠及專祠牌位,用梋木質。兵丁入祀昭忠祠及八旗旌表節婦牌位,用杉木質。皆頒定長寬尺寸之式,以成造焉。祭祀則供制帛、制帛之等七。一郊祀帛,二告祀帛,三奉先帛,四禮神帛,五展親帛,六報功帛,七素帛。自報功帛以上,皆織清漢文於帛端,惟素帛無文。禮神帛,有天青、黄、紅、元、白五色。郊祀帛、告祀帛,有黄色及天青色。奉先帛、展親帛、報功帛,俱白色。祝版。祝版之制,圜丘、祈穀、常雩用純青紙,方澤用黄紙黄緣,太廟、社稷壇用白紙黄緣,日壇用純紅紙,月壇、先農壇、三壇、歷代帝王廟、先師廟、先醫廟、文昌廟、關帝廟、火神廟、顯佑宫、東嶽廟、都城隍廟用白紙黄緣,龍神廟、炮神賢良祠、昭忠祠、奬忠祠、旌勇祠、雙忠祠、褒忠祠用白紙,皆加於方版。惟專祠用白紙,不加版。凡祭器樂器,各製以其度。壇廟應用祭器樂器,由部製造者,俱由太常寺來文辦給。

〇凡詔書之式一,詔書用硬黄箋表裏二層,文武殿試金榜制同。勅書之式三,勅書三等,一金龍香箋表裏四層,一畫龍箋表裏三層,一印邊龍箋表裏二層。册封則製紙册,其式二,册封貝勒、貝子及貝勒貝子夫人、郡主、縣主、郡君,册用明黄絹面襯高麗紙,繪金雲龍,長一丈五尺六寸,寬一尺二寸,套用金黄潞紬。册封蒙古王貝勒,册用明黄絹面襯高麗紙,長一丈,寬一丈六尺。誥命、勅命則製軸,各辨其飾。封鎮國公、輔國公、鎮國將軍、輔國將軍、奉國將軍、奉恩將軍及其夫人、淑人、恭人、縣君、鄉君,誥命用五色絹心龍邊,軸玉飾,封蒙古貝子、鎮國公、輔國公、扎薩克台吉、塔布囊、蒙古王公、福晉、夫人、外藩王妃世子世孫,誥命用五色絹心龍邊,軸犀飾。滿漢世職官封爵罔替者亦如之。文武官覃恩封贈,五品以上用誥命,六品以下用勅命。皆以錦。一品鶴錦,軸玉飾。二品麒麟錦,軸犀飾。三四品洋蓮錦,軸貼金飾。五品如意錦,六品以下葵花錦,軸俱以黑牛角飾。惟世職官襲有次數者,勅書用龍邊卷,不設軸。議功則有功牌。滿漢官積有戰功,計算功牌給爵,其等五。一等長三尺六寸五分,二等長三尺三寸五分,三等長三尺五分,四等長二尺八寸五分,五等長二尺六寸五分,均廣一尺一寸五分,用白礬紙表裏二層,内襯棉紙二層。正面用紫綾,四圍用稻香色綾,香墨印邊作螭文,均用花梨木軸。佐領之承襲者,有印軸。承襲佐領印軸,用黄紙,表裏二層,四圍螭邊,式與功牌同,其長短尺寸無定式。各別其等而給焉。詔書、勅書、殿試金榜,由内閣典籍廳來文辦給。册軸,行文江寧織造辦解貯庫,由中書科來文給付。功牌印軸,由兵部來文辦給。凡頒發詔勅,應用畫筒油單,及奉差官員,應用勅筒、印匣、印池、袱褥等物,皆由部辦給。凡頒詔,則設金鳳、朵雲以承之。金鳳高二尺一寸五分,長四尺一寸。護雲長五尺一寸,前闊一尺八寸五分,後闊七寸。承詔朵雲,闊三尺四寸,均用鈒銅飾,金鳳口銜明黄絲組,懸以朵雲,轉軸而下。

〇凡尊藏實録、玉牒,供其金匱,實録金匱,高四尺四寸,長四尺一寸五分,寬二尺二寸,楠木質,塗金雕雲龍文,内貯香杉木格,糊以黄綾。玉牒金匱,高八尺,長二尺六寸,寬三尺七寸,均杉木質。漆用紅黄二色,繪金雲龍文,内貯香杉木格。與其行箱,恭送實録、玉牒於盛京,則供行箱、實録行箱,高一尺七寸一分,長二尺三寸一分,寬三尺三寸一分,杉木質,黄髹,外繪金雲龍文,四角鑲銅葉。玉牒行箱,高一尺一寸,及一尺八寸不等,俱長二尺一寸,寬三尺三寸,杉木質,髹以黄及紅色,餘與實録行箱同。記注則有匱,記注匱,高二尺,長二尺五寸,寬一尺六寸,松木質,銀硃漆飾,用鐵葉包裹。燕饗備其器用。萬壽聖節,及元旦筵燕,應用青幄凉棚氈毯杯盤桌凳各器具。文進士恩榮燕,應用彩花,上馬燕、下馬燕、殿試瓊林燕,應用器具,由禮部行文辦給。燕外藩貢使亦如之。武進士外場上馬燕,内場上馬燕、下馬燕,殿試讀卷等官燕,應用器具,由兵部來文辦給。修書各館,亦如之。内廷修書各館,應用桌凳櫃架等項什物,俱由部辦給。覈匠役之工價。各館匠役,有界畫、有裝釘、有刷印,皆報於部,由部分别食糧外雇,覈其工價,具領於節慎庫。公署之在禁垣者,供什物亦如之。軍機處,稽察欽奉上諭處。起居注、翻書房、誥勅房,應用什物,皆由部辦給。不在禁城者,國子監、庶常館,亦如之。其各衙門因公咨取物件,皆按照來文辦給。壇廟殿廷,供其糊飾之事。壇廟窗槅、路鐙應行糊飾,由太常寺來文備辦。太和殿、中和殿、保和殿窗槅,每年糊飾一次。黄綾博縫,十年糊飾一次,由内務府來文備辦。外藩館舍亦如之。外藩朝貢各館舍,應行糊飾,由禮部理藩院來文備辦。凡遜衣、校尉遜衣,織團葵花文,有紅録二色。夏服紅緑單紗,春秋冬用紅緑綢面藍有裹身,長四尺二寸,袖長三尺四寸,袖口寬七寸,肩寬一尺一寸,腰寬亦如之。下襟寬一尺九寸,帶用緑綢,長六尺五寸,寬四寸。綵繪,綵綢一端,用經絲十一兩,緯絲十一兩,長三丈六尺,闊一尺六寸。凡遇典禮應用,皆准各處來文給與。皆頒其制以供用焉。

皇差銷算處,由堂官派委滿漢司員各二人,一年更代。掌覈皇差報銷之事。

〇凡巡幸,則除道,凡輦路經由之處,由地方官先期修治。本部查道司員,會嚮導處章京一人,於先期一日,前往查勘。設御營,則定其地。安設大營頓營,及水營基地,皆由嚮導大臣,先期指定地面辦理。其未經駐蹕之地,由嚮導大臣業經奏明指辦者,皆准其報銷。治其橋梁,凡搭蓋橋座,皆定其丈尺。其有因河岸衝寬,丈尺加長,亦一體准銷。如僅豫防水長,臨時究未發水,即應覈減。舊道内有溝坎,添蓋正副橋座,先行勘明長寬高深丈尺做法,送部存案,不得於事後補報。皆報於部而覈焉。

冰窖監督,滿洲一人,漢一人,由堂官於司員内派委,一年更代。掌藏冰頒冰。

〇凡藏冰必於窖,紫禁城内,隆宗門外,窖五,藏冰二萬五千塊。景山西門外,窖六,藏冰五萬四千塊。德勝門窖三,藏冰二萬六千七百塊。德勝門外土窖一,藏冰二萬塊。正陽門外土窖二,藏冰六萬塊。凡冰自冬至六九以後,納於窖。歲十二月,令伐冰而納之。各窖冰塊,每年於冬至三九後,令窖役赴筒子河,及龍王堂蓮花池等處打冰,每塊以寬厚一尺五寸爲率。暑則出冰,以供壇廟官府之用。壇廟用冰,由太常寺咨取無定額。吏禮兵三部,每日各六塊,户部十六,刑部二十,工部十七,國子監七,都察院十六,理藩院五,宗人府三。稽察欽奉上諭事件處、總理火器營、中書科、光禄寺、詹事府、通政司、大理寺、太常寺、太僕寺、起居注、鴻臚寺、翰林院、太醫院、欽天監、鑾儀衛、河南道、六科、滿洲八旗、蒙古八旗、漢軍八旗、嚮導處、護軍統領、前鋒統領、直年旗、五城察院,計六十三處,每日各給冰一塊。刑部監獄十五,提督衙門辦事處一、監獄一,順天府辦事處一、監獄一,大興宛平監獄各二,五城司坊官監獄各三,街道衙門一。共每日給冰二百十三塊。每年照各處應領冰數,豫備小票,俟各衙門印領到日,即行給發。凡頒冰,隆宗門外五窖,及景山西門外第五第六窖,俱隸内務府,以供殿廷之用。壇廟祭祀,則給以景山西門外四窖,及德勝門窖,其餘各處,皆給以土窖。官設暑湯,亦如之。官設暑湯。正陽門、崇文門、阜成門、安定門、地安門、朝陽門、東直門、德勝門、宣武門、西直門、東四牌樓、西四牌樓、東單牌樓、西單牌樓,凡十四處,自小暑起至處暑止,其入中伏以後,末伏以前,每日每處各給冰六塊,共給冰九十六塊。中伏以前,末伏以後,每日每處各給冰四塊,共給冰六十四塊。

綵綢庫監督,滿洲一人、漢一人,由堂官於司員内派委,一年更代。掌收發制帛誥軸遜衣綵繒,與其物材,用則供之。祭祀制帛、誥軸、敕軸及遜衣綵繒,俱行文江寧織造辦解。潞綢,行文山西巡撫辦解。葵藤棱毛,行文兩江總督辦解。寶砂,行文直隸總督辦解。

欽定大清會典卷四十八

屯田清吏司，郎中，滿洲四人、漢一人，員外郎，滿洲五人、漢一人，主事，宗室一人、滿洲二人、漢二人，掌陵寢修繕之事，凡供薪炭皆覈焉，掌本衙門漢官之陞補，治其匠役。

○定東陵、西陵之規制。東陵在遵化州昌瑞山，西陵在易州永寧山，孝淑皇后陵寢在太平峪。陵寢之在盛京者，永陵、福陵、昭陵，規制詳盛京工部。東陵，曰昭西陵，孝莊文皇后陵爲昭西陵。寶頂高一丈三尺，週二十七丈七尺。寶城高二丈五尺六寸，週三十二丈六尺五寸。前爲方城，高二丈七尺八寸，廣五丈，縱如之。上爲明樓，内碑一座。下爲甕券門，門外月臺前設白石祭臺，上陳石五供一分。南爲隆恩殿五間，内設暖閣三，外有月臺，左右列銅鼎一，崇階石闌五出陛，左右建陵寢門一，兩廡各五間，左右燎鑪各一。南正中建琉璃花門三。前爲隆恩門五間，東西班房二，兩廂各五間。中建神道碑亭一座。東爲神廚五間，神庫南北各三間，宰牲亭一座。迤南設堆撥房三間。又東爲井亭一座，東西下馬石牌各一，神道兩旁均封以樹，十株爲行，各間二丈，每間十五丈，立荷花頭紅柱一，貫以朱繩。内圍牆週長一百八丈一尺五寸，高一丈一尺。外圍牆週長一百三十六丈一尺，高一丈二尺三寸。曰孝陵，世祖章皇帝陵爲孝陵。寶頂高一丈五尺，週五十四丈九尺。寶城高二丈四尺，週六十三丈。月牙城高二丈三尺，廣十八丈七尺，正中琉璃影壁一座。前爲方城，高二丈八尺七寸，廣六丈四尺二寸，縱如之。上爲明樓，内碑一座。下爲甕券門，門外月臺前爲月牙河，水洞四達。中設石橋，橋南設白石祭臺，上陳石五供一分。前爲二柱門，石柱二。又前琉璃花門三。門外玉帶河一道，中建石橋三。前爲隆恩殿五間，内設暖閣三，外設月臺，左右列銅鼎銅鶴銅鹿各一，崇階石闌五出陛，東西廡各五間，燎鑪各一。前爲隆恩門五間，東西班房二，兩廂各五間，東廂後神廚五間，神庫南北各三間，宰牲亭一座。正中建神道碑亭一座，迤東石橋二，前設蟠龍松架。亭前正中三洞石橋一，又前七洞石橋一，一洞石橋一。東西下馬石牌二。南中爲龍鳳門三，門外左右設班房各三間，前列石刻朝衣冠介胄文武臣像各三對，卧立麒麟獅象馬駝狻猊各一對，望柱二。其前正中建聖德神功碑亭一座，擎天柱前後各二，四週石闌。碑亭前東西班房各二間。南左具服殿三間。前中爲大紅門，門前左右設班房各三間，東西下馬石牌二。又前正中石坊二。神道封樹與昭西陵同。内圍牆週長一百九十七丈一尺五寸，高一丈一尺。外圍牆週長六千四百三十九丈四尺八寸，高一丈三尺。曰孝東陵。孝惠章皇后陵爲孝東陵。寶頂高一丈二尺，週三十丈五尺。寶城高二丈四尺，週三十五丈九尺五寸。前爲方城，高二丈九尺，廣五丈，縱如之。上爲明樓，内碑一座。下爲甕券門，門外月臺。前設白石祭臺，上陳石五供一分。又前琉璃花門三。南正中建隆恩殿五間，内設暖閣三。外設月臺，左右列銅鼎一，崇階石闌五出陛，東西廡各五間，燎爐各一。前爲隆恩門五間，東西班房二，兩廂各五間。東廂迤南石橋二，橋東神廚五間，神庫南北各三間，宰牲亭一座，井亭一座。正中三洞石橋一，西有石平橋二，橋前蟠龍松架三，神道封樹與昭西陵同。圍牆週長一百八十九丈一尺，高一丈五尺六寸。曰景陵，聖祖仁皇帝陵爲景陵。寶頂高二丈，週六十二丈八尺。寶城高三丈七尺一寸，週六十七丈七尺一寸。月牙城高二丈二尺，長十六丈。正中琉璃影壁一座。前爲方城，高二丈八尺七寸，廣六丈四尺，縱如之。圍牆週長一百七十九丈四尺五寸，高一丈一尺，餘制與孝陵同。曰裕陵。高宗純皇帝陵爲裕陵。寶頂高一丈五尺，週六十四丈九尺。寶城高二丈六尺七寸，週七十三丈五尺。月牙城高二丈一尺，週十七丈九尺。方城高二丈三尺九寸，廣六丈五尺，縫如之。圍牆週長一百九十丈三尺二寸，高一丈三尺，餘制與孝陵同。西陵，曰泰陵，世宗憲皇帝陵爲泰陵。寶頂高一丈三尺，週六十六丈四尺。寶城高二丈一尺，週八十二丈九尺。月牙城高二丈一尺，週十九丈九寸。方城高二丈八尺四寸，廣六丈五尺，縱如之。圍牆週長四千三百九十九丈，高一丈四尺五寸，餘制與孝陵同。曰泰東陵，孝聖憲皇后陵爲泰東陵。寶頂高一丈五尺九寸，週二十三丈八尺四寸。寶城高二丈三尺八寸，週二十九丈六尺。方城高二丈七尺四寸，廣四丈六尺，縱如之。圍牆週長九十八丈，高一丈四尺九寸，餘制與孝東陵同。曰孝淑皇后陵寢。孝淑皇后陵寢。寶頂高一丈三尺，週五十五丈八尺二寸。寶城高二丈一尺，週六十五丈二尺四寸。月牙城高二丈一尺，長十七丈九尺。方城高二丈三尺九寸，廣六丈五尺，縱如之。明樓内碑一，不鐫字。下爲饗券門，門外月臺。前設白石祭臺，上陳石五供一分。其前爲二柱門，石柱二。前爲琉璃花門三。南正中建大殿五間，内設暖閣三。外有月臺，左右列銅鼎銅鶴銅鹿各一，崇階石闌五出陛。東西廡各五間，燎鑪各一。前爲宫門五間，東西班房二，兩厢各五間。南正中爲神道碑亭碑一不鐫字。東爲神廚五間，神庫南北各三間，宰牲亭一座，井亭一座。碑亭前中三洞石橋三，東西下馬石碑二，又前三洞石橋一，東西五洞平橋各一。南正中爲龍鳳門三，迤西堆撥房三間，左右列石刻朝衣冠介冑文武臣像各一對，立馬立象立獅各一對，望柱二。前中五洞石橋一，迤東三洞石橋一。神道封樹如前制。圍牆週長一百四十七丈六尺四寸，高一丈三尺，餘制與泰東陵同。凡園寢皆附焉。昭西陵貴人園寢，琉璃花門一，前正中饗殿一座。其南大門三，西厢各三間。圍牆週長七十一丈。景陵皇貴妃園寢，饗殿門制如前。殿前兩廡各五間，東廡前燎鑪一。大門外東西厢各五間。圍牆週長一百五十五丈。景陵妃園寢，饗殿門廡並如前，大門外石橋一，圍牆週長一百五十五丈七尺。泰陵皇貴妃園寢，饗殿門廡燎鑪橋座並如前，大門外東西厢房各三間，圍牆週長一百三十丈。裕陵皇貴妃園寢，琉璃花門二，饗殿門廡燎鑪橋座並如前，圍牆週長一百三十丈六尺。孝淑皇后陵寢妃園寢，饗殿門制燎鑪橋座並如前，大門外東西厢各三間，圍牆週長一百四十五丈四尺。朱華山端慧皇太子園寢，饗殿門廡燎鑪橋座並如前，大門外東西厢各三間，圍牆週長一百三十丈二尺。皇十二子園寢，饗殿門制如前，大門及東西厢各一間，圍牆週長四十九丈。大營臺榮親王園寢，饗殿門制並如前，大門一間，圍牆週長五十二丈六尺。張家莊端親王園寢，饗殿門制並如前，大門一間，圍牆週長五十一丈四尺。王家莊懷親王等園寢，與端親王園寢同。梁各莊五公主園寢，饗殿如前制，其南大門一間，門外東西厢各三間，圍牆週長五十二丈六尺八寸。環衛則分建廨舍營房，以供守護之事。昭西陵内務府員外郎、主事、尚茶正、尚膳正、内管領各一人，各給房四間。筆帖式二人，各給房二間。内監四人，各給房三間。領催二人，執事人役四十人，各給房三間。禮部郎中、員外郎各一人，各給房四間。讀祝官二人，贊禮郎三人，各給房三間。筆帖式二人，各給房二間。執事人役一百四十一人，共給房一百四十六間，牛羊圈九間。工部郎中一人，給房四間。八旗防禦十六人，各給房三間。筆帖式二人，各給房四間。驍騎校二人，領催馬甲八十人，各給房二間。孝陵内務府郎中、員外郎、主事、尚茶正、尚膳正、内管領各一人，各給房六間。副内管領一人，給房三間。筆帖式二人，内監四人，各給房三間。領催二人，執事人役四十人，各給房三間。禮部郎中一人，員外郎二人，讀祝官二人，贊禮郎四人，各給房三間。筆帖式二人，各給房二間。執事人役一百三十六人，及牛羊圈，共房一百六十間。工部員外郎一人，給房四間。八旗總管一人，給房六間。翼領二人，防禦十六人，各給房三間。筆帖式二人，各給房四間。驍騎校二人，領催馬甲八十人，各給房二間。孝東陵内務府郎中、員外郎、主事、尚茶正、尚膳正、尚茶副、尚膳副、内管領、副内管領各一人，各給房六間。筆帖式二人，内監四人，各給房二間。領催二人，執事人役五十四人，各給房二間。禮部員外郎二人，讀祝官二人，贊禮郎四人，各給房三間。筆帖式二人，各給房二間。執事人役一百三十六人，共給房一百四十六間，牛羊圈九間。工部員外郎一人，給房四間。八旗防禦十六人，各給房三間。筆帖式二人，各給房四間。驍騎校二人，領催馬甲八十人，各給房二間。景陵内務府總管一人，郎中、員外郎、主事各一人，尚膳正二人，各給房四間。尚茶正、内管領、副内管領各一人，各給房二間。筆帖式二人，内監四人，各給房二間。領催二人，執事人役八十五人，各給房二間。禮部郎中一人，員外郎二人，各給房四間。讀祝官二人，贊禮郎四人，各給房三間。筆帖式二人，各給房二間。執事人役一百三十七人，共給房一百四十六間。工部員外郎一人，給房四間。八旗總管一人，給房七間。翼領二人，各給房五間。防禦十六人，各給房四間。驍騎校二人，各給房三間。筆帖式二人，領催馬甲八十人,各給房二間。泰陵内務府總管一人,員外郎、主事、尚膳正各一人,各給房四間。尚茶正、尚茶副、尚膳副、内管領、副内管領各一人,各給房二間。筆帖式二人,内監三人,執事人役五十四人,各給房二間。禮部郎中、員外郎各一人,各給房四間。讀祝官二人,贊禮郎二人,各給房三間。筆帖式四人,各給房二間。執事人役一百五十一人,共給房一百六十一間,牛羊圈九間。工部郎中、員外郎、主事各一人,各給房四間。八旗總管一人,給房七間。翼領二人,各給房五間。防禦十六人,各給房四間。驍騎校二人,各給房三間。筆帖式二人,領催馬甲八十人,各給房二間。泰東陵内務府郎中、員外郎、主事、尚茶正、尚膳正、尚茶副、尚膳副、内管領各一人,各給房四間。筆帖式二人,各給房二間。首領内監一人,給房三間。内監三人,執事人役四十二人,各給房二間,碾房三間。禮部員外郎二人,各給房四間。讀祝官二人,贊禮郎四人,各給房三間。筆帖式四人,各給房二間。執事人役一百三十六人,及牛羊圈,共給房一百五十三間。工部員外郎一人,給房四間。八旗防禦十六人,各給房四間。驍騎校二人,各給房三間。筆帖式二人,領催馬甲八十人,各給房二間。裕陵内務府,郎中、員外郎、主事、尚膳正各一人,各給房四間。尚茶正、内管領、副内管領各一人,筆帖式二人,各給房二間。總管内監一人,首領内監一人,共給房八間。内監二十六人,共給房三十六間。領催二人,執事人役五十四人,各給房二間,碾房三間。禮部郎中一人,員外郎二人,各給房四間。讀祝官二人,贊禮郎四人,各給房三間。筆帖式二人,各給房二間。執事人役一百三十六人,共給房一百三十六間,牛羊圈九間。工部員外郎一人,給房四間。八旗總管一人,給房七間。翼領二人,各給房五間。防禦十六人,各給房四間。驍騎校二人,各給房三間。筆帖式二人,領催馬甲八十人,各給房二間。孝淑皇后陵寢,内務府郎中、員外郎、主事、尚膳正各一人,各給房四間。尚茶正、尚茶副、尚膳副、内管領、副内管領各一人,筆帖式二人,内監四人,執事人役五十六人,各給房二間。禮部郎中一人,員外郎二人,各給房四間。讀祝官二人,贊禮郎、筆帖式各四人,各給房二間。執事人役一百三十四人,共給房一百六十一間。工部員外郎一人,給房四間。八旗總管一人,給房七間。翼領二人,各給房五間。防禦十六人,各給房四間。驍騎校二人,各給房三間。筆帖式二人,領催馬甲八十人,各給房二間。景陵皇貴妃園寢,内務府員外郎一人,給房四間。領催一人,執事人役二十一人,各給房二間。禮部讀祝官二人,贊禮郎三人,各給房三間。執事人役十二人,各給房一間。八旗防禦四人,各給房四間。驍騎校一人,給房二間。領催馬甲四十人,各給房二間。景陵妃園寢,内務府尚茶副一人,尚膳副一人,委署副内管領一人,各給房四間。領催一人,執事人役五十三人,各給房二間。禮部讀祝官二人,贊禮郎三人,各給房二間。報事人役四十四人,各給房一間。八旗防禦八人,各給房四間。驍騎校一人,給房三間。領催馬甲四十人,各給房二間。泰陵皇貴妃園寢,内務府主事、副内管領各一人,執事人役三十人,禮部主事一人,讀祝官二人,贊禮郎三人,執事人役四十四人,工部主事一人,八旗防禦八人,驍騎校一人,領催馬甲四十人,各給房如泰陵之制。裕陵皇貴妃園寢，内務府尚茶副、尚膳副、委署副内管領各一人，各給房二間。執事人役及餑餑等房，共給房一百八間。禮部讀祝官二人，贊禮郎三人，各給房三間。執事人役四十人，各給房一間。八旗防禦八人，各給房四間。驍騎校一人，給房三間。領催馬甲四十人，各給房二間。孝淑皇后陵寢、妃園寢内務府主事、副内管領各一人，禮部主事一人，各給房四間。讀祝官二人，贊禮郎三人，各給房三間。執事人役四十四人，各給房二間。工部主事一人，給房四間。執事人役三十人，各給房一間。八旗防禦八人，各給房四間。驍騎校一人，給房三間。領催馬甲四十人，各給房二間。端慧皇太子園寢内務府副内管領、尚茶副、尚膳副各一人，執事人役二十人，各給房二間。禮部讀祝官二人，贊禮郎三人，各給房三間。執事人役六人，各給房一間。八旗委署翼領一人，防禦七人，各給房四間。驍騎校三人，各給房三間。領催馬甲四十人，各給房二間。端親王園寢執事人二十人，懷親王園寢執事人二十人，各給房二間。東陵貝勒府一百三十間，公府六十間，侍衛官房三百九十間，承辦事務衙署二十三間。主事二人，筆帖式二人，各給房四間。石門工部衙署二十四間，庫房十九間。郎中一人，員外郎四人，各給房三間。筆帖式四人，各給房二間。馬蘭鎮總兵衙署八十二間，游擊三十一間，左營守備、右營守備各二十間。千總五人，每人四間，把總五人，每人三間，朱華山千總一人，給房四間，外委把總一人，給房三間。兵丁營房共一千三百六十八間，西陵貝勒府六十間，公府四十間，大臣房六十間，侍衛官房九十六間，承辦事務衙署十九間，易州工部衙署二十間，庫房十六間。郎中一人，員外郎三人，主事一人，各給房四間，筆帖式二人，各給房二間。泰寧鎮總兵衙署一百二十間，游擊二十間，守備十四間。千總四人，各給房六間。把總八人，各給房五間。外委千總、把總各一人，各給房三間。左右兩營，千總、把總各一人，千總六間，把總五間。孝淑皇后陵寢，千總二人，把總二人，額外外委二人。妃園寢及梁各莊，額外外委各一人，各給房如泰寧鎮之例。兵丁營房一千六百八十七間。申其禁令。陵寢外圍牆外，每里立紅樁三爲界，禁止採樵耕種。距紅樁四十步或二十步外設白樁，距白樁十里外設青樁，樁上懸示禁牌，凡軍民人等不得於樁内取土、取石、設窑及採盗樹木，違者按律治罪。

〇凡歲修，則敬供其事。每歲十月，欽派本部侍郎二人分往勘估。所有應修之處，敬謹修理。種儀樹、雜樹，亦如之。陵寢儀樹，限三年保固。限内有回乾風損，並從前補栽樹株，復行回乾，俱責令樹户賠補。凡樹株稀疏之處，每年令樹户各交樹十株栽種，如樹株俱已稠密，免其交樹。其限外回乾者，亦令補栽，另限保固。凡回乾風損樹株，東陵由馬蘭鎮總兵，西陵由泰寧鎮總兵查明，揀選備用。其不堪應用者，交内務府作祭祀燒柴。儀樹外添種雜樹動用廣恩庫發商生息銀兩，官爲採辦，統由勘估歲修之侍郎一併查勘。備祭器、祭物。四時祭祀修理器皿等項，由承辦事務衙門，先期咨部，赴節慎庫支領。應用紙張、顔料、綢緞、布疋，均咨部覈准，行文户部支領。大工具物材，別其地之宜以採用焉。興建大工，東陵取土於磨盤山，燒甎於遵化州温泉，燒灰於薊州井兒峪、禪房峪。採青白石於房山縣盧家莊大石窩，採青砂石於宛平縣馬鞍山，採豆渣石於遵化州鲇魚關。西陵取土燒甎於易州管頭村、北河頭村，燒灰於房山縣韓奇村、淶水縣檀山村、易州琅山村。採石於大石窩。俱係欽派承辦王大臣委員辦理，所用錢糧，在户部支領。木植、金甎、臨清甎，俱行文各省辦送。薪炭亦如之。昭西陵、景陵由薊州承辦，孝陵、孝東陵由豐潤縣承辦，裕陵由遵化州承辦，泰陵、泰東陵、孝淑皇后陵寢由易州淶水縣承辦。

○辨墳塋之等，與其碑碣，墳塋饗堂，親王五間，世子、郡王、貝勒、貝子、鎮國公、輔國公皆三間。親王、世子、郡王，啓門三，貝勒以下門一。茶飯房，親王以下至貝勒皆三間。墳院，親王週百丈，世子、郡王八十丈，貝勒、貝子七十丈，鎮國公、輔國公六十丈，鎮國、輔國將軍三十五丈，奉國、奉恩將軍三十丈，公侯伯四十丈，一品官三十五丈，二品至四五品官三十丈，六品以下官十二丈。守塚人，親王十户，世子、郡王八户，貝勒、貝子六户，鎮國、輔國公四户，鎮國、輔國將軍二户，公侯伯四户，一、二品官二户，三品至四五品官一户。墓碑，親王至輔國公皆交龍首龜趺，惟郡王以上得建碑亭。鎮國將軍以螭首，輔國將軍以麒麟首，奉國將軍以天禄辟邪首，皆龜趺。奉恩將軍以圓首方趺。公侯伯、一品官視鎮國將軍，二品官視輔國將軍，三品官視奉國將軍，四五品官視奉恩將軍。賜葬則給直，各視其秩以爲差。造墳工價，親王給銀五千兩，世子四千兩，郡王三千兩，貝勒二千兩，貝子一千兩，入八分公五百兩，未入八分公三百兩，民公六百五十兩，侯六百兩，伯五百五十兩，子及一品官五百兩，男及二品官四百兩，三品官三百兩，四品官二百兩，五品以下官一百兩。三品官以下歿於王事，始請給價。其碑價，親王給銀三千兩，世子二千五百兩，郡王二千兩，貝勒一千兩，貝子七百兩，入八分公四百五十兩，未入八分公二百五十兩，民公侯伯各四百兩，一品官三百五十兩，二品官三百兩，三品官二百五十兩。一品官與謚者始給與碑價，二品三品官如奉特旨與謚，亦給與碑價。凡工價銀，旗員由節慎庫，外省由藩庫支領。

○凡古昔陵墓，令守土官防護，以時修治焉。古昔帝王、聖賢、忠烈陵墓，令各省督撫飭所在地方官以時修葺，每年造具防護册報部。

○給官用之薪炭。在京各衙門應用薪炭，各據來文辦給。惟内庭薪炭，由内務府供備。巡幸則覈其供備之數。巡幸由地方官供應薪炭，豫由内務府給發印票，各處供應完竣後，造册同印票送部覈銷，由部行查内務府數目相符，准其開銷。皇帝御太和殿，供鑪炭亦如之。陞殿需用紅螺炭，係製造庫供辦，由司按年覈銷。

○凡海葦，歲徵以其額。天津縣每年解葦一萬斤。遇會試之年，則解一萬五千斤。所解之葦，每會試場内需用二萬二千四百斤。其每年積存者，以供奉先殿焚帛之用。西山官窰，則徵其煤課。入官煤窰，如宛平縣三合槽、房山縣上英水村各窰，以每年出煤之數，官二商十，抽分無定額。宛平縣中興窰，歲徵課銀六十兩。凡民窰遇有入官者，由該地方官招商開採，其歲久煤乏，或積水淹浸難涸者，題明封閉。

歲終以報於部而覈焉。通州船税、木税，亦如之。通永道所徵曰版木船窰税，近今無窰税。惟船税、版木税，於通州設税廠，並分設東各門西河等處，又灤州潘桃二口木税，一併附徵，每年額徵銀七千一百十五兩有奇，又盈餘銀三千九百兩，一年期滿題報。

〇凡四司之官匠、官夫，各定其額。營繕司木匠一名，鋸匠二名，鐵匠一名，搭材匠三十名，釘鉸匠一名，琉璃匠六名，木倉夫二名，張家灣木廠夫四名，馬圈夫一名，馬館夫一名。虞衡司網匠六名，木匠三名，東珠匠二名，裁縫匠一名，養馬夫九名，戊丁二庫庫丁各三名，軍需庫庫丁八名，濯靈廠庫丁十名。都水司裱匠三名，裁縫匠四名，綵子匠四名，界劃匠一名，桁木匠一名，絲綱匠一名，窖役二十名，庫役一名。屯田司作管八名，西廠巡役二名，南廠巡役六名。若工繁，則雇民匠、民夫以益之，各給以工食。營繕司鐵匠、木倉夫，每名每季支折色米九斗。虞衡司濯靈廠庫丁，每名每季支折色米九斗。餧馬人役，每名每季支銀一兩三錢五分，折色米二石七斗。戊丁二庫庫丁，每名每季支銀一兩五錢。都水司庫役，每名每季支折色米九斗。窖役，每名每季支折色米一石五斗。屯田司作管，每名每季支銀三兩，本色稜米一石五斗。西南二廠巡役，每名每季支折色米九斗，餘俱每名每季支本色米二石一斗五升。支折色米者每石折銀一兩三錢。凡銀米俱按季由户部支領。食糧匠役，遇有工程，每日給錢六十文。外雇匠役，每日工價錢一百五十四文。搭材匠給錢一百四十文。

製造庫郎中，滿洲二人、漢一人，掌監製造之事。

〇辨五作之用，一曰銀作，二曰鍰作，三曰皮作，四曰繡作，五曰甲作，各畀以物材之良者而作焉。采繡金綺，行江蘇織造製辦。細棱，行兩江總督委員辦解。馬皮由張家口監督歲解一千張。狐皮由蒙古各部落解交户部，俟户部移咨到部，委官匠前往驗收。珠寶、金銀銅鐵、皮革、綢緞、絹布、顔料各雜項物料，皆於户部及内務府支用。若簾子，若門神，亦如之。簾子門神皆别爲庫，隸於製造庫。

〇凡册立、册封，則製金册，製金頁長七寸一分，寬三寸二分，鐫清漢字填青。金錢每個徑一寸五分，兩面俱鐫情漢字。皇后金册十頁，每頁重十八兩，金錢每個重一兩五錢，以八五成金爲之。皇貴妃金册十頁，每頁重十五兩，金錢每個重一兩五錢，以八成金爲之。貴妃金册十頁，每頁重十五兩，金錢每個重一兩五錢，以七成金爲之。妃金册十頁，每頁重十四兩五錢二分，金錢每個重一兩五錢，亦以七成金爲之。嬪金册四頁，每頁重十四兩六錢二分五釐，金錢每個重一兩五錢，以六成金爲之。公主金册如之。親王、親王世子、親王福晉金册四頁，每頁重十五兩，以六成金爲之。郡王、郡王福晉銀鍍金册四頁，每頁用銀十四兩，鍍用赤金七錢九分。櫝加以藉。每一分俱盛以小箱，外加大箱，藉用褥，加以夾墊。大小箱用棉墊，各加以包袱，絡以線條。外爲箱架几座，各加以棉套衣棉墊。鑰匙箱亦如之。凡箱，各釘鍍金什件及鎖鑰鑰匙,加以牌,象牙爲之,繫線穗五。皇后册小箱,高九寸,長一尺寬六寸五分。大箱,高一尺三寸,長一尺三寸五分,寬一尺,枏木質,瀝粉雲鳳掃金。箱架高二尺一寸,方一尺八寸,枏木質,雕鳳文朱髹掃金。各釘銀鍍金什件鋄金鐵鎖。鑰匙箱,高七寸,長一尺,寬五寸五分,質飾如大小箱。包袱用銷金雲鳳羅緞面,褥墊套衣用片金面,皆明黄色,線條線穗亦如之。皇貴妃、貴妃册大小箱,杉木質,朱髹繪鸞鳳文,箱架椵木質,雕鸞鳳文,鑰匙箱質飾如大小箱,包袱用銷金雲鳳雲緞面,褥墊套衣用雲緞面,餘與皇后册同。妃册箱及包袱褥墊套衣用金黄色,嬪用紅色,公主亦如之,餘皆與皇貴妃册同。親王册小箱,高九寸,長一尺,寬七寸。大箱高一尺三寸,長一尺四寸,寬一尺,杉木質,髹朱鈒銅花雲。各釘黄銅什件及鎖鑰。小箱以鐵鋄銀,大箱以黄銅。箱架,椵木質,雕斗牛雲文,朱髹五采貼金,釘銅鍍金什件。包袱褥墊套衣,用雲緞紅色,線條如之。親王世子、親王福晉册同。郡王册几座釘紅銅貼金套筒一分,餘與親王册同。郡王福晉册如之。寶盝、印盝,亦如之。皇后寶盝,高八寸八分,方八寸,釘銀鍍金什件,重一百七十兩。寶色池,高二寸,方五寸,重六十兩,俱以八成金爲之。鎖用銀質鈒花鍍金,盝内用明黄銷金雲鳳羅緞面袱一,明黄線條一。皇貴妃、貴妃寶盝,銀質鍍金,銀重一百二十二兩二錢八分。鍍用赤金一兩六錢三分五釐。寶色池,銀質重三十四兩四錢,鍍用赤金五錢一分三釐,鎖亦用銀質鈒花鍍金。盝内用銷金雲鳳雲緞面袱一,金黄線條一。親王寶盝,銅質鍍金,銅重八十兩,鍍用赤金一兩五錢有奇。寶色池,銅質重四十六兩,鍍用赤金四錢八分有奇,鎖用銅質鍍金不鈒花。盝内用紅線條一。郡王印盝,銀質重一百四兩四錢五分。印色池,重二十四兩四錢。皇貴妃以下寶盝,印盝大小與皇后寶盝同。盝外各加以大箱,箱制及飾與所用几座、袱墊並鑰匙箱等件如册之制。寶色池、印色池俱用袱一,質飾各與盝袱同。寶色印色袋,俱以素紗爲之。宣讀則製其副。册立、册封宣讀時,以紙製册,飾黄綺,製寶及印如之,飾以黄繪。皇后、皇貴妃、貴妃盝用雲龍五采綺面明黄色,餘用雲綺面金黄色。列聖、列后册寶,製其櫝與其盝。尊藏太廟玉册、玉寶製由内務府。部製者貯玉册小箱高九寸五分,寬一寸七分,大箱高一尺三寸三分,寬一尺三寸七分。貯玉寶小箱,高一尺八分,寬八寸,大箱高一尺四寸,寬一尺一寸六分。枏木質,朱髹掃金。大總箱,高二尺三寸,寬二尺八寸,杉木質,朱髹。各釘銅鍍金什件及鎖鑰。桌案,高二尺六寸七分,寬三尺,杉木質,朱髹,銅鍍金寶色池,高一寸五分方六寸四分。册用片金面褥墊各一。寶用羅緞面泥金袱一,大小箱用羅緞銷金袱,棉墊、線條各一。大總箱及桌案,各用片金面套衣一。寶色池用素紗袋一,袱墊如大小箱,俱用明黄色。進奉則製其副。恭上尊謚時,進奉册寶,仿式用檀香另製,其箱架褥墊等件,俱如前制。其宣讀册實,亦仿式另以絹製。

〇凡鹵簿之制有四,曰大駕鹵簿,曰法駕鹵簿,曰鑾駕鹵簿,曰騎駕鹵簿,修造則會鑾儀衛以供其事。鹵簿内,輦輅及禮輿步輿係内務府製造外,餘皆由部會鑾儀衛製辦。大駕鹵簿,係合法駕、鑾駕、騎駕三鹵簿之制。法駕鹵簿,用靜鞭四,引仗、御仗、吾仗、立瓜、卧瓜、星鉞各六。出警入蹕旗各一,五色金龍小旗二十,翠華旗金鼓旗各二,門旗八,日月旗各一,雲雷旗各五,八風旗八,甘雨旗四,列宿旗二十八,五星五嶽旗各五,四瀆旗四,神武朱雀青龍白虎旗各一,天馬、天鹿、辟邪、犀牛、赤熊、黄羆、白澤、甪端、游麟、彩獅、振鷺、鳴鳶、赤烏、黄鵠、華蟲、白雉、雲鶴、孔雀、儀鳳、翔鸞旗各一,五色龍纛二十,前鋒護軍纛各八,驍騎旗二十四,黄麾儀鍠氅金節各四,進善納言旌二,敷文奮武旌二,褒功懷遠旌二,行慶施惠旌二,明刑弼教旌二,教孝表節旌二,龍頭旛、豹尾旛、絳引旛、信旛各四,羽葆幢、霓幢、紫幢、長壽幢各四,鸞鳳赤方扇、雉尾扇、孔雀扇、單龍赤團扇、黄團扇、雙龍赤團扇、黄團扇、壽字扇各八,赤方繖、紫方繖各四,五色花繖、黄九龍繖、五色九龍繖各十,紫芝蓋、翠華蓋、九龍黄蓋各四,戟四,殳四,豹尾槍二十,弓矢二十,儀刀二十,金杌、金交椅、金盥槃、金唾壺各一,金水缾、金香盒、金鑪各二,拂塵二,紅鐙六,大小銅角各八,金口角四,金鉦四,拍版四,仗鼓四,畫角二十四,架角鼓十二,龍笛十二,掆鼓四十八。鑾駕鹵簿,用御仗、吾仗、立瓜、卧瓜、星鉞各四,五色金龍小旗、五色龍纛各十,雙龍黄團扇十,黄九龍繖十。騎駕鹵簿,用御仗、吾仗、立瓜、卧瓜、星鉞各六,五色金龍小旗、五色龍纛各十,單龍赤團扇、雙龍黄團扇各六,五色花繖十,豹尾槍、弓矢、儀刀各十,大小銅角各八,金口角八,蒙古畫角六,笙二,管二,雲鑼二,笛四,銅鼓四,扁鼓四,金鉦四,點二,鼓二,鈸二,以上各件及法駕鹵簿内導象四,寶象五,仗馬十,所有寶缾及蒙馬之飾,皆詳考制度如式修造。儀駕、儀仗、采仗,亦如之。皇后儀駕,吾仗、立瓜、卧瓜各四,九鳳黄蓋一,九鳳繖十,花繖四,方繖四,龍鳳扇八,鸞鳳扇八,龍鳳旗十,拂塵二,金節二,金提鑪、金香盒、金水缾各二,金唾壺、金盥槃,金交椅、金方杌各一。皇貴妃儀仗,吾仗、立瓜、卧瓜各二,七鳳蓋一,花繖六,瑞草繖四,鸞鳳扇四,團房六,金鳳旗六,彩旗二,拂塵二,金節二,金提鑪、金香盒、金唾壺、金盥槃、金交椅、金方杌各一,金水缾二。貴妃儀仗,金鳳旗四,餘與皇貴妃儀仗同。妃采仗,吾仗、立瓜、卧瓜各二,七鳳蓋一,金鳳旗四,花繖四,黄繖二,團扇四,拂塵二,金節二,銀質鍍金提鑪、香盒、唾壺、盥盤各一,水缾二,描金交椅、方杌各一。嬪采仗,花繖二,無拂塵,餘與妃采仗同。其儀駕内,鳳輿、儀輿、鳳車、儀車,儀仗、采仗内,翟輿、翟車、儀輿、儀車,由部製造,木質。其冬夏幃簾及褥墊裝飾,俱由内務府造辦。皇子分封則製儀衛。皇子分封親王儀衛,明轎一,暖轎一,豹尾槍四,火燄旗槍十,儀刀四,大纛二,條纛二,吾仗、立瓜、卧瓜、星鉞各四,五龍繖一,花繖二,瑞草繖二,孔雀扇二,花扇二。分封郡王儀衛,豹尾槍二,火燄旗槍八,儀刀二,骨朵二,四龍繖一,餘與親王同。公主下嫁,亦如之。固倫公主儀衛,翟輿一,朱輪車一,金鳳旗二,曲柄花繖一,直柄花繖一,孔雀扇、花扇各二,吾仗立瓜、卧瓜、骨朵各二。和碩公主儀衛,無花扇,餘與固倫公主儀衛同。皆由部製造。

○皇帝詣壇廟,則張幄次。壇廟大祀,應備幄次、陳設、龍床、圍屏、矗鐙、香几,並齋宫、具服殿陳設、器物、惟幕及冠袍、帶履房,皆敬謹張設。祭祀供其器物。

太廟時饗祫祭隙，設金、銀、白銅及銅質鍍金各器皿，每歲正月收挂慶成鐙盞。陵寢亦如之。陵寢需用包輓果筐，每年咨取一次，成造金銀銅鐵器皿，及修换雨搭、氊簾、竹簾，隨時咨部辦理。

○凡宫殿，供金鐵之飾，宫殿需用鍍金、鋄銀鎖鑰，釘鋁簾圈，門牕什件，並寶頂、吻鈎、吻樁、吻索、吻鍋、抹金檐釘、門釘、槅扇、上龍葉、泡釘、獸面及牌扁字，皆隨時成造。與其簾幕、每年冬挂氊簾，夏挂竹簾、雨搭，於春三月、秋八月更换，限二十日内完竣。簾子庫設首領太監一人，太監十人。乾清門以内及寧壽宫、慈寧宫等處，由首領太監收挂。乾清門以外，由部員帶領匠役收挂。椶薦。需用椶薦，按照丈尺成造。壇廟陳設椶薦如之。改歲，設門神、門對。門神、門對，自十二月二十日起至二十六日張挂完竣，於次年二月初三日摘收。門神庫亦設首領太監一人，太監十人。每次收挂由部員及太監分别承辦，亦如簾子庫之例。凡譙樓則供鼙。午門樓、神武門樓及地安門外鼓樓，應用皮鼓，皆由庫成造。

○凡頒詔，若封藩，若祭告，則具旗仗，各以其數畀之。詔書齎送各省，用明黄緞繖一，牌二，御仗二。齎送朝鮮國，用明黄緞繖二，明黄雲緞銷金行龍旗二，欽差牌、肅静迴避牌各二，御仗二。册封蒙古外藩，用節一，御仗二，欽差牌二。册封琉球國王，用明黄緞繖一，龍旗二，御仗二，欽差牌、肅静迴避牌、前行牌各二。祭告五嶽、四瀆，用明黄緞繖一，龍旗二，御仗二，欽差牌二。藏實録、玉牒於盛京，供其行駕。恭送實録、玉牒於盛京，用行駕馱轎，杉木質。柱用榆木，高四尺九寸，深四尺五寸，寬二尺七寸，外釘竹席，加明黄油墩布套衣，直轅二，加以平鞍馱架鞦轡。

○凡衣飾、器用之頒給者，各定以制。鄉會試主考、同考、執事等官，貼金銀花。文狀元，恩榮牌、朝衣、朝帽、朝帶、手巾、荷包、小刀、韈襪。武狀元，腰刀、撒袋、鞓帶、手巾、荷包、韈襪。册封琉球正副使，正一品蟒袍、麒麟補緞、褂料，伴送越南貢使官緞袍。赫哲費雅喀來京娶妻，蟒緞朝衣、大緞袍褂、綢布襯衣、撒袋、帶子、手巾、荷包、凉帽、女兒蟒緞袍、大緞褂料、緞襯衣裏、青衣素袍褂、綢襖青布袍襯衣裏、釘銀花、凉帽、鞓帶、緞褱、布褱、緞布被褥、銀項圈、墜子、鞍轡、韈襪。喀爾喀進九白貢使，銀茶桶、銀茶碗。朝鮮貢使，玲瓏方鞍漆鞍圓領袍。越南貢使，緞袍、鞍轡、喇嘛緞袍、布袍、袈裟、筒褱、韈襪、玲瓏鞍轡、鹵簿内壽字、緞袍、樂舞、生獺皮帽、校尉豹皮帽、氊帽及儀仗内氊帽、黄領。親王、郡王執事人衣帽。欽天監博士狐皮端罩。天文生羊裘。各官學教習冬夏袍帽、韈襪。及各衙門取用鞍韂、鞦轡、鎮鑰、氊簾、竹簾、腰刀、撒袋、箭壺、氊毯、皮搭、連皮包皮搭、腰旗、纛頂、火藥、油簍、綵亭。各寺廟挂旛、絨繩。各馬圈木槽。俱由各該處來文辦給。

司匠，二人，掌治匠役。

○凡匠役，各分其作而廩焉。銀作領催，食糧二人，種地一人。大器匠，食糧一人，種地三人。鈒花匠，食糧九人。鑽眼匠，食糧三人。鍍金匠，食糧三人，種地四人。打銅匠,食糧三人。剉銅匠,食糧二人,種地一人。拔絲匠,食糧一人。打金匠,食糧、種地各一人。寓鈕匠,食糧一人。銅鎖匠、化銀匠,食糧各一人。共三十八人。鋟作領催,種地三人。剔鑿匠,食糧十三人,種地二十三人。剉匠,食糧十二人,種地四人。鋟鈒匠,食糧九人,種地五人。砑匠,食糧二人,種地五人。什件鐵匠,食糧三人,種地七人。鑽眼匠,食糧、種地各二人。鐵鎖匠,食糧三人。共九十三人。皮作領催,食糧四人,種地一人。縫皮匠,食糧五人,種地二人。氈匠,食糧四人,種地三人。熟皮匠,食糧一人,種地三人。粉皮匠,食糧一人。籐皮匠,食糧二人,種地一人。絛兒匠,食糧三人。染皮匠,食糧一人。油漆匠、薰皮匠、纓子匠,食糧各一人。共三十四人。繡作領催,種地三人。繡匠,種地十四人。裁縫匠,食糧十六人,種地十三人。毛襖匠,食糧二人,種地七人。畫匠,食糧一人。共五十六人。甲作領催,種地一人。甲葉匠,食糧二人,種地一人。臂手匠,食糧一人,種地三人。腰刀匠,種地三人。盔匠,種地二人。鐵匠,食糧三人,種地四人。銲磨匠,種地三人。箭匠,食糧一人。共二十四人。凡五作食糧領催,每人月支銀二兩,每季支米三石七斗五升。食糧匠役,每人月支銀一兩,支米如領催之例。種地領催,每人月支銀二兩,米分三季,每季支米七石。種地匠役,每人月支銀一兩,米分三季,每季支米三石五斗。簾子庫、門神庫,亦如之。簾子庫,領催六人,裁縫匠十五人,織匠二人,扇匠二人,絛匠一人,銷金匠一人,木匠四人,油匠二人,椶匠七人,皮匠一人,鏇匠一人,銅匠一人,簾匠七人,繩匠四人,絆匠一人,絡線匠三人,纏絨匠一人,染匠二人,釘鉸匠一人,草席匠一人,畫匠一人,劈竹匠一人,毯匠二人,糊扇匠一人,錫匠一人,氈匠六人,瓦匠五人,鋸匠三人,石匠一人,共八十三人。門神庫,領催二人,畫匠三人,裱匠一人,木匠一人,彩漆匠二人,油匠二人,糚鑾匠二人,絛匠一人,貼金匠一人,繡匠二人,銷金匠二人,鐙匠一人,戧金匠一人,纓子匠一人,裁縫匠一人,結綵匠一人,節匠一人,籐匠一人,織匠一人,雕鑾匠一人,釘鉸匠一人,剉匠一人,鏇匠一人,銅匠一人,共三十一人。凡二庫匠役,每人月支米七斗五升,按四季支領。

司庫,二人,庫使,二十有二人,掌守庫貯。

節慎庫,郎中,滿洲一人,由堂官於各司郎中内奏派,二年更代。員外郎,滿洲一人,掌收帑藏。寶源局歲交制錢四十三萬七千四百四十八千九百文。直隸多倫諾爾同知歲解木税銀六千七百十兩有奇。通永道歲解木税銀一千二百兩。山西殺虎口監督歲解木税銀七千六百四十六兩。兩江總督歲解裁夫曠建銀七百九十五兩,間夫曠建銀二十餘兩至三十餘兩不等。江南河道總督歲解加價飯食銀三萬餘兩。河東河道總督歲解曠建銀三千二三百兩不等。山東兖沂曹道歲解曠建銀三百餘兩至四百餘兩不等。河南開歸道歲解堡夫小建銀十餘兩。河北道歲解堡夫小建銀五六十兩不等。如庫貯不敷,奏請支領户部庫銀十萬兩以備用。支發則覈之。工程千兩以下者,由各司各庫覈明應給之數,具領移庫給發。各旗兵餉,由户部移取寶源局錢按月支放，歲以三十六萬緡爲率。月終以其出納之數聞焉。

司庫，二人，庫使，十有二人，掌守庫貯。

料估所，司員四人，由堂官於滿洲漢司員内派委。掌估工料之數。

○凡京工之歸部者，覈以營造之法，估其料物，與其傭直，授成於監工之官。各處奏咨到部應修工程，於二十日内將應修丈尺做法錢糧數目，造册呈堂，交承修官辦理。大興作，則覈其估，册以俟簡命，銀數逾一千兩以上，由欽派大臣查估，造册送部，亦按二十日限内覈算錢糧，奏請欽派大臣承修。工竣則覈銷。

飯銀處，由堂官於滿洲漢司員内派委，無定員。掌收支飯銀。

額外郎中、員外郎、主事、七品小京官。由堂官分派各司，一體辦事。

筆帖式，滿洲八十有五人、蒙古二人、漢軍十人，由堂官酌量各司之繁簡，分派行走。掌翻譯。

管理錢法侍郎，滿洲一人、漢一人，以本部右侍郎兼管。掌寶源局鼓鑄之政令。

○凡銅鉛之歲輸於部者定其額，至則以時驗收焉。雲南歲解京銅五百八十三萬六千二百二十斤有奇，歸寶源局一百九十四萬五千四百六斤有奇。貴州上運下運白鉛四百三十九萬一千九百十四斤，歸寶源局一百四十六萬三千九百七十一斤；黑鉛四十七萬三千二百三十八斤有奇，歸寶源局十五萬七千七百四十六斤。湖南歲應解黑鉛二十五萬斤，歸寶源局八萬三千三百三十三斤有奇。近因出産不敷，不定歲額其委運限期，彈兑驗收成色期日，俱如户部之例。凡鼓鑄，分其爐座，老局設老爐十二座、勤爐六座，新局設老爐十三座，共三十一座。覈其緡數。每歲鑄錢八十六卯，以六千二百四十九串二百七十文爲一卯，内有添補串繩分兩錢九串二百七十文，共得錢五十三萬七千四百三十七串二百五十文。遇閏加鑄七卯半，得錢四萬六千八百六十九串五百二十五文。出卯則輸節慎庫以給工直，其餘者按成數以納於户部。每次出卯，俱歸節慎庫，作支給工價之用，餘俟户部咨領到庫，按數搭放兵餉。其成數由户部隨時奏定，每成以一萬五千串爲率。

寶源局監督，滿洲一人、漢一人，滿洲於宗人府、六部、步軍統領衙門司員内保送，漢員於六部司員内保送，俱二年更代。掌監鼓鑄。

大使，二人，由堂官於本部筆帖式内保送，三年更代。掌給使令。

管理火藥局大臣，二人，滿洲左侍郎一人，欽派大臣一人。掌存貯火藥，與其領給之數。

○凡火藥，別其物材，曰硫黄，曰硝，曰炭，皆碾而成焉。局設石碾二百盤，每盤製藥三十斤爲一臺。每火藥萬斤，用硫黄一千斤、硝八千斤、木炭一千斤。每烘藥百斤，用硫黄十斤、硝八十斤、木炭十斤，外加廣膠熬水配合成珠。硝黄由各省辦解,廣膠赴户部支領。備用則定其額。存貯軍需火藥以三十萬斤爲率。演放火藥,除足支本年應用外,存貯以三四十萬斤爲率。凡在京各旗各營,及熱河、密雲、山海關、獨石口、古北口、綏遠城右衛等處駐防旗營,應用演放火藥,俱由局給領。

監督,由堂官於滿洲司員筆帖式内派委,無定員。掌監造火藥。

直年河道溝渠大臣,四人,每年由部奏請欽派本部堂官一人,奉宸苑、清漪園,步軍統領衙門堂官各一人,歲終更代。掌京師五城河道、溝渠之事。河道段落,詳都水司及内務府,溝渠段落詳都水司。

〇凡河道、溝渠,春秋則履勘、修濬,報於部以興工。春間開溝時,及秋間雨水過後,俱親往查勘,一應河道溝渠,務令潔净深通。有應行修濬者,如係零星黏補,即咨部辦理。物料銀至二百兩以上,工價錢至五十千以上者,奏明交部辦理。其隸奉宸苑、清漪園者不報部。

督理街道衙門,御史,滿洲一人、漢一人,本部司員,滿洲一人,步軍統領衙門,司員一人,掌外城街道之事。

〇凡街道,修治以時。凡石道土道,皆令平坦堅固,毋許堆積穢土。有窪下者,隨時填築。大街中間,量培土埂,厚數寸,寬數尺,輕車從土埂上走,重車從兩旁行走,其道旁開設攤棚,不得有礙車轍,以利遄行。辨房屋之界,與其隙地,禁其拆毁者。户民修造房屋,具呈街道衙門,批坊查勘。近者限三日,遠者限六日申覆,如需轉查不能依限者,准該坊官申明展限,其收呈給照,令民户當堂呈領,每月彙報工部都察院提督衙門一次。凡房屋有騎溝礙道者,勘明俟拆造時令清出還官。坍塌應拆修者,將原拆及修蓋間數記檔,移改者將原坐落何處、今移置何處,併新舊間數,一併記檔。凡臨街房屋,務使聯落整齊。有倒塌者,令該户酌量修補。如實係無力,令修砌牆垣,不得存留空隙。其院内房屋有另蓋及移置者,亦令呈報備案。仲春則導達溝瀆。每年淘挖官溝,自二月初開凍後爲始,至三月底完竣,報明河道溝渠大臣,各派委司員一人,會街道衙門刻期查勘掩蓋。

東陵承辦事務掌關防郎中,一人,員外郎,四人,西陵承辦事務掌關防郎中,一人,員外郎,三人,主事,三人,東陵工部衙門設於石門,西陵工部衙門設於易州,各以郎中一人掌關防。掌承辦陵寢工程。

〇凡歲修,則監工,覈其經費,具册而領於部。每歲十月,由欽派歲修之侍郎勘明應修工程,即交陵寢司員敬謹辦理,應支經費造册咨部,赴節慎庫給領。供祭器、祭物亦如之。四時祭祀修理器皿,先期分案造册,咨部覈算,赴庫給領。需用紙張、顔料、綢緞、布疋,均咨部覈准,行文户部支領。弁兵及夫役之在官者,皆隸焉。東陵工部衙門守庫,把總一人,巡兵四十人,由馬蘭鎮撥給。西陵工部衙門守庫,把總一人,巡兵四十人,由泰寧鎮撥給。昭西陵,領催一名,灑埽人十七名,樹户二十名。孝陵，領催一名，灑埽人十七名，樹户七十名。孝東陵，領催一名，匠役二十名，灑埽人十七名。景陵、裕陵，領催、匠役、灑埽人、樹户，俱與孝陵同，均由部行文直隸總督，於遵化、豐潤等州縣民人内召募。泰陵，領催一名，匠役四十名，灑埽人、樹户，各十七名。泰東陵，灑埽人十七名，樹户三十名，由部行文直隸總督，於易州、涿州、淶水等州縣民人内召募。孝淑皇后陵寢，匠役二十名，灑埽人十七名，樹户七十名，於泰陵、泰東陵各項人役子弟内撥補，如不敷用，亦於附近民人内召募。

筆帖式，六人，東陵四人、西陵二人。掌翻譯。

盛京工部侍郎，滿洲一人，掌盛京營作之政令，稽其採伐，制其經費。

○凡營作，各循其舊制。一曰壇廟之制，天壇在德盛門外南五里。祭臺一座，臺中徑四丈三尺，高二尺，規制三成。每層圜面遞加環砌，上成徑五丈六尺六寸，寬六尺八寸，高九寸五分，二成徑七丈，寬六尺七寸，高九寸五分，三成徑八丈三尺，寬六尺五寸，高一尺一寸。南門一，東西北門各一。圍牆週長一百七丈，高九尺，厚三尺。地壇在内治門外東三里。祭臺一座，規制二成。四周以方坎蓄水，每層方面遞加墁砌。上成方六丈，高二尺，四面臺基厚一尺八寸。下成方八丈，寬一丈，高二尺四寸。北門一，東西南門各一。圍牆南北各長四十六丈五尺，東西各長二十一丈，高八尺，厚三尺。東西南北硃紅柵欄各一座，均面濶一丈五尺，高一丈。社稷壇在天佑門外西南隅。祭臺一座，拜殿三間，大門三間。太廟在大清門東。正殿五間，東西配殿各三間，耳房各二間，正門三間，東西角門各一。圍牆週二十八丈五尺。堂子在内治門外，正殿三間，迎神亭一座。神紙庫一間，庫房三間，堆撥房三間，門樓三座。圍牆週一百二十八丈六尺。先農壇在德盛門外東南隅。祭臺一座，正殿三間，大門三間。先師廟在德盛門内東南隅。正殿五間，東西配廡各三間，大成門一座，戟門三間，儒星門一座，崇聖祠三間，崇聖門一座，明倫堂三間，東西齋房各三間，樂器房、庫房、書房各二間，大門、儀門、東西角門各一，照壁一座，義路禮門各一座，繚垣二百丈。長白山望祭殿在吉林温德亨山。正殿五間。二曰陵寢之制，永陵在興京啓運山。初肇祖原皇帝、原皇后，興祖直皇帝、直皇后，景祖翼皇帝、翼皇后，顯祖宣皇帝、宣皇后之陵共一山，在興京城西北十里，稱興京陵。天命九年，奉移景祖翼皇帝、翼皇后，顯祖宣皇帝、宣皇后陵於東京城東北四里之楊魯山，稱東京陵，在盛京城東一百五十里。順治八年，封興京陵山爲啓運山，東京陵山爲積慶山。十五年奉移東京陵祔於興京。十六年尊稱爲永陵。寶城高一丈三尺七寸，週長八十六丈一尺六寸，其前爲啓運殿，覆黄琉璃瓦，門四窗八，臺高二尺九寸，週長三十一丈九尺。殿内大暖閣四座，設寶牀以奉神御。小暖閣四座，恭奉神牌八。閣前設龍鳳寶座八，五供案四。殿前礓𥖁三路，中飾盤龍。東西配殿各三間。西配殿前有焚帛樓一座。南正中爲啓運門，門外東西南三面繚以垣，袤廣共六十六丈二尺。東西紅門二，内正中礓𥖁三路。東爲果房，西爲膳房。前中並建功德碑亭四座。亭前東西爲祝版房、齊班房、茶膳房、滌器房，其省牲亭、果樓均在西紅門外。南正中爲正紅門，門外之西有木橋。明堂前有下馬碑，週圍界址二千二百八十八丈。太祖高皇帝之陵在盛京城東二十里,孝慈高皇后祔焉。崇德元年尊稱爲福陵。順治八年封陵山曰天柱山。寳城高一丈七尺一寸,週長五十九丈五尺。寳頂高二丈,週長三十三丈。月牙城高一丈六尺五寸,週長二十三丈四尺七寸。正中琉璃影壁一座。方城高一丈五尺七寸,週長一百十三丈八尺四寸,上有角樓四座。北正中爲明樓,制重檐,内碑一道,樓下爲洞門,門外石五供案一。前爲石柱門二。其前爲隆恩殿,覆黄琉璃瓦,門四窗八,臺高五尺,週長三十六丈七尺七寸八分。殿内大暖閣一座,設寳牀以奉神御。小暖閣一座,恭奉神牌二。閣前設龍鳳寳座二,福晉椅東西各一,配椅二,五供案一,陳設桌四。殿前礓礤三路,中飾盤龍,東西配殿各三間。西配殿前有焚帛樓一座,南正中爲隆恩門檐三重,門前正中礓礤三路。東西爲茶膳房、果房、滌器房。其南爲省牲亭。齊班房前正中建神功聖德碑亭一座,亭前礓礤一百有八層,中有石橋,左右列石獅、虎、駝、馬各二,東西華表柱四。四面繚垣,共長五百八十丈。東西紅門二。南正中爲正紅門,門前左右列石獅二,華表柱二,石牌樓二,週圍界址二千九百六十丈。壽康太妃園寢在福陵右,饗殿三間。東西有茶膳房、果房,前爲正門,繚垣共四十七丈。太宗文皇帝之陵在盛京城西北十里,孝端文皇后祔焉。順治元年尊稱爲昭陵,八年封陵山曰隆業山。寳城高二丈三尺八寸,週長六十一丈。寳頂高二丈,週長三十三丈。月牙城高二丈二尺七寸,週長二十七丈七尺。正中琉璃影壁一座。方城高二丈二尺三寸,週長七十九丈。上有角樓四座。北正中爲明樓,制重檐,内碑一道。樓下爲洞門,門外石五供案一,前爲石柱門二。其前爲隆恩殿,覆黄琉璃瓦,門四窗八,臺高六尺,週長三十六丈四尺二寸,環以石欄。殿内大暖閣一座,設寳牀以奉神御。小暖閣一座,恭奉神牌二。閣前設龍鳳寳座二,福晉椅東西各一,配椅二,五供案一,陳設桌四。殿前礓礤三路,中飾盤龍。東西配殿各三間。西配殿前有焚帛樓一座。又東西配樓各一座。南正中爲隆恩門,檐三重,門前正中礓礤三路,東西爲茶膳房、滌器房。前正中建神功聖德碑亭一座,亭前礓礤三路,左右列石麟、獅、虎、駝、馬各二,東西華表柱亭前亭後各二。四面繚垣,週長四百九十五丈九尺。東西紅門二。南正中爲正紅門,門外東爲更衣亭,西爲省牲亭。饌造房前有齊班房。南正中石牌樓一,石橋一,橋之南左右華表柱二,下馬碑二,石獅二。陵前立仗石馬二,曰大白、小白。週圍界址二千五百六十丈。懿靖大貴妃園寢,在昭陵右,規制與壽康太妃園寢同,繚垣共四十九丈。**三曰宫殿之制**,大政殿在盛京城中,太宗文皇帝聽政御焉。華檐八角,上蓋琉璃瓦,左右列署十。左翊王亭一,右翊王亭一,八旗亭八,列署前左右奏樂亭二。大政殿之西爲大内宫殿,南北袤八十五丈三尺,東西廣三十二丈二尺。正門曰大清門,東西掖門二,左右石獅二,奏樂亭二,坊二,左曰文德,右曰武功。朝房東西各五間,後爲直房十二間。正南照壁一座。正殿曰崇政殿,左右翊門二,殿前之東爲飛龍閣,閣後直房七間,井亭一座,西爲翔鳳閣,閣後直房七間,房南轉角樓九間,偏厦三間。崇政殿直北爲鳳凰樓,樓北爲清寧宫。宫後東西配房各三間。宫之東曰衍慶宫、關雎宫,西曰永福宫、麟趾官。鳳凰樓之前,東爲師善齋，齋南爲日華樓，西爲協中齋，齋南爲霞綺樓。崇政殿東爲頤和殿，殿南中門一間，東西直房各三間，又南正門三間。殿北爲介祉宫，宫後正門三間。門北爲敬典閣。崇政殿西爲迪光殿，殿前東西配殿各三間，其南正門一間，東西各門一，門外東西直房各三間。又南正門一間，左右各門一。殿後爲保極宫，宫之左右前後迴廊十六間，宫後偏西一廊接繼思齋，齋旁東西直房各三間。齋後爲崇謨閣，閣後南嚮房七間。文溯閣在大内宫殿之西，正宇六間，東西游廊二十五間，明樓一座，敞樓五間，南配房十七間，東西南北耳房六間，直房十四間。其東便道内南北耳房四間，直房四間，碑亭一座，宫門三間。文溯閣之北爲仰熙齋，正宇七間，齋後南嚮房九間，耳房一間，東西廡二間。閣之南爲嘉蔭堂，正宇五間，左右耳房二間，轉角房二十六間，後直房二間。四曰城垣之制，盛京城内外甎石高三丈五尺，厚一丈八尺，女牆七尺五寸，週圍九里三百三十二步，四面垛口六百五十一。明樓八座，角樓四座，門八。東嚮者左曰撫近，右曰内治。南嚮者左曰德盛，右曰天佑。西嚮者左曰懷遠，右曰外攘。北嚮者左曰福勝，右曰地載。池廣十四丈五尺，週圍十里二百四步。五曰公廨之制，盛京將軍署，大堂五間，穿堂三間，大門三間，儀門三間，群房六十四間，庫六間，教場五間，堆房十一間。宗室學正房五間，官廳三間，大門一間，群房十八間。覺羅學正房三間，大門一間，群房十三間。盛京户部，大堂三間，穿堂五間，大門三間，儀門一間，農田司堂三間，糧儲司堂二間，經會司堂三間，群房十七間，内倉廳三間，大門一間，堆房一間，厫三十間，通濟倉廳三間，大門一間，堆房一間，厫一百間，太平倉廳一間，大門一間，堆房一間，厫七十間，新倉廳二間，大門一間，堆房一間，厫三十間，草廠廳二間，大門一間，群房二間，銀庫廳三間，大門三間，前樓三間，大樓五間，紙棉庫三間，布庫三間，群房六十三間，庫外官房三十二間。盛京禮部，大堂三間，穿堂五間，大門三間，儀門一間，群房二間，左司堂三間，右司堂三間。三陵果樓六間，群房十六間，左翼官學正房三間，大門一間，群房八間，右翼官學正房四間，大門一間，群房六間，鑾駕庫十一間。福陵、昭陵酒醬麪房十四間。盛京兵部，大堂三間，穿堂三間，大門三間，儀門一間，左司堂三間，右司堂三間，群房十一間。盛京刑部，大堂五間，穿堂五間，大門三間，儀門一間，肅紀前司堂三間，肅紀左司堂三間，肅紀右司堂三間，肅紀後司堂三間，群房十間，贓罰庫三間，提牢廳三間，司獄署七間，監二十間，監外堆房四間，門倉四十間，門樓八間。本部，大堂三間，穿堂五間，大門三間，左司堂四間，右司堂四間，群房十四間，銀庫三間，紙庫三間，顔料庫十六間，鐵庫三間，鉛子庫二間，總麻庫二間，庫外官房十二間。火藥局廳三間，群房十五間，庫十四間，製造庫廳三間，大門一間，群房九間，庫五間，秫稭廠檔房三間。巡察御史署，大堂三間，大門一間，儀門一間，群房十五間。永陵總官署三間，關防署三間，碾房三間，牛羊館三十一間，麪房六間，酒房六間，油房三間，醬房三間，粉房三間。福陵總管署六間，堆房十二間。關防署九間，乳牛館十間。昭陵總管署四間，關防署四間，乳牛館八間。盛京内務府黑牛館，廳二間，群房三十六間，乳牛館廳一間，群房七間。興京倉十五間，開原倉二十五間，錦州倉六十五間，寧遠倉二十間,廣寧倉三十間,義州倉二十五間,遼陽倉四十間,牛莊倉五十間,蓋州倉三十間,熊岳倉二十間,金州倉十五間,復州倉十六間,岫巖倉二十一間,鳳凰城倉十七間。噶布喇村沙喇呼穆齊三驛、龍亭各三間,旅順汛炮臺三座,火藥局一間,堆房三間。六曰祠宇之制。景佑宫,正殿三間,左右配廡各三間,後殿三間,大門三,間左右儀門二間,耳房六間。實勝寺,正殿五間,左右經堂各三間,東西配殿各三間,碑亭二座,天王殿三間,鐘鼓樓二座,大門三間,東西牌樓二座,禪堂僧房三十四間。長寧寺,正殿三間,東西配殿各三間,碑亭一座,大門三間,晾經樓五間,禪堂僧房三十間,嘛哈噶喇廟樓一座,經堂三間,禪堂僧房十九間。萬壽寺,正殿五間,東西配廡各三間,經樓五間,左右配房各三間,碑亭一座,左右耳房六間,大門三間,鐘鼓樓三間,東西耳房各一間。舍利寺,正殿三間,東西配廡各三間,韋馱殿一間,經堂三間,垂花門三間,大門三間。東塔寺,正殿五間,碑亭二座,天王殿三間,鐘鼓樓二座,大門三間,寺東寶塔一座,禪堂僧房二十四間。西塔寺,正殿五間,經堂三間,碑亭二座,天王殿三間,鐘鼓樓二座,寺西寶塔一座,山門三間,晾經樓一間,禪堂僧房三十間。南塔寺,正殿五間,碑亭二座,天王殿三間,鐘鼓樓二座,寺南寶塔一座,山門三間,晾經樓三間,禪堂僧房三十六間。北塔寺,正殿五間,碑亭二座,東西配殿各三間,天王殿三間,鐘鼓樓二座,寺北寶塔一座,山門三間,晾經樓一間,禪堂僧房二十四間。關帝廟,正殿三間,東西配廡各三間,大門三間。都城隍廟,正殿五間,左右配廡各三間,耳房六間,大門三間。興京顯佑宫,正殿三間,後殿三間,配殿六間,大門三間。地藏寺,正殿五間,大佛殿五間,左右配廡各三間,又左右殿各五間,韋馱殿三間,大門三間,耳房三間,鐘鼓樓各一座。凡營作,所司以達於部而會估,凡物料銀二百兩以上,工價銀五十兩以上者,係由各該衙門題明。工料銀數五百兩以上者,由各該衙門奏明,准修之日,俱由本部題估會修。其物料銀二百兩以内,工價銀五十兩以内,歸入歲修工程辦理。乃視其工之大小而爲之程限。凡工程定限,按銀數多寡。工料銀二百兩以内者,定限一月。五百兩以内者,定限兩月。一千兩至二千兩以内者,定限三月。三千兩至五千兩以内者,定限四月。如五千以外,多估至三千兩以上者,按所估總數,每三千兩加限一月。俱令按限如式完工。及竣,則題銷。凡題奏工程,工竣隨時具題。歲修工程,次年夏季彙總具題。俱由京師工部覈銷。

〇凡陵工,採石、畚土、燔灰,皆有定所,永陵工程,採石於香鑪山張家口,取土於東一里外。福陵工程,採石於義州南山香鑪山流泉湖屯,取土於西五里外。昭陵工程,採石於遼陽州水峪山場,取土於西四里外。凡三陵需用灰斤,奏准於大礶子山場。東北距永陵二百七十里,中隔蘇子河,西北距福陵一百二十里,距昭陵一百四十里,中均隔渾河,無關風水之地,設立窰座燒灰供用。樹椿以爲界,而申其禁。永陵週圍設紅椿木七十四,各長一丈,徑二尺。距紅椿二十丈外,設白椿木六十四。距白椿十里外,設青椿木三十六,均長一丈,徑一尺。隨青椿四面各設界牌,東至加爾虎溝，西至楊家臺，南至哈爾山，北至護山北嶺。福陵週圍設紅樁木二百七十一。距紅樁十餘丈外，設白樁木二百六十一，均長九尺，徑八寸。距白樁十里外，設青樁木三十六。隨青樁四面各設界牌，東至興隆舖，西至西毛軍屯，南至三家村，北至長嶺。昭陵週圍設紅樁木一百二十八。距紅樁十餘丈外，設白樁木九十。距白樁十里外，設青樁木三十六，均長九尺，徑六七寸不等。隨青樁四面各設界牌，東至二台子村，西至小寒羊屯，南至保安寺村，北至台子。凡白樁之内，禁樵採耕牧；青樁之内，禁設窰燒灰。清明增土於寶頂，則供其物。每歲清明，各陵增土一擔，承祭官祗跪上土於寶頂，其土由本部備辦。

堂主事，滿洲二人，掌檔案文移。

左司郎中，滿洲一人，員外郎，滿洲三人，主事，滿洲一人，掌分理營作之事。太廟、堂子、社稷壇、先農壇、大政殿、先師廟、景佑宫、實勝寺、萬壽寺、舍利寺、東塔寺、南塔寺、關帝廟、都城隍廟、渾河神廟、遼河神廟、北鎮廟、本部署、禮部署、左翼官學、右翼官學、黑牛館、乳牛館、錦州寧遠廣寧義州各旗倉，所有工程俱係左司辦理。治其木税。

○凡採木山場二十有二。興京之界其場九，興京界内小那录山場，東至風折樹溝十里，西至九道河十里，南至小紅樹溝七里，北至舊邊溝十里，週圍三十七里。梨樹溝山場，東至木頭河二十里，西至對頭石礶子五十里，南至洛陽溝六里，北至舊邊溝十二里，週圍八十八里。大那录西南岔山場，東至本溝掌十里，西至蘇兒河二十里，南至東土門十里，北至船溝四里，週圍四十一里。大那录東南岔山場，東至滚馬嶺十里，西至蕪兒河四十里，南至本溝掌五里，北至細腰嶺十五里，週圍七十里。東昌溝山場，東至四道河十里，西至趙鴨子溝八里，南至烏湖陽十五里，北至紅石山礶子五里，週圍三十八里。木奇台溝山場，東至黑磨後溝十五里，西至木奇後溝十五里，南至大河十五里，北至老嶺十里，週圍五十五里。鶯窩背山場，東至廟兒嶺八里，西至揪木嶺五里，南至舊邊十里，北至汪清河二十里，週圍四十三里。小夾河山場，東至短溝十八里，西至舊邊七里，南至轉鄉湖三十里，北至麻子溝三十里，週圍八十五里。那爾吽山場，東至峰堆二十里，西至舊邊十五里，南至營房溝二十里，北至大呼狼十五里，週圍七十里。開原之界其場三，開原界内，英額河礶子大石頭山場，東至磬兒嶺十里，西至猴兒石十里，南至二道河十五里，北至溝口三里，週圍三十八里。轉鄉河山場，東至破槽子溝十五里，西至貓兒嶺五里，南至大嶺十里，北至大河三里，週圍三十三里。夾礶子溝山場，東至二道溝七里，西至三道溝三里，南至礶子溝三里，北至朝陽溝五里，週圍十八里。鳳凰城之界其場六，鳳凰城界内，焦家峪帽盔山山場，東至雙岔溝十五里，西至廟兒嶺十五里，南至石頭城二十里，北至清涼山十五里，週圍七十里。套岫峪山場，東至大山十五里，西至白永寺溝十五里，南至弟兄山十五里，北至溝掌五里，週圍五十里。安陽車頭峪大西湖三道溝山場，東至佟家窩棚十五里，西至草河十里,南至宣羊嶺十里,北至分水嶺五里,週圍四十里。松樹嘴山場,東至台子山十一里,西至豹子山十三里,南至艾河屯九里,北至草河十五里,週圍四十八里。鐵鍋峪山場,東至新邊二十里,西至舊邊十里,南至帽盔山二十里,北至大羅漢溝三十里,週圍八十里。大石湖山場,東至車轂峪十里,西至狹獃峪二十里,南至梨樹甸子二十里,北至獾子峪十五里,週圍六十五里。岫巖之界其場二,岫巖界内岔溝山場,東至轉鄉湖十里,西至礁子山前十二里,南至雞冠山十八里,北至黑山前二十五里,週圍六十五里。一面山山場,東至洋河二十五里,西至紅嶺二十五里,南至斗溝二十五里,北至靰鞡撒袋二十五里,週圍一百里。遼陽之界其場二。遼陽界内亂石溝山場,東至大河二十里,西至黑山十里,南至大嶺八里,北至滑皮嶺十里,週圍四十八里。白石山礁子山場,東至秦椒溝二十五里,西至響水峪七里,南至黑山十里,北至廟兒嶺五里,週圍四十七里。若商,若臺丁,皆與以部照而徵其税。山場二十二處,内惟興京之梨樹溝小夾河那爾吽,開原之英額河礁子大石頭四處,係臺丁承領,餘俱商人承領,俱由本部會同將軍衙門發給承領砍木照票,計商人票十八張,臺丁票四張。所運木植,每十五根抽分一根,内有折徵銀者,共計渾河口歲徵銀七百八十八兩有奇,抽分充公木植一萬一千八百件有奇,遼陽税口歲徵銀一千六十三兩有奇,抽分充公木植四千二百七十件有奇,鳳凰城税口歲徵銀七十三兩有奇,抽分充公木植一百六十件有奇,岫巖税口歲徵銀二十四兩有奇,無抽分充公木植,開原税口歲徵銀十兩有奇,抽分充公木植八十件有奇。每年完課後,限該商人臺丁於本年九月内將舊照繳回,另行换給新票,仍收舊票,年終彙咨京師工部存查。

○凡舟,以時葺其敝者。遼河、渾河、長興島、拉木倫、清河、柴河、葉河等處船隻,遇應修造,俱由左司覈估。供圍場之車馬。盛京將軍衙門圍場車馬,由左司應付。

四品官,滿洲一人,職掌由左司覈辦。掌永陵塼埴之工。屬下設有窰匠四名,瓦匠六名,豫備燒造永陵甎瓦。又外郎一名,領催七名,聽事人七名,千丁一千三百五十名,供應差務。

六品官,滿洲一人,職掌由左司覈辦。掌供三陵之物役。屬下設有外郎二名,領催六名,又瓦匠、石匠、鐵匠、木匠、油漆匠、畫匠、裁縫匠、繩匠、搭材匠、裱匠、雕鑾匠、鎖頭匠、篩羅匠、鑪頭匠、染匠、銅匠、鼓匠、楂匠、縫皮匠、紮皮匠、熟羊皮匠、熏底皮匠、錫匠,又由王公門下撥應瓦匠、木匠、油漆匠、畫匠、撚絲匠、鍍匠、錁子匠、染紙匠、花瓶匠、裁縫匠、聽事撥什庫,共匠役三百五十五名,又壯丁八百八十一名,俱豫備陵寢差務。

右司郎中,滿洲一人,員外郎,滿洲二人,主事,滿洲一人,掌分理營作之事。顯佑宫、長寧寺、地藏寺、西塔寺、北塔寺、大内宫殿、文溯閣、盛京將軍署、户部兵部刑部内務府署、宗室覺羅學、教場演武廳、通濟倉、太平倉、新倉、内倉、興京、遼陽、開原、牛莊、蓋州、熊岳、復州、鳳凰城、金州、岫巖等處旗倉，及一切城垣工程，俱由右司覈辦。治其葦税。

〇凡葦，以供織席，若折銀，則徵而致諸庫。葦塘在牛莊界内三道潮溝等地方，共五十九處，應收葦二百三十萬一千二百束有奇，定例二八抽分，計歲徵葦曰十六萬二百四十束有奇，内除三萬八百四十束，照例撥給五品官每年供應三陵及各處編織席片，餘每束折銀五釐，計歲徵銀二千一百四十七兩有奇。解交本部銀庫，歸入歲修項下動用。

〇凡染紙，辨其色之宜。每年三陵供備需用紫佛都高麗紙，及黄色紅色花色紙張。壽康太妃、懿靖大貴妃園寢，需用金銀錁子，本部專設顔料庫染造，由右司覈辦，歲用黄丹五十七斤有奇，白礬八十四斤有奇，蘇木二百二斤有奇，槐子一百六十一斤有奇。察火藥庫之製造。本部設火藥庫，豫備盛京本城外城操演，及黑龍江等處所用火藥鉛子，其碾造火藥，打造捻繩，皆由右司承辦。供其薪藁。陵寢各處需用秫稭，本部設秫稭廠監督一員，由庫領銀採買。永陵、福陵、壽康太妃園寢直宿房，歲給二千三百四十束。昭陵直宿房，歲給一萬九百二十束。懿靖大貴妃園寢直宿房，歲給一千五百六十束。守顯佑宫道士，每名歲給二百束。各衙門執事人、廚役、匠役、牧牛羊人，每名歲給三百六十束。盛京禮部整治果品，自京師發來匠役，均月給二十束。公侯伯日給二十束。都統十七束。副都統、侍郎十四束。參領郎中十束。騎都尉、員外郎七束。雲騎尉、驍騎校、護軍校、主事六束。七品八品筆帖式五束。護軍領催三束。披甲二束。從人等合爨日三束。内務府採蜜人十人合爨日四束。赫哲費雅喀往京娶婦，及送貂皮領取修船物料官役住宿協領日八束。佐領七束。防禦六束。驍騎校五束。筆帖式四束。領催三束。外郎兵匠每人日三束。從役十人二束。給發黑龍江等處領取修船物料官役，同朝鮮貢使及謝恩領時憲若官役住宿，正副使每人日七束。書狀官五束。大通官三束。從役十人三束。馬十匹二束。俱由右司給發，年終造册覈銷。

四品官，滿洲一人，職掌由右司覈辦。掌埴黄瓦。屬下設有外郎一名，領催六名，黄瓦窰匠四名，塑匠十六名，甋瓦匠四名，鉛匠二名，木匠一名，鐵匠二名，席匠二名，灰匠二名，千丁一千十八名。其黄瓦窰在牛莊析木城，豫備陵寢等處燒造黄瓦，所用土石，皆在本窰附近之處採取。

六品官，滿洲一人，掌大政殿之氾埽。屬下設領催一名，拔草壯丁六名。

銀庫司庫，滿洲二人，掌工帑之藏。歲修工料銀，每年行知京師工部題准興修，轉行京師户部發給無定額，並本部徵收葦税估變木植等銀，又千丁歲應交甎瓦土坯六十萬有奇，折徵銀五百八十四兩，俱存庫備用。

筆帖式，滿洲十有六人、漢軍一人，掌翻譯。

欽定大清會典卷四十九

理藩院，尚書，滿洲一人，左侍郎，滿洲一人，右侍郎，滿洲一人，額外侍郎，蒙古一人，額外侍郎，以蒙古貝勒貝子之賢能者任之。掌外藩之政令。制其爵禄，定其朝會，正其刑罰，尚書、侍郎率其屬以定議。大事上之，小事則行，以布國之威德。

○乃經其游牧之治。大漠以南曰内蒙古，部二十有四，爲旗四十有九。科爾沁部六旗，曰左翼中旗、左翼前旗、左翼後旗、右翼中旗、右翼前旗、右翼後旗。扎賚特部一旗。杜爾伯特部一旗。郭爾羅斯部二旗，曰前旗、後旗。敖漢部一旗。柰曼部一旗。巴林部二旗，曰左翼旗、右翼旗。扎嚕特部二旗，曰左翼旗、右翼旗。阿嚕科爾沁部一旗。翁牛特部二旗，曰左翼旗、右翼旗。克什克騰部一旗。喀爾喀左翼部一旗。喀喇沁部三旗，曰中旗、左翼旗、右翼旗。土默特部二旗，曰左翼旗、右翼旗。烏珠穆沁部二旗，曰左翼旗、右翼旗。浩齊特部二旗，曰左翼旗、右翼旗。蘇尼特部二旗，曰左翼旗、右翼旗。阿巴噶部二旗，曰左翼旗、右翼旗。阿巴哈納爾部二旗，曰左翼旗、右翼旗。四子部落部一旗。茂明安部一旗。烏喇特部三旗，曰中旗、前旗、後旗。喀爾喀右翼部一旗。鄂爾多斯部七旗，曰左翼、中旗、左翼前旗、左翼後旗、右翼中旗、右翼前旗、右翼後旗、右翼前末旗。凡四十九旗，東起杜爾伯特旗，當嫩江東岸，在齊齊哈爾城之東南，呼蘭城之西，扎薩克所居，曰圖布森錫呼圖，其南爲郭爾羅斯後旗，當混同江北岸，扎薩克所居，曰榛子嶺。杜爾伯特隔嫩江而西，爲扎賚特旗。在齊齊哈爾城之西南，扎薩克所居，曰圖布森察漢錫里。扎賚特之南爲郭爾羅斯前旗，當嫩江與松花江相合之西岸，在吉林伊通邊門外長春廳之西，扎薩克所居，曰固爾班篤洛噶。扎賚特之西爲科爾沁右翼後旗，跨陀喇河，扎薩克所居，曰額木圖錫里。其西爲科爾沁右翼前旗，當索岳爾濟山之南，陀喇河歸喇里河於是合流，扎薩克所居，曰翁衮山。其西爲科爾沁右翼中旗，哈古勒河於是合阿魯坤都倫河流入於沙，扎薩克所居在巴彦和碩山之南，曰塔克禪。由郭爾羅斯前旗之西南赫爾蘇邊門外昌圖廳斜互至科爾沁右翼之西爲科爾沁左翼中旗，跨東西二遼河，扎薩克所居在西遼河之北，曰唐哈里克。其南爲科爾沁左翼後旗，當法庫邊門外東西二遼河於是合流，扎薩克所居，曰濟爾哈朗圖。其西爲科爾沁左翼前旗，當法庫邊門外西北養息牧牧場東，扎薩克所居，曰鄂勒濟布里特。科爾沁右翼之西爲扎嚕特二旗，同游牧。當哈古勒河阿魯坤都倫河之源，達布蘇圖河於是流入於沙，左翼扎薩克所居在奇勒巴爾哈爾罕山之南，右翼扎薩克所居在布顔河之東。其西爲阿嚕科爾沁旗，哈奇爾河傲木倫河綽諾河於是合流爲達布蘇圖河，扎薩克所居，曰托果木台。其西爲巴林二旗，同游牧。當潢河之北岸，扎薩克所居在濟爾哈朗圖河之北。又西爲克什克騰旗，在圍場之北當潢河源，扎薩克所居曰空格爾河。阿嚕科爾沁之南爲柰曼旗，當潢河老河合流之南岸，扎薩克所居曰庫賴。其東南爲喀爾喀左翼旗，當養息牧河源，扎薩克所居曰察漢和碩。柰曼之西爲翁牛特左翼旗，介潢河老河之間，扎薩克所居曰綽克温都爾。其南爲敖漢旗，跨老河，扎薩克所居曰温克圖什勒格。翁牛特左翼之西爲翁牛特右翼旗，在圍場之東北，當老河北岸，扎薩克所居曰庫里雅圖。柰曼之南爲錫哷圖庫倫喇嘛游牧，其西爲附於土默特左翼旗，喀爾喀貝勒游牧。錫哷圖庫倫之南爲土默特左翼旗，在養息牧牧場之西，扎薩克所居曰烏蘭陀羅海。其西爲土默特右翼旗，當九關臺新臺邊門之外，跨傲木倫河，扎薩克所居曰黑城子。其西爲喀喇沁左翼旗，當傲木倫河源，扎薩克所居曰巴彦察漢山。其西爲喀喇沁中旗，當老河源，扎薩克所居曰珠布格朗圖巴彦喀喇山。喀喇沁左翼旗中旗之北爲喀喇沁右翼旗，在圍場東，跨老河，其北與翁牛特接，扎薩克所居在錫伯河之西。科爾沁右翼中旗之西北爲烏珠穆沁左翼旗，當索岳爾濟山之西，有鄂爾虎河繞其游牧，匯於和里圖諾爾，南與扎嚕特接，扎薩克所居在鄂爾虎河之側。其西爲烏珠穆沁右翼旗，游牧内有英吉漢河流入於沙，有巴魯古爾河瀦於阿達克諾爾，南與巴林接，扎薩克所居曰巴彦鄂博圖。其西爲浩齊特左翼旗，游牧内有大小吉里河，扎薩克所居在吉里河東岸曰噶亥。其西爲浩齊特右翼旗，錫林河至是流入於沙，扎薩克所居曰巴彦恩克鄂勒虎陀落。其西爲阿巴噶左翼、阿巴哈納爾左翼二旗同游牧環錫林河，阿巴噶左翼扎薩克所居在錫林河西曰塔布桑山，阿巴哈納爾左翼扎薩克所居曰阿爾噶靈圖山。自浩齊特左翼至此，南皆與克什克騰接。自烏珠穆沁左翼至此，北皆與喀爾喀車臣汗部接。其西爲阿巴哈納爾右翼旗，有達里岡愛諾爾，魁屯河瑚郭蘇台河瀦焉，扎薩克所居曰孟克烏達山。其西爲阿巴噶右翼旗，有庫爾察漢諾爾，固爾班烏斯克河瀦焉，扎薩克所居曰孟古勒陀羅海。其西爲蘇尼特左翼旗，有固爾班烏斯克河，扎薩克所居曰察漢諾爾巴彦諾爾。自阿巴哈納爾至此，北皆與達里岡愛牧場接。其西爲蘇尼特右翼旗，扎薩克所居曰阿勒塔圖。其西爲四子部落旗，有錫喇察漢諾爾，錫喇木倫河瀦焉，扎薩克所居曰鄂勒哲滿達賴。自阿巴哈納爾右翼旗至此，南皆與察哈爾游牧接。其北爲喀爾喀右翼旗，有愛布哈河、塔爾渾河合流瀦於阿勒坦托輝諾爾，扎薩克所居曰巴彦鄂博河。其西爲茂明安旗，當愛布哈河源，扎薩克所居曰巴彦察漢鄂博。自阿巴哈納爾至此，北皆與喀爾喀土謝圖汗部接。四子部落西，茂明安南，皆與歸化城土默特接。其西爲烏喇特三旗同游牧，當河套之北岸，在噶扎爾山之南，三扎薩克同居曰哈達瑪爾。其南爲鄂爾多斯七旗，在河套内，東西北三面距黄河，南接陜西邊，西南接甘肅邊，其七旗游牧，東南爲左翼前旗，扎薩克所居曰扎拉谷,東北爲左翼後旗,扎薩克所居曰巴爾哈遜,正中近東爲左翼中旗,扎薩克所居曰鄂錫喜,西南爲右翼前旗,扎薩克所居曰巴哈諾爾,西北爲右翼後旗,扎薩克所居曰鄂爾吉虎諾爾,正西近南爲右翼中旗,扎薩克所居曰錫喇布里多諾爾,依右翼前旗爲右翼前末旗。逾大漠曰外蒙古,喀爾喀部四,附以二,爲旗八十有六。土謝圖汗部二十旗,曰土謝圖汗旗、中旗、中左旗、中右旗、中次旗、中右末旗、中左翼末旗、左翼中旗、左翼中左旗、左翼前旗、左翼後旗、左翼末旗、左翼左中末旗、左翼右末旗、右翼左旗、右翼右旗、右翼左後旗、右翼左末旗、右翼右末旗、右翼右末次旗。三音諾顔部二十二旗,曰三音諾顔旗、中左旗、中右旗、中前旗、中後旗、中末旗、中左末旗、中後末旗、中右翼末旗、左翼中旗、左翼左旗、左翼右旗、左翼左末旗、右翼中左旗、右翼中右旗、右翼中末旗、右翼前旗、右翼後旗、右翼末旗、右翼左末旗、右翼右後旗、右末旗。車臣汗部二十三旗,曰車臣汗旗、中左旗、中右旗、中前旗、中後旗、中末旗、中左前旗、中右後旗、中末右旗、中末次旗、左翼中旗、左翼左旗、左翼右旗、左翼前旗、左翼後旗、左翼後末旗、右翼中旗、右翼中左旗、右翼中右旗、右翼中前旗、右翼左旗、右翼前旗、右翼後旗。扎薩克圖汗部十八旗,曰扎薩克圖汗兼管右翼左旗、中左翼左旗、中左翼右旗、中左翼末旗、中右翼左旗、中右翼末旗、中右翼末次旗、左翼中旗、左翼左旗、左翼右旗、左翼前旗、左翼後旗、左翼後末旗、右翼右旗、右翼前旗、右翼後旗、右翼右末旗、右翼後末旗。額魯特部二旗,曰額魯特旗、額魯特前旗,附於三音諾。顔部輝特部一旗,附於扎薩克圖汗部。凡八十六旗,東起車臣汗部左翼前旗,當索岳爾濟山北,依喀爾喀河,東與黑龍江索倫巴爾呼接,西與内扎薩克烏珠穆沁左翼旗接。其北爲車臣汗部中右旗,喀爾喀河於是瀦於貝爾諾爾,東與北皆與黑龍江索倫巴爾呼接。其西爲車臣汗部左翼後末旗。左翼後末旗之南爲車臣汗部右翼後旗,東與内扎薩克烏珠穆沁左翼旗接,南與内扎薩克烏珠穆沁右翼旗,浩齊特左翼旗、右翼旗,阿巴噶阿巴哈納爾兩左翼旗接,西與達里岡愛牧場接。左翼後末旗之北爲車臣汗部中前旗,跨喀魯倫河,東與索倫巴爾呼接,北至卡倫與俄羅斯爲界。其西爲車臣汗部中左前旗,其西爲車臣汗部左翼左旗,皆跨喀魯倫河,北至卡倫與俄羅斯爲界。左翼後末旗之西爲車臣汗部左翼後旗,南與達里岡愛牧場接。左翼左旗、左翼後旗之西爲車臣汗部中左旗,中左旗之北爲車臣汗部左翼中旗,在科勒蘇河之東,跨喀魯倫河,北至卡倫與俄羅斯爲界。其西爲車臣汗部左翼右旗、中末次旗,左翼右旗跨喀魯倫河,中末次旗在其北。左翼右旗之西,爲車臣汗部右翼左旗。其西爲車臣汗旗,皆跨喀魯倫河。車臣汗旗之北,爲車臣汗部右翼前旗、右翼中左旗。右翼中左旗在右翼前旗之南,中末次旗、車臣汗旗、右翼前旗之北,爲車臣汗部中後旗,跨敖嫩河。車臣汗旗、右翼中左旗之西,爲車臣汗部右翼中前旗,當喀魯倫河曲處,有拖陵山,聖祖仁皇帝親征噶爾丹,於是勒銘焉。其北爲車臣汗部中右後旗,在肯特山之東,當喀魯倫敖嫩二河源,北與土謝圖汗部右翼左末旗接。左翼後旗、中左旗之西爲車臣汗部中末右旗,北與左翼右旗、右翼左旗、車臣汗旗接,東南與達里岡愛牧場接,南與土謝圖汗部左翼中旗接。中末右旗之西爲車臣汗部中末旗，南與土謝圖江部左翼中旗接。中末旗右翼，中前旗之西，爲車臣汗部右翼中右旗。中末旗右翼，中右旗之西，爲車臣汗部右翼中旗，北與士謝圖汗部中旗接，西與土謝圖汗部左翼右末旗接，西南與士謝圖汗部左翼末旗接。其南爲土謝圖汗部左翼中旗，當阿爾泰軍臺之所經，東南與達里岡愛牧場接，南與内扎薩克蘇尼特左翼旗、右翼旗、四子部落旗接。其游牧近東南圈出一小游牧，爲土謝圖汗部中次旗，其北爲土謝圖汗部左翼末旗、左翼中左旗，左翼末旗當阿爾泰軍臺之東，左翼中左旗當阿爾泰軍臺之西。左翼末旗之北爲土謝圖汗部左翼右末旗，當阿爾泰軍臺之東，達庫倫之驛，於是分道。其北爲土謝圖汗部中旗、中右末旗、中右旗、左翼左中末旗。中旗在肯特山之西南，汗山峙其境，當土拉河源汗山之北，是爲庫倫。土拉河之東，喀魯倫河之西，有東庫倫，其地曰昭莫多。中右末旗在中旗之西，跨土拉河。中右旗又在中右末旗之西，當土拉河曲處。左翼左中末旗又在中右旗之西，當喀魯哈河源。中右旗之西北，爲土謝圖汗部中左旗。中左旗左翼，左中末旗之西，爲土謝圖汗旗，在杭愛山之東，跨鄂爾坤喀魯哈二河，有西庫倫。中旗之北，爲土謝圖汗部右翼左末旗、右翼右末旗。右翼左末旗，包右翼右末旗之東北，右翼左末旗有温泉伊遜河哈拉河，右翼右末旗當哈拉河源。右翼左末旗之北，爲土謝圖汗部中左翼末旗、右翼右末次旗。中左翼末旗，當鄂爾坤河、色楞格河合流，北至卡倫與俄羅斯爲界，自庫倫有驛經右翼右末旗、右翼左末旗，至是達於恰克圖，爲通俄羅斯互市之道。右翼右末次旗在其西，跨鄂爾坤河色楞格河。其西爲土謝圖汗部右翼左旗，跨色楞格河。土拉河於是合於鄂爾坤河。自右翼右末次旗至是，皆北至卡倫與俄羅斯爲界。其西爲土謝圖汗旗下古羅格沁人游牧，其西與三音諾顔部中末旗接。右翼左旗之南爲土謝圖汗部右翼左後旗、左翼前旗。右翼左後旗當土拉河、喀魯哈河合流，南與中右旗接。左翼前旗跨喀魯哈河，南與中左旗、土謝圖汗旗接，西與三音諾顔部左翼中旗、額魯特前旗接。土謝圖汗旗之西南，爲土謝圖汗部右翼右旗，南與三音諾顔部右翼中左旗接。左翼中旗之西爲土謝圖汗部左翼後旗，當阿爾泰軍臺之所經，翁金河至是瀦於胡爾哈鄂倫諾爾，其游牧自東北斜互至於西南，南與内扎薩克喀爾喀右翼旗、烏喇特三旗接，西北與三音諾顔部中前旗、右翼左末旗、右翼中左旗接，西與三音諾顔部左翼右旗接。土謝圖汗旗及右翼右旗之西，爲三音諾顔部額魯特旗，跨濟爾瑪台河鄂爾坤河。其北爲三音諾顔部額魯特前旗，當塔米爾河北岸。額魯特前旗之西，爲三音諾顔部左翼左末旗，跨塔米爾河、胡努伊河，其北爲三音諾顔部右翼前旗。胡努伊河至是合於哈綏河，其北爲三音諾顔部左翼中旗，跨哈綏河，其北爲三音諾顔部中末旗。哈綏河至是合於色楞格河，東北至卡倫，與俄羅斯爲界。額魯特旗之西，爲三音諾顔部中前旗，跨濟爾瑪台河、鄂爾坤河、翁金河。中前旗之西，爲三音諾顔部右翼左末旗，其西爲三音諾顔部右翼中左旗，皆跨翁金河。其西爲三音諾顔旗，當鄂爾坤河源，有塔楚河出其游牧流入於沙。其西爲額爾德尼班第達呼圖克圖游牧，推河至是瀦於鄂羅克諾爾。其西爲三音諾顔部中右旗，當推河源。其西爲三音諾顔部右翼中末旗,拜塔里克河之東支至是瀦於察漢諾爾。其西爲三音諾顔部右翼末旗,墨特河至是合於拜塔里克河。拜塔里克河復分爲東西二支,其西爲青蘇珠克圖諾們罕游牧,有察漢齊齊爾里克河。拜塔里克河之西支至是諸於綳案漢諾爾,其西爲三音諾顔部右翼右後旗,當拜塔里克河源,西與扎薩克圖汗部右翼右旗、左翼後旗接。右翼右後旗之西北爲三音諾顔部左翼左旗,當扎布噶河源,其西北爲三音諾顔部中後旗,有布爾噶蘇台河合於扎布噶河。其西北爲烏里雅蘇台軍營城。自中前旗迤邐而西北,歷右翼左末旗、右翼中左旗、三音諾顔旗額爾德尼班第達呼圖克圖游牧、中右旗、右翼中末旗、右翼末旗、青蘇珠克圖諾們罕游牧、右翼右後旗、右翼左旗、中後旗,皆阿爾泰軍臺之所經。三音諾顔旗之北,爲三音諾顔部右翼中右旗、中右翼末旗。右翼中右旗在中右翼末旗之東,當濟爾瑪台河源。中右翼末旗,當塔米爾河南岸。三音諾顔旗之南,爲三音諾顔部左翼右旗,南與内扎薩克烏喇特三旗接,西爲大戈壁。中後旗之西南,爲那魯班禪呼圖克圖游牧,跨扎布噶河,西與扎薩克圖汗部左翼中旗、右翼後旗接。左翼左末旗、右翼前旗之西南,爲扎牙班第達呼圖克圖游牧,跨塔米爾河、哈綏河,南與右翼中右旗、中右翼末旗接。其西爲三音諾顔部中左末旗,當塔米爾哈綏齊老圖三河源。左翼中旗之西爲三音諾顔部右翼後旗,當哈綏河北岸色楞格河南岸,北與扎薩克圖汗部中左翼後旗接。其西爲三音諾顔部中後末旗,跨齊老圖河。其西爲三音諾顔部中左旗,有特爾克河、伊第爾河合於齊老圖河,爲色楞格河,北與扎薩克圖汗部中左翼右旗接。其西爲三音諾顔部右末旗,當伊第爾河源,北與扎薩克圖汗部中右翼末次旗接。中末旗之北爲扎薩克圖汗部中左翼末旗,當德勒格爾河東岸。其西爲扎薩克圖汗部右翼右末旗,當德勒格爾河西岸,桑錦達賴之東。其西南爲扎薩克圖汗部中左翼右旗,在桑錦達賴之南。其北爲扎薩克圖汗部中左翼左旗,在桑錦達賴之北,當特斯河源,北與唐努烏梁海旗接。其西爲扎薩克圖汗部左翼前旗、左翼後末旗同游牧,在奇勒稽思諾爾之東。其南爲扎薩克圖汗部左翼左旗,在奇勒稽思諾爾愛拉克諾爾之南,跨空歸河,西北與科布多所屬杜爾伯特左翼旗接。其南爲扎薩克圖汗部中右翼末次旗,有特們諾爾委衮諾爾。中右翼末次旗、左翼左旗,南皆與烏里雅蘇台軍營城接。左翼左旗之西爲扎薩克圖汗部左翼右旗,在都爾根諾爾之南,北與科布多所屬扎哈沁旗接,其西爲扎薩克圖汗部中右翼左旗,西北皆與科布多所屬扎哈沁旗接。烏里雅蘇台軍營城之西,爲扎薩克圖汗部左翼中旗、右翼後旗同游牧,當扎布噶河西岸。其南爲扎薩克圖汗旗,有博格爾諾爾,其西爲扎薩克圖汗部右翼前旗。扎薩克圖汗旗之南,爲扎薩克圖汗部右翼右旗。右翼前旗之南爲扎薩克圖汗部左翼後旗。扎薩克圖汗旗東北,爲扎薩克圖汗部輝特旗,當濟爾哈河東岸。其西北爲扎薩克圖汗部中右翼末旗,濟爾哈河至是瀦於察漢諾爾。其西爲扎薩克圖汗部右翼後末旗,北與科布多所屬扎哈沁旗接。自左翼後旗相連而西,歷右翼前旗、右翼後末旗,其西南皆大戈壁,逾戈壁與西套額魯特旗額濟納土爾扈特旗哈密巴里坤接。環青海而居者曰青海蒙古,部五,爲旗二十有九。青海和碩特部二十一旗,曰前頭旗、東上旗、西前旗、西後旗、北前旗、北左末旗、北右末旗、前左翼頭旗、西左翼後旗、西右翼中旗、西右翼前旗、西右翼後旗、南左翼中旗、南左翼次旗、南左翼後旗、南左翼末旗、南右翼中旗、南右翼後旗、南右翼末旗、北左翼旗、北右翼旗。青海綽囉斯部二旗，曰南右翼頭旗、北中旗。青海輝特部一旗，曰南旗。青海土爾扈特部四旗，曰南中旗、南前旗、南後旗、西旗。青海喀爾喀部一旗，曰南右翼旗。凡二十九旗，東起和碩特南左翼末旗，當博羅冲克克河源，南與東，與西寧邊外地接，其西爲和碩特東上旗，在青海東北岸。其西爲和碩特北右翼旗，在青海北岸。其西爲綽囉斯北中旗，在青海西北岸。東上旗之南，爲和碩特南右翼後旗，在青海東岸，南與西寧邊外地接，有世宗憲皇帝聖製碑。其西南爲綽囉斯南右翼頭旗，在青海之東南岸。其西爲喀爾喀南右翼旗，在青海之南岸。其西爲和碩特南左翼後旗，在青海之西南岸。其西北爲和碩特北前旗，在青海之西岸，北逾布喀河與綽羅斯北中旗接。北前旗之西，爲和碩特北左末旗，其西爲和碩特西前旗，皆在布喀河南岸。東上旗之北，爲和碩特前左翼頭旗，在大通河南岸。其東北爲和碩特西右翼前旗，在大通河北岸。前左翼頭旗、西右翼前旗北，皆與凉州邊外地接。前左翼頭旗之西北，與甘州邊外地接。西右翼前旗之東，與西寧邊外地接。西前旗之西南，爲班禪額爾德尼商上堪布牧場。其西爲和碩特西左翼後旗，其西爲和碩特西右翼後旗，其西爲和碩特西右翼中旗。自西左翼後旗至是，皆跨柴達木河，南皆與西寧所屬土司境接。西左翼後旗之北，爲和碩特北右末旗，在喀布河源沙爾諾爾之西，其西爲和碩特北左翼旗，皆北與肅州邊外地接。南右翼後旗之東南逾大道，爲輝特南旗，當巴彦諾爾之南。其西爲和碩特南右翼末旗，在黄河北岸，有西尼諾爾。其西爲達賴喇嘛商上堪布牧場。其西爲和碩特南左翼次旗，有鹽池。其西爲和碩特西後旗，跨柴集河，其水注於鹽池。其南爲土爾扈特南中旗。南中旗之西爲土爾扈特南後旗。南後旗之南，爲土爾扈特西旗。自土爾扈特南中旗，至是皆在黄河西岸。南與西皆與西寧所屬土司境接。黄河以東，東起和碩特南右翼中旗，當魯察布拉山之西，東與洮州所屬土司境接，北與循化廳所屬番子境接。其西爲和碩特前頭旗，南當黄河之曲，有小哈柳圖河入於黄河。其西爲土爾扈特南前旗，南依黄河，有大哈柳圖河入於黄河。其北爲和碩特南左翼中旗，西依黄河，有恰克圖河入於黄河。其北爲察漢諾們罕游牧，西依黄河，有碩爾渾河入於黄河。北皆與貴德廳所屬番子境接。逾黄河而西皆與西寧所屬土司境接。賀蘭山之陰曰西套額魯特，西套額魯特係和碩特，亦曰阿拉善。額濟納河之陽曰額濟納土爾扈特，錯處於金山、天山之間曰杜爾伯特、土爾扈特、和碩特，凡部十，附以一，爲旗三十有四。西套額魯特部一旗。額濟納土爾扈特部一旗。左翼杜爾伯特部十一旗，曰特固斯庫魯克達賴汗旗、中旗、中左旗、中前旗、中後旗、中上旗、中下旗、中前左旗、中前右旗、中後左旗、中後右旗。右翼杜爾伯特部三旗，曰前旗、前右旗、中右旗。輝特部二旗，曰下前旗、下後旗。下前旗附於左翼杜爾伯特部，下後旗附於右翼杜爾伯特部。南路珠勒都斯土爾扈特部四旗，曰卓里克圖汗旗、中旗、左旗、右旗。北路霍博克薩里土爾扈特部三旗，曰北路旗、左旗、右旗。東路濟爾哈朗土爾扈特部二旗，曰左旗、右旗。西路精土爾扈特部一旗，曰西路旗。中路珠勒都斯和碩特部三旗，曰中旗、左旗、右旗。烏隆古土爾扈特部二旗，曰左旗、右旗。哈弼察克和碩特部一旗。西套額魯特旗，當賀蘭山之西，其游牧迤邐而西，南與凉州、甘州邊外地接，北係大戈壁，逾戈壁與喀爾喀扎薩克圖汗部接。其西爲額濟納土爾扈特旗，跨坤都倫河，南與肅州邊外地接。西與北皆大戈壁，逾戈壁而北與喀爾喀扎薩克圖汗部接，逾戈壁而西與哈密接。杜爾伯特左翼十一旗，右翼三旗，及輝特二旗同游牧，當金山之東，地曰烏蘭古木，東南與喀爾喀扎薩克圖汗部接，東北與唐努烏梁海接，西北與阿爾泰諾爾烏梁海接，西與阿爾泰烏梁海接，南與科布多牧場及明阿特旗接。珠勒都斯土爾扈特四旗同游牧，當天山之南。其西爲珠勒都斯和碩特三旗同游牧，有珠勒都斯河繞兩部游牧，南與喀喇沙爾城回境接，東北逾大山與烏嚕木齊接，西北逾大山與伊犁接。霍博克薩里土爾扈特三旗同游牧，當金山之西南，西與塔爾巴哈台所屬額魯特游牧接，南係戈壁，東與科布多所屬阿爾泰烏梁海旗接，北至卡倫，與哈薩克爲界。濟爾哈朗土爾扈特二旗同游牧，當天山之北，跨濟爾哈朗河，東與南皆與烏嚕木齊接，北與塔爾巴哈台所屬額魯特游牧接，西與庫爾喀喇烏蘇屯田接。精土爾扈特旗，當天山之北，在精河東岸，東接精河屯田，南接伊犁圍場，西與伊犁所屬察哈爾游牧接，北爲鹽海子。烏隆古土爾扈特二旗同游牧，當金山之南，在烏隆古河之東，西與北皆與阿爾泰烏梁海接，南係戈壁，逾戈壁與古城接。其東北爲哈弼察克和碩特旗，當金山之南，在哈弼察克河之東，東與科布多所屬扎哈沁游牧接，北與阿爾泰烏梁海接。回部爲旗二。回部哈密一旗，吐魯番一旗，皆當天山之南。哈密回城在哈密城之西，吐魯番回城在吐魯番城之東，皆南接大戈壁。旗各建其長曰扎薩克，而治其事。扎薩克之衆曰阿爾巴圖，其治皆統於扎薩克。無扎薩克，則繫於將軍，若都統，若大臣，而轄之。不設扎薩克者，土默特轄於綏遠城將軍。察哈爾，及附察哈爾旗之巴爾呼、喀爾喀、額魯特，轄於察哈爾都統。達什達瓦之額魯特，轄於熱河都統。呼倫貝爾之額魯特、新巴爾呼，轄於呼倫貝爾副都統。打牲之索倫、達呼爾、鄂倫春、畢拉爾，轄於打牲處總管。皆統於黑龍江將軍。伊犁之額魯特、察哈爾，轄於伊犁將軍。塔爾巴哈台之額魯特、察哈爾、哈薩克，轄於塔爾巴哈台參贊大臣。喀什噶爾、葉爾羌、阿克蘇、烏什、喀喇沙爾、和闐各回子，分轄於各城參贊大臣、辦事大臣、領隊大臣，皆統於伊犁將軍。唐努烏梁海，轄於定邊左副將軍。科布多之明阿特、額魯特、扎哈沁、阿爾泰烏梁海、阿爾泰諾爾烏梁海，轄於科布多參贊大臣，統於定邊左副將軍。西藏達木蒙古，轄於駐藏大臣。土默特與民人散處於歸化城、和林格爾、托克托城、清水河、薩拉齊五廳，倚大青山，東與四子部落旗接，北與茂明安旗接，西與烏喇特旗接。察哈爾左翼四旗，南與豐寧縣及張家口、獨石口二廳邊外地接。右翼四旗，南與豐鎮、寧遠二廳邊外地接。左翼之東，與圍場接。右翼之西，與歸化城接。北與阿巴哈納爾右翼旗蘇尼特左翼旗、右翼旗、四子部落旗接。呼倫貝爾之額魯特，附於呼倫貝爾駐防。達什達瓦額魯特，附於熱河駐防。打牲之索倫、達呼爾、鄂倫春、畢拉爾所居，沿嫩江而北，及納黑爾河、諾敏河、阿倫河、雅勒河、濟沁河、托新河、呼密爾河、西里木迪河一帶。伊犁額魯特游牧，在伊犁之南境，南倚天山，東南西一帶皆設卡倫，東逾卡倫與精土爾扈特游牧接，南逾卡倫即天山，天山之内爲珠勒都斯土爾扈特和碩特游牧，西逾卡倫與布嚕特爲界。察哈爾游牧，在伊犁之東北境，北一帶設卡倫，逾卡倫與哈薩克爲界。塔爾巴哈台額魯特、察哈爾、哈薩克各佐領游牧，東與霍博克薩里土爾扈特接，西與北逾卡倫，皆與哈薩克爲界。各城回子，東起喀喇沙爾，西爲庫車，又西爲阿克蘇。阿克蘇之西爲烏什，其西南爲葉爾羌。葉爾羌之西爲喀什噶爾，其南爲和闐。喀喇沙爾東與吐魯番接。自喀喇沙爾至阿克蘇，皆北倚天山，山内爲味勒都斯土爾扈特和碩特游牧，南係大戈壁。烏什西北逾卡倫與布嚕特爲界。葉爾羌之西南，喀什噶爾之西，皆當葱嶺，逾卡倫與布嚕特霍罕安集延等處爲界。和闐南山之南及東皆爲大戈壁，逾戈壁而南達西藏、唐努烏梁海，南與喀爾喀扎薩克圖汗部中左翼左旗及杜爾伯特游牧接，東與北皆與俄羅斯爲界，西與阿爾泰諾爾烏梁海接。科布多所屬之明阿特額魯特游牧，皆在科布多城之西。扎哈沁游牧在其南，東與喀爾喀扎薩克圖汗左翼右旗、右翼後末旗接，南與古城接，西與烏隆古土爾扈特接。明阿特額魯特之西，爲阿爾泰烏梁海。南與烏隆古土爾扈特接，西與霍博克薩里土爾扈特接，東與杜爾伯特游牧接，北逾卡倫與哈薩克爲界。阿爾泰烏梁海之東北，爲阿爾泰諾爾烏梁海，南與杜爾伯特接，東與唐努烏梁海接，西與哈薩克爲界，北與俄羅斯爲界。達木八旗，四旗游牧在扎喜湯，二旗游牧在湯寧，一旗游牧在五佛山，皆北倚拉幹山，南與前藏接，一旗游牧在格拉，東北濱喀喇烏蘇，西與後藏接。凡喇嘛之轄衆者，令治其事如扎薩克焉。喇嘛之衆曰沙畢那爾，其治即統於喇嘛。内蒙古有錫呼圖庫倫扎薩克喇嘛，喀爾喀有哲布尊丹巴呼圖克圖，額爾德尼班第達呼圖克圖，扎牙班第達呼圖克圖，青蘇珠克圖諾們罕，那魯班禪呼圖克圖。青海有察汗諾們罕。西藏有達賴喇嘛、班禪額爾德尼、察木多帊克巴拉呼圖克圖、乍雅達呼圖克圖、類烏齊呼圖克圖、八所喇嘛、碩般多喇嘛、瓊科爾結喇嘛、墨竹宮喇嘛、工布碩卡喇嘛、邦仁曲第喇嘛、噶勒丹喇嘛、贊墊喇嘛、瓊結喇嘛、仁本喇嘛、江孜喇嘛、岡堅喇嘛、協噶爾喇嘛、聶拉木喇嘛、雜仁喇嘛、撒噶喇嘛、朗嶺喇嘛、乃東喇嘛、松熱嶺喇嘛、文扎卡喇嘛、羊八井喇嘛、呼徵喇嘛、布勒綳喇嘛、色拉喇嘛、錫呼圖庫倫。當盛京法庫邊外，北與柰曼旗接，西南與土默特左翼旗接。哲布尊丹巴呼圖克圖所居曰庫倫，當汗山之北，在土謝圖汗部中旗境内。額爾德尼班第達呼圖克圖，扎牙班第達呼圖克圖，青蘇珠克圖諾們罕，附於三音諾顔部游牧。那魯班禪呼圖克圖，附於扎薩克圖汗部游牧。察汗諾們罕，附於青海蒙古游牧。達賴喇嘛所居曰布達拉，是爲前藏。班禪額爾德尼所居，曰扎什倫布，在布達拉西南，包於前藏境内，是爲後藏。前藏東與四川邊外土司接，東北與西寧大臣所屬土司接，北與卓書特部落爲界，西北逾戈壁與和闐、葉爾羌接，西與拉達克汗部落爲界，西南與廓爾喀爲界，南與哲孟雄部落爲界，東南與雲南維西廳接。其餘各喇嘛皆屬於達賴喇嘛，東起乍雅,東與四川邊外土司接,其西爲察木多,又西爲碩般多,又西爲類烏齊。碩般多、類烏齊之北皆與西藏大臣所屬土司接。碩般多之南,爲八所。又南爲工布碩卡。類烏齊之西,爲墨竹宫,又西爲噶勒丹。類烏齊之西北爲贊墊,介居西藏大臣所屬土司各族之間,其西爲哷徵。噶勒丹之西爲色拉西,與布達拉接。噶勒丹之南爲瓊科爾結,瓊科爾結之西爲文扎卡,又西爲松熱嶺,又西爲邦仁曲第,又西爲乃東,北與布達拉接。乃東之西爲瓊結。布達拉之西北爲布勒繃,又西北爲羊八井。羊八井之西爲朗嶺,西與扎什倫布接。朗嶺之南爲仁本,其西南爲江孜,又西南爲岡堅。岡堅之西爲協噶爾,協噶爾之西南爲聶拉木。朗嶺之西逾後藏境爲撒噶,又西爲雜仁。

滿檔房,堂主事,滿洲一人、蒙古三人,掌本衙門題缺出差之政令。本院郎中、員外郎、主事、應題各缺,滿檔房開列銜名,由堂擬定正陪引見。差往各處駐劄之員,管驛。喜峰口司官一人,筆帖式一人。古北口司官一人,筆帖式一人。獨石口司官一人,筆帖式一人。張家口司官一人,筆帖式一人。賽爾烏蘇司官一人,筆帖式一人。殺虎口司官一人,筆帖式一人。掌理事。熱河司官一人,八溝司官一人,塔子溝司官一人,烏蘭哈運司官一人,三座塔司官一人,神木司官一人,寧夏司官一人,掌隨同將軍大臣辦事。張家口筆帖式一人,陝甘總督衙門筆帖式一人,四川總督衙門筆帖式一人,烏里雅蘇台司官一人,科布多司官一人,西寧司官一人,筆帖式三人,西藏司官一人,筆帖式一人,庫倫司官一人,筆帖式二人,掌互市。庫倫司官一人,恰克圖司官一人,熱河、烏里雅蘇台、科布多三處司官,陝甘總督衙門筆帖式,由院保送,交吏部引見。其餘各差司官,四川總督衙門西藏筆帖式,由院引見欽派。西寧司官,其餘各差筆帖式,由堂官派委。

漢檔房,堂主事,滿洲一人、漢軍一人,校正漢文官二人,於滿洲、蒙古内閣侍讀學士、侍讀、翰林院侍讀學士、侍講學士、侍讀、侍講内奏派,二年更代。掌繕題本,譯其檔案而藏之。有漢字漢義之未協者,校正官更定焉。

司務廳,司務,滿洲一人、蒙古一人,掌治吏役,收外衙門之文書。

當月處,郎中、員外郎、主事輪直。掌監堂印,抄事於内閣,收在京衙門之文書。

欽定大清會典卷五十

旗籍清吏司，郎中，滿洲一人、蒙古二人，員外郎，宗室一人、滿洲一人、蒙古二人，主事，滿洲一人，掌考内扎薩克之疆理，敘其封爵與其譜系。凡官屬部衆會盟軍旅郵傳之事皆掌之，掌游牧之内屬者。

○凡疆理，各識其山河之名而表以圖，以定其游牧，無山河則樹之鄂博。各游牧交界之所，無山河爲誌者，或平原、或沙磧，皆疊石爲誌曰鄂博。禁其越境者。游牧分定地界，如别王公台吉平人有侵入界内者皆論罰，如越過所分地界另行游牧者，王公台吉皆論罰，平人將本人併畜産同給見知之人。

○凡内扎薩克之爵，其等有六，一曰親王，科爾沁，有扎薩克和碩土謝圖親王一人，扎薩克和碩達爾漢親王一人，閒散和碩卓哩克圖親王一人。烏珠穆沁，有扎薩克和碩車臣親王一人。二曰郡王，科爾沁，有扎薩克多羅扎薩克圖郡王一人，扎薩克多羅冰圖郡王一人，扎薩克多羅郡王一人，閒散多羅郡王一人。喀喇沁，有多羅杜稜郡王一人。敖漢，有閒散多羅郡王二人。柰曼，有扎薩克多羅達爾漢郡王一人。巴林，有扎薩克多羅郡王一人。翁牛特，有扎薩克多羅杜稜郡王一人。浩齊特，有扎薩克多羅額爾德尼郡王一人，扎薩克多羅郡王一人。蘇尼特，有扎薩克多羅郡王一人，扎薩克多羅杜稜郡王一人。阿巴噶，有扎薩克多羅郡王一人。四子部落，有扎薩克多羅達爾漢卓哩克圖郡王一人。鄂爾多斯，有扎薩克多羅郡上一人。三曰貝勒，科爾沁，有閒散多羅貝勒二人。扎賚特，有扎薩克多羅貝勒一人。喀喇沁，有閒散貝勒一人。土默特，有扎薩克多羅達爾漢貝勒一人，又附牧閒散喀爾喀多羅貝勒一人。扎魯特，有扎薩克多羅達爾漢貝勒一人，扎薩克多羅貝勒一人。阿嚕科爾沁，有扎薩克多羅貝勒一人。翁牛特，有扎薩克多羅達爾漢岱青貝勒一人。喀爾喀左翼，有扎薩克多羅貝勒一人。烏珠穆沁，有扎薩克多羅額爾德尼貝勒一人。蘇尼特，有閒散多羅貝勒一人。阿巴哈納爾，有扎薩克多羅貝勒一人。茂明安，有閒散多羅貝勒一人。喀爾喀右翼，有扎薩克多羅達爾漢貝勒一人。鄂爾多斯，有扎薩克多羅貝勒一人。四曰貝子，科爾沁，有閒散固山貝子二人。杜爾伯特，有扎薩克固山貝子一人。土默特，有扎薩克固山貝子一人。敖漢，有閒散固山貝子一人。巴林，有扎薩克固山貝子一人,閒散固山貝子一人。翁牛特,有閒散固山貝子一人。阿巴噶,有閒散固山達爾漢貝子一人。阿巴哈納爾,有扎薩克固山貝子一人。喀爾喀右翼,有閒散固山卓哩克圖貝子一人,閒散固山貝子一人。鄂爾多斯,有扎薩克固山貝子四人。五曰鎮國公,科爾沁,有扎薩克鎮國公一人。郭爾羅斯,有扎薩克鎮國公一人。敖漢,有閒散鎮國公一人。扎魯特,有閒散鎮國公一人。翁牛特,有閒散鎮國公一人。烏珠穆沁,有閒散鎮國公一人。烏喇特,有扎薩克鎮國公二人。喀爾喀右翼,有閒散鎮國公一人。六曰輔國公。科爾沁,有閒散輔國公五人。郭爾羅斯,有扎薩克輔國公一人。喀喇沁,有扎薩克輔國公一人,閒散輔國公三人。扎魯特,有閒散輔國公一人。烏珠穆沁,有閒散輔國公一人。蘇尼特,有閒散輔國公一人。阿巴噶,有閒散輔國公一人。烏喇特,有扎薩克輔國公一人。鄂爾多斯,有閒散輔國公一人。歸化城土默特,有閒散輔國公一人。不入於六者,曰台吉、塔布囊。台吉、塔布囊爵同。土默特左翼旗、喀喇沁三旗,曰塔布囊,餘旗曰台吉。台吉、塔布囊,亦有四等焉。一等台吉、塔布囊秩視一品,二等台吉、塔布囊秩視二品,三等台吉、塔布囊秩視三品,四等台吉、塔布囊秩視四品。喀喇沁,有公銜二等塔布囊一人,扎薩克一等塔布囊一人。敖漢,有公銜一等台吉一人,扎薩克一等台吉一人。克什克騰,有扎薩克一等台吉一人。阿巴噶,有扎薩克一等台吉一人。茂明安,有扎薩克一等台吉一人。鄂爾多斯,有扎薩克一等台吉一人。其非扎薩克及加銜之台吉塔布囊不具列。凡封爵,辨其勳戚、忠勤之差而延以世。科爾沁右翼中旗扎薩克和碩土謝圖親王,先於天命十一年封土謝圖汗。又右翼前旗扎薩克多羅扎薩克圖郡王,先於天命十一年封扎薩克圖杜稜。皆於崇德元年封今爵,詔世襲罔替。土默特左翼旗扎薩克多羅達爾漢貝勒,先於天聰九年封扎薩克,崇德元年封扎薩克達爾漢鎮國公,詔世襲罔替,康熙元年晉封今爵。科爾沁左翼中旗閒散和碩卓哩克圖親王,又左翼前旗扎薩克多羅冰圖郡王,又右翼後旗扎薩克鎮國公,郭爾羅斯後旗扎薩克輔國公,翁牛特右翼旗扎薩克多羅杜稜郡王,皆於崇德元年封今爵,詔世襲罔替。科爾沁左翼中旗扎薩克多羅達爾漢親王,先於崇德元年封多羅郡王,詔世襲罔替,順治十六年晉封今爵。翁牛特左翼旗扎薩克多羅達爾漢岱青貝勒,先於崇德元年封達爾漢岱青,詔世襲罔替,順治十八年晉封今爵。烏珠穆沁右翼旗和碩車臣親王,於崇德六年封今爵,詔世襲罔替。蘇尼特左翼旗扎薩克多羅墨爾根郡王,於崇德七年封今爵,詔世襲罔替,順治三年削五年復爵,仍准世襲。蘇尼特右翼旗扎薩克杜稜郡王,於崇德七年封今爵,詔世襲罔替。翁牛特右翼旗閒散鎮國公,於崇德八年封今爵,詔世襲罔替。烏珠穆沁左翼旗扎薩克多羅額爾德尼貝勒,阿巴噶左翼旗閒散固山達爾漢貝子,皆於順治三年封今爵,詔世襲罔替。杜爾伯特扎薩克固山貝子,先於崇德元年封輔國公,阿嚕科爾沁扎薩克多羅貝勒,先於順治元年封扎薩克固山貝子,皆於順治五年晉封今爵,詔世襲罔替。郭爾羅斯前旗扎薩克鎮國公,敖漢閒散多羅郡王,巴林左翼旗扎薩克固山貝子,又閒散固山貝子,扎嚕特左翼旗扎薩克多羅貝勒，又右翼旗扎薩克多羅達爾漢貝勒，又閒散鎮國公烏喇特前旗扎薩克鎮國公，又後旗扎薩克鎮國公，又中旗扎薩克鎮國公，皆於順治五年封今爵，詔世襲罔替。科爾沁左翼中旗閒散多羅郡王，蘇尼特左翼旗閒散多羅貝勒，四子部落扎薩克多羅郡王，鄂爾多斯左翼中旗扎薩克多羅郡王，又右翼前旗扎薩克固山貝子，又左翼前旗扎薩克固山貝子，皆於順治六年封今爵，詔世襲罔替。科爾沁左翼後旗扎薩克多羅郡王，先於崇德元年封扎薩克鎮國公，又浩齊特左翼旗多羅額爾德尼郡王，先於順治三年封扎薩克多羅額爾德尼貝勒，又巴林右翼旗扎薩克多羅郡王，先於順治五年封扎薩克輔國公，又茂明安閒散多羅貝勒，先於順治五年封輔國公，皆於順治七年晉封今爵，詔世襲罔替。喀喇沁右翼旗扎薩克多羅杜稜郡王，先於天聰九年封扎薩克，崇德元年加固山貝子，順治七年晉封多羅杜稜貝勒，詔世襲罔替，康熙七年晉封今爵。鄂爾多斯右翼中旗扎薩克多羅貝勒，又左翼後旗扎薩克固山貝子，皆於順治七年封今爵，詔世襲罔替。阿巴噶左翼旗扎薩克多羅郡王，於順治八年封今爵，詔世襲罔替。克什克騰扎薩克一等台吉，於順治九年封今爵，詔世襲罔替。浩齊特右翼旗扎薩克多羅郡王，又喀爾喀右翼旗閒散固山貝子，皆於順治十年封今爵，詔世襲罔替。科爾沁左翼中旗閒散多羅貝勒，先於順治九年封鎮國公，十八年晉封今爵，詔世襲罔替。又閒散輔國公，於順治十八年封今爵，詔世襲罔替。土默特右翼旗扎薩克固山貝子，先於順治五年封扎薩克鎮國公，康熙二年封今爵，詔世襲罔替。喀爾喀左翼旗扎薩克多羅貝勒，於康熙三年封今爵，詔世襲罔替。阿巴哈納爾左翼旗扎薩克固山貝子，於康熙四年封今爵，詔世襲罔替。阿巴哈納爾右翼旗扎薩克多羅貝勒，於康熙六年封今爵，詔世襲罔替。科爾沁右翼中旗閒散多羅貝勒，喀爾喀右翼旗閒散鎮國公，皆於康熙十四年封今爵，詔世襲罔替。喀喇沁中旗閒散輔國公，於雍正九年封今爵，詔世襲罔替。扎賚特扎薩克多羅貝勒，先於天命九年封達爾漢和碩齊，順治五年封扎薩克固山貝子，雍正十年晉封今爵。又柰曼扎薩克多羅達爾漢郡王，先於崇德元年封今爵。又蘇尼特右翼旗閒散輔國公，先於順治六年封多羅貝勒，康熙四十三年降今爵。又鄂爾多斯右翼後旗扎薩克固山貝子，先於順治六年封扎薩克鎮國公，康熙三十七年晉封今爵，乾隆十九年晉封多羅貝勒，三十七年仍降今爵。又茂明安扎薩克一等台吉，先於康熙三年封今爵。又阿巴噶左翼旗閒散達爾漢輔國公，先於康熙五十四年封今爵，六十一年晉封鎮國公，雍正四年仍降今爵。又烏珠穆沁右翼旗閒散輔國公，先於雍正元年封今爵。又敖漢閒散固山貝子，先於雍正七年封輔國公，十年晉封今爵，乾隆八年晉封多羅貝勒，十八年仍降今爵。又喀喇沁右翼旗閒散輔國公，先於雍正九年封今爵。又鄂爾多斯右翼前末旗扎薩克一等台吉，先於雍正九年封一等台吉，乾隆元年加扎薩克。又烏珠穆沁右翼旗閒散輔國公，於乾隆二年封今爵。又歸化城土默特輔國公，於乾隆二十一年封扎薩克輔國公，三十一年除扎薩克仍封輔國公。皆於乾隆四十九年詔世襲罔替。喀喇沁中旗扎薩克輔國公，先於康熙四十四年封扎薩克一等塔布囊，乾隆四十九年詔世襲罔替，五十三年晉封今爵。科爾沁左翼中旗閒散固山貝子,先於雍正二年封輔國公,四年晉封固山貝子,乾隆四十九年詔以鎮國公,世襲罔替,五十一年仍襲固山貝子。喀喇沁左翼旗扎薩克一等塔布囊,先於天聰九年封扎薩克,順治五年加輔國公,詔世襲罔替,康熙五十五年晉封固山貝子,雍正九年晉封多羅貝勒,乾隆七年降固山貝子,十四年降鎮國公,二十年復固山貝子,四十四年降鎮國公,四十八年晉封多羅郡王,是年降固山貝子,五十六年削,改襲今爵。阿巴噶右翼旗扎薩克一等台吉,先於崇德六年封扎薩克多羅卓哩克圖郡王,詔世襲罔替,乾隆五十三年削,改襲今爵。喀爾喀右翼旗扎薩克多羅貝勒,先於順治十年封扎薩克和碩達爾漢親王,詔世襲罔替,康熙四十七年降今爵。喀爾喀右翼閒散固山貝子,先於順治十年封多羅卓哩克圖郡王,康熙四十三年降今爵,乾隆四十九年詔世襲罔替,五十一年削,改襲。翁牛特右翼旗閒散固山貝子,先於康熙六十一年封今爵,乾隆四十九年詔世襲罔替,五十一年削,改襲。科爾沁左翼中旗閒散固山貝子,先於乾隆二十一年由已削扎薩克親王復公銜,二十三年晉封和碩親王,三十七年削,四十年復爵,是年降多羅郡王,四十九年詔世襲罔替,五十六年削,尋復公銜,嘉慶四年封輔國公,五年晉封今爵。土默特左翼旗附牧閒散喀爾喀多羅貝勒,於康熙四年封今爵。科爾沁左翼中旗閒散輔國公,於雍正二年封今爵。鄂爾多斯左翼中旗閒散輔國公,於雍正六年封今爵。科爾沁左翼後旗閒散輔國公,先於乾隆三年封固山貝子,三十六年降今爵。喀喇沁右翼旗閒散輔國公,先於乾隆八年封今爵,二十四年晉封固山貝子,二十五年降鎮國公,五十八年仍降今爵。科爾沁左翼中旗閒散輔國公,於乾隆十五年封今爵。敖漢閒散鎮國公,先於乾隆十九年授公銜,二十四年封輔國公,三十三年晉封鎮國公,四十年晉封固山貝子,四十六年降今爵。敖漢閒散公銜一等台吉,先於乾隆十八年封輔國公,四十八年晉封固山貝子,五十九年降今爵。敖漢扎薩克一等台吉,先於崇德元年封扎薩克多羅郡王,詔世襲罔替,嘉慶五年削,別封今爵。又閒散多羅郡王即扎薩克多羅郡王,於嘉慶五年削扎薩克,後存今爵。喀喇沁左翼旗閒散貝勒,先於乾隆五十六年由已削扎薩克固山貝子授公銜,嘉慶四年封鎮國公,五年降一等塔布囊,七年加公銜,八年晉封貝勒。喀喇沁公銜二等塔布囊,於嘉慶十四年封今爵。皆非世襲罔替。凡襲爵,有降,有不降,皆疏聞以候旨。襲爵一次,視原爵或降一等,或降二等,亦或仍襲原爵。出缺時由院將曾著勞績與否聲明請旨。惟扎薩克降至一等台吉、塔布囊,閒散降至四等台吉、塔布囊,不再降。惟世襲罔替者不降。凡有爵者之子若弟,皆予以銜。親王之子弟封一等台吉、塔布囊,郡王、貝勒之子弟封二等台吉、塔布囊,貝子、公之子弟封三等台吉、塔布囊,台吉、塔布囊之子弟封四等台吉、塔布囊,王、貝勒之族兄亦封四等台吉、塔布囊。公主、格格之子,亦如之。公主之子封一等台吉、塔布囊,和碩格格之子封二等台吉、塔布囊,多羅格格、固山格格之子封三等台吉、塔布囊,其額駙側室所生之子,仍視其父爵分別予封。皆俟其及歲。王、貝勒、貝子、公、台吉、塔布囊之子弟,公主、格格之子,以年十八爲及歲,方給予應得之銜。惟曾經隨圍賞戴花翎者，及公主、格格之子父故承家者，不在此限。當襲者，各令其豫舉，以别於餘子而封之。豫報應襲之子一人，或長子、或衆子中之優者，報院年終彙奏。親王應襲之子封公銜，郡王貝勒應襲之子封一等台吉塔布囊，貝勒公應襲之子封二等台吉塔布囊。其一、二、三等台吉塔布囊，亦令豫保一子以備承襲，皆不計歲給予應得之銜。凡封爵，皆賜以册誥，親王、郡王、貝勒受封賜册，貝子公、扎薩克、台吉塔布囊受封賜誥，皆令親領，有故則出院遣官齎送。辨以章服，蒙古王以下冠服，准視在内王等之制，惟馬韁非由特旨賞用者不得用金黄紫色。優以儀式。王以下准視在内王等設長史司儀長護衛外，親王設從四品典儀一人，從五品典儀一人，郡王設從五品典儀一人，從六品典儀一人，貝勒設從五品典儀一人，貝子設從六品典儀一人，公等設從七品典儀一人。其儀仗，親王用銷金紅繖二、纛二、旗十，郡王用銷金紅繖一、纛一、旗八，貝勒用紅繖一、纛一、旗六，貝子公等用紅繖一、旗六。親王之女媵送除乳父母外，侍女八人。閒散五户郡王之女，侍女七人。閒散四户貝勒之女，侍女六人。閒散三户貝子之女，侍女五人。閒散三户鎮國公之女，侍女四人。閒散二户輔國公之女，侍女三人。閒散二户台吉塔布囊之女，屬下人不過一對，家人不過三對，額外許隨侍女二人。親王守墓十户，固倫公主郡王八户，和碩公主、郡主、縣主、貝勒、貝子六户，郡君、鎮國公、輔國公四户，縣君、鄉君視其夫之爵。親王、郡王身故，遣散秩大臣一人，御前侍衛一人、部院章京一人致祭。親王，牛一、羊八、酒九缾，郡王，牛一、羊六、酒七缾。貝勒、貝子，遣御前侍衛一人、部院章京一人致祭。貝勒，牛一、羊四、酒五缾，貝子，羊五、酒五缾。鎮國公、輔國公，遣部院章京一人致祭，羊四、酒四缾。固倫公主，遣内大臣一人、御前侍衛一人、部院章京一人致祭，祭品視親王。和碩公主視親王例遣官，郡主、親王之福晉視貝勒例遣官，祭品皆視郡王。縣主、郡君、縣君、鄉君視鎮國公例遣官。郡王、貝勒、貝子之福晉，公之妻，應否遣官致祭，以其夫若子曾否效力受恩事蹟具奏請旨，其祭品，縣主、郡王之福晉視貝子，郡君、貝勒之福晉羊三、酒三缾，縣君、鄉君、貝子之福晉，公之妻，羊二、酒二缾。凡襲爵，各分其生身、熟身而引見。蒙古以曾出痘者爲熟身，未曾出痘者爲生身。襲爵者熟身令來京引見，生身令在熱河引見。如年幼，各俟及歲時分别生身熟身補行引見。惟閒散台吉塔布囊，具題承襲。凡册誥失毁，有故則復給，歲久給其新者，仍畀其故者而藏之。乾隆四十九年，高宗純皇帝諭，内扎薩克蒙古王公等册誥年久，該院奏請更换。此册誥係太祖、太宗、世祖時隨同創業嘉其勳伐賜予者也，若撤回存部，則從前賞給傳代之寶，轉不獲世守。著該院覆辦一分給予外，舊册誥仍令尊藏爲萬萬年子孫之寶。

○凡譜系，各考其得姓受封之始，皆紀以世次，内扎薩克四十九旗内，四十五旗爲元裔，姓博爾濟吉特、科爾沁、扎賚特、杜爾伯特、郭爾羅斯、阿嚕科爾沁。四子部落、茂明安、烏喇特八部十六旗，系出元太祖弟哈巴圖哈薩爾。科爾沁右翼中旗扎薩克始封曰奧巴,爲哈巴圖哈薩爾十八世孫。左翼中旗扎薩克始封曰滿珠習禮,爲奧巴從子。右翼前旗扎薩克始封曰布達齊,爲奧巴弟。左翼前旗扎薩克始封曰洪果爾,爲滿珠習禮叔父。左翼後旗扎薩克始封曰棟果爾,爲洪果爾從子。右翼後旗扎薩克始封曰喇嘛什希,爲奧巴從弟。扎賚特旗扎薩克始封曰蒙衮,爲哈巴圖哈薩爾十七世孫。杜爾伯特旗扎薩克始封曰色稜,爲哈巴圖哈薩爾十八世孫。郭爾羅斯前旗扎薩克始封曰布木巴,爲哈巴圖哈薩爾十八世孫。後旗扎薩克始封曰畢里衮鄂齊爾,爲布木巴從孫。阿嚕科爾沁旗扎薩克始封曰穆彰,爲哈巴圖哈薩爾十七世孫。四子部落旗扎薩克始封曰鄂木佈,爲哈巴圖哈薩爾十六世孫。茂明安旗扎薩克始封曰僧格,爲哈巴圖哈薩爾十六世孫。烏喇特後翼旗扎薩克始封曰圖巴,爲哈巴圖哈薩爾十八世孫。前翼旗扎薩克始封曰諤班,爲圖巴從子。中旗扎薩克始封曰巴克巴海,爲圖巴從孫。土默特部右翼一旗,系出元太祖十六世孫。阿爾坦扎薩克始封曰固穆,爲阿爾坦元孫。敖漢、柰曼、烏珠穆沁、浩齊特、蘇尼特五部八旗,系出元太祖十六世孫圖嚕博羅特。敖漢旗扎薩克始封曰班第,爲圖嚕博羅特五世孫。柰曼旗扎薩克始封曰衮楚克,爲圖嚕博羅特元孫。烏珠穆沁右翼旗扎薩克始封曰多爾濟,爲圖嚕博羅特孫。左翼旗扎薩克始封曰色稜,爲多爾濟從子。浩齊特左翼旗扎薩克始封曰博羅特,爲圖嚕博羅特五世孫。右翼旗扎薩克始封曰噶爾瑪色旺,爲博羅特從弟。蘇尼特左翼旗扎薩克始封曰騰機思,爲圖嚕博羅特元孫。右翼旗扎薩克始封曰叟塞,爲騰機思族兄。巴林、扎魯特二部四旗系出元太祖十六世孫阿爾楚博羅特。巴林右翼旗扎薩克始封曰色布騰,爲阿爾楚博羅特五世孫。左翼旗扎薩克始封曰滿珠習禮,爲色布騰從弟。扎魯特左翼旗扎薩克始封曰内齊,爲阿爾楚博羅特五世孫。右翼旗扎薩克始封曰色本,爲内齊從叔父。翁牛特部二旗系出元太祖弟諤楚因,右翼旗扎薩克始封曰遜杜稜,距諤楚因世次無考。左翼旗扎薩克始封曰棟岱青,爲遜杜稜弟。克什克騰部一旗系出元太祖十六世孫鄂齊爾博羅特,扎薩克始封曰索諾木,爲諤齊爾博羅特元孫。喀爾喀左翼部一旗、喀爾喀右翼部一旗,皆系出元太祖十六世孫格呼森扎扎賚爾琿台吉。喀爾喀左翼旗扎薩克始封曰衮布依勒登,喀爾喀右翼旗扎薩克始封曰本塔爾,皆爲格呼森扎扎賚爾琿台吉元孫。阿巴噶、阿巴哈納爾二部四旗,系出元太祖弟布格博勒格圖。阿巴噶右翼旗扎薩克始封曰多爾濟,爲布格博勒格圖二十世孫。左翼旗扎薩克始封曰都思噶爾,爲多爾濟從孫。阿巴哈納爾右翼旗扎薩克始封曰色稜墨爾根,爲布格博勒格圖二十一世孫。左翼旗扎薩克始封曰棟依思喇布,爲色稜墨爾根弟。鄂爾多期部七旗,系出元太祖十六世孫巴爾蘇博羅特。左翼中旗扎薩克始封曰額璘臣,爲巴爾蘇博羅特五世孫。右翼中旗扎薩克始封曰善丹,右翼後旗扎薩克始封曰小扎木素,右翼前旗扎薩克始封曰額璘沁,左翼前旗扎薩克始封曰色稜,皆爲額璘臣從子。左翼後旗扎薩克始封曰沙克扎,爲額璘臣從弟。右翼前末旗扎薩克始封曰定咱喇什,爲額璘臣從曾孫。惟喀喇沁部三旗及土默特部之左翼一旗,爲元臣濟拉瑪之後,姓烏梁罕。喀喇沁右翼旗扎薩克始封曰固嚕思奇布,爲濟拉瑪十五世孫。左翼旗扎薩克始封曰色稜，爲固嚕思奇布族祖。中旗扎薩克始封曰格呼勒，爲固嚕思奇布從孫。土默特左翼旗扎薩克始封曰善巴，爲濟拉瑪十三世孫。其餘閒散王公台吉塔布囊，皆係各本旗扎薩克之族，惟土默特左翼旗閒散多羅貝勒一人，始封巴勒布冰圖，爲元太祖裔。歸化城土默特無扎薩克，有閒散輔國公一人，始封曰喇嘛扎布，爲元太祖十六世孫阿爾坦裔。而著諸册。越十年則續而修之。蒙古王等家譜每十年一修，由院具奏，將存内舊册撤出改繕進呈。

○置扎薩克之輔，曰協理台吉，協理台吉同扎薩克辦理旗務，遇有缺出，由扎薩克會同盟長於閒散王以下、台吉塔布囊以上，擇其明敏能轄衆者，保舉正陪送院引見補放。其屬，曰管旗章京、副章京，管旗章京統管一旗之事，副章京分管一旗之事，缺出，由扎薩克於本旗内擇其台吉塔布囊之壯健能轄衆者，以台吉塔布囊原品補放。如不得其人，以參領選補。曰參領，參領亦於台吉塔布囊内補放，如不得其人，以佐領選補。曰佐領，佐領亦於台吉塔布囊内補放，如不得其人，以驍騎校選補。曰驍騎校。驍騎校於部衆内選有力者充補。凡旗衆，各分以佐領。科爾沁左翼中旗佐領四十六，左翼前旗佐領三，左翼後旗佐領三十二，右翼中旗佐領二十三，右翼前旗佐領十六，右翼後旗佐領十六，扎賚特旗佐領十六，杜爾伯特旗佐領二十五，郭爾羅斯前旗佐領二十三，後旗佐領三十四，喀喇沁中旗佐領五十一，左翼旗佐領四十八，右翼旗佐領四十四，土默特左翼旗佐領八十，附喀爾喀佐領二，右翼旗佐領九十七，敖漢旗佐領五十五，柰曼旗佐領五十，巴林左翼旗佐領十六，右翼旗佐領二十六，扎嚕特左翼旗佐領十六，右翼旗佐領十六，阿嚕科爾沁旗佐領五十，翁牛特左翼旗佐領三十八，右翼旗佐領二十，克什克騰旗佐領十，喀爾喀左翼旗佐領一，烏珠穆沁左翼旗佐領九，右翼旗佐領二十一，浩齊特左翼旗佐領七，右翼旗佐領五，蘇尼特左翼旗佐領二十，右翼旗佐領十三，阿巴噶左翼旗佐領十一，右翼旗佐領十一，阿巴哈納爾左翼旗佐領九，右翼旗佐領七，四子部落旗佐領二十，茂明安旗佐領四，烏喇特中旗佐領六，前旗佐領十二，後旗佐領六，喀爾喀右翼旗佐領四，鄂爾多斯左翼中旗佐領十七，左翼前旗佐領四十二，左翼後旗佐領四十，右翼中旗佐領八十四，右翼前旗佐領四十二，右翼後旗佐領三十六，右翼前末旗佐領十三。管旗章京旗一人，副章京而下，視其佐領之衆寡而設之。副章京，十佐領以下之旗設一人，十佐領以上之旗設二人。參領，每六佐領設一人。佐領驍騎校，每佐領各設一人。惟協理台吉，旗各異其額焉。協理台吉，每旗或二人、或四人。凡佐領之丁，百有五十三丁而授一甲，每一佐領，馬甲五十人，閒散百人。設領催、每一佐領，設領催六人。什長，每十家設什長一人。而稽其衆庶，三歲則編審。三年一次編審，年六十以下、十八以上，皆入册，有疾者除之。編審之年，扎薩克以下、什長以上，按佐領察覈造印册，令協理台吉會同管旗章京送院，限十月内齎到。隱匿人丁者，扎薩克協理台吉、管旗章京、副章京、參領、佐領、驍騎校皆論罰，領催、什長鞭責。給其耕牧，國初之制，蒙古每十五丁給地廣一里縱二十里。後民人出邊租地賃屋交蒙古租銀,如直隸平泉州、赤峰縣、建昌縣、朝陽縣、奉天昌圖廳、吉林長春廳及陝西延安、榆林邊外所在多有,恐各旗屬下蒙古有妨生計,屢示禁約,除現存民人外,無許扎薩克等再容留民人私墾地畝,及將地畝典給民人。其有廢牧場願令民人墾種者,必俟奏准後方許募租。定其徭賦,王公台吉等徵收屬下人,有五牛以上者取羊一,有二十羊以上者取羊一,有四十羊以上者取羊二,雖多不准增取。有二牛者取米六鍋,有一牛者取米三鍋,其進貢、會盟、移營、嫁娶等事,所屬有百家以上者,於十家内取馬一匹、牛車一輛,有三乳牛以上者,取奶子一肚,有五乳牛以上者,取奶子酒一缾,有百牛以上者,增取氊一條。若有例外多徵者治罪。隨丁親王六十,郡王五十,貝勒、固倫額駙四十,貝子三十五,公、和碩額駙三十,多羅額駙二十,一等台吉十五,二等台吉十二,三等台吉八,四等台吉、管旗章京四,副章京二,參領佐領各一。釐其户籍,蒙古禁買人出口,其已入檔之蒙古,不准擅賣。未入檔之莊頭,衹准其本旗買賣,亦不許賣與别旗及内地。他處逃來之人,限於二日内解院,窩逃者罪之。扎薩克官員等不能養育人丁,致有賣棄逃散者,從重治罪。流離轉徙游食他旗年久之疏遠旗人,不准懇求歸宗,即著留於住久之旗。如逃歸不即逐回者,以窩逃論。嗣養他人之子者報明准養爲子,入於本旗佐領下丁册,不報者撤回。無嗣以族兄弟之子爲子者,准承受家産。若拾取遺棄之兒及異姓家奴之子者,其家産仍令族中承受。若族中兄弟無子,在日報明養異姓爲嗣者,亦准承受。若歿後有同姓之人,其妻抱養異姓之子者不准。若以侍妾所生之子爲子,則生子之婦不得嫁賣。若無近族、亦無異姓之子,其家産給王公台吉。各旗除檔内所載之喇嘛外,容留無籍私行之喇嘛班第,及將屬下家奴私爲班第者,王公台吉論罰官革職,平人鞭責,該管王公台吉、章京等論罰,領催、什長鞭責,喇嘛班第革退。馬甲壯丁私爲烏巴什婦人爲齊巴汗察者,治罪同。制其婚嫁,兩姓結親,聘禮用馬二、牛二、羊二十,少給者聽,多給者將例外牲畜罰出存公。壻故者聘禮取回,女故者取回一半。若父母願聘而壻憎嫌不娶者,不准取回聘禮。所聘之女年二十而不娶,其父母另受聘者聽之。休妻者,其妻帶來之物,於夫妻和睦時用去者不准賠還,現存者給回。婦已議定,他人乘間娶之,娶者嫁者有職人平人各論罰。若王公、台吉等乘間娶王公、台吉等議定之婦,娶者嫁者係王罰十户,貝勒、貝子、公罰七户,台吉塔布囊罰五户,令原聘之人挑取。其婦離異,内地人至蒙古游牧者,不准與蒙古結親。優其賞卹,每歲八溝、塔子溝、烏蘭哈達三座塔四處徵收税銀,於八溝以十之二賞喀喇沁扎薩克郡王,以十之一賞喀喇沁扎薩克輔國公,於塔子溝以十之二五賞喀喇沁扎薩克一等塔布囊,於烏蘭哈達以十之三賞翁牛特扎薩克郡王,於三座塔以十之三賞土默特扎薩克貝子,以養贍窮乏蒙古。其各蒙古游牧内,如值灾歉之年,扎薩克併旗内富户、喇嘛等令其設法養贍,如不敷,以同盟之牛羊協濟,將協濟養贍人等名册送院。倘遇連年荒歉,同盟内不能養贍,盟長會同扎薩克報院請旨派員查明撥銀賑濟,該扎薩克王公台吉等,將次年俸銀豫領入於賑卹銀内動用。若該扎薩克仍不能愛養屬下之人,又致困厄,將受困之人撤出，賞給同盟内之賢能扎薩克，令其養贍。各蒙古之家，有一産三男俱存者賞羊九，由盟長報院，於存公牲畜内撥用。示其禁約，蒙古部落各依時憲書節序，如先後賀年者論罰。長出暖帽之纓遮耳帽，剪沿氈帽。自腋下結束之編練垂，不准穿用，違者論罰。蒙古王等之子，於文牘内不許書阿哥字。蒙古人出境，必報明管旗章京。進口者，王以下各令由山海關、喜峰口、古北口、獨石口、張家口、殺虎口出入，入口時，報明該管官弁詳記人數，出口時，查對原數放出。若置買物件者，報院行兵部給照。至五臺山禮拜者，隨從之人，王不得過八十人，貝勒、貝子不得過六十人。雅圖溝、大波羅樹、楊樹溝、廟兒嶺、白馬川等處鉛鑛禁止開採。以頒扎薩克之治。

○凡内扎薩克之盟六，各定其所會之地。一曰哲里木，哲里木盟地，在科爾沁右翼中旗境内。同盟之旗十。科爾沁六旗、扎賚特一旗、杜爾伯特一旗、郭爾羅斯二旗。二曰卓索圖，卓索圖盟地，在土默特右翼旗境内。同盟之旗五。喀喇沁三旗、土默特二旗。三曰昭烏達，昭烏達盟地，在翁牛特左翼旗境内。同盟之旗十有一。敖漢一旗、柰曼一旗、巴林二旗、扎嚕特二旗、阿嚕科爾沁一旗、翁牛特二旗、克什克騰一旗、喀爾喀左翼一旗。四曰錫林郭勒，錫林郭勒盟地，在阿巴噶左翼、阿巴哈納爾左翼兩旗境内。同盟之旗十。烏珠穆沁二旗、浩齊特二旗、蘇尼特二旗、阿巴噶二旗、阿巴哈納爾二旗。五曰烏蘭察布，烏蘭察布盟地，在四子部落旗境内。同盟之旗六。四子部落一旗、茂明安一旗、烏喇忒三旗、喀爾喀右翼一旗。六曰伊克昭，伊克昭盟地，在鄂爾多斯左翼中旗、右翼後旗、右翼前旗三旗接壤之間。同盟之旗七。鄂爾多斯七旗。凡盟，設盟長一人、副盟長一人，盟長、副盟長皆於同盟之扎薩克内，由院開列，請旨簡放。令彙治其旗務。盟長各給印信，旗務之大者，皆由盟長會同扎薩克辦理。盟内各旗，每年十月一班、十二月一班，各差一人至盟長處直班。三歲則欽差大臣奉制書以莅盟。三年會盟一次，由院開列。領侍衛内大臣、内大臣、散秩大臣、一等侍衛、八旗都統、副部統前鋒護軍統領、滿洲尚書、侍郎、左都御史、副都御史、内閣學士、通政使、大理寺卿、暨本院堂官職名，奏請簡派四人，索本院司員、筆帖式，並刑部司員一人、筆帖式一人，内閣撰給制書齎赴盟所。前期畢集於盟所，會盥已示期，扎薩克、閒散王、貝勒、貝子、公、台吉塔布囊、管旗章京、副章京、叅領、佐領、驍騎校、領催、什長，豫期先集盟所，不至者違期後至者，領催以上論罰，什長鞭責。遂盟，盟會之儀，欽差大臣齎制書至蒙古邊境，守邊人偵探馳告，扎薩克等於五里外下馬序立，於道右跪候制書過。各乘馬隨行欽差大臣在左，扎薩克等在右，至盟所。於正中設香案，欽差大臣奉制書設於案，退立於左，扎薩克等行一跪三叩禮畢跪，欽差大臣奉制書授筆帖式宣讀畢，欽差大臣奉制書設於案，扎薩克等復行一跪三叩禮。欽差大臣奉制書授扎薩克等，扎薩克等跪受。授屬官行三叩禮興，付守藏者、扎薩克等，與欽差大臣各行兩跪兩拜禮畢，欽差大臣居左，扎薩克等居右,列坐。以比丁口平獄訟。

○凡各旗之兵,歲閱以盟長,每歲之春,扎薩克王、貝勒、貝子、公、台吉、塔布囊等,各將旗下台吉兵丁會集一處,豫令其修理器械,練習騎射,聽盟長閲看。如器械殘缺者,盔尾甲背無號記者,軍器自馬絆以上無號記者,梅鍼箭免义骲頭箭上無號記者,馬不烙印不拴號記者,皆論罰。征戍奉調則畢會。奉派出兵之王、貝勒、貝子、公、台吉、塔布囊不親至者,削爵,仍發軍前。若控制全旗俱不至者,以軍法從事。約定之處,後至者計日論罰。奉派出兵之官員、領催、甲兵等規避者,官員革職論罰,領催甲兵等鞭責,俱仍發軍前。鄰部有警,亦如之。鄰部有警,王、貝勒、貝子、公、台吉塔布囊,將户口收送内地,帶屬下所有兵丁速集於被警之境,並行文各鄰近旗分,即令領兵應援。畢集後,同議征進。如聞警不速會,及鄰近旗分雖調不赴援,俱削爵。申其軍令,王、貝勒、貝子、公、台吉、塔布囊等,臨陣時衆旗敗北,一旗力戰以援者,將衆旗王、貝勒、貝子、公、台吉、塔布囊,各罰一佐領,以與力戰之旗。如衆旗皆戰,一旗敗北,將敗陣之王、貝勒、貝子、公、台吉塔布囊削爵籍,没其佐領,分給衆旗。若一旗内半戰半北者,將敗陣之人削爵,籍没其屬下,以給該旗接戰之人。如一旗内半已敗北半無計前進者,無計前進之半旗免罪,將敗北之人削爵,籍没其屬下人,或撥給本旗無罪之王、貝勒、貝子、公、台吉塔布囊,或賞給接戰之王、貝勒、貝子、公、台吉、塔布囊。如各旗未成列,一旗成列出戰者,視其功之大小,獲之多寡,分别給賞,兵敗陣者斬,家産籍没。或台吉,或兵,先入敗敵者賞。若野戰對陣,王、貝勒、貝子、公等,及領兵之官,不按隊伍輕入敵陣,或見敵兵少,不行偵探,妄行衝馳者,將所乘之馬,並此次所獲之俘,概行入官。凡臨陣宜整暇成列,按隊伍前進。若不按隊前進,尾附他隊,或離本伍人他伍,或他人已進而獨立視不前,各按罪或斬、或籍没、或革職、或論罰。及成列而進,不得以少前少却,而謂己先彼後。敵敗陣,宜令壯兵健馬逐北,王貝勒、貝子、公、管旗章京等,勿得突前,必樹旗整隊後,再行追躡。若追者或遇伏兵,或遇游兵,王貝勒、貝子、公、管旗章京等再行接戰。起兵時,各按纛分隊而行,亂行者、回取遺忘什物者、醉者、喧譁者,隨所見聞懲責。如有一二人離纛行走者,拏送該旗扎薩克管旗章京處論罰。夜行勿鳴哨、勿譁,違者罪之。若有離伍搶掠因而被害者,妻子籍没,罪坐管旗章京。勿毁廟宇、勿妄殺平人,抗者斬之,順者撫之。俘者勿剥其衣,勿離其夫婦,即不堪爲俘者,亦勿剥其衣、勿殺。俘者,勿令看守馬匹,若因而逃逸者,罪坐該管官。凡出征之王貝勒等,務安定地方,救濟生民,嚴禁官兵,勿搶掠、勿陷害良民,有功即予陞賞。若縱兵搶掠,指民爲賊,妄行殺戮,從重治罪。鏖戰時有能以馬將墮馬之人救出者,公以下、副章京以上,酬馬十匹,参領輕車都尉以下,酬馬六匹,平人酬馬二匹。官員殺降人者,爲首絞,餘人革職論罰。王、貝勒、貝子、公、台吉、塔布囊,騎瘦行軍傳禁之馬者論罰。録其軍功。蒙古王貝勒、貝子、公、扎薩克、台吉、塔布囊等有軍功者,量功之大小議敘,身故者題請賜卹。台吉塔布囊軍功給爵,有一等功牌六個以上者爲一等，三個以上者爲二等，一二個者爲三等，有二等功牌二個以下者概爲四等。蒙古人有軍功，賜給達爾漢號世襲罔替者，秩視管旗章京，世襲罔替而功少者，秩視副章京，襲六次、五次、四次者，秩視參領，襲三次、二次及止授本身者，秩視佐領。其頂戴坐褥並同，又蒙古人從征陣亡給予雲騎尉者，按例承襲，襲次完時，改給恩騎尉世襲罔替。其非陣亡所給之雲騎尉不承襲。凡調兵，出其二，留其一。合所屬各佐領下馬甲閒散之數，遣二存一。

〇置内蒙古之驛，凡五道，以經於各旗。喜峰口一道，除喜峰口寬城内地所設二站外，設蒙古站十六，曰和齊台品郭勒、曰喀斯瑚、曰托和圖、曰伯爾克、曰黄華圖、曰錫喇諾爾、曰庫呼車、曰三音哈格、曰錫喇郭勒、曰奎素布托、曰博羅阿布齊、曰諾木齊、曰哈沙圖、曰哈拉塔克洛素特、曰珠特、曰哈達罕達。喀喇沁右翼旗、中旗、左翼旗、土默特右翼旗、左翼旗、喀爾喀左翼旗、敖漢旗、柰曼旗、扎嚕特左翼旗、右翼旗、科爾沁左翼後旗、左翼中旗、左翼前旗、右翼中旗、郭爾羅斯後旗、前旗、科爾沁右翼前旗、右翼後旗、扎賚特旗、杜爾伯特旗，凡二十旗。古北口一道，除古北口至坡賴村内地所設五站外，設蒙占站十，曰默爾溝、曰錫爾哈、曰阿木溝、曰卓索、曰徹圖巴、曰賴三呼都克、曰錫喇木倫、曰噶察克、曰海拉察克、曰阿魯噶穆爾達。翁牛特右翼旗、左翼旗、扎魯特左翼旗、右翼旗、巴林右翼旗、左翼旗、阿嚕科爾沁旗、烏珠穆沁右翼旗、左翼旗，凡九旗。獨石口一道，除獨石口内地所設一站外，設蒙古站。其第一站魁屯布拉克，在察哈爾境内。入内蒙古境者五站，曰額楞、曰額墨根、曰卓索圖、曰錫林郭勒、曰瑚魯圖。達克什克騰旗、阿巴噶右翼旗、左翼旗、阿巴哈納爾右翼旗、左翼旗、浩齊特右翼旗、左翼旗，凡七旗。張家口一道，除張家口内地所設一站外，設蒙古站是爲阿爾泰軍臺，其第一站察漢托羅蓋以及第九站沁岱，皆在察哈爾境内。至第十九站奇拉伊木呼爾以下，已接喀爾喀境内。在内蒙古境者九站，曰烏蘭哈達、曰奔巴圖、曰錫喇哈達、曰布魯圖、曰烏蘭呼都克、曰察漢呼都克、曰錫喇木倫、曰鄂蘭呼都克、曰吉斯洪夥爾達。四子部落旗蘇尼特右翼旗、左翼旗、喀爾喀右翼旗、茂明安旗，凡五旗。殺虎口一道，除殺虎口内地所設一站外，設蒙古站十一。北路四站，曰八十家站、曰二十家站、曰薩里沁、曰歸化城，皆在土默特境。其烏喇特三旗，即由歸化城達之西路七站，曰社爾格、曰東素海、曰吉格素特、曰巴彦布拉克、曰阿魯烏爾圖、曰巴爾素海、曰察漢扎達蓋達。鄂爾多斯左翼前旗、左翼後旗、左翼中旗、右翼後旗、右翼前旗、右翼前末旗、右翼中旗，凡七旗。頒其郵政。馳驛者，院給以印票，行則給馬，宿則給羊，皆按例應付。不給馬不給羊者論罰，無印票而騷擾驛站者治罪。扎薩克、王貝勒、貝子、公等宿處，亦給羊。若不給羊，及扎薩克王、貝勒、貝子、公等索取食牛，或非扎薩克、王貝勒、貝子、公等索取食羊者，皆論罰。

〇凡游牧之内屬者，曰土默特，歸化城土默特，其初係卓索圖盟土默特。右翼旗扎薩克族博碩克圖汗之部，爲察哈爾林丹汗所據。天聰六年，太宗文皇帝破林丹汗，博碩克圖子俄木布降，令領其衆如故。九年俄木布叛，執之，分其衆爲左右翼，設都統二人領之，爲世職，後因事革退，補以京員。乾隆二十八年始以土默特兩翼屬綏遠城將軍，現有四十九佐領。統其治於將軍而以達於院。土默特左翼参領五人，佐領二十五人，驍騎校二十五人，右翼参領五人，佐領二十四人，驍騎校二十四人，皆由綏遠城將軍選擬送院引見。布特哈之内屬者，亦如之。打牲人曰布特哈，黑龍江打牲處達呼爾三旗三十九佐領，索倫五旗四十七佐領，每旗設副管二人，每佐領設佐領一人，驍騎校一人。達呼爾設總管一人，索倫設總管一人。又鄂倫春馬軍六佐領，步軍三佐領，又畢拉爾二佐領，每佐領設佐領一人，驍騎校一人。打牲處統理達呼爾索倫鄂倫春畢拉爾事務，設滿洲總管一人，皆由黑龍江將軍選擬送院引見。

大清會典

雍正朝

2

楊一凡　宋北平　主編

尹泰　等纂

宋鴿　校點

鳳凰出版社

大清會典卷之五十一

户部

〔課程三〕

〔鹽法下〕

鹽法通例

凡官員監理，順治初，差長蘆、兩淮、兩浙、河東巡鹽御史各一員，總理直隸、山東、江南、湖廣、江西、河南、浙江、山西、陝西鹽務，一年更差。其福建、廣東、廣西、四川、雲南、貴州六省鹽政，舊隸巡按，後改隸巡撫。〇十年，停差御史，歸運使管理。〇十二年，復差巡鹽御史。〇康熙七年定：長蘆等四處鹽差，於六部郎中員外郎及御史内，每處選差滿漢官各一員，筆帖式各二員。〇十年題准：鹽差御史，不拘滿漢，每處止差一員。〇十一年定：鹽政歸併各該巡撫，停差巡鹽。〇十二年，復差巡鹽御史。〇十六年，停止鹽差筆帖式。如差滿字御史，仍帶筆帖式一員。〇又覆准：京城及采育地方鹽引，向係崇文門監督徵收。嗣後，責成宛、大二縣行銷，與各州縣一體考成。〇三十年題准：添設福建、廣東、廣西巡鹽御史。〇四十六年，命兩廣撫臣兼理鹽課。〇五十八年題准：裁山東膠萊分司。〇五十九年覆准：將兩廣巡鹽御史撤回，鹽政交與總督管理。〇雍正元年議准：各鹽差筆帖式，停其差遣。〇又覆准：福建鹽課，令各州縣徵收，興泉道管轄。〇二年覆准：令各該御史，將鹽法諸書按年纂輯，繕呈御覽，并照式送部，以便查考。〇又題准：長蘆道庫，揀選筆帖式，補授庫大使，專司鎖鑰，登記出入。〇又諭：河東鹽務，著交與川陝總督兼理，停派御史。〇三年覆准：河東仍差巡鹽御史。〇又覆准：麗江府改土歸流。其鹽井交與知府，督令經歷煎鹽，在本處行銷。〇又覆准：廣東發帑收鹽。如産鹽無幾之小場，地方官就近督收。淡水等各場，皆地勢廣遠，產鹽甚多，該督揀選廉幹之員，分委督收。〇又覆准：廣東運使，管理五省鹽政，復設經歷一員，以供差委。〇又諭：嗣後，彌沙井阿陋井大使缺出，令督撫揀選題補。

凡貢鹽，順治初定：供用庫，白鹽二十四萬一千六百六十六觔。内官監，白鹽六萬二千觔，青鹽七萬二千五百觔。光禄寺，青白鹽一十四萬二千觔，以上，每百觔加耗三十觔。鹽磚一萬觔，計六百六十七塊。鹽滷二千四百觔。神樂觀，鹽六千五百二觔。每百觔加耗三十觔。户部、都察院巡鹽御史、官吏食鹽二十一萬一百六觔。每百觔加耗十觔。以上俱係長蘆、興國等場辦解。遇閏，照數加解。〇又題准：部院等衙門鹽，交户部查收，貯庫給發。〇四年題定：給發宗室及官員兵匠人役鹽觔額數。〇七年題准：光禄寺鹽，交本寺收。〇十一年題准：諸王各官，按俸銀每兩給鹽一觔。〇十二年題准：内官監鹽，交宣徽院收。〇十五年題准：供用庫鹽，交宣徽院收。〇康熙元年題准：各監庫鹽，仍交户部收貯。〇三年題准：光禄寺鹽，仍交户部收貯。嗣後鹽觔，除内府取用外，餘令運司變價解部。如遇取用，仍解本色。〇二十八年議准：長蘆運司煎辦貢鹽九十餘萬觔，内務府、光禄寺每年取用三十餘萬觔。自二十八年爲始，止令煎辦四十萬觔。其餘五十餘萬觔，停其煎辦，每包折價銀七錢五分報部。〇三十三年覆准：將長蘆三十三年、三十四年額解鹽觔停止。俟用完，再照例移解。〇五十一年議准：長蘆運司解送備用青白鹽十萬觔、磚鹽一萬觔，於五十一年起，至五十五年止，停止解送，折價解部。俟五年後，每年止解青白鹽六萬觔、磚鹽四千觔，交光禄寺，仍將每年應折價銀，報部查核。

凡引目，順治元年定：寶泉局刊鑄銅板，刷印鹽引。每引納紙硃銀三釐，附同正課，交運司按年解部，以供印刷。〇三年，差官督理淮浙引務，加銜户部侍郎，駐劄揚州。〇七年，停差督引部院，仍令運司官吏赴部關領。〇十三年定：巡鹽御史，先領二季鹽引赴任。其二季，仍委員赴領。〇康熙十二年定：長蘆、山東、兩淮、兩浙、河東每年四季鹽引，豫支户部庫銀刷印，交新差御史帶往，俟解到紙硃銀補庫。〇三十年覆准：鑄山東司鹽引之印二顆，鈐用各省鹽引。〇三十五年覆准：鑄銅板刷印，兩淮十四塊，長蘆十一塊，山東六塊，河東六塊，花馬大池一塊，小池三塊，漢中府、西和縣、漳縣二塊，兩浙八塊，福建四塊，四川一塊，兩廣八塊。〇六十一年覆准：令寶泉局照舊式鑄造新板六十四塊。其模糊舊板，即交銷燬。

鹽引式

户部爲鹽法事,山東清吏司案呈,照得某運司、某處。鹽法題准各項事例,已經通行遵奉訖。所有引目,除另文申飭七欵外,其題定鹽觔繳引二欵并行鹽地方,合行開列。鑄造銅板,印刷引目,給付客商收執,照鹽前去發賣施行。須至引者。

一、某運司、某處。凡客商賣鹽,每引正鹽若干觔爲一引,給行半印引目。每引納完引價,隨即給引支鹽運賣。

一、凡客商興販鹽貨,不許鹽引相離。違者,同私鹽追斷。如賣鹽畢五日内不繳退引者,杖六十。將舊引影射鹽貨,同私鹽論罪。僞造鹽引者,處斬。以上二欵,各省同。

一、行鹽地方。某省、某府、某州、縣、某城、某衞、某營、堡等處。

一、起運官鹽,每引二百觔爲一包。經過批驗所,依數掣摯秤盤,但有夾帶私鹽,隨發有司追斷。客商貨賣官鹽,自揚子江至湖南襄鄧,俱係經過官司辨驗鹽引。如無批驗所掣摯印記者,笞五十,押回盤驗。此欵,祗載兩淮鹽引内。

右引,付客商某收執照鹽。准此。

另文申飭七欵

一、各場竈丁,除正額鹽外,將餘鹽夾帶出場及私煎貨賣者,絞。兩鄰知私煎而不首者,杖一百,充軍。

一、凡守禦官吏、巡檢司巡獲私鹽,俱發有司審問。犯人,絞。有軍器者,斬。鹽貨、車、船、牲畜入官。引領牙人及窩藏寄放者,杖一百,發煙瘴地面充軍。挑擔駄載者,杖一百充軍。自首者,免罪。常人捉獲者,賞銀十兩。仍究何場竈户所賣,依律處斷。鹽運司盤獲私鹽,隨發有司追斷,不許擅問。有司通同作弊脱放,與犯人同罪。

一、凡諸色軍民權豪勢要人等,乘坐私鹽船隻,不服盤驗者,杖一百。軍民,發煙瘴地面充軍。有官者,依律斷罪罷職。

一、將官運鹽貨偷取,或將砂土插和抵換者,計贓比常盗加一等。如係客商鹽貨,以常盗論。若商人將所買官鹽插和砂土貨賣者,杖八十。

一、起運官鹽並場户搬運上倉,將帶軍器者,並行處斬。

一、諸色人買私鹽食用者,減犯私鹽人罪一等。因而販賣者,處絞。

一、各處運載官鹽,許用官船轉運。如竈户鹽丁用别船裝載,即同私鹽科斷。

凡掣割行銷，順治元年題准：掣驗引鹽，每月一次。○又覆准：鹽包觔數太重，秤掣爲艱，酌定成規。引鹽雖分，課觔仍舊。長蘆，一引分爲三引，每引鹽二百觔，包索二十觔。山東，一引分爲三引，每引鹽二百觔。河東，仍舊每引鹽二百觔。○二年題准：掣鹽，每季一次。○又議准：停止邊商納粟，令運司召商納銀，依額解部。○又覆准：兩淮，一引分爲二引，每引鹽二百觔。又，補缺額餘課鹽一十觔，食鹽每引三百三十五觔。兩浙，二引分爲三引，改肩挑小票爲改引，每引鹽二百觔。○三年覆准：福建各路分幫行鹽。西路鹽每引六百觔，東路鹽每引六千觔，南路鹽每引四千八十觔，漳屬鹽每包三百觔。置票徵税，不行鹽引。○五年覆准：陝西大小二池、漢中府每引二百觔，西和縣每引二百觔二兩，漳縣每引一百七十八觔五兩。○七年，福建報解割沒鹽，每觔銀一分。○八年覆准：兩廣鹽每引分爲一十四包。舊例，照産鹽生熟，分路程遠近，多寡不等。今更定，每包俱重一百五十觔。四川行銷小票，每包鹽一百觔，加耗一十五觔。○九年，兩淮報解割沒鹽，每觔銀一分。○十二年，長蘆報解割沒鹽，每觔銀一分。○十三年，兩浙報解割沒鹽，每觔銀一分。○十六年覆准：浙東積存鹽引，寬限帶銷。○十七年題准：雲南各井，以出鹽多寡定經制課程。貴州就近食川、淮、滇鹽。各隨商販，照例抽税。○又覆准：減觔銷引，併包省費，以便商賈。兩淮、兩浙，俱令兩引折行一引。○康熙元年覆准：長蘆，三引折銷二引。○二年，廣東報解溢觔鹽，每觔徵銀五釐。○十四年題准：兩淮食鹽，照綱鹽例，每引二百一十觔。○十六年題准：割沒溢觔等項，盡行革除，每引鹽二百觔加鹽二十五觔。兩淮，納銀二錢五分。長蘆、兩浙、陝西、福建、兩廣，或照課則派輸，或按鹽觔扣算，每引加徵三分起至一兩五分止。惟河東認納每引加觔銀七分，不帶鹽觔。四川、雲南、貴州，向無割沒，亦不加觔。○又題准：京城張灣等處，三引折銷二引。○十七年題准：直省凡遇閏年，增行閏引，按額加課。○二十年恩詔：免增閏月鹽引。

凡場竈由單，康熙十六年題准：將長蘆各場竈户地丁錢糧，十八年爲始刊刻由單，分送户部、户科查驗，給散各竈户。○二十八年議准：場竈向無《全書》，刊刻易知由單，易於稽核。不必改造《賦役全書》。

凡考成，順治初定：直省鹽課，每年巡鹽御史及兼理鹽法巡撫，開列屬官職名分數具奏。其州縣原額並完欠細數，運司及管鹽法司道，彙造清册送部查核。○八年覆准：巡鹽御史，鹽課欠一分以上者，降俸一級；二三分者，降職一級；四五分者，降職三級，照舊回道；六分以上，降職三級，不准回道。如有疏通著績，額課早完者，紀録，仍加優擢。運、提各司，鹽課欠一分以上者，降俸一級；二三分者，降職一級；四五分者，降職三級，俱帶罪督催，限文到三月内全完開復。過限不完，各照所降之級調用。六七分者，降三級調用；八分以上，革職。接管官，照例分别議罰。州縣官，銷引未完二分以上，住俸；四分以上，降俸二級，帶罪督銷，完日開復。六分以上，降二級調用；八分以上，革職。〇康熙三年題准：御史差滿交代離任，將經徵、帶徵鹽課，總作十分考核。欠不及一分者，罰俸一年；一分以上，降俸一級；二分以上，降職一級；三分以上，降職二級，俱留任；四分以上，降職三級調用；五分以上，降職四級調用；六分以上，降職五級調用；七分以上，革職。廣東、廣西、福建、四川、雲南、貴州兼管鹽法巡撫，鹽課初參欠一分者，罰俸三個月；二分者，罰俸六個月；三分者，罰俸九個月；四分者，罰俸一年；五分者，降俸一級；六分者，降俸二級；七分者，降職一級；八分者，降職二級；九分者，降職三級；十分者，降職四級，俱帶罪督催，停其陞轉。運、提、分司大使，欠不及一分者，停其陞轉，罰俸六個月；欠一分者，罰俸一年；二分者，降職一級；三分者，降職二級；四分者，降職三級；五分者，降職四級，俱帶罪督催。六分以上者，革職。管鹽法司、道、府、州、縣官，鹽課初參欠不及一分者，停其陞轉；欠一分以上者，降俸一級；欠二分三分者，降職一級；欠四分五分者，降職三級；欠六分七分者，降職四級，俱帶罪督催，完日開復。欠八分以上者，革職。署運、提、分司大使，欠不及一分者，罰俸三個月；欠一分者，罰俸六個月；二分者，罰俸九個月；三分者，罰俸一年；四五分者，降一級調用；六七分者，降二級調用；八分以上，革職。署理不及一月者，免議。署管鹽法司、道、府、州、縣、衛所官，欠一二分者，罰俸三個月；三四分者，罰俸六個月；五六分者，罰俸九個月；七八分者，罰俸一年；九十分者，降一級調用。署理不及一月者，免議。徵催各官，本年全完者，紀録二次；三年一連全完者，加一級。接徵、接催官，不必各作十分，本年鹽課，總作十分扣算議處。參後，大使，限一年全完，分司限年半全完。限内不完，照州縣官地丁錢糧例處分。運使、提舉，限年半全完。限内不完，照布政使地丁錢糧例處分。管鹽法州、縣、衛、所、官，限一年全完。限内不完，原欠不及一分者，降一級；一二分者，降三級；三四分者，降四級；五六分者，降五級，俱調用。七分以上者，革職。管鹽法司、道、府、直隸知州，限年半全完。限内不完，原欠不及一分者，降職一級，停其陞轉;一二分者,降三級;三四分者,降四級;五六分者,降五級,俱調用。七分以上,革職。兼管鹽法巡撫,限二年全完。限内不完,原欠不及一分者,停陞;欠一二分者,降一級;三四分者,降二級;五六分者,降三級;七八分者,降四級;九十分者,降五級,俱留任督催。凡降俸降級等官,俱候交代。有能於未離任之先,將拖欠鹽課全完者,即准開復。如年限鹽課,接徵、接催官,原參無名者,接算前官,總作十分,限半年全完。如不完,照初參分數參處。〇又題准:州、縣、衞、所官銷引,欠一分者,停其陞轉;欠二分者,降俸一級;三分者,降俸二級;四分者,降職一級;五分者,降職二級;六分者,降職三級;七分者,降職四級,俱帶罪督銷,完日開復。〇四年題准:經管鹽課官,報明巡鹽御史查核完欠,方許離任。如有未完准其離任者,御史降二級調用。〇又覆准:廣西州縣官,咨明廣東巡撫,查核銷引完額,方許離任。〇六年題准:凡遇閏年,巡鹽御史十三個月差滿。〇九年題准:巡鹽運司等官,全完溢額者,停其議叙。〇十二年題准:各官銷引,欠八分以上者,革職。其帶罪督催者,限一年銷完。如未完一二分者,降三級;三四分者,降四級;五六分者,降五級,俱調用。七分以上者,革職。〇又題准:各官任内鹽課未完,别案降調丁憂離任者,俱罰俸一年。鹽池墻垣倒壞,行鹽無術,商販不前,或食鹽不遵舊例,藉口不行鹽者,均罰俸一年。〇又題准:前官已完銷引,責成後官一年内繳部。如不行送部,及題報鹽引遲延,或申報鹽引前後不符者,該管官,罰俸一年;巡鹽御史、兼管鹽法巡撫,罰俸六個月。〇又題准:鹽引不行題明,私自那撥者,該管官,降一級調用;巡鹽御史,降一級留任;兼管鹽法巡撫,罰俸一年。或將此縣引賣與别縣,未經查報者,府、廳官,罰俸一年;布政司、按察司,罰俸六個月。〇十四年題准:御史欠二三分者,照舊議降級,仍行留任。兼管鹽法巡撫參後不完,應降級者,俱留任督催,完日開復。至接管官,半年期限太迫,州縣大使,改限一年;司、道、府、直隸知州、運使等官,限年半;巡撫,限二年。如不完,照初參例處分。署司、道、府、州、縣等官,不及一月者,免議。分司、大使、州縣等官,原欠不及一分,年限内不完者,降一級留任,再限一年督催。如再不完,照所降一級調用。〇十六年題准:長蘆南北各場,每月産鹽,支商、存場餘鹽數目,自十七年起,每年彙册報巡鹽御史衙門咨部。〇十七年題准:各官查出竈地陞科,俱照查出地丁錢糧例議叙。〇二十八年議准:私梟全獲,沿途失察武職,免議。〇又題准:河東鹽池,修築禁墻渠堰,以防水患,按丁均攤,認工挑築,務令堅固如式。如有鹽池墻垣不固倒決者,該州縣官,降職一級,帶罪督修。○又議准:武職拿獲別汛私梟者,准予議叙。○二十九年議准:各商如有積引難銷,情愿告運別屬易銷之處,通融代銷者,該商具呈運使,取地方官印結。轉行代銷引數,仍於奏銷案内,註明查核。○三十年覆准:嗣後,十人以上帶有軍器,興販私鹽,係本汛將賊拿獲一半以上者,失察各官,照例免其處分。其本汛雖未拿獲,被別汛全獲者,亦應免其處分。別汛雖拿獲,少一二人者,仍照例處分。○三十三年議准:運丁夾帶私鹽,沿途各官失察,謊稱出境者,降一級調用。○四十四年題准:嗣後,興販私鹽事發,該管吏目、典史、知州、知縣、守備、千、把總等官,失察一次者,降二級;二次者,降四級,留任。三次者,革職。道、府、直隸州知州、副將、參將、遊擊等官,失察一次,降一級;二次,降二級;三次降三級,留任。四次者,降三級調用。運使、運同、運判、鹽場大使,俱係專管鹽務之員。以後竈丁販賣私鹽,大使失於覺察者,革職,知情者,革職;杖一百,枷號一個月,不准折贖。運同、運判,照該管州縣官之例處分。運使,照府道之例處分。至關津過往回空糧船、官座船隻,如有夾帶私鹽在船者,或被旁人首告,或被查出,將夾帶私鹽之人,照興販私鹽例,杖一百,徒三年。管船同知、通判、守備、千總、文武等官,知情故縱夾帶私鹽者,革職;不知情者,降三級調用。○又覆准:鹽政文移,向由都察院轉行轉送。嗣後,鹽政一應事宜,有關各部者,該部徑自行文該差,該差亦自行咨呈達部,仍具呈都察院存驗。○四十五年覆准:嗣後,有商人告領帑銀者,坐商,責令巡鹽御史、運使等官,運商,責令督、撫、州、縣官員,確查行鹽地方廣狹,鹽本家産厚薄,出具印結,并諸商連名互結,送部查核。○五十年覆准:運司交代,照藩司交代之例,造具册結,詳巡鹽御史,具題查核。如有遲延徇隱等弊,照例題參,交與該部,照藩司交代之例議處。至雲南、貴州、四川、甘肅等處,未設運使。其管理鹽課錢糧官員交代之時,亦照此例。其運同、運判、提舉等官,均有催徵錢糧之責,亦照州縣交代之例,令該御史備具册結,呈報部科。○五十六年題准:兩淮河曲江乂湖港海濱地方,皆係私販要隘。嗣後,外省棍徒,來境私販,地方官失察,照從前九卿所定之例處分。其地方官有能拿獲私販鹽千觔以上者,將該管官核實題請紀録。○五十八年議准:廣鹽課餉考成,止列歲内經徵各官職名。嗣後,兩廣行鹽州縣,將歲外接徵之官,亦按起止月日、未完分數計算考成,另册附參。其果能於歲内將引餉徵解全完,或前官未解,接任官能催徵全完者,俱照地丁經徵五萬兩以下之例,紀録一次。

○六十年諭：聞江浙私鹽盛行，盡流爲盜賊。地方官員明知，並不查拿。應著江南、浙江、京口將軍等，派出官兵，嚴行查拿。遵旨議定：江南京口地方，交與京口將軍，每年揀選賢能協領各一員，佐領、防禦各八員，兵丁酌量派出，各分地方，除窮民肩挑背負小販照例不行查拿外，其大夥私販，嚴行查拿。浙江所屬地方，交與浙江將軍查拿。倘有盜賣私鹽匪類，聚夥拒捕者，拿獲，即交地方官，送按察司衙門審明，照律治罪。其私鹽係何處偷買，係何地方緝獲，將私販爲首之人及失察之地方官，一併議處。若該督撫徇隱，即一併交部議處。如拿獲大夥私鹽一次者，准其紀録一次；拿獲二次者，准加一級。或不盡心緝拿，借端生事擾民，該督撫即行指名題參。○雍正二年議准：販賣私鹽，交與地方官不時嚴加查緝。除零星肩賣與民家者毋許緝拿，倘有大夥鹽梟，督撫會同將軍撥旗兵協捕。其私販爲首之人與裝載私鹽之船户，拿獲一同治罪。拿獲及出首之人，照鹽數議叙。○三年議准：嗣後，各直隸州督銷鹽引、巡緝私鹽，原係府同知經管者，改歸州同；原係通判經管者，改歸州判。其無州同者，歸併州判兼管；無州判者，俱交與州同管理。如銷引不完及巡緝私鹽不力者，該撫即行照例查參。

凡禁例，順治元年覆准：場竈照額煎鹽，大使親驗，按月開報運司。如有隱匿，以通同治罪。其商人，不許混派雜役。行鹽水程，填明賣銷地方，完日同引繳查，不得告改。或鹽引焚溺，取具地方官印結，察實補買。○八年諭：巡鹽御史及運司，不許於額課外勒索侵尅。如有貪縱各官，許商民首告治罪。○十三年題准：鹽政衙門，不許商役互充。○十四年題准：勢豪不許占攬引窩，商舖不許自定價值。如有專利害民，串通經紀，攙賣勒揹等弊，該御史嚴行禁飭。○十五年題准：商竈除犯確實命盜重情外，其餘詞訟，就近鹽法衙門歸結。○十六年題准：商人載鹽大小船隻，俱用火烙印記船頭，不許混行封捉。○十七年題准：鹽場設立公垣，場官專司啓閉。凡竈户煎鹽，俱令堆貯垣中，與商交易。如藏私室及垣外者，即以私鹽論。商人領引赴場，亦在垣中買築，場官驗明放行。倘有私販夾帶等弊，該場官役，一併重處。○又題准：鹽船過關，止納船料。如有借端盤驗，額外苛求者，以枉法治罪。○又題准：凡獲大夥私鹽，必究訊窩家經紀，所過地方，有無徇縱，管鹽司道扶同不舉者，一併參究，不許以肩挑背負零星小販塞責。○又議准：貧民食鹽，四十觔以下者，免税；四十觔以上者，仍令納課。○又覆准：將領、衛、所等官，縱兵私販，許州縣官緝拿，揭報參處。○又題准：竈丁不許充當衙役。○又題准：開店過關漏税，事交户部。無引私鹽，事交刑部。○十八年題准：巡鹽御史，親歷場分，清丈竈地，歸還竈户，不許豪右隱占。○又覆准：彝鹽不許侵入長蘆行鹽之地，如有違越，照私鹽參處。○又題准：兵民興販私鹽，地方官失察一次者，降職一級；二次，降職二級，俱帶罪督緝。一年限内，緝獲一次，還職一級；緝獲二次，還職二級。被人首告三次者，革職。營兵販賣私鹽，該管官失於鈐束，被獲題參，一次，降職一級；二次，降職二級，俱帶罪督緝。一年限内，緝獲一次，還職一級；緝獲二次，還職二級。被人拿獲三次者，革職。地方文武官，緝獲私鹽三次者，紀録一次；六次者，紀録二次；九次者，加職一級。○康熙二年題准：殷實人户願行鹽者，聽其頂補辦課，不許僉報滋擾。○五年題准：天津大沽鹽船出口，巡鹽御史，印給號票，填明人數，地方防汛官查驗放行。如無印票，及人數不符，夾帶違禁貨物者，拿獲治罪。地方文武官疎縱者，照所定出境例處分。○七年題准：州、縣、衛、所官，勒令百姓買引，私派户口銷鹽者，革職。司、道、府、都司，不查報者，降三級調用。巡鹽御史，失於查參者，降一級調用。兼管鹽法巡撫，失於查參者，降一級留任。○九年題准：凡旗下人販賣私鹽，照律治罪外，其主係官，罰俸兩個月，係平人，鞭七十；佐領、驍騎校、内管領，各罰俸一個月；領催、屯領催，各鞭五十。其馬場牧馬人有犯私鹽者，領去之營總、參領等，俱罰俸兩個月；領催等，各鞭八十。○十五年題准：各官該管界内有私煎販賣者，係伊衙役，革職；係軍民人等，降三級調用。如旗下人私煎販賣，本主自行拿獲者，免議。○十七年題准：興販私鹽，地方文武官失於緝捕者，如不及十人，或十人以上不帶軍器，仍照例議處；十人以上帶有軍器，專管官革職，兼轄官降二級，俱留任，限一年内，緝獲一半以上還職。不能緝獲者，照例降革。該督、撫、巡鹽御史、提督、總兵，不行題參者，照徇庇例議處。若專管官一年内，能獲大夥私販，一次者，紀録一次；二次者，紀録二次；三次者，加一級；四次者，加二級；五次者，不論俸滿即陞。兼轄官，一年内能獲三次者，紀録一次；六次者，紀録二次；九次者，加一級。拿獲次數多者，遞准紀録加級。○十八年題准：鹽務俱赴巡鹽衙門控告。赴部越告，概不准行。○二十一年題准：商綱久經革禁，今變名商總。派徵各項奸弊，嚴行查禁。○又題准：凡私鹽經沿途官兵捕快盤獲者，徇縱場官及失察官，一併參處。○二十七年覆准：嗣後，分司官員，非奉文查閲，不許私自巡歷。○又覆准：各場折課等銀，令竈總分催各竈，自封投櫃。如劣衿蠹役營充竈總,包攬收納,照包攬州縣錢糧例治罪。〇又覆准:各場草蕩,例供竈户煎辦,毋許豪民私墾。如有隱占者,該御史即會同督撫查明報部,照例陞科。〇二十八年覆准:嗣後,鹽店設立小票。私蓄鹽丁,概行禁止。有擅用者,照違禁例治罪。〇二十九年覆准:各該御史並管鹽法督撫,飭行各該緊要地方文武官弁,嚴加緝拿私鹽,并令該管官協同商人,不時巡緝。如有私販失察情弊,該御史即行指名題參,從重治罪。〇又覆准:私販鹽觔,果係貧民肩負易米者例不禁外,如有奸猾之徒,將私鹽潛行窩頓、藉口易米度日者,即嚴拿照私鹽例治罪。〇三十年覆准:巡緝私鹽,原係鹽運使專責,令各在伊所轄地方巡緝私鹽。毋許差人在别地方巡緝,或借端生事,擾害地方,挾制有司。〇三十八年覆准:嗣後,江廣糧艘回空,至揚州關,令押運官弁,於該御史衙門,先遞報單,總漕并該御史選委能員公同盤驗。如有夾帶私鹽,將押運官弁并失察各官,一併查參。并令龍江等三關,凡遇回空糧船到關,亦一體盤查。如有私鹽,即移報督撫御史,會同題參。〇四十六年覆准:私販致害官引,俱係積梟巨囤所致,不繩以法,罔知畏懼。嗣後,鹽法衙門將私販之徒,准其用刑。除正罪外,其餘不許妄用刑法。〇四十七年覆准:河南陳州、舞陽等屬,改食蘆鹽。汝寧一府,仍食淮鹽。淮蘆商各守口岸,毋得紊亂經制。永遠遵行。〇又議准:淮南綱鹽,令該御史親行盤查派銷,船至江楚地方鹽道,即給水程。地方官不得借名盤查,需索那借。〇又覆准:巡鹽御史到任,差人坐守各場口,名爲緝私,實即射利,急行裁革。〇又覆准:私鹽之充斥,皆由總商不革,官自爲私,各賣己鹽,以圖一時之利。令將總商革去。違者,該督撫即行指參。〇雍正元年諭:"國家欲安黎庶,莫先於厚風俗。厚風俗,莫要於崇節儉。《周禮》一書,上下有等,財用有度,所以防僭越,禁驕奢也。孟子亦曰,食時用禮,菽粟足而民無不仁。朕臨御以來,躬行節儉,欲使海内之民,皆敦本尚實,庶康阜登而風俗醇。夫節儉之風,貴行於閭里。而奢靡之習,莫甚於商人。朕聞各省鹽商,内實空虚而外甚奢侈。衣服屋宇,窮極華靡;飯食器具,備求工巧;徘優伎樂,恒舞酣歌;宴會嬉遊,殆無虚日;金錢珠貝,視爲泥沙。甚至悍僕豪奴,服食起居,同於仕宦,越禮犯分,罔知自檢。驕奢淫佚,相習成風。各處鹽商皆然,而淮揚爲尤甚。使愚民尤而效之,其弊可勝言哉!司鹽政者,宜約束商人,嚴行禁止,出示曉諭,諄切勸戒。使其痛自改悔,庶循禮安分,不致蹈僭越之愆。而省一日之靡費,即可以裕數日之國課。且使小民皆知警惕,敦尚儉約,於民生亦有裨益,庶不負朕維風振俗之意。若仍前奢侈,不知悛改,或經朕訪聞,或經督撫參劾,商人必從重治罪,鹽政各官亦不能辭徇縱之咎。”〇又議准:杜絶糧船私販,將爲首幫頭,按法重處。〇二年題准:静海縣所屬之四黨口,撥守備一員、把總一員,帶領馬步兵丁一百名,駐劄分防,緝捕私販。〇又議准:令京口將軍派撥兵丁,於揚子江之三江口、瓜洲、易州口等處,巡查私鹽。〇又議准:嗣後,如有積梟藉稱貧民,將私鹽潛行窩囤,興販貿易者,令地方官弁及鹽政衙門,一體稽察。〇又覆准:令各省管鹽督撫御史,將商人每年應完錢糧,務於奏銷限内,照數完納。如有拖欠,即將該商革退引窩,另募殷實商人承頂。所欠錢糧,著落該商家産追賠。其原出結各官,交與該部,嚴加議處。如有通同徇隱,以欠作完等弊,於發覺之日,將該管各官,一併從重治罪。〇三年覆准:嗣後,拿獲私販,有誣扳人者,即非拒捕傷人,亦以拒捕傷人律治罪。其巡鹽兵役,有指使誣扳者,照捕役指使盜賊扳陷平人律治罪。地方官不即行詳究釋放,拖累商民者,亦照失察例,降三級調用。〇又覆准:嗣後竈户内,有倚恃貢監生員,抗税不完,欠八分以上者,俱革黜爲民,責四十板,枷號兩個月;欠五分以至七分者,俱革黜爲民,責四十板,枷號一月;欠四分以下者,俱革黜爲民,責二十板,所欠課銀,仍嚴行追比。其有包役不完者,即行褫革,責四十板,枷號三個月。有劣生指官告役,教唆興訟者,該督撫移會該巡鹽,秉公提審。如惡衿情罪果實,照誣告唆訟之律治罪。倘有屈抑,亦即爲申理。如有自恃生監,不遵約束,目無場官者,場官申詳巡鹽,該巡鹽察審得實,即按律治罪。或有不肖場官刻剥竈户,借申詳爲恐嚇之端,該鹽政即行題參,從重議處。〇四年議准:回空糧船,在産鹽處所,該地方文武各官,不行力催,任其逗遛,與遊客囤户等私相交易,至有夾帶之事者,將該地方文武各官并押空官弁查參,照例議處。運丁遊客囤户等,照販賣私鹽人等之例,加等治罪。該管鹽務運司等官,掣鹽出場,務將餘鹽嚴行巡查,不許夾帶。如有徇隱疎縱,發覺之日,將運司等官,令該巡鹽御史,照失察私鹽之例,題參議處。其竈丁人等,亦照販賣私鹽律治罪。〇又覆准:每年糧船回空之時,於瓜洲江口派委瓜洲營協同廳員,實力搜查,以杜夾帶之弊。至内有私鹽事發,令該督等遵照定例,將所獲私鹽,究明買自何場竈,是何月日,在於何處裝運上船,即將該管地方各官失察職名題參。〇又覆准:糧船旗丁水手,南北往返,必須食鹽。准其於受兑上船處,帶鹽四十觔;於交卸回空處,亦准其帶鹽四十觔。多帶者,同私鹽法從重治罪。

大清會典卷之五十二

戶部

〔課程四〕

〔關稅〕

國家設關榷稅，則例不一。有徵商稅者，有徵船料者，有商稅船料並徵者。所定額稅，或增而復減，歲差監督；或設而復裁，皇恩廣大，務在節浮費，恤商賈也。課額則例及考核禁令，備詳於後。其辦銅歲額，見錢法；荆州南新等關，隸工部，兹不具載。

設關處所

崇文門　左翼

右翼　張家口

殺虎口

坐糧廳舊爲挖運廳。康熙三十九年，改。　天津關舊爲河西務。康熙元年，改。

臨清關　淮安關

揚州關　鳳陽關

蕪湖關　滸野關

北新關　贛關

九江關康熙二十一年，移至湖口。雍正二年，復舊。

太平橋關

西新關康熙二十八年，歸併龍江關，稅銀仍交戶部。

山海關　江南海關

浙江海關　福建海關

廣東海關

舊有荆州關。康熙四十七年,改隸工部。

歲額

雍正三年,各關額税銀共一百三十五萬六百四十七兩三錢五分零。

崇文門,額税銀九萬四千四百八十三兩。原額,八萬五千九十九兩。康熙二十五年,增九千三百八十四兩。

康熙三十三年,增八千兩。三十八年,裁。

左翼,額税銀一萬兩。原額,六千兩。康熙二年,增四千兩。

右翼,額税銀一萬兩。原額,六千兩。康熙二年,增四千兩。

張家口,額税銀二萬兩。原額,一萬兩。居庸關,額税三千兩。康熙四十一年題定:居庸關歸併張家口,共徵銀一萬六千兩。雍正元年奏准:免辦各項皮張,增銀四千兩。

殺虎口,額税銀一萬六千九百十九兩九錢五分零。原額,一萬三千兩。康熙二年,裁三千兩。六年,裁二千兩。十三年,裁二千兩。十六年,增三千兩。康熙三十五年題定:兼收右衛税銀一千九百十九兩九錢五分零。雍正三年,增木税銀六千兩。

坐糧廳,額税銀六千三百三十九兩零。即挖運廳,舊係通永道所轄。康熙三十九年,改歸坐糧廳徵收。

天津關,額税銀四萬四百六十四兩。原額,河西務三萬五千八百四十七兩二錢。順治十三年,減四千九百四十七兩二錢。康熙元年,移駐天津關,併徵天津道税四千一百八十兩。二十五年,增五千三百八十四兩。

康熙六十年,增三萬五千兩。雍正元年,裁。

臨清關,額税銀二萬九千六百八十四兩。原額,七萬六千二百七十一兩二錢。順治十三年,減五萬一千九百七十一兩二錢。康熙二十五年,增五千三百八十四兩。

康熙六十年,增八千兩,雍正元年裁。

淮安關,額税銀六萬九千六十九兩。原額,五萬四十七兩九錢。順治十三年,增八千二百五十二兩一錢。康熙九年,併徵淮安倉税三萬八百九十兩八錢七分,又工部清江廠銀五萬七百六十九兩一錢二分。二十五年,增一萬七百六十九兩。淮安倉田地房契及清江廠梁頭税,儘收儘解,共十五萬七百二十八兩九錢九分。除併徵淮安倉税銀歸漕項奏銷,清江廠銀歸工部奏銷外,共銀六萬九千六十九兩。

康熙五十八年,增節省浮費羡餘銀一十五萬兩。雍正元年,裁。

揚州關,額税銀四萬四千八百八十三兩九錢。原額,二萬八千六百七十二兩八錢。順治十三年,增七千八百二十七兩一錢。康熙二十五年,增八千三百八十四兩。

康熙三十三年,增五千兩。三十八年,裁。

鳳陽關,額税銀七萬九千八百三十九兩。原額,正陽關税二萬七兩,又併徵臨淮關税一千八百兩。康熙十九年,增八千一百九十三兩。二十年併徵亳州盱眙税課四萬一千一百一十五兩八錢三分。二十五年,增八千七百二十三兩一錢七分。

康熙六十年,增三萬五千兩。雍正元年,裁。

蕪湖關,額税銀十三萬八千四百九十六兩。原額,八萬七千三百三十七兩八錢。順治十三年,增三萬五千七百六十二兩二錢。康熙十年,併徵工部蕪湖關銀四萬五千三百兩。二十年,增一萬五千三百九十六兩。除徵工部蕪湖關銀歸工部奏銷外,共銀十三萬八千四百九十六兩。

康熙三十三年,增二萬兩。三十八年,裁。

滸墅關,額税銀十六萬八千七百九兩。原額,十一萬三千九百四十六兩八錢。順治十三年,增三萬五千五十三兩二錢。康熙二十五年,增一萬九千七百九兩。

康熙三十三年增二萬兩。三十八年,裁。

北新關,額税銀十萬七千六百六十九兩。原額,八萬九千三百七十六兩。順治十三年,增五千二十四兩。康熙二十五年,增一萬三千二百六十九兩。〇徵茶課銀在外。

康熙三十三年,增五千兩。三十八年,裁。

九江關,額税銀十五萬三千八百八十九兩七錢三分。原額,七萬九千七百八十四兩二錢。順治十三年,增二萬一十五兩八錢。康熙二十一年,移駐湖口,以本年所徵銀一十二萬九百六兩七錢三分零爲定額。二十四年,增木筏税銀二萬一百八兩四錢。二十五年,增一萬二千八百七十四兩六錢。雍正元年,仍移歸九江。

康熙三十三年,增一萬兩。三十八年,裁。

贛關,額税銀四萬一千一百二十四兩五錢三分零。原額,三萬五千兩,又門税銀三百八十二兩五錢三分零。康熙十九年,減鹽税一千兩。二十年,增税三千兩。二十五年,增三千七百四十二兩。

太平橋關,額税銀四萬六千八百二十九兩一錢六分。原額,二萬六千六百二十六兩四錢零。康熙九年,併徵遇仙橋滄光廠税一萬八百九十八兩四錢。十二年,減徵鹽包税二百五兩零。十七年,又減徵三千三百三十二兩六錢零。二十年,增五千兩。二十二年,增三千兩。二十五年,增四千八百四十二兩。

康熙三十三年,增五千兩。三十八年,裁。

西新關,額税銀三萬三千六百八十四兩。原額,一萬八千二百六十九兩。

順治十三年，增一萬三十一兩。康熙二十五年，增五千三百八十四兩。

康熙三十三年，增四千兩。三十八年，裁。

山海關，額稅銀三萬二千二百兩。原額，二萬五千兩。康熙四十六年，增三千二百兩。五十四年，增三千兩。五十九年，增一千兩。

江南海關，額稅銀二萬三千一十六兩三錢零。原額，二萬六千八百十八兩九錢。康熙二十七年，題減三千八百二兩六錢零。

康熙六十年，增一萬五千兩。雍正元年，裁。

浙江海關，額稅銀三萬二千三十兩六錢零。原額，三萬五千二百七十九兩六錢。康熙二十七年，題減二千四十一兩零。二十九年，定額三萬二千三十兩六錢零。

康熙六十年，增一萬兩。雍正元年，裁。

福建海關，額稅銀六萬六千五百四十九兩五錢零。

廣東海關，額稅銀四萬兩二分。原額，九萬一千七百十四兩五錢。康熙二十七年，題減八千三百八十二兩四錢八分。三十八年，題減四萬三千三百三十二兩。

各關額解銅觔水脚銀數

崇文門，七千六百九十二兩三錢零。

天津關，七千六百九十二兩三錢零。

臨清關，七千六百九十二兩三錢零。

淮安關，一萬五千三百八十四兩六錢零。

揚州關，七千六百九十二兩三錢零。

鳳陽關，一萬三百二十兩五錢零。

蕪湖關，一萬八千四百二十三兩零。

滸墅關，二萬二千四百四十二兩三錢零。

北新關，一萬五千三百八十四兩六錢。

贛關，五千三百四十六兩一錢零。

太平橋，五千八百四十六兩一錢零。

西新關，七千六百九十二兩三錢零。

江南海關，二千五百兩。

浙江海關，三千七百五十兩。

福建海關，七千兩。

廣東海關，三千七百五十兩。

辦銅則例，詳見《錢法》。

則例

崇文門

商稅各色貨物,俱分地道,照順治二年部頒則例,比類收稅。仍有開載未盡者,俱照雜貨算。

左右兩翼

商稅計貨價,每兩抽稅三分。

張家口殺虎口

商稅凡牲畜價值,每兩抽稅三分。其餘貨物,照部頒則例徵稅。

天津關

船料

六尺。一錢九釐,補額四分,餘銀一分七釐。七尺。一錢二分八釐,補額六分,餘銀三分一釐。八尺。一錢四分一釐,補額六分,餘銀三分一釐。九尺。一錢六分三釐,補額七分,餘銀三分一釐。一丈。一錢七分八釐,補額八分,餘銀四分一釐。丈一。二錢八釐,補額一錢,餘銀五分一釐。丈二。二錢五分九釐,補額一錢二分,餘銀六分一釐。丈三。三錢四分,補額一錢五分,餘銀八分一釐。丈四。四錢五分,補額二錢,餘銀一錢一分二釐。丈五。五錢六分二釐,補額二錢七分,餘銀一錢四分三釐。丈六。六錢七分三釐,補額三錢五分,餘銀一錢七分四釐。

商稅。直隸所出,大串小串布,每十疋稅錢四文。江西所出,中夏小夏布、把布,每十疋稅錢四文。粗布、綿紬、絹、雜貨,價值銀一兩者,稅錢四文。牛二角,稅銀三分一釐。皮,稅銀一分二釐。其餘各項貨物,照崇文門則例收稅。

船裝稅額,各按部頒則例,計貨物包捆徵收。

臨清關

船料

長船五尺,徵銀四分七釐五毫零。〇六尺,銀九分五釐一毫零。〇七尺,銀一錢四分二釐七毫零。〇八尺,銀一錢九分三毫零。〇九尺,銀三錢三分七釐九毫零。〇一丈,銀三錢六分四釐八毫零。〇丈一,銀五錢二分三釐五毫零。〇丈二,銀六錢二釐八毫零。〇丈三,銀六錢六分六釐三毫零。〇丈四,銀七錢二分九釐七毫零。〇丈五,銀八錢九釐一毫零。〇丈六,銀九錢五分一釐九毫。

雜船五尺,徵銀三分一釐七毫零。〇六尺,銀四分七釐五毫零。〇七尺,銀六分三釐四毫零。〇八尺,銀九分五釐一毫零。〇九尺,銀一錢四分二釐七毫零。〇一丈,銀二錢三分七釐九毫零。〇丈一,銀三錢三分三釐一毫零。〇丈二,銀四錢二分八釐三毫零。〇丈三,銀五錢二分三釐五毫零。〇丈四,銀六錢一分八釐七毫零。〇丈五,銀七錢九分三釐二毫零。〇丈六,銀九錢五分一釐九毫。

裝雜糧船補料五尺、六尺、七尺,俱補一丈二尺,各徵銀四錢二分八釐三毫零。〇八尺、九尺,俱補一丈四尺,各徵銀六錢一分八釐七毫零。〇一丈至一丈六尺,俱補一丈六尺,各徵銀九錢五分一釐九毫。

騾車。每輛二錢二分二釐一毫零。牛車。每輛一錢二分九釐六毫零。小車。每輛四分七釐五毫零。騾馱。每頭三分一釐七毫零。驢馱。每頭二分五釐三毫零。

商稅各色貨物,俱分地道,照部頒款額及續定則例,按數收稅。

淮安關

船料

裏河裝并北河來五尺,徵銀三兩八錢一分二釐六毫。〇六尺,四兩六錢六分五釐八毫。〇七尺,五兩六錢二分六毫。〇八尺,七兩七錢四毫。〇九尺,七兩六錢四分九釐二毫。〇一丈,九兩一錢八分一釐六毫。〇丈一,十一兩一錢七分五釐四毫。〇丈二,十二兩六錢一釐四毫。〇丈三,十三兩九錢二分。〇丈四,十五兩五錢一釐二毫。〇丈五,十七兩二分八釐六毫。〇丈六,十八兩二錢四分五釐八毫。

裝往北河並顏河去五尺,徵銀三兩八錢六分四釐。〇六尺,四兩七錢四分三釐四毫。〇七尺,五兩七錢四分五釐八毫。〇八尺,六兩八錢六分一釐六毫。〇九尺,七兩八錢四分。〇一丈,九兩四錢八分一釐。〇丈一,十一兩六錢五釐。〇丈二,十三兩一錢一分四釐六毫。〇丈三,十四兩五錢四釐八毫。〇丈四,十六兩一錢八分七釐四毫。〇丈五,十七兩八錢一分二釐。〇丈六,十九兩九分三釐二毫。

南河來去裝卸五尺,徵銀三兩九錢七分九釐八毫。〇六尺,四兩八錢三分三釐。〇七尺,五兩七錢八分七釐六毫。〇八尺,六兩九錢三分九釐二毫。〇九尺,七兩九錢八分九釐二毫。〇一丈,九兩六錢二分四釐二毫。〇丈一,十一兩七錢六釐四毫。〇丈二,十三兩三錢四分一釐二毫。〇丈三,十四兩九錢二分八釐四毫。〇丈四,十六兩六錢九分四釐六毫。〇丈五,十八兩三錢八分三釐。〇丈六,十九兩八錢一分五釐。

南北河互轉及顏河轉南河南河進顏河安東去五尺,徵銀四兩一錢八分八釐六毫。〇六尺,五兩二錢五分六毫。〇七尺,六兩二錢五分三釐。〇八尺,七兩五錢四分七釐八毫。〇九尺,八兩七錢一分一釐二毫。〇一丈,十兩六錢六分八釐二毫。〇丈一,十三兩一錢三分八釐四毫。

北河來顏河出進五尺,徵銀四兩一錢四分八毫。〇六尺,五兩一錢五分五釐二毫。〇七尺,六兩三錢六釐六毫。〇八尺,七兩五錢七分七釐六毫。〇九尺,八兩七錢一分一釐二毫。〇一丈,十兩六錢一分八釐二毫。〇丈一,十三兩一錢九分二釐二毫。〇丈二，十四兩九錢八分二釐二毫。

裝鹽南河去五尺，徵銀三兩九錢三分二釐。〇六尺，四兩七錢四分九釐四毫。〇七尺，五兩六錢六分二釐二毫。〇八尺，六兩七錢七分八釐。〇九尺，七兩八錢四釐二毫。〇一丈，九兩三錢二分六釐。〇丈一，十一兩二錢八分二釐八毫。〇丈二，十二兩八錢三分四釐二毫。

食鹽北河去五尺，徵銀二兩二錢六分一釐四毫。〇六尺，二兩九錢四分七釐四毫。〇七尺，三兩七錢五分三釐。〇八尺，四兩六錢一分二釐二毫。〇九尺，五兩三錢九分三釐八毫。〇一丈，六兩八錢三分七釐八毫。〇丈一，八兩七錢九釐二毫。〇丈二，十兩一分八釐。〇丈三，十一兩一錢一分一釐二毫。

清河縣卸鹽五尺，徵銀二兩四錢二分二釐四毫。〇六尺，二兩八錢一分六釐二毫。〇七尺，三兩三錢一分七釐四毫。〇八尺，三兩八錢八分四釐二毫。〇九尺，四兩三錢九分七釐四毫。〇一丈，五兩二錢八釐八毫。〇丈一，六兩二錢七分六釐八毫。〇丈二，七兩四分六毫。〇丈三，七兩七錢四分四釐六毫。

安東來草灣卸鹽五尺，徵銀二兩三錢三釐。〇六尺，二兩六錢四分九釐二毫。〇七尺，三兩九分六釐六毫。〇八尺，三兩六錢九釐八毫。〇九尺，四兩五分一釐四毫。〇一丈，四兩七錢六分七釐二毫。〇丈一，五兩六錢九分八釐。〇丈二，六兩三錢六分四毫。〇丈三，六兩九錢七分五釐。〇丈四，七兩七錢八釐八毫。

南河來卸糧食五尺，徵銀七錢二分八釐。〇六尺，九錢七分八釐六毫。〇七尺，一兩二錢八分。〇八尺，一兩六錢。〇九尺，一兩七錢九分。〇一丈，一兩九錢九分。〇丈一，二兩二錢九分。〇丈二，二兩七錢三分五釐。〇丈三，三兩二錢三分五釐。〇丈四，三兩八錢三分五釐。〇丈五，四兩六錢三分五釐。〇丈六，五兩六錢四分五釐。

王家營裝卸來去五尺，徵銀三兩四錢六分六釐。〇六尺，四兩一錢七分六毫。〇七尺，四兩九錢五分八釐二毫。〇八尺，五兩八錢六分五釐二毫。

北河來并裏河裝卸煤炭五尺，徵銀二兩五錢八釐。〇六尺，三兩一錢八分七釐七毫。〇七尺，三兩九錢八分六釐一毫零。〇八尺，四兩八錢三分四釐六毫。〇九尺，五兩七錢五分一釐八毫零。〇一丈，七兩八分四釐九毫。〇丈一，八兩四錢一分七釐九毫零。〇丈二，九兩七錢五分五釐。〇丈三，十一兩九分二釐零。〇丈四，十二兩四錢二分九釐一毫。

安東來卸柴船六尺，徵銀二錢三分八釐六毫。〇七尺，三錢四分。〇八尺，四錢三分五釐六毫。〇九尺，五錢三分一釐。〇一丈，七錢三分九釐八毫。〇丈一，九錢五分三釐六毫。〇丈二，一兩二錢一分七釐四毫。

蘆蓆船五尺，徵銀五錢六分八毫。〇六尺，八錢一分七釐四毫。〇七尺，一兩一錢二分一釐八毫。〇八尺，一兩四錢二分六釐二毫。〇九尺，一兩七錢三分六毫。

○一丈，二兩三分五釐。

海芬茅草船進口卸五尺，徵銀四錢四分一釐六毫。○六尺，六錢六分八釐二毫。

牛草船進口卸五尺，徵銀二錢八分四毫。○六尺，四錢五釐八毫。

搖船裏外河裝卸五尺裝卸船，四錢四分一釐六毫。○五尺轉河船，六錢六分二釐二毫。

鮮果船五尺，二錢八分四毫。

座船出進口丈六船，出口，五兩三錢七分；進口，四兩四錢三釐四毫。

浪船出進口五尺，五錢八分八釐。○六尺，八錢一分一釐四毫。○七尺，一兩一錢二分一釐八毫。○八尺，一兩四錢三分二釐。○九尺，一兩七錢四分八釐二毫。○一丈，二兩三錢六分二釐八毫。

站船仙船一丈船，出口，二兩一分八毫；進口，一兩六錢二分二釐八毫。

黄船出進口丈四船，一兩三錢九分二毫。

北來油貨，十五簍。裏河酒米船，不足百石。外河雜糧船，不足百石。減免半科。五尺，止徵銀一兩九錢六釐三毫。

外河短剥貨船五尺，止徵銀七錢。

船不滿載納頂限及空船出進口每尺，減銀一錢。

過限及重船起復起剥告改地方每尺，減銀一錢五分。

過渡車例四驢折一車，及二車，徵銀二錢八分四毫；三車至五車，七錢；六車至十車，一兩九錢六釐三毫。

淮安關兼管淮安倉

四税各色貨物，折算每包每石徵税三釐起至九分七釐五毫止。

商税灰契小税出進口、轉河貨物，照例加倍算；并本地收買貨物，照例加梁頭，每尺一錢三分，俱有灰税。五尺至五尺九寸，納灰十石；六尺至九尺九寸，納灰二十石；一丈以外，納灰三十石；每灰十石，納銀五錢。○南北河來清江過壩，照例算，不加梁頭，不納灰。○王家營來貨物，照例算，外加梁頭，每尺一錢三分，不納灰。○南北來貨物，納官契一張，每張納銀五錢。

田地房契無定額，儘收儘解。

淮安關兼管清江廠

抽分則例三尺船，抽銀三錢，由閘銀，四錢九分二釐起。至一丈八尺船，抽銀十八兩，由閘銀，三兩四錢九分二釐止。○竹、木、鐵、油、麻、藤、棕、石灰、煤、炭，俱按尺寸、石觔，抽銀不等。○裏外河裝木炭、煤炭、蘆柴、蓆等船，俱按梁頭，抽銀不等。

扣利則例凡北來雜糧，上行賣者，每百石扣銀九分。○南北來貨物，折石、折包,扣銀不等。凡未載則例者,每件俱照四釐扣算。

船鈔。每尺二錢五分。餘羡。每尺一錢。由閘。重船出進口,每尺二錢五分。空船出進口,一丈以上,每尺一錢九分四釐;一丈以下,每尺一錢六分四釐。裝卸過壩,每尺五分。石價。每尺二錢。重船進口,加倍。

梁頭無定額,儘收儘解。重船出進口并裏外河裝卸,每尺一分。

揚州關

梁頭五尺,徵銀九分二釐。○六尺,一錢五分九釐。○七尺,二錢二分九釐。○八尺,二錢八分六釐。○九尺,四錢二分一釐。○一丈,九錢八分六釐。○丈一,一兩一錢四分六釐。○丈二,一兩三錢六釐。○丈三,一兩四錢九分六釐。○丈四,一兩六錢七分八釐。○丈五,一兩八錢六分四釐。○丈六,二兩四分二釐。○丈七,二兩二錢九釐。○丈八,二兩六錢一分五釐。○鹽船,每隻二兩六錢五分一釐。○民船,加艙,每艙二兩,以六艙爲止。○糧馬船,每艙三兩,以五艙爲止。○竹、木、牌筏,每甲一錢。

鳳陽倉關

商税凡貨物,照價值,每兩徵銀一分。

蕪湖關

梁頭

加料

六尺。十五兩。○五寸,加二兩四錢。○減尺,十三兩五錢。○五寸,加二兩三錢。七尺。十九兩。○五寸,加二兩四錢。○減尺,十七兩四錢。○五寸,加二兩四錢。八尺。二十三兩。○五寸,加二兩七錢。○減尺,二十一兩四錢。○五寸,加二兩四錢。九尺。二十七兩五錢。○五寸,加二兩七錢。○減尺,二十五兩七錢。○五寸,加二兩五錢。一丈。三十三兩。○五寸,加十兩七錢。○減尺,四十二兩二錢。○五寸,加九兩九錢。丈一。四十六兩四錢。○五寸,加二兩七錢。○減尺,四十二兩八錢。○五寸,加二兩七錢。丈二。五十一兩八錢。○五寸,加二兩七錢。○減尺,四十八兩二錢。○五寸,加二兩七錢。丈三。五十七兩二錢。○五寸,加二兩七錢。○減尺,五十三兩六錢。○五寸,加二兩七錢。丈四。六十二兩六錢。○五寸,加二兩七錢。○減尺,五十九兩。○五寸,加二兩七錢。丈五。六十八兩。○五寸,加十七兩一錢。○減尺,六十四兩四錢。○五寸,加十七兩一錢。丈六。八十七兩八錢。○五寸,加三兩六錢。○減尺,八十四兩二錢。○五寸,加三兩六錢。丈七。九十四兩一錢。○五寸,加三兩六錢。○減尺,九十兩五錢。○五寸,加三兩六錢。丈八。一百兩四錢。○五寸,加三兩六錢。○減尺,九十六兩八錢。○五寸,加三兩六錢。丈九。一百六兩七錢。○五寸,加三兩六錢。○減尺,一百三兩一錢。

○五寸,加三兩六錢。二丈。一百十三兩。○減尺,一百九兩四錢。二丈外。四倍算。有五寸者,照加數小倍算。

平料

六尺。五兩六錢五分。○五寸,加九錢。○減尺,四兩七錢。○五寸,加九錢五分。七尺。七兩四錢五分。○五寸,加九錢。○減尺,四兩七錢。○五寸,加九錢五分。八尺。九兩七錢。○五寸,加九錢。○減尺,八兩八錢。○五寸,加九錢。九尺。十一兩五錢。○五寸,加一兩一錢。○減尺,十兩六錢。○五寸,加九錢。一丈。十三兩七錢。○五寸,加四兩九錢五分。○減尺,十二兩六錢。○五寸,加三兩八錢五分。丈一。十九兩七錢五分。○五寸,加一兩六錢五分。○減尺,十七兩五錢五分。○五寸,加一兩六錢五分。丈二。二十二兩五錢。○五寸,加一兩六錢五分。○減尺,二十兩三錢。○五寸,加一兩六錢五分。丈三。二十五兩二錢五分。○五寸,加一兩六錢五分。○減尺,二十二兩五分。○五寸,加一兩六錢五分。丈四。二十八兩。○五寸,加一兩六錢五分。○減尺,二十五兩八錢。○五寸,加一兩六錢五分。丈五。三十兩七錢五分。○五寸,加九兩九錢。○減尺,二十八兩五錢五分。○五寸,加九兩九錢。丈六。四十二兩三錢。○五寸,加一兩六錢五分。○減尺,四十兩一錢。○五寸,加一兩六錢五分。丈七。四十五兩六錢。○五寸,加一兩六錢五分。○減尺,四十三兩四錢。○五寸,加一兩六錢五分。丈八。四十八兩九錢。○五寸,加一兩六錢五分。○減尺,四十六兩七錢。○五寸,加一兩六錢五分。丈九。五十二兩二錢。○五寸,加一兩六錢五分減尺,五十兩。○五寸,加一兩六錢五分。二丈。五十五兩五錢。○減尺,五十三兩三錢。二丈外。三倍半算。有五寸者,照加數小倍算。

下料

六尺。八錢五分。○五寸,加一錢五分。○減尺,七錢。○五寸,加一錢五分。七尺。一兩二錢。○五寸,加三錢。○減尺,一兩。○五寸,加二錢。八尺。一兩八錢。○五寸,加三錢。○減尺,一兩五錢。○五寸,加三錢。九尺。二兩四錢。○五寸,加三錢。○減尺,一兩一錢。○五寸,加三錢。一丈。三兩。○五寸,加一兩五錢八分。○減尺,二兩七錢。○五寸,加九錢八分。丈一。五兩三分。○五寸,加四錢五分。○減尺,四兩一錢三分。○五寸,加四錢五分。丈二。五兩九錢三分。○五寸,加四錢五分。○減尺,五兩三分。○五寸,加四錢五分。丈三。七兩五分。○五寸,加四錢五分。○減尺,六兩一錢五分。○五寸,加四錢五分。丈四。七兩九錢五分。○五寸,加四錢五分。○減尺,七兩五分。○五寸,加四錢五分。丈五。八兩八錢五分。○五寸,加二兩七錢。○減尺,七兩九錢五分。○五寸,加二兩七錢。

丈六。十二兩。○五寸,加六錢八分。○減尺,十一兩一錢。○五寸,加六錢八分。丈七。十三兩一錢三分。○五寸,加六錢六分。○減尺,十二兩二錢三分。○五寸,加六錢八分。丈八。十四兩二錢五分。○五寸,加六錢八分。○減尺,十三兩三錢五分。○五寸,加六錢八分。丈九。十五兩三錢八分。○五寸,加六錢七分。○減尺,十四兩四錢八分。○五寸,加六錢七分。二丈。十六兩五錢。○減尺,十五兩六錢。二丈外。三倍算。有五寸者,照加數小倍算。

辰船、紙船,一丈内外,俱加二尺。

商税

一、加料貨等物。○一、加料貨物另算。○一、加平半貨物。○一、加料貨物減尺。○一、平料貨等物。○一、平下半貨物。○一、平料貨物減尺。○一、下料貨等物。○一、下料貨不減尺。

土著布鈔梁頭

六尺。四兩二錢。七尺。六兩一錢。八尺。七兩九錢。九尺。九兩七錢。一丈。十一兩五錢。丈一。十三兩七錢。丈二。十五兩九錢。丈三。十八兩一錢。丈四。二十兩三錢。丈五。二十二兩五錢。色布、緞、綫、包頭、氈、羢,照部頒則例徵銀。

免税則例

一、零星貨物税不上一錢者。○一、肩挑背負,不由水者。○一、空船。○一、鹽船。○一、米穀船。○一、麥船。○一、柴、炭、煤、草船。○一、雞毛船。○一、糞田草船。○一、農具船。○一、有引茶船。

滸墅關

梁頭。七尺。平料銀四錢二分,加平料銀六錢三分,補料銀八錢四分,加補料銀一兩二錢六分。八尺。平料銀四錢九分,加平料銀八錢四分,補料銀九錢八分,加補料銀一兩六錢八分。九尺。平料銀七錢,加平料銀一兩五分,補料銀一兩四錢,加補料銀二兩一錢。一丈。平料銀一兩一錢二分,加平料銀一兩六錢一分,補料銀二兩二錢四分,加補料銀三兩二錢二分。丈一。平料銀一兩五錢四分,加平料銀三兩二錢一分,補料銀三兩八分,加補料銀四兩六錢二分。丈二。平料銀一兩九錢六分,加平料銀二兩七錢三分,補料銀三兩九錢二分,加補料銀五兩四錢六分。丈三。平料銀二兩三錢八分,加平料銀三兩一錢五分,補料銀四兩七錢六分,加補料銀六兩三錢。丈四。平料銀二兩八錢,加平料銀三兩五錢七分,補料銀五兩六錢,加補料銀七兩一錢四分。丈五。平料銀三兩八分,加平料銀三兩九錢九分,補料銀六兩一錢六分,加補料銀七兩九錢八分。丈六。平料銀三兩三錢六分,加平料銀四兩四錢一分,補料銀六兩七錢二分,加補料銀八兩八錢二分。丈七。平料銀三兩六錢四分,加平料銀四兩三錢三分,補料銀七兩二錢八分,加補料銀九兩六錢六分。丈八。平料銀三兩九錢二分,加平料銀五兩二錢五分,補料銀七兩八錢四分,加補料銀十兩五錢。

商稅凡船裝貨物,悉照梁頭丈尺,按部頒款額,刻榜徵税。

北新關

船料

長船、剥船、贛船、河船、焦湖船、槳船、沙船。五尺,徵銀一錢六分。○六尺,一錢九分六釐。○七尺,四錢。○八尺,五錢三分六釐。○九尺,六錢八分。○一丈,八錢五分六釐。○丈一,一兩五分六釐。○丈二,一兩三錢八釐。○丈三,一兩五錢八分八釐。○丈四,一兩八錢六分八釐。

邊江船羅子頭船、絡脚頭船、王巷船、烏船、艎船。五尺,一錢六分。○六尺,二錢。○七尺,三錢二分。○八尺,四錢五分六釐。○九尺,六錢一分六釐。○一丈,七錢七分六釐。○丈一,九錢九分二釐。○丈二,一兩二錢。○丈三,一兩四錢一分六釐。

太湖船、宜興船、馬口船、划子船、艑船、攤船。五尺,一錢。○六尺,一錢六分。○七尺,二錢八分。○八尺,四錢一分六釐。○九尺,五錢七分六釐。○一丈,七錢四分八釐。○丈一,九錢八釐。○丈二,一兩六分八釐。

摇羅船。五尺,一錢。○六尺,一錢四分八釐。○七尺,二錢。○八尺,四錢五分八釐。

航船、脚船、摇船、划船、闊頭船。五尺,八分。○六尺,一錢二分。○七尺,三錢二分。○八尺,四錢五分六釐。○九尺,六錢六分六釐。○一丈,七錢七分六釐。○丈一,九錢八分四釐。○丈二,一兩二錢。○丈三,一兩四錢一分六釐。

尖船。五尺,一錢。○六尺,一錢四分八釐。○七尺,二錢。○八尺,四錢五分八釐。

商稅七務、六小關,俱照部頒則例,按貨徵税。

九江關

船料

祥現船、駁船、蘇船、贛船、辰船、七板船、六槳船、滿篷船、河船、撫船、駕船、斗船、大划船、大舠船、座船。以上,俱係滿貫船,徵料銀十七兩五錢。無脚船者,止納料銀十七兩。

竹山船、渡船、采石船、倒爬船、舠船、蕪湖船、巴杆船、中撫船、三槳船、正課船、外幫課船。以上,竹山船、渡船,各分一百號,徵料銀六兩一錢至十六兩。采石船一百號,徵料銀五兩一錢至十五兩。倒爬船、舠船,各一百號,徵料銀二兩一錢至十二兩。蕪湖船一百號,徵料銀三兩一錢至十三兩。巴杆船一百號,徵料銀一兩一錢至十一兩。中撫船一百號,徵料銀四兩一錢至十四兩。三槳船九十號,徵料銀五兩一錢至十四兩。正課船三十號,徵料銀五兩一錢至八兩。外幫課船四十號,徵料銀六兩一錢至十兩。

三板船、摇船、秋船、瀨船、中辰船、大哇船、奉新船、划船、哇船、本水船。以上,三板船至大哇船,各分九十九號,徵料銀二錢至十兩。奉新船五十九號,徵料銀二錢至六兩。划船、哇船,各四十九號,徵料銀二錢至五兩。本水船二十九號,徵料銀二錢至三兩。

鹽船。滿貫船,徵料銀十七兩五錢。〇鹽料每船裝載不等。内一萬包,例徵料銀六兩。餘每萬包,加料銀三兩;每千包,加料銀三錢。

魚苗船。販賣滿貫船,日全苗,徵二料銀二十五兩。〇本地裝載船,日半苗、日划苗,各止徵一料銀十七兩五錢。

茶税。上則茶,每百觔税銀三錢。中則茶,每百觔税銀一錢。下則茶,每百觔税銀三分。

贛關

商税上水貨物,税銀自三釐九毫零起,至九錢一分九釐一毫止。下水貨物,税銀自一釐一毫零起,至一兩七錢五分九釐五毫止。〇竹木等雜貨,有臨關抽税,俱照部頒則例徵收。〇鹽税,每引五包,每包五十觔,正税三分四釐二毫,每百引六分八釐四毫。水面,每引二釐七毫。

太平橋關

商税上水貨物,税銀一釐起,至二兩六錢止。下水貨物,税銀四釐五毫起,至二兩六錢止。〇凡由贛關徵正税一兩者,本關抽銀二分。〇部餉,每貨百觔,抽銀二釐。〇料銀,每貨百觔,上水抽銀四釐,下水抽銀二釐。以上三項,併入正税支解。〇膳夫,每貨百觔,抽銀一釐。〇船料,每船一隻,上水抽銀八分,下水抽銀二分。以上二項,抵充雜税起解。

遇仙橋。上水貨物,税銀四釐五毫起,至一錢五分止。下水貨物,税銀六釐起,至一兩七錢四分止。

滃光廠上水貨物,税銀一釐八毫起,至一錢五分止。下水貨物,税銀三釐起,至一兩七錢四分止。

西新關

商税凡貨物,俱照部頒款額徵税。

凡差官監督,順治元年題准:各關專差户部漢司官一員,照例撰給專敕精微批文。〇又定:左右兩翼差庫尉筆帖式,張家口差滿官收税。〇四年題准:荆關、通惠河、中河、清江廠、杭州、蕪湖、龍江、蘆政等各差,歸併户部,兼差滿洲漢軍漢官。○五年定:差滿司官徵贛關稅。○七年定:獨石口、殺虎口,差滿官、筆帖式收稅。○八年定:各關專差漢官,每關一員。○九年覆准:併西新關、江寧倉爲一差,停獨石口差。○十一年題准:各關兼差户部滿漢官、筆帖式。○又題准:各關差,令户部司官歷俸三月者掣簽。如無滿俸者,方許未滿俸司官掣差。○又題准:關差向無迴避原籍之例。今定,直省人,各避本府;邊鎮人,各避本鎮;京劄差,不在此例。○十三年題准:各關專差漢官,兩翼差筆帖式,張家口、殺虎口,各差滿洲官一員、漢軍官一員、筆帖式一員,照例一年更差。○十五年題准:荆州關差部員收稅。○十八年題准:掣籤法,滿司官親寫,堂官驗封公掣。不許書役干與。○康熙元年題准:各關兼差滿漢官、筆帖式各一員,六部各咨送滿漢官、筆帖式各一員,輪掣。蒙古漢軍,俱停差遣。○又定:張家口、殺虎口,止差滿洲、蒙古官。○二年題准:滿官差郎中員外,漢官止差郎中。○又題准:兩翼、張家口、殺虎口,與各關一例,輪差六部官員。○三年題准:各關差,令六部滿洲、蒙古、漢軍、漢人各司官及筆帖式,一併掣籤。其兩翼、張家口、殺虎口,仍差户部官員筆帖式。○又題准:各關差滿漢官員,到任未滿四月,有事故者,補差,同先差官更替;四月以外,不准補差。如筆帖式有事故,不論月分補差,同滿漢官更替。○又題准:除已出各項部差不復差外,其差過一次官員,照回部月日久者,送户部輪掣。凡在差六月外,有事故撤回者,即作一差,不及六月者,仍補差。○又題准:六部各司留俸淺一員辦事,餘員送差。如止一員,不准送。○又題准:各關停差筆帖式。兩翼、張家口、殺虎口,仍照舊例。○四年題准:各關稅,俱交地方官管理。崇文門,歸治中;天津關,歸天津道;龍泉各關口,歸井陘道;紫荆各關口,歸直隸守道;臨清關,歸東昌道;挖運廳,歸通薊道;居庸關,歸昌密道;西新關,歸江鎮道;蕪湖關,歸池太道;揚州關,歸驛傳道;滸墅關,歸蘇常道;淮安關,歸淮海道;北新關,歸浙江布政使;荆關,歸荆州府同知;九江關,歸九江道;贛關,歸守北道;太平橋,歸南雄知府;遇仙橋涥光廠,歸韶州知府,徵收稅課。兩翼、張家口、殺虎口,仍差户部滿官。○七年題准:崇文門、兩翼,選差各部滿漢官員。北新關,改隸兩浙運使。○八年覆准:各關仍令六部滿漢官員論俸掣差。先差過者,不准再差。臨清倉併臨清關爲一差。贛關、太平橋、挖運廳、居庸關、龍泉、紫荆、荆州等關,仍交地方官。○九年覆准:淮安關兼管淮安倉及工部清江廠。○又題准:兩翼止差滿官、筆帖式。〇又題准:户部蕪湖關,兼管工部蕪湖關。工部龍江關,兼管户部西新關。仍照各部錢糧核銷。〇十四年議准:各關選差賢能官員。其筆帖式,仍論俸差遣,停其議叙議處。〇十六年題准:贛關、太平橋,仍差部員。〇十八年覆准:各關仍論俸差遣。〇十九年題准:潼關、山海關,照例差六部滿官一員。潼關併收大慶關、龍駒寨二處税課。〇二十一年題准:鳳陽關,照例差六部滿官一員收税。舊例,鳳陽倉徵收。〇又題准:九江關移駐湖口。〇又覆准:停差潼關山海關部員,仍交地方官分管。〇二十三年覆准:福建、廣東二省,設滿漢海税監督各一員、筆帖式各一員。〇又覆准:六部司官仍照前差遣外,其餘衙門,應均分差遣,宗人府郎中、員外、主事,内閣侍讀、起居注主事,都察院都事、經歷,共四十二員,作一分;督捕、郎中、員外郎、主事、太僕寺員外郎,共五十員,作一分;理藩院郎中、員外郎、主事,大理寺寺正,光禄寺署正,共五十七員,作一分,各照六部司官論俸差遣。其各衙門筆帖式亦應均差,以吏科、國子監歸吏部員額内,共筆帖式一百一十三員;鴻臚寺、太常寺、户科、中書科、登聞鼓衙門歸禮部員額内,共筆帖式一百一十六員;鑾儀衛、起居注歸兵部員額内,共筆帖式一百一十四員;内閣中書歸宗人府員額内,共一百三十員;大理寺、光禄寺、禮科、兵科、詹事府、通政司、欽天監歸理藩院員額内,共筆帖式一百五十員;太僕寺、刑科、工科、翰林院歸督捕員額内,共筆帖式一百五十一員;都察院歸工部員額内,共筆帖式一百三十九員,亦按年分差遣。〇又題准:張家口、殺虎口二處,停止專差户部,照各關例,令各部院官員掣差。〇二十四年覆准:江南、浙江二省,設滿漢海税監督各一員、筆帖式各一員。〇又覆准:西新、龍江二關,各設專員課税,仍照各部銷算。〇二十六年議准:四省海差,一年更换。〇又議准:淮安沙溝地方,歸併淮關。其朦朧、軋東、岔河等處,不必稽查。〇二十八年諭:採捕魚蝦船隻及民間日用之物并餬口貿易,俱免其收税。嗣後海關,著各差一員。〇又諭:關差所遣中書、筆帖式,不必論其捐納陞調年月,止以始補筆帖式日,計算差遣。〇又覆准:沙溝,係朦朧、軋東總匯,若歸淮關稽查,是在海關要地,又增一税。今將朧朦歸海關,軋東歸淮關,沙溝免其查察。〇又覆准:西新、龍江二關,相隔二十里,商民兩關稽察,難免守候。嗣後,將西新關併龍江關,專差監督一員。〇三十年覆准:在京内外,共差二十六處。左右兩翼、張家口、殺虎口、古北口、潘桃口六處,不差漢官。崇文門等二十差,應差各部院衙門滿漢官員,將官員多寡之數,計算均派。内務府官,照前作二分,漢官作二分,各部院衙門滿洲蒙古漢軍等官及筆帖式,按八旗作八分,每次將俸深之官,各咨取二員,公同掣籤差遣。○三十三年,設立山海關,差官管税。○又覆准:張家口徵税,在宣府兼收。殺虎口税課,亦在右衛兼收。○三十四年覆准:浙海關,於寧波府設立衙門。將沿海巡邏哨船内,撥二十隻,召募衙役,於各口巡查。○又覆准:定海縣添海關衙署,并另設紅毛館一座,令監督往來巡視,一年差滿,將所增税銀作爲定額。○四十年題准:陜西三原縣徵收商税銀,於潼關、龍駒寨、大慶關三關,兼併徵收。○四十六年議准:山海關外南金州、牛莊等處,交與監督巡查越關漏税。所得羸餘,據實報部,作爲定額。○四十七年定:荆關税務,工部差員管理。○五十一年覆准:裁濟寧州税課大使,税務歸知州徵收。○五十三年,臨清關監督題報缺額。奉旨:俟監督任滿,交巡撫監收。○五十四年議准:九官臺、清河、松嶺子等處,交與山海關監督巡查收税,增課銀三千兩。○五十五年,北新、鳳陽、天津三關監督題報缺額。奉旨:俟監督任滿,交巡撫監收。○又覆准:將交與巡撫監收之關税銀兩,俱令其歲底彙解。其各關監督所收税銀,仍照二十五年題定之例報解。至報部簿單,停其四季解送,俟任滿之日,親身投繳。○五十七年議准:江南、浙江等五省,貿易商船到厦門就驗,不便增税。照舊例,收泊厦港貿易者,在厦門海關納税收泊。江浙各省貿易者,在各處海關納税。○五十八年議准:淮關税務,於兩河同知内,揀選一人管理,每年增節省浮費羡餘銀十五萬兩。○又議准:閩省鈔關,糖船至厦門發賣者,令赴該關納税。其往浙江、江南各省貿易,來厦門聯艅者,免其輸税。○五十九年議准:江海關,交與江寧巡撫。浙海關,交與浙江巡撫。即令各該撫,分辦八處銅觔。○又議准:横城地方,設口收税,交與山海關監督兼併巡查,增税銀一千兩,作爲定額。○又覆准:淮安板閘關,暫交與江蘇巡撫管理。○雍正元年覆准:九江關,仍自湖口移歸九江。其不由九江經過之江南、江西往來商船,於大姑塘另設口�,照則徵收。令江西巡撫遴選賢能官二員,一員駐劄九江,一員駐劄大姑塘。湖廣往江西船隻,若在九江納税,至大姑塘,即驗票放行。江西至湖廣船隻,在大姑塘納税,至九江,驗票放行。如有重徵苛勒等弊,該撫不時查察題參。○又諭:嗣後税務,交與地方官監收,則於錢糧地方,大有裨益。著議奏。遵旨議准:淮安等九關俱交與巡撫委員兼理外,嗣後,九江、滸墅、揚州、龍江、蕪湖、太平、贛關、粤海、浙海九關,停遣官員,交與該撫,令地方官兼管,所收税銀,照例解部;崇文門無地方官可交,仍差内務府官;山海關差,仍將旗員論俸開列;左右兩翼、古北口、潘桃口、殺虎口、盛京虎恕河等處,俱係小差,仍照例差遣。〇二年覆准:淮關仍差部員,滸墅關交織造管理。〇又覆准:張家口監督,應辦貂皮羊皮,免其辦交。其運送游牧處羊毛、馬牛等皮,交與地方官運送。每年節省銀四千兩,歸入正額交納。〇四年議准:游牧處應解皮毛,仍令張家口監督運送至京。所需車價,在節省銀内動支,據實核減,造册報部,統於考核案内題銷。

凡考核,順治五年題准:關差考核稱職,方准回部。有不稱者,該總督據實題參。〇十一年題准:關差一年爲滿。凡到任、回部,俱量地遠近,限定日期。崇文門,限前官任滿第二日到任,本任滿第二日回部;河西務,限六日;臨清關,二十日;淮安關,五十日;揚州關,五十五日;西新關,六十二日;蕪湖關、鳳陽關,六十七日;滸墅關,七十一日;北新關、九江關,八十六日;贛關,三個月二十日;太平橋,四個月十五日,遲誤者查參。〇康熙四年題准:地方官徵收官税,以受事日爲始,扣至一年,督撫題報考核。〇八年題准:關税欠不及半分者,罰俸一年;半分至一分以上者,降一級調用;二分以上者,降二級調用;三分以上者,降三級調用;四分以上者,降四級調用,五分以上者,革職,缺額錢糧,免其追賠,溢額,不准議叙。如有事故,以離任日爲止,作分數考核。至商税不令親填簿册及不給紅單者,俱罰俸一年。如將部頒税簿用伊印添送,或將税簿紅單不按季報部者,俱罰俸半年。收税單簿送部限期,天津關,二十日;臨清關,二十五日;淮安關、揚州關、滸墅關,三十五日;蕪湖關、西新關,四十日;北新關,四十五日;九江關,五十五日;贛關,六十日。〇十一年題准:關差回京,原領專敕精微批文,親繳部科,違限一月以内,免議;一月以外,照例議處。〇十四年題准:各關欠不及半分者,降一級留任,餘照前例。全完者,紀録一次。溢額每一千兩者,加一級,至五千兩以上者,以應陞缺先用。部差官員,不令督撫管轄。如地方荒歉,河道壅塞,自行報部,移咨督撫查覆考核。〇十六年題准:各關額税,二萬兩以下者,仍照前例議叙。二萬兩以上者,額税全完,紀録一次;溢額半分以上,加一級;一分以上,加二級;一分半以上,加三級;二分以上,加四級;三分以上,以應陞缺先用;數多者,遞准加級。〇十七年定:關税足額者,不准議叙。〇二十五年議准:嗣後税銀,四季報解,部、科簿單,候任滿日彙報。有溢額者,停其議叙。〇又議准:商人親填簿單,令各監督任滿親身帶回,繳送部科查核。〇四十六年題准:蕪湖關,展限兩月。北新關,展限三月。廣東海關,展限兩月。天津關,展限二十日。〇四十九年諭:各關請展限者甚多,此皆伊等圖利,並無益於公事。此後,將題請展限者,著永行停止。如有題請者,該部嚴察議奏。〇五十四年覆准:山海關夏秋霪雨,商賈阻滯,洋船來者寥寥,以致錢糧不足。再,義州所屬沿邊等口,近年奸商漏税。著展限一年,令監督親身赴舊關、九官臺、喜峰等口巡查。所得贏餘銀兩,每年作爲額税缺額。錢糧,亦令補足。〇五十五年議准:嗣後,各省關差,一年差滿,缺欠錢糧,照例議處外,若以缺欠錢糧題請展限,仍然缺額者,交與該部,照溺職例革職。其所欠銀兩,交與該旗,著落家產追賠。如有遲滯不將任滿回京日期於兩個月具呈考核,及收税册檔不行交納者,將出差官員,暫停陞轉。俟考核具題完日,照常陞用。〇五十八年覆准:浙江南北二關,將任内一年税銀,照例按季解部。其贏餘銀兩,差官解交内庫。〇雍正二年題准:贛關税銀,每年呈明内部,就近充餉。〇又覆准:各關每年應徵額税銀兩,完解外,如有贏餘,另行據實奏聞。

凡禁令,順治九年題准:各關差不許留用保家委官等項名色。其額設巡攔,各製號衣腰牌,以杜冒充。〇十年題准:令各關差刊示定則,設櫃收税,不得勒扣火耗,需索陋規,并禁關役包攬報單。〇十一年覆准:凡納銀數多,給票數少者,許商民首告議處。〇十三年題准:過關船隻,如有指稱内外官員及旗下商人夾帶私貨者,該關報部參處。〇又題准:各關當堂設櫃、設梁頭貨物則例,商民親報填簿,輸銀投櫃,驗明放行,隱漏者治罪。如有濫委差役,苛索民間小船往來衣服食物,該撫察參。〇十四年題准:關税照部頒則例,刊榜竪立關口,便商輸納。〇康熙二年題准:外國人帶進貨物,崇文門不必收税。〇四年題准:各關不許復用舊役。〇五年題准:以後崇文門貨物,出門者,免税。〇八年議准:各關刊榜,除去"鈔貫"字樣,明載徵銀數目。收税單一樣填寫二張,一留商人,一送部查。〇九年題准:各關召募書吏,不許舊役更名復充。〇十一年題准:裁各關典吏、攢典。〇十八年諭:各關額外横徵,差役四出,擾害商民者,該部嚴禁、察參。〇二十三年覆准:福建、廣東,許用五百石以下船隻,出海貿易,地方官登記人數,船頭烙號,給發印票。令防守海口官員,驗票放行,撥船巡哨。如有雙桅八槳五百石以上大船出洋,夾帶禁物,及文武官借端需索者,俱從重治罪。其海口内橋津,舟車等物,停止徵收。〇二十四年議准:江浙二省,亦許出海貿易。其禁例,與福建、廣東同。〇又覆准:福建沿海無篷桅捕魚船税,仍聽地方官徵收。其有篷桅船隻,聽監督照例徵收梁頭税課。沿海要口,俱撥哨船衙役巡查。〇二十五年議准:州縣官隱匿海口船,一隻至五隻者,罰俸六個月;十隻以下者,罰俸一年;十五隻以下者,降一級留任;二十隻以下者,降一級調用;二十五隻以下者,降二級調用;三十隻以下者,降三級調用;三十隻以上者,革職,仍計所隱船隻應徵税銀,照數賠補。〇又諭:"橋道渡口處所,槩行抽税,於朕恤商裕民之意不符。著九卿、詹事、科道會議具奏。"遵旨議定:止將出入海上船隻抽税,進口内橋津地方貿易船車等物,停其徵收。〇三十二年覆准:設關原以通商裕國。近多違例濫徵,甚至小河小港,以及關之近地旱路,俱行攔截。肩挑負擔之民,盡遭檢索。令各該督撫不時查察糾參。如別經發覺,將該督撫一併處分。〇三十四年覆准:各關監督所給商人印單,不許撤回。如有撤回多徵等弊,該撫題參議處。〇三十六年議准:關差赴任,俱照各衙門事例,聽舊官僉點經制書吏。如有自京私帶積棍及年滿復充舊役,謀占總科庫頭名色者,嚴加議處。〇五十二年議准:嗣後,出差官員,攜家赴任,與不酌量關口足用,多帶家人,及任滿回京,不照題定兩個月限内具呈考核,擅買田宅,發覺之日,交與該部治罪。至衙役,除解餉公事外,仍敢赴京長接;監督,在任所買優置妾,及以缺額藉口,題清展限者,俱交該部治罪。〇五十三年題准:桂陽等四縣行銷引鹽,鹽蠹串通太平橋榷蠹阻留勒索。又,太平關統轄三關,每過關船隻,勒索單銀橋錢。行令督撫,嚴行禁止。〇五十五年議准:瓜洲税課司,每年額徵税銀,向徵貿易小民。此後,停其徵收,令揚州府同知代爲捐解,并造入該同知經徵由閘額税内,另欵清解。如該同知再於商民私行徵收,該撫即行題參。其税課大使,既無徵收之責,著令裁汰。〇雍正元年詔:各關差除正額錢糧外,加添贏餘銀兩,作何減除之處。該部酌議具奏。遵旨議定:將淮關、北新、鳳陽、天津、臨清、江海、浙海、荆州等九關加添贏餘銀兩,通行裁去。〇二年諭:"國家之設關税,所以通商而非累商,所以便民而非以病民也。朕撫御寰區,加惠黎庶,惟恐民隱不能上達。近聞榷關者,往往寄耳目於胥役,不實驗客貨之多寡,而止憑胥役之報單。胥役於中,未免高下其手,任意勒索,飽其欲者。雖貨多税重,而朦蔽不報者,有之;或從輕報者,亦有之。不遂其欲,雖貨少税輕,而停滯關口,至數日不得過。是以國家之額税,聽猾吏之侵漁;以小民之脂膏,飽奸胥之谿壑。司其事者,竟若罔聞!放關或有一日止一次者,江濤險急,河路窄隘,停舟候關,於商民亦甚不便。嗣後,榷關者務須秉公實心，查驗過關船隻，隨到隨查。應報税者，納税即放，不得任胥役作弊，勒索阻滯，以副朕通商便民之意。至於崇文門收税及分司派各處查税之人，亦有多方勒索，分外苛求之弊。京師爲四方輻輳之地，行李絡繹，豈宜苛刻滋擾？監收者尤當不時稽察，杜絶弊端。各省關差，若不遵諭旨，經朕訪聞，定從重治罪。”〇又諭：“凡商賈貿易之人，往來關津，宜加恩恤，故將關差歸併巡撫，以巡撫爲封疆大吏，必能仰承德意，加惠商旅也。但各關俱有遠處口岸，所委看管之家人，賢愚不一，難免額外苛求及勒取飯錢等弊，稍不如意，則縛送有司。有司礙巡撫之面，徇情枉法，則商民無所控訴矣。嗣後，著將應上税課之貨物，遵照則例，逐件刊刻詳單，印刷多張，各貨店俱給一紙，使衆人知悉。其關上所有刊刻則例之木榜，務令豎立街市，使人人共見。不得藏匿屋内，或用他紙掩蓋，以便高下其手，任意苛索。立法如此，自能剔除弊端。但各省兼管關税之巡撫，受朕委任之重，尤當仰體朕心，遴選誠實可信之人，以任稽查之責，必期商民有益，方爲稱職。”〇五年覆准：滸墅關豆税銀，舊例，丈八梁頭，納銀六十七兩三錢，小販，每石七分。近丈八梁頭，有改造深寬者，令循例籤量，多者，依數每石二分六釐遞加。其過船艙限槽所刮餘豆，亦止二分六釐，小販，改每石四分。

〔蘆課〕

産蘆之地，惟江南、江西、湖廣三省有之。上自蘄、黄，下至常、鎮，皆濱江處所，坍漲不一。定例，五年丈量一次，增補缺額。若差部員管理，則屬工部。若歸併州縣管理，則屬户部。隨時更易，規條備見於後。

歲額

雍正二年，各省册報，總計蘆洲地六萬九千二百十三頃六十三畝零，又地二百六十五丈七尺零。

江蘇布政司，蘆地三萬二千七百一十四頃七十五畝零。

安徽布政司，蘆地二萬三千九百一十八頃七畝零。

江西布政司，蘆地三千四百一十三頃二十二畝零。

湖南布政司，蘆洲一千四百五十八頃六十一畝四分零，地二百六十五丈七尺五寸。

湖北布政司，蘆地七千六百九十七頃二十畝零，又地一十一頃七十八畝零。

總計蘆課銀一十八萬三千四百七十三兩一錢五分零。

江蘇布政司,蘆課銀一十二萬二千七百四十二兩五錢七分零。

安徽布政司,蘆課銀四萬四千八百二十二兩七分零。

江西布政司,蘆課銀六千一百七十九兩二錢五分零。

湖南布政司,蘆課銀一千五十八兩二錢六分零。

湖北布政司,蘆課銀八千六百七十一兩五釐。

徵收科則

江南蘆課銀,上田每畝八分五釐,中田每畝七分,下田每畝六分,埂地、密蘆地每畝各四分,上地、埂划每畝各三分五釐,稀蘆地每畝三分,草地、水蕩、划水、影灘每畝各一分,上泥灘、白水灘每畝各五釐,次泥灘每畝二釐,下泥灘每畝一釐。

江西蘆課銀,上地每畝三分五釐,密蘆地每畝三分,中地每畝二分五釐,下地每畝二分二釐,稀蘆地、柳林每畝各二分,下地每畝一分五釐,草池、魚塘每畝各一分。

湖廣蘆課銀,密蘆地每畝三分四釐至五釐不等,草壋地每畝二分五釐至三釐不等,中地每畝二分五釐,麥地每畝二分三釐至一分三釐不等,草壋基地每畝二分三釐至一分二釐不等,稀蘆地每畝二分二釐至六釐不等,上地每畝一分九釐,中地每畝一分五釐,淤地每畝一分四釐二毫,下地每畝一分至八釐三毫不等,水蕩下地每畝九釐,下蘆田、蘆田地每畝各七釐,草塌地、葫荻地、湖壋地下草地每畝各六釐,磯民房地每丈五分,基地每丈三分二釐五毫。

凡官員管理,順治三年,差滿漢部員管理蘆政。〇八年覆准:蘆課改歸州縣徵收,彙解司庫報部。〇九年覆准:復差部員管理。〇康熙四年諭:停差部員,令地方官徵收。〇八年,復差滿漢部員管理。〇十年覆准:停差部員,仍令地方官徵收。〇三十年覆准:江南、江寧等屬歲額蘆課銀內,舊有布政司經歷收銀九千五百五十兩,改歸各州縣,就近徵收。

凡丈量,順治七年,令各省督撫遴委屬員,將沿江蘆洲舊額新漲,詳查報官。如有徇情隱漏,督撫一併議處。〇九年覆准:每五年丈量一次,止丈新漲新坍地增額開除。如無漲坍,不得重丈滋擾。〇康熙十八年覆准:清丈江南復業蘆田,照墾荒例,於三年後起科。〇二十三年覆准:蘆田止丈濱江處所。腹内蘆田,既無坍漲,不必丈量。〇又議准:丈量蘆地,令選委賢能,不許用佐貳官。如有借稱丈量,需索累民者,督撫指參。〇二十九年覆准:清查蘆洲地畝,停止差委道府等官,均聽各該州縣親履清丈。

於部文到日爲始，限半年之内通行查丈明白，造册具題。

凡考成，定例，三省蘆課，俱俟冬季水涸後，刈伐變價，輸納本年課銀，例在次年壓徵，歲底造册報部奏銷。順治十八年覆准：經徵州、縣、衛、所官，未完不及一分者，罰俸一年；未完一分者，降俸一級；二分者，降職一級，俱帶罪督催，完日開復。三分者，降職二級調用；四分以上者，革職。督催司府官及直隸知州、都司，未完不及一分者，停其陞轉；未完一分者，罰俸一年；二分者，降俸一級；三分者，降職一級，俱帶罪督催，完日開復。四分者，降職二級調用；五分以上者，革職。如直隸知州，經徵本州蘆課拖欠者，照州縣例處分。巡撫，未完一二分者，罰俸一年；三分者，降俸一級；四分者，降俸二級；五分者，降職一級；六分以上者，降職二級調用。署印各官，未完一分者，罰俸六個月；二分者，罰俸九個月；三分者，罰俸一年；四五分者，降職一級調用；六七分者，降職二級調用；八分以上者，革職。署印不及一月者，免議。參後限滿不完者，照年限例處分。〇康熙十二年覆准：蘆課錢糧未完大小各官，或初參，或限滿題參者，俱照淮徐等倉錢糧未完官員初參及限滿例參處。〇二十四年議准：蘆課錢糧未完官員，欠不及一分者，停陞督催；欠一分者，罰俸六個月；欠二分者，罰俸一年；欠三分者，降俸一級；欠四分者，降俸二級；欠五分者，降職一級；欠六分者，降職二級；欠七分者，降職四級。以上，俱令帶罪督催，停其陞轉，完日開復。欠九分十分者，俱革職。署印官，欠不及一分者，無庸停陞；欠一分二分者，罰俸三個月；欠三分四分者，罰俸六個月；欠五分六分者，罰俸九個月；欠七分八分者，罰俸一年；欠九分十分者，降一級調用。署印不及一月，免議。

大清會典卷之五十三

户部

〔課程五〕

〔雜賦〕

直省雜項稅課,有定額徵收者,有未經定額、儘收儘解者,多寡不同,增減亦異。經徵之官,或隸道員,或歸有司,或責佐貳,或設大使,或屬武弁。所收稅銀,彙貯司庫,有撥充兵餉者,有起解户部者,亦有附地丁册及另案奏銷者。條目備載於後。

雍正二年,直省奏報雜賦共銀六十八萬七千一百八十二兩四錢零。雜賦,直省歷年增減不一。兹據雍正二年奏銷册數目開載。其有據康熙六十一年奏銷册者,有在二年以後添出者,俱注明各條下。

直隸,共銀四萬二千九十三兩八錢一分八釐零。内:

房地租,銀一千四百八十八兩二錢七分,錢一千二百十二千七百九十七文。

當稅銀,一萬三百兩。

牛驢等稅,三千二百四十五兩七錢二分。

花布等稅,四百二十九兩五錢四分零。

茶稅銀,二百十五兩零。

燒缸稅,二百六十兩二錢。

稅契銀,五千八百六十四兩二錢九分。

牙行雜稅,一萬三千三百九十兩零。

龍泉、紫荆等關口稅銀,一千一百四十七兩零。發充兵餉。

海稅銀,七百八十九兩八錢六分八釐。解部。

抽印木植銀，四百三十三兩零。

河利銀，八百五十兩。

磚料銀，六百兩。

檾麻銀，八兩七錢三分。

榛栗，三十六石。內，解光禄寺八石。餘解部，轉交内務府。

房租銀，十一兩二錢零。

丁字沽税銀，三千兩。

獨石口關税銀，六十一兩零。

熱河牙雜税銀，一千二百五十兩。雍正四年題准。

奉天府，共銀二千四百六十六兩三錢六分零。內：

舖户行户税銀，一千九百四十五兩。

雜税銀，五十五兩八錢六分零。

經紀税銀，四百六十五兩五錢零。

以上，解交盛京户部。

江南江蘇等處，共銀十一萬五千四百九十二兩五錢二分零。內：

雜辦銀，四萬九千八百七十六兩七錢零。歸入地丁起運項下。

税契銀，一萬二千七百三十六兩九錢零。

牙帖鹽，牙六千七百七十五兩零。

牛驢等税銀，二千三百三十三兩零。

商税銀，三萬六千四百二十兩九錢二分零。

當税銀，七千三百五十兩。

安徽等處，共銀四萬六千六百十一兩七錢二分零。內：

雜辦銀，三萬二千二百九十二兩五錢六分零。歸入地丁起運項下。

税契銀，四千七百七十一兩四錢五分零。

茶税銀，一千三百兩。

牙帖税銀，三千四百六十兩四錢五分零。

當税銀，二千一百五兩。

牛驢猪羊等税，二千六百八十二兩二錢六分。

浙江，共銀三萬八千四百三十七兩一錢五分零。內：

税契銀，二千二百八十七兩四錢五分零。

牙税，二千七百九十兩七錢七分。

牛税銀，三百八十三兩一錢九分零。

雜税銀,二百八十九兩四錢八分零。

當税銀,二千九百八十兩。

馬税銀,六百一兩四錢四分零。

外賦并南關杉板銀,二萬九千一百四兩八錢二分零。

江西,共銀三萬四千一百二十三兩八錢五分六釐零。内:

匠班銀,七千九百七十一兩五錢六分六釐零。遇閏加銀六百六十四兩二錢零。於地丁項下帶徵。

雜辦商賈課鈔等税銀,二萬一千一兩三錢七分零。

税契銀,八百六兩五分。

當税,二百三十兩。

牙帖税,三千八十二兩。

牛税銀,三百六十八兩六錢七分。

湖廣湖北等處,共銀二萬二千五百五十四兩七分零。内:

鹽引税銀,六千五百二十二兩二錢四分。

武昌廠船料銀,一萬三千兩。

漢陽府船税銀,五兩。

商税,二百九十兩三錢二分零。

田房税銀,四百七十六兩九錢八分三釐。

當税銀,七百二十五兩。

牙税銀,九百九十九兩一錢四分零。

茶税銀,二百三十八兩九錢九分零。

牛驢馬税,二百九十六兩四錢零。

湖南等處,共銀一萬四千八百二十三兩四錢八分五釐零。内:

鹽引布税,七千八十八兩七錢零。

茶引税,二百四十兩。

各府商税,六千二百七十兩五錢零。

牙雜税,七百四十二兩六錢四分零。

田房税銀,二百六十九兩四分零。

牛驢税銀,一百三十七兩六錢五釐。

當税銀,七十五兩。

福建,共銀二萬七千七百七十五兩七錢七分零。内:

閩安等關,共一萬五千七百三十三兩三錢四分零。

稅契,一百八十七兩九分零。

當稅,七百七十五兩。

牙雜稅,二千六百八十三兩一錢五分。

商稅,五百二十八兩一錢五分零。

漁課,五千九百兩八錢零。

厦門地租,一千九百六十八兩二錢四分。

山東,共銀二萬二千七百一十一兩五錢六釐零。內:

當稅,二千九百二十五兩。

牙雜稅,一千七百一十六兩三錢七分零。

稅契,一千一百二十四兩一錢九分零。

牛驢等稅,七百八十五兩八錢二分零。

船筏等稅,七百八十六兩八錢一分零。

課程銀,九千四百三十九兩三錢一分零。

泰安山香稅,五千九百三十四兩六釐零。

山西,共銀五萬一千八百四十四兩五錢三分零。內:

溢額商稅,二萬八千四百五兩九錢零。

稅契銀,三千六百兩零。

當稅銀,一萬三千一十兩。

牙帖稅銀,六千二百四十兩。

木筏稅銀,九十八兩三錢八分零。

大同各路等地租銀,三百三十五兩六錢五分。

殺虎堡馬牙稅,一百五十四兩六錢。

河南,共銀三萬二千三百兩八分零。內:

老稅,四千七十四兩七錢九分零。

牙帖稅,二千一百七十九兩五錢六分零。

活稅,三千九百一十兩三錢五分零。

當稅銀,一千八百四十五兩。

稅契銀,一千五百二十九兩三錢六分零。

雕填漆匠,一千六百七兩二分零。

磁罈石磨折銀,九十一兩四錢二分零。

新增稅銀,一萬七千六十二兩五錢八分零。

陝西西安等處,共銀四萬六百二十三兩五錢五分零。內:

停免銀,一萬五百二十三兩四錢九分零。
匠價併盤費銀,二千九百一十八兩七錢一分六釐。
課程税程銀,五千一百八十兩六錢零。
藥材折價銀,五十兩八錢一分三釐。
各府并潼關商筏等税,一萬一千五百六十七兩七錢四分零。
畜税銀,四千七十九兩二錢二分零。
駐防徵收畜税,二十八兩一錢八分。
當税銀,二千六百六十五兩。
各項買賣牙帖税銀,一千七百二十兩八錢六分五釐。
地租銀,一千八百八十八兩九錢二分八釐。

鞏昌等處,共銀六萬七百八十七兩五錢三分零。内:
課程銀,一千九十四兩五錢二分零。
地税銀,四百四十二兩。
税契銀,一百八十九兩。
買典田房税契銀,八百八兩三錢九分零。
年例盤費脚價,二十二兩四錢六分零。
停免銀,一千二百七十三兩一錢七分零。
匠價,七百六十兩二錢五分零。
鹽課程銀,五千七百五十兩八錢零。
商税銀,五千七十兩七錢零。
牛驢猪羊等税,一萬六千六百九十四兩零。
地税,九百六兩六錢五分零。
磨課銀,一千七百六十六兩五錢零。
牙帖税銀,五百八兩九錢二分。
典當舖税銀,三千四百七十五兩。
茶課銀,一千五十三兩。
店租銀,六百四十六兩。
棉花店積餘銀,四兩二錢一分。
褐毯雜税,三百十三兩四錢。
烟税,八兩。
鹽税,銀二萬兩。

以上西安、鞏昌二處,係照康熙六十一年地丁奏銷册。

四川，共銀一萬一千一百四十一兩五錢四分零。内：

黄蠟折價銀，十四兩六錢四分。

寄莊銀，四十四兩五錢七分。

草籽糧銀，六兩一錢四分六釐。

秋糧銀，三百三十一兩六錢二分。

漁油課，八十二兩三錢二分零。

水碾磨課，一百五十六兩一錢零。

雜貨税銀，九千五百七十四兩六錢零。

税契，五百二兩三錢五分。

各行牙帖税銀，三百五十七兩二錢。

油井銀，七十兩二錢。

廣東，共銀五萬九千五百三十兩四錢九分零。内：

當税，一千二百三十五兩。

税契，七千五百二十兩九錢零。

爐餉銀，一千三百一十四兩五錢。

牙雜税銀，四萬八千九百六十兩九分九釐零。

香山墺旱路税銀，五百兩。

廣西，共銀二萬六千七百八十五兩五錢一分三毫零。内：

雜税小税，共銀二萬五千九百三十六兩三錢九分八釐八毫零。

魚課銀，九兩四錢六分二釐五毫零。

魚苗銀，一百十五兩。

錫箔糖油榨等税，一百九十七兩七錢二分。

當税，十五兩。

税契銀，五百一十一兩九錢二分九釐零。

雲南，共銀三萬四千二百五十六兩五分九釐零。内：

花斑竹銀，八十五兩六錢八分。

差發銀，六千九百七十六兩七錢八分零。

礦税銀，三百九十二兩八錢五分。

商税酒税等項課程銀，一萬四千六百八十七兩三錢六分二釐零。遇閏加增。

魚課，一千七百八十二兩四錢零。

户口食鹽銀，一百二十四兩二錢六分八釐。

民辦站銀,一千四百二十二兩二錢八分。

紙觔銀,三兩六錢。

納樓司差發銀,一百兩。

食鹽銀,十五兩七錢七分。

馬街田房地租等銀,一千四百八十一兩一錢零。

田錢地講等銀,五千一百五十兩五錢零。

子花銀,二百三十四兩零。

年例草塲地租銀,一千二百四十六兩四錢六分九釐。

税契銀,五百五十三兩。

貴州,共銀一萬三千七百四十二兩三錢六分零。内:

雜税,一萬二千六百二十六兩四錢八分零。

各行牙帖銀,一百五十九兩。

水銀變價銀,九百九兩一錢五分。

魚課銀,三十四兩二錢三分。

賑田,銀十三兩五錢,穀六千四百二十八石九斗八升,米二百四十石五斗二升。

順治元年定:凡貿易牲畜,按價值,每兩納銀三分。〇三年題准:當舖,每年納税五兩。宛、大二縣大行店舖,照當税例,每年徵銀五兩。不許混派小舖。〇又題准:民間食用米麥,俱停收税。〇四年議准:嚴禁州縣抽取落地税銀名色及勢官土豪、不肖有司設立津頭牙店、擅科私税,違者治罪。〇又覆准:凡買田地房産,必用契尾,每兩輸税銀三分。〇十五年覆准:京城中等行舖,每年徵税銀二兩五錢。〇康熙元年題准:直省雜税,照正賦例,依限奏銷。違者,照違限例參處。〇又題准:禁止有司私給税單收税。如有徇庇及失察者,一併參處。〇十一年題准:直省牙行、當舖、門攤等税,皆在地丁外,不必開載由單。〇十二年覆准:小民肩挑背負尺布、斗米、蔬果、食物貿易者,地方官不許徵税。違者,督撫題參,官照私派議處,棍蠹計贓治罪。〇十四年題准:商税項下水脚銀,全裁解部。〇十六年題准:直省當税,每年增銀五兩。連舊額十兩。〇又題准:增徵江南、浙江、湖廣各府契税。每年,蘇、松、常、鎮四府,大縣六百兩,中縣四百兩,小縣二百兩;安徽等十府州,分别州縣大小,自五百兩至一百兩不等;揚州府,照《全書》額徵;淮、徐府州屬及英、霍、宿、臨、五、懷、定、靈、虹九州縣,俱無定額,儘收儘解。〇杭、嘉、湖、寧、紹、金、嚴七府,大縣三百兩,中縣二百兩,小縣一百兩;台、衢、温、處四府,仍照現徵造報。○湖北，上縣一百五十兩，中縣一百兩，下縣五十兩，下下州縣一十兩。○十七年題准：增山東等省田房稅契。大縣，二百四十兩或一百八十兩；中縣，一百二十兩；小縣，六十五兩或三十五兩。○十八年題准：直省雜項錢糧，俱照正賦例考成。○十九年題准：山東仍開海禁，令該撫查報船户，毋致匿稅。○二十年題准：增浙江台、衢、温、處四府契稅。大縣一百兩，中縣六十兩，小縣三十兩。○又覆准：閩安地稅，令福州府同知徵收。○二十一年題准：增江西萍、龍、永、瀘、上、定六縣契稅。○二十六年議准：自康熙十五年起，直隸等省加增田房契稅銀；十五、十六兩年起，直隸等十一省加增牛驢稅銀；十六年起，直隸等十二省加增當稅銀；十七年起，直隸等十一省加增鹽牙牙帖等稅銀；十九年起，直隸等十二省加徵糟坊酒稅銀，通行直省各督撫，嚴行所屬，免其徵收。○又覆准：湖廣新增鐵茶商茶稅銀，免其徵收。○又覆准：廣東船稅，海關徵收，市舶司停其徵稅。○二十七年覆准：宣化府地方採煤，每窑納科三兩。○二十八年題准：江寧民間舖面，多係三層，内一層輸房號，外一層輸廊鈔，又外一層輸蓬搭租銀，俱行豁免。○三十二年題准：江南邳州，每年額稅六百一十一兩二錢零。近商賈流散缺額，將缺額銀兩豁除。嗣後，儘收儘解。○又覆准：西鳳地方災荒，課程匠價銀兩，亦一例豁免。○三十五年題准：福建厦門地方遷移房屋租銀，自三十四年起徵。每間原估五分者，今增一分；原估二分五釐者，今增五釐。○三十七年覆准：京城各門外城河橋房屋，照官房之例，按月徵租，每年徵銀四千四百五十五兩。○四十年定：琉璃亮瓦兩廠房屋，亦按月徵租，每年共徵銀六千三百八十三兩零。○又覆准：兩廠窮民房租減半；隻身貧寒等房屋，免其房租，仍收地租。○四十一年覆准：將京城内外煤牙禁革。至祭祀科塲用煤，悉照時價採買。其煤牙額稅，停其徵收。○又覆准：山東濟寧道徵收短載紙價稅銀，自四十二年開河之日起至歲底止，儘收一年，將所餘銀兩，作爲定額。○四十二年覆准：雁門、卧口二處稅課，令太原府知府徵收。俟一年滿，將銀兩報部，作爲定額。○四十三年覆准：田房稅銀，用司頒契尾立簿，發令州縣登填，將徵收實數，按季造册報部查核。○四十五年議准：律内客商輻輳去處，若牙行及無藉之徒，用强邀截客貨者，枷號一個月。如賒騙貨物，監追年久，無從賠還者，發附近充軍。嗣後，一應牙行，照五年編審之例清查，更換新帖。其中若有光棍頂冒朋充，巧立名色，霸開總行，逼勒商人不許别投，拖欠客本，久占累行者，該地方官不時嚴行查拿，照此例治罪。如地方官通同徇庇，事發，一併參處。○四十八年覆准:除税課定例應立牙行者照舊設立外,其奸宄之輩,希圖取利,捏稱牙行,於良民買賣之際,混行索詐,責令順天府府尹通判、大宛二縣、五城兵馬司嚴行查拿,照例從重治罪。○又題准:四川成都府邛州所屬州縣,新立水碾水磨二十二座,課銀五兩三錢三分,於四十九年起徵。○五十年議准:直隸大、宛二縣應徵各門外城河橋房地租銀,并琉璃亮瓦兩廠房屋銀,自五十年起,造入奏銷册内。○五十一年議准:密雲、古北地方,商賈絡繹,應徵税課,照殺虎口兼收之例,每年本税之外,將加增銀兩照數報部,作爲定額。如徵多報少及苦累商民,將該督從重治罪。○又覆准:坐糧廳衙門,督理通州張灣等處落地税務,額外贏餘,以爲挑淺及修理壩閘之用。今遶道避税者多,於黄村地方,設夫役稽查商賈貨物,照例徵税。○雍正三年覆准:雲南府額徵商税四千三百三十五兩四錢零,曲靖府額徵商税一千五百兩六錢零,大理府額徵商税五百六十三兩五錢零,楚雄府額徵商税三百四十三兩五錢零,元江府額徵商税一千一百兩,額外贏餘銀,除存留養廉外,共歸公五千九百兩。又,巡撫衙門舊有各府税規銀八千九百兩,除賞兵等費外,歸公銀六千一百兩,通共歸公銀一萬二千兩,解交司庫,候文撥餉。○四年議准:梧、潯二府税銀,令該撫將實在徵收之數,詳悉確查,另委廉幹能員監收,每月儘收儘解。一年之後,視收過税銀,於舊定解額外,贏餘若干,據實定議具奏。其各省地方官落地税銀,亦交與各該撫。除每年徵收正額之外,倘果有贏餘,儘數詳報該撫,據實報部。倘該管官有侵欺情弊及借端加税多徵,貽累商民之處,該督撫題參,交部治罪。○又覆准:嗣後,各省牙帖,一例由藩司鈐蓋印信頒發,不許州縣濫給滋弊。倘各州縣仍有私行濫給者,該督撫即行指參,交部議處。○又覆准:申飭各省布政使,嚴飭該地方官,凡典當田土,俱用布政使契尾,該地方印契過户。一切贏餘税銀,儘收儘解。○五年覆准:滇省有税之曲靖等六府,從前正項,係約計之數。令該撫於雍正五年爲始,另委賢幹能員監收,按月儘收儘解。一年之後,多餘若干,歸公充餉。嗣後,即照五年抽收之數,永爲定例。○又議准:嗣後,川省米船到夔關之時,即令該撫查察。除夾帶私鹽及違禁等物按律究擬外,其船隻大小,照依淮關尺寸則例,抽報料税。如有别項貨物,仍照夔關舊例收納,統歸正項,仍令該管上司不時稽查。倘有縱容胥役額外需索留難等弊,該督撫即指名題參,從重治罪。至米船出川,如川省地方,或有不肖官吏借給票稽查名色勒索稽留者,該管督撫亦即指名題參,從重治罪。○又覆准:膠州船税,每年徵銀七千五百四十兩;萊陽縣船税,每年徵銀七百七十兩,自雍正四年爲始,照數定額起解,仍委登萊青道監收。

〔茶課〕

本朝茶法,陝西給番易馬,差官巡視,後歸巡撫兼理;他省發引,召商徵課起解,亦間有商人赴部領銷者。因地制宜,其例具後。

陝西

洮岷茶馬司　河州茶馬司

西寧茶馬司　莊浪茶馬司

甘州茶馬司

江南

批驗茶引所

歲額

陝西茶課,折色銀六千二百六十六兩二錢二分六釐,本色茶十三萬六千四百八十篦。舊額新增共二萬八千七百六十六引。内,甘肅等處二萬七千二百九十六引,每引徵茶五篦,共徵茶十三萬六千四百八十篦;榆林、神木、寧夏三道一千四百七十引,每引徵課銀三兩九錢,共徵銀五千七百三十三兩。又,興漢等處州縣,共徵茶税銀五百三十三兩二錢二分六釐。

四川茶課,三萬七千五百七十七兩六錢一分零。原額茶課銀四百二十四兩八錢七分七釐零。又,額銷邊引五萬八千一百六十七張,每張徵課銀四錢七分二釐,共徵銀二萬七千四百五十四兩八錢二分四釐;腹引三千二百九十二張,每張徵銀二錢五分,共徵銀八百二十三兩;土引一萬八百二十五張,每張徵銀三錢六分一釐,共徵銀三千九百七兩八錢二分五釐;續增邊引八千一百三十五張,徵銀三千八百三十九兩七錢二分,土引七百七十張,徵銀二百七十七兩九錢七分。又,續增邊引一千八百張,徵銀八百四十九兩四錢。

江南茶課,一百九十八兩。定額六萬引,江蘇屬領引一萬五千道,安徽屬領引四萬五千道,每引止徵紙價三釐三毫。商運過關,驗引抽税,彙入關税。又,歙縣街口司茶税,彙入雜税。

浙江茶課,一萬八千一百一十三兩三錢。定額十四萬引,每引課銀一錢二分九釐三毫。

江西茶課,四百六十兩。定額三千引,每引徵課一錢五分三釐三毫,共銀四百六十兩。又,瑞昌縣茶課米折水脚銀十八兩八錢。又,德化縣茶税徵銀五十四兩五分二釐、水脚銀四兩三錢一分二釐。外,遇閏,加正銀四兩五錢四釐三毫、水脚銀三錢五分九釐三毫,彙入商税。

湖廣茶課，二千二百三十兩三錢六分零。定額，湖北二百三十引，湖南二百四十引，每引俱徵銀一兩。又，安陸府每年額徵茶税三百七十四兩二錢七分，當陽縣一十兩九分，均州茶税，儘收儘解。

福建茶課，三百五十九兩二錢。

山東茶課，一百七十六兩五錢七分。係濟南府額課。餘州縣茶課，彙入雜税。

廣東茶課，一十六兩五錢。地不産茶，不給引目。惟樂昌縣徵税銀一十兩五錢，長寧縣納茶園墟税銀六兩。又，潮州府廣濟橋，每百斤細茶税一錢，粗茶税銀一分五釐，苦茶税銀九釐，彙入橋税内。

廣西、雲南茶課。二省不産茶。凡有販茶，抽税無定額，彙入雜税項下。

順治初，易馬例，每茶一篦，重一十觔，上馬給茶一十二篦，中馬給茶九篦，下馬給茶七篦。〇二年，差茶馬御史一員，轄陝西五茶馬司。〇又題准：凡通接西番關隘處所，撥官軍巡守。遇有夾帶私茶出境者，拿解治罪。其番僧夾帶奸人並私茶，許沿途官司盤檢，茶貨入官，伴送夾帶人送官治罪。若番僧所到處，該衙門官縱容私買茶貨及私受餽送，增改關文者，聽巡按察究。又，進貢番僧應賞食茶，須給勘合，付四川布政司撥發有茶倉所，照數支放，不許於湖廣等處收買私茶。〇三年題准：甘鎮以茶易馬，各番許於開市處所互市，不容濫入邊内。〇四年，差滿、漢巡茶御史、筆帖式、通事各一員。〇五年議准：茶篦止供中馬，不許開銷賞番。〇七年題准：舊例，大引篦茶，官商均分；大引採茶九千三百觔，爲九百三十篦。商領部引輸價，買茶交茶馬司，一半入官易馬，一半給商發賣，例不抽税。小引包茶，税分差等。每五觔爲一包，每二百包爲一引。發賣民用，每引，漢中税銀九兩四錢，西安鳳翔税銀一十四兩。今定，大小引一例平分。〇九年覆准：地方將領巡緝，不許倚托營兵旗人，販賣私茶。〇十年覆准：茶商，舊例，大引附茶六十篦，小引附茶六十七觔零。今定，每茶一千觔，槩准附茶一百四十觔。如有夾帶，嚴查治罪。〇又覆准：延、寧二處商税，每引百觔，量入官茶三十觔，折銀一錢三分，交庫彙報。〇又題准：凡鎮將發銀市馬，查核的確，准令購買。若有載茶易馬者，槩行禁止。〇又覆准：各番交易茶馬，量齎烟酒，以示撫綏。〇十三年覆准：新茶中馬既足，陳茶變價充餉。如新茶不足，陳茶兩篦折一中馬。〇十四年覆准：私茶私馬變價及贖罪銀，原留中馬支用。今七監馬匹蕃庶，改解充餉。〇康熙二年題准：茶九萬篦，作十分考核。欠不及半分者，罰俸六個月；欠半分以上，罰俸一年；一分以上，降一級;二分以上,降二級;三分以上,降四級調用;四分以上,革職。溢額,每分以上,紀録一次;至四分以上,加一級;五分以上,加一級,紀録一次。〇四年覆准:裁陝西苑馬寺各監。〇又覆准:雲南北勝州,今改爲永北府。開茶馬市。商人買茶易馬者,每兩抽税三分,該撫詳造交易細數、番商姓名,每年題報。〇五年題准:茶引不完者,雖多得茶觔,不准議叙。〇七年定:裁茶馬御史,歸甘肅巡撫兼理。〇十四年題准:茶馬事宜,每年八月攢造彙報。〇二十六年覆准:四川增邊腹茶引一萬一百五張。〇二十九年覆准:四川省蓄茶漸茂,用茶漸廣,增引目二千四百二十三道,税銀一千一百四十三兩六錢,於二十九年爲始,照數徵解。嗣後,如有續增引目之處,咨部頒發。〇三十二年題准:西寧五司收貯茶篦年久,難免浥爛。每篦十觔,變價銀六錢。〇三十六年,差部員管理茶馬事務。〇又覆准:陝西黄甫堡,原額茶引一百三十四道。今口外蒙古在殺虎口就近易鹽,以致黄甫堡茶引不行。嗣後,將額引停其頒發。〇又覆准:蘭城無馬可中,將甘州司積貯茶篦在五鎮俸餉之内,銀七茶三,每銀一兩,搭放值三錢茶一封。〇四十一年覆准:四川天全土司,發茶引五千六百道,每張徵税銀三錢六分一釐,加紙硃銀三釐。本年,該撫已發執照五千六百張,俟部引到日,將執照收明,送部銷燬。〇四十二年題准:陝西茶引,共額二萬七百九十六道,發西、莊、洮、河四司通番中馬。内有小引八百餘道,售西、鳳、漢中三府人民供食。自康熙二十三年後,被大引漸次侵吏。現今止留小引一百道,西、鳳、漢中三府地方人民不足食用,以致私販横行。今於小引原額内,頒茶引五百道,給商行茶。每引徵茶五篦,每篦折銀四錢,共徵銀一千兩。〇又題准:四川雅州增茶引二千九十七張,邛州增三百張,滎經縣增三千五百四張,共徵税銀三千三百一十三兩二錢七分零,俱於四十二年爲始。〇四十三年覆准:嗣後,茶觔止於陝境交界處盤查。行人攜帶十觔以下者,停其搜捕。如有驢馱車載,無官引者,即係私茶,照私鹽律治罪。失察官員,俱照私鹽例議處。〇四十四年諭:茶馬事務,停止差官,著甘肅巡撫兼管料理。〇又覆准:四川名山縣增邊引三千三百一十道,於本年爲始,納税行茶。〇又題准:西寧等處所徵茶篦,停止易馬,將茶變價折銀。每新茶一篦,折銀四錢;陳茶一篦,折銀六錢充餉。〇又題准:四川雅州腹引難銷,令改爲邊引行茶。〇又覆准:巡察私茶,十觔以下停其搜捕,恐沿途行人分帶零運,仍照舊例緝拿處分。〇四十五年題准:四川新繁、大邑、灌縣增引一千九百道,於本年爲始,納税行茶。〇四十八年覆准:四川天全土司增茶引五百一十張,於本年爲始,納税行茶。〇四十九年覆准:四川天全土司增茶引七百二十張,於本年爲始,納税行茶。〇又覆准:四川雅州增邊引一千九百八十張,於本年爲始,納税行茶。〇五十五年覆准:浙省每年例銷茶引十四萬道,茶商將積年餘引,並不赴部繳銷。今另募商人情願自備本銀,將每年解送黄茶,揀選上料好茶,親交内庫,一切水脚,亦情願自備。令給與執照,領引置茶,過關投税,均如舊例。其存剩餘引,按年赴部繳銷。〇五十七年議准:陝西西寧地方,爲通番大路。原額茶引九千二百四十八道,不敷民番食用。今加增茶引二千道每引,照例徵茶五篦,每篦折銀四錢,共徵銀四千兩。〇五十八年議准:四川省茶課邊引、土引共六萬四千九十八張,先於松潘、打箭爐二處行銷。今俱行禁止,將引繳部。其應徵税銀,暫行停止。〇五十九年題准:四川松潘、打箭爐等處土司相繼歸誠,仍發邊、土二引。〇六十一年覆准:陝西西寧、莊浪、岷州、河州,界連口外,增茶引四千道,交與總督辦理。一年定例之後,仍照舊交與巡撫辦理。〇又議准:陝西西寧等處行茶,原照例易换馬駝牛羊并買粟穀。今將舊茶悉出變賣,以作兵餉。〇雍正三年覆准:河東茶政,令湖廣督撫嚴飭産茶各州縣,凡商茶照引運茶,先行申報本省,咨明豫撫,轉飭經過地方查驗。令陝州驗引,移送出關,守取回文備案。如該州有借驗引名色勒索商人者,該撫即行題參治罪。如有商人離引行茶及夾帶餘茶,并將舊引影射者,各該督撫即行拏問。〇又覆准:甘肅四司茶篦,自康熙六十一年爲始,五年之内,總收本色,五年之後,即將五年以前之茶,發出變價,挨次出陳存新,將變價銀兩,按年題報。嗣後,總以五年爲率。〇又覆准:四川邛州增邊引一千三百張,自本年爲始,永爲定額,共徵税銀六百十三兩六錢。〇四年覆准:四川雅州、成都、大邑、滎經等四州縣,額引不敷行銷,陸續增邊引八千一百三十五張,應徵税銀三千八百三十九兩七錢二分,按年徵報。〇又覆准:四川天全土司,額引不敷行銷,增土引七百七十張,徵税銀二百七十七兩九錢七分。〇又覆准:四川灌縣增邊引五百張,共徵税銀二百三十六兩。〇又覆准:陝省茶改,令産茶地方官給發船票,照依該商引目茶數,一一開明,不得另給印票。其應行盤查之處,照依引目及正茶附茶觔兩,盤查驗放,不得勒掯留難。如於部引之外,有搭行印票及附茶不依所定觔數,多帶私茶者,查拿,照私鹽律治罪。如查驗官故縱失察者,照失察私鹽例處分。如有地僻引多,茶觔壅滯,不能行銷者,該商具呈該司,該司詳報甘撫,行令往别司分通融發賣辦課。〇又覆准：四川安縣增邊引二百張，於雍正五年爲始辦税行茶，永爲定額。〇五年覆准：四川邛州增邊引一千一百張，徵税銀五百一十九兩二錢。

引式

户部爲茶法事，陝西清吏司案呈，照得各省茶法題准，各項事例，已經通行遵奉訖。所有引目條欵，合行開列，鑄造銅板，印刷引目，給付茶商收執，照茶前去發賣施行，須至引者。

一、茶引每引無論粗細，連包照茶一百觔爲一引，給半印引目，引價納完，隨即發引。照例不許溢額。

一、客商販茶，不許茶引相離。違者，即同私茶與私鹽同罪。

一、經過關津批驗所，依例照驗，將引由截角，别無夾帶，方許放行。若將茶貨寄頓别家，仍以舊引影射，併窩主一體論罪。

一、茶貨至各省府州縣住賣者，即赴該地方官驗明，截角發賣。

一、僞造茶引者，處斬，籍没當房家産。告捉人，賞銀二十兩。

一、出園茶主，將茶賣與無引客商興販者，杖六十，原價入官。

一、行茶地方。某省某府某州縣某城某衛某營堡等處。

〔魚課〕

各省河泊所，有專設所官者，有歸併有司兼理者。其税課，或徵之漁户，或編入地丁。自康熙二十二年以後，河泊所衙門陸續裁汰，存者僅十之三。其税課，槩編入地丁雜辦項下。今將現設所官并課額，具列於後。其税課編入雜項者，即註明於下。

河泊所衙門

江西

楊林河泊所　鶴問寨河泊所

廣東

官窑河泊所　溢湖河泊所

東壟河泊所

湖廣，舊有磧磯湖、黄岡湖、漳源湖、華家湖、沌河蒲潭、桑臺湖、長江局、樟松湖、安鄉湖、魚苗洋、楮塘湖、九潭湖共河泊所十二處，俱裁。

福建，舊有晉江河泊所，今裁。

廣東，舊有新安、吉安、鮀河河泊所三處，今裁。

課額總計各省魚課，共銀四萬一千五百八十七兩三錢九分零。

江南魚課，八千九百七十七兩三分零。江蘇等屬，一千四百七十五兩三錢三分。又，江寧、六合、丹徒三處，鰣魚折銀，并魚塢租水面冬網，共銀五百八十八兩四錢七分零。外，遇閏加銀一十八兩二錢八分零。其淮防廳魚税，儘收儘解。〇安徽等屬，六千九百一十三兩二錢三分零，又錢一萬二千七十五文。外，遇閏加銀三百五十一兩八錢一分零，錢七百五十八文以上。俱彙入雜辦項下。

浙江魚課，二千一百七兩七錢五分零。彙入商税項下。

江西魚課，四千七百九十五兩二錢四分零。

湖廣魚課，一萬一千二十五兩四分零。係湖北徵課。其湖南魚課，彙入雜税項下。

福建魚課，一萬一千三百七十六兩九錢九分零。彙入雜税項下。

山東魚課，一十五兩七錢六分。雄崖、安東、靖海三衛所，徵收魚筏等税。

廣東魚課，八千六百八十三兩二錢三分零。外，遇閏加徵一百一十兩二錢五分。又，各州縣魚税，彙入雜税項下。

廣西魚課，一百四十八兩七錢六分零。係梧州、平樂二府徵課。

四川魚課，三十兩。建昌衛右所邛池兩岸漁户認納，康熙三十一年題准。

〔礦課〕

本朝因山澤所産，聽民採取輸税。間或開礦採辦，必詳視地宜。禁例極嚴，分見於後。

凡金銀課，順治元年定：山東巡撫開採臨朐、招遠等處銀礦，毋滋奸弊。〇八年覆准：禁止開採。〇康熙十五年，差部員至山西應州邊耀山，監視煎煉銀礦。〇十九年覆准：各省開採所得金銀，四分解部，六分抵還工本，按月報核。〇又，差官往陜西臨潼等處，開採銀礦。〇二十年，差官往山東萊陽縣，開採銀礦。〇二十一年定：雲南省屬銀礦，招民開採，官收四分，給民六分。〇二十二年，停山西、陜西等處開採。〇四十三年諭：聞開礦事情，甚無益於地方。嗣後，有請開採者，俱著不准行。〇五十二年諭："據四川提督奏稱，蜀省一碗水地方，聚衆萬餘人開礦，差官力行驅逐等語。此偷開礦廠之徒，皆係無室可居，無田可耕貧民，每日所得錙銖以爲養生之計。若將此等乏産貧民，盡行禁止，則伊等何以爲生？該地方文武官員作何設法，使窮民獲有微利，養贍生活，但不得聚衆生事，妄行不法。大學士與九卿會議具奏。"遵旨議定：凡各省所有之礦，本處無業貧民私行採取者，各該地方官查明姓名註册，令其開採。仍令各該管官不時稽查，毋致生事，妄行不法。其外省之人，不許開採，并嚴禁本處豪强富户設廠。如有此等情弊，該管文武官弁隱匿，不嚴行查拏，照溺職例革職。該督、撫、將軍、提鎮徇庇不行揭參，照徇庇例，降三級調用。○又題准：湖南郴州黑鉛礦，産有銀母。除商人工本外，抽税一半。○五十三年議准：雲南大姚縣惠隆山銀廠，照郴州例抽分。○又覆准：停止郴州銀礦。○五十四年覆准：廣州等府屬有礦山場，聚集人多，嚴行封禁。如仍多人妄行開採，將不行查拿之文武官弁議處。○五十七年題准：雲南楚雄府石羊等廠、臨安府個舊等廠，抽收不足，照地丁雜項銀例題參。○又題准：開採貴州觀音山等廠。○又覆准：雲南霑益州、貴州威寧府接壤地方，出産銀礦。令候補知府、知州，各一員，協理廠務。三年之内，果有成效，照調補烟瘴例，即行陞補。至開廠聚集多人，先發米石預備，使米價不致驟長。如遇歲歉，暫時停止。○又議准：四川省彝良等三廠，礦砂日少，不敷工本，永行封禁。○五十八年題准：雲南建水州屬華祝箐廠并雲南縣屬水木支山金龍廠，照惠隆廠事例，每出銀一兩，抽課銀一錢五分，飭令儘收儘解。○六十年題准：雲南省運一廠、獅子廠、華祝箐廠，洞門荆棘，不便開採，永行禁止。○雍正元年覆准：停止貴州觀音山等廠。

凡銅鐵錫鉛課，順治十四年覆准：古北口、喜峰口、石匣等處産鐵，各設旗員，撥丁淘取。○康熙二年題准：四川黎漢紅卜苴二洞白銅舊廠，令民開採輸税。○十八年覆准：産銅鉛處，任民採取徵税。二分，按季造報，八分，聽民發賣。得税多者，道、廳、州、縣官議叙。上司誅求逼勒者，查出議處。先儘地主報名開採，地主無力，許本州縣民採取，僱募鄰近州縣匠役。如别州縣人越境採取及衙役攪擾，俱照光棍例，分别首從治罪。有墳墓處，不許採取。倘有不便，督撫題明停止。○又覆准：河南涉縣，聽民採取銅鉛，照例抽税。○十九年題准：浙江富陽等處，任民採取銅鉛，照例抽税，按季造報。○又覆准：湖廣衡永府屬産銅鐵錫鉛處，招民開採輸税。○二十年，停止浙江富陽等縣開採。○又題准：開採凉州黑鉛，照例抽税。○二十二年覆准：出産銅鉛地方，停其收税，任民採取。仍令地方官不時稽察，毋致争奪滋擾。○二十四年議准：四川邛州蒲江縣黄鐵山，開鐵礦六座，招民開採，十分抽税二分。○二十七年覆准：四川自康熙二十三年起，至二十五年止，共抽税鐵一萬一千六百餘觔。照每觔二分之時價變賣，報部充餉。○三十五年覆准：明直等廠，礦苗已絶，停止開採。現在課銀，槩行豁免。○四十九年題准：雲南澂江府屬路南州之開太廠、羊脚迹廠、廣西府屬彌勒州之紅萬廠，俱不産銅，永行封閉。至昆陽州有子母廠，易門縣有寨子山廠，俱爲銅礦，令開採以收課息。○五十年覆准：山西沁水縣採鉛地方,該撫交與商人刨挖。其人夫不足,令地方官添雇開採。○又題准:湖南産鉛地方,山深谷邃,境通黔粤,苗猺雜處,開採不便,永行封閉。○五十二年題准:湖南大湊山黄沙等三處,於一年内開採,獲税鉛三十六萬二千一百餘觔。○五十三年覆准:豫省有礦地方,停其刨挖。○又覆准:川省麂子廠,獲有黑鉛,開採納課。○五十七年覆准:川省各廠,通行停止。○雍正元年覆准:滇省廠課,將元年正月起至十二月止抽收課項,於二年五月内,造册題報。嗣後,永爲定例。○二年覆准:滇省火把箐廠,開採年久,銅礦無出,永行封閉。○又覆准:貴州威寧府齊家灣、丁頭山等處,出産鉛礦,交商人開採納課。○三年覆准:湖南九架夾地方,出産白鉛,僱募人夫開採。所獲鉛觔,照例二八抽收。○四年覆准:威寧府屬忙步溝,産有礦苗。先委員採試,如果苗盛,僱覓本地殷實商民開採,按季造報,二八抽課。其餘官收官買,就近撥運霑益局,以供鼓鑄。○五年覆准:大定州猴子廠,硐老砂竭。另有水城等礦,煎試有效,許其開採。令該撫據實抽收,造册題報。○又覆准:雲南霑益州歹勒古廠,礦苗盡絶,難以開採,即行封閉。○又覆准:封閉中甸銅廠。○又覆准:桂陽州大湊山白鉛礦廠,准其封禁。○又覆准:將遼陽州所屬之黄波羅峪等處,并開原縣所屬之打金廠等處,一切礦廠,嚴行封閉,永遠不許開採。仍嚴飭各該管地方文武官弁,不時稽查。如有偷刨,即行拿究。至西柳塘和連寨等處,所開鐵、煤、黑礬等礦,仍聽照常挖刨。

凡水銀課,舊例,貴州額徵開州用砂廠水銀一千二百六十九觔零,遇閏加一百三十三觔零;婺川縣婺川廠徵水銀一百六十九觔零,俱照時價變賣貯庫,造册報部。○康熙元年定:開州斗甫廠徵水銀九十五觔零,遇閏加十觔零。又,普安縣橋廠招民開採,徵水銀三百三十三觔。○七年題准:四廠連閏徵收水銀變價,撥充本省兵餉。○九年覆准:黔西府屬新開黄土坎廠,徵水銀一百觔。○三十八年覆准:開州用砂、斗甫二廠,山頹砂盡。改於修文縣紅白岩地方,開採辦課。○雍正元年覆准:貴州普安縣濫水橋水銀廠,委修文、普定二縣協同管理。其修文縣屬水銀廠,年久砂淡,額課銀六百五十餘兩,丁逃難辦。將普安縣報解水銀價銀一百六十兩,移解修文額課。○五年覆准:貴州濫水廠水銀税羡銀兩,自本年五月起,儘數報部充餉。○又覆准:貴州板廠水銀額課八十兩七錢,在濫水廠抽收贏餘銀内抵補。其板廠原額,即行豁除。

〔時估〕

貨物價值,低昂無定。官司採買,隨時估計。復立科條,不致浮冒虧課,尅減病民云。

順治元年題准:柴炭錢糧,向派直隸衛所官,於軍餉内扣解兵部,給發商人承辦。今衛軍額餉久停,户部發銀招商買辦,以供内廷炊爨。各衛所官,不得混派。〇九年議准:各省應解諸項本色,每年布政司先期確估時價,申報該撫咨部查核。一面徑行各屬,照價徵銀解司,委官採買解部,不得僉報累民。〇又議准:各省兵馬需用豆草,在省城,責成布政司,在各府,責成府佐,動支正項錢糧,照依時價官買官解,堆貯倉場,經收經放,歲底報部核銷。〇又議准:山西潞紬機户,每十年一派,三年一解,以九年爲始,隨時估價。永著爲令。〇十一年題准:直省應徵本色價值,各載入易知由單。〇十二年題准:京城需用豆草,令崇文門、大興、宛平等官,責成商人承辦備用。〇十六年題准:通州草厰,歲派解草八十萬束,供應會同舘及通鎮各營。分派天津道買辦十萬束,河西務關買解十萬束,撥務關税銀給天津道轉發河間各州縣,買解六十萬束。〇康熙九年題准:採買物料多開價值,布政司,罰俸一年;巡撫,罰俸六個月。若有司不送上司驗視,竟行解部者,罰俸六個月。〇十四年議准:各省採買米豆草束估價,俱照督撫所定,停止户部駁查。如估價多開者,原估官,革職提問;轉申官,降四級調用;奏銷督撫,降二級調用。督、撫、司、道、府、官,通同多估者,俱革職提問。司、道、府、官查出,督撫查參者,免處。其餘估計零星雜項,經部駁重估,仍不確照時價,妄行浮開者,罰俸一年;巡撫,罰俸六個月。〇又議准:採買芻粟物件,不發現銀及給價短少者,州縣官,革職拿問。司、道、府官,明知不報,亦革職拿問;已經詳報,督撫不行題參者,革職。〇二十四年諭:辦買物料,年久始行估值,易滋弊端。令於辦買時,即行確估。

大清會典卷之五十四

户部

〔廩禄〕

〔宗室俸禄〕

國朝展親頒禄，視爵秩之尊卑，定俸給之多寡。銀米兼支，歲有定額。詳列於後。

歲支定額數歷年增減不一。今載現給定額於前，歷年事例附於後。

和碩親王，歲支銀一萬兩、米五千石。

世子，歲支銀六千兩、米三千石。

多羅郡王，歲支銀五千兩、米二千五百石。

長子，歲支銀三千兩、米一千五百石。

多羅貝勒，歲支銀二千五百兩、米一千二百五十石。

固山貝子，歲支銀一千三百兩、米六百五十石。

鎮國公，歲支銀七百兩、米三百五十石。

輔國公，歲支銀五百兩、米二百五十石。

一等鎮國將軍，歲支銀四百一十兩、米二百五石。

二等鎮國將軍，歲支銀三百八十五兩、米一百九十二石五斗。

三等鎮國將軍，歲支銀三百六十兩、米一百八十石。

一等輔國將軍，歲支銀三百一十兩、米一百五十五石。

二等輔國將軍，歲支銀二百八十五兩、米一百四十二石五斗。

三等輔國將軍，歲支銀二百六十兩、米一百三十石。

一等奉國將軍，歲支銀二百一十兩、米一百五石。

二等奉國將軍，歲支銀一百八十五兩、米九十二石五斗。

三等奉國將軍,歲支銀一百六十兩、米八十石。

奉恩將軍,歲支銀一百一十兩、米五十五石。

固倫公主,歲支銀四百兩、米二百石。

和碩公主,歲支銀三百兩、米一百五十石。

郡主,歲支銀二百五十兩、米一百二十五石。

縣主,歲支銀二百二十兩、米一百一十石。

郡君,歲支銀一百九十兩、米九十五石。

縣君,歲支銀一百六十兩、米八十石。

鄉君,歲支銀一百三十兩、米六十五石。

凡支給,國初,各照爵秩撥給田園,不支俸禄。○順治元年題准:歲給俸銀,親王一萬兩,郡王五千兩,貝勒二千五百兩,貝子一千二百五十兩,公六百二十兩。○七年議准:歲給俸禄,親王,銀一萬兩、米六千石;郡王,銀四千兩、米二千石;貝勒,銀二千兩、米一千四百石;貝子,銀一千兩、米八百石;公,銀五百兩、米六百石;將軍,銀八十兩;公主,米一千石;郡主,米五百石;縣主,米三百石;郡君,米二百石。○八年議准:歲給俸銀,親王一萬兩,郡王五千兩,貝勒三千兩,貝子二千兩,公一千兩。已上,每俸銀二兩,給俸米三斛。○九年議准:給親王世子俸銀六千兩。○十年議准:歲給俸銀,親王、郡王,仍照舊例,餘俱酌量增減。貝勒二千五百兩,貝子一千三百兩,鎮國公七百兩,輔國公四百兩,一等鎮國將軍三百兩,二等鎮國將軍二百七十五兩,三等鎮國將軍二百五十兩,一等輔國將軍二百二十兩,二等輔國將軍二百兩,三等輔國將軍一百七十五兩,一等奉國將軍一百五十兩,二等奉國將軍一百二十五兩,三等奉國將軍一百兩奉恩,將軍七十五兩。已上,每銀一兩,支米一斛。○十一年題准:歲給公主俸銀二百五十兩。○十二年題准:歲給郡主俸銀二百兩,縣主一百五十兩,郡君一百兩。○十四年題准:下嫁外藩,公主,歲支俸銀四百兩、緞二十疋至銀三百兩、緞十五疋不等;郡主,俸銀一百五十兩、緞十疋;縣主,俸銀一百兩、緞八疋;郡君,俸銀五十兩、緞六疋。○十八年題准:在内,固倫公主俸銀四百兩,和碩公主三百兩,郡主二百五十兩,縣主二百二十兩,郡君一百九十兩,縣君一百六十兩,鄉君一百三十兩。又,下嫁外藩,公主俸銀二百兩、緞十二疋;縣君俸銀四十兩、緞五疋;鄉君俸銀三十兩、緞四疋。

凡贍給,順治二年題准:覺羅幼丁,每户月給銀二兩。○十三年議准:宗室内無人承襲者,郡王妃,歲給銀一千五百兩;貝勒夫人,歲給銀八百兩；貝子夫人，歲給銀五百兩，禄米隨銀支給。公將軍夫人，給伊夫俸禄銀米之半。〇十五年議准：宗室妃夫人等孀居者，支給半俸銀米一年。

〔額駙世職官員俸禄〕

勳戚諸臣，國初，皆給莊田，以代常禄。後令每歲按秩頒俸，本折兼行支給。

固倫公主額駙，歲支銀二百八十兩、米一百四十石。

和碩公主額駙，歲支銀二百五十五兩、米一百二十七石五斗。

郡主額駙，歲支銀二百三十兩、米一百一十五石。

縣主額駙，歲支銀一百八十兩、米九十石。

郡君額駙，歲支銀一百五十五兩、米七十七石五斗。

縣君額駙，歲支銀一百三十兩、米六十五石。

鄉君額駙，歲支銀一百五兩、米五十二石五斗。

一等公，歲支銀七百兩、米三百五十石。

二等公，歲支銀六百八十五兩、米三百四十二石五斗。

三等公，歲支銀六百六十兩、米三百三十石。

閑散公，歲支銀二百五十五兩、米一百二十七石五斗。

一等侯又一拖沙喇哈番，歲支銀六百三十五兩、米三百一十七石五斗。

一等侯，歲支銀六百一十兩、米三百五石。

二等侯，歲支銀五百八十五兩、米二百九十二石五斗。

三等侯，歲支銀五百六十兩、米二百八十石。

閑散侯，歲支銀二百三十兩、米一百一十五石。

一等伯又一拖沙喇哈番，歲支銀五百三十五兩、米二百六十七石五斗。

一等伯，歲支銀五百一十兩、米二百五十五石。

二等伯，歲支銀四百八十五兩、米二百四十二石五斗。

三等伯，歲支銀四百六十兩、米二百三十石。

伯品級官，歲支銀二百五兩、米一百二石五斗。

一等精奇尼哈番又一拖沙喇哈番，歲支銀四百三十五兩、米二百一十七石五斗。

一等精奇尼哈番，歲支銀四百一十兩、米二百五石。

二等精奇尼哈番，歲支銀三百八十五兩、米一百九十二石五斗。

三等精奇尼哈番，歲支銀三百六十兩、米一百八十石。

精奇尼哈番品級官，歲支銀一百八十兩、米九十石。

一等阿思哈尼哈番又一拖沙喇哈番，歲支銀三百三十五兩、米一百六十七石五斗。

一等阿思哈尼哈番，歲支銀三百一十兩、米一百五十五石。

二等阿思哈尼哈番，歲支銀二百八十五兩、米一百四十二石五斗。

三等阿思哈尼哈番，歲支銀二百六十兩、米一百三十石。

阿思哈尼哈番品級官，歲支銀一百五十五兩、米七十七石五斗。

一等阿達哈哈番又一拖沙喇哈番，歲支銀二百三十五兩、米一百一十七石五斗。

一等阿達哈哈番，歲支銀二百一十兩、米一百五石。

二等阿達哈哈番，歲支銀一百八十五兩、米九十二石五斗。

三等阿達哈哈番，歲支銀一百六十兩、米八十石。

阿達哈哈番品級官，歲支銀一百三十兩、米六十五石。

拜他喇布勒哈番又一拖沙喇哈番，歲支銀一百三十五兩、米六十七石五斗。

拜他喇布勒哈番，歲支銀一百一十兩、米五十五石。

拜他喇布勒哈番品級官，歲支銀一百五兩、米五十二石五斗。

拖沙喇哈番，歲支銀八十五兩、米四十二石五斗。

拖沙喇哈番品級官，歲支銀八十兩、米四十石。

順治十年題准：世職官無子兄弟承襲者，所支俸禄銀米，與故官母妻均分。至舊給田園，留與故官母妻，亡後，給與應得家産人。永爲定例。○十二年題准：世職官員亡故無人承襲者，其妻照依夫應得俸銀俸米之半，贍給終身。○康熙七年題准：外任旗員有革職休致而仍留世職者，該都統查送户部，以到京日爲始，給與世職俸禄。○二十八年議准：定例内，八旗世職官員應給俸禄，俱由該都統查明，移送到部，始行支給。其王公以下及無世職官員，或因罪住俸議處，於襲職開復之日起支。其先前所住之俸，停其補支。漢世職官員所應得俸禄，具呈本處巡撫，移咨兵部，查明並無事故，即於本處給發，仍取地方官印結，送部查核。○三十四年題准：舊例，八旗、滿洲、蒙古、漢軍世職官員，告病、年老、解任、亡故者，具題承襲時，仍支全俸銀米。其承襲之人未及年歲者，亦支全俸銀米。嗣後，未及年歲承襲人等，不上衙門當差，止給半俸；俟年歲長成之時，始支給全俸。至於具題承襲時,亦止給半俸,承襲之後始支給全俸。漢世職官員俸銀,亦照此例。〇三十九年覆准:嗣後,一應世職官員,無責任不當差者,仍支給半俸。其緑旗官員,或伊世職之俸較多於伊職任之俸,准支給世職之俸。職任之俸并柴薪等銀,停其支給。或世職之俸少於職任之俸,准支伊職任之俸,并支給柴薪等銀。世職之俸,停其支給。〇五十六年議准:世襲官員病故,未襲職以前,有妻子者,准食半俸銀米;已襲職,未及年歲者,仍准食半俸銀米;已及歲上朝,准食全俸銀米。〇六十年議准:凡世襲官員年歲未及食俸及世襲官員無應襲之子嗣給永遠養贍妻子半俸并週年給孀婦半俸等例,盡行停止,但支給半季禄米。〇雍正二年議准:將世職年歲未及上衙門之半俸官員及永遠養贍孀婦之半俸并週年孀婦之半俸,俱照舊給與。

〔在京文武官員俸禄〕

俸銀,滿漢一例,按品級頒發。俸米,滿洲、蒙古、漢軍官員,初定,每俸銀二兩支米三斛;後定,每俸銀一兩支米一斛。漢官,舊例,不論品級,俱歲支米十二石。雍正三年特奉恩旨,漢官俸米,俱照滿洲、蒙古、漢軍官員支給。永爲定例。

正從一品,歲給俸銀一百八十兩、俸米九十石。

正從二品,歲給俸銀一百五十五兩、俸米七十七石五斗。

正從三品,歲給俸銀一百三十兩、俸米六十五石。

正從四品,歲給俸銀一百五兩、俸米五十二石五斗。

正從五品,歲給俸銀八十兩、俸米四十石。

正從六品,歲給俸銀六十兩、俸米三十石。

正從七品,歲給俸銀四十五兩、俸米二十二石五斗。

正從八品,歲給俸銀四十兩、俸米二十石。

正九品,歲給俸銀三十三兩一錢一分四釐、俸米一十六石五斗五升七合。

從九品,歲給俸銀三十一兩五錢、俸米一十五石七斗五升。

順治元年題准:漢文武官俸給柴直銀兩,總歸户部頒發。文官,正一品,歲實支俸銀二百一十五兩五錢一分二釐;從一品,實支一百八十三兩八錢四分四釐;正二品,實支一百五十二兩一錢七分六釐;從二品,實支一百二十兩五錢八釐;正三品,實支八十八兩八錢四分;從三品,實支六十六兩九錢一分六釐;正四品,實支六十二兩四分四釐;從四品,實支四十八兩七錢六分四釐；正五品，實支四十二兩五錢五分六釐；從五品，實支三十七兩六錢八分四釐；正六品，實支三十五兩四錢六分；從六品，實支二十九兩八分四釐；正七品，實支二十七兩四錢九分；從七品，實支二十五兩八錢九分六釐；正八品，實支二十四兩三錢二釐；從八品，實支二十二兩七錢八釐；正九品，實支二十一兩一錢一分四釐；從九品，實支一十九兩五錢二分。武官，正一品，歲實支俸銀九十五兩八錢一分二釐；從一品，實支八十一兩六錢九分四釐；正二品，實支六十七兩五錢七分六釐；從二品，實支五十三兩四錢五分八釐；正三品，實支三十九兩三錢四分；從三品，實支二十九兩五錢六分六釐；正四品，實支二十七兩三錢九分四釐；從四品，實支二十一兩五錢；正五品，實支一十八兩七錢六釐；從五品，實支一十六兩五錢三分四釐；正六品，實支一十五兩二錢一分；從六品，實支一十二兩四錢三分四釐。又，一品、二品，歲額柴薪銀一百四十四兩；大學士加宮保者，加柴薪銀二十四兩。三品，一百二十兩；四品，七十二兩；五品、六品，四十八兩；七品，三十六兩；八品，二十四兩；九品，一十二兩。又，直堂、直廳，每名歲給銀十兩，宗人府二十名，内閣十四名，詹事府十二名，左右春坊各八名，司經局七名，翰林院十五名，四譯館十二名，吏部六十六名，户部一百三名，禮部六十六名，兵部六十五名，刑部一百一名，工部五十八名，都察院五十三名，通政司五十名，大理寺二十二名，六科二十四名，尚寶司七名，中書科四名，太常寺二十四名，光禄寺四名，國子監十名，太僕寺十二名，鴻臚寺二十九名，行人司七名，欽天監十九名，太醫院十名，上林苑監四名，錦衣衛二十六名。〇三年議准：給滿洲、蒙古、漢軍官俸銀有差。〇五年定：各衙門無品級筆帖式，月給銀二兩。〇七年議准：奉天駐防官俸，照在京官例，減半支給。〇又議准：鑾儀衛官，俸銀照品支給，米月支一石。色衣官，不支俸銀，止月支米一石。〇八年議准：滿洲蒙古漢軍都統、尚書，歲給銀一百四十兩；副都統、侍郎，一百三十兩；參領等官，一百二十兩；佐領等官，一百兩。護軍校、驍騎校，六品官，六十兩；七品官，四十兩；八品官，二十兩。每銀二兩，給米三斛。〇十年議准：滿洲蒙古漢軍官員歲給俸銀，都統、尚書，一百八十兩；副都統、侍郎，一百五十五兩；參領、一等侍衛、郎中，一百三十兩；佐領、二等侍衛、員外郎，一百五兩；三等侍衛、主事，八十兩。護軍校、驍騎校，六品官，六十兩；七品官，四十五兩；八品官，四十兩。每銀一兩，支米一斛。〇又議准：漢官照定例，每季各衙門備造印册，投送户部給俸。滿洲蒙古漢軍官，每年於二八月兩次給俸。〇十一年題准:山海關外官員俸禄,在盛京支給。〇十三年議准:官員俸禄,滿漢一例,照品支給。其漢官柴薪等銀,俱裁。〇又題准:官員已故,其妻服制内照依夫品級給與半俸銀米,服滿停支。〇十八年議准:滿洲官員,年至六十已上致仕者,照原品給與半俸銀米。若年未及六十致仕者,不准支給。〇康熙元年題准:留原品隨旗上朝各官,及奉特旨原品閑住停免上朝各官,俱照原品支俸,休致支半俸。官員故後,伊妻不准再給。〇十年議准:在京漢官俸,照滿官例,每年兩次支給。其俸銀,各衙門總領分給。初授陞轉官員,吏部、兵部遇給放之日咨送到者,准其支俸;過期者,不准補給。〇十二年議准:旗員年至六十歲告老解任者,查明歷俸深淺,有無効力,應否給與半俸,具題請旨。未至六十歲告病解任者,不准給俸。駐防官員告老仍在外省居住及漢軍任緑旗官年老告退回京者,不給半俸。内府佐領官員及有世職襲替者,亦不准給。〇二十三年議准:在京王以下滿洲文武官員俸禄,於每年兩季未給之前,查明實在員數,先行題請。如有罰俸降級者,照各衙門移送印文,臨時裁扣。〇雍正三年諭:"朕體恤臣工,時深軫念,每思經理區畫,以贍其俯仰之資。查舊例,在京大小漢官,每年俸米,俱支給十二石。蓋因向日漢官攜帶家口者少,食指無多,故給米十二石,即可粗足。今見漢官攜帶家口者多,若俸米仍照舊數,則食用或有不敷,居官者難免内顧之憂。嗣後,在京大小漢官,著按俸銀數目給與俸米。俾禄糈所頒,足供養贍,以示朕加惠羣臣之至意。"

〔在外文武官員俸禄〕

俸銀,與京官一例,照品級頒發,不給俸米,仍酌給心紅紙張柴炭銀兩。

順治元年定:總兵官,月支俸銀五十兩。副將,月支俸銀三十兩。參將,月支俸銀二十兩。遊擊,月支俸銀十五兩。守備,月支俸銀七兩。〇四年議准:在外文職,照在京文官按品支給俸銀外,總督,歲支薪銀一百二十兩、蔬菜燭炭銀一百八十兩、心紅紙張銀二百八十八兩、案衣家伙銀六十兩;巡撫,歲支薪銀,副都銜一百二十兩、僉都銜七十二兩,蔬菜燭炭銀一百四十四兩,心紅紙張銀二百一十六兩、案衣家伙銀六十兩;織造官,照品支俸薪外,歲支蔬菜燭炭銀一百八兩、心紅紙張銀一百八兩、案衣家伙銀六十兩;學政及巡按、巡鹽、巡茶、巡倉御史,歲支薪銀三十六兩、蔬菜燭炭銀一百八十兩、心紅紙張銀三百六十兩;左布政,歲支薪銀一百四十四兩、蔬菜燭炭銀八十兩、心紅紙張銀一百二十兩、修宅家伙銀四十八兩、案衣銀五十二兩;右布政,歲支薪銀一百四十四兩、蔬菜燭炭銀四十兩、心紅紙張銀四十兩、家伙銀四十兩、案衣銀四十兩;按察使,歲支薪銀一百二十兩、蔬菜燭炭銀八十兩、心紅紙張銀一百二十兩、修宅家伙銀四十八兩、案衣銀五十二兩;各道,歲支薪銀,參政一百二十兩、副使、參議七十二兩、僉事四十八兩,蔬菜燭炭銀五十兩,心紅紙張銀五十兩,修宅家伙銀五十兩;布政司經歷、理問,歲支薪銀四十八兩、都事薪銀三十六兩、照磨薪銀二十四兩、檢校薪銀十二兩;按察司經歷,薪銀三十六兩;知事,薪銀二十四兩;照磨、檢校,薪銀十二兩;知府,歲支薪銀七十二兩、心紅紙張銀五十兩、修宅家伙銀五十兩、案衣銀二十兩;府同知、通判,歲支薪銀四十八兩、心紅紙張銀二十兩、修宅家伙銀十兩、案衣銀十兩;推官,歲支薪銀三十六兩、心紅紙張銀二十兩、修宅家伙銀十兩、案衣銀十兩;府經歷,薪銀二十四兩;知事、照磨,薪銀十二兩;知州,歲支薪銀四十八兩、心紅紙張銀三十兩、修宅家伙銀二十兩、迎送上司繖扇銀十兩;州同,薪銀四十八兩;州判,薪銀三十六兩;吏目,薪銀十二兩;知縣,歲支薪銀三十六兩、心紅紙張銀三十兩、修宅家伙銀二十兩、迎送上司繖扇銀十兩;縣丞,薪銀二十四兩;典史,薪銀十二兩;運使,歲支薪銀一百二十兩、心紅紙張銀四十兩、蔬菜燭炭銀四十兩、修宅家伙銀四十兩;運同,薪銀七十二兩、心紅紙張銀二十兩、修宅家伙銀二十兩、繖扇案衣銀十兩、燭炭銀十兩;運判,薪銀四十八兩、心紅紙張銀二十兩、修宅家伙銀二十兩、繖扇案衣銀十兩、燭炭銀十兩;運司、經歷薪銀三十六兩;知事,薪銀二十四兩;提舉,歲支薪銀四十八兩、燭炭銀十兩、心紅紙張銀二十兩、修宅家伙銀二十兩、繖扇案衣銀十兩;提舉司吏目,薪銀十二兩;按察司司獄、各府司獄、庫大使、巡檢、税課大使、驛丞、閘官、河泊所官,各支薪銀十二兩。○五年議准:奉差官員,除俸薪銀各照品赴部支領外,坐糧廳、各關差、倉差、河差、船廠、磚廠等差,歲支蔬菜燭炭銀四十八兩、案衣家伙修署銀二十兩、心紅紙張銀六十兩;各處巡捕官,歲支廪給銀二十四兩。河差、巡捕,歲支一十八兩。倉大使俸薪,照從九品支給,委署者不支。○又題准:都司經歷、斷事,支正六品俸薪。衛經歷,支從七品俸薪。都司學、衛學教官,支從九品俸薪。○又題准:在外武職,歲俸銀,正一品九十五兩八錢一分二釐,從一品八十一兩六錢九分四釐,正二品六十七兩五錢七分六釐,從二品五十三兩四錢五分八釐,正三品三十九兩三錢四分,正四品二十七兩三錢九分四釐,正五品十八兩七錢六釐;歲支薪銀,一品二品俱一百四十四兩,三品一百二十兩,四品七十二兩,五品四十八兩。又,提督,支一品俸薪外,歲給蔬菜燭炭銀一百八十兩、心紅紙張銀二百兩、案衣家伙銀一百兩。總兵官,支一二品俸薪外,歲給蔬菜燭炭銀一百四十兩、心紅紙張銀一百六十兩、案衣家伙銀六十兩。副將,支二品俸薪外,歲給蔬菜燭炭銀七十二兩、心紅紙張銀一百八兩、案衣家伙銀五十兩。參將、遊擊,支三品俸薪外,參將歲給蔬菜燭炭銀四十八兩,遊擊歲給蔬菜燭炭銀三十六兩,心紅紙張銀各三十六兩,案衣家伙銀各二十四兩。都司、僉書,支三品俸薪外,歲給蔬菜燭炭銀十八兩、心紅紙張銀二十四兩、案衣家伙銀十六兩。守備,支四品俸薪外,歲給蔬菜燭炭銀十二兩、心紅紙張銀十二兩、案衣家伙銀八兩。千總,歲支廩給銀四十八兩。把總,歲支廩給銀三十六兩。掌印都司,支二三品俸薪外,歲給蔬菜燭炭銀三十六兩、心紅紙張銀七十二兩、案衣家伙銀三十二兩。屯田操捕都司,支三品俸薪外,歲給蔬菜燭炭銀三十兩、心紅紙張銀四十兩、案衣家伙銀三十兩。營都司,支三品俸薪外,歲給蔬菜燭炭銀二十四兩、心紅紙張案衣家伙銀並同。衛守備,支四品俸薪外,歲給蔬菜燭炭銀八兩,心紅紙張、案衣家伙銀並同。衛所千總,歲支五品俸薪,如專城者,加給心紅紙張銀三十二兩、案衣家伙銀二十四兩。百總,歲支廩給銀三十六兩。運糧把總,支四品俸薪外,歲給蔬菜燭炭銀十二兩、心紅紙張銀十二兩、案衣銀八兩。○九年議准:裁州縣修宅家伙銀兩。○又議准:運糧把總,改爲都司僉書,俸薪照品支給。○十三年議准:在外文官,歲給俸、心紅紙張操賞銀仍照例支給外,其柴薪蔬菜燭炭銀,俱令裁去。○又題准:督撫各官,俱於駐劄地方給俸。○康熙元年題准:在外武官給俸,舊例,至五品止,營千把總止支廩給。今定,千總六品每季俸薪銀一十二兩;把總七品,每季俸薪銀九兩。○七年議准:裁減各官心紅紙張銀,仍留給總督、巡撫一百兩,布政使、學政、巡倉六十兩,按察使五十兩,織造、河差三十兩,巡鹽、各道、運使二十兩,知府二十五兩,同知、通判十兩,知州、知縣十五兩,運同、運副、運判、提舉十兩,掌印都司十五兩,操捕都司十兩,領運都司、衛守備八兩,千總四兩。○八年題准:罰俸各官,病故者,督撫報免;其降調丁憂裁缺離任各官,照原任追銀。○九年題准:督撫有原加一二品銜者,照原品支俸。若三品以下官推授者,仍支三品俸。○又議准:各官俸銀,照除荒實徵數支領。其罰俸,亦照除荒徵熟數扣解。○十一年定:外官陞巡撫者,准支原俸。○又議准:在外武職,有軍功議敘,俸滿推陞,加署職銜與實銜同品者,准其照品支俸。柴薪蔬菜等銀,照職任支給。

○十二年議准:遇閏,加增官役俸薪併操賞銀,各省照舊編入《全書》。○十四年議准:外官内陞京堂者,不准帶外品食俸,止照現任支給。○二十六年詔:在外督、撫、司、道、有司,各官俸禄,原以養廉,今有因公事累經罰俸者甚多,俱著槩與開復。○二十八年覆准:張家口等各邊口旗員,各守汛地,照保定等城旗員筆帖式例,給與俸米。○三十五年覆准:都司改爲正四品,守備改爲正五品。專城衛千總,雖係正五品,仍照原編專城衛千總俸支給。其營千總,改爲從六品。向來營衛武弁,原無從六品,亦未編有從六品俸薪數目,照原編營千總廪給每年四十八兩,薪蔬二項,照舊支給。○四十七年覆准:定例,各省緑旗官員,俱論品級支給俸薪馬匹草料心紅紙張柴炭等項,參將每月七兩,遊擊六兩,守備五兩;在京巡捕營,向用旗員,今民籍亦令補用,應照旗員支給。奉旨:巡捕營官係民籍現任補授者,准其支給,旗員不必給支。

〔外藩俸禄〕

順治初,外藩王以下官員俸禄,照封授爵秩給與俸禄。○十一年議准:蒙古王以下公以上,身故,停給俸禄。俟承襲後,照爵秩支給。○十四年題准:外藩親王,歲支俸銀二千五百兩、緞四十疋至銀二千兩、緞二十五疋不等;郡王,俸銀一千八百兩、緞二十三疋至銀一千二百兩、緞十五疋不等;貝勒,俸銀八百兩、緞十三疋;貝子,俸銀五百兩;緞十疋;鎮國公,俸銀三百兩、緞九疋;輔國公,俸銀二百兩、緞七疋;固倫公主額駙,俸銀三百兩、緞十疋;郡主額駙,俸銀一百兩、緞八疋;縣主額駙,俸銀五十兩、緞五疋。○十八年議准:和碩公主額駙,歲給俸銀二百兩、緞九疋;郡君額駙,歲給俸銀四十兩、緞五疋;縣君額駙,俸銀三十兩、緞三疋;鄉君額駙,俸銀二十兩、緞三疋;外藩世職官俸,照内官俸,減半給發。○康熙三年議准:外藩公主以下亡故,額駙有爵秩者,仍准給俸;無爵秩者,停支。○十年題准:已故官員無嗣者,其母妻與襲職人均支俸禄。如承襲後遷轉之秩,不得分支其俸。○十七年題准:已故王、貝勒、貝子、公等應補給之俸,不俟承襲,當支給時,一體支給。

〔雜支〕

凡在京衙門公費,順治二年定:各衙門官員,分别等次,每月支給公費銀有差。○又定:纂修書史官員,加倍支給公費。○五年定:各衙門每月公費,以制錢支給。○十二年議准:在京文職及鑾儀衛衙門公費,每月朔,以現在官員開送支領。已領官員月内,遇有差遣等事,不必掣回。其有事故未領者,不准補給。○十八年題准:各衙門筆帖式,月給公費銀一兩。○又定:宗人府,公以下,仍支公費;貝子以上,不准支給。○康熙二十年,遵奉恩詔議定:給各衙門官員每月公費。左右宗人、大學士、尚書、左都御史、總管鑾儀衛事内大臣,各五兩。侍郎、學士、副都通政、詹事、各正卿、内務府總管、宗人府府丞、僉都、鑾儀使,各四兩。左右通政、少詹、祭酒、内閣侍讀學士、翰林院侍讀學士、侍講學士、庶子、各少卿、督捕左右理事官、諭德、洗馬、監正、院使、宗人府郎中、各部郎中、冠軍使及滿洲給事中、滿洲漢軍御史,各三兩。内閣侍讀、翰林院侍讀、侍講、通政司參議、寺丞、中允、贊善、司業、修撰、編修、檢討、庶吉士、漢給事中、御史、宗人府員外郎、各部員外郎、主事、宗人府都察院經歷、都事、内閣典籍、中書、中書科中書舍人、通政司知事、翰林院典簿、待詔、孔目、詹事府正字、主簿、録事、寺正、寺副、讀祝官、太常寺贊禮郎、祀丞、署正、署丞、鴻臚寺鳴贊、監副、五官正、院判、兵馬司指揮、副指揮、吏目、司庫、雲麾使、治儀正、内閣貼寫監生、翰林院詹事、有品筆帖式,各二兩二錢。大理寺評事、太常寺博士、各部司務、理藩院知事、副使、通政司鑾儀衛經歷、鴻臚寺序班、國子監監丞、博士、典簿、光禄寺典簿、鴻臚寺主簿、欽天監主簿、靈臺郎、挈壺正、司曆、監候、博士、天文生、陰陽生、太醫院御醫、吏目、整儀尉、内閣、鑾儀衛筆帖式、翰林院無品筆帖式,各一兩五錢。國子監助教、學正、學録、典籍、各部院衙門筆帖式、司庫及内閣貼寫、官學生,各一兩。

凡庶吉士在館讀書,每員按季給米四斗七升七合。

凡教官生員俸廪,順治四年題准:直省教授、學正、教諭、訓導,俱照從九品支給俸薪;廪膳生,每名歲給膳夫銀六十兩;廪生,每名歲給廪糧銀十二兩;師生,每人日給廪米一升,俱於存留項下支銷。○十三年議准:裁廪膳銀三分之二。其師生空缺銀,令各督學扣報。○十七年議准:廪糧銀,仍舊全給。○康熙元年議准:膳夫銀全裁,仍留給廪糧銀三分之一。○十五年議准:直省復設教職,不添給俸,令二員均支。○二十四年議准:廪生餼糧,復給三分之一。○三十年覆准:福建臺灣,建立郡縣,設學宫。其俸工廪膳及舉人進士之花紅旗匾盤費等銀,照内地一例支給。○四十九年覆准:直隸各省,額設學租,養贍貧士。遇蠲免之年,將積穀内暫行支給。○五十六年議准:貴州省小學例支花紅棚厰銀,於本省地丁銀内支給。○五十七年題准:四川廪生餼糧銀兩,於條糧銀内扣留,就近支給。

凡歸附投誠官員,國初,令該撫察明品級功績,酌議廪給,造册報部。

○康熙八年議准：嗣後，各省投誠官兵，令其墾荒。以到汛日爲始，支給俸餉。

凡内廷教習，每年給米二十四斛，每月給銀二兩，每日給煤炭飯食，每年給夏衣一襲、冬衣一襲，每二年給冬裘一襲。官學生，滿洲、蒙古，每名月給銀一兩五錢；漢軍，每名月給銀一兩。

凡國子監官學教習，每員按季支米三石。在監肄業諸生，除八旗不給外，其餘監生，每名月給米三斗。○順治二年議准：國子監移取順天生員，教八旗子弟讀書，每名月給米二斛。○康熙三十年覆准：盛京設立滿漢官學，於盛京生員中，各取教習二名。所取係廪生，停其支給廪糧，照京城八旗教習之例，給倉米十二石。○雍正二年覆准：兩翼八旗，各立官學二所，各設漢書教習二員、滿漢書教習二員，每月給銀二兩，每年給米二十四斛。○五年議准：八旗官學教習，銀米衣服悉照内教習例，衹停止每日廪給。其官學生亦照内廷官學生例，給與銀兩。

凡辦事人員，順治二年定：守門及收税庫尉，月支銀二兩。○又定：吏部聽事八旗人役、禮部值宴鞭隸人等，每名月支銀八錢。○四年議准：各庫庫使，月給銀二兩。户部司庫，月給銀四兩；庫使，月給銀一兩五錢。製造庫司庫，月給銀三兩；庫使，月給銀一兩五錢。工部庫使，月給銀一兩。○七年議准：鑾儀衛校尉，月給米三斗五升銀五錢。○又定：張家口、獨石口外，燒荒夫役并家口，俱給口糧。○十八年定：守壇廟殿廠庫樓太監，每名按季給銀七兩五錢、米九斗遞減至銀一兩五錢或止給米七斗五升不等。欽天監天文生，每名月給銀一兩，每季給米二石一斗；陰陽生，每名月給銀一兩、米三斗；刑部督捕醫士，每名每半年各支藥價工食銀二十兩四錢、米二石四斗。太醫院切藥、醫生，每名按季給銀一兩五錢、米一石五斗；醫士，每名按季給米一石八斗；醫生，每名按季給米一石二斗。上駟院獸醫，每季各支銀三兩、米三石。各廟道官，每名月給銀二兩或一兩、米三斗；灑掃人，月給銀五錢米三斗。又，住持，每名按季給銀六兩；僧道，每名按季給銀三兩或一兩五錢，各按季給米三斗；樂舞生，每季各支銀九錢二分七釐、米九斗九升。○康熙二十五年題准：盛京刑部醫生，照京城刑部例，支給工食藥價。

凡吏員人役工食，舊例，倉斗級送草夫頭，每名按季給銀一兩五錢、米一石五升；供用庫匠役，每季各支銀一兩五錢、米一石五升；内，油匠日支口糧二升，香燭匠日支口糧一升。内閣皂匠三十八名，宗人府皂隸三十五名，翰林院皂隸八名、紙匠九名,詹事府皂隸十九名、紙匠二名,吏部皂隸六十八名,户部皂役九十七名、看守人犯皂隸二名、三庫庫役五十名、銀匠三名、庫皂三名、甲字庫庫役三十名、乙字庫庫役十二名、裹新庫庫役四十名、寶泉局皂隸二十二名,禮部并會同館皂役一百五十五名,鑄印局匠役二十名,兵部差官一百名,皂役一百名,箭匠四名,會同館遞運所夫役五百四十二名、督捕更夫十名、皂隸六十名、禁役二十二名,刑部皂役一百九十八名,工部皂匠并節慎庫餘丁一百五名、戊字庫廣積庫庫丁十八名、巡庫餘丁二十名、匠役八百五十八名、廠夫二名、窖役四十名、鐵匠三名、瓦匠三名、寶源局皂役十二名、各廠人役七十六名、木倉夫十一名、内外河閘夫三百五十名,軍器火藥局軍丁九十四名,織染局匠役八百二十五名,兵仗局軍丁二十名、馬夫四十名,都察院皂役三十七名、各道皂隸二十五名,五城院司坊皂隸一百三十九名、遞送看廳夫三名、總甲六十八名,通政司皂役三十四名,大理寺皂役二十五名,太常寺皂隸三十二名、厨役二百七十五名,光禄寺皂役十名、厨役三百十二名,太僕寺馬夫二十九名,六科皂隸二十九名,鼓廳皂隸八名,中書科皂隸六名,行人司皂役四名,理藩院皂役六十名,鴻臚寺皂役十一名,國子監皂役五十二名,欽天監皂役三十二名,上林苑監皂役八名,四譯館皂役六名,順天府皂役十四名,鑾儀衛旗尉二千五百名,提督九門皂隸八名、番役二十名,太醫院庫子十名,犧牲所所軍五十名,京衛人役一百四十四名,大通橋皂役十七名、橋夫、撑夫、閘夫七十六名,兩翼皂隸巡攔五十二名,内,禮部鑄印局匠,每季支銀二兩七錢、米一石五升;户部後庫、甲字、乙字、裹新等庫役、工部戊字、廣積等庫役、巡庫餘丁、火藥兵仗局軍丁、太醫院庫子、鑾儀衛旗尉,每季支銀一兩五錢、米一石五升;兵部、會同館、遞運所夫役、工部馬夫,每季支銀一兩三錢五分、米二石七斗;兵部箭匠,月支銀一兩、米一石;九門番役,月支銀一兩、米三斗;太僕寺馬夫,月支銀一兩,夫頭,月支銀二兩;光禄寺厨役,每季支米二石四斗;工部匠役、瓦匠,每季支米二石二斗五升;織染局匠,每季支米三石及二石一斗不等,匠頭,每季加支七斗;其餘各皂役,俱每季支米一石五升。〇順治四年題准:在外,總督家人十名,巡撫家人八名,吏書各二十名,門子各四名,傳報舍人各四名,皂隸各十六名,轎夫各八名,繖扇夫各四名,舖兵各二名;織造衙門,吏書八名,門子二名,傳報舍人二名,皂隸十六名,轎夫八名,繖扇夫四名,快手八名,舖兵二名;巡按,吏書十六名,門子四名,傳報舍人四名,皂隸十二名,轎夫四名,繖扇夫四名,舖兵二名;

巡鹽、巡漕、巡倉、茶馬、學政，吏書十二名，餘役與巡按同；左布政，吏書六十名，門子四名，聽事吏四名，皂隸十二名，轎繖扇夫七名，快手十二名，舖兵二名；右布政，門子、聽事吏、快手減半，餘役與左布政同；按察使，吏書三十名，禁卒十六名，餘同左布政；各道，吏書十六名，聽事吏二名，餘同左布政；知府，書辦二十四名，門子二名，庫書一名，倉書一名，庫子四名，斗級六名，馬快十名，步快十六名，皂隸十六名，燈夫四名，轎繖扇夫七名，禁卒十二名；府同知、通判，各書辦六名，門子二名，步快八名，皂隸十二名，燈夫二名，轎繖扇夫七名，推官書辦八名，餘役與同知同；知州、知縣，各書辦十二名，門子二名，庫書一名，倉書一名，庫子四名，斗級四名，馬快八名，民壯五十名，皂隸十六名，燈夫四名，轎繖扇夫七名，禁卒八名；布政司經歷、理問、都事，照磨、檢校，按察司經歷、知事、照磨、檢校、府經歷、知事、照磨，各書辦一名，門子一名，皂隸四名，馬夫一名；州同、州判，各書辦一名，門子一名，皂隸六名，馬繖夫二名；州吏目、縣丞、典史，各書辦一名，門子一名，皂隸四名，馬夫一名；運使，吏書八名，門子三名，聽事吏二名，快手十二名，皂隸十二名，庫子四名，轎繖扇夫七名，舖兵二名；運同、運副、運判，各書辦四名，門子二名，聽事吏一名，快手四名，皂隸十二名，轎繖扇夫七名，燈夫二名，舖兵二名；運司、經歷、知事，各書辦一名，門子一名，皂隸六名，馬繖夫二名；提舉，書辦四名，門子二名，聽事吏一名，快手四名，皂隸十二名，轎繖扇夫七名，燈夫二名，舖兵二名；提舉司吏目，書役與運司；經歷同；府教授、州學正、縣教諭、府州縣訓導，每學學書一名，門子五名，齋夫六名，膳夫二名；司獄庫、大使、巡檢稅課大使、驛丞、閘官、河泊所官，各書辦一名，皂隸二名，歲給工食銀有差。〇五年題准：坐糧廳，吏書十名、門子二名、催糧官四員、聽差舍役八名、皂隸十二名、燈夫二名、轎繖扇夫七名、舖兵二名、庫大使皂隸二名、庫書一名、庫夫四名；三倉，倉書六名；各關倉、河道、船廠、磚廠、蘆課等差，各吏書八名、門子二名、皂隸十二名、轎繖扇夫七名、燈夫二名、舖兵二名；惟關差有巡攔十名，河差有快手八名、水手八名，船廠、磚廠、蘆課有快手十名；稅課局，攢典一名、局書二名、巡攔八名、庫夫八名、倉大使皂隸二名、攢典二名、倉書二名、斗級八名、倉夫二十名、庫書二名、庫夫四名，月給工食銀有差。〇九年題准：督撫家人口糧銀全裁。各府州縣書役工食，月支六錢七錢不等，令每名槩給銀五錢。〇十二年議准：各部本科書辦，每名月給米一斛。〇十三年議准：督撫司道等衙門工食，舊例多寡不一。今令照府州縣衙役，一體支給。

○十八年題准:凡各衙門書吏工食,在京,歲給米四石;在外,歲給銀六兩。○又議准:各衙門書皂、巡攔、大通、寶泉局、崇文門、倉場書皂,每名月支米三斗五升。京倉巡役,每名月支米三斗。○康熙七年議准:裁減在外各衙門門皂等役舖兵工食,全裁馬快弓兵工食,充餉。○十四年議准:直省衙役,俱有定數。該管官額外多留及令經制内無名人書寫者,俱罰俸一年。○二十三年議准:增給鑄錢匠役工價有差。○二十五年定:宗人府皂隸裱背刻字匠共三十三名,内閣皂隸二十四名,紙匠二十一名,翰林院皂隸十九名,紙匠九名,翰林院四譯館皂隸四名,譯字生四十八名,詹事府皂隸十九名,紙匠二名,吏部皂隸裱背匠共五十五名,户部皂隸長差共九十七名,銀庫、顔料庫、緞疋庫三庫看守人役并内倉斗級共二百九名,禮部儒士十名,皂隸館夫鑄印匠七十九名,樂工一百十名,兵部差官一百名,皂隸養馬夫役五百七名,督捕皂隸、禁子、更夫等役共一百三名,刑部皂隸、禁子、更夫等役共一百九十五名,工部皂隸、車户、橋夫、窨役共二百三十七名,庫役九十一名,又支米看廠首領一名,庫役六十六名,留銀裁米庫役四十一名,都察院皂隸四十九名,中城皂隸三十二名,東城皂隸四十三名,南城皂隸三十四名,西城皂隸四十四名,北城皂隸四十五名,通政使司皂隸三十名,大理寺皂隸二十三名,鑾儀衛校尉二千三百二十五名,順天府皂隸快手等役共九十八名,京畿道皂隸六名,國子監皂隸三十名,廟户庫子十四名,鼓廳衛門皂隸六名,太常寺皂隸二十一名,養牲軍五十名,厨子二百五十名,樂舞生五百七十名,光禄寺皂隸更夫三十一名,厨子三百四十三名,太僕寺皂隸十六名,鴻臚寺皂隸十一名,理藩院皂隸四十九名,提督步軍統領番子二十名,皂隸六名,中書科并六科皂隸二十八名,行人司皂隸四名,太醫院皂隸庫子十七名,炮製醫生醫士五十名,欽天監皂隸匠役三十五名,陰陽生十名,天文生八十名,上林苑監皂隸八名,左右兩翼皂隸巡攔五十二名,大通橋皂隸十七名,中南倉甲斗舖軍一百二十五名,西倉甲斗舖軍九十七名,金吾左等六衛守備千總經歷下人役共一百八名,京八倉花户舖軍等役三百二十名,禮部等衙門所屬太監、僧道、灑掃人共四百四十三名。以上各衙門、太監、僧道、皂隸、厨子、尉衛、樂舞生等役,共七千五百三十九名。工部看廠首領,月支米一石;光禄寺厨子,月支米八斗;四譯館譯字生,月支米五斗;太常寺厨子,月支米五斗;各衙門皂隸等役,月支米三斗;禮部儒士、兵部差官,伊等俱係年滿考職之人,合將伊等所支米石,盡行裁去,其餘應支之米,俱折銀支給。至於禮部所屬大西天四經厰念經太監，將現在九十名定爲額數，不必再行增減。○二十七年覆准：裁操江衙門巡船水手工食。○二十九年覆准：直隸宛、大兩縣，雖附麗京城，村莊地方遼闊，照捕盗同知例，各設馬快一十二名。其馬快工食銀兩，在各該縣地丁銀内留支。○又覆准：東省二十九年錢糧，已經蠲免，河夫工食，於二十八年地丁銀内撥補。○四十三年覆准：存倉之米，已歷多年，各倉役工食，將陳米折給。行令倉場侍郎取具該管監督等，確保各倉役互結，預行支給五年工食。○五十八年覆准：川省生齒日繁，土地日闢。自五十八年爲始，照各省每役歲支工食銀六兩。○雍正元年題准：四川復設舖遞，共二千九百六十一舖，舖司兵八千五十八名。照廣西省之例，每名月給工食銀四錢二分零。○又諭：各省督撫，偶遇地方有事，俱即請捐俸工，殊非正理。俸工特爲贍養伊等家口而設，縱將通省官俸捐助，爲數無幾，有何裨益？至若工食提捐，胥役又何以應差行走？如果民遇災祲，該督撫即應奏聞，動支正項錢糧。若小有水旱，或些須修理堤岸城垣，該地方大小官員有願出己資，捐助効力者，何必具題？即欲報聞，亦祇可另行繕摺具奏。將此交與該部，行文直省督撫，凡地方遇有公事奏請捐俸工之處，著永行停止。○三年覆准：州縣各役，行令各省督撫飭行州縣逐一清查。如地方果係衝繁，務須詳明上司，量增數名，毋得私增白役，俟歲底將現役花名清册詳送督撫存案。倘不肖官私增白役，以致擾民，該督撫即指名題参，嚴加議處。○四年議准：各省舖司應給錢糧，令按月照數給發，毋得短少分毫。仍將舖司花名并給過工食，按季造册，送部查核。倘有州縣浮冒折扣，該督撫即行題参，從重治罪。如督撫不行查参，發覺之日，即將該督撫，照徇庇例議處。○五年議准：浙江觀風整俗使衙門，照兩浙巡鹽衙門例，設典吏十名，承差二十名。復設杭嘉湖巡道衙門，照舊日杭嘉湖巡道事例，設典吏二名。其觀風整俗使官役俸工經費等銀，將裁減巡按衙門經費銀兩，准復支給；其杭嘉湖巡道官役俸工銀兩，於該道所轄屬縣地丁銀内編支，均造入地丁册内報部。

凡囚糧，定例，罪囚口糧，每名日支米一升，該衙門按季支領分給。○康熙二十八年覆准：各省遞解人犯，每名日支粟米八合三勺。有常平倉地方，以穀折米。如無常平倉者，動正項錢糧買米支給。

大清會典卷之五十五

户部

〔兵餉〕

八旗滿洲、蒙古、漢軍、緑旗官員、兵丁、馬匹數目，詳見《兵部》。其歲需俸餉銀米草料，或支本色、或召買、或折乾，俱由户部酌定題請撥給。其在京之餉，悉由部支；在外之餉，隨地撥派。訓練有賞，出征有恤，備列於後。

〔在京兵餉〕

順治元年題准：八旗前鋒、護軍、領催、甲兵，每名月給餉銀二兩。匠役，每名月給餉銀一兩。〇又定：凡已撥給晌地之人，冒稱新到，重支口糧地畝者，佐領、驍騎校革職，都統、副都統罰俸兩個月。〇二年定：滿洲、蒙古甲兵，月給餉米有差。〇又定：聽事人役，月給餉銀八錢。〇又定：覺羅披甲者，月給餉銀三兩。〇四年題准：新歸旗内滿洲、蒙古、漢軍兵丁，未經撥給地畝，照例折給馬乾銀兩。〇六年定：步兵，月給餉銀一兩。〇九年定：前鋒護軍，每名每月增給餉銀三兩。〇十年定：領催，每名每月增給餉銀三兩。〇十二年定：步兵、領催，月給餉銀一兩五錢。〇康熙九年題准：前鋒、護軍、領催，月給餉銀四兩。甲兵，月給餉銀三兩。〇十二年題准：佐領、驍騎校本身冒領口糧者，革職。佐領下人冒領失察者，佐領、驍騎校罰俸一年，都統、副都統罰俸兩個月。蒙古護軍兵丁，應在遊牧地方駐劄而私留在京披甲支糧，及額外披甲多支糧者，該管官俱降一級，罰俸一年。〇十四年議准：前鋒、護軍、領催、甲兵，每月各減給銀一兩。〇二十二年題准：前鋒、護軍、領催、甲兵餉銀，俱照舊給發。〇二十四年題准：前鋒、護軍、領催、馬兵，每歲給餉米四十六斛；步兵，給二十二斛，俱按春秋兩季支給。○又題准:親隨弓匠頭及各旗弓匠頭,月給餉銀四兩。其餘弓匠,月給餉銀三兩。○二十五年諭:步兵餉銀,每月加給五錢。○二十八年議准:八旗、滿洲、蒙古、漢軍,因畿輔亢暘,田畝鮮穫,無力養馬。自本年十月起至來年七月止,除照常給與錢糧外,每月給養馬銀三兩。○四十三年議准:三營兵丁應支米石,令倉塲侍郎,照八旗兵丁給米之例,在京支給。○四十四年議准:應給兵丁之米,自來年爲始,二月至九月給二分,十月至正月給一分。○四十七年覆准:巡捕營官員,係民籍武職,照緑旗官員之例,一體支給心紅紙張銀兩。○五十六年議准:八旗俸餉,并内務府分管下家口米册,俱令於上月初十日内,户部轉咨倉塲,照定限兩月内支放全完。如限内不完,將監督并監放米石旗員,一并題參。○又議准:官兵俸米,例入册内送部。雖有陞轉,不准添補。其老病告休者,亦不令裁扣。如係獲罪革退,令該旗移咨宗人府等衙門裁扣。○六十年題准:支放八旗兵餉,將整元寶平給。户部堂官,會同該旗大臣,與參領、佐領設爐親身驗看,將元寶鎔化斫碎,令兵丁逐名支領。

〔出征官兵支給〕

凡一切出征滿洲官兵,每月以行糧口糧乾糧銀兩支給。緑旗官兵,每月以行糧鹽菜銀兩口糧支給。順治元年定:護軍領催出征者,家口月給餉銀之半。○五年議准:調征馬戰兵,每月留餉銀一兩;步戰兵,每月留餉銀五錢,外各加給米五斗,贍養家口。如家口有事故及兵丁有逃亡事故者,即開報住支。○十年議准:出征親王,月給銀二百兩;郡王,一百兩;貝勒,五十兩;貝子,四十兩;公,二十五兩;侯、伯、都統,二十兩;副都統、統領、精奇尼哈番,十四兩;署副都統、統領、營總、阿思哈尼哈番、學士,十兩;參領、阿達哈哈番、侍讀學士,七兩;署參領、拜他喇布勒哈番、郎中,五兩;佐領、前鋒侍衛、拖沙喇哈番、員外郎、主事,四兩;五品官、護軍校、驍騎校、委署官、六七品筆帖式,三兩。其所轄職大品小者,照職支給。若品大職小者,照品支給。永著爲例。○又覆准:出征官兵,經過州縣,照現在馬數,每匹日給草一束。○十一年議准:官兵春冬出征,每馬一匹,日支料八升、草二束;閒住時,日支料四升、草二束。夏秋出征,日支料六升、草二束;閒住時,日支料三升、草一束。○十二年題准:出征月支行糧,親王八斛,郡王六斛,貝勒四斛,貝子三斛,公二斛,侯、伯、都統一斛二斗,副都統、統領、精奇尼哈番、署副都統、統領、營總、阿思哈尼哈番、學士一斛,參領、阿達哈哈番、侍讀學士、署參領、拜他喇布勒哈番、郎中四斗,佐領、前鋒侍衛、拖沙喇哈番、員外郎、主事、委署官、筆帖式三斗,護軍校、驍騎校、護軍、領催、披甲人役每二名支米一斛。○又題准:各兵調征,自備馬匹。臨陣傷斃者,照例補給。其他倒斃者,不准補給。○十四年議准:增給出征署參領、拜他喇布勒哈番、郎中月支銀六兩,佐領、前鋒侍衛、拖沙喇哈番、員外郎、主事五兩,五品官、委署官四兩,護軍校、驍騎校三兩。○十五年題准:出征侍衛等,各照品級,支給月餉。一等侍衛,六兩;二等侍衛、四品典儀,五兩;三等侍衛、五品典儀,四兩;六七品典儀,三兩;八品典儀,二兩五錢。○十八年題准:統兵大臣,月給銀三十兩、米二斛;參贊大臣,銀二十五兩、米一斛三斗;都統,銀二十兩、米一斛二斗;副都統、統領,銀十四兩、米一斛;署副都統、統領、一等侍衛,銀十兩、米一斛;參領、學士、二等侍衛,銀七兩、米四斗;閑散官、侍讀學士、三等侍衛、前鋒侍衛,銀五兩、米四斗;委署閑散官、主事、中書,銀四兩、米三斗;護軍校、驍騎校、六七品筆帖式,銀三兩、米三斗。止照出征職掌,不照官品支給。永著爲例。○康熙元年題准:調征緑旗兵丁,於口糧外,日給鹽菜銀三分,家口仍於駐劄處支給。○三年題准:鎮守將軍奉特旨進勦出征者,照順治十八年定例支給。○十三年題准:一等侍衛,照參領例,二等侍衛,照閑散官例,支給月餉。○三十年覆准:川陝督標火器營兵丁二千名,赴寧出征,以起程之日爲始,月給餉銀一兩。俟回省之日,仍照舊月給銀三錢。○三十五年議准:出征將軍,定跟役十名;都統,跟役八名;前鋒統領、護軍統領、副都統,各七名;營總、前鋒參領、護軍參領,各六名;前鋒侍衛、委署護軍參領,各五名;閑散旗員,四名;驍騎校,三名;護軍、領催、披甲,各一名;管侍衛内大臣,照將軍例,跟役十名;散秩大臣侍郎,照副都統例,跟役七名;内閣學士、頭等侍衛、通政使、大理寺等卿員,照營總例,跟役六名;侍讀學士、光禄寺等卿、二等侍衛、御史、給事中、郎中等官,照前鋒侍衛例,跟役五名;三等侍衛、藍翎、員外郎、主事等官,照閑散旗員例,跟役四名;小京官、筆帖式,照驍騎校例,跟役三名;内廷執事人、庫使等,照護軍領催例,跟役一名,俱給與口糧。○三十六年議准:護軍等自邊内帶往及邊外遣駐大同者,俱給與兩月錢糧。○三十九年議准:出征打箭爐官兵,每名日支鹽菜銀三分;官,每員各照品級,日支銀四分至一錢四分不等;提督、總兵官,日支銀五錢。○五十五年議准:出兵之京城炮手、披甲跟役,按月每口給發米一倉斗。右衛、黑龍江等處官兵及漢醫生二名、蒙古醫生一名,伊等跟役六名,每名按月給米一倉斗。○五十六年議准:巴爾坤、甘州等處官兵,每月給行餉。將軍,十二兩;都統、前鋒統領,六兩;副都統、侍郎,五兩。布政使、内閣學士、頭等侍衛、阿達哈哈番、署護軍參領、營總、護軍參領、台吉、協領、參領、協領署營總、護國將軍、翼長、佐領、防禦、署前鋒參領,以上俱各四兩。侍講、侍讀、員外郎、二等侍衛、三等侍衛、藍翎、防禦、佐領、鳥鎗營弁、拖沙拉哈番、護軍校、驍騎校、委署參領、五品典儀、中書,以上俱各三兩。筆帖式、護軍校、驍騎校、署護軍校,以上俱各二兩五錢。護軍、披甲、親隨領催、聽差供事,以上俱各二兩。隨甲匠人等,俱各一兩。〇五十七年題准:四川滿洲官兵,出口効力者,委官沿途預備口糧草料。〇五十九年題准:出征佐領,月餉銀四兩。其營總、翼長等員,亦照例支給。部委各員月餉,照委署職銜支給。其護軍統領建纛之人,騎馬二匹,准其支給草料。〇又諭:官兵鹽菜銀兩,照先年之例支給。〇又覆准:宣鎮出征官兵,在軍前,每月給口糧二斗。其家口在營,每月仍給口糧三斗。〇又題准:山西運米牽駝厄魯特、回紇、土默特官兵,將大同庫銀給與十個月行糧。〇又題准:古北、宣化二鎮緑旗官兵,前往西寧,其口糧行糧等項,照滿洲官兵借支俸糧之例,各借俸餉一年,於道庫五十八年地丁銀内,移解霸昌、口北二道,查收轉給。〇又議准:出兵之京城大人官員兵丁、右衛大人官員兵丁,俱支給十個月行糧。官員等,借給五年俸銀;兵丁等,借給二年錢糧。〇又題准:雲南江外,中甸江内,琮喇普一帶地方,雖歸麗江土府管轄,米糧無從購覓,將提臣所帶駐劄策應之兵江外,自阿喜過渡起江内,自塔城以外,照征調出口例支給,行糧鹽菜銀兩。〇六十年題准:陝西大兵,自西寧往甘凉蘭河等處駐劄,并發回西安馬匹沿途所需糧草銀兩,於西安司庫内,暫借給發。〇雍正元年覆准:西寧出口官兵,每馬兵一名,借支銀十兩;步兵一名,借支銀八兩;每兵二名,合給馱載馬三匹。〇又覆准:口外赤金、靖逆、柳溝三營馬草,每束三分支給。〇三年題准:安西鎮標官兵,自本年十月初一日,以後停其鹽菜銀兩,所用糧餉,歸入地方奏銷。〇又覆准:阿爾泰出兵之領催委署驍騎校、護軍委署護軍校,准給跟役口糧,三名每月給銀五錢,給米之月給米一斗。〇又議准:派往阿爾泰駐防參領委署營總、護軍校委署營總等,賞給馬,各十四匹,駝各三隻,整裝銀,各一百五十兩,佐領等,馬各十二匹,駝各二隻,整裝銀各一百二十兩。〇四年覆准:派侍衛等赴軍前効力,頭等侍衛,照派往阿爾泰營總例,三等四等并藍翎侍衛,照佐領例支給。

〔**在外官兵俸餉**〕歷年多寡不一。今載雍正五年部撥數。

直隸各省駐防滿洲漢軍緑旗官兵俸餉米折馬匹草料,共計歲需銀一千三百九十萬九千八百二兩五錢九分零,米麥豆三百十八萬五千四百七十一石六斗,草六百四十三萬四千八百六十一束。

直隸駐防滿洲官兵并緑旗官兵俸餉米折馬匹草料,歲需銀八十九萬五千三百兩零,米七萬九千六百七十三石八斗九升零,豆四千六百四十七石零,草九萬束。

江南江寧駐防滿洲官兵并緑旗官兵俸餉馬匹草料,歲需銀六十萬九千七百二十四兩零,米豆二十六萬三千七百三十五石零。

京口駐防漢軍官兵并緑旗官兵俸餉馬匹草料,歲需銀四十九萬四千三百五十二兩零,米豆二十萬五千三十九石五斗零。

浙江杭州駐防滿洲漢軍官兵并緑旗官兵俸餉馬匹草料,歲需銀一百萬八千七百四十五兩八錢零,米二十八萬九千四百六十七石七斗零。

江西緑旗官兵俸餉馬匹草料,歲需銀二十五萬九千八十七兩五錢六分零,米五萬四百四十三石二斗零。

湖北荆州駐防滿洲官兵并緑旗官兵俸餉,歲需銀五十七萬一千五百八十四兩四錢零,白米一千五十石,中米十八萬八千二百二十九石二斗四升零。

湖南緑旗官兵俸餉,歲需銀三十五萬六百四兩九錢九分零,米七萬二千六百六十九石六斗零。

福建駐防漢軍官兵并緑旗官兵俸餉米折馬匹草料,歲需銀一百三十五萬一千五百八十七兩零,米二十三萬二千五百九十石六斗零。

陝西西安駐防滿洲官兵并各鎮營緑旗官兵俸餉糧折,歲需銀一百六十二萬五千二百九十一兩五錢一分零,本色糧料一十九萬四百五十八石六斗三升零,草一萬五千五百五十四束零。

甘肅寧夏駐防滿洲官兵并各鎮營緑旗官兵俸餉糧折,歲需銀一百八十九萬一千七百八兩八錢八分五釐零,本色糧料四十五萬五千二百一十石零,草四百六十七萬二千三百三十三束。

山東德州駐防滿洲官兵并本省緑旗官兵俸餉米折馬匹草料,歲需銀三十九萬三千一百九十二兩零,米麥二萬二百四十四石六斗零。

山西太原駐防滿洲官兵并緑旗官兵俸餉米折馬匹草料,歲需銀九十萬三百六十五兩五錢零,米十二萬九千七十九石二斗零,內除贍軍地租米一萬七百二十石零。豆四萬三千七十四石零，草一百三十五萬六千九百六十束。

河南開封駐防滿洲官兵并緑旗官兵俸餉米折馬匹草料，歲需銀二十九萬四千八百三十一兩零，米三萬六千八十二石八斗。

廣東駐防漢軍官兵并緑旗官兵俸餉馬匹草料，歲需銀一百三十八萬九千九百二十四兩零，米五十萬二百五十四石零。

廣西緑旗官兵俸餉馬匹草料，歲需銀三十三萬二千六百五十一兩七錢零，米六萬九千五百九十一石六斗。

四川成都駐防滿洲官兵并緑旗官兵俸餉馬乾，歲需銀八十五萬八千七百三十六兩八錢四分零，本折米十六萬四千五百六十七石三斗零。

雲南緑旗官兵俸餉馬匹草料，歲需銀八十四萬三千六百二十五兩七錢零，米十五萬八千六百二十五石一斗零。

貴州緑旗官兵俸餉馬匹草料，歲需銀三十八萬二千六百三十一兩二錢零。

凡支收撥給，順治元年題准：部撥該省餉銀，由布政司轉發駐防兵馬處支給。〇又定：各處兵糧，户部酌定題請，截留漕糧支給。如遇京城需米，仍令漕糧起運，其兵糧就近地方採買供應。〇又定：各鎮馬兵，月給餉銀一兩五錢，步兵月給餉銀一兩。〇二年定：駐防關口及外省甲兵，月給餉銀一兩。〇又議准：各鎮兵丁，自備馬匹，編入營伍騎操者，給與草料，各官自備馬匹，不歷行伍差調者，不得概給。〇三年覆准：各鎮馬匹，日支豆四升、草一束。〇又定：八旗兵丁駐防遠地，每名月給米五斗。〇四年，差部員往各省專司餉務。〇又題准：各鎮馬戰兵，月給銀二兩；步戰兵，月給銀一兩五錢；守兵，月給銀一兩。馬乾草料，照例按季關支，春冬有草料處，每匹月給料九斗草三十束；每束重七觔。無草料處，月給乾銀一兩。夏秋有放青處，月給乾銀五錢；無放青處，月給乾銀九錢。〇又題准：各鎮兵丁，無論主客戰守馬步，每名月給米五斗，與餉銀按季同支。〇五年定：各督撫於題請兵餉疏内，明列該省額徵錢糧現在實數及兵馬歲需餉乾數，以便部撥。〇又題准：各鎮兵有米處支米，無米處照時價折給。〇又定：放餉俱用倉斗。各鎮兵，每丁月給米三斗，駐防八旗兵，每二口月給米五斗。〇又覆准：各邊撥給屯糧，其不産米地方，以小麥照數抵兑。〇又覆准：浙江駐防兵馬，仍支本色。緑旗兵馬，無論春夏月給乾銀一兩。〇又議准：各鎮兵馬，每匹日給草二束。〇六年議准：嗣後，官員及甲兵倒斃馬匹，永停賠補價值。○又覆准:福建兵馬,每匹月給乾銀一兩。○八年議准:駐防官兵,既按口支放糧餉草料,其行月錢糧永行停止。○十年議准:調征兵丁月餉,俱令軍前全支家口,止給月糧三斗。○十一年議准:全撤各省司餉部員。○又覆准:各督標兵馬三步七,俱爲戰兵馬兵,月支餉銀一兩五錢,步兵月支餉銀一兩,俱月支米三倉斗,無米折給銀四錢。○十二年題准:甲兵皆給月糧,若出征給與行糧,月糧止給一半。○又議准:各標兵馬有放青地方,春冬月給乾銀九錢,夏秋月給乾銀五錢;無放青地方,春冬月給乾銀一兩二錢,夏秋月給乾銀九錢。○十三年諭:嗣後,甲兵出征差遣,其家口月餉,仍准全給。○又覆准:水師營内,正舵捕盗月給餉銀一兩八錢,水兵月給餉銀一兩。○又題准:駐防都統限定家口六十口、副都統四十口、參領三十五口、閑散官三十口、兵丁二口,俱給月糧。○十四年覆准:各省駐防及緑旗官兵馬匹,産豆省分,照舊給豆;非産豆省分,以本省所産糧米撥給,不許往别省採買。○又題准:各省鎮兵餉,户部會計先撥十分之八,其二分,俟開送實在兵馬數目到部,核明補給。○十五年覆准:豫省兵丁,舊例,每月給米三斗。如有不敷,折給銀四錢。今軍興浩繁,折銀一錢五分支給。○十六年覆准:選貴州衛軍守望墩臺,月給屯糧三斗餉銀一兩。○十七年議准:駐防各官及督撫提鎮等家下閒甲,向月給餉銀二兩、馬三匹草料。今定月給銀一兩、馬一匹草料。○又覆准:京口水師添設捕舵什長繚控手,每名月給銀一兩五錢、米三斗,水手匠役每名月給銀一兩、米三斗。○又覆准:雲南投誠兵丁既入經制,照緑旗例,月給米三斗。○康熙元年覆准:酌撥駐防兵餉,即以該府就近州縣錢糧撥給,管兵官具印領,赴府兑收,轉送布政司察核。○二年覆准:各省會勦官兵俸餉,令各督撫照部撥銀數,於正月開徵時,解運經管督撫處,買辦糧料。○三年題准:守孝陵步兵,關係重大,晝夜巡守,非他鎮兵可比。馬兵每名月給銀三兩,步兵每名月給銀二兩,每月給米四斗。○又議准:舊例,薊州鎮兵糧馬乾,俱折銀支給,永平鎮半本半折,通州鎮全支本色。今通、永二鎮兵調往薊州守陵者,照薊州例支給。○四年議准:雲貴鎮兵家口月米,每口給二斗五升。○六年題准:各省駐防領催家口,限定七口,兵丁限定五口,支給月糧。○七年題准:直省兵餉,向係户部、山西、廣西二司總管,自八年爲始,責各該司會同酌量派撥。○九年覆准:各省起解錢糧,於未解一月前速行報部。如有起解在先,撥餉在後者,速令改撥。○十三年議准:陝西兵丁月糧,均爲三分,二分撥銀,一分撥米。○又議准:凡經過并戍守兵糧,許於就近支給本色。若非産米地方,該督撫酌量,或買米,或折銀支給。〇十四年議准:部撥餉銀不能依限起解者,預題請展,若擅改部限者,降二級調用。〇十五年覆准:通協各營馬匹草料,嗣後停止採買,折給乾銀。〇又覆准:凡緊急軍需,支給錢糧,督撫一面題報一面動用。〇十六年覆准:各督撫提鎮標兵,如有倒斃馬匹,不行申報,冒領錢糧者,該管官參處。〇十九年議准:荆州等處駐防旗兵,每兵支給十名口糧、馬三匹草料。〇二十二年議准:各處駐防將軍,限定家口四十名、馬五十匹,副都統家口三十五名、馬四十匹,協領家口三十名、馬三十匹,佐領家口二十名、馬二十匹,防禦家口十四名、馬十五匹,驍騎校、有品筆帖式家口十二名、馬十匹,無品筆帖式、領催、甲兵家口七名、馬六匹,弓匠、鐵匠家口五名、馬三匹,各准支給月糧草料。〇二十三年題准:支給各省駐防官兵米豆草束本色不敷,俱照時價,估計發銀,令其自行採買。如該督撫徇情浮折,事發,將該管官并該督撫照現行例處分。〇二十五年覆准:京口駐防兵糧,本省各府撥解,不無解運水脚工食之費,將鎮江府漕米截留,就近支給,以免耗費。〇二十六年覆准:貴州每年派撥協餉時,將下年春季之銀,一并撥出。永爲定例。〇又覆准:寧夏一屬額徵糧石,除就近支放鎮營兵糧外,每年尚有餘剩。甘、凉、西、肅等處兵多糧少,每年俱動帑金,折給兵丁自行採買。將寧糧内挖運三十萬石,分貯於甘、凉、西、肅、莊浪等處備用。〇二十七年議准:直隸各省駐防滿洲漢軍并各鎮營兵馬匹,連閏歲需俸餉米糧草料等項,舊例,撥給九分五釐,以小建截曠等銀湊足。自二十八年爲始,各直省兵餉俱全撥十分,其應扣建曠銀糧另行扣出,報部充餉。〇又題准:四川廣元縣駐防官兵米豆草束,照秦省改撥之例,每米豆一石銀一兩草一束銀一分,折給各兵自行採買。停其按年題報,統聽該撫歲底奏銷。〇又覆准:陝西四川應撥兵餉,季首先具領狀,照數支給,不必遲至季末季首,即將現銀撥給三個月。〇又覆准:京口等處,不敷兵餉,白米每石八錢五分,粟米七錢五分,豆每石七錢,草每束七釐折給。〇又諭:陝西、甘肅兵餉,若將山東、河南錢糧撥解,必致繁擾驛遞,有累小民,著將户部庫内銀兩,照數發往充餉。其山西、河東錢糧不必撥解甘肅,止著撥解四川。〇二十八年題准:陝西駐防兵馬糧料,歷年令西安屬内百姓將米豆草束供支,抵完正賦。第各州縣多係峻嶺危崖,不通舟楫。自二十八年爲始,止將一半運省供支,其餘一半,照改徵之例給發各兵自行採買。〇又題准:直隸亢旱,米豆草束騰貴,秋冬二季兵餉,除原估價外,各量行增給。

米每石增七錢五分,豆每石增五錢五分,草每束增一分九釐。其二十九年春夏所需,亦照此估價撥給。〇又諭:今歲直隸地方米穀不登,米豆草束折價,若不增給,兵丁必致苦累。宣府、古北口等沿邊地方,多有積穀,著將此米給與附近兵丁,不必折給。其賑濟,亦著動支此米。〇又題准:陝西省、甘肅、寧夏、延綏三鎮并西寧鎮屬之莊浪、鎮海等營堡,每季俸餉,由道廳具呈藩司掛號領銀,收貯道庫支放,以致兵餉愆期。今將道廳掛號領銀轉發之處停止,徑赴藩司支領。〇又題准:廣東兵丁馬匹,時多倒斃,口糧亦不敷。今照荆州等處駐防兵例,每兵支給十名口糧、馬三匹草料。自二十九年起,在存庫銀内照數支給。〇二十九年覆准:嗣後,各營兵米,務將附近州縣米石撥派,按時即速支給。〇三十年覆准:西安駐防官兵,自本年始,准照順治五年例,春冬每馬一匹日支豌豆四升,夏秋日支豌豆三升。〇又覆准:山西大同駐防官兵,每豆一石銀一兩一錢、草每束銀一分五釐支給。〇又覆准:德州駐防官兵月米,例於二月支放一半。民間糧米,秋成後始行徵收。今於本年秋,動支庫帑,及時採買,以備三十一年春季支放。其三十一年額徵米石,俱於秋成後徵解德州貯倉,半爲本年秋季支放之用,半爲次年春季支放之用。〇又題請運草給寧夏官兵。奉旨:今正當青草時,大同、宣府駐防官兵,俱行放青。寧夏地方牧所甚佳,議令運草,致勞民力,著再議具奏。遵旨議定:照大同宣府,一例放青。〇又覆准:西安駐防應給草料減半,俟秋成之日照常支給。〇又題准:黔省兵米,在額徵米内本折均搭。每年秋成時,豫令各該府按照時價核實,均搭折給。〇又諭:察哈爾護軍校、驍騎校、護軍領催,向未給錢糧。嗣後,著月給銀各二兩,甲兵及執事人役月給銀各一兩。俟其贍足時停支。〇又題准:大同産豆甚少,貯豆無幾。駐劄八旗兵丁,以米抵豆支給。〇又題准:豫省兵丁月給米三斗,照舊例折給銀四錢。〇又覆准:將山東濟陽等六處額徵麥石,徵本色解倉,湊放德州兵餉。〇三十一年覆准:潞安府澤、沁二州,向有撥給平陽官兵米石,路遠道險。嗣後,額徵本色,止支本地營兵。多餘米豆,改徵折色。其平陽府臨、洪二縣,改徵本色。〇又覆准:西安官兵本身口糧,仍行支米。其家下奴僕口糧,將米麥豌豆搭支。〇又覆准:駐防寧夏官兵馬匹,於四月起放青,料草於文到之日住支。〇又覆准:山東官兵米豆草束價值,每歲於四月間統估題報一次,價值因時低昂,難以預斷。嗣後,分作二次題估。春夏二季,於五月初估計;秋冬二季,於十月初估計。〇又覆准:陝西潼關等營官兵,俱係分防要隘,兵米照緑旗官兵一例支給。〇又覆准：福建臺灣地方，遠居海外，將應解司庫錢糧就近抵作本地兵餉。〇又覆准：雲南兵餉，存庫銀不能接濟。嗣後撥兵餉時，照黔省例，預撥一季。〇三十二年題准：西安省城駐劄旗標官兵馬匹，以及家口本色糧草，向係派徵西鳳所屬州縣。今於距城四十里水次草店地方，建立倉廒，用船運載收貯。至西安之朝邑等十六州縣、鳳翔之寶雞等縣，俱近水道。其不通水道之郡邑，有路近省城者，有路近草店者，豐收之年，或運省城，或運草店，聽從民便交收。倘遇歲歉，東則潼關之外，西則上流郡邑，糧賤之時，早爲措置，糴運草店上倉。其倉廒一應事務，委西安管糧通判駐劄料理，并撥兵防護。〇又覆准：西安駐省旗標官兵，三月以後，正青黄不接之時。將潼關衛及沿河各縣積貯漕米十萬石，覓船從渭河運至草店地方支給。每百里給脚價銀六分，在司庫内動支。〇又題准：滇省貯米，最易朽腐其産米之鄉，駐兵無幾。駐兵之地，出米無多。今計，各倉貯備之數，通長酌定。應本應折，四年更例一次。〇三十三年題准：天津五營兵米，二十六年定，不准留漕，估折銀給兵自行採買。今值歉歲，暫留漕米支給，明年照舊估折。〇又覆准：大同所徵雜糧、折徵米豆草束，照額徵銀兩，於十分内徵米四、豆四、草二，以給兵餉，建造倉廒收貯。將大同西路同知移駐右衛，管理兵餉，并添設倉、庫大使各一員。〇又覆准：大同府屬實徵地畝銀錢，改徵米豆草束。粟米每石抵銀一兩一錢五分，豆每石抵銀九錢七分，草每束抵銀一分五釐。其無穀草之處，以山荒草二束，抵穀草一束。交納支給官兵。尚有不敷，照改徵之價折給，并將殺虎口東邊地方，給與砍伐草木。〇又題准：江寧駐防官兵，應支馬匹豆石，於春季支給本色，但豆石秋季始徵。今將本色豆石改爲冬季支給，其春季改支折色。〇又覆准：陝西、甘肅、涼州、西寧地方兵米，每年正月，徵本汛屯糧供支，民苦預徵。將河西五廳積麥，撥給三十三年兵米。其本年屯糧，於秋成後開徵，以作下年兵糧。又，延綏鎮汛砂磧苦寒，暫行折色一年，本地之糧亦留作下年支供。又，固原、甘肅、涼州等處，部撥臨洮等屬之糧，道遠難運，預行臨洮等屬所撥地方官，將糧就近變價，解交藩庫。於三十四年起，折給不敷兵糧。〇又題准：陝西西安駐省旗標官兵馬匹，并西、鳳二府被災州縣衛駐防官兵馬匹糧料草束，春夏二季，俱照時價折給。〇又題准：古北口每年五、六、七月陰雨，山水陡發，販賣不通。嗣後，凡遇五、六、七月，將兵丁月糧，支給本色。〇三十四年題准：貴州兵餉，預撥鄰省銀二十萬兩，於先一年冬月解黔，湊放春夏二季之餉。俟他省四月以後餉銀解黔，湊放秋冬二季之餉。〇又覆准:西安官兵草料,仍照常支給。〇又覆准:滇省各倉兵糧,所存無幾。三十五年糧税,全徵本色。〇又覆准:京口兵米,原係截留鎮屬米石支給。今三十四年漕米已經蠲免,止有應徵一分,不敷支給。將三十年預備米石動用,於下運漕糧内截留補足。〇三十五年覆准:陵上官兵當差人役所需米石,在天津衛截留漕米支給。嗣後,每年冬季運米之際,即將來年春夏二季應給米,預行撥運。〇三十七年題准:直屬滄州駐防官兵,歲需米共七千二百八十餘石。將本州額徵粟米撥給外,不敷米石,於三十八年爲始,截留漕米七千石,照數支給。〇又覆准:東省鎮標營兵馬匹,每月支給乾銀,獨撫標俟估題部覆後,方行支給。嗣後,照鎮標兵丁馬匹之例,每月折給。〇三十八年覆准:山西右衛駐防官兵,所需米豆草束,將民欠本色,徵收支給。〇三十九年題准:湖北黄州府屬之黄梅、麻城、黄安三縣,武昌府屬之通山、大冶二縣,共米二萬七千二百二十石,解至荆、鄖等汛,以支兵糧。〇又題准:雲南勦撫魯魁野賊,鄉練土練調同官兵協勦,隨地給以行糧。〇四十年題准:將河南倉穀五十萬石内,已舂米二十萬石,給發荆州兵丁。〇四十一年覆准:陝西洮岷、蘭州、舊洮三營堡糧草,於附近之禮縣、西固所額徵糧内動支。其不敷草束,令該撫於司庫存貯各項銀内動用。〇又覆准:山東本年兵米,將歷城等州縣存倉穀内,勻派給發。每米一石,折給二石。〇又覆准:四川化林鎮,地不産米。照松潘鎮例,每斗折銀一錢六分四釐。〇四十二年題准:湖北各營兵丁,歲需米石,例於南糧支給,四十一年分被災蠲免,改折銀兩,每石七錢,於本省藩庫内,就近撥給。〇四十三年覆准:陝西凉州等鎮標營支給草束,原估每束銀五釐,增給五釐。莊浪等營,原估每束銀七釐五毫,增給二釐五毫。〇四十四年覆准:貴州貴陽府存貯秋糧,各州縣建倉分貯,搭放兵糧。〇又覆准:陝西延綏、興安、固原所屬,各營應支四十三、四兩年本色糧,於各本地額徵地丁糧内支給。〇四十五年題准:陝西倉斗,較部頒新斗,每石短少三升,兵馬糧料不無艱窘。嗣後,收受民糧,支給兵糧,俱用新斗。其永豐倉舊斗,永停止。〇四十六年諭:廣東巡鹽御史及運使衙門餘銀,即留彼處撥給兵餉。〇又諭:雲南金銀銅錫等礦廠,自四十四年冬季起,至四十五年秋季止,所收税銀八萬一百五十二兩,撥給兵餉。〇又題准:山西本年支給官兵米石,每石折銀九錢二分。〇四十七年議准:直隸八旗兵丁,支給半米半銀。嗣後,照舊全支本色。〇又議准:直隸各省駐防滿洲官兵,所需兵餉,臨時撥給,恐有不充,將來年所徵地丁雜項錢糧并上年扣存建曠等銀内凑撥。〇又題准：定例内各省緑旗巡捕營，從前俱用旗員，隨旗支領。嗣後，巡捕營官，由民籍武職補授者，准支給；由旗員補授者，不必支給。〇又議准：江南省駐防滿漢官兵，每年兵糧，在截留湖廣漕米六萬四千石内動支。〇又議准：湖南秋收米石，預撥次年春夏兵米。其秋冬二季，即於七月新徵糧内支給。嗣後，每年照例徵收充餉。〇四十九年議准：貴州額徵銀，祗八萬餘兩，兵餉二十八萬有奇，例撥鄰省銀二十萬兩。嗣後，務於上年九、十月間解運。〇又議准：山東高唐等十一營馬匹豆草，照河鎮兩標營例，每年夏秋二季，改折乾銀。〇五十年議准：浙江省兵米，在三十年截留漕米内支給不敷。令嘉、湖二府，每府於捐貯米内，動一萬石運送省倉，收貯借放。〇又議准：福建福州并福寧州米價，較本省歷年折給兵米價值，每石少銀四分。其臺灣府屬價值，甚屬短少。該撫嚴飭，各屬務令據實增加。〇五十一年覆准：山東鎮標兵米折給銀兩，每年兩次估計報部，俟部文到日給發，往返四五月，兵丁守候無期。嗣後，酌定每石折銀九錢，隨餉支給。〇五十二年議准：陝西潼關衛應需糧料，於五十一年留供之糧支給。其草束，在本年折色銀内撥支。〇又覆准：山東水師營兵一千二百名，每月給銀一兩，難於度日。令挑選五百名，每月給銀一兩五錢。〇又題准：河標四營兵丁，同在山東通省之内，領支月米。嗣後亦照例，每石折銀九錢，隨餉支領。〇五十三年議准：雲南各府州縣米石，遵照《全書》改徵折色一年，以作兵餉，下年再徵本色。嗣後，每届四年，折徵一次。〇五十四年議准：廣東高州府電白縣，原改徵折色米四千一百二石零，撥雷州府兵米。今將雷州府兵米，折價支給，以免解運。〇又議准：福建每年所需兵餉不敷，將鄰省錢糧協撥。〇五十五年覆准：貴州兵丁米折銀兩，秋冬折米，每至次年春夏，始行給發。令藩庫内預借銀兩給發，該州縣於奏銷前解庫還項。〇又覆准：貴州威寧鎮協營不敷兵米，經從前題定，有米州縣，定價折徵借支。但各府、州、縣與鎮協等營，米價不一。照兩地價值，酌中議定，照數徵解。〇五十七年題准：江南江寧各標營五十六年兵餉，原在五十四年地丁銀内撥給。如有不敷，於五十六年地丁銀内改撥。〇五十九年覆准：江西贛關額税并銅觔脚價，就近留充虔標兵餉。〇六十年議准：河南滿洲官兵所需米豆草料，照太原例給發，一年兩次。今米價騰貴，令該撫於六十年兵餉銀内動用，採買支放。〇又，福建駐防臺灣官兵，奉旨：發帑金，由浙省乍浦買米三十萬石，從海運至厦門收貯，以充兵餉。〇又議准：陝西旗標官兵，應需俸餉，令該撫將西鳳二倉現存捐米動支。〇雍正元年覆准：雲南昆明等十六府、州、縣并劍川州駐劄各兵，兵多米少，折給一季之兵米。〇又覆准：各省撥四川兵餉，限四月内完一半，九月内完一半。〇又覆准：京口兵糧，因鎮江府屬康熙六十一年漕米緩徵一半，兵米不敷。將丹陽、金壇二縣漕米，照數截留支放。仍有不敷，於緩半徵收之時，徵足給發。〇又諭："各省駐防官兵折給米豆草束等項，價值不等。著交與吏、户、兵三部，將各省駐防旗兵、緑旗官兵折給米豆草束等項價值，除照每年題定數目折給省分之外，每年多寡不等，未定折給數目之省，應照各省歷年折給之中價議定。價值已定，易得遵行。如豐收之年，價值既低，少有餘剩，於我官兵亦有裨益。如歉收之年，價值必昂，該督撫聲明具奏之時，恩自朕施。"遵旨議定：廣東、河南、江寧、安徽、浙江、山東、湖北、湖南、江西、廣西、雲南、貴州等十二處駐防旗下官兵及緑旗官兵，折給米豆草束價值，米每石價銀自五錢至一兩，豆每石價銀自五錢至九錢七分，草每束價銀三釐至九釐二毫不等。俱照從前題定各地方價值，折給官兵，自行採買。其直隸、山西、福建、西安、甘肅、四川等六處，俱按照歷年各省分價值，米每石價銀自三錢四分至一兩一錢二分，豆每石價銀自二錢八分至一兩，草每束價銀自五釐至三分不等，折給。惟甘肅提標各營，折給官員粳米，每石價銀一兩五錢。四川龍安、松潘、茂州、監理廳等四處，米每石價銀自一兩二錢四分至一兩六錢四分不等，折給。各省駐防滿洲官兵不敷米石，各省俱照時價採買支給。其河南、江南、浙江三省米豆草束，並無一定價值。今將河南省粳米每石折中定爲一兩五錢，粟米每石一兩二錢，豆每石一兩一錢，草每束一分七釐。江南省採買兵米，每石定爲一兩二錢。浙江省採買兵米，每石定爲一兩二錢。又，四川省成都府駐防滿洲官兵，折給米豆草束價值，白米每石九錢，中米每石八錢五分，豆每石一兩，草每束一分。俱作爲定例，照數支給。〇又覆准：派往熱河等處開墾官兵俸餉，官員作爲二季，兵丁作爲三季，在熱河倉内支給。其行糧官，每員支粳米八合三勺，家口每名支粟米八合三勺，馬每匹支空草一束，按站供應。其粟米折銀一兩五分，草每束一分四釐，至粳米給銀一兩五錢。其所需車輛，每十里折銀一錢。〇又覆准：四川成都、華陽二縣糧銀，照每石八錢五分之價，隨收隨支兵糧。〇二年覆准：各省兵丁月糧，於本省州縣衞所撥運，以供支給，行令該督撫確查營汛兵丁數目，除額徵足給兵糧州縣外，其不敷兵米之處，務先儘鄰近地方米石，秉公撥給，以二年秋季題報。永爲定例。至營汛倘有遷移，兵丁或遇調遣,其增減盈縮,在兵馬錢糧册内,聲明報部。○又題准:福建臺澎官弁,赴省領餉,重洋涉險,不無稽遲。將臺、鳳、諸、彰四縣倉粟留貯三十六萬石,備五年兵食。其每年額徵粟一十三萬九千四百餘石,止派徵七萬二千石,供一年兵食,餘改爲折價,即留充臺澎兵餉。○又議准:廣東電白縣,向折徵米四千一百餘石,原爲兵糧不敷而設。近年,本處兵少米多。其徵解米石,准折銀二千五十一兩,解送雷州府。仍令遵奉定價,每石五錢,折給雷州府兵糧,造入奏銷册内,具題查核。○又覆准:馬蘭口新設窄道子、楊樹溝二處兵丁,所有餉米,照康熙三年議定守陵寢兵丁之例加給。○又覆准:江南京口兵糧,向係本省各府撥解。康熙二十五年,改撥鎮屬漕米。自雍正三年爲始,照元年題定兵米折中價值,每石折銀一兩二錢,動支藩庫銀兩。該將軍會同江、常鎮道,按季給發。○三年議准:滇省禄豐等十二府州縣額徵秋米,每石八錢,折徵解司充餉。安寧等三十二府州縣,照舊每屆四年折徵一次。至現存倉米七十萬餘石,挨年支放兵米,出陳易新,於歲底將實數造册,具題查核。如有侵那虧空情弊,該督嚴查題參。再,撥米之法,將各營汛撥米處所,只在兩站之内議撥。間有不足者,以撥至三站爲止。著爲定例。如糧道需索州縣,有使費者,撥在近地;無使費者,撥至遠處。或經告發,或被糾參,將糧道照貪官例革職提問;督撫不行糾參,照徇庇例降三級調用。若督撫亦因以爲利,不顧累民,或經告發,或被科道糾參,將督撫照溺職例革職。○又議准:凉州、永昌、古浪所等處,正值徵收糧米之時,賊番竊發,所有本年春季兵糧,酌議增給折價。每糧料一石,除部定價值外,暫增銀五錢;每草一束,暫增銀一分支給。○又覆准:山西各屬應徵草折銀兩,自雍正四年爲始,同地丁一并徵解司庫,於次年四月以前支給。嗣後,照例於歲底估請,次年四月以前給發。○又議准:阿爾泰駐防渣哈兒蒙古官兵,係永遠駐防,照省城官兵之例支給。先俱給與三年口糧,俟三年後,停其支給。○又覆准:四川省駐防滿洲兵米,仍給折色。令各屬徵收折色銀兩,解交藩庫,官兵統於藩庫支給。○又議准:大同宣化鎮派撥遊擊、千把各六員,步兵各三百名,赴阿爾泰種地。每名給馬二匹,每匹折價銀十兩。官兵行糧,照依在營支領銀數,共扣算九十日。行營應需帳房、鑼鍋、皮襖、煖帽、綿袍、雨衣等項銀,在司庫各案銀内撥給。○又議准:阿爾泰種地官兵,照康熙五十九年出征官兵之例,借支一年俸薪餉乾等銀,置備行裝。○又覆准:大同府所屬徵解右衛草束,既改折色,從前民欠,亦折銀充餉。○又覆准:嗣後,福州駐防官兵,月支米穀草束價值,白米每石一兩,粟米每石九錢,穀每石四錢五分,草每束九釐。按月照數關支,毋庸預估,亦毋庸扣留。歲底,將支給數目,彙行報銷,仍造入該年兵馬奏銷册,具題查核。其直隸等各省,即照雍正元年議定各省再無增減價值,按期折給。俱免其預爲題估,統於歲底報部查核。〇又覆准:湖南兵米,除撥本色外,其遥隔産米州縣之各營應支兵米,照舊每石六錢折給。嗣後,永爲定例。〇又覆准:安西駐防兵丁,於本年内務足二千四百名之數。未搬家口以前,照例每人月給米二斗。其應得糧餉,留養家口。〇又覆准:西安存貯米石,搭放旗標兵糧,即以應給折色銀兩,照米數扣除,分發各州縣,照一米二穀,採買粟米還倉。〇四年覆准:廣西每歲額徵兵餉,除支放外,尚有贏餘八千餘石,自四年爲始,俱徵折色,倘歉收不敷支放,將存倉穀石補給。俟豐收之年,即於折徵銀内買穀還倉。〇又覆准:安西新收之兵,現今止有一千九百五十五名。新調甘、凉、肅更换迭戍之兵,共三千四十五名。照出征之例,給與口糧。其糧料每石以二兩二錢,草束以三分折給。俟屯田成熟後,該督撫再訪時價核減。今將山西省地丁銀撥十五萬兩,貯鞏昌司庫備用。〇又覆准:廣東駐省緑旗營兵及附近省會各營,每年十二月底支給次年正二兩月錢糧。〇又覆准:張家口撥往阿爾泰種地官兵,在軍前每兵每月支給口糧一斗三升八合。其俸餉銀,一半在軍前支領,一半扣留在營,養贍家口。〇又覆准:阿爾泰種地步兵,每名日支行糧銀五分,鹽菜銀三分。〇五年覆准:將石泉、小河二營内抽調移駐南坪官兵所需米石,自到南坪之日起,每米一斗,折給銀二錢四釐。在於雍正四年兵餉截曠銀内動支。俟商販往來,米價漸平之日,確訪時價核減具題。其原留石泉營之兵米,仍照原估之價,每斗以一錢二分四釐核算折給。至石泉營守備,每年徵收番民認納銀米。今既歸併南坪,番民所納銀米,令龍安營撥駐石泉營之把總徵收,造入該年奏銷册内,報部查核。〇又議准:桂林府屬應徵本色米,令改徵折色,每石定價八錢。將太、思二府及鬱林營、上思營、上思州、三里營、恊坡汛等處兵糧,悉行按數折給。〇又覆准:雲南、貴州、四川三省,因係邊遠省分,大撥時除撥給本年兵餉外,又撥銀各二十萬兩,以備下年兵餉。甘肅亦係邊遠省分,照三省之例,每年預撥銀三十萬兩,以充下年兵餉。

〔優賚官兵〕

順治十八年詔:滿洲兵丁處處戰攻,被傷不能披甲,年老閑住者,俱加恩賚。康熙六十一年同。〇又題准:八旗兵丁,年老有疾退甲者,若其家無披甲當差之人,准月支米一斛。〇康熙六年詔:滿洲兵丁,原係披甲效力行間,有帶傷殘廢閑住及疾病年老閑住者,著察加恩賜。康熙十年、二十年、三十六年、五十二年並同。〇又詔:滿洲兵丁披甲隨征,多年効力,被傷不能披甲及年老有疾退閑者,俱酌給賞賚。康熙九年、二十七年、五十七年並同。〇又詔:滿洲、蒙古、漢軍兵丁,處處征戰勞苦,該部通行賞賚。康熙二十年同。〇十一年題准:前鋒、護軍、領催、兵丁,陣亡并被傷身故者,其妻子支給餉銀餉米之半。〇二十年詔:八旗効力行間,年老辭職官員,已得半俸外,勞績茂著,多有功牌,未得半俸者,及年尚未老,傷廢辭職官員内,勞績多著,應得半俸者,該都統詳查保送,著該部題請。年尚未老,傷廢辭職官員及傷廢退甲兵丁,酌給錢糧米石。外藩蒙古,有効力行間,傷廢退甲者,著加恩賜。康熙三十六年同。〇又詔:八旗官兵及緑旗官兵併投誠官兵,有因多給錢糧扣追者,俱免扣追。〇二十六年詔:八旗兵丁爲國効力,勤勞有年,雖支給銀米養贍家口,恐尚有貧乏不足者,亦未可定,俱應概加恩恤。作何賞賚,該部確議具奏。遵旨議定:另户出征前鋒、護軍、領催,各給銀四兩,馬甲,各給銀三兩。〇二十九年議准:京城八旗貧員披甲人等家口,自本年二月起至七月止,每名口計六個月給米一倉石。〇又覆准:駐防順義等縣貧員及窮披甲人等家口,於五月起至十月止,每名口計六個月給米一倉石。〇又諭:"盛京兵丁,全恃南畝耕穫及月給糧餉以爲資生之計。昨歲盛京禾稼不登,貧困兵丁艱於粒食,曾以所有屯糧頒發賑救。頃值軍興,遣一等侍衛往調盛京兵丁。隨發諭旨,令無馬匹者,給以官廠馬匹,無行糧者,給以莊屯糧米,而官兵因踴躍遄往。倉卒之際,置辦一切軍裝,遂支領明年二月分應給俸餉,又預支五個月錢糧,剋期進發。比厄魯特敗遁,盛京官兵雖未經接戰,而奮勇敵愾,深可嘉悦。今若將預支俸餉復行抵扣,則貧乏兵丁必致生計艱窘,朕心殊切憫惻。所預給明年二月分應支俸餉及增給五個月錢糧,著免抵扣。仍照常支給俸餉,以示朕愛養將士,軫恤疾苦至意。"〇三十六年詔:三次出征官員兵丁及西路進勦官員兵丁所借官庫銀兩未經賠償者,俱免追取。其未出征兵丁,有將本身所養馬匹送至軍前倒斃者,各賞銀二十兩。外藩四十九旗兵丁,比年以來,出征巡汛,甚屬勞苦。其中西兩路隨征押運米車、牧馬、安站、掘井、修路、看守米糧兵丁,在軍前未曾得賞者,每人每年各賞銀六兩,給與三年;已經得賞者,每人每年各賞銀六兩,給與二年。其未出征兵丁,除富户外,不堪度日者,各賞銀六兩,給與一年。在京滿洲蒙古漢軍馬步兵丁,俱加恩賜;出征病故兵丁,俱有恩恤。其出征病故閑散三品以下官員,亦准概行恩恤。外藩蒙古出征病故閑散三品以下官員,亦准概行恩恤。○四十二年恩詔:守陵寢官兵宜加恩賜,著議奏。兵丁宜加恩賜,著議奏。滿洲兵丁,原係披甲効力行間,有帶傷殘廢閒住及疾病閒住年老者,著察加恩賜。年尚未老傷廢辭職官員及傷廢退甲兵丁,酌給錢糧米石。遵旨議定:八旗步軍領催披甲内,廷執事人等,俱照三十六年恩詔,概行賞賜錢糧一月。三月十八日以後,從閑散挑取步軍領催、披甲、内廷執事人等,停其賞賜。其有帶傷殘廢及疾病年老閒住兵丁,亦照三十六年恩詔賞賜。三十六年,每名賞賜或絹或生綾一疋,綿紬一疋,白布三疋,今將每綾絹綿紬折估三梭布五疋,共賞賜三梭布十疋,白布三疋。至年尚未老傷廢辭職官員,每月給錢糧銀二兩,照馬兵支給。傷廢退甲護軍兵丁人等,每月給錢糧銀一兩,每年米十二斛。至守陵寢兵丁執事人,行文盛京户部等處查明,概行賞賜。○四十六年覆准:京口駐防兵丁,撥江藕藩庫銀四萬五千兩借給,資其生理,按月一分起息。○五十二年詔:各直省緑旗兵丁,俱應加賞賚,著議奏。遵旨議定:每名各賞銀一兩。○又遵奉恩詔:議定陵寢兵丁執事人等,俱賞給半年錢糧。其年尚未老廢官及退甲兵丁,俱照四十二年賞給。其遇四十二年恩詔,已得錢糧米石者,停其給發。仍酌伊等所食錢糧,照兵丁執事人等,賞給半年。其年老兵丁,亦照四十二年賞給。○五十四年議准:巴爾坤駐扎右衛兵三千名,籐牌手六百名,令户部採買布面老羊皮襖并狐皮帽,按名給與。其尚有無皮襖之兵丁,令兵部差官帶銀二千兩,前往採買賞給。○又諭:右衛、西安官兵,現在出兵前去,將出兵去之兵丁,借過公庫銀兩,暫行停其坐扣,俟事竣之日奏聞。○又諭:借給緑旗兵丁錢糧,在軍前終其事者,免坐扣;未終其事而回者,仍行坐扣。○五十五年題准:防守甘州等處馬兵一千名,每名借銀十兩;步兵一千名,每名借銀五兩。其遊守、千把各官,亦酌量借給。○又覆准:常德地廣人稠,兵丁除月糧之外,别無接濟,借動司庫銀三千兩買米貯倉,於春夏酌量兵丁家口多寡,分别借給。○五十六年諭:"噶斯换班回來並現往駐防官兵所借銀兩,著暫停扣除,俟功成事竣,作爲朕所賞賜。若不能成功,扣除其行月錢糧,送至軍前給放,併存留贍養家口之處,俱著放給。"○又,巴里坤地方,滿洲緑旗官兵買補馬匹,整理軍器。奉旨:"此二十五萬六千零四十三兩銀兩,將朕内庫銀兩支給,令其整理馬匹器械。但路遠不能即到,附近地方所有之錢糧,速行料理。將内庫銀兩照此數交與户部,速行解往陝西。"

○五十七年諭:甘肅每年歉收,米價騰貴,兵丁採買維艱。且兵丁効力行間,勞瘁堪憫,尤當軫恤。准給半年餉銀,著近省分撥銀三十萬兩,解甘頒發。○五十八年覆准:京口駐防兵丁借帑銀,自四十六年秋季起,至五十七年歲底,除本銀四萬五千兩外,共得利九萬一千七十兩零。將此利銀九萬兩作爲帑本,仍留京口,借給兵丁,以五釐起息。其餘銀一千七十四兩零解部,仍將每年應扣利銀按年起解。○六十一年覆准:巴爾坤兒所有官兵,照京城俸禄錢糧借給一年,四季坐扣。西安官兵,亦將俸禄錢糧借給。官員銀兩作二十個月,兵丁銀兩作三十個月扣還。○六十一年十一月二十日詔:八旗、滿洲、蒙古、漢軍、護軍披甲人炮手步軍,各賞一月錢糧。八旗出征滿洲、蒙古、漢軍、緑旗兵丁及蒙古兵丁効力行間,勞苦堪憫,所借銀兩,盡與豁免。○雍正元年詔:出征大臣官員等久在行間,防守地方,効力甚屬勞苦,宜加恩賜。自將軍以下至官員等,著賞給半年俸。○又詔:出征兵丁,塘汛行走勞苦,甚屬効力,宜加恩賜。兵丁等,著賞給行間一月錢糧。○又諭:四川進藏官兵倒斃馱載馬匹價銀,及口外沿途與西藏留駐兵丁續補馬價銀,悉免追賠。○又諭:五十八年所派宣化出征官兵,所給十個月行糧、兩個月口糧,免其扣還。其應給官兵錢糧,著兵部派賢能司官一員,前往傳集官兵,親行監視給散。如有不肖該管官扣尅者,即令控告。○二年,進勦青海。其殘癈兵丁,奉旨:令地方官每月給米三斗,贍養終身。○又諭:凡在西寧奉調官兵所借庫銀,悉與查明,免其扣還。○又議准:陜西進勦南坪官兵,俱照出征官兵給與口糧。○四年諭:“查官兵凡在内地行走者,例不給與口糧。朕思内地亦有遠近之分,行走不無遲速之別,宜酌加恩澤,以獎勤勞。今建昌官兵進勦蠻賊,已經深入梁山,此地舊稱險遠,並非内地可比。而賊徒潛匿荒僻之區,尚未投首。現在官兵,各處搜勦,奮勇効力,甚屬可嘉。查前歲進勦南坪時官兵,俱經給與口糧。今進勦梁山官兵,著亦照南坪之例,一體支給口糧,以示朕撫恤兵丁之至意。”○五年諭:“出征兵丁所借銀兩,朕已加恩盡行豁免。其官員等所借俸銀,從前所以未曾降旨豁免者,原有深意。蓋官員本與兵丁不同,若與兵丁一體豁免,恐將來遇有差遣之時,本人不便借支,而該管官亦不便借與。緩急之際,轉無所資藉。是以朕之未曾降旨豁免者,正所以加恩於出征之官員也。但已經休致及亡故之人,本身已無可扣除,於其子孫俸餉内扣還,朕心不忍。除有罪革職人員外,著加恩全行豁免。其外委之員,本無俸禄可以指借,當時何以借與本人。著照兵丁例豁免,查明將錢糧市恩原借給之將軍大臣追補。凡滿洲、蒙古、漢軍、緑旗各處出征之官員,悉照此旨行。”○又議,分給奉天、寧古塔、黑龍江三處將軍養廉銀兩。奉旨:“此等養廉之項,應動用赢餘銀兩。著將長蘆鹽課赢餘銀兩内,動用六千兩,給與三處將軍分用。朕思在京城旗下大人及有執掌之官員,亦當酌與養廉之資。著將兩浙鹽課赢餘銀,動用一萬兩,給與兩翼前鋒、統領、護軍統領、前鋒参領、護軍参領、前鋒侍衛等官分用。再將兩淮鹽課赢餘銀,動用二萬四千兩,給與八旗都統以下参領等官分用。

〔奏銷兵餉〕

順治九年覆准:各省鎮兵馬錢糧及缺額、小建截曠、還官銀兩,令督撫每半年造册報部稽核。○又題准:大兵所駐地方,動支銀米豆草,令取清字領文,以憑核銷。○十二年題准:各省兵馬錢糧奏銷,直隸、山東、山西、河南、陜西限次年二月底,江南、浙江、江西、湖廣限三月底,福建、四川、廣東、廣西限五月底,雲南、貴州限六月底到部,該督、撫、司逾限者参處。○十四年題准:各督撫歲底奏銷兵馬錢糧册到時,兵部將實在兵馬數目,開送户部比對。督撫奏銷册數目相符者,准銷;有不符者,查参。○又議准:修造軍器銀兩,歸工部核銷。○十八年覆准:巡撫既不管理軍務,其兵馬實數及驗補缺額併虚冒情弊,令總督開送核奏。○康熙元年題准:各省每年造報兵馬錢糧,令開列經催、經徵完欠各官職名,以分殿最。○六年覆准:廣西鎮守官兵俸餉册領,令該將軍親查確數,移咨督撫報銷。○七年議准:各直省駐防兵餉,有由督撫題報者,有府州縣徑行達部者。嗣後,俱令該督撫奏銷。○十年題准:奏銷兵馬錢糧,改限直隸、山東、山西、河南、陜西於四月底到部,江南、浙江、江西、湖廣於五月中到部,福建、四川、廣東、廣西、雲南、貴州於六月中到部,逾限照例議處。○十三年題准:凡大兵經過地方動用錢糧,令於本省奏册外另造清册,一年報銷一次。至大兵進勦,撥各省協解錢糧,即令每次報銷。○又覆准:各處遣發大兵駐防,需用槽鍘鍋桶等物及盔甲軍器,准動支正項錢糧置辦供應。據實開報,以憑核銷。○十五年議准:軍前供應米豆草束等項,如地方官浮冒開銷者,照貪官例革職拿問。如奏銷後事發者,督撫同罪。其舉首之人,係官,加一等優陞;係旗下人及民,授爲七品官。至民間運到米豆草束,州縣官勒掯需索,及州縣解到米豆草束,司道府勒掯需索者,俱革職拿問。如被害人控告,督撫不行糾参者,同罪;失察者,督撫降四級調用,該管司道府官革職。又,運到軍前米豆草束,所委經手旗員并地方武官延挨抑勒者,將軍及兵主查參，照貪官例革職拿問。經放官申明，而不行糾參者，將軍、兵主、參贊大臣俱革職拿問。失察者，將軍等降四級調用，該管官革職。其舉首人，照前例優叙。至出征將軍、兵主、大小官員及督撫提鎮以下官員筆帖式、欽差部差官員筆帖式等販賣米豆草束，囑託地方官多取價值，或將民間所賣米豆草束，作爲己物，囑令收買并地方官徇庇收買，俱革職拿問。又，已備本色，不肯收納，勒令折價者，將軍、兵主及督撫查參，俱革職拿問。如不行查出，將軍等俱降四級調用，該管文武官俱革職。出首人，係官，照伊應陞缺先用；係旗下人及民，授爲七品官。〇又議准：凡造册奏銷數目舛錯遺漏，經部查出者，府、州、縣、衛、所官，罰俸一年；督撫及轉報司道都司，各罰俸六個月。造報文册遲延，經督撫題參，違限一月者，罰俸六個月；兩月者，罰俸九個月；三月者，罰俸一年；四五月者，降一級留任；六月以上者，降二級調用；一年以上者，革職。如已經申送，督撫遲延不報，經部查參，違限五月以下者，照司道等宮例處分；六月以上者，降二級留任；一年以上者，降三級調用。其供應大兵錢糧草料，各將軍等領過，即將清字印領册籍交該督撫，同奏銷册一併送部查核。〇十六年題准：各省官兵馬匹及棚椿買馬銀，令總督奏銷。其各營俸餉糧料及駐防官兵本折錢糧，令巡撫奏銷。〇十七年題准：各省備造需用盔甲器械船隻等項錢糧，務須申詳題明動用。如不申詳題明，擅自動用，或藉口軍機緊急，竟造册請銷者，司道等官革職，不准開銷，令其賠還。代爲奏銷督撫，降四級調用。督撫不行具題，擅令動用者，督撫革職賠還，司道等官免議。至供應大兵錢糧，承管官員重疊支放，不行扣抵者，降三級調用；失察司道等官，降三級留任；督撫，降一級留任；重領官員匿不舉首者，革職，照數賠還；該管將領失察者，一併重處。〇又議准：修造兵械火藥船隻等項，捏報價值開銷者，照米豆草束浮冒開銷例議處。〇二十年詔：康熙十九年以前，用兵各省採買供應滿洲緑旗官兵糧草價值，有經駁減者，亦有尚未奏銷者，該督撫確查保題到日准銷。〇二十三年議准：直省起解兵餉日月，停其逐案題覆。俟該督撫通行具題到日，一年二次彙題。〇又議准：直省兵馬錢糧，將弁印領結狀，停止按季咨部，令一年一次具題。〇又議准：直省奏銷，有經部駁查者，停止咨部銷算，俱令具題。〇又議准：兵馬奏銷事件，經該督撫具題，俟印結領狀及兵部核明實在兵馬數目送到日，一次具題完結。〇二十五年議准：直省兵馬錢糧與地丁錢糧，各爲一疏，同時奏銷。直隸、山東、湖北、甘肅、江南、江西等省各鎮營駐防兵馬錢糧，彙入本省兵馬錢糧册内奏銷。福建小建截曠銀兩,扣明補支部撥半分不敷之數。山西、陝西、雲南、貴州小建截曠銀兩,統入兵馬錢糧册内奏銷。○四十一年覆准:甘肅自三十年起至三十六年止,供應大兵各案錢糧,行令該督撫,限文到兩個月,逐一查明造册奏銷。如逾此限,將州、縣、衛、所并司道府等官,照易結不結例處分,該督撫亦交部議處。○四十四年議准:湖廣兵餉,嗣後,督撫提鎮將弁領結,令將軍督撫提鎮按季送部。至各鎮協營領結,歸總督按季送部。○五十八年覆准:江西省、虔二鎮領結餉米,照袁、九二協,停其四季造册。其文官監放印結,照舊由藩司歲底彙送部科。○雍正二年諭:"開例捐納,少助軍需,原屬一時權宜,非可行之久遠。皇考曾屢言捐納非美事。朕纘承大統,亦以軍需之用度浩繁,户部之供支不繼,捐納事例,仍暫開收。今仰賴皇考在天之靈,西邊軍務將已告竣,即現有需用錢糧之處,爲數無多。著將户部與陝西各案捐例即行停止。其運糧赴巴里坤與肅州所動西安司庫銀兩,悉作正項報銷。"○四年諭:軍需奏銷,宜照實數,不可浮冒雜費。果有應用者,題明賞給。○又覆准:嗣後,凡有軍需緊要事務,該督撫務須將應辦理之州縣,預期籌畫。酌量應用銀兩數目,一面報部,一面在於存庫銀内飭發各該州縣備辦供支。俟完日,即據實將供應細數,分晰造册報部,户部查明核實,行令奏銷。如有不肖官員,於督撫飭發銀兩之後,仍借軍需名色濫用錢糧,以致虧空者,該督撫即行指名題參,照侵蝕例從重治罪。○五年覆准:嗣後,甘省凡有軍務承辦,俟各州縣文册到日,飭發布政司於一月内核實呈詳。督撫於半月内,彙請題撥。其該州縣,仍以辦完十日内,據實造册申請。倘有報價不實,遵照定例治罪。

〔考成〕

順治八年諭:餉銀關係軍前急需,撥過銀兩遲延不解者,該督撫等官,一并參處。○十八年題准:部撥各省協餉,於四月内完三分之二,六月内全完。如運解遲延,該督撫指名題參。○康熙四年題准:總督所轄官員,任内有未完兵餉協餉,即令赴新任者,降一級留任。○又議准:各省協餉,限四月内完三分之二,八月内全完。如遇出征時協濟别省兵餉遲延,以遲誤軍需題參者,革職。如支給本省兵餉,以未完分數題參者,照分數例議處。以怠玩題參者,州、縣、衛、所官降三級,司、道、府、直隸知州、都司降二級,督撫降一級,俱各帶罪督催,完日開復。如該督撫查參時,開列别項字樣者,罰俸六個月。○五年議准:每年撥餉時,仍將現年地丁錢糧及上年存剩錢糧并截曠等銀撥給。如所撥數目有因災荒蠲免,或撥文未到前另用并已解部及重撥等項,該督撫一面動用别項錢糧,照限協解,一面題報動支緣由。如借端謊報,或不動支抵解,以致遲誤缺餉者,督撫降二級留任,布政司都司降三級調用,經管各官革職。其解餉各省督撫,照所限月底,以起解數目題報。如未解捏稱已解者,革職。不依所限月底題報者,罰俸一年。其收餉各省督撫,仍將解到月日題報。如已徵錢糧撥餉稽遲,以致兵逃兵譁,或查報時將逃譁情由朦隱不報及報不以實者,革職。若已經申報,而督撫不糾參者,降二級調用。其已經安輯者,免議。如官員解送兵餉,沿途停閣日期者,罰俸一年。〇六年議准:各省兵餉協餉,更定每年四月内徵收一半,九月内全完。如不俟四、九月分,十分全徵者,經徵官降二級調用,督催官降一級調用,督撫罰俸一年。〇十年題准:嗣後撥餉,將建曠銀并上年兵馬奏銷案内存剩銀充作半分,地丁等項銀兩充作九分半,撥足十分。如司府各官,於部撥項欵外擅動别項錢糧,督撫指參。督撫失察,一并議處。〇十四年議准:部撥餉銀,不能依限起解者,預題請展。若擅改部限,降二級調用。〇十六年覆准:各督撫提鎮標兵,如有倒斃馬匹,不行申報,冒領錢糧者,該管官參處。〇雍正四年議准:嗣後,凡有軍需墊辦之項,州縣於墊辦之時,即將或那庫項或墊己資等情,詳明督撫。辦完之後,於十日内即據實價,申詳督撫。該督撫照時價核減,於文到半月内,即行題報。户部於科抄到日,亦於半月内核定議覆,行文該布政司即行給發。倘州縣申報過限,督撫題報後期,户部查明日月,交與吏部議處。其或該州縣報價不實,該督撫不行據實核減題報,希圖冒銷,户部即行題參。州縣官,照侵欺律問罪;督撫司道,照徇庇例議處。

〔召買〕

順治八年議准:兵馬經過需用草料,預行該督撫查照所到地方,分派置辦,悉依時價給發。其應用錢糧,或由部發,或動支本地解項,一切出入,該督撫詳核報銷。〇十二年覆准:大兵養馬處所,酌量地方通融協濟,動支正項錢糧,赴鄰近米草充裕地方召買。〇又覆准:嗣後,官兵夏月應用草束,照數辦買稻草供應,不得强雇民夫割青。〇十六年題准:駐防省城兵馬及經臨大兵需用豆穀草束,責成布政司動支正項錢糧,差委廉幹官,於本地方照時價採辦給發。其外府駐防官兵馬匹草料,責成佐貳官備辦。俱歲底彙册奏銷,不許派累里民辦解。〇十七年覆准:各省辦買豆草務,於各州縣均攤。毋得坐派一處,偏累小民。〇康熙二年覆准:浙江馬匹,就近買穀支給。仍照江南例,每豆一石支穀一石。○三年覆准:福建馬兵需用糧米,先儘本省所産買用。如本地不敷,方於浙江、廣東買運接濟。脚價照時核實,歲底彙報核銷。○又議准:薊州守陵官兵月米,令薊州遵化縣輪流召買。○十二年覆准:四川兵糧召買累民,除建冒等營原徵秋糧支給外,其餘概支折色,停止召買。○十五年議准:各省採買米豆等項,如地方官不給價銀,或比部定價值尅減短少者,照浮冒開銷例議處。舉首者,亦照例優敘。○又題准:凡官員應給民間價值遲延者,罰俸一年;止給半價者,降二級調用;全不給者,革職。督撫徇庇者,照不查參劣員例處分。○十八年覆准:供應大兵芻粟物料,不發現銀採買,或給價短少者,督撫查參,州縣官革職拿問。司道府官明知不報者,亦革職拿問。已經詳報,督撫不行題參者,革職。○二十三年議准:凡支給各省駐防及緑旗官兵米豆草束,除折價地方不議外,如支本色地方,儘本省所收支給;不敷,令照時價估題,給發官兵自行採買。折價浮多者,照現定例處分。○四十一年議准:江南各標營兵糧,行令該撫,將各屬歷年未完米石及各事案内所存米石放給。如有不敷,差委賢能官員,照時價採買撥給。○又覆准:山西右衛地方,不産穀草。雖歲獲豐收,俱於别處採買。今每束以二分七釐折給官兵自行採買。○四十三年覆准:廣東省産米無多,兵馬糧料按月支給,每借糴鄰省,將廣東省改徵米石,槩行徵銀,以便採買。○五十八年議准:陝西甘屬地方軍興之際,餧養馬駝,無本色草料可撥,著折價給兵採買。○六十年題准:陝西甘涼,連歲歉收。所需兵糧,就近採買供支。○雍正五年覆准:四川東川府既改歸滇省,其營汛兵丁歲需米石,除放給本色米石外,其餘不敷兵糧,每石照滇省之例,以八錢定價,陸續購買,貯倉搭放。

〔**轉運軍需脚價**〕

順治初定:官兵駐防處所,附近州縣運草束,稍遠州縣運米豆。二百里内,解本色,五百里外,本折各半。○五年題准:大兵征勦需用物料,運送倒斃牲畜,俱賞給價值。○十一年詔:大兵經過養馬地方,運送糧草脚價,准銷正項錢糧。○十三年覆准:江西大兵過往,需用草料,令百里内供應,百里外協濟,俱給脚價。○十六年覆准:大兵經過地方,備辦草料價值及運送脚價奏銷時,地方官取里民甘結,呈報督撫查核。如有影射重科等弊,指參議處。○十七年題准:各省僱覓人夫,一千名以上,每名給銀三錢;千名以下,給銀一錢五分。○康熙七年題准:各省僱夫,酌計里數,一百里爲一站。用夫千名以下者,仍每站每名給銀一錢五分。用夫一千名以上者,每多一百名,每名增銀一分至三錢止。多十里者,按分數加增;少十里者,按分數遞減。如多報冒銷,或少給累民者,查參重處。○十一年覆准:大名等府協解宣密等處兵餉銀兩應給脚價,造册報部核銷。○十四年題准:四川運糧夫,照驛站水手例,每夫日給米一升、鹽菜銀一分三釐三毫。○又覆准:山西湖廣運送大兵米豆口袋,准令開銷。○十六年題准:陝西派運兵糧,按程給脚價不等,抵銷正賦。○又議准:解運軍前米豆草束,無論本省外省,五百里以外者,給與脚價;五百里以内者,不准給。○十八年覆准:運送糧草礮位五百里内,山險路窄者,該督撫具題,准給脚價。○又覆准:扣剋脚價者,官,照貪官例議處;夫頭,照衙役侵蝕例治罪。督撫不行查參者,照徇庇例議處。○十九年議准:湖廣進勦轉運軍需,水路,每船水手四名,每名月給食米三斗,工銀六錢;陸路,每三十里設一塘,每塘募夫五百名,每夫日負米五斗,給工食銀四分。○又覆准:河南民夫運米至貴州,每名日給米一升、銀五分。○二十年題准:雲南運米脚價,除楚雄府在五百里内,例不支給外,元江、姚安二府,每夫日給米一升、銀二分。○三十五年覆准:甘屬運送兵糧,山路崎嶇,每糧一石每百里給脚價一錢、草十六束,亦給銀一錢。○四十三年題准:四川省山川險阻,至打箭爐一帶,悉皆羊腸鳥道。今大兵需糧,必須人夫背負,恐有遲悮。其所需脚價,按石給發。○五十六年議准:甘肅等處轉運軍需糧石,每百里每石給脚價銀二錢。○五十八年議准:四川、雲南兩路出兵進勦策妄阿喇布坦。麗江府、金沙江素不産米,山路崎嶇,輓運維艱。其兵馬駐劄軍需,設站運米,動支歷年存庫銀兩,給發各項費用。

〔操賞〕

順治四年題准:督標每年操賞銀二千兩,撫標每年操賞銀一千兩。○五年題准:提督每年操賞銀一千五百兩,總兵每年操賞銀一千兩,專城副將每年操賞銀四百兩。○十二年題准:坐鎮總兵給與操賞。其在行間征勦者,不准支給。○十四年議准:各省駐防將軍、副都統、督、撫、提鎮、專城副將,每兵百名,操賞銀四十兩。兵多者,照數遞加;少者,遞減。永著爲例。○十七年議准:各省操賞銀,每年造册報部核銷,不必具題。

〔建曠朋銀〕

順治九年議准:令各督撫清查缺額、小建截曠、還官等銀,每兩季奏報一次。○十二年議准:各省餉銀,既扣小建以抵閏月,嗣後月糧,應一例扣除抵閏。〇十三年覆准:各省官兵馬匹截曠銀米,歲底總督奏報,貯存倉庫,以抵下年兵餉。〇十四年議准:官員不扣官兵朋銀者,罰俸一年,巡撫罰俸六個月。

〔侵剋兵餉〕

順治初定:該管官扣剋兵餉,已經具告,該將軍不行審理者,降一級留任,罰俸一年,副都統罰俸一年。〇十年議准:文職官有侵剋兵糧,遲延不發者,總兵官呈會督撫糾參。如督撫復行遲悞,許總兵官具奏。如督撫總兵互相容隱,許將領具疏奏劾。〇康熙六年題准:散給兵餉,在省,令布政使糧道,在府,令知府同知,在縣,令知縣,會同營弁,當面分給兵丁,取具文武官及兵丁不致扣減結狀繳查。如瞻徇互隱,一體參處。〇十二年議准:凡有剋餉情弊,城守尉、防守尉不行申報者,亦照例議處。〇十四年議准:監放兵餉官,不親臨查閱者,罰俸一年;親臨查時,不抽封秤兑,失察短少者,降一級調用;奸弁扣剋,知情不即申報者,照徇庇例,降三級調用;通同扣剋者,革職提問。〇十七年議准:監放官抽兑發領後,另案內有奸弁扣剋情弊,發覺者,與監放官無涉。〇又議准:各督撫於每季取各屬監放兵餉官並無通同扣餉印結,歲底繳部查核。如有監放扣剋,督撫不行題參者,照徇庇例處分。

大清會典卷之五十六

户部

〔經費〕

〔賞賜〕

國朝每遇慶典，皆有恩賞。自宗室勳戚、文武各官，下及八旗甲兵，並老疾休致者，均被賜與。或銀緞兼支，或專給緞疋。其在盛京官員及守陵寢官員，照京官例給賞。除事隸各部寺者，兹不復載。其係户部掌行者，開列於後。

登極賞賜

順治十八年聖祖仁皇帝登極恩詔頒賞

親王，貂皮三百五十張，水獺皮十五張，江獺皮五張，豹皮十二張，苧布四十疋，綿紬六十疋，涼蓆八十領。

郡王，貂皮二百五十張，水獺皮十張，江獺皮四張，豹皮十張，苧布三十疋，綿紬四十疋，涼蓆六十領。

貝勒，貂皮一百五十張，水獺皮七張，江獺皮三張，豹皮八張，苧布二十疋，綿紬三十疋，涼蓆四十領。

貝子，貂皮一百張，水獺皮四張，江獺皮二張，豹皮六張，苧布十五疋，綿紬二十疋，涼蓆三十領。

鎮國公、輔國公，貂皮六十張，水獺皮二張，江獺皮二張，豹皮四張，苧布十疋，綿紬十五疋，涼蓆二十領。

内外固倫公主，緞十五疋，苧布二十疋，綿紬二十疋，涼蓆三十領。

和碩公主，緞十疋，苧布十五疋，綿紬二十疋，涼蓆二十五領。

郡主，緞七疋，苧布十疋，綿紬十五疋，涼蓆二十領。

縣主,緞六疋,苧布八疋,綿紬十二疋,凉蓆十五領。

郡君,緞四疋,苧布七疋,綿紬十疋,凉蓆十二領。

縣君,緞三疋,苧布六疋,綿紬八疋,凉蓆十領。

外藩親王,緞二十疋,水獺皮十張,江獺皮五張。

郡王,緞十五疋,水獺皮五張,江獺皮四張。

貝勒,緞十疋,水獺皮四張,江獺皮三張。

貝子,緞八疋,水獺皮三張,江獺皮二張。

公,緞五疋,水獺皮二張,江獺皮一張。

民公,緞十疋。侯,緞九疋。伯,緞八疋。精奇尼哈番都統、尚書,緞六疋。阿思哈尼哈番、副都統、侍郎,緞四疋。阿達哈哈番、一等侍衛、護衛參領、郎中等官,緞三疋。拜他喇布勒哈番、二等侍衛、護衛佐領、員外郎等官,緞二疋。拖沙喇哈番、三等侍衛、護衛等官,緞二疋。護軍校、驍騎校等官,緞二疋。七品官,緞二疋。八、九品官,緞一疋、綾一疋。漢京官,一品,人參十觔;二品,人參八觔;三品,人參六觔;四品,人參五觔;五品,人參四觔;六品、七品,人參三觔;八品、九品,人參二觔。八旗老疾被傷退甲者,給布二疋,棉花十觔。

康熙六十一年皇上登極恩詔頒賞

親王,緞四十二疋。　郡王,緞三十五疋。

貝勒,緞二十五疋。　世子、長子,緞十八疋。

貝子,緞十八疋。

鎮國公、輔國公,緞十一疋。

固倫公主,緞十四疋。　和碩公主,緞十一疋。

郡主,緞九疋。　縣主,緞七疋。

郡君,緞五疋。　縣君,緞四疋。

鄉君,緞三疋。

公主額駙、民公,緞七疋。郡主額駙、侯,緞七疋。伯,緞六疋。内大臣、都統精奇尼哈番、滿漢一品官,緞五疋。副都統、護軍統領、阿思哈尼哈番、滿漢二品官,緞四疋。一等侍衛、護衛參領、阿達哈哈番、滿漢三品官,緞三疋。二等侍衛、護衛佐領、拜他喇布勒哈番、滿漢四品官,緞三疋。三等侍衛、護衛、拖沙喇哈番、滿漢五品官,緞三疋。護軍校、驍騎校、滿漢六品官,緞二疋。滿漢七品官,緞二疋。滿漢八品官,緞二疋。滿漢九品官,緞二疋。

各省總督、提督，緞三疋。巡撫、總兵官，緞三疋。

外藩親王，緞二十一疋。郡王，緞十三疋。貝勒，緞十疋。貝子，緞七疋。公，緞五疋。

上三旗内佐領下執事人及太監等，賞給一月錢糧。

八旗、滿洲、蒙古、漢軍内，佐領下婦人等，每名賞給梭布兩疋。年六十以上者，布三疋；七十以上者，絹一疋、布四疋；八十、九十以上者，絹二疋；百歲者，給與建坊銀兩。

八旗貧苦孤獨，無有生業者，每月各給銀一兩、米一斛。

軍、民年七十以上者，許一丁侍養，免其雜派差役；八十以上者，給絹一疋、棉一觔、米一石、肉十觔；九十以上者，倍之；百歲者，給與建坊銀兩。

親政賞賜

順治八年親政恩詔頒賞

親王，銀一萬兩，緞一百疋。

郡王，銀五千兩，緞五十疋。

貝勒，銀三千兩，緞三十疋。

貝子，銀二千兩，緞二十疋。

鎮國公、輔國公，銀一千兩，緞十疋。

公主，緞四十疋。　　郡主，緞三十疋。

縣主，緞二十疋。　　郡君，緞十五疋。

民公，銀一百七十兩。伯，銀一百四十兩。精奇尼哈番，銀一百二十兩。阿思哈尼哈番，銀一百兩。阿達哈哈番，銀八十兩。拜他喇布勒哈番，銀五十兩。拖沙喇哈番，銀四十兩。副都統等官，銀五十兩。參領、一等侍衛、護衛等官，銀四十兩。佐領、二等侍衛、護衛等官，銀三十兩。護軍校、驍騎校、步軍校等官，銀二十兩。在京一品官，銀八十兩；二品官，銀六十兩；三品官，銀五十兩；四品官，銀四十兩；五品官，銀三十兩；六品官，銀二十兩。

外藩親王，緞二百疋。郡王，緞一百疋。貝勒，緞五十疋。貝子，緞二十五疋。公，緞十三疋。

康熙六年親政恩詔頒賞

親王，緞六十疋。　　郡王，緞四十疋。

貝勒，緞十八疋。　　貝子，緞十四疋。

鎮國公、輔國公，緞十疋。

固倫公主,緞二十疋。　和碩公主,緞十五疋。
郡主,緞十二疋。　縣主,緞九疋。
郡君,緞七疋。　縣君,緞五疋。
鄉君,緞三疋。

和碩公主額駙、民公,緞十疋。郡主額駙、侯,緞九疋。伯,緞八疋。內大臣、都統、精奇尼哈番、滿漢一品官,緞六疋。副都統、護軍統領、阿思哈尼哈番、滿漢二品官,緞五疋。一等侍衛、護衛參領、阿達哈哈番、滿漢三品官,緞四疋。二等侍衛、護衛佐領、拜他喇布勒哈番、滿漢四品官,緞三疋。三等侍衛、護衛、拖沙喇哈番、滿漢五品官,緞二疋、絹一疋。護軍校、驍騎校、滿漢六品官,大緞一疋、絹一疋。滿漢七品、八品、九品官,彭緞一疋、絹一疋。

外藩親王,緞三十疋。郡王,緞十八疋。貝勒,緞十四疋。貝子,緞十疋。公,緞七疋。

八旗甲兵老疾傷殘閑住者,給絹一疋、青布三疋。

加上徽號恩詔賞賜

親王。順治八年二月,銀一萬兩,緞二百疋。本年八月、十年,俱銀七千兩,緞一百疋。十四年,銀三千兩,緞五十疋。康熙元年、四年、六年,俱緞六十疋。二十年,緞三十疋。

世子。順治十四年,銀二千兩、緞三十疋。康熙二十年,緞二十七疋。

郡王。順治八年二月,銀五千兩,緞一百疋。本年八月、十年,俱銀三千五百兩,緞五十疋。十四年,銀一千五百兩、緞二十疋。康熙元年、四年,俱緞三十疋。六年,緞五十疋。二十年,緞二十五疋。

長子。康熙二十年,緞十八疋。

貝勒。順治八年二月,銀三千兩、緞六十疋。本年八月、十年,俱銀一千七百兩、緞二十五疋。十四年,銀七百五十兩、緞十三疋。康熙元年、四年,俱緞十八疋。六年,緞三十五疋。二十年,緞十七疋。

貝子。順治八年二月,銀二千兩、緞四十疋。本年八月、十年,俱銀八百兩、緞二十疋。十四年,銀三百二十五兩、緞七疋。康熙元年、四年,俱緞十四疋。六年,緞二十五疋。二十年,緞十二疋。

鎮國公。順治八年二月,銀一千兩、緞二十疋。本年八月、十年,俱銀四百兩、緞七疋。十四年,銀一百七十兩、緞四疋。未入八分公,止給銀。康熙元年、四年,俱緞十疋。六年,緞十五疋。二十年,緞七疋。

輔國公。順治八年二月,銀七百兩、緞十四疋。本年八月、十年,俱銀三百兩、緞七疋。康熙元年、四年,俱緞九疋。六年,緞十五疋。二十年,緞七疋。

鎮國將軍。康熙元年、四年、六年,俱緞六疋。二十年,緞三疋。

輔國將軍。康熙元年、四年、六年,俱緞五疋。二十年,緞二疋。

奉國將軍。康熙六年,緞四疋。二十年,緞二疋。

奉恩將軍。康熙六年,緞三疋。二十年,緞一疋、綾一疋。

固倫公主。順治八年二月,緞五十疋。本年八月、十年,俱緞四十疋。十四年,緞三十疋。康熙元年、四年、六年,俱緞二十疋。二十年,緞十疋。

和碩公主。順治十四年,緞二十五疋。康熙元年、四年、六年,俱緞十五疋。二十年,緞七疋。

郡主。順治八年二月,緞四十疋。本年八月、十年,俱緞三十疋。十四年,緞二十疋。康熙元年、四年、六年,俱緞十二疋。二十年,緞六疋。

縣主。順治八年二月,緞三十疋。本年八月、十年,俱緞二十疋。十四年,緞二十疋。康熙元年、四年、六年,俱緞九疋。二十年,緞四疋。

郡君。順治八年二月,緞二十疋。本年八月、十年,俱緞十五疋。十四年,緞十疋。康熙元年、四年、六年,俱緞七疋。二十年,緞三疋。

縣君。順治八年八月、十年,俱緞十疋。十四年,緞六疋。康熙元年、四年、六年,俱緞五疋。二十年,緞二疋。

鄉君。順治八年八月、十年,俱緞七疋。康熙元年、四年,俱緞三疋。

民公。順治八年二月,一等公,銀三百四十兩;二等公,銀三百三十兩;三等公,銀三百二十兩;十四年,銀一百三十兩。康熙元年、四年,俱緞十疋。

侯。順治八年二月,一等侯,銀三百十兩;二等侯,銀三百兩;三等侯,銀二百九十兩。十四年,銀一百二十兩。康熙元年、四年,俱緞九疋。

伯。順治八年二月,一等伯,銀二百八十兩;二等伯,銀二百七十兩;三等伯,銀二百六十兩。十四年,銀一百十兩。康熙元年、四年,俱緞八疋。

一品官。順治八年二月,一等精奇尼哈番,銀二百五十兩;二等精奇尼哈番,銀二百四十兩;三等精奇尼哈番,銀二百三十兩;一品官,銀一百兩。本年八月、十年,精奇尼哈番,俱銀一百二十兩;一品官,俱銀八十兩。十四年,銀九十兩。康熙元年、四年,内大臣、都統、精奇尼哈番、滿漢大學士、尚書、都御史,緞六疋。

二品官。順治八年二月,一等阿思哈尼哈番又一拖沙喇哈番,銀二百二十兩;一等阿思哈尼哈番,銀二百十兩;二等阿思哈尼哈番,銀二百兩;三等阿思哈尼哈番,銀一百九十兩;二品官,銀八十兩。本年八月、十年,阿思哈尼哈番,俱銀一百兩;二品官,銀六十兩。十四年,銀七十兩。康熙元年、四年,副都統、護軍統領、阿思哈尼哈番、滿漢侍郎,緞五疋。

三品官。順治八年二月,一等阿達哈哈番又一拖沙喇哈番,銀一百八十兩;一等阿達哈哈番,銀一百七十兩;二等阿達哈哈番,銀一百六十兩;三等阿達哈哈番,銀一百五十兩;三品官,銀六十兩。本年八月,阿達哈哈番,銀八十兩;三品官,銀五十兩。十年,都統、尚書、阿達哈哈番,銀八十兩;三品官,銀五十兩。十四年,銀五十兩。康熙元年、四年,一等侍衛、護衛、步軍總尉、副尉、阿達哈哈番、參領、滿漢學士、大小九卿、正卿、侍讀學士、郎中,緞四疋。

四品官。順治八年二月,拜他喇布勒哈番又一拖沙喇哈番,銀一百四十兩;拜他喇布勒哈番,銀一百三十兩;四品官,銀四十兩。本年八月、十年,拜他喇布勒哈番,俱銀五十兩;四品官,銀四十兩。十四年,銀三十兩。康熙元年,二等侍衛、護衛、拜他喇布勒哈番、佐領、滿漢員外郎、科道,緞二疋、絹一疋;四品官,緞一疋、紡絲一疋、絹一疋。四年,二等侍衛、護衛、拜他喇布勒哈番、佐領、滿漢員外郎、科道,緞三疋;四品官,緞二疋、絹一疋。

五品官。順治八年二月,拖沙喇哈番、一等侍衛、護衛、參領銀一百二十兩;二等侍衛、護衛、佐領銀一百兩;三等侍衛、護衛、拖沙喇哈番品級官,銀八十兩;護軍校、驍騎校、他赤哈哈番,銀六十兩;筆帖式、典儀、司庫銀四十兩;五品官,銀三十五兩。本年八月、十年,拖沙喇哈番、參領、一等侍衛、護衛,俱銀四十兩;佐領、二等侍衛、護衛五品官,俱銀三十兩;護軍校、驍騎校、他赤哈哈番,銀二十兩。十四年,銀二十五兩。康熙元年,三等侍衛、護衛、拖沙喇哈番、步軍校、五品官、滿漢主事,緞一疋、紡絲一疋、絹一疋;四年,三等侍衛、護衛、拖沙喇哈番、步軍校、五品官、滿漢主事,緞二疋、絹一疋。

六品官。順治八年二月,銀三十兩。本年八月、十年、十四年,俱銀二十兩。康熙元年、四年,緞一疋、絹一疋。

七品官。順治八年二月,銀二十兩。十四年,銀十五兩。康熙元年,緞一疋、綾一疋。四年,緞一疋、絹一疋。

八品官。順治八年二月,銀十五兩。十四年,銀十兩。康熙元年、四年,俱緞一疋、絹一疋。

九品官。順治八年二月,銀十兩。十四年,銀六兩。康熙四年,緞一疋、絹一疋。

守陵寢官員。順治八年二月、本年八月、十年,俱照品級,與京官一體賞給。

休致支半俸官員。康熙四年,照所支半俸品級賞給。

各省駐防將軍副都統總督巡撫提督總兵官。順治八年二月,銀一百兩。十四年,各照品級,與京官一體賞給。康熙元年、四年、六年,將軍、總督、提督,緞五疋;巡撫、總兵,緞四疋。

外藩親王。順治八年二月,緞二百二十疋。本年八月、十年,緞二百疋。十四年,緞六十疋。康熙元年、四年、六年,俱緞三十疋。二十年,緞十五疋。郡王。順治八年二月,緞一百十疋。本年八月、十年,緞一百疋。十四年,緞三十疋。康熙元年、四年、六年,俱緞十八疋。二十年,緞九疋。貝勒。順治八年二月,緞六十疋。十四年,緞十五疋。康熙元年、四年、六年,俱緞十八疋。二十年,緞九疋。貝子。順治八年二月緞三十疋。十四年,緞十疋。康熙元年、四年、六年,緞十疋。二十年,緞五疋。固倫額駙。順治十四年、康熙元年、四年、六年,俱緞十疋。二十年,緞五疋。和碩額駙。順治十四年,緞六疋。康熙元年、四年,俱緞七疋。多羅額駙。順治十四年,緞三疋。公。順治八年二月,緞二十疋。十四年,鎮國公,緞七疋;輔國公,緞六疋。康熙元年、四年、六年,俱緞七疋。二十年,緞三疋。

台吉。順治十四年,一等、二等台吉,緞四疋。三等、四等台吉,緞三疋。世職官。康熙元年、四年,精奇尼哈番,緞四疋;阿思哈尼哈番,緞三疋;拜他喇布勒哈番,緞二疋;拖沙喇哈番,緞二疋。

在京護軍領催。順治八年二月,銀六兩。康熙元年,銀三兩。四年,絹一疋、布三疋。六年,銀三兩。馬兵。順治八年二月,銀四兩。康熙元年,銀二兩。四年,布五疋。六年,銀二兩。年老退甲者,布五疋。步兵。順治八年二月,銀二兩。康熙元年,步軍、領催、步兵,銀一兩。四年,步軍、領催,布三疋。六年,步軍、領催,銀一兩五錢;步兵,一兩。

外省駐防馬兵。順治八年二月,銀一兩。步兵。順治八年二月,銀五錢。

配享賞賜

順治五年奉太祖高皇帝配天恩詔頒賞

親王,金一百兩,銀一萬兩,緞一百疋。

郡王,金五十兩,銀五千兩,緞五十疋。

貝勒,金二十五兩,銀二千五百兩,緞二十五疋。

貝子,金十三兩,銀一千二百五十兩,緞十三疋。

鎮國公、輔國公,金七兩,銀六百二十五兩,緞七疋。　鎮國將軍,銀一百兩。

輔國將軍,銀八十兩。　奉國將軍,銀六十兩。

奉恩將軍,銀四十兩。

公主,銀三百兩。　郡主,銀二百兩。

縣主,銀一百五十兩。　郡君,銀一百兩。

順治十四年奉太祖高皇帝太宗文皇帝並配恩詔頒賞

親王,銀四千兩,緞四十疋。

郡王,銀二千兩,緞二十疋。

貝勒,銀一千兩,緞十三疋。

貝子,銀五百兩,緞七疋。

入八分鎮國公,銀二百五十兩,緞四疋。

鎮國公、輔國公,銀二百五十兩。

鎮國將軍,銀一百兩。　輔國將軍,銀八十兩。

奉國將軍,銀六十兩。　奉恩將軍,銀四十兩。

固倫公主,緞三十疋。　和碩公主,緞二十五疋。

郡主,緞二十疋。　縣主,緞十五疋。

郡君,緞十疋。　縣君,緞六疋。

外藩親王,緞六十疋。郡王,緞三十疋。貝勒,緞十五疋。貝子,緞十疋。鎮國公,緞七疋。輔國公,緞六疋。

雍正元年奉聖祖仁皇帝配天恩詔頒賞

親王,緞十四疋。　郡王,緞十一疋。

貝勒,緞八疋。　世子長子,緞六疋。

貝子,緞六疋。　鎮國公、輔國公,緞三疋。

固倫公主,緞四疋。　和碩公主,緞三疋。

郡主,緞三疋。　郡君,緞二疋。

縣君,緞一疋。

鎮國將軍、輔國將軍、奉國將軍、奉恩將軍,各緞一疋。

外藩親王,緞七疋。郡王,緞四疋。貝勒,緞三疋。貝子,緞二疋。公、扎薩克、台吉、他布囊緞一疋。固倫公主,緞二疋。和碩公主、郡主、郡君、縣君,緞一疋。

尊謚祔廟賞賜

康熙九年上孝康章皇后尊謚升祔太廟恩詔頒賞

親王,緞六十疋。　郡王,緞五十疋。

貝勒,緞三十五疋。　貝子,緞二十五疋。

鎮國公、輔國公,緞十五疋。

固倫公主,緞二十疋。　和碩公主,緞十五疋。

郡主,緞十二疋。　縣主,緞九疋。

郡君,緞七疋。　縣君,緞五疋。

公主額駙、民公,緞十疋。郡主額駙、侯,緞九疋。伯,緞八疋。内大臣、都統精奇尼哈番、滿漢一品官,緞六疋。副都統、護軍統領、阿思哈尼哈番、滿漢二品官,緞五疋。一等侍衛、護衛、參領、阿達哈哈番、滿漢三品官,緞四疋。二等侍衛、護衛、佐領、拜他喇布勒哈番、滿漢四品官,緞三疋。三等侍衛、護衛、拖沙喇哈番、滿漢五品官,緞二疋、綾一疋。護軍校、驍騎校、滿漢六品官,緞一疋、紡絲一疋。

七品、八品、九品官,各緞一疋、紬一疋。

外藩親王,緞三十疋。郡王,緞十八疋。貝勒,緞十四疋。貝子,緞十疋。公,緞七疋。

各省駐防將軍、總督、提督緞五疋。副都統、巡撫、總兵官,緞四疋。休致支半俸官員,照所支品級給賞。滿洲兵丁退甲者,給綾紬二疋、布三疋。

雍正元年上聖祖仁皇帝尊謚升祔太廟恩詔頒賞

一品官,緞五疋。　　二品官,緞四疋。

三品、四品、五品官,緞各三疋。

六品、七品、八品、九品官,緞各二疋。

京城兵丁,各給一月錢糧。

雍正元年上孝恭仁皇后尊謚升祔太廟恩詔頒賞

固倫公主額駙,緞四疋。

和碩公主額駙,緞三疋。

郡主額駙,緞三疋。　　縣主額駙,緞二疋。

郡君額駙、縣君額駙,各緞一疋。

民公侯伯命婦,各緞二疋。滿漢一品、二品官命婦,各緞二疋。至八旗滿洲蒙古漢軍四十以上結髮之妻,照八旗年老婦人例,酌量賞給布三疋。

直隸各省婦女,年七十以上者,給與布一疋、米五斗;八十以上者,給與絹一疋、米一石;九十以上者,倍之百歲者,題明給與建坊銀兩,雜派欵項,永行禁革。

册立賞賜

雍正元年册立皇后恩詔頒賞

親王,緞四十二疋。　　郡王,緞二十五疋。

貝勒,緞二十五疋。　　世子、長子,緞十八疋。

貝子,緞十八疋。

鎮國公、輔國公,緞十一疋。

固倫公主,緞十四疋。　和碩公主,緞十一疋。

郡主,緞九疋。　縣主,緞七疋。

郡君,緞五疋。　縣君,緞四疋。

鄉君,緞三疋。

公主額駙、民公,緞七疋。郡主額駙、侯,緞七疋。伯,緞六疋。内大臣、都統、精奇尼哈番、滿漢一品官,緞五疋。副都統、護軍統領、阿思哈尼哈番、滿漢二品官,緞四疋。一等侍衛、護衛、參領、阿達哈哈番、滿漢三品官,緞三疋。二等侍衛、護衛、佐領、拜他喇布勒哈番、滿漢四品官,緞三疋。三等侍衛、護衛、拖沙喇哈番、滿漢五品官,緞三疋。護軍校、驍騎校、滿漢六品官,緞二疋。滿漢七品官,緞二疋。滿漢八品官,緞二疋。滿漢九品官,緞二疋。

各省總督、提督緞二疋。巡撫、總兵官,緞二疋。

外藩親王,緞二十疋。郡王,緞十三疋。貝勒,緞十疋。貝子,緞七疋。公,緞五疋。

親王之福金,緞二十一疋。

郡王之福金,緞十七疋。

貝勒之福金,緞十二疋。

世子長子之福金,緞九疋。

貝子之福金,緞九疋。

鎮國公、輔國公之妻,緞五疋。

外藩親王之福金,緞十疋。郡王之福金,緞六疋。貝勒之福金,緞四疋。貝子之福金,緞三疋。公夫人,緞二疋。

出征大臣官員自將軍以下以至官員等,著賞給半年俸。出征兵丁,賞給行間一月錢糧。

謁陵賞賜

康熙十年,聖祖仁皇帝躬謁福陵、昭陵,賞賜扈從前鋒、護軍、領催銀七兩、馬兵六兩、步兵三兩。老疾退甲閒住者,給綾絹二疋、布四疋。守陵及盛京興京居住領催等,銀各二十五兩;兵丁人等,各二十兩、或十五兩、或十兩有差。其老疾被傷退甲人等,各二十五兩。廣寧、牛莊、鳳凰城、蓋州、東京五城居住領催,銀各二十五兩;筆帖式、兵丁,各二十兩。

康熙二十一年,聖祖仁皇帝躬謁永陵、福陵、昭陵,賞賜永陵興京官員兵丁及福陵、昭陵、盛京、錦州、鳳凰城、山海關等十城官員。兵丁賞給袍服、緞疋、冠帶、弓箭、撒袋、銀兩各有差。

殿工告成賞賜

順治十三年,乾清宮大工告成,賞賜内工督催官員並在司官員,給一拖沙喇哈番;工部尚書特加太子太保;侍郎等加尚書執事大臣官員,賞給備鞍馬匹、散馬、緞疋、銀兩。匠役人等,賞給銀兩布疋有差。

康熙九年修太和殿、乾清宮告成賞賜

親王,緞六十疋。　郡王,緞五十疋。

貝勒,緞三十五疋。　貝子,緞二十五疋。

鎮國公、輔國公,緞十五疋。

固倫公主,緞二十五疋。

和碩公主,緞十五疋。　郡主,緞十二疋。

縣主,緞九疋。　郡君,緞七疋。

縣君,緞五疋。　鄉君,緞三疋。

公主額駙、民公,緞十疋。郡主額駙、侯,緞九疋。伯,緞八疋。内大臣、都統、精奇尼哈番、滿漢一品官,緞六疋。副都統、護軍統領、阿思哈尼哈番、滿漢二品官,緞五疋。一等侍衛、護衛、參領、阿達哈哈番、滿漢三品官,緞四疋。二等侍衛、護衛、佐領、拜他喇布勒哈番、滿漢四品官,緞三疋。三等侍衛、護衛、拖沙喇哈番、滿漢五品官,緞二疋、綾一疋。護軍校、驍騎校、滿漢六品官,緞一疋、紡絲一疋。滿漢七品官,閃緞一疋、紡絲一疋。滿漢八品官,素緞一疋、紬一疋。滿漢九品官,彭緞一疋、紬一疋。

各省總督提督緞五疋。巡撫總兵官,緞四疋。

外藩親王,緞三十疋。郡王,緞十八疋。貝勒,緞十四疋。貝子,緞十疋。公,緞七疋。

在京護軍、領催銀四兩,馬兵三兩,步兵領催布四疋,步兵布三疋。滿洲休致官員,照所支半俸品級給賞。滿洲老疾退甲者,給絹一疋、綿紬一疋、布三疋。

督催監造成工大臣官員,賞給備鞍馬匹、散馬、緞疋。匠役等,賞給銀兩、布疋有差。

康熙三十七年太和殿告成賞賜

親王,緞六十疋。　世子,緞五十五疋。

郡王,緞五十疋。　　貝勒,緞三十五疋。

貝子,緞二十五疋。

鎮國公、輔國公,緞十五疋。

固倫公主,緞二十疋。　和碩公主,緞十五疋。

郡主,緞十二疋。　　縣主,緞九疋。

郡君,緞七疋。　　縣君,緞五疋。

和碩公主額駙、民公,緞十疋。郡主額駙、侯,緞九疋。伯,緞八疋。鎮國將軍、食一品俸大學士、尚書、都統、内大臣、精奇尼哈番、滿漢一品官,緞六疋。輔國將軍、大學士、部院尚書、都御史、護軍統領、前鋒統領、副都統、阿思哈尼哈番、滿漢二品官,緞五疋。奉國將軍、部院侍郎、副都御史、一等侍衛、參領、阿達哈哈番、滿漢三品官,緞四疋。奉恩將軍、二等侍衛、佐領、拜他喇布勒哈番、滿漢四品官,緞三疋。三等侍衛、拖沙喇哈番、滿漢五品官,緞三疋。驍騎校、護軍校、滿漢六品官,緞二疋。滿漢七品官,緞二疋。滿漢八品官,緞二疋。九品官,緞二疋。内外年老原品休致,各照品級賞給有差。其在工大臣官員,照康熙九年之例賞給。

萬壽賞賜

康熙五十二年聖祖仁皇帝六十萬壽恩詔頒賞

親王,緞六十疋。　　郡王,緞五十疋。

貝勒,緞三十五疋。　　貝子,緞二十五疋。

鎮國公、輔國公,緞十五疋。十五歲以上閑散宗室,緞三疋。十五歲以上閑散覺羅及覺羅内年老休致官員,緞二疋。

覺羅滿洲蒙古漢軍護軍,賞給錢糧一年。每名四十八兩。披甲人等,賞給錢糧半年。每名十八兩。又,欽差大臣前往各省,賞給緑旗兵丁每名銀一兩。

八旗滿洲蒙古漢軍及直隸各省來京慶祝

萬壽老人,六十五歲以上者,銀一兩;七十歲以上者,銀十兩;八十歲以上者,銀十五兩;九十歲以上者,銀二十兩。扎薩克喀爾喀等蒙古,七十歲以上者,銀四兩;八十以上者,銀六兩;九十以上者,銀八兩。直省在籍老人,七十以上者,許一丁侍養,免其雜派;八十以上者,給絹一疋、棉一觔、米一石、肉十觔;九十以上者,倍之。百歲以上者,無論八旗直省,俱給銀建坊。

〔廩給〕

外國貢使，官員出差，各支廩給人役，亦計口支口糧，事隸《兵部》。其支銷稽核，條例具後。

順治二年議准：驛遞廩給，每分支銀一錢。口糧，每分支銀五分。○四年定：差往千里以外者，給糧單。計程十日以外者，給銀兩；十日以内者，不准支給。○又覆准：頒詔官，水陸路程，俱填給糧單。○五年題准：内府遣視牧羣及往山海關外送馬取馬官員，銀米並給。若往張家口外者，止給銀。若近地送馬取馬者，止給草一束，不給銀米。○七年題准：領敕書公差滿漢官員，照例於勘合内填入廩給，沿途應付，不許分外多索，驛遞亦不許例外應付。違者，不准開銷，仍行治罪。至滿洲奉差官員，每有自備馬匹，不用驛遞夫馬者，不便填給勘合，户部另刊堂牌酌定。一品官日，支廩給銀二錢；二品官，日支廩給銀一錢六分；三品官，日支廩給銀一錢二分；四品官，日支廩給銀八分；五品官，日支廩給銀六分；六品以下官，日支廩給銀四分；每日各給粳米一升。兵丁、從役，每名日給粟米一升。馬匹草料酌量支給。○八年題准：奉差滿漢官員，照兵部勘合應付驛夫，户部糧單支給口糧豆草。如無糧單，止應驛遞廩給。○十一年題准：户部例設糧單、部牌二項。凡出征官兵，填給糧單。自總兵至千把總等，照品填給廩給食米。兵丁填給鹽菜食米。馬騾填給草料。公差滿漢官員，填給部牌，按品支付廩給。其口糧草料，酌量程途支給。○十二年覆准：兵船縴夫，每名日給米八合三勺。○十四年題准：差往牧羣及送馬取馬官役，停給食米。每路程十日，頭等官給銀三兩，二等官給銀二兩五錢，三等官給銀二兩，四等官給銀一兩五錢，五等官給銀一兩，六等官並馬羣頭目給銀八錢，七等官並牧長給銀五錢。如二十日，加一倍；三十日，加二倍；過一月者，計日支給。○又題准：駐防及公幹官兵，該衙門開送限期到部。十五日以内者，不准支給；十五日以外者，每宿准給口糧草束。若路遠、定限養馬處所，添給草束料豆。至往來奉天等處者，自通州至山海關，自山海關至奉天，俱准給米。馬匹自十月至三月，每宿給料二升、草一束；四月至九月，不給料草。○十五年議准：貴州投誠兵民，願回籍歸農者，沿途地方，每名每日給口糧一升。○十七年題准：外藩公主額駙朝覲時，每日給玉湯粳米三升；王以下郡主縣主額駙公台吉以上，各日支粳米三升。其從官喇嘛，各日支上白米二升。閑散人役班第等，各日支糁白米一升。其自奉天、寧古塔、江寧、西安等處來京官員，各日支上白米二升；領催、甲兵及一應頭目,各日支糝白米一升;從役,日支老米一升。永爲定例。〇康熙七年題准:山陝督撫布按赴任,准給口糧馬乾。〇又議准:各處公差官兵,不論冬夏,每宿給草一束;伯以上,馬三十匹;一品官,馬二十五匹;二品官,馬二十匹;三品官,馬十五匹;四品官,馬十匹;五品官,馬八匹;六、七品官,馬六匹;八品官并前鋒護軍、領催,馬四匹;甲兵,馬三匹。不足額者,照實數支給;額外多乘者,不給。〇八年議准:江南、江西總督,照山陝例,支給口糧馬乾。嗣後,各省遇有滿洲督撫布按,俱准支給。〇又議准:近京地方奉差及公幹人員,伯以上,從役十名、馬二十匹;一品官,從役八名、馬十五匹;二品官,從役六名、馬十匹;三品官,從役五名、馬七匹;四品官,從役四名、馬六匹;五品官,從役三名、馬五匹;六、七、八品官,從役二名、馬四匹;無品筆帖式、庫使、前鋒護軍、領催、甲兵等,從役一名、馬二匹。各官日支粳米八合三勺,從役日支粟米八合三勺。馬匹夏秋不給草料,春冬日支豆二升、草二束。〇十一年議准:土魯番等進貢回彝頭目,日支廪給銀一錢;從役,日支銀五分。留住甘肅回彝,日支銀二分。〇十四年議准:直省各衙門員役,奏報軍務重事者,准給口糧。其因平常事差遣者,不許支給。〇康熙二十五年題准:欽差并奉部院爲公事差遣官員,沿途支給行糧馬匹空草,并坐食口糧馬匹空草,俱照職掌支給。〇三十九年議准:盛京等處公事差遣人員,各省駐防,俱照常支給口糧。其各部院衙門因公差遣人員,糧單草單概行停止。

大清會典卷之五十七

禮部

尚書、左右侍郎，掌天下禮樂、祭祀、册封、朝貢、燕享、貢舉之政令。其屬有四清吏司，曰儀制、曰祠祭、曰主客、曰精膳。其首領則有司務，又有讀祝官、司牲官、鑄印局、會同舘等官。建置沿革，詳見《吏部·官制》。

儀制清吏司

郎中、員外郎主事，分掌朝會、宗封、學校、貢舉、輿服、婚娶之事。舉其儀度，而辨其名數。

〔登極儀〕

太祖開基，受命自天。太宗建號改元，設壇具禮。世祖繼統盛京，定鼎燕京。聖祖式纘丕基，祇告受命，永爲典則。我皇上嗣承鴻緒，奕葉重光，儀文度數，皇哉盛矣。

太祖高皇帝登極儀

天命元年正月，内外貝勒大臣率羣臣上尊號，曰覆育列國英明皇帝。是日，太祖高皇帝即皇帝位，建元天命。内外貝勒大臣羣臣殿陛前按翼序立，太祖高皇帝御殿陞座，衆貝勒大臣羣臣跪，八大臣出班跪進表章，侍臣接表，跪捧於御前宣表訖。太祖高皇帝降御座，焚香告天，率貝勒諸臣行三跪九叩頭禮，畢，復陞御座。衆貝勒大臣各率本旗人員，行慶賀禮。

太宗文皇帝登極儀

天命十一年九月，太宗文皇帝嗣皇帝位。是日，鹵簿大駕全設，焚香奏樂。太宗文皇帝率諸貝勒羣臣告天，行三跪九叩頭禮，畢，陞御座。諸貝勒大臣文武官員行三跪九叩頭禮，畢，頒詔大赦。

太宗文皇帝改元建號儀

崇德元年四月，内外貝勒以下文武百官上尊號，曰寬温仁聖皇帝。是日，改元崇德，建國號曰大清。前期，築壇於天壇之東。屆期，太宗文皇帝率内外貝勒以下文武百官，出德盛門，詣天壇告祭天地。禮成，文武各官先至天壇東所築壇下，奉玉璽、四顆。金椅陳設壇上，大駕、鹵簿陳設壇前，畢，導引官二員在前，恭導太宗文皇帝由中堦登壇陞座。諸貝勒大臣左右序列，鳴贊官贊跪、叩頭，衆俱行三跪九叩頭禮，興；贊跪，衆皆跪，和碩貝勒等捧寶跪獻，太宗文皇帝受寶，授内院官置寶盉内，諸貝勒等復位；鳴贊官贊跪、叩、興，衆俱行三跪九叩頭禮，興；贊跪，衆皆跪，宣讀官捧滿洲、蒙古、漢字三體表文，立於壇東，以次宣讀，畢，贊叩、興，衆俱行三跪九叩頭禮，興。贊退，諸貝勒羣臣，俱退列儀仗，奏樂，還宫。次日，行禮慶賀。諸貝勒大臣，率文武官員齊集殿前，分翼排立。太宗文皇帝御殿陞座，樂作。鳴贊官贊排班，贊進，贊跪叩、興，貝勒大臣率滿洲各官，行三跪九叩頭禮，興；贊跪，貝勒大臣率滿洲各官俱跪，捧表跪進，侍臣接至御前，跪讀畢；贊叩頭，俱行三跪九叩頭禮，興；贊退，各復原位立。次外藩貝勒大臣進表行禮，次漢官進表行禮，俱如前儀。次執事各官、都察院官、鳴贊官，各行三跪九叩頭禮。畢，有旨賜諸貝勒大臣文武官員坐，衆各行一跪一叩頭禮，坐，賜宴。畢，還宫，衆皆退。是日，頒詔大赦。

世祖章皇帝登極儀

崇德八年八月初九日庚午，世祖章皇帝嗣皇帝位。前期，告祭郊壇宗廟。是日，内外諸王貝勒率文武羣臣具朝服，齊集篤恭殿前，兩翼按旗序立，内院官奏請陞殿。世祖章皇帝陞輿，由東掖門出，諸王羣臣跪迎。世祖章皇帝御殿、陞座。和碩親王率諸王、貝勒、貝子、公、文武羣臣前進，鳴贊官贊跪，叩，興，衆行三跪九叩頭禮，興，贊退，俱復原位立。次外藩王以下各官前進，鳴贊官贊跪、叩、興，衆行三跪九叩頭禮，興；贊退，俱復原位立；贊排班、贊進、贊跪，衆俱跪；贊頒恩詔，大學士自黄案上捧詔書至丹陛上立；宣畢，贊叩、興，衆行三跪九叩頭禮，興；贊退，俱復原位立；贊禮畢，陞輿、還宫，諸王以下文武各官跪送，各退。是日，不陳鹵簿，不作樂，不設筵宴。

世祖章皇帝定鼎燕京儀

順治元年五月十五日壬寅，以定鼎燕京告祭天地受朝賀。前期，太常寺官掃除壇壝，司設監設金椅於郊壇之東，南向設寶案於金椅前。是日，遣官告祭太廟、社稷壇，鹵簿大駕全設，駕由大清門出，作樂前導，躬詣南郊，告祭天地。畢，内院大學士率文武各官，跪奏告祭禮成，贊引官恭導進詣郊壇之東，御更衣幄次，更黄禮服，陞座。諸王以下文武各官侍立。鳴贊官贊排班、贊進、贊跪，衆俱跪。禮部堂官，引大學士一員由東階陞，於正中跪。學士一員，自案上捧寶起，授大學士。大學士高舉，奏云："皇帝君臨萬國，諸王文武羣臣不勝歡忭。"奏畢，以寶仍授學士，置於案上。大學士、學士退立原班。鳴贊官贊跪、叩、興，衆俱行三跪九叩頭禮，興；贊退，俱復原位立，候駕還宫。鹵簿儀仗前導，作樂，進大清門，衆俱退。是日，鴻臚寺設御座於皇極門正中，設表案於門檐之東，王等齊集於金水橋之北，文武各官齊集於金水橋之南，東西相向序立。祗俟樂作，世祖章皇帝御殿、陞座。樂止，鑾儀衛官贊鳴鞭，階下三鳴鞭。内大臣、侍衛、内院、禮部、都察院及鴻臚寺執事，各官先於階上行三跪九叩頭禮，畢，各司其事。鳴贊官贊排班、贊進、贊跪，諸王率文武各官俱跪；贊進表，内院大學士捧諸王等所進三體表文，跪置案上，興；鳴贊官贊宣表，内院大學士詣案前取表，以次跪宣，畢，興，捧表，仍跪置案上，行三叩頭禮，興，退立原位。鳴贊官贊跪、叩、興，諸王以下文武各官，行三跪九叩頭禮，興；贊退，衆俱復原位立。鑾儀衛官贊鳴鞭，階下三鳴鞭，駕還宫，各退。越九日，頒詔天下。

聖祖仁皇帝登極儀

順治十八年正月初九日己未，聖祖仁皇帝嗣皇帝位。前期，司設監設御座於太和殿，宣徽院設寶案於御座之南，鴻臚寺設表案於簷下之東，設詔案於檻内之東。是日，遣官各一員，詣天壇、地壇、太廟、社稷壇祭告，陳鹵簿、儀仗於太和殿前，陳大駕於午門外，陳黄蓋雲盤於丹墀内，陳龍亭香亭於午門外教坊司，陳中和韶樂於丹陛上之東西，陳丹陛樂於太和門之東西，俱設而不作。内閣官捧詔，置於太和殿内之東案上，尚寶司捧寶，置於御座之南案上。聖祖仁皇帝縞素服，詣世祖章皇帝梓宫前，行三跪九叩頭禮，祗告受命。禮畢，具禮服，詣聖祖母孝莊文皇后前，行三跪九叩頭禮，次詣聖母孝惠章皇后、孝康章皇后前，行三跪九叩頭禮，畢，禮部堂官奏請御中和殿，陞座。鴻臚寺官引内大臣、侍衛、内院、禮部、都察院執事，各官行三跪九叩頭禮，畢，不贊。禮部堂官奏請御太和殿，陞座，鳴鐘鼓，不作樂。王以下公以上齊集丹陛上，文武百官齊集丹墀内，俱朝服序立。鑾儀衛官贊鳴鞭，丹墀内三鳴鞭。鳴贊官贊排班、贊進、贊跪，諸王以下各官，俱跪贊,上表稱賀。有旨免宣,鳴贊官贊跪、叩、興,諸王以下各官,行三跪九叩頭禮,興;贊退,俱復原位立。内閣官捧詔至寶案前,用寶訖,大學士捧詔,出太和殿,授禮部堂官,禮部堂官跪受,由中階降,安設雲盤内,張黄蓋,由中道出,行禮開讀。王以下公以上,進殿内,一跪一叩頭,坐,賜茶畢,鳴鞭,聖駕還宫,易服。是日,頒詔天下。

皇上登極儀

康熙六十一年十一月二十日辛丑,皇上嗣皇帝位。前期,遣官各一員,告祭天壇、地壇、太廟、社稷,禮部設寶案於太和殿御座之南,鴻臚寺設表案於簷下之東,設詔案於檻内之東。是日,鑾儀衛陳鹵簿儀仗於太和殿前,陳大駕於午門外,陳黄蓋雲盤於丹墀内,陳龍亭香亭教坊司迎樂於午門外,陳中和韶樂於簷之東西,陳丹陛樂於太和門之東西,設而不作。内閣大學士捧詔,置於太和殿内之東案上,内閣學士捧皇帝之寶,大學士隨後,由乾清門至太和殿,置於御座之南案上。皇上縞素服,詣聖祖仁皇帝梓宫前,行三跪九叩頭禮,祗告受命;更禮服,詣永和宫。聖母孝恭仁皇后更吉服,陞座。皇上行三跪九叩頭禮。出,至乾清門外,陞輿。先是總管太監下乾清宫中間簾,内鑾儀衛在乾清宫月臺中預備金輿,奏請皇上陞輿,由乾清門中門出。奉旨:"乾清宫雖垂簾,朕何忍在皇父前即坐轎出中門!朕從東旁門出,再坐轎,心始安。"禮部堂官恭導至保和殿後,降輿,奏請御中和殿,陞座,鴻臚寺引内大臣、侍衛、内閣、翰林院、詹事府、禮部、都察院執事、各官,行三跪九叩頭禮。畢,不贊。禮部堂官奏請御太和殿,陞座,鳴鐘鼓,不作樂。王以下公以上齊集丹陛上,文武百官齊集丹墀内,俱朝服排班序立。鑾儀衛官贊鳴鞭,丹墀内三鳴鞭,鳴贊官贊排班、贊進、贊跪,諸王以下各官,俱跪;贊上表,奉諭免宣;鳴贊官贊跪、叩、興,王以下各官,行三跪九叩頭禮,興;贊退,俱復原位立。大學士捧詔至寶案前,用寶訖,捧出太和殿,授禮部堂官,禮部堂官跪受,由中階降,安設雲盤内,由中道出,行禮開讀。文武各官由昭德門、貞度門出,王以下公以上,進殿一跪一叩頭,坐,鳴鞭,王以下各官,興,皇上還宫,易服。内閣學士捧皇帝之寶,大學士隨後,送至乾清門。是日,頒詔天下。

〔**朝賀**〕

元旦、冬至、萬壽聖節,俱設大朝,行禮慶賀。在京各官、外藩王子、使臣皆得列于班行。在外自督撫、提鎮以至佐貳千把、士子,自太學以至府州縣學,莫不望闕行禮。具有典儀,詳載於後。歷年事例,分著於前,行禮儀節,統載於後。

元旦節

天聰六年元旦,太宗文皇帝率諸貝勒等拜天,禮神,畢,御篤恭殿,陞座,行禮慶賀。次日,筵宴。〇崇德元年定:元旦節,遣部臣一員,恭詣太廟,上香行禮。〇又定:元旦節,諸王以下副都統侍郎以上,隨駕詣堂子行禮,次詣神位前行禮。畢,陳設鹵簿,奏樂,陞殿,進表慶賀。〇又定:元旦前三日起至第九日止,上元節十四日起至十六日止,俱作樂,各官皆朝服。〇順治二年定:元旦節前後七日,王以下文武各官,俱朝服。〇八年題准:元旦節,王大臣等隨駕詣堂子行禮畢,還宫,詣神前行禮;大臣侍衛等,隨駕詣皇太后宫行禮,畢,陞殿,受朝賀。〇十一年題准:上元節前後三日,王以下文武各官,俱朝服,不理刑名,不辦事,遇有要務仍辦理。〇康熙八年題准:元旦節,諸王以下都統、尚書、精奇尼哈番及内大臣侍衛等,俱朝服,隨駕詣堂子行禮畢,還宫,詣神前行禮;宗室王貝勒貝子,俱隨行禮;諸王以下侍衛以上,先赴隆宗門外祗俟聖駕駕至,隨詣太皇太后、皇太后宫,行禮時隨行禮。〇雍正元年元旦,上詣壽皇殿行禮,停止朝賀。〇二年議奏,元旦禮儀,舊例,各官七日俱服朝服,今詳加考訂。崇德元年定,元旦節前三日起至第九日止,各官俱朝服。九爲陽德,數應乾行,允宜遵奉祖制。於雍正三年元旦前後共九日,王以下文武各官以上,俱服朝服。上元節,舊例,各官三日朝服。今考春爲歲首,五居中位,應自正月十三日起至十七日止,五日,各官皆朝服,方符九五之數,宜通行八旗各部院衙門並直省一體遵行。奉旨:"俟朕素服三年後,照所奏行。"〇是年,禮臣題請,雍正三年元旦,上陞殿行禮。奉旨:"朕即位之初,諸王大臣奏請元旦行禮,至再至三。朕無可如何,准於次年受賀。今年元旦,陞殿讀表,朕聽之不禁心傷,悽然垂淚。今尚未過三年,明歲元旦,著停止行禮。"諸王大臣覆奏,懇請皇上陞殿進表,其筵宴暫行停止。復奉旨:"朕意行慶賀禮以示萬國,不若盡孝道以示天下。二年元旦,因行元年之禮,長至,因聖祖仁皇帝配天大典,朕勉從衆請。至於御殿進表慶賀,不比尋常謝恩行禮,朕已詳思,著即遵行。"王大臣等再三懇請,奏稱始和兆吉,節重履端,天下臣民,瞻仰聖日。且塞外諸藩及琉球安南等國,梯山航海而來,皆思隨班拜舞,瞻天獻壽。《孝經》言,天子之孝,得萬國之歡心,以事其先王。我皇上陞殿受賀,錫福兆人,聖祖仁皇帝在天之靈,必爲欣慰。伏乞允行,以慰萬國臣民顒望之意。奉旨:王大臣引經據典,陳懇再三,著准行禮,其表文但呈進,勿宣讀。

冬至節

崇德間定:冬至,陳設鹵簿、大駕、樂器,百官上表慶賀,俱與元旦節同,惟不設筵宴。〇順治八年題准:冬至,皇帝躬詣南郊祀天。次日,行禮慶賀。皇帝率皇后詣皇太后宫行禮,畢,御殿,陞座。諸王以下文武羣臣,上表慶賀行禮,直省文武官進表慶賀。一應儀注,俱照元旦節行,不設筵宴。〇康熙二十二年題准:冬至樂章,皇帝御太和殿,中和韶樂作,改元平之章,爲遂平之章。皇帝還宫,中和韶樂作,改和平之章,爲允平之章。〇雍正元年論:禮部奏稱冬至令節郊天,奉聖祖仁皇帝配享,次日請朕陞殿受賀,頒聖祖仁皇帝配天恩詔。朕惟聖祖仁皇帝大禮告成,普天同慶,朕陞殿頒布恩詔,蓋以賀列祖之鴻禧,慰萬方之誠悃也。然朕思念顧復深恩,中心哀慕。今未滿三年,不忍陞殿受慶賀禮。著内閣九卿等詳察典禮,酌古準今,務期於理允協,庶朕心得安。著即確議具奏。大學士九卿等,合詞恭懇俯允禮臣所請。奉旨:諸臣既酌古準今,詳查典禮具奏,朕今亦難固却,但朕中心實甚不安,著允諸臣所請行。

萬壽節

崇德元年定:萬壽聖節,陳設鹵簿、大駕、樂器,并陞殿進表慶賀儀注,皆與元旦同。〇又定:前期一日,遣官祭福陵、太廟。〇又定:聖節日,内外諸王、貝勒、貝子、公等,朝鮮國外藩十三旗王等,進獻禮物,俱陳列於大清門外。〇順治八年題准:聖節日,皇帝先詣太廟行禮,次詣皇太后宫行禮,畢,陞殿,受朝賀。〇又定:直省文官知州以上,武官守備以上,各差官進表慶賀。〇康熙二十二年題准:聖節日,太皇太后、皇太后,各宫門前陳設儀仗、樂器,於陞座行禮時奏樂。王以下入八分公以上内大臣、侍衛、滿漢大學士等,俱朝服,於隆宗門外齊集祇俟,皇帝詣太皇太后慈寧宫、皇太后寧壽宫行禮時,王大臣等,俱隨往行禮。〇又題准:訂正樂章,皇帝陞座,中和韶樂作,奏乾平之章;皇帝還宫,中和韶樂作,奏太平之章。〇又題准:聖節前後七日,王以下文武百官,俱朝服,不理刑名,照常辦事。〇五十二年,聖祖仁皇帝六十萬壽,前期,禮部題請慶祝。奉旨:"朕御極以來,萬國安寧,惟賴祖考得國之正,積福之深。在位五十餘年,壽屆六十,憂勞倍增,血氣漸憊。惟恐愈久而力不支、願不遂,以致不克終始如一。朕惟知惕厲而已,並非有心祈求甲子之周也。覽禮部奏,悉屬虚文。朕惟願爲臣清正,爲子盡孝,思垂令名於後世,孜孜然以至鬚髮皆白,心神耗散,歷盡憂勞,蕩平險阻。如古帝王時,弟友兄愛,人人皆讀正書,勉盡職業,國安民治,盜賊寧息。各以血誠實意,爲朕六旬慶祝,朕即嘉納。此外,朕無所嗜好,所奏不准行。”〇三月,萬國祝釐,臣民雲集闕下。諭:“朕昨日回宮,見各處爲朕六十萬壽保安祈福祝延者,不計其數。朕實凉德,自覺媿汗。從來帝王之治天下,罔不以民生爲念。若爲一己之私,即不能擴而充之。朕若早知,必豫止之。今事已成,難拂衆志。夜來思之,朕所以爲天下萬國蒼生之主者,百姓安,即朕之安;天下福,即朕之福。若能祈求雨暘時若,家給人足,則朕安寢無憂,却病延年矣。傳知各處,凡有祝延者,必求雨暘時若,萬邦咸寧爲先。朕已老矣,有若無,實若虚,夙夜匪解,履薄臨深之志,與日並增,豈敢自滿乎!”〇前一日,遣官祭告天地宗廟社稷。聖節日,陞殿,開大清門,中外臣工、外藩王子、使臣上表稱賀。時軍民耆老,皆准於午門行禮排班,直至正陽門外。〇又題准:嗣後聖節日,一月内不理刑名,照常辦事。每歲三月十八日,萬壽聖節,百姓虔齋祝嘏,止屠一日。雍正五年諭:嗣後,應仍舊例,永遠遵行,於是日止屠一日。

〇雍正元年諭:“朕惟自古帝王,撫御寰宇,治化隆盛。中外臣民,紀功述德,頌禱情殷。故天保之詩,卷阿之什,擬升恒於日月,期純嘏之彌長。祝釐之詞,形諸歌咏者,往往有之。我聖祖仁皇帝御極六十餘年,至治神功,參兩天地;深仁厚澤,超邁百王。薄海内外,無不食德飲和,淪肌浹髓。臣工黎庶,無以致其感激愛戴之誠。故每於萬壽聖節,京師暨直省各建道場,誦經祝壽。總因聖祖仁皇帝恩德及人者至久,感人者至深。諸臣於無可報答之中,勉竭忱悃,以普天同慶之心,傚華封稱祝之意,在諸臣亦藉以自盡其心耳。今朕嗣位之初,夙夜祗懼,不敢少懈。所以立政圖治者,安能及聖祖之萬一!爾諸臣工,於朕誕日,倘仍照從前,建立道場,自此後將成定例。在京王公以下及部院等官,未免從事靡文,稽遲公事。在外文武大吏,亦恐科派屬員,貽累地方。且以有用之財,供無益之費,既非朕以勤儉勵有位之心,亦非朕以康阜期海内之意。尚虚文而無裨實政,朕甚無取焉。特宣布中外,於朕誕日,毋得建立祝壽道場。但冀内外諸臣,各殫厥心,勉襄化理,勤修職業,利濟蒼生,以慰朕宵衣旰食之焦勞,即不啻天保卷阿之祝頌矣。若不遵諭旨,朕必加以處分,不少寬貸。”是年,萬壽聖節,奉旨,停止行禮。〇二年,同。〇三年,萬壽聖節,禮臣奏請皇上陞太和殿,行慶賀筵宴禮。奉旨:皇考皇妣服制雖滿,而三年祀典未行,著仍停止行禮筵宴。〇五年諭:“聞會試舉人,感朕特恩,以今年爲朕五十萬壽,於京城寺廟,設立經壇,以申頌祝。此舉甚爲虚妄。朕臨馭天下,孜孜求治。凡所行之事,惟以循理爲本。誠以理之所在,即天意所在,感孚默應,捷於影響。若朕所行悉合於理,問心無愧,即可以對越神明。而輿情之頌禱與否,皆可不問。倘所行不合於理,雖有祝釐祈福之繁文,正所謂'獲罪於天,無所禱也'①。朕儆戒乾惕之切,無時或釋於懷。舉人乃平日讀書明理之人,當效法古之聖賢,豈可爲此世俗誕妄之舉!且朕正念士子貧寒者多,歸途艱於資斧,是以賞給路費。今乃費於無用之地,尤不能體朕之心矣。倡爲此舉者,必係生事浮夸之輩,本應查出究問,但念羣情踴躍,聞風附和者多,姑免深究。其所設經壇,即行禁止。朕又聞各省督撫,因朕今年五十萬壽,欲購覓玩好之物,以爲進獻者。此舉尤爲不可。夫地方大吏,偶有進獻方物者,不過借此以達其瞻仰之意。朕酌量收納,復隨便分賜廷臣者,亦所以聯君臣上下之情。若今年只照每年之例備辦,尚准其奏達朕前。倘别具玩賞之物,槩不寓目。朕仰賴皇考福庇,在藩邸數十年,所蓄器玩頗有。及即位後,見宫中傳貽古玩器皿,皆質樸之物居多,實無奇異。爲人所罕見者,視朕藩邸所藏,尚屬不逮。朕深用抱愧於懷,欲俟暇時,將宫中所有之物,或爲皇考傳留,或朕藩邸舊蓄,一一分晰標記,以明皇考之儉德,俾世世子孫共知之。又安肯多收玩好,以滋朕心之愧乎!况朕所見甚多,諸臣即竭力購求,亦不能出朕所見之外,不過浪費貲財於市肆之中,令小人得利而已。在朕何所取乎?朕澄清吏治,令督撫諸臣共勵廉隅。即量予公費,不過供其食用之需,安有餘資搜求玩器?倘轉索於屬員,又開下吏逢迎奔競之漸,尚望其秉公督率,整飭官方乎?朕心惟以民安物阜爲美,薦賢舉能爲貴。倘督撫等秉公察吏,實心爲國,行一利民之政,勝於獻希世之珍也;薦一可用之才,勝於貢連城之寶也。當年皇考五十萬壽時,朕再三懇請慶賀,不蒙俞允。若今朕五十,躬自舉行,於心實有未安。至於設立經壇,建立碑亭等事,在皇考當日,甚鄙而厭之,因諸臣籲懇至切,隨便聽其舉行,朕所深悉。故浮華無益之事,不肯復爲。内外諸臣,其共體朕心,祗遵朕諭,殫竭誠意,屏却虚文。勉之勉之!"◎又諭:"朕今年五十,前已屢有諭旨,宣示諸臣,不行慶賀之禮。昨督撫奏摺,俱稱今年進京慶祝萬壽。朕思聖祖仁皇帝久道化成,聖德神功,蟠天際地。當年五十聖壽之時,尚未允行慶賀之典。朕臨御以來,雖時時有勵精

① 《論語·八佾》。

圖治之念，乂安海宇之心，而實在善政善教，可造福於社稷蒼生者，何事可以自信？正當君臣交相儆勉，期於有成。又安可爲此粉飾之事，以滋煩擾乎？朕之待下，惟有一誠。爾等之事君，果矢誠慤之念於隱微寤寐之中，尊君親上，如詩書所載元后父母之誼，豈不勝於拜舞彤墀，効稱觴祝嘏之儀節乎？况一人具本奏請來京慶祝，則衆人亦必效法具奏。焉有天下將軍督撫提鎮，俱離職守，而來京慶祝之理？諸臣既無全來之理，而又各具本章，多此陳奏，即朕所切戒之具文假相也，於吏治民生，有何裨益而爲此乎？外任諸臣，俱不必具本奏請來京，只照常年例行。若因地方事務，應來陛見者，朕自另降諭旨。其各省耆老等，若有欲來京慶祝者，著地方切止之。高年之人，長途跋涉，未免勞頓，非朕體恤之意。倘違朕意而來京，俱不許奏聞，朕亦不加恩賜。伊等若果有感恩戴德之忱，何不訓誨子孫，勸導鄉人，使各爲善良，各務本業，而僕僕道路，以爲報効朝廷乎？再，各省地方，若有指稱萬壽，建立經壇，或聚集梨園，諠譁縻費者，此皆生事不安本分之徒，誘惑愚人，希圖財利，尤宜嚴禁，以杜浮囂詐僞之風。倘地方有司不行禁止，經朕訪聞，定照欺罔之律治罪。著將此通行各省，并轉飭各府州縣，咸使聞知。"

朝賀儀

凡元旦、冬至、萬壽聖節，皇帝陞殿，進表慶賀儀節。天聰六年，始定元旦行禮儀。崇德元年，增定元旦進表箋及聖節慶賀儀。順治八年，世祖章皇帝親政，因天聰以來舊制，詳定爲三大節。康熙八年，訂正朝會樂章，禮明樂備，至今遵行。玆將每歲題行儀注，具列於後。其行於國初，後經更定者，分註於下，以備稽考。

三大節日，鑾儀衛官預陳鹵簿於太和殿前，陳步輦於太和殿外，陳大駕於午門外，陳馴象於大駕之南，陳仗馬於丹墀中道左右，俱東西相向。教坊司設中和韶樂於太和殿簷下之東西，設丹陛樂於太和門内，北向。禮部官設黄案於太和殿東。初，表案設於東簷下。○崇德元年，陳設内外王及朝鮮等國表文并年貢物。

黎明，王、貝勒、貝子、公等，俱朝服，齊集太和門；未入八分公以下文武各官，俱朝服，齊集午門外。禮部官捧王以下在京文武各官及直省文官知州以上、武官守備以上併朝鮮國所進表，各置表亭内。鑾儀衛校尉舉亭、教坊司鼓樂前導，自禮部起，進至東長安門，由天安門之東門，至午門外兩傍。陳設畢，禮部官從亭内捧内王以下各官表文，由午門東旁門，入至太和殿内,安設黄案上。鴻臚寺堂官引王、貝勒、貝子、公等,由太和門入至丹陛上序立。鳴贊官引滿漢文武各官,由東西兩掖門入,至太和殿前丹墀内分翼排立。

順治八年定:直省進表官,隨在京文武官,由左右掖門入,至丹墀内排立。

引朝鮮蒙古諸使臣,由西掖門入,於西班末立。糾儀御史二員,於殿西簷下東向立;又四員,於丹陛上立;又四員,於丹墀内立,俱東西相向;又八員,於東西班末立。鴻臚寺鳴贊四員,於殿簷下立;又四員,於丹陛上立;又四員,於丹墀内立,俱東西相向。鑾儀衛司鳴鞭官,於丹陛南三層階之西,每層各二員。欽天監官,於乾清門報時。禮部鴻臚寺堂官,奏請皇帝陞殿。皇帝具禮服,御中和殿。内大臣侍衛、内閣、翰林院、詹事府、起居注、禮部、都察院、理藩院、鴻臚寺執事各官,於殿前排班,行三跪九叩頭禮,不贊。畢,各趨赴外朝執事。聖駕興,出中和殿,内大臣十員兩翼前導,内大臣二員,執兵器侍衛等後護。午門鳴鐘鼓,中和韶樂作。元旦奏元平之章,冬至奏遂平之章,萬壽聖節奏乾平之章。皇帝御太和殿,陞座,樂止。内大臣十員,於御座前東西相向序立。後護二員,於御座後僉立。執兵器侍衛,於御座後衛立。記注官四員,於御座西傍金柱後立。初,起居注官,滿漢各一員。雍正元年定:滿漢各二員。大學士、學士、讀講學士、詹事、少詹事,於殿檐下之東西向立。都御史、副僉都御史,於殿檐下之西東向立。鑾儀衛官贊鳴鞭,丹墀内三鳴鞭。鳴贊官贊排班,内外王以下公以上於丹陛上,未入八分公以下文武百官在丹墀内,各就拜位立;贊進,贊跪,王以下各官俱跪;贊宣表,宣表官進東槅扇至表案前,跪捧表出,至太和殿下正中北向跪,大學士二員,左右跪展表。宣表官宣畢,捧表進置表案上。丹陛樂作,奏慶平之章。贊跪、叩、興,王以下各官,俱行三跪九叩頭禮,興,樂止。贊退,王以下各官,俱退復原班立。天聰六年,貝勒行禮畢,命賜議政貝勒入殿内,左右坐。次外藩蒙古諸貝勒行禮。次滿洲蒙古漢官率各旗行禮。次朝鮮使臣行禮。〇崇德間,王、貝勒、貝子、公等宣表行禮畢,次八旗都統率本旗文武各官按旗分翼,以次就拜位行禮。次朝鮮國世子率陪臣進表箋,次外藩王貝勒率所部進表箋,内院官以次捧各表授宣讀官,跪宣畢,各行三跪九叩頭禮。其箋文隨表進,不宣讀。〇康熙初,表案設東檐下,宣表官就取,詣正中北向跪宣,不入槅扇内。贊排班,贊進,鴻臚寺引朝鮮等國使臣,理藩院引蒙古使臣,以次就拜位立;贊跪、叩、興,俱行三跪九叩頭禮,興,丹陛樂作,奏治平之章,禮畢,樂止;贊退,各復原班立。賜王以下各官坐,王、貝勒、貝子、公及内大臣、侍衛、起居注官在殿内，未入八分公以下文武各官、朝鮮等國使臣，各於原立處，行一跪一叩頭禮，序坐。賜茶畢，贊鳴鞭，丹墀内三鳴鞭，駕興，中和韶樂作。元旦奏和平之章，冬至奏允平之章，萬壽聖節奏太平之章。駕還宫，樂止，王以下各官以次出。

萬壽聖節、元旦，俱午時設筵宴，儀注詳《精膳司》。

雍正元年冬至郊天聖祖仁皇帝配天禮成次日頒詔慶賀儀

是日，禮部設宣詔高臺於天安門外。鴻臚寺設詔案一表案一於太和殿東，設黄案一於丹陛上正中。鹵簿大駕全設。禮部捧王以下在京文武各官及直隸各省所進表，置各表亭内。校尉舉亭、教坊司鼓樂前導，至午門外兩旁。陳設畢，禮部官捧表由東旁門入至太和殿内，置表案上。鑾儀衛備黄蓋雲盤於丹墀内，設龍亭香亭。教坊司前導，至午門外，大學士捧詔至乾清門，用寶竣，預捧至所設詔案上。王以下文武各官，俱朝服，在常朝處齊集。禮部堂官奏請皇上陞太和殿。中和韶樂作，奏遂平之章。鑾儀衛官贊鳴鞭，丹墀内三鳴鞭。鳴贊官贊進，贊跪，贊宣表。宣讀官進東槅扇至表案前，跪捧表出，至太和殿正中檐下。大學士二員，左右跪展表。宣讀官宣畢，捧表進置表案上。丹陛樂作，奏慶平之章。王以下各官，行三跪九叩頭禮，畢，興，各復原位立。大學士一員由東槅扇入至詔案前，跪捧詔起，出至檐下授禮部堂官，由中階左旁降，安置於丹陛黄案上，行一跪三叩頭禮，捧置雲盤内，前張黄蓋一柄，由中路出太和門。文武各官隨後由昭德門貞度門出。王以下公以上進殿内坐。賜茶畢，内鑾儀衛贊鳴鞭，丹墀内三鳴鞭。上還宫，中和韶樂作，奏允平之章，王等各退。禮部捧詔出至午門外，跪置龍亭内。校尉舁香亭在前，龍亭在後，批頭前導，教坊司作樂，行至天安門外，捧詔置高臺黄案上。宣讀行禮，如常儀。謄黄刊刻，頒行天下。

元旦樂章

皇帝陞座，中和韶樂作，奏元平之章。

於穆元后，　　敬授人時。
四始和令，　　三陽肇基。
鸞路蒼龍，　　載青其旂。
迎氣布德，　　百工允釐。
行慶施惠，　　及我烝黎。

皇帝還宫，中和韶樂作，奏和平之章。

有奕元會，　　天子穆穆。
蹡蹡羣公，　　至自九服。
正朔所加，　　海外臣僕。
率土懷惠，　　萬民子育。
千齡億祀，　　永綏茀禄。
諸王百官行禮，丹陛大樂作，奏慶平之章。
皇覆萬寓，　　品物咸亨。
九賓在列，　　百譯輸誠。
濟濟卿士，　　式造在廷。
帝仁如天，　　帝明如日。
親賢任能，　　愛民育物。
禮備樂成，　　聲教四訖。
外藩行禮，丹陛大樂作，奏治平之章。
天盡所覆，　　以畀我清。
我德配命，　　涵濡羣生。
萬國蹈舞，　　來享來庭。
俁俁蹲蹲，　　視彼干戚。
天威式臨，　　其儀不忒。

冬至樂章

皇帝陞座，中和韶樂作，奏遂平之章。
乾符在握，　　道轉鴻鈞。
天心見復，　　物始資元。
景長舜日，　　紀協堯春。
玉瑁應瑞，　　寶曆肇新。
衆正在位，　　輔翼一人。
皇帝還宮，中和韶樂作，奏允平之章。
萬國在宥，　　一陽斯溥。
淵默臨朝，　　天職修舉。
君子道長，　　騈珪聯組。
占日書雲，　　産祥降嘏。
宜暘而暘，　　宜雨而雨。
諸王百官行禮，丹陛大樂作，奏慶平之章。

外藩行禮,丹陛大樂作,奏治平之章。

辭與元旦同,不複載。

萬壽聖節樂章

皇帝陞座,中和韶樂作,奏乾平之章。

二儀清寧, 三辰順則。
維帝凝命, 函冒區域。
仁恩廣覃, 至於動植。
久道化成, 隆功駿德。
聖人多壽, 年世萬億。

皇帝還宫,中和韶樂作,奏太平之章。

鑒觀惟德, 丕命惟皇。
肇兹壽域, 薄海要荒。
物性茂育, 民俗樂康。
冠帶之國, 望斗辨方。
曰惟萬年, 同於昊蒼。

諸王百官行禮,丹陛大樂作,奏慶平之章。

外藩行禮,丹陛大樂作,奏治平之章。

辭與元旦同,不複載。

〔太皇太后宫三大節朝賀〕

元旦節

康熙八年題准:元旦,皇帝詣太皇太后宫行禮。次日,皇后詣太皇太后宫行禮。〇十二年題定:百官於午門外行禮。皇帝行禮之後,皇貴妃等,即詣太皇太后宫行禮。〇二十四年議准:凡遇慈寧宫中行禮,惟一等侍衛,在永康左門外行禮。

朝賀儀

康熙八年題准:元旦,太皇太后儀仗、樂器陳設宫門前,皇帝具禮服,陞輿,率諸王内大臣侍衛及都統、尚書、精奇尼哈番以上,俱朝服,至太皇太后宫門外。皇帝降輿,入慈寧門内,陞東階至丹陛上東旁立,奏請太皇太后陞座。太皇太后御宫,樂作,陞座,樂止。執事官設皇帝拜褥於丹陛上正中,禮部堂官恭導皇帝就位立。王以下公以上在門内,大臣侍衛等在門外排立。鳴贊官贊行禮,作樂,皇帝率諸王大臣等行三跪九叩頭禮,興,樂止,皇帝復就原位立,奏請太皇太后還宫。太皇太后降御座,樂作,太皇太后還宫,樂止。皇帝出慈寧宫門,陞輿,還宫。次日,太皇太后儀仗、樂器照前陳設宫門前,和碩公主、親王妃以下,縣君鎮國將軍夫人以上,民公、侯、伯、都統、内大臣、大學士、尚書、精奇尼哈番命婦以上,俱朝服,於太皇太后宫門外西旁齊集,隨從大臣命婦,俱朝服,於太和殿旁右翼門齊集。禮部堂官奏請皇后具禮服,陞輿,由右翼門出。大臣命婦八員,在前恭導,餘俱後隨。至太皇太后宫門外,皇后降輿,入慈寧門内,陞西階至丹陛上西旁立,奏請太皇太后陞座。太皇太后御宫,樂作,陞座,樂止。執事女官設皇后拜褥於丹陛上正中,引禮大臣命婦八員,兩旁排班,恭導皇后就位立。和碩公主、親王妃以下,縣君、鎮國將軍夫人、民公、侯、伯、都統、内大臣、大學士、尚書、精奇尼哈番命婦以上,俱於門内分班排立。樂作,行六拜三跪三叩頭禮,興,樂止,皇后復就原位立,奏請太皇太后還宫。太皇太后降御座,樂作,還宫,樂止。皇后率公主王妃等,出慈寧宫門,陞輿還宫。〇二十二年題准:元旦節,太皇太后儀仗、樂器照常陳設,王以下入八分公以上,及内大臣、侍衛、滿漢大學士等,俱朝服,先於隆宗門外齊集,未入八分公等文武各官,俱朝服,於午門外齊集。禮部堂官奏請皇帝具禮服,出宫,陞輿,内大臣等前引後護如常儀。禮部堂官前導聖駕由隆宗門出。王大臣、侍衛隨至永康左門外,兩翼序立。皇帝降輿,入慈寧門内丹陛上東旁立。諸王大臣、侍衛於門外排立。禮部堂官傳該内監奏請太皇太后陞座。太皇太后御宫,作中和樂,奏升平之章,陞座,樂止。執事官設皇帝拜褥於丹陛上正中,禮部堂官恭導皇帝就位立。鴻臚寺官引王以下公以上在門内,内大臣、大學士、一等侍衛在慈寧門之外,二等侍衛三等侍衛在永康左門外,俱照次排立。鳴贊官贊行三跪九叩頭禮,作丹陛樂,奏晉平之章。時午門外文武各官聽鴻臚寺官接傳,亦同行禮。設侍儀御史二員於慈寧門之外,二員於永康左門外,二員於午門外,俱相向立。鳴贊官贊禮畢,樂止,皇帝就原位立。禮部堂官傳該内監奏請太皇太后還宫,作中和樂,奏恒平之章,還宫,樂止。皇帝陞輿出,王等俱隨後出。次公主、王妃以下縣君、鎮國將軍夫人、民公、侯、伯、内大臣、都統、大學士、尚書精奇尼哈番命婦以上,俱朝服,在太皇太后宫西旁門齊集,候皇貴妃、貴妃、妃,各具禮服,陞輿,出宫。由隆宗門。大臣命婦前引,公主、王妃以下後隨,詣永康左門,皇貴妃等降輿,入慈寧門之内丹陛上西旁立。引禮大臣命婦傳該内監奏請太皇太后陞座。太皇太后御宫,樂作,陞座,樂止。皇貴妃等於丹陛上序列,皇貴妃在左,貴妃在右,妃等分左右立稍後,公主、王妃以下大臣命婦等，在後排立，俱行六拜三跪三叩頭禮，作樂，禮畢，樂止。皇貴妃等退立原位，引禮大臣命婦傳該内監奏請太皇太后還宫，樂作，還宫，樂止。皇貴妃等俱出。

冬至節

康熙八年題准：冬至節，皇帝躬祀南郊，禮成。次日，皇帝率諸王大臣等，詣太皇太后宫行禮。次皇后率公主王妃以下大臣命婦，詣太皇太后宫行禮。一應儀注，俱與元旦同，不設筵宴。

聖誕節

康熙十二年題准：太皇太后聖節，是日早，太皇太后儀仗、樂器全設於宫門前。王以下，民公、侯、伯、内大臣、侍衛、都統、大學士、尚書、精奇尼哈番以上，俱朝服，先於隆宗門外齊集祗俟。禮部堂官奏請皇帝具禮服，陞輿，率諸王大臣詣太皇太后宫門外。皇帝降輿，入慈寧宫内丹陛上東旁立。禮部堂官傳該内監奏請太皇太后御宫，陞座。作樂、行禮，與元旦同。禮畢，皇帝出，陞輿，還宫。次皇后率公主王妃以下大臣命婦，赴太皇太后宫行禮。引禮大臣命婦傳該内監奏請太皇太后陞座。作樂、行禮，與元旦同。康熙二十一年，太皇太后七十萬壽。前期，王以下，内大臣、滿漢大學士、尚書、都御史、侍郎、阿思哈尼哈番以上，及在外將軍、總督、提督、巡撫、總兵等官進獻慶祝，於午門外陳設，轉交内務府。是日，太皇太后儀仗、樂器全設。王以下，内大臣、侍衛、都統、滿漢大學士、尚書、精奇尼哈番以上，俱朝服，在隆宗門外齊集。三品官以下有頂帶官員并直省進表官員，俱朝服，於午門外齊集。禮部堂官奏請皇帝具禮服，陞輿。禮部堂官前導聖駕由隆宗門出，諸王大臣後隨，至永康左門。皇帝降輿，入慈寧門之丹陛上東旁立。禮部堂官傳該内監奏請太皇太后陞慈寧宫座。凡行禮作樂及接傳侍儀，俱與元旦同。禮畢，皇帝復原位立，禮部堂官傳該内監奏請太皇太后還宫，樂作，還宫，樂止。皇帝出，陞輿，還宫。於是日，公主、王妃以下，縣君、鎮國將軍夫人以上，民、公、侯、伯、都統、内大臣、大學士、尚書、精奇尼哈番命婦以上，俱朝服，於太皇太后宫西旁門齊集。皇貴妃、貴妃、諸妃，具禮服，陞輿，出宫。由隆宗門。大臣命婦前引，公主王妃以下，俱隨至慈寧宫内行禮。與元旦禮同，不設筵宴。

樂章

太皇太后陞座，中和韶樂作，奏升平之章。

嘉樂聖母，　　慈徽穆穆。

協德坤元，　　以涵以育。
以天下養，　　永綏天禄。
皇情展慶，　　禮明樂淑。
億萬斯年，　　受兹介福。

太皇太后宫行禮時，丹陛大樂作，奏晉平之章。

彤庭景麗，　　旭日祥風。
繽紛綵仗，　　奕奕璇宫。
鴻慈燕喜，　　歡洽聖衷。
萬方一軌，　　來賀來同。
千官拜舞，　　樂胥有融。
維壽維祺，　　天地並隆。

太皇太后還宫，中和韶樂作，奏恒平之章。

天祐皇家，　　景命洊申。
宫闈重慶，　　繁祉川臻。
如南山壽，　　集嘏斯純。
我皇樂只，　　燕及臣民。
薄海内外，　　罔不尊親。

〔皇太后宫三大節朝賀〕

元旦節

順治八年題准：元旦日，皇太后儀仗、樂器全設宫前。皇帝具禮服，陞輿，内大臣、侍衛後隨。皇帝至皇太后宫前，降輿，入宫，奏請皇太后陞座。皇太后御宫，樂作，陞座，樂止。皇帝由中階詣丹陛立。鳴贊官贊行三跪九叩頭禮，内大臣、侍衛後隨。皇帝行禮，樂作，禮畢，樂止。皇帝還宫。次公主、王妃以下，郡君、輔國公夫人、都統、尚書、精奇尼哈番等官命婦以上，於皇太后前，行六拜三跪三叩頭禮，樂作，禮畢，樂止。大設筵宴。宴畢，奏請皇太后還宫，樂作，還宫，樂止。公主王妃等俱出。○康熙八年題准：元旦日，皇太后儀仗、樂器全設。皇帝率諸王大臣，於慈寧宫行慶賀禮。畢，隨詣皇太后宫行禮。王以下公以上在乾清門内，大臣、侍衛等在門外。行禮一應儀注，俱與太皇太后宫中行禮同。惟皇太后御宫，作丹陛樂，奏豫平之章；皇帝行禮，作丹陛樂，奏益平之章；皇太后還宫，作丹陛樂，奏履平之章。行禮時，贊禮官不贊。於次日，皇后率公主王妃命婦等朝賀。一應儀注，俱與太皇太后宫中行禮同。○二十二年題准：元旦日，皇太后儀仗、樂器,照常陳設。皇帝率諸王大臣侍衛等,詣皇太后寧壽宮行禮。諸王大臣在寧壽門之外,侍衛等在儀仗末,行禮。午門外文武各官,聽鴻臚寺官接傳,亦同行禮。設侍儀御史,二員於寧壽門之門外,二員於儀仗末,二員於午門外。一應儀注,俱與太皇太后宮中行禮同。次皇貴妃等率公主王妃命婦等行朝賀禮。一應儀注,亦與太皇太后宮中行禮同。

六十一年,諸王大臣等奏請雍正元年元旦照例詣皇太后宮行禮。上轉奏皇太后。奉懿旨:前皇帝登極,鉅典攸關,故勉從諸王大臣所請。今元年元旦,尚在百日之内,何忍即行慶禮!届期遵旨停止慶賀。

冬至節

順治八年題准:冬至郊天次日,早,皇太后儀仗、樂器全設宮前。皇帝率皇后詣皇太后宮行慶賀禮。畢,公主、王妃以下,郡君、輔國公夫人、都統、尚書、精奇尼哈番命婦以上,赴皇太后宮行慶賀禮。其儀俱與元旦同。〇康熙八年題准:冬至郊天次日,早,皇太后儀仗、樂器全設。皇帝率諸王大臣詣皇太后宮行禮。次皇后率公主、王妃以下大臣命婦詣皇太后宮行禮。一應儀注,俱與慈寧宮同。

聖誕節

順治十四年題准:皇太后聖節,是日,皇太后儀仗、樂器全設於慈寧宮前。皇帝具禮服,乘輿,率内大臣、侍衛、内院禮部官,至皇太后宮門,降輿,入宮,奏請皇太后陞座。皇太后具禮服,御宮,樂作,陞座,樂止。皇帝由中階詣丹陛上立。内大臣大學士在門内立,侍衛學士等在門外立。鳴贊官贊行三跪九叩頭禮,樂作,禮畢,樂止。皇帝還宮。次公主王妃以下,都統、尚書、精奇尼哈番命婦以上,俱赴皇太后前,行六拜三跪三叩頭禮,樂作,禮畢,樂止。大設筵宴。宴畢,奏請皇太后還宮,樂作,還宮,樂止。衆皆出。〇康熙九年題准:皇太后聖節,是日早,皇太后儀仗、樂器全設。王以下,民公、侯、伯、都統、内大臣、大學士、尚書、精奇尼哈番以上,俱朝服,先於隆宗門外齊集。禮部堂官奏請皇帝詣皇太后宮行禮,與元旦節同。禮畢,皇帝還宮,公主、王妃以下,縣君、鎮國將軍夫人、民公、侯、伯、都統、内大臣、大學士、尚書、精奇尼哈番命婦以上,俱朝服,於宮門外齊集。其引禮大臣命婦等,俱在太和殿旁右翼門齊集。禮部堂官傳該内監奏請皇后詣皇太后宮行禮,大臣命婦前引後隨。一應禮儀,與元旦同,不設宴。

樂章

皇太后陞座,丹陛樂作,奏豫平之章。

有懿慈闈，　　惟天下母。
厚德之符，　　含弘九有。
式嗣徽音，　　以昌厥後。
寵綏受之，　　遐不單厚。
福禄來求，　　如山如阜。
皇太后宫行禮，丹陛樂作，奏益平之章。
品物咸亨，　　景光清泰。
展禮孔偕，　　式瞻嘉會。
金石相宣，　　貫珠編貝。
思媚思齊，　　德音四沛。
以介繁禧，　　萬年保艾。
曰壽而臧，　　曰昌而大。
皇太后還宫，丹陛樂作，奏履平之章。
百禮既洽，　　燦然其章。
瑞雲承輦，　　麗日舒長。
萬方玉食，　　怡愉未央。
言旋彤幄，　　凝祉儲祥。
一人有慶，　　萬壽無疆。

〔皇后宫三大節朝賀〕

元旦節

康熙八年題准：元旦次日，皇后儀仗設太和殿前，設樂於中和殿前。皇后詣兩宫行禮後，皇后御宫，陞座。公主、王妃以下，大臣命婦以上，俱照次排列，於皇后前行禮。其禮與太皇太后皇太后宫中禮同。

冬至節

康熙八年題准：冬至節，皇后宫行禮，與元旦同。

千秋節

康熙十一年題准：皇后千秋令節，是日早，太皇太后、皇太后儀仗、樂器，照常陳設。公主、王妃以下，縣君、鎮國將軍夫人及民公、侯、伯、都統、内大臣、大學士、尚書、精奇尼哈番等官命婦以上，俱朝服，於太皇太后宫西旁門齊集。引禮八大臣命婦及隨從二十二大臣命婦，俱朝服，於太和殿旁右翼門齊集。禮部堂官奏請皇后率公主王妃及大臣命婦等，詣太皇太后宫、皇太后宫，照常行禮。畢，皇后還宫，陞座。公主王妃及大臣命婦等，俱照次排列，於皇后前行禮。其禮亦與太皇太后、皇太后宫中行禮同。是日，或設宴或不設宴，具題請旨遵行。

雍正元年奉旨：皇后宫三大節朝賀，俟三年後舉行。

樂章

皇后陞座，丹陛樂作，奏淑平之章。

乾資於坤，　　儷尊宸極。
皇化攸宜，　　母儀萬國。
履順含章，　　茂明内德。
福履永綏，　　廼燕廼翼。

皇后宫行禮，丹陛樂作，奏正平之章。

采章有蔚，　　禮備樂宣。
令儀令德，　　率履無愆。
型家而國，　　實惟承乾。
既淑且和，　　景福綿綿。

皇后還宫，丹陛樂作，奏順平之章。

椒宫奕奕，　　陰教修明。
褘衣有耀，　　環珮和鳴。
禮容孔恪，　　萬福來成。
關雎之德，　　流美風聲。

〔三大節外官慶賀〕

順治間定：凡元旦、冬至、萬壽節，在外直省文武大小各官，俱設香案朝服，望闕行三跪九叩頭禮。〇康熙二十二年題准：直省行慶賀禮，將軍、總督加將軍銜提督爲一班，副都統、巡撫、提督加左右都督銜總兵官爲二班，加都督同知以下總兵官、協領、參領、巡鹽御史、織造、郎中、督關郎中、布政使、按察使爲三班，佐領、督關員外郎、各道員副將、參將、掌印都司爲四班，防禦督關主事、知府、司庫、同知、通判、遊擊、都司爲五班，驍騎校、知州、知縣、守備爲六班，有品級筆帖式、有品級庫使、經歷、州同、州判、縣丞、千總等官爲七班。滿洲蒙古漢軍官分兩翼，漢官分文東武西。

大清會典卷之五十八

禮部儀制司

〔常朝〕

三大節大朝而外，每月初五、十五、二十五日爲常朝。其見朝、辭朝、謝恩等，官進前行禮。如駕不陞殿，各官於午門外齊集，分班列坐。班次儀度，歷有更定，並列於篇。

崇德元年定：每月初五、十五、二十五日，皇帝御崇政殿聽政。○順治九年題准：每月初五、十五、二十五日，皇帝陞殿，文武各官上朝。○又定：凡八旗武職官員，大節及常朝日上朝外，每月初一、初十、二十日，具補服，於午門外分翼坐班。如遇皇帝巡幸，除朝期外，每日於午門外分翼坐班，止用便服。○十二年題准：凡遇常朝日，王以下公以上，俱在午門内朝房齊集。皇帝陞太和殿，俱進殿内，兩旁序坐。○十四年題准：凡遇常朝日，各官有實在患病者，本衙門知會鴻臚寺。如假託偷安，鴻臚寺參處。入班後，有越次拱揖、聚談、慢易不恭者，糾儀官題參。各官班次，俱照品級序坐，違者參處。○十五年題准：朝班各官，有言語諠譁、附耳交談，或背面坐立，及無故走越御道上者，糾儀御史、鴻臚寺官指名題參。○十八年題准：凡遇典禮上朝及常朝日，和碩親王以下入八分公以上，在丹陛上行禮。禮畢，進殿依次序坐。未入八分公以下，於各該旗齊集處行禮、序坐。○康熙元年題准：凡遇典禮上朝及常朝日齊集，公、侯、伯、都統、精奇尼哈番、尚書在頭班坐，護軍統領、副都統、前鋒統領、侍郎、阿思哈尼哈番、步軍總尉、大九卿在二班坐，一等侍衛、護衛參領、阿達哈哈番、步軍副尉、小九卿、郎中在三班坐，二等侍衛、護衛、拜他喇布勒哈番、佐領、員外郎、科道官在四班坐，三等侍衛、護衛、拖沙喇哈番、鳴贊官主事、步軍校在五班坐，護軍校、驍騎校、他赤哈哈番、筆帖式哈番在六班坐。其坐次各照職銜，不論加級。違者，察出送部議處。〇十二年題准：凡朝賀常朝及接駕送駕日，官員無故不到者，俱罰俸一個月。詐稱上朝者，罰俸一年。捏供同上朝之官，罰俸兩個月。其已注病不在家者，查出罰俸一年。〇又定：官員應用鑲貂朝服及應具朝服日期不遵例服用者，俱罰俸一個月。〇十六年題准：每月常朝期及大節齊集，滿員，公、侯、伯、都統、尚書、左都御史、精奇尼哈番及凡一品官在頭班坐，護軍統領、前鋒統領、步軍統領、副都統、侍郎、學士、副都御史、通政使、大理寺卿、詹事府詹事、阿思哈尼哈番及凡二品官在二班坐，步軍總尉、長史、参領、一等侍衛、護衛、太常寺卿、太僕寺卿、光禄寺卿、祭酒、左右通政、大理寺少卿、少詹督、捕理事官、侍讀學士、侍講學士、侍讀、侍講庶子、諭德、洗馬、鴻臚寺卿郎中、給事中、監察御史、太常寺少卿、太僕寺少卿、阿達哈哈番及凡三品官在三班坐，步軍副尉、佐領、司儀長、二等侍衛、護衛、欽天監監正、内閣侍讀、司業、光禄寺少卿、鴻臚寺少卿、通政使司、参議、中允員外郎、拜他喇布勒哈番及凡四品官在四班坐，三等侍衛、護衛、拖沙喇哈番、步軍校、贊善、欽天監監副、太常寺寺丞、主事、大理寺寺正、光禄寺署正、都察院經歷及凡五品官在五班坐，護軍校、驍騎校、通政使司、知事、大理寺評事，鳴贊官、司務司庫等各職掌官及凡六品官、六品筆帖式在六班坐，七品官、七品筆帖式在七班坐，八品官、八品筆帖式在八班坐，九品官在九班坐；漢員，尚書、左都御史在頭班坐，侍郎、學士、副都御史、宗人府府丞、通政使、大理寺卿、詹事在二班坐，太常寺卿、順天府府尹、太僕寺卿、光禄寺卿、僉都御史、左右通政、大理寺少卿、少詹、侍讀學士、侍講學士、祭酒庶子、侍讀、侍講、諭德、洗馬、督捕理事官、太常寺少卿、四譯館少卿、鴻臚寺卿、太僕寺少卿、順天府府丞在三班坐，通政使司、参議、大理寺寺丞、中允、贊善、司業、光禄寺少卿、鴻臚寺少卿、修撰、編修、檢討庶吉士、給事中、御史、吏部司官、五部郎中在四班坐，五部員外郎、宗人府經歷、順天府治中、欽天監監正、太醫院院使、光禄寺寺丞在五班坐，五部主事、都察院經歷、理藩院院判、大理寺寺正、欽天監監副、太醫院院判、太常寺寺丞、京府通判、京縣知縣、兵馬司指揮、欽天監五官正、鴻臚寺寺丞、大理寺寺副、光禄寺署正在六班坐，行人司司正、大理寺評事、太常寺博士、行人司司副、行人中書科中書、内閣典籍、撰文中書、辦事中書、各部司務、大理寺司務、通政司經歷、太常寺典簿、上林苑監監丞、京縣縣丞、兵馬司副指揮、鑾儀衛經歷、光禄寺典簿、京府經歷、詹事府主簿、正字、録事、翰林院典簿、待詔、京衛經歷、欽天監五官靈臺郎、祠祭署奉祀等官在七班坐，五經博士、國子監監丞、博士、典簿、助教、學正、學録、典籍、理藩院知事、上林苑監知事、欽天監主簿、五官保章正、太醫院御醫、太常寺協律郎等八品官在八班坐，理藩院副使、太常寺贊禮郎、鴻臚寺鳴贊等九品官在九班坐；武職，參將、遊擊在三班坐，守備等官在四班坐，千總等官在五班坐。隨旗上朝官員，照原在部院衙門職掌品級坐。其降級上朝官員，照所降職品坐。部院衙門官員有兼銜者，照銜大處坐。倘有不遵所定序次者，聽吏部、禮部科道題參議處，旗下官員聽該都統副都統查出，指名送部參處。如該管官徇情不查送者，一并議處。〇二十年題准：皇帝陞殿日，於殿右簷下，設滿御史二員；諸王行禮處兩旁，設滿御史各二員；各官行禮處兩旁，設滿御史各二員、漢御史各二員，侍立糾儀。其常朝日及八旗官員上朝日，各官左右兩班排坐處，班首派滿漢御史各一員，班末派滿漢御史各一員，吏部、禮部亦派滿漢官，公同監視。如有越次私語，或互相背坐及先行起散者，指名題參。如監視官知而不糾者，一并議處。〇二十二年題准：御駕出入并陞殿日，上朝官員隨從人役，有諠譁擁擠者，步兵校等嚴拿，各交該衙門治罪。〇四十年議准：嗣後，每月逢五朝期，官員有病者，取具該堂官印文咨送。如無病托稱有病保送者，查出，罰俸三個月，將該堂官一并議處。〇雍正二年覆准：嗣後，漢員照旗員分左右兩翼排班。將吏部、禮部、刑部、宗人府、通政司、翰林院、詹事府、太常寺、光禄寺、鴻臚寺、國子監、吏科、禮科、刑科、内閣中書、欽天監、太醫院分爲左翼，將户部、兵部、工部、都察院、大理寺、鑾儀衛、太僕寺、四譯館中書科、户科、兵科、工科、行人司、順天府、大興縣、宛平縣、五城兵馬司、三營分爲右翼，坐班各依左右班次。至皇帝陞殿，在左翼者，聽鴻臚寺官從東掖門引入，在右翼者，聽鴻臚寺官從西掖門引入。俟鐘鼓鳴，立於鑾駕之末。聽唱贊，即依分定班次，逐行排齊行禮。派出侍衛四員看管。如有坐立越班跪拜失儀，御史指與派出侍衛，即時指名拿參，交刑部治罪。如御史、侍衛稽察不嚴，一并議處。

崇德元年題定儀注

常朝，鹵簿大駕全設。親王、郡王、貝勒、貝子等文武各官，俱朝服，於殿前左右兩旁，照品分翼排立。内院官奏請皇帝陞殿。皇帝具禮服，出宫，作樂，御殿陞座，樂止。賜諸王及文武各官坐，衆就各班行一叩頭禮，列坐。各部院官出班奏事。啓奏畢，皇帝還宫，作樂，王以下文武各官俱退。

順治九年題定儀注

先一日,教坊司設中和樂於太和殿簷下之東西,設丹陛樂於太和門內,俱北向。是日,黎明,鑾儀衛官設鹵簿儀仗於太和殿前,設大駕於午門外,設馴象於大駕之南,陳仗馬於丹墀中道之左右,俱東西相向。王以下入八分公以上,俱朝服,於太和門齊集。未入八分公以下文武各官,俱朝服,於午門外齊集。鴻臚寺官東西各一員,照翼引王等入至太和殿丹陛上排班,又東西各四員,引文武各官入午門左右掖門,由昭德門、貞度門進太和殿前丹墀,左右排班侍立。班齊,禮部鴻臚寺官奏請皇帝陞殿。皇帝具禮服,由宮中出,午門鳴鐘鼓,殿陛中和樂作,奏《隆平之章》。皇帝御太和殿,陞座,樂止。内院都察院等衙門堂上官、内大臣、侍衛及執事官員序立,如常儀。鑾儀衛官贊鳴鞭,階下三鳴鞭,鴻臚寺官引謝恩各官出班,贊排班,贊進,贊跪、叩、興,作丹陛樂,奏《慶平之章》,行三跪九叩頭禮,畢,樂止,贊退,各復原位立。賜諸王以下各官坐,郡王以上進殿内,貝勒以下在殿外丹陛上,文武各官在丹墀内,俱照班次,行一叩頭禮,坐。皇帝進茶,王以下文武各官,俱照坐次,行一叩頭禮,光禄寺執事人員遞賜各官茶,各官就坐,次行一叩頭禮,飲畢,再行一叩頭禮。鑾儀衛官贊鳴鞭,階下三鳴鞭,作中和樂,奏《顯平之章》,皇帝還宮,樂止。衆官依次出。

樂章

皇帝陞座,中和韶樂作,奏《隆平之章》。

赫矣天鑒,　　眷求惟聖。
保佑我清,　　既集有命。
假樂大君,　　天位以正。
湴下有容,　　監於萬方。
念兹崇功,　　駿命孔常。

皇帝還宮,中和韶樂作,奏《顯平之章》。

於昭四后,　　誕降世德。
亹亹我皇,　　克艱衮職。
治定功成,　　中和建極。
龍飛在天,　　鳳儀於庭。
式奏王夏,　　垂億萬齡。

〔見朝辭朝入謝〕

國初定:凡王以下各官陞賞或緣事者,俱於每月常朝日行謝恩禮。親王、郡王、貝勒、貝子等謝恩,俱啓奏進内行禮。官員爲有功陞賞謝恩者,亦啓奏進内行禮。其緣事謝恩者,於大清門外行禮。如革職官員,不許具朝服行禮。外藩王、貝勒、貝子等及外藩官員謝恩,俱候常朝日行禮。如遇要務,即啓奏候旨行禮。凡王以下文武各官,陞遷謝恩者,行三跪九叩頭禮;賞給財物謝恩者,行二跪六叩頭禮;賞給食物謝恩者,行一跪三叩頭禮。賞給謝恩,不用朝服,行禮時不贊。○順治九年題准:王、貝勒、貝子、公大臣,凡遇恩賞,俱於每月常朝日進内行禮。在京文武各官辭朝見朝者,俱於殿前丹墀内行禮。如是日不陞殿,見辭等官,不論品級大小,俱在午門外行禮。外藩王、公、台吉等來朝及喀爾喀等進貢人員,俱於常朝日行禮。一應陞賞謝恩及辭朝見朝等官,俱預期報名禮部,具題遵旨行禮。今由鴻臚寺。○十年題准:凡常朝日謝恩見辭,文武官員四品以上,在太和殿前行禮;五品以下,在午門外行禮。俱詳開職名及行禮緣由,預期報鴻臚寺開呈禮部一并奏聞。○又定:凡外藩來朝,王以下公、台吉等進貢人員内有應令速去者,不拘常朝日期,即引至午門前行禮。○十二年題准:凡在京官員,有應謝恩行禮者,如遇皇帝行幸時,俱候駕回日補行。其吏部、兵部推選及以公務來京官員,不必守候,俱在天安門外橋南行禮。○十四年題准:凡急選大選并推陞文武官員,於該衙門領憑後,隨赴鴻臚寺投遞報單。遇常朝日,即准謝恩辭朝。如遇免朝之日,即引至午門前或天安門外行禮。有應速赴任者,不拘朝期,鴻臚寺官即引至午門前或天安門外行禮,遂令赴任。如該寺官不收報單,致赴任愆期者,各官赴禮部呈明題參。○十五年題准:凡頒詔,遣封官於命下日,親赴鴻臚寺投遞報單。遇常朝日,該寺引入行辭朝禮。如不遇朝期,該寺即引至午門前行禮,隨令起程。○十八年題准:凡常朝日,有陞級賞賜及京官陞外任、外官來京,應行禮者,如遇陞殿,不論品級,俱令殿前行禮;如不陞殿,於午門外行禮。○康熙十四年題准:外官不辭朝赴任者,罰俸一年。

樂章

諸王百官謝恩見朝,丹陛大樂作,奏《慶平之章》。

外藩謝恩見朝,丹陛大樂作,奏《治平之章》。

辭與三大節朝賀同,不複載。

〔内大臣侍衛隨從〕

凡朝賀常朝日,皇帝陞殿,前引大臣十員、後護大臣二員,於殿北階下立。候駕至,前引十員兩翼排行,由寶座下兩旁至座前排立,後護二員隨皇帝至座上，於寶座後僉立。執兵器侍衛等，在後衛立。俟行禮畢，後護二員，在寶座後僉坐。前引大臣，每翼各五員，在諸王前坐。散秩大臣及一等、二等、三等侍衛、藍翎，在公等後，各照品級序坐。

凡元旦上元節賜宴時，内大臣、都統、大學士、尚書、左都御史，在内大臣班，照班次序坐；副都統、侍郎、副都御史、學士、通政使、大理卿，在一等侍衛班，照班次序坐。

凡遇太皇太后、皇太后宫行禮時，前引大臣十員、後護大臣二員，在隆宗門内立，執兵器侍衛等，於乾清門階下立。候駕至，前引大臣兩翼排行，至太皇太后皇太后宫門外止。執兵器侍衛等隨駕，至太皇太后宫門皇太后宫門止。後護大臣隨駕入内。皇帝行禮時，於皇帝後侍立，前引大臣十員，於諸大臣班内行禮。

凡遇皇帝躬詣天壇、地壇，前引大臣十員、後護大臣二員，俱於太和門北階下立，執兵器侍衛等，於乾清門階下立。候駕至，前引大臣兩翼排行，後護大臣於皇帝兩旁隨行。到壇時，執兵器侍衛等，於壇下兩翼排立，前引大臣於皇帝所立階下侍立，後護大臣於皇帝所立階上稍後侍立。皇帝陞壇行禮時，後護大臣隨陞壇立。

凡遇皇帝躬詣祈穀壇，到壇時，前引大臣十員，於簷下兩翼排立。後護大臣二員隨入，於皇帝所立處稍後兩旁侍立。餘儀與天壇地壇同。

凡遇皇帝躬詣太廟，一應隨從，儀與祈穀壇同。惟執兵器侍衛等，於階下排立。

凡遇皇帝躬詣社稷壇，到壇時，前引大臣十員，在前排立，後護大臣二員，於皇帝後侍立。皇帝陞壇上香，後護大臣隨駕陞壇立。餘儀與祈穀壇同。

〔**聽政**〕

各衙門啓事，或至御前面奏，或由内院轉奏。聖聖相承，勵精圖治，宵衣旰食，歷久彌勤。我皇上繼登大寶，率由舊章，達聰明目，庶績咸凝，允爲萬世法守。兹備載於後。

順治二年覆准：每日奏事時，令翰林科員同啓奏官齊進，侍班記注。〇又定：凡題奏本章，俱由内院啓奏，請旨下部，覆奏施行。〇康熙十年議准：凡遇應具朝服補服之日，啓奏官俱具朝服補服。違者，本部指名題參。〇十三年議准：各部漢司官，俱照滿司官例，隨該堂官入奏。〇十四年題准：每月常朝日陞殿，諸王百官朝服行禮後，諸臣入内啓奏，止具補服。如不陞殿,諸臣仍具朝服。其應具補服之日,俱具補服。〇二十一年諭:諸臣奏事勞苦,少展御門晷刻。春夏以辰初初刻,秋冬以辰正初刻爲期。啓奏各官,俾得從容入奏。〇二十四年諭:大朝期,各部院本章交送内閣。雨雪日期,仍請旨交送内閣。〇二十五年覆准:凡遇聽政日,各部院大臣官員奏事,設滿漢給事中各一員,滿漢御史各一員侍班,班在起居注官之次。有跪立升降失儀者,許指名題參。〇五十七年,裁起居注。〇又定:聽政之日,翰林五員侍班,於啓奏折本時即退。其排立之處,仍與講官同。〇雍正元年,復設起居注館。其儀注與康熙五十七年以前同。惟初用滿漢官各一員,是年定用各二員。〇二年諭:吏部奏事,在各部院衙門之後。〇又覆准:凡聽政之日,各部院大臣官員奏事,齊集後左門外,預將報單交與守門旗員。臨入奏時,部院大臣各率屬員依次而進。其不奏事官員,不許擅入。〇三年諭:每逢聽政,於滿漢翰林院編修檢討内按俸用四員侍班,班在科道之上。〇四年諭:"辦事之日,大學士等上奏折本時,侍班監察御史、給事中,俱在朕前趨過。嗣後,大學士上折本,不必令伊等趨過,自侍班處退回站立。俟事完之後,再行過去。"

〔御門聽政儀〕

皇帝御乾清門聽政時,設御榻於門之正中,設章奏案於御榻之前。部院大小官員赴午門外齊集。春夏於卯正一刻,秋冬於辰初一刻,進至中左門候。春夏於辰初初刻,秋冬於辰正初刻,進至後左門候。該直侍衛轉奏,候傳諭進奏。直日侍衛,隨諸臣俱至乾清門丹墀東旁西向排立。起居注滿漢官,於丹墀西旁東向立。皇帝御門,陞座,侍衛從丹陛下,石欄旁東西排立,起居注官由西階陞至簷下侍立。部院大小官員,按日輪班,依次由東階陞。堂官捧舉奏章,先詣案前跪置畢,轉至東旁西向跪奏。如應用綠頭牌啓奏事宜,亦由堂官捧至御榻前,西向跪奏。各官俱照品次跪於堂官之後,每一衙門奏事畢,各官仍由東階照品序退。次一衙門進奏,如前儀。其啓奏序次,吏、户、禮、兵、工五部,理藩院、都察院、通政司、大理寺輪班先後啓奏。若宗人府奏事,在各衙門之先。若太常寺、光禄寺、鴻臚寺、國子監、欽天監奏事,在禮部之後。太僕寺奏事,在兵部之後。五城奏事,在都察院之後。若内閣、翰林院、詹事府奏事,在各衙門之後。九卿有會奏公本,科道官有條陳事宜,亦在各衙門之後。若刑部奏事,每日在第三班。各衙門官於奏畢時,各依次第隨侍衛由後左門出。内閣學士每日所收奏本章,如有折本事宜,大學士、學士面奏請旨,起居注官由簷下進至御榻前,恭聽記注。大學士等退,皇帝還宫。

〔外官朝覲儀〕

朝覲禮儀,康熙二十六年停止。其儀節仍載於後,以備稽考。

凡直省朝覲,司、道、府、廳各官,俱於十二月到京,齎賢否各册呈遞部院科道衙門,暫宿郊外,不許進城。部院先行申飭。至歲除日,吏部先期傳令赴部歇宿,於鴻臚寺具報職名。元旦早,齊集午門外,鴻臚寺官引入,隨班行慶賀禮,畢,各退。部院科道封門閲册畢,具題後,吏部榜示,朝覲後入城赴部,投遞職名,候過堂考察畢,吏部請旨引見。前期一日,仍赴吏部歇宿。次日早,齊集午門外。鴻臚寺官引至保和殿前,東西兩班排立。内閣官捧諭旨,交與鴻臚寺官。禮部堂官奏請皇帝陞保和殿座,鴻臚寺官引朝覲各官排班北向立,鳴贊官贊有旨,各官俱跪。鴻臚寺官捧諭旨宣讀畢,各官行三跪九叩頭禮,退立原班。禮部堂官由殿左門進。奏禮畢,皇帝還宫。吏部、禮部、鴻臚寺官引朝覲各官至太和門東丹墀内排坐,光禄寺備茶。賜茶畢,各退。如布按及代覲道官有條奏本章,吏部題請定期,御乾清門,通政司堂官分班引見,科道掌印官、左右侍儀、吏部、都察院堂官侍立階下。啓奏畢,皇帝回宫,各退。朝覲各官,於常朝日,詣闕謝恩辭朝,各回。卓異官,給賞補服緞袍各一件,由工部備辦,交與禮部分給。

〔朝門禁例〕

國初定:凡大清門及宫門兩翼等門,俱令大臣侍衛護軍等嚴加謹守,查問出入人員。内門,除值日人員外,不容閒雜人混留。凡大臣侍衛等,俱於大清門朝夕齊集。大清門内外,不許互相背坐,不許在御道上坐。凡親王以下出入,不許由御道上行。〇又定:王以下文武各官入朝,至下馬牌處下馬,停止儀仗。親王、郡王、貝勒各帶護衛二員隨入,貝子各帶護衛一員。其餘官員,不許跟隨人役入朝。〇順治三年定:親王入朝,至午門外下馬降輿。〇八年題准:官民人等,孝服白帶摘纓者,不許進紫禁城。大清門下馬牌石欄前,不許民人貿易。〇九年題准:凡滿洲諸臣入朝,除内大臣、護軍統領、護軍參領、侍衛以外,其餘諸王及公侯伯大臣以下各部院衙門官員,俱由午門進,不許由東華門、西華門、神武門進。親王隨護衛六員,世子郡王隨護衛五員,貝勒隨護衛四員,貝子隨護衛三員,公隨護衛二員,民公、侯、伯、都統、精奇尼哈番、護軍統領、副都統、尚書、侍郎許隨人役一名。其餘官員入午門,不許隨從。〇又定:凡親王以下貝勒以上,進宫門,許隨護衛一員。貝子以下,不許隨進。〇十年題准:凡漢大臣,進午門，照九年所定；滿洲大臣，例許隨人役一名。〇康熙元年題准：凡親王以下公以上，進午門時，隨從人數照順治九年例。如詣御前，止許隨護衛一員。〇六年題准：親王、郡王進午門時，止許隨護衛二員。貝勒以下公以上，許隨護衛一員。〇二十一年題准：親王以下公以上，進午門時，隨從人數，仍照順治九年例。如詣御前，王、貝勒年未滿十六歲者，許隨護衛二員。〇又定：凡親王以下及文武各官，如奉欽召入朝，許由東華門等三門進。其諸王、貝勒年未滿十五歲者，及内閣、翰林院、詹事府官員，許由東華門等三門進。〇二十三年題准：大内中路，係鑾輿經行御道，不許官民行走。午門内，交與守門該班護軍、參領、護軍校；午門外，交與兵部兩翼；闕門、天安、大清等門，交與該班步軍校步兵，嚴加察緝。如有直行御道上者，係官，交該部題參議處；係兵民，送刑部治罪。如該班官員兵丁徇情不舉，被科道官糾參者，該班官員兵丁，一并交部議處。〇二十七年題准：禁地會議大臣，不許向諸王跪語。〇三十六年覆准：六十歲以上老人、病人及婦人，願乘轎者，許皇城内乘轎。〇六十一年十二月諭："年老大臣，俱皇考舊用之人，自午門外步行進内奏事，甚爲勞苦。將六十五歲以上大臣名次開列具奏，許令乘馬。由東華門入者，至箭亭傍下馬。由西華門入者，至内務府衙門前下馬。其有年雖未至六十五歲，而所管領事務甚繁，朕常召入問話者，亦令乘馬。"〇雍正五年覆准：嗣後，紫禁城内，除親王、郡王及六十歲以上大臣官員，仍照從前定例，於皇城内許乘轎外，其貝勒、貝子、公、民公、侯、伯、内大臣、大學士、都統、尚書、漢文官三品以上乘轎者，於皇城外下轎易馬入。其應乘轎之大臣官員所乘空轎，不得當中道排列，令其於僻静處安置，不許轎役羣集諠譁，違者治罪。至民間六十歲以上老人，并婦女及患病人等，俱許乘轎，不在禁例。

大清會典卷之五十九

禮部儀制司

〔上尊號徽號〕

天命元年，貝勒大臣官員恭上尊號爲"覆育列國英明皇帝"。○崇德元年，内外貝勒文武各官恭上尊號爲"寬温仁聖皇帝"。○康熙三十六年，中外臣民合辭擬上尊號爲"聖神文武大德廣運皇帝"。奉旨："今邊寇已除，撫綏休養，正切勤求。雖崇上尊號，於朕事功無所增益。不准行，更無庸屢奏。"○五十二年，恭逢聖祖仁皇帝六旬萬壽。中外臣民於五十一年請上尊號。奉旨："朕臨涖日久，每於讀書鑒古之餘，思念君天下之道，惟以實心爲本，以實政爲務。若誇功德，侈祥瑞，加上尊號，以取虚名，無益治道，朕所不取。以前諸王大臣屢有奏請，朕手書批示，諭以斷不允行之故。歷旨甚明，所奏知道。"

〔上太皇太后皇太后尊號徽號〕

登極之初，奉聖祖母皇太后爲太皇太后，奉聖母皇后、妃爲皇太后，則有上尊號禮。至國家有大慶典，則有加上徽號禮。或四字，或二字，遞進以極推崇之義。蓋以隆尊養，昭孝治也。歷年禮儀，並列於篇。

順治八年，世祖章皇帝躬親大政，恭上聖母孝莊文皇后尊號曰皇太后，上徽號曰昭聖慈壽皇太后。○是年八月，世祖章皇帝以大婚禮成，加上昭聖慈壽皇太后徽號曰昭聖慈壽恭簡皇太后。○十一年，世祖章皇帝以大婚禮成，加上昭聖慈壽恭簡皇太后徽號曰昭聖慈壽恭簡安懿皇太后。○十三年，因封皇貴妃，加上昭聖慈壽恭簡安懿皇太后徽號曰昭聖慈壽恭簡安懿章慶皇太后。○聖祖仁皇帝嗣位之次年，改元康熙，上皇太后尊號曰太皇太后，加上徽號曰昭聖慈壽恭簡安懿章慶敦惠太皇太后；上母后尊號曰皇太后,上徽號曰仁憲皇太后;上母妃尊號曰皇太后,上徽號曰慈和皇太后。時以世祖章皇帝三年未滿,不奏書,不行禮,不朝賀。前期遣官告祭,次日進表、頒詔天下,俱如常儀。〇四年,聖祖仁皇帝以大婚禮成,加上昭聖慈壽恭簡安懿章慶敦惠太皇太后徽號曰昭聖慈壽恭簡安懿章慶敦惠温莊太皇太后,加上仁憲皇太后徽號曰仁憲恪順皇太后。〇六年,聖祖仁皇帝躬親大政,加上昭聖慈壽恭簡安懿章慶敦惠温莊太皇太后徽號曰昭聖慈壽恭簡安懿章慶敦惠温莊康和太皇太后,加上仁憲恪順皇太后徽號曰仁憲恪順誠惠皇太后。〇十五年,加上昭聖慈壽恭簡安懿章慶敦惠温莊康和太皇太后徽號曰昭聖慈壽恭簡安懿章慶敦惠温莊康和仁宣太皇太后,加上仁憲恪順誠惠皇太后徽號曰仁憲恪順誠惠純淑皇太后。〇二十年,滇黔蕩平,加上昭聖慈壽恭簡安懿章慶敦惠温莊康和仁宣太皇太后徽號曰昭聖慈壽恭簡安懿章慶敦惠温莊康和仁宣弘靖太皇太后,加上仁憲恪順誠惠純淑皇太后徽號曰仁憲恪順誠惠純淑端禧皇太后。〇六十一年十一月二十日諭禮部:"朕惟君國之道,必崇孝理。化民之本,務重尊親。欽惟我聖母仁承天德,順恊坤儀,恭儉温慈,懋昭淑範,恩勤顧復,誕育眇躬。朕纘荷鴻圖,恭承懿訓,顯揚聖善。儀典宜隆,式考舊章,恭上皇太后尊號。"諸王大臣欽遵上諭,請上聖母尊號徽號。奉懿旨:以聖祖仁皇帝梓宫奉移山陵未畢,不受尊稱。諸王大臣懇請再三,始蒙慈允。禮部請於雍正元年恭造金册金寶儀仗等告成後,擇日恭上册寶典禮,恭上尊號曰皇太后,上徽號曰仁壽皇太后。時皇太后追念先皇帝,哀慕彌深,不允行禮。皇上敬遵慈諭,册寶典禮,俟聖祖山陵事畢舉行。

上太皇太后皇太后尊號徽號儀總例列於前,條目分載於後。

一、前期一日,遣官各一員,告祭天地宗廟社稷。

一、前期一日,皇帝詣太皇太后、皇太后宫上奏書。

一、本日,皇帝詣太皇太后、皇太后宫恭上册寶,行禮慶賀,頒詔天下。

或於次日行慶賀禮,頒詔天下,隨時奏定。

皇帝躬上奏書儀

前期一日,内閣、禮部官,先於皇太后宫設黄案一於丹陛正中,又設黄案一於中和殿内正中,置奏書於殿中案上。順治八年,用滿洲、蒙古、漢字三體奏書。奏請皇帝陞殿。皇帝閲奏書畢,内閣大學士捧奏書前導,皇帝陞輿。至皇太后宫門外,皇帝降輿,入宫門,於丹陛上東旁立。禮部堂官傳内監奏請皇太后陞座。皇太后御内殿,樂作,陞座,樂止。大學士捧奏書於東旁侍立。引禮官恭導皇帝至正中拜位立,鳴贊官奏跪,皇帝跪。大學士二員,一員捧奏書跪進於皇帝左,一員跪祗俟於皇帝右。皇帝受奏書恭獻訖,授右旁大學士接置案上。鳴贊官贊宣奏書,滿漢大學士從案上捧奏書次第宣畢,復置案上。順治八年,有蒙古字奏書,用蒙古侍讀宣讀。鳴贊官奏叩、興,皇帝行三跪九叩頭禮,興,還至東旁原位立。内監奏請皇太后還宫,樂作,進宫,樂止。皇帝出,陞輿,還宫。太皇太后儀同。

皇帝躬上册寶儀

是日早,内閣、禮部官赴皇太后宫,設黄案一於丹陛正中,又設黄案一於左旁。王以下公以上,俱朝服,於午門内序立。滿洲蒙古漢軍民公、侯、伯、都統、精奇尼哈番、副都統、滿漢尚書、侍郎等官,於左翼門外序立。文武百官於午門外兩旁排立。皇太后儀仗全設於宫門前。皇帝鹵簿大駕全設於太和殿前。内閣設綵亭二座,捧置册、寶。校尉舉亭,册前寶後。内閣、禮部官導引,自内閣起,由太和門中道至太和殿前陳設。親王以下公以上,在綵亭後隨進,於丹墀内排立。禮部官奏請皇帝具禮服,陞殿。閲册寶畢,校尉舉亭從中門出,内閣、禮部官前導,皇帝陞輿,隨綵亭後,詣皇太后宫。王以下公以上,俱隨後行。民公、侯、伯以下各官候駕至,俱跪,候過起,隨後行。至皇太后宫門外,綵亭於宫門外停止。皇帝降輿,入宫門,於丹陛東旁立。内監奏請皇太后陞座。皇太后禮服御内殿,樂作,陞座,樂止。捧册寶官各一員,於綵亭内捧册寶由中道進,置左旁案上。引禮官恭導皇帝至正中拜位立。王以下公以上,在宫大門内排立;民公、侯、伯、都統、尚書以下,副都統、侍郎以上,在宫大門外兩旁北向排立。班齊,奏跪,皇帝率王以下諸大臣皆跪。鴻臚寺官奏進册寶,捧册寶官從案上各捧起,依次跪進於皇帝左,接册寶官跪祗俟於皇帝右。皇帝依次祗受恭獻,授右旁官,接置正中案上。鳴贊官贊宣册,宣册官從案上捧册,跪,宣畢;次贊宣寶,宣寶官從案上取寶,跪,宣畢,捧册寶仍置案上。四女官舉册寶黄案,置皇太后宫門階上。鳴贊官奏叩、興,樂作,皇帝率王以下諸大臣行三跪九叩頭禮,興,樂止。行禮時,由内接傳。凡在午門外排班衆官,亦隨行三跪九叩頭禮。鳴贊官奏禮畢,皇帝退至東旁原位立。内監奏請皇太后還宫,樂作,進宫,樂止。皇帝陞輿,還宫,諸王衆官皆退。次日,皇帝御太和殿,諸王率文武百官上表行慶賀禮,頒詔天下,如常儀。太皇太后儀同。

太皇太后皇太后並上尊號皇帝同日躬進奏書儀

是日，太皇太后、皇太后儀仗全設宫門前。禮部、鴻臚寺堂官，預赴太皇太后宫、皇太后宫，各設黄案一於宫前丹陛正中，又設黄案一於隆宗門外，又設黄案一於中和殿内正中。大學士捧奏書置匣内，由中道之左至中和殿案前，設太皇太后奏書匣於正中，皇太后奏書匣於東旁。稍後，預捧奏書出匣。陳設畢，禮部堂官奏請，皇帝具禮服，陞殿，至案前，北面立。閱奏書畢，仍置匣内。大學士二員捧奏書，禮部堂官導引前行，皇帝陞輿，由右翼門出。皇太后奏書，暫設於隆宗門外案上。皇帝至永康左門外，降輿，禮部堂官導引，捧奏書大學士前行，由慈寧門之中階入，至中門西旁東向立。禮部堂官恭導皇帝由東旁上階，至丹陛上東旁立。禮部堂官傳内監奏請太皇太后陞座。太皇太后禮服御内殿，樂作，陞座，樂止。大學士捧奏書進丹陛上東旁立。禮部堂官恭導皇帝詣正中拜位立。鳴贊官奏跪，皇帝跪。大學士二員，一員捧奏書跪於皇帝左，一員跪祗俟於皇帝右。皇帝受奏書恭獻，授右旁大學士，接置正中案上。鳴贊官贊宣奏書，宣讀官由案上捧起，跪，宣訖，仍置案上。鳴贊官奏叩、興，樂作，皇帝行三跪九叩頭禮，樂止。鳴贊官奏禮畢，皇帝還東旁立。内監奏請太皇太后還宫，樂作，進宫，樂止。皇帝出，陞輿，詣皇太后宫行禮。禮部堂官導捧奏書大學士前行，至壽昌門西旁東向立。皇帝獻奏書行禮，一應儀注，俱與太皇太后前行禮同。禮畢，皇帝還宫。

太皇太后皇太后並上尊號皇帝同日躬上册寶儀

是日，禮部鴻臚寺堂官預赴太皇太后宫、皇太后宫，各設黄案一於宫前丹陛正中，又各設黄案一於左旁，又各設黄案一於門正中。太皇太后、皇太后儀仗全設，皇帝鹵簿、大駕陳設太和門前。王以下入八分公以上，俱朝服，於常朝處齊集。未入八分公以下鎮國將軍以上、内大臣、侍衛、都統、精奇尼哈番、滿漢大學士、尚書等官，俱朝服，於雍和門外齊集。文武各官，俱朝服，於午門外齊集。内閣、禮部堂官設册寶綵亭四座，校尉舉亭，自内閣起，由中路至太和門内，設太皇太后册寶綵亭於正中，設皇太后册寶綵亭於東旁。稍後，鴻臚寺官引王以下入八分公以上，至太和門丹墀，分翼排立。禮部堂官奏請，皇帝具禮服，鳴鐘鼓，御太和殿。閱册、寶畢，康熙二十年，太和殿未成，於太和門行禮。内閣、禮部堂官捧置亭内，校尉舉亭，次第前行。皇帝陞輿，禮部堂官前導，詣太皇太后宫，作中和樂。王、貝勒、貝子、公等隨後行，至雍和門齊集。諸大臣侍衛跪候駕過，隨行至永康左門。皇太后册寶綵亭二座,以次各暫設於隆宗門外少俟奉太皇太后册寶綵亭,由中路前行。皇帝降輿,隨後行,至太皇太后宮門内丹陛上東旁立。大學士於亭内捧出册寶,置門内所設案上。内監奏請太皇太后陞座,太皇太后禮服,御内殿,樂作,陞座,樂止。大學士捧册寶由中門進,設册寶於正中案上,設册寶文於東旁案上。皇帝詣正中拜位立,王以下公以上在門内,大臣侍衛在門外排立。鳴贊官奏跪,皇帝跪,王等諸臣皆跪。鳴贊官贊進册寶,大學士二員,一員由案上捧册寶依次跪進於皇帝左,一員跪祗俟於皇帝右。皇帝祗受恭獻,授右旁大學士,接置正中案上。鳴贊官贊宣册寶,宣讀官從案上捧册寶文,以次跪宣畢,仍置案上。四女官舉册寶案,置宮門外正中。鳴贊官奏叩、興,皇帝行三跪九叩頭禮,興,王等諸臣皆隨後行禮。其行禮時,作樂。設御史於慈寧宮門外、永康左門外、午門外三處侍儀。其午門外齊集各官,鴻臚寺官由内接傳,亦隨班行禮。鳴贊官奏禮畢,皇帝還位立。内監奏請太皇太后還宮,樂作,進宮,樂止。皇帝出,陞輿。禮部堂官恭導皇帝詣皇太后宮恭獻册寶。其禮儀與太皇太后前行禮同。設御史於壽昌門外及羣臣班末二處侍儀。

康熙元年太皇太后兩宮皇太后並上尊號停止行禮仍恭進奏書册寶儀

是日,值班内大臣、侍衛、内院、禮部官,俱朝服,齊集内院,設太皇太后兩宮皇太后册寶綵亭六座,校尉舉亭,内院、禮部官前引太皇太后册寶綵亭,至太和殿正中陳設,仁憲皇太后册寶綵亭設於東旁,慈和皇太后册寶綵亭設於西旁,俱稍後。陳設畢,禮部官奏聞。聖祖仁皇帝禮服,陞殿,閲册寶畢,校尉舉亭次第先行,乘輿隨後。内大臣、侍衛、内院、禮部官,隨駕出右翼門,至太皇太后宮門外,降輿,綵亭俱止。捧册寶官從亭内捧太皇太后册寶進宮,置黄案上。禮部官恭導聖祖仁皇帝於丹陛正中,跪。大學士捧册寶跪進,聖祖仁皇帝受册寶並奏書,次第獻,畢,大學士依次跪接,仍置各案上。女官舉册寶案進宮。畢,聖祖仁皇帝出,陞輿,率内大臣、侍衛、内院、禮部官,至仁憲皇太后宮,次至慈和皇太后宮,照前次第進獻册寶。畢,駕還宮。是日,一應鹵簿儀仗俱不設。

皇后恭詣皇太后宮慶賀儀照順治八年八月題定儀注開載。

恭上尊號之明日,皇太后儀仗全設。公主等先齊集於皇太后宮,隨從皇太后女官,先於皇太后前行禮。王妃、郡主以下,郡君、輔國公夫人及民公、都統、精奇尼哈番、尚書等官命婦以上,在左翼門外齊集。候皇后陞輿,由太和殿中左門出,至左翼門,王妃等俱隨後至皇太后宫門外。皇后降輿,率王妃等進至門内,奏請皇太后陞座。皇太后禮服,御内殿,樂作,陞座,樂止。皇后率公主、王妃等前進,四女官前引,行六拜三跪三叩頭禮。畢,皇太后還宫,樂作,進宫,樂止。命皇后、公主、王妃、郡主等大臣命婦進宫,賜茶。畢,皇后出,乘輿,還宫。王妃等及大臣命婦隨至左翼門外,候皇后進宫,衆俱退。太皇太后儀同。

皇貴妃以下詣太皇太后宫皇太后宫慶賀儀照康熙二十年題定儀注開載

是日,公主、王妃以下,縣君、鎮國將軍夫人以上,民公、侯、伯、都統精奇尼哈番、内大臣、大學士、尚書等官命婦以上,俱朝服,在永康右門外齊集。其引禮前引後隨大臣命婦,俱朝服,在右翼門齊集,禮部引至隆宗門。禮部堂官傳内監奏請皇貴妃等詣太皇太后宫行禮。皇貴妃、貴妃、諸妃禮服,陞輿,依次出隆宗門,赴慈寧宫。其引禮大臣命婦前導,公主、王妃以下、大臣命婦等,後隨至永康左門,降輿,入慈寧門内,丹陛上西旁立。引禮命婦傳内監奏請太皇太后陞座。太皇太后禮服,御内殿,樂作,陞座,樂止。皇貴妃等前進,皇貴妃在左,貴妃在右,諸妃分左右立稍後,率公主、王妃以下大臣命婦依次排立,行六拜三跪三叩頭禮,樂作,禮畢,樂止。皇貴妃等復原位立。内監奏請太皇太后還宫,樂作,進宫,樂止。皇貴妃等出宫,乘輿,引禮命婦前導,赴皇太后宫行禮,與太皇太后前行禮同。禮畢,皇貴妃等還宫。公主、王妃以下、大臣命婦等皆退。

公主王妃以下詣皇太后宫行禮慶賀儀照順治八年二月題定儀注開載。

恭上尊號之明日,皇太后儀仗全設。公主、王妃以下,郡君、輔國公夫人及民公、都統、精奇尼哈番、尚書等官命婦以上,俱朝服,齊集於皇太后宫門外,分翼排立。隨從皇太后女官,先進宫内,於皇太后前行禮。次公主、王妃等及大臣命婦,皆進宫門内立。内監奏請皇太后陞座。皇太后禮服,御内殿,樂作,陞座,樂止。四女官引公主、王妃等及大臣命婦前進,行六拜三跪三叩頭禮。畢,皇太后還宫。命公主、王妃等及大臣命婦,俱進宫内,賜茶。畢,衆皆出。

〔尊封太妃儀〕

順治九年,尊封太宗文皇帝二妃曰皇考懿静大貴妃、皇考康惠淑妃。前期一日,遣官祭告太廟,如常儀。是日,設黄幄二於皇太后宫前,東西相向;設二妃座於幄内,大貴妃在東,淑妃在西;設二妃儀仗於丹墀内,大貴妃儀仗在東,淑妃儀仗在西。内院、禮部堂官於二妃座前,各設黄案一,左旁各設黄案一。是日，鹵簿大駕全設於太和殿前。内院官捧册，各置綵亭内，大貴妃册亭在前，淑妃册亭在後。校尉舉亭，内院、禮部官朝服前引後隨，由中道進，至太和殿内，設大貴妃册亭於東旁，設淑妃册亭於西旁，俱南向。陳設畢，禮部官奏聞。世祖章皇帝具禮服，御殿，午門鳴鐘，作中和樂，閲册。畢，校尉舉亭，世祖章皇帝陞輿，率内大臣侍衛、内院、禮部堂官由左翼門出。至二妃宫院前，設册亭於門外，世祖章皇帝降輿入。内監奏請大貴妃、淑妃陞座。二妃各具禮服，陞座。大學士二員捧册由中道進，置左旁黄案上。禮部堂官恭導世祖章皇帝至行禮處立。内大臣、侍衛，在宫門外丹墀排立。鳴贊官贊進册，大學士從左旁黄案上捧册次第跪進。世祖章皇帝次第立受，獻訖，授右旁禮部堂官，二員以次跪接，置二妃座前黄案上。鳴贊官贊宣册，先宣懿静大貴妃册，大學士從案上捧册，跪宣滿洲蒙古漢字三體册文畢，仍置案上，次捧康惠淑妃册，照前跪宣畢，四女官舉册案進二妃座前。鳴贊官奏行禮，世祖章皇帝於二妃前共行三跪九叩頭禮，内大臣、侍衛於宫門外隨行禮。鳴贊官奏禮畢，世祖章皇帝轉立東旁。内監奏請二妃還宫。世祖章皇帝出，陞輿，樂作，還宫，樂止。是日，諸王各官不齊集，公主、王妃以下、大臣命婦不行禮。〇次日，行慶賀禮。鹵簿、大駕全設於太和殿前。王以下文武官員，俱朝服，在常朝處齊集。禮部堂官奏請陞殿。世祖章皇帝具禮服，御中和殿，陞座。内大臣、侍衛、内院、禮部、都察院、鴻臚寺各執事官行三跪九叩頭禮。畢，不贊。王、貝勒等由太和門兩旁入，文武各官由午門兩掖門入，齊集太和殿前。王以下公以上在丹陛上，文武各官在丹墀下立。世祖章皇帝御太和殿，陞座，作中和樂。鑾儀衛官贊鳴鞭，丹墀下三鳴鞭。鳴贊官贊排班、贊進、贊跪，王以下文武各官，行三跪九叩頭禮。鳴贊官贊退，衆退立原班。諸王在太和殿内，貝勒以下文武各官在丹墀内。賜坐，賜茶，俱行一叩頭禮。贊鳴鞭，丹墀下三鳴鞭，作樂，駕還宫，樂止。衆皆出。〇十八年，聖祖仁皇帝尊封皇祖妃爲壽康太妃。前期一日，遣官祭告太廟，如常儀。是日，内院禮部官捧册寶置黄案上，禮部執事人員送至太妃宫門前。女官捧册寶進，太妃受册寶訖，儀仗交内鑾儀衛存貯，不陳設。〇康熙十五年，尊封世祖章皇帝四妃曰皇考恭靖妃、皇考淑惠妃、皇考端順妃、皇考寧慤妃。一應儀注，俱與順治十八年同。〇雍正二年，尊封皇考皇貴妃、皇考貴妃、皇考密妃、皇考定妃、皇考通嬪，照康熙十五年例。前期一日，各遣官一員，祭告太廟、奉先殿。是日，陳設皇考皇貴妃、皇考貴妃、皇考密妃、皇考通嬪儀仗於各宫門外,設皇考定妃儀仗於邸第妃所住處門外,内鑾儀衛各設妃嬪册實印綵亭於内閣門外。欽天監候報吉時,内閣、禮部官各捧册寶印依次安置各綵亭内。校尉舉亭,亭前各列御仗一對,送至各宫,交内監收進。其定妃册印,由東華門出,送至邸第住處收進。女官接進册寶印,各宫閲視收受。

大清會典卷之六十

禮部儀制司

〔册立皇后〕

册立中宫嫡妃爲皇后禮

崇德元年，孝端文皇后以嫡妃正位中宫，行册立禮。○雍正元年二月諭："欽奉皇太后諭旨：'風化之基，必資内輔。人倫之本，首正坤儀。此天地之定位，帝王之常經也。嫡妃那拉氏懿範性成，徽音素著。孝敬盡乎承歡，惠慈彰於逮下。宜承光宸極，顯號中宫。應立爲皇后，以宣壼教。欽此。'朕遵慈訓，立嫡妃爲皇后。"欽天監擇吉於十二月二十日行册立禮。前期一日，遣官各一員，告祭天地太廟，皇帝親詣奉先殿告祭。是日，册立禮成。次日，頒詔天下。○禮部奏請，禮成次日，王以下文武各官，於皇帝前進表，行慶賀禮。公主、王妃以下大臣命婦以上，進宫，於皇后前進箋，行慶賀禮。奉旨："上朕賀表行禮及皇后前進箋行禮之處，俟三年後補行。"

凡禮儀，崇德元年題定：是日，設黄幄於清寧宫前，設黄案於幄内正中，設金册寶案於黄案之東。諸王文武各官，俱於崇政殿前齊集，兩翼序立。皇帝御殿，陞座。内院官捧金册寶置案上，執事官舉以行，内院官二員持節前往，至黄幄前，皇后出迎。内院官捧金册寶置東案上，西向立，次第宣讀滿洲蒙古漢字制册文畢，次第捧金册寶授二女官，二女官跪接，恭獻，皇后次第跪受，轉授侍立二女官，二女官跪接，置黄案上。畢，設金椅於黄案北，皇后陞座，儀仗東西對列於黄案南。内院官持節還，至崇政殿，以册立禮畢復命。於是皇后率公主、王妃、大臣命婦等，至崇政殿序立，於皇帝前行六拜三跪三叩頭禮。畢，皇后還宫，陞座。諸妃率公主、王妃、大臣命婦等,於皇后前行六拜三跪三叩頭禮。諸王文武各官,於皇帝前行慶賀禮。王等率滿洲各官上滿洲表文,鳴贊官贊排班、贊進、贊跪,王等皆跪,内院官捧表跪宣,畢,鳴贊官贊叩、興,王等行三跪九叩頭禮,興。次蒙古諸王大臣上蒙古表文,次漢大臣官員上漢字表文,俱次第宣讀,行禮。賜宴,謝恩。禮畢,皇帝還宮,衆皆退。〇雍正元年題定:是日,禮部、鴻臚寺官設節案一於太和殿内正中,設金册案一於節案之左,設金寶案一於節案之右,設綵亭二於内閣;内監設節案一於皇后宮内之正中,設香案於節案之前,設金册寶案一於節案之左。是日,皇帝鹵簿儀仗大駕全設,教坊司設中和韶樂於太和殿簷下,設丹陛樂於太和門内;内監設皇帝中和韶樂於宮中,丹陛樂於宮前;内鑾儀衛陳皇后儀仗於宮門前。鴻臚寺引王以下文武各官,俱朝服齊集。禮部堂官捧節恭設案上,内閣、禮部堂官捧金册寶置綵亭内。校尉舉亭,入太和門。停,候於階下。内閣、禮部堂官捧金册寶由中階入太和殿,置各案上。正副使及執事各官,於丹墀東西向立。欽天監報吉時已屆。禮部堂官奏聞。皇上具禮服,御太和殿,陞座,中和韶樂作,贊鳴鞭,階下三鳴鞭。鴻臚寺官引正副使及執事官就拜位立,贊排班,贊進,贊跪、叩、興,正副使以下,行三跪九叩頭禮,丹陛大樂作,興,禮畢,樂止。鴻臚寺官引正副使至丹陛上北向立,鳴贊官立於殿前之東西向。贊有制,正副使跪。宣制官立於殿中門之東西向,宣制曰某年月日册立嫡妃某氏爲皇后,命卿等持節行禮。宣畢,大學士等持節授正使,正使跪,受節,起。内閣、禮部、鴻臚寺官舉金册寶案依次出,至階下,捧金册寶置各綵亭内。校尉舉亭,前列黄蓋、御仗,由御道出太和門。王以下公以上,進殿内坐,賜茶。畢,皇上還宮,王等俱出。正副使持節,至景運門外,以節授内監。内監持節,舉金册寶綵亭,依次行,至皇后宮門外,持節,捧金册寶入。皇后具禮服,迎於宮門内之右,立,候金册、寶、節過,皇后隨後入宮,就拜位立。内監捧金册、寶、節置各案上。内贊女官導皇后跪。贊宣制册,女官就案捧制册文。宣畢,授侍左女官,女官跪接金册,授皇后,皇后受金册,轉授侍右女官,女官跪接,起立。贊宣金寶,女官就案捧金寶文。宣畢,授侍左女官,女官跪接金寶,授皇后,皇后受金寶,轉授侍右女官,女官跪接,起立。皇后興,行六拜三跪三叩頭禮。册立禮畢,内監捧節出宮,皇后送節於宮門内之右,還宮。内監持節出,至景運門内,將節授正副使。正副使持節,至後左門,以册立禮畢復命。禮部堂官傳該内監奏聞。皇帝御内殿,陞座,中和韶樂作。女官導皇后於皇帝前行六拜三跪三叩頭禮,丹陛樂作。禮畢,内監奏請。皇帝還宫,中和韶樂作,女官導皇后還宫。其同日册封之貴妃,率齊妃、熹妃、懋嬪、裕嬪,赴皇后宫門内兩旁立。引禮女官傳該内監奏請皇后陞座,丹陛樂作,貴妃率齊妃、熹妃、懋嬪、裕嬪行六拜三跪三叩頭禮。禮畢,退立原位。引禮女官傳該内監奏請皇后還宫,丹陛樂作,還宫,樂止。貴妃等俱出。

雍正三年十月初六日,行慶賀册立皇后禮儀

是日早,鹵簿儀仗於太和殿前陳設,大駕於午門外陳設,中和韶樂於殿簷之東西陳設,丹陛大樂於太和門内之東西陳設。禮部官捧王以下文武各官所進慶賀表文,安亭内。鑾儀衛校尉舉亭,教坊司鼓樂前導,由東長安門至午門外東旁。陳設畢,禮部官將表文從亭内捧出,由午門東門入至太和殿内,恭置表案上。和碩親王以下,文武有頂帶官員以上,俱朝服,在常朝處齊集。禮部堂官奏聞。皇帝具禮服,出午門,鳴鐘鼓,皇帝陞中和殿,内大臣、侍衛、内閣、翰林院、起居注、禮部、都察院、鴻臚寺執事各官行三跪九叩頭禮。不贊。禮畢,皇帝陞太和殿,中和韶樂作,王以下入八分公以上在丹陛上,文武官員在丹墀内,各照品級分翼排立。内鑾儀衛官贊鳴鞭,階下三鳴鞭。鳴贊官贊排班、贊進、贊跪、贊宣表。宣表官從案上捧表,至太和殿簷下正中跪,大學士二員,左右跪,展表。宣表官宣畢,興,仍置於表案上。鳴贊官贊叩、興,王以下衆官行三跪九叩頭禮,丹陛大樂作,禮畢,樂止。贊退,王以下衆官俱復原位立。内鑾儀衛官贊鳴鞭,階下三鳴鞭,中和韶樂作,皇帝還宫。○是日,公主、王妃以下、大臣命婦以上,皇后前進箋,行慶賀禮。内鑾儀衛陳設皇后儀仗於宫門前,内監設丹陛樂於皇后宫前。引禮女官引公主、王妃、郡主以下,公、侯、伯、内大臣、都統、大學士、尚書命婦,詣皇后宫門内兩旁立。引禮女官傳内監奏請。皇后具禮服,陞座,丹陛樂作。引禮女官引公主、王妃、郡主以下,宗室公等夫人以上,在丹陛上,民公、侯、伯、内大臣、都統、大學士、尚書命婦,在丹墀兩旁下排立。聽贊禮女官贊進,贊跪、叩、興,行六拜三跪三叩頭禮,丹陛樂作,禮畢,樂止。贊退,公主、王妃、郡主以下,大臣命婦,皆退於原立處立。引禮女官傳内監奏請皇后還宫,丹陛樂作。禮畢,公主、王妃、郡主、命婦等皆出。

册立妃爲皇后禮

康熙十六年諭:"朕恭奉聖祖母太皇太后慈諭,册立妃公遏必隆之女爲皇后。"欽天監擇吉於八月二十二日行禮。第三日,王以下文武各官進表慶賀。聖祖仁皇帝御殿,行禮,頒詔天下。○擇吉補行納采禮、大徵禮。遣内務府總管官、禮部堂官爲使,併執事各官,俱朝服,齎至邸第。○又諭:册立皇后行納采禮、大徵禮,上表慶賀,頒詔。册封妃嬪不行。○又題准:册立皇后,遣官祭告天地太廟,皇帝親祭奉先殿。册封貴妃、妃,遣官祭告太廟,奉先殿祭告,皇帝親詣行禮。

納采

鞍馬十四　　盔甲十副

金茶筒一具　　銀盆一圓

緞一百疋　　布二百疋

大徵

黄金二百兩　　白金六千兩

金茶筒一具　　銀茶筒二具

銀盆二圓　　緞六百疋

布一千疋　　鞍馬二十匹

馱甲二十副　　常等甲三十副

給賜后父

鑲貂朝服一件　　貂裘一件

時衣一襲　　冠帶靴襪全

給賜后母

蟒緞朝衣一件　　裙一件

時衣一襲。

○又題准:凡立外藩諸王女爲皇后,照此例行。若立在内官員女爲皇后,停給盔甲。其奉侍來京皇后親屬,應給賜者,該部院請旨行。○二十八年七月初九日諭:"朕欽奉皇太后諭旨:'皇貴妃孝敬性成,淑儀素著,鞠育皇子,備極恩勤。今忽爾遘疾,勢在瀕危,予心深爲軫惜。應即立爲皇后,以示寵褒。'前者九卿諸臣屢以册立中宫上請,朕遷延未許。今祇遵慈諭,立皇貴妃佟氏爲皇后。"○初十日,行册立禮。

康熙十六年題定儀注

前期一日,遣官各一員,祭告天地太廟,皇帝親祭奉先殿。是日,禮部、鴻臚寺官,設節案一於太和殿正中,設金册案一於節案之左,設金寶案一於節案之右,設綵亭二於内閣;鑾儀衛陳皇帝鹵簿大駕;教坊司設樂,如常儀。内監設節案一於皇后宫内之正中,設香案一於節案之前,設金册案、金寶案各一於節案之左。太皇太后、皇太后、皇后儀仗車輅陳於各宫門前。王以下各官,俱朝服齊集。内閣、禮部堂官捧金册、寶、節,置綵亭内。校尉舉亭,先節,次金册、寶,由御道入太和門丹墀内。綵亭停,候於階下,内閣、禮部堂官捧節,次金册,次金寶,陞雲陛入太和殿内,置所設金册、寶節各案上。正副使及執事各官,於丹墀東排班西向立。欽天監堂官,率本監漏刻科博士二員,候占於乾清門,報吉時已屆。禮部堂官奏請皇帝陞殿。皇帝具禮服,御太和殿,鳴鐘鼓,作中和樂,閱册寶畢,陞座。鑾儀衛官贊鳴鞭,階下三鳴鞭,如常儀。鴻臚寺官引正副使及執事官各就拜位立,贊排班,贊進,贊跪、叩、興,正副使及執事官各行三跪九叩頭禮,興,丹陛樂作,禮畢,樂止。禮部、鴻臚寺官引正副使至丹陛上北向立,鳴贊官立於殿簷下之東西向。贊有制,正使副使跪,宣制官立於殿中門之東西向,宣制曰某年月日册立妃某氏爲皇后,命卿等持節行禮。宣畢,大學士捧節授正使。正使跪,受節,興,持節前行。禮部執事官舉金册案、金寶案降階,册在前,寶在後,隨行,由中道至階下,捧取金册、寶置各綵亭内。禮部官持節前導,校尉舉亭,前列黄蓋一柄、御仗二對,次第由御道行至太和門、協和門出。賜王以下文武各官坐,賜茶。畢,鳴鞭,作樂,皇帝還宫,樂止。鴻臚寺官引王以下,都統、精奇尼哈番、大學士、尚書以上,及内大臣、侍衛,各預赴隆宗門外,序立,候駕。正副使持節,至景運門外,以金册、寶、節授内監。内監持節,舉金册、寶、亭,以次行至皇后宫門外,捧金册、寶入。皇后具禮服,迎於宫門内之右,旁立,候金册、寶、節過,皇后隨後,入宫,就拜位立。内監捧金册、寶、節置於各案上。内贊女官贊跪,皇后跪,贊宣制册,女官就案捧制册文,宣畢,贊受制册,女官捧金册,恭授侍左女官,女官跪接,恭獻皇后,皇后跪受訖,轉授侍右女官,女官跪接,侍立。次贊宣金寶,女官就案捧金寶文,宣畢,贊受金寶,女官捧金寶,恭授侍左女官,女官跪接,恭獻皇后,皇后跪受訖,轉授侍右女官,女官跪接,侍立。贊興,皇后興,贊行禮,皇后行六拜三跪三叩頭禮。贊册立禮畢,内監捧節出宫,皇后送節於宫門内之右,還宫。内監捧節,至景運門外,以節授正副使,報禮畢。正副使持節,至後左門,以册立禮畢復命。禮部堂官奏請皇帝詣太皇太后皇太后宫行禮。皇帝具禮服,乘輿,出宫,由隆宗門。率王以下大臣以上及内大臣、侍衛等,詣太皇太后宫。至慈寧門之外,降輿,入至慈寧宫檐前丹陛上之東西向立,王以下公以上於丹陛下立,文武大臣内大臣、侍衛於慈寧門之外,二等侍衛三等侍衛於永康左門外分翼序立。

鴻臚寺堂官二員,鳴贊官二員於丹陛上,又鳴贊官二員於丹墀内,又二員於慈寧門之内,又二員於永康左門外,俱相向立。糾儀御史二員於慈寧門之外,又二員於永康左門外侍立。禮部堂官傳該内監奏請太皇太后陞宮。太皇太后禮服,御内殿,樂作,陞座,樂止。皇帝率王等就拜位行禮,如常儀。禮部堂官傳該内監奏請太皇太后還宮。皇帝率王等出,詣皇太后宮行禮,俱如前儀。糾儀御史二員於宮門外,又二員於班末侍立。禮畢,皇帝還宮,王等俱退。次日,陳設太皇太后、皇太后、皇后儀仗車輅樂器於各宮門前。引禮十命婦前導,十二命婦後護,二十八命婦,俱朝服,齊集於隆宗門外。公主以下縣君以上,王妃以下鎮國將軍夫人以上民公、侯、伯、内大臣、都統、精奇尼哈番、大學士、尚書命婦,俱朝服,齊集於永康右門外。禮部堂官傳該内監奏請皇后具禮服,乘輿,出宮。由隆宗門。十二命婦兩行前導,十命婦左右引禮,二十八命婦後護隨行。皇后至慈寧門外,降輿,入至慈寧宮中丹陛上之西東向立,公主、王妃以下命婦以上於丹陛下東西相向序立。八侍衛命婦設皇后拜褥於丹陛上正中。引禮命婦傳該内監奏請太皇太后陞宮。太皇太后具禮服,御内殿,樂作,陞座,樂止。引禮命婦導皇后就拜位立,公主、王妃以下命婦以上及前導後護諸命婦,照品就拜位序立,引禮命婦引皇后率公主等行禮,如常儀,樂作,禮畢,樂止。引禮命婦傳該内監奏請太皇太后還宮。皇后率公主等出,詣皇太后宮行禮,如前儀。皇后率公主等出,公主、王妃以下命婦以上及引禮等諸命婦,候皇后入内,俱退。内女官傳該内監奏請皇帝御内殿,陞座。女官引禮,導皇后於皇帝前,行六拜三跪三叩頭禮。禮畢,皇后還宮。是日,命公主、王妃以下命婦以上免隨行禮,并免公主、王妃以下命婦以上於皇后前行禮。

〔册封〕

册封皇貴妃貴妃妃嬪儀

崇德元年,東關雎宮宸妃,西麟趾宮貴妃,東衍慶宮淑妃,西永福宮莊妃,同日行册封禮。○順治十三年,行册封皇貴妃禮。前期一日,遣官祭告太廟。時世祖章皇帝駕幸南苑,於行在所御殿,閱册寶,命官持節往封。給賜親屬,照八年大婚禮給賜例之半。○康熙十六年,孝昭仁皇后册立禮成。同日,孝懿仁皇后肇封貴妃,又册封安嬪、敬嬪、端嬪、榮嬪、惠嬪、宜嬪、僖嬪。前期一日,遣官一員,以册封貴妃禮祭告太廟。聖祖仁皇帝親詣奉先殿告祭。○二十年,孝懿仁皇后以貴妃晉封皇貴妃,孝恭仁皇后以德嬪晉封德妃,同日封貴妃。又,惠嬪封惠妃,宜嬪封宜妃,榮嬪封榮妃。

諭:"朕恭奉聖祖母太皇太后慈諭:'自古帝王,慎簡淑德。備秩宫闈,以襄内政。歷稽往制,典禮攸隆。'貴妃佟氏温惠端良,壼儀茂著,今進封爲皇貴妃。鈕祜盧氏恭和淑惠,令範克昭,今册封爲貴妃。惠嬪納喇氏、宜嬪郭羅洛氏、德嬪吴雅氏、榮嬪馬佳氏,秉質柔嘉,恪勤内職,今進封惠嬪爲惠妃,宜嬪爲宜妃,德嬪爲德妃,榮嬪爲榮妃。"前期一日,各遣官一員,祭告太廟奉先殿。○三十九年,册封貴妃、和嬪、良嬪。前期一日,遣官各一員,以册封貴妃禮,祭告太廟、奉先殿。○五十七年,册封宣妃、和妃、成妃、密嬪、定嬪、勤嬪。照三十九年例,前期一日,告祭太廟、奉先殿。○是年所封嬪,奉旨:俱給儀仗。照妃儀仗,内減去紅緞瑞草纖拂子各一對,並命補給前封端嬪儀仗。○雍正元年二月,皇上欽遵皇太后諭旨,册封貴妃、齊妃、熹妃、懋嬪、裕嬪。欽天監擇吉於十二月二十日,册立皇后同日行册封禮。前期一日,遣官一員,以册封貴妃齊妃熹妃,祭告太廟。皇帝親詣奉先殿告祭。

崇德元年四妃同日受封儀

是年題准:是日早,設黄幄於清寧宫前,設黄案一於幄内之正中,又設黄案一於黄案之東。諸王文武各官俱於崇政殿前齊集,分翼序立。皇帝御殿,陞座。内院官奏請行册封禮。内院官捧制册,置綵亭内。正副使二員前導,執事員役舉亭前行,至清寧宫前黄幄内。皇妃等出迎。内院官自亭内捧制册,置幄内東旁黄案上,西向立,將滿洲蒙古漢字三體制册文次第宣讀。畢,捧制册分授各侍立女官。女官跪接,捧獻皇妃等。皇妃等次第跪受,轉授侍立女官,女官跪接,置幄内中間黄案上。畢,内院官持節復命。皇妃等率公主、王妃、大臣命婦等,至崇政殿序立,於皇帝前,行六拜三跪三叩頭禮。畢,又詣皇后前,行六拜三跪三叩頭禮。次公主、王妃以下、大臣命婦等,於皇妃前各行四拜二跪二叩頭禮。次皇妃相對行二拜一跪一叩頭禮。各還宫,公主等俱退。

順治十三年世祖章皇帝於南苑遣使持節册封皇貴妃儀

是年題定:禮部官由内院捧制册、寶、節,置綵亭内。校尉舉亭,至南苑。鴻臚寺官設黄案於行在所御殿左。禮部官捧制册、寶、節置案上,奏請御殿。閲册、寶畢,陞座。鴻臚寺官引正副使丹墀下跪,大學士持節授正使,學士捧制册、寶授副使。正副使跪受訖,興,節在前,次制册,次寶,由中路出至門外,置綵亭内。校尉舉亭,送至内院安設。是日,皇貴妃儀仗陳設於皇貴妃宫前,内監陳設各黄案於宫院正中,設香案於各黄案前。

正使官持節在前，副使官捧制册、寶安設綵亭内，依次行至隆宗門外，綵亭停止，捧制册、寶、節授内監，内監跪接，捧進。皇貴妃具禮服，迎於門内，立，候制册、寶、節前行，皇貴妃隨行。至行禮處，内監捧制册、寶、節各置所設案上。内贊女官贊宣制册，皇貴妃跪，女官捧制册立宣於左旁。宣畢，贊受制册，女官跪接，授皇貴妃，皇貴妃受訖，轉授右旁女官，女官跪受，立。次贊宣寶，如宣制册儀。贊興，皇貴妃興，贊行禮，皇貴妃行六拜三跪三叩頭禮。畢，内監持節出，授正副使，告行禮畢。正副使持節復命。次日，設詔書黄案於太和殿東旁，設香亭龍亭於午門外正中。宗室覺羅都統以下，文武各官，俱朝服，齊集午門外。大學士於太和殿内捧詔書出，授禮部尚書，禮部尚書跪受，置雲盤内，高捧，由中道出，至午門外，跪置龍亭内，迎至禮部，頒行，如常儀。

康熙十六年，孝昭仁皇后正位中宫同日孝懿仁皇后肇封貴妃七嬪並受封儀中宫受册禮儀見前。

是日早，禮部鴻臚寺官設黄案八於太和殿内，置貴妃册、寶、諸嬪册於各案上，左右以次排列，又設綵亭九於内閣。内監設香案一，制册、寶、節案三於貴妃宫内，如常儀。設香案各一，制册、節案各二於諸嬪宫内，如常儀。鑾儀衛官陳設鹵簿大駕，教坊司陳設樂器，内鑾儀衛陳設太皇太后、皇太后、皇后、貴妃儀仗車輅於各宫門前。王以下文武各官，俱朝服，齊集，如常儀。内閣、禮部堂官捧制册、寶、節，置綵亭内。校尉舉亭，以次由中道入，至太和門丹墀内，俟於階下。内閣、禮部堂官捧制册、寶、節由中階入太和殿内，置各案上。封使及執事各官，於丹墀内東班西向立。欽天監堂官，率本監科官二員，候占於乾清門。報吉時已屆，禮部堂官奏請皇帝陞殿。皇帝具禮服，御太和殿，鳴鐘鼓，作中和樂。閲册、寶畢，陞座，鳴鞭。鴻臚寺官引封使及執事各官就拜位，贊行三跪九叩頭禮，作丹陛樂，禮畢，樂止。禮部、鴻臚寺官引封使至丹陛上北向立。鳴贊官立於中簷下之東西向，贊有制，封使跪，宣讀官立於殿中門之東西向，宣制曰某年月日册立某氏爲皇后，册封某氏爲貴妃，某氏爲某嬪，命卿等持節行禮。宣畢，閣臣以次捧節授正使，正使跪受，興，持節前行。禮部執事官舉制、册、寶案，次第隨行，由中路下，捧制册、寶，置各綵亭内。校尉舉亭，黄蓋一柄、御仗二對前導，由太和門中出協和門。王以下公以上進殿内坐，賜茶。畢，皇帝還宫。封使持節至景運門，以制册、寶、綵亭併所持節授内監。内監持節，舉制册、寶綵亭行至貴妃宫門外，捧制册、寶入。貴妃具禮服，迎於宫門内之右，立，候制册、寶、節過，貴妃隨入宫，就宫内正中拜位立。内監捧制册、寶、節置黄案上。内贊女官贊跪，貴妃跪，贊宣制册，受制册，次贊宣寶，受寶。行禮，送節，俱與皇后儀同。内監持節，捧制册，進諸嬪宫門。嬪各具禮服，迎於宫門之右，立，候制册、節過，嬪隨入宫，就拜位立。内監捧制册、節置黄案上。内贊女官贊跪，嬪跪，贊宣制册，受制册。行禮，俱與貴妃儀同。内監持節，至景運門内，祇候册立皇后節至，同出，捧節授封使，報禮畢。封使持節，至後左門，以册封禮畢復命。禮部堂官奏請率王以下、内大臣、侍衛詣太皇太后、皇太后宫行禮，如常儀。次日，太皇太后、皇太后、皇后、貴妃各宫儀仗車輅樂器全設。引禮大臣命婦隆宗門外齊集，公主、王妃於永康右門齊集。禮部奏請皇后率貴妃、嬪、公主、王妃以下命婦，詣太皇太后、皇太后前行禮。貴妃隨皇后後，嬪及公主、王妃、大臣命婦，在貴妃後。照常行禮。畢，公主、王妃等，候貴妃回宫，俱退。次貴妃、嬪詣皇帝前行禮，次詣皇后前行禮，如常儀。禮畢，各回宫。次公主、王妃以下命婦以上，詣貴妃所居宫，於貴妃前行二拜禮。畢，各退。是日，公主、王妃、大臣命婦等齊集行禮之處，奉旨俱免。

康熙二十年孝懿仁皇后以貴妃晉封皇貴妃孝恭仁皇后以德嬪晉封德妃同日封貴妃及三妃儀

是年題准：是日，内監設節案於各宫内正中，設香案於節案前，設制册、寶案各二於左各宫，儀仗陳設宫前。至吉時，内閣大臣以次捧節，授各正副使。各正副使跪受，持節前行，次捧制册、寶、印置丹墀綵亭内。校尉舁亭後隨，先皇貴妃，次貴妃，次妃，各張黄蓋一柄、御仗二對，前導出協和門，至景運門外。正副使以制册、寶、印綵亭併所持節授内監。内監持節舉制册、寶、印綵亭進至各宫門外，自綵亭内捧制册、寶、印，隨節進内。各宫於制册、節、寶、印過時，具禮服，跪迎，如常儀。内贊女官贊宣制册，受制册，宣寶，受寶。行禮，送節，各宫俱如常儀。内監持節出，捧節至景運門内，候齊，同出，以節授正副使，報禮畢。正副使持節，至後左門，以册封禮畢復命。停止慶賀。〇三十九年，册封貴妃三嬪儀，與二十年同。〇五十七年，册封三妃晉封三嬪儀，與二十年同。

雍正元年册立皇后同日册封貴妃及二妃二嬪儀

是年題准：是日早，禮部鴻臚寺官，設節案五於太和殿内，設貴妃册寶於案，依次設齊妃、熹妃、懋嬪、裕嬪册印於各案上，設綵亭八於内閣。内監於貴妃宫内之正中，設香案一，前設節案一，左設制册寶案二；於齊妃、熹妃宫内之正中,各設香案一,制册、印、節案三,如前儀;於懋嬪、裕嬪宫内之正中,各設香案一,制册、節案二,如前儀。是日,鹵簿大駕全設。教坊司設中和韶樂於太和殿檐下,設丹陛樂於太和門内。内監設皇帝中和韶樂於宫中,丹陛樂於宫前。内鑾儀衛陳皇后、貴妃、齊妃、熹妃、懋嬪、裕嬪儀仗於各宫門前。鴻臚寺引王以下各官,俱朝服,齊集。内閣、禮部捧制册、寶、印,各置綵亭内。校尉舉亭,以次由中路入太和門丹墀内。綵亭停,候於階下。内閣、禮部捧制册、寶、印由中階入太和殿内,置各案上。封使及執事官於丹墀東西向立。欽天監官報吉時已屆。禮部堂官奏請皇上具禮服,御太和殿,宣制,授節。俱與康熙十六年同。内閣、禮部、鴻臚寺官舉貴妃册、寶案,齊妃、熹妃册、印案,懋嬪、裕嬪册案,依次出至階下,捧制册、寶、印,置各綵亭内。校尉舉亭,前列黄蓋、御仗,由中道出太和門。王以下公以上,進殿内坐,賜茶。畢,上還宫。封使持節,至景運門外,以制册、寶、印、節各授内監。内監各持節,舉綵亭,依次行至貴妃宫門外,持節,捧制册、寶入;至齊妃、熹妃宫門外,持節,捧制册、印入;至懋嬪裕嬪宫門外,持節,捧制册入。貴妃、妃、嬪具禮服,各迎於宫門内之右,立,候制册、節、寶、印過,随入,各就宫内拜位立。内監捧制册、節、寶、印置黄案上。内贊女官贊跪,貴妃、妃、嬪跪。次第贊宣制册、寶、印,受制册、寶、印,次第宣受制册、寶、印。行禮,送節,如常儀。内監持節出,捧節至景運門内,候齊,將節授各正副使。各正副使持節,至後左門,以册封禮畢復命。禮部堂官傳該内監奏請皇上御内殿,陞座,中和韶樂作。女官引貴妃、齊妃、熹妃、懋嬪、裕嬪随皇后後,於皇上前行六拜三跪三叩頭禮,丹陛樂作。禮畢,内監奏請皇上還宫,中和樂作。女官恭導皇后還宫,陞座。貴妃率齊妃、熹妃、懋嬪、裕嬪,行六拜三跪三叩頭禮。禮畢,退立原位。引禮女官傳該内監奏請皇后還宫,丹陛樂作,還宫,樂止。貴妃等俱出。是日,奏請陳設貴妃儀仗。公主、王妃以下大臣命婦等行慶賀皇后禮畢,於貴妃前行慶賀禮。奉旨:貴妃前免行禮。

皇后金册,十頁,三等赤金,每頁十八兩。皇貴妃金册,十頁,三等赤金,每頁十五兩。貴妃、妃,俱與皇貴妃同。嬪金册,四頁,六成金,每頁十五兩。俱由工部成造,文由内閣撰擬。

册封諸王儀

崇德元年定:是日,諸王、貝勒及文武各官,俱於崇政殿前分翼序立。内院官捧制册、印置殿内黄案上,請旨授封。内院官引諸王、貝勒依次進跪殿前。宣制册官及捧制册官，於黄案東西向立。次第宣制册畢，捧制册、印授諸王、貝勒。王等捧受，轉授從官，從官跪接，王等次第各復原位立。册封禮畢，捧制册、印官前行，王等隨後，分翼進至清寧宫前。捧制册印官分翼東西侍立。鳴贊官贊排班，贊進，贊跪、叩頭，王等於皇帝前行三跪九叩頭禮，皇后前行二跪六叩頭禮。畢，捧制册、印官前行，王等隨後，由大清門次第出。即於門前，諸王、貝勒相賀，照封號爵位，對行二跪六叩頭禮。畢，各回府第。諸王妃、貝勒夫人等，各於王、貝勒前行慶賀禮。畢，王府屬員各於王前慶賀，行二跪六叩頭禮；貝勒府屬員各於貝勒前慶賀，行一跪三叩頭禮。〇康熙十二年題准：禮部准宗人府咨具題請旨册封，將正副使官列名，奏請欽點。前期一日，禮部設節案於王殿之正中，設香案於節案之南，設制册、寶郡王爲印，下同。案於節案之東，王府儀仗、樂器設於殿前。是日，禮部設綵亭於太和門外，設制册、寶、節案於太和殿前。禮部官引正副使，自太和殿捧制册、寶、節由太和門出，置綵亭内。正副使等後隨，俱由中路出，至王府。王率本府屬員作樂，迎至府門外，跪，候綵亭過，興，隨亭入殿。正副使捧制册、寶、節置各案上，於節案之東西向立，王於節案之西東向立。往封官引王至拜位，向節案行三跪九叩頭禮，樂作，禮畢，樂止。王進至香案前跪，宣制册官於制册案之東西向立。宣畢，正使捧制册授王，王祗受，轉授從官，從官跪接。副使捧寶授王，王祗受，轉授從官，從官跪接。王興，復位行三跪九叩頭禮，樂作，禮畢，樂止。正副使持節復命。王率本府屬員，作樂，跪送節於府門外。凡封貝勒、貝子等，有制册無印，親王爲寶，郡王爲印。其行禮同，不復載。

册封公主儀

崇德元年定：是日，内院官捧制册，置綵亭内，陳設於崇政殿，請旨授封。持節官前導，次制册亭，次封使亭，至公主府門。公主率侍從婦女迎出儀門之東向西立。設黄案一於府門前，封使自亭内捧制册，置黄案上，由儀門入，設於堂前幄内。設節案於制册案之南，封使於節案之東向西立。公主隨入，於節案之西向東立。封使導公主進至節案之南向北立，行二拜一跪一叩頭禮。畢，跪，宣制册官、展制册官於節案之東西向立，次第宣滿洲蒙古漢字三體制册文。畢，仍置案上，公主行二拜一跪一叩頭禮。宣制册官乃自案上捧制册，授右旁侍女，侍女跪接，授公主，公主祗受，轉授左旁侍女，侍女跪接，公主復行二拜一跪一叩頭禮。畢，封使持節復命。公主送節至儀門外。是日，諸王、貝勒、文武各官，俱於崇政殿前，分翼序立。皇帝陞殿,樂作,陞座,樂止。諸公主由右門至崇政殿,於皇帝前行六拜三跪三叩頭禮。次進清寧宫,於皇后前行六拜三跪三叩頭禮。次詣諸妃前,各行四拜二跪二叩頭禮。畢,皇帝還宫。公主各回府第。各府屬員於本府公主前行慶賀禮。〇順治十一年題准:郡主、縣主、郡君授封禮儀,俱與公主同。

公主册,四頁,每頁五成金十五兩。由工部成造,文由翰林院撰擬。

册封王妃等儀

凡册封親王妃、世子妃、郡王妃、貝勒夫人、貝子夫人,一應行禮、迎送、謝恩儀注,俱與册封公主禮同。受封王妃等,各於王等前行四拜二跪二叩頭禮。屬員妻,各於妃等前慶賀,行四拜二跪二叩頭禮。

大清會典卷之六十一

禮部儀制司

〔耕耤〕

仲春耕耤，以供粢盛，以重農事。我朝舉行鉅典，特命三王九卿爲從耕官。康熙十一年，告祭奉先殿。雍正二年以來，皇上每歲躬耕，三推禮畢，再行一推，以示率先農功至意。耤田嘉禾，歲生至有十三穗者，皆精誠感格所致也。又命直省郡邑，各設耤田。所在官吏，遵行惟謹。其致祭先農壇等儀，别載祀典，兹不並列。

順治十一年二月，世祖章皇帝躬祀先農壇，行耕耤禮。〇又奏准：耆老每名賞布一疋。〇康熙十一年二月，聖祖仁皇帝親行耕耤禮。前期一日，遣官告祭奉先殿。其餘禮儀，俱照順治十一年例行。因值朝日壇齋戒日期，不行慶賀禮，不筵宴，不作樂。〇雍正二年二月，皇上躬祭先農壇行耕耤禮。前期一日，遣官告祭奉先殿。〇是年奏定：頒發耕耤所歌《三十六禾詞》一章及筵宴所奏《雨暘時若》《五穀豐登》《家給人足》三章。奉旨：停止筵宴。耆老農夫，各給賞布四疋。〇三年二月，上親行耕耤禮，如前儀，停止筵宴。四年、五年同。〇四年論："國以民爲本，民以食爲天。朕即位以來，念切民依。舉行耕耤之禮，殫極精誠，爲民祈穀於上帝。乃雍正二年、三年，耤田疊産嘉禾，有至一莖九穗者，朕心亦以爲偶然之事。今據順天府尹進呈，今歲耤田所産，自一莖雙穗三穗，以至八穗、九穗，皆碩大堅好，異於常穀。朕見之心甚慰悦，特令宣示廷臣，並非以此爲祥瑞，誇耀於衆也。蓋實有見於天人感召之理，捷於影響，無纖毫之或爽。朕以至誠肫懇之心，每歲躬耕耤田，以重農事，即蒙上帝降鑒，疊産嘉穀，以昭休應。似此八穗、九穗之數，豈人力之所爲，亦豈人君强之使有乎？天人感應之理,朕見之最真最切,但恐此心不誠耳,誠則未有不動者。即如從前青海蠢動,朕爲邊陲憂慮,虔禱於宫中,不數旬而捷音即至,疆圉寧謐。又,如前歲夏間,近畿雨澤稍愆。朕在宫中默禱,減膳修省,虔誠叩懇,不數日而甘霖大沛,禾稼有秋。此皆近年以來,朕親行親驗之事。至於去年夏秋之間,時常陰雨。朕在宫但覺雨水稍多,不知其大爲民患。督撫並不將畿輔被潦實情具奏,是以朕竟不聞知,未曾早爲虔禱,殫極誠心,以挽天意而舒民困。及該署督詳細奏聞,朕宵旰憂勤,幾廢寢食,於是截漕發倉,多方賑濟,京城設廠,各邑興工,俾窮民皆得餬口。是以地方雖被水災,而小民不致流離失所。朕撫綏憫恤之念,實爲迫切。今歲二麥豐收,禾黍暢茂,此皆上天俯鑒朕衷,故嘉惠黎元,而錫以盈寧之慶也。蓋天生民,而立之君。鑒觀在上,人君一念敬謹,政事無闕,天必嘉之佑之;一念放逸,政事有乖,天必儆之戒之。此一定之理也。況人君撫馭臣庶,位處極尊,所以賞罰之者,獨有上天耳。是以朕每於水旱等事,皆實心内省,必係朕有過失,上天儆戒示譴也。至於各省旱潦之事,朕皆視同一體,原無彼此之别。惟是地方相隔路遠,彼地偶有水旱,有司未必即行具報。及至奏達朕前,而緊急之時已過,是以朕無從盡其誠心,爲之祈禱。此其責則全在本省督撫,以督撫受朕委任之重,爲朕養育萬民,必視百姓之疾苦,如痛癢之在己身。一遇水旱饑饉,必思所以致此之由,或因本省之政事吏治有闕,即思速爲改易之;或因本地之人心風俗不端,即思速爲化導之。兢兢業業,脩省祈禱,竭盡誠心,一如朕之朝乾夕惕,斷無不可以挽回天意者。假若聞朕之政治稍有闕失,即直言陳奏,不必隱諱。如此,則官與民聯爲一體,臣與君又聯爲一體,太和翔洽,實意交孚,天聽雖高,誠呼吸可通矣。朕每歲躬耕耤田,並非崇尚虛文,以爲觀美,實是敬天勤民之至意。《禮》曰,天子爲耤千畝,諸侯百畝①。據此,則耕耤之禮,亦可通於天下矣。朕意欲令地方守土之官,行耕耤之禮,使之知稼穡之艱難,悉農民之作苦;量天時之晴雨,察地力之肥磽。如此,則凡爲官者,皆時存重農課稼之心;凡爲農者,亦斷無苟安怠惰之習,似與養民務本之道,大有裨益。著九卿詳議具奏。"遵旨議定:通行奉天直隸各省,於該地方擇地爲耤田,建立先農壇。以雍正五年爲始,每歲仲春,府尹、督、撫及府、州、縣、衛所等官,率所屬官員耆

---

① 《禮記·祭義》記載:"昔者天子爲藉千畝,冕而朱紘,躬秉耒;諸侯爲藉百畝,冕而青紘,躬秉耒。"

老農夫，恭祭先農之神，照九卿耕耤例，行九推之禮，務須實心奉行。其各處動支錢糧數目，設立耤田畝數，令該撫報明户部、禮部存案。〇五年題准：詳訂耕耤儀注，頒行直省，各擇東郊官地潔净豐腴者，立爲耤田。如無官地，動支正項錢糧，置買民田，以四畝九分爲耤田。即於耤田後建立先農壇，供奉神牌，收貯祭品。選擇勤謹農夫二名，免其差役，酌給口糧，令居壇西，配房看守，朝夕洒掃。每歲耕耤之日，祭先農壇禮畢，各官俱更蟒袍補服。省城，督撫秉耒，知縣執青箱，知府播種；府城，知府秉耒，佐貳執青箱，知縣播種；州縣，正印官秉耒，佐貳執青箱播種；專城衛所，用正印官秉耒，如無屬員，即選擇耆老執青箱。播種耕時，用耆老一人牽牛，農夫二人扶犂，俱照九卿之例，九推九返。農夫終畝耕畢，各率耆老農夫，行望闕三跪九叩首禮。其農具俱用赤色，牛用黑色，箱用青色，所盛耔種，悉從各處土宜。即著守壇宇農夫灌溉耤田，地方官不時勸課，將每年所收米穀及用過粢盛數目，造册報布政司，送户部查核。至各省耕耤日期，每年十月初一日頒曆後，交欽天監選擇吉期，禮部奏請欽定，通行奉天府府尹、直隸各省督撫，轉飭所屬同日舉行。永著爲令。〇又頒嘉禾圖於直省，諭："朕念切民依，今歲令各省通行耕耤之禮，爲百姓祈求年穀。幸邀上天垂鑒雨暘時若，中外遠近俱獲豐登，且各處皆産嘉禾。以昭瑞應而其尤爲罕見者，則京師耤田之穀，自雙穗至於十三穗；御苑之稻，自雙穗至於四穗；河南之穀，則多至十有五穗；山西之穀，則長至一尺六七寸有餘。又，畿輔二十七州縣新開稻田共計四千餘頃，約收禾稻二百餘萬石。暢茂穎栗，且有雙穗三穗之奇。廷臣僉云，嘉禾爲自昔所未有。而水田爲北地所創見，屢詞陳請，宜付史館。朕惟古者圖畫《豳風》於殿壁，所以誌重農務本之心。今蒙上天特賜嘉穀，養育萬姓，實堅實好，確有明徵。朕祇承之下，感激歡慶，著繪圖頒示各省督撫等。朕非誇張以爲祥瑞也。朕以誠恪之心，仰蒙帝鑒。諸臣以敬謹之意，感召天和。所願自兹以往，觀覽此圖，益加儆惕。以脩德爲事神之本，以勤民爲立政之基。將見歲慶豐穰，人歌樂利。則斯圖之設，未必無裨益云。"〇又諭：今歲各省，俱産嘉禾。頃鄂爾坤圖喇地方，俱産瑞麥，有一莖至十五穗之多，恭進前來。廷臣見之，皆以爲極邊初墾之地，有此上瑞，尤爲罕覯。自古聖帝賢王，皆專務實心實政，不以祥瑞爲尚，朕深明此理，擯斥虚文。而今年各處所産之嘉禾，朕之所以宣示中外者，蓋因今年爲舉行耕耤典禮之初，即獲感召，天和庥嘉，普應如是。是以特爲表著，以明天人感應之理，捷於影響。庶期中外諸臣，益加誠敬，共爲儆勉於將來也。從來屢頒諭旨甚明,但恐嗣後地方有司,未必人人深悉朕心,競尚嘉禾之美名。或借端粉飾,致有隱匿旱潦之事,不以上聞者,亦未可定。著將雍正五年以後各省田畝産嘉禾之處,俱停其進獻奏聞。視耒耜穜稑儀耕耤之禮,皇帝躬親三推,必於前期進耒耜獻穜稑者,既種既戒,明農功之貴豫也。特具載於耕耤儀前。

順治十一年題准:皇帝祀先農畢,行耕耤禮。前期一日,户部、禮部堂官同順天府堂官,由午門左門進耕耤器具及穜稑種,至太和殿階下。户部官初進耒耜,次進鞭,次進皇帝耕耤稻種匣,次進諸王耕耤麥種匣、穀種匣,次進九卿耕耤豆種匣、黍種匣,捧至中和殿,依次陳設。奏請皇帝陞殿。閲視畢,還宫。户部官捧至太和殿階下,授順天府官捧出,由午門左門出,置綵亭内,送至耕耤所。〇雍正二年題准:皇上躬祭先農壇,行耕耤禮。於前期視祝版日,設皇上耕耤耒耜鞭種青箱綵亭三座,設三王九卿從耕青箱綵亭四座,於午門外。户部、禮部堂官同順天府堂官,由午門左門入進器具穀種,於太和殿階下安設。俟太常寺奏聞,上陞中和殿。行閲視祝版禮畢,上御保和殿。户部堂官先捧上耕耤耒耜,次捧上耕耤鞭,次捧上耕耤稻種匣,安設於中和殿内正中。次捧三王耕耤麥種匣、穀種匣,次捧九卿耕耤豆種匣、黍種匣,安設於中和殿内左右。畢,禮部堂官奏聞,上自保和殿陞中和殿,至各陳設處。閲畢,禮部堂官奏禮畢,上還宫。户部官捧耒耜穀種各匣,至太和殿階下,授順天府官捧出,由午門左門出,置各綵亭内。校尉舁亭,教坊司作樂前導,送至耕耤所。安設畢,退。

耕耤儀

凡耕耤前後儀節,係順治十二年題定。康熙十一年,增告祭奉先殿典禮。雍正二年,皇上頒定樂章。一應儀注,照例奏定舉行,具列於後。

一、前期,禮部進耕耤器具及穜稑種。皇帝御殿躬閲。儀見前。

一、前期一日,遣官告祭奉先殿。

一、是日早,陪祀王以下公以上,俱朝服,預至壇門外齊集祗俟;陪祀文武各官,俱朝服,預至壇前兩旁,按翼排立祗俟;不陪祀王以下文武各官,俱朝服,在午門外按翼排立,候駕出,跪送。屆時,太常寺奏請皇帝詣先農壇致祭,行耕耤禮。午門鳴鐘,皇帝具禮服,出宫,乘輦,鹵簿大駕全設,不作樂。壇内鳴鐘,致祭先農壇。儀注另載。畢,前引十大臣、贊引官、對引官恭導皇帝御具服殿,更補服黄龍袍,少憩。從耕三王九卿及不從耕王以下各官,俱更蟒袍補服。禮部太常寺堂官入奏,請詣耕耤位。前引十大臣、禮部、太常寺堂官恭導皇帝詣耕耤位，南向立。從耕三王九卿各就耕位立，不從耕王以下各官，俱在耕耤蓆棚外，按翼排立。耕耤耒耜鞭青箱綵亭三座及三王九卿青箱綵亭四座，陳設左右。教坊司領樂官四員、頂帶老人四名、歌《三十六禾詞》樂工十二名、鑼鼓板樂工六名、執乂執扒執帚執鍬蓑衣斗篷樂工二十名、五色彩旗樂工五十名、順天府耆老三十四名、上農夫十名、中農夫十名、下農夫十名，俱兩旁排立。鴻臚寺官贊進耒耜，户部堂官北向跪進耒耜，皇帝右手秉耒。贊進鞭，順天府尹北向跪，進鞭，皇帝左手持鞭。耆老二人牽牛，上農夫二人扶犁。禮部、太常寺、鑾儀衛堂官恭導皇帝秉耒行耕耤禮。教坊司樂工鳴鑼鼓，歌《三十六禾詞》，招颭彩旗，唱和隨行。皇帝三推三返。是年，特加一推。三年、四年、五年同。禮畢，鴻臚寺官贊受耒耜，户部堂官跪受耒耜，贊受鞭，順天府尹跪受鞭，各置綵亭内。禮部堂官奏請皇帝旋位立。户部堂官、順天府尹執青箱播種，耆老隨後覆土。畢，順天府尹以青箱置綵亭内。禮部堂官奏請皇帝御觀耕臺。禮部、太常寺堂官由中階恭導皇帝御觀耕臺，南向坐。不從耕王以下各官，分翼序立。次三王各五推五返，各用耆老一人牽牛，農夫二人扶犁，順天府廳官隨後播種耕。畢，三王退，就班位立，諸王等俱候旨序坐。次九卿各九推九返，各用耆老一人牽牛，農夫二人扶犁，順天府廳官及兩縣各官隨後播種耕。畢，九卿退，就本班立。順天府官，將青箱置左右所設三王九卿盛種綵亭内。禮部堂官奏耕耤禮畢。駕興，禮部、太常寺堂官恭導皇帝由東階出先農門外，陞輦，教坊司作導迎大樂，至齋宫門，樂止，齋宫内臺上西旁陳設大樂作，皇帝至齋宫簷前降輦，陞座，暫御後殿，樂止。王以下公以上由南門左右門入，文武各官由東西兩旁門入。王以下公以上在臺上，文武各官在臺下，東西向，按翼排立。禮部堂官奏請皇帝御齋宫，樂作，皇帝陞座，樂止。鴻臚寺官引順天府官、兩縣官率耆老農夫等，由西門入，向上排立。鴻臚寺贊行三跪九叩頭禮，農夫三十人，服本等服色，各持農器，隨後行禮，丹陛樂作，禮畢，樂止。順天府、兩縣官率耆老農夫，仍從西門出至耕耤所，農夫終畝。賜王、貝勒、貝子、公坐。候耕畢，府縣官至東門報終畝畢。鴻臚寺官贊排班，王等於臺上，文武各官於臺下，俱向上排立。鴻臚寺官於齋宫槅扇外東旁西向跪奏，親耕既成，禮當慶賀。鳴贊官贊跪、叩、興，丹陛樂作，王以下各官行三跪九叩頭禮，畢，樂止。贊退，諸王、貝勒、貝子、公於臺上，文武各官於臺下，行一叩頭禮，序坐，賜茶。畢，大樂作，駕興，御後殿，樂止。光禄寺官設宴。候設畢，禮部堂官奏皇帝陞座。王以下各官俱排立,大樂作,皇帝陞座,樂止。王以下各官俱就原位,行一叩頭禮,序坐,進宴,丹陛樂作,奏《雨暘時若之章》。安宴桌畢,樂止。進酒時,西簷下作管絃樂,笙簫合奏,奏《五穀豐登之章》,皇帝舉酒,王以下各官於本位跪,行一叩頭禮,復坐,樂止。進饌時,東簷前作清樂,奏《家給人足之章》,進饌畢,樂止,徹饌。鴻臚寺官贊排班,王以下各官排立,聽贊,行一跪三叩頭禮,丹陛樂作,禮畢,樂止。禮部堂官奏禮畢,王以下各官出齋宫大門外排立,恭候皇帝乘輦出。鹵簿大駕前導,教坊司作還宫樂,奏《祐平之章》,王、貝勒、貝子、公隨行,各官俱退。不齋戒王以下文武各官,仍於午門外排班跪迎,午門鳴鐘,諸王以下公以上隨駕至午門内,候皇帝還宫,各退。

耕耤三十六禾詞

光華日月開青陽，　房星晨正呈農祥。
帝念民依重耕桑，　肇新千耤考典章。
吉蠲元辰時日良，　蒼龍鑾輅臨天閶。
青壇峙立西南方，　犧牲簠簋升芬芳。
皇心祗敬天容莊，　黄幕致禮虔誠將。
禮成移蹕天田旁，　土膏沃洽春洋洋。
黛犂行地牛服韁，　司農穜稑盛青箱。
洪縻在手絲鞭揚，　率先稼穡爲民倡。
三推一墢制有常，　五推九推數遞詳。
王公卿尹咸贊襄，　甸人千耦列雁行。
耰鋤既畢恩澤滂，　自天集福多豐穰。
來牟蕎蕎森紫芒，　華薌赤甲秈稈秫。
秬秠三種黎白黄，　稷粟堅好碩且香。
穈芑大穗盈尺長，　五菽五豆充壠場。
穄粱穈鏖九色糧，　蜀秫玉黍兼東廧。
烏禾同收除童粱，　雙岐合穎遍理疆。
千箱萬斛收神倉，　四時順序百穀昌。
八區九有富蓋藏，　歡騰億兆感聖皇。

樂章

皇帝進宴,奏《雨暘時若之章》。

祥開黼座兮布瓊筵，　笙歌迭奏兮天樂宣。

三推既舉兮賜豐年，　五風十雨兮時不愆。
優渥霑足兮溉大田，　皇心悦豫兮福禄綿。
皇帝進酒，奏《五穀豐登之章》。
龍犂轉兮春風生，　　帝勤稼穡兮供粢盛。
戒農用兮勸服耕，　　富教化行兮百穀成。
禾九穗兮麥兩莖，　　黍稷重穋兮充棟楹。
歲登大有兮怡聖情，　堯樽特進兮玉醴盈。
勞酒禮飲兮邁鎬京。
皇帝進膳，奏《家給人足之章》。
嘉禾炊饌兮雲子芳，　仙厨瓊粒兮匕箸香。
吾皇重農兮禮肅將，　明昭感格兮錫嘉祥。
千倉萬箱兮百穀穰，　崇墉比櫛兮遥相望。
豐亨樂利兮遍八方，　家多充積兮野餘糧。
含哺鼓腹兮化日長，　朝饔夕飧兮壽而康。
萬邦同慶兮瓚圖昌。

〔**視學**〕

本朝崇祀先師，肇於崇德元年。至順治九年，世祖章皇帝親行釋奠禮，儀文詳備。十四年，再爲舉行。康熙八年，聖祖仁皇帝臨雍，重頒勅諭，具如前典。皇上至德謙光。雍正二年，特命改幸學爲詣學，以示尊崇。一應典禮，詳列於後。

順治九年，世祖章皇帝幸太學，行釋奠禮。於次日，衍聖公及祭酒等上表行禮。賜衍聖公、内院翰林官、祭酒司業、學官、五經博士、五氏子孫及禮部、太常寺、光禄寺、鴻臚寺執事各官宴於禮部。又次日，於午門前，賜衍聖公蟒朝服一領、貂冠一頂，滿漢祭酒、司業鑲領袖緞袍各一領，五經博士、五氏子孫、監丞筆帖式緞袍各一領，助教、監生及吏典、醫生各賞銀有差。其五氏子孫隨班觀禮者，俱准送監讀書，仍廣本監鄉試中式額十五名。又，賜勅諭一道，勉勵師生。祭酒捧置綵亭内，率本監官前導。至太學，俱北向跪，開讀。行禮畢，刊刻懸供彝倫堂正中。詳載國子監衙門。又次日，衍聖公、祭酒司業率五氏子孫、五經博士及學官、諸生，於午門前謝恩。○十七年，以修葺文廟工成，臨雍親祭。一應禮儀，俱照九年例行。○康熙八年，聖祖仁皇帝幸太學，行釋奠禮。一應禮儀，俱照順治九年例行。重頒賜勅諭一道，其五氏觀禮生員，准十五名送監讀書，本監鄉試廣額八名。○雍正二年諭:"帝王臨雍大典,所以尊師重道,爲教化之本。朕覽史册,所載多稱幸學。近日奏章儀注,相沿未改。此臣下尊君之詞,朕心有所未安。今釋奠伊邇,朕將親詣行禮。以後奏章儀注,稱幸非宜,應改爲詣學。於三月朔日,上詣太學,行釋奠禮。一應儀注,俱照順治九年、康熙八年例行。滿漢祭酒以次講大學,滿漢司業以次講書經。畢,諭:"治天下之要,以崇儒重道,廣厲學官爲先務。朕親詣太學,釋奠先師禮畢,進諸生於彝倫堂講經論學,凡以明道術、崇化源,非徒飾圜橋之觀聽也。維孔子道高德厚,萬世奉爲師表。其祔饗廟廷,諸賢皆有羽翼聖經扶持名教之功。然歷朝進退不一,而賢儒代不乏人。或有先罷而今宜復,有舊缺而今宜增。其崇祀崇聖祠者,周程朱蔡外,或有可升而附,並先賢先儒之後。孰當增置,五經博士,以昭崇報,均關大典。著詳考定議以聞。再,聖祖仁皇帝壽考作人,六十年來,山陬海澨,莫不家絃户誦。直省應試童子人多額少,有垂老不獲一衿者。令督撫會同學臣查明。實在人文最盛之州縣,題請小學改爲中學,中學改爲大學,大學照府學額取録。督撫務宜秉公詳查,不得徇私冒濫。至鄉試解額,聖祖仁皇帝屢次增廣乙酉、戊子等科,復於額外加中五經三名。至五十六年而罷,以久而滋弊也。嗣後,各學臣及祭酒、司業,於録科時,先加面試,實在貫通五經生監,仍聽以五經應試。閱文果佳,本監取中四名。直隸各省,大小不一,某省應取中幾名,著分别詳議定數具奏。如無佳文,寧缺無濫。會試臨時請旨。本監本科鄉試,著加增十八名。朕臨雍講學,雖率舊章,然必期於世道文教有益,不蹈一切虚文。諸臣其各欽遵。"是日,值祭歷代帝王廟齋戒日期,回宫時,照例不作樂。越三日,祭歷代帝王廟禮成。於次日,衍聖公、祭酒等上表,行禮,賜宴。次日,賜衍聖公、國子監衙門官員冠服,貢監生、吏典銀兩有差。其在京進士、舉人觀禮者,俱與貢監生一體賞給銀兩。次日,衍聖公、祭酒等於午門謝恩。

視學儀

凡視學前後儀節,順治九年,題定遵行。今列於後。

一、先期,禮部具題行取衍聖公、五經博士陪祀,并令取五氏子孫赴京觀禮。

一、前期一日,皇帝於宫中致齋。陪祀王以下公以上、各旗文官侍郎以上、武官一品以上、漢文官三品以上、武官二品以上、内閣翰林院官七品以上,各於府第齋戒。

一、是日，工部司設監設黄幄於大成門外之東，南向，中設御座，又設黄幄御座於彝倫堂内正中。鴻臚寺設經案一於黄幄前，稍東，設講案二於堂内，左右相向。祭酒設進講經書於經案上。禮部陳設祭品於各神位前。陪祀王、貝勒、貝子、公，俱朝服，於午門内，候駕過，隨行。陪祀文武各官，俱朝服，先詣文廟丹墀内，東西序立。不陪祀文武各官，俱朝服，於天安門外橋南，分翼序立，候駕至，跪送。皇帝具禮服，陞輦，鹵簿大駕前導，樂設而不作，午門鳴鐘，駕出東長安門，至成賢街。國子監滿漢祭酒司業率本監各學官監生，俱朝服，於街左跪迎。皇帝至櫺星門外，降輦，由中路入黄幄内，陞座。司設監設拜褥於神位前。禮部堂官恭導皇帝由大成中門步進，自中階詣先師位前，北向，正中立。王、貝勒、貝子、公由左右門隨進，從左右階至丹陛上，北向序立。配位兩廡分獻官，於階下向上立。陪祀各官，皆北向序立。典儀唱樂舞生就位，執事官各司其事。贊引官奏就位，恭導皇帝就拜位立，王以下及分獻各官各就拜位立。典儀唱迎神，協律郎唱舉迎神樂，奏《咸平之章》，樂作，贊引官奏跪、叩、興，傳贊官贊衆官俱跪、叩、興。皇帝行二跪六叩頭禮，王以下及分獻陪祀各官，俱隨行禮，興，樂止。典儀贊行釋奠禮，協律郎唱舉奠獻樂，奏《寧平之章》，樂作，獻帛官跪捧帛，恭進於皇帝右，皇帝立受，拱舉，授獻帛官，獻帛官跪接，興，獻於神位前；獻爵官跪捧爵，恭進於皇帝右，皇帝立受拱舉，授獻爵官，獻爵官跪接，興，獻於神位前；東西四配十哲兩廡分獻官九員，以次詣各神位前立，捧爵官立授爵，分獻官立奠爵，訖，仍以次退立原位，樂止。典儀唱送神，協律郎唱舉送神樂，奏《咸平之章》，樂作，贊引官奏跪、叩、興，傳贊官贊衆官俱跪叩，興。皇帝行二跪六叩頭禮，王以下及分獻陪祀各官，俱隨行禮，興，典儀唱捧帛，恭送燎爐。獻帛官詣先師位前，一跪三叩頭，捧帛由中門出，送燎爐。贊引官奏禮畢，恭導皇帝由大成中門出，樂止。皇帝入黄幄内，少憩，王等出大成門外候。陪祀各官及衍聖公、五經博士，先詣彝倫堂階下，東西分班序立，祭酒、司業率本監各官監生，於大學門内階下，東西分班序立。禮部堂官奏請幸彝倫堂。皇帝出黄幄，至櫺星門外，陞輦，王等隨後行，由太學門入，衆官、諸生俱跪，候駕過，興。皇帝至彝倫堂，入黄幄陞座。王等入堂内，陪祀各官在堂下，俱東西侍立。鳴贊官贊排班，贊進，贊跪、叩、興，衍聖公、祭酒、司業、學官、五經博士、五氏子孫及諸生，於階下各就拜位序立，行三跪九叩頭禮，興，賜坐，王等叩頭，坐，文武各官及衍聖公，由左右門入堂内之東西一跪一叩頭，坐。鴻臚寺官唱進講，滿漢祭酒由左門入,滿漢司業由右門入,俱北向立。鴻臚寺官唱舉案,執事官舉經案進,設於御前。賜講官坐,滿漢祭酒就東,講案西向,滿漢司業就西,講案東向,俱一跪一叩頭,坐。滿漢祭酒以次宣講畢,滿漢司業以次宣講。自四品以下翰林官及五經博士、各執事官、學官、監生拱立聽講。畢,鴻臚寺官唱舉案,執事官舉經案,置原處,祭酒、司業出至原位序立。禮部堂官入堂内正中跪,奏傳制。鳴贊官贊跪,祭酒、司業率學官、諸生俱跪。傳制官於簷下之東,向西立,贊有制。宣制曰:"聖人之道,如日中天。講究服膺,用資治理。爾諸師生其勉之。"宣畢,鳴贊官贊叩頭,祭酒等俱行三跪九叩頭禮,以次退,先詣成賢街之右序立。賜王以下各官茶。畢,禮部堂官跪奏禮畢,皇帝陞輦,由太學門出,鹵簿大駕前導,樂作,祭酒等率學官監生跪送,候駕過,各退。駕至東長安門,不陪祀各官跪迎,候駕過,各退。王等隨駕至午門内,候皇帝還宫,各退。

一、次日,鑾儀衛設鹵簿大駕於太和殿前,設黄案一於太和殿簷下之東,内閣官捧衍聖公及祭酒表文置黄案上。王以下公以上,俱朝服,於太和殿丹陛上序立。各旗民公以下,文武官四品以上,漢文武官九品以上及衍聖公、祭酒、司業、學官、五經博士、五氏子孫、各監生,俱朝服,於太和殿丹墀内,兩翼序立。禮部堂官奏請。皇帝具禮服,御中和殿,陞座。内大臣、侍衛、内閣、翰林院、詹事府、都察院堂上官,禮部、鴻臚寺執事官,行三跪九叩頭禮。畢,不贊。皇帝出中和殿,午門鳴鐘鼓,作中和樂,陞太和殿座,樂止。鑾儀衛官贊鳴鞭,階下三鳴鞭。鳴贊官贊排班,贊進,贊跪、叩、興,王以下各官行三跪九叩頭禮,各復原位立。又贊排班,贊進,贊跪,衍聖公、祭酒、司業、學官、五經博士、五氏子孫、各監生皆跪。贊進表,内閣官就黄案西向跪,捧衍聖公表,宣讀畢,復置案上,又跪捧祭酒表,宣讀畢,復置案上,退立原位。鳴贊官贊叩、興,行聖公等行三跪九叩頭禮,畢,各復原位立,賜坐,賜茶。畢,鳴鞭,皇帝還宫,衆皆退。

〔闕里講書儀〕

先師闕里,車服、禮器、所存。乘輿臨詣,間仿辟雍之制。宣講經書,風勵學者。康熙二十三年,聖祖仁皇帝幸魯,致祭先師。禮成,舉行大典。儀注具列於後。

一、應講四書經,先期,由翰林院擬定題請。

一、先期,衍聖公於五氏子孫内選擇二人進講。

一、應宣勅諭,先期,翰林院繕寫進呈御覽。宣讀勅諭官,預請欽點。

一、前期一日,恭捧勅諭於大成門東詩禮堂内東旁案上陳設。又設講案於堂前簷下西旁,陳所講書於案上。

一、是日,聖祖仁皇帝致祭先師禮畢,鴻臚寺堂官恭導駕至更衣所,御幄次,少憩。扈從文職大學士以下,京堂科道等官以上,地方官巡撫以下,道員以上,各於講堂門外左翼排列。衍聖公以下五氏職官及講書人員,俱於講堂門外右翼排立。畢,禮部堂官奏請詣講書堂,導引駕至講堂門外,排立各官跪迎,候駕過,俱隨入於大門内,照前分翼排立。聖祖仁皇帝陞座,鴻臚寺鳴贊官贊,衍聖公、五氏職官及講書人員,俱於臺下行三跪九叩頭禮,畢,退立原班。鳴贊官贊講書,西班内講四書人員詣講案前,一跪三叩頭,起立,進講,講畢,退立原班。次講經人員,照前進講。畢,鴻臚寺堂官於東邊向西,跪奏,請宣勅諭。鳴贊官贊跪,衍聖公、五氏職官及講書人員俱跪,大學士就東案上,捧舉勅諭,向西宣讀。諭曰:"至聖之道,與日月並行,與天地同運。萬世帝王,咸所師法。下逮公卿士庶,罔不率由。爾等遠承聖澤,世守家傳。務期型仁講義,履中蹈和。存忠恕以立心,敦孝弟以修行。斯須弗去,以奉先訓,以稱朕懷。爾等其祗遵毋替。"衍聖公等跪聽,謝恩行禮。禮部堂官奏禮畢,駕還行宫,衍聖公等及地方文武各官,俱於門外,跪,候駕過,各退。

〔**經筵**〕

經筵大典,始於順治十四年。聖祖仁皇帝生知好古,終始典學。皇上克紹心法,懋勤時敏。每歲春秋舉行,其儀如左。

順治九年題准:每歲春秋,各舉經筵一次。大學士知經筵事,尚書、左都御史、通政使、大理寺卿、學士等官侍班,翰林院官二員進講。候文華殿工成日舉行。〇十四年議准:每年春秋二次舉行經筵禮。預期,禮部劄欽天監,擇日具題。内閣酌定講官員數題用。經書講章,令講官撰選,内閣改定,恭進御覽。前期一日,皇帝親祭奉先殿及先師孔子。是年,以文華殿未成,暫於弘德殿,設孔子位致祭。〇康熙十年二月議准:前期一日,遣官詣孔子廟致祭。〇是年七月題准:春秋經筵,暫停告祭。〇二十五年,文華殿告成,設孔子神位於傳心殿。經筵前一日,照例致祭。〇雍正三年諭:"自古脩己治人之道,載在經書。帝王御宇膺圖,咸資典學。我聖祖仁皇帝天亶聰明,而好古敏求,六十餘年,孜孜不倦。朕幼承庭訓,時習簡編。自即位以來,更欲以研經味道之功,爲敷政寧人之本。顧以亮陰之際,未舉經筵。今八月二十三日爲釋服之期,爾部可擇日舉行經筵典禮,并詳察定例以聞。"遵旨擇日具題舉行經筵。一應禮儀,俱照康熙二十五年定例行。自後,每歲春秋舉行,典禮俱同。

經筵儀

經筵儀注,順治十四年定:每歲春秋二仲月,禮部劄欽天監擇日預行題定講期。其應講經書及講官職名,由翰林院奏請欽定。應進講官滿漢各二員,撰擬講章,繕寫滿漢文進呈。欽定後,恭繕正本副本。是日早,內閣滿漢大學士、六部滿漢尚書、都察院、通政司、大理寺、詹事府滿漢堂官各一員,俱補服,於文華殿丹墀侍班。滿漢給事中各一員、滿漢御史各一員侍儀。禮部、鴻臚寺官預設御前書案及講官講案。翰林院官將御覽講章正本及講官所講副本預設各案上。四書講章在左,經講章在右。禮部堂官奏陳設畢,皇帝常服,御文華殿,陞座。鳴贊官四員兩旁立,贊侍班各官行二跪六叩頭禮,畢,各退原班立。鴻臚寺堂官兩旁各一員,引各官進殿內,照品級分東西序立,滿講官居左,漢講官居右,科道官於殿內兩旁相向立。鴻臚寺官贊進講,講官各自原班出,進至講案前,行一跪三叩頭禮,以次近案前立,先講四書,次講經,畢,退立原班。鴻臚寺堂官引殿內各官出,鳴贊官贊各官行二跪六叩頭禮,畢,退立原班。禮部堂官奏講書禮畢,皇帝還宮。翰林院恭進欽定正本講章,交內監收進。衆官同至協和門,賜宴。畢,鴻臚寺堂官、鳴贊官引各官至太和門外謝恩,行一跪三叩頭禮,畢,不贊。衆皆退。

〔日講儀〕

經筵之外,復設日講,由翰林院專掌。兹將進講儀注開於後。

一、每日講章,滿漢講官分撰、翻譯、繕寫畢,先期以正本進呈御覽。

一、每日皇帝御乾清宫,陞座,滿漢常參進講官滿講官一人,漢講官二人,間用三人。捧副本入,置講案上,行一跪三叩頭禮,畢,兩旁侍立,以次詣講案前進講。講畢,各官退。初,進講畢,講官復行一跪三叩頭禮。康熙十六年,停止。

大清會典卷之六十二

禮部儀制司

〔策士儀〕

凡殿試、讀卷、傳臚及進士上表謝恩，一應事例，俱詳"貢舉殿試"條內，不復載。兹列順治十五年題定儀注於後。

一、殿試前期一日，鴻臚寺官設策題黄案於太和殿内東旁，又設黄案一於丹陛正中，光禄寺備試桌於東西閣階下。至日早，鑾儀衛設鹵簿大駕，教坊司設樂器太和殿前。禮部、鴻臚寺官引貢士，以次入至太和殿丹墀内，兩旁排立。單名次居左，雙名次居右。王以下文武百官，各具朝服。王以下公以上在丹陛上排立，各官在丹墀内兩旁排立。禮部鴻臚寺官奏請皇帝陞殿。皇帝具禮服，御太和殿，陞座，鳴鐘鼓，作樂，鳴鞭。内閣官於東旁黄案上取策題，授禮部官。禮部官跪受，至丹陛上正中，跪，設黄案上，行三叩頭禮。畢，禮部官舉案於中路左階降，至丹墀，設御道正中。各讀卷官及執事各官，北向序立，鳴贊官贊行三跪九叩頭禮；次各貢士北向序立，鳴贊官贊行三跪九叩頭禮，各分東西侍立。鴻臚寺官奏禮畢，鳴鞭，皇帝還宫，讀卷執事等官各歸所司房内，王以下文武百官皆退。鑾儀衛軍校舉試桌列於丹墀東西，俱北向，禮部官散題。貢士列班跪受畢，鳴贊官贊行三叩頭禮，各就試桌。對策畢，受卷、掌卷、彌封等官，俱於左廡簷下收封，用箱盛貯，送進，候分派讀卷官閲卷。

是日，或遇風雨，設試桌於殿東西兩廡。如皇帝不陞殿，王以下各官不齊集，不設鹵簿。餘儀與陞殿同。

雍正元年冬十月，特恩策士於殿内。令鑾儀衛軍校代携考具，列試桌於殿内東西兩旁，俱北向，列班跪對策，内賜食物爐火。

一、殿試後三日,早,皇帝御中和殿。讀卷各官至丹墀,行一跪三叩頭禮,入殿内東西序立。讀卷官居首者,執卷至御前。跪讀畢,俟内監接卷置御案,三叩頭,興,復班,立。各讀卷官以次進讀,如前儀。讀三卷畢,如奉旨免讀,各官即執卷同至御前跪,内監以次接卷,俱置御案,各官三叩頭,興,復班,退。候覽定試卷,御批第一甲第一名第一甲第二名第一甲第三名畢,其餘各卷發内閣官領收,皇帝還宫。是日,讀卷官將第二甲第一名以下拆卷,填寫黄榜。

一、讀卷後一日,早,鑾儀衛設鹵簿大駕於太和殿前。王以下文武各官,俱朝服;侍班各進士,俱具公服,冠三枝九葉頂冠,侍立丹墀東西班末。禮部鴻臚寺官,設黄榜案於太和殿内東旁,復設黄案一於丹陛正中,設綵亭一於午門外。禮部、鴻臚寺奏請陞殿。皇帝具禮服,御太和殿,樂作,陞座,樂止,鳴鞭。讀卷、執事等官,北向序立。鳴贊官贊行三跪九叩頭禮。畢,内院官自案上取榜,捧至殿簷下授禮部官。禮部官跪接,從殿中階東旁下,跪置於丹陛正中黄案上,行三叩頭禮,興。鴻臚寺官導引各進士,以次就拜位立。鴻臚寺官贊有制,贊跪,各進士皆跪。鳴贊官立於丹陛東旁,傳制曰,某年月日,策試天下貢士。第一甲賜進士及第,第二甲賜進士出身,第三甲賜同進士出身。内贊官唱第一甲第一名某,鳴贊官接傳至班内,三傳,序班引令出班前跪。次傳第一甲第二名某、第一甲第三名某,如前儀。次傳第二甲第一名某等若干名,第三甲第一名某等若干名,不引令出班。鳴贊官贊行三跪九叩頭禮,畢,退立兩旁。鳴贊官贊舉榜,禮部官舉榜出,由中路捧至午門前,跪,置龍亭内,行三叩頭禮。鑾儀衛校尉舉亭,教坊司作樂,行至東長安門外,張掛於長安街。狀元及諸進士等,俱隨榜出。鳴鞭,皇帝還宫,王以下百官皆退。順天府備繖蓋儀,從送狀元歸第。

一、傳臚後五日,狀元率諸進士上表謝恩。前期一日,鴻臚寺官設表案於太和殿簷下之東旁。是日,鑾儀衛陳設鹵簿大駕於太和殿前。王以下文武各官,齊集排班,如常儀。鴻臚寺官引狀元捧表置於案上,退立丹墀下東旁班末,諸進士各依名次序立。皇帝具禮服,御中和殿。執事各官行三跪九叩頭禮。畢,不贊。禮部鴻臚寺官奏請陞殿。皇帝御太和殿,樂作,陞座,樂止,鳴鞭。王以下公以上在丹陛上序立,文武各官在丹墀内序立,鳴贊官贊行三跪九叩頭禮。畢,鴻臚寺官引狀元及諸進士入拜位序立。鳴贊官贊跪,贊進表,狀元及進士皆跪,宣表官於案上捧表,跪,宣畢,鳴贊官贊行三跪九叩頭禮。鴻臚寺官奏禮畢，鳴鞭，皇帝還宮，衆皆退。

如皇帝不陞殿，鴻臚寺官設表案一於午門外正中。狀元率諸進士，具朝服，從東長安門入。狀元捧表跪置案上，行三叩頭禮。畢，鳴贊官贊跪、叩頭，狀元率諸進士行三跪九叩頭禮。行禮畢，各退。禮部、鴻臚寺官捧表，送進内院。

〔皇帝御新宮〕

順治三年，位育宮成，世祖章皇帝御新宮。王以下文武各官進表行慶賀禮。〇十三年，乾清宮、坤寧宮、景仁宮成，擇吉，世祖章皇帝移宮。前期一日，各遣官祭告天、地、太廟、社稷。届日，一應禮儀，俱照三年例行。次日，御太和殿，頒詔天下。

順治三年題定皇帝御新宮儀

是日早，内大臣、侍衛齊集，候隨皇帝臨新宮。鑾儀衛設鹵簿大駕於太和殿前。禮部官設黄案於丹陛上東旁，捧王等所進慶賀表文，奉安綵亭内，作樂，迎至午門外，停止。禮部堂官自亭内捧表文，進東旁門，至太和殿，奉安東旁黄案上。王以下文武各官，俱朝服，於太和殿前齊集。内院大臣奏請皇帝陞殿。皇帝御中和殿，陞座。内大臣、侍衛行三跪九叩頭禮，次内院大臣、禮部、都察院堂官、鴻臚寺鳴贊官行三跪九叩頭禮。畢，皇帝御太和殿，鳴鐘鼓，樂作，陞座，樂止，鳴鞭。王以下公以上及外藩王額駙等，在丹陛上兩旁序立。鳴贊官贊進，贊跪，衆俱跪，贊進表，大學士於東旁黄案上捧表文，跪。讀畢，鳴贊官贊行三跪九叩頭禮，畢，各就原位立。賜坐，王等入殿内，貝勒以下，在丹陛上，各官在丹墀凉棚内，各就坐，行一叩頭禮，筵宴。畢，鳴鞭，作樂，皇帝還宮，衆俱退。

〔皇太后御新宮〕

順治十年，慈寧宮成，擇吉，孝莊文皇后移宮。前期一日，世祖章皇帝遣大臣一員，祭告太廟。届日，孝莊文皇后御新宮。世祖章皇帝詣宮，率内大臣行禮。公主、王妃及大臣命婦等，行禮筵宴。〇康熙二十八年，寧壽宮成，擇吉，孝惠章皇后移宮。一應禮儀，俱照順治十年例行。

順治十年題定皇太后御新宮儀

是日早，皇太后儀仗全設於宮門外。公主、王妃以下，郡君、輔國公夫人、都統、尚書、精奇尼哈番等命婦以上，俱朝服，齊集宮門東。皇太后出宮，乘輿，樂作，儀仗前導，公主、王妃等排班隨後；至慈寧宮門。公主、王妃等立，候皇太后陞宮。皇帝乘輿自右翼門出，内大臣、侍衛，俱朝服，隨後，至慈寧宮東旁門。皇帝降輿，入慈寧門内，至丹陛上東旁立。内監奏請皇太后陞座。皇太后御内殿,樂作,陞座,樂止。皇帝詣正中立,内大臣等在丹陛上立,侍衛等在丹墀内立。鴻臚寺官奏跪、叩、興,皇帝行三跪九叩頭禮,内大臣等皆隨行禮。畢,皇帝轉立東旁。内監奏請皇太后還宫,樂作,入宫,樂止。皇帝出,乘輿,還宫。次公主、王妃及大臣命婦等齊集。内監奏請皇太后陞座。皇太后御内殿,樂作,陞座,樂止。公主、王妃等排班行禮。畢,公主、王妃及大臣命婦等入慈寧宫内,賜坐,筵宴。皇太后進酒時,公主以下公夫人以上,出宫門排立,行禮,大臣命婦於原坐處行禮,仍列坐。宴畢,謝恩,行禮,樂作,皇太后還宫,樂止,衆皆退。

〔巡幸〕

時巡省方,式遵古禮。聖祖仁皇帝六飛所臨,德洋恩溥。兹著其大略,以昭盛典。其乘輿出入扈從迎送之儀,具列國初及順治八年所定,而以康熙間典制註於下。

康熙二十三年,聖祖仁皇帝東巡。前期,詔赦天下,凡經過地方,各有加恩。自親王以下,宗室覺羅、内大臣、侍衛、内務府、武備院、上駟院、鑾儀衛各官,及各旗護軍統領、前鋒統領等官,至各衙門扈從官,内閣滿漢大學士二員、滿學士二員、漢軍侍讀學士一員、滿侍讀一員、滿中書舍人九員、漢中書舍人二員,翰林院滿漢掌院學士二員、滿漢侍讀學士二員,詹事府滿詹事一員,記注館滿主事一員、吏部滿尚書一員、滿郎中二員,户部滿郎中一員、滿員外郎四員,禮部滿尚書一員、滿郎中二員,滿員外郎二員,兵部滿郎中二員、滿員外郎二員、滿主事一員,刑部滿郎中一員、滿員外郎一員,工部滿尚書一員、滿郎中一員、滿員外郎四員、滿主事二員,都察院滿左副都御史一員、滿御史二員,吏工二科滿給事中二員,太常寺滿卿一員、漢寺丞一員、滿典簿一員、讀祝官二員,贊禮郎六員,光禄寺滿少卿一員、滿署丞二員,太僕寺滿少卿一員,鴻臚寺滿漢卿二員、滿少卿一員、滿鳴贊四員,國子監滿祭酒一員、漢助教一員,欽天監滿監正一員、滿靈臺郎一員、漢五官正一員、漢博士一員,太醫院御醫二員、吏目三員,各衙門筆帖式及各執事人員,俱預行派出,按次隨行。駕發京師日,鹵簿大駕陳設,如常儀。隨從不隨從王以下文武各官,各跪送、隨行,如常儀。所過,鴻臚寺官先期傳知。百里以内地方官,率本地鄉紳士民,迎於十里之外;本地鎮守滿漢官軍,整隊伍,迎於十里之外,分文東武西。候駕至,跪,迎送,如常儀。至山東泰安州,躬祀岱嶽,渡黄河,遣官祀河神。至江南江寧府,親祭明太祖陵。諭江南督撫:江南風俗奢華,務令潔己愛民,敦本尚實。勒碑於江寧、蘇州、安慶三府。回鑾,躬詣闕里,致祭先師孔子,講書於詩禮堂。復遣親王致祭元聖周公。駕還京師,不隨從王以下文武各官,朝服跪迎,如常儀。以後送迎駕,俱照例行,不載。○二十八年,聖祖仁皇帝南巡。諭:"朕閲視河工,巡省地方,恐有司煩勞百姓。著行令督撫嚴飭地方官,所過道途,停止修治。命部院本章,仍日送内閣。内閣彙齊三日,一次驛送行在辦理。"至山東,躬率文武諸臣,望祀岱宗,蠲山東二十九年正賦。入江南境,閲視中河。至浙江會稽山,躬祭禹陵。至江寧府,躬詣明太祖陵致祭。回鑾,復閲視高家堰一帶堤岸,指授河臣方略。駕還京師,聖祖仁皇帝詣聖母孝惠章皇后慈寧宮問安。畢,還宮。○三十七年,聖祖仁皇帝巡幸外藩,奉孝惠章皇后行。至興京,謁永陵。自薩兒滸地方由琉璃河,駐蹕福陵東,謁福陵,次謁昭陵。翼日,致祭福陵、昭陵。親臨勳臣楊古利、額亦都、費英東墓,遣官奠酒,賜守陵官兵宴。十一月甲辰,孝惠章皇后聖壽節,率諸王内大臣、侍衛文武官員行慶賀禮,命封駐蹕所山爲壽山。回鑾,入山海關,謁暫安奉殿,謁孝陵,次至孝誠仁皇后、孝昭仁皇后、孝懿仁皇后陵寢。畢,奉孝惠章皇后還京師。○三十八年,聖祖仁皇帝南巡。前期,諭:"朕撫馭寰區,四方無事,獨淮黄兩河爲患。屢遣大臣督理,竟無成功。今諸臣請朕親臨指示,因命擇吉南行,親加詳勘。至於吴越襟帶江湖,亦爲省耕勵俗。凡來往所需諸物,俱由京師辦備,即沿途日用,亦令各該衙門照時價採買,並無纖毫擾民。倘官吏有私行派取者,察出,即以軍法從事。其扈從大小官員、隨行僕役横生事端,一併從重治罪。凡所經行地方,百姓不必迴避,照常貿易耕耘。行令該督撫示諭各府州縣。"駕發京師,奉孝惠章皇后由水路行。至清河,御舟前進,臨閲高家堰歸仁堤等隄防。畢,回至清口,迎孝惠章皇后舟。渡河,復臨視隄防。命截留漕糧二十萬石,於被水地方減直發糶。至蘇州府,諭:"前京口接駕兵丁,朕恐踐傷麥田,盡行遣還。今往浙省,塘路狹隘,不必設兵扈從。又,百姓欲覩朕顔,踰疇越陌,塞道聚觀,不必禁止,但令遵路而行。悉蠲江南、浙江累歲逋賦。寬免兩省官吏降罰。軍民犯死罪以下,槩予宥釋。賜杭州駐防八旗年七十以上老婦白金有差。減免各關稅鹽課所增銀兩。駐江寧府,遣尚書祭明太祖陵,復躬詣奠酒。回鑾,仍由水路,奉孝惠章皇后還京師。○四十二年,聖祖仁皇帝南巡,閲河。由暢春園啓行,至泰安州登岱,遣領侍衛内大臣於嶽廟致祭。蠲山東州縣四十一年未完額賦。其東平六州縣,并蠲本年正賦。入江南境,沿塗閲視河防。至蘇州府,命鴻臚寺卿傳諭本地官員,准其來朝。浙江官員,到杭州時來朝。駐江寧,遣大學士祭明太祖陵,又命皇子往奠酒。回鑾,以河工告成,大沛恩賚,頒詔天下。○是年十月,聖祖仁皇帝西巡。命派給事中、御史各一員,於扈從後。查有不法者,即時鎖拏,并伊主參究。至地方官員私行禁阻民間貿易,亦指名題參。至山西,諭大學士:"今近歲暮,部院各衙門無以朕行程日遠,有誤奏事。著照常來奏。"又諭:陝西接駕官員軍民人等,不必渡河,俱在臨潼關等候。至潼關城,遣禮部侍郎祭華嶽。至渭南,閱提督標兵騎射。自提督以下官,俱加一級。至西安府,命凡歷代帝王陵寢及已故勳臣墳墓,在百里内者,咸祭之。分遣禮部侍郎、學士、内大臣、副都統等,祭周文、武、成、康,漢高祖、宣帝,唐高祖、太宗、宣宗陵。又,遣散秩内大臣,祭兩故將軍塋。諭:"周文王、武王,皆古聖君,非他帝王可比。向祭孔子書朕名,此祭文,亦書朕名致祭。"賜滿洲駐防官兵及民年八十以上者白金有差。蠲陝西累歲逋賦。車駕由河南還京師。過磁州,賜先賢端木子後裔爲五經博士。○四十四年,聖祖仁皇帝南巡,閱河。駕發京師,至通州張家灣登舟。由山東入江南境,臨視河工。至蘇州府,恭逢三月十八日聖節,百姓争獻食物,祝聖祖仁皇帝萬壽。諭:"朕因閱視河工,巡訪風俗而來。一切用物,俱辦自内府,所過地方絲毫無擾。爾等所進,各携去。"至松江府,御書匾額對聯,頒賜青浦孔宅。諭江南學臣:"朕比臨幸松江,道經青浦。據該邑貢監生員等奏稱,青浦之北,地名孔宅,自漢時至聖苗裔避地居此,奉至聖衣冠葬焉。朕念孔子萬世之師,既有遺蹟,亟宜表彰。因親書匾額對聯,以示尊崇。著選良工摹刻頒發。"至浙江杭州府,諭:"朕頃因親閱河工,濟江而南。見民生殷繁,菜畦麥隴,遠近彌望,可冀豐穰,朕心用慰。凡車駕臨幸,必沛恩賚。各省錢糧,屢次遞蠲。浙江本年正賦,又經全免。惟是刑獄,民命攸關。今父老子弟,夾道歡迎。獨身陷囹圄之人,自新無路,朕甚憫焉。浙閩兩省罪犯,除詔欵所不赦外,其餘死罪以下,俱減等發落。"至江寧府,躬祭明太祖陵。自蘇州迄江寧,凡御試士子者三。中選者,給白金,令赴京入各書館。諭:江南、山東地方所屬人犯,照浙閩例減等。至清河,復臨高家堰,徧閱河堤,回鑾。

歷年畿輔水獵、口外清暑,不載。

皇帝巡幸儀

國初,定制。順治八年,詳訂遵行。今具列於後。

一、聖駕巡幸,玉寶重大,另造香寶携行。

一、聖駕巡幸，鹵簿樂器，照常陳設。駕出，内大臣、侍衛等俱於駕後，分隊隨行。每隊，馬首排齊，前後相距丈許。前後隊伍人員，不許越次。過窄狹處，候前隊過畢，後隊方行，不許混争。若奉旨傳後隊侍衛等官，由兩旁進退，不許衝入儀仗。侍衛等官隨從人，俱在後隊隨行。若侍衛等官易馬，至隊後易畢，馳入本隊。

一、凡巡幸時，王、貝勒遇見，令執事迴避，下馬。候駕過，始乘馬隨行。

一、扈從王、貝勒隨從人員，各照定數，於大清門外齊集。候駕出，王等在旁稍後隨行。王等每人各隨護衛三員，照該王等左右翼隨行。其餘護衛，各照旗分次序排列，於聖駕後隨行。王、貝勒若赴御前，止許親身從旁入。若召問，勒馬稍後，欠身恭對。若王、貝勒易馬，至隨從人員處易畢，隨行。或王、貝勒赴駐蹕所，於三十餘丈處下馬。

一、扈從大臣官員，候聖駕過，并王、貝勒護衛過畢，照各旗次序，於王、貝勒、護衛後隨行。若召問時，從旁入，勒馬稍後，欠身恭對。赴駐蹕所，於六十餘丈處下馬。

一、乘輿行幸，隨駕及不隨駕諸王、貝勒，俱盛服，於太和門齊集。候駕出宫，於金水橋兩旁排立，駕至，跪候，駕過，隨行。其不隨駕貝子以下文武各官并隨駕都統，俱盛服，在午門外常朝處兩旁排立。駕出午門，俱跪候，駕過，扈從之都統起，隨行；不隨駕王以下都統以上，送駕，候旨乃回。隨駕護軍統領、副都統、參領等，各率本旗官兵，於駕出之門外排列，跪，候駕過，各照旗按隊隨行。駕還京城日，在京諸王、貝勒，俱盛服，在午門外兩旁排立。貝子以下文武各官，俱朝服，在午門外常朝處兩旁排立。駕入端門，王以下各官俱跪。候駕過，王、貝勒、貝子、公等隨駕還宫，皆退。

一、六部、都察院、鑾儀衛等衙門官員，遇行幸扈從，每衙門禮部另鑄印一顆，加“行在”二字携用。其特差侍衛等，俱用鑾儀衛印信。

一、行幸處，外藩王公等來朝見，若設宴，大臣會集，鳴贊官贊禮。若不設宴，大臣不集，行禮時，不贊。如命坐，行一叩頭禮，照品序坐。

一、行幸經過地方，文官知縣以上，武官守備以上，在百里以内者，俱朝服，於道右百步外，跪迎，送；百里以外者，免其迎送。駐蹕處地方官，不許進獻，違者治罪。

康熙十四年題准：百里之内官員，迎接不到，一次，罰俸一年；二次，降二級調用。

一、行幸時，内外官員迎駕送駕，俱由禮部具題請旨。

康熙十年題准：改歸鴻臚寺具題。

大清會典卷之六十三

禮部儀制司

〔聖駕親征〕

我朝戡定之烈，昭垂萬世。黄鉞所臨，莫不震叠。至命將征伐，所向奏捷。凡出師凱旋諸禮，並舉其大要著於篇。首列聖駕親征典禮於左。

崇德元年冬至，太宗文皇帝征朝鮮。先期，告天、告廟，頒行軍律令。諭：朝鮮官民人等，在城在野，傾心歸服者，即同内地臣民。十二月壬申，右翼兵往東京大路至渾河排列，左翼兵往撫順大路排列。駕出撫近門，設鹵簿，鳴角吹螺，恭謁堂子，行三跪九叩頭禮，復於堂子外建立八纛，致祭。禮畢，啓行。大軍直抵南漢城西駐營。二年春，命致書切責朝鮮諸臣，並齎勅文往諭朝鮮國王，皆服罪請降。於是禮臣擇漢江東岸，築壇設黄幄，駕出御營，奏樂，渡江登壇，設鹵簿，如常儀。朝鮮國王率文武羣臣步行來朝，遣官一員迎於一里外，引至儀仗下。太宗文皇帝降座，率朝鮮國王及羣臣，對天行三跪九叩頭禮，還座。該王率羣臣，伏地請罪，行朝見禮。贊禮官贊排班，贊進，贊跪，三跪九叩頭。畢，命該王班次坐於左翼和碩親王之上，朝鮮王長子坐於左翼貝勒之下，次子、三子坐於右翼貝勒之下。賜宴，盡還其俘。賜該王王妃及三子、大臣等貂服等物，該王率衆謝恩。畢，駕還御營。〇康熙三十五年，聖祖仁皇帝以厄魯特噶爾丹悖天虐衆，蔑棄誓言，侵掠喀爾喀，諸部落宜乘時剪滅，輯寧疆圉，遣發大兵，分道並進，躬統六軍，由中路聲罪致討。欽天監擇於二月丙辰啓行。前期三日，遣内大臣等告祭天壇、地壇、宗廟、社稷壇、太歲壇，頒行軍律令。至日，遣官致祭道路、火礮之神。鑾儀衛陳鹵簿儀仗，自午門設至堂子。不從征王、貝勒、貝子、公等，於午門前齊集，候駕出，跪接。隨行從征王、貝勒、貝子、公等，於外金水橋齊集，候駕過，隨往行禮。三旗親軍，自執爵纛軍士外，每旗派執海螺軍士七名，八旗護軍，每旗派執海螺軍士二十五名，排列於堂子栅欄之外，八旗護軍、火器營護軍，各派參領八員，俱蟒袍補服，持纛排列於堂子内門之外。至吉時，聖祖仁皇帝恭詣聖母皇太后宫問安。畢，駕出午門，鳴鐘，不作樂。俟駕至御河橋，鳴角吹螺，進堂子時，螺角停止。禮部堂官恭導就位，行三跪九叩頭禮，諸王大臣侍衛等依次排立，隨行禮。禮畢，螺角齊鳴。禮部堂官恭導至内門外，致禮於旗纛之神。畢，螺角停止。鹵簿儀仗，自堂子設至土城關外。駕出，照常作樂，由安定門大街，出德勝門。八旗軍分翼陳列，先列鳥鎗護軍，次鳥鎗驍騎、出征皇子王等旗纛護軍，俱戎服，各於本旗護軍之中排列。其末旗、鳥鎗護軍之下，列滿洲礮兵，次漢軍礮兵，次漢軍火器營兵。駕出郭，三舉礮。聖祖仁皇帝至陳兵處，官兵皆於馬上俯伏，候駕過方起。其不隨征王以下，有頂帶文武官員以上，俱蟒袍補服，過大軍排列之前，分翼跪送，并派八旗官兵肅清道路，嚴禁僕從馬匹喧雜之聲。俟駕行後，官兵各整隊伍，相隨進發。至駐營處，前鋒軍過御營前，駐劄爲二營；八旗護軍及驍騎，列作十六營；火器營兵，隨礮兵丁、礮手、綿甲兵，列爲四營；部院大臣、官員、筆帖式等，列爲一營；左翼察哈爾兵，列爲二營；緑旗兵，各爲一營。御營網城内，安設巡警二十一處，每處派旗員一員、内務府護軍及執事人十名守之；網城三門，每門派護軍及執事人十名守之。外營安設巡警八處，每處派旗員一員、侍衛鑾儀衛官執事人共十名守之；外營四門，共派護軍執事人四十名守之。馬匹牧場，於鑲黄等三旗每旗派旗員一員、侍衛鑾儀衛官執事人共三十名守之。大軍分兩路出口，並分翼牧馬。前路牧馬路左，必留路右，以待後路之牧放。所過城池村舍，嚴禁馳騁騷擾。輜重出口，皆按序結隊而行。至居庸關及獨石口，並遣大臣祭山川之神。師次青城，雨雪交作。至駐營處，聖祖仁皇帝御雨具，竚立曠野，俟軍士結營畢，始入行宫，各營舉炊，然後進膳。復賜網城内帳房食物柴炭，以給輓車後至者。駐蹕噶爾圖，遣大學士致祭風雨山川之神，風止雪霽。自出喀倫後，無水之地，甘泉湧出。不毛之土，豐草茂生。因復遣大學士祭告風雨及域外山河川澤之神。

凡軍中斥堠哨望，聖駕親行巡察。申定軍伍，常御旌門。令諸將士乘騎徐進，以次簡閲。至西巴台，遣使賫勑文往論噶爾丹。大軍進至枯庫車爾，前遣去使臣還奏，得噶爾丹所在實音。躬率前鋒兵進發，次八旗前鋒兵，次緑旗兵，居鹿角之中，次左右翼八旗漢軍砲位鳥鎗兵，次八旗滿兵，馬上馱載礮位。其鹿角後，頭隊兵，前列各旗内鳥鎗手護軍，次列護軍，次列鳥鎗驍騎；二隊兵，亦照前隊排列；傍隊兵，每旗子母礮，著滿洲鳥鎗驍騎兼管。此後三旗大臣侍衛等，領龍纛行。諸王及皇子等，各在纛前行。内務府官執事人等、部院官員及蒙古兵，俱按列行。噶爾丹始猶不信聖駕親臨，登北孟納爾山，望見六師，驚遁。駕至克魯倫河時，已竄去數日，盡棄鎧甲、器械、廬帳、老弱於途。遣大學士祭河神，復率前軍追至拖諾，分兵平北大將軍追躡。回鑾。〇是年九月，噶爾丹敗遁後，收集散亡，復圖侵掠。大將軍報至，聖祖仁皇帝親巡行北邊，經理機務。諭："朕出塞試鷹，當減從而往。諸色人等，不得告請從行。其部院官員，照秋圍例，從少派出。"欽天監擇定軍行日期，左翼於十七日起程，右翼於十八日起程。至十九日，駕發京城。十月，駕至白塔，向歸化城，大排鹵簿。該副都統等，率官兵來迎。老少男婦，皆執香擁集路傍跪接。其城中大喇嘛等，率其屬排列旛幢，作樂迎拜。駕於南關駐營。四方來朝之蒙古王與妃等，以及兵民喇嘛，各進獻駝馬牛羊食物。自歸化城駐蹕赫圖爾根之南，前西路戰勝之右衛官兵俱至。聖祖仁皇帝親臨賜食，引官兵俱近前坐，遍賜之，雖僕從無遺。次日，復賜官兵衣銀食物坐馬，遣諸皇子至右衛軍營，重賜茶酒，又撤御膳分賞官兵。十一月，至湖灘河所，渡河，幸鄂爾多斯地。是時，河水未凍，獨於渡處數里，結爲堅冰，車馬坦行。駐營時，該王、貝勒、貝子、公及其母妃夫人等，俱來朝貢，獻駝馬諸物。自是駕循河岸而行。厄魯特人來降者，絡繹不絶。噶爾丹知部曲潰散，遣使納奏。復頒勅諭，遣來使賚往招撫。乃自東斯垓統軍回鑾。〇三十六年，聖祖仁皇帝三舉北征，仍分兩路出師。聖駕巡晉及秦，就近調遣。二月初六日，啓行，陳設鹵簿，由神武門出德勝門。聖駕經過地方，凡遇帝王陵寢、先賢墳墓、名山大川，皆遣官致祭。駐蹕保德州，遣大臣祭黄河之神。駕至横城，復遣大學士祭黄河之神，遣皇子祭故將軍之有功疆圉者。其前次寧夏陣亡官兵，照例遣官奠醊。其口外王、貝勒、台吉等，先傳諭旨，止其請安進貢。各地方大臣，止許單身至黄河兩岸迎接。其餘兵丁，止於近城地方排列迎候，免其披執。時哈密已擒逆子，俘送軍前，青海八台吉懇請來朝，厄魯特之部長寨桑等，皆納欵求降。車駕於三月十五日，自黄河舟行回鑾。

〔聖駕凱旋儀〕

崇德二年二月辛未朔，太宗文皇帝率從征王、貝子大臣等班師。朝鮮國王率羣臣出王京十里外，跪送。太宗文皇帝下馬，陞座，該王率羣臣行三跪九叩首禮。賜該王侍坐於御座左側,賜茶,該王起謝。畢,遣大臣二員送還國。諭親王等,各宜嚴束士卒,毋得殺降擾民。又於軍中,太宗文皇帝率諸王、貝子、羣臣,以班師行祭旗纛禮。沿途各地方官,率衆遠迎,跪候駕過,隨大軍後,至駐營處。命各官遥坐,遣大臣賜之酒。次日,駕發時,地方官員進獻牛米等物,率軍民道傍跪送。盛京鄭親王等,於賫奏賀表後,預至京城二十里外,除道設帷幄。在京王、貝子、文武羣臣及土默特、鄂爾多斯、蒙古虎爾哈部長等,皆前期祗俟。聖駕將臨,各離營五里許,恭迎道左,以次序立,跪候駕過,隨行。太宗文皇帝入御幄,陞座,王等率衆排立。贊禮官贊王等捧表跪進,國史院大學士接表跪宣。畢,王等率衆行三跪九叩頭禮,乃大宴。宴畢,起行,恭謁堂子行禮。由懷遠門入,還清寧宫。○康熙三十五年五月戊辰,聖祖仁皇帝自克勒和朔統軍回鑾。内外諸王大臣、文武各官,於行宫東門跪奏:厄魯特震驚天威,望風逃竄,大功已成,請行慶賀禮。奉旨:"朕預料噶爾丹必遁,已密諭西路大兵截其歸路。信息不久即到,姑俟之。"是日,慶雲五色,見於東南癸酉。駕駐蹕中拖陵。撫遠大將軍奏報:祗遵廟算,大破賊於昭莫多之地。捷音至,聖祖仁皇帝出行宫,南門外設香案,率皇子、諸王及蒙古王、台吉等,按次排立,叩謝上天,行三跪九叩首禮。畢,入行宫。大學士等恭進賀捷表文。皇子在幔城内,内外王文武各官在幔城外,三跪九叩首,行慶賀禮。丙子,駕至席喇布里圖。前留牧喀倫之蒙古王等,恭迎聖駕,在行宫前三跪九叩頭,行慶賀禮。喀爾喀扎薩克等及衆台吉之妻並攜所屬男婦,齊集行宫東門,跪奏:殄滅兇寇,謝皇帝再造之恩,懇請仰瞻天顔。奏入,命以次引入幔城進見,衆皆叩頭,呼萬歲。賜茶,出,復遣官賜宴,並賚銀幣衣服有差。自後每日,王、貝勒、台吉等來迎,在行宫外行慶賀禮者甚衆,宴賚皆依此例。其有名喇嘛及王、貝勒母妃夫人等,挈羣來迎,貢獻駝馬牛羊,不可數計。駕行時,羅拜路傍,絡繹不絶。附近衆扎薩克及牧場蒙古率妻子迎獻酒漿酥酪者,沿途環擁。命以所獻分頒皇子、諸王、大臣、侍衛。凡執事以及僕從,均得霑渥。近邊驛站内,各煎香薷湯預備,以飲凱旋軍士。時方盛暑,車駕所臨,每隔宵降雨,氛埃不起,凉爽襲人。六月丙戌,莊親王等奉表稱賀。己丑,駕至獨石口。城中居民及二三百里居民,排列香案,歡呼叩首。是日,在京諸王大臣迎駕。辛卯,駐蹕懷來縣。時地方稍旱,駕甫至,即霈甘霖。百姓踴躍跪叩,共稱神異。癸巳,辰時,駕發清河,排列儀仗。在京諸王、貝勒、貝子、公及文武大小官員,俱蟒袍補服,於郭外五里道旁跪接。八旗護軍、驍騎、步兵、近京鄉紳士民工商耆老男婦，焚香懸綵，扶攜跪迎。命前驅勿警蹕。於是填塞街道，環集者數百萬人，歡聲雷動。駕由德勝門入，鹵簿大駕自土城關設至堂子，從軍不從軍諸王大臣，皆隨後行。遵旨停排旗纛畫角，作樂前導。禮部堂官恭導詣堂子，就拜位，行三跪九叩頭禮，諸王大臣皆隨行禮。禮畢，鹵簿大駕自堂子設至午門。聖祖仁皇帝恭詣聖母皇太后宮問安。畢，還宮。〇是年冬，聖祖仁皇帝北巡，自歸化城西渡湖灘河所，駐蹕東斯垓。厄魯特人絡繹來降。噶爾丹知部曲潰散，遣使納奏。乃降勅招撫，班師回鑾。十二月壬寅，駕由德勝門進神武門，詣聖母皇太后宮問安。畢，還宮。〇三十六年，聖駕復臨邊方，西踰寧夏，駐蹕狼居胥山，指授諸將方略，堵截窮寇遁逃之路。噶爾丹自料立就誅戮，仰藥自殺。餘黨引衆歸降，朔漠蕩平。聖祖仁皇帝以六師大捷，於行宮外排設香案，率皇子、諸王、文武大小官員謝天，行三跪九叩首禮。畢，駕回行宮，羣臣在外行慶賀禮。班師，由邊外凱旋。外藩蒙古王、貝勒、貝子、公、台吉等及其母妃、妃、夫人等，率衆進獻迎賀者，所至無虛日。五月壬辰，駕臨懷來縣，在京皇子、諸王、大學士、尚書等來迎。甲午，乘輿至清河，大設鹵簿。皇子、諸王及在京文武大小官員，蟒袍補服，出郭外五里，跪迎道旁。八旗護軍、驍騎、步軍及京城附近紳衿士農耆老，陳設香案，沿門結綵，各執香跪迎。駕由德勝門入，詣堂子行禮畢，由午門至寧壽宮問安。禮部奏請舉行慶典，遣官告祭天、地、太廟、社稷、永陵、福陵、昭陵、暫安奉殿、孝陵及旗纛、太歲、礮神、嶽鎮海瀆、歷代帝王陵寢、先師闕里等處。俱遣官致祭。陞殿受賀，諸王大臣文武官員暨直省文武官員，俱恭進慶賀表文。是日，頒詔中外，咸使聞知。復允羣臣所請，宣付史館編年集《平定朔漠方略》，御筆勒銘，磨崖刻石於察罕七羅、拖諾、昭莫多及狼居胥山，併建碑太學，垂文紀勳，昭示萬世。太學碑文，載“國子監衙門”。

《聖祖仁皇帝御製察罕七羅碑銘》

康熙三十五年，歲次丙子，四月丙戌朔，十三日戊戌，大清皇帝征討厄魯特噶爾丹，將六軍過此，御筆勒銘。

惟天所覆，皆吾赤子。綏靖邊陲，殄滅蛇豕。山澤効靈，草蓄泉旨。羽衞斯經，貞石用紀。

《聖祖仁皇帝御製拖諾山碑銘》

康熙三十五年，歲次丙子，五月丙辰朔，十二日丁卯，大清皇帝征討厄魯特噶爾丹，駐蹕拖諾山，御筆勒銘。

瀚海蕩蕩，臚朐泱泱。親御六師，我武維揚。震雷霆威，讋日月光。剪厥兇醜，安定遐荒。

《聖祖仁皇帝御製昭莫多碑銘》

康熙三十五年，歲次丙子，五月丙辰朔，十三日戊辰，大清皇帝征討厄魯特噶爾丹，大兵邀擊於昭莫多之地，盡殲賊衆，御筆勒銘。

天心洪佑，剪逆摧兇。困獸西竄，膏我軍鋒。一鼓而殲，漠庭遂空。磨崖刻石，丕振武功。

《聖祖仁皇帝御製狼居胥山碑銘》

康熙三十六年，歲次丁丑，四月庚戌朔，大清皇帝討滅厄魯特噶爾丹，駐蹕狼居胥山，御筆勒銘。登狼居胥，遡大河曲。遐播德威，以綏荒服。殄醜寧人，義正仁育。絶域來同，敷天永福。

〔大閲儀〕

康熙三十四年，聖祖仁皇帝幸南苑，行大閲禮。擇於南苑西紅門内曠地，八旗官兵鎗礮，按旗排爲三隊。第一隊，以漢軍火器營，鳥鎗步軍居中，礮位排列左右，滿洲火器營鳥鎗列於礮位兩頭；第二隊，以前鋒兵居中，八旗護軍，續列兩頭；第三隊，排列八旗護軍，兩翼則設立應援之兵。辰時，聖祖仁皇帝率皇子等，俱擐甲，前張黄蓋。内大臣、親近侍衛、大學士及諸大臣，俱擐甲，附近護從。繼以豹尾鎗侍衛隨行。豹尾後，建兩大纛。上三旗侍衛，俱擐甲，按次隨從。駕至，遍閲八旗兵陣及火器營，立於馬軍之前正中。鳴角者三擊鼓，步軍舉鹿角大礮，衆兵齊進，鳴金而止，齊發鳥鎗一次，如此九進。至第十次，連發大礮。火器營馬步軍，循環連發鳥鎗無間。礮畢，各開鹿角爲門，後二隊馬軍逐隊出，列齊，鳴角，大呼而進。復鳴角收軍，立於本陣，結隊徐旋，其殿軍擁後立。大閲畢，駕還行宫，特降勑諭，申明賞罰，宣示於大閲之地。是日，未閲前，官兵俱賜食。閲後，復賜酒。

〔會閲儀〕

康熙三十年，聖祖仁皇帝以喀爾喀新附數十萬衆，必訓以法度，俾知禮儀。特命行會閲禮於上都七溪之地。前期，遣官調集喀爾喀部落，并傳外藩四十九旗諸王及台吉等，俱預屯於會閲之地百里以外。車駕發京師，上三旗官兵隨駕行，下五旗官兵由獨石口出，赴御營。軍臨七溪，布營設哨。三旗護軍共爲一營，居中屯扎。八旗前鋒爲二營，五旗護軍爲十營，火器營兵爲四營，共十六營，環御營屯扎。八旗前鋒爲四哨，八旗護軍爲二十四哨,各設廬帳,繞營而居。傳諭:蒙古喀爾喀等,前屯於百里外者,移附御營五十里屯扎,不得入哨内。命議定喀爾喀賞格爲九等,坐次爲七行,進見宴會禮儀,悉照四十九旗例行。屆期,設宸幄於網城南門前,中安御牀,旁設武備院行帳各二架,前設置案之帳,排列金器,照常設儀仗,設駕出入所奏鑾儀衛樂,設宴於各班次,傳衆齊集。奏聞,駕出,乘馬臨帳,陞座。理藩院大臣、鴻臚寺官員,引導排班,奏樂。鳴贊官傳呼,行三跪九叩頭禮,畢,樂止。理藩院大臣官員,引内外王、貝勒、貝子、公、台吉等列於左,喀爾喀列於右,各於其位叩頭,坐。進御宴,奏樂,衆皆起立,宴既進,樂止。進茶,令喀爾喀齊叩頭。進茶畢,進酒,獻酒大臣跪,衆皆跪,奏樂。進酒時,衆各於其位叩頭,獻酒畢,坐。執事者以金盃酌酒,立授獻酒大臣,大臣跪受,行一叩頭禮。飲畢,一叩頭,坐。舉宴,次第演舞,奏樂,衆技畢陳。其喀爾喀汗濟農諾顔大台吉等,俱令近御座前,親賜以酒。其餘台吉等,皆令侍衛等於坐處送酒。宴畢,御筵撤。外藩諸王以下,台吉塔布囊以上,及衆喀爾喀,行一跪三叩頭禮。不贊。謝恩畢,按翼排立。禮部大臣奏宴畢,駕還行宫。次日,八旗滿洲及漢軍火器營、緑旗官兵排列火礮,聖祖仁皇帝躬御甲胄。大閲畢,宣訓論勅書,去其汗濟農諸顔等號,依次錫以王、貝勒、貝子、公名爵。其台吉亦分四等,比於四十九旗。又按品級,從優恩賚銀兩、銀器、蟒緞、綵緞、布疋袍帽等物。其四十九旗,亦按品級賜銀幣袍帽等有差。頒賞訖,俱於網城南門前,聽鳴贊官傳呼,行三跪九叩頭禮,謝恩。畢,駕回鑾。

〔命將出征儀〕

崇德間,太宗文皇帝命王、貝勒等爲大將軍,率諸大臣官兵出師。駕親臨送,出撫近門,謁堂子,行三跪九叩頭禮,外列八纛,行一跪三叩頭禮。畢,詣演武場,陞御座,賜大將軍勅印。鳴贊官贊跪,大將軍率諸將於階下跪。内院大臣捧滿洲、蒙古、漢字三體勅文,次第宣讀畢,大將軍陞階,跪受勅印,轉授隨征文官,降階,行三跪九叩頭禮。鳴贊官贊退,大將軍復位,賜茶。畢,大將軍出,駕送至里許,由懷遠門還宫。○順治元年,世祖章皇帝命王等爲大將軍,領兵出征。是日,鹵簿大駕全設於午門外,設御座,張黄幄於皇極門丹陛上,以頒給主帥勅印陳設檐下東旁黄案上。王以下文武各官,俱盛服齊集,候駕出,衆皆跪。世祖章皇帝御門陞座,諸王各官立丹墀下。贊鳴鞭,階下三鳴鞭。鳴贊官贊排班,進,跪,大將軍率出征官員,俱進詣拜位跪。内院大臣捧滿洲、蒙古、漢字三體勅書次第宣畢,捧勑印授大將軍。鳴贊官贊,王及出征各官,行三跪九叩頭禮。畢,贊退,王及各官俱退,即起程前行。鳴鞭,世祖章皇帝還宫,衆跪候駕過,皆退。○十五年,命郡王爲大將軍。是日,鹵簿大駕全設於太和殿前。鴻臚寺官設勑印黄案於檐下東旁。出征王以下参領以上,俱征服,齊集午門外。王、貝勒、貝子、公等,俱朝服,齊集太和門外。文武各官,俱朝服,齊集午門外常朝處。内院官以大將軍勑印置太和殿外黄案上。不出征王、貝勒、貝子、公等,先集太和殿前丹陛上,依次排立。文武各官進午門左右掖門,至丹墀内,分翼排立。出征王、貝勒、貝子、公等於丹陛上,都統、副都統等於丹墀内排立。世祖章皇帝御殿,陞座,午門鳴鐘鼓,作中和樂。其餘一應儀注,皆與前同。○康熙十三年正月,聖祖仁皇帝命王爲大將軍,率領大兵出征。是日,鹵簿大駕照常陳設。出征王及各官,俱征服,齊集午門外。王以下文武各官,俱蟒袍補服,於常朝處,分翼齊集。内閣大臣設頒給勑印於太和殿外東旁黄案上。鴻臚寺官引王、貝勒、貝子、公等至太和殿丹陛上排立,文武各官在丹墀内分翼排立。次引出征王至丹陛上,出征各官至丹墀内儀仗末排立。禮部堂官奏請御殿,作樂,陞座,樂止。鑾儀衛官贊鳴鞭,階下三鳴鞭。鴻臚寺官贊跪,出征王及各官皆跪,大學士捧所設黄案上勑印授王,王跪受,轉授出征内閣官,鳴贊官贊行三跪九叩頭禮。畢,鴻臚寺官引王、貝勒、貝子、公等進太和殿内,都統以下營總以上在丹陛上,參領等官,在八旗班首,分翼序坐,賜茶。畢,御中和殿,鹵簿大駕向堂子排設。出征王及諸王、貝勒等在金水橋,文武各官在午門外常朝處,貝子、公、鎮國將軍、都統、尚書等官及出征輔國將軍、都統、護軍統領、副都統在東長安門外,俱分翼排立。禮部堂官奏請恭詣堂子行禮。王以下各官,候駕至,跪送。出征王及諸王、貝勒、都統、尚書等官,出征副都統以上各官,俱隨駕詣堂子上香。畢,禮部堂官恭導就位行禮,王、貝勒等及大臣侍衛,俱依次排立。鳴贊官奏跪、叩、興,聖祖仁皇帝行三跪九叩頭禮,興,王等皆隨行禮,興。次吹螺,於兵部排設纛前,行三跪九叩頭禮。畢,不贊。駕出,作樂,進東長安門,至天安門外橋前,鹵簿大駕向内排立,樂暫止,駕出西長安門,送行。出征王以下副都統以上,俱佩弓矢,上馬隨行,至駐馬處,出征王趨馬疾過。出征王起行畢,駕還宫,作樂,午門外齊集各官,候駕至,跪迎,駕過,皆退。其出征王及各官行至列兵處,禮部設帳幄,光禄寺備茶,内大臣、禮兵二部堂官送茶。飲畢,鴻臚寺官前導,望闕行謝恩禮。畢,起行。○是年七月,命王、貝勒大臣爲大將軍、將軍,領兵出征，一應儀注，如前儀。惟不詣堂子行禮，不親送大將軍等出午門，遣內大臣出西長安門往送。其送茶禮儀，亦與前同。〇二十九年，命和碩裕親王爲撫遠大將軍。啓行時，聖祖仁皇帝御太和門。大學士二員，一捧勑，一捧印授王，王跪受。畢，駕出東直門，視諸王起行。〇三十五年，命以領侍衛内大臣安北將軍伯爲撫遠大將軍，統西路大兵出征厄魯特噶爾丹。令先自歸化城，乘驛速赴京師。至日，大頒宴賚，聖祖仁皇帝御太和門，陞座。内大臣、大學士等，列坐兩旁。其出兵運米大臣官員及前鋒護軍等，按旗分坐於金水橋内之左，緑旗提督總兵官等坐於金水橋内之右。護軍參領、護軍校、護軍等，亦分左右，按旗坐於橋外。効力官員、鳥鎗驍騎、火器營兵、礮手等，依次坐於午門外。坐畢，樂作，陳百戲。命大將軍進至座前，手賜巵酒，大將軍跪受，退，至階，叩首，飲。其都統大臣等，俱以次進前，手賜巵酒。副都統等亦進前，親近侍衛賜酒。自參領以下，護軍校以上，皆十人一班，進至階上，跪飲。又命部院大臣及侍衛總管等，徧視衆軍士飲。宴畢，賜與宴大臣等御用立蟒緞綢有差。其官員及護軍等，賜緞有差。營兵礮手等，俱賜布。畢，大將軍率衆官兵進前謝恩，同叩首，出。遣大學士授大將軍勑印。令自京復赴歸化城，擇吉啓行。

〔凱旋儀〕

崇德間，王等凱旋。太宗文皇帝率王、貝勒、貝子、公等及文武各官，出城門十里外迎接。其出征王、貝勒、貝子、公大臣等至，以次排列。設八纛，吹螺作樂，太宗文皇帝率衆拜天，行三跪九叩頭禮。畢，御黄幄，陞座。出征王、貝勒等，跪進獻捷表文，大學士接表，捧至御前，跪，讀畢，鳴贊官贊行三跪九叩頭禮。諭出征王、貝勒大臣等，近前行禮。王等以次趨至御前，一跪三叩頭。行禮畢，賜坐。王、貝勒近御座右坐，貝子、公、大臣等及有功兵士，皆序次在右坐。大設筵宴，親賜出征王及貝勒、貝子、公、大臣等酒。宴畢，謝恩。躬率凱旋王、貝勒、貝子、公、大臣等謁堂子，行三跪九叩頭禮。畢，駕還宫，衆皆退。〇順治八年題准：王等凱旋日，陞殿行禮畢，頒賞有差。〇十三年題准：王、貝勒、貝子、公及大臣等凱旋，遣王、貝勒、貝子、公等内一人或大臣出城迎勞。禮部備茶酒，同往。到京次日，在京王以下各官，俱朝服，齊集。凱旋將軍等，各具盛服。候御殿，鳴贊官贊行三跪九叩頭禮，復以次詣御前行禮。畢，賜宴。凡兵丁曾在陣前先登効力者，俱令與宴，於各該管官員後序坐。〇康熙元年議定：凡大兵凱旋次日，皇帝陞殿，將軍等行禮畢，免進前行禮，筵宴免桌席，止宰牲。〇二十一年,大將軍、貝子、都統等凱旋,聖祖仁皇帝親至蘆溝橋迎。是日,鹵簿大駕全設。王等,常服,於常朝處齊集。都統、滿大學士、尚書、精奇尼哈番、副都統、侍郎、阿思哈尼哈番等官以上,常服,於西長安門内齊集。文武各官,朝服,於午門外齊集。禮部堂官奏聞,鳴鐘,作樂,王以下文武各官,俱於各齊集處跪。候駕過,王以下侍郎、阿思哈尼哈番以上,俱隨駕行。駕由西長安門出宣武門,漢大學士、尚書、侍郎等官,預赴行宫,具蟒服,候駕至,跪迎。駕至蘆溝橋行宫駐蹕,司設監設黄幄御座,禮部設青幄,工部立下馬紅柱,兵部設八旗護軍纛及號螺。次日黎明,禮部堂官奏請陞輿,王等及大臣侍衛,俱齊集行宫前,蟒服隨行。駕至,紅柱處吹螺,鴻臚寺官引凱旋大將軍各官,於紅柱内跪;漢大學士、尚書、侍郎等官,於紅柱外跪。候過,禮部堂官恭導詣纛前立。鴻臚寺官贊排班,班齊,禮部堂官跪奏排班畢。聖祖仁皇帝率王以下各官、凱旋大將軍以下各官拜天,行三跪九叩頭禮。畢,不贊。御黄幄陞座,停吹螺。鴻臚寺官引王等各官於各翼幄下排立,引凱旋大將軍及各官排班。鳴贊官贊行三跪九叩頭禮。畢,賜坐,各行一跪一叩頭禮。大將軍及各官於各翼班首坐,其有功兵丁在各官班後坐,賜茶。畢,謝恩。禮部堂官奏禮畢,駕出黄幄,吹螺,駕過,螺止,駕還宫,樂作,午門外齊集各官跪,候駕過,樂止,衆皆退。○三十五年,撫遠大將軍伯大破厄魯特噶爾丹於昭莫多之地。凱旋後,留駐喀倫。是歲冬,巡狩至鄂爾多斯,有旨著大將軍伯自軍中乘驛前來。將至,皇子往迎。比至,駕出幔城。大將軍伯趨進,跪,請安,隨扈從於湖灘河所之南。賜大將軍伯御佩櫜鞬弓矢,復遣還軍。

〔**獻俘儀**〕

雍正二年,皇上命將討平青海,解送俘囚至京。欽天監擇吉,獻俘於太廟、社稷壇。至期,兵部率解俘官員兵丁,押所解之俘,白練繫頸,由長安右門入,進天安門西門,至太廟街門外,向北立。候告祭大臣至,俘向北跪。告祭大臣進太廟街門之北門,由甎城西門至戟門之西門入。陪祀文武官員、東西班先集,告祭大臣就行禮位行禮。如時,享儀陪祀官隨行禮。禮畢,兵部率解俘官員,兵丁押俘至社稷街門外,向北立。候告祭大臣至,俘向北跪。告祭大臣進社稷街門之南門,由南天門進。陪祀文武官員分東西班先集。告祭大臣就行禮位行禮,如春秋祭儀,陪祀官隨行禮。禮畢,告祭大臣、陪祀官以次出。兵部率解俘官員兵丁押俘,仍由天安門西門、長安右門出,百官各退。次日,行受俘禮。

〔受俘儀〕

雍正二年，平定青海，於獻俘次日行受俘禮。前期一日，工部設黃幄御座於午門樓楹簷正中。是日早，鑾儀衛張黃蓋於樓簷外，設丹陛儀仗於闕門之北，設丹墀儀仗於闕門之南，設金鼓於丹墀儀仗之南，俱東西相向，設仗馬於御道左右，設輦輅於天安門外，金水橋之南，設馴象於輦輅之南，設鑾儀衛鼓吹大樂於午門外左右，設丹陛樂於儀仗之南，設諸王行禮椶薦於丹陛儀仗内。諸王以下文武各官，俱朝服，齊集。内閣、翰林院堂上官，立於午門外之東丹陛儀仗之上，都察院堂上官，立於午門外之西丹陛儀仗之上，俱於仗外立。諸王、貝勒、貝子、公，於闕門之北丹陛儀仗之外，按翼排立。文武大臣及有頂帶官員，於丹墀儀仗之外，按翼排立。糾儀御史滿漢四員，立於丹陛儀仗之下；又滿漢御史四員，立於丹墀儀仗之下，俱東西相向。鴻臚寺官四員，立於丹陛儀仗之末；又四員，立於丹墀儀仗之末。兵、刑二部尚書、侍郎，立於西丹墀儀仗之外。兵部司官率解俘將校，立於西翼金鼓之外，將俘囚押立於後。刑部司官，立於兵部之次。鴻臚寺官報班齊，禮部堂官至乾清門奏聞。皇上具補服龍袍，乘輿出宫。駕興，午門鳴鐘。禮部、鴻臚寺堂官前引，駕至太和門内，十大臣迎導，駕出太和門，鐘止，鑾儀衛大樂鼓吹，金鼓全作，皇上由東道上至午門樓前楹，降輿，陞黃幄寶座，樂止。十大臣於簷外階上東西排立，起居注官立於西班豹尾之末。承旨大臣二員、鴻臚寺官二員，立於階下。内大臣、散秩内大臣、侍衛，分翼接連豹尾，挨次排列，至兩傍樓廊下。内鑾儀衛官贊鳴鞭，校尉三鳴鞭。鴻臚寺官贊解俘將校排班，引解俘將校於儀仗前入，至御道西，俱向上立，贊進，贊跪、叩、興，丹陛樂作，解俘將校行三跪九叩頭禮，興，樂止。贊退，解俘將校退立本位。鴻臚寺官贊受俘，兵部司官率解俘將校，押俘至金鼓之下，向上跪。兵部堂官從儀仗内，趨至午門前御道之傍，奏平定青海所獲叛逆俘囚，謹獻闕下，請旨。刑部堂官趨至御道之傍恭立，承旨大臣候旨。宣制曰：所獻俘，交刑部。鴻臚寺官接宣。刑部堂官跪領旨。兵部司官引俘押出金鼓之外，交與刑部司官。刑部司官將俘押出天安門西門訖，鴻臚寺官贊排班，引諸王、貝勒、貝子、公於丹陛儀仗畫戟前入，至行禮處，向上排立；文武大臣、有頂帶官員於丹墀儀仗前，入至行禮處，向上排立。排班畢，鴻臚寺官贊進，贊跪、叩、興，丹陛樂作，王以下文武各官行三跪九叩頭禮，興，樂止。贊退，各歸本班立。内鑾儀衛官贊鳴鞭，校尉三鳴鞭。駕興，大樂鼓吹，金鼓全作，上乘輿還宫，王以下文武各官俱退。是日,賜解俘官每員蟒緞朝衣靴帽,各加賞銀一百兩,兵丁各賞銀二十兩,恩賜該將軍等鞍馬及織金雜色綵緞有差。其擒獲俘囚等之將校及管領擒獲之人,查明具題,各加恩賚。廷臣懇請遵古獻馘告成典禮,御製《平定青海碑文》,建立太學,與聖祖仁皇帝《平定朔漠碑文》並垂。特允所請,勒石國子監。刻成摹搨,頒發直省各府、州、縣、衛學宫,昭示萬世。文載"國子監衙門"。

大清會典卷之六十四

禮部儀制司

〔冠服〕

本朝冠服，上下有章，等威有辨。自國初定制，迄今遵守，其間屢有釐飭，依次分載。

皇帝冠服

崇德元年定：冠用東珠寶石鑲頂，服黄袍，束金鑲玉版，嵌東珠帶。○康熙二十二年定：凡大典禮及祭壇廟，冠用大珍珠東珠鑲頂，禮服用黄色、秋香色、藍色、五爪、三爪龍緞等項，俱隨時酌量服御。○雍正元年定：禮服用石青、明黄、大紅、月白四色緞，花様三色圓金龍九，當龍口處珠各一顆，腰襴小團金龍九，通身五彩祥雲，下八寶平水，萬代江山。

皇后冠服

凡慶賀大典，冠用東珠鑲頂，禮服用黄色、秋香色、五爪龍緞、粧緞、鳳凰翟鳥等緞，隨時酌量服御。

皇貴妃貴妃妃嬪冠服

凡慶賀大典，皇貴妃、貴妃冠頂，用東珠十二顆。妃冠頂，用東珠十一顆，禮服用鳳凰翟鳥等緞、五爪龍緞、粧緞、八團龍等緞。俱隨時酌量服御。黄色、秋香色，不許服用。嬪冠頂用東珠十顆，禮服用翟鳥等緞、五爪龍緞、粧緞、四團龍等緞。俱隨時酌量服御。黄色、秋香色，不許服用。

親王冠服

崇德元年定：冠頂三層，上銜紅寶石，中嵌東珠八顆，前舍林嵌東珠四顆，後金花嵌東珠三顆，帶用金鑲玉版四片，共嵌東珠四顆。○順治九年題准：冠頂三層，共嵌東珠十顆，舍林嵌東珠五顆，後花嵌東珠四顆，帶四片，每片嵌東珠四顆，服用五爪四團龍補、五爪龍緞滿翠四補等緞。

世子冠服

順治九年題准：冠頂三層，共嵌東珠九顆，帶用金鑲玉版四片，每片嵌東珠三顆，服與親王同。

郡王冠服

崇德元年定：冠頂三層，上銜紅寶石中嵌東珠七顆，前舍林嵌東珠三顆，後金花嵌東珠二顆，帶用金鑲玉版四片，嵌緑松石四顆。〇順治九年題准：冠頂三層，共嵌東珠八顆，舍林嵌東珠四顆，後花嵌東珠三顆，帶四片，每片嵌東珠二顆，服與親王同。

貝勒冠服

崇德元年定：冠頂三層，上銜紅寶石，中嵌東珠六顆，前舍林嵌東珠二顆，後金花嵌東珠一顆，帶用金鑲玉版四片，嵌寶石四顆。〇順治九年題准：冠頂三層，共嵌東珠七顆，舍林嵌東珠三顆，後花嵌東珠二顆，帶四片，每片嵌東珠二顆，服用四爪兩團補及蟒緞粧緞等項。

貝子冠服

崇德元年定：冠頂二層，上銜紅寶石，中嵌東珠五顆，前舍林嵌東珠一顆，後金花嵌東珠一顆，帶用金鑲玉版四片，嵌藍寶石四顆。〇順治九年題准：冠頂三層，共嵌東珠六顆，舍林嵌東珠二顆，後花嵌東珠一顆，帶四片，每片嵌東珠一顆，服與貝勒同。

鎮國公冠服

崇德元年定：冠頂二層，上銜紅寶石，中嵌東珠四顆，前舍林嵌東珠一顆，後金花嵌緑松石一顆，帶用金鑲玉版四片，嵌藍寶石四顆。〇順治九年題准：冠頂二層，共嵌東珠五顆，舍林嵌東珠一顆，後花嵌緑松石一顆，帶四片，每片嵌猫睛一顆，服用四爪方蟒補，餘與貝勒同。

輔國公冠服

崇德元年定：冠頂二層，上銜紅寶石中嵌東珠三顆，前舍林嵌緑松石一顆，後金花嵌寶石一顆，帶與鎮國公同。〇順治九年題准：冠頂二層，共嵌東珠四顆，舍林後花、帶嵌珠數及服色俱與鎮國公同。

鎮國將軍冠服

崇德元年定：冠頂上銜紅寶石，帶用金鑲圓版，嵌紅寶石四顆。〇順治九年題准：冠頂中節嵌東珠一顆，帶用金鑲方玉版，每片嵌紅寶石一顆，服用麒麟補，餘與鎮國公同。

輔國將軍冠服

崇德元年定:冠頂上銜藍寶石,帶用圓金版。〇順治九年題准:冠頂上銜紅寶石中節,嵌小紅寶石一顆,帶用圓金版,每片嵌紅寶石一顆,服用獅補,餘與鎮國公同。

奉國將軍冠服

崇德元年定:冠頂上銜水晶石,帶用玲瓏鈒金方鐵版。〇順治九年題准:冠頂上銜紅寶石中節嵌小藍寶石一顆,帶用起花金圓版,服用豹補,餘與鎮國公同。

奉恩將軍冠服

順治九年題准:冠頂上銜藍寶石,中節嵌小藍寶石一顆,帶用起花金鑲銀圓版,服用虎補,餘與鎮國公同。

宗室覺羅冠服

順治九年題准:閑散宗室服,用蟒緞、粧緞、倭緞、金花緞及各樣花素緞。覺羅服用金花緞、倭緞、各樣花素緞。〇康熙十一年題准:宗室服許用貂皮、猞猁、猻,帶版等件許嵌緑松石、珊瑚、寶石等物。冠頂各照本等品級。

固倫公主冠服

崇德元年定:冠頂、大簪、舍林、項圈,各嵌東珠八顆。〇順治九年題准:冠頂等項,各嵌東珠十顆,服用翟鳥、五爪四團龍補、五爪龍緞、粧緞、滿翠四補等緞。

和碩公主冠服

崇德元年定:冠頂、大簪、舍林、項圈,各嵌東珠七顆。〇順治九年題准:冠頂等項,各嵌東珠九顆,服與固倫公主同。

郡主冠服

崇德元年定:冠頂、大簪、舍林、項圈,各嵌東珠六顆。〇順治九年題准:冠頂等項,各嵌東珠八顆,服與公主同。

縣主冠服

崇德元年定:冠頂、大簪、舍林、項圈,各嵌東珠五顆。〇順治九年題准:冠頂等項,各嵌東珠七顆,服用蟒緞粧緞各樣花素緞。

郡君冠服

崇德元年定:冠頂、大簪、舍林、項圈,各嵌東珠四顆。〇順治九年題准:冠頂服飾,與縣主同。

縣君冠服

崇德元年定:冠頂、大簪、舍林、項圈,各嵌東珠三顆。〇順治九年題准:冠頂等項,各嵌東珠五顆,服與郡君同。

鄉君冠服

崇德元年定:冠頂、大簪、舍林、項圈,各嵌東珠二顆。〇順治九年題准:鎮國公女鄉君冠頂等項,各嵌東珠四顆,服與縣君同。輔國公女鄉君冠頂等項,各嵌東珠三顆,服與縣君同。

貝子公等側室女降等冠服

康熙四十五年題准:王、貝勒側室女封授,比嫡女既降二等,冠服各項,俱照所降品級服用。貝子鎮國公輔國公側室女,雖降等食五品六品俸,其冠頂服色,仍與鄉君同。

親王妃冠服

崇德元年定:嫡妃冠頂、大簪、舍林、項圈,各嵌東珠八顆。側妃冠頂等項,各嵌東珠七顆。〇順治九年題准:嫡妃冠頂等項,各嵌東珠十顆,服用翟鳥、五爪四團龍補、五爪龍緞、粧緞、滿翠四補等緞。側妃冠頂等項,各嵌東珠九顆,服與嫡妃同。

世子妃冠服

順治九年題准:嫡妃冠頂服飾,與親王側妃同。側妃冠頂等項,各嵌東珠八顆,服與嫡妃同。

郡王妃冠服

崇德元年定:嫡妃冠頂、大簪、舍林、項圈,各嵌東珠七顆。側妃冠頂等項,各嵌東珠六顆。〇順治九年題准:嫡妃冠頂、服飾,與世子側妃同。側妃冠頂等項,各嵌東珠七顆,服用蟒緞、粧緞、各色花素緞。

貝勒夫人冠服

崇德元年定:嫡夫人冠頂、大簪、舍林、項圈,各嵌東珠六顆。側夫人冠頂等項,各嵌東珠五顆。〇順治九年題准:嫡夫人冠頂、服飾,與郡王側妃同;側夫人冠頂等項,各嵌東珠六顆,服與嫡夫人同。

貝子夫人冠服

崇德元年定:嫡夫人冠頂、大簪、舍林、項圈,各嵌東珠五顆。側夫人冠頂等項,各嵌東珠四顆。〇順治九年題准:嫡夫人冠頂、服飾,與郡王側妃同。側夫人冠頂等項,各嵌東珠五顆,服與嫡夫人同。

鎮國公夫人冠服

崇德元年定:嫡夫人冠頂、大簪、舍林、項圈,各嵌東珠四顆。〇順治九年題准:嫡夫人冠頂等項,各嵌東珠五顆,服與貝子夫人同。側夫人冠頂等項,各嵌東珠四顆,服與嫡夫人同。

輔國公夫人冠服

崇德元年定:嫡夫人冠頂、大簪、舍林、項圈,各嵌東珠三顆。〇順治九年題准:嫡夫人冠頂等項,各嵌東珠四顆,服與貝子夫人同。側夫人冠頂等項,各嵌東珠三顆,服與嫡夫人同。

未入八分公夫人鎮國將軍輔國將軍夫人奉國將軍夫人冠服

崇德元年定:冠頂、服飾,止准正室各照其夫品級用。

公侯伯冠服

凡超品公,崇德元年定:冠頂上銜紅寶石,中嵌東珠二顆,帶用金鑲玉版四片。

凡民公,崇德元年定:冠頂上銜紅寶石,中嵌東珠一顆,帶用金圓版四片,嵌緑松石四顆。〇順治二年定:冠用起花金頂,上銜紅寶石,中嵌東珠三顆,帶用金鑲圓玉版四片,每片嵌緑松石一顆。〇八年定:冠頂嵌東珠四顆,帶用金鑲圓玉版四片,每片嵌猫睛一顆。

凡侯伯,順治二年定:冠用起花金頂,上銜紅寶石,中嵌東珠一顆,帶用金鑲方玉版四片,每片嵌紅寶石一顆,與一品官同。〇六年定:冠頂嵌東珠二顆,帶用金鑲圓玉版四片,每片嵌紅寶石一顆。〇八年定:侯冠頂嵌東珠三顆,帶用金鑲圓玉版四片,每片嵌緑松石一顆。

凡民公、侯、伯補服,順治九年題准:或用麒麟,或用四爪蟒。〇康熙元年題准:用四爪蟒。

額駙冠服

凡固倫公主額駙,崇德元年定:與貝子同。若原係貝勒以上,各照封爵服用。〇順治八年定:冠頂嵌東珠六顆,舍林嵌東珠二顆,後花嵌東珠一顆,帶用金鑲圓玉版四片,每片嵌東珠一顆。

凡和碩公主額駙,崇德元年定:與超品公同。如封爵在超等公上者,各照封爵服用。〇順治八年定:冠頂嵌東珠四顆,舍林嵌東珠一顆,後花嵌緑松石一顆,帶用金鑲圓玉版四片,每片嵌猫睛一顆。

凡郡主額駙,崇德元年定:冠頂上銜紅寶石,嵌東珠一顆,帶用金圓版四片,嵌緑松石四顆。〇順治八年定:冠頂嵌東珠三顆,帶用金鑲圓玉版四片,每片嵌緑松石一顆,與侯伯同。○康熙元年題准:用四爪蟒補服。

凡縣主額駙,崇德元年定:冠頂上銜紅寶石,帶用金圓版四片,嵌紅寶石四顆。

凡郡君額駙,崇德元年定:冠頂上銜藍寶石,帶用金圓版四片。

凡縣君額駙,崇德元年定:冠頂上銜水晶,帶用鍍金方鐵版四片。

凡鄉君額駙,崇德元年定:冠用金頂,帶用鍍金圓鐵版四片。

官員冠服

凡官員頂帶,崇德元年定:都統、尚書,冠頂上銜紅寶石,帶用金圓版四片,嵌紅寶石四顆。内大臣、大學士、副都統、護軍統領、前鋒統領、侍郎,冠頂上銜藍寶石,帶用金圓版四片。一等侍衛、護衛、參領、前鋒參領、學士、滿啓心郎、郎中,冠頂上銜水晶,帶用鍍金鐵版四片。二等三等侍衛、護衛、佐領、漢啓心郎、員外郎,冠用金頂,帶用鍍金圓鐵版四片。護軍校主事,冠用金頂,帶用鍍金圓鐵版二片。○順治二年定:一品官,冠用起花金頂,上銜紅寶石,中嵌東珠一顆,帶用金鑲方玉版四片,每片嵌紅寶石一顆。二品官,冠用起花金頂,上銜紅寶石,中嵌小紅寶石,帶用起花金圓版四片,每片嵌紅寶石一顆。三品官,冠用起花金頂,上銜紅寶石,中嵌小藍寶石,帶用起花金圓版四片。四品官,冠用起花金頂,上銜藍寶石,中嵌小藍寶石,帶用起花金圓版四片,銀鑲邊。五品官,冠用起花金頂,上銜水晶,中嵌小藍寶石,帶用素金圓版四片,銀鑲邊。六品官冠用起花金頂,上銜水晶,帶用玳瑁圓版四片,銀鑲邊。七品官,冠用起花金頂,中嵌小藍寶石,帶用素銀圓版四片。八品官,冠用起花金頂,帶用明羊角圓版四片,銀鑲邊。九品官,冠用起花銀頂,帶用烏角圓版四片,銀鑲邊。

凡官員補服,順治九年題准:文官,一品用仙鶴,二品用錦雞,三品用孔雀,四品用雲雁,五品用白鷴,六品用鷺鷥,七品用鸂鶒,八品用鵪鶉,九品用練雀。武官,一品、二品用獅子,三品用虎,四品用豹,五品用熊,六品、七品用彪,八品用犀牛,九品用海馬。都察院、按察司衙門官,不論品級,俱用獬豸。○康熙元年題准:武官,一品用麒麟補。○又題准:文武一品官,雖有加級,不許過本等補服。○三年題准:武官,三品用豹補,四品用虎補。

士庶冠服

凡士庶頂帶,順治二年定:舉人、官生、貢生、監生,冠用金雀頂,帶用明羊角圓版,銀鑲邊。生員,冠用銀雀頂,帶用烏角圓版,銀鑲邊。外郎、耆老,冠用烏角葫蘆頂。〇三年定:會試中式舉人,冠用鋄金三枝九葉頂。狀元冠,用起花金頂,上銜水晶,帶用玳瑁圓版四片,銀鑲邊。

凡舉人生監公服,順治九年題准:舉人、官生、貢生、監生公服,用青袍,藍鑲邊。生員公服,用藍袍,青鑲邊。

婦女冠服

崇德元年定:命婦照伊夫品級服用。皇后侍從婦女,冠用金頂,上銜紅寶石。貴妃侍從婦女,冠用金頂,上銜藍寶石。妃侍從婦女,冠用金頂,上銜水晶石。親王妃、郡王妃侍從婦女,冠與妃侍從婦女同。貝勒夫人侍從婦女,冠用金頂。貝子夫人侍從婦女,冠。不許用頂。各樣首飾,俱許嵌珍珠、寶石、緑松石。

冠服通例

崇德元年定:親王以下官民人等,俱不許用黄色及五爪龍鳳黄緞。其馬鞍鞦轡等物,禁例並同。〇順治三年覆准:庶民不許用緞繡等服。滿洲家下服役人等,不許用蟒緞、粧緞、錦繡等服。〇八年諭:官民人等,帽纓,不許用紅紫綫;披領繫繩合包、腰帶,不許用黄色綫;靴底牙縫,鞍韂牙縫,不許用黄色;一應朝服便服表裏,俱不許用黄色、秋香色。〇九年議准:涼帽、煖帽上圓月,官員用紅片金,庶人用紅緞。涼帽,四品以上用片金裏,五品以下用紅緞裏,俱倭緞鑲邊;庶人用青藍緞鑲邊。〇又題准:民公、侯、伯服用貂鑲朝衣,貂皮端罩、貂袍、蟒緞、粧緞、金花緞、倭緞、各樣補緞、花素緞;一品至四品及侍衛護衛服,與民公、侯、伯同;五、六、七品服用金花緞、倭緞、花素緞;八、九品服用素緞。凡朝服披領袖口,俱准鑲蟒緞、粧緞、金花緞。御前侍從,蟒緞、粧緞、各樣緞、皮服,俱准用。親王親隨,頂帶補服外,服色准照五品官。世子郡王親隨,頂帶補服外,服色准照六品官。公侯伯大小官員父母,照子品用。其未分家子、未出嫁女,除頂帶補服不許用外,其餘服色,照父品級用。已分家子,照本身品級用。已出嫁女,照夫品級用。護軍,服用素緞。領催、吏書、通事、耆老、兵民、商賈人等,准用素緞、素紗、綾、紬、絹、紡、絲各色布,准帶貂帽狐皮帽。僧道服,除袈裟道服外,准用紬、絹、紡、絲、素紗各色布,其袍用土黄色緇黑色。奴僕及優人、皂隸,准用狐、貉、沙狐皮帽。樂户,准用本色黄鼠皮帽,涼帽用緑絹裡、緑絹緣邊。〇又題准:凡五爪三爪龍緞、滿翠緞、團補、黄色、秋香色、黑狐皮,上賜者許用外,餘俱禁止,不許存留,在家亦不許製被褥帳幔。若有越用及存留者,係官,照品議罰;常人,鞭責,衣物入官。妻子僭用者,罪坐家長。○又題准:官民人等俱戴絨纓凉帽,不遇陰雨,不許用氂纓。○十年題准:官員軍民人等,京城内不許用齊肩掛戴氈帽及鑲邊小秋帽,亦不許於氈帽上綴纓。如違,係官,送吏部;係兵民,送刑部治罪。○十一年題准:官民人等凉煖帽,俱用大圓月厚纓。違式者,治罪。○十二年題准:喇嘛格隆服用黄紅色,非奉上賜,不許用五爪龍團補。班第,用黄帽紅衣。吳巴什吳巴三察,服用灰色。○康熙元年題准:軍民人等,不許用蟒緞、粧緞、金花緞、片金、倭緞、貂皮、猞猁、猻、狐肷。○三年題准:文官,四品以上,用蟒緞掛數珠;五品以下,不准用。又,文官,四品以上,馬繫踢胸。○十一年題准:民公以下,四品官以上及侍衛護衛,腰刀帶版撒袋等件,許嵌緑松石、珊瑚、寶石。五品以下,不准用。五品以下官員,朝衣常服,許用蟒緞、粧緞、倭緞鑲緣。舉人、官生、貢生、監生、生員,不許用貂皮、猞猁、猻、白豹皮、蟒緞、粧緞、金花緞。護軍領催、無品筆帖式,准用青素緞、紬、綾、紡、絲、絹、葛、苧、梭布、狼、狐、狢、羊等皮。軍民及聽差人、書吏人等,准用紬、綾、紡、絹、綿、紬、繭、紬、屯絹、葛、苧、梭布、狼、狐、狢、羊等皮,戴染騷鼠皮、狐狢、沙狐皮帽,帽上圓月准用片金,不許用狐肷、沙狐肷、緞、紗及緞靴,靴上不許鑲緑斜皮,一應器飾,不許用金。緣事革職人,不許用貂皮、猞猁、猻、蟒緞、粧緞、金花緞。僧道,除袈裟法衣外,服用與民同。奴僕、優人、皂隸,准用紡、絲、絹、綿、紬、繭、紬、毛褐、屯絹、葛、苧、梭布、狼、狐、狢、羊等皮,戴染騷鼠皮、狐貉、獺皮帽。樂户,准用杭絹、綿、紬、葛、苧、梭布、羊皮,不許用各樣緞疋皮衣,戴本色騷鼠帽,凉帽用緑絹裏、緑緣邊。○十二年題准:五品以下官員,袖口准用貂皮,裘襟准用貂尾。其妻項圈、耳墜、簪,准鑲緑松、珊瑚等物。無品筆帖式、護軍、領催例同。已故官員子,係護軍、領催、兵丁、聽差人,雖未分家,止照本身服用。若未經任事者,准照伊父品級服用。六十歲以上閑散人,准照護軍服用。凡無品筆帖式以下至兵民等,不許用銀鼠皮。○二十四年覆准:服飾等項,已有定例。應再加申飭,通行遵奉。違者治罪。○二十六年題准:凡官民人等,不許用無金四爪之四團八團補服緞紗,及無金照品級織造補服。又,似秋香色之香色米色,亦不許用。大臣官員有御賜五爪龍緞立龍緞,俱令挑去一爪用。○三十九年諭:部院筆帖式,服用僭越。至於無品筆帖式,不過與驍騎護軍相等。其有僭越者,著再行禁止。○又諭:"衣服鞍轡等項,俱有禁例。今觀鞍轡等飾,甚爲僭越。下至家奴鞦鐙,俱用鋄金。朕御用鞍轡,未嘗以金飾之。似此之類,尤當嚴禁。"遵旨議定：民公、侯、伯以上，未入八分公、閑散宗室、四品官、三等侍衛以上，貂皮、猞猁、猻、蟒緞、粧緞等一應緞疋皮衣，俱准用。其藍翎侍衛亦准用。無品閑散覺羅，五、六、七品官，不許穿蟒緞、粧緞、貂皮、猞猁、猻。其餘緞疋皮衣，俱准用。八、九品官，不許穿蟒緞、粧緞及大花樣緞紗、貂皮、猞猁、猻、白豹皮、天馬皮、銀鼠皮。其餘緞疋皮衣，俱准用。滿洲蒙古漢軍官員，往口外寒冷之地出差，貂、狼、猞猁、猻照常用。漢官，不於口外行走，四品職官以下，概不准用。其漢官京堂以上，翰林科道滿洲贊禮官，仍准用，一等二等三等侍衛、參領、郎中，許穿貂皮鑲披領袍。閑散阿達哈哈番、佐領、拜他喇布勒哈番以下，不許用。如上賜，許服。各該王、貝勒等賞給，亦許用。王、貝勒賞給物件，亦准用。有品無品筆帖式、庫使、八旗下舉人、官生、貢監生、生員、護軍領催等，除大花樣緞紗、天馬、銀鼠外，止許服平常緞、紗、紬、綾、絹、屯絹、葛布、夏布、布疋、貉皮、沙狐皮、灰鼠皮、狼皮、狐皮、羊皮等，皮帽圍領許用貂皮。其妻，俱照夫服用，止許金鉗。其漢舉人、官生、貢監生、生員，除狼皮外，亦照此例。軍民書辦外郎，不許服狼皮、狐皮帽，不許用貂皮。緣事革職人員，原係出仕之人，舊例除貂皮、猞猁、猻、蟒緞、粧緞不許用，其餘各樣緞疋皮衣俱准用，帽領許用貂皮，有封銜者，照依品級用，無封銜者，仍照此例。藍翎侍衛腰刀撒袋等物，照五品以下官員例，不許用綠松、珊瑚、寶石等物。鞍轡坐韂，三品職掌官、阿達哈哈番以上，許用虎皮、狼皮、狐皮。有品無品筆帖式及庫使、舉人、官生、貢監生、生員、護軍、領催以至兵民人等，鞍韂不許用繡及倭緞搭綫鑲沿，鞍韂紅托裏，鞦轡等物，不許用鋄金。其官兵盔甲撒袋腰刀，俱係壯軍威之物，不在禁例。奴僕、優人、皂隸，狼皮、狐皮，併不許用。〇又覆准：多羅貝勒親隨，頂帶補服外，服色准照七品官。固山貝子入八分公親隨，頂帶補服外，服色准照八品官。〇四十年定：太醫院官員、醫士人等服色，皮衣鞍韂等，悉照御前侍從服用。〇四十六年覆准：部院衙門大臣并旗下閑散官員上朝及坐班時，如非雨天，戴雨纓者，治罪。〇四十九年覆准：内外文武官員，或議叙給級，或捐納加級，例不得過一品。今緣捐納事例，任憑加級，遂自一品以至出品，冠頂坐褥，莫辨尊卑，俱與定例不符。嗣後，七品、八品、九品加級者，不准過五品；五品、六品加級者，不准過四品；四品、三品加級者，不准過二品；二品加級者，不准過一品；一品如都統等大臣，照例嵌東珠一顆，坐褥用狼皮。雖有加級，不得嵌東珠二顆，用虎皮坐褥。大學士尚書，雖係二品，俱是一等職掌。若有加級，冠頂坐褥，與一品同。此外文武官員，雖有加級，不准嵌東珠，仍嵌小紅寶石，獾皮坐褥。行令八旗并内務府佐領直省，一體遵行。倘有僭越，該管大臣嚴拏，交部治罪。如該管大臣不行嚴查，一併議處。〇五十一年覆准：文官朝服，武官披執，禁止濫用。在京官員，遇朝賀、祭祀、到任、封印、開印，照常用朝服。各省官員，拜牌、到任、封印、開印、祭丁、入場，亦照常朝服。武職官員，除操演兵丁、查點器械照常披執外，其文武官謁見、迎送上司，止用補服。如違禁濫著朝服并披執者，事覺，照違禁例，從重議罪。通行各部院衙門并八旗直省，一體遵行。〇雍正元年諭："凡大小官員，定有品級，俱以名分爲重。近有不分官職掛數珠，馬項下繫紅纓，使人前馬。又有越分者，將紬做坐褥。嗣後，俱照各官品級，依定例行事。著八旗大臣、統領衙門、都察院，嚴行稽查。如有此等，即行拏奏。如大臣等徇情疎忽，查出，將該管人員并大臣等，一併議罪。又，諸王如有賞伊等所屬人員數珠鞍子，著行文該旗記檔，歲底彙奏。"〇二年題准：凡文武大小官員頂帶、補服、坐褥，俱有等級定例。五、六品官員，不得過四品；三、四品官員，不得過二品；二品官員，不得過一品。近來官員，俱越本職僭用。此皆該管大臣自行僭用，以致所屬官員效尤成風。嗣後，凡加級官員，在何任加級，在何處捐納之處，該管大臣倘不行嚴查，仍有僭用者，一併議處。又，官員軍民服色定例，禁用黑狐皮、秋香色、米色、香色等類。近來官員軍民以及家奴人等，皆濫行服用。無知之徒，亦有用香色、秋香色鞍轡者，皆由該管官員不實心奉行所致。嗣後，如有違禁僭用，該管官員不行拏送，事發，將僭用人及該管官員，俱於定例外，加罪議處。〇五年諭：王公大臣官員等朝服頂帶，俱有定制。但平時所用服色，未辨等級。其應如何分晰之處，著議政大臣九卿會議具奏。遵旨議准：自親王以下及現任并候補候選官員舉貢生監，平時所戴凉帽、煖帽，俱照朝帽頂顔色，分別等級。親王、世子、郡王、長子、貝勒、貝子、入八分公，俱用紅寶石頂。未入八分公、固倫額駙、和碩公主額駙、民公、侯、伯、鎮國將軍、和碩額駙及一品大臣，俱用珊瑚頂。輔國將軍、奉國將軍、多羅額駙、二品、三品大臣官員，俱用起花珊瑚頂。奉恩將軍、固山額駙及四品官員，俱用青金石頂。五品、六品官員，俱用水晶石頂。七品官員以下及進士舉人貢生，俱用金頂。生員監生，俱用銀頂。通行八旗直省，一體遵行。

凡寒燠更用衣帽，順治十五年題准：每年春用凉朝帽及夾朝衣。或三月十五日，或二十五日爲始。秋用煖朝帽及鑲皮朝衣。或九月十五日，或二十五日爲始。請旨通行。又,諸王以下文武各官以上,有鑲貂朝衣者,每年自十一月十五日爲始,至正月十六日爲止。凡常朝慶賀祭祀日服用,若冬至日在十一月十五日前,自郊祭日爲始。

凡坐褥,崇德元年定:親王郡王,冬用豹皮,夏用蟒緞;貝勒,冬用虎皮,夏用閃緞,俱襯紅白氊,紅上白下。貝子、固倫額駙,冬用裁去頭爪虎皮,夏用緞;鎮國公、超品公、和碩公主額駙,冬用方虎皮,夏用紅褐;輔國公,冬用狼皮,夏用紅褐鑲青褐;鎮國將軍,冬用獾皮,夏用青褐;輔國將軍,冬用貉皮,夏用青布以上,俱襯紅氊。奉國將軍,冬用野山羊皮,夏用藍布,襯白氊。民公、郡主額駙,冬用狼皮,夏用青褐。都統、尚書、縣主額駙等官,冬用獾皮,夏用青布,鑲紅布。内大臣、大學士、副都統、前鋒統領、護軍統領、侍郎、郡君額駙等官,冬用貉皮,夏用青布。以上,俱襯紅氊。一等侍衛、護衛、參領、前鋒參領、縣君額駙、學士、滿啓心郎、郎中等官,冬用野山羊皮,夏用藍布,俱襯白氊。二等侍衛、護衛、鄉君額駙、佐領、漢啓心郎、員外郎等官,冬用鹿皮,夏止用白氊。凡額駙封號大者,各照本爵用。〇順治九年議准:親王,冬用純貂皮,夏用五爪紅龍緞。世子、郡王,冬用猞猁猻鑲貂皮,夏用四爪藍蟒緞。貝勒,冬用猞猁猻皮,夏用藍粧緞。貝子,冬用白豹皮,夏用藍緞鑲粧緞。以上,俱襯紅白氊,紅上白下。鎮國公,冬用紅豹皮,夏用紅閃緞。輔國公,冬用裁去頭尾紅豹皮,夏用青閃緞。鎮國將軍,冬用狼皮,夏用紅褐鑲青褐。輔國將軍,冬用獾皮,夏用青布鑲紅布。奉國將軍,冬用貉皮,夏用青布。以上,俱襯紅氊。奉恩將軍,冬用野山羊皮,夏用藍布,襯白氊。固倫公主額駙,冬用白豹皮,夏用藍緞鑲粧緞。和碩公主額駙,冬用裁去頭尾紅豹皮,夏用青閃緞。民公,冬用虎皮,夏用青閃緞。侯、郡主額駙,冬用裁去頭尾虎皮,夏用藍緞。伯,冬用裁去頭尾虎皮,夏用紅褐。一品官,冬用狼皮,夏用紅褐,鑲青褐。二品官,冬用獾皮,夏用青布,鑲紅布。三品官,冬用貉皮,夏用青布。以上,俱襯紅氊。四品官,冬用野山羊皮,夏用藍布,襯白氊。五品官以下,冬用鹿皮,襯白氊,夏,止用白氊。

凡戴翎,國初定:貝子,戴三眼孔雀翎,根綴藍翎。鎮國公、輔國公,戴二眼孔雀翎,根綴藍翎。護軍統領、護軍參領,戴一眼孔雀翎,根綴藍翎。護軍校,戴染藍鶡翎。〇順治十八年議准:貝子、公,戴翎俱照舊例。内大臣、一等二等三等侍衛、前鋒統領、護軍統領、前鋒參領、護軍參領、諸王府長史、一等護衛,戴一眼孔雀翎,根綴藍翎。貝勒府司儀長、王府、貝勒府二等三等護衛、貝子、公府護衛及護軍校,俱戴染藍翎。内外額駙,如非係内大臣,俱不許戴。諸王府散騎郎有阿達哈哈番以上世職,許戴一眼孔雀翎,根綴藍翎。其餘雖加級,不准戴。〇雍正元年諭:上三旗前鋒侍衛等,向戴孔雀翎。下五旗前鋒侍衛等,向戴藍翎。嗣後,著一體俱戴孔雀翎子。

凡帶色,崇德間定:親王以下宗室以上,俱繫金黄帶。覺羅,繫紅帶。其金黄帶紅帶,不許給與異姓人員。若欽賜者,許繫。

凡轡色,康熙二十四年題准:凡親王、世子、郡王,馬上用金黄扯手。長子、貝勒、貝子,馬上用紫扯手。不許給與内外官員人等。其從前給過者,概行禁止。

大清會典卷之六十五

禮部儀制司

〔**大婚禮**〕

皇帝大婚，先遣官祭告天、地、太廟，御殿發册，命使奉迎，其禮至重。順治八年，行大婚禮。十一年，復行大婚禮，典制並同。康熙四年，大婚禮遵舊制，儀有增定。今將順治八年、康熙四年各題定儀注，備列於後。

順治八年題定禮儀

納采

鞍馬十匹	盔甲十副
緞一百疋	布二百疋
金茶筒一具	銀盆一圓

大徵

黄金二百兩	白金一萬兩
金茶筒一具	金盆一圓
銀盆一圓	銀桶一具
銀茶筒一具	緞一千疋
布二千疋	鞍馬二十匹
馱甲二十副	常等甲三十副

發册奉迎

前期一日，遣官各一員，祭告天、地、太廟。是日早，鑾儀衛官陳鹵簿大駕於太和殿前，設皇后儀仗於皇后邸前。禮部官設黄案於院内正中，置金册寶盝於案上，設黄案一於正案之東，又設黄案一於太和殿内正中，設綵亭二於太和門外階下。内院官、禮部堂官朝服，以次捧册寶進，由中道行,入,置黄案上,奏請皇帝陞殿。皇帝具禮服,御太和殿,閲册寶畢。内院官捧制册寶,授往封使臣。使臣跪受,由中道捧出,禮部堂官前導,至太和門外,置各綵亭内。校尉舉亭,册在前,寶在後,前排御仗二對,由協和門出,詣皇后邸。皇帝還宫,遣親王奏請皇太后幸位育宫。皇太后陞輿,陳儀仗,作樂,至協和門,儀仗停止,皇帝出迎於太和門内。皇太后輿,由太和殿御道陞宫,皇帝步從。〇封使前至皇后邸,后父率親屬朝服出迎,皇后同母朝服迎於院内,后母以下以次序立。封使捧册寶進,由中道入,置所設東案上。宣讀官西向立,宣制册寶文,次第捧授侍左二女官,女官跪接,恭獻皇后,皇后就跪所次第恭受,轉授侍右二女官,女官跪接,置正中案上各盝内。皇后興,望闕行六拜三跪三叩頭禮。畢,皇后陞輿。女官捧金册寶盝,仍置綵亭内,儀仗鼓樂前導,至協和門,儀仗停止,交内執事人役。二女官捧金册寶盝前行,皇后輿由中道入,至太和殿階下,皇后降輿,由中道陞宫。〇是日,鑾儀衛陳皇帝鹵簿大駕於太和殿前,教坊司設樂,如常儀。諸王文武各官,俱朝服,齊集於太和殿前,兩翼序立。禮部堂官奏請皇帝陞殿。皇帝具禮服,御中和殿。諸王入至中和殿,皇帝率至皇太后前,行三跪九叩頭禮。畢,復御中和殿,諸王出,俱復原位立。禮部堂官奏請皇帝陞殿。皇帝御太和殿,鳴鐘鼓,作樂,陞座,樂止,鳴鞭。賜后父及親屬筵宴,諸王、羣臣皆與宴。畢,諸王羣臣各就拜位,行一跪三叩頭禮。不贊。鳴鞭,皇帝還宫。〇是日,公主以下,郡君以上,王妃以下,輔國將軍夫人以上,民公命婦以下,都統尚書命婦以上,齊集宫内,候皇帝於皇太后前行禮。畢,出,御中和殿後,皇后率王妃等朝見皇太后,行六拜三跪三叩頭禮。畢,皇后還宫,皇太后賜后母及公主、王妃、命婦等筵宴。宴畢,皇太后乘輿還宫,皇帝送至太和門内,還宫。〇第三日,諸王率文武各官上表行慶賀禮,奏請御太和殿。皇帝陞殿行禮,如常儀。頒詔天下。

給賜后父后母

黄金一百兩	白金五千兩
緞五百疋	布一千疋
金茶筒一具	銀桶一具
銀盆一圓	鞍馬六匹
盔甲一副	撒袋一副。弓矢全。
夏朝衣各一襲	夏衣各一襲
冬朝衣各一襲	冬衣各一襲

貂裘各一領　　　　上等玲瓏帶一束刀全。

給賜后兄弟及隨從人等服物有差。

十一年,納采、大徵、發册奉迎,前期,告祭天、地、太廟,陞殿閲册寶,皇后受金册寶,皇帝率諸王大臣,於皇太后前行禮,陞殿,賜羣臣筵宴,羣臣上表慶賀,頒詔天下,給賜后父母禮物並同。惟於第三日,皇后行謁見皇太后禮。是日,皇太后儀仗陳於慈寧門外,皇后儀仗陳於右翼門外。皇后乘輿,率公主、王妃大臣命婦等,由右翼門詣皇太后宫。奏請皇太后陞座。皇太后禮服御宫,作丹陛樂。皇后朝見,行六拜三跪三叩頭禮。畢。公主、王妃、大臣命婦,俱進宫筵宴。宴畢,皇太后、皇后還宫。

康熙四年題定禮儀

納采

鞍馬十匹　　盔甲十副

緞一百疋　　布二百疋

擇吉遣禮部堂官、内務府總管官爲使,俱朝服,奉齎至皇后邸。主婚者朝服出迎於大門外。使臣陳禮物於庭内,陳馬於庭外,授主婚者。主婚者跪受訖,率子弟望闕謝恩,行三跪九叩頭禮。是日,命三公主、三輔臣命婦,俱便服,内大臣、侍衛、各旗民公以下,武官二品以上,滿漢文官侍郎以上,俱朝服,各詣皇后邸,設納采筵宴。

大徵

黄金二百兩　　白金一萬兩

金茶筒一具　　銀茶筒二具

銀盆二圓　　緞一千疋

鞍馬二十匹　　馱甲二十副

馬四十匹

命禮部堂官、内務府總管官爲正副使,俱朝服,奉齎至皇后邸。主婚者朝服出迎於大門外。正副使陳禮物於庭内,陳馬於庭外,授主婚者,主婚者跪受訖,次授給賜后祖父母、父母衣服,各跪受訖。后祖父率子弟於庭之南,后祖母率諸婦於庭之北,望闕謝恩,如常儀。○次日,發册奉迎。祭告、閲册寶,並同順治八年。欽差奉迎命婦,四員前導,七員後隨。皇后受册寶。行禮畢,儀並同前。欽天監官報吉時已屆。皇后陞輿,四命婦捧金册寶盝,仍置綵亭内,册在前,寶在後。四命婦於册寶亭後乘馬前導,七命婦乘馬於輿後隨行,鑾儀衛陳儀仗車輅,教坊司鼓樂前導,欽差内大臣、侍衛,俱朝服隨行,由大清中門入,行中道,至午門外,儀仗停止。交内執事人役。皇后輿由中門入，至太和殿階下。内大臣、侍衛俱退。皇后降輿，内監捧金册寶盝前導，由中道，入至中和殿，奉迎十一命婦俱退，恭侍十命婦便服祗候殿前，迎接，前導後隨。皇后入中宫，内監將金册寶盝授宫内守寶内監。皇帝具禮服，詣太皇太后宫、皇太后宫行禮，如常儀。○是日，皇帝陞太和殿，賜皇后親屬及諸王百官筵宴。畢，輔臣命婦集於慈寧宫，皇太后詣太皇太后宫筵宴。至酉時，宫内設合巹筵宴，行合巹禮。○次日，内務府總管官傳該内監奏請皇后詣太皇太后宫、皇太后宫朝見。○第三日，王等率文武各官進表慶賀。皇帝御殿行禮，如常儀。頒詔天下。

是年，納采大徵給賜，免婦女謝恩。諸王以下，都統、尚書以上，内大臣及侍衛等，公主、王妃及大臣命婦，免詣太皇太后、皇太后宫隨行禮。公主、王妃及大臣命婦免會宴。

〔王以下覺羅以上婚禮〕

親王、公主以至品官、士庶，婚嫁儀物，各有等差，具列於後。

親王婚禮

崇德間定：親王行納幣禮，珍珠金銀花綴粧緞、蟒緞、緞袍褂裙共九襲，蟒緞、緞衾褥七牀，金項圈一具，金大簪、小簪各三枝，金耳墜全副，金戒指十枚。定婚日，設宴五十席。娶日，設宴六十席。凡宴日，親王以下及大臣等，固倫公主、親王妃以下，俱會宴。如係朝臣之女，給女父蟒緞朝衣一領，帽帶靴全，給女母蟒袍褂裙各一件、金耳墜全副，鞍馬二匹。若外藩王、貝勒、台吉等之女，定婚，行七九禮，用鞍馬盔甲緞布銀器等物。○以下俱同。筵宴，宰牲五九。次行聘禮，外藩親王之女，鞍馬十二匹、盔甲十二副、閑甲二十四副、緞六十疋、布六百疋、銀桶、銀盆、銀茶桶各一具；外藩郡王之女，鞍馬十匹、盔甲十副、閑甲二十副、緞五十疋、布五百疋、銀桶、銀盆、銀茶桶各一具；外藩貝勒之女，鞍馬八匹、盔甲八副、閑甲十六副、緞四十疋、布四百疋、銀桶、銀盆、銀茶桶各一具；外藩台吉之女，鞍馬六匹、盔甲六副、閑甲十二副、緞三十疋、布三百疋、銀盆銀茶桶各一具。娶日宴，宰牲七九。外藩王、貝勒、台吉及妃夫人等送女來者，給夏衣各一襲、冬衣各一襲、貂裘各一領、鞓帶一圍、刀全、撒袋一副、弓矢全、盔甲一副、鞍馬二匹、蟒緞、緞三十疋、布二百疋、銀桶、銀盆、銀茶桶各一具。隨從男婦，給賞三十人衣服有差。凡女之兄弟來送，給時衣各一襲。○順治九年更定：親王婚娶，設宴日，親王以下，輔國公以上，民公、侯、伯以下，副都統、侍郎、阿思哈尼哈番以上，固倫公主、親王妃以下，郡君、貝子夫人以上，俱會宴，諸王、公主等，婚家自行禮請，民公以下諸大臣，禮部傳集。朝臣之女，加給金二十兩、銀一千兩。自親王以下各官，爲未分家子納婦，各照其父行禮；已分家子，仍依本身品級。

世子郡王婚禮

崇德間定：郡王行納幣禮，珍珠金銀花綴粧緞、蟒緞、緞袍褂裙共八襲，蟒緞、緞衾褥六牀，金項圈一具，金大簪、小簪各三枝，金耳墜全副，金戒指八枚。定婚日，設宴四十席。娶日，設宴五十席。凡宴日，諸王大臣及公主、王妃等會宴，如親王例。如係朝臣之女，給女父母服物，如親王例。外藩王、貝勒、台吉等之女，定婚行禮，筵宴，與親王同。次行聘禮，若外藩親王、郡王之女，與親王納外藩郡王女例同。外藩貝勒、台吉之女，與親王納外藩貝勒、台吉女同。娶日宴，宰牲七九。外藩親王、郡王及妃送女來者，給與衣物，並給女之兄弟，賞隨從男婦衣服，俱如親王例。外藩貝勒、台吉及夫人送女來者，給與時衣、貂裘、鞓帶、撒袋、鞍馬，如親王例，蟒緞緞二十五疋、布一百五十疋、銀桶、銀茶筒各一具。隨從男婦，給賞二十五人衣服有差。〇順治九年更定：世子、郡王納妃，俱如親王例。朝臣之女，加給金十兩銀七百兩。

貝勒婚禮

崇德間定：貝勒行納幣禮，珍珠金銀花綴、粧緞、蟒緞、緞袍褂裙共七襲，蟒緞、緞衾褥五牀，金項圈一具，金大簪、小簪各三枝，金耳墜全副，金戒指六枚。定婚日，設宴三十席。娶日，設宴四十席。凡宴日，郡王以下諸大臣及郡王妃以下，俱會宴。如係朝臣之女，給女父蟒緞朝衣一領、帽帶靴全，給女母緞袍褂裙各一件、金耳墜全副，鞍馬一匹、馬一匹。若外藩王、貝勒、台吉等之女，定婚行五九禮，筵宴，宰牲三九。次行聘禮，用鞍馬八匹、盔甲八副、閑甲十六副、緞四十疋、布四百疋、銀桶、銀盆、銀茶筒各一具。娶日宴，宰牲五九。外藩親王、郡王及妃送女來者，給與衣物，併給女之兄弟，賞隨從人衣服，俱如親王例。外藩貝勒、台吉及夫人送女來者，給時衣各一襲、貂裘一領、猞猁猻裘一領、鞓帶一圍、刀全、撒袋一副、弓矢全、鞍馬一匹、蟒緞緞二十疋、布一百疋、銀茶筒一具。隨從男婦，給賞二十人衣服有差。〇順治九年更定：貝勒婚娶，設宴日，郡王以下，輔國公以上，民公、侯、伯以下，都統、尚書、精奇尼哈番以上，郡王妃以下，貝子夫人、郡君以上，俱會宴，諸王及王妃等，婚家自行禮請；民公以下諸大臣，禮部傳集。納朝臣女，加給金五兩、銀五百兩。〇又定：貝勒以下行禮，禁用珍珠裝緞。

貝子婚禮

崇德間定：貝子行納幣禮，珍珠金銀花綴粧緞、蟒緞、緞袍褂裙共六襲，蟒緞、緞衾褥四牀，金項圈一具，金大簪、小簪各二枝，金耳墜全副，金戒指四枚。定婚日，設宴二十席。娶日，設宴三十席。凡宴日，貝勒以下大臣等及貝勒夫人以下，俱會宴。如係朝臣之女，給女父緞朝衣一領、帽帶靴全給，女母緞袍褂裙各一件、金耳墜全副，鞍馬一匹。若外藩王、貝勒、台吉等之女定婚，行三九禮，筵宴，宰牲二九。次行聘禮，鞍馬六匹、盔甲六副、閑甲十二副、緞三十疋、布三百疋、銀盆、銀茶筒各一具。娶日宴，宰牲三九。外藩親王、郡王及妃送女來者，給與衣物，併給女之兄弟，賞隨從男婦衣服，俱如親王例。外藩貝勒、台吉及夫人送女來者，給與時衣各一襲、貂裘一領、狐裘一領、鞓帶一圍、刀全、撒袋一副、弓矢全、鞍馬一匹、蟒緞緞十五疋、布七十疋、銀茶筒一具。隨從男婦，給賞十五人衣服有差。〇順治九年更定：貝子婚娶，設宴日，貝勒以下，輔國公以上，貝勒夫人以下，輔國公夫人、縣君以上及本旗副、都統、阿思哈尼哈番等官以上，俱會宴，貝勒及夫人等，婚家自行禮請；諸大臣，禮部傳集。朝臣之女，加給銀四百兩。

鎮國公婚禮

崇德間定：鎮國公行納幣禮，繡花粧緞、蟒緞、緞袍褂裙共五襲，蟒緞、緞衾褥四牀，金項圈一具，金大簪、小簪各二枝，金耳墜全副，金戒指四枚。定婚日，設宴十八席。娶日，設宴二十八席。如係朝臣之女，給女父母服物，與貝子同。若外藩王、貝勒、台吉等之女，定婚，行二九禮，筵宴，宰牲二九。次行聘禮，鞍馬五匹、盔甲五副、閑甲十副、緞二十五疋、布二百五十疋、銀盆、銀茶筒各一具。娶日宴，宰牲三九。外藩親王、郡王及妃送女來者，給與衣物，併給女之兄弟，賞隨從男婦衣服，俱如親王例。外藩貝勒、台吉及夫人送女來者，給與衣物，併給女之兄弟，給賞隨從男婦衣服，俱如貝子例。〇順治九年更定：鎮國公婚娶，設宴日，貝子以下，奉國將軍以上，貝子夫人、縣君以下，鄉君、奉國將軍淑人以上及本府屬員，俱會宴，婚家自行禮請傳集。朝臣之女加給銀三百兩。

輔國公婚禮

崇德間定：輔國公行納幣禮，繡花粧緞、蟒緞、緞袍褂裙共四襲。蟒緞、緞衾褥三牀，金項圈一具，金大簪、小簪各二枝，金耳墜全副，金戒指四枚。定婚日,設宴十六席。娶日,設宴二十六席。如係朝臣之女,給女父母服物,與鎮國公同。若外藩王、貝勒、台吉等之女,定婚,行一九禮,筵宴,宰牲二九。次行聘禮,鞍馬四匹、盔甲四副、閑甲八副、緞二十疋、布二百疋、銀盆、銀茶筒各一具。娶日宴,宰牲三九。外藩親王、郡王及妃送女來者,給與衣物,併給女之兄弟,給賞隨從男婦衣服,俱如親王例。外藩貝勒、台吉及夫人送女來者,給與衣物,併給女之兄弟,賞隨從男婦衣服,俱如鎮國公例。〇順治九年更定:輔國公婚娶,俱如鎮國公例。設宴日,鎮國公以下,奉國將軍以上,縣君、鎮國公夫人以下,鄉君、奉國將軍淑人以上及本府屬員,俱會宴,婚家自行禮請傳集。

鎮國將軍婚禮

崇德間定:鎮國將軍行納幣禮,緞衣三襲、緞衾褥二牀、布衣一襲、布衾褥一牀、金項圈一具、金簪二枝、金耳墜全副。定婚日宴,宰牲六。娶日,設宴十五席。

輔國將軍婚禮

崇德間定:輔國將軍行納幣禮,緞衣二襲、緞衾褥一牀、布衣一襲、布衾褥一牀、金項圈一具、金簪二枝、金耳墜全副。定婚日宴,宰牲四。娶日,設宴十席。

奉國將軍婚禮

崇德間定:奉國將軍行納幣禮,緞衣二襲、緞衾褥一牀、布衣一襲、布衾褥一牀、金簪二枝、金耳墜全副。定婚日宴,宰牲三。娶日,設宴八席。

宗室婚禮

崇德間定:凡宗室行納幣禮,緞衣一襲、布衣一襲、緞衾布褥一牀、金耳墜全副。定婚日宴,宰牲二。娶日,設宴五席。〇順治九年更定:宗室婚娶行禮,緞衣二襲、緞衾褥一牀、金項圈一具、金耳墜全副。定婚日宴,宰牲二。娶日,設宴六席。

覺羅婚娶

崇德間定:覺羅婚娶,有職者,各照品級用。無職者,與庶民同。〇順治九年更定:無職覺羅,行納幣禮,緞衣二襲、緞衾褥一牀、金項圈一具、金耳墜全副。定婚日宴,宰牲二。娶日,設宴五席。

王以下覺羅以上婚娶通例

崇德間定:親王以下婚娶,如違定例多用者,多用之物入官,兩家俱議罪。〇順治九年定:王以下公以上,凡奉旨賜婚者,俱朝服,於中和殿或於位育宫謝恩,不贊,行三跪九叩頭禮。及成婚日,再行三跪九叩頭禮。〇康熙元年定:王以下入八分公以上,有婚嫁事,報明禮部具題,布改爲緞,餘俱仍舊。

公主婚禮

崇德間定:公主下嫁於朝臣,定婚,進獻用一九禮,用駱駝、馬。設宴七十席;行聘,進獻用九九禮;用駱駝、馬、盔甲。下嫁日,設宴九十席。如下嫁外藩,止用牲酒,不設筵宴。

郡主婚禮

崇德間定:親王女嫁於朝臣,進聘禮,馬十五匹、鞍十五副、盔甲十五副;定婚日、嫁日筵宴,如親王例。嫁於外藩王、貝勒台吉等,定婚,行七九禮,用駱駝、馬、羊。筵宴,宰牲五九。次行聘禮,馬六十匹、牛六十頭、羊六百隻。娶日宴,宰牲七九。媵送侍婢八名、男婦五户。〇順治九年更定:朝臣聘禮,馬七匹、鞍七副、盔甲七副。

縣主婚禮

崇德間定:郡王女嫁於朝臣,進聘禮,馬十三匹、鞍十三副、盔甲十三副;定婚日、嫁日筵宴,如郡王例。嫁於外藩王、貝勒、台吉等,定婚行禮,筵宴,如親王女例。次行聘禮,馬五十匹、牛五十頭、羊五百隻。娶日宴,宰牲七九。媵送侍婢七名、男婦四户。〇順治九年更定:朝臣聘禮,馬五匹、鞍五副、盔甲五副。

郡君婚禮

崇德間定:貝勒女嫁於朝臣,進聘禮,馬十一匹、鞍十一副、盔甲十一副;定婚日、嫁日筵宴,如貝勒例。嫁於外藩王、貝勒、台吉等,定婚行禮,如親王女例,筵宴,宰牲三九。次行聘禮,馬四十匹、牛四十頭、羊四百隻。娶日宴,宰牲五九。媵送侍婢六名、男婦三户。〇順治九年更定:朝臣聘禮,馬四匹、鞍四副、盔甲四副。

縣君婚禮

崇德間定:貝子女嫁於朝臣,進聘禮,馬九匹、鞍九副、盔甲九副;定婚日、嫁日筵宴,如貝子例。嫁於外藩王、貝勒、台吉等,定婚行禮,如親王女例,筵宴,宰牲二九。次行聘禮,馬三十匹、牛三十頭、羊三百隻。娶日宴,宰牲三九。媵送侍婢五名、男婦二户。〇順治九年更定:朝臣聘禮,馬三匹、鞍三副、盔甲三副。

鄉君婚禮

崇德間定:鎮國公女、輔國公女嫁於朝臣,進聘禮,馬七匹、鞍七副、盔甲七副;定婚日、嫁日筵宴,如鎮國公、輔國公例。嫁於外藩王、貝勒、台吉等,定婚行禮,如親王女例,筵宴,宰牲二九。次行聘禮,馬二十五匹、牛二十五頭、羊二百五十隻。娶日宴,宰牲三九。鎮國公女,媵送侍婢四名、男婦二户。輔國公女,媵送侍婢三名、男婦二户。〇順治九年更定:朝臣聘禮,馬二匹、鞍二副、盔甲二副。

王以下公以上嫁女通例

順治九年題定:凡奉旨賜婚公主、郡主等,外藩王以下内外各官,俱朝服,於中和殿或於位育宫謝恩,不贊,行三跪九叩頭禮。成婚日,再行三跪九叩頭禮。〇康熙五年定:鎮國將軍、輔國將軍女嫁於外藩,媵送滿洲男婦二名、蒙古漢人男婦六名。奉國將軍、奉恩將軍女,媵送不許用滿洲,止用蒙古、漢人男婦六名。宗室女,媵送蒙古、漢人男婦四名。〇七年定:外藩親王女,媵送侍婢八名、男婦五户。外藩郡王女,媵送侍婢七名、男婦四户。外藩貝勒女,媵送侍婢六名、男婦三户。外藩貝子女,媵送侍婢五名、男婦二户。外藩鎮國公女,媵送侍婢四名、男婦二户。外藩輔國公女,媵送侍婢三名、男婦二户。一等台吉、塔布囊以下四等台吉、塔布囊以上女,係屬下人,媵女二口;家下人,媵女六口。台吉等女出嫁,媵送侍婢,許增兩名。〇八年定:凡奉旨賜婚郡主以下者,謝恩行禮,俱由禮部具題。〇又定:出嫁郡主縣主歸寧母家,有給人口者,不准給滿洲,准給蒙古、漢人八名。出嫁郡君以下鄉君以上歸寧,准給蒙古、漢人六名。出嫁鎮國將軍女以下宗女以上歸寧,准給蒙古、漢人四名。

官民婚禮

崇德間定:超品公行納幣禮,緞衣五襲、緞衾褥三牀、布衣二襲、布衾褥二牀、金項圈一具、金耳墜全副、金簪四枝。定婚日宴,用牲十。娶日,設宴二十五席。和碩公主額駙爲子娶婦禮同。民公行納幣禮,緞衣四襲、緞衾褥二牀、布衣一襲、布衾褥一牀、金項圈一具、金耳墜全副、金簪三枝。定婚日宴,用牲八。娶日,設宴二十席。郡主額駙爲子娶婦禮同。都統、精奇尼哈番、承政行納幣禮,緞衣三襲、緞衾褥二牀、布衣一襲、布衾褥一牀、金項圈一具、金耳墜全副、金簪二枝。定婚日宴,用牲六。娶日,設宴十五席。縣主額駙爲子娶婦禮同。内大臣、大學士、副都統、護軍統領、前鋒統領、參政等官行納幣禮,緞衣二襲、緞衾褥一牀、布衣一襲、布衾褥一牀、金項圈一具、金耳墜全副、金簪二枝。定婚日宴,用牲四。娶日,設宴十席。郡君額駙爲子娶婦禮同。一等侍衛、護衛、參領、前鋒參領、學士、郎中、御史等官行納幣禮,緞衣二襲、緞衾褥一牀、布衣一襲、布衾褥一牀、金耳墜全副、金簪二枝。定婚日宴,用牲三。娶日,設宴八席。縣君額駙爲子娶婦禮同。二等侍衛、護衛、佐領、員外郎、鳴贊等官行納幣禮,緞衣一襲、布衣一襲、緞衾布褥一牀、金耳墜全副。定婚日宴,用牲二。娶日,設宴六席。鄉君額駙爲子娶婦禮同。三等侍衛、護衛等官行納幣禮,緞衣一襲、布衣一襲、緞衾布褥一牀、金耳墜全副。定婚日宴,用牲二。娶日,設宴五席。親軍校、護軍校、主事等官行納幣禮,布衣二襲、布衾褥一牀、銀耳墜全副。定婚日宴,用牲一。娶日宴,用牲三。軍民人等行納幣禮,布衣一襲、布衾褥一牀、銀耳墜全副。定婚日宴,用牲一。娶日宴,用牲二。自超品公以下至軍民人等婚娶,若違定例多用者,多用之物入官,兩家俱議罪。〇順治九年更定:民公行納幣禮,緞衣五襲、緞衾褥三牀、金項圈一具、金簪三枝、金耳墜全副。定婚日宴,用牲九。娶日,設宴二十席。侯行納幣禮,與民公同。定婚日宴,用牲八。娶日,設宴十八席。伯行納幣禮,與侯同。定婚日宴,用牲七。娶日,設宴十七席。一品官行納幣禮,緞衣四襲、緞衾褥三牀、金項圈一具、金簪三枝、金耳墜全副。定婚日宴,用牲六。娶日,設宴十五席。二品官行納幣禮,緞衣三襲、緞衾褥二牀、金項圈一具、金簪三枝、金耳墜全副。定婚日宴,用牲四。娶日,設宴十席。三品官行納幣禮,與二品官同。定婚日宴,用牲三。娶日,設宴八席。四品官行納幣禮,緞衣二襲、緞衾褥一牀、金項圈一具、金耳墜全副。定婚日宴,用牲二。娶日,設宴六席。五品官行納幣禮,與四品官同。定婚日宴,用牲二。娶日設宴五席。六品以下官員行納幣禮,俱與五品官同。定婚日宴,用牲二。娶日宴用牲三。軍民人等行納幣禮,衣一襲、衾褥一牀、金耳環全副。定婚日宴,用牲一。娶日宴,用牲二。〇康熙七年定:民公行納幣禮,緞衣五襲、緞衾褥四牀、金項圈一具、金簪四枝、金耳墜全副、金戒指四枚。定婚日,設宴十六席。娶日,設宴二十六席。侯行納幣禮,緞衣五襲、緞衾褥三牀、金項圈一具、金簪三枝、金耳墜全副。定婚日,設宴十三席。娶日,設宴二十席。伯行納幣禮,與侯同。定婚日,設宴十二席。娶日,設宴十八席。一品官行納幣禮,緞衣四襲、緞衾褥三牀、金項圈一具、金簪三枝、金耳墜全副。定婚日,設宴十席。娶日,設宴十六席。二品官行納幣禮,緞衣三襲、緞衾褥二牀、金項圈一具、金簪三枝、金耳墜全副。定婚日,設宴八席。娶日,設宴十二席。三品官行納幣禮,與二品官同。定婚日宴,用牲八。娶日,設宴九席。四品官行納幣禮,緞衣二襲、緞衾褥二牀、金項圈一具、金簪三枝、金耳墜全副。定婚日宴,用牲七。娶日,設宴八席。五品官行納幣禮,與四品官同。定婚日宴,用牲六。娶日,設宴六席。六品以下官員行納幣禮,與五品官同。定婚日宴,用牲五。娶日宴,用牲七。軍民人等婚娶行禮,俱與順治九年定例同。〇雍正元年定:民公行納幣禮,緞衣四襲、緞衾褥三牀、金項圈一具、金簪三枝、金耳墜一副。定婚日宴,用牲九。娶日,設宴二十席。侯行納幣禮,緞衣四襲、緞衾褥三牀、金項圈一具、金簪三枝、金耳墜一副。定婚日宴,用牲八。娶日,設宴十八席。伯行納幣禮,緞衣四襲、緞衾褥三牀、金項圈一具、金簪三枝、金耳墜一副。定婚日宴,用牲七。娶日,設宴十七席。一品官行納幣禮,緞衣三襲、緞衾褥三牀、金項圈一具、金簪三枝、金耳墜一副。定婚日宴,用牲六。娶日,設宴十五席。二品官行納幣禮,緞衣二襲、緞衾褥二牀、金項圈一具、金簪三枝、金耳墜一副。定婚日宴,用牲四。娶日,設宴十席。三品官行納幣禮,緞衣二襲、緞衾褥二牀、金項圈一具、金簪二枝、金耳墜一副。定婚日宴,用牲三。娶日,設宴八席。四品官行納幣禮,緞衣一襲、緞衾褥一牀、金項圈一具、金耳墜一副。定婚日宴,用牲二。娶日,設宴六席。無品級宗室同。五品官行納幣禮,緞衣一襲、緞衾褥一牀、金項圈一具、金耳墜一副。定婚日宴,用牲二。娶日,設宴五席。閑散覺羅同。六品以下官員行納幣禮,與五品同。定婚日宴,用牲二。娶日,用牲三。自四品以下,金項圈、金耳墜,各聽其力能具者備用。軍民人等行納幣禮,衣一襲、衾褥一牀。定婚日宴,用牲一。娶日宴,用牲二。凡有品級官員婚嫁,各用伊執事,鼓樂人不得過十二名,燈不得過六對。無品級閑散人及生監軍民,不得僭用執事,鼓樂人不得過八名,燈不得過四對。一應靡費,槩行嚴禁。

大清會典卷之六十六

禮部儀制司

〔頒詔〕

國初,宣讀詔書,用滿洲蒙古漢文三體,後用滿漢二體。順治元年,世祖章皇帝統一區夏,施命四方。至八年親政,布告天下,詳定儀典。自後凡遇頒詔,遵奉奏行,具列如左。其遣官齎捧及在外開讀、請安,一切儀注,亦附見焉。

順治元年世祖章皇帝登極禮成頒詔初定儀注

是日,設鹵簿大駕於午門外,設御座於皇極門正中,設詔案於丹陛上東旁。王以下文武各官,俱齊集。大學士奏請。皇帝御門,陞座,鳴鞭。執事各官行禮。畢,鳴贊官贊排班,贊進,贊跪,王以下文武各官俱跪。贊頒詔,大學士自案上捧詔書,於丹陛上東旁立,宣畢,鳴贊官贊行三跪九叩頭禮,興,退,復原位立。賜宴、謝恩。禮畢,鳴鞭,駕還宫,衆俱退。詔書謄黄,刊頒天下。

順治八年正月世祖章皇帝親政頒詔續定儀注

是日早,鑾儀衛官設鹵簿大駕於太和殿前,設黄蓋雲盤於丹墀内,設龍亭香亭於午門外。禮部官設宣詔高臺於天安門外。鴻臚寺官設詔案於太和殿内之東,又設黄案於丹陛上正中。王以下公以上,俱朝服,齊集於午門内。滿漢文武官員,俱朝服,齊集於午門外。領催、外郎、耆老等,齊集於天安門外。内院官捧詔書置太和殿内案上。陳設畢,禮部官引王、貝勒、貝子、公等,進殿内丹陛上排立;次引文武各官,進午門左右掖門,至殿前丹墀内排立。禮部官奏請。皇帝具禮服,陞太和殿,鳴鐘鼓,作樂,鳴鞭。王以下各官上表行禮,如常儀。畢,大學士進殿内案前,捧詔出,至太和殿檐下,授禮部堂官。禮部堂官跪受,置丹陛正中案上,行一跪三叩頭禮,捧起,由中階降,置雲盤内。禮部官捧雲盤,上蓋黄繖,由中道出。文武各官皆隨後出。王、貝勒、貝子、公等,俱進殿内序坐,賜茶。畢,鳴鞭,駕還宫,王、貝勒、貝子、公等各退。禮部官至午門外,將雲盤捧至龍亭内,行一跪三叩頭禮。校尉舉亭,香亭在前,龍亭在後,批頭前導,教坊司作樂前行,至天安門外橋南。禮部官於龍亭前,行一跪三叩頭禮,捧詔書,置高臺黄案上。鴻臚寺官贊排班,贊進,衆官皆進,立,贊有制,衆官皆跪。宣讀官登臺,向西立,上蓋黄繖,先宣滿文,次宣漢文。畢,鳴贊官贊各官行三跪九叩頭禮。畢,禮部官捧詔書,仍置龍亭内。校尉舉亭,作樂,由大清門出,進禮部大堂露臺上,置黄案上。點香燭,禮部官行三跪九叩頭禮。畢,詔書謄黄,刊頒天下。

如頒詔日,皇帝不陞殿,文武百官,俱朝服,齊集天安門外金水橋前。餘捧詔、宣詔等儀,與陞殿同。

凡遣官齎捧,順治十一年議准:頒發外國及直省詔書,俱内院用寶畢,交與禮部。外藩蒙古,差内院、理藩院官各一員;朝鮮國,差官二員,具題請旨差遣。直省督撫,先差行人。如行人員少,取中書科;中書科員少,於内院中書、鑾儀衛首領官、國子監、欽天監、上林苑監、四譯館酌量取用屬員,具題差遣。〇康熙八年題准:凡頒詔,往漢督撫省分,差漢官;滿督撫省分,差内院、禮部筆帖式。〇十二年題准:凡頒詔赦及恩賜往朝鮮,内大臣、散秩大臣、侍衛候旨差遣外,仍將内閣侍讀學士、侍讀,翰林院侍讀學士、侍講學士、侍讀、侍講,禮部郎中、員外郎、主事,照依職銜爲正副使,具題差遣。〇二十一年題准:頒行直省滿漢督撫詔書,於内閣中書、翰林院筆帖式、行人司官内,酌量派出齎送。其頒行將軍、提督等謄黄詔書,并付齎送督撫官員帶往。〇二十七年題准:頒行直省滿漢督撫詔書,減去内閣中書一員、翰林院筆帖式一員,差禮部筆帖式二員。又奉旨:□處著一員去。雜派已通行禁止,恐地方官假借頒詔,妄行科派。著嚴行禁止。〇四十八年諭:頒詔官員,如有紆道行走及沿途生事,擾累驛遞者,著該督撫即行指參。

凡頒詔程限,康熙四十二年覆准:嗣後,各省頒詔官員,應於起程之日,起算往返。直隸,限十五日。山東,限二十五日。河道總督、河南、山西,限三十日。漕運總督,限四十五日。江南,限六十日。陝西、湖廣、浙江、江西,限七十五日。貴州,限九十日。廣西、四川、廣東、福建,限一百零五日。雲南,限一百二十日。該省督撫,即將詔到日期,報部查核。其頒詔官員,如果江湖風阻,疾病耽延,取具經過地方官印結報部。倘有故意遲延違限者,交與該部,從重議處。

凡開讀,順治十一年題准:詔書所至地方官員,具龍亭、綵輿、儀仗、鼓樂,出郭迎接。朝使下馬,捧詔書置龍亭中,南向,朝使立於亭東。地方官員具朝服,北向,行三跪九叩頭禮。鼓樂前導,朝使上馬,隨亭後行。至公廨門外,衆官先入,文武分東西序立,候龍亭至公庭中,朝使立龍亭之東,西向。贊禮生贊排班,樂作,行三跪九叩頭禮。朝使捧詔,授展讀官,展讀官跪受,詣開讀案前宣讀,衆官皆跪。宣讀畢,展讀官捧詔書授朝使,朝使捧置龍亭中,衆官行三跪九叩頭禮。畢,皆退。該督撫即行謄黄,分頒司、道、府、州、縣、衛、所。〇又題准:凡詔書經過,地方官員軍民人等,俱跪路旁,候詔過方起。如出使在外官員,遇詔,即出迎郊外。至公庭中,贊禮官先引出使官行三跪九叩頭禮,後本處官行禮。至開讀時,出使官仍隨班跪聽,一同行禮。〇康熙二年題准:凡詔書經過地方,五里以内,府、州、縣、衛文武等官,俱出城迎送。違者,或頒詔官指名報部,或督撫查明題參,降二級留任。五里以外者,不許迎送。

凡請安,康熙二十三年議准:嗣後,内大臣、侍衛及部院大臣、内務府總管、通政司通政使、大理寺卿、詹事府詹事以上大臣出差者,其必由道路及所往地方,將軍、總督、巡撫、提督、副都統、總兵官以上,准其請安。亦不許擅離職守,越道請安。其餘部院衙門官員、筆帖式及庫使等出差,不准請安。〇四十一年諭:嗣後欽差,除大臣侍衛經過地方督撫提鎮仍行請安外,凡部院筆帖式及織造府陛見等官,不得槩行請安。

〔領勅儀〕

凡纂修實録、聖訓、玉牒、典訓、方略、會典、明史諸書,各有勅書頒給總裁官,俱從内閣撰擬,移送禮部,於户部咨取黄綾包袱。前期一日,知會内閣。次日早,設黄案一於太和門。禮部官捧勅書,置案上,總裁官便服跪受。

凡除授督撫提鎮學政等官,俱有專勅;巡鹽、督關等一應差遣,亦有專勅,俱從内閣撰擬,内閣中書繕寫,請用寶。除現在外任等官,内閣發與該科,令各直省提塘分領外,凡京官除授奉差者,各具朝服,集午門外,内閣官捧勅頒給,本官跪受,行三跪九叩頭禮,畢,仍於該科掛號出。

〔領誥勅儀〕

凡領誥勅官員家，前一日，設誥勅案於廳堂正中，設香案於誥勅案前。誥勅至門，受誥勅者具本等品級服色，跪迎於大門外，候過，起，隨入。命婦迎於門内。誥勅至堂中，執事者置誥勅於所設案上。受誥勅者，三跪九叩頭，興，詣案前跪捧誥勅，興，入室恭藏於匱。次於其祠堂中具香燭果品，行一跪三叩頭禮。次於其父母前，行一跪三叩頭禮。

凡贈典誥勅，領受奉迎，俱如前儀。擇日行焚黄禮。前一日，本官於其祠堂中，設案一於中間，設香案一於前，設神主受贈典之人。案、祝案於堂西，東向。至日早，捧所贈誥勅，置祠堂中所設案上，以黄紙依誥勅文録寫一通，同置案上。奉神主設於堂西，陳設祭物并祝文，向神主一跪三叩頭，興，跪，上香，三獻酒，讀祝。畢，乃宣誥勅。宣誥勅者，立於堂東，西向，捧所録黄紙誥勅文，宣訖，本官代受贈典誥勅者，行謝恩禮，望闕三跪九叩頭，興。宣誥勅者，取所録黄紙誥勅文并祝文，送詣焚所。焚訖，本官詣誥勅案前跪，捧起，恭藏於匱。次奉神主入櫃，一跪三叩頭，退。

〔賜督撫提鎮服物〕

順治十六年定：凡督撫赴任，前期，令内務府頒賜盔甲一副、鞍馬一匹、撒袋一副、弓箭全、蟒朝服一領，或於常朝處，或進内，謝恩。畢，賜饌。臨期，請旨行。〇十八年定：凡督撫赴任，前期，止奏起程日期，謝恩，不奏頒賞。〇康熙七年定：凡督撫提鎮赴任，由禮部啓奏。賜總督、提督鞍馬一匹、撒袋一副、弓箭全；賜總督蟒朝服一領；賜巡撫、總兵官鞍馬一匹，禮部官引至午門前頒賞。

〔進春儀〕有司迎春儀附。

每年立春，春牛芒神等項，順天府預行備辦，届期，送至禮部。禮部預期劄順天府，選取漢生員。立春前二十日，劄欽天監選取滿洲漢軍天文生，造册送部，至期點用。立春前一日，生員赴部宿。次早，各具鮮明禮服，舁春牛芒神，送至午門。禮部官并順天府官，具朝服，率欽天監天文生，舁送至太和殿内東陳設，内監送進。

〔有司迎春儀〕

每歲，各省、府、州、縣官迎春於東郊，出土牛。先期，塑造春牛芒神。前一日，各官常服，迎至府州縣門外。土牛南向，芒神在東，西向。立春日早，陳設香燭酒果。各官具朝服。贊排班，贊跪、叩、興，各官行一跪三叩頭禮,興。贊跪,奠酒,領班官奠酒三爵。贊叩,興,各官行一跪三叩頭禮,興。舁土牛芒神行,香亭鼓樂前導,各官朝服後隨。至東郊,各官執綵仗,環立土牛兩傍。贊擊鼓,樂工擂鼓。贊鞭春,各官環擊土牛三。禮畢,各退。

凡迎春禁例,康熙十二年覆准:嗣後,直省府州縣各官拜迎芒神土牛,止用鼓吹綵亭。其勒令監商、當舖、行户粧扮故事臺閣,排列金珠,張鼓樂,樹旗幟,併科派里長,提取馬匹、車輛、伶人、娼婦等項,嚴行禁止。如有前項靡費,並各官借端派累,該督撫科道題參,交與該部議處。

〔進書儀〕

進實録

康熙十一年,《世祖章皇帝實録》成,擇吉恭進。前期一日,禮部鴻臚寺官,設表案於太和殿丹陛之東,設實録案於階下正中,設表亭、香亭、綵亭於實録館前。是日早,鹵簿大駕鼓樂,設於太和殿前。王以下公以上,具朝服,齊集於太和門外。文武官員具朝服,齊集於午門前。監修、總裁、纂修等官,具朝服,齊集於實録館前。監修官捧表,置表亭中。纂修官捧實録,置綵亭中。各官於綵亭前,行三跪九叩頭禮。畢,校尉以次舉亭,前張黄蓋,御仗一對。禮部官前引,教坊司作樂,香亭、實録亭由金水橋中道行,表亭由道左行。監修等官,俱後隨,入太和門。香亭、實録亭由中門入,表亭及監修等官由左門入。其齊集諸王及文武各官,分翼跪迎,候過,至太和門内分翼排立。各亭至太和殿丹墀内,監修官自表亭内捧表,内閣官前引,由東階陞,置於表案。纂修官自綵亭内捧實録,置太和殿階下正中案上。各亭俱撤退。鴻臚寺堂官奏請。聖祖仁皇帝具禮服,出宫,陞中和殿座。内大臣、侍衛、内閣、禮部、都察院、鴻臚寺執事官行三跪九叩頭禮。畢,不贊。鴻臚寺官導駕前行,聖祖仁皇帝御太和殿,鳴鐘鼓,作樂,陞座,鳴鞭,如常儀。鴻臚寺官奏進實録,丹陛樂作。禮部官舉實録案,鴻臚寺堂官二員前引,由中道陞至槅扇外。聖祖仁皇帝興,由中門入至寶座左,樂止,侍衛舉以入,聖祖仁皇帝乃坐。侍衛舉實録案,鴻臚寺堂官引至保和殿内,置於正中。監修、總裁、纂修等官,俱由東階下,至照常行禮處立。鳴贊官贊跪,各官俱跪。贊進表,禮部讀表官,在槅扇外正中跪,宣表文。畢,樂作。鳴贊官贊叩頭,各官行三跪九叩頭禮,退立東旁,樂止。鳴贊官贊王以下文武各官俱跪。鳴贊官於槅扇外正中跪,奏慶賀,致詞云:"和碩親王臣某等文武羣臣奏言,恭惟世祖章皇帝神功聖德,纂述成書。

光華萬世，羣臣懽忭，禮當慶賀。”奏畢，樂作，鳴贊官贊叩頭，諸王各官行三跪九叩頭禮，畢，樂止。監修等官仍入百官班立。鳴贊官贊有制，王以下文武各官俱跪。鳴贊官宣制詞云：“世祖章皇帝功德配天，纂修已成，朕心懽慶，與卿等同之。”宣畢，樂作，鳴贊官贊叩頭，諸王各官行三跪九叩頭禮，畢，樂止。鴻臚寺堂官引王以下公以上進殿内坐，各官在丹墀内分翼坐，行一叩頭禮，賜茶。畢，鳴鞭，樂作，駕還宫。王以下各官皆散。其保和殿内實録，太監舉起，監修、總裁、纂修等官隨後，送至乾清門，交與内務府，各官俱退。〇二十一年，恭進《太宗文皇帝實録》，於太和門行禮，一應儀注，俱照十一年例行。

進玉牒

順治十八年，纂修玉牒成，擇吉恭進。前期一日，禮部、鴻臚寺官設黄案於中和殿丹陛正中，設綵亭於宗人府。是日早，宗人府官捧玉牒，置綵亭内，從宗人府舉起，由中門進。總裁王及纂修各官，具朝服，隨至太和殿階下，由綵亭内捧玉牒，設於中和殿黄案上。奏請聖祖仁皇帝陞殿。閲訖，還宫，内院官捧玉牒送進。俟閲畢，内院官送至皇史宬尊藏。〇康熙十年，纂修玉牒成，擇吉恭進。是日早，禮部、鴻臚寺官設黄案於中和殿丹陛上正中簷下，鹵簿大駕設於太和殿前。王以下公以上，具朝服，齊集於太和門。文武官員，具朝服，齊集於午門外。宗人府官捧玉牒十匣，各置綵亭内。總裁王及纂修各官，具朝服，於亭前行三跪九叩頭禮。校尉由宗人府舉起，教坊司作樂，張黄蓋，前列御仗一對，由大清門進。王及各官乘馬後隨。至天安門外，各官下馬。王至午門前下馬。其齊集王以下文武各官，分翼跪迎，候過，亦隨後入至太和殿丹墀内。纂修各官，自綵亭内捧玉牒進中和殿，置黄案上。總裁王及各官行三跪九叩頭禮，分翼排立，揭起玉牒匣蓋，將正中所設四匣玉牒展開。畢，禮部堂官奏請。聖祖仁皇帝具禮服，出宫，陞殿，至東旁，向北立，覽玉牒，畢，復至原位立。禮部官引總裁王及纂修各官出。王等至太和殿丹陛上排立，各官在丹墀内排立。禮部官奏請。聖祖仁皇帝御太和殿，樂作，陞座，樂止，鳴鞭，如常儀。鳴贊官贊總裁王及纂修各官行三跪九叩頭禮。畢，賜坐，飲茶。畢，鳴鞭，駕還宫，諸王各官皆散。總裁王及纂修官捧玉牒送進。俟御覽畢，禮部官設綵亭十座於乾清門前，設黄蓋一柄、御仗一對於太和殿前，設樂於東華門外。玉牒由内捧出，總裁王及纂修各官捧置綵亭内。校尉舉亭，由保和殿、中和殿、太和殿出，張黄蓋，排仗，由太和中門，從金水橋正中行，至協和門，出東華門，教坊司作樂，送至皇史宬尊藏。

以後，每十年纂修玉牒一次，擇吉進呈。一應陳設，行禮儀注，俱照例行。

進方略

康熙四十八年，纂輯《聖祖仁皇帝平定朔漠方略》告成，擇吉，纂修大臣奉表恭進。一部送藏皇史宬，一部收貯禮部，刊刻頒行中外。

大清會典卷之六十七

禮部儀制司

〔進表箋〕

國初，表文俱用三體字式。順治間定：三大節慶賀表箋，内外官通行具進。勅内閣撰擬定式頒發。迄今遵行，著於後。如遇特典應進慶賀表箋，則内閣臨期另撰。其文各異，不具載。

順治元年定：萬壽、元旦、冬至節，在京諸王及文武百官，各進賀皇帝表文一通。表文，内院撰擬。表袱匣，工部備辦。在外直省文武諸司進賀表箋，各布政司、按察司、都司及直隸各府州，俱各差官齎進。○八年定：元旦冬至，直省文武五品以上官，各進賀皇太后表文一通、皇帝表文一通、皇后箋文一通。凡布政司及參政、參議道等官，各節共進表二通、箋一通；按察司及副使僉事道等官，各節共進表二通、箋一通；鹽運司各府、直隸州、衍聖公、大真人，每節各進表二通、箋一通；總兵副總兵參將遊擊等官，每節各進表二通、箋一通；都司行都司各衛，每節各進表二通、箋一通；萬壽節祇進皇帝表一通。其總督巡撫，不進表箋。凡遇慶賀大典，具本奏賀。○九年諭：賀表賀本，體式不同。近來賀本，俱用表體。著撰擬本式，頒發通行。○十三年定：皇太后聖誕，照元旦、冬至例，直省文武各官，俱各進表文一通。○康熙元年，聖祖仁皇帝尊上太皇太后、兩宫皇太后尊號禮成。是日早，禮部官設香亭一座、表亭一座，捧在京王以下文武各官具進滿漢字表一通，置表亭内。校尉舉亭，教坊司鼓樂導引，由東長安中門進，由天安東門至午門前陳設。禮部堂官自亭捧表，入午門左門，置太和殿前黄案上。候陞殿，王以下各官俱跪。大學士捧表恭詣御前跪讀。王以下文武各官俱行三跪九叩頭禮。畢，詔告天下。各直省文武五品以上諸司應進表文，差官賫進慶賀。○又定：嗣後，凡遇太皇太后聖壽、皇太后聖壽及元旦、冬至各節，俱照例齎表入賀。其賀表文式，内院撰擬，交與禮部頒發，依式齎進。○八年定：文官表箋，布政司彙進。衛所表箋，都司彙進。武官表箋，提督彙進。如無提督，省分總兵官彙進。○十六年題准：皇后千秋箋文，照例齎進。○二十七年覆准：正定總兵官既裁，嗣後，紫荆等協營路慶賀表箋，令該撫查明彙送。○二十九年議准：慶賀表箋，訛寫遺漏并顛倒違式，交部議處。其表箋發還，令其照式另繕補送。○三十年題准：凡慶賀表章，"無任"二字，繕寫在後。○三十一年議定：直隸各省文武官員，凡遇慶賀表箋，停其專官賫送，按節統於總督衙門彙齊，與總督慶賀表章一體，由驛遞送進。如無總督省分，統於巡撫衙門彙送。○三十二年題准：各省文武官慶賀表箋，通省總用火牌一張，專差承差齎捧。○又覆准：衍聖公慶賀表箋，按節仍令專差齎送。○四十四年議准：朝鮮國王慶賀表箋，每歲更换文詞字句，不盡協合，應頒發定式。令照式繕進，以省繁文。○五十五年議定：表箋事關大典，自五十六年萬壽聖誕爲始，文官按察使以上，武官副將以上，准其繕進表文，仍照例該督撫彙齊，由驛遞交送禮部，轉送内閣。如有借進表名色，派斂需索，該督撫科道查參治罪。○六十一年十二月，題定慶賀表式。奉旨：元旦冬至賀表，俱俟雍正二年舉行。萬壽表文，俱俟過二十七月頒發。

進表箋儀

凡表箋至部日，禮部官以各處所進文武表箋及在京諸王表文，用鑾儀衛校尉舉香亭表亭，教坊司鼓樂，導引至午門前兩旁陳設。候皇帝陞殿，宣讀在京王等表文畢，朝散，捧送内院。其各布政司、按察司、都司所進表箋，萬壽節，堂上官齎進；其餘各節，司官齎進。

表箋式

歷年加上徽號，并一應慶賀表箋，俱由内閣臨期撰擬，不備載。

順治元年題定慶賀皇帝萬壽元旦冬至表式康熙年間同。

某親王臣某等，諸王、貝勒、文武官員臣等，凡在外官員，各稱某衙門某官臣某等。誠懽誠忭，稽首頓首上言。伏以德統乾元，首正六龍之位；建用皇極，弘開五福之先。恭惟皇帝陛下，率育蒼生，誕膺景命。寰區和協，聲教覃敷。四海一而萬國來王，川岳靈而俊乂斯出。太平有象，曆服無疆。臣等恭遇熙朝，欣逢聖誕。或元旦、長至。○凡在外官員，於此句下添入"身羈職業，心戀闕廷"。伏願玉燭長調，慶雍熙於九牧；金甌永固，登仁壽於萬年。臣等無任瞻天仰聖,懽忭之至。謹奉表稱賀以聞。

康熙六十一年十二月題定慶賀皇上萬壽元旦冬至表式

某親王臣某等,以下式同前。伏以德統乾元,首正六龍之位;建用皇極,弘開五福之先。恭惟皇帝陛下,率育蒼生,誕膺景命。撫時出政,八風順而嘉穀蕃昌;受籙敷猷,萬國寧而俊民樂育。太平有象,曆服無疆。臣等恭遇熙朝,欣逢聖旦。或元旦、或長至,以下式同前。伏願玉燭長調,慶雍熙於九牧;金甌永固,登仁壽於萬年。臣等以下式同前。

康熙元年題定慶賀太皇太后聖壽表式

某親王臣某等,諸王、貝勒、文武官員臣等,凡在外官員,各稱某衙門某官臣某等。誠懽誠忭,稽首頓首上言。伏以坤德無疆,首立母儀之極;天庥滋至,聿彰聖壽之隆。慶積重闈,歡騰函夏。恭惟昭聖慈壽恭簡安懿章慶敦惠温莊康和仁宣弘靖太皇太后陛下,齊莊中正,光大含弘。開曆服億萬年,燕天昌後;邁春秋八千歲,錫類施仁。兹當壽豈之辰,咸切尊親之戴。臣等王等,屬在懿親。文官,職守封圻。武官,職典戎行。土官,職在邊方。欣逢盛節。伏願瑞靄宫庭,常集介眉之祜;化行寰海,永昭恒月之輝。臣等無任瞻天仰聖,懽忭之至。謹奉表稱賀以聞。

康熙元年題定慶賀太皇太后元旦表式

某親王臣某等、諸王、貝勒、文武官員臣等,凡在外官員,各稱某衙門某官臣某等。誠懽誠忭,稽首頓首上言。伏以乾元啓瑞,坤厚凝禧。欣瞻四序回春,永賴重闈有慶。恭惟昭聖慈壽恭簡安懿章慶敦惠温莊康和仁宣弘靖太皇太后陛下,敬孚壼範,德著徽音。慈恩篤祐昇平,聖善弘開景運。化日舒長於萬國,太和光被於昌辰。臣等王等,屬在懿親。文官,職守封圻。武官,職典戎行。土官,職在邊方。躬逢元旦。轉璇樞而獻頌,望切瞻雲;祝嵩壽以陳詞,誠抒拱極。臣等無任瞻天仰聖,懽忭之至。謹奉表稱賀以聞。

康熙元年題定慶賀太皇太后冬至表式

某親王臣某等,諸王、貝勒、文武官員臣等,凡在外官員,各稱某衙門某官臣某等。誠懽誠忭,稽首頓首上言。伏以初陽來復,六宇昇平。龍樓瑞靄昌時,鳳曆和舒化日。恭惟昭聖慈壽恭簡安懿章慶敦惠温莊康和仁宣弘靖太皇太后陛下,肅雍叶慶,純敬昭徽。配德端位於重闈,啓後著功於皇極。安貞體順,尊養凝庥。臣等王等,屬在懿親。文官職守封圻。武官,職典戎行。土官,職在邊方。欣逢長至。誦孝慈之則,四海回暄;見天地之心,萬靈受泰。臣等無任瞻天仰聖,懽忭之至。謹奉表稱賀以聞。

康熙元年題定慶賀皇太后聖壽表式

某親王臣某等，諸王、貝勒、文武官員臣等，凡在外官員，各稱某衙門某官臣某等。誠懽誠忭，稽首頓首上言。伏以坤德弘昭，啓一人之有慶；天庥茂集，綿萬壽以無疆。喜溢宫闈，歡騰海宇。恭惟仁憲恪順誠惠純淑端禧皇太后陛下，恩隆錫類，化著慈徽。開奕葉之靈長，仁膏普被；介千秋之純祜，福履駢臻。兹當壽豈之辰，咸切尊親之戴臣等王等，屬在懿親。文官，職守封圻。武官，職典戎行。土官，職在邊方。恭逢盛節。伏願瑞靄彤闈，遐算益增昌熾；祥呈瑶牒，洪禧永並升恒。臣等無任瞻天仰聖，懽忭之至。謹奉表稱賀以聞。

康熙元年題定慶賀皇太后元旦表式

某親王臣某等，諸王、貝勒、文武官員臣等，凡在外官員，各稱某衙門某官臣某等。誠懽誠忭，稽首頓首上言。伏以乾元肇瑞，坤厚凝禧。天工合陰教以咸亨，歲序應陽和而成泰。恭惟仁憲恪順誠惠純淑端禧皇太后陛下，仁弘育物，德懋嗣音。澤流時夏，知化日之方長；世濟如春，適昌辰之初啓。臣等王等，屬在懿親。文官，職守封圻。武官，職典戎行。土官，職在邊方。恭逢元旦。望椒殿而稱觥，願膺純嘏；喜瑶階之增莢，茂對清時。臣等無任瞻天仰聖，懽忭之至。謹奉表稱賀以聞。

康熙元年題定慶賀皇太后冬至表式

某親王臣某等，諸王、貝勒、文武官員臣等，凡在外官員，各稱某衙門某官臣某等。誠懽誠忭，稽首頓首上言。伏以一陽初復，萬彙昭蘇。泰階共際昇平，福履彌增昌熾。恭惟仁憲恪順誠惠純淑端禧皇太后陛下，恩隆祚嗣，化洽宫庭。象坤道以安貞，惟德用懋；集天庥而永保，與時偕亨。臣等王等，屬在懿親。文官，職守封圻。武官，職典戎行。土官，職在邊方。欣逢長至。祥呈雲物，瞻化日之舒長；頌獻升恒，祝純禧之茂集。臣等無任瞻天仰聖，懽忭之至。謹奉表稱賀以聞。

康熙六十一年十二月題定慶賀皇太后聖壽表式

某親王臣某等，以下式同前。伏以坤德弘昭，啓一人之有慶；天庥茂集，綿聖壽以無疆。喜溢宫闈，歡騰海宇。恭惟仁壽皇太后陛下，恩隆錫類，化著慈徽。長樂春暉，備古今之遐福；萬安日永，迎天地之瑞符。兹當壽豈之辰，咸切尊親之戴。臣等以下式同前。恭逢盛節。伏願瑞靄彤闈，遐算益增昌熾；祥呈瑶牒，洪禧永並升恒。臣等……以下式同前。

康熙六十一年十二月題定慶賀皇太后元旦表式

某親王臣某等，以下式同前。伏以乾元肇瑞，厚德凝禧。天工合陰教以咸亨,歲序應陽和而成泰。恭惟仁壽皇太后陛下,仁弘育物,德懋嗣音。化日舒和,三百六旬之始;春臺降祉,七十二候之期。臣等以下式同前。恭逢元旦。望椒殿而稱觥,願膺純嘏;喜瑶階之增莢,茂對清時。臣等……以下式同前。

康熙六十一年十二月題定慶賀皇太后冬至表式

某親王臣某等,以下式同前。伏以一陽初啓,萬彙昭蘇。泰階共際昇平,福履彌增昌熾。恭惟仁壽皇太后陛下,恩隆祚嗣,化洽宫庭。值斗柄之方旋,光輝南極;見葭灰之初動,瑞應融風。臣等以下式同前。欣逢長至。祥呈雲物,瞻化日之舒長;頌獻升恒,祝純禧之茂集。臣等……以下式同前。

順治元年題定慶賀皇后千秋元旦長至箋式康熙年間同。

某親王臣某等,諸王、貝勒、文武官員臣等,凡在外官員,各稱某衙門某官臣某等。誠懽誠忭,稽首頓首上言。伏以祥凝璇室,仰内治之弘昭;瑞靄椒宫,慶母儀之光大。敬惟皇后殿下,安貞表範,恭儉垂型。博厚協載物之仁,恩隆逮下;肅雍贊齊家之化,德茂承天。臣等王等,屬在懿親。文官,職守封圻。武官,職典戎行。土官,職在邊方。欣逢令節。元旦、長至。伏願徽音益著,彌增彤管之輝;景福駢臻,永紀瑶編之盛。臣等無任瞻天仰聖,懽忭之至。謹奉箋稱賀以聞。

雍正元年題定慶賀皇后千秋箋式

某親王臣某等,以下式同前。伏以祥開盛序,啓福履之咸綏;節介壽祺,合宫闈而稱慶。敬惟皇后殿下,温恭成性,雍肅垂型。懋柔順之徽音,承天德盛;邁幽閒之美化,逮下恩隆。臣等以下式同前。欣逢令節。伏願含弘益著,協地道之無疆;光大彌昭,贊乾行於不息。臣等……以下式同前。

雍正元年題定慶賀皇后元旦箋式

某親王臣某等,以下式同前。伏以璇宫瑞靄,應歲序以咸亨;椒室祥凝,迓天庥而同永。敬惟皇后殿下,關雎孝敬,芣苡和平。德合兩儀,慶昌辰之初啓;光同二曜,逢春日之方長。臣等以下式同前。欣逢元旦。伏願鴻禧丕懋,益增彤管之輝;景福長新,永紀瑶編之盛。臣等……以下式同前。

雍正元年題定慶賀皇后長至箋式

某親王臣某等,以下式同前。伏以乾元肇瑞,初飛玉管之灰;坤厚凝禧,彌衍椒塗之慶。敬惟皇后殿下,静專體順,孝敬昭徽。配德端位於宫闈,基化著功於中外。昌辰瑞靄,化日舒長。臣等以下式同前。伏願月星恒照,開萬禩之弘庥;福禄益增,介千秋之純祜。臣等……以下式同前。

凡表,並用小字真書,表文前上面貼黄帖一方,如印大,帖下用印。黄帖所書,如萬壽,寫“進賀萬壽表文”;元旦,寫“進賀元旦表文”;冬至,寫“進賀冬至表文”。末後年月日上,亦用印。封皮上用黄帖,上所書如前。黄帖下用印,印下寫“某官臣某上進謹封”。於“上進謹封”字上用印。副本,用手本,小字真書,後年月日上用印,黄綾裱褙袱匣。

箋,書寫、印封,皆與表同。但易箋文,并紅帖紅綾袱匣。

〔題奏本式〕

國朝定制,臣民具疏陳奏者,爲奏本;諸司公事,爲題本。所有格式列於後。

順治二年定:凡内外官民題奏本章,不得過三百字。雖刑名錢穀等本,難拘字數,亦不許重複冗長,仍將本中大意撮爲貼黄,以便覽閲。其貼黄,不許過一百字。如有字數溢額及多開條款,或貼黄與原本參差異同者,該衙門不得封進,仍以違式糾參。〇八年議准:題本奏本,各有格式,字畫多少長短寬窄,原自不同。禮部查照原定格式,通行頒發申飭。如有違錯,照例察參。〇雍正元年諭:“古禮,祖宗御諱,文書式但於本字内缺一筆,不改易字樣。而朕於聖祖仁皇帝聖諱,每見即感痛於心。昨偶閲時憲曆二月令内,見聖諱上一字,不覺失聲長慟。嗣後,在京各部院衙門及八旗,在外各省將軍、副都統等督撫提鎮司道府州縣衛,凡章奏文移,遇聖諱上一字,則寫‘元’字,遇聖諱下一字,則寫‘爗’字。”〇二年覆准:條奏本章,舊例,除刑名錢穀外,不得過三百字,貼黄不得過百字。如字數溢額,許通政司駁回。但緊要章疏,如興利除弊、奬善懲惡等事,正須詳明,有裨政治。若限定字數,不許多開款項,必致遺略。嗣後,題奏本章,除式樣擡頭錯誤外,通政司不得以字數款項多寡違式,擅自駁回。知照各省督撫轉行文武各衙門,一體遵行。〇又諭:題本“題知”字樣,俱改“奏聞”。〇三年覆准:題奏事件,理應畫一。行令各省督撫將軍提鎮,嗣後,錢糧、刑名、兵丁、馬匹、地方民務所關大小公事,皆用題本,用印具題。本身私事,俱用奏本,雖有印之官,不准用印。若違題奏定例,交部議處。

題本式,每幅六行,一行二十字。格内擡頭二字,平行十八字,出格擡頭加一字。頭行衙門官員姓名,疎密各作一行寫,不限字數。年月下同。若有連名挨次,俱照六行書寫。

某衙門某官臣某等謹題爲某事,備事由云云。缘係云云。事理。未敢擅便,謹題請旨。如不用請旨,止用謹具奏聞。某年某月某日某衙門某官臣某。題本面上寫一"題"字。此題本體式長闊,照依綫限爲凖。凡公事用題本,其制比奏本略小,而字稍大。綫限具後。

奏本式,每幅六行,一行二十四字。格内擡頭二字,平行寫二十二字,出格擡頭加一字。衙門官銜或生儒、吏典、軍、民、竈、匠籍貫姓名,疎密俱作一行書寫,不限字數。"右謹奏聞"四字,"右"字平行,"謹"字、"奏"字各隔二字,"聞"字過幅擡頭,計紙字,在"右謹奏"前一行,與"謹"字平,字畫稍小,年月同前。若有連名挨次,俱照六行書寫。

某衙門某官臣某謹奏爲某事,備事由云云。爲此具本,專差原役齎捧親齎。謹具奏聞。自"爲"字起至"齎"字止,計幾百幾十幾字、紙幾張。某年某月某日某衙門某官臣某。奏本面上寫一"奏"字。此奏本體式長闊,照依綫限爲準。若奏私事,不用印。

貼黄式,題本後貼黄,用單紙一幅,式與本齊,行字連出格二十一字。前列官銜,後列"謹題請旨",同本式。中間照所題請旨情由,須簡明撮要,不得冗長。但行數不拘定限,期於幅滿而止。奏本貼黄式,與題本貼黄同。但奏本貼黄,每行連出格二十五字,後稱"謹具奏聞"。

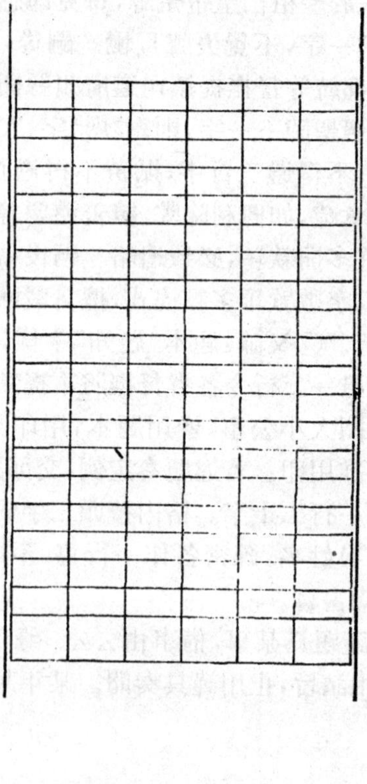

題本格式

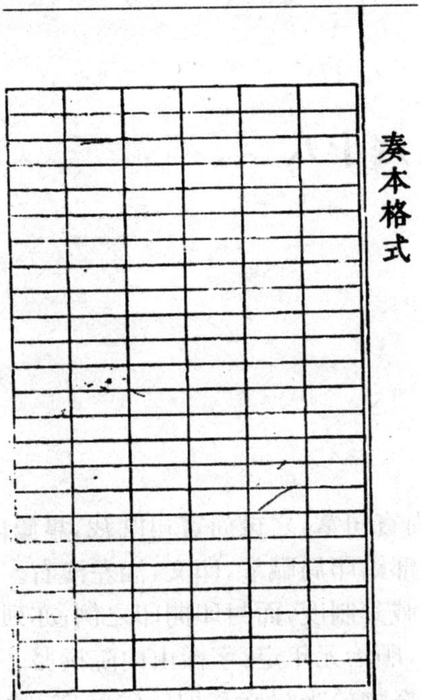

奏本格式

外綫爲本之大小式，中爲字之疎密式。上二格爲擡寫之格，三擡者出格。

大清會典卷之六十八

禮部儀制司

〔鑄造寶印〕

御前寶璽，舊設尚寶司掌，之後尚寶司既裁，專屬内府管理。式例詳見《内閣》。其鑄造，係禮部鑄印局職掌，印文，滿左漢右。頒給内外直省以及外國皆同文焉。兹備載其制度，而封印開印之例，亦列於後。

凡鑄造金寶銀印，順治元年定：字樣由内院撰發。金銀硼砂於户部移取，物料於工部移取，祭物於光禄寺移取。〇又定：鑄造内外諸司印信關防條記，吏兵二部具題，咨送禮部。禮部復行奏請，方行鑄造。〇又定：凡文武衙門乞請印信關防條記，在京者，該衙門自題；在外者，該督撫代奏。請旨下吏兵二部查議，咨送禮部鑄造。〇又定：在外文武大小衙門印信關防條記，年久篆文模糊者，許申督撫驗實具奏，换鑄新印。其舊印繳部銷燬。〇又定：應給印信，鑄印局照式篆文，呈送内院，撰發滿字，送部發局鑄給。〇二年定：凡巡鹽巡按御史各差，每差鑄印二顆，循環給發。〇四年定：凡應給印信，俱照吏兵二部咨文鑄給，不必復行具奏。〇六年定：六部、都察院、鑾儀衛等衙門官，遇行幸扈從，每衙門禮部另鑄印一顆，加“行在”二字携用。其特差侍衛等，俱用鑾儀衛印信。〇十年定：凡有新推選各官應給印信者，文官執憑，武官執劄，赴部親領。在外文官，請給印信，執該督撫或布政司文批；武官請給印信，執該督撫或總兵官文批。差役赴領，每文一件，請印一顆，文内開明請印差齎姓名，方准給發。〇又覆准：朝鮮國王原領印文，有滿字，無漢字，禮部改鑄滿漢文金印，賜給該王，仍將舊印繳進。〇十一年，鑄造琉球國王鍍金銀印。〇十二年，改鑄六部銀印七顆、内三院等衙門銀印七顆，改正各直省督撫關防二十九顆，巡按御史循環印四十八顆。〇十四年,改遼陽府爲奉天府,更鑄銀印。〇十五年,改内秘書院、國史院、弘文院爲内閣,以銀印三顆,繳送到部,改鑄内閣典籍廳關防一顆。〇十六年,鑄造通政司、大理寺、翰林院、太常寺、太僕寺、光禄寺、鴻臚寺、欽天監、太醫院行在印信。〇康熙五年,鑄造安南國王鍍金銀印。〇六年定:行幸所在,遵太宗文皇帝時例,造香寶以便攜齎。〇二十九年諭:凡差遣審事官員,不必鑄給印信。事情完日,其本章即寫明啓奏日期,用地方督撫印信。如事關督撫,即用藩臬印信;事關督撫藩臬,則用提鎮印信。〇四十年題准:山東青州道,裁歸登萊道兼轄,改爲"分守登萊青道整飭海防關防"字樣,仍駐劄萊州府。〇四十二年定:鑄禮部總管牛羊羣官關防。〇四十六年題准:四川重慶府,改設同知巡檢,係專管酉陽等五土司苗民事務,著給同知關防,鑄"重慶府分防黔江縣管理土司關防"字樣,給巡檢印信,鑄"黔江縣巡檢"字樣。〇六十年定:凡鑄造銀印,禮部於户部領出紋銀十分、配銅三分鑄給。餘銀照依分兩,仍傾紋銀,交還户部。銅印銅關防,皆用黄銅之精鍊者。〇雍正元年定:鑄造總理户部三庫事務銀印,改鑄内務府太常寺銀印、總督巡撫銀關防。〇又諭:印信係一切事件之憑據,不惟藩臬印信,即州縣印信,亦屬緊要。著禮部俟有數印,一同交與欽天監,選擇吉日鑄給。倘若怠忽不謹,察出,將堂官一并治罪。遵旨議定:凡鑄給印信關防,令欽天監擇吉日,專委禮部司官監造,務期鐫刻精工,字畫端楷。鑄造完日,禮部堂官驗明,將監造司官名姓登記檔案。倘有銀色不足、銅質不精及字畫不清,怠忽從事者,將監造司官指參,交與該部從重議處,并令加倍賠補。所領户部鑄造銀印銀兩,仍照舊例,將除剩銀兩傾銷紋銀,交還户部。〇二年,設巡察江寧安徽等處官一員,巡察山東等處官一員,巡察湖北湖南等處官一員,巡察河南等處官一員,各鑄給關防。〇又覆准:鑄給臺灣捕盗同知關防及新設彰化縣印信。〇又覆准:鑄給河南分管黄河南北兩岸同知、懷慶府同知各關防。〇又,鑄給寧夏將軍銀印。〇又,增設湖南提督、學政,鑄給關防。〇又題准:河東復設運同,鑄給關防。〇又覆准:河西各廳改設寧夏等府州縣并西寧大通衛守備等,印信照例鑄給。〇三年諭:武進士侍衛,另派大臣統領,鑄給印信。〇又題准:直隸守道、巡道,改爲布政使司、按察使司,照各省藩臬例,换給印信。〇又題准:直隸督標中軍遊擊,改爲副將,鑄給中軍副將關防。〇又題准:巡鹽各差,舊例,有印二顆,新任帶一印前往,舊任帶一印回繳,以備中途有事具奏用印。但鹽差專爲鹽務而設,必到任受事,方用印信。若新舊官各有一印,恐滋弊端。嗣後鹽差,止給一印,令新舊官交代職掌。〇又議准:潼關係陜西要隘,新設城守禦,辦理錢糧事務,鑄給關防。〇又,增設江南安徽等處提督學政,鑄給關防。〇四年,特設水利營田府,鑄給總理水利營田使關防。〇又定:新設天津水師營都統,鑄給銀印。〇又,鑄給河南彰德府管河同知、陜西寧夏府監理水利同知各關防。〇又,新設安西監收同知并守備等官,鑄給關防印信。〇又覆准:鑄給福州府糧捕通判關防。〇又題准:天津衛向設守備,今改爲直隸天津州,鑄給州官印信。〇又覆准:鑄給總理西海番子等事務關防。〇又定:各省衛所改設府州縣者,其知府州縣官及教授、學正、教諭、訓導等官,鑄給印信條記。凡有新設衙門及增改職守者,其印信關防,俱准換給。〇五年,設浙江觀風整俗使,鑄給關防。〇又,鑄給臺灣巡察兼管學政關防。〇又覆准:鑄給杭州府總捕同知關防。

玉寶金寶

太皇太后玉寶、金寶,交龍鈕。玉寶,方四寸四分,鈕高二寸六分,臺高一寸八分。〇金寶,平臺,方四寸四分,厚一寸二分,俱玉柱文。

皇太后金寶,交龍鈕。平臺,方四寸四分,厚一寸二分,玉柱文。

皇后金寶,蹲龍鈕。平臺,方四寸四分,厚一寸二分,玉柱文。

皇貴妃金寶,蹲龍鈕。平臺,方四寸,厚一寸二分,玉柱文。

貴妃金寶,蹲龍鈕。平臺,方四寸,厚一寸二分,玉柱文。妃金印,龜鈕。平臺,方三寸六分,厚一寸,玉柱文。和碩親王金寶,龜鈕。方三寸六分,厚一寸,玉柱文。

金印

朝鮮國王金印,龜鈕。方三寸五分,厚一寸,玉柱文。

鍍金銀印

多羅郡王鍍金銀印,麒麟鈕。方三寸四分,厚一寸,玉柱文。

外國王鍍金銀印,駝鈕。方三寸五分,厚一寸,九疊篆文。

銀印

公銀印,虎鈕。三臺,方三寸三分,厚九分,柳葉篆文。

大將軍、將軍、侯、伯、都統銀印,虎鈕。二臺,方三寸三分,厚九分,柳葉篆文。

宗人府銀印,直鈕。三臺,方三寸三分,厚一寸,九疊篆文。

衍聖公銀印,直鈕。二臺,方三寸二分,厚一寸,九疊篆文。

六部總理三庫事務、盛京五部、理藩院、都察院、内務府、鑾儀衛、太常寺、各省都司銀印，直鈕。二臺，方三寸二分，厚八分，九疊篆文。

各省布政司銀印，直鈕。二臺，方三寸一分，厚八分，九疊篆文。

大真人銀印，直鈕。二臺，方三寸一分，厚八分，九疊篆文。

順天府、奉天府銀印，直鈕。方二寸九分，厚六分五釐，九疊篆文。

提督總兵官銀印，虎鈕。三臺，方三寸三分，厚九分，柳葉篆文。

鎮守掛印總兵官銀印，虎鈕。二臺，方三寸三分，厚九分，柳葉篆文。

提督九門步軍統領銀印，虎鈕二臺，方三寸三分，厚九分，柳葉篆文。

總理進士侍衛銀印，虎鈕。二臺，方三寸三分，厚九分，柳葉篆文。

銅印

詹事府、通政司、大理寺、各省按察司、京衛宣慰司方二寸七分，厚九分。

武備院、上駟院、奉宸院、光禄寺、太僕寺、鹽運司、外衛守備、四譯館典務廳、各城守尉方二寸六分，厚五分五釐。

鴻臚寺、國子監、外府宣撫司方二寸五分，厚五分。

翰林院、左春坊、右春坊、司經局、欽天監、太醫院、上林苑監、六部各司、理藩院四司、宗人府左右司、經歷司、鹽課提舉司、安撫司、招討司方二寸四分，厚四分。

外州方二寸二分，厚四分。

廣儲司、會計司、掌儀司、慎刑司、都虞司、營造司、慶豐司、都察院經歷司、大理寺左右寺、光禄寺四署、五城兵馬司、鑾儀衛左右中前後所旗手、左右衛馴象所、大興宛平承德三京縣、僧録司、道録司、水利營田經歷司、都司經歷司、斷事司、布政司經歷司、理問所、長官司方二寸二分，厚三分五釐。

六科、中書科、行人司、通政司經歷司、鑾儀衛經歷司、工部營繕所、太常寺典簿廳、上林苑監署、光禄寺典簿廳、詹事府主簿廳、京府經歷司、京衛外衛經歷司、按察司經歷司、外縣、鹽運司經歷司、宣慰司、經歷司方二寸一分，厚三分。

國子監繩愆廳、博士廳、典簿廳、鴻臚寺主簿廳、欽天監主簿廳、各壇祭祀署、布政司照磨所、府經歷司方二寸，厚二分五釐。

刑部司獄司、都察院司獄司、光禄寺銀庫、太醫院藥庫、京府照磨所、司獄司、國子監典籍廳、寶泉局、寶源局、神樂觀、司牲司、會同館、都税司、按察司照磨所、司獄司、都司司獄司、府照磨所、司獄司、府儒學、衛儒學、税課司、茶馬司、陰陽學、醫學、僧綱司、道紀司、巡檢司方一寸九分,厚二分二釐。

教坊司方一寸四分,厚二分。

以上,俱直鈕,九疊篆文。

曆日印信方二寸一分,七疊篆文。

監察御史直鈕,有眼,方一寸五分,厚三分,八疊篆文。河南等六道巡鹽各差並同。

銀關防

總督巡撫長三寸二分,闊二寸。

銅關防

兵部督捕、提督四譯館、内閣典籍廳、稽察各部事件、禮部總管牛羊羣官長三寸,闊一寸九分。

總理水利營田使長三寸二分,闊二寸。

各鎮守總兵長三寸二分,闊二寸。

總理西海番子官長三寸二分,闊一寸九分。

各部分司、守、巡道、副將、參將、遊擊、都司僉書長三寸,闊一寸九分。

江寧、安徽、湖南、湖北、山東、河南等處巡察官長三寸,闊一寸九分。

巡察臺灣兼管學政長二寸九分,闊一寸九分。

觀風整俗使長二寸九分,闊一寸九分。

提督學政長二寸九分,闊一寸九分。

織染局、管理江寧織造、管理蘇州織造、管理杭州織造長二寸九分,闊一寸九分。

巡視五城御史、府同知、府通判、衛所千總、營都司長二寸八分,闊一寸九分。

管理金銀庫、管理緞疋庫、管理顔料庫長二寸,闊一寸九分。

以上,俱九疊文。

銅條記

禮部鑄印局、州儒學、縣儒學、各守備長二寸六分,闊一寸六分五釐。

庫大使、批驗所、驛丞、鹽課司、遞運所、各局、各倉場、各閘長二寸四分,闊一寸三分五釐。

以上,俱九疊文。

内歷年裁汰衙門,仍照舊開載,以便稽考。

皇太后皇后金寶,俱用三等赤金。皇貴妃、貴妃金寶,俱用六成金。

妃金印，用五成金。親王金寶，用五成金。親王、世子金寶，用四成金。

凡封開印信，順治間定：部院等衙門，每年封開印信。預期，禮部行欽天監選擇日期，俱照期封開。封印後，不理刑名，不辦事。如有緊要事，仍行辦理。

〔考取儒士〕

順治六年定：鑄印局原設食糧儒士二十名，在局篆文。今止存二名，篆印乏人。仍於在局肄業子弟内，考取八名，並見在二名，食糧辦事。○康熙元年題准：鑄印局現有儒士六名，每名月給米二斛，三年糧滿，咨送吏部，以府檢校用。又，添寫本儒士四名，并額設六名，共十名。以五名繕寫本章，五名篆寫印文。

〔考取譯字生〕

順治十年題准：禮部會同四譯館堂官，於世業子弟内，考取譯字生，送館肄業。○康熙二十七年議准：四譯館習業生共四十八名，今除現在食糧外，尚存領劄繼業生一百六十名在外，或有冒免差徭，把持官府等情。行文該撫，勒限赴京，送部嚴試，量留候補。其翻譯不精及逾限不到者，槩行黜革，追劄毁銷。○雍正四年覆准：四譯館有回回、緬甸、百譯、西番、高昌、西天、八百、暹羅等八館，每館有序班一員，譯字生六名。每館序班缺出，即以本館譯字生考取頂補。其譯字生缺出，該館將世業子弟送部考取。其考取不必如考貢監吏員等試以文書判等題。令禮部會同四譯館少卿，按彼館所有外國書籍，翻譯漢字，揀出一段，令該生背寫。以字畫無訛，筆法純熟者，選取頂補。

〔鄉飲酒禮〕

順治初，令京府及直省、府、州、縣，每歲舉行鄉飲酒禮，設賓、僎、介、主酒席，於存留錢糧内支辦。凡以申明朝廷之法，敦叙長幼之節。遂爲定制云。順治二年，順天府詳查鄉飲酒禮舊制，移送禮部，題請施行。嗣後，每歲由順天府題明。○康熙元年定：奉天府州縣，行鄉飲酒禮。○四年定：錦州府州縣，行鄉飲酒禮。○雍正元年諭：鄉飲酒禮，乃敬老尊賢之古制。近聞年久，視爲具文，所備筵宴，亦甚不堪。應加謹舉行。○是年，順天府鄉飲酒，特命禮部堂官監禮。自後歲以爲例。

凡鄉飲酒儀注，京府及直省府州縣，每歲正月十五日、十月初一日，於儒學行鄉飲酒禮。前一日，執事者於儒學之講堂，依圖陳設坐次，司正率執事習禮。至日，黎明，執事者宰牲具饌。主席及僚屬司正，先詣學，遣人速賓僎以下。比至,執事者先報曰賓至。主席率僚屬出迎於庠門之外,揖入,主居東,賓居西,三讓三揖,而後升堂,東西相向立,贊兩拜,賓坐。執事者又報曰僎至,主席又率僚屬出迎,揖讓、升堂、拜坐,如前儀。賓僎介至,既就位,執事者唱司正揚觶。執事者引司正由西階升,詣堂中,北向立。執事者唱賓僎以下皆立,唱揖,司正揖,賓僎以下皆揖。執事者以觶酌酒,授司正,司正舉酒曰:"恭惟朝廷,率由舊章,敦崇禮教。舉行鄉飲,非爲飲食。凡我長幼,各相勸勉。爲臣盡忠,爲子盡孝。長幼有序,兄友弟恭。内睦宗族,外和鄉里。無或廢墜,以忝所生。"讀畢,執事者唱司正飲酒。飲畢,以觶授執事,執事者唱揖,司正揖,賓僎以下皆揖。司正復位,賓僎以下皆坐。唱讀律,令執事者舉律令案於堂之中,贊禮引讀律令者詣案前,北面立,唱賓僎以下皆立,行揖禮如前。讀畢,復位。執事者唱供饌案,執事者舉饌案至賓前,次僎,次介,次主,三賓以下,各以次舉訖。執事者唱獻賓,主起席,北面立,執事斟酒以授主,主受爵,詣賓前,置於席,稍退,贊兩拜,賓答拜。訖,執事又斟酒以授主,主受爵,詣僎前,置於席,交拜,如前儀。畢,主退,復位。執事者唱賓酬酒,賓起,僎從之,執事者斟酒授賓,賓受爵,詣主前,置於席,稍退,贊兩拜,賓僎主交拜。訖,各就位坐。執事者分左右立,介三賓、衆賓以下,以次斟酒於席。訖,執事者唱飲酒,或三行,或五行,供湯。又唱斟酒飲酒供湯三品。畢,執事者唱徹饌,候徹饌案。訖,唱賓僎以下皆行禮,僎、主、僚屬居東,賓、介、三賓、衆賓居西,贊兩拜。訖,唱送賓,以次下堂,分東西行,仍三揖,出庠門而退。

主,府知府、州知州、縣知縣。如無正官,佐貳官代,位於東南。大賓,以致仕官爲之,位於西北。僎賓,擇鄉里年高有德之人,位於東北。介,以次長,位於西南。三賓,以賓之次者爲之,位於賓主介僎之後。除賓僎外,衆賓序齒列坐。其僚屬,則序爵。司正,以教職爲之,主揚觶以罰。贊禮者,以老成生員爲之。

律令。

凡鄉飲酒禮,序長幼,論賢良,别奸頑。其坐席間,高年有德者居上,高年淳篤者並之,以次序齒而列。其有違條犯法者,不許干與良善之席。違者,罪以違制。敢有諠譁失禮者、揚觶者,以禮責之。

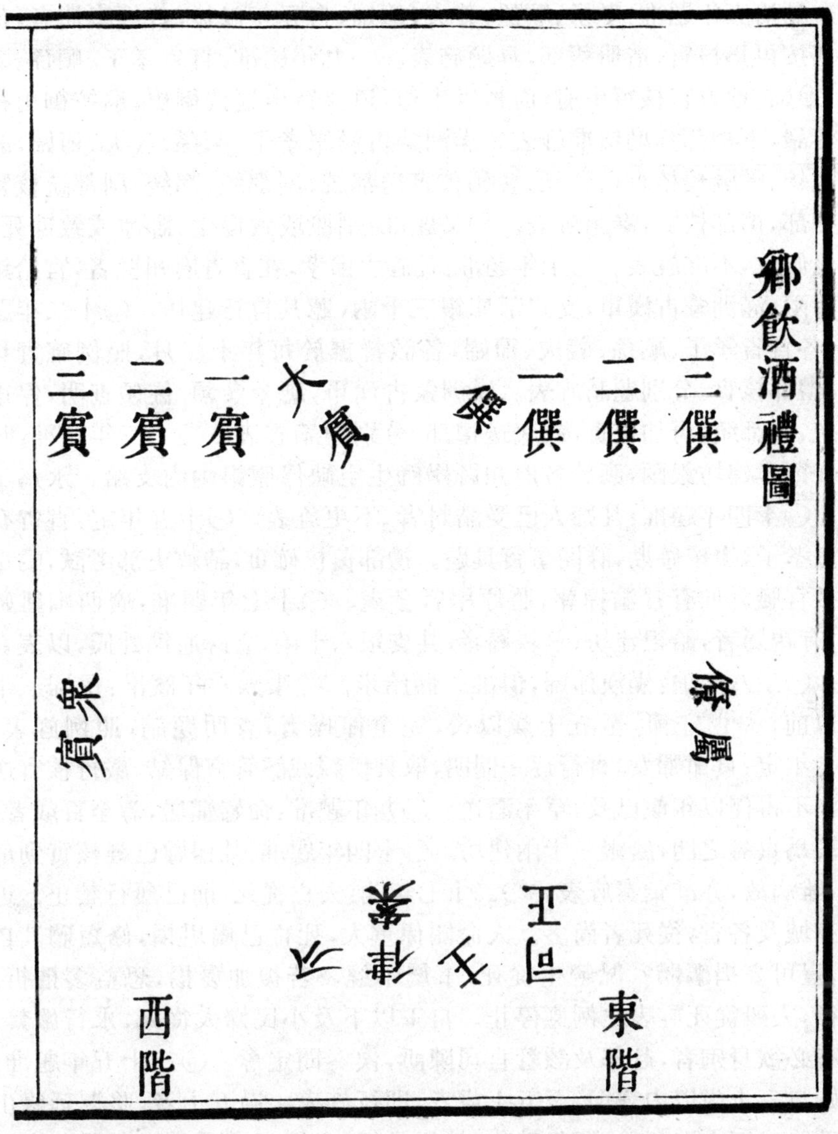

〔官民旌表〕

本朝定制，凡有孝行節義，爲族黨所信服者，在直省由地方官申報，風憲官核實奏聞；在八旗，由該佐領申報，該都統核實送部，俱由禮部分別題請旌表，給銀建坊。凡以表正鄉閭，而激勵風化也。

順治五年題准:孝子、順孫、義夫、節婦,自元年以後,曾經奏聞者,仍行巡按再爲核實,造册報部,具題旌表。〇九年題准:直省孝子、順孫、義夫、節婦,地方官核實申府,府核實申道,道核實申巡按御史,巡按御史核實奏請,下禮部察勘覆准旌表。滿洲蒙古漢軍孝子、順孫、義夫、節婦,該管佐領、驍騎校核實送參領,參領核實送都統、副都統,都統、副都統核實送禮部,禮部核實,奏請旌表。〇又題准:割股或致傷生,卧冰或致凍死。恐民倣效,不准旌表。〇十年題准:凡旌表節孝,在直省府州縣者,官給銀三十兩;滿洲蒙古漢軍,支户部庫銀三十兩,聽其自行建坊。〇十二年題准:各直省孝子、順孫、義夫、節婦,各該督撫於每年十二月,照例確實具奏,禮部核實,分别題請旌表。滿洲蒙古漢軍,應令參領、佐領查明,保送都統、副都統,再加核實,歲底送禮部,分别題請旌表。〇十三年題准:凡旌表節孝建坊銀兩,應於各府州縣學師生空缺俸廪銀兩内支給。永爲定例。〇十四年題准:凡婦人已受誥封者,不更旌表。〇十五年定:直省有真正孝子,撫按確勘,詳開事實具題。禮部覆核確實,請敕吏部考試,酌量選授官職。如有冒濫捏報,將原舉官參處。〇十七年題准:廣西殉難婦女,有親屬者,給銀建坊;無親屬者,共支銀六十兩,立碑通鐫姓氏,以表貞烈。〇十八年諭:滿漢節婦,俱准一體給米。〇康熙六年議准:民婦三十歲以前,夫亡守節,至五十歲以後,完全節操者,查明題請,照例旌表。〇七年定:貞節婦女,實行逐一開明,取具伊親戚該管官保結,嚴行核實送部。不得僅以年歲已及,草率濫送。〇九年題准:命婦孀居,壽至百歲者,旌表爲貞壽之門,給銀三十兩建坊。〇十四年題准:凡節婦已經核實到部者,雖病故,亦准彙奏旌表。〇二十七年諭:夫亡從死,前已屢行禁止。近見京城及各省,從死者尚多。人命關係重大,死亡已屬堪憐,修短聽其自然,豈可妄捐軀體?况輕生從死,事屬不經。若復加褒揚,恐益多摧折。嗣後,夫歿從死旌表之例應停止。自王以下及小民婦人從死,永行嚴禁。如有必欲身殉者,赴部及該管官司陳訴,俟奏聞定奪。〇三十五年題准:節婦自三十歲以内守節,至五十歲者,即行旌表。過五十者,將遲延緣由報部。〇三十七年諭:興起教化,鼓舞品行,必以孝道爲先。孝子尤宜褒奬。八旗貧人,克盡孝道,誠爲非易。如有盡孝於其父母者,察明奏聞。〇五十一年題:鑲紅旗有受聘未婚之女,聞訃剪髮穿孝,敬守夫墓,守節三年,從容自縊,與尋常輕生者不同。奉旨:著照例旌表。〇五十二年覆准:民間貞女,未婚聞訃,矢志守節,舅姑堅拒其侍養,絶食自盡,照例旌表。

〇五十四年覆准：有孀婦撫子守志，因親屬逼嫁投繯，原非激烈輕生，照五十二年貞女例旌表。〇五十九年覆准：節孝昭著，所司不查明詳報者，交部議處；所屬上司，不轉詳題請旌表者，交部一并議處。通行八旗直省，一體遵行。〇雍正元年諭：恩詔内開旌表節義，乃彰善大典。每見直省地方，有力之家，尚能上達。而鄉村貧寠之人，則多湮没無聞。著該督撫學臣及有司，遍加採訪，務使苦寒守節之家，同沾恩澤。至節婦年逾四十而身故，計其守節已歷十五載以上者，亦應酌量旌奬。遵旨議定：凡八旗直省督撫學臣，令所在有司遍加採訪。凡有節義之人，從前因無力，不能上達者，悉行查出，申報督撫學臣。其守節十五載以上，逾四十而身故者，亦令各該地方官詳查報明，一體旌表。直省督撫學臣核實，於歲底彙題；八旗該都統，於歲底彙送禮部。禮部每年二月内，將前一歲八旗直省題送孝行節義，彙題請旌。永爲定例。〇又諭：恩詔内開旌表節義給銀建坊，民間往往視爲具文，未曾建立。恐日久仍至泯没，不能使民間有所觀感。著於地方公所，設立祠宇，將前後忠孝節義之人，俱標姓氏於其中。已故者，則設牌面於祠中祭祀，用闡幽光而垂永久。其建坊銀兩，仍照舊支給。遵旨議定：設立祠宇，應行順天府、奉天府、直省府、州、縣、衛，分男女，每處各建二祠。一爲忠義孝弟之祠，建於學宫之内。祠門内立石碑一通，將前後忠義孝弟之人，刊刻姓名於其上。已故者，設牌位於祠中。一爲節孝之祠，另擇地營建。祠門外建大坊一座，將前後節孝婦女，標題姓氏於其上。已故者，設牌位於祠中。八旗分左右翼，擇地各建二祠。一應牌坊刊題姓氏，俱照此例。每年春秋二次致祭，直省交與各府、州、縣，衛守土官，兩翼交與宛大兩縣。其建立祠宇碑坊銀兩，各省府、州、縣、衛動用正項錢糧修造，仍報工部奏銷；左右兩翼祠宇碑坊，交與工部營造。仍令各所在有司，不時修葺。〇二年覆准：湖廣黄岡縣民，八世同居，家逾百口，闔門雍睦。給與建坊銀三十兩，表其坊曰八世同居之門。〇三年議准：兵民節烈，原宜一體旌表。因事由學校，以致營伍未經舉報。行令直省督撫、提鎮、學臣，宣諭該地方文武官弁，查明營伍中有三十歲以内守節至五十歲以後，及守節十五載以上年逾四十身故者，出具印結，移明該學教官。照民間取結之例，加具印結，申報州縣，轉詳督撫、學臣具題禮部彙請旌表。永爲定例，如有隱漏不報及冒濫混舉等弊察出，將該管官題參處分。〇又覆准：孝女以父母未有子姪，終身奉親不嫁，照孝子例，一體旌表。〇四年，鑲白旗貞女，未婚聞壻病故，自盡，家人救甦。至次日，剪髮摘環，哭往壻家，願終守墳墓。該旗都統奏請旌表。奉旨:如此貞節,甚屬可嘉,理應旌表。〇又覆准:雲貴總督查奏,順治十六年,有監生遭流寇被害。妻妾及女,俱投崖而死,至今無嗣。照廣西殉難婦女無親屬之例,令該地方官支銀六十兩,立碑通鐫姓氏。又,有民人妻妾投水自盡,現遺一子,照廣西殉難婦女有親屬之例,給銀三十兩,自行建坊。其節孝祠内,設牌題坊,俱照恩詔定議遵行。〇五年覆准:"定例,旌表孝子順孫、義夫、節婦。其孝婦旌表,前未有例。但婦女孝行無虧,宜沐旌典。應准給建坊銀三十兩。其節孝祠題坊,俱照恩詔遵行。〇又諭:"各省建立忠義節孝祠,表揚德行,此在地方有司各有獎善慕義之公心,亦當勇往。今朕動用國帑,爲之建立。而承辦各官,尚忍於冒銷錢糧,草率從事,以至易於傾圮。有此情理乎?著行文各省督撫,詳加察勘有無冒銷、果否堅固之處,不得少有朦混,并令各地方官,將建立祠宇造入盤查册内,前後交代,則彼必視爲己事,時時留心,大於祠廟有益。"〇又覆准:閩省仙遊縣,有監生素行淳厚,捐粟八千餘石,散給窮民,冒暑料理,致疾身亡,尚義可風。准其旌表,給與建坊銀兩。該地方官製牌位,入忠孝節義祠,一體致祭。

〔養老〕

本朝養老之典,自致仕官以下逮於編氓,皆有特賜,恩禮綦隆。以故太和翔洽,人瑞屢書云。

順治元年定:凡軍民人等,年七十以上者,免其丁夫雜差;八十以上者,給絹一疋、棉花十觔、米一石、肉十觔;九十以上者,倍之。如有德行顯著,閭里敬重者,給與頂帶榮身。〇十年恩詔:年老退甲兵丁,照例一體賞賜。〇十八年議准:八旗年老致仕官,有奉旨支原俸者,仍照原品支給。其餘年至六十致仕者,給與半俸。〇康熙二十七年恩詔:軍民七十以上者,許一丁侍養,免其雜派差役;八十以上者,給與絹一疋、綿一觔、米一石、肉十觔;九十以上者,倍之。〇四十七年恩詔:軍民老人,年自七十至九十以上者,照二十七年例賞給。其至百歲者,題明給與建坊銀兩。〇五十二年,聖祖仁皇帝六十萬壽,直省耆老,齊集京城叩祝。特舉養老盛典,分期二日,賜宴暢春園。凡滿漢臣僚八旗兵丁閑散人等齒及格者,皆得與宴。宴時,駕親臨視,命皇子皇孫百餘人執觴勸侑。又一日,召集八旗年老婦人,於皇太后宫賜宴。〇又,凡兵民男婦,自六十五歲以上者,賜緞疋衣服及銀兩有差。羣臣自六十五歲以上者,賜硯帽袍褂靴襪有差。舊臣詿誤落職者,矜其年老,准復原官。有逮事世祖章皇帝者,特加宫保,以示殊恩。休廢之臣，亦踰格封廕。諭各省老人：帝王治天下，發政施仁，未嘗不以養老尊賢爲首務。今日之會，特出此意。若孝弟之念少輕，而求移風易俗，其所厚者薄矣。爾等皆是老者，比回鄉井，各曉諭鄰里，須先孝弟。倘天下皆知孝弟爲重，此誠移風易俗之本也。〇六十一年正月初二日，召八旗滿洲蒙古漢軍文武大臣官員及致仕退黜人員年至六十歲以上者，宴於乾清宫前，命諸王、貝勒、貝子、公及閑散宗室等授爵勸飲，分頒食品。越三日，宴漢文武大臣官員等年六十五歲以上者，御製七言律詩一首，命滿漢與宴文武大臣官員各賦詩，紀其盛名，曰千叟宴詩。〇雍正元年詔：賞給所在男婦老者絹布米石有差。〇二年詔：恩賜八旗大臣官員等母妻年登八十者，内造緞一疋、裹一疋；七十者，内造緞一疋。〇又，恩賜八旗兵丁母妻七十歲以上者紡絲棉花等有差。〇四年諭：年屆一百一十八歲之人，實爲希有。著於定例賜坊銀三十兩外，加增兩倍，共賞銀九十兩。嗣後，年至一百一十歲者，加一倍賞賜；至一百二十歲者，加兩倍賞賜。更有多得壽算者，按其壽算加增。著爲定例。〇又諭：查各州縣内，實在力田老農，素無過犯者，歲舉一人，并將所舉姓名履歷，造册送部，查核確實，給與八品頂帶榮身。〇又諭："朕覽户部奏銷本章，見恩詔内賞給老人一項，直隸各省七十以上至百歲以上老民老婦，共一百四十二萬一千六百二十五名，賞給絹布等件價銀共八十九萬餘兩，米一十六萬五千餘石等語。凡此老人，但就民人而言，如仕宦、紳士、商賈、僧道，皆不入此數之内。《洪範》以壽居五福之首，而昔人稱七十爲古稀，誠以壽爲難得而可貴也。乃今日老人之多，至於如此，皆由我皇考聖祖皇帝六十餘年以來，深仁厚澤，休養生息。凡山陬海澨，僻壤窮鄉，無不沐浴鴻慈，涵濡大化。太和翔洽，壽國壽民。所以期頤耄耋，厖眉皓首之人，至數百萬之多。所謂老耆以壽終，幼孤得遂長者，皆我皇考之賜也。從此益加培養，日積月累，則民間之享高年介眉壽者，更不知如何之衆矣。此等老人，躬際昌期，年登上壽，大抵皆居心忠厚，力行善事之人。即或有一二年少時未盡醇謹者，亦必中年暮齒能自悔悟之人。蓋一念修省，即荷上天福佑也。是國家有培養之恩，亦由本人能修善以祇承之，非倖而致之者也。爾等百姓，觀太平之盛事，當歡欣鼓舞，謹身修德，以迓天庥。父與父言慈，子與子言孝，兄弟友恭，夫婦和順。比閭族黨之間，相親相愛，無詐無欺。革薄從忠，循分守法，盡除乖戾之氣，爲國家淳樸善良之民。則天地佑善賜福，長享遐年。此必然之理也。但生齒日盛，食指繁多，則謀生之計，不可不講。爾等百姓,當重農桑以順天時,勤開墾以盡地利。務本業以戒游惰,謹蓋藏以裕久遠。而且節省日用,愛惜物力,毋縱奢侈,毋競紛華,毋任意靡費,以耗有用之財,毋但顧目前,而忘經久之計。朕以勤儉先天下,宮禁之中,於食餘之物,皆不忍棄,必令人檢取收貯之。數年以來,所貯米粟,已至數十石之多。朕臨御萬方,尚多方撙節愛養,以爲加惠元元之本。爾等小民,安可縱口腹之所欲,而忘物力之艱難乎?爾等誠能體朕諄諄訓誨之意,敦善行則心體安,務本計則俯仰足,惜財用則家室裕。人心和樂,風俗淳美。同爲壽考之人,長享昇平之福。豈非朕之所厚望哉!著該部將朕此旨轉發,直省督撫通行所屬郡邑鄉村,咸使聞知。"

〔一産三男〕

康熙二年定:凡一産三男或男女並産,八旗,由禮部具題;直省,由各該督撫具題。禮部題覆,行户部,准給米五石布十疋。〇十三年定:一産三男,仍准題覆。其男女並産,及一産三女者,不准題覆。〇二十三年諭:一産三男事,令禮部定議,即交户部具奏,照例賞給。〇三十五年諭:嗣後,如有一産三男等事,該督撫具題。著該部照例行文賞給。停止單題,歲底彙題奏聞。

〔賑恤孤貧〕

凡直省府州縣,設立養濟院,以處孤貧殘疾,無依之民。每年給發衣食,於所在地方存留錢糧内支銷。京師普濟堂、育嬰堂,先後蒙被宸翰帑金之賜。鼓舞多方,獎勸有法,附載於後。其京城每年頒發銀米煮粥散給,係五城御史職掌,兹不備列。

順治八年題准:大興宛平二縣,收養孤貧,每月給米三斗銀三錢,每年給六個月。〇十年議准:大興宛平二縣,孤貧銀米,每年給發十個月。〇康熙四十五年,京城廣寧門外,士民公建普濟堂,頒賜御製碑文及御書"膏澤回春"四大字。〇雍正二年諭:京師廣寧門外,向有普濟堂。凡老疾無依之人,每棲息於此。司其事者,殊爲可嘉。聖祖仁皇帝曾賜額立碑,以旌好義。有地方之責者,宜時獎勸鼓舞之。但年力尚壯及游手好閒之人,不得借名混入其中,長浮惰而生事端。〇又諭:聞廣渠門内有育嬰堂一區,凡孩稚之不能育養者,收留於此。數十年來,成立者頗衆。夫養少存孤,載於《月令》,與扶衰恤老,同一善舉,爲世俗之所難。朕心嘉悦,特賜御書"功深保赤"匾額並白金千兩。順天府府尹等,其宣示朕意,并倡率資助,使之益加鼓勵。再,行文各省督撫,轉飭有司,勸募好善之人,於通都大邑,人烟稠集之處,若可以照京師例推而行之,其於字弱恤孤之道,似有裨益。而凡人怵惕惻隱之心,亦可感發而興起矣。

〔收埋枯骨〕

順治九年題准:直省饑饉死者,暴骨草野,各令委官掩埋,仍將埋過數目報部。又令各地方官於空閒官地,設立義塚。凡死不能葬及無主暴骨,盡行收埋。如有好義之人,收瘞貧屍,及掩埋枯骨數多者,有司勘實,給匾旌奬。〇十年詔:八旗貧無葬地者,每旗撥給墳塋地五十晌。〇康熙十七年議准:八旗府佐領,每一佐領,給墳地六晌。滿洲蒙古,每佐領給墳地三晌。漢軍,每佐領給墳地一晌半。〇二十四年議准:直省地方,如有無主暴露枯骨,各該地方官建置義塚,立法收埋,咨報禮部。〇三十六年恩詔:凡流徙人犯,在流徙處所身死,其妻子有願擕骸骨回籍者,該地方官報部,准回原籍。

〔太監禁例〕

順治三年定:凡有私自净身者,本身及下手之人處斬,全家發邊遠充軍。兩鄰及歇家不舉首者,一并治罪。有司里老人等,仍時常察訪,如或容隱,一體治罪。〇又定:或民間有四五子以上,願以一子報官閹割者,聽有司造册送部,候收補之日選用。〇又定:先年净身人,曾經發回,若非奉旨取用,有地方官文書起送,而私自來京,圖謀進用者,問發邊衛充軍。〇康熙四年題准:凡私自閹割子孫者,除從重治罪外,其該管大小官員,一并分别治罪。〇十九年題准:除王以下,入八分公以上,公主以下,郡君以上不議外,縣君、未入八分公以下,至覺羅、民公以下,官民人等,除先有太監不議外,嗣後,如買用投充者,太監入官,收用之人交該部從重治罪。〇二十二年題准:縣君、未入八分公、一品大臣,准用太監三名;二品大臣,准用二名,不許越數多用。其餘官民人等,俱照舊例,不許私自買用投充,違者治罪。〇二十三年題准:凡年老患病太監,願歸民籍者,聽。其不能歸者,准令禮部收養,每四名合給房屋一間,每名月給銀五錢、米一斛。房屋銀米,由户部、工部支給。亡故者,交五城埋葬。〇又定:嗣後,有誆騙及强勒閹割者,仍照律治罪外,其父母情愿將伊子閹割及本身情愿閹割者,免治罪。〇二十四年諭:滿洲家僕及太監家僕,有逃走在外私自净身者,不宜内用;有已經内用者,查交禮部,發回原主。嗣後,著嚴禁止。〇三十年諭:太監賭錢、酗酒、鬬毆、恣横等事發,該管頭目内管領人等并領催等,一并治罪。〇四十年覆准:内用太監緊要,王等以下,入八分公以上，多羅貝勒女、郡君以上，所用太監，不得太多。親王等，各二十五名。世子、郡王等，各二十名。長子、貝勒等，各十五名。貝子等，各八名。入八分公、公等，各六名。公主等，各十名。郡主等，各五名。縣主等，各四名。其郡君、未入八分公等，仍照前許用三名。民公、侯、伯、一品大臣，減去一名，許用二名。二品大臣，減去一名，許用一名。嗣後，有比定數少者，俟内用太監充足之日，到部説明，方許買用。除看守墳墓衙門太監外，王、貝勒、貝子、公、公主、郡主、縣主、縣君、大臣等及不應使太監職分之官員現在所有太監，俱交與八旗直隸各省五城嚴查，將太監一并送部，照前送内揀選。所用之太監，若係王、貝勒、貝子、公、公主、郡主等者，因前未定數目，仍照例由户部給身價銀五十兩。郡君未入八分公民公、侯、伯大臣等，原定有太監數目，若有越數及不應用太監官員之太監，將太監撤回入官，太監之主交與該部，嚴加議處。每年，著該部都統佐領稽查一次。如不行查出，或太監自行出首，或被旁人出首，將該管官交與該部議處。〇雍正元年諭：嗣後，十七歲以上太監不必收。〇二年諭：新進太監，查明不是旗人，年十五六歲以下者。著掌儀司、會計司驗净，首領太監帶來引見。若將旗人帶來，一經查出，將原保人員、驗净首領太監，一并治罪。〇五年諭：從前放出爲民之太監，并諸王、貝勒等門上放出爲民之太監，潛住京師者不少。此輩多係年老、有病、平昔怠惰、不守本分之人，既經放出，除効力年久，本管本主保留外，不許仍留京師居處。屢降諭旨，甚是明晰。今仍有留京生事者，可見向來全不查拏，虚應故事，且在京必有容留之家。著交與内務府、步軍統領、五城御史，似此放出爲民之太監，除有保留外，在京潛住者，著嚴緝發回原籍。嗣後，放出爲民之太監，仍然違旨者，一經發覺，將容留之人從重治罪。内務府總管、步軍統領、巡視五城之御史，一并交部議處。如保留爲民之太監，有生事犯法者，將保留之人亦著議處。

大清會典卷之六十九

禮部儀制司

〔皇太子禮〕

册立儀

一、前期，遣官祭告嶽鎮、海瀆、歷代帝王陵寢、先師闕里。皇帝親視香帛。

一、前期一日，遣官各一員，告祭天、地、太廟、社稷。皇帝親視玉帛香祝版。是日，皇帝親詣奉先殿致祭。

一、前期一日，禮部鴻臚寺官，設節案一於太和殿内正中，設制册案一於左旁，設寶案一於右旁，設制册寶綵亭二於丹陛下，設節案一香案一於皇太子殿門正中，設制册案一寶案一於殿門左旁。〇是日早，皇帝鹵簿大駕樂器陳設於太和殿前。王以下文武各官，俱朝服，於常朝處齊集。内閣、禮部堂官，將制册、寶節，自内閣捧出，由御道左旁行，置太和殿内各案上。鴻臚寺官引諸王各官，至太和殿前。王、貝勒、貝子、公等於丹陛上，文武各官於丹墀下排立。禮部堂官奏請皇帝陞殿。皇帝具禮服，陞太和殿，閲册寶畢，作樂，陞座，樂止。鑾儀衛官贊鳴鞭，階下三鳴鞭。鴻臚寺官引正副使官，於常朝行禮處，排立。贊禮官贊行三跪九叩頭禮，作樂，禮畢，樂止。禮部堂官、鴻臚寺官引正副使官，至丹陛上立。贊禮官贊有制，正副使官跪，宣讀官宣制曰某年月日，册立嫡第幾子某爲皇太子，命卿等持節行禮。宣畢，大學士於案上捧節，授正使官，正使官受節，前行，禮部官舉制册寶案出。鴻臚寺官引王等入殿内坐，賜茶。畢，還宫。正使官執節在前，禮部官捧制册寶隨後，置丹陛下綵亭内。正使官捧節，授禮部官。禮部官一員，執節前引，校尉舉亭，列御仗二對、黄蓋一柄在前，至皇太子殿門,置綵亭於殿門外。正副使官捧制册、寶、節,置黄案上。皇太子在殿門内,向節,跪迎。正使捧制册,授皇太子,皇太子恭受,授右旁接制册内監。副使捧寶授皇太子,皇太子恭受,授右旁接寶内監。贊禮官贊叩,興,皇太子行三跪九叩頭禮,興。内監捧舉進内,皇太子隨後行。正副使官持節復命。如皇太子年幼,保姆奉以行禮。

一、是日,王以下内大臣、侍衛、都統、大學士、尚書、精奇尼哈番以上,俱齊集。禮部堂官奏請皇帝詣太皇太后皇太后宫行禮。皇帝具禮服,陞輿。王以下内大臣、侍衛等官,皆隨行至太皇太后宫門。皇帝降輿,立門内丹陛東。禮部堂官傳令内監奏請太皇太后陞座。太皇太后御内殿,樂作,陞座,樂止。皇帝在宫前丹陛上立,王以下公以上在門内丹陛上,大臣侍衛在門外丹墀内,二等三等侍衛在宫大門外排立,鳴贊官照常處立。贊行三跪九叩頭禮,樂作,禮畢,樂止,皇帝就原位立。禮部堂官傳該内監奏請太皇太后還宫,樂作,入宫,樂止。皇帝出,詣皇太后前行禮,與太皇太后宫中禮同。禮畢,皇帝還宫。〇次公主、王妃以下,大臣命婦以上,以次恭詣太皇太后、皇太后、皇后宫,行慶賀禮,六拜三跪三叩頭,如常儀。

一、是日,皇帝率皇太子恭詣奉先殿,行告祭禮。次皇太子以次恭詣太皇太后、皇太后、皇帝、皇后宫,行禮,三跪九叩頭,如常儀。

一、次日,皇帝陞太和殿,諸王文武各官進表,行慶賀禮,頒詔天下,如常儀。〇是日,和碩親王以下,文武各官以上,於皇太子前進箋,行慶賀禮。

一、是日,皇太子詣武英殿,與親王、郡王等行禮。

一、直省文武官員,於太皇太后、皇太后、皇帝前進表,皇后、皇太子前進箋慶賀。

册寶

皇太子金册。盛册大箱,高一尺三寸,長一尺三寸五分,寬一尺,木質硃漆,彩畫紅黄金雲龍黄綾糊裹。盛册小箱,高九寸長一尺,寬六寸五分,木質硃漆瀝粉,貼金雲龍,糊飾同。

皇太子金寶,蹲龍鈕,平臺,方四寸四分,厚一寸二分,玉柱文。盛寶大箱,高一尺三寸,方一尺二寸,木質硃漆,彩畫紅黄金雲龍,黄綾糊裹。盛寶小箱,高九寸,方八寸五分,金質,鈒香草花文。箱架,高二尺一寸,方一尺八寸,楠木爲之,雕刻龍文,硃漆貼金,飾用金事件裝釘。印池連蓋高三寸四分,方六寸四分,純素金質。

俱由工部成造。惟寶文由禮部鑄造。

册十頁,用三等赤金,每頁重十五兩。

寶用六成金。

冠服

皇太子冠,用東珠十三顆鑲頂。禮服,用秋香等色,五爪三爪龍緞、滿翠八團龍等緞,俱隨時酌用,束金鑲玉版嵌東珠帶。

宮殿

皇太子宮,正殿曰惇本殿,在文華殿北;殿之後曰毓慶宮,在惇本殿後;前曰祥旭門,在惇本殿南。

儀仗

皇太子儀仗

金輅一乘　　儀轎一乘

金黄緞繡九龍曲柄傘一把

紅緞繡九龍曲柄傘一把

紅緞銷金瑞草傘二把

黑緞銷金九龍傘二把

青緞銷金九龍傘二把

紅緞素方傘二把四角龍頭四個,各色絹綫流蘇四掛。

青緞素方傘二把四角龍頭四個,各色絹線流蘇四掛。

大刀十把　　弓矢十副

鎗十桿俱有豹尾。　　馬八匹

信旛一對　　傳教旛一對

告止旛一對　　絳引旛一對

儀鍠氅一對　　金節一對

羽葆幢一對

黄緞描畫龍纛一對

紅緞描畫龍纛一對

白緞描畫龍纛一對

青緞描畫龍纛一對

黑緞描畫龍纛一對

黄緞描畫雲龍小旗一對

紅緞描畫雲龍小旗一對

白緞描畫雲龍小旗一對

青緞描畫雲龍小旗一對
黑緞描畫雲龍小旗一對
金鉞一對
青緞繡雙龍面銷金團龍背扇二把
紅緞繡雙龍面銷金團龍背扇二把
青緞繡孔雀面銷金團龍背扇二把
紅緞繡孔雀面銷金團龍背扇二把
青緞繡孔雀面白緞繡雉尾邊黑緞銷金火焰團龍背下齊扇二把
紅緞繡孔雀面白緞繡雉尾邊黑緞銷金火焰團龍背下齊扇二把

金香爐一對	金香盒一對
金唾壺一個	金盆一面
金瓶一對	金交椅一張
金杌一個	拂子一對
白澤纛一對	立爪二對
卧爪二對	骨朵二對
吾杖二對	畫角十二枝
大銅號二枝	小銅號二枝
金鉦二面	金二面
杖鼓二面	花匡鼓二十四面
龍頭笛二枝	板三串

以上轎頂龍及鹵簿,俱係金頂。執駕校尉,俱穿紅緞素衣,繫緑紬,帶戴青氊帽,銅頂,插黄翎。

僚屬

詹事府官員爲皇太子僚屬,職司侍從講讀牋奏,詳載本衙門。其侍衛膳房茶房等官,因事增裁,無定員。

出閣講學

前期一日,内務府陳設祭品於奉先殿,皇太子親詣告祭行禮。太常寺官陳設祭品於傳心殿,皇太子親詣告祭行禮。是日早,内閣滿漢大學士、六部、都察院、翰林院、通政司、大理寺滿漢堂官各一員,詹事府滿漢詹事等併執事官、侍儀科道官,俱具補服,齊集保和殿,丹墀兩旁排立。禮部堂官啓請。皇太子具補服,詣保和殿簷下東旁立。内務府官設皇太子拜褥於保和殿門閾外簷下正中。禮部堂官奏請。皇帝具常服,御保和殿座。

禮部堂官恭導皇太子至拜位立，齊集大臣官員，俱分翼排立。侍儀官、鳴贊官立簷下，東西相向。鳴贊官贊行三跪九叩頭禮。畢，皇太子退立原處。禮部堂官奏請皇帝還宮，啓請皇太子還宮。○是日早，禮部、詹事府、鴻臚寺各官預行陳設皇太子講案、講官講案於主敬殿内。詹事府官陳設經書講章正本於皇太子講案上，講官所講經書講章副本於講官講案上。講書時，齊集大臣官員，俱具補服，於主敬殿丹墀兩旁排立。滿漢科道各一員，於檐前兩旁侍儀。禮部堂官啓請皇太子詣文華殿。皇太子具補服，乘輿，自後左門由左翼門出。禮部堂官前引，至文華殿前丹陛上，降輿，陞主敬殿座。各大臣官員排班序立，鳴贊官於殿簷下東西相向立。贊衆行二跪六叩頭禮。畢，各退立原班。鴻臚寺官分引各大臣官員，俱入主敬殿内，照部院衙門次序，東西相向立。侍儀科道官在班末，東西相向立。講官在講案前，東西相向立。鳴贊官贊進，講講官詣講案前，行一跪三叩頭禮。畢，退立原班。滿漢講官以次前進，先講四書，次講五經。講畢，退立原班，同各大臣退出主敬殿，丹墀下兩旁排立。鳴贊官贊行二跪六叩頭禮。畢，各退立原班。禮部堂官啓講畢，皇太子還宮，各大臣官員退至文華門外。光禄寺陳設筵宴。宴畢，於文華門外謝恩，行一跪三叩頭禮，退。

會講

每歲春秋二仲月，皇帝御經筵後，欽天監擇吉具題，舉行皇太子會講禮。是日早，由太常寺啓請皇太子詣傳心殿行祭告禮。禮畢，皇太子還宮。至會講時，禮部官啓請皇太子詣主敬殿。其齊集大臣官員行禮，及進講儀注，俱與出閣講書禮同。其進講經書，由詹事府預行具啓。停設筵宴。光禄寺備茶。飲畢，各退。

日講

皇太子出閣講學後，每日早，滿講官一員、漢講官二員進至内左門外坐，賜茶。候内使出，引至毓慶宫惇本殿，行一跪三叩頭禮，進至講案前。皇太子先講本日書畢，後講官進講。如遇皇帝駐蹕瀛臺，皇太子講幄，設於勤政殿之西，俟皇帝御殿聽政畢，講官進講。皇太子日講之期，新歲開印後，請旨開講。遇寒暑齋戒日期，俱不停講，惟遇忌辰及皇帝親祭與慶賀日停講。封印後，亦照常進講，至歲暮袷祭齋戒日，始停講。皇太子日講講章，即用皇帝日講講章。正本，先期送進，副本，由正字繕寫，每日，講官恭捧進講。皇太子講官，用滿講官二員，漢講官四員，以詹事府坊局官及翰林院官充補。

慶賀表箋

皇太子千秋節、元旦、冬至,在外督撫及文武官員慶賀箋式,俱由詹事府坊局等官撰文頒發。

皇太子千秋元旦長至三大節箋文式

某親王臣某等諸王、貝勒文武官員臣等,凡在外官員,各稱某衙門某官臣某等。誠懽誠忭,稽首頓首上言。伏以天心眷祐,綿萬世之洪圖;國本茂隆,介千秋之景福。敬惟皇太子殿下,元良德裕,英敏性成。膺有道之昌期,臣民懽戴;奉無疆之寶曆,宗社奠安。臣等王等,屬在懿親。文官,職守封圻。武官,職典戎行。土官,職在邊方。欣逢令旦。正旦、長至。伏願永承泰運,合宇宙以誠和;大集禎符,躋升恒於永久。臣等無任懽忭踴躍之至。謹奉箋稱賀以聞。

大清會典卷之七十

禮部儀制司

〔王府禮〕

封爵

國家稽古定制，授封同姓。初，列爵爲九等，後爲十等，詳見《宗人府》。俱宗人府具題請旨授封。其遣官往封宣册諸儀，仍禮部掌之，具載於後。

凡宗籍，崇德三年定：每年正月初十日内，宗室、覺羅所生子女，具文禮部記册。○順治九年題准：設宗人府官員，掌皇族屬籍，書宗室子女嫡、庶、名、封、生、卒、婚、嫁、謚、葬及編纂玉牒等事宜。○又定：宗人府與禮部，各置册籍，仍於每年正月初十日内，將宗室覺羅所生子女年月日時，詳行開寫。凡係宗室，遣長史等送宗人府、禮部記册；係覺羅，由該旗所設首領官具結送宗人府、禮部記册，以帝系爲統，餘照長幼次序分列。每十年，宗人府會同内閣、禮部，於纂修玉牒之時載入。詳載《宗人府》。

凡襲爵嗣封者，俱由宗人府具題請旨，咨送禮部，鑄寶印，行册封禮。

凡授封，崇德元年定：王以下將軍以上，俱由内院官具奏，引至崇政殿前，行授封禮。公主、王妃等，遣官授封。○順治十四年題准：親王、郡王嗣封者，傳至宗人府，禮部堂官宣授册寶，該嗣王跪受。貝勒以下，奉恩將軍以上，傳至宗人府，宗人府官頒給誥命，俱行跪受。若年幼者，送至其府宣賜。○康熙十二年題准：凡封親王、世子、郡王及親王妃、世子妃、郡王妃、内外固倫公主、和碩公主，遣内大臣、散秩大臣爲正使，内閣翰林院學士、禮部侍郎爲副使，禮部列名奏請欽點，差宣讀官同往宣讀制册、寶、印文。封貝勒、貝子及貝勒夫人、貝子夫人、郡主、縣主、郡君，遣内閣侍讀學士、侍講、翰林院侍讀學士、侍講學士、侍讀、侍講爲正使，禮部郎中、員外郎、主事爲副使,内閣中書、翰林院、禮部有品筆帖式同往宣讀制册文。封鎮國公以下,奉恩將軍以上,鎮國公夫人以下,奉恩將軍恭人以上、縣君、鄉君,由宗人府、禮部給授誥命。

凡册誥,崇德元年定:諸王、貝勒及王、貝勒妃、夫人、公主,俱給紙制册授封。〇順治十一年題准:封親王、世子及親王妃、世子妃、固倫公主、和碩公主,給金册。封郡王及郡王妃,給鍍金銀制册。封貝勒及貝勒夫人、郡主以下,俱給授誥命。〇十七年題准:凡封貝勒及貝勒夫人、郡主、縣主,俱給紙制册。〇康熙十二年題准:封貝子及貝子夫人、郡君,俱給紙制册。〇又定:册誥文,俱由翰林院撰擬,中書科繕寫。金册,由工部鑄造。

凡謝恩,順治九年題准:諸王、貝勒、貝子、公等授封謝恩,禮部具題,於每月三朝日,進殿前行禮。

慶賀儀

崇德元年定:親王生辰及元旦日,該旗都統以下,佐領以上官員,齊集稱賀,行二跪六叩頭禮。郡王生辰及元旦日,本府屬員,齊集稱賀,行二跪六叩頭禮。貝勒生辰及元旦日,本府屬員,齊集稱賀,行一跪三叩頭禮。若該屬官員無事不至府行慶賀者,治罪。〇順治九年題准:親王、郡王、貝勒生辰及元旦日,該府屬員聽鳴贊人員贊唱,行禮,作樂。其鳴贊人員,聽各府選擇。

迴避儀

欽差及賫捧勑旨,或欽賜恩賞者,遇王等於道及過王府門,不下馬。其王公官員相遇,或讓道,或迴避,禮各不同。

崇德元年定:親王出行,郡王遇,讓道行;貝勒遇,執事迴避,讓道旁行;貝子、鎮國公、固倫額駙、和碩公主額駙遇,勒馬鞠躬,側立道旁,候過;輔國公、鎮國將軍、民公、都統、尚書以下遇,俱下馬,立道旁,候過;固倫公主、和碩公主遇,相讓,尊長在先,分路行;郡主以下縣君以上遇,停車候過。郡王出行,貝勒、公主以下遇,與遇親王迴避儀同。貝勒出行,貝子、鎮國公、固倫額駙、和碩公主額駙遇,讓道旁行;輔國公、鎮國將軍、民公、都統、尚書遇,勒馬,側立道旁候過;輔國將軍、副都統、侍郎等官以下遇,俱下馬,立道旁,候過;固倫公主、和碩公主遇,貝勒讓道行;郡主、縣主、郡君遇,相讓,分路行;縣君遇,停車候過。貝子出行,鎮國公、和碩公主額駙遇,分路行;輔國公、鎮國將軍、民公、都統、尚書遇,讓道旁行;輔國將軍、副都統、侍郎及參領等官遇，勒馬，側立道旁候過；佐領等官以下遇，俱下馬候過；固倫公主、和碩公主遇貝子，勒馬候過；郡主、縣主遇，貝子讓道行；郡君、縣君遇，相讓，分路行。鎮國公出行，輔國公、鎮國將軍、民公、都統、尚書遇，分路行；輔國將軍、副都統、侍郎及參領等官遇，勒馬，側立道旁候過；佐領以下等官遇，俱下馬候過。輔國公出行，鎮國將軍、都統、尚書等官遇，分路行；輔國將軍、副都統、侍郎等官遇，讓道旁行；奉國將軍、參領、佐領等官遇，勒馬，立於道旁候過；護軍校、驍騎校等官及軍民人等遇，俱下馬候過；鎮國將軍出行，輔國將軍、副都統、侍郎等官遇，分路行；奉國將軍、參領、佐領等官遇，勒馬，立於道旁候過；護軍校、驍騎校等官及軍民人等遇，俱下馬候過。輔國將軍出行，奉國將軍、參領等官遇，讓道旁行；佐領等官遇，勒馬候過；護軍校、驍騎校等官及軍民人等遇，俱下馬候過。奉國將軍出行，佐領等官遇，讓道行；護軍校、驍騎校等官及軍民人等遇，俱勒馬候過。凡閑散宗室，遇親王以下輔國將軍以上，俱下馬；遇民公以下大臣，俱不下馬，分路行。凡覺羅，有職者，各照品級迴避。無職者，遇親王以下，輔國將軍以上，俱下馬；遇民公、都統、尚書等官，俱引馬迴避。其餘各官，俱不迴避，讓道行。〇順治八年題准：一應迴避等儀，俱照崇德元年例行。其新設官員、侯、伯，與民公同；内大臣，與都統同；阿思哈尼哈番，與副都統同；阿達哈哈番，與參領同；拜他喇布勒哈番、拖沙喇哈番，與佐領同。〇康熙十八年題准：和碩公主，遇親王、郡王，停車候過；遇貝勒，相讓，分路行；遇貝子，貝子讓道行。和碩公主額駙、郡主額駙，遇親王、郡王，俱下馬，立道旁候過；遇貝勒，勒馬，側立道旁候過；遇貝子，讓道旁行；遇鎮國公，分路行。閑散宗室，遇和碩公主額駙，不下馬，分路行。覺羅無職者，遇和碩公主額駙，不下馬，引馬迴避。餘俱照舊例行。

凡過諸王府門，崇德元年定：親王府門，郡王過，併隨從人員，俱不下馬；貝勒過，鞠躬趨馬過，隨從人員，俱下馬；親王妃、郡王妃過，序長幼，應下輿者，步行過，不應下輿者，徑過，隨從婦女各照其主；固倫公主、和碩公主、郡主、縣主過，併隨從婦女，俱不下車馬，隨從人員，俱下馬；郡君、縣君過，不下輿，隨從男婦，俱下車馬；貝子、和碩公主額駙、民公以下官員及軍民人等過，俱下馬；貝勒夫人以下官員命婦及軍民人等婦女過，俱下車馬。過郡王府門，與親王同。其貝勒府門，貝子、鎮國公過，不下馬，隨從人員，俱下馬；輔國公、和碩公主額駙、民公以下官員及軍民人等過，俱下馬；貝勒夫人過，序長幼，應下輿者，步行過，不應下輿者，徑過，隨從婦女，各照其主;郡君縣君過,併隨從婦女,俱不下車馬,隨從人員,俱下馬;貝子夫人以下官員命婦及軍民人等婦女過,俱下車馬。

儀仗

親王、公主、王妃以下,儀仗各有定制,列叙於後。

凡親王以下儀仗,崇德元年定:親王,銷金紅傘二柄、纛二桿、旗十桿、立瓜一對、骨朵一對、吾杖二對,執事人青衣、紅帶、青帽銀頂上插紅翎。郡王,銷金紅傘一柄、纛一桿、旗八桿、卧瓜一對、吾杖二對,執事人衣帶帽頂,與前同。貝勒,銷金紅傘一柄、纛一桿、旗六桿、骨朵一對、紅杖一對,執事人衣帶帽頂,與前同。貝子彩畫雲紅傘一柄、豹尾鎗二桿、旗六桿、紅杖一對,執事人衣帶帽頂,與前同,城内止用傘杖。鎮國公,紅傘一柄、豹尾鎗二桿、旗六桿、紅杖一對,執事人衣帶帽頂,與前同,城内止用紅杖。輔國公,紅傘一柄、豹尾鎗一桿、旗六桿、紅杖一對,執事人青衣紅帶,藍翎紅氊帽,城内止用紅杖。鎮國將軍,金黄傘一柄、旗六桿、城内用夜不收二名開路,後隨人六名。輔國將軍,執事與鎮國將軍同,城内用夜不收一名開路,後隨人四名。奉國將軍,旗四桿,城内用從人四名。〇順治九年題准:親王,紅羅繡花曲柄傘一柄、紅羅銷金傘二柄、紅羅繡花傘二柄、紅羅繡花扇二把、青羅繡孔雀扇二把、立瓜二對、卧瓜二對、骨朵二對、吾杖二對、大纛二桿、條纛二桿、旗十桿、大刀二口、豹尾鎗二桿、馬六匹,京城内止用曲柄傘一柄、繡花傘二柄、繡花扇二把、併立瓜、卧瓜、骨朵、吾杖、馬四匹。世子,紅羅繡花曲柄、傘一柄、紅羅銷金傘二柄、紅羅傘一柄、紅羅繡花扇二把、青羅繡孔雀扇二把、立瓜二對、卧瓜一對、骨朵一對、吾杖一對、大纛一桿、條纛一桿、旗八桿、大刀二口、馬六匹,京城内止用銷金傘二柄、繡花扇二把、併立瓜、卧瓜、骨朵、吾杖、馬四匹。郡王,紅羅繡花曲柄傘一柄、紅羅銷金傘二柄、紅羅繡花扇二把、青羅繡孔雀扇二把、立瓜二對、卧瓜一對、骨朵一對、吾杖二對、條纛二桿、旗八桿、馬六匹,京城内止用銷金傘二柄、繡花扇二把、併立瓜、卧瓜、骨朵、吾杖、馬二匹。貝勒,紅羅銷金傘二柄、紅羅繡花扇二把、立瓜一對、卧瓜一對、骨朵一對、吾杖一對、條纛一桿、旗六桿、馬四匹,京城内止用銷金傘一柄、立瓜、卧瓜、骨朵、吾杖。貝子,紅羅銷金傘一柄、紅羅繡花扇二把、立瓜一對、骨朵一對、吾杖一對、條纛一桿、旗六桿,京城内止用立瓜、骨朵、吾杖。鎮國公,紅羅銷金傘一柄、青羅繡孔雀扇一把、骨朵一對、吾杖一對、旗六桿,京城内止用骨朵、吾杖。輔國公,執事與鎮國公同。鎮國將軍、輔國將軍、奉國將軍,執事仍照崇德元年定例。〇康熙六年題准:親王、郡王,轎夫執事人,用繡團獅子緑緞衣。貝勒以下公以上,轎夫執事人,用素緑緞衣。

凡排設儀仗。崇德元年定:赴御前,不准排設。〇順治九年題准:出京城,俱排設。遇元旦、萬壽、冬至、大朝日,除纛旗外,餘俱排設儀仗,至下馬牌止。

凡輿馬,順治九年定:親王乘轎馬至午門外下。郡王至午門前兩旁樓角下。貝勒以下在闕門外下馬牌處下。親王以下貝勒以上,坐八人明轎。貝子以下輔國公以上,坐四人明轎。貝勒、貝子、公坐轎,至皇城外易馬入。願騎馬者,聽。

凡公主以下儀仗,崇德元年定:固倫公主,清道旗一對、紅杖一對、吾杖一對、銷金紅傘一柄、青扇一把,拂子一對、金唾盂一、金水盆一,轎車紅蓋、紅幃、青鑲蓋角青垂簷。和碩公主,紅杖一對、吾杖一對、銷金紅傘一柄、青扇一把,拂子一對、金水盆一,轎車紅蓋、紅幃、藍鑲蓋角藍垂簷。以上,赴朝,或坐轎或坐車,止用傘扇、紅杖、吾杖。郡主,吾杖一對、銷金紅傘一柄、青扇一把,拂子一對,轎車青蓋、青幃、紅鑲蓋角紅垂簷,赴朝,或坐轎或坐車,止用傘、扇、吾杖。縣主,紅杖一對、銷金紅傘一柄、拂子一對,車青蓋、藍幃、紅鑲蓋角紅垂簷,赴朝,坐車,止用傘、紅杖。郡君,紅杖一對、銷金青傘一柄,車藍蓋、藍幃、紅垂簷,赴朝,坐車,用傘、紅杖。縣君,紅杖一對、車藍蓋、藍幃、紅鑲青垂簷,赴朝,坐車,用紅杖。鄉君,車藍蓋、藍幃、紅鑲青垂簷。〇順治九年題准:固倫公主,纛二桿、吾杖一對、立瓜一對、卧瓜一對、骨朵一對、紅寶花傘二柄、曲柄、傘一柄、青花扇二把,紅孔雀扇二把,轎車紅蓋、紅幃、青鑲蓋角紅垂簷。和碩公主,纛二桿、吾杖一對、立瓜一對、卧瓜一對、骨朵一對、紅寶花傘二柄、曲柄、傘一柄、紅孔雀扇二把,轎車紅蓋、紅幃、青鑲蓋角青垂簷。郡主,纛二桿、吾杖一對、立瓜一對、骨朵一對、紅寶花傘二柄、紅孔雀扇二把,轎車紅蓋、紅幃、藍鑲蓋角藍垂簷。縣主,吾杖一對、立瓜一對、紅寶花傘一柄、青花扇二把,轎車青蓋、青幃、紅鑲蓋角紅垂簷。郡君,車青蓋、藍幃、紅鑲蓋角紅垂簷。縣君,車藍蓋、藍幃、紅垂簷。鎮國公女、鄉君,車藍蓋、藍幃、青鑲紅垂簷。輔國公女、鄉君,車藍蓋、藍幃、紅鑲青垂簷。〇康熙六年題准:公主、郡主轎夫執事人,用繡團獅子緑緞衣。縣主轎夫執事人,用素緑緞衣。〇三十年定:固倫公主轎車,金黄蓋、紅幃、紅鑲蓋角金黄垂簷。和碩公主轎車,紅蓋、紅幃、金黄鑲蓋角金黄垂簷。郡主轎車,紅蓋、紅幃、青鑲蓋角紅垂簷。縣主轎車,紅蓋、紅幃、藍鑲蓋角藍垂簷。郡君車,紅蓋、藍幃、藍鑲蓋角紅垂簷。縣君車,青蓋、青幃、紅鑲蓋角紅垂簷。鎮國公女、鄉君車,青蓋、青幃、藍鑲蓋角紅垂簷。輔國公女、鄉君車,青蓋、藍幃、紅垂簷。

凡公主以下鄉君以上慶賀及赴朝儀仗,康熙六年定:儀仗至紫禁城止,公主等至下馬牌,下轎車。其隨入婦女名數,固倫公主五名,和碩公主郡主四名,縣主三名,郡君二名,縣君、鄉君一名。

凡王妃以下儀仗,崇德元年定:親王妃,清道旗一對、紅杖一對、吾杖一對、銷金紅傘一柄、青扇一把、拂子一對、金唾盂一、金水盆一,轎車紅蓋、紅幃、青鑲蓋角青垂簷,執事人青衣紅帶,青帽銀頂上竪紅翎,赴朝,或坐轎,或坐車,止用傘、扇、紅杖、吾杖。側妃,轎車紅蓋、紅幃、藍鑲蓋角藍垂簷。郡王妃,清道旗一對、吾杖一對、銷金紅傘一柄、青扇一把,拂子一對、金水盆一,轎車紅蓋、紅幃、藍鑲蓋角藍垂簷,執事人衣帽同前,赴朝,或坐轎,或坐車,止用傘、扇、吾杖。側妃,轎車青蓋、青幃、紅鑲蓋角紅垂簷。貝勒夫人,紅杖一對、銷金紅傘一柄、拂子一對,轎車青蓋、青幃、紅鑲蓋角紅垂簷,執事人衣帽同前,赴朝,或坐轎,或坐車,止用傘、紅杖。側夫人,車青蓋、藍幃、紅鑲蓋角紅垂簷。貝子夫人車青蓋、藍幃、紅鑲蓋角紅垂簷,赴朝,坐車。側夫人,車藍蓋、藍幃、紅垂簷。鎮國公夫人,車藍蓋、藍幃、紅垂簷。輔國公夫人,車藍蓋、藍幃、青鑲紅垂簷。鎮國將軍夫人,車青蓋、藍幃、青垂簷。輔國將軍夫人,車藍蓋、藍幃、藍垂簷。奉國將軍夫人,車藍蓋、白幃、藍垂簷。〇順治四年定:親王妃,纛二桿、吾杖一對、立瓜一對、卧瓜一對、骨朵一對、紅方傘二柄、紅繡花傘二柄、曲柄傘一柄、青繡寶花扇一把,紅繡孔雀扇一把,轎車紅蓋、紅幃、青鑲蓋角青垂簷。側妃,與郡王妃同。郡王妃,纛二桿、吾杖一對、立瓜一對、骨朵一對、紅繡寶花傘二柄、紅繡孔雀扇二把,轎車紅蓋、紅幃、藍鑲蓋角藍垂簷。側妃,與貝勒夫人同。貝勒夫人,吾杖一對、立瓜一對、紅繡寶花傘一柄、青繡花扇一把,轎車青蓋、青幃、紅鑲蓋角紅垂簷。側夫人,與貝子夫人同。貝子夫人,車青蓋、藍幃、紅鑲蓋角紅垂簷。側夫人,與鎮國公夫人同。鎮國公夫人,車藍蓋、藍幃、紅垂簷。側夫人,與輔國公夫人同。輔國公夫人,車藍蓋、藍幃、紅鑲青垂簷。側夫人車亦同。〇九年題准:親王妃纛二桿、吾杖一對、立瓜一對、卧瓜一對、骨朵一對、紅繡寶花傘二柄、曲柄傘一柄、青繡寶花扇二把、紅繡孔雀扇二把,轎車紅蓋、紅幃、青鑲蓋角紅垂簷。側妃,轎車青垂簷,減青繡寶花扇二把,餘俱同。世子妃,儀仗轎車,與親王側妃同。世子側妃，纛二桿、吾杖一對、立瓜一對、骨朵一對、紅繡寶花傘二柄、紅繡孔雀扇二把，轎車紅蓋、紅幃、藍鑲蓋角藍垂簷。郡王妃，儀仗與世子側妃同，轎車照先定例。郡王側妃，吾杖一對、立瓜一對、紅繡寶花傘一柄、青繡寶花扇二把，轎車青蓋、青幃紅鑲蓋角紅垂簷。貝勒夫人，儀仗轎車，與郡王側妃同。貝勒側夫人，轎車青蓋、藍幃、紅鑲蓋角紅垂簷。貝子夫人以下，奉國將軍淑人以上，車俱各照先定例。○康熙六年題准：親王妃、側妃、郡王妃執事人及轎夫，用繡團獅子緑緞衣。郡王側妃、貝勒夫人執事人及轎夫，用緑素緞衣。○三十年定：親王妃，轎車紅蓋、紅幃、青鑲蓋角金黄垂簷。側妃，轎車紅蓋、紅幃青鑲蓋角紅垂簷。其世子妃，轎車與親王側妃同。側妃，轎車紅蓋、紅幃、青鑲蓋角青垂簷。郡王妃，轎車與親王世子側妃同。側妃，轎車紅蓋、紅幃、藍鑲蓋角藍垂簷。以上，車轅輪俱用紅色。郡王長子妃，轎車與郡王側妃同。側妃，轎車紅蓋、青幃、青鑲蓋角紅垂簷。貝勒夫人，轎車與郡王長子側妃同。側夫人，轎車紅蓋藍幃、藍鑲蓋角紅垂簷。貝子夫人，車與貝勒側夫人同側夫人，車青蓋、青幃、紅鑲蓋角紅垂簷。以上，車轅用紫色。鎮國公夫人，車與貝子側夫人同。側夫人，車青蓋、青幃、藍鑲蓋角紅垂簷。輔國公夫人，車與鎮國公側夫人同。側夫人，車青蓋、藍幃紅垂簷。以上，車轅用青色，輪用紅色，蓋幃垂簷用緞。鎮國將軍夫人，車與輔國公側夫人同。輔國將軍夫人，車藍蓋、藍幃、紅垂簷奉國。將軍淑人，車青蓋、青幃青垂簷。奉恩將軍、宜人，車青蓋、青幃青垂簷。以上，車轅用青色，輪用紅色，蓋幃垂簷用素緞。

凡王妃以下公夫人以上慶賀及赴朝儀仗，康熙六年定：儀仗至紫禁城止，妃等至下馬牌，下轎車。其隨入婦女名數，親王妃、世子妃四名，郡王妃三名，貝勒夫人二名，貝子夫人、公夫人一名。

〔宗學〕

順治十年題准：親王、世子、郡王各設官員，敷陳四書五經諸史。貝勒以下，亦應講閲經史諸書。親王，每府選取部院他赤哈哈番内滿洲漢軍進士出身者，各設一員，給與四品頂帶。世子，每府選取部院筆帖式内滿洲漢軍進士出身者，各設一員，給與五品頂帶。郡王，每府選取閑散滿洲漢軍進士出身者，各設一員，給與六品頂帶。如進士不足，於舉人内考用。舉人不足，於各府護衛内選用。又，每旗各設宗學，每學選取滿洲生員一人爲師傅，給與七品頂帶。凡宗室子弟十歲以上，俱入宗學，教習清書。其漢書，聽自延師教習。○十一年議准：覺羅廕生，令送國子監讀書。俟期滿，與官員廕生一體，照品銓授。〇康熙十二年題准：王以下入八分公以上，子弟年滿十歲者，於本府講讀經史諸書。〇二十四年議准：宗室子弟，令延文學優贍者，在各府第精專學習。〇雍正三年，特命設官學。擇宗室内分尊齒長者四人，令掌教習。諭："朕惟睦族敦宗，務先教化。特立義學，揀選爾等教習。隨其資質，勸學興行。有不遵教訓者，小則爾等懲戒，大則揭報宗人府，會同奏聞。其行止端方，精勤好學者，無論年齒長幼，即行保奏。從來立教之術，莫要於獎善懲惡。善不獎，不能使之勸；惡不懲，不能使之改。爾等既膺簡任，務期勤慎黽勉，恪供厥職，以副朕篤厚宗親，殷勤教育之至意。"〇又覆准：左右兩翼官房，每翼各立一滿學一漢學，王、貝勒、貝子、公、將軍、閑散之十八歲以下子弟，有願在家讀書者，聽。其在官學子弟，或清書，或漢書，隨其志願，分别教授。十九歲以上，已曾讀書之宗室，有願讀書者，亦聽。其入學教授人員，於各部院司官中書内揀選四員，每翼分派二員，教習清書。令禮部揀選教習四員，每翼分派二員，教習漢書。騎射亦屬緊要，行文兵部，於閑散官及護軍校、護軍内，揀選善騎射者四員，每翼分派二員，於官學内修一箭道，讀書之暇，教習騎射。特簡宗室四人爲正教長，宗人府挑選十六人爲副教長。如正教長缺出，即擇副教長補授。令伊等輪流直日，不時勸勉，教習禮義。每月考試一次，將學業騎射好者、平常者、不及者，分别等第，申報註册。每春秋二季，宗人府親試，其學業優長，騎射出衆者，奏聞引見。其直日教長，月給銀三兩、粳米三斗。讀書子弟，月給銀米同，按月各給川連紙一刀、筆三枝、墨一錠，自十一月朔至正月底各給炭一百八十觔，自五月朔至七月底，每日給冰一塊。教習清書之司官中書，仍聽領取衙門公費使用。教習漢書之員，照國子監教習例，每月給米兩斛，三十六月滿，咨送吏部，照例補用。教習騎射人員，每月給銀一兩，此應給銀米筆墨紙炭冰塊，行文該部支給。所立宗室學舍，宗人府親身閲看，應修之處，派官料估，領取工部錢糧，修理題銷。至教習五年，成就人多，正教長每員賞緞四疋，副教長每員賞緞二疋，並舉其勤勞訓化實蹟，另行保奏。教習清書官員行文該部院議叙，教習騎射人員交該旗，以應陞之缺即用。有不稱職者，指名題參。

〔宗室旌表〕

順治九年諭：諸王宗室覺羅内，有孝友義順及守節貞烈者，宗人府核實具奏，禮部題請旌表。〇十年題准：宗室内節孝者，各依等第，頒給恩賜。親王、固倫公主、親王嫡妃，給銀一百兩、緞十六疋。世子、和碩公主、親王側妃、世子嫡妃，給銀九十兩、緞十四疋。郡王、郡主、世子側妃、郡王嫡妃，給銀八十五兩、緞十二疋。貝勒、縣主、郡王側妃、貝勒嫡夫人，給銀八十兩、緞十一疋。貝子、貝勒側夫人、郡君、貝子嫡夫人，給銀七十五兩、緞十疋；鎮國公、貝子側夫人、縣君、鎮國公夫人，給銀七十兩、緞九疋。輔國公、鎮國公側夫人、鄉君、輔國公夫人，給銀六十五兩、緞八疋。鎮國將軍、輔國公側夫人，給銀六十兩、緞七疋。輔國將軍、鎮國將軍夫人，給銀五十五兩、緞六疋。奉國將軍、輔國將軍夫人，給銀五十兩、緞五疋。奉恩將軍、奉國將軍淑人，給銀四十五兩、緞四疋。奉恩將軍恭人，給銀四十兩、緞三疋。鎮國將軍、輔國將軍、奉國將軍、奉恩將軍女及閑散宗室並妻女，給銀三十五兩、緞二疋。以上，俱由户部頒給，内院撰擬勅命，一道獎諭。凡旌表貞烈者，自固倫公主、親王妃以下，輔國公夫人以上，俱照等第，除欽賜羊酒紙張外，禮部仍照定例，另給羊酒紙張，内院撰文，遣官致祭。鎮國將軍夫人以下閑散宗室妻女，部給羊酒紙張，内院撰文，遣官致祭。凡覺羅内，有節孝者，給銀三十兩、緞一疋；有貞烈者，給羊酒紙張，内院撰文，遣官致祭。〇十三年題准：親王薨，妾媵殉節者，禮部給羊酒紙張，内院撰文，遣官致祭。

〔藩國禮〕

册封儀

崇德元年定：議叙來歸外藩諸部落貝勒等有大功者，册封爲和碩親王；多羅郡王有次功者，册封爲多羅貝勒，遣大臣執信約往封。行至本部落邊界驗視信約，將奉差大臣職名併册封各事宜，飛報本部落貝勒。該貝勒迎至五里外，下馬，排跪路右，候制册過，乘馬，隨制册後，使臣在左，貝勒在右，並行。至本府，設香案於正中，使臣捧制册，奉安香案上，於香案東旁，西向立，貝勒行一跪三叩頭禮，畢，復跪。使臣捧制册授宣讀官，立宣。畢，使臣捧制册，復置香案上，貝勒行一跪三叩頭禮，使臣捧制册授貝勒，貝勒跪捧受，轉授從官，再行一跪三叩頭禮。畢，貝勒與使臣，對行二跪二叩頭禮，使臣居左，貝勒居右，對坐。事竣，仍送使臣至原迎處。〇順治十七年題准：外藩親王、郡王，正室封親王妃、郡王妃；貝勒、貝子、鎮國公、輔國公正室，俱封夫人。〇康熙十二年題准：封外藩親王、郡王嫡妃，遣内閣侍讀學士、侍讀、翰林院侍讀學士、侍講學士、侍讀、侍講、禮部郎中、員外郎、主事，照職銜爲正副使。封貝勒夫人以下公夫人以上，遣内閣侍讀翰林院侍讀、侍講、禮部員外郎、主事，照職銜爲正副使。其理藩院官員,照例同往。

詔勅至外藩王貝勒奉迎儀

崇德三年定:凡遣大臣賫送詔勅、執信約前往,至蒙古本部落邊界,驗視信約,以奉差大臣職名併事宜,馳報本部落王、貝勒。該王貝勒於五里外迎接,排立路右,候詔勅過,騎馬隨後,使臣居左,王貝勒居右,並行。至本府,設香案於正中,使臣捧詔勅奉安案上,至東旁,西向立,王貝勒行一跪三叩頭禮,畢,復跪。使臣從案上捧詔勅,授宣讀官,立宣。畢,使臣仍捧置案上,王、貝勒行一跪三叩頭禮,使臣捧詔勅授王、貝勒,王、貝勒跪受,授從官,又行一跪三叩頭禮。奉安詔勅訖,與使臣對行二跪二叩頭禮,使臣居左王、貝勒居右。對坐。事竣,仍送使臣至原迎處。

凡賫送欽賞等事,崇德三年定:欽差大臣侍衛執信約前往蒙古本部落邊界,問明使臣職名、事宜,馳報王、貝勒府。即差官迎於五里外,王、貝勒出營迎接。至本府,跪受欽賞,望闕二跪六叩頭禮。畢,王、貝勒與使臣對行一跪一叩頭禮,照常對坐。事竣,仍送至原迎處。

凡外藩遣使來朝及進貢使臣,事竣,賫賞賜回國。崇德三年定:至日,王、貝勒、貝子等,出府迎接。受訖,望闕行二跪六叩頭禮。

〔内外王公相見儀〕

崇德間定:外藩親王見内親王,内親王出殿,降階迎,内親王居左,外親王居右,俱由中門入,内親王在東向西立,外親王在西向東立。外親王行二跪六叩頭禮,内親王答禮。畢,内親王坐於東,外親王坐於西。其隨從官員,於殿外行二跪六叩頭禮,隨伊主後坐。宴畢,隨從官員先行一跪一叩頭禮,外親王離位,行一跪一叩頭禮,内親王答禮。外親王起行,内親王送至階下,回府,本府官送至府門外。外藩郡王見内親王,内親王出殿迎,不降階,内親王由中門先入,外郡王隨後入,内親王在東向西立,外郡王在西向東立。外郡王行二跪六叩頭禮,内親王跪受半禮,答半禮。畢,内親王坐於東,外郡王坐於西。其隨從官員,於殿外行二跪六叩頭禮,隨伊主後坐。宴畢,隨從官員先行一跪一叩頭禮,外郡王離位,行一跪一叩頭禮,内親王答跪,拱手,不叩。外郡王起行,内親王送出殿,不降階,本府官送出府門外。外藩貝勒見内親王,内親王離坐迎,不出殿外,貝勒由西旁門入。行二跪六叩頭禮,内親王躬身拱手。禮畢,内親王坐於中,外貝勒坐於西旁。其隨從官員,於殿外行二跪六叩頭禮,隨伊主後坐。宴畢,隨從官員先行一跪一叩頭禮,外貝勒離位,行一跪一叩頭禮,内親王躬身拱手。外貝勒起行,内親王不送,本府官送出府門外。外藩貝子見内親王,部堂官引進殿外。貝子行二跪六叩頭禮,内親王躬身拱手,坐受。禮畢,外貝子在西側坐。其隨從官員,於殿外行二跪六叩頭禮,隨伊主後坐。宴畢,貝子離位,行一跪一叩頭禮,内親王躬身拱手,坐受,隨從官員,在殿外行一跪一叩頭禮。外貝子起行,内親王不送,本府官送出府門外。外藩公見内親王禮,與外藩貝子見内親王禮同。外藩親王見内郡王,内郡王迎至大門,内郡王居東,外親王居西,俱由中門入。内郡王在東向西立,外親王在西向東立。對行二跪六叩頭禮。畢,内郡王坐於東,外親王坐於西。其隨從官員,行二跪六叩頭禮,隨伊主後坐。宴畢,隨從官員先行一跪一叩頭禮,外親王、内郡王各就坐行一叩頭禮。外親王起行,内郡王送至大門内,回,本府官送出府門外。外藩郡王見内郡王禮,與外藩親王見内親王禮同。外藩貝勒見内郡王禮,與外藩郡王見内親王禮同。外藩貝子見内郡王禮,與外藩貝勒見内親王禮同。外藩公見内郡王禮,與外藩貝子見内親王禮同。外藩親王見内貝勒,内貝勒出府門外迎,内貝勒居東,外親王居西,俱由中門入,外親王先行,内貝勒稍後,外親王在西向東立,内貝勒在東向西立。對行一跪三叩頭禮。畢,外親王坐於西,内貝勒坐於東。其隨從官員,行一跪三叩頭禮,隨伊主後坐。宴畢,隨從官員先行一跪一叩頭禮,外親王内貝勒各就坐行一叩頭禮。起行時,讓外親王先行,内貝勒稍後,送出府門外。外藩郡王見内貝勒,内貝勒迎至大門,内貝勒居東,外郡王居西,俱由中門入,外郡王在西向東立,内貝勒在東向西立。對行一跪三叩頭禮。畢,外郡王坐於西,内貝勒坐於東。其隨從官員行一跪三叩頭禮,隨伊主後坐。宴畢,隨從官員先行一跪一叩頭禮,外郡王内貝勒各就坐行一叩頭禮。外郡王起行,内貝勒送至大門,回,本府官送出府門外。外藩貝勒見内貝勒禮,與外藩郡王見内郡王禮同。惟初見時,内外貝勒各行一跪三叩頭禮,隨從官員亦行一跪三叩頭禮。外藩貝子見内貝勒禮,與外藩貝勒見内郡王禮同。惟初見時,外貝子行一跪三叩頭禮,内貝勒跪而拱手,隨從官員亦行一跪三叩頭禮。外藩公見内貝勒禮,與外藩貝子見内郡王禮同。惟初見時,外藩公及隨從官員,俱行一跪三叩頭禮。外藩親王、郡王、貝勒見内貝子、公,内貝子、公出大門外迎,外親王等居西,先入,内貝子、公居東,後入,外親王等在西向東立,内貝子、公在東向西立。對行一跪一叩頭禮。畢,外親王等坐於西,内貝子、公坐於東。其隨從官員行一跪一叩頭禮,内貝子、公於座拱手,隨從官員,各隨伊主後坐。

宴畢,隨從官員先行一跪一叩頭禮,内貝子、公仍於座拱手,外親王等内貝子、公各就坐,行一叩頭禮。外親王等起行,内貝子、公送出大門外,候乘馬,方回。外藩貝子見内貝子,内貝子出堂迎,内貝子居東,外貝子居西,俱由中門入,内貝子在東向西立,外貝子在西向東立。外貝子行一跪一叩頭禮,内貝子答禮。畢,内貝子坐於東,外貝子坐於西。其隨從官員行一跪一叩頭禮,隨伊主後坐。宴畢,隨從官員先行一跪一叩頭禮,外貝子離位行一跪一叩頭禮,内貝子答禮。外貝子起行,内貝子送出堂,本府官送出府門外。外藩公見内貝子禮,與外藩貝子見内貝勒禮同。惟初見時,外藩公及隨從官員,俱行一跪一叩頭禮。外藩貝子見内公,内公出大門迎,外貝子居西,内公居東,俱由中門入,内公在東向西立,外貝子在西向東立。對行一跪一叩頭禮。畢,外貝子坐於西,内公坐於東。隨從官員行一跪一叩頭禮,隨伊主後坐。宴畢,隨從官員先行一跪一叩頭禮,外貝子與内公各就坐對行一叩頭禮。外貝子起行,内公送至大門,本府官送出府門外。外藩公見内公禮,與外藩貝子見内貝子禮同。

大清會典卷之七十一

禮部儀制司

〔官員禮〕

朝廷莫如爵，故官員行禮，類依品級等次。凡相遇，有讓道迴避之儀；相見，有序坐庭參之别。尊卑上下，秩然不可紊越。兹備著之，而儀從之制附焉。

京官迴避儀

崇德元年定：固倫額駙出行，鎮國公、和碩公主額駙遇，分路行；輔國公、鎮國將軍、民公、都統、尚書等官遇，讓道旁行；輔國將軍、副都統、侍郎及參領等官遇，勒馬，立於道旁候過；佐領等官以下遇，俱下馬候過。若額駙係親王、郡王、貝勒，各照本爵。超等公、和碩公主額駙出行，都統、精奇尼哈番、尚書等官遇，讓道旁行；副都統、侍郎、參領等官遇，勒馬，立於道旁候過；佐領等官以下遇，俱下馬候過。若額駙係親王、郡王、貝勒、貝子，各照本爵。民公、郡主額駙出行，都統、精奇尼哈番、尚書等官遇分路行，副都統、侍郎等官遇，讓道旁行，參領、佐領等官遇，勒馬，立於道旁候過；護軍校、驍騎校等官及軍民人等，俱下馬候過。都統、精奇尼哈番、尚書、縣主額駙出行，副都統、侍郎等官遇，讓道旁行；參領、佐領等官遇，勒馬，立於道旁候過；護軍校、驍騎校等官及軍民人等，俱下馬候過。内大臣、副都統、護軍統領、前鋒統領、郡君額駙、大學士、侍郎等官出行，參領等官遇，讓道旁行；佐領等官遇，勒馬候過；護軍校、驍騎校等官及軍民人等，俱下馬候過。一等侍衛、護衛參領、前鋒參領、縣君額駙、學士、滿啓心郎、郎中等官出行，佐領等官遇，讓道旁行；護軍校、驍騎校等官及軍民人等，俱勒馬候過。二等侍衛、護衛、鄉君額駙、佐領、漢啓心郎、員外郎等官出行，護軍校、驍騎校等官及軍民人等遇,讓道行。凡超品公以下文武各官命婦,俱照本夫迴避例。○又定:凡奉欽差及捧齎勑旨或欽賜恩賞者,遇應迴避官,不下馬,分路行。○順治八年題准:侯伯,與民公同。阿思哈尼哈番,與副都統同。阿達哈哈番,與參領同。拜他喇布勒哈番、拖沙喇哈番,與佐領同。内大臣,改與都統同。○九年題准:民公、和碩公主額駙、郡主額駙、侯、伯出行,都統、精奇尼哈番、尚書等官遇,分路行;副都統、侍郎等官遇,讓道旁行;參領、郎中、佐領、員外郎、拖沙喇哈番、主事等官遇,勒馬,立於道旁候過;護軍校、驍騎校等官及軍民人等,俱下馬候過。都統、内大臣、精奇尼哈番、尚書、縣主額駙出行,副都統、侍郎等官遇,讓道旁行;參領、郎中、佐領、員外郎、拖沙喇哈番、主事等官遇,勒馬,立於道旁候過;護軍校、驍騎校等官及軍民人等,俱下馬候過。護軍統領、步軍統領、副都統、侍郎、阿思哈尼哈番、前鋒統領、郡君額駙等官出行,參領、郎中等官遇,讓道旁行;佐領、員外郎、拖沙喇哈番、主事等官遇,勒馬候過;護軍校、驍騎校等官及軍民人等,俱下馬候過。一等侍衛、護衛、參領、阿達哈哈番、郎中、縣君額駙等官出行,佐領、員外郎、拖沙喇哈番、主事等官遇,讓道旁行;護軍校、驍騎校等官及軍民人等遇,俱勒馬候過。二等侍衛、護衛、拜他喇布勒哈番、佐領、員外郎、鄉君額駙、拖沙喇哈番、主事等官出行,護軍校、驍騎校等官及軍民人等遇,讓道行。凡民公以下文武各官命婦,俱照本夫迴避例。○康熙十八年題准:在京武職,民公、侯、伯以下,散秩大臣、阿思哈尼哈番以上,文職,大學士、尚書以下,學士、大九卿以上,許用引馬一騎,官卑者及軍民人等遇,俱照例下馬迴避。違者,送該部議處。其不應用引馬而擅用者,官交該部議處,民交刑部治罪。

外官相見儀

順治十二年題准:提督見總督,由中門入,至儀門外下馬,總督至提督堂前下轎。坐次,總督正坐,提督侍坐。如提督有精奇尼哈番者,總督居左,提督居右。文移,總督用劄付,提督用咨呈。與巡撫相見,坐次及文移俱平行。如巡撫加兵部銜者,提督於儀門外下馬。與巡按、司、道、府、廳相見,坐次、文移俱平行,惟府、廳於提督儀門外下轎馬。州、縣見提督,俱由角門出入,提督迎送至堂簷下。後堂待坐,州縣官旁坐。文移用呈稟。總兵官見總督,用履歷手本,由儀門進堂上,三揖,總督答禮。後堂待坐,總督正坐,總兵官旁坐。出,送至堂簷下。見巡撫,參堂待坐,巡撫拜總兵官,大堂列坐,俱至儀門下轎馬,迎送至下轎馬處,文移,俱用手本。巡撫加兵部銜者,總兵官由角門進,堂上三揖,巡撫答禮,後堂待坐。出,送至二門。與巡按相見,行賓主禮,與分司、司道、運司相見,俱平行,文移,俱用手本。與府廳相見,俱平行。總兵官文移行府,仰經歷司抄文呈堂。府,亦行經歷司轉呈總兵官。與州縣相見,行賓主禮,文移,用關牒。副將見總督,用履歷手本,行一跪稟拜。免,仍行一跪一揖禮,簷下侍立。待茶,旁立,三躬出。如無府銜者,不待茶。初次披執進見,行一跪一揖禮。出,更衣再見,行禮同。見巡撫,行庭參禮,待茶。加府銜者,照司道例進見,參堂待茶。出,送至月臺口,候入煖閣,三揖出,隨看拜。無府銜者,不迎、送、看拜。初次披執進見,庭參出,更衣再見,行禮同上。加府銜者,先稟披執,免。見巡按、巡漕、巡鹽、學政,用官銜手本,於大門外下馬,由儀門進,走西甬道,各院迎至月臺下甬道中,同上堂。三揖,遞履歷遞公文,各一揖。掩門,參堂待茶,對坐。出入讓各院先行,同下堂,三揖,送至二門外,副將候各院到公座邊,三揖,出。副將自稱官銜,回看不用帖。如副將管參將事,見巡按,行庭參禮,用脚色手本。與布按二司相見,俱平行,文移用手本,走按察司夾道門。與各道相見,俱平行,文移用手本移會。如協守副將,於二門外下馬,由中道進,本道迎至月臺下,堂上待茶。出,送至二門外,看乘馬。與各部分司、運司、府、廳、州、縣,俱平行。參將遊擊見總督,用履歷手本,披執進見,行一跪一揖禮。出,更衣再見,行一跪一揖,稟拜,四叩頭,出。見巡撫,由角門進至堂簷下,行全屬禮,耳房待茶。出,仍行全屬禮,旁立,三躬出。見操撫,用履歷手本,行禮與見總督同。見巡按,由角門進至捲棚中,行全屬禮,侍立,待茶。畢,仍行全屬禮,旁立,三躬出。初見,仍稟披執。見布按二司,俱平行,文移用咨文,走按察司夾道門,於二門外下馬,掩門,參堂待茶。劄委者,不在此例。見分司運司各道,俱平行,於二門外下馬,由中門進,本道迎至堂口,參堂待茶,送至二門外,看乘馬,文移用手本。劄委者,不在此例。與府廳州縣相見,俱平行。都司見總督,與參將見總督禮同。掌印都司隨二司見巡撫,稟拜,免,行三揖禮,掩門,後堂待茶。仍至前堂,三司打躬,出。如單見,仍行庭參禮。僉書操捕都司、行都司,與掌印都司同。凡各都司,初見及霜降揚威日,俱披執進參。出,更衣再進。照司道例待茶。掌印都司見巡按,由中門進,至堂臺,作揖,二堂待茶。初見,稟披執。常見,隨二司不跪。單見,行一跪一揖禮。僉書操捕都司同。行都司見巡按,由中門進,於西滴水簷前,行一跪一揖禮。畢,向東一躬,至銜仗,向上三躬,由西旁行至中門,出。掌印僉書操捕各都司與布按二司相見,俱平行,文移用咨文,走按察司夾道門,於二門外下馬,掩門,參堂待茶。劄委者,不在此例。見各道,俱平行。劄委者,不在此例。營都司、屯田都司,於本道,行庭參禮;見各部分司,俱平行。行都司見户部分司,二門外下轎,後堂待茶。分司回拜,方臺下轎,大堂待茶。營都司見分司,用官銜手本,堂前行禮。畢,一躬即出。與運司、府、廳、州、縣官相見,俱平行。專城並道標及各營中軍守備見總督、巡撫、巡按,俱由角門進,至堂簷前,行庭參禮。初見,披執行禮。各衞掌印守備并城守守備、中軍守備,俱行全叩禮。見布按二司、各道,用脚色手本,行庭參禮,文移用申呈。初見,稟披執。加都司銜者,仍行守備禮。見分司,堂前行禮,分司答躬,文移用呈,分司用仰牌。見知府,用手本,行屬禮,文移用呈,府用照會。見廳官州縣官,俱平行。凡提督總兵官以下,守備以上,遇督撫巡按出城閲兵操演,俱披執。〇十三年題准:州縣見提督及總兵官,大門外下馬,由東角門進,至堂簷下,向上三躬,茶房待茶。提督總兵官正坐,州縣侍坐。茶畢,稟辭,由西角門出,不看拜。文移,州縣用申文,提督總兵官用照會。見副將,用官銜手本,大門外下馬,進中門,由甬道東邊至堂簷下,向上三躬,副將還禮,後堂待茶,送至堂前,出至大門外上馬。文移,州縣用牒呈,副將用照會。其餘文武各官相見儀,俱與十二年定例同。〇十八年題准:提督往總督衙門,總督迎至儀門,提督儀門外下轎馬;總督往提督衙門,提督迎至儀門,總督儀門外下轎,送至各迎處。坐次,總督正坐,提督僉坐。文移,俱用咨文。與巡撫相見,俱平行,文移俱用咨文。司道分司運司見提督,於二門下轎馬,提督迎出簷下至堦。提督見司道等官,司道等官迎出儀門,提督儀門下轎馬,送至各迎處。坐次,提督正坐,司道等官侍坐。文移,提督用照會,司道等官用咨呈。府廳往見提督,於大門外下轎馬,由中門進。坐次,提督正坐,府廳侍坐。提督迎送至簷下。文移,提督用劄付,府廳用牒呈。州縣見提督,於大門外下轎馬,由東角門進,提督不迎送。文移,提督用劄付,州縣用申文。總兵官往總督衙門,至二門外下馬,總督出簷,迎至堦上。總督往總兵官衙門,於儀門内下轎,總兵官迎出儀門,送至各迎處。坐次,總督正坐,總兵官侍坐。文移,總督用照會,總兵官用咨呈。與巡撫相見,行賓主禮,文移俱用咨文。與分司、司道、運司相見,俱平行,文移俱用咨文。府廳見總兵官,於二門外下轎馬,總兵官迎至簷堦。總兵官見府廳,於儀門外下轎馬,府廳迎出儀門外,送至各迎處。坐次,總兵官正坐,府廳侍坐。文移,總兵官用照會,府廳用咨呈。州縣見總兵官,於大門外下轎馬,由中門進,總兵官迎送至簷下。坐次,總兵官正坐,州縣侍坐。文移,總兵官用照會,州縣用咨呈。副將掌印都司見總督,用履歷手本,於大門外下馬,由角門進,總督迎送至簷下。免披執跪禮。見巡撫,由中門進,至儀門外下馬,巡撫迎至簷下。巡撫往副將衙門,至堂前下轎,副將迎出儀門外,送至各迎處。坐次,巡撫上坐,副將侍坐。文移,巡撫用照會,副將用咨呈。免披執庭參。與分司、司道、運司、府、廳相見,俱行賓主禮。文移,俱用手本。州縣見副將,用官銜手本,於大門外下轎馬,由中門進,走甬道邊,副將迎送至簷下。文移,副將用照會,州縣用牒呈。免向上三躬。參將遊擊以下武官見總督,用履歷手本,行一跪三叩頭禮。免披執。見巡撫,於大門外下馬,由中門進。坐次,巡撫正坐,參將遊擊侍坐,巡撫迎送至簷下。文移,巡撫用劄付,參將遊擊用牒呈。與布按二司相見,俱平行,文移俱用咨。劄委者,不在此例。與各道分司運司,俱行賓主禮,文移俱用手本。劄委者,不在此例。與府廳,俱行賓主禮,文移俱用平關。與州縣,俱平行,文移俱用手本。掌印都司、營都司、行都司、屯田都司、操捕都司、衛守備、守禦所千總、衛千總等官見巡撫,於大門外下馬,由角門進,巡撫不迎送,守禦所千總、衛千總行一跪三叩頭禮。巡撫與各都司文移,用劄付,各都司用申文。巡撫與守備、千總文移,用牌票,守備千總用申文。免披執全屬禮。各都司見布按二司,俱行賓主禮,文移俱用手本。劄委者,不在此例。各都司與各道、分司、運司,俱平行,文移俱用手本。各都司與府廳州縣,俱平行,文移俱用平關。分防標下中軍守備、掌印、專城并道標中軍及各營中軍守備見巡撫,於大門外下馬,由角門進,巡撫不迎送。文移,巡撫用劄付,各守備用申文。免披執行屬禮。見司道,用官銜手本,於大門外下馬,由中門進,走甬道邊,司道迎送至簷下。文移,司道用照會,各守備用牒呈。見分司、府、廳、州、縣,俱行賓主禮,文移俱用手本。凡鎮守各省將軍與總督、巡撫、提督、總兵官相見,各不相轄,俱行賓主禮,文移俱用咨。其餘文武各官見本省將軍,俱如見總督禮。〇康熙二十年題准:宣屬廳員,有稽察錢糧之責。其屯衛守備,行屬官禮。〇二十二年題准:協領、參領等官見督撫,照布按兩司例行。佐領、防禦等官,照各道員例行。驍騎校以下官員,照知州、知縣例行。〇二十九年題准:各關監督與督撫相見及用文移之處,俱照副將與巡撫相見行文例行。至司道以下相見行文之處,亦照副將例行。〇三十三年定:督撫開門視事,撫先督後。逢五逢十,督撫司道府廳等官,俱停其相見。在外大小各官,除朝賀、祭祀及到任外相見,不用朝服。

八旗官員理事儀

雍正五年定:八旗公所辦事,都統正坐,副都統旁坐,其參領於副都統稍後兩旁坐,佐領以下及散秩官員,各照品級序坐。有事,參領起立回話,佐領以下官員,俱屈一足回話。其侍衛,藍翎侍衛並拜他喇布勒哈番以上之副參領署參領,俱照參領之例行。拖沙喇哈番以下之副參領署參領,俱照佐領之例行。驍騎校等官有事,於參領前屈一足回話,於佐領前侍立回話。閑散官員,如有公事,於都統、副都統前,阿思哈尼哈番以上官員,侍立回話,阿達哈哈番以下官員屈一足回話;管旗務之王宗室公前,參領以下官員,俱屈一足白事;管佐領之大人,各照品級行。小京堂以及科道等官管佐領者,照參領之例行。宗室管佐領者,在旗下大人前,俱侍立白事。其前鋒統領、護軍統領,在各公所辦事,前鋒參領、前鋒侍衛、護軍參領、侍衛、副參領、藍翎副參領、侍衛、署參領、拜他喇布勒哈番以上副參領、署參領,俱照八旗參領之例行;拖沙喇哈番以下,副參領署參領、護軍校、副參領署參領,俱照八旗佐領之例行。前鋒校、護軍校,俱照八旗驍騎校之例行。其步軍統領、衙門辦事,步軍統領正坐,步軍總尉旁坐。步軍副尉,在步軍統領前,屈一足白事;在步軍總尉前,侍立白事。步軍校、城門校,於統領總尉前,俱屈一足白事;於副尉前,侍立白事。凡八旗官員在公所辦事,如遇別旗大人,亦照見本旗大人之例行。倘有越分違例、任意行走者,聽該管大人並查旗御史題參,交與該部議處。又奉旨:宗室管佐領者,於王公前著屈一足回話。

京官理事儀

雍正五年諭:"聖人之道,爲人臣者,過闕必趨。而於家庭父母之前,亦有趨庭之禮。孔子云:事君盡禮,人以爲諂。蓋因敬謹之念,素存於中,故舉動威儀之間,自無怠忽,非勉强於臨時也。前者,大朝之時,有漢司官二人,於班聯之中大失禮節。朕降嚴旨,欲重二人之罪。嗣後,衆人皆知儆惕,不蹈前轍,因而寬釋。至於引見之時,往往漢官有在朕前高視闊步,舉止不恭者。又聞各部司官辦理公事,滿司官之見滿堂官,則屈一膝應對,而漢司官之對堂官,則或立或蹲,一任其意。同一堂司,而何以滿漢之禮互異?即科道滿漢禮節,亦不相符。且漢司官陞遷方爲道府,道府之見督撫,卑躬屈節,竟有違例朝服匍匐跪道,惟恐以簡略獲罪者。夫督撫品既不及部院堂官,而司官品級則又卑於道府。何以爲京官則傲慢不恭,而爲外吏則謙抑過度？是不知爵位之尊卑，而但論權勢之輕重也。且漢官之妄自尊大者，大約由於科目出身之人，牽制於師生年家之陋習。是以將禮節相沿，漸至簡略。豈可以國家之體統，而徇科目之私情耶！司官不敬堂官，相沿日久，視爲固然，從來不知禮儀。是以至朕御前，不能約束身心，每露草率不恭，自蹈失儀之參處也。前代人主，見臣下失禮之處，往往不肯明言者。蓋欲默識於中，以觀衆人存心敬肆之真實。此亦自有深意，若朕則不然。朕以誨人不倦爲心，故有一見聞，即明白指示，欲其醒悟悛改，不忍聽其暗昧終身。大凡爲司官而不敬堂官者，其人必無上進之志。自晝之輩，目前雖爲司官，何知將來不至堂官之位也？輕人者，人亦輕之。此往復必然之理，何迷而不察乎？滿漢司官之禮，自應畫一爲是。其如何酌定之處，著九卿會議具奏。"遵旨議定：各部院司官，路遇堂官，勒馬候過。在本衙門辦事，堂官高坐，司官做稿侍立説堂。若事件繁多，司官席地鋪褥序坐説堂。如在朝房辦事，堂官席地坐，司官俱屈一足回話。堂官前往來，俱趨走。滿漢司官，應令一體遵行，不得互異。如有或蹲或立，怠慢不恭者，堂官指名題參，交部議處。其漢科道，俱照滿科道禮節，畫一遵行。違者，亦令堂官參處。如仍有牽制師生年誼，姑息優容，不行參出者，將堂官一併交部議處。

官員儀從

凡京官儀從，崇德間定：固倫額駙，彩畫雲紅傘一柄、豹尾鎗二桿、旗六桿、紅杖二桿。其執事人役，青衣、紅帶、青氊帽、銀頂、上插紅翎。城内，止排傘杖。超品公、和碩公主額駙，金黄傘一柄、豹尾鎗二桿、旗六桿。城内，止用夜不收二名、後隨人十名。民公、郡主額駙，金黄傘一柄、豹尾鎗一桿、旗六桿。城内，止用夜不收二名、後隨人八名。都統、精奇尼哈番、尚書、縣主額駙，金黄傘一柄、旗六桿。城内，止用夜不收二名、後隨人六名。内大臣、大學士、副都統、護軍統領、前鋒統領、侍郎、郡君額駙，旗六桿。城内，止用夜不收二名、後隨人四名。一等侍衞、護衞、參領前鋒、參領縣君、額駙學士、滿啓心郎、郎中，旗四桿。城内，止用後隨人四名。二等侍衞、護衞、鄉君額駙、佐領、漢啓心郎、員外郎，旗二桿。城内，止用後隨人二名。三等侍衞、護衞、護軍校、主事以下官員，許隨從一人。○順治三年定：公，掌扇貼方金一塊。一品官，掌扇貼圓金四塊。二品官，掌扇貼圓金三塊。三品官，掌扇貼圓金二塊。四品官，用灑金掌扇。五六七品官，用素黑掌扇。八九品官，用白掌扇。○六年定：公以下，四品官以上，用大灑金扇一把、小灑金扇一把。文官,用甘蔗棍一對;武官,用棕竹棍一對。○八年題准:民公、和碩公主額駙,杏黄傘二柄、旗十桿、大小扇二把、貼方金四塊。侯、郡主額駙,杏黄傘一柄、旗十桿、大小扇二把、貼方金三塊。伯,杏黄傘一柄、旗十桿、大小扇二把、貼圓金一塊。一品官,杏黄傘一柄、旗八桿、大小扇二把、貼圓金四塊。二品官,杏黄傘一柄、旗六桿、大小扇二把、貼圓金三塊。三品官,杏黄傘一柄、旗六桿、大小扇二把、貼圓金二塊。四品官,旗四桿、灑金大小扇二把。五品以下官,仍照三年例行。以上傘旗,止許京城外用,京城内不許排列。凡宗室覺羅各官,扇柄及棍,俱用紅油。凡各官進皇城,止用小扇,不許用大扇及棍。○九年題准:公、侯、伯、都統、尚書、内大臣、大學士與漢文官三品以上,皇城外,坐四人暗轎,願乘馬者,聽。漢武官,不許坐轎。凡扇上各書職銜,滿字一行,漢字一行。○康熙元年題准:滿漢公、侯、伯、都統、内大臣、鎮國將軍、精奇尼哈番、輔國將軍、護軍統領、前鋒統領、副都統、阿思哈尼哈番、大學士、學士、尚書、左都御史、侍郎、副都御史、鑾儀使、通政使、大理寺卿以上,在皇城外,坐四人暗轎,願乘馬者,聽。○又定:停滿漢學士、副都御史、鑾儀使、通政使、大理寺卿排執事坐轎。○又定:公和碩公主額駙,旗十桿、杏黄傘二柄、金黄棍二對。執事人,青衣、緑帶、紅氊帽、銅頂、上插緑翎。京城内,止用傘一柄。侯、伯、郡主額駙,旗十桿、杏黄傘一柄、金黄棍二對。執事人,服色與公同。都統、鎮國將軍、内大臣、縣主額駙、精奇尼哈番、滿漢大學士、尚書、左都御史等,旗八桿、杏黄傘一柄、金黄棍一對。執事人,青衣、緑帶、紅氊帽、銅頂。六年定:頂上插緑翎。輔國將軍、郡君額駙、護軍統領、前鋒統領、副都統、阿思哈尼哈番、滿漢侍郎、學士、九卿正卿、鑾儀使、副都御史、步軍總尉等,旗六桿、杏黄傘一柄、金黄棍一對。執事人,服色與都統同。三品官,執事與輔國將軍等同。四品官,旗四桿。京城内,一品官以上,用傘一柄、棍一對。二品官,棍一對。○三年題准:阿思哈尼哈番、散秩大臣,在京城内,停排執事;京城外,許排。散秩大臣内有世襲精奇尼哈番者,照精奇尼哈番品級排執事。○四年題准:四品以上官,乘馬准用踢胸。凡在京文官,大九卿詹事以上,武官,副都統、阿思哈尼哈番、散秩大臣以上,准令一人引馬前導。其餘各官,不許用引馬。○五年題准:各省駐防將軍、副都統,照在京都統、副都統排列執事。○七年題准:凡加太師公、和碩公主額駙,金黄棍二對,改爲紅棍二對,棍頭用銅鑲。執事人,用緑布衣、緑帶、紅氊帽、銅頂、上插緑翎。傘扇照前定例。

民公及加級侯、郡主額駙，金黄棍二對，改爲紅棍二對，棍頭用銅鑲。執事人衣服，仍照舊例。〇八年題准：在京官，停用杏黄傘、金黄棍。民公以下官員，俱照順治八年例行。民公以下官員，出京城許用鞍籠閒馬前導。軍民人等，不許用。違者，治罪。

凡外官儀從，康熙七年題准：總督，杏黄傘二柄、金黄棍一對、旗八桿、扇二把、兵拳一對、鴈翎刀一對、飛虎旗一對、獸劍一對、桐棍一對、槊棍一對、鎗二對、迴避牌一對、肅静牌一對。巡撫，杏黄傘二柄、金黄棍一對、旗八桿、扇二把、獸劍一對、桐棍一對、槊棍一對、鎗一對、迴避牌一對、肅静牌一對。布政使、按察使，杏黄傘二柄、金黄棍一對、旗六桿、扇二把、槊棍一對、迴避牌一對、肅静牌一對。各道掌印都司、知府，杏黄傘一柄、旗四桿、扇一把、桐棍一對、槊棍一對、迴避牌一對、肅静牌一對。同知、通判、知州、知縣，藍傘一柄、扇一把、桐棍一對、槊棍一對、迴避牌一對。州同、州判、縣丞，藍傘一柄、桐棍一對。典史、雜職，竹板一對。提督，杏黄傘二柄、金黄棍一對、旗八桿、扇二把、兵拳一對、鴈翎刀一對、飛虎旗一對、鎗二對、獸劍一對、刑杖一對、迴避牌一對、肅静牌一對。總兵，杏黄傘二柄、金黄棍一對、旗八桿、扇二把、大刀一口、獸劍一對、鎗一對、迴避牌一對、肅静牌一對。副將，杏黄傘二柄、金黄棍一對、旗六桿、扇二把、迴避牌一對、肅静牌一對。參將、遊擊、都司，杏黄傘一柄、扇一把、旗四桿、桐棍一對、迴避牌一對、肅静牌一對。守備，杏黄傘一柄、扇一把、桐棍一對、旗四桿。

官員命婦車

崇德間定：超品公命婦車，青蓋、青幃、青垂簷。三等公命婦車，青蓋、青幃、藍垂簷。都統、精奇尼哈番、尚書等官命婦車，青蓋、藍幃、青垂簷。内大臣、大學士、副都統、護軍統領、前鋒統領、侍郎等官命婦車，藍蓋、藍幃、藍垂簷。一等侍衛、護衛、參領、前鋒參領、學士、滿啓心郎、郎中等官命婦車，藍蓋、白幃、藍垂簷。二等侍衛、護衛、佐領、漢啓心郎等官命婦車，藍鑲白蓋、白幃、藍垂簷。〇順治八年題准：三等公命婦車，青蓋、青幃、緑鑲蓋角、緑垂簷、銀頂；侯、伯命婦車，青蓋、青幃、緑垂簷、銀頂。一品官命婦車，青蓋、青幃、青垂簷、銀頂。二品官命婦車，青蓋、藍幃、青垂簷、錫頂。三品官命婦車，藍蓋、藍幃、青垂簷、錫頂。四品官命婦車，藍蓋、藍幃、藍垂簷、錫頂。五品以下官員命婦車，藍蓋、藍幃、無垂簷、錫頂。庶民妻車，藍蓋、藍幃、無垂簷、黑油木頂。〇康熙元年題准：三品以上官員命婦車,用銀頂。四品以下至民婦車,俱用錫頂。違者,治罪。〇三十年定:三等公命婦車,緑蓋、青幃、青鑲蓋角、緑垂簷。侯、伯命婦車,緑蓋、青幃、藍鑲蓋角、緑垂簷。内大臣、都統、大學士、尚書、左都御史、精奇尼哈番命婦車,青蓋、青幃、緑鑲蓋角、緑垂簷。閑散大臣、前鋒統領、護軍統領、步軍統領、副都統、侍郎、學士、副都御史、通政使司、通政使、大理寺卿、詹事府詹事、阿思哈尼哈番命婦車,青蓋、青幃、緑垂簷。以上車蓋、幃、垂簷,俱用素緞。一等侍衛、參領、步軍總尉、王府長史、太常寺太僕寺光禄寺等正卿、國子監祭酒、通政使司、左右通政、大理寺少卿、督捕衙門理事官、内閣侍讀學士、翰林院講讀學士、侍講、侍讀、詹事府少詹、庶子、諭德、洗馬、鴻臚寺正卿、郎中、給事中、監察御史、太常寺太僕寺光禄寺等少卿、阿達哈哈番命婦車,青蓋、青幃、青垂簷。以上,俱用銀頂。閑散宗室、二等侍衛、佐領、貝勒、長史、欽天監監正、内閣侍讀、國子監司業、鴻臚寺少卿、通政使司參議、詹事府中允、員外郎、步軍副尉、拜他喇布勒哈番命婦車,青蓋、藍幃、青垂簷。三等侍衛、拖沙喇哈番、五品以下官員命婦車,藍蓋、藍幃、青垂簷。以上,俱用錫頂,蓋、幃、垂簷用布,轅、輪用青色。民公、侯、伯以下、有頂帶官員以上命婦車,各照伊夫現在品級,不准以加級用。

大清會典卷之七十二

禮部儀制司

〔貢舉一〕

〔科舉通例〕

朝廷設科取士。順治二年秋，始行鄉試。三年春，始行會試。嗣後，定以子午卯酉年八月鄉試，辰戌丑未年二月會試。間奉特旨開科，則隨時定期。兹以通例載於前，而以鄉會等試分列於後。

凡科舉，順治二年定：遇鄉試年，照各直省每額中舉人一名，止許取應試生儒三十名。提學考試精通三場者，方准應試。不得將初學之士冒濫應試，亦不許仕宦子弟於父兄原任衙門移文起送。多送者，監試官徑行裁革，不許入場。如取送過多，查参議處。○又定：教官及在籍恩歲貢生、監生，願就本省鄉試者，俱許與生員一體考送，卷面書"官"字、"貢"字、"監"字，另案發落。儒士必三場俱通者，方准應試。至考選遺才，務照應取名數録送，其假滿、病痊、事結未經補考者，不得混録。○又定：在監肄業貢監生，俱聽本監官考選科舉，臨場不准改名改經。其各省貢監生，願就本省鄉試者，與生員一體編號，不得另分皿字。若仍赴學政及吏部考送京府應試，通編皿字號，亦不許混入生員。至直省現任教職年力精强、文學優長者，准提學考送應試。○十四年題准：各省監生，除在部候選各衙門歷事，及恩拔、歲貢、副榜、官監在監者，俱准科舉應試外，例監生於本年援納者，不准本年應試。○十六年議准：例監生援納在前，而部文劄監於科舉年方到者，仍准應試。○康熙二十九年覆准：江南浙江每中舉人一名，額定録科六十名應試。○三十年覆准：江南浙江録科額數，每中舉人一名，於舊額六十名之外，加四十名。○四十四年題准：嗣後，順天鄉試應試諸生,務在場期十日以前咨送,五日以前投納試卷。逾限,不准入場。〇又諭:凡南巡考取貢生、監生帶來纂書者,著翰林院移文咨順天府府尹,一體鄉試。内有生員,亦准一體鄉試。〇四十七年題准:國子監咨送鄉試名册,於八月初二日始到,與定限十日以前例不合,除將典簿官交部察議外,應試士子,仍據册送試。〇五十一年題准:六十萬壽聖節,特開鄉會恩科。照順治丙戌、己亥科例,於二月舉行鄉試,八月舉行會試。〇五十二年題准:定例,鄉試咨送在十日以前,納卷在五日以前。今學臣續送名册已逾定限。但萬壽開科曠典,多士踴躍觀光,照四十七年例收試。〇五十三年諭:文武雖分兩途,但文内亦有練習武略者,武内亦有學問優長者。嗣後,不拘成例,凡文生員舉人願入武場,武生武舉願入文場,俱准照鄉試會試例起送。中式者,造入新册;不中者,仍各入文武原册,不准再考。〇又覆准:凡太醫院及各館有應舉之生監,俱於各該管處具奏,移送到日,准其考試。其在國子監肄業監生,許照例録選。其在本省監生,願赴京應試者,於鄉試前一年,起本省印文到部劄監。違者,照例議處。〇六十年諭:凡係奉旨應試之人,各該處具奏咨送,准其應試。其未經具奏,私行咨送者,概不許應試。〇雍正元年,恩旨開科。議准:本年四月舉行鄉試,九月舉行會試,十月舉行殿試。其癸卯、甲辰鄉會試正科,改期於雍正二年二月舉行鄉試,八月舉行會試,九月舉行殿試。〇又覆准:候補天文生及補用天文生之監生、生員,由該監造具年貌三代履歷籍貫經書,送順天府,入皿字號鄉試。〇五年議准:嗣後,官生録科,飭令學臣嚴加考試,不得徇情濫録。如有文理荒謬者,發覺,將學臣一併嚴加議處。

凡冒籍處分,順治二年定:生童有籍貫假冒、姓系僞謬者,不論已未入學,盡行斥革,仍將廩保懲黜。若有中式者,在内科道,在外撫按,核實題參,革去舉人,發回原籍當差。如另有刑喪過犯、詐僞夤緣等情,依律治罪。如祖父入籍在二十年以上,墳墓田宅俱有的據,取同鄉官保結,方許應試。已中科甲者,優免户田,亦不得於祖籍近籍,重疊濫免。〇康熙三十五年覆准:嗣後,鄉試如有冒籍中式者,將正副主考官交與吏部議處。〇又覆准:順天鄉試,各省來應試者,取原籍地方官印結。其遠省雲南、貴州、四川、廣東、廣西、福建、湖南、甘肅,此八處在京應試者,仍取正印京官印結,或取同鄉官保結,親身赴部投遞。如有假冒,將出結官員一併議處。〇三十九年覆准:除入籍二十年以上進學者,照例不議外,凡在京冒籍舉人、貢監生員,以部文到日爲始,限兩月内具呈自首,禮部查明,改歸原籍肄業。如過期者,不准行,仍照例黜革。其出結等官,亦於兩月限内檢舉。過限者,仍照定例處分。嗣後,凡有假冒籍貫、品行不端者,或被告發,或被糾參,查審明確,即行黜革,仍交刑部。其武舉、武生,亦照例行。〇又定:中式舉人中有冒籍者,處分收考、送考、出結官、學臣及地方官、教官。其主考官免議。〇又定:官員不得在現任地方令其子冒籍。違者,革職。〇又定:順天鄉試,宛大兩縣,審音不詳,草率送試者,照收考送考官例降級。其行查不據實呈報者,照出結官例革職。〇四十年覆准:粤西從前冒籍舉人,勒限改歸原籍。出結等官,令其自行檢舉。〇五十年覆准:入籍二十年者,准其考試,定例已久,恐不肖挾仇誣害,著各督撫嚴禁。如敢誣告,從重治罪。〇六十年議准:直隸冒籍進士、舉人、生員,照三十九年例,以部文到日爲始,限兩月内具呈自首,申部查明,改歸原籍肄業。如過期不行呈首,事覺,黜革,交送刑部,照假官例治罪。〇又議准:直隸保定等衛軍户,歷年甚久,即係土著,恐不肖之徒,假冒衛籍,著嚴飭該府縣及教官查明,出具保結。中式後有頂冒等弊,本生照假官例治罪,送考及出結官員,照徇庇例處分,廪保黜革。〇又議准:直隸各府鄉試生監,中式後,取具同鄉京官連名保結,方准赴順天府府丞填寫親供。

凡試官閲卷,順治二年定:主考與各房同坐一堂,隨分隨閲,隨取隨呈。去取權衡,專在主考,不得但憑房考薦閲。倘有執拘憤争者,即會同監臨提調指參。〇十一年題准:内閣中書,舊例,准鄉會試,而内閣中書亦充鄉試分房。嗣後,有内閣中書應鄉試,不得開送内閣中書分房。〇又題准:習孤經者,不許充孤經房考,止令擬題,聽主考圜用。〇十四年題准:鄉會塲不准分房閲卷、投認師生。其卷面不用分房印子,同經共閲,各列銜名,詳註批語。其《春秋》《禮記》,各增一官公閲,以合不分房之例。〇十七年議准:同考官不許分註批語,止列職名。其同考官俱照品級叙列。如有違式不列及署名顛倒者,責歸主考官,各降職一級。〇又議准:房官闈中作弊,許主考不時據實參糾。或主考通同房考作弊,内許監試御史,外許該撫按,不時糾參。其撫按所取簾官内,有關節賄賂敗露者,查係某撫某按取用,一併治罪。〇又議准:闈中遇有薦卷應駁者,抹出不中緣由,明註批語。經三駁者,於卷面上註“三駁”字様。俟揭曉日,一同中卷解部,以便查核。至於同考閲卷之時,同經各官,同堂公閲,不許私相商訂,不許别經同考干與。飲食寢宿,各歸房舍,不得恣論縱談。責成主考嚴行申飭。如有故違,立刻扶出,具題參處。倘主考官徇庇不舉,該撫按體訪得實,一併題參。〇康熙七年題准:正副主考官遺批"取中"字,同考官遺批"公薦"字,罰俸六個月。〇又題准:取中試卷不印"當堂公閲"字,如悮押印,正副主考官自行檢舉,免議。如不檢舉,磨勘官看出者,主考官各罰俸六個月。〇十八年議准:順天鄉試、會試,添設内監試御史。正副主考、同考入闈,各歸本房,不許私訪聚談。至閲卷時,同考官各以薦卷置中間案上,御史驗明内無私通小帖,方送主考收閲。如有情弊,即行糾參。同考如有私人暗通正副主考,姑容取中,御史即刻題參。若同考不將佳卷悉行呈薦,并將荒謬之卷妄薦者,正副主考會同御史,查明題參。同考閲卷,佳者,止用句圈句點,不許滿篇密圈密點,混呈主考。御史驗明,送正副主考詳閲圈點,照例註批。填榜之後,即行封鎖。同考各官,將落卷俱批出不中緣由。開榜之後,順天府出示,於十日内,令本生領取原卷閲看,不許藏匿勒措。如同考妄抹佳文,本生即赴部具呈,查明糾參。若本生文原不佳,妄行控告,除革去生監外,仍交刑部,照誣告例從重治罪。〇又議准:闈中閲卷,停其公閲公薦。每官鬮分硃卷若干,即於卷面上用某經某房木印。如某房有弊,即將本房官處分。〇五十年議准:主考官向止閲房考呈薦之卷。今既寬限揭曉,嗣後,主考官應將房考薦卷外餘卷,亦加遍閲,庶佳卷不致遺落。〇雍正元年議准:房考舊例,照額分中,各有定數。雖佳文甚多,不得增於額外。即甚少,亦必勉强足數。真才遺落,多由於此。嗣後,惟儘佳卷取中,不必拘定房分。〇又議准:主考有搜查落卷之責。每因房考已經批抹,文字雖佳,不肯取中,恐磨勘時于碍房考處分。今照會試例,房考批抹之文,主考搜出佳文,仍行取中。至於房考,理應細心詳閲。如文字内字句隱僻,一時不能看出,以致塗抹,應寬免處分。若文理明顯,挾私妄抹,仍照定例行。

凡内簾監試,順治二年定:京闈監試御史,以一月前題請,即於欽遣次日入院。〇康熙十八年議准:順天鄉試,内簾添設滿漢御史各一員,不與文事,專行糾察弊竇。凡遇作弊等項,不時據實糾參。其封門、發題、進卷、分卷、關防一應諸事,向係正副主考管理,今俱令御史管理。至會試内簾,亦添設滿漢御史各一員,悉照順天鄉試各欵,一體遵行。其新添滿漢御史,至期與内外監試御史密請具題,欽點入場。正副主考同考分閲之時,御史同坐一堂,向上對坐。每日晚停閲之時,查明所閲硃卷數目入箱,正副主考與御史共加封鎖,次日公同開閲,不許私帶入房,如違糾參。〇又議准:考官私訪聚談,薦卷私通小帖,所閲硃卷私帶入房,凡係場内目擊等項情弊，御史容隱，不行指名題參，别經發覺，御史降二級調用。〇二十六年覆准：内簾添設滿漢御史各一員，原不與文事，實屬無益，應行停止。〇三十九年覆准：會試并順天鄉試，内簾仍設滿漢監試御史各一員。

凡禁令，順治二年定：直省、府、州、縣、地方，每遇鄉試年，先期榜示禁約，仍令巡捕員役嚴加緝訪。如有生儒監生人等營幹中舉，及積年棍徒假稱考官親識，多方設計誆騙污累考官者，照例問擬枷號滿日發烟瘴地方充軍。其生儒監生央浼營幹，致被誆騙者，亦照例發遣。科舉入場及開榜之日，如有無藉之徒挾仇忌才，私寫匿名紙帖，揭於街衢，或編就歌謡，預先傳播，以致場中雖取中不敢填榜者，在内聽巡城御史及五城兵馬司，在外聽按察司及應捕人役，緝拏到官，依律治罪。見者，即便燒燬，亦不許主試官槩以避嫌妄退文卷。如生儒因訟牽告在官，審果不係緊關對証，亦許科場畢日問理。毋墮奸計，以長刁風。以後部科各衙門察參，須憑實據，不許輕信風聞，輒形章奏。其果有實據者，必鞫審贓証明白，依律處治。士子并過付人等，枷號三月滿日問遣。如有親識書辦家人指稱本官誆騙，本官自能舉發，即與紀録，以示優叙。或士子有知爲棍徒所欺，能自出首據實跡報官者，特免本生之罪，止重處誆騙之人。若隱忍不報，事發，一體枷號究遣。至於文體險怪，鑒别不精，又當别論，勿得摘取一二影響字句，混入關節疏内，反滋辨端。如場後有生儒無端造謗，撰搆歌謡，士風薄惡，莫此爲甚，監生，該監訪出，申禮部究革；生員，院道訪出，徑革。〇十四年題准：在京貢院外，令兵部酌撥八旗官一員及兵丁，分與汛地，同近貢院本旗巡街之官，晝夜巡緝。如有搶劫之徒，即行嚴拏，送刑部重處。如有徇隱疎漏者，事發，一併究治。永爲定例。〇十五年題准：貢院宜圍墻高峻，溝渠寬深。如修理官因循怠忽者，在外，聽外巡察；在内，聽内監試指名參處。〇十七年諭：會試舉人場前投遞詩文干謁京官者，革去舉人，下刑部究擬。京官不行舉首，事發，一體治罪。〇又議准：科場作弊，有關節授受的據者，許指名告發。如挾仇誣揑匿名揭謡，照光棍例治罪。〇康熙三十九年覆准：主考官有交通囑托、賄賣關節、夤緣中式，事發，情實者，從重治罪。其父兄爲子弟作弊，有官者，革職提問；無官者，從重治罪。〇四十七年覆准：榜後不中之人，如有挾私造謗，希圖僥倖者，令五城御史並順天府嚴拏，照例治罪。〇六十年議准：鄉會試榜後，考試官有不公之處，許下第舉人、生員據實赴該管衙門控告。若有聚衆竟往考試官處打鬧，令該地方官立即嚴拏，送刑部從重治罪。〇雍正元年諭："朕聞向來考試，每有妄亂之徒,肆行攪閙,此風斷不可長。須於考試之前,嚴行曉諭。如有此等妄亂之人,倡率肆行者,務將爲首人等,拏獲數人,重加懲治,以示儆戒。"遵旨議定:行文九門提督、五城御史、順天府,遇有不法之徒,立即拏送刑部嚴審。若内外簾果有情弊,將各官照例嚴加治罪。若毫無實據,逞私捏造,將本人照光棍例治罪。如該管官不行查拏,照容隱例降二級調用。〇又覆准:正副主考及同考官,出場風聞某考官所中有弊,即行舉奏,將中式之人請旨覆試,本官免其失察處分。倘明知而不舉,則必有通同作弊之處,或經科道糾察,或被旁人告發,交與刑部,審實,照律治罪。〇又覆准:考官士子交通作弊,一應採名受賄、聽情關節中式者,審實,將作弊之考官并夤緣中式之舉子處斬,俱立決。〇四年諭:科場關係大典,若闈中閱卷果有不公,許應試舉子親身赴都察院控告奏聞。若不軌之徒,假捏汚衊之詞,以洩私憤而撓公事,則國法斷難寬宥。著九門提督及順天府尹、五城御史密訪嚴拏,即行參奏,從重治罪。

凡關防,順治二年定:生儒入場,細加搜檢。如有懷挾片紙隻字者,先於舉場前枷號一個月,問罪發落。如有倩人代試者,倩代與受代之人,俱一體枷號問罪。其搜檢官役知情容隱者,連坐。〇又定:臨場雖有搜檢之法,而場内供應員役,或有預將文字埋藏號舍,及出入處所,或巧爲傳遞,互相容隱弊竇,不易發覺。又有外簾各官,與諸生認識者,格外差送茶湯酒飯,入號往來,滋弊難防。監臨宜嚴行禁約,容隱者連坐。各役宜嚴選信實,司門宜改易佐貳,點名必互輪識認。門内執法巡邏,廣加偵伺。臨期,或委能幹官二員專察。諸士領卷尋號時,有在號外停立者,登時扶送監臨詰問。坐定出題,一切簾外員役,不許私入號房,傳送茶湯。其深夜受卷時,監臨委一員坐堂上,嚴督受卷官分經收卷,有五十卷,即時封號入箱,剩有零餘,亦即封號如法。委一員坐門内,出必照籤稽察,有卷發籤,籤完必繳,毋使不完者闌出,務令卷數與人數相合。其大門内關防務極嚴緊,不許一人闌入,以杜傳遞。〇十五年題准:考官入簾,鋪陳等項,俱經内外監試驗明。正副主考,許携出題書籍,同考以下不許。至揭曉後出場,照入場例搜檢。〇十六年議准:場中坐次編號,令監試、提調公同四所官編印,以絶弊端。其舉子進場搜檢,嚴責各門搜檢官役。如大門搜過無弊,而二門搜出者,將大門搜檢官役處治。〇康熙十八年議准:主考各帶三人,同考各帶二人,御史各帶二人,筆帖式帶一人。進場之時,御史照定數搜檢放入。如正副主考、同考暗帶主文,假粧僕從,隨入内簾者,察出,將本官交吏部議處，帶進之人治罪。○又議准：三場硃卷，如有埋藏偷换等弊，監試嚴行根究，題参重處。○三十九年覆准：監生如有餽獻禮物詩文，假名士刻遺卷，并招摇作弊者，巡城御史察實糾参，交刑部治罪。○又覆准：場中如有踰墻换卷代作等弊，提調等官察出題参，從重治罪。如巡察不嚴，事發，一併嚴加治罪。○四十七年覆准：鄉會試出題考試次日，士子務盡放出，不許宿場。若次日内不能完卷，連宿場内者，將監試、提調及本生，一併交部議處。通行直省，一體遵行。○五十三年覆准：凡考試舉子入闈，俱穿拆縫衣服，單層鞋襪，只帶籃筐、小櫈、食物、筆硯等項。其餘别物，令在外留截。如違，嚴加治罪。舉子進院，多在龍門擁擠談論，恐有换卷代作諸弊。嗣後，除巡綽營官照常派出外，或参將或遊擊，添設一員。在京，每翼派遣都統一員，副都統二員，同考試官一體入場，坐明遠樓前，同御史管理。漢人責成營官，旗人責成都統等。務令舉子照卷號押進號舍，督同封固，不許私從栅欄逸出。都統、營官，三場試畢，令其出場。若管理不嚴，將該管官治罪。又，代作、傳遞等弊，每多號軍頂冒入場，易於作奸。應移咨提督衙門，嚴飭該營官員，務選正軍。每十名内，以一人爲號頭，將號軍面用印記，預造簡明檔册送該管處。如違，事發，將該管官治罪。又，凡鄉會試，天晚不准收卷，即行封門。如違，將舉子照例治罪，該管官照徇情例議處。又，隔墻傳遞文字，或從食物夾帶，窩舖挖孔等弊，皆巡綽官疎忽所致。嗣後，貢院内隔斷墻垣，務高堅修築，窩舖蓆棚，不許挨墻搭蓋，交與巡綽官員，令兵卒晝夜傳籌巡查。如進食物，監試細檢。倘不嚴查，一經弊發，除作弊者從重治罪外，監試巡綽官，俱行議處。○雍正元年覆准：搜檢不嚴，號舍不清，栅欄不謹，巡瞭不密，致滋弊竇。嗣後，中式之人，如有聯號换卷、傳遞埋藏、夾帶文字等弊，審實，將不行查出之監臨、提調、監試、巡察各官，照容隱例降二級調用，外簾搜檢及各所官，照溺職例革職。如通同作弊受賄者，交送刑部計贓治罪。

凡卷册，康熙七年題准：前場卷錯印後場卷號，後場卷錯印前場卷號者，經管官罰俸三個月。經管用印官將號印重印者，罰俸三個月。其用印模糊者，罰俸三個月。其經管木號印官，將木號印重送及移送木號印字模糊者，罰俸三個月。點名册，將姓名錯寫者，經管點名册官罰俸三個月，卷册相同，貼示錯寫字者，經管貼示官罰俸三個月。

凡編號，順治二年定：將士子所坐字號，分爲兩截。如天字一號，天字爲一印，一號爲一印。自天字起，至師字止，共七十二面。自一號起，至七十號止,共七十面。於編號時,排定七十二卷。先將七十二字之印逐卷輪完,後將下截七十號數之印,信手探出,印於各字之下。每一巡畢,將此號印另收不用,以防重誤。但用筆即係作弊。各省號房,數雖不同,一概彷此。〇康熙三十二年諭:八旗號房,著與漢人分編字號另坐。〇雍正元年覆准:鄉會試硃卷字號,提調官將千字文内不佳字樣,如"洪""荒"等字,俱行檢去。卷多省分,恐不敷用。舊例,每字十號。今加倍爲每字二十號。試卷少之省分,仍照舊例,每字列爲十號。

凡外簾四所,順治二年定:外簾四所書役,必取土著正身,以防頂替。凡卷面必印官役姓名,以憑稽考。四所官,俱要精明强幹。彌封官關係尤急,當量才授任。四所總門,除送薪水一次外,皆實封鎖,不得宴聚。提調、監試,輪日稽察。俟謄録對讀完日,方許撤封。〇十六年題准:舉子試卷,自行污損者,照例貼出。若已交卷,係各所官役污損者,除文字棄燬不全外,餘俱註明某號卷某人污損,存册外簾。其卷應謄進,仍將棄燬污損之人嚴行究處。〇康熙二十四年議准:嗣後,外簾執事官、孔氏博士,不必開列,使孔氏子孫入場無所迴避,以示優待聖裔之意。

凡受卷,順治二年題准:受卷責任,全在稽察。竊掠攙换,夜間尤宜慎防。〇十五年題准:墨卷錯落題字及文内失格違禁、後場違式、真草不全等項,受卷失察,致應貼不貼者,降一級調用。不應貼出而貼出者,同。〇十六年議准:受卷各役,在京責成宛大兩縣,在外責成附省州縣,選撥勤慎書手共十四名,造年貌籍貫清册,送該提調官,臨期選送受卷所。令本所官,細心督察。倘有污損等弊,重責枷示。其有竊掠攙换迷失等弊,即送刑部治罪。如該所官不能覺察,或扶同不舉者,知貢舉及監試、提調官,一併察明會參,分别輕重處分,該役仍嚴加治罪。〇康熙七年題准:卷面籍貫不明,收卷官不行詳看駁回者,罰俸六個月。如以書經卷誤收詩經卷内交送彌封所,彌封所官又不詳查,錯印詩經字號送内簾者,受卷所官、彌封所官,各罰俸三個月。如自行檢舉呈明改正者,免議。

凡謄録對讀,順治二年題准:謄録各役,各縣選送信實善書者,印其左臂,臨時驗臂而入。如謄時潦草淡抹,句字差落,些小失誤,責令重寫,重者枷革。若截去文字,那東移西,作奸舞文,以枉法贓律治罪。至硃墨必一色,卷紙必一律,並宜申飭。對讀生未經察對,以致内簾駁出者,該所官審卷後本生名字即發學黜革。對讀各生不許干預書寫。違者,即時呈堂,行革重究。〇十五年題准:謄録書手、對讀生員,各府州縣務細加考驗,擇善書樸實之人,開籍貫年貌。如有雇替搪塞,將起送之官題參,各役正身並雇替之人,俱從重究罪。如硃卷内作字草率,遺落成行,硃淡無色,洗改洗補,責在謄録;字訛句落,不細心詳對註改,責在對讀。倘有不遵,或内外簾查出,或本生首舉,各役各生及各經管官,一併參處。〇又定:謄寫錯落多至數行,被對讀對出改正者,或對讀慢不經心,任錯不改者,或内外簾糾參,或磨勘時有經内簾抹出者,謄録、對讀官,各罰俸九個月。〇又定:對讀向用藍筆,各省參差不齊。行令各省,改用黄筆,以垂畫一。嗣後,有故犯者,官降一級,對讀生行該提學黜革治罪。其因本所官之命誤用者,罰坐本官,本生免議。〇十六年議准:謄録書手,行各府州縣,務令科場二十日前解送到部,該提調官按册籍考驗。堪用者,印臂留用。不堪用者,責枷駁回,將原送官參處。書手到所之日,聽該所官於每十名内選取總書一名,以便責令稽查督率。其起送册,應令各府州縣一樣起送二本。一本留提調查驗,一本付所官查考。其有潦草淡抹者,該所官按其姓名立行責治,勒令再謄,總書一併重責。如有書手作奸等弊,所官指名呈堂,送刑部治罪。若所官不能覺察,經知貢舉官、監試、提調查出者,題參處分。對讀生員,責成該學政行各學,揀選年力精壯、文理通明之士,按年貌籍貫造册交送提調。内有點驗不對及朦溷搪塞者,將本生黜革,開送官題參議處。其臨時對卷,有字訛句落,不細心詳對註改,及謄録洗補,對讀生不舉者,該所官查出重治。如對讀官不督率各生詳對及明知對讀潦草,不行查舉者,經内簾發出,或知貢舉、監試、提調等官察出,該所官照例處分,本生斥革治罪。其對讀向用黄筆,今改用紫。〇康熙七年題准:謄録所見彌封所失印條記,不行呈明,令其補印條記,乃私自差役投送者,經管謄録所官,罰俸三個月。其謄録書手姓名誤寫卷皮内者,經管謄録官察出,不行呈明,罰俸三個月,不行查出,亦罰俸三個月。〇五十三年覆准:謄録書手、對讀生員,應地方官、該學政選擇正身呈送。近有假充頂冒入場,代人作文,本生夤緣書吏,或暗遞白卷,或偷竊預備空白卷,給與代作之人作文,或閲他人佳卷抄寫,弊端甚多。嗣後,此等弊發,將代作併夤緣之人及知情容隱通同作弊者,俱嚴審,從重治罪。其原送官員及所官,酌量情弊治罪。〇雍正二年諭:闈中謄録試卷,弊端甚多。其有賄囑者,則書寫精工,否則潦草舛錯,致誤佳文。著知貢舉及監試御史嚴行申飭。其謄寫不工者,必重加責懲,令其重寫。并令對讀官員嚴飭各生,悉心校對,勿使字畫錯誤。倘外簾官失於查察,日後發覺,將該管官員一併嚴加議處。

凡謄録對讀號舍飲食,順治十六年議准:號舍,工部責成委官苫蓋修葺。若有浥壞傾壓等弊,知貢舉及監臨、提調會同参處。飲食,責成供給官親驗,務令鮮潔,按時給發。有給發不時、不潔者,聽該所官呈明貢舉堂查處。

凡彌封,順治二年題准:彌封一所,硃墨卷面字號,俱從此印,弊竇最多,切宜重加防範。號簿封送監臨,人役嚴取互結,該所官親自印號,勿經人役之手。卷到,各官分經及生員、監生,信手掣籤用印,不許閑人窺看。墨卷號必與硃卷相對,頭場號必與二三場相對,卷號必與簿號相對。監生、生員,必須分别,毋得相混。至於各役彌封時,須專心閲視,無使竊去,以致割换,見有折角針眼等弊,登時究治。封盈一箱,本所官親送堂上,仍約謄録所官眼同交收。不許兩所人役近身私語。〇康熙七年題准:彌封所不於試卷上用條記移送謄録所者,經管彌封官罰俸三個月。其應試生員試卷,各有應編字號,彌封官將卷面籍貫不明,不行詳看錯印者,罰俸六個月。其主考官原照所編字號中式。如外簾錯編字號移送内簾,於拆卷時未及查出,正副主考官,罰俸六個月。

凡試義,順治二年定:鄉試八月初九日第一場,試四書義三篇,經義四篇;十二日第二場,試論一篇,詔誥表内科一道,判五條;十五日第三傷,試策五道。〇又定:文有正體,凡篇中字句,務典雅純粹,不許故摭一家言,飾爲宏博。如有一連五句影響游移,幽僻險怪者,即行罰處。〇又定:後場博雅通達,而前場稍未純粹者,亦得兼收。〇十二年題准:南北試卷,俱不寫"四書""策論"字樣,以歸畫一。〇十六年議准:場中作判,務宜隨題剖斷,引律明確,不專以駢麗爲工。〇又議准:鄉會應試諸生文字内,概不許作大結。〇十七年議准:二三場原以覘士子經濟,凡坊間有時務表策名色,概行嚴禁。〇康熙五十五年議定:舉子試卷,表聯,須詞語清新,音律調諧;五判,須剖斷精詳,律例明悉;五策,須精切條對,不必多用頌聖套語。

凡三場題目,順治二年定:策題以關切事理,明白正大爲主,不許搜尋僻事,揜匿端倪,必問者列欵而示,使對者可按牘而陳,庶乎真才易辨。〇又定:前場題目,將經書分段書籤,公同拈掣。如論語分爲十段,主考掣至某書某段,即令房考於本段内各擬一題,仍書籤,候掣出者用之。餘題,俱准此例。其京闈,擬題已定,先莊寫一通,向闕設案,恭捧安置,主考等官行一跪三叩頭禮。待士子散題已畢,然後進呈,不過卯辰二時。鄉試,順天府尹捧進。會試，禮部堂官於朝房等候，儀制司於場前等候，俟内簾傳出進呈題紙，監試、提調各一員，齎捧出至大門内立，儀制司官於大門外立，覿面明交，即將場門封閉，司官捧至朝房，隨堂官恭進。二三場進題同。○十五年，戊戌科會試，欽定第一場四書題目。○十六年議准：將《孝經衍義》廣頒學宫，俾知效法。考官於後場論題，間出《孝經》，以勵士尚。○康熙二年定：停止八股文體，鄉會試以策論表判取士。分爲二場，第一場試策五道，第二場四書論一篇，經論一篇，表一道，判五條。直省學政，亦以策論考試生童。○三年題准：《春秋》題目，鄉會試併直省學臣考試，俱出單題。傳合比題，盡行删去。○七年定：仍以八股文取士。○又題准：正副主考、同考官有出題錯字者，正副主考官，一處罰俸三個月，本經同考官，罰俸六個月；正副主考官，二處罰俸六個月，同考官，罰俸九個月；正副主考官，三處罰俸九個月，同考官，罰俸一年。自行檢舉者，正副主考官，罰俸三個月，本經擬題同考官，罰俸六個月。考試官將本身取中四書五經論表題目擬出者，降四級調用。若將本身取中題目擬出，又錯寫字者，革職。内簾官錯出題目字樣，士子各習專經，不稟明監臨官傳進内簾官改正，照題紙錯字謄寫，以致中式者，罰停會試二科。主考官場内發題，過卯辰二時者，罰俸六個月。○九年題准：《春秋》脱母等題，俱删去，止以單題合題，酌量均出。○十八年議准：場内擬題，四書掣定幾章，每題每人各擬一道；五經掣定幾章，每題每人各擬十道，俱送正副主考寫籤入筒，當堂拈掣。○二十四年議准：會試第一場，四書題目，恭請欽定，於初八日午後密封發與内閣，交禮部官，密送内簾考試官刊刻給散。其五經及二三場題目，仍令考試官擬出，亦遵前例恭進。嗣後，會試併順天鄉試，俱照此例行。○是年，第二場表題，由欽定密封，照前遣官捧送場内。○二十六年覆准：二場詔誥題，士子例不作文，應削去。三場策題，止宜簡明發問，不得過三百字。○二十九年議准：鄉會試二場，《孝經》論題甚少。嗣後考試，將《性理》《太極圖説》《通書》《西銘》《正蒙》，一併命題。○四十一年定：二場仍用詔誥題。○五十二年諭：四書五經，皆聖人講理明道之書，貫始徹終，無非精意。近見鄉會試俱擇取冠冕吉祥語出題，每多宿搆倖獲，致讀書通經之士漸少。今後闈中題目，應不拘忌諱，庶難預作揣摩，實學自出。○五十四年諭："科場出題，關係緊要。鄉會經書題目，不拘忌諱，不可出熟習常擬之題。朕常講《易》及修定天文、律吕、算法等書，此等書題，人人皆擬，斷不可出。表題，亦不可出修書、賜書等類。○五十五年議定:二場論題,專用《性理》。表題,不許出本年時擬近事。〇雍正元年覆准:考官若仍出熟習擬題,交與該部議處。〇又諭:"《孝經》一書,與五經並重。聖祖仁皇帝欽定《孝經衍義》,以闡發至德要道,誠化民成俗之本也。今自雍正元年,二場論題,宜仍用《孝經》。〇是年,特開恩科,欽定順天鄉試第一場四書題,欽定會試第一場四書題。二年、四年、五年順天鄉試、會試並同。

凡違式,順治二年定:初場文字,每篇不得過五百五十字;二三場,表不得過千字,論、策不得過二千字。題目字句不得錯落,真稿篇數不得短少,謄真不得行草書,塗抹不得至百十字,卷頁不得越幅曳白,及油墨污。他如初場,破,七"也"、七"矣"、七"焉";承,七"夫"、七"蓋"、七"甚矣"、七"乎"、七"歟";起講,七"意謂"、七"若曰"、七"以爲";小結,七"蓋";大結,七"大抵"、七"抑"、七"嗟夫"之類。二場,表少寫年號,及賀表進表謝表錯誤之類。犯者,貼出。三場,五策題,應寫第一問、第二問、第三問、第四問、第五問,不得誤寫各題。違者,貼出。若不屬關節字面及不係大差者,不必苛求,不許堂貼。〇康熙二十年議准:前場文字,限六百五十字。若將逾額之卷謄録取中,照應貼不貼例處分。〇二十六年覆准:凡科場試卷,油墨污染,字畫猶可辨識,卷頁稍有破損,及題目字樣、表、判、策内一定字樣點畫遺誤,擡頭小差,草稿錯落等項,原無關於弊竇,相應停其貼出。其每篇踰限字之例及塗註字數太多,亦停其貼出。〇又覆准:順天鄉試、會試,原有空白試卷十本,交於外監試御史,如遇遺失錯污等項,許查明給發。嗣後,應多備空白卷候用。〇又覆准:定例内並未開有避諱考官名字之例。嗣後,凡考官名字,不必避諱。

凡官卷,康熙三十九年議准:在京滿漢文官,京堂以上,及翰林、科、道、吏部、禮部司官,武官參領以上,在外文官藩臬以上,武官提鎮以上,其子孫同胞兄弟及同胞兄弟之子,鄉試,滿洲蒙古漢軍滿、合字號之下,直隸皿、貝字號之下,各省卷面上,俱編官字字號,另入號房;會試,滿洲蒙古漢軍滿、合字號之下,直隸各省南、北字號之下,亦各編官字字號,另入號房。各項貢監由監鄉試者,國子監收録,照例分别官民卷;歸本省鄉試者,與生員一體分别官民卷取中,不必分經。滿、合字號大臣官員子弟居多,如民卷一百卷取五卷,則官卷二十卷取一卷。其直省如定額十卷,民卷取中九卷,官卷取中一卷。其副榜亦照此算取。其各省鄉試官員子弟數少者,不必另編官字號。會試,雲南、貴州、四川、廣西額少,不必另編官字號。其鄉試夾字、旦字、耳字、聿字、丁字等卷,亦不編官字號。○五十一年覆准:陝西、甘肅、寧夏文武大臣子弟,不必編入丁、聿字號,彙入通省文武大臣子弟内同編官卷,憑文取中。○又議准:會試官卷停止。

凡迴避,順治十五年題准:除實係同宗照例迴避外,其餘同姓無干之人,及先曾同譜今遵諭禁革聯宗絶往來者,應憑文去取,不准仍引宗誼避嫌。○雍正元年,考試迴避士子於午門内,奉旨,元年特開恩科。其迴避士子内第一、第二、第三、第四卷,并落卷九人内第一卷、第二卷,共六人,俱取中爲舉人,以示鼓勵人文之至意。○二年諭:"鄉會試爲掄才大典,内外簾官子弟,理應迴避。但跋涉數千里,志切觀光,既至京城,不得與試,深爲可憫。朕於上科特降諭旨,另行考拔。然此只可暫行,不便著爲定例。今科,凡官員入塲者,其子弟著一體應試,將試卷另封進呈。朕派大臣校閲遴選,庶人才不致屈抑。"

凡揭曉,順治二年定:闈中閲卷,須立程限。計自分卷以至撤棘,約可半月。以八日完前場,以七日完後塲。草榜填號,外簾俱不得與。草榜已定,臨填榜時,方延入監臨等官,公同拆卷對號。拆號之日,隨將硃墨卷並粘。硃卷大書名姓,墨卷大書名數。監臨隨督同外簾官,將硃墨卷逐一磨勘硃卷字號無差,及文字内無關節可疑字樣,即用印鈐蓋,差人星馳解部,以憑磨勘。拆號既畢,填寫已完,正副二榜同貼。不得先貼副榜,致妨勘對。亦不許過時方貼副榜,致滋弊竇。○十五年題准:不許塲内刊刻録條,只許繕寫進呈,出至衙門,方許刻録。如有盜録飛報,在内五城御史,在外撫按及地方官,嚴拿重究。被索之家,許首告。○康熙二十四年,會試三塲畢,主考等官遴選試卷十本,繕寫進呈御覽。自第一名至第十名,俱由欽定名次,仍送塲内拆號填榜。以後會試及順天鄉試,並同。○二十六年覆准:會試及大省鄉試,寬期於三九月初五日揭曉。○五十年議准:會試揭曉日期,原於三月初五日内,今寬限三月十五日内,鄉試揭曉,大省原於九月初五日内,今寬限於九月十五日内,中省小省,俱於八月内,今寬限中省於九月初十日内,小省於九月初五日内。○雍正二年諭:每科會試及順天鄉試,例於揭曉前先進元魁十卷,但止頭塲文字。嗣後,將二三塲一同繕寫進呈。

凡程文,順治十五年題准:程文用諸生原墨,稍加裁訂。違者,降三級。

凡闈墨,康熙三十二年覆准:刊刻闈墨,務照原卷。若主考不照原卷發刻,及江浙各處選墨擅行改易,冒稱原卷者,事覺,嚴加察議治罪。〇又題准:鄉試闈墨,禮部照每名原卷,各刻四書文三篇,進呈御覽,併頒發直省學臣,轉行學宫。〇三十三年覆准:會試墨卷,亦照例刊刻頒發。〇四十三年題准:嗣後鄉會試卷,禮部停止刊刻。〇雍正元年覆准:各省鄉墨,禮部會同翰林院,選擇醇正典雅,理宗傳註,可爲程式者,恭呈御覽。覽定,頒發。直隸交與順天府尹,江南交與江蘇巡撫,給與情願刊文之人刊刻流布。會試墨卷,亦遵此例頒行。並照原本,不得擅自增改。其舉人進士窻稿及行書房書,亦送部選定發刻。倘有私刻,該地方官嚴查禁止。

凡《試録》《登科録》,順治二年定:揭榜以後,刊刻《試録》《登科録》進呈。〇又定:正副主考,如有丁憂事故,不曾入場者,《試録》後序,用同考官銜名居首之員撰刻。祇許撰序,不許干預主考之事。〇十八年題准:停止刊刻《試録》,惟於場内繕寫《題名録》,解送進呈。〇康熙八年議准:復行刊刻《試録》《登科録》。〇十四年題准:復停止刊刻《試録》。〇十七年定:各省科舉《題名録》,俱照河南體式刊刻。〇二十三年議准:鄉試、會試《録》併進士《登科録》,俱照例刊刻。〇二十六年題准:各省鄉試主考官,出闈之後,刊刻《試録》,許住省一個月。無故踰限者,各該衙門查参。〇五十一年,欽取進士。禮部將取中姓名籍貫另刻一紙,附入《試録》。〇五十三年議准:文武進士會試録及題名録,考完時業經呈覽,部内再行刊刻,事屬重複,應行停止。其各直省文武鄉試《題名録》及《試録》,亦著停止刊刻。至文武進士殿試《登科録》内,載御製策題、恩榮次第,並無重複之處,仍照舊例遵行。〇雍正元年覆准:鄉會試《録》,自癸卯科爲始,仍行刊刻。〇又題准:順天鄉試《録》,將考官迴避之子弟補考欽命題目、欽定批中舉人姓名籍貫,及搜落卷内欽定批中舉人姓名籍貫,照壬辰科例,一併刊入《試録》。

大清會典卷之七十三

禮部儀制司

〔貢舉二〕

〔**鄉試考試官**〕中額及通例附。

順治初定:題差考試官日期,雲南、貴州,四月初十日題;四川、廣東、廣西、福建,五月十二日題;浙江、江西、湖廣,六月十三日題;陝西、江南,六月二十三日題;河南,七月十三日題;山東、山西,七月二十日題;順天,八月初四日題。〇二年定:制科取士,全係司衡。今後主考,除翰林六科照例皆以次差,臨期倍取正陪,題請欽點外,其餘各衙門咨送,務遴才品。不得但取資次,亦不得浮獵聲華。各直省房考,取本省科甲屬官。不足,聘鄰省甲科推知及鄉科教官。掛議遷謫者不與。其房數悉以各直省科舉之數爲準。每房分閱三百卷或二百五十卷,計數分房,計房取官。而其應取者,必以治行最、年力强、學識俱到者爲主。至於《春秋》《禮記》,經孤恐易揣摩,臨時聽監臨官互換房分。《易》《詩》《書》三大經,入簾次日,亦聽監臨官將房考各官單,密送主考官,臨分卷時,照單定房,以杜關節之弊。〇又定:順天鄉試主考,府臣先期題請。各省,該巡按御史先期題請。禮部將應差者先後疏名上請。命下,尅期起行。不許因便携家,不辭客,不携帶多人騷擾驛遞,并滋奸弊。所過州縣,遞相防護,不遊山水,不接故人,不交際。一到,提調官即迎入公館,依期驗進。止許監臨、提調監試一拜,考官不回答。事完日,方許相見,以避嫌疑。其未入貢院以前,所寓公館,仍用考官封條,聽監察御史委官巡邏,依時啓閉。遇鹿鳴等宴,正考居中,副考居左,監臨居右,行次如之,其同考旁坐。〇又定:分考京闈,用中行及候選進士。如不足,取在外推知,到京,即送赴察院衙門,嚴加扃鑰,多撥兵番巡察,候順天府會宴之日,即於是日伴行入朝,同主考、監臨等官陛辭入院。江南各省鄉試,俱如前例,一體遵守。簾内官專主較閱,簾外官專主糾察。有越俎侵事,聽所司參奏。○又定:主考題差,係扣定日期,稍一延緩,不免誤事。考官如命下,實在病重,許即日具疏辭免。在京丁憂者,止用本衙門印信手本到部司,即擬堪補官員坐名題請。其出京未遠而有憂制,度其道里時日,尚可差官更替者,取所在官司印信公文,火速差人,赴部投遞,即與題請更代,俱免自奏,以致耽延時日。如行至中途,聞有憂制等項,題補無及者,止行所在有司,轉申本省撫按官代奏,本官即先回籍守制。其見在一員,或正或副,即前赴科場併力辦事。已到地方者,監臨官具本奏聞。其丁憂官,仍須起有原籍印信公文,或家眷在京,起有本衙門印信公文,送至所差地方附郭有司衙門,看無違碍,方許申報本官,不得擅通家報。○五年題准:直省正副主考官,令内院吏部、禮部公同考選差往。其各省同考官,令該巡按、提學公同考選派用。○八年題准:順天、江南正副主考,浙江、江西、福建、湖廣正主考,差翰林官八員。浙江、江西、福建、湖廣副主考,山東正主考,差給事中五員。山東副主考,山西正副主考,河南、陜西正主考,差光禄寺少卿一員,吏禮二部司官各二員。河南、陜西副主考,四川、廣東正副主考,廣西、雲南正主考,差户兵刑工四部司官各二員。廣西、雲南副主考,貴州正副主考,差行人二員,中書評事各一員。如光禄寺官或缺,户兵刑工四部司官,充山西副主考,中書行人、評事,充廣東副主考。凡應差八員,總送十六員,應差五員,總送十員,禮部會同内院擬定正陪,疏請簡命。其順天房考,聽禮部會同吏部選用,江南房考,聽提學會同巡按及布按二司選用,務取潔守實學,每十員用二十員,公同鬮定,取充内簾房考。○十一年題准:如光禄寺官或缺,應於太常、太僕寺少卿内,取一員充山西正主考。如光禄、太常、太僕三寺少卿俱缺,照八年例行。○十四年諭:直省典試,官員各衙門堂官,慎選學行兼優者送部。○又諭:江南典試官,著照浙江一體題差。○又定:停分房取士例。各經同考官,公閲公薦。增《春秋》《禮記》房考官各一員。○十七年題准:直省正副主考,除曾經典鄉試,及會試分房不開外,其現在各衙門應差各官,不擬正陪,通列職名,題請欽點。命下日,轉行兵部,各給郵符,尅期起行,不許淹留京邸。○又定:在京同考各官,除郎中不差外,吏部取各部員外、主事、中、行、評、博、國子監科甲出身官員及近京廉慎素著科甲推、知,開列職名,題請欽定。其守部進士,亦盡行開列,恭候欽點,即日入闈。在外同考,各省督撫公慎酌量,扣定日期,將本省及鄰省才望素著推、知,或科甲教職等官,倍數密取到省,即日公闔入闈,以絶弊竇。以上各同考官,先取進士出身者,不足,兼取舉人出身之員。〇十七年議准:各主考到省,禁絶監臨、提調官迎接拜望,以遠嫌疑。自出京以至入院,務令扣定日期。凡省中寓所,俱用巡按封條,令巡按御史不時親行巡察。入簾行李,聽監臨、提調官公同驗明。該地方官預備官板書籍,爲三場出題之用,亦許正副主考携帶,以備較正。〇康熙三年題准:鄉試正副主考,不必指定某衙門官差往某省,各衙門應差官員職名,通行開列,題請欽點。〇五年議准:各省鄉試同考官,以本省内進士舉人官員用。如不足,方於鄰省聘取。〇十一年題准:各省鄉試,内閣進士中書,與各衙門應差官員,一體開列題差。〇二十六年題准:順天鄉試同考官,嗣後六部員外郎、主事、中書等官及守部進士,俱停開列,止用直隸科甲出身知縣。由順天府咨呈,吏部行文直撫,共起送三十名,限八月初一日來京,不許私寓外城,候題請欽點。〇二十九年題准:試差奉命,限五日内起程。如故遲不行,許科道題參,交與該部,嚴加議處。〇又議准:翰林院、各部院衙門官員,凡有病痊、假滿、服闋,如遇鄉試之年補任者,俱不准開列,以杜趨避之端。〇三十九年覆准:直隸正副主考,除應開列官員照常開列外,將侍郎、學士、京堂翰林、科道部屬等官由進士舉人出身者,無論已未典試,通行開列。〇五十年議定:直隸、江南、浙江鄉試人數,倍於他省,應照會試例加用房考官二員。〇五十一年覆准:粤西屬官,習《春秋》《禮記》者甚少,宜聘取鄰省科甲知縣及鄉科教官。如鄰省乏人,應於本省及鄰省同知、知州等官由科甲出身者,調取入闈。若再無充用之員,京闈鄉試,亦有重入内簾之例。其《詩》《書》《易》三經,仍照舊例,不重入闈。〇雍正元年諭:考官以秉公精鑒,識拔文才爲主,何論曾否入闈?嗣後,凡遇鄉科,各省督撫臨塲調齊科甲出身之員,不論已未分房,監臨試以時義一篇,其文理優長者,入内簾房考;荒疎者,供外塲執事。則分校得人,而佳文盡拔矣。〇三年諭:"前各省正副主考,朕皆視其人謹慎者派往,並未試其文藝,間有不能衡文者。此皆由中式之後,荒疎年久故耳。著將應差委之翰林由進士出身各部院官員查奏,朕試以文藝差委。"遵旨:將翰林院及進士出身官員人數,查明具奏,召集於太和殿,試以四書題文二篇,欽點王大臣監試。彌封訖,恭呈御覽,親定甲乙,封貯内閣,以備鄉試差遣。〇四年,諭各省正副主考官:"朕御極以來,開科取士。凡屬考官,皆擇其人品端方,素行謹恪者爲之。而諸臣果慎守法度,洗滌弊端,各省發榜士林,皆無異議。但聞試官之中,偶有學問不及,而所取之文,未盡滿人意者。是以去年朕將在京科目出身官員應開列正副主考者,通行考試,分别等第記名,以備簡用。今鄉試届期,將記名人員掣簽發往,使典試事。夫文行原無二理,豈有文藝優通,而品行卑劣者?况國家以文章取士,爾等以文章登科。今膺鑑衡之任,若文優而行劣,使天下之人謂文章一道全不足憑,則是爾等讀書通籍,反爲名教之罪人,國法尚可容乎?料爾等必無此事,但朕慎重科場大典,不得不諄諄告誡爾。是年,將御試取定人員,書名牙簽,盛以金筒。每届按省分差之期,設黄案於午門外,令書名人員齊集,命大學士同禮部堂官,捧金筒置黄案上,掣簽唱名。宣讀上諭畢,大學士將所掣名簽,恭請欽定正副主考差往。〇又覆准:江西應試,有一萬二千餘卷。習《書經》者,與《易經》相仿。《易經》四房,而《書經》房考止有二員,卷多房少。嗣後,將江西《書經》房考增加一員。〇五年諭:外省鄉試房考,舊例,皆用現任知縣入闈。朕思知縣身爲民牧,所職地方政務,甚爲殷繁。每當鄉試届期,赴省入闈,動經數月,諸事必至耽延遲悮。且一縣之中,豈可無正印官在署管轄?况知縣到任以後,日理簿書錢穀之事,於文藝未免荒疎。倘令辦事之時,猶必温習舉業,以爲房考,持衡之地,其勢難以兼顧。又,本省本縣應試舉子,皆係縣令所管轄之子民,於形跡亦涉嫌疑。朕意欲將外省房考之例,斟酌更定。或於鄰近省分舉人進士之員在家候選者,臨期調取數十人,以爲房考之用,交與監臨之督撫,秉公掣簽,令其入闈分校。如此,則房考非現任之官,既可於政事不致遲悮,而伊等候選在家,仍可不時温習舉業,以備衡文之任,似爲有益。但必須籌畫周詳,始可以杜弊端,而收科場之實效。著九卿悉心詳議具奏。遵旨議定:鄉試房考官,嗣後,除順天鄉試,仍照例開列各衙門官員,恭候欽點外,其外省鄉試,飭令所屬地方官各將在籍候選之進士舉人,確訪讀書立品、不干外事、文行素優者,該縣備造履歷經書清册,加結送府,該府出具保結,申送督撫衙門親加驗看,以備鄰省調取。大省十八房者,取用三十名,中省十四房者,取用二十五名,小省十二房十一房者,取用二十名,十房者,取用十八名。鄰省督撫咨文到日,遣官伴送,俱限八月初一日齊集調取之省城,照例關防,不許私相交接。主考官進闈之日,監臨、督撫傳集調取之進士舉人,當堂公同掣簽掣,得内簾者,即令入闈分校。其餘,即令回籍。至外簾之收掌、受卷、彌封、謄録、對讀五所官,仍於本省府州縣佐貳等官内選擇委用。其調取之舉人進士往來路費，每人給銀三十兩，應在本省公費銀兩内動支。至兩省接壤之地，居址相連，不無親朋往來，素相交好。若令一體入闈，亦屬未便。應令該督撫酌量道里遠近，互相調往。其附近三百里内者，不得混行咨送。如咨送人員内有暗通關節，夤緣作弊者，令該督撫、監臨題參，照律治罪。其餘處分，悉照科場條例。至本省知縣入簾之例，概行停止。其各省考官調取員數，江南十八房，調取三十人。浙江十人，山東十人，江西十人。浙江十八房，調取三十人。江南十人，江西十人，福建十人。江西十四房，調取二十五人。江南九人，湖北八人，福建八人。山東十四房，調取二十五人。直隸九人，江南八人，河南八人。山西十二房，調取二十人。直隸八人，陝西六人，河南六人。河南十二房，調取二十人。直隸八人，山東六人，山西六人。陝西十二房，調取二十人。山西七人，河南七人，湖北六人。福建十二房，調取二十人。浙江七人，江西七人，廣東六人。湖北十一房，調取二十人。江南七人，江西七人，廣東六人。湖南十一房，調取二十人。江西七人，廣西七人，貴州六人。廣東十一房，調取二十人。福建七人，江西七人，廣西六人。廣西十房，調取十八人。廣東六人，湖南六人，貴州六人。四川十房，調取十八人。湖南六人，陝西六人，貴州六人。雲南十房，調取十八人。貴州六人，四川六人，廣西六人。貴州十房，調取十八人。雲南六人，湖南六人，廣西六人。

〔**直省中額**〕

順治二年題准：順天中式一百六十八名。内，直隸生員貝字號，中一百十五名；北監生皿字號，中四十八名；宣鎮旦字號，中三名；遼學奉天府學夾字號，中二名。江南省中式一百六十三名。内，南監生皿字號，三十八名。浙江省中式一百七名。江西省中式一百十三名。湖廣省中式一百六名。福建省中式一百五名。河南省中式九十四名。山東省中式九十名。廣東省中式八十六名。四川省中式八十四名。山西省中式七十九名。陝西省中式七十九名。内，寧夏丁字號，中二名；甘肅聿字號，中二名。廣西省中式六十名。雲南省中式五十四名。貴州省中式四十名。○又定：南國子監裁，將監生中額歸國子監，共八十六名。增江南中額二十名，河南鄉試，孔裔用耳字號中一名。○五年定：遼學生員，每科額中舉人三名。○八年恩詔：順天、江南、浙江、江西、福建、湖廣，加中十五名。《易經》四名，《詩經》五名，《書經》三名，《春秋》二名，《禮記》一名。山東、山西、河南、陝西、廣東、四川，加十名。《易經》三名，《詩經》三名，《書經》二名，《春秋》一名，《禮記》一名。廣西，加五名。《易經》一名，《詩經》二名，《書經》一名。《春秋》《禮記》共一名，於二經卷内優者取之。仍裁江南增中額二十名。○九年，世祖章皇帝幸學，加監生中額十五名。○十一年恩詔：順天，加中十名。《易經》三名，《詩經》三名，《書經》二名，《春秋》一名，《禮記》一名。江南、浙江、江西、福建、湖廣，加中七名。《易經》二名，《詩經》二名，《書經》一名，《春秋》一名，《禮記》一名。山東、山西、河南、陜西、廣東、四川，加中五名。《易經》一名，《詩經》二名，《書經》一名，《春秋》《禮記》共一名。○十四年題准：監生中額，照南北分卷。直隸八府，延慶、保安二州，遼東、宣府、山東、山西、河南、陜西、四川、廣西，編北皿字號。江南、浙江、江西、湖廣、福建、廣東，編南皿字號。照應試生多寡數，分派中額。○又題准：孔顔曾孟四氏子弟，試卷仍同編耳字號。文優者，取中二名。○十七年題准：鄉試中式，照舊額減半。順天，中一百五名。内，直隸生員貝字號，中五十八名。南北監生皿字號，中四十三名。宣鎮旦字號，中二名。遼學奉天府學夾字號，中二名。江南，中六十三名。浙江，中五十四名。江西，中五十七名。湖廣，中五十三名。福建，中五十三名。河南，中四十七名。山東，中四十六名。内有孔顔曾孟四氏共編耳字號，中二名。廣東，中四十三名。四川，中四十二名。山西，中四十名。陜西，中四十名。内，丁字號、聿字號，各中一名。廣西，中三十名。貴州，中二十名。雲南，初定首舉鄉試，照舊額取中。○康熙二年題准：雲南鄉試，照例減半，中二十七名。○八年，聖祖仁皇帝幸學，加監生中額八名。○又恩詔：順天、江南、浙江、江西、福建、湖廣，加中十名。各經加中，照順治十一年順天例。山東、山西、河南、廣東、陜西、四川，加中七名。《易經》二名，《詩經》二名，《書經》二名，《春秋》《禮記》共一名。雲南、貴州、廣西，加中三名。《易經》一名，《詩經》一名，《書經》《春秋》《禮記》共一名。奉天府夾字號，加中一名。○十六年，特行鄉試。順天，專差考試。山東、山西、陜西，會在河南考試。湖廣、江西，會在江南考試。福建，會在浙江考試。每科舉十五名，取中一名。○二十年議准：增順天府生員鄉試中額五名。○又恩詔：加二十三年鄉試中額。大省十名，中省七名，小省三名，奉天一名。○二十六年議准：丁卯鄉試，臺灣新奉開科，初沾文教，應照甘肅寧夏生員，另號額中舉人一名。俟數科後，仍撤另號，勿限額數。○三十五年議准：八旗及直省鄉試廣額。八旗滿洲蒙古，原取中十六名，今增四名，共取中二十名。漢軍原取中八名，今增二名，共取中十名。順天鄉試生員，原取中六十三名，今增十七名，共取中八十名。南北監生，原取中四十三名，今增十四名，共取中五十七名。遼學、奉天宣鎮，照舊額，無容議增。以上各項，共計一百七十二名。江南，原取中六十三名，今增二十名，共取中八十三名。浙江，原取中五十四名，今增十七名，共取中七十一名。湖廣，原取中五十三名，今增十七名，共取中七十名。山東，原取中四十六名，今增十四名，共取中六十名。山西，原取中四十名，今增十三名，共取中五十三名。河南，原取中四十七名，今增十五名，共取中六十二名。陝西，原取中四十名，今增十三名，共取中五十三名。江西，原取中五十七名，今增十八名，共取中七十五名。福建，原取中五十四名，今增十七名，共取中七十一名。廣東，原取中四十三名，今增十四名，共取中五十七名。四川，原取中四十二名，今增十四名，共取中五十六名。廣西，原取中三十名，今增十名，共取中四十名。貴州，原取中二十名，今增十名，共取中三十名。雲南，原取中二十七名，今增十五名，共取中四十二名。其副榜并分經取中之處，俱照例計算取中。〇又題定：江西應試生員，習《詩經》者，較《易經》多三分之一。於新增舉人十八名之數，《易經》中三名，《詩經》中十名，《書經》中三名，《春秋》《禮記》各中一名。房考加《詩經》二員。〇三十六年題准：臺灣額外取中舉人一名，今歷四科。嗣後，撤去另號，歸閩省額内，一體取中。〇又題准：涼州西寧五學，編爲聿左號。甘州肅州五學，編爲聿右號。嗣後，遇增中一名之科，准其各中一名。〇三十八年覆准：奉天府屬，加中本科舉人一名。〇四十一年覆准：京師爲首善之地，加增解額。八旗滿洲蒙古，增中三名。漢軍，增中一名。順天等八府，增中十名。國子監貢監，增中八名。奉天，增中一名。宣化，增中一名。共取中一百九十六名。〇又覆准：晉省鄉試，大同另號額中二名。今大同人文勝前，著一體編號取中。〇又題准：浙江解額，加中十二名。湖廣解額，加中十三名。俱照江南例，共取中八十三名。副榜亦照額加中。〇四十二年恩詔：四十四年鄉試，大省增中十名，中省增中七名，小省增中三名，順天監生增中七名，滿洲蒙古漢軍增中三名。〇四十四年覆准：順天鄉試，奉天額中四名。今遵恩詔，照例加中舉人一名。嗣後，仍如原額。〇四十七年覆准：雲南省鄉試，於額中四十二名外，加中五名。〇五十年諭：各省讀書士子日盛，鄉試中額，酌量加增。遵旨議定：直省中額，俱於五分内增加一分。順天貝字號，額中九十名，今增十八名，共中一百八名。南北監生皿字號，額中六十名，今增十三名，共中七十三名。滿洲蒙古滿字號，額中二十三名，今增四名，共中二十七名。漢軍合字號，額中十名，今增二名，共中十二名。其奉天額中四名，宣化府額中三名，毋庸加增。至江南、湖廣、浙江三省，額中八十三名，今增十六名,共中九十九名。江西,額中七十五名,今增十五名,共中九十名。福建,額中七十一名,今增十四名,共中八十五名。山東,額中六十名,今增十二名,共中七十二名。山西、陝西,額中五十三名,今增十名,共中六十三名。河南,額中六十二名,今增十二名,共中七十四名。廣東,額中五十七名,今增十一名,共中六十八名。四川,額中五十六名,今增十一名,共中六十七名。廣西,額中四十名,今增八名,共中四十八名。雲南,額中四十七名,今增九名,共中五十六名。貴州,額中三十名,今增六名,共中三十六名。其副榜並分經取中之處,俱照名數計算。永爲定例。○五十年覆准:辛卯科鄉試,湖廣省原額,并兩次奉旨加增,及額外五經,共該取中一百一十三名。今止取中一百三名。將提調降三級調用,監臨降二級留任,正副主考俱著降二級調用,所有加級不准抵銷。其少中舉人十名,應於下科補中。○五十八年覆准:江西近科士子入場甚衆,將鄉試中額照浙江、湖廣例取中。○六十一年十一月恩詔:於雍正元年四月特行鄉試,并加中額。大省廣額三十名,中省廣額二十名,小省廣額十名。順天額内,多滿合、夾、旦、南北皿等字號,原與諸大省不同。應照康熙四十四年、五十年例,將順天生員照大省廣額三十名,南北監生照中省廣額二十名,滿洲蒙古漢軍照小省廣額十名。内,滿字號七名,合字號三名。○又,湖南士子應試,越洞庭之險。奉恩旨,分闈考試,以雍正二年爲始。遵旨議定:湖北,酌中舉人五十名,副榜十名。湖南,酌中舉人四十九名,副榜九名。○又覆准:廣東人文日盛,照河南次省例,於原額六十八名外,加增六名,共取中七十四名,副榜亦照例加增一名。○又覆准:陝西中額六十三名。今奉恩詔:廣額二十名。將丁聿二號内,亦擇其文之優者,加中一名。○又覆准:山東中額,舊止四十六名,内孔顔曾孟四氏子孫,編耳字號分中二名。今廣額遞加至二十六名,共七十二名,其耳字號並未加增。嗣後,照前二十三名分中一名之數,於二十六名内分中一名,共取三名。○又覆准:閩省鄉試中額八十五名。今人文日盛,奉旨加增四名,共取中八十九名。

〔鄉試通例〕

凡入場官員,順治初定:順天用監試御史二員,入場總理諸務,巡察御史二員,搜檢各生進場,係順天府咨呈都察院,都察院轉咨禮部,坐名題差。其外簾各官,共用十六員,於八府知縣、教官内科甲出身者,由順天府府尹行取題用。各省用巡按御史爲監臨官。○康熙二年題准:巡按已經裁撤,用該巡撫監臨。其江南省江寧、鳳陽、安徽三巡撫,挨取監臨。永著爲例。他省仿此。○鳳陽巡撫缺裁。提調,例用布政司官二員。監試,用按察司官二員。如布政司署理監臨事務,則以按察司充提調,守巡等道充監試。如按察司署理監臨事務,則以守巡等道充提調監試。其印卷、收掌、受卷、彌封、謄録、對讀等官,以府佐貳首領并州縣正佐内由正途出身各官選用。其巡綽、搜檢、供給等官,於衞弁、雜職内取用。○三年題准:順天鄉試,停止御史坐名題請例,通行開列,密題欽點。外簾各官,亦與主考同考官通行開列,密題欽點。○十一年議准:京闈,增監試滿御史二員,巡察滿御史二員。○十八年議准:京闈内簾,用糾察滿漢御史各一員。○二十六年覆准:京闈外簾官,科目出身者,恐不足用。將正途出身知縣、教官,一併取用。倘有推托規避者,指名題參。○四十年覆准:順天鄉試外簾,停其開列本省教官,將貢監出身之州縣等官開列。○雍正元年議准:順天文武鄉試外簾官,原係調取直屬州縣。但州縣官各有地方專責,不宜久曠職守。嗣後,停其調取,禮部、兵部行文各衙門,將進士舉人出身之員外、主事、中、行、評、博、内閣中書、國子監助教、守部進士、舉人并翰林院庶吉士、行取主事,開列題請。

凡筵宴,正副主考、同考及執事等官入場日,簪花筵宴,主考、同考給表裏。出場次日,簪花筵宴。○康熙十四年題准:出場次日,筵宴一次,餘俱停止。○二十三年題准:入場、出場簪花筵宴,及入場給表裏,俱照舊例行。

凡八旗鄉試,順治八年題准:滿洲蒙古漢軍生員開科鄉試,於順天舉人定額外,取中滿洲五十名,蒙古二十名,漢軍五十名。各衙門無品筆帖式,亦同生員應試。其滿洲蒙古,或翻譯漢文一篇,或作滿文一篇,漢軍作漢文。第一場四書文二篇,經文一篇。如未通經者,作四書文三篇。第二場論一篇。第三場策一道。至次科第一場,四書文三篇,經文二篇。第二場論一篇,判五條。第三場策三道。已後應試,俱照漢人例行。其滿洲蒙古生員、筆帖式同列一榜,不論滿洲蒙古,取文字優者爲第一名。漢軍生員、筆帖式、漢生員、監生同一榜,不論漢軍漢人,亦不論生員監生,取文字優者爲第一名。其餘名次,俱以文字高下爲前後。會試殿試,俱照此例。其進呈《試録》,兩榜士子及考試等官姓名,一體開列。《題名録》,滿洲蒙古一本,漢軍漢生監一本。○十三年,減定鄉試中額。滿洲中四十名,蒙古中十五名,漢軍中四十名。○十四年,停止八旗考試。○康熙二年諭:滿洲蒙古漢軍生員,俱准鄉試。中式者,送吏部録用。不中者,革去生員。○八年題准:八旗復行鄉試。滿洲蒙古編滿字號,取中十名。漢軍編合字號,取中十名。○十五年,停止八旗考試。○二十六年恩詔:八旗准同漢人一體鄉試。遵旨議定:於直隸舉人額外,照舊例滿洲蒙古取中舉人十名,漢軍應減五名,止取中五名。○二十九年題准:奉天府滿洲蒙古漢軍鄉試之監生、生員,令奉天將軍、副都統等,驗射馬步箭。能射者,交與該府丞分别考取,移送鄉試。○三十二年議准:鄉試,滿洲蒙古,原取中舉人十名,今增六名,共取中十六名;漢軍,原取中舉人五名,今增三名,共取中八名。○三十五年議准:滿洲蒙古,再增四名,共取中二十名。漢軍,再增二名,共取中十名。○三十六年論:八旗宗室子弟,除已授爵秩人員外,其閑散子姓,能力學屬文,奮志科目者,令與滿洲諸生一體應試,編號取中。○三十九年,宗室子弟科舉會試,奉旨停止。○四十一年覆准:滿洲蒙古增中三名,漢軍增中一名。○四十二年恩詔:滿洲蒙古漢軍,四十四年鄉試,增中三名。○五十年覆准:滿洲蒙古滿字號,原取中二十三名,今增四名,共中二十七名。漢軍合字號,原取中十一名,今增二名,共中十三名。○雍正元年,恩科鄉試。議准:滿洲蒙古漢軍,照小省例,廣額十名。

凡五經卷,順治二年定:士子有作五經者,如果博雅,不在篇數取多,且恐有關節嫌疑,以後應行禁止。○康熙二十六年,京闈試卷内,有二卷四書五經文真草各二十三篇,監試題請。奉旨:授爲舉人。後不爲例。○四十一年,順天鄉試,南皿内,有二卷作四書五經文,共二十三篇。奉旨:俱授爲舉人,准其會試。○又議准:嗣後,有願作五經者,不必禁止。著於額外取中。其五經草稿,或闕,免其貼出。另備長卷,許本生禀明給發。二場,應仍復詔誥二題,令其兼作,闕者不録。○五十年覆准:習五經者,各省於額中三名外,增中一名。順天中額,多於各省,增中二名。○五十六年,停止五經應試。○雍正二年,上詣太學,御彜倫堂。諭:鄉試解額,加中五經,至五十六年而罷,以久而滋弊也。嗣後,各學臣及祭酒、司業,於録科時先加面試,實在貫通五經,仍聽以五經應試。主考閲文果佳,本監取中四名。直隸各省大小不一,應取中幾名,著分别議奏,會試臨時請旨。遵旨議准:各省五經應試,不便懸擬入場卷數,預定中額。今國子監皿字號額中七十八名,奉恩旨加取五經四名,計十九名五分加中一名。各省奉此爲法,每額中十九名,加中五經一名。其零數過十名者,亦准加一名;不及十名者,不准加增。直隸,貝字號,額中一百零八名,加五經五名;滿字、合字號,額中四十名,加五經二名;旦字、夾字號,額中共七名,有五經應試者,并入貝字號,比較取録。江南、浙江、江西三省,額中俱九十九名,俱加五經五名。湖廣,額中原共九十九名,今分湖北五十名,湖南四十九名,應於雍正四年丙午科,湖北加三名,湖南加二名,於己酉科,湖南加三名,湖北加二名,以後照此輪轉。福建,額中八十五名,加五經四名。山東,額中七十二名,加五經四名。山西、陝西,額中俱六十三名,俱加五經三名。河南、廣東,額中俱七十四名,俱加五經四名。廣西,額中四十八名,加五經二名。四川,額中六十七名,加五經三名。雲南,額中五十六名,加五經三名。貴州,額中三十六名,加五經二名。其大省,五經應試,人多文佳,額外量取副榜三四名,准其作貢。小省,五經應試者少,或文不佳,寧缺毋濫,主司務秉公遴選,以副尊經至意。又,五經應試者,先另納長卷,卷面填定"五經"字樣,以杜絶場中冀倖湊助等弊。又,從前五經應試者,其經文先寫所習本經文在前,閲卷者易於揣度。嗣後,不論所習何經,俱依題紙經題次第挨寫。又,四書三義草稿不准闕。其餘經文草稿,聽其力之所能,不拘幾篇,即或全闕,亦免貼出。至於二場加詔誥各一道之處,仍照舊例。

凡副榜,順治初定:直省鄉試卷,有文理優長,限於額數者,取作副榜,與正榜同發。〇十一年題准:鄉試副榜生員,照各省大小,量定名數,送監充監生。順天二十名,漢軍五名,江南十二名,浙江十名,江西十一名,湖廣十名,福建十名,山東九名,山西八名,陝西八名,河南九名,四川八名,廣東八名,廣西六名。其送監副榜,俱以前列名數起送。其副榜前列,以文字優長爲主,不拘經房。仍將送監副榜硃墨卷,一併解部磨勘。如有冒濫、文字不通者,將考官一體糾參。永爲定例。〇康熙元年題准:鄉試停止取中副榜。〇十一年議准:直省鄉試,仍取副榜。照舊例外,增滿洲蒙古五名,雲南五名,貴州四名。以後,每加增正榜中額五名,即加增副榜中額一名。〇雍正四年諭:近來試官,多以四書文爲主,而於經藝不甚留心。士子讀書制行之道,首在明經。其以五經取中副榜者,必係有志經學之士。著將今年各省五經取中副榜之人,俱准作舉人一體會試。再,今科各省所中副榜內,有兩次中副榜者,亦准作舉人,一體會試。以上二項,俱係特典,後不爲例。

凡解卷,順治二年定:各省解卷,山東、山西、河南、陝西以九月到,江南、浙江、江西、湖廣以十月到,兩廣、四川、福建以十一月到,雲南、貴州以十二月到。遲延者，聽部科察參。〇八年題准：直省取中舉人硃墨卷，令主考、監臨、布政使、知府等官，於揭曉日，公同在場内，將中式硃墨卷每十卷爲一封，各用印信，是日即起程解部。定限，順天揭曉次日到部，山東、山西、河南限二十日到部，江南、陝西限四十日到部，浙江、江西、湖廣限五十日到部，福建限七十日到部，廣東限九十日到部。如解卷違限十日者，府尹、布政使罰俸一個月，解送官員議處。其中式舉人，提學傳齊，令將本身籍貫花名親自書寫，於揭曉十日後，照解卷限期到部，以憑磨對。〇十五年議准：府尹、布政使解卷遲延，每遲十日者，罰俸兩個月。仍詳查原文起解月日，係本官遲延者，責在本官。如係解役耽閣者，另行該撫，從重治罪，與本官無涉。〇康熙五十四年覆准：鄉試揭曉後，舉人另單填寫親供，依限送部，查對墨卷筆跡。如逾限不填送親供，舉人不准會試。

凡磨勘，順治二年定：前場文字，以明理會心、不愧先程者爲合式。後場，以出經入史、條對詳明者爲合式。各卷解到之日，禮部會同禮科磨勘。如決裂本題，不遵傳註，引用異教，影合時事，摭入俚言諧語，及小結、大結不分明，甚至作全不可解之語者，並後場空疎，五策原問十不憶五者，酌量所犯重輕察参，首嚴弊倖，次簡瑕疵。此外，字句偶疵，風簷寸晷，不妨寬貸。〇八年題准：磨勘試卷内，有字句可疑，一卷者，正副主考官罰俸六個月；二卷者，罰俸九個月；三卷者，罰俸一年；四卷者，降一級；五卷者，降二級六卷者，降三級；七卷以上，革職。文體不正，一卷者，正副主考官罰俸三個月；二卷者，罰俸六個月；三卷者，罰俸九個月；四卷者，罰俸一年；五卷者，降一級；六卷者，降二級；七卷者，降三級；八卷以上，革職。同考官，有字句可疑，一卷者，降二級；二卷者，降三級；三卷以上，革職。文體不正，一卷者，罰俸一年；二卷者，降一級；三卷者，降二級；四卷者，降三級；五卷以上，革職。〇十五年題准：磨勘試卷内，有字句可疑者，正副主考官，有一卷，罰俸九個月；二卷，罰俸一年；三卷，降一級；四卷，降二級；五卷，降三級，俱調用；六卷，革職；七卷，革職提問。如有經書文内文理悖謬，不遵小註章旨，及論内文理悖謬，表判不合，題策内所對非所問，皆爲文體不正。一卷，罰俸六個月；二卷，罰俸九個月；三卷，罰俸一年；四卷，降一級；五卷，降二級；六卷，降三級，俱調用；七卷以上，革職。如字句疵蒙謬累及不諳禁例者，每卷，罰俸三個月。同考官，字句可疑者，一卷，降三級；二卷，降四級，俱調用；三卷，革職提問。如文體不正者，一卷，降一級；二卷，降二級；三卷，降三級，俱調用；四卷，革職；五卷以上，革職提問。

如字句疵蒙謬累及不諳禁例者，每卷，罰俸一年。舉人，磨勘出文體不正者，斥革；字句可疑者，斥革；字句疵蒙謬累等項，罰停會試二科。其不諳禁例者，罰停會試三科。如行文内筆誤二三字不礙禁例者，罰停會試一科；錯落在題目上者，罰停會試二科。同考官未經抹出者，罰俸一年。〇又定：場中，墨筆添改，罪在主考，各降三級調用；藍筆添改，罪在同考，查明何官筆跡，亦降三級調用。其同閲官不能覺察者，亦降一級調用。〇又定：場中取中各卷，原宜三場遍閲，或主考以關防諸弊，力不能周，應房考官通行點定，然後進呈。其房考藍筆未經點到者，各降一級調用。主考官不行覺察者，罰俸一年。其副榜雖係不中之卷，亦應藍筆全點。有不全點者，將同閲一經之官，各罰俸一年。主考官，亦各罰俸九個月。中式硃卷上，應先填名次，後填姓名。墨卷面雖原有舉子姓名，亦應填寫名次。如硃卷有止填本生姓名，未填名次者，墨卷有因本生姓名在上，不填名次者，責在主考，各降一級調用。〇十七年議准：試義雷同勦襲，偶然倖中者，磨勘得實，立行黜革。〇康熙七年題准：四書五經文章策論表判，有全篇雷同勦襲者，正副主考官，一卷，罰俸六個月；二卷，罰俸九個月；三卷，罰俸一年；四卷，降一級；五卷，降二級；六卷，降三級，俱調用；七卷以上，革職。同考官，一卷，罰俸九個月；二卷，罰俸一年；三卷，降一級；四卷，降二級；五卷，降三級，俱調用；六卷以上，革職。舉人，罰停會試二科。〇又定：墨卷題内字及文字内錯寫謄録，不照原字謄寫，自行改正，對讀官不行對明，徑送内簾者，一卷，謄録、對讀官，罰俸九個月；二卷，罰俸一年；三卷，降一級；四卷，降二級；五卷，降三級，俱調用；六卷以上，革職。舉人，罰停會試二科。謄録對讀人，發該地方官責革。其内簾主考、同考官，免議。墨卷未落，硃卷謄録遺句，主考抹出，同考官未經抹出者，罰俸六個月。〇十八年議准：舉子黜革一名者，同考官革職；黜革二名以上者，同考官革職提問。正副主考官，舉子黜革一名者，各降二級調用；黜革二名者，降三級調用；黜革三名以上者，革職。舉子罰停會試三科者，每一名，同考官，降一級調用；正副主考官，各罰俸一年。罰停會試二科者，每一名，同考官，降一級留任；正副主考官，各罰俸九個月。罰停會試一科者，每一名，同考官，罰俸一年；正副主考官，罰俸六個月。〇二十六年題准：試卷到部，司官五日閲完呈堂。覆閲五日，移送禮科。又五日，公閲具題。〇四十年題准：直省鄉試解卷到者，禮部即奏請欽點，九卿翰詹科道等官，會同磨勘。如有餽送需索，事發，按例從重治罪。

凡順天府鄉試,儒士辦事,舊例,禮部撥善書儒士六名,劄發順天府入場辦事。〇康熙三十九年覆准:儒士在闈中,止令其繕寫題目、《題名録》及揭曉榜文,不許分卷打印。其分卷打印,交與收掌試卷官,仍令内監試御史監看。〇又議定:儒士在場中,歷年作弊。嗣後,停止取用儒士。臨期行文各衙門,保送善寫書手聽用。會試同。

凡各直省鄉試,定例取醫士一名,入場聽用。

大清會典卷之七十四

禮部儀制司

〔**貢舉三**〕

〔**會試考試官**〕中額及通例附。

順治三年定：會試主考官，屆期，禮部開列内院大學士、學士、六部尚書、侍郎、都察院堂官職名，題請簡用。同考官二十員，内，用翰林院官十二員、六科官四員、吏部司官一員、禮部司官一員、兵部司官一員、户刑工三部司官，每試輪用一員。各該衙門推舉資俸優深，才望素著者，送内院裁定，入闈閱卷。〇十四年，停分房取士之例。各經同考官，分閱公薦。增閱《春秋》《禮記》官各一員。〇十五年定：應開送同考各衙門，除曾經直省典試及會試分房不開外，其見在各官，臨期密開職名，移送禮部，題請欽點。〇康熙十八年議准：正副主考與同考官，同坐一堂閱卷。至日晚，查所閱硃卷，入箱封鎖。次日，公同開閱。不許私帶入房。〇五十四年諭：會試每一房之卷，令不同省房官二員同閱。如一人有情弊發覺，二人並坐。俾各知畏懼，互相覺察。會試舊例，房考用十八員，是科用三十六員。順天鄉試同。〇雍正元年諭："國家掄才大典，首重試官主考，憑房官閱薦之文，定其去取。則一榜衡鑒之當否，係於分校諸臣之賢不肖，亦匪輕矣。近科以來，皇考慎重闢門籲俊之典，於順天鄉試及會試房考官，慮其人邪正不一。特命每房各用二人，同閱試卷，使之互相覺察，彼此鈐制，用意良爲周密。但法久弊生，一房兩考官，豈皆遇秉公持正之人？設有一狡黠者，參雜其間，即爲賢者之累。况兩人或皆不肖，則朋比作奸，其害不更甚乎！嗣後，仍著照舊定科場條例，各房止用一人校閱。其責既專，其功罪亦難推諉。朕纘承大統，思欲善繼皇考旁求俊乂之志，務俾鎖闈清肅，盡得真才。故特酌復舊章,防杜滋弊。”

〔歷科中額〕

順治三年,丙戌。取中四百名。○四年,丁亥。再行會試,取中三百名。○六年,己丑。取中四百名。○九年,壬辰。取中四百名。○十二年,乙未。取中三百五十名。○十五年,戊戌。取中四百名,又欽賜殿試一名。○十六年,己亥。雲貴蕩平,恩詔再行會試,取中三百五十名。○十八年,辛丑。取中四百名。○康熙三年,甲辰。取中一百五十名。是科,改試策論。○六年,丁未。取中一百五十名。○九年,庚戌。取中三百名。是科,仍以八股考試。○十二年,癸丑。取中一百五十名。○十五年,丙辰。取中一百九十五名。○十八年,己未。取中一百五十名。○二十一年,壬戌。取中二百名。○二十四年,乙丑。取中一百五十名。○二十七年,戊辰。取中一百五十名。○三十年,辛未。取中一百五十名。○三十三年,甲戌。取中一百五十名。○三十六年,丁丑。取中一百五十九名。○三十九年,庚辰。取中三百名。○四十二年,癸未。取中一百五十九名,又欽賜殿試三名。○四十五年,丙戌。取中三百名。○四十八年,己丑。取中三百名。○五十一年,壬辰。取中一百七十七名,又欽賜殿試十五名。○五十二年,癸巳。萬壽恩詔開科會試,取中一百九十六名。○五十四年,乙未。取中一百九十名。○五十七年,戊戌。取中一百六十五名。○六十年,辛丑。取中一百六十三名,又欽賜殿試二名。○雍正元年,癸卯。特恩開科會試,取中一百八十名,又加取九十名,共取中二百七十名。○二年甲辰。八月,補行正科會試,取中二百十三名,又加取七十七名,共取中二百九十名,又欽賜殿試一名。○五年,丁未。取中二百十名,又欽賜殿試一名。

凡分南北中卷,順治九年定:南卷取中二百三十名。浙江、江西、福建、湖廣、廣東五省,江寧、蘇州、松江、常州、鎮江、徽州、寧國、池州、太平、淮安、揚州十一府,廣德一州。北卷取中一百五十三名。山東、山西、河南、陝西四省,順天、永平、保定、河間、真定、順德、廣平、大名八府,延慶、保安二州,奉天、遼東、大寧、萬全諸處。中卷取中一十四名。四川、廣西、雲南、貴州四省,廬州、鳳陽、安慶三府,徐、滁、和三州。○十二年議准:止分南北卷。其中卷安慶、廬州、鳳陽三府,滁、徐、和三州,原中江南鄉試,歸併南卷。四川、雲南、貴州、廣西四省,歸併北卷。每科臨場,照應試舉人多寡,隨時分派南北中額,不必預定南北名數分卷。○十八年題准:仍分南北中卷,照應試舉人多寡,隨時定額。○康熙十五年議准:雲南、貴州、四川、廣西四省,照順治十二年例,暫歸北卷。廬州、鳳陽、安慶三府,滁、和、徐三州,暫歸南卷。其南北卷中式數目,仍照卷數多寡取中,不預定南北名數。○二十四年議准:會試仍照舊例,分南北中卷。○三十年覆准:南北中卷内,再分江南、浙江爲南左,江西、湖廣、福建、廣東爲南右,直隸、山東爲北左,河南、山西、陝西爲北右,四川、雲南爲中左,廣西、貴州爲中右,仍照舊例合計卷數多寡,憑文取中。又,安、廬、鳳三府,滁、和、徐三州,改歸南卷。○三十四年覆准:遠省習孤經者少。若現行十六名取中進士一名之例,人數恐有不足。嗣後,雲南、四川、廣西、貴州四省,《春秋》《禮記》二孤經,若應試人多,仍照現行例;人少,則合四省總算,二孤經照數分中。若仍不足,則合二孤經,擇其文佳者,取中一名。○三十八年議准:會試南北卷内,不必細分左右。將廬州等府、滁州等州舊係中卷者,俱歸南卷。雲南、貴州、廣西、四川四省,去中卷名色。每科,雲南定爲雲字號,額中三名;四川定爲川字號,額中二名;廣西定爲廣字號,額中一名;貴州定爲貴字號,額中一名。○三十九年,會試,恩詔加額。雲南、四川各加中二名,廣西、貴州各加中一名。○又議准:浙江等省,既編南卷,山陝等省,既編北卷,又將雲南、貴州、四川、廣西編爲中卷,卷數甚少,易查關節。嗣後,將四省編入南卷内,照現行例取中。○四十二年議准:會試揭曉後,如有脱科之省,將未中式試卷,交與正副主考校閱揀選,進呈請旨,中一二名。○四十五年定:四川省會試卷,仍歸南卷考試。○五十一年覆准:會試舊分南北卷,不分别省分,以至取中人數不均。嗣後,會榜不必預定額數,亦不必編南北官民等字號,惟按直隸各省及滿洲蒙古漢軍分編字號,印明卷面。於入場時,禮部清查各處舉人實數奏聞。酌量省分大小,人材多寡,欽定中額,行文主考,就各省内,擇其文佳者,照所定之數取中。○五十四年諭:嗣後,會試舉人一到,停其啓奏數目。俟三場畢,貼出後,將實數具題奏聞。○雍正元年諭:"進士照朕所定之數,入榜取中,仍降旨與主考官。此外不拘省分,不限額數,有可取好卷選出,另行具奏。放榜後,其落卷,照今春撿閲之例撿閲。"

〔會試通例〕

凡五經會試,康熙四十一年議准:會試五經卷,不論南北官民,於額外取中,不得過三名。○五十年覆准:會試習五經者,於額中三名外,增中三名。○五十六年,停止五經中式。○雍正二年,上諭學。奉恩旨:令實能貫通五經者,仍聽以五經應試。詳見"鄉試"。○又覆准:五經會試,原無多人,分省既爲未便,混合爲一,又恐南北去取偏枯。嗣後五經卷,照前分南北中之例，以直隸、山東、山西、陝西、河南爲北卷，江南、浙江、江西、福建、湖北、湖南爲南卷，四川、廣東、廣西、雲南、貴州爲中卷，滿洲漢軍另立一號。臨時將四號完場卷數，恭請欽定中額。〇又題准：五經應試，前經停罷，今奉恩旨復增中額，必雍正四年鄉試後，始有各省五經中式舉人。本年八月，補行正科會試。除前原係五經中式外，其非五經中式舉人，今願以五經會試者，許照面試生監例，禮部先加面試，實能貫通五經，准以五經應試。著爲定例。

凡入場官員，順治三年定：命禮部堂官一員，充知貢舉；禮部司官二員，充正副提調。其監試御史二員，巡察御史二員，俱坐名題遣。〇十二年，增滿監試御史二員，滿巡察御史二員。其受卷、彌封、謄録、對讀、監門等官，俱由内院中書科、國子監、光禄寺、上林苑、順天府、京衛等衙門官取用。其巡綽官，用京衛守備、千總等弁。供給所，用禮部司官。俱預行各該衙門開送，坐名派定執事，屆期具題。〇康熙三年題准：監試御史、巡察御史，停其坐名題請，通行開列，密請欽點。其内外簾執事等官，禮部將應送各官盡行開列，與正副考官等，一併題請欽定。〇十八年議准：内簾用糾察滿漢御史各一員。〇三十二年議准：文武會試内，收掌官將内閣中書、中書科中書，無論俸次，盡行開列，恭候欽點。〇四十年覆准：會試外簾，例開光禄寺、國子監、順天府學衙門等官，恐有人數太少之處。臨期將守部候選之内外七品官，一併開列。〇雍正元年定：會試外簾官，將翰林院庶吉士與進士出身之國子監、中書科、内閣中書等官開列。

凡正副主考、同考及執事等官筵宴，定例，二月初六日，於午門前行禮，出赴禮部簪花筵宴。主考、同考，給與綵緞表裏。主考二表裏。同考一表裏。出場次日，行禮，簪花筵宴。〇康熙三年題准：命下日即入場，停止行禮筵宴。〇九年，復行禮筵宴。〇十四年題准：出場次日，考試官並各舉人，照常行禮，筵宴一次，餘俱停止。〇二十三年題准：入場出場簪花筵宴，及入場給表裏，俱照舊例舉行。

凡空白試卷，康熙十八年議准：鄉試，順天府預備空白試卷十本，會試，禮部預備空白試卷十本，交監試御史。遇有遺失錯污等項，查明給發補換。〇二十六年覆准：順天鄉試會試，原有空白卷十本，交與外監試御史。嗣後，應多備空白卷候用。

凡起送，順治八年題准：新舊舉人，直隸限十二月起送。山東、山西、河南、陝西，限十一月起送。江南、浙江、江西、湖廣，限十月起送。福建、廣東、廣西、四川等處,限九月起送。如司府稽延違限,聽禮部查參。〇康熙三年題准:舉人考授内閣中書及現任者,俱准會試。〇五年題准:直隸舉人,責成順天等府起送。各省舉人,責成該布政司起送。除欠糧緣事已經革黜,及現在議處未結,與罰科、丁憂、患病等項,確察不送外,其應會試舉人,於會試年前詳察造册,限十一月内送部。舉人等,仍逐名給文,於會試年前十一月初一日起,至會試年正月初十日止,赴部投文。如過期投文者,不准收試。該地方官不照定限送部并遲悮給文者,禮部指名題參。〇九年議准:會試關係取士大典,展限於二月初一日以内投文,准其會試。〇雍正四年論:明年乃會試之期,春季適有閏月,二月節候,天氣尚冷。凡應試舉子,途次遠來,及闈中考試,誠恐寒苦。著將明年二月入場之期,改至三月。令該部即行文各省,論令知悉。若近京各省舉子,俟開春起送,亦覺甚便。嗣後會試之年,遇有閏月,該部先期奏聞。

凡中式進士留京教習,康熙五十一年論:考取進士,除選庶吉士外,其餘挨次選補縣令,俱有刑名錢穀之責。未登仕前,不知事宜,仕時安有裨益?今歲進士,勿令回籍,交禮部選翰林内學優品端者數人,教習文藝,從事典禮。如有纂修之事,令伊等纂修。每進士一名,月給銀三兩。有患病、告假、丁憂終養等項,仍照例給假。其材力不及者,教習官題參行革;優長者,不拘科分名次,即行陞補;平常者,三年滿日註册,俱令歸籍,候缺補用。〇又覆准:教習進士,頒發御製詩集、御批通鑑古文等書,撥給内務府所存房舍開舘,禮部翰林院分派人役四名看守。每遇大朝之日,令進士隨現任官員班末行禮,以觀大典。〇雍正元年,停止。

凡會試下第舉人回籍,舊例,給與路引,以便下科起文。會試發榜後,禮部即劄行順天府,并發直省點名原册,令照例逐名給發。〇雍正二年覆准:承平日久,必無冒名匪類。嗣後,下第舉人,免給路引,不必在京守候。并令各省巡撫轉飭布政司,凡舉人會試,即與起文赴部,毋得留難。〇又論:上年天下舉人,會試來過一次,今年會試,來者甚多,恐往返道路及在京守候,盤費均難接濟。特加恩賞,將入場之雲南、廣東、廣西、貴州、四川五省舉人,每名賞銀十兩;福建、浙江、江南、江西、湖廣、陝西六省舉人,每名賞銀七兩;直隸、山東、河南、山西四省舉人,每名賞銀五兩。禮部務按進場舉人名籍,查明給與本身,俾得均沾實惠。即於明日出榜時,一同出示曉論,勿致稽遲遺漏。〇五年論:會試下第舉子,著每人賞給盤費銀五兩。

凡會試下第舉人就教,順治九年題准:舉人願就教職者,不拘科分,禮部查明具題,同貢生一體廷試。〇十五年題准:會試三科舉人,方准就教。〇康熙七年題准:舉人教官,仍准會試。〇二十三年議准:雲南舉人,願就教職者,就本省考試。試卷解送禮部,閱定次序,移送吏部補授。〇雍正五年議准:各省教職,疲老荒疎,無益訓課。著將各省會試下第舉人落卷,查出檢閱。如文理明順,交與吏部帶領引見,恭候欽選,令回本籍候補。各該撫會同學政,將本省現任之學正教諭,詳加甄別,内有文藝不通,年力衰憊者,照例令其休致。所遺員缺,即將此項舉人,照依科分名次,題請補授。其陞任、丁憂、事故等員缺,亦先儘此項舉人題補。伊等歷任六年,果能董率士子,著有成效,該督撫照例題請議叙。其有志上進者,仍准一體會試。若先經驗看以知縣註册之員,遇伊等截取應選之年,免其離任投供,仍按各科分名次,以知縣掣補後,行文調來引見。〇又諭:"教官有董率士子之責。果能實心訓導,使諸生讀書循理,無挑達囂陵之習,則庶民有所觀法,風俗可望淳厚,所關非淺鮮也。乃向來教職,因循偷惰,全不以教訓爲事。朕屢降諭旨,而積習如故。因於爾等下第舉人中,擇文理明通者,引見命往。論爾等科分名次,尚非應選之人,朕恩特用,務須勉力供職,加意訓誨。六年之内,如果著有成效,督撫題薦,朕格外加恩。如仍前怠惰,有負職守,經督撫題參,朕不姑容也。"

凡贍給八旗舉人,雍正二年定:凡在護軍驍騎執事人員内行走者,每月給銀三兩、米一斛,令其讀書。〇又覆准:嗣後,令該都統於會試榜後,備造清册,咨送禮部,開列滿漢部院堂官,恭請欽點二員,在午門内考試。其文理通順者,贍給銀米;文理不通者,停止,以示激勸。

凡副榜,順治初定:舉人中副榜者,免其廷試,禮部即咨送吏部授職。〇康熙三年題准:停止會試副榜。

凡貢院需用物件,舊例,由工部備辦。康熙十年,錢糧歸併户部,工部將承辦過會場器皿旗牌等項,題交順天府收貯。遇會試時,禮部行文順天府取用。〇雍正元年議准:貢院内應用桌椅器物,向係工部承辦,順天府收貯。日久廢弛,器物不存,多向五城借用。令順天府支用工部錢糧,備造應用。試畢,交大宛兩縣收貯貢院内閒房。倘有遺失損壞,著落賠補。數年後,果係不堪應用,題明補造。

凡會試供給及匠作人夫并置辦筆墨等項,定例,禮部咨取户部銀五百兩,交提調官酌量支發,餘銀繳回户部。〇雍正元年議准:順天鄉試會試場内,所用筆墨紙張及苕帚水桶等物,亦著備辦,以杜五城借用之擾。其水桶等物,於考畢日,交司坊官收貯,照桌椅之例。至筆墨紙張等項日銷之物,嗣後,於科場供應銀内,一體奏銷。

凡貢院號房書寫牌面及内簾寫題填榜,定例,取善書儒士八名,送貢院聽用。○康熙三十九年,停止取用儒士。詳"順天鄉試條"内。

凡考試等官入院,禮部行文太醫院,取醫官一員,送貢院聽用。

〔殿試〕

順治初定:殿試時務策一道。○十五年題准:禮部題請讀卷官,由内三院、詹事府、吏户兵刑工五部、都察院、通政司、大理寺各衙門堂官,通行開列,恭請欽點十四員。提調,用禮部堂官。監試,用監察御史。受卷、彌封、掌卷,用内院侍讀學士以下官、禮部司官、六科給事中、内院典籍、撰文辦事中書等官。印卷,用禮部司官。巡綽,用鑾儀衛。供給,用光禄寺、禮部司廳等官。寫榜,用内院、禮部等官。○又定:禮部堂官,除提調外,亦准開列讀卷。○雍正元年諭:前會試舉人已經中式者,除過犯革黜外,其有因殿試謄寫錯悮,不合體式,及有事故不得考者,著禮兵二部察明核實,准其再行殿試。

凡殿試後三日讀卷。讀卷後一日,皇帝御殿傳臚,鴻臚寺官宣制。一甲三名,賜進士及第。二甲,賜進士出身。三甲,賜同進士出身。張掛黄榜於長安左門外。傳臚後三日,賜恩榮宴於禮部。欽命内大臣一員主席,讀卷執事官皆預。進士并各官皆簪花,教坊司承應。又二日,頒賞頭等執事官賞銀二十兩,次等執事官賞銀十二兩,三等執事官賞銀六兩,賜狀元六品頂冠朝衣補服帶靴襪,及進士銀兩。順治三年,開科,九年,躬親大政,每名銀十兩。其餘每科,銀五兩。次日,狀元率諸進士上表謝恩。次日,狀元率諸進士詣先師孔子廟,行釋菜禮,易頂服。禮部題請,命工部、國子監立石題名。○雍正元年定:賜諸進士銀兩,改賜表裹。○二年諭:新科進士榜後,立題名碑於國學,凡以重科名也。本朝歷科題名碑,自順治丙戌科至康熙戊戌科而止,考舊例,部發建碑銀一百兩。康熙三年,輔政大臣裁省,聽諸進士捐貲立石。今著工部動用正項錢糧,令國子監將雍正癸卯、甲辰兩科題名碑記,即行建立。康熙辛丑科,亦行補建。嗣後,每科照例題請。庶士子觀覽豐碑,益勵其自修上達之志。

〔貢生〕

貢生出身,有歲貢、恩貢、選拔貢、副榜貢、監貢及功貢、准貢。或赴部廷試,或送監肄業,或咨吏部考用。詳具於後。

凡歲貢,順治二年定:直省起送貢生,府學每年貢一名,州學三年貢二名,縣學二年貢一名。各省提學,將印結單卷,由各布政司起送;直隸學院,將印結單卷,由各府起送,粘連府州縣學印結,各單内俱用印鈐蓋。該提學仍將起送各貢生姓名,通造清册,送部查對。〇四年定:提學每歲將次年應貢生員、屢經科舉者三人,一正二陪,嚴加考選。如年衰文謬,不許濫充。正貢不堪,合以衣巾告老,次取陪貢充選。倘一陪不堪,更及二陪。務於挨序之中,仍寓遴才之意。其有停廪、降廪、科歲考居三等者,亦許收復。未收復者,不許起送。其應貢者,定限次年三月到部,四月十五日廷試。如有濫充,於所送内發回五名以上,提學照例罰俸。〇九年題准:凡正貢有缺,務查人文未經到部,在一年以内者,將原給批咨硃卷追繳,挨次取年力精壯、文學優長者一人補貢。定限於該貢年分次年到部,方准收考。如將年遠貢缺濫補市恩者,起送到部,即將本生發回,革廪肄業,提學官參究。〇又題准:歲貢正陪,俱以屢經科舉者方准。仍以食糧年深爲序,同補則以原考案爲序。除停廪未復者,緣事開糧者,服闋及告病給假,過限不補考者,服滿未補而緣事,停降未復而丁憂者,俱扣算作曠外,其餘俱不作曠。停降考復、緣事辯復者,以文到日爲始,准其實數。降增而復補廪者,准前後通算,就中較其糧數,以年月最深者爲正貢,其次以是爲差。每遇考貢之期,文到,提調官即取教官廪膳里鄰合例甘結,備造年貌籍貫,科舉次數,起送考選。如值出巡,遇便投考。考取領文日,即開糧作缺。若已領硃卷而丁憂患病者,仍作該年貢數,不另補。如一年内,人文未到部而病故或問革者,有司將原領卷單追繳,另送考選。如領過盤費,問革者追,病故者免。若於考後衰老荒疎,不堪充貢者,同致仕例,以示優恤,不補貢。内有捏添科舉,隱匿停降,及受賄讓貢,并争貢者,俱黜革,起送官吏,一并查究。〇十一年題准:直省考貢,限於一日内,考經書策論四篇,務取經書通明,策論淹貫之士。考完日,照題定科場解卷限期,將原卷印封,解部磨勘,不許轉發謄紅,以滋改竄之弊。其貢卷到部,如有文理荒謬者,禮部會同禮科,指名參處。〇十五年題准:歲貢生,於禮部過堂時,詳查年力强壯者,方准送監。〇康熙元年題准:歲貢一項,酌量裁減。府學,三年出貢二名。州學,二年出貢一名。縣學,三年出貢一名。〇八年議准:歲貢,仍令府學一年一貢,州學三年二貢,縣學二年一貢。○雍正元年覆准:雲南麗江府,於康熙四十四年設學,額廩三十名,不便照府學額廩四十名每年貢一名之例,應照州學出貢例,三年貢二名。○三年覆准:廣西思明府,額廩不滿十名,一年一貢。左州,額廩十名;養利州、永康州,額廩不滿十名,年半一貢。此係設學之始所定額數,出貢太驟,與各省、府、州、縣出貢定例不符。嗣後,思明府、左州、養利州、永康州,均令四年一貢。

凡恩貢,順治元年恩詔:直省、府、州、縣學,俱以本年正貢改爲恩貢,次貢作正貢。此外有才學出衆,孝弟著聞者,聽學臣不拘廩附,特薦試用。○八年恩詔:准直省儒學恩貢一名,仍以正貢作恩貢,次貢作歲貢。○康熙十四年恩詔:直省儒學,准以正貢作恩貢,次貢作歲貢。○三十六年恩詔:直省儒學,准以正貢作恩貢,次貢作歲貢。○五十二年恩詔:直省儒學,准以正貢作恩貢,次貢作歲貢。○雍正元年恩詔:准直省儒學以正貢作恩貢,次貢作歲貢。其不值正貢之府、州、縣、衛學,准以次貢作恩貢,再次貢作歲貢。

凡選拔貢,順治元年定:在外府州縣學廩生,赴提學道考試選貢來京,以學達經濟,行合規矩者,方爲及格。○又諭:首舉選貢,掄才盛典,准先行歲考,補足廩生,以拔其尤。順天府特貢六名,每府學貢二名,州縣學各貢一名。其考試盤費,官爲處給,如有拔萃奇才,許特疏薦舉。○又題准:拔貢定例,俱彙通省廩生,於貢院中兩場考試,士子跋涉艱苦。今聽提學於所至之地,便宜考試。○又議准:山東各學廩生,聽提學嚴加考試,擇其文學優長,年力强壯者。每府州縣各於正額外再加一名選貢。其流寓在省諸生,亦取確當保結,另編字號,一體考試。果有學博才優者,視人數多寡,量貢一二名。凡歸順地方,俱照此例行。○十一年議准:直省儒學廩生內,通行考試經書策論,慎加選擇,務取學行兼優者,拔取一名充貢送部。其學政將各生原卷解部。仍令本生謄寫硃卷,粘連貢單,於布政司起文,取該府州縣學各印結,賫投本部,彙送内院,以候廷試。各學政仍將充貢生員姓名籍貫,備造花名文册,報部存査。○康熙十年題准:於直省各學現考一二等生員内,遴選文行兼優者,考送充貢,入監肄業。○二十四年議准:於直省各學現考一二等生員内,考取文藝精醇,品行端方者,府學二名,州縣學一名,准爲拔貢,入監讀書。如該學無文行兼全者,寧聽缺額,不得混取。其考過試卷,俱解送禮部磨勘。有冒濫不堪者,考官一體糾參。○三十六年題准:照康熙十年、二十四年例選拔。府學起送二名,其餘各學起送一名,滿洲蒙古起送二名,漢軍起送一名赴監。如該學無文行兼優者,寧缺無濫。○三十九年議准:嗣後,遇應行拔貢之年,以陪貢充,停止選拔。○六十一年覆准:直省學臣,於優等生員内,照三十六年例,再行選拔一次。如有冒濫文字不通者,將該學政照溺職例革職。○雍正五年諭:"直省拔貢,舊例十二年題請舉行一次。後因各省學政不能秉公選取,國子監未便照例請行,於雍正元年,特行一次。朕思各州縣每年歲貢,較其食廩淺深,挨次出貢,内多年力衰邁之人。欲得人材,必須選拔。著令各省學臣,於科考時,照例府學拔取二名,州縣學拔取一名,寧缺勿濫。務取學問優通,品行端方,才猷可用之人,令其來京。朕將親行考試,令入國子監肄業。如有學問荒陋,人品不端,才具庸劣者,將該學政嚴加議處。嗣後,六年選拔一次,國子監届期題請候旨。"

凡貢監,順治二年定:直省、府、州、縣學,不拘廩增附,每學將文行兼優者,大學起送二名,小學起送一名,入監肄業,名爲貢監。○四年定:禮部會同内院,將現在貢監生嚴加考試。除選取存監外,其餘革去,貢監發回原學,分别照廩增附肄業及行原學黜名有差。

凡功貢,順治十一年定:隨征廩生,俱准貢監。生員有軍功二等,准作監生,更有軍功二等,准作貢生。此外有軍功,俱作紀録。

凡副榜貢,順治二年定:順天府鄉試,副榜五十五名,增附准作貢監。廩生及恩拔、歲貢、貢監,俱免其坐監,即與廷試。○五年恩詔:直省鄉試副榜諸生,廩監准貢,增附准入監肄業。○十一年議准:直省鄉試副榜,各送監肄業。内,廩生副榜,照恩拔貢生例,坐監六個月;增附生副榜,照歲貢例,坐監八個月。永爲定例。○康熙元年題准:停止鄉試副榜貢額。○十一年議准:直省鄉試副榜,作貢送監,仍照順治十一年定例行。

凡貢生廷試,順治二年,以三月十五日廷試貢生,吏禮二部官同翰林院官,赴内院,公同閱卷定序。○三年題准:直省歲貢生,於每年四月十五日廷試。該學臣照例考定,給單起送,限三月内到部。如過期者,候次年補試。○四年,頒起送貢生廷試單文新式,通行直省提學。○八年題准:廷試貢生,禮部會同内院、吏部,於四月十五日,赴天安門外橋南,行禮考試。試畢,禮部會同内院、吏部,閱卷定序,送吏部掛榜。其考試人數,當日另本奏聞。○十一年議准:恩拔、副榜、貢生,亦於四月十五日廷試。照例公閱,止序卷次先後,不定職銜。將恩拔、副榜、貢生及歲貢生中,英年願入監肄業者，一併送監。依期坐監撥歷後，吏部會同内院、禮部公考，以定職銜。○十六年題准：廷試貢生，禮部會同翰林院、吏部，公同出題考試。試卷用翰林院印。是日，都察院派御史二員，分東西班監試。兵部撥步軍校兵丁，赴東西兩長安門看守。工部鋪設考官坐案。光禄寺備辦執事官飯桌十張併舉人貢生供給。鴻臚寺官於天安門外引禮。鑾儀衛撥旗尉赴考試處搜檢看守。北城兵馬司備官板四書、五經、綱鑑、大清律，送部應用。以上事宜，俱係禮部咨劄行。○康熙元年題准：貴州省貢生，暫免廷試，咨送吏部，就近改補教缺。雲南省貢生，亦暫免廷試，咨行該撫，就近考試。將考過試卷封送吏部，校閲定銜序選。○二十三年議准：雲南蕩平後，歲貢生仍暫免廷試，就本省考試。試卷解送禮部閲定次序，移送吏部。其願廷試者，聽。○二十六年覆准：直省歲貢，俱免來京廷試。著各學臣挨貢序考，准咨部補授訓導。捐納歲貢，亦聽考送補授。願入監肄業者，學臣給文劄監。其舉人就教者，亦免廷試，具呈吏部，照科分名次補用。

〔翻譯國書科舉通例〕

順治八年定：滿洲蒙古考試，能通漢文者，翻漢文一篇；未能漢文者，作清字文一篇。童生名册，俱由國子監造送順天府，轉送内院。禮部學政會同在貢院考取秀才，鄉試另點滿洲主考、内院禮部官員各一員，於初九日入貢院，出題考試。滿洲舉人止考一場，考完即將文字送至禮部，公同選取。滿洲蒙古同一榜，漢軍漢人同一榜，一同張掛。會試，亦照此例。鄉試，滿洲取中五十名，蒙古取中二十名。會試，滿洲取中二十五名，蒙古取中十名。○十三年定：鄉試中額，滿洲取中四十名，蒙古取中十五名。會試中額，滿洲取中二十名，蒙古取中五名。○十四年，停止考試。此後復行考試，與漢人一體，停止翻譯，詳鄉試、會試項下。○雍正元年論：八旗滿洲等，除照常考試漢字秀才、舉人、進士外，在滿洲等，翻譯亦屬緊要。應將滿洲另以翻滿文考試秀才、舉人、進士。遵旨議定：滿洲蒙古能翻譯者，三年之内，考取秀才二次，舉人一次，進士一次，其鄉試、會試另立一場，於子午卯酉年二月鄉試，辰戌丑未年八月會試。其監試、收掌、受卷、彌封等官，禮部咨取滿御史及内閣中書、大理寺、太常寺、光禄寺、國子監所屬官員，題請點用。其督理稽察都統、副都統，照例行文兵部，具題欽點。巡綽各官，亦行兵部轉行八旗量派。其取中秀才、舉人、進士額數，臨期視人數多寡，請旨欽定。所有考試秀才舉人，一應事宜，所用物件，由順天府辦理。會試事宜，由禮部辦理。一應科場揭曉事件，動用正項錢糧，照例酌量遵行。

○三年覆准:八旗漢軍現在部院衙門之筆帖式及貢監生、官學生,照滿洲蒙古例,俱准考試翻譯。其秀才、舉人、進士額數,亦臨期視人數多寡,請旨欽定。

凡考取翻譯秀才,雍正元年定:吏部行文翰林院、各部院衙門,將滿洲翰林侍讀、部院郎中等官,由清漢文出身,精通翻譯者,咨送吏部,開列具題,欽點學政一員。其考試之童生,都統備造旗分、佐領、三代履歷、年貌清册,咨送禮部,考試馬步箭,送學政於貢院内考試。將《四書直解》内限三百字爲題,翻滿文一篇。其翻譯精通者,聽考官選取之後,將卷册交送禮部。○又覆准:翻譯考試,新奉特恩,惟恐學習之人尚少,於本年十月考取秀才一次,雍正二年五月再行考取秀才一次。○又議准:八旗之滿洲蒙古,於三年之内,考取翻譯秀才二次。取額,臨期視人數之多寡,請旨欽定。

凡翻譯鄉試,雍正元年定:禮部照例咨取滿洲由清漢字出身之大臣官員職名并漢大臣職名,開列具題,欽點滿正副主考各二員,滿同考官四員,禮部滿洲侍郎一員爲監臨官,會同順天府提調官,管理鄉場内外之事。其應考之人,不拘滿漢字貢監生員及現任筆帖式,能翻譯者,俱照例考試馬步箭,咨送入場。頭場將《四書解義》《易經解義》《書經解義》《性理精義》《孝經衍義》《大學衍義》《古文淵鑑》《資治綱目》等書,限二百字内出題三篇。二場,主考官或判論或表策,自作二篇爲題。三場,於入場後,取現到通本一道爲題,翻譯。其所用通本,命順天府官赴通政司親領封固,親身送至貢院内,交提調官轉送内簾。監試、主考、同考官,會同開閲。

凡翻譯會試,雍正元年定:禮部照例開列大臣職名具題,欽點滿正副主考官、滿同考官,以滿侍郎一員爲知貢舉,滿司官一員爲提調官。有現在文舉人能翻譯者,亦准入場考試。餘俱照鄉試例。

凡翻譯殿試,雍正元年定:殿試題目,或古文律詩詞賦等文,由内閣恭請皇上命題。餘俱照文殿試例。

大清會典卷之七十五

禮部儀制司

〔學校一〕

〔儒學〕

國家重道崇儒，振興庠序。自京師以及州、府、縣、邑，皆立學宫。中爲明倫堂，旁列齋舍。領以教授、學正、教諭，又設訓導以貳之。其生員分廪增附，以時絃誦其中。學臣於三年内，歲科兩試，用行勸懲。聲教所播，至於遐裔苗猺之地，莫不興學。文治盛隆，自古罕覯。兹取内外儒學規制，列而叙之。其國子監事例，具載本衙門。

學規

順治九年題准：刊立卧碑，置於明倫堂之左，曉示生員，永爲遵守。〇又定：各提學官，督率教官生儒，務將平日所習經書義理，著實講求，躬行實踐。不許别創書院，羣聚徒黨，及號召他方遊食無行之徒，空談廢業，因而起奔競之門，開請託之路。違者，提學御史，聽都察院處分；提學道，聽巡按劾奏；遊士人等，問擬解發。〇又定：儒學教官，士子觀法所係。提學按臨之日，考其學行俱優，教有成效者，禮待奬勵，仍據實列薦。其行履無過而學問疎淺者，姑行戒飭，責令勉進。有老病不堪者，准令以禮致仕。若鑽營委署，横索束脩，卑污無恥，素行不謹者，不必試其文學，即行參奏，分别究革。其有學霸生員、書役門夫，行私惑誘者，一并究擬重治。〇又定：孝弟廉讓，士子立身大節，有敦本尚實，行誼表著者，提調官細加體察，取具本學師生及本族鄰里甘結，申送提學核實，即加奬賞，以勵頽俗。若有平日不務學業，囑托把持，武斷包攬，或揑造歌謡，興滅詞訟，及敗倫傷化，過惡彰聞者，體訪得實，不必品其文藝，即行黜革。其行優者，不許通同賄冒,行劣者,不許徇情姑息,併不許輕信開送,致被挾私中傷。違者,從重參處。○又定:府州縣提調官,宜嚴束生徒,按季考校。凡學内殿堂、齋房等屋損壞,即辦料量工修理。其齋夫、膳夫、學糧、學田等項,俱以時撥給,不許遲悮尅減。生員之家,照例優免。除干謁瀆擾外,俱宜以禮相待,勿得横肆陵侮。至於非禮諂諛,嚴行禁斥。○又定:該管有司官,於諸生進見,須設立門簿,詳悉填造,或以公事,或以私事,悉登姓名。或自搆訟,或爲人訟,或自爲證,或被牽證,全載情節。如有事不干己,輙便出入衙門,乞恩罔利,議論官員賢否,許即申呈提學,以行止有虧革退。若糾衆扛幇,聚至十人以上,罵詈官長,肆行無禮,爲首者,照例問遣。其餘不分人數多少,盡行黜革爲民。○又定:淡薄質素,儒者家風。如以浮靡輕佻相高,縱酒宿娼,蕩閑越檢,自等於市井少年之輩,有犯必黜,不得少貸。

凡遇聖節、元旦、冬至及丁祭,一應禮儀,務須整齊嚴肅,有高卧不赴與舛錯驕蹇者,即行責治。至於謁見上官,毋失禮,毋足恭,務須循循雅飭,師生教學,胥此可覘。○又定:名宦鄉賢、孝子節婦及鄉飲賓僎,皆係大典風教所關。今後提學官,遇有呈請,務須核實確據。非年久論定者,不得舉鄉賢名宦。非始終無議者,不得舉節婦孝子。非鄉里推服者,不得舉鄉飲賓僎。如有受人請求妄舉者,師生人等,即以行止有虧論。其從前冒濫混雜者,徑自查革。○十二年諭:各學生員,令提學御史、提學道嚴飭府、州、縣、衛各學教官,月加課程,不得曠廢,亦不得假借督課,陵虐諸生。其歲考科考,塲中原卷,解部稽察,不許换卷謄改。仍將各學廪增附名數,細查在學若干,黜退若干,照數册報,出示各該府、州、縣、衛張掛,俾通知的確姓名,然後優免丁糧。○十六年諭:士習不端,結社訂盟,把持衙門,關説公事,相煽成風,著嚴行禁止。已後有犯者,該學臣即行黜革參奏。學臣徇隱,事發,一體治罪。○又題准:惡衿身列黌宫,見充胥吏者,該督撫按究革問罪。其生員内,有原係積年衙蠹,經犯罪名者,提學嚴查,不時除革治罪。應考童生,有現在衙門應役,朦朧應試者,嚴查重治。廪生、教官,扶同保結者,併行議處。○十八年題准:凡紳衿貢監,在地方抗糧不納,并伊兄弟親戚宗族,包攬串同,倚勢不完,及廢紳黜衿,抗糧不納者,嚴拿解京,送刑部,照悖旨例,從重治罪。如旨到完納,免其提解議處。○康熙三十九年覆准:直隸各省,奉有欽頒上諭十六條。每月朔望,地方官宣讀講説,化導百姓。今士子亦應訓飭。恭請御製教條,發直省學宫。每月朔望,令儒學教官傳集該學生員,宣讀訓飭,務令遵守。如有不遵者,責令教官并地方官詳革,從重治罪。〇四十一年,御製訓飭士子文,頒行直省各學。〇雍正元年覆准:學宫廣置齋舍,多設廩膳,期以講論經史,檢束身心。沿習既久,視爲具文。生員經歲不至學宫,教官交與,衹取餽贈,游閑既多,則放蕩成習。著直省學臣,通飭府、州、縣、衛教授、學正、教諭、訓導,凡所管生員,立定程課,令其時至學宫,面加考校。其新進生員,照國子監坐監之例,令在學舍肄業,俟下案新生至學爲滿。或有親老家貧,勢難久居學舍者,亦必分題校藝,每月定期幾次,無使曠業。該教官務實心舉行。學臣於歲科考時,即以一學文行之優劣,定該教官之賢否。如果有遠舘隨任等實情,亦不得借端勒索,以滋煩擾。〇二年覆准:名宦鄉賢,風教攸關,相沿歲久,冒濫實多。行令各省督撫學臣,秉公詳查。如果功績不愧名宦,學行允協鄉評者,將姓名事實,造册具結,送部查核,仍准留祀。若無實跡,報部革除。嗣後,有呈請入祀者,督撫學臣照例確查,報部核明,方准入祀。如私自批行,事覺,將請託與受託人等治罪,出結具詳地方官,一併議處。〇三年覆准:名宦鄉賢,若止造册報部,日久玩生,恐致冒濫。嗣後,凡有呈請入祀者,照旌表節義歲底彙題例,令各省督撫學臣,秉公確查,每年俱於八月以前彙題,并將事實册結,移送禮部詳核,庶免冒濫入祀之弊。行文直隸各省督撫學臣,一體遵行。〇又覆准:士子糾衆結社,於人心風俗,實有關係。嗣後,除宿儒授徒講學,人數多寡,俱無庸議外,如有生監人等,假托文會,結盟聚黨,縱酒呼盧者,該地方官即行拿究,申請黜革。其有遠集各府、州、縣之人,標立社名,論年序譜,放辟爲非者,照奸徒結盟律,分别首從治罪。如地方官知而故縱,一併從重議處。〇又覆准:士子誦習,必早聞正論,俾德性堅定。將《聖諭廣訓萬言論》《御製朋黨論》頒發各省學政,刊刻刷印,賫送各學。令司鐸之員,朔望宣講。《上諭十六條》《聖諭廣訓萬言論》,開載"鄉約"項下。

卧碑文

禮部題奉欽依刊立卧碑,曉示生員。朝廷建立學校,選取生員,免其丁糧,厚以廩膳,設學院、學道、學官以教之,各衙門官以禮相待,全要養成賢才,以供朝廷之用。諸生皆當上報國恩,下立人品。所有教條,開列於後。

一、生員之家,父母賢智者,子當受教。父母愚魯,或有非爲者,子既讀書明理,當再三懇告,使父母不陷於危亡。

一、生員立志,當學爲忠臣清官。書史所載忠清事蹟,務須互相講究。凡利國愛民之事,更宜留心。

一、生員居心忠厚正直,讀書方有實用,出仕必作良吏。若心術邪刻,讀書必無成就,爲官必取禍患。行害人之事者,往往自殺其身,常宜思省。

一、生員不可干求官長,交結勢要,希圖進身。若果心善德全,上天知之,必加以福。

一、生員當愛身忍性。凡有司官衙門,不可輕入。即有切己之事,止許家人代告。不許干與人詞訟,他人亦不許牽連生員作證。

一、爲學當尊敬先生。若講説,皆須誠心聽受。如有未明,從容再問,毋妄行辯難。爲師亦當盡心教訓,勿致怠惰。

一、軍民一切利病,不許生員上書陳言。如有一言建白,以違制論,黜革治罪。

一、生員不許糾黨多人,立盟結社,把持官府,武斷鄉曲。所作文字,不許妄行刊刻。違者,聽提調官治罪。

《聖祖仁皇帝訓飭士子文》

國家建立學校,原以興行教化,作育人才,典至渥也。朕臨御以來,隆重師儒,加意庠序。近復慎簡學使,釐剔弊端。務期風教修明,賢才蔚起,庶幾棫樸作人之意。乃比年士習未端,儒效罕著。雖因内外臣工奉行未盡善,亦由爾諸生積錮已久,猝難改易之故也。兹特親製訓言,再加警飭。爾諸生其敬聽之。從來學者,先立品行,次及文學。學術事功,源委有叙。爾諸生幼聞庭訓,長列宫牆,朝夕誦讀,寧無究心。必也躬修實踐,砥礪廉隅。敦孝順以事親,秉忠貞以立志。窮經考業,勿雜荒誕之談;取友親師,悉化驕盈之氣。文章歸於醇雅,毋事浮華;軌度式於規繩,最防蕩軼。子衿挑達,自昔所譏。苟行止有虧,雖讀書何益?若夫宅心弗淑,行己多愆,或蜚語流言,挾制官長,或隱糧包訟,出入公門,或唆撥奸猾,欺孤陵弱,或招呼朋類,結社邀盟,乃如之人,名教不容,鄉黨勿齒。縱倖脱褫扑,濫竊章縫,返之於衷,寧無媿乎?况乎鄉會科名,乃掄才大典,關係尤鉅。士子果有真才實學,何患困不逢年?顧乃標榜虚名,暗通聲氣,夤緣詭遇,罔顧身家。又或改竄鄉貫,希圖進取,囂陵騰沸,網利營私。種種弊端,深可痛恨。且夫士子出身之始,尤貴以正。若兹厥初拜獻,便已作奸犯科,則異時敗檢踰閑,何所不至?又安望其秉公持正,爲國家宣猷樹績,膺後先疏附之選哉?朕用嘉惠爾等,故不禁反復惓惓,頒兹訓言。爾等務共體朕心,恪遵明訓,一切痛加改省,争自濯磨,積行勤學,以圖上進。國家三年登造,束帛弓旌,不特爾身有榮,即爾祖父,亦增光寵矣。逢時得志,寧俟他求哉！若仍視爲具文,玩愒勿儆,毁方躍冶,暴棄自甘,則是爾等冥頑無知,終不能率教也。既負栽培,復干咎戾,王章具在,朕亦不能爲爾等寬矣。自兹以往,内而國學,外而直省鄉校,凡學臣師長,皆有司鐸之責者,並宜傳集諸生,多方董勸,以副朕懷。否則職業勿修,咎亦難逭,勿謂朕言之不預也。爾多士尚敬聽之！

《御製朋黨論》

朕惟天尊地卑,而君臣之分定。爲人臣者,義當惟知有君。惟知有君,則其情固結不可解,而能與君同好惡。夫是之謂一德一心而上下交。乃有心懷二三,不能與君同好惡,以至於上下之情暌,而尊卑之分逆,則皆朋黨之習爲之害也。夫人君之好惡,惟求其至公而已矣。凡用舍進退,孰不以其爲賢而進之,以其爲不賢而退之。惟或恐其所見之未盡當也。故虚其心,以博稽衆論。然必衆論盡歸於至正,而人君從之,方合於大公。若朋黨之徒,挾偏私以惑主聽,而人君或誤用之,則是以至公之心,反成其爲至私之事矣。孟子論國君之進賢退不肖,既合左右諸大夫國人之論,而必加察焉,以親見其賢否之實。洪範稽疑以謀及乃心者,求卿士庶民之從。而皇極敷言,必戒其好惡偏黨,以歸於王道之蕩平正直。若是乎人君之不自用,而必欲盡化天下之偏私以成大同也。人臣乃敢溺私心,樹朋黨,各徇其好惡以爲是非,至使人君懲偏聽之生奸,謂反不如獨見之公也。朋黨之罪,可勝誅乎！我聖祖仁皇帝,御極六十年,用人行政,邁越千古帝王。而大小臣僚,未能盡矢公忠,往往要朋結黨。聖祖戒飭再三,未能盡改。朕即位以來,屢加申飭,而此風尚存。彼不顧好惡之公,而徇其私暱,牢不可破。上用一人,則相與議之曰,是某所汲引者也。於是乎遠之若浼曰,吾避嫌也,不附勢也。争懷妬心,交騰謗口,以媒蘖之,必欲去之而後快。上去一人,則相與議之曰,是某所中傷者也。親暱者爲之惋惜,疎遠者亦慰藉稱屈。即素有嫌隙者,至此反致其殷勤,欲借以釋憾而修好。求一人責其改過自新者,無有也。於是乎其人亦不復自知其過惡,而愈以滋其怨上之心。是朝廷之賞罰黜陟,不足爲重輕,而轉以黨人之咨嗟歎息爲榮,以黨人之指摘詆訾爲辱,亂天下之公是公非,作好惡以陰撓人主予奪之柄。朋黨之爲害,一至是哉！且使人主之好惡,而果有未公,則何不面折廷諍？而爲是陽奉陰違,以遂其植黨營私之計也。書曰:予違汝弼,汝無面從,退有後言。當時君臣告語,望其匡弼,而以面從後言爲戒。夫是故一堂之上,都俞吁咈用能賡歌拜颺,以成太和之運。朕無日不延見羣臣,造膝陳詞,何事不可盡達?顧乃默無獻替,而狡獪叵測,蓄私見以,肆爲後言。事君之義,當如是乎!古純臣之事君也,必期致吾君於堯舜,而人君亦當以堯舜自待其身。豈惟當以堯舜待其身,亦當以皋夔稷契待其臣。孟子曰:責難於君謂之恭。陳善閉邪謂之敬。吾君不能謂之賊。夫以吾君不能而謂之賊,則爲君者,以吾臣不能,亦當謂之忍。語云:取法乎上,僅得乎中。苟不以唐虞君臣相期待,而區區倣法,僅在漢唐以下。是烏能廓然盡去其私心,而悉合乎大公至正之則哉!宋歐陽修《朋黨論》,創爲邪説,曰,君子以同道爲朋。夫罔上行私,安得爲道。修之所謂道,亦小人之道耳。自有此論,而小人之爲朋者,皆得假同道之名,以濟其同利之實。朕以爲君子無朋,惟小人則有之。且如修之論,將使終其黨者,則爲君子;解散而不終於黨者,反爲小人。朋黨之風,至於流極,而不可挽,實修階之厲也。設修在今日,而爲此論,朕必誅之,以正其惑世之罪。大抵文人掉弄筆舌,但求騁其才辯,每至害理傷道而不恤。惟六經語孟及宋五子傳註,可奉爲典要。《論語》謂,君子不黨。在《易》渙之六四曰,渙其羣元吉。《朱子》謂,上承九五,下無應與,爲能散其朋黨之象,大善而吉。然則君子之必無朋黨,而朋黨之必貴解散,以求元吉。聖人之垂訓,亦既明且切矣。夫朋友亦五倫之一。朋黨不可有,而朋友之道不可無。然惟草茅伏處之時,恒資其講習,以相佽助。今既登朝涖官,則君臣爲公義,而朋友爲私情。人臣當以公滅私,豈得稍顧私情,而違公義?且即以君親之並重,而出身事主,則以其身致之於君,而尚不能爲父母有,况朋友乎?况可藉口於朋,以怙其黨乎?朕自四十五年來,一切情僞,無不洞矚。今臨御之後,思移風易俗,躋斯世於熙皡之盛。故兼聽並觀,周諏博採,以詳悉世務,且熟察風俗之變易與否。而無知小人,輒議朕爲煩苛瑣細。有云,人君不當親庶務者,信若斯言,則皋陶之陳謨,何以云一日二日;萬幾孔子之贊舜,何以云好問好察?此皆朋黨之錮習未去,畏人君之英察,而欲蒙蔽耳目,以自便其好惡之私焉耳。朕在藩邸時,坦易光明,不樹私恩小惠,與滿漢臣工,素無交與。有欲往來門下者,嚴加拒絶。聖祖鑒朕居心行事,公正無私,故令纘承大統。今之好爲朋黨者,不過冀其攀援扶植,緩急可恃,而不知其無益也。徒自逆天悖義,以陷於誅絶之罪,亦甚可憫矣。朕願滿漢文武大小諸臣合爲一心,共竭忠悃。與君同其好惡之公,恪遵大易論語之明訓，而盡去其朋比黨援之積習。庶肅然有以凜尊卑之分，歡然有以洽上下之情。虞廷賡歌颺拜，明良喜起之休風，豈不再見於今日哉！

〔提督學政〕

直隸一員　江蘇一員
安徽一員　浙江一員
江西一員　福建一員
河南一員　山東一員
山西一員　湖北一員
湖南一員　陝西一員
四川一員　廣東一員
廣西一員　雲南一員
貴州一員
奉天府府丞
巡視臺灣御史

順治八年題准：學臣歲科兩試俱週，禮部考核稱職，御史咨都察院回道管事，道員咨吏部，照常陞轉。其公明尤著者，特請優陞京堂。徇私溺職者，參處。〇九年題准：提學官須正己潔操，矢公矢慎，務得真才，不許曲徇情面。考試生員，必嚴加校閲。如有荒疎庸耄者，即行黜退，不許姑息。有揑造流言，思逞報復者，訪實，照例問遣。若鄉宦勢豪，干託不遂，暗行中傷者，許徑自奏參處治。〇又題准：提學奉特勅，專督學政。各撫按二司官，不許侵伊職掌行事。提學巡歷所屬，除教官生員干犯行止，合行嚴懲外，不許泛受民詞。其生員犯罪，或事須對理，聽該衙門提問，亦不許護短曲庇，致令有所倚恃，抗拒公法。〇十五年題准：各提學有能將上官勢要封函揭送者，於考核時併爲叙録。〇康熙元年題准：學道任滿考核，改隸吏部。〇十八年議准：提學有積習十弊。嗣後，學道考核時，俱註“剔除十弊”。若不能剔除十弊，該督撫指參。内有貪贓之弊，照例革職提問。如無貪贓等事，照才力不及例，降二級調用。其考核册内不註“剔除十弊”字樣，及未曾剔除而註剔除者，或吏部查出，或科道糾參，督撫照不報劣員例，降三級調用。督撫有需索陋規者，亦照貪例處分。至上司同僚京官鄉宦私書，及親戚朋友隨任地方，討情抽豐，及州縣官傳遞私書，鄉紳投刺請席者，係官，革職；係常人，交刑部從重治罪。至順天學院任滿時，亦開明“剔除十弊”，具題考核，方准回院。若不能剔除，或有貪贓等弊，亦照學道例處分。童生未經府考,册内無名,鑽求學道,徑取入學,巧圖捷便,一弊也。考試各府、州、縣、衛、所童生,額外濫取,撥發别學,明收冒籍,以占本學正額,二弊也。彌封編號印簿及場内坐號紅簿,不發該府、州、縣封貯,私存道署,查對字號賄賣,三弊也。考完一府,不將紅案速行發學,任意遲延,徇私通賄,更改等第,拔下作上,四弊也。每考一處,令書辦承差快手人等出入過付,暗訪生員稍有家資者,先開六等草單,嚇詐保等銀兩,五弊也。文童額少,武童額多,將文童充爲武童,入學之後夤緣改文,娼優奴隸,濫行收取,真騎射者,擯而不録,六弊也。各府地方,設有考棚,憚於親臨,將生童遠調,考試各州縣告病生員,扛擡驗病,困苦難堪,七弊也。縱容無賴教官包攬生童,私通綫索,効勞分潤,名曰作興,大壞風教,八弊也。曲徇上司同僚情面,并京官鄉宦私書,及親戚朋友隨任地方討情抽豐,孤寒之士,棄而不録,九弊也。開報學册,將額外濫取入學童生未經科歲兩考,預附三等,其姓名不入新案造衣頂下,以趙甲頂錢乙,混作實在之數,朦朧禮部,十弊也。〇三十一年覆准:學臣處分,雖有定例,恐日久懈弛,將祠生贄禮,濫行批設,考試生童,徇私賄録。至於劣衿學霸,包攬武斷者,不行究斥;行誼修明者,不爲表揚。統令該督撫題參,交部從重議處。如督撫徇私,事發,一併議處。〇三十九年議准:學臣考試,督撫勒索棚規,藩臬各道勒索常規,及學臣濫與者,俱革職提問。如有勢宦京官請託投札及教官、巡捕、進士、舉人説情,並書吏、皂快等討賞等項,事發,有官者,革職;無官者,從重治罪。若學臣徇情市恩者,亦革職,一併提問。知府如有包攬入學童生,要挾掯勒,將文理不通之童生送考者,或學臣申報,或督撫查參,將知府革職提問。學臣與提調、知府扶同作弊者,一并革職提問。督撫不行查參,學臣不行申報者,俱革職。〇又覆准:督撫如有謝考名色及開送童生者,照勒索棚規治罪。州縣官員賄薦案首及各官効勞分肥,提鎮等官説情并學臣扶同者,事發,俱照例治罪。學臣遇有挾制干請者,准徑實封奏聞。其祖父兄弟爲子孫營謀者,除本童責革外,祖父兄弟,有官者,革職;無官者,從重治罪。〇又覆准:州縣府取童生,不必限數,照常考送。如荒謬不通,故意朦混,准學臣申報核參。其縣府兩試卷,一并解送學臣,三連對驗筆跡。〇雍正元年覆准:童生考試,由州縣送府,由府送學臣,俱加印結,方准考取秀才。行令各督撫學臣,實心奉行,嚴飭廪生,不許擅保品行不端之士。〇二年諭:湖南省添設提督學政一員。〇三年議准:江南幅員甚廣,士子衆多,學臣多以試期迫促,併日連場,未遑盡閲試卷。照湖廣南北分考例,於安徽添設學臣,分上下兩江考試。俾各悉心教廸選取。〇四年定:各省學政,一體俱爲學院。〇五年諭:"學政一官,所以化導士習,養育人材,職任關係甚重。近年以來,各省督學諸臣，頗能仰體朕心，祗遵朕訓，矢公矢慎，杜絶苞苴，深可嘉奬。但向來學政，恣行貪劣。以國家興賢造士之途，視爲己身射利營私之地。此固本人之不肖，而亦大半由於提調官員贊成之也。其學政本性貪劣，與提調官通同作弊，固不待言。而學政之可與爲善，可與爲惡者，提調官則引誘之或挾制之，使之不得全其操守，而於其中網取厚利。此提調官之惡習，而天下之所通知者也。學政原有關防，若提調官持正秉公，則學政必不能肆行無忌。學政果能公明廉潔，提調官更當敬禮而玉成之。豈可反導之爲非乎？提調與學政，相爲表裏。嗣後，學政聲名不好，應將提調官一并議處。其如何定例之處，著九卿會議具奏。遵旨覆准：學臣考試，凡關防啓閉以及拆卷發案，原經提調官之手。學臣稍有營私，提調官得而察之。學政私爲網利，提調官得而揭之。乃向來竟有不肖提調官，以學政之考校爲居奇。初則餌以美利，繼則挾以必從。把持引誘，百弊叢生。若不嚴立處分，終難盡除積習。嗣後，提調官如聽學臣貪墨，通同作弊，以及引誘爲非者，一經發覺，將提調官照貪官例，同學臣一并革職拿問。如學臣暗通關節，私鬻名器，提調官雖無通同引誘情弊，而防範不嚴，應照溺職例革職。再，《學政全書》開載，學臣按郡考試，一切應用員役，俱由提調官送用。嗣後，如有猾吏奸胥，招摇撞騙，以及受賄傳遞等弊，提調官不行訪拿究治，別經發覺，將提調官照衙役失察犯贓例議處。倘學臣操守清廉，杜絶情弊，提調官不得遂其引誘，反行挾制把持者，准學臣即行指參。審實，將提調官照貪官例治罪。◎又諭："臺灣遠隔海洋，向來督學官員，難以按臨考試，是以將學政交與臺灣道兼管。朕思道員管理地方之事，又兼學政，未免稍繁。每年既派御史二員前往臺灣巡察，應將學政交與漢御史管理，甚爲妥協。現今御史在彼，著即辦理臺灣學政。嗣後，永著爲例。"

凡生童試卷，順治九年題准：生童試卷，各照定式置辦，不許長短不齊。卷面中間，照常三圈。上圈，填某府、州、縣。中圈，生員填"廩""增""附""青""社"字，童生填"童"字，武生填"武"字。下圈，填某經。接縫處，上用提調、下用儒學各印鈐蓋。提調官置印信方簿，一樣二扇，面開某府州縣生員，號簿内開送考各生姓名，下註"廩""增""附""青""社"字樣，人各一行，各名上留空白二寸許，以備填號。仍照千字文，置籤一筒，將形音相似如"冰""水""王""玉""宇""雨""臣""辰"之類，除去不用。考前一日，提調官信手抽籤填簿，照號填卷。背後圈内，用教官印鈐蓋，摺叠彌封，再用提調官印鈐。外用浮票，楷書姓名，黏卷面第三圈下，旁留少許，填坐號,仍用提調印鈐,半在卷,半在票。用印畢,將號簿固封提調處。童生卷俱同。其生員點進手册,照廩、增、附、青、社次序開造。臨期,提調官於大門外,每二十名爲一牌,唱名序進;二門外,搜檢散卷。每卷二十爲一封,上書某學第幾牌試卷,印鈐總置卷箱。散訖,將空箱連鎖鑰送進。童生各式俱同。惟序進查,照廩生結狀彙造,以便識認,教官試卷,提調官備卷面明書職名,願科舉者,與生員一體編號。

凡閲卷,順治九年題准:文章等第,原有定評。督學批語,宜從簡質。或"平正",或"明暢",或"典實",或"爾雅"。各視其文,毋生枝葉。

凡發案發落,順治九年題准:發案後,不許再試一人。再發一案,亦不許別立寄學名色。○又題准:考畢,即於本地發落,明示賞罰。不許攜帶文卷於別處發案,致吏書乘間作弊,士子無所勸懲。違者,題參。○又題准:生員考案,一等,文理平通,增附青社俱補廩。無缺,附青社先補增。無增,青社先復附,仍各候廩。原廩增停降者,俱准收復,照序補廩。二等,文理亦通,增補廩,附青社俱補增。無增缺,青社先復附。原停廩降增者,俱准復廩。增降附者,止准復增候補,不准補廩。三等,文理略通,賞罰俱無。原停廩者,准收復候廩。其丁憂起復、病痊考復、緣事辯復,及原增降附者,亦准復,照新舊間補。青衣發社者,准復附。廩已降增者,不准復。四等,文理有疵,廩姑免責。照例停廩,不作缺,限六個月送考定奪。原係停降者,不准限考,姑照舊。青衣發社者,不准復,仍同增附,各扑責。五等,文理荒謬,廩停作缺。原停廩降增,增降附,附降青衣,青衣發社。原降增降附者,照增附遞降。俱候歲考定奪。原發社者,竟黜爲民。六等,文理不通,廩膳十年以上,發社。近六年以上,與增廣十年以上,俱發本處,各充吏。不願者,聽。餘俱黜退爲民。内,補廩進學,未及六年者,發社。○雍正二年覆准:考試文武童生,應照定額取進。覆試之後,即行出案發落。不得於本地少取,俟發紅案時復將別處添入,以滋弊端。○又覆准:各省學臣,務恪遵定例,秉公考校,分別等第,以示勸懲。如確無荒謬不通之卷,亦不可苛刻推求,必列後等,以示無私。

凡童生入學,順治九年題准:童生入學,乃進身之始,不可不嚴爲之防。督學文到,先期曉諭報名,取鄰里甘結。身家無刑喪替冒各項違礙,方准收試。每府各州縣闔會一日同考,府試亦彙齊一日,以防重冒。如州縣掌印官不係科貢出身,申府另委。務照入學定例名數,縣考取二倍,府考取一倍。該府考取已定,一面先將名數揭具花名呈報,一面榜示所取童生。照所取次序,五人爲一結,取行優廪生親筆花押保結,查照格眼册式,當堂令各童生親填年貌籍貫三代經書,彙爲一册,并各結狀粘送。其各童生所填年貌,務要一一肖真,以便查對。其點名手册,仍寫年貌。有不對者,不准收考。每名仍開保結廪生姓名於下。點名時,廪生與同結五人,互相覺察。如有倩代等弊,即時舉報。容隱者,五人連坐,廪生黜革。其府、州、縣,原取真卷,合釘封貯,候發落日查對。其黜退生員,如不係行劣者,提調官准與童生一體收考。至於寄學改回,及稱遊學隨任等事另送者,悉不准行。入府學者,即於各州縣内量撥,不必另送。發案日再行覆試,筆跡雖同,而文理不通者,亦不准入學。詐冒籍貫投充入學及詭寫兩名,隨處告考,或假揑士大夫子弟,希圖僥倖,或係優娼隸卒之家,及曾經犯罪問革,變易姓名等弊,僥倖出身,殊壞士習,訪出,嚴行究問革黜。若教官納賄容隱,生員扶同保結者,一體治罪究革。更有一種冒名頂替、换卷代筆之徒,尤屬傷風敗類,臨時倍加嚴查重治。〇十五年題准:直省儒童,止許歲試考取。其科試時,停止考取。〇康熙元年題准:直省提學官,於三年内止考試生童一次,鄉試後報滿。如前任學臣緣事離任、已經考過者,新學臣不得再考。止將前任未考州縣生童接考,以應鄉試。如違例重考,聽該督撫察參。〇十二年題准:仍行歲科兩考,其考取額數,俱照定例。〇三十九年議准:考校有經書小學真能精熟者,即文理粗成,便與録取。如更有能誦三經以至五經者,童生准其入學,生員優録補廪,以示鼓勵。〇雍正三年覆准:歲科兩試覆試童生,令其默寫《聖諭廣訓》一條。

凡提學按臨,順治九年題准:歲科兩考,務須親臨遍涖,不許移文代委,及於隔别府分,調取生儒,以致跋涉爲害,亦不許令師生送迎。按臨次日,祇謁先師。行禮畢,升明倫堂。官生以次揖見。應坐官,遵照憲綱序坐,講書生員,總出一揖,西向立。講畢,不必揖跪,以次下堂,東向立。俟行賞罰畢,官吏師生先出,不必赴謝。〇康熙二十一年議准:提學按臨地方,量撥别縣書吏供事。其掌案、長接名色,嚴行禁革。所考各府,仍令府官提調外,其屬員,槩不許迎接。執事人員,不許於退堂時傳遞關節。〇又題准:按臨考試州縣官,有私派供給名色累民者,指名題參。

凡釐正書籍,順治九年題准:説書以宋儒傳註爲宗,行文以典實純正爲尚。今後督學,將四書五經、《性理大全》《蒙引》《存疑》《資治通鑑綱目》《大學衍義》《歷代名臣奏議》《文章正宗》等書,責成提調教官,課令生儒誦習講解,務俾淹貫三場,通曉古今,適於世用。其有剽竊異端邪説,炫奇立異者,文雖工弗録。坊間書賈,止許刊行理學政治、有益文業諸書。其他瑣語淫詞及一切濫刻窗藝社稿,通行嚴禁。違者,從重究治。〇康熙九年題准:中式真文,准其謄寫選刻發賣。如遇鄉會科場,預先召集多人,妄造文字,假稱新墨卷傳賣,及直省生員濫刻選文窗稿傳賣者,禮部及科道督撫查訪,將假造之人,如係現任官員,罰俸三個月;未選官員,於選官日罰俸三個月;舉人,罰停會試一科;貢生,罰停廷試一年;監生,罰多坐監六個月;生員,降爲青衣儒童,行令該地方官責二十板。如有冒名私刻,罪坐假冒之人,亦令該地方官責四十板。〇四十五年諭:"朕製《古文淵鑒》《資治綱目》等書,俱已刷印,給賞大臣。此等書籍,特爲士子學習有益而製,外人不能得此書籍,作速刊刻頒行。〇五十二年,頒《御纂朱子全書》内之四書於直省並奉天府。〇五十三年諭:"朕惟治天下,欲正人心,厚風俗,必崇尚經學,嚴絶非聖之書。近見坊肆間,多賣小説淫詞,瀆亂正理,不但誘惑愚民,即縉紳士子,亦多遊目蠱心。着嚴查禁絶,將板本銷毁。如有違禁造作刻印及市賣者,從重治罪。"〇五十四年,《御纂周易折中》告成,頒賜諸王大臣,并勅諭中外臣工,聽其重刊,以廣誦習。〇雍正元年諭曰:聖祖仁皇帝欽定《孝經衍義》一書,廣博精微,允宜頒布海内,使觀覽誦習,以爲脩身務學之本。遵旨覆准:《孝經衍義》,照五十二年頒《朱子全書》例,給發直省刻印通行。〇又覆准:恩科各省,實多佳文。著禮部會同翰林院,秉公選録。擇其醇正典雅,理宗傳註,可爲程式者,恭呈御覽,頒發刻行,流布天下。會試墨卷,俱照此例。其窗稿行書房書,亦送禮部選定,方准發刻。倘有不遵部頒私行刊刻者,該地方官嚴查禁止。〇三年奏准:聖祖仁皇帝《御製律曆淵源》一百卷,皆理數實學,非天文禨祥可比。照重刊《周易折中》例,勅諭中外臣工,有情願重刊者,聽。

凡幫補,順治九年題准:補廩新舊相間,以考案爲新,丁憂起復、病痊考復、停降考復、緣事辯復者爲舊,無新儘舊,無舊儘新,新舊之間,總以考案先後爲主。如第一是新,則先新後舊,第一是舊,則先舊後新。丁憂以下四項,考居一二等,俱照名次先後爲序,即起復亦不問服闋先後。惟考居三等,先儘丁憂起復,次病痊考復,次停降考復,次緣事辯復,挨次序補。如起復等項,有一二人同時候補者,以文到日先後爲序,文同到者,以原補廩先後爲序。若考後有起復、准復者,序於與考之後,不得攙越。凡遇缺出,該學於次日即查,係廩增某人某事故現缺應補,查得上首補過某行某人、今該補某行某人、下首現有某行某人候缺,仍明開缺出月日,取具教官并本生及上首下首生不致攙越賄囑結狀，申提調官復勘無礙，申文詳奪，仍照前明開，以便批發。若該學留難不報至三日以上，提調官遲七日以上，吏俱問罪，補增亦如廪例。其增廣補廪遺下增缺，前詳允到，方許作缺，呈詳頂補，不得兩項並申。如有朦朧攙越者，事發，教官以贜論，本生黜，保結生降罰。

凡生員服闋告假，順治九年題准：生員服闋者，呈學，轉詳提調官查無違礙，取師生鄰里保結，面試經書論三篇，廪解卷詳奪，增附青社，徑行學收復。報驗過限，三月，申究；半年，廪作曠；增附遞降，一年，黜。凡告假者，該學明開事由、地方，呈提調官轉詳，批允放行，不得悮歲考。違者，黜。果千里外未能即回，勘明取結具詳，限三月補考。再違者，黜。凡患病者，提調官取該學及醫生甘結，於按臨半月前開報，限三月内補考。違限者，青衣徑黜，廪停作曠，增降附，附降青衣。再違三月，俱黜。無故臨考不到者，徑黜。凡緣事者，承問官一面取問，一面申詳。若別衙門批允，或復學，或問革，俱抄招請詳。非奉督學明文，不得收學，不得除名。按臨時，除重犯候詳外，輕罪與干証，雖未詳允，俱仍送考。不得概造緣事避考。廪膳緣事，三個月以上不結，開糧，不作缺。事結供明，准補支。但問罪，即不犯革，亦備查拘發收復月日，俱作曠，不補支。凡告改學改姓名改經者，俱屬弊竇，概不准行。如果姓應歸宗，名實犯諱，與願改《春秋》《禮記》者，發落畢，呈奪。凡願告老者，呈學，轉申提調官，查無違礙，取結，於按臨半月前具申准行，照例優免。若已赴考及緣事未結、青衣發社及行止不端者，不准。以上，凡批限補考者，違限半月，掌印教官申報，即考附一二等，亦不准幫補，四五六等，照案行。凡補考者，提調官面試經書論各一篇，即將原卷封固，令本生親齎送考對驗，以防冒替等弊。不必教官伴送。

凡生員優劣，順治九年題准：考試生員，必嚴加校閱。如有荒疎庸耄者，即行黜退，不許姑息。有揑造流言，思逞報復者，訪實，照例問遣。○十五年題准：各學劣生，有不遵條例者，教官揭報，學道嚴行褫革。如教官徇情不報，罰俸六個月，至三名者，革職。其學臣經據教官揭報，不行盡法懲處者，倘被撫按糾參，每一名以上，罰俸六個月；三名以上，罰俸一年；五名以上，降職一級；七名以上，革職。至於教官開報，務須實係劣衿學霸，不得僅用小疵腐儒。舉優行者，以孝弟爲先，不得以操履平常充數。如有扶同受賄情弊，察出，將教官重處。○康熙二年題准：教官徇情不報劣生者，一名，革職。提學不盡法懲處者，一名，降四級；二名，革職。○雍正元年覆准:生員有行劣者,學臣查確,即行褫革。〇二年覆准:生員優劣,學臣務細加查核。如果人品端方,行誼表著者,即獎賞列薦,送入國學。其行劣敗倫者,即行黜革。學臣報滿之日,將任内舉黜數目,奏聞造册,報部查核。〇又覆准:歷來學臣考試文武生員,衡文之外,未聞舉一優行示勸,黜一劣行示懲。著再加申飭學臣,轉行該學教官,實心訪察。有居家孝友,品行端方者,列爲上等。至若武斷把持,過惡彰聞者,列爲下等。造具實行清册,於學臣按臨未經考試之前申送查核。務須實心奉行,不得徇情,亦不得挾私。學臣衡文時,查閲其文優長而有行者,拔置前等,給以獎賞。至册開行劣生員,廉訪得實,不必品其文藝,即行黜革。〇又議准:監生貢生,舊例,惟鄉試由學臣録送,實無約束之責。但邇來貢監妄生事端,各省督撫每歲咨革甚多,皆由無人約束所致。嗣後,令學臣會同督撫轉飭該地方官,除恩拔歲副正途外,一切捐納貢監生,細加察訪。如有敦本尚實、行誼表著者,出具印結,申送督撫提學,會同確查無異,即加獎賞。其有倚恃護符不端者,亦令申報督撫學臣,造具清册,歲底彙送禮部查核,以定勸懲。〇四年諭:"從來爲政,在乎得人。《書》曰:'野無遺賢,萬邦咸寧。'蓋人材登進在位者多,則分猷効職,庶績自然就理,而民生無不被其澤也。朕即位以來,加意旁求,凡所以延訪擢用之道,盡朕心力。如現任官員及候選候補科目諸人,每特薦舉,遴選引見。廣開録用之途,冀收羣策之力。又念外省學校之設,原以養育人材,爰命學臣保舉賢能,升聞於朝,以備任使。乃直省學臣,所舉人數不多,草率塞責,不能副得人之實。夫"十室之邑,必有忠信",今直省、府、州、縣舉貢生、生員,多者數百人,少者亦不下數十餘人。其中豈無行誼醇篤,好脩自愛,明達之士乎?著知州、知縣官會同各該教官,將府州縣學之貢生生員内,居家孝友,行止端方,才可辦事,而文亦可觀者,秉公確查,一學各舉一人,於今年秋末冬初,申報該上司奏聞請旨。其或僻遠中學小學,實無可舉者,令知縣教官出具印結,該督撫查實奏聞。朕因廣攬人材,舉此曠典,所以斥浮華而資實用。州縣教官等官,爲一方師長,選賢薦能,乃其專責。倘敢有輕忽之心,虚應故事,濫舉非人者,定照溺職例革職。若更徇情受賄,則又加倍治罪。八旗之滿洲蒙古漢軍,亦照此例,將人品端方,通曉漢文者,該佐領各舉一人。如不得其人之佐領,亦具印結,令該都統彙齊奏聞請旨。庶使潛修篤行之士,得以表見,而國家亦收得人之效矣。"〇又覆准:學臣每歲舉報生員優劣,皆由教官造送,現在各省遵行。但恐劣頑之徒,教官或畏其讐恨，不敢舉報，亦未可定。嗣後，被褫劣衿敢有挾讐肆横，以圖報復者，照所犯應得之罪，加一等治罪。如教官任其爲害地方，不行揭報，或經告發，或被上司訪察，將教官一併嚴加議處。〇五年諭："國家設學校，以儲養人材，鄉會廷試，拔其尤者而用之，即古選士造士之遺意也。但士子作文，有一日之長短，縱使主司公明搜羅，豈能無遺？况去取惟憑文藝，其人品之高下，才能之優絀，無由得知。每有出羣拔萃之才，屢試不第，即或晚得一第，而年力衰邁，不堪爲國家任用。朕思各省學政，奉命課士，黜劣舉優，係其專責。嗣後，學政三年任滿，將生員中實在人品端方、有猷有爲有守之士，大省舉四五人，小省二三人，送部引見。朕親加考試，酌量擢用。現在報滿各學政，即遵照薦舉。其到任未久者，如有所知，亦即舉出。夫一省而舉數士，不可謂無人。學政巡歷各府三年之久，日與士子相親，考文察行，不得謂不知。但能虚公衡鑑，所舉必得其人。且風聲所樹，凡讀書士子，必皆鼓舞振興，力學敦行，求爲有用之儒，於士習人才，大有裨益。該學政其各實心奉行，毋得苟且塞責。如有徇私冒濫等弊，必嚴加治罪。"

凡考核教官，順治十三年題准：提學嚴考教官，除文行兼優及文平而行無虧者，應薦應留。其文行俱劣者，開送撫按題參罷黜。〇康熙三十九年覆准：學臣有考試教官之例，責令學臣實力舉行。如有全無文理者，即行題參。〇四十三年諭：教職官員，必文學明通，方稱厥職。近見直省教職官内，不諳文學者甚多，如此何以訓士？着行文直省該撫，將各屬教職官通行考試，分別具題。遵旨議定：嗣後教職由部選後，赴撫臣考試。其考居一二三四等者，令其赴任。五等，令歸學習。六等，革職。〇五十年覆准：教官計典，分別優劣，必由學臣。嗣後，直省任學道者，令會同藩臬考核，送督撫具題；任學院者，藩臬二司造送督撫學院，會同考核具題。〇雍正二年覆准：現任教職内，從前捐納出身者，文理不通，無以教訓士子，俱令改補别任。嗣後，專令正途出身之教授、教諭、訓導，設立課程，實心教習。如有抑勒孤寒等弊，該學政題參處分。其教習著有成效者，即行題薦。庶勸懲既嚴，於士子有所裨益。〇又覆准：教職由廩生捐納出身者，仍許留任。〇四年覆准：教官由撫臣考校，向例，居一二三四等者，令其赴任；五等者，令歸學習，但四等文理荒疎，未便令其司教。嗣後，令三等者仍照例給憑赴任。考試四等五等者，俱令解任，學習三年，再行考試。六等者，革職。至錢糧詞訟二項，係州縣專責，教官未定考成。但該教官果能訓誨約束，則士習漸端，自無抗糧興訟等弊。嗣後，各學教官所屬文武生員,除受誣被告及實有冤抑切己不得已之事申訴控理外,其有倚恃衣頂,抗欠錢糧,并捏詞生事,唆訟陷人等事,該教官即行申詳州縣及督撫學臣,免其參處。如縱容徇庇,不行申報者,事發,將該教官題參,照溺職例革職。如該教官果能盡心訓導,歷俸六年之内,所屬士子無前項過犯,該督撫學臣據實保題,准其以應陞之缺,即行陞用。其現任之員,以雍正五年爲始,扣滿六年,著有成效者,准其一體保題。〇又覆准:訓廸生員,原係教官專責,今旗下生員,漢教官不能管攝,以致伊等並不鼓勵讀書。嗣後,於順天府學設立滿洲教授一員,訓導一員,行令滿洲進士、舉人、貢生,赴禮部具呈,考取文理優通者,擬定正陪,送吏部帶領引見。其進士、舉人,授爲教授;恩拔、副榜、挨貢,授爲訓導。令其每月將旗下生員考試一次,並以時教令騎射。如有文理不通,行止不端者,許該教官申詳學政,即行革退。如該教官怠惰廢弛,有玷厥職,許順天學政及順天府府丞指名題參。〇又覆准:凡計典教官,賢否皆由知府具報,則知府原有稽察之責,恐以教官閑員微職,不無優容。行令各省督撫轉飭各府,必從實考核。如有姑息容隱,將各該知府,照徇庇題參議處。〇又諭:"凡縣令改授教職者,因其不勝牧民之任,例當罷黜。朕念其讀書攻苦,選授一官,不忍遽令廢棄,是以改爲教職,俾居師儒之席,以展其所學,此朕格外之恩也。況教官有化導士子之責,較理民之任,關係尤重,伊等應當殫心竭力,以盡職守。倘因改授教職之故,志氣隳頹,諸凡怠忽,着各學政查參,從重議處。"

凡考規,順治九年題准:試日,用印卷、受卷官共二員,以精敏教官充之。巡綽官各一員,司儀門啓閉官一員,俱以州縣賢能佐貳,或府衛首領充之。早司照進牌、晚司照出牌官二員,以能幹巡檢大使充之。外則巡捕官二員,以謹畏佐貳首領官充之。搜撿官二員,以衛所官充之。俱先期開具姓名手册,仍於隔别州縣,分派二班,以備臨期抽用。是日,各執事員役須肅静,不許輕出一聲,以亂文思。交卷時,本生將浮票揭去。受卷官將所收卷,每學以十卷爲一束,三束爲一封,註明某官某吏,封送收貯各卷箱。生員領牌,從甬道中直趨儀門。司儀門官稟請鎖鑰,開門收牌,逐一放出。把大門官吏,不許入限内。儀門官吏,不許出限外。違者,嚴究。〇康熙二十一年議准:遇考校日,一概封筒,不許傳入。間有公事,俟試竣日,方許開緘投進。其生員交卷,照例將浮票揭去,帶回府、州、縣。於正試卷外,不許多備一卷。違者,聽該督撫據實題參。督撫徇隱者,一併議處。

凡考試出題，順治九年題准：出題務明白正大。不得割裂文義，以傷雅道。又，《春秋》脱母等題，原屬紐合，應删去。以後考試，止將單題合題，酌量均出。〇康熙三十六年議准：小學一書，令幼學講習有益。自三十七年爲始，考試童子時，出四書一題，令做八股；出小學一題，作論一篇。通行直省學臣，一體遵行。〇四十五年覆准：儒童正考，仍試八股二篇。覆試，一四書文，一小學論。〇雍正元年覆准：歲考，用書文二篇。科考，仍遵舊例，用書文二篇，加增經文一篇。如遇冬天日短，減去書文一篇，用書文一篇，經文一篇。其有經旨不明，摭拾成文，希圖僥倖者，不得濫取。

凡解卷解册，順治八年題准：提學到任，即將日期報部。以到任日爲始，歲考，限十二個月考完，每三個月解卷一次；科考，亦分四次解卷。禮部會同禮科磨勘。所取生童文字，以純正典雅爲主。如有詭怪舛謬者，除本生黜革外，提學參處。凡解卷一次，磨勘出四卷以下，每一卷，罰俸三個月；至五卷以上，每二卷降職一級；十卷以上，革職。〇九年題准：歲科試卷優等，以大學五名，小學三名，解部磨勘。其有詭僻幽險，割裂補綴者，磨勘出，照題定卷數，分別參處。解卷時，必用原本真卷，不許改謄潤色。又，必卷册併解，册内務將生員優劣及取進新生姓名數目備造，不許遺漏差悮。解期務照題定次數，不許遲延。違者，查參。〇康熙二年題准：提學每一次解卷内，磨勘出一卷者，罰俸六個月；二卷，罰俸九個月；三卷，罰俸一年；四卷，降一級；五卷，降二級；六卷，革職。〇十二年議准：生員緣事黜革及審明收復等項，該提學院道，逐案開明呈報。違者，照遺漏例治罪。〇十三年議准：生童試卷，停其送部磨勘。其考過學册，仍於一年内兩次解部科，以憑查對。〇二十五年題准：提學歲考畢，造簡明文册送部科查對一次。科考畢，亦如之。總計三年任内，令解册二次。其違限不解者，仍照定例參處。〇三十九年覆准：考後造册報部，有額外濫取、改名易姓頂補、此學改入彼學等弊，或被督撫糾參，或被部科查出，將該學臣照貪官例革職提問。賄進諸生，照光棍例治罪。〇又覆准：學臣歲考後，止令解全册一次。科考後，止將録取生童等姓名、幫補日月及各項事故，分別開報，不必另造四柱全册。〇四十年題准：學臣歲科解册，俱由驛遞。〇四十五年覆准：學臣報部歲科册内有錯誤者，該部駁回改正。其名數不符、朦混報部及頂冒等弊，併不應補廪增而越補廪增，不應降青而竟降青者，咨行該督撫查明題參。〇雍正元年覆准：歲考文武生童，並行考取，較科考事屬稍繁。舊例，限十二個月解册，爲期迫促。應再寬限六個月，於一年零六個月内解部,以免遲延之咎。至造送歲科册内,有字畫訛落之處,不過繕寫偶誤,無關學政,應免駁參。行令學臣自行改正,以絶營求勒索等弊。○二年覆准:學臣解册,通計三年兩次。除議定歲考解册一年零六個月送部外,其科考,亦不必扣限,俾得詳加考校。直省一體遵行。

凡考試武生武童,康熙四十四年覆准:武童生先考策論,後較騎射。合式時,隨即磨對筆跡。○四十九年諭:考試武生武童,用論二篇。第一篇出《論語》《孟子》題,第二篇出《孫子》《吴子》《司馬法》題。其鄉會試,原作論一篇,策二篇。今亦照此例,出論題二道。作論二篇外,作策一篇。○雍正二年覆准:京衛武童,額取一百名。應考人俱係九府遠來,教授不能盡識僱考頂替等弊,勢所必有。嗣後,將此百名額數,分派九府。大、宛二縣,各取十五名;保定、河間、大名三府,各取十名;正定府,取二十名;宣化、永平、順德、廣平四府,各取五名,俱就本籍考試。令州縣查明、廩保識認真正衛籍,出具印結送考,以杜假冒。第京衛武學,爲天下武學之首,不可虚設。仍令該學臣,於各府取進後,移撥京衛武學督率。遇歲考時,亦令京學教官起送。○四年覆准:外省、府、州、縣、衛,俱以儒學教官兼理武學。今八旗新設教官,既轄文生,即以滿洲蒙古漢軍武生,兼令管理。京衛大宛兩縣武生,亦令屬文教官訓誨約束。俾滿漢分轄,文武兼理。原設武學官役,概行裁去。其現任武學教授、訓導,俱令離任,各照原品,另行補用。

凡懲治生員,順治八年題准:教官生員,不遵教條,生事違法者,學臣嚴行懲究。若與武職兵丁有争,教官生員,聽學臣處治,不許武職擅責;武職兵丁,聽該衙門處治,不許生員結黨争抗。○十年題准:生員犯小事者,府州縣行教官責懲;犯大事者,申學臣黜革,然後定罪。如地方官擅責生員,該學政糾參。○康熙九年題准:生員關係取士大典。若有司照民例扑責,非朝廷恤士之意。今後,如果有欠糧重情,地方官先報學院學道,俟黜革後,治以應得之罪。若詞訟小事應責治者,發該學懲責。

凡提學報滿交代,順治八年題准:學臣舊官考畢,新官未補,中間易致曠廢學政。除御史報代,自有臺規外,凡學道兩考完日,先期報禮部,即咨吏部銓補,新官依限赴任,面相交代,以杜署道諸弊。其舊官,聽候考核陞轉處分。○九年題准:歲科兩考,定以三年内報完,方許陞轉。仍候新官面代,不許擅離地方。○康熙二年題准:直省現任提學,於鄉試前接考小半及一半者,所屬未考地方尚多,不便報滿。應通行考試,以完下三年考試一週之數。其接考大半者，准其報滿。〇又題准：提學一經領勑，應即行赴任。如有逗留都門者，科道指名題參。考試已竣，俱於十一月報滿到部。如違定限，即以戀缺題參。〇十二年題准：提學考試遲延，限内不能完結者，降一級調用。〇二十六年題准：於鄉試第二年接任，其未考地方多者，展限五個月，少者，展限三個月報滿。如鄉試年接任者，令其下次三年考試完日報滿。〇五十年覆准：學臣遇有丁憂等事離任，將學政印務令該督撫或藩臬署理者，定例不許考試。其遇鄉試屆期，但照科考正案送場，署印不准録取遺才。〇五十三年覆准：凡學臣更替，定於鄉試年之秋列名，恭候欽點，以武闈後十月底到任爲限。舊學臣一面報滿，即行起程。

大清會典卷之七十六

禮部儀制司

〔學校二〕

〔學制員額〕

順治四年定:直隸各省儒學,視人文之多寡,分大學、中學、小學。大學取生員四十名,中學取三十名,小學取二十名。○又定:直省各學廩生,府學四十名,州學三十名,縣學二十名,衛學十名。增廣生額數同。○十五年題准:儒童入學,大府取二十名,大州縣取十五名,小學取四五名。○十六年題准:順天府儒童入學,取二十五名。宛平、大興二縣,各取二十名。○康熙九年題准:各直省考取儒童,府學二十名,大州縣學十五名,中學十二名,小學七名或八名,各省不等。○二十八年諭:江浙人文繁盛,增廣入學額數。遵旨議定:小學取生員十二名,中學取十六名,大學取二十名,府學取二十五名。○又覆准:貴州貴筑縣,係兩衛歸併之縣,人文漸盛,照小學例考取生員八名,即令新貴教官兼攝。武生廩貢,俱照例舉行。至永寧、獨山、麻哈、普定、平越、都勾、鎮遠、安化、龍泉、銅仁、永從十一州縣,向未設學,應試之人,於附近州縣考試。其入學額數,仍於各原額内考取,册内註明係何州縣人報部。○又議准:四川奉節縣,爲夔府首邑,又兼大寧歸併,人文漸盛,應復設學。照小學例,考取生員八名。○三十一年覆准:貴州安化縣,係思南府首邑。照貴筑縣例,考取文武生員各八名。其學務,即令府學教官兼攝。其廩貢,照例舉行。○又覆准:滇省自平定以來,人文漸盛。將師宗州復設學正一員,元謀縣復設訓導一員,定邊縣復設訓導一員,以專訓迪。照小學例,各取進文武童生八名。馬龍州、寧州、呈貢縣,照中學例,各取進文武童生十二名。其廩貢,俱照例舉行。

○三十三年覆准：宣化府學生員，酌撥二名以足數。宣化、懷安二縣作大學，定額十五名。懷來、萬全、蔚三縣作中學，定額十二名。西寧、龍門、赤城三縣作小學，定額八名。其挨廩出貢，俱照例行。武生，亦隨文生額取。○三十八年諭：江南、浙江，人文稱盛，入學名數，前已增額。今著於府學、大學、中學、小學，各增取五名，舉行一次，以示奬勵人材至意。○四十二年覆准：河南考城、柘城、温、登封四縣，本係小學，改爲中學，取進童生十二名。○四十四年題准：湖廣黄梅縣改復大學，雲夢、桂陽二縣改復中學，照例考取。○四十八年覆准：陝州葉縣，將中學改爲大學，照例取進童生十五名。○又覆准：福建興化府府學，悉由莆田縣撥取。仙遊縣童生，相沿不准撥入。偶有拔取，紛呶不已。直省各府府學，於各州縣童生内量撥。惟福建興化府，但撥取莆田童生，而不撥仙遊，與例不符。嗣後，興化府學，著將莆田、仙遊二縣童生，一體酌量撥取。○五十年覆准：廣西西隆州，自改流以來，從未建學，今已建學宫。嗣後，歲科兩考，取進文生各六名，歲考取進武生六名。撥武緣縣學訓導一員，移駐西隆州，以專督課。○五十二年覆准：廣西西隆州學宫已成。文廟照例丁祭，生員補廩四名，增生五名，三年兩次出貢。凡祀典廩糧旗匾等項，俱於本州地糧内支給。○五十三年覆准：乾州鎮溪所修建學宫。照五寨司例，取進文武童生各八名，以瀘溪縣訓導就近兼攝。其春秋丁祭銀兩，於本所錢糧内支給。○五十四年覆准：湖北安陸府首邑鍾祥縣，向未設學，取進文武生童，統附府學教授兼攝。今准創建學宫，增設教諭、訓導各一員。其春秋丁祭及教職俸薪銀兩，俱照各縣學成例支給。○又覆准：直隸人文日衆，增廣學額。除順天府學，大興、宛平縣學名數與江浙同，無庸加增外，其餘府學定額各二十名，今增三名，共取進二十三名；州、縣、衛大學各十五名，今增三名，共取進十八名；中學，定額各十二名，今增三名，共取進十五名；小學，定額八名，今增二名，共取進十名。○又覆准：貴州安順府南籠廳，照湖廣鎮溪所例，設立學校，取進文武童生各八名，分普安縣訓導專司學務。○五十五年覆准：湖廣岳州府湖西六屬，限隔洞庭，赴試恐致漂溺。嗣後，於澧州另建考棚。其原撥府學文武舊生，令府學教官清查，分造二册，將府學訓導改駐澧州。考試時，東四屬，令教授造册送考；其西屬，令訓導造册送考。文武童生，照直隸州例，令澧州知州考送，學臣撥進府童，即於本地發案。廩增額數，亦各分一半。出貢，亦各輪貢一年。○五十七年覆准：江南寧國府南陵縣，賦税額多。著改中學爲大學，考取文武童生二十名。○五十八年覆准:浙江金華府之武義縣,賦稅多於浙中中學之縣,向照小學例考取童生。嗣後,改照中學考取。〇又覆准:江西贛州府興國縣,賦役殷盛。著改小學爲中學,取進童生十二名。〇五十九年題准:浙江衢州府西安縣孔氏,本至聖嫡裔,自宋南渡遷浙歷今,讀書人多。嗣後,於歲科正額外,取入童生二名。〇又覆准:河南襄城縣,供賦額多。著將中學改爲大學,取進童生十五名。〇又覆准:貴州省平越府屬之黄平州,向與興隆衛爲兩中學,因裁去衛學,歸併黄平爲一中學。今應試之童生,數倍於前。應將黄平州學改爲大學,取進文武童生各十五名。〇又覆准:四川東川府,照烏蒙府例,歲科兩考,各取進文生員十五名,歲考取進武生十五名,自康熙六十年爲始。其補廩出貢,俟人文漸盛,該督再行具題。〇又覆准:山西太平縣,向係中學,今改爲大學,取進童生十五名。浮山縣,向係小學,今改爲中學,取進童生十二名。〇六十年覆准:江南銅陵縣學,向係小學,今改爲中學。〇六十一年十一月恩詔:直隸各省儒學,大學加取七名,中學加取五名,小學加取三名。〇雍正元年覆准:直省各府學,亦遵恩詔内大學例,加取七名。〇又覆准:盛京奉錦二府,遵康熙六十一年恩詔各學廣額,於原額七名者,加取七名;四五名者,加取四五名;二名者,加取二名;滿合字號六名者,加取六名;四名者,加取四名。〇二年覆准:廣西西林縣,久同西隆州改土歸流。照五十年西隆州建學定額例,歲科試取進文童生各四名,歲試取進武童生四名,即將思恩府訓導一員移駐西林縣,專司督課。〇又諭:"我聖祖仁皇帝壽考作人,六十年來,山陬海澨,莫不家絃户誦。直省應試童子,人多額少,有垂老不獲一衿者。其令督撫會同學臣查明,實在人文最盛之州縣,題請小學改爲中學,中學改爲大學,大學照府學額取録。督撫等務宜秉公詳查,不得徇私冒濫。"遵旨查核題准:直隸順天府大興宛平,一學實分三學,今照三大學例,俱加七名,各取進二十五名。文安、通州、寶坻、豐潤、蠡縣、高陽、河間、任邱、景州、冀州、定州、南宫、棗强、清豐、滑縣、東明、開州、長垣等十八州縣,向係大學,今照府學額,各取進二十三名。薊州、盧龍、遷安、昌黎、樂亭、博野、祁州、安州、新安、獻縣、阜城、静海、寧津、天津衛、萬全、蔚縣、衡水、安平、雞澤、成安、清河、魏縣、南樂、内黄等二十四州、縣、衛,向係中學,今改爲大學,取進各十八名。又,香河、順義、深澤、青縣、西寧、靈壽、行唐、贊皇、新河、高邑、無極、新樂、曲陽、廣宗、唐山、内邱等十六縣,向係小學,今改爲中學,取進各十五名。江南、蘇松等所屬之上元、江寧、句容、溧陽、太倉、長洲、吴縣、吴江、常熟、崑山、嘉定、華亭、婁縣、上海、青浦、武進、無錫、江陰、宜興、丹徒、丹陽、金壇、邳州、山陽、鹽城、高郵、通州、泰州、江都、儀徵、泰興、興化等三十二州縣,向係大學,今照府學額,各取進二十五名。溧水、高淳、崇明、海州、清河、桃源、安東、宿遷、睢寧、沭陽、寶應、如臯等十二州縣并金山一衛,向係中學,今改爲大學,各取進二十名。江浦、六合、贛榆等三縣,向係小學,今改爲中學,各取進十六名。其海門鄉,向係海門縣,後裁併通州,另取六名,今准其增額四名。安徽所屬之懷寧、桐城、宣城、涇縣、鳳陽、廣德等六州縣,向係大學,今照府學額,各取進二十五名。潛山、太湖、宿松、黟縣、寧國、旌德、太平、貴池、青陽、建德、當塗、蕪湖、無爲、六安、泗州、合肥、宿州、亳州、含山、建平等二十州縣,向係中學,今改爲大學,各取進二十名。望江、東流、繁昌、舒城、廬江、臨淮、定遠、蒙城、懷遠等九縣,向係小學,今改爲中學,各取進十六名。江西之南昌、新建、豐城、高安、宜春、清江、廬陵、吉水、安福、臨川、金谿、南城、新城、上饒、鄱陽、贛縣、寧都等十七縣,向係大學,今照府學額,各取進二十名。奉新、永新、宜黄、東鄉、南豐、廣昌、貴溪、餘干、星子、都昌、建昌、德化、湖口、大庾等十四縣,向係中學,今改爲大學,各取進十五名。萍鄉、峽江、玉山、安仁、安義、瑞昌、南康、石城等八縣,向係小學,今改爲中學,各取進十二名。浙江之仁和、錢塘、海寧、嘉興、秀水、嘉善、海鹽、平湖、烏程、歸安、德清、鄞縣、慈谿、山陰、會稽、諸暨、餘姚、臨海、金華、蘭谿、西安、建德、淳安、永嘉、麗水等二十五縣,向係大學,今照府學額,各取進二十五名。奉化、新昌、嵊縣、天台、永康、常山、瑞安、平陽等八縣,向係中學,今改爲大學,各取進二十名。於潛、昌化、湯溪、江山等四縣,向係小學,今改爲中學,各取進十六名。又,定海縣向止額取十一名,今改爲小學,取進十二名。福建之閩縣、侯官、長樂、福清、莆田、仙遊、晉江、南安、惠安、同安、安溪、龍溪、漳浦、海澄、南靖、平和、南平、建安、甌寧、建陽、崇安、邵武、長汀、上杭、永定、福寧州等二十六州縣,向係大學,今照府學額,各取進二十名。連江、福安二縣,向係中學,今改爲大學,各取進十五名。永春、德化、尤溪,向係小學,今改爲中學,各取進十二名。湖北之江夏、武昌、興國州、黄岡、蘄水、黄梅、黄陂、京山、天門、沔陽州、孝感、江陵、公安、石首、監利、襄陽等十六州縣,向係大學,今照府學額,各取進二十名。大冶、雲夢二縣,向係中學,今改爲大學,各取進十五名。應山縣,原係小學,今改爲中學,取進十二名。湖南之長沙、善化、湘潭、茶陵、攸縣、益陽、衡陽、衡山、耒陽、零陵、祁陽、邵陽、武岡、新化、巴陵、華容、澧州、武陵、桃源、會同、郴州、靖州等二十二州縣,向係大學,今照府學額,各取進二十名。湘鄉、寧鄉、常寧、安鄉、溆浦、永興、桂陽等七縣,向係中學,今改爲大學,各取進十五名。辰谿,向係小學,今改爲中學,取進十二名。山東之歷城、章邱、泰安州、萊蕪、德州、武定州、濱州、滋陽、滕縣、濟寧州、魚臺、單縣、曹州、曹縣、東平州、沂州、四氏學、聊城、高唐州、濮州、益都、壽光、安邱、諸城、掖縣、膠州、蓬萊、萊陽等二十八州縣,向係大學,今照府學額,各取進二十名。新城、濟陽、長清、陽信、海豐、樂陵、商河、利津、霑化、寧陽、鄒縣、城武、定陶、鉅野、鄆城、汶上、東阿、陽穀、堂邑、茌平、館陶、臨淄、昌樂、莒州、日照、高密、即墨、棲霞、寧海州、文登等三十州縣,向係中學,今改爲大學,各取進十五名。嶧縣、費縣、觀城、高苑、蒙陰等五縣,向係小學,今改爲中學,各取進十二名。山西之陽曲、榆次、文水、臨汾、洪洞、曲沃、翼城、聞喜、汾陽、介休、忻州、代州、長治、蒲州、臨晉、猗氏、解州、安邑、澤州、高平、陽城、絳州、太平、襄陵等二十四州縣,向係大學,今照府學額,各取進二十名。絳縣、臨縣、大同、蔚州、朔州、遼州、平定州、盂縣、崞縣、夏縣、沁州、稷山等十二州縣,向係中學,今改爲大學,各取進十五名。黎城、壺關、繁峙、保德州、興縣、吉州、隰州等七州縣,向係小學,今改爲中學,各取進十二名。又,太原、平陽二府府學,向係所屬州縣内撥取。今太原府分設直隸諸州屬府轄者,止存十一州縣,平陽府分設直隸諸州屬府轄者,亦止存十一州縣,不便將州轄之童生照舊撥入府學。令學臣將府學二十名,即於府屬各州縣撥入。其蒲州等十二州縣,除聞喜縣已屬平陽府,撥入府學外,其餘十一州縣,照舊例聽往運學考試。河南之祥符、杞縣、太康、陳州、商邱、永城、鹿邑、睢州、安陽、河内、洛陽等十一州縣,向係大學,今照府學額,各取進二十名。陳留、通許、中牟、西華、臨漳、濟源、武陟、孟縣、温縣、偃師、靈寶等十一縣,向係中學,今改爲大學,各取進十五名。滎陽,原係中學,後改小學,今准復爲中學,取進十二名。原武、長葛、臨潁三縣,向係小學,今改爲中學,各取進十二名。陝西之蒲城縣及寧夏等衛,向係大學,今照府學額,各取進二十名。咸陽、同州、乾州、武功、鄠縣、興平、膚施、洛川、清澗、寶雞、城固、興安州、涇州、安化、會寧、文縣、伏羌、秦安等十八州縣,向係中學,今改爲大學,各取進十五名。三水、商州、安平、葭州、汧陽、沔縣、鎮原、盛寧、禮縣等九州縣,向係小學,今改爲中學,各取進十二名。華陰縣,向係中學,今潼關衛裁去衛籍,併入華陰縣,准照府學額,取進二十名。

鳳翔、慶陽二府學，向止取十五名，今俱准如府學定例，各取進二十名。鎮番衛，向係小學，今人文最盛，特改爲大學，取進十五名。平凉府，向係中學，有平凉衛籍八名，附入府學，今衛籍雖裁，仍准如府學定例，取進二十名。凉州衛，向係中學，今改爲大學，取進十五名。古浪所，向取童生八名，附入凉學，凉學廩增，舊止二十名，今增古浪所八名，准加廩增各十名。其出貢，舊照縣學例，兩年一貢，今照州學例，三年兩貢。四川之成都、崇慶州、簡州、閬中、南部、遵義、眉州、邛州、雅州、瀘州等十州縣，向係中學，今改爲大學，各取進十五名。嘉定州，向係大學，今照府學額，取進二十名。温江、新繁、新津、郫縣、巴縣、江津、南充、宜賓、富順、奉節、綏陽、洪雅、遂寧等十三州縣，向係小學，今改爲中學，各取進十二名。廣東之南海、番禺、東莞、順德、新會、香山、海豐、海陽、潮陽、揭陽、澄海等十一縣，向係大學，今照府學額，各取進二十名。三水、增城、保昌、英德、興寧、長樂、龍川、程鄉、饒平、儋州等十州縣，向係中學，今改爲大學，各取進十五名。新寧、和平、永安、大埔、惠來、平遠、鎮平、開平、吳川、東安、西寧等十一縣，向係小學，今改爲中學，各取進十二名。廣西之臨桂、全州、蒼梧、鬱林州、懷集、宣化、横州、新寧州、賓州、上林等十州縣，向係大學，今照府學額，各取進二十名。靈川、興安、灌陽、桂平、貴縣、隆安、永淳、武緣等八縣，向係中學，今改爲大學，各取進十五名。平南向係小學，今改爲中學，取進十二名。雲南之昆明、安寧州、晉寧州、宜良、南寧、尋甸州、建水州、石屏州、通海、河西、河陽、新興州、太和、趙州、鄧川州、浪穹、劍川州、保山、騰越州、楚雄等二十州縣，向係大學，今照府學額，各取進二十名。呈貢、陸凉州、霑益州、寧州、阿迷州、蒙自、雲南、賓川州等八州縣，向係中學，今改爲大學，各取進十五名。和曲州，向係小學，今改爲中學，取進十二名。再，准該撫所請，將黑白琅三井，於州縣外另爲設學，俱照小學，各取進八名。貴州之貴陽、威寧二府學，向止各取十五名；鎮遠府學，向止取十六名，今俱准如黔省府學定例，各取進二十名。貴筑縣，向係大學，今照府學額，取進二十名。畢節縣，向係中學，今改爲大學，取進十五名。貴定、清鎮、普定、甕安、安化等五縣，向係小學，今改爲中學，各取進十二名。〇三年覆准：廣西西林縣、太平、土州，初行設學，不便遽補廩增。俟兩經歲科考後，生員額多，照西隆州例，酌量補廩二名。其出貢，俟補廩十年後，照縣學例，兩年一貢。所用廩糧旗匾，於西林縣地糧銀内動支，每年造册奏銷。〇又覆准：新改直隸州及該州所轄之縣，嗣後考試童生，無庸撥入府學,止於府屬各州縣内,擇其文優者撥取。至從前撥入府學之生員,不必令其改歸。○又覆准:廣西崇善、荔波二縣,原係土屬,改流已久,未設學校,士子進身無階。照西林縣例,歲科兩試,取進文生員各四名,歲試取進武生四名。將太平府訓導,撥駐崇善縣;宜山縣訓導,撥駐荔波縣,專司督課。其祀典廩米等項,於各該縣地丁銀兩内動支。○又覆准:黔省南籠廳,設學已經十年,人文繁盛。照小學例,開廩缺二十名,歲科兩試,挨次撥補。其訓導學記,照例鑄給。○四年覆准:山西新設朔平、寧武二府,增設府學,各取進文武童生二十名。朔平府所屬右玉縣,取進十五名。左雲、平魯二縣,取進八名。大同府屬之陽高、天鎮二縣,各取進八名。寧武府屬之寧武縣,取進十二名。偏關縣,取進十五名。神池、五寨二縣,各取進八名。至各學廩增歲貢,俱照晉省大中小學例添設。○又議准:東川府改隸雲南,康熙五十九年,照中學例,取進童生十五名。其教職諸事,令知府兼攝。知府有地方之責,何能並司訓迪?嗣後,添設教授一員,給以印信,專司學校。其應試童生無多,照小學例,取進十名。至再議加額及補廩出貢,仍俟人文漸盛,督撫具題。

凡八旗滿洲蒙古漢軍入學,崇德間,於盛京建立學校,考取儒生。順治八年題准:滿洲蒙古漢軍子弟,歸順天府考試,額外共取生員三百名。内滿洲一百二十名,蒙古六十名,漢軍一百二十名。其滿洲蒙古子弟,令内院、禮部會同考試。通滿漢文者,繙譯漢字文一篇。通滿文者,作滿字文一篇。漢軍子弟,令順天學院考試,與民童一體出題。○九年題准:漢軍考取廩膳生員二十名,增廣生員二十名,不論旗分,聽學院考取,歸併順天府學,照例每歲出貢二名。其漢軍廩生,俱有圈撥地畝,不給廩餼。○十三年題准:減定考取生員名數。滿洲八十名,蒙古四十名,漢軍一百名。○十四年諭:停止八旗考試。○康熙六年題准:八旗下有願作漢文考試者,各都統開送禮部,移送順天學院,以滿洲蒙古另編一號。漢軍與漢人同塲考試,文優者,即入順天府漢生員額數内。○九年題准:八旗滿洲蒙古取生員四十名,漢軍取生員四十名。○又題准:滿洲蒙古漢軍應試者,照漢童生例,禮部轉劄順天府府丞,先行録取,移送學院考試。○十年議准:漢軍照舊例出貢。滿洲蒙古,既作漢文,一體考試。亦照漢軍例,設廩生二十名,增生二十名,每年出貢二名。○又議准:八旗新舊生員内,通行選拔。文行兼優者,滿洲蒙古起送二名,漢軍起送二名,入監肄業。○十二年題准:八旗照漢人生童歲科兩考例,一體考試。○又題准:盛京旗下子弟，通習漢文者，與盛京民童一體考試，漢文。滿洲蒙古編滿字號，漢軍編合字號。考取滿洲蒙古生員三名，漢軍生員二名。〇十五年議准：停止八旗考試。〇二十六年恩詔：八旗准同漢人一體考試。遵旨議定：滿洲蒙古，照舊例取生員四十名，漢軍減二十名。盛京八旗滿洲蒙古，取進生員三名，漢軍減去二名，取進生員一名。鄉會試編入在京滿洲蒙古漢軍數内，一并考試。〇二十八年覆准：考取滿洲生員，宜試騎射。不能騎射者，不准考試。〇又定：滿洲蒙古生員，設廩生二十名，增生二十名，每年出貢二名。漢軍生員，設廩生十名，增生十名，每年出貢一名。〇二十九年題准：奉天府滿洲蒙古漢軍考取生員，令奉天將軍、副都統等驗射馬步箭。能射者，交與該府丞考試。〇三十年覆准：奉天滿洲蒙古，增三名，共取生員六名；漢軍，增二名，共取生員三名。〇三十三年題准：八旗滿洲蒙古，原額取生員四十名。今將鑲黄等三旗内府滿洲佐領、管領，并五旗王府内滿洲佐領，俱歸并八旗滿洲蒙古考試。應將八旗滿洲蒙古生員量增二十名，共取進六十名。八旗漢軍，原額取生員二十名。今將鑲黄等三旗内府漢佐領，并五旗王府内漢佐領，俱歸併八旗漢軍考試。應將八旗漢軍生員量增十名，共取進三十名。〇三十四年題准：盛京考取生員，今添八旗内府滿洲漢軍佐領子弟考試。滿洲蒙古，原取進生員六名，再增四名，共取生員十名。漢軍，原取進生員三名，再增二名，共取生員五名。〇三十五年題准：千丁家有佐領官品級者，有監生部用以年滿考職者，其子弟許在盛京八旗漢軍内，一同考試。〇三十六年題准：盛京八旗内府佐領子弟，嗣後，停其考取生員。其三十四年添取滿洲蒙古生員四名、漢軍生員二名額數，俱行減去。〇四十九年覆准：奉天爲發祥重地，文風日盛，各學廩增俱著加廣。除府學廩增十名不必加外，滿洲額設廩增一名，各加三名；漢軍額設廩增一名，各加一名。〇五十五年覆准：昭陵千丁子弟，照三十五年福陵千丁子弟例，在盛京八旗漢軍内，一體考試。〇又覆准：奉天府合字號童生，額進三名。今漢軍人數漸多，又福陵昭陵千丁子弟，准與漢軍一體考試。應將漢軍取進之額，量增一名。〇五十七年覆准：永陵千丁子弟，照福陵、昭陵例，與奉天漢軍童生，一體應試。〇雍正元年題准：盛京八旗内府佐領下子弟，復同滿洲蒙古漢軍，一體考試。應照三十四年加額例，滿洲蒙古於原取六名外，再增四名，共取十名。漢軍於原取三名外，再增二名，共取五名。合康熙五十五年所增千丁子弟入學一名，共取六名。〇又遵奉恩詔議定：滿洲蒙古，照兩大學廣額十四名，漢軍照一大學廣額七名。〇二年覆准:盛京八旗考試,舊例,滿號入學六名,其廪增額各四名;合號入學四名,其廪增額各二名。今添入内府佐領下子弟考試,既滿號加四名,共取十名;合號加二名,共取六名。其廪增額,亦著照前二名取一之例,將滿號加補二名,合號加補一名。〇又議准:八旗童生入學額數,倍於外府州縣,而廪增額數獨少,於各學宜酌量加增。滿洲蒙古廪增原額各二十名,今加四十名,共各補六十名。漢軍原額廪增各十名,今加二十名,共各補三十名。俾考居前列者,皆得食餼,以弘鼓舞。〇又覆准:奉天滿、合字號應試者頗衆。其滿字號,於額取十名外,再增一名,共取十一名。合字號,於額取六名外,再增二名,共取八名。

凡教養八旗生員,雍正元年諭:八旗滿洲蒙古秀才内,有在護軍執事人披甲上行走者,俱每月給銀二兩、米二斛,著令讀書。〇二年覆准:八旗秀才,特恩給與錢糧,贍養讀書。若無考校,恐或怠於誦讀。令該旗都統於歲考前,將領錢糧秀才,備造清册,咨部轉送學政,照考漢秀才例,嚴加校閲。考居前等者,照常領給。居四等以下者,停其給發。遇下次考居一等二等三等,照漢廪生開復例,仍給原領錢糧。如四等不願再考,即將學册除名,聽其復歸護軍驍騎當差。〇又議准:八旗滿洲蒙古漢軍生員,歲考每多不到。有應考者,俱列一等二等,其三等不過一二人。邇來八旗文風日盛,亟宜分别等第,以示鼓舞。嗣後,令八旗都統,遇歲考之年,將各佐領生員嚴催赴考。學臣照考漢生員例,優等補廪補增,劣等降青降社。至年老有疾,亦聽告退,准給衣頂。無故臨考不到,徑行除名。如果有丁艱、告假、患病、緣事及隨任等情,本生據實呈明教官,申報提學,仍行照例補考。但八旗生員有考試馬步箭之例,文理兼長爲難。倘得通順,例居前列。如無甚荒謬,不必苛求,定置後等。其八旗武生,俱著照文生員例,考試發落,不得規避。〇三年覆准:盛京幅幀廣闊,其滿合生員共一百十九名,俱隸奉天府學。實則諸生散處千里之内,教官耳目所不能及,即教誨所不能周。既無從稽其課程,又何能察其優劣?嗣後,移咨將軍衙門,查明各該生居址,撥相近之州學縣學,月課季考,報舉優劣。責令該教官與本學民籍生員,一體約束。遇歲考之年,令該學申送府丞衙門考試,一案發落。其托故不到者,遵例行學除名。至出貢補廪補增,按其名次准行。至滿洲漢軍童生,考試之前,先令該將軍將各童生居址開明,咨送府丞衙門,以憑進學撥歸附近州縣等學。永遠遵行。〇又覆准:奉天府學滿字號額設廪生六名,五年一貢。積三十年,方能出貢,實爲淹滯。改爲三年一貢,以示鼓勵。

凡遼學,順治初,遼東十五學,寄設永平,置三教官統之。於都司學設官一員,兼管自在、瀋陽、鐵嶺、開原四學。於寧遠學設官一員,兼管前屯、錦州、義州、右屯四學。於廣寧學設官一員,兼管永寧、蓋州、海州、定遼、右衛四學。其都司,廣寧,照府學例,設廩生各四十名。自在州,照州學例,設廩生三十名。海蓋、錦義、永寧、右屯、定遼、前屯、寧遠、鐵嶺、開原、瀋陽十二學,照縣學例,設廩生二十名。諸生俱就順天府考試。○五年,改爲遼學,置教官一員,設廩額八十名,每年出貢三名。其十五學名色,俱裁。○十年題准:各處童生生員,願赴遼東入籍應試者,由本地方官起文赴部,送至遼東墾田附籍。○十一年題准:遼陽設立儒學。其永平府遼生,俱歸遼學肄業。○十三年題准:遼陽府照外府大學例,取生員四十名。遼海二縣,各取生員十二名。○又題准:諸生現住遼陽者,在遼陽府學肄業。其願寄永平府學者,仍留永學。願還遼地者,聽。令學臣察取諸生互結,係真遼籍,方准寄永學。其永平寄學廩額八十名,内分四十名歸遼陽府學。至永平寄學,每案仍許進四十名,亦取遼生保結,真遼籍者,方許與考。遼海二縣學,每學先設廩生五名。俟人才漸充,仍照縣學例,每縣設廩額二十名。永平寄學、遼陽府學,每年各貢一名,遼海二學,每二年各貢一名。○十四年題准:直省俊秀願充遼生者,許全家移住。令遼陽知府收入版籍,一體考試。○康熙四年題准:奉天府考取儒童額數,承德縣七名,錦縣七名,遼陽州、寧遠州、海城縣各五名,蓋平、鐵嶺、廣寧各二名,錦州府學四名。俟人才漸充,照直省大中小學定數再議。○五年題准:遼生寄籍山東者,俱歸并山東各學考試;寄籍永平者,歸併永平府學考試。其山東永平寄籍遼生并夾字號名色,俱行除去。○九年題准:奉天府府州縣學,各設廩生一名,五年一貢。○二十四年覆准:增設錦州府、錦縣、寧遠州三學。每學廩生共五名,二年一貢,廣寧縣廩生共二名,五年一貢。應設增生,各照該學廩生名數。○四十年覆准:錦縣額設廩增五名,應照承德縣例,各加五名。廣寧縣,額設廩增二名,各加一名。錦州府、遼陽縣、寧遠州、海城縣,額設廩增五名,各加二名。蓋平縣、鐵嶺縣、開原縣,額設廩增一名,各加一名。○雍正二年覆准:錦州府學,原額四名,除照大學額取七名,應加三名外,再增二名,共增五名,統於府屬内擇其文理通順者,從公取撥。奉天府學,除將承德縣額取七名照例撥入外,亦再增五名,另於遼陽等五屬内,擇其文理優長者,從公取撥。○三年覆准:奉天府學民籍生員,額設廪生十名,一年一貢,不過十年,出貢太速。嗣後,奉天府學民籍廪生出貢之期,比照錦州府、錦縣、寧遠、遼陽等學之例,俱准二年一貢。

凡衛學,順治十六年題准:直隸山海、宣府各衛學,邊遠無可歸併,仍准照舊。其懷來衛、永寧衛學歸併延慶州,保安衛學歸併保安州,龍門所學歸併開平州,昌平衛學歸併昌平州。嗣後,童生應試,俱取州縣官廪保結,不必另立衛册。凡各衛學歸併府州縣者,俱照此例。〇十七年議准:湖廣平、清、偏、鎮四衛,附貴州省考試。〇康熙二十六年覆准:直隸懷來、永寧、保安三衛,仍各取進童生八名。其補廪出貢,亦照各縣例。至三衛學務,仍令保安州學、延慶州學兼攝。〇二十七年覆准:湖廣平溪、清浪二衛學,因改隸武昌,相距二千五百里,鼓枻洞庭,赴試維艱,仍照舊令黔省提調考試。〇三十二年覆准:湖廣五開衛,照中學例,考取文武生員各十二名,即令靖州學教官兼攝。其補廪出貢,俱照中學例。〇四十四年覆准:陝西平凉衛,原無專學,又不能入州縣學考試。應將平凉府學改爲大學,增取童生八名,專撥取平凉衛童生,不必另立衛學。至補廪增出貢之處,不分民衛,俱照考案先後、年分深淺爲定。其武童,亦照此例考取。〇五十三年覆准:湖廣辰州府屬之鎮溪所,自五十四年歲考爲始,文武童生各取進八名。〇五十五年覆准:廣東各衛所,照各省衛學例,將廣州前右、南海、清遠、肇慶、惠州、碣石、潮州八衛,及南雄、龍川二所,各取進童生二名。其餘三十六衛所,各取進童生一名。不必設學設官,撥入各府學教職督率。其補廪出貢,即附入府學原額内。〇五十九年覆准:陝西凉州並古浪所童生考試,僅取進十二名,人多額少。嗣後,增取文武童生各八名,即附凉州衛學肄業。〇雍正二年覆准:陝西潼關衛,既經裁汰,其生童歸華陰等州縣考試。〇三年覆准:黎平、永從二學,半係五開衛人,不便盡撥回籍,故學臣請照平清二衛例附黔考試。今奉旨:五開、銅鼓,歸黔管轄。其生童就黔考試,無容置議。至黎平、永從二學,自衛改縣治,劃清地界爲始,隸府屬者,歸府考試,隸衛屬者,歸縣考試,仍將分隸之處報部。〇又覆准:廣東、廣州、左衛、十二衛、東莞等二十六所,軍户田糧,俱歸併附近州縣。其衛所軍童生入學,原有定額名數。今一衛所户口屯糧,有收入附近數州縣者,若各就屯糧歸併之州縣考試,則送考零星,難以考試。嗣後,仍歸從前原考之州縣考録申送。〇四年覆准:潼關衛考試,前因該衛奉裁,歸併華陰縣。今奉旨,衛改縣治。則華陰仍照中學舊額,所改縣學，照該衛原額，取進文武生員各十二名。〇又覆准：平涼衛附近屯民，編列衛籍，准赴平凉縣考試，照舊撥府學兼管。岷州衛西固所附近屯民，亦准赴岷州廳考試。其歸德所，向係河州統轄。今河州衛雖裁，而生童考試歸併河州。其歸德所生童，亦照例附入河州考試。〇又覆准：辰州府屬之鎮谿所，原未設學，自康熙五十四年爲始，取進文武童生各八名，惟廩增未開，無由出貢。嗣後，酌量補廩四名，增生四名。查縣學兩年一貢，生員補廩二十餘年，始得出貢。今鎮谿所若即照縣學例，則出貢太驟。著俟補廩十年後，再照例兩年一貢。〇又覆准：山西威遠衛學現在廩增附生，撥入朔平府二學。老營所學現在廩增附生，撥入寧武府二學。其神池、利民、八角、三堡先進寧武學者，改歸神池學。鎮西衛先進岢嵐州學者，改歸五寨學。其餘衛所原額廩增附生，俱照改設新學撥入縣學。造册送部。

凡商籍入學，順治十一年題准：商籍入學，直隸附河間府，江南附揚州府，浙江附杭州府，俱照大學，考取儒童撥入府學，充附肄業。其山東、山西、陝西三處，設有運學，山東屬濟南府、陝西屬寧夏府，俱照小學考取。山西有河東運城，另設運學，照大學考取。〇康熙六十年覆准：廣東鹽商子弟，照淮浙河東例，遇歲科兩試，取進童生二十名，分撥府學及南海番禺二縣學肄業。〇雍正二年覆准：山東運學，止取商籍文童八名，並無武學，文武事應一體。嗣後，山東商籍，准其照例取進運學武童八名。

凡土司入學，順治十五年題准：土司子弟，有向化願學者，令立學一所，行地方官取文理明通者一人充爲教讀，訓督猺童。其猺童中有稍通文理者，聽土官具申本縣，轉申提學道，收試入學，以示鼓舞。入學數目，提學道憑文酌定。其教讀，每年給糧銀八兩，燈油紙筆銀二十四兩，地方官動用錢糧支給。〇十六年題准：湖南辰州五寨，界接苗猺。今向化歸誠，照例設學。考取童生七名，額設廩生六名，增生八名，科舉三名。其出貢年分，照各縣例，兩年一貢。令辰州府訓導分攝。〇又題准：貴州苗民向化歸順，應廣示教訓。令該地方官查苗民中有稍通文理者，開送學道考試。擇其優者，量取送附近府、州、縣、衛學肄業應試。不許各處士民冒籍濫入。仍令該學道酌量所取名數，准其補廩出貢，隨將定額報部存查。〇十七年題准：貴州省屬大學，取進苗生五名，中學三名，小學二名，俱附各學肄業。其廩額大學二名，中小學一名，考居優等，照案幇補。至出貢，原照州學三年貢二人。今苗生新進者少，暫令附大學者，三年出貢一人；附中小學者，五年出貢一人，俱另立一册，將苗生挨年序貢，勿與府、州、縣、衛額數相混。俟人學人多,另照州學舉行。〇十八年題准:雲南省土司應襲子弟,令各該學立課教訓,俾知禮義,俟父兄謝事之日,回籍襲職。其餘子弟,併令課讀,該地方官擇文理稍通者,開送提學考取入學應試。〇康熙二十二年題准:雲南土官族屬子弟并土人應試,附於雲南等府,三年一次,共考取二十五名,貴州土官族屬子弟并土人應試,附於貴陽等府,三年一次,共考取二十五名。俱另行開造,附於各府學册後,照例解送禮部、禮科查核。其土司無用流官之例,應將土生不准科舉,并不准補廩出貢,但將文義通達者考取。若取不諳經書、不通文義者,將試官參處。如不願考試,亦不必勒令應考。〇二十五年覆准:各土司官子弟,有願讀書者,准送附近府州縣學,令教官訓課。學業有成者,該撫查明具題奬勵。〇三十六年覆准:黎平府文武生員七十四名,除三名實係民籍,與部册相符外,餘七十一名,既爲土司族屬,即係土司。照黔省土官子弟例,將黎平府每考應取土司生員額數抵算,俟抵算完日,再行考取。其從前未經分晰,違例送考之官,查參議處,廩保鄰佑,交該撫懲黜。〇四十年覆准:粤西土官土目子弟,有願考試者,先送附近儒學讀書,確驗鄉音,方准報名應試。若土官濫送讀書,教官不行詳察鄉音收送,試官竟行收考,及土目子弟情願考試,土官禁遏與試者,該撫題參,交部嚴加處分。〇四十三年覆准:湖南各府州縣,有熟苗童生願考試者,許同民籍應試。其進取名數,即入該學定額。〇四十四年議准:貴州苗民,照湖廣例,即以民籍應試。進額不必加增,卷面不必分别土官、土目子弟。及三十六年取進土司文武生七十一名,照廣西土目子弟例,一體考試。〇又題准:貴州仲家苗民,一體入學肄業,考試仕進。〇又覆准:廣西土司之民人子弟,照貴州不分官民例,一體考試。〇五十四年題准:湖南衡、永、寶、辰、郴、靖六府州,屬苗猺,另編字號,於正額外量取一二名。〇雍正元年覆准:廣西太平土州,設立學校,令生童就近肄業。酌撥養利州訓導,移駐太平土州,專司督課。其建學之資,祀典之費,俱出該土州,不得派累土民。自雍正二年爲始,每歲科兩考,量取文武童生各四名。〇三年覆准:湖南衡、永、寶、辰、郴、靖六府州,所屬苗猺,向例取一二名,陶淑既久,額少人多。嗣後,歲科考試,增取三名。永爲定例。〇又覆准:雲南威遠地方,彝人子弟在義學誦習。有粗通文義者,令赴元江府附考,於府學定額外加取二名。〇又覆准:黔省苗人子弟,各赴該管府州縣義學誦習。其考試,准於各府州縣歲科取士定額外,擇其文理通順者,各加取一名。

凡隨任入學，順治十一年題准：教職子弟隨任入學者，嚴加考試。如文理明通，發回原籍肄業。其餘嚴行黜革。

凡别籍寓學，順治元年題准：設寓學於京城。遠方士子遊學者，取的當保結，准附順天府學，一體考試。又設廩額十名，照縣學例充貢。〇二年題准：寓學諸生，本年乙酉鄉試，准暫分監生中額三名。嗣後，俱發回本省。如父母墳墓向在北方，即係土著。學臣察覆果真，許令入籍，一體應試。〇康熙十年題准：四川省士子，寄籍他省入學者，各直省巡撫，查明自順治元年以來入學有願回籍者，令其回籍。蜀撫查明本生籍貫，方許撥入該府州縣儒學，一體考試。該學臣即將回籍生員註册報部。直省各學臣亦將回籍生員註明册内，以便查核。如有冒籍四川，希圖應試者，本生黜革治罪，該地方官一併參處。〇又題准：安插墾荒武弁，永駐入籍，輸納糧差者，其子弟准一體考試。〇十六年議准：凡監生生員，有冒籍者，許本身赴禮部具呈舉首，免革監生生員，改正原籍。在外者，令赴提學院道具呈舉首，免革監生生員，改正原籍，仍行報部。〇三十九年覆准：在京冒籍生員，除入籍已經二十年以上者不議外，以部文到日爲始，限兩月内，許具呈自首，改歸原籍。如過期者，不准行，仍照例黜革。〇四十年覆准：冒籍進學，久奉嚴禁。嗣後，如有彼州縣撥此州縣入學，即許生童出首，將不行查出之官員，該撫題參，交與該部照例從重治罪。又，嗣後，如有同省異府，同府異縣，冒籍入學，許儒童出首，將不行查出官員題參治罪。〇四十三年題准：貴州童生，照滇省例，許同省隔府之人應考。俟人文充盛，再行禁止。〇六十年覆准：直隸冒籍生員，以部文到日爲始，限兩月内具呈自首，改歸原籍肄業。各省亦照此例遵行。〇雍正二年覆准：貴州儒童，日漸增益。即下州小縣，亦可不致缺額。嗣後，將考取童生隔府隔縣撥入别學之例，永行禁止。〇又覆准：他省之人，每臨期冒稱本省，住居寫遠，頂替倩代，無從查核。令該學政飭該地方官并提調官、教官嚴行查核。如有徇私容隱等情，察出，將冒籍之人與頂替代倩并保結之人，從重究治，該地方官并提調官教官，照例議處。〇又覆准：寄籍生員内有食廩挨貢者，應照康熙六十年之例，盡行改歸原籍，食廩挨貢，悉照本生年分次序。其父兄既經改歸，則子弟自不能援例冒籍。〇三年覆准：直隸冒籍生員，自康熙六十年議定，改歸原籍，限期兩月。今行至四年，猶未止息。嗣後，有未經呈首者，一概不准改歸。或經察出，照例黜革。〇五年覆准：東川一府，改歸雲南。所有川省、府、州、縣寄籍東川入學各生，令其赴雲南應試，遠涉爲難。照貴州寄籍入學改歸本籍之例,將寄籍東川府入學各生,俱歸川省本籍各府州縣應試。〇又覆准:臺灣向因新闢,讀書者少,多係泉漳各處冒籍。今臺地文風日盛,何必借才異郡?嗣後歲科兩試,飭令該地方官查明現住臺地有田有屋入籍既定之人,取具鄰里結狀,方准送考。如有冒籍臺地入學者,或被旁人訐告,或經察出,定將該地方官題參議處,本童照冒籍例治罪。至從前冒籍,已經進學之文武諸生,限兩月内,許其具呈自首,該地方官會同教官逐一查明,俱令改歸原籍考試。如過期不行呈首,一經發覺,定行黜革治罪。

凡贊禮生,康熙二十五年覆准:府、州、縣、衛學贊禮生,不許濫用。應照國子監例,選擇在學肄業,文行兼優,儀表端莊,聲音宏亮者補充。大學六名,中小學四名,考試時准爲優等,仍行報部。〇三十三年覆准:凡地方大小各官,惟萬壽、元旦、冬至,春秋二丁祭,用生員贊禮,大中小學均不得過四名。其准爲優等之處,著停止。

凡奉祀生,康熙二十五年覆准:聖賢嫡裔,有充奉祀生者,仍給衣頂確開名數報部。〇雍正二年覆准:先賢有祠宇處,查明嫡裔,給與印照爲奉祀生。事久弊生,無論有無祠堂,是否賢裔,但係同姓,即給印照。各省督撫及衍聖公並不將奉祀生名數報部,致有假造印照、冒濫充補等弊。行令衍聖公會同山東巡撫、學臣核實查明。其各省奉祀生,令該督撫學臣通行嚴查。果係先賢嫡裔,建有祠宇,將本生履歷造册咨部,銷毁原給印照,换給禮部印照。其冒濫者,革除。嗣後,設立奉祀生,關涉衍聖公者,令衍聖公會同該撫學臣,照例查核,報部换照。其各省由督撫學臣者,亦嚴查咨部。如無部照,私相批行,冒濫名色,從重究治。

〔官學〕

順治二年題准:滿洲子弟,就學肄業,分爲四處,每處用伴讀十人,教習每十日赴國子監考課一次。〇十一年題准:八旗每佐領下,留官學生各一名,禮部會同國子監,詳加察驗。如學業無成者,各歸佐領,仍於本佐領下,選擇頂補。以後三年一次察驗。永爲定例。〇十四年諭:八旗滿洲漢軍,每佐領下,送官學生一名讀書。蒙古,每二佐領下,送一名讀書。〇十八年諭:滿洲漢軍,每佐領下,各增官學生一名,共送子弟二人,一習滿書,一習漢書。止許武官及甲兵子弟開送,文官子弟不准開送。〇康熙六年題准:凡官學生,除該監照常考試外,每年禮部嚴加考試一次,分别等第,送部録用。如某旗官學生肄業怠廢,即開列助教教習職名參處。〇九年題准：八旗官學生，不論文武官員子弟，令本佐領送監選補。〇十一年題准：每佐領下，裁官學生各一名，於所留官學生内均分，習學滿漢書。〇十六年題准：官學生，以生員俊秀選補。如本佐領下無生員俊秀，方選補閑散人。〇三十年題准：盛京左右兩翼，各設官學二處。各旗選取俊秀幼童十名，每翼四十名。滿學内各二十名，教讀滿書；漢學内各二十名，教讀滿漢書，并教習馬步箭。盛京禮部堂官，不時稽查操演。如盛京各部衙門，有筆帖式、庫使缺出，照例補用。又，滿學内，設滿文助教各一員；漢學内，設通滿漢文助教各一員，俱由吏部考授。其漢學，於盛京生員内才學優長者，令奉天府府尹各選二名，令其教讀。學舍，由盛京工部撥給。〇又議准：京師八旗，除讀漢書官生外，其餘幼童十歲以上者，各佐領於本佐領内各選一人，滿洲旗分幼童，學習滿書、滿語；蒙古旗分幼童，學習滿洲蒙古書、滿洲蒙古語；漢軍旗分幼童，學習滿書、滿語，教習馬步箭。仍令各佐領、驍騎校稽查。〇又覆准：盛京左右兩翼，設立滿漢官學。其漢學，行文府尹於盛京生員中，各取教習二名。所取係廪生，既充教習，廪糧停其支給。應照京師八旗教習之例，給倉米十二石，由盛京户部支給。其廪缺，另行拔補。鄉試之年，仍照例准其鄉試。〇三十四年題准：鎮守黑龍江等處將軍所轄官兵内，有新滿洲西伯索倫達祜里等，應於默爾根地方，兩翼各設學一處，每翼設教官一員，將新滿洲西伯索倫、達祜里及上納貂皮達祜里等，每佐領選取俊秀幼童各一名，教習書義。應補教官之人，該將軍選擇優長者，將姓名咨送吏部。其教官，照京師例，稱爲助教。學舍，該將軍撥給。〇五十二年諭：將景山北上門兩旁，建立官學，揀選教習，令内府佐領、内管領内可教之子弟讀習滿漢經書。其教習人員，年滿以知縣即用。〇雍正元年覆准：新進士，除選庶吉士外，揀選學問好者，令爲内外教習。年滿，照例補用。〇又覆准：内廷教習，將新進士考補。其八旗教習，應將考取之新進士用一人，考取之恩拔歲副貢生用一人。如此分缺間補，三年期滿，新進士照扣缺進士例即補用。恩拔歲副貢生，仍照舊例咨部，以知縣用，挨年分銓選。至捐納歲貢，不准考充八旗教習。〇又題准：官學設立年久，監察人員疎忽，將現在學中子弟，確選能學者教習，不能者革退。其讀漢書子弟内，能文者，令以漢文考試。雖曉文理，不能作文者，令以翻譯考試。讀滿書子弟内，有願讀漢書者，亦教以翻譯考試。至滿漢教習，向俱取用進士。其陞授中書甚速，不時更换，難覩成效。嗣後教習進士，雖補授中書，仍令在官學教習。有六年期滿，能多成就子弟者，禮部確查,移送吏部,以中書應陞之缺即用。内府教習,内務府亦行查奏,照伊應陞之缺即用。有不勤教習,行止怠玩者,指名題參。〇二年覆准:盛京八旗教習,舊例,於奉錦二府屬生員内考取。今各學生員就考者少。著將奉錦二府屬恩拔歲副各貢生并生員,一體與考,秉公遴選才學優長者充職。三年期滿,咨送吏部,仍照舊叙用。〇又覆准:於兩翼公所官房内,立學堂二所,設漢書教習二員,滿漢書教習二員。宗室内俊秀,有願讀漢書者,令入漢書學堂;願讀滿漢書者,令入滿漢書學堂。其八旗亦於左右翼公所,各設學堂二所,漢書教習各二員,滿漢書教習各二員。八旗人内,有家貧不能延師之生童,亦隨所願讀書,入各學堂一體肄業。其漢書教習,於吏部咨取守部舉人,於國子監咨取恩拔歲副貢生。其滿漢教習,於八旗咨取舉人,恩柭歲副貢生,考選才學優長,清漢精通者充職。照内教習例,給與月錢廩米。三年期滿,咨送吏部,舉人,照留京進士教習例,以應補之缺即用;貢生,照國子監教習之例,以應補之缺補用。其書桌椅凳等項,交工部置辦。倘學習之人不率教誨,係宗室,呈宗人府;係八旗生童,呈禮部,不許復入學堂。其教習行止不端,亦著禮部察訪參處。〇又覆准:設立官學,原欲清漢兼優,精通翻譯,以備部院衙門補用,可任職事。飭令國子監、滿漢祭酒、司業轉飭助教、教習等官,每日親臨官學,將官學生内,習滿文者,教以書寫本摺字畫;習文章者,講論聖賢經傳;習翻譯者,熟翻《古文》《淵鑑》《大學》《衍義》等書。祭酒、司業,不時巡行親查,以勸勤儆惰。每月傳至國子監考試一次,分别優劣,優者奬賞,劣者戒懲。俾有實效,毋存虚名。

〔社學〕

順治九年題准:每鄉置社學一區。擇其文義通曉,行誼謹厚者,補充社師,免其差役,量給廪餼優贍。提學按臨日,造姓名册,申報查考。〇康熙二十五年覆准:社學近多冒濫,令提學嚴行查革。〇雍正元年覆准:州縣設學,多在城市。鄉民子弟,住居寫遠,不能到學。照順治九年例,州縣於大鄉鉅堡,各置社學一區。擇生員學優行端,補充社師,免其差役,量給廪餼。凡近鄉子弟,年十二以上,二十以内,有志學文者,俱令入學肄業。仍造姓名册結,於學臣按臨之日,申報查考。如社學中有能文進學者,將社師從優奬賞。如怠於教習,鑽營充補,查出褫革,併該管官嚴加議處。務期啓發蒙童,成就俊乂,以備三代黨庠術序之法。

〔義學〕

康熙四十一年覆准：崇文門外金魚池上，設立義學，頒賜御書，題名勒石，并頒匾額懸掛。至五城地方，各設一小學，延塾師教，育有成材者，選入義學。計義學與小學，每年廩餼，共三百兩，於府縣按月支給。〇四十四年議准：貴州各府州縣，設立義學。將土司承襲子弟，送學肄業，以俟襲替。其族屬人等併苗民子弟，願入學者，亦令送學。該府州縣，復設訓導，躬親教諭。〇四十五年，黔省府州縣衛，俱設義學，准土司生童肄業，頒發御書"文教遐宣"匾額，奉懸各學。〇五十二年覆准：令各省府州縣，多立義學，延請明師，聚集孤寒生童，勵志讀書。〇五十四年諭："朕每年春行幸水淀，近見民生粗安。但移風易俗，莫過讀書。况畿輔之地，王化所先。宜窮鄉僻壤，皆立義學。該撫即遍示莊村，俾知朕崇文好學深意。"〇五十九年覆准：廣西土屬，共十五處，各設義學一所。該撫選擇本省之舉人、貢生學品兼優者，每屬發往一員，教讀土屬願學子弟。如有文藝精通者，先令就近流官州縣附考取進。其名數，俟該撫酌量人文多寡定額具題定議。至義學師儒，果能興行教化，人才蔚起，該撫據實保薦，酌量議叙。〇雍正元年諭：各直省現任官員，自立生祠書院。令改爲義學，延師授徒，以廣文教。〇三年覆准：雲南威遠地方，設立義學。令彝人子弟有志讀書者，入塾誦習。〇又覆准：黔省苗人，皆有秀良子弟。令各府州縣，設立義學。嗣後，苗人子弟情願讀書者，許各赴該管府州縣報名，送入義學。令教官嚴加督察。

大清會典卷之七十七

禮部儀制司

〔鄉約〕

順治九年，頒行《六諭卧碑文》於八旗直隸各省。〇十六年議准：譯書六諭，令五城各設公所，擇善講人員，講解開論，以廣教化。直省府州縣，亦皆舉行鄉約。該城司及各地方官，責成鄉約人等，於每月朔望日，聚集公所宣講。〇康熙九年，頒《上論十六條》，通行曉諭八旗佐領并直隸各省督撫，轉行府、州、縣、鄉、村人等，切實遵行。〇十八年議准：浙江巡撫將《上論十六條》衍説，輯爲直解，繕册進呈。通行直省督撫，照依奏進《鄉約全書》，刊刻各欵，分發府州縣鄉村，永遠遵行。〇二十五年覆准：《上諭十六條》，令直省督撫轉行提鎮等官，曉諭各該營伍將弁兵丁，併頒發土司各官，通行講讀。〇五十二年覆准：頒發老人上諭，載入《上諭十六條》內。行令直隸各省府州縣及凡土司地方，照例於月朔並行講解。〇雍正二年，御製《聖諭廣訓》萬言，頒發直省督撫學臣，轉行該地方文武教職衙門，曉諭軍民生童人等，通行講讀。

欽頒六論文

孝順父母。　　恭敬長上。

和睦鄉里。　　教訓子孫。

各安生理。　　無作非爲。

上論十六條

一、敦孝弟以重人倫。　一、篤宗族以昭雍睦。

一、和鄉黨以息争訟。　一、重農桑以足衣食。

一、尚節儉以惜財用。　一、隆學校以端士習。

一、黜異端以崇正學。　一、講法律以儆愚頑。
一、明禮讓以厚風俗。　一、務本業以定民志。
一、訓子弟以禁非爲。　一、息誣告以全良善。
一、誡窩逃以免株連。　一、完錢糧以省催科。
一、聯保甲以弭盜賊。　一、解讐忿以重身命。

康熙五十二年直省老人慶祝萬壽聖節賜宴後上諭一條諭直省老人

帝王治天下,發政施仁,未嘗不以養老尊賢爲首務。今日之會,特出此意。若孝弟之念少輕,而求移風易俗,其所厚者薄矣。爾等皆是老者,比回鄉井,各曉諭鄰里,須先孝弟。倘天下皆知孝弟爲重,此誠移風易俗之本也。昨甘霖大沛,朕心歡悅。爾等無負農時,速回本地。

雍正二年御製《聖諭廣訓》序文

書曰,每歲孟春,遒人以木鐸徇於路。記曰,司徒修六禮以節民性,明七教以興民德。此皆以敦本崇實之道,爲牖民覺世之模。法莫良焉,意莫厚焉。我聖祖仁皇帝,久道化成,德洋恩普;仁育萬物,義正萬民。六十年來,宵衣旰食。祇期薄海内外,興仁講讓,革薄從忠。共成親遜之風,永享昇平之治。故特頒《上諭十六條》曉諭八旗及直省兵民人等。自綱常名教之際,以至於耕桑作息之間。本末精粗,公私鉅細。凡民情之所習,皆睿慮之所周。視爾編氓,誠如赤子。聖有謨訓,明徵定保。萬世守之,莫能易也。朕纘承大統,臨御兆人。以聖祖之心爲心,以聖祖之政爲政。夙夜黽勉,率由舊章。惟恐小民遵信奉行,久而或怠。用申誥誡,以示提撕。謹將《上諭十六條》尋繹其義,推衍其文。共得萬言,名曰《聖諭廣訓》。旁徵遠引,往復周詳。意取顯明,語多直樸。無非奉先志以啓後人,使羣黎百姓家喻而户曉也。願爾兵民等,仰體聖祖正德厚生之至意,勿視爲條教號令之虛文。共勉爲謹身節用之庶人,盡除夫浮薄囂陵之陋習。則風俗醇厚,家室和平。在朝廷德化樂觀其成,爾後嗣子孫並受其福。"積善之家,必有餘慶。"其理豈或爽哉!

聖諭廣訓萬言諭

敦孝弟以重人倫

我聖祖仁皇帝臨御六十一年,法祖尊親,孝思不匱。欽定《孝經衍義》一書,衍釋經文,義理詳貫,無非孝治天下之意。故《聖諭十六條》,首以孝弟開其端。朕丕承鴻業,追維往訓,推廣立教之思,先申孝弟之義,用是與爾兵民人等宣示之。夫孝者,天之經,地之義,民之行也。人不知孝父母,獨不思父母愛子之心乎？方其未離懷抱，饑不能自哺，寒不能自衣，爲父母者，審音聲，察形色，笑則爲之喜，啼則爲之憂，行動則跬步不離，疾痛則寢食俱廢，以養以教。至於成人，復爲授家室，謀生理，百計經營，心力俱瘁。父母之德，實同昊天罔極。人子欲報親恩於萬一，自當内盡其心，外竭其力，謹身節用，以勤服勞，以隆孝養。毋博奕飲酒，毋好勇鬭狠，毋好貨財私妻子。縱使儀文未備，而誠慤有餘。推而廣之，如曾子所謂"居處不莊，非孝；事君不忠，非孝；莅官不敬，非孝；朋友不信，非孝；戰陣無勇，非孝"，皆孝子分内之事也。至若父有冢子，稱曰家督，弟有伯兄，尊曰家長。凡日用出入，事無大小，衆子弟皆當咨禀焉。飲食必讓，語言必順，步趨必徐行，坐立必居下，凡以明弟道也。夫十年以長，則兄事之，五年以長，則肩隨之，況同氣之人乎？故不孝與不弟相因，事親與事長並重。能爲孝子，然後能爲悌弟。能爲孝子悌弟，然後在田野爲循良之民，在行間爲忠勇之士。爾兵民亦知爲子當孝，爲弟當悌。所患習焉不察，致自離於人倫之外。若能痛自愧悔，出於心之至誠，竭其力之當盡，由一念孝弟，積而至於念念皆然。勿尚虚文，勿略細行，勿沽名而市譽，勿勤始而怠終。孝弟之道，庶克敦矣。夫不孝不弟，國有常刑。然顯然之跡，刑所能防；隱然之地，法所難及。設罔知愧悔，自陷匪僻，朕心深爲不忍，故丁寧告誡。庶爾兵民咸體朕意，感發興起，各盡子弟之職。於戲，聖人之德，本於人倫；堯舜之道，不外孝弟。孟子曰："人人親其親，長其長，而天下平。"爾兵民其毋視爲具文焉。

篤宗族以昭雍睦

《書》曰"以親九族，九族既睦。"是帝堯首以睦族示教也。《禮》曰"尊祖故敬宗，敬宗故睦族。"明人道，必以睦族爲重也。夫家之有宗族，猶水之有分派，木之有分枝。雖遠近異勢，疎密異形，要其本源則一。故人之待其宗族也，必如身之有四肢百體，務使血脉相通，而痾癢相關。《周禮》本此意以教民，著爲六行，曰孝，曰友，而繼曰睦。誠古今不易之常道也。我聖祖仁皇帝既諭爾等以敦孝弟、重人倫，即繼之曰"篤宗族以昭雍睦"，蓋宗族由人倫而推。雍睦未昭，即孝弟有所未盡。朕爲爾兵民詳訓之。大抵宗族所以不篤者，或富者多吝，而無解推之德；或貧者多求，而生觖望之思；或以貴陵賤，而勢利汨其天親；或以賤驕人，而忿傲施於骨月；或貨財相競，不念袒免之情；或意見偶乖，頓失宗親之義；或偏聽妻孥之淺識，或誤中讒慝之虚詞，因而詬誶傾排，無所不至。非惟不知雍睦，抑且忘爲宗族矣。爾兵民獨不思子姓之衆,皆出祖宗一人之身,奈何以一人之身,分爲子姓,遽相視爲途人而不顧哉?昔張公藝九世同居,江州陳氏七百口共食。凡屬一家一姓,當念乃祖乃宗。寧厚毋薄,寧親毋疎。長幼必以序相洽,尊卑必以分相聯。喜則相慶,以結其綢繆;戚則相憐,以通其緩急。立家廟以薦烝嘗,設家塾以課子弟,置義田以贍貧乏,修族譜以聯疎遠。即單姓寒門,或有未逮,亦各隨其力所能爲,以自篤其親屬。誠使一姓之中,秩然藹然,父與父言慈,子與子言孝,兄與兄言友,弟與弟言恭,雍睦昭而孝弟之行愈敦,有司表爲仁里,君子稱爲義門,天下推爲望族,豈不美哉!若以小故而隳宗支,以微嫌而傷親愛,以侮慢而違遜讓之風,以偷薄而虧敦睦之誼,古道之不存,即爲國典所不恕。爾兵民其交相勸勵,共體祖宗慈愛之心,常切水木本源之念,將見親睦之俗,成於一鄉一邑;雍和之氣,達於薄海内外。諸福咸臻,太平有象,胥在是矣,可不勗歟。

和鄉黨以息争訟

古者五族爲黨,五州爲鄉。睦婣任恤之教,由來尚矣。顧鄉黨中生齒日繁,比閭相接。睚眦小失,狎昵微嫌,一或不諴,陵競以起。遂至屈辱公庭,委身法吏。負者自覺無顔,勝者人皆側目。以里巷之近,而舉動相猜,報復相尋,何以爲安生業、長子孫之計哉?聖祖仁皇帝憫人心之好競,思化理之貴淳,特布訓於鄉黨曰"和",所以息争訟於未萌也。朕欲咸和萬民,用是申告爾等以敦和之道焉。《詩》曰:"民之失德,乾餱以愆。"言不和之漸起,於細微也。《易》訟之象曰:"君子以作事謀始。"言息訟貴絶其端也。是故人有親疎,槩接之以温厚;事無大小,皆處之以謙冲。毋恃富以侮貧,毋挾貴以陵賤,毋飾智以欺愚,毋倚强以凌弱。談言可以解紛,施德不必望報。人有不及,當以情恕;非意相干,當以理遣。此既有包容之度,彼必生媿悔之心。一朝能忍,鄉里稱爲善良;小忿不争,閭黨推其長厚。鄉黨之和,其益大矣。古云:"非宅是卜,惟鄰是卜。"緩急可恃者,莫如鄉黨。務使一鄉之中,父老子弟聯爲一體,安樂憂患,視同一家。農商相資,工賈相讓,則民與民和;訓練相習,汛守相助,則兵與兵和。兵出力以衛民,民務養其力;民出財以贍兵,兵務恤其財,則兵與民交相和。由是而簞食豆羹,争端不起;鼠牙雀角,速訟無因。豈至結怨耗財,廢時失業,甚且破産流離,以身殉法而不悟哉!若夫巨室耆年,鄉黨之望;膠庠髦士,鄉黨之英,宜以和輯之風,爲一方表率。而奸頑好事之徒,或詭計挑唆,或横行嚇詐,或貌爲洽比以煽誘,或假託公言而把持。有一於此,里閈靡寧,鄉論不容,國法具在,爾兵民所當謹凛者也。夫天下者,鄉黨之積也。爾等誠遵聖祖之懿訓,尚親睦之淳風,孝弟因此而益敦,宗族因此而益篤。里仁爲美,比户可封。訟息人安,延及世世。協和遍於萬邦,太和蒸於宇宙。朕與爾兵民永是賴焉!

重農桑以足衣食

朕聞養民之本,在於衣食。農桑者,衣食所由出也。一夫不耕,或受之饑;一女不織,或受之寒。古者,天子親耕,后親桑。躬爲至尊,不憚勤勞,爲天下倡,凡爲兆姓圖其本也。夫衣食之道,生於地,長於時,而聚於力。本務所在,稍不自力,坐受其困。故勤則男有餘粟,女有餘帛;不勤則仰不足事父母,俯不足畜妻子,其理然也。彼南北地土,雖有高下燥濕之殊,然高燥者宜黍稷,下濕者宜秔稻。食之所出不同,其爲農事一也。樹桑養蠶,除江浙、四川、湖北外,餘省多不相宜。然植麻種棉,或績或紡,衣之所出不同,其事與樹桑一也。願吾民盡力農桑,勿好逸惡勞,勿始勤終惰,勿因天時偶歉而輕棄田園,勿慕奇贏倍利而輒改故業。苟能重本務,雖一歲所入,公私輸用而外,羨餘無幾,而日積月累,以至身家饒裕,子孫世守,則利賴無窮。不然,而捨本逐末,豈能若是之綿遠乎?至爾兵隸在戎伍,不事農桑。試思月有分給之餉,倉有支放之米,皆百姓輸納以散給爾等,各贍身家,一絲一粒,莫不出自農桑。爾等既享其利,當彼此相安,多方扞衛,使農桑俱得盡力。爾輩衣食,永遠不匱,則亦重有賴焉。若地方文武官僚,俱有勸課之責,勿奪民時,勿妨民事,浮惰者懲之,勤苦者勞之,務使野無曠土,邑無遊民,農無捨其耒耜,婦無休其蠶織。即至山澤園圃之利,雞豚狗彘之畜,亦皆養之有道,取之有時,以佐農桑之不逮。庶幾克勤本業,而衣食之源溥矣。所慮年穀豐登,或忽於儲蓄,布帛充贍,或侈於費用,不儉之弊,與不勤等,甚且貴金玉而忽菽粟,工文繡而廢蠶桑,相率爲紛華靡麗之習,尤爾兵民所當深戒者也。自古盛王之世,老者衣帛食肉,黎民不饑不寒,享庶富之盛,而致教化之興,其道胥由乎此?我聖祖仁皇帝念切民依,嘗刊《耕織圖》,頒行中外,所以敦本阜民者甚至。朕仰惟聖諭,念民事之至重,廣爲詮解,勸爾等力於本務,余一人衣租食税,願與天下共飽煖也。

尚節儉以惜財用

生人不能一日而無用,即不可一日而無財。然必留有餘之財,而後可供不時之用，故節儉尚焉。夫財，猶水也。節儉，猶水之蓄也。水之流不蓄，則一洩無餘，而水立涸矣；財之流不節，則用之無度，而財立匱矣。我聖祖仁皇帝躬行節儉，爲天下先，休養生息，海内殷富，猶兢兢以惜財用示訓，蓋自古民風皆貴乎勤儉。然勤而不儉，則十夫之力，不足供一夫之用；積歲所藏，不足供一日之需。其害爲更甚也。夫兵丁錢糧，有一定之數。乃不知撙節，衣好鮮麗，食求甘美，一月費數月之糧，甚至稱貸，以遂其欲。子母相權，日復一日，債深累重，饑寒不免。農民當豐收之年，倉箱充實，本可積蓄。乃酬酢往來，率多浮費，遂至空虛。夫豐年尚至空虛，荒歉必至窮困，亦其勢然也。似此之人，國家未嘗減其一日之糧，天地未嘗不與以自然之利。究至啼饑號寒，困苦無告者，皆不節儉所致。更或祖宗勤苦儉約，日積月累，以致充裕。子孫承其遺業，不知物力艱難，任意奢侈，誇耀里黨，稍不如人，即以爲恥，曾不轉盼，遺産立盡，無以自存。求如貧者之子孫，并不可得。於是寡廉鮮恥，靡所不至。弱者餓殍溝壑，强者作慝犯刑。不儉之害，一至於此。《易》曰："不節若，則嗟若。"蓋言始不節儉，必至嗟悔也。爾兵民當凛遵聖訓，繹思不忘。爲兵者，知月糧有定，與其至不足而冀格外之賞，孰若留有餘以待可繼之糧。爲民者，知豐歉無常，與其但顧朝夕，致貧窶之可憂，孰若留貯將來爲水旱之有備。大抵儉爲美德，寧以固陋貽譏，禮貴得中，勿以驕盈致敗。衣服不可過華，飲食不可無節。冠婚喪祭，各安本分。房屋器具，務取素樸。即歲時伏臘，斗酒娱賓，從俗從宜，歸於約省。爲天地惜物力，爲朝廷惜恩膏，爲祖宗惜往日之勤勞，爲子孫惜後來之福澤。自此，富者不至於貧，貧者可至於富。安居樂業，含哺鼓腹，以副朕阜俗誠民之至意。《孝經》有曰："謹身節用，以養父母。"此庶人之孝也。爾兵民其身體而力行之。

隆學校以端士習

古者家有塾，黨有庠，州有序，國有學，固無人不在所教之中。專其督率之地，董以師儒之官，所以成人材而厚風俗，合秀頑强懦，使之歸於一致也。我聖祖仁皇帝壽考作人，特隆學校，凡所以養士之恩，教士之法，無不備至。蓋以士爲四民之首，人之所以待士者重，則士之所以自待者，益不可輕。士習端而後鄉黨視爲儀型，風俗由之表率。務令以孝弟爲本，材能爲末；器識爲先，文藝爲後。所讀者，皆正書；所交者，皆正士。確然於禮義之可守，惕然於廉恥之當存。唯恐立身一敗，致玷宫牆；唯恐名譽雖成，負慚衾影。如是斯可以爲士。否或躁競功利，干犯名教。習乎異端曲學，而不知大道；鶩乎放言高論，而不事躬行。問其名則是，考其實則非矣。昔胡瑗爲教授學者，濟濟有成；文翁治蜀中子弟，由是大化。故廣文一官，朕特飭吏部悉以孝廉明經補用，凡以爲興賢育才，化民成俗計也。然學校之隆，固在司教者有整齊嚴肅之規，尤在爲士者有愛惜身名之意。士品果端，而後發爲文章，非空虛之論；見之施爲，非浮薄之行。在野不媿名儒者，在國即爲良臣，所係顧不重哉！至於爾兵民，恐不知學校之爲重，且以爲與爾等無與，不思身雖不列於庠序，性豈自外於倫常？孟子曰："謹庠序之教，申之以孝弟之義。"又曰："人倫明於上、小民親於下。"則學校不獨所以教士，兼所以教民。若黌宫之中，文武並列，雖經義韜略所習者不同，而入孝出弟，人人所當共由也。士農不異業力田者，悉能敦本務實，則農亦士也；兵民無異學即戎者，皆知敬長愛親，則兵亦士也。然則庠序者，非爾兵民所當隆重者乎；端人正士者，非爾兵民所當則傚者乎？孰不有君臣父子之倫，孰不有仁義禮智之性？勿謂學校之設，止以爲士。各宜以善相勸，以過相規。向風慕義，勉爲良善。則氓之蚩蚩，亦可以禮義爲耕耘；赳赳武夫，亦可以詩書爲甲胄。一道同風之盛，將復見於今日矣。

黜異端以崇正學

朕惟欲厚風俗，先正人心。欲正人心，先端學術。夫人受天地之中以生，惟此倫常日用之道，爲智愚之所共。由索隱行怪，聖賢不取。《易》言："蒙以養正，聖功以之。"《書》言："無偏無陂，無反無側，王道以之。"聖功王道，悉本正學。至於非聖之書，不經之典，驚世駭俗，紛紛籍籍，起而爲民物之蠹者，皆爲異端，所宜屏絶。凡爾兵民，愿謹淳樸者固多，間或迷於他岐，以無知而罹罪戾，朕甚憫之。自古三教流傳，儒宗而外，厥有仙釋。朱子曰："釋氏之教，都不管天地四方，只是理會一個心。老氏之教，只是要存得一個神氣。"此朱子持平之言，可知釋道之本指矣。自游食無藉之輩，陰竊其名以壞其術，大率假災祥禍福之事，以售其誕幻無稽之談。始則誘取貲財，以圖肥已，漸至男女混淆，聚處爲燒香之會。農工廢業，相逢多語怪之人。又其甚者，奸回邪慝，竄伏其中，樹黨結盟，夜聚曉散，干名犯義，惑世誣民。及一旦發覺，徵捕株連，身陷囹圄，累及妻子。教主已爲罪魁，福緣且爲禍本。如白蓮聞香等教，皆前車之鑒也。又如西洋教宗天主，亦屬不經。因其人通曉曆數，故國家用之，爾等不可不知也。夫左道惑衆，律所不宥；師巫邪術，邦有常刑。朝廷立法之意，無非禁民爲非，導民爲善，黜邪崇正，去危就安。爾兵民以父母之身，生太平無事之日，衣食有賴，俯仰無憂。而顧昧恒性而即匪彝，犯王章而干國憲，不亦愚之甚哉！我聖祖仁皇帝漸民以仁，摩民以義，藝極陳常。煌煌大訓，所以爲世道人心計者，至深遠矣。爾兵民等宜仰體聖心，祗遵聖教，擯斥異端，直如盗賊水火。且水火盗賊，害止及身；異端之害，害及人心。心之本體，有正無邪，苟有主持，自然不惑。將見品行端方，諸邪不能勝正；家庭和順，遇難可以成祥。事親孝，事君忠。盡人事者，即足以集天休，不求非分，不作非爲；敦本業者，即可以迓神慶，爾服爾耕，爾講爾武。安布帛菽粟之常，遵蕩平正直之化，則異端不待驅而自息矣。

講法律以儆愚頑

法律者，帝王不得已而用之也。法有深意，律本人情，明其意，達其情，則囹圄可空，訟獄可息。故懲創於已然，不若警惕於未然之爲得也。《周禮》，州長、黨正、族師，皆於月吉，屬其民而讀法。大司寇懸象刑之法於象魏，使萬民觀之，知所向方。今國家酌定律例，委曲詳明，昭示兵民。俾各凛成憲，遠於罪戾，意甚厚也。聖祖仁皇帝深仁厚澤，洽於兆民，而於刑罰，尤惓惓致意。朕臨御以來，體好生之德，施欽恤之恩，屢頒赦欵，詳審爰書，庶幾大化翔洽，刑期無刑。又念爾爲民者，生長草野，習於顓蒙。爲兵者，身隸戎行，易逞强悍，每至誤觸王章，重干憲典。因之特申訓誡，警醒愚頑。爾等幸際昇平，休養生息，均宜循分守禮，以優游於化日舒長之世。平居將頒行法律，條分縷析，講明意義。見法知懼，觀律懷刑。如知不孝不弟之律，自不敢爲蔑倫亂紀之行；知鬬毆攘奪之律，自不敢逞囂陵强暴之氣；知奸淫盗竊之律，自有以遏其邪僻之心；知越訴誣告之律，自有以革其健訟之習。蓋法律千條萬緒，不過准情度理。天理人情，心所同具。心存於情理之中，身必不陷於法律之内。且爾兵民，性縱愚頑，或不能通曉理義，未必不愛惜身家。試思一蹈法網，百苦備嘗。與其宛轉呼號，思避罪於箠楚之下，何如洗心滌慮，早悔過於清夜之間？與其傾貲蕩産，求減毫末而國法究不能逃，何如改惡遷善，不犯科條，而身家可以長保？倘不自警省，偶罹於法，上辱父母，下累妻孥，鄉黨不我容，宗族不我齒，即或邀恩倖免，而身敗行虧，已不足比於人數。追悔前非，豈不晚哉！朕聞居家之道，爲善最樂；保身之策，安分爲先。勿以惡小可爲，有一惡即有一法以相治；勿以罪輕可玩，有一罪即有一律以相懲。惟時時以三尺自凛，人人以五刑相規。懼法自不犯法，畏刑自可免刑。匪僻潛消，争競不作。愚者盡化爲智,頑者悉變爲良。民樂田疇,兵安營伍。用臻刑措之治不難矣!

明禮讓以厚風俗

漢儒有曰:“凡民函五常之性。”而其剛柔緩急,音聲不同,繫水土之風氣,故謂之風;好惡取舍,動静無恒,隨厥情欲,故謂之俗。其間淳漓厚薄,難以强同;奢儉質文,不能一致。是以聖人制爲禮以齊之。孔子曰:“安上治民,莫善於禮。”蓋禮爲天地之經,萬物之序。其體至大,其用至廣。道德仁義,非禮不成;尊卑貴賤,非禮不定;冠婚喪祭,非禮不備;郊廟燕饗,非禮不行。是知禮也者,風俗之原也。然禮之用,貴於和,而禮之實,存乎讓。子曰:“能以禮讓爲國乎,何有?”又曰:“先之以敬讓,而民不争。使徒習乎繁文縟節,而無實意以將之。”則所謂禮者,適足以長其浮僞,滋其文飾矣。夫禮之節文,爾兵民或未盡習;禮之實意,爾兵民皆所自具。即如事父母則當孝養,事長上則當恭順。夫婦之有倡隨,兄弟之有友愛,朋友之有信義,親族之有歔洽,此即爾心自有之禮讓,不待外求而得者也。誠能和以處衆,卑以自牧。在家庭而父子兄弟,底於肅雍;在鄉黨而長幼老弱,歸於親睦。毋犯嚚陵之戒,毋蹈縱恣之愆。毋肆一念之貪,遂成攘奪;毋逞一時之忿,致啓紛争。毋因貧富異形有蔑視之意;毋見强弱異勢起迫脅之心。各戒澆漓,共歸長厚。則循於禮者,無悖行;敦於讓者,無競心。藹然有恩,秩然有義。黨庠術序,相率爲俊良;農工商賈,不失爲醇樸。即韜鈐介胄之士,亦被服乎禮樂詩書,以潛消其剽悍桀驁,豈非太和之氣大順之徵乎?《書》曰:“謙受益、滿招損。”古語又曰:“終身讓路,不枉百步;終身讓畔,不失一段。”可知禮讓之有得而無失也如此。朕願爾兵民等,聆聖祖之訓,而返求之於一身。爾能和其心以待人,則不和者自化;爾能平其情以接物,則不平者亦孚。一人倡之,衆人從之。一家行之,一里效之。由近以及於遠,由勉以至於安。漸仁摩義,俗厚風淳。庶不負諄諄誥誡之意哉。

務本業以定民志

朕惟上天生民,必各付一業,使爲立身之本。故人之生,雖智愚不同,强弱異等,莫不擇一業以自處。居此業者,皆有本分當爲之事。藉以有利於身,藉以有用於世。幼而習焉,長而安焉,不見異物而遷焉。此孟子之所謂“恒産”,即聖祖仁皇帝之所謂“本業”也。維兹本業,實爲先務。凡爲士農,爲工商,以及軍伍,業雖不同,而務所當務,則同也。夫身之所習爲業,心之所向爲志。所習既專,則所向自定。《書》曰:"功崇惟志,業廣惟勤。"蓋業與志,本相須而成也。但恐日久而生厭,舍舊而圖新。或爲浮言所動,或因際遇未通。一念游移,半途而廢。作非分之營求,生意外之妄想。究之朝夕營營,不恒其德,資生寡策,歷久無成。而志遂以荒,而業遂以廢矣。夫業每荒於嬉,而必精於勤;志貴奮於始,而尤勵於終。朕樂觀爾之成,不忍見爾之廢也。爲士者,謹身修行,矻矻窮年,服習詩書,敦崇禮讓,退爲有本之學,進爲有用之才。爲農者,春耕秋斂,不失其時,撙節愛養,不慾於度,先事以備水旱,如期而輸税糧,使地無餘利,人無餘力。工則審四時,飭六材,日省而月試,居肆而事成。商則通有無,權貴賤,交易而退,各得其所,務體公平,勿蹈欺詐。若夫身列行陣,行陣即其業也。弓馬騎射,操練之必精;步伐止齊,演習之必熟。屯田則事墾闢,守汛則嚴刁斗,備邊則險要之宜知,防海則風濤之宜悉。庶幾無負本業矣。夫天下無易成之業,而亦無不可成之業。各守乃業,則業無不成;各安其志,則志無旁騖。毋相侵擾,毋敢怠荒。寧習於勤劬,勿貪夫逸樂;寧安於樸守,勿事乎紛華。熙熙然士食舊德,農服先疇,工利器用,商通貨財,兵資捍衛。各盡乃職,各世其業。上以繼祖宗之傳,下以綿子孫之緒。富庶豐亨,游於光天化日之下。以仰答聖祖誥誡之殷懷,以克副朕休養之至意,顧不共享其福歟!

訓子弟以禁非爲

從來教萬民,訓子弟,黨正族師,月吉讀法,歲時校比,師田行役,則合卒伍而簡兵器,朝夕告誡,人知自愛,不敢偶蹈於非,休哉何風之隆歟。我聖祖仁皇帝臨御六十一年,弘保赤之仁,廣教家之治,深恩厚澤,休養生息,以至於今。朕纘承大統,仰體聖祖子惠元元之心,無日不以爾百姓爲念,尤無日不以爾百姓之子弟爲念也。人生十年曰幼學,二十曰弱冠。血氣未定,知識漸開,訓導懲戒之方,莫切於此。大凡子弟之率不謹,皆由父兄之教不先。所恃爲父兄者,啓其德性,遏其邪心,廣其器識,謹其嗜好。至於愛親敬長之念,人所固有。爾父兄誠能明示其訓,俾知父子有親,君臣有義,夫婦有別,長幼有序,朋友有信。以端其本,則大倫明而干紀犯分之咎自鮮矣。夫士農工商,各有傳業;軍士之家,世習技勇。其人之淑慝邪正,必自爲子弟之日始。《語》云:"少成若天性,習慣成自然。"民間非爲之事,漸漬成風。或游手好閒,博奕飲酒,或結納匪類,放辟邪侈。往往陷溺而不悟,甚者罹法網,犯刑章。爾爲父兄者,獨能晏然而已乎?與其追悔於事後，孰若嚴訓於平時？蓋行莫重於孝弟力田，心必存於禮義廉恥。可模可範，以身教之；耳提面命，以言教之。使子弟見聞日熟，循蹈規矩之中，久之心地淳良，行止端重。可以寡過而保家，即可以進德而成材也。且庭訓素嫺，子弟克肖，則國家賓興令典，自致顯揚。既光大爾門閭，又垂裕爾後昆，父兄俱與有榮焉。即使愚魯不敏，而服教安化，刑辱不及於厥躬，鄉黨咸稱爲良愿。一家之休祥，孰大於是？况今日之子弟，又爲將來之父兄。積善相承，誨廸不倦，將見户興禮讓，人敦孝義。自通都大邑，以至窮鄉僻壤，太平之象，與國俱長。庶不虚朕殷殷期勗之至意矣。夫好善，則閭閻子弟，可致尊榮；苟不善，則公卿子弟，流爲卑賤。義方之教，切磋之功，可不豫嚴於蒙穉之年乎！爾兵民其敬聽之，毋忽。

息誣告以全善良

國家之立法，所以懲不善，而儆無良。豈反爲奸民開訐告之路，而令善良受傾陷之害哉！夫人必有切膚之冤，非可以理遣情恕者，於是鳴於官，以求申理，此告之所由來也。乃有奸宄不法之徒，好事舞文，陰謀肆毒。或揑虚以成實，或借徑以生波，或設計以報宿嫌，或移禍以卸己罪。顛倒是非，混淆曲直。往往飾沉冤負痛之詞，逞射影捕風之術。更有教唆詞訟者，以刀筆爲生涯，視獄訟爲兒戲，深文以冀其巧中，搆釁而圖其重酬。鄉里畏之，名曰訟師。因而朋比協謀，黨惡互證。有司或一時受蔽，致使善良之輩不能自白。桁楊在前，箠楚在後，鍛煉之下，何求不得！縱至事明冤雪，而拖累困苦。小則廢時失業，大則蕩産破家。善良之被誣可憫，而兇頑之誣善良，尤可痛恨也。聖祖仁皇帝矜恤下民，重懲其弊，頒示訓諭，有曰“息誣告以全善良”。夫誣告有反坐之條，令甲煌煌，乃敢作奸犯科而不畏者，利慾薰心，詭薄成性。方且恣其含沙之毒，僥倖於法網之寬。殊不知無情之辭，一經審察，莫可逃避。造釁以傾人，究之布阱以自陷，亦何利之有？嘗聞古人，或認牛而不辨，或奪禾而不争，卒開愧悔之誠，翻成禮讓之美。若斯之風，誠可嘉尚，爾兵民所當景效焉。且尋繹聖諭，不曰“禁”而曰“息”，謂與其治之以法，不如感之使自化也。蓋官吏之見聞或疎，疎則猶煩揣測；鄉鄰之耳目最近，近則素所稔知。爲之抉其根株，窮其黨類。出於無心者，緩語以曉之；成於有意者，危言以誡之。彼善良之家，素行足以質之里閈而無媿。而誣告之人，言辭既非情實，迫於公論，則不敢誣，揆諸本心，亦不忍誣。凡前此之陰謀秘計，一旦悚然改悔，如冰消霧釋。兵不誣兵，而兵之善良者全；民不誣民，而民之善良者全；兵民不相爲誣，而兵民舉全。不至赴官終訟，兩造俱傷。庶幾從風慕義，胥天下而歸於無訟，豈不休哉！尚其咸喻而凛遵焉。

誡匿逃以免株連

朕撫臨億兆，合四海爲一家，聯萬姓爲一體。中外旗民，本無異視。第以國初定制，八旗人員，在内則拱衛京師，在外則駐防各省。如有不奉使令，潛住他鄉者，即爲逃人，例有嚴禁。逃人所至之地，兵民人等，不行覺察，擅自容留者，罪並及之。按匿逃情弊，大約不外兩端。凡在逃之人，意氣言詞，必多巧飾。爾等或受其欺罔，不辨爲逃人，而率意容留者有之；或利其財物，明知爲逃人，而通同隱匿者有之。夫主僕之間，乃大義所在。逃人背主蔑義，窩逃者黨不義而藐王章，逃者恃匿者以爲之藪也，法安得恕？故順治五年之例，窩逃者問擬大辟，並籍其家，鄰佑十家等，皆徙邊遠。康熙十五年定例：凡窩逃之正犯，流徙尚陽堡，兩鄰十家長，罪止杖徒。此我聖祖皇帝矜惜愚民，罪疑惟輕，故改從寬典也。又屢年恩詔，將逃人事件，槩行赦免。國家施法外之仁，寬督捕之罰，無非欲爾兵民革薄從忠，遷善改過，使蓬門蓽户，出入優游，共享太平無事之福。爾兵民等，其仰體聖祖誥誡之慈懷，與朕諄諭之至意，謹身率教，循理奉公。不交游手無藉之徒，不爲行險僥倖之事。毋徇私情，而干國憲；毋貪微利，而忘身家。如此，則井里晏然，四鄰安堵，胥吏不擾，鷄犬無驚。而國家刑期無刑之化，亦可以觀厥成矣。倘因法網既寬，復蹈故轍，營私受賄，藏惡養奸，則自取其辜，何能曲宥！况夫逃竄之人，性既冥頑，又無生理，所行種種不端，大而盜賊，小而賭博，一經發覺，皆犯科條。容留之家，又安能脱然事外，不罹罪譴耶？《周易》曰："比之匪人，不亦傷乎？"《晏子》曰："君子居必擇鄰所，以避患也。"可知奸猾浮蕩之流，皆足爲善良之累。朕願爾等，父誡其子，兄誡其弟，隊長誡其行伍，鄉約誡其比閭，祗奉訓詞，各遠非義。則地方寧謐，俗厚風淳，又何患株連之偶及哉？

完錢糧以省催科

自昔畫野分州，任土作貢，而賦税以興。凡國之五禮百度，輸用出入，皆賴焉此。君所必需於民，下所宜供於上。古今通義，未之或改。且以制官禄，所以治我民；以給兵餉，所以衛我民；以備荒歉，所以養我民。取諸天下，還爲天下用之。人主之倉廩府庫，豈厲民而以自養耶？我朝自定鼎以來，賦額悉準經制，且横征私派，一切革除，未嘗絲毫多取於民。溯聖祖仁皇帝，深仁厚澤，豢養斯民。六十餘年，時以閭閻豐裕爲念，所蠲免錢糧,何止百千萬億?遐邇之霑被,固已淪肌浹髓矣。夫緩征薄斂,加惠元元,君之德也;以下奉上,先公後私,民之職也。屬在兵民,宜喻此意。勿惰而嬉,荒其本業;勿奢而費,耗其貲財。勿逡巡觀望,冀邀賜復之殊恩;勿轉委輸,將致被豪猾之中飽。依限而納,毋待追呼。然後以其所餘,養父兄,畢婚嫁,給朝夕,供伏臘。縣庭有卧治之官,村巷無夜呼之吏。俯仰無累,妻孥晏然。其爲安樂,莫踰於此。倘不知國課之當重,國法之難寬,或有意抗違,或任情遲緩,有司迫奏銷之限,不得不嚴追比。胥役受鞭撻之苦,不得不肆誅求。剥啄叩門,多方需索,無名之費,或反浮於應納之數,而究竟所未完者,仍不能爲爾寬貸,不知何樂而爲此。夫供胥役之侵漁,曷若輸朝廷之正供?爲抗糧之頑户,曷若爲守法之良民?人雖至愚,亦必知之。况乎上好仁而下好義,情屬一體。爾試思廟堂之上所日夜憂勞者,在於民事。水溢則爲隄防,旱魃則爲虔禱,蝗蝻則爲撲滅。幸不成災,則爾享其利;不幸成災,則又爲之蠲租,爲之賑濟。如此,而爲民者尚忍逋賦以誤國需,問之於心,亦何以自安?譬人子於父母,分産授業以後,必服勞奉養,庶盡厥職。乃父母恩勤顧復,不遺餘力。而爲子者,自私其財,缺甘旨而違色養,尚得謂之人子乎?朕用是諄諄告誡,但願爾兵民,上念軍國,下念身家,外有効忠之名,内受安享之實。官不煩而吏不擾,何樂如之!爾兵民清夜自思,其咸體朕意。

聯保甲以弭盗賊

從來安民,在於弭盗。擿發守禦之法,必當先事而爲之備。故緝捕有賞,疎縱有罰。諱盗有禁,違限有條。而最善者,莫如保甲。十家爲甲,十甲爲保。甲有長,保有正。設立簿册,交察互警。此即井田守望之遺制。所以聖祖仁皇帝上諭曰"聯保甲以弭盗賊",誠欲使四海九州,閭閻安堵,澄本清源。聖慮實爲周切矣。第恐遵行既久,遂至因循。吏則徒稽户籍,民則僅置門牌。而於聯比糾察之法,未見實心奉行。以至勾引窩藏之弊,種種而生。鄰舍失事,竟有如秦越之相視;富家被劫,反指爲悖出之當然。甚且假公濟私,藉盤詰之虚名,滋無厭之苛求。汛防因而騷擾,胥吏緣以生奸。有保甲之名,無保甲之實;有保甲之累,無保甲之益。此盗賊之所以難弭也。夫良法之有利於民,在奉行之必求其實。嗣後,城市鄉村,嚴行保甲。每處各自分保,每保各統一甲。城以坊分,鄉以圖别。排鄰比户,互相防閑。一甲之中,巨室大户,僮佃多至數百。此内良否,本户自有責任。若一廛一舍之散布村落者,有業無業,或良或否,里正保正,得以微窺於平素;一出一入,得以隱察其行踪。遇有不務恒業,羣飲聚博,鬭雞走狗,夜集曉散,以及履歷不明,踪跡可疑者,皆立爲糾舉,不許暫容。甲内,其荒原古廟,閒肆叢祠,尤易藏奸,更宜加緊防察。至汛地兵丁,務必晝夜巡邏,一體查詰。毋借端生事,毋俠仇陷害,毋受賄賂而徇縱,毋惜情面而姑容。協力同心,輪流分派。則盗賊無容身之地,軍民享安静之樂矣。查昔人禦盗之法,村置一樓,樓設一鼓,一家有失,擊鼓爲號,羣起而守其要害,盗賊將安所逃?所謂寓兵法於保甲中也。若夫江海出没之區,有未可以保甲行者,舟楫往來,絡號聯腙,彼此互相稽查,匪類亦難藏匿。皆在實心奉行,先事而爲之備。若視爲具文,怠忽從事,至於被盗者失財,連坐者受累,不惟負朕息盗安民之至意,亦甚非爾等保身保家之良策也。

解讐忿以重身命

朕惟人道,莫大於守身。民之有身,所以務本力田,養父母而畜妻子。兵之有身,所以嫻習伎勇,資扞衛以報朝廷。身爲有用之身,則皆當自愛。乃生人氣質之偏,不能變化,往往血氣用事,至一發而不可遏。激怒崇朝,竟成莫解。互相報復,兩敗俱傷。其起甚微,而爲害甚大。不念爰書抵罪,一定之律,雖國家法網甚寬,亦不能爲殺人者施法外之仁。聖祖仁皇帝訓諭十六條而終之以"重身命",誠哀矜悱惻之至意也。夫天地以好生爲心,而惘惘之倫,不自顧惜。人君以愛養爲政,而蚩蚩之衆,每至輕生。非釁起於夙昔之讐,即禍生於一朝之忿。强者恃膂力之剛,殺人亡命;弱者希抵償之罪,赴水投繯。忿以成讐,讐而益忿。原其致此之由,固非一端。而兵民所易犯者,尤多於縱酒。蓋酒之爲物,能亂人心志,使失其故常。或賓主酬酢,始以合歡,而俱入醉鄉,則一言不合,至操刀而相向。或睚眥之怨,本可冰釋,及酒酣耳熱,則一發難忍,若不共之深仇。每見刑曹命案,相傷於酒後者,十有五六。噫!置身縲絏,家破人亡,甚或累及妻孥,禍延鄉黨,而後拊心自悼,悔何及矣。自今以往,皆當敬聆聖諭,時時提醒,思讐與身孰重,毋追既往之讐,而昧將來之患;思忿與命孰輕,毋快目前之忿,而貽事後之悔。縱人或以非禮相加,似難含忍,然一念夫身命攸關,則從父兄訓誨,聽親友調和,無不可情恕理遣。至酒之爲害,尤宜深戒。古之人既立之監,或佐之史,蓋唯恐載號載呶,亂籩豆而起争端也。其可沉湎荒腆,致陷身於刑戮乎?語有之,忍之斯須,乃全爾軀。故解去讐忿,則全生保家之道,胥在於此。養其和平,消其亢戾,不徒排難解紛,而凌競之習,自然息化,何其風之醇也。孔子曰:"忿思難。"孟子謂:"横逆猶是,此亦妄人也已矣。"聖賢之遺訓,與聖祖仁皇帝之明諭,固千古同揆也。凡爾兵民,凛遵毋忽,則閭閻相保,營伍相安,下以承家,上以報國。優游盛世,共躋仁壽之域,非解讐忿之明效歟。

大清會典卷之七十八

禮部

祠祭清吏司

郎中、員外郎、主事，分掌郊、壇、宗廟、陵寢羣祀諸大典，及凡祭事、曆日、方技之事。

〔**祭祀通例**〕

國家典制，祀事爲重。爰自太宗文皇帝建壇立廟，大祀肇興。世祖章皇帝乘時定制，羣祀具舉。聖祖仁皇帝釐定樂章，禮文悉備。我皇上至仁大孝，盡誠盡敬。凡大小祀事，考核精詳。自京師至天下郡縣，俱有祀典。其間儀文度數，詳略不同，兼綜並列，以昭一定之典則云。

凡祭祀日期，禮部於每歲九月中，劄欽天監選擇。該監擇定，於十月中開送祀册至部，隨劄知太常寺。於每祭祀前，預行具題。天壇、地壇、祈穀壇，於二十五日前題。太廟、社稷壇、朝日壇、夕月壇、歷代帝王廟、先師文廟、太歲壇，於二十日前題。其餘羣祀，於十五日前題。

凡天壇、地壇、祈穀壇、太廟、社稷壇，爲大祀。皇帝親祭，或遣官恭代，及太廟後殿，遣官致祭，從壇兩廡，遣官分獻，初由禮部先期題請，後由太常寺先期題請。

凡朝日壇、夕月壇、歷代帝王廟、先師文廟、先農壇，爲中祀。遇甲、丙、戊、庚、壬年，皇帝親祭朝日壇。遇丑、辰、未、戌年，皇帝親祭夕月壇，或遣官恭代。其餘各年，遣官致祭。皇帝親祭歷代帝王廟、先師文廟、先農壇，係特行崇典。其每年遣官致祭，初由禮部先期題請，後由太常寺先期題請。

凡太歲、神祇等壇,先醫、東嶽、城隍等廟,爲小祀。每年遣官致祭。初由禮部先期題請,後由太常寺先期題請。

凡致齋,大祀三日,中祀二日。齋戒前一日,禮部、太常寺題請進齋戒牌、銅人,預設黄案一於後左門。至齋戒日早,禮部、太常寺官各具補服,遇朝日,用朝服。遇忌辰,用素服。遇雨雪,用常服。捧齋戒牌在前,銅人在後,排御仗一對前導。至午門,御仗撤退。禮部、太常寺官由御道中路行,進中左門,行至後左門入。恭設黄案一於乾清門中間東簷下,齋戒牌向南,銅人向西,置黄案上。銅人手執齋戒銅牌。其齋戒硃牌,貼黄紙,書齋戒日期。置畢,堂官一跪三叩頭,退。後事由太常寺。

凡各衙門齋戒,遇齋戒日,各衙門俱設齋戒木牌。若天壇、地壇、祈穀壇大祀,應陪祀王以下,公以上,各於本府致齋。鎮國將軍、民公以下,阿達哈哈番、佐領以上,滿漢文官員外郎等官以上,漢武官遊擊以上,及滿科道、漢六科掌印給事中,在各部院本衙門齋宿。不在部院衙門者,於天安門外橋南齋宿。都察院遣官至齋所點齋。其祀太廟、社稷、朝日、夕月、歷代帝王廟,參領、阿達哈哈番以上,滿漢文官郎中等官以上,漢武官遊擊以上,及滿科道、漢六科掌印給事中,在本家齋宿,預期沐浴。祭日,各具朝服,赴壇廟陪祀,不許喧譁失儀,越次先散及隨從人役喧擁。違者,御史禮部等官指名題參。如遣官恭代,王以下公以上不齋戒,文武等官齋戒同。

凡陪祀致齋,各官不理刑名,不辦事,不宴會,不聽音樂,不入内寢,不問疾,不弔喪,不飲酒,不食葱韮薤蒜,不祈禱,不報祭,不祭墓。其有灸艾、體氣、殘疾、瘡毒未愈者,俱不許陪祀。各官遇有期年以下之服,該衙門預咨都察院註册。臨祭祀時,復咨都察院對册詳查。有揑報者,指名題參。〇康熙三十三年議准:陪祀致齋各官,有期服者,准註册一年,不齋戒。大功、小功、緦麻歿在京師者,准一月不齋戒。在原籍亡故聞訃者,准十日内不齋戒。〇三十九年覆准:陪祀官員,故違不到,向有處分定例。但日久事弛,稽察不嚴,以致怠玩。嗣後凡遇祭祀,著部院堂官、該旗都統查明,咨送太常寺。若無事假托不到,都察院會同吏部參處。〇雍正五年諭:"壇廟祭祀,關係甚要,理宜潔净齋戒。聞大臣官員,於齋戒處飲酒嬉戲,殊非敬謹。齋戒之禮,應派官稽察。嗣後派御史二員,派各部院衙門司官四員,每旗派賢能旗員各一員,内務府官二員,三旗侍衛二員,前往壇内,嚴行稽查。如被查出,即行參奏。其齋戒臨近時,將旗下大臣職名具奏,朕酌量派往。至於旗下大臣,俱有管兵責任,祭祀前一日,不必前往壇内齋戒，於各本旗衙門齋戒，至次早預先前往。”

凡小祀，不進齋戒牌，各衙門亦不致齋。

凡祝文，由内閣撰寫。天壇祝版，天青紙，硃書。祈穀壇同。地壇祝版，白紙，墨書，黄紙鑲邊。社稷壇同。朝日壇祝版，紅紙，硃書。夕月壇祝版，白紙，墨書，黄紙鑲邊。恭填御名。初，由禮部恭寫，送内閣恭填御名。後由太常寺恭寫。今撰寫俱由内閣。歷代帝王廟、先農壇，如遇皇帝親祭之年，太常寺官送祝版至内閣，與夕月壇同。

凡視祝版，前期二日，禮部題請視祝文、玉帛、香，儀各另載。并派讀祝官一員。惟四孟時享太廟，有後殿祝文一版，共二版，增派捧祝版官一員，展祝文袱大臣一員。後由太常寺。〇雍正二年議准：視祝版日，如遇忌辰，視天壇、祈穀壇、地壇祝文，上具補服，執事大臣、官員俱補服；視太廟祝文，上具素服，執事大臣、官員俱素服。社稷壇春秋致祭祝文，暨朝日壇、夕月壇上躬詣行禮之年祝文，如遇忌辰，俱太常寺官照例由内閣恭捧安設。

凡祭日，如遇雨雪，奏請具常服行禮。〇雍正四年諭：“朕思一切祭祀，俱係前一日告祭。而風及雨雪，難以預料。倘祭祀之日，遇有風及雨雪，前一日已經告祭，如何更易？可否於祭祀之日，早行告祭？著大學士等會同議奏。”遵旨議准：嗣後，除歲暮祫祭太廟有一定日期，躬耕耤田必用亥日，仍前一日告祭外，凡有祭祀，俱於本日告祭。遇有風及雨雪，該衙門臨期請旨。

凡致祭時辰，順治十五年題准：天壇，冬至日子時；地壇，夏至日卯時；祈穀壇，正月上辛日子時；太廟時享，俱用寅時；社稷壇，二月八月上戊日子時；朝日壇，春分日卯時；夕月壇，秋分日酉時；歷代帝王廟，八月擇吉用子時；先師廟，二八月上丁日子時；三皇廟，二月十一月上甲日子時；先農壇，二月擇吉用子時，如遇皇帝行耕耤禮，用亥日；城隍廟，八月擇吉用子時；太歲壇，正月初旬、十二月歲暮，用子時；萬壽節祭真武廟、東嶽廟、城隍廟，俱用子時。〇康熙十二年議准：凡祭壇廟，俱於黎明時行禮，惟夕月壇，定於酉時。

凡視牲，遇大祀，前期五日，遣官詣犧牲所視牲。其省牲，前期二日，遣禮部堂官省牲。初，由禮部先期題請，後由太常寺先期題請。

凡宰牲，前期一日，禮部、都察院、太常寺、光禄寺官，上香，監宰，併瘞毛血。

凡玉五等,曰蒼璧,曰黄琮,曰赤璋,曰白虎,曰方珪。惟祀天、地、社稷、日、月用之。

凡帛七等,曰郊祀制帛,曰奉先制帛,曰禮神制帛,曰展親制帛,曰報功制帛,曰告祀制帛,俱織成滿漢字,又有白色素帛。

凡牲四等,曰犢,曰特牛,曰太牢,牛一,羊一,豕一。曰少牢。羊一,豕一。其牛色尚騂,或黝。大祀,入滌九旬。中祀,三旬。小祀,一旬。設犧牲所官,屬太常寺。○凡祭肉,國初,用熟獻。順治間,用生獻,惟太廟陵寢祭用熟獻。後定,各處祭肉,俱用生獻。

凡祭品,登一,實以太羹;煑肉汁,不用鹽醬。鉶二,實以和羹;鹽醬肉汁。籩十二,實以形鹽、鱎魚、棗、栗、榛、菱、芡、鹿脯、白餅、白麵造。黑餅、蕎粉造。糗餌、米粉造。粉餈;糯米糕。豆十二,實以韭菹、以韭切去本末,用中四寸。菁菹、芹菹、筍菹、醓醢、猪用鮓、用鹽酒料物調和。鹿醢、兔醢、魚醢、脾析、用牛百葉細切,湯熟,用鹽酒造。豚拍、猪肩上肉。飽食、用糯米飯,羊脂蜜熬。糝食;粳米飯,用牛羊豕肉細切同熬。簠二,簋二,實以黍、稷、稻、粱。其用籩十者,無糗餌、粉餈,豆十者,無飽食、糝食。

凡樂四等,有九奏,有八奏,有七奏,有六奏。所奏樂器,金鐘十六、玉磬十六、琴十、瑟四、簫十、笛十、篪六、排簫二、塤二、笙十、大鼓一、搏拊鼓二、柷一、敔一、木笏十、干戚六十四、羽籥六十四、麾旙一、旌節四。舞皆八佾,用文舞生六十四人,武舞生六十四人。惟先師廟六佾,止用文舞生三十六人。其先農壇、三皇廟、真武廟、東嶽廟、城隍廟、火神廟、關帝廟,俱教坊司鼓樂承應。惟親祭先農壇,用樂舞生。

凡祭祀服色,圜丘、祈穀壇,皇帝御天青禮服;方澤,皇帝御明黄禮服;朝日,皇帝御大紅禮服;夕月,皇帝御月白禮服;其餘羣祀,皇帝皆御明黄禮服。王以下陪祀各官,皆服其本等朝衣補服。樂舞生,圜丘,用天青銷金花服,祈穀壇同;方澤,用黑色銷金花服;朝日壇,用紅色銷金花服;夕月壇,用月白色銷金花服;先師廟,用紅色補服;餘用紅色銷金花服,緑紬帶裹金銅頂。武舞生頂有三义。

凡祭日,皇帝親詣祭所,或遣官詣祭所。時,太常寺官一員,至乾清門所設齋戒銅人案前,一跪三叩頭,捧齋戒牌、銅人至午門外,置紅櫃内,排御仗一對,送太常寺庫收貯。

視祝版儀

祭有祝文,皇帝躬親閲視,以告虔也。儀列於後。

前期二日，太常寺題請視祝文，并派讀祝官。是日早，鑾儀衛官率校尉，自祭所舁祝文龍亭，至午門外預備。太常寺官朝日，朝服。常日，補服。設黄案一於太和殿，設黄案一於中和殿内正中。捧祝官至内閣請祝版，内閣官拱授，捧祝官跪接，捧舉，排班前導，進太和門，至太和殿，安於所設黄案上預備。太常寺堂官奏請皇帝御中和殿，東立，西向。太常寺官捧舉祝文，排班前導，由中路進。至中和殿内，置所設黄案上，一跪三叩頭，退立西旁。太常寺堂官進至案前，展祝文袱，退出西槅扇立。皇帝詣案前，視祝文，畢，行一跪三叩頭禮，轉東旁立。太常寺官進至案前裹祝版，仍安設架上，退。捧祝文官進至案前，一跪三叩頭，將祝文捧舉，由太和殿中階出。太常寺堂官奏禮畢，皇帝回宫。太常寺官捧舉祝文，排班前導，至午門外，安龍亭内，一跪三叩頭，興。校尉舁亭，前排御仗一對，太常寺官隨行。至祭所，捧祝文官於龍亭前，一跪三叩頭，送神庫内黄案上，安設，上香畢，一跪三叩頭，退。

視玉帛香儀

冬至，大祀圜丘，上辛，祈穀上帝。特於前期，捧玉帛香與祝版同視。典至鉅者，儀益詳也，列於後。

上帝位前玉帛香

蒼璧一　郊祀天青制帛十二上辛帛用一。

沉圓炷香一　沉圓餅香十二降真圓餅香二十四

配享神位前香帛

奉先白色制帛各一　速圓炷香各一速方瓣香各五十

皇帝視玉、帛、香，前期二日，太常寺題請。是日，設黄案於太和殿西旁，預備。至期，太常寺官具補服，如遇朝日，仍用朝服。進至太和殿，將前期所設西旁黄案，安設正中御位前。捧玉帛香官捧至午門，與捧祝文官會齊。鑾儀衛官，領校尉舁香爐亭在前，祝文亭在中，玉帛香亭在後，由中路進，至太和殿内，將香爐亭在御位東安設，祝文、玉帛香二亭在御位西安設。太常寺堂官奏請視祝文玉帛香。皇帝御補服，陞太和殿，東立西向。太常寺官捧舉祝文在前，玉第二，上帝帛第三，太祖帛第四，太宗帛第五，世祖帛第六，聖祖帛第七，小香盒第八，大香盒第九，依次捧舉，排班前導，由中路進，至太和殿内，置御位前黄案上，祝文在中，玉在東正設，上帝帛在西正設，太祖帛與世祖帛在玉東旁設，太宗帛與聖祖帛在上帝帛西旁設，二香盒在祝文後設。捧舉官等，各一跪三叩頭，退，立西旁。太常寺堂官展祝文袱,退。皇帝詣案前,視祝文,視玉,視帛,視香。畢,行一跪三叩頭禮,轉東旁立。太常寺官,仍至案前,裹祝版退。捧祝文玉帛香等官,近案前,一跪三叩頭,興,將祝文玉帛香捧舉,置各龍亭内,一跪三叩頭,退。司香官一員,在香亭東,捧舉香盒,跪。太常寺堂官二員,恭導皇帝至龍亭前立,上炷香,又三上瓣香,轉至拜位,行一跪三叩頭禮,復至東旁立。捧香官置香盒於亭内,鑾儀衛官領校尉舁香爐亭、祝文亭、玉帛香亭,照前次第,由太和殿中階下。太常寺堂官跪,奏禮畢,皇帝回宫。校尉舁亭,前列御仗,太常寺官隨亭後,由大清門出正陽門。至天壇,捧祝文玉帛香等官,各就龍亭前,一跪三叩頭,興,將祝文玉帛香送天壇神庫内青案上安設,各一跪三叩頭,出。

大清會典卷之七十九

禮部祠祭司

〔郊祀一〕

崇德元年，肇祀郊壇。順治元年定：每歲冬至，祀天於圜丘；夏至，祀地於方澤。八年，建朝日壇，以春分致祭；夕月壇，以秋分致祭。十四年，行祈穀禮於大享殿。若歲旱之禱於南郊，及大享殿之合祀，禮樂儀節，具載於後。

〔圜丘〕

崇德元年四月，肇祀天於南郊。在德盛門外，其制九成。〇順治元年定：每歲冬至，大祀天於南郊圜丘。在永定門内，其制三成。以大明、夜明、星辰、雲雨風雷爲四從壇配享。〇四年冬至，世祖章皇帝大祀天於圜丘。〇五年冬至，大祀天於圜丘，奉太祖高皇帝配享。前期四日，遣官四員，祭告天地宗廟，世祖章皇帝詣壇行禮，奉安太祖高皇帝神位於上帝神位之左旁青幄内，太祖高皇帝位前上香、獻帛、進胙、初獻、亞獻、終獻。禮俱與上帝位前同。一應禮儀，俱與冬至大祀同。〇十四年諭："南郊祀天，禮宜嚴重。祀前五日，朕親詣視牲。祀前一日，朕親宿齋宫。如遣官恭代，亦著詣壇、齋宿、視牲。永著爲令。"〇是年三月，奉太宗文皇帝配享圜丘。前期一日，遣官祭告天、地、宗廟、社、稷。正祭日，世祖章皇帝詣壇行禮，恭捧神位，奉安於上帝之右旁青幄内。一應禮儀，與冬至大祀同。〇康熙六年冬至，聖祖仁皇帝大祀天於圜丘，奉世祖章皇帝配享。前期，遣官祭告天、地、宗廟、社、稷。正祭日，聖祖仁皇帝詣壇行禮，恭捧神位，奉安於上帝之左，太祖高皇帝之次，第二青幄内。一應禮儀，俱與順治十四年同。〇是年題准：每歲冬至，大祀天於圜丘，奉太祖高皇帝、太宗文皇帝、世祖章皇帝配享，以大明、夜明、星辰、雲雨風雷分四從壇。皇帝親詣行禮，或遣官恭代。從壇，遣官四員分獻。禮部預期題請。〇五十八年諭：祭祀天壇，朕雖年高，必欲親詣，於祭前升壇瞻仰，省視俎豆，量力跪拜，退處帷中，俟恭代親王行禮畢，然後回鑾。將朕親詣之處，著祝文内。〇六十一年十一月十五日冬至，大祀天於圜丘。前期五日，聖祖仁皇帝命皇上恭代行禮。十三日，聖祖仁皇帝疾大漸，命皇上嗣皇帝位，改遣大臣恭代行禮。十四日，祝版恭填皇上御名，太常寺堂官由内閣恭捧安設。十五日，承祭官行禮，時各官不陪祭。〇雍正元年冬至，皇上大祀天於圜丘，奉聖祖仁皇帝配享。前期，遣官祭告天、地、宗廟、社、稷，如常儀。至正祭日，皇上詣壇行禮，恭捧神位，奉安於上帝之右，太宗文皇帝之次，第二青幄内。一應禮儀，俱與康熙六年同。〇是年，恭加太祖高皇帝、太宗文皇帝、世祖章皇帝尊謚禮成。遣官重修天壇配享神牌，備書新加尊謚，於壇内安奉。〇是年題准：每歲冬至，大祀天於圜丘，奉太祖高皇帝、太宗文皇帝、世祖章皇帝、聖祖仁皇帝配享。以大明、夜明、星辰、雲雨風雷分四從壇。皇帝親詣行禮，或遣官恭代。從壇，遣官四員分獻。太常寺預期題請。

凡大祀圜丘，前後儀節陳設，順治初，詳定遵行。惟配享神位遞增，儀亦遞備。今據雍正元年照例題定儀注，具列於後。其衙門職掌，王公到壇先後，官員迎送地方，歷年小有異同之處，注明各條下。

一、前期五日，詣犧牲所視牲，皇帝親詣行禮，遣官視牲。如遣官恭代，即承祭官代視。預期題請。順治四年定：禮部奏請遣官。十四年，世祖章皇帝親詣視牲。是年定：如遣官行禮，即承祭官恭代。初由禮部題請，後由太常寺題請；

一、齋戒前一日，太常寺預行題請。初由禮部，今由太常寺；

一、前期三日，太常寺官進齋戒牌、銅人，如常儀。初，太常寺官捧齋戒牌、銅人，送至端門。禮部堂官具朝服，送至太和殿，設於丹陛中間黄案上。後禮部、太常寺官送至乾清門，恭設於中間東簷下黄案上。今專由太常寺。皇帝致齋三日。是日，各衙門俱設齋戒牌，陪祀王以下各官齋戒，如常儀。順治十四年，世祖章皇帝始詣壇齋宿。在内齋戒二日，在壇齋戒一日。是日，王以下陪祀各官隨駕赴壇齋宿。

一、前期二日，遣禮部堂官一員省牲，太常寺題請。初由禮部題請，今由太常寺；

一、祝文由内閣撰寫，恭填御名。初由内閣撰，交禮部恭寫，仍送内閣恭填御名，後交太常寺恭寫，今由内閣恭寫；

一、前期二日，太常寺題請視祝版玉帛香，并派讀祝官。初由禮部題請，後由太常寺，具載視祝版儀、視玉帛香儀。

一、前期一日，禮部、都察院、太常寺、光禄寺官，俱朝服，上香，監宰牲，並瘞毛血。

一、正壇第一成，奉安皇天上帝神牌，正中南向；太祖高皇帝神牌，東設西向；太宗文皇帝神牌，西設東向；世祖章皇帝神牌，次東設西向；聖祖仁皇帝神牌，次西設東向。各於天青幄次安設。

一、從壇第二成，奉安大明神牌，在東一壇西向；夜明神牌，在西一壇東向；星辰神牌，在東二壇西向；曰北斗七星，曰木火土金水星，曰二十八宿，曰周天星辰。雲雨風雷神牌，在西二壇東向。各於天青幄次安設。

一、正祭日早，先於各神位前陳設供物，設胙牛於壇下黄棚内，設燎牛於燎爐上，爐内安香。

一、正壇陳設

上帝正位前

犢一	蒼璧一
郊祀制帛十二天青色。	登一
簠二	簋二
籩十二	豆十二
蒼玉爵三	酒罇一
金爐一	金燈四
燔牛一	

太祖高皇帝配位前

太宗文皇帝配位前

世祖章皇帝配位前

聖祖仁皇帝配位前

奉先制帛各一白色。金燈各二

供品與上帝位前同。不用玉。

一、四從壇陳設

大明位前

禮神制帛一赤色。	牛一
登一	簠一
簋二	籩十

豆十	青磁酒盞二十
青磁爵三	酒罇一
爐一	燈四

夜明位前

禮神制帛一白色。

供品與大明位前同。

星辰位前

禮神制帛十一青色一,黄色一,赤色一,黑色一,白色七。

牛一	羊一
豕一	登一
鉶二	簠二
簋二	籩十
豆十	青磁酒盞三十
青磁爵三	酒罇一
爐一	燈四

雲雨風雷位前

禮神制帛四青色一,黄色一,黑色一,白色一。

供品與星辰位前同。

一、正祭日早,禮部太常寺官詣皇穹宇,恭請上帝神牌,太祖高皇帝、太宗文皇帝、世祖章皇帝、聖祖仁皇帝神牌,及從壇神牌,於各香案前上香,一跪三叩頭,捧起,奉安龍亭内,一跪三叩頭。鑾儀衛校尉舉亭,上帝神牌在前,次太祖高皇帝、太宗文皇帝、世祖章皇帝、聖祖仁皇帝神牌,次大明、夜明、星辰、雲雨風雷神牌,由北門入,轉至壇前階下,各官於亭前俱一跪三叩頭。恭捧正壇神牌官,恭捧上帝神牌,太祖高皇帝、太宗文皇帝、世祖章皇帝、聖祖仁皇帝神牌,由中階上,跪安第一成壇各青幄内,一跪三叩頭,退。恭捧從壇神牌官,恭捧大明、星辰神牌,由東階上,恭捧夜明、雲雨風雷神牌,由西階上,跪安第二成壇各青幄内,一跪三叩頭,退。

一、正祭日早,太常寺官一員,至神庫祝版案前,上香,一跪三叩頭,捧請祝版,排燈一對前導,送至壇内,安設祝案上,一跪三叩頭,退。

一、正祭日早,皇帝親詣行禮。陪祀王、貝勒、貝子、公等,先赴壇,於下馬處祇俟;陪祀文武各官,先赴壇,於昭亨門外,隨鴻臚寺官引至櫺星門外,東西排立。從壇分獻官,俱先於櫺星門西排立。不陪祀王以下文武各官，俱朝服，於午門外分翼排立。順治四年定：陪祀王以下，公以上，在午門内金水橋齊集，候駕過，隨行。不陪祀各官，俱在天安門外橋南兩旁排立迎送。康熙六年定：不陪祀各官，在午門迎送。雍正元年定：陪祀王以下，公以上，亦先至壇。太常寺官奏請詣壇。皇帝出宫，乘輦，鹵簿大駕全設，午門鳴鐘，不作樂。不陪祀王以下各官，俱跪送。駕進西天門，至昭亨門外鋪樓薦處，降輦。前十大臣，次贊引官、對引官，恭導皇帝進昭亨左門，進更衣幄次更祭服，出，盥洗畢。贊引官、對引官恭導皇帝由欞星左門至二成黄幄次拜位前立。王、貝勒等在三成階上排立，貝子、公等在階下排立，分獻官四員，進欞星西門，在公後立，文武各官，在欞星門外分翼排立，典儀唱樂舞生就位，執事官各司其事。武舞生執干戚引進。贊引官奏就位，皇帝就拜位立。典儀唱燔柴迎帝神，爐内燔柴。協律郎唱舉迎帝神樂，奏《始平之章》，樂作。贊引官奏陞壇，恭導皇帝詣第一成上帝位香案前立，司香官捧香盒，跪進於皇帝右，贊引官奏跪，皇帝跪，奏上香，皇帝舉炷香上爐内，又三上瓣香，興。贊引官恭導皇帝詣太祖高皇帝位前上香，次詣太宗文皇帝位前上香，次詣世祖章皇帝位前上香，次詣聖祖仁皇帝位前上香，其儀與上帝位前同。正幄門兩旁香爐内，司香官二員，各跪上香畢。贊引官奏旋位，皇帝旋位立，樂止。贊引官奏跪、叩、興，傳贊官贊衆官俱跪、叩、興。皇帝行三跪九叩頭禮，興，王以下文武各官及分獻官俱隨行禮，興。典儀唱奠玉帛。協律郎唱舉奠玉帛樂，奏《景平之章》，樂作。贊引官奏陞壇，恭導皇帝詣第一成上帝位前立，捧玉帛官捧玉帛，跪進於皇帝右，贊引官奏跪，皇帝跪，奏奠玉帛，皇帝受玉帛，拱舉，授玉帛，獻於案上，興。贊引官恭導皇帝詣太祖高皇帝位前奠帛，次詣太宗文皇帝位前奠帛，次詣世祖章皇帝位前奠帛，次詣聖祖仁皇帝位前奠帛，其儀與上帝位前同。奠畢，贊引官奏旋位，皇帝旋位立，樂止。典儀唱進俎。贊引官恭導皇帝轉立拜位東旁。進胙各官引厨役舁胙牛，由中階以次進於上帝、太祖高皇帝、太宗文皇帝、世祖章皇帝、聖祖仁皇帝各位前。陳設訖，皇帝還位立。協律郎唱舉進俎樂，奏《咸平之章》，樂作。贊引官奏陞壇，恭導皇帝詣第一成上帝位前立，奏跪，皇帝跪，奏進俎，皇帝拱舉，畢，興。贊引官恭導皇帝詣太祖高皇帝位前進俎，次詣太宗文皇帝位前進俎，次詣世祖章皇帝位前進俎，次詣聖祖仁皇帝位前進俎，其儀與上帝位前同。畢，贊引官奏旋位，皇帝旋位立，樂止。典儀唱行初獻禮。協律郎唱舉初獻樂，奏《壽平之章》，樂作。贊引官奏陞壇，恭導皇帝詣第一成上帝位前立，執爵官捧爵，跪進於皇帝右，贊引官奏跪，皇帝跪,奏獻爵,皇帝受爵,拱舉,授爵,獻於案上正中,興。贊引官奏詣讀祝位,恭導皇帝詣讀祝位立,讀祝官至祝案前,一跪三叩頭,捧祝版跪,俟於案左,樂止。贊引官奏跪,傳贊官贊衆官俱跪。皇帝跪,王以下文武各官俱跪。典儀唱讀祝,讀祝官跪讀畢,興,捧祝版跪安上帝位前帛匣内,三叩頭,退樂作,贊引官奏叩興,傳贊官贊衆官叩興。皇帝行三叩頭禮,興,王以下文武各官俱隨行禮,興。贊引官恭導皇帝詣太祖高皇帝位前獻爵於正中,次詣太宗文皇帝位前獻爵於正中,次詣世祖章皇帝位前獻爵於正中,次詣聖祖仁皇帝位前獻爵於正中,其儀與上帝位前同。從壇分獻官,於皇帝陞壇時,各由東西階詣各神位前,跪,上香,獻帛,獻爵,俱候皇帝行禮時隨行禮。至讀祝時,亦各於神位前跪,候讀畢,三叩頭,興。贊引官奏旋位,皇帝旋位立,分獻官亦退至階下立,樂止。武舞生叩頭,退。文舞生執羽籥引進。典儀唱行亞獻禮。協律郎唱舉亞獻樂,奏《嘉平之章》,樂作。贊引官奏陞壇,恭導皇帝詣第一成上帝位前,獻爵於案上之左,如初獻儀。贊引官恭導皇帝詣太祖高皇帝位前獻爵於左,次詣太宗文皇帝位前獻爵於左,次詣世祖章皇帝位前獻爵於左,次詣聖祖仁皇帝位前獻爵於左,如前儀。分獻官各至從壇神位前獻畢。贊引官奏旋位,皇帝旋位立,分獻官亦退立原班,樂止。典儀唱行終獻禮。協律郎唱舉終獻樂,奏《雍平之章》,樂作。贊引官奏陞壇,恭導皇帝詣第一成上帝位前,獻爵於案上之右,如亞獻儀。贊引官恭導皇帝詣太祖高皇帝位前獻爵於右,次詣太宗文皇帝位前獻爵於右,次詣世祖章皇帝位前獻爵於右,次詣聖祖仁皇帝位前獻爵於右,如前儀。分獻官亦各至從壇神位前獻畢。贊引官奏旋位,皇帝旋位立,分獻官亦退立原班,樂止。文舞生叩頭,退。太常寺官唱賜福胙,光禄寺捧福酒官一員、捧胙官一員,自案上捧起,向上帝位前拱舉,捧至皇帝受福胙處。贊引官奏詣受福胙位,恭導皇帝至受福胙位立,捧福胙官二員跪於皇帝右旁祗俟,接福胙侍衛二員,跪於皇帝左旁祗俟。贊引官奏跪,皇帝跪,奏飲福酒,皇帝受爵,拱舉,授左旁侍衛,奏受胙,皇帝受胙,拱舉,授左旁侍衛,各退。贊引官奏叩興,皇帝行三叩頭禮,興。王以下各官不隨叩。贊引官奏旋位,皇帝旋位立,行謝福胙禮,贊引官奏跪、叩、興,傳贊官贊衆官俱跪、叩、興。皇帝行三跪九叩頭禮,興,王以下各官俱隨行禮,興。典儀唱徹饌。協律郎唱舉徹饌樂,奏《熙平之章》,樂作。捧玉官至上帝位前,一跪三叩頭,捧蒼璧退,樂止。典儀唱送帝神。協律郎唱舉送帝神樂,奏《太平之章》,樂作。贊引官奏跪、叩、興,傳贊官贊衆官俱跪、叩、興。皇帝行三跪九叩頭禮,興,王以下各官及分獻官,俱隨行禮,興,樂止。典儀唱捧祝帛香饌恭送燎位。贊引官恭導皇帝轉立拜位東旁,捧祝帛官,各至案前,一跪三叩頭,捧起,司香官、捧饌官,俱跪捧,不叩,祝在前,次帛,次饌,次香,捧送燎爐,皇帝還位立。典儀唱望燎。協律郎唱舉望燎樂,奏《安平之章》,樂作。贊引官奏詣望燎位,前引十大臣、贊引官、對引官恭導皇帝詣望燎位立。從壇帛饌香俱捧起,下東西階,送至燎爐。祝帛焚半,贊引官奏禮畢,恭導皇帝由櫺星左門出,王、貝勒、貝子、公等隨後出,衆官兩旁排立祗俟。皇帝入更衣幄次更衣。十大臣、贊引官、對引官恭導皇帝出昭亨左門外,乘輦,鹵簿大駕前導,教坊作《皇帝還宫樂》,奏《祐平之章》,王以下公以上隨後行,各官出兩旁門,退。不陪祀王以下各官,仍於午門外排班跪迎。午門鳴鐘,王等皆隨駕入。皇上還宫,各退;

一、祭畢,太常寺官進至各神位前,一跪三叩頭,捧正壇神牌,由中階下,安龍亭内,捧從壇神牌,由東西階下,安龍亭内,各一跪三叩頭,次第送詣皇穹宇。至臺階下,亭止,各官於亭前一跪三叩頭,捧各神牌,於各神座照舊安設,上香,一跪三叩頭,退。

一、正祭日,太常寺官至乾清門,於齋戒牌、銅人案前,一跪三叩頭,捧齋戒牌、銅人至午門外,置紅櫃内,排御仗一對,送太常寺庫收貯。

一、遣官恭代,在三成階下行禮,升降俱由西階。讀祝時,在二成階下跪。讀祝畢,行三叩頭禮,復位。不行飲福受胙禮。送祝帛饌時,退立西旁。王以下入八分公以上,不齋戒陪祀。其行禮供獻俱同。

祝文

維　　年歲次　　月　　日,嗣天子臣□敢昭告於皇天上帝曰:時維冬至,六氣資始。敬遵典禮,謹率臣僚。以玉帛犧齊粢盛庶品,備此禋燎,祗祀於上帝。奉太祖承天廣運聖德神功肇紀立極仁孝睿武端毅弘文定業高皇帝、太宗應天興國弘德彰武寬温仁聖睿孝敬敏隆道顯功文皇帝、世祖體天隆運定統建極英睿欽文大德弘功至仁純孝章皇帝、聖祖合天弘運文武睿哲恭儉寬裕孝敬誠信功德大成仁皇帝配。尚饗。

如遣官恭代,改"敢昭告於"四字爲"恭遣官致祭於"六字。後倣此。

樂章

迎帝神樂,奏《始平之章》。

敬承純佑兮,於昭有融。　時維永清兮,四海攸同。

輸忱元祀兮,從律調風。　穆將景福兮,乃眷微躬。

淵思高厚兮，恐負鴻則。　聿章彝序兮，夙夜宣通。
雲軿鑾輅兮，忽降中壇。　翠旗分裊兮，列缺豐隆。
肅始和暢兮，慶洽陶匏。　百靈祇衛兮，齊明辟公。
恭仰顥穹兮，神來燕喜。　協昭慈惠兮，逖鑒予衷。

奠玉帛樂，奏《景平之章》。

靈旗爰止兮，奉玉筵。　執事有恪兮，駿奔前。
有美珪璧兮，薦縞纖。　經緯獲理兮，耀瑚璉。
來格洋洋兮，思儼然。　孔忱翼翼兮，告中虔。

進俎樂，奏《咸平之章》。

升肴珍錯兮，列豆籩。　吉蠲爲饎兮，格乾圜。
九州美味兮，薦膏鮮。　特牲潔敬兮，苾芳筵。
願垂降鑒兮，駐雲騈。　錫嘉福兮，億萬斯年。

初獻樂，奏《壽平之章》。

玉斚肅陳兮，明光。　桂漿初醞兮，信芳。
臣心廸惠兮，捧觴。　醴齊載德兮，馨香。
靈慈徽眷兮，喬皇。　勤仰止兮，斯徜徉。

亞獻樂，奏《嘉平之章》。

考鐘拂舞兮，再進瑤觴。　翼翼昭事兮，次第肅將。
睟顔容與兮，蒼几輝煌。　穆穆居歆兮，和氣洋洋。
生民望澤兮，仰覷玉房。　榮泉瑞露兮，慶無疆。

終獻樂，奏《雍平之章》。

終獻兮，玉斚清。　肅秬鬯兮，薦微誠。
磬管鏘鏘兮協氣升。　盈盈旨酒兮，勿替思成。
尚其醉止兮懷嘉生。　八龍蜿蜒兮，芭羽和鳴。

徹饌樂，奏《熙平之章》。

盥薦畢兮，精白申。　虞燕娭兮，勞帝神。
百辟肅雍兮，傾罍尊。　福施下逮兮，宜佑人民。

送帝神樂，奏《太平之章》。

嘉德夙成兮，晻藹壇埸。　穆思迴盼兮，雲駕洋洋。
山河日月兮，朗耀崇深。　青龍按節兮，白虎低昂。
洪鈞滌蕩兮，妖孽潛消。　我求時惠兮，感思馨香。
鳴玉鏘金兮，肅若有望。　紫壇巖業兮，赫赫皇皇。

臣乘寶曆兮，載須我輔。　　　願蒙博產兮，河岳鍾良。

天施地育兮，不可殫究。　　　殖我嘉師兮，沐浴休光。

望燎樂，奏《安平之章》。

雷車電邁兮，飛遠揚。　　　有虔秉火兮，焫越芳。

繁會賁鏞兮，奮龍旂。　　　俾爾昌熾兮，降蕭光。

烝民歌福兮，富壽康。　　　予獲疇祉兮，萬億斯皇。

此以上，皆太常寺樂。

皇帝郊祀，還宫，導迎，樂作，奏《祐平之章》

皇天有命，　　　列聖承之。

我后配德，　　　文匡武綏。

海隅寧謐，　　　神靈宴娭。

於萬斯年，　　　流慶降釐。

此一章，教坊司樂。

圜丘配享奉安神位儀

正祭日，鑾儀衛官預設龍亭、黄蓋、御仗於昭亨門外，恭置神牌黄幄前。駕至鋪棧薦處，降輦。前引十大臣，次贊引官、對引官，恭導皇帝進更衣幄次更祭服，出，盥洗畢。贊引官、對引官恭導皇帝入黄幄左門，十大臣止，皇帝詣神位前，行一跪三叩頭禮，興，近前跪，恭捧神牌，興。贊引官、對引官由中門恭導皇帝至龍亭前，皇帝奉安神牌於龍亭内，行一跪三叩頭禮，興，避立左側。校尉舁神牌龍亭行，黄蓋一柄，御仗二對前導。禮部、太常寺官十員，兩旁導引。十大臣、贊引官、對引官恭導皇帝，隨神牌龍亭後行。陪祀王以下内大臣、侍衛等，於昭亨左門外南向北跪，候神牌龍亭過，按翼隨行。龍亭入昭亨左門，陪祀各官於行禮本班跪迎，候過，起，向上立。神牌龍亭進外櫺星左門，至圜丘壇壝内櫺星門外止。十大臣、贊引官、對引官恭導皇帝詣神牌龍亭前，行一跪三叩頭禮，恭捧神牌，興。十大臣、贊引官、對引官恭導皇帝由櫺星門左門入。至壇下，黄蓋御仗退，十大臣至三成止。皇帝陞壇，奉安神牌於第一成上帝旁青幄内，跪安畢，興。贊引官、對引官恭導皇帝至香案前，行一跪三叩頭禮，興。不贊。

致祭禮儀詳前。

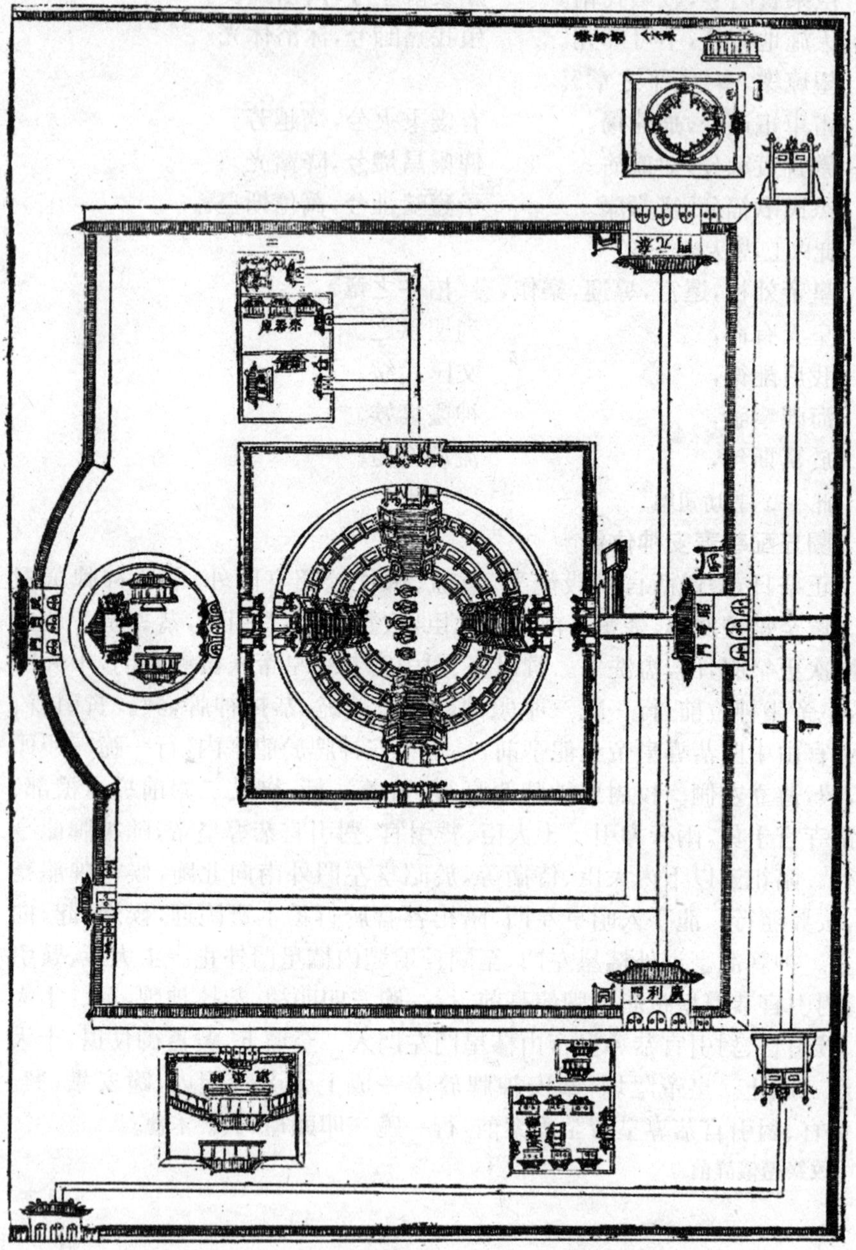

圜丘總圖

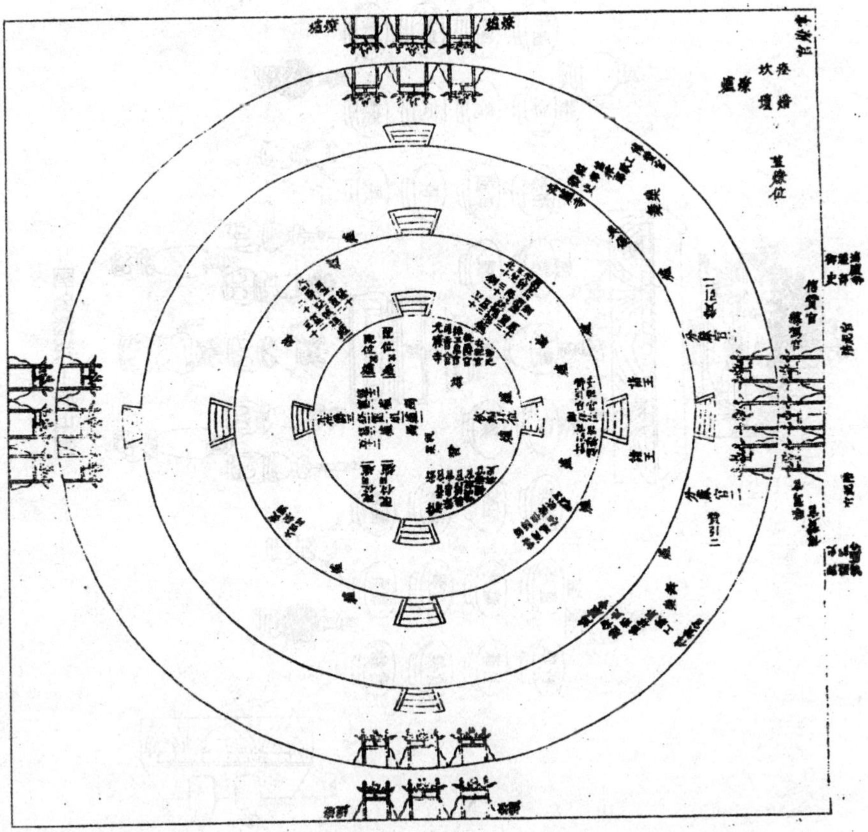

圜丘祭祀圖

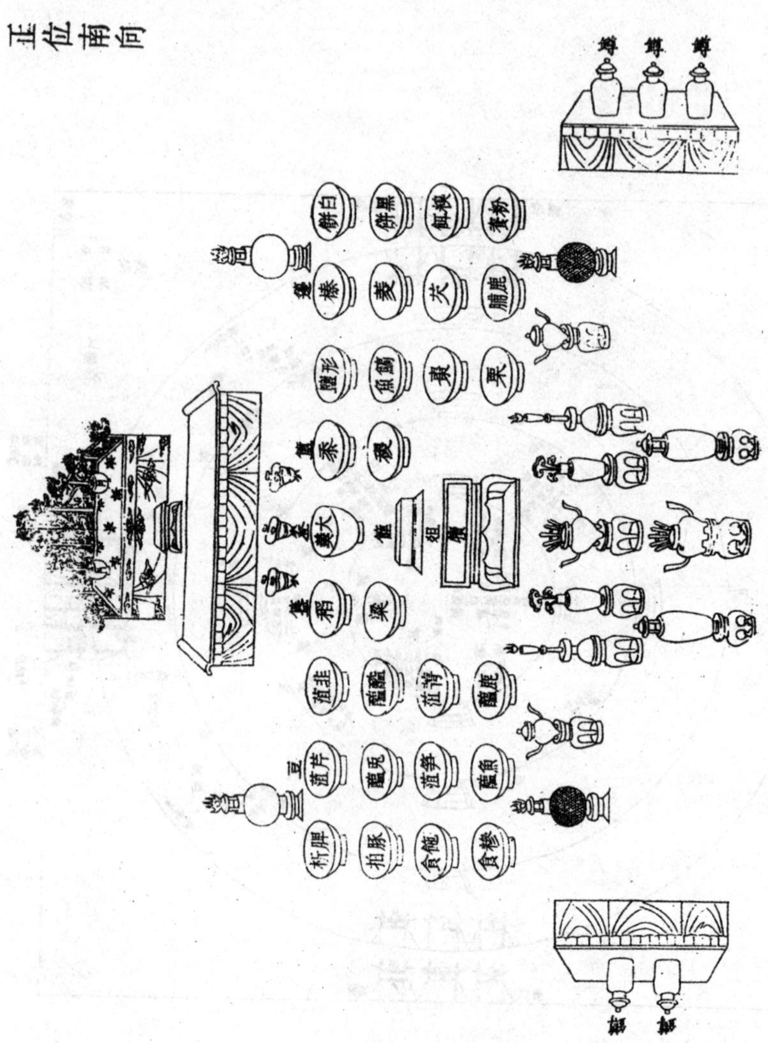

圜丘第一成陳設圖一

右皇天上帝前陳設。○玉、帛、香，各專官恭捧，臨祭奠獻，不預陳設。後倣此。

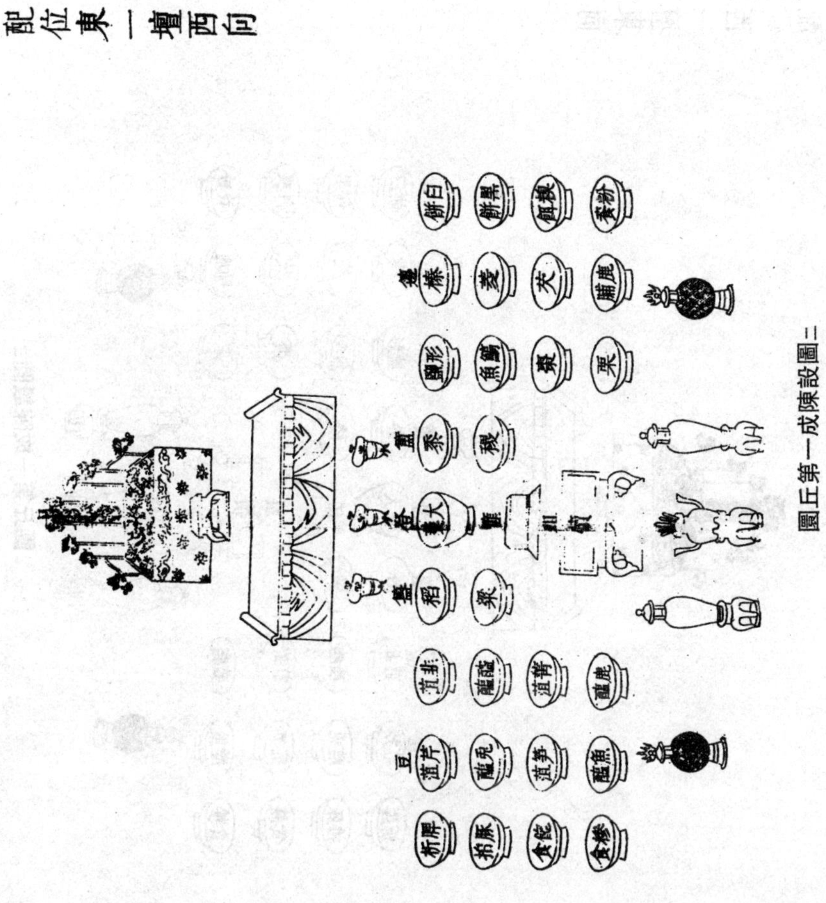

配位東一壇西向

右太祖高皇帝前陳設。

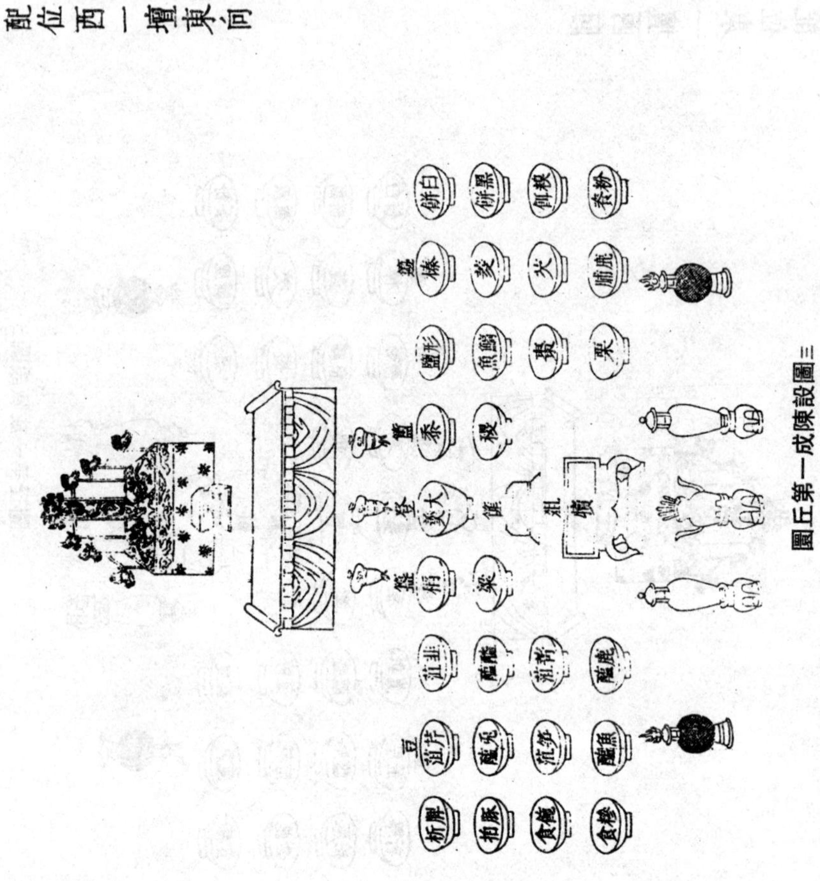

配位西一壇東向

右太宗文皇帝前陳設。

配位東二壇西向

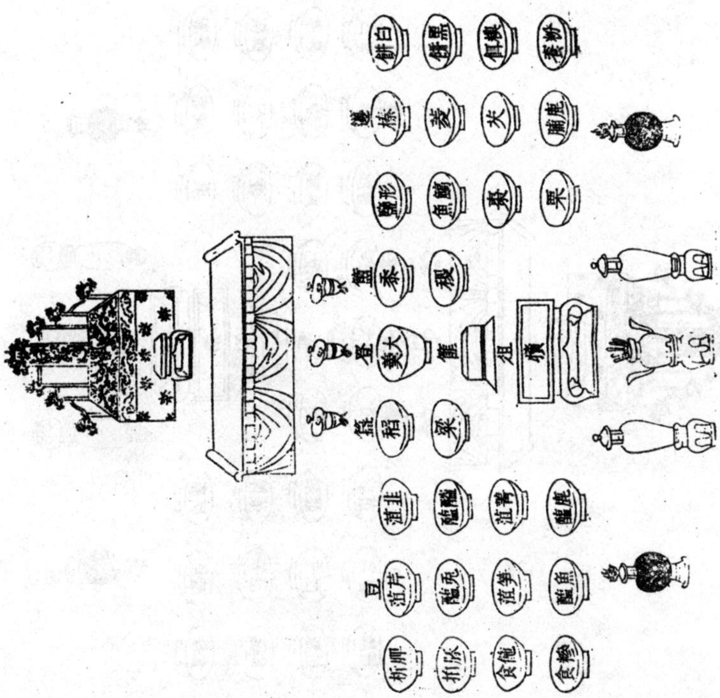

圜丘第一成陳設圖四

配位東二壇西向
右世祖章皇帝前陳設。

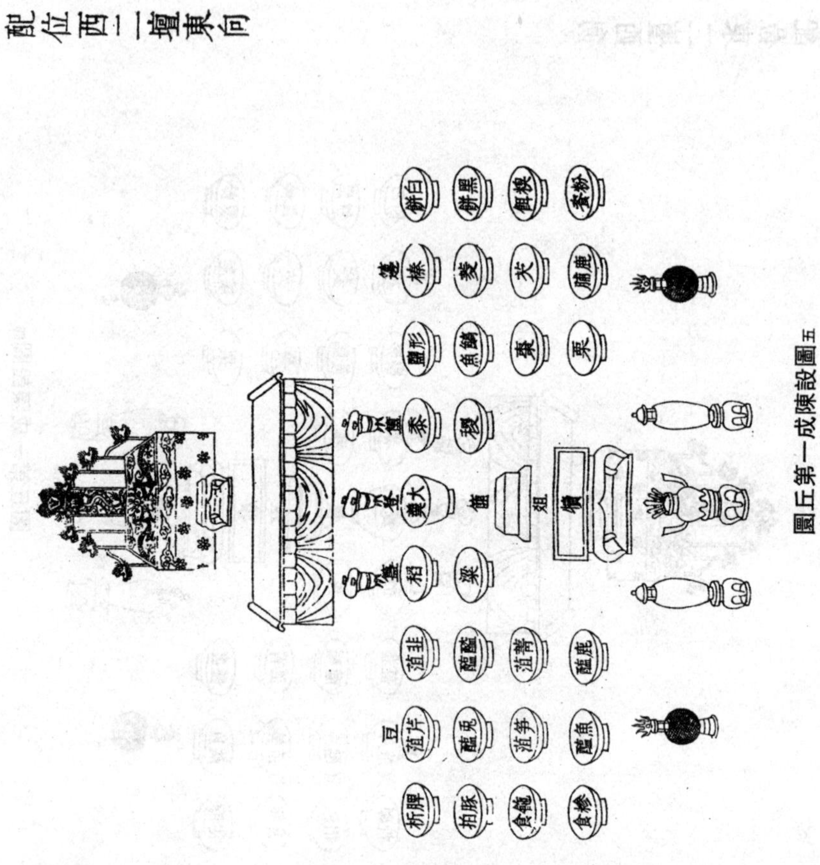

配位西二壇東向
右聖祖仁皇帝前陳設。

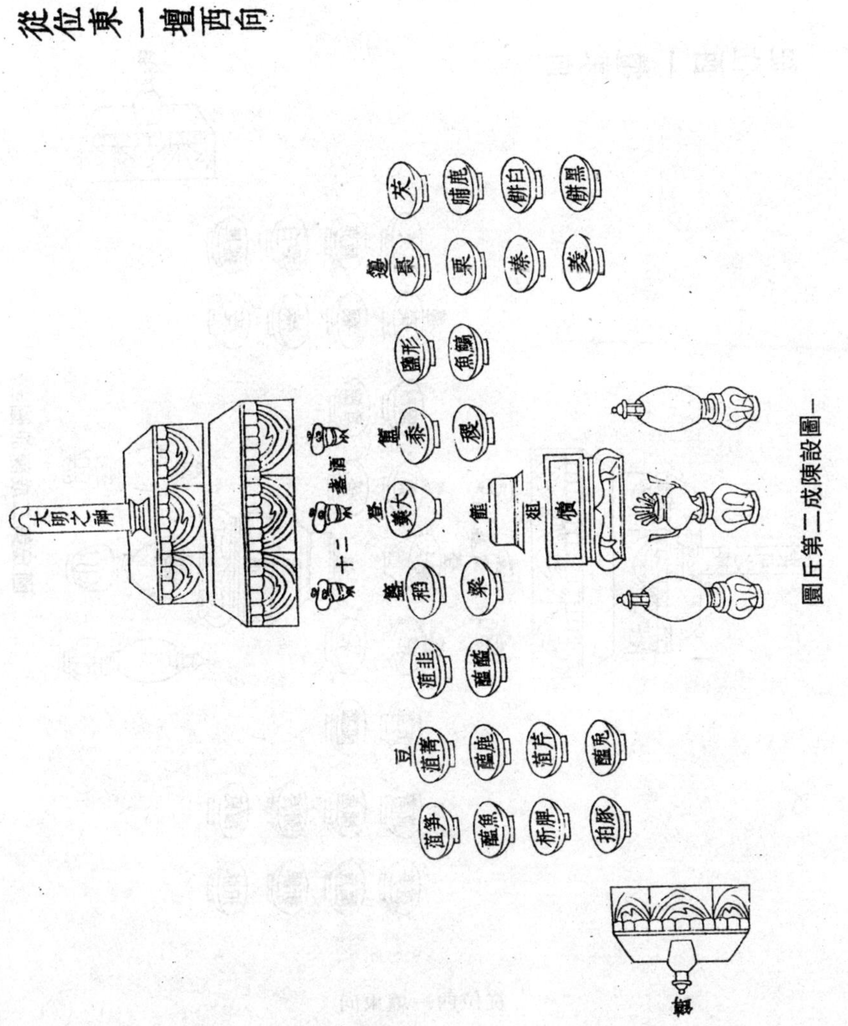

從位東一壇西向

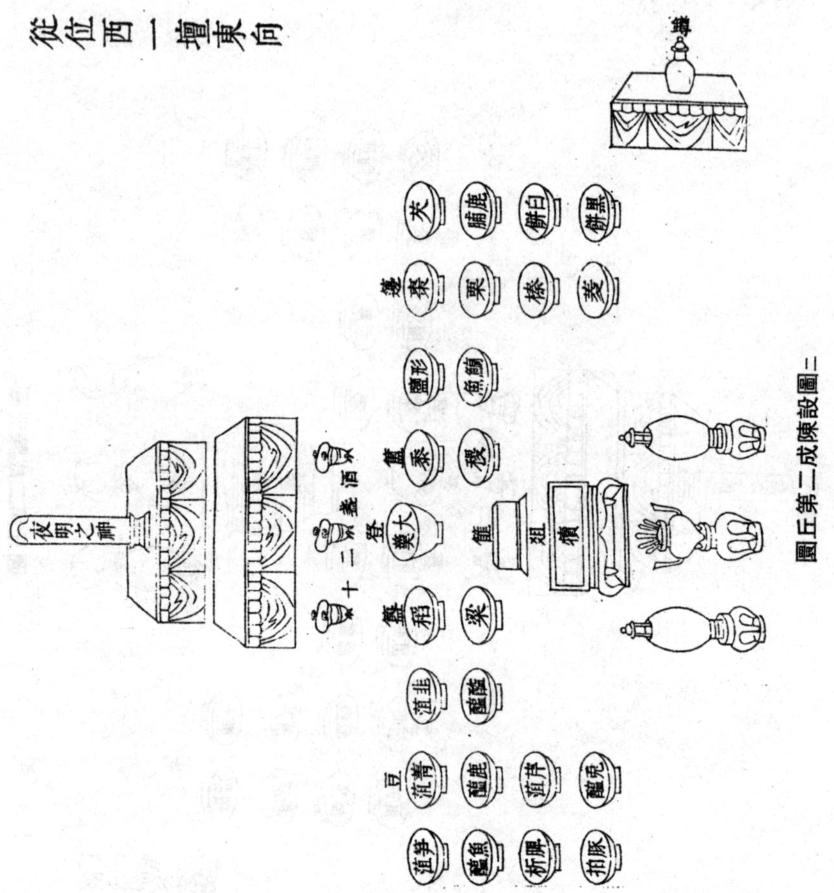

從位西一壇東向

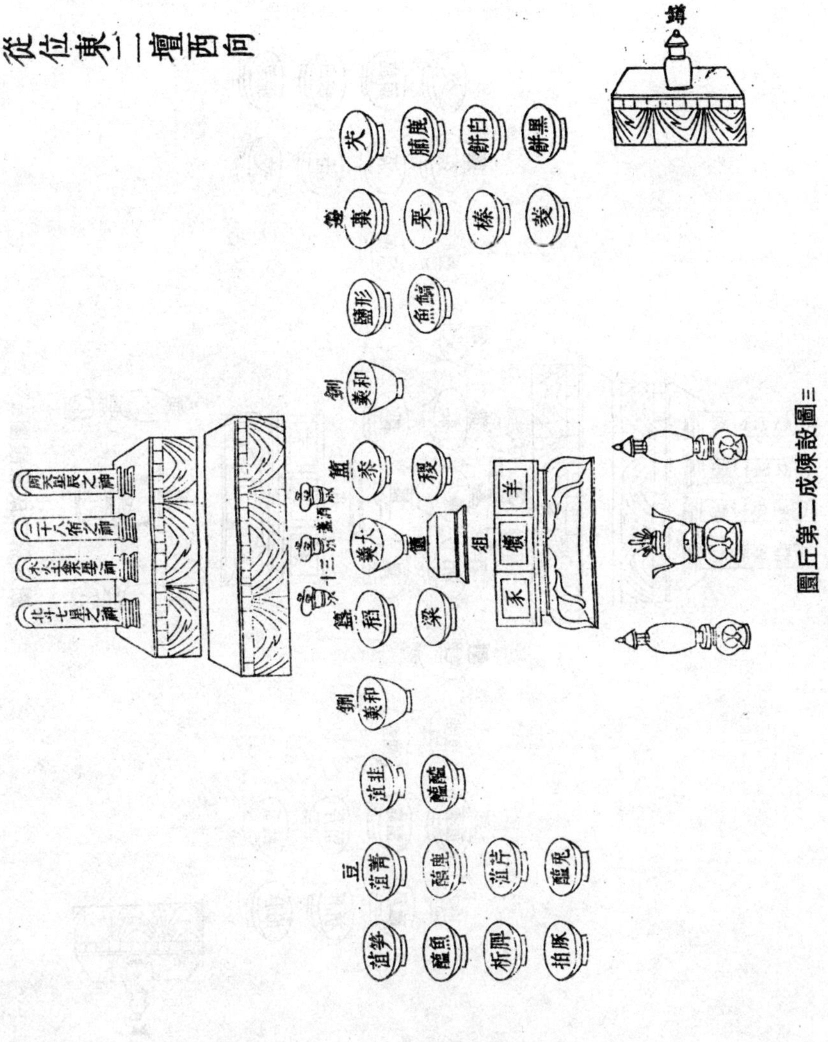

從位東二壇西向

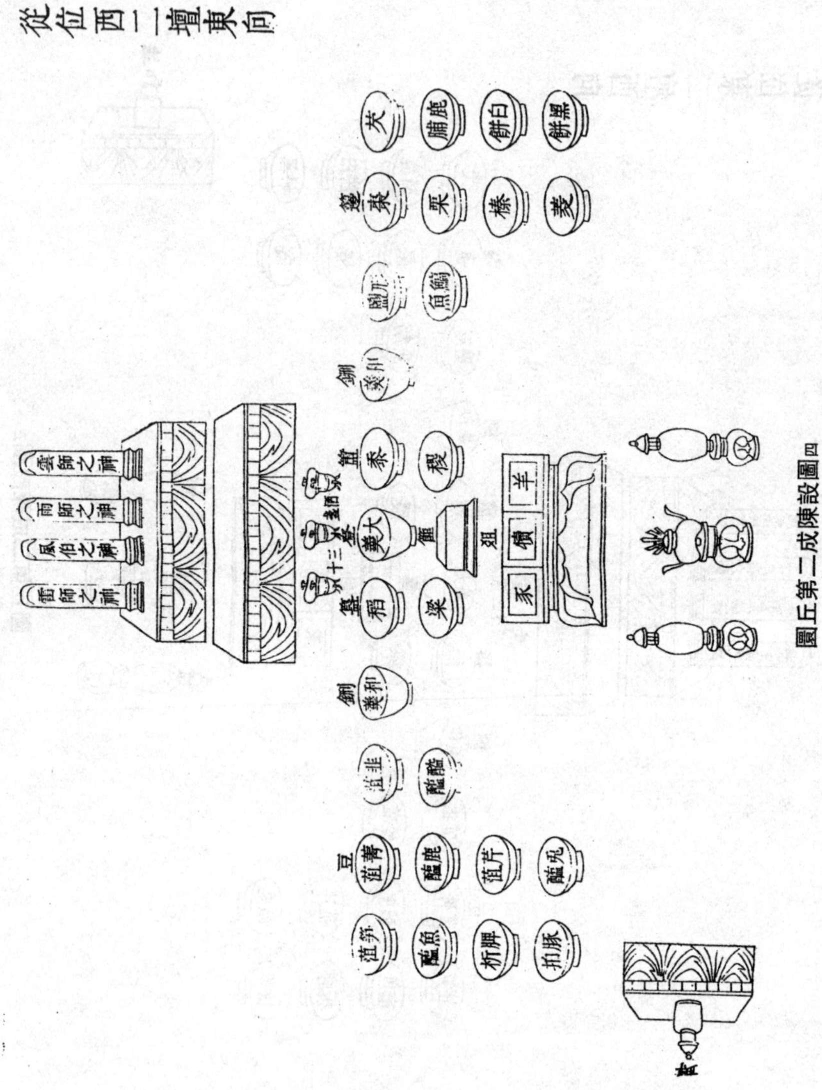

從位西二壇東向

圓丘告祭圖

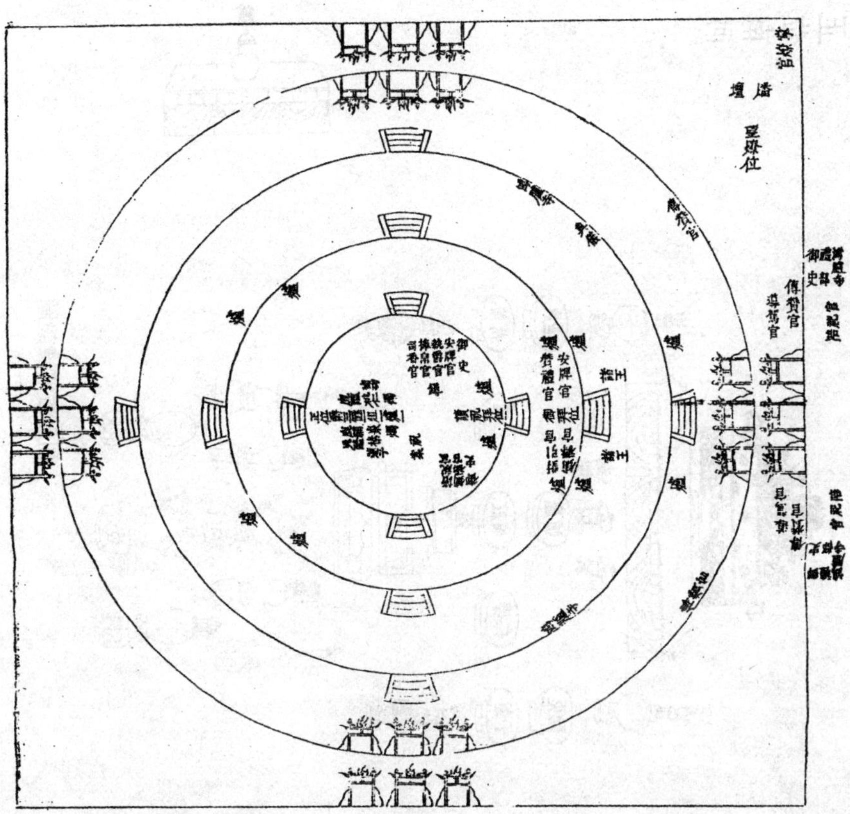

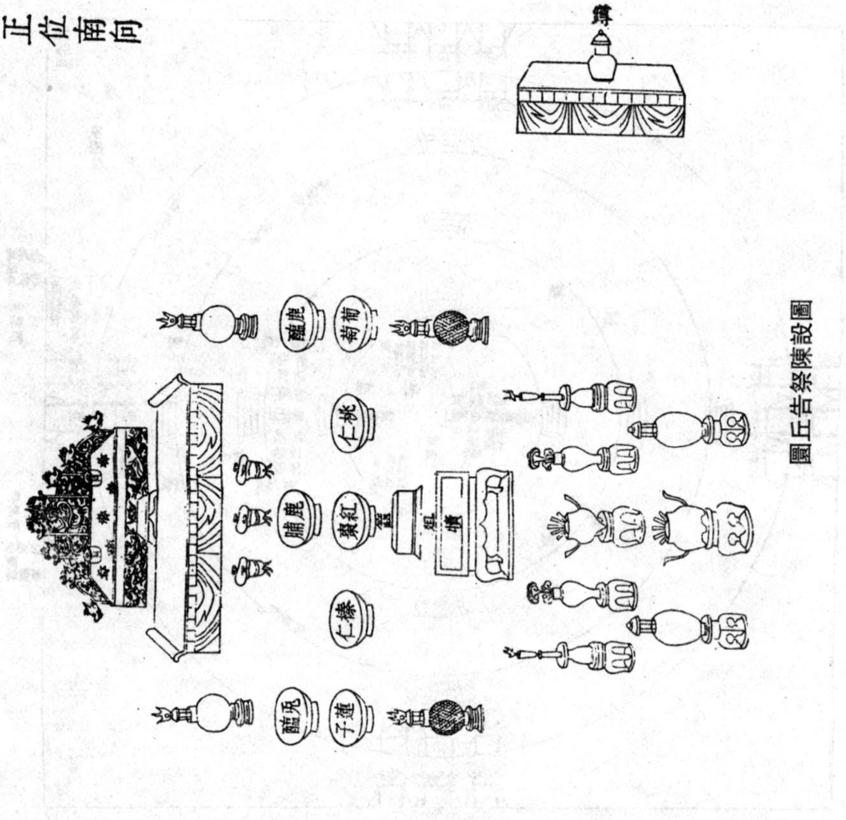

圜丘告祭陳設圖

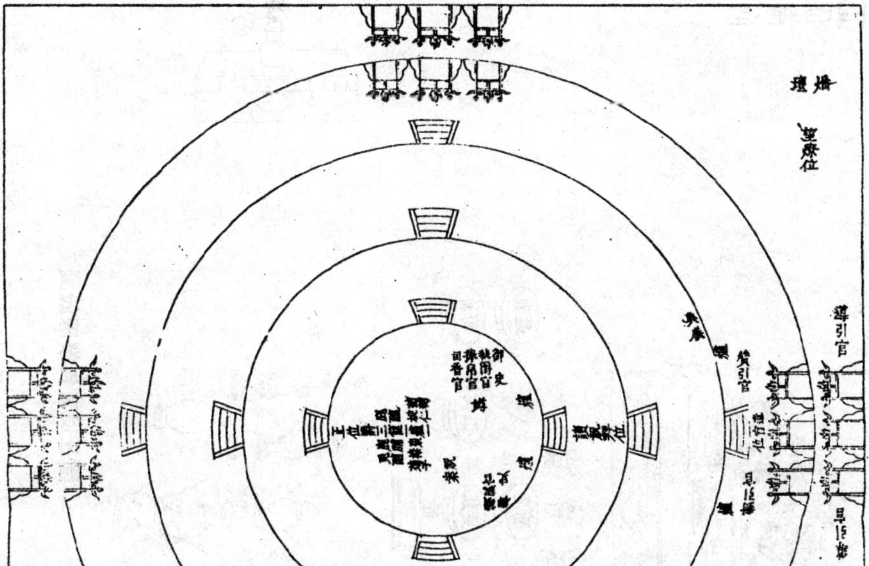

圜丘遣官告祭圖

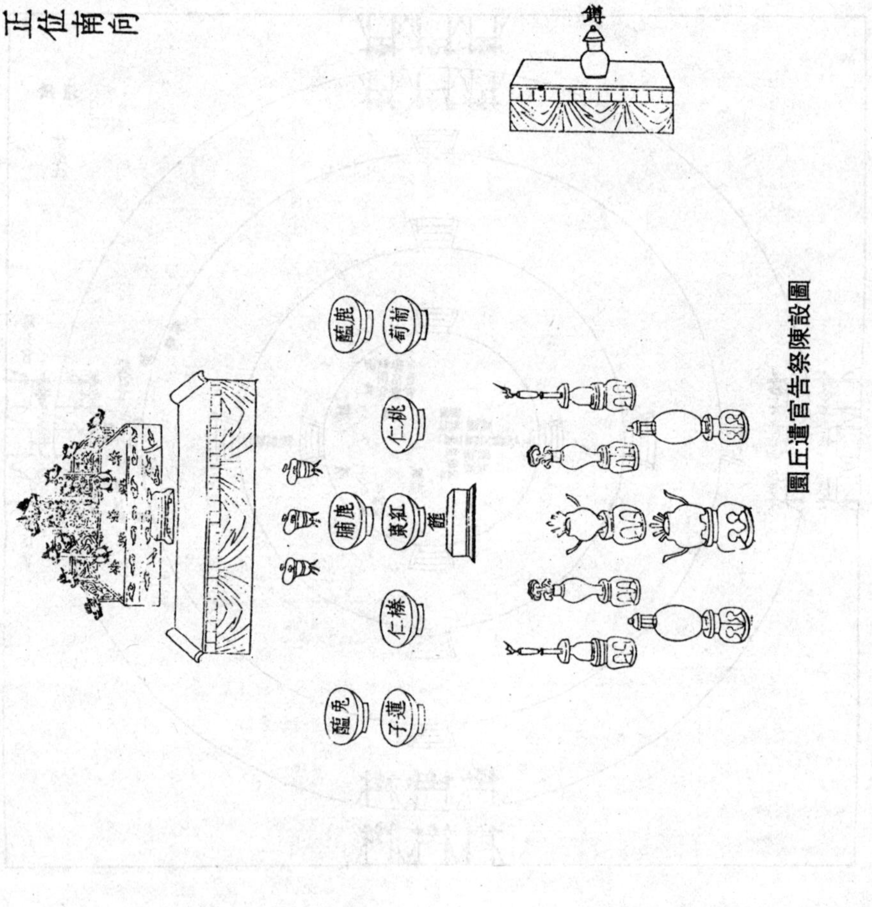

圜丘遣官告祭陳設圖

大清會典卷之八十

禮部祠祭司

〔郊祀二〕

〔方澤〕

順治元年定：每歲夏至，大祀地於北郊方澤。在安定門外，其制二成。以五嶽、五鎮、四海、四瀆爲四從壇配享。〇八年，尊封肇祖原皇帝、興祖直皇帝陵山爲啓運山，景祖翼皇帝、顯祖宣皇帝陵山爲積慶山，太祖高皇帝陵山爲天柱山，太宗文皇帝陵山爲隆業山，附四從壇配享。〇十四年夏至，世祖章皇帝大祀地於方澤，奉太祖高皇帝、太宗文皇帝配享。前期，遣官祭告天、地、宗廟、社、稷。正祭日，世祖章皇帝詣壇行禮，恭捧太祖高皇帝神位，奉安於東配位黄幄内，恭捧太宗文皇帝神位，奉安於西配位黄幄内。奉安神位禮儀，俱以次行禮。致祭禮儀，與夏至大祀同。〇十六年，奉移景祖翼皇帝、顯祖宣皇帝陵祔興京啓運山。其積慶山附四從壇從享祀典停。〇康熙二年，尊封世祖章皇帝陵山爲昌瑞山，從祀方澤，奉安神位於三陵山之次。〇六年十一月十六日，聖祖仁皇帝大祀地於方澤，奉世祖章皇帝配享。正祭日，聖祖仁皇帝詣壇行禮，恭捧世祖章皇帝神牌，奉安於第一成皇地祇之東，太祖高皇帝之次，第二黄幄内。一應禮儀，俱與順治十四年同。〇是年題准：每歲夏至，大祀地於方澤，奉太祖高皇帝、太宗文皇帝、世祖章皇帝配享，以五嶽、五鎮、四海、四瀆、四陵山分四從壇。皇帝親詣行禮，或遣官恭代。四從壇，遣官四員分獻。禮部預期題請。〇雍正元年，恭加太祖高皇帝、太宗文皇帝、世祖章皇帝尊謚禮成。遣官修方澤壇配享神牌，備書新加尊謚，於壇内安奉。〇二年夏至，上大祀地於方澤，奉聖祖仁皇帝配享，恭捧聖祖仁皇帝神牌，奉安於第一成皇地祇之西,太宗文皇帝之次,第二黄幄内。一應禮儀,俱與康熙六年同。○是年題准:每歲夏至,大祀地於方澤,奉太祖高皇帝、太宗文皇帝、世祖章皇帝、聖祖仁皇帝配享,以五嶽、五鎮、四海、四瀆、四陵山分四從壇。皇帝親詣行禮,或遣官恭代。四從壇,遣官四員分獻。太常寺預期題請。

凡大祀方澤,前後儀節陳設,順治初,詳定遵行。配享遞增,禮亦遞備。今據雍正元年照例題定儀注,具載於後。其衙門職掌,王公到壇先後,官員迎送之處,歷年小有異同者,具見"圜丘",不復逐條分注。

一、前期五日,詣犧牲所視牲,皇帝親詣行禮,則遣官視牲。如遣官恭代,即承祭官代視。太常寺預期題請。

一、齋戒前一日,太常寺預行題請。

一、前期三日,太常寺官進齋戒牌、銅人,如常儀。皇帝致齋三日。是日,各衙門俱設齋戒牌,陪祀王以下各官齋戒,如常儀;

一、前期二日,遣禮部堂官一員省牲,太常寺題請。

一、祝文由内閣撰寫,恭填御名。

一、前期二日,太常寺題請視祝版併派讀祝官。儀另載。

一、前期一日,禮部、都察院、太常寺、光禄寺官,俱朝服,上香,監宰牲,併瘞毛血。

一、正壇第一成,奉安后土皇地祇神牌,正中北向;太祖高皇帝神牌,東設西向;太宗文皇帝神牌,西設東向;世祖章皇帝神牌,次東設西向;聖祖仁皇帝神牌,次西設東向。各於黄幄次安設。

一、從壇第二成,奉安五嶽神牌、啓運山神牌、天柱山神牌,共在東一壇西向;五鎮神牌、隆業山神牌、昌瑞山神牌,共在西一壇東向;四海神牌,在東二壇西向;四瀆神牌,在西二壇東向。各於黄幄次安設。

一、正壇陳設

皇地祇正位前

犢一	黄琮一
郊祀制帛一黄色。	登一
簠二	簋二
籩十二	豆十二
黄玉爵三	酒罇一

太祖高皇帝配位前

太宗文皇帝配位前

世祖章皇帝配位前
聖祖仁皇帝配位前
奉先制帛各一白色。
供品與皇地祇位前同。不用玉。
一、四從壇陳設
五嶽、啓運山、天柱山神位前
禮神制帛七黄色一,天青色一,白色三,黑色一,赤色一。

牛一	羊一
豕一	登一
鉶二	簠二
簋二	籩十
豆十	黄磁爵三
酒盞三十	酒罇一

五鎮、隆業山、昌瑞山神位前,禮神制帛及供品,俱與五嶽同。

四海位前,禮神制帛四。天青色一,白色一,赤色一,黑色一。其餘陳設,與五鎮同。

四瀆位前,禮神制帛四。俱黑色。其餘陳設,與四海同。

一、正祭日早,太常寺官詣皇祇室,恭請皇地祇神牌,太祖高皇帝、太宗文皇帝、世祖章皇帝、聖祖仁皇帝神牌,及從壇神牌,於各香案前上香,一跪三叩頭,捧皇地祇神牌,太祖高皇帝、太宗文皇帝、世祖章皇帝、聖祖仁皇帝神牌,由中階上,跪安正壇各黄幄内,一跪三叩頭,退。次捧五嶽、啓運山、天柱山、四海神牌,由東階上,捧五鎮、隆業山、昌瑞山、四瀆神牌,由西階上,跪安從壇各黄幄内,一跪三叩頭,退。

一、正祭日早,太常寺官一員,至神庫祝版案前,上香,一跪三叩頭,捧請祝版,排燈一對前導,送至壇内,安設祝案上,一跪三叩頭,退。

一、正祭日早,皇帝親詣行禮。陪祀王、貝勒、貝子、公等,先赴壇,於下馬處祗俟。陪祀文武各官,先赴壇,於外櫺星門外,東西排立。從壇分獻官,於櫺星門西立。不陪祀王以下文武各官,俱朝服,於午門外分翼排立。太常寺奏請詣壇。皇帝御禮服,出宫,乘輦,鹵簿大駕全設,午門鳴鐘,不作樂。不陪祀王以下各官,俱跪送。駕進西天門,至北天門外鋪棕薦處,降輦。前十大臣,次贊引官、對引官,恭導皇帝進更衣幄次更祭服,出,盥洗畢。贊引官恭導皇帝由内櫺星東門至黄幄次拜位前立。鴻臚寺官引王以下公以上隨入,至階下排立,分獻官四員,進櫺星西門,在公後立,文武各官,在櫺星門外分翼排立。典儀唱樂舞生就位,執事官各司其事。武舞生執干戚引進。贊引官奏就位,皇帝就拜位立。典儀唱瘞毛血迎神。協律郎唱舉迎神樂,奏《中平之章》,樂作,樂止。贊引官奏跪、叩、興,傳贊官贊衆官俱跪、叩、興。皇帝行三跪九叩頭禮,興,王以下文武各官及分獻官俱隨行禮,興。典儀唱奠玉帛。協律郎唱舉奠玉帛樂,奏《廣平之章》,樂作。贊引官奏陞壇,恭導皇帝詣第一成皇地祇香案前立,司香官捧香盒,跪進於皇帝左,贊引官奏跪,皇帝跪,奏上香,皇帝舉炷香上爐内,又三上瓣香,興。贊引官恭導皇帝至奠玉帛案前立,捧玉帛官跪進於皇帝右,贊引官奏跪,皇帝跪,奏奠玉帛,皇帝受玉帛,拱舉,授玉帛,獻於案上,興。贊引官恭導皇帝詣太祖高皇帝位前,上香,獻帛,次詣太宗文皇帝位前,上香,獻帛,次詣世祖章皇帝位前,上香,獻帛。次詣聖祖仁皇帝位前,上香,獻帛,儀與皇地祇位前同。畢,贊引官奏旋位,皇帝旋位立,樂止。典儀唱進俎。贊引官恭導皇帝轉立拜位東旁。進俎官引厨役舁牛,以次進至皇地祇、太祖高皇帝、太宗文皇帝、世祖章皇帝、聖祖仁皇帝各案前。陳設訖,皇帝還位立。協律郎唱舉進俎樂,奏《咸平之章》,樂作。贊引官奏陞壇,恭導皇帝詣第一成皇地祇位前立,奏跪,皇帝跪,奏進俎,皇帝拱舉,畢,興。贊引官恭導皇帝詣太祖高皇帝位前進俎,次詣太宗文皇帝位前進俎,次詣世祖章皇帝位前進俎,次詣聖祖仁皇帝位前進俎,其儀與皇地祇位前同。畢,贊引官奏旋位,皇帝旋位立,樂止。典儀唱行初獻禮。協律郎唱舉初獻樂,奏《壽平之章》,樂作。贊引官奏陞壇,恭導皇帝詣第一成皇地祇位前立,執爵官捧爵,跪進於皇帝右,贊引官奏跪,皇帝跪,奏獻爵,皇帝受爵,拱舉,授爵,獻於案上正中,興。贊引官奏詣讀祝位,恭導皇帝詣讀祝位立,讀祝官至祝案前,一跪三叩頭,捧祝版跪,俟於案左,樂止。贊引官奏跪,傳贊官贊衆官俱跪。皇帝跪,王以下文武各官俱跪。典儀唱讀祝,讀祝官跪讀畢,興,捧祝版跪安於皇地祇位前帛匣内,三叩頭,退。樂作,贊引官奏叩興,傳贊官贊衆官俱叩興。皇帝行三叩頭禮,興,王以下各官俱隨行禮,興。贊引官恭導皇帝詣太祖高皇帝位前獻爵於正中,次詣太宗文皇帝位前獻爵於正中,次詣世祖章皇帝位前獻爵於正中,次詣聖祖仁皇帝位前獻爵於正中,其儀與皇地祇位前同。從壇分獻官,於皇帝陞壇時,各由東西階詣各神位前,上香,獻帛,獻爵,俱候皇帝行禮時隨行禮。至讀祝時,亦各於神位前跪,候讀畢,三叩頭,興。贊引官奏旋位,皇帝旋位立，分獻官亦退至階下立，樂止。武舞生叩頭，退。文舞生執羽籥引進。典儀唱行亞獻禮。協律郎唱舉亞獻樂，奏《安平之章》，樂作。贊引官奏陞壇，恭導皇帝詣第一成皇地祇位前，獻爵於案上之左，如初獻儀。贊引官恭導皇帝詣太祖高皇帝位前獻爵於左，次詣太宗文皇帝位前獻爵於左，次詣世祖章皇帝位前獻爵於左，次詣聖祖仁皇帝位前獻爵於左，如前儀。分獻官，亦各至從壇神位前獻畢。贊引官奏旋位，皇帝旋位立，分獻官亦退立原班，樂止。典儀唱行終獻禮。協律郎唱舉終獻樂，奏《時平之章》，樂作。贊引官奏陞壇，恭導皇帝詣第一成皇地祇位前，獻爵於案上之右，如亞獻儀。贊引官恭導皇帝詣太祖高皇帝位前獻爵於右，次詣太宗文皇帝位前獻爵於右，次詣世祖章皇帝位前獻爵於右，次詣聖祖仁皇帝位前獻爵於右，如前儀。分獻官亦各至從壇神位前獻畢。贊引官奏旋位，皇帝旋位立，分獻官亦退立原班，樂止。文舞生叩頭，退。太常寺官唱賜福胙，光禄寺捧福酒堂官一員、捧胙官一員，自案上捧起，向皇地祇位前拱舉，捧至皇帝受福胙處。贊引官奏詣受福胙位，恭導皇帝至受福胙位立，捧福胙官二員，跪於皇帝右旁祗俟，接福胙侍衛二員，跪於皇帝左旁祗俟。贊引官奏跪，皇帝跪，奏飲福酒，皇帝受爵，拱舉，授左旁侍衛，奏受胙，皇帝受胙，拱舉，授左旁侍衛，各退。贊引官奏叩興，皇帝行三叩頭禮，興。王以下各官不隨叩。贊引官奏旋位，皇帝旋位立，行謝福胙禮，贊引官奏跪、叩、興，傳贊官贊衆官俱跪、叩、興。皇帝行三跪九叩頭禮，興，王以下各官及分獻官，俱隨行禮，興。典儀唱徹饌。協律郎唱舉徹饌樂，奏《貞平之章》，樂作。捧玉官至皇地祇位前，一跪三叩頭，捧黄琮退，樂止。典儀唱送神。協律郎唱舉送神樂，奏《寧平之章》，樂作。贊引官奏跪、叩、興，傳贊官贊衆官俱跪、叩、興。皇帝行三跪九叩頭禮，興，王以下各官及分獻官，俱隨行禮，興，樂止。典儀唱捧祝帛香饌恭詣瘞位。贊引官恭導皇帝轉立拜位東旁，捧祝帛官，各至案前，一跪三叩頭，捧起祝帛，司香官、捧饌官，俱跪捧，不叩，祝在前，次帛，次饌，次香，捧送瘞位，皇帝還位立。典儀唱望瘞，樂作。即《寧平章》後半闋。贊引官奏恭詣望瘞位，前引十大臣、贊引官、對引官恭導皇帝詣望瘞位立。從壇帛饌香俱捧起，下東西階，送瘞所。祝帛瘞訖，俟配位帛燎半，贊引官奏禮畢，恭導皇帝由櫺星東門出，王以下公以上隨後出，衆官兩旁排立祗俟。皇帝至更衣幄次更衣。十大臣、贊引官、對引官恭導皇帝出北天門外，乘輦，鹵簿大駕前導，教坊司作《皇帝還宫樂》，奏《祐平之章》，王以下公以上隨後行，各官出兩旁門，退。不陪祀王以下各官，仍

於午門外排班跪迎。午門鳴鐘,諸王皆隨駕入。候皇帝還宫,各退;

一、祭畢,太常寺官捧各神牌,依次奉安皇祇室,上香,跪叩,如常儀。

一、祭日,太常寺官徹回齋戒牌、銅人,收貯太常寺庫,如常儀。

以上二條儀注,詳見"圜丘"條下。

一、遣官恭代,在壇階下行禮,陞降俱由西階。不行飲福受胙禮。王以下公以上,不齋戒陪祀。其行禮供獻俱同。

祝文

維　年歲次　月　日,嗣天子臣□敢昭告於后土皇地祇曰:時當夏至,羣物方亨。生長發育,有生咸賴。功德至厚,上配皇天。謹以玉帛牲醴粢盛庶品,用將祇祀。奉太祖承天廣運聖德神功肇紀立極仁孝睿武端毅弘文定業高皇帝、太宗應天興國弘德彰武寬温仁聖睿孝敬敏隆道顯功文皇帝、世祖體天隆運定統建極英睿欽文大德弘功至仁純孝章皇帝、聖祖合天弘運文武睿哲恭儉寬裕孝敬誠信功德大成仁皇帝配。尚饗。

樂章

迎神樂,奏《中平之章》。

吉蠲兮,玉宇開。　薰風兮,自南來。
鳳馭紛兮,後先。　岳瀆藹兮,徘徊。
肅展禮兮,報功。　沛靈澤兮,九垓。

奠玉帛樂,奏《廣平之章》。

神州吉土兮,中壇。　忠我郊時兮,孔嚴。
辟公趨蹌兮,吉蠲。　考鐘伐鼓兮,肆筵。
黄琮纖縞兮,陳列。　靈光下燭兮,誠悃宣。

進俎樂,奏《咸平之章》。

玉俎金奏兮,未央。　嘉肴有踐兮,大房。
牲牷告歆兮,惟恪。　民力普存兮,肅將。
厚載資生兮,無外。　几筵俯鑒兮,洋洋。

初獻樂,奏《壽平之章》。

匏尊泛齊兮,朝踐揚。　博碩升庖兮,鼎方。
清風穆穆兮,靈旂張。　神明和樂兮,舉初觴。
洽百禮兮,禋祀。　罄九土兮,豐穰。

亞獻樂,奏《安平之章》。

江茅兮,縮漿。　山罍雲羃兮,馨香。

介黍稷兮，芳旨。　　再展微誠兮，趨蹌。
樂成八變兮，樂只。　　儼皇衹兮，悦康。

終獻樂，奏《時平之章》。

方壇兮，豐薦盈。　　旨酒思柔兮，中和平。
陟降從容兮，駐雲軿。　　禮成三獻兮，捧玉觥。
含弘光大兮，德厚。　　靈祐丕基兮，永清。

徹饌樂，奏《貞平之章》。

樽俎畢兮，誠未虧。　　黄琮告徹兮，儀景暉。
晏陰定兮，邀靈錫。　　南訛秩兮，奏薰時。
肅惟昭明兮，孔邇。　　覃博厚兮，載羣黎。

送神樂，奏《寧平之章》。望瘞同。

靈旗兮，雲際屯。　　飛龍兮，逝駸駸。
陰儀粹兮，德純。　　眷四海兮，無塵。
配皇穹兮，化宣。　　綏百禄兮，烝民。

皇帝還宫，導迎樂作，奏《祐平之章》。辭同"圜丘"，不復載。

方澤配享奉安神位儀

正祭日，鑾儀衛官預設龍亭、黄蓋、御仗於北天門外，恭製神牌黄幄前。皇帝至北天門外鋪棕薦處，降輦。前引十大臣，次贊引官、對引官，恭導皇帝進更衣幄次更祭服，出，盥洗畢。贊引官、對引官恭導皇帝進黄幄東門，十大臣止，皇帝詣神位前，行一跪三叩頭禮，興，近前跪，恭捧神位，興。贊引官、對引官由中門恭導皇帝至龍亭前，皇帝奉安神位於龍亭内，行一跪三叩頭禮，興，避立東。次校尉舁龍亭行，黄蓋一柄，御仗二對前導。禮部、太常寺官，兩旁導引。十大臣、贊引官、對引官恭導皇帝，隨龍亭後行。陪祀王以下，内大臣、侍衛等，在北天門外北向南跪，候龍亭過，按翼隨行。龍亭入北天門，陪祀文武各官，於行禮本班跪迎，候過，起，向上立。龍亭進外櫺星門，至方澤壇壝内櫺星門外。十大臣、贊引官、對引官恭導皇帝詣龍亭前，行一跪三叩頭禮，恭捧神位。贊引官、對引官恭導皇帝由内櫺星門入。至壇下，黄蓋御仗退，十大臣止。皇帝升壇，奉安神位於第一成皇地衹旁黄幄内，跪安畢，興。贊引官、對引官恭導皇帝至香案前，行一跪三叩頭禮，興。不贊。

致祭禮儀詳前。

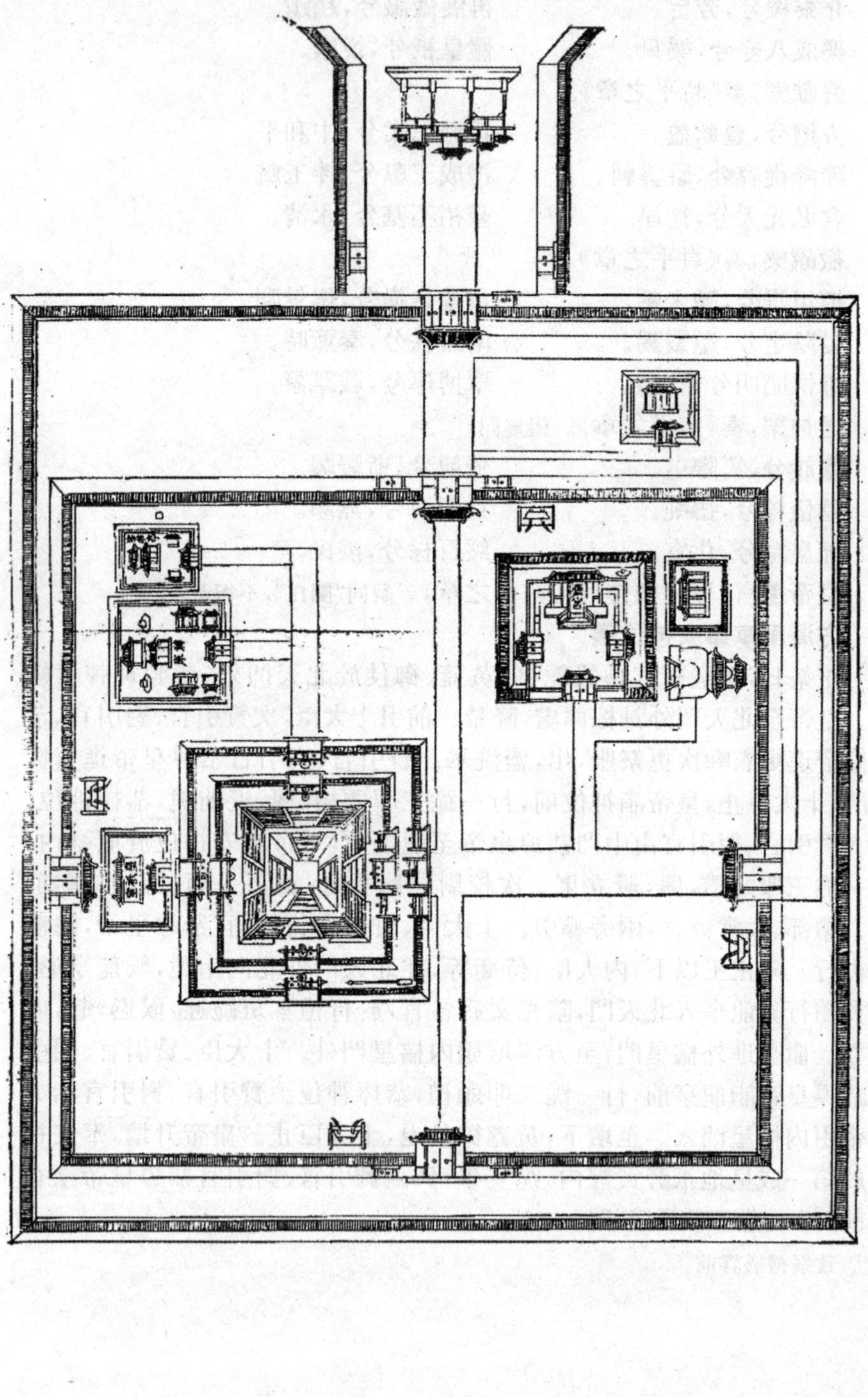

方澤總圖

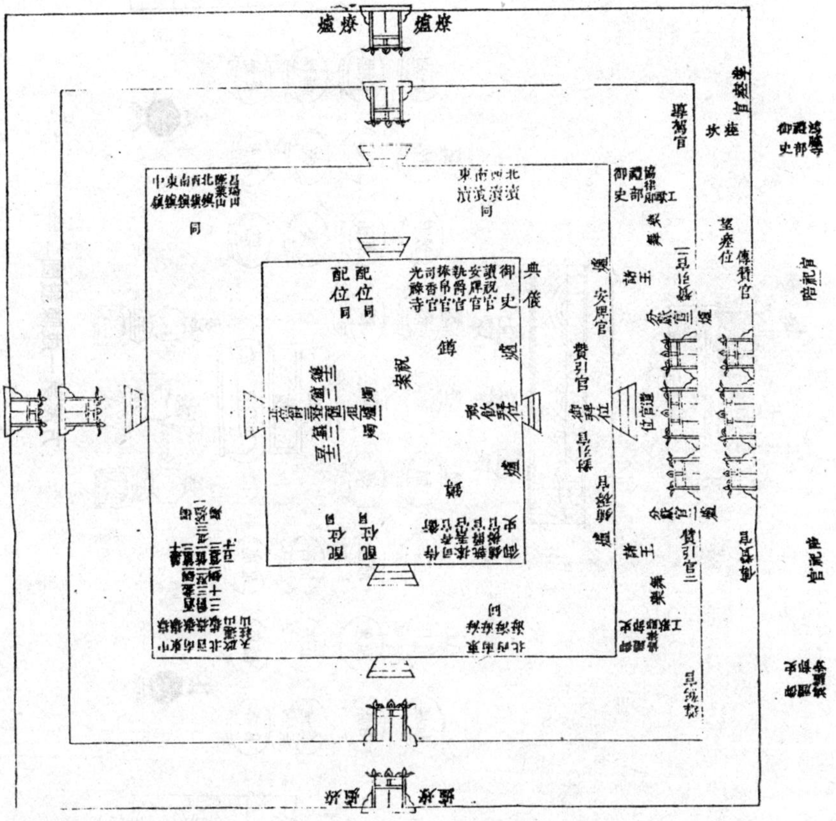

方澤祭祀圖

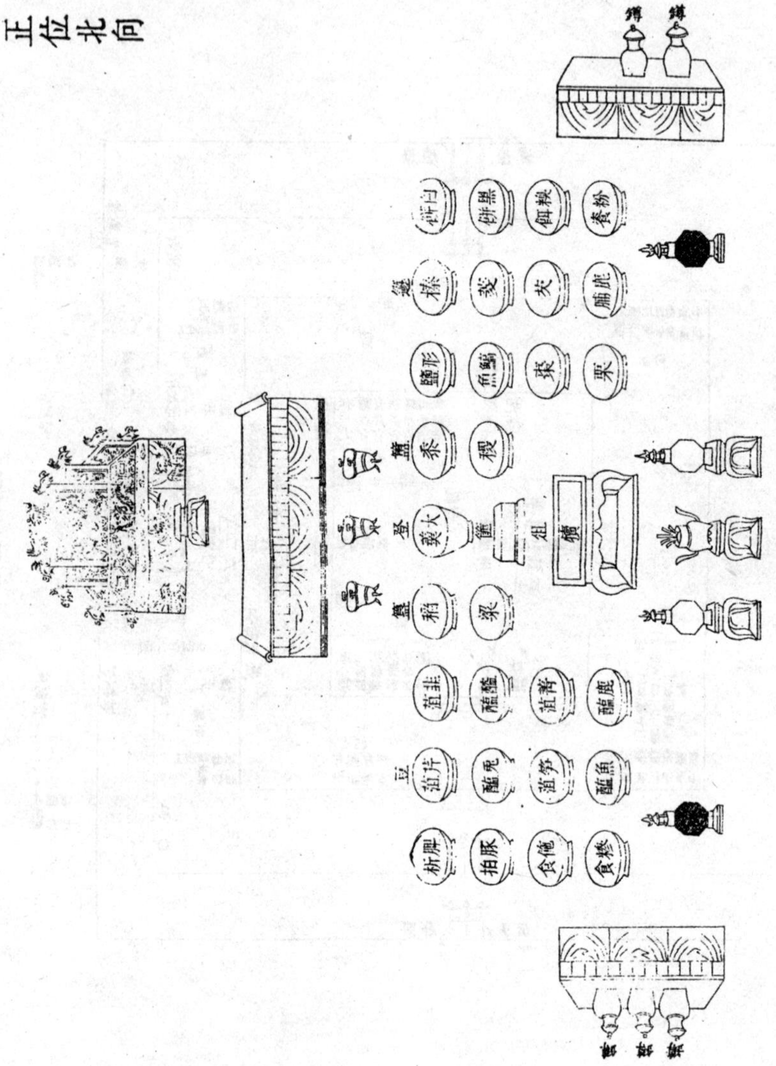

方澤第一成陳設圖一

右皇地祇前陳設。

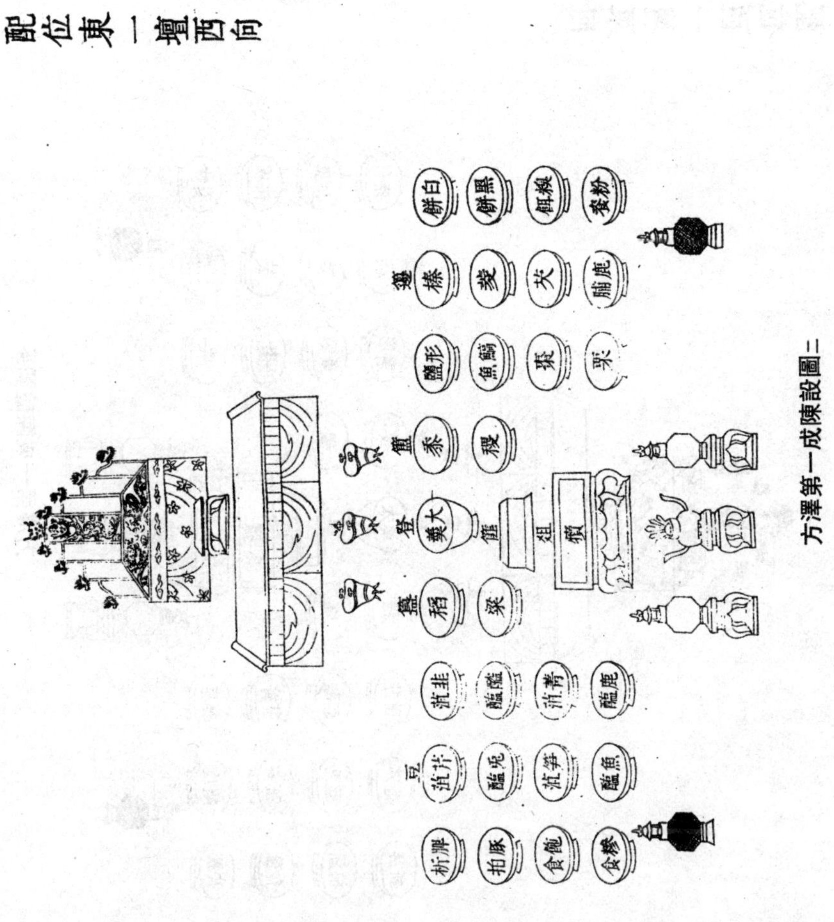

配位東一壇西向
右太祖高皇帝前陳設。

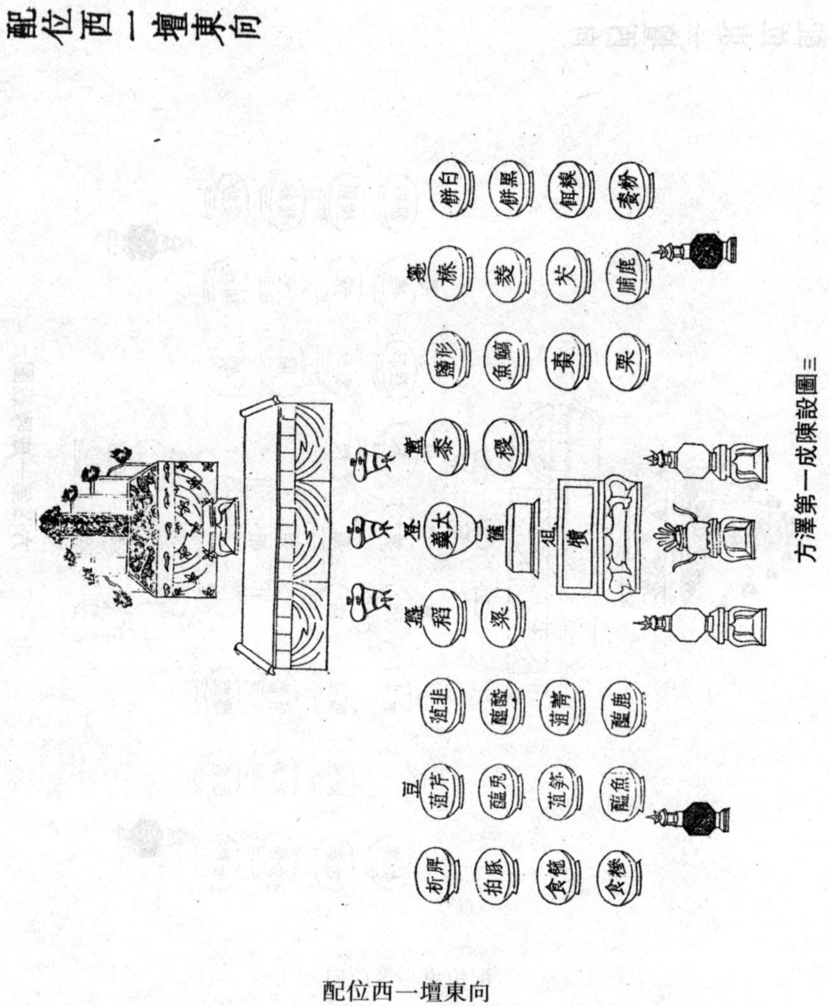

配位西一壇東向

右太宗文皇帝前陳設。

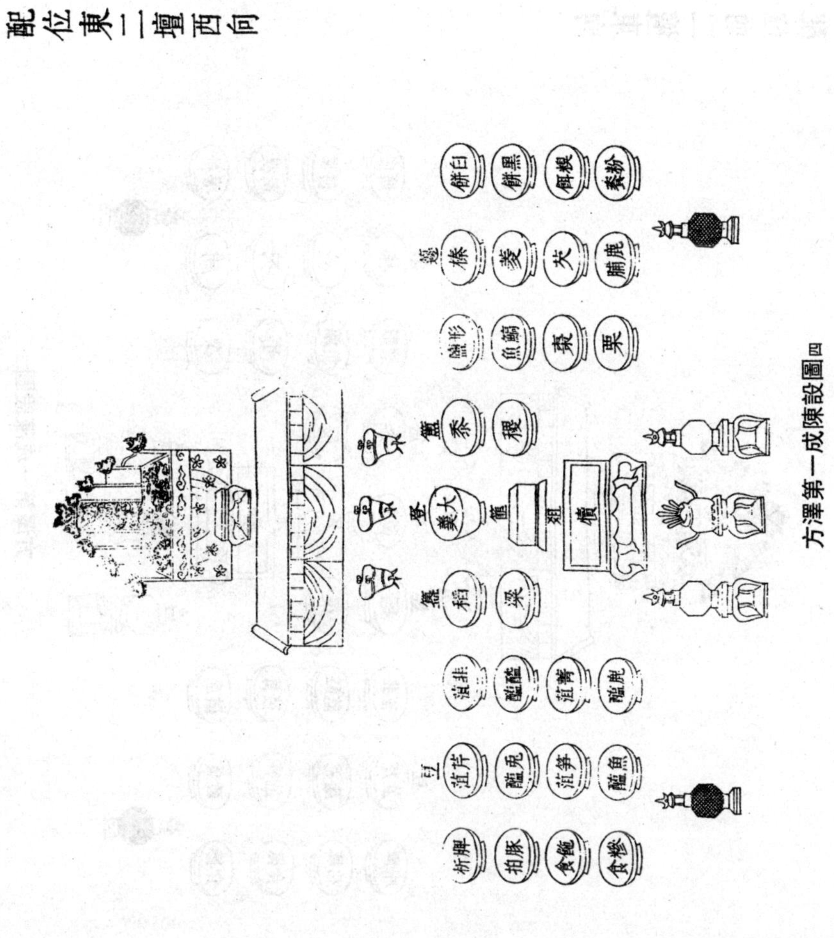

配位東二壇西向
右世祖章皇帝前陳設。

配位西二壇東向

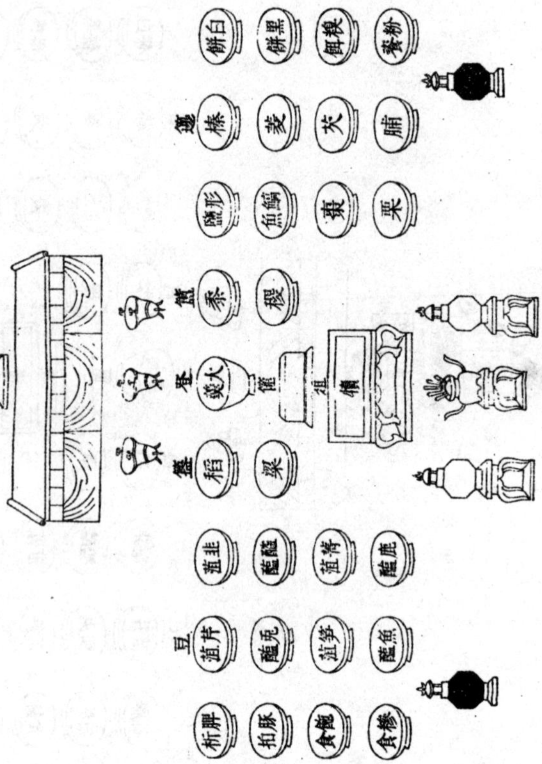

方澤第一成陳設圖五

配位西二壇東向
右聖祖仁皇帝前陳設。

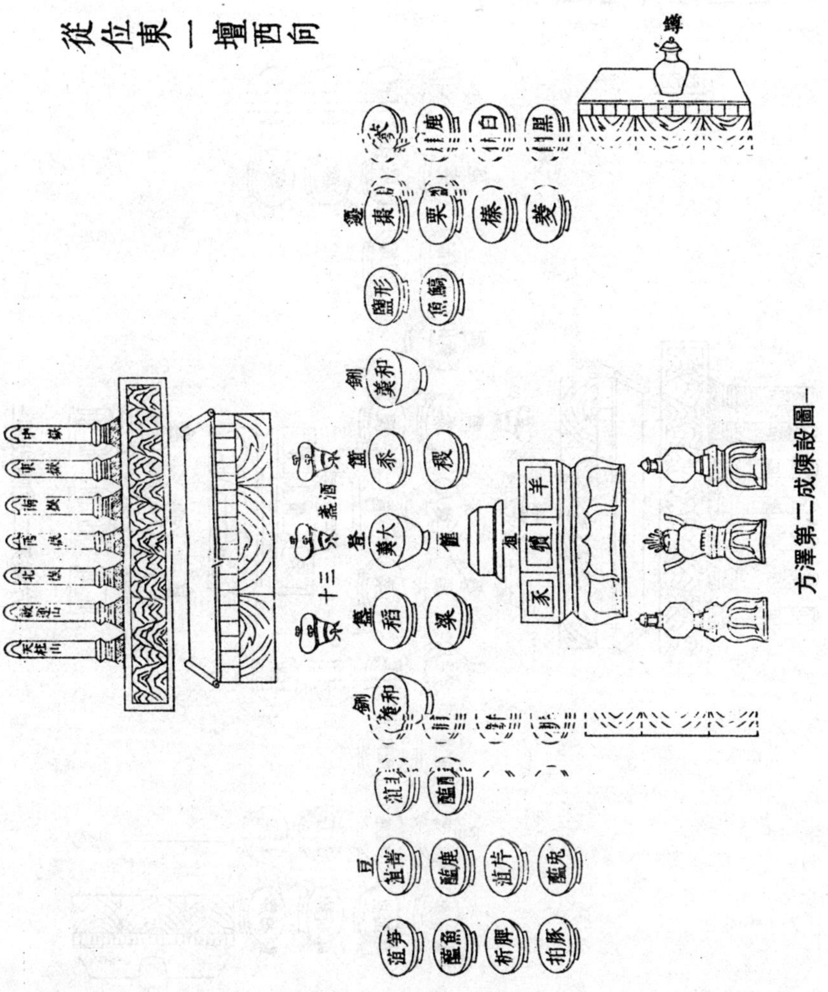

從位東一壇西向

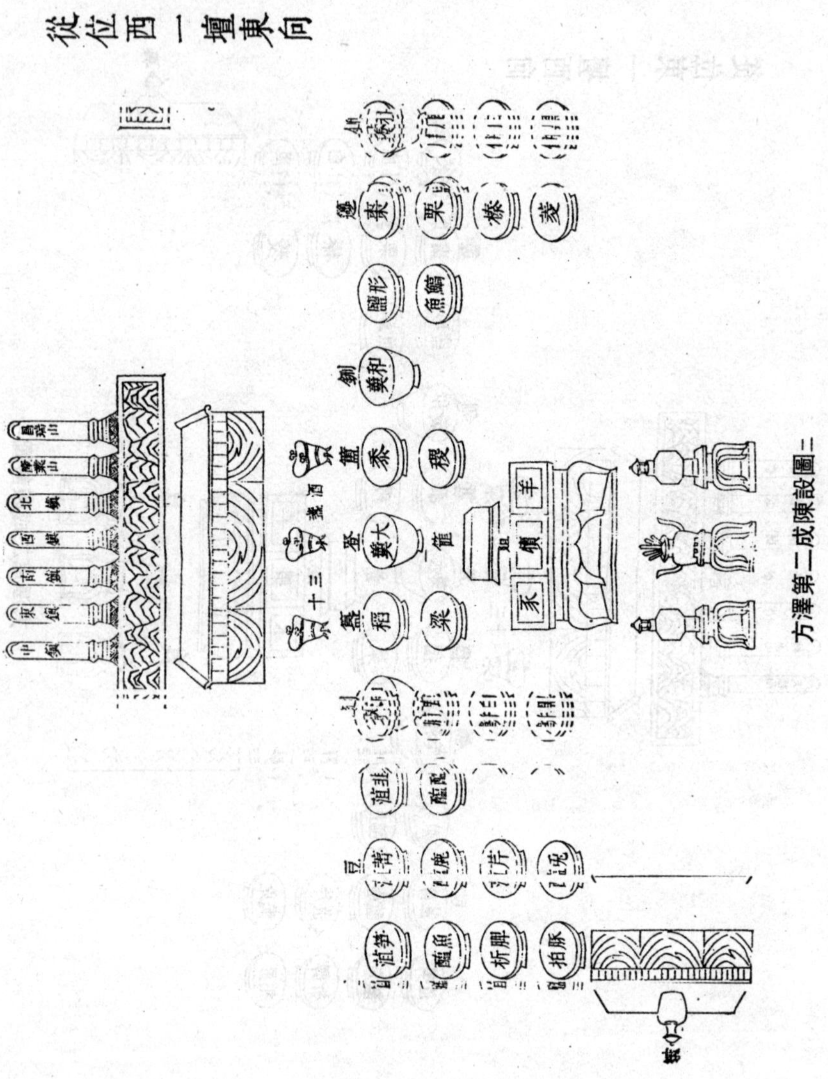

從位西一壇東向

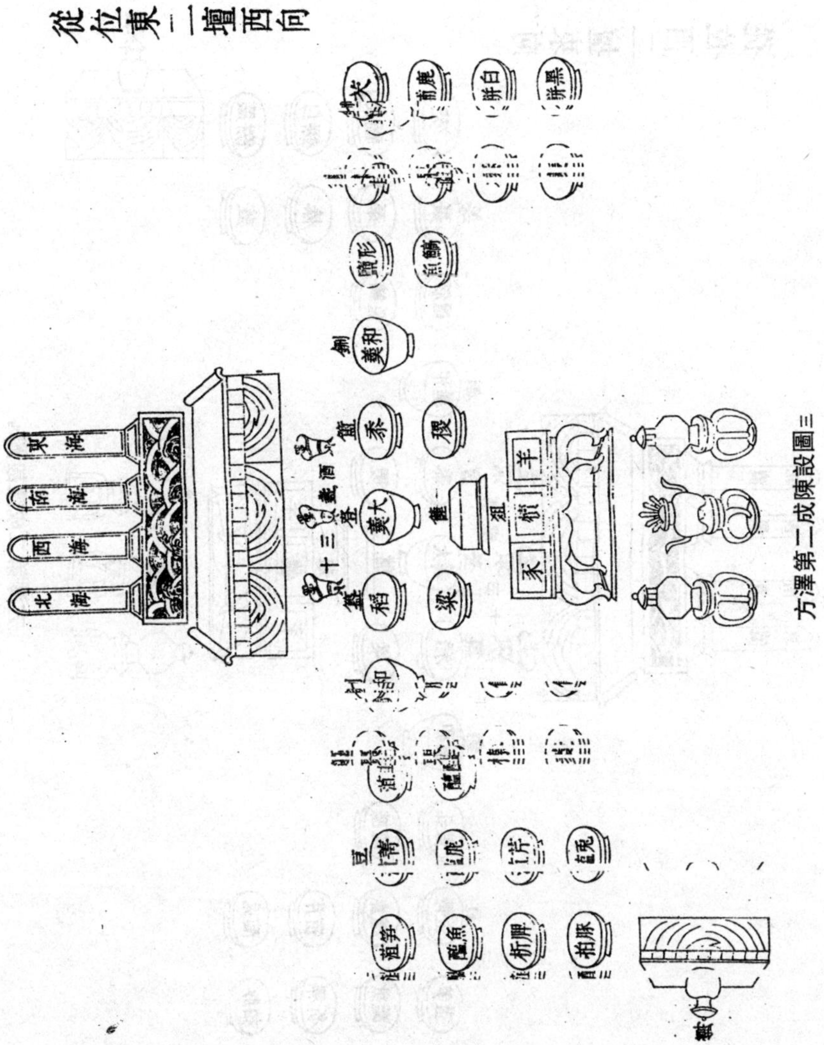

從位東二壇西向

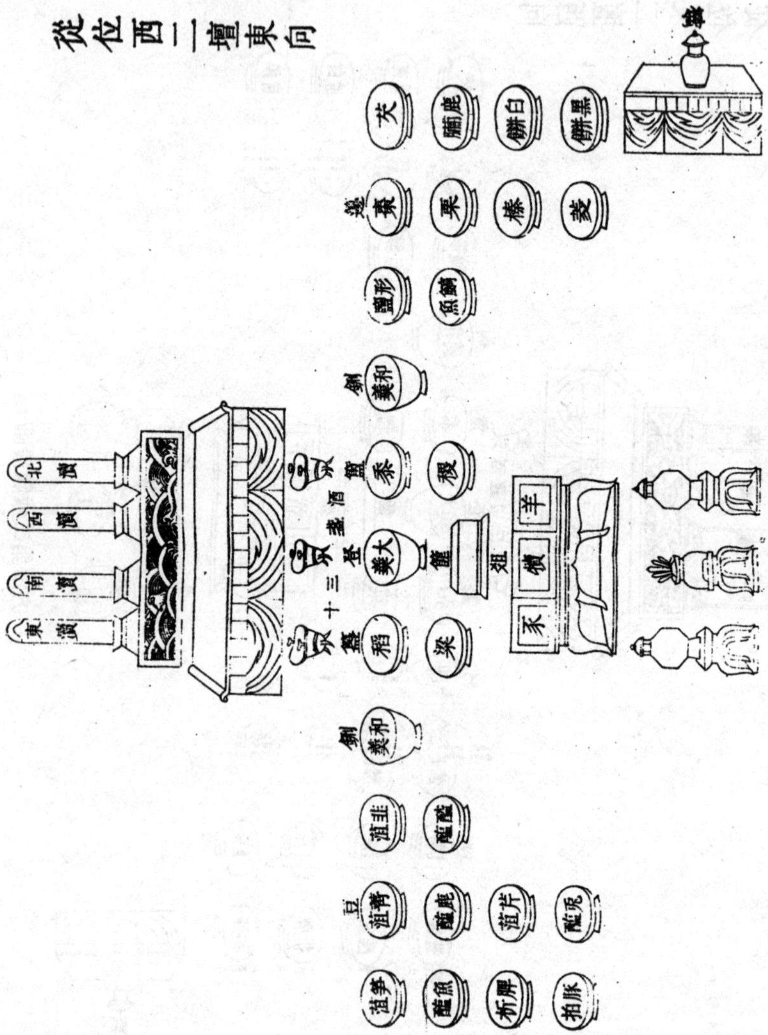

從位西二壇東向

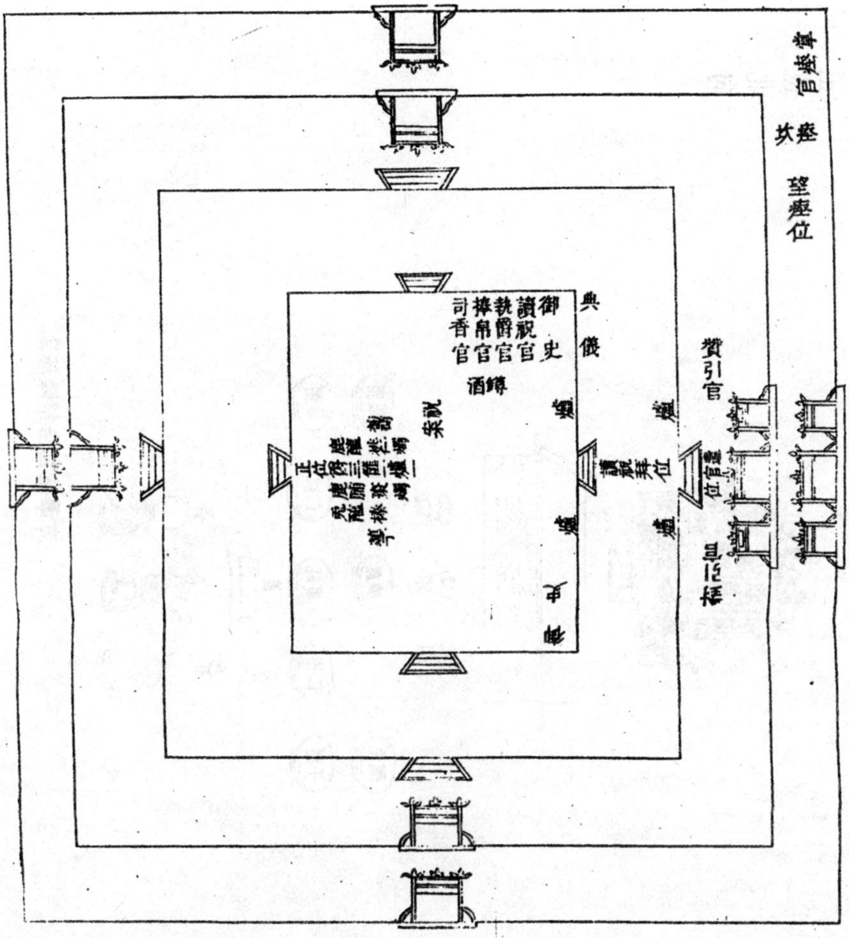

方澤遣官告祭圖

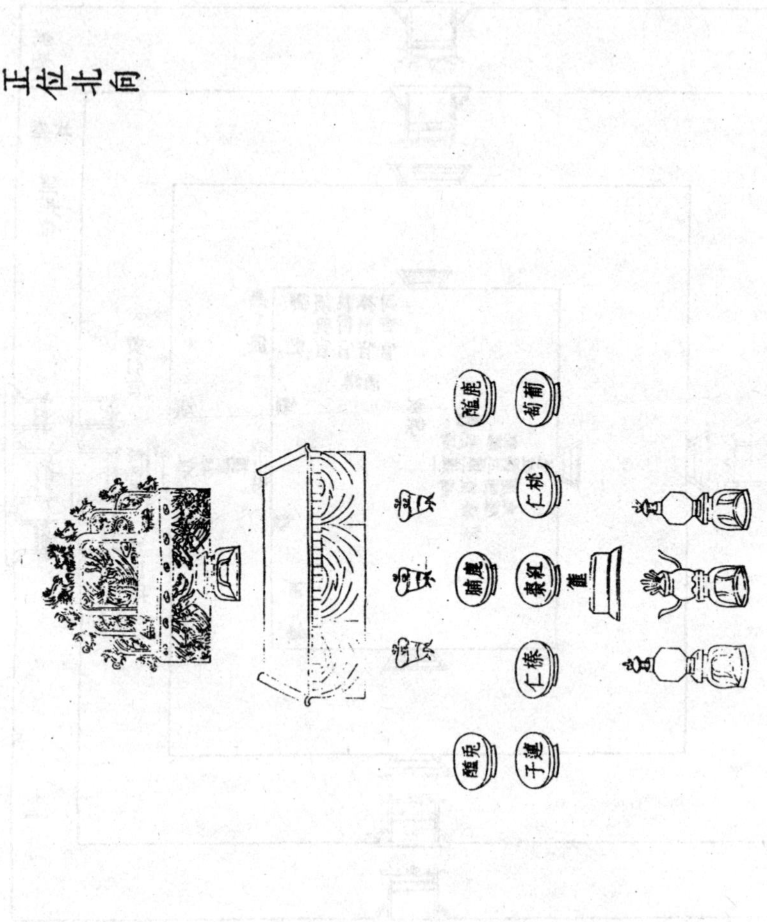

方澤遣官告祭陳設圖

大清會典卷之八十一

禮部祠祭司

〔郊祀三〕

祈穀

順治元年定：每年正月上辛日，祭上帝於大享殿，祈穀。〇十四年正月上辛，世祖章皇帝祈穀於上帝，奉太祖高皇帝配享。前期齋戒，親視祝文玉帛香，視牲，省牲，祭日行禮，俱與冬至大祀同。惟不設大明、夜明、星辰、雲雨風雷神位。〇是年三月，奉太宗文皇帝配享圜丘并祈穀壇，行奉安神位禮。正祭日，世祖章皇帝詣恭製神牌處行禮，奉太宗文皇帝配享祈穀壇，神牌捧入龍亭，至大享門内，亭止。圜丘禮畢，詣祈穀壇，自龍亭内恭捧太宗文皇帝神牌，奉安於上帝神位之右。其致祭禮儀，與上辛祈穀禮同。〇康熙九年正月上辛，聖祖仁皇帝祈穀於上帝，奉世祖章皇帝配享。一應禮儀，與順治十四年恭奉太祖高皇帝配享同。〇又議准：每歲正月上辛，祀上帝於大享殿，祈穀，奉太祖高皇帝、太宗文皇帝、世祖章皇帝配享。屆期，親詣行禮，或遣官恭代，俱禮部題請。〇二十八年諭：祈穀祝文，每年俱用定式。既爲民祈求，應直抒情事，另行繕寫。今歲直隸亢旱，已經蠲免賑濟。但三冬雨雪甚少，朕心仍切焦勞。此祝文，該衙門將朕惓恤民之意，切實撰寫進覽。〇雍正元年，恭加上太祖高皇帝、太宗文皇帝、世祖章皇帝尊謚。禮成，祈穀壇内配享神牌，遣官於本處重修，備書新加尊謚安奉。〇二年正月上辛，皇上祈穀於上帝，奉聖祖仁皇帝配享。致祭禮儀，與康熙八年同。〇是年題准：每歲正月上辛，祀上帝於大享殿，祈穀，奉太祖高皇帝、太宗文皇帝、世祖章皇帝、聖祖仁皇帝配享。皇帝親詣行禮，或遣官恭代，俱太常寺預期題請。

凡上辛祈穀，前後儀節陳設，順治初，詳定遵行。惟配享神位遞增，儀亦遞備。今據雍正元年照例題請儀注，具列於後。歷年小有異同之處，與圜丘同，註見“圜丘”各條下。

一、前期，視牲、齋戒、省牲、視祝版玉帛香、監宰牲等儀，俱與圜丘同；

一、正位，上帝神牌安設殿内正中，南向，用告祀香帛一。其餘陳設供品，俱與天壇大祀同。

一、配位，太祖高皇帝神牌，安設殿内東旁，西向；太宗文皇帝神牌，安設殿内西旁，東向；世祖章皇帝神牌，安設殿内次東旁，西向；聖祖仁皇帝神牌，安設殿内次西旁，東向，用奉先白色帛各一，無玉。其餘陳設供品，與正位同。

一、正祭日早，太常寺官入皇乾殿，詣上帝、太祖高皇帝、太宗文皇帝、世祖章皇帝、聖祖仁皇帝神位前，各上香，一跪三叩頭，興，捧神牌，奉安龍亭内，各一跪三叩頭，興。校尉舁亭行，至大享殿階下，止。各一跪三叩頭，興，捧起，由中階進至殿内，跪，安各神座，一跪三叩頭，退。

一、正祭日早，太常寺官至神庫内祝案前，一跪三叩頭，捧請祝文，送至大享殿，安設祝案上，一跪三叩頭，退。

一、正祭日早，皇帝親詣行禮。陪祀王、貝勒、貝子、公等，先赴壇，於下馬處祗俟。陪祀文武各官，先赴壇，於大享門外兩旁排立。不陪祀王以下文武各官，俱朝服，於午門外分翼排立。太常寺奏請詣壇。皇帝御禮服，出宫，乘輦，鹵簿大駕全設，午門鳴鐘，不作樂。不陪祀王以下各官，俱跪送。駕進壇西門鋪棕薦處，降輦。前十大臣、次贊引官、對引官恭導皇帝至更衣幄次，更祭服，盥手。畢，入大享東旁門，至大享殿内拜位前立。鴻臚寺官引王以下公以上序立階上，陪祀各官由西門入，序立階下。典儀唱樂舞生就位。執事官各司其事。武舞生執干戚引進。贊引官奏就位，皇帝就拜位立。典儀唱燔柴迎帝神，爐内燔柴。協律郎唱舉迎帝神樂，奏《中平之章》，樂作。贊引官奏陞壇，恭導皇帝由中階東旁陞壇，詣上帝香案前立，司香官捧香盒，跪進於皇帝右，贊引官奏跪，皇帝跪，奏上香，皇帝舉炷香上爐内，又三上瓣香，畢，興。贊引官恭導皇帝仍由中階東旁降，詣太祖高皇帝位前上香，次詣太宗文皇帝位前上香，次詣世祖章皇帝位前上香，次詣聖祖仁皇帝位前上香，其儀與上帝位前同。贊引官奏旋位，皇帝旋位立，樂止。贊引官奏跪、叩、興，傳贊官贊衆官俱跪、叩、興。皇帝行三跪九叩頭禮，興，王以下陪祀各官俱隨行禮，興。典儀唱奠玉帛。協律郎唱舉奠玉帛樂，奏《肅平之章》，樂作。贊引官奏陞壇，恭導皇帝陞壇，詣上帝位前立，捧玉帛官跪進於皇帝右，贊引官奏跪，皇帝跪，奏獻玉帛，皇帝受玉帛，拱舉，授玉帛，獻於案上，興。贊引官恭導皇帝詣太祖高皇帝位前奠帛，次詣太宗文皇帝位前奠帛，次詣世祖章皇帝位前奠帛，次詣聖祖仁皇帝位前奠帛，其儀與上帝位前同。贊引官奏旋位，皇帝旋位立，樂止。典儀唱進俎，贊引官恭導皇帝轉立拜位東旁，進俎官率厨役舁胙牛，由中階以次進於上帝、太祖高皇帝、太宗文皇帝、世祖章皇帝、聖祖仁皇帝各位前，陳設訖，皇帝旋位立。協律郎唱舉進俎樂，奏《咸平之章》，樂作。贊引官奏陞壇，恭導皇帝陞壇，詣上帝位前立，奏跪，皇帝跪，奏進俎，皇帝拱舉，畢，興。贊引官恭導皇帝詣太祖高皇帝位前進俎，次詣太宗文皇帝位前進俎，次詣世祖章皇帝位前進俎，次詣聖祖仁皇帝位前進俎，其儀與上帝位前同。贊引官奏旋位，皇帝旋位立，樂止。典儀唱行初獻禮。協律郎唱舉初獻樂，奏《壽平之章》，樂作。贊引官奏陞壇，恭導皇帝陞壇，詣上帝位前立，執爵官捧爵，跪進於皇帝右，贊引官奏跪，皇帝跪，奏獻爵，皇帝受爵，拱舉，授爵，獻於案上正中。贊引官奏詣讀祝位，皇帝詣讀祝位立，讀祝官至祝案前，一跪三叩頭，捧祝版跪俟於案左，樂止。贊引官奏跪，傳贊官贊衆官俱跪。皇帝跪，王以下陪祀各官俱跪。贊引官唱讀祝，讀祝官跪讀畢，興，捧祝版跪安上帝位前帛匣内，三叩頭，退。樂作，贊引官奏叩興，傳贊官贊衆官俱叩興。皇帝行三叩頭禮，興，王以下各官俱隨行禮，興。贊引官恭導皇帝詣太祖高皇帝位前獻爵於正中，次詣太宗文皇帝位前獻爵於正中，次詣世祖章皇帝位前獻爵於正中，次詣聖祖仁皇帝位前獻爵於正中，其儀與上帝位前同。贊引官奏旋位，皇帝旋位立，樂止。武舞生叩頭，退。文舞生執羽籥引進。典儀唱行亞獻禮。協律郎唱舉亞獻樂，奏《景平之章》，樂作。贊引官奏陞壇，恭導皇帝陞壇詣上帝位前，獻爵於案上之左，如初獻儀，興。皇帝詣太祖高皇帝位前獻爵於左，次詣太宗文皇帝位前獻爵於左，次詣世祖章皇帝位前獻爵於左，次詣聖祖仁皇帝位前獻爵於左，如前儀。獻畢，贊引官奏旋位，皇帝旋位立，樂止。典儀唱行終獻禮。協律郎唱舉終獻樂，奏《永平之章》，樂作。贊引官奏陞壇，恭導皇帝陞壇詣上帝位前，獻爵於案上之右，如亞獻儀，興。皇帝詣太祖高皇帝位前獻爵於右，次詣太宗文皇帝位前獻爵於右，次詣世祖章皇帝位前獻爵於右，次詣聖祖仁皇帝位前獻爵於右，如前儀。獻畢，贊引官奏旋位，皇帝旋位立，樂止。文舞生叩頭，退。太常寺官一員唱賜福胙。光禄寺捧福酒官一員、捧胙官一員，自案上捧起，向上帝位前拱舉，捧至皇帝受福胙位。贊引官奏詣受福胙位，恭導皇帝詣受福胙位立，捧福胙官二員，跪於皇帝右旁祗俟，接福胙侍衛二員，跪於皇帝左旁祗俟。贊引官奏跪，皇帝跪，奏飲福酒，皇帝受爵，拱舉，授左旁侍衛，奏受胙，皇帝受胙，拱舉，授左旁侍衛，各退。贊引官奏叩興，皇帝行三叩頭禮，興。王以下各官俱不跪叩。贊引官奏旋位，皇帝旋位立。行謝福胙禮，贊引官奏跪、叩、興，傳贊官贊衆官俱跪、叩、興。皇帝行三跪九叩頭禮，興，王以下各官俱隨行禮，興。典儀唱徹饌。協律郎唱舉徹饌樂，奏《凝平之章》，樂作。捧玉官至上帝位前，一跪三叩頭，捧蒼璧退，樂止。典儀唱送帝神。協律郎唱舉送帝神樂，奏《清平之章》，樂作。贊引官奏跪、叩、興，傳贊官贊衆官俱跪、叩、興。皇帝行三跪九叩頭禮，興，王以下各官俱隨行禮，興，樂止。典儀唱捧祝帛香饌恭送燎位。贊引官恭導皇帝轉立拜位東旁，捧祝帛官各詣案前，一跪三叩頭，捧起，司香捧饌官跪捧，不叩，祝在前，次帛，次饌，次香，捧送燎爐。典儀唱望燎。協律郎唱舉望燎樂，奏《太平之章》，樂作。贊引官奏詣望燎位，前引十大臣、贊引官、對引官恭導皇帝由東闔扇出，降正面左階，出大享東門詣望燎位。祝帛焚半，贊引官奏禮畢，恭導皇帝由東甎門出，王以下公以上隨後出，各官兩旁排立祗俟。皇帝至更衣幄次，更衣，陞輦，設鹵簿大駕，教坊司作皇帝還宮樂，奏《祐平之章》，王等隨後行，各官由西旁門退，不陪祀王以下各官，仍於午門外排班跪迎，午門鳴鐘，王等俱隨駕入。皇帝還宮，各退。

一、祭畢，太常寺官於各神位前，一跪三叩頭，捧各神牌，由中路下，奉安龍亭内，各一跪三叩頭，依次送至皇乾殿階下，於亭前一跪三叩頭，捧各神牌至座上安設，上香，一跪三叩頭，退。

一、正祭日，太常寺官徹齋戒牌、銅人，送庫收貯，如常儀。

一、遣官致祭，俱在階下行禮，出入由西門，不行飲福受胙禮。王以下公以上，俱不齋戒。陪祀各官，照常齋戒。

陪祀祝文

維　年歲次　月　日，嗣天子臣ㄩ祗奏於皇天上帝曰：臣仰承眷命，撫育萬方。念切民生，亟圖康乂。兹者候屆上辛，春耕將舉。爰攄誠悃，上迓洪庥。謹率臣僚，以玉帛牲醴粢盛庶品，恭祀上帝。伏祈昭鑒，時若雨暘。俾百穀用成，三農攸賴。奉太祖承天廣運聖德神功肇紀立極仁孝睿武端毅弘文定業高皇帝、太宗應天興國弘德彰武寬温仁聖睿孝敬敏隆道顯功文皇帝、世祖體天隆運定統建極英睿欽文大德弘功至仁純孝章皇帝、聖祖合天弘運文武睿哲恭儉寬裕孝敬誠信功德大成仁皇帝侑神。尚饗。

康熙二十九年祝文

嗣天子臣山祇奏於皇天上帝曰：臣纘承鴻業，撫育烝黎。惟貴粟重農，先務是亟。荷天之眷，歷紀順成。率土元元，久沾樂利。頃者歲行在巳旱暵爲憂。畿甸之間，阻饑尤甚。臣目覩災饉，閔此窮簷。宵旰省惟，中情惶惕。殫心振救，罔敢暇寧。顧時閱三冬，同雲鮮應。側席減膳，倍篤焦勞。兹者候屆上辛，田功肇始。伏念天心之仁愛，必軫民力之艱難。苟非錫是豐穰，何以得俾康乂？敢因祈歲展竭悃誠，冀昭事之精虔，荷穹蒼之鑒格。謹率臣僚，以玉帛牲醴粢盛庶品，恭祀上帝。仰祈右兹將享，時若雨暘。用觀百穀之登，溥洽三農之慶。奉太祖承天廣運聖德神功肇紀立極仁孝睿武弘文定業高皇帝、太宗應天興國弘德彰武寬温仁聖睿孝隆道顯功文皇帝、世祖體天隆運英睿欽文大德弘功至仁純孝章皇帝侑神。尚饗。

樂章

迎帝神樂，奏《中平之章》。

惟帝勤民兮，求莫匪舒。　小民何依兮，黍稷與與。
元日有事兮，百辟趨。　爲民請命兮，食咸需。
遥瞻龍駕兮，歷紫虚。　日臨黄道兮，東風徐。
臣深昭事兮，遑寧居。　願垂嘉惠兮，大有書。

奠玉帛樂，奏《肅平之章》。

民天惟食兮，農事先。　粒我烝民兮，有大田。
風霆流形兮，雨澤需。　實穎實栗兮，氣化全。
玉帛祇奏兮，禋祀虔。　仰祈寰宇兮，享豐年。

進俎樂，奏《咸平之章》。

鼎烹兮，苾芬。　嘉薦兮，無文。
奉雕俎兮，大武。　馦薌達兮，氣干雲。
昭普存兮，民力。　惟明德兮，馨聞。

初獻樂，奏《壽平之章》。

初獻兮，旨酒盈。　著誠致潔兮，犧尊盛。
儼對越兮，在上。　惟昭明兮，有融。
瑟黄流兮，玉瓚。　帝心歆假兮，賚嘉禎。

亞獻樂，奏《景平之章》。

著尊啓兮，告虔。　清酤次第兮，舉前。

禮再獻兮，肅拜。列瑤觴兮，秩斯筵。
神悦懌兮，如在。惠我嘉生兮，福便便。
終獻樂，奏《永平之章》。
終獻兮，泰尊移。苾芬嘉旨兮，圭瓚交馳。
神既醉止兮，錫祉。禮成於三兮，陳詞。
願灑餘瀝兮，沐羣黎。臣拜手兮，望雲霓。
徹饌樂，奏《凝平之章》。
俎豆具陳兮，庶品齊。舉荷昭鑒兮，靡或遺。
饌告徹兮，玉几。登歌洋溢兮，式禮無違。
肅微忱兮，告終事。上帝居歆兮，錫純禧。
送帝神樂，奏《清平之章》。
祇奉天威兮，弗敢康。小心翼翼兮，昭穹蒼。
雲垂九天兮，露瀼瀼。翠旗羽節兮，歸何鄉。
臣拜下風兮，意徬徨。願沛汪澤兮，時其雨暘。
望燎樂，奏《太平之章》。
翹首兮，天閶。邈彼雲海兮，何蒼茫。
炳蕭束帛兮，薦馨香。精誠感格兮，降福穰。
四時順序兮，百穀以昌。臣同兆姓兮，咸荷恩光。
皇帝還宮導迎樂作，奏《祐平之章》。辭見“圜丘”，不復載。

祈穀壇配享奉安神位儀

正祭日，鑾儀衛官預設龍亭、黄蓋、御仗於壇西門内，恭製神牌黄幄前。皇帝至鋪棕薦處，降輦。前十大臣，次贊引官、對引官恭導皇帝進更衣幄次，更祭服，出，盥洗畢。贊引官、對引官恭導皇帝進黄幄左門，十大臣止。皇帝詣神牌前，行一跪三叩頭禮，近前跪，恭捧神牌，興。贊引官、對引官由中門恭導皇帝至龍亭前，皇帝奉安神牌於龍亭内，行一跪三叩頭禮，興，轉立東次。校尉舁神牌龍亭行，黄蓋一柄、御杖二對前導，禮部、太常寺官兩旁導引，十大臣、贊引官、對引官恭導皇帝，隨神牌龍亭後行。陪祀王以下，内大臣、侍衛等，在黄幄外，西向東跪，候神牌龍亭過，按翼隨後行。神牌龍亭由甎門大享東門入，文武各官兩旁跪迎，候過，各就班次排立。神牌龍亭至大享殿階下止，黄蓋、御仗退。贊引官、對引官恭導皇帝詣龍亭前，行一跪三叩頭禮，興，恭捧神牌，由正面左階陛，進大享殿東槅，奉安神牌於上帝旁寶座上，跪安畢，興。贊引官、對引官恭導皇帝至香案前，行一跪三叩頭禮，興。不贊，致祭禮儀詳前。

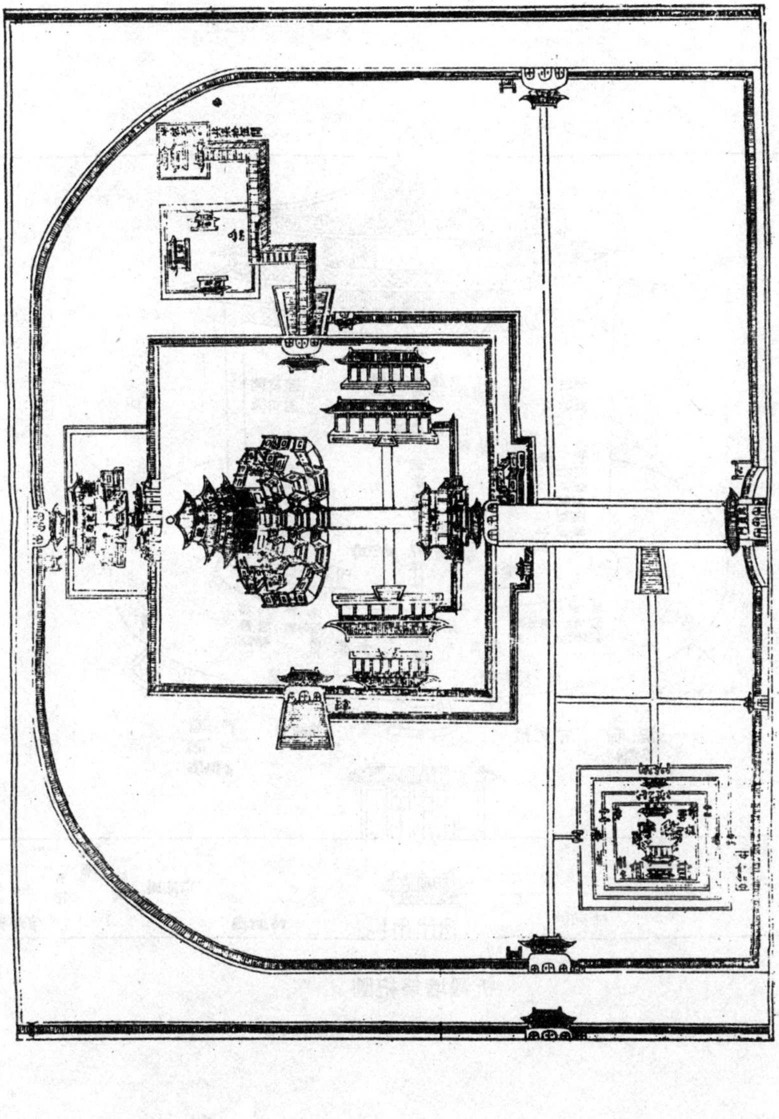

祈穀壇圖

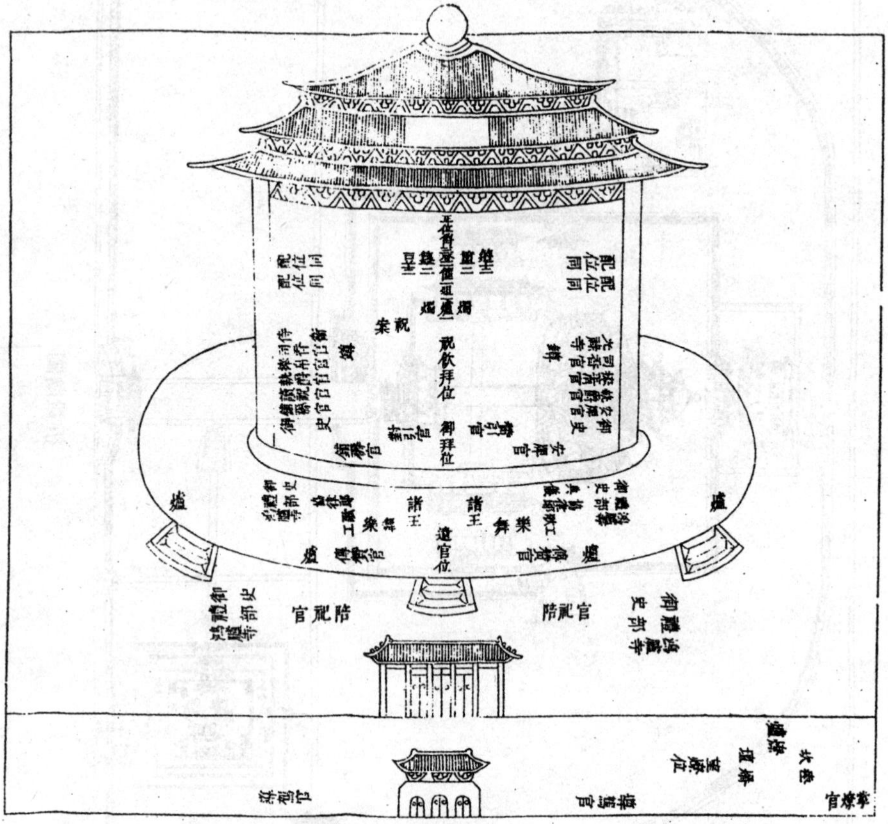

祈穀壇祭祀圖

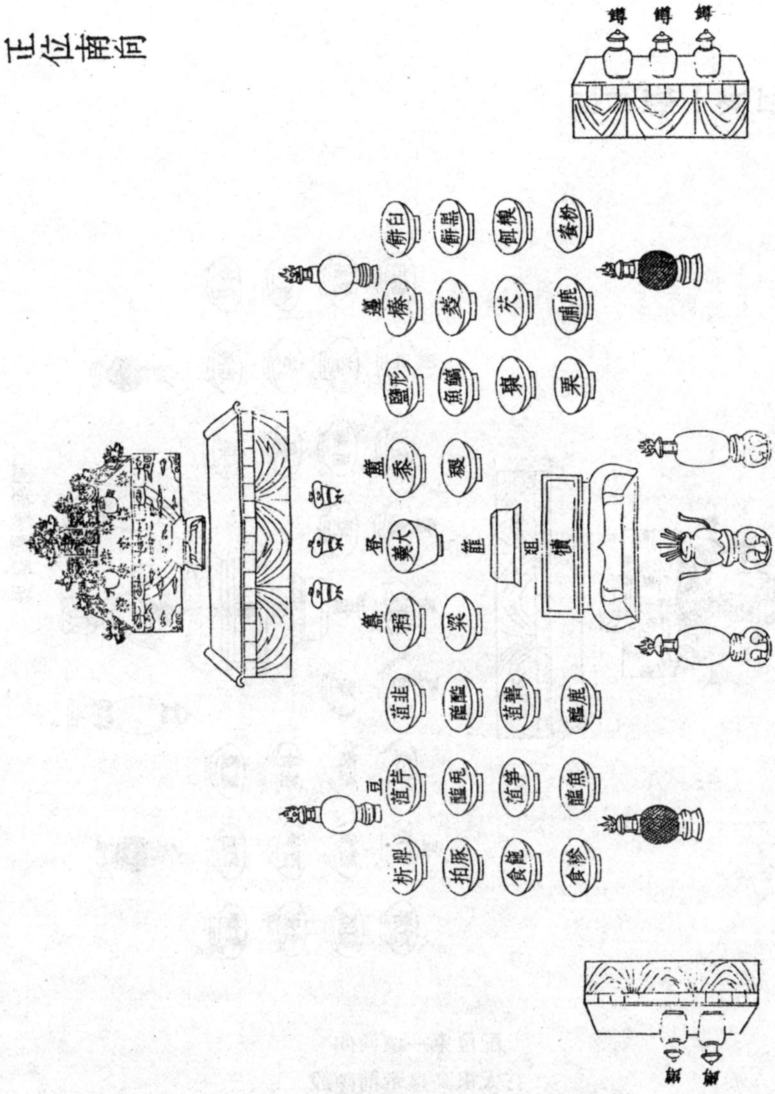

祈穀壇陳設圖一

右皇天上帝前陳設

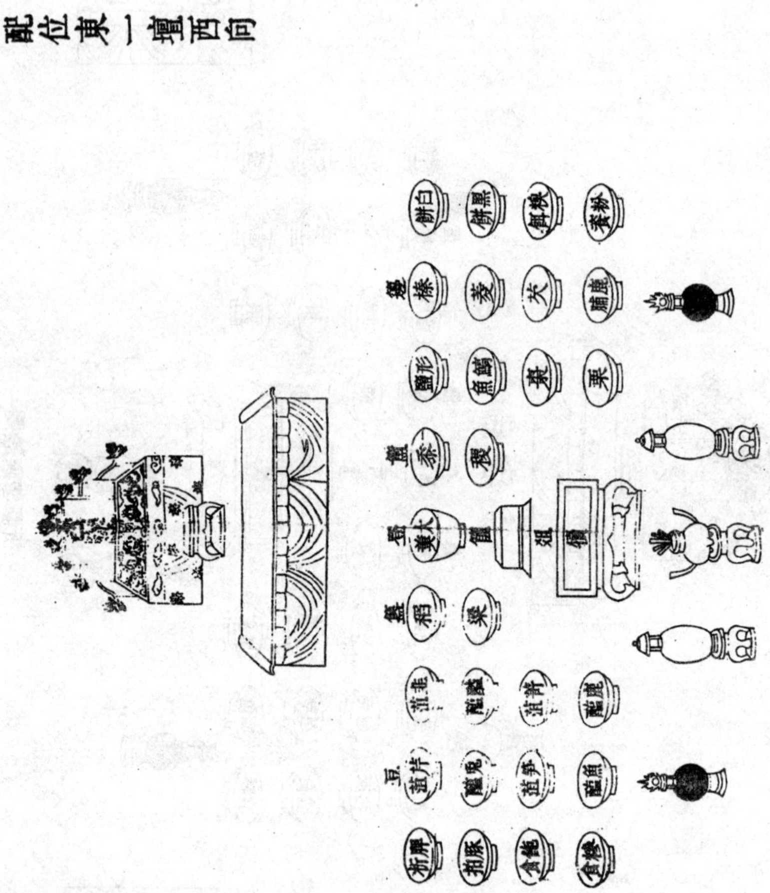

祈穀壇陳設圖二

配位東一壇西向
右太祖高皇帝前陳設

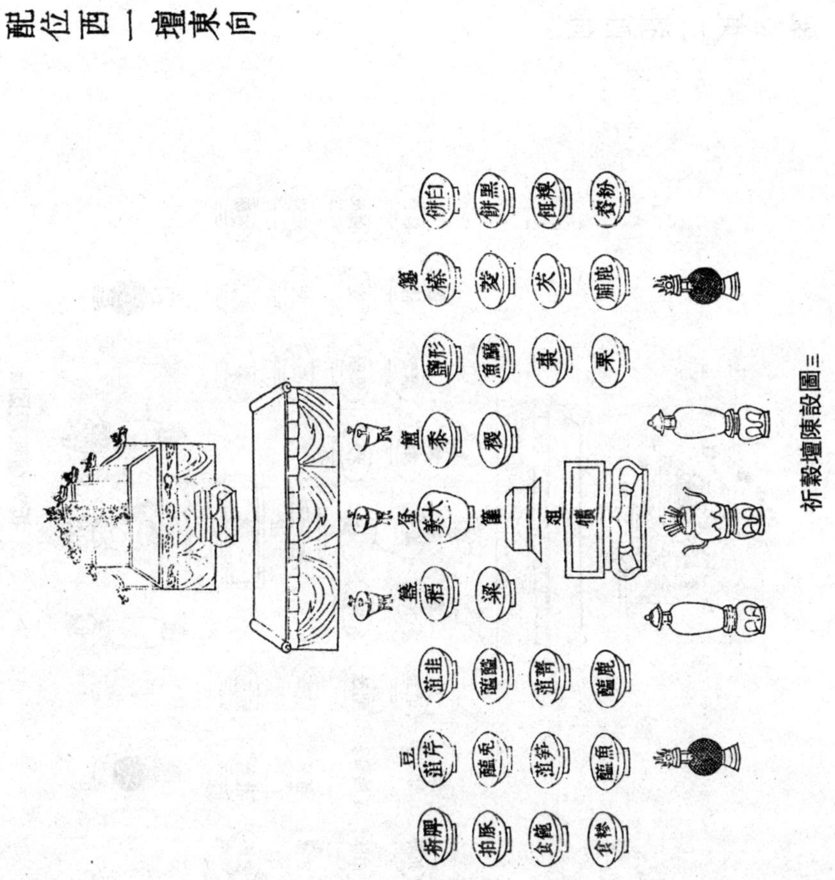

配位西一壇東向
右太宗文皇帝前陳設

配位東二壇西向

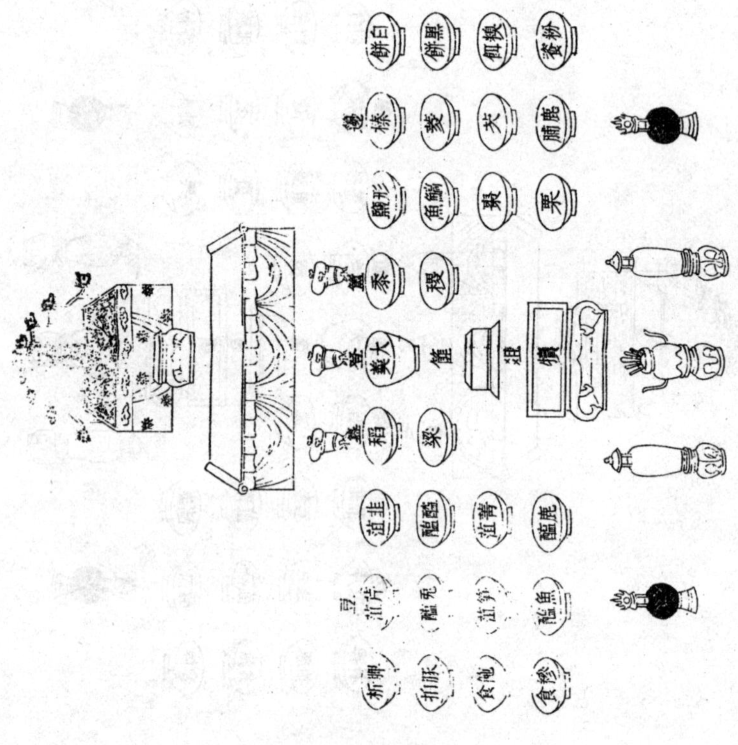

祈穀壇陳設圖四

配位東二壇西向
右世祖章皇帝前陳設

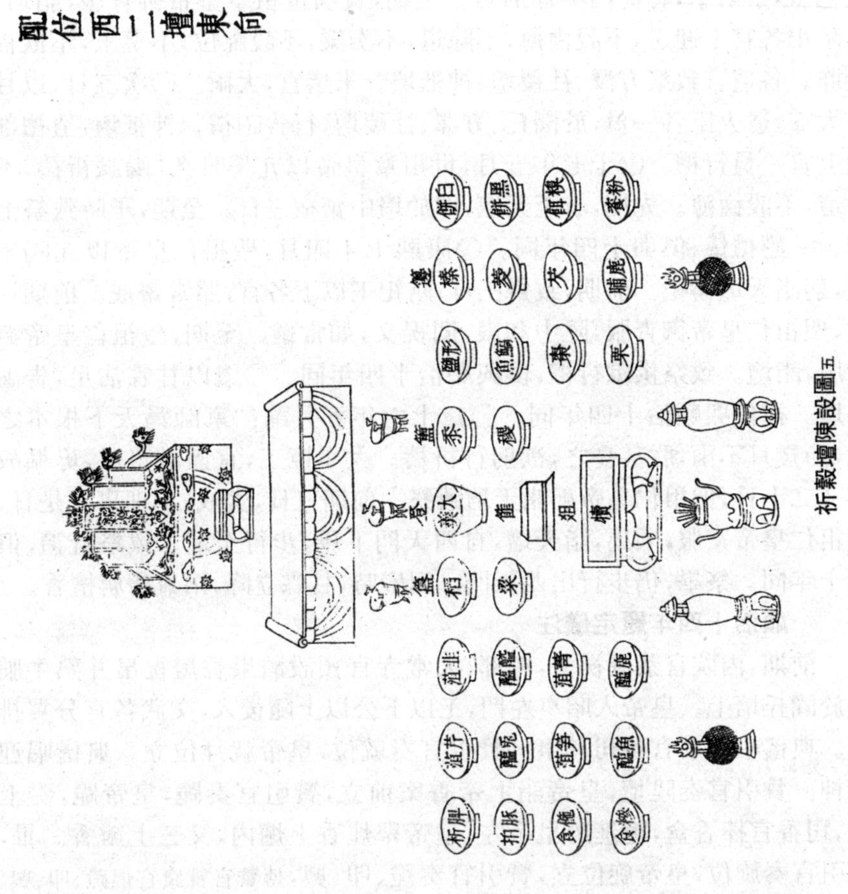

配位西二壇，東向

右聖祖仁皇帝前陳設

〔躬禱郊壇儀〕

順治十四年四月，世祖章皇帝以亢旱，躬詣圜丘祈禱雨澤。前期，世祖章皇帝致齋三日，王以下陪祀文武各官各致齋三日，令官民人等俱衣淺淡色服，禁屠宰，各衙門不理刑名。至期，質明世祖章皇帝御青服，詣壇。不陪祀各官不迎送，不設鹵簿，不除道，不奏樂，不設配位，不奠玉，不飲福受胙。各遣官致祭方澤、社稷壇、神祇壇。未還宫，大雨。〇次三日，以甘霖大霈，遣大臣各一員，於圜丘、方澤、社稷壇，行告謝禮。神祇壇，遣禮部堂上官一員行禮。〇十七年五月，世祖章皇帝以亢旱日久，竭誠祈禱，不除道，不設鹵簿。先期，步至天壇，即於壇中齋宿三日。至期，子時致祭上帝。一應禮儀，俱與十四年同。〇康熙十年四月，聖祖仁皇帝以亢暘不雨，躬詣天壇禱祀。前期，致齋三日，陪祀王以下各官，照常齋戒。前期一日，聖祖仁皇帝御青服，陞中和殿，閲祝文，如常儀。至期，聖祖仁皇帝御青服，詣壇。致祭供獻行禮，俱與順治十四年同。〇繼以甘霖沾足，告謝各壇。禮儀與順治十四年同。〇二十六年五月諭："京師爲天下根本之地，乃幾月不雨，朕甚憂之，欲躬行祈禱。大小臣工，宜盡誠齋戒，毋循故事。"二十日，聖祖仁皇帝躬詣天壇致祭。前期三日，齋戒，不理事。是日，聖祖仁皇帝素服，乘馬，詣天壇，自西天門下馬，步行至壇。致祭行禮，俱與十年同。祭畢，仍步行出西天門。回鑾時，甘霖立降，雨氣帶旃檀香。

順治十四年題定儀注

前期，内院官恭撰祝文，禮部、太常寺官預設酒果香燈祝帛并熟牛脯醢於圜丘壇上。皇帝入昭亨左門，王以下公以上隨後入，文武各官分翼排立。典儀唱執事官各司其事。贊引官奏就位，皇帝就拜位立。典儀唱迎帝神。贊引官奏陞壇，皇帝詣上帝香案前立，贊引官奏跪，皇帝跪，奏上香，司香官捧香盒，跪進於皇帝左，皇帝舉炷香上爐内，又三上瓣香。畢，贊引官奏旋位，皇帝旋位立，贊引官奏跪、叩、興，傳贊官贊衆官俱跪、叩、興。皇帝行三跪九叩頭禮，興，王以下各官俱隨行禮，興。典儀唱奠帛，行初獻禮。贊引官奏陞壇，皇帝詣上帝位前立，奏奠帛，捧帛官跪進於皇帝右，皇帝受帛，拱舉，授獻帛官獻於案上，奏獻爵，捧爵官跪進於皇帝右，皇帝受爵，拱舉，授獻爵官獻於案上正中。贊引官奏詣讀祝位，讀祝官於祝案前一跪三叩頭，捧祝版，預跪於案左，皇帝詣讀祝位立，贊引官奏跪，皇帝跪。傳贊官贊衆官俱跪。贊引官贊讀祝，讀祝官讀畢，捧祝文跪安於上帝位前帛匣上，一跪三叩頭，退，贊引官奏叩興，皇帝行三叩頭禮，興，王以下各官俱隨行禮，興。贊引官奏旋位，皇帝旋位立。典儀唱行亞獻禮。贊引官奏陞壇，皇帝詣上帝位前立，奏跪，皇帝跪，捧爵官跪進於皇帝右，奏獻爵，皇帝受爵，拱舉，授獻爵官獻於案左。贊引官奏旋位，皇帝旋位立。典儀唱行終獻禮，與亞獻禮同，獻爵官獻於案右。贊引官贊旋位，皇帝旋位立。典儀唱送帝神，贊引官奏跪、叩、興，傳贊官贊衆官俱跪、叩、興。皇帝行三跪九叩頭禮，興，王以下各官俱隨行禮，興。典儀唱捧祝帛詣燎位，恭導皇帝轉立拜位東旁，捧祝帛官各至上帝位前，一跪三叩頭，捧起祝帛，送至燎位，皇帝還位立。贊引官奏詣望燎位，皇帝詣望燎位立。視帛焚半，贊引官奏禮畢，皇帝乘輿回宮。

〔大享殿合祀儀〕

順治十七年四月，世祖章皇帝合祀天、地、百神於大享殿。

凡禮儀，俱順治年間題定。嗣後未經復行，今將原題開列於後。

一、前期二十日，遣官告祭大享殿；

一、前期五日，皇帝親詣犧牲所視牲，如常儀；

一、前期三日，禮部太常寺官進齋戒牌、銅人，如常儀。皇帝在内致齋二日，詣壇齋宿一日。陪祀王以下各官，照常齋戒，仍隨駕赴壇齋宿。

一、前期二日，禮部、太常寺具題請遣分獻官十二員、讀祝官一員。

一、前期二日，遣禮部官省牲，如常儀。

一、祝文由内閣撰發。禮部用青紙糊版，硃書，仍送内閣恭填御名。

一、前期一日，禮部太常寺官設黄案一於太和殿正中，奏請皇帝陞殿視祝版玉帛香，如常儀。

一、前期一日，禮部、都察院、太常寺、光禄寺官，俱朝服上香，監宰牲，并瘞毛血。

一、前期一日，遣官七員，祭告圜丘、方澤、太廟、朝日壇、夕月壇、太歲壇、歷代帝王廟，供獻行禮，不作樂。

一、殿内安設

皇天上帝神牌，正中左設，南向。

后土皇地祇神牌，正中右設，南向。

太祖高皇帝神牌，東設，西向。

太宗文皇帝神牌，西設，東向。

一、殿外安設

大明神牌，東一壇，西向。

夜明神牌,西一壇,東向。星辰神牌,東二壇,西向。

雲雨風雷神牌,西二壇,東向。

五嶽、啓運山神牌,東三壇,西向。

五鎮、天柱山、隆業山神牌,西三壇,東向。

四海神牌,東四壇,西向。

四瀆神牌,西四壇,東向。

太歲神牌,東五壇,西向。

歷代帝王神牌,西五壇,東向。

天下山川神牌,東六壇,西向。

天下神祇神牌,西六壇,東向。

俱於幄次陳設。

一、殿内陳設供品,上帝正位前,與祈穀壇同。地祇正位前,與方澤壇同。太祖高皇帝配位、太宗文皇帝配位前,俱與祈穀壇配位同。

一、殿外陳設供品,大明神位、夜明神位、星辰神位、雲雨風雷神位前,俱與圜丘從壇同。五嶽、啓運山神位,五鎮、天柱山、隆業山神位,四海神位,四瀆神位前,俱與方澤從壇同。太歲神位前,與太歲壇同。歷代帝王神位前,與歷代帝王廟同。天下山川神位、天下神祇神位前,俱與太歲壇同。

一、正祭日早,皇帝由齋宮入内壇西門,至鋪棕薦處,降輦。太常寺贊引官、對引官恭導皇帝詣幄次,盥手,更衣。畢,皇帝進大享東旁門,鴻臚寺官引王以下公以上隨後入,陪祀文武各官,於甎門西旁門入,排班立,贊引官恭導皇帝陞東階,入殿内,就拜位前立。王以下公以上在階上序立,各官在階下序立。典儀唱樂舞生就位,執事官各司其事。武舞生執干戚引進。贊引官奏就位,皇帝就拜位立,典儀唱燔柴瘞毛血迎帝神。協律郎唱舉迎帝神樂,奏《元和之章》,樂作。贊引官奏陞壇,皇帝詣上帝香案前立,司香官捧香盒,跪進於皇帝右,贊引官奏跪,皇帝跪,奏上香,皇帝舉炷香上爐内,又三上瓣香,畢,興。贊引官恭導皇帝詣皇地祇香案前立,司香官捧香盒,跪進於皇帝左,贊引官奏跪,皇帝跪,上香,如前儀。贊引官恭導皇帝詣太祖高皇帝香案前立,司香官捧香盒跪進,於皇帝右,贊引官奏跪,皇帝跪,上香,如前儀。贊引官恭導皇帝詣太宗文皇帝香案前立,司香官捧香盒,跪進於皇帝左,贊引官奏跪,皇帝跪,上香,如前儀。贊引官奏旋位,皇帝旋位立,分獻官於各神位前跪,上香畢,興,俱復位,樂止。贊引官奏跪、叩、興,傳贊官贊衆官俱跪、叩、興。樂作,皇帝行三跪九叩頭禮,興,陪祀王以下各官，俱隨行禮，興。典儀唱奠玉帛。協律郎唱舉奠玉帛樂，奏《景和之章》，樂作。贊引官奏陞壇，皇帝詣上帝位前立，捧玉帛官跪進於皇帝右，贊引官奏跪，皇帝跪，奏奠玉帛，皇帝受玉帛，拱舉，授玉帛，獻於案上。贊引官恭導皇帝詣皇地祇位前立，捧玉帛官跪進於皇帝左，贊引官奏跪，皇帝跪，奠玉帛，如前儀。贊引官恭導皇帝詣太祖高皇帝位前立，捧帛官跪進於皇帝右，贊引官奏跪，皇帝跪，奏奠帛，皇帝受帛，拱舉，授帛，獻於案上。贊引官恭導皇帝詣太宗文皇帝位前立，捧帛官跪進於皇帝左，贊引官奏跪，皇帝跪，奠帛，如前儀，畢，興。贊引官奏旋位，皇帝旋位立，樂止。典儀唱進俎，贊引官恭導皇帝轉立拜位東旁，進俎官率厨役舉胙牛，由中路次第進於上帝位前、皇地祇位前、太祖高皇帝位前、太宗文皇帝位前，陳設畢，各退，皇帝還位立。協律郎唱舉進俎樂，奏《肅和之章》，樂作。贊引官奏陞壇，皇帝詣上帝位前立，贊引官奏跪，皇帝跪，奏進俎，皇帝拱舉。畢，贊引官恭導皇帝詣皇地祇位前，進俎，如前儀。復恭導皇帝詣太祖高皇帝位前進俎，太宗文皇帝位前進俎，如前儀。畢，贊引官奏旋位，皇帝旋位立，樂止。典儀唱行初獻禮。協律郎唱舉初獻樂，奏《壽和之章》，樂作。贊引官奏陞壇，皇帝詣上帝位前立，捧爵官跪進於皇帝右，贊引官奏跪，皇帝跪，奏獻爵，皇帝受爵，拱舉，授爵，獻於案上正中，興。贊引官恭導皇帝詣皇地祇位前立，捧爵官跪進於皇帝左，贊引官奏跪，皇帝跪，獻爵，如前儀。贊引官奏詣讀祝位，皇帝詣讀祝位前立，樂止，讀祝官至祝案前，一跪三叩頭，捧祝文跪，祇俟於案左。贊引官奏跪，傳贊官贊衆官俱跪。皇帝跪，王以下陪祀各官俱跪，分獻官各就神位前跪。贊引官贊讀祝。讀祝官讀畢，捧祝文至上帝位前，跪，安帛匣上，三叩頭，退。贊引官奏叩興，傳贊官贊衆官俱叩興。樂作，皇帝行三叩頭禮，興，王以下各官俱隨行禮。贊引官恭導皇帝詣太祖高皇帝位前立，捧爵官跪進於皇帝右，贊引官奏跪，皇帝跪，奏獻爵，皇帝受爵，拱舉，授爵，獻於案上正中，興。贊引官恭導皇帝詣太宗文皇帝位前立，捧爵官跪進於皇帝左，贊引官奏跪，皇帝跪，獻爵，如前儀。贊引官奏旋位，皇帝旋位立，分獻官亦於各神位前獻爵，畢，復位立，樂止。武舞生叩頭，退。文舞生執羽籥引進。典儀唱行亞獻禮。協律郎唱舉亞獻樂，奏《安和之章》，樂作。贊引官奏陞壇，皇帝詣上帝位前立，捧爵官跪進於皇帝右，贊引官奏跪，皇帝跪，奏獻爵，皇帝受爵，拱舉，授爵，獻於案上之左。贊引官恭導皇帝詣皇地祇位前立，捧爵官跪進於皇帝左，贊引官奏跪，皇帝跪，獻爵於案上之左，如前儀。贊引官恭導皇帝詣太祖高皇帝位前、太宗文皇帝位前獻爵,俱如前儀,興。贊引官奏旋位,皇帝旋位立,分獻官亦於各神位前獻爵,畢,復位立,樂止。典儀唱行終獻禮。協律郎唱舉終獻樂,奏《永和之章》,樂作。贊引官奏陞壇,皇帝詣上帝位前立,捧爵官跪進於皇帝右,贊引官奏跪,皇帝跪,奏獻爵,皇帝受爵,拱舉,授爵,獻於案上之右。贊引官恭導皇帝詣皇地祇位前立,捧爵官跪進於皇帝左,贊引官奏跪,皇帝跪,獻爵於案上之右,如前儀。贊引官恭導皇帝詣太祖高皇帝位前、太宗文皇帝位前獻爵,俱如前儀。畢,贊引官奏旋位,皇帝旋位立,分獻官亦於各神位前獻爵,畢,復位立,樂止。文舞生叩頭,退。太常寺堂官唱賜福胙。光禄寺捧福酒官一員,捧福胙官一員,自案上捧起,向正位前左旁,拱舉,捧至皇帝受福胙位。贊引官奏詣受福胙位,恭導皇帝詣受福胙位立,捧福胙官二員,跪於皇帝右旁祗俟,接福胙官二員,跪於皇帝左旁祗俟,贊引官奏跪,皇帝跪,奏飲福酒,皇帝受爵,拱舉,授左旁接爵官,奏受胙,皇帝受胙,拱舉,授左旁接胙官,俱退。贊引官奏叩興,皇帝行三叩頭禮,興,各官俱不叩。奏旋位,皇帝旋位立。贊引官奏跪、叩、興,傳贊官贊衆官俱跪、叩、興。皇帝行三跪九叩頭禮,興,王以下各官俱隨行禮興。典儀唱徹饌。協律郎唱舉徹饌樂,奏《協和之章》,樂作。捧玉官至上帝位前,皇地祇位前,各一跪三叩頭,捧玉退,樂止。典儀唱送帝神,協律郎唱舉送帝神樂,奏《泰和之章》,樂作。贊引官奏跪、叩、興,傳贊官贊衆官俱跪、叩、興。皇帝行三跪九叩頭禮,興,王以下各官,俱隨行禮,興,樂止。典儀唱捧祝帛香饌恭詣燎瘞位。皇帝轉立拜位東旁,捧祝帛官各詣位前,一跪三叩頭,捧起,捧香饌官跪捧香饌,不叩,次第詣燎瘞位,皇帝還位立。典儀唱望燎瘞。協律郎唱舉望燎瘞樂,奏《清和之章》,樂作。贊引官奏詣望燎瘞位,恭導皇帝詣望燎瘞位立。燎半,贊引官奏禮畢,樂止,恭導皇帝由大享東旁門出,陞輿,鹵簿大駕全設,作樂,回宫,王以下公以上俱隨後行,各官俱退。

一、祭畢,禮部太常寺官請各神牌,送至皇乾殿安設,上香,跪叩,如常儀。

一、祭日,太常寺官徹齋戒牌、銅人,送庫收貯,如常儀。

康熙元年以來,大享殿合祀,未經舉行。右據順治間儀注開載,故配位唯太祖高皇帝、太宗文皇帝。協律郎唱贊,樂章"和"字未改"平"字。

祝文

維順治　　年　　月　　日,嗣天子臣□敢昭告於皇天上帝、后土皇地祇曰:覆載宏恩,生成萬彙。郊壇禋祀,合薦馨香。特展悃誠,用申虔報。謹率臣工以玉帛犧齊粢盛庶品,恭祀於大享殿,具兹燎瘞。神祇諸壇,各以類從。奉太祖承天廣運聖德神功肇紀立極仁孝武皇帝、太宗應天興國弘德彰武寬温仁聖睿孝文皇帝配。尚饗。

樂章

迎帝神樂,奏《元和之章》。

乾元資始兮,仰載元功。　坤厚載物兮,率履攸同。
亭毒萬彙兮,昭明有融。　陰肅陽舒兮,協氣流通。
晝夜遞禪兮,二曜在中。　羣靈畢萃兮,陟降景從。
大德普存兮,化著清寧。　臣思報本兮,蠲潔粢盛。
延佇雲駕兮,屏息臣躬。　馨香袛薦兮,爰殫微誠。
瞻望歆格兮,瑞色曈曨。　至止壇壝兮,式慰欽崇。

奠玉帛樂,奏《景和之章》。

俯仰覆載兮,殿萬邦。　展儀備物兮,舉舊章。
良璧在陳兮,介豆觴。　束帛戔戔兮,忱可將。
對越冥漠兮,念徬徨。　臣虔齋明兮,効趨蹌。
降鑒無方兮,悦而康。　願錫嘉祉兮,慶未央。

進俎樂,奏《肅和之章》。

和風暢兮,神格思。　洽百靈兮,誠無移。
潔豆登兮,答洪慈。　膋芬達兮,雜莤施。
臣仰祈兮,福履綏。　房産芝兮,矞雲垂。
祝史列兮,敬陳詞。　形聲穆兮,鑒在兹。

初獻樂,奏《壽和之章》。

威光奪煜,　肅肅靈旗。
壺觴肇啓,　用介神禧。
普洽和樂,　罄無不宜。
鏗鍧迭奏,　克叶塤篪。
駿奔翼翼,　進反有儀。
臣薦清酤,　眷佑弗違。

亞獻樂,奏《安和之章》。

齋心夙夜,　祈答碧虚。
洋洋在上,　載酌清醑。

苾芬式享，　　秩秩于于。
干戚在舞，　　張弛靡踰。
彌歆元旨，　　臣藎方舒。
永言迓惠，　　戩穀錫餘。
終獻樂，奏《永和之章》。
餚核既旅，　　八音克諧。
罇罍未罄，　　慈惠靡涯。
肅將三祝，　　黄流在臺。
菁茅既潔，　　祼獻徘徊。
願言醉止，　　庶展臣懷。
於皇錫祉，　　景福方來。
徹饌樂，奏《協和之章》。
百福既洽兮，羞明神。　蘋藻可將兮，臣悃伸。
雲軿欲駕兮，彌逡巡。　几筵敬徹兮，不再陳。
送帝神樂，奏《泰和之章》。
敬酬高厚兮，肅秩靈壇。　居歆幸孚兮，進止克嫻。
羣神偕從兮，馭鶴驂鸞。　清風穆穆兮，旌旆生寒。
遥開閶闔兮，雲路漫漫。　六龍前駕兮，劒佩珊珊。
百辟相事兮，卿士戒班。　臣心益虔兮，竚立盤桓。
式禮莫愆兮，餘忱未殫。　惠及黎庶兮，四宇騰歡。
萬物咸若兮，遐邇乂安。　綿綿衍慶兮，永奠如磐。
望燎瘞樂，奏《清和之章》。
祥光杳靄兮，滿雲端。　霓旌揚兮，言還。
虔蕭焫兮，祈上達。　百執旅進兮，環列紫垣。
臣仰止兮，彌切。　束躬翹首兮，望元闕。
天休滋至兮，欽承罔斁。　知神永覆兮，瀸澤寬。

大清會典卷之八十二

禮部祠祭司

〔郊祀四〕

〔朝日壇〕

順治八年題准：大明之神，從祀天壇外，更立朝日壇於東郊，在朝陽門外。其制一成。每年於春分日卯時致祭。凡遇甲、丙、戊、庚、壬歲，皇帝親詣行禮。其餘各年，遣大臣致祭。

凡禮儀，順治八年，題定遵行。惟陪祀王公，初在午門内金水橋候駕出隨行，後先至壇候駕。其禮部職掌，後有改歸太常寺者，俱與圜丘同，註詳"圜丘"。

一、皇帝親祭之年，或親詣行禮，或遣官恭代，太常寺題請。

一、前期三日，太常寺題請進齋戒牌、銅人。

一、前期二日，太常寺官進齋戒牌、銅人。皇帝致齋二日，王以下陪祀文武各官，俱在本家齋戒二日。

一、前期二日，内閣撰寫祝文，恭填御名。是日，太常寺奏請視祝文，並派讀祝官。視祝版儀另載。

一、前期一日，禮部、都察院、太常寺、光禄寺官，俱朝服，上香，監宰牲並瘞毛血；

一、正壇安設

大明神牌在壇上正中，西向，大紅幄次。

一、壇前陳設

赤璋一　　禮神制帛一紅色。

牛一　　羊一

豕一	登一
鉶二	簠二
簋二	籩十
豆十	玉爵三
紅磁酒盞三十	酒罇一

一、正祭日早，太常寺官至神庫，於神位前上香，一跪三叩頭，恭捧神牌，至壇上安設，一跪三叩頭，退。

一、正祭日早，太常寺官至神庫祝文案前，一跪三叩頭，捧祝文至壇案上安設，一跪三叩頭，退。

一、正祭日，皇帝親詣行禮。不陪祀王以下各官，在午門外分翼排列。皇帝乘輦出，鹵簿大駕全設，午門鳴鐘，不作樂。不陪祀王以下各官，俱跪送，陪祀王以下各官，預於壇前櫺星門外兩旁排列，祗俟皇帝至壇前鋪棕薦處，降輦。太常寺贊引官、對引官恭導皇帝入北天門之中門至更衣幄次，盥手畢，恭導皇帝入櫺星左門，陞壇，至黄幄次拜位前立，鴻臚寺官引王以下公以上在階下立，陪祀各官在櫺星門外排立。典儀唱樂舞生就位，執事官各司其事。武舞生執干戚引進。贊引官奏就位。皇帝詣拜位立。典儀唱迎神。協律郎唱舉迎神樂，奏《寅曦之章》，樂作。贊引官奏跪、叩、興，傳贊官贊衆官俱跪、叩、興。皇帝行三跪九叩頭禮，興，王以下及陪祀各官俱隨行禮，樂止。典儀唱奠玉帛。協律郎唱舉奠玉帛樂，奏《朝曦之章》，樂作。贊引官奏陞壇，恭導皇帝詣香案前立，司香官捧香盒，跪進於皇帝右，贊引官奏跪，皇帝跪，奏上香，皇帝舉炷香上爐内，又三上瓣香，畢，興。贊引官恭導皇帝至奠玉帛案前立，捧玉帛官捧玉帛跪進於皇帝右，贊引官奏奠玉帛，皇帝受玉帛，拱舉，立獻。畢，贊引官奏旋位，皇帝旋位立，樂止。典儀唱行初獻禮。協律郎唱舉初獻樂，奏《清曦之章》，樂作。贊引官奏陞壇，恭導皇帝詣神位前立，執爵官捧爵跪進於皇帝右，贊引官奏獻爵，皇帝受爵，拱舉，立獻。畢，贊引官奏旋位，皇帝旋位立，讀祝官至祝案前，一跪三叩頭，捧祝版跪俟於左，樂止。贊引官奏跪，傳贊官贊衆官俱跪。皇帝跪，王以下各官俱跪。典儀唱讀祝，讀祝官跪讀畢，捧祝版跪，安帛匣内，三叩頭，退，樂作。贊引官奏叩興，傳贊官贊衆官俱叩興。皇帝行三叩頭禮，興，王以下各官俱隨行禮，畢，樂止。武舞生叩頭，退。文舞生執羽籥引進。典儀唱行亞獻禮。協律郎唱舉亞獻樂，奏《咸曦之章》，樂作。贊引官奏陞壇，恭導皇帝陞壇獻爵，如初獻儀，畢，贊引官奏旋位，皇帝旋位立，樂止。

典儀唱行終獻禮。協律郎唱舉終獻樂，奏《純曦之章》，樂作。贊引官奏陞壇，恭導皇帝陞壇獻爵，如亞獻儀。畢，贊引官奏旋位，皇帝旋位立，樂止。文舞生叩頭，退。太常寺官唱賜福胙。光禄寺捧爵官一員、捧胙官一員，捧福胙進詣神位前，拱舉，跪於皇帝右旁祗俟，接福胙侍衛二員，跪於皇帝左旁祗俟，贊引官奏跪，皇帝跪，奏飲福酒，皇帝受爵，拱舉，授左旁侍衛，奏受胙，皇帝受胙，拱舉，授左旁侍衛，各退。贊引官奏叩興，皇帝行三叩頭禮，興，王以下各官不隨叩。行謝福胙禮，贊引官奏跪、叩、興，傳贊官贊衆官俱跪、叩、興。皇帝行二跪六叩頭禮，興，王以下各官俱隨行禮。畢，典儀唱徹饌。協律郎唱舉徹饌樂，奏《延曦之章》，樂作。捧玉官至案前，一跪一叩頭，捧赤璋退，樂止。典儀唱送神。協律郎唱舉送神樂，奏《歸曦之章》，樂作。贊引官奏跪、叩、興，傳贊官贊衆官俱跪、叩、興。皇帝行三跪九叩頭禮，興，王以下各官俱隨行禮，畢，樂止。典儀唱捧祝帛香饌恭送燎位。贊引官恭導皇帝轉立拜位東旁，捧祝帛官詣案前，一跪三叩頭，捧起，捧香饌官跪捧，不叩，依次由中路送至燎爐，皇帝還位立，樂作。祝帛焚半，贊引官贊禮畢。贊引官、對引官恭導皇帝出櫺星左門，各官在兩旁排立，王以下公以上俱隨後出，皇帝至北天門外陞輦，作樂，回宫。其不陪祀王以下各官，仍於午門外排班跪迎，如常儀。

一、祭畢，太常寺官捧請神牌，奉安神庫，上香，跪，叩，如常儀。

一、祭日，太常寺官徹回齋戒牌、銅人，送庫收貯，如常儀。

一、遣官恭代，從北天門左門入櫺星門右門，在壇階下行禮，從右階陞降。讀祝時，承祭官至壇上跪。不行飲福受胙禮。王以下公以上不齋戒，各官照常齋戒。

祝文

維　　年歲次　　月　　日，嗣天子　　　謹告於大明之神。惟神陽精之宗，列神之首。神光下照，四極無遺。功垂今昔，率土仰賴。兹當仲春，式遵古典。謹以玉帛牲醴之儀，恭祀於神。伏惟鑒歆，賜福黎庶。尚饗。

樂章

迎神樂，奏《寅曦之章》。

於昭兮，旭輪。　　浴虞淵兮，初升。
春已融兮，交泰。　　循典禮兮，惟馨。
焫蕭艾兮，祗肅。　　神其聽兮，和平。

奠玉帛樂,奏《朝曦之章》。

神來格兮,太乙東。統萬國兮,玉帛同。

肅將享兮,承筐篚。盥以薦兮,孚有顒。

初獻樂,奏《清曦之章》。

御景風兮,神式臨。酌清酤兮,椒其馨。

爵方舉兮,歌且舞。憑龍勺兮,吹鳳笙。

亞獻樂,奏《咸曦之章》。

再舉奠兮,鬱金香。嘉樂合兮,舞洋洋。

神飲食兮,意徜徉。容貌舒兮,和以康。

終獻樂,奏《純曦之章》。

式禮未竭兮,還升。終以告虔兮,醁醽。

願神且留兮,鑒茹。以侑以勸兮,至誠。

徹饌樂,奏《延曦之章》。

儀既成兮,物已饗。神欲起兮,運靈爽。

徹不敢遲兮,慎趨蹌。照臨下土兮,常朗朗。

送神樂,奏《歸曦之章》。

雲車征兮,風馬翔。馳驅千仞兮,臨萬方。

再拜手兮,稱送。神振轡兮,當陽。

中天麗兮,徹隱。普天戴兮,恩光。

敷和煦兮,成物。錫萬寶兮,永康。

報神功兮,時享。祈神佑兮,悠久無疆。

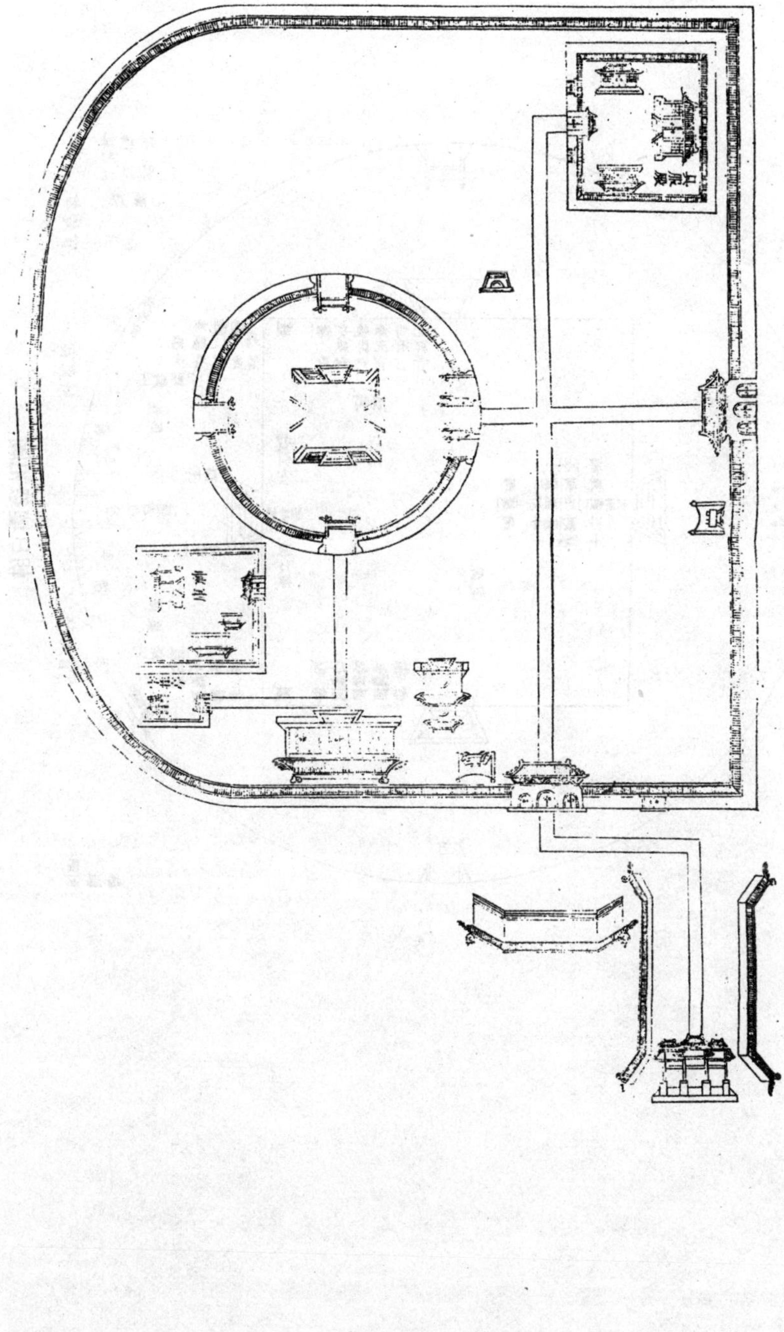

朝日壇總圖

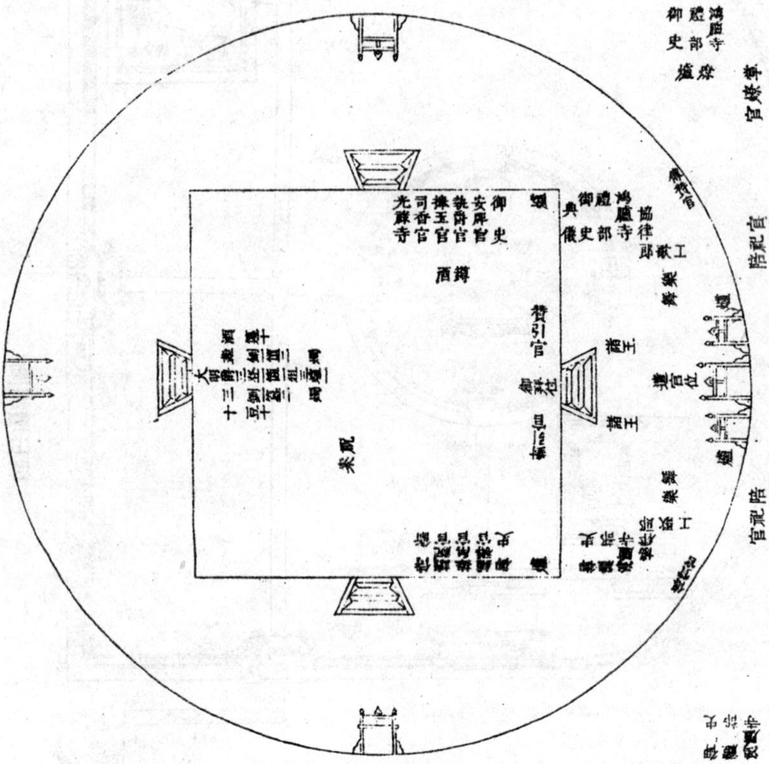

朝日壇祭祀圖

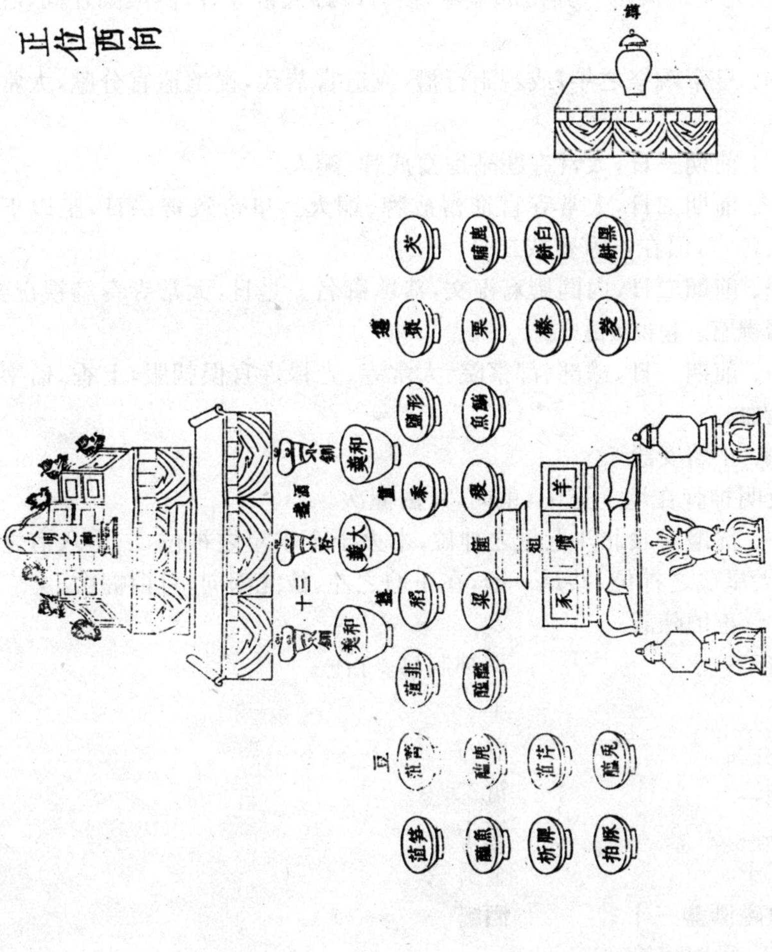

朝日壇陳設圖

〔夕月壇〕

順治八年題准：夜明之神，從祀天壇外，更立夕月壇於西郊。在阜成門外。其制一成。每年於秋分日酉時致祭，以星辰配。凡遇丑、辰、未、戌年，皇帝親詣行禮。其餘各年，遣大臣致祭。

凡禮儀，順治八年題定遵行。惟陪祀王公，初在午門内金水橋候駕出隨行，後先至壇候駕。其禮部職掌，後有改歸太常寺者，俱與圜丘同，註詳“圜丘”。

一、皇帝親祭之年，或親詣行禮，或遣官恭代，從壇遣官分獻，太常寺題請。

一、前期三日，太常寺題請進齋戒牌、銅人。

一、前期二日，太常寺官進齋戒牌、銅人。皇帝致齋二日，王以下陪祀文武各官，俱在本家齋戒二日。

一、前期二日，内閣撰寫祝文，恭填御名。是日，太常寺奏請視祝文，并派讀祝官。視祝版儀另載。

一、前期一日，禮部、都察院、太常寺、光禄寺官俱朝服，上香，監宰牲并瘞毛血；

一、正壇安設

夜明神牌在壇上正中，東向，月白幄次。

一、從壇安設北斗七星之神位，木火土金水星之神位，二十八宿之神位，周天星辰之神位，共爲一壇，在正壇之左，位北南向，月白幄次。

一、正壇陳設

白玉一	禮神制帛一白色。
牛一	羊一
豕一	登一
鉶二	簠二
簋二	籩十
豆十	金爵三
白磁酒盞三十	酒罇一

一、從壇陳設

禮神制帛十一白色七，青、紅、元、黄色各一。

牛一	羊一
豕一	登一

鉶二　　　　簠二
簋二　　　　籩十
豆十　　　　白磁爵三
白磁酒盞三十

一、正祭日早，太常寺官至神庫内，捧請各神牌并祝文，奉安壇内，如常儀。

一、正祭日，皇帝親詣行禮。不陪祀王以下各官，在午門外分翼排立。皇帝乘輦出，鹵簿大駕全設，午門鳴鍾，不作樂。不陪祀王以下各官，俱跪送，陪祀王以下各官，預於壇前櫺星門外兩旁排列，祗俟皇帝至壇前鋪棕薦處，降輦。太常寺贊引官、對引官恭導皇帝入北天門之中門至更衣幄次，盥手畢，恭導皇帝入櫺星左門，陞壇，至黄幄次拜位前立，鴻臚寺官引王以下公以上在階下立，陪祀各官在櫺星門外排班立。典儀唱樂舞生就位，執事官各司其事。武舞生執干戚引進。贊引官奏就位。皇帝就拜位立。典儀唱迎神。協律郎唱舉迎神樂，奏《迎光之章》，樂作。贊引官奏跪、叩、興，傳贊官贊衆官俱跪、叩、興。皇帝行二跪六叩頭禮，興，王以下及陪祀各官俱隨行禮，樂止。典儀唱奠玉帛，行初獻禮。協律郎唱舉初獻樂，奏《升光之章》，樂作。贊引官奏陞壇，恭導皇帝詣香案前立，司香官捧香盒，跪進於皇帝右，贊引官奏跪，皇帝跪，奏上香，皇帝舉炷香上爐内，又三上瓣香，畢，興。贊引官恭導皇帝至奠玉帛案前立，捧玉帛官捧玉帛跪進於皇帝右，贊引官奏奠玉帛，皇帝受玉帛，拱舉，立獻。畢，贊引官恭導皇帝至獻爵案前立，捧爵官捧爵跪進於皇帝左，贊引官奏獻爵，皇帝受爵，拱舉，立獻。畢，贊引官奏旋位，皇帝旋位立。其從壇分獻官亦陞壇，上香，奠帛、爵，如正壇禮，畢，亦復位立。讀祝官至祝案前，一跪三叩頭，捧祝版跪俟於左，樂止。贊引官奏跪，傳贊官贊衆官俱跪。皇帝跪，王以下及陪祀各官俱跪。典儀唱讀祝，讀祝官跪讀畢，捧祝版跪，安帛匣内，三叩頭，退，樂作。贊引官奏叩興，傳贊官贊衆官俱叩興。皇帝行三叩頭禮，興，王以下各官俱隨行禮，畢，樂止。武舞生叩頭，退。文舞生執羽籥引進。典儀唱行亞獻禮。協律郎唱舉亞獻樂，奏《瑶光之章》，樂作。贊引官奏陞壇，恭導皇帝陞壇獻爵如初獻儀，畢，贊引官奏旋位，皇帝旋位立，從壇分獻官亦陞壇獻爵，畢，各復位立，樂止。典儀唱行終獻禮。協律郎唱舉終獻樂，奏《瑞光之章》，樂作。贊引官奏陞壇，恭導皇帝陞壇獻爵，如亞獻儀。畢，贊引官奏旋位，皇帝旋位立。從壇分獻官亦陞壇，獻爵，畢，各復位立，樂止。

文舞生叩頭,退。太常寺官唱賜福胙。光禄寺捧爵官一員、捧胙官一員,捧福胙進詣神位前,拱舉,跪於皇帝右旁祇俟,接福胙侍衛二員,跪於皇帝左旁祇俟,贊引官奏跪,皇帝跪,奏飲福酒,皇帝受爵,拱舉,授左旁侍衛,奏受胙,皇帝受胙,拱舉,授左旁侍衛,各退。贊引官奏叩興,皇帝行三叩頭禮,興,王以下各官不隨叩。行謝福胙禮,贊引官奏跪、叩、興,傳贊官贊衆官俱跪、叩、興。皇帝行二跪六叩頭禮,興,王以下各官俱隨行禮。畢,典儀唱徹饌。協律郎唱舉徹饌樂,奏《涵光之章》,樂作。捧玉官至案前,一跪一叩頭,捧白玉退,樂止。典儀唱送神。協律郎唱舉送神樂,奏《保光之章》,樂作。贊引官奏跪、叩、興,傳贊官贊衆官俱跪、叩、興。皇帝行二跪六叩頭禮,興,王以下各官俱隨行禮畢,樂止。典儀唱捧祝帛香饌各恭詣燎位。贊引官恭導皇帝轉立拜位東旁,捧祝帛官詣案前,一跪三叩頭,捧起,捧香饌官跪捧,不叩,依次由中路送至燎爐,皇帝還位立,樂作。祝帛焚半,贊引官奏禮畢。贊引官、對引官恭導皇帝出櫺星左門,各官在兩旁排立,王以下公以上俱隨後出,皇帝至北天門外,陞輦,作樂,回宫。其不陪祀王以下各官,仍於午門外排班跪迎,如常儀。

一、祭畢,太常寺官捧請各神牌,奉安神庫,上香,跪叩,如常儀。

一、祭日,太常寺官徹回齋戒牌、銅人,送庫收貯,如常儀。

一、遣官恭代行禮,與朝日壇同。

祝文

維　年歲次　月　日,嗣天子　謹祭於夜明之神。惟神配陽之德,鍾陰之精。周環九野,普照萬方。繼明於夕,天下共賴。兹當仲秋,式遵古典。謹以玉帛牲醴庶品之儀致祭。惟神歆鑒,福我兆民。尚饗。

樂章

迎神樂,奏《迎光之章》。

猗與太陰兮,御望舒。　式遵九道兮,遊清虚。

駕冰輪兮,行西陸。　今之夕兮,來享予。

奠玉帛初獻樂,奏《升光之章》。

有來雍雍,　幣帛在陳。

琮璜以嘉,　明德惟馨。

式舉黄流兮,挹犧尊。　籩豆静嘉兮,肴核芬。

亞獻樂,奏《瑶光之章》。

二齊載升，　維以告虔。
歌管鍠鍠，　奉神之懽。
荷亘古兮麗天，　挹清光兮几筵。
終獻樂，奏《瑞光之章》。
一敬畢申，　三舉願醑。
誠信潔齊，　天下有道。
鼓鍾簡兮，　聲容並茂。
象大德兮，　厥光皓皓。
徹饌樂，奏《涵光之章》。
其香既歆，　對越告成。
徹爾登豆，　敬用駿奔。
神悅懌兮，意欣欣。　予翼慎兮，安以寧。
送神樂，奏《保光之章》。
駕彩霞兮，驂景星。　御和風兮，躡慶雲。
神欲起兮，不再停。　瞻天衢兮，拜雲程。
影蹁躚兮，光澄清。　饗予誠兮，意慇懃。
予所祝兮，世太平。　偃武修文兮，萬世長春。

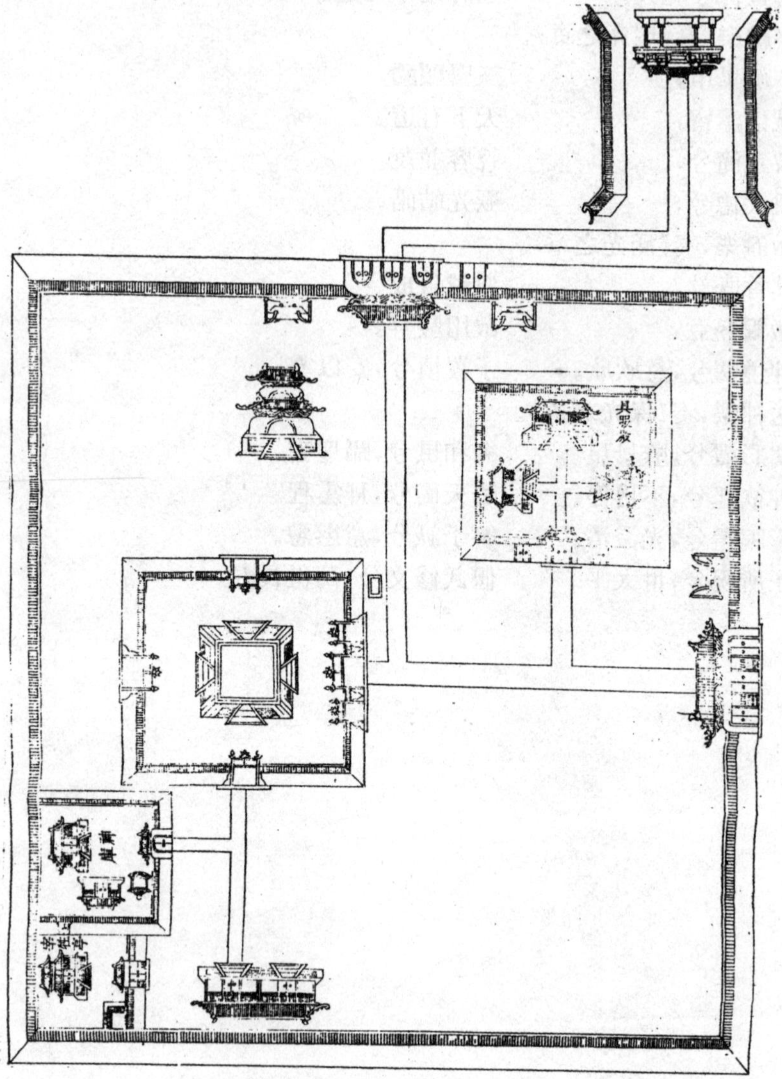

夕月壇總圖

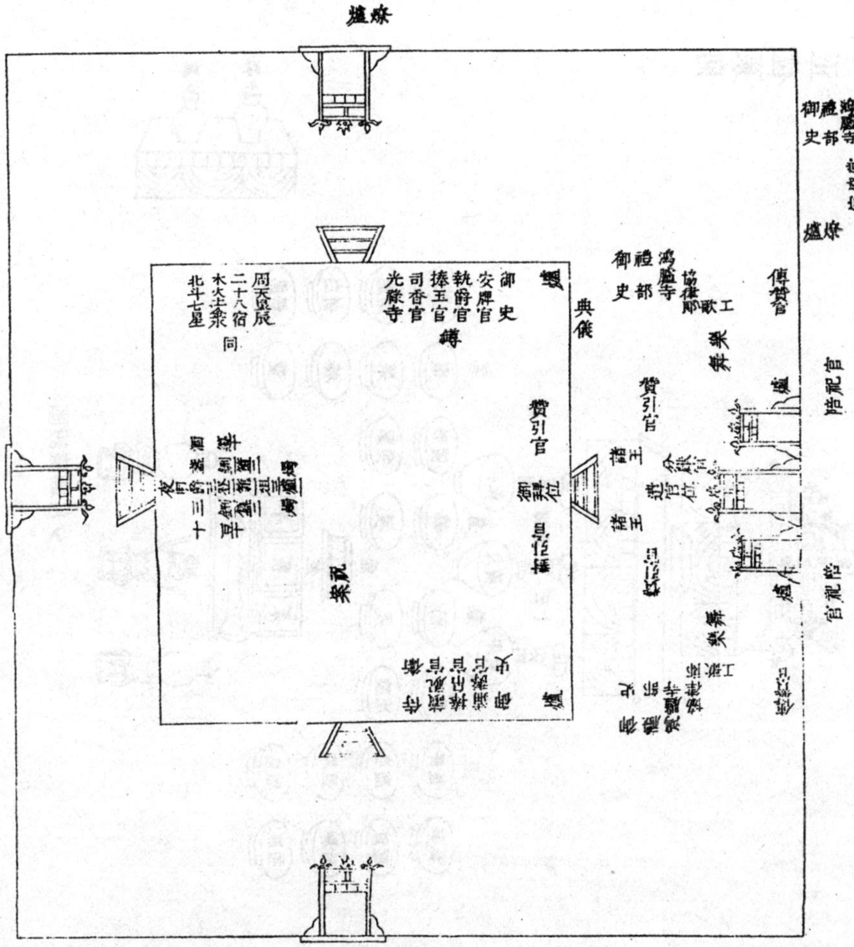

夕月壇祭祀圖

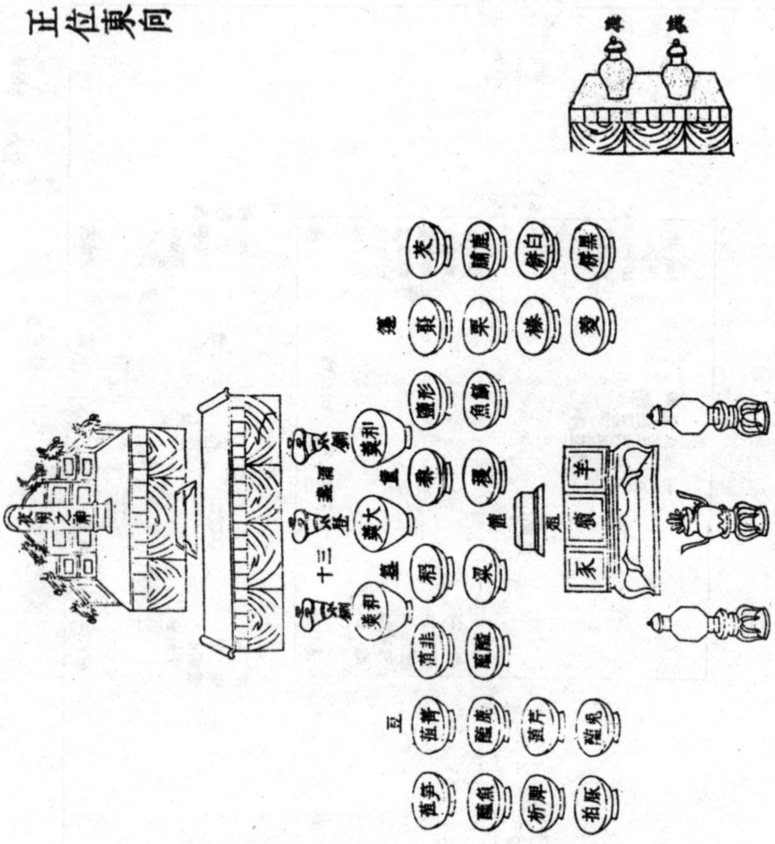

夕月壇陳設圖一

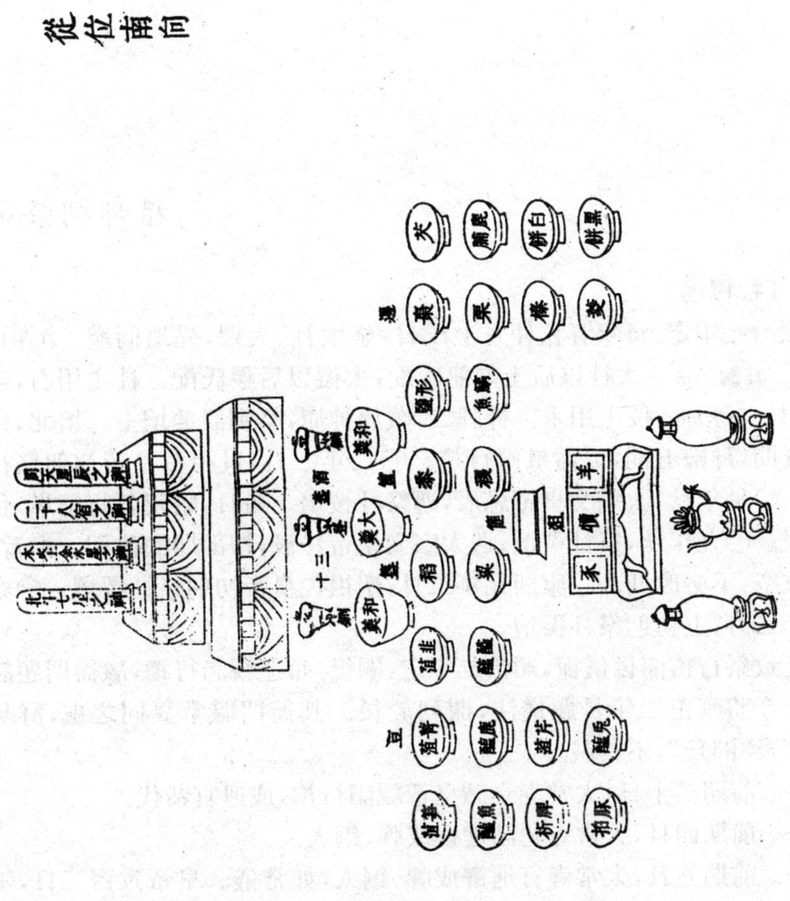

夕月壇陳設圖二

大清會典卷之八十三

禮部祠祭司

〔社稷壇〕

順治元年定：每年春秋仲月上戊日，祭太社、太稷，異壇同壝。在午門外之右。其制一成。太社以后土勾龍氏配，太稷以后稷氏配。社主用石，半埋土中。今全埋。稷主用木。神牌二，藏於神庫，祭則設於壇上。壇北，建享殿五間，拜殿五間，以備風雨行禮。〇二年二月，世祖章皇帝初躬祭社稷壇。〇是年秋，太宗文皇帝忌辰，遇祭社稷壇。是日，陪祀各官祭畢，仍易素服。〇九年秋，祭社稷壇，遇太宗文皇帝忌辰，禮部題請改期。奉旨：照舊致祭，不必改期。〇康熙元年二月，聖祖仁皇帝初躬祭社稷壇。〇雍正二年二月，上初躬祭社稷壇。

凡致祭行禮前後儀節，順治二年定：嗣後，每逢親詣行禮，該衙門題請遵行。今將雍正二年具題儀注，開列於後。其衙門職掌異同之處，詳見“通例”及“圜丘”，不具載。

一、前期二十日，太常寺奏請皇帝親詣行禮，或遣官恭代。

一、前期四日，太常寺題請進齋戒牌、銅人。

一、前期三日，太常寺官進齋戒牌、銅人，如常儀。皇帝致齋三日，王以下陪祀文武各官，俱在本家齋戒三日。

一、祝文由内閣撰寫，恭填御名。

一、前期二日，太常寺題請視祝版，并派讀祝官。視祝版儀另載。

一、前期一日，禮部、都察院、太常寺、光禄寺官，俱朝服，上香，監宰牲并瘞毛血。

一、每祭於壇上鋪設五色土，如其方色。

一、祭日，太常寺官至神庫内祝案前，跪，叩，捧祝文安設壇内案上，跪，叩，如常儀。

一、祭日，太常寺官至神庫内，捧各神牌，奉安壇上，如常儀。

一、正壇，太社神牌在東，太稷神牌在西，俱北向。

一、從壇，后土勾龍氏神牌，東設，西向；后稷氏神牌，西設，東向。

一、正壇陳設

太社位前

珪璧一　　禮神帛一黑色。

牛一　　羊一

豕一　　登一

鉶二　　簠二

簋二　　籩十二

豆十二　　玉爵一

白磁爵三　　酒尊一

太稷位前供品與太社同。

一、從壇陳設

后土勾龍氏位前

禮神帛一黑色。

牛一　　羊一

豕一　　登一

鉶二　　簠二

簋二　　籩十二

豆十二　　白磁爵三

酒尊一

后稷氏位前供品，與后土勾龍氏同。

一、正祭日，皇帝親詣行禮，鹵簿大駕全設，不作樂。陪祀王以下，公以上俱在午門内金水橋兩旁齊集，候駕出，隨行。不陪祀王以下文武各官，在午門外排班，候駕出，跪送。陪祀文武各官，預於櫺星門外排班候駕。皇帝具禮服，乘輦出宫，午門鳴鐘，由闕右門，至鋪棕薦處，降輦。太常寺贊引官、對引官恭導皇帝入，自北門之右至更衣幄次，盥洗畢，贊引官、對引官恭導皇帝詣拜位前南向立，鴻臚寺官引王以下公以上隨後立，陪祀文武各官，於享殿外兩旁排班立。典儀唱樂舞生就位，執事官各司其事。武舞生執干戚引進。贊引官奏就位。皇帝詣拜位立。典儀唱瘞毛血迎神。協律郎唱舉迎神樂，奏《廣平之章》，樂作。贊引官奏陞壇，恭導皇帝詣太社香案前立，司香官捧香盒，跪進於皇帝左，贊引官奏跪，皇帝跪，奏上香，皇帝舉炷香上爐内，又三上瓣香，畢，興。贊引官恭導皇帝詣太稷香案前立，司香官捧香盒，跪進於皇帝右，贊引官奏跪，皇帝跪，奏上香，皇帝舉炷香上爐内，又三上瓣香，畢，興。其配壇上香官二員，亦依次上香，畢，退。贊引官奏旋位，皇帝旋位立，樂止。贊引官奏跪，叩興，皇帝行三跪九叩頭禮，興，王以下各官，俱隨行禮，興。典儀唱奠玉帛，行初獻禮。協律郎唱舉初獻樂，奏《壽平之章》，樂作。捧玉帛爵官捧舉上壇，於各神位前跪獻，捧玉帛官三叩頭，捧爵官不叩，俱退。讀祝官至祝文案前，一跪三叩頭，捧祝文跪於案西，樂止。贊引官奏跪，皇帝跪，王以下各官俱跪。贊引官贊讀祝，讀祝官宣讀畢，捧祝版奉安太社位前帛匣内，一跪三叩頭，退。樂作，贊引官奏叩興，皇帝行三叩頭禮，興，王以下各官俱隨行禮，興，樂止。典儀唱行亞獻禮。武舞生叩頭，退。文舞生執羽籥引進。協律郎唱舉亞獻樂，奏《嘉平之章》，樂作。捧爵官於各神位前跪，獻於案左，如初獻儀，退，樂止。典儀唱行終獻禮，協律郎唱舉終獻樂，奏《雍平之章》，樂作。捧爵官跪獻於案右，如亞獻儀，退。文舞生叩頭，退。太常寺官一員，立於壇西，東向，唱錫福胙。贊引官奏詣受福胙位，皇帝就受福胙位立，光禄寺官二員，捧福胙向神位前拱舉，跪於皇帝右旁祗俟，接福胙侍衛二員，跪於皇帝左旁祗俟，贊引官奏跪，皇帝跪，奏飲福酒，皇帝受爵，拱舉，授左旁接爵侍衛，贊引官奏受胙，皇帝受胙，拱舉，授左旁接胙侍衛，各退。贊引官奏叩興，皇帝行三叩頭禮，興。王以下各官不隨叩。次行謝福胙禮，贊引官奏跪、叩興，皇帝行三跪九叩頭禮，興，王以下各官，俱隨行禮，興。典儀唱徹饌。協律郎唱舉徹饌樂，奏《熙平之章》，樂闋。典儀唱送神。協律郎唱舉送神樂，奏《成平之章》，樂作。贊引官奏跪、叩、興，皇帝行三跪九叩頭禮，興，王以下各官俱隨行禮，興，樂止。典儀唱捧祝帛香饌恭詣瘞位，樂作，徹玉，捧祝帛官至壇上，一跪三叩頭，捧起，司香捧饌各官，跪捧，不叩，依次由中路下，至瘞所。祝帛焚半，贊引官奏禮畢，恭導皇帝出，陞輦，作樂，還宮，午門鳴鐘。陪祀王以下公以上隨入午門，如常儀，不陪祀王以下各官於午門外跪迎，如常儀，陪祀各官俱出南門，各退。

一、祭畢，太常寺官捧神位，送安神庫内，如常儀。

一、祭日，太常寺官徹齋戒牌、銅人，送庫收貯，如常儀。

一、遣官致祭，自南天門入，由西至北櫺星門外行禮。不行飲福受胙禮。王以下公以上不齋戒，陪祀各官，照常齋戒。

一、祭日，如遇風雨，奏請在北拜殿行禮。

祝文

維　　年歲次　　月　　日，皇帝　　敢昭告於社稷之神曰：維神贊輔皇天、皇祇。。發生嘉穀。粒我烝民，萬世永賴。兹當仲春、秋。，謹以玉帛牲醴庶品致祭、報謝。，配以后土勾龍氏、后稷氏。尚饗。

樂章

迎神樂，奏《廣平之章》。

猗歟土穀兮，功化隆。　烝民立命兮，九域同。
壇壝儼肅兮，風露通。　我稷翼翼兮，俎豆豐。
望雲駕兮，驂鸞龍。　秉圭植璧兮，予親躬。

奠玉帛初獻樂，奏《壽平之章》。

禋祀黝牲兮，北郊同。　清酤既載兮，臨齋宫。
朝踐初舉兮，鑒予衷。　洋洋在上兮，錫福洪。

亞獻樂，奏《嘉平之章》。

樂具入奏兮，聲喤喤。　兕觥其觩兮，恭再揚。
厚德配地兮，祐家邦。　屢豐年兮，兆庶康。

終獻樂，奏《雍平之章》。

方壇北宇兮，神中央。　盈庭帗舞兮，時低昂。
酌醑三爵兮，緑醑香。　新舊邦兮，命溥將。

徹饌樂，奏《熙平之章》。

籩豆大房兮，儼成行。　歆此吉蠲兮，猶迴翔。
椒漿瑶席兮，餘芬芳。　黍稷非馨兮，悦且康。

送神樂，奏《成平之章》。

孔蓋翠旌兮，隨風飈。　龍輈容與兮，指天閶。
咫尺神靈兮，隔穹蒼。　流景祚兮，卜世昌。

望瘞樂，奏《成平之章》。

牲玉陳兮，延景光。　百禮既洽兮，終瘞藏。
願神聽兮，時予匡。　四海攸同兮，惠無疆。

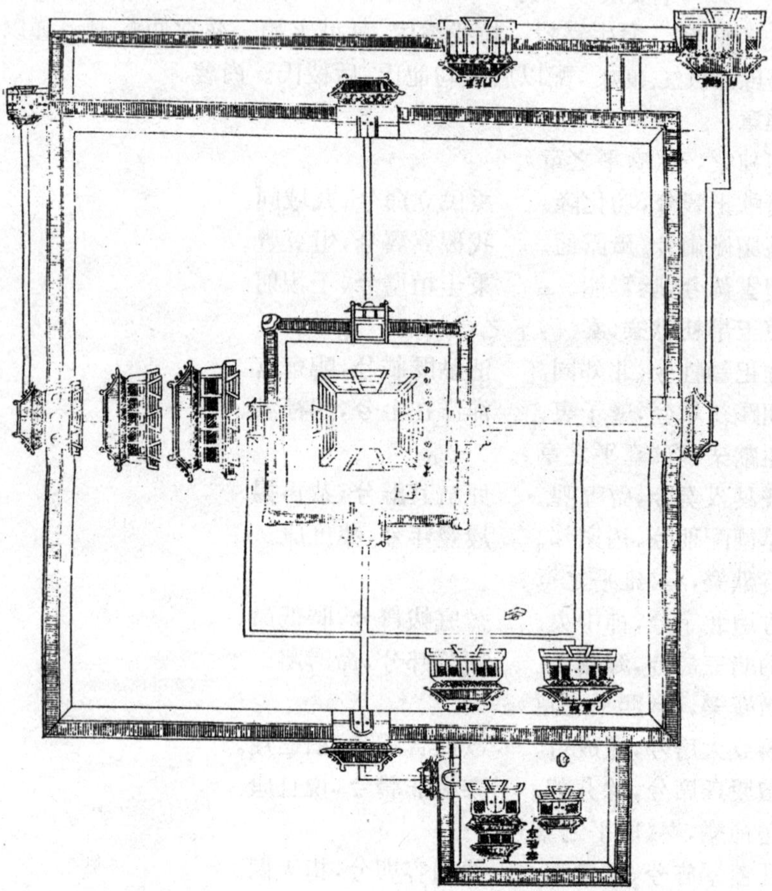

社稷壇總圖

社稷壇告祭陳設圖

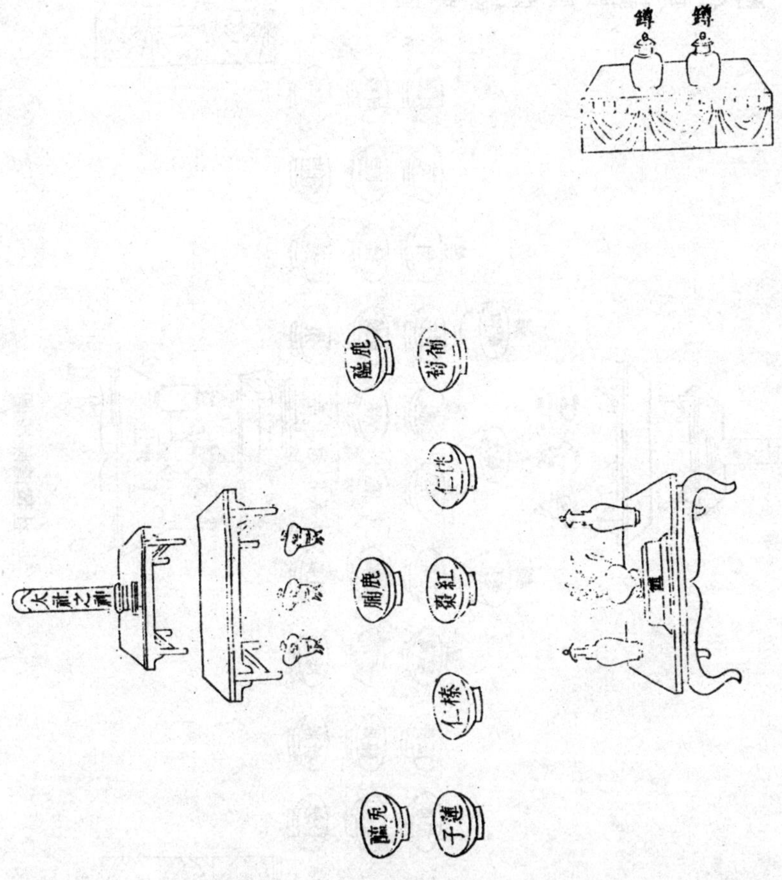

右太社前陳設太稷前陳設同。○尊各一

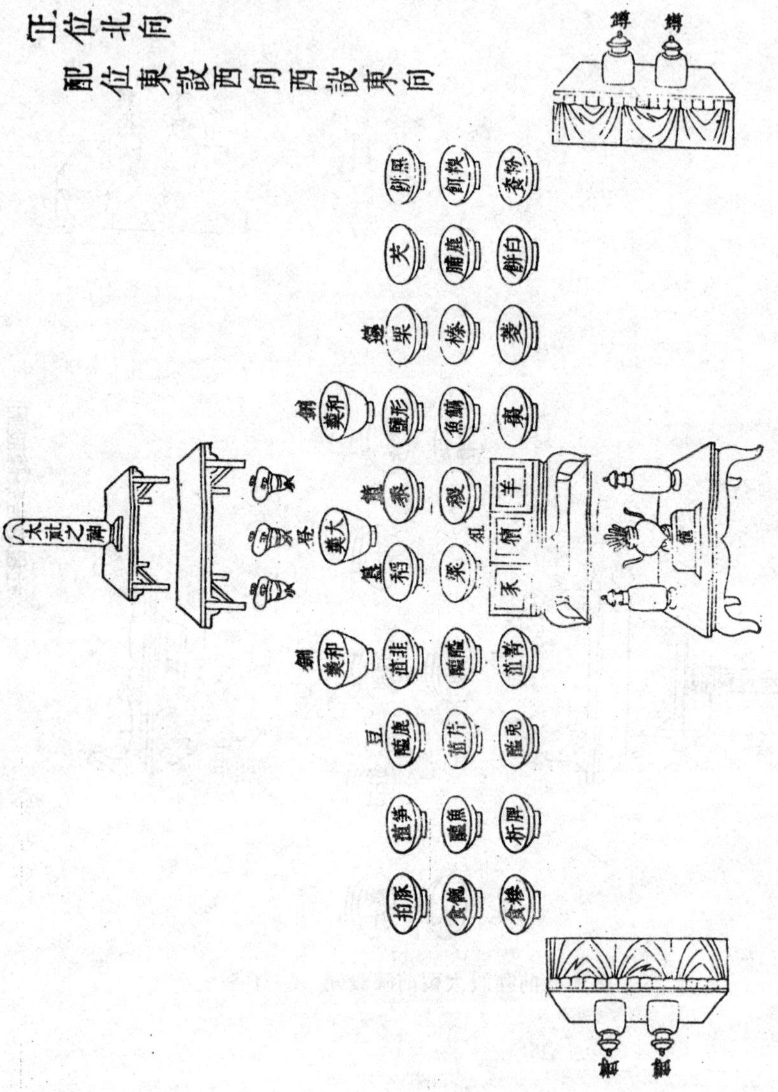

社稷壇陳設圖

右太社前陳設太稷后土勾龍氏后稷氏前陳設同。○尊各一

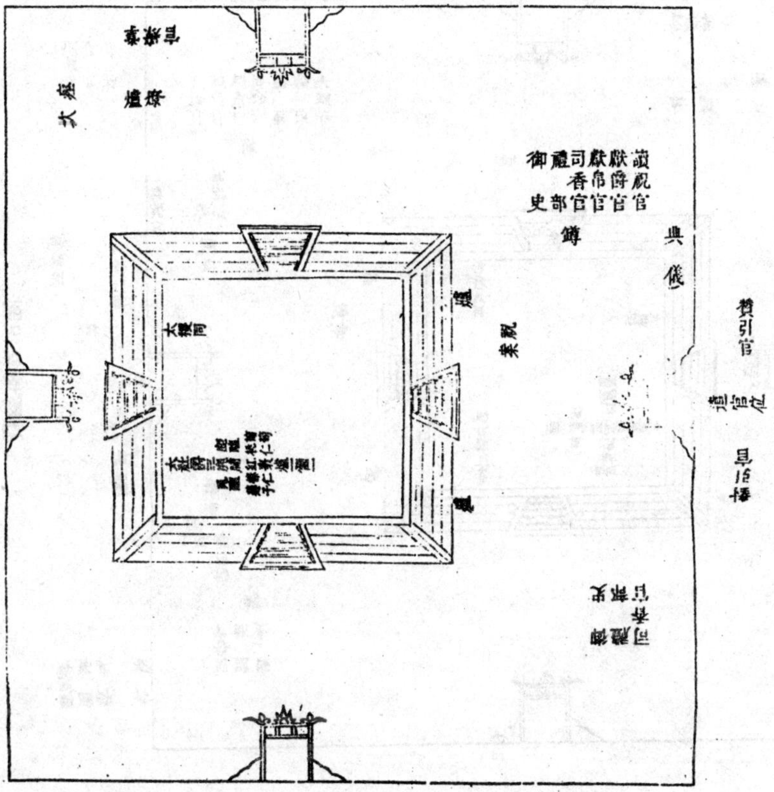

社稷壇告祭圖

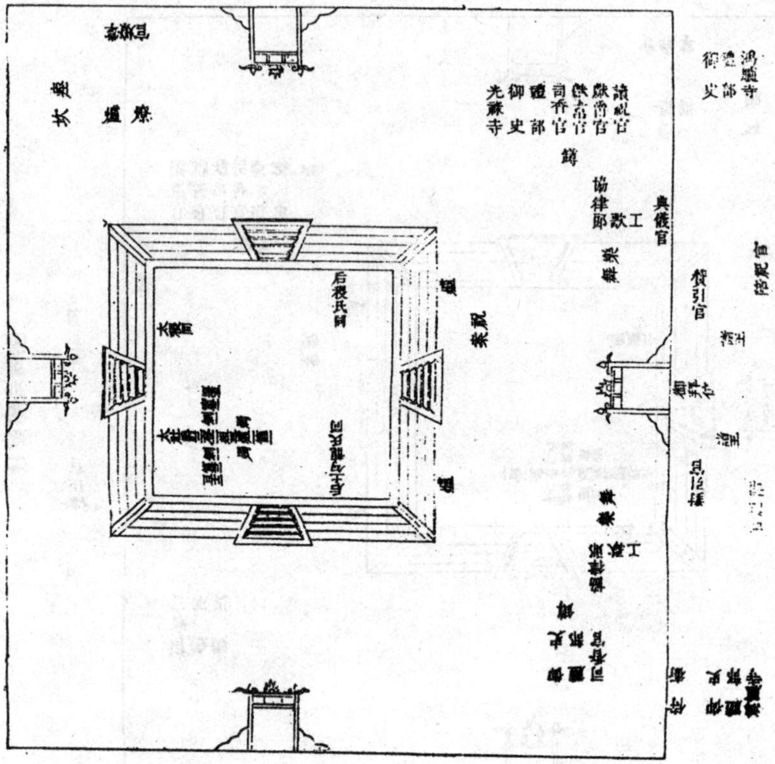

社稷壇祭祀圖

〔神衹壇〕

順治初定：天神地衹壇，在正陽門南，以雲雨風雷之神爲天神，嶽鎮、海瀆、陵山、京畿天下名山大川之神爲地衹。旱潦，間奉旨遣官致祭。

一、遣官致祭，由太常寺開列題請。

一、前期一日，太常寺官用白紙糊板，墨書祝文，送至壇内神庫奉安，如常儀。

一、陳設

雲雨風雷爲一壇

禮神制帛四青一，黑一，黄一，白一。　　果品五

鹿醢兔醢　　酒罇一

五嶽、五鎮、啓運山、天柱山、隆業山、昌瑞山、四海、四瀆、京畿名山大川、天下名山大川共爲八壇

禮神制帛二十五青三，黄二，黑七，白十，紅三。

供品與前壇同；

一、祭日，贊引官、對引官引承祭官詣盥洗所，盥手，畢，引至拜位前立。典儀唱執事官各司其事。贊引官贊就位，承祭官就拜位立。典儀唱迎神。贊引官贊陞壇，引承祭官至神位前立，贊跪，上香，承祭官跪，司香官捧香盒，跪進於案左，承祭官舉炷香上爐内，又三上瓣香，興，贊復位，贊跪，叩頭，承祭官行三跪九叩頭禮，興。典儀唱奠帛，行初獻禮。執事官於各神位前分獻，獻帛官一跪三叩頭，退，獻爵官不叩。獻畢，讀祝官詣祝案前，一跪三叩頭，捧祝版立。贊引官贊跪，承祭官、讀祝官皆跪，典儀唱讀祝，讀祝官讀畢，興，捧祝版跪，安帛匣内，三叩頭，退。贊引官贊叩興，承祭官行三叩頭禮，興。典儀唱行亞獻禮，與初獻同。獻畢，典儀唱行終獻禮，與亞獻同。獻畢，典儀唱送神，贊引官贊跪、叩、興，承祭官行三跪九叩頭禮，興。典儀唱捧祝帛各詣燎位，承祭官轉立東旁，俟祝帛過訖，復位立。贊引官贊詣望燎位，承祭官至燎所。祝帛焚半，贊引官贊禮畢，各退。

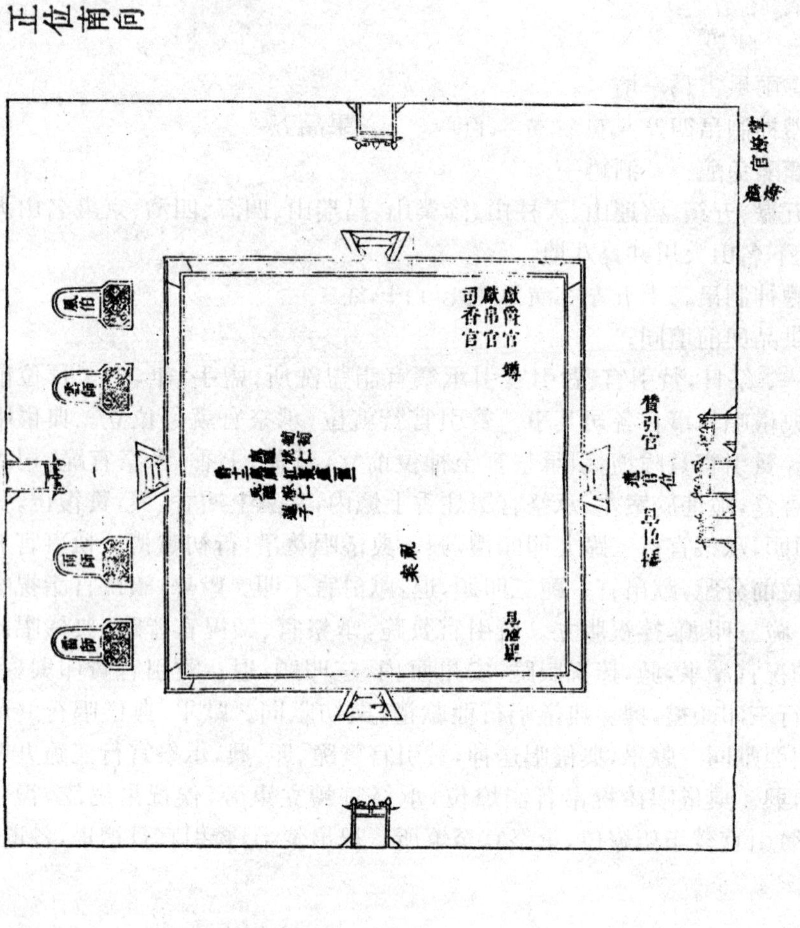

天神壇告祭圖

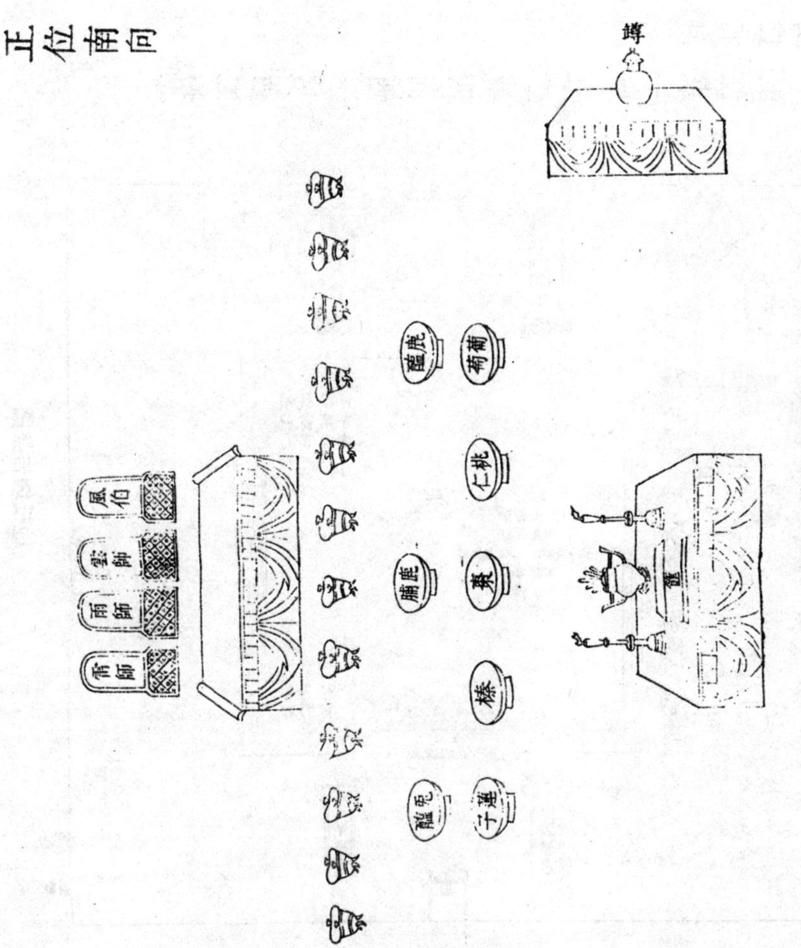

天神壇告祭陳設圖

右天神前陳設

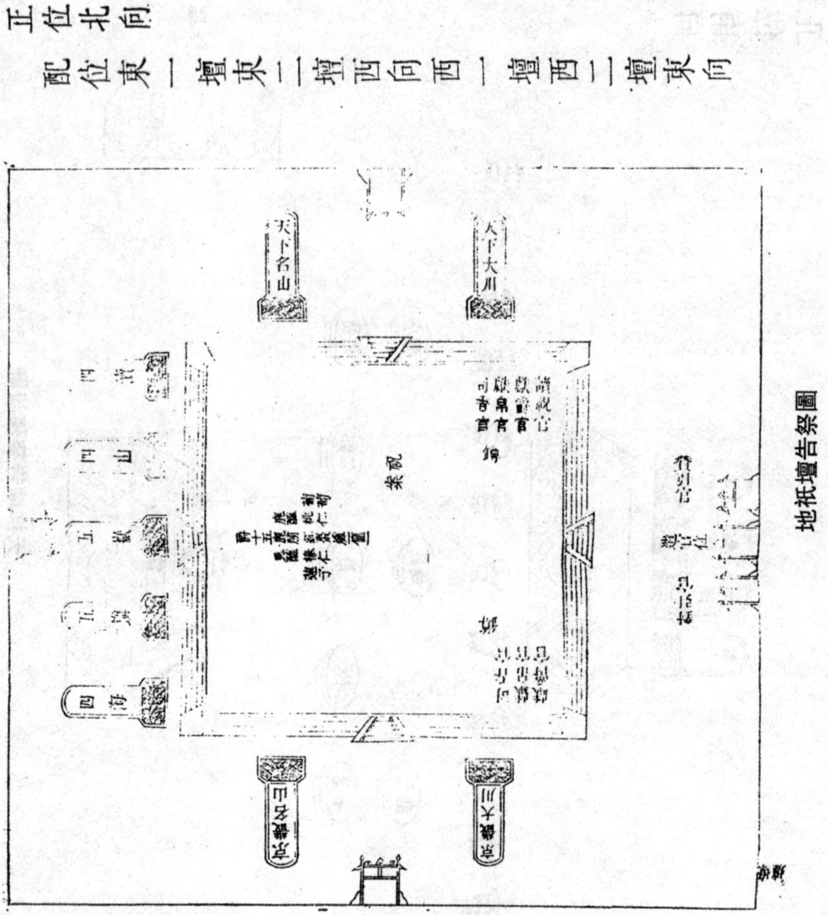

正位北向,配位,東一壇、東二壇西向,西一壇、西二壇東向

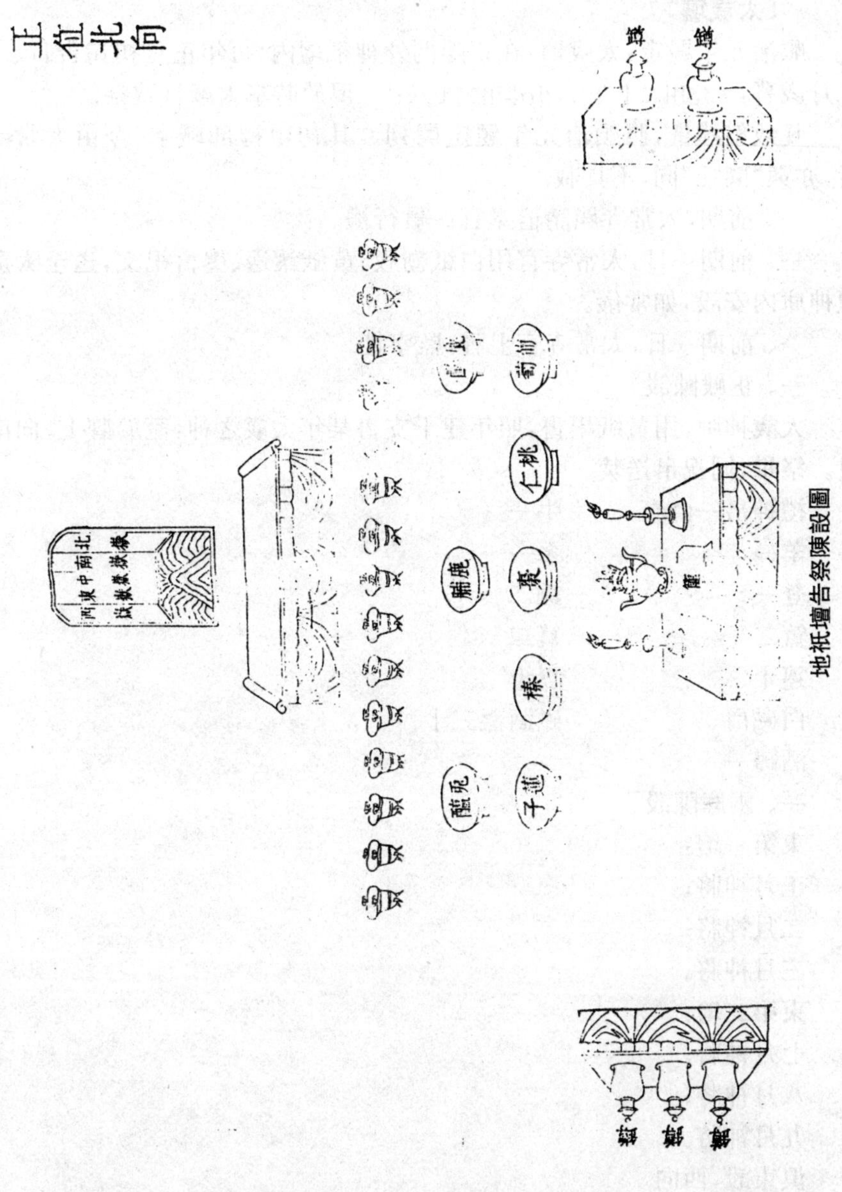

右五嶽前陳設。五鎮、四山、四海、四瀆、京畿山川、天下山川前陳設同。

○酒尊五，内五嶽一、五鎮四山一、四海一、四瀆一、從位山川一。

〔太歲壇〕

順治元年題定:太歲壇,在正陽門外神祇壇内,每年正月初旬吉日、十二月歲暮,大建用二十九日,小建用二十八日。俱於時享太廟日致祭。

凡致祭禮儀,照順治元年題定開列。其初由禮部職掌,今由太常寺者,亦與"圜丘"同,不具載。

一、前期,太常寺題請遣堂官一員行禮。

一、前期一日,太常寺官用白紙糊版、黄紙鑲邊、墨書祝文,送至太歲壇神庫内安設,如常儀。

一、前期一日,太常寺官上香,監宰牲。

一、正殿陳設

太歲神牌,用黄紙墨書,照年建干支書某年太歲之神,籠於牌上,向南設。祭畢,同祝帛送焚。

禮神帛一白色。　牛一

羊一　豕一

登一　鉶二

簠二　簋二

籩十　豆十

白磁爵三　磁酒盞三十

酒罇一

一、兩廡陳設

東第一壇:

正月神將;

二月神將;

三月神將。

東第二壇:

七月神將;

八月神將;

九月神將。

俱東設,西向。

西第一壇:

四月神將;

五月神將;

六月神將。

西第二壇：

十月神將；

十一月神將；

十二月神將。

俱西設，東向。

每壇一案，每案用禮神白色帛三。其餘供品，與正位前同；

一、祭日早，太常寺官捧祝版，送至太歲壇殿階下、甬道西，安設祝案上，跪，叩，如常儀。

一、祭日早，太常寺官至神庫內，捧太歲神牌、十二月將神牌，奉安正殿及兩廡，行禮，如常儀。

一、祭日，陳設畢，太常寺贊引官、對引官引承祭官進拜殿西旁門，至盥洗處，盥手。畢，引至拜位前立。典儀唱樂舞生就位，執事官各司其事。武舞生引進。贊引官贊就位，承祭官就位。典儀唱迎神。協律郎唱舉迎神樂，奏《保平之章》，樂作。贊引官贊跪、叩、興，承祭官行二跪六叩頭禮，興，樂止。典儀唱奠帛，行初獻禮。協律郎唱舉初獻樂，奏《安平之章》，樂作。奠帛官於神位前跪獻，行三叩頭禮，捧爵官立獻畢，退。讀祝官至祝案前，一跪三叩頭，捧祝版立，樂止。贊引官贊跪，承祭官、讀祝官俱跪。典儀唱讀祝，讀祝官讀畢，捧祝文置祝案上，三叩頭，退。樂作，贊引官贊叩興，承祭官行三叩頭禮，興，樂止。武舞生引退。文舞生引進。典儀唱行亞獻禮。協律郎唱舉亞獻樂，奏《中平之章》，樂作。捧爵官獻爵，如初獻儀，樂止。典儀唱行終獻禮。協律郎唱舉終獻樂，奏《肅平之章》，樂作。捧爵官獻爵，如亞獻儀，樂止。文舞生引退。典儀唱錫福胙。贊引官贊跪，承祭官跪，樂舞生二名捧酒胙跪於右，又二名跪於左，贊引官贊飲福酒，承祭官受酒，拱舉，授於左接爵樂舞生，贊引官贊受胙，承祭官受胙，拱舉，授於左接胙樂舞生，俱退。贊引官贊叩興，承祭官行三叩頭禮，興，次行謝福胙禮，贊引官贊跪、叩、興，承祭官行二跪六叩頭禮，興。典儀唱徹饌，協律郎唱舉徹饌樂，奏《雍平之章》，樂作，樂止。典儀唱送神。協律郎唱舉送神樂，奏《寧平之章》，樂作。贊引官贊跪、叩、興，承祭官行二跪六叩頭禮，興，樂止。典儀唱捧祝帛饌恭送燎位，捧祝帛官一跪三叩頭，捧黄紙神位并祝帛，捧香饌官跪捧，不叩，兩廡帛饌依次捧送，承祭官退立拜位之西，俟祝帛捧過，仍復位立。典儀唱望燎，贊引官贊詣望燎位，引至燎所立。

俟神位祝帛焚半，贊引官贊禮畢，退。

一、祭畢，捧牌位官、執事樂舞生各詣位前，一跪三叩頭，捧起神牌，送至神庫內奉安，上香，如常儀。

祝文

維　　年歲次　　月　　日，皇帝遣　　致祭於　　年太歲之神曰：玆當孟春，歲暮祭用“歲既云暮，節屆新春”。謹以牲帛酒果庶品之儀致祭。尚饗。

樂章

迎神樂，奏《保平之章》。

吉日良辰，　祀典孔殷。
於維太歲，　月將諸神。
乘時秉德，　輔國祐民。
遥遥龍馭，　頓轡九閽。
壇壝蠲潔，　延佇來臨。

奠帛初獻樂，奏《安平之章》。

維神至止，　螭駕雲旂。
洋洋在上，　淑景延禧。
束帛承筐，　展我誠斯。
神衤昭鑒，　尚其無遺。
神兮弭節，　薦馨敢後。
祀事方初，　陳饋捧酎。
神光熹微，　嘉祥承候。
百禮不愆，　樂具入奏。

亞獻樂，奏《中平之章》。

以我齋明，　率禮攸行。
再拜稽首，　旨酒斯盈。
牲牷肥腯，　交彼神明。
樽罍上下，　嘏假思成。

終獻樂，奏《肅平之章》。

執事有嚴，　品物斯備。
非馨黍稷，　用宣誠意。
朱絃登歌，　絲衣揚觶。

於胥樂兮，　　　神錫爾類。

徹饌樂，奏《雍平之章》。

春祈秋報，　　　歲省惟勤。

含醇飲德，　　　莫匪明神。

惟神臨御，　　　肸蠁逡巡。

獻酬云畢，　　　誠敬斯伸。

送神樂，奏《寧平之章》

出令明堂，　　　神爽卒度。

報功迎氣，　　　崇祀斯作。

神人以和，　　　既康且樂。

瞻望景光，　　　邈彼寥廓。

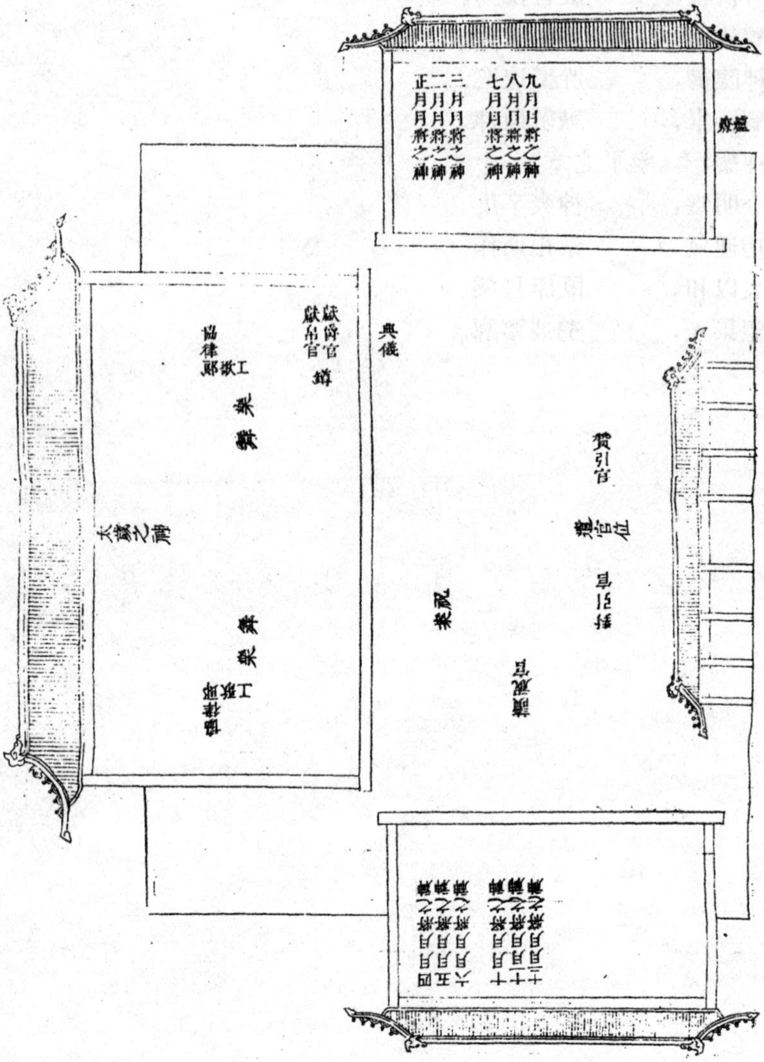

太歲壇祭祀圖

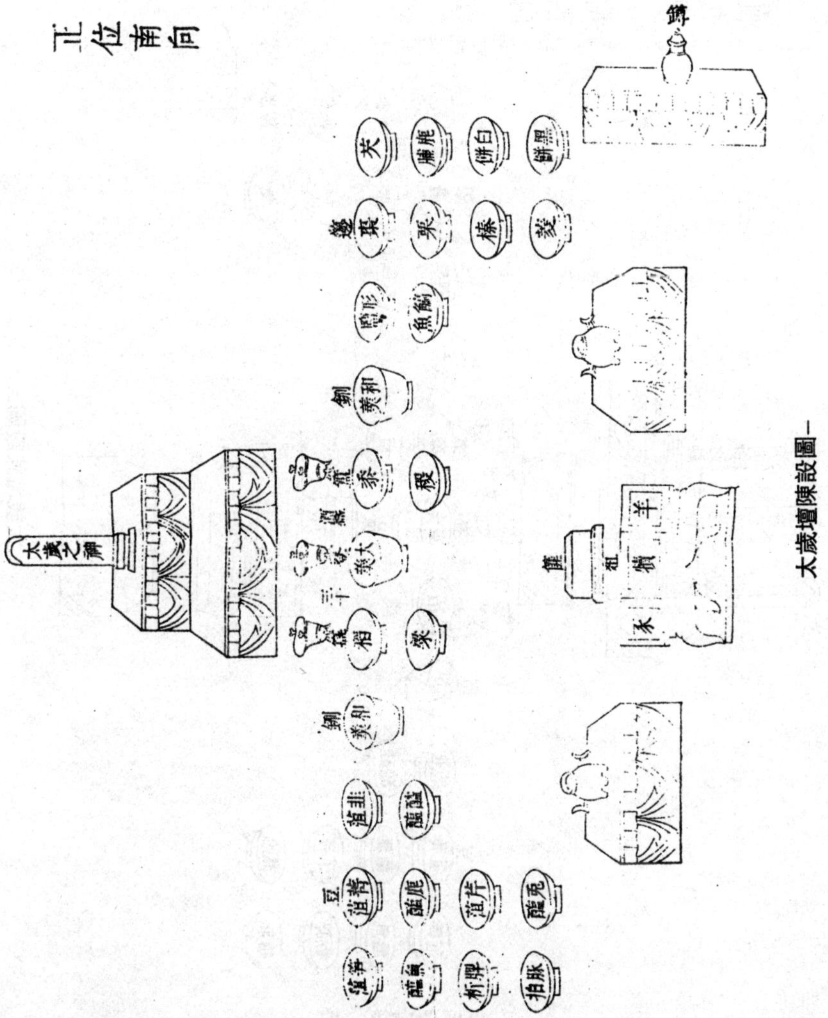

右太歲神前陳設。

配位東一壇西向

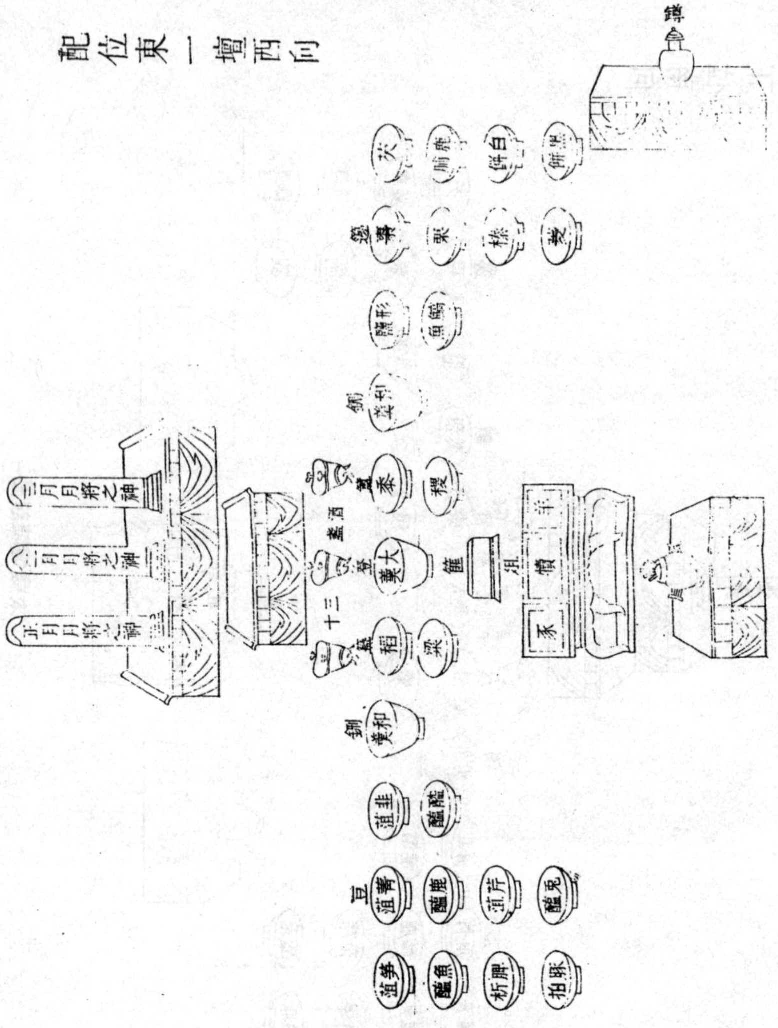

太歲壇陳設圖二

右東廡西向第一壇

春季月將前陳設。西廡東向第一壇夏季月將、東廡第二壇秋季月將、西廡第二壇冬季月將前,陳設同。

大清會典卷之八十四

禮部祠祭司

〔廟祀一〕

國家孝享之禮,最爲宏備。郊壇大祀之崇配,已具載於前。太廟有四孟之時享,歲除之祫祭。至奉先殿,歲時有薦,朔望有祭,並列於後。而上謚號及升祔之儀,亦詳著焉。

〔廟號〕

肇祖原皇帝、原皇后

興祖直皇帝、直皇后

景祖翼皇帝、翼皇后

顯祖宣皇帝、宣皇后

太祖承天廣運聖德神功肇紀立極仁孝睿武端毅弘文定業高皇帝,孝慈昭憲敬順仁徽慶顯承天輔聖高皇后

太宗應天興國弘德彰武寬温仁聖睿孝敬敏隆道顯功文皇帝、孝端正敬仁懿哲順莊敏輔天協聖文皇后、孝莊仁宣誠憲恭懿至德翊天啓聖文皇后

世祖體天隆運定統建極英睿欽文大德弘功至仁純孝章皇帝、孝惠仁憲端懿慈淑純德順天翼聖章皇后、孝康慈和莊懿恭惠温穆崇天育聖章皇后

聖祖合天弘運文武睿哲恭儉寬裕孝敬誠信功德大成仁皇帝、孝誠恭肅正惠安和儷天襄聖仁皇后、孝昭静淑明惠正和欽天順聖仁皇后、孝懿温誠端仁憲穆奉天佐聖仁皇后、孝恭宣惠温肅定裕贊天承聖仁皇后

後殿,奉安肇祖原皇帝、原皇后神位,中一室,正設,南向;興祖直皇

帝、直皇后神位,左一室,正設,南向;景祖翼皇帝、翼皇后神位,右一室,正設,南向;顯祖宣皇帝、宣皇后神位,左二室,正設,南向。

中殿,奉安太祖高皇帝、孝慈高皇后神位,中一室,正設,南向;太宗文皇帝、孝端文皇后孝莊文皇后神位,左一室,正設,南向;世祖章皇帝、孝惠章皇后、孝康章皇后神位,右一室,正設,南向;聖祖仁皇帝、孝誠仁皇后、孝昭仁皇后、孝懿仁皇后、孝恭仁皇后神位,左二室,正設,南向。○凡几席、牀榻、衾褥、椸枷、篋笥、帷幔、器皿之屬,皆備如事生之儀。

東廡配位自北起。

多羅通達郡王順治十一年,設位配享。

武功郡王　　武功郡王妃崇德元年,設位配享。

多羅慧哲郡王　多羅慧哲郡王妃順治十一年,設位配享。

多羅宣獻郡王　多羅宣獻郡王妃順治十一年,設位配享。

西廡配位自北起。

直義公費英東崇德元年,設位配享。

弘毅公額亦都崇德元年,設位配享。

武勳王楊古利順治元年,設位配享。

忠義公圖爾格順治九年,設位配享。

昭勳公圖　賴順治九年,設位配享。

文襄公圖　海雍正二年,設位配享。

〔時享〕

崇德元年,行告祭太廟禮,定四孟祭享,並每月薦新、每歲清明、中元、歲除日、聖誕日、忌辰,俱於太廟致祭。其順治元年定鼎燕京以後儀典,詳列於後。

順治元年定:每歲孟春,於正月初旬,孟夏孟秋孟冬,俱於朔日,行時享禮於太廟,歲除致祭,共爲五享。如孟春祭日遇祈穀前齋戒期内,皇帝詣太廟,駕出還宫,俱不作樂。○三年定:祭時,樂作於廟門上。○四年定:歲除前,一日致祭,大建在二十九日、小建在二十八日行禮。○八年定:祭時,奏樂殿内,文武二舞全設。○十六年覆准:每歲四孟,行時享禮。歲除,行祫祭禮。

凡前後行禮儀節,俱順治四年題定。嗣後每逢時享,該衙門題請舉行。今將雍正元年題准儀節開後。其歷年小有異同之處,注明各條下。

一、每年四孟月,皇帝親詣太廟,行時享禮,或遣官恭代,後殿遣官一員行禮，兩廡遣官二員分獻，俱太常寺預期題請。初由禮部題請，後由太常寺。

一、前期四日，太常寺題請進齋戒牌、銅人。

一、前期三日，太常寺官進齋戒牌、銅人，如常儀，皇帝致齋三日。是日，各衙門俱設齋戒牌。順治四年定：禮部官進齋戒牌、銅人於武英殿，後設於太和殿，後改設於乾清門，詳見《祭祀通例》。初由禮部，後會同太常寺，今專由太常寺。

一、前期二日，内閣繕寫祝文，恭填御名。順治四年定：禮部恭寫祝文，送内閣恭填御名。後由太常寺恭寫，今專由内閣。

一、前期二日，太常寺官至犧牲所省牲。

一、前期二日，太常寺題請視祝文，併派讀祝官。初由禮部題請，後由太常寺。

一、前期一日，太常寺官捧祝版至中和殿，左右以次安設黄案上，奏請皇帝陞殿視祝文。畢，捧祝版，送至太廟神庫内黄案上安設，上香，跪，叩，如常儀。初由内院，後由禮部、太常寺，後專由太常寺。其視祝版儀注另載。

一、前期一日，禮部、都察院、太常寺、光禄寺官上香，監宰牲，并瘞毛血。初專由禮部。

一、正祭日早，恭捧神位覺羅官，詣後殿各神位前，一跪三叩頭，恭請肇祖原皇帝、原皇后，興祖直皇帝、直皇后，景祖翼皇帝、翼皇后，顯祖宣皇帝、宣皇后神牌，依次恭捧至寶座上，正設，南向，一跪三叩頭，退。

一、正祭日早，恭捧神位侍衛，詣中殿各神位前，一跪三叩頭，恭請太祖高皇帝、孝慈高皇后神牌，恭捧至前殿，於正中寶座上安設，南向；太宗文皇帝、孝端文皇后、孝莊文皇后神牌，於東寶座上安設，西向；世祖章皇帝、孝惠章皇后、孝康章皇后神牌，於西寶座上安設，東向；聖祖仁皇帝、孝誠仁皇后、孝昭仁皇后、孝懿仁皇后、孝恭仁皇后神牌，於次東寶座上安設，西向，各一跪三叩頭，退。順治四年定：太祖高皇帝神位，都統恭捧。孝慈高皇后神位，覺羅尚書恭捧。太宗文皇帝神位，大學士恭捧。康熙九年題准：後殿用覺羅官，前殿用侍衛。

一、正祭日早，太常寺官二員，至神庫内祝文案前，一跪三叩頭，後殿祝文在前，前殿祝文在後，捧送祝案上安設，一跪三叩頭，退。初由禮部，後由太常寺。

一、各殿正位每案陳設

奉先制帛二白色。

金爵二　白磁爵四
牛一　羊一
豕一　登二
鉶二　簠二
簋二　籩十二
豆十二　酒尊二
金匙金筯各二副

一、東廡配位每案陳設不請神牌,止開龕帳。

展親制帛二白色。
白磁爵六
牛一　羊一
豕一　鉶二
簠二　簋二
籩十　豆十
共酒尊二

順治四年定:兩廡俱用少牢。康熙九年題准:東廡用太牢。

一、西廡配位,每案陳設不請神牌,止開龕帳。

報功制帛一白色。
白磁爵三
羊一　豕一
鉶一　簠二
簋二　籩四
豆四
共酒尊二

一、恭捧神位官、獻爵官,遇皇帝親祭,前殿用侍衛,如遣官恭代,用太常寺官,兩廡配位,用樂舞生,後殿用覺羅官。

一、正祭日早,陪祀各官俱於戟門内階下序立,後殿承祭官一員,兩廡分獻官二員,於甎城門外序立。陪祀王以下,入八分公以上,俱於街門前照翼排立,候駕過隨行。不陪祀王以下各官,於午門外齊集,候駕出,跪送。皇帝出宫,乘輦,鹵簿儀仗大駕全設,午門不鳴鐘,不作樂,皇帝入太廟街門之東旁門,太常寺贊引官一員、對引官一員,於甎城門外迎接,皇帝至鋪棕薦處,降輦。贊引官、對引官恭導皇帝入甎城東旁門,進戟門内更衣幄次,盥手。畢,恭導皇帝陞東階,進前殿東旁門,正中北向立。鴻臚寺官引王以下公以上由戟門東西門入,至左右臺階上,兩旁序立。贊引官引分獻官入戟門西旁門,至臺階下甬路兩旁立。陪祀各官在分獻官後序立。典儀唱樂舞生就位,執事官各司其事。武舞生執干戚引進。贊引官奏就位,皇帝詣拜位立。典儀唱迎神。協律郎唱舉迎神樂,奏《開平之章》,樂作。贊引官奏跪、叩、興,皇帝行三跪九叩頭禮,興。分獻官、陪祀王以下各官,俱隨行禮,樂止。典儀唱奠帛,行初獻禮。協律郎唱舉初獻樂,奏《壽平之章》,樂作。東旁獻帛官三員、獻爵官十員,西旁捧帛官一員、捧爵官三員,依次進太祖高皇帝、孝慈高皇后、太宗文皇帝、孝端文皇后、孝莊文皇后、世祖章皇帝、孝惠章皇后、孝康章皇后、聖祖仁皇帝、孝誠仁皇后、孝昭仁皇后、孝懿仁皇后、孝恭仁皇后各位前,獻帛官跪獻,三叩頭,獻爵官立獻,各退。其兩廡分獻官,贊引官引至各位前立,樂舞生捧帛爵分獻,畢,樂止。讀祝官就祝案前,一跪三叩頭,捧祝文跪於左祗俟。贊引官奏跪,皇帝跪,分獻官、陪祀王以下各官俱跪。贊引官贊讀祝,讀祝官讀畢,捧祝文跪,安正位前帛匣上,三叩頭,退。樂作,贊引官奏叩興,皇帝行三叩頭禮,興,分獻官、陪祀王以下各官俱隨行禮,樂止。武舞生叩頭,退。典儀唱行亞獻禮。協律郎唱舉亞獻樂,奏《嘉平之章》,樂作。文舞生執羽籥引進。獻爵官如初獻儀,於各案左獻,畢,退。分獻官亦至各位前立,樂舞生捧爵獻畢,退,樂止。典儀唱行終獻禮。協律郎唱舉終獻樂,奏《雍平之章》,樂作。獻爵官如亞獻儀,於各案右獻,畢,退。分獻官亦至各位前立,樂舞生捧爵獻畢,退。贊引官引分獻官仍至甬路兩旁立,樂止。文舞生叩頭,退。太常寺官東立西向,唱賜福胙。樂作,光禄寺官二員捧福胙,向正位前拱舉,跪於皇帝右旁祗俟,接福胙侍衛二員,跪於皇帝左旁祗俟。贊引官奏跪,皇帝跪,奏飲福酒,皇帝受爵,拱舉,授左旁侍衛,奏受胙,皇帝受胙,拱舉,授左旁侍衛,各退。贊引官奏叩興,皇帝行三叩頭禮,興。王以下各官不隨叩。次行謝福胙禮,贊引官奏跪、叩、興,皇帝行三跪九叩頭禮,興,分獻官、陪祀王以下各官俱隨行禮,樂止。典儀唱徹饌。協律郎唱舉徹饌樂,奏《熙平之章》,樂作。徹畢,樂止。太常寺官於正位前東旁,向上跪奏禮畢,請還宫,三叩頭,退。協律郎唱舉還宫樂,奏《成平之章》,樂作。贊引官奏跪、叩、興,皇帝行三跪九叩頭禮,興,分獻官、王以下各官俱隨行禮,畢,樂止。典儀唱捧祝帛恭詣燎位。捧祝官、捧帛官至各位前,一跪三叩頭,捧起祝帛,贊引官恭導皇帝轉立拜位東,王以下各官兩旁排立,祝帛依次捧過,皇帝還位立,樂作。祝帛焚半,贊引官奏禮畢。贊引官、對引官恭導皇帝由東戟門出,至甎城門外,陞輦,還宮,作樂,奏《禧平之章》。王以下公以上隨駕後行至午門外,不陪祀王以下各官,排列跪迎,午門鳴鐘,王以下公以上隨至金水橋排立,候皇帝回宮,王以下各官俱退。

一、後殿承祭官,俟皇帝入太廟街門,太常寺官引自甎城戟門西旁門入,至後殿西旁門。贊引官一員、對引官一員,引承祭官至臺階拜位前,正中北向立。典儀唱執事官各司其事。贊引官贊就位,承祭官就拜位立。贊引官贊跪、叩、興,承祭官行三跪九叩頭禮,興。典儀唱奠帛,行初獻禮。東旁獻帛官三員、獻爵官五員,西旁獻帛官一員、獻爵官三員,依次進至肇祖原皇帝、原皇后、興祖直皇帝、直皇后、景祖翼皇帝、翼皇后、顯祖宣皇帝、宣皇后各位前,奠帛官跪獻,三叩頭,獻爵官立獻,各退。讀祝官至案前,一跪三叩頭,捧起祝文,就正位前立。贊引官贊跪,承祭官、讀祝官皆跪。典儀唱讀祝,讀祝官讀畢,捧起,跪,安正位前帛匣上,三叩頭,退。贊引官贊叩興,承祭官行三叩頭禮,興。典儀唱行亞獻禮,獻爵官於各案左獻畢,退。典儀唱行終獻禮,獻爵官於各案右獻畢,退。贊引官贊跪、叩、興,承祭官行三跪九叩頭禮,興。典儀唱捧祝帛各詣燎位。讀祝官獻帛官各至位前,一跪三叩頭,捧起祝帛,承祭官轉至西旁,東向立,各官捧祝在前,帛在後,依次送燎位,承祭官復位立。俟祝帛焚半,贊引官贊禮畢,引承祭官下西階,出西旁門。恭捧神位官至各神位前,一跪三叩頭,捧請神牌,送至各寶座上奉安。畢,一跪三叩頭,退。

一、祭畢,皇帝出太廟街門,恭捧神位官至各神位前,一跪三叩頭,恭捧神牌,興,送至中殿,於各寶座上奉安。畢,一跪三叩頭,退。

一、太常寺官俟皇帝詣太廟時,至乾清門,捧齋戒牌、銅人,送太常寺收貯,如常儀。

一、遣官恭代致祭,在太廟臺階行禮。太常寺官獻爵。不行飲福受胙禮。餘儀並同。

前殿祝文

維　　年歲次　　月　　日,孝孫嗣皇帝　　敢昭告於太祖承天廣運聖德神功肇紀立極仁孝睿武端毅弘文定業高皇帝、孝慈昭憲敬順仁徽慶顯承天輔聖高皇后、太宗應天興國弘德彰武寬溫仁聖睿孝敬敏隆道顯功文皇帝、孝端正敬仁懿哲順莊敏輔天協聖文皇后、孝莊仁宣誠憲恭懿至德翊天啓聖文皇后、世祖體天隆運定統建極英睿欽文大德弘功至仁純孝章皇帝、孝惠仁憲端懿慈淑純德順天翼聖章皇后、孝康慈和莊懿恭惠温穆崇天育聖章皇后、聖祖合天弘運文武睿哲恭儉寬裕孝敬誠信功德大成仁皇帝、孝誠恭肅正惠安和儷天襄聖仁皇后、孝昭静淑明惠正和欽天順聖仁皇后、孝懿温誠端仁憲穆奉天佐聖仁皇后、孝恭宣惠温肅定裕贊天承聖仁皇后曰:時屆孟凵,春、夏、秋、冬。謹以牲帛醴齊粢盛庶品,用展追思。伏惟尚饗。

後殿祝文

維　　年歲次　　月　　日,孝孫嗣皇帝　　謹遣　　致祭於肇祖原皇帝、原皇后、興祖直皇帝、直皇后、景祖翼皇帝、翼皇后、顯祖宣皇帝、宣皇后曰:時屆孟凵,春、夏、秋、冬。謹以牲帛醴齊粢盛庶品,用展追思。伏惟尚饗。

樂章

迎神樂,奏《開平之章》。

皇輿啓圖,　　世德欽崇。
粤庇耹躬,　　率土攸同。
九州維宅,　　爰止自東。
大室既尊,　　萬國朝宗。
翼翼孝孫,　　對越肅雝。
維神格思,　　皇靈顯融。

初獻樂,奏《壽平之章》。

於皇祖考,　　克配上天。
越文武功,　　四方維宣。
孝孫受命,　　達志承前。
永錫純祜,　　億萬斯年。

亞獻樂,奏《嘉平之章》。

毖祀精忱,　　洋洋如生。
有融昭明,　　陟降於庭。
僾然有容,　　愾然有聲。
孝孫虔只,　　顒若中情。

終獻樂,奏《雍平之章》。

越祖宗之德,　　肇兹天曆。
敢曰予小子,　　享有成績。

欲報之德，　　　　昊天罔極。
慇懃三獻，　　　　我心悦懌。
徹饌樂，奏《熙平之章》。
儀肅樂成，　　　　神燕以娭。
告成於祖，　　　　亦右皇妣。
敬徹不遲，　　　　用終祀禮。
介福綏禄，　　　　永錫祚祉。
還宫樂，奏《成平之章》。
盈溢肅雝，　　　　神運無迹。
寢祏静淵，　　　　恍兮安適。
惟靈在天，　　　　惟主在室。
於萬斯年，　　　　孝思無斁。
皇帝廟祀還宫，導迎樂作，奏《禧平之章》。
於皇紹烈，　　　　累熙重光。
銷鑠羣慝，　　　　我武奮揚。
肅肅清廟，　　　　峩峩奉璋。
奠鬯斯馨，　　　　祚命無疆。

〔慶成燈〕

順治十年題准：凡遇元宵節，自正月初七日起，至十七日止，太廟懸張慶成燈，令工部預期辦造。

街門，中門一對，左右門各一。
甎城，中門一對，左右門各一。
戟門，中門一對，左右門各一。
前殿，中門一對，左右門各一。
中殿，中門一對，左右門各一。
後殿，中門一對，左右門各一。
東廡、西廡各一。

〔祫祭〕

順治十六年覆准：每年歲暮日，大建於二十九日，小建於二十八日。奉四祖，太祖，太宗，俱於太廟前殿行祫祭禮。四祖、太祖，序列南向；太宗，東列西向。前期一日，遣官祭告四祖，覺羅官獻爵。又遣官祭告太祖，太宗。太常寺官獻爵。其致齋視牲請視祝文等儀，俱與時享同。〇康熙九年題准：歲暮日，皇帝親詣行禮，預遣官恭捧後殿、中殿各神牌，安設於前殿寶座。其供獻行禮，與四孟時享同。惟祝文樂章與四孟不同。〇雍正元年題准：歲暮日，皇帝親詣太廟行祫祭禮，預遣官捧請後殿、中殿各神牌，安設於前殿寶座。肇祖原皇帝、原皇后，正中，南向；興祖直皇帝、直皇后，左二位，南向；景祖翼皇帝、翼皇后，右二位，南向；顯祖宣皇帝、宣皇后，左三位，南向；太祖高皇帝、孝慈高皇后，右三位，南向；太宗文皇帝、孝端文皇后、孝莊文皇后，東旁，西向；世祖章皇帝、孝惠章皇后、孝康章皇后，西旁，東向；聖祖仁皇帝、孝誠仁皇后、孝昭仁皇后、孝懿仁皇后、孝恭仁皇后，次東旁，西向。其供獻行禮樂章祝文，與康熙九年同。

凡遣官致祭，太常寺官恭捧各神牌安設。承祭官於檐外臺階上行禮。不行飲福受胙禮。送祝帛時，退至西邊立。

凡祭畢，恭捧神位官各詣神位前，一跪三叩頭，捧至後殿、中殿安設，一跪三叩頭，出。

前期告祭中殿祝文

維　　年歲次　　月　　日，孝孫嗣皇帝　　敢昭告於太祖承天廣運聖德神功肇紀立極仁孝睿武端毅弘文定業高皇帝、孝慈昭憲敬順仁徽慶顯承天輔聖高皇后、太宗應天興國弘德彰武寬温仁聖睿孝敬敏隆道顯功文皇帝、孝端正敬仁懿哲順莊敏輔天協聖文皇后、孝莊仁宣誠憲恭懿至德翊天啓聖文皇后、世祖體天隆運定統建極英睿欽文大德弘功至仁純孝章皇帝、孝惠仁憲端懿慈淑純德順天翼聖章皇后、孝康慈和莊懿恭惠温穆崇天育聖章皇后、聖祖合天弘運文武睿哲恭儉寬裕孝敬誠信功德大成仁皇帝、孝誠恭肅正惠安和儷天襄聖仁皇后、孝昭静淑明惠正和欽天順聖仁皇后、孝懿温誠端仁憲穆奉天佐聖仁皇后、孝恭宣惠温肅定裕贊天承聖仁皇后曰：兹者歲暮，特修祫祭之禮，恭迎肇祖原皇帝、原皇后、興祖直皇帝、直皇后、景祖翼皇帝、翼皇后、顯祖宣皇帝、宣皇后同格享祀，伏惟鑒知。謹告。

前期告祭後殿祝文

維　　年歲次　　月　　日，孝孫嗣皇帝　　謹遣　　致祭於肇祖原皇帝、原皇后、興祖直皇帝、直皇后、景祖翼皇帝、翼皇后、顯祖宣皇帝、宣皇后曰：兹者歲暮，特修祫祭之禮於太廟，恭迎同格享祀，伏惟鑒知。謹告。

祫祭祝文

維　　年歲次　　月　　日,孝孫嗣皇帝　　　敢昭告於肇祖原皇帝、原皇后、興祖直皇帝、直皇后、景祖翼皇帝、翼皇后、顯祖宣皇帝、宣皇后、太祖承天廣運聖德神功肇紀立極仁孝睿武端毅弘文定業高皇帝、孝慈昭憲敬順仁徽慶顯承天輔聖高皇后、太宗應天興國弘德彰武寬温仁聖睿孝敬敏隆道顯功文皇帝、孝端正敬仁懿哲順莊敏輔天協聖文皇后、孝莊仁宣誠憲恭懿至德翊天啓聖文皇后、世祖體天隆運定統建極英睿欽文大德弘功至仁純孝章皇帝、孝惠仁憲端懿慈淑純德順天翼聖章皇后、孝康慈和莊懿恭惠温穆崇天育聖章皇后、聖祖合天弘運文武睿哲恭儉寬裕孝敬誠信功德大成仁皇帝、孝誠恭肅正惠安和儷天襄聖仁皇后、孝昭静淑明惠正和欽天順聖仁皇后、孝懿温誠端仁憲穆奉天佐聖仁皇后、孝恭宣惠温肅定裕贊天承聖仁皇后曰:氣序以週,歲事告成。謹以牲帛醴齊粢盛庶品,特修大祫禮於太廟,用申追感之情。伏惟尚饗。

樂章

迎神樂,奏《貞平之章》。

承眷命兮,撫萬邦。　　嗣丕基兮,祖德昌。
溯謨烈兮,弗敢忘。　　虔歲祀兮,舉舊章。
瀝悃誠兮,迓休光。　　祈來格兮,意徬徨。

奠帛初獻樂,奏《壽平之章》。

紛葳蕤兮,神畢臨。　　儼對越兮,抒素忱。
陳纖縞兮,有壬林。　　酌醇酤兮,薦德馨。
恪溥將兮,俶來歆。　　錫嘉祉兮,祐斯民。

亞獻樂,奏《嘉平之章》。

維肇祥兮,德配天。　　垂燕翼兮祚萬年。
潔豆籩兮,秩斯筵。　　載陳醴兮介牲牷。
協笙鏞兮,遶雲軿。　　肅駿奔兮中彌虔。

終獻樂,奏《雍平之章》。

椒飶芬兮,神留俞。　　節三奏兮,旨清醑。
萬羽干兮,樂孔都。　　禮明備兮,罔敢渝。
既醉止兮,咸樂胥。　　永啓佑兮,披皇圖。

徹饌樂,奏《熙平之章》。

典儀叙兮,神格思。　　尊俎將兮,享靡遺。

悦且康兮，徹弗遲。　鑒精禋兮，茀禄綏。

還宫樂，奏《清平之章》。

孝思展兮，禮告成。　神言歸兮，陟在庭。

萃龍馭兮，返穆清。　主肅將兮，式丹楹。

瞻列聖兮，僾容聲。　迴靈眄兮，佑丕承。

維神聽兮，和且平。　繼序皇兮，亶休徵。

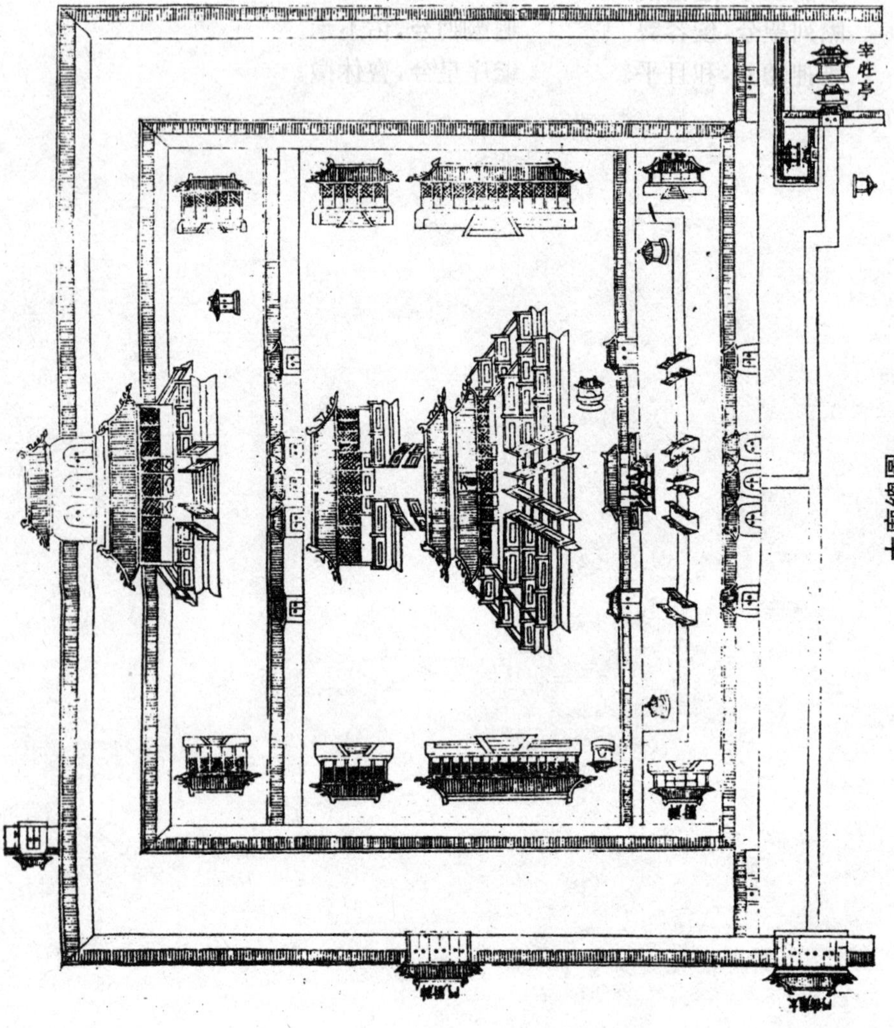

太廟總圖

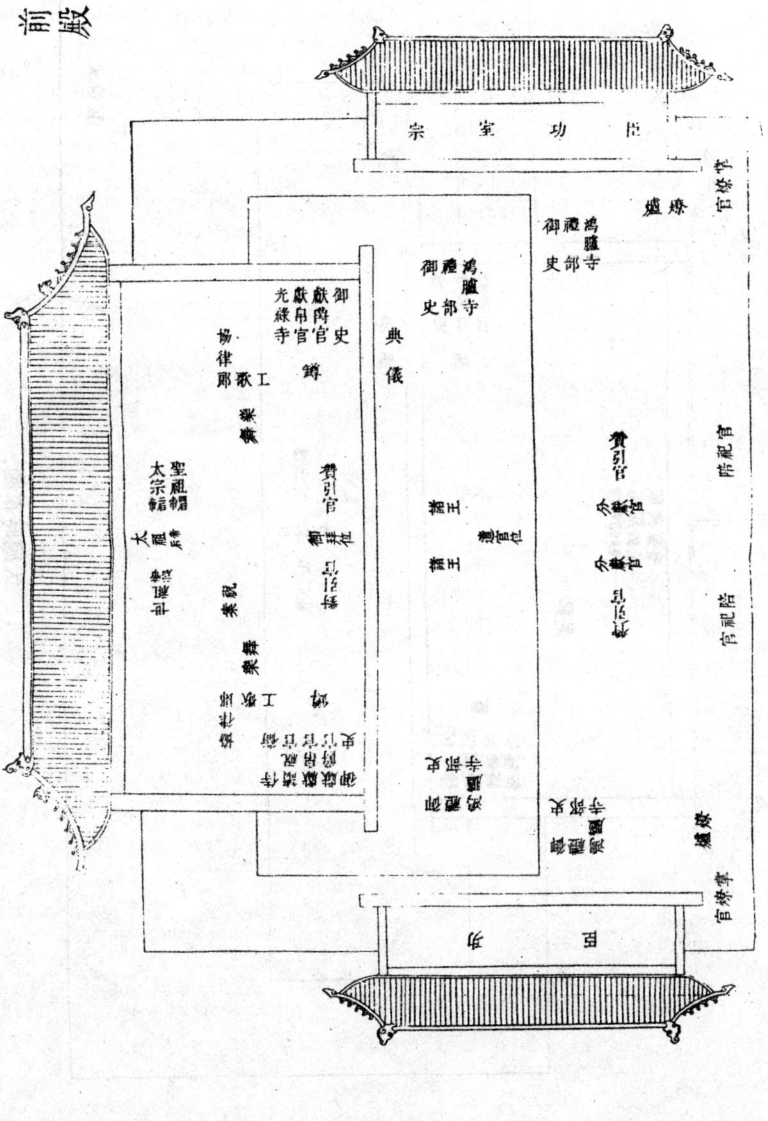

太廟時享圖一

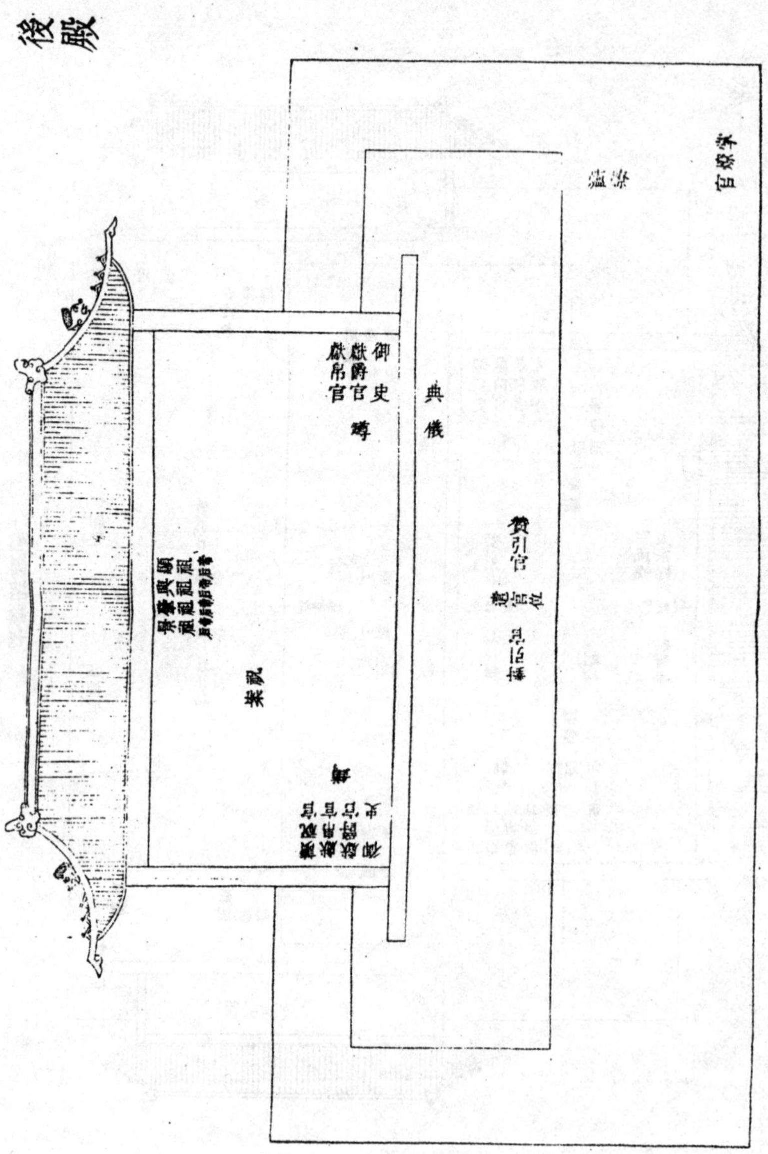

太廟時享圖二

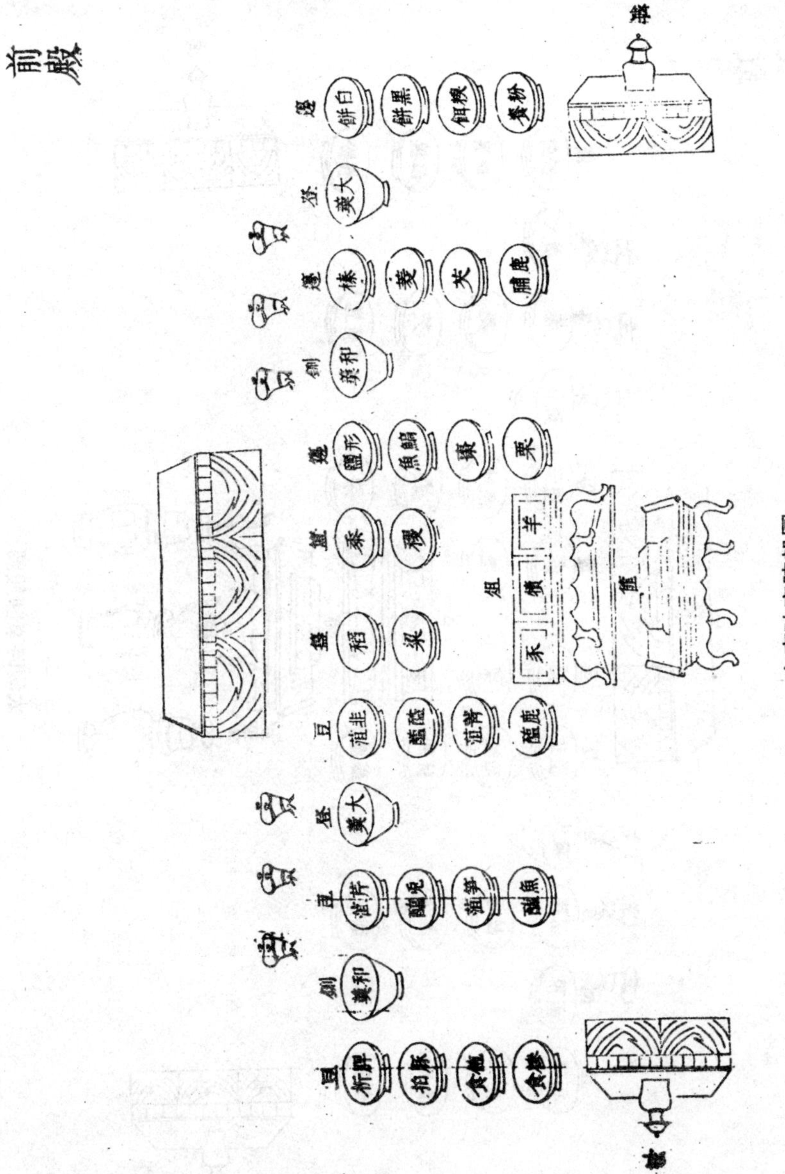

太廟時享陳設圖一

太祖高皇帝、孝慈高皇后，正中，南向。太宗文皇帝、孝端文皇后、孝莊文皇后，東旁，西向。世祖章皇帝、孝惠章皇后、孝康章皇后，西旁，東向。聖祖仁皇帝、孝誠仁皇后、孝昭仁皇后、孝懿仁皇后、孝恭仁皇后，次東旁，西向。每案陳設皆同，圖繪其一。

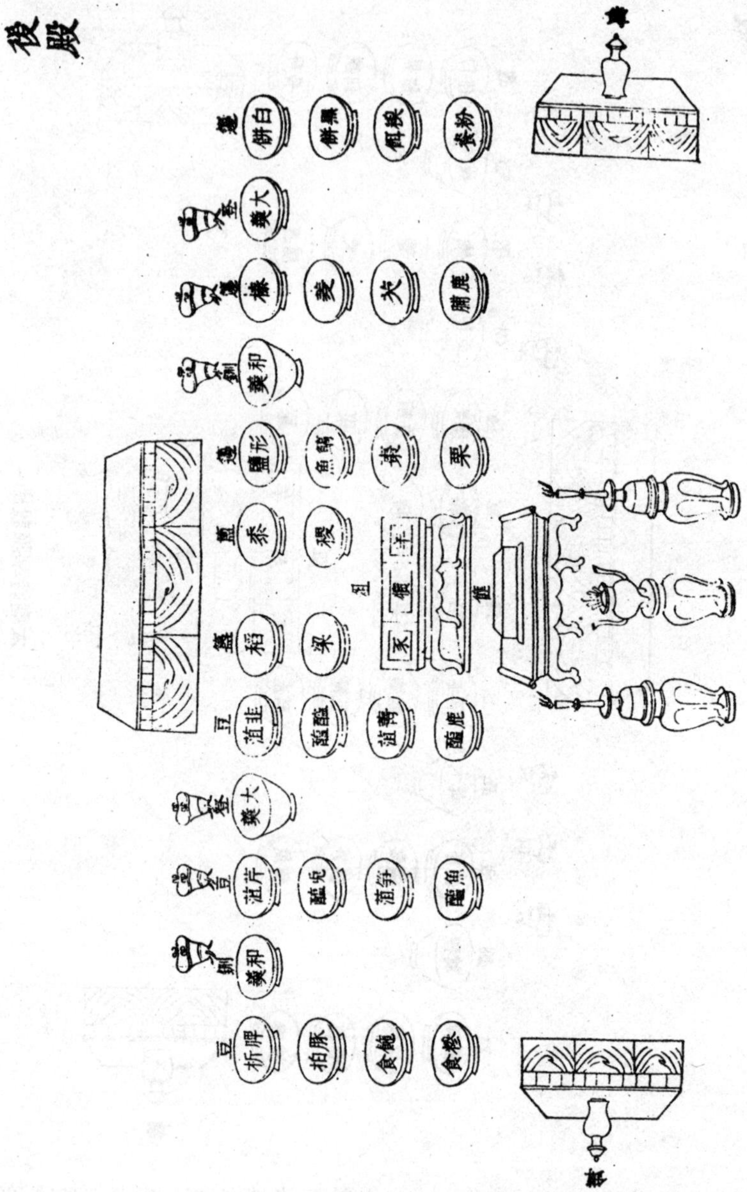

太廟時享陳設圖二

肇祖原皇帝、原皇后,位中;興祖直皇帝、直皇后,位東;景祖翼皇帝、翼皇后,位西;顯祖宣皇帝、宣皇后,位次東,俱南向。每案陳設皆同,圖繪其一。

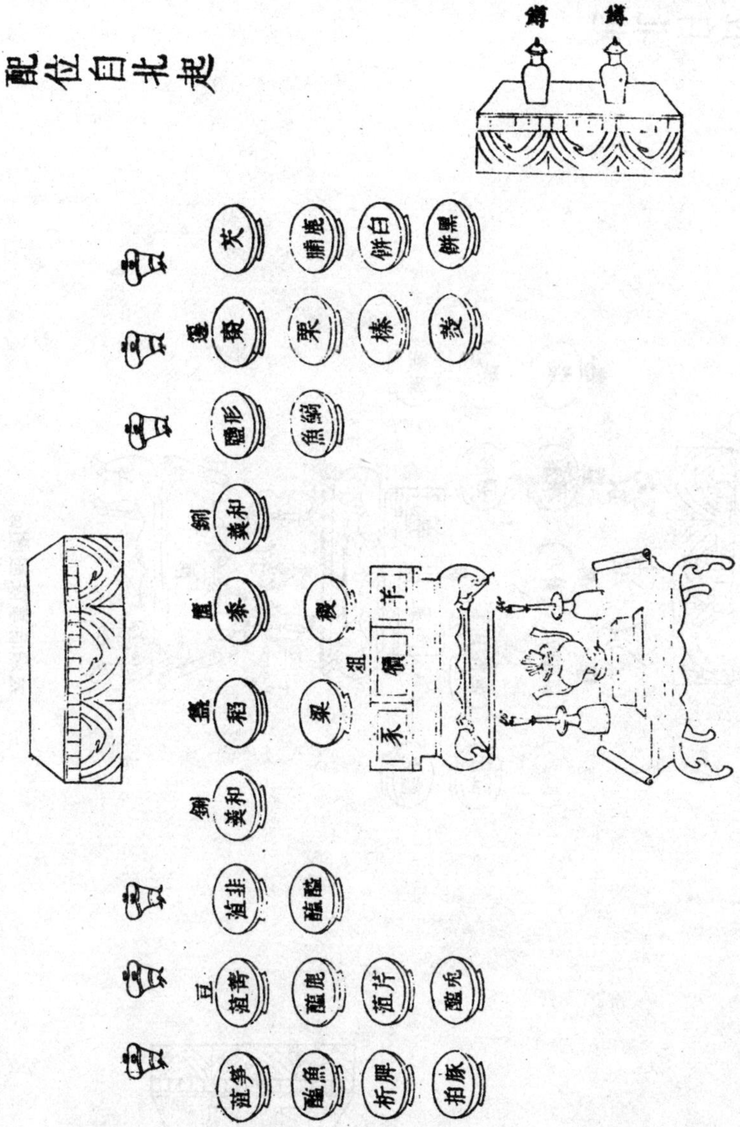

太廟時享陳設圖三

右東廡宗室功臣前陳設。各位俱同,圖繪其一。○酒尊共二。

配位自北起

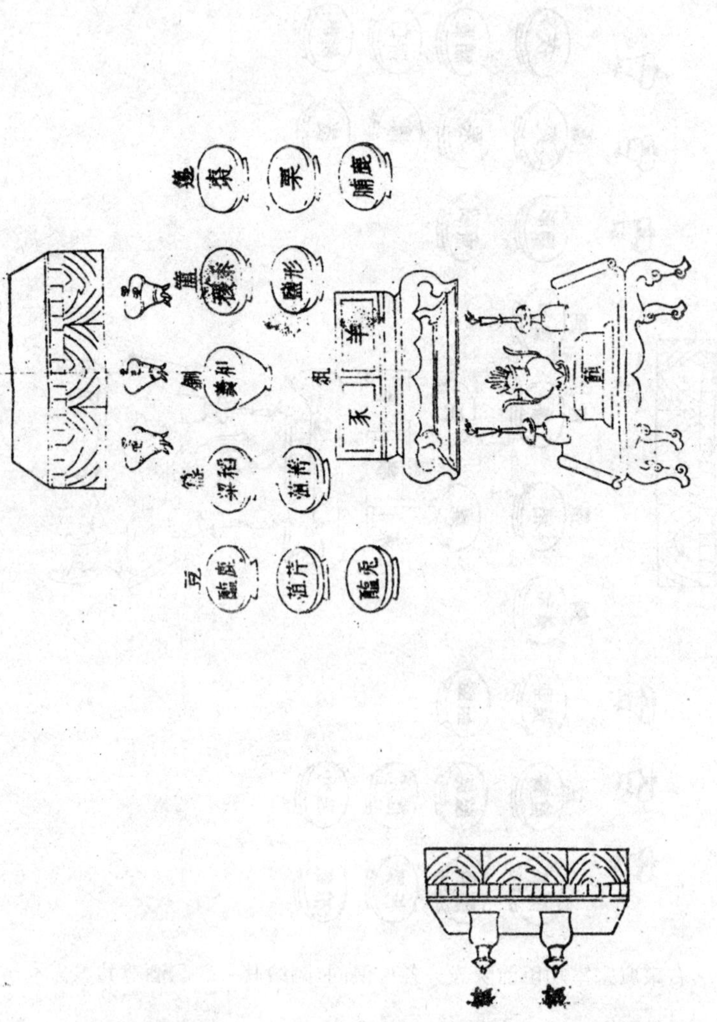

太廟時享陳設圖四

右西廡功臣前陳設。各位俱同,圖繪其一。○酒尊共二。

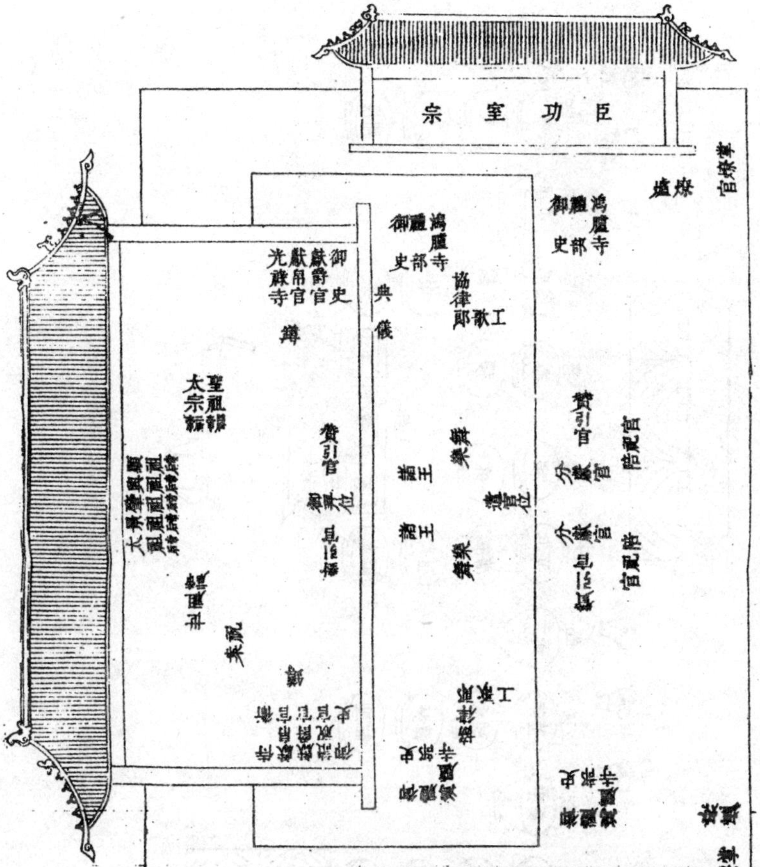

太廟祫祭圖

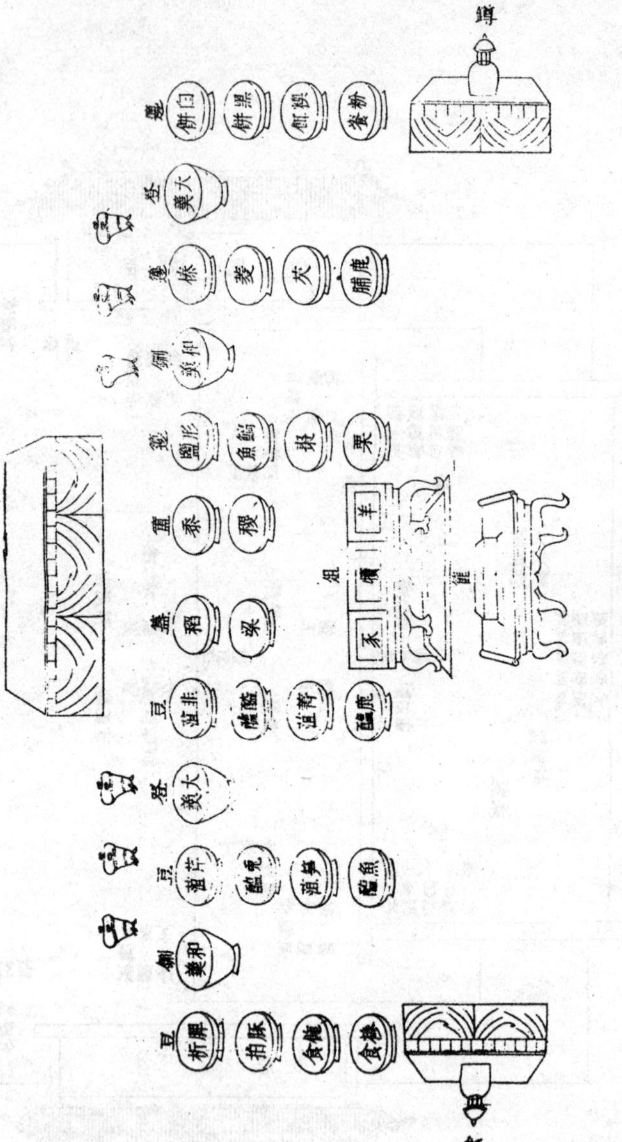

太廟祫祭陳設圖一

肇祖原皇帝、原皇后,位中;興祖直皇帝、直皇后,位東;景祖翼皇帝、翼皇后,位西;顯祖宣皇帝、宣皇后,位次東;太祖高皇帝、孝慈高皇后,位次西,皆南向。太宗文皇帝、孝端文皇后、孝莊文皇后,東旁,西向。世祖章皇帝、孝惠章皇后、孝康章皇后,西旁,東向。聖祖仁皇帝、孝誠仁皇后、孝昭仁皇后、孝懿仁皇后、孝恭仁皇后,次東旁,西向。每案陳設皆同,圖繪其一。

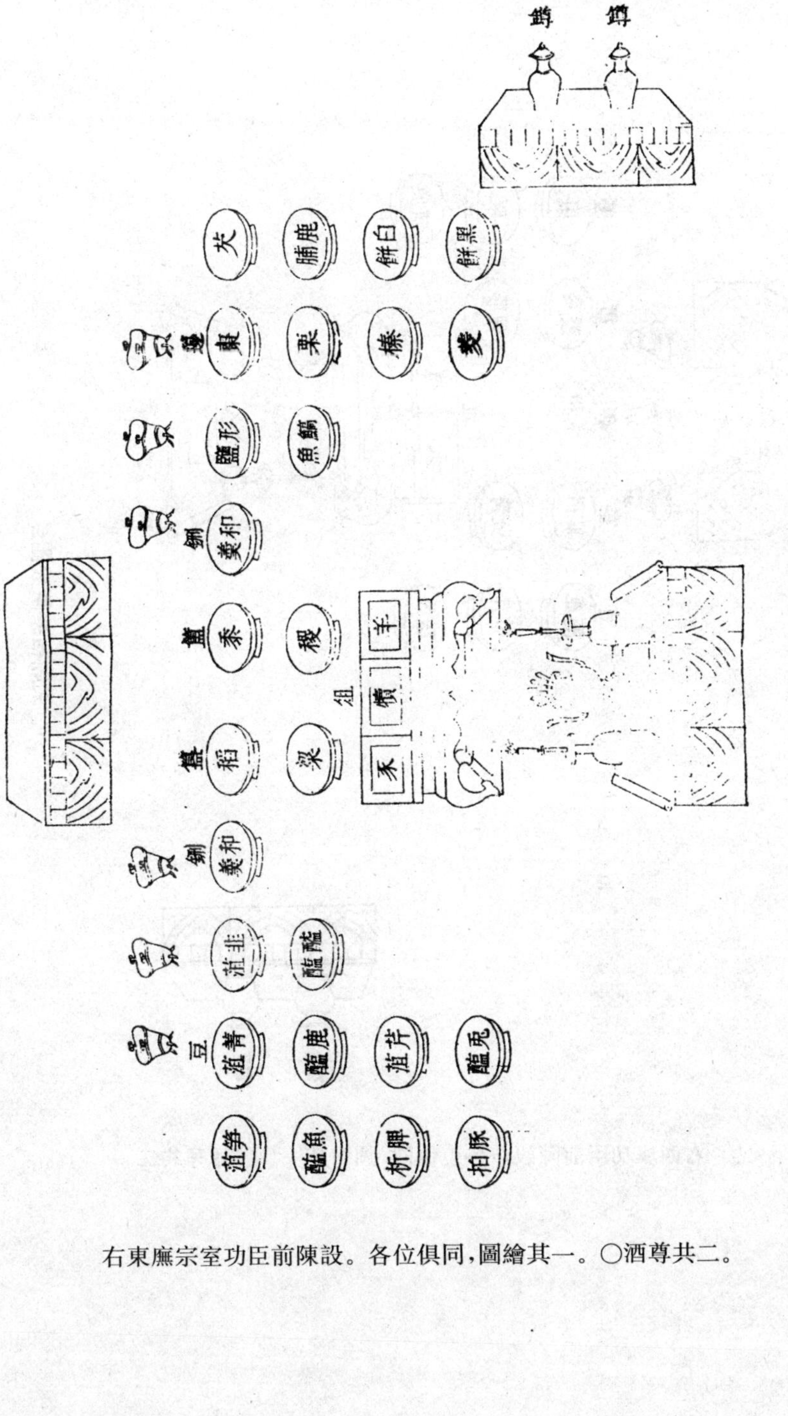

太廟祫祭陳設圖二

右東廡宗室功臣前陳設。各位俱同,圖繪其一。〇酒尊共二。

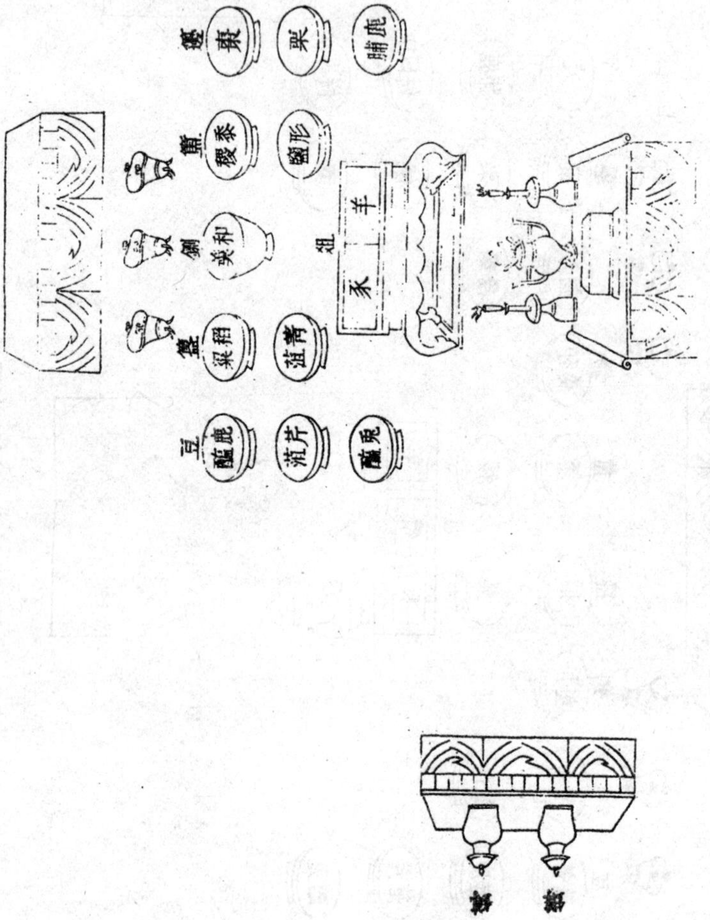

大廟祫祭陳設圖三

右西廡功臣前陳設。各位俱同,圖繪其一。○酒尊共二。

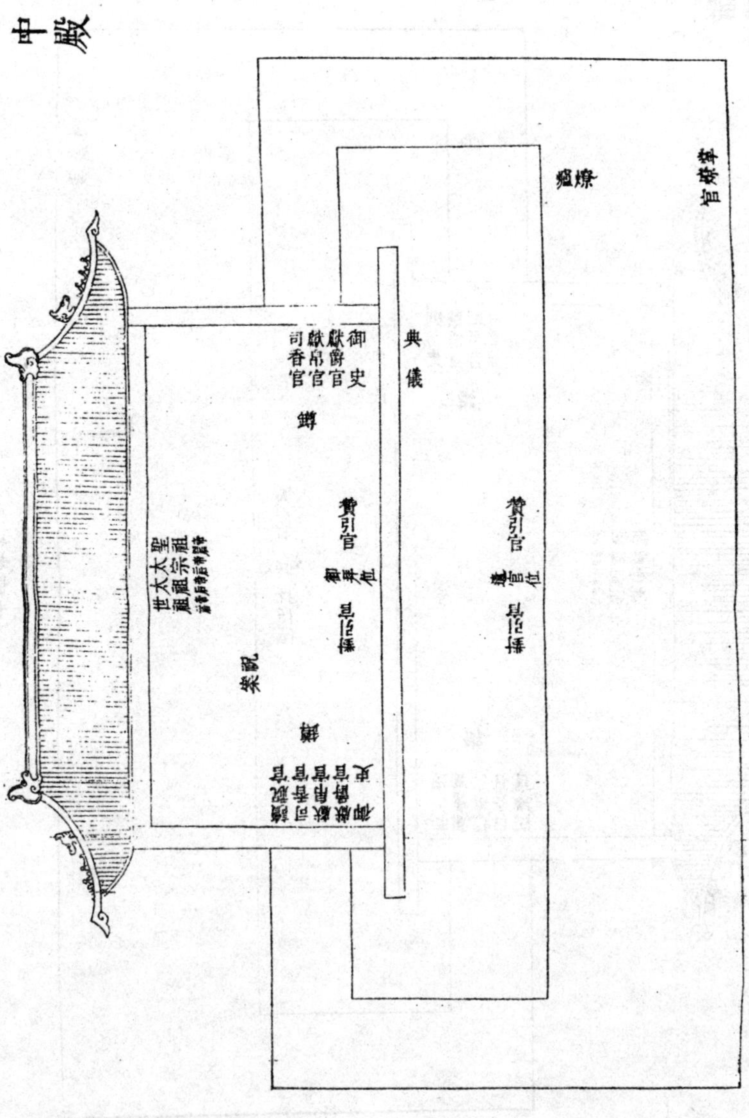

太廟告祭圖一

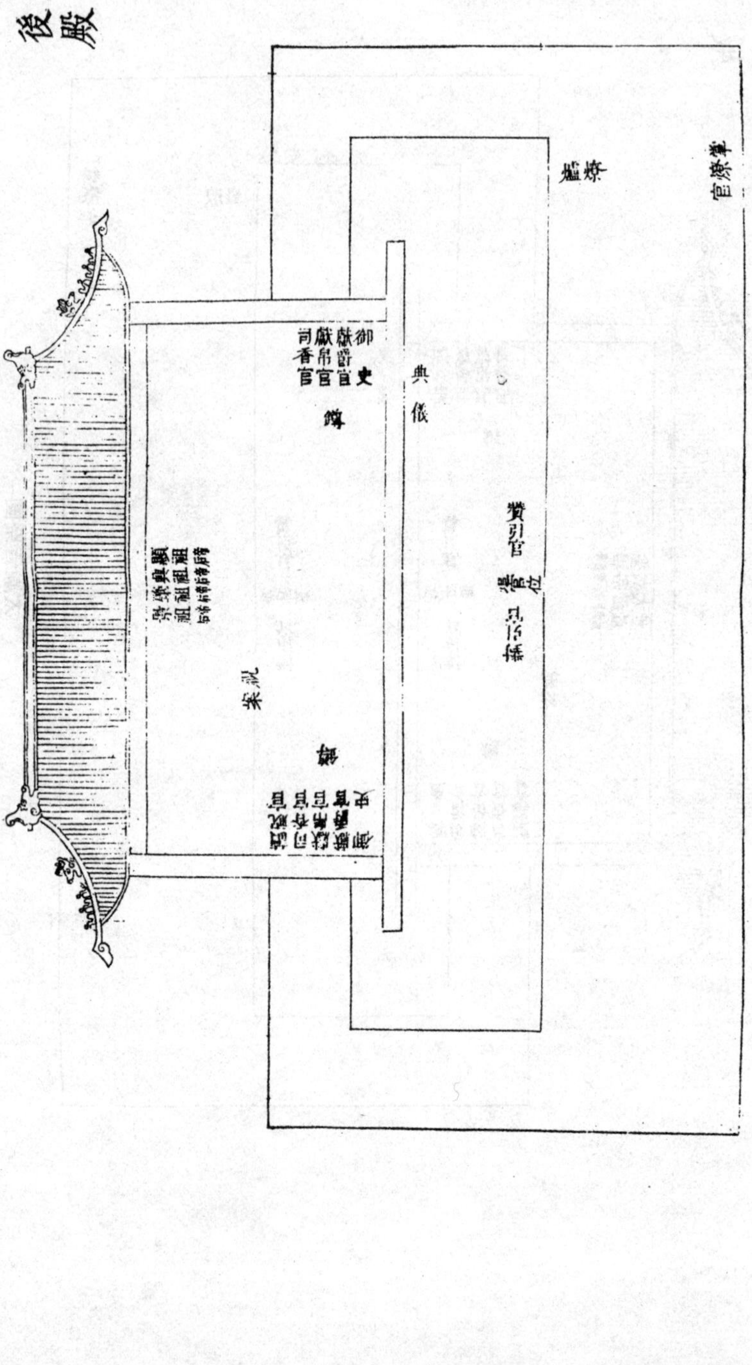

太廟告祭圖二

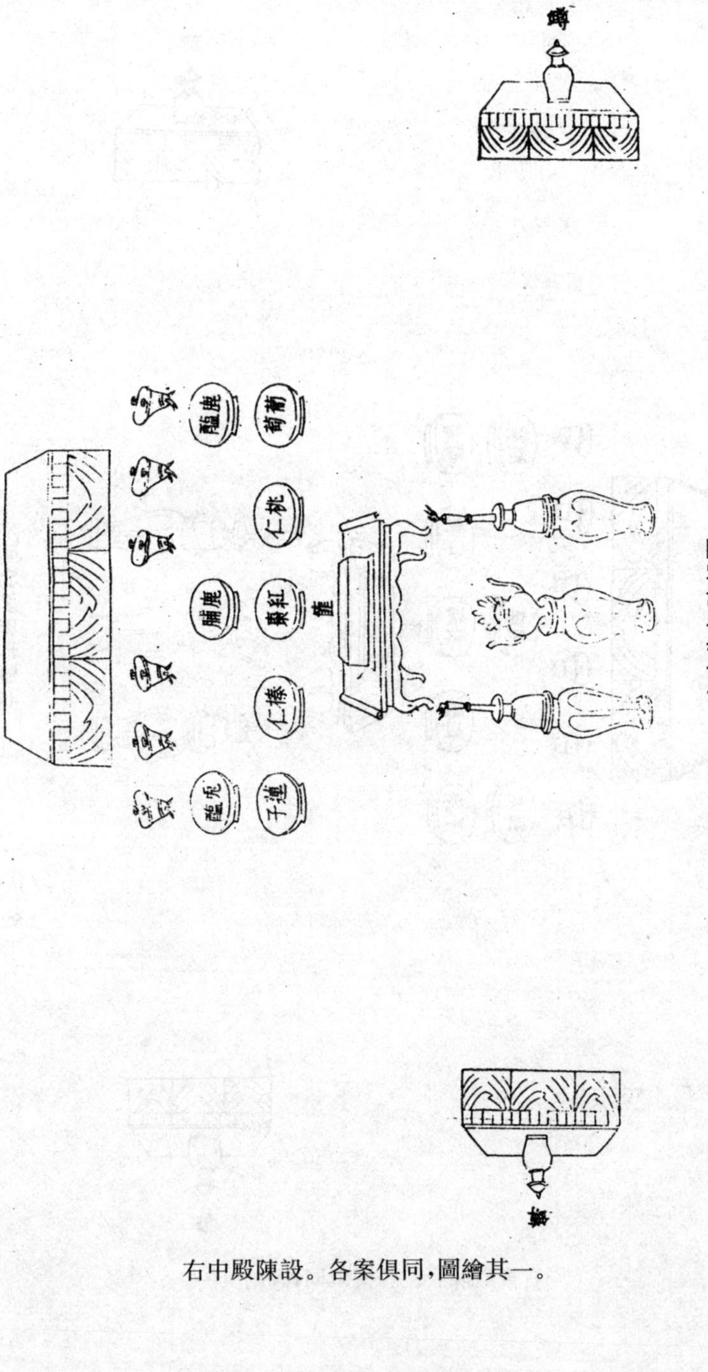

太廟告祭陳設圖一

右中殿陳設。各案俱同，圖繪其一。

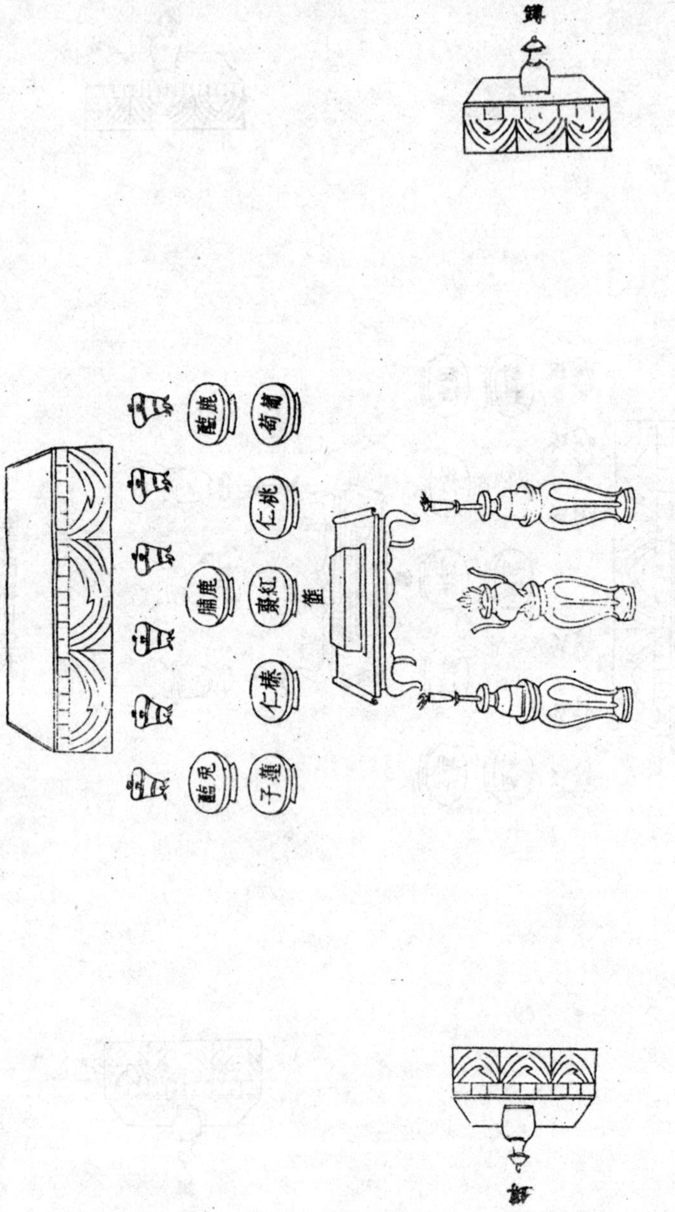

太廟告祭陳設圖二

右後殿陳設。各案俱同,圖繪其一。

大清會典卷之八十五

禮部祠祭司

〔廟祀二〕

〔薦謚號〕

崇德元年，恭上承天廣運聖德神功肇紀立極仁孝武皇帝、孝慈昭憲純德貞順成天育聖武皇后尊謚，廟號太祖。太宗文皇帝親詣致祭行禮。次日，諸貝勒大臣率文武各官，上表行慶賀禮。〇順治元年，恭上應天興國弘德彰武寬温仁聖睿孝文皇帝尊謚，廟號太宗。〇二年，太祖武皇帝、孝慈武皇后、太宗文皇帝玉册玉寶告成，恭進太廟奉安，遣官恭代致祭，如時享儀。〇五年，追尊肇祖原皇帝、原皇后、興祖直皇帝、直皇后、景祖翼皇帝、翼皇后、顯祖宣皇帝、宣皇后，奉安太廟後殿。世祖章皇帝親詣致祭行禮，如時享儀。越三日，行慶賀禮，頒詔天下。〇八年，恭上孝端正敬仁懿莊敏輔天協聖文皇后尊謚。世祖章皇帝親詣太廟致祭行禮，如時享儀。〇九年，恭進四祖皇帝、四祖妣皇后、孝端文皇后玉册玉寶。世祖章皇帝親詣致祭，如時享儀。後恭進同。〇十八年，恭上體天隆運英睿欽文大德弘功至仁純孝章皇帝尊謚，廟號世祖。〇康熙元年，加上太祖承天廣運聖德神功肇紀立極仁孝武皇帝尊謚曰太祖承天廣運聖德神功肇紀立極仁孝睿武弘文定業高皇帝，孝慈昭憲純德貞順成天育聖武皇后尊謚曰孝慈昭憲敬順慶顯承天輔聖高皇后，太宗應天興國弘德彰武寬温仁聖睿孝文皇帝尊謚曰太宗應天興國弘德彰武寬温仁聖睿孝隆道顯功文皇帝。〇二年，恭上慈和皇太后尊謚爲孝康慈和莊懿恭惠崇天育聖皇后。〇九年，加上孝康皇后尊謚爲孝康慈和莊懿恭惠崇天育聖章皇后。〇十三年，孝康章皇后玉册玉寶成，恭進太廟奉安，禮部工部捧設行禮。〇二十七年，恭上孝莊仁宣誠憲恭懿翊天啓聖文皇后尊謚。○五十七年,恭上孝惠仁憲端懿純德順天翼聖章皇后尊謚。○六十一年十一月二十日諭:"朕惟自古賢聖之君,必有顯號徽稱,以昭功德之盛,垂於萬世。此國家不易之鉅典也。仰惟我皇考大行皇帝臨寓六十一年,早承大統,寅畏小心。旦明凛昭格之忱,郊祀親升中之典。監於成憲,率由舊章。孝奉兩宫,尊養兼至。展敬陵廟,備物盡誠。總攬萬幾,阜成兆姓。蠲賦動盈千萬,賑恤曾不稽時。水旱先籌,雨暘必達。寛刑肆赦,德洽好生。盛暑則釋囹圄,嚴寒則賑饘粥。兵糧豫給,優賞屢頒。淮甸屢巡,動數百萬之帑金,運睿謨而兩河底績;魯郊特幸,行數千年之殊禮,屈帝尊而九拜崇師。覽奏牘而利弊周知,覲臣僚而賢愚立辨。保全勳舊,庇廕宗支。廣育人才,敦厚風俗。布昭聖武,申討不庭。元裔背叛,而旋踵就殲;三孽逆命,而尅期獻馘。鄂羅斯占喀爾喀之疆圉,諭以威德,即奉約章;喀爾喀逼厄魯特之暴殘,納其困窮,胥登衽席。噶爾丹肆毒鄰境,三臨絶漠,掃靖烽烟;策妄阿拉布坦摧滅與國,出師命將,恢復藏地。臺灣置郡,紅苗革心。南朔東西,無思不服。至於天縱生知,日新好學,講筵時御,手定六經。廣博士於五賢,配先儒於十哲。文媲二典,書邁百家。貫徹天文,總括地理。旁羅數術,孝正元聲。研索羣編,鑒裁纂輯。凡此難名之美善,洵亘古帝王,首出之一人。雖復累牘連章,不能紀述萬一。朕方與天下臣民均切怙戴,不意龍馭上賓,顧予冲人。嗣膺大統,仰承佑啓之恩,敢後顯揚之禮。謹考彝章,宜升尊謚,詳察典禮具奏。"二十四日,總理事務親王、大臣、内閣、翰林院、禮部恭擬大行皇帝尊謚、廟號,繕摺進呈,恭請親定。上召進總理事務親王、大臣、大學士、尚書等,面諭:"恭上皇考大行皇帝尊謚廟號,諸王大臣等請朕親定。朕思子臣尊崇君父之心,何有止極?然必須至允至當,方孚千秋定論。若少有溢美之辭,不獨失天下之至公,且開後人之僭越。是因臣子之愚忠愚孝,反將君父盛德大業之實行,涉於贊頌之虚文,朕心殊不安也。我皇考大行皇帝纘繼大統,舊典本應稱宗。但經云,祖有功而宗有德。我皇考鴻猷駿烈,冠古轢今。拓宇開疆,極於無外。且六十餘年,手定太平,德洋恩溥,萬國來王。論繼統則爲守成,論勳業則實爲開創。朕意宜崇祖號,方副豐功。但追崇大典攸關,理宜僉謀共協。一人之心,即千萬人之公心;一時之論,即千萬世之公論。爾諸王大臣等,可會同九卿詹事科道文六品以上、武四品以上詳考舊章,從公確議。毋得依違,毋得附和。務期紀實,以垂萬年。若少有幾微未協,知而不言,則大非臣子忠愛之道。"

王等文武諸臣議奏：大行皇帝功德巍焕，高出三代以上之聖主賢君。雖集古今之徽名美號，猶不足表揚萬一。大行皇帝聖學淵深，言成謨典，尊師崇道，手定六經，禮正樂成，誕敷文教，此堯之文思也。聲靈所震，無思不服，開拓宇宙，混同車書，不庭旋服，逆命即收，止戈包革，天下宴安，此湯之神武也。明四目，達四聰，無遠不周，無微不燭，知來藏往，觀化窮神，此舜之睿哲也。一日萬幾，孜孜無倦，深宫燕處，不敢康寧，盛暑必衣冠，嚴冬必聽政，此堯之允恭也。玉食不盈數器，御衣常至十年，物用無金璧之裝，宫殿無繁華之飾，此禹之克儉也。蠲賦免徭，緩刑恤獄，澤厚宗支，賞優士伍，秉中和之性，具含容之量，小過多原，寸長不棄，六十餘年，民物各遂其生者，皆大行皇帝寬裕之恩也。定省兩宫，時日無間，奉養備至，禮數兼隆，此大行皇帝承歡之大孝也。恢三朝之功烈，弘大統之規模，區夏咸寧，聲教四洽，此大行皇帝繼述之大孝也。寅畏小心，恪勤克慎，躬親郊祀，嚴肅致齋，此大行皇帝之敬天也。憲章典訓，對越在天，廟祭致虔，如臨左右，此大行皇帝之敬祖也。健行無息，成己成物，精意由中，修詞立本，出教施令，達乎民心，此大行皇帝之誠也。虚己待物，不逆詐僞，履常思順，不爽片言，此大行皇帝之信也。具仁義禮智信之全，備温良恭儉讓之美，自堯舜以來，未有如大行皇帝德之盛者。八表宅心，九有向化；西北部落，輻輳藁街；東南諸番，頓顙闕下；兩河底績，成萬年永濟之勳；海外咸朝，開萬里難通之域；自堯舜以來，未有如大行皇帝功之大者。天地化育有未周者，大行皇帝實贊之；祖宗經綸有未竟者，大行皇帝實弘之。孔子集千聖之大成，大行皇帝集百王之大成也。臣等謹按傳云，爲人君，止於仁。禮運曰，仁者，義之本，順之體也，得之者尊。説文云，在天爲元，在人爲仁。故易曰，元者善之長，仁者德之首。大行皇帝體元立政，茂育羣生，以義制事，綏安兆姓。臣等竊謂史稱帝堯其仁如天，惟大行皇帝實與並之。又按禮經云，有虞氏禘黄帝而郊嚳，祖顓頊而宗堯。而尚書舜典云，舜格于文祖，釋者謂文祖堯廟也，又歸格于藝祖，釋者謂藝祖堯之祖也，合之祖顓頊之文，則有虞氏蓋有三祖矣。宋臣陳祥道云，凡配天者，皆得稱祖。故國語展禽又有有虞氏祖高陽而郊堯之説，堯所以稱文祖也。顓頊至堯，皆黄帝子孫，而不嫌於皆稱祖。又周禮大宗伯祫禘追享朝享，解云，古者朝廟合羣祖而祭焉，故祫謂之朝享，以合羣祖爲不足；又禘其祖之所自出，故禘謂之追享。夫祖之所自出，始祖也，而其下曰羣祖，知自始祖以下，皆稱祖矣。自唐虞夏商無追王先代之文，而武王周公追王太王王季，以臣子而王其君祖,孔子稱爲達孝。故記曰,武王上治祖禰,尊尊也。又謚議曰,帝王功業隆盛,引古者祖有功之義,得稱祖。此皆經書所載,稽考可據者也。竊謂惟聖字可以贊揚大行皇帝之峻德,惟祖號可以顯彰大行皇帝之隆功。上諭謂"大行皇帝論繼統則爲守成,論勳業實爲開創,朕意宜崇祖號,方副豐功。"此非皇上及諸臣數百人之心,實天下億兆之公心;亦非今日在廷諸臣之論,實千萬世之公論也。臣等公擬敬上尊謚曰合天弘運文武睿哲恭儉寬裕孝敬誠信功德大成仁皇帝,廟號曰聖祖,天下萬世稱曰聖祖仁皇帝。奉旨:"諸王大臣官員深悉我皇考一生神聖,實行同心,合詞恭上尊稱,甚愜朕懷。"皇上親刺指血,圈本内"聖祖"二字,敬恭高捧,授大學士等賫出,宣示羣臣。欽天監恭擇雍正元年二月十九日,恭上廟號尊謚。○是年十二月諭:朕仰荷祖宗眷佑,纘承大統,恭上皇考聖祖仁皇帝尊謚。敬念太祖高皇帝、太宗文皇帝、世祖章皇帝三聖相承,功高德盛,載考典章,加上尊謚。因念孝莊太皇太后翼運啓期,育成兩帝,朕在冲齡,備膺慈愛。孝康皇太后誕育先皇,懿徽流慶。孝惠皇太后德隆福厚,篤愛朕躬。朕意亦宜並加尊謚。但追尊固出至情,而推崇必遵定禮。爾等可稽考載籍,酌古準今,會同確議具奏,俾朕得稍展思慕之誠。又念仁孝皇后作配皇考,孝敬寬仁,坤儀懋著;孝昭皇后恪恭温順,樹範宫闈;孝懿皇后徽音淑德,慈撫朕躬,恩勤備至,均應恭上尊謚,以昭示萬年。爾等一併會同詳察典例擬奏。"遵旨議准:謹考崇德元年恭上太祖尊謚曰太祖承天廣運聖德神功肇紀立極仁孝武皇帝共十四字,康熙元年加上太祖尊謚曰太祖承天廣運聖德神功肇紀立極仁孝睿武弘文定業高皇帝,於仁孝字下加"睿武弘文定業"六字,武皇帝更曰高皇帝,共二十字。今擬於"睿武"字下加"端毅"二字,共爲二十二字。恭加上太祖尊謚曰太祖承天廣運聖德神功肇紀立極仁孝睿武端毅弘文定業高皇帝。順治元年,恭上太宗尊謚曰太宗應天興國弘德彰武寬温仁聖睿孝文皇帝,共十四字。康熙元年,加上太宗尊謚曰太宗應天興國弘德彰武寬温仁聖睿孝隆道顯功文皇帝,於"睿孝"字下加"隆道顯功"四字,共十八字。今於"睿孝"字下加"敬敏"二字,共爲二十字。恭加上太宗尊謚曰太宗應天興國弘德彰武寬温仁聖睿孝敬敏隆道顯功文皇帝。順治十八年,恭上世祖尊謚曰世祖體天隆運英睿欽文大德弘功至仁純孝章皇帝,共十六字。今於"體天隆運"字下加"定統建極"四字,共爲二十字。恭加上世祖尊謚曰世祖體天隆運定統建極英睿欽文大德弘功至仁純孝章皇帝。又考崇德元年,恭上孝慈昭憲純德貞順成天育聖武皇后尊謚。康熙元年，改上孝慈昭憲敬順慶顯承天輔聖高皇后尊謚，共十二字。順治八年，恭上孝端正敬仁懿莊敏輔天協聖文皇后尊謚，共十二字。康熙二十七年，恭上孝莊仁宣誠憲恭懿翼天啓聖文皇后尊謚，共十二字。康熙二年，恭上孝康慈和莊懿恭惠崇天育聖皇后尊謚。康熙九年，加上廟號曰章皇后，共十二字。康熙五十七年，恭上孝惠仁憲端懿純德順天翼聖章皇后尊謚，國朝帝后尊謚。雖皆十二字，但查《明會典》永樂元年上高皇后尊謚十二字，嘉靖十七年加二字爲十四字，此前代已行之典例也。高皇后尊謚於“敬順”字下加“仁徽”二字，共爲十四字。恭加上尊謚曰孝慈昭憲敬順仁徽慶顯承天輔聖高皇后。孝端文皇后尊謚，於“仁懿”字下加“哲順”二字，共爲十四字。恭加上尊謚曰孝端正敬仁懿哲順莊敏輔天協聖文皇后。孝莊文皇后尊謚，於“恭懿”字下加“至德”二字，共爲十四字。恭加上尊謚曰孝莊仁宣誠憲恭懿至德翼天啓聖文皇后。孝惠章皇后尊謚，於“端懿”字下加“慈淑”二字，共爲十四字。恭加上尊謚曰孝惠仁憲端懿慈淑純德順天翼聖章皇后。孝康章皇后尊謚，於“恭惠”字下加“温穆”二字，共爲十四字。恭加上尊謚曰孝康慈和莊懿恭惠温穆崇天育聖章皇后。又，仁孝皇后、孝昭皇后、孝懿皇后尊謚，謹遵初上尊謚十二字之典例。恭上仁孝皇后尊謚曰孝誠恭肅正惠安和儷天襄聖皇后，恭上孝昭皇后尊謚曰孝昭静淑明惠正和欽天順聖皇后，恭上孝懿皇后尊謚曰孝懿温誠端仁憲穆奉天佐聖皇后。○雍正元年諭：“朕惟尊親之典，首重易名；聖善之修，必崇顯號。我皇妣大行皇太后，端莊恭肅，慈惠安和。奉侍先皇，壼儀茂著。誕育冲藐，母道備隆。顧復恩周，命提義盡。寬仁逮下，澤洽宮庭。謙儉持躬，化流禁掖。朕繼承大統，嗣服鴻基。方期合萬國之歡心，奉慈闈之色養。不意遽遭大故，仙馭上昇。抱痛銜哀，感深罔極。維藉顯揚之典，少申孝慕之誠。允宜稽考彝章，薦升尊謚。○是年，恭上尊謚曰孝恭宣惠温肅定裕贊天承聖仁皇后。○是年，恭加上孝誠皇后尊謚曰孝誠恭肅正惠安和儷天襄聖仁皇后，孝昭皇后尊謚曰孝昭静淑明惠正和欽天順聖仁皇后，孝懿皇后尊謚曰孝懿温誠端仁憲穆奉天佐聖仁皇后。○六年，恭進太祖高皇帝、孝慈高皇后、太宗文皇帝、孝端文皇后、孝莊文皇后、世祖章皇帝、孝惠章皇后、孝康章皇后、聖祖仁皇帝、孝誠仁皇后、孝昭仁皇后、孝懿仁皇后、孝恭仁皇后玉册玉寶於太廟。皇上親詣致祭，如時享儀。

崇德元年恭上太祖武皇帝孝慈武皇后尊謚儀

是日早,預陳牲醴供物於太廟神位前。太宗文皇帝親詣行禮。導引官恭導由西階入,轉至東旁,西向立。贊禮官奏就位,導引官恭導詣正中拜位立。諸貝勒大臣兩旁排立。贊禮官奏上香。導引官恭導由東階陞,詣太祖武皇帝、孝慈武皇后香案前,奏跪,導引官捧香跪進於左,跪,上香三,興。導引官恭導由西階下,仍至正中拜位立。贊禮官奏跪、叩、興,三跪九叩頭,興,衆皆隨行禮。畢,贊禮官奏跪,皆跪。獻帛官二員捧帛跪進於東旁,接帛官二員跪於西旁祗俟,受帛,拱舉,授接帛官,捧上中階,供正案上。次獻爵官六員捧爵跪進於東旁,次第受爵,拱舉,授西旁接爵官,捧上中階,供正案上。贊禮官奏跪、叩、興,三跪九叩頭,興,衆皆隨行禮。畢,贊禮官奏跪,皆跪。宣讀官自案上捧舉尊上太祖武皇帝、孝慈武皇后神位,於案前跪讀尊謚號。畢,興。次將追封功臣二人位號告太祖神位前。贊禮官奏跪、叩、興,三跪九叩頭,興,衆皆隨行禮。畢,贊禮官奏禮畢。捧祝官、捧帛爵官依次下中階,詣西旁燎爐,焚祝帛,奠酒。畢,贊禮官贊排班,恭導詣正中拜位立,衆官俱排立。贊禮官奏跪、叩、興,一跪三叩頭,興,衆皆隨行禮。畢,作樂回宮。

順治元年恭上太宗文皇帝尊謚儀

一、前期二日,齋戒如常儀。

一、前期一日,遣官祭告天地宗廟社稷。

一、祭日早,禮部官陳設供物於太廟中殿。承祭官至内院,捧舉尊上謚號牌位,贊引官導至太廟中殿寶位上跪安,叩頭,退,出西旁門,至丹陛上正中,北向立。贊引官贊跪、叩、興,承祭官三跪九叩頭,興。執事官捧帛詣太祖高皇帝、孝慈高皇后、太宗文皇帝位前,依次供獻,各行一跪一叩頭禮,退。贊引官贊宣讀尊上太宗文皇帝祝文。大學士至案前跪,捧祝文,至太祖高皇帝位前,跪,承祭官亦跪。宣讀畢,捧祝文,跪,安案上,一叩頭,退。承祭官亦一叩頭,興。贊引官贊獻爵。捧爵官三員,於太祖高皇帝、孝慈高皇后、太宗文皇帝位前,各獻三爵。獻畢,贊引官贊跪、叩、興,承祭官一跪三叩頭,興,轉至西旁,東向立。贊引官贊捧祝帛送燎位。捧祝帛官一跪一叩頭,捧祝帛出中門。祝帛焚訖,贊引官贊禮畢,承祭官退。

一、是日早,禮部官先陳設供物於太廟前殿各位前及功臣位前。俟行奉安禮畢,宗室大臣捧太祖高皇帝位,覺羅尚書捧孝慈高皇后位,侍郎捧太宗文皇帝位，至前殿奉安，各一叩頭，退。贊引官導承祭官至丹陛上西旁，東向立，各官在丹墀内兩旁立。鳴贊官贊進，承祭官進，至正中，北向立，各官俱就位立。典儀唱迎神，樂作。贊引官贊跪、叩、興，承祭官三跪九叩頭，興，各官亦隨行禮，樂止。典儀唱奠帛，行初獻禮，樂作。捧帛官捧帛，執爵官捧爵，於太祖高皇帝、孝慈高皇后、太宗文皇帝位前，次第獻畢，樂止。贊引官贊跪，承祭官及各官跪。贊讀祝，大學士詣案前，捧祝文，跪祝案左。宣讀畢，仍捧至神位前，跪安，一叩頭，退。樂作，贊引官贊叩興，承祭官及各官俱一叩頭，興，樂止。典儀唱行亞獻禮，樂作。執爵官照前獻畢，退，樂止。典儀唱行終獻禮，樂作。執爵官獻爵，如亞獻儀，畢，樂止。典儀唱徹饌，樂作，徹畢，樂止。太常寺官進至香案左，向北跪，奏禮畢，請還宫，三叩頭，退，樂作。贊引官贊跪、叩、興，承祭官三跪九叩頭，興，各官亦隨行禮，畢，樂止。典儀唱捧祝帛送燎位，樂作。承祭官退至西旁，東向立，候祝帛過，承祭官仍詣拜位立。祝帛焚訖，贊引官贊禮畢，各退。捧神位大臣，各詣神位前，一跪三叩頭，捧至中殿各寶座上跪安畢，一叩頭，退。

順治十八年恭上世祖章皇帝尊謚儀

一、前期三日，齋戒如常儀。

一、前期一日，遣官各一員告祭天地太廟社稷。至日，鑾儀衛官於壽皇殿前陳設鹵簿大駕，作樂。内禮儀院設册寶黄案二於殿門外，一置正中，一置左旁。鴻臚寺設册寶黄案二於太和門外階上正中，設綵輿二於階下。大學士二員捧册寶奉安黄案上，一跪三叩頭，興。聖祖仁皇帝具素服，御太和門。大學士二員各詣黄案前，一跪三叩頭，捧册寶，奉安各亭内，復一跪三叩頭，退。校尉舁行，册前寶後，御仗二對前導。鴻臚寺官恭導聖祖仁皇帝降階陞輦，隨亭後行。親王以下奉恩將軍以上，於協和門外兩旁排班，俟亭至，跪，候過，隨行。文武四品官以上，於東華門外排班，俟亭至，跪，候過，隨行。亭由景山東門入，至壽皇殿大門外，聖祖仁皇帝降輦，册寶亭由中門入，至檐前左旁安設。導引官恭導聖祖仁皇帝由左門入，至槅扇外左旁立。王以下公以上俱排立於大門内兩旁，文武四品官以上俱排立於大門外兩旁。大學士二員至册寶亭前，一跪三叩頭，各捧册寶，置左旁案上，先將絹册寶置正中案上。典儀唱執事官各司其事。導引官恭導聖祖仁皇帝就拜位立。贊引官奏跪、叩、興，聖祖仁皇帝行三跪九叩頭禮，興，王以下各官俱隨行禮。畢，贊引官奏跪，奏進册，捧册大學士從左案捧起，跪進，聖祖仁皇帝奉册跪獻，畢，授右旁大學士，跪接，設於正中案上，奏進寶，捧寶大學士從左案捧起，跪進，聖祖仁皇帝奉寶跪獻，畢，授右旁大學士，跪接，設於正中案上。奏宣册，宣册官詣册案，捧絹册，跪宣畢，仍置案上，一跪三叩頭，退。奏宣寶，宣寶官詣寶案，捧絹寶，跪宣畢，仍置案上，一跪三叩頭，退。贊引官奏跪、叩、興，聖祖仁皇帝行三跪九叩頭禮，興，王以下各官皆隨行禮。畢，次於梓宫前致祭。贊引官奏行三跪九叩頭禮，行禮時，王以下各官俱隨行禮。畢，贊行初獻禮，捧帛官、捧爵官詣梓宫前恭獻畢。奏跪，皆跪。贊讀祝，讀祝官一跪三叩頭，從案上捧祝文跪讀，畢，仍置案上，一跪三叩頭，退。贊引官奏行三叩頭禮，行禮時，王以下各官俱隨行禮。畢，贊行亞獻禮，捧爵官進獻如初獻儀。畢，贊行終獻禮，如亞獻儀。畢，奏行三跪九叩頭禮，行禮時，王以下各官俱隨行禮。畢，贊恭送祝帛詣燎位，捧絹册寶官捧祝帛官俱詣案前，一跪三叩頭，次第捧至梓宫前爐内焚訖。大學士二員各行一跪三叩頭禮，捧香册寶，導引官恭導聖祖仁皇帝詣梓宫前奉安，奏行一跪三叩頭禮。禮畢，駕還宫。次日，頒詔天下。

雍正元年恭上聖祖仁皇帝尊謚儀

前期三日，齋戒。前期一日，遣大臣各一員，告祭天、地、太廟、社、稷、奉先殿。至期，壽皇殿大門外陳設鹵簿大駕，梓宫前點香燭供果品十二色。禮部太常寺官員設册案於香案左，設寶案於香案右，再設一案於東。鴻臚寺官於太和門外正中並設二案於階上，册案在左，寶案在右。鑾儀衛官設綵亭二於階下，册亭在前，寶亭在後。禮部堂官二員預捧絹册寶連匣奉安於綵亭内。執事大臣官員在階下立。内閣大學士二員自内院恭捧香册寶連匣奉安於各案上，行一跪三叩頭禮，退，預設拜褥於門之中。禮部堂官奏請上具素服，御太和門，恭閲册寶畢，就拜位，行一跪三叩頭禮，興，東次西向立。大學士二員詣册寶案前，各行一跪三叩頭禮，興，恭捧册寶，由正中階下，奉安各綵亭内，行一跪三叩頭禮，興。校尉舁亭，前列御仗二對，上陞輿還宫，預至景山觀德殿恭候。捧册寶大臣、執事官員隨綵亭後行。王以下入八分公以上，於協和門外照翼排立，候綵亭至，跪，候過，隨行。民公侯伯以下，滿漢文武大臣及四品以上官，預集景山東門外照翼排立，候綵亭至，跪，候過，隨入。綵亭由景山東門進至壽皇殿大門外，御仗綵亭俱止。禮部堂官二員將絹册寶連匣自綵亭捧出，先入，奉安於各案上，退。大學士二員詣各綵亭前，行一跪三叩頭禮，恭捧香册寶。禮部堂官前引，捧册大臣在前，捧寶大臣在後，由中門中路入殿中槅扇，奉安於東案上，行一跪三叩頭禮，出，立於簷下之東。屆時，禮部奏請上陞輿，至壽皇殿大門外，降輿。贊引官對引官恭導上由大門東門入，進殿東槅扇内，至中，向上立。鴻臚寺官引王以下入八分公以上由大門東西門按翼進至階下，民公侯伯以下，滿漢文武四品官以上在大門外按翼排立。典儀唱執事官各司其事。贊引官奏就位，上就拜位立，奏跪、叩、興，上行三跪九叩頭禮，興，王以下各官俱隨行禮，興。奏跪，上跪，衆皆跪。典儀奏進册，捧册大學士詣册案前，將香册箱恭捧，由左旁跪獻，上受册，拱獻，畢，授右旁禮部堂官，跪接，興，恭捧安設於陳册案上，行一跪三叩頭禮，退。奏進寶，捧寶大學士詣寶案前，將香寶盝恭捧，由左旁跪獻，上受寶，拱獻，畢，授右旁禮部堂官，跪接，興，恭捧安設於陳寶案上，行一跪三叩頭禮，退。奏宣册，宣册官詣册案前，跪，奉絹册出匣，宣畢，奏宣寶，宣寶官詣寶案前，跪，奉絹寶出匣，宣畢，同盛入匣内包裹，俱行三叩頭禮，退。贊引官奏跪、叩、興，上行三跪九叩頭禮，王以下各官俱隨行禮。畢，致祭。典儀贊奠帛爵，行初獻禮。捧帛官捧帛跪獻於供案前，行三叩頭禮，退，獻爵侍衛捧爵獻於案上正中。畢，贊讀祝。讀祝官詣祝案前，行一跪三叩頭禮，從案上捧祝文起，立於祝案之東北。贊引官奏跪，讀祝官先跪，上跪，衆皆跪。贊讀祝，讀祝官讀祝文。畢，捧祝文跪，安於盛帛匣内，行三叩頭禮，退。贊引官奏叩興，上行三叩頭禮，王以下各官俱隨行禮。畢，典儀贊行亞獻禮，獻爵侍衛獻酒於案上之左，退。贊行終獻禮，獻爵侍衛獻酒於案上之右，退。贊引官奏跪、叩、興，上行三跪九叩頭禮，王以下各官俱隨行禮。畢，典儀贊恭送祝帛詣燎位。捧絹册寶官捧祝帛官各詣案前，行三叩頭禮，興，奉册寶祝帛以次由中槅扇出，送詣燎位。贊引官恭導上至東旁立，俟册寶祝帛過，還位立。鴻臚寺官引諸王大臣避於兩旁。贊引官贊禮畢，對引官恭導上出，陞輿，回宫，衆官按翼從東西門出，各退。次日，頒詔天下。

康熙二十七年恭上孝莊文皇后尊謚儀

太皇太后梓宫在暫安奉殿，擇吉恭詣行禮。前期四日，尊謚册寶啓行。鴻臚寺官設黄案二於太和門階上正中，設綵亭二於太和門階下。大學士二員捧香册寶奉安案上，一跪三叩頭，下階立於左旁。禮部官預奉安絹册寶於綵亭内。不行禮。鴻臚寺官奏請聖祖仁皇帝具素服，御太和門。禮部堂官恭導詣册寶案左旁，西向立。大學士詣案前，一跪三叩頭，興，捧册寶奉安綵亭内,仍一跪三叩頭,興。禮部堂官恭導由中階降,至階下正中,南向立。校尉舁行,册前寶後,御仗二對前導,執事各官隨後行。俟册寶亭出午門,禮部堂官奏禮畢,聖駕還宫。王以下大小各官在午門外齊集,候册寶亭至,跪,候過,興,各散。祇送大臣官員,由各衙門奏請隨送。隨册寶亭出東長安門,各乘馬按旗行。沿途五十里以内各官,俟册寶亭至,跪迎,候過,興。每日至宿次,大學士等詣册寶亭前,一跪三叩頭,捧册寶奉安幄内案上,一跪三叩頭,退。次日,由案上捧請及奉安綵亭時,亦各行一跪三叩頭禮。〇前期一日,遣大臣告祭天、地、太廟、社、稷及奉先殿。聖駕先期啓行,王以下入八分公以上俱隨行。由宗人府奏請隨送。至上尊謚日,聖祖仁皇帝親詣行禮。内鑾儀衛官設儀仗於暫安奉殿大門外。太常寺官點香燭,供果品。鴻臚寺官設案一於階上正中,又設案一於左旁。守陵官員在下馬牌處齊集,候册寶亭至,跪,候過,隨行。册寶亭由中門入,至階上左旁,亭止。聖駕至大門外下馬,内大臣侍衛在大門外排立。贊禮官恭導由大門左旁門入,至階上,西向立。大學士等詣亭前,一跪三叩頭,捧册寶設左旁案上。典儀贊執事官各司其事。贊引官恭導就拜位立。贊禮官贊行三跪九叩頭禮,興。贊引官奏跪,奏進册,大學士詣左旁案前,行一跪三叩頭禮,捧册,跪獻,聖祖仁皇帝受册,跪獻,仍授大學士,捧立。次奏進寶,大學士詣左旁案前,行一跪三叩頭禮,捧寶,跪獻,聖祖仁皇帝受寶,跪獻,仍授大學士,大學士等同捧册寶,奉安正中案上,各一跪三叩頭,退。奏宣册,宣册官詣正中案前,一跪三叩頭,捧絹册,跪於拜位左,北向宣畢興,捧册立,奏宣寶,宣寶官詣正中案前,一跪三叩頭,捧絹寶跪於拜位左,北向宣畢,興,各捧册寶設正中案上,行一跪三叩頭禮,退。贊引官奏跪、叩、興,聖祖仁皇帝行三跪九叩頭禮,興。次致祭。贊引官奏行三跪九叩頭禮,行禮時,衆隨行禮。畢,典儀贊行初獻禮。捧帛爵官進獻訖,贊讀祝,讀祝官詣祝文案前,一跪三叩頭,捧祝文立。贊引官奏跪,皆跪。贊讀祝,讀祝官跪於拜位左旁,讀畢,捧置帛匣内,一跪三叩頭,退。贊引官奏行三叩頭禮,行禮時,衆隨行禮。畢,典儀贊行亞獻、終獻禮,如前儀。贊引官奏行三跪九叩頭禮,行禮時,衆隨行禮。畢,典儀贊恭送祝帛於燎位,捧絹册寶官捧祝帛官各詣燎位。贊禮官恭導轉立東旁,祇候祝帛過,旋位立。焚半,贊禮畢,大學士等捧香册寶行,聖祖仁皇帝隨至暫安奉殿。内務府總管等安設畢,贊禮官恭導詣拜位行,一跪三叩頭禮。畢,聖駕出,還宫。

康熙五十七年恭上孝惠章皇后尊謚儀

一、前期二日，齋戒如常儀。

一、前期一日，遣官各一員，告祭天、地、太廟、社、稷、奉先殿。

一、前期一日早，內務府官於殯殿梓宫前設册案於香案之左，寶案於香案之右。鴻臚寺官於太和門階上正中設册案於左，寶案於右。鑾儀衛官於太和門階下正中設綵亭二，册亭在前，寶亭在後。內大臣禮部官預捧絹册寶並匣奉安各亭內。捧册寶官及執事官在太和門階下左旁齊集。內閣大學士二員自內閣捧香册寶並盝安置各案上，行一跪三叩頭禮，興。捧册寶官至册寶案前行一跪三叩頭禮，興，捧册寶，由中階降，安置各亭內，行一跪三叩頭禮，興。校尉舁亭，黄蓋一柄、御仗二對前導，捧册寶官執事官隨後，自午門中門出。王以下滿漢文武四品以上官在午門前齊集，候册寶亭至，俱跪，候過，興。捧册寶官執事官隨綵亭至東長安門外，乘馬隨行，至殯殿圍墻外，下馬，步隨，由大門中門入，至二門外，御仗綵亭停止。禮部內務府官將絹册寶並匣由綵亭捧出，安置各案上，捧册寶官至綵亭前，行一跪三叩頭禮，興，恭捧香册寶。禮部堂官導引，捧册官在東，捧寶官在西，由甬道兩旁進，至梓宫前，安置各案上，行一跪三叩頭禮，興。禮部內務府官恭捧金册寶出，貯內庫。

一、是日，大行皇太后儀仗全設，梓宫前陳設香燭果品，如前儀。王以下入八分公以上、內大臣侍衛滿漢大學士在大門內，民公侯伯以下、滿漢文武四品官以上在大門外，分翼齊集。贊禮官引承祭皇子自西角門入，至殯殿外奠祭處立。典儀贊執事官各司其事。贊引官贊跪、叩、興，行三跪九叩頭禮，興。贊引官導皇子由西門入至中門檻內立。贊跪，皇子跪。贊進册，捧册官至册案前，恭捧香册箱，跪獻，皇子接册，恭獻，畢，仍授捧册官，跪受，興，捧置原案上，一跪三叩頭，興。贊進寶，捧寶官至寶案前，恭捧香寶盝，跪獻，皇子接寶，恭獻，畢，仍授捧寶官，跪受，興，捧置原案上，一跪三叩頭，興。典儀贊宣册，宣册官至册案前，跪，捧絹册出匣，宣畢，贊宣寶，宣寶官至寶案前，跪，捧絹寶出匣，宣畢，同置各匣內，行三跪九叩頭禮，退。贊引官導皇子仍由西門出，至原行禮處立。贊引官贊跪、叩、興，皇子行三跪九叩頭禮，興。次行致祭禮，如常儀。

雍正元年恭上孝恭仁皇后尊謚儀

一、前期三日，齋戒如常儀。

一、前期一日，遣大臣各一員告祭天、地、太廟、社、稷、奉先殿。復遣大臣詣景陵告祭聖祖仁皇帝几筵。至恭上尊謚之日,大行皇太后儀仗全設於壽皇殿大門外,所行典禮,俱與恭上聖祖仁皇帝尊謚儀同。

凡奉遣告祭天、地、宗廟、社、稷大臣,具朝服;告祭奉先殿大臣,具補服;梓宮前行禮大臣、捧册寶大臣、執事大臣官員及齊集王以下大臣官員,具素服。

康熙十三年孝誠仁皇后初謚仁孝皇后遣使上册寶儀附。

是日,内務府官於沙河城梓宫前陳設儀仗,設册寶案各一,香案一。鴻臚寺官於太和門階上設册寶案各一,階下設册寶亭各一。正副使及執事官,俱素服,排立於階下之東。内閣大臣捧香册寶匣設各案上,行一跪三叩頭禮,退,立階下之東。禮部官捧絹册寶匣設綵亭内。陳設畢,禮部堂官奏聞時,聖祖仁皇帝御素服,陞太和門座。禮部堂官引正副使由東旁階上,詣册寶案前,行一跪三叩頭禮,興,正使捧册,副使捧寶,由中路下階,陳設綵亭内,行一跪三叩頭禮。禮部堂官奏禮畢,駕還宫。校尉舁亭,册前寶後,黄蓋一柄、御仗二對前導,由中路出,正副使隨後行。内大臣侍衛於午門内金水橋旁跪送,王以下奉恩將軍以上於西華門跪送,滿漢四品以上官於西華門外跪送。出德勝門,至沙河城,進南門,正副使執事官俱於門外下馬。其派往隨送内大臣侍衛、滿漢四品以上官,於沙河城内皇城外排跪,奉迎。綵亭由中門入,至二門止,正副使詣亭前,行一跪三叩頭禮,捧香册寶,由中路至殿内,設於各案,册左寶右,行一跪三叩頭禮。禮部自亭内捧絹册寶設於各案。正副使詣香案前。贊引官贊上香,正使上香。贊宣册,宣册官捧册立宣,訖,贊宣寶,宣寶官捧寶立宣,訖,仍捧置各案上。贊禮畢,正使捧香册,副使捧香寶,陳設於梓宫前,册左寶右,行一跪三叩頭禮,興,由東槅扇出。陳設祭品畢,鴻臚寺官引内大臣侍衛、滿漢四品以上官至階下,兩翼排立。典儀贊排班,贊進,承祭官及各官俱就位立。贊執事官各司其事。贊引官引承祭官由殿西門入至香案前。贊跪,承祭官跪,贊上香,司香官捧香盒跪於右,承祭官三上香畢,贊復位,承祭官復位立,贊跪、叩、興,承祭官及各官行三跪九叩頭禮,興。贊奠帛,行初獻禮,捧帛官跪獻,行三叩頭禮,興,捧爵官立獻。畢,贊讀祝,讀祝官詣祝案前,一跪三叩頭,興,捧祝文立,贊跪,承祭官及各官讀祝官皆跪,讀畢,以祝文授内務府官,該員跪接,置帛匣上,各行一跪三叩頭禮,興,贊叩興,承祭官及各官俱行三叩頭禮,興。典儀贊行亞獻禮,如初獻。贊行終獻禮,如亞獻。獻畢,贊引官贊跪、叩、興,承祭官及各官俱行三跪九叩頭禮,興。典儀贊恭捧祝帛詣燎位,捧絹册寶官捧祝帛官各詣案前,行一跪三叩頭禮,捧起,送至燎所。承祭官退立西旁,候過,復位立。焚訖,贊禮畢,各退,正副使復命。次日,頒尊謚詔於天下。

大清會典卷之八十六

禮部祠祭司

〔廟祀三〕

〔升祔〕

順治元年定鼎燕京，奉太祖高皇帝、孝慈高皇后、太宗文皇帝神牌奉安於太廟，遣官致祭，如時享儀。○五年，奉肇祖原皇帝原皇后、興祖直皇帝直皇后、景祖翼皇帝翼皇后、顯祖宣皇帝宣皇后入太廟。世祖章皇帝親詣太廟後殿，奉安神位，致祭，如時享儀。○八年，奉孝端文皇后升祔太廟。世祖章皇帝親詣奉安神位，致祭，如時享儀。○十八年，奉世祖章皇帝神主升祔太廟。聖祖仁皇帝親詣奉安神位，致祭，如時享儀。○康熙九年，奉孝康章皇后神主升祔太廟。行禮，致祭，與順治十八年同。○二十七年，奉孝莊文皇后神主升祔太廟。致祭，如時享儀。○五十七年，奉孝惠章皇后神主升祔太廟。時聖祖仁皇帝聖體違和，派出皇子一位恭代行禮，王以下滿漢文武官員照親祭例陪祀。先是議升祔位，次聖祖仁皇帝諭曰："皇太后係朕嫡母，應奉安於孝康皇太后之上。"至日，太廟前殿致祭。孝惠章皇后寶座設於世祖章皇帝寶座之次，孝康章皇后寶座設於孝惠章皇后寶座之次。至中殿安奉，世祖章皇帝神位居中，孝惠章皇后神位居左，孝康章皇后神位居右，俱南向。致祭，如時享儀。○雍正元年，禮部奏：古帝王升祔太廟，必以皇后配饗。夏商而後，遵爲定制。其或不同入廟者，周人有閟宮之祀，漢世有別寢之享，爰至唐宋有坤儀奉慈之殿，所以推廣尊親之義，申展無盡之孝思也。自是配祔太廟者，皇后字上一字與廟謚同；奉祀別廟者，則但有謚號，而不加廟謚。歷代相因，其配祔之位，或一帝一后，或一帝二后。宋太宗、徽宗則四后先後升祔，禮制不同。本朝太祖高皇帝三后，惟孝慈皇后稱高皇后，升祔太廟；太宗文皇帝二后，孝端皇后、孝莊皇后俱稱文皇后，先後升祔太廟；世祖章皇帝三后，孝惠皇后、孝康皇后俱稱章皇后，先後升祔太廟，孝獻皇后則但於饗殿奉祀，此我朝之典制也。前内閣九卿等恭議加上聖祖仁皇帝三皇后尊謚，因未定配饗之儀，故皇后字上未敢加以仁字。今擇於九月初四日聖祖仁皇帝升祔太廟，則先皇后配饗之禮，理應詳定。前奉上諭：仁孝皇后，作配皇考，孝敬寬仁，坤儀懋著。欽遵諭旨，謹按典禮，孝誠皇后允宜配位太室，同饗玉筵，尊謚皇后字上加以廟謚"仁"字，恭書神主曰孝誠恭肅正惠安和儷天襄聖仁皇后神位，擇吉升祔太廟。孝恭仁皇后，性成慈孝，德著謙和，體坤道以承乾，備母儀而啓聖，允宜齊登清廟並奉烝嘗。閣臣議上尊謚，即具加廟謚，與孝誠皇后同祔太廟。此天地之經義，不易之常典，無庸更議。孝懿温誠端仁憲穆奉天佐聖皇后，徽音淑德，著美彤闈，慈愛聖躬，勤勞篤摯。孝昭静淑明惠正和欽天順聖皇后，流輝椒掖，正號璇宫。其應否升祔太廟，事關鉅典。宜合廷臣詳考古制，稽查正典，確議以定。奉旨，總理事務王大臣、内閣、九卿、翰林院、詹事、科、道，會同詳查典禮，確議具奏。遵旨議准：前代祔廟之制，各有不同。自夏商以至六朝，太廟神主，皆一帝一后。至唐睿宗，昭成、肅明二后並祔太廟。宋之太祖則三后並祔，太宗四后並祔，朱子及有宋諸儒皆無異説。欽惟孝誠恭肅正惠安和儷天襄聖仁皇后，作配宸極，懋著坤儀；孝恭宣惠温肅定裕贊天承聖仁皇后，德茂承乾，祥開毓聖，慈仁恭儉爲天下母，允宜如禮臣所奏，同祔太廟。欽惟孝懿皇后孝昭皇后，前奉諭旨："孝昭皇后恪恭温順，樹範宫闈，孝懿皇后徽音淑德，慈撫朕躬，恩勤備至，均應恭上尊謚，以昭示萬年。"仰惟皇上大孝不匱之聖心，謹按宋代四后祔廟之大典，謹於孝懿温誠端仁憲穆奉天佐聖皇后、孝昭静淑明惠正和欽天順聖皇后並加上尊謚廟謚"仁"字，均稱仁皇后，恭造神主，同祔太廟。〇又奉旨"朕惟母后升祔太廟，大典攸關。欲伸臣子之孝思，必準前代之成憲。務得情理允協，乃可昭示萬年。孝昭仁皇后、孝懿仁皇后繼位中宫，孝恭仁皇后誕育朕躬，母儀天下，按先儒祔廟之議，一元后，一繼立，一本生以次並列。今母后升祔位次，當首奉孝誠仁皇后，次奉孝昭仁皇后，次奉孝懿仁皇后，次奉孝恭仁皇后。如此庶於古禮符合，而朕心亦安。"〇九月初一日，聖祖仁皇帝、孝恭仁皇后山陵事竣。是日，行點主禮畢，儀注另載。上恭捧神牌，安奉黄輿，按程恭設黄幄，行朝夕奠。初四日，行升祔禮。聖祖仁皇帝、孝誠仁皇后、孝昭仁皇后、孝懿仁皇后、孝恭仁皇后,並奉安神位於太廟。致祭,如時享儀。

順治元年奉安太祖高皇帝孝慈高皇后太宗文皇帝神位儀

正祭日早,尚書一員恭捧太祖高皇帝神位,參領一員恭捧孝慈高皇后神位,尚書一員恭捧太宗文皇帝神位。贊引官六員前導,承祭官隨後行,進太廟街門,至太廟前殿。跪,捧太祖高皇帝、孝慈高皇后神位,奉安正中,南向;太宗文皇帝神位,奉安東旁,西向。各官一叩頭,退,出至臺階下立。承祭官致祭行禮。

順治十八年世祖章皇帝升祔儀

一、前期三日,齋戒如常儀。

一、前期二日,陞殿、視祭告祝版,如常儀。

一、前期一日,遣官祭告太廟。陞殿、視升祔太廟祝版,如常儀。

一、正祭日早,預遣大臣詣太廟中殿太祖高皇帝、孝慈高皇后、太宗文皇帝、孝端文皇后神牌前,一跪三叩頭,捧請神牌,奉安於太廟前殿寶座,一跪三叩頭,退。禮部官奏請行禮,聖祖仁皇帝御素服,先詣乾清宮,於所設神牌前,陳設果品十二色,上香燭。獻酒三爵,三跪九叩頭,禮畢,轉立拜位東。内贊官詣神牌前跪奏,請世祖章皇帝神主降座陞輦、入太廟祔享。奏訖,聖祖仁皇帝詣前,一跪三叩頭,捧請神牌,奉安黄輿内,復一跪三叩頭。校尉舉輿,黄繖一柄、御仗二對前導,從乾清門出。聖祖仁皇帝易祭服,陞輦,後隨。由中路出太和門,鹵簿大駕全設於午門外,不鳴鐘鼓,不作樂。其不陪祀各官,俱朝服,於午門外常朝處排跪,候過,陪祀王以下文武各官,俱朝服,於端門外排跪,候過,隨聖駕進太廟街門,神牌輿停於御道正中,聖祖仁皇帝降輦,詣神牌輿前立。内贊官跪奏,請世祖章皇帝神主降輿。奏訖,聖祖仁皇帝於輿前一跪三叩頭,恭捧神牌,由左門入,繖仗前導,行至内門,繖仗停止。行至廟前殿丹陛上,贊引官恭導由中門入殿内,奉安神牌於拜位,北向。聖祖仁皇帝於位後立,王以下公以上於丹陛上序立,文武各官於丹墀内排立。贊引官跪奏世祖章皇帝升祔太廟,參拜太祖高皇帝、孝慈高皇后、太宗文皇帝、孝端文皇后。贊引官奏跪、叩、興,聖祖仁皇帝於神牌後代行三跪九叩頭禮,興,王以下各官俱不行禮。恭捧神牌,正中北向立。贊引官贊賜世祖章皇帝神牌坐,聖祖仁皇帝恭捧世祖章皇帝神牌,奉安於太祖高皇帝神位之西旁,東向,復代行一跪三叩頭禮。禮畢,行致祭禮。太廟後殿,亦遣官照常行禮。祭畢,回宫,不作樂。捧神位大臣仍詣各神牌前,一跪三叩頭,捧請至太廟中殿奉安,各一跪三叩頭，退。

雍正元年聖祖仁皇帝仁皇后升祔儀

前期三日，齋戒，遣官告祭天地宗廟社稷。至期，執事官先至太廟中殿，於太祖高皇帝、孝慈高皇后、太宗文皇帝、孝端文皇后、孝莊文皇后、世祖章皇帝、孝惠章皇后、孝康章皇后神位前，各行一跪三叩頭，捧請神牌，奉安太廟前殿寶座。聖祖仁皇帝、孝恭仁皇后神牌黄輿，由朝陽門入。隨從王貝勒大臣官員，俱朝服；在京滿漢文武官員，齊集大清門外，朝服，拱候，黄輿至，跪，候過，隨行。預設上更衣幄次於太廟街門外。太常寺官奏請上出宫，鹵簿大駕全設於午門外，出入不作樂。上率王、貝勒、貝子、公等，於端門外朝服恭迎神牌。黄輿至，上跪，王等皆跪，候過，隨行。神牌黄輿將至太廟街門時，預派親王於供奉孝誠仁皇后、孝昭仁皇后、孝懿仁皇后神位處，盥洗畢，行一跪三叩頭禮。贊禮官跪奏請孝誠仁皇后、孝昭仁皇后、孝懿仁皇后神主升輿詣太廟祔享。親王恭捧神牌以次跪安，於各黄輿内行三叩頭禮，退。校尉舁輿，以次行，前列御仗六對，各張黄蓋一柄，候聖祖仁皇帝神牌黄輿進太廟街門中門，以次隨行。至甎城門外，黄輿以次止。鑾儀衛官捧水盤進，上盥洗，畢，贊禮官跪奏請神牌，降輿。上詣聖祖仁皇帝神牌黄輿前，行一跪三叩頭禮，親王至四后神牌黄輿前，行一跪三叩頭禮，恭捧神牌，以次前行，御仗黄蓋前導，入至戟門，御仗黄蓋止。上由左門升正面東階，進太廟東槅扇。鴻臚寺引王以下公以上由東西戟門進，至東西臺階上排立，陪祀各大臣官員由東西戟門入，就階下行禮處排立。執事官預設聖祖仁皇帝拜褥於中，四后拜褥於左右。稍後，上恭捧聖祖仁皇帝神牌向上立，親王恭捧四后神牌，以次左右，俱向上立。稍後，贊引官跪奏聖祖仁皇帝、孝誠仁皇后、孝昭仁皇后、孝懿仁皇后、孝恭仁皇后升祔太廟，參拜太祖高皇帝、孝慈高皇后、太宗文皇帝、孝端文皇后、孝莊文皇后、世祖章皇帝、孝惠章皇后、孝康章皇后。上恭捧聖祖仁皇帝神牌，跪安於拜褥上，所派親王恭捧四后神牌，各跪安於拜褥上，親王由西槅扇退出門檻外立。贊引官對引官恭導上就拜位後，代行三跪九叩頭禮。贊引官跪奏請聖祖仁皇帝、孝誠仁皇后、孝昭仁皇后、孝懿仁皇后、孝恭仁皇后陞寶座。上恭捧聖祖合天弘運文武睿哲恭儉寬裕孝敬誠信功德大成仁皇帝神牌奉安於東序太宗文皇帝之次第一位寶座，行一跪三叩頭禮。親王進東西槅扇，各就拜褥，恭捧孝誠恭肅正惠安和儷天襄聖仁皇后神牌奉安於第二位寶座，孝昭静淑明惠正和欽天順聖仁皇后神牌奉安於第三位寶座，孝懿温誠端仁憲穆奉天佐聖仁皇后神牌奉安於第四位寶座，孝恭宣惠温肅定裕贊天承聖仁皇后神牌奉安於第五位寶座，各隨行一跪三叩頭禮。此行禮時，衆不隨行禮。次行致祭禮，遣大臣於太廟後殿行禮。畢，上由東戟門出，至甎城門外，陞輿，還宫。執事官至各神位前，一跪三叩頭，恭捧神牌，奉安太廟中殿，一跪三叩頭，退。聖祖仁皇帝神牌奉安於東二室正中，孝誠仁皇后神牌居左，孝昭仁皇后神牌居右，孝懿仁皇后神牌次左，孝恭仁皇后神牌次右，俱南向。次日，頒詔天下。

康熙二十七年孝莊文皇后升祔儀

前期一日，遣大臣各一員告祭太廟。至期，設黄亭二於神牌前。預遣大臣詣太廟中殿太祖高皇帝、孝慈高皇后、太宗文皇帝、孝端文皇后、世祖章皇帝、孝康章皇后神位前，各行一跪三叩頭禮，捧請神牌，奉安太廟前殿寶座，行一跪三叩頭禮，退。禮部堂官奏請行禮，聖祖仁皇帝具禮服，乘輿，出宫，鹵簿大駕陳設於午門外，不奏樂，不鳴鐘鼓。其不陪祀王以下各官，具朝服，於常朝處分翼排立，駕至，跪，候過，興。陪祀王以下各官，具朝服，預入太廟内排立。駕至太廟傍門，降輦，詣安設神牌處，盥手。至孝莊文皇后神位前，行一跪三叩頭禮，捧請神牌，奉安亭内，行一跪三叩頭禮。校尉舁亭，黄蓋一柄、御仗二對前導。聖祖仁皇帝隨神位黄亭後行，至太廟外左門，亭止。贊禮官跪奏恭請孝莊仁宣誠憲恭懿翊天啓聖文皇后神牌，聖祖仁皇帝詣亭前，一跪三叩頭，興，於亭内恭請神牌，由左門入，繖仗前導，行至内門，撤繖仗。大臣二員預詣世祖章皇帝、孝康章皇后神位前，各行一跪三叩頭禮，恭捧神牌，東向立。孝莊文皇后神牌將至，陪祀王以下各官跪，候過，興。贊禮官恭導詣行禮處，奉安孝莊文皇后神牌於拜位，聖祖仁皇帝立於位後。王以下入八分公以上在丹陛上排立，公以下各官於丹墀内排立。贊禮官跪奏孝莊仁宣誠憲恭懿翊天啓聖文皇后升祔太廟，參拜太祖高皇帝、孝慈高皇后、太宗文皇帝，奏跪、叩、興，聖祖仁皇帝代行三跪九叩頭禮，興，恭捧神牌立。贊禮官奏請孝莊仁宣誠憲恭懿翊天啓聖文皇后神牌陞寶座，聖祖仁皇帝捧神牌，奉安於寶座，行一跪三叩頭禮，畢，旋位立。次恭捧世祖章皇帝孝康章皇后神牌大臣二員跪奉安神牌於拜位。贊禮官奏參拜孝莊仁宣誠憲恭懿翊天啓聖文皇后，奏跪、叩、興，聖祖仁皇帝代行三跪九叩頭禮，興，大臣二員跪捧世祖章皇帝孝康章皇后神牌奉安寶座，行一跪三叩頭禮，退。以上行禮時，王以下各官俱不行禮。次行致祭禮，太廟後殿亦遣大臣行禮。祭畢，各大臣恭捧神牌奉安於太廟中殿，行禮，如常儀，駕還宮。

康熙五十七年孝惠章皇后升祔儀

前期一日，遣大臣各一員祭告天地宗廟。至期，執事官先至太廟中殿，於太祖高皇帝、孝慈高皇后、太宗文皇帝、孝端文皇后、孝莊文皇后、世祖章皇帝、孝康章皇后神位前，各行一跪三叩頭禮，捧請神牌，奉安太廟前殿寶座上，各行一跪三叩頭禮，退。其齋戒王以下各官，具朝服，預入太廟内排立。承祭皇子入，至太廟旁門，盥手，進神位前，行一跪三叩頭禮，捧請神牌，奉安亭内，行一跪三叩頭禮。校尉舁亭，黄蓋御仗前引，承祭皇子隨行，至太廟外左門，亭止，承祭皇子行一跪三叩頭禮，捧神牌，由左門入，黄蓋御仗前引，至内門停止。派大臣一員詣孝康章皇后位前，一跪三叩頭，捧請神牌，近案，東向立。王以下各官在丹墀下排立處跪，候過。贊禮官導行禮皇子由月臺左階進殿，由中間旁左間中門，捧神牌奉安拜褥上，退出門檻外東旁，西向立。王以下入八分公以上於丹陛上排立，大臣官員於丹墀内排立。贊禮官奏孝惠仁憲端懿純德順天翼聖章皇后升祔太廟，參拜太祖高皇帝、孝慈高皇后、太宗文皇帝、孝端文皇后、孝莊文皇后、世祖章皇帝。行禮皇子詣中間，代行三跪九叩頭禮，入殿，恭捧神牌，奉安於寶座，在世祖章皇帝之次。大臣恭捧孝康章皇后神牌，奉安於孝惠仁憲端懿純德順天翼聖章皇后之次。皇子大臣各行一跪三叩頭禮，退。此行禮時，衆不隨行禮。次行致祭禮，後殿亦遣大臣行禮，如常儀。禮畢，捧神位官恭捧神位，奉安中殿各寶座，行禮，如常儀。

康熙九年孝康章皇后升祔儀

前期一日，遣官祭告太廟。是日早，預遣大臣詣太廟中殿太祖高皇帝、孝慈高皇后、太宗文皇帝、孝端文皇后、世祖章皇帝神牌前，一跪三叩頭，捧請神牌，奉安前殿寶座上，一跪三叩頭，退。禮部官奏請聖祖仁皇帝具禮服，詣新造恭加廟謚、祔廟神牌前，獻酒三爵，三跪九叩頭，興，轉立東旁。内贊官跪奏請孝康章皇后降座，陞輦，入太廟祔享。奏訖，聖祖仁皇帝詣前，一跪三叩頭，捧請神牌，奉安黄輿内，復一跪三叩頭，退。校尉舉輿，黄繖御仗前導，聖祖仁皇帝陞輦，後隨，鹵簿大駕全設於午門外。不陪祀各官朝服，跪送於午門外。陪祀各官朝服於端門外，跪，候過，興，隨聖駕進太廟街門。神牌黄輿停於中路正中，聖祖仁皇帝降輦，詣神牌黄輿前立。内贊官跪奏請孝康章皇后神主降輦。聖祖仁皇帝於輿前一跪三叩頭，恭捧神牌，由左門入，繖仗前導，行至内門，繖仗停止。行至前殿丹陛上，贊引官恭導由中門入，奉安神牌於拜位，北向，聖祖仁皇帝於拜位後立。王以下公以上在丹陛上，文武各官於丹墀内，俱按翼序立。贊引官跪奏孝康章皇后升祔太廟，參拜太祖高皇帝、孝慈高皇后、太宗文皇帝、孝端文皇后、世祖章皇帝。贊引官奏跪、叩、興，聖祖仁皇帝於神牌後代行三跪九叩頭禮，興，王以下各官不隨行禮。恭捧神牌，正中北向立。贊引官贊賜孝康章皇后神牌坐。聖祖仁皇帝恭捧孝康章皇后神牌，奉安於世祖章皇帝之右，復行一跪三叩頭禮。畢，行致祭禮。後殿亦遣官照常行禮。駕回宫，作樂，午門鳴鐘鼓。恭捧神位大臣仍詣各神牌前，一跪三叩頭，捧至中殿奉安，一跪三叩頭，退。

〔奉先殿〕

順治十三年，世祖章皇帝以太廟時享，孝思未申，命稽往制，建立奉先殿。十四年告成，奉安神位。祭祀供獻諸儀，由禮部題定，歸禮儀監掌行。今名掌儀司。三大節，從太廟後殿告祭原文具載於後。恭請四祖神牌，於殿中祫祭。〇康熙三十八年諭："元旦諸臣俱齊，人衆煩擾，請捧神牌往來，朕心殊覺未安。内閣會同内務府、禮部、太常寺考明代典禮議奏。"遵旨議准：查明代奉先殿並無從太廟請捧牌位之儀。我朝建立奉先殿於内，原安奉太祖、太宗、世祖神牌，朔望薦新等祀，以時行禮。四祖神牌，原安奉於太廟後殿。四祖神位前致祭，且歲暮又有祫祭，元旦復請神牌至奉先殿合祀，似覺禮煩。嗣後，遇元旦、聖節於奉先殿行禮時，請太廟後殿四祖神牌至奉先殿行禮之處停止，即於太廟後殿照奉先殿典禮，供帛、酒、籩、豆，讀祝文，遣官致祭。餘詳内務府掌儀司。

凡奉先殿升祔神位，俱與太廟儀同，不複載。

告祭太廟後殿原文

維康熙　　年歲次　　月　　日，孝　孫嗣皇帝　　　敢昭告於肇祖原皇帝、原皇后、興祖直皇帝、直皇后、景祖翼皇帝、翼皇后、顯祖宣皇帝、宣皇后曰：兹逢元旦，特脩祫祭之禮於奉先殿，恭迎同格享祀，伏惟鑒知。謹告。

以上元旦祫祭前期告祭祝文。

維康熙　　年歲次　　月　　日，孝　孫嗣皇帝　　　敢昭告於肇祖原皇帝、原皇后，興祖直皇帝、直皇后、景祖翼皇帝、翼皇后、顯祖宣皇帝、宣皇后曰：兹逢太皇太后壽節，特修祫祭之禮於奉先殿，恭迎同格享祀，伏惟鑒知。謹告。

以上太皇太后聖誕前一日告祭祝文。

維康熙　　年歲次　　月　日,孝　孫嗣皇帝　　　敢昭告於肇祖原皇帝、原皇后、興祖直皇帝、直皇后、景祖翼皇帝、翼皇后、顯祖宣皇帝、宣皇后曰:茲逢皇太后壽節,特脩祫祭之禮於奉先殿,恭迎同格享祀,伏惟鑒知。謹告。

以上皇太后聖誕前一日告祭祝文。

維康熙　　年歲次　　月　日,孝　孫嗣皇帝　　　敢昭告於肇祖原皇帝、原皇后、興祖直皇帝、直皇后、景祖翼皇帝、翼皇后、顯祖宣皇帝、宣皇后曰:茲臣誕辰,特修祫祭之禮於奉先殿,恭迎同格享祀,伏惟鑒知。謹告。

以上萬壽聖節前一日告祭祝文。

大清會典卷之八十七

禮部祠祭司

〔陵寢〕

國家肇基興京，京城西北十里爲肇祖原皇帝陵、興祖直皇帝陵，共一山，稱興京陵。盛京城東南一百二十里爲景祖翼皇帝陵、顯祖宣皇帝陵，共一山，稱東京陵。〇順治八年，封興京陵山爲啓運山，東京陵山爲積慶山，俱從祀地壇，各設官員及守陵人户，并定祭祀禮儀。〇十三年題准：週圍立界，界内禁止樵採。〇十五年，奉移東京陵，改祔興京陵安葬。其積慶山祀典停止。〇十六年，尊稱興京陵爲永陵，遣官致祭。〇十八年，建永陵前享殿成，立景祖翼皇帝、顯祖宣皇帝遷祔永陵石碑。〇康熙元年，設四祖神牌於享殿，四時致祭，及每月朔望日供獻。太祖高皇帝陵，在盛京城東北二十里，稱福陵。太宗文皇帝陵，在盛京城西北十里，稱昭陵。〇順治八年，封福陵山爲天柱山，昭陵山爲隆業山，俱從祀地壇。〇十三年題准：週圍立界，界内禁止樵採。〇又題准：謁陵禮，親王以下參領阿達哈哈番以上，若到盛京，併往來經過，俱於福陵、昭陵内門外行三跪九叩頭禮。〇康熙二年，改造福陵、昭陵地宫，奉安寶座於享殿内，各設神牌，其帳幔衾褥龕椅等項，俱照太廟例成造。〇又題准：謁陵禮，凡有事往盛京者，三品以上官在福陵昭陵城門外行禮。若遇致祭日，二品以上官進城門内，隨守陵官排班行禮。回時，亦照前行禮。永陵、福陵、昭陵，設官致祭。一應禮儀，詳見"盛京禮部"。昭西陵，奉安孝莊文皇后，在遵化州昌瑞山世祖章皇帝孝陵之南。康熙二十六年，遵奉孝莊文皇后遺命，念太宗文皇帝安奉已久，未便合葬，必於昌瑞山安厝，恭造享殿，稱暫安奉殿。設管理祭祀郎中、内務府掌關防郎中、茶膳房等官。旗員、兵丁，照例派設。〇雍正二年諭:“欽惟孝莊文皇后,躬備聖德,天錫純禧。誕育世祖章皇帝,瑞應昌期,君臨萬國。逮我聖祖仁皇帝,繼聖嗣統,久道化成,立萬世無疆之業,皆我孝莊文皇后福德兼隆之所啓佑也。康熙二十六年十二月,慈馭升遐,先期面諭我聖祖仁皇帝曰:‘我身後之事,特以囑汝。太宗文皇帝梓宫,安奉已久,卑不動尊,此時未便合葬。若另起塋城,未免勞民動衆,究非合葬之義。我心戀汝父子,不忍遠去,務必於遵化安厝,我心無憾矣。’再四丁寧,言之懇切。我聖祖仁皇帝涕泣受命。爰命諸王大臣集議僉同,於康熙二十七年四月安奉梓宫,於孝陵之南爲暫安奉殿,迄今三十餘年矣。朕惟禮經曰,合葬非古也。先儒又云,神靈有知,無所不通。是知合與不合,惟義所在。今昭陵安奉日久,若於左近另起山陵,究非合葬之義。且自孝莊文皇后安奉以來,我聖祖仁皇帝曆數綿長,海宇乂安,子孫蕃衍。想孝莊文皇后在天之靈,極爲安妥。遺命諄諄,聖祖仁皇帝遵奉三十餘年。今朕身任付託之重,山陵典禮,理宜斟酌盡善以垂萬世者,莫大於此。著諸王大臣九卿等會同確議具奏。”遵旨議准:暫安奉殿,自聖祖仁皇帝親受孝莊文皇后遺命,奉安三十餘年。曆數綿長,子孫蕃衍,海宇乂安,允爲佳兆。稽考古禮,無必當合葬之文,應即暫安奉殿營建地宫,稱昭西陵。派大臣二員同欽天監官前往,相度繪圖,進呈御覽。以昭西陵距昭陵甚遠,與孝東陵密邇孝陵不同,特建碑亭,擇吉動土。於前期遣官告祭太廟、永陵、福陵、昭陵、孝陵、孝東陵。又特撰文告祭景陵,詳陳皇上恪遵聖曾祖母遺命,仰體皇考孝思。營建告成,擇於三年十二月初十日,奉安寶城地宫。世祖章皇帝陵,在遵化州鳳臺山,稱孝陵,以康熙二年六月初六日,奉安寶城地宫,孝康章皇后同日奉安。封鳳臺山爲昌瑞山,從祀地壇。○又題准:祾恩殿中一間,正設世祖章皇帝神牌。左一間,正設孝康章皇后神牌。右一間,正設端敬皇后神牌。以享殿爲隆恩殿,門爲隆恩門,樓爲明樓,上書孝陵牌匾。每年清明、中元、冬至、歲暮,四次致祭。○又題准:陵寢週圍立界,界内禁止樵採。○又設孝陵官。禮部設郎中等官,兵部設總管等官及兵丁,内務府設郎中等官及太監員役,鑾儀衛設校尉二十四名,户部設庫尉二員、領催一員,各項人役三百二十餘名。官員兵丁員額,詳見“吏部”“兵部”“内務府”。○三年議准:謁陵禮,凡往石門者,王、貝勒於享殿大門外行三跪九叩頭禮,開殿城門;貝子以下三品官以上行禮,俱不開門。由駐守禮部官及看守直班官引進。回時,不必進謁。凡往湯泉者,回時,准其進謁。若遇祭祀日,免行禮。○又議准:每歲清明節,於各陵上土,承祭官、總管官、掌關防官,預於界外取土,貯紅墻外潔净處候用。○七年,於孝陵紅門内建立神功聖德碑,紀載世祖章皇帝功德,光昭萬世。○九年題准:祭祀位次,世祖章皇帝居中,南向;孝康章皇后居左,西向;端敬皇后居右,東向。孝東陵奉安孝惠章皇后,在孝陵之東,以康熙五十七年四月初七日,奉安寶城地宫。五十八年,繕寫明樓牌匾,稱孝東陵,明樓内牌繕寫"孝惠章皇后之陵",大殿大門牌匾繕寫"隆恩殿隆恩門",鐫滿漢蒙古三様字體。設禮部内務府等官及旗員弁兵員役。聖祖仁皇帝陵,在昌瑞山。康熙二十年,營建陵寢告成,於沙河殯宫奉移孝誠仁皇后梓宫、孝昭仁皇后梓宫,於三月初八日,同安寶城地宫。設守陵官員,俱與孝陵同,惟内務府添設司膳婦女等三十户。二十八年十月二十日,奉移孝懿仁皇后梓宫,同安寶城地宫。雍正元年九月初一日,奉移聖祖仁皇帝梓宫,奉安寶城地宫,孝恭仁皇后同日奉安。廷臣恭擬稱號六字進呈,上親刺指血圈定二字,稱景陵。御書碑匾,碑亭内碑,恭寫"聖祖合天弘運文武睿哲恭儉寬裕孝敬誠信功德大成仁皇帝",明樓内碑恭寫"聖祖仁皇帝之陵",明樓前匾恭寫"景陵",大殿匾爲"隆恩殿",大門匾爲"隆恩門",即奉御書刊刻,不雙鈎,鐫成,擇吉恭上,撰文告祭。諭:朕念皇考陵寢,如照定例,止令總管關防守護,朕心實屬不忍。將朕諸弟内派一人,封以王爵,子姪内派二人,封以公爵,永代朕身守護。外,派大學士一員、尚書二員、侍郎二員、領侍衛内大臣一員、内務府總管一員、副都統二員、散秩大臣二員、乾清門侍衛四員、御前近侍四員、侍衛藍翎四十員,伊等缺出停補。○又定:凡駐守官員等,令大學士總領。巡察事務,令管侍衛内大臣公管理。内務府人員及太監等,交與内務府總管。前郎中、提督舊用關防繳部,將關防内增入"景陵"字様,另行鑄給。○三年,景陵建立聖德神功碑,遣大學士侍郎等相度立碑方位。奉上諭曰:世祖章皇帝碑文,字跡似小。聖祖仁皇帝在位六十餘年,功德隆盛,文章字數甚多,一碑不能盡載。建立二碑,一刻清文,一刻漢文。其碑若比世祖章皇帝碑亭寬展,恐有未安。即或加寬,必不可以加高。爾等詳議,務期合宜。遵旨議定:照依孝陵碑亭式様,建立二牌。詳加相度方位,繪圖進呈御覽。鐫刻告成,擇吉建立。敬敏皇貴妃,祔葬景陵,雍正元年九月,從安寶城地宫。妃園寢,在昌瑞山景陵東南,設贊禮讀祝等官。

大清福陵神功聖德碑

惟天眷佑下民,綏靖方域,篤生我皇曾祖太祖高皇帝。肇興東土,奮師一旅，式闢皇圖，大武布昭，深仁洋溢，用造我國家萬億年丕丕基。駿德鴻功，於爍顯懿，駕軼亘古。予小子纘承洪緒，既奉册寶，崇上尊謚，載緝徽猷，炳垂方策。惟陵寢宜有功德之碑，敬述大略，永勒貞珉。叙曰：太祖承天廣運，聖德神功，肇紀立極。仁孝睿武弘文定業高皇帝，姓愛新覺羅氏，諱口。先世發祥長白山之陽，禎符神貺，歷著休徵。至皇始祖肇祖原皇帝，式廓舊業，寖熾寖昌。又五傳至顯祖宣皇帝，世濟其勤，流長積厚，景運懋集，神器攸歸。誕啓我太祖高皇帝，顯祖之長子也，宣皇后娠十有三月乃生。龍顔鳳目，豐頤大耳，天表玉立，舉止非常。少不飲酒嬉戲，稱爲聰明貝勒。及長，騎射絶倫，雄略蓋世，用兵無敵。而又至誠御物，大度容人。先是有望氣者言，滿洲將生聖人，統一諸國。至是滿洲長白山及東海扈倫諸部落争相雄長。癸未春，蘇克蘇滸河部圖倫城有尼堪外蘭者，陰搆明軍，首逞大難於我。時太祖皇帝二十有五，泣血誓師，枕干問罪，以遺甲十三副攻尼堪外蘭，克圖倫城，復攻之於甲板，誅諾米訥奈哈達，取撤爾湖城。時異己猜忌，包藏禍心，伺間竊發，天威所懾，罔弗獸驚鳥散，遂俘兆佳城長李岱，取馬兒墩，平定董鄂哲陳渾河等部。丙戌秋，擒斬尼堪外蘭於鵝爾渾城，戎首服辜，先聲震疊，環境諸國，相繼削平。既而葉赫哈達吴喇輝發科爾沁國席北卦爾察朱舍里納殷路九姓之國，合兵三萬人，分道來侵。偵者夜告，太祖皇帝安寢達旦，蓐食濟師，殲其渠首，餘部皆潰，斬級四千，獲馬三千匹，鎧甲千副，羣方讋服。乃增築城墉，修飭法制，創製國書。開金銀鑛鐵，冶所産蠙珠織皮，通厥貿易，財用殷阜。肇立軍制，師律精嚴，國勢日盛。丙午冬，蒙古五部落尊太祖爲神武皇帝，歲時朝貢，絡繹相望。而哈達輝發吴喇數渝盟，先後征討，悉定其地。每當軍行，輒見五色雲亘天，祥光四塞，立奏鉅功，遠邇翕服。益四旗爲八，設固山、梅勒、甲喇、牛录、額真遞相統轄。命佐領下各出牛種屯田，積穀貯倉。置理政聽訟大臣，緩刑慎獄。野無剽竊，路鮮拾遺，國中大治。帝業已成，貝勒大臣集議勸進。丙辰，春正月，恭上尊號曰覆育列國英明皇帝，建元天命，時年五十有八。越二年，定策征明。明政久弛，棄絶和好，援我仇讎，蕩摇我邊陲，於是誓告有衆，類帝禡旗而行。遂入撫順，降臺堡五百所，繼下清河。明大舉稱兵，會於瀋陽，號四十七萬。張左右翼，左翼以杜松、王宣、趙夢麟、張銓由渾河出撫順關，馬林、麻岩、潘宗顔由開原合葉赫兵出三岔口；右翼以李如栢、賀世賢、閻鳴泰由清河出鵶鶻關，劉綎、康應乾合朝鮮兵出寬奠口，向董鄂四路來侵。太祖皇帝分精騎奮擊，大破其衆，五日而悉殲之城界。凡取開原,破鐵嶺,滅葉赫,五年,克遼陽瀋陽,定議建都。始築東京,尋取廣寧,拔撫順,十年,遷都瀋陽。由是東漸海,西訖遼,南及朝鮮,北暨嫩烏龍江,以至使犬諸落諸路,罔不臣服。太祖皇帝神武天錫,決幾制勝,變化若神。每戰,輒單騎深入,裹創斬馘,神色不動。善駕馭材雄,推心置腹,撫納降附,棄捐忿隙,恒予擢用。法所當坐,雖親昵罔所私。攻拔城邑,嚴禁軍士,安輯居民,是以羣策競奮,率土思歸。御極以後,拓地開疆,日不暇給,而躬勤於聽覽,留神於載籍。脩德納諫,親賢遠奸,建二木於門,俾下情欲達者書之以進。尚寬大,崇節儉,睦宗親,厚風俗,重農桑,賑窮乏,垂示典訓,蕩平正直。允爲萬世法程,猗歟盛哉!天命十一年八月庚戌,崩,聖壽六十有八,在位十有一年。天聰三年二月己亥,葬福陵天柱山。崇德元年四月,上尊謚承天廣運聖德神功肇紀立極仁孝武皇帝,廟號太祖。康熙元年四月,加上今謚。嗚呼!有明德衰,海寓板蕩之時,生民顛隮之會。我太祖皇帝應運蹶生,手提天戈,披榛辟萊,櫛風沐雨,掃邊陬如破竹,定遼左若建瓴,戡亂求寧,非富天下。功極於配天,道隆於昌後。歷稽曩代創業垂統之君,未有邁此締造憂勤,經綸宏遠者也!瞻赫濯之如新,撫承平之永賴,歌思光烈,曷罄名言。謹拜手稽首而作頌曰:天造大邦,勃興東極。長白山高,苞符開闢。鳦鳥生商,履武誕稷。奕葉炳靈,肇基王迹。太祖龍飛,旋乾轉坤。齊徽炎昊,比烈羲軒。時惟草昧,陟巘降原。一成奮起,雷動雲屯。蠢爾仇方,敢作牙糵。赫斯一怒,恭行天伐。寢甲枕鞍,神勇迅發。巨憝授首,戎心式遏。奇謀倜儻,遠略深沉。內搆者挫,外訌者禽。單師十百,摧破强鄰。九邦潰縻,四路掃塵。攜貳則誅,歸誠則撫。義問宣昭,仁恩施普。大畏小懷,實揚我武。來庭來王,日闢疆土。疆土既闢,歷數在躬。膺圖受籙,響應景從。三才協軌,百靈潛通。指麾盪滌,振落發蒙。覘敵烏集,濟師冰泮。夾日貫月,卿雲糺縵。不義是征,功成惟斷。秉鉞稱干,帝心厭亂。環山負海,風靡雲披。朱旗疾捲,汗馬爭馳。後我斯恫,歌舞迎師。紀元頒朔,建策開基。爰定軍營,森羅鵝鸛。步伐止齊,井牧相扞。爰建國都,屹峙屏翰。扼吭拊背,皇居攸煥。爰命分職,勗哉臣鄰。爰慎折獄,恤哉祥刑。爰達民隱,鞀鐸重陳。爰製國書,科斗更新。訏謨孔彰,風規渾噩。禹誓湯征,千秋繼作。聲靈覃敷,東西南朔。大統迺膺,新命迺廓。既詒既翼,如鎬如豐。九圍是式,萬國來同。卜年卜世,惟太祖功。巍巍蕩蕩,昭格蒼穹。右享郊壇,敷時思繹。炳耀圖書,輝煌球璧。景瞻福陵,神丘是宅。百川縈朝,羣山拱掖。葱蘢王氣，松楸鬱蒼。玉衣永鎮，弓劍長藏。億載顧慕，春露秋霜。樹兹穹碑，錫嘏無疆。

康熙　年　月　日，孝曾孫嗣皇帝　　謹述。

大清昭陵神功聖德碑

天以神器畀我國家，洪惟皇祖太宗文皇帝，智勇神聖。光昭太祖高皇帝丕緒，帝紘皇綱，是廓是恢，榦不庭方，搆造鴻業。垂裕皇考世祖章皇帝大一統之基，貽億萬禩無疆之休。維予小子，纘承聖緒，念陵寢宜有功德之碑，敬勒貞珉，昭示無極。叙曰：太宗應天興國弘德彰武寬温仁聖睿孝隆道顯功文皇帝，諱□，太祖承天廣運聖德神功肇紀立極仁孝睿武弘文定業高皇帝第八子也。母孝慈昭憲敬順慶顯承天輔聖高皇后。生而神靈，徇齊明敏，龍行虎步，顔如渥丹，嚴寒不栗，舉止非常，太祖皇帝特鍾愛焉。既長，英武豁達，孝弟恭敬，慈愛和順，秉心寬弘，好觀書史，一有聞見，終身不忘，沉幾果斷，羣望攸屬。天命十一年八月，太祖皇帝升遐，諸貝勒大臣咸推我皇祖才德冠世，宜纘承帝業。以九月朔，嗣登大位，建元天聰，時年三十五。踐祚之後，愛養人民，撫綏中外，崇儉務本，脩政任賢，仁聲義問，無遠弗届。除慝討貳，用整六師，迺擊蒙古，執一十四貝勒，奏凱八纛下。迺征朝鮮，克義州，進拔漢山城，入安州，抵平壤，朝鮮王李倧遁江華島，遣其弟覺來行成，遂盡反所收地，與盟而還。迺征察哈爾剪多羅特部落，編俘獲爲氓。迺伐明自遵化臨北京，略良鄉，斬其將滿桂、孫祖壽，擒其將黑雲龍麻登雲，還拔永平。迺拔大凌河，降其將士，於是孔有德、耿仲明等航海來歸。迺征黑龍江瓦爾哈，下之，察哈爾舉國來附，獲歷代帝王傳國之寶。天聰九年冬，羣臣勸進尊號，皇祖辭讓再三。明年四月，表上尊號曰寬温仁聖皇帝，建國號大清，改元崇德，告於皇天后土，追王列祖上太祖高皇帝、高皇后尊謚，羣臣咸上表賀，乃錫宴肆赦。是年，朝鮮毁盟，討之，拔其都，載飛舸於車，凌江華島，李倧自縛請爲臣，釋之還，并歸其俘獲，朝鮮感服，勒石南漢，以銘勳德。遂帥水師渡海，克皮島，既而大出師，遣將毁關入，分左右翼，由涿州略地，至山西界，復自臨清渡河，破濟南，克城四十有九，降者八，與明兵五十七戰皆捷。六年，圍錦州，入其郛，洪承疇以兵來援，皇祖陳師於松山杏山之間。明兵號十三萬，望見皇祖張黄蓋往來指揮，皆懼，謀夜遁。我師分道急擊，連大破之，擒承疇，降祖大壽，錦州松山杏山塔山悉下。又命將入關，破兖州，東抵寧海，克城八十有八，降者六，陣敗明兵者三十九。於是天戈所指，罔不率俾。黄河之源，青海之濵,使犬役鹿之國,來賓恐後,野駝奇獸,黑狐紫貂,重譯來獻。聲教之遠,功烈之盛,古未有也。嗚呼!維我皇祖,克配天心,誕膺景命。聰明睿知,神武不殺。懷柔以德,燮伐以威。大勳用集,大猷是程。無有内外,乃罔不即叙。親九族,正百官,修明典章,誕敷政教。隆郊丘廟祀之儀,定頒曆朝會之禮,辨鹵簿旗章服御之制。聲明文物,炳然弘備,釋奠孔子,以四子配立文館,譯書史於翔鳳閣,俾儒臣記注得失。開科目取士,諭臣下盡言無隱。論功封兄弟子姪爲諸王貝勒,外藩蒙古亦論功封爵有差。優禮降臣,寄以心膂。賞罰詳明,斷獄平允,綱舉目張,仁至義盡。至於審制度,定律令,斥邪術,禁喪祭踰禮者,務農桑,廣漁獵,以豐民食,皆可爲萬世法。凡勤勞國事者,賜予必優渥。召近臣入宫,日至再三,講論政事,以賓禮遇之。諸國新附之人入見,必詢其姓名世系,慰勞如舊識。天語藹然,以故雖至難馴者,無不悦服。如薩哈爾察卦爾察瓦爾喀虎爾哈諸國,素不習禮法,亦貢獻稱臣。其貝勒大臣至,俱恩遇之如子弟,故其部落降者相繼。嘗念中原生民塗炭,欲與明和好,惟務修德,不樂觀兵,屢貽書明邊帥曰:"朕意在講和,不忍無辜赤子慘罹鋒鏑。"明之君臣置若罔聞,致煩天討。然每出師,必諭諸將,授以兵律,嘗曰:"明之土地人民,天以與我,是民即我民也。"故師行,雖嚴寒不入屯堡。士卒死傷,弔問不遺。每戰勝攻取,符瑞駢集,必曰上天眷佑,惕然祇懼,克敵告於廟,蓋敬天尊祖勤民,若是其至。豐功厚澤,與天地同久大,有國史所不能盡書者矣。以崇德八年八月庚午,崩,聖壽五十有二,在位十有七年。九月壬子,葬昭陵隆業山。嗚呼!八音遏密,萬國感痛。實惟至德深仁,爲生民主,以弘我國家之大寶命,愾僾見聞,陟降庭止。謹述盛概,拜手稽首而系之以頌曰:於赫皇祖,纘太祖之緒。誕敷乃文,孔奮厥武。整我師干,拓我疆土。東奠朝鮮,西讋蒙古。貳者獲之,服則釋之。降則憐之,賢則臣之。有言遜志,則必遏之;有言逆耳,則必納之。治分六曹,職統三院。筆簪史臣,書譯文館。與神爲謀,以古爲鑑。制禮明刑,儀章是憲。一人有慶,肇域四方。四方來王,自天降祥。和鸞鏘鏘,旗旐央央。聿昭茂祉,焞燿章光。乾符效珍,坤儀開奥。既協靈圖,誕升顯號。濟濟師師,羣工舞蹈。曆數攸歸,謳歌前導。乃禋乃祀,於廟於郊。乃燕乃射,於野於朝。乃赦乃宥,於犴於牢。乃漁乃獵,於狩於苗。乃命紫宫,清寧正中。麟趾在右,關雎在東。崇政篤恭,翔鳳飛龍。文德武功,以綏萬邦。松山之陰,杏山之下,戰士連營,崇墉百堵。取彼元戎,縶之以組。肅將天威,救民水火。屹屹榆關,王旅所經。而幽而并，而冀而青，而兗而徐，克其百城。涉河踰濟，及於東溟。時乘以乾，帝出乎震。罔有遐邇，民莫不信。或獻其琛，或輸其賮，河源海壖，協靈効順。有典有則，貽萬子孫。言爲丘墳，績媲農軒。佑我皇考，大啓幅員。允皇祖之德，皇祖之勳，瞻仰昭陵，在盛京之北，雲霞所棲，松栢所植，有穹者碑。昭宣世德，茀禄來崇，時萬時億。

康熙　　年　月　　日孝孫嗣皇帝　　謹述。

大清孝陵神功聖德碑

我國家肇基東土，祖功宗德，昭格皇天。恢弘景運於萬年，篤生我皇考皇帝。睿聖首出，奄有萬邦。大孝弘仁，武功文德，配兩儀而軼千古。既奉册寶，恭上尊謚，惟陵寢宜有功德之碑。謹撰述大槩，鐫諸貞珉，用傳永久。叙曰：皇考世祖體天隆運英睿欽文大德弘功至仁純孝章皇帝，諱凵，太宗應天興國弘德彰武寬温仁聖睿孝隆道顯功文皇帝第九子也，母昭聖慈壽恭簡安懿章慶敦惠温莊康和太皇太后。皇考未誕之先，太皇太后嘗有紅光繞身，女侍驚以爲火，近則不見，衆皆大異之。又夢異人授一子，曰此統一天下之主也。次日，皇考誕生，宮内紅光照耀，香氣瀰漫，經久不散。皇考生而神靈，英異非常，六齡讀書，不假師資，一目數行俱下，太宗甚鍾愛焉。甲申，嗣登大寶。是時流寇肆逆，明祚已終，國亡君殉，萬姓無歸。爰整六師，一戰而破百萬之强寇。乃建都燕京，齊晉秦豫，傳檄底定，靖寇救民。王師南下，金陵僭號者，其臣下執之以降。由是下楚蜀，平浙閩，兩粤滇黔，數年之内，以次掃蕩，遂成大一統之業。治本愛民，出師則嚴紀律，毋敢殺掠百姓。知民苦賦重，盡除明季加派，又停江浙督催織造官，免陜西皮張羢褐之貢，罷各省柑橘鰣魚石榴等物之進。停止邊外城工，蠲派徵民間助工之餉，已臨清燒磚之役，減朝鮮進貢之數。定賦役全書，修大清律，令各衙門規制事例，袛奉太祖、太宗成法。治具畢張，敬天尊祖，饗祀親虔。孝事太皇太后，晨興問安，長跪受教。披閲章奏，每至夜分。勤學好問，擇滿漢詞臣充經筵日講官，於景運門内建直房，令翰林官直宿備顧問，經書史策，手不釋卷，遂知性知天，洞晰至道，兼綜天文地理、禮樂兵刑賦役，古今因革，利病之源，旁及諸子百家，莫不博涉，得其要領。素衣菲食，不興土木之工。親視太學，釋奠先師，發帑金，崇其廟貌。雖太平不弛武備。立賢無方，丁亥、己亥再舉會試，間廣額數，以羅人才。科塲作弊者，從重治罪。視滿漢如一體，遇文武無重輕。破故明人臣朋黨之習，尚廉正，斥貪邪，時時甄別廷臣，以示激勸。下詔求言，虚懷納諫。外官入覲，面諭以愛民勤職。詳慎刑獄，大辟覆奏，再四駁審，命官恤刑，各省寃濫者皆得免，又停秋決一年。閹寺不使外交，立鐵牌示禁。命儒臣修祖宗聖訓、順治大訓、通鑑全書、孝經衍義等書，以教天下臣民。詣先農壇躬耕耤田，勸農以足民。四方水旱災荒，頻發内帑多金賑濟。雲貴初平，頒發帑金溥賑軍民，焦心勞思，惟念軍民疾苦。至於故明諸陵，設護衛，禁樵採，憫崇禎帝死難，頒諭祭誄，其臣之殉難者予贈恤，其宗室投順者令畜養樂業，其厚待如此。我皇考以精明理政務，以仁厚結人心。法制則細大無遺，德音則遐邇咸徧。故使山陬海澨，莫不覃被恩膏。東至使鹿使犬等國，西至厄内忒黑土魯番等國，北至哈爾哈鄂羅斯等國，南至琉球暹羅荷蘭西洋海外等數百國，見海不揚波，咸曰中國有聖主出焉。梯山航海，莫不重譯來王。我皇考惟是兢業祗慎，無一日自暇逸也。順治十八年正月，不豫，於丁巳日上賓。嗚呼哀哉！聖壽二十有四，在位十八年，葬孝陵，陵預定於昌瑞山。皇考遺命，山陵不崇飾，不藏金玉寶器。嗚呼！故明政亂久矣，太祖高皇帝、太宗文皇帝誕膺景命，定亂無難，特以尚德綏兵故也。至我皇考，當流寇殘破，明室生民塗炭，大兵西下，掃平逆寇，統一寰區，非神武不能開基，非至聖不能致治。謨烈於昭，道法具在，雖堯舜之德，湯武之功，何以尚兹？謹拜手稽首而陳頌曰：天佑下民，眷於有德。大清受命，奄有方域。太祖肇基，太宗弘業。皇考纘緒，禀生睿質。運協禎符，懋建皇極。大武布昭，剪除寇賊。王師西下，一戰而克。定鼎燕京，綏懷反側。指顧蕩平，一統萬國。怙冒烝生，仁恩洋溢。罷貢停工，以甦民力。立綱陳紀，利興弊革。成憲周詳，有典有則。圖治勵精，憂勞日昃。萬幾畢理，大猷允塞。崇儉去奢，克勤無逸。敷政優優，居心翼翼。丕承遺緒，永言孝思。先意承志，恭事慈幃。好學不倦，悟道淵微。博綜經史，百事周知。戒勵臣工，首在勿欺。賢奸立辨，黜陟咸宜。纂成文籍，洋洋訓詞。金匱是寶，萬世可師。慎刑薄賦，賑救荒災。勸農興學，富之教之。帝王道貫，覆載功齊。聲教四訖，遠邇不遺。殊方重譯，入貢京師。治化溥洽，道法昭垂。休徵駢集，洪烈長貽。巍巍孝陵，神爽憑依。山苞川拱，祥護靈祇。鏤詞貞石，億禩歌思。

康熙　年　月　日孝子嗣皇帝　敬述。

大清景陵聖德神功碑

皇天眷佑我國家，顯謨盛烈，世世相承。太祖太宗，肇基東土，締搆鴻圖。世祖混一寰瀛，克成駿業，篤生我皇考皇帝。亶神聖之姿，立君師之極,大德廣運,健行不息。至明如日,至仁如天。集皇王之大成,亘古今而首出。書契以來,罕有倫比。以揚列聖之耿光,以裕我無疆大曆服。予小子纘承基緒,既奉册寶,恭上尊謚,山陵禮畢,宜建穹碑,頌揚功德。欽惟我皇考,臨御六十餘年,厚德崇功,布濩宇宙,盈溢簡牒,巍巍乎蕩蕩乎不可殫述。謹掇大概,鐫勒貞珉,用昭垂於億萬祀。叙曰:聖祖合天弘運文武睿哲恭儉寬裕孝敬誠信功德大成仁皇帝,諱凵,世祖,體天隆運定統建極英睿欽文大德弘功至仁純孝章皇帝第三子也,母孝康慈和莊懿恭惠温穆崇天育聖章皇后。在娠時,孝莊文皇后見孝康章皇后衣裾若有龍繞,知爲毓聖之祥。逮降誕之辰,異香盈室,經日不散,五色光華,與日並燿,宫人内侍咸所瞻仰。天表奇偉,耳大聲洪,雙瞳日懸,隆準岳聳,膚理瑩白,皎然玉質。舉止嚴重,性度恢弘,敦敏聰明,出言中理。辛丑正月,嗣登大寶,時甫八齡。孝莊文皇后問所欲,對曰:惟願天下乂安,兆人樂業,共享太平之福。孝莊文皇后動容嘉歎,知能荷神器爲生民主也。自初讀書,十行俱下,略不遺忘。講幄既開,日與儒臣論難往復,雖烈暑沍寒,未嘗暫輟,焚膏繼晷,常至中宵,遜志覃思,好古敏求,勤篤甚於儒素。譚經評史,發揮道奥,流覽之功,徧於七略,爰及緯象聲律、算數百家之書,莫不觸類洞徹,得其精要。故知性知天,察人倫而明庶物,雖一名一物,皆研究精微而一以貫之。敬天尊祖,禋祀必親,齊明盛服,率禮無怠。至年踰六十,頗艱拜起,冬至上辛祫祭,羣臣懇請遣官恭代,猶必親詣省視陳設,行迎神之禮,退居齋幄,默致精誠,俟禮畢,然後旋輅。天性純孝,事孝莊文皇后垂三十年,致愛盡誠,委曲周至,從幸時乘馬不離左右,道路少仄即下馬扶輦,踰嶺則扶掖升降,彌加恭謹。康熙二十六年冬,孝莊文皇后聖體不豫,皇考親嘗湯藥,席地而坐,目不交睫衣不解帶者,三十五晝夜。逮疾大漸,自撰祝詞,步禱南郊,請減己算以延慈壽,伏地誠懇,涕泗交頤。至居廬時,哀瘠過甚,不盥沐者數十日。釋服後,仍處偏殿,衣布素。恭送龍輴,每日必步隨數里,朝夕慟戚如初喪,終身思慕,每一言及,聲淚俱發。事孝惠章皇后垂六十年,備極孝養。省方江南,避暑塞外,必奉鸞輿以行。康熙四十九年,孝惠章皇后壽躋七旬,皇考亦年近六旬矣。正月元夕,宫中張燈設宴,躬親起舞,稱萬壽觴,中外傳爲天家盛事。友愛裕親王等,同問安慈寧宫,每叙家人之禮,親親之誼,久而彌篤。其疾也,屢親視之,其薨也,屢親臨之。宗室中,用其才俊而禮其高年,無爵位者,亦有常廪。自康熙六年,始親政事,未明求衣,日昃忘食,數御門延見公卿,詳論得失,綜理萬幾，日有常程，靡所稽滯。常於巡幸之次，章奏未至，秉燭以俟，或於四鼓披覽達旦，遂忘寢息，孜孜圖治，不自暇逸，歷六十餘年，終始惟一。虚己求言，以廣視聽，片詞之善，必蒙采録。或星象示異，水旱爲沴，即命羣下直陳，休咎所起，無所隱諱，又命督撫諸臣密奏地方利弊，所宜興罷者，雖在萬里之外，周悉情狀，眎若目前。審官班禄，必惟其當。内自六卿之屬，外自縣令以上，臨軒召見，觀其可否，然後命之。其以清修苦節著聞者，立行甄擢，以勸有位。介胄之士無小大，必親試其能，開霽天顔，從容詢問，寸長微績，並加獎勵，人皆感激自奮。聖性天授，一經覲謁，歷久不忘，故文武之選，程材使器，官得其人，人稱其職。皇考智勇天錫，廟算如神，三逆未叛之前，即燭其終爲悖亂，宜早定大計，遣大臣趣召之。吴三桂果反，耿精忠繼之，乃宣睿略，簡禁兵，守荆州安慶鎮江爲聲勢，命諸王大臣爲大將軍，分道並進。三桂自出至衡州，湖南皆陷王師，扼之於岳州，用戰艦據江湖，斷賊餉道，三桂憂怖死，遂拔岳州，盡收湖南地。由陝西取漢興，定四川。明年，定貴州。又明年定雲南。逆孽自焚，餘黨悉平。精忠兵出仙霞，旁擾温台，大兵遏之衢州，屢摧其鋒，逐北入仙霞，順流而下，精忠自縛軍前，温台賊悉破散。尚之信最後反，王師北自韶州，東自潮州蹙之，之信束身乞降。其間孫延齡陸梁於桂林，王輔臣潰亂於寧羌，戈鋋所指，不久就俘。當賊勢之熾，大江以西、五嶺以南悉爲賊踞，烽火幾半海内。皇考默運神謨，不動聲色，八載之間再定寰寓，廓清氛翳。耿精忠之亂，鄭經自厦門盗踞下游三府，精忠敗，大兵乘勝復三府，經遁歸厦門。越二年，克厦門，經遁歸臺灣，以海舟守澎湖爲門户。皇考决策，命帥治艨艟，以六月乘北風攻澎湖，再戰，破之，臺灣震讋乞降，遂以其地爲郡縣。海氛起於明季，自鄭成功巢穴兹島，傳子經及其孫，歷三世，出没爲閩南患，至是悉靖。察哈兒部布爾尼者，元之遺裔，其先世納欵獻傳國璽，故荷特恩，尚主封王。父阿布柰漸爲狂恣，皇考不忍置諸法，羈諸盛京。俾布爾尼襲封，召之，不至，遂以所部叛。遣將率禁旅討之，兩月之内，殲厥渠魁，招撫其衆，北藩以寧。俄羅斯夙慕德化，奉職貢，乃其邊人羅刹，踞雅克薩城，納我逋逃，以擾索倫，興師徂征，拔其城，縱其俘，振旅而還。會俄羅斯之國王遣使上疏謝罪，命大臣往定邊界，東北數千里延及海邊，胥隸版圖。厄魯特者，元之牧牲人也，其頭目噶爾丹梟桀習戰鬬，刼服諸番，殘回子數百餘城，復與喀爾喀搆難，潛刼其衆，故喀爾喀七旗數十餘萬衆，皆稱臣内附。皇考親巡塞外，受其朝謁，錫之名爵，頒諭兩部落息兵寧人。

噶爾丹顧頑梗弗率,以追喀爾喀爲名,闌入邊界。皇考計安藩服,躬申天討。以康熙三十五年春,親統六師,由中路直抵克魯倫,料賊必逸而西,别遣大將由西路進兵土剌。噶爾丹聞天兵至,棄其輜重,連夜西奔,恰遇西師,於昭木多大破之。噶爾丹收合餘衆,竄伏窮荒。其冬,車駕再出,至鄂爾多斯,遣使招附。明年春,又出寧夏,循賀蘭山,哈密擒其子以獻。其族類丹濟拉等,潛輸誠欵。師次狼居胥山,天兵四布,噶爾丹勢孤援絶,仰藥自盡。丹濟拉攜其遺骸及子女人口來歸,朔漠蕩定。其兄子策妄阿喇布坦素與噶爾丹有隙,乘其南發,潛據其地,誘致逋逃,種類漸滋,因圖青海諸部及西域諸番,暗遣人攻拉藏,殺之,掠據藏地。皇考以太宗文皇帝時班禪額爾德尼達賴喇嘛知東土有聖人,遣使歸命,追念厥誠,不可以勿救。於是分遣諸將,率西寧諸路之兵,自青海入,四川、雲南之兵,自拉里入,整旅前驅,不遺一矢,遂定藏地。復達賴喇嘛之位,安西域之衆。其他西番諸國,無不欣喜感戴,委贄恐後。軫念東南水患,屢勤翠華,躬視河淮,每步長堤,或駕小舟,周迴觀覽,高下險易,瞭若指掌,授策河臣,罔不奏效。開中河以避黄河百八十里之險,治下河則疏人字、芒稻河注之江,濬蝦鬚諸溝注之海,治清河則培高堰,塞六壩以蓄其勢,開張福口、裴家場以暢其流;治黄河則浚雲梯關以通海口,築挑水壩、開陶莊引河以導其北向,築減水壩、修鹽河以洩其旁溢。於是淮不東漫而北敵黄,黄不南灌而東趨海。下河七州縣,化浸爲沃,農桑遍野。漕艘商舶,上下數千里,安若衽席。其在畿輔之内,則隄子牙而漳滏滹沱無泛濫,開柳岔口而蘆溝不横决,皆皇考頻年巡省,面授經畫,用迄於成績。勤求民瘼,凡所在暘雨之期,封疆大吏隨時奏聞,偶有旱潦,無不周知,賑恤之恩,不稽旬日,籌畫詳盡,溥徧優渥,故雖有沴伏,而民忘其災。遠至蒙古諸藩,並厪睿慮,分遣使臣,教以網罟耒耜之利,俾知鮮食艱食。每聞積雪荒歉,即賜之牲畜米糧,咸獲贍給。康熙三十六年,朝鮮以大饑告,截河南漕米,由登州泛海發盛京倉儲,合水陸運致數萬石,平糶賜賚,凋瘵盡起,舉國忭慶。蠲租之詔,無歲不下,所在災傷,見告即與減除。積年逋負,輒免追征,積算無慮億萬計,人用底於殷阜。四十八年,特敕遞免天下地丁錢糧,三歲而徧。八埏之内,次第霑被;寬仁之澤,浹於黎烝。隆冬停流遣之期,盛夏解圄圄之禁,法司奏讞,多所矜釋。和氣薰陶,萬方康泰,至於三藩之亂,所全宥不可勝紀。明降敕諭:尚之信、耿精忠罪大惡極,法應及族。但念尚可喜、耿仲明航海歸誠,著有勞績,其兄弟俱從寬免罪,屬下人有父兄子弟在賊中者,一無所問。又如噶爾丹子女赦弗誅，俾子有室，女有家，仍官其子。自秦漢以來，叛逆之條，蔓及宗室，横枉無辜，皇考弘曠蕩之恩，遂除二千年誅戮慘酷之弊，慎玆祥刑，復於三代。興行教化，申之以告誡。《御製訓飭士子文》刊於學宫，《聖諭十六條》頒於州縣，訓詞深厚，丁寧周至，士習民風，於焉丕變。崇敬先師，表章前賢。東巡狩至於兖州，親詣闕里，致祭孔子，拜跪之儀，有加於往代。廣賢裔博士之封，宋儒周邵二程張朱皆稱子而不名，升朱子祀於堂。壽考作人，開鄉會試者，各二十有二科，髦俊蔚興，相繼輩出，增江浙入學名數，廣直省鄉試解額。文思光被，苗猺之秀，隸籍黌宫，島上君長，遣子弟就業辟雍，窮山越海，靡然向風。右文稽古，命儒臣纂修周易折中，圖象卦爻之緼，親加論定。又脩《書》《詩》《春秋》，傳説彙纂，《性理精義》《朱子大全》，經籍之道，焕然大明。又親授詞臣，考訂律曆，曆得合天，律諧真度，誠萬世不易之法。按北極之高，測地理南北東西差得《皇輿全圖》。其他所編輯，卷帙繁富，充於内府。聽政之暇，喜操翰墨，文成典誥，詩爲雅頌，書蹟神運天矩，爲百代楷模。闓五鈞之弓，射大鏃之矢，發則必中，中必洞貫。文事武備，並臻其極，所謂天縱之聖，又多能也。致敬前代，禮踰常典，自夏商以迄元明帝王膺曆服者，咸入廟而享祀焉。前後南巡，親祭明孝陵者三，又欲封其後裔，俾承世祀，予小子祗奉遺言，錫之侯爵。公卿大臣，戎行將帥，多服官至四五十年，皇考眷待耆舊，恩禮優渥。凡朝會讌享，龐眉皓首，濟濟盈庭，三代而下，誠爲盛典。皇考自幼齡奉孝莊文皇后慈訓，凡飲食起居，視聽言動，皆有矩度，盛德自然，周旋中禮。端扆涖政，天顔肅穆。雖宫庭閒讌，一言一笑，不以假人。太和元氣，充於四體。冬不鑪而自温，夏不扇而手足未嘗濡汗。正衣冠，尊瞻視，終日儼乎若思。逮於耄齡，聖敬日躋，敦尚儉素。衣不辭澣濯，食不取珍異，宫掖人數至少，光禄寺一歲所費，較之前代，僅十之一。服御器用，歷久不易，未嘗以故敝棄遺。巡幸所至，不煩民間一物，宫室舟舫，純用樸斲，無丹青之飾。秉德謙冲，自平定三逆，肅清朔漠，凱旋告功，及五旬六旬萬壽節、五十六十年實曆，國家大慶，諸王公、文武臣僚、太學生徒、京兆耆老，屢請恭上尊號，雲集闕下，備陳丹懇。皇考頻下諭旨，讓而弗居，於戲。惟我皇考，躬備聖德，久道化成；風教翔洽，錫福烝人，胥躋於仁壽，乃至鳥獸草木咸若。守成之業，恢於創造，拓開疆宇，廣袤各數萬里。在昔未賓之國，重譯踵至，戴天履地，含生負氣之倫，莫不尊親，自有生民蓋莫盛於斯日者。然且兢兢業業，緝熙單心。敬上天之明威，察下民之視聽。

焦勞萬務，未嘗以天位爲樂，憂勤惕厲，以迄於終身。是所以接堯舜禹湯文武孔子之心，傳優入聖域而仁覆天下也。康熙六十一年十一月甲午，崩，聖壽六十有九。雍正元年九月丁丑，葬景陵。謹拜手稽首而作頌曰：維我皇清，上天眷命。二儀凝祉，三朝篤慶。皇考紹烈，建中表正。亶聰亶明，乃神乃聖。翼翼昭事，仰格高穹。化將道贊，祭以誠通。虔承九廟，孺慕兩宫。大孝備矣，至德光融。爰在冲年，夙成睿智。致泰之基，徵乎言志。日就月將，古訓是嗜。理數兼該，窮源抽秘。萬幾在御，八表君臨。克勤於政，無逸爲箴。求衣忘食，日昃宵深。慮周禹迹，事廑堯心。廣聽並觀，樹旌建鼓。無情不達，有善必取。四門攸闢，百司式叙。交采珪璋，武羅貔虎。苞有三蘖，怙勢悖恩。默運神機，載奠乾坤。旆麾烽熄，弩指鯨奔。提封式廓，截海爲藩。元裔速辜，不修厥職。禁旅一臨，兇渠伏殛。羅刹擾邊，邊帥討賊。拔城縱俘，感恩懷德。維彼雄梟，搆難比鄰。比鄰内附，稽顙稱臣。敢抗明詔，怙惡不悛。天子三征，掃蕩邊塵。蠢兹遺孽，搆氛西徼。自恃荒遐，狂跳縱暴。堂堂天兵，何幽不到？底定三危，恩同再造。瑶池之水，崑崙之岡，窮域絶漠，越海踰洋。書傳所記，咸我版章。敷天率土，無不來王。睠念河淮，頻乘四載。既安二瀆，亦通百派。一授成功，萬世永賴。胥樂同憂，仁膏遍沛。周詩時邁，虞典歲巡。省方詢俗，輦路生春。蠲租賜復，歲有恩綸。惠心溥渥，益道平均。暘雨偶愆，恩澤已布。朔漠朝鮮，同霑膏露。象魏既懸，雞竿屢樹。貫索其空，桁楊可厝。德惟善政，道在遺經。紆御東魯，親奠兩楹。禮明樂備，檜栢增榮。光華復旦，天下文明。覃心四府，研精儒術。典籍大興，英髦踵出。爰在璣衡，協時正日。玉振金聲，審音調律。海涵地負，大哉王言。鸞騫鳳翥，焕乎宸翰。文經武緯，異用同源。道高能博，藝備德尊。歷代帝王，祀典彌厚。備列几筵，光延籩豆。修敬前朝，親臨鍾阜。三恪垂封，烝嘗有後。功勳耆舊，恩禮優容。龐眉皓首，濟濟雍雍。撝謙克讓，川受谷冲。穆穆其敬，安安其恭。六幕啓宇，八垓肇域。維我皇考，憂勞靡極。三靈集祜，五紀膺曆。維我皇考，兢勤不息。貽我臣庶，食德難忘。貽我子孫，卜世無疆。昌瑞之山，峰峙川長。功德穹碑，天日同光。

雍正　年　月　日孝子嗣皇帝　敬述。

大清會典卷之八十八

禮部祠祭司

〔皇帝躬祭陵寢〕

康熙十年八月，聖祖仁皇帝恭謁福陵、昭陵。前期一日，聖祖仁皇帝躬詣太廟，行告祭禮。次日，駕發，設行幸儀仗，不作樂，午門鳴鐘。不隨駕王以下文武各官，俱常服，於午門外分翼齊集跪送，王以下大臣出城恭送。隨駕王以下宗室覺羅官及各部院官、扈從官軍及各執事人員，由各該衙門具題派出。駕過地方，文武各官，俱常服，於路右百步外跪接。次日駕行，亦跪道右候過。其迎送各官，由鴻臚寺題請朝見。至陵，鴻臚寺預行題請，令守陵官及盛京文武各官，俱常服，跪於路右接駕。至之日，恭謁福陵，行禮，舉哀。次恭謁昭陵，行禮，舉哀。禮畢，駕回行宮。〇次日，聖祖仁皇帝恭詣福陵、昭陵隆恩殿大祭。〇又次日，聖祖仁皇帝又恭詣福陵、昭陵隆恩殿前致祭。祭畢，鴻臚寺題請，令守陵官員及盛京文武各官，在行宮前排立，行三跪九叩頭禮。畢，又令守陵官員、盛京官員併老疾休致候補官員，俱朝服，在大清門兩旁分翼齊集，其行幸儀仗列於大清門前。聖祖仁皇帝御門陞座，作樂。賜宴頒賞畢，各官俱行三跪九叩頭禮。次頒賞守陵兵丁、盛京兵丁及老疾辭退兵丁等。畢，駕回行宮。遣王及内大臣前往永陵，照常致祭。其祭福陵、昭陵時，諸妃照常供獻。穎親王、克勤郡王、功臣費英東、額亦都、揚古利、圖爾格墳，各遣大臣奠酒。駕回京時，率王以下各官恭詣福陵、昭陵行禮告辭。是日，不開正三門，聖祖仁皇帝進旁門下馬，諸王於旁門外下馬，各官於紅木前下馬。駕發，設儀仗，作樂。經過地方官員，俱朝服，照常跪接。駕往及返，俱詣孝陵奠酒。進京日，恭詣太廟告祭。祭畢，還宮，午門鳴鐘。不隨行王以下文武官員，俱朝服，在午門外跪接，候駕還宫，各退。○次日，王以下文武各官行進表慶賀禮。○二十一年二月，聖祖仁皇帝躬詣永陵、福陵、昭陵致祭。凡隨駕王以下文武各官及兵丁，俱由各該衙門具題派出。駕行前一日，告祭奉先殿。往返經由州縣官員迎接，如常儀。至盛京，守陵官員及盛京官員迎接，如常儀。其初到恭謁福陵、昭陵，並雙日大祭、單日致祭禮儀，及賜宴頒賞，俱照康熙十年例行。太妃、貴妃前，聖祖仁皇帝親詣奠酒，淑妃以下，遣王奠酒。穎親王、克勤郡王、功臣費英東、額亦都、揚古利、圖爾格墳，遣大臣讀文致祭。貝勒以下，奉國將軍以上一品官墳，遣官奠酒。東京達爾漢巴圖魯親王、卓立克圖貝勒墳，亦遣大臣奠酒。致祭福陵、昭陵。禮畢，聖祖仁皇帝恭詣永陵。親王以下，一等侍衛、三品以上，隨駕至陵，恭謁行禮，俱素服。是日，盛京禮部官預陳設祭物，恭請神位，奉安寶座。扈從禮部堂官恭導聖祖仁皇帝由左門入，至臺階下就拜位立，行謁見禮。其次日致祭禮儀，與福陵、昭陵同。永陵内武功郡王、恪恭貝勒墳，遣大臣於殿外兩旁陳設致祭。永陵居住官員兵丁頒賞有差。畢，詣吴喇地方，遥望長白山致祭。率諸王大臣官員行禮。畢，駕至盛京，詣福陵、昭陵奠酒。駕往及返，俱詣孝陵奠酒。駕回宫日，午門鳴鐘，不隨行王以下文武各官，俱朝服，在午門跪接。是日，告祭奉先殿。其王以下文武各官進表行禮，奉旨停止。○九年八月，聖祖仁皇帝奉聖祖母孝莊文皇后、聖母孝惠章皇后，率孝誠仁皇后詣孝陵。先期，欽天監擇吉日，禮部具題，内閣撰告祭文及祭陵文，太常寺辦告祭應用等物，宗人府題請扈從王以下宗室覺羅等官，各部院題請扈從堂官，科道各派官一員，各部院酌派司屬官員，兵部題請扈從官兵額數，鑾儀衛備應用隨行儀仗，户部給扈從官軍行糧，工部修理橋路，光禄寺預辦御膳供具，教坊司設大樂。駕行前一日，聖祖仁皇帝躬詣太廟，行告祭禮，不設鹵簿大駕。啓行日，設行幸儀仗，不作樂，午門鳴鐘。其在京不隨駕王以下文武各官，俱便服，在午門外分翼齊集，跪送。時孝莊文皇后、孝惠章皇后、孝誠仁皇后俱由午門出東長安門。駕經通州、三河、薊州，其地方文武官員俱於道右百步外跪接。次日，駕發，仍跪道右候過。其迎送各官，禮部奏請朝見。將至孝陵，守陵官員不值班次者，俱至興隆口外道右跪接。至日，孝莊文皇后、孝惠章皇后、孝誠仁皇后率公主等於駕前先行，進昌瑞山紅門。孝莊文皇后駕入隆恩門，至明樓臺階前降輦。孝惠章皇后駕入隆恩門，至隆恩殿臺基東南降輦。聖祖仁皇帝至下馬牌降輦。孝誠仁皇后駕入隆恩門臺階下燎爐處降輦。公主等至隆恩門臺階下下馬。扈從婦女至三洞橋迤南下馬。

王以下各官俱在五洞橋迤北下馬。恭謁行禮,舉哀。畢,各退。○次日,隆恩殿大祭。○又次日,在寶城前致祭。孝莊文皇后、孝惠章皇后、孝誠仁皇后率公主等先行,王以下各官俱隨行禮。畢,聖祖仁皇帝御行宫,守陵官員行謁見禮。駕發回京,照前排設儀仗,作樂。經過地方官員,俱朝服跪接。回京日,親詣太廟告祭。祭畢,還宫,午門鳴鐘。不隨駕王以下文武各官,俱朝服,在午門外齊集跪迎,駕過,各退。越二日,聖祖仁皇帝御太和殿,設鹵簿大駕。王以下文武各官,俱朝服,行進表慶賀禮。○六十年,聖祖仁皇帝以寶曆甲子一週祭告孝陵。至日,謁暫安奉殿、孝陵、孝東陵。○次日,致祭,行禮,如常儀。○雍正二年清明節,上躬詣景陵致祭。至日,先謁暫安奉殿,奠酒,舉哀。以次恭謁孝陵、孝東陵,行禮,舉哀。畢,恭謁景陵。至寶城前,行禮,奠酒,哀泣不止。傳諭:凡屬聖祖仁皇帝諸皇子皇孫及親近大臣官員,俱得至明樓前舉哀。上慟哭伏地,近侍大臣敦請再四,乃出。是日諭:明日登寶城上土人等,皆夙沐浴。○清明日,行上土禮。上親著黄布護履,躬荷土擔,入明樓,由磴道升天橋,膝行至寶頂中間,跪上土畢,匍匐退行,盡誠致敬。次大臣十二人,俱著黄布護履,荷土擔跪上畢,退。上詣隆恩殿行大祭禮。畢,由隆恩殿左陛降,即慟哭入陵寢門,至寶城前,伏地哀泣。王大臣等敦勸良久,上方出。至隆恩門外,猶瞻望移時,然後回鑾。○三年十一月十三日,聖祖仁皇帝三週届期,上率皇后妃嬪等,恭詣景陵行致祭禮。至日,先謁暫安奉殿、孝陵、孝東陵,行禮,奠酒,舉哀。畢,恭謁景陵。未至碑亭,即降輦,步入隆恩門,至寶城前,行禮,致奠,哀慟不能已。是日,賜四陵文武大臣官員緞匹、執事兵丁銀兩,及從祭外藩諸王台吉等衣服緞匹有差。○次日,行三週大祭禮。○是日,以議准即暫安奉殿爲昭西陵,擇吉奉移孝莊文皇后梓宫安奉地宫。上率皇后妃嬪詣昭西陵,行前期告祭禮。畢,乘輿還京。皇帝謁陵儀駕至陵日,皇帝御素服,親王以下,三等侍衛、文武三品以上,及内廷官員,俱素服,隨駕至各下馬處下馬。下馬處詳後注。禮部堂官二員,恭導皇帝至大門前止。皇帝由大門之東門入享殿東槅扇,中位立,行三跪九叩頭禮,興,不贊。王以下各官在大門外兩旁分翼隨行禮,興。皇帝東立,西向,舉哀。王以下各官在大門外,分翼相對序立,舉哀。恭設奠几,皇帝就位立,跪奠酒三爵,每奠一叩頭,衆皆隨叩,奠畢,退。恭奠永陵,奠酒十二爵,每奠一叩頭。○永陵,皇帝至柵欄門降輦。内外王等至紅木處下馬。貝勒以下各官未到紅木下馬。○福陵,皇帝由紅門龍門入,至臺階降輦。内外王等在紅門外下馬。貝勒以下各官在下馬牌處下馬。〇昭陵，皇帝進紅門至碑亭降輦。王等在牌樓前下馬。貝勒以下各官在下馬牌處下馬。〇昭西陵、孝陵、景陵，與昭陵同。

皇后謁陵儀

皇后率妃嬪，俱素服，至隆恩門降輦，妃等俱隨下輿，入隆恩門東門，經享殿東入陵寢門東門，至明樓前。皇后行三跪九叩頭禮，興，妃等俱隨行禮，興，東立，西向，舉哀。俟設奠几畢，皇后就中位立，奠爵三，每奠一叩頭，妃等俱隨行禮。畢，退。妃嬪謁陵，在明樓前東旁奠酒，餘俱同。

皇帝躬祭陵寢儀

皇帝謁陵之次日，隆恩殿大祭。守陵官預備祭物，恭請神位，奉安各寶座。王以下各官，俱素服，至殿下兩旁，分翼排立。禮部奏請皇帝御素服。内大臣二等侍衛以上亦素服隨後。皇帝至下馬牌降輦，禮部堂官二員前引至隆恩門。贊引官對引官恭導皇帝入隆恩殿左門，東立，西向。鴻臚寺官引王等東西臺階上，兩旁排立，各官臺階下，兩旁排立。贊引官恭導皇帝至拜位前立。典儀唱執事官各司其事，贊引官奏就位。皇帝詣拜位立，王以下各官各就位立。贊引官恭導皇帝詣香案前立，司香官捧香盒跪進於皇帝右，贊引官奏跪，皇帝跪，奏上香，皇帝舉炷香上爐内，又上瓣香三。贊引官奏旋位，皇帝旋位立。贊引官奏跪、叩、興，皇帝行三跪九叩頭禮，興，王以下各官俱隨行禮，興。典儀唱奠帛，行初獻禮。贊引官恭導皇帝詣帛案前立，捧帛官跪進於皇帝左，贊引官奏跪，皇帝跪，奏獻帛，皇帝受帛，拱舉，獻於案上，行三叩頭禮，興，不贊。贊引官恭導皇帝詣爵案前立，執爵官跪進於皇帝左，贊引官奏獻爵，皇帝立受爵，以次恭獻畢。贊引官奏旋位，皇帝旋位立。讀祝官詣祝案前，一跪三叩頭，捧祝文跪於左，祗俟，贊引官奏跪，皇帝跪，王以下各官俱跪，贊讀祝，讀祝官跪，讀畢，興，捧祝文安設案前帛匣上，一跪三叩頭，退。贊引官奏叩興，皇帝行三叩頭禮，王以下各官俱隨行禮，興。典儀唱行亞獻禮。獻爵官依次捧爵立獻，退。典儀唱行終獻禮。獻爵官進爵，如亞獻儀。畢，贊引官奏跪、叩、興，皇帝行三跪九叩頭禮，王以下各官俱隨行禮。典儀唱捧祝帛恭詣燎爐。贊引官恭導皇帝轉立拜位東旁，捧祝官捧帛官各一跪三叩頭，捧祝在前帛在後，恭送燎爐，皇帝還位立，王以下各官俱至兩旁排立，候祝帛過，俱復位立。祝帛焚半，贊引官奏禮畢，俱退。〇次日，在寶城前致祭。禮部官設黄幄陳祭品。王以下各官，在隆恩殿院内，分翼排立。禮部堂官二員，恭導皇帝詣拜位立。讀祝官至案前，一跪三叩頭，捧祝文跪於讀祝處，皇帝跪，王以下各官俱跪。讀祝官讀畢，興，捧祝文至案上,一跪三叩頭,退。皇帝跪奠酒三爵,每奠一叩頭,王以下各官亦隨叩頭。奠畢,皇帝興,東立,西向,舉哀。畢,徹祭品。讀祝官進前,一跪三叩頭,捧祭文前行,皇帝隨後。王以下各官先出隆恩門外,兩旁跪,候駕過,隨後行,至燎所,焚祭文。皇帝跪奠酒三爵,每奠一叩頭,興,王以下各官俱隨叩頭,興。視燎奠爵,或派大臣行禮。禮畢,退。

聖祖仁皇帝三週年忌辰景陵大祭日皇帝皇后行禮儀

先期,設奠案於享殿月臺之正中,設祭品案於月臺之兩旁,設祭文案於殿廊下之西檐。禮部堂官敬捧祝文由隆恩門中門入,安奉西檐案上。諸王大臣侍衛等於隆恩門外按翼排立,文武官員於三橋按翼排立,守陵官員命婦預入陵寢門内西牆排立,執事人等妻在命婦後排立。祭前皇后妃嬪等自行宫至隆恩門外西備城内俟。上至隆恩門外東備城内俟。至時,衆迴避,皇后妃嬪等,由隆恩門西門進至明樓前祗俟。禮部堂官奏請上由隆恩門東門升正階東階進享殿東槅扇。陳設畢,暫止哀。讀祝官捧祭文詣祝案前正中跪讀。上跪,衆俱隨跪。讀祝畢,上奠酒三爵,每奠一叩頭,皇后妃嬪等在明樓前俱隨行禮,諸王大臣侍衛官員等於各排立處俱隨行禮。禮畢,撤祭案,讀祝官恭捧祭文,禮部大臣前導,由中門出奉安燎位。承奠大臣奠酒三爵,每奠一叩頭,諸王以下官員以上隨行禮,舉哀。畢,各退。

陵上常祭儀

崇德間定:興京陵,歲除日、清明日遣守陵官行禮致祭,用牛一。東京陵,歲除日、清明日遣宗室覺羅大臣行禮致祭,用牛二。福陵,歲除日、清明日致祭,用牛一羊二;忌辰、中元、皇帝聖誕,上香燭,供酒果,俱遣大臣一員行禮。每月朔望致祭,牛一,上香燭,供酒果,無祝帛,遣守陵官行禮致祭。凡祭肉皆熟獻。○順治十年議准:興京陵、東京陵,冬至、歲除、清明祭,牛一,獻酒果,上香燭,焚帛,讀祝文;中元、十月朔祭,羊一,獻酒果,上香燭,焚帛,讀祝文,俱遣宗室覺羅大臣行禮致祭,祭肉皆生獻;每月朔望,薦熟羊一,獻酒果,上香燭,遣守陵官行禮致祭。福陵、昭陵,冬至祭,牛一羊一豕一,獻酒果,上香燭,焚帛,讀祝文;忌辰、清明、歲除、中元、十月朔、皇帝聖誕,獻酒果,上香燭,無祝帛,遣盛京官行禮致祭。○又議准:興京陵、東京陵,俱照福陵、昭陵例致祭。其元旦祭祀,俱停止,預於歲除日舉行。○康熙二年題准:孝陵每年以清明、中元、冬至、歲除爲四大祭,供獻行禮,俱照昭陵例行。○十五年題准:每月朔望,奉祀官上香燭,行三跪九叩頭禮。忌辰及聖節,行禮同。〇又議准:孝陵祭品内不用豕,陵寢供獻酌定用五十碟。永爲定例。凡每年清明、中元、冬至、歲暮,陵寢各遣官一員,宰牛羊,上香燭,供酒果,焚帛,讀文,致祭,遣官由宗人府具題。三月十八日聖誕,陵寢上香燭,供酒果,無祝帛,遣守陵官致祭。陵寢忌辰,行禮同。每月朔望,陵寢各用羊一、果品十二色,上香燭,守陵官行禮供獻。已上,俱由太常寺具題。〇四十五年議准:陵上祭祀,關係重大。嗣後,守陵郎中員外凡遇出差採買,務必各留一員住衙門料理遣官行禮儀。大祭日,承祭官及各官從右門入至陵前,於兩旁排立。贊引官贊就位,引至臺階下各就拜位立。典儀贊執事官各司其事,贊引官導承祭官上西臺階,詣殿内香案前立,贊跪,承祭官跪,司香官捧香盒跪於右,贊引官贊上香,承祭官接香,向上拱舉,授左旁司香官,三上香。畢,贊就位,承祭官退至拜位立,贊跪、叩、興,承祭官及各官俱行三跪九叩頭禮。典儀贊奠帛,行初獻禮。獻帛官在前,獻酒官在後,捧帛爵依次由中門入,獻帛官獻訖,一跪三叩頭,由左門出,獻爵官二員立獻,不叩。由右門出。讀祝官由右門入,一跪三叩頭,捧祝版由中門出,立於西旁。贊引官贊跪,承祭官及各官讀祝官俱跪,典儀贊讀祝,讀祝官讀訖,捧祝版至神位前,跪安帛匣上,三叩頭,興,退至原位立。贊引官贊叩興,承祭官及各官俱行三叩頭禮,興。典儀贊行亞獻禮。捧爵官獻爵,如初獻儀。畢,典儀贊行終獻禮,捧爵官獻爵,如亞獻儀。畢,贊跪、叩、興,承祭官及各官俱行三跪九叩頭禮,興。典儀贊捧祝帛恭詣燎位。讀祝官獻帛官入殿内,各一跪三叩頭,捧起祝帛,承祭官及各官俱退立西旁,祝前帛後,由中道出,送至燎爐,承祭官及各官俱復位立。祝帛焚訖,贊禮官贊禮畢,各退。

永陵祝文

維　年歲次　月　日孝孫嗣皇帝　謹遣　致祭於肇祖原皇帝、原皇后、興祖直皇帝、直皇后、景祖翼皇帝、翼皇后、顯祖宣皇帝、宣皇后曰:兹當新春,萬物茂育。清明節屆,敬薦時馨。尚饗。

右清明。

維　年歲次　月　日孝孫嗣皇帝　謹遣　致祭於肇祖原皇帝、原皇后、興祖直皇帝、直皇后、景祖翼皇帝、翼皇后、顯祖宣皇帝、宣皇后曰:兹當孟秋,宜修時祭。謹薦苾芬,用申享祀。尚饗。

右中元。

維　年歲次　月　日孝孫嗣皇帝　謹遣　致祭於肇祖原

皇帝、原皇后、興祖直皇帝、直皇后、景祖翼皇帝、翼皇后、顯祖宣皇帝、宣皇后曰:時當長至,萬類萌生。節序遷流,陽氣來復。仰瞻啓運,祈錫洪庥。謹以牲醴庶品,用申祭奠。尚饗。

右冬至。

維　年歲次　月　日孝孫嗣皇帝　謹遣　致祭於肇祖原皇帝、原皇后、興祖直皇帝、直皇后、景祖翼皇帝、翼皇后、顯祖宣皇帝、宣皇后曰:氣序以周,歲將更始。用修時祭,敬薦馨香。尚饗。

右歲暮。

福陵祝文

維　年歲次　月　日孝孫嗣皇帝　謹遣　致祭於太祖承天廣運聖德神功肇紀立極仁孝睿武端毅弘文定業高皇帝、孝慈昭憲敬順仁徽慶顯承天輔聖高皇后曰:兹當新春,萬物茂育。清明節届,敬薦時馨。尚饗。

右清明。

維　年歲次　月　日孝孫嗣皇帝　謹遣　致祭於太祖承天廣運聖德神功肇紀立極仁孝睿武端毅弘文定業高皇帝、孝慈昭憲敬順仁徽慶顯承天輔聖高皇后曰:時當孟秋,宜修時祭。謹以香燭牲帛醴果庶品,用申享祀。尚饗。

右中元。

維　年歲次　月　日孝孫嗣皇帝　謹遣　致祭於太祖承天廣運聖德神功肇紀立極仁孝睿武端毅弘文定業高皇帝、孝慈昭憲敬順仁徽慶顯承天輔聖高皇后曰:時當長至,萬類萌生。節序遷流,陽氣來復。仰瞻天柱,祈錫洪庥。謹以牲醴庶品,用申祭奠。尚饗。

右冬至。

維　年歲次　月　日孝孫嗣皇帝　謹遣　致祭於太祖承天廣運聖德神功肇紀立極仁孝睿武端毅弘文定業高皇帝、孝慈昭憲敬順仁徽慶顯承天輔聖高皇后曰:氣序以周,歲將更始。用修時祭,敬薦馨香。尚饗。

右歲暮。

昭陵祝文

維　年歲次　月　日孝孫嗣皇帝　謹遣　致祭於太宗應天興國弘德彰武寬温仁聖睿孝敬敏隆道顯功文皇帝、孝端正敬仁懿哲順莊敏輔天協聖文皇后曰：兹當新春，萬物茂育。清明節届，敬薦時馨。尚饗。

右清明。

維　　年歲次　　月　　日孝孫嗣皇帝　　謹遣　　致祭於太宗應天興國弘德彰武寬温仁聖睿孝敬敏隆道顯功文皇帝、孝端正敬仁懿哲順莊敏輔天協聖文皇后曰：兹當孟秋，宜修時祭。謹以香燭牲帛醴果庶品，用申享祀。尚饗。

右中元。

維　　年歲次　　月　　日孝孫嗣皇帝　　謹遣　　致祭於太宗應天興國弘德彰武寬温仁聖睿孝敬敏隆道顯功文皇帝、孝端正敬仁懿哲順莊敏輔天協聖文皇后曰：時當長至，萬類萌生。節序遷流，陽氣來復。仰瞻隆業，祈錫洪庥。謹以牲醴庶品，用申祭奠。尚饗。

右冬至。

維　　年歲次　　月　　日孝孫嗣皇帝　　謹遣　　致祭於太宗應天興國弘德彰武寬温仁聖睿孝敬敏隆道顯功文皇帝、孝端正敬仁懿哲順莊敏輔天協聖文皇后曰：氣序以周，歲將更始。用修時祭，敬薦馨香。尚饗。

右歲暮。

昭西陵祝文

維　　年歲次　　月　　日孝孫嗣皇帝　　謹遣　　致祭於孝莊仁宣誠憲恭懿至德翊天啓聖文皇后曰：時届新春，萬物滋茂。維此清明，用申祭享。伏惟尚饗。

右清明。

維　　年歲次　　月　　日孝孫嗣皇帝　　謹遣　　致祭於孝莊仁宣誠憲恭懿至德翊天啓聖文皇后曰：兹以新秋，因時致祭。謹修香燭牲帛酒果祭品敬獻。伏惟尚饗。

右中元。

維　　年歲次　　月　　日孝孫嗣皇帝　　謹遣　　致祭於孝莊仁宣誠憲恭懿至德翊天啓聖文皇后曰：時維長至，萬物含生，運應陽初。瞻望寢園，祈求篤祜。今虔備牲酒庶品，用申祭告。伏惟尚饗。

右冬至。

維　　年歲次　　月　　日孝孫嗣皇帝　　謹遣　　致祭於孝莊仁

宣誠憲恭懿至德翊天啓聖文皇后曰:時維歲暮,節屆履端,因時致祭。伏惟尚饗。

右歲暮。

孝陵祝文

維　　年歲次　　月　　日孝孫嗣皇帝　　謹遣　　致祭於世祖體天隆運定統建極英睿欽文大德弘功至仁純孝章皇帝、孝康慈和莊懿恭惠温穆崇天育聖章皇后、孝獻莊和至德宣仁温惠端敬皇后曰:時屆新春,萬物滋茂。維此清明,用申祭享。伏惟尚饗。

右清明。

維　　年歲次　　月　　日孝孫嗣皇帝　　謹遣　　致祭於世祖體天隆運定統建極英睿欽文大德弘功至仁純孝章皇帝、孝康慈和莊懿恭惠温穆崇天育聖章皇后、孝獻莊和至德宣仁温惠端敬皇后曰:兹以孟秋,因時致祭。謹修香燭牲帛酒果祭品敬獻。伏惟尚饗。

右中元。

維　　年歲次　　月　　日孝孫嗣皇帝　　謹遣　　致祭於世祖體天隆運定統建極英睿欽文大德弘功至仁純孝章皇帝、孝康慈和莊懿恭惠温穆崇天育聖章皇后、孝獻莊和至德宣仁温惠端敬皇后曰:時維長至,萬類含生,運應陽初。瞻望昌瑞山陵,祈求篤祜。今虔備牲酒庶品,用申祭告。伏惟尚饗。

右冬至。

維　　年歲次　　月　　日孝孫嗣皇帝　　謹遣　　致祭於世祖體天隆運定統建極英睿欽文大德弘功至仁純孝章皇帝、孝康慈和莊懿恭惠温穆崇天育聖章皇后、孝獻莊和至德宣仁温惠端敬皇后曰:時維歲暮,節屆履端。虔備庶品,因時致祭。伏惟尚饗。

右歲暮。

孝東陵祝文

維　　年歲次　　月　　日孝孫嗣皇帝　　謹遣　　致祭於孝惠仁憲端懿慈淑純德順天翼聖章皇后曰:清明屆節,萬類用昌。敬薦馨香,聿申祭享。伏惟尚饗。

右清明。

維　　年歲次　　月　　日孝孫嗣皇帝　　謹遣　　致祭於孝惠仁憲端懿慈淑純德順天翼聖章皇后曰:兹屆中元,時修祭享。謹陳香燭牲帛酒果祭品敬獻。伏惟尚饗。

右中元。

維　年歲次　月　日孝孫嗣皇帝　謹遣　致祭於孝惠仁憲端懿慈淑純德順天翼聖章皇后曰：時惟長至，一陽始復，玉律迎和。遥望寢園，永惟瞻慕。今虔備牲酒庶品，用申祭告。伏惟尚饗。

右冬至。

維　年歲次　月　日孝孫嗣皇帝　謹遣　致祭於孝惠仁憲端懿慈淑純德順天翼聖章皇后曰：時維歲暮，節屆履端。虔備庶品，因時致祭。伏惟尚饗。

右歲暮。

景陵祝文

維　年歲次　月　日孝子嗣皇帝　謹遣　致祭於聖祖合天弘運文武睿哲恭儉寬裕孝敬誠信功德大成仁皇帝、孝誠恭肅正惠安和儷天襄聖仁皇后、孝昭静淑明惠正和欽天順聖仁皇后、孝懿温誠端仁憲穆奉天佐聖仁皇后、孝恭宣惠温肅定裕贊天承聖仁皇后曰：清明節屆，物候頻遷。虔備庶品，因時致祭。伏惟尚饗。

右清明。

維　年歲次　月　日孝子嗣皇帝　謹遣　致祭於聖祖合天弘運文武睿哲恭儉寬裕孝敬誠信功德大成仁皇帝、孝誠恭肅正惠安和儷天襄聖仁皇后、孝昭静淑明惠正和欽天順聖仁皇后、孝懿温誠端仁憲穆奉天佐聖仁皇后、孝恭宣惠温肅定裕贊天承聖仁皇后曰：節屆中元，秋氣始肅。用修時祭，特薦維馨。伏惟昭格，尚饗。

右中元。

維　年歲次　月　日孝子嗣皇帝　謹遣　致祭於聖祖合天弘運文武睿哲恭儉寬裕孝敬誠信功德大成仁皇帝、孝誠恭肅正惠安和儷天襄聖仁皇后、孝昭静淑明惠正和欽天順聖仁皇后、孝懿温誠端仁憲穆奉天佐聖仁皇后、孝恭宣惠温肅定裕贊天承聖仁皇后曰：節屆陽初，日逢南至。永懷怙恃，莫逮瞻依。遥望寢園，肅陳俎豆。伏惟昭格，鑒此馨香。尚饗。

右冬至。

維　年歲次　月　日孝子嗣皇帝　謹遣　致祭於聖祖合天弘運文武睿哲恭儉寬裕孝敬誠信功德大成仁皇帝、孝誠恭肅正惠安和儷天襄聖仁皇后、孝昭静淑明惠正和欽天順聖仁皇后、孝懿温誠端仁憲穆奉天佐聖仁皇后、孝恭宣惠温肅定裕贊天承聖仁皇后曰:時維歲暮,節屆履端。虔備庶品,因時致祭。伏惟尚饗。

右歲暮。

妃園寢祭文

維　　年歲次　　月　　朔越　　日皇帝遣　　　致祭於温僖貴妃、慧妃、榮妃、平妃、良妃之靈曰:陽和應候,節屆清明。爰薦苾芬,庶其來格。尚饗。

右清明。

維　　年歲次　　月　　朔越　　日皇帝遣　　　致祭於温僖貴妃、慧妃、榮妃、平妃、良妃之靈曰:序屬中元,秋露始降。感時展祭,用達馨香。尚饗。

右中元。

維　　年歲次　　月　　朔越　　日皇帝遣　　　致祭於温僖貴妃、慧妃、榮妃、平妃、良妃之靈曰:一陽始升,節屆長至。聿申時祀,庶克歆承。尚饗。

右冬至。

維　　年歲次　　月　　朔越　　日皇帝遣　　　致祭於温僖貴妃、慧妃、榮妃、平妃、良妃之靈曰:時當餞臘,節序將新。芬苾載陳,庶幾歆格。尚饗。

右歲暮。

〔忌辰陵寢致祭〕

順治十二年定:凡遇忌辰,遣官三員,於陵上供酒果,上香燭致祭。或遣在京官前往,或遣盛京官致祭,具題請旨。〇康熙十五年定:忌辰祭陵,俱令奉祀官行三跪九叩頭禮。〇三十六年諭:暫安奉殿非係山陵,地方既近,嗣後,凡忌辰致祭,著照所定四時大祭禮行。〇雍正四年諭曰:"皇考聖祖仁皇帝三年大禮已滿,朕追念罔極深恩,欲於皇考忌辰每歲,遵照三年内祭禮舉行。朕終身永慕,豈三年禮制所能限?況億萬臣民感戴皇考深仁厚澤,自古帝王罕能比並。一切禮儀,亦非定制所得拘也。朕舉行此禮,自展思慕誠切之衷,至與舊制合否,皆不遑計。此禮亦惟朕躬特行於我皇考,後世子孫不必奉爲成例。應行禮儀,該部議奏。"遵旨議准:每年聖祖仁皇帝忌辰,照週年祭祀例。其内務府、禮部、工部、太常寺、光禄寺及有執事各該衙門,先期奏請,派遣堂官前往。届期,於在京王公大臣内,或陵寢王公大臣内,恭候欽點一員主祭,永遠遵行。○是年,孝恭仁皇后忌辰,遣皇子詣陵讀文致祭行禮。

大清會典卷之八十九

禮部祠祭司

〔祭告儀〕

國家有大典禮，必先期祭告於天、地、太廟、社、稷、奉先殿及陵寢。或親詣行禮，或遣官行禮，備列於後。其嶽鎮海瀆、歷代帝王陵寢、先師闕里告祭典禮，詳具本卷，不復載。

順治元年，以定鼎燕京祭告圜丘、太廟，遣官供獻行禮。於是日祭告福陵，遣官供獻行禮。○又，上大清門牌額，遣工部堂官祭告。○是年，恭上太宗文皇帝尊謚，祭告天、地、太廟、社、稷，遣官供獻行禮。○十一月冬至，大祀天於圜丘，世祖章皇帝親詣太廟行告辭禮。○二年，以江南平定告祭天、地、太廟、社、稷，遣官行禮。後凡遇地方奏捷，俱行祭告禮。○五年，以太廟工竣，奉安神位。前期一日，祭告太廟，遣官行禮。○十一月冬至，奉太祖高皇帝配享圜丘，又恭上肇祖原皇帝、興祖直皇帝、景祖翼皇帝、顯祖宣皇帝尊號。前期三日，祭告天、地、太廟、社、稷，分遣大臣四員行禮。○六年正月，世祖章皇帝萬壽聖節祭告太廟，遣官行禮。是後歲以爲常。○八年正月，恭上孝端文皇后尊謚禮成。前期一日，祭告天地太廟社稷，遣官行禮。○是年，恭上昭聖慈壽皇太后尊號。前期一日，祭告天、地、太廟、社、稷，分遣大臣四員行禮。○是年，行大婚禮。前期一日，祭告天、地、太廟，分遣大臣三員行禮。○又，恭上昭聖慈壽恭簡皇太后徽號。前期一日，祭告天、地、太廟、社、稷，分遣大臣四員行禮。○九年，以忠義公圖爾格、昭勳公圖賴入廟配享。前期一日，祭告太廟，遣大臣一員行禮。○是年，尊封麟趾宮大貴妃爲皇考懿靖大貴妃，衍慶宮淑妃爲皇考康惠淑妃。前期一日，祭告太廟，遣大臣一員行禮。○十二年，建造乾清宮、景仁宮、承乾宮、永壽宮。前期一日，祭告天、地、太廟、社、稷及后土、司工之神，遣官行禮。〇又諭：改禁城後山爲景山，西苑爲瀛臺，懸掛牌額，遣官行祭告禮。〇十三年七月，移宮。前期一日，行祭告禮，遣官恭代。〇十二月，封皇貴妃。前期一日，祭告太廟，遣官行禮。〇又，加上昭聖慈壽恭簡安懿皇太后徽號。前期一日，祭告天、地、太廟、社、稷，遣官四員行禮。〇十四年三月，恭奉太宗文皇帝配享圜丘祈穀壇，行奉安神位禮。前期一日，祭告天地太廟社稷，遣官行禮。〇是月，恭奉太祖高皇帝、太宗文皇帝配享方澤壇，行奉安神位禮。前期一日，祭告天、地、太廟、社、稷，遣官行禮。〇十六年，織造局設機，祭告司機之神，遣禮部堂官行禮。一應禮儀，與祭司工之神同。〇五月祈晴，祭告天、地、社、稷、神祇，各遣官一員行禮。〇十二月，歲暮，舉行太廟祫祭禮。前期一日，遣官一員祭告太廟後殿肇祖原皇帝、興祖直皇帝、景祖翼皇帝、顯祖宣皇帝，又遣官一員祭告太祖高皇帝、太宗文皇帝。行禮，如常儀。〇十七年三月，舉行奉先殿祫祭禮。嗣後，凡遇元旦、萬壽節、皇太后聖誕，俱奉太廟後殿肇祖原皇帝、興祖直皇帝、景祖翼皇帝、顯祖宣皇帝神位，與太祖高皇帝、太宗文皇帝合享於奉先殿。前期一日，太常寺題請遣官一員祭告太廟後殿，禮儀院題請遣官一員祭告奉先殿。〇四月，大享殿合祀。前期一日，祭告天、地、太廟、朝日壇、夕月壇、歷代帝王廟、太歲壇，各遣官一員行禮。〇五月，祈雨。各遣官一員祭告天、地、社、稷、神祇，供獻行禮。〇十八年正月，聖祖仁皇帝登極。各遣官一員祭告天、地、太廟、社、稷，供獻行禮，如常儀。〇三月，恭上世祖章皇帝尊謚，恭進册寶禮成。前期一日，祭告天、地、太廟、社、稷，各遣官一員行禮。〇十月，恭上皇祖母壽康太妃尊號。前期一日，祭告太廟，遣官行禮。〇十一月，恭奉世祖章皇帝神位升祔太廟。前期一日，祭告太廟，遣官行禮。〇康熙元年，恭上太皇太后、皇太后尊號。前期一日，祭告天、地、太廟、社、稷，各遣官行禮。〇六年，恭奉世祖章皇帝配享圜丘祈穀壇。前期一日，祭告天、地、太廟、社、稷，遣大臣四員行禮。〇又，恭奉世祖章皇帝配享方澤。前期一日，遣官祭告，與圜丘禮同。〇八年，迎安太和殿乾清宮吻，祭告琉璃窑、正陽門、大清門、午門、太和門。是日，滿洲蒙古漢軍參領郎中阿達哈哈番等官以上、漢文官四品以上，及掌印科道武官三品以上，俱朝服，齊集正陽門外行禮。祭畢，隨吻入至安吻處，候安畢，方散。另遣大臣祭告乾清門。〇是年，坤寧宮安吻、交泰殿寶頂成，遣官祭告，如前儀。〇十一月，移宮。前期一日，遣官祭告，如常儀。○九年上辛,祭祈穀壇,聖祖仁皇帝躬詣行禮。前期三日,遣大臣一員祭告太廟。○五月,孝康章皇后神位升祔太廟。前期三日,遣大臣各一員祭告天、地、太廟、社、稷。前期一日,遣官一員祭告奉先殿。○八月,恭謁孝陵。前期一日,聖祖仁皇帝躬詣太廟行祭告禮。○十年二月,經筵開講。前期一日,遣官一員祭告先師廟。是日,祭告奉先殿。嗣後歲以爲常。○四月,始行日講,遣官一員祭告先師廟。○九月,恭謁福陵、昭陵。前期一日,聖祖仁皇帝躬詣太廟行祭告禮。○十一月,自福陵、昭陵回京,躬詣太廟行祭告禮。○十一年,聖祖仁皇帝行耕耤禮。前期一日,遣官祭告奉先殿。○十三年,孝誠仁皇后初謚仁孝皇后。前期一日,遣官祭告太廟。○十四年,孝誠仁皇后升祔奉先殿。前期一日,祭告奉先殿。至升祔日,遣官行禮。○十五年,恭上太皇太后、皇太后徽號。前期一日,遣大臣一員祭告太廟,又以尊封四妃祭告太廟。後爲定例。○二月,建造陵寢。前期三日,遣官一員祭告后土、司工之神。○十六年,孝昭仁皇后正位中宫。遣官各一員祭告天、地、太廟、奉先殿。同日,孝懿仁皇后肇封貴妃。遣官祭告太廟。○十七年閏三月,孝昭仁皇后初謚孝昭皇后。前期一日,遣官一員祭告太廟。○十八年,孝昭仁皇后祔饗奉先殿。前期一日,祭告奉先殿。至日,遣官行禮。○是年,改建奉先殿。遣官祭告天、地、太廟、社、稷,又遣工部堂官祭告后土、司工之神。○是年,安奉先殿柱頂石豎柱上梁,並遣工部堂官祭告司工之神。○十九年,迎奉先殿宫吻。遣禮部工部堂官各一員祭琉璃窑、正陽門、大清門、午門之神。奉先殿安吻,遣工部堂官致祭司工之神。○六月祈雨,遣官各一員祭告神祇壇、太歲壇。○十二月,奉先殿工竣。遣工部堂官一員祭司工之神。○二十年三月,孝誠仁皇后、孝昭仁皇后梓宫至陵寢。前期三日,遣官各一員祭告天、地、太廟、社、稷。○是年,以滇南蕩平,遣官各一員祭告天、地、太廟、社、稷。○是年,孝懿仁皇后以貴妃晉封皇貴妃,孝恭仁皇后以德嬪晉封德妃,同日,册封貴妃、惠妃、宜妃、榮妃,遣官一員祭告太廟。○是年,加上太皇太后、皇太后徽號,遣官各一員祭告天、地、太廟、社、稷。○二十一年,恭謁永陵、福陵、昭陵。前期一日,祭告奉先殿。○又,太和門安吻、合龍門,遣工部堂官祭司工之神。啓祥宫、長春宫、咸福宫安吻、合龍門,遣禮部、工部堂官各一員祭司工之神。○二十二年,文華殿興工,遣工部堂官一員祭告后土、司工之神。安柱頂石、豎柱、上梁,俱遣工部堂官一員祭司工之神,供獻行禮。○是年,以平定臺灣,遣官各一員祭告天、地、太廟、社稷，又遣官各一員祭告福陵、昭陵、孝陵。供獻行禮，俱與陵上大祭同。○二十五年，文華殿告成，設孔子神位於傳心殿，祭告皇師、三皇帝師、五帝王師、三王、先聖、周公。○二十七年四月，孝莊文皇后梓宮至陵寢，奉安於享殿。遣大臣祭告孝陵，暨孝誠仁皇后、孝昭仁皇后几筵。○又，奉安孝莊文皇后梓宮於暫安奉殿。遣大臣祭告孝陵，暨孝誠仁皇后、孝昭仁皇后几筵。○十月，恭上孝莊文皇后尊謚禮成。前期一日，遣大臣各一員祭告天、地、太廟、社、稷、奉先殿。○又，恭奉孝莊文皇后神位升祔太廟、奉先殿。前期一日，遣大臣各一員祭告太廟、奉先殿。○是年，仁壽殿竪柱、上梁。遣官祭告司工之神。○二十八年閏三月，迎仁壽殿吻。遣大臣祭告琉璃窑、正陽門、大清門、午門之神。○四月祈雨，遣官各一員祭告天、地、社、稷。○九月，孝懿仁皇后初謚孝懿皇后。前期一日，遣官祭告太廟。○是月，孝懿仁皇后升祔奉先殿。前期一日，遣官祭告奉先殿。○三十四年二月，建造太和殿興工。前期一日，遣大臣各一員祭告天、地、太廟、社、稷。其動土安磉、竪柱、上梁、安吻、插劍、懸牌匾、合龍門，俱致祭。○三十五年，聖祖仁皇帝親征噶爾丹。前期，遣官各一員祭告天、地、太廟、社、稷、太歲壇。出軍之日，遣官於天安門外祭告路神。○三十六年，太和殿工竣，遣大臣各一員祭告天、地、太廟、社、稷，遣工部堂官祭告后土、司工之神。○是年，平定朔漠，大功告成。遣官祭告天、地、社、稷、永陵、福陵、昭陵、暫安奉殿、孝陵。○三十九年十二月，册封貴妃。遣官各一員祭告太廟、奉先殿。○五十二年，聖祖仁皇帝六十萬壽聖節。遣大臣各一員祭告天、地、太廟、社、稷。○五十七年三月，孝惠章皇后梓宮至陵。前期三日，遣大臣各一員祭告天、地、太廟、社、稷。至陵日，遣大臣各一員祭告暫安奉殿、孝陵，暨孝誠仁皇后孝昭仁皇后、孝懿仁皇后几筵。○又，遣工部堂官二員祭告后土、昌瑞山之神。○又，恭上孝惠章皇后尊謚禮成。前期一日，遣大臣各一員祭告天、地、太廟、社、稷、奉先殿。○十二月，恭奉孝惠章皇后神位升祔太廟、奉先殿。前期一日，遣大臣各一員祭告天、地、太廟、奉先殿。○又，册封宜妃、和妃、成妃。遣官各一員祭告太廟、奉先殿。○六十年，恭謁孝陵。前期一日，祭告奉先殿。自陵回京次日，祭告奉先殿。○六十一年十一月二十日，皇上登極。前期一日，遣大臣各一員祭告天、地、太廟、社、稷。○雍正元年二月，恭上聖祖仁皇帝尊謚禮成。前期一日，遣大臣各一員祭告天、地、太廟、社、稷、奉先殿。○是月，陵寢動土。遣大臣各一員祭告孝誠仁皇后、孝昭仁皇后、孝懿仁皇后，遣工部堂官二員祭告后土、昌瑞山之神。○三月，聖祖仁皇帝梓宫至陵。前期三日，遣大臣各一員祭告天、地、太廟、社、稷，上躬送聖祖仁皇帝梓宫至陵。前期一日，祭告奉先殿。聖祖仁皇帝梓宫至陵日，遣大臣各一員祭告暫安奉殿、孝陵、孝東陵，暨孝誠仁皇后、孝昭仁皇后、孝懿仁皇后几筵。○四月，上自陵回京。次日，祭告奉先殿。○是年，追封敬敏皇貴妃。遣大臣各一員祭告太廟、奉先殿。○又，敬敏皇貴妃祔葬地宫。前期一日，遣大臣各一員祭告太廟、奉先殿，又遣大臣一員詣聖祖仁皇帝梓宫前祭告。○八月，太廟中殿神位恭加上太祖高皇帝、孝慈高皇后、太宗文皇帝、孝端文皇后、孝莊文皇后、世祖章皇帝、孝惠章皇后、孝康章皇后尊謚。前期五日，遣大臣各一員祭告天、地、社、稷。○又，恭上孝恭仁皇后尊謚禮成。前期一日，祭告天、地、太廟、社、稷、奉先殿。又前期，遣大臣一員詣景陵，祭告聖祖仁皇帝几筵。○是月，孝恭仁皇后梓宫至陵。前期三日，遣大臣各一員祭告天、地、太廟、社、稷，上躬送梓宫至陵。前期一日，祭告奉先殿。○九月，聖祖仁皇帝、孝恭仁皇后梓宫奉安地宫。前期三日，遣大臣各一員祭告天、地、太廟、社稷，又遣大臣各一員祭告暫安奉殿、孝陵、孝東陵，遣工部堂官二員祭告后土、昌瑞山之神。○上自陵回京，是日，恭奉聖祖仁皇帝、孝誠仁皇后、孝昭仁皇后、孝懿仁皇后、孝恭仁皇后神位升祔太廟、奉先殿。前期三日，遣大臣各一員祭告天、地、太廟、社、稷。○次日，以上回京，祭告奉先殿。○十一月冬至，恭奉聖祖仁皇帝配享圜丘。前期一日，遣大臣各一員祭告天、地、太廟、社、稷。○十二月，册立皇后，册封妃嬪。前期一日，上親詣奉先殿祭告。以册立皇后祭告天、地，以册立皇后、册封貴妃、齊妃、熹妃祭告太廟，遣大臣各一員行禮。○二年正月，恭奉聖祖仁皇帝配享祈穀壇。前期一日，遣大臣各一員祭告天、地、太廟、社、稷。○是月，以文襄公圖海入廟配享。前期一日，遣大臣一員祭告太廟。○二月，恭上景陵匾額。遣大臣一員祭告景陵。○是月，上行耕耤禮。前期一日，遣大臣一員祭告奉先殿。○夏至，恭奉聖祖仁皇帝配享方澤。前期一日，遣大臣各一員祭告天、地、太廟、社、稷。○六月，尊封皇考皇貴妃、皇考貴妃、皇考密妃、皇考定妃。前期，遣大臣各一員祭告太廟後殿、奉先殿。○是年，以平定青海行獻俘受俘禮，遣官二員祭告太廟、社、稷。○三年二月二日庚午，日月合璧，五星聯珠，遣大臣一員祭告景陵。○是月，昭西陵動土。前期二日，遣工部堂官二員祭告后土、昌瑞山之神。○奉安孝莊文皇后梓宫於享殿。前期三日，遣大臣一員祭告太廟。○是月,上行耕耤禮。前期一日,遣大臣一員祭告奉先殿。○四月,景陵建立聖德神功碑。遣工部堂官一員祭告后土之神。○八月,孝恭仁皇后服闋,大祀奉先殿。○是月,上御經筵。前期一日,遣大臣一員祭告傳心殿。○十一月,聖祖仁皇帝三週年,上親詣景陵致祭。前期一日,遣大臣一員祭告奉先殿。○上自陵回京,次日,遣大臣一員祭告奉先殿。○十二月,孝莊文皇后梓宫奉安地宫。前期三日,遣大臣各一員祭告天、地、太廟、社、稷,又遣官各一員祭告永陵、福陵、昭陵。是日,遣大臣各一員祭告孝陵、孝東陵、景陵,又遣工部堂官二員祭告后土、昌瑞山之神。○是月,追封敦肅皇貴妃。前期一日,遣大臣二員祭告太廟、奉先殿。○四年十二月迄於五年正月,黄河清。遣大臣一員祭告景陵。

告祭圜丘遣官行禮儀注

是日早,承祭官具朝服,俟於昭亨門外。屆祭時,太常寺贊引官二員導承祭官由昭亨門之西門入,對引官迎於外櫺星門之西門,並導承祭官由西階陞壇,正中立。典儀唱執事官各司其事。贊引官贊就位,導承祭官就位立。典儀唱迎帝神。贊引官贊陞壇,導承祭官由西階上香案前立。贊引官贊跪,承祭官跪,贊上香,承祭官舉炷香上爐内,又三上瓣香,興。贊引官贊復位,承祭官復位立。贊引官贊跪、叩、興,承祭官行三跪九叩頭禮,興。典儀唱奠帛,行初獻禮。贊引官贊陞壇,導承祭官由西階上,至奠帛案前立。贊引官贊跪,承祭官跪,贊奠帛,承祭官受帛,拱舉,獻於案上正中,興。贊引官導承祭官至獻爵案左旁立,贊跪,承祭官跪,贊獻爵,承祭官受爵,拱舉,獻於案上正中,興。贊引官贊詣讀祝位,導承祭官由中階下,至第二成階上立,贊跪,承祭官跪,贊讀祝,讀祝官跪,讀祝畢,捧祝文,跪,安帛匣上,三叩頭,退,贊叩興,承祭官行三叩頭禮,興。贊引官贊復位,導承祭官由西階下,復位立。典儀唱行亞獻禮,贊引官贊陞壇,獻爵,如初獻儀,獻於案左,復位立。典儀唱行終獻禮,贊引官贊陞壇,獻爵,如亞獻儀,獻於案右,復位立。典儀唱送神,贊引官贊跪、叩、興,承祭官行三跪九叩頭禮,興。典儀唱捧祝帛香恭詣燎位。捧祝帛香官恭捧祝帛香,依次由中階下,送詣燎爐。贊引官導承祭官轉立西旁,俟祝帛過,復位立。典儀唱望燎,贊引官導承祭官由西階下,出櫺星門西門,望燎。祝帛焚訖,贊引官贊禮畢,導承祭官由昭亨門西門出。

告祭方澤遣官行禮儀注

是日早,承祭官具朝服,俟於北天門外。屆祭時,太常寺贊引官導由西門入,對引官迎於櫺星門,並導承祭官由西門入,至壇階下立。典儀唱執事官各司其事。贊引官贊就位,承祭官就位立。典儀唱迎神。贊引官贊跪叩興,承祭官行三跪九叩頭禮興。典儀唱奠帛,行初獻禮。執事官各詣神位前立,贊引官贊陞壇,導承祭官由西階陞,至香案前立。贊引官贊跪,承祭官跪,贊上香,承祭官舉炷香上爐内,又三上瓣香,興。贊引官導至供帛案前立,贊跪,承祭官跪,贊獻帛,承祭官受帛,拱舉,獻於案上正中。贊引官導承祭官至獻爵案旁立,贊跪,承祭官跪,贊獻爵,承祭官受爵,獻於案上正中。贊引官贊就讀祝位,導承祭官由中階下,至第二成階上立。贊引官贊跪,承祭官跪,贊讀祝,讀祝官跪,讀畢,恭捧祝文,跪安帛匣上,三叩頭,退,贊引官贊跪、叩、興,承祭官行三叩頭禮,興。贊引官贊復位,導承祭官由西階下,復位立。典儀唱行亞獻禮。贊引官贊陞壇,獻爵,如初獻儀,獻於案左,退。典儀唱行終獻禮。贊引官贊陞壇,獻爵,如亞獻儀,獻於案右,退。贊引官贊復位,承祭官復位立。典儀唱送神。贊引官贊跪、叩、興,承祭官行三跪九叩頭禮,興。典儀唱捧祝帛香恭詣瘗位。捧祝帛香官依次捧送瘗位,贊引官導承祭官轉立西旁,俟祝帛過,復位立。典儀唱望瘗,贊引官贊詣望瘗位,導承祭官望瘗。祝帛瘗訖,贊引官贊禮畢,各退。

告祭太廟遣官行禮儀注

是日,承祭官具朝服,太常寺贊引官對引官導承祭官由磚城門入戟門西門,陞西階,詣殿外正中立。典儀唱執事官各司其事。贊引官贊就位,承祭官就位立,司香官恭捧香盒,詣各神位前,立於案左,贊引官導承祭官由西槅扇入,至太祖高皇帝神位前立。贊跪,承祭官跪,贊上香,承祭官舉炷香上爐内,又三上瓣香,興,贊引官導承祭官詣太宗文皇帝、世祖章皇帝、聖祖仁皇帝神位前上香,俱如前儀。畢,贊引官贊就位,承祭官就位立,贊引官贊跪、叩、興,承祭官行三跪九叩頭禮,興。典儀唱奠帛,行初獻禮。捧帛官捧帛,詣各神位前恭獻,一跪三叩頭,退,獻爵官立獻,退。典儀唱讀祝,讀祝官捧祝文祗俟於案左,贊引官贊跪,承祭官跪,讀祝官跪讀畢,捧視文詣太祖高皇帝神位前,跪安帛匣上,三叩頭,退,贊引官贊跪、叩、興,承祭官行三叩頭禮,興。典儀唱亞獻,如初獻儀。典儀唱終獻,如亞獻儀。獻畢,退。贊引官贊跪、叩、興,承祭官行三跪九叩頭禮,興。典儀唱捧祝帛恭詣燎位,捧祝帛各官依次捧送燎爐。贊引官導承祭官轉立西旁,俟祝帛過,復位立。贊引官贊望燎,導承祭官詣望燎位。祝帛焚訖,贊引官贊禮畢，各退。

告祭社稷壇遣官行禮儀注

是日早，承祭官具朝服，太常寺贊引官二員導承祭官由南天門入，由西至北櫺星門，贊引官對引官導至行禮處立。典儀唱執事官各司其事。贊引官贊就位，承祭官就位立。典儀唱迎神，司香官恭捧香盒，各詣壇上神位前立。贊引官贊陞壇，導承祭官陞壇就太社神位前立，贊跪，承祭官跪，贊上香，承祭官舉炷香上爐内，又三上瓣香，興，贊引官導承祭官至太稷神位前立，上香，如太社神位前儀。畢，贊引官贊就位，承祭官就位立，贊引官贊跪、叩、興，承祭官行三跪九叩頭禮，興。典儀唱奠帛，行初獻禮，執事官捧帛，詣各神位前，跪獻，三叩頭，退，捧爵官立獻。畢，讀祝官詣祝案前，一跪三叩頭，恭捧祝文，詣壇上西旁立，贊引官贊跪，承祭官跪，典儀唱讀祝，讀祝官跪讀，畢，捧祝文詣太社神位前，跪安帛匣内，三叩頭，退，贊引官贊跪、叩、興，承祭官行三叩頭禮，興。典儀唱行亞獻禮，如初獻儀。典儀唱行終獻禮，如亞獻儀。典儀唱送神，贊引官贊跪、叩、興，承祭官行三跪九叩頭禮，興。典儀唱捧祝帛香恭詣燎位，捧祝帛香官恭捧祝帛香，依次由中階下，送燎爐。贊引官導承祭官轉立西旁，俟祝帛過，復位立。典儀唱望燎，贊引官導承祭官詣望燎位。祝帛焚訖，贊引官贊禮畢，各退。

修造告祭儀注

凡修造陵寢、宮殿、廟、橋，其動土、竪柱、上樑、合龍門、插劍、懸匾，迎吻於琉璃窑、正陽門、大清門、午門、太和門，及告成，祭司土之神、司工之神，儀俱同。

一、陳設供品。

白色帛一　　白錫爵三

羊一　　豕一

果品五核桃、荔枝、圓眼、棗、栗，各一盤。　　饅首五盤

風糕五盤　　餅四盤

高頂一盤　　香爐一

燭臺一對　　圓降真香一炷

細降真香一兩五錢

一、祭日早，贊引官對引官引承祭官至盥洗處。盥手畢，贊引官引至行禮處立。典儀唱執事官各司其事。贊引官贊就位，承祭官就位立。典儀唱迎神。贊引官引承祭官至香案前立，司香官捧香盒跪進於左，贊引官

贊上香，承祭官立上炷香，又三上瓣香。畢，贊引官贊復位，承祭官復位立，贊引官贊跪、叩、興，承祭官行三跪九叩頭禮，興。典儀唱奠帛爵，行初獻禮，捧帛官跪奠，畢，三叩頭，退，獻爵官立獻，畢，退。讀祝官詣祝案前，一跪三叩頭，興，捧祝文立，贊引官贊跪，承祭官讀祝官俱跪。典儀唱讀祝，讀祝官讀祝畢，捧祝文跪，安帛匣内，三叩頭，退，贊引官贊叩興，承祭官行三叩頭禮，興。典儀唱行亞獻禮，獻爵官立獻於案左，退。典儀唱行終獻禮，獻爵官立獻於案右，退。典儀唱送神，贊引官贊跪、叩、興，承祭官行三跪九叩頭禮，興。典儀唱捧祝帛恭詣燎位，請神牌官、讀祝官、捧帛官俱一跪三叩頭，各捧起，司香官跪捧，不叩。依次捧送燎位。承祭官轉立西旁，俟神牌祝帛過，承祭官復位立。贊引官贊詣望燎位，引承祭官至燎處立。贊引官贊禮畢，退。

一、祭時作教坊司樂。

順治元年冬至大祀圜丘告辭太廟儀

先期，禮部太常寺官陳設祭品。至日早，貝勒以下文武各官俱朝服，集午門外，照翼排立。大學士奏請詣太廟，諸王内大臣侍衛隨駕出，至午門，各官排班跪送。至太廟旁門，降輦，太常寺官恭導陞丹陛，入東槅扇。贊引官奏就位，世祖章皇帝就正中拜位，北向立。贊引官奏上香，世祖章皇帝詣太祖高皇帝、孝慈高皇后位前三上香，畢，又詣太宗文皇帝位前三上香，畢，仍就拜位立。贊引官奏跪、叩、興，世祖章皇帝行三跪九叩頭禮，興，王等在檻外隨行禮，内大臣等在兩旁侍立，不隨行禮。典儀唱行初獻禮。執事官捧爵詣太祖高皇帝、孝慈高皇后、太宗文皇帝位前，獻畢，退。贊引官贊讀祝，讀祝官進案前，捧祝文跪，祗俟，贊引官奏跪，世祖章皇帝率王等俱跪，讀祝官讀畢，置祝文案上，一跪三叩頭，退。贊引官奏叩興，行三叩頭禮，興。典儀唱行亞獻禮，如初獻儀。典儀唱行終獻禮，如亞獻儀。畢，贊引官奏跪、叩、興，復行三跪九叩頭禮，興。典儀唱捧祝文送燎爐，贊引官恭導轉立拜位東旁，候祝文過，還位立。祝文焚訖，贊引官奏禮畢。太常寺官恭導出廟門，陞輦，午門外各官跪迎，候駕還宫，各官各退。

大清會典卷之九十

禮部祠祭司

〔羣祀一〕

〔歷代帝王〕

廟在都城西，阜成門内。每歲春二月、秋八月，遣官致祭。特行崇典，則駕親臨祭。

凡崇祀典制，歷代以來，並以皇師太昊伏羲氏爲始。順治二年，初祀遼、金、元、明帝五位，金二位。以功臣斛羅、粘没忽、斡里不、徐達、劉基等從祀。〇康熙六十一年十月諭：歷代帝王，每朝崇祀不過一二主。或廟享其子而不及其父，或配食其臣而不及其君。應將凡曾在位除無道被弑亡國之主外，盡宜入廟崇祀。〇又諭：明愍帝無甚過失，國亡由伊祖所致，愍帝不可與亡國者例論。而萬曆、泰昌、天啓三君，不應入祀。其歷代配享功臣，有治安之世輔佐有功者，應量加增補。〇十二月，皇上敬遵聖祖仁皇帝旨，增祀帝王，各立神牌，每代合原祀爲一龕。增祀功臣，亦各立神牌，合原祀入兩廡四壇依次安設。

順治二年定：

正殿

太昊伏羲氏

炎帝神農氏

黄帝軒轅氏以上三位爲一室。

少昊金天氏

帝顓頊高陽氏

帝嚳高辛氏

帝堯陶唐氏
帝舜有虞氏以上五位爲一室。
夏王禹
商王湯
周武王
漢高祖皇帝
漢光武皇帝以上五位爲一室。
唐太宗皇帝
遼太祖皇帝
金太祖皇帝
金世宗皇帝以上四位爲一室。
宋太祖皇帝
元太祖皇帝
元世祖皇帝
明太祖皇帝以上四位爲一室。
兩廡

風后	臯陶	龍
伯益	傅説	召公奭
召穆公虎	張良	曹參
周勃		

以上東廡第一壇。

力牧	夔	伯夷
伊尹	周公旦	太公望
方叔	蕭何	陳平
鄧禹		

以上西廡第一壇。

馮異	房元齡	李靖
李晟	許遠	韓世忠
斛羅	斡里不	伯顏
劉基		

以上東廡第二壇。

諸葛亮	杜如晦	郭子儀

張巡　　曹彬　　岳飛
粘没忽　　木華黎　　徐達
以上西廡第二壇。
康熙六十一年十二月增定：
正殿
太昊伏羲氏
炎帝神農氏
黄帝軒轅氏以上原祀。
以上三位爲一室。
少昊金天氏
帝顓頊高陽氏
帝嚳高辛氏
帝堯陶唐氏
帝舜有虞氏以上原祀。
以上五位爲一室。
夏王禹原祀。
夏王啓
夏王仲康
夏王少康
夏王杼
夏王槐
夏王芒
夏王泄
夏王不降
夏王扃
夏王廑
夏王孔甲
夏王臯
夏王發以上增祀。
商王湯原祀。商王太甲
商王沃丁
商王太庚

商王小甲
商王雍巳
商王太戊
商王仲丁
商王外壬
商王河亶甲
商王祖乙
商王祖辛
商王沃甲
商王祖丁
商王南庚
商王陽甲
商王盤庚
商王小辛
商王小乙
商王武丁
商王祖庚
商王祖甲
商王廩辛
商王庚丁
商王太丁
商王帝乙以上增祀。
以上夏十四位、商二十六位爲一室，隔一格。
周武王原祀。
周成王
周康王
周昭王
周穆王
周共王
周懿王
周孝王
周夷王

周宣王
周平王
周桓王
周莊王
周僖王
周惠王
周襄王
周頃王
周匡王
周定王
周簡王
周靈王
周景王
周悼王
周敬王
周元王
周貞定王
周考王
周威烈王
周安王
周烈王
周顯王
周慎靚王以上增祀。
以上周三十二位爲一室。
漢高祖皇帝原祀。
漢孝惠皇帝
漢孝文皇帝
漢孝景皇帝
漢孝武皇帝
漢孝昭皇帝
漢孝宣皇帝
漢孝元皇帝

漢孝成皇帝
漢孝哀皇帝以上增祀。
漢光武皇帝原祀。
漢孝明皇帝
漢孝章皇帝
漢孝和皇帝
漢孝殤皇帝
漢孝安皇帝
漢孝順皇帝
漢孝沖皇帝
漢孝桓皇帝
漢孝靈皇帝
漢昭烈皇帝
唐高祖皇帝以上增祀。
唐太宗皇帝原祀。
唐高宗皇帝
唐睿宗皇帝
唐元宗皇帝
唐肅宗皇帝
唐代宗皇帝
唐德宗皇帝
唐順宗皇帝
唐穆宗皇帝
唐文宗皇帝
唐武宗皇帝
唐宣宗皇帝
唐懿宗皇帝
唐僖宗皇帝以上增祀。
以上漢二十一位、唐十五位爲一室，隔一格。
遼太祖皇帝原祀。
遼太宗皇帝
遼景宗皇帝

遼聖宗皇帝
遼興宗皇帝
遼道宗皇帝以上增祀。
宋太祖皇帝原祀。
宋太宗皇帝
宋真宗皇帝
宋仁宗皇帝
宋英宗皇帝
宋神宗皇帝
宋哲宗皇帝
宋高宗皇帝
宋孝宗皇帝
宋光宗皇帝
宋寧宗皇帝
宋理宗皇帝
宋度宗皇帝
宋端宗皇帝以上增祀。
金太祖皇帝原祀。
金太宗皇帝增祀。
金世宗皇帝原祀。
金章宗皇帝
金宣宗皇帝以上增祀。
以上遼六位、宋十四位、金五位爲一室,隔二格。
元太祖皇帝原祀。
元太宗皇帝
元定宗皇帝
元憲宗皇帝以上增祀。
元世祖皇帝原祀。
元成宗皇帝
元武宗皇帝
元仁宗皇帝
元泰定皇帝

元文宗皇帝
元寧宗皇帝以上增祀。
明太祖皇帝原祀。
明太宗皇帝
明仁宗皇帝
明宣宗皇帝
明英宗皇帝
明景宗皇帝
明憲宗皇帝
明孝宗皇帝
明武宗皇帝
明世宗皇帝
明穆宗皇帝
明莊烈愍皇帝以上增祀。
以上元十一位、明十二位爲一室,隔一格。
原崇祀二十一位,今增一百四十三位。原五室,今增二室爲七室。
兩廡

風后	倉頡增祀。	夔
伯夷	伊尹	傅説
召公奭	畢公高增祀。	召穆公虎
仲山甫增祀。	張良	曹參
周勃	魏相增祀。	鄧禹
耿弇增祀。	諸葛亮	房元齡
李靖	宋璟增祀。	

以上東廡第一壇。

力牧	臯陶	龍
伯益	仲虺增祀。	周公旦
太公望	吕侯增祀。	方叔
尹吉甫增祀。	蕭何	陳平
劉章增祀。	丙吉增祀。	馮異
馬援增祀。	趙雲增祀。	杜如晦
狄仁傑增祀。	姚崇增祀。	

以上西廡第一壇。

郭子儀　許遠　李晟

裴度增祀。　曹彬　李沆增祀。

王曾增祀。　富弼增祀。　文彦博增祀。

李綱增祀。　韓世忠　文天祥增祀。

粘没忽　木華黎　不忽术增祀。

徐達　常遇春增祀。　楊士奇增祀。

于謙增祀。　劉大夏增祀。

以上東廡第二壇。

張巡　李泌增祀。　陸贄增祀。

耶律曷魯增祀。　吕蒙正增祀。　寇準增祀。

范仲淹增祀。　韓琦增祀。　司馬光增祀。

趙鼎增祀。　岳飛　斛羅

斡里不　伯顔　脱脱增祀。

劉基　李文忠增祀。　楊榮增祀。

李賢增祀。

以上西廡第二壇。

原從祀三十九人,今增四十人。

凡禮儀,順治二年,定每歲遣官致祭儀。十四年,復定皇帝親祭儀。初,正殿每位設籩豆一案。康熙六十一年十二月,增祀一百四十三位,題定:每代設一案,五帝室統設三案,共十六案。其禮神制帛,仍每位一段,每案設帛匣一。兩廡素帛,初每案一段,增祀後亦每位一段,兩廡各增帛匣二,并增花案二、爐二。其上香儀,遣官致祭,則於三皇位前三次上香。若皇帝親祭,則於香案前一次上香。雍正二年,上親詣致祭,改從遣祭上香儀,禮加隆焉。其題請事宜,有先由禮部後由太常寺者,並同諸祀典,詳見前註,不復載。

常祭儀

一、前期十日,太常寺題請,正殿遣承祭官一員,兩廡遣分獻官四員。

一、前期二日,太常寺官進齋戒牌銅人,如常儀。皇帝致齋二日,各衙門俱設齋戒牌,滿漢文武陪祀各官,各在家齋戒二日,如常儀。

一、前期二日,太常寺官補服至犧牲所省牲。

一、前期一日,禮部用白紙糊版、黄紙鑲邊、墨書祝文,太常寺官補服捧起,御仗一對前導,送至歷代帝王廟神庫内紅桌上安設。上香,跪,叩,如常儀。

一、前期一日,禮部、都察院、太常寺、光禄寺等官朝服上香,監視宰牲。

一、正殿每室前陳設。

牛一　　羊一

豕一　　酒罇一

一、正殿每案陳設。

白磁爵三　　登一

鉶二　　簠二

簋二　　籩十

豆十

一、正殿每位。

禮神帛一白色。

一、兩廡每壇前陳設。初,十位爲一壇,末九位。增祀後,二十位爲一壇,末十九位。

羊一　　豕一

酒罇一

一、兩廡每案前陳設。初,二位共一案,末位一案。增祀後,四位共一案,末案三位。

白磁爵三　　鉶二

簠一　　簋一

籩四　　豆四

一、兩廡每位。

素帛一。

一、正祭日早,太常寺官朝服,於歷代帝王各位前,一跪三叩頭,捧起神牌,於各座上安設,一跪三叩頭,退。兩廡各位,不請神牌,止開帳幔。

一、正祭日早,太常寺官朝服,於神庫内祝案前,一跪三叩頭,捧起祝版,於殿西祝案上安設,一跪三叩頭,退。

一、正祭日,太常寺贊引官對引官引承祭官入右戟門,於臺堦上盥洗處盥手,畢,引至拜位前立,引分獻官四員進右門,於承祭官後立。鴻臚寺官引陪祀各官進兩旁門,在堦下分班排立。典儀唱樂舞生就位,執事官各司其事。武舞生引進。贊引官贊就位，承祭官就拜位立，分獻官陪祀官俱就位序立。典儀唱迎神，協律郎唱舉迎神樂，奏雍平之章，樂作。贊引官贊跪、叩、興，承祭官分獻官陪祀官俱行三跪九叩頭禮，興，樂止。典儀唱奠帛，行初獻禮。協律郎唱舉初獻樂，奏安平之章，樂作。贊引官贊陞壇，引承祭官上東臺階，進左門，至太昊伏羲氏位前立，贊跪，承祭官跪，贊上香，司香官捧香盒跪於案左，承祭官舉炷香上爐內，又三上瓣香。畢，贊引官引至炎帝神農氏位前立，司香官捧香盒跪於案左，承祭官上香，如前儀。畢，贊引官引至黄帝軒轅氏位前立，司香官捧香盒跪於案右，承祭官上香，如前儀。畢，太常寺官於諸帝王位前，各跪，上香。畢，贊引官引承祭官至太昊伏羲氏位前立，捧帛官捧帛跪於案左，贊引官贊奠帛，承祭官受帛，拱舉，立獻。畢，贊引官引承祭官至獻爵案前立，捧爵官捧爵跪於案左，贊引官贊獻爵，承祭官受爵，拱舉，立獻畢，餘俱太常寺官捧帛跪獻，各三叩頭，捧爵，立獻，供各案前，退。兩廡分獻官亦詣各位前跪，上香，立獻帛爵畢，行一跪三叩頭禮，興，樂止。贊引官贊詣讀祝位，承祭官就位立，讀祝官詣祝案前，一跪三叩頭，捧祝版立案左，贊引官贊跪，承祭官分獻官陪祀官讀祝官俱跪，贊引官贊讀祝，讀祝官讀畢，捧祝版於正位前跪，安帛匣內，三叩頭，退。樂作，贊引官贊叩興，承祭官分獻官陪祀官俱行三叩頭禮，興，贊引官贊復位，承祭官復位，分獻官亦復位立，樂止。武舞生引退。文舞生引進。典儀唱行亞獻禮。協律郎唱舉亞獻樂，奏中平之章，樂作。贊引官贊陞壇，引承祭官上東臺堦，進左門，於正位前立，獻爵，如初儀。太常寺官亦於各位前獻爵，如初儀。分獻官於兩廡獻爵，如初儀。畢，贊引官贊復位，承祭官復位，分獻官亦復位立，樂止。典儀唱行終獻禮。協律郎唱舉終獻樂，奏肅平之章，樂作。贊引官贊陞壇，承祭官陞壇，獻爵，如亞獻儀。太常寺官及分獻官獻爵，亦各如亞獻儀。畢，贊引官贊復位，承祭官復位，分獻官亦復位立，樂止。文舞生引退。典儀唱徹饌。協律郎唱舉徹饌樂，奏凝平之章，樂作。徹饌訖，樂止。典儀唱送神，協律郎唱舉送神樂，奏壽平之章，樂作。贊引官贊跪、叩、興，承祭官分獻官陪祀官俱行三跪九叩頭禮，興，樂止。典儀唱捧祝帛香饌各恭詣燎位。捧祝帛官至各位前，一跪三叩頭，捧起，捧饌香官跪捧不叩，祝帛香饌依次捧送燎爐，樂作。承祭官退至西旁，東向立，分獻官退至兩旁立，俟祝帛過，承祭官復位立。兩廡帛香饌，亦依次捧送燎爐。贊引官贊禮畢，樂止，衆官俱散。

一、祭畢，太常寺官至各神位前，一跪三叩頭，捧神牌送至各龕，依舊安設,一跪三叩頭,退。

一、祭日早,太常寺官至乾清門徹齋戒牌銅人,收貯庫内,如常儀。

皇帝躬祭儀與常祭同者,不復載。

一、前期十日,禮部題請分獻官。

一、前期八日,禮部題請交内院撰擬祝文。

一、前期二日,禮部、太常寺進齋戒牌銅人,如常儀。皇帝致齋二日,陪祀各官俱齋戒二日。

一、前期二日,内閣用白紙糊版、黄紙鑲邊、墨書祝文,恭填御名。是日,太常寺題請視祝版。

一、前期一日,皇帝御中和殿視祝版,如常儀。

一、正祭日,太常寺預設牲醴香帛樂舞等,如常儀。設御幄於景德門外之左。

一、正祭日早,皇帝乘輦,由西安門出。王以下内大臣隨後。不陪祀王以下各官,俱於西安門内分班序立跪送。駕至廟門,由中門入,至幄次,降輦,盥手,畢,更禮服。太常寺贊引官對引官恭導皇帝由中門中道至拜位前立。鴻臚寺官引王以下公以上於殿前臺階上排立。分獻官及陪祀文武各官於堦下排立。典儀唱樂舞生就位,執事官各司其事。武舞生執干戚引進。贊引官奏就位,皇帝就拜位立。典儀唱迎神,協律郎唱舉迎神樂,奏雍平之章,樂作。贊引官奏陞壇,恭導皇帝詣太昊伏羲氏香案前立,司香官捧香盒跪進於皇帝右,奏上香,皇帝舉炷香上爐内,又三上瓣香,畢,贊引官恭導皇帝詣炎帝神農氏香案前立,司香官捧香盒跪進於皇帝右,奏上香,皇帝舉炷香上爐内,又三上瓣香,畢,贊引官恭導皇帝詣黄帝軒轅氏香案前立,司香官捧香盒跪進於皇帝右,奏上香,皇帝舉炷香上爐内,又三上瓣香,畢,贊引官奏旋位,皇帝旋位立。贊引官奏跪叩興,皇帝行二跪六叩頭禮,興,陪祀王以下各官俱隨行禮,畢,樂止。典儀唱奠帛,行初獻禮。協律郎唱舉初獻樂,奏安平之章,樂作。捧帛官跪獻於各神位前正中,捧爵官立獻,各退,樂止。贊引官奏跪,皇帝跪,陪祀王以下各官俱跪。贊引官贊讀祝,讀祝官於祝案前,一跪三叩頭,捧祝文跪案左,讀畢,至太昊伏羲氏位前,跪,安帛匣上,三叩頭,退。樂作,贊引官奏叩興,皇帝行三叩頭禮,興,陪祀王以下各官俱隨行禮,興,樂止。典儀唱行亞獻禮。協律郎唱舉亞獻樂,奏中平之章,樂作。捧爵官獻爵於左,如初獻儀,樂止。典儀唱行終獻禮。協律郎唱舉終獻樂,奏肅平之章,樂作。捧爵官獻爵於右,如亞獻儀，樂止。分獻官亦於各位前亞獻、終獻。畢，太常寺卿唱飲福受胙。光禄寺捧福酒堂官一員、捧胙官一員，捧至皇帝受福胙處。贊引官奏詣受福胙位，恭導皇帝至受福胙位立。捧福胙官二員跪於皇帝右旁祗俟，接福胙侍衛二員跪於皇帝左旁祗俟，贊引官奏跪，皇帝跪，奏飲福酒，皇帝受爵，拱舉，授左旁侍衛，奏受胙，皇帝受胙，拱舉，授左旁侍衛，各退。贊引官奏叩興，皇帝行三叩頭禮，興，衆官俱不隨叩。奏旋位，皇帝旋位立。樂作，奏跪、叩、興，皇帝行二跪六叩頭禮，興，陪祀王以下各官俱隨行禮，畢，樂止。典儀唱徹饌。協律郎唱舉徹饌樂，奏凝平之章，樂作。執事官徹饌訖，樂止。典儀唱送神。協律郎唱舉送神樂，奏壽平之章，樂作。贊引官奏跪、叩、興，皇帝行二跪六叩頭禮，興，陪祀王以下各官俱隨行禮，畢，樂止。典儀唱捧祝帛香饌各詣燎位。贊引官恭導皇帝轉立拜位東旁，捧祝帛官至各正位前，一跪三叩頭，捧起，捧香饌官捧起不叩，祝在前、次帛、次香、次饌，捧送燎位，皇帝旋位立。祝帛焚半，贊引官奏禮畢，恭導皇帝入御幄更衣，陞輦，還宫。其不陪祀王以下各官，仍於西安門跪迎，候駕還宫，各退。

原祝文

維　　年歲次　　月　　日皇帝恭遣　　致祭於太昊伏羲氏、炎帝神農氏、黄帝軒轅氏、帝金天氏、帝高陽氏、帝高辛氏、帝陶唐氏、帝有虞氏、夏禹王、商湯王、周武王、漢高祖皇帝、漢光武皇帝、唐太宗皇帝、遼太祖皇帝、金太祖皇帝、金世宗皇帝、宋太祖皇帝、元太祖皇帝、元世祖皇帝、明太祖皇帝曰：仰惟諸帝，昔皆奉天撫世，創治安民。思不忘報，祭以春、秋。時。謹以牲帛酒醴庶品之儀，致祭於諸帝。尚饗。

增祀後更定祝文

維雍正　年歲次　　月　　日皇帝恭遣　　致祭於太昊伏羲氏、炎帝神農氏、黄帝軒轅氏、帝金天氏、帝高陽氏、帝高辛氏、帝陶唐氏、帝有虞氏、夏十四王、商二十六王、周三十二王、漢二十一帝、唐十五帝、遼六帝、宋十四帝、金五帝、元十一帝、明十二帝曰：仰惟諸帝，應運代興。作君作師，撫育黎烝。創治維艱，基業用弘。守文不易，謨烈是承。風教既遠，功德可稱。報於仲春、秋。，神其式憑。尚饗。

樂章

迎神樂，奏《雍平之章》

乘時兮極隆，　　造經綸兮顯庸。

總古今兮一揆，　　　　貽大寶兮微躬。
仰徽猷兮有嚴閟宫，　　儀羣帝兮後先。
予稽首兮下風。
奠帛初獻樂，奏《安平之章》。
靈之來兮儼若盈，　　　予仰止兮在廷。
承筐篚兮既登，　　　　偃靈蓋兮結翠旌。
鑒予情兮歆享，　　　　薦芳馨兮肅成。
景行兮六龍，　　　　　嘉氣兮曈曈。
奠犧尊兮以笙以鏞，　　羣工肅兮屏營。
惠我懿則兮允中。
亞獻樂，奏《中平之章》。
貳觴兮酒行，　　　　　諸帝熙和兮悦成。
念昔致治兮永清，　　　瞻龍衮兮自天。
紹錫兮嘉平。
終獻樂，奏《肅平之章》。
瑶爵兮獻終，　　　　　萬舞洋洋兮沐清風。
龍鸞徐整兮企予，　　　嗣徽音兮何從。
盻雲車兮緩移，　　　　示周行兮廸予衷。
徹饌樂，奏《凝平之章》。
饁肴烝兮畢升，　　　　五音會兮滿盈。
禮將徹兮虔告，　　　　鑒孔忱兮載翼載登。
送神樂，奏《壽平之章》。
旛幢繚繞兮，動回風。　和鸞並馭兮，歸天宫。
五雲擁兮，高馳翔。　　願回靈盻兮，錫年豐。
望燎樂，奏《壽平之章》。
羣龍驂駕兮，一氣中。　焄蒿芬烈兮，實宜通。
望神光兮遥燭，　　　　惟終古兮是崇。

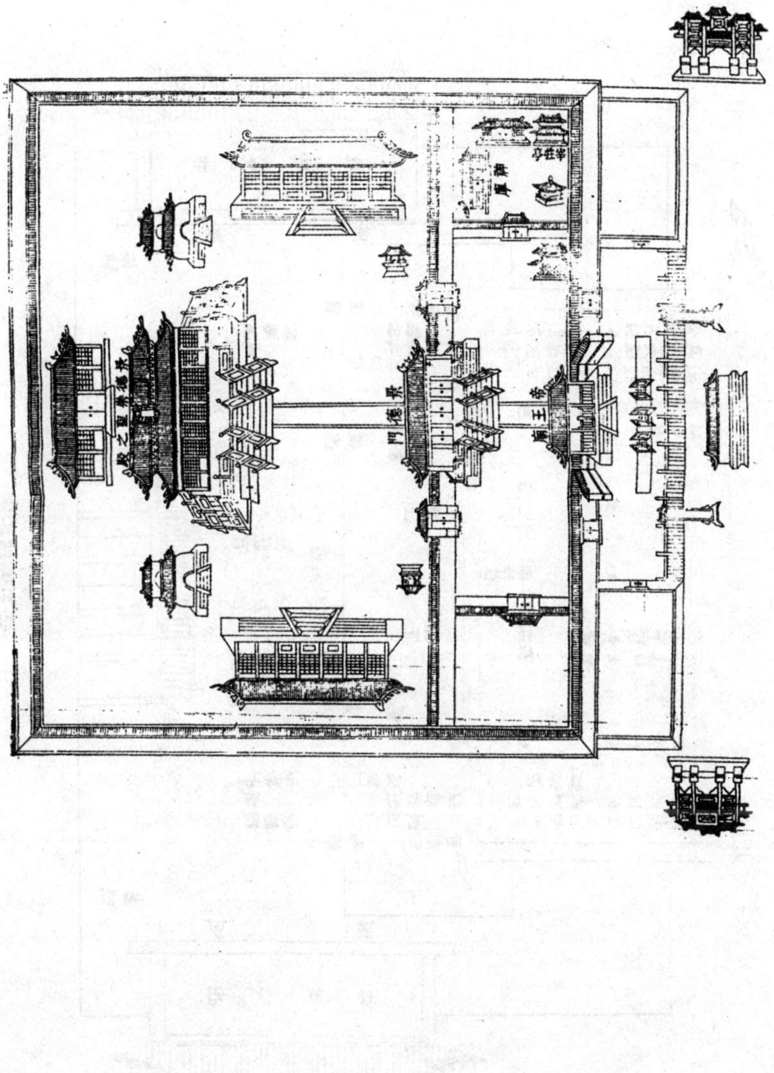

帝王廟總圖

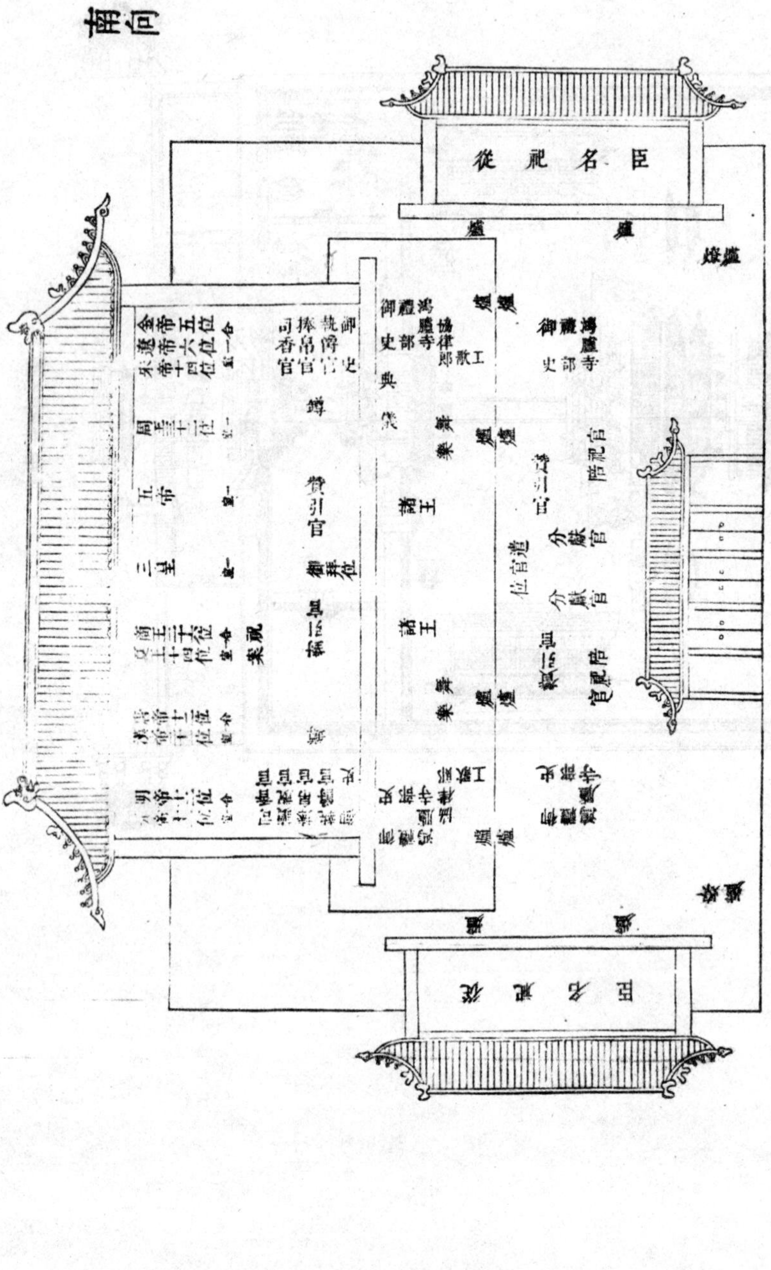

帝王廟祭祀圖

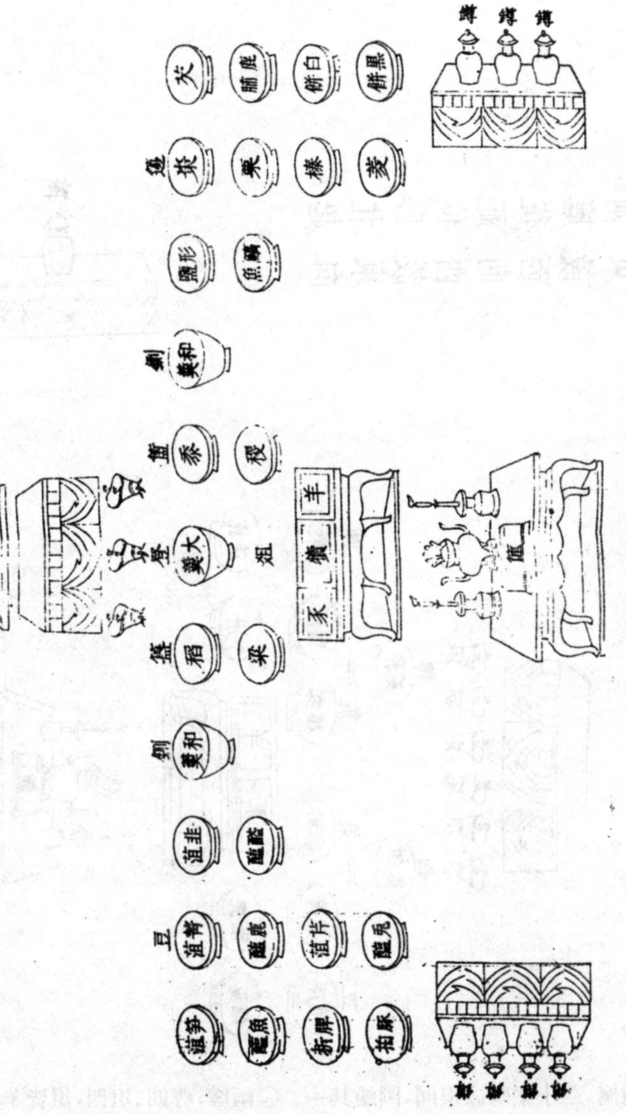

帝王廟陳設圖一

正位南向

右正位十六案俱同,圖繪其一。〇尊七,每室一。〇俎亦七,每室各一,圖繪其一

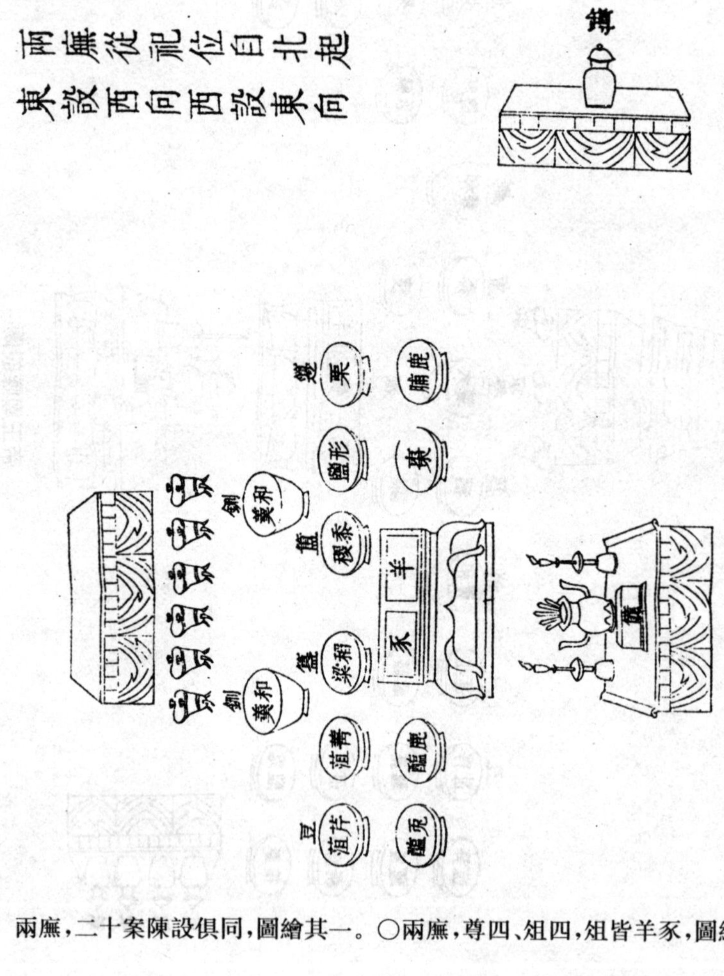

帝王廟陳設圖二

兩廡，二十案陳設俱同，圖繪其一。〇兩廡，尊四、俎四，俎皆羊豕，圖繪其一

〔先聖先師〕

康熙二十四年，始祀聖師十一位於文華殿之東傳心殿内。其牌位、神龕、供器，俱禮部會同太常寺陳設。皇師伏羲氏、皇師神農氏、皇師軒轅氏、帝師陶唐氏、帝師有虞氏、王師夏禹王、王師商湯王、王師周文王、王師周武王神位，正設，南向，先聖周公神位，左旁，西向，先師孔子神位，右旁，東向。前期，太常寺題請遣禮部堂官一員致祭。

凡遇仲春、仲秋、經筵前一日，皇帝親詣傳心殿致祭。太常寺預行題請派讀祝官。祝文由内閣撰發，太常寺用白紙糊版、黄紙鑲邊、墨書，不填御名。太常寺官補服捧舉，御仗一對前導，自太常寺送至傳心殿祝版房，安設黄案上，一跪三叩頭，退。

皇師帝師王師每位前供品

禮神制帛一白色。

香圓降真炷香一、細降真瓣香一盒。

白磁爵三　　鉶一

醓醢一盤　　鹿醢一盤

圓眼一盤　　栗一盤

酒罇三

先聖周公先師孔子每位前供品

禮神制帛一白色。

香圓降真炷香一、細降真瓣香一盒。

白磁爵三　　鉶一

圓眼一盤　　栗一盤

酒罇三

正祭日，太常寺堂官奏請詣祭所。皇帝陞輿，由文華殿門至東旁門降輿。贊引官對引官恭導皇帝由景行門入傳心殿中門，於拜位前立。典儀唱執事官各司其事。捧香官捧香盒就先聖、先師。位前左旁祗俟。贊引官奏就位，皇帝就位立。贊引官恭導皇帝詣皇師伏羲氏位前，捧香官跪，贊引官奏上香，皇帝舉炷香上爐内，又三上瓣香，畢，次詣列聖位前上香，如前儀。贊引官奏旋位，皇帝至拜位立。贊引官奏跪、叩、興，皇帝行二跪六叩頭禮，興。讀祝官前一跪三叩頭，興，捧祝文跪祝案左旁祗俟。贊引官奏跪，皇帝跪，贊引官贊讀祝，讀祝官讀畢，捧祝版，至皇師伏羲氏位前，跪，安帛匣内，三叩頭，退。贊引官奏叩興，皇帝行三叩頭禮，興。贊引官奏跪、叩、興,皇帝行二跪六叩頭禮,興。典儀唱捧祝帛香恭詣燎位。贊引官恭導皇帝轉立拜位東旁,捧祝帛香官至先聖、先師。位前,捧祝帛官三叩頭,捧起,捧香官跪捧不叩,依次送詣燎位,皇帝旋位立。焚祝帛半,贊引官奏禮畢,皇帝還宫。如遣官致祭,槅扇外行禮,祝帛詣燎位時,轉立西旁,其供獻行禮俱同。每月朔望,太常寺堂官供酒菓,上香燭。

祝文

維　年　月　日皇帝謹告於皇師伏羲氏、皇師神農氏、皇師軒轅氏、帝師陶唐氏、帝師有虞氏、王師夏禹王、王師商湯王、王師周文王、王師周武王、先聖周公、先師孔子曰:兩儀既闢,開治統道統之原;千聖同歸,建作君作師之極。自上古鴻濛而降,迄一中授受以來。五帝開天,乘時而迭運;三王治世,異尚而同功。制作大備於元公,删述集成於宣聖。繼修明之後,仰溯心傳;綜道法之詳,緬懷典學。羹牆如見,會列聖於一堂;俎豆用馨,紹斯文於萬禩。惟啓承之永賴,冀陟降之匪遥。肅薦明禋,伏祈歆格。

雍正三年舉行經筵告祭傳心殿祝文

維雍正　年　月　日皇帝　謹告於皇師伏羲氏、皇師神農氏、皇師軒轅氏、帝師陶唐氏、帝師有虞氏、王師夏禹王、王師商湯王、王師周文王、王師周武王、先聖周公、先師孔子曰:圖疇肇出,天開垂世之文;書契聿興,聖立傳心之教。溯淵源於五帝,至道相承;奉統緒於三王,一中允執。禮明樂備,元公宣家相之猷;玉振金聲,孔子當素王之任。恭惟聖祖,生知時切於敏求;爰及藐躬,佩訓敢忘於遜志。設几筵而講論,義闡遺經;奠蘋藻之馨香,志希前聖。仰憑默牖,知達天盡性之功;敬繹微言,得修己治人之要。伏惟昭鑒,歆饗精禋。

大清會典卷之九十一

禮部祠祭司

〔羣祀二〕

〔先師孔子〕釋菜儀及新進士釋褐儀附。

崇德元年，遣官致祭孔子廟，以顏子、曾子、子思子、孟子配享。○五年定：每年二月八月上丁日，行釋奠禮。○順治二年定：文廟謚號，稱爲大成至聖文宣先師孔子。二月上丁致祭，遣大臣一員行禮，翰林院官二員分獻，國子監堂官祭啓聖公於後殿。是後，每年二月八月上丁日致祭，如遇有事，改次丁日或下丁日。以先賢先儒配祀從祀。通行府州縣衛各學，一體遵行。其遣官事宜，禮部題請。今由太常寺。○十四年，議改謚號爲至聖先師孔子，通行直省各學。○康熙二十三年，御書"萬世師表"匾額，恭懸大成殿，並命頒發直省懸額文廟。○二十八年，御書孔子贊詞并顏曾思孟四子贊詞，立石摹搨，頒發直省。○二十九年議准：文廟關係文教，凡官兵人民經過下馬，併禁在學宫内放馬畜汙踐。○五十一年諭：朱子發明聖道，軌於至正，特加優崇，升配大成殿十哲之次。○五十四年題准：宋儒范仲淹學問精純，經綸卓越，從祀文廟。○雍正元年諭曰："至聖先師孔子，道冠古今，德參天地。樹百王之模範，立萬世之宗師。其爲功於天下者至矣。而水源木本，積厚流光，有開必先，克昌厥後，則聖人之祖考，宜膺崇厚之褒封，所以追溯前徽，不忘所自也。粤稽舊制，孔子之父叔梁公，於宋真宗時追封啓聖，自宋以後，歷代遵循。而叔梁公以上，則向來未加封號，亦未奉祀祠庭。朕仰體皇考崇儒重道之盛心，修崇德報功之典禮，意欲追封五代，並享烝嘗，用伸景仰之誠，庶慰羹牆之慕。内閣禮部會同確議具奏。"○又諭："五倫爲百行之本，天地君親師，人所宜重。而天地君親之義，賴師教以明。自古師道無過於孔子，誠首出之至聖也。我皇考崇儒重道，超軼千古，凡尊崇孔子，典禮無不備至。朕蒙皇考教育，自幼讀書，心切景仰，欲再加尊崇，更無可增之處，故敕部追封孔子以上五代。今部議封公。上考前代帝王，皆有推崇之典。唐明皇封孔子爲文宣王。宋真宗加封至聖文宣王，封聖父叔梁紇爲齊國公。元加封孔子爲大成至聖文宣王，加封齊國公爲啓聖王。至明嘉靖時，猶以王係臣爵，改稱爲至聖先師孔子，改啓聖王爲啓聖公。王公雖俱屬尊稱，朕意以爲王爵較尊。孔子五世應否封王之處，著諸大臣具奏。"遵旨議定：自叔梁公以上至木金父公，凡五代，並追封爲王爵。木金父公爲肇聖王，祈父公爲裕聖王，防叔公爲詒聖王，伯夏公爲昌聖王，叔梁公爲啓聖王。其啓聖祠，向係專祀叔梁公，故以啓聖爲名。今聖朝異數，合祀五代，應更名爲崇聖祠。追封誥命，由內閣撰擬。國子監之崇聖祠，改造匾額，添設神牌祭器等項，交與工部。俟造完之日，欽天監擇吉入廟。至入廟之日，遣大臣一員至國子監讀文祭告。祭文由翰林院撰擬。每年春秋牲牢酒醴籩豆簠簋，每神位前，俱照啓聖王例陳設。將追封字樣，通行順天府、直省、府、州、縣、衛，一體遵行。至欽奉上諭二道，頒發國子監，勒石廟庭，以光盛典。〇二年，上詣學，諭：附饗廟庭諸賢，皆有羽翼聖經，扶持名教之功。然歷朝進退不一，而賢儒代不乏人。或有先罷而今宜復，舊缺而今宜增。其從祀崇聖祠者，周程朱蔡外，或有可升而祔者，以昭崇報，均關大典。九卿、翰林、國子監、詹事、科、道會同詳考定議以聞。遵旨議定：明洪武二十九年，黜揚雄從祀。弘治八年，黜吴澄從祀。嘉靖九年，林放、蘧瑗、鄭康成、鄭衆、盧植、服虔、范甯七人，改祀於鄉；公伯寮、秦冉、顏何、申黨、荀況、戴聖、劉向、賈逵、馬融、何休、王肅、王弼、杜預十三人，黜其從祀。今議得二十二人中，林放、蘧瑗、秦冉、顏何、鄭康成、范甯六人允宜復祀。孔子弟子縣亶、牧皮，孟子弟子樂正子、公都子、萬章、公孫丑，漢諸葛亮，宋尹焞、魏了翁、黄幹、陳淳、何基、王柏、趙復，元金履祥、許謙、陳澔，明羅欽順、蔡清，本朝陸隴其二十人，允宜增祀。又，宋張子横渠之父廸，增入崇聖祠從祀。〇三年諭曰：先師孔子聖諱，理應迴避。查毛詩及古文，此字讀作"期"音者甚多。嗣後，除四書五經外，凡遇此字，並加"阝"爲"邱"，地名亦不必改易，但加"阝"旁，讀作"期"音。庶協尊崇至意。〇四年丁祀，上親詣行禮。四配位派尚書四員分獻，十一哲兩廡侍郎分獻。〇五年諭曰："聖祖仁皇帝萬壽聖節，舊例是日禁止屠宰。至聖先師孔子，師表萬世，聖誕之期，亦應虔誠致祭。朕惟君師功德,恩被億載,普天率土,尊親之戴,永永不忘,而於誕日,尤當加謹,以展恪恭思慕之忱,非以佛誕爲比擬也。著内閣九卿會議具奏。"遵旨議定:每歲三月十八日,聖祖仁皇帝萬壽聖節。每歲八月二十七日,至聖先師孔子誕辰。恭值此二日,内外文武各官以及軍民人等,俱應致齋一日,不理刑名,禁止屠宰。永著爲令。〇是年御書"生民未有"匾額,恭懸大成殿,並命頒發直省,懸於文廟。

凡位次陳設祀事儀節,具列於後。

正殿

至聖先師孔子神位正中,南向。

四配、

復聖顔子、

述聖子思子

在殿内東旁,西向。

宗聖曾子、

亞聖孟子

在殿内西旁,東向。

十一哲

先賢閔子名損。	先賢冉子名雍。
先賢端木子名賜。	先賢仲子名由。
先賢卜子名商。	先賢朱子名熹。康熙五十一年升配。

在殿内次東旁,西向。

先賢冉子名耕。	先賢宰子名予。
先賢冉子名求。	先賢言子名偃。
先賢顓孫子名師。	

在殿内次西旁,東向。

東廡

先賢蘧瑗雍正二年復祀。	先賢澹臺滅明
先賢原憲	先賢南宫适
先賢商瞿	先賢漆雕開
先賢司馬耕	先賢有若
先賢巫馬施	先賢顔辛
先賢曹卹	先賢公孫龍

先賢秦商
先賢顏高
先賢壤駟赤
先賢石作蜀
先賢公夏首
先賢后處
先賢奚容葴
先賢顏祖
先賢句井疆
先賢秦祖
先賢縣成
先賢公祖句茲
先賢燕伋
先賢樂欬
先賢狄黑
先賢孔忠
先賢公西葴
先賢顏之僕
先賢施之常
先賢申棖
先賢左邱明
先賢秦冉雍正二年復祀。
先賢牧皮雍正二年增祀。
先賢公都子雍正二年增祀。
先賢公孫丑雍正二年增祀。
先賢張載
先賢程頤
先儒公羊高
先儒孔安國
先儒毛萇
先儒高堂生
先儒鄭康成雍正二年復祀。
先儒諸葛亮雍正二年增祀。
先儒王通
先儒司馬光
先儒歐陽修
先儒胡安國
先儒尹焞雍正二年增祀。
先儒吕祖謙
先儒蔡沈
先儒陸九淵
先儒陳淳雍正二年增祀。
先儒魏了翁雍正二年增祀。
先儒王柏雍正二年增祀。
先儒許衡
先儒許謙雍正二年增祀。
先儒王守仁
先儒薛瑄
先儒羅欽順雍正二年增祀。
先儒陸隴其雍正二年增祀。

西廡

先賢林放雍正二年復祀。
先賢宓不齊
先賢公冶長
先賢公晳哀
先賢高柴
先賢樊須
先賢商澤
先賢梁鱣
先賢冉孺
先賢伯虔
先賢冉季
先賢漆雕徒父

先賢漆雕哆
先賢公西赤
先賢任不齊
先賢公良孺
先賢公肩定
先賢鄡單
先賢罕父黑
先賢榮旂
先賢左人郢
先賢鄭國
先賢原亢
先賢廉潔
先賢叔仲會
先賢公西輿如
先賢邽巽
先賢陳亢
先賢琴張
先賢步叔乘
先賢秦非
先賢顏噲
先賢顏何雍正二年復祀。
先賢縣亶雍正二年增祀。
先賢樂正克雍正二年增祀。
先賢萬章雍正二年增祀。
先賢周敦頤
先賢程顥
先賢邵雍
先儒穀梁赤
先儒伏勝
先儒后蒼
先儒董仲舒
先儒杜子春
先儒范甯雍正二年復祀。
先儒韓愈
先儒范仲淹康熙五十四年增祀。
先儒胡瑗
先儒楊時
先儒羅從彥
先儒李侗
先儒張栻
先儒黃幹雍正二年增祀。
先儒真德秀
先儒何基雍正二年增祀。
先儒趙復雍正二年增祀。
先儒金履祥雍正二年增祀。
先儒陳澔雍正二年增祀。
先儒陳獻章
先儒胡居仁
先儒蔡清雍正二年增祀。

兩廡位次，闕里志所載及順天府、直省、府、州、縣、衛各學，俱照時代爲序。玆據國子監分先賢先儒爲序。而雍正二年復祀增祀之制，亦依此列載焉。

一、正位陳設

禮神制帛一白色。
白磁爵三
牛一
羊一
豕一
登一
鉶二
簠二

簠二	籩十
豆十	酒罇一

一、四配位陳設

每位

禮神制帛一白色。	白磁爵三
羊一	豕一
鉶二	簋二
簠二	籩八
豆八	酒罇一

一、十一哲前陳設

東五位五案。

又

朱子一位一案。○陳設同。

禮神制帛一白色。	白磁爵各一
豕一	鉶各一
簋各一	簠各一
籩各四	豆各四
豕首一	
西五位五案。與東五位陳設同。	東西共酒罇一

一、東廡陳設

禮神制帛一白色。	銅爵各一
豕首一豕肉二	酒尊三
每案簋一	簠一
籩四	豆四

一、西廡陳設與東廡同。

一、前期，太常寺題請遣正殿承祭官一員，分獻官二員。

一、前期二日，太常寺官具補服，至犧牲所省牲。

一、前期二日，各衙門設齋戒牌。承祭官、分獻官，及滿洲蒙古漢軍文官三品以上、漢文官五品以上、滿漢武官二品以上、六科給事中，各在本家致齋二日。

一、前期二日，用白紙糊版，黄紙鑲邊，墨書祝文。太常寺官具補服，捧祝版，御仗一對前導，送至文廟神庫黄案上安設，一跪三叩頭，退。

一、前期一日，承祭官率禮部、都察院、太常寺、光禄寺、國子監官，具朝服，上香，監視宰牲併瘞毛血。

一、前期一日，正殿承祭官上香。

一、前期一日，太常寺官舉祝案送至齋所。承祭官視畢，太常寺官至前後殿安設，一跪三叩頭，退。

一、正祭日，分獻陪祀各官入兩旁門序立，太常寺贊引官封引官導承祭官至盥洗處，盥手畢，引至臺階下立。典儀唱樂舞生就位，執事官各司其事，分獻官陪祀官各就位。文舞生執羽籥引進。贊引官贊就位，承祭官就拜位立，分獻官隨後立。典儀唱迎神。協律郎唱舉迎神樂，奏咸平之章，樂作。贊引官贊跪、叩、興，承祭官陪祀官分獻官俱行三跪九叩頭禮，興，樂止。典儀唱奠帛，行初獻禮。協律郎唱舉初獻樂，奏寧平之章，樂作。贊引官贊陞壇，導承祭官由東階上，進殿左門，贊引官贊詣至聖先師孔子位前，承祭官至案前立，贊引官贊跪、叩、興，承祭官行一跪一叩頭禮，興，贊引官贊奠帛，捧帛官捧帛跪進，承祭官受帛，拱舉，立獻，畢，贊引官贊獻爵，執爵官捧爵跪進，承祭官受爵，拱舉，立獻，畢，行一跪一叩頭禮，興。不贊。贊引官贊詣讀祝位，承祭官詣讀祝位立。讀祝官至祝案前，一跪三叩頭，捧祝版立於案左，樂止。贊引官贊跪，承祭官讀祝官分獻官陪祀各官俱跪，贊引官贊讀祝，讀祝官讀畢，捧祝版至正位前案上，跪安帛匣内，三叩頭，退。樂作，贊引官贊叩興，承祭官及各官行三叩頭禮，興。贊引官贊詣復聖顔子位前，承祭官就案前立，贊引官贊跪、叩、興，承祭官一跪一叩頭，興，贊引官贊奠帛，捧帛官跪進於案左，承祭官受帛，拱舉，立獻案上，贊引官贊獻爵，執爵官跪進於案左，承祭官受爵，拱舉，立獻案上，行一跪一叩頭禮，興。不贊。贊詣宗聖曾子位前，獻帛，獻爵，如前儀。贊詣述聖子思子位前，獻帛，獻爵，如前儀。贊詣亞聖孟子位前，獻帛，獻爵，如前儀。其十一哲分獻官翰林院派出。陞壇，奠帛，獻爵，俱照承祭官行禮。兩廡分獻官，國子監派出。亦照承祭官行禮。畢，贊引官贊復位，承祭官分獻官各復位立，樂止。典儀唱行亞獻禮。協律郎唱舉亞獻樂，奏安平之章，樂作。贊引官贊陞壇，獻爵於左，如初獻儀。贊引官贊復位，承祭官分獻官各復位立，樂止。典儀唱行終獻禮。協律郎唱舉終獻樂，奏景平之章，樂作。贊引官贊陞壇，獻爵於右，如亞獻儀。贊引官贊復位，承祭官分獻官各復位立，樂止。典儀唱飲福受胙。贊引官贊詣受福胙位，承祭官至殿内立，捧酒胙官二員捧酒胙，至正位案前，拱舉，至飲福胙位右旁，跪接福胙官二員在左旁，跪，贊引官贊跪，承祭官跪，贊飲福酒，承祭官受爵，拱舉，授接爵官，贊受胙，承祭官受胙，拱舉，授接胙官，贊引官贊叩興，承祭官三叩頭，興，贊復位，承祭官復位立。次行謝福胙禮，贊引官贊跪、叩、興，承祭官分獻官及陪祀各官俱行三跪九叩頭禮，興。典儀唱徹饌。協律郎唱舉徹饌樂，奏咸平之章，樂作。徹訖，樂止。典儀唱送神，協律郎唱舉送神樂，奏咸平之章，樂作。贊引官贊跪、叩、興，承祭官分獻官及陪祀各官皆行三跪九叩頭禮，興，樂止。典儀唱捧祝帛饌各恭詣燎位，捧祝官捧帛官至各位前，一跪三叩頭，捧起，祝文在前，帛次之，捧饌官跪，不叩。捧起在後，俱送至燎位。承祭官退至西旁立，候祝帛饌過，仍復位立。典儀唱望瘞。協律郎唱舉望瘞樂，咸平後闋。樂作。贊引官贊詣望瘞位，導承祭官至瘞位立。祝帛焚半，贊禮官贊禮畢，退。

祝文

維　　年歲次　　月　　日，皇帝遣　　致祭於至聖先師孔子曰：惟師德配天地，道冠古今，删述六經，垂憲萬年。兹當仲⼐春秋。，祗奉舊章。謹以牲帛酒果致祭，配以復聖顔子、宗聖曾子、述聖子思子、亞聖孟子。尚饗。

樂章

迎神樂，奏《咸平之章》

大哉至聖，　　峻德弘功。
敷文衍化，　　百王是崇。
典則有常，　　昭兹辟雍。
有虔簠簋，　　有嚴鼓鏞。

初獻樂，奏《寧平之章》

覺我生民，　　陶鑄前聖。
巍巍泰山，　　實予景行。
禮備樂和，　　豆籩惟静。
既述六經，　　爰斟三正。

亞獻樂，奏《安平之章》

至哉聖師，　　天授明德。
木鐸萬世，　　式是羣辟。
清酒維醑，　　言觀秉翟。
太和常流，　　英材斯植。

終獻樂，奏《景平之章》

猗歟素王，示予物軌。

瞻之在前，神其寧止。

酌彼金罍，惟清且旨。

登獻既終，弗遐有喜。

徹饌樂，奏《咸平之章》

璧水淵淵，崇牙業業。

既歆宣聖，亦儀十哲。

聲金振玉，告兹將徹。

䝨假有成，羹牆靡愒。

送神樂，奏《咸平之章》

煌煌學宮，四方來宗。

甄陶胄子，暨予微躬。

思皇多士，膚奏厥功。

佐予永清，三五是隆。

後殿崇聖祠安設

肇聖王木金父。正中南向。

裕聖王祈父。東一室南向。

詒聖王防叔。西一室南向。

昌聖王伯夏。東二室南向。

啓聖王郰邑大夫。西二室南向。

配位

先賢顔氏無繇。

先賢孔氏鯉。

在殿内東旁西向。

先賢曾氏點。

先賢孟孫氏

在殿内西旁東向。

東廡西向。

先儒周輔成　先儒程珦

先儒蔡元定

西廡東向。

先儒張廸雍正二年增祀。　　先儒朱松年

一、正位陳設五案。

每位禮神制帛一白色。　　白磁爵三

羊一　　豕一

鉶二　　簠二

簋二　　籩八

豆八　　酒罇一

一、配位陳設每位一案。

禮神制帛二白色。　　豕首一豕肉一

每位銅爵三　　簠一

簋一　　籩四

豆四　　酒罇一

一、兩廡陳設

禮神制帛二白色。　　每位銅爵三

簠一　　簋一

籩四　　豆四

豕肉一　　酒罇一

一、正祭日，贊引官對引官引承祭官入後殿左門，至盥洗處。盥手畢，典儀唱執事官各司其事。贊引官贊就位，承祭官就位立。典儀唱迎神，贊引官贊跪、叩、興，承祭官行三跪九叩頭禮，興。典儀唱奠帛，行初獻禮。贊引官贊陞壇，承祭官入殿左門，贊引官贊詣肇聖王位前，承祭官詣位前立，贊引官贊跪，承祭官行一跪一叩頭禮，興。贊引官贊奠帛，捧帛官跪進，承祭官受帛，拱舉，立獻。畢，贊獻爵，執爵官跪進，承祭官受爵，拱舉，立獻。畢，行一跪一叩頭禮，興。贊引官贊詣裕聖王位前，次詣詒聖王位前，次詣昌聖王位前，次詣啓聖王位前，奠帛，獻爵，如前儀。贊引官贊詣讀祝位，承祭官詣讀祝位立。讀祝官至祝文案前，一跪三叩頭，捧祝版立於案左，贊引官贊跪，承祭官讀祝官俱跪，贊引官贊讀祝，讀祝官讀畢，捧祝版，跪，安案上帛匣内，三叩頭，退。贊引官贊叩興，承祭官行三叩頭禮，興。贊引官贊詣先賢顔氏位前，承祭官詣位前立。贊引官贊跪，承祭官行一跪一叩頭禮，興。贊奠帛，捧帛官跪進，承祭官受帛，拱舉，立獻。畢，贊獻爵，執爵官跪進，承祭官受爵，拱舉，立獻。畢，行一跪一叩頭禮，興。贊引官贊詣先賢曾氏位前，次詣先賢孔氏位前，次詣先賢孟孫氏位前，奠帛，獻爵，如前儀。畢，贊引官贊復位，承祭官復位立。典儀唱行亞獻禮，獻爵於左，如初獻儀。典儀唱行終獻禮，獻爵於右，如亞獻儀。典儀唱徹饌，唱送神。贊引官贊跪、叩、興，承祭官行三跪九叩頭禮，興。典儀唱捧祝帛饌各恭詣燎位。捧祝帛官至位前一跪三叩頭，捧祝帛起，捧饌官跪不叩。捧饌起，依次送至燎位。承祭官退至西旁立，候祝帛過，仍復位立。典儀唱望瘞，贊引官贊詣望瘞位，承祭官至瘞位立。焚祝帛，贊引官贊禮畢，退。

祝文

維　　年歲次　　月　　日，皇帝遣　　致祭於肇聖王、裕聖王、詒聖王、昌聖王、啓聖王曰：王誕生至聖，爲萬世王者之師，功德顯著。兹因仲凵，春、秋。謹以庶品之儀致祭，配以先賢顔氏、先賢曾氏、先賢孔氏、先賢孟孫氏。尚饗。

皇帝上丁親祭儀

一、前期，太常寺題請分獻官。

一、前期二日，太常寺堂官具補服省牲，如常儀。

一、前期二日，各衙門齋戒，如常儀。

一、前期一日，太常寺官奉祝版安設神庫，如常儀。

一、前期一日，禮部、都察院、太常寺、光禄寺、國子監官具朝服上香，監視宰牲，如常儀。

一、前期一日，太常寺堂官詣正殿上香。

一、祭日，陪祀王以下各官在廟内櫺星門外，候駕至，隨行。不陪祀王以下各官，在午門候駕出，跪送。屆時，太常寺官奏請皇帝具禮服，乘輦，出宫，至櫺星門外鋪稷薦處，降輦。贊引官對引官恭導皇帝由櫺星門中門入，至更衣幄次，盥手。畢，贊引官對引官恭導皇帝進大成門中門，陞中階，由殿中門入，詣拜位前立。典儀贊執事官各司其事。文舞生引進。贊引官奏就位，皇帝就位立。典儀贊迎神。協律郎贊舉迎神樂，歌咸平之章，樂闋。贊引官奏跪、叩、興，傳贊官贊衆官俱跪叩興。皇帝行二跪六叩頭禮，興，王以下各官俱隨行禮，興。典儀贊獻帛爵。協律郎贊舉獻帛爵樂，歌寧平之章，樂作。獻帛官捧帛跪進於皇帝右，皇帝立受，拱舉，授獻帛官，獻帛官跪接，興，詣先師孔子神位前，跪獻，三叩頭，退。獻爵官捧爵跪進於皇帝右，皇帝立受，拱舉，授獻爵官，獻爵官跪接，興，詣先師孔子神位前，立獻，退。讀祝官詣祝案前跪，三叩頭，興，捧祝版跪竢於案東北，贊引官奏跪,傳贊官贊衆官俱跪。皇帝跪,贊讀祝,讀祝官跪讀畢,恭捧祝版詣神位前,跪,安帛匣内,三叩頭,退。樂作,贊引官奏叩興,傳贊官贊衆官俱叩興。皇帝行三叩頭禮,興,王以下各官俱隨行禮,興。分獻官各詣四配十一哲神位前,立獻帛爵,退,樂止。文舞生叩頭,退。典儀贊徹饌。協律郎贊舉徹饌樂,歌咸平之章,樂闋。典儀贊送神。協律郎贊舉送神樂,歌咸平之章,樂作。贊引官奏跪、叩、興,傳贊官贊衆官俱跪、叩、興。皇帝行二跪六叩頭禮,興,王以下各官俱隨行禮,興,樂止。典儀贊捧祝帛恭送燎爐。捧祝帛饌官詣神位前跪,三叩頭,捧起,捧饌官不叩,祝在前,次帛,次饌,由槅扇中門出,送詣燎爐。皇帝轉立拜位東旁,俟祝帛過,皇帝還位立。祝帛焚半,贊引官奏禮畢,贊引官對引官恭導皇帝由大成門出,乘輦,作樂回宫。陪祀各官俱退。陪祀王以下公以上隨駕入午門,如常儀。不陪祀王以下各官,仍在午門迎駕,如常儀。

〔釋菜儀〕

順治元年定:每月初一日,祭文廟行釋菜禮。先期,典簿廳移文太常寺,取祭品菜、棗、栗併酒。及香燭。至期,祭酒率監丞、博士、助教以下等官、八旗教習及監生皆從祭酒詣致齋所,更朝服。引贊導由東角門入,詣階下,引贊贊排班,班齊,贊就位,贊跪叩,行禮畢,引贊導詣盥洗所盥手。再詣酒尊所,司尊者舉冪酌酒,執爵者由中道上,引贊導祭酒由東階升,從殿東門入,引贊贊詣至聖先師神位前跪,初獻爵,亞獻爵,終獻爵,俯伏,興。引贊贊詣四配神位前,行三獻禮,如前儀。各引贊引分獻官詣十一哲康熙五十一年,升配朱子。兩廡神位前,行分獻禮,如前儀。畢,引贊導各官由殿西門出,至西階下各就位,引贊贊跪叩,行禮畢,導從西角門出,禮生導祭酒詣崇聖祠原爲啓聖祠,雍正二年改今名。行禮,分獻官亦隨行禮,次詣土地祠行禮。畢,鳴鐘,各退。每月十五日,司業行香,監生俱於黎明入廟列班,各禮生供事司業至,守廟官迎候,禮生導引由東角門入,贊排班,班齊,贊跪叩,行禮畢,導由西角門出,次詣崇聖祠行禮,次詣土地祠行禮,俱如朔日儀。

〔新進士釋褐謁文廟儀〕

殿試臚唱後,擇吉日,各進士詣文廟行釋菜禮。是日清晨,狀元率諸進士至集賢門外下馬,入持敬門東角門,至先師殿前。通贊贊排班,班齊,贊就位,行謁見禮。畢,狀元行釋菜禮。引贊贊詣盥洗所,再詣酒尊所,司尊者舉冪酌酒,詣至聖先師孔子神位前,三獻爵,俯伏,興。次詣四配神位前,獻爵,如前儀。通贊唱行分獻禮,引贊引一甲第二第三名分詣十一哲神位前,又引二甲三甲第一名詣兩廡神位前,各分獻,如前儀。畢,引贊贊復位,通贊贊行禮畢,由西角門出,釋褐。畢,候祭酒司業升堂,狀元率諸進士由東角門入,至墀下,序立。曾入監者,升露臺四拜,起立臺西,未入監者,露臺下兩拜,祭酒司業俱坐受禮。畢,一甲三名由堂東門入,執事者設食案於座前。兩廂官下座面南立,一甲三名面北立,執事者簪花斟酒,向兩廂官揖,飲酒三爵,出,兩廂官送及堂門限内。諸進士由堂西門入廳,堂官接待,簪花飲酒,如前儀。畢,廳堂官送出堂門外。

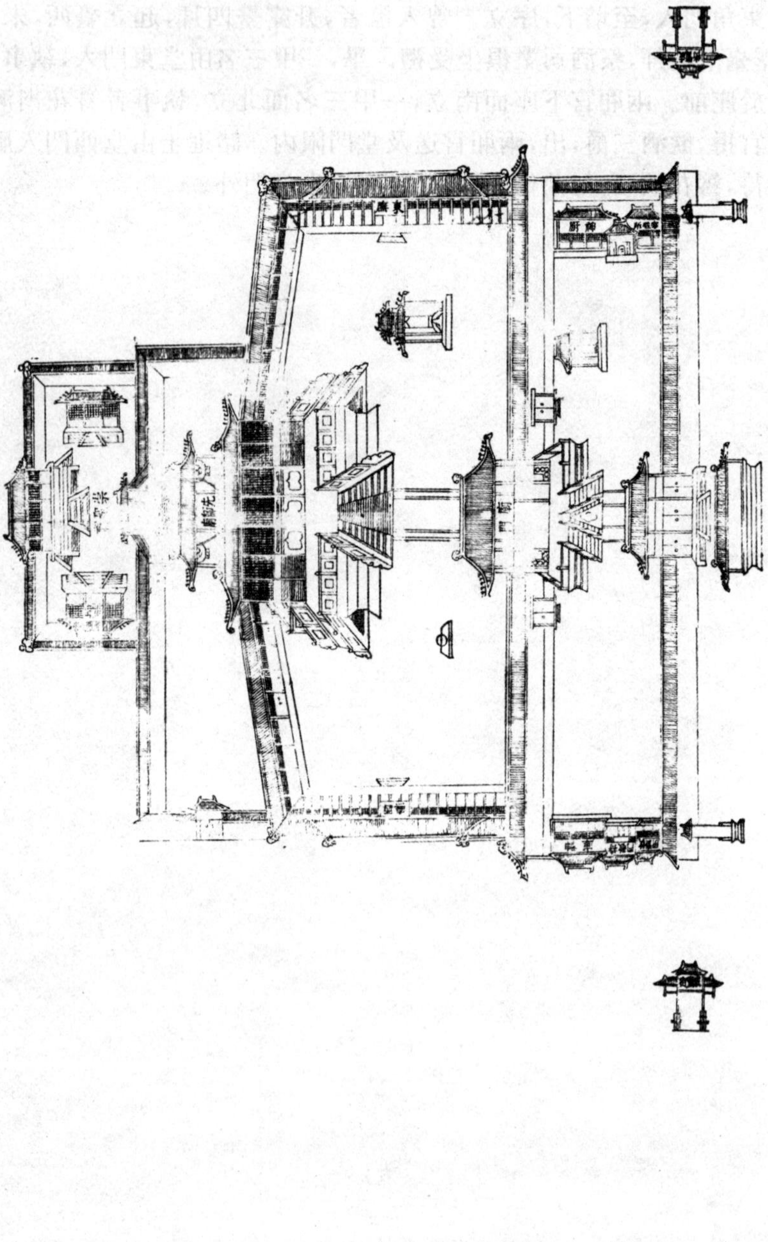

文廟總圖

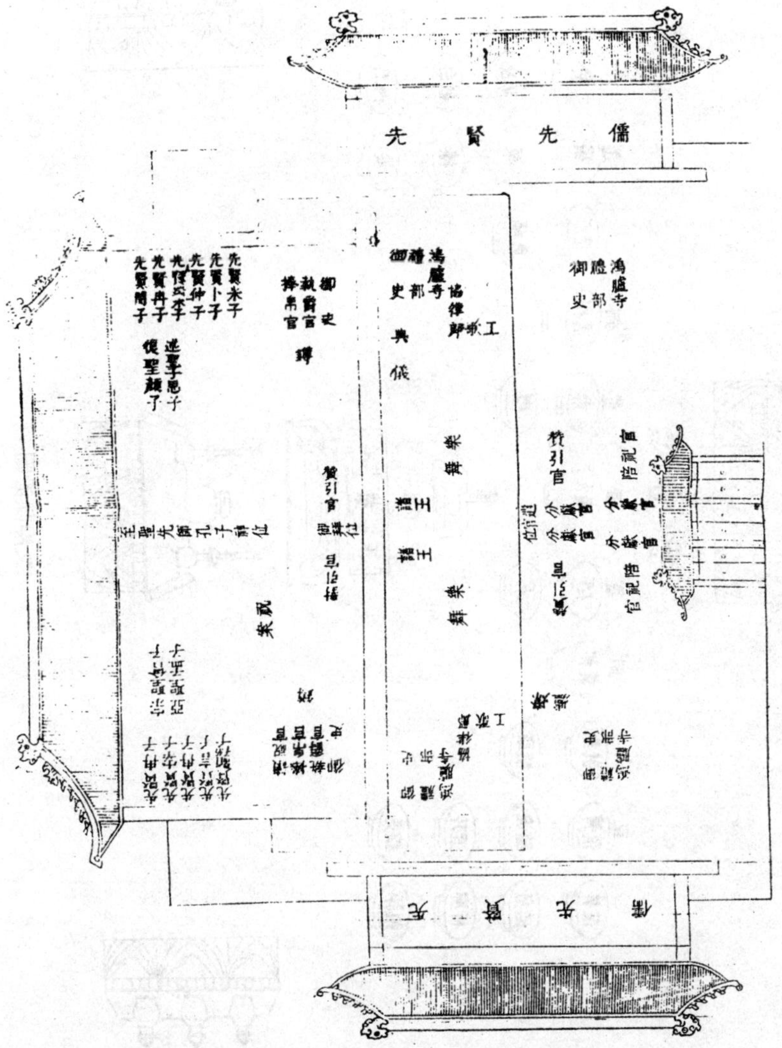

文廟祭祀圖

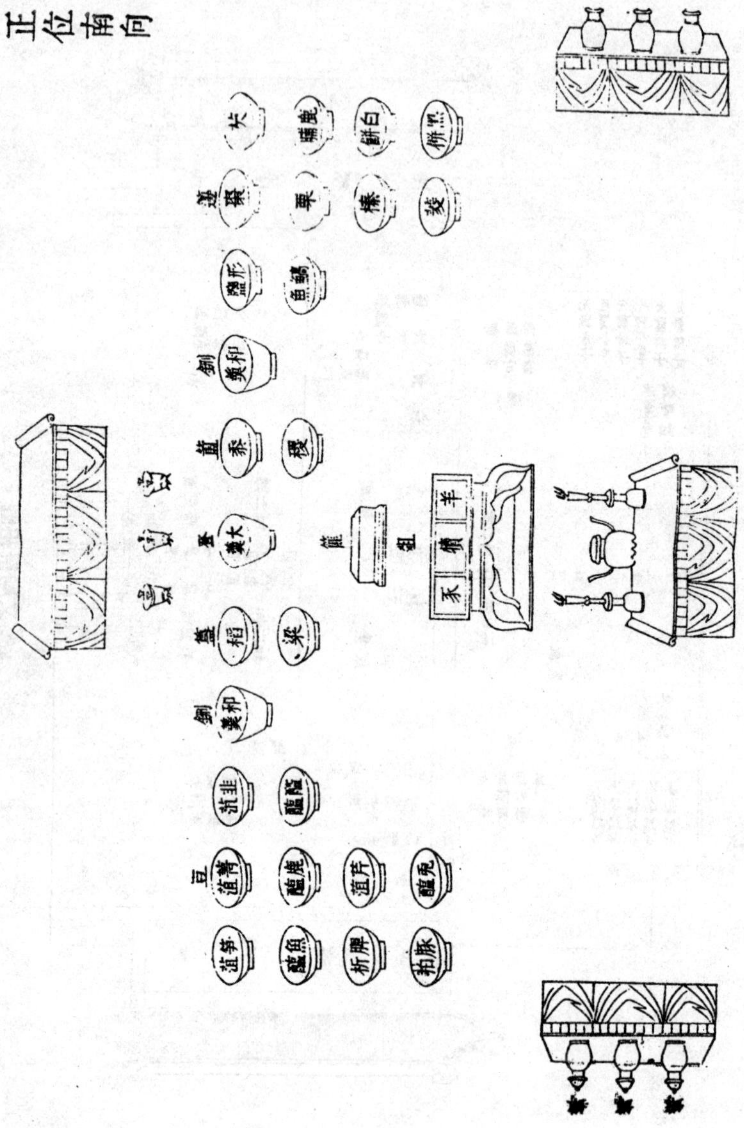

文廟陳設圖一

右先師孔子前陳設。○酒尊六。内先師孔子一，四配各一，十一哲共一。

配位東設西向二西設東向二

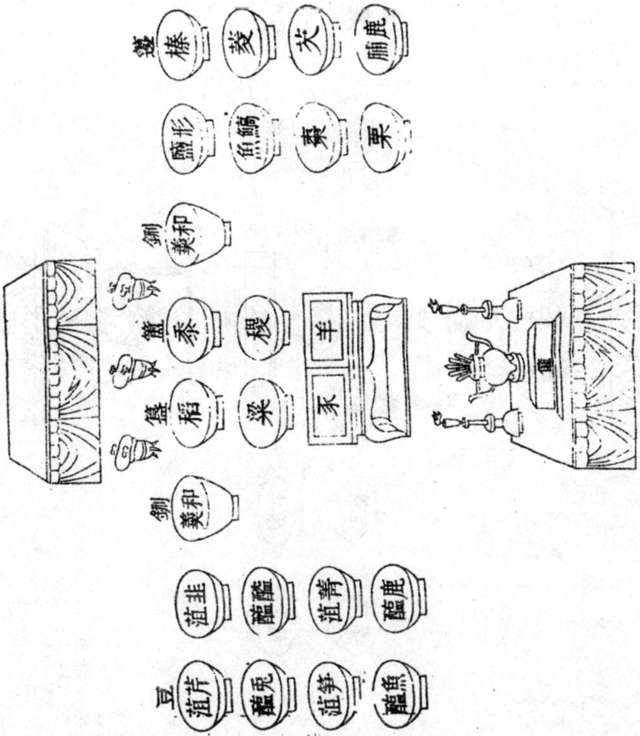

文廟陳設圖二

右四配前陳設,俱同,圖繪其一。

配位東設西向二西設東向二

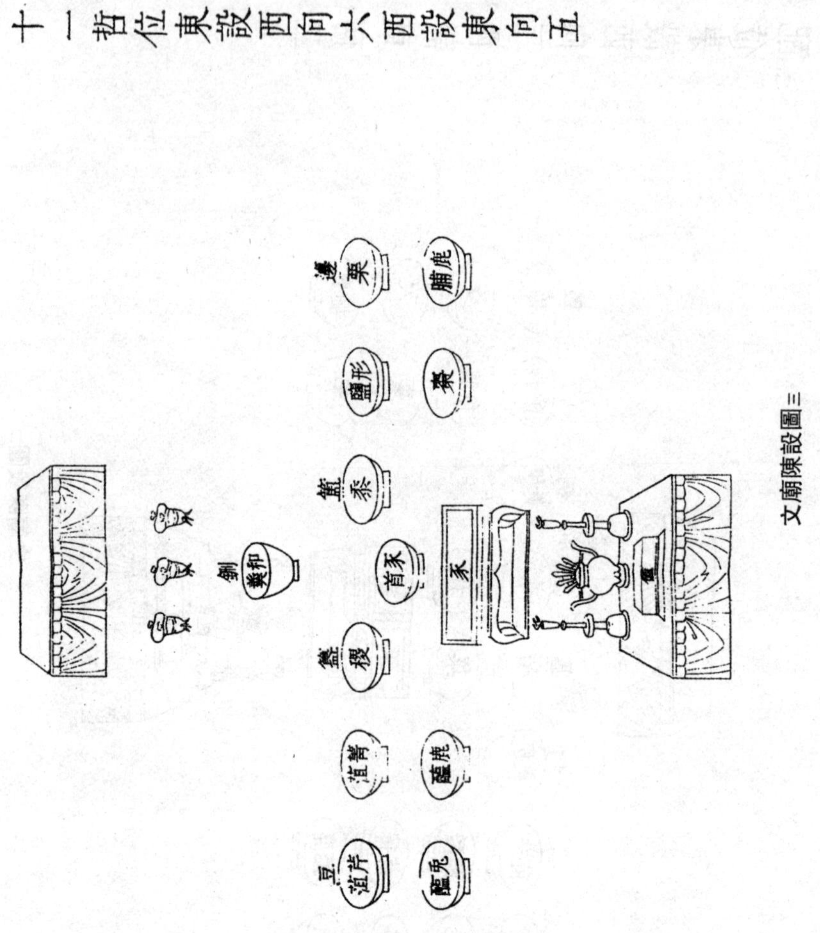

右十一哲前陳設,俱同,圖繪其一。
十一哲位東設西向六西設東向五

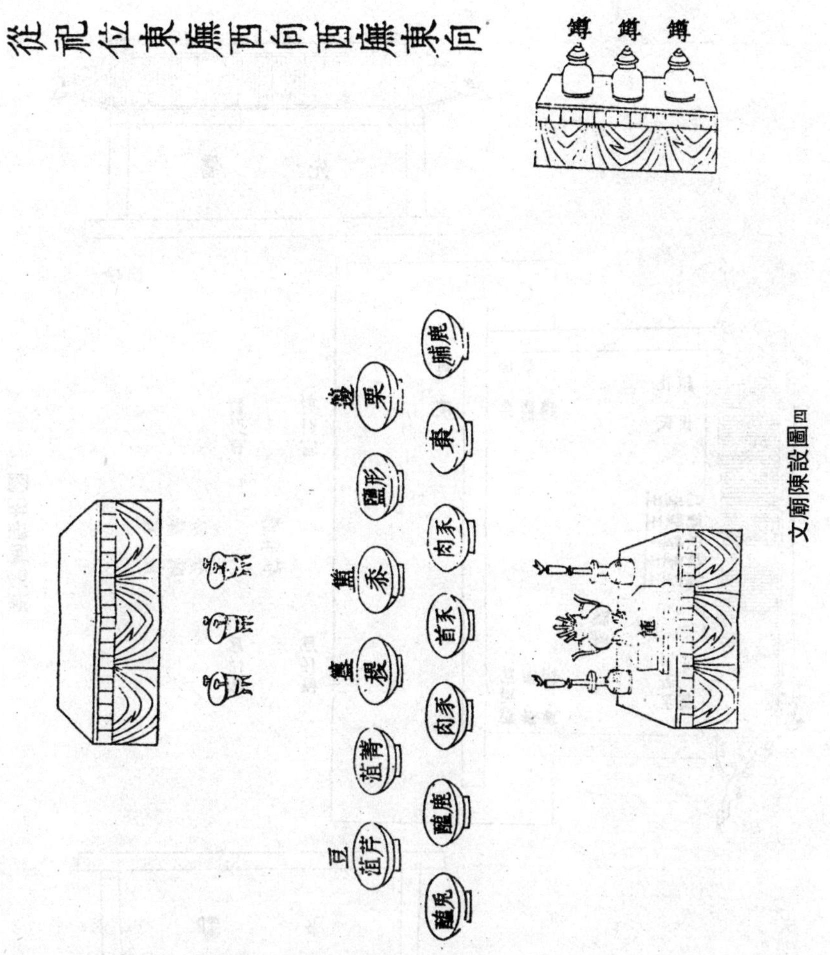

右先賢先儒前陳設,兩廡同。

從祀位東廡西向西廡東向

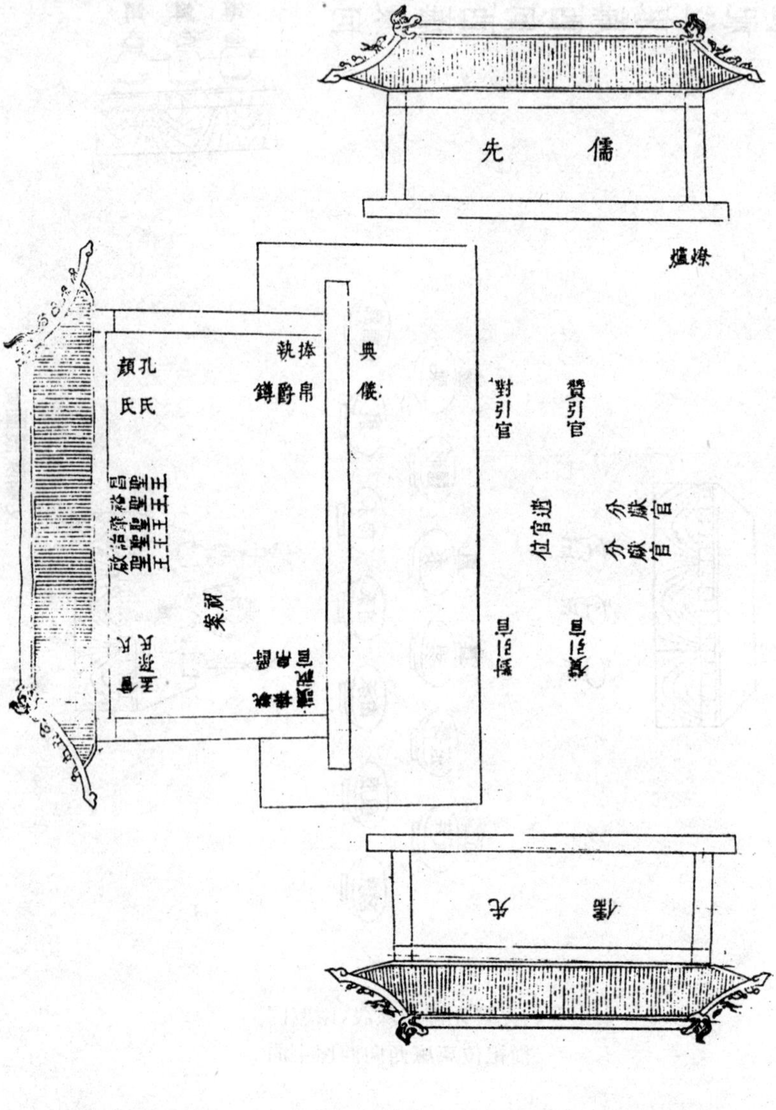

崇聖祠祭祀圖

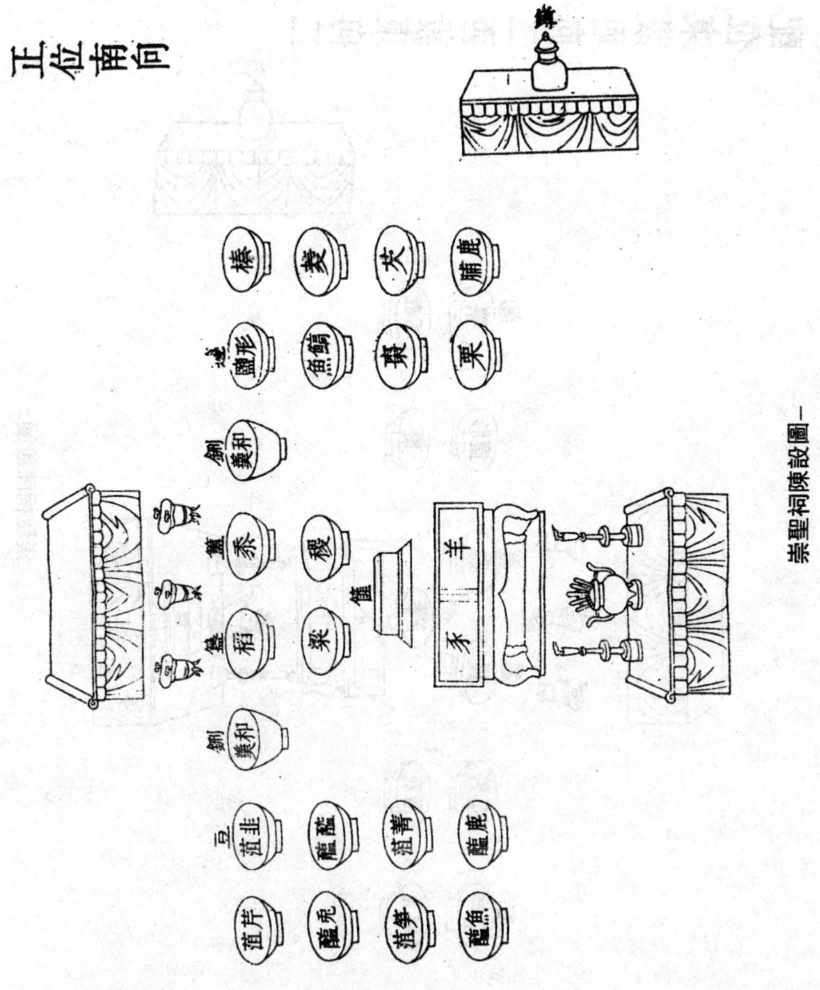

右五王前陳設，俱同，圖繪其一。

配位東設西向二西設東向二

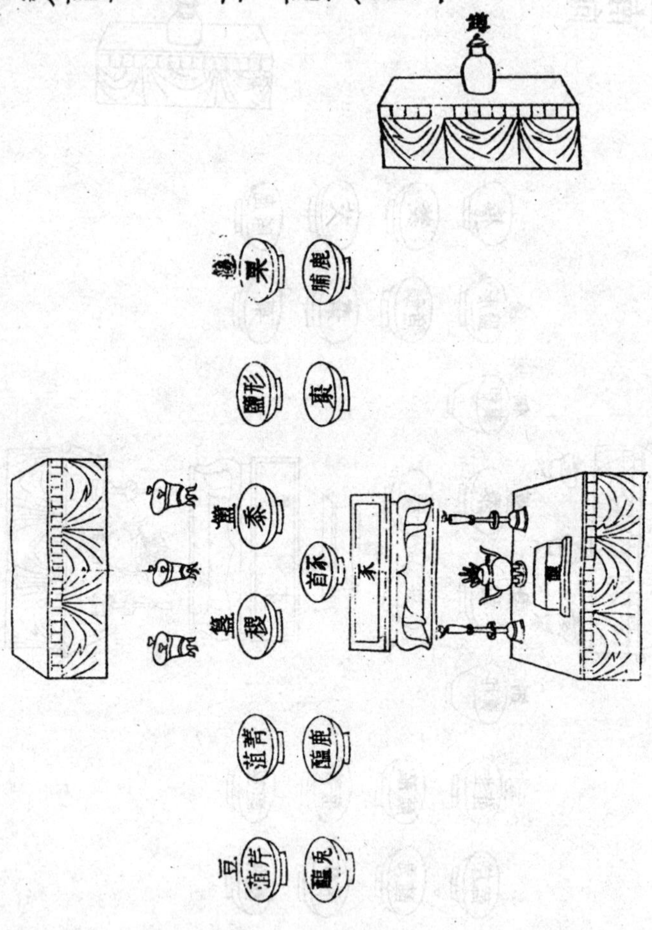

崇聖祠陳設圖二

右四配前陳設,俱同,圖繪其一。

配位東設西向二,西設東向二

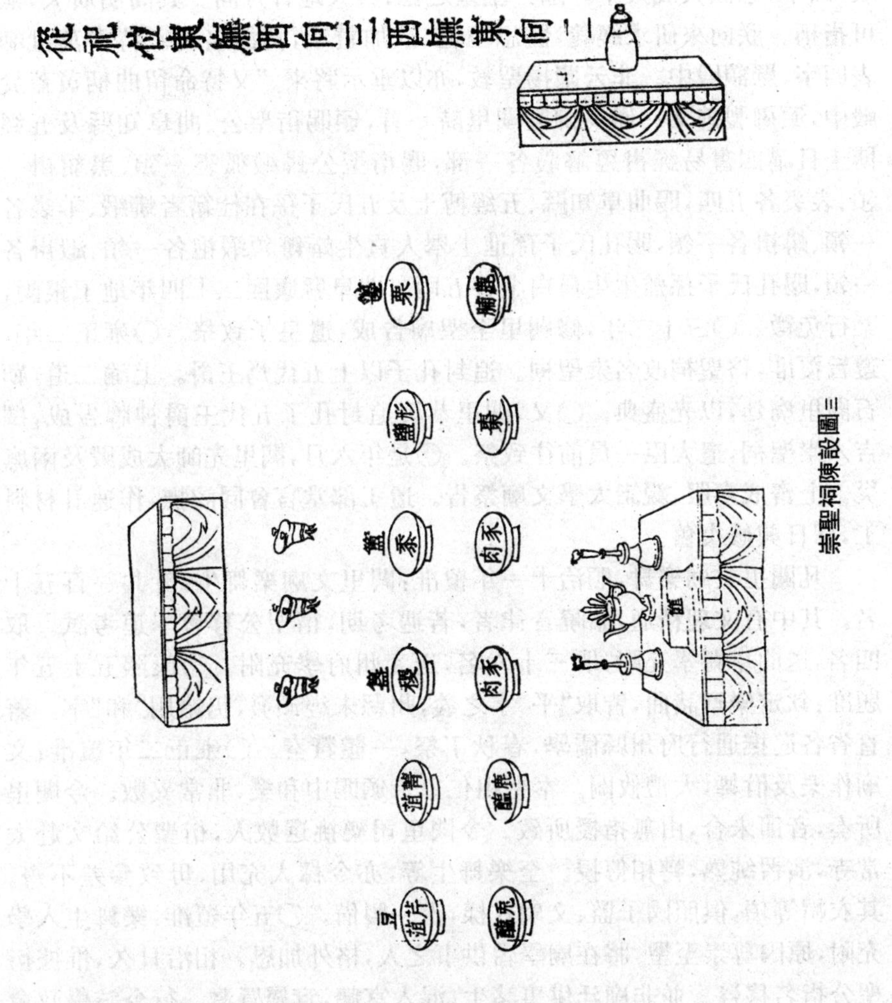

右先儒前陳設，兩廡同。

從祀位東廡丁向三西廡東向三

〔**闕里祀典**〕祭周公儀附。

康熙二十三年，聖祖仁皇帝親詣闕里，致祭先師孔子，御書"萬世師表"四字，懸額大成殿中。諭："至聖之德，與天地日月同。其高明廣大，無可指稱。朕向來研求經義，體思至道，欲加贊頌，莫能名言。特書萬世師表四字，懸額殿中。非云闡揚聖教，亦以垂示將來。"又特命留曲柄黄蓋於殿中，頒御製碑文一通及御製闕里詩一首，頒賜衍聖公、曲阜知縣及五經博士日講四書易經書經解義各一部，賜衍聖公蟒緞狐裘一領、黑貂褂一領、表裏各五匹，賜曲阜知縣、五經博士及五氏子孫在仕籍者蟒緞、羊裘各一領、蟒褂各一領，賜孔氏子孫進士舉人貢生蟒鑲領緞袍各一領、緞褂各一領，賜孔氏子孫監生生員白金各五兩。曲阜縣康熙二十四年地丁銀兩，槩行免徵。〇三十二年，修闕里至聖廟告成，遣皇子致祭。〇雍正二年，遵旨覆准，啓聖祠改名崇聖祠。追封孔子以上五代爲王爵。上諭二道，勒石闕里廟廷，以光盛典。〇又，闕里恭製追封孔子五代王爵神牌告成，擇吉入崇聖祠，遣大臣一員前往致祭。〇是年六月，闕里先師大成殿及兩廡災。上齋戒素服，親詣太學文廟祭告。遣工部堂官會同該撫，作速計材料工，擇日興修復舊。

凡闕里文廟樂舞，順治十一年覆准：闕里文廟樂舞生，計共一百五十名。其中有文理精通，諳曉音律者，若遇考期，衍聖公移會學道考試。取四名，送曲阜縣學充附，取三十六名，送兖州府學充附。〇康熙五十五年題准：欽定樂章諸曲，皆取"平"字之義，州縣未經頒發，仍錯用"和"字。著直省各巡撫通行府州縣儒學，春秋丁祭，一體贊奏。〇雍正二年覆准：文廟作樂及佾舞，大禮攸關。奉聖祖仁皇帝頒賜中和樂，非常異數。今闕里所奏，音節未合，由無指授所致。令闕里司樂挑選數人，衍聖公給文赴太常寺，演習純熟，轉相傳授。至樂舞生等，亦令擇人充用，毋致參差不齊。其衣帽等項，俱照國子監、文廟式樣，畫一製備。〇五年覆准：樂舞生入學充附，原因尊崇至聖，將在廟學習供事之人，格外加恩。相沿日久，惟據衍聖公指名移咨。並非廟廷供事諸生，混入宫牆，實屬冒濫。行令該學政會同衍聖公，將現在樂舞生秉公查明。其不諳音律者裁汰，照數選一百五十名，造具年貌籍貫清册。每學臣考試，酌取四名，入曲阜縣學充附。其兖州府學充附之三十六名，俱行停止。

皇帝親祭儀照康熙二十三年題定儀注開載。

前期，太常寺題請崇聖祠舊名啓聖祠。承祭官，及四配十一哲舊爲十哲。

兩廡分獻官、讀祝官。内閣撰祝文發太常寺,白紙糊版,黄紙鑲邊,墨書,不填御名。太常寺官具補服,捧送祝案安設。其香帛爵由太常寺預備,祭品由地方官預辦。所奏樂,用本處樂舞。凡各神位前供品樂器等項,俱與國學、文廟春秋二祭同。至期,禮部太常寺堂官奏請皇帝躬詣行禮。扈從王等内大臣侍衛、文武官三品以上、地方文官知府、武官副將以上、衍聖公及五氏有頂帶官員,俱陪祀。其餘扈從及地方文武各官,俱於行宫兩旁排班,候駕出,跪送。皇帝具補服,陞輦,儀仗全設,進曲阜南門,詣奎文閣前,降輦。贊引官對引官恭導皇帝由甬道旁行,至大成殿拜位前立。典儀唱樂舞生就位,執事官各司其事。贊引官奏就位,皇帝就拜位立。典儀唱迎神。協律郎唱舉迎神樂,奏咸平之章,樂作。贊引官奏跪、叩、興,皇帝行三跪九叩頭禮,興,王以下陪祀各官及分獻官俱隨行禮,畢,樂止。典儀唱奠帛,行初獻禮。捧帛官捧爵官前進,向西立。協律郎唱舉初獻樂,奏寧平之章,樂作。捧帛官跪進帛於皇帝右,贊引官奏獻帛,皇帝受帛,拱舉,仍授捧帛官,捧帛官跪接,捧至先師位前,跪,奠畢,三叩頭,退。捧爵官跪進爵於皇帝右,贊引官奏獻爵,皇帝受爵,拱舉,仍授捧爵官,捧爵官跪接,捧至先師位前,立獻畢,退。次讀祝官至祝版案前,一跪三叩頭,捧祝文跪案左祗俟,樂止。贊引官奏跪,皇帝跪,王以下陪祀各官及分獻官讀祝官俱跪,贊引官贊讀祝,讀祝官讀畢,捧祝版,至先師位前,跪,安帛匣内,三叩頭,退。樂作,贊引官奏叩興,皇帝行三叩頭禮,興,王以下陪祀各官及分獻官俱隨行禮。其分獻各官依序引至四配十一哲舊爲十哲。兩廡各神位前立,獻帛爵畢,各復位,樂止。典儀唱行亞獻禮。捧爵官前進,向西立。協律郎唱舉亞獻樂,奏安平之章,樂作。捧爵官跪進爵於皇帝右,贊引官奏獻爵,皇帝受爵,拱舉,仍授捧爵官,捧爵官跪接,獻爵於左,退。分獻官各獻爵,如初獻儀。獻畢,樂止。典儀唱行終獻禮。捧爵官前進,向東立。協律郎唱舉終獻樂,奏景平之章,樂作。捧爵官跪進爵於皇帝左,贊引官奏獻爵,皇帝受爵,拱舉,仍授捧爵官,捧爵官跪接獻爵於右,退。分獻官各獻爵,如亞獻儀。獻畢,樂止。樂舞生引退。典儀唱徹饌。協律郎唱舉徹饌樂,奏咸平之章,樂作,樂止。典儀唱送神。協律郎唱舉送神樂,奏咸平之章,樂作。贊引官奏跪、叩、興,皇帝行三跪九叩頭禮,興,王以下陪祀各官及分獻官俱隨行禮。畢,典儀唱捧祝帛恭詣燎位,皇帝轉立東旁,捧祝官捧帛官前進,一跪三叩頭,捧起祝帛,出中門,恭詣燎位,皇帝還位立。祝帛焚半,贊引官奏禮畢,皇帝陞輦,作樂,回行宫。不陪祀扈從官及地方文武各官於行宫兩傍跪迎,候駕過,各退。○是日,遣官詣崇聖祠舊名啓聖祠。供獻行禮,俱與國學春秋二祭同。

先師祝文照康熙二十三年撰定文開載。

維　　年歲次　　月　　日,皇帝謹告於先師孔子曰:仰惟先師,德侔元化,聖集大成。開萬世之文明,樹百王之儀範。永言光烈,罔不欽崇。朕丕御鴻圖,緬懷至道。憲章往哲,矩矱前模。夕惕朝乾,覃精思於六籍;居今稽古,期雅化於萬方。緊維典訓之功,實覩乂安之效。兹者巡視方國,至於岱宗。瞻望魯郊,爰來闕里。空堂至止,恍聞絲竹之聲;舊寢徘徊,喜動宫牆之色。車服禮器,宛然三代遺風;几杖册書,敻矣千秋盛蹟。愾明靈之儼在,文治遐昌;肅禋祀以惟虔,精忱庶格。

後殿祝文照康熙二十三年撰定文開載。

維　　年歲次　　月　　日,皇帝遣　　致祭於啓聖公孔氏曰:惟公系本神靈,生稱瓌偉。勇力聞於魯國,皆道德所發皇;政事紀於郰邦,悉文章所宣著。篤生聖子,代爲帝師。寰宇崇歲祀之儀,不先父食;古今奉斯文之統,共指家傳。兹值東巡,特臨曲邑。溯二千年之教,澤孰非厚德燕詒;垂七十世之孫,謀如見神明陟降。用修彝祭之典,代以扈從之臣。泗水環流,知發源之有自;防山聳峙,占積慶之無疆。牲醴式陳,尚其歆格。

右康熙二十三年撰定文,故止書啓聖公。今若撰擬祝文,應列啓聖王以上五代位號。

〔祭周公儀〕

康熙二十三年,聖祖仁皇帝幸魯,特命親王及禮部尚書致祭周公。○二十八年議准:周公廟設贊禮生二十名,廟户十户,佃户十户。

題定儀注

一、祝版,用白紙墨書,黄紙鑲邊。

一、供品

禮神制帛一白色。　　白磁爵三

圓降炷香一　　細黄速香一觔

以上,由太常寺預備。

羊一　　豕一

果品五　　酒尊一

以上,由地方官備辦。

一、行禮儀節,與告祭嶽瀆同。

祝文照康熙二十三年撰定文開載。

維　　年歲次　　月　　日,皇帝遣　　致祭於元聖周公曰:惟公丕承聖緒,懋叙人倫。光烈覲揚,成一家之繼述;官禮制作,垂萬世之經常。道闡圖書,探六爻而易貢;心傳精一,兼三代以訏謨。啓東魯之典型,猶存故澤;入尼山之夢寐,未墜斯文。朕稽古省方,瞻言至止。郊原縱目,遥深松桷之思;廟貌崇觀,爰切羹牆之慕。特申祗薦,代以親藩。惟冀神靈,尚克歆饗。

大清會典卷之九十二

禮部祠祭司

〔羣祀三〕

〔堂子〕

崇德元年定：每年元旦，皇帝率親王以下副都統以上，及外藩來朝王等詣堂子，上香，行三跪九叩頭禮。〇順治二年定：每年元旦，皇帝親詣堂子，行禮或不行禮，由禮部預期題請。今由太常寺。〇康熙十一年定：每年元旦，皇帝詣堂子行禮時，令鳴贊官贊禮。

凡月朔致祭，崇德元年定：每月初一日，親王以下貝子以上，每府派一人齋戒一日，詣堂子供獻。

凡春秋二季立竿致祭，崇德元年定：親王、郡王、貝勒，每家各祭三竿。貝子、鎮國公、輔國公，每家各祭二竿。鎮國、輔國、奉國將軍，每家各祭一竿。不祭者，聽。其無爵宗室，不祭。其每月致祭日期，初一日，大内致祭；初二日以後，親王、郡王、貝勒各以次輪一日致祭。各府應祭之日，若遇大内致祭，則應祭之家停祭。貝子公等，依次致祭。凡祭三竿之家，於定期内各祭一竿。過十一日後，再各祭二竿。或致祭日有兩三家同祀神者，仍依次俟應先祭之家祭畢，次祭之家方祭。如諸王貝勒於定期致祭之日有事不得祭，預期知會禮部，令次祭之家致祭。其有事者隨便補祭。凡爲馬羣致祭者，親王以下輔國公以上，許祭；鎮國將軍以下，不許祭。有違例多祭併争祀神者，議處。凡官員庶民等，設立堂子致祭者，永行停止。〇又定：每年四月初八日，大内並每旗王貝勒一人，依次往堂子備供。是日，大内及各旗佐領軍民人等，不祈禱，不報祭，不宰牲，不理刑名。〇順治二年定：每年三月初一日，九月初一日，俱立竿，皇帝親詣致祭。〇康熙十二年定:嗣後祭堂子,漢官不隨往。

凡掛錢,崇德六年定:每年元旦早,親王以下貝勒以上,赴堂子掛紙錢。貝子以下,不掛。今郡王以上掛紙錢,貝勒以下不掛。

每年元旦皇帝親詣致祭儀

順治二年定:親王以下貝勒以上,外藩來朝親王以下貝勒以上,俱赴太和門齊集。鹵簿大駕樂器陳設如常儀。乘輿出,王等在午門内金水橋分翼排跪,候駕過,隨行。貝子以下鎮國將軍以上,民公、侯、伯、都統、精奇尼哈番、滿漢尚書、漢武官一品以上等官,及外藩來朝貝子以下都統以上,俱在東長安門齊集,俟駕出,跪,候過,隨行。皇帝致祭行禮,王以下各官隨行禮。畢,皇帝還宫。其不隨往文武各官,俱朝服,在午門外齊集,候駕往還時,俱排跪送迎。○雍正元年議准:元旦,皇帝詣堂子行禮時,親王以下一品大臣以上,俱預赴堂子柵欄内大門外西邊排立,候駕至,跪接,候過,隨入行禮。畢,親王以下貝子以上,騎馬在侍衛後隨行。

每年三月初一日九月初一日立竿皇帝親詣致祭儀

順治二年定:祭日,鹵簿大駕全設,内掌儀司官設皇帝行禮坐褥於堂子正殿内一,前圓殿一。皇帝具禮服,乘輦出。王以下入八分公以上,在午門内金水橋兩翼排跪,候駕過,隨行。未入八分公以下及文武官員,俱在午門外排班跪送。皇帝降輦,入至殿中,向東坐於所設褥上。王、貝勒等,在丹陛上坐。貝子、入八分公等,在丹墀内坐。皇帝於正殿及圓殿兩處行一跪三叩頭禮。諸王大臣俱排立,不隨行禮。祭畢,皇帝在丹陛上西旁正坐,公等以上亦在丹陛上分翼排坐。進福胙、飲福酒。畢,皇帝陞輦,作樂,還宫。午門外齊集各官,排班跪迎。王、貝勒、貝子、入八分公以上,隨至太和門,候皇帝還宫,俱退。

〔先農〕

先農壇,在神祇壇之西南,其東爲耤田,皇帝舉耕耤禮則親祭。其每年常祀定於春二月,遣官行禮。

順治十一年二月,世祖章皇帝行耕耤禮,親祭先農壇。○康熙十一年二月,聖祖仁皇帝行耕耤禮,親祭先農壇。前期,遣官告祭奉先殿。一應禮儀,俱與順治十一年同。○雍正二年二月,皇上行耕耤禮,親祭先農壇。一應禮儀,俱與康熙十一年同。以後每年行耕耤禮,禮儀俱同。

皇帝親祭儀

順治十一年,題定儀注。嗣後每逢耕耤,奏請舉行。今開具於後。

一、前期二日,太常寺官進齋戒牌銅人,如常儀。皇帝致齋二日。王以下公以上,陪祀各官,俱齋戒二日,如常儀。

一、前期二日,太常寺官視牲,如常儀。

一、祝版用白紙糊版,黄紙鑲邊,墨書。前期二日,太常寺官送至内閣撰寫,恭填御名。是日,太常寺題請視祝版,併派讀祝官。

一、前期一日,太常寺堂官奏請皇帝御中和殿視祝文。畢,太常寺官捧祝版送至先農壇神庫内安設,如常儀。

一、前期一日,禮部、都察院、太常寺、光禄寺官,赴壇,監視宰牲,瘞毛血,如常儀。

一、正祭日早,陳設祭品。畢,太常寺官朝服,至神庫,上香,捧請神牌,奉安壇上正中,南向。捧祝官至神庫,上香,捧祝版送至壇内祝案上,安設,俱如常儀。

一、正壇陳設

禮神帛一青色。	牛一
羊一	豕一
登一	鉶二
簠二	簋二
籩十	豆十
白磁爵三	酒盞三十
酒尊一	

一、正祭日早,鹵簿大駕全設,不作樂。皇帝具禮服,乘輦,出宫。陪祀王等,先至壇外,候駕至,隨行。陪祀文武各官,在壇前兩旁排列,候駕。不陪祀文武各官,在午門外分翼排列,候駕出,跪送。駕至壇,於鋪欔薦處降輦。太常寺贊引官對引官恭導皇帝進具服殿,盥手。畢,恭導皇帝至壇上黄幄次拜位前立。鴻臚寺官引王以下陪祀文武各官於壇下排列。典儀唱樂舞生就位,執事官各司其事。武舞生引進。贊引官奏就位,恭導皇帝詣拜位立。典儀唱瘞毛血,迎神。協律郎唱舉迎神樂,奏永豐之章,樂作。贊引官奏陞壇,恭導皇帝詣香案前立,司香官捧香盒,跪進於皇帝右,贊引官奏上香,皇帝舉炷香上爐内,又三上瓣香。畢,贊引官奏旋位,皇帝旋位立,樂止。贊引官奏跪、叩、興,皇帝行三跪九叩頭禮,興,王以下陪祀各官俱隨行禮,興。典儀唱奠帛,行初獻禮。協律郎唱舉初獻樂,奏時豐之章,樂作。獻帛爵官捧帛爵詣神位前,獻帛官跪獻,行三叩頭禮,獻爵官跪獻

案上正中，不叩，俱退，樂止。讀祝官詣祝案前，一跪三叩頭，捧起祝文，跪案左祗俟，贊引官奏跪，皇帝跪，王以下各官俱跪，贊引官贊讀祝，讀祝官讀畢，興，捧祝文跪，置案前帛匣上，三叩頭，退。樂作，贊引官奏叩，興，皇帝行三叩頭禮，興，王以下各官俱隨行禮，畢，樂止。武舞生引退。文舞生引進。典儀唱行亞獻禮。協律郎唱舉亞獻樂，奏咸豐之章，樂作。獻爵官獻於案左，退，樂止。典儀唱行終獻禮。協律郎唱舉終獻樂，奏大豐之章，樂作。獻爵官獻於案右，退，樂止。文舞生引退。太常寺官一員在壇東，向西立，贊賜福胙，光禄寺官二員捧福胙於神位前拱舉，跪進於皇帝右，接福胙侍衛二員跪於皇帝左祗俟，贊引官奏跪，皇帝跪，奏飲福酒，皇帝受爵，拱舉，授接爵侍衛，奏受胙，皇帝受胙，拱舉，授接胙侍衛，俱退。贊引官奏叩興，皇帝行三叩頭禮，興。王以下各官不隨叩。次行謝福胙禮。贊引官奏跪、叩、興，皇帝行二跪六叩頭禮，興，王以下各官俱隨行禮。畢，典儀唱徹饌。協律郎唱舉徹饌樂，奏屢豐之章，樂作。徹饌畢，樂止。典儀唱送神。協律郎唱舉送神樂，奏報豐之章，樂作。贊引官奏跪、叩、興，皇帝行三跪九叩頭禮，興，王以下各官俱隨行禮，畢，樂止。典儀唱捧祝帛香饌恭送瘞位。捧祝帛官詣神位前，一跪三叩頭，捧起祝帛，捧香饌官跪，捧香饌起，不叩，依次送至瘞位。皇帝轉立拜位東，祝帛香饌過，仍還位立。典儀唱視瘞。協律郎唱舉視瘞樂，奏慶豐之章，樂作。贊引官奏詣視瘞位，恭導皇帝詣視瘞位立，奏禮成，退。次行耕耤禮。儀另載。

一、祭畢，太常寺官至神位前，捧請神牌，送神庫安設，上香，行禮，如常儀。

一、祭日，太常寺官至乾清門徹齋戒牌銅人，如常儀。

遣官歲祭儀

順治十二年題准：每年春二月致祭一次，遣順天府堂官行禮。前期，太常寺題請。

一、前期一日，太常寺官補服，捧祝版，送至先農壇神庫内安設，上香，一跪三叩頭，退。

一、前期一日，太常寺官監視宰牲。

一、壇前陳設供品，同前。

一、正祭日，太常寺官至神庫，捧請神牌，奉安壇上，捧祝官至神庫，捧請祝版，奉安壇内祝案上，俱如常儀。

一、正祭日，承祭官及陪祀宛平大興二縣官，俱赴先農壇前。教坊司作樂。贊引官對引官引承祭官至盥洗處,盥手,畢,引至行禮處立,陪祀官隨後立。典儀唱執事官各司其事。贊引官贊就位,承祭官就位立。典儀唱瘞毛血,迎神。瘞畢,贊引官贊陞壇,導承祭官由壇右階上,至香案前立。司香官跪於案左,贊引官贊跪,承祭官跪,贊上香,承祭官舉炷香上爐内,又三上瓣香。畢,贊引官贊復位,承祭官復位立。贊跪、叩、興,承祭官及陪祀官俱行三跪九叩頭禮,興。典儀唱奠帛,行初獻禮。捧帛官至神位前跪奠,三叩頭,退。獻爵官跪獻案上正中,不叩。退。讀祝官至祝案前,一跪三叩頭,捧祝文立,贊引官贊跪,承祭官陪祀官讀祝官俱跪,典儀唱讀祝,讀祝官讀畢,捧祝文送至神位前,跪,安帛匣上,三叩頭,退。贊引官贊叩興,承祭官陪祀官俱行三叩頭禮,興。典儀唱行亞獻禮。獻爵官跪獻於案左,退。典儀唱行終獻禮,獻爵官跪獻於案右,退。典儀唱徹饌,唱送神。贊引官贊跪、叩、興,承祭官陪祀官俱行三跪九叩頭禮,興。典儀唱捧祝帛香饌詣瘞位。捧祝帛官至神位前,一跪三叩頭,捧起祝帛,捧香饌官跪捧起,不叩。依次送至瘞位。典儀官唱視瘞。贊引官贊詣視瘞位,導至視瘞位立。贊引官贊禮畢,退。

祝文

維　　年歲次　　月　　日,皇帝致祭於先農之神曰:惟神肇興農事,萬世永賴。兹當東作之時,躬耕耤田。祈諸物豐茂,爲民立命。謹以牲帛酒醴庶品之儀致祭。尚饗。

如遣官致祭,不用"躬耕耤田"四字。

樂章

迎神樂,奏《永豐之章》。

勾芒秉令,　　土牛是驅。
天下一人,　　蒼龍駕車。
念彼田疇,　　民命所需。
生成有德,　　尚式臨諸。

奠帛初,獻樂奏《時豐之章》。

先農神哉,　　耒耜教民。
田祖靈哉,　　稼穡是親。
功德深厚,　　天地同仁。
肅將幣帛,　　肇舉明禋。
厥初生民,　　萬彙莫辨。

神錫之庥，嘉種乃誕。
執兹醴齊，農功益見。
玉瓚椒醑，肅雍畢奠。
亞獻樂，奏《咸豐之章》。
上原下隰，百穀盈止。
粒我烝民，秀良興起。
樂舞具備，吹豳稱兕。
再躋以獻，肴馨酒旨。
終獻樂，奏《大豐之章》。
穈芑秬秠，維神所貽。
以神饗神，曰予將之。
秉耒三推，東作允宜。
五風十雨，率土何私。
徹饌樂，奏《屢豐之章》。
於皇農事，自古爲烈。
莫敢不承，今兹忻悦。
籩豆既豐，簠簋云潔。
神視井疆，執事告徹。
送神樂，奏《報豐之章》。
麻麥芃芃，秔稻連阡。
縱横萬里，皆神所瞻。
人歌鼓腹，史載有年。
歲有常典，茀禄綿延。
望瘞樂，奏《慶豐之章》。
玉版蒼幣，來鑒來歆。
敬之重之，藏於厚深。
典禮由古，予行自今。
樂樂利利，國以永寧。

凡修理牆垣，供辦蔬菜，雍正元年諭：國家祀典，必貴誠潔。先農壇每歲展祀，且爲親耕耤田之所，最宜清肅。舊制，圍牆内有地一千七百畝，以二百畝給壇户種植五穀蔬菜，以供祭祀。餘一千五百畝，每年交租銀三百兩，以備修理。聞康熙四十年間，内務府撥給園頭耕種粢盛，蔬菜無所從出,惟向市井採買,殊非潔凈精誠之意。今著園頭清還地畝,仍給太常寺壇户耕種,以備祭祀之需。餘地一千五百畝,著將内外牆查明丈尺,每種地十畝估計,令其修牆若干,務期加謹葺護,毋致傾壞。每年,將太常寺少卿派出一員,不時稽察。

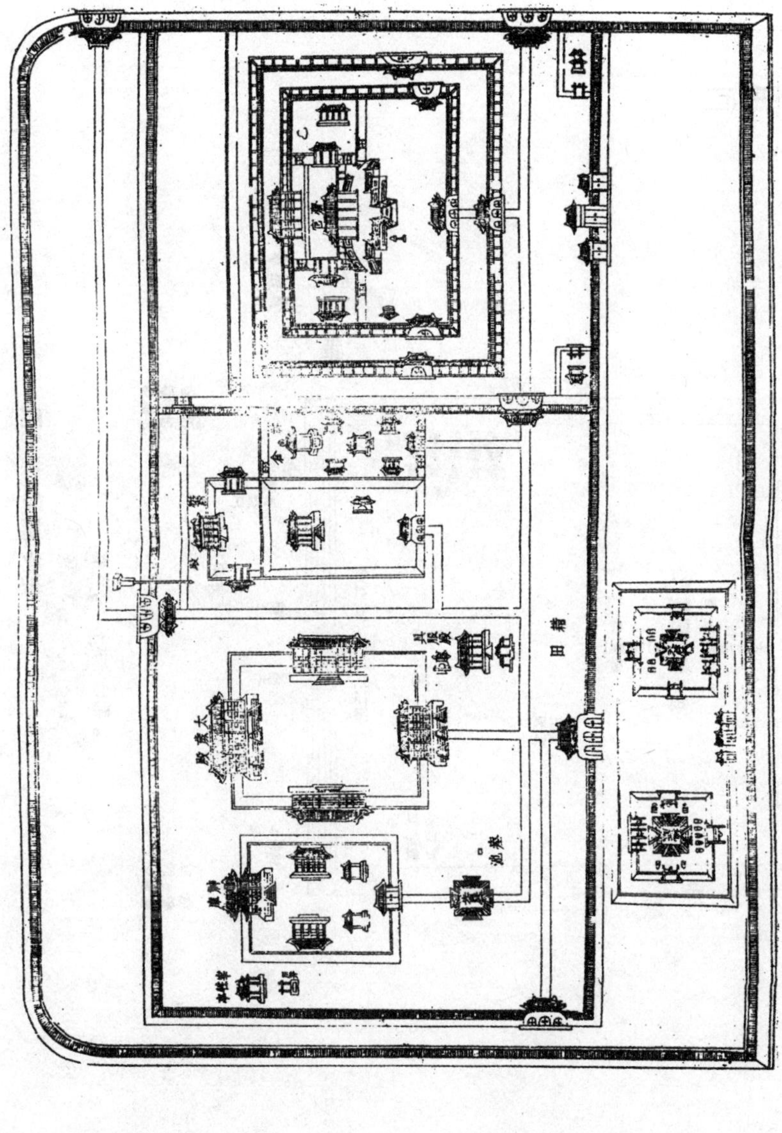

先農壇總圖

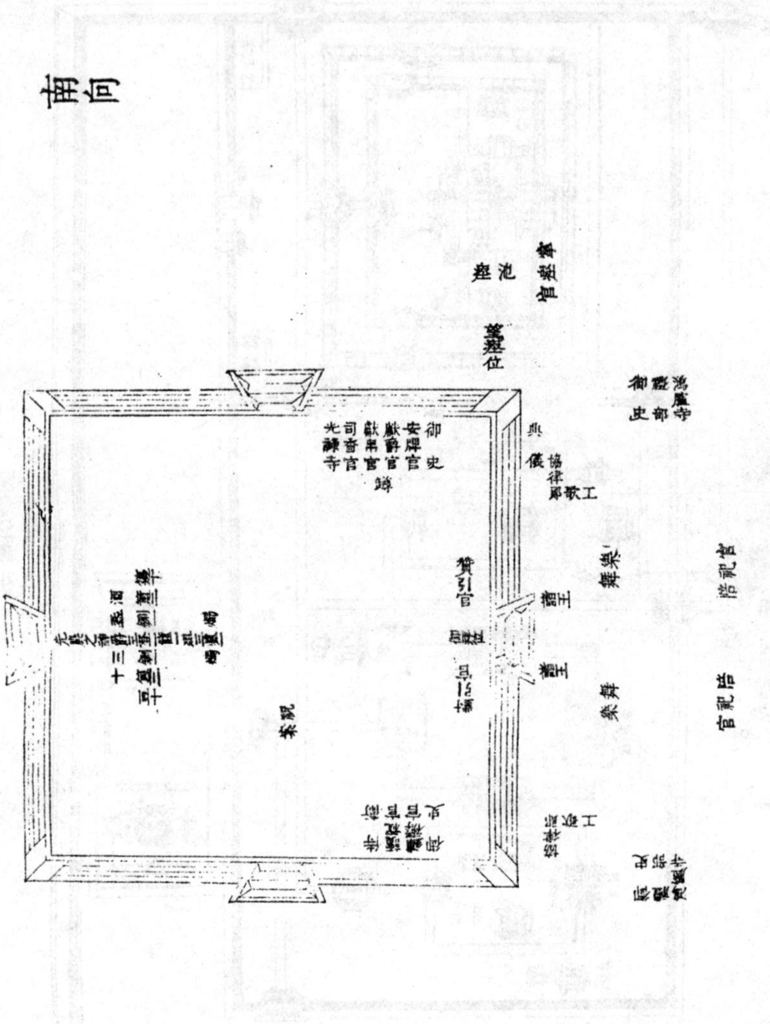

先農壇耕耤祭祀圖

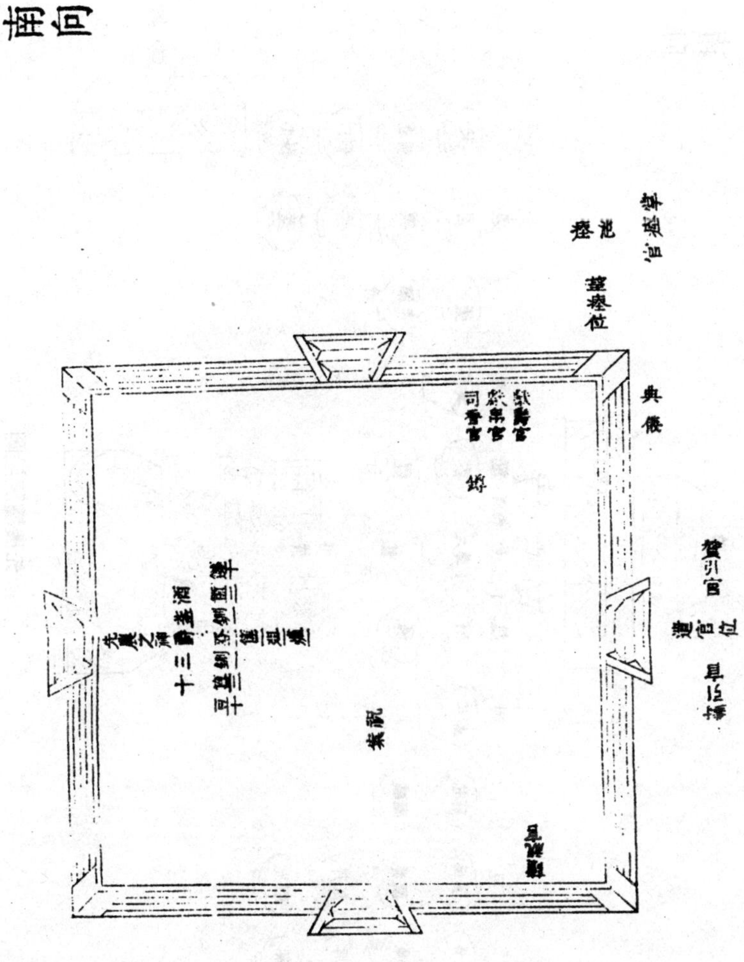

先農壇祭祀圖

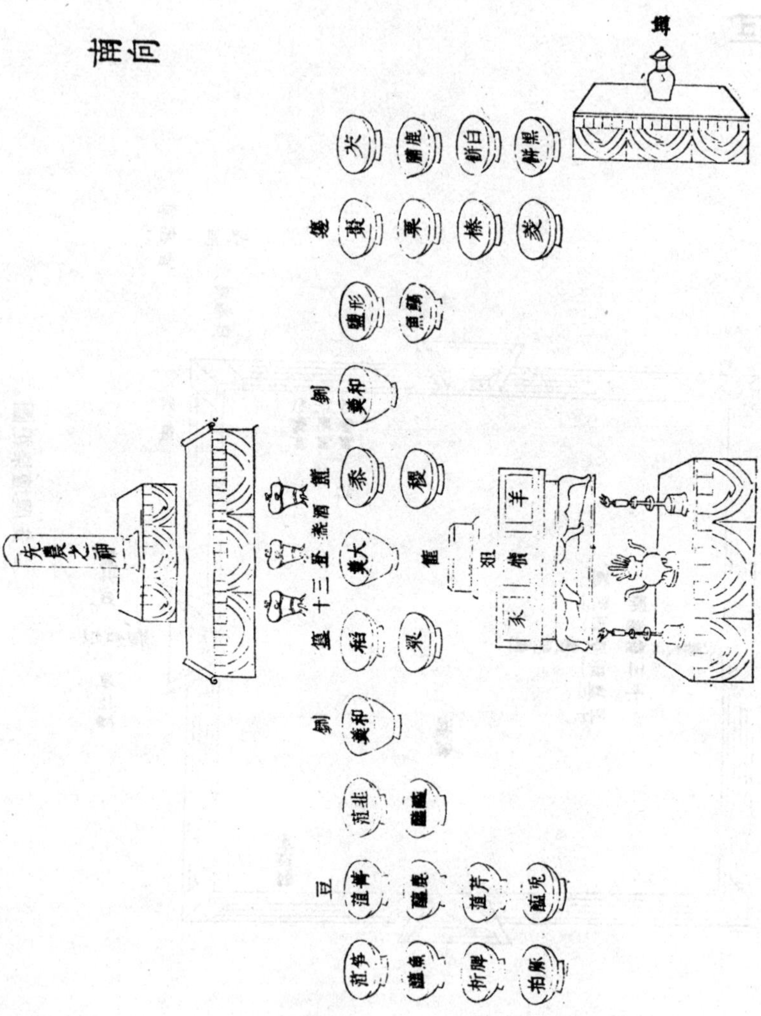

先農壇陳設圖

〔先醫〕

順治元年定：每年春二月、冬十一月上甲日，遣禮部堂官一員，致祭三皇於太醫院之景惠殿，兩廡遣太醫院官二員分獻，由禮部題請。今由太常寺。

一、前期一日，太常寺監視宰牲。

一、前期一日，禮部用白紙糊祝版，黃紙鑲邊，墨書。太常寺官朝服，捧祝文，備牲醴果品。自太常寺排御仗一對，送至景惠殿陳設。畢，一跪三叩頭，退。

一、正位

太昊伏羲氏在中

炎帝神農氏在左

黃帝軒轅氏在右

每位一案

每案禮神制帛一白色。

白磁爵三	鉶二
簠二	簋二
籩十	豆十
共牛一	羊一
豕一	酒罇一

一、配位

勾芒

風后

東設爲一案。

祝融

力牧

西設爲一案。

每案帛一白色。	白磁爵三
鉶二	簠一
簋一	籩十
豆十	羊一
豕一	酒罇一

一、東廡

僦貸季	天師岐伯
鬼臾區	伯高
俞跗爲一案。	少俞
少師	桐君
太乙雷公	馬師皇爲一案。
伊尹	神應王扁鵲
倉公淳于意	張機爲一案。

一、西廡

華陀	王叔和
皇甫謐	抱朴子葛洪
巢元方爲一案。	真人孫思邈
藥王韋慈藏	啓元子王冰
錢乙	朱肱爲一案。
李杲	劉完素
張元素	朱彦修爲一案。
每廡帛一白色。	每案白磁酒盞十
簠一	簋一
籩四	豆四
豕肉二方	白磁爵三

一、祭日,陳設畢,教坊司作樂。贊引官引承祭官至盥洗所,盥洗,畢,引至行禮處立。典儀唱執事官各司其事。贊引官贊就位,承祭官就位立,兩廡分獻官二員,亦隨後立。典儀唱迎神。贊引官贊跪、叩、興,承祭官分獻官俱行三跪九叩頭禮,興。典儀唱奠帛,行初獻禮。捧香帛爵官各捧舉,就各神位前立。贊引官贊陞壇,承祭官由殿左門至正位前。贊引官贊跪,承祭官跪,司香官捧香盒跪進,贊上香,承祭官舉炷香上爐内,又三上瓣香,畢,贊引官引承祭官於左右配位前上香,畢,引至正位前立。贊引官贊奠帛。捧帛官跪進,承祭官受帛,拱獻。畢,贊引官贊獻爵,捧爵官跪進,承祭官受爵,獻於正中,畢,分獻官亦於各位前獻爵。畢,贊引官贊詣讀祝位,承祭官詣讀祝位立。讀祝官至祝案前,一跪三叩頭,捧祝文立,贊引官贊跪,承祭官分獻官讀祝官俱跪,贊讀祝,讀祝官讀畢,捧送正位前,跪,安帛匣上,三叩頭,退。贊引官贊叩興,承祭官分獻官俱行三叩頭禮,興。贊引官贊復位,承祭官復位立。典儀唱行亞獻禮。贊引官贊陞壇,承

祭官分獻官獻爵，如初獻儀，獻於案左。贊引官贊復位，承祭官復位立。典儀唱行終獻禮。贊引官贊陞壇，承祭官分獻官獻爵，如亞獻儀，獻於案右。贊引官贊復位，承祭官復位立。典儀唱徹饌，唱送神。贊引官贊跪、叩、興，承祭官分獻官俱行三跪九叩頭禮，興。典儀唱捧祝帛香饌詣燎位。捧祝帛官一跪三叩頭捧起，捧香饌官跪，捧起，不叩。依序送至燎位。承祭官退立西旁，俟祝帛香饌過，復位立。贊引官贊詣望燎位，承祭官至燎位，焚祝帛，贊禮畢，退。

〔祝文〕

維　　年歲次　　月　　日，皇帝遣　　致祭於太昊伏羲氏、炎帝神農氏、黃帝軒轅氏曰：古昔聖人，德澤深弘。創制醫藥，拯濟斯世，仁壽庶民。茲當(春、冬。)時。謹以牲醴致祭。惟神慈惠，蠲除疾疢。篤佑朕躬，致和天下。配以勾芒氏之神、祝融氏之神、風后氏之神、力牧氏之神。尚饗。

〔五祀〕

順治八年題准：每歲正月，祭司户之神於宫門外道左，南向。四月，祭司竈之神於大内大庖前中道，南向。六月，祭中霤之神於文樓前，西向。七月，祭司門之神於午門前西角樓，東向。十月，祭司井之神於内府大庖井前，南向。中霤神、門神二祀，太常寺掌行。户神、竈神、井神三祀，内務府掌行。停其歲暮合祭。○十六年，六月，祭中霤神於太和殿階下之東，神位西向，爵三、羊一、豕一、菓品五、禮神制帛一，遣太常寺堂官一員奠帛，行三獻禮，讀祝文，致祭。於七月祭門神於午門外西旁，神位東向，遣太常寺堂官致祭。供獻行禮，與祭中霤神同。○是年十二月，仍行歲暮合祭禮，祭户神、竈神、中霤神、門神、井神於太廟西廡階下，神位俱東向，遣太常寺堂官致祭，供獻行禮，與中霤神等分祭同。○十八年論：户竈井神，停其祭祀。○又題准：中霤神門神，停其祭祀。

大清會典卷之九十三

禮部祠祭司

〔羣祀四〕

〔嶽鎮海瀆歷代帝王陵寢祀典〕

凡各處嶽鎮海瀆及歷代帝王陵寢,恭遇登極、親政、尊加徽號、一應慶賀大典、頒布恩詔,必遣官分行告祭。每歲,仍令有司春秋致祭。皇帝巡幸所至,或遣官致祭,或躬詣行禮,均爲特典。其先師闕里秩祀、聖祖仁皇帝幸魯、皇上尊封孔子五代諸盛典已另載於前。至歷年凡有恩詔,先師闕里一體祭告,具載於後。

嶽鎮海瀆

東嶽泰山,山東泰安州祭。

西嶽華山,陝西華陰縣祭。

中嶽嵩山,河南登封縣祭。

南嶽衡山,湖廣衡山縣祭。

北嶽恒山,山西渾源州祭。順治初,於直隸曲陽縣致祭。十七年,移祭渾源州。

東鎮沂山,山東青州府祭。

西鎮吳山,陝西隴州祭。

中鎮霍山,山西霍州祭。

南鎮會稽山,浙江會稽縣祭。

北鎮醫巫閭山,遼東廣寧衛祭。

東海,山東萊州府祭。

西海,山西蒲州祭。

南海，廣東廣州府祭。

北海，混同江邊祭。先於河南濟源縣祭。康熙二十六年，移祭混同江邊。

河瀆，山西蒲州祭。

江瀆，四川成都府祭。

淮瀆，河南唐縣祭。

濟瀆，河南濟源縣祭。

康熙二十八年，聖祖仁皇帝東巡，至於岱宗，率文武諸臣，望泰山致祭行禮。儀另詳載。以泰山祠宇舊有儲備修葺工銀，命於香税内每年支四百兩分給東嶽廟岱頂祠，與各守祠廟祝，虔修香火，時加修葺，仍命山東巡撫稽察，無使有司尅扣虚冒。〇三十七年，御書濟瀆廟匾額，懸掛廟内。〇四十五年，頒發華山頂御書匾額及御製碑文，勒石華陰廟。〇四十六年，醫巫閭山重修北鎮廟告成，特頒御書匾額并御製碑文。〇四十七年，衡山重修南嶽廟告成，特頒御書匾額并勒御製碑文。〇雍正二年，敕封東瀆通祐大淮之神、南瀆涵和大江之神、西瀆潤毓大河之神、北瀆永惠大濟之神，俱遣官齎送香帛祭文，交各該處將軍、巡撫、提督、總兵官、布政司，就近致祭一次。〇五年諭："泗州虹縣等五縣，共出新淤之地二萬二千餘頃，陞科銀四萬八千餘兩。此皆天地神明養育萬姓，使從前沮洳之區，頓成數千頃膏腴之壤。朕心感悦，宜虔誠展祀，以答神貺。新建龍王廟二處，著河道總督遣官致祭。其河源之神，朕自遣官往祭，交禮部議奏。"遵旨議准：河源自巴顔喀拉大山流出，派大臣二員前往致祭河源及巴顔喀拉大山。祭文由翰林院撰擬，祭品照康熙二十三年致祭例備辦陳設。〇是年，河南、江南、山東、山西、陝西等省，黄河澄清三旬有餘。特命大臣一員前往致祭河神，并御製碑文，勒石建亭，昭垂永久。

歷代帝王陵寢孔林

伏羲氏，河南陳州祭。

女媧氏，山西趙城縣祭。

神農氏，湖廣酃縣祭。

軒轅氏，陝西中部縣祭。

少昊氏，山東曲阜縣祭。

高陽氏、高辛氏，俱河南滑縣祭。

帝堯，山東東平州祭。

帝舜，湖廣寧遠縣祭。

夏王禹，浙江會稽縣祭。

商王湯，山西滎河縣祭。

商中宗，河南内黄縣祭。

商高宗，河南西華縣祭。

周文王、周武王、周成王、周康王，俱陝西西安府祭。

漢高祖，陝西涇陽縣祭。

漢文帝，陝西咸寧縣祭。

漢宣帝，陝西長安縣祭。

漢光武帝，河南孟津縣祭。

後魏文帝，陝西富平縣祭。

唐高祖，陝西三原縣祭。

唐太宗，陝西醴泉縣祭。

唐憲宗，陝西蒲城縣祭。

唐宣宗，陝西涇陽縣祭。

後周世宗，河南鄭州祭。

宋太祖、宋太宗、宋真宗、宋仁宗，俱河南鞏縣祭。

遼太祖，遼東廣寧中屯衛祭。

金太祖、金世宗，俱順天府房山縣祭。

元太祖、元世祖，俱順天府望祭。

明太祖，江南江寧府祭。

明宣宗、明孝宗、明世宗，俱順天府昌平州祭。

先師孔子，山東曲阜縣祭。

順治元年定：昌平州明代十二陵，每陵設太監二名、陵户二十名。春秋二祭，撥給香火口糧地共二十二頃。令虔潔禋祀，禁止樵牧。〇二年定：房山縣金代陵寢，該縣於常用祭品外，加以太牢。〇六年題准：守明代陵寢太監，照舊留用。陵户，止留六名。共給地二百畝。〇又定：房山縣金代陵，設陵户五十名。每歲春秋二祭，該縣依期行禮。〇十六年，世祖章皇帝巡幸畿輔，道經昌平，遣官各一員，祭明代十二陵，加以太牢，禮神制帛酒果香燭等供，讀祝等儀，諸陵同。〇十七年，追謚明崇禎帝爲莊烈愍皇帝，遣官致祭。〇康熙十一年，遣官各一員，祭明代十二陵。〇十三年，聖祖仁皇帝巡幸畿輔，道經昌平，遣官各一員，致祭明代十二陵。〇二十三年，聖祖仁皇帝東巡至江寧府，躬祭明代孝陵。〇二十八年，聖祖仁皇帝東巡,至會稽。奉旨:“禹陵,朕應親詣致祭。此祭文内,可書朕名。”又諭禮部:祭以敬爲主。禹陵僻處荒村,恐滋褻慢。凡供獻粢盛禮儀諸事,著都御史同往省視。屆祭日,聖祖仁皇帝恭詣行禮,自門外步行入,率扈從文武官,行三跪九叩頭禮,親撰文致祭。又頒發御書“地平天成”匾額。著地方官修理陵廟,增守祠人役。〇是年,聖祖仁皇帝詣明代孝陵,致祭明太祖。至大門前下輦,步行進前殿,行三跪九叩頭禮。至陵前,奠酒三爵,行一跪三叩頭禮。〇三十八年覆准:明代孝陵,委江寧地方佐貳官一員,專司以時致祭,修理傾圮。〇四十一年諭:織造官會同地方官動支積年節省錢糧,修理會稽禹陵。〇五十六年諭:明十三陵,朕四十年前曾經親往。今恐看守人等疎忽,特遣王大臣等前往巡視,奠拜行禮。〇雍正元年諭:“朕近於聖祖仁皇帝所遺書笥中,檢得未經頒發諭旨一道。以明太祖崛起布衣,統一方夏,經文緯武,爲漢唐宋諸君之所未及。其後嗣,亦未有如前代荒淫暴虐亡國之跡。欲大廓成例,訪其支派一人,量授官職,以奉春秋陳薦,仍世襲之。朕伏讀之下,仰見我聖祖仁皇帝海涵天覆,大度深仁;遠邁百王,超軼萬古。朕思史紀東樓,詩歌白馬。商周以來,無不推恩前代。後世類多疑忌,以致歷代之君宗祀殄絶。朕仰體聖祖如天之心,遠法隆古盛德之事,謹將聖祖所遺諭旨頒發。訪求明太祖支派子姓一人,量授職銜,俾之承襲,以奉春秋祭享。但恐有明迄今年代久遠,或有奸徒假冒,致生事端。内閣大學士即會同廷臣詳明妥議,以副聖祖仁皇帝寬仁矜恤之至意。”是日,交出恭録聖祖仁皇帝諭旨一道,諭:“朕於宫中,詳覽前史。每見開國之君必英姿偉略,才識過人,始能創肇丕基,奄有天下。其謨謀經畫間,雖詳略不同,未有不期其子孫善克負荷,以傳永久。迨其嗣君,習於晏安,隳墮先業,或縱恣嗜欲,或委任非人,遂致綱紀廢弛,滅絶宗祀,良可悼歎!明太祖天授智勇,崛起布衣。緯武經文,統一方夏。凡其制度,準今酌古,咸當周詳。非獨後代莫能越其範圍,即漢唐宋諸君誠有所未及也。乃至末葉衰頹,災荒疊見。臣工則門户紛然,盗賊則西北蠭起。京師失守,社稷顛覆。考其嗣主,實未有如前代荒淫暴虐亡國之跡,蓋亦曆數使然耶?我朝殲逐逆寇,入關定鼎。明代諸陵,特設人員守護,使不湮於荒烟蔓草者,亦已逾於舊典矣。朕三經南巡,皆詣明太祖陵園,親行奠酹,更令嚴禁樵牧,歲加葺治。緬惟明太祖曠世英雄,超軼往昔。規模典章,我朝尚多徵據。豈可使其宗祀淪絶,承守無人?今宜大廓成例,訪其支派一人,量授官職,以奉春秋陳薦,仍世襲之。庶可慰明太祖英靈於九原,亦以昭朕仁厚矜恤之懷,使天下後世咸共曉焉。爾内閣大學士即會同吏禮二部,確議以聞。”〇二年,欽遵皇上交出聖祖仁皇帝諭旨,訪求明代後裔。有鑲白旗見任直隸正定府知府朱之璉,查係明太祖第十三子代簡王嫡派,譜牒明確。謹繕履歷具奏。奉旨:授爲一等侯爵,世襲。議准:仍於本旗居住。授職之後,令往江寧祭明太祖陵一次。差禮部官一員,齎祭文同往致祭。祭文由翰林院撰擬,祭品由該地方官備辦,兵部給與勘合兵牌。祭畢回京,往昌平州祭明十三陵一次。嗣後每年春秋二季,於該旗都統處具呈,前往明十三陵祭祀。至遇有應往江寧祭明太祖陵之處,禮部屆期請旨,令其前往。應辦事宜,俱照初次例行。

嶽鎮海瀆歷代帝王陵寢先師闕里歷年告祭禮儀、遣官員額,具列於後。

一、内閣撰擬祭文。

一、工部造香亭罩袱緞袱等項。

一、户部備降真香速香等項。

一、太常寺備制帛。

一、遣内閣、宗人府、翰林院、詹事府、六部、都察院、卿、寺、鑾儀衛等衙門滿漢侍郎以下四品以上堂官,開列職名,具題欽點差往致祭。

一、欽天監選擇吉日,先期致齋一日。至期早,禮部太常寺官陳設祭文香帛於中和殿,恭請皇帝陞殿,閲畢,遣行。儀另詳載。

一、祭品

牛一　　羊一

豕一　　登二

籩豆各十　　簠簋各二

酒燭

以上俱行該地方司府官備辦。

一、咨直隸巡撫。一、照會江南、浙江、山東、山西、河南、陝西、湖廣、四川、廣東各布政司。一劄山海道。今照會奉天府。〇順治八年,世祖章皇帝親政,遣官祭告嶽鎮海瀆。〇是年,恭上昭聖慈壽皇太后尊號,遣官祭告歷代帝王陵寢先師闕里等處。一差陝西四川等處,西嶽、西鎮、江瀆、黄帝、軒轅氏、周文王、周武王、周成王、周康王、漢高祖、漢文帝、漢宣帝、後魏文帝、唐高祖、唐太宗、唐憲宗、唐宣宗。一差山東等處,東嶽、東鎮、東海、少昊金天氏、帝堯、先師闕里。一差河南等處,中嶽、北海、濟瀆、淮瀆、太昊伏羲氏、商高宗、漢光武帝、周世宗、宋太祖、宋太宗、宋真宗、宋仁宗。一差江南湖廣等處南嶽、炎帝、神農氏、帝舜、明太祖，一差浙江廣東等處南鎮、南海、夏王禹。一差直隸山西等處，北嶽、中鎮、西海、河瀆、女媧氏、顓頊高陽氏、帝嚳高辛氏、商王湯、商中宗、金太祖、金世宗、元太祖、元世祖、明宣宗、明孝宗、明世宗。一差遼東北鎮，遼太祖。以上共分爲七處，遣官凡七員。〇康熙六年，聖祖仁皇帝親政，遣官祭告嶽鎮海瀆等八處，凡八員；祭告歷代帝王陵寢先師闕里，分爲八處，遣官八員，俱由兵部給付勘合。其祭文祭品香帛等項，俱照順治八年行，惟南鎮、南海分爲二差。〇十六年，以長白山係祖宗發祥重地，照嶽鎮例，封爲長白山之神。每年春秋二祭，令寧古塔將軍遣官在吴喇地方設幄望祭。如遇吉禮，遣官祭告五嶽五鎮，亦遣官至吴喇地方望祭，與北鎮爲一差。應用犧牲器皿帳幄等項，俱盛京禮工二部備辦。〇二十年，滇南蕩平，遣官祭告嶽鎮海瀆、歷代帝王陵寢、先師闕里等處，分嶽鎮海瀆爲八差，陵寢闕里爲八差。於所遣正祭各官外，每處遣典守香帛祭文官各一員，於禮部、太常寺筆帖式内移取。又每差給黄緞繖一柄、御仗一對、纛一對、欽差牌一對。〇二十三年，聖祖仁皇帝東巡，遣官祭告嶽鎮海瀆等處。其應差各官，開列具題欽點，併遣典守香帛官，俱與二十年同。〇三十四年，畿輔災傷，山西地震，遣官祭祀嶽鎮海瀆、長白山、歷代帝王陵寢、先師闕里，與二十年同。〇四十二年，聖祖仁皇帝萬壽聖節，遣官祭告嶽鎮海瀆、長白山、歷代帝王陵寢、先師闕里，與二十年同。〇四十五年，聖祖仁皇帝平定朔漠，遣官祭告嶽鎮海瀆、長白山、歷代帝王陵寢、先師闕里，分嶽鎮海瀆爲八差，長白山爲一差，陵寢闕里爲八差。長白山，遣官一員。北鎮醫巫閭山、混同江北海，遣官一員。東嶽泰山、東鎮沂山、東海，遣官一員。西嶽華山、西鎮吴山、江瀆，遣官一員。中嶽嵩山、淮瀆、濟瀆，遣官一員。南嶽衡山，遣官一員。北嶽恒山、中鎮霍山、西海、河瀆，遣官一員。南鎮會稽山，遣官一員。南海，遣官一員。太昊陵、商高宗陵、漢光武帝陵、周世宗陵、宋太祖陵、宋太宗陵、宋真宗陵、宋仁宗陵，遣官一員。神農氏陵、帝舜陵，遣官一員。女媧氏陵、商王湯陵，遣官一員。黄帝陵、周文王陵、周武王陵、周成王陵、周康王陵、漢高祖陵、漢文帝陵、漢宣帝陵、後魏文帝陵、唐高祖陵、唐太宗陵、唐憲宗陵、唐宣宗陵，遣官一員。少昊陵、帝堯陵、孔子闕里，遣官一員。顓頊陵、帝嚳陵、商中宗陵、金太祖陵、金世宗陵、元太祖陵、元世祖陵、明宣宗陵、明孝宗陵、明世宗陵，遣官一員。夏王禹陵、明太祖陵，遣官一員。遼太祖陵,遣官一員。以上,共十七員。〇五十二年,聖祖仁皇帝萬壽聖節,遣官十七員,祭告嶽鎮海瀆、長白山、歷代帝王陵寢、先師闕里。〇五十七年,孝惠章皇后升祔太廟禮成,遣官十七員,祭告嶽鎮海瀆、長白山、歷代帝王陵寢、先師闕里,凡十七處,與四十五年同。〇是年,奉旨:將滿漢翰林院編檢以上官員職名,通行開列,欽點致祭。〇六十一年十一月,皇上登極恩詔:遣官致祭嶽鎮海瀆、長白山、歷代帝王陵寢、先師闕里,凡十七處,與五十七年同。〇雍正元年十一月,聖祖仁皇帝配天地壇恩詔:遣官致祭歷代帝王陵寢、先師闕里,凡八處,與康熙六年同。

視香帛儀

前期一日,皇帝齋戒。執事官及遣往官並先期齋戒。至日,執事官預將三黄案自午門東門進昭德門,設於中和殿内正中。將祭文香帛用黄封包裹,各貼黄簽,供安龍亭内。前列御仗一對,香亭在前,龍亭在後,鑾儀衞校尉自禮部舁進大清門,至午門前。禮部太常寺官俱補服,行一跪三叩頭禮,自龍亭捧出,以次進至中和殿。祭文設於正中黄案上,帛設於東黄案上,香設於西黄案上,各行一跪三叩頭禮,退,出立於門外階下。其遣往官員,亦排立階下。至時,禮部堂官奏聞,皇帝御補服,陞中和殿,至中門立,閲祭文香帛畢,轉東旁立,西向。捧祭文香帛官進至各案前,一跪三叩頭,恭捧祭文香帛,自中和殿以次出,遣往官員隨出。禮部堂官奏禮畢,皇帝還宫。禮部、太常寺官恭捧祭文香帛,由太和殿出,至午門外,安設龍亭内,行一跪三叩頭禮。香亭焚香,校尉舁亭行,遣往官員隨行,出大清門,至禮部,分給各官前往。

遣官致祭儀

祭日,地方官陳設畢,贊引官引承祭官至盥洗所,盥洗畢,引至行禮處立。典儀唱執事官各司其事。贊引官贊就位,承祭官就位立。典儀唱迎神。司香官捧香盒跪香爐左,贊引官引承祭官就爐前立。贊上香,承祭官上炷香爐内,又三上瓣香畢。贊引官贊復位,承祭官復位立。贊引官贊跪、叩、興,承祭官陪祀官行三跪九叩頭禮,興。典儀唱奠帛,行初獻禮。捧帛官跪獻,畢,三叩頭,退。執爵官立獻爵於案上正中,退。讀祝官至祝案前,一跪三叩頭,捧起祝文立,贊引官贊跪,承祭官及陪祀官讀祝官俱跪,贊讀祝,讀祝官讀畢,捧祝文,跪安案上帛匣内,三叩頭,退。贊引官贊叩興,承祭官行三叩頭禮,興。典儀唱行亞獻禮。執爵官獻爵,如初獻儀,獻於案左,退。典儀唱行終獻禮,執爵官獻爵,如亞獻儀,獻於案右,退。

典儀唱送神，贊引官贊跪、叩、興，承祭官陪祀官行三跪九叩頭禮，興。典儀唱捧祝帛恭詣燎位。捧祝帛官至案前，行一跪三叩頭禮，捧起祝帛，司香官跪捧，不叩，依次送至燎爐。承祭官轉立西旁，候祝帛過，仍復拜位立。贊引官贊詣望燎位，承祭官至燎所。祝帛焚半，贊引官贊禮畢，各退。典儀贊引讀祝官，以本地方禮生充。執事官，以州縣佐貳官充。地方正印官以下，俱陪祀。

皇帝躬祀東嶽儀照康熙二十八年致祭泰山題定儀注開載。

前期，太常寺用白紙糊版，黄紙鑲邊，墨書祝版，不書御名。太常寺官具補服，捧送廟中，安設祝案上。其神位前陳設，禮神制帛一、青色。圜降真炷香一炷、黄速香一觔、白磁爵三、牛一、羊一、豕一、登一、鉶二、簠二、簋二、籩十、豆十、酒一尊、燭二對、燈十盞。陳設畢，禮部太常寺堂官奏請皇帝具補服，陞輦，儀仗全設。扈從王以下内大臣侍衛，文武官三品以上，及地方文官知府以上，武官副將以上，俱朝服陪祀。其餘文武各官，俱於行宫前兩旁朝服跪送。皇帝入廟，至二門，降輦。贊引官對引官恭導皇帝入殿中門，至拜位前立。典儀唱執事官各司其事。贊引官奏就位，皇帝就拜位立。典儀唱迎神。贊引官恭導皇帝詣香案前立。司香官捧香盒跪進於皇帝右，贊引官奏上香，皇帝舉炷香上爐内，又三上瓣香。畢，贊引官奏旋位，皇帝旋位立。贊引官奏跪、叩、興，皇帝行二跪六叩頭禮，陪祀王以下各官俱隨行禮，興。典儀唱奠帛，行初獻禮。捧帛官至神位前，奠帛，三叩頭，退。次捧爵官至神位前，立獻爵。畢，次讀祝官至祝案前，一跪三叩頭，捧祝版跪案旁祗俟，贊引官奏跪，皇帝跪，王以下各官俱跪，贊引官贊讀祝，讀祝官讀畢，捧祝文至神位前，跪安帛匣内，三叩頭，退。贊引官奏叩興，皇帝行三叩頭禮，興，王以下各官俱隨行禮。畢，典儀唱行亞獻禮。捧爵官獻爵於左，如初獻儀。典儀唱行終獻禮。捧爵官獻爵於右，如亞獻儀。典儀唱送神。贊引官奏跪、叩、興，皇帝行二跪六叩頭禮，王以下各官俱隨行禮，興。典儀唱捧祝帛恭詣燎位。捧祝帛官至神位前跪捧祝帛，三叩頭，司香官跪捧炷香，不叩，依次捧送燎位。皇帝轉立東旁，俟祝帛香過，還位立。祝帛焚半，贊引官奏禮畢，皇帝陞輦，還行宫。不陪祀文武各官俱於行宫前排班跪迎，候駕過，各退。

聖祖仁皇帝東巡躬祀東嶽祝文

朕惟五嶽視三公，而泰岱爲之長。古帝王巡行時邁，所過名山大川，必按圖職方，敬修祀事，昭垂典禮，自昔爲隆。是以虞史著望秩之文，周詩有懷柔之頌。朕荷天眷命,罔敢寧居。省俗觀風,勤求民隱。爰以良月,至於岱宗。惟神屹峙東方,育成庶類。天齊巨鎮,功開萬物之先;日觀崇標,尊爲百靈之府。吉蠲用享,虔事惟誠。宣氣布和,徧神庥而沛澤;始元啓泰,翊景運以徵祥。祗薦馨香,神其歆鑒。

康熙三十八年御製禹陵祭文

惟王精一傳心,儉勤式訓。道由天錫,啓皇極之圖疇;功在民生,定中邦之井牧。四載昔勞胼胝,永賴平成;九叙早著謀謨,惟歌府事。行其無間,德遠益新。朕省方東南,道經吴越。覩長江之浩渺,心切溯洄;瞻高巘之嵯峨,企深仰止。幸矣松楸伊邇,儼然律度可親。特薦馨香,躬修祀事。惟祈靈爽,尚克來歆。

御製河清碑文

朕聞上天孚佑生民,日監在下,垂示休徵,警覺有位。凡欲使之懋德勤政,無怠無荒,而修省加虔,用答嘉貺,天人感應之理,致不爽也。我皇考聖祖仁皇帝,功德隆盛,臨御久長,厚澤深仁,洋溢於薄海内外。朕寅紹鴻圖,仰承盛烈,蒙被福蔭,民物阜安。數年以來,嘉祥疊見,乃雍正四年十有二月,河道總督齊蘇勒等、副總河稽曾筠、漕運總督張大有、河南巡撫田文鏡、山東巡撫塞楞額、陝西巡撫法敏先後馳奏,黄河自陝西府谷縣,歷山西、河南、山東,以至江南之桃源,冰開水清,湛然澄澈。其在陝西、山西,始見於雍正四年十有二月八日乙丑,迄於雍正五年正月十三日庚子,凡三十有六日。其在河南、山東,始見於十有二月九日丙寅,迄於次年正月十日丁酉,凡三十有二日。山東之單縣,亦清於丙寅,至癸酉甲戌,清澈見底,而是月之二十二日己卯,漸復其舊,凡十有四日。其在江南,則始於十有二月十六日癸酉,迄於是月二十三日庚辰,凡八日。蓋其清也,自上而下,及其復舊,則自下而上。故時日之先後,遠近漸次如此。維時中外臣民,僉以河清爲千年罕見之盛事,稽諸史册,咸稱上瑞。況横亘三千一百餘里,緜歷三旬有餘,尤亘古所未覯。合辭懇請御殿受賀,至再至三。朕惟上天之錫福降災,猶人君之用賞行罰,感召之機,分於敬肆,一念甫動,休咎頓殊。朕祗若昊天,敬慕皇考,翼翼小心,夙夜罔敢懈怠,因得仰邀皇考昭察,默籲蒼穹,錫兹福慶。朕惟慮前此之受貺無因,且恐將來之承庥不易,朝乾夕惕,益深謹凛,特命虔告景陵,以申忱悃,專遣大臣致祭河神,以彰靈應。至升殿受賀,沿襲頌美之虚文,朕所不取,是以堅却不允。而廣推皇考錫嘏弘仁,施恩中外,羣臣有專職者,咸晉一階,諄諭周詳，共加敬勉。爰允廷臣所請，勒石以紀。夫天一生水，實爲天地之氣所流通，而河稱四瀆之宗，上應雲漢，澄潔安流，用昭嘉瑞，天和協應，必有自來。詩曰，文王陟降，在帝左右。蓋言文王與天同德，而子孫蒙其福澤也。我皇考配天之靈，於昭在上，眷顧啓廸，至深且厚。朕祇承瑞應，恐懼悚惶，嘉與羣臣，增修實政。書曰，昭受上帝，天其申命用休。又曰，先王奉若天道，君臣上下之間，無忘戒儆。朕亦惟是嚴恭寅畏，不敢康寧，庶幾求無負於上天皇考錫予嘉祥之至意。濡毫紀實，鐫勒貞珉，用抒朕祗敬之誠，永自儆勗云爾。

大清會典卷之九十四

禮部祠祭司

〔羣祀五〕

〔京都祀典〕

輦轂重地，百神効靈，祀典所載，歲有常期，具列於後。

真武廟

順治八年題准：每年恭遇萬壽聖節，遣官致祭真武之神。先由禮部題請，後由太常寺。儀列於後。

一、前期，太常寺題請遣堂官一員行禮。

一、祝版，用白紙墨書，黄紙鑲邊。太常寺官具補服，捧祝文，前排御仗一對，至真武廟殿内安設祝文桌上，一跪三叩頭，退。

一、祭品

禮神制帛一白色。

白磁茶盃三

果品五核桃、荔枝、圓眼、棗、栗各一盤。

饅首五盤

蒸糕五盤

餅四盤

高頂一盤。

一、祭日早，陳設畢，教坊司作樂，贊引官引承祭官進左旁門，至盥洗所，盥洗畢，引至殿内行禮處立。典儀唱執事官各司其事。贊引官贊就位，承祭官就位立。典儀唱迎神。司香官捧香盒跪於爐左，贊引官引承祭官就香爐前立。贊上香，承祭官上炷香於爐内，又三上瓣香。畢，贊引官贊復位，承祭官復位立。贊引官贊跪、叩、興，承祭官行三跪九叩頭禮，興。典儀唱奠帛，行初獻禮。捧帛茶官捧帛茶各詣神位前，奠帛官跪獻，畢，行三叩頭禮，退，捧茶官立獻於案上正中，退。讀祝官至祝案前，一跪三叩頭，捧祝文立，贊引官贊跪，承祭官讀祝官俱跪，贊引官贊讀祝，讀祝官讀畢，捧至神位前，跪，安帛匣上，三叩頭，退。贊引官贊叩興，承祭官行三叩頭禮，興。典儀唱行亞獻禮。捧茶官獻茶，如初獻儀，獻於案左，退。典儀唱行終獻禮。捧茶官獻茶，如亞獻儀，獻於案右，退。典儀唱送神。贊引官贊跪、叩、興，承祭官行三跪九叩頭禮，興。典儀唱捧祝帛恭詣燎位，捧祝帛官至神位前，行一跪三叩頭禮，捧起祝帛，捧香官跪捧，不叩，祝帛香依序捧送燎爐。承祭官避立西旁，俟祝帛過，復位立。贊引官贊詣望燎位，引承祭官至燎位。焚祝帛，贊引官贊禮畢，退。

祝

維　　年歲次　　月　　日，皇帝遣　　　致祭於北極佑聖真君曰：兹朕誕辰，惟神永遠默佑，謹以茶果庶品之儀致祭。尚饗。

嶽

順治八年題准：每年恭遇萬壽聖節，遣官致祭東嶽之神。

祭禮儀

一、前期，太常寺題請遣堂官一員行禮。

一、祝版，白紙墨書，黄紙鑲邊。前期，太常寺官捧送廟内安設，如常儀。

一、陳設

禮神制帛一青色。	白磁爵三
牛一	羊一
豕一	果品五核桃、荔枝、圓眼、棗、栗各一盤。
酒一尊	

一、祭日，陳設畢，教坊司作樂，贊引官引承祭官至盥洗所盥洗畢，引至殿内行禮處立。典儀唱執事官各司其事。贊引官贊就位，承祭官就位立。典儀唱迎神。司香官捧香盒跪香爐左，贊引官引承祭官就爐前立。贊上香，承祭官上炷香於爐内，又三上瓣香。畢，贊引官贊復位，承祭官復位立。贊引官贊跪、叩、興，承祭官行三跪九叩頭禮，興。典儀唱奠帛，行初獻禮，捧帛官跪獻，畢，三叩頭，退，執爵官立獻爵於案上正中，退。讀祝官至祝案前，一跪三叩頭，捧起祝文立，贊引官贊跪，承祭官及讀祝官俱

跪,贊讀祝,讀祝官讀畢,捧祝文跪,安案上帛匣上,三叩頭,退。贊引官贊叩興,承祭官行三叩頭禮,興。典儀唱行亞獻禮。執爵官獻爵,如初獻儀,獻於案左,退。典儀唱行終獻禮。執爵官獻爵如亞獻儀,獻於案右,退。典儀唱送神。贊引官贊跪、叩、興,承祭官行三跪九叩頭禮,興。典儀唱捧祝帛恭詣燎位。捧祝帛官至案前,行一跪三叩頭禮,捧起祝帛,司香官跪捧,不叩,依次送至燎爐。承祭官避立西旁,候祝帛過,仍復拜位立。贊引官贊詣望燎位,承祭官至燎所。祝帛焚半,贊引官贊禮畢,退。

祝文

維　　年歲次　　月　　日,皇帝遣　　　致祭於東嶽泰山之神曰:兹朕誕辰,惟神永遠默佑,謹以牲醴庶品之儀致祭。尚饗。

都城隍廟

順治二年八月二十七日,祭城隍之神,遣太常寺堂官行禮,是後歲以爲常。〇八年題准:凡遇萬壽聖節,遣官致祭。〇雍正三年議准:嗣後,遇祭城隍廟,前期,太常寺將各部院滿漢尚書侍郎擬正陪二員具題,恭候欽點致祭。

致祭禮儀

一、每年二次致祭,前期,太常寺題請。

一、祝版,白紙墨書,黄紙鑲邊。太常寺官捧送廟内安設,如常儀。

一、位前陳設

禮神制帛一白色。　　白磁爵三

牛一　　羊一

豕一　　鉶二

簠二　　簋二

籩十　　豆十

萬壽節日供品

果品五核桃、荔枝、圓眼、棗、栗各一盤　酒一尊

一、正祭日,供設畢,教坊司作樂,贊引官引承祭官進左旁門,至盥洗所,盥洗畢,引至殿内行禮處立。典儀唱執事官各司其事。贊引官贊就位,承祭官就拜位立。典儀唱迎神。司香官捧香盒跪於爐左,贊引官引承祭官就香爐前立。贊上香,承祭官上炷香於爐内,又三上瓣香。畢,贊引官贊復位,承祭官復位立。贊引官贊跪、叩、興,承祭官行三跪九叩頭禮,興。典儀唱奠帛,行初獻禮。捧帛官跪獻,畢,三叩頭,退。執爵官立獻爵

於案上正中，退。讀祝官至祝案前，一跪三叩頭，捧祝文立，贊引官贊跪，承祭官讀祝官俱跪，贊讀祝，讀祝官讀畢，捧祝文至神位前，跪安帛匣上，三叩頭，退。贊引官贊叩興，承祭官行三叩頭禮，興。典儀唱行亞獻禮。執爵官獻爵，如初獻儀，獻於案左，退。典儀唱行終獻禮。執爵官獻爵，如亞獻儀，獻於案右，退。典儀唱送神。贊引官贊跪、叩、興，承祭官行三跪九叩頭禮，興。典儀唱捧祝帛恭詣燎位。捧祝帛官至神位前一跪三叩頭，捧起祝帛，司香官跪捧，不叩，依次送至燎所。承祭官避立西旁，俟祝帛過，仍復位立。贊引官贊詣望燎位，承祭官至燎位立。焚祝帛半，贊引官贊禮畢，各退。

祝文

維　　年歲次　　月　　日，皇帝遣　　致祭於都城隍之神曰：惟神正直，實贊靈化。捍禦之功，都邑所賴。祗嚴歲祀，用答神庥。尚其歆茲，永福黎庶。尚饗。

萬壽節祝文

皇帝遣　　致祭於都城隍之神曰：茲予初度之辰，仰荷神恩，永垂護佑。謹以牲醴致祭。尚饗。

關帝廟

順治元年定：每年五月十三日，祭關帝之神。〇九年，勅封忠義神武關聖大帝。〇雍正三年，勅封關帝三代公爵，曾祖光昭公，祖裕昌公，父成忠公。製造神牌，供奉後殿。除五月致祭外，春秋二次致祭。〇五年題准：關帝廟脩葺告成。其春秋致祭，前殿祭品，照常陳設，承祭官行三跪九叩頭禮；後殿係封公爵，祭品不用牛，餘照前殿例，承祭官行二跪六叩頭禮。又，舊例遣太常寺堂官行禮。今前後殿分祭，前殿另遣大臣一員，後殿用太常寺堂官。

致祭禮儀

一、祝版，白紙墨書，黄紙鑲邊。前期一日，太常寺官具補服，捧舉，前列御仗一對，送至關帝廟安設，如常儀。

一、陳設供品

禮神制帛一白色。　　白磁爵三

牛一　　羊一

豕一　　果品五核桃、荔枝、圓眼、棗、栗各一盤。

酒一尊

一、祭日，陳設畢，教坊司作樂，贊引官對引官引承祭官進左旁門，至盥洗所，盥洗畢，引至殿内行禮處立。典儀唱執事官各司其事。贊引官贊就位，承祭官就位立。典儀唱迎神。司香官捧香盒跪於爐左，贊引官引承祭官至爐前立，贊上香，承祭官上炷香於爐内，又三上瓣香。畢，贊引官贊復位，承祭官復位立。贊引官贊跪、叩、興，承祭官行三跪九叩頭禮，興。典儀唱奠帛，行初獻禮。捧帛官跪獻，畢，行三叩頭禮，退，執爵官立獻爵於案上正中，退。讀祝官至祝案前，一跪三叩頭，捧祝文立，贊引官贊跪，承祭官讀祝官俱跪，贊引官贊讀祝，讀祝官讀畢，興，捧至案前，跪，安帛匣上，三叩頭，退。贊引官贊叩興，承祭官行三叩頭禮，興。典儀唱行亞獻禮。執爵官獻爵，如初獻儀，獻於案左，退。典儀唱行終獻禮。執爵官獻爵，如亞獻儀，獻於案右，退。典儀唱送神，贊引官贊跪、叩、興，承祭官行三跪九叩頭禮，興。典儀唱捧祝帛恭詣燎爐。捧祝帛官至神位前，一跪三叩頭，捧起祝帛，司香官跪捧，不叩。承祭官避立西旁，俟祝帛過，仍復位立。贊引官贊詣望燎位，承祭官至燎所。祝帛焚半，贊引官贊禮畢，各退。後殿行二跪六叩頭禮，餘儀同，不複載。

祝文

維　　年歲次　　月　　日，皇帝遣　　　致祭於忠義神武關聖大帝曰：惟帝純心取義，亮節成仁。允文允武，乃聖乃神。功高當世，德被生民。兩儀正氣，歷代明禋。英靈丕著，封號聿新。敬修歲事，顯佑千春。尚饗。

春秋祭前殿祝文

維雍正　年　　月　　朔越　日，皇帝遣　　　致祭於關帝曰：惟神秀毓河山，名垂今古。英風正氣，世歷久而彌新；大節純心，史相傳而莫匹。念神靈之顯著，命典禮以優隆。兹當仲凵，春、秋。用昭時享。尚其歆格，鑒此精虔。尚饗。

春秋祭後殿祝文

維雍正　年　　月　　朔越　日，皇帝遣　　　致祭於關帝之曾祖光昭公、祖裕昌公、父成忠公曰：惟公盛德相承，令儀足式。歷數傳之積累，遂鍾河嶽精靈；儲曠代之威名，堪作巖廊矩矱。殊恩既沛於三世，時享宜錫於上公。兹當仲凵，春、秋。用昭祀事。豆籩致潔，典禮加隆。尚饗。

火神廟

康熙二年定：每年六月二十三日，祭司火之神。一應禮儀，俱與關帝廟行禮同。

祝文

維　　年歲次　　月　　日，皇帝遣　　　致祭於司火之神曰：惟神令司赤帝，德炳離明。届此良辰，爰修專祀。鑒兹特典，綏我烝民。尚饗。

紅衣發貢神

順治間定：每年九月初一日，祭紅衣發貢之神。

致祭禮儀

一、前期，太常寺題請遣八旗都統一員行禮。

一、祝版，用白紙墨書。前期一日，捧祝官一員前捧，列御仗一對。太常寺官隨至祭所安設紅案上，上香，捧祝官一跪三叩頭，退。

一、祭日，八旗排設紅衣發貢砲八處，每旗爲一壇。

用白磁爵三　　羊一

豖一　　　　　酒二尊

關帝軍牙六纛城隍土地馬王五火火速紙馬各一分。

是日，承祭官於八旗正中行禮，八旗陪祀都統以下各官，俱於本旗處隨承祭官行禮，俱常服。其迎神、上香、奠爵、讀祝、送神、望燎一應禮儀，俱與關帝廟行禮同。

祝文

維　　年歲次　　月　　日，皇帝遣　　　致祭於紅衣發貢之神曰：惟神欽天命而無私，助揚威武，有功國家。兹當季秋之日，特以牲醴，遣官致祭，神其鑒之。尚饗。

武壯王祠

順治十一年，敕建定南武壯王祠。每年二月、八月致祭，遣太常寺堂官行禮。

致祭禮儀

一、祝版，白紙墨書。前一日，太常寺官捧送至祠堂，安設紅案上，上香，一跪三叩頭，退。

一、陳設供品

素帛三白色。	白錫爵九
羊一	豖一
果品五核桃、荔枝、圓眼、棗、栗各一盤。	酒一尊

一、正祭日,上香、奠帛爵、讀祝、望燎等儀,與火神廟同,遣祭官行二跪六叩頭禮。

祭文

維　年歲次　月　日,皇帝遣凵諭祭於定南武壯王孔有德之靈曰:人臣盡忠仗節,矢天日而不渝;朝廷恤死酬勳,撫歲時而增感。爾定南武壯王孔有德,膚功早著,偉烈長存。兹當仲凵,春、秋。之辰,益念忠良之績,特頒祭典,用慰幽靈。王如有知,尚克歆饗。

恪僖公祠

康熙十九年,敕建恪僖公祠。每年二月、八月致祭,遣太常寺堂官行禮。

致祭禮儀

一、祝版,白紙墨書。前一日,太常寺官捧送至祠堂,安設紅案上,上香,一跪三叩頭,退。

一、陳設供品

素白三白色。　白錫爵九

羊一　豕一

果品五核桃、荔枝、圓眼、棗、栗各一盤。　酒一尊

一、正祭日,上香、奠帛爵、讀祝、望燎等儀,遣祭官行禮,俱與武壯王同。

祭文

維　年歲次　月　日,皇帝遣凵諭祭於恪僖公遏必隆之靈曰:沛隆恩於勳舊,國有彝章;展時祭於春秋,禮踰常格。爾恪僖公遏必隆,名垂青簡,績著豐碑。矧追椒寢於所生,宜薦專祀以有永。兹當凵春,秋。仲,申侑几筵。靈如有知,尚克歆饗。

勤襄公忠勇公端純公祠

雍正二年,勅建勤襄公忠勇公端純公祠。每年二月、八月致祭,遣太常寺堂官行禮。

致祭禮儀

一、祝版,白紙墨書。前一日,太常寺官捧送至祠堂,安設紅案上,上香,一跪三叩頭,退。

一、陳設供品三案。

素帛七白色。　白錫爵二十一

羊三　　　　　　　　　　豕三

果品五核桃、荔枝、圓眼、棗、栗各三盤。　酒三尊

一、正祭日，上香、奠帛爵、讀祝、望燎等儀，遣祭官行禮，俱與武壯王同。

祭文

維　　年歲次　　月　　日，皇帝遣□諭祭於勤襄公佟圖賴、忠勇公佟國綱、端純公佟國維之靈曰：崇功報德，禮首逮於元臣；錫類推恩，誼尤敦於懿戚。考彝章而立廟，因時序以薦觴。惟爾一門，宣猷累葉。效忠貞而體國，名著旗常；秉孝義以型家，芳傳國史。望高閥閱，蔚爲勳舊之宗；慶衍庭幃，光啓聖慈之範。玆當□春，秋。仲，特遣專官，設奠几筵，靈其歆饗。

文襄公祠

雍正二年，敕建文襄公祠。每年二月八月致祭，遣太常寺堂官行禮。

致祭禮儀

一、祝版，白紙墨書。前一日，太常寺官捧送至祠堂，安設紅案上，上香一跪三叩頭，退。

一、陳設供品

素帛二白色。　　　　　　　　白錫爵六

羊一　　　　　　　　　　　　豕一

果品五核桃、荔枝、圓眼、棗、栗各一盤。　酒一尊

一、正祭日，上香、奠帛爵、讀祝、望燎等儀，遣祭官行禮，俱與武壯王同。

祭文

維　　年歲次　　月　　日，皇帝遣□諭祭於文襄公圖海之靈曰：義重酬勳，眷鈞衡之舊德；禮隆秩祀，因節序以申恩。爾文襄公圖海，望高國器，功贊王猷。表世德於戟門，生膺茀禄；贈崇階於鼎爵，殁被榮名。涣新綍而建祠，遣專官而致祭。時當□春，秋。仲，式布几筵，靈其有知，尚能歆格。

表獎忠勳祠

雍正二年諭："朕惟周禮有司勳之官。凡有功者，書銘太常，祭於大烝。祭法曰，以死勤事則祀之，所以崇德報功，風勵忠節也。我太祖高皇帝肇造鴻圖，太宗文皇帝式廓區夏，世祖章皇帝奄有萬邦。自創業以至定

鼎,將帥之臣致命立功者不少。聖祖仁皇帝臨御六十一年,中間殲滅三逆,永清朔漠,以及平定西藏臺灣。雖天戈所指,如疾風振槁,而師旅臣之捐軀馬革,及守土官之見危授命者,所在多有。邇者青海蕩平,西域効順,然自用兵以來,將士奮勇前驅,亦有歿於行陣者。此皆盡忠報國之臣,朕甚嘉之,亦甚憫之。當於京城建廟立祠,春秋妥侑,世世血食。其偏裨士卒,力戰敵愾,捨生取義者,亦附列左右,以褒崇大節,揚表芳徽。俾遠近觀聽,勃然生忠義之心,於治道亦有裨益。"遵旨議准:兵部詳查檔案,行文八旗直省巡撫,凡臨陣捐軀、守土授命之文武諸臣,及偏裨士卒赤心報國、奮不顧身者,詳繕籍貫事蹟具奏,交工部於京城内建立祠宇,製造牌位,恭請欽定匾額懸掛。將文武諸臣牌位安設正祠,偏裨士卒牌位安設兩廡。入祠之日,太常寺前期奏請遣大臣一員致祭,祭文由翰林院撰擬。每年春秋二祭,交太常寺備辦。仍交翰林院分派各員詳查實録、國史、方略、各館檔案,移取兵部清册,各爲立傳,彙成一編,垂諸永久。〇是年,欽定祠名"表獎忠勳",御書匾額給賜。

大清會典卷之九十五

禮部祠祭司

〔羣祀六〕

〔水神祀典〕

四海龍神

雍正二年，勅封東海顯仁龍王之神、南海昭明龍王之神、西海正恒龍王之神、北海崇禮龍王之神，俱遣官賫送香帛祭文，交該地方官致祭。

黄運龍神

順治三年題准：封黄河龍神爲顯佑通濟金龍四大王之神、運河龍神爲延庥顯應分水龍王之神，令河道總督致祭，祭文内院撰給，祭品地方官備辦。○康熙二十三年，聖祖仁皇帝東巡，遣官致祭。○三十九年覆准：加封"昭靈効順"四字。○雍正五年，以泗州虹縣等處淤出膏腴地二萬二千餘頃，於新建龍王廟二處，著河道總督遣官致祭。

康熙二十三年致祭黄河龍神禮儀開後

一、祝版，白紙墨書，黄紙鑲邊。

一、陳設供品

禮神制帛一白色。	白磁爵三
羊一	豕一
簠簋各二	籩豆各十
酒一罇	

以上，祝文内閣撰擬，發太常寺，香帛由太常寺預備，祭品由地方官備辦。

一、祭日，上香、奠帛爵、讀祝、望燎等儀，遣祭官行禮，與祭火神廟同。

聖祖仁皇帝東巡致祭黃河龍神祝文

惟神忠心貫日，正氣凌霄。奠蔀屋之寧居，功襄平土；挽銀河之激浪，力奏安瀾。三月春流，無恙桃花之水；千官扈蹕，莫愁瓠子之宫。朕念蒼赤之艱難，歷黄淮而巡省。萬艘飛輓，咸有藉於神庥；九曲澄波，實遠資夫明德。凡此平成之效，盡邀默運之靈。特遣從官，吉蠲用享。惟神來格，尚其鑒歆。

洞庭湖神

康熙十八年議准：封爲洞庭湖之神，遣官齎香燭前往，讀文致祭。文由翰林院撰擬，香帛由太常寺備辦，遣禮部司官前往致祭。一應禮儀，俱照黄河龍神例行。〇雍正二年，勑封涵元匯利洞庭湖之神，立廟湖廣常德府，遣官齎送香帛祭文，交該地方官致祭。

天妃

康熙十九年，平定臺灣。海神天妃，湧潮濟師，勑封爲護國庇民妙靈昭應弘仁普濟天妃，遣官獻香帛讀文致祭。文由翰林院撰擬，香帛由太常寺備辦，遣禮部司官前往致祭。一應禮儀，俱照黄河龍神例行。〇六十年，克復臺灣，海神天妃復湧潮濟師。雍正三年，特追褒神功，御書匾額，分摹爲三。一賜天妃原籍舊祠，一賜厦門鎮祠，一賜臺灣府祠。

大沽海口神

康熙三十五年，發賑盛京，創開海運，海神効靈，往來迅駛。特發帑金於大沽海口建廟，勑封爲大沽海口之神。祭文、廟名、匾額、碑文由翰林院撰擬，香帛由太常寺備辦，遣禮部司官前往致祭。〇雍正二年，勑封廣惠大沽海口之神，立廟天津衛，遣官賫送香帛祭文，交該地方官致祭。

永定河之神

康熙三十七年，以霸州新安等處屢被水災，聖祖仁皇帝特發帑金，新開河道，河伯効靈，鴻功告竣，將所開河賜名永定河，勑封永定河之神，建廟立碑，給賜御書匾額，遣官往獻香帛讀文致祭。祭文、碑文由翰林院撰擬，香帛由太常寺備辦。

大通口之神

康熙三十九年，海口拆去攔黄壩，水勢流通。自興工以來，風潮不作，海神効靈。聖祖仁皇帝賜名大通口，建造廟宇。

江海潮神

康熙六十一年，浙省修築石塘工成，於江海匯流尖山之麓建廟，奉祀江海潮神。聖祖仁皇帝御書匾額,頒發懸掛。○雍正二年,勅封運德海潮之神,立廟浙江杭州府海寧縣,遣官賫送香帛祭文,交該地方官致祭。

黑龍潭龍神

康熙二十年,以皇城西三十餘里金山之麓,潭有黑龍,禱雨輒應。聖祖仁皇帝御製碑文勒石,重建祠宇,奉祀龍神,牌面書"護國黑龍王"神位。○雍正二年,以禱雨應時沾足,御製碑文,親灑宸翰,勒石廟庭。

鹽井龍神

雍正二年議准:勅封雲南各鹽井神爲某井普潤龍王之神,令各該地方官立廟,春秋致祭。

漳河之神

雍正三年覆准:山東境内漳河,濟漕利運,懋著功績,勅賜封號,臨清州河爲福漕漳河之神,舘陶縣河爲惠濟漳河之神。行文該撫,飭各地方官,製造神牌致祭。其春秋二祭,照例舉行。

青海之神

雍正三年覆准:青海水神,於塞外嚴寒之候。湧泉濟軍,以彰靈應,勅賜封號靈顯青海之神。行文該督,派官前往,建立石碑,將封號勒滿漢蒙古三體字樣,垂諸永久。

衞源之神

雍正三年覆准:河南百泉之上,衞源神祠,通漕濟運。御書匾額,行文該撫,安設神牌,懸掛匾額,致祭一次。春秋照例致祭。

江海保障之神

雍正三年,浙省撫臣題請周吴國上大夫伍員、唐武肅王錢鏐、宋安濟公張夏明、紹興太守湯紹恩俱爲江海保障之神,懇加封號。奉旨,欽定爲英衞公,伍員。誠應武肅王,錢鏐。静安公,張夏。寧江伯,湯紹恩。俱行該撫,轉飭地方官,於各廟製造神牌安設,致祭一次。每歲春秋,照例致祭。

寧漕公永濟之神

雍正四年覆准:明代工部尚書宋禮及老人白英,治河濟運,永垂功績,欽定封號爲寧漕公,宋禮。永濟之神,白英。俱春秋致祭。

〔山神祀典〕

雞公山神

康熙二十二年覆准:以兵駐永興,雞公山神顯應,特令致祭。寺門懸掛勅建牌匾,内有真武之神,見在祀典,封爲北極佑聖真君,亦行致祭。其香帛由太常寺備辦,遣禮部司官一員前往,仍令該地方官,每年春秋二次致祭。

沂山之神

雍正四年覆准:沂山有神,驅蝗顯靈,勅封爲祐民捍禦之神。

〔直省各府州縣祀典〕

凡府州縣社稷壇,順治初定:每歲春秋仲月上戊日祭。○雍正二年奏准:直省各府州縣,每歲祭社稷壇。府稱府社之神、府稷之神,州稱州社之神、州稷之神,縣稱縣社之神、縣稷之神,祭品刊圖通行。

每位陳設

帛一黑色。	白磁爵三
羊一	豕一
鉶二	簠二
簋二	籩四
豆四	

凡風雲雷雨山川城隍之神,順治初定:共爲一壇,每歲春秋仲月致祭。○雍正二年奏准:安設神位,風雲雷雨稱風雲雷雨之神,居中,帛四。山川稱某府、州、縣。境内山川之神,居左,帛二。城隍稱某府、州、縣。城隍之神,居右,帛一。共用白色帛七。陳設行禮,與社稷壇同。

凡府州縣文廟,順治初,每歲春秋仲月上丁日,令地方印官主祭。其陳設行禮,除鄉賢名宦二祠外,餘俱與國子監歲祭同。○康熙二十五年議准:協領副將以上,照例文左武右,陪祀行禮。○二十八年,御題"萬世師表"四字於聖廟大成殿,頒發直隸、各省、府、州、縣聖廟,恭摹製造匾額。○二十九年議准:凡官兵人民,經過下馬,併禁在學宫内放馬畜汙踐。○四十九年諭:同城大小武職,俱照文職一體入聖廟行禮。○五十一年,以朱子升配大成殿十哲之次。○五十四年,以宋儒范仲淹從祀聖廟。俱詳見前。○五十五年題准:欽定樂章諸曲,皆取"平"字之義。州縣未經頒發,仍錯用"和"字。著直省各巡撫通行府州縣儒學,春秋丁祭,一體唱贊。○雍正元年,追封孔子五代王爵,改啓聖祠爲崇聖祠。詳見前。○二年,復先儒明代黜祀者六人,增祀二十人,增從祀崇聖祠一人。詳見前。○四年,御題"生民未有"四字於聖廟大成殿,頒發直隸、各省、府、州、縣聖廟,恭摹製造匾額。○五年覆准:每歲春秋上丁日,致祭先師孔子,大典攸關。今省屬惟司道府縣官於丁日行禮。其督撫學政則先期一日,於階下行九叩頭禮，謂之祭丙，典制所無。且行禮前後儀節，滌器、視牲、晉爵奠爵、儀文隆備，但行九叩頭禮，亦未允協。嗣後，省會之區，督撫學政於上丁日率司道府州縣各官齊集致祭。學政考試各府，即於考試處聖廟行禮。各府州縣守土正印官，率領屬員於本處聖廟行禮。毋得苟簡從事，俱查照典制遵行。

凡盛京各省府州縣先農壇，雍正四年覆准：令奉天府府尹、直隸各省督撫轉行各府州縣衞所，於各該地方擇潔淨之地，照九卿所耕耤田畝數，爲田四畝九分，設立先農壇。於雍正五年爲始，每歲仲春亥日，奉天府府尹、各省督撫，及府州縣衞所等官，率屬員耆老農夫，恭祭先農之神，照九卿耕耤例，行九推之禮。其設立先農壇，並恭祭先農，俱動支正項錢糧。用過數目，各該地方官報明户部查核。其耤田内所收米粟，敬謹收貯，供各該處祭祀之粢盛。將各處設立耤田畝數，令該撫報明户部、禮部存案。○又定：禮部每年於十月初一日頒曆後，預擇吉期奏聞，行文奉天府府尹、直隸各省督撫轉飭所屬，同日一體遵行。耕耤禮畢，仍將遵行耕耤日期奏聞。○五年題准：耤田壇位之規制，按禮記祭統云，天子親耕於南郊，諸侯耕於東郊。今各省宜擇東郊官地中潔淨豐腴者，立爲耤田。如無官地，動支正項錢糧買置民田，以四畝九分爲耤田外，即於耤田後建立先農壇。又按春秋文義云，天子之社廣五丈，諸侯半之。今京城先農壇高四尺二寸、寬五丈，其各省典制應高二尺一寸、寬二丈五尺；京城先農神牌高二尺四寸、寬六寸，座高五寸、寬九寸五分，紅牌金字填寫先農之神，其各省典制應照京城式樣恭造。其壇後酌建正房三間，配房各一間。正房中間供奉先農神牌，東間存貯祭器農具，西間收貯耤田米穀，配房東間置辦祭品，西間令看守農民居住。壇之外，周圍築土爲墻，開門南向。○又題准：祭祀陳設供品，照各省社稷壇例，用羊一、豕一、帛一、鉶一、籩四、豆四、簠二、簋二。其齋戒日期，祭時服色，俱於前期致齋二日，届祭日，主祭官及各官俱穿朝服，齊集先農壇行禮，其一切禮儀，悉照各省祭社稷壇之例行。○又題准：各省耕耤祭先農壇禮畢，各官俱換蟒袍補服。省城，督撫秉耒，知縣執青箱，知府播種；府城，知府秉耒，佐貳執青箱，知縣播種；州縣，則正印官秉耒，佐貳執青箱播種；專城衞所，亦用正印官秉耒。如無所屬之員，即選擇耆老執箱播種。行耕時，用耆老一人牽牛，農夫二人扶犂，俱照九卿之例，九推九返，農夫終畝。耕畢，各官率耆老農夫望闕，三跪九叩首。各仍將遵行耕耤日期奏聞。○又題准：各省耕耤農具，俱用赤色。牛隻,俱用黑色。箱,俱用青色。所盛籽種,悉照各該處土宜。選擇勤謹農夫二名,免其差役,酌給口糧,令看守壇宇,灌溉耤田。地方官不時看視,查其力作收穫,將每年所收米穀數目、用過粢盛數目造册,報布政司送户部查核。〇又覆准:耤田四畝九分,既屬公田,本折銀米,槩行蠲免。守視人役,歲給工食,亦於地丁糧内動支,造册報部查核。

凡各壇廟祭器、樂器,雍正元年詔:直隸各省、府、州、縣、衛、所,一應祭祀,宜盡誠敬。諸壇廟孔廟及從祀各神位,應悉照古誌、闕里等誌修造,按次排定。其一應供獻祭器等項,俱宜精潔備美,逐一繪圖,著爲成式,釐爲定數,頒示天下。禮部詳議具奏。遵旨議定:各府、州、縣,每歲祭祀先師文廟、社、稷、城隍、等壇廟,一應供獻祭器樂器等項,禮部會同太常寺,逐一繪圖,著爲成式,釐爲定數,彙纂成書,進呈御覽,刊刻頒行天下,虔奉遵行,以重祀典。

文廟圖載《羣祀二》,樂器圖載"祠祭司"末卷。

凡忠義節孝祠,雍正二年諭:旌表節義,給銀建坊。民間往往視爲具文,未曾建立。恐日久仍至泯没,不能使民間有所觀感。著於學宫内建忠義祠一所,立石碑一通,於學宫附近處購買基址,建節孝祠一所,立大牌坊一座。其石碑牌坊將前後忠孝節義之人,俱標姓氏於其上。已故者,則設牌位於祠中,春秋祭祀,以闡幽光而垂永久。其動用銀兩,造册報部。遵旨議准:行令順天府、奉天府、直隸各省府州縣衛,分别男女,每處各建二祠,一爲忠義孝弟之祠,建於學宫之内,祠門内立石碑一通,將前後忠義孝弟之人刊刻姓氏於其上,已故者設牌位於祠中;一爲節孝之祠,另擇地營建,祠門外建大坊一座,將前後節孝婦女標題姓氏於其上,已故者設牌位於祠中,每年春秋二次致祭。直省交與各府州縣衛守土官。其建立祠宇牌坊銀兩,動用正項錢糧修造,仍報工部奏銷。餘詳官民旌表。

凡鄉賢名宦祠,舊例,立祠聖廟内,地方官春秋致祭。詳見"學校"内。

凡厲壇,順治初定:每歲清明日,七月十五日,十月朔日,祭無祀鬼神於本城之北郊,府州稱郡厲,縣稱邑厲,用羊三、豕三、飯米三石,香燭酒紙隨用。祭時,祭告城隍之神。

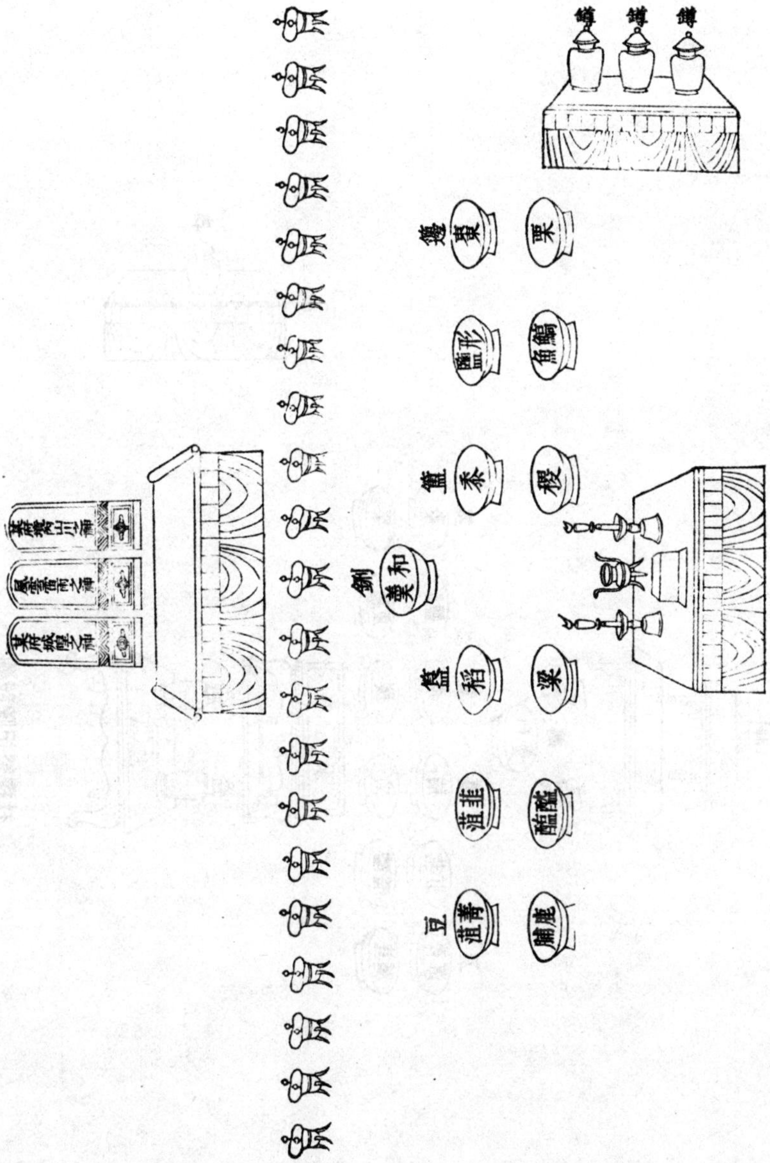

風雲雷雨山川城隍祭祀陳設圖

山川、城隍之神，州稱某州，縣稱某縣。

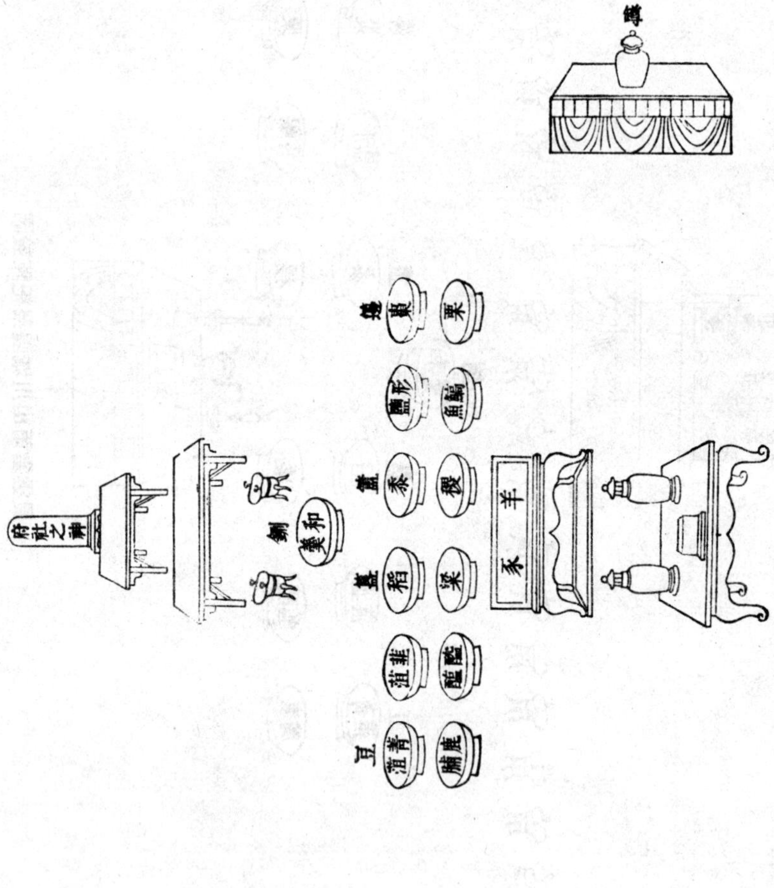

社稷祭祀陳設圖

右府社前陳設,府稷前同,州社、州稷、縣社、縣稷同。

〔王府廟祀〕

崇德元年定：宗室封王者，立家廟致祭。迨順治五年，凡宗室封王，無嗣者，在太廟祔祭；有嗣者，令其子孫立家廟致祭。十年議定：郡王以上，祀追封祖父於家廟；貝勒以下，祀追封祖父於墳墓。是年，停止。其儀節仍列於後。

一、建廟，莊親王立一廟，禮親王、巽親王、謙郡王共立一廟，肅親王立一廟，饒餘郡王、端重親王共立一廟，潁親王、順承郡王共立一廟，豫郡王立一廟，克勤郡王、衍禧郡王共立一廟。

一、祭期，定於正月、四月、七月、十月、歲暮日。前期三日，齋戒，候皇帝祭太廟，諸王陪祭，禮畢，各回府致祭。凡有薦新品物，如太廟未獻之先，不許家廟供獻。

一、廟制，正殿五間，臺基高二尺一寸。院内，東厢房三間，貯祭器及祭獻等項，西厢房三間，貯樂器。臺基，俱高一尺六寸，大門三間，臺高一尺六寸。院内西旁門一座，院内東旁設焚帛爐一座。大門外西旁設宰牲房三間。其正殿厢房大門，俱五色彩畫花草，上用緑瑠璃瓦殿門牆，外用紅土，内用石灰。院牆用紅土緑瓦，蓋頂帛爐，亦用緑瓦。

一、牌位高二尺，寬四寸，朱紅色，上刻追封謚號，墨書。設於紅油漆龕内，設紅片金帳幔。其廟中王位，以居中爲尊，餘分列左右。如止一王，正設中間。

一、供品，每位前，設紅案一，銅香爐一，銅燭臺二，銅花瓶二，供湯飯果品紅案一，盛帛紅漆匣一，供牲槽一，白磁爵六，銀鑲象筯二雙，銀匙二，香盒一，酒尊一，銀壺一，銀杓一，白色帛二端，無妃者，止用帛一，爵三，匙一，筯一雙，獻帛紅案一，祭文案一，每王一位，用豕一，羊一，果品八盤，麪餅四盤，飯二碗，湯二碗。所用樂器，與王府樂器同。

一、致祭前三日，王及子弟、護衛、所屬官員、執事人等，妃及隨從婦女，俱各齋戒。前一日，備辦祭品，宰牲。祭日，於神位前供祭品，大門兩旁設鼓樂畢，王率子弟、護衛、所屬官員，俱朝服，從廟大門東旁門進，至廟東簷下，向西立，子弟在階上，向西立，護衛及所屬官員在階下，分班對立。執香盒人詣香案旁立，引禮人引王從廟左門進，至香案前立。子弟護衛所屬官員各依本位，向上排立。引禮人贊跪，王跪，贊上香，執香盒人跪進香，王接炷香，拱舉，上爐内，又三上瓣香。如左右有王位者，先詣左位，次至右位，次第上香。畢，復位立。引禮人贊跪、叩、興，門外作樂，王行二跪六叩頭禮,興,子弟護衛所屬官員俱隨行禮,畢,樂止。引禮人贊奠帛,初獻。樂作,執帛爵官捧帛爵在王左跪,接帛爵官在王右跪,引禮人贊跪,王跪,受帛,拱舉,授右接帛官,王又受爵,拱舉,授右接爵官,王又受妃位前爵,拱舉,授右接爵官,各官捧帛在前,爵在後,至位前,捧帛官跪獻,三叩頭,捧爵官立獻,各退,樂止。如兩旁有王位,護衛捧帛酒分獻。引禮人贊興,王興,讀祝人於祝文案前一跪三叩頭,捧祝文在案東立,引禮人贊跪,王及子弟、護衛、所屬官員並讀祝人皆跪,引禮人贊讀祝,讀畢,讀祝人捧祝文,送至中位前,跪獻於帛匣内,三叩頭,退。引禮人贊叩興,王等俱行三叩頭禮,興。引禮人贊亞獻。樂作,獻爵,如初獻儀,樂止。引禮人贊終獻。樂作,獻爵,如亞獻儀,樂止。引禮人贊跪、叩、興,樂作,王率子弟、護衛及所屬官員,行二跪六叩頭禮,畢,興,樂止。引禮人贊捧祝帛詣燎爐前。樂作,捧祝帛官進前,一跪三叩頭,各捧祝帛,興,捧香官跪取香置盒内,興。王率子弟等俱退,在西旁立。各官捧祝文在前,次帛,次香,俱從中道行,至爐前,焚祝帛。贊禮畢,王等皆出,樂止。妃率隨從婦女,俱朝服,從西旁門入,由廟右門進,排立行禮。畢,徹祭物回。如王有事不得親祭,令子弟代祭。如無子弟,令護衛代祭。其奠帛祭品,該王自行備辦。引禮人,於所屬官員内選充。其祝文,内院撰給體式。

大清會典卷之九十六

禮部祠祭司

〔**喪禮一**〕

喪葬之禮,達於上下。其間差等不一,各有定制。自大喪禮而下,漸次詳列。至宗室外藩品官士庶,亦具載焉。

〔**大喪禮**〕

〔**太宗文皇帝大喪儀**〕

崇德八年八月初九日,大行皇帝崩。是日,鹵簿全設,内外親王以下佐領以上,朝鮮國世子,及和碩妃以下佐領命婦以上,俱成服。○王以下奉國將軍以上,公主和碩妃以下縣君奉國將軍淑人以上,齊集清寧宫前,詣大行皇帝几筵,上香,跪,獻酒三爵,興,舉哀。都統尚書以下官員齊集崇政殿前,命婦等齊集大清門外,各按旗排立舉哀。○次日,奉移大行皇帝梓宫,作樂,奉安崇政殿,設几筵,樂止。王以下各官每日入臨二次,上香,供饌,獻酒三爵,三叩頭,興,舉哀。凡三日止。○第四日,諸王、貝勒、貝子、公及妃等各回府齋宿,部院官員各在衙門齋宿,閑散官員在篤恭殿前齋宿,凡十八日止。○諸王以下各官,不祈禱、不報祭、不筵宴,凡百日止。庶民人等,凡十八日止。禁屠宰,凡十三日止。其外省官民人等,以詔到日摘冠纓,成服。各官於本衙門齊集,每晨夕上香,三跪九叩頭,興,舉哀,凡三日止。至二十七日,除服。○初祭禮,王以下佐領以上,固倫公主和碩妃以下佐領命婦以上,齊集致祭。○大祭禮,鹵簿全設,讀文致祭。王以下各官,公主、王妃及官員命婦,齊集行禮,與初祭同。○滿月致祭禮,王以下各官,公主王妃及官員命婦,齊集行禮,與初祭同。○九月,恭奉大行皇帝梓宫詣昭陵。先於梓宫前告祭,奠酒三爵,鹵簿全設,作樂前行。公主王妃等,俱在城門迤北,排候,梓宫至,跪,舉哀,候過,隨行。都統尚書以下佐領以上,及佐領命婦以上,并外藩喀爾喀、鄂爾多斯、土默特、索倫、薩哈爾察等,分翼按旗排立,候梓宫至,跪,舉哀,候過,隨行,送至陵上。俟安設畢,行安神禮,讀文致祭。是日,親王以下佐領以上,和碩妃以下佐領命婦以上,俱除服。○除服致祭禮,親王以下佐領以上,固倫公主和碩妃以下副都統命婦以上,齊集,讀文行禮。○朝鮮國王遣官進表,呈送龍燭祭品等物致祭。○常祭禮,内大臣侍衛前往行禮。○百日致祭禮,親王以下參領以上,固倫公主和碩妃以下副都統命婦以上,齊集,致祭行禮。○歲暮致祭禮,鹵簿全設,親王以下佐領以上,固倫公主和碩妃以下固山夫人以上,齊集,致祭行禮。○清明致祭禮,鹵簿全設,親王以下參領以上,固倫公主和碩妃以下縣主以上,齊集,致祭行禮。○朞年致祭禮,親王以下佐領以上,固倫公主和碩妃以下奉國將軍淑人都統尚書命婦以上,齊集,讀文致祭行禮。○奉安神案禮,親王以下佐領以上,固倫公主和碩妃以下縣主奉國將軍淑人都統尚書命婦以上,於殿階西齊集。孝端文皇后率公主等,詣奉安神案處,舉哀,跪,奠酒三爵。内大臣輔國將軍,捧寶位,由中階陞,至殿内,奉安正中位上,舉哀。畢,隨將寶位週圍蓋砌,恭獻祭品,奠酒,行禮。畢,俱退。○康熙二年九月,改造昭陵地宫。十二月,安葬。詳載陵寢。

〔世祖章皇帝大喪儀〕

順治十八年正月初七日,大行皇帝崩。是日,鹵簿大駕全設,王以下文武各官,固倫公主和碩妃以下宗女,佐領三等侍衛命婦以上,俱成服。官員摘冠纓。婦女去首飾。○王、貝勒、貝子、公、大臣等,公主和碩妃以下縣君宗室公夫人以上,每日二次,詣大行皇帝几筵前,上香,供饌,跪,奠酒三爵,三叩頭,立,舉哀。副都統以下,在乾清門外排立,每日二次舉哀。命婦俱免齊集。在京漢文官,依次赴乾清門之景運門外齊集;其武職各官,依次赴隆宗門外齊集,每日二次舉哀,凡三日止。外藩進貢官員,各給白布,服三日而除。漢文武候選候補等官及監生、吏典、僧道官,俱縞素,赴順天府衙門,朝夕舉哀,凡三日止。○第四日,王、貝勒、貝子、公等,公主、王妃等,各歸本府齋宿,部院官員於各衙門齋宿,閑散官員於午門外齋宿,共二十七日。○二七日,後王以下奉恩將軍以上,都統、内大臣、尚書、精奇尼哈番以上,每日一次入宫前丹陛上排立;副都統、阿思哈尼哈番、侍郎、侍衛,每日一次入宫前丹墀下排立,於梓宫前,上香,供饌,跪,奠酒三爵,三叩頭，立，舉哀。其餘各官，在乾清門外，照翼排立，舉哀。〇王以下文武官員，不作樂，不嫁娶，凡百日。在京軍民人等，摘冠纓，服縞素，二十七日而除；不嫁娶，凡一月；不作樂，凡百日；禁屠宰，凡四十九日；不祈禱、不報祭，凡二十七日。〇未除服前，票本用藍筆。各部院衙門文移，用藍印。各衙門本章，於十五日之後進奏，用硃印。〇在京各寺觀，自大喪日始，各聲鐘三萬杵。〇初八日，頒遺詔，自宮内捧出，至乾清門外，禮部堂官跪接，由中道捧至午門外，奉安層臺上，張黄蓋，滿漢文武各官素服，三跪九叩頭，復跪聽宣詔。畢，立，舉哀，又三跪九叩頭禮，部官捧詔置龍亭内，由中道出大清門。至禮部，遣官頒行天下。〇初九日，聖祖仁皇帝即皇帝位。〇是日，諭禮部，恭上皇考大行皇帝尊謚。〇外省領兵王公大臣各官，遺詔到日，俱摘冠纓，服縞素，跪候進，至衙門内安設，三跪九叩頭，聽宣詔。畢，立，舉哀，又三跪九叩頭，興。官兵摘冠纓三日。至第四日，照常供事。〇直省文武各官，詔到日，俱摘冠纓，服縞素，跪候進，至衙門内安設，三跪九叩頭，聽宣詔，畢，立，舉哀，又三跪九叩頭，朝夕哭臨三日。至二十七日，除服。官員命婦，亦服素服，二十七日而除。軍民人等及妻，服素服，十三日而除。不嫁娶，凡一月。不作樂，凡百日。督撫提鎮及三司官，俱免進香。〇十九日，梓宫前行常祭禮。是日，黎明，王以下滿漢文武各官，縣君奉恩將軍淑人以下，民公侯伯都統内大臣尚書精奇尼哈番命婦以上，齊集。讀祭文時，衆皆跪。讀畢，奠酒三爵，立，舉哀。祭畢，讀祭文官捧至燎位，奠酒三爵。焚畢，衆皆退。〇二月初一日，行奉移梓宫致祭禮。其讀文，奠酒，行禮，與常祭同。〇初二日，奉移梓宫。至景山壽皇殿。是日，鹵簿大駕全設。奉移時，奠酒三爵，經過門橋，俱奠酒。王以下奉恩將軍以上，内大臣侍衛，在乾清門外，照翼排立，候梓宫至，跪，舉哀，候過，隨行；覺羅民公侯伯以下，滿漢文武各官，在東華門外，照翼齊集，候梓宫至，跪，舉哀，候過，各按旗排列隨行。將至景山時，王以下阿思哈尼哈番以上，先趨進至門内；其餘文武各官，先趨至門外，照翼排立。公主王妃以下縣君奉恩將軍淑人以上，都統内大臣尚書精奇尼哈番等命婦，俱在門内；副都統侍郎命婦以下佐領三等侍衛命婦宗室女以上，在門外照翼排立，候梓宫至，俱跪，舉哀，候過，俟梓宫奉安殿上畢，奠酒三爵，衆皆散。每一奠酒一叩頭，後同。〇初三日，行初祭禮。鹵簿大駕全設於壽皇殿前。王以下各官，公主王妃以下四品官三等侍衛命婦以上，齊集，讀祭文，衆皆跪。讀畢，奠酒三爵，衆皆三叩頭，立，舉哀。祭畢，讀祭文官捧至燎位，奠酒三爵。焚畢，衆皆退。是日，滿二十七日，衆皆除服。○次日，常祭。止內大臣侍衛禮部工部官員，齊集致祭。○初七日，行滿月致祭禮。王以下鎮國將軍以上，民公侯伯以下侍衛文武三品官以上，公主王妃以下鎮國將軍夫人都統內大臣尚書精奇尼哈番命婦以上，齊集，奠酒，行禮，致祭。○以後百日內滿月致祭，與初滿月同。期年內滿月致祭、清明致祭，無祭文。其奠酒，行禮，齊集，與初滿月同。○三月，恭上大行皇帝尊謚曰體天隆運英睿欽文大德弘功至仁純孝章皇帝，廟號世祖。聖祖仁皇帝率諸王文武各官詣梓宮前，奉安册寶，供獻，讀祝，致祭，行禮。儀注另載。○四月十七日，行百日致祭禮。王以下各官，公主王妃以下縣君奉國將軍淑人都統內大臣尚書精奇尼哈番命婦以上，齊集，讀文，奠酒，行禮。祭畢，奉移梓宮，奠酒三爵，衆皆跪，候梓宮過，隨行，至奉安處排立，奠酒三爵。○是日，行恭題神主禮。內閣大學士一員進觀德殿內，於祔廟神位前，上香，一跪三叩頭，恭捧神位，禮部官導至壽皇殿門外所設黃幄內，奉安黃案上，上香，一跪三叩頭。俟奉移梓宮時，內閣滿漢大學士各一員，俱朝服，盥手，詣神位香案前，一跪三叩頭，興，於神主神字空處恭點石青畢，一跪三叩頭，奉安黃幄內。王以下文武各官齊集東華門外，按翼排立。大學士詣神位香案前，一跪三叩頭，捧安綵輿內，一跪三叩頭。儀仗全列，校尉舁輿前行，內大臣、侍衛隨後。至觀德殿前，輿暫停，大學士一員進殿內，於祔奉先殿神位前，一跪三叩頭，恭捧神位安輿內，一跪三叩頭。校尉舁起，禮部官前導，隨祔廟神位輿後，由景山東門出。將至東華門，齊集王以下文武各官俱跪，候過，輿進東華門，王以下各官退。內閣、禮部堂上等官，俱恭隨輿行，隨行至景運門。聖祖仁皇帝素服，奉迎於景運門內，隨輿後行，內務府官前導，至乾清宮，輿止。聖祖仁皇帝先詣祔廟神位前，行一跪三叩頭禮，恭捧神位，奉安乾清宮所設黃案上，行一跪三叩頭禮，興，於祔奉先殿神位輿前，行一跪三叩頭禮，恭捧神位，奉安於祔廟神位之右，行一跪三叩頭禮，興。內務府官供果品香燭，獻酒三爵。聖祖仁皇帝行三跪九叩頭禮，興，禮畢。擇吉升祔太廟奉先殿。儀注另載。○二十一日，奉安寶位。前期，致祭王以下各官，公主王妃至大臣命婦，齊集，讀文，奠酒，行禮，與百日致祭同。○奉安寶位後，復行致祭禮。○百日後滿月致祭，止內大臣、侍衛、禮部、工部堂官齊集行禮。○建造享殿、地宮，選精識地理人等，內院、禮部、工部、都察院、科道官員，率往會擬。○朝鮮國王遣官進香致祭，王以下奉國將軍文武三品官侍衛以上，齊集，陳設祭品。鳴贊官贊來使行禮、讀文、致祭、捧祭文送焚。畢，衆皆散。○五月初三日，行大祭禮，與初祭禮同。○次日常祭，王以下公以上，民公侯伯以下都統尚書精奇尼哈番以上，齊集致祭，與前常祭同。○七月十五日，行秋季致祭禮。儀仗全設，王以下公以上，民公以下文武三品官以上，内大臣都統尚書精奇尼哈番命婦以上，齊集，讀文，奠酒，行禮，致祭。祭畢，讀祭文官捧送焚畢，衆皆散。○十二月行除夕致祭禮。王以下奉恩將軍文武四品官以上，公主和碩妃以下縣君固山夫人以上，齊集，讀文，奠酒，行禮，致祭。祭畢，讀祭文官捧送焚畢，衆皆散。○康熙元年正月，行期年致祭禮。儀仗全設，王以下奉恩將軍文武四品官以上，公主和碩妃以下縣君鎮國將軍夫人都統内大臣尚書精奇尼哈番命婦以上，齊集，讀文，奠酒，行禮，致祭。祭畢，讀祭文官捧送焚畢，衆皆散。○七月十五日，行秋季致祭禮。○十二月，行除夕致祭禮。○二年正月，行再期致祭禮，與期年致祭同。○五月，恭奉世祖章皇帝神位移送孝陵。前期三日，遣官各一員，告祭天、地、太廟、社、稷，如常儀。前期一日致祭，儀仗全設，王以下鎮國將軍内大臣侍衛都統尚書精奇尼哈番以上，齊集，讀文，奠酒，行禮，致祭。祭畢，讀祭文官捧送焚畢，衆皆散。○是日早，儀仗全設，公主王妃以下縣君奉恩將軍恭人副都統侍郎阿思哈尼哈番命婦以上，在壽皇殿前分翼齊集，侍衛文武四品官以上命婦，在景山東門外齊集，王以下奉恩將軍以上、内大臣、侍衛，在壽皇殿門外分翼齊集。香册寶先置輿内，恭捧神位，奠酒三爵，奉安輿内，靈輿在前，册寶輿在後。靈輿經過時，各跪，舉哀，候過，諸王、大臣、侍衛隨後依次排行。其不往送公侯伯以下滿漢文武各官，於東安門外齊集，候靈輿將至，俱跪，舉哀，候過，隨後行，出土城關方回；其往送公侯伯以下滿漢文武各官，於土城關外大路兩旁排立，候靈輿將至，俱跪，舉哀，候過，隨後行，經過門橋，俱奠酒。○凡至宿次，奉靈輿於圓幄内。每夕供獻，親王奠酒三爵，每晨，奉安靈輿於凉棚内，親王奠酒三爵。其朝夕奠獻時，諸王、貝勒、内大臣、侍衛等進木城内，各官在木城外，俱排立，舉哀。沿途百里内地方文武官，俱素服，在道右跪送，舉哀，候過。至陵日，供獻與在途同。次日，王以下各官，齊集，供獻，奠酒，一跪三叩頭，立，舉哀，徹供物。畢，各散。是日，王以下各官俱回京。○六月，行奉安地宫禮。前期，遣輔臣及文武三品以上官詣陵，讀文，奠酒，行禮，致祭。○前期三日，遣官告祭天、地、太廟、社、稷。是日早，鹵簿大駕全設，禮部堂官掌儀司官奉世祖章皇帝、孝康皇后、端敬皇后香册寶，捧置各輿内，送至地宫奉安。輔臣一員詣神位前,跪行奉移禮,奠酒三爵。世祖章皇帝神位,輔臣二員、内大臣一員捧安輿内。孝康皇后神位,親族大臣等捧安輿内。端敬皇后神位,親族大臣等捧安輿内。移送地宫時,内大臣、侍衛,在木城外,公侯伯以下参領阿達哈哈番以上,在綱城外,照翼排立,候神位至,俱跪,舉哀,候過,隨後,舉哀。行至地宫,輔臣内大臣侍衛公侯伯以下副都統侍郎阿思哈尼哈番以上,在地宫圓城内排立,參領阿達哈哈番等官,在圓城外享殿後兩旁排立,各舉哀。至吉時,恭奉世祖章皇帝神位,捧至地宫,安設正中石牀上;孝康皇后神位,捧至地宫,安設左石牀上;端敬皇后神位,捧至地宫,安設右石牀上。畢,將地宫石門掩閉。輔臣在地宫前跪奠酒三爵,内大臣侍衛文武各官俱立,舉哀,各退。是日,儀仗俱焚訖。次日,輔臣、内大臣、侍衛、文武各官詣陵謁辭,俱進地宫圓城内,排立,舉哀。畢,輔臣等跪於陵前,奠酒三爵,文武各官俱三跪九叩頭,兩旁排立,舉哀。畢,各退回京。享殿告成,奉安世祖章皇帝神位於寶座上正中,南向;孝康皇后神位於寶座上左設,南向;端敬皇后神位於寶座上右設,南向,讀祝致祭。〇六年,諭禮部:"朕惟自古帝王,建極綏猷,保民圖治,莫不以懋昭先德,祗盡孝誠爲務。朕纘承丕基,躬親庶政,恭惟世祖章皇帝功德兼隆,當崇配享是用。上稽前典,下協輿情,謹告天、地、宗廟、社、稷,率諸王、貝勒、文武羣臣於康熙六年十一月七日冬至,恭祀上帝十六日,如夏至儀,恭祀皇地祇,並奉世祖章皇帝配享。"儀注另載。

大清會典卷之九十七

禮部祠祭司

〔喪禮二〕

〔聖祖仁皇帝大喪儀〕

皇上至仁大孝，動符典則，祗事聖祖仁皇帝四十餘年，聖心悦豫，眷注惟殷。龍馭升遐，皇心哀慟，擗踊無數，哭不停聲。諸王、大臣屢以聖祖付託之重，神人仰賴之殷，合詞上請節哀。雖屢賜報聞，而悲痛由中，不能稍抑。夫三年之喪，歷代帝王鮮有克盡其制者。我皇上自行天性之所安，悉合古禮之至正。居倚廬中，晝必席地，夜必寢苫。凡朝夕供奠，朔望致祭，哀慟憯怛，僾見愾聞。三年中，不居宫寢，不御錦綺，免慶賀，却進獻，音樂不接於耳，玩好不留於目。惟壇廟大祀，國家鉅典，間從廷議，以時舉行。此外齋居素服，有如一日。以是至誠感格，天地爲昭。孝烏翔集而哀鳴，靈蓍茂發於陵寢。山陬海隅，黄童白叟，謳歌聖孝，以爲亘古所未有。皇上孝思罔極，觸緒增悲，每延見舊臣、語及舊事，則失聲長慟，哀感左右，歷久彌篤，所謂孝之至也。鴻儀鉅典，緣情作則，盡禮盡誠，允宜昭垂萬世，謹載於後。

康熙六十一年十一月，聖祖仁皇帝聖躬不豫。時屆冬至，將以十五日大祀於南郊。聖祖仁皇帝命上恭代行禮，上以聖體違和請侍左右。聖祖仁皇帝諭曰："郊祀上帝，朕躬不能親往，特命爾恭代。齋戒大典，必須誠敬嚴恪。爾爲朕虔誠展祀可也。"上遵旨，於齋所致齋。十三日，黎明，聖祖仁皇帝疾大漸，命趣召上。諭諸皇子曰："皇四子乚人品貴重，深肖朕躬，著繼朕即皇帝位。"及上馳至，親受命於寢宫御榻前，伏地泣涕，不忍置對。戌時，聖祖仁皇帝崩。上痛哭哀號，自夜徹明，呼天搶地，哭無停聲。

○小斂時，凡帶履之屬，上皆躬捧首戴以進御，敬體聖祖仁皇帝孝思，斂用太皇太后昔日所賜冠服。○十四日，大斂。既斂，乃奠。凡尊罍簠簋，上皆躬自捧進，勸侑飲食，若聖祖仁皇帝音容儼在，悲慟靡極。諸王大臣皆環跪懇請節哀，上良久方起，以乾清宫東廡爲倚廬。○大斂時，聖祖仁皇帝諸皇子皇孫，特命俱入乾清門，於丹陛上隨行禮。聖祖仁皇帝公主及皇子之福金，特命俱入大内瞻仰梓宫。王貝勒以下文武大臣以上，特命俱入乾清門瞻仰梓宫。○是日，鹵簿大駕全設。皇太后、皇上、皇后、妃嬪、皇子等，俱成服。王以下文武大小官員、内務府官員等，俱成服。公主和碩妃以下宗室命婦佐領三等侍衛命婦以上，俱成服。罷黜宗室官員及閑散覺羅人等，亦著成服。外國貢使及外藩公主王妃等、額駙王台吉等，在二十七日内至京者，著成服；二十七日後至京者，男摘冠纓，女去耳環三日。○十五日，上行朝奠之禮，哭泣盡哀，至於日中，至於晡時，禮皆如之。齊集王以下大小官員、公主王妃以下命婦等，俱隨行禮。○初喪三日内，每日哭臨三次。王以下入八分公以上，内大臣、内閣大學士、學士、前鋒統領、護軍統領、内三旗都統、副都統、侍衛等内務府官員，於乾清門外哭臨。五旗都統、副都統、各部院滿漢大臣以下有頂帶官員以上，各依班次齊集，於景運門外哭臨。在内公主、王妃等，乘馬至蒼震門，入内哭臨。五旗王妃、郡主等，乘馬依次進至隆宗門，入内哭臨。大臣命婦等，步行依次進至隆宗門哭臨。西四旗官員妻，值不齊集之日，仍於門外排立。俟朝夕供饌奠酒時，隨班舉哀畢，退。○第四日，王、貝勒、貝子、公等，公主王妃等，在本府齋宿。部院職事官員，在本衙門齋宿。散職官員，在午門外齋宿。仍每日哭臨，凡二十七日而止。自初喪日爲始。○王以下文武官員以上，一年内不作樂，百日内不嫁娶。在京軍民人等，二十七日内摘冠纓服素服，百日内不作樂，一月内不嫁娶，二十七日不祭祀。凡候選候補文武官員、舉貢監生、吏典、僧道官，素服齊集順天府，朝夕舉哀三日。○二十七日内，各部院文移，俱用藍印。惟奏章，過十五日後，用硃印。詔旨，藍筆批答。○京城寺觀，各聲鐘三萬杵。○是日，王大臣等奏請節哀。諭曰："皇考之恩深重，不但諸王大臣愛慕無窮。凡官員兵民，莫不同之。況朕受皇考養育深恩，盡孝盡哀，乃朕爲子之道。朕亦自量不至過哀。"○十六日，頒大行皇帝遺詔。禮部遵例奏進儀注内，未有皇上應行之禮。諭王、大臣、禮部："遺詔自宫捧出，朕豈可静處苫次？應作何行禮，公同議奏。"遵旨議准：遺詔捧出時，上在乾清宫門外東立，西向，大學士謹捧遺詔由中道出，上跪，俟過畢，復回苫次。大學士捧遺詔授禮部堂官，跪接，由中道出午門，至天安門外，安設層臺上，張黄蓋。親王以下、滿漢文武各官，三跪九叩頭，跪聽讀畢，齊立，舉哀，復三跪九叩頭。禮部官捧詔置龍亭内，由中道出大清門，至禮部，刊刻，遣官頒行天下。〇領兵之諸大臣各官，於遺詔到日，俱摘冠纓，服素服，跪接進營，行三跪九叩頭禮，跪聽讀畢，興，舉哀，復行三跪九叩頭禮。官兵摘纓三日。至第四日，照常辦事。〇直省文武各官，遺詔到日，俱摘冠纓，服縞素，跪接至公署安設，三跪九叩頭，跪聽讀畢，興，舉哀，又三跪九叩頭，成服。朝夕哭臨三日，至二十七日，除服。官員命婦亦素服二十七日。官員一年内不作樂，百日内不嫁娶。軍民人等及妻，二十七日内素服，不祭祀，百日内不作樂，一月内不嫁娶。凡有頂帶官員及舉貢生監、吏典、僧道官，俱素服，於各該管衙門齊集，三日内朝夕舉哀。督撫提鎮及三司官，俱免進香。〇諭蒙古王台吉等：皇考時，凡有大事，未出痘者，不令來京。朕仰遵皇考愛恤外藩至意，著行文各蒙古，未出痘者，不必來京。〇遺詔二十七日釋服。十八日，諭諸王大臣等："朕凡事無不遵奉皇考遺旨。但持服乃人子之道，二十七日服制，朕斷然難從。若此事朕不得行其志，必至懣恨無已。爾等宜體朕意。"〇十九日，禮部奏本月二十日紹承大寶，告祭行禮，遣官恭代奠酒。奉旨："朕仍親奠。明早上食時，朕奠酒畢，旁立。俟徹奠案後，再行告祭禮。〇二十日，上即皇帝位。〇是日黎明，上詣梓宫前奠告，哭泣盡哀，乃易禮服，詣仁壽皇太后前，行禮畢，先是，禮臣以皇太后前行禮儀注具奏。上以聞。皇太后以衰服中，不允更禮服受行禮。王大臣等據本朝歷來遵行舊典固請。上復以聞，得懿旨允行。本日，皇太后於梓宫前行禮謝恩。升殿，受羣臣朝。儀注另載。〇是日，諭禮部，恭上皇考大行皇帝尊謚。〇二十一日，諸王大臣等以萬幾至重，難以久曠，請遵遺詔二十七日釋服。諭："釋服之制，以日易月。雖始於漢文，而高宗諒陰三年，獨非古制乎？朕不能上比高宗，而思慕之情何能自已！揣爾等惟恐過勞朕躬，殊不知有服朕尚可少進饘粥，暫眠苫塊。若必强朕釋服，必至寢食俱廢矣。皇考遺命，一句一字，朕無不拳拳服膺。只此二十七日釋服之詔，非敢故違，而罔極深恩，哀思迫切，雖蹈違命之愆，亦不恤也。朕言及此，曷勝嗚咽，實不能悉朕之悲思。爾諸王大臣其諒之。"〇二十三日，行常祭禮。鹵簿全設。王以下大臣官員以上，公主王妃以下大臣命婦以上，照常齊集。設奠酒案於乾清宫月臺之中，設祭品案於月臺之兩旁，設祭文案於宫廊下之西簷。是日早，禮部大臣敬捧祭文，由乾清門中門入，安設於西簷案上，至時，奏請上詣梓宮前，視陳設祭饌。畢，讀祝官捧祭文跪，上跪，衆俱照齊集處隨跪，哀暫止，讀文。畢，上奠酒三爵，每奠一叩頭，衆隨行禮，畢，興，舉哀。徹祭案，讀祝官捧祭文，禮部大臣前導，由乾清門中門出，奉安燎位。承奠大臣奠酒三爵，跪叩時，衆隨行禮。畢，衆皆退。○是日，諸王大臣等考據古今喪服典禮，合詞虔懇，奏稱："從來天子之孝，與士庶人不同。孝經云，天子以德教加於百姓，施於四海爲孝。書稱高宗諒陰。晉臣杜預謂是釋服後心喪之文。蓋以人君一身爲郊廟社稷之主，祭爲吉禮，必於除服後舉行。若二十七日不即除服，則祀典不免有缺。大行皇帝聖學淵深，倘易月之制可以更易，豈肯於遺詔中諄諄垂訓？伏乞皇上，上思郊廟神靈之所倚賴，下念中外臣民之所托命，勉遵遺詔，俯順輿情。"疏入，復叩首固請。始奉旨："朕覽諸王大臣所奏，引據經書，義理明晰。朕惟有嗚咽悲痛耳。始知爲君之難，袛此持服一節，乃天子第一苦衷，反不如臣庶，尚能各盡其心。雖勉從所請，朕之哀思，因兹愈切矣。"迨二十七日，上釋縞素後，仍素服。至雍正三年八月二十一日，孝恭仁皇后服闋後，始釋。○二十四日，滿漢諸大臣，以上哀痛過甚，疏請節哀。有旨報聞。○是日，總理事務王大臣、內閣、禮部、翰林院奏稱：大行皇帝聖德神功，頌揚莫罄。尊謚廟號，乃追崇大典，臣等蠡測管窺，未能比擬萬一。皇上至孝性成，惟聖人能知聖人。伏乞睿思親定，昭垂萬世。諭："朕思子臣尊崇君父之心，何有止極？然必至允至當，方孚千秋定論。我皇考纘繼大統，本應稱宗。但經云，祖有功而宗有德。我皇考鴻猷駿烈，冠古轢今。拓宇開疆，極於無外。論繼統則爲守成，論勳業則爲開創。朕意宜崇祖號，方副豐功。但追崇大典，理應僉謀共協。一人之心，即千萬人之公心；一時之論，即千萬世之公論。爾諸王大臣等可會同九卿、翰、詹、科、道文六品以上、武四品以上，詳考舊章，從公確議。"○二十六日，諸王、貝勒、貝子、公、文武大臣、官員等奏稱：大行皇帝，功德巍煥。天地化育有未周者，大行皇帝實贊之；祖宗經綸有未竟者，大行皇帝實弘之。孔子集千聖之大成，大行皇帝集百王之大成。史稱帝堯其仁如天，惟大行皇帝實與並之。又按禮經稱，有虞氏祖顓頊。而尚書所載，有格於文祖、格於藝祖之文。則有虞氏有三祖。是知凡配天者，皆得稱祖也。廷議僉同，輿情允協。惟聖字可以贊揚大行皇帝之峻德，惟祖號可以顯彰大行皇帝之隆功。恭擬尊謚曰合天弘運文武睿哲恭儉寬裕孝敬誠信功德大成仁皇帝，廟號曰聖祖，天下萬世稱曰聖祖仁皇帝。奏入，本日奉諭：諸王大臣官員，深悉我皇考一生神聖實行，同心合詞恭上尊稱，甚愜朕意。因親刺指血，將本内聖祖字圈出，敬恭高捧，授大學士等齎出。餘詳載薦謚號卷内。○二十七日，諸王、貝勒、貝子、公、滿漢文武大臣、官員等，伏祈皇上强節哀慟，以慰天下臣民之望。具摺啓奏。奉旨："朕躬尚可支持。如朕心能强制，必依所請。"○十二月初一日，行啓奠梓宫致祭禮。一應儀注，與常祭同。○是日，諭王等："皇考明年七旬大慶，吾兄弟方思以萬壽聖節在暢春園供奉甘旨，與四海臣民共效無疆之祝。豈意今年此日，乃於乾清宫作如此陳設耶？"言念及此，心肝摧裂，因復大慟不止。諸王皆伏地號泣，大臣近侍在左右者，咸哀感不能仰視。○是日向夕，復於乾清宫陳設大宴，並隨宴二十七案。上詣梓宫前，躬捧酒饌，跪而勸侑，痛哭失聲。○初三日，行恭移梓宫禮。是日，鹵簿全設。至時，上詣梓宫前，呼搶擗踊，依戀攀號，奠酒三爵。畢，上立於東旁。梓宫遷移，上慟哭前導。駕至景運門外，梓宫升龍輴，上向西跪哭，衆俱隨哭。梓宫啓行，上隨行於左，哭不絶聲，每舁校更班時，必跪候哀慟。凡過門橋，俱遣大臣奠酒三爵。内大臣、侍衛在乾清門外分翼齊集，王以下公以上在東華門外南池口齊集，候梓宫至，跪，舉哀，候過，隨行。左翼大臣官員等在東安門内大街齊集，漢大臣官員等在齊河樓路口齊集，右翼大臣官員等在景山東門北大街齊集，候梓宫至，跪，舉哀，俟過，隨行。皇太后、皇后、妃、嬪等，自順正門升輿，先出神武門，進景山正門，在壽皇殿敬候；在内王妃、公主等，預往壽皇殿大門内敬候；在外王妃以下官員命婦以上，預往壽皇殿大門外西墻排立；内務府官員妻，亦預往，在命婦次排立，候梓宫至，跪，舉哀。王等，大學士、前鋒統領、護軍統領、内三旗都統、副都統、侍衛等，内閣學士、内務府官員等，在景山東門内，分翼排立，舉哀。五旗都統、尚書、漢大臣、以至有頂帶官員，俱在景山東門外，分翼排立，舉哀。梓宫至壽皇殿大門，上於東首跪迎。梓宫進壽皇殿安奉畢，上跪，號哭盡哀，奠酒三爵。齊集王以下、公主王妃以下，俱隨跪號哭，哀聲震地。○是日，諸王大臣等具奏，恭勸皇上節哀。奉旨："我朝自太祖、太宗、世祖以至皇考，咸貴實行，不尚虚文。今朕遇皇考大事，五内哀痛，不能自持。諸王大臣以朕過哀，合詞勸請。夫人子之於親喪，哭泣擗踊，原屬末節。將來能否仰體皇考聖意，如聖人所云善繼善述，朕亦未敢自必。朕蒙皇考鞠育教誨，迄今四十餘年，恩勤篤摯，慈愛無窮。承歡膝下，無時不瞻天仰聖。一旦永訣，寸心如割，觸目增悲，至性迫切，實不能已。朕非於此自謂盡孝，亦非欲得盡孝之虚名也。今朕尚能勉强支持，倘若身不能持，亦不敢過於哀毀，有負皇考付託之重。況天降縞雪，林木變白，羣鴉環繞梓宫，哀鳴七夜。仰觀天意，俯察物情，尚且如此，朕能已於沉痛乎？梓宫奉移壽皇殿，朕未釋服以前，必每日三次親詣獻食；一月内，日一次親詣獻食；一月後，數日親詣一次。如此，庶可稍釋悲思。若欲朕銜哀强制，則朕心愈無以自解。朕在藩邸，從不務一切虚名。今惟有行其所安，以自盡其心而已。"〇自是，上每日黎明，即詣壽皇殿，獻食三次，致敬盡哀，退，於觀政殿，席地而坐。有應奏之事，即於觀政殿恭進御覽。至晡奠畢，乃回倚廬。每日陳設鑾儀三次，一月後停止。凡奠獻時，派王等輪班致奠。三旗内務府佐領内管領下官員、執事人、護軍領催并妻，於門外分班排立，奠酒時，隨叩，舉哀。〇是日，九卿詹事科道議覆：元旦、萬壽、冬至撰擬表式頒發。奉旨："現今哀痛之時，朕豈忍升殿受賀？元旦、冬至賀表，應俟雍正二年舉行。至萬壽表，非過二十七月，斷不頒發。諸王大臣，即强行再奏，朕亦必不允從。〇初五日，行初次大祭禮。鹵簿大駕陳設於壽皇殿門外。和碩親王以下内大臣侍衛等民公侯伯侍郎以上，俱在壽皇殿大門外，分翼排立；四品官員以下、有頂帶官員以上，在景山東門外，分翼排立；在内王妃公主等，在壽皇殿内齊集處排立；在外王妃以下精奇尼哈番命婦以上，在壽皇殿大門内西墻外排立；三旗官員命婦等，在壽皇殿大門外西角排立。壽皇殿月臺兩旁，排列祭品案，中間安設奠酒案，廊下西簷安設祭文案。是日早，禮部大臣敬捧祭文，由壽皇殿大門之中門進，奉安於西簷案上。至時，奏請上詣梓宫前，視陳設祭饌。畢，讀祝官捧祭文跪，上跪，衆俱隨跪，哀暫止。讀文畢，上奠酒三爵，每奠一叩頭，衆隨行禮。畢，上旋立原位，舉哀，衆隨舉哀。畢，撤祭案。讀祝官敬捧祭文，禮部大臣前導，自月臺起，十内大臣恭導，由壽皇殿大門之中門出，王以下大臣官員以上，俱跪，候過，奉安燎位，派出大臣奠酒三爵，跪叩時，衆隨行禮。畢，各退。〇次日，復祭。内務府大臣官員、禮部工部大臣官員等及内務府官員等命婦，俱齊集，舉哀。致祭，行禮，如常儀。〇初九日，行大祭禮。齊集，舉哀，讀文，致祭，與初次大祭同。是日，滿二十七日，行釋服禮。上跪哭梓宫前，奠酒三爵。雖勉從衆請，而哀慟之忱彌篤。先是上諭：諸王大臣僉云二十七日後應居乾清宫。朕思皇考六十餘年所御宫殿，朕即居住其中，心實不忍。朕意欲居月華門外養心殿。著將殿内向日一應陳設，敬謹收撤，葺改務令堊素，以備朕居。朕不敢謂遵古三年諒陰之禮，然必於此守孝二十七月，以盡朕心。"是日，從倚廬移御養心殿。齋居素服，三年如一日。

〇次日，復祭。行禮如常儀。〇十三日，行週月致祭禮，王以下大臣官員以上，俱照常齊集。行禮致祭儀注，與初祭同。後凡遇週月致祭，俱同。〇理藩院奏：外藩敖漢王等，請叩謁梓宮。奉旨：著禮部領入進謁。嗣後，蒙古絡繹來者，俱領進叩謁梓宮。〇二十九日，行歲暮致祭禮。王以下大臣官員以上，俱照常齊集。儀注與初祭同。〇雍正元年正月初一日，黎明，上詣壽皇殿門行禮。〇二月初九日，陵寢動土。前期三日，遣官告祭仁孝皇后、孝昭皇后、孝懿皇后。又遣大臣二員告祭后土神、昌瑞山神。〇十九日，恭上聖祖合天弘運文武睿哲恭儉寬裕孝敬誠信功德大成仁皇帝尊謚。上率諸王文武各官詣梓宮前，奉安册寶，致祭行禮。是日，頒詔天下。先是，禮臣以恭上聖祖仁皇帝尊謚儀注具奏。奉旨："所議閲册寶儀注内，並未議及朕躬行禮之處。凡閲壇廟祝帛，悉皆行禮。今閲聖祖仁皇帝册寶，亦當行禮爲是。酌議具奏。"遵旨議准：照閲祝帛儀，行一跪三叩頭禮。至閲册寶時，上悲感涕泣不已。閲畢，行三跪九叩頭禮。獻册獻寶時，皆敬恭高捧，首戴以進。禮畢，上悲不自勝，趨至几筵之前，跪撫寶榻，號呼大慟。餘儀另載。〇二十三日，行百日致祭禮。王以下大臣官員以上，俱照常齊集。儀注與初祭同。是日，諸王大臣等，仰懇皇上節哀。奉旨："朕哀慕之情，誠因皇考付託鴻基之重。愛惜此身，於子臣之道，十分未盡一二。朕受聖祖皇考四十五載顧復教育深恩，今一旦永訣，中心悲痛，何能自已？目今尚得親近梓宮，罔極哀思，乘此猶可稍展。至梓宮暌隔之後，何由再得瞻仰。"〇三月初一日，行清明致祭禮。和碩親王以下鎮國將軍以上，民公侯伯以下精奇尼哈番以上，俱齊集行禮，奠酒畢，各散。〇朝鮮國王遣官貢祭。王以下滿漢文武三品官員以上，在壽皇殿大門外齊集，按翼排班，來使在西翼班末立。獻食時，引來使趨前，贊行三跪九叩頭禮，退立原處。讀祝官讀祝文，王以下齊集官員俱跪，派出奠酒大臣於祭案末正中跪，讀文畢，三奠爵，每奠一叩首，衆俱隨叩首，興，舉哀。畢，復贊來使行二跪六叩頭禮，退立原處。讀祝官捧祭文送至燎位，衆跪，候過。焚祭文畢，各退。〇十七日，大學士等謹擬聖祖仁皇帝陵名六字進呈。上覽奏哀慟，親刺指血，於"景陵"字上圈出。〇二十五日，行祖奠梓宮致祭禮。〇是夕，復陳設大宴，並隨宴二十七案。上詣梓宮前，跪奉酒饌，攀戀號慟，哭泣失聲。〇二十六日，禮部奏稱，奉上諭詳察點主禮儀。今考禮書，既葬，藏明器，下誌石，復土堅築，乃題主，奉神主升車，反室。蓋未葬之前，事以生禮；既葬之後，奉以神道。謹議於梓宮安奉地宮之後，恭點太廟神主禮成,奉安黄輿,令親王大臣等敬奉回京。奉旨:"明季帝王,皆不親送梓宫,故令親王大臣奉主回京。朕既親往,若不親奉神主而歸,於心何安。俟山陵事畢,點主禮成,朕親奉皇考神主回京。"○二十七日,恭移梓宫送往陵寢。沿途派定五程。每宿次,蓋蓆爲行享殿。第六日,至陵寢,暫安奉於陵上享殿。前期三日,遣大臣各一員告祭天壇、地壇、太廟、社稷壇、后土神、昌瑞山神。是日,鹵簿全設,奉册寶於黄亭内,校尉恭舁。王以下内大臣侍衛滿漢大學士以上,及内務府官員,在壽皇殿大門外齊集;二品三品滿漢大臣,在景山東門外齊集;四品以下有頂帶官員,在城外關厢内齊集;在内公主、王妃等,在壽皇殿内齊集;在外王妃以下精奇尼哈番命婦以上,在壽皇殿大門内西牆齊集;内務府婦女,在壽皇殿大門外西牆齊集,每奠酒,俱隨行禮。至時,上詣梓宫前,奠酒三爵,攀戀悲哀,擗踊無數。羣臣環跪固請,良久,奉移梓宫升龍輿。上先詣大門東旁立,梓宫出,上跪,舉哀,候過,興,在梓宫左步隨,出景山東門後,上先詣宿次,敬候梓宫。皇太后、皇考妃嬪、皇后、妃嬪以下,俱出景山西門,由别道先至宿次敬候。應留京王以下大臣官員等,隨行出城外關厢,在齊集處按翼排班,跪送,舉哀,候梓宫過後,各散。應隨送王以下大臣官員等,於過關厢後,乘馬隨行。太監每班十人,侍衛每班二十員,俱更番在梓宫兩旁步行。親近王大臣侍衛太監等,俱近梓宫隨行。總理内務府工部鑾儀衛等官,在梓宫兩旁巡察隨行。每校尉更班時,隨行王大臣侍衛太監等,俱下馬跪,俟更班畢,仍在原處隨行。其次近梓宫護衛隨行。其次分班侍衛隨行。其次王以下大臣官員隨行。沿途遇門橋,派大臣二員,輪班奠酒。梓宫將至,上在黄布城北門外恭迎,王以下大臣官員等,俱於黄布城北門外排班恭迎。梓宫至,上跪,舉哀,衆俱跪,舉哀。梓宫進行享殿,衆至大門外分翼排立。陳設鹵簿,安奉梓宫,列册寶於左右。行夕奠禮。上奠酒,舉哀,衆隨行禮,舉哀。畢,各退。○在途,每日早,陳設儀仗,衆照常齊集,恭捧册寶,安奉亭内。上行朝奠禮,舉哀,跪送梓宫啓行。王以下大臣官員等,分翼跪,舉哀,候過,隨行。上復先詣宿次,至行享殿,敬視陳設,跪迎,安奉梓宫,行夕奠禮,致敬盡哀,與初啓行同。○沿途百里以内文武官員,俱在路右跪迎,舉哀,候過,随至宿次,在黄布城外,行三跪九叩頭禮。獻食時,文官在正藍旗末,武官在鑲藍旗末排立,隨班行禮,舉哀。其道途所經遠近村莊白叟黄童,久沐聖祖深仁厚澤,扶攜奔走,遥望梓宫叩顙哭泣者,不計其數。上見此,益增悲痛,扈送臣工莫不涕泗交頤云。○初二日,梓宫將至景陵。上先恭謁暫安奉殿,行三跪九叩頭禮,奠酒三爵,舉哀。隨詣孝陵、孝東陵,次謁孝誠仁皇后、孝昭仁皇后、孝懿仁皇后陵寢,行禮,如前儀。畢,上至東備城内,敬候皇太后、皇后、貴妃等次第謁陵。禮畢,詣西備城内敬候。是日,凡陵上不該班官員,俱在龍口外排班,跪接梓宫,舉哀,候過,隨行。上在碑亭前跪迎,舉哀。梓宫至陵上享殿,上先進大門東旁,跪哭,候過,興。梓宫安奉畢,内務府官捧册寶列於左右。上奠酒三爵,號哭不已,行三跪九叩頭禮,衆隨行禮,舉哀。畢,各退。〇是日,諭扈從諸王滿漢大臣:"前在京師,原議明日祭畢回京。朕親送梓宫,沿途於大禮,雖獲免闕遺,而思慕未有窮期,哀痛何能自已?若明日即叩别梓宫,實爲不忍。朕欲留住山陵數日,然後回京。爾諸王大臣務體朕意,再議具奏。"〇諸王大臣等合詞固請,奏稱:皇上奉皇太后在此。若皇上未回,皇太后亦必愈加哀痛。所關甚重,懇請仍照原議。〇初三日,行暫安奉致祭禮。鹵簿全設。扈從王大臣官員及外藩諸臣,俱齊集排班,行禮,讀文,致祭。上慟哭盡哀,焚衣服器用楮帛於陵門外。羣臣以舊例請上暫避,上不允,出至陵門外,跪視焚畢,方退。羣臣復固請回鑾。上依戀不已,羣臣敦勸再三,然後升輦,既即路,尚顧望灑涕。是日,除派出陵寢王公文武大臣侍衛官員外,送去王大臣官員等,俱隨駕回京。〇初九日,總理事務王大臣等,奏請御門聽政。奉旨:"諸王大臣所奏雖是,我皇考梓宫尚在享殿,朕即臨御正門理事,心實不安。念皇考付託重大,節養朕身,至一切禮儀,多有未盡,每以天下萬民事關緊要,勉强照常辦理,亦無遲悮。臨御正門理事,俟梓宫奉安地宫之後舉行。"〇十一日,王大臣等復合詞固請御門聽政。奏稱:喪以禮成,不可或過,且恐皇太后哀感之心愈難解釋。伏祈以禮制情,擇期聽政,以慰中外臣民之望。再三敦請,上不得已,勉從衆請。〇十五日,恭奉聖祖仁皇帝御容於壽皇殿。先是,上以内府所藏御容數軸皆與聖祖仁皇帝高年時聖容微異,親爲指示工畫者詳審摹繪。圖成,天表儼然。進呈時,上恭奉於殿正中,跪而仰瞻,悲痛不勝。至是,以壽皇殿爲梓宫安奉之地,神爽所憑,恭奉殿内。凡平日圖書器用服御之物,陳設左右。每逢朔望及四時節序,上必親詣行禮,瞻仰流涕,依戀不能去。〇先是,仁壽皇太后自聖祖仁皇帝升遐,哀痛過甚,體常違豫。及親送聖祖仁皇帝梓宫至陵,事畢,回京,積哀莫解。至是,疾大漸,五月二十三日丑時,慈馭上賓。上擗踊號慟,連辰達旦,水漿不御,親奉安梓宫於寧壽宫中,在蒼震門内設倚廬以居。喪儀另載。〇二十四日,諸王大臣疏請節哀。有旨報聞。○七月十五日,遣官詣景陵暫安奉殿,行中元祭禮,讀文致祭。○八月初十日,御筆親書景陵碑匾,復命親王及翰林中善書者,恭寫畢,召九卿及南書房翰林至乾清宫,諭:"以碑匾事體重大,不必定用朕書,須擇書法極好者用之,方愜朕懷。"諸王敬恭詳視,同奏:親王等所書,雖皆端重秀整,至於御筆,天矩自然,覺仁孝誠敬,流溢楮墨,迥非臣工所及。必用御書,方與陵寢大事相稱。聖祖仁皇帝在天之靈,實爲欣慰。上流涕諭云:"如此,則用朕書,不必雙鈎,即以此刊刻。"○十八日,奉移孝恭仁皇后梓宫,上親送至景陵。○二十四日,上謁孝莊文皇后暫安奉殿、孝陵、孝東陵,行禮,奠酒,舉哀。遂詣景陵,望見陵門,即長慟。至享殿,就拜位,行禮,奠酒,致敬盡哀。出至黄幄内,恭候皇太后梓宫安奉畢,號泣不已。諸臣敦請節哀。上出景陵門,猶顧望流涕。是日,駐蹕馬蘭峪城東。○二十五日,上詣景陵。自門外哭入,先於聖祖仁皇帝梓宫前上食奠獻。旋詣孝恭仁皇后梓宫前行暫安奉禮。讀文致祭,慟哭良久乃出。傳旨:翌日仍詣景陵。諸王大臣奏稱:昨日,上躬詣三陵,至景陵,哀痛過甚。今日復詣景陵致祭,聖躬勞瘁已極。伏乞二十六、二十八兩日,停止親往。奉旨:"初一日安奉地宫,及今尚得瞻仰梓宫,過期不可復得。明日,朕仍親往。"諸臣復懇奏:二十九、初一兩日,均屬大祭,禮數尤多。中間兩日,伏乞俯允停止。奉旨:諸王大臣陳請再三,此兩日,停止親往。○二十八日,諭大學士等:"點主一事,所係甚重。古人必取名望素著、德行純粹者充此職。今爾等位既貴顯,人品皆優,故簡命。爾等當體朕敬重之誠,勿視爲差委故事。誠意所聚,儼若聖祖神靈,洋洋如在筆間,方副朕一片孝思。○二十九日,行安奉致祭禮。聖祖仁皇帝鹵簿全設,孝恭仁皇后儀仗全設。扈從王以下官員及守陵大臣官員,大臣命婦及官員妻等,俱齊集。至時,上慟哭入隆恩門。至享殿,於聖祖仁皇帝梓宫前,讀文致祭,奠獻行禮。畢,詣孝恭仁皇后梓宫前,讀文致祭,奠獻行禮,哭泣盡哀。羣臣請上暫出。至隆恩門之外幄次,俟徹祭品。少頃,上復哭入,於聖祖仁皇帝梓宫前,行奠獻禮,哀慟良久。奉移時,上慟哭前行。至明樓外蘆享殿正中,恭安於龍輴。畢,復至孝恭仁皇后梓宫前,哭奠,奉移,恭安於聖祖仁皇帝梓宫之右。册寶各設於梓宫兩旁,復行奠獻。畢,命凡屬聖祖仁皇帝諸皇子皇孫及向日親近大小臣工,皆入瞻仰梓宫。上慟哭良久,羣臣莫不感慟哀號,以聖體哀勞太過,固勸再三,乃出。○是日,鹵簿儀仗昇化。○九月初一日,恭奉梓宫安葬景陵。是日早,上即詣景陵,行奠獻禮。凡屬聖祖仁皇帝皇子皇孫及向日親近大小臣工，皆命至蘆享殿内瞻仰梓宫。上至碑亭，即放聲慟哭，進至蘆享殿内，跪撫梓宫，擗踊哀痛，哭無停聲。欽天監奏報吉時，上先於聖祖仁皇帝梓宫前行奠獻禮，次於孝恭仁皇后梓宫前行奠獻禮。畢，仍攀挽哀號不已。諸大臣跪勸再三，進前扶上出，至陵寢門外，上即於門外向北跪，哭不已。諸臣恭率校尉，先奉聖祖仁皇帝龍輴入寶城，次奉孝恭仁皇后龍輴入寶城。是日，天氣晴明，有五色雲矞皇繽紛，環繞景陵，移時不散。奉安梓宫於各寶牀，陳册寶於各石案。畢，掩閉元宫石門。上入，慟哭失聲，於祭臺前奠獻。畢，依戀不捨。羣臣環跪勸請，上方出。至幄次，禮部堂官奏請上詣隆恩殿，行恭題神主大祭禮。預設黄輿二於享殿前丹陛之上。設神主寶座二於享殿内，一正中，一居右，前設供案，又前設香案，俱南向。設恭點神主案二於香案之旁，一在東西向，一在西東向，各安神主櫝，於案上設皇上拜褥於正中。是日，上具吉服，滿漢大學士各一員，俱朝服，執事官陪祭官俱蟒袍補服。贊引官對引官導上由隆恩門之東門入正東階，進東槅扇，至中，北向立。鴻臚寺官引王以下、入八分公以上，由東西階至丹陛上立。文官五品以上，武官四品以上，在丹陛下按翼排立。派大臣二員，就案上啓櫝，奉神主，滿漢大學士詣案前，一跪三叩頭，興，各就位，於神主神字空處恭點石青，畢，退立兩旁。二大臣恭捧神主，跪，安於寶座上，三叩頭，退。典儀唱執事官各司其事。贊引官奏就位，上就拜位立。奏上香，上詣香案前跪，三上香，興，奏旋位，上旋位立。奏跪、叩、興，上行三跪九叩頭禮，王以下各官俱隨行禮。典儀唱奠帛爵，行初獻禮。贊引官恭導上詣帛案前，奏跪，上跪，奏獻帛，上接帛匣，獻於案上，行三叩頭禮，興。不贊。復恭導上詣供案之東，奏獻爵，上受爵，拱舉，獻於聖祖仁皇帝神位前，次獻於孝恭仁皇后神位前，奏旋位，上旋位立。奏跪，上跪，王以下各官俱跪，贊讀祝，讀祝官跪讀文，畢，捧安於案上，三叩頭，退。奏叩興，上行三叩頭禮，興，王以下各官俱隨行禮。典儀唱行亞獻禮，如初獻儀。唱行終獻禮，如亞獻儀。贊引官奏跪、叩、興，上行三跪九叩頭禮，王以下各官俱隨行禮。典儀唱捧祝帛恭詣燎位。捧祝帛官各送至燎位，如常儀。畢，太常寺官跪奏恭請聖祖仁皇帝神主、孝恭仁皇后神主升祔太廟。上詣寶座前，一跪三叩頭，恭捧聖祖仁皇帝神牌，由享殿中門出，奉安於正中黄輿内，親王恭捧孝恭仁皇后神牌隨出。上奉安聖祖仁皇帝神牌畢，親奉安孝恭仁皇后神牌於右旁黄輿内，退，至正中，一跪三叩頭，興，轉立東旁。校尉舁行，黄蓋御仗、内大臣十員及禮部堂官前導,黄輿過,上跪,王以下官員俱隨跪,候過,起,隨行。至隆恩門中門,上由東門出,先詣宿次黄幄,敬候神主黄輿至,行夕奠禮。〇是日,以山陵禮成,遣官告祭暫安奉殿、孝陵、孝東陵。〇初二日,禮部、太常寺堂官恭導上至神主黄輿前,行朝奠禮。畢,校尉舁行,上仍先詣黄幄敬候。至晚,行夕奠禮,如前儀。〇初三日,上行朝奠禮畢,先回京敬候。遣官代行夕奠禮。〇初四日,神主黄輿至京城,由朝陽門入大清門。上率諸王貝勒貝子公等具朝服,跪迎於端門之外,隨入太廟街門。遣王等恭請孝誠仁皇后、孝昭仁皇后、孝懿仁皇后神主,奉安於各黄輿内。俟聖祖仁皇帝黄輿過,四后神主黄輿以次隨行。至甎城門外,黄輿止。上親捧聖祖仁皇帝神主,諸王分捧四后神主,入太廟,行升祔大祭禮。儀注另載。是日,以祔廟禮成,遣官告祭太廟後殿。〇初五日,以祔廟禮成,詔示天下。〇是日,諭禮部:“自古祖功宗德,制在不祧。饗帝饗親,祀應並舉。仰惟我皇考聖祖仁皇帝,六十一年,豐功厚澤,深洽人心,四千餘年,哲后賢君,難侔厤服。朕纘承丕緒,永念前徽。皇考聖祖仁皇帝,允宜崇祀郊壇,克配上帝。以後冬至祈穀祭天,祗奉聖祖仁皇帝同太祖高皇帝、太宗文皇帝、世祖章皇帝配享。夏至祭地,亦如南郊祈穀,祗奉配享。其應行禮儀,爾部詳議具奏。”〇十月十八日諭:“十一月十三日,聖祖仁皇帝期年,朕親詣景陵行禮。”〇十一月初五日,滿漢文武大臣等奏稱:古者謁陵之禮,再歲一行。皇上至仁大孝,永慕無窮。今年三月,躬送聖祖仁皇帝梓宫。八月,躬送孝恭仁皇后梓宫。一歲之中,兩至山陵。今復奉旨親詣景陵行禮。竊思本月冬至,行聖祖仁皇帝配天大禮,前期齋戒,不宜更有悲傷之事。伏祈皇上以禮制情,停止親詣。奉旨:照所奏,暫停親往。今歲兩次躬送梓宫,地方百姓亦甚勞苦。俟明歲清明,再行往祭。〇十三日,聖祖仁皇帝忌辰,上親詣奉先殿行禮。辰時,詣壽皇殿聖祖仁皇帝御容前,瞻仰行禮。〇先是,特命皇子詣景陵,恭代行期年致祭禮。其隨往大小官員,於各部院照例派三分之一前往。至是日,設奠酒案於享殿内月臺正中,排列祭品案於月臺兩旁,設祭文案於享殿廊下西簷。禮部大臣恭捧祭文,由隆恩門中門進,安設於西簷案上。諸王大臣侍衛等於隆恩門外分翼排立,文武官員於三橋之前分翼排立,守陵官員之命婦於大門内西牆排立,執事人等妻立於官員命婦之後。至時,禮部堂官引皇子至隆恩門,上西階,在月臺西邊立。陳設畢,讀祝官捧祝文跪,皇子詣奠酒案前跪,衆俱在齊集處隨跪,哀暫止。讀文畢,禮部大臣捧爵,皇子奠酒三爵,每奠一叩首,衆俱隨行禮。

畢，撤祭案。讀祝官恭捧祭文，禮部堂官司官前引，恭安燎位，皇子奠酒三爵，每奠一叩首，衆隨行禮，舉哀。畢，各退。〇十五日諭："禮部奏稱冬至令節郊天，奉聖祖仁皇帝配享。次日，請朕陞殿受賀，頒聖祖仁皇帝配天恩詔。朕惟聖祖仁皇帝大禮告成，普天同慶。朕陞殿頒布恩詔，蓋以賀列祖之鴻禧，慰萬方之誠悃也。然朕思念顧復深恩，中心哀慕。今未滿三年，不忍陞殿受慶賀禮。著内閣九卿等詳察典禮，酌古準今，務期於理允協，庶朕心得安。可即確議具奏。"〇十九日，大學士等復合詞奏懇。奉旨："諸臣詳察典禮具奏，朕雖中心不安，著允諸臣所請行。"〇十二月十五日，工部奏安掛門神對聯。奉旨："居中宫殿及中門，照常安掛。至朕所居之養心殿，暨内宫各處，俱過三年再行。〇二年三月初九日，御書景陵匾額刊刻告成，遣官告祭。〇是月，上以清明節至，躬詣景陵。初十日，恭謁暫安奉殿、孝陵、孝東陵，奠酒，行禮，舉哀。畢，遂謁景陵。遥望慟哭，入隆恩門，至寶城前，行禮奠獻，哀泣不止。近侍大臣敦請再四，上乃出。〇十一日，清明，上詣景陵行上土禮。凡登寶城人員，俱著黄布護履，上亦親著黄布護履，荷土入明樓，由左磴道升天橋，膝行至寶頂中間，涕泣跪捧土加於上。次大臣十二員隨荷土跪泣加上。畢，上詣隆恩殿，行大祭禮。畢，復哭入陵寢門，至寶城前，痛哭伏地。諸王大臣敦勸再四，乃出。至隆恩門外，猶瞻望移時，然後回鑾。〇九月初六日，禮部議定元旦元夕及行慶賀禮廷臣朝服日期，具摺奏請。奉旨：俟朕素服三年後，著照所請行。〇十一月十二日冬至，禮臣請於次日陞殿行禮。奉旨：去歲冬至，因聖祖仁皇帝配天禮成，頒詔天下，是以御殿。今年冬至次日，著停止行禮。〇十三日，遣官恭謁景陵，行再期致祭禮。〇十二月初十日，部臣奏請：雍正三年二月十三日，服制已滿，請祫祭太廟，頒示中外臣民，即吉釋哀。奉旨："朕受皇考四十餘年顧復深恩，罔極莫報，默盡哀情，非謂能行歷代帝王不能行之事，欲立法定制，以垂令名。昔世祖、聖祖，皆以沖齡登極。一時禮制，容或未備。設踐祚之日已若朕躬之年，則盡禮盡制，必有朕所萬不能逮者。今朕諒陰三年，不過默盡其心，抱歉之處尚多，敢云盡禮乎？至深山窮谷，無不哀戀思慕，遏密八音。此皇考六十餘年深仁厚澤，愈久不忘，出於人心之自然，非朕有所禁約而然也。所奏著九卿詹事科道會議具奏。"遵旨議准：於聖祖仁皇帝服制滿後，擇吉行祫祭禮。并勅諭順天府府尹及直省督撫，遍示臣民，舉行吉禮。〇三年，欽天監謹奏：二月二日庚午，二曜合璧，五星聯珠，爲四千餘年未有之嘉瑞。諸王文武大臣等，合詞懇請上陞殿受賀。奉旨:"朕惟皇考六十餘年,敬天勤民,始終如一,是以上天申眷,覩此嘉祥。在皇考爲福鍾善慶之餘,在朕躬爲迎迓天庥之始。惟期與大小臣工矢誠心而敦實政。陞殿受賀,不必舉行。但念天瑞實因皇考而致,遣官告祭景陵。"〇次日,王大臣等復公疏懇奏。奉旨:"朕生平存心真誠,内外如一。昨頒諭旨,已悉朕意。今諸王大臣等再三懇請,是以有意謙讓視朕,不知朕心矣。上天既錫嘉祥,惟有益加敬謹,以仰答上天昭示之恩,承皇考貽謀之遠。朕與諸王大臣,期共慎之勉之。所奏陞殿受賀,不必行。"〇二月十二日,聖祖仁皇帝服制二十七月期滿,上詣太廟行祫祭禮。讀文奠獻,如時享禮。次日,頒諭順天府府尹、直省督撫:"朕惟古昔帝王以孝治天下,誠以孝者,天之經,地之義,民之則也。故魯論云,慎終追遠,民德歸厚矣。朕以眇躬,纘承大命。永惟皇考聖祖仁皇帝,顧復洪慈,恩德罔極,中心哀痛,什伯恒情,以日易月,實所不忍。特以郊廟大祀,朝會重典不容久曠,時亦勉從諸王大臣之請,遵禮舉行。惟於宫庭内素服齋居,默盡此心。每撫時觸景,輒增悽愴,僾見愾聞之際,哀發於中,潸然出涕。古人云,禮之至者,無文哀之。至者無節,實非有所倣而行。亦非欲以立法定制,垂於天下後世也。終身孺慕,寧有已時。今諸臣據二十七月即吉之文,合詞公請祫祭釋服。朕以禮制情,勉允所請。於雍正三年二月十二日,祫祭太廟,釋服即吉。伏念皇考聖祖仁皇帝,御極六十二年,深仁厚澤,普遍寰區。賓天之日,凡京畿直省,海澨山陬,士農工賈,白叟黄童,莫不呼號哀泣。孺慕之誠,三載以來,有如一日。今舉行吉禮,應敷告天下。朕嗣位以來,惟日兢兢,嚴恭寅畏,不敢怠息,庶幾克荷皇考聖祖仁皇帝付託之重。百姓受皇考聖祖仁皇帝教育深恩,當勉勵忠誠,勤守職業,言慈言孝,克友克恭。農夫盡力於南畝,工商致精於器用。毋尚奢侈,毋事浮僞。共期歸真還樸,比户可封,以無負皇考六十餘年培養漸摩之至德,於朕奉先思孝之心,實有賴焉。爾該地方遍行曉諭,俾薄海黎民,咸悉朕意。"

大清會典卷之九十八

禮部祠祭司

〔喪禮三〕

〔太皇太后大喪〕

孝莊文皇后大喪儀

聖祖仁皇帝至德純孝，侍奉聖祖母太皇太后三十餘年。孺慕色養，盡誠致敬。慈顔有喜，克享耆齡。自太皇太后聖體違和，聖祖仁皇帝期夕虔侍，徧檢方書，親嘗湯藥；涣恩釋罪，步禱泰壇。晝夜席地而坐，目不交睫，衣不解帶。及慈馭上賓，聖祖仁皇帝悲哀勞瘁，水漿不御，號慟不輟。諸王大臣合詞上請節哀。慰諭報聞。至性肫篤，不容自已。至欲行三年喪禮，諸王、文武大小各官及太學生徒，各具疏陳不可。聖祖仁皇帝意堅不可回，羣臣復固執以請，章數十上。乃不獲已，勉順輿情。然釋服後，仍在偏殿，服布素，衣履不解，如初時。迨奉移梓宮至郊園，聖祖仁皇帝步送慟哭，每舁校更番，輒哀號跪伏。至龍輴載發，每日必步隨數里，扶掖不離左右。朝夕饋奠，哀毁無異初喪。是以神明感格，靈雨灑塗，及乎山陵。事竣，隆號既薦，祔廟已行，頒詔賜賚。諸凡慎終之典，備極哀榮。而聖祖仁皇帝孝思不匱，追慕不忘，此自古史册記載所未曾有，中外臣民所共聞見。雖欲抒寫揚扢，莫能述其萬一者也。謹據各部院衙門所載，舉其應入會典者，開具於後。

康熙二十六年十一月二十一日，聖祖仁皇帝以太皇太后不豫，詣慈寧宮中問安。嗣後，日在左右，躬親侍奉，竭誠默禱於宫中。〇遣官詣各寺廟，進香祈禱。〇二十七日諭：刑部現監重犯，槩予减等，以祈太皇太后遐算。〇二十九日，太皇太后疾漸劇。聖祖仁皇帝憂慮益切，欲躬禱郊壇。

乃親製祝文，詞旨懇篤，至有願減臣齡以增慈壽語。諸臣皆伏地感泣。○十二月初一日，親率王以下文武各官，自宫中，步詣天壇祈祭。如躬禱常儀。讀祝版時，涕泗交頤。陪祀諸臣無不感泣。祭畢，駕還，仍在慈寧宫中侍疾。是日，太皇太后疾少瘳。○初十日，内閣部院諸臣以聖祖仁皇帝勞瘁過甚，疏請還宫少休。不允。○十二日，王等内大臣侍衛及部院堂官至慈寧宫門前跪奏聖祖仁皇帝稱：自太皇太后違豫以來，寢食捐忘，憂勞日甚。請駕間一還宫，稍爲休息。論曰：太皇太后病勢漸覺沉篤，朕心憂灼，片刻難離，亦不允。○二十五日，太皇太后崩。聖祖仁皇帝擗踊哀號，呼天搶地，哭無停聲，水漿不入口。○頒大行太皇太后遺誥，親王以下入八分公以上内大臣侍衛等，在永康左門外齊集。未入八分公以下及文武大小各官，在午門外齊集。大學士捧遺誥，置慈寧門之内黄案上。王等齊集畢，大學士由黄案上捧遺誥，授禮部堂官，跪受，興，捧出永康左門外，置黄案上，行一跪三叩頭禮，親王以下、入八分公以上内大臣侍衛等，行三跪九叩頭禮，已下俱不贅。跪，候宣讀畢，舉哀，復行三跪九叩頭禮。禮部堂官由黄案上捧誥，置雲盤内，授禮部官，跪受，興。黄蓋御仗前導，至午門外，置層臺案上，張黄蓋。未入八分公以下及文武大小各官，行三跪九叩頭禮，跪，候宣讀畢，舉哀，復行三跪九叩頭禮。畢，禮部官捧誥置龍亭内，行一跪三叩頭禮。黄蓋御仗等前導，由大清門出，至禮部月臺所設案上，禮部官行三跪九叩頭禮，刊刻，遣官頒行天下。○是日，太皇太后鹵簿全設。皇太后以下，俱成服。王以下文武大小各官，齊集於永康左門外，成服。内務府官員等，齊集於永康左門内，成服。公主和碩妃以下縣君奉恩將軍恭人以上，民公命婦以下副都統侍郎阿思哈尼哈番命婦以上，齊集於永康右門外，成服。正黄等三旗大小各官、差役、護軍、領催及内管領下食糧男婦，俱成服。○每日三次奠獻時，聖祖仁皇帝親奠酒，行禮，齊集王以下大小各官公主妃以下命婦等，俱隨行禮。○初喪三日内，每日哭臨三次。王以下入八分公以上内大臣、大學士等，及外藩王以下公以上至戚台吉等，禮部、工部、理藩院堂官，入永康左門，至慈寧門之内丹陛上，排立，哭臨。未入八分公以下侍衛，滿漢文武大小各官，在永康左門外哭臨。漢文武官由鴻臚寺分派，隨旗哭臨。内務府官員等，在永康左門内哭臨。公主和碩妃等，内務府命婦，入慈寧門之内西傍哭臨。世子妃以下奉恩將軍恭人及阿思哈尼哈番命婦以上，在永康右門外哭臨。其公主王妃以下及命婦，每日早齊集，至晚俱退。進朝門，固山貝子夫人以上乘馬，公夫人以下步行。其從役，親王妃，准隨七名；世子郡王妃，六名；貝勒夫人，五名；貝子夫人，四名；入八分公夫人，三名；未入八分公夫人及一品命婦，各二名；二品以下命婦，各一名。公主以下，乘馬步行、及從役名數，各依妃等品級。其齊集處，設有蓆棚。○第四日，諸王、貝勒、貝子、公、内大臣、侍衛、大學士、學士等，上三旗都統、副都統等，外藩王、貝勒、貝子、公、台吉、塔布囊等，每日哭臨三次。文武大小各官，每日哭臨二次。凡二十七日。自初喪日爲始。親王以下、入八分公以上，於梓宫未發引時，在永康左門外齋宿。發引後，在午門外齋宿。未入八分公以下、部院各官并閑散各官，二十七日内，俱在午門外齋宿。外藩王等每日哭臨畢，各歸寓邸。○舊制，宗室公以上服素帛。今以聖祖仁皇帝自持麤布服，乃俱改用布。王以下各官，不嫁娶、不作樂，齋戒二十七日。軍民人等摘冠纓，婦女去首飾，各齋戒二十七日。在京寺觀，各聲鐘三萬杵。各部院衙門文移，俱用藍印，惟題本用硃印。詔旨，藍筆批答。○凡儀仗，每日陳設二次，至月滿止。遇祭期，仍設。○凡外藩公主王妃等至京，即入永康右門，詣梓宫前哭臨。王以下、台吉以上至京，理藩院導入永康左門，在慈寧門之外行三跪九叩頭禮，立於東傍哭臨。其外藩公主王等在二十七日内至京者，令成服。除服後至京者，男摘冠纓，婦女去耳環，各三日而止。○遣侍衛二員，頒遺誥於朝鮮國。至日，令遵例制服。其在京朝鮮等國使臣，工部造給孝服，免其齊集。○凡罷黜宗室覺羅官員，仍給孝服。原品休致文武大臣及八旗候補文武各官，俱給孝服。○凡請假丁憂終養四品以上漢文官，俱令來京，詣梓宫朝謁，禮畢即回。○禮部以致祭品式奏請。諭：孝務自盡其心，不在儀物多寡。所用致祭品式，俱照世祖往例。○二十九日，行常祭禮。王以下大小各官，外藩王等，及公主王妃以下大臣命婦齊集，如常儀。讀祝官捧祭文，禮部堂官後隨，由永康左門入慈寧門，進至廊簷下西傍，設於案上。内務府官陳設祭品畢，讀祝官捧祭文，跪，聖祖仁皇帝跪，哀暫止，衆皆跪，讀文畢，奠酒三爵，每奠一叩首，衆隨行禮，畢，興，舉哀。撤祭，王以下皆出，讀祝官捧祭文，禮部堂官前導，由中門出，奉安燎位。畢，衆皆退。凡祭日，遣王妃等捧衣至燎位，並奠酒三爵，衆隨行禮。○聖祖仁皇帝自太皇太后寢疾以來，晝夜侍奉，不遑少休，天顔清減。遭喪之後，哀痛過切，聖容癯瘠益甚。諸王羣臣惶懼合詞，疏請節哀報聞。外藩王等亦奏請節哀。聖祖仁皇帝慰諭之，仍哭踊不已。諸王大臣以除夕請駕暫還宫。不允。○二十七年正月朔，諸王大臣以元旦令節再三奏請節哀還宫。仍不允。惟令王以下輟哭一日。○初二日諭：内三旗命婦等,日輪一旗,分班入臨。○初五日諭:“朕八歲,皇考世祖章皇帝賓天;十一歲,皇妣慈和皇太后崩逝。兹遭大故,回思早喪怙恃,益增哀疚。今欲獨持服二十七月於宫中,少慰罔極之痛,幾政不致曠廢。”諸王大臣感悚合奏:帝王之孝,與臣民不同。自古人主,無不以日易月。願仰遵遺誥,守易月之典。不聽。諸王大臣又奏:祭爲吉禮,必於除服之後。若使郊廟神靈少有弗歆,太皇太后之靈亦必不安。皇躬獨持服宫中,非君民一體之義。如中外一體持服,停止祭祀音樂嫁娶,有妨生業。謂:朕意已定。仍斷來章。於是諸王貝勒貝子公等文武羣臣公疏跪奏於慈寧門前。復不聽,還其疏。諸王大臣往復數次敦請,聖意益堅。内閣、九卿、翰林、詹事、六科、各道御史,或公疏,或特奏,力陳不可。已而,國子監官率監生五百餘人,伏闕上書,請遵遺誥,從廷議。諸王大臣免冠叩首,固請。不得已,乃勉從衆請,猶欲持服百日。諸王大臣復固請。乃已。○初八日,諭禮部:恭議上大行太皇太后尊謚。復諭曰:“太皇太后升遐未久,祭文内不書徽號,遽易尊謚,朕心深爲悲痛。俟奉安寢園後,始稱尊謚以祭。”○初九日,行啓奠禮,致祭。齊集,讀文,奠酒,行禮,與常祭同。○十一日,奉移梓宫至朝陽門外殯宫。先是,欽天監擇二十六年十二月二十九日發引。聖祖仁皇帝嫌爲期太速。諸臣以舊制,喪事不令踰年。諭:“朕殊不避忌。如果有所忌,朕躬當之。否則虚誕。其令後人曉喻,以朕爲法。”遂令另擇吉。於正月十一日發引。是日,儀仗全設,奉安全載徽號册寶於綵亭内,校尉舁舉,在曲柄繖前行。王以下貝子以上年高者,及外藩至戚王以下台吉以上年高者,於武英殿前齊集。以上齊集王等,及公主子孫,俱在梓宫近處隨行。王以下奉恩將軍以上内大臣侍衛,外藩王以下塔布囊以上,於東華門外,分翼齊集。左翼民公以下大小各官,於紅廟處;右翼民公以下大小各官,於燈市口齊集。至期,焚紙錁,奠酒三爵。聖祖仁皇帝稽顙痛哭,環抱梓宫不已。近臣再四懇勸,始移梓宫啓行。由雍和門過協和門,出東華門、東安門,至朝陽門外。所過門橋,遣大臣奠酒三爵。聖祖仁皇帝於梓宫前步行,預斷車靷。諸臣固請乘輿,見靷斷,乃不敢言。沿塗哭不停聲。梓宫每更舁校時,輒跪道左哀慟。皇太后妃等,預往殯宫候。慈寧宫人及所派内務府婦女,俱於梓宫後隨行。轎車俱用黑幃。王以下官員齊集者,各候梓宫至,舉哀,跪迎,隨行,哭送。漢文武大小各官,先期於殯宫牆外齊集,候梓宫至,舉哀,跪迎。内務府官員在豹尾鎗後隨行。公主王妃以下及大臣命婦,先至二門外,分翼排立,梓宫至,舉哀,跪迎。執事各官隨梓宫進。奉安畢，内務府官捧册置梓宫左，寶置右。焚紙錁，奠酒三爵，號泣良久。王以下各官，公主王妃以下大臣命婦，俱隨行禮，舉哀。畢，各退。聖祖仁皇帝居大行太皇太后殯宫旁，不還宫，三日，始設褥。每日三次上食時，率王、貝勒、貝子、公、大臣、侍衛、外藩王、貝勒、貝子、公、台吉、塔布囊等，於梓宫前舉哀。〇十三日，行初次大祭禮。儀仗全設，王以下文武大小各官，外藩王等，及公主王妃以下大臣命婦，齊集。讀祝官捧祭文跪，聖祖仁皇帝跪，衆皆跪。讀文畢，奠酒三爵，痛哭盡哀，衆皆隨行禮，舉哀。畢，讀祝官捧祭文至燎位，奠酒三爵，衆皆退。〇次日，復祭。親率王、貝勒、貝子、公、大臣、侍衛、外藩王、貝勒、貝子、公、台吉、塔布囊等，舉哀。致祭行禮，如常儀。諸王大臣屢請回宫，駕乃還。幕居於乾清門外之左。〇十七日，親率王、貝勒、貝子、公、大臣、侍衛、外藩王、貝勒、貝子、公、台吉、塔布囊等，詣太皇太后殯宫，每日三次舉哀。〇二十一日，行大祭禮。親奠酒，致祭。齊集，舉哀，讀文，致祭行禮，與初次大祭同。是日，滿二十七日。皇太后及妃等，俱於坐處分撥命婦釋服。聖祖仁皇帝率皇子，詣梓宫前行三跪九叩頭禮，俱分撥内大臣釋服。公主王妃等，在院内原位排立，俟捧衣至，跪，舉哀，候過，興，隨後行。王以下各官，預出大門外分翼排立。入八分公夫人以下大臣命婦出角門，在燎位兩傍排立。候捧衣至燎位，衆俱跪，奠酒時，俱隨跪，叩頭，興，各釋服。聖祖仁皇帝憫念大行太皇太后姻戚外藩王、貝勒、貝子、公、台吉等，以太皇太后遺留白金幣帛，分别親疎頒賞。令於梓宫前謝恩。〇次日，復祭。親率王等舉哀。致祭行禮，如常儀。畢，乃還。居於乾清門内偏殿，仍服布服，衣履不解。〇二十四日，聖祖仁皇帝見皇太后哀痛勞瘁，慈顔瘦減，遣大臣太監奏請滿月致祭時皇太后不必親往。皇太后不允。〇外藩王等因喪事進獻馬匹等物如例。特加軫念，令各減數。王以下公以上，納馬三匹。台吉以下，納馬一匹。〇二十五日，行滿月致祭禮。親詣太皇太后殯宫。王以下鎮國將軍以上，民公以下滿漢文武三品官以上，公主王妃以下鎮國將軍夫人以上，民公命婦以下都統尚書精奇尼哈番命婦以上，齊集，舉哀。奠酒，致祭，行禮，如常儀。畢，駕還。〇嗣後，常詣太皇太后殯宫，上食，舉哀。每遇滿月致祭，清明致祭，親詣奠酒。王以下齊集，舉哀。致祭行禮，與初滿月同。〇四月初三日，行百日致祭禮。親詣太皇太后殯宫。王以下大小各官，外藩王等，及公主王妃以下大臣命婦，齊集，舉哀。讀文，致祭，行禮，如大祭儀。〇初五日，行啓行致祭禮。親詣太皇太后殯宫。王以下鎮國將軍及内大臣侍衛都統尚書精奇尼哈番以上，並内務府官員，公主王妃以下鎮國將軍夫人及都統尚書精奇尼哈番命婦以上，並内務府官命婦，齊集，舉哀。讀文，致祭，行禮，如大祭儀。〇初七日，由殯宫奉移梓宫啓行。儀仗全設。王以下奉恩將軍以上，在土城關外大路南齊集。内大臣侍衛及内務府官員，在朝日壇北齊集，覺羅民公以下滿漢文武各官，三品職掌以上官員，留三分之二在署辦事。其一分，由各衙門奏請隨送。及衍聖公五經博士等，在八里莊西分翼齊集。太監等，在殯宫大門外東旁齊集。公主王妃以下奉恩將軍恭人及副都統侍郎阿思哈尼哈番命婦以上，在大門内齊集。内務府婦女，在兩傍牆外排立。至期，焚紙錁，聖祖仁皇帝哀慟不勝，奠酒三爵。其全載徽號玉册玉寶，恭設輿内，前導。梓宫啓行，聖祖仁皇帝哭踊扶掖，步行三里餘，方乘馬。舁校更班時，必下馬跪道傍。沿途哀慟，哭不停聲。所過門橋，遣大臣奠酒三爵。皇太后及妃等，由别道行。因隨送王以下各官預往前候迎者衆，恐道壅難及故。王以下官員命婦齊集者，各候梓宫至，舉哀，跪迎，候過，興。應留王以下各官及公主王妃命婦，各散。應隨送王以下各官及慈寧宫人公主王妃等，并所派内務府婦女，各按隊乘馬及輿隨行。梓宫將至享殿，下馬步哭。王以下各官，預往排立，梓宫至，跪哭，隨後行。奉安享殿，焚紙錁，奠酒，衆隨行禮，舉哀。畢，各退。〇在途每日早，陳設儀仗，奠酒，號慟，步行數里。每舁校更班，駕輒親行審視。將至享殿，復號慟，步行，如初啓行時。王以下齊集，跪哭，送迎，如前儀。〇沿途百里以内文武官員，跪迎梓宫，於道右，舉哀，候過。或遇宿處，在蓆牆外行三跪九叩頭禮。上食時，仍隨衆行禮。〇十四日，禮部以是日丙辰，例不哭泣，奏請駕勿詣梓宫前。不聽。是日，守暫安奉殿，並執事各官及守孝陵皇后陵寢不值班各官，俱至臨河，跪迎梓宫，舉哀，候過，興，隨行。梓宫至山陵所，奉安於享殿，遣大臣告祭孝陵、皇后陵寢。嗣後，每日梓宫前奠獻三次。王以下各官，齊集，舉哀，行禮。〇十五日，躬奉皇太后率妃等恭謁孝陵，行三跪九叩頭禮，奠酒三爵，每奠一叩首，立，舉哀。詣皇后陵寢，奠酒三爵，每奠一叩首，立，舉哀。惟妃等行三跪九叩頭禮。〇朝鮮國進香使臣詣享殿前致祭。隨送王以下各官齊集。鳴贊官贊使臣行三跪九叩頭禮，讀文，奠酒時，遣王奠酒，衆隨跪，叩頭，舉哀。畢，復贊行二跪六叩頭禮。畢，各退。〇十六日，扈從王以下各官恭謁孝陵皇后陵寢，俱行三跪九叩頭禮，立，舉哀。〇十七日，行奉安暫安奉殿告祭禮，奠酒，王以下各官齊集，舉哀。致祭，行禮，如常儀。〇十八日，行啓殯禮。儀仗全設。王以下各官排立享殿右。聖祖仁皇帝奠酒三爵，王以下各官隨行禮。梓宫出享殿，衆皆跪，舉哀，候過，隨行，至大門外分翼排立。公主王妃等及内務府婦女，預往大門内花門外分翼排立。奉安暫安奉殿前院内享殿，内務府官捧册置梓宫左，寶置右，奠酒三爵，衆隨行禮，舉哀。畢，各退。〇十九日，奉安梓宫於暫安奉殿。聖祖仁皇帝哀慟不止，奠酒三爵。王以下各官隨行禮，舉哀。奉安時，躬親舉扶安設，復哀慟良久，奠酒三爵，行三跪九叩頭禮，衆隨行禮，舉哀。畢，各退。是日，復遣大臣告祭孝陵、皇后陵寢。駕在近陵所駐蹕，俟修理殿工。〇二十二日，親詣暫安奉殿，視封掩畢，奠酒三爵，哀慟良久，乃還京。〇設暫安奉殿管理祭祀郎中一員，員外郎二員，讀祝官二員，贊禮郎四員，筆帖式四員，内務府關防筆帖式二員。凡應行文移，用孝陵管理祭祀關防；内務府應行事宜，用孝陵修理關防，俱不另給撥。每旗官二員，命選擇皇后陵寢官員諳練者，調補一半。守護兵十名，附孝陵總管統轄，内務府郎中一員，内管領一員，飯房頭目一員，茶房頭目一員，餘派設太監人役，俱照陵寢例。〇五月初五日，内閣、翰林院、詹事府會同恭擬大行太皇太后尊謚曰孝莊仁宣誠憲恭懿翊天啓聖文皇后。議上，令該衙門擬撰册文。〇八月十二日，喀爾喀、厄魯特因喪事，各進獻馬匹等物。〇十月十六日，聖祖仁皇帝詣孝莊文皇后暫安奉殿，行上尊謚禮。畢，儀注另載。還京。十九日，行恭題神主禮。前期，工部造成神牌。至期，滿漢大學士各一員，俱朝服，盥手，詣香案前，跪，上香。畢，一跪三叩頭，興，於神主主字空處，恭點石青。畢，又行一跪三叩頭禮，興，各退。〇二十二日，奉孝莊文皇后神主升祔太廟、奉先殿。儀注另載。

大清會典卷之九十九

禮部祠祭司

〔喪禮四〕

〔皇太后大喪〕

孝端文皇后大喪儀

順治六年四月十七日,皇太后崩。親王以下,拜他喇布勒哈番以上,公主和碩妃以下,正黄鑲黄二旗、拜他喇布勒哈番三等侍衛命婦以上,六旗阿達哈哈番命婦以上,各照翼齊集。王以下文武各官及王妃以下官員命婦,俱成服。官員摘冠纓,婦女去首飾。○凡初祭、大祭、常祭、月祭、百日等祭,一應禮儀,俱與太宗文皇帝喪禮同。○七年二月,恭奉靈位移送昭陵,行加上尊謚禮,行配祔昭陵禮,行奉移禮,三次祭文,俱内院撰擬。前期,禮部官送至安設靈位處,置西旁黄案上。至祭日,設黄幄於殿外,大學士捧册文,置黄案上,恭上尊謚曰孝端正敬仁懿莊敏輔天協聖文皇后。是日,皇妃公主和碩妃以下、貝勒夫人縣君一品官命婦以上,親王以下、二品官以上,各分翼排列。靈位前供獻饌桌,皇妃跪奠酒三爵,衆皆跪,三叩頭。徹供物畢,大學士捧册宣讀,内院官捧祭文宣讀,衆皆跪,宣讀畢,興,捧送祭文焚畢,衆皆散。○前期,禮部官捧升祔太廟神位,至内院,奉安黄案上,上香。大學士跪,三叩頭,興,書尊謚於神位,又於奉安靈位殿西,張黄幄於路之正中,内設黄案二。至移送日早,大學士一員於祔廟神位案前,一跪三叩頭,捧舉神位奉安黄亭内,一跪三叩頭。内官舁亭,前排吾杖一對,至黄幄停止。大學士詣亭前,一跪三叩頭,捧神位奉安黄幄内黄案上,上香。候靈駕至,往送各官進奉安靈位殿内,行奉移禮,奠酒三爵,捧靈位奉安黄輿,啓行,至黄幄前,暫停,大學士一員詣幄内黄案前,一跪三叩頭,興,於神位上點石青,畢,一跪三叩頭,興,往送各官奉靈駕啓行。前詣昭陵安設。致祭行禮,與太宗文皇帝大喪儀同。

孝康章皇后大喪儀

康熙二年二月十一日,慈和皇太后崩。是日,鹵簿全設。王以下文武各官齊集宫門外,公主王妃以下、縣君及副都統侍郎阿思哈尼哈番命婦以上,齊集宫内,俱服縞素。王以下各官輪班,每日二次進内舉哀。王以下各官,不嫁娶、不作樂,各官命婦去首飾,凡二十七日。軍民人等摘冠纓,婦女去首飾,凡七日。〇次日,王以下各官,公主王妃以下大臣命婦,照前齊集,舉哀,至晚各退。〇第三日早,王以下各官,公主王妃以下大臣命婦,齊集,舉哀。公主王妃以下大臣命婦,以後不齊集。〇第四日早,王以下各官齊集。至日午,各散。嗣後,在部院衙門辦事及在内值班,衣帶各縞素冠,皆摘纓。〇第五日,頒詔。禮部堂官至内院,接捧至部。遣官頒發各省及朝鮮國。詔到日,在外文武各官摘冠纓,素服,出城門跪接,舉哀,候過,隨行,捧詔安設衙門内案上,三跪九叩頭,宣讀畢,舉哀,又三跪九叩頭。自次日起,文武各官於衙門内朝夕舉哀二次,凡三日,服白布服二十七日。各官命婦去首飾,服素服二十七日。軍民人等摘冠纓,婦女去首飾,服素服七日。服内俱不作樂、不嫁娶。〇禮部移文直省,免其遣官進香。〇奉移梓宫詣壖上。儀仗全設。内大臣侍衛齊集宫門外,王貝勒等齊集東華門外,各官齊集東安門外。公主王妃以下大臣命婦,先一日赴壖上。梓宫將發,内務府官執爵,禮部尚書捧授,輔臣跪接,奠酒三爵,衆俱跪,隨叩頭,立,舉哀。梓宫出,奉舁校尉,仍用鑾儀衛服色。内大臣侍衛排跪,舉哀,候過,隨行。一半隨送,一半散。内務府婦女六十名,附近梓宫後,乘馬隨行。梓宫出東華門,王貝勒等排跪,舉哀,候過,隨行。在内大臣侍衛之次,出東安門。各官俱排跪,舉哀,候過,隨行。一半隨送,一半散。往送官員,各按旗行。每過門橋,内務府官執爵,禮部堂官奠酒。梓宫至壖上,公主王妃以下大臣命婦,分翼排列,跪接,立,舉哀,隨入。王貝勒等各官,在門外分翼排立。候奉安梓宫畢,王、貝勒、内大臣、侍衛、都統、精奇尼哈番、尚書,俱進内,分翼排立。輔臣跪奠酒三爵,王等各官及公主王妃以下大臣命婦皆跪,隨三叩頭,立,舉哀。畢,各散。〇清明致祭。公侯伯以下參領阿達哈哈番以上,一半齊集,内大臣侍衛輪派前往。輔臣跪,奠酒三爵,各官隨跪,叩頭。〇初祭禮。儀仗全設。王以下奉恩將軍以上,民公以下各官,一半齊集。公主王妃以下縣君奉恩將軍恭人以上,民公侯伯命婦以下副都統侍郎阿思哈尼哈番命婦以上,俱齊集,致祭。禮部堂官讀祭文,衆皆跪。讀畢,輔臣跪奠酒三爵,衆皆隨跪,叩頭,立,舉哀。大行皇太后親族夫人,至焚祭文處,奠酒三爵,衆皆散。是日,滿二十七日,衆皆除服。○次日,行常祭禮。止内務府官齊集,跪,奠酒三爵,每奠一叩頭。○滿月致祭禮。民公侯伯以下副都統侍郎阿思哈尼哈番以上,一半齊集,跪奠酒三爵,每奠一叩頭。嗣後每遇滿月致祭,並同。○奉安寶案禮致祭,與滿月致祭同。○行大祭禮。儀仗全設。齊集,供獻,行禮,與初祭同。○五月,行百日致祭禮,與滿月致祭同。○恭上尊謚曰孝康慈和莊懿恭惠崇天育聖皇后。聖祖仁皇帝御素服,出太和門,閲册寶。内院官一跪三叩頭,捧册寶,置綵輿内。聖祖仁皇帝還宫。校尉舁輿,前排御仗二對,禮部鑾儀衛堂官内務府官導行,出東華門。至壖上,安設神位殿内,禮部官一跪三叩頭,捧册寶,置黄案上,復一跪三叩頭,退。○奉遷神位。前期一日,致祭。儀仗全設。王以下鎮國將軍以上,俱齊集。民公侯伯以下副都統侍郎阿思哈尼哈番以上,一半齊集。册設於左,寶設於右。禮部讀祝官,一跪三叩頭,捧册寶宣讀,次讀祝文。畢,輔臣跪,奠酒三爵,衆隨跪,叩頭。是日,派往隨送内大臣侍衛各官及内務府婦女,俱赴宿壖上。○次日早,儀仗全設。内大臣侍衛在殿院内,各官在院外,分翼排立,舉哀。禮部官於神位前,奠酒三爵。至吉時,大行皇太后親族都統副都統,恭捧神位,置輿内。校尉舁輿,大臣各官命婦等,隨後步行。至城門,奠酒三爵。出城後,命婦等乘馬隨後。内大臣侍衛及各官,俱按旗乘馬排行。過橋,禮部堂官奠酒。每日晚至宿次,大臣各官分翼齊集,供獻,舉哀,徹供。畢,散。○六月,行奉安禮。輔臣内大臣侍衛公侯伯以下文武三品以上各官,於網城外,分翼排立,候神位至,跪,舉哀,候過,隨至木城外,排立,舉哀,恭奉神位,安設圓幄内。畢,各官俱散。是日,儀仗俱焚訖。其移送地宫致祭禮,並載世祖章皇帝奉安儀内。○九年三月,加上廟號曰章皇后,升祔致祭。儀注另載。

孝惠章皇后大喪儀

聖祖仁皇帝奉事仁憲皇太后,尊養備至,超絶千古。自初親政之年,宵旰憂勤,不遑暇食。而視膳問安,歷久無間。迨海宇昇平,年登耆艾。而寢門三朝之節,不懈益虔。每值國家慶典,所上箋奏,親撰手書。凡南北巡幸,恭奉聖母以行。龍輿鳳舸,自啓行以至宿次,躬親定省,必蒙懿旨慰諭,然後即安。蓋孺慕之誠,六十年如一日也。迨慈馭升遐,祔廟大典,禮臣奏循舊例。而聖孝諄篤，叙正位次，皆合天理人情之至。至於治喪事宜，惟恐昔年輔臣所議典禮，未極隆備，必更勅諭廷臣小心詳察。至性至情，發於孝思之無窮，非紀載所能悉。惟彙輯喪儀大端，以永垂令典於萬年云。

康熙五十六年十二月初六日，仁憲皇太后崩。〇先是，王大臣等奏稱：皇太后疾大漸，如有不諱，請照孝康章皇后治喪事宜遵行。奉旨："孝康章皇后賓天時，朕方十歲，俱係輔政大臣辦理典禮，恐有未備。後見治仁孝皇后事宜，甚有條理。今遇皇太后大事，若稍有簡略，朕心如何得安？爾等小心詳議舉行。"至是日酉時，升遐，戌時，入斂。聖祖仁皇帝方足疾未愈，御軟榻。侍衛四員，舁詣寧壽宫中，即就榻上成服，跪哭，號泣迫切。左右不忍仰視。良久，皇子諸王大臣等環跪叩勸，强舁軟榻退出。聖祖仁皇帝仍哀哭不止。傳旨："朕事太后聖母六十年，慈孝無間。前太后病增，朕坐榻省安，太后雖不能言，猶能認視。今朕雖足痛，艱於動履，得在榻上照常祭奠，朕心庶得稍安。爾等自夜達旦，不可止哀。"内大臣、侍衛，分爲三班，輪流舉哀。八旗大臣官員，分爲四班，按左右翼，於王等後輪流舉哀。宗室、覺羅、漢大臣、官員等，亦輪流舉哀。其寧壽宫宫女太監等，舉哀，至明日供早饍後，暫止。〇次日，公主王妃以下奉恩將軍恭人以上，民公侯伯夫人以下阿思哈尼哈番命婦以上，内務府官員執事人等妻，俱成服。王以下奉恩將軍以上，民公侯伯以下有頂帶官員以上，内務府官員執事人等，俱成服。革退之宗室覺羅等，亦成服。王以下文武各官，不嫁娶、不作樂，凡二十七日。軍民人等，凡七日。出兵將軍以下兵丁以上，摘纓三日。海子、湯泉、西花園及口内外沿途行宫等處太監，摘纓二十七日。外藩公主、王妃等，額駙、王、台吉等，未釋服至者，成服；釋服後至者，摘冠纓，去耳環三日。朝鮮國人員，在京者，令成服，免其齊集。各省督撫、提鎮、三司、官員，免遣官進香。告假四品以上官員，免來京叩謁。每日，儀仗陳設二次，早晚上食及日中薦果品案，俱派皇子等奠酒。公主和碩妃以下入八分公夫人以上，於寧壽門之内齊集。民公侯伯夫人以下阿思哈尼哈番命婦以上，於寧壽門之東旁門外齊集。内務府官妻，次命婦齊集。王妃等乘馬，命婦等步行，俱自神武門進。王以下入八分公以上，内大臣、侍衛、滿漢大學士等，於寧壽門之外齊集。未入八分公民公侯伯以下滿漢文武官員以上，於寧壽門之西旁門外齊集。内務府官員等，於寧壽門之外西墻下齊集。俱自東華門進。三日内，俱在各齊集處隨跪，舉哀。三日後，王、貝勒、貝子、公、大臣、官員等，每日早一次齊集。王妃以下命婦等，於祭祀奉移等日，照常齊集。三旗内務府官員等妻，每日輪班齊集。○頒大行皇太后遺誥於直省及朝鮮國。於誥到之日，各照例成服，凡二十七日。○十六日，行奉移啓奠禮。前期，禮部奏呈儀注。奉旨："此乃初祭，朕雖艱於動履，務必親詣奠酒。寧壽宫内豈能再得行禮，從此永别矣！諸皇子及大臣等，勿拂朕意。"是日，仍派出皇子恭代奠酒。設奠案一於寧壽宫中月臺之中，設祭品案於月臺之兩旁，設祭文案一於廊下之西檐。禮部堂官捧祭文，進寧壽門之中門，安設於西檐案上。内務府官陳設畢，讀祝官捧祭文跪，派出皇子詣奠酒案前跪，衆隨跪，哀暫止。讀祝畢，奠酒三爵，每奠一叩首，衆隨叩首，畢，興，舉哀。徹祭案，王公以下俱出。讀祝官捧祭文，禮部堂官前導，出中門，至燎位，交太監捧送。亦出派王妃奠酒三爵，衆婦女俱隨行禮。畢，各退。○十七日，奉移梓宫於朝陽門外殯宫，暫行安奉。王以下貝子以上年高者，外藩至親王台吉年高者，爲公主之子孫者，於協和門外東北齊集。王以下奉恩將軍以上，外藩王以下台吉以上，在東華門外路口齊集。左翼民公侯伯以下官員以上，在燈市口齊集。右翼民公侯伯以下官員以上，在紅廟大街口齊集。奉移時，奠酒三爵。梓宫啓行，王以下各於齊集處跪迎，舉哀，候過，馬上儀仗前行。徽號册寶奉安綵亭，校尉舁舉，在曲柄繖前行。凡大行皇太后御用器物，内務府人等對馬恭捧，在儀仗兩旁隨行，次妃嬪等車輛隨行，次内務府婦女一百八十人乘馬隨行。少間，豹尾鎗侍衛隨行，次王大臣官員等按班隨行。每過門橋，派大臣奠酒。公主和碩王妃以下官員妻以上，預至殯宫二門外大門内排立。王以下八旗大臣官員到時，俱於大門外排立。候梓宫至，跪迎，舉哀，候過。梓宫入殯殿，内務府官陳册寶於左右，太監等掛龍幔設供。派出皇子奠酒三爵，每奠一叩首，衆隨叩首。畢，各退。○奉移後，每日照常三次供獻，派内務府大臣命婦奠酒。一月前，儀仗日設二次，滿月後停止陳設。遇大祭日仍設。二十七日内，内務府官員等妻在内舉哀，内務府官在外舉哀。百日内，内務府官及伊等妻女，派四十人，每日輪班三次供獻，舉哀。○二十一日，行初次大祭禮。儀仗全設。王以下文武官員外藩王台吉等，公主王妃及大臣命婦，内務府官員等妻，照常齊集。讀祝官捧祭文，跪。陳設畢，派出恭代行禮大臣，跪，衆俱隨跪。讀文畢，派出大臣奠酒三爵，每奠一叩首，衆隨行禮，興，舉哀。畢，讀祝官捧祭文，至燎位，退出。派出王妃奠酒三爵，衆婦女俱隨行禮。畢，各退。○次日，復祭。禮部工部官員内務府官員及内務府官員之妻等，齊集。内務府大臣命婦奠酒，舉哀。○二十七日，行大祭禮。公主王妃以下入八分公夫人以上，於二門内排立。未入八分公民公侯伯夫人以下官員妻以上，於内墻外排立。王以下奉恩將軍以上，外藩王台吉内大臣侍衛二品大臣以上，於二門外屏樹後排立。内務府官於大臣後排立。陳設畢，讀祝官捧祭文，跪。聖祖仁皇帝詣奠案前，跪，衆俱隨跪，哀暫止。讀文畢，聖祖仁皇帝奠酒三爵，每奠一叩首，衆隨行禮，興，舉哀。禮部堂官前引，讀祝官捧祭文，至燎位，齊集王以下俱出。公主王妃以下婦女，俱至燎位，派出王妃跪，奠酒，衆俱隨叩，大門外齊集人等，亦俱隨叩。是日，釋服。○二十九日，行歲暮致祭禮。和碩親王以下奉恩將軍以上，民公侯伯以下文武三品官以上，公主和碩妃以下奉恩將軍恭人以上，民公侯伯夫人以下精奇尼哈番命婦以上，齊集舉哀。行禮與大祭同。○五十七年正月元旦，王以下輟哭一日。○初五日，行滿月致祭禮。齊集，舉哀，奠酒，致祭，如常儀。○週年以前，每週月致祭同。○二月二十一日，行清明致祭禮。齊集，行禮，如常儀。○三月十二日，恭上大行皇太后尊謚曰孝惠仁憲端懿純德順天翼聖章皇后。○前期一日，告祭天壇地壇太廟社稷壇奉先殿。至期，讀文致祭。儀注與大祭同。○十五日，行百日致祭禮。王以下外藩王等，及公主王妃以下大臣命婦，齊集，舉哀。讀文，致祭，如大祭儀。○二十一日，行啓奠致祭禮。王以下精奇尼哈番以上，并内務府官員，公主王妃以下精奇尼哈番命婦以上，并内務府命婦，齊集，舉哀，讀文，致祭。儀注與大祭同。○二十三日，恭移梓宫於孝東陵。前期，聖祖仁皇帝欲親送梓宫至陵。諸王大臣等公請勉抑哀情，保護聖躬，停止親詣。不允。諸王大臣等復數次敦勸。有旨：勿復陳奏。順天府耆民數百人合詞泣懇，梓宫發引之日，聖躬初愈，沿途風霜，恐過勞瘁，請停親往。乃勉從衆請，躬送梓宫啓行，不詣陵。是日，王貝勒貝子公以下奉恩將軍以上，外藩王台吉等，於土城關外齊集。民公侯伯以下滿漢文武有頂帶官員以上，於八里莊兩旁齊集。内大臣侍衛等，於殯宫大門前齊集。内務府官員執事人等，於内大臣侍衛後齊集。太監等，於大門外兩旁齊集。公主王妃以下入八分公夫人以上，於殯宫二門内齊集。未入八分公民公侯伯夫人以下阿思哈尼哈番命婦以上，於二門外齊集。内務府官員妻於大臣命婦後齊集。俱於奉移梓宫時，跪送，舉哀，候過。梓宫陞龍輿，承奠大臣奠酒三爵，行禮，舉哀。畢，梓宫啓行，校尉陳儀仗於馬上，分隊前行，舁舉徽號册寶黄輿，在曲柄繖前行。梓宫左右，每太監一班各十人，在傍隨從步行。次寧壽宫諸宫女車輛隨行。次内務府婦女六十人乘馬隨行。次掌儀司派太監十五人乘馬隨行。次豹尾鎗侍衛三十人隨行。離豹尾鎗數武,王公大臣官員等乘馬隨行。每過門橋,派大臣一員奠酒。不隨送王公大臣官員,於各齊集處舉哀,跪送,候過,畢,各退。應隨送王公大臣官員,於跪迎處候過,乘馬隨行。將近初站宿次時,從别路預往所蓋行享殿北門外,排立,候梓宫至,俱跪,舉哀,候過,至圍墻大門外排立。儀仗全設。梓宫奉安畢,陳册寶列於左右。大臣上食,奠酒三爵,每奠一叩首,衆俱隨叩首,舉哀。畢,各退。次日早,陳設儀仗,衆俱照常齊集。奉移梓宫時,奠酒三爵,衆俱隨行禮。畢,於行享殿大門外排跪,舉哀,候過,分兩翼在後步行,俟舁校頭班更番後,照常乘馬隨行。每至宿次,復跪迎安奉,如前儀。沿途五十里内地方官員,於路右跪接,舉哀,候過,隨至宿次蓆墻大門外,行三跪九叩頭禮。供獻時,立於旗員班末,隨叩,舉哀。至日,三陵不該班官員,俱出至龍口外,跪接梓宫,舉哀,候過。梓宫至,暫安奉於陵上享殿,陳設册寶於左右,奠獻,舉哀。是日,遣大臣各一員告祭暫安奉殿、孝陵、孝誠仁皇后、孝昭仁皇后、孝懿仁皇后几筵,復遣大臣各一員告祭后土神、昌瑞山神。〇每日照常三次上食。内務府婦女及寧壽宫宫女齊集,舉哀。〇四月初五日,行安奉啓奠禮,王以下齊集,舉哀。致祭,行禮,如常儀。〇初七日,奉安梓宫於寶城地宫。前期三日,遣大臣各一員告祭天壇、地壇、太廟、社稷壇。至日,隨送王以下各官,於大門外按翼排立。奉移梓宫時,派皇子奠酒三爵,衆俱隨行禮。王妃公主以下婦女等,預至陵上享殿前甬道東排立,俟梓宫至,跪接,舉哀。梓宫升龍輴,陳册寶於兩旁,設祭案,奠酒三爵,衆俱隨叩,舉哀。梓宫升寶牀,陳册寶於左右石案上,掩石門,奠酒三爵,舉哀。告祭后土神、昌瑞山神。〇是日,以孝惠章皇后奉安地宫禮成,遣大臣告祭暫安奉殿、孝陵、孝誠仁皇后、孝昭仁皇后、孝懿仁皇后几筵。〇中元,遣皇子詣孝東陵行禮,如陵上常祭儀。〇十二月初二日,行恭點神主禮。派滿漢大學士各一員,朝服,盥手,詣香案前,跪,上香。畢,同行一跪三叩頭禮,興,於神牌空點處,用石青填寫。畢,又行一跪三叩頭禮,退。〇初五日,聖祖仁皇帝親詣孝東陵,行期年致祭禮。〇十六日,行升祔太廟禮。前期一日,遣大臣各一員,告祭天、地、宗廟。至期,以聖躬未安,派皇子恭代行禮。王以下文武官員,照親祭例,齊集,讀文,致祭。儀注另載。先是,王大臣等會議:升祔位次,照康熙二十七年孝莊文皇后升祔例。奉旨:"皇太后係朕嫡母,應安奉於孝康皇太后之上。”是日，遵旨：太廟前殿致祭，孝惠章皇后寶座設於世祖章皇帝寶座之次，孝康章皇后寶座設於孝惠章皇后寶座之次。太廟中殿安奉，世祖章皇帝神牌居中，孝惠章皇后神牌居左，孝康章皇后神牌居右。〇次日，頒詔天下。

孝恭仁皇后大喪儀

皇上大孝，超越千古。祇事孝恭仁皇后四十餘年，惟以敬承聖祖仁皇帝之道仰慰慈懷，終始悦豫。聖祖仁皇帝升遐，皇太后哀思致疾。越半載，仙馭上賓。夫喪服以期斷，至三年爲加隆。若前喪未除，復遇後喪，是謂兼服。自古帝王，三年諒陰者，殷宗而後，不復再聞。至於躬居兼喪服持兼服，歷三十有五月之久，哀痛莫釋，齋居如一日者，此則自有史册以來，於我皇上始經一見者也。乃事屬生民所未有，而禮實聖心所安行，其由至性深哀，發爲仁孝誠敬之至者。載筆之臣，雖獲目覩，亦莫能罄其揚扢。而凡因情立文，盡倫盡制者，允宜垂諸典册，昭示萬年。謹據初喪至於即吉所有儀注，開載於後。

康熙六十一年十一月，皇太后以聖祖仁皇帝升遐，哀痛過甚，慈體違和。上於苫次之中，祇敬承顔，委曲慰解，疾漸平復。每夜五鼓，上必親詣永和宫，詳問内監，得知皇太后安寢，始回倚廬。〇雍正元年五月二十二日，皇太后不豫，上親侍湯藥，衣不解帶。〇二十三日丑時，皇太后崩。上擗踊號慟，呼天搶地。哭無停聲，水漿不御。〇戌時，大行皇太后大斂，奉安梓宫於寧壽宫。上詣梓宫前，奠酒三爵，哭泣盡哀。於蒼震門内，設倚廬以居。〇是日，儀仗全設。皇上、皇后、貴妃、妃、嬪、皇子等，俱成服。王以下奉恩將軍以上，民公侯伯以下文武大臣有頂帶官員以上，俱成服。公主王妃以下鄉君奉恩將軍命婦以上，民公侯伯命婦以下阿思哈尼哈番命婦以上，三旗官員等妻，内務府官員等妻，俱成服。罷斥宗室覺羅，亦著成服。外藩公主等，額駙王台吉等，在制内至京者，著成服；釋服後至京者，摘冠纓，除耳環三日。軍前將軍以下兵丁以上，文到之日爲始，摘冠纓三日。各省督撫提鎮三司，停其差官進獻香帛。其回籍四品以上官員，停其來京叩謁梓宫。〇二十四日，行朝奠之禮。日中獻果品案，晡時夕奠。王以下官員，公主王妃以下命婦等，俱齊集，隨班行禮。〇初喪三日内，每日哭臨二次。公主王妃以下鄉君入八分公等命婦以上，在寧壽門之内西傍哭臨。未入八分公民公侯伯等命婦以下侍郎阿思哈尼哈番命婦以上，在寧壽門之東角門外哭臨。内務府官員等妻，在命婦次齊集哭臨。王以下入八分公等以上内大臣侍衛滿漢大學士等，大行皇太后親族人等，在寧壽門之外哭臨。未入八分公民公侯伯等以下滿漢文武官員以上，在寧壽宫前西角門外哭臨。内務府官員等，在寧壽門之外西牆下哭臨。〇第四日，王貝勒貝子公大臣等，每日早齊集一次。公主王妃以下阿思哈尼哈番等命婦以上，每日早齊集一次。至祭祀奉移等日，仍照常齊集。其内務府官員等妻，每日一旗，輪班齊集。〇王以下文武官員，百日内不作樂、不嫁娶。軍民人等，摘纓除環，不作樂、不嫁娶，凡二十七日。〇頒大行皇太后遺誥於天下。停止開讀。禮部堂司官至内閣領取刊刻，差官送往直省及朝鮮國。自誥到之日爲始，照例成服二十七日。〇諭理藩院："皇妣天性仁慈，衆所共知。今皇妣大事，外藩公主郡主等、蒙古王貝勒貝子公台吉等聞之，自必速來。伊等感戴皇考皇妣深恩，竭誠來謁，固所當然。但時值炎暑，蒙古内未出痘者甚多，塗間急行，人馬衝暑，到京或致有傷，則重違皇考皇妣之聖心，朕有所不忍。將此傳諭諸蒙古各旗伊等斷不可來。前者，皇考大事，朕曾諭蒙古諸藩，令於八月盡間恭謁山陵。目前正值炎暑，著停止。前來蒙古王内，除未出痘者不必來外，應來者，於八月盡間來京。伊等旗下地方，亦屬緊要，不可疏防。來時，或扎薩克，或協理台吉，必留一人辦事。至公主、郡主等有必欲來者，亦不必急迫，著從容前來。"〇是日，諸王大臣合詞奏稱：自去冬聖祖仁皇帝升遐以來，皇上過於悲痛，天顔清減，且日理萬幾，心力勞瘁。今又值此大事，皇上仁孝性成，至情不能遏抑，而宗社蒼生倚賴甚重。伏祈勉抑哀情，保護聖躬，以慰天下臣民之望。奉旨："朕於聖祖仁皇帝大事，雖抑制哀衷，尚勉盡臣子之道。不意復遭皇妣太后上賓，力實憊矣。代朕計者，亦謂難堪。但朕思負荷重大，務必節哀强忍，保護朕躬，以仰慰皇考皇妣在天之靈。諸王大臣勿過爲朕慮。"〇二十五日，行奉移梓宫致祭禮。王貝勒貝子公大臣官員等，俱照常齊集。設祭案於寧壽宫中月臺之中，排列祭品案於月臺之兩旁，設祭文案於正廊下之西檐。是日早，禮部大臣敬捧祭文，由寧壽宫中門入，恭安設於西檐案上。至時，上詣梓宫前視陳設祭饌畢，讀祝官捧祭文跪，上跪，衆各於齊集處隨跪，哀暫止。讀文畢，上奠酒三爵，每奠一叩首，衆隨行禮，上旋位立，舉哀，衆隨舉哀。畢，撤祭案，王以下大臣官員以上俱出。讀祝官恭捧祭文，禮部大臣前導。至燎位，交掌儀司首領太監捧立東側，禮部大臣及讀祝官出。齊集王妃以下大臣命婦官員等妻，俱至燎位，派出王妃奠酒三爵，每奠一叩首，衆隨行禮，興，舉哀。畢，各退。〇二十六日，恭移梓宫奉安於壽皇殿。上詣寧壽宫中行奠獻禮，擗踴號呼，哀泣良久。梓宫啓行，儀仗全設，上慟哭跪送。凡大行皇太后服御器用，令内侍恭捧前行，由東華門進景山東門。諸王大臣宗室文武官員分翼齊集，跪送，舉哀。漢大臣官員等預至齊河樓齊集，候梓宫至，跪迎，舉哀，候過，隨行。大學士學士等，俱進景山東門排立，舉哀。尚書侍郎等，俱在景山東門外排立，舉哀。皇后率貴妃、妃、嬪等，祗候於壽皇殿。上由神武門出，祗候於壽皇殿大門之外。梓宫至，舉哀，跪迎。奉安殿内，上號泣失聲，行祭奠禮。自是於順正門内設倚廬以居，日親奠獻焉。〇是日，諭禮部：恭上大行皇太后尊謚。〇二十七日，王大臣等疏稱：時當盛暑，皇上日詣壽皇殿親奠，瞻仰梓宫，必過哀慟。伏乞間隔兩三日親詣一次。奉旨："朕念皇妣誕育眇躬，慈恩罔極。今初成服，隔日一詣，朕實難安。按之典禮，三次上食，俱宜躬親。今止恭詣一次，已勉從爾等所請。每日清晨，哭奠盡哀，方得少展思慕父母之心。不如是，朕不能忍，反於朕躬無益。諸王大臣當諒朕此意，勿得再奏。"〇六月初五日，行初祭禮。上親行奠獻，哭泣盡哀。行禮與奉移致祭同。初六日，王大臣等奏懇節哀，保護聖躬，間日一詣壽皇殿。奉旨："朕自保攝。倘不勝暑熱，另降諭旨。每日親詣之處，仍著伺候。"〇十九日，行大祭禮。與奉移致祭禮同。是日，已滿二十七日，羣臣固請釋服。上哭泣盡哀，乃於梓宫前行三跪九叩頭禮，跪而釋服。皇后、貴妃、妃、嬪、皇子等，俱釋服。王以下各官，王妃以下各官員等妻，俱釋服。〇先是，上每日親詣壽皇殿，奠獻盡哀，還居順正門内。酷暑炎蒸，居處卑隘。左右近侍皆不能堪，諸王大臣屢次敦勸還宫。上不允。至二十七日釋服，王貝勒貝子公滿漢大臣等復奏請還宫，庶可頤養聖體。而御門理事，出入近易，且俾臣僚時得瞻仰，以慰中外之心。再三叩請，上始回養心殿。〇二十三日，行週月致祭禮。與奉移致祭禮同。〇嗣後，週月致祭儀注俱同。〇七月十五日，行中元致祭禮。上親奠獻，哭泣盡哀。〇八月十一日，以恭上大行皇太后尊謚，遣官告祭天壇、地壇、太廟、社稷壇、奉先殿，又遣官告祭景陵。〇十二日，恭上大行皇太后尊謚曰孝恭宣惠温肅定裕贊天承聖仁皇后。上率諸王文武官員詣梓宫前，奉安册寶，獻爵，讀祝，致祭行禮。儀注另載。〇十三日，以恭上大行皇太后尊謚禮成，詔示天下。〇十七日，行啓奠致祭禮。上親詣行禮，讀文致祭，慟哭盡哀。〇十八日，奉移孝恭仁皇后梓宫至景陵。前期三日，遣官各一員，告祭天壇、地壇、太廟、社稷壇。前一日，遣官各一員，告祭后土神、昌瑞山神。沿途派定五程，每宿次，蓋蓆爲行享殿。是日,上詣壽皇殿,望見梓宫,即哀慟不勝,呼搶擗踊,撫戀良久。躬親奠獻畢,跪奉梓宫升龍輿,步從至景山東門外,哭不停聲。王以下滿漢一品大臣及内務府官員等,在壽皇殿大門外齊集。二三品滿漢大臣,在景山東門外分翼齊集。四品以下有頂帶官員以上,俱在城外關厢齊集。在内公主王妃等,在壽皇殿内齊集。在外王妃以下精奇尼哈番命婦以上,在壽皇殿大門内西墻齊集。三旗大臣命婦,内務府官員等妻,在壽皇殿大門外西墻下齊集。各於齊集處,隨班行禮,舉哀,跪送。梓宫啓行,派出内務府官員等婦女六十名,在梓宫後乘馬隨行;太監每十名,近梓宫兩旁輪班步行;皇太后親族派定十六人,在梓宫左右隨行。不隨送王大臣官員各退。其隨送王大臣官員,各按次乘馬隨行。每過門橋,遣大臣奠酒三爵。上由地安門出東直門,預至宿次行享殿敬候。王大臣官員等,在黄布城外按翼排立。梓宫至,舉哀,跪迎。奉安行享殿,行夕奠禮。〇次日早,陳設儀仗,行朝奠禮,跪送梓宫啓行。上仍先至行享殿,行夕奠禮。至於山陵禮,皆如之。〇沿途五十里内地方文武官員,俱在路右跪,接舉,哀候過。至宿次,在黄布城外三跪九叩頭。獻食時,文官在正藍旗末,武官在鑲藍旗末,隨班行禮,舉哀。〇二十四日,上謁暫安奉殿、孝陵、孝東陵,奠酒,行禮,舉哀。畢,遂詣景陵,奠酒,行禮,哀慟良久。諸王大臣環跪敦勸,上方出。至黄幄内,恭候孝恭仁皇后梓宫。凡守護三陵官員同景陵官員,俱出龍口外排班跪迎,舉哀,候過,興,隨行。梓宫至,上跪迎於碑亭之前,步從入享殿之東蘆殿内。安奉畢,内務府官捧册寳陳梓宫左右。上躬親奠獻,號泣不已。扈從諸臣固請節哀,乃出。傳諭曰:"皇太后素性謙謹,事聖祖仁皇帝數十年,未嘗少懈。今暫安奉皇太后梓宫於蘆殿。享殿内現奉聖祖仁皇帝梓宫。皇太后前一應供獻及祭文,不可由中門出入,俱應於西門行走,以仰體我皇妣謙冲至意。"〇是日,遣大臣各一員,以皇太后梓宫至陵告祭暫安奉殿、孝陵、孝東陵、景陵。〇二十五日,行安奉致祭禮。儀仗全設。王以下官員,外藩王台吉等,各守陵大臣、官員、太監、執事人,及大臣命婦、官員執事人等之妻,俱齊集。上先詣聖祖仁皇帝梓宫前奠獻。畢,旋詣孝恭仁皇后梓宫前,讀文致祭,行禮,慟哭良久。齊集王以下等,俱隨行禮,舉哀。〇二十七日,行百日致祭禮。儀注與安奉禮同。〇二十九日,行奉移啓奠禮。九月初一日,行奉安寳城入地宫禮,行恭點神主禮,行奉神主回京沿途朝夕奠禮。一應大典,並載聖祖仁皇帝大喪儀内。〇初四日,聖祖仁皇帝神主、孝恭仁皇后神主至京,由朝陽門入。滿漢文武官員,朝服,跪迎於大清門之外。上率諸王貝勒貝子公等,朝服,跪迎於端門之外,並遣王等恭捧孝誠仁皇后神主、孝昭仁皇后神主、孝懿仁皇后神主,同日升祔太廟,致祭行禮。儀注詳升祔卷。〇二年三月初六日,以清明節至,上躬詣景陵。〇初十日,行謁陵禮,奠酒,舉哀。〇十一日,清明,上詣景陵,親著黄布套履,荷土升寶頂,行上土禮。畢,是日,回鑾。〇五月二十三日,遣官詣景陵,行孝恭仁皇后期年致祭禮。聖祖仁皇帝服闋,上詣太廟行祫祭禮。畢,以孝恭仁皇后服制未滿,仍齋居養心殿,素服涖事。每感念孝恭仁皇后,即復追思聖祖仁皇帝,涕淚交集,歷久彌深。〇十七日,總理事務王大臣等奏稱:聖祖仁皇帝服制已滿,祫祭太廟禮成。允宜遵照古制,舉行國家吉禮。伏祈上御乾清宫統理庶政。至宫内一應齋戒之處,俱察吉禮舉行。奉旨:“國家大禮,皇考皇妣雖有輕重之别,而朕之私衷,則不容分視。外邊吉禮,令照國家典制舉行,已有諭旨。朕於宫中,務期獨盡人子之禮。況今二十七月,並非勉强從事,沽取孝名以爲觀美,祇求朕心之安耳。禮盡則朕心自安。朕意已定,諸王大臣毋得再奏。”〇五月二十三日,孝恭仁皇后二週。屆期,遣官詣景陵,行再期致祭禮。〇七月十四日,内閣九卿詹事科道議覆:八月二十三日,爲孝恭仁皇后服闋之辰,應照前聖祖仁皇帝服闋典禮,勅部擇日祫祭太廟,以告終喪。并行令順天府府尹及直省各督撫出示曉諭,以慰輿情。奉旨:“朕疊遭皇考皇妣大事,追念罔極深恩,莫由仰報。三年以來,祇於宫禁之中,齋居素服,默盡思慕哀戚之忱。非敢自謂遵循古禮,更不欲宣播於衆也。父母之喪,人子之心則一;而帝后之禮,國家之制則殊。今屆皇妣孝恭仁皇后釋服之期,擇日於奉先殿祭告,自行家禮。至於頒諭中外,著不必行。”〇十七日,諸王大臣等奏稱:蒙皇上允諸臣所請,於今月二十三日,孝恭仁皇后服闋,告祭奉先殿釋服。伏祈禮成之後,駕居乾清宫。一應吉禮,照例舉行。奉旨:“服制期滿,大禮告成。諸王大臣等援引典禮,合詞陳奏。朕三年持服,不過默盡其心,非敢自謂盡孝。今雖勉從所請,而孺慕之誠,終身不能忘也。”〇二十一日,孝恭仁皇后服制二十七月期滿,上詣奉先殿祭告,行釋服禮。讀文奠獻儀注,與大祭同。是日,祭畢,駕回宫。諸王大臣齊集乾清門。上御乾清宫,召諸臣入内諭:“父母之恩,鞠育顧復。爲人子者,終身仰報不盡。而朕荷皇考皇妣之恩,尤爲至深至厚。誠所謂欲報之德昊天罔極也。三年之中,如祭祀朝會國家大禮,不可曠缺,朕亦照例舉行。不過於宫中持服,默盡其心,究未能盡此心於萬一也。日月易邁,已屆三載。禮制有定,而朕心無窮。此一件素服,朕衣著三年,今日更換,不勝悽愴。朕之一念,豈但三年固結於中。即終身之久,斷不能忘。"諭畢,天顔慘戚。諸王大臣仰見聖孝誠篤,莫不感動涕零。

大清會典卷之一百

禮部祠祭司

〔喪禮五〕

〔皇后喪〕

孝誠仁皇后喪儀

康熙十三年五月初三日,皇后崩。陳設鹵簿於乾清門至隆宗門。王以下文武各官,俱齊集,左翼官於乾清門之景運門外,右翼官於隆宗門外,俱令依次齊集。王以下入八分公以上,進内於階上舉哀。内大臣侍衞於階下舉哀。未入八分公以下奉恩將軍以上滿漢文武官員,輪班進乾清門外兩旁,排立舉哀。公主王妃以下縣君奉恩將軍恭人以上,民公侯伯夫人以下阿思哈尼哈番等官員命婦以上,俱令各依班次在景運門外齊集。公主親王妃及縣君,進内舉哀。郡王妃以下奉恩將軍恭人以上,民公侯伯阿思哈尼哈番等命婦,俱於齊集處舉哀。各散。王以下各官,及公主王妃以下大臣命婦等,俱服白布服。王以下各官,每日早晚齊集,舉哀二次,凡三日止。旗下閑散官員,仍每日二次齊集。輟朝五日。王以下文武各官,不嫁娶、不作樂,凡二十七日;民間,凡七日止。〇奉移梓宫至西華門外享殿。鹵簿全設。於奉移時奠酒三爵,過門橋奠酒。聖祖仁皇帝親臨送。王以下各官,公主王妃以下内務府官命婦以上,俱先赴奉安梓宫處。公主王妃以下在圍墻外排立,内務府官命婦等在圍墻内排立。候梓宫到時,俱跪,舉哀,候過。王以下内大臣都統大學士尚書精奇尼哈番以上,公主王妃以下大臣命婦以上,隨進,照翼排立,舉哀。副都統侍郎以下,在圍墻外排立,舉哀。奉安梓宫至享殿,畢,奠酒三爵,舉哀,各散。王以下入八分公以上,每日清晨在内大臣處齊集。未入八分公以下奉恩將軍以上,及閑散覺羅官,旗下官員,仍每日兩次,在奉安梓宫處齊集,舉哀。○朝鮮國使臣,亦給白布服,免其齊集。頒勑諭訃聞。該國遣官到日,照例制服。○禮部具題,移文直省,免其齊集舉哀制服及遣官進香。○常祭日,鹵簿全設於圍墻内。聖祖仁皇帝親臨。王以下文武各官,公主王妃以下奉恩將軍恭人以上,民公侯伯夫人以下副都統侍衛命婦以上,齊集。讀祝文時,衆皆跪。讀畢,奠酒三爵,衆皆三叩頭,興,舉哀。畢,讀祝官捧送燎位,奠酒三爵。焚畢,聖祖仁皇帝還宫,衆皆散。○行初祭禮。鹵簿全設於圍墻内。聖祖仁皇帝親臨。王以下文武各官,公主王妃以下縣君奉恩將軍恭人以上,民公侯伯夫人以下阿思哈尼哈番命婦以上,齊集。讀祝、奠酒、行禮、舉哀等儀,與常祭同。是日,俱除服。駕回宫,衆皆散。○次日,行常祭禮。内務府官并命婦齊集致祭。○行奉移梓宫致祭禮。鹵簿全設於圍墻内。王以下文武各官,公主王妃以下縣君奉恩將軍恭人以上,民公侯伯夫人以下阿思哈尼哈番命婦以上,齊集。讀祝文、奠酒、行禮、舉哀,如前儀。禮畢,各散。○奉移梓宫至沙河殯宫。鹵簿全設。奉移時,奠酒三爵,過門橋奠酒。聖祖仁皇帝親臨送。内大臣侍衛,在西安門内齊集。王以下奉恩將軍以上,在西安門外兩旁齊集。民公侯伯以下文武各官,在大街兩旁齊集。漢官在各旗班末排立。梓宫到時,排跪,舉哀,候過,興。不往送各官俱散,往送各官按旗乘馬隨行。公主王妃以下縣君奉恩將軍恭人以上,民公侯伯夫人以下阿思哈尼哈番命婦以上,在德勝門外關厢内齊集,梓宫到時,排跪,舉哀,候過,各散。至沙河,奉安梓宫畢,奠酒三爵,王等各官行禮,舉哀,各散。○行大祭禮。鹵簿全設。王以下奉恩將軍以上,民公侯伯以下文武各官,公主王妃以下縣君奉恩將軍恭人以上,民公侯伯夫人以下阿思哈尼哈番命婦以上,齊集。讀祝、奠酒、行禮、舉哀,如前儀。是日,滿二十七日,王以下各官,公主王妃以下大臣命婦等,俱至焚紙處兩旁排立,奠酒三爵,衆俱跪,每奠隨叩。奠畢,除服,各散。○次日常祭,與前常祭同。○初滿月致祭。鹵簿全設。王以下奉恩將軍以上,民公侯伯以下阿思哈尼哈番以上,齊集。奠酒、行禮,如常儀。百日内,每滿月,齊集、致祭、奠酒、行禮,與初滿月同。百日外,内務府佐領下官齊集,致祭。○謚大行皇后曰仁孝皇后。頒尊謚詔於天下。○七月十五日,秋祭。鹵簿全設。王以下奉恩將軍以上,民公侯伯以下三品官員以上,公主王妃以下鎮國將軍夫人以上,民公侯伯大臣命婦,齊集。讀文、奠酒、行禮,如常儀。○百日致祭。鹵簿全設。王以下奉恩將軍以上,民公侯伯以下阿思哈尼哈番以上，齊集，致祭。〇朝鮮國王遣官進香致祭。是日，鹵簿全設。王以下奉恩將軍以上，民公侯伯以下滿漢四品官員以上，齊集。朝鮮使臣，於右翼末立。陳設祭物，上香，鳴贊官贊三跪九叩頭，畢，退立原班，讀文，奠酒三爵，王以下各官皆跪，朝鮮使臣亦跪，每奠隨叩，興，舉哀，鳴贊官贊二跪六叩頭，興，徹供物，焚祭文，各散。〇歲暮致祭。鹵簿全設。民公侯伯以下四品官員以上，公主王妃以下大臣命婦以上，齊集。讀文、奠酒、行禮，如常儀。〇十四年正月，大學士一員詣沙河，於奉安升祔奉先殿神位前，點香燭，一跪三叩頭，恭捧神位，禮部官前導，至黄案前，奉安案上，點香燭，一跪三叩頭。滿漢大學士各一員，朝服，盥手，詣香案前，一跪三叩頭，於神字上點石青，畢，一跪三叩頭。大學士一員，詣黄案前，一跪三叩頭，恭捧神位奉安輿内，一跪三叩頭。畢，旗尉舁輿，鹵簿全設，出沙河南門，迎至奉先殿。王以下文武各官，俱在東華門外齊集，跪迎，候過，各散。禮部官導引，内閣大臣隨輿，至奉先殿，奉安，行禮致祭。儀注另載。〇清明，因遇慶賀之期，照陵寢例，遣大臣致祭。鹵簿全設。覺羅民公侯伯以下三品官員以上齊集，素服。讀文、致祭、行禮，如常儀。〇期年致祭。鹵簿全設。王以下奉恩將軍以上，民公侯伯以下滿漢四品官員以上，公主王妃以下大臣命婦以上，齊集。讀文、奠酒、行禮，如常儀。〇期年後，每日供獻，每滿月致祭。〇忌辰日致祭。王以下奉恩將軍以上，民公侯伯以下三品官員以上，公主王妃以下大臣命婦以上，齊集。讀文、奠酒、行禮，如常儀。〇清明日，齊集致祭，如忌辰儀，無祝文。〇中元日致祭。王以下輔國將軍以上，民公侯伯以下阿思哈尼哈番以上，公主王妃以下精奇尼哈番命婦以上，齊集。讀文、奠酒、行禮，如常儀。〇歲暮日，因祭太廟，王以下公以上，俱免齊集；鎮國將軍以下四品官員以上，止一半齊集；公主王妃以下大臣命婦以上，俱齊集。讀文、奠酒、行禮，如常儀。〇三週年後，照陵寢致祭例，每月朔望、誕日、忌辰、十月朔，並清明、中元、冬至、歲暮四大祭，及遇吉慶等期，照常致祭。

孝昭仁皇后喪儀

康熙十七年二月二十六日，皇后崩。一應陳設、齊集、舉哀、成服、行禮、致祭，俱與仁孝皇后同。惟衍聖公、五經博士在京，亦給白布服，一體齊集。〇奉移梓宫於武英殿内。鹵簿全設。於奉移時，大臣侍衛在景運門外向西排立，王以下各官在西華門内向東排立，俱候梓宫到，跪，舉哀，候過，興。公主王妃以下大臣命婦以上，先至武英殿門内兩廡階下，照翼排立,候梓宫到,跪,舉哀,候過,興,舉哀。奉安畢,奠酒三爵,舉哀,各散。○清明致祭。鹵簿全設。王以下各官,公主王妃以下阿思哈尼哈番命婦以上,齊集。奠酒三爵,跪,三叩頭,舉哀。畢,各散。○行奉移梓宫至沙河致祭禮。前期,遣大臣於仁孝皇后前告祭。至奉移時,齊集、致祭、行禮,俱與仁孝皇后儀同。○謚大行皇后曰孝昭皇后,禮儀與仁孝皇后同。○歲暮,照陵寢例,遣大臣素服行禮,讀文致祭,仍排設儀仗。○十八年正月,因歲暮未行大祭,特舉大祭,如常儀。○二十年二月,陵寢地宫成,行奉移仁孝皇后、孝昭皇后梓宫禮。鹵簿全設。皇子致祭,讀祝文,奠酒,行禮。王以下四品官員以上,公主王妃以下大臣命婦以上,齊集,俱隨行禮。祭畢,讀祝官捧送焚畢,各散。○越二日,奉移仁孝皇后、孝昭皇后梓宫於陵寢。鹵簿全設。奠酒三爵,啓行,册寶奉安輿内,前行。聖祖仁皇帝親臨送。内大臣侍衛,在沙河城外齊集。王以下奉恩將軍以上,在西竇哥莊西邊齊集。覺羅民公侯伯以下滿漢各官,在西竇哥莊齊集。公主王妃以下奉恩將軍恭人以上,民公侯伯命婦以下阿思哈尼哈番命婦以上,在東竇哥莊東邊齊集。梓宫到時,王以下各官,公主王妃以下大臣命婦等,照翼排跪,舉哀,候過,各散。其往送王以下各官及内大臣侍衛,按旗乘馬隨行,過門橋奠酒。至宿次,奉安梓宫於享殿内,供獻果品,奠酒三爵,王以下各官排班,行禮,舉哀,各散。每早起行時,奠酒三爵。所經地方,五十里内文武官員,至圍栅外,三跪九叩頭,供獻時,在旗末排班行禮。次早,在路右排跪,舉哀,候過。至陵時,暫奉安享殿内,奠酒,王以下各官行禮,舉哀,各散。每日,供獻奠酒。○奉安梓宫前三日,遣官告祭天、地、太廟、社稷。是日,遣官告祭孝陵、昌瑞山、后土之神。○三月,奉移梓宫安葬地宫。前期一日,讀文奠酒,行禮致祭。是日,鹵簿全設。王以下各官齊集,奠酒,行禮,舉哀。梓宫起行,王以下各官在圍栅外照翼排跪,舉哀,候過,隨後步行,奉安梓宫於方城前蓆殿内,陞龍輴,供獻果品,奠酒三爵,王以下各官行禮,舉哀。鹵簿俱焚訖。至吉時,奠酒三爵,奉移梓宫安葬地宫。仁孝皇后梓宫在左,孝昭皇后梓宫在右,香册寶均照左右奉安。奉安時,皇后親族大臣及内務府禮部工部堂官閲畢,地宫石門掩閉,奠酒三爵,齊集各官俱隨行禮,各散。○又遣官詣孝陵,致祭昌瑞山、后土之神。○陵寢方城前平臺上蓋蓆享殿。四月朔日起,四時各大祭、每月朔望、十月朔、忌辰,俱照沙河例致祭。

孝懿仁皇后喪儀

康熙二十八年七月初十日，皇后崩。〇前初九日諭："朕欽奉皇太后諭旨，皇貴妃孝敬性成，淑儀素著。鞠育皇子，備極恩勤。今忽爾遘疾，勢在瀕危。予心深爲軫惜，應即立爲皇后，以示寵褒。前者，九卿諸臣，屢以册立中宫上請，朕遷延未許。今祗遵慈諭，立皇貴妃佟氏爲皇后。"初十日，行册立禮。十一日乙巳，仙馭上賓。輟朝五日。〇是日爲始，陳設儀仗。諸王貝勒貝子公内大臣侍衛大學士學士内三旗都統副都統等，一日三次齊集，舉哀；滿漢文武大小官員，一日二次齊集，舉哀；公主王妃以下八旗大臣命婦官員等之妻以上，一日一次齊集，舉哀，俱服白布服，於朝夕上食時，俱隨行禮。〇十三日，行奉移梓宫禮。排設儀仗。王以下入八分公以上，於東華門内齊集。内大臣侍衛大學士學士等，於東華門外齊集。左翼民公侯伯以下有頂帶官員以上，於紅廟大路口齊集。右翼民公侯伯以下有頂帶官員以上，於燈市口齊集。俱候梓宫至，舉哀，跪迎。聖祖仁皇帝親臨，送至朝陽門外，奉安於殯宫。隨送王以下官員，於殯宫墻外齊集；公主王妃以下，預至二門外齊集，舉哀，跪迎，奉安梓宫。畢，奠獻行禮，衆隨行禮，舉哀。〇十五日，行常祭禮。聖祖仁皇帝親臨奠酒，讀文行禮。諸王以下官員以上，公主王妃以下大臣命婦以上，齊集，舉哀。〇十八日，聖祖仁皇帝詣殯宫奠酒，舉哀。畢，即駐蹕近地。〇二十一日，行初祭禮。王以下，官員王妃以下命婦，照常齊集。親奠酒，讀文，致祭，衆隨行禮，舉哀。是日，釋服畢，駕回宫。〇二十七日，行大祭禮，讀文，致祭，齊集，舉哀。與初祭同。〇八月七日，行大祭禮。王以下官員，王妃以下命婦，照常齊集，讀文致祭。是日，皇子等釋服，衆俱釋服。〇初九日，行月祭禮。行禮如常祭儀。〇九月十三日，行月祭禮。〇二十二日，命親王等恭齎册寶，詣殯宫行禮。謚大行皇后曰孝懿皇后。〇十月初五日，行月祭禮。儀注與常祭同。〇初七日，行百日致祭禮。〇初九日，行奉移啓奠禮，讀文致祭。行禮如大祭儀。〇十一日，奉移孝懿皇后梓宫於陵寢。儀仗全設。王以下奉恩將軍以上，民公侯伯以下滿漢官員以上，公主王妃以下奉恩將軍恭人以上，民公侯伯夫人以下阿思哈尼哈番命婦以上，俱照翼排跪，舉哀。聖祖仁皇帝親臨送，奠酒，行禮，舉哀。畢，梓宫啓行。不隨送王以下各官，於跪送後各退；隨送王以下各官，按旗乘馬隨行。每過門橋，派大臣奠酒。至宿次，奉安梓宫於享殿，陳設册寶於梓宫左右，供獻奠酒。王以下各官排班，行禮，舉哀。次早，奠獻畢，啓行。沿途五十里内文武官員,照例跪迎,於旗末排班行禮。〇十七日,聖祖仁皇帝詣暫安奉殿,行禮,奠酒,舉哀。畢,隨至孝陵,行禮,奠酒,舉哀。又至皇后陵寢,奠酒,舉哀。是日,聖駕駐蹕陵左。〇十九日,行奉移禮,遣皇子讀文致祭。是日,聖駕駐蹕行宫。〇二十日,行安奉地宫禮。聖祖仁皇帝親奠獻。視安奉畢,聖駕移蹕温泉。〇三十日,聖祖仁皇帝至暫安奉殿、孝陵,奠酒,舉哀,仍至皇后陵寢,奠酒,舉哀。畢,駕回京。〇嗣後,清明、中元、冬至、歲暮四大祭及每月朔望、誕辰、忌辰致祭行禮,俱與仁孝皇后、孝昭皇后同。

〔忌辰〕

崇德間定:是日,大内及宗室不祈禱報祭、不筵宴作樂。各衙門官員素服,不理刑名,照常辦事。

太祖高皇帝	八月十一日
孝慈高皇后	九月二十七日
太宗文皇帝	八月初九日
孝端文皇后	四月十七日
孝莊文皇后	十二月二十五日
世祖章皇帝	正月初七日
孝惠章皇后	十二月初六日
孝康章皇后	二月十一日
端敬皇后	八月十九日
聖祖仁皇帝	十一月十三日
孝誠仁皇后	五月初三日
孝昭仁皇后	二月二十六日
孝懿仁皇后	七月初十日
孝恭仁皇后	五月二十三日

〔皇貴妃喪儀〕

雍正三年,敦肅皇貴妃薨。王以下四品文武官員以上,公主王妃以下縣君護國將軍精奇尼哈番命婦以上,俱齊集三次供飯。齊集時,男摘冠纓,女去耳環。散時,仍綴纓帶環。〇派出皇子、内務府官成服。皇貴妃前宫女太監,俱成服。〇供飯時,皇貴妃儀仗全設,派内務府大臣命婦奠酒三爵,每奠一叩頭,衆皆隨叩。〇奉移、初祭、大祭、滿月齊集行禮,俱同。〇圓墳致祭。派出成服之皇子、内務府官等齊集。〇贈謚致祭。王以下四品官員以上,公主王妃命婦等,俱照前齊集。正副使大臣詣内閣,於制册寶案前,一跪三叩頭,恭捧制册寶,由午門中門出,安綵亭内,一跪三叩頭。校尉舁亭,册前寶後,黄蓋一柄、御仗二對前導,執事官員隨後。至殯處大門外,亭止,册東寶西。正副使大臣於亭前,一跪三叩頭,捧起,由中門入,排設案上,册左寶右,中設香案,正使三上香。畢,宣讀官以次恭捧宣讀册文寶文。畢,仍置案上,退。照常讀文,奠酒,致祭。

〔皇妃喪儀〕

崇德六年,東關雎宫宸妃薨。王以下佐領品級以上,固倫公主和碩妃以下副都統命婦以上,俱齊集。陳設儀仗。○奉移時,駕親臨送。齊集王以下佐領以上,公主王妃以下副都統命婦以上,送至墳院。奉安畢,奠酒三爵,王以下皆跪,每奠一叩頭。候駕還宫,衆皆退。○初祭禮。王以下佐領品級以上,固倫公主和碩妃以下副都統命婦以上,齊赴。奠酒三爵,每奠一叩頭。精奇尼哈番以上,各奠酒一次。讀祭文時,王以下各官俱跪。讀畢,興,不叩頭。駕還宫,衆皆退。○滿月致祭禮。駕親臨。王以下大臣等,齊赴,奠酒行禮。○大祭禮。駕親臨。王以下佐領品級以上,固倫公主和碩妃以下副都統命婦以上,齊赴。陳設祭品畢,王貝勒以下各官排立。宣讀謚號册文,王以下衆官皆跪。宣畢,奠酒,王以下衆官跪,三叩頭。内大臣以上,外藩王貝勒以下,朝鮮國世子,各奠酒一次。駕還宫,衆皆退。○朝鮮國王遣官行祭禮。是日,守陵官於殿内設香燭案,禮部官於儀仗末東西設案,陳禮物。兩黄旗大臣在階下兩翼排班,來使亦在階下東西排立。内院大臣捧祭文進殿,女官焚香,來使赴甬道前跪,衆大臣在東西兩旁跪。讀滿祭文畢,女官奠酒一盃,衆一叩頭。次讀漢祭文畢,女官奠酒一盃,衆一叩頭。次讀蒙古祭文畢,女官奠酒一盃,衆一叩頭。衆大臣俱立,舉哀,來使行三跪九叩頭禮,衆大臣止哀。各散。○二次滿月致祭禮。駕親臨。兩黄旗大臣齊赴,奠酒行禮,與初滿月同。○又行致祭禮。皇帝、皇后親臨。貝勒以下佐領以上,副都統命婦以上,齊赴。外藩王世子,兩黄旗大臣,各奠酒一次。行禮與滿月禮同。嗣後妃嬪之喪,俱内務府掌行,臨時請旨。順治十八年定:凡未有封號宫人喪禮,隆替不等,俱由禮部行文該衙門備辦。

大清會典卷之一百一

禮部祠祭司

〔喪禮六〕

〔親王以下喪儀〕

崇德間定:和碩親王喪聞,輟朝三日。遣禮部官視祭葬禮。欽賜初祭大祭。造墳匠役,由工部撥給。多羅郡王喪聞,輟朝二日;多羅貝勒喪聞,輟朝一日,俱遣禮部官視祭葬禮,欽賜初祭大祭,造墳匠役,由工部撥給。固山貝子、鎮國公、輔國公、鎮國將軍、輔國將軍、奉國將軍喪聞,俱遣禮部官視祭葬禮,欽賜初祭大祭。王、貝勒、貝子、婚娶之子卒,遣禮部官致祭。○順治九年題准:和碩親王喪聞,輟朝三日。親王以下奉恩將軍以上,民公侯伯都統尚書精奇尼哈番以下佐領拜他喇布勒哈番以上,固倫公主和碩妃以下縣君奉恩將軍恭人以上,俱會喪。府前陳設執事。彩畫棺内襯五層。府屬官員併護軍校等官以上命婦,俱喪服。至大祭日,除服。諭祭二次,祭文,内院撰給,遣禮部官捧至墳。其親屬及府屬官員,俱於墳門外跪迎,候過,隨入。讀文奠酒時,皆跪。禮畢,送諭祭官於門外,望闕謝恩,行三跪九叩頭禮。宗人府題請欽賜封謚,内院撰給碑文,工部立碑建亭,給造葬價。世子喪聞,輟朝二日。親王以下奉恩將軍以上,民公侯伯都統尚書精奇尼哈番以下參領以上,固倫公主和碩妃以下縣君奉恩將軍恭人以上,俱會喪。府前陳設執事。其彩棺殮襯、府屬官員及命婦喪服除服、諭祭二次給碑文,及題請封謚、立碑建亭、給造葬價等項,俱與親王同。惟牲醴品物造葬銀兩多寡有差。○已下同。多羅郡王喪聞,輟朝二日。一應喪儀,俱與世子同。多羅貝勒喪聞,輟朝一日。世子郡王以下奉恩將軍以上,民公侯伯都統尚書精奇尼哈番以下副都統侍郎本旗佐領以上,和碩公主世子妃以下縣君奉恩將軍恭人以上,俱會喪。府前陳設執事。其彩棺殮襯、府屬官員及命婦喪服除服,論祭二次給碑文,及題請封謚、立碑、給造葬價等項,俱與親王同。惟不建碑亭。固山貝子喪聞,貝勒以下奉恩將軍以上,民公侯伯都統尚書精奇尼哈番本旗參領郎中以上,貝勒夫人以下縣君奉恩將軍恭人以上,俱會喪。府前陳設執事。彩棺内襯三層。府屬官員及命婦喪服除服,並論祭二次給碑文,及題請封謚、立碑、給造葬價等項,俱與貝勒同。鎮國公輔國公喪聞,貝子以下奉國將軍以上,郡君貝子夫人以下奉恩將軍恭人以上,俱會喪。府前陳設執事。其彩棺殮襯、府屬官員及命婦喪服除服、論祭二次給碑文,及題請封謚、立碑、給造葬價等項,俱與貝子同。鎮國將軍喪聞,輔國公以下奉恩將軍以上,俱會喪。府前陳設執事。朱棺内襯一層。賜祭二次。論祭文,内院撰給一次,遣禮部官捧至墳上,迎送謝恩,如常儀。禮部具題候旨立碑,碑文内院撰給,石碑工部建立。應否與謚,宗人府具題請旨。輔國將軍喪聞,鎮國將軍以下奉恩將軍以上,俱會喪。府前陳設執事。朱棺内襯一層。賜祭二次。論祭文,内院撰給一次,遣禮部官捧至墳上,迎送謝恩,如常儀。禮部具題候旨立碑,碑文内院撰給,石碑本家自立。應否與謚,宗人府具題請旨。今由工部立碑。奉國將軍喪聞,輔國將軍以下奉恩將軍以上,俱會喪。府前陳設執事。朱棺内襯一層。賜祭二次。其論祭文,内院撰給一次,遣禮部官捧至墳上,迎送謝恩,如常儀。奉恩將軍喪聞,陳設執事。朱棺内襯一層。賜祭二次。無祭文。王、貝勒、貝子、公、婚娶之子卒,不遣官致祭。許陳鞍馬。祭品各照其父例。未婚娶幼子,不許造墳。閑散宗室卒,俱用朱棺,内襯一層,陳鞍馬,致祭。

凡親王以下祭葬銀兩牲醴品物,定例:和碩親王喪,備鞍粘馬十五匹、無鞍粘馬十五匹;初祭,給牛犢一隻、羊八隻、燒酒九瓶、紙三萬張,大祭如之;造葬,工部給銀五千兩;初祭禮,引旛一竿、錁子七萬,並欽賜紙錢七萬張、祭品三十席;其欽賜牛犢一隻、羊八隻,外再加羊九隻,爲二九,大祭禮如之;百日、期年致祭,錁子一萬、紙錢一萬張、祭品十五席,羊九隻。世子喪,備鞍粘馬十四匹、無鞍粘馬十四匹;初祭,給牛犢一隻、羊八隻、燒酒九瓶、紙二萬五千張,大祭如之;造葬,工部給銀四千兩;初祭禮,引旛一竿、錁子六萬五千,並欽賜紙錢六萬五千張、祭品三十席;其欽賜牛犢一隻、羊八隻,外再加羊九隻,爲二九,大祭如之;百日、期年致祭,錁子一萬、紙錢一萬張、祭品十五席、羊九隻。多羅郡王喪,備鞍粘馬十四匹、無鞍粘馬十四匹；初祭，給牛犢一隻、羊六隻、燒酒七瓶、紙二萬三千張，大祭如之；造葬，工部給銀三千兩；初祭，禮引旛一竿、錁子六萬，並欽賜紙錢六萬張、祭品二十五席；其欽賜牛犢一隻、羊六隻，外再加羊七隻，爲二七，大祭禮如之；百日、期年致祭，錁子一萬、紙錢一萬張、祭品十三席、羊七隻。多羅貝勒喪，備鞍鞊馬十三匹、無鞍鞊馬十三匹；初祭，給牛犢一隻、羊四隻、燒酒五瓶、紙一萬五千張，大祭如之；造葬，工部給銀二千兩；初祭禮，引旛一竿、錁子五萬，並欽賜紙錢五萬張、祭品二十席；其欽賜牛犢一隻、羊四隻，外再添羊五隻，共爲十，大祭禮如之；百日、期年致祭，錁子一萬、紙錢一萬張、祭品十席、羊五隻。固山貝子喪，備鞍鞊馬十二匹、無鞍鞊馬十二匹；初祭，給羊五隻、燒酒五瓶、紙一萬張，大祭如之；造葬，工部給銀一千兩；初祭，禮引旛一竿、錁子四萬、並欽賜紙錢四萬張、祭品十五席；其欽賜羊五隻，外再加羊三隻，共爲八，大祭禮如之；百日、期年致祭，錁子八千、紙錢八千張、祭品八席、羊五隻。鎮國公喪，備鞍鞊馬十匹、無鞍鞊馬十匹；初祭，給羊四隻、燒酒四瓶、紙九千張，大祭如之；造葬，工部給銀五百兩；初祭，禮引旛一竿、錁子三萬，並欽賜紙錢三萬張、祭品十五席；其欽賜羊四隻，外再加羊三隻，共爲七，大祭禮如之；百日、期年致祭，錁子七千、紙錢七千張、祭品七席、羊四隻。輔國公喪，備鞍鞊馬八匹、無鞍鞊馬八匹；初祭，給羊四隻、燒酒四瓶、紙八千張，大祭如之；造葬，工部給銀五百兩；初祭禮，引旛一竿、錁子二萬，並欽賜紙錢二萬張、祭品十五席；其欽賜羊四隻，外再加羊三隻，共爲七，大祭禮如之；百日、期年致祭，錁子六千、紙錢六千張、祭品七席、羊四隻。鎮國將軍喪，備鞍鞊馬七匹；初祭，給羊二隻、燒酒二瓶、紙五千張，大祭如之；初祭禮，引旛一竿、錁子一萬四千，並欽賜紙錢一萬四千張、祭品十席；其欽賜羊二隻，外再加羊三隻，共爲五，大祭禮如之；百日、期年致祭，錁子七千、紙錢七千張、祭品五席、羊三隻。輔國將軍喪，備鞍鞊馬五匹；初祭，給羊一隻、燒酒一瓶、紙四千張，大祭如之；初祭禮，引旛一竿、錁子一萬二千，並欽賜紙錢一萬二千張、祭品八席；其欽賜羊一隻，外再加羊三隻，共爲四，大祭禮如之；百日、期年致祭，錁子六千、紙六千張、祭品四席、羊二隻。奉國將軍喪，備鞍鞊馬四匹；初祭、大祭，共給羊一隻、燒酒二瓶、紙六千張；初祭禮，引旛一竿、錁子一萬、紙錢一萬張、祭品六席、羊三隻，大祭禮如之；其欽賜羊、紙，入額内；百日、期年致祭，錁子五千、紙錢五千張、祭品三席、羊二隻。奉恩將軍喪，備鞍鞊馬三匹；初祭、大祭，共給羊一隻、燒酒二瓶、紙三千張；初祭禮，引旛一竿、錁子八千、紙錢八千張、祭品五席、羊三隻,大祭禮如之;其欽賜羊、紙,入額内;百日、期年致祭,錁子四千、紙錢四千張、祭品三席、羊二隻。

凡葬期,順治九年題准:親王,停喪本府,候墳院造完日發引,期年而葬。郡王、貝勒,停喪本府,五月發引,七月而葬。貝子以下公以上,停喪本府,三月發引,五月而葬。其應會喪官員,必俟殮後方回家,發引、致祭日,仍齊集。

凡會喪,康熙九年議准:親王以下輔國公以上喪,本府屬員具喪服外,正紅旗禮親王,鑲白旗肅親王,鑲紅旗承澤親王、敬謹親王、克勤郡王、福勒黑公,正藍旗饒餘親王、豫郡王,鑲藍旗鄭親王、恪僖貝勒、靖寧貝勒、顧爾馬洪貝子,以上十二支,若係本支所分者,本身及府屬官俱具喪服,各官命婦照其夫例;其非本支王以下公以上,或應會喪,或不應會喪而願會喪者,俱摘冠纓,從官亦照其主例;若係長輩,不具喪服者,聽。凡應會喪者,進衙門用常服辦事;如至喪家及墳所,仍用喪服。御前公侯伯内大臣護軍統領護軍參領以上官員,及部員不應會喪者,奉旨遣往,方許赴喪;其餘各旗護軍統領護軍參領護衛,各隨本府王等赴喪;各官命婦,亦隨本府王妃等赴喪,不許私往。

〔親王妃以下喪儀〕

崇德間定:和碩親王妃、多羅郡王妃、多羅貝勒夫人、固山貝子夫人喪聞,俱遣禮部官致祭。〇順治九年題准:和碩親王妃喪聞,親王以下奉恩將軍以上,固倫公主和碩妃以下縣君奉恩將軍恭人以上,俱會喪。府前陳設執事。彩棺内襯五層。府屬官員併護軍校等官以上命婦,俱喪服,大祭日除服。諭祭一次,祭文,内院撰給,遣禮部官捧至墳。其親屬併府屬官員,俱於墳門外跪迎,候過,隨入。讀文奠酒時,皆跪。禮畢,送諭祭官於門外,望闕謝恩,行三跪九叩頭禮。和碩親王側妃、世子妃喪聞,世子郡王以下奉恩將軍以上,固倫公主和碩妃以下縣君奉恩將軍恭人以上,俱會喪。府前陳設執事。其彩棺殮襯、府屬官員及命婦喪服除服,諭祭一次,俱與親王妃同。惟牲醴品物多寡有差。〇已下同。世子側妃、多羅郡王妃喪聞,一應喪儀,俱與親王側妃同。多羅郡王側妃、多羅貝勒夫人喪聞,世子郡王以下奉恩將軍以上,和碩公主世子妃以下縣君奉恩將軍恭人以上,俱會喪。其餘喪儀,與世子側妃同。貝勒側夫人、貝子夫人喪聞,貝勒以下奉恩將軍以上,郡主貝勒夫人以下縣君奉恩將軍恭人以上,俱會喪。府前陳設執事。彩棺内襯三層。其餘喪儀,與貝勒夫人同。固山貝子側夫人、鎮國公夫人喪聞,貝子以下奉恩將軍以上,郡君貝子夫人以下縣君奉恩將軍恭人以上,俱會喪。其餘喪儀,與貝子夫人同。鎮國公側夫人、輔國夫人喪聞,貝子以下奉恩將軍以上,貝子夫人縣君以下奉恩將軍恭人以上,俱會喪。其餘喪儀,與貝子側夫人同。輔國公側夫人喪聞,輔國公以下奉恩將軍以上,俱會喪。其餘喪儀,與鎮國公側夫人同。〇康熙五十二年議准:多羅貝勒生母喪聞,一應喪儀,俱照貝勒嫡夫人例,遣禮部官讀文致祭。

凡親王妃以下致祭牲醴品物,定例:和碩親王妃喪,備鞍馬與親王同;初祭、大祭,共給牛犢一隻、羊八隻、燒酒九瓶、紙二萬張;初祭禮,引旛一竿、錁子七萬、紙錢七萬張、祭品三十席、羊十八隻,大祭禮如之;其欽賜牛犢、羊、紙,入額内;百日、期年致祭,錁子一萬、紙錢一萬張、祭品十五席、羊九隻。和碩親王側妃、世子妃喪,備鞍馬與親王、世子同;初祭、大祭,共給牛犢一隻、羊六隻、燒酒七瓶、紙一萬七千張;初祭禮,引旛一竿、錁子六萬、紙錢六萬張、祭品二十七席、羊十六隻,大祭禮如之;其欽賜牛犢、羊、紙,入額内;百日、期年致祭,錁子一萬、紙錢一萬張、祭品十三席、羊七隻。世子側妃、多羅郡王妃喪,備鞍馬與世子、郡王同;初祭、大祭,共給牛犢一隻、羊六隻、燒酒七瓶、紙一萬五千張;初祭禮,引旛一竿、錁子六萬、紙錢六萬張、祭品二十五席、羊十四隻,大祭禮如之;其欽賜牛犢、羊、紙,入額内;百日、期年致祭,錁子一萬、紙錢一萬張、祭品十二席、羊七隻。多羅郡王側妃、多羅貝勒夫人喪,備鞍馬與王、貝勒同;初祭、大祭,共給羊五隻、燒酒五瓶、紙一萬張;初祭禮,引旛一竿、錁子五萬、紙錢五萬張、祭品三十席;其欽賜羊、紙,入額内;百日、期年致祭,錁子一萬、紙錢一萬張、祭品十席、羊五隻。多羅貝勒側夫人、固山貝子夫人喪,備鞍馬與貝勒、貝子同;初祭、大祭,共給羊三隻、燒酒三瓶、紙七千張;初祭禮,引旛一竿、錁子四萬、紙錢四萬張、祭品十五席、羊八隻,大祭禮如之;其欽賜羊、紙,入額内;百日、期年致祭,錁子八千、紙錢八千張、祭品八席、羊五隻。固山貝子側夫人、鎮國公夫人喪,備鞍馬與貝子、公同;初祭、大祭,共給羊二隻、燒酒二瓶、紙六千張;初祭禮,引旛一竿、錁子三萬、紙錢三萬張、祭品十五席、羊七隻,大祭禮如之;其欽賜羊、紙,入額内;百日、期年致祭,錁子七千、紙錢七千張、祭品七席、羊四隻。鎮國公側室、輔國公妻喪,備鞍馬與公同;初祭、大祭,共給羊二隻、燒酒二瓶、紙五千張;初祭禮,引旛一竿、錁子二萬、紙錢二萬張、祭品十五席、羊七隻,大祭禮如之;其欽賜羊、紙,入額内;

百日、期年致祭，錁子六千、紙錢六千張、祭品七席、羊四隻。輔國公側室之喪，備鞍馬與公同；初祭、大祭，共給羊二隻、燒酒二瓶、紙五千張；初祭禮，引旛一竿、錁子一萬五千、紙錢一萬五千張、祭品十三席、羊六隻，大祭禮如之；其欽賜羊、紙，入額内；百日、期年致祭，錁子五千、紙錢五千張、祭品六席、羊三隻。

〔公主以下喪儀〕

崇德間定：固倫公主、和碩公主、郡主、縣主、郡君、縣君喪聞，俱遣禮部官致祭。〇順治九年題准：固倫公主喪聞，一應喪儀，與親王妃同；和碩公主，一應喪儀，與世子妃同；郡主，一應喪儀，與郡王妃同；縣主，一應喪儀，與貝勒夫人同；郡君，一應喪儀，與貝子夫人同；縣君，一應喪儀，與鎮國夫人同；鄉君，一應喪儀，與輔國公夫人同。〇十二年題准：下嫁外藩固倫公主喪聞，内院撰給諭祭文，遣内大臣侍衛及禮部理藩院官捧至墳。其額駙親屬率屬員，離墳一里跪迎，候過，隨入。讀文奠酒時，皆跪。禮畢，送諭祭官於迎處，望闕謝恩，行三跪九叩頭禮。下嫁外藩和碩公主喪聞，内院撰給諭祭文，遣侍衛及禮部理藩院官，讀文致祭，如前儀。下嫁外藩郡主喪聞，遣官，讀文致祭，與和碩公主同。下嫁外藩縣主喪聞，内院撰給諭祭文，遣禮部理藩院官，讀文致祭。下嫁外藩郡君喪聞，遣禮部理藩院官致祭，無祭文。下嫁外藩縣君喪聞，遣官致祭，與郡君同。下嫁外藩鄉君喪聞，遣官致祭，與縣君同。〇康熙五十四年覆准：固倫公主有子孫奏請建碑給謚者，准其立碑勒文，並給與謚號。

〔外藩喪儀〕

崇德間定：外藩蒙古王以下喪聞，遣官致祭。〇順治十二年題准：外藩親王喪聞，内院撰給諭祭文，遣内大臣侍衛及禮部理藩院官捧至墳。其親屬率屬員，離墳一里跪迎，候過，隨入。讀文奠酒時，皆跪。禮畢，送諭祭官於迎處，望闕謝恩，行三跪九叩頭禮。已下牲醴品物多寡不同。郡王、貝勒、貝子、鎮國公、輔國公喪聞，内院撰給諭祭文，遣侍衛及禮部理藩院官，讀文，奠酒，致祭，如前儀。一等至四等台吉、塔布囊，及都統功加達爾漢卒，内院撰給諭祭文，遣禮部理藩院官，讀文，奠酒，致祭，如前儀。其外藩親王以下公以上，著有勳勞者，建碑優恤，增遣大臣侍衛，出自聖旨。外藩親王妃喪聞，内院撰給諭祭文，遣侍衛及禮部理藩院官，讀文，致祭，如前儀。郡王妃喪聞，内院撰給諭祭文，遣禮部理藩院官，讀文，致祭，如前儀。貝勒夫人、貝子夫人、公夫人喪聞，遣禮部理藩院官致祭，無祭文。外藩親王妃以下，優加恤典，增遣大臣侍衛，出自聖旨。

〔**品官喪儀**〕庶人附。

順治九年題准：郡主額駙、民公以下各官卒，陳設執事，朱棺内襯一層，行初祭、大祭禮。祭品各按品級多寡不等。其父母及命婦、未分家子卒，一應祭禮，各照伊子、伊夫、伊父品級用。庶人卒，朱棺内襯一層，行初祭、大祭禮。〇康熙七年定：和碩公主額駙、民公以下各官及庶人，各增定祭品有差。其百日、期年、常祭，照初祭、大祭定數減半用。〇九年覆准：官民喪儀，仍照順治九年題准例行。〇二十六年諭：百行莫大於孝，喪禮當自盡其誠。近者，漢軍居父母之喪，親朋聚會，毫無居喪之體。令漢軍都統、副都統將居喪演戲飲酒呼盧鬭牌，照賭博例嚴行禁止。〇雍正元年定：凡和碩額駙、公品級和碩額駙故者，彩棺内襯三層，陳設執事，並鞍馬十四；初祭禮，祭品十五席、羊七隻；其大祭禮同。三等民公故者，彩棺内襯三層，陳設執事，並鞍馬八匹；初祭禮，祭品十五席、羊用七；大祭禮同。侯故者，朱棺内襯一層，陳設執事，並鞍馬七匹；初祭禮，祭品十三席、羊用六；大祭禮同。伯故者，朱棺内襯一層，陳設執事，並鞍馬七匹；初祭禮，祭品十二席、羊用六；大祭禮同。一品官員故者，朱棺内襯一層，陳設執事，並鞍馬六匹；初祭禮，祭品十席、羊用五；大祭禮同。二品官員故者，朱棺内襯一層，陳設執事，並鞍馬五匹；初祭禮，祭品八席、羊用四；大祭禮同。三品官員故者，朱棺内襯一層，陳設執事，並鞍馬四匹；初祭禮，祭品六席、羊用三；大祭禮同。四品官員故者，朱棺内襯一層，陳設執事，並鞍馬三匹；初祭禮，祭品五席、羊用三；大祭禮同。五品官員故者，朱棺内襯一層，並鞍馬二匹；初祭禮，祭品四席、羊用二；大祭禮同。六品官員以下有頂帶官員以上故者，棺木内襯一層，鞍馬二匹；初祭禮祭品三席、羊用二；大祭禮同。兵民故者，棺木内圍一層，鞍馬一匹；初祭禮祭品二席、羊用一；大祭禮同。凡公以下有頂帶官員以上，舊例，父母妻各照伊子、伊夫，其未分居之子各照伊父。嗣後，未分居之子，有職銜者，仍照本身品級；如無職銜者，十五歲以上，准照伊父品級。其祭品羊隻仍減半用。餘照舊例行。凡公以下有頂帶官員以上，週年、百日及上墳常祭，祭品羊隻，各照定例内減半用。庶民常祭，亦照定例從減。

凡殮衣，雍正元年定：官民故者，前後殮衣共五襲。

凡墳墻，雍正元年定：公、侯、伯墳墻，一面各二十步弓，周八十步弓；四户看守。一品二品官墳墻，一面各十七步弓半，周七十步弓；二户看守。

三品、四品、五品官墳墻，一面各十五步弓，周六十步弓；一户看守。六品官員以下有頂帶官員以上墳墻，一面各六步弓，周二十四步弓。庶民墳墻，一面四步弓，周十六步弓。六品官員以下庶民以上，看墳不過二人。

凡墳塋石獸，雍正元年定：一品塋地九十步，墳高一丈八尺；二品塋地八十步，墳高一丈四尺；三品塋地七十步，墳高一丈二尺，石獸並用六。四品塋地六十步，五品塋地五十步，墳高八尺，石獸並用四。六品塋地四十步；七品塋地二十步，墳高六尺。五品以上，用碑，龜趺螭首。六品以下，用碣，方趺圓首。庶人塋地九步，前後共一十八步，止用壙銘。

凡禁令，雍正元年定：官民人等出殯，除量造紙劄車馬轎樓庫外，其餘奇巧臺閣等項，槩行禁止。鞍馬衣箱等，喪家力能自備者，照定例數目備用。其或力不能備，除賃用棺罩執事外，鞍馬衣箱等項，徒滋糜費，應行禁止。棺罩，公、侯、伯，用五綵裝花青藍等緞；一、二品官，用銷金青藍等緞；三、四、五品官，用青藍雲緞；六、七、八品官，用青素緞及青藍緞；九品以下官員、生員、監生，用青絹；兵丁、庶民，用青布。其力不能自辦者，聽其節省租賃，惟不許越等。民公以下庶民以上葬，永不許造地室。

凡親族饋粥，雍正元年覆准：饋粥乃甚重喪禮。因有喪之家不暇飲食，故各親族憐愛，特饋粥以食之，並非筵宴。應行令八旗，將饋粥爲名，多備猪羊大設肴饌之處，嚴行禁止。倘有此等，該旗察出，即行題參，從重治罪。

凡殉葬禁例，天聰八年定：婦人有願殉夫者，止許正妻殉葬，仍行旌表。一應妾媵，不許殉葬。若妻强逼侍女殉葬者，其妻坐死。如違律自殉者，夫族兄弟各議罰，首人許離本主。〇康熙十二年定：旗下本主强逼奴婢殉葬者，嚴行禁止。〇二十七年題准：直省婦女，夫亡捐軀輕生者甚衆。嗣後，王以下及民間夫亡從死者，停其旌表，永行嚴禁。如有必欲身殉者，内則該旗報明都統移會禮部，外則該地方官報明督撫，仍行奏請定奪。

〔**恤典**〕

國家閔念勞臣，各有恤典。文武官秩及格者，按例給與。間奉殊恩，特從優厚。其大臣父母妻曾受誥命者，亦視之。至行間死事之臣，贈恤尤隆。其制具列於後。

崇德間定：超品公、一等、二等、三等公卒，聞喪，初祭，大祭，遣官致祭三次。精奇尼哈番、副都統卒，遣官致祭二次。參領、佐領卒，遣官致祭一次。如公以下佐領以上，或陣亡，或病故，著有功勞者，遣官臨喪、視祭葬，優恤出自聖旨。○順治二年定:大臣病故者,旗下官,由該都統咨送吏部;漢官,具呈吏部查明,轉行禮部,給與祭葬。○八年定:民公、侯、伯、精奇尼哈番、有職任内大臣、都統、大學士、尚書、鎮守將軍卒,禮部具題,候旨立碑,致祭一次,内院撰文,遣官讀文奠酒行禮。如承襲公、侯、伯、精奇尼哈番卒,止給祭品,無祭文,不立碑。雖係承襲而在任勤勞,三年已滿者,仍給祭文,禮部具題,候旨立碑。二品、三品官卒,給與祭品。如在任三年已滿者,内院撰文,遣官讀文奠酒行禮。著有戰功者,吏部分别移送禮部具題,請旨立碑。○十二年定:佐領、員外郎、主事等官卒,在任三年已滿者,給與祭品,内院撰文,遣官讀文奠酒行禮;未滿三年者,不給祭文。致仕官員同。○十五年定:部院堂官加銜至一品、二品者卒,致祭一次,工部立碑。三品,三年考滿者卒,致祭一次,工部立碑;未經考滿者,致祭一次,不立碑。護軍統領、副都統、前鋒統領、步軍總尉卒,在任三年已滿者,致祭一次,工部立碑;未滿三年者,致祭一次,不立碑。本身所得阿思哈尼哈番,致祭一次,工部立碑。參領、前鋒參領等官卒,在任三年已滿者,致祭一次,不立碑。四品卿、少卿,考滿者,致祭一次,不立碑;未經考滿者,不給祭文。如文武官員陣亡者,不論品級,具題候旨恩恤。其内大臣、都統、大學士、尚書、護軍統領、副都統、前鋒統領、侍郎、學士、步軍總尉,勤勞年久,以原品休致病故者,致祭立碑,俱照現任官行。阿達哈哈番、佐領、拜他喇布勒哈番、郎中、員外郎、主事等官卒,致祭一次,不給祭文。承襲公、侯、伯、精奇尼哈番,有職任者,照職任與恤;無職任者,止給祭品。○十七年議准:本身所得民公、侯、伯、精奇尼哈番及都統、有職任内大臣、鎮守將軍卒,給與全葬。大學士、尚書、左右都御史卒,加宫保及加級者,照一品官例給與全葬;無加銜及加級者,照二品官例給與全葬。侍郎、學士、副都御史、三品卿卒,有兼銜及加級至一品、二品者,不論已未考滿,照二品官例給與全葬;無兼銜及加級、已經考滿者,照三品官例給與全葬;未考滿者,給與半葬。四品卿、少卿、兼少卿銜等官卒,照四品官例,止給祭品。護軍統領、前鋒統領、副都統、步軍總尉卒,三年任滿者,不論已未加級,給與全葬;未滿三年者,給與半葬。以上,俱各祭一次,内閣撰給祭文。如各官内有戰功及勤勞以原品致仕病故者,俱與現任官同。其承襲公、侯、伯、精奇尼哈番、阿思哈尼哈番有職任者,照職任與恤。武官自參領以下、文官自郎中以下卒,俱不給祭品。如文武官陣亡者,不論品級,具題候旨遵行。○十八年定:本身所得民公、侯、伯卒,造葬,遣官致祭一次。如有加祭,出自聖旨。都統、内大臣、大學士、尚書、左右都御史、精奇尼哈番、鎮守將軍卒,有加銜加級者,各照品級,造葬,遣官致祭一次。護軍統領、前鋒統領、步軍總尉、副都統、侍郎、學士、本身所得阿思哈尼哈番、副都御史卒,加銜加級至一品二品者,各照品級,造葬,遣官致祭一次。三品侍郎、學士、通政使、大理寺卿卒,已經考滿者,給與全葬;未經考滿者,給與半葬,遣官致祭一次。參領、協領、阿達哈哈番、郎中、佐領、拜他喇布勒哈番、員外郎、拖沙喇哈番、三等侍衛、護衛以上官、陣亡者,遣官致祭一次。漢文官,一品、二品官卒,俱致祭造葬。三品官卒,三年考滿者,致祭造葬;未經考滿者,給與半葬,致祭一次。在外布政使、按察使以上官,恤典俱照京官品級例行。武官,加銜副將以上卒,造葬致祭一次。無兼銜,三年考滿者,全葬,致祭一次;未滿三年者,給與半葬,致祭一次。文官知縣以上、武官守備以上陣亡者,各照加贈品級造葬,致祭一次。滿漢文武官員以年老有疾原官致仕病故者,應得恤典,與現任同。滿洲公侯伯以下、文武二品以上大臣卒,由吏部確查,功績勤勞、有應與謚者,移咨禮部,應否與謚,請旨定奪。漢官應與謚者,各該撫按及科道官公舉,禮部酌議,具題請旨。凡讀文致祭者,遣禮部官捧諭祭文至墳所。其親屬於墓門外跪迎,候過,隨入。讀文奠酒時,皆跪。禮畢,送諭祭官於墓門外,望闕謝恩,行三跪九叩頭禮。○康熙元年議准:凡承襲公、侯、伯、精奇尼哈番,歲滿上朝後病故者,給與全葬,并致祭銀兩,遣官讀文致祭一次,應否與謚,候旨定奪。若有効力,優恤出自聖旨。其承襲未及歲滿上朝病故者,不賜恤。散秩大臣、一等侍衛、鑾儀使、冠軍使、王府長史、一等護衛、前鋒參領、護軍參領、驍騎參領卒,三年任滿者,給與全葬,併致祭銀兩,遣官讀文致祭一次;未滿三年者,給與半葬,併致祭銀兩,遣官讀文致祭一次。内有加級至一品二品者,不論已未任滿,俱照品級,給與全葬。四品護軍參領卒,三年任滿者,給與全葬,併致祭銀兩,遣官讀文致祭一次;未滿三年者,給與半葬,併致祭銀兩,遣官讀文致祭一次。已上各官,或年老有病以原官致仕病故者,與現任官同。○九年題准:本身所得民公、侯、伯病故,給與全葬,併致祭銀兩,遣官讀文致祭一次,應否與謚,請旨定奪。如有優恤,出自聖旨。承襲公、侯、伯病故,恤典同。内大臣、都統、精奇尼哈番品級散秩大臣、大學士、尚書、左都御史、精奇尼哈番、承襲精奇尼哈番、鎮守將軍、提督病故者,各照品級,給與全葬,併致祭銀兩,遣官讀文致祭一次,應否與謚,請旨定奪。如有陣亡者,優恤出自聖旨。阿思哈尼哈番品級散秩大臣、護軍統領、前鋒統領、副都統、侍郎、本身所得阿思哈尼哈番、學士、副都御史、總督、總兵官、加級至二品巡撫病故,各照所加品級,給與全葬,併致祭銀兩,遣官讀文致祭一次,應否與謚,請旨定奪。三品侍郎、學士、副都御史、巡撫、通政使、大理寺卿病故,三年任滿者,給與全葬;未滿三年者,給與半葬,俱給致祭銀兩,遣官讀文致祭一次,不請謚。有加級者,仍照前例請謚。布政使、副將病故,各照品級,給與全葬,併致祭銀兩,遣官讀文致祭一次,不請謚。拖沙喇哈番、三等侍衛、護衛以上、文官知縣以上、武官守備以上陣亡者,各照加贈品級,給與全葬,併致祭銀兩,遣官讀文致祭一次。凡與謚,一品官員,工部立碑,碑文內閣撰擬。其遣官致祭者,祭文俱由內閣撰擬。凡滿漢文武官員年老有病以原品致仕及候補終養者病故,恤典與現任官同。尚書、侍郎等官以原官原品解任及隨旗上朝官員病故,恤典與現任同。如無原官字樣,止以原品上朝者,不准恤。尚書、都御史、侍郎、學士、副都御史、通政使、大理寺卿、總督、巡撫、布政使、提督、總兵官、副將以甄別京察年老有病原品致仕病故者,俱不准恤。承襲官員加至阿思哈尼哈番者,給與半葬,遣官致祭一次。未加世職承襲阿思哈尼哈番、本身所得阿達哈哈番、承襲阿達哈哈番以下拖沙喇哈番以上,各照品級,給與一次致祭銀兩,令本家自行致祭。承襲公以下拖沙喇哈番以上,未及歲滿上朝者,不准恤。凡滿漢官員,各照品級,給與一次致祭銀兩。京官,由禮部給發;外官,由地方官給發。其遣官讀文致祭,京官,遣禮部官;外官,遣布政司官。〇三十八年諭:閑散精奇尼哈番甚多,有何給與謚號之處?嗣後,若頭等大臣,仍將應否給與謚號照舊請旨。閑散精奇尼哈番及副都統、侍郎等官,將請給謚號之處,俱著停止,只將給與全葬半葬、部內一次致祭之處題請。〇四十二年覆准:嗣後,副將在任已滿三年病故者,停給葬價,不必具題,按其品級給與一次致祭銀兩,令本家自行致祭;未滿三年病故者,無庸議。永爲定例。〇四十四年題准:嗣後,阿思哈尼哈番以下拖沙喇哈番以上官員,若係本身所得之官、與襲職之後又能効力得官病故者,俱照舊例,給與一次致祭銀兩。其襲職官員,俱停支給祭銀。〇又定:武官奮勇力戰陣亡,除給恤銀、加贈品級、廕子弟一人外,仍照例給與全葬,遣官致祭。

凡民公、侯、伯以下官員致祭銀兩,定例,公,四十兩;侯,三十五兩;伯,三十兩;一品官,二十五兩;二品官,二十兩;三品官,十六兩;四品官,十二兩;五品官,十兩;知縣以上,俱照加贈品級給與。

凡公、侯、伯以下官員造墳工價銀兩，順治初定：一品官，銀三百兩，夫匠二百名；每名折銀一兩，下同。二品官，銀二百五十兩，夫匠一百五十名；三品官，銀二百兩，夫匠一百名；四品、五品官特恩賜葬者，銀八十兩，夫匠三十名。〇十八年議准：民公造墳銀，六百五十兩；侯，六百兩；伯，五百五十兩；一品官，五百兩；二品官，四百兩；三品官，三百兩；四品官，二百兩；五品至七品官，一百兩。凡一品、二品，由禮部題請。三品以下官，死難者，始行題請。在旗下，工部給發；直隸各省，布政司給發。

凡與謚大臣立碑工價銀兩，定例，公、侯、伯，各四百兩；一品官，三百五十兩；二品官，三百兩；三品官，二百五十兩，給本家自造。鎮國將軍，與一品官同；輔國將軍，與二品官同。

凡各官父母恤典，順治初定：漢官三品以上，父母妻曾受誥命者，遣官讀文致祭造葬。〇十八年，停止。〇康熙十二年議准：嗣後，滿漢内外文武本身職任應得恤典之官員，父母曾受誥命者，應照其子例賜祭一次。其造葬，仍行停止。〇五十二年諭：文武官員之父，從無與謚之例，但其子不願加本身恩典，陳情懇切，且伊父勞績素著者，著給與謚。

〔喪服〕

順治三年，始頒律令，酌定喪服之制，列圖於律，至今遵行。

斬衰三年

子爲父母。子之妻同。

子爲繼母。謂父之後妻。子之妻同。

子爲慈母。謂母卒，父命他妾養己者。子之妻同。

子爲養母。謂自幼過房與人者。子之妻同。

庶子爲嫡母，爲所生母。庶子之妻同。

爲人後者爲所後父母。爲人後者之妻同。

女在室爲父母。及已嫁被出而反在室者同。

嫡孫爲祖父母承重。高曾祖承重同。父亡，嫡孫爲祖承重服。若父祖俱亡，爲高曾祖後者同。

妻爲夫。妾爲家長同。

齊衰杖期

嫡子、衆子爲庶母。謂父妾有子者。嫡子、衆子之妻同。

子爲嫁母。謂親生母，父卒而改嫁者。

子爲出母。謂親生母，父在而被出者。

夫爲妻。父母在,不杖。
嫡孫祖在,爲祖母承重。
齊衰不杖期
祖爲嫡孫。
父母爲嫡長子及衆子。
父母爲嫡長子之妻。
父母爲女在室者。
父母爲子爲人後者。
繼母爲長子、衆子。
父卒,繼母改嫁而己從之者,爲改嫁繼母。
姪爲伯叔父母。父之親兄弟、及父親兄弟之妻。
爲己之親兄弟。
爲己之親兄弟之子、及女在室者。
孫爲祖父母。孫女在室、出嫁同。女出嫁爲父母。
爲人後者爲其本生父母。
女在室及雖適人而無夫與子者爲其兄弟姊妹及姪與姪女在室者。
女適人爲兄弟之爲父後者。
婦人爲夫親兄弟之子及女在室者。
妾爲家長之父母。
妾爲家長之正妻。
妾爲家長之長子、衆子與其所生子。
爲同居繼父兩無大功以上親者。
齊衰五月
爲曾祖父母。女雖適人,不降。
齊衰三月
爲高祖父母。女雖適人,不降。
爲繼父先曾同居今不同居者。自來不曾同居者,無服。
爲同居繼父兩有大功以上親者。
大功九月
祖爲衆孫及孫女在室者。
祖母爲嫡孫、衆孫。
父母爲衆子婦及女之已嫁者。

伯叔父母爲姪婦及姪女之已嫁者。謂兄弟子之妻、兄弟之女。

爲人後者爲其兄弟及姑姊妹之在室者。既爲人後,於本生親屬服皆降一等。

夫爲人後,其妻爲夫本生父母。

爲己之同堂兄弟及姊妹在室者。謂伯叔父母之子女。

爲姑及姊妹之已嫁者。

爲兄弟之子爲人後者。

女出嫁爲本宗伯叔父母。

女出嫁爲本宗兄弟及兄弟之子。

女出嫁爲本宗姑姊妹及兄弟之女在室者。

妻爲夫之祖父母。

妻爲夫之伯叔父母。

小功五月

爲伯叔祖父母。謂祖之親兄弟。

爲同堂伯叔父母。謂父之堂兄弟。

爲同堂姊妹之嫁者。

爲再從兄弟及再從姊妹在室者。

爲同堂兄弟之子及女在室者。

爲從祖姑在室者。即祖之親姊妹。

爲堂姑之在室者。即父之同堂姊妹。

爲兄弟之妻。

祖爲嫡孫之婦。

爲兄弟之孫及兄弟之孫女在室者。

爲外祖父母。即母之父母。

爲母之兄弟即母舅。及母之姊妹。即姨母。

爲姊妹之子。即外甥。

爲人後者爲其姑及姊妹之已嫁者。

婦爲夫兄弟之孫即姪孫。及夫兄弟之孫女在室者。即姪孫女。

婦爲夫之姑及夫之姊妹。在室、出嫁同。

婦爲夫之兄弟及夫兄弟之妻。

婦爲夫同堂兄弟之子及夫同堂兄弟之女在室者。

女出嫁爲本宗堂兄弟及堂姊妹之在室者。

緦麻三月

祖爲衆孫婦。

曾祖父母爲曾孫。元孫同。

祖母爲嫡孫衆孫婦。

爲乳母。謂父妾乳哺者。

爲族曾祖父母。即曾祖兄弟及曾祖兄弟之妻。

爲族伯叔祖父母。即祖同堂兄弟及同堂兄弟妻。

爲族伯叔父母。即父再從兄弟及再從兄弟之妻。

爲族兄弟及族姊妹在室者。即同高祖者,爲三從兄弟姊妹。

爲族曾祖姑在室者。即曾祖之姊妹。

爲族祖姑在室者。即祖之同堂姊妹。

爲族姑在室者。即父之再從姊妹。

爲兄弟之曾孫及兄弟之曾孫女在室者。即曾姪孫。女嫁,無服。

爲兄弟之孫女出嫁者。

爲同堂兄弟之孫及同堂兄弟之孫女在室者。女嫁,無服。

爲再從兄弟之子及女在室者。即同曾祖者。

爲從祖姑即祖之親姊妹。及堂姑即父之堂姊妹。及己之再從姊妹出嫁者。

爲同堂兄弟之女出嫁者。

爲姑之子。即父姊妹之子。

爲舅之子。即母兄弟之子。

爲兩姨兄弟。即母姊妹之子。

爲妻之父母。

爲壻。

爲外孫及外孫女。即女之子女。

爲兄弟孫之妻。即姪孫婦。

爲同堂兄弟子之妻。即堂姪婦。

爲同堂兄弟之妻。

婦爲夫高曾祖父母。

婦爲夫之伯叔祖父母及夫之從祖姑在室者。

婦爲夫之伯叔父母及夫之堂姑在室者。夫之堂姑,即夫之伯叔祖父母所生。

婦爲夫之同堂兄弟及同堂兄弟之妻。
婦爲夫之同堂姊妹。在室、出嫁同。
婦爲夫再從兄弟之子及女在室者。
婦爲夫同堂兄弟之女出嫁者。
婦爲夫同堂兄弟子之妻。即堂姪婦。
婦爲夫同堂兄弟之孫及孫女在室者。
婦爲夫兄弟孫之妻。即姪孫婦。
婦爲夫兄弟之孫女出嫁者。婦爲夫兄弟之曾孫即曾姪孫。及曾孫女。
女出嫁爲本宗伯叔祖父母及從祖姑之在室者。
女出嫁爲本宗之從伯叔父母及堂姑之在室者。
女出嫁爲本宗堂兄弟之子及女在室者。

斬衰

三年

用至麤麻布爲之不縫下邊

齊衰

五月　杖期　不杖期　三月

用稍麤麻布爲之縫下邊

大功

九月

用麤熟布爲之

小功

五月

用稍麤熟布爲之

緦麻

三月

用稍細熟布爲之

五服總圖

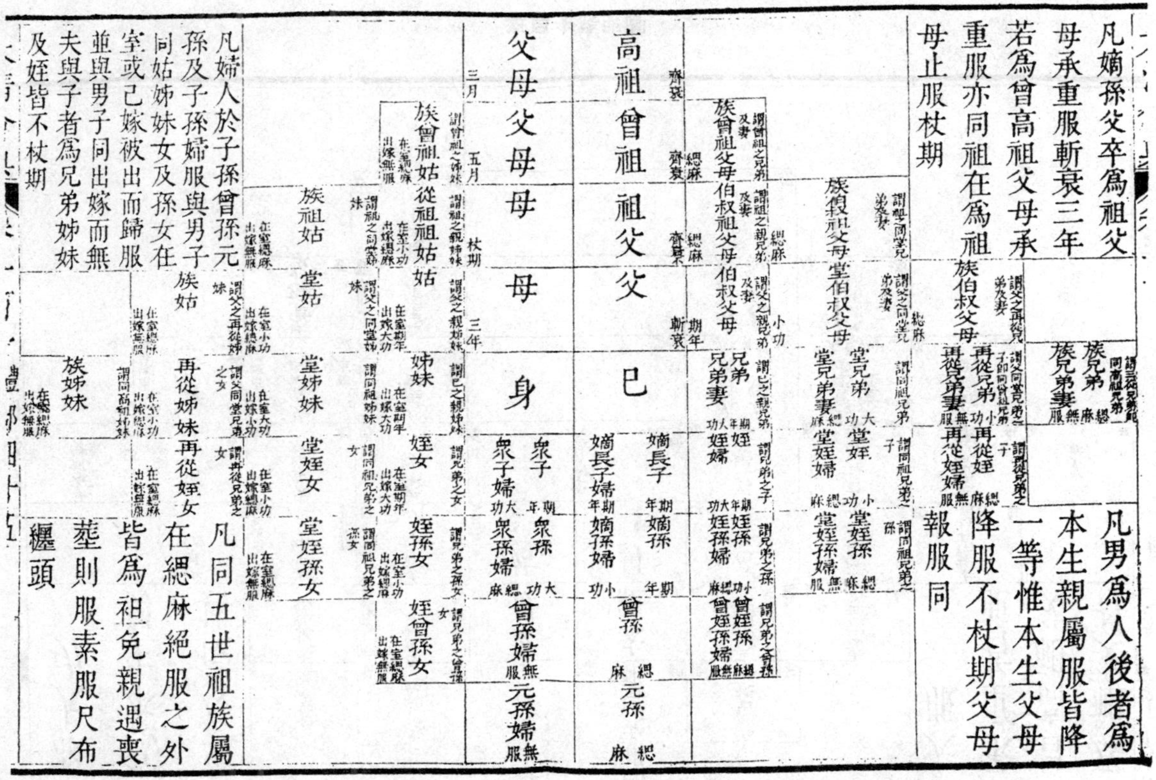
凡嫡孫父卒爲祖父母承重服斬衰三年若爲曾高祖父母承重服亦同祖在爲祖母止服杖期
凡男爲人後者爲本生親屬服皆降一等惟本生父母降服不杖期父母報服同
凡婦人於子孫曾孫元孫及子孫婦服與男子同姑姊妹女及孫女在室或已嫁被出而歸服並與男子同出嫁而無夫與子者爲兄弟姊妹及姪皆不杖期
凡同五世祖族屬在緦麻絕服之外皆爲袒免親遇喪葬則服素服尺布纏頭
高祖父母 齊衰三月
曾祖父母 齊衰五月
祖父母 齊衰杖期
父母 斬衰三年
己身
族曾祖父母
族伯叔祖父母
族伯叔父母
族兄弟 族兄弟妻
伯叔祖父母
堂伯叔父母
再從兄弟 再從兄弟妻
再從姪 再從姪婦
伯叔父母
堂兄弟 堂兄弟妻
堂姪 堂姪婦
堂姪孫 堂姪孫婦
兄弟 兄弟妻
姪 姪婦
姪孫 姪孫婦
曾姪孫 曾姪孫婦
嫡長子 嫡長子婦
衆子 衆子婦
嫡孫 嫡孫婦
衆孫 衆孫婦
曾孫 曾孫婦
元孫 元孫婦
族曾祖姑
從祖祖姑
族祖姑
姑
堂姑
族姑
姊妹
堂姊妹
再從姊妹
族姊妹
姪女
堂姪女
再從姪女
姪孫女
堂姪孫女
姪曾孫女

九族五服正服圖

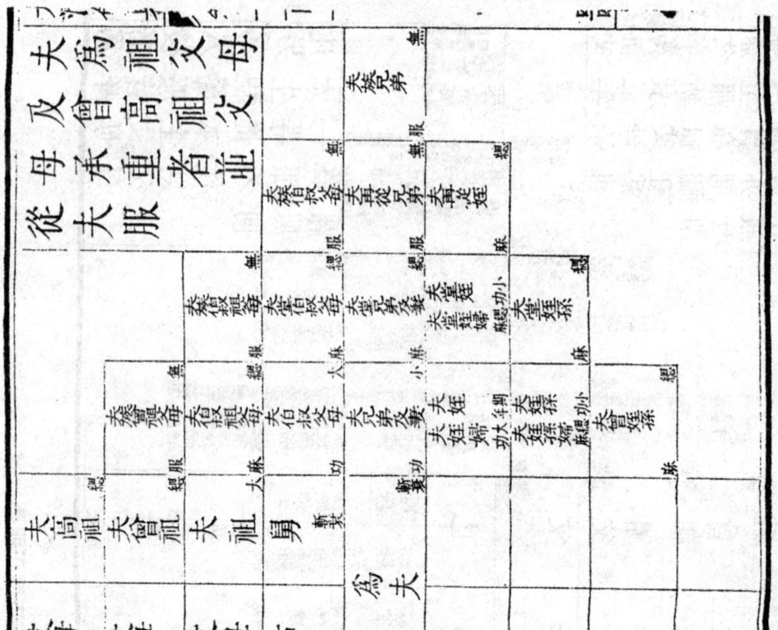

妻爲夫族服圖

		高祖父母 齊衰三月		
		曾祖父母 齊衰五月		
	祖姊妹 在室緦麻 出嫁無服	祖父母 期年	祖兄弟 緦麻	
父堂姊妹 在室緦麻 出嫁無服	父姊妹 大功	父母 期年	伯叔父母 大功	父堂兄弟 緦麻
堂姊妹 在室緦麻 出嫁無服	姊妹 大功	己身	兄弟 大功	堂兄弟 小功
堂姪女 緦麻	兄弟女 大功		兄弟子 大功	堂姪 緦麻

出嫁女爲本宗降服之圖

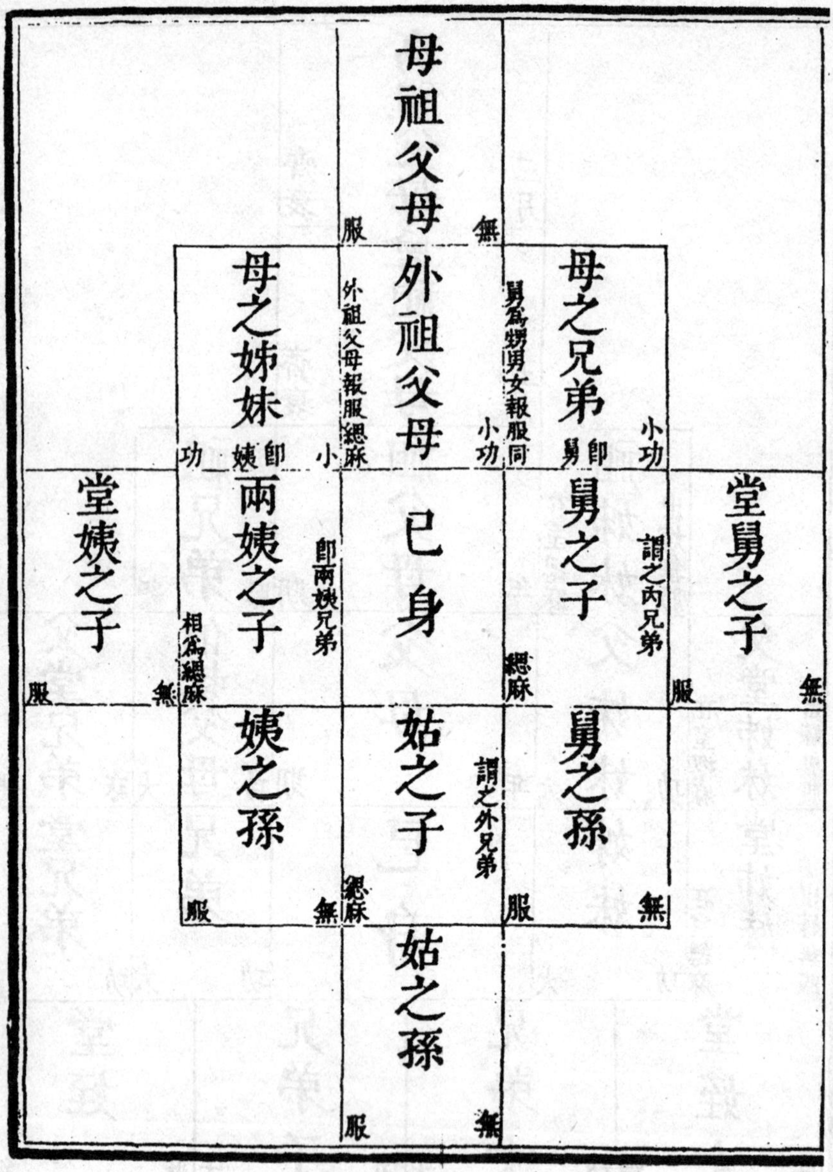
母祖父母
無服
外祖父母
外祖父母報服緦麻
小功
舅為甥男女報服同
小功
母之兄弟
即舅
小功
母之姊妹
即姨
小功
己身
堂舅之子
無服
舅之子
謂之內兄弟
緦麻
兩姨之子
即兩姨兄弟
相為緦麻
堂姨之子
無服
姑之子
謂之外兄弟
緦麻
舅之孫
無服
姨之孫
無服
姑之孫
無服

母黨服圖

	妻祖父母 無服		
妻之姑 無服	妻父母 緦麻 妻父母報服同	妻伯叔 無服	
妻之姊妹 無服	妻 齊衰杖期 父母在不杖	妻兄弟及婦 無服	妻外祖父母 無服

妻黨服圖

家長父母 期年

家長 斬衰三年

正妻 期年

家長衆子 期年

家長長子 期年

爲其子 期年

妾爲家長族服圖

同居繼父	兩無大功親謂繼父無子已身亦無伯叔兄弟之類	期年
同居繼父	兩有大功親謂繼父有子孫自已亦有伯叔兄弟之類	齊衰三月
不同居繼父	先曾與繼父同居今不同居	齊衰三月
不同居繼父	自來不曾隨母與繼父同居	無服
從繼母嫁	謂父死繼母再嫁他人隨去者	齊衰杖期
養母	謂自幼過房與人	斬衰三年
嫡母	謂妾生子稱父之正妻	斬衰三年
繼母	謂父娶後妻	斬衰三年
慈母	謂所生母死父令他妾撫育者	斬衰三年
嫁母	謂親母因父死再嫁他人	齊衰杖期
出母	謂親母被父出	齊衰杖期
庶母	謂父有子妾	嫡子衆子齊衰杖期 所生子斬衰三年
乳母	謂父妾乳哺已者	緦麻

三父八母服圖

大清會典卷之一百二

禮部祠祭司

〔曆日〕

曆象授時,國之要典。崇德二年十月朔,始頒曆日。順治二年,時憲曆成。欽天監官進呈御覽,遂宣旨賜百官,頒行天下。今將儀注開具於後。其進呈頒賜監造禁令各事例,俱詳欽天監,兹不具載。順治二年十月初二日,世祖章皇帝陞武英殿,文武官員各具朝服齊集午門外,頒曆行禮。○是年題定:自後每年十月初一日早,禮部、欽天監官設黄案一於太和殿正中,又設黄案一於皇太后宫門前正中,設黄案二於午門外正中,設紅案八於午門外兩旁。滿漢文武各官俱朝服於午門外齊集,欽天監官用龍亭一座,捧安進呈皇太后曆日、皇帝曆日、皇后曆日,又用亭八座捧置頒給王以下各官曆日,行一跪三叩頭禮。校尉舁亭,由欽天監出。香亭前導,教坊司作樂,自東長安門進至午門外,欽天監官於亭内捧進呈皇太后、皇帝、皇后曆日置所設黄案上,又捧頒給諸王等曆日置兩旁紅案上,頒給各官曆日俱於甬路兩旁陳設畢,進呈皇帝曆日、皇后曆日黄案,禮部官二員舉起,二員前引,由中門入至太和門。階下一員捧進呈皇帝曆日,一員捧進呈皇后曆日,由中階上,置太和殿正中所設黄案上,一跪三叩頭,退。進呈皇太后曆日黄案,禮部官二員舉起,二員前引至皇太后宫大門階下,一員捧曆日置門前所設黄案上,一跪三叩頭,退。頒給諸王、百官等曆日,俱在午門外跪領。親王、郡王、貝勒以上,各依次令府屬官員跪領,貝子公等依次跪領,滿洲、蒙古、漢軍文武各官照旗分跪領,漢文武各官各跪領一本。頒畢,鳴贊官贊排班,文武官員俱排班立。贊跪,衆皆跪。宣讀官宣制曰:年號某年時憲曆日,頒給衆官,爾等曉諭天下。宣畢,各官行三跪九叩頭禮。

畢，各退。康熙間進太皇太后曆日，儀注與進皇太后曆日同。

〔日月食救護儀〕

順治元年定：日食前期，由禮部具題，在京文武各官俱赴禮部衙門救護，隨用勘合，分行直省各官俱於本衙門救護。〇二年定：月食前期，由禮部具題，在京文武各官俱赴中軍都督府救護，隨用勘合，分行直省各官俱於本衙門救護。〇康熙七年，改於太常寺衙門救護月食。〇十四年定：日月食俱歸欽天監職掌。前期，欽天監推算分秒時刻奏聞，科抄到禮部，仍用勘合，分行直省各官俱於本衙門救護。至期，禮部遣司官一員前往觀象臺，督同欽天監官測驗所食分秒，仍令欽天監奏覆。

凡遇日食，結綵於禮部儀門及正堂，設香案於露臺上，設金鼓於儀門内兩旁，設教坊司樂於露臺下，設各官拜位於露臺上，俱向日。欽天監官報日初食，鴻臚寺鳴贊官贊排班，各官俱朝服序立。鳴贊官贊進，贊跪叩。樂作，各官行三跪九叩頭禮畢，樂止。班首官上香畢，鳴贊官贊跪，各官俱跪。班首官擊鼓三聲，衆鼓齊鳴。鴻臚寺官再上香，樂作，各官俱暫起立。上香畢，各官仍跪。以後上香、行禮作樂並同。欽天監報復圓，鼓聲止，鳴贊官贊跪叩，各官又行三跪九叩頭禮。樂作，禮畢。樂止，各官俱散。月食太常寺救護儀同。

〔祈禱雨雪〕

凡祈雪，定例禮部題請，交與順天府遵行。〇康熙十二年覆准：冬旱日久，行順天府令大興、宛平二縣設壇於真武廟，傳集僧道祈禱三日。〇二十一年諭：遣禮部堂官一員，同順天府官於真武廟熏壇祈雪。

凡祈雨，定例禮部題請，行順天府設壇於真武廟，又詣東嶽廟、城隍廟、三官廟、關帝廟四處行香祈禱三日。王以下各官及民間俱致齋，不理刑名，不宰牲，部院各官素服辦事，閑散官素服，照常上朝。〇康熙九年題准：禮部堂官一員，同順天府官齊赴真武廟，竭誠祈禱。〇十七年題准：令五城祈雨，各巡城御史率司坊官員設壇於靈佑宫，俱行步禱。〇二十年題准：禮部堂官分詣真武廟、東嶽廟、城隍廟、三官廟、關帝廟五處，同順天府官率領僧道熏壇一日，祈禱三日。齋戒、禁例，俱照前行。〇二十二年諭：祈禱雨澤，交與真人府法官，於靈佑宫設壇三日，又於黑龍廟設壇三日，俱劄順天府遵行。〇二十三年諭：令喇嘛僧道等祈雨。禮部題准：交與理藩院在城北黄廟遵行，其真武廟等五處，仍令本部堂官祈禱。真人府法官另於九蓮宫設壇祈禱。齋戒、禁例，俱照前行。〇二十六年，聖祖仁皇帝親詣天壇祈雨致祭，用素服帶雨纓，不設鹵簿、大駕，官員俱不迎送。〇二十八年諭：自去秋以來，雨雪不足，直隸、山西、山東，以至江南、浙江皆旱，屢問九卿諸臣，或有未當及應行之事。若能切實言之，是即所以召甘霖也。〇又，九卿、詹事、科道，步禱於太歲壇、天神壇、地祇壇，并遣官於天壇、地壇、社稷壇，祈雨致祭，不設配位，不奏樂，不奠玉。諸王以下滿漢文武各官以上至民間，俱素服齋戒三日。〇三十二年三月，因陜西屢遭荒旱，命皇子往祭西嶽華山之神，祈禱雨澤。〇四月諭：本月初六日，爲民生致祭，華山此一日，著禁止屠宰。〇五十年諭：自古上下一德，然後感格天心，召致和氣，不在徒飾虛文。今當亢旱，我君臣應協同心力，爲萬民籌畫生計，務各仰體朕懷，竭誠祈禱。〇五十六年諭：祈禱多時不雨，傳諭大學士、九卿於凡政事失宜有可詳議之處，著伊等會同具奏。〇雍正元年諭：天時亢旱，朕夙夜焦勞，謹敬齋戒，久未得雨意者，用人行政之間，尚有缺失，不能感召天和，以致甘霖未沛，朕欲在廷，諸臣直言得失，猶恐視爲具文，概以諛詞頌揚，負朕實心求言之意。今特諭爾諸臣各具密摺，凡朕所行之事，或有過失，務須盡言無隱。即所行之無過，或更有應行事宜，爾等各據己見陳奏，務期盡善，使朕有則改之，無則加勉，方得古大臣責難於君之義。至用人一途，或有未當，爾等務必據實指陳，勿避嫌怨。即朕親信重臣，亦不妨指出。上古君臣都俞吁咈，至今傳爲盛事。爾等若能披肝露膽，極言直諫，即所奏未盡合宜，朕亦重其人品。倘仍瞻徇依違，浮詞塞責，朕亦薄其爲人。此諭出於至誠，爾等各宜副朕實心，不可虛應故事。果有嘉謀嘉猷，俾得見之政事，將召天和而蘇民困，胥在於此矣。〇三年諭：天人相感之理，至微而實至顯。人君受天眷命，其感通爲尤捷。朕自臨御以來，敬天之心夙夜儆惕。凡水旱災祲，上天特示警戒，務期黽勉以回天意，用是上承帝鑒，有求輒應。如今年覽山西署撫奏摺，知平陽地方少雨，朕祗告神明，齋心虔禱，續據該撫奏報得雨霑足。覽河南巡撫奏摺，知開封地方亢旱，朕禱於神明，竭誠致敬。昨該撫奏報果得時雨，可見天人感通，捷如影響。但恐督撫大吏於水旱之事，不行奏聞，則朕無從省戒，致使旱潦成災，閭閻受困。此地方大吏隱蔽之咎也。嗣後督撫於地方才有水旱，即據實速奏，庶朕可及時修省祈求。爾督撫等亦宜省咎思過，勤求民隱，勿徒視爲祈禱虛文。

凡祈晴，設壇處所，俱與祈雨同。

〔**僧道**〕喇嘛附

凡僧道度牒，天聰六年定：各廟僧道，設僧録司、道録司總管。凡通曉經義恪守清規者，給與度牒。〇崇德五年題准：新收僧人納銀，送户部查收，隨給用印度牒，令僧綱司分發。〇順治二年定：内外僧道，俱給度牒，以防奸僞，其納銀之例停止。凡寺廟菴觀若干處、僧道若干名，各令住持詳查來歷，具結投遞僧道官，僧道官仍具總結。在京城内外者，俱令報部，在直省者，赴該衙門投遞，彙送撫按轉行解部，頒給度牒，不許冒充混領。事發罪坐經管官〇六年題准：内外僧道必有度牒，方准住持焚修。該部刊刻度牒，印發各布政司及順天府查境内僧道素無過犯者，每名納銀四兩，給與度牒一張。各州縣於歲底申解該司彙解户部，仍報禮部查考。其從前給過度牒一并追繳。〇八年諭：僧道俱免納銀，如有請給度牒者，該州縣確查呈報司府，申呈禮部照數給發。〇十五年題准：直省僧尼道士已經給過漢字度牒者，盡行查繳送部，照數换給滿漢字度牒，并確查先年已納銀者，换給新牒，未納銀者，納銀給牒。〇十七年議准：僧道度牒，免其納銀，令各該撫詳開花名、年貌、籍貫及焚修寺廟，備造清册，并送紙張投部，印給度牒。〇康熙十五年題准：停止給發度牒。〇二十二年議准：仍給盛京僧道度牒。〇二十三年議准：臺灣僧道，舊牒追繳送部，换給度牒。

凡僧道官補授，順治四年題准：在京僧道録司由禮部考取，移咨吏部補授，各府州縣僧道等官，令各布政司遴選保舉，報部轉咨吏部授職。〇康熙十三年議准：在外僧道等官，由各該撫移咨禮部，詳查轉咨吏部補授，准其註册，停其具題，仍知會禮部填給劄付，移咨該撫行令任事。

凡僧道官僧録司左善世由右善世補，右善世由左闡教補，左闡教由右闡教補，右闡教由左講經補，左講經由右講經補，右講經由左覺義補，左覺義由右覺義補，右覺義以候缺僧官補。道録司左正一由右正一補，右正一由左演法補，左演法由右演法補，右演法由左至靈補，左至靈由右至靈補，右至靈由左至義補，左至義由右至義補，右至義以候缺道官補。如無候缺僧道官，行僧録司、道録司選取在京僧人道士送部，禮部出題考試。經典諳熟者，或取十名，或取二十名，咨送吏部存案。候有缺出，按名挨補。

凡僧道禁例，天聰六年定：僧道不許買人爲徒，違者治罪。〇順治二年定：内外僧道有不守清規及犯罪爲僧道者，住持舉首隱匿不舉，一體治罪，頂名冒領度牒者，嚴究治罪。〇又定：内外寺廟菴觀凡有明朝舊勅，盡行繳部，不許隱藏。又，嚴禁京城内外不許擅造寺廟佛像，必呈報禮部，方許建造。其現在寺廟佛像,亦不許私自拆毁。僧道住處不許私自遷徙,移出佛像及自置緣簿募化,并不許私自削髮爲僧。僧道官住持縱隱,一體治罪。〇三年定:在京寺廟菴觀不許僧尼道士混處及閑雜俗人居住,工部五城查明僧道官容隱者,一體重治。〇又定:嚴禁京城僧道沿街設置神像,念誦經咒,或持擊梆磬募化者,該管僧道官即行重治。如住持募化,罪及闔寺。如散衆募化,罪坐住持,并該管僧道官一體治罪。〇九年諭:僧尼道士已領度牒者,務恪守清規,用本等衣帽,住居本寺廟。如未領度牒私自爲僧尼道士及用喇嘛衣服往來者,照例治罪。〇十一年定:禁止創建寺廟,其修理頽壞寺廟,聽從其便。〇康熙四年題准:除興京、盛京及京城寺廟遵諭建設外,其前代勅建寺廟應各設僧道十名,私建大寺廟各設八名,次等寺廟各設六名,小寺廟各設四名,最小寺廟各設二名。〇又題准:本户不及三丁及十六歲以上,不許出家,違例者枷號一個月。僧道官及住持知而不舉者,一并治罪,罷職還俗。〇六年,禮部通計,直省勅建大寺廟共六千七十三處,小寺廟共六千四百九處,私建大寺廟共八千四百五十八處,小寺廟共五萬八千六百八十二處,僧人十一萬二百九十二名,道士二萬一千二百八十六名,尼八千六百十五名。通共寺廟七萬九千六百二十二處,僧尼道士十四萬一百九十三名。〇十五年題准:凡僧尼道士不領度牒,私自出家者,杖八十爲民。有將逃亡事故度牒頂名冒替者,責四十板,入官,該管僧道官俱革職還俗。〇五十年覆准:直隸各省嚴飭地方官槩不許創造寺廟,該僧道官不時稽查,取具甘結呈報,并不得容留外來可疑之人。如有故違,致生事端,依律治罪。〇又諭:直省創建寺廟,多占據百姓田廬。既成之後,愚民又爲僧道日用湊集銀錢,購買田地給與,以致民田漸少,且遊民充爲僧道窩藏逃亡罪犯,行事不法,實擾亂地方,向原行禁止,因日久漸弛。著各督撫及地方官除原有寺廟外,其創建增造,永行禁止。

凡道場禁例,順治八年定:皇城内不許作道場。〇康熙元年定:凡作道場者,止許在本家院内。其當街搭蓋蓆棚,揚旛掛榜及僧道張傘捧托香帛,遶街行走,取水晝地,開酆都穿戴盔甲等項,俱行禁止。違者,僧道責二十板爲民,該管僧道官革職。其作道場之家,係官交該部議處,係民治以違禁之罪。〇十六年定:京城内寺廟菴院不許設教聚會,男女混雜,并不許搭蓋高臺演戲斂錢、酬神賽會。僧道録司并該管僧道官不時親查,有違禁者,執送本部,將本人及寺廟住持一并治罪。該管僧道官不行查拿,本部參處。〇雍正元年覆准：江南、浙江等省，禁止婦女遊山入寺。〇二年覆准：愚昧之徒縱令婦女成羣聚會，往寺廟進香，有壞風俗，嗣後將寺廟進香起會之處，嚴行禁止。犯者照律治罪，其住持及守門人不禁者，與同罪。〇又覆准：寺廟除禁軍民妻女入廟燒香及扮神賽會外，其民間春秋義社祈報者，不在此例，著都察院分晰出示，並令司坊官明白曉諭。

凡邪教禁例，崇德間定：滿洲蒙古漢軍巫師道士跳神驅鬼逐邪以惑民心者，處死。其延請跳神逐邪者，亦治罪。〇康熙元年定：凡有邪病請巫師、道士醫治者，須領巫師、道士禀知各都統、副都統用印文報部，方許醫治。違者，將巫師、道士交刑部正法。其請醫治之人，交刑部議罪。〇十二年議准：無爲、白蓮、焚香、聞香、混元、龍元、洪陽、圓通、大乘等邪教惑衆，聚會念經，執旗鳴鑼，聚衆拈香者，通行八旗直省嚴行禁飭，違者照例鞭責枷號。〇二十六年覆准：無賴狂徒假借僧道爲名，或稱祖師降乩，或妄逞邪説，托言前知，或以虚妄之談蠱動愚蒙，至有羣相禮拜，甘作徒從者，嗣後此等邪教，通行八旗五城各省督撫地方官，令其嚴行禁止。〇四十八年覆准：鳴鑼擊鼓、聚衆燒香、男女混雜等弊，曾經嚴禁在案，恐相沿日久，舊俗復熾，再扶鸞書符、招摇斂緣之輩，均應永行禁止，嗣後如有仍前擅行者，該地方官即行究治。如不實心查拿，在京或經該部查出，外省或經督撫查出，將該管官員指名題參。

凡喇嘛禁例，天聰七年定：喇嘛班第出居城外清净處所，有請喇嘛念經治病者，家主治罪。〇又定：喇嘛班第有容留婦女及不呈明禮部，私爲喇嘛私蓋寺廟者，治罪。〇順治四年定：喇嘛不許私自遊方，有遊方到京者，著發回原籍。〇十八年題准：京城内白塔居住喇嘛九名，西大達廟居住喇嘛八名及額木齊喇嘛應照舊留住外，其餘喇嘛班第，俱令於京城外居住。如有擅進京城居住者，將喇嘛送刑部，照違法例治罪。〇康熙六年議准：凡喇嘛班第，令該管大喇嘛逐日詳查，禮部每月詳查。有請念經治病者，於大喇嘛處説明，准去，仍令交還大喇嘛。〇二十三年覆准：嗣後喇嘛所到處不過三日，即令起程。違者，留住家長、寺廟住持及失察官員，俱行治罪。喇嘛除犯死罪外，所犯别罪，停其入官，仍照律治罪，遞解原籍。〇又定：班第不許服用金黄色、黄色，吴巴什、吴巴三察不許服用金黄色、黄紅色。如上賜者，准用，違者治罪。

大清會典卷之一百三

禮部祠祭司

〔樂〕

祭祀中和韶樂，太常樂工掌之，員額詳太常寺。朝會中和韶樂、丹陛樂，教坊司掌之，員額具後。樂章分見各條下，不復載。康熙八年，訂正樂章，改章名"和"字爲"平"字，稱中和韶樂。〇五十二年，改造樂器，審定黄鐘之度，爲今營造尺七寸二分九釐。〇五十四年，改造樂器告成，太常寺題請載入典訓。奉旨：太常寺爲樂器告成請載典訓具奏。此樂器原係明朝所造，制度原好，但年久失真，不無音律未協之處，朕因再爲修理，並未創造，今以制作之功全歸於朕，似屬不可。大學士、九卿、詹事科道議奏。遵旨議准：前代樂器，並未窮究根原，釐定矩度，今中聲既得，損益咸宜，若不垂載典册，恐歲久仍復失傳，將起造告成年月制度一併宣付史館。〇五十五年，頒中和韶樂於直省文廟。詳本條下。〇雍正二年議准：令闕里司樂選工，赴太常寺演習訂正，轉相傳授，以達於直省文廟。詳本條下。〇又欽定耕耤禾詞及耕耤筵宴樂章。詳見本條下。

中和樂器圖

麾

鼓

柷

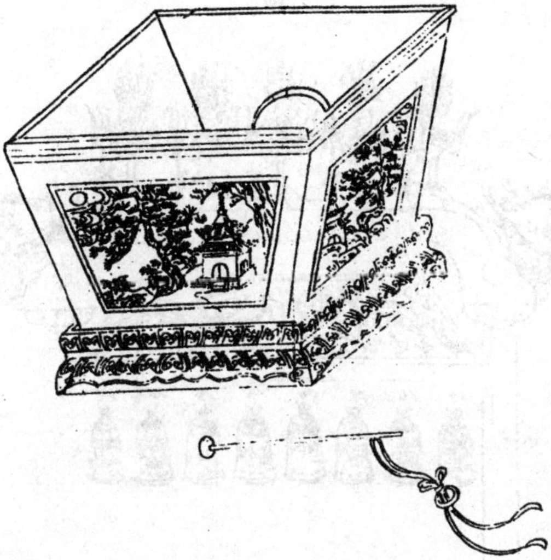

搏拊

鐘

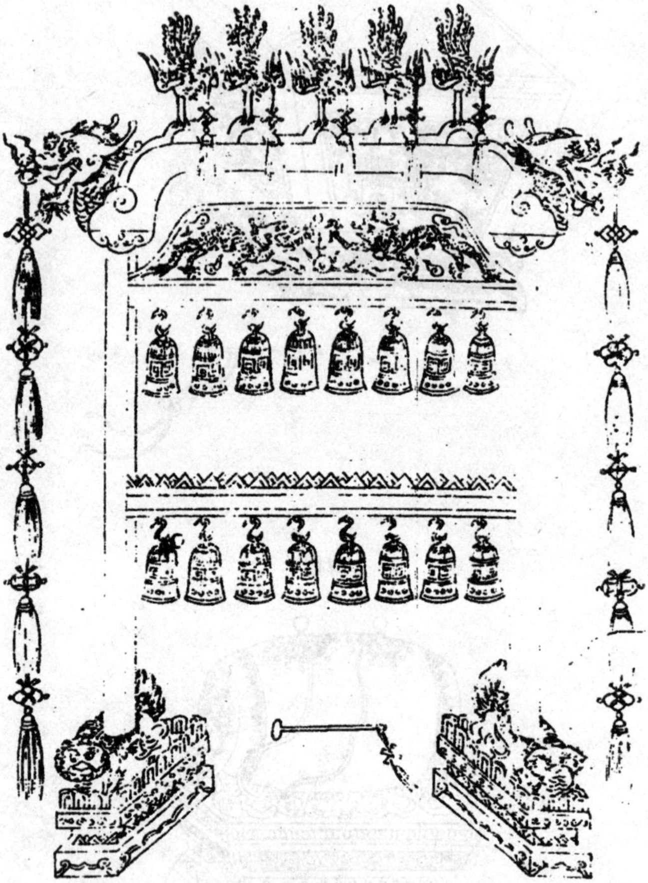

磬

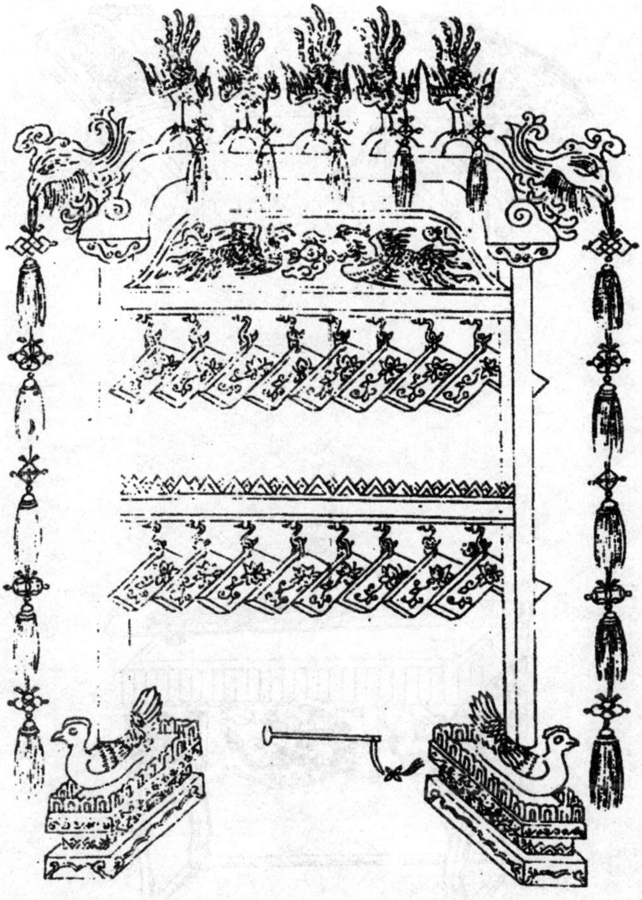

瑟

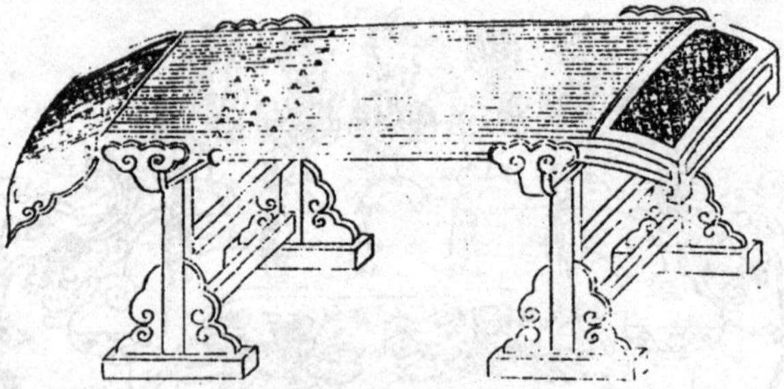

琴

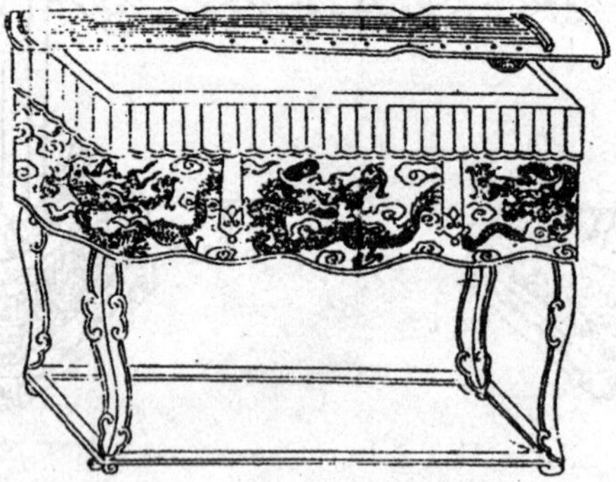

笙

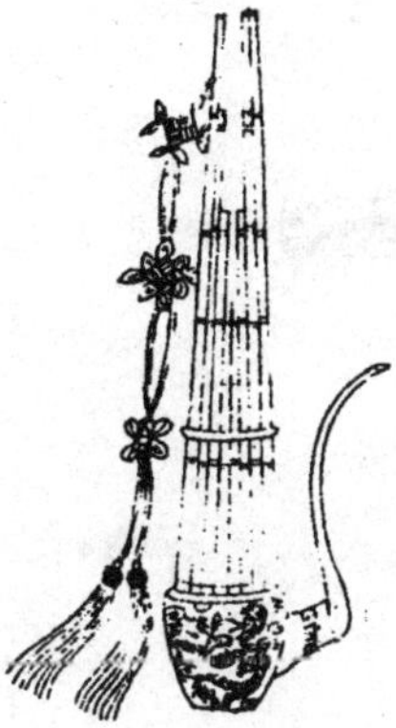

笛

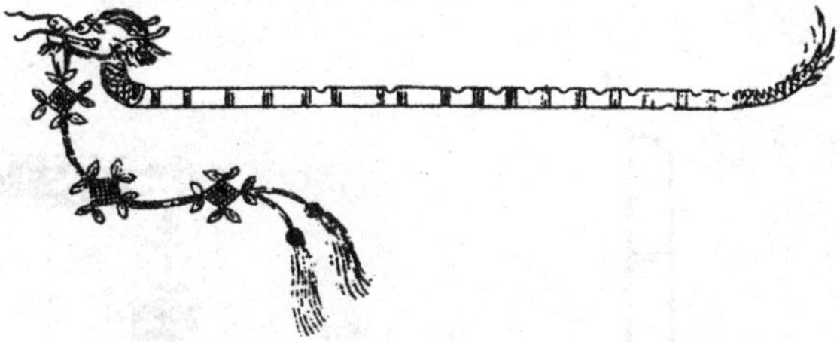

排簫

塤

簫

篪

敔

丹陛樂器圖

戲竹

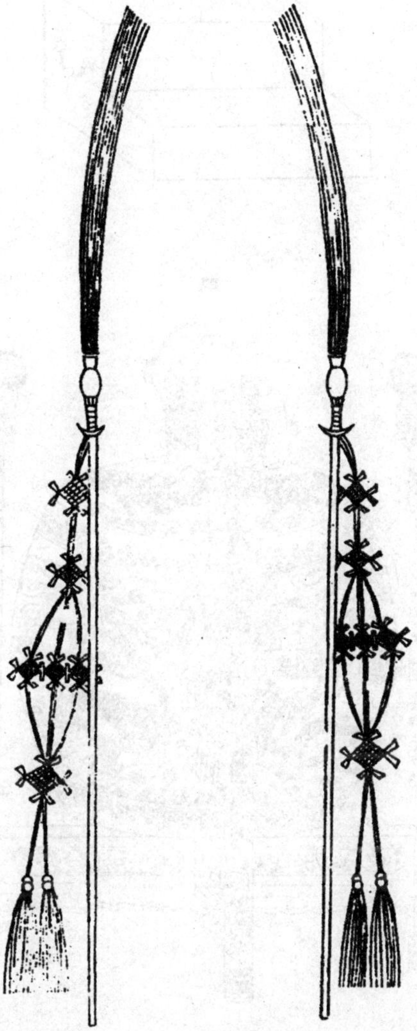

鼓蹈

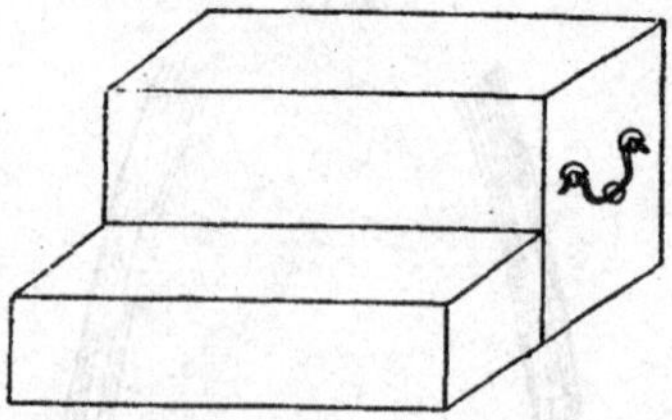

鼓

鼓衣

方響

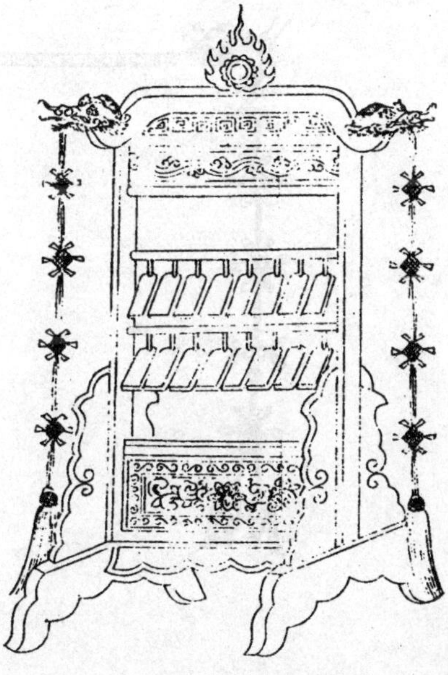

雲鑼

管

板

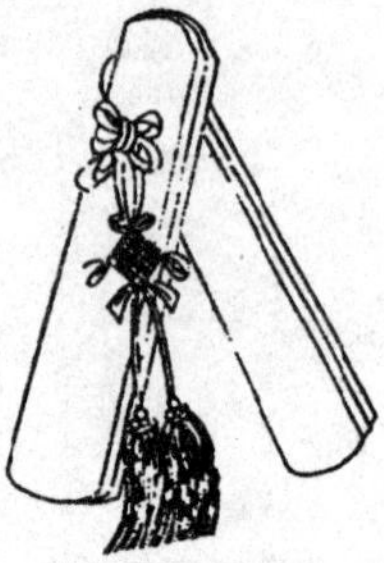

笙

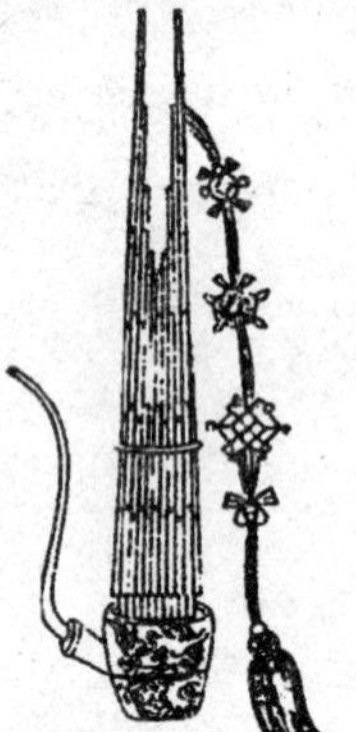

笛

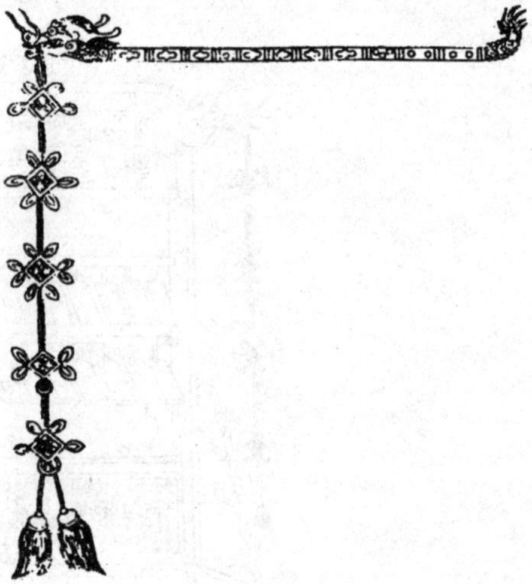

杖鼓

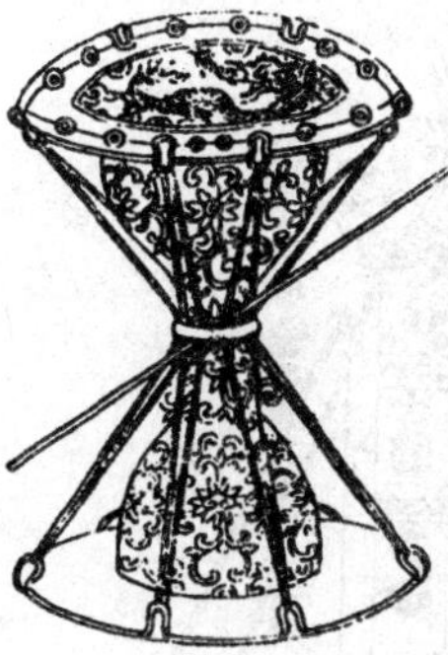

杖鼓衣

太常寺樂器圖

麾

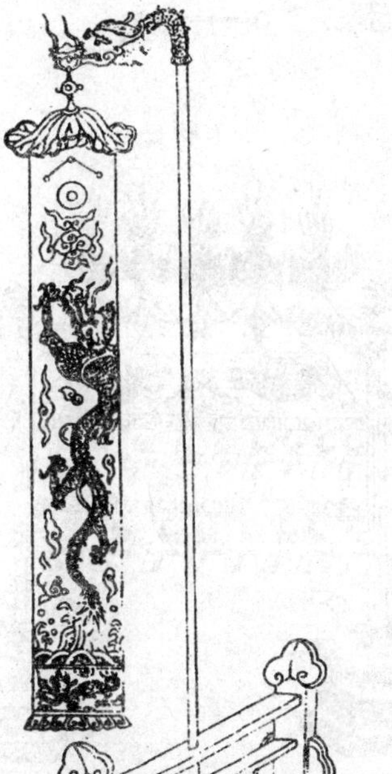

金鐘

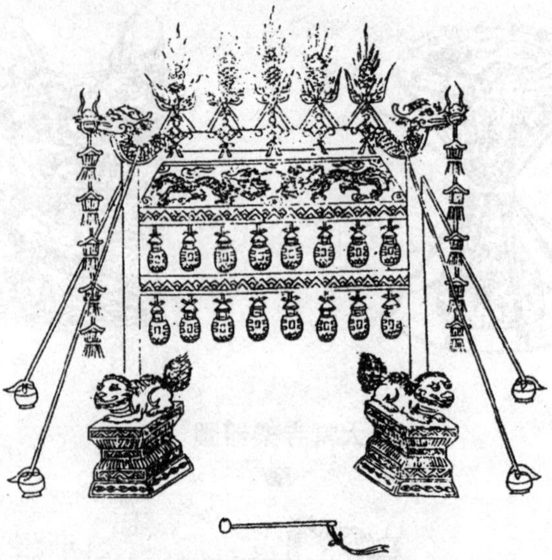

玉磬

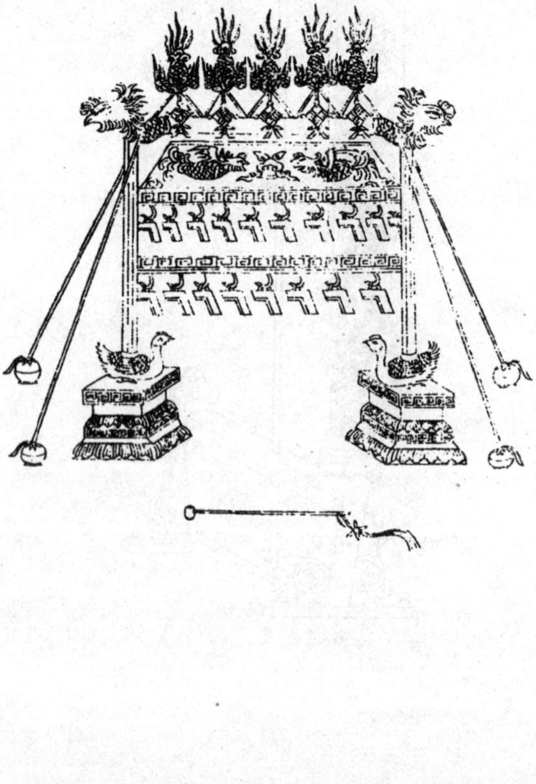

鼓

搏拊

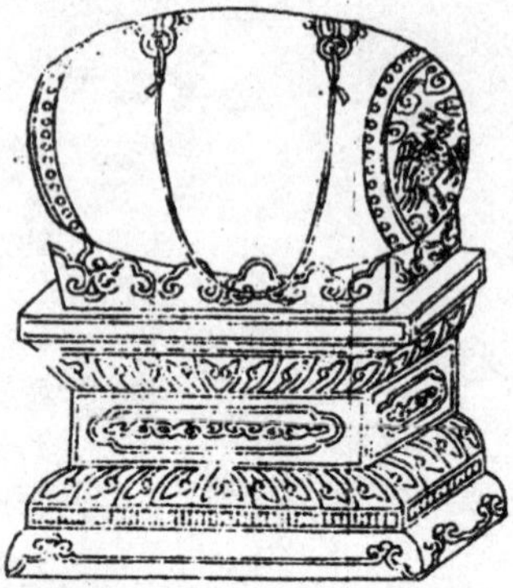

柷

敔

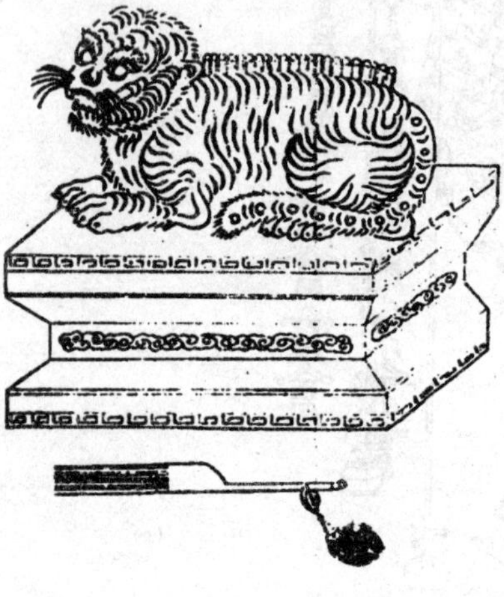

琴

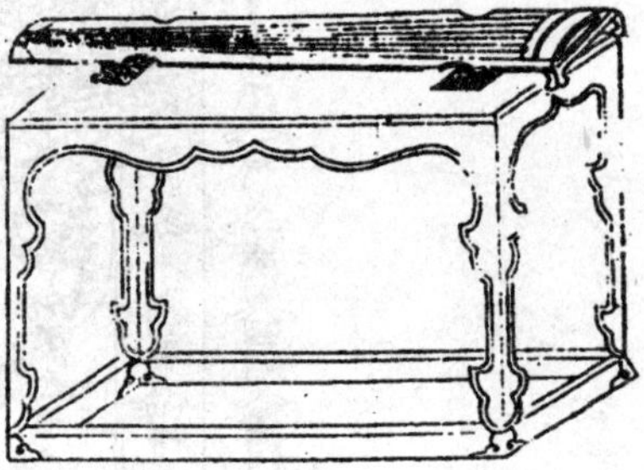

瑟

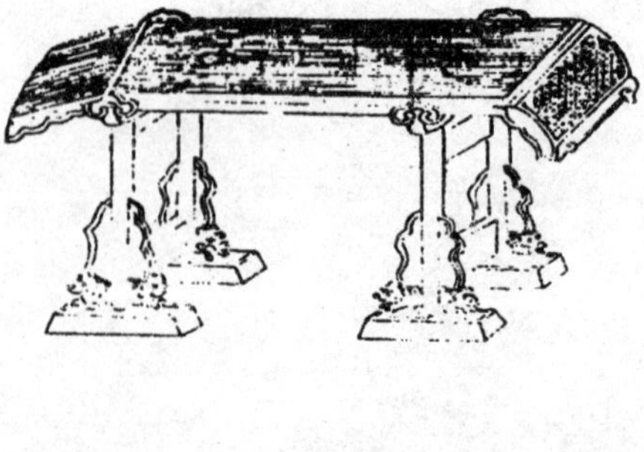

簫

排簫

笙

笛

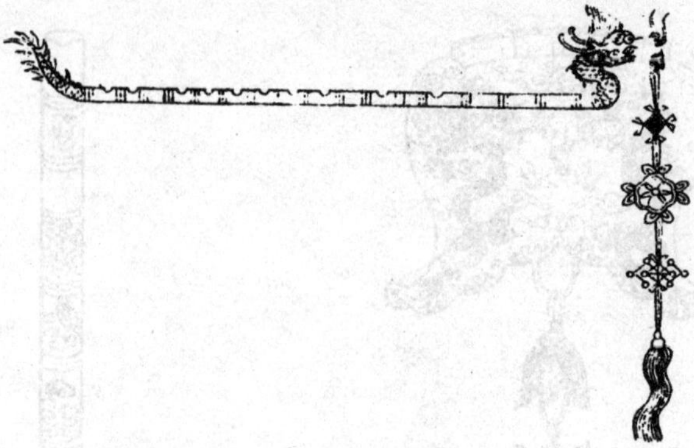

塤

篪

舞器圖

節

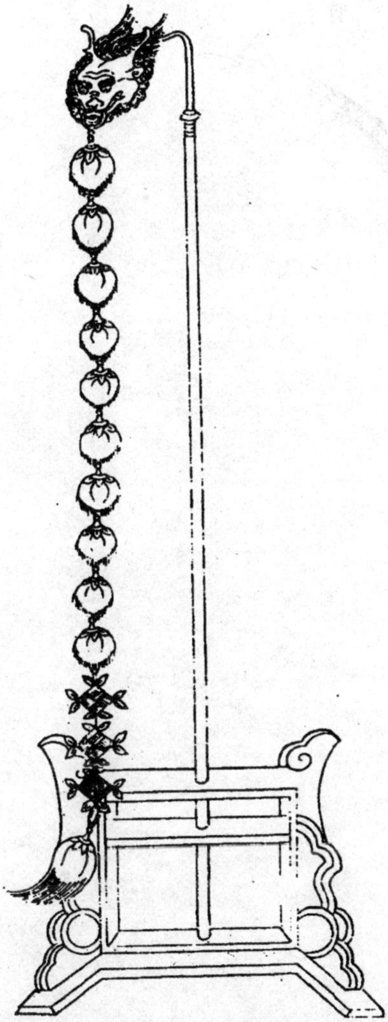

羽

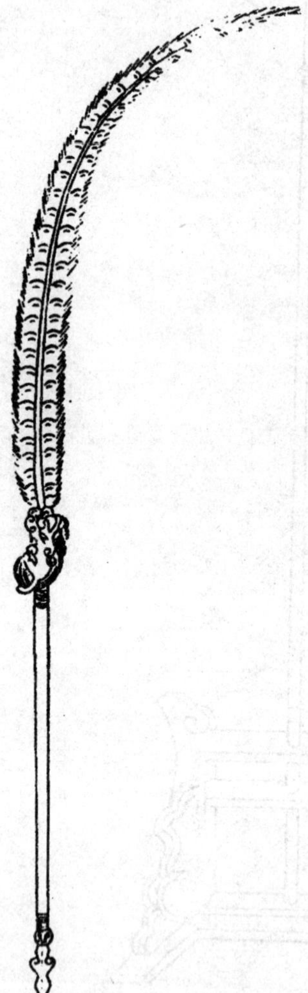

簫

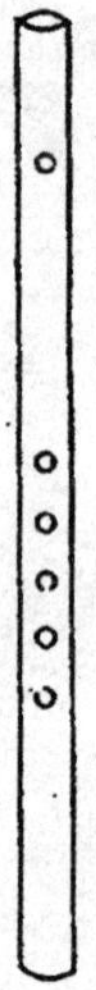

干

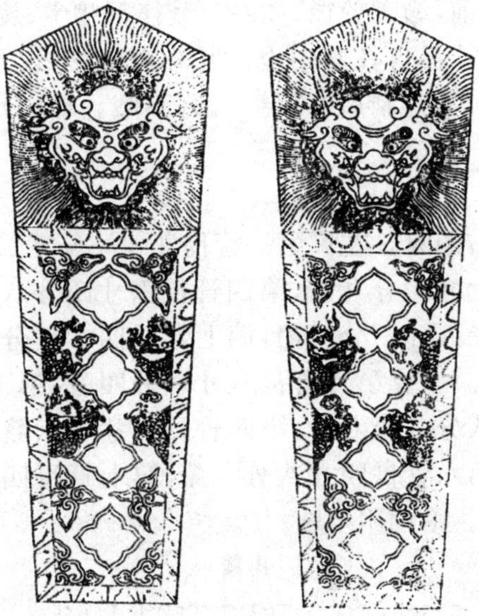

戚

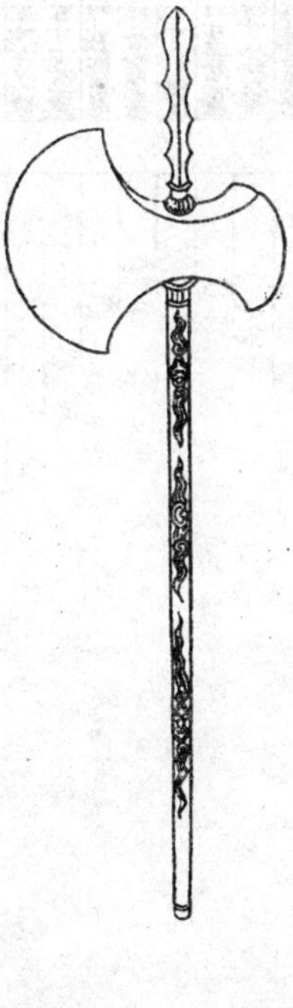

樂舞等器形象圖,列如右。又,遵奉聖祖仁皇帝御製律吕正義,將制造樂器分寸之度列表於前,繪圖於後,如左。其律吕相生、旋宫轉調之法,兹不備載,以度數合,則律吕自在其中也。其彩畫彫鏤,以及分寸度數之不關律吕者,工部都水司掌其制造,詳見工部,不載。篇中尺寸,依今營造尺。其營造尺率,詳見户部權量。

排簫

十六管,分左右兩翼。左翼第一管長九寸一分零二毫,第二管長八寸零九釐,第三管長七寸二分九釐,第四管長六寸四分八釐,第五管長五寸七分六釐,第六管長五寸一分二釐,第七管長四寸五分五釐一毫,第八管長四寸零四釐五毫。右翼第一管長八寸六分四釐,第二管長七寸六分八釐,第三管長六寸八分二釐六毫,第四管長六寸零六釐八毫,第五管長五寸三分九釐三毫,第六管長四寸八分六釐,第七管長四寸三分二釐,第八管長三寸八分四釐。繪圖用半度。

排簫

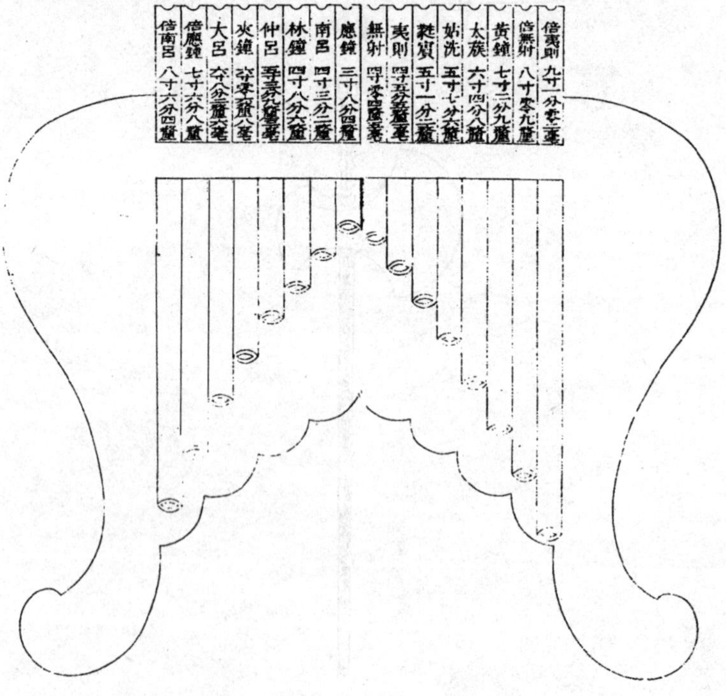

簫

黃鐘簫，長一尺七寸七分四釐二毫，徑五分四釐八毫。自吹口至出音孔，一尺五寸七分七釐，自下而上至第一孔，一尺四寸一分一釐六毫。第二孔一尺二寸五分四釐八毫，第三孔一尺一寸一分五釐三毫，第四孔九寸九分八釐，第五孔八寸五分一釐九毫，第六後出孔七寸零五釐八毫。○姑洗簫，長一尺七寸七分零五毫，徑四分三釐五毫。自吹口至出音孔一尺五寸八分四釐二毫，自下而上至第一孔一尺四寸零八釐一毫。第二孔一尺二寸五分一釐七毫，第三孔一尺一寸二分零四毫，第四孔九寸九分五釐九毫，第五孔八寸五分，第六後出孔七寸零四釐。○大吕簫，長一尺六寸九分六釐九毫，徑五分二釐四毫。自吹口至出音孔一尺五寸零八釐四毫，至第一孔一尺三寸五分零二毫，第二孔一尺二寸零一毫，第三孔一尺零六分六釐八毫，第四孔九寸五分四釐五毫，第五孔八寸一分四釐八毫，第六後出孔六寸七分五釐一毫。○仲吕簫，長一尺六寸九分三釐四毫，徑四分一釐六毫。自吹口至出音孔一尺五寸一分五釐二毫，至第一孔一尺三寸四分六釐八毫，第二孔一尺一寸九分七釐二毫，第三孔一尺零七分一釐六毫，第四孔九寸五分二釐五毫，第五孔八寸一分二釐九毫，第六後出孔六寸七分三釐四毫。繪圖用半度。

黃鐘簫

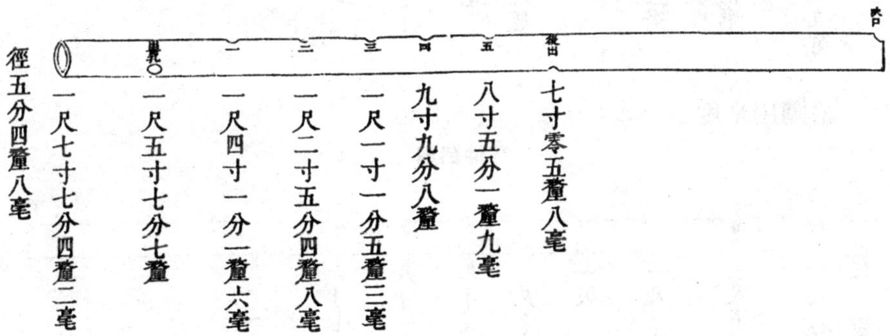

繪圖用半度。

姑洗簫

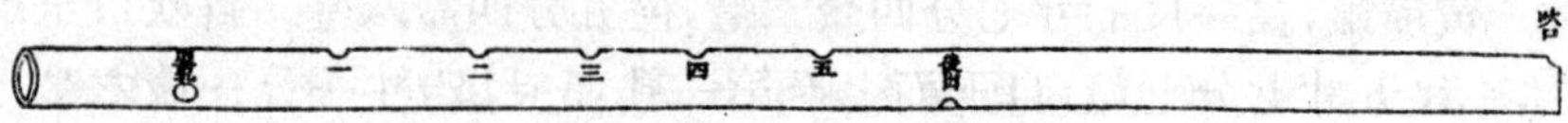

七寸零四釐
八寸五分
九寸九分五釐九毫
一尺一寸二分零四毫
一尺二寸五分一釐七毫
一尺四寸零八釐一毫
一尺五寸八分四釐二毫
一尺七寸七分零五毫
徑四分三釐五毫

繪圖用半度。

大吕簫

六寸七分七釐五毫
八寸一分四釐八毫
九寸五分四釐五毫
一尺零六分六釐八毫
一尺二寸零一毫
一尺三寸五分零二毫
一尺五寸零八釐四毫
一尺六寸九分六釐九毫
徑五分二釐四毫

繪圖用半度。

仲吕簫

六寸七分三釐四毫
八寸一分二釐九毫
九寸五分二釐五毫
一尺零七分一釐六毫
一尺一寸九分七釐二毫
一尺三寸四分六釐八毫
一尺五寸一分五釐二毫
一尺六寸九分三釐四毫
徑四分一釐六毫

笛

姑洗笛，自吹口而右通長一尺二寸五分一釐七毫，徑四分三釐五毫。自吹口而左長四寸，自吹口而右九寸九分五釐九毫。爲出音孔，自吹口而右八寸八分五釐二毫，爲第一孔。自吹口而右七寸九分二釐一毫，爲第二孔。自吹口而右七寸零四釐，爲第三孔。自吹口而右六寸二分五釐八毫，爲第四孔。自吹口而右五寸三分四釐二毫，爲第五孔。自吹口而右四寸四分二釐六毫，爲第六孔。自出音孔至底孔中間又有二孔，一自吹口而右一尺一寸五分七釐二毫，一自吹口而右一尺零八分三釐六毫。◎仲吕笛，自吹口而右通長一尺一寸九分七釐二毫，徑四分一釐六毫。自吹口而左，與姑洗笛同。自吹口而右九寸五分二釐五毫，爲出音孔。自吹口而右八寸四分六釐七毫，爲第一孔。自吹口而右七寸五分七釐六毫，爲第二孔。自吹口而右六寸七分三釐四毫，爲第三孔。自吹口而右五寸九分八釐六毫，爲第四孔。自吹口而右五寸一分零九毫，爲第五孔。自吹口而右四寸二分三釐三毫，爲第六孔。其出音孔右二孔，一自吹口而右一尺一寸零六釐八毫，一自吹口而右一尺零三分六釐四毫。繪圖用半度。

姑洗笛

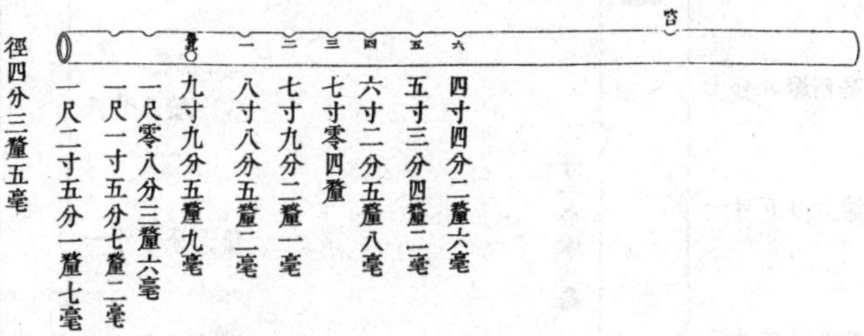

繪圖用半度。

仲吕笛

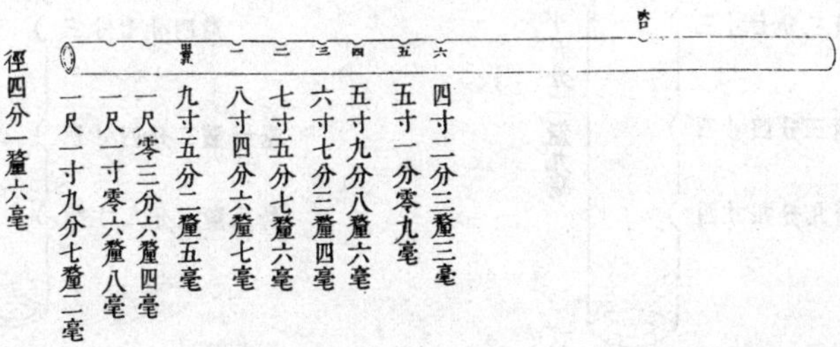

管

大管，徑二分七釐四毫，哨下口至底通長五寸七分六釐，自下而上至哨下口，第一孔四寸九分九釐，第二孔四寸四分三釐五毫，第三孔三寸七分三釐五毫，第四後出孔三寸五分二釐九毫，第五孔三寸一分三釐七毫，第六孔二寸四分九釐五毫，第七孔一寸五分六釐四毫。○小管，徑二分一釐七毫，哨下口至底五寸六分零二毫，自下而上至哨下口，第一孔四寸九分七釐八毫，第二孔四寸四分二釐六毫，第三孔三寸七分四釐，第四孔三寸一分二釐八毫，第五孔二寸四分八釐九毫，第六孔一寸七分六釐，第七後出孔一寸二分四釐四毫，第八孔八分八釐。

大管哨下口至底長五寸七分六釐，徑二分七釐四毫。小管哨下口至底五寸六分零二毫，徑二分一釐七毫。

大管

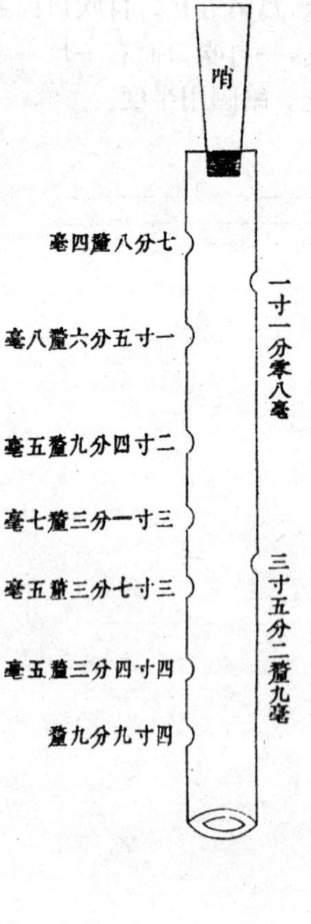

小管

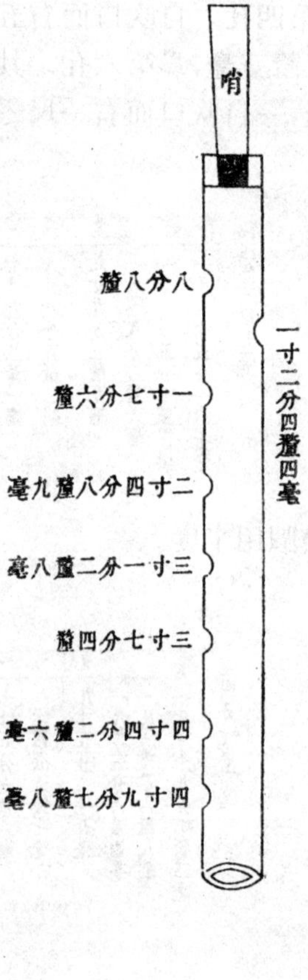

笙

十七簧，徑皆一分六釐五毫。第一管八寸五分零五毫，第二管七寸五分六釐，第三管同，第四管六寸七分二釐，第五管六寸零一釐二毫，第六管五寸三分四釐四毫，第七管四寸七分五釐，第八管同，第九管四寸二分五釐二毫，第十管同，第十一管四寸零一釐六毫，第十二管三寸七分八釐，第十三管三寸三分六釐，第十四管三寸零六毫，第十五管同，第十六管二寸六分七釐二毫，第十七管二寸三分七釐五毫，皆自簧口至出音孔爲度。自九管而下至第一管，簧皆長而輭，十管以上至十七管，簧皆微短而硬。笙十七簧，徑皆一分六釐五毫，其尺寸皆自簧口至出音孔爲度。繪圖用半度。

笙

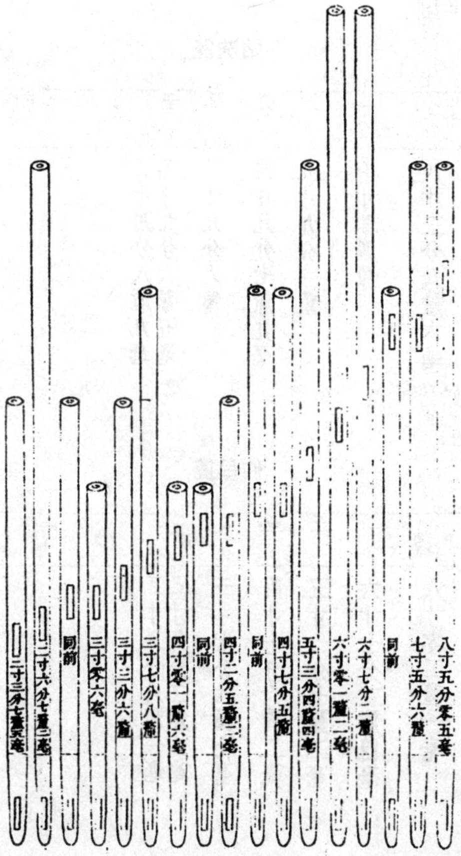

篪

篪長一尺四寸,無底横吹。○姑洗篪,徑八分七釐,自吹口而右至管末九寸九分五釐九毫,自吹口至出音二小孔八寸三分八釐六毫,自吹口至向外,最下第一孔七寸零四釐,自吹口至向外第二孔五寸九分三釐,自吹口至向外第三孔四寸九分七釐九毫,自吹口至向外第四孔三寸九分六釐,自吹口至向外第五孔二寸九分六釐五毫,自吹口至向内最上一孔二寸四分八釐九毫。○仲吕篪,徑八分三釐二毫,自吹口至管末九寸五分二釐五毫,自吹口至出音二小孔八寸零二釐一毫,自吹口至向外最下第一孔六寸七分三釐四毫,自吹口至向外第二孔五寸六分七釐二毫,自吹口至向外第三孔四寸七分六釐二毫,自吹口至向外第四孔三寸七分八釐七毫,自吹口至向外第五孔二寸八分三釐六毫,自吹口至向内最上第一孔二寸三分八釐一毫。繪圖用半度。

姑洗篪

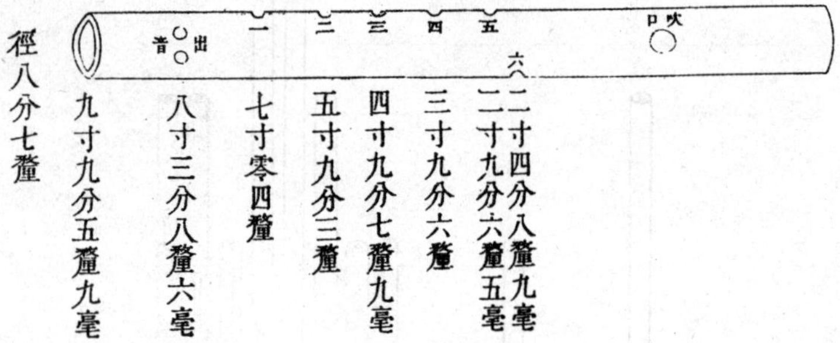

繪圖用半度。

仲吕篪

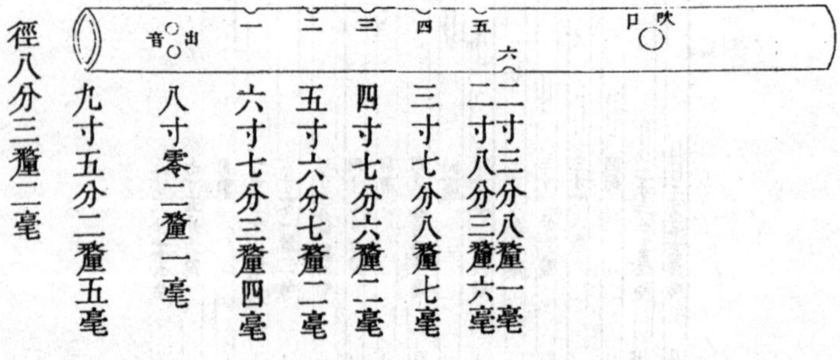

塤

塤，形近橢圓，上鋭下闊，底平，頂一孔爲吹口，前三孔，後二孔。〇黄鐘塤，自頂至底高二寸二分一釐七毫，其中大處徑一寸七分二釐二毫，底徑一寸一分四釐八毫，皆就中空處計算。前三孔，自頂孔而下一寸九分七釐一毫，居中設一孔爲第一孔，自頂孔而下一寸七分六釐四毫，偏左設一孔爲第二孔，自頂孔而下一寸五分六釐八毫，偏右設一孔爲第三孔。後二孔，自頂孔而下一寸三分二釐，偏左設一孔爲第四孔，自頂孔而下九分八釐五毫，偏右設一孔爲第五孔。〇大吕塤，自頂至底高二寸一分二釐，其中大處徑一寸六分四釐七毫，底徑一寸零九釐八毫，皆就中空處計算。前三孔，自頂孔而下一寸八分八釐五毫，爲居中第一孔，自頂孔而下一寸六分八釐七毫，爲偏左第二孔，自頂孔而下一寸四分九釐九毫，爲偏右第三孔。後二孔，自頂孔而下一寸二分六釐三毫，爲偏左第四孔，自頂孔而下九分四釐二毫，偏右爲第五孔。

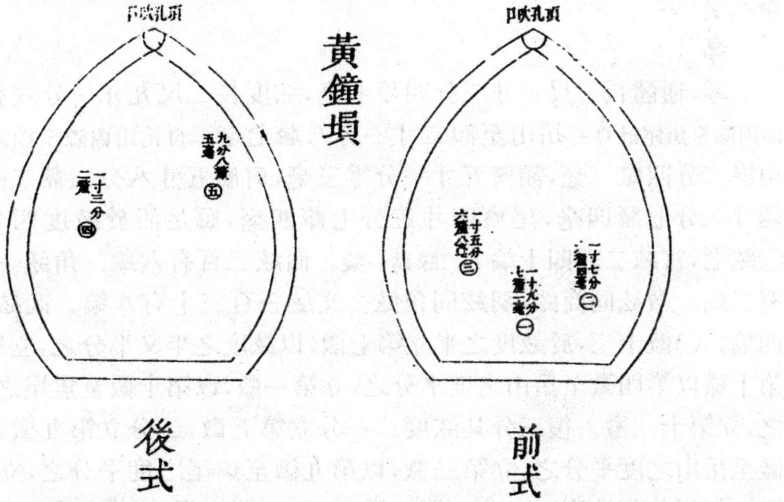

内，高二寸二分一釐七毫，中大處徑一寸七分二釐二毫。底，内徑一寸一分四釐八毫。

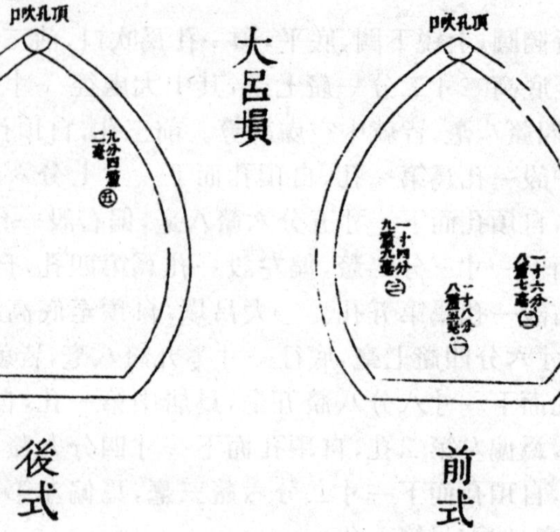

内，高二寸一分二釐中，大處徑一寸六分四釐七毫，底内徑一寸零九釐八毫。

琴

琴，通體長三尺一寸三分四釐七毫，絃度長二尺九寸一分六釐。自岳山内除至焦尾計算。岳山至額二寸一分八釐七毫。自岳山内際至額計算。岳山厚二分四釐三毫，額廣五寸一分零三毫，肩廣五寸八分三釐二毫，腰廣四寸三分七釐四毫，尾廣四寸三分七釐四毫，鴈足設於絃度四分之三。○絃七，宫絃二百四十綸十二絲爲一綸。商絃二百有六綸。角絃一百七十有二綸。徵絃同商絃，羽絃同角絃。文絃一百三十有八綸。武絃一百有四綸。○徽十三，於絃度之半立第七徽，以絃度之半又平分之，立第四徽，第十徽以第四徽至岳山之度平分之，立第一徽，以第十徽至焦尾之度平分之，立第十三徽。復三分其絃度。一分立第五徽，二分立第九徽，以第五徽至岳山之度平分之，立第二徽，以第九徽至焦尾之度平分之，立第十二徽。復五分其絃度。一分立第三徽，二分立第六徽，三分立第八徽，四分立第十一徽。繪圖以四分之一。

琴

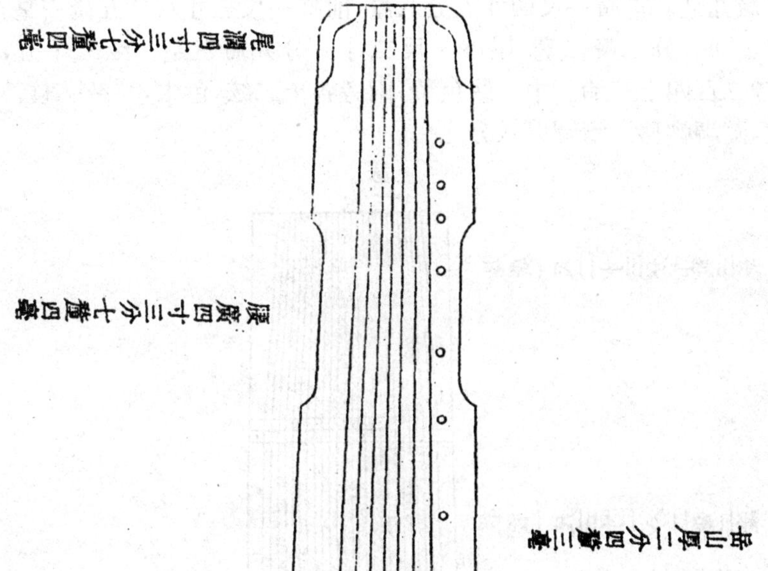

瑟

瑟，通體長六尺五寸六分一釐，絃度長四尺三寸七分四釐。自前梁内際至後梁内際計算。前梁至首額，七寸二分九釐。自前梁内際至首額計算。後梁至尾末,一尺四寸五分八釐。自後梁内際至尾末計算。前後梁高廣,俱七分二釐九毫。首廣一尺四寸五分八釐,前腰一尺三寸八分五釐一毫,後腰一尺三寸一分二釐二毫,尾廣一尺二寸三分九釐三毫。絃二十五,無巨細,皆二百四十三綸。中一絃色黃,兩旁各十二絃,色朱,一絃一柱。安柱之度,隨調轉移。繪圖以八分之一。

瑟

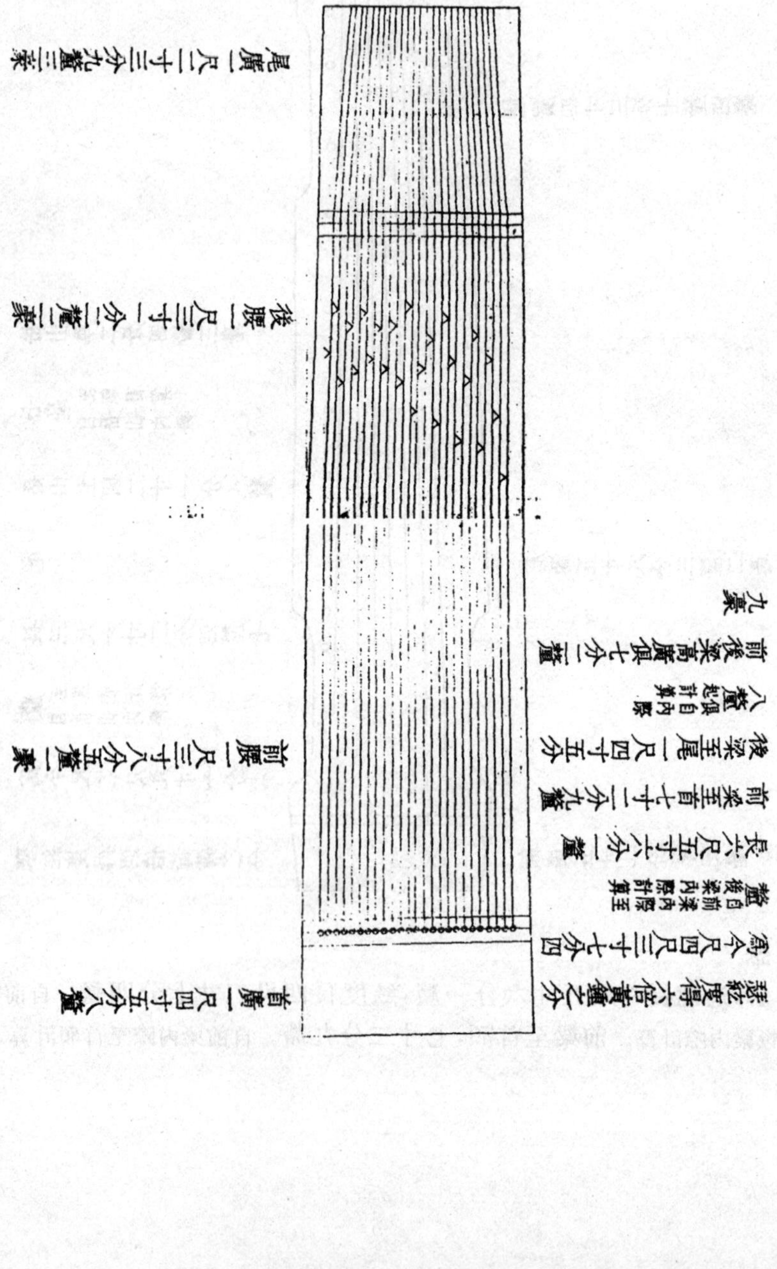

鐘

十六編鐘，外同一制，隨體厚而内高與徑遞減，其度具列如左。倍夷則之鐘。倍者，非言鐘之倍體，乃聲應倍律倍吕之鐘也，故列於黄鐘之前。内高七寸三分一釐六毫七絲，中徑六寸八分八釐零一絲，上頂下口内徑，俱四寸七分七釐三毫一絲，中容積二百二十五寸一十六分七百五十五釐八百四十毫，體厚一分三釐三毫，重一百七十九兩七錢。合觔一十一觔三兩七錢。

倍南吕之鐘，内高七寸三分零七毫七絲，中徑六寸八分六釐二毫一絲，上頂下口内徑，俱四寸七分五釐五毫一絲，中容積二百二十三寸四百六十分三百一十一釐六百八十毫，體厚一分四釐二毫，重一百九十二兩。合觔一十二觔。

倍無射之鐘，内高七寸三分零一絲，中徑六寸八分四釐六毫九絲，上頂下口内徑，俱四寸七分三釐九毫九絲，中容積二百二十二寸一百五十分二百一十一釐二百毫，體厚一分四釐九毫六絲，重二百零二兩二錢。合觔一十二觔十兩二錢。

倍應鐘之鐘，内高七寸二分九釐二毫一絲，中徑六寸八分三釐零九絲，上頂下口内徑，俱四寸七分二釐三毫九絲，中容積二百二十寸七百七十分二十三釐四十毫，體厚一分五釐七毫六絲，重二百一十三兩。合觔一十三觔五兩。

黄鐘之鐘，内高七寸二分九釐，中徑六寸八分二釐六毫六絲，上頂下口内徑，俱四寸七分一釐九毫六絲，中容積二百二十寸三百九十九分二百一十一釐五百二十毫，體厚一分五釐九毫八絲，重二百一十六兩。合觔一十三觔八兩。

大吕之鐘内高七寸二分八釐一毫四絲，中徑六寸八分零九毫五絲，上頂下口内徑，俱四寸七分零二毫五絲，中容積二百一十八寸九百二十五分三百四十八釐四百八十毫，體厚一分六釐八毫三絲，重二百二十七兩五錢。合觔一十四觔三兩五錢。

太簇之鐘，内高七寸二分七釐二毫四絲，中徑六寸七分九釐一毫四絲，上頂下口内徑，俱四寸六分八釐四毫四絲，中容積二百一十七寸三百七十二分六百三十六釐八百毫，體厚一分七釐七毫三絲，重二百三十九兩七錢。合觔一十四觔一十五兩七錢。

夾鐘之鐘，内高七寸二分六釐零四絲，中徑六寸七分六釐七毫四絲，上頂下口内徑，俱四寸六分六釐零四絲，中容積二百一十五寸二百九十七分三百七十七釐九百二十毫,體厚一分八釐九毫三絲,重二百五十六兩。合觔一十六觔。

姑洗之鐘,内高七寸二分五釐零二絲,中徑六寸七分四釐七毫一絲,上頂下口内徑,俱四寸六分四釐零一絲,中容積二百一十三寸五百五十分五百七十七釐二百八十毫,體厚一分九釐九毫五絲,重二百六十九兩六錢。合觔一十六觔一十三兩六錢。

仲吕之鐘,内高七寸二分三釐六毫七絲,中徑六寸七分二釐。上頂下口内徑,俱四寸六分一釐三毫,中容積二百一十一寸二百一十五分九百一十一釐四十毫,體厚二分一釐三毫,重二百八十八兩。合觔一十八觔。

蕤賓之鐘,内高七寸二分二釐五毫三絲,中徑六寸六分九釐七毫二絲,上頂下口内徑,俱四寸五分九釐零二絲,中容積二百零九寸二百五十分七百六十釐三百二十毫,體厚二分二釐四毫四絲,重三百零三兩四錢。合觔一十八觔一十五兩四錢。

林鐘之鐘,内高七寸二分一釐六毫五絲,中徑六寸六分七釐九毫六絲,上頂下口内徑,俱四寸五分七釐二毫六絲,中容積二百零七寸七百二十九分二百零八釐八百八十毫,體厚二分三釐三毫二絲,重三百一十五兩三錢。合觔一十九觔一十一兩三錢。

夷則之鐘,内高七寸二分一釐三毫三絲,中徑六寸六分七釐三毫二絲,上頂下口内徑,俱四寸五分六釐六毫二絲,中容積二百零七寸一百八十分四百七十八釐八十毫,體厚二分三釐六毫四絲,重三百一十九兩六錢。合觔一十九觔一十五兩六錢。

南吕之鐘,内高七寸一分九釐七毫二絲,中徑六寸六分四釐一毫一絲,上頂下口内徑,俱四寸五分三釐四毫一絲,中容積二百零四寸四百一十三分四百六十六釐二百四十毫,體厚二分五釐二毫五絲,重三百四十一兩三錢。合觔二十一觔五兩三錢。

無射之鐘,内高七寸一分八釐三毫七絲,中徑六寸六分一釐四毫一絲,上頂下口内徑,俱四寸五分零七毫,一絲,中容積二百零二寸八十四分三百九十八釐七百二十毫,體厚二分六釐六毫,重三百五十九兩五錢。合觔二十二觔七兩五錢。

應鐘之鐘,内高七寸一分六釐五毫七絲,中徑六寸五分七釐八毫,上頂下口内徑,俱四寸四分七釐一毫,中容積一百九十八寸九百七十一分五百一十釐四百毫,體厚二分八釐四毫,重三百八十四兩合觔二十四觔。

十六編鐘

黄鍾倍體鐘　　黄鍾正體鐘

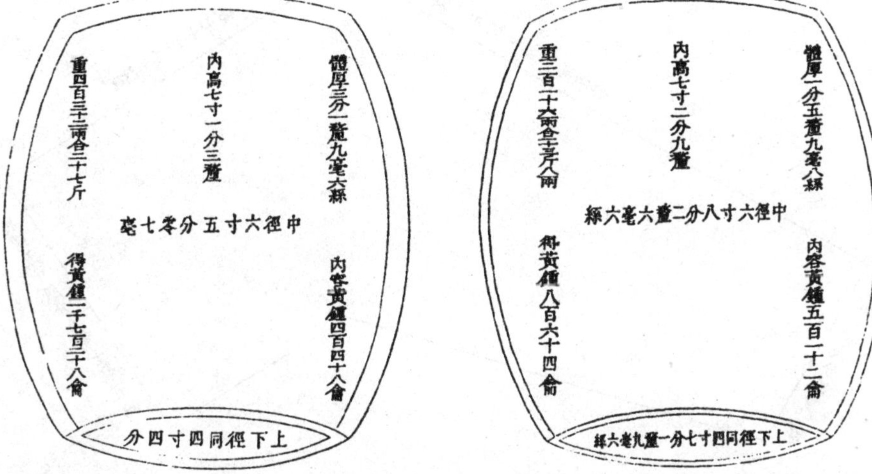

十六編鐘，圖繪其一，用半度。倍體鐘，爲十六編鐘損益之本。故並載其度分。

磬

十六編磬，形同一制，厚薄有損益，故聲分清濁，股七寸二分九釐，其廣五寸四分六釐七毫五絲。鼓一尺零九分三釐五毫，其廣三寸六分四釐五毫，其厚分數具列如左。

倍夷則之磬，厚六分零六毫八絲。倍南吕之磬，厚六分四釐八毫。倍無射之磬，厚六分八釐二毫六絲。倍應鐘之磬，厚七分一釐九毫一絲。黄鐘之磬，厚七分二釐九毫。大吕之磬，厚七分六釐八毫。太簇之磬，厚八分零九毫。夾鐘之磬，厚八分六釐四毫。姑洗之磬，厚九分一釐零二絲。仲吕之磬，厚九分七釐二毫。蕤賓之磬，厚一寸零二釐四毫。林鐘之磬，厚一寸零六釐四毫。夷則之磬，厚一寸零七釐八毫七絲。南吕之磬，厚一寸一分五釐二毫。無射之磬，厚一寸二分一釐三毫六絲。應鐘之磬，厚一寸二分九釐六毫。

十六編磬，圖繪其一。用半度。

十六編磬

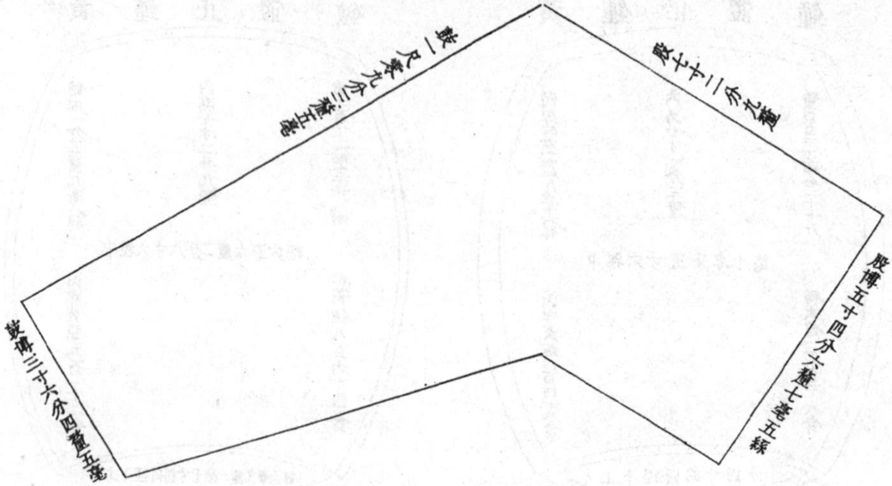

鼓

鼓,大小不等,各以其面之徑數三分之。得其三分之一數,加於腰徑,兩旁各一。拊,徑七寸二分九釐,長一尺四寸五分八釐。柷,上闊下小,狀如斗,上方二尺一寸八分七釐,下一尺六寸九分零四毫。敔,狀如伏虎,背上有二十七鉏鋙,用竹,長二尺四寸,析爲十二莖,以戛鉏鋙,通體長二尺一寸八分七釐,鉏鋙之分爲七寸二分九釐。右樂器四表文已明,不繪圖。

教坊司

額設奉鑾一員,左右韶舞二員,左右司樂二員,協同官十五員,俳長二十名,色長十七名,歌工樂工九十八名,以時肄習樂舞之事,凡朝會、燕享、祭祀,各以其職承應。今將一切承應事宜具列於後。

中和韶樂

東班領樂官二員,

歌工一名,

樂工十四名。

麾一	柷一
應鼓一	金鐘十六
琴二	瑟一
笙二	簫一

箎一　　壎一
箎一　　排簫一
搏拊一
西班領樂官二員，
歌工一名，
樂工十四名。
玉磬十六　琴二
瑟一　　笙二
簫一　　笛一
壎一　　箎一
排簫一　搏拊一
敔一
舊設太和殿内，今設丹陛上。
丹陛大樂
東班領樂官三員，西班領樂官三員，執杆看節次俳長四名，歌工二名，樂工二十八名。
大鼓二　方響二
笙四　　管四
笛四　　雲鑼二
拍板一　杖鼓一
舊設太和殿丹陛上，今設太和門北檐下。

凡元旦節，皇帝陞殿，中和韶樂作，奏元平之章。諸王百官宣表慶賀行禮，丹陛大樂作，奏慶平之章。皇帝還宫，中和韶樂作，奏和平之章。是日進表，用導迎樂，領樂官二員，樂工十二名。

皇帝祭。堂子，用導迎大樂一撥，領樂官六員，唱奏樂俳長一名，樂工二十四名，奏祐平之章。中午大宴。皇帝陞殿，中和韶樂作，奏元平之章。皇帝進果，丹陛大樂作，奏喜得功名。皇帝進酒，丹陛大樂作，奏朝天子。皇帝進饌，中和清樂作，奏金殿喜重重。諸王百官謝恩宴行禮，丹陛大樂作，奏慶平之章。皇帝還宫，中和韶樂作，奏和平之章。

凡萬壽節，皇帝陞殿，中和韶樂作，奏乾平之章。諸王百官排班跪候宣表，行慶賀禮，丹陛大樂作，奏慶平之章。皇帝還宫，中和韶樂作，奏泰平之章。中午大宴。皇帝陞殿，中和韶樂作，奏乾平之章。進菓進酒，丹陛大樂作。進饌,中和清樂作,俱與元旦同。諸王百官謝恩宴行禮,丹陛大樂作,奏慶平之章。皇帝還宮,中和韶樂作,奏泰平之章。

凡冬至節,皇帝大祀天於圜丘,用導迎大樂二撥,領樂官十二員,唱奏樂俳長一名,歌工四名,樂工五十二名,奏祐平之章。次日,諸王百官進表行慶賀禮。皇帝陞殿,中和韶樂作,奏遂平之章。諸王百官排班跪候宣表行禮,丹陛大樂作,奏慶平之章。皇帝還宮,中和韶樂作,奏允平之章。中午大宴。皇帝陞殿,中和韶樂作,奏遂平之章。進果進酒,丹陛大樂作。進饌,中和清樂作,俱與元旦同。諸王百官謝恩宴行禮,丹陛大樂作,奏慶平之章。皇帝還宮,中和韶樂作,奏允平之章。

凡元宵節,早朝,皇帝陞殿,中和韶樂作,奏隆平之章。百官行禮,丹陛大樂作,奏慶平之章。外藩行禮,丹陛大樂作,奏治平之章。皇帝還宮,中和韶樂作,奏顯平之章。中午小宴。皇帝陞殿,丹陛大樂作,奏恊平之章。進果進酒,丹陛大樂作,與元旦同。進饌,丹陛大樂作,奏三月韶光。内大臣謝恩宴行禮,丹陛大樂作,奏慶平之章。皇帝還宮,丹陛大樂作,奏興平之章。

凡常朝,皇帝陞殿,中和韶樂作,奏隆平之章。諸王百官行禮,丹陛大樂作,奏慶平之章。外藩行禮,丹陛大樂作,奏治平之章。皇帝還宮,中和韶樂作,奏顯平之章。

凡祭祀太廟,四孟歲暮等日,俱用導迎大樂一撥,官俳樂工承應,奏興平之章。

凡祭祀社稷壇,用導迎大樂一撥,官俳樂工承應,奏祐平之章。

凡祭祀祈穀壇、方澤壇、朝日壇、夕月壇、先農壇、歷代帝王廟、孔子廟,俱用導迎樂二撥,官俳樂工承應,與圜丘同。

凡行耕耤禮,東西棚領樂官四員,領帶老人四名,念禾詞工十四名,鑼鼓板樂工六名,棚外執乂執扒執箒執掀簑衣斗篷樂工二十名,五色彩旗樂工五十名。皇帝觀諸王九卿耕畢,駕興,導迎大樂作,領樂官四員,樂工二十名,奏天下樂,導至齋宮門,樂止。宮内臺上西旁陳設大樂,領樂官四員,樂工二十名,奏萬歲樂,接駕陞殿,樂止。順天府率官民老人行禮,諸王百官慶賀行禮,丹陛大樂作,領樂官四員,樂工二十名,奏朝天子禮畢,樂止。皇帝回後殿,大樂作,奏萬歲樂,送駕出殿後門,樂止。執事等官設宴畢,請皇帝陞殿,大樂作,奏萬歲樂,坐定,樂止。皇帝進茶畢,進菓桌殿西簷前,作管絃樂,笙簫合奏,奏朝天子,領樂官一員,樂工六名，安桌畢，樂止。領樂官一員，樂工二名，領舞童五名，四時和隊舞承應，樂奏望吾鄉，舞畢，樂止。領樂官一員，樂工六名，百戲變碗承應。皇帝進酒，大樂作，奏三月韶光，飲畢，樂止。領樂官一員，樂工二名領幼童十三名呈瑞應承應，樂奏黄薔薇，舞畢，樂止。領樂官一員，鼓板三名，領老人一名探子二名承應，唱商調集賢賓。皇帝進饌，領樂官一員，樂工八名，在殿東簷前排清樂，作太清歌，徹饌畢，樂止。領樂官一員，領莊家老四人，舞童八名，老人四名，擸掇四名，黄童白叟鼓腹謳歌承應，樂作，换莊農舞畢，次文士九名，感天地承應，樂奏啄木耳。次武士九名，感祖宗承應，樂奏黄薔薇，次進寶，回回五名，頌得勝承應，樂奏紅衲襖。次香斗老人三名，黎民歡樂承應，樂奏調笑令。次五方夜乂五名承應，樂奏鬼令。次五海龍王承應，樂奏清江引。次三官五方彩旗承應，樂奏看花會，俱用大樂，以次歌舞。宴畢，王等各官一跪三叩頭。皇帝出齋宫，排設大駕，作樂，回宫。〇雍正二年，欽定耕耤三十六禾詞，又筵宴歌詞改定《雨暘時若》《五穀豐登》《家給人足》三章。以上樂部，除喜得功名等歌曲無庸瑣載外，其各種樂章，俱分别各條下，不復載。

凡慶賀太皇太后聖節、皇太后聖節，併上尊號徽號。行禮筵宴。順治初，俱作丹陛大樂，用領樂官妻四名，領女樂二十四名，隨鐘鼓司引進，在宫門内排立作樂。〇八年，改用太監四十八名。〇十二年，復用女樂四十八名。〇十六年，添設慈寧宫中，中和韶樂，俱用太監演習。現行例同。

凡遇頒詔，捧至午門外安綵亭内，校尉舉起，用導迎樂一撥，迎至天安門外橋南，各官候宣詔，行禮作樂畢，仍用導迎樂迎至禮部，望闕行禮，作樂畢，退。

凡進纂修等書，教坊司領樂工至館前，用導迎樂，迎彩亭至太和門御路中，彩亭暫停，樂止。

凡文場會試，有上馬宴下馬宴及進士傳臚後，俱賜恩榮宴，皆於禮部陳設，教坊司鼓樂承應。

凡武場會試，有上馬宴下馬宴及進士傳臚後，有會武宴，俱在兵部陳設，教坊司鼓樂承應。

凡文武鄉試，有上馬宴下馬宴，開榜後有鹿鳴宴有鷹揚宴，俱順天府陳設，教坊司鼓樂承應。

凡殿試傳臚日，皇帝陞殿，用中和丹陛等樂，傳臚與常朝同，捧榜出午門置彩亭内，用導迎樂一撥，迎文狀元出東長安門，樂止；迎武狀元出西長安門,樂止。

凡進春進曆等事,教坊司承應。

凡衍聖公張真人朝賀到京,於禮部設宴,教坊司承應。

凡遇蓋造宫殿,破土,安磉,竪柱,上樑,合龍門,插劍,懸牌,工完謝土,每項致祭,各用領樂官一員,樂工十名。

凡進吻,致祭琉璃厰、正陽門、大清門、午門、太和門等處,每祭用領樂官二員,樂工十二名,迎送至安吻處畢。順治元年定:設隨鑾細樂太監十八名,凡鑾駕行幸及皇帝親詣壇廟祭祀,内傳承應。〇十年題准:教坊司樂人衣服,中和樂,用紅補服四十領;丹陛樂,用紅百花袍三十領。〇十二年定:女樂四十八名,衣服用緑緞單長袍、紅緞月牙夾背心,俱用寸金花様,金髮箍,青帕首。十六年停止,改用太監。

大清會典

雍正朝

5

楊一凡　宋北平　主編

尹泰　等纂

卜安淳　劉宸纓　校點

鳳凰出版社

大清會典卷之一百八十八

刑部

〔律例三十九刑律十九〕

〔斷獄二〕

功臣應禁親人入視

凡功臣及五品以上官犯罪，應禁者，許令親人入視；徒流者，並聽親人隨行；若在禁及至配所，或中途病死者，在京原問官，在外隨處官司開具致死緣由，差人引領親人詣闕，面奏發放；違者，杖六十。

雍正三年律例館奏准："面奏"二字改爲"奏請"。

罪名止有杖六十一條律文已明不複列

死囚令人自殺

凡死罪囚已招服罪，而囚使令親戚故舊自殺，或令僱倩人殺之者，親故及下手之人各依本殺罪減二等，若囚雖已招服罪，不曾令親故自殺，及雖曾令自殺而未招服罪輒殺訖，或僱倩人殺之者，親故及下手之人，各以鬬殺傷論。〇若雖已招服罪，而囚之子孫爲祖父母、父母及奴婢、僱工人爲家長者，皆斬。

罪名

杖八十

死囚已招服罪，而囚使令他人殺之，其祖父、母父母殺子、孫者。〇家長、家長之期親、外祖父母殺奴婢者。

杖九十

死囚已招服罪，而囚使令他人殺之，其家長殺僱工人者。

徒一年杖六十

死囚已招服罪，而囚使令他人殺之，其祖父母、父母殺子孫之妾者。

徒二年杖八十

死囚已招服罪，而囚使令他人殺之，其兄姊殺弟妹、伯叔、父母、姑殺姪、姪孫，外祖父母殺外孫者。○祖父母、父母殺子孫之妻者。○夫殺妾者。○妻殺妾者。○殺緦麻以上、大功以下親之奴婢者。

徒二年半杖九十

死囚已招服罪，而囚使令他人殺之，其殺同堂弟妹、堂弟妹、堂姪、姪孫者○妻殺夫之兄弟、子者。

徒三年杖一百

死囚已招服罪，而囚使令他人殺之，其緦麻、小功、大功尊長殺卑幼者。○夫殺妻者。○尊長殺卑幼妻妾者。○嫡繼慈養母殺子孫致令絶嗣者。○卑幼殺本宗緦麻及外姻緦麻、小功、大功之兄姊尊屬者。○妻妾殺夫之期親以下、緦麻以上尊屬者。○殺妻之父母者。○殺繼父者。○奴婢殺家長之期親及外祖父母者。○奴婢殺家長緦麻以上、大功以下親者。○僱工人殺家長期親、外祖父母者。○僱工人殺家長緦麻、小功、大功親者。○奴婢殺良人者。○殺受業師者。○卑幼殺本宗功服兄姊尊屬者。○弟妹殺兄姊、姪殺伯叔父母、姑，外孫殺外祖父母者。○妾殺夫者。○妻殺夫者。○妾殺正妻者。

死囚已招服罪，而囚使令他人殺之，其受僱倩人。

斬監候

死囚雖已招服罪，而囚之子孫爲祖父母、父母及奴婢、僱工人爲家長者。

囚人已招服罪，不令自殺及令自殺未招服罪，其親屬及凡人受僱倩而殺之者，親故及下手之人，各依親屬、凡人鬭毆本律科，律文散見於篇，今彙列於後。

鬭毆致死本律罪名

杖一百

祖父母、父母殺子、孫者。

家長及家長期親、外祖父母殺奴婢者。

徒一年

家長殺僱工人者。

徒二年

祖父母、父母殺子、孫之妾者。

徒三年

兄姊殺弟,伯叔父母、姑殺姪、姪孫,外祖父母殺外孫者。

祖父母、父母殺子孫之妻者。

夫殺妾者。

妻殺妾者。

殺緦麻以上、大功以下親之奴婢者。

流二千里

殺同堂弟妹、堂姪、姪孫者。

流三千里

妻殺夫之兄弟子者。

常人鬭殺者。

絞監候

緦麻、小功、大功尊長殺卑幼者。

夫殺妻者。

尊長殺卑幼妻妾者。

嫡繼慈養母殺子孫致令絶嗣者。

斬監候

卑幼殺本宗緦麻及外姻緦麻、小功、大功兄姊尊屬者。

妻妾殺夫之期親以下、緦麻以上尊屬者。

殺妻之父母者。

殺繼父者。

奴婢殺家長之期親及外祖父母者。

奴婢殺家長緦麻以上、大功以下親者。

僱工人殺家長期親、外祖父母者。

僱工人殺家長緦麻、小功、大功親者。

奴婢殺良人者。

殺受業師者。

斬決

卑幼殺本宗功服兄姊尊屬者。

弟妹殺兄姊,姪殺伯叔父母、姑,外孫殺外祖父母者。

妾殺夫者。

妻殺夫者。

妾殺正妻者。

傭工人殺家長者。

凌遲處死

子孫殺祖父母、父母,妻妾殺夫之祖父母、父母者。

妻妾殺故夫之祖父母、父母者。

奴婢殺家長者。

老幼不拷訊

凡應八議之人及年七十以上、十五以下,若廢疾者,並不合拷訊,皆據衆証定罪,違者,以故失入人罪論。其於律得相容隱之人及年八十以上,十歲以下,若篤疾,皆不得令其爲証,違者,笞五十。

歷年事例

雍正三年諭:嗣後年逾七十之人有罪犯發遣者,著另行具奏。

罪名

笞一十

故拷訊應議之人及老幼廢疾入笞一十罪已決、笞二十未決者。〇誤失拷訊入其笞四十罪已決、笞五十未決者。

笞二十

故拷訊應議之人及老幼廢疾入笞二十罪已決、笞三十未決者。〇誤失拷訊入其笞五十罪已決、杖六十未決者。

令於律得相容隱之人及年八十以上、十歲以下,若篤疾人爲見証者,其長官。

笞三十

故拷訊應議之人及老幼廢疾入笞三十罪已決,笞四十未決者。〇誤失拷訊入其杖六十罪已決、杖七十未決者。

令於律得相容隱之人及年八十以上、十歲以下,若篤疾人爲見証者,其佐貳官。

笞四十

故拷訊應議之人及老幼廢疾入笞四十罪已決、笞五十未決者。〇誤失拷訊入其杖七十罪已決、杖八十未決者。

令於律得相容隱之人及年八十以上、十歲以下,若篤疾人爲見証者,其首領官。

笞五十

故拷訊應議之人及老幼廢疾入笞五十罪已決、杖六十未決者。○誤失拷訊入其杖八十罪已決、杖九十未決者。

令於律得相容隱之人及年八十以上、十歲以下，若篤疾人爲見証者，其吏典。

杖六十

故拷訊應議之人及老幼廢疾入杖六十罪已決、杖七十未決者。○誤失拷訊入其杖九十罪已決、杖一百未決者。

杖七十

故拷訊應議之人及老幼廢疾入杖七十罪已決、杖八十未決者。○誤失拷訊入其杖一百罪已決、徒一年未決者。

杖八十

故拷訊應議之人及老幼廢疾入杖八十罪已決、杖九十未決者。○誤失拷訊入其徒一年罪已決、徒一年半未決者。

杖九十

故拷訊應議之人及老幼廢疾入杖九十罪已決、杖一百未決者。○誤失拷訊入其徒一年半罪已決、徒二年未決者。

杖一百

故拷訊應議之人及老幼廢疾入杖一百罪已決、徒一年未決者。○誤失拷訊入其徒二年罪已決、徒二年半未決者。

徒一年杖六十

故拷訊應議之人及老幼廢疾入徒一年罪已決、徒一年半未決者。○誤失拷訊入其徒二年半罪已決、徒三年未決者。

徒一年半杖七十

故拷訊應議之人及老幼廢疾入徒一年半罪已決、徒二年未決者。○誤失拷訊入其徒三年罪已決、流罪未決者。

徒二年杖八十

故拷訊應議之人及老幼廢疾入徒二年罪已決、徒二年半未決者。○誤失拷訊入其流罪已決、死罪未決者。

徒二年半杖九十

故拷訊應議之人及老幼廢疾入徒二年半罪已決、徒三年未決者。

○誤失拷訊入其死罪已決者。

徒三年杖一百

故拷訊應議之人及老幼廢疾入徒三年罪已決、流罪未決者。

流二千里杖一百

故拷訊應議之人及老幼廢疾入流二千里罪已決者。

流二千五百里杖一百

故拷訊應議之人及老幼廢疾入流二千五百里罪已決者。

流三千里杖一百

故拷訊應議之人及老幼廢疾入死罪未決、流三千里罪已決者。

絞斬

故拷訊應議之人及老幼廢疾入死罪已決者。

鞫獄停囚待對

凡鞫獄官推問罪囚,有起内人伴見在他處官司停囚待對者,雖職分不相統攝,皆聽直行勾取文書到後,限三日内發遣,違限不發者,一日笞二十,每一日加一等,罪止杖六十,仍行移本管上司問罪督發。○若起内應合對問同伴罪囚已在他處州縣事發,見問者聽輕囚就重囚,少囚從多囚,若囚數相等者,以後發之囚送先發官司并問,若兩縣相去三百里之外者,各從事發處歸斷,違者,笞五十;若違法將重囚移就輕囚,多囚移就少囚者,當處官司隨即收問,仍申達所管上司究問所屬違法移囚之罪;若囚到不受者,一日笞二十,每一日加一等,罪止杖六十。

附律定例

一、問刑衙門行文軍衛有司提人,遷延三個月以上不到,經該官吏住俸,候事完之日,方許關支,半年不到,經該官吏參奏提問。

雍正三年律例館奏准:提人違限,今有定例處分,無遷延三月以上住俸半年參奏之例,此條應删。

一、在京在外問刑,例應委官勘問及行軍衛有司會勘者,如財産等項限一個月,勘檢人命限兩個月,駁勘者,亦限一個月,如違及托故推調,不即赴勘者,參奏提問,仍另行委官,作急勘報。

雍正三年律例館奏准:人命盜案及平常事件俱有定限,此條與見行例不符,删。

雍正三年律例館奏准增定附律例文

一、凡校尉等有犯應提拏者,移咨鑾儀衛提拏,不得差拘。

歷年事例

康熙二十二年議准:凡控告案内人犯有咨八旗并總管内務府行提者,即日查送過部,越二日不行查送者,將該管官議處。若行提屯内居住人等,每日定限五十里,照限送部,違限者,將差去之人鞭五十,其行直隸府州縣提人者,亦每日定限五十里,文到五日内起解。若不照限申解,將該管官題參議處,或別有事故限内不能起解者,據實報部。若刑部司官將應結事件借名行查提人,推諉遲延者,指名題參,從重議處。〇五十五年論:"此後部院行查到旗提人之事,如有遲誤,令伊等將遲誤之故舉奏。如不自行舉奏,部院即行奏聞。再緣事之人,或有疾病,或待傷愈,著部院派官往取口供,即便完結。"

罪名

笞二十

停囚待問發遣違限一日者。

囚到不受一日者。

笞三十

停囚待問發遣違限二日者。

囚到不受二日者。

笞四十

停囚待問發遣違限三日者。

囚到不受三日者。

笞五十

停囚待問發遣違限四日者。

囚到不受四日者。

提囚鞫問輕不就重,少不就多,後不送先,遠不各斷者。

杖六十

停囚待問發遣違限五日以上者。

囚到不受五日以上者。

依告狀鞫獄

凡鞫獄,須依所告本狀推問,若於狀外別求他事,摭拾人罪者,以故入人罪論;同僚不署文案者,不坐。〇若因其告狀,或應掩捕搜檢,因而檢得別罪事合推理者,不在此限。

雍正五年律例館奏准增定附律例文

一、凡鞫獄,止將狀内有名人犯審擬,如光棍案件夥黨人多,仍行嚴拏;究審無干牽連者,即行釋放。

歷年事例

康熙三十三年議准:嗣後五城宛、大二縣民人自盡命案,原被審得實情,又借端株累兩鄰者,照定例治罪;有詐取財物者,從重治罪。

罪名

笞一十

狀外摭拾人笞一十罪已決、笞二十罪未決者。

笞二十

狀外摭拾人笞二十罪已決、笞三十罪未決者。

笞三十

狀外摭拾人笞三十罪已決、笞四十罪未決者。

笞四十

狀外摭拾人笞四十罪已決、笞五十罪未決者。

笞五十

狀外摭拾人笞五十罪已決、杖六十罪未決者。

杖六十

狀外摭拾人杖六十罪已決、杖七十罪未決者。

杖七十

狀外摭拾人杖七十罪已決、杖八十罪未決者。

杖八十

狀外摭拾人杖八十罪已決、杖九十罪未決者。

杖九十

狀外摭拾人杖九十罪已決、杖一百罪未決者。

杖一百

狀外摭拾人杖一百罪已決、徒一年罪未決者。

徒一年杖六十

狀外摭拾人徒一年罪已決、徒一年半罪未決者。

徒一年半杖七十

狀外摭拾人徒一年半罪已決、徒二年罪未決者。

徒二年杖八十

狀外摭拾人徒二年罪已決、徒二年半罪未決者。

徒二年半杖九十

狀外摭拾人徒二年半罪已決、徒三年罪未決者。

徒三年杖一百

狀外摭拾人徒三年罪已決、流罪未決者。

流二千里杖一百

狀外摭拾人流二千里罪已決者。

流二千五百里杖一百

狀外摭拾人流二千五百里罪已決者。

流三千里杖一百

狀外摭拾人死罪未決、流三千里罪已決者。

絞斬

狀外摭拾人死罪已決者。

原告人事畢不放回

凡告,詞訟對問得實,被告已招服罪,原告人別無待對事理,隨即放回,若無故稽留三日不放者,笞二十,每三日加一等,罪止笞四十。

雍正三年律例館奏准增定附律例文

一、督撫應題案件有牽連人犯情罪稍輕者,准取的保,俟具題發落,其重案内有挾讐扳害者,承問官申解督撫詳審,果係誣枉,即行釋放,不得令候結案;若承問官審係無辜牽連者,不必解審,即行釋放,止録原供申報。

一、凡内外題奏案件内,有擬以杖笞人犯,審結日即先行責釋,仍於題奏之日聲明。

罪名

笞二十

在官原被告已白無罪,不釋放寧家,故稽三日者。

笞三十

在官原被告已白無罪,不釋放寧家,故稽六日者。

笞四十

在官原被告已白無罪,不釋放寧家,故稽九日者。

獄囚誣指平人

凡囚在禁,誣指平人者,以誣告人論;其本犯罪重者,從重論。○若官吏鞫問獄囚,非法拷訊,故行教令誣指平人者,以故入人罪論。○若追徵錢糧,逼令誣指平人代納者,計所枉徵財物坐贓論。其物給主。○其被誣之人無故羈留三日不放回者,笞二十,每三日加一等,罪止杖六十。○若鞫囚而證佐之人,不言實情,故行誣證及化外人有罪,通事傳譯番語不以實對,致罪有出入者,證佐人減罪人罪二等。謂證佐不說實情,出脱犯人全罪者,減犯人全罪二等,若增減其罪者,亦減犯人所得增減之罪二等之類。通事與同罪。謂化外人本有罪,通事扶同傳説出脱全罪者,通事與犯人同得全罪,若將化外人罪名增減傳説者,以所增減之罪坐通事。謂如化外人本招承杖六十,通事傳譯增作杖一百,即坐通事杖四十;又如化外人本招承杖一百,通事傳譯減作笞五十,即坐通事笞五十之類。

罪名

笞一十

官吏教令囚誣指平人笞一十罪已決、笞二十罪未決者。○計所增減應剩笞一十罪者。增減依官司出入人罪本律,兹舉其大綱,不另細列,後倣此。

証佐不言實情致罪有出入增減,計本犯應得笞三十罪者,証佐人坐此。

通事傳譯番語不以實致罪有出入增減,計入笞一十罪已決、笞二十罪未決者,出笞一十罪者增減剩笞一十罪者。

笞二十

官吏教令囚誣指平人笞二十罪已決、笞三十罪未決者。○計所增減應剩笞二十罪者。

被誣之人事已昭雪,無故稽留三日者。

証佐不言實情,致罪有出入增減,計本犯應得笞四十罪者,証佐人坐此。

通事傳譯番語不以實,致罪有出入增減,計入笞二十罪已決、笞三十罪未決者,出笞二十罪者增減剩笞二十罪者。

笞三十

官吏教令囚誣指平人笞三十罪已決、笞四十罪未決者。○計所增減應剩笞三十罪者。

追徵錢糧逼令欠户誣指平人代納一十兩者。

被誣之人事已昭雪,無故稽留六日者。

証佐不言實情,致罪有出入增減,計本犯應得笞五十罪者,証佐人坐此。

通事傳譯番語不以實,致罪有出入增減,計入笞三十罪已決、笞四十罪未決者,出笞三十罪者,增減剩笞三十罪者。

笞四十

無罪在官之人誣指平人笞一十罪者。

官吏教令囚誣指平人笞四十罪已決、笞五十罪未決者。○計所增減應剩笞四十罪者。

追徵錢糧逼令欠户誣指平人代納二十兩者。

被誣之人事已昭雪無故稽留九日者。

証佐不言實情,致罪有出入增減,計本犯應得杖六十罪者,証佐人坐此。

通事傳譯番語不以實,致罪有出入增減,計入笞四十罪已決、笞五十罪未決者,出笞四十罪者增減剩笞四十罪者。

笞五十

囚應笞一十以下誣指平人笞二十罪者。

官吏教令囚誣指平人笞五十罪已決、杖六十罪未決者。○計所增減應剩笞五十罪者。

追徵錢糧逼令欠户誣指平人代納三十兩者。

被誣之人事已昭雪,無故稽留十二日者。

証佐不言實情,致罪有出入增減,計本犯應得杖七十罪者,証佐人坐此。

通事傳譯番語不以實,致罪有出入增減,計入笞五十罪已決、杖六十罪未決者,出笞五十罪者增減剩笞五十罪者。

杖六十

囚應笞二十以下,誣指平人笞三十罪者。

官吏教令囚誣指平人杖六十罪已決、杖七十罪未決者。○計所增減應剩杖六十罪者。

追徵錢糧逼令欠户誣指平人代納四十兩者。

被誣之人事已昭雪,無故稽留一十五日者。

証佐不言實情,致罪有出入增減,計本犯應得杖八十罪者,証佐人坐此。

通事傳譯番語不以實,致罪有出入增減,計入杖六十罪已決、杖七十罪未決者,出杖六十罪者增減剩杖六十罪者。

杖七十

囚應笞三十以下誣指平人笞四十罪者。

官吏教令囚誣指平人杖七十罪已決、杖八十罪未決者。○計所增減應剩杖七十罪者。

追徵錢糧逼令欠户誣指平人代納五十兩者。

証佐不言實情,致罪有出入增減,計本犯應得杖九十罪者,証佐人坐此。

通事傳譯番語不以實,致罪有出入增減,計入杖七十罪已決、杖八十罪未決者,出杖七十罪者增減剩杖七十罪者。

杖八十

囚應笞四十以下誣指平人笞五十罪者。

官吏教令囚誣指平人杖八十罪已決、杖九十罪未決者。○計所增減應剩杖八十罪者。

追徵錢糧逼令欠户誣指平人代納六十兩者。

証佐不言實情,致罪有出入增減,計本犯應得杖一百罪者,証佐人坐此。

通事傳譯番語不以實,致罪有出入增減,計入杖八十罪已決、杖九十罪未決者,出杖八十罪者增減剩杖八十罪者。

杖九十

囚應笞五十以下誣指平人杖六十罪者。

官吏教令囚誣指平人杖九十罪已決、杖一百罪未決者。○計所增減應剩杖九十罪者。

追徵錢糧逼令欠户誣指平人代納七十兩者。

証佐不言實情,致罪有出入增減,計本犯應得徒一年罪者。

証佐人坐此通事傳譯番語不以實,致罪有出入增減,計入杖九十罪已決、杖一百罪未決者,出杖九十罪者增減剩杖九十罪者。

杖一百

囚應杖六十以下誣指平人杖七十罪者。

官吏教令囚誣指平人杖一百罪已決、徒一年罪未決者。○計所增減應剩杖一百罪者。

追徵錢糧逼令欠户誣指平人代納八十兩者。

証佐不言實情，致罪有出入增減，計本犯應得徒一年半罪者，証佐人坐此。

通事傳譯番語不以實，致罪有出入增減，計入杖一百罪已決、徒一年罪未決者，出杖一百罪者增減剩杖一百罪者。

徒一年杖六十

囚應杖七十以下誣指平人杖八十罪者。

官吏教令囚誣指平人徒一年罪已決、徒一年半罪未決者。〇計所增減應剩徒一年罪者。

追徵錢糧逼令欠户誣指平人代納一百兩者。

証佐不言實情，致罪有出入增減，計本犯應得徒二年罪者，証佐人坐此。

通事傳譯番語不以實，致罪有出入增減，計入徒一年罪已決、徒一年半罪未決者，出徒一年罪者增減剩徒一年罪者。

徒一年半杖七十

囚應杖八十以下誣指平人杖九十罪者。

官吏教令囚誣指平人徒一年半罪已決、徒二年罪未決者。〇計所增減應剩徒一年半罪者。

追徵錢糧逼令欠户誣指平人代納二百兩者。

証佐不言實情致罪有出入增減，計本犯應得徒二年半罪者，証佐人坐此。

通事傳譯番語不以實，致罪有出入增減，計入徒一年半罪已決、徒二年罪未決者，出徒一年半罪者增減剩徒一年半罪者。

徒二年杖八十

囚應杖九十以下誣指平人杖一百罪者。

官吏教令囚誣指平人徒二年罪已決、徒二年半罪未決者。〇計所增減應剩徒二年罪者。

追徵錢糧逼令欠户誣指平人代納三百兩者。

証佐不言實情，致罪有出入增減，計本犯應得徒三年罪者，証佐人坐此。

通事傳譯番語不以實，致罪有出入增減，計入徒二年罪已決、徒二年半罪未決者，出徒二年罪者增減剩徒二年罪者。

徒二年半杖九十

因應杖一百以下誣指平人徒一年罪者。

官吏教令囚誣指平人徒二年半罪已決、徒三年罪未決者。○計所增減應剩徒二年半罪者。

追徵錢糧逼令欠户誣指平人代納四百兩者。

証佐不言實情,致罪有出入增減,計本犯應得三流罪者,証佐人坐此。

通事傳譯番語不以實,致罪有出入增減,計入徒二年半罪已決、徒三年罪未決者,出徒二年半罪者增減剩徒二年半罪者。

徒三年杖一百

因應徒一年以下誣指平人徒一年半罪者。

官吏教令囚誣指平人徒三年罪已決、三流罪未決者。○計所增減應剩徒三年罪者。

追徵錢糧逼令欠户誣指平人代納五百兩者。

証佐不言實情,致罪有出入增減,計本犯應得死罪者,証佐人坐此。

通事傳譯番語不以實,致罪有出入增減,計入徒三年罪已決、三流罪未決者,出徒三年罪者增減剩徒三年罪者。

流二千里杖一百

因應徒一年半以下誣指平人徒二年罪者。

官吏教令囚誣指平人流二千里罪已決者。增減人罪應坐三流二死,皆折杖徒計算,詳官司出入人罪本律。

通事傳譯番語不以實,致罪有出入增減,計入流二千里罪已決者,出流二千里罪者。

流二千五百里杖一百

因應徒二年以下誣指平人徒二年半罪者。

官吏教令囚誣指平人流二千五百里罪已決者。

通事傳譯番語不以實,致罪有出入增減,計入流二千五百里罪已決者,出流二千五百里罪者。

流三千里杖一百

因應徒二年半以下誣指平人徒三年以上至流三千里罪者。○死罪未決者。

官吏教令囚誣指平人流三千里罪已決、死罪未決者

通事傳譯番語不以實,致罪有出入增減,計入流三千里罪已決者、死

罪未決者，出流三千里罪者。

絞斬

囚誣指平人死罪已決者。

官吏教令囚誣指平人死罪已決者。

通事傳譯番語不以實，致罪有出入增減，計入死罪已決者。

大清會典卷之一百八十九

刑部

〔律例四十刑律二十〕

〔斷獄三〕

官司出入人罪

凡官司故出入人罪，全出全入者，以全罪論。謂官吏因受人財及法外用刑，而故加以罪，而故出脱之者，並坐官吏以全罪。○若增輕作重，減重作輕，以所增減論至死者，坐以死罪。若增輕作重，入至徒罪者，每徒一等折杖二十，入至流罪者，每流一等折徒半年，入至死罪已決者，坐以死罪；若減重作輕者，罪亦如之。○若斷罪失於入者，各減三等；失於出者，各減五等，並以吏典爲首，首領官減吏典一等，佐貳官減首領官一等，長官減佐貳官一等科罪。○若囚未決放及放而還獲，若囚自死，各聽減一等。

雍正三年律例館奏准增定附律例文

一、凡謀反謀叛之罪，照律連坐籍没，其餘情罪詳載律内，俱應照律擬議，不得存心陷害，借言情罪重大，誣指朋黨，妄議株連父母兄弟妻子籍没家産。若承審官於本罪外揑造此等言語，株連父母兄弟妻子籍没家産者，即照故入人死罪律治罪。

一、凡將死罪人犯錯擬軍流等罪，軍流等罪錯擬死罪者，將承審錯擬官員，仍照例交該部議處，軍流等罪以下錯擬者，該部即行改正，概免糾參。

一、凡督撫具題事件内有情罪不協，律例不符之處，部駁再審，該督撫虚心按律例改正具題，將從前承審舛錯之處免其議處，若駁至三次，督撫不酌量情罪改正，仍執原議具題，部院覆核，其應改正者，即行改正，將承審各官、該督撫一併交該部議處。

歷年事例

順治八年諭："凡被參官審問涉虛，係道府廳開報不實者，察究原開報官，係承問官私出脱者，察究原承問官。若督撫巡按不先行參究，經部院舉奏，即以不職論。"○康熙九年題准：凡承審官將應擬斬絞人犯錯擬凌遲者，降一級調用，司道督撫罰俸一年；將軍流等罪錯擬凌遲者，降四級調用，司道降二級，督撫降一級調用；將軍流等罪錯擬斬絞者，降三級調用，司道降二級調用，督撫降一級留任；將徒杖笞罪錯擬軍流者，降一級調用，司道罰俸一年，督撫罰俸六個月；其或應絞擬斬，應流擬軍，應笞杖擬徒者，該部即令改正，免其處分；如錯擬人犯已決者，承問官革職，司道降四級調用，督撫降三級調用，將無干之人擬決者，亦照此處分，如經審各官曾經定罪者，一概處分；若承問官將應凌遲犯人錯擬斬絞者，降一級調用，司道督撫亦均罰俸一年，將凌遲犯人錯擬軍流者，降二級調用，司道降一級調用，督撫降一級留任；將應斬絞人犯錯擬軍流者，降一級調用，司道罰俸一年，督撫罰俸六個月；將軍流等犯錯擬徒杖笞罪者，罰俸一年，司道罰俸六個月，督撫罰俸三個月。將有罪人犯不行擬罪者，照罪犯輕重處分，其或應斬擬絞，應軍擬流，應徒擬笞杖者，亦聽該部行令改正，免其處分。○又題准：凡官員承問婪贓人犯，將原參贓銀不行審出及數少者，降三級調用，轉詳之司道降二級調用，督撫降一級留任，如係督撫查出題參者，該督撫免議，若將審出贓銀私行改删者，革職。○十八年議准：凡大小衙門問刑各官，有改造口供，故行出入者，革職，擬以死罪已決者，抵死，草率結案枉坐人罪者，革職。○二十二年議准：凡督撫糾參貪婪官員，不將實贓實數確註究參，及糾參後不據實審明者，議處；至承問官將贓銀展轉脱卸，或那移赦前赦後，及故意遲延以待熱審减等等弊，俱照定例議處。○又議准：承問官將參欵不行詳審，以輕贓掩飾重罪，及將實贓脱卸衙役者，照原贓不行審出例議處。○二十四年議准：凡强盜重案關係人命者，督撫務應親審，如有不肖官員圖脱己罪，誣陷良民者，照律例從重治罪；督撫免議，如督撫不行審明，别經發覺者，一併議處。○二十五年諭："刑曹民命攸關，國典所係，必以中正之心，行平恕之道，使法蔽其辜，毋縱毋枉。豪强有力，兇頑不逞之徒，無苟免於刑憲；貧賤孤煢，孱弱無知之輩，必務得其實情。凡有可矜疑罪未允協者，皆駁令覆審。其各體朕懷，殫竭心慮，矢慎矢明，以副慎刑之意。"○三十六年議准：承審各官一應供招，不許擅自删改初取之供，亦須詳載揭帖，若承問官增減原供，臬司依様轉詳者，該督撫嚴行題参，照例議處；若督撫朦混具題者，一併，嚴加議處。

罪名

笞一十

官司故出入笞一十罪囚已決放者。坐抵全罪下同。○笞二十罪囚未決放者。若放而還獲及囚自死並同未決放者。減一等科罪下同。

吏典失入笞四十罪，首領失入笞五十罪，佐貳失入杖六十罪，長官失入杖七十罪囚已決者。○吏典失入笞五十罪，首領失入杖六十罪，佐貳失入杖七十罪，長官失入杖八十罪囚未決者。

吏典失出杖六十罪，首領失出杖七十罪，佐貳失出杖八十罪，長官失出杖九十罪囚已放者。○吏典失出杖七十罪，首領失出杖八十罪，佐貳失出杖九十罪，長官失出杖一百罪囚未放者。

官司故增笞一十罪作笞二十，笞二十罪作笞三十，笞三十罪作笞四十，笞四十罪作笞五十，笞五十罪作杖六十，杖六十罪作杖七十，杖七十罪作杖八十，杖八十罪作杖九十，杖九十罪作杖一百，徒三年罪作流二千里，流二千里罪作流二千五百里，流二千五百里罪作流三千里罪囚已決者。坐抵剩罪下同。○故增笞一十罪作笞三十，笞二十罪作笞四十，笞三十罪作笞五十，笞四十罪作杖六十，笞五十罪作杖七十，杖六十罪作杖八十，杖七十罪作杖九十，杖八十罪作杖一百，杖九十罪作徒一年，流二千五百里罪作二死罪囚未決者。

失增笞一十罪作笞五十之吏典，作杖六十之首領，作杖七十之佐貳，作杖八十之長官罪囚已決者。○作杖六十之吏典，作杖七十之首領，作杖八十之佐貳，作杖九十之長官罪囚未決者。

失增笞二十罪作杖六十之吏典，作杖七十之首領，作杖八十之佐貳，作杖九十之長官罪囚已決者。○作杖七十之吏典，作杖八十之首領，作杖九十之佐貳，作杖一百之長官罪囚未決者。

失增笞三十罪作杖七十之吏典，作杖八十之首領，作杖九十之佐貳，作杖一百之長官罪囚已決者。○作杖八十之吏典，作杖九十之首領，作杖一百之佐貳，作徒一年之長官罪囚未決者。

失增笞四十罪作杖八十之吏典，作杖九十之首領，作杖一百之佐貳，作徒一年之長官罪囚已決者。○作杖九十之吏典，作杖一百之首領，作徒一年之佐貳，作徒一年半之長官罪囚未決者。

失增笞五十罪作杖九十之吏典,作杖一百之首領,作徒一年之佐貳,作徒一年半之長官罪囚已決者。〇作杖一百之吏典,作徒一年之首領,作徒一年半之佐貳,作徒二年之長官罪囚未決者。

失增杖六十罪作杖一百之吏典,作徒一年之首領,作徒一年半之佐貳,作徒二年之長官罪囚已決者。〇作徒一年之吏典,作徒一年半之首領,作徒二年之佐貳,作徒二年半之長官罪囚未決者。

失增杖七十罪作徒一年之吏典,作徒一年半之首領,作徒二年之佐貳,作徒二年半之長官罪囚已決者。〇作徒一年半之吏典,作徒二年之首領,作徒二年半之佐貳,作徒三年之長官罪囚未決者。

失增杖八十罪作徒一年半之吏典,作徒二年之首領,作徒二年半之佐貳,作徒三年之長官罪囚已決者。〇作徒二年之吏典,作徒二年半之首領,作徒三年之佐貳,作三流之長官罪囚未決者。

失增杖九十罪作徒二年之吏典,作徒二年半之首領,作徒三年之佐貳,作三流之長官罪囚已決者。〇作徒二年半之吏典,作徒三年之首領,作三流之佐貳,作二死之長官罪囚未決者。

官司故減流三千里罪作流二千五百里,流二千五百里罪作流二千里,流二千里罪作徒三年,杖一百罪作杖九十,杖九十罪作杖八十,杖八十罪作杖七十,杖七十罪作杖六十,杖六十罪作笞五十,笞五十罪作笞四十,笞四十罪作笞三十,笞三十罪作笞二十,笞二十罪作笞一十罪囚已放者。坐抵剩罪下同。〇故減流三千里罪作流二千里,流二千五百里罪作徒三年,徒三年罪作徒二年半,徒二年半罪作徒二年,徒二年罪作徒一年半,徒一年半罪作徒一年,徒一年罪作杖一百,杖一百罪作杖八十,杖九十罪作杖七十,杖八十罪作杖六十,杖七十罪作笞五十,杖六十罪作笞四十,笞五十罪作笞三十,笞四十罪作笞二十,笞三十罪作笞一十罪囚未放者。

失減流三千里罪作徒二年之首領,作徒一年半之長官罪囚已放者。〇作徒二年之吏典,作徒一年半之佐貳罪囚未放者。

失減流二千五百里罪作徒二年之吏典,作徒一年半之佐貳罪囚已放者。〇作徒一年半之首領,作徒一年之長官罪囚未放者。

失減流二千里罪作徒一年半之首領,作徒一年之長官罪囚已放者。〇作徒一年半之吏典,作徒一年之佐貳罪囚未放者。

失減徒三年罪作徒一年半之吏典,作徒一年之佐貳罪囚已放者。〇作徒一年之首領,作杖一百之長官罪囚未放者。

失減徒二年半罪作徒一年之吏典,作杖一百之佐貳,作杖九十之長官罪囚已放者。〇作杖一百之首領,作杖九十之佐貳,作杖八十之長官罪囚未放者。

失減徒二年罪作杖一百之吏典,作杖九十之首領,作杖八十之佐貳,作杖七十之長官罪囚已放者。〇作杖九十之吏典,作杖八十之首領,作杖七十之佐貳,作杖六十之長官罪囚未放者。

失減徒一年半罪作杖八十之吏典,作杖七十之首領,作杖六十之佐貳,作笞五十之長官罪囚已放者。〇作杖七十之吏典,作杖六十之首領,作笞五十之佐貳,作笞四十之長官罪囚未放者。

失減徒一年罪作杖六十之吏典,作笞五十之首領,作笞四十之佐貳,作笞三十之長官罪囚已放者。〇作笞五十之吏典,作笞四十之首領,作笞三十之佐貳,作笞二十之長官罪囚未放者。

失減杖一百罪作笞四十之吏典,作笞三十之首領,作笞二十之佐貳,作笞一十之長官罪囚已放者。〇作笞三十之吏典,作笞二十之首領,作笞一十之佐貳罪囚未放者。

失減杖九十罪作笞三十之吏典,作笞二十之首領,作笞一十之佐貳罪囚已放者。〇作笞二十之吏典,作笞一十之首領罪囚未放者。

失減杖八十罪作笞二十之吏典,作笞一十之首領罪囚已放者。〇作笞一十之吏典罪囚未放者。

失減杖七十罪作笞一十之吏典罪囚已放者。

笞二十

官司故出入笞二十罪囚已決放者。〇笞三十罪囚未決放者。

吏典失入笞五十罪,首領失入杖六十罪,佐貳失入杖七十罪,長官失入杖八十罪囚已決者。〇吏典失入杖六十罪,首領失入杖七十罪,佐貳失入杖八十罪,長官失入杖九十罪囚未決者。

吏典失出杖七十罪,首領失出杖八十罪,佐貳失出杖九十罪,長官失出杖一百罪囚已放者。〇吏典失出杖八十罪,首領失出杖九十罪,佐貳失出杖一百罪,長官失出徒一年罪囚未放者。

官司故增笞一十罪作笞三十,笞二十罪作笞四十,笞三十罪作笞五十,笞四十罪作杖六十,笞五十罪作杖七十,杖六十罪作杖八十,杖七十罪作杖九十,杖八十罪作杖一百,杖一百罪作徒一年,徒一年罪作徒一年半,徒一年半罪作徒二年,徒二年罪作徒二年半,徒二年半罪作徒三年,徒三年罪作流二千五百里,流二千里罪作流三千里罪囚已決者。○故增笞一十罪作笞四十,笞二十罪作笞五十,笞三十罪作杖六十,笞四十罪作杖七十,笞五十罪作杖八十,杖六十罪作杖九十,杖七十罪作杖一百,杖八十罪作徒一年,杖一百罪作徒一年半,徒一年罪作徒二年,徒一年半罪作徒二年半,徒二年罪作徒三年,徒二年半罪作三流,流二千里罪作二死罪囚未決者。

失增笞一十罪作杖六十之吏典,作杖七十之首領,作杖八十之佐貳,作杖九十之長官罪囚已決者。○作杖七十之吏典,作杖八十之首領,作杖九十之佐貳,作杖一百之長官罪囚未決者。

失增笞二十罪作杖七十之吏典,作杖八十之首領,作杖九十之佐貳,作杖一百之長官罪囚已決者。○作杖八十之吏典,作杖九十之首領,作杖一百之佐貳,作徒一年之長官罪囚未決者。

失增笞三十罪作杖八十之吏典,作杖九十之首領,作杖一百之佐貳,作徒一年之長官罪囚已決者。○作杖九十之吏典,作杖一百之首領,作徒一年之佐貳,作徒一年半之長官罪囚未決者。

失增笞四十罪作杖九十之吏典,作杖一百之首領,作徒一年之佐貳,作徒一年半之長官罪囚已決者。○作杖一百之吏典,作徒一年之首領,作徒一年半之佐貳,作徒二年之長官罪囚未決者。

失增笞五十罪作杖一百之吏典,作徒一年之首領,作徒一年半之佐貳,作徒二年之長官罪囚已決者。○作徒一年之吏典,作徒一年半之首領,作徒二年之佐貳,作徒二年半之長官罪囚未決者。

失增杖六十罪作徒一年之吏典,作徒一年半之首領,作徒二年之佐貳,作徒二年半之長官罪囚已決者。○作徒一年半之吏典,作徒二年之首領,作徒二年半之佐貳,作徒三年之長官罪囚未決者。

失增杖七十罪作徒一年半之吏典,作徒二年之首領,作徒二年半之佐貳,作徒三年之長官罪囚已決者。○作徒二年之吏典,作徒二年半之首領,作徒三年之佐貳,作三流之長官罪囚未決者。

失增杖八十罪作徒二年之吏典,作徒二年半之首領,作徒三年之佐貳,作三流之長官罪囚已決者。○作徒二年半之吏典,作徒三年之首領,作三流之佐貳,作二死之長官罪囚未決者。

失增杖一百罪作徒二年半之吏典,作徒三年之首領,作三流之佐貳罪囚已決者。○作徒三年之吏典,作三流之首領,作二死之佐貳罪囚未決者。

失增徒一年罪作徒三年之吏典，作三流之首領罪囚已決者。○作三流之吏典，作二死之首領罪囚未決者。

失增徒一年半罪作三流之吏典，作二死之首領罪囚已決者。○作二死之吏典罪囚未決者。

官司故減流三千里罪作流二千里，流二千五百里罪作徒三年，徒三年罪作徒二年半，徒二年半罪作徒二年，徒二年罪作徒一年半，徒一年半罪作徒一年，徒一年罪作杖一百，杖一百罪作杖八十，杖九十罪作杖七十，杖八十罪作杖六十，杖七十罪作笞五十，杖六十罪作笞四十，笞五十罪作笞三十，笞四十罪作笞二十，笞三十罪作笞一十罪囚已放者。○故減流三千里罪作徒三年，流二千里罪作徒二年半，徒一年罪作杖九十，杖一百罪作杖七十，杖九十罪作杖六十，杖八十罪作笞五十，杖七十罪作笞四十，杖六十罪作笞三十，笞五十罪作笞二十，笞四十罪作笞一十罪囚未放者。

失減流三千里罪作徒二年之吏典，作徒一年半之佐貳罪囚已放者。○作徒一年半之首領，作徒一年之長官罪囚未放者。

失減流二千五百里罪作徒一年半之首領，作徒一年之長官罪囚已放者。○作徒一年半之吏典，作徒一年之佐貳罪囚未放者。

失減流二千里罪作徒一年半之吏典，作徒一年之佐貳罪囚已放者。○作徒一年之首領，作杖一百之長官罪囚未放者。

失減徒三年罪作徒一年之首領，作杖一百之長官罪囚已放者。○作徒一年之吏典，作杖一百之佐貳，作杖九十之長官罪囚未放者。

失減徒二年半罪作杖一百之首領，作杖九十之佐貳，作杖八十之長官罪囚已放者。○作杖一百之吏典，作杖九十之首領，作杖八十之佐貳，作杖七十之長官罪囚未放者。

失減徒二年罪作杖九十之吏典，作杖八十之首領，作杖七十之佐貳，作杖六十之長官罪囚已放者。○作杖八十之吏典，作杖七十之首領，作杖六十之佐貳，作笞五十之長官罪囚未放者。

失減徒一年半罪作杖七十之吏典，作杖六十之首領，作笞五十之佐貳，作笞四十之長官罪囚已放者。○作杖六十之吏典，作笞五十之首領，作笞四十之佐貳，作笞三十之長官罪囚未放者。

失減徒一年罪作笞五十之吏典，作笞四十之首領，作笞三十之佐貳，作笞二十之長官罪囚已放者。○作笞四十之吏典，作笞三十之首領，作笞二十之佐貳，作笞一十之長官罪囚未放者。

失減杖一百罪作笞三十之吏典，作笞二十之首領，作笞一十之佐貳罪囚已放者。〇作笞二十之吏典，作笞一十之首領罪囚未放者。

失減杖九十罪作笞二十之吏典，作笞一十之首領罪囚已放者。〇作笞一十之吏典罪囚未放者。

失減杖八十罪作笞一十之吏典罪囚已放者。

笞三十

官司故出入笞三十罪囚已決放者。〇笞四十罪囚未決放者。

吏典失入杖六十罪，首領失入杖七十罪，佐貳失出杖八十罪，長官失入杖九十罪囚已決者。〇吏典失入杖七十罪，首領失入杖八十罪，佐貳失入杖九十罪，長官失入杖一百罪囚未決者。

吏典失出杖八十罪，首領失出杖九十罪，佐貳失出杖一百罪，長官失出徒一年罪囚已放者。〇吏典失出杖九十罪，首領失出杖一百罪，佐貳失出徒一年罪，長官失出徒一年半罪囚未放者。

官司故增笞一十罪作笞四十，笞二十罪作笞五十，笞三十罪作杖六十，笞四十罪作杖七十，笞五十罪作杖八十，杖六十罪作杖九十，杖七十罪作杖一百，杖九十罪作徒一年，徒二年半罪作流二千里，徒三年罪作流三千里罪囚已決者。〇故增笞一十罪作笞五十，笞二十罪作杖六十，笞三十罪作杖七十，笞四十罪作杖八十，笞五十罪作杖九十，杖六十罪作杖一百，杖七十罪作徒一年，杖九十罪作徒一年半，徒三年罪作二死罪囚未決者。

失增笞一十罪作杖七十之吏典，作杖八十之首領，作杖九十之佐貳，作杖一百之長官罪囚已決者。〇作杖八十之吏典，作杖九十之首領，作杖一百之佐貳，作徒一年之長官罪囚未決者。

失增笞二十罪作杖八十之吏典，作杖九十之首領，作杖一百之佐貳，作徒一年之長官罪囚已決者。〇作杖九十之吏典，作杖一百之首領，作徒一年之佐貳，作徒一年半之長官罪囚未決者。

失增笞三十罪作杖九十之吏典，作杖一百之首領，作徒一年之佐貳，作徒一年半之長官罪囚已決者。〇作杖一百之吏典，作徒一年之首領，作徒一年半之佐貳，作徒二年之長官罪囚未決者。

失增笞四十罪作杖一百之吏典，作徒一年之首領，作徒一年半之佐貳，作徒二年之長官罪囚已決者。〇作徒一年之吏典，作徒一年半之首領，作徒二年之佐貳，作徒二年半之長官罪囚未決者。

失增笞五十罪作徒一年之吏典，作徒一年半之首領，作徒二年之佐貳,作徒二年半之長官罪囚已決者。〇作徒一年半之吏典,作徒二年之首領,作徒二年半之佐貳,作徒三年之長官罪囚未決者。

失增杖六十罪作徒一年半之吏典,作徒二年之首領,作徒二年半之佐貳,作徒三年之長官罪囚已決者。〇作徒二年之吏典,作徒二年半之首領,作徒三年之佐貳,作三流之長官罪囚未決者。

失增杖七十罪作徒二年之吏典,作徒二年半之首領,作徒三年之佐貳,作三流之長官罪囚已決者。〇作徒二年半之吏典,作徒三年之首領,作三流之佐貳,作二死之長官罪囚未決者。

失增杖九十罪作徒二年半之吏典,作徒三年之首領,作三流之佐貳,作二死之長官罪囚已決者。〇作徒三年之吏典,作三流之首領,作二死之佐貳罪囚未決者。

官司故減流三千里罪作徒三年,流二千里罪作徒二年半,徒一年罪作杖九十,杖一百罪作杖七十,杖九十罪作杖六十,杖八十罪作笞五十,杖七十罪作笞四十,杖六十罪作笞三十,笞五十罪作笞二十,笞四十罪作笞一十罪囚已放者。〇故減流二千五百里罪作徒二年半,徒三年罪作徒二年,徒二年半罪作徒一年半,徒二年罪作徒一年,徒一年半罪作杖一百,徒一年罪作杖八十,杖一百罪作杖六十,杖九十罪作笞五十,杖八十罪作笞四十,杖七十罪作笞三十,杖六十罪作笞二十,笞五十罪作笞一十罪囚未放者。

失減流三千里罪作徒一年半之首領,作徒一年之長官罪囚已放者。〇作徒一年半之吏典,作徒一年之佐貳罪囚未放者。

失減流二千五百里罪作徒一年半之吏典,作徒一年之佐貳罪囚已放者。〇作徒一年之首領,作杖一百之長官罪囚未放者。

失減流二千里罪作徒一年之首領,作杖一百之長官罪囚已放者。〇作徒一年之吏典,作杖一百之佐貳,作杖九十之長官罪囚未放者。

失減徒三年罪作徒一年之吏典,作杖一百之佐貳,作杖九十之長官罪囚已放者。〇作杖一百之首領,作杖九十之佐貳,作杖八十之長官罪囚未放者。

失減徒二年半罪作杖一百之吏典,作杖九十之首領,作杖八十之佐貳,作杖七十之長官罪囚已放者。〇作杖九十之吏典,作杖八十之首領,作杖七十之佐貳,作杖六十之長官罪囚未放者。

失減徒二年罪作杖八十之吏典,作杖七十之首領,作杖六十之佐貳,作笞五十之長官罪囚已放者。〇作杖七十之吏典，作杖六十之首領，作笞五十之佐貳，作笞四十之長官罪囚未放者。

失減徒一年半罪作杖六十之吏典，作笞五十之首領，作笞四十之佐貳，作笞三十之長官罪囚已放者。〇作笞五十之吏典，作笞四十之首領，作笞三十之佐貳，作笞二十之長官罪囚未放者。

失減徒一年罪作笞四十之吏典，作笞三十之首領，作笞二十之佐貳，作笞一十之長官罪囚已放者。〇作笞三十之吏典，作笞二十之首領，作笞一十之佐貳罪囚未放者。

失減杖一百罪作笞二十之吏典，作笞一十之首領罪囚已放者。〇作笞一十之吏典罪囚未放者。

失減杖九十罪作笞一十之吏典罪囚已放者。

笞四十

官司故出入笞四十罪囚已決放者。〇笞五十罪囚未決放者。

吏典失入杖七十罪，首領失入杖八十罪，佐貳失入杖九十罪，長官失入杖一百罪囚已決者。〇吏典失入杖八十罪，首領失入杖九十罪，佐貳失入杖一百罪，長官失入徒一年罪囚未決者。

吏典失出杖九十罪，首領失出杖一百罪，佐貳失出徒一年罪，長官失出徒一年半罪囚已放者。〇吏典失出杖一百罪，首領失出徒一年罪，佐貳失出徒一年半罪，長官失出徒二年罪囚未放者。

官司故增笞一十罪作笞五十，笞二十罪作杖六十，笞三十罪作杖七十，笞四十罪作杖八十，笞五十罪作杖九十，杖六十罪作杖一百，杖八十罪作徒一年，杖一百罪作徒一年半，徒一年罪作徒二年，徒一年半罪作徒二年半，徒二年罪作徒三年，徒二年半罪作流二千五百里罪囚已決者。〇故增笞一十罪作杖六十，笞二十罪作杖七十，笞三十罪作杖八十，笞四十罪作杖九十，笞五十罪作杖一百，杖六十罪作徒一年，杖八十罪作徒一年半杖一百罪作徒二年，徒一年罪作徒二年半，徒一年半罪作徒三年，徒二年罪作三流罪囚未決者。

失增笞一十罪作杖八十之吏典，作杖九十之首領，作杖一百之佐貳，作徒一年之長官罪囚已決者。〇作杖九十之吏典，作杖一百之首領，作徒一年之佐貳，作徒一年半之長官罪囚未決者。

失增笞二十罪作杖九十之吏典，作杖一百之首領，作徒一年之佐貳，作徒一年半之長官罪囚已決者。〇作杖一百之吏典，作徒一年之首領，作徒一年半之佐貳,作徒二年之長官罪囚未決者。

失增笞三十罪作杖一百之吏典,作徒一年之首領,作徒一年半之佐貳,作徒二年之長官罪囚已決者。○作徒一年之吏典,作徒一年半之首領,作徒二年之佐貳,作徒二年半之長官罪囚未決者。

失增笞四十罪作徒一年之吏典,作徒一年半之首領,作徒二年之佐貳,作徒二年半之長官罪囚已決者。○作徒一年半之吏典,作徒二年之首領,作徒二年半之佐貳,作徒三年之長官罪囚未決者。

失增笞五十罪作徒一年半之吏典,作徒二年之首領,作徒二年半之佐貳,作徒三年之長官罪囚已決者。○作徒二年之吏典,作徒二年半之首領,作徒三年之佐貳,作三流之長官罪囚未決者。

失增杖六十罪作徒二年之吏典,作徒二年半之首領,作徒三年之佐貳,作三流之長官罪囚已決者。○作徒二年半之吏典,作徒三年之首領,作三流之佐貳,作二死之長官罪囚未決者。

失增杖八十罪作徒二年半之吏典,作徒三年之首領,作三流之佐貳,作二死之長官罪囚已決者。○作徒三年之吏典,作三流之首領,作二死之佐貳罪囚未決者。

失增杖一百罪作徒三年之吏典,作三流之首領,作二死之佐貳罪囚已決者。○作三流之吏典,作二死之首領罪囚未決者。

失增徒一年罪作三流之吏典,作二死之首領罪囚已決者。○作二死之吏典罪囚未決者。

失增徒一年半罪作二死之吏典罪囚已決者。

官司故減流二千五百里罪作徒二年半,徒三年罪作徒二年,徒二年半罪作徒一年半,徒二年罪作徒一年,徒一年半罪作杖一百,徒一年罪作杖八十,杖一百罪作杖六十,杖九十罪作笞五十,杖八十罪作笞四十,杖七十罪作笞三十,杖六十罪作笞二十,笞五十罪作笞一十罪囚已放者。○故減流三千里罪作徒二年半流二千里罪作徒二年,徒一年半罪作杖九十徒一年罪作杖七十,杖一百罪作笞五十,杖九十罪作笞四十,杖八十罪作笞三十,杖七十罪作笞二十,杖六十罪作笞一十罪囚未放者。

失減流三千里罪作徒一年半之吏典,作徒一年之佐貳罪囚已放者。○作徒一年之首領,作杖一百之長官罪囚未放者。

失減流二千五百里罪作徒一年之首領,作杖一百之長官罪囚已放者。○作徒一年之吏典,作杖一百之佐貳,作杖九十之長官罪囚未放者。

失減流二千里罪作徒一年之吏典，作杖一百之佐貳，作杖九十之長官罪囚已放者。〇作杖一百之首領，作杖九十之佐貳，作杖八十之長官罪囚未放者。

失減徒三年罪作杖一百之首領，作杖九十之佐貳，作杖八十之長官罪囚已放者。〇作杖一百之吏典，作杖九十之首領，作杖八十之佐貳，作杖七十之長官罪囚未放者。

失減徒二年半罪作杖九十之吏典，作杖八十之首領，作杖七十之佐貳，作杖六十之長官罪囚已放者。〇作杖八十之吏典，作杖七十之首領，作杖六十之佐貳，作笞五十之長官罪囚未放者。

失減徒二年罪作杖七十之吏典，作杖六十之首領，作笞五十之佐貳，作笞四十之長官罪囚已放者。〇作杖六十之吏典，作笞五十之首領，作笞四十之佐貳，作笞三十之長官罪囚未放者。

失減徒一年半罪作笞五十之吏典，作笞四十之首領，作笞三十之佐貳，作笞二十之長官罪囚已放者。〇作笞四十之吏典，作笞三十之首領，作笞二十之佐貳，作笞一十之長官罪囚未放者。

失減徒一年罪作笞三十之吏典，作笞二十之首領，作笞一十之佐貳罪囚已放者。〇作笞二十之吏典，作笞一十之首領罪囚未放者。

失減杖一百罪作笞一十之吏典罪囚已放者。

笞五十

官司故出入笞五十罪囚已決放者。〇杖六十罪囚未決放者。

吏典失入杖八十罪，首領失入杖九十罪，佐貳失入杖一百罪，長官失入徒一年罪囚已決者。〇吏典失入杖九十罪，首領失入杖一百罪，佐貳失入徒一年罪，長官失入徒一年半罪囚未決者。

吏典失出杖一百罪，首領失出徒一年罪，佐貳失出徒一年半罪，長官失出徒二年罪囚已放者。〇吏典失出徒一年罪，首領失出徒一年半罪，佐貳失出徒二年罪，長官失出徒二年半罪囚未放者。

官司故增笞一十罪作杖六十，笞二十罪作杖七十，笞三十罪作杖八十，笞四十罪作杖九十，笞五十罪作杖一百，杖七十罪作徒一年，杖九十罪作徒一年半，徒二年罪作流二千里，徒二年半罪作流三千里罪囚已決者。〇故增笞一十罪作杖七十，笞二十罪作杖八十，笞三十罪作杖九十，笞四十罪作杖一百，笞五十罪作徒一年，杖七十罪作徒一年半，杖九十罪作徒二年，徒二年半罪作二死罪囚未決者。

失增笞一十罪作杖九十之吏典,作杖一百之首領,作徒一年之佐貳,作徒一年半之長官罪囚已決者。〇作杖一百之吏典,作徒一年之首領,作徒一年半之佐貳,作徒二年之長官罪囚未決者。

失增笞二十罪作杖一百之吏典,作徒一年之首領,作徒一年半之佐貳,作徒二年之長官罪囚已決者。〇作徒一年之吏典,作徒一年半之首領,作徒二年之佐貳,作徒二年半之長官罪囚未決者。

失增笞三十罪作徒一年之吏典,作徒一年半之首領,作徒二年之佐貳,作徒二年半之長官罪囚已決者。〇作徒一年半之吏典,作徒二年之首領,作徒二年半之佐貳,作徒三年之長官罪囚未決者。

失增笞四十罪作徒一年半之吏典,作徒二年之首領,作徒二年半之佐貳,作徒三年之長官罪囚已決者。〇作徒二年之吏典,作徒二年半之首領,作徒三年之佐貳,作三流之長官罪囚未決者。

失增笞五十罪作徒二年之吏典,作徒二年半之首領,作徒三年之佐貳,作三流之長官罪囚已決者。〇作徒二年半之吏典,作徒三年之首領,作三流之佐貳,作二死之長官罪囚未決者。

失增杖七十罪作徒二年半之吏典,作徒三年之首領,作三流之佐貳,作二死之長官罪囚已決者。〇作徒三年之吏典,作三流之首領,作二死之佐貳罪囚未決者。

失增杖九十罪作徒三年之吏典,作三流之首領,作二死之佐貳罪囚已決者。〇作三流之吏典,作二死之首領罪囚未決者。

官司故減流三千里罪作徒二年半,流二千里罪作徒二年,徒一年半罪作杖九十,徒一年罪作杖七十,杖一百罪作笞五十,杖九十罪作笞四十,杖八十罪作笞三十,杖七十罪作笞二十,杖六十罪作笞一十罪囚已放者。〇故減流二千五百里罪作徒二年,徒三年罪作徒一年半,徒二年半罪作徒一年,徒二年罪作杖一百,徒一年半罪作杖八十,徒一年罪作杖六十,杖一百罪作笞四十,杖九十罪作笞三十,杖八十罪作笞二十,杖七十罪作笞一十罪囚未放者。

失減流三千里罪作徒一年之首領,作杖一百之長官罪囚已放者。〇作徒一年之吏典,作杖一百之佐貳,作杖九十之長官罪囚未放者。

失減流二千五百里罪作徒一年之吏典,作杖一百之佐貳,作杖九十之長官罪囚已放者。〇作杖一百之首領,作杖九十之佐貳,作杖八十之長官罪囚未放者。

失減流二千里罪作杖一百之首領，作杖九十之佐貳，作杖八十之長官罪囚已放者。○作杖一百之吏典，作杖九十之首領，作杖八十之佐貳，作杖七十之長官罪囚未放者。

失減徒三年罪作杖一百之吏典，作杖九十之首領，作杖八十之佐貳，作杖七十之長官罪囚已放者。○作杖九十之吏典，作杖八十之首領，作杖七十之佐貳，作杖六十之長官罪囚未放者。

失減徒二年半罪作杖八十之吏典，作杖七十之首領，作杖六十之佐貳，作笞五十之長官罪囚已放者。○作杖七十之吏典，作杖六十之首領，作笞五十之佐貳，作笞四十之長官罪囚未放者。

失減徒二年罪作杖六十之吏典，作笞五十之首領，作笞四十之佐貳，作笞三十之長官罪囚已放者。○作笞五十之吏典，作笞四十之首領，作笞三十之佐貳，作笞二十之長官罪囚未放者。

失減徒一年半罪作笞四十之吏典，作笞三十之首領，作笞二十之佐貳，作笞一十之長官罪囚已放者。○作笞三十之吏典，作笞二十之首領，作笞一十之佐貳罪囚未放者。

失減徒一年罪作笞二十之吏典，作笞一十之首領罪囚已放者。○作笞一十之吏典罪囚未放者。

杖六十

官司故出入杖六十罪囚已決放者。○杖七十罪囚未決放者。

吏典失入杖九十罪，首領失入杖一百罪，佐貳失入徒一年罪，長官失入徒一年半罪囚已決者。○吏典失入杖一百罪，首領失入徒一年罪，佐貳失入徒一年半罪，長官失入徒二年罪囚未決者。

吏典失出徒一年罪，首領失出徒一年半罪，佐貳失出徒二年罪，長官失出徒二年半罪囚已放者。○吏典失出徒一年半罪，首領失出徒二年罪，佐貳失出徒二年半罪，長官失出徒三年罪囚未放者。

官司故增笞一十罪作杖七十，笞二十罪作杖八十，笞三十罪作杖九十，笞四十罪作杖一百，杖六十罪作徒一年，杖八十罪作徒一年半，杖一百罪作徒二年，徒一年罪作徒二年半，徒一年半罪作徒三年，徒二年罪作流二千五百里罪囚已決者。○故增笞一十罪作杖八十，笞二十罪作杖九十，笞三十罪作杖一百，笞四十罪作徒一年，杖六十罪作徒一年半，杖八十罪作徒二年，杖一百罪作徒二年半，徒一年罪作徒三年，徒一年半罪作三流罪囚未決者。

失增笞一十罪作杖一百之吏典,作徒一年之首領,作徒一年半之佐貳,作徒二年之長官罪囚已决者。〇作徒一年之吏典,作徒一年半之首領,作徒二年之佐貳,作徒二年半之長官罪囚未决者。

失增笞二十罪作徒一年之吏典,作徒一年半之首領,作徒二年之佐貳,作徒二年半之長官罪囚已决者。〇作徒一年半之吏典,作徒二年之首領,作徒二年半之佐貳,作徒三年之長官罪囚未决者。

失增笞三十罪作徒一年半之吏典,作徒二年之首領,作徒二年半之佐貳,作徒三年之長官罪囚已决者。〇作徒二年之吏典,作徒二年半之首領,作徒三年之佐貳,作三流之長官罪囚未决者。

失增笞四十罪作徒二年之吏典,作徒二年半之首領,作徒三年之佐貳,作三流之長官罪囚已决者。〇作徒二年半之吏典,作徒三年之首領,作三流之佐貳,作二死之長官罪囚未决者。

失增杖六十罪作徒二年半之吏典,作徒三年之首領,作三流之佐貳,作二死之長官罪囚已决者。〇作徒三年之吏典,作三流之首領,作二死之佐貳罪囚未决者。

失增杖八十罪作徒三年之吏典,作三流之首領,作二死之佐貳罪囚已决者。〇作三流之吏典,作二死之首領罪囚未决者。

失增杖一百罪作三流之吏典,作二死之首領罪囚已决者。〇作二死之吏典罪囚未决者。

失增徒一年罪作二死之吏典罪囚已决者。

官司故减流二千五百里罪作徒二年,徒三年罪作徒一年半,徒二年半罪作徒一年,徒二年罪作杖一百,徒一年半罪作杖八十,徒一年罪作杖六十,杖一百罪作笞四十,杖九十罪作笞三十,杖八十罪作笞二十,杖七十罪作笞一十罪囚已放者。〇故减流三千里罪作徒二年,流二千里罪作徒一年半,徒二年罪作杖九十,徒一年半罪作杖七十,徒一年罪作笞五十,杖一百罪作笞三十,杖九十罪作笞二十,杖八十罪作笞一十罪囚未放者。

失减流三千里罪作徒一年之吏典,作杖一百之佐貳,作杖九十之長官罪囚已放者。〇作杖一百之首領,作杖九十之佐貳,作杖八十之長官罪囚未放者。

失减流二千五百里罪作杖一百之首領,作杖九十之佐貳,作杖八十之長官罪囚已放者。〇作杖一百之吏典,作杖九十之首領,作杖八十之佐貳,作杖七十之長官罪囚未放者。

失減流二千里罪作杖一百之吏典，作杖九十之首領，作杖八十之佐貳，作杖七十之長官罪囚已放者。○作杖九十之吏典，作杖八十之首領，作杖七十之佐貳，作杖六十之長官罪囚未放者。

失減徒三年罪作杖九十之吏典，作杖八十之首領，作杖七十之佐貳，作杖六十之長官罪囚已放者。○作杖八十之吏典，作杖七十之首領，作杖六十之佐貳，作笞五十之長官罪囚未放者。

失減徒二年半罪作杖七十之吏典，作杖六十之首領，作笞五十之佐貳，作笞四十之長官罪囚已放者。○作杖六十之吏典，作笞五十之首領，作笞四十之佐貳，作笞三十之長官罪囚未放者。

失減徒二年罪作笞五十之吏典，作笞四十之首領，作笞三十之佐貳，作笞二十之長官罪囚已放者。○作笞四十之吏典，作笞三十之首領，作笞二十之佐貳，作笞一十之長官罪囚未放者。

失減徒一年半罪作笞三十之吏典，作笞二十之首領，作笞一十之佐貳罪囚已放者。○作笞二十之吏典，作笞一十之首領罪囚未放者。

失減徒一年罪作笞一十之吏典罪囚已放者。

杖七十

官司故出入杖七十罪囚已決放者。○杖八十罪囚未決放者。

吏典失入杖一百罪，首領失入徒一年罪，佐貳失入徒一年半罪，長官失入徒二年罪囚已決者。○吏典失入徒一年罪，首領失入徒一年半罪，佐貳失入徒二年罪，長官失入徒二年半罪囚未決者。

吏典失出徒一年半罪，首領失出徒二年罪，佐貳失出徒二年半罪，長官失出徒三年罪囚已放者。○吏典失出徒二年罪，首領失出徒二年半罪，佐貳失出徒三年罪，長官失出三流罪囚未放者。

官司故增笞一十罪作杖八十，笞二十罪作杖九十，笞三十罪作杖一百，笞五十罪作徒一年，杖七十罪作徒一年半，杖九十罪作徒二年，徒一年半罪作流二千里，徒二年罪作流三千里罪囚已決者。○故增笞一十罪作杖九十，笞二十罪作杖一百，笞三十罪作徒一年，笞五十罪作徒一年半，杖七十罪作徒二年，杖九十罪作徒二年半，徒二年罪作二死罪囚未決者。

失增笞一十罪作徒一年之吏典，作徒一年半之首領，作徒二年之佐貳，作徒二年半之長官罪囚已決者。○作徒一年之吏典，作徒二年之首領，作徒二年半之佐貳，作徒三年之長官罪囚未決者。

失增笞二十罪作徒一年半之吏典，作徒二年之首領，作徒二年半之佐貳,作徒三年之長官罪囚已决者。〇作徒二年之吏典,作徒二年半之首領,作徒三年之佐貳,作三流之長官罪囚未决者。

失增笞三十罪作徒二年之吏典,作徒二年半之首領,作徒三年之佐貳,作三流之長官罪囚已决者。〇作徒二年半之吏典,作徒三年之首領,作三流之佐貳,作二死之長官罪囚未决者。

失增笞五十罪作徒二年半之吏典,作徒三年之首領,作三流之佐貳,作二死之長官罪囚已决者。〇作徒三年之吏典,作三流之首領,作二死之佐貳罪囚未决者。

失增杖七十罪作徒三年之吏典,作三流之首領,作二死之佐貳罪囚已决者。〇作三流之吏典,作二死之首領罪囚未决者。

失增杖九十罪作三流之吏典,作二死之首領罪囚已决者。〇作二死之吏典罪囚未决者。

官司故減流三千里罪作徒二年,流二千里罪作徒一年半,徒二年罪作杖九十,徒一年半罪作杖七十,徒一年罪作笞五十,杖一百罪作笞三十,杖九十罪作笞二十,杖八十罪作笞一十罪囚已放者。〇故減流二千五百里罪作徒一年半,徒三年罪作徒一年,徒二年半罪作杖一百,徒二年罪作杖八十,徒一年半罪作杖六十,徒一年罪作笞四十,杖一百罪作笞二十,杖九十罪作笞一十罪囚未放者。

失減流三千里罪作杖一百之首領,作杖九十之佐貳,作杖八十之長官罪囚已放者。〇作杖一百之吏典,作杖九十之首領,作杖八十之佐貳,作杖七十之長官罪囚未放者。

失減流二千五百里罪作杖一百之吏典,作杖九十之首領,作杖八十之佐貳,作杖七十之長官罪囚已放者。〇作杖九十之吏典,作杖八十之首領,作杖七十之佐貳,作杖六十之長官罪囚未放者。

失減流二千里罪作杖九十之吏典,作杖八十之首領,作杖七十之佐貳,作杖六十之長官罪囚已放者。〇作杖八十之吏典,作杖七十之首領,作杖六十之佐貳,作笞五十之長官罪囚未放者。

失減徒三年罪作杖八十之吏典,作杖七十之首領,作杖六十之佐貳,作笞五十之長官罪囚已放者。〇作杖七十之吏典,作杖六十之首領,作杖五十之佐貳,作笞四十之長官罪囚未放者。

失減徒二年半罪作杖六十之吏典,作笞五十之首領,作笞四十之佐貳,作笞三十之長官罪囚已放者。〇作笞五十之吏典,作笞四十之首領,作笞三十之佐貳,作笞二十之長官罪囚未放者。

失減徒二年罪作笞四十之吏典,作笞三十之首領,作笞二十之佐貳,作笞一十之長官罪囚已放者。○作笞三十之吏典,作笞二十之首領,作笞一十之佐貳罪囚未放者。

失減徒一年半罪作笞二十之吏典,作笞一十之首領罪囚已放者。○作笞一十之吏典罪囚未放者。

杖八十

官司故出八杖八十罪囚已決放者。○杖九十罪囚未決放者。

吏典失入徒一年罪,首領失入徒一年半罪,佐貳失入徒二年罪,長官失入徒二年半罪囚已決者。○吏典失入徒一年半罪,首領失入徒二年罪,佐貳失入徒二年半罪,長官失入徒三年罪囚未決者。

吏典失出徒二年罪,首領失出徒二年半罪,佐貳失出徒三年罪,長官失出三流罪囚已放者。○吏典失出徒二年半罪,首領失出徒三年罪,佐貳失出三流罪,長官失出二死罪囚未放者。

官司故增笞一十罪作杖九十,笞二十罪作杖一百,笞四十罪作徒一年,杖六十罪作徒一年半,杖八十罪作徒二年,杖一百罪作徒二年半,徒一年罪作徒三年,徒一年半罪作流二千五百里罪囚已決者。○故增笞一十罪作杖一百,笞二十罪作徒一年,笞四十罪作徒一年半,杖六十罪作徒二年,杖八十罪作徒二年半,杖一百罪作徒三年,徒一年罪作三流罪囚未決者。

失增笞一十罪作徒一年半之吏典,作徒二年之首領,作徒二年半之佐貳,作徒三年之長官罪囚已決者。○作徒二年之吏典,作徒二年半之首領,作徒三年之佐貳,作三流之長官罪囚未決者。

失增笞二十罪作徒二年之吏典,作徒二年半之首領,作徒三年之佐貳,作三流之長官罪囚已決者。○作徒二年半之吏典,作徒三年之首領,作三流之佐貳,作二死之長官罪囚未決者。

失增笞四十罪作徒二年半之吏典,作徒三年之首領,作三流之佐貳,作二死之長官罪囚已決者。○作徒三年之吏典,作三流之首領,作二死之佐貳罪囚未決者。

失增杖六十罪作徒三年之吏典,作三流之首領,作二死之佐貳罪囚已決者。○作三流之吏典,作二死之首領罪囚未決者。

失增杖八十罪作三流之吏典,作二死之首領罪囚已決者。○作二死之吏典罪囚未決者。

失增杖一百罪作二死之吏典罪囚已決者。

官司故減流二千五百里罪作徒一年半,徒三年罪作徒一年,徒二年半罪作杖一百,徒二年罪作杖八十,徒一年半罪作杖六十,徒一年罪作笞四十,杖一百罪作笞二十,杖九十罪作笞一十罪囚已放者。〇故減流三千里罪作徒一年半,流二千里罪作徒一年,徒二年半罪作杖九十,徒二年罪作杖七十,徒一年半罪作笞五十,徒一年罪作笞三十,杖一百罪作笞一十罪囚未放者。

失減流三千里罪作杖一百之吏典,作杖九十之首領,作杖八十之佐貳,作杖七十之長官罪囚已放者。〇作杖九十之吏典,作杖八十之首領,作杖七十之佐貳,作杖六十之長官罪囚未放者。

失減流二千五百里罪作杖九十之吏典,作杖八十之首領,作杖七十之佐貳,作杖六十之長官罪囚已放者。〇作杖八十之吏典,作杖七十之首領,作杖六十之佐貳,作笞五十之長官罪囚未放者。

失減流二千里罪作杖八十之吏典,作杖七十之首領,作杖六十之佐貳,作笞五十之長官罪囚已放者。〇作杖七十之吏典,作杖六十之首領,作笞五十之佐貳,作笞四十之長官罪囚未放者。

失減徒三年罪作杖七十之吏典,作杖六十之首領,作笞五十之佐貳,作笞四十之長官罪囚已放者。〇作杖六十之吏典,作笞五十之首領,作笞四十之佐貳,作笞三十之長官罪囚未放者。

失減徒二年半罪作笞五十之吏典,作笞四十之首領,作笞三十之佐貳,作笞二十之長官罪囚已放者。〇作笞四十之吏典,作笞三十之首領,作笞二十之佐貳,作笞一十之長官罪囚未放者。

失減徒二年罪作笞三十之吏典,作笞二十之首領,作笞一十之佐貳罪囚已放者。〇作笞二十之吏典,作笞一十之首領罪囚未放者。

失減徒一年半罪作笞一十之吏典罪囚已放者。

杖九十

官司故出入杖九十罪囚已決放者。〇杖一百罪囚未決放者。

吏典失入徒一年半罪,首領失入徒二年罪,佐貳失入徒二年半罪,長官失入徒三年罪囚已決者。〇吏典失入徒二年罪,首領失入徒二年半罪,佐貳失入徒三年罪,長官失入三流罪囚未決者。

吏典失出徒二年半罪,首領失出徒三年罪,佐貳失出三流罪,長官失出二死罪囚已放者。〇吏典失出徒三年罪,首領失出三流罪,佐貳失出二死罪囚未放者。

官司故增笞一十罪作杖一百,笞三十罪作徒一年,笞五十罪作徒一年半,杖七十罪作徒二年,杖九十罪作徒二年半,徒一年罪作流二千里,徒一年半罪作流三千里罪囚已決者。〇故增笞一十罪作徒一年,笞三十罪作徒一年半,笞五十罪作徒二年,杖七十罪作徒二年半,杖九十罪作徒三年,徒一年半罪作二死罪囚未決者。

失增笞一十罪作徒二年之吏典,作徒二年半之首領,作徒三年之佐貳,作三流之長官罪囚已決者。〇作徒二年半之吏典,作徒三年之首領,作三流之佐貳,作二死之長官罪囚未決者。

失增笞三十罪作徒二年半之吏典,作徒三年之首領,作三流之佐貳,作二死之長官罪囚已決者。〇作徒三年之吏典,作三流之首領,作二死之佐貳罪囚未決者。

失增笞五十罪作徒三年之吏典,作三流之首領,作二死之佐貳罪囚已決者。〇作三流之吏典,作二死之首領罪囚未決者。

失增杖七十罪作三流之吏典,作二死之首領罪囚已決者。〇作二死之吏典罪囚未決者。

失增杖九十罪作二死之吏典罪囚已決者。

官司故減流三千里罪作徒一年半,流二千里罪作徒一年,徒二年半罪作杖九十,徒二年罪作杖七十,徒一年半罪作笞五十,徒一年罪作笞三十,杖一百罪作笞一十罪囚已放者。〇故減流二千五百里罪作徒一年,徒三年罪作杖一百,徒二年半罪作杖八十,徒二年罪作杖六十,徒一年半罪作笞四十,徒一年罪作笞二十罪囚未放者。

失減流三千里罪作杖九十之吏典,作杖八十之首領,作杖七十之佐貳,作杖六十之長官罪囚已放者。〇作杖八十之吏典,作杖七十之首領,作杖六十之佐貳,作笞五十之長官罪囚未放者。

失減流二千五百里罪作杖八十之吏典,作杖七十之首領,作杖六十之佐貳,作笞五十之長官罪囚已放者。〇作杖七十之吏典,作杖六十之首領,作笞五十之佐貳,作笞四十之長官罪囚未放者。

失減流二千里罪作杖七十之吏典,作杖六十之首領,作笞五十之佐貳,作笞四十之長官罪囚已放者。〇作杖六十之吏典,作笞五十之首領,作笞四十之佐貳,作笞三十之長官罪囚未放者。

失減徒三年罪作杖六十之吏典,作笞五十之首領,作笞四十之佐貳,作笞三十之長官罪囚已放者。○作笞五十之吏典,作笞四十之首領,作笞三十之佐貳,作笞二十之長官罪囚未放者。

失減徒二年半罪作笞四十之吏典,作笞三十之首領,作笞二十之佐貳,作笞一十之長官罪囚已放者。○作笞三十之吏典,作笞二十之首領,作笞一十之佐貳罪囚未放者。

失減徒二年罪作笞二十之吏典,作笞一十之首領罪囚已放者。○作笞一十之吏典罪囚未放者。

杖一百

官司故出入杖一百罪囚已決放者。○徒一年罪囚未決放者。

吏典失入徒二年罪,首領失入徒二年半罪,佐貳失入徒三年罪,長官失入三流罪囚已決者。○吏典失入徒二年半罪,首領失入徒三年罪,佐貳失入三流罪,長官失入二死罪囚未決者。吏典失出徒三年罪,首領失出三流罪,佐貳失出二死罪囚已放者。○吏典失出三流罪,首領失出二死罪囚未放者。

官司故增笞二十罪作徒一年,笞四十罪作徒一年半,杖六十罪作徒二年,杖八十罪作徒二年半,杖一百罪作徒三年,徒一年罪作流二千五百里罪囚已決者。○故增笞二十罪作徒一年半,笞四十罪作徒二年,杖六十罪作徒二年半,杖八十罪作徒三年,杖一百罪作三流罪囚未決者。

失增笞二十罪作徒二年半之吏典,作徒三年之首領,作三流之佐貳,作二死之長官罪囚已決者。○作徒三年之吏典,作三流之首領,作二死之佐貳罪囚未決者。

失增笞四十罪作徒三年之吏典,作三流之首領,作二死之佐貳罪囚已決者。○作三流之吏典,作二死之首領罪囚未決者。

失增杖六十罪作三流之吏典,作二死之首領罪囚已決者。○作二死之吏典罪囚未決者。

失增杖八十罪作二死之吏典罪囚已決者。

官司故減流二千五百里罪作徒一年,徒三年罪作杖一百,徒二年半罪作杖八十,徒二年罪作杖六十,徒一年半罪作笞四十,徒一年罪作笞二十罪囚已放者。○故減流三千里罪作徒一年,流二千里罪作杖一百,徒三年罪作杖九十,徒二年半罪作杖七十,徒二年罪作笞五十,徒一年半罪作笞三十,徒一年罪作笞一十罪囚未放者。

失減流三千里罪作杖八十之吏典,作杖七十之首領,作杖六十之佐貳,作笞五十之長官罪囚已放者。○作杖七十之吏典,作杖六十之首領,作笞五十之佐貳,作笞四十之長官罪囚未放者。

失減流二千五百里罪作杖七十之吏典,作杖六十之首領,作笞五十之佐貳,作笞四十之長官罪囚已放者。○作杖六十之吏典,作笞五十之首領,作笞四十之佐貳,作笞三十之長官罪囚未放者。

失減流二千里罪作杖六十之吏典,作笞五十之首領,作笞四十之佐貳,作笞三十之長官罪囚已放者。○作笞五十之吏典,作笞四十之首領,作笞三十之佐貳,作笞二十之長官罪囚未放者。

失減徒三年罪作笞五十之吏典,作笞四十之首領,作笞三十之佐貳,作笞二十之長官罪囚已放者。○作笞四十之吏典,作笞三十之首領,作笞二十之佐貳,作笞一十之長官罪囚未放者。

失減徒二年半罪作笞三十之吏典,作笞二十之首領,作笞一十之佐貳罪囚已放者。○作笞二十之吏典,作笞一十之首領罪囚未放者。

失減徒二年罪作笞一十之吏典罪囚已放者。

徒一年笞五十

官司故增笞一十罪作徒一年,笞三十罪作徒一年半,笞五十罪作徒二年,杖七十罪作徒二年半,杖九十罪作徒三年,杖一百罪作流二千里,徒一年罪作流三千里罪囚已決者。○故增笞一十罪作徒一年半,笞三十罪作徒二年,笞五十罪作徒二年半,杖七十罪作徒三年,杖九十罪作三流,徒一年罪作二死罪囚未決者。

失增笞一十罪作徒二年半之吏典,作徒三年之首領,作三流之佐貳,作二死之長官罪囚已決者。○作徒三年之吏典,作三流之首領,作二死之佐貳罪囚未決者。

失增笞三十罪作徒三年之吏典,作三流之首領,作二死之佐貳罪囚已決者。○作三流之吏典,作二死之首領罪囚未決者。

失增笞五十罪作三流之吏典,作二死之首領罪囚已決者。○作二死之吏典罪囚未決者。

失增杖七十罪作二死之吏典罪囚已決者。

官司故減流三千里罪作徒一年,流二千里罪作杖一百,徒三年罪作杖九十,徒二年半罪作杖七十,徒二年罪作笞五十,徒一年半罪作笞三十,徒一年罪作笞一十罪囚已放者。○故減流二千五百里罪作杖一百,流二千里罪作杖九十,徒三年罪作杖八十,徒二年半罪作杖六十,徒二年罪作笞四十,徒一年半罪作笞二十罪囚未放者。

失減流三千里罪作杖七十之吏典,作杖六十首領,作笞五十之佐貳,作笞四十之長官罪囚已放者。〇作杖六十之吏典,作笞五十之首領,作笞四十之佐貳,作笞三十之長官罪囚未放者。

失減流二千五百里罪作杖六十之吏典,作笞五十之首領,作笞四十之佐貳,作笞三十之長官罪囚已放者。〇作笞五十之吏典,作笞四十之首領,作笞三十之佐貳,作笞二十之長官罪囚未放者。

失減流二千里罪作笞五十之吏典,作笞四十之首領,作笞三十之佐貳,作笞二十之長官罪囚已放者。〇作笞四十之吏典,作笞三十之首領,作笞二十之佐貳,作笞一十之長官罪囚未放者。

失減徒三年罪作笞四十之吏典,作笞三十之首領,作笞二十之佐貳,作笞一十之長官罪囚已放者。〇作笞三十之吏典,作笞二十之首領,作笞一十之佐貳罪囚未放者。

失減徒二年半罪作笞二十之吏典,作笞一十之首領罪囚已放者。〇作笞一十之吏典罪囚未放者。

徒一年杖六十

官司故出入徒一年罪囚已決放者。坐抵全罪,不准折杖下同。徒一年半罪囚未決放者。

吏典失入徒二年半罪,首領失入徒三年罪,佐貳失入三流罪,長官失入二死罪囚已決者。〇吏典失入徒三年罪,首領失入三流罪,佐貳失入二死罪囚未決者。

吏典失出三流罪,首領失出二死罪囚已放者。〇吏典失出二死罪囚未放者。

官司故增笞二十罪作徒一年半,笞四十罪作徒二年,杖六十罪作徒二年半,杖八十罪作徒三年,杖九十罪作流二千里,杖一百罪作流二千五百里罪囚已決者。〇故增笞二十罪作徒二年,笞四十罪作徒二年半,杖六十罪作徒三年,杖八十罪作三流罪囚未決者。

失增笞二十罪作徒三年之吏典,作三流之首領,作二死之佐貳罪囚已決者。〇作三流之吏典,作二死之首領罪囚未決者。

失增笞四十罪作三流之吏典,作二死之首領罪囚已決者。〇作二死之吏典罪囚未決者。

失增杖六十罪作二死之吏典罪囚已決者。

官司故減流二千五百里罪作杖一百，流二千里罪作杖九十，徒三年罪作杖八十，徒二年半罪作杖六十，徒二年罪作笞四十，徒一年半罪作笞二十罪囚已放者。○故減流三千里罪作杖一百，流二千五百里罪作杖九十，流二千里罪作杖八十，徒三年罪作杖七十，徒二年半罪作笞五十，徒二年罪作笞三十，徒一年半罪作笞一十罪囚未放者。

失減流三千里罪作杖六十之吏典，作笞五十之首領，作笞四十之佐貳，作笞三十，笞二十之長官罪囚已放者。○作笞五十之吏典，作笞四十之首領，作笞三十，笞二十之佐貳，作笞二十，笞一十之長官罪囚未放者。

失減流二千五百里罪作笞五十之吏典，作笞四十之首領，作笞三十之佐貳，作笞二十之長官罪囚已放者。○作笞四十之吏典，作笞三十之首領，作笞二十之佐貳，作笞一十之長官罪囚未放者。

失減流二千里罪作笞四十之吏典，作笞三十之首領，作笞二十之佐貳，作笞一十之長官罪囚已放者。○作笞三十之吏典，作笞二十之首領，作笞一十之佐貳罪囚未放者。

失減徒三年罪作笞三十之吏典，作笞二十之首領，作笞一十之佐貳罪囚已放者。○作笞二十之吏典，作笞一十之首領罪囚未放者。

失減徒二年半罪作笞一十之吏典罪囚已放者。

徒一年半杖六十

官司故增笞一十罪作徒一年半，笞三十罪作徒二年，笞五十罪作徒二年半，杖七十罪作徒三年，杖八十罪作流二千里，杖九十罪作流二千五百里，杖一百罪作流三千里罪囚已決者。○故增笞一十罪作徒二年，笞三十罪作徒二年半，笞五十罪作徒三年，杖七十罪作三流，杖一百罪作二死罪囚未決者。

失增笞一十罪作徒三年之吏典，作三流之首領，作二死之佐貳罪囚已決者。○作三流之吏典，作二死之首領罪囚未決者。

失增笞三十罪作三流之吏典，作二死之首領罪囚已決者。○作二死之吏典罪囚未決者。

失增笞五十罪作二死之吏典罪囚已決者。

官司故減流三千里罪作杖一百，流二千五百里罪作杖九十，流二千里罪作杖八十，徒三年罪作杖七十，徒二年半罪作笞五十，徒二年罪作笞三十，徒一年半罪作笞一十罪囚已放者。○故減流三千里罪作杖九十，流二千五百里罪作杖八十,流二千里罪作杖七十,徒三年罪作杖六十,徒二年半罪作笞四十,徒二年罪作笞二十罪囚未放者。

失減二死罪作流徒杖笞之長官罪囚未放者。

失減流三千里罪作笞五十之吏典,作笞四十之首領,作笞三十,笞二十之佐貳,作笞一十之長官罪囚已放者。〇作笞四十之吏典,作笞三十,笞二十之首領,作笞一十之佐貳罪囚未放者。

失減流二千五百里罪作笞四十之吏典,作笞三十之首領,作笞二十之佐貳,作笞一十之長官罪囚已放者。〇作笞三十之吏典,作笞二十之首領,作笞一十之佐貳罪囚未放者。

失減流二千里罪作笞三十之吏典,作笞二十之首領,作笞一十之佐貳罪囚已放者。〇作笞二十之吏典,作笞一十之首領罪囚未放者。

失減徒三年罪作笞二十之吏典,作笞一十之首領罪囚已放者。〇作笞一十之吏典罪囚未放者。

徒一年半杖七十

官司故出入徒一年半罪囚已決放者。〇徒二年罪囚未決放者。

吏典失入徒三年罪,首領失入三流罪,佐貳失入二死罪囚已決者。〇吏典失入三流罪,首領失入二死罪囚未決者。

吏典失出二死罪囚已放者。

官司故增笞二十罪作徒二年,笞四十罪作徒二年半,杖六十罪作徒三年,杖七十罪作流二千里,杖八十罪作流二千五百里,杖九十罪作流三千里罪囚已決者。〇故增笞二十罪作徒二年半,笞四十罪作徒三年,杖六十罪作三流,杖九十罪作二死罪囚未決者。

失增笞二十罪作三流之吏典,作二死之首領罪囚已決者。〇作二死之吏典罪囚未決者。

失增笞四十罪作二死之吏典罪囚已決者。

官司故減流三千里罪作杖九十,流二千五百里罪作杖八十,流二千里罪作杖七十,徒三年罪作杖六十,徒二年半罪作笞四十,徒二年罪作笞二十罪囚已放者。〇故減流三千里罪作杖八十,流二千五百里罪作杖七十,流二千里罪作杖六十,徒三年罪作笞五十,徒二年半罪作笞三十,徒二年罪作笞一十罪囚未放者。

失減二死罪作流徒杖笞之長官罪囚已放者。〇作流徒杖笞之佐貳罪囚未放者。

失減流三千里罪作笞四十之吏典，作笞三十，笞二十之首領，作笞一十之佐貳罪囚已放者。〇作笞三十，笞二十之吏典，作笞一十之首領罪囚未放者。

失減流二千五百里罪作笞三十之吏典，作笞二十之首領罪囚已放者。〇作笞二十之吏典罪囚未放者。

失減流二千里罪作笞二十之吏典，作笞一十之首領罪囚已放者。〇作笞一十之吏典罪囚未放者。

失減徒三年罪作笞一十之吏典罪囚已放者。

徒二年杖七十

官司故出入徒二年罪囚已决放者。〇徒二年半罪囚未决放者。

吏典失入三流罪，首領失入二死罪囚已决者。〇吏典失入二死罪囚未决者。

官司故增笞一十罪作徒二年，笞三十罪作徒二年半，笞五十罪作徒三年，杖六十罪作流二千里，杖七十罪作流二千五百里，杖八十罪作流三千里罪囚已决者。〇故增笞一十罪作徒二年半，笞三十罪作徒三年，笞五十罪作三流，杖八十罪作二死罪囚未决者。

失增笞一十罪作三流之吏典，作二死之首領罪囚已决者。〇作二死之吏典罪囚未决者。

失增笞三十罪作二死之吏典罪囚已决者。

官司故減流三千里罪作杖八十，流二千五百里罪作杖七十，流二千里罪作杖六十，徒三年罪作笞五十，徒二年半罪作笞三十，徒二年罪作笞一十罪囚已放者。〇故減流三千里罪作杖七十，流二千五百里罪作杖六十，流二千里罪作笞五十，徒三年罪作笞四十，徒二年半罪作笞二十罪囚未放者。

失減二死罪作流徒杖笞之佐貳罪囚已放者。〇作流徒杖笞之首領罪囚未放者。

失減流三千里罪作笞三十，笞二十之吏典，作笞一十之首領罪囚已放者。〇作笞一十之吏典罪囚未放者。

失減流二千五百里罪作笞二十之吏典，作笞一十之首領罪囚已放者。〇作笞一十之吏典罪囚未放者。

失減流二千里罪作笞一十之吏典罪囚已放者。

徒二年杖八十

官司故增笞二十罪作徒二年半，笞四十罪作徒三年，笞五十罪作流二千里,杖六十罪作流二千五百里,杖七十罪作流三千里罪囚已決者。○故增笞二十罪作徒三年,笞四十罪作三流,杖七十罪作二死罪囚未決者。

失增笞二十罪作二死之吏典罪囚已決者。

官司故減流三千里罪作杖七十,流二千五百里罪作杖六十,流二千里罪作笞五十,徒三年罪作笞四十,徒二年半罪作笞一十罪囚未放者。

失減二死罪作流徒杖笞之首領罪囚已放者。○作流徒杖笞之吏典罪囚未放者。

失減流三千里罪作笞一十之吏典罪囚已放者。

失減流二千五百里罪作笞一十之吏典罪囚已放者。

徒二年半杖八十

官司故增笞一十罪作徒二年半,笞三十罪作徒三年,笞四十罪作流二千里,笞五十罪作流二千五百里,杖六十罪作流三千里罪囚已決者。○故增笞一十罪作徒三年,笞三十罪作三流,杖六十罪作二死罪囚未決者。

失增笞一十罪作二死之吏典罪囚已決者。

官司故減流三千里罪作杖六十,流二千五百里罪作笞五十,流二千里罪作笞四十,徒三年罪作笞三十,徒二年半罪作笞一十罪囚已放者。○故減流三千里罪作笞五十,流二千五百里罪作笞四十,流二千里罪作笞三十,徒三年罪作笞二十罪囚未放者。

失減二死罪作流徒杖笞之吏典罪囚已放者。

徒二年半杖九十

官司故出入徒二年半罪囚已決放者。○徒三年罪囚未決放者。

吏典失入二死罪囚已決者。

官司故增笞二十罪作徒三年,笞三十罪作流二千里,笞四十罪作流二千五百里,笞五十罪作流三千里罪囚已決者。○故增笞二十罪作三流,笞五十罪作二死罪囚未決者。

官司故減流三千里罪作笞五十,流二千五百里罪作笞四十,流二千里罪作笞三十,徒三年罪作笞二十罪囚已放者。○故減流三千里罪作笞四十,流二千五百里罪作笞三十,流二千里罪作笞二十,徒三年罪作笞一十罪囚未放者。

徒三年杖九十

官司故增笞一十罪作徒三年,笞二十罪作流二千里,笞三十罪作流二千五百里,笞四十罪作流三千里罪囚已決者。○故增笞一十罪作三流,笞四十罪作二死罪囚未決者。

官司故減流三千里罪作笞四十，流二千五百里罪作笞三十，流二千里罪作笞二十，徒三年罪作笞一十罪囚已放者。〇故減流三千里罪作笞三十，流二千五百里罪作笞二十，流二千里罪作笞一十罪囚未放者。

徒三年杖一百

官司故出入徒三年罪囚已決放者。〇三流罪囚未決放者。

官司故增笞一十罪作流二千里，笞二十罪作流二千五百里，笞三十罪作流三千里罪囚已決者。〇故增笞三十罪作二死罪囚未決者。

官司故減流三千里罪作笞三十，流二千五百里罪作笞二十，流二千里罪作笞一十罪囚已放者。〇故減流二千里罪作笞二十，笞一十流二千五百里罪作笞一十罪囚未放者。

徒三年半杖一百。〇流二千里罪准折杖徒者，科此。

官司故增笞一十罪作流二千五百里，笞二十罪作流三千里罪囚已決者。〇故增笞二十罪作二死罪囚未決者。

官司故減流三千里罪作笞二十，流二千五百里罪作笞一十罪囚已放者。

流二千里杖一百

官司故出入流二千里罪囚已決放者。坐抵全罪不准折徒下同

徒四年杖一百。〇流二千五百里罪准折杖徒者科此

官司故增笞一十罪作流三千里罪囚已決者。

官司故減流三千里罪作笞一十罪囚已放者。

流二千五百里杖一百

官司故出入流二千五百里罪囚已決放者。

徒四年半杖一百。〇流三千里罪准折徒杖者，科此。

官司故增笞一十罪作二死罪囚未決者。

官司故減二死罪作流徒杖笞罪囚未放者。

流三千里杖一百

官司故出入流三千里罪囚已決放者。〇二死罪囚未決放者。

死罪

官司故出入二死罪囚已決放者。

官司故增笞杖徒流作二死罪囚已決者。

官司故減二死罪作流徒杖笞罪囚已放者。

大清會典卷之一百九十

刑部

〔律例四十一刑律二十一〕

〔斷獄四〕

辯明冤枉

凡監察御史按察司辯明冤枉，須要開具所枉事蹟，實封奏聞，委官追問得實，被誣之人依律改正，罪坐原告原問官吏。○若事無冤枉朦朧辯明者，杖一百、徒三年，若所誣罪重者，以故出入人罪論。所辯之人知情，與同罪；不知者，不坐。

雍正三年律例館奏准：今在內會審罪囚，不獨監察御史，在外巡按御史今已停差，且無按察司逕自陳奏之例，應將"監察御史按察司"七字改爲"內外問刑衙門"。

附律定例

一、法司凡遇一應稱冤調問及各衙門奏送人犯，如有冤枉及情罪有可矜疑者，即與辯理，具奏發落，毋拘成案，若明知冤枉，不與辯理，以故入人罪論。

一、法司遇有重囚稱冤，原問官員輒難辯理者，許該衙門移文，會同三法司堂上官就於京畿道會同辯理，果有冤枉及情可矜疑者，奏請定奪。

雍正三年律例館奏准："就於京畿道會同"七字删。

一、凡大小問刑衙門，凡鞫問囚犯，務要參酌情法，如果情重例合應該發遣者，方許定擬充軍，不許偏任喜怒，移情就例，其撫按官凡遇各該所屬衙門申解充軍人犯，亦要虛心參酌，必須法當其罪，方允定衞發遣，如於例有牽合，即便駁回改擬，照常發落，其各該司、府、州、縣，但遇五年一次差官審録之期，一應充軍人犯除已經解發著伍外，其餘不分曾否詳允及雖曾經定衛，尚未起解者，逐一開送審録官處審録，其經審録官辯釋者，務要遵照發落，不許原問官偏構阻撓；如有好名立威，酷法害人者，聽撫按審録官各指實參奏。

雍正三年律例館奏准："撫按"二字改爲"督撫"，"五年一次差官"六字改爲"奉旨特差恤刑官"，"著伍"二字改爲"入籍"。

雍正三年律例館奏准增定附律例文

一、凡在外審理事件，應照案内人犯籍貫批委，該管地方官審理明白，申詳完結，既經批委，不得反復改批別屬，如果情事未明，務須詳細指駁，倘原問官仍復朦混申詳，即題參議處，另委別官審理，若督撫等官將事理已明之案故生枝節，屢行批駁，遲延不結者，亦交該部議處。

歷年事例

雍正元年諭："部駁事件，督撫每固執原題具奏，一經駁回，往返遲誤數月，干連人等多致貽累，嗣後部内應駁事件，督撫若仍固執原題具奏部内，即將督撫一併議處具奏，如不應駁事件，部内故求疵隙題駁，該督撫將不應駁情由奏聞。"〇二年諭："刑部關係重大，必須虚公詳慎，盡得實情，不可疎忽遺漏，以致民有冤抑。君臣之義，本同一體，朕視臣下如手足，爾等若遇事有可疑不能決者，不妨面奏，待朕斟酌至當，然後施行。既不肯面奏，又以私心揣度，巧欲逢迎上意；及刑罰不中，則退有後言。爾等身爲股肱大臣，而居此等卑污之心，豈不爲人恥笑？或有未當之處，亦不妨直陳所見。人非聖人，孰能無過。君子之過，如日月之食，過而能改，善莫大焉。朕之不吝改過，諒爾諸臣素所共知，凡有功者，加之以賞，有罪者，加之以刑，此乃帝王馭世之大權，朕只知隨事而應並不先有成見。嗣後爾等皆宜體朕欽恤之意，不可自恃己見，亦不可彼此推諉，拖累罪人。和衷協恭，平心易氣，毋得有意逢迎，務使用法如衡之平，如鑑之明，民不輕犯，國無冤獄，以共成咸中有慶之治。"〇五年議准：嗣後除咨題案件細小事情與例不符應行駁詰外，其有將應擬重罪人犯竟令脱網，該督撫咨題到部，刑部司官有能細心查核，駁行覆審，果得實情改正者，將定稿司官應行議叙緣由造具一册；有將無辜之人羅織擬罪，該督撫咨題到部，刑部司官有能細心查核，駁行覆審，果係無辜改正者，亦將定稿司官應行議叙緣由造具一册；若該督撫咨題案件所引律例罪無出入，應行照覆完結之事，司官妄生苛駁，將應擬重罪人犯欲行開脱，應擬輕罪人犯改作重罪，致有出入者，一經察出,將定稿司官應行議處緣由,亦造入册内;統於每年十二月,繕册彙行奏聞,將應行量加議叙,及量加議處以示鼓舞懲戒之處請旨,交與吏部。

罪名

答一十

辯明答一十罪已決、答二十罪未決,其故冤枉之原問官吏。○辯明答四十罪已決、答五十罪未決,其誤失冤枉原問吏典。○答五十罪已決、杖六十罪未決,其首領官。○杖六十罪已決、杖七十罪未決,其佐貳官。○杖七十罪已決、杖八十罪未決,其長官。

法司遇稱冤調問及各衙門奏送人犯,知有冤枉與可矜疑不與辯理,答一十罪已決、答二十罪未決者。

答二十

辯明答二十罪已決,答三十罪未決、其故冤枉之原問官吏。○辯明答五十罪已決、杖六十罪未決,其誤失冤枉原問吏典。○杖六十罪已決、杖七十罪未決,其首領官。○杖七十罪已決、杖八十罪未決,其佐貳官。○杖八十罪已決、杖九十罪未決,其長官。

法司遇稱冤調問及各衙門奏送人犯,知有冤枉與可矜疑不與辯理,答二十罪已決、答三十罪未決者。

答三十

冤枉答一十罪辯明得實坐原告。

辯明答三十罪已決、答四十罪未決,其故冤枉之原問官吏○辯明杖六十罪已決、杖七十罪未決,其誤失冤枉原問吏典。○杖七十罪已決、杖八十罪未決,其首領官。○杖八十罪已決、杖九十罪未決,其佐貳官。○杖九十罪已決、杖一百罪未決,其長官。

法司遇稱冤調問及各衙門奏送人犯,知有冤枉與可矜疑不與辯理,答三十罪已決、答四十罪未決者。

答四十

冤枉答二十罪辯明得實坐原告。

辯明答四十罪已決、答五十罪未決,其故冤枉之原問官吏。○辯明杖七十罪已決、杖八十罪未決,其誤失冤枉原問吏典。○杖八十罪已決、杖九十罪未決,其首領官。○杖九十罪已決、杖一百罪未決,其佐貳官。○杖一百罪已決、徒一年罪未決,其長官。

法司遇稱冤調問及各衙門奏送人犯,知有冤枉與可矜疑不與辯理,笞四十罪已決、笞五十罪未決者。

笞五十

冤枉笞三十罪辯明得實坐原告。

辯明笞五十罪已決、杖六十罪未決,其故冤枉之原問官吏。○辯明杖八十罪已決、杖九十罪未決,其誤失冤枉原問吏典。○杖九十罪已決、杖一百罪未決其首領官。○杖一百罪已決、徒一年罪未決其佐貳官。○徒一年罪已決、徒一年半罪未決其長官。

法司遇稱冤調問及各衙門奏送人犯,知有冤枉與可矜疑不與辯理,笞五十罪已決、杖六十罪未決者。

杖六十

冤枉笞四十罪辯明得實坐原告。

辯明杖六十罪已決、杖七十罪未決,其故冤枉之原問官吏。○辯明杖九十罪已決、杖一百罪未決,其誤失冤枉原問吏典。○杖一百罪已決、徒一年罪未決其首領官。○徒一年罪已決、徒一年半罪未決其佐貳官。○徒一年半罪已決、徒二年罪未決其長官。

法司遇稱冤調問及各衙門奏送人犯,知有冤枉與可矜疑不與辯理,杖六十罪已決、杖七十罪未決者。

杖七十

冤枉笞五十罪辯明得實坐原告。

辯明杖七十罪已決、杖八十罪未決,其故冤枉之原問官吏。○辯明杖一百罪已決、徒一年罪未決,其誤失冤枉原問吏典。○徒一年罪已決、徒一年半罪未決其首領官。○徒一年半罪已決、徒二年罪未決其佐貳官。○徒二年罪已決、徒二年半罪未決其長官。

法司遇稱冤調問及各衙門奏送人犯,知有冤枉與可矜疑不與辯理,杖七十罪已決、杖八十罪未決者。

杖八十

辯明杖八十罪已決、杖九十罪未決,其故冤枉之原問官吏。○辯明徒一年罪已決、徒一年半罪未決,其誤失冤枉原問吏典。○徒一年半罪已決、徒二年罪未決其首領官。○徒二年罪已決、徒二年半罪未決其佐貳官。○徒二年半罪已決、徒三年罪未決其長官。

法司遇稱冤調問及各衙門奏送人犯,知有冤枉與可矜疑不與辯理,杖八十罪已決、杖九十罪未決者。

杖九十

冤枉杖六十罪辯明得實坐原告。

辯明杖九十罪已決、杖一百罪未決,其故冤枉之原問官吏。○辯明徒一年半罪已決、徒二年罪未決,其誤失冤枉原問吏典。○徒二年罪已決、徒二年半罪未決,其首領官。○徒二年半罪已決、徒三年罪未決,其佐貳官。○徒三年罪已決、三流罪未決,其長官。

法司遇稱冤調問及各衙門奏送人犯,知有冤枉與可矜疑不與辯理,杖九十罪已決、杖一百罪未決者。

杖一百

冤枉杖七十罪辯明得實坐原告。

辯明杖一百罪已決、徒一年罪未決,其故冤枉之原問官吏。○辯明徒二年罪已決、徒二年半罪未決,其誤失冤枉原問吏典。○徒二年半罪已決、徒三年罪未決,其首領官。○徒三年罪已決、三流罪未決,其佐貳官。○三流罪已決、死罪未決,其長官。

法司遇稱冤調問及各衙門奏送人犯,知有冤枉與可矜疑不與辯理,杖一百罪已決、徒一年罪未決者。

徒一年杖六十

冤枉杖八十罪辯明得實坐原告。

辯明徒一年罪已決、徒一年半罪未決,其故冤枉之原問官吏。○辯明徒二年半罪已決、徒三年罪未決,其誤失冤枉原問吏典。○徒三年罪已決、三流罪未決,其首領官。○三流罪已決、死罪未決,其佐貳官。○死罪已決,其長官。

法司遇稱冤調問及各衙門奏送人犯,知有冤枉與可矜疑不與辯理,徒一年罪已決、徒一年半罪未決者。

徒一年半杖七十

冤枉杖九十罪辯明得實坐原告。

辯明徒一年半罪已決、徒二年罪未決,其故冤枉之原問官吏。○辯明徒三年罪已決、三流罪未決,其誤失冤枉原問吏典。○三流罪已決、死罪未決,其首領官。○死罪已決其佐貳官。

法司遇稱冤調問及各衙門奏送人犯,知有冤枉與可矜疑不與辯理,徒一年半罪已決、徒二年罪未決者。

徒二年杖八十

冤枉杖一百罪辯明得實坐原告。

辯明徒二年罪已決、徒二年半罪未決,其故冤枉之原問官吏。○辯明三流罪已決、死罪未決,其誤失冤枉原問吏典。○死罪已決其首領官。

法司遇稱冤調問及各衙門奏送人犯,知有冤枉與可矜疑不與辯理,徒二年罪已決、徒二年半罪未決者。

徒二年半杖九十

冤枉徒一年罪辯明得實坐原告。

辯明徒二年半罪已決、徒三年罪未決,其故冤枉之原問官吏。○辯明死罪已決、其誤失冤枉原問吏典。

法司遇稱冤調問及各衙門奏送人犯,知有冤枉與可矜疑不與辯理,徒二年半罪已決、徒三年罪未決者。

徒三年杖一百

冤枉徒一年半罪辯明得實坐原告。

辯明徒三年罪已決、三流罪未決,其故冤枉之原問官吏。

事無冤枉朦朧辯雪者。○三流罪未行者。○原犯知情者原犯罪重仍從重論。

法司遇稱冤調問及各衙門奏送人犯,知有冤枉與可矜疑不與辯理,徒三年罪已決、三流罪未決者。

流二千里杖一百

冤枉徒二年罪辯明得實坐原告。

辯明流二千里罪已決,其故冤枉之原問官吏。

事無冤枉朦朧辯雪誣坐原告,原問官吏人等流二千里罪已決者。○原犯知情者原犯罪重仍從重論。

法司遇稱冤調問及各衙門奏送人犯,知有冤枉與可矜疑不與辯理,流二千里罪已決者。

流二千五百里杖一百

冤枉徒二年半罪辯明得實坐原告。

辯明流二千五百里罪已決,其故冤枉之原問官吏。

事無冤枉朦朧辯雪誣坐原告,原問官吏人等流二千五百里罪已決者。○原犯知情者原犯罪重仍從重論。

法司遇稱冤調問及各衙門奏送人犯,知有冤枉與可矜疑不與辯理,流二千五百里罪已決者。

流三千里杖一百

冤枉徒三年罪流二千里罪、流二千五百里罪流三千里罪,辯明得實坐原告。

冤枉死罪未決辯明得實坐原告。

辯明流三千里罪已決、死罪未決,其故冤枉之原問官吏。

事無冤枉朦朧辯雪誣坐原告,原問官吏人等流三千里罪已決者。○死罪未決者。○原犯知情者原犯罪重仍從重論。

法司遇稱冤調問及各衙門奏送人犯,知有冤枉與可矜疑不與辯理,流三千里罪已決、死罪未決者。

絞斬

冤枉死罪已決辯明得實坐原告。

辯明死罪已決其故冤枉之原問官吏。

事無冤枉朦朧辯雪誣坐原告,原問官吏人等死罪已決者所辯之人原犯死罪仍從重論。

法司遇稱冤調問及各衙門奏送人犯,知有冤枉與可矜疑不與辯理,致死罪已決者。

有司決囚等第

凡獄囚鞫問明白,追勘完備,徒流以下,從各府州縣決配,至死罪者,在內聽監察御史,在外聽提刑按察司審録無冤,依律議擬,轉達刑部定議,奏聞回報。直隸去處,從刑部委官與監察御史;在外去處,從布政司委官與按察司官公同審決。○若犯人反異,家屬稱冤,即便推鞫事果違枉,同將原問原審官吏通問改正。○其審録無冤,故延不決者,杖六十;若明稱冤抑不爲申理者,以入人罪故失論。

雍正三年律例館奏准:今徒流軍罪俱一體定配,應增入"軍"字,又應決重犯在内刑部,在外督撫審擬具題,三法司核覆無異,候旨處決。無御史按察司審録徑達刑部之例,亦無直隸地方刑部委官與監察御史公同審決及外省布政司委官與按察司公同審決之例,今將奏准删改律文開後。

凡獄囚鞫問明白,追勘完備,軍流徒罪,各從府州縣決配;至死罪者,在内法司定議,在外聽督撫審録無冤,依律議擬,法司覆勘定議,奏聞回報,委官處決;故延不決者,杖六十。○若犯人反異,家屬稱冤,即便推鞫事果違枉，將原問原審官吏通問改正。〇若明稱冤抑不爲申理者，以入人罪故失論。

附律定例

一、在京法司監候梟首重囚在監病故，凡遇春夏，不係行刑時月，及雖在霜降以後，冬至以前，若遇聖誕等節或祭祀齋戒日期，照常相埋，通類具奏。

雍正三年律例館奏准：重囚病故，隨時相驗，原不拘時月，此條删。

一、人命至重，死者不可復生，每至霜降後，但有該決重囚，著三法司奏請，會多官人等從實審録，庶無冤枉。

雍正三年律例館奏准："三法司奏請會多官人等"改"刑部奏請會九卿等官"。

雍正三年律例館奏准增定附律例文

一、每年正月、六月，俱停刑内外立決重犯，俱令監固，俟二月初及七月立秋之後，具題正法，其五月内交六月節及立秋在六月内者，亦俱停正法。

一、凡每年秋審，直省督撫將監禁重犯審擬情實、緩決、矜疑具題，限七月十五日以内到部，刑部將各重犯原案貼黄及三法司看語并督撫秋審看語，刊刷招册，進呈御覽，仍送九卿詹事科道各一册，八月内在金水橋西，會同詳核情實、緩決、矜疑，分擬具題，請旨定奪；其盛京等處案件，亦造入各省秋審案内具題，俟命下之日，先後咨行直省，將情實人犯於霜降以後冬至以前正法；其咨文到地方限期，雲南、貴州、四川、廣西、廣東、福建俱限四十日，江西浙江湖南甘肅俱限二十五日，江南、陜西、湖北各限十八日，河南限十二日，山東、山西各限九日，直隸限四日，盛京限十五日，寧古塔限一個月，限内遲延不到者，該督撫將遲延地方官察明指名題参，至於秋審具題後，如有新結重案，俱入次年秋審。

一、刑部見監重犯，每年一次朝審，刑部於霜降以前，摘重囚緊要情節刊刷招册，進呈御覽，仍分送九卿詹事科道官員各一册，於霜降後十日在金水橋西，會同詳審，擬定情實、緩決、矜疑具題，請旨定奪，其情實者，俟命下之日，刑科三次覆奏，經御筆勾除者，正法，餘仍監固。

一、凡殺人及强盗等罪監候質審人犯，如過三年逃犯未獲者，即入秋審册内一併詳審，其叛逆案内牽連待質人犯，雖過三年，仍行監候。

雍正三年律例館又奏准律後恭載諭旨

康熙十九年諭:"每年即行正法之人於六月停刑,七月正法,嗣後即行正法之人,俱於立秋之後正法。至部内即行正法事件,亦俟立秋後陸續具題。"

雍正二年諭:"朕惟明刑,所以弼教君德,期於好生。從來帝王於用刑之際,法雖一定,而心本寬仁,是以虞廷以欽恤垂訓。周書以慎罰爲辭,誠以民命至重,寧過乎仁,毋過乎義也。朕自臨御以來,一切章奏,無不留心細覽,於刑讞一事,尤加詳慎,恐法司未能平允情罪,未能悉當。朕心深用惻然,故凡京城及各直省題奏讞獄,但少有可矜者,無不法外施仁,量加末減。獨念朝審重囚其情實者,刑科必三覆奏聞,勾除者,方行處決;而外省情實重囚,惟於秋審後法司具題,即咨行該省,無覆奏之例。朕思中外一體,豈在京諸囚宜加詳慎,在外省者獨可不用詳慎乎?人命攸關,自當同仁一視。自今年爲始,凡外省重囚,經秋審具題情實應決者,爾法司亦照朝審之例,三覆奏聞,以副朕欽恤慎罰之至意。爾部即遵諭行。"

歷年事例

順治十年題准:凡應決犯人情罪重大者,在外督撫會同都布按三司覆核處決,餘仍監候奏聞。〇康熙四年恩詔,凡叛逆强盗等情罪重大者,即行立決,其餘照律監候秋後處決。〇五年題准:凡律例開明立決罪犯,即行處決;其未經指名死罪各犯,俱俟秋後處決。〇十二年覆准:除反叛案内人犯,決過即行題報外,其餘決過人犯日期,概於年底彙報。

罪名

笞一十

明知人笞一十罪冤枉故不與辯理已決者、笞二十未決者〇不知人笞四十罪冤枉失於辯理已決者、笞五十未決者。

笞二十

明知人笞二十罪冤枉故不與辯理已決者、笞三十未決者。〇不知人笞五十罪冤枉失於辯理已決者、杖六十未決者。

笞三十

明知人笞三十罪冤枉故不與辯理已決者、笞四十未決者。〇不知人杖六十罪冤枉失於辯理已決者、杖七十未決者。

笞四十

明知人笞四十罪冤枉故不與辯理已決者、笞五十未決者。〇不知人杖七十罪冤枉失於辯理已決者、杖八十未決者。

答五十

明知人笞五十罪冤枉故不與辯理已決者、杖六十未決者。○不知人杖八十罪冤枉失於辯理已決者、杖九十未決者。

杖六十

應立決罪犯故延不決者。

明知人杖六十罪冤枉故不與辯理已決者、杖七十未決者。○不知人杖九十罪冤枉失於辯理已決者、杖一百未決者。

杖七十

明知人杖七十罪冤枉故不與辯理已決者、杖八十未決者。○不知人杖一百罪冤枉失於辯理已決者、徒一年未決者。

杖八十

明知人杖八十罪冤枉故不與辯理已決者、杖九十未決者。○不知人徒一年罪冤枉失於辯理已決者、徒一年半未決者。

杖九十

明知人杖九十罪冤枉故不與辯理已決者、杖一百未決者。○不知人徒一年半罪冤枉失於辯理已決者、徒二年未決者。

杖一百

明知人杖一百罪冤枉故不與辯理已決者、徒一年未決者。○不知人徒二年罪冤枉失於辯理已決者、徒二年半未決者。

徒一年杖六十

明知人徒一年罪冤枉故不與辯理已決者、徒一年半未決者。○不知人徒二年半罪冤枉失於辯理已決者、徒三年未決者。

徒一年半杖七十

明知人徒一年半罪冤枉故不與辯理已決者、徒二年未決者。○不知人徒三年罪冤枉失於辯理已決者、流二千里未決者。

徒二年杖八十

明知人徒二年罪冤枉故不與辯理已決者、徒二年半未決者。○不知人流二千里罪冤枉失於辯理已決者、流二千五百里未決者。

徒二年半杖九十

明知人徒二年半罪冤枉故不與辯理已決者、徒三年未決者。○不知人流二千五百里罪冤枉失於辯理已決者、流三千里未決者。

徒三年杖一百

明知人徒三年罪冤枉故不與辯理已決者、三流罪未決者。〇不知人流三千里罪冤枉失於辯理已決者、死罪未決者。

流二千里杖一百

明知人流二千里罪冤枉故不與辯理已決者。

流二千五百里杖一百

明知人流二千五百里罪冤枉故不與辯理已決者。

流三千里杖一百

明知人流三千里罪冤枉故不與辯理已決者、死罪未決者。

絞斬

明知人死罪冤枉故不與辯理已決者。

檢驗屍傷不以實

凡檢驗屍傷,若牒到托故不即檢驗,致令屍變,及不親臨監視,轉委吏卒,若初復檢官吏相見扶同屍狀,及不爲用心檢驗,移易輕重,增減屍傷,不實定執致死根因不明者,正官杖六十,首領官杖七十,吏典杖八十,仵作行人檢驗不實扶同屍狀者,罪亦如之,因而罪有增減者,以失出入人罪論。〇若受財故檢驗不以實者,以故出入人罪論,贓重者,計贓以枉法各從重論。

附律定例

一、遇告訟人命,除内有自縊自殘及病死,而妄稱身死不明,意在圖賴挾財者,究問明確,不得一概發檢,以啓弊竇外,其果係鬬殺故殺謀殺等項,當檢驗者,在京初發五城兵馬覆檢,則委京縣知縣,在外初委州縣正官覆檢,則委推官,務求於未檢之先,即詳鞫屍親證佐兇犯人等,令其實招以何物傷何致命之處,立爲一案,隨即親詣屍所,督令仵作如法檢報,定執要害致命去處,細檢其圓長斜正青赤分寸,果否係某物所傷,公同一干人衆,質對明白,各情輸服,然後成招;中間或有屍久發變青赤顔色,亦須詳辨,不許聽憑仵作混報毆傷,輒擬償抵,其仵作受財增減傷痕,扶同屍狀以成冤獄,審出實情,贓至滿數者,查照誆騙情重事例枷號問遣。

雍正三年律例館奏准:"在京"至"推官"三十字改爲"在京委刑部司官及五城兵馬司京縣知縣,在外委州縣正印官",其"查照誆騙"至末十二字改爲"依律從重科斷"。

一、諸人自縊溺水身死,别無他故,親屬情願安葬,官司詳審明白,准告免檢,若事主被强盗殺死,苦主自告免檢者,官與相視傷損,將屍給親埋葬,其獄囚患病,責保看治而死者,情無可疑,亦許親屬告免檢覆外,據殺傷而死者,親屬雖告,不聽免檢。

雍正三年律例館奏准增定附律例文

一、凡人命重案,必檢驗屍傷,註明致命傷痕,一經檢明,即應定擬,若屍親控告傷痕互異者,許再行覆檢,勿得違例三檢,致屍拖累,如有疑似之處,委別官審理者,所委之官帶同仵作親詣屍所,不得弔屍檢驗。

一、凡外省駐防旗人,遇有命案,該管旗員即會同理事同知通判,帶領領催屍親人等,公同檢驗,一面詳報上司,一面公同審擬,如無理事同知通判之處,即會同有司官公同檢驗,詳報審擬。

一、凡人命呈報到官,該地方印官立即親往相驗,止許隨帶仵作一名,刑書一名,皂隸二名,一切夫馬飯食,俱自行備用,并嚴禁書役人等,不許需索分文,其果係輕生自盡,毆非重傷者,即於屍場審明定案,將原被鄰証人等釋放。如該地方印官不行自備夫馬,取之地方者,照因公科斂律議處,書役需索者,照例計贓分別治罪。如故意遲延拖累者,照易結不結例處分,若係自盡並無他故,屍親捏詞控告,按誣告律科斷,如刁悍之徒藉命打搶者,照白晝搶奪例擬罪,仍追搶毀物件給還原主,其勒索私和者,照私和律科斷,勒索財物入官;至該管上司於州縣所報自盡,命案果屬明確無疑者,不得苛駁,准予立案,若情事未明,仍即秉公指駁,俟其詳覆核奪。

歷年事例

順治十年題准:凡遇地方道斃之人,果係飢寒所致,查無別情者,即行瘞埋,司坊各官,不得借名檢驗,株連無辜,開奸人騙詐之端。○十二年題准:凡自盡人命呈報到部,即差本部員役相驗,查無打死傷痕及別情者,俱取屍親與本佐領下領催甘結存案;若相有重傷及別情者,發司審理。○十三年題准:凡呈報自縊投河身死人命,百里之內,差在部領催,百里之外,差各佐領下領催同屍親鄰佑人等,驗明回報存案;其山海關外鄉屯所住之人,有此等自盡者,即在盛京報明,照例查明存案,若有打死別情,審明咨部。○康熙八年諭:"近聞官民家人以自縊投水身死報部者甚多,此皆本主不加愛養逼勒過甚所致,以後務須撫恤訓養,勿得逼責,致死人命。"○九年題准:凡檢屍官員聽信仵作埋沒傷痕,或將打砍傷痕報稱跌磕傷者,降二級調用,轉詳之上司罰俸一年,如上司批令再檢,不行檢驗,或不實報傷痕者,降一級調用。○十二年諭:"近聞刑部呈報縊死者甚多,關係人命,深爲可憫,著將縊死人數月底彙寫,啓奏不必用印。”○十六年覆准:凡有自縊投水身死之人,當日總甲等帶同屍親,據實呈報,地方官查自盡是實,別無他故者,免檢即令殮葬,若並無他故,該地方官不即完結,及總甲與屍親當日不即據實呈報,妄行掯勒,并衙役驗屍之人有嚇詐情弊者,事發之日,將地方官議處總甲人等,俱枷號四十日,責四十板,若受財者,計所受之財從重治罪。如有他故,聽屍親即日呈告,該地方官當時檢驗,將屍收殮審理,若實係自縊赴水身死,揑詞控告者,亦枷號四十日,責四十板;至旗下有此等自盡者,皆令各該佐領下領催具報,差部内領催相驗,別無他故,即行完結,或將家僕教令責打,雖有傷而自盡是實者,家主免罪,若往驗領催等因驗有傷痕,妄稱打死恐嚇索詐及屍親有掯勒等弊,事發之日,俱枷號四十日,鞭一百,本佐領下領催不即行具報,照不應重律鞭八十,受財者,計所受之財從重治罪。○二十三年定:管理京城街道步軍官員兵丁人等,查伊所管汛地内有斃於道者,或車馬撞死,或病死,或因別故而死,俱開明情由,具報刑部,不行開報者,聽刑部題參。○五十二年題准:旗人自縊抹脖,投井身死等事驗明,令其擡送,如不法棍徒勒掯攔阻者,照例治罪,該堆予該門該班官兵知而不即行擒拿,官交該部議處,兵交該部治罪。○雍正四年議准:路死人命,即以讐盗未明通報,自報出之日扣至三個月内,查明是讐是盗,則按報出之日扣限一年緝獲兇犯,若三個月内不能查明是讐是盗,先行題參罰俸三個月,仍按始初,以讐盗未明報出之日扣限一年緝獲;如逾限不獲,將該地方官照緝兇不力指參,吏部照例處分。○五年議准:嗣後除實係因病倒卧自死無傷者,許地方官驗詳掩埋外,如將受傷身死之人作爲病斃,擅自掩埋結案者,發覺之日,將該地方各官俱照例議處;再有不肖官員慮兇犯莫緝,將讐盗命案竟行隱匿不報者,事發之日,將地方各官并上司,俱仍照諱盗諱命例議處。

罪名

笞一十

檢驗屍傷不以實,致失入人罪笞四十已決、笞五十未決其吏典。○笞五十已決、杖六十未決,其首領官。○杖六十已決、杖七十未決,其佐貳官。○杖七十已決、杖八十未決,其長官

檢驗屍傷不以實,致失出人罪杖六十已放、杖七十未放,其吏典。○杖七十已放、杖八十未放,其首領官。○杖八十已放、杖九十未放,其佐貳官。○杖九十已放、杖一百未放,其長官。

官吏仵作故不以實計罪，所出入增減枉人笞一十罪已決放、笞二十未決放者。

笞二十

檢驗屍傷不以實，致失入人罪笞五十已決、杖六十未決，其吏典。○杖六十已決、杖七十未決，其首領官。○杖七十已決、杖八十未決，其佐貳官。○杖八十已決、杖九十未決，其長官

檢驗屍傷不以實，致失出人罪杖七十已放、杖八十未放，其吏典。○杖八十已放、杖九十未放，其首領官。○杖九十已放、杖一百未放，其佐貳官。○杖一百已放、徒一年未放，其長官。

官吏仵作故不以實計罪，所出入增減枉人笞二十罪已決放、笞三十未決放者。

笞三十

檢驗屍傷不以實，致失入人罪杖六十已決、杖七十未決，其吏典。○杖七十已決、杖八十未決，其首領官。○杖八十已決、杖九十未決，其佐貳官。○杖九十已決、杖一百未決，其長官。

檢驗屍傷不以實，致失出人罪杖八十已放、杖九十未放，其吏典。○杖九十已放、杖一百未放，其首領官。○杖一百已放、徒一年未放，其佐貳官。○徒一年已放、徒一年半未放，其長官。

官吏仵作故不以實計罪，所出入增減枉人笞三十罪已決放、笞四十未決放者。

笞四十

檢驗屍傷不以實，致失入人罪杖七十已決、杖八十未決，其吏典。○杖八十已決、杖九十未決，其首領官。○杖九十已決、杖一百未決，其佐貳官。○杖一百已決、徒一年未決，其長官。

檢驗屍傷不以實，致失出人罪杖九十已放、杖一百未放，其吏典。○杖一百已放、徒一年未放，其首領官。○徒一年已放、徒一年半未放，其佐貳官。○徒一年半已放、徒二年未放，其長官。

官吏仵作故不以實計罪，所出入增減枉人笞四十罪已決放、笞五十未決放者。

隨行檢驗書役因公需索，其官吏不入己贓二十兩者。

笞五十

檢驗屍傷不以實，致失入人罪杖八十已決、杖九十未決，其吏典。

○杖九十已決、杖一百未決，其首領官。○杖一百已決、徒一年未決，其佐貳官。○徒一年已決、徒一年半未決，其長官。

檢驗屍傷不以實，致失出人罪杖一百已放、徒一年未放，其吏典。○徒一年已放、徒一年半未放，其首領官。○徒一年半已放、徒二年未放，其佐貳官。○徒二年已放、徒二年半未放，其長官。

官吏仵作故不以實計罪，所出入增減枉人笞五十罪已決放、杖六十未決放者。

隨行檢驗書役因公需索，其官吏不入己贓三十兩者。

杖六十

檢驗屍傷不以實，於罪無出入增減者，其正官。

檢驗屍傷不以實，致失入人罪杖九十已決、杖一百未決，其吏典。○杖一百已決、徒一年未決，其首領官。○徒一年已決、徒一年半未決，其佐貳官。○徒一年半已決、徒二年未決，其長官。

檢驗屍傷不以實，致失出人罪徒一年已放、徒一年半未放，其吏典。○徒一年半已放、徒二年未放，其首領官。○徒二年已放、徒二年半未放，其佐貳官。○徒二年半已放、徒三年未放，其長官。

官吏仵作故不以實計罪，所出入增減枉人杖六十罪已決放、杖七十未決放者。

官吏仵作故檢驗不以實，增減人罪無祿人受財一兩以下者。

隨行檢驗書役因公需索入己，無祿人一兩以下者。○官吏不入己四十兩者。

勒索私和無祿人受財一兩以下者私和罪名依尊長爲人殺私和本律。

杖七十

檢驗屍傷不以實，於罪無出入增減者，其首領官。

檢驗屍傷不以實，致失入人罪杖一百已決、徒一年未決，其吏典。○徒一年已決、徒一年半未決，其首領官。○徒一年半已決、徒二年未決，其佐貳官。○徒二年已決、徒二年半未決，其長官。

檢驗屍傷不以實，致失出人罪徒一年半已放、徒二年未放，其吏典。○徒二年已放、徒二年半未放，其首領官。○徒二年半已放、徒三年未放，其佐貳官。○徒三年已放、三流罪未放，其長官。

官吏仵作故不以實計罪，所出入增減枉人杖七十罪已決放、杖八十未決放者。

官吏仵作故檢驗不以實，增減人罪受財一兩以下、無禄人一兩至五兩者。

隨行檢驗書役因公需索入己一兩以下、無禄人一兩至五兩者。○官吏不入己五十兩者。

勒索私和受財一兩以下者，無禄人一兩至五兩者。

杖八十

檢驗屍傷不以實，於罪無出入增減者，其吏典。

仵作檢驗屍傷不以實，致失入人罪徒一年已決、徒一年半未決，其吏典。○徒一年半已決、徒二年未決，其首領官。○徒二年已決、徒二年半未決，其佐貳官。○徒二年半已決、徒三年未決，其長官。

檢驗屍傷不以實，致失出人罪徒二年已放、徒二年半未放，其吏典。○徒二年半已放、徒三年未放，其首領官。○徒三年已放、三流罪未放，其佐貳官。○三流罪已放、死罪未放，其長官。

官吏仵作故不以實計罪，所出入增減枉人杖八十罪已決放、杖九十未決放者。

官吏仵作故檢驗不以實，增減人罪受財一兩至五兩者、無禄人一十兩者。

隨行檢驗書役因公需索入己一兩至五兩者、無禄人一十兩者。○官吏不入己六十兩者。

勒索私和受財一兩至五兩者、無禄人一十兩者。

杖九十

檢驗屍傷不以實，致失入人罪徒一年半已決、徒二年未決，其吏典。○徒二年已決、徒二年半未決，其首領官。○徒二年半已決、徒三年未決，其佐貳官。○徒三年已決、三流罪未決，其長官。

檢驗屍傷不以實，致失出人罪徒二年半已放、徒三年未放，其吏典。○徒三年已放、三流罪未放，其首領官。○三流罪已放、死罪未放，其佐貳官。○死罪已放，其長官。

官吏仵作故不以實計罪，所出入增減枉人杖九十罪已決放、杖一百未決放者。

官吏仵作故檢驗不以實，增減人罪受財一十兩者、無禄人一十五兩者。

隨行檢驗書役因公需索入己一十兩者、無禄人一十五兩者。○官吏不入己七十兩者。

勒索私和受財一十兩者、無禄人一十五兩者。

杖一百

檢驗屍傷不以實,致失入人罪徒二年已決、徒二年半未決,其吏典。○徒二年半已決、徒三年未決,其首領官。○徒三年已決、三流罪未決,其佐貳官。○三流罪已決、死罪未決,其長官。

檢驗屍傷不以實,致失出人罪徒三年已放、三流罪未放,其吏典。○三流罪已放、死罪未放,其首領官。○死罪已放,其佐貳官。

官吏仵作故不以實計罪,所出入增減枉人杖一百罪已決放、徒一年未決放者。

官吏仵作故檢驗不以實,增減人罪受財一十五兩者、無禄人二十兩者。

隨行檢驗書役因公需索入己一十五兩者、無禄人二十兩者。○官吏不入己八十兩者。

勒索私和受財一十五兩者、無禄人二十兩者。

徒一年杖六十

檢驗屍傷不以實,致失入人罪徒二年半已決、徒三年未決,其吏典。○徒三年已決、三流罪未決,其首領官。○三流罪已決、死罪未決,其佐貳官。○死罪已決,其長官。

檢驗屍傷不以實,致失出人罪三流罪已放、死罪未放,其吏典。○死罪已放,其首領官。

官吏仵作故不以實計罪,所出入增減枉人徒一年罪已決放、徒一年半未決放者。

官吏仵作故檢驗不以實,增減人罪受財二十兩者、無禄人二十五兩者。

隨行檢驗書役因公需索入己二十兩者、無禄人二十五兩者。○官吏不入己一百兩者。

勒索私和受財二十兩者、無禄人二十五兩者。

徒一年半杖七十

檢驗屍傷不以實,致失入人罪徒三年已決、三流罪未決,其吏典。○三流罪已決、死罪未決,其首領官。○死罪已決,其佐貳官。

檢驗屍傷不以實,致失出人罪死罪已放,其吏典。

官吏仵作故不以實計罪，所出入增減枉人徒一年半罪已決放、徒二年未決放者。

官吏仵作故檢驗不以實，增減人罪受財二十五兩者、無禄人三十兩者。

隨行檢驗書役因公需索入己二十五兩者、無禄人三十兩者。○官吏不入己二百兩者。

勒索私和受財二十五兩者、無禄人三十兩者。

徒二年杖八十

檢驗屍傷不以實，致失入人罪三流罪已決、死罪未決，其吏典。○死罪已決，其首領官。

官吏仵作故不以實計罪，所出入增減枉人徒二年罪已決放、徒二年半未決放者。

官吏仵作故檢驗不以實，增減人罪受財三十兩者、無禄人三十五兩者。

隨行檢驗書役因公需索入己三十兩者、無禄人三十五兩者。○官吏不入己三百兩者。

勒索私和受財三十兩者、無禄人三十五兩者。

徒二年半杖九十

檢驗屍傷不以實，致失入人罪死罪已決，其吏典。

官吏仵作故不以實計罪，所出入增減枉人徒二年半罪已決放、徒三年未決放者。

官吏仵作故檢驗不以實，增減人罪受財三十五兩者、無禄人四十兩者。

隨行檢驗書役因公需索入己三十五兩者、無禄人四十兩者。○官吏不入己四百兩者。

勒索私和受財三十五兩者、無禄人四十兩者。

徒三年杖一百

官吏仵作故不以實計罪，所出入增減枉人徒三年罪已決放、三流罪未決放者。

官吏仵作故檢驗不以實，增減人罪受財四十兩者、無禄人四十五兩、五十兩、五十五兩者。

隨行檢驗書役因公需索入己四十兩者、無禄人四十五兩、五十兩、五十五兩者。〇官吏不入己五百兩者。

刁悍之徒藉命打搶者。

勒索私和受財四十兩者、無禄人四十五兩、五十兩、五十五兩者。

流二千里杖一百

官吏仵作故不以實計罪,所出入增減枉人流二千里罪已決放者。

官吏仵作故檢驗不以實,增減人罪受財四十五兩者。

隨行檢驗書役因公需索入己四十五兩者。

勒索私和受財四十五兩者。

藉命打搶財物八十兩者。

流二千五百里杖一百

官吏仵作故不以實計罪,所出入增減枉人流二千五百里罪已決放者。

官吏仵作故檢驗不以實,增減人罪受財五十兩者。

隨行檢驗書役因公需索,入己五十兩者。

勒索私和受財五十兩者。

藉命打搶財物九十兩者。

流三千里杖一百

官吏仵作故不以實計罪,所出入增減枉人流三千里罪已決放、死罪未決放者。

官吏仵作故檢驗不以實,增減人罪受財五十五兩者、無禄人八十兩者。

隨行檢驗書役因公需索入己五十五兩者、無禄人八十兩者。

勒索私和受財五十五兩者、無禄人八十兩者。

藉命打搶財物一百兩者。

絞監候

官吏仵作故檢驗不以實,增減人罪受財八十兩者、無禄人一百二十兩者。

隨行檢驗書役因公需索入己八十兩者、無禄人一百二十兩者。

絞斬

官吏仵作故不以實計罪,所出入增減枉人絞斬罪已決放者。

自盡並無他故屍親捏詞控告人,逼死打死謀死者。

勒索私和受財八十兩者、無禄人一百二十兩者。

決罰不如法

凡官司決人不如法者,笞四十;因而致死者,杖一百;均徵埋葬銀一十兩,行杖之人各減一等,其行杖之人,若決不及膚者,依驗所決之數抵罪,並罪坐所由;若受財者,計贓以枉法從重論。○若監臨之官因公事於人虛怯去處,非法毆打,及自以大杖,或金刃、手足毆人至折傷以上者,減凡鬭傷罪二等;至死者,杖一百、徒三年,追埋葬銀一十兩;其聽使下手之人,各減一等,並罪坐所由。○若於人臀腿受刑去處依法決打,邂逅致死及自盡者,各勿論。

歷年事例

順治十七年題准:凡問刑衙門無實贓確証,及户婚田土小事,不得濫用夾棍。○康熙四年覆准:凡審理强盗竊盗人命等事,先在别衙門招認,後竟改供,或証據已明不吐實情者,始行夾訊,其餘小事濫用夾棍者,題參治罪。○七年覆准:凡擅用非刑者,俱照律治罪。○八年覆准:凡笞杖罪名,除旗下人鞭責外,民人折責概用竹板,長五尺五寸,大頭闊二寸,小頭闊一寸五分,重不過二觔,内外問刑衙門俱照部式遵行。其强盗人命事件酌用夾棍。○九年題准:凡官員考鞫人犯,於夾棍桚指外,用别樣非刑及將婦女擅用夾棍者,俱革職,該上司不行查報降一級調用,督撫不行題參降一級留任,其犯婦有孕亦不得輕用桚指,違者,降一級調用,該上司罰俸一年督撫罰俸六個月,凡官員將旗下人擅行夾責者,降一級調用。○十一年議准:除謀叛等十惡並實正死罪及搶奪竊盗蠹役人命光棍貪污賭博等情罪重大正犯,併干連犯証奸惡不吐實情難以定案者,仍行夾訊外别項小事俱不得夾訊,若内外問刑官將案内應夾罪不至死之人夾訊致死者,罰俸一年將不應夾訊之人擅行夾訊者,降一級留任,或被夾之人即時身死者,降三級調用,或叠行夾訊致死者,革職,若有别項情由,按罪定擬其司官有將不應夾訊之人回堂,堂上官不行詳慎輕,聽夾訊者,罰俸六個月。○十二年題准:凡民人犯軍流徒罪者,俱俟到配所之日,決杖。○二十三年諭:“刑罰關係人命,凡審讞用刑,理應恪遵定制,精詳慎重,不得恣行酷虐,致滋冤濫,内外問刑衙門有不肖官員法外妄用重刑者,即行指參,從重治罪。”○三十七年議准:查訊犯人之時,或有贓証明白奸惡之徒,希圖僥免,不肯承認,或將同夥不行首出,妄扳良人者仍行掌嘴嚴訊外,其尋常細事,用皮底竹板木板按頭於膝,或按頭於石批擊審訊者,永行禁止。○三十九年覆准:查各監口有一刑具,名曰大鐐,與匣牀無異,又有尺餘夾棍,一百三十觔之大枷瓦樣之重板,俱著禁毁。〇四十一年覆准:嗣後内外問刑官員,將不應夾訊之人夾訊即時身死,併應夾之人恣意叠夾致死者,將承審官俱照律治罪,其學鹽關差官員亦照州縣佐貳官例,不許擅用夾棍。如有應用夾棍事件俱送問刑衙門審理,若有故違夾訊者,交與該部從重治罪。〇四十三年議准:夾棍桚指長短式樣,仍照原式製造,其深淺闊狹式樣,原夾棍圓頭各闊二寸,方面各闊二寸二分,夾懷子骨窩深各六分,應將方圓各減去二分,圓頭各闊一寸八分,方面各闊二寸,夾懷子骨之窩深各七分,原桚指徑粗各五分,應減去五釐,用四分五釐。〇又議准:凡問刑衙門審理重犯,不得實供,將懷子骨始夾一次,仍不實供,再夾一次,打槓子四十,如有不肖官員將夾棍任意多用者,該督撫不時查參,若徇庇發覺,將該管上司交與該部議處。〇雍正三年議准:嗣後用刑衙門不照題定夾棍式樣造用者,該用刑官照酷刑例治罪,上司各官照徇庇例議處。

罪名

笞一十

行杖人决笞一十不及膚者。〇决笞五十而止四十及膚者,四十而止三十及膚者,三十而止二十及膚者,二十而止一十及膚者。零數不列,有零從零斷,下倣此。

笞二十

行杖之人决笞二十不及膚者。〇决笞五十而止三十及膚者,四十而止二十及膚者,三十而止一十及膚者。

笞三十

官吏决人不如法其行杖之人。

行杖之人决笞三十不及膚者〇笞五十而止二十及膚者,四十而止一十及膚者。

笞四十

官吏决人不如法者。

行杖之人决笞四十不及膚者。〇决笞五十而止一十及膚者。

笞五十

行杖之人决笞五十不及膚者。

杖六十

行杖之人决杖六十不及膚者。〇决杖一百而止四十及膚者,九十而止三十及膚者,八十而止二十及膚者,七十而止一十及膚者。

官吏及行杖之人決不如法、決不及膚，無祿人受財一兩以下者。

杖七十

行杖之人決杖七十不及膚者。〇決杖一百而止三十及膚者，九十而止二十及膚者，八十而止一十及膚者。

官吏及行杖之人決不如法、決不及膚，受財一兩以下、無祿人一兩至五兩者。

有司管軍官因公事於人虛怯去處非法毆打至折人一齒、手足一指、眇一目、抉毀人耳鼻，若破傷人骨及用湯火、銅鐵汁傷人，或以穢物灌入人口鼻内者，其下手之人。

杖八十

行杖之人決杖八十不及膚者。〇決杖一百而止二十及膚者，九十而止一十及膚者。

官吏及行杖之人決不如法、決不及膚，受財一兩至五兩、無祿人一十兩者。

有司管軍官因公事於人虛怯去處非法毆打及自以大杖金刃手足毆人至折人一齒及手足一指、眇人一目、抉毀人耳鼻，若破傷人骨及用湯火、銅鐵汁傷人者，或以穢物灌入人口鼻内者。

有司管軍官因公事於人虛怯去處非法毆打至折人二齒、二指以上及髡髮者，其下手之人。

杖九十

官吏決人不如法因而致死其下手之人。

行杖之人決杖九十不及膚者。〇決杖一百而止一十及膚者。

官吏及行杖之人決不如法決不及膚，受財一十兩者、無祿人一十五兩者。

有司管軍官因公事於人虛怯去處非法毆打及自以大杖金刃手足毆人至折人二齒二指以上及髡髮者。

杖一百

官吏決人不如法因而致死者。

行杖之人決杖一百不及膚者。

官吏及行杖之人決不如法決不及膚，受財一十五兩者、無祿人二十五兩者。

有司管軍官因公事於人虛怯去處非法毆打至折人肋，眇人兩目墮人胎及刃傷人者,其下手之人。

徒一年杖六十

官司及行杖之人決不如法決不及膚,受財二十兩者、無禄人二十五兩者。

有司管軍官因公事於人虚怯去處非法毆打及自以大杖金刃手足毆人至折人肋,眇人兩目墮人胎及刃傷人者。

徒一年半杖七十

官司及行杖之人決不如法決不及膚,受財二十五兩者、無禄人三十兩者。

有司管軍官因公事於人虚怯去處非法毆打至折跌人肢體及瞎人一目者,其下手之人。

徒二年杖八十

官司及行杖之人決不如法決不及膚,受財三十兩者,無禄人三十五兩者。

有司管軍官因公事於人虚怯去處非法毆打及自以大杖金刃手足毆人至折跌人肢體及瞎人一目者。〇至篤疾者,其下手之人。

徒二年半杖九十

官司及行杖之人決不如法決不及膚,受財三十五兩者、無禄人四十兩者。

有司管軍官因公事於人虚怯去處非法毆打及自以大杖金刃手足毆人至篤疾者。〇至死者,其下手之人。

徒三年杖一百

官司及行杖之人決不如法決不及膚,受財四十兩者、無禄人四十五兩,五十兩,五十五兩者。

有司管軍官因公事於人虚怯去處非法毆打及自以大杖金刃手足毆人至死者。

流二千里杖一百

官司及行杖之人決不如法決不及膚,受財四十五兩者。

流二千五百里杖一百

官司及行杖之人決不如法決不及膚,受財五十兩者。

流三千里杖一百

官司及行杖之人決不如法決不及膚,受財五十五兩者,無禄人八十兩者。

絞監候

官司及行杖之人決不如法決不及膚，受財八十兩者，無禄人一百二十兩以上者。

右受財者依律用枉法贓表詳列罪名，但衙役犯贓一十兩，即發尚陽堡，行杖之人合依彼例，查酌其情重輕，或從律或從例科斷。

大清會典卷之一百九十一

刑部

〔律例四十二刑律二十二〕

〔斷獄五〕

長官使人有犯

凡在外各衙門長官及出使人員，於所在去處有犯者，所部屬官等不得輒便推問，皆須申覆上司區處，若犯死罪收管，聽候回報；所掌印信鎖鑰，發付次官收掌，若無長官次官掌印者，亦同長官，違者，笞四十。

罪名止有笞四十一條律文已明不複列

斷罪引律令

凡斷罪，皆須具引律例，違者，笞三十；若數事共條，止引所犯罪者，聽。○其特旨斷罪，臨時處治，不爲定律者，不得引比爲律，若輒引比致罪有出入者，以故失論。

雍正三年律例館奏准增定附律例文

一、凡承問各官，如徇私枉法，顛倒是非，故出故入情弊顯然者，仍行指名參處，至於擬罪稍輕，引律稍有未協，遺錯過失等項，將本案察明，果非徇私者，免其究參，即行改正。

一、直省督撫審擬案件，不許輕重兩引，務須詳核情罪，畫一具題，如兩引具題者，交該部議處。

一、承問各官審明定案，須確引一定律例，若既引定，又云如此如此情由可惡，不便照此律此例治罪，而更議重其罪者，依故入人罪論。

歷年事例

順治十年諭：凡問擬人罪，務詳審實情，引用本律，一切鉤索羅織，悉宜痛革，亦不得借口故出，以致漏網。○康熙九年題准：督撫將重犯引律具題，或擬重或擬輕，曾經三法司兩議具題者，督撫竝承問官俱免議。○二十七年題准：一應審擬事件，有例者引例，無例者引律，與律例不脗合者，量其情罪，比照律例定擬，情罪輕而故入，情罪重而故出者，將承問各官竝該督撫，俱交與該部議處。○三十九年議准：問刑官不引正條，用"情罪可惡"字樣深刻定罪者，該部即照律例改正，將深刻定罪官員交與該部照失入議處。○雍正二年諭："嗣後凡本内有引例者，勿用新字係何年所定之例，止寫出其年。"

罪名

笞一十

故引特旨爲律出入人罪笞一十已決放、笞二十未決放者。增減依官司出入人罪本律，不另列，後倣此。

失引特旨爲律入人罪笞四十已決、笞五十未決其吏典。○笞五十已決杖六十未決其首領官。○杖六十已決杖七十未決其佐貳官。○杖七十已決、杖八十未決其長官。

失引特旨爲律出人罪杖六十已放、杖七十未放其吏典。○杖七十已放、杖八十未放其首領官。○杖八十已放、杖九十未放其佐貳官。○杖九十已放、杖一百未放其長官

承問各官於引定律例外，又云情由可惡不便照此律例更議重其罪者，所議笞一十即以笞一十坐之。○笞二十未決者。

笞二十

故引特旨爲律出入人罪笞二十已決放、笞三十未決放者。

失引特旨爲律入人罪笞五十已決、杖六十未決其吏典。○杖六十已決、杖七十未決其首領官。○杖七十已決杖八十未決其佐貳官。○杖八十已決、杖九十未決其長官。

失引特旨爲律出人罪杖七十已放、杖八十未放其吏典。○杖八十已放、杖九十未放其首領官。○杖九十已放、杖一百未放其佐貳官。○杖一百已放、徒一年未放其長官。

承問各官於引定律例外，又云情由可惡不便照此律例更議重其罪者，所議笞二十即以笞二十坐之。○笞三十未決者。

笞三十

斷罪引律例不全者。

故引特旨爲律出入人罪,笞三十已決放、笞四十未決放者。

失引特旨爲律入人罪杖六十已決、杖七十未決其吏典。〇杖七十已決、杖八十未決其首領官。〇杖八十已決、杖九十未決其佐貳官。〇杖九十已決、杖一百未決其長官

失引特旨爲律出人罪杖八十已放、杖九十未放其吏典。〇杖九十已放、杖一百未放其首領官。〇杖一百已放、徒一年未放其佐貳官。〇徒一年已放、徒一年半未放其長官。

承問各官於引定律例外,又云情由可惡不便照此律例更議重其罪者,所議笞三十即以笞三十坐之。〇笞四十未決者。

笞四十

故引特旨爲律出入人罪笞四十已決放、笞五十未決放者。

失引特旨爲律入人罪杖七十已決、杖八十未決其吏典。〇杖八十已決、杖九十未決其首領官。〇杖九十已決、杖一百未決其佐貳官。〇杖一百已決、徒一年未決其長官

失引特旨爲律出人罪杖九十已放、杖一百未放其吏典。〇杖一百已放、徒一年未放其首領官。〇徒一年已放、徒一年半未放其佐貳官。〇徒一年半已放、徒二年未放其長官。

承問各官於引定律例外,又云情由可惡不便照此律例更議重其罪者,所議笞四十即以笞四十坐之。〇笞五十未決者。

笞五十

故引特旨爲律出入人罪,笞五十已決放、杖六十未決放者。

失引特旨爲律入人罪,杖八十已決、杖九十未決其吏典。〇杖九十已決、杖一百未決其首領官。〇杖一百已決、徒一年未決其佐貳官。〇徒一年已決、徒一年半未決其長官。

失引特旨爲律出人罪,杖一百已放徒一年未放其吏典。〇徒一年已放、徒一年半未放其首領官。〇徒一年半已放、徒二年未放其佐貳官。〇徒二年已放、徒二年半未放其長官。

承問各官於引定律例外,又云情由可惡不便照此律例更議重其罪者,所議笞五十即以笞五十坐之。〇杖六十未決者。

杖六十

故引特旨爲律出入人罪,杖六十已決放、杖七十未決放者。

失引特旨爲律入人罪,杖九十已決、杖一百未決其吏典。〇杖一百已

決、徒一年未決其首領官。○徒一年已決、徒一年半未決其佐貳官。○徒一年半已決、徒二年未決其長官。

失引特旨爲律出人罪徒一年已放、徒一年半未放其吏典。○徒一年半已放、徒二年未放其首領官。○徒二年已放、徒二年半未放其佐貳官。○徒二年半已放、徒三年未放其長官。

承問各官於引定律例外，又云情由可惡不便照此律例更議重其罪者，所議杖六十即以杖六十坐之。○杖七十未決者。

杖七十

故引特旨爲律出入人罪杖七十已決放、杖八十未決放者。

失引特旨爲律入人罪杖一百已決、徒一年未決其吏典。○徒一年已決、徒一年半未決其首領官。○徒一年半已決、徒二年未決其佐貳官。○徒二年已決、徒二年半未決其長官。

失引特旨爲律出人罪徒一年半已放、徒二年未放其吏典。○徒二年已放、徒二年半未放其首領官。○徒二年半已放、徒三年未放其佐貳官。○徒三年已放、三流罪未放其長官。

承問各官於引定律例外，又云情由可惡不便照此律例更議重其罪者，所議杖七十即以杖七十坐之。○杖八十未決者。

杖八十

故引特旨爲律出入人罪杖八十已決放、杖九十未決放者。

失引特旨爲律入人罪徒一年已決、徒一年半未決其吏典。○徒一年半已決、徒二年未決其首領官。○徒二年已決、徒二年半未決其佐貳官。○徒二年半已決、徒三年未決其長官。

失引特旨爲律出人罪徒二年已放、徒二年半未放其吏典。○徒二年半已放、徒三年未放其首領官。○徒三年已放、三流罪未放其佐貳官。○三流罪已放、死罪未放其長官。

承問各官於引定律例外，又云情由可惡不便照此律例更議重其罪者，所議杖八十即以杖八十坐之。○杖九十未決者。

杖九十

故引特旨爲律出入人罪杖九十已決、放杖一百未決放者。

失引特旨爲律入人罪徒一年半已決、徒二年未決其吏典。○徒二年已決、徒二年半未決其首領官。○徒二年半已決、徒三年未決其佐貳官。○徒三年已決、三流罪未決其長官。

失引特旨爲律出人罪徒二年半已放、徒三年未放其吏典。○徒三年已放、三流罪未放其首領官。○三流罪已放、死罪未放其佐貳官。○死罪已放其長官。

承問各官於引定律例外,又云情由可惡不便照此律例更議重其罪者,所議杖九十即以杖九十坐之。○杖一百未決者。

杖一百

故引特旨爲律出入人罪杖一百已決放、徒一年未決放者。

失引特旨爲律入人罪徒二年已決、徒二年半未決其吏典。○徒二年半已決徒三年未決、其首領官。○徒三年已決、三流罪未決其佐貳官。○三流罪已決、死罪未決其長官。

失引特旨爲律出人罪徒三年已放、三流罪未放其吏典。○三流罪已放、死罪未放其首領官。○死罪已放其佐貳官。

承問各官於引定律例外,又云情由可惡不便照此律例更議重其罪者,所議杖一百即以杖一百坐之。○徒一年未決者。

徒一年杖六十

故引特旨爲律出入人罪徒一年已決放、徒一年半未決放者。

失引特旨爲律入人罪徒二年半已決、徒三年未決其吏典。○徒三年已決、三流罪未決其首領官。○三流罪已決死罪未決其佐貳官。○死罪已決其長官

失引特旨爲律出人罪三流罪已放、死罪未放其吏典。○死罪已放其首領官。

承問各官於引定律例外,又云情由可惡不便照此律例更議重其罪者,所議徒一年即以徒一年坐之。○徒一年半未決者。

徒一年半杖七十

故引特旨爲律出入人罪徒一年半已決放、徒二年未決放者。

失引特旨爲律入人罪徒三年已決、三流罪未決其吏典。○三流罪已決、死罪未決其首領官。○死罪已決其佐貳官。

失引特旨爲律出人罪死罪已放、其吏典承問各官於引定律例外,又云情由可惡不便照此律例更議重其罪者,所議徒一年半即以徒一年半坐之。○徒二年未決者。

徒二年杖八十

故引特旨爲律出入人罪徒二年已決放、徒二年半未決放者。

失引特旨爲律入人罪三流罪已決、死罪未決其吏典。○死罪已決、其首領官。

承問各官於引定律例外，又云情由可惡不便照此律例更議重其罪者，所議徒二年即以徒二年坐之。○徒二年半未決者。

徒二年半杖九十

故引特旨爲律出入人罪徒二年半已決放、徒三年未決放者。

失引特旨爲律入人罪死罪已決其吏典。

承問各官於引定律例外，又云情由可惡不便照此律例更議重其罪者，所議徒二年半即以徒二年半坐之。○徒三年未決者。

徒三年杖一百

故引特旨爲律出入人罪徒三年已決放、三流罪未決放者。

承問各官於引定律例外，又云情由可惡不便照此律例更議重其罪者，所議徒三年即以徒三年坐之。○三流罪未決者。

流二千里杖一百

故引特旨爲律出入人罪流二千里已決放者。

承問各官於引定律例外，又云情由可惡不便照此律例更議重其罪者，所議流二千里即以流二千里坐之。

流二千五百里杖一百

故引特旨爲律出入人罪流二千五百里已決放者。

承問各官於引定律例外，又云情由可惡不便照此律例更議重其罪者，所議流二千五百里即以流二千五百里坐之。

流三千里杖一百

故引特旨爲律出入人罪流三千里已決放、死罪未決放者。

承問各官於引定律例外，又云情由可惡不便照此律例更議重其罪者，所議流三千里即以流三千里坐之。○死罪未決者。

絞斬

故引特旨爲律出入人罪絞斬已決放者。

承問各官於引定律例外，又云情由可惡不便照此律例更議重其罪者，所議絞斬已決即以絞斬坐之。

獄囚取服辯

凡獄囚徒流死罪，各喚囚及其家屬具告所斷罪名，仍取囚服辯文狀，若不服者，聽其自理，更爲詳審，違者，徒流罪，笞四十，死罪，杖六十。

○其囚家屬在三百里之外,止取囚服辯文狀,不在具告家屬罪名之限。

罪名

笞四十

斷罪不取獄囚及其家屬服辯,若不服不聽自行辯理更爲詳審,其囚係徒流罪者。

杖六十

斷罪不取獄囚及其家屬服辯,若不服不聽自行辯理更爲詳審,其囚係死罪者。

赦前斷罪不當

凡赦前處斷刑名,罪有不當,若處輕爲重者,當改正從輕;處重爲輕,其常赦所不免者,依律貼斷,若官吏故出入者,雖會赦,竝不原宥。

附律定例

一、遇直隸及十四省恤刑之期,凡原問官故入等罪,俱不追究。

雍正三年律例館奏准:今無按期差官恤刑之事,又故入人罪,未便免究,今將奏准改定例文開後。

一、遇直省特差恤刑之時,有審豁者,原問官俱不追究。

一、以赦前事告言人罪者,以其罪罪之,若係干錢糧婚姻田土罪,雖經赦其錢糧等項,須斷處明白。

雍正三年律例館奏准增定附律例文

一、承問官審理事件,錯擬罪名者,不拘犯人之罪,錯擬官員遇赦免議。

一、督撫承問叩閽事件,除情罪重大不在赦款者,仍依限審結具題外,其餘輕罪與赦款相符,即行釋放,彙題銷案。

歷年事例

康熙九年題准:凡正犯不應援赦,承問各官錯擬罪者,仍行議處;其正犯既經援赦免罪者,承問官免議。○又題准:凡督撫將應赦絞斬人犯不與援免者,降一級調用;如將不應援免之斬絞人犯援赦免議者,罰俸一年;將應赦之軍流等犯不與援免者,罰俸一年;將不應援免之軍流等犯援赦免議者,罰俸六個月。○又題准:官員承問婪贓員役,因遇赦竟不提質,即行結案者,罰俸一年,轉詳之司道罰俸六個月,督撫罰俸三個月。○二十九年諭:"罪人所犯已經援赦,承審官應免處分。"

罪名

笞一十

官吏赦前斷罪不當，遇赦不改正，故出入增減應笞一十罪者。增減人罪及遞減科罪，俱見官司出入人罪本律，兹不另載。

告言人赦前笞一十罪者。

笞二十

官吏赦前斷罪不當，遇赦不改正，故出入增減應笞二十罪者。

告言人赦前笞二十罪者。

笞三十

官吏赦前斷罪不當，遇赦不改正，故出入增減應笞三十罪者。

告言人赦前笞三十罪者。

笞四十

官吏赦前斷罪不當，遇赦不改正，故出入增減應笞四十罪者。

告言人赦前笞四十罪者。

笞五十

官吏赦前斷罪不當，遇赦不改正，故出入增減應笞五十罪者。

告言人赦前笞五十罪者。

杖六十

官吏赦前斷罪不當，遇赦不改正，故出入增減應杖六十罪者。

告言人赦前杖六十罪者。

杖七十

官吏赦前斷罪不當，遇赦不改正，故出入增減應杖七十罪者。

告言人赦前杖七十罪者。

杖八十

官吏赦前斷罪不當，遇赦不改正，故出入增減應杖八十罪者。

告言人赦前杖八十罪者。

杖九十

官吏赦前斷罪不當，遇赦不改正，故出入增減應杖九十罪者。

告言人赦前杖九十罪者。

杖一百

官吏赦前斷罪不當，遇赦不改正，故出入增減應杖一百罪者。

告言人赦前杖一百罪者。

徒一年杖六十
官吏赦前斷罪不當,遇赦不改正,故出入增減應徒一年罪者。
告言人赦前徒一年罪者。
徒一年半杖七十
官吏赦前斷罪不當,遇赦不改正,故出入增減應徒一年半罪者。
告言人赦前徒一年半罪者。
徒二年杖八十
官吏赦前斷罪不當,遇赦不改正,故出入增減應徒二年罪者。
告言人赦前徒二年罪者。
徒二年半杖九十
官吏赦前斷罪不當,遇赦不改正,故出入增減應徒二年半罪者。
告言人赦前徒二年半罪者。
徒三年杖一百
官吏赦前斷罪不當,遇赦不改正,故出入增減應徒三年罪者。
告言人赦前徒三年罪者。
准徒四年雜犯三流
官吏赦前斷罪不當,遇赦不改正,故出入增減應准徒四年罪者。
告言人赦前准徒四年罪者。
流二千里杖一百
官吏赦前斷罪不當,遇赦不改正,故出入增減應流二千里罪者。
告言人赦前流二千里罪者。
流二千五百里杖一百
官吏赦前斷罪不當,遇赦不改正,故出入增減應流二千五百里罪者。
告言人赦前流二千五百里罪者。
流三千里杖一百
官吏赦前斷罪不當,遇赦不改正,故出入增減應流三千里罪者。
告言人赦前流三千里罪者。
絞斬雜犯准徒五年
官吏赦前斷罪不當,遇赦不改正,故出入增減應准徒五年罪者。
告言人赦前准徒五年罪者。
絞斬凌遲處死
官吏赦前斷罪不當,遇赦不改正,故出入增減應絞斬凌遲處死罪者。

聞有恩赦而故犯

凡聞知有恩赦而故犯罪者，加常犯一等，雖會赦竝不原宥。〇若官司聞知有恩赦而故論決囚罪者，以故入人罪論。

罪名

笞一十

官司聞有恩赦而故論決笞一十囚者。

笞二十

聞有恩赦而故犯笞一十罪者。

官司聞有恩赦而故論決笞二十囚者。

笞三十

聞有恩赦而故犯笞二十罪者。

官司聞有恩赦而故論決笞三十囚者。

笞四十

聞有恩赦而故犯笞三十罪者。

官司聞有恩赦而故論決笞四十囚者。

笞五十

聞有恩赦而故犯笞四十罪者。

官司聞有恩赦而故論決笞五十囚者。

杖六十

聞有恩赦而故犯笞五十罪者。

官司聞有恩赦而故論決杖六十囚者。

杖七十

聞有恩赦而故犯杖六十罪者。

官司聞有恩赦而故論決杖七十囚者。

杖八十

聞有恩赦而故犯杖七十罪者。

官司聞有恩赦而故論決杖八十囚者。

杖九十

聞有恩赦而故犯杖八十罪者。

官司聞有恩赦而故論決杖九十囚者。

杖一百

聞有恩赦而故犯杖九十罪者。

官司聞有恩赦而故論決杖一百囚者。

徒一年杖六十

聞有恩赦而故犯杖一百罪者。

官司聞有恩赦而故論決徒一年囚者。

徒一年半杖七十

聞有恩赦而故犯徒一年罪者。

官司聞有恩赦而故論決徒一年半囚者。

徒二年杖八十

聞有恩赦而故犯徒一年半罪者。

官司聞有恩赦而故論決徒二年囚者。

徒二年半杖九十

聞有恩赦而故犯徒二年罪者。

官司聞有恩赦而故論決徒二年半囚者。

徒三年杖一百

聞有恩赦而故犯徒二年半罪者。

官司聞有恩赦而故論決徒三年囚者。

流二千里杖一百

聞有恩赦而故犯徒三年罪者。

官司聞有恩赦而故論決流二千里囚者。

流二千五百里杖一百

聞有恩赦而故犯流二千里罪者。

官司聞有恩赦而故論決流二千五百里囚者。

流三千里杖一百

聞有恩赦而故犯流二千五百里罪者。

官司聞有恩赦而故論決流三千里囚者。

絞斬

官司聞有恩赦而故論決死罪囚者。

徒囚不應役

凡鹽場鐵冶拘役徒囚,應入役而不入役,及徒囚因病給假病已痊可,不令計日貼役者,過三日笞二十,每三日加一等,罪止杖一百。○若徒囚年限未滿,監守之人故縱逃回,及容令傭人代替者,照依囚人應役月日抵數徒役,竝罪坐所由,受財者,計贓以枉法從重論,仍拘徒囚,依律論罪貼役。

罪名

笞二十

徒囚不入役過三日者。〇監守同。

笞三十

徒囚不入役過六日者。〇監守同。

笞四十

徒囚不入役過九日者。〇監守同。

笞五十

徒囚不入役過十二日者。〇監守同。

杖六十

徒囚不入役過十五日者。〇監守同。

徒囚年限未滿監守故縱,逃回及容令傭人代替無祿人受財一兩以下者。

杖七十

徒囚不入役過十八日者。〇監守同。

徒囚年限未滿監守故縱,逃回及容令傭人代替受財一兩以下者、無祿人一兩至五兩者。

杖八十

徒囚不入役過二十一日者。〇監守同。

徒囚年限未滿監守故縱,逃回及容令傭人代替受財一兩至五兩者、無祿人一十兩者。

杖九十

徒囚不入役過二十四日者。〇監守同。

徒囚年限未滿監守故縱,逃回及容令傭人代替受財一十兩者、無祿人一十五兩者。

杖一百

徒囚不入役過二十七日者。〇監守同。

徒囚年限未滿監守故縱,逃回及容令傭人代替受財一十五兩者、無祿人二十兩者。

徒一年杖六十

徒囚年限未滿監守故縱,逃回及容令傭人代替受財二十兩者、無祿人二十五兩者。

徒一年半杖七十

徒囚年限未滿監守故縱,逃回及容令傭人代替受財二十五兩者、無祿人三十兩者。

徒二年杖八十

徒囚年限未滿監守故縱,逃回及容令傭人代替受財三十兩者、無祿人三十五兩者。

徒二年半杖九十

徒囚年限未滿監守故縱,逃回及容令傭人代替受財三十五兩者、無祿人四十兩者。

徒三年杖一百

徒囚年限未滿監守故縱,逃回及容令傭人代替受財四十兩者、無祿人四十五兩、五十兩、五十五兩者。

流二千里杖一百

徒囚年限未滿監守故縱,逃回及容令傭人代替受財四十五兩者。

流二千五百里杖一百

徒囚年限未滿監守故縱,逃回及容令傭人代替受財五十兩者。

流三千里杖一百

徒囚年限未滿監守故縱,逃回及容令傭人代替受財五十五兩者、無祿人八十兩者。

絞監候

徒囚年限未滿監守故縱,逃回及容令傭人代替受財八十兩者、無祿人一百二十兩者。其徒囚逃者,罪名見徒流人逃本律,不另列。

婦人犯罪

凡婦女犯罪,除犯姦及死罪收禁外,其餘雜犯,責付本夫收管,如無夫者,責付有服親屬鄰里保管,隨衙聽候,不許一概監禁;違者,笞四十。〇若婦人懷孕犯罪應拷決者,依上保管,皆待産後一百日拷決;若未産而拷決因而墮胎者,官吏減凡鬬傷罪三等;致死者,杖一百、徒三年;産限未滿而拷決者,減一等。〇若犯死罪,聽令穩婆入禁看視,亦聽産後百日乃行刑;未産而決者,杖八十;産訖限未滿而決者,杖七十;其過限不決者,杖六十。〇失者,各減三等。

雍正五年律例館奏准增定附律例文

一、凡婦女有犯姦盜人命等重情,及别案牽連身,係正犯仍行提審,其餘小事牽連婦女,提子姪兄弟代審。

歷年事例

順治十六年覆准:凡旗下婦女,犯姦盜逃走,仍行的決,其餘有犯,照漢人婦女例折贖。〇康熙四年覆准:凡婦女犯姦及重罪者,依律收禁,直省解部流犯妻室,亦應收禁,至外省解到入官婦女,止令原解收押,三日内咨交户部,不必寄監;若在監孕婦將産者,除反叛重案外,俱准保出,俟生産後收禁;一應牽連候審婦女,責付本夫收管,無夫者,責令親屬鄰里具結,領保聽審;若孕婦犯罪,俟産後一百日,方行拷決。〇三十五年定:婦女不許輕行提審,雖有定例,恐不肖官員違例擅行,亦未可定,以後著嚴行禁止。

罪名

笞一十

犯罪婦女不應禁而失禁者。〇産限未滿而失決者其長官。〇過限而不決者其佐貳官。

笞二十

死罪囚婦孕未産而失決者其長官。〇産限未滿而失決者其佐貳官。〇過限而不決者其首領官。

笞三十

死罪囚婦孕未産而失決者其佐貳官。〇産限未滿而失決者其首領官。〇過限而不決者其吏典。

笞四十

犯罪婦女不應禁而故禁者。

死罪囚婦孕未産而失決者其首領官。〇産限未滿而失決者其吏典。

孕婦不應拷決而失於拷決墮胎者其長官。

笞五十

死罪囚婦孕未産而失決者其吏典。

孕婦不應拷決而失於拷決墮胎者其佐貳官。

杖六十

孕婦不應拷決而失於拷決墮胎者其首領官。

死罪囚婦産限已滿而故不決者。

杖七十

孕婦不應拷決而失於拷決墮胎者其吏典。

死罪囚婦産限未滿而故決者。

杖八十

死罪囚婦孕未産而故決者。

罪婦産限未滿而失於拷決致死者其長官。

杖九十

孕婦不應拷決而失於拷決致死者其長官。○罪婦産限未滿而失於拷決致死者其佐貳官。

杖一百

孕婦不應拷決而故拷決致墮胎者。○失於拷決致死者其佐貳官。

罪婦産限未滿而失於拷決致死者其首領官。

徒一年杖六十

孕婦不應拷決而失於拷決致死者其首領官。

罪婦産限未滿而失於拷決致死者其吏典。

徒一年半杖七十

孕婦不應拷決而失於拷決致死者其吏典。

徒二年半杖九十

罪婦産限未滿而故拷決致死者。

徒三年杖一百

孕婦不應拷決而故拷決致死者。

死囚覆奏待報

凡死罪囚不待覆奏回報而輒處決者,杖八十,若已覆奏回報應決者,聽三日乃行刑,若限未滿而行刑又過限不行刑者,各杖六十。○其犯十惡之罪應死及强盜者,雖決不待時,若於禁刑日而決者,笞四十。

附律定例

一、臣民有罪當死,三覆五奏,毋輒行刑。

一、禁刑日期,每月初一日、初二日,四月初八日,大祭享日亦禁。

雍正三年律例館奏准:禁刑日期未備,應增定,今將奏准增定例文開後。

一、凡遇慶賀穿朝服及祭享、齋戒、封印、上元、端午、中秋、重陽等節,每月初一初二併穿素服日期,俱不理刑名,四月初八日不宰牲,亦不理刑名，内外一體遵行。

律例館又奏准律後恭載諭旨

康熙十二年，刑部議直省人命强盜全招，造送法司奏章内應止將招由並審擬看語具題，至反叛案内人犯，決過即行題報，餘概於年底彙奏。奉旨，人命强盜關係重大，其各省全招，俱著畫一開列疏内，餘依議。

康熙二十五年七月内諭："刑獄民命攸關，聽斷雖貴精詳，而案牘務無留滯，庶事得速竣，民免株累。向來凡月朔初二日及齋戒等期，不理刑名，刑部衙門一切奏章，俱行停止，因而案件間有停積，恐聽審人犯久候拖累，覆核案件遷延滋弊。嗣後遇前項日期循例不行刑外，其餘照常章疏事件，仍行審理啓奏，務獄無稽緩，案得早清，以副朕明慎用刑之至意。"

歷年事例

順治十二年定：每年六月内審定立決重犯，俱俟七月具題正法。〇十七年覆准：每年正月停刑。〇十八年議定：六月内違禁處決犯人者，杖八十。〇康熙元年定：將正月停刑之例停止。〇九年定：正月停刑，照順治十七年例行。〇又題准：正月既經停刑，應將審定重犯監固，俟二月具題正法。〇又題准：凡官員將絞罪犯人誤斬者，降一級調用，將應監候人犯立決者，降四級調用，若於停刑日期違例行刑者，罰俸六個月。〇十九年定：凡六月内應行正法之人，俱俟立秋後正法，部内正法事件，亦俟立秋後陸續具題。〇二十二年題准：每年正月六月照例停刑，不必具題。〇又題准：凡遇六月立秋之年，俟交七月初三日具題正法。

罪名

笞四十

禁刑日決立決囚犯者。

杖六十

覆奏回報應決死囚限三日後行刑，若限未滿行刑及過限不行者。

杖八十

死囚不待覆奏回報而輒處決者。

斷罪不當

凡斷罪，應決配而收贖，應收贖而決配，各依出入人罪減故失一等。〇若應絞而斬，應斬而絞者，杖六十；失者，減三等；其已處決訖別加殘毁死屍者，笞五十。〇若反逆緣坐人口應入官而放免，及非應入官而入官者，各以出入人流罪故失論。

雍正五年律例館奏准增定附律例文

一、凡苗彝有犯軍流徒罪折枷責之案,仍從外結抄招,送部查核,其罪應論死者,不准外結,亦不准以牛馬銀兩抵償,務按律定擬題結,如有不肖之員,或隱匿不報,或捏改情節,在外完結者,事發之日,照溺職例議處。

歷年事例

天聰五年諭:"凡訐告之事,不先取見証口供面鞫,致有冤抑者,按事大小罪坐審事各官。"〇順治十三年議准:凡推官審理事件,舛錯一次者,罰俸三個月,二次者,罰俸六個月,三次者,罰俸一年,四次五次者,降一級調用,六次七次者,降二級調用,八次九次者,降三級調用,十次以上者,革職。〇十四年覆准:按察司職掌刑名,有承審事件舛錯者,該督撫於年底題報議處。〇康熙五年議准:按察司承問事件,一年內外錯二三次者,罰俸三個月,四五六次者,罰俸六個月,七八九次者,罰俸九個月,十次至十二次者,罰俸一年,十三次至十五次者,降一級調用,十六七次者,降二級調用,十八九次者,降三級調用,二十次以上者,革職。〇七年議准:按察司承審舛錯處分之例停止。〇九年題准:凡官員擬罪,將不應折贖之人違例折贖,及將應折贖之人不行折贖者,均罰俸六個月。〇又題准:官員承審反叛人犯,不曾審出實情,後經別官審出,將原問官革職,轉詳之司道降四級調用,未曾查參之督撫,降一級調用;若將緊要口供不行取供者,承問官降二級調用,司道降一級調用,督撫罰俸一年;承審斬絞人犯不曾審出實情,後經別官審出者,將原問官降一級調用,司道罰俸一年,督撫罰俸六個月,若將應取緊要口供不行取供者,承問官罰俸一年,司道罰俸六個月,督撫罰俸三個月;承審軍流等犯不曾審出實情,後經別官審出者,將原問官罰俸一年,司道罰俸六個月,督撫罰俸三個月,如將應取緊要口供不行取供者,承問官罰俸六個月,司道罰俸三個月。〇又題准:凡將應候秋決人犯擬爲立決者,承問官降一級調用,司道罰俸一年,督撫罰俸六個月;如將應立決人犯擬爲秋後者,承問官罰俸一年,司道罰俸六個月,督撫罰俸三個月。〇十七年議准:凡督撫將不應入官流徙者,違例題請解部,咨請部示,耽延時日,或將本犯及妻子徇縱,反將不應追賠之人濫追拖欠之銀,株連無辜者,從重議處。〇二十九年議准:軍流以下錯擬者,該部免其糾參,即行改正。

罪名

笞一十

笞二十囚應決罰而故收贖;應收贖而故決罰者。

失斷笞五十囚應收贖而決罰杖七十囚應決罰而收贖之吏典。○杖六十囚應收贖而決罰杖八十,囚應決罰而收贖之首領官。○杖七十囚應收贖而決罰杖九十,囚應決罰而收贖之佐貳官。○杖八十囚應收贖而決罰杖一百,囚應決罰而收贖之長官。

囚應絞而失斬囚應斬而失絞者其佐貳官。

笞二十

笞三十囚應決罰而故收贖;應收贖而故決罰者。

失斷杖六十囚應收贖而決罰杖八十囚應決罰而收贖之吏典。○杖七十囚應收贖而決罰杖九十,囚應決罰而收贖之首領官。○杖八十囚應收贖而決罰杖一百,囚應決罰而收贖之佐貳官。○杖九十囚應收贖而決罰徒一年,囚應決配而收贖之長官。

囚應絞而失斬囚應斬而失絞者其首領官。

笞三十

笞四十囚應決罰而故收贖;應收贖而故決罰者。

失斷杖七十囚應收贖而決罰杖九十,囚應決罰而收贖之吏典。○杖八十囚應收贖而決罰杖一百,囚應決罰而收贖之首領官。○杖九十囚應收贖而決罰徒一年,囚應決配而收贖之佐貳官。○杖一百囚應收贖而決罰徒一年半,囚應決配而收贖之長官。

囚應絞而失斬囚應斬而失絞者其吏典。

笞四十

笞五十囚應決罰而故收贖應收贖而故決罰者。

失斷杖八十囚應收贖而決罰杖一百,囚應決罰而收贖之吏典。○杖九十囚應收贖而決罰徒一年,囚應決配而收贖之首領官。○杖一百囚應收贖而決罰徒一年半,囚應決配而收贖之佐貳官。○徒一年囚應收贖而決配徒二年,囚應決配而收贖之長官。

笞五十

杖六十囚應決罰而故收贖應收贖而故決罰者。

失斷杖九十囚應收贖而決罰徒一年,囚應決配而收贖之吏典。○杖一百囚應收贖而決罰徒一年半,囚應決配而收贖之首領官。○徒一年囚應收贖而決配徒二年,囚應決配而收贖之佐貳官。〇徒一年半囚應收贖而決配徒二年半,囚應決配而收贖之長官。

殘毀絞斬罪犯已決死屍者。

杖六十

杖七十囚應決罰而故收贖;應收贖而故決罰者。

失斷杖一百囚應收贖而決罰徒一年半,囚應決配而收贖之吏典。〇徒一年囚應收贖而決配徒二年,囚應決配而收贖之首領官。〇徒一年半囚應收贖而決配徒二年半,囚應決配而收贖之佐貳官。〇徒二年囚應收贖而決配徒三年,囚應決配而收贖之長官。

囚應絞而故斬囚應斬而故絞者。

杖七十

杖八十囚應決罰而故收贖;應收贖而故決罰者。

失斷徒一年囚應收贖而決配徒二年,囚應決配而收贖之吏典。〇徒一年半囚應收贖而決配徒二年半,囚應決配而收贖之首領官。〇徒二年囚應收贖而決配徒三年,囚應決配而收贖之佐貳官。〇徒二年半囚應收贖而決配三流罪,囚應決配而收贖之長官。

杖八十

杖九十囚應決罰而故收贖;應收贖而故決罰者。

失斷徒一年半囚應收贖而決配徒二年半,囚應決配而收贖之吏典。〇徒二年囚應收贖而決配徒三年,囚應決配而收贖之首領官。〇徒二年半囚應收贖而決配三流罪,囚應決配而收贖之佐貳官。〇徒三年囚應收贖而決配之長官。

反逆緣坐人口應入官而失放免者其長官。

杖九十

杖一百囚應決罰而故收贖;應收贖而故決罰者。

失斷徒二年囚應收贖而決配徒三年,囚應決配而收贖之吏典。〇徒二年半囚應收贖而決配三流罪,囚應決配而收贖之首領官。〇徒三年囚應收贖而決配之佐貳官。〇三流罪囚應收贖而決配之長官。

反逆緣坐人口應入官而失放免者其佐貳官。

杖一百

徒一年囚應決配而故收贖;應收贖而故決配者。

失斷徒二年半囚應收贖而決配三流罪,囚應決配而收贖之吏典。

○徒三年囚應收贖而決配之首領官。○三流罪囚應收贖而決配之佐貳官。

反逆緣坐人口非應入官而失入官者其長官。○應入官而失放免者其首領官。

徒一年杖六十

徒一年半囚應決配而故收贖，應收贖而故決配者。

失斷徒三年囚應收贖而決配之吏典。○三流罪囚應收贖而決配之首領官。

反逆緣坐人口非應入官而失入官者其佐貳官。○應入官而失放免者其吏典。

徒一年半杖七十

徒二年囚應決配而故收贖，應收贖而故決配者。

失斷三流罪囚應收贖而決配之吏典。

反逆緣坐人口非應入官而失入官者其首領官。

徒二年杖八十

徒二年半囚應決配而故收贖，應收贖而故決配者。

反逆緣坐人口非應入官而失入官者其吏典。

徒二年半杖九十

徒三年囚應決配而故收贖，應收贖而故決配者。

徒三年杖一百

三流罪囚應決配而故收贖，應收贖而故決配者。

流三千里杖一百

反逆緣坐人口應入官而故放免，非應入官而故入官者。

吏典代寫招草

凡諸衙門鞫問刑名等項，若吏典人等爲人改寫及代寫招草，增減情節，致罪有出入者，以故出入人罪論。若犯人果不識字，許令不干礙之人代寫。

歷年事例

康熙四十四年覆准：審理强盜人命等情，取明犯人口供，高聲朗誦，紙尾填註該犯姓名，令其親自畫押，定擬具題。

罪名

笞一十

吏典爲人改代招草，增減情節，致出入笞一十罪已決放、笞二十罪未決放者。

笞二十

吏典爲人改代招草增減情節，致出入笞二十罪已決放、笞三十罪未決放者。

笞三十

吏典爲人改代招草增減情節，致出入笞三十罪已決放、笞四十罪未決放者。

笞四十

吏典爲人改代招草增減情節，致出入笞四十罪已決放、笞五十罪未決放者。

笞五十

吏典爲人改代招草增減情節，致出入笞五十罪已決放、杖六十罪未決放者。

杖六十

吏典爲人改代招草增減情節，致出入杖六十罪已決放、杖七十罪未決放者。

杖七十

吏典爲人改代招草增減情節，致出入杖七十罪已決放、杖八十罪未決放者。

杖八十

吏典爲人改代招草增減情節，致出入杖八十罪已決放、杖九十罪未決放者。

杖九十

吏典爲人改代招草增減情節，致出入杖九十罪已決放、杖一百罪未決放者。

杖一百

吏典爲人改代招草增減情節，致出入杖一百罪已決放、徒一年罪未決放者。

徒一年杖六十

吏典爲人改代招草增減情節，致出入徒一年罪已決放、徒一年半罪未決放者。

徒一年半杖七十

吏典爲人改代招草增減情節，致出入徒一年半罪已決放、徒二年罪未決放者。

徒二年杖八十

吏典爲人改代招草增減情節，致出入徒二年罪已決放徒二年半罪未決放者。

徒二年半杖九十

吏典爲人改代招草增減情節，致出入徒二年半罪已決放徒三年罪未決放者。

徒三年杖一百

吏典爲人改代招草增減情節，致出入徒三年罪已決放、流罪未決放者。

流二千里杖一百

吏典爲人改代招草增減情節，致出入流二千里罪已決放者。

流二千五百里杖一百

吏典爲人改代招草增減情節，致出入流二千五百里罪已決放者。

流三千里杖一百

吏典爲人改代招草增減情節，致出入流三千里罪已決放、死罪未決放者。

絞斬

吏典爲人改代招草增減情節，致出入死罪已決放者，

大清會典卷之一百九十二

刑部

〔律例四十三工律〕

〔營造〕

擅造作

凡軍民官司有所營造，應申上而不申上，應待報而不待報，而擅起差人工者，各計所役人傭工錢，坐贓論。○若非法營造，及非時起差人工營造者，罪亦如之。○其城垣坍倒倉庫公廨損壞一時，起差丁夫軍人修理者，不在此限。○若營造計料申請財物及人工多少不實者，笞五十，若已損財物，或已費人工，各併計所損物價及所費傭工錢，重者坐贓論。

雍正三年律例館奏准增定附律例文

一、凡在京各處修理工程工價五十兩以内，物料銀二百兩以内者，照依各處印文，准其修理；其工價銀五十兩以上物料銀二百兩以上者，著該處料估啓奏，工部差官覆核，會同該處官員首領監修，將用過錢糧著管工官名下銷算。如多用錢糧不行啓奏，即便承修者，將行文與承修堂司官交與該部議處。若物料工價甚多而分爲幾段，陸續行文，俱稱五十兩以内不奏者，查出亦交與該部議處。

一、凡修理行宫并各省倉廒等項工程，一應動用錢糧事件，令該督撫奏聞，該部議覆再行，修理工完之日，督撫親自查明核減，造册具題，該部詳核題銷。如有不行啓奏，擅自咨部請銷，而該部據咨完結者，即行題參，交該部議處。

罪名

笞二十

營造不申上待報及非法非時而起差人工，計僱役錢一兩以下者。

笞三十

營造不申上待報及非法非時而起差人工，計僱役錢一十兩者。

笞四十

營造不申上待報及非法非時而起差人工，計僱役錢二十兩者。

笞五十

營造不申上待報及非法非時而起差人工，計僱役錢三十兩者。○估計不實者。

杖六十

營造不申上待報及非法非時而起差人工，計僱役錢四十兩者。○估計不實多費物價工錢數同者。

杖七十

營造不申上待報及非法非時而起差人工，計僱役錢五十兩者。○估計不實多費物價工錢數同者。

杖八十

營造不申上待報及非法非時而起差人工，計僱役錢六十兩者。○估計不實多費物價工錢數同者。

杖九十

營造不申上待報及非法非時而起差人工，計僱役錢七十兩者。○估計不實多費物價工錢數同者。

杖一百

營造不申上待報及非法非時而起差人工，計僱役錢八十兩者。○估計不實多費物價工錢數同者。

徒一年杖六十

營造不申上待報及非法非時而起差人工，計僱役錢一百兩者。○估計不實多費物價工錢數同者。

徒一年半杖七十

營造不申上待報及非法非時而起差人工，計僱役錢二百兩者。○估計不實多費物價工錢數同者。

徒二年杖八十

營造不申上待報及非法非時而起差人工,計傭役錢三百兩者。○估計不實多費物價工錢數同者。

徒二年半杖九十

營造不申上待報及非法非時而起差人工,計傭役錢四百兩者。○估計不實多費物價工錢數同者。

徒三年杖一百

營造不申上待報及非法非時而起差人工,計傭役錢五百兩者。○估計不實多費物價工錢數同者。

虛費工力採取不堪用

凡役使人工採取木石材料及燒造磚瓦之類,虛費工力而不堪用者,計所費傭工錢坐贓論,若有所造作及有所毁壞,備慮不謹而悮殺人者,以過失殺人論,工匠、提調官各以所由爲罪。

罪名

笞二十

官司工匠採取燒造物料不堪用,計費工力錢一兩以下者。

笞三十

官司工匠採取燒造物料不堪用,計費工力錢一十兩者。

笞四十

官司工匠採取燒造物料不堪用,計費工力錢二十兩者。

笞五十

官司工匠採取燒造物料不堪用,計費工力錢三十兩者。

杖六十

官司工匠採取燒造物料不堪用,計費工力錢四十兩者。

杖七十

官司工匠採取燒造物料不堪用,計費工力錢五十兩者。

杖八十

官司工匠採取燒造物料不堪用,計費工力錢六十兩者。

杖九十

官司工匠採取燒造物料不堪用,計費工力錢七十兩者。

杖一百

官司工匠採取燒造物料不堪用,計費工力錢八十兩者。

徒一年杖六十

官司工匠採取燒造物料不堪用,計費工力錢一百兩者。

徒一年半杖七十

官司工匠採取燒造物料不堪用,計費工力錢二百兩者。

徒二年杖八十

官司工匠採取燒造物料不堪用,計費工力錢三百兩者。

徒二年半杖九十

官司工匠採取燒造物料不堪用,計費工力錢四百兩者。

徒三年杖一百

官司工匠採取燒造物料不堪用,計費工力錢五百兩者。

絞收贖

造作毁壞備慮不謹而誤殺人者。

造作不如法

凡造作不如法者,笞四十。若成造軍器不如法及織造段疋麤糙紕薄者,各笞五十;若不堪用及應改造者,各併計所損財物及所費傭工錢,重者坐贓論;其應供奉御用之物,加二等。工匠各以所由爲罪,局官減工匠一等。○提調官吏又減局官一等,並均償物價工錢還官。

附律定例

一、各處軍器局造作各項軍器不如法者,將管局委官參問降級,都布按三司堂上委官及府衛掌印官各治以罪。

雍正三年律例館奏准:造作軍器不如法,律文已明,此條删。

雍正五年律例館奏准增定附律例文

一、凡打造弓箭,擅改式樣貨賣者,笞五十。

歷年事例

國初定,凡改造弓箭式樣貨賣者,鞭五十,將現獲弓箭價值一分給與拏獲之人,一分入官;箭上不寫姓名者,罰銀十兩,給拏獲之人,不能給銀者,鞭三十。○順治十八年議定:改造弓箭式樣貨賣者,笞五十,價值免追;箭上不寫姓名,或寫他人姓名者,杖八十,仍追銀十兩給拏獲之人。

罪名

笞二十

造作不如法之提調官吏。

笞三十

造作不如法之局官。○若不堪用及應改造,計費財物工錢三十兩之提調官吏。

成造軍器不如法及織造段疋麤糙紕薄之提調官吏。

笞四十

造作不如法之工匠。○若不堪用及應改造,計費財物工錢三十兩之局官。○四十兩之提調官吏。

成造軍器不如法及織造段疋麤糙紕薄之局官。○若不堪用及應改造,計費財物工錢四十兩之提調官吏。

造作供奉御用物不如法之提調官吏。

笞五十

造作不堪用及應改造,計費財物工錢三十兩之工匠。○四十兩之局官。○五十兩之提調官吏。

成造軍器不如法及織造段疋麤糙紕薄之工匠。○若不堪用及應改造,計費財物工錢四十兩之局官。○五十兩之提調官吏。

造作供奉御用物不如法之局官。○若不堪用及應改造,計費財物三十兩之提調官吏。

成造、織造供奉御用軍器不如法及段疋麤糙紕薄之提調官吏。

打造弓箭擅改式樣貨賣者。

杖六十

造作及成造軍器、織造段疋不堪用及應改造,計費財物工錢四十兩之工匠。○五十兩之局官。○六十兩之提調官吏。

造作供奉御用物不如法之工匠。○若不堪用及應改造,計費財物工錢三十兩之局官。○四十兩之提調官吏。

成造、織造供奉御用軍器不如法及段疋麤糙之局官。○若不堪用及應改造,計費財物工錢四十兩之提調官吏。

杖七十

造作及成造軍器、織造段疋不堪用及應改造,計費財物工錢五十兩之工匠。○六十兩之局官。○七十兩之提調官吏。

造作供奉御用物不堪用及應改造,計費財物工錢三十兩之工匠。○四十兩之局官。○五十兩之提調官吏。

成造、織造供奉御用軍器不如法及段疋麤糙之工匠。○若不堪用及應改造計費財物工錢四十兩之局官。〇五十兩之提調官吏。

杖八十

造作及成造軍器、織造段疋不堪用及應改造，計費財物工錢六十兩之工匠。〇七十兩之局官。〇八十兩之提調官吏。

供奉御用者計四十兩之工匠。〇五十兩之局官。〇六十兩之提調官吏。

杖九十

造作及成造軍器、織造段疋不堪用及應改造，計費財物工錢七十兩之工匠。〇八十兩之局官。〇一百兩之提調官吏。

供奉御用者計五十兩之工匠。〇六十兩之局官。〇七十兩之提調官吏。

杖一百

造作及成造軍器、織造段疋不堪用及應改造，計費財物工錢八十兩之工匠。〇一百兩之局官。〇二百兩之提調官吏。

供奉御用者，計六十兩之工匠。〇七十兩之局官。〇八十兩之提調官吏。

徒一年杖六十

造作及成造軍器、織造段疋不堪用及應改造，計費財物工錢一百兩之工匠。〇二百兩之局官。〇三百兩之提調官吏。

供奉御用者計七十兩之工匠。〇八十兩之局官。〇一百兩之提調官吏。

徒一年半杖七十

造作及成造軍器、織造段疋不堪用及應改造，計費財物工錢二百兩之工匠。〇三百兩之局官。〇四百兩之提調官吏。

供奉御用者計八十兩之工匠。〇一百兩之局官。〇二百兩之提調官吏。

徒二年杖八十

造作及成造軍器、織造段疋不堪用及應改造，計費財物工錢三百兩之工匠。〇四百兩之局官。〇五百兩之提調官吏。

供奉御用者計一百兩之工匠。〇二百兩之局官。〇三百兩之提調官吏。

徒二年半杖九十

造作及成造軍器、織造段疋不堪用及應改造,計費財物工錢四百兩之工匠。○五百兩之局官。

供奉御用者,計二百兩之工匠。○三百兩之局官。○四百兩之提調官吏。

徒三年杖一百

造作及成造軍器、織造段疋不堪用及應改造,計費財物工錢五百兩之工匠。

供奉御用者,計三百兩之工匠。○四百兩之局官。○五百兩之提調官吏。

流二千里杖一百

造作及成造、織造御用等物不堪用及應改造,計費財物工錢四百兩之工匠。○五百兩之局官。

流二千五百里杖一百

造作及成造、織造御用等物不堪用及應改造,計費財物工錢五百兩之工匠。

冒破物料

凡造作局院頭目工匠,多破物料入己者,計贓以監守自盜論,追物還官。○局官并覆實官吏知情扶同者,與同罪失覺察者,減三等,罪止杖一百。

附律定例

一、各處巡按御史都布按三司分巡分守官查盤軍器,若有侵欺物料,那前補後,虛數開報者,不論官旗軍人,俱以監守自盜論,贓重者,照侵欺倉庫錢糧事例擬斷,衛所官三年不行造册,致誤奏繳者,降一級,各該都司守巡等官怠緩誤事,參究治罪。

雍正三年律例館奏准:今無巡按御史,且收貯軍器不止衛所衙門,亦無三年不造册始問罪之例,今將奏准改定例文開後。

一、各處有司及營衛衙門收貯軍器,經上司官察盤,若有侵欺物料,那前補後虛數開報者,俱以監守自盜論,贓重者,照侵欺倉庫錢糧事例擬斷,該管官不行造册致悮奏繳者,降一級,察盤上司官怠慢誤事,參究治罪。

一、河工估計工程,總河副總河及該督撫分司委員確查,如估計過多，存心浮冒，查出革職，承查之員扶同徇隱者，交部議處，至工完之日，再行確查，如工程單薄，錢糧不歸實用，修築不堅固者，將承修之員照侵欺錢糧例分别治罪，侵欺銀兩勒限追賠。

罪名

笞五十

冒破物料一兩以下，其局官覆實官吏失覺察者。

杖六十

冒破物料一兩之上至二兩五錢，其局官覆實官吏失覺察者。

杖七十

冒破物料五兩其局官覆實官吏失覺察者。

杖八十

冒破物料入己一兩以下之頭目工匠。○局官覆實官吏知情扶同者。○冒破七兩五錢之失覺察官吏。

收貯軍器衙門侵欺那補虚數開報一兩以下者。

杖九十

冒破物料入己一兩之上至二兩五錢之頭目工匠。○局官覆實官吏知情扶同者。○冒破一十兩之失覺察官吏。

收貯軍器衙門侵欺那補虚數，開報一兩之上至二兩五錢者。

杖一百

冒破物料入己五兩之頭目工匠。○局官覆實官吏知情扶同者。○冒破一十二兩五錢以上之失覺察官吏。

收貯軍器衙門侵欺那補虚數，開報五兩者。

徒一年杖六十

冒破物料入己七兩五錢之頭目工匠。○局官覆實官吏知情扶同者

收貯軍器衙門侵欺那補虚數，開報七兩五錢者。

徒一年半杖七十

冒破物料入己一十兩之頭目工匠。○局官覆實官吏知情扶同者。

收貯軍器衙門侵欺那補虚數，開報一十兩者。

徒二年杖八十

冒破物料入己一十二兩五錢之頭目工匠。○局官覆實官吏知情扶同者。

收貯軍器衙門侵欺那補虚數，開報一十二兩五錢者。

徒二年半杖九十

冒破物料入己一十五兩之頭目工匠。○局官覆實官吏知情扶同者

收貯軍器衙門侵欺那補虚數,開報一十五兩者。

徒三年杖一百

冒破物料入己一十七兩五錢之頭目工匠。○局官覆實官吏知情扶同者。

收貯軍器衙門侵欺那補虚數,開報一十七兩五錢者。

准徒四年雜犯三流

冒破物料入己二十兩、二十五兩、三十兩之頭目工匠。○局官覆實官吏知情扶同者扶同冒破入己四十兩贓者亦坐此。

收貯軍器衙門侵欺那補虚數開報二十兩、二十五兩、三十兩者。

斬雜犯准徒五年

冒破物料入己四十兩之頭目工匠。

收貯軍器衙門侵欺那補虚數,開報四十兩者。

河工承修工程不固,計錢糧不歸實用一千兩以下者。

斬監候

收貯軍器衙門侵欺那補虚數,開報一千兩以上者。

河工承修工程不固,計錢糧不歸實用一千兩以上者。

帶造緞疋

凡監臨主守官吏,將自己物料輒於官局帶造緞疋者,杖六十,緞疋入官,工匠笞五十,局官知而不舉者,與同罪;失覺察者,減三等。

罪名

笞三十

監守帶造緞疋其局官失覺察者。

笞五十

工匠爲監守帶造緞疋者。

杖六十

監守帶造緞疋者。○局官知而不舉者。

織造違禁龍鳳文緞疋

凡民間織造違禁龍鳳文紵絲紗羅貨賣者,杖一百,緞疋入官。○機户及挑花挽花工匠同罪,連當房家小起發,赴京籍充局匠。

雍正三年律例館奏准:“連當房家小”至末十三字删。

罪名

笞三十

買違禁龍鳳文紵絲紗羅未用者。

杖一百

織造違禁龍鳳文紵絲紗羅貨賣者。〇機户。〇挑花挽花工匠。

徒三年杖一百

買用違禁龍鳳文紵絲紗羅者。

造作過限

凡各處額造常課緞疋軍器，過限不納齊足者，以十分爲率，一分，工匠笞二十，每一分加一等，罪止笞五十，局官減工匠一等，提調官吏又減局官一等。〇若不依期計撥物料者，局官笞四十，提調官吏減一等。

罪名

笞一十

額造常課軍器緞疋不足一分之局官。〇二分之提調官吏。

笞二十

額造常課軍器緞疋不足一分之工匠。〇二分之局官。〇三分之提調官吏。

笞三十

額造常課軍器緞疋不足二分之工匠。〇三分之局官。〇四分之提調官吏。

不依期計撥物料之提調官吏。

笞四十

額造常課軍器緞疋不足三分之工匠。〇四分之局官。

不依期計撥物料之局官。

笞五十

額造常課軍器緞疋不足四分之工匠。

修理倉庫

凡各處公廨倉庫局院，係官房舍，但有損壞，當該官吏隨即移文有司修理，違者，笞四十，若因而損壞官物者，依律科罪賠償，所損之物，若已移文有司而失誤者，罪坐有司。

罪名止有笞四十一條律文已明不復列。

有司官吏不住公廨

凡各府、州、縣有司官吏,不住公廨内官房,而住街市民房者,杖八十。○若埋没公用器物者,以毁失官物論。

雍正三年律例館奏准增定附律例文

一、凡各省督撫提鎮及有屬員等官到任,其屬員派累兵民修理衙署,備辦鋪設及州縣守禦等官到任,其屬下人役豫爲鋪設,修理衙署,派及兵民,并官員每年指稱添换器物,修飾衙署,派累兵民者,該管上司即行指實題參,文員照科斂律治罪,武弁照尅扣律治罪;如該上司徇庇不參,或勒令屬員修理衙署,添换器物,發覺之日,將該上司一併交該部,分别議處;再官員陞任或去任,除自置器皿外,署内一應物件俱著清載簿籍,移交接任官員,倘將在官物件被家人毁盗,將家人照毁盗官物律治罪,其毁盗物件,著落舊任官照數賠補。

罪名

笞二十

文官到任修理鋪設及每年指稱添换修飾,派累一兩以下者。

笞三十

文官到任修理鋪設及每年指稱添换修飾,派累一十兩者。

笞四十

文官到任修理鋪設及每年指稱添换修飾,派累二十兩者。

笞五十

文官到任修理鋪設及每年指稱添换修飾,派累三十兩者。

官吏埋没而失公用器物,計值一兩以下者一十兩之爲從者。

杖六十

文官到任修理鋪設及每年指稱添换修飾,派累四十兩者。

官吏埋没而失公用器物,計值一十兩者、二十兩之爲從者。

杖七十

文官到任修理鋪設及每年指稱添换修飾,派累五十兩者。

官吏埋没而失公用器物,計值二十兩者、三十兩之爲從者。

杖八十

官吏不住公廨者

官吏埋没而毁公用器物,計值一兩以下者、一十兩之爲從者。○遺失計值三十兩者、四十兩之爲從者。

文官到任修理鋪設及每年指稱添換修飾，派累六十兩者。○武官計派累一兩以下者。

離任官家人毁棄在官物件，計值一兩以下者、一十兩之爲從者。○盜去值一兩以下者。

杖九十

官吏埋没而毁公用器物，計值一十兩者、二十兩之爲從者。○遺失計值四十兩者、五十兩之爲從者。

文官到任修理鋪設及每年指稱添換修飾，派累七十兩者。○武官派累一兩至二兩五錢者。

離任官家人毁棄在官物件，計值一十兩者、二十兩之爲從者。○盜去值一兩之上至二兩五錢者。

杖一百

官吏埋没而毁公用器物，計值二十兩者、三十兩之爲從者。○遺失計值五十兩者、六十兩之爲從者。

文官到任修理鋪設及每年指稱添換修飾，派累八十兩者。○武官派累五兩者。

離任官家人毁棄在官物件，計值二十兩者、三十兩之爲從者。○盜去值五兩者。

徒一年杖六十

官吏埋没而毁公用器物，計值三十兩者、四十兩之爲從者。○遺失計值六十兩者、七十兩之爲從者。

文官到任修理鋪設及每年指稱添換修飾，派累一百兩者。○武官派累七兩五錢者。

離任官家人毁棄在官物件，計值三十兩者、四十兩之爲從者。○盜去值七兩五錢者。

徒一年半杖七十

官吏埋没而毁公用器物，計值四十兩者、五十兩之爲從者。○遺失計值七十兩者、八十兩之爲從者。

文官到任修理鋪設及每年指稱添換修飾，派累二百兩者。○武官派累一十兩者。

離任官家人毁棄在官物件，計值四十兩者、五十兩之爲從者。○盜去值一十兩者。

徒二年杖八十

官吏埋没而毁公用器物,計值五十兩者、六十兩之爲從者。○遺失計值八十兩者、九十兩之爲從者。

文官到任修理鋪設及每年指稱添换修飾,派累三百兩者。○武官派累一十二兩五錢者。

離任官家人毁棄在官物件,計值五十兩者、六十兩之爲從者。○盗去值一十二兩五錢者。

徒二年半杖九十

官吏埋没而毁公用器物,計值六十兩者、七十兩之爲從者。○遺失計值九十兩者、一百兩一百一十兩、一百二十兩之爲從者。

文官到任修理鋪設及每年指稱添换修飾,派累四百兩者。○武官派累一十五兩者。

離任官家人毁棄在官物件,計值六十兩者、七十兩之爲從者。○盗去值一十五兩者。

徒三年杖一百

官吏埋没而毁公用器物,計值七十兩者、八十兩九十兩、一百兩之爲從者。○遺失計值一百兩、一百一十兩、一百二十兩者。

文官到任修理鋪設及每年指稱添换修飾,派累五百兩者。○武官派累一十七兩五錢者。

離任官家人毁棄在官物件,計值七十兩者、八十兩九十兩、一百兩之爲從者。○盗去值一十七兩五錢者。

准徒四年雜犯三流

武官到任修理鋪設及每年指稱添换修飾,派累二十兩、二十五兩、三十兩者。

離任官家人盗去在官物件,計值二十兩、二十五兩、三十兩者。

流二千里杖一百

官吏埋没而毁公用器物,計值八十兩者。

離任官家人毁棄在官物件,計值八十兩者。

流二千五百里杖一百

官吏埋没而毁公用器物,計值九十兩者。

離任官家人毁棄在官物件,計值九十兩者。

流三千里杖一百

官吏埋没而毁公用器物,計值一百兩者。

離任官家人毁棄在官物件,計值一百兩者。

斬雜犯准徒五年

武官到任修理鋪設及每年指稱添换修飾,派累四十兩者。

離任官家人盗去在官物件,計值四十兩者。

〔河防〕

盗決河防

凡盗決河防者,杖一百。盗決圩岸陂塘者,杖八十。若毁害人家及漂失財物渰没田禾,計物價重者,坐贓論;因而殺傷人者,各减鬬殺傷罪一等。若故決河防者,杖一百、徒三年;故決圩岸陂塘,减二等,漂失贓重者,准竊盗論,免刺;因而殺傷人者,以故殺傷論。

附律定例

一、凡故決、盗決山東南旺湖、沛縣昭陽湖、蜀山湖、安山積水湖、揚州高寶湖、淮安高家堰、柳浦灣及徐邳上下濱河一帶各堤岸,併阻絶山東泰山等處泉源,有干漕河禁例,爲首之人發附近衛所,係軍調發邊衛,各充軍,其閘官人等,用草捲閣閘板盗泄水利,串通取財,犯該徒罪以上,亦照前問遣。

雍正三年律例館奏准:"爲首之人"至"各充軍"十八字改爲"軍民俱發邊衛充軍"。

一、河南等處地方盗決及故決隄防,毁害人家,漂失財物,渰没田禾犯該徒罪以上爲首者,若係旗舍餘丁民人,俱發附近充軍,係軍調發邊衛。

雍正三年律例館奏准:"爲首者"至末二十三字改爲"軍民俱發邊衛充軍"。

一、凡黄河一年之内,運河三年之内堤工陡遇衝決,而所修工程實係堅固,於工完之日,已經總河督撫保題者,止令承修官賠修四分,其餘六分准其開銷。如該員修築錢糧俱歸實用,工程已完,未及題報,而陡遇衝決者,該總河督撫將衝決情形并該員工程果無浮冒之處據實保題,亦令賠修四分,其餘俱准開銷。如黄河一年之外,運河三年之外堤工陡遇衝決,而該管各官實係防守謹慎,並無疎虞懈弛者,該總河督撫查明具題,止令防守該管各官共賠四分,内河道分司知府共賠二分,同知通判守備州縣共賠一分半,縣丞主簿千總把總共賠半分,其餘六分准其開銷;其承修防守各員,俱令革職留任,帶罪効力,工完之日,方准開復。倘總河督撫有保題不實者,後經查出,照徇庇例嚴加議處,所修工程,仍照定例勒令各官分賠還項。若河員有將完固堤工故行毀壞,希圖興修,借端侵蝕錢糧者,該總河察訪奏聞,於工程處正法。

歷年事例

康熙三十八年題准:擅自築隄者,照故決河防律杖一百、徒三年,係旗人枷號四十日,鞭一百。

罪名

杖八十

盜決圩岸陂塘者。

杖九十

盜決圩岸陂塘漂滄人財物田禾,計七十兩者。○因而折人一齒、手足一指、眇一目、抉毀耳鼻破骨者。

杖一百

盜決河防者。

盜決圩岸陂塘漂滄人財物田禾,計八十兩者。○因而折人二齒、二指以上及髡髮者。

徒一年杖六十

盜決河防圩岸陂塘漂滄人財物田禾,計一百兩者。

徒一年半杖七十

盜決河防圩岸陂塘漂滄人財物田禾,計二百兩者。○因而折損人肋、眇兩目、墮胎者。

徒二年杖八十

盜決河防圩岸陂塘漂滄人財物田禾,計三百兩者。

故決圩岸陂塘者。

徒二年半杖九十

盜決河防圩岸陂塘漂滄人財物田禾,計四百兩者。○因而折跌人肢體瞎一目者。

故決圩岸陂塘漂滄人財物田禾,計八十兩者、九十兩之爲從者。

徒三年杖一百

盜決河防圩岸陂塘漂滄人財物田禾,計五百兩者。○因而瞎人兩目、折兩肢損二事以上,若斷舌毀敗陰陽因舊患至篤疾者。

故決河防者。○故決圩岸陂塘漂渰人財物田禾，計九十兩者、一百兩、一百一十兩、一百二十兩之爲從者。○因而折跌人肢體瞎一目者。

流二千里杖一百

故決河防圩岸陂塘漂渰人財物田禾，計一百兩者。

流二千五百里杖一百

故決河防圩岸陂塘漂渰人財物田禾，計一百一十兩者。

流三千里杖一百

盜決河防圩岸陂塘因而殺人者。

故決河防圩岸陂塘漂渰人財物田禾，計一百二十兩者。○因而瞎人兩目、折兩肢、損二事以上，若斷舌毀敗陰陽因舊患至篤疾者。

邊衛充軍

軍民故決盜決南旺等湖堤岸，阻絶泰山等處泉源有干漕河禁例者。

閘官人等用草捲閣閘板盜泄水利串同取財犯該徒罪以上者。

軍民盜決及故決河南等處隄防，毀害人家，漂失財物，渰没田禾，犯該徒罪以上者。

斬監候

故決河防圩岸陂塘因而殺人者。

失時不修隄防

凡不修河防及修而失時者，提調官吏各笞五十，若毀害人家漂失財物者，杖六十，因而致傷人命者，杖八十。○若不修築圩岸及修而失時者，笞三十，因而渰没田禾者，笞五十。○其暴水連雨損壞隄防，非人力所致者，勿論。

附律定例

一、凡運河一帶用强包攬閘夫溜夫二名之上，撈淺舖夫三名之上，俱問罪，旗軍發邊衛，民并軍丁人等，發附近，各充軍，攬當一名，不曾用强生事者，問罪，枷號一個月發落。

雍正三年律例館奏准："俱問罪"至"各充軍"二十字改爲"俱問發附近充軍"。

罪名

笞三十

圩岸不修及修而失時者。

笞五十

河防不修及修而失時者。

圩岸修不以時因而渰没田禾者。

杖六十

河防修不以時因而毁害人家漂失財物者。

杖八十

河防修不以時因而决傷人命者。

附近充軍

用强包攬閘夫、溜夫二名之上,撈淺夫三名之上者。

侵占街道

凡侵占街巷道路,而起蓋房屋及爲園圃者,杖六十,各令復舊;其穿墻而出穢污之物於街巷者,笞四十;出水者,勿論。

附律定例

一、京城内外街道,若有作踐掘成坑坎,淤塞溝渠,蓋房侵占,或傍城使車撒放牲口損壞城脚,及大清門前御道棊盤,并護門柵欄、正陽門外御橋、南北本門、月城、將軍樓、觀音堂、關王廟等處作踐損壞者,俱問罪,枷號一個月發落。

罪名

笞四十

穿墻出污穢者。

杖六十

侵占街道者。

修理橋梁道路

凡橋梁道路,府州縣佐貳官提調於農隙之時,常加點視修理,務要堅完平坦,若損壞失於修理,阻礙經行者,提調官吏笞三十。○若津渡之處,應造橋梁而不造,應置渡船而不置者,笞四十。

罪名

笞三十

不修理橋梁道路者。

笞四十

不造置津梁渡船者。

大清會典卷之一百九十三

刑部

〔五刑贖罪圖〕

順治三年，頒大清律於直省，具載五刑贖罪之圖。雍正三年，律例館以運灰運甎等項，例本折銀，徒存名目，反易混淆，乃更定贖圖，今具載於後，以備參考。

順治三年頒行贖圖

在京納贖諸例

老幼收贖等罪俱照外贖例圖

依律決配	笞一十			笞二十		
做工	一個月	折銀三	錢	一個半月	折銀四錢	五分
運囚糧	米五斗	折銀二	錢五分	米一石	折銀五	錢
運灰	灰一千二百	觔折銀一兩	二錢六分	灰一千八百	觔折銀一兩	八錢九分
運甎	甎七十個	折銀九錢	一分	甎一百五個	折銀一兩三	錢六分五釐
運水和炭	炭二百	觔折銀	四錢	炭三百	觔折銀	六錢
運碎甎	二千八		百觔	四千二		百觔
運石	一千二		百觔	一千八		百觔

三十	四十	五十	杖六十
二個月折銀六錢	二個半月折銀七錢五分	三個月折銀九錢	四個月折銀一兩二錢
米一石五斗折銀七錢五分	米二石折銀一兩	米二石五斗折銀一兩二錢二分	米六石折銀三兩
灰二千四百觔折銀二兩五錢二分	灰三千觔折銀三兩一錢五分	灰三千六百觔折銀三兩七錢八分	灰四千二百觔折銀四兩四錢一分
甎一百四十個折銀一兩八錢二分	甎一百七十五個折銀二兩二錢七分五釐	甎二百一十個折銀二兩七錢三分	甎二百四十五個折銀三兩一錢八分五釐
炭四百觔折銀八錢	炭五百觔折銀一兩	炭六百觔折銀一兩二錢	炭七百二十觔折銀一兩四錢四分
五千六百觔	七千觔	八千四百觔	九千八百觔
二千四百觔	三千觔	三千六百觔	四千二百觔

七十	四個半月折銀一兩三錢五分	米七石折銀三兩五錢	灰四千八百觔折銀五兩零四分	甎二百八十個折銀三兩六錢四分	炭八百二十觔折銀一兩六錢四分	一萬一千二百觔	四千八百觔
八十	五個月折銀一兩五錢	米八石折銀四兩	灰五千四百觔折銀五兩六錢七分	甎三百二十五個折銀四兩九分五釐	炭九百二十觔折銀一兩八錢四分	一萬二千六百觔	五千四百觔
九十	五個半月折銀一兩六錢五分	米九石折銀四兩五錢	灰六千觔折銀六兩三錢	甎三百五十個折銀四兩五錢五分	炭一千二十觔折銀二兩零四分	一萬四千觔	六千觔
一百	六個月折銀一兩八錢	米十石折銀五兩	灰六千六百觔折銀六兩九錢三分	甎三百八十五個折銀五兩零五釐	炭一千一百二十觔折銀二兩二錢四分	一萬五千四百觔	六千六百觔

以上俱的決

徒一年（以下民擺站軍臺站）	一年半	二年	二年半
折銀三兩六錢	折銀五兩四錢	折銀七兩二錢	折銀九兩
米十五石折銀七兩五錢	米二十石折銀十兩	米二十五石折銀十二兩五錢	米三十石折銀十五兩
灰一萬二千觔折銀十二兩六錢	灰一萬八千觔折銀十八兩九錢	灰二萬四千觔折銀二十五兩二錢	灰三萬觔折銀三十一兩五錢
甎六百個折銀七兩八錢	甎九百個折銀十一兩七錢	甎一千二百個折銀十五兩六錢	甎一千五百個折銀十九兩五錢
炭一千七百觔折銀三兩四錢	炭二千五百五十觔折銀五兩一錢	炭三千四百觔折銀六兩八錢	炭四千二百五十觔折銀八兩五錢
二萬四千觔	三萬六千觔	四萬八千觔	六萬觔
一萬二千觔	一萬八千觔	二萬四千觔	三萬觔

三年
折銀十
兩八錢
米三十五灰三萬六千甎一千八百炭五千一
石折銀十觔折銀三十個折銀二十百觔折銀
七兩五錢七兩八錢三兩四錢十兩二錢
七萬二三萬六
千觔千觔

四年
折銀十四
兩四錢
米四十灰四萬八千甎二千四百炭六千八百
石折銀觔折銀五十個折銀三十觔折銀十三
二十兩兩四錢二兩二錢兩六錢
八萬四四萬二
千觔千觔

五年
折銀十
八兩
米五十石灰六萬觔甎三千個炭八千五
折銀二十折銀六十折銀三十百觔折銀
五兩三兩九兩十七兩
一十二萬六萬四
千一百
八千觔觔

惟軍職立功每年納米十石定例俱納本色不許折銀

在外納贖諸例圖

無力 有力 稍有力

收贖 贖罪 贖銅

依律照例決配贖罪 納工價

老幼廢疾軍職正妻工役樂戶例難的決婦人折杖及婦人有力者收贖律

非奉旨各布政使司等衙門鑄錢者不許擅贖取罪

例

折銀上庫

每做工一月折銀三錢

		折穀上倉每穀一石折米五斗每米一石折銀五錢				
笞一十	杖之小者	贖銀二錢五分如納米五斗如穀一石	贖銀三錢		贖銀七釐五毫	贖銀一錢
二十		贖銀五錢如納米一石如穀二石	贖銀四錢五分		贖銀一分五釐	贖銀二錢
三十		贖銀七錢五分如納米一石五斗如穀三石	贖銀六錢		贖銀二分二釐五毫	贖銀三錢

四十	五十	杖六十	七十
		杖之大者	
贖銀一兩如納米二石如穀四石	贖銀一兩二錢五分如納米二石五斗如穀五石	贖銀三兩如納米六石如穀一十二石	贖銀三兩五錢如納米七石如穀十四石
贖銀七錢五分	贖銀九錢	贖銀一兩二錢	贖銀一兩三錢五分
贖銀三分	贖銀三分七釐五毫	贖銀四分五釐	贖銀五分二釐五毫
贖銀四錢	贖銀五錢	贖銀六錢	贖銀七錢
	每笞一十贖銅半觔每銅一觔折銀五分		

八十		贖銀四兩如納米八石如穀十六石	贖銀一兩五錢		贖銀六分	贖銀八錢	
九十		贖銀四兩五錢如納米九石如穀十八石	贖銀一兩六錢五分		贖銀六分七釐五毫	贖銀九錢	
一百	以上俱的決	贖銀五兩如納米十石如穀二十石	贖銀一兩八錢		贖銀七分五釐	贖銀一兩	每杖一十贖銅一觔每銅一觔折銀五分
						婦人餘罪收贖例并誣輕為重者	

徒一年	一年半	二年	二年半
贖銀七兩五錢如納米十五石如穀三十石（以下民擺站軍瞭哨）	贖銀十兩如納米二十石如穀四十石	贖銀十二兩五錢如納米二十五石如穀五十石	贖銀十五兩如納米三十石如穀六十石
贖銀三兩六錢	贖銀五兩四錢	贖銀七兩二錢	贖銀九兩
贖銀一錢五分	贖銀一錢八分七釐五毫	贖銀二錢二分五釐	贖銀二錢六分二釐五毫
杖六十連徒共折杖一百二十其一百正贖罪銀一兩其二十餘罪折銀七分五釐 贖銅一百二十觔雜犯再犯又贖銀七分五釐	杖七十連徒共折杖一百四十其一百正罪贖銀一兩其四十餘罪折銀一錢一分二釐五毫 贖銅一百四十觔雜犯再犯又贖銀一錢一分二釐五毫	杖八十連徒共折杖一百六十其一百正罪贖銀一兩其六十餘罪折銀一錢五分 贖銅一百六十觔雜犯再犯又贖銀一錢五分	杖九十連徒共折杖一百八十其一百正罪贖銀一兩其八十餘罪折銀一錢八分七釐五毫 贖銅一百八十觔雜犯再犯又贖銀一錢八分七釐五毫

三年	流二千里	二千五百里	三千里
贖銀十七兩五錢如納米三十五石如穀七十石			
贖銀二十兩零八錢			
贖銀三錢杖一百連徒共折杖二百其一百正罪贖銀一兩其二百餘罪折銀二錢二分五釐贖銅二百觔雜犯再犯又贖銀二錢二分五釐	贖銀三錢七分五釐該折杖二百二十其一百正罪贖銀一兩其一百二十餘罪折銀三錢贖銅二百二十觔	贖銀四錢一分二釐五毫該折杖二百四十其一百正罪贖銀一兩其一百四十餘罪折銀三錢三分七釐五毫贖銅二百四十觔	贖銀四錢五分該折杖二百六十其一百正罪贖銀一兩其一百六十餘罪折銀三錢七分五釐贖銅二百六十觔

總徒四年		贖銀二十兩如納米四十石如穀八十石	贖銀十四兩四錢		遷徙准徒二年折贖罪銀四錢五分		已徒犯徒遇例減一等
雜犯五年	革職立功年滿有力納米俱復職帶俸差操	贖銀二十五兩如米五十石如穀一百石	贖銀一十八兩				再犯贖銀四錢五分
絞斬					贖銀五錢二分五毫除贖正罪銀一兩外餘罪折銀四錢零五釐		
過失殺	依律收贖折銀十二兩四錢二分給被殺之家營葬取領狀						

雍正三年律例館奏准改定贖圖

無力 有力 稍有力

收贖 贖罪

依律照例

決配 贖罪

老幼廢疾官員正妻例

天文生及難的決及婦

婦人折杖人有力者照

照律收贖例贖罪

例

折銀

上庫

	笞一十	二十	三十
	杖之小者		
折穀上倉每穀一石折米五斗每米一石折銀五錢	贖銀二錢五分如納米五斗如穀一石	贖銀五錢如納米一石如穀二石	贖銀七錢五分如納米一石五斗如穀三石
	贖銀三錢照做工一月例折銀三錢	贖銀四錢五分	贖銀六錢
	贖銀七釐五毫	贖銀一分五釐	贖銀二分二釐五毫
	贖銀一錢	贖銀二錢	贖銀三錢

四十		贖銀一兩如納米二石如穀四石	贖銀七錢五分		贖銀三分	贖銀四錢
五十		贖銀一兩二錢五分如納米二石五斗如穀五石	贖銀九錢		贖銀三分七釐五毫	贖銀五錢
杖六十	杖之大者	贖銀三兩如納米六石如穀十二石	贖銀一兩二錢		贖銀四分五釐	贖銀六錢
七十		贖銀三兩五錢如納米七石如穀十四石	贖銀一兩三錢五分		贖銀五分二釐五毫	贖銀七錢

八十		贖銀四兩如納米八石如穀十六石	贖銀一兩五錢		贖銀六分	贖銀八錢
九十		贖銀四兩五錢如納米九石如穀十八石	贖銀一兩六錢五分		贖銀六分七釐五毫	贖銀九錢
一百	以上俱的決	贖銀五兩如納米十石如穀二十石	贖銀一兩八錢		贖銀七分五釐	贖銀一兩
						婦人餘罪收贖例

徒一年	贖銀七兩五錢如納米十五石如穀三十石	贖銀三兩六錢	贖銀一錢五分杖六十連徒共折杖一百二十其一百正罪贖銀一兩其二十餘罪折銀七分五釐
一年半	贖銀十兩如納米二十石如穀四十石	贖銀五兩四錢	贖銀一錢八分七釐五毫杖七十連徒折杖一百四十其一百正罪贖銀一兩其四十餘罪折銀一錢一分二釐五毫
二年	贖銀十二兩五錢如納米二十五石如穀五十石	贖銀七兩二錢	贖銀二錢二分五釐杖八十連徒共折杖一百六十其一百正罪贖銀一兩其六十餘罪折銀一錢五分
二年半	贖銀十五兩如納米三十石如穀六十石	贖銀九兩	贖銀二錢六分二釐五毫杖九十連徒共折杖一百八十其一百正罪贖銀一兩其八十餘罪折銀一錢八分七釐五毫

三年	以上五徒俱發本省驛遞	贖銀十七兩五錢如納米三十五石如穀七十石	贖銀十兩零八錢		贖銀三錢杖一百連徒共折杖二百共二百正罪贖銀一兩共一百餘罪折銀二錢二分五釐
流二千里					贖銀三錢七分五釐該折杖二百二十共一百正罪贖銀一兩共一百二十餘罪折銀三錢
二千五百里					贖銀四錢一分二釐五毫該折杖二百四十共一百正罪贖銀一兩共一百四十餘罪折銀三錢三分七釐五毫
三千里					贖銀四錢五分該折杖二百六十共一百正罪贖銀一兩共一百六十餘罪折銀三錢七分五釐

總徒四年		贖銀二十兩如納米四十石如穀八十石	贖銀十四兩四錢		遷徙准徒二年折贖罪銀四錢五分	
雜犯五年		贖銀二十五兩如納米五十石如穀一百石	贖銀一十八兩			
絞斬					贖銀五錢二分五釐	除贖正罪銀一兩外餘罪折銀四錢五分
過失殺	依律收贖折銀十二兩四錢二分給被殺之家營葬取領狀					

歷年事例

凡納銀贖罪，順治十二年覆准：犯人罪贖，春夏二季，照律例納銀，秋冬二季，令有司收銀，照時價糴穀貯倉，年底將收納罪銀并糴穀數目彙造清册，報户部刑部查核。〇又覆准：道府州縣折贖銀兩，設立循環簿，逐件登報，布政司彙報，督撫積銀備賑，歲底彙報户部稽察。〇又題准：文武官員有犯，除實犯死罪外，餘罪俱准折贖，衙蠹犯罪者，不准折贖。〇十五年覆准：直省大小衙門贓贖銀兩，逐項造册，送按察司按季清查，有隱漏不報者，計贓論罪，倘該司通同容隱者，該撫按指名題參，一併治罪。〇十六年覆准：在京軍民人等，犯流罪以上及姦盜、强盜、知情故縱罪囚、以卑犯尊、衙蠹犯贓等罪，仍不准收贖外，其犯徒罪以下有力者，俱照律例分别收贖；旗下婦女，除犯姦盜逃走等情的決外，餘罪亦准照例收贖。〇又題准：贖鍰定數，杖一百者，折銀三十五兩；杖九十者，折銀三十一兩二錢五分；杖八十者，折銀二十七兩五錢；杖七十者，折銀二十三兩七錢五分；杖六十者，折銀二十兩。〇十八年定：官員仍聽折贖，其無力小民犯杖罪者，即著的決，不必折贖。〇又議定：官民人等，犯杖六十、徒一年者，折銀二十三兩七錢五分；杖七十、徒一年半者，折銀二十九兩三錢七分五釐；杖八十、徒二年者，折銀三十五兩；杖九十、徒二年半者，折銀四十兩六錢二分五釐；杖一百、徒三年者，折銀四十六兩二錢五分；杖一百、流罪准徒四年者，折銀五十兩；雜犯死罪准徒五年者，折銀五十三兩七錢五分。〇又議准：凡贖鍰由督撫按批行者，承問官通詳，互相稽核解部，司、道、府、州、縣官自理贖鍰，亦全數報部備賑。〇康熙二年定：内外官員革職後犯杖罪者，仍准折贖。〇六年覆准：旗下人犯罪，有力情願折贖者，照民人例一體折贖，無力者，仍的決。〇七年覆准：州縣自理贖鍰，歲底造册申報按察司查核；按察司自理贖鍰，歲底申報督撫查核，該督撫於歲底彙造清册，報部查核，倘有折多報少隱漏等弊，該督撫查明具題治罪；凡罰贖之人姓名及罰數，承審各官明晰出示曉諭，如有隱漏，以貪贓治罪。〇十一年覆准：律例内開載未盡折贖之條，問刑官臨時詳審情罪，應准折贖而自願者，准其折贖，有不應准者，仍的決，如濫准折贖，併多取肥己者，該督撫指名糾參。

凡認工贖罪，國初定，有罪之人脩蓋城樓，准其贖罪。〇順治十八年題准：官員人等，有犯流徙籍没等罪，情願脩造城樓營建贖罪者，呈明該原問衙門預爲啓奏，下工部查議，奏聞請定奪。〇康熙二年題准：犯人有願認工贖罪者，呈明刑部，移咨工部會同將犯人情罪、脩建工程查核，情罪與工程相符,奏聞請建造。〇十九年議准:革職處分等官及各項人犯,有願認脩葺京都城樓公署及倉庫牌樓贖罪者,除十惡等實犯死罪、奸細、光棍、誣告、叛逆、放火等罪不准認贖外,其餘斬絞重罪併充軍流徙人犯具呈,工部查核情罪輕重與例相符,准其具題,定限脩理,完日免罪。〇又題准:認工復職贖罪人員,將原估銀兩定限赴工部交納,差各部賢能司官脩理,其贖罪人犯有保官者,即令出監,依限上納,過限不完,將保官一併參究,無保官者,仍令寄監,定限上納,過限不完,題參,照原擬治罪;其認工交銀者,隨到即收,不得借端留難措勒。

凡効力贖罪,天命六年諭:凡有武功授職者,必行問獲罪,乃革其官,或他事獲罪,勿議革,俾自贖。〇康熙十六年議准:有出征之處殺人,奉旨免死者,鞭一百,照律追埋葬銀二十兩,給付死者之家,將枷號兩個月存案,令軍前効力贖罪,如効力有據及身受重傷者,免其枷號,若不行効力者,出兵回日,仍行枷號,將妻子家産人口一併發與辛者庫,其口外蒙古等有犯,亦鞭一百,以追銀二十兩折牲口一九,給付死者之家,令軍前効力贖罪,如効力有據及身受重傷者,免其折枷號牲口三九,若不行効力者,仍追牲口三九,給付死者之家,妻子家産人口,一併給與該管之主爲奴;至贖罪人犯之効力與否,該將軍併該管官登記明白,俟出兵回日,送部查議。

六贓圖

	監守盜	常人盜 枉法	竊盜 不枉法	坐贓
笞二十				一兩以下
三十				一兩至一十兩

四十				二十兩
五十				三十兩
杖六十			一兩以下	四十兩
七十		一兩以下	一十兩	五十兩

八十	一兩以下	一兩至五兩	二十兩	六十兩
九十	一兩至二兩五錢	一十兩	三十兩	七十兩
一百	五兩	一十五兩	四十兩	八十兩
徒一年杖六十	七兩五錢	二十兩	五十兩	一百兩

一年半	杖七十	一十兩	二十五兩	六十兩	二百兩
二年	杖八十	一十二兩五錢	三十兩	七十兩	三百兩
二年半	杖九十	一十五兩	三十五兩	八十兩	四百兩
三年	杖一百	一十七兩五錢	四十兩	九十兩	五百兩

流二千里	杖一百	二十兩	四十五兩	一百兩
二千五百里	杖一百	二十五兩	五十兩	一百一十兩
三千里	杖一百	三十兩	五十五兩	一百二十兩

雜

絞

八十兩

一百二十兩

實絞

死

斬

四十兩

犯

〔詳擬罪名〕

刑必當罪，務在輕重得平，過重則失入，過輕則失出，故定擬罪名，必法司覆核無異，方請定奪，其有情法未當者，駁令内外所司再行詳擬，事例具後。

順治二年定：一應重辟人犯，有奉監候再審之旨者，法司轉行巡按，會同監司從公研審，情實罪當者，報部覆核，其事有冤抑，情可矜疑者，徑自奏聞。○又定：家口入官以處重罪，不可濫及。○八年諭："治國安民，首在懲貪。近見初參贓盈千百，及提問多坐衙役，又云贓無入己，夫衙役誰縱，初參何據？今後凡覆核貪案，皆不得預擬還職，必聽吏部另行覆核，疏請開豁。"○十一年覆准：凡直省大獄已結未結者，令按察司各道年底造册，恭請御覽，下三法司駁正糾參。○十二年定：内外問刑衙門審究蠹役，計贓定擬，不許援引無禄輕條，除情罪重大者分别絞斬，其餘俱著流徙。○十五年定：人命至重，凡内外審擬重犯應監候者，俱分别秋後處決及監候緩決兩等具奏。○又題准：民人犯罪，謊稱係旗下人者，加等治罪。○康熙四年覆准：凡承問各官徇私枉法，顛倒是非，故出故入情弊顯然者，即行指名參處。○六年覆准：凡直省一應事件，州縣官務須詳審確擬，招解按察司，其有情罪不符可疑者，駁令再審一次，如仍審擬不明，按察司即行親審明確，詳報督撫，督撫細核，有情罪不合者，駁令該司再審一次。如該司覆審不明，混報督撫者，督撫即行親審確擬，將引律不合草率朦混之承問各官，開列職名，一併題參。若有徇庇賄托等弊，另行特疏糾參。○九年覆准：凡貪官蠹吏事發，督撫必須從公確擬。若有徇庇貪污等情，經科道糾參是實者，將督撫承問各官一併從重治罪。○十一年諭：凡内外衙門審問事情，務加詳慎，勿得不分輕重，動輒夾訊，草率結案，其有任情作弊者，即行指實題參。○又議定：凡謀反謀叛之罪，始行連坐籍没，其餘情罪俱照律議，若有官員承審人犯，存心陷害，借言情罪重大誣以朋黨，妄議株連父母兄弟妻子籍没家産者，照故入人死罪律治罪。○十二年題准：凡被參官員於本案内革職者，罪名折贖俱免。若别案革職者，仍照律擬罪。○又題准：民人犯事，謊稱係旗下人者，照不應重律杖八十。○又覆准：凡直省人命强盗事件一切擬罪等案，將全招畫一開列疏内，併另造清册投送三法司衙門查核。○十六年題准：凡監禁待質人犯，除叛逆案内牽連者，仍行監禁外，其人命强盗等案待質人犯，如過三年，將情實矜疑情由逐一開明，案卷即於秋審時一併入審，具題完結。○二十年議准：凡督撫糾察屬官欵件,果實者,將經管之衙役一併治罪。○二十二年覆准:具題重罪事情,照原疏看語揭帖開送三法司核覆外,停其照疏造册投送。○二十三年題准:凡各衙門題交刑部議罪人犯,係軍罪以下之事,即在部完結十日彙題,其革職交與刑部議罪者,仍行題覆完結。○二十五年覆准:凡直省已結未結大獄案件,停其年底造册具題并分送部院科道之例。○二十六年覆准:直隸各省大獄册,既經停止,其欽件數目開送之册,亦俱停止。○三十一年題准:凡關係人命事件,照熱審之例,三法司公同會審,一次具題。○四十一年覆准:直隸各省止令造送現審看語,其全招節略册籍,停其造送。○四十四年覆准:嗣後科抄彙題事件註銷之日,將原案齎送查核。

〔分理詞訟〕

聽訟之法,各有分司,其案件有滿漢關涉者,或隸户部,或分五城,或歸刑部,隨事分理,其直省駐防地方旗民詞訟,督撫及該管官會同將軍副都統等官分别審理。順治二年定:刑部專理詳讞,例不受詞,以後民間詞訟,在外歸督撫監司,在内歸順天府宛、大二縣五城,如果有冤抑赴通政司投告審察,送部審理。○十年議准:京城滿漢雜居,地有分屬,凡涉偷竊衣物及鬬毆瑣屑細事,俱歸各城審結。○十二年覆准:凡巡捕營緝獲事件,解督捕移送五城審理,犯徒流以上罪者,録取口供,送部問擬;其餘該城竟行發落。○十三年覆准:京城内有犯鬬毆錢債各項細事,原被俱係旗下人者,送部審理,如與民人互告,仍付五城審結。○十七年議准:凡争告房産及争辯主僕投充并隱漏關税等項,俱歸户部審理發落,其中有重大事情,交刑部擬罪,無引私鹽告發者,應刑部收審;此外各就現發事情應屬户部者,户部審理發落,應屬刑部者,仍歸刑部。○又覆准:旗下告民,或民告旗下事情,由通政司准狀,送部審理,如旗下互訐及旗下人告外州縣民人者,仍許赴部告理,其五城收准滿漢詞狀,該御史竟行審結,徒罪以上者,准其送部。○康熙元年定:民人詞訟内有牽連旗下犯鞭八十以下者,俱著五城審結。○三年議准:凡逃人干涉强盜殺人等案,仍送刑部外,其剿賊所獲及買賣相争之事,即在督捕審結。○十一年題准:凡五城應結杖笞等罪,俱停送部。○又議准:逃人犯白晝搶奪,或爲竊盜罪止鞭一百者,刑部枷號刺臂,鞭責送督捕,免其鞭責其不至鞭一百者,刑部刺臂,免責送督捕,照例議逃走之罪。○二十二年議准:凡逃人謊稱爲民,賣身主僕互告并干連逃人事件,犯徒罪以下者,督捕自行審結;其犯指稱訛詐强盜人命等事，仍歸刑部審理。○二十八年議准：五城移送事件，不係刑部所審之事，或供看不明應駁回者，該司回堂，用印移回。○三十六年議准：嗣後商竈互控鹽務事件者，聽鹽法衙門審理，如尋常與民互相訐告，仍照現行例遵行。○三十七年議准：旗民互相訐告，如干連重情以及職員緊要當差之人，不便發審者，仍行在部審理外，其一切鬬毆賭博債租及互争田産等細事，一概交與該同知審理，詳報巡撫完結。○三十九年議准：凡州縣官員審擬詳報案内，有可疑舛錯之處，毋得交與原問官審理，著另委賢員，就犯人地方確審，如審出別情，將原問官題參，照例議處。○又題准：督撫題參劣員及命盜重案，該督撫務行親審具題，并另具問語供单，訂爲一册，隨本送部查核；其凡審理事件，既有承審官審理，將值季官永除。○四十六年覆准：旗人債租田土鬬毆細事，赴部控告者，部内不必提訊，照例批發理事同知通判查審。○又諭："嗣後口外地方，如有人命事情，該部即差司官前往察審，驗明啓奏。"○五十三年議准：旗民互相訐告，如干連命盜及有職之人緊要當差之人，不便發審者，仍將民行提解部審結外，其年老有疾退差在屯居住旗人，及莊頭與民賭博争産婚姻等細事，俱在理事同知處控告審理，詳報巡撫完結。○又議准：凡在外民人，與在京居住旗人，爲地土房産主僕名分等事，檔案俱在户部，外省不便完結者，應聽户部審理，其中有互相鬬毆重傷，或搶奪等情，户部會同刑部審結，其佃户不給租，并典主將典租之地霸占不准回贖等事，亦應向理事同知處審結；有違此例者，即照滋事擾民治罪。○五十五年諭："旗下人，命部内驗傷，旗下審理，情罪未必即符，人命關係重大，嗣後此等事件，理應管旗大臣會同刑部審明完結，永遵爲例。"○雍正四年議准：嗣後西寧寧夏涼州甘州等處一切命盜會審案件，俱由各州縣承審，由府轉司詳院，仍令報明，該道備案查核，其盜案開揭疎防，仍由各該道開送，則與平慶臨鞏四府暨直省之例合一；至肅州道屬，並未改設郡縣，應仍照舊例辦理。○五年議准：嗣後駐防官兵以及家下人等，遇有命案，該管旗員即會同該理事同知通判，帶領領催屍親人等，公同檢驗，一面詳報上司，一面公同審擬。○又議准：保定府理事同知所轄之河間府，并天津州所屬共十八州縣，旗民争訟細事及命盜重案，俱歸於天津理事同知管理。○又議准：凡杖笞等輕罪，五城俱行照例完結，不必送部，若罪重於杖笞者，五城審明，仍送刑部。再提督衙門亦係司刑之地，其杖笞以下之罪，照例自行完結，若罪重於杖笞者，審明亦送刑部。

〔旗人犯罪〕

凡旗下人有犯杖笞者，用鞭責，犯徒流軍罪者，折枷號，例各不同，另載於此。至禁戢旗人及督催漢軍回旗，法極嚴切，因並列其處分之例於後焉。

國初，旗下人有犯，俱用鞭責。○順治元年定：悉遵舊例，仍不許用杖。○十二年覆准：凡畿輔緝獲强盗係旗下人，解部審理。○十三年題准：凡旗下人犯軍罪者，枷號三個月，流罪，枷號兩個月，徒罪，枷號一個月，仍責以應得鞭數。○十五年題准：凡旗下投充人等有犯强盗者，令該撫按親審，具題解部，即繕緑頭牌，請旨正法；其餘罪犯，仍令解部審理。○又定鑲黄等三旗有籍没家産者，具題交與内該管衙門。○十八年覆准：除五旗重犯籍没家産，俱交各該都統、副都統撥給本旗外，其三旗重犯籍没家産，免交内該管衙門，交與該都統副都統等請旨撥給。○又議定：旗下人犯徒一年者，枷號二十日；徒一年半者，枷號二十五日；徒二年者，枷號一個月；徒二年半者，枷號三十五日；徒三年者，枷號四十日；若犯流二千里者，枷號五十日；二千五百里者，枷號五十五日；三千里者，枷號兩個月；軍罪，仍枷號三個月；雜犯死罪准徒五年者，枷號三個月十五日。○康熙七年覆准：凡犯軍機籍没家産者，除妾婢外，仍給與人口三雙，馬牛各三匹并器械等件。○十六年議准：凡旗下人犯入官之罪者，俱入各旗辛者庫，其辛者庫人犯入官之罪者，枷責完結。○又題准：凡旗下人在出征之處殺人，奉旨免死者，鞭一百，照例追埋葬銀二十兩，給付死者之家，其枷號兩個月存案，令軍前効力贖罪。詳見《五刑贖罪圖》。○二十年定：凡三旗之内佐領及八旗内有刁惡棍徒，非法横行，詐害良民者，該旗都統副都統參領佐領等嚴查送部，即行奏聞，發往寧古塔、烏喇地方。○二十二年題准：旗下應正法人犯已解到部者，停其緑頭牌請旨，即行正法。○二十四年題准：旗下人犯强盗之罪，停其解部，即在彼處正法。

凡禁戢旗人，順治八年諭："自府佐領下至親王郡王貝勒貝子公侯伯諸臣等，若有投充之人生事害民者，本主及該佐領果係知情，問連坐之罪，除本犯正法外，妻孥家産盡行入官，若本主不知情，投充之人罪不至死者，本犯及妻孥不必斷出；至各該地方官遇投充之人犯罪，與屬民一體究治。"○康熙八年題准：凡有投充及賣身之人代伊親屬控告者，概不准理，其賣身旗下之後，將以前爲民之事控告者，亦不准理。○十二年題准：凡德州、昌平等城，盛京、寧古塔、山海關等處駐防官兵、閑散人，及内府各王貝勒貝子公等下人，并八旗屯領催所管之人有生事擾害者，將該管各員役，俱照旗下人爲盗處分之例治罪。〇十八年議准：内府人及諸王貝勒貝子大臣家人，在外指稱網利，干預詞訟，肆行非法，有司不敢犯其鋒，反行財賄，此等事犯，將行賄之官革職，其主知情使去者，係官亦革職；内府王貝勒等家下，該管官知而使去者，革職；王以下宗室以上知情使去者，交宗人府從重議處，使去之人枷號三個月，鞭一百；若伊主不知私自去者，照光棍例處決。〇十九年議准：旗下人私往平民地方，借端挾詐，囑托行私，犯擾民等弊者，係平人枷號三個月，鞭一百，係官革職，鞭一百，不許折贖，失察之佐領罰俸三個月，驍騎校罰俸六個月，領催鞭八十，若將家僕明知差去者，係平人鞭一百，係官革職，差去之家僕枷號一個月，鞭一百；其有取債探親事犯者，係平人鞭一百，係官革職，失察之佐領罰俸一個月，驍騎校罰俸三個月，領催鞭五十，若將家僕明知差去者，係平人鞭八十，係官罰俸一年，差去之家僕亦鞭八十；至莊屯居住之人并家僕有私自出境，犯此等事者，佐領驍騎校領催及本主，俱免罪，將屯領催照領催例治罪。〇二十一年議准：凡直省駐防旗人，有犯串結土棍，放債盤利，開賭吼騙，准折子女，强買市肆，擅砍樹木，鬨市辱官等罪者，照情罪輕重，依律例定罪，其犯至枷號三個月，鞭一百之罪者，將該管驍騎校、防禦佐領各降二級調用；駐防協領、管旗參領各降一級留任；將軍、副都統各罰俸一年，駐防協領管旗參領以下，驍騎校以上官員本身自犯此等罪者，俱革職；該管將軍、副都統各降一級留任。此等事情令該督撫查參，督撫不行查參者，各降一級留任。〇二十二年議准：旗下家人莊頭等，倚勢害民，霸占子女，無故將良民捆打致死，把持衙門事發者，係内府人，將該管官降一級留任；係王及貝勒貝子公等家下人，將管理家務官各降一級留任；係民公候伯大臣官員等家下人，將本主各降一級留任；係平人鞭一百。〇又議准：賣身旗下之人，原有房田，守分度日，於地方人民無擾者，許令住居原處，其原無房田者，俱令伊主收回；若兇惡之徒雖有房田，倚杖賣身旗下恣意横行，或把持衙門，奸淫賭博，捏盗勾逃，訐訟作證，詐害百姓者，地方官申解，該撫即拏送部，照律例擬罪，不許仍在原處居住，若容留犯罪之人，仍居原處者，其主係官，降一級留任；係平人，鞭一百；家僕枷號一個月，鞭一百；兩鄰地方知情不首者，各責三十板；州縣衛所官不行查逐，罰俸一年，該道并兼轄武官，罰俸六個月，巡撫提鎮，罰俸三個月，同城知府照州縣例，不同城知府照道官例處分。〇又定，凡賣身之人曾經犯罪處分，或現有犯法事情賣身旗下，希圖倖免者,從重治罪;買主知情,一併從重治罪。〇二十六年題准:旗人於某省犯罪,定擬重辟者,不必解部,俱著於彼處正法。〇二十九年議准:枷號旗下人犯,停其置放本旗門上,將各旗互相轉放,令城門尉、城門校、千總、領催、披甲人等,詳驗枷封收受,或枷具寬鬆封皮,折皺可脱出者,即時稟明换枷,封固發門之後,該部仍派滿漢官員調旗巡查,如將犯人枷號鬆脱散放者,將該城門尉、城門校、千總、領催、披甲人等並犯人,聽該部照所犯之事從重治罪。若巡查官員明知,不行稟首者,亦并交與該部議處。〇二十九年諭:"外藩蒙古因盗搶牛馬牲畜殺死人命,照强盗例梟示。"〇四十年諭:"護軍兵卒人等,以小刀刺人者甚多,嗣後倘有此事,革去護軍兵卒,永不許食錢糧。"〇四十一年諭:"口外地方有殺人偷馬,事發由各該處奏聞,在外審理,即於彼處正法。"〇四十六年諭:"嗣後旗人在伊犯事之省應行正法人内,有滿洲及另户之人,仍令解部。"〇四十七年諭:"嗣後護軍驍騎有酒醉持刀,自刺逃亡者,係護軍,則交該管統領,係小校驍騎,則交該都統副都統,會同刑部,若飲酒則與何人飲酒、逃竄則因何故逃竄、花費則向何處花費,嚴行夾訊,根究原由,懲創其罪。"〇又覆准:嗣後行兇發遣之人,從發遣處逃回未犯罪者,仍照原定例完結,犯罪者,不論罪之輕重,將伊原罪查出,遞發該將軍,在衆人前即行正法。〇又覆准:凡旗下另户滿洲致死另户滿洲,該旗具題,照例立決。〇五十一年諭:"嗣後旗下有殺人之案,將管屬官員一併議處。"〇又議准:滿洲與另户人互相毆死,將護軍統領罰俸三個月,參領罰俸六個月,佐領、護軍校、驍騎校各罰俸一年,小領催、族長各鞭八十。〇五十五年題准:旗人送家人喫酒行兇發遣者,具呈該都統,查明實係主僕,送部發遣。〇雍正元年議准:凡旗人送家奴喫酒行兇發遣者,令該都統確查,用印文送部,如將應行發遣之人,該旗故爲留難,不行送部者,許伊主赴部具呈,審明發遣,將留難官員交與該部查議。〇又議准:各旗送部發遣家奴,須審明果有喫酒行兇實據,方照例發遣,若伊主行止不端,欲行占奪家奴妻女,捏詞送部者,不准發遣,交與該佐領,將伊妻室子女轉賣身價給主,倘被賣之後捏告原主,希圖報復者,仍照誣告家長律治罪。〇二年議准:各處治罪抄家入辛者庫人口内,有滿漢蒙古高麗官員匠役人等,留分管佐領下,不應留在分管佐領下之漢人家奴,撥給官莊。〇又諭:"嗣後滿洲有罪至割懶筋者,仍另行具奏。"〇三年議准:嗣後旗人毆傭工人因而致死者,枷號六十日,鞭一百。〇四年議准:嗣後滿洲殺死滿洲,按其所犯謀故鬭毆情罪,分別定擬,應擬斬監候者,定爲立斬，擬絞監候者，定爲立絞，仍交與本旗正法。○又議准：嗣後旗人所犯徒罪，仍照舊例准折枷號鞭責完結，有犯軍流罪者，若係滿洲蒙古，暫停議遣，仍照例治罪，若係漢軍暨辛者庫内府佐領旗鼓佐領官員及閑散人等，按所犯流罪遠近，照律定發各省州縣地方安置，應發邊遠邊衛充軍者，亦按其所犯，照律編發，應發極邊及烟瘴充軍者，俱酌發雲南、貴州、四川、廣西地方，各該地方官將所發人犯記明檔案，仍於發遣到日，報明該督撫咨部存查。凡發遣之犯其妻室幼子無可依存，欲隨往者，照例聽其隨往。若犯人身故，伊妻子願攜骸骨歸旗者，具呈該管官查明家口數目報部，押令歸旗。如軍流發遣人犯内有祖父母父母年老殘疾，家無以次成丁者，照例具題，准其存留養親，仍照例枷號鞭責；若旗人家奴犯軍流罪者發於遣所，令該督撫酌發有駐汛弁兵之處，給與兵丁爲奴，俱止將其本身發遣。若發遣處將犯人疎脱者，該管官照軍流人犯脱逃例議處，有受賄縱放者，照主守故縱受財律治罪。此軍流人犯内有漢仗弓馬好，或伊祖父陣亡有戰功、伊本身有戰功，該旗大臣查明咨部，陳奏請旨，若准免發遣，則按其應流二千里，折枷號五十日者，增枷六十五日；應流二千五百里，折枷號五十五日者，增枷七十日；應流三千里，折枷號六十日者，增枷七十五日；軍罪應折枷號三個月者，增枷一百一十日，京師八旗以四年十月爲始，各省駐防處行文以五年正月爲始。○五年諭："家主打死奴僕有出於故殺者，有因奴僕獲罪而毆打致死者，其父母妻子，自應分别安頓，豈得一例變價？嗣後故殺奴僕者，其被殺奴僕之親屬願投何人，應聽其自便，著定例具奏。遵旨議准：嗣後八旗官員平人將奴僕非故殺責打身死者，家主仍照例治罪，被殺奴僕之父母妻子情願仍在伊主家者，聽其存留，若不情願者，仍交與該管處變價給主。如有故意毆殺奴僕者，家主仍照例治罪，其被殺奴僕之親屬悉行開放，係旗人，聽其在旗投主，係民人放出爲民，各聽其自便，不得仍令伊主追取身價。"○又諭："家人被家主打死，其家人之父母妻子理應放出，聽其投身他姓，不當交旗變價給還原主，將此永著爲例，一體遵行。○又議准：滿洲兵丁因不服教訓，殺死該管官者，將動手之人擬斬立決，將伊妻子發黑龍江，其平素不行管束之該佐領驍騎校等，罰俸二年，該管参領罰俸一年，該管大臣罰俸半年，領催、族長等鞭一百，若族長内係職官者，亦罰俸二年。"○又諭："向來另户之人犯罪發遣，俱不爲奴，但另户亦有不同，其中有原同奴僕卑污下賤者，亦有原係家下奴僕開户而爲另户者，若發遣遠方不令人管束，又致生事，如實在滿洲另户斷無犯此等罪之人,嗣後除滿洲正身之另户外,如有此等犯罪發遣者,該部酌量應給披甲之人爲奴爲當,著定議具奏。遵旨議准:嗣後有犯發遣之罪者,刑部即行文該旗,查明該犯若係實在滿洲正身另户之人,仍照舊例遵行外,其平日有卑污下賤原同奴僕者,或原係奴僕開户爲另户者,該旗據實分晰,出具印文,保送到部,刑部分别定擬給與披甲之人爲奴,至稽查另户之人,行文該旗,如有越三日不查明送部,即將該管官照例參處。"

凡漢軍回旗,康熙十七年議准:在外漢軍文武官員有降調、革職、緣事解任、裁缺候補者,任内事務交明,即帶家口回旗,如有戀舊任地方,或在别處居住者,查係革職之員,從重治罪,有官者,革職治罪。本旗佐領、驍騎校不行查報一人者,降一級,二人者,降二級,俱留任,三人以上者,革職,領催從重治罪;參領不行查報一二人者,罰俸一年,三四人者,降一級,五六人以上者,降二級,十人以上者,降三級,俱留任;都統、副都統不行查報一二人者,罰俸三個月,三四人者,罰俸六個月,五六人者,罰俸九個月,七八人以上者,罰俸一年,十五人以上者,降一級留任。地方官容留處分,例詳載《吏部》。

大清會典卷之一百九十四

刑部

〔朝審〕

重罪人犯,固刑之必當矣,然情實矜疑,務須核實。自順治十年,始行朝審之例,令每年於霜降後十日,將刑部現監重囚引赴天安門外,三法司會同九卿詹事科道官,逐一審録,若有司稱冤并情可矜疑者,奏請減等緩決,其情實者,具題候命下處決,至直隸各省重囚,比照在京事例,令督撫各官將情實應決應緩并有可矜可疑者,分別詳審,開列具奏,候旨定奪,名曰秋審,例詳附於後。

順治十年題准:朝審之規,每年於霜降後十日舉行,將刑部現監重囚引赴天安門外,三法司會同九卿詹事科道官逐一審録,刑部司官先期將重囚招情略節刪正呈堂,彙送廣西司刊刻刷印進呈,并分送各該會審衙門,會審時各犯有情實矜疑者,例該吏部尚書舉筆,分爲三項,各具一本,俱刑部具題請旨,内有御筆勾除者,方行處決,未經勾除者,照舊監候。○康熙七年覆准:朝審秋決重犯,將矜疑緩決情實者,分別三項具題,俟命下之日,矜疑者,照例減等,緩決者,仍行監候,情實者,刑科三覆奏聞,俟命下之後,另本開列花名,候御筆勾除,方行處決,未經勾除者,仍行監候。○又覆准:朝審重犯略節招册,查照會審各官每員分送一帙,至會審時,仍將各犯原招口供帶赴核擬。

凡在外秋審,順治十年題准:直隸監候重犯,刑部差司官二員,勒限會同該撫詳審具奏。○十三年定:審決囚犯關係重大,直隸地方應差三法司堂官前往,會同該撫按詳審具題,候旨處決。○十四年定:直隸秋審,停遣三法司堂官,照舊差司官二員,會同該撫按審録,奏請候旨定奪。○十五年題准:重罪人犯除畿輔照舊審録外,其各省秋審,務依地方遠近,先將奉旨秋決重犯各該巡按會同該撫及布按二司等官,照在京事例詳審,將情實應決應緩并有可矜可疑者,分別開列,於霜降前具奏,候旨定奪。○十八年覆准:審録重罪人犯,巡按已經停止,在外秋審,該撫照例舉行。○康熙四年題准:直省秋決人犯,督撫照例於霜降前審明具題,後有奉旨續到人犯並霜降以後,冬至以前續到者,該督撫於文到日,即陸續審明具題,内有可矜可疑者,仍行核擬,題請減釋,其情實應決者,於奉旨文到之日,照例行刑。如已過冬至,該督撫題明監候,於次年秋審之期,一併題明處決。○五年題准:直隸各省監候秋後處決人犯,該撫會同總督審録具題,候旨咨行處決,其直隸地方差遣司官,永行停止,令各省巡撫會同總督審録具題,刑部會同院寺覆核具奏。○七年題准:奉天江寧西安杭州寧古塔等處秋決人犯,三法司於立秋之後,即將可矜可疑情實等項詳審,先行具題咨行,該地方於霜降以後,冬至以前完結。○九年題准:凡將應入秋審重犯不行解送,或已經解送,在路遲延,以致秋決愆期者,府州縣官降一級調用,司道罰俸一年,督撫罰俸六個月。○十二年題准:直省秋審,令該督撫會擬情實、緩決、矜疑,分別具題,每年于七月十五日内到部,若限内不到者,將該督撫交該部議處,各犯原案俱在刑部,將該督撫所題貼黄,加三法司會議看語,并該督撫會審情實緩決矜疑看語,刊刷招册,進呈御覽後,分送九卿、科、道官員各一册,八月内在天安門外會議,情實、緩決、矜疑,分擬具題,請旨定奪,俟命下之日,咨行直隸各省,將情實犯人於霜降以後,冬至以前正法,雲南、貴州、四川、廣西、廣東、福建,俱限四十日,江西、浙江、湖南、甘肅,俱限二十五日,江南、陝西、湖廣,俱限十八日,河南限十二日,山東、山西俱限九日,直隸限四日,盛京限十五日,寧古塔限一個月,將咨文封面上明註所到限期發行,若沿途該地方官限内遲延不到者,該督撫查明題參;至直省督撫將情實、緩決、矜疑者審擬具題之後有續發事件,不必具題,俟來年秋審,其盛京等處監禁重犯,亦造黄册,入在直省秋審内具題完結。○十七年覆准:直省秋審事件,止照原案定擬,勿得將案内牽連並被害之人重提質審,以滋擾累。○十九年定:人命關係重大,監候秋後重犯招册,每省著各爲一本,陸續具奏。○二十三年覆准:凡秋審重犯,定於長安右門内金水橋之西審理。○二十五年題准:各省監禁重犯,招案現在三法司者,即據各案會審具題,其有不應減等者,仍於秋審册内會審。○五十一年議准:直隸送部秋審招册,久經停止,如不肖官員仍借端科派,該督撫即指名題参，從重治罪。○雍正二年諭："朕惟明刑所以弼教，君德期於好生。從來帝王於用刑之際，法雖一定，而心本寬仁，是以虞廷以欽恤垂訓，周書以慎罰爲辭，誠以民命至重，寧過乎仁，毋過乎義也。朕自臨御以來，一切奏章，無不留心細覽，於刑讞一事，尤加詳慎，誠恐法司未能平允，情罪未能悉當。朕心深用惻然，故凡京城及各省題奏讞獄，但少有可矜者，無不法外施仁，量加末減。獨念朝審重囚其情實者，刑科必三覆奏聞，勾除者方行處決；而外省情實重囚，惟於秋審後法司具題，即咨行該省，無覆奏之例。朕思中外一體，豈在京諸囚宜加詳慎，在外省者，獨可不用詳慎乎？人命攸關，自當同仁一視。自今年爲始，凡外省重囚經秋審具題，情實應決者，爾法司亦照朝審之例，三覆奏聞，以副朕心欽恤之至意。"遵旨議准：查朝審情實重犯，刑部具題後，刑科三覆具奏，該御史將重犯花名開列具奏，捧出奉旨勾除之本，會同刑官遵奉勾除正法，餘者牢固監禁。覆旨，今外省秋審，亦照朝審例施行，應將秋審情實重犯刑部具題後，刑科三覆具奏，該御史將重犯花名開列具奏，捧出奉旨勾除之本，到部欽遵，分别已未勾除，并將原議情實之處明白抄録，咨行各省，其決過日期，該督撫奏明。"

〔**熱審**〕

熱審之例，因天時炎暑，恐罪囚淹斃，所以重恤民命也。其例始於順治八年，凡重罪者矜疑，輕罪者減等，無干者釋放，然止於在京問刑衙門行之。自順治十年以後，傳諭中外推廣皇仁，每年於小滿後十日，内外直省，一體通行審擬輕重，事例詳後。

順治八年諭："天時向熱宜行熱審之例，令刑部通察刑獄，五城司坊順天府京縣察監犯有無干牽連者，即日釋放，笞杖徒流次第減免，死罪情可矜疑者，奏請定奪。"○十年定：每年小滿後三法司會審現監人犯笞罪釋放徒流以下減等發落，重囚可矜疑者，奏請定奪，直隸各省歲一舉行。○十四年覆准：熱審之例，定於小滿後十日舉行，在京者，照常題明審理，其直隸各省遠近不一，停其具題行咨，該督撫即查照定例舉行。○十八年定：停熱審減等之例。○康熙七年定：内外問刑衙門，復照舊行熱審之例。○八年覆准：直隸各省具題事件，除實犯死罪外，應減等各犯，遇熱審俱行減等。○又題准：流徙寧古塔尚陽堡人犯遇熱審俱照例減等。○九年題准：軍罪人犯遇熱審亦照例減等，軍流徒杖等罪，於熱審之前已經具題，未曾奉旨發落者，遇熱審，仍照例減等發落。○又題准：承問官將應減等人犯遺漏未經減等者,罰俸一年,轉詳之司道罰俸六個月,督撫罰俸三個月。○十年覆准:直隸督撫在熱審之先具題到部之案,遇熱審,仍行減等發落,其在熱審時具題之案,雖過熱審之期到部者,亦仍減等發落。○十一年題准:運軍犯徒罪責四十板發遣者,遇熱審減等,責三十五板,并妻發二千里内衛充軍。○十三年題准:各案於原具題時遇熱審,因情罪不符駁查,後逾熱審之期題覆者,仍減等完結。○十五年題准:叛案牽連流犯,遇熱審不准減等。○十八年議定:凡擬定安插烏喇、奉天人犯,遇熱審免責,仍行發遣。○二十年題准:侵盜錢糧擬流之犯,遇熱審不減等。○二十二年議准:承問官將貪婪官員故意遲延,以待熱審者,題參議處,本犯亦不准減等。○二十五年諭:"獄訟重情,關係民命,今天氣炎熱,恐有情可末減者,淹斃囹圄,朕心不忍,特遣部院大臣會同三法司,將已結重案詳加審鞫,有罪可矜疑者,即察明具奏,毋令淹斃。"○又諭:"天氣炎熱,罪犯減等發落,内外原屬一體,著各省督撫,將已結案内現在監禁者逐一詳審,果可矜疑,開明具奏,三法司覆核,照例減等。"○三十年議准:每年熱審減等事件,如遇七月立秋,應以立秋前一日爲限,其六月立秋之年,仍遵舊例以六月底爲限。○三十一年題准:查本年四月初五日小滿,六月二十五日立秋,相應照例於小滿後十日爲始,至立秋前一日止,一應現審在監人犯,俱當遵旨詳審,充軍流徙徒杖等罪,減等發落,笞罪豁免,重囚内有可矜疑者,請旨定奪,仍將結過數目繕寫具奏,嗣後每年俱照此例通行。○三十二年諭:"照依往年熱審,特遣大臣將在獄重犯除十惡外,並現審拏禁人犯審理減等,其杖罪等犯應釋放,即行釋放。"○四十三年諭:"熱審謂之慎刑。夫刑在平時,亦宜加慎,何必因熱而始慎也?如謂熱審減等,於犯人有益,則於原審時即以減等議之,豈不更有益乎?且犯人苦熱猶可,而苦寒更甚,熱既宜審,則寒亦宜審,既多此一事,而不肖官員遂欲延至熱審,故意遲玩。熱審應否停止,九卿議奏。"遵旨議准:熱審之例,永行停止。○五十三年諭:"朕避暑口外,駐蹕山莊,素稱清涼之地,還覺煩蒸,想京師必然更甚。朕時以民生疾苦爲念,今天下承平,農商樂業,惟有罪之人拘繫囹圄,身被枷鎖,當兹盛暑,恐致疾疫,軫念及此,不勝惻然,應將監禁罪囚少加寬恤,獄中多置冰湯,以解鬱暑。其九門鎖禁人犯毋論。"奉旨,亦著減其鎖條,至一應枷號人犯限期未滿者,暫行釋放,俟出暑時,仍照限補枷。○五十四年諭:"今年之熱不減去年,將罪人照去年例行。"○五十五年諭:"熱河地方涼爽,未覺甚熱,但今日閲内報,六月初二日甚屬溽暑,從此必至大熱,宜照先年將犯人寬放。"○雍正元年諭:"熱審減等,國朝舊有成例,蓋念時當盛暑囹圄之地,倍加炎蒸,笞杖所加,更爲酷烈,故特予減等,以昭法外之仁。迨後日久弊生,罪人妄希巧脱,胥吏因緣爲奸,故延日期,致逃法網,是以停止熱審減等之例,以杜弊端。我聖祖仁皇帝,如天好生,凡閲讞章,哀矜詳慎,秋審決囚,屢行停止,至每歲夏月,必特沛恩綸,監候者,寬其刑具,枷責者,緩至秋涼,雖停熱審之例,仍寓減等之心,恩至渥也。朕仰體聖慈,時深軫恤,嗣後每遇熱審之期,仍復減等。舊例其監禁重犯,亦量加寬恤,至情罪可疑及牽連待質人等,暫予保釋,俟秋後再行拘禁。凡内外讞獄衙門,一體詳慎遵行,庶幾刑期無刑之意,其有故意遲延,仍蹈前弊,希圖漏網者,除本犯不准減等,外官吏嚴加議罪。"○又議准:凡軍流徒罪並旗人犯軍流徒罪折枷號者,俱不准減等,其犯枷杖等輕罪人犯,會同三法司,仍照例減等發落,笞罪寬免監禁重犯,嚴令提牢官員量加寬恤;至部内現審案件,審明減等,十日一次彙題,其人犯俱交該旗地方官暫行保釋,俟六月底送部發落。如斬絞重犯内,或有情罪可矜可疑者,刑部會同都察院大理寺另行請旨。倘内外讞獄衙門有故意遲延恣行奸弊,或人犯妄希巧脱者,除本犯不准減等外,其因緣作弊之官吏,嚴加治罪。○二年諭:"嗣後凡盜犯熱審,不必減等。"

〔恤刑〕

國朝尚德緩刑,於每年熱審外又有恤刑之例,五年一舉行之,無非慎重民命之意也。自順治元年始,至期題請,命部寺法司各官會同審録,其在直省者,遣部寺官奉勅分往,同撫按諸司詳審,矜疑遣釋,恒倍於熱審之數。其後時行時止,出自特恩,例具於後。

順治元年覆准:恤刑官員,應五年一差,慎選廉明者命往。○十年諭:"立春不雨,入夏猶旱,朕心甚切憂惶,常思雨澤愆期,多由刑獄冤滯。刑部滿漢堂官,即日會同都察院大理寺,及凡有刑名事件衙門督率司官,將在部監犯及發各處羈候聽審人犯,如實犯死罪,未經審結。果有情可矜疑者,即日審明,具奏定奪;徒流人犯,察非重情,准與減等;笞杖人犯,准與豁免;候審干連證犯,先行釋放,限十日内開具簡明情節、減免罪名及釋過人犯,具奏發落;大小獄情未審結者,限一月内通行完結。順天府督同宛大二縣,五城御史督同司坊官,俱照前項事宜一一遵行。直隸督撫按責成道府州縣,俱速照前著實施行,務期申冤疏滯,上格天心。"○十二年定:凡遇恤刑之年,内外俱暫停秋審。○又覆准:恤刑官審録罪囚,有死罪可矜可疑及事無證佐可結者，具奏處置；流徒以下，減等發落，若原問官有故入人死罪者，會同該巡按題參，流徒以下，免其追究，將充軍人犯除已經發解著伍外，其餘不分曾否詳允，及雖經定衛，尚未起解者，逐一開送審録，内有應釋應減者，會同巡按酌量議妥發落。又軍罪有不用全例，摘引例文及不分首從濫坐者，如未發遣，即附入矜疑疏内，題請開釋，雜犯死罪准徒五年者，並已徒而又犯徒總徒四年者，各減去一年，例該枷號者，就便釋放，其餘流徒等罪，各減等審擬發落，笞罪放免。其贓犯除侵盗官錢糧銀五十兩、糧一百石以上者，照舊監追，如還官銀不足五十兩，並入官給主百兩以上，各贓監追至五年，或正犯身故，逮及子孫，勘無家産者，俱令審實具奏開豁。其各處查盤坐贓追賠銀兩草束，亦聽查勘正犯存亡家産有無，具奏裁奪。每一府事完，即便奏請，不必彙題。其經審過重囚奉有題請免死者，撫按官即遵照發落，倘故違翻異，致人於死者，察訪參奏。所遣部寺等官，分往審録直隸、江南、江北、浙江、廣東、江西、河南、山東、山西、福建各差官一員，四川併陝西差官一員，廣西併湖廣差官一員，雲南、貴州差官一員，應於刑部郎中員外郎并大理寺寺正寺副内，擇科深俸久諳練刑名者，挨俸充差，坐名題請，擬用刑部司官十員、大理寺官二員，即移咨吏部，轉咨禮部，鑄關防十二顆，移文内院撰勑十二道，給恤刑各官。出京之後，按地遠近分别限期，直隸六個月，山東八個月，山西、河南九個月，浙江、江西、江南、江北十一個月，福建、廣東十二個月，陝西、四川、廣西十四個月，通限竣事復命，各具不違揭帖，送部查考，違者參處，將前後所奏已經復議，依准改駁件數多寡，通行考核，若刑名未諳，改駁數多者，題參降黜。○又題准：凡遇恤刑之年，未經差官審録者，不得竟決。○十三年定：恤刑事件，仍著三法司詳確核擬具奏，如有重大事情應會議者，請旨行。○十四年論："今歲自春入夏，連月不雨，三農失望，朕夙夜儆惕，默思其故，必由刑獄未清，無辜冤抑，以致上干天和，膏澤不降。兹特遣内閣部院大臣將現在獄犯毋論已結未結，逐一詳加審鞫，其有無知而罹法網，小過而陷重辟者，即與察明事由，開列具奏，務使情法允協，有枉必申，以昭朕祈天恤民之意。"○又覆准：恤刑各官按審録事件，以十分爲率，全准無駁者，紀録駁；不及一分者，免議；其駁一分以上者，罰俸六個月；二分以上者，罰俸一年；三分以上者，降一級留任；四分以上者，降二級調用；五分以上者，革職。○康熙十一年論："刑獄重地，人命攸關，天氣炎熱，急宜清理。雖熱審現有定例，但已結大案現在監禁各犯，或有無知而罹法網，小過而陷重辟者,株連無辜,久淹羈禁,朕心深爲惻然。兹特遣閣臣會同三法司,逐一詳加審鞫。凡有罪可矜疑者,即與察明事由,開列具奏,務使情法允協,有枉必申,以副朕欽恤刑獄至意。"〇十八年諭:"刑獄重地,人命攸關,遣内閣臣會同三法司,將已結大案現在監禁者,詳加審理,無使冤滯。其在外直省監候重犯,選三法司滿漢賢能司官,會同該撫,將大小刑名事件,不論已結未結,逐一詳審。其重大情罪内有可矜疑者,奏請定奪,小罪即行完結,造册報部。各府如有人犯,亦著親往審理,州縣不必前往。盛京人犯,會同該侍郎,府尹寧古塔人犯,會同該將軍等審理。差去各官,著勒定限期速結。遵旨議准:奉天寧古塔直隸,定限四個月,山東、山西、河南,五個月,陝西,六個月,浙江、湖北,七個月,江南,八個月。"〇十九年諭:"去歲三冬無雪,今春雨澤愆期,天氣亢暘,農事可慮,朕念切民瘼,夙夜焦勞,或因刑獄淹禁,中有冤枉,致干天和,亦未可知。兹特遣閣臣會同三法司,將已結重案逐一詳加審鞫,其有罪可矜疑者,即察明具奏,期於有枉必申,以副朕欽恤獄讞至意。"〇二十八年諭:"凡經過地方現在監禁人犯,除十惡及詔欵所不赦等罪,並官員犯贓不宥外,其餘自康熙二十八年二月十一日以前死罪,及軍流徒罪以下已結未結,俱著寬釋,以示朕赦罪宥過之意。"〇又諭:"時已入夏,天氣亢暘,農事方殷,雨澤未降,朕軫念民依,深爲惓切,或因刑獄中有無知罹法,審擬失平,情罪未符,致干天和,亦未可定。兹特遣大學士會同三法司,將已結重案現在監禁者,逐一詳加審理,凡有罪可矜疑者,即與察明事由,開列具奏,務俾情法允協,不致淹滯圜扉。"〇三十一年諭:"朕保乂黎元,敦崇寬大,每於刑獄之事,輒厪矜恤之懷。秦省西安等處地方,比歲洊饑,閭閻困苦,業已多方賑恤,屢諭蠲租,尤宜大沛仁恩,特加赦宥。凡陝西巡撫所屬今年秋審情實緩决人犯内,除十惡及軍機獲罪官員犯罪不赦外,其餘自諭旨到日,通著免死,照例減等發落,有現在審擬未經結案者,亦如之。嗣後務令革心向善,副朕法外生全至意。"〇三十八年諭:"朕愛養民生,慎重刑獄,凡有奏讞,時示矜全。兹鑾輿南巡,見沿途老稚男婦環跪歡迎,心甚嘉悦。念此編氓皆吾赤子,原期生聚教訓,共底善良,其或陷於刑章,致困囹圄,改過無路,惻然傷之。所經過山東、江南兩省現在監禁人犯,除十惡實犯死罪及詔欵不赦等罪,並官吏犯贓不宥外,其餘自康熙三十八年三月二十六日以前死罪,及軍流徒罪以下已結未結,俱著寬釋。此朝廷巡幸所至,欲使並生之至意,可通行曉諭,令咸悉朕懷。"〇又諭:"朕巡視東南,行次浙省,因官吏軍民依戀誠懇,特留蹕數日,以慰喁喁奏請之情。獨念獲罪人犯,身淹刑獄,一干法網,無由自新。玆乘輿經臨,惻然矜憫,用沛好生之澤,聿示格外之仁。該省各屬地方有罪犯現在監禁者,除十惡等實犯死罪,及詔欵不赦等罪與官吏犯贓不宥外,其餘自康熙三十八年三月二十六日以前死罪以下已結未結,悉著寬釋。夫省刑宥罪者,朝廷之殊恩;守身奉法者,小民之常分,必使黎庶向風,咸知寡過,斯稱朕孳孳赦宥羣生至意。可行文該督撫遍傳所屬,張示曉諭。"〇四十四年諭:"朕頃因親閱河工,濟江而南,至於浙省,見民間生聚殷繁,菜畦麥隴,遠近彌望,農事可冀豐穰,朕心用以稍慰。凡車駕臨幸之地,必大敷膏澤,以下逮黎元。而各省錢糧,屢次遞蠲,浙江本年地丁銀米,又經全免,無可加恩,惟是刑獄爲民命攸關,朕每當重罪奏讞之時,常深切矜恤。今乘輿所至,父老、子弟夾道歡迎,而身陷囹圄之人獨自新無路,朕甚憫焉。浙江福建兩省,康熙四十四年四月初八日以前凡犯罪詔欵不應赦者不赦外,其餘死罪以下已發覺未發覺,俱著減等發落,四十三年秋審奉旨監候緩決者,一併減等發落,仍開具人數奏聞。爾等其體朕爲民巡省布德好生之意,即詳慎察明遵行。"〇又諭:"朕念切民生,凡巡幸所經之處,諮詢利弊,訪問官方,未嘗少懈。向因江浙人情好尚詞訟,因而傾家敗業者往往有之,邇來習俗頗覺淳厚,詞訟已減大半,生聚稍加繁殷,雨暘有時,麥田茂美,朕心甚慰。念江寧、安徽錢糧已經節次蠲免,今車駕親臨,特頒沛澤,將江寧、安徽所屬地方人犯,亦應照浙閩加恩,概從末減。將康熙四十四年四月二十六日以前凡罪犯詔欵不應赦者不赦外,其餘死罪以下已發覺未發覺,俱著減等發落,四十三年秋後奉旨監候緩決者,一併減等發落,仍開具人數奏聞。蓋普天赤子,咸在化育之中;縲絏愚民,亦有自新之路。爾等其體朕矜恤黎元慎重民命之至意,即詳恪察明遵行。"〇又諭:"朕因四方無事,車駕南巡,得訪民情,深知利弊。回舟山左見麥秋大熟,民無菜色,朕心甚慰。凡鑾輿所臨,加恩宥過,企望刑期無刑。東省前歲儉收,衣食維艱,愚民犯法者衆,當念臨下惠化爲先原情之仁,含育在宥,咸除愆咎,盡起枯沉,可將山東所屬地方人犯,亦照江南、浙、閩恩例,概從末減。自康熙四十四年閏四月二十日以前凡罪犯詔欵不應赦者不赦外,其餘死罪以下已發覺未發覺,俱著減等發落,四十三年秋審奉旨監候緩決者,一併減等發落,仍開具人數奏聞。但山東人性强悍,輕生爲盜者頗多,爾等不時訓誨教養,以副朕愛惜人命之至意,遍示六府曉諭闔省。"〇四十五年諭:"京城、直隸各省緩決人犯,除一二年不議外,至三年者，總屬不决，何必只管監禁，嗣後應減等發落。遵旨議准：除虧空錢糧者交納銀兩未完不宥，其餘俱著免死，減等發落。”○五十年諭：“治理政務，每念人命爲重要，必再三詳慎，除實犯死罪外，其餘俱酌量寬宥。兹見私刨人參爲從者，俱照例議結，惟財主率領頭目，擬絞監候者甚多，此等人犯，到秋審時終從寬宥。今已立夏，時漸炎熱，將伊等徒然監禁，人犯衆多，纏染穢惡之氣，以致病斃，甚屬可憫，著交與刑部酌量減等，議奏完結。”○雍正二年諭：“今届仲春，雨澤愆期，時有大風，朕心深用兢惕。念自臨御以來，惟恐政事或有缺失，時時省察，不敢少有忽略。今雖有令衆陳奏政事之名，而衆人不過一番頌揚具奏，毫無裨益。朕之並無私意，可以質諸天地，實堪自信無少媿處。熟思刑名爲國家之要政，上關天和，下係民命。若刑獄未能審理，即爲天時亢旱之由，所以朕於讞獄，必加清慎，即懲治之人，雖置之法，朕於其中從寬從輕，惟天地知之；至於兇頑之徒，情罪可惡，衆人亦有不能盡知者，但於法外從寬，不可勝數。朕未明示，衆人何能得知？凡諭旨懲治人等，皆從輕治罪，朕深可自信並無冤抑一人。但刑部所辦案件，雖如朕親理，然其中終有微間。夫用法不得不嚴，所謂火烈而民畏之，爾等執法之官，固宜外示嚴明，而中心須存仁恕。凡案件到部，數日可結者，不可固執定限，即當速行審結，以免拖累牽連，則輕罪之人不致久羈囹圄。且案件早完一日，則無故者得早脱一日之苦，若明知其限期未滿，任意耽延，雖所告得伸理者，亦必致其含怨。即訊鞫罪人，亦不可輕用重刑，若云非夾訊不能定案，此尤刑部之大錯。録囚之際，當如懲治爾等之子侄，嚴切之下，務存矜憫之心。但求平允，不可過當。要使獲罪之人亦仍感激，所謂‘如得其情，則哀矜而勿喜’。朕在藩邸時，奉聖祖諭旨審事，初見用刑，遍體驚顫，不覺淚下，至數見之後，遂覺少異於前。爾等刑部時理刑名，切不可習爲平常。爾等若於刑名少有未當，即大負朕任用之意。且爾等亦當自念其子孫，少有疎忽，所關甚鉅，若致事有錯誤，豈容推諉！蓋刑部非他曹可比，獨有爾部，不得以愚昧、意想不到以致錯誤爲詞。嗣後諸事當同寅協恭，速爲辦理，毋得恃才偏見，毋得瞻徇推諉。爾等皆朕簡任之臣，務宜仰體朕心，欽恤民命。”○又諭：“朕於二月二十八日面諭爾部，刑讞上關天和，當欽恤民命，牽連之人，毋得久羈監禁。爾等遵朕諭旨，釋放數百餘人，於本月初三日，即大沛甘霖，遠近霑足，可見天人之感，捷如影響，莫謂適逢其會，事屬偶然。嗣後益當恪遵朕旨，諸事更加詳慎，以副朕刑期無刑之至意。”

〔決囚〕

朝審既畢，例以情實重囚請旨處決，刑科三覆奏後，決囚官即於市曹題請行刑，候命下時，照數處決，俱於冬至前十日舉行，事例載後。

順治十年覆准：凡情實各囚，綁赴市曹，都察院委滿漢御史各一員，刑部委滿漢司官各一員爲監斬官，將各犯花名具本題覆，法場内候旨，奉有御筆勾除者，遵照行刑，其餘監候監斬，事畢，仍具本覆命。〇十四年覆准：處決重囚，於冬至前十日奏請，聽刑科覆奏，至花名本内各犯有同名同罪者，即於本犯名下註明籍貫及犯罪緣由，題請候旨行刑。

〔停決〕

聖祖仁皇帝以好生之德，施法外之仁。皇上體聖祖之心，恤民生之命，應決人犯，姑從停緩。雖非定例，然出自特恩，理宜彙載，以昭欽恤。康熙二十六年題准：頒赦，以後現在監禁重犯爲數無多，本年内外秋審，暫行停止。〇又諭："朕侍奉太皇太后，朝夕承歡，祗遵慈訓，竭誠奉養。今者聖躬偶爾違豫，朕夙夜滋懼，寢食靡寧，仰冀天庥寬大，以延遐壽。所有内外問刑衙門現監重辟人犯，除十惡死罪及貪官光棍不赦外，其餘已經奉旨監候死罪重犯，概行減等發落，以昭朕祈天永祐至意。"〇二十七年諭："今年内外秋審，俱著停止。"〇二十八年諭："這情實各犯今年處決著停止。"〇二十九年諭："今年内外秋決著停止，情實及緩決各案，俱不必具題；其情可矜疑者，著照例具奏。"〇三十一年諭："今年秋審人犯，情實者，停其正法，矜疑者，照常完結，先經具題，情實正法人等，亦著作速行文，停其正法。"〇三十四年諭："内外秋審重犯，今年著停止處決，其情可矜疑者，仍照例具題發落。"〇三十五年諭："今年朝審秋審俱著停止。"〇三十八年諭："監禁緩決人犯甚多，今又添一年人犯，愈致繁多，秋審朝審時，亦甚冗劇，若久禁囹圄，死者必多，俱應從寬免死，各枷號三個月，鞭一百，分别發於黑龍江當差。"〇三十九年諭："此情實各犯，今年著停止處決，其情有可矜各犯，著分别核擬，照例減等發落。"〇四十一年諭："朕欽恤民命，念切好生，每於法司奏上爰書，必披覽再三，詳求可生之理，其或情罪允當，而不忍立置之法者，則令監候緩決以俟來歲之再讞。顧罪犯一經緩決，即皆冀望生全，而長困桁楊，淹留歲月，自新無路，朕甚傷之，今方春始，和用沛矜釋之仁。現在爾部及直省監禁人犯，凡經康熙四十年秋審奉旨緩決者，著察明通行減等發落，仍開具人數奏聞。"〇又諭："今年内外秋審案内情可矜疑者，照例具題發落，其情實緩決各犯，俱著於來年秋審具題。"○四十二年諭:"今年三月已頒恩詔,所有罪犯無多,秋審著停止。○四十四年諭:這情實人犯今年停止處決。"○四十六年諭:"今歲各省重犯甚少,秋審著停止。○四十七年恩詔今年内外秋審情實人犯,除已結省分外,其未經具題各案情實者,俱停處決,緩決者,減等,矜疑者,俱照例發落。"○四十八年諭:"江南浙江連年災荒,地方困苦,又今年兩省疾疫盛行,人命傷斃者甚衆,雖該省督撫未經奏聞,朕訪知災病之狀,深用惻然。民命至重,朕宵旰孜孜,惟以矜全百姓,爲念一切刑獄奏讞,尤加欽恤。比年因江浙盗案疊見,凡犯盗劫者,悉皆依律坐罪,今閲秋審情實各案,所議情罪,俱屬允協,但念災荒疾疫之餘,又將數十罪犯一時正法,朕心殊爲不忍,江浙兩省應處決情實人犯,俱著停止一年。"○四十九年諭:"情可矜疑各犯,照例審擬具奏,情實各犯,今年著停審。"○五十年諭:"情實人犯今年著停止處決。"○五十二年諭:"今年恩詔頒行天下事件俱已完結,現在事甚少,今年内外秋審朝審,俱著停止。"○五十三年諭:"今年秋審著停止,情可矜疑人犯著照常審理具奏,現審人犯内罪不至死者,亦著減等發落。"○五十四年諭:"情實各犯無幾,今年著停止處決。"○五十五年諭:"今年著停止處決。"○五十六年諭:"情實各犯今年著停止處決。"○五十七年諭:"情實各犯今年著停止處決。"○五十八年諭:"重犯人等,去年恩詔釋宥者甚多,現今内外所餘人犯無幾,今年朝審秋審著停止。"○五十九年諭:"情實各犯著停止處決。"○六十年諭:"情實各犯今年著停止處決。"○六十一年諭:"内外情實人犯今歲著停決。"○雍正元年諭:"情實人犯今年停止處決。"○二年諭:"情實人犯今年停止處決。"

〔停刑日期〕

國朝定制,凡遇慶賀及齋戒等日,俱禁行刑,令内外一體遵奉,兹列其日期於後。

順治初定:凡每年元旦令節七日,上元令節三日,恭遇聖誕令節各一日,萬壽聖節七日,各壇廟祭享齋戒以及忌辰素服等日,并封印日期,四月初八日,每月初一初二日,俱不理刑名。○康熙二十三年議准:凡遇不理刑名日期,在京衙門遵奉已久,應行直省各衙門,令其一體遵行。○二十五年諭:"向來朔一二日及齋戒等期,不理刑名,奏章俱行停止,因而案件間有積滯,嗣後遇前項日期,除循例不行刑外,其餘照常審理啓奏,期於獄無稽緩。"○三十年議准:三月内恭遇萬壽聖節,凡内外有立決重犯,至次月初處決。○三十七年議准:五月内交六月節,立決重犯停其正法,俱行監固,再現在審擬立決之案,亦於五月内交六月節停其具題,俟立秋後陸續具題。○雍正元年題准:萬壽聖節前後七日,不理刑名,自十月初十日至十一月初十日,此三十日不行刑。○三年題准:萬壽聖節及元旦令節前後九日,上元令節前後五日,俱不理刑名。○五年議准:每年恭遇聖祖仁皇帝萬壽聖節,暨至聖先師孔子誕辰,凡内外文武各官以及軍民人等,俱應虔誠齋戒,不理刑名,禁止屠宰。

〔提牢〕

凡提牢,刑部每月派滿漢員外郎或主事各一員接管,責在點視獄囚,關防出入,提督司獄司官吏鈐轄獄卒,晝夜巡邏,稽查收支月糧,及修理獄具,查驗病囚醫藥,禁革獄中弊端,每日點視封監。其在外府州縣提牢之事,亦附見焉。

順治八年題准:刑部司獄司設醫生一名,其醫藥工料,移咨户部按季支領每月貳兩肆錢。○康熙元年題准:刑部牢獄,係緊要重犯,應令五城總甲當直巡邏。○三年定:刑部提牢官,管理一月更替。○又覆准:凡提牢官有縱容獄卒陵虐罪囚及給以塵羹土飯者,指名題參,依律治罪。至各直省按察司及府州縣等官,遇有罪不至死之人久淹獄中,致獄官將犯人餓斃,并縱容獄卒私自拷打等弊,督撫查參議處。○二十三年題准:刑部司獄司添設醫生一名,調治監犯,咨禮部行令太醫院添送,每日增給藥價銀八分,年底定爲考成,治痊病犯數多者,照六年已滿定例咨授吏目,如治死數多者,責革,另行咨换。工食銀米并增添藥價,按季移咨户部支領。○二十九年議准:輪班漢司官一月一員,提牢查點,應將滿洲漢軍司官亦每月派出一員,一同提牢查點。○四十八年題准:嗣後旗下人犯,停其分送各旗門上,應收入原督捕監内,交與刑部獄官看守,每月派滿漢司官一員巡查。

〔檢屍〕

檢驗屍傷,重關人命,在城内屬旗下者,刑部司官等親往相驗,如情詞不一,仍行詳檢,城外止令五城兩縣檢驗,各取結狀繳報,事例開後。

順治十二年題准:凡人命事情,行五城兩縣各官詳驗,如旗下人,令部内官同領催并本佐領、領催及仵作等,帶同屍親前去相驗,有可疑之處,詳檢定擬。○十八年覆准:遇有人命重案呈報到官,責令印官親詣屍所,同屍親被犯當即驗傷詳報,如仵作受賄捏報者,計贓與衙役同罪,檢驗之官查有無受賄議處。○康熙七年覆准:官吏仵作受賄,捏報檢驗不實者,仍照律治罪。○十三年題准:檢驗屍傷,再檢已無疑竇,違例三檢者,罰俸一年。〇二十二年題准:檢驗屍傷,城外令五城兵馬司指揮,城内刑部司官及筆帖式,帶領領催仵作人等,親行檢驗。〇三十六年議准:查人命重案,必須傷杖相符,方可擬抵,嗣後命案一概註明致命傷痕,以憑核覆。〇四十年覆准:在屯旗下人命,一面報部,一面呈報地方官相驗,填註屍格具文申送,若地方官抑勒不即行相驗,無傷而謊稱有傷,有傷而謊稱無傷,恐嚇行詐等弊,將該地方官照例交與吏部議處。〇四十三年議准:身屍日久未獲,止據現犯供招,或贓物認明,或證人確據,即行定擬。〇五十一年議准:直隸各省驗傷定格,照五城屍格遵行。〇又議准:所頒五城檢格内開頂心、顖門、太陽穴、耳竅、咽喉、胸膛、兩乳、心坎、肚腹、臍肚、兩脇、腎囊、腦後、耳根、脊背、脊膂、兩後脇、腰眼等十八處。再偏左、偏右即係頂心兩旁,額顱即在顖門之下,額角附近,太陽一擊,即能致死,皆實在致命之處,嗣後審理命案,若一人獨毆人致死,無論致命不致命,皆擬抵償,若兩人共毆人致死,則以頒行十八處並頂心偏左右額顱角爲致命論抵。

〔奸徒結盟〕

歃血結盟,謀爲不軌者,罪在必死,所以戢奸宄也,若止異姓結盟,仍從杖責,並列於後。

國初定,凡異姓人結拜弟兄者,鞭一百。〇順治十八年定:凡歃血盟誓焚表結拜弟兄者,著即正法。〇康熙七年覆准:歃血盟誓,焚表結拜弟兄應正法者,改爲秋後處決,其止結拜弟兄,無歃血焚表等事者,仍照例鞭一百。〇十年題准:歃血結拜弟兄者,不分人之多寡,照謀叛未行律,爲首者,擬絞監候,秋後處決,爲從者,杖一百、流三千里;其止結拜弟兄無歃血焚表等事者,爲首杖一百、徒三年,爲從杖一百。〇十二年題准:凡異姓人結拜弟兄,未曾歃血焚表者,爲首杖一百,爲從杖八十。〇雍正二年議准:嗣後如有借事聚衆罷市,罷考打官等事,均照光棍例分別首從治罪,其逼勒同行之人,應各杖一百,不行查拏之州縣專汛官弁,照溺職例處分,徇庇不報之府道副將參遊等官,照徇庇例處分。〇三年議准:嗣後除宿學之士授徒講學課文會考無論十人上下俱無庸議外,如有生監人等,假托文會,結盟聚黨,縱酒呼盧者,該地方官即行拏究,申詳斥革,其有遠集各府州縣之人,標立社名,論年敘譜,指日盟心,放僻爲非者,照奸徒結盟律分別首從治罪,如地方官知而故縱,或被科道糾參,或被旁人告發,將該管官一并從重議處。

大清會典卷之一百九十五

刑部

〔督捕一〕

郎中、員外郎、主事，掌緝捕直省逃人之事。順治十一年始設官專理，置兵部督捕衙門，設侍郎一員，理事官一員及郎中員外郎主事等官。康熙三十八年，裁侍郎理事官缺，改隸刑部，分左右二司，其官制沿革詳見“吏部”。緝逃則例，具載於後。

逃人

凡逃人治罪，天命十一年諭：“凡逃人已經離家，被執者處死，其未行者雖首告，勿論。”○又定，逃人犯至四次者，處死。○順治九年議准：逃至二次者，處死。○十一年題准：凡逃一次者，鞭一百，二次者，正法。○又題准：凡逃三次者，正法。○十三年題准：凡逃一次者，面上刺滿漢文逃人字樣，鞭一百；逃二次者，仍正法。○十七年題准：逃人初次逃者，左面刺字，鞭一百，二次逃者，右面刺字，鞭一百，三次逃者，正法。○十八年定：逃人犯至三四次者，雖遇赦即處絞，不必候秋後。○康熙四年諭：停止逃人面上刺字，照竊盜例刺臂。○五年諭：逃人改刺臂上，逃者日多，無憑稽察，仍刺其面。○七年覆准：三次逃人，監候秋後絞。○十二年定：逃人十五歲以下者，尚屬愚蒙，逃走三次亦免死。○二十二年題准：三次逃人，奉旨免死減等發落者，將本身發寧古塔，與窮兵爲奴。○二十五年議准：凡三次逃人，不必交與刑部正法，停其具題，即交户部，給寧古塔窮兵爲奴。

凡奉天府駐防旗下逃人，順治十三年題准：逃一二次者，該將軍審結，逃三次者，該將軍具文，報督捕覆議具題，交刑部正法。○康熙十一年題准：奉天府逃人，令盛京刑部審理。

凡寧古塔駐防旗下逃人，康熙十年題准：逃一二次者，該將軍審結，三次者，該將軍具文，報督捕覆議具題，若滿洲窩隱逃人及無窩主之逃人，即於本處照例審擬。〇十一年題准：凡寧古塔逃人，令寧古塔將軍審理。〇二十年題准：凡布忒海村逃人事件，交寧古塔將軍發落。

凡江寧等處駐防旗下逃人，順治十三年題准：西安、江寧、京口、杭州、保定、太原、滄州、德州等處駐防旗下人逃走者，該將軍城守尉等審明，若有窩家，具文報督捕覆議具題，其無窩主之逃人，即於彼處照例鞭刺，逃走三次者，具文報督捕覆議具題交刑部。〇康熙十年題准：凡保定、太原、滄州、德州等四城駐防逃人，若有窩家，令伊所屬官員轉報巡撫，交該鄰近按察司同城守尉審理，若按察司所駐地方遥遠，除伊所屬道員外，交鄰近道員同城守尉審理，如窩隱情確，該撫核實，止將窩主解送督捕覆議具題，若無窩主之逃人，即於彼處照例鞭刺，逃走三次者，城守尉具文，報督捕覆議具題交刑部。〇十一年題准：凡各省駐防旗下人逃走者，俱交該督撫審理，其有窩家，具文申報督捕，其無窩家之逃人，於彼處照例鞭刺，逃走三次者，仍照例咨報，督捕覆議具題交刑部。〇二十年題准：凡各省駐防旗下拏獲逃人，仍令將軍城守尉等，與同城居住之督撫或官職大者，會同審理。〇雍正二年議准：嗣後稽查匪類並旗下逃人，應令順天府、直隸、各省督撫并口外熱河波羅河屯等處總管，嚴行所屬，設立十家長，給與木牌，一面細加清查，如地方官不實力奉行，一經事發，照例題參，十家長照例治罪；至護軍披甲人逃走，該佐領參領務行據實呈報，不得瞻顧避忌，誑稱傷寒汗閉，混行遞牌，如有誑稱傷寒汗閉，混行呈報者，一經事發，即將該管各官交與該部議處；其滿洲等家下莊頭拖欠地租，偷典地畝並帶家業逃走者，拏獲之日，除將偷典地畝之處照例治罪外，仍將逃人帶逃家業分爲三分，一分給與出首之人，二分給與逃人之主。

凡口外蒙古逃人，順治十四年議准：口外蒙古逃人拏解者，咨送理藩院歸結，窩家及地方官，照例議處。

凡准放爲民，順治十八年諭："凡逃人，自順治元年以前者，年久免其察究，照舊安業。"〇康熙十年議准：凡順治元年以前逃人，不給原主，放出爲民，如仍投旗下者，有主識認，仍給原主。〇二十二年題准：本年十月以前白契所買之人，初次逃走者，鞭八十，斷與伊主，拏獲之官不記功；第二次逃走被獲解來者，方行鞭刺，交與伊主，將拏獲之官記功；自本年十月以後白契所買之人逃走者,責三十板,暫交與伊主,俟交還身價之日,放出爲民,拏獲之官不記功。○三十三年題准:康熙二十二年以後白契所買之人,仍照例完結外,其康熙二十二年十月以前白契所買之人,既係斷歸旗下,初次逃走,即令遞逃牌,刺字,鞭一百,交與伊主拏獲之官記功。○四十三年議准:康熙四十二年以前旗下白契所買之人,俱作紅契,准遞逃牌,四十二年以後白契所買之人,許其贖身,如有逃亡,不得投遞逃牌。○雍正元年議准:自康熙四十三年起至六十一年止,白契所買之人照依四十二年之例,俱不准其贖身,若有逃走,准其遞牌,雍正元年以後白契所買之人,若給原價,俱准贖身爲民,其本人帶妻賣身者,亦准贖出,若白契賣身後買主配有妻室者,不准贖身;再未經賣身之先,或已定親未曾完娶,其賣身旗下女家並不知情者,必問女家情願,方許配合,如女家不情願者,聽其另配。

凡逃人入官,順治十六年題准:無主識認之逃人入官,分與旗下,若從所給之主家逃走者,將入官一次不算,止算逃走一次。○十七年題准:無主識認之逃人入官一次,通算次數。○康熙四年題准:凡逃人在地方官處,指有旗色佐領至部,供稱忘記本主者,仍鞭刺入官。○六年題准:無主認識入官之逃人,行文地方官將窩家責四十板釋放,地方十家長兩鄰各責三十板釋放。○十年題准:凡逃人無主識認者,鞭刺入官,給與八旗窮兵,後被原主認識,仍給原主地方官,功過不議,窩家及地方十家長兩鄰,照例責釋。○十五年題准:凡有面上刺字無主認識之逃人,其窩家及地方官功過俱照例議。

凡逃人犯事,康熙十二年題准:逃人在逃處犯事,如一併發覺已經刑部鞭責咨送督捕者,免其重責,仍照例刺字。○雍正四年諭:"逃人本身已經犯罪,又在逃生事被人毆死,與尋常鬭毆不同,嗣後逃人被毆身死者,不應擬抵,庶使逃走之人知所儆懼。"

凡赦前後分計次數,順治十七年詔:逃人於赦後逃三次者,擬死,赦前者,俱免。○康熙十年題定,凡鞭刺過逃人,俱自赦後計算三次。

凡逃人不實供,康熙九年題准:拏解之逃人不實供伊主住處,謊供在別處者,照例鞭刺外枷號一個月。○二十年題准:凡逃人初供之主不認者,令審理逃人之督撫刑訊,照例治罪。

凡逃人在空地蓋房,無窩家鄰佑者,康熙十五年題准:逃人逃在空地蓋房居住者,將地方作爲窩家,如係無主之地,將鄉長作窩家地方,十家長作爲鄰佑，如無鄉長，將該地方作窩家十家長作爲鄰佑，地方官功過俱照例議。

凡逃人换主，順治十六年題准：逃人從原主家逃走一次，其主轉賣，從買主家又復逃走者，止算逃走一次。〇康熙七年題准：凡换主之逃人，不論原主後主家逃走，以鞭刺計算，至三次者，俱正法。

凡免刺日限，順治十六年題准：旗下人畏主潛匿，或差往屯莊，過限在十日内者，免刺字，鞭一百；過十日者，照例鞭刺。〇康熙八年題准：凡逃人十日内拏獲者，免刺字，鞭一百，不算逃人次數。〇十二年題准：凡逃人被獲過十五日者，鞭刺。〇十五年議准：凡逃人免刺，仍以十日爲率，過十日者，鞭刺，若盗器械財帛牲畜等物逃走者，不論十日，即行鞭刺，其窩家地方官功過過十日者，照例究議。

凡官員子弟免刺，順治十八年題准：官員子弟逃走者，免其刺字，止鞭一百，逃三次者，交刑部正法。〇雍正三年議准：嗣後如有伯叔携姪，兄携弟逃去被獲者，但將伯叔兄爲首刺字，鞭一百，被携去之子弟照爲從免刺，鞭一百。

凡兵丁另户人分别免刺，順治十八年題准：出征逃走之護軍及甲兵被獲者，仍行鞭刺，私回家者，免刺字，鞭一百，咨送兵部差官押送，出兵處跟役逃回家者，鞭一百，本佐領驍騎校及本主家欲解送者，押解，不必解者，聽。〇康熙十二年議准：凡護軍兵丁及另户閑散人逃走者，免刺字，鞭一百，如係奴僕兵丁，照例鞭刺，其出兵處逃走之護軍兵丁，亦免刺字。〇十五年議准：凡護軍兵丁奴僕兵丁逃走被人拏獲者，不論官員子弟，拏送墩門，俟同出征之兵到日鞭刺，又宗室公以上各府莊頭及户部官莊頭、光禄寺園頭逃走者，照另户人例免刺字，其莊頭下壯丁逃走者，照例鞭刺。

凡逃人毁去刺字，康熙四年題准：凡逃人將面上字毁去者，補刺，鞭六十。〇雍正元年議准：逃人毁去刺字，枷號三個月，鞭一百，若係他人以藥代爲起除者，枷號兩個月，鞭一百，仍補刺。

凡老幼及同逃之婦免議，順治十一年議准：逃人七十歲以上，十三歲以下者，無論男女，俱免鞭刺，逃至三次亦免死。〇康熙十二年題准：凡逃人七十歲以上，十五歲以下者，免鞭刺，其夫帶妻逃，或父帶女逃，或子帶母妹逃者，婦女俱免刺字，鞭一百，若隻身逃走之婦女，仍行鞭刺。

窩隱

凡隱匿逃人窩家地鄰等治罪，順治五年題准：窩家正法，妻子家産籍没給主，仍給一分與出首之人，鄰佑十家長等各責四十板，流徙邊遠。〇九年諭："凡隱匿逃人者，止令本犯家産給主，其分家之父子兄弟等，不得株連。"〇又議准：凡窩家責四十板，同妻子一併流徙，兩鄰各責四十板，十家長各責二十板。〇十年題准：凡窩逃之人並家産給與逃人之主，房地入官，兩鄰十家長，各責四十板。〇十一年題准：凡窩家不准斷給爲奴，並家屬人口充發盛京，父子兄弟分家者，免罪，房地仍給户部，兩鄰十家長不行出首，各責四十板，兩鄰各罰銀五兩，十家長罰銀十兩，該管官罰銀二十兩，給逃人之主，以一分與出首之人。〇又題准：凡窩隱逃人者，本犯正法，家産房地入官，兩鄰各責四十板流徙，十家長責四十板，所罰之銀入官。〇十三年題准：十家長亦照鄰佑例，責四十板流徙。〇十四年題准：窩犯免死，責四十板，面上刺滿漢窩逃字樣，家産人口一併給與八旗窮兵地方官仍不行拏獲，窩家地鄰等亦不行出首，或被逃人之主控告行提，或被旁人出首捕獲者，仍照從前定例處分治罪，如不知情之窩家等免議，其逃人在逃所有自置之家産，一半賞與出首之人，一半入官，其逃人單身男婦年逾六十，或舊有殘疾，如有逃走之處，免其照逃人例治罪，如逃時年未滿六十，伊主情願令其出家者，准其出家，若逃後出家，或係家中得用之人逃後故作殘疾者，仍照逃例治罪。

凡官員窩逃，順治十一年議准：見任漢文武官員並休致回籍閑散官員進士舉人貢生監生窩隱逃人者，本身並妻子流徙尚陽堡，家産入官。

凡旗下窩逃，順治十一年題准：旗下人窩隱逃人者，鞭一百，罰銀五兩，其主無論官民，罰銀十兩，另户人并宗室公以上各府莊頭人等，窩隱逃人者，俱鞭一百，罰銀五兩，管屯領催罰銀十兩，俱給逃人之主。〇康熙十年題准：凡應罰銀十兩，力不能納者，枷號一個月，應罰銀五兩，力不能納者，枷號二十日。〇十二年題准：凡另户人窩隱逃人者，鞭一百，罰銀十兩，其餘窩隱逃人者，照例追罰銀兩俱行入官，其不能納者，仍照例枷號。

凡駐防窩逃，順治十八年題准：各省駐防旗下官員及常人窩帶逃人者，俱正法。〇康熙七年題准：各省駐防旗下窩逃之人，係官革職，罰銀一百兩，係常人，枷號三個月，鞭一百。〇十年題准：凡窩帶逃人者，係官革職，常人照例枷號鞭責。

凡奉天等處人窩逃，康熙十二年題准：奉天錦州二府屬民人，及尚陽堡、寧古塔民人并水手砲手人等窩隱逃人者，俱枷號三個月，責四十板。〇又議准：枷號兩個月，責四十板。〇十五年議定：仍枷號三個月，責四十板。○三十三年題准：盛京、寧古塔、烏喇、黑龍江將軍等，於所屬之處按旗專派官員，挨查莊屯，緝拏逃人，再交與驛站以及邊汛等官，令其於各地方村臺處所，挨家嚴查逃人，務期必獲，彼處土著之人將逃人隱匿，不行舉出，經旁人出首拏獲者，將隱匿逃人之人照例治罪。○又題准：邊外八旗遊牧蒙古處所官員，凡遊牧之處住有逃人者，務必令其挨查，緝拏解送，若將逃人隱匿不行舉出，經旁人出首拏獲者，將窩逃之人照例治罪。○又題准：各旗伐木燒炭人等，領票出邊口時，爲首領之人於各帶往衆人之内，十人放一頭目，將所去之人年貌造册，令爲首帶往之人作保，其册籍用該部印信，與出邊之文同發與邊汛之官照册内年貌驗數放出，倘若將逃人入於伐木燒炭人羣之内帶往，以致逃人被獲者，將窩隱逃人帶往之人斷作窩家，其爲首帶往之人，照鄰佑例治罪。○四十五年議准：嗣後如盛京所屬居住旗下家人窩逃被獲，將窩逃之人，仍鞭一百，即給與逃人之主爲奴。○雍正五年議准：沿柳條邊之蒙古地方，有内地民人種地居住者，交與扎薩克等，十家内設立一長，逐户嚴查，不許無事閑人存留，令扎薩克等亦自十家長取具保結，如民人内有隱匿内地逃人者，著該扎薩克查拏將逃人一併送部，其逃人照定例治罪，將容留隱匿逃人之民人，亦交與該部治罪。○又議准：發遣人犯，或有混入邊地貿易，割草人中，偷渡河岸，逃入蒙古境内者，應令汛渡弁兵將貿易割草之人，於去時登記人數，回時仍查原數，若人數短少，顯有脱逃隱匿，即行交知會蒙古，若有閑蕩遊手久留不歸之人，即係脱逃兇犯，當即拏送，該處照本犯原罪分别治罪，倘仍有弁兵不行稽查，疏縱脱逃，漫無覺察者，將汛渡弁員照失察例議處，兵照失於盤詰律治罪，蒙古既知係内地脱逃之犯，仍容留隱匿者，將蒙古照窩藏逃人例治罪。

凡官員家人窩逃，順治十一年題准：文武官員赴任，後家人窩隱逃人者，本官不知情，免罪，其窩家及另户人照例治罪，家産入官，係同居者，其妻子房地免議，家産財物入官。

凡營伍窩逃，順治十五年題准：營伍内窩隱逃人有保人者，將保人斷爲窩家，房主責四十板，管隊責四十板，流徙外委，百總責三十五板，把總責三十板，千總責二十五板。○康熙十年議准：凡失察逃人之管隊，免其流徙枷號兩個月，責四十板。

凡運糧等船户窩逃，順治十一年題准：運糧等船窩隱逃人者，船家處斬，船内財物入官。○十三年題准：凡運糧船軍船商船，該管官將本船男婦數目給與印票鈔關,監督查照票内數目放行,若有票内無名之人,即行拏解,如逃人已過一關,至二關拏獲者,將不行盤查之官罰俸半年,船主斷作窩家。〇康熙十一年議准:凡糧船併回空船,責令各該押運官及千總百總將人數寫給印票,嚴加稽察,若有窩隱逃人者,將船主斷作窩家,責四十板,并妻子流徙尚陽堡,同船運丁各責四十板,船頭屯丁頭目照地方例枷號兩個月,責四十板,領運千總照失察例革職,押空百總責三十五板,革去百總,其河南山東之押運糧道,罰俸一年,江西、浙江、湖南、湖北、江安、蘇松等處押運通判,亦罰俸一年。

凡生員窩逃,順治九年議准:凡生員窩隱逃人者,照民例治罪。

凡僧道窩逃,順治九年議准:僧尼道士窩隱逃人者,照民例治罪。

凡老幼窩逃,順治十一年題准:窩隱逃人之犯七十歲以上者,男婦俱免流徙,該地方官揑充年老免罪者,從重議處。〇十三年題准:凡窩隱逃人者,係七十歲以上,十三歲以下,俱免責,家産人口一併流徙尚陽堡。〇康熙十年題准:逃人寄居妻家,若有十三歲以上男丁作爲窩家,十二歲以下免罪。〇十二年題准:凡十五歲以下窩逃者,免流徙,十六歲以上者,仍照例流徙尚陽堡。

凡婦人窩逃,順治十二年題准:寡婦窩逃者,入官。〇十五年題准:凡婦人伊夫不在家,窩隱逃人者,免其流徙,責四十板釋放,鄰佑十家長地方及地方官照例治罪。〇康熙六年議定:凡寡婦窩逃者,責四十板,流徙尚陽堡。

凡瞽目人窩逃,康熙十年議准:瞽目之人窩隱逃人者,免責,并妻子流徙尚陽堡。

凡逃人所宿店家,順治十一年題准:逃人賃住店房在十日内者,店家免罪,如過十日斷爲窩家,其鄰佑十家長地方及地方官照例治罪。〇康熙十四年題准:凡留住逃人之店家,過十五日者,斷爲窩家治罪。〇十五年議定:凡留住逃人,收取房租之人過十日者,仍斷爲窩家治罪。

凡傭工賃房,順治十一年題准:旗下人民人傭覓逃人做工,或賃房與住有保人者,將保人坐以窩主之罪,其傭覓賃房人免議,該管官十家長地方鄰佑,俱免罪,如該管官查獲解部者,照例紀録,如無保人留住過十日者,無論傭賃,俱處死家産入官。〇康熙十二年題准:凡旗下人民人傭覓逃人做工及賃房與住過十日者,方斷爲窩家,其保人亦過十日者,斷爲窩家,其房地賣與逃人有保人者,將保人作爲窩家,如無保人,將引進之人作爲窩家，鄰佑十家長地方及該管官照例免議，如無保人及引進之人，將房地之主仍作窩家，或將房地賣後搬移别處居住，事發房地之主免罪，鄰佑十家長地方及該管官，仍照例議處。○十四年題准：凡傭覓逃人做工，賃房與住及保人之罪過十五日者，斷爲窩家處治。○十五年題准：凡旗下民人保隱逃人者，將保人不論日期，斷爲窩家，傭覓之人免罪，其無保人而留住及傭覓之人過十日者，仍治罪，或將房地已賣，移往他處居住，事發將房地之主斷作窩家，其原處之兩鄰十家長地方及該管官照例治罪。

凡移住之窩家，康熙元年題准：移住别處窩隱逃人者，將移住之兩鄰十家長及地方官俱照例治罪。

凡逃人轉徙數家，順治三年題准：逃人更住數家，後被獲者，將末家斷作窩家。

凡窩隱出兵擄獲之人，順治十三年題准：出兵俘獲之人在中途逃走，後被獲者，免刺字，鞭一百，給與原主，窩家責四十板釋放，鄰佑十家長地方免議。○康熙十二年題准：凡未到家逃走之人，窩家不知俘獲者，免責。○十五年議准：凡隱匿未到家之逃人者，窩家仍責四十板釋放。

凡妄扳窩家，康熙四年議准：逃人初扳出之窩家提質審虚者，逃人枷號三個月，鞭一百，其續扳之窩家不准行提。○五年題准：凡逃人續扳之窩家提審又虚者，逃人交刑部正法。

凡隱留窩犯家産，順治十一年題准：窩家之父子兄弟有分居者，照地方官保結，免其入官，其應行入官之家産人口，照地方官保結入官，若假稱分居及隱留家産不盡行解送者，該管地方官革職。○康熙七年題准：窩家之父子兄弟有分居者，照地方官保結，免其流徙，其應行流徙之家産人口，照地方官保結流徙，若有假稱分居及隱留家産等弊，地方官革職。

凡詐賣逃人，順治十一年題准：將逃人詐稱民人賣與人者，將賣主斷爲窩家，保人照鄰佑例治罪，若逃人自行賣身者，將保人斷爲窩家。

大清會典卷之一百九十六

刑部

〔督捕二〕

行提

凡行提定限，順治十一年題准：行提逃人窩主併質證之人，照地方遠近立限，若行催三次不到者，將地方官指參。○十三年題准：凡行文地方官提逃人窩家及牽連人犯不到者，行催一次，又不到者，地方官革職。○康熙元年題准：凡行提逃人等犯，逾限一月者，題參。○又題准：凡行文提取逃人等犯與空文行查，如各官違兩次定限者，降一級調用。○十五年議定：凡道、府、州、縣、衛、所官員中解逃人窩主及窩主之妻子家産人口，並干連之人與空文行查，在一百里以内者，往返限十日，如不到，再限十日，行催一次；二百里以内者，限十五日；三百里以内者，限二十日；四百里以内者，限二十五日；五百里以内者，限一月；六百里以内者，限三十五日；七百里以内者，限四十日；八百里以内者，限四十五日；九百里以内者，限五十日；一千里以内者，限兩個月，如不到者，俱再照此定限行催一次；一千里以外，每一百里往返加四日扣算，如違限兩次不解不報者，官員革職，空文行查者，降一級調用。

凡行提人犯，康熙六年題准：逃人偷帶物件載在原遞册内者，方准行提，如册内所載行提屬虚者，逃人鞭七十。○十二年題准：凡逃人之主，不許私自差拏逃人，准在督捕衙門控告行提，或告附近地方官拏解，若違例私自往拏，地方官及窩家免議，逃人之主係常人，鞭一百，係官罰俸一個月，私差家人往窩主家取討衣物者，亦罰俸一個月。○又題准：凡拏獲逃人解部，審係實有窩家者，方行文地方官提取窩家審理。○十四年題准：

凡地方官不候部文行提，將窩家拏審，或監禁聽候及拿解者，題參議處，如通同衙役借端詐害等情，事發從重治罪。〇十五年題准：各省逃人稱有窩家者，地方官拘審覊候，俟督捕審實逃人，行文地方官提取審理，若不係逃人，行文地方官釋放。

解送

凡解送逃人，順治十一年題准：解役押解逃人，窩家有故意致死及受賄縱逃者，責四十板流徙。〇十五年題准：凡解役押解逃人及牽連人犯到日，即交督捕衙門，如歇宿店房並不投文，捱過三日者，責四十板，流徙尚陽堡，店主留過十日者，枷號一個月，責四十板，係旗下人，枷號一個月，鞭一百。〇十六年題准：凡拏解逃人窩犯及牽連人等，直隸、山東、山西、河南、僉差長解，陝西、湖廣、四川、江南、江西、浙江、福建、廣東、廣西、雲南、貴州遠省地方，將批文限定日期，俱令遞解，經過地方官嚴加肘鎖，差的當人役押解，如地方官逾限及有疎失脱逃者，題參革職。〇又題准：凡疎脱逃人之差官，責三十板，革去職役。〇十七年題准：凡領催兵丁疎脱逃人無受賄情弊者，枷號一個月，鞭一百，如受賄縱放者，枷號三個月，鞭一百。〇康熙元年題准：凡雲南遞解逃人一名，差解役二名，酌量逃人多寡，撥兵押送，如有疎脱，將解役流徙兵丁各責四十板。〇四年題准：凡逃人在地方犯殺人等死罪者，該地方官每逃人一名，解役四名，遣差有家産者，將逃人嚴加肘鎖，申解刑部，如逃人三名以上，申報該督撫酌量添差人役護解，有脱逃者，照脱逃强盗例治罪。〇又議准：凡解役夥同逃人沿途搶奪，擾害村莊，被府州縣申報者，解役、逃人俱以光棍例治罪。〇七年題准：凡各省遞解逃人逾限者，地方官降一級調用。〇九年題准：凡部提及遞發逃人案内，牽連人犯每一名，差役二人押解，如有脱逃者，將解役發該撫，枷號一個月，各責四十板。〇十年題准：凡直隸、山東、山西、河南地方官拏解逃人窩犯，嚴加肘鎖，每一名差有家産之正身解役二名押解，如違例以致疎脱，或解役同逃人逃走者，地方官革職，疎脱之人責四十板，其陝西、湖廣、四川、江南、江西、浙江、福建、廣東、廣西、雲南、貴州地方官拏解逃人窩犯，嚴加肘鎖，每一名差有家産正身解役二名遞解，經過地方官將逃人肘鎖驗明，每一名亦照數换差遞解，如違例以致疎脱，或解役同逃人逃走者，地方官革職，疎脱之人責四十板釋放，如照例僉差押解遞解解役疎脱人犯，或通同逃走者，將解役各責四十板，并妻子家産人口一併流徙尚陽堡，地方官俱免議。〇又題准：凡解役中途疎脱逃人，擬定流徙，於未流之先得獲逃人者,免流徙,責四十板。〇又題准:凡僉差押解逃人之役,私自交與别人代解,致逃人疎脱者,地方官罰俸一年,正身解役流徙,代解之人責四十板。〇十二年題准:凡解役二名同押逃人致有疎脱者,一併流徙,或一名有事,在後一名看守疎脱逃人者,將疎脱之解役流徙,其在後者免罪。〇又題准:凡解役在店房歇宿不投文,捱過三日者,免其流徙,責四十板,過十日者,責四十板,枷號一個月,店主留住過十日者,責四十板,係旗下人,鞭一百。〇十五年題准:凡解役歇宿店房,並不投文,捱過三日,及留過十日之店主,仍照順治十五年定例治罪。〇又題准:凡疎脱逃人之解役,若兩名内有一名實在患病,在經過地方官處遞有病呈者,免罪,止將一名流徙,其有事落後者,亦行流徙。〇三十六年覆准:遞解逃人患病者,照留養之例遵行,如有不留養者,題參。

凡解送逃人册籍,康熙八年題准:各省將軍城守尉等,將已獲未獲之逃人姓名及逃走年月日期旗色,佐領造清册一本,每年四月内申送督捕,其獲過逃人及拏獲官員職名,造清册一本,每年三月内申送督捕,逐名查對,如一年内不將獲逃人數申報,至二三年彙報者,題参議處。〇十一年題准:凡將軍城守尉等,每年四月内將逃册咨送督捕,其拏獲鞭刺逃人之姓名、本主旗色、佐領、拏獲年月日期及官員職名,該督撫盛京刑部每年三月内備造清册,咨送督捕,於叙功時磨對議叙。

功過

凡文武官員叙功,順治九年題准:州縣官查解逃人十二名者,紀録一次,二十四名者,紀録二次,三十六名者,俟應陞時加陞一級;知府所屬州縣内查解逃人至一百二十名者,紀録一次,二百四十名者,紀録二次,三百六十名者,俟應陞時加陞一級,督撫按及各道等官俟考察之日,查其報解多寡之數議功,其衞千總并守備都司遊擊,照州縣官例,副將參將照知府例,提督總兵掌印都司照督撫,按各道例議叙。〇十一年題准:凡地方官拏獲逃人數多者,文官送吏部,武官送兵部紀録,衞千總守備都司各官,照州縣例,參將遊擊照知府例,副將照道官例,掌印都司總兵照巡撫例,提督照總督例議叙。〇十三年題准:凡州縣官查解逃人十名者,加一級,二十名者,不論俸滿即陞;知府所屬查解二十名者,加一級,四十名者,不論俸滿即陞;直隸州照知府例;道官所屬查解三十名者,加一級,六十名者,不論俸滿即陞;巡撫所屬查解五十名者,紀録一次,一百名者,加一級,二百名者,加二級,如照此數多解者,遞准加級,仍准功過相抵;鹽運司所屬拏獲者,運司照道官例,分司照知府例,鹽場官照典史例;内外錢局拏獲逃人者,布政司照道官例,主事照知府例,同知照知縣例;窑廠中拏獲者,該管官照知府例,其同知、通判、吏目、典史等官係有捕盗責任者,照各掌印官例,衛、千總、守備、都司各官俱照州縣例,參將、遊擊照知府例,副將照道官例,總兵、掌印都司照巡撫例,提督照總督例議叙。○十五年題准:凡州縣官查解逃人十五名者,加一級,三十名者,不論俸滿即陞;知府所屬查解三十名者,加一級,六十名者,不論俸滿即陞;直隸州照知府例;道官所屬查解四十五名者,加一級,九十名者,不論俸滿即陞,惟直隸、山東、山西、河南道官所屬地方,查解逃人四十五名之後其屬官有一人革職者,降一級帶罪留任,降級之後所屬地方有查解四十五名者,准復原降之級,其餘别項俱照他處道官例;巡撫所屬查解七十五名者,紀録一次,一百五十名以上者,加一級,足三百名者,加二級,多解者,照數遞加;其鹽運司、運使分司鹽場官,内外錢局布政司主事同知,窑廠地方該管官通判、吏目、典史及衛、千總、守備都司各官,參將、遊擊、副將、總兵、提督等官查解逃人者,俱照新定各官之例,分别名數議叙。○康熙二年題准:凡巡撫所屬地方,查解逃人二百名者,紀録一次,四百名者,加一級,比此數多者,照數記册加級。○十年議定:道官及管衛所掌印都司,查解逃人九十名者,加二級,同知、通判、吏目、典史自行拏獲之逃人,照各掌印官例,五城兵馬司掌印、指揮照知府例,副指揮、吏目照知縣例,守備都司、僉書各官照州縣例,遊擊、參將、副將照知府例,總兵官照道官例,提督照巡撫例,餘俱如舊例議叙。凡文武各官一年一叙,若不至加級之數者,俟次年一併議叙,仍不足者,將前一年之功截去,止留一年之功,於次年接算,不准三年合算。○十二年題准:凡文武官員獲解逃人記功者,直省知會各該撫,奉天府所屬移會府尹、令、巡撫、府尹照督捕衙門移文,轉行知照原拏獲地方官議叙。○二十一年議准:滇黔土司,無論逃人、逃兵逆屬舊人,拏解六十名者,准加一級,多獲者,照數遞加,不及加級者,該督撫酌量奬賞。○二十五年議准:州縣等文武各官查解逃人十五名者,照例加一級,三十名者,加二級;知府與直隸州知州等文武各官,查解逃人三十名者,加一級六十名者,加二級,於此數多者,照數遞加,其查解逃人不論俸滿即陞之例,俱停止。○三十年題准:步軍校拏獲逃人,照巡捕營官員拏獲逃人例議叙,副尉照巡捕營參將、遊擊拏獲逃人例議叙。○又覆准:嗣後將專汛官員拏獲逃人十五名者准加一級之處,改增五名至二十名准加一級,兼轄官拏獲逃人三十名者准加一級之處，改增十名至四十名准加一級；所加之級，仍准其抵銷。○三十四年覆准：山海關兵丁，若拏獲逃人者，著照堆子拏獲人犯之例，令逃人之主給銀一兩，其拏獲另户逃人者，向逃人追銀一兩給與。○三十七年題准：步軍校等一年内拏獲逃人四十名者，加一級，副尉督率所屬拏獲逃人八十名者，加一級；於此數多者，照數遞加。○雍正二年議准：嗣後直隸、山東、山西、河南四省州、縣拏獲逃人，令照陝西等省例，詳報巡撫，請咨遞解，其直隸等十五省，該巡撫統於每年四月内，將各州縣拏獲逃人數目核實，造具清册二本，一本彙送刑部查核，一本彙送吏部備案，俟刑部查明，交與吏部照例議叙。

凡文武官員失察，順治九年題准：州縣官所屬地方隱匿逃人者，每一名罰俸一個月，至十二名，罰俸一年，十三名，降一級調用；知府所屬州縣内隱匿逃人，每十名罰俸一個月，至一百二十名，罰俸一年，一百三十名，降一級調用，督撫按各道員，查該屬隱匿多寡之數議處。○十一年題准：凡州、縣官所屬地方隱匿逃人一名者，革職；知府所屬州、縣官内有一官因失察逃人革職者，知府降一級，直隸州照知府例，道官罰俸九個月，巡撫罰俸六個月，衛、千總、守備、都司各官照州縣例，參將遊擊照知府例，副將照道官例，掌印都司總兵照巡撫例，提督照總督例議處。○十三年題准：州、縣官查解逃人十名之後，若地方窩隱逃人一名者，功過不准相抵，仍革職；知府所屬查解二十名之後有一員革職者，功過不准相抵，仍降二級調用，直隸州照知府例；道官所屬查解三十名之後有一員革職者，罰俸一年，有二員革職者，功過不准相抵，仍降一級留任，有三員革職者，降二級調用；巡撫所屬地方有一員至四員革職者，罰俸九個月，五員者，降一級留任，若查解逃人至一百名者，功過相抵，准復一級，二百名者，准復二級；鹽運司所屬地方有隱匿逃人者，運使照道官例，分司照知府例，鹽場官照典史例；内外錢局中有隱匿逃人者，布政司照道官例，主事照知府例，同知照知縣例；窑廠中有隱匿逃人者，該管官照知府例，同知、通判、吏目、典史等官係有捕盗責任者，各照掌印官例；衛、千總、守備、都司照州縣例，參將遊擊照知府例，副將照道官例，總兵、掌印都司照巡撫例，提督照總督例議處。○十五年題准：凡州、縣官查解逃人十五名之後，有隱匿逃人一名者，功過不准相抵，仍革職；知府、直隸州所屬查解三十名之後有一員革職者，功過不准相抵，仍降二級調用；道官所屬查解四十五名之後有一員革職者，罰俸一年，有二員革職者，功過不准相抵，降一級留任，有三員革職者，降二級調用，惟直隸、山東、山西、河南道官所屬查解四十五名之後有一員革職者，降一級帶罪留任，若查解逃人四十五名，准復原降之級，餘仍照他處道官例巡撫所屬地方，若有一員至四員革職者，罰俸九個月，五員者，降一級留任，如查解逃人一百五十名者，准復一級二百名者，准復二級照此數多解者，功過相抵其鹽運司内外錢局窑廠及衛、所、營、伍大小各官隱匿逃人者，俱照新定各官之例分别議處。○康熙十年題准：凡知州、知縣、吏目、典史、衛所守備、千總官員，失察逃人一名者，革職，如未失察之先有查解逃人三十名者，准其功過相抵，免革職，有查解十五名者，所加之級銷去，照原品降一級調用；知府、直隸知州所屬有一員失察逃人革職者，降二級調用，如未失察之前，所屬有查解逃人六十名者，准其功過相抵，免其降調，查解三十名者，所加之級銷去，照原品降一級留任；道官管衛、所掌印都司所屬有一員失察逃人革職者，罰俸一年，二員革職者，降一級留任，三員革職者，降二級調用，其先有查解逃人四十五名者，准其抵降一級；巡撫所屬有一員至四員失察逃人革職者，罰俸九個月，五員者，降一級留任，其先有查解四百名者，准抵降級；其鹽運司管、内外錢局、窑廠官、五城兵馬司官及武職官員失察逃人處分功過相抵之處，俱照前定例行。○又議准：凡首告逃人，移咨巡撫不行拏解，别經發覺者，巡撫降一級留任，該管官俱照失察逃人例議處。○二十一年議准：滇黔土司地方有失察逃人一名，被别土司拏解，或逃人自行供出者，土司降一級，若知而隱諱者，照隱匿逃人例革職，若拏獲逃人，照例解部發落。○二十四年題准：凡逃人潛住地方，州、縣官不行查拏，被旗主認出及他人已經拏獲，地方官强行攘奪，冒稱伊所拏獲解部者，將州、縣等官各降二級調用。○三十三年題准：沿邊地方總兵官等，務期嚴行責令管轄各守邊口武官嚴查出邊人等，不許放過逃人，令其拏解，若將逃人疎忽放出者，將看守之官兵交該部照例治罪。

凡總督府尹功過，順治十一年題准：總督所屬地方有一員因逃人革職者，罰俸三個月。○十三年題准：凡總督所屬地方查解逃人一百名者，紀録一次，二百名者，准加一級，四百名者，准加二級，照此數多解者，功過相抵，有一官革職者，罰俸六個月，至十員者，降一級留任。○十四年議准：順天奉天二府府尹逃人功過免議。○十五年題准：總督所屬地方查解逃人一百五十名者，紀録一次，三百名者，加一級，六百名者，加二級，照此數多解者，功過相抵。○康熙五年議准：直省總督逃人功過免議。

凡署任功過，順治十四年議准：文武官署任内有查獲逃人、失察逃人者,俱各照所署之職,議其功過。

凡接管官失察,順治十七年題准:勒限查解逃人接管官,將不獲情由預行申明者,免議,如過限不報者,罰俸半年,如申報不獲之後,逃人在先被人拏獲者,接管官革職。

凡隔省隔府失察,康熙八年題准:同省各府查獲逃人,將失察之州、縣官併該管道府照例參處。〇十年題准:凡失察逃人,係隔省拏獲,或伊主及旗下人拏獲者,巡撫以下,典史以上題參;若隔府拏獲,係别道官所屬者,道官以下題參,係本道官所屬者,知府以下題參;隔州、縣拏獲者,止將州縣官題參。

凡僧道官失察,順治十一年題准:僧道官失察逃人者,照州、縣官員例議處。

凡陞任官員功過,順治十五年題准:各官陞任後未離原任,若有窩隱逃人發覺者,仍行議處,其先有獲解逃人之功,仍准議叙。〇又題定,凡查解逃人之司道已陞,京堂應加一級者,紀録二次,應不論俸滿即陞者,紀録四次。

凡開復,康熙十年題准:官員因逃人事件牽連降級之後,知府、知州、知縣能拏解逃人足不論俸滿即陞之數,道官所屬地方足加二級之數,巡撫所屬地方足加一級之數者,俱准復還所降之級,鹽運司管内外錢局窑廠官五城兵馬司官及武職官員,俱各照定例行。

凡拏獲不及數者,康熙十年題准:州、縣、衛、所等官拏獲逃人不足加級之數者,不准議叙各該管上司之功,其鹽運司並管内外錢局窑廠官五城兵馬司官及武職官員,亦照此例。

凡誤令取保釋放處分,康熙十年題准:地方官稱係逃人拏解,無主認識,發伊原籍地方官確查,實係民人,取保釋放具文申報,若有投充俘獲賣身旗下情由,仍行解回,有主者給主,無主者入官,若將實在逃人稱係民人保結釋放,後被伊主認識,或傍人出首,爲首保人斷作窩家,其餘保人照鄰佑例治罪,其不行詳查取保釋放之官革職。

凡牽連取供,康熙八年題准:因逃人事件牽連議處官員,移咨該撫,取地方官口供到日議結,不取確供,徇庇發覺者,該撫一併議處。

凡寛免處分,康熙十年題准:逃人無一定住處,或傭覓傭工,或賃住店房未過十日者,其窩家鄰佑等既經免罪,地方官亦免議處。

凡獲帶逃幼小,康熙十年題准:帶逃十三歲以下之子女同其父母拏獲者，地方官不記功，若另行拏解者，照自行逃走十三歲之子女例，將地方官一體記功，如被伊主認獲及傍人出首者，窩家鄰佑等及失察之地方官，仍照例治罪。〇十二年題准：凡十五歲以下之子女同其父母拏解者，地方官不記功，另行拏解者，仍照例記功。

凡拏解良民，康熙十年題准：地方官將未離原籍之民作逃人拏解者，降一級留任。

凡十家長木牌，順治元年定：各府、州、縣、衛、所屬鄉村，十家置一甲長，百家置一總甲，遇逃人奸宄事故，鄰佑報知甲長，甲長報知總甲，總甲報知府、州、縣、衛，府、州、縣、衛核實解部，若一家隱匿；其鄰佑甲長總甲不行首告，俱治以重罪。〇十四年題准：凡地方官於所屬地方，每十家設立一長，給與木牌稽察，如不設立十家長給與木牌者，題參議處。〇康熙十年題准：凡地方官不設立十家長給與木牌者，降一級留任。

凡買逃邀功，康熙十三年題准：不肖官員賄買旗下奴僕，謊充逃人，申解邀功者，革職交刑部拏問，賄賣賄買之人係旗下，枷號三個月，鞭一百，係民，責四十板並妻發寧古塔，給與窮兵爲奴，其賣身之人，仍作逃人刺字，枷號兩個月，鞭一百，若外省揑造空名册報邀功者，亦照此例，從重治罪。

凡淹禁，順治十年題准：地方官拏獲逃人，即行起解督捕衙門，如監禁遲滯過一月者，地方官革職，罰銀一百兩，給與出首之人。〇康熙十年題准：凡地方官將逃人監禁遲滯過一月者，革職，如一月内不能查明申解者，預行申報督捕衙門展限。

凡誤用刑訊，康熙九年論："督捕衙門事件關係非輕，審問務要窮究確供，不得錯用夾棍斷爲窩家，以累無辜。"〇十一年題准：凡護軍兵丁逃走被獲解來，或自行投回，若帶有兵器，或逃走日久，奴僕隱匿本主財物不實供，同逃妻子住處窩逃之人不行招認，逃人串通別人供係伊主，二主相争謊扳窩家，衙役解役受賄疎脱逃人，及窩隱逃人被人拏獲，謊供係伊拏獲等事應夾訊，若將案内不應夾訊之人錯行夾訊，或應夾訊而罪不至死之人夾訊身死，及恣意疊夾致死者，照刑部定例議處。

凡唆逃行詐，康熙四年議准：地方官唆令逃人指扳富室，行詐情實者，革職交部議罪。

審録

凡熱審減等，康熙十年題准：窩逃之人及疎脱逃人之解役，每遇熱審，照例減等，免流徙，責四十板，徒三年，其餘别罪亦照例減等。○十二年題准：流徙人犯遇熱審減等，擬定徒罪，若年老有病及婦人，俱准照律折贖。○十五年題准：凡窩逃之人及疎脱逃人之解役犯流徙者，照常流徙，其責治者，每遇熱審照例減等。○三十九年題准：凡窩隱逃人應發遣之人犯，遇熱審時亦減等。

凡免流折贖，康熙七年題准：窩逃之人及疎脱逃人之解役，未經流徙之先身故者，妻子免流徙。○十二年題准：凡流徙人犯之祖父母、父母老疾無倚，家無以次成丁有控告者，咨查該撫，取印結送到，照律責四十板，餘罪收贖，存留養親；若謊報者，該部議處。

凡假稱逃人，順治十五年題准：民人假稱逃人，具告行詐者，責四十板，本身妻子家産人口一併入官。○康熙九年題准：凡民人假稱逃人行詐者，責四十板，並妻子給發寧古塔窮兵爲奴。○十二年題准：免其子女給與爲奴，止將本身責四十板，並妻給與寧古塔窮兵，其幼小子女願帶去者，一併給發。○十五年題准：凡民人假稱逃人行詐者，責四十板，仍將妻子家産人口一併發與寧古塔窮兵爲奴，房地入官。

凡光棍結黨行詐，康熙四年議准：奸棍結黨借逃報讐，詐害良民者，無論旗下民人，俱照光棍例治罪。○十三年題准：旗下民人結夥三人以上，指稱隱匿逃人，索詐財物者，不分得財與不得財，俱照光棍例，分别首從治罪。

凡棍徒賣身行詐，康熙四年議准：凡棍徒在地方犯罪，賣身旗下，仍回原籍借逃行詐，拏解審實者，交刑部正法。

附例

凡三營拏獲人犯，康熙十四年題准：凡三營拏獲賊盗光棍賭博鬬毆等事，停其呈解督捕轉送，竟解刑部五城。○十五年題准：凡三營拏獲人犯，俱解督捕審理，其光棍賭博鬬毆等事，轉送刑部五城。今三營拏獲人犯，俱送刑部審理。

凡考核三營，順治十年題准：三營參將遊擊守備各官年底甄别時，若弓馬嫻熟，能多緝獲光棍盗賊，所屬地方無失事者，以稱職論；地方雖有一二失事，能多拏獲光棍盗賊，弓馬嫻熟者，以平常論；地方雖無失事，而緝獲盗賊光棍甚少，弓馬不嫻熟者，以才力不及論；若所屬地方失事查獲者甚少，弓馬不嫻熟者，以溺職論；年老有疾者，以年老有疾論；又或弓馬嫻熟，查獲盗賊光棍雖多，而一年内所屬地方有三案强盗失事不能拏獲者，該守備以不稱職論;兼轄参將遊擊所屬守備有一二員不能稱職者,以才力不及論至三員以上者,亦以不稱職論。〇康熙十二年題准:凡三營参將遊擊守備等官,五年軍政甄别賢否,如地方有强盗殺人等事,即行題参,交與兵部治罪,如闒茸年老有疾不稱職者,不時查出題參。今歸兵部。

凡點驗三營兵器,順治十一年題准:督捕衙門每年春秋二季,點驗巡捕三營官兵器械馬匹,查核虚實。今歸提督衙門。

凡衙門禁例,順治十三年題准:解到逃人有跟隨人衙門,站立審理之處窺探者,旗下人鞭一百,民人責四十板,俱在督捕衙門前枷號一個月。〇康熙二年題准:凡在督捕衙門附近開設店房,留歇逃人及牽連人犯者,係民責四十板,枷號一個月,係旗下人鞭一百,枷號一個月。

出首

凡逃人投首,順治三年諭:"凡逃人自行投回者,窩逃之人及兩鄰流徙甲長并七家各鞭五十,該管官及鄉約,俱免議。"〇十一年題准:凡逃人投回及自首者,俱免鞭刺,窩家亦免議。〇又題准:凡逃人夫婦父子,一半投回本主,一半在窩家居住,本主到部呈首,部牌行提,該管官即行查解者紀録,匿隱之家、地方十家長鄰佑,照例治罪。〇康熙十五年題准:凡一家數人同逃,共謀歸主,先令一、二人投回實稱,其餘在某處行提解來者,俱免鞭刺,窩家亦免究,若不共謀歸主者,照常例鞭刺,窩家治罪。

凡親屬首逃,康熙十二年題准:凡逃人之祖父母、父母,或子孫出首者,不論初次二次,將逃人照自首例免鞭刺,不算逃走次數,地方官亦不記功,於申解逃人時,取實係祖父母、父母、子孫甘結及地方官印結一併申送,情虚者,將爲首之保人枷號一個月,責四十板,其餘保人責四十板,地方官降一級調用。

凡首告逃人,順治十一年題准:凡逃人被窩主出首者,窩主免罪,其鄰佑十家長地方等内有一人出首者,俱免罪,窩家仍治罪。〇康熙十二年題准:凡窩逃之罪其同居族人及主僕互相出首者,窩主亦免罪。〇十四年題准:凡逃人被獲後,窩家將其妻子出首者,窩家地方官一并免罪,若窩家不首,地方官不行察解者,仍照定例治罪。〇十五年議定:凡逃人未經拏獲之先,窩家將其妻子出首者,窩家免罪,地方官仍記功,若被獲逃人後出首者,仍斷爲窩家,地方官照例議處。

凡首告不實,順治十三年題准:凡旗下人在督捕首告逃人,行提審虚者,枷號一個月,鞭一百,民人首告逃人者,先赴該督撫按處告理,如不准,方許到督捕告理,提審係誣害者,責四十板,枷號一個月,仍發督撫按發落。〇康熙四年題准:凡奸棍改易姓名,借逃謊告,提審屬虚者,係民人,責四十板,流徙尚陽堡,係旗下人,枷號三個月,鞭一百。〇八年題准:凡首告逃人行提,地方官具文報稱無有者,復行巡撫查解,仍咨稱無有者,係旗下人,鞭一百,係民責四十板,如逃人果在彼處發覺是實者,將地方官并巡撫俱照失察逃人例處分。〇十年議准:凡出首逃人查明謊告讐告者,係旗下人枷號兩個月,鞭一百,係民人枷號兩個月,責四十板,若串通糾合,圖財行詐者,俱以光棍例治罪,若民人不在該地方官處告理,向督捕衙門越告者,不准行;至逃人無論旗下及民人首告查解者,該管各官鄰佑十家長地方免罪,窩家免其流徙,枷號兩個月,責四十板,追銀十兩給首告之人,如出首逃人未經審理輒逃者,所告情節註册不准行,後經拏獲,或自行投回,仍照例治罪。

凡旗下拏獲出首,順治十一年題准:凡逃人被旗下人拏首者,向逃人之主追銀二兩,給與拏獲之人,如未過十日者,不給。〇康熙十二年題准:凡旗下人拏獲逃人過十五日,方准追給銀兩。〇十五年題准:拏獲逃人過十日者,准給賞銀。

逃牌

凡投遞逃牌,順治十五年諭:"凡旗下家人逃走,本主即報明,該都統副都統佐領等官具印結報部,如逃後多日方報,或既獲逃人,方稱係伊家者,不許給主,即著入官,直省地方有旗下告假私出妄爲者,該督撫嚴行訪拏解部,并本主從重治罪。"〇又議准:凡旗下人逃走,本主不會遞逃牌者,逃人入官,其遞送逃牌之限在京内者,限五日,二百里内者,限十日,四百里内者,限十五日。〇康熙六年題准:凡逃人入官者,給與八旗窮兵。〇十一年題准:凡投遞逃牌,各省駐防旗下所屬者,遞與該將軍城守尉等,用印文轉送督捕存案,其盛京所屬者,送盛京刑部存案。〇十二年題准:凡逃牌已給領催,而遺漏不遞者,領催鞭一百,逃人免入官,仍給原主,若逃人自回,投主未銷逃册又復逃者,將不遞新檔逃人之主鞭七十。〇又題准:凡各旗兵丁逃走,不在限期内投遞逃牌者,佐領驍騎校俱罰俸一個月。

凡謊遞逃牌,順治初定:職官逃走,各旗該管官詐稱常人投遞逃牌者,罰俸兩個月,將遞過逃牌之逃人謊稱不曾逃走者,罰俸一個月。〇康熙十二年題准:職官逃走,該管官揑作常人投遞逃牌者,罰俸一年,遞過逃牌謊供不曾逃走者,罰俸六個月,在屯莊居住不曾逃走而謊遞逃牌者,其主係常人鞭七十，係官交該部議處。

凡遺漏逃牌，康熙九年題准：凡逃人原主已故，其承受家産之人未遞逃牌者，仍將逃人斷給與承受家産之人。○十年題准：凡夫妻父子同逃，投遞逃牌遺漏一半者，本主鞭一百，逃人俱斷給伊主。○十二年題准：凡遺漏逃牌之主，鞭七十。○十四年議准：凡遺漏逃牌未遞者，雖供有窩家，不准提審。

凡錯寫逃牌，康熙十二年題准：凡官員錯寫逃牌投遞者，罰俸一年。

凡冒認逃人，順治初定：凡職官將民人冒認爲伊家逃人者，降一級，罰俸一年。○康熙九年題准：旗下人將民人謊稱逃人投遞逃牌者，枷號三個月，鞭一百，民人串通者，責四十板，並妻子發與寧古塔窮兵爲奴。○十年題准：凡逃人中證已故，或失落文契，招稱係某家所買審實者，斷與買主，若非買主冒認者，枷號三個月，鞭一百；其並非賣身而謊稱賣身之人，責四十板，并妻子發與寧古塔窮兵爲奴。○十二年議定：凡將民人冒認逃人者，旗下人枷號兩個月，鞭一百；謊稱賣身之人，責四十板，並妻流徙尚陽堡，若民人冒抵逃人姓名，謊稱係某家逃人者，亦照此例治罪，其祖父父及子孫有願隨去者，聽。

凡賣身旗下，康熙二十六年議准：除直省大小文武官員及駐防將軍、都統等，不准買所屬之民外，旗下官兵許令買人在京者，於宛、大二縣五城兵馬司用印，在外者於各州縣用印，問明賣身之人的實姓名籍貫，取具情願賣身口供及保人口供，申報户部，其流移之民有情願賣身者，在何處地方即在本處官用印，若故意勒掯不行用印，交與該部議處。○又覆准：嗣後駐防滿洲漢軍將軍以下官兵，如在本省買人，不容行查原籍，勒令地方官用印者，該督撫題參議處。○二十七年議准：各旗買人，俱令赴市買賣，寫檔之時，該翼確查明白，給付執照人販子，不得在市販賣，如有仍前販賣者，所賣之人及價銀一併入官，人販子處絞，其牙子若帶到伊家轉賣，或留在别處出賣者，不分旗下民人，俱發寧古塔，給與窮披甲之人爲奴，若不曾帶到伊家及留在别處，只從中説合者，免其治罪，該佐領、驍騎校、小領催、五城司坊不行嚴查禁止，官俱交與該部，領催鞭八十。○三十九年題准：爐户賣身旗下者，事發將賣身人枷責，引進保人亦枷責，行文該地方官追取身價給還原主，如貧不能給，令引進保人償還。

凡買人出口，康熙三十三年題准：旗人出邊口時，各該旗將某人帶出之人數開寫，若係所買之人，驗看用印税契，若係舊人，令各佐領、驍騎校等作保,用印過部,部内給票邊口官員驗明,照數放出,若所保之人内有逃人者,將佐領、驍騎校等一併交與該部治罪,邊汛官員如不嚴行巡查,以致逃人謊稱出邊被獲者,其邊汛該班官兵,該部照例治罪。〇四十二年諭:先因烏喇索倫地方跟役人少,凡買人帶出邊口禁例曾經停止,今發遣人等俱給與爲奴,人人各有跟役,嗣後買人帶出邊口者,照前永遠禁止。

家屬

凡聘娶民婦,順治十一年題准:凡逃人被獲後,原娶之妻在家者,仍歸給伊夫。〇康熙十年議准:凡旗下人聘娶民婦,其婦逃走者,免刺鞭一百。〇十四年題准:凡旗下人聘娶民婦逃至三次者,免死,窩家地方官俱免議。〇十五年議准:凡旗下人聘娶民婦逃至三次者,仍處死,窩家地方官照例議處。

凡外娶妻屬,順治十一年題准:凡逃人在外所娶妻及所生子女斷歸逃人,給與逃人之主,若强奪霸占者,不准歸併,仍交刑部照例治罪。〇康熙六年題准:凡逃人告有外娶之妻行提審虚者,枷號一個月,鞭一百。〇十年題准:凡逃人在外娶妻及所生子女,或經首獲,於未審之先逃人亡故者,不斷與逃人之主,釋放爲民。〇又題准:凡逃人在外娶妻所生之女已聘嫁民人者,不斷與逃人之主,仍歸給本夫。〇又題准:凡逃人被獲,交與伊主,其主轉賣於人,有在外娶妻所生之子女,俱歸給逃人,斷與後買之主。〇十二年題准:凡逃人從伊主家帶逃之妻有所生之女已聘嫁民人者,追銀四十兩給逃人之主,若不能納銀者,其女給與伊主,倘伊主已將逃人轉賣於人,其聘娶之女非所買數内者,不斷銀與後買之主。〇又題准:逃人告有外生子女行提審虚者,枷號一個月,鞭一百。〇十五年題准:凡逃人誣認别人妻子,行提審虚者,枷號三個月,鞭一百。〇又題准:凡逃人亡故,其外娶之妻及所生子女審實者,斷與逃人之主,若虚,釋放爲民。

凡口外蒙古逃人娶妻,順治十四年題准:凡口外蒙古人逃進腹地娶妻者,所娶之妻釋放爲民,其給與外藩公主人役於逃走處所娶之妻,仍歸給其夫。〇康熙十二年議准:凡口外蒙古人逃進腹地娶妻者,照公主人役例斷給伊夫。

大清會典卷之一百九十七

工部

尚書、左右侍郎掌天下百工、營作、山澤、採捕、窯冶、榷税、河渠、織造之政令，其屬有四清吏司，曰營繕，曰虞衡，曰都水，曰屯田，其首領則有司務，又有製造庫、節慎庫等官。建置沿革，詳見《吏部・官制》。

營繕清吏司

郎中、員外郎、主事，分掌宫府、城垣、壇、廟、倉庫經營興造之事。

〔内府〕營建雜例附

我國家建都立極，規模宏遠，仰九重之壯麗，肅萬國之觀瞻，敬紀宫殿名額，以備典式。

宫殿規制

大清門在正陽門内，正中係皇城門。〇左爲長安左門，右爲長安右門。

天安門在大清門内，正中前石橋五座。端門在天安門内正中。〇東廡爲太廟街門，門内爲太廟，西廡爲社稷街門，門内爲社稷壇。

午門在端門内，正中係紫禁城門。〇左爲左掖門，右爲右掖門，東廡爲神厨門闕左門，西廡爲社左門闕右門。

太和門在午門内，正中前有金水橋五座。〇左爲昭德門，右爲貞度門。東廡爲協和門，門東稍北爲文華殿，東爲東華門，係紫禁城門，又東爲東安門，係皇城門。西廡爲雍和門，門西稍北爲武英殿，西爲西華門，係紫禁城門，又西北爲西安門，係皇城門。

太和殿，皇帝大朝正殿。〇左爲中左門，右爲中右門。東廡爲體仁閣，閣北爲左翼門，西廡爲弘義閣，閣北爲右翼門。中和殿在太和殿後正中。

保和殿在中和殿後正中。○左爲後左門，右爲後右門。

乾清門在保和殿後正中，皇帝御門聽政於此。○東廡爲景運門，東北爲奉先殿，西廡爲隆宗門，門西爲慈寧宫，又西北爲寧壽宫。

乾清宫在乾清門内正中，宸居正寢。○左爲昭仁殿，右爲弘德殿，東廡爲端凝殿，西廡爲懋勤殿，又西爲養心殿。

交泰殿在乾清、坤寧兩宫之間正中。

坤寧宫在交泰殿後正中。○左爲東暖殿，右爲西暖殿，東爲景仁宫、承乾宫、鍾粹宫，西爲永壽宫、翊坤宫、儲秀宫，又西爲長春宫、咸安宫。坤寧門在坤寧宫後正中。

天一門在坤寧門後正中。

欽安殿在天一門後正中。

承光門在欽安殿後正中。

順貞門在承光門後正中，北向。

神武門在順貞門後正中，北向係紫禁城門。

地安門在神武門北，係皇城門。

國初建宫殿於盛京，詳見《盛京工部》。順治元年，建大内宫殿於燕京，正殿曰太和殿，御以受朝賀，殿之左曰中左門，右曰中右門，兩廡之間左曰體仁閣，右曰弘義閣，體仁閣之北曰左翼門，弘義閣之北曰右翼門，太和殿之後曰中和殿，中和殿之後曰保和殿，殿之左曰後左門，右曰後右門，太和殿之南正中曰太和門，門之左曰昭德門，右曰貞度門。太和門外兩廡之間左曰協和門，右曰雍和門。○四年建闕門曰午門，翼以兩觀中三門，東西爲左右掖門。○八年，建承天門，工成改爲天安門。○十年，建慈寧宫。○十二年，重建乾清宫，宫之後曰坤寧宫，乾清、坤寧兩宫之間曰交泰殿。乾清宫之前曰乾清門，坤寧宫之後曰坤寧門，乾清門外兩廡之間左曰景運門，右曰隆宗門，坤寧宫之東曰景仁宫、承乾宫、鍾粹宫，坤寧宫之西曰永壽宫、翊坤宫、儲秀宫。○十四年，建奉先殿。○康熙六年建端門。○八年，重建太和殿、乾清宫。○十八年，重建奉先殿。○二十一年，改建咸安宫爲寧壽宫。○二十二年，建文華殿。○又建啓祥宫，添造長春宫、咸福宫前後配殿。○二十五年，建延禧宫、永和宫、景陽宫。○三十四年，重建太和殿。○三十六年，建東暖殿、西暖殿、承乾宫、永壽宫。○雍正三年，奏准皇上潛邸爲雍和宫，宫門之内曰安祥殿、文思殿、静寧宫。

凡内廷營建，順治十二年覆准：建造宫殿一應工程，該衙門先期上請，勅下工部會同科道估計,以防冒破。○康熙十年題准:内廷應用匠夫物料,據内務府印文照數給發,其紫禁城及皇城内一應工程工部確估一千兩以上者,具題修理,不及一千兩者,工部酌定修理,開明物料及需用錢糧,行文内務府差官會同工部監修。如錢糧有餘,工部會同監修官具題;倘不敷用,原係具題者,工部題請給發,原係工部酌定者,工部查核添給。○十八年諭:修建宫殿工程緊要每處應差官五員,監造工部官員不足差遣,於五部各取賢能官五員及少卿科員開列引見。

凡營建工作,康熙十年題准:在外各處修造,動支錢糧一百兩以下者,聽工部記册,年底奏銷;一百兩以上者,工完日開明工匠、物料、錢糧數目,移送科道詳勘,如有浮冒,即行題參。○三十五年題准:一切修理之處,令各衙門具題,始行修理。○四十三年諭:車駕巡幸之處,凡器物並一切需用,從不取辦於民。而各省地方不肖官員指稱修葺行宫、供備器物並建造御書碑亭等項名色,輒行動用正項錢糧,借詞還項,究無償補,及至虧空數多,復加倍私派,科斂肥己,以致重貽小民之累,種種弊端,嗣後著嚴行禁止。○雍正元年覆准:嗣後修理行宫并直隸各省倉廒等項工程,一應動用錢糧事件,令該督撫奏聞,工部議覆,再行修理,工完,該督撫親自查核具題,工部詳核題銷,如有關係錢糧,不行啓奏、擅自咨部請銷,而該部據咨完結者,即行題參,交與該部議處。

凡營建禁令,康熙十年議准:凡建造工完,將原估、核減、實用、存剩錢糧數目分爲四條,繕造黄册具題。○十九年定:各處工程經都察院查核者,停其預估具題;同内務府官員修理者,仍照例題報。○二十二年題准:修理工程管工官員、筆帖式估計浮冒者,題參議處,匠役交刑部治罪。○二十六年諭:"見今定例一應工料、匠夫價值,所減過多以致苦累,亦未可定,其在先造完工程,仍照原估奏銷,至各項價值,仍訪時價,酌量估計。"○二十八年覆准:嗣後内工所用錢糧一萬兩以下、一千兩以上者,自完工日起,限八十日内令管工官銷算報部,外工所用錢糧科道官稽察相符到日一萬兩以下,限八十日,五萬兩以下,限一百二十日,十萬兩以下,限一百六十日,十五萬兩以下,限二百日,二十萬兩以下,限二百四十日銷算報部,如錢糧多者,照前增限;其銷算細册到部,該部銷算官員所用錢糧一萬兩以下、一千兩以上之册,限五十日具題,五萬兩以下,限七十日,十萬兩以下,限九十日,十五萬兩以下,限一百十日,二十萬兩以下,限一百三十日,如錢糧多者,亦照前增限,具題完結,如管工及銷算官員不能如限完結,俱交與該部議處。〇三十九年題准:内外緊要工程需用錢糧,有具題動用者,亦有照印領用者,俱係四司官員核算,嗣後每司揀選賢能郎中一員、員外郎一員、主事二員引見坐司,除奉旨差遣外,一應工程差遣不行派出,則錢糧檔案不致舛錯,如有舛錯不清,或舖户將錢糧還私債及侵蝕扣尅者,即行題參。〇又諭:内廷除賞賜外,一應工作費用一月用銀不及千兩,在外雜項工程何以每月遂至用銀數萬兩?此中豈無估計浮多、支取扣尅之弊?觀工部每遇工程,所派官員皆瞻徇情面,請託派出,其具題檔案俱開總數,並未詳開細數,且修造不堅,於三年内倒壞亦未定,有監修官員賠修之例,官員皆苟且塞責,餘剩錢糧惟務侵冒入己,國家錢糧豈可如此虚糜?此後凡遇工程,必簡選賢能司官引見派出,務令堅固修造,若三年内倒壞,亦應定例令其賠補,每月具題,檔案將派出工程司官職名及物料估計支用錢糧,逐件詳明分晰細數,造册具奏,倘有估計浮多、支取扣尅等弊,察出定行重處,遵旨議定:一應工程匠夫工價銀一百兩以上者,將工部司官引見派出,建造工程不堅、三年内倒壞者,監造官革職,帶罪勒限賠修,工完開復,不完革任,著落家産賠補,零星工程,仍照舊差官,僉同該處官員監造,用過錢糧,每月逐一開明具題,料估浮多者,官員交部議處,管作交刑部,從重治罪,其各衙門在工部移取物件,價值一百兩以上者,該衙門具題支給,不及一百兩者,照各衙門印文支給,仍於每月奏銷册内逐一開明具題,又奉旨:從前完過工程若三年内有倒壞者,亦照此例令其賠修。〇又覆准:各處工程舖户所送物料,在工官員勒掯不收,被舖户出首,即行題參治罪。〇四十年題准:嗣後如有大工程需用銀一萬兩至數萬兩者,其柴炭繩鐵料等項需用一萬兩至數萬兩者,俱令專册奏銷,不得彙於雜項,一併造册。〇四十三年奏准:凡一應修理,匠夫工價銀至五十兩以上者,各該處料估具題,工部差官會同該修理處官員公同監修,三年内倒壞者,令其賠修,至零星工程,仍照常遣官修理。〇五十八年奏准:凡一應工程,工部選賢能官員料估核算,再掣簽另派司官、筆帖式管作修工,不必交與原料估官員承修,以杜冒銷。〇五十九年題准:嗣後凡遇緊急工程,給發管工官清字文卷,工完之日,令管工官於四十日内呈遞料,估該司官於四十日内核減銷算,有應繳錢糧者,亦於四十日内繳庫;倘管工官於限内呈遞料估,該司官不於限内核減銷算,以及管工官應繳錢糧。不於限内繳庫撤清字文卷者,即行題參,交部議處。〇六十年題准:一應修理工程,工價五十兩以内、物料價值銀兩二百兩以内,照依各處印文,工部准其修理,其工價五十兩以上、物料價值二百兩以上者，著該修理處料估啓奏，工部差官核估，會同該處官員首領監修，將用過錢糧著落該管工官名下銷算。其一二零星工程，仍照常遣官修理。○又諭："嗣後若有錢糧數多而不行奏明、即便行文，及分作數起、稱五十兩以内、不奏明而行文者，著題參，從重治罪。"○雍正三年覆准：一應修理工程，令該修理處派員，會同工部派出之員，公同料估，監修工完，仍另行派員查驗，如有浮冒，即行參處，其浮冒錢糧，催追繳庫。

凡豎柱上樑合龍門懸匾，俱請旨遣大臣祭告，需用花紅，户部、工部支給。凡迎吻，欽遣大臣一員祭吻於琉璃窑，復欽遣大臣四員於正陽門、大清門、午門、太和門迎祭，文官四品以上、武官二品以上及科道官員排班迎接。

凡宫殿告成恩賚，順治三年，以太和殿告成，在事滿漢官員各加職銜，在工人員各賞朝衣、皮裘、靴帽、銀兩、有差。○十年，以慈寧宫告成，照太和殿例敘賞有差。○十三年，以乾清、坤寧等宫告成，在事滿漢官員各加職銜。○康熙九年，重修太和殿、乾清宫告成，滿漢各官分别在工久暫，賞給鞍馬、蟒緞、表裏，匠役賞給銀布、有差。○三十七年，重建太和殿告成，照九年例官員、匠役，賞給鞍馬、表裏、銀布、有差。

〔王府〕

國家定鼎燕京，以内城房屋分給八旗，諸王各隨旗分居住。其營建規制，各有定式，具載於後。

王府規制

崇德間定：親王府，臺基高一丈，正房一座，廂房二座，内門蓋於臺基之外，緑瓦硃漆兩層樓一座，並其餘房屋及門，俱在平地蓋造，樓房大門用平常筒瓦，其餘用板瓦；郡王府，臺基高八尺，正房一座，廂房二座，内門蓋於臺基上，兩層樓一座，正房及内門用緑瓦，兩廂房用平常筒瓦，俱硃漆，餘與親王同；貝勒府，臺基高六尺，正房一座，廂房二座，内門蓋於臺基上，用平常筒瓦、硃漆，餘與郡王同；貝子府，正房廂房俱在平地蓋造，大門用硃漆板瓦。○順治九年題准：親王府，臺基高一丈，臺基上蓋房五座，内蓋兩層樓房一座，貼金彩，畫五爪龍及各樣花草，柱施純色紅青，不許雕刻龍首，用緑脊緑瓦，殿樓門基高與府臺基等，座位高八尺、長一丈一尺、闊九尺，座基高一尺五寸，施以硃漆，貼金彩，畫五爪龍，後屏繪五爪龍及五色雲，止用繪漆，雕刻有禁，殿前門首用石欄杆；世子府，臺基高八尺，殿樓房屋及門繪金彩四爪龍,餘與親王同;郡王府與世子同;貝勒府,臺基高六尺,臺基上蓋房五座,堂房及門貼金彩,畫各樣花草,柱施純色紅青,用平常筒瓦,堂門臺基高與府臺基等;貝子府,臺基高二尺,堂房及門貼金彩,畫各樣小花草,柱施純色紅青,堂門臺基高與府臺基等;鎮國公、輔國公府,俱與貝子同。

諸王府第

康親王府正紅旗

顯親王府鑲白旗

裕親王府鑲白旗

莊親王府鑲紅旗

簡親王府鑲藍旗

恒親王府鑲白旗

怡親王府正藍旗

果親王府正紅旗

理親王府鑲藍旗

順承親王府正紅旗

平郡王府鑲紅旗

信郡王府正藍旗

愉郡王府正紅旗

履郡王府鑲白旗

淳郡王府鑲白旗

寧郡王府正藍旗

惠郡王府鑲紅旗

以上據見在府第開載,各旗貝勒、貝子、鎮國公、輔國公等府第繁多,不入紀載。

凡王府違制,崇德間定:王府不遵定制,臺基過高及多蓋房屋者,俱治罪。○順治四年,以鄭親王殿臺基踰制及擅用銅獅龜鶴,罰銀二千兩。

〔城垣〕

金城湯池,所以設險而守固也。京師内外城垣修理動支錢糧,工部估計具題,其在直省,則有司專責焉。

皇城

皇城起大清門,歷長安左右門、東安、西安、地安三門,周圍三千二百二十五丈九尺四寸,内紫禁城,起午門,歷東華、西華、神武三門,南北各二百三十六丈二尺,東西各三百二丈九尺五寸,城高三丈,垜口四尺五寸五分,基厚二丈五尺,頂收二丈一尺二寸五分,城外周圍設看守紅鋪十六座,每座三間。

京城

國初建都盛京,城垣規制,詳見《盛京工部》。順治元年,定鼎燕京,周圍四十里爲九門,南曰正陽、崇文、宣武,東曰朝陽、東直,西曰阜成、西直,北曰安定、德勝,城南一面長二千二百九十五丈九尺三寸,北二千二百三十二丈四尺五寸,東一千七百八十六丈九尺三寸,西一千五百六十四丈五尺二寸,高三丈五尺五寸,垜口五尺八寸,基六丈二尺,頂收五丈。外重城包城南一面,轉抱東西角樓止,長二十八里,爲七門,南曰永定、左安、右安,東曰廣渠、東便,西曰廣寧、西便,城南一面長二千四百五十四丈四尺七寸,東一千八十五丈一尺,西一千九十三丈二尺,各高二丈,垜口四尺,基厚二丈,頂收一丈四尺,各門俱有甕城。

凡牌樓,康熙三十三年題准:建造正陽門牌樓一座,東西長安街牌樓二座,東西四牌樓、單牌樓、江米巷牌樓,共十五座。

凡修建城垣,崇德間定:城垣房屋,衙門工完,令部臣相視,記其堅否,如工作不堪者,即令原管工官修理,如果堅固,仍定限期,三年内塌壞者,責令賠修。〇康熙五年題准:大城下護城河涯水沖處所,工部差官修築,外羅城河涯,令順天府及五城官員修築。〇二十八年題准:外羅城東便門起,至西便門止,水關倒壞之處,著工部侍郎會同府尹監修。〇三十九年議准:嗣後八旗城上火藥房如有倒壞之處,工部會同提督驗看,核算奏聞,差步兵官修理,其餘令工部修理。

凡城垣禁約,順治二年定:城樓紅鋪,不許閑人登視,違者治罪。〇十七年題准:令工部差官巡視皇城内外牆垣,凡有損壞,即行修葺,其有奸民竊磚盜賣者,拏送刑部,依律治罪。

凡外省城垣,順治十一年詔:各省城垣傾圮、橋梁毁壞,地方官能設法修葺,不致累民者,該督撫具題敘録。〇十五年覆准:各官捐修城垣,務將丈尺及用過工料逐一詳勘,方許具題,如借端科派累民者,即行指參。〇十六年覆准:禁止有司派罰百姓修築城樓垜口。〇十八年題准:文武各官捐銀一千兩者,紀録二次,五百兩者,紀録一次。〇又議准:捐修汴城事例,舉人、貢生捐銀二三百兩或米二百石者,出仕之日准與紀録;耆民捐銀三百兩者,准給九品頂帶,五百兩者,准給八品頂帶;生員捐銀三百兩者,准入監讀書;見任官員捐銀一千兩以上者,准加一級,五百兩者,紀録二次,百兩以上者,照舊紀録;帶罪緝賊官員捐銀六百兩,准與開復。○康熙元年題准:捐修城垣,務照舊式監造完固,仍取具印結報部,如不合舊式,并三年内傾塌損壞者,管工官役,該督撫指名參處。○三年定:凡捐修城垣、敵樓、砲臺、房寨等項,該督撫親身察驗保題,若三年内塌壞者,督工官降三級調用,督撫降一級留任,仍令督工官及該督撫賠修,其因本工捐助,紀録俱行銷去,該管官隱匿不報者,事發革職,如已申報,督撫不行具題者,事發各降二級留任。○四年諭:捐修城垣,令附近道員驗看,取具堅固印結,督撫具題議敘。○七年議准:停止見任官員捐修城垣事例。○十五年議准:捐修城垣等項,三年内塌壞者,免其處分,仍令督工官及該督撫賠修,餘照前例。○又題准:城池不預先修理,以致傾圮者,罰俸六個月。○二十四年題准:各省倒壞城垣,令各省督撫查明,自督撫提鎮以下、有品文武官員以上,速行料理,堅固修築,將數目報部,如倒壞城垣仍不修理,將該督撫等交與該部議處。○雍正五年議准:行令直省督撫查明各處城垣,如些小坍塌,令地方官及時修補,如漫不經心,以致坍塌過多,即行參奏,其原坍塌已多者,地方官量行捐修,工完詳報,委員查勘,果工程堅固,量加議敘,如興工未竣、遇有陞遷事故,將所修城垣造入交盤册内,移交接任續修完工,分别新舊,造册報部。倘地方官因循怠忽,或未修捏報,并借修城名色科派民間者,該督撫題參,嚴加治罪。

凡修理邊牆,順治十五年題准:修完邊牆五十丈至一百丈者,紀録一次。○康熙十一年題准:五十丈者,紀録一次,一百丈者,紀録二次,一百五十丈者,紀録三次,二百丈者,加一級。○三十三年覆准:提鎮及專城副將參遊,每年量捐工食,給與步戰守兵修補邊牆至二百丈者,紀録一次,八百丈者,准加一級,多者照數遞加,其各將弁量捐銀數修補丈尺,每年造册具報,兵部稽查具題,照例議敘。○三十四年議准:修築邊牆,每兵每日給銀四分,邊汛武職捐銀至六百兩者,准隨帶加一級,三百兩者,不隨帶加一級,一百兩者,紀録一次,許其併年統算議敘。○五十五年覆准:修築邊牆議敘之處,著永行停止,如有傾壞,令各鎮同地方官及時修補。

凡造作違限,康熙十五年議准:官員修造砲臺烽墩等項,不速行修造完結者,降一級留任,完日開復。不行催上司,罰俸一年。

〔壇壝〕

圜丘壇在正陽門南。圜丘三成壇,南向,一成面徑五丈九尺,高九尺,二成面徑九丈,高八尺一寸,三成面徑十二丈,高八尺一寸,各成面甎用一九七五陽數,及周圍欄板柱子,皆青色琉璃,四出陛各九級,白石爲之。內壝圓牆九十七丈七尺五寸,高八尺一寸,厚二尺七寸五分,櫺星石門四面各三。外壝方牆二百四丈八尺五寸,高九尺一寸,厚二尺七寸,櫺星門如前。高用周尺,餘今尺,下同。壇之東有神庫、神厨、祭器庫、宰牲亭,壇之西有神樂觀、犧牲所、鑾駕庫。又,外圍方牆爲門四,南曰昭亨,東曰泰元,西曰廣利,北曰成貞。

皇穹宇在圜丘後。圓以象天,環轉八柱,圓頂重簷,覆以青瓦,中安寶頂,東西南三出陛各十四級,檻牆欄柱,俱用青色琉璃。左右兩廡各五間,亦覆青瓦,四圍圓牆前設門三。

大亨殿在圜丘壇北。圓以象天,周圍共十二柱,內柱亦有十二,中龍井柱,四圓頂,三層,上覆青瓦,中覆黄瓦,下覆緑瓦,中安寶頂,殿陛圍圓三級,白石爲之,殿臺三層俱有石欄,前後各三出陛,上中各九級,下十級,東西一出陛,級同。左右兩廡各二座,前廡九間,後廡七間,俱覆緑瓦,四圍方牆。前爲大亨門,東、西、北各有門,又外圍牆爲門四,南即成貞門,東西北亦各有門,後爲皇乾殿五間,上覆青瓦,下繞石欄,牆之東有神庫、神厨、宰牲亭,西南爲齋宫,雍正二年修建望燈臺三座,立桅杆三根。

方澤壇在安定門外。方澤二成壇,北面,一成面方六丈,高六尺,二成面方十丈六寸,高六尺,各成面甎用六八陰數,皆黄色琉璃,青白石包砌,四出陛,各八級。周圍水渠一道,長四十九丈四尺四寸,深八尺六寸,闊六尺。內壝方牆二十七丈二尺,高六尺,厚二尺,櫺星門六,正北三,東西南各一,外壝方牆四十二丈,高八尺,厚二尺四寸,櫺星門如前。壇之西南有神庫、神厨、樂器庫、宰牲亭,西北爲齋宫,又有鑾駕庫。又外圍方牆二重,內重北門三,東西南門各一,最外惟西向三門。又西有石坊,曰泰折街,雍正二年欽定曰廣厚街。

皇祇室在方澤後。向北五間,上覆緑瓦,四圍方牆,前有門。雍正二年修建望燈臺一座,立桅杆一根。

朝日壇在朝陽門外。壇西向,方廣五丈,高五尺九寸,壇面甎青色琉璃,四出陛,九級。圓壝墻七十五丈,高八尺一寸,厚二尺三寸,櫺星門六,正西三,東南北各一。壇之北有神庫、神厨、宰牲亭、祭器庫,其南爲齋宫,外圍牆前方後圓,西北各三門。牆之西北有石坊,曰禮神街,雍正二年欽定曰景升街。

夕月壇在阜成門外。壇東向,方廣四丈,高四尺六寸,壇面甎白色琉璃,四出陛,六級。方壝牆二十四丈,高八尺,厚二尺二寸八分,櫺星門六,正東三,南北西各一。壇之南有神庫、神厨、宰牲亭、祭器庫,其北爲齋宫,外圍方牆,東北各三門。牆之東北有石坊,亦曰禮神街,雍正二年欽定曰光恒街。

神祇壇在永定門内。神壇南向,方廣五丈,高四尺五寸五分,四出陛,各九級,壝牆方二十四丈,高五尺五寸,厚二尺五寸,櫺星門六,正南三,東西北各一,内設雲形青白石龕四於壇北,各高九尺二寸五分。祇壇北向,面闊十丈,進深六丈,高四尺,四出陛,各六級,壝牆方二十四丈,高五尺五寸,厚二尺四寸,櫺星門六,正北三,東西南各一,内設青白石龕山形三、水形二於壇南,各高八尺二寸,左從位山水形各一於壇東,右從位山水形各一於壇西,各高七尺六寸。

先農壇在神祇壇後。壇南向,石包甎砌,方廣四丈七尺,高四尺五寸,四出陛。壇東爲觀耕臺,用木,方五丈,高五尺,南東西各三出陛,其東有神倉。

太歲壇在先農壇東北。殿七間,南向,東西兩廡各十一間,前有拜殿七間。壇之東爲齋宫。其西有神庫、神厨、祭器庫、宰牲亭。

社稷壇在午門右。壇北向,同壇同壝。壇二成,上成方五丈,次成方五丈三尺,高五尺,四出陛,用五色土隨方築之。壝垣四面開,櫺星門垣之色亦各如其方。壇之北有殿,又有拜殿,俱南向。其西爲神庫、神厨、宰牲亭。

凡修理壇場,順治十四年覆准:天壇牆垣壅積沙土,工部差官修治,完日交兵部。嗣後責令該營兵丁併守門軍役,每年春、秋二次掃刮。〇十五年覆准:天地等壇每遇祭祀,太常寺先期移文工部酌量修理。〇康熙五年議准:各壇廟城垣衙門等處遇有損壞,該管官即行具報,如違抗不報,以致盜失磚石木植等物,將該管官題參議處。〇雍正五年諭:各處修理壇廟,從前俱交與工部修理,嗣後不必交與工部。如有應行修理之處,或令太常寺會同工部官員估計,交與太常寺修理,或即交與太常寺估計,具題修理。其動用何處錢糧,并用過錢糧應於何處奏銷之處,大學士會同太常寺等議奏。遵旨議准:各處壇廟修理之處,向例俱交工部修理。查各壇廟地方係太常寺經管，嗣後各壇廟應大修理者，由太常寺詳查，會同工部估計具題，交與太常寺官員修理，令太常寺堂官不時巡查，倘修工不堅、冒銷錢糧，即行查出指名題參，若不題參，經科道查出，將堂官一併議處。其應用錢糧，由工部取用，工竣之日，即繕黄册具題。至每逢祭祀前期小修理等項，俱交太常寺。詳計一年需用錢糧若干，先期題請，由工部取用，年底亦繕黄册具題。

凡壇場禁約，順治十七年覆准：刊立木牌，嚴飭守護郊壇官役不許縱容閑人擅入，以致污穢盗竊，如違，該寺參究。〇康熙五年題准：離天地等壇十五步内，不許埋葬。種園附近各壇墳塋，令該城御史查勘，有力者令自行遷葬，無力者呈報本部，給銀遷葬。

〔廟宇〕

太廟在午門左。太廟前殿一座，九間，左右兩廡各十五間。廟門一座，五間，左右門二座。中殿一座，九間，左右兩廡各五間。後殿一座，九間，左右兩廡各五間。東有神庫、宰牲亭，西有神厨、堂子。國初建於盛京，順治元年建於京城玉河橋東，享殿三間，環以圍廊，八角亭一座，神房二間，殿門一間，祭神八角亭一座，大門三間，神厨三間。

歷代帝王廟在阜成門内。廟在街北，前爲廟門，中爲景德門，門内爲景德崇聖之殿。殿九間，重簷，五出陛，東西兩廡各七間。殿之後爲庫，前門内左有神庫、神厨，門外有宰牲亭。

先師文廟在安定門内。正殿七間，題曰先師廟。殿之東掖爲祭祀庫，十一間，西掖爲樂器庫，十一間，東西廡各十九間。兩廡之南折而北向爲東西序，各十一間，門各一，兩序之中爲廟門五間，中門三，東西各列戟十二。

祀典

神祇廟宇詳禮部祠祭司

凡修理廟宇，順治十四年，發帑金三萬兩，修理先師文廟。諸王各官，并許捐助。〇康熙二十三年詔，直隸各省修理文廟銀兩，照舊存留，以供修葺。其嶽鎮四瀆、廟宇傾頽者，該地方官設法修理，以昭誠敬。〇二十九年議准：順天府學先師文廟遇有傾圮之處，著該府丞動用宛、大二縣錢糧修葺，工完報部題銷。〇又諭，修理闕里聖廟所用物料、工價，不必動支部内錢糧，著照數發内庫銀兩採辦修理，其物料著令回空糧船載運。〇三十四年詔：凡嶽鎮海瀆、廟宇有傾頽者，該地方官估計價值，具奏修葺。四十二年同。〇雍正二年,重建闕里先師大成殿,奉旨,著令山東巡撫動用藩庫銀兩,計材料工,擇日興修,務期規制復舊,廟貌重新。〇又奉旨,直省府州縣文廟學宫有應修者,本籍科甲出身之員及居家進士舉人生員,平日讀聖人之書,宜飲水思源,不忘所自,如有情願者,不必限以數目,量力捐出,修理各該地方文廟學宫並祭器等項;其有不願者,不必强勒。

凡廟宇禁約,順治十五年議准:守護太廟社稷壇人員眷屬,不許在内居住,仍令照常輪班守護,如有疎曠,該寺嚴察懲處。〇康熙二十一年諭,儒學文廟,關係文治,理宜嚴肅潔清,不許污穢侵占,違者察参治罪。

大清會典卷之一百九十八

工部營繕司

〔公廨〕

國家設官分職，各設公署治事。名額、規制、修建事宜，具載於後。至内閣中書科、六科、内務府，俱於禁地分署，不與部院衙門並列。其貢院、學舍、教場、舘舍，皆以類附見焉。

文職公廨

宗人府在長安左門南。吏部在宗人府南。户部在吏部南。禮部在户部南。兵部在宗人府後。刑部在都察院南。工部在兵部南。理藩院在長安左門外玉河橋東。都察院在太常寺南。通政使司在長安右門外。大理寺在刑部南。翰林院在長安左門外。詹事府在玉河東岸。國子監在安定門内。太常寺在鑾儀衛南。光禄寺在東安門内。太僕寺在正陽門内東中心臺。四譯館在正陽門外。鴻臚寺在工部南。欽天監在鴻臚寺南。太醫院在欽天監南。行人司在正陽門外。東城兵馬司在崇文門外。○中城等兵馬司，俱無定署，舊有上林苑監公署、督捕公署，今並裁。

武職公廨

鑾儀衛在長安右門南。舊有神武左衛、彭城衛、金吾左衛、騰驤右衛、永清左衛、燕山右衛公署，今並裁。

凡修理公廨，順治八年題准：凡有錢糧衙門，或遇損壞，工部委官估計，轉行動支無礙銀兩，徑自修理。原無錢糧衙門，工部議估興工。○十一年覆准：差官修理國子監衙門，動支該監積貯銀兩。如有不敷，工部添給，嗣後如有損壞處所，該監動額設錢糧自行修理。○康熙十年議准：各部院衙門遇有修造，本部差官估計，核定具題，交管工官修理。工完日將實用過銀錢物料并節省餘剩銀錢物料數目,仍行具題銷算。〇十二年題准:各部院衙門修理建造需用錢糧,工部詳加確估,交該衙門自行修理。

凡修理公廨科派處分,雍正二年覆准:凡督撫提鎮及有屬員之官到任,其屬員派累兵民修理備辦,及州縣守禦等官到任,其屬下人役鋪設修理,派及兵民者,俱嚴行禁止。再,不肖之員指稱修飾衙署等派累兵民者,該上司即行據實指名題參,文職照科斂律,武弁照尅扣律治罪。如該上司徇庇,或勒令屬員修理衙署等,發覺之日,將該上司一併交部分別議處。再,官員離任,署内在官一應物件移交接任官員。倘物件被家人毁盜,將家人照毁盜官物律治罪。其毁盜物件仍着舊任官照數賠補。〇又議准:行文直隸各省督撫,各該屬員署内遇有官事,所用工料什物,將設立總甲出票官買派工伺候之處,嚴行禁止,務照時價給與舖户工役。倘有不肖官員肆行科派、擾累小民者,該管上司即指名題參,從重治罪。如該上司隱匿徇庇不行題參,或另發覺,或被旁人首告,或被科道糾參,將該管上司一併交部議處。

凡修理京城貢院,定例每逢試期,順天府呈明工部差官修理。自各項錢糧歸併户部,工部止差官會同順天府官確估具題,交順天府動支該府存貯户部項下銀兩修理,工完造册報部核銷。其貢院廳堂房屋共二百一十八間,東西號房共七千二百四十間。〇康熙十一年覆准:添蓋號房一千間。〇二十四年題准:修理貢院號房易以椽瓦。〇三十八年覆准:貢院前建牌樓三座。〇四十一年題准:貢院號舍不足,向例復取轎號,今增添號舍以免舖户擾累。〇五十四年覆准:重建明遠樓、四角樓,添蓋號房一千五百間及都統、監察、謄録、供給等處房屋,磚砌外圍牆垣。

凡宗學,順治十年議准:親王以下宗室子弟建立宗學,量給工價,自行蓋造。〇雍正二年諭,宗室學房左右兩翼,著各立一所。遵旨議准:左翼給房一百三間,右翼給房九十二間。

凡官學,康熙七年題准:八旗官學房舍倒塌,工部查明修理。〇雍正二年題准:增給八旗官學房舍八十三間。

凡教場,順治八年題准:建八旗演武教場,各隨旗分。〇十三年,建聖駕大閲教場於德勝門外。〇十八年,改鑲黄旗教場於安定門外,正黄旗教場於德勝門外,正白旗教場於東直門外,鑲白旗教場於朝陽門外,正紅旗、鑲紅旗教場於阜成門外,正藍旗教場於崇文門外,鑲藍旗教場於宣武門外,各有演武廳。〇康熙三十四年題准:蓋造八旗教場等處兵丁住房共一

萬六　　。　雍正元年　　:教場内蓋造八旗兵丁子弟　房各五　。三年　　:正紅、鑲紅、正白、鑲白、正藍、鑲藍　旗教場,蓋造箭亭各一座。每座三　,看　房三　。

凡舘舍,　　初設會　舘於玉　西岸。　十二年題　:於安　門　蓋造舘舍,安置　　各朝貢賓客,各派軍　看　。　十六年覆　:撥東直門内大軍倉空地給會　舘、遞運　牧養馬匹。　康熙六年覆　:修造安　門賓客馬舘四處。　十六年覆　:添蓋會　舘房十　。　雍正三年覆　:添給會　舘房一百三十　。

〔**倉廒**〕

國家　置天庾,歲有儲蓄,以供廩禄軍糈之用,　　備列於左。至直隸各省　造修理,亦附見焉。

京倉

運倉,　設廒四十五座,内四座六　,餘俱五　,　二百二十九　,空　十六座,續增廒四十二座内廢七座,共八十座。鑲黄旗。

舊太倉,　設廒四十二座,内三座六　,餘俱五　,　二百一十三　,空　二十三座,續增廒三十八座,共八十座。正白旗。

南新倉,　設廒三十座,内二座六　,餘俱五　,　一百五十二　,空一十六座,續增廒四十五座,共七十五座。鑲白旗。

禄米倉,　設廒二十五座,内二座四　,餘俱五　,　一百二十三　,内廢二座。空　五座,續增廒三十四座,共五十七座。正藍旗。

上左翼四倉。

北新倉,　設廒四十九座,每座五　,　二百四十五　,空　八座,續增廒三十一座,共八十座。正黄旗。

興平倉,　設廒三十座,每座五　,　一百五十　,空　十座,續增廒五十座,共八十座。正紅旗。

富新倉,　設廒二十八座,每座五　,　一百四十　,　板廒二座,係大通橋堆貯板木。空　八座,續增廒三十四座,共六十四座。鑲紅旗。

太平倉,　設廒十五座,每座五　,　七十五　,空　一座,今歸併禄米倉,詳後。續　廒八十座。鑲藍旗。

上右翼四倉。

裕倉,見在廒三十座,每座五　,　一百五十　。

萬安倉,見在廒四十二座,每座五　,　二百一十　。

通倉

大運西倉,原設廒一百一十二座,内一座六間,餘俱五間,計五百六十一間,空基二百八十二座,續增廒九十一座,共二百三座。

大運中倉,原設廒六十四座,内一座四間,二座六間,餘俱五間,計三百二十一間,空基七十四座,續增廒五十五座,共一百一十九座。

大運南倉,原設廒四十九座,内二座六間,餘俱五間,計二百四十七間,内廢四座。空基七十二座,續增廒三十六座,共八十一座。

凡倉廒規制,定例每座五間,亦有四間、六間者。每間七檁六搭,椽面闊一丈四尺,進深五丈三尺,山柱高二丈二尺五寸,簷柱高一丈五尺五寸。頂有氣樓,廒底用甎砌墁,上鋪木板。廒門、廒墻俱留下孔以洩地氣。

凡建造修理,定例三年一小修,五年一大修。工價屬户部,辦料屬工部。自錢糧歸併户部,所需料價銀兩,併咨户部給發。○順治九年覆准:看倉夫役每名月給米六斗,每歲額修倉廒七十五間。如遇工作,每名日給米一升。○又題准:京通倉廒,大修屬工部,小修屬户部。如遇大修,工部確查勘估,措辦物料,户部給發工匠價值。如遇小修,倉場侍郎酌議,户部發銀,該倉監督等修理。○十三年題准:修理倉廒所估應用物料、工價銀兩,經管官造册移送巡倉察核。如有取用舊材、開銷新價及虚報浮估者,聽巡倉御史糾參。○十五年覆准:令工部蓋造白糧倉房。○十六年議准:修造倉廒,三年内損壞者,令原修官役修理,十年内坍塌者,令原修官役賠修,並照例治罪。○十七年覆准:各倉場基、囤基,俱用甎鋪砌。○康熙五年題准:停止倉廒歲修之例,如遇漕糧壅積、缺廒收貯,或有倒壞應修者,總督倉場具題,勅下工部,會同户部,併倉場侍郎踏看確估,具題修理。○六年題准:添造京倉廒座,工部估計錢糧,移咨户部,轉行倉場動支通庫輕賫銀兩,如不足用,户部添給。○又議准:通倉應修廒座,倉場具題,户部、工部公同驗估,動支通庫輕賫銀兩,發通惠河分司鳩舉。○十年覆准:添造京倉廒座。○十八年題准:京倉差工部官督修,通倉交通惠河分司修理,仍差户部官一員,公同估計其通庫輕賫銀兩、截充兵餉、應用錢糧,户部支取。○二十二年題准:添造京倉廒房八十一座。○二十四年議准:喜峰口、張家口、下堡城、殺虎口、殺虎堡城内,各蓋倉房五間。○二十五年論:"聞得倉廒年久滲漏,米石浥爛深厚。倉糧關係軍民性命,毁壞漏雨應修廒座,倉場侍郎親身逐一細查具題。"遵旨題准:動通濟庫銀兩,交各監督修理。嗣後倉廒倒壞,即照此例修理,造入年底册内具題。○二十六年題准:古北口蓋造倉房十五間。〇三十一年覆准:古北口外坡賴村,蓋造倉房十五間。〇三十二年題准:舊太南新等六倉,添廒三十六座,通倉添廒十座。〇又題准:湖灘河所蓋造倉房一百五十四間。〇三十五年題准:湖灘河所蓋造倉房五十間。〇三十八年覆准:嗣後各倉廒及號房圍墻或有倒塌,倉場侍郎親身查明,即令該監督等估計,動用通濟庫銀兩,呈報户部速行修理,工完將用過銀兩奏銷。〇四十一年題准:通州蓋造看守三倉,官房四十八間,兵房二百四十間。〇四十二年題准:京倉添廒四十一座,通倉添廒二十四座。〇四十四年議准:太平倉廒歸併禄米倉,另建新廒三十座。〇四十六年題准:建本裕倉廒三十座。〇四十九年題准:大通橋號房十座,歸併太平倉,改建廒十座。〇五十二年議准:通州中南、大西二倉添造廒一百座。〇五十五年題准:京倉添廒四十六座。〇五十六年議准:京倉添廒三十一座,通州添廒二十四座。〇雍正元年議准:建萬安倉廒四十二座,太平倉南添廒二十五座,海運等倉添廒三十九座,通倉添廒二十四座。〇二年覆准:各倉廒墻垣如有滲漏坍塌之處,該監督報明,倉場侍郎即親身驗看明白,該監督果能捐修完固,俟任滿交代清楚之後,倉場查明具題,將實在捐修銀兩數目造册,送部核明,交與吏部照例議叙,按銀數多寡准其加級紀録,以示獎勵。〇三年題准:土壩及新舊城南門外,添造號房六十間。〇四年諭:"凡倉穀霉爛,皆由於倉廒不修之故,平日地方官所司何事,以致倒塌滲漏、虧折米石,愈當加懲者,今若寬其處分,則有司於倉廒平日必不加意修理,以便借詞。著九卿議奏。"遵旨議定:凡該地方倉廒無多,將倉糧寄貯僧寺道院者,或有天堆露囤者,該地方官即行具詳,該督撫確勘具題,倘州縣官因循怠玩,不將倉廒葺補修理,又不詳請建造,以致米穀霉爛,應照溺職例革職。倉廒既經修理,猶有托名霉爛虧空者,照侵蝕例治罪。〇又覆准:各倉開濬水溝,墊土造橋,令各監督於每年二、八月中巡視挑濬,永爲定例;不行修築者,題參議處。并行令步軍統領飭該地方兵丁禁止堆積壅滯。〇又覆准:令倉場總督查明見在放空廒座,即將見存板木滿鋪廒底,堅固鋪墊,如有不敷,動支户部錢糧採買板木應用。嗣後放空廒座,俟各省隨糧解送本色板木到日,陸續鋪墊。〇五年諭:倉場米糧乃國家第一要緊政務,關係最爲重大。試思此項米石,民間輸納何等辛苦,官員徵解何等煩勞,且糧艘運送京師何等委曲繁重,一顆一粒,皆當愛惜,不忍輕忽。朕爲此一事,宵旰焦勞,時時切加訓飭,至再至三,且降旨令修理倉廒等項,不惜多費帑金,務期完固,此臣民所共知者。倉場侍郎自當仰體朕心,悉心料理,使倉廒堅固,天庾充盈,不致霉爛,乃爲稱職。昨朕特遣大臣等前往查看,則見京通各處倉廒屋瓦滲漏、墻壁損壞者,十居其八九,所貯米糧漸至潮濕霉爛。夫以如珠如玉之糧米,而視爲泥沙之棄擲,忍心害理,莫此爲甚。若不嚴行稽查,無以儆怠忽而清弊端。在京十倉,每倉都統或副都統各派一員,御史中不論滿漢,每倉各派一員,專任稽查之責。其米石出入支放奏銷事件,不必經管,仍屬倉場侍郎管理。其房屋滲漏、墻垣損壞,與倉内鋪墊及匪類偷竊一切情弊,俱交與派出之都統、副都統、御史稽查。一有查出之處,即行文與倉場侍郎知之,若倉場侍郎不能辦理妥協,敢致遲延,著派出之都統、副都統、御史奏聞,倘有應行查出之處不行查出,則將缺少米石應賠之項著落倉場監督等官與派出之都統、副都統、御史分賠。其通州三倉,即照此例交與通永道通州副將稽查。其失察分賠之處,亦與京倉同。

房屋

本朝定鼎燕京,凡從龍勳舊下逮甲士,皆給屋宇,以寧幹止,額數價值俱有定制。其漢官有奉旨特賜官房者,原無定例。至守護陵寢官兵及有執事人員所住房屋、各直省駐防官兵營房,皆動支錢糧蓋造撥給。若夫賑恤之典,士民均霑,亦附載焉。

凡房屋制度,順治九年題准:民公以下官民房屋,臺階高一尺,房屋許用五彩,繪雜花素油,飾房柱門不許紅漆,許用黑漆。官員房中梁用貼金,民不許貼金。〇十八年題准:民公以下、三品官員以上房屋,臺階高二尺,四品官員以下及民房屋,臺階高一尺。

凡撥房額數,順治五年題准:一品官給房二十間,二品官給房十五間,三品官給房十二間,四品官給房十間,五品官給房七間,六品、七品官給房四間,八品官給房三間,護軍、領催、甲兵給房二間。〇十六年題准:一品官給房十四間,二品官給房十二間,三品官給房十間,四品官給房八間,五品官給房六間,六品、七品官給房四間,八品、九品官給房三間,護軍、領催給房二間,甲兵給房一間,或買或造,照數撥給。

凡屋價則例,順治五年題准:頭等房每間銀一百二十兩,二等房每間銀一百兩,三等房每間銀八十兩,四等房每間銀六十兩,五等房每間銀四十兩,末等房每間銀二十兩。〇九年題准:末等房每間給銀三十兩。〇康熙七年題准:盛京後來甲兵餘丁未得房屋者,該都統副都統移咨本部,照每人給屋一間例,折價三十兩自行置造。〇八年題准:每等房各減銀十兩。嗣後各處投誠人員,給與官地盖房,照例給價。

凡旗分房屋,順治十一年議准:八旗官員兵丁,俱照分定地方居住,若遇調旗更地,仍准住原處,有情願買房搬移者,聽從其便,都統副都統不許强令遷移,如欲自蓋房者,聽都統副都統查給本旗空地,准令自蓋。至外來歸附人員應住房屋,工部照所撥旗分買房安插,若無房屋,工部於本旗空地蓋給。〇康熙三十四年諭:"八旗蓋造兵房,每旗蓋二千間。無房兵丁,每人給房二間居住。"

凡駐防營房,順治十四年覆准:甘肅文武各官捐輸銀兩建造營房,照修城例分別叙録。〇又題准:浙江杭州官紳士庶捐助建造羅木營房,照例議叙。〇康熙元年題准:江西建昌營房,動支垛夫工食銀建造。〇三年題准:貴州省動支四税銀修蓋營房,安插投誠官兵。〇九年題准:官員將官兵營房不行修理安插,以致占居民房者,罰俸一年。〇十二年議准:直隸添設駐防滿洲官兵,動該地方正項錢糧,蓋造營房。〇三十二年題准:撥給右衛駐防官兵房屋,共蓋造一萬八千五百二十九間。〇又題准:古北石匣二處衙署三十二座、營房一千七百五十間,張家口衙署三十一所、營房一千間,俱動支正項錢糧造給。〇三十四年題准:陝西、寧夏、蘭州二處駐防官兵撥給房屋,將軍二十五間,副都統各二十間,協領各十五間,参領、佐領各十二間,防禦各八間,驍騎校各六間,甲兵各二間。〇四十四年覆准:湖廣提督標下官兵蓋造營房四百間。〇四十七年覆准:貴州銅仁府添設文武官兵,於正大龍頭二處修造廨舍營房一百三十七間。〇五十五年覆准:奉天旅順口水師營,蓋造官兵房屋共一千三百四十四間。〇五十七年覆准:蓋造河南省城駐防滿洲官廨七百三十間,兵丁匠役等房二千五百八十四間。〇六十年題准:四川成都蓋造駐防滿洲官房一千一百三十六間,兵房四千九百八十間,捐造各官照例議叙。〇雍正四年議准:天津州設立水師,建造衙署營房,都統五十八間,理事官十五間,教習一員係頭等侍衛,十五間,一員係藍翎侍衛,十二間,協領、參領、佐領、防禦、驍騎校、甲兵,俱照康熙三十五年寧夏駐防營房間數分給。〇五年覆准:陝西潼關蓋造滿洲駐防官房十八所,共房一百四十九間,兵營房二千六十四間。

凡給房賑恤,順治元年定:明朝勳戚子孫果係孤寡無倚者,給房居住。〇五年定:遷徙外城官民房屋,照數給銀爲拆蓋之費。〇又定:令工部督同五城御史察南城官地并民間空地,將遷徙官民加意安插。〇十年,京城霪雨,倒塌房屋,奉旨:著發内帑銀八萬兩,賑濟滿漢兵民。〇康熙十八年，以京師地震傾倒房屋奉旨：發内帑銀十萬兩，賑恤兵民。〇雍正三年諭："今年雨水過多，人家屋漏，牆垣倒塌，貧乏兵丁不能修葺，朕深加憐念，所宜特沛恩施，務令咸得安居。著發户部庫帑九萬兩賞與八旗，每旗一萬兩，上三旗之内府佐領一萬兩，俾貧乏兵丁修理房屋得有裨益。"〇五年諭：邇來頻雨，想八旗兵丁之房屋牆垣必有倒壞者，將户部庫銀賞給，滿洲旗下每佐領一百兩，蒙古漢軍人數較少，蒙古旗下每佐領七十兩，漢軍旗下每佐領五十兩，上三旗内府佐領、内管領及五旗諸王之府佐領，俱照滿洲旗下賞給。諸王之管領下人等，不必賞給。將所賞銀兩交與各該佐領，查屋垣倒壞應賞者賞之。如該佐領下無屋垣倒壞者，即均勻賞給。

凡會試舉子店舍，雍正五年諭："來京考試舉子等，朕加恩體恤，屢諭崇文門監督不必查其行李，致滋勒索。但恐巡役人等未必奉行盡善，且恐日久弊生，或有不肖之徒假冒舉子名色夾帶貨物，亦未可定。可於蘆溝橋查税之所設立店房，務期寬展，可容多人，令考試舉子等即於店内安放行李。其行李内有無應行上税之項，著人查看，看畢給與照單，令其入城，廣寧門不必重查。如此則舉子行裝不致狼籍，亦可免宵小假冒之弊。即尋常商賈在内歇宿，亦屬甚便。此事可否舉行之處，詳加酌議具奏。"遵旨議准：於蘆溝橋之西北近查税處建造房屋三所，共八十八間。

凡賑恤窮民罪人房屋，順治十年覆准：令五城御史查造空舖火坑，安歇窮民，所用錢糧於工部支取。〇又覆准：每城造棲流所房二十間，交五城查管，俾窮民得所。〇十六年題准：京城八門，每門建造監房五間。〇康熙元年定：八門添造羈候人犯房八十間。

〔工匠〕

内外營建所用工匠，有住坐，有雇覓。住坐者，照例食糧，雇覓者，按工給價，俱有定例，開載於後。

住坐

凡住坐匠役，順治元年，各監局太監匠役俱隸工部，十一年交内監局管理，十八年裁内監局，各項太監匠役除内府存留外，歸還工部。本部題准：酌量留用太監十八名、匠役九百五十一名、夫役七十二名，後或隨時增減，多寡互異，今將雍正元年實在食糧定額分載各司，俾得參考焉。

營繕司原額各項匠役五百一十八名。餘隸虞衡、都水二司。

雍正元年題准：營繕司實在存留各項食糧匠役共一百零五名。

木匠二名	石匠二名
瓦匠二名	鋸匠二名
搭材匠四十二名	土作匠二名
五墨作匠二名	油匠二名
釘鉸匠二名	鑄匠一名
裱匠一名	琉璃匠十五名
雕鑾匠二名	銅絲網匠二名
菱花匠二名	桶匠二名
夫役二十二名	

凡住坐匠役銀米,定例匠役每名月支米七斗五升,遇有工程,每日支銀七分,後核定六分。廠夫每名月支米三斗五升,後核定三斗。咨户部按册給發。

雇覓

凡雇覓匠役,順治二年建太和殿,令順天府所屬州縣各解匠役一百名赴工應役。〇十年題准:重建乾清宫,令滿洲蒙古漢軍每佐領下出工匠一名、夫四名。〇十二年題准:匠役缺少,工程稽遲,令順天等八府解送匠役。及行文山東、山西二省督撫查各匠有願應役者,速行解部,照時給價赴工。

通例

凡雇覓匠役工價,順治十六年題准:内工每匠給銀二錢四分,每夫給銀一錢二分,冬月每匠給銀一錢九分,每夫給銀一錢。外工匠夫比内工各減給銀二分。〇康熙四年題准:内工每匠給銀二錢四分,每夫給銀一錢二分,外工每匠給銀二錢二分,每夫給銀八分。冬月不論内工外工,每匠給銀一錢四分,每夫給銀七分。〇五年題准:嗣後凡有工程,工匠夫役俱照時價給發。〇雍正元年定:各項匠役,每工給銀一錢八分,冬月給銀一錢四分,夫役仍舊。

凡解送匠役,康熙九年題准:官員解送匠役,或名數短少,或不擇良工、以老病不諳之人塞責者,罰俸六個月。

凡内府取用匠夫,定例行文到部,移咨都察院,轉行五城取送,如工程緊急,行該坊官取送。〇康熙十年議准:以後各衙門應用工匠夫役,俱行都察院轉行五城取用,永以爲例。

凡查管工匠,順治十年,以重建乾清宫用旗下匠夫,滿洲每旗派管工官一員、驍騎校一員,每參領派領催一名,蒙古漢軍每旗派驍騎校一員,每參領派領催一名,本部派滿官四員、漢軍官二員、漢官二員、筆帖式五員。○十一年題准:差内務府官一員,與本部遴委官員、筆帖式、太監、通事協同管理。○十二年題准:五城匠役,各派坊官一員查管,其直隸、山東、山西解到匠役,順天府派佐貳官一員協同工部監督官稽察。

凡優恤匠役,順治八年題准:發往盛京匠役,每名月給家口銀三兩,工部給發,每口日給米一升,行户部支給。凡外藩討取匠役,亦照此例。○十一年議准:隨從行幸修理木城匠役,每名每日給口糧銀一錢,各給煖帽一頂,皮襖、綿褲各一件、靴一雙,製造庫給發。○十二年,在工匠役恩給冬衣。○又題准:大工告成,外解匠役酌量路途遠近,每日給飯銀七分,令其回籍。○康熙元年題准:凡建造大工,夫役跌死壓死者,給與棺價銀二兩,移柩銀八兩,家近酌量減給,所給銀兩交伊親屬,仍免其家下雜差一年。又,外省匠役有在工卧病者,准給飯銀,每日七分,其因病回家者,途路盤費視其家之近遠,每日七分爲率。○八年議准:發去口外匠役,死於工所與留用不回者,每名各給身價銀五十兩。

凡班匠徵銀,順治二年題准:除豁直省匠籍,免徵京班匠價。○十五年議准:仍照舊額徵解。○康熙三年,各部寺錢糧俱歸户部,班匠價銀改入條編項内徵收。

大清會典卷之一百九十九

工部營繕司

〔物料〕

營繕所需物料,俱有廠局存貯,所以重收掌、惜材用也。通州舊立木廠,後歸通永道管理,張灣廠則工部每年派滿司官一員專掌收發。其堆放木植、甎瓦,曰木倉,在大清門内西千步廊外,差滿司官一員監督。康熙六十年,派滿漢官各一員管理,一年更代。又有方甎廠、石作局、供用廠,收貯甎石等料,以供營造之用。零星價值,隨時增減,不入紀載。

甎瓦

凡建造宫殿、修理壇廟城垣等工需用各色樣甎瓦,於琉璃窑、黑窑燒造,城甎斧刃等甎,於臨清廠燒造,細料金甎於蘇州窑燒造。其差官監督錢糧額數並歷年增減燒運價值,具載於後。

琉璃窑

凡琉璃甎瓦價值,順治初定:每個給銀一錢。〇九年增定價值,每件給銀二錢二分五釐八毫。〇十年題准:每件減定爲二錢一分。〇十五年定:琉璃甎瓦價值,每件減定二錢,續減定一錢八分。〇康熙二年,增定價值,每件各給銀一錢九分五釐。〇六年定:每件減去五釐,給銀一錢九分。〇二十年議准:琉璃甎瓦大小不等,共有十樣,此内除頭樣與十樣向無需用之處,俱不議價值外,今將燒造所需工料等項,令窑户各分别大小,詳確估算,公同酌減,照例給發,二樣甎瓦並影壁等處需用琉璃花樣,每件各給銀一錢九分,三樣甎瓦每件各給銀一錢七分五釐,四樣甎瓦每件各給銀一錢六分一釐,五樣甎瓦每件各給銀一錢四分七釐,六樣甎瓦每件各給銀一錢三分三釐,七樣甎瓦每件各給銀一錢一分九釐,八樣甎瓦每件各給銀一錢五釐,九様瓶瓦每件各給銀九分,以爲定例遵行。○雍正元年議准:琉璃瓶瓦共有十様,向各分别大小,酌定價值,給發窑户,今除頭様與十様原無需用之處,仍不議價值外,其黄緑瓶瓦照時確估,公同酌議,著爲定例給發。其二様至五様,每件給銀一錢九分,六様至九様,每件給銀一錢六分。

黑窑

凡黑窑瓶瓦價值,順治間定:城瓶每個給銀四分三釐,二尺方瓶每個給銀一錢四分,尺七方瓶每個給銀九分,尺二方瓶每個給銀四分,減角瓶每個給銀五釐,頭號板瓦每片給銀五釐。○康熙五年題准:城瓶每個給銀四分一釐,二尺方瓶每個給銀一錢二分五釐,尺七方瓶每個給銀八分五釐,尺二方瓶每個給銀三分七釐,減角瓶每個給銀四釐,頭號板瓦每片給銀四釐。官窑民窑,一例減給。○十三年題准:新様城瓶,每個給銀六分五釐,舊様城瓶每個給銀四分,二尺方瓶每個給銀一錢二分,尺七方瓶每個給銀一錢,尺二料半方瓶每個給銀三分三釐,尺二方瓶每個給銀二分一釐,滚子瓶每個給銀一分,減角瓶每個給銀三釐五毫,斧刃瓶每個給銀四釐,頭號筒瓦勾滴獅獸花邊瓦香草瓶,每件給銀四釐,二號筒瓦勾滴獅獸海馬香草瓶,每件給銀四釐,三號筒瓦勾滴獅獸海馬香草瓶,每件給銀三釐二毫,頭號板瓦每片給銀三釐,二號板瓦每片給銀二釐。三號板瓦每片給銀一釐六毫。○二十二年題准:新様城瓶每個給銀六分,舊様城瓶每個給銀三分六釐,停泥滚子瓶每個給銀九釐,沙滚子瓶每個給銀六釐,斧刃瓶每個給銀三釐五毫,減角瓶每個給銀二釐二毫。餘照十三年定價。○三十三年覆准:新様城瓶每個給銀五分五釐,二尺方瓶每個給銀一錢一分,尺七方瓶每個給銀九分五釐,頭號板瓦每個給銀二釐五毫。○雍正元年議准:新様城瓶每個給銀五分,舊様每個三分,沙滚子瓶三分五毫。尺四方瓶每個給銀五分,尺七方瓶每個給銀九分,二尺方瓶每個給銀一錢四分,二尺二寸方瓶每個給銀一錢五分四釐,二尺四寸方瓶每個給銀一錢八分四釐,頭號獅每件給銀八分五釐,二號獅每件給銀七分五釐,三號獅每件給銀六分五釐,四號獅每件給銀五分五釐,頭號獸每件給銀八錢,二號獸每件給銀六錢,三號獸每件給銀四錢,四號獸每件給銀二錢,頭號勾頭每件給銀六釐,三號勾頭每件四釐,二號筒瓦每件三釐三毫。

凡燒造瓶瓦,康熙二十年題准:各工需用琉璃瓶瓦,令管工官員先將應用實數核算具呈,照數給發,錢糧監督預行備辦,除冬三月及正月嚴寒,停止燒造外,餘月以文到之日爲始,定限三個月燒造,送往工所,管工官員親身驗看,隨到隨收,給發實收。完日,將實用過數目及餘剩數目並實收繳查核銷。○二十五年題准:各處工程需用甎瓦各工並造應用物料,恐不能齊,其零星工程交與本工買辦。○三十三年覆准:嗣後大小工程需用甎瓦,仍交與窑户等備辦。

凡禁令,康熙二十七年議准:嗣後凡官民不許將琉璃瓦料城甎擅用,如違禁用者,嚴行治罪,將該管官員一併議處。○三十三年覆准:令該監督將身家殷實之人募充窑户,取具地方官保結著役。○又覆准:嗣後監督新舊交代,將庫銀燒造物料查明註册,不許外賣。

凡兩窑監督,順治初專差漢官,一年更代。○康熙元年,差滿漢官各一員,筆帖式二員,滿官掣籤,漢官論俸。○十五年,改爲三年更代。○十八年,仍照舊例,一年更代。

凡窑座禁令,順治十五年覆准:京城北面一帶地方,不許燒窑掘坑,立碑永禁,如違,指名參處。○康熙二年覆准:甎瓦窑座,令於離城五里不近大路之處燒造,違者治罪。

凡廠地官房,舊例亮瓦廠官地每年徵收地租,康熙四十年覆准:琉璃廠亮瓦廠房屋,按間數徵租,交與大興縣徵解户部,免其徵收地糧。○又覆准:琉璃廠房租,除官員有力之家徵銀外,貧窮小户准其徵錢按季徵收。○四十一年覆准:琉璃、亮瓦二廠官地房屋,官房富户照常起租,其徵錢房屋,量免一半。隻身貧寒之人,免徵房租,仍以官地起租。○雍正二年諭:"琉璃亮瓦兩廠官地,每月按間計檁徵租,相沿已久。朕念兩廠多係流寓賃住經營小民,情可憫惻,令嗣後止徵地租,免其按間計檁、逐月輸納,著即與通行曉諭,以副朕撫恤窮黎至意。"

臨清窑

順治二年,差工部司官一員,提督臨清甎廠,兼理閘座,歲支直省額設甎料銀二萬四千兩,燒造城甎六十萬,斧刃甎四十萬。○七年題准:額設甎料銀兩,自本年起每年先發一萬兩,照銀數預辦,以備帶運。○八年諭:臨清廠燒甎,費帑累民,應行停止,原差官員撤回。○又詔:臨清燒造已行停止,其造過坯片所費工本並民船長短帶載納價,一體豁免。○十四年,復差工部司官同内官監官前往臨清,會同該道燒造水澄細甎,應用工料於本省司庫支用,工完造册,報部核銷。○十八年題准:停止臨清甎差。○康熙十八年,復差本部官員會同山東巡撫動正項錢糧二萬兩,燒造滚子甎,運價即於本項銀兩内銷算。○二十八年覆准:陵寢需用臨清甎塊,行令山東巡撫預行備辦燒造甎塊二萬個,交糧船帶運。○五十八年題准:山東臨清甎,停其燒運。於湯泉地方,令舖户照臨清甎式樣燒造。

凡臨清甎價,順治四年題准:臨清城甎每塊給價銀二分七釐,其斧刃甎每二塊折算城甎一塊。○十五年題准:水澄細甎每塊給銀六分八釐。○十七年覆准:臨清城甎料價騰貴,窑户苦累,每塊量增銀五釐,共准銀三分二釐。○康熙十九年覆准:滚子甎每塊准價銀二分二釐,備用城甎每塊准價銀二分七釐。

凡運甎脚價,順治四年題准:臨甎用漕民船隻帶運抵通,例無脚價,自通州五閘轉運至大通橋廠,每塊於輕齎銀内支給一分,又自廠車運至各工所,每塊給脚價一分一釐五毫。○康熙十九年覆准:滚子甎每塊陸路脚價一分四釐,水路脚價一分三釐,備用城甎每塊陸路脚價銀二分八釐,水路脚價銀二分六釐。

凡帶甎船隻,順治四年覆准:令經過臨閘糧船每隻帶甎四十五塊,官民船隻每梁頭一尺,帶甎十二塊,俱給批運,交通惠河監督照數查收,其官民船隻運抵天津、務關、張灣、通州者,名爲長載,例應給批帶運,其不到天津等處者,名爲短載,免其帶運,每梁頭一尺納價銀一錢七分。又鹽貨船每雙納紙價銀六錢,俱收貯解部,若船隻到通無甎,即係抛棄,該監督報部究處,若回船過臨不繳甎,批者拿送問罪,如地方官縱容不行申報,一併題參。○康熙十九年,以城甎滚子甎需用緊急,令該撫僱覓船隻差官運送。○二十八年題准:臨清甎著山東糧船起五月至九月暫給水脚銀兩運送。

蘇州窑

順治十二年,重建乾清等宫,需用鋪地二尺、尺七金甎,内官監具題,工部差官前往蘇州,會同巡撫估計,交地方官動支本省應解工部正雜改折等銀製辦。○又題准:舊例二尺金甎燒造一正二副,尺七金甎燒造一正一副,料價繁費,每副甎十塊應減去七塊,准造三塊。○十五年覆准:金甎各准一正一副開銷。○康熙十八年題准:令江寧巡撫動支本省正項錢糧,燒造二尺、尺七金甎一萬五十四塊,每正甎十塊准造副甎三塊。○二十九年題准:令江寧巡撫動正項錢糧燒造二尺金甎一千四百九十塊,尺七金甎一千一百五十九塊,每正甎十塊燒造副甎一塊。○雍正三年題准:令江寧巡撫動正項錢糧,燒造尺七金甎一萬塊。

凡金甎價值,順治十四年覆准:江蘇等七府二尺金甎,每塊工料銀五錢八分八毫,尺七金甎每塊工料銀四錢八分二釐七毫,江寧池太常鎮等六府二尺副金甎，每塊工料銀四錢三分七釐三毫二絲，尺七副金甎每塊工料銀三錢一分六釐，蘇州府二尺副金甎，每塊工料銀三錢三分三釐八毫八絲，尺七副金甎每塊工料銀二錢七分七釐，解運每塊船車脚價損墊銀六錢七分四釐八毫。

凡解運處分，康熙九年題准：官員起解金甎，不揀擇精美，以不堪用者解送，或折損，或遲延，俱罰俸一年，巡撫、布政使各罰俸六個月。

木植

凡關口抽採木植，順治九年題准：各工需用木料，召募商人自備資本，出古北、桃林、潘家等口，採伐木植運至通灣地方，照數驗收給價，其各商出口，先期具呈工部，取身家住址鄰佑并各商連名甘結，移咨兵部給批付商照驗出口，工部仍給採木批文，并移守關官員確查出口人數及進口木植數目報部，俟木植到日，本部差官親至通灣確估時價，部抽三分給商七分。○十三年題准：通灣木植部抽四分，給商六分。○十四年議准：各口採木差滿漢官各一員、筆帖式二員，鑄給關防，會同該地方官召募民夫，給價採伐，以供營造。○十六年議准：古北、潘家、桃林等口，差滿漢官各一員、筆帖式二員駐劄，該地方抽分木植停止採木差員，滿漢官民人等有情願採伐者，將人數報明工部，轉送兵部給出關票，工部給與木植，長徑尺寸照式採伐，進口之時，該差官員照依尺寸記其木數放進，運至通灣，該管官員於十分中抽取二分，造册報部。○又題准：各口採木，旗下人役居多，每差止留滿洲官一員、筆帖式二員，其原設漢官撤回。○又題准：潘家、桃林口抽分改駐永平府，古北口抽分改駐密雲縣并建設關口。○又定：喜峰口外所屬蒙古及八旗網户木匠砍伐栢板進口販賣，亦照十分取二之例抽取，如有私行進口不遵抽分者，該差指名報部，題參治罪，木植入官。○十七年議准：裁潘家口、桃林口差，歸併古北口管理。○又議准：凡邊外伐木之處，不許恃强占據，如違令在差官員指名參奏。○十八年定：各口採伐木植，什一抽分。○康熙元年題准：古北口一差抽分木植歲額盈虚，不便預定數目，嗣後差員，所抽數目因時確核報部。○又題准：滿漢採木人役，以兵部給發關票之日爲始，限半月内出口，其關票限一年繳銷，如逾限不回及不銷票者，送該部議罪。○三年題准：古北口差仍添設漢官一員。○四年題准：廣寧、錦州、寧遠前衛等處居民邊外採伐木植，責令吏目典史等官帶領出入，該府尹仍將人畜數目并採伐處所具報本部，轉行該管官員稽查。○又題准：裁古北口差，税務歸併密雲縣管理。○七年題准：古北口仍差工部滿官一員、筆帖式一員。〇十六年題准:凡各商木植進口,該差官員親身查驗,照數選抽,以備各工取用,如有隱漏長大木植、止抽短小者,題參重處。〇十八年議准:潘家桃林二口,仍差工部滿官一員、筆帖式一員駐劄,永平府抽分各商所採木植,由天津沿海拽運至京貿易,不許向別地方貨賣,其潮河川、墻子路、南冶口、二道關等處有願採伐木植者,照例將人畜數目報部,轉咨兵部給票出關。〇又題准:木植進口該差官員查驗長徑尺寸,照例什一選抽,記印紅號,由海沿運赴通灣,令木廠筆帖式照驗紅號查收,其所抽木植按季備造循環號簿,繳送部科查對。〇十九年題准:喜峯口外莊頭人等所砍木植願交税者,由水路運進給票,照例抽分。〇又題准:龍井口産有大木。有願伐木者,給發關票出口,令潘家口差員照例抽分。〇二十年議准:喀爾沁蒙古有願伐木進關、照民商納税者,許由潘家、桃林等口放入貿易,照例抽分,令該旗將伐木頭目開送理藩院,行文工部給與執照。〇二十二年議准:盛京佟家烏喇地方所産大木有願採伐貿易者,聽工部、盛京工部、寧古塔將軍發給執照,令沿海運至天津貿易,不許夾帶禁物、竊捕貂鼠、私採人參。〇二十四年議准:古北潘桃二差,令各部院官員公同掣籤差遣。〇二十六年題准:通州木廠停差筆帖式,將潘桃古北口抽分木植歸併通惠河分司管理,各官抽分之時,將木植長徑丈尺確查造册,移送通惠河收貯,并造清册報部,古北口所抽木植,該差官以任滿日起限,四個月内明白交完,潘桃抽分係由海運,以任滿日起限,八個月内明白交完,如限内不完者,照各關拖欠銅觔例議罪,商人亦照交納銅觔缺少之例治罪。如差官隱漏大木、止抽小木及通惠河分司差滿報部有遺漏舛錯之處,一併題參議處。〇二十九年覆准:嗣後有部票商人木植被水冲散、恃强偷盗者,照常人盗官物例治罪。〇三十一年題准:古北潘桃口監督嗣後抽分木植,長徑丈尺俱照部定,價值折取銀兩,差滿交部,俟木值價賤之時,即行收買,存貯通惠河木廠,以備應用。〇三十三年題准:凡木商出口帶領人夫,令監督將姓名年貌逐一填寫票内給發,收票之日驗明查收,兵部行文管口官員將出口人夫與票内所開逐一查對明白放出,進口時亦照此例,或原帶人夫有死者,商人預報管口官員註册,如管口官員不確查人數,任其出入,該部議處,如商人捏報人夫死者,交刑部從重治罪。〇三十八年題准:大青山等處木植甚多,有殷實商人願往採取者,該部給票,令守口官兵驗明放行,照例輸税入口販賣。〇四十年題准:裁通惠河分司通州木廠,歸併通永道管理。〇四十一年題准:大青山木植税銀,歸并殺虎口監督徵收,照潘桃等口例什一抽分,折銀送部。○四十六年覆准:四川渝關各項木植,令川東道照杉板例估本徵收。○五十年覆准:四川渝關木稅,照四十七年徵收四千七百五兩九錢三釐之數,嗣後作爲定額徵收。○五十九年議准:口内馬前寨等處木植甚多,部給發木商頭目十人執照,准其在口内砍木納税,禁止本處人砍伐木植。陵上應用木植,仍著千丁人内置辦,不許出口於口内砍伐。○六十年奏准:渝關木税令儘收儘解,據實報銷。○雍正元年議准:盛京本處人有自備資本砍伐木植者,亦准於盛京工部領取執照砍木,該監督確查,照例抽分,折銀交納。

凡各省辦解木植,順治八年題准:各工需用木植,令湖廣、浙江、江西、山西、正定五處地方購買。○康熙六年,修造太和殿,令四川、湖廣、江西、浙江督撫查有採就大楠木或山中現産大楠木,將長徑尺寸根數并所需錢糧確估報部。凡民間宅内及墳間之木不採,不係楠木及楠木長徑尺寸不合式者不採。○七年題准:太和殿工需用杉木,差官會同江南督撫動支正項錢糧,照時價買辦,運解工所應用。○八年詔:修造宫殿所用楠木不敷,量將松木添用,停止各省地方採取。○二十一年定:重建太和殿,差官分往江南、江西、浙江、福建、廣東、廣西、湖廣、四川等省會同督撫備查合式楠木杉木,運送脚價一併估報,其官員商民土司人等有願捐助楠木者,視其所捐楠木多寡大小,聽該部議敘。又,奉旨:該差官員及地方官勿得借端生事,苦累土司,擾害民人,通行禁飭。○又覆准:太和殿所需材木,凡在寺廟院中墳塋界内者,不許溷報封採,其近於寺廟墳塋者,亦不得藉口隱匿,違者治罪。○二十三年議准:採運木植工價脚費,該地方官設法捐輸解運進京,如捐輸不敷,該督撫題明,聽户部撥給正項錢糧添用,其江南等省公署楠木并商販杉木,停其運送。○二十六年諭:四川酉陽楠木産於崇山懸巖,萬難挽運,若必令其採運,恐致有累土司,著免其解送。○又川省捐解楠木,奉旨:向來各省捐助銀兩,名爲急公,不過先報虚數,並無交庫即行具題,希圖利己,及至實在支用之時,皆係科取民財以充原數,甚至用少派多,除原數外仍行侵漁肥己,即此一事,他皆可知,總因沿習陋弊,視爲固然,以致滋累民生,殊非實心急公之誼,著通行嚴飭。○二十七年覆准:嗣後採買竹木等項,准動正項錢糧採買,年底奏銷。○三十四年重建太和殿,應用材木奉旨停免採取,一應工料發帑購集。○雍正五年覆准:行令步軍統領,嗣後凡有官房拆卸楠木,查明報部,工部派員運貯木倉,以備各工應用。○又諭:各省採辦木植等項,著該督撫遴選賢員辦理,照民間價值給發,不許絲毫扣剋,務令均沾實惠,仍著該督撫等時時留心察訪,俾屬員敬謹遵奉,倘稍有不遵諭旨,將該督撫一併從重治罪。

凡桅架等木,順治六年題准:各工需用架木,本部差官前往江南,會同地方官召買。〇十五年題准:各工需用架木水路不能速到,行文江寧巡撫,自本年起動支本部正項錢糧,每歲辦解二千根備用,仍將木植長徑尺寸並用過錢糧數目報部核銷。〇康熙十四年題准:停止江寧辦買架木。〇十九年題准:江寧巡撫動支正項錢糧,先買架木六千根解部,嗣後仍照舊例每歲辦解二千根。〇二十六年題准:令江南、江西、湖南動支正項錢糧,每年辦解桅木二十根、杉木三百八十根,江南解架木二千四百根,江西、湖南各一千四百根,每省解桐皮杉槁二百根,又,浙江省捐辦架木一千四百根、桐皮杉槁二百根。〇三十五年題准:桅杉架等木存貯足用,停其辦解。〇三十八年題准:令江南、江西、浙江、湖南每年仍照舊例辦解桅杉架等木植。

凡木料價值,康熙二十二年題准:按四時貴賤合算定價。〇二十四年諭:木植隨時低昂,若預行減定,有累商民,著照時值估給。〇二十六年定:江南、江西、湖廣辦解桅木,長六丈,大徑一尺五寸,小徑七寸,每根價銀二十四兩,杉木長三丈,大徑一尺三寸,小徑七寸,每根十兩八錢二分二釐,架木長三丈,圍圓一尺四五寸,每根二錢四分,桐皮杉槁長二丈五尺,圍圓一尺二三寸,每根一錢六分,浙江照舊例行。

凡葦蓆,寶坻縣額解黑葦三萬觔,後改徵綿白蓆葦,令於本縣應徵錢糧內每歲扣留銀二百四十兩六錢零分,給舖頭幫辦解部。

凡楸棍,房山縣額存楸棍山地,每歲應徵楸棍一十九萬一千二百九十八根解部,以備各工取用。

凡工所備辦木植,康熙三十九年覆准:嗣後建造備辦木植,酌定工程大小定限催完,如有遲延,即照定例處分。〇四十年題准:嗣後各工所需木植等項應發銀兩,工部取具監督印領發銀,定限日期運到,如有違限,將該監督題參,照例處分。

凡繳回竹木,康熙五十八年題准:嗣後工程應用架木,管工官於工完之日將領過通稍架木,近處限四十日,遠處限八十日交回木倉,除損壞鋸截外,於限内交回十分之九者免議,逾限全不交者參處,如木倉監督、該司滿漢官員等徇情不行舉出,一併題參。再,關係内廷工程、内務府人員,與工部官員彼此推諉,不於限内繳回木料者,工部會同内務府總管一并題參，交與該部議處。〇雍正五年題准：各工取用葦蓆竹竿，如天棚等棚時日既久，新蓆繳回五成，新竿繳回八成，舊蓆舊竿免其繳回，其餘棚座搭蓋不久，新蓆新竿繳回九成，舊蓆繳回五成，舊竿繳回八成，俱於工完之日定限十日内繳回，如不按期照數繳回，或將破爛蓆竿混入者，該管官員即行報明，將管工官員指名題參。

凡解送木料不堪處分，康熙九年題准：官員起解杉木不揀擇精美，以不堪用者解送，或折損或遲延，俱罰俸一年，巡撫、布政使各罰俸六個月。

凡驗收木植抑勒處分，康熙二十七年覆准：嗣後採買竹木等項解送物件，經收人員若有借端抑勒者，令解送官役指告，工部確查題參，嚴加治罪。〇四十年諭："桅杉架槁木植解到之日，著司官即行驗收，若仍效歷年積弊借端揹勒，以致遲悞，朕親行察出，或被科道糾參，定行嚴加議處不貸。"

灰石

順治初定：大工興作需用灰石，各差本部官員開採燒造，於大石窩採白玉石、青白石，馬鞍山採青砂石、紫石，白虎澗採豆渣石，牛欄山採青砂石，石經山採青砂石、青砂柱、頂階條等石，其灰觔於馬鞍山、瓷家務、周口、懷柔等處置廠燒造，運京應用。〇十四年題准：禁止馬鞍等山樵牧，以山内柴草供燒灰之用。〇十六年覆准：灰、石二差併爲一差。〇康熙十一年定：禁民間三山等處燒採。〇三十五年諭：辦買灰觔著照户部例，專設監督一員管理。〇五十二年題准：紅石口、蝎子山自青龍橋往北，高兒山、破頭山、楊家頂一帶，俱關風水，行文順天府，宛平、大興二縣，五城三營八旗及内務府管領等，俱令通行嚴禁，毋許採砍，若有將禁止處所私行偷砍石料者，或經查拏發覺之日，交與該部嚴加治罪，嗣後如有修造之處，應用石料仍著欽天監官員前往踏看，果係無關風水之山，方許採砍。

凡灰石價值，定例青白灰每百觔原給價銀一錢一分六釐。康熙十九年題准：青白灰每百觔准給銀一錢二分六釐。〇二十二年題准：採石價值每見方一尺折算長一丈至四丈五尺石，每丈原給價銀二兩八錢，今准給價銀二兩七錢，五丈至九丈五尺石，每丈原給價銀五兩，今准給價銀四兩五錢，十丈至十九丈五尺石，每丈原給價銀八兩，今准給價銀七兩，二十丈至三十九丈五尺石，每丈原給價銀十兩，今准給價銀九兩，四十丈至五十丈以上石，每丈原給價銀十五兩，今准給價銀十四兩，其騾車脚價每輛每日原給銀二兩四錢，今准給銀二兩三錢。〇雍正元年定：青白灰百觔給銀一錢五分。

凡運送灰石,該管官員動支錢糧,照時價僱車裝運,間遇工程緊急,僱覓艱難,暫於近京地方酌量撥取,照時給價。

凡顔料檾麻葦課等項錢糧,俱屬營繕司掌管徵收,康熙三年歸併户部,凡遇各工需用,本部於户部移取。

凡交送物料,康熙二十二年題准:交送物料若不精好,經收監管人員驗看果不堪用,將舖户匠役懲處,令其换送,若堪用物料勒掯不收,係内務府者,會同内務府總管驗看官題參,差役交該部治罪,係在外者,工部驗看官題參,差役交該部治罪。〇三十九年題准:各處工程舖户所送物料在工官員掯勒不收,被舖户出首,即行題參治罪。〇雍正三年覆准:各處取用物料,工部派司官筆帖式監令商人舖户備送,將收過物料數目該處給發印文,會同查核,毋許私行銷算,給發錢糧,如交送遲延及捏稱包交,竟不交送者,將監送官交部察議,商人等從重治罪,其物料交完而該處掯勒不給收領,許監送官及商人等呈明,題參察議。

凡驗收物料,康熙二十二年題准:驗收物料不必等候全完,隨到隨收,十日内給發實收,若限内不給,事發交該部議處。

凡收納器具,雍正五年奏請:各處工程應用器具,設一收納公所,派員監督,工程報完,即將准給之器具,該管工官照數繳回,以三次爲限,方准换給。奉旨:凡一應工程,日期多寡不等,所用器具若概以三次爲限,然後换給,轉難辦理,嗣後工完時可將所用器具詳查收貯,果有損壞,於再用時酌量换給,如此則於事既有益,而亦易於辦理。

凡工所看管物料,康熙九年題准:内廷工所被人偷盜物料者,監工官及守門官俱罰俸一個月。〇十二年題准:在工匠役偷盜者,監工官罰俸六個月,外人偷盜者,罰俸一個月,不應在内行走之人偷盜者,守門官罰俸六個月,應行走之人偷盜者,罰俸一個月。〇二十二年題准:凡官員看管物料被人盜去者,罰俸一年。

大清會典卷之二百

工部

虞衡清吏司

郎中、員外郎、主事，分掌天下山澤、採捕、陶冶、軍裝、量衡之事。

〔採捕〕

採捕有三，曰東珠，曰貂皮，曰人參，俱有禁令，虞衡所掌，因備列焉。

國初，王以下、公以上許遣壯丁於烏喇地方採捕東珠、貂鼠、人參等物，効力勤勞大臣許遣壯丁採取人參。順治五年，停止大臣採參。○七年停止宗室公採捕東珠、貂鼠等物。○八年定：烏喇採參人數，親王一百四十丁，世子一百二十丁，郡王一百丁，長子九十丁，貝勒八十丁，貝子六十丁，鎮國公四十五丁，輔國公三十五丁，鎮國將軍二十五丁，輔國將軍二十丁，奉國將軍十八丁，奉恩將軍十五丁。

凡徵免，舊例烏喇捕牲，每壯丁歲徵貂皮十五張。順治十年議准：每壯丁十名內，令五名耕種，其五名歲增貂皮五張，共徵二十張。○康熙五年定：烏喇捕牲壯丁兼捕鰉魚。○十年議准：每旗派壯丁十九名，於冬夏二季專捕鰉魚，免捕貂鼠，其捕牲人役在家病故者，准計日扣除貂皮。

凡賞罰，順治十年議准：烏喇捕牲翼長按壯丁計算，額外多貂皮六十張，賞銀三錢，三十張賞銀一錢五分，不及三十張不賞，額內欠三十張至六十張，責一鞭，不及三十張，免責；領催按壯丁計算，額外多貂皮二十張，賞銀三錢，多十張賞銀一錢五分，不及十張不賞，額內欠十張至二十張，責一鞭，不及十張免責；賞罰俱按數遞加計算。○康熙元年定：壯丁額外多貂皮一張，賞青布一疋，額內少者，每一張責三鞭。○二年議准：烏喇捕牲總管以八旗共得貂皮按丁計算,額外多得一百張,賞銀三錢,額内少一百張,罰俸銀三錢;翼長分管四旗壯丁,如額外多得貂皮六十張,賞銀三錢,額内少六十張,罰俸銀三錢。〇二十九年議准:嗣後内廷驗看東珠多寡,如上三旗所得數多,總管翼長等應行賞給,許將五旗所採數少之處合算,免其議處,如上三旗所得不在賞例,工部將八旗合算,應賞亦著賞給,如不足額,仍行議處,又,上三旗每採捕丁十名,置窩舖頭目一名,每月給錢糧各二兩,採捕丁各一兩。嗣後將五旗採捕東珠、貂皮、鱘鰉魚丁給發錢糧、設立窩舖頭目之處,俱著照上三旗例行。〇四十年議准:烏喇捕牲壯丁連幇丁每一名額取貂皮二十張,爲數過多,又因二等有光無光東珠折算貂皮,以致議處,嗣後停止折算,將無光東珠及珠子槩除不算外,窩舖頭目三十三名,每名額定頭等、二等有光東珠各十六顆,共五百二十八顆,每額外多一顆,賞給採珠丁毛青布二疋,少一顆責十鞭,其舖頭三十三名,將所得合算,如額無賞無罰,額外多得三十顆爲一分,賞給總管翼長彭緞各一疋,驍騎校潞紬一疋,領催等各按旗分内多得一分,各賞毛青布四疋,如再多得,按分加賞,連額數合算得一千顆,總管、翼長等加一級,驍騎校及領催等按分賞給,其額内少十顆爲一分,將總管、翼長、驍騎校等各罰俸一個月,領催等各按旗分内少一分責十鞭,如又少得,亦照算罰俸鞭責,總管、翼長、驍騎校等至罰俸一年、降一級,領催等至百鞭爲止。工部照此例賞罰。

凡折徵,順治四年題准:上好東珠重八分者,折貂皮八十張,每一分折十張。重七分五釐者,折貂皮六十七張半,重七分者,折貂皮六十三張,已上每一分折九張。重六分五釐者,折貂皮五十二張,重六分者,折貂皮四十八張,已上每一分折八張。自五分五釐以至一分,每一分折貂皮五張,每五釐折二張半,照數計算,重五釐東珠折貂皮二張,珍珠一分折貂皮一張,不足半分小東珠俱作珍珠算,此外黯色有帶東珠酌量折算;猞猁猻頭號每張折貂皮六張,二號折貂皮五張,三號折貂皮四張,四號折貂皮三張;水獺頭號每張折貂皮三張,二號折貂皮二張半,三號折貂皮二張,四號折貂皮一張半,五號折貂皮一張,末等每兩張折貂皮一張;豹皮頭號每張折貂皮五張,二號折貂皮四張,三號折貂皮三張;虎皮頭號每張折貂皮四張,二號折貂皮三張,三號折貂皮二張,四號折貂皮一張;狐皮每張折貂皮二張;狼皮頭號每張折貂皮三張,二號折貂皮二張,末等折貂皮一張;貉皮每兩張折貂皮一張;薄毛貂皮每二張折一張;豺狼皮每張折貂皮一張;上好灰鼠皮每二十張折貂皮一張;薄毛灰鼠皮每二十五張折貂皮一張;虎斑雕翎、芝蔴雕翎每副折貂皮二張;鸛翎團鵰翎每副折貂皮一張;已上皮翎損傷者,不許解送。每年捕牲壯丁夏季停止一月,每名除貂皮二張,冬季停止一月,每名除貂皮三張。○又議准:重八分以上至一錢上好東珠,每一分俱折貂皮十張。○康熙八年題准:虎皮不准折算貂皮,折賞布疋。○十二年議准:次號東珠及兩面光亮中間有帶東珠,三分折算二分,或一面兩面微有光亮東珠,二分折算一分,無光亮東珠三分折算一分。○二十一年議准:豹虎狼狐貉灰鼠等皮及鵰鸛鵰翎,停其捕送,上好狼皮,另議給賞。

凡禁令,國初定:採參之人越自己界分採取者,以偷盜論,參還原主,越禁偷採者,參與人畜俱入官,其主罰責有差。不知情者,免擬,率領頭目鞭一百,餘俱准竊盜論,參入官。○順治六年題准:王貝勒貝子公等採取官參,各照派定人數發往,違例差遣者,革去一切賞賚,止給與現獲人參,差去之人入官,其屬下人員不奉差遣,私自遣人偷採者,本犯入官,其主治以重罪。○十五年議准:旗下人偷採人參者,枷號一個月、鞭一百,牲畜及所得之參一併入官;其官民家下人有犯,本主知情者,本犯枷號一個月、鞭一百,參與人畜俱入官,本主問偷盜之罪,不知情者免罪,本犯枷號兩個月、鞭一百,牲畜財物入官,本主知情謊稱不知者,加等治罪,家人入官;其奉天等處人民有犯者,枷號一個月、責四十板,人畜財物入官;其蒙古席北瓜兒岔等處人有犯者,交理藩院議處。○十六年議准:順天等八府人民出山海關禁約處所偷採人參者,照奉天例交户部入官。○康熙二年題准:違禁採參者,爲首之人處死,餘仍照前治罪。○五年題准:偷採人參之舖頭擬絞監候,出財招集多人偷採者,照爲首例處死,牲畜等物一併入官。○六年議准:民人附從偷採人參者,責二十板,其容留貿易不拏送者,加等治罪。○七年題准:舊例每年四八月令官役巡踪防緝,今令於春秋二季預行巡緝。○又題准:偷採人參之人未經起發拏獲者,出財之主并率領頭目各枷號一個月、鞭一百,爲從之人係旗下,鞭一百,係民責四十板,馬牛布疋等物俱入官。○八年題准:偷採人參出財之主并率領頭目,已得參者,照例擬死,未得參者,係旗下人,枷號兩個月、鞭一百,係民枷號一個月、責四十板,入官爲從之人各枷號一個月,係旗下鞭一百,係民責四十板,餘俱照前例。○九年議准:奉天等處招徠之民偷採人參爲從者,照旗下人例,雖已得參,免其入官,枷號兩個月、責四十板。○十一年題准:駐劄盛京官員拏獲偷參之人得財私放者,革職交刑部,若偷參之人同屯居住,知而不首者,降一級、罰俸六個月,其採捕人役將採捕之物隱藏私帶者,頭目及翼長守山海關官員罰俸一個月。○十二年議准：奴僕偷採人參，本主知情者，杖八十，謊供不知者，杖一百。○十五年議准：旗下民人越境採參已得者，將出財之主并率領頭目俱擬絞監候，聞拏投部，不准自首，爲從之人係旗下，枷號一個月、鞭一百，係奉天等處人，枷號兩個月、責四十板，牲畜等物俱入官，係内地民人，并妻入官，奴僕偷採人參其主知情者，係官交該部議處，旗下人鞭八十，民責三十板，偷採之人枷號一個月、鞭一百，人與牲畜並入官，若本主知情謊稱不知者，係旗下，鞭一百，民責四十板，不知情不坐，本犯枷號兩個月、鞭一百，牲畜等物入官，若未得參者，出財之主併率領頭目係旗下，枷號兩個月、鞭一百，係民不分奉天内地，俱枷號一個月、責四十板，同妻一併入官，餘俱照前定例。○十七年議准：凡偷採人參爲從者，不分旗下、民人，俱枷號兩個月。○又議准：偷採人參已得者，出財之主率領頭目擬斬監候，爲從之人係旗下，枷號三個月、鞭一百，牲畜等物入官，係民不論奉天内地，俱枷號三個月，責四十板，妻子牲畜等物俱入官，奴僕偷採人參，本主知情者，係官革職，旗下人枷號兩個月、鞭一百，民枷號兩個月、責四十板，不知情不坐，本犯枷號三個月，係旗下鞭一百，民責四十板，未得參者，出財之主併率領頭目係旗下，枷號三個月、鞭一百，係民不分奉天内地，俱枷號三個月、責四十板，妻子一併入官，爲從之人枷號兩個月，係旗下鞭一百，民責四十板；其借稱採取官參，多帶人數在界外偷採者，率領領催頭目俱照例處死，其餘俱照爲從例治罪，若採取蜂蜜松子之人在伊界内山上偷採人參者，領去領催頭目各枷號兩個月、鞭一百，餘各枷號一個月，鞭一百，人參入官。至盛京所屬看墳及居住之人有偷採人參者，將縱放之屯領催枷號一個月、鞭一百，失察者，鞭一百，各旗佐領下人有偷採人參者，將縱放之佐領、驍騎校革職，領催革去，枷號一個月、鞭一百，失察者，佐領、驍騎校罰俸一年，領催鞭一百，府佐領下人有偷採人參者，將縱放之府佐領、驍騎校、領催俱照旗下例處分，無品管領、領催各枷號一個月、鞭一百，失察者，將領催鞭一百，府管領鞭八十，民人有偷採人參者，將縱放之百家長責四十板，十家長枷號一個月，責四十板，失察者，十家長責四十板，百家長責三十板，外藩王公主等所屬之人有偷採人參者，交理藩院議處。

凡拏獲偷採人參，俱交户部變價，一半入官，一半給賞拏獲之人。其巡察官兵見踪不追、徇情縱放者，官員革職，領催革去，枷號一個月、鞭一百，甲兵鞭一百，門尉、筆帖式俱革去，枷號一個月、鞭一百，其山海關等門不行盤查、縱放偷帶人參入關者,值日守尉、都司、驍騎校等俱革職,領催革去枷號一個月、鞭一百,甲兵鞭一百,其私自買參賣參者,各枷號一個月、鞭一百。〇十九年議准:凡違禁偷採人參,仍照康熙十五年定例治罪,爲從之人各枷號兩個月,係旗下鞭一百,係民責四十板,其邊外居住山海衛所屬兵民及盛京、直隸、山東、沿海處所有偷載人參貿易者,照偷採人參例治罪。〇二十年題准:山海衛所屬城堡兵民偷採人參者,亦照康熙十五年定例治罪。〇又題准:寧古塔烏喇人在禁河内採捕蛤蜊及採蜂蜜、捕水獺人偷採東珠者,照偷採人參例,爲首者擬絞監候,爲從者枷號兩個月、鞭一百,各項捕牲人將本身印票轉賣他人者,買賣之人各枷號兩個月、鞭一百。〇二十一年議准:凡採取官參之人,各給印票,係上三旗人,用户部及内務府印信,係五旗人,用户部印信,該管主編號給票,以便稽察,如無信票私自行走,或有信票越界行走,併不照票内定數、多帶人畜者,巡察官兵即拏送部治罪,徇情縱放者,官員革職,領催枷號一個月、鞭一百,兵鞭一百,若得財縱放及將人參隱匿入己不全送官者,官員革職,兵丁串通者,一併交刑部計贓,照律治罪,有能出首者,財物一半給賞,一半入官,官員一年内拏獲一百名以上者,紀録一次,二百名以上者,紀録二次,三百名以上者,紀録三次,四百名以上者,准加一級,多者按數議敘,拏獲馬匹一半入官,一半給賞拏獲之人,人參盡行入官,如誣無辜之人者,官員革職,兵丁枷號兩個月、鞭一百,奪取財物者,官員革職,交刑部議罪,兵枷號三個月、鞭一百,如拏獲之人捏情控告審虚者,照誣告重律治罪,若毁壞盛京鳳凰城等處邊欄,私自出入,官員、領催、兵丁、看門門尉、筆帖式不行查拏及通同受賄者,照巡察官兵例治罪。〇二十三年議准:凡民人在口外居住者,不論有無産業,悉令搬移進口,如有違禁在村莊潛住及避居山谷中捕牲者,令屯領催、村莊頭拏交守口官員,轉解刑部治罪,其喜峯口、古北口外附近地方有别處人來捕牲,或在山谷中搭窩舖捕牲者,交管驛官員頭目人等查拏,呼塔哈山谷中有指稱淘金聚集匪人者,交與鷹手并喀爾沁頭目班第查拏,波羅城附近村莊有匪人潛住者,交與各巴林翁牛特之主驅逐,不聽驅逐者,亦行拘拏,此等拏獲之人俱交送守口官,轉解刑部從重治罪,如守口官推諉遲延日期、查拏之人竟解刑部,將守口官從重議處,至内府走山之人并鷹手及採取木料之人,悉照捕牲人例,俱令户部起票,伐樹燒炭之人,令於工部起票,其口外有地之人僱覓内地人民種地者,亦令向户部起票,方許出口,若口外無票行走之人,令所在地方查拏,八旗口外居住莊頭人等到别旗村内捕牲,或在山谷中搭窩舖捕牲,所在之人不行查拏,或被旁人出首,或被巡察人等拏獲,將失察之人交守口官一併解送刑部,從重治罪,莊頭革去,交伊主更换,如不行更换,伊主一併治罪,其屯領催、莊頭及驛站頭目人役等將應查拏之人不行嚴拏,或互相推諉不與協拏者,事發俱聽刑部從重治罪,若將無票之人巴林翁牛特之莊頭等隱匿不逐又不查拏,被人首發者,莊頭交理藩院治罪。雅圖溝黑山、度山、流河口、波羅城等處地方有在彼存住窩藏無票匪人者,俱交附近居民查拏,若有謊稱伐樹燒炭起票轉賣,及匪人私買假票潛藏居住,并違禁放鳥鎗行走者,俱從重治罪。○二十五年定:偷刨人參之人,著提解來京審擬具奏。○二十八年定:偷刨人參之人其馬匹帳房等物,著給與拏獲兵丁。○三十三年定:偷刨人參之人事發,將所出邊口防守官員一併治罪。○四十年議准:刨參之人拏獲後如有將無干人仇扳者,不論旗民俱枷責,仍照爲從例分别發遣。○雍正二年議准:山海等關除搜獲參鬚參末、細小歪斜珠子及觔兩無多者無庸給賞外,如有搜獲人參至二十觔、珠子至四兩者,該管官紀録一次,巡查人等共賞銀二十兩,搜獲人參至四十觔、珠子至八兩者,該管官紀録二次,巡查人等共賞銀四十兩,搜獲人參至六十觔、珠子至十二兩者,該管官紀録三次,巡查人等共賞銀六十兩,搜獲人參至八十觔、珠子至十六兩者,該管官加一級,巡查人等共賞銀八十兩,再有多獲者,照數遞加賞給,賞銀户部給發,至東珠有大小不等、有光無光之分,難以懸定,如有拏獲者,臨時酌量給賞,倘搜查不力致私帶人參、珠子至關者,該管官照失察律降三級調用,巡查人等照不應重律杖八十,明知故縱者,該管官革職,巡查人等杖一百、枷號一個月,受賄賣放者,計贓以枉法論,從重治罪,其巡踪官員兵丁應行賞給治罪之處,仍照舊例行。○又定:偷採人參出財之主并率領頭目,其一人所放之人至百名以上、所收之參至五百兩以上者,仍照舊例擬絞監候,人不滿百名、參不滿五百兩者,出財之主併率領頭目枷號三個月、鞭一百,爲從之人枷號兩個月、鞭一百,或一二人刨參所得不至十兩者,交與盛京刑部,係旗人鞭一百,係民責四十板,遞回原籍。

〔軍器〕火器附

國家兵制,八旗甲兵需用盔甲軍器,兵部咨給料價,自行辦造,直省兵丁需用甲械,動支本地錢糧造給,報部核銷,惟守護陵寢兵丁及八旗新滿洲、寧古塔新滿洲需用盔甲旗幟等項,由兵部移咨工部照數造發。

凡八旗甲兵盔甲，順治間定：每頂副折給銀四兩八錢八分三釐。〇康熙十八年題准：護軍盔甲每頂副折給銀四兩八錢八分三釐，馬步兵盔甲折給銀四兩一分五釐。〇二十二年題准：鳥鎗兵丁盔甲，每頂副折給銀三兩七錢，併給鳥鎗一桿。〇四十五年題准：護軍盔甲每頂副折給銀四兩五錢，馬步兵盔甲每頂副折給銀三兩七錢，鳥鎗兵丁盔甲每頂副折給銀三兩五錢。〇五十三年題准：鳥鎗兵丁盔甲，每頂副仍照原價折給銀三兩七錢。〇雍正元年議准：增定護軍盔甲每頂副鐵葉銀四兩五錢，合工料銀共十二兩，定爲十一兩，其藍翎盔甲銀十五兩六錢零，定爲十五兩。

凡直省兵丁盔甲，順治四年議准：鐵盔每頂工料銀一兩五錢，鐵甲每副工料銀三兩三錢。〇七年議准：綿甲每副工料銀二兩，弓每張銀一兩，箭每枝銀四分，腰刀每口銀九錢二分，鳥鎗每桿銀一兩三錢，長鎗每桿銀一錢。〇十年議准：各省軍器或遇缺額或新增，該督撫照兵部經制額數，具題本部覆准，方許成造，仍將動支錢糧奏請開銷。〇康熙十七年題准：直省兵丁鐵盔甲，每頂副減定三兩七錢，凡武狀元銅盔甲，定例三年一次，本部成造，交送兵部。

〔火器〕

凡直省需用銃砲、火磚、火箭、噴筒、火毬、鉛鐵彈子等項，定例該督撫奏請，准其造備，用過銀兩報部查核，藥彈遇有征勦，許動用開銷，征防別省官兵軍前操演，亦准支給。

凡內務府取用硝黄，定例於西什庫支給藥線吹藥，部發工料成造。

凡內務府取用鳥鎗鉛子噴砂，定例照來文給發工料造給。

凡八旗試演鎗砲需用火藥，定例本部差官監造，存貯蕩氛廠內，取用之日赴廠給發，完日酌量備造。〇康熙三十一年題准：八旗試演鎗砲火藥，移濯靈廠收貯取用。

凡砲位，國初遣官監造神威大將軍。〇康熙十四年，鑄造紅衣砲八十位，長七尺三寸，口內徑二寸七分，口外徑四寸九分，底徑六寸七分，鐵子重三觔，用火藥一觔半，車輛全。〇十五年鑄造紅衣砲五十二位，欽定名號爲神威無敵大將軍。銅紅衣砲八位，每位重二千二百七十四觔，長七尺七寸，底徑一尺二寸，口徑一尺，膛口三寸七分，鐵子重八觔，用藥四觔，車輛全。〇銅紅衣砲二十四位，每位重一千六百一十三觔，長七尺六寸，底徑一尺一寸，口徑八寸五分，膛口三寸三分，鐵子重六觔，用藥三觔，車輛全。〇木裹紅衣砲二十位，每位重八百一十七觔，式樣照前，車輛全。〇十九年造鍍金龍砲八位。長五尺七寸，重二百五十觔至三百觔，鉛子重十三兩至十四兩。○二十年造銅砲二百四十位,欽定名號爲神威將軍。每位重三百九十觔,長六尺六寸,火門後徑五寸四分,口徑三寸二分,用合膛鉛彈重十八兩,用藥八兩,中鵠至一百弓,用藥九兩,中鵠至一百五十弓,口箍上立星表與甲乙線相等,車輛全。○二十四年造鐵心銅砲八十五位,長五尺二寸,重一百觔至一百二十觔,鉛子重四兩五錢至五兩。○又造鐵奇砲一位,長五尺六寸,重三十三觔,鉛子重二兩五錢。○二十五年造鍍金龍砲一位,長四尺五寸,重一百觔,鉛子重五兩二錢。○二十六年造冲天砲五位,欽定名號爲威遠將軍。長二尺一寸,重二百八十五觔至三百三十觔,生鐵子二十觔。○一裝藥法,小膛裝藥,餘空處以土塞之大膛,底加土一寸穩安彈,彈上又加土一寸塞穩,若放二百步或二百五十步,用藥一觔,三百步用一觔二兩,俱以土塞小膛口,如放二三里,用三觔,以木馬緊塞小膛口。○二點火法,先用螺絲轉木,纏火繩以高麗紙包裹,插入彈口,先點彈口火繩,後速點小膛火門藥。○三放砲法,照放近遠宜定砲尺高低度數,其最遠在砲尺四十五度,本度上下若干,則減遠若干。○二十八年造砲六十一位,欽定名號爲武成永固大將軍。每位重五千觔,長九尺七寸五分,膛口三寸八分,用鐵子十觔、火藥五觔,車輛全。○又改造木鑲砲八十位,欽定名號爲神功將軍。每位重一千觔,長七尺一寸,膛口二十七分,用鐵子三觔八兩,火藥一觔十二兩,車輛全。○二十九年造鐵子母砲二百二位,長五尺五寸,重八十觔至一百觔,鉛子重四兩至六兩。○又造威遠將軍銅冲天砲八位,長二尺三寸,重五百六十觔,生鐵子重三十觔。○三十四年造銅砲四十八位,欽定名號爲制勝將軍,每位重五百觔,長五尺一寸,膛口二寸四分,用鐵子三觔、藥一觔八兩,内輕銅砲二位,每位重三百六十觔,長五尺,用鐵子二觔、藥一觔。○五十七年造威遠將軍銅砲十位,長三尺一寸,重一百七十餘觔,鉛子重十九兩。○五十八年造威遠將軍銅砲十六位,長三尺,重一百四十觔,鉛子重十五兩。○六十年造鐵子母砲六位,長五尺,重一百觔,鉛子重五兩。○又造鐵虎尾砲二位,長三尺重二十七觔,鉛子重二兩。○雍正五年造威遠將軍鐵砲十位,長一尺七寸七分,重四十五觔,鉛子重二十八兩,藥重十四兩。○又造鍍金子母鐵砲一位,長五尺五寸,重四十觔,鉛子重二兩六錢,藥重一兩三錢。○又造鍍金子母鐵砲六位,長五尺二寸,重四十八觔,鉛子重四兩,藥重二兩。○又造鍍金子母鐵砲十位,長五尺五分,重三十六觔,鉛子重二兩五六錢,藥重一兩三錢。○又造鍍銀子母鐵砲四位,長五尺二寸,重四十八觔,鉛子重四兩,藥重二兩。○又造鍍銀子母鐵砲十位,長五尺五分,重三十六觔,鉛子重二兩五六錢,藥重一兩三錢。○又造子母鐵砲一位,長五尺二寸,重四十八觔,鉛子重四兩,藥重二兩。○又造子母鐵砲二位,長五尺五分,重三十六觔,鉛子重二兩五六錢，藥重一兩三錢。

凡私鑄砲位處分，康熙十九年議准：嚴禁民間私鑄大小砲位，犯者與匠役一併處斬，妻子家産入官，鄰佑里長擬絞監候，專汛文武官革職，兼轄文武官降四級調用，督撫提鎮降二級留任。

凡解送砲位，康熙十九年議定：各省大小銅砲多餘鐵砲，俱令查送來京，鐵砲朽壞者，銷毁作鐵備用。〇又議准：鐵砲解送勞民，多餘者准留原處收貯。又諭：直隸沿邊及路險地方各砲不必解送。〇二十年定：松江銅砲本處留用。〇二十一年題准：雲貴、兩廣、福建、四川路途險遠，銅鐵砲位俱留本地收貯。〇二十六年諭：福建銅砲自陸路解送，恐致累民，著裝載海船，從沿海送至鎮江，該撫另撥船隻解京，工部仍行曉諭，嚴加申飭，沿途勿致借端擾害地方。〇雍正五年議准：盛京寧古塔近海黑龍江與鄂羅斯接壤，三處兵丁仍設立子母砲一百位，此外各省舊存子母砲及捐造子母砲，行令該將軍督撫提鎮查明，悉行送部。〇又諭：各處應設砲位俟撥給齊備之後，將彼地所有子母砲賫送來京交部。

凡鑄砲賞賚，康熙二十一年以製造砲位精堅，令將指樣鑄造官員交吏部議叙，匠役賞銀布有差。

砲廠

厢黄旗砲廠三十五間

正白旗砲廠三十五間

厢白旗砲廠三十五間

正藍旗砲廠三十五間俱在厢黄旗教場空地。

正黄旗砲廠三十間

正紅旗砲廠三十間俱在德勝門内。

厢紅旗砲廠二十三間

厢藍旗砲廠二十三間俱在阜成門内。

火藥廠

厢黄正黄二旗火藥廠十二間在安民廠。

正白正紅厢白厢紅正藍厢藍六旗火藥廠二十間在天壇後。

看守廠局員役

八旗砲廠火藥廠，分撥旗下官員甲兵看守。安民廠收貯砲位等項看守庫丁六名，每名每月支米三斗，每斗折銀一錢三分。濯靈廠收貯火藥砲位等項看守庫丁十名，每名每月支米三斗，每斗折銀一錢三分。以上兩廠舊設看守太監,今裁。盔甲廠看守庫丁一名,每月支米三斗,每斗折銀一錢三分。緣兒衚衕局收貯軍器等項看守首領一名,每月支米一石,庫丁一名,每月支銀五錢。安定門局收貯法貢等砲併軍器等項看守首領一名,每月支米一石,庫丁十名,每名每月支銀五錢。中營火藥三局看守庫丁三名,每名每月支銀五錢。東營火藥二局看守庫丁一名,每月支銀五錢。西營火藥二局看守庫丁一名,每月支銀五錢。戊字庫收貯弓刀、箭弦、鳥鎗等項看守庫丁五名,每名每月支銀五錢。丁字庫康熙十九年移廣積庫硝磺等項收貯,本庫看守庫丁五名,每名每月支銀五錢。舊有洪威廠、蕩氛廠、兵仗局、軍器庫,各設看守人役戊丁二庫,有庫尉二名,今並裁。

凡員役缺補,定例各庫庫尉缺,移咨吏部撥補,各廠太監缺,赴司報明,出示召募,行該兵馬司取結,著役庫丁缺,各該太監舉報取同役連名互結,准其著役。凡各廠局庫員役應支銀米,定例照額行文户部給發,戊字庫、丁字庫庫丁,另給羊皮襖,三年一换,移付製造庫查給。

〔令旗令牌〕

王命旗牌,用防詐僞,平時毋得擅用,製造有定式,頒給有定數,加謹收貯,以防損失,詳列於後。

凡旗牌式樣,旗藍紡紬爲之,方二尺六寸,兩面金銷,令字牌高一尺二分,寬七寸五分,厚一寸,兩面刻“令”字,貼金傍刻號數。鎗長七尺,圍一寸,鎗頭下刻字號。〇康熙七年覆准:旗牌兼寫滿漢字。前經領過者,繳部换給。

凡頒發旗牌,順治初定:經畧十二面,副總督及掛印總兵各十面副,巡撫、提督八面副,總兵官五面副。〇康熙七年題准:總督十面副,提督八面副,總兵官五面副,巡撫不令管兵,停其給發。〇九年題准:甘肅巡撫照舊管兵,仍給旗牌。〇十二年題准:直省巡撫俱令管兵,照例頒給旗牌。

凡損失旗牌處分,定例不加謹收貯以致損折破壞者,罰俸六個月,其因水火、盜賊損失者免議。〇雍正三年諭:各直省督撫提鎮舊例俱有頒發王命旗牌,所以重節鎮之權,崇天室之威也。但傳守既久,或遇地方卑濕,蟲蛀漆剥,或因歷歲滋多,形製毁敝,而該督撫提鎮等以旗牌損壞例當參處,但藏之神笥,不敢脩整,甚有預防損壞,將所頒旗牌收貯照樣另造者,尤爲不可。嗣後各督撫提鎮所頒王命旗牌,務須加謹收護,勿致損傷,亦不得另造。其有地方卑濕,歷歲滋多,不免蟲蛀漆剥,形製毁敝者,從寬免其處分,聽其一面照式整脩,一面咨部可也。

窯冶

窯冶舊有磚瓦石灰，俱歸營繕司。煤窯、炸窯，順治初改屬屯田司，六年炸窯仍歸本司，以供鑄造之用。内府及八旗需用煤炸，則召商辦給。陶器除隸光禄寺、都水司外，需用瓶罈悉屬買給，鑄器、銅鐵器具俱歸本司，沿革詳載於後。冶課已歸户部，仍存舊額備考。至鑄錢上關國寶，因另列焉。

陶器

凡上用磁器，定例磁缸行江西饒州府燒解，魚寗、大小鰲山行琉璃廠監督及江西燒造。

凡磁罈，定例正定府曲陽縣歲徵磁罈，折價并水脚銀一千一百四十兩六錢五分八釐解部，送光禄寺查收。又河南省額解本色磁罈六百個，石磨一副，原隸都水司，順治三年，改屬本司。〇八年題准：改折召買。〇康熙三年定：錢糧歸併户部，如遇需用，本部辦給。

鑄器

凡壇廟宫殿需用銅缸、銅鍋、銅櫃、鼎爐、鐵窗、竈門、鐵磚、壽山、福海及雲牌、金鑼等項，定例給發工料，令匠役鑄造。凡各衙門工所需用紅銅、生熟黄銅及内務府需用鐵鋼，定例移取到部，隨移付節慎庫，轉行户部給發。

凡壇廟宫殿及各工所需用生熟鐵，併外來朝貢諸王貝子各衙門工所取用鍋杓火盆并瓶礶鐵絲等項，定例責令舖户辦買，照時給價。

凡觀象臺儀器，定例工部委官會同欽天監官督造。

凡直省布政司各關差應用法馬，定例户部咨取到部，令匠役鑄造，交户部較准給發。準率詳見《户部》。

凡内外各衙門工所取用等秤，定例本部轉行宛大二縣取給。康熙十四年，本部令秤匠造辦，給與價值。

凡鐵牌，順治十二年諭：鑄鐵牌十三面，嚴飭中官不得犯法干政，違者凌遲處死。

凡鐵斛，順治十二年鑄鐵斛二十副，一存户部，一發倉場，一發總漕，餘頒行直省布政司。準率詳見《户部》。

冶課

浙江省原額歲課鐵七萬四千五百八十三觔五兩四錢，遇閏加派四千四百六十五觔四兩六錢，每觔徵解折色銀二分五釐。順治四年題留織造支用。

福建省課鐵 千 觔 兩,遇閏加鐵 千 觔、料鐵 千 觔。順治 前建鐵留充兵餉,起解折色, 題准徵本色解 , 題准永徵折色, 歸併户 。

鑄錢

鼓鑄, 工 者曰寶 局, 爐 座,鼓鑄 錢, 給發工 。 鑄過 目按卯報 ,運赴節慎庫驗收。需 銅觔 額 ,式様 兩, 搭放禁 户 者,兹不 。

監督,順治 滿漢監督 , 出納。 題准:差滿漢 、筆帖式 , 更替。 題准:不論滿漢,止差 、筆帖式 。 覆准:仍差滿漢 、筆帖式 , 更替。

解銅觔,順治 差本 督 買商銅。 題准:動支荆州、蕪湖、龍江、杭 税銀 兩, 買銅, 買鐵,解 鼓鑄。 題准:動支蕪湖、龍江、荆州、杭 蘆政 差額税 銅, 計全局鼓鑄, 需銅 觔, 觔, 觔。

題准:停止 銅觔。 定:令 商收買鳌錢,暫停 銅,將額銀解 。 定:蘆課歸併户 ,題派蕪湖 銅 千 觔零,龍江 銅 千 觔零,杭 銅 千 觔,荆 銅 千 觔零。 題准: 銅觔 解半。 覆准: 銅觔 全解。 議准:寶 局 卯鼓鑄, 卯鑄銅 觔, 需銅 觔,除蕪湖、龍江、杭 、荆 解 千 觔,尚缺銅 觔, 定銅價 觔 鳌,動支江寧撫 蘆課銀 千 兩, 銅 觔,安徽撫 蘆課銀 千 兩, 銅 觔,湖廣蘆課銀 兩, 銅 觔,江 蘆課銀 兩 錢 , 銅 千 觔,滸墅 税銀 千 兩, 銅 千觔,蕪湖、贛 税銀 千 兩, 銅 觔,湖口 税銀 兩, 銅 千觔,太平橋 税銀 千 兩, 銅 觔,鳳陽 税銀 千 兩 錢 , 銅 千 觔, 交解工 。

議准: 銅定價 觔 鳌,今 銅價 鳌, 觔銀 錢作額 ,嗣 藩 銅如 私派浮徵者,該撫即 題 ,互相隱匿,該撫一併照例處分。○二十七年議准:各關銅價每觔增至一錢,蘆課辦銅價值亦照各關例,每觔加增銀三分五釐。○三十九年議准:蕪湖、滸墅、荆關、太平橋、鳳陽、湖口等關銅觔,令商人承辦。○四十二年議准:兩浙鹽差辦銅二十五萬觔,亦令商人承辦。○四十三年議准:每卯鑄銅六萬觔。○四十四年議准:福建、廣東鹽差各辦銅十三萬觔,福建海關辦銅十萬觔,廣東海關辦銅七萬五千觔,江南海關辦銅五萬觔,浙江海關辦銅七萬觔,兩浙鹽差增辦銅十五萬觔,均令商人承辦。○五十一年議准:龍江、西新、杭關、贛關銅觔,均令商人承辦。○五十二年定:增兩浙鹽差銅二十萬觔,福建鹽差銅六萬觔,廣東鹽差銅十萬觔,并江蘇、安徽、湖廣、江西蘆課銅觔,俱令商辦,共解寶源局銅二百五十二萬觔。○五十三年覆准:奏銷各商所辦銅鉛額數,以十分爲率,未完不及二分者,免其處分,限一年完足,未完二分至五分以上者,交與該衙門照分數分別治罪,未完六分以上者,交與該衙門照侵欺錢糧例從重治罪,俱限一年内照欠補完,不能補完者,變産追賠。○又覆准:嗣後錢法率以正月爲始,年底爲止,次年五月奏銷,不計閏,滿漢監督於奏銷後更换,每年鑄錢定限三十六卯,銅觔不完責在商人,卯數不足責在監督,或商人限内解銅甚少,逾限始解足者,卯數不足,咎亦不在監督,統於奏銷疏内聲明,完欠照各省州縣官徵收正項錢糧未完分數之例,交與吏部議處,其監督有丁憂事故離任者,接任官以六個月爲準,不足六個月再接一年,多於六個月者,即於奏銷後報滿更换。○五十四年議准:寶源局每年鑄錢三十六卯,每卯需銅三萬六千觔、鉛二萬四千觔,共需銅鉛二百一十六萬觔,停止商辦,令江蘇、安徽、江西、浙江、福建、廣東、湖南、湖北八省動支正項錢糧,每省辦解紅銅一十八萬八千九百七十六觔十三兩零,共解寶源局銅一百五十一萬一千八百一十四觔八兩四錢,每銅一觔價銀一錢二分五釐,又商領户部錢糧辦解寶源局倭鉛一百萬七千八百七十六觔五兩六錢,每鉛一觔價銀六分二釐五毫,凡銅鉛每觔水脚銀五分,實給三分,節省二分解交户部。○五十七年覆准:銅價日貴,將節省水脚銀二分增入額銅價内,每銅一觔共價銀一錢四分五釐,如紅銅不敷,准兼買三分,舊器皿銅觔預發錢糧採辦,如仍前遲延,該督撫一併議處。○五十八年議准:舊欠銅觔行令該督撫於文到限十個月儘數解部,如有遲悮,辦銅官嚴加議處,督撫布政司俱照承追錢糧例議處。○六十年議准:八省銅觔歸併江浙二省辦解,江南辦五省,共解寶源局銅九十四萬四千八百八十四觔零。浙江辦三省,共解寶源局銅五十六萬六千九百三十觔零。

○雍正二年覆准：江南所辦五省銅觔，分出二省交與福建、廣東承辦，江南辦寶源局銅五十六萬六千九百三十觔零，福建、廣東各辦銅十八萬八千九百七十六觔零。○又議准：浙江所辦三省銅觔，分出二省交與湖北、湖南承辦，每省辦寶源局銅十八萬八千九百七十六觔零。

凡看守寶源局人役，局尉一名照旗下例食糧，餘丁十名，每名月支米三斗五升。

〔車輛〕

順治四年定：八旗載砲車輛所需木料，令山東各府派辦運赴盔甲廠製造，本部給發工料。○十五年題准：戰車、砲車併行幸紅車，本部承辦，其解送人口及裝載物料，各衙門取用大小車輛，於兵部車駕司取用。○十六年定：裝載木城車輛，行山西照式製造。○康熙二年議准：運送盛京福陵、昭陵石料，派取直隸、山東、山西四輪車各一百三十五輛，每車羸十二頭，每羸一頭給銀七兩，如有倒斃每頭給銀十五兩，車夫每名給銀五兩，免其雜差，草料工食沿途支給，回日每車仍給脩理銀十兩。○四年題准：孝陵裝載石料需用車輛，本部給價僱覔。○十年題准：脩理八旗紅衣砲車、棉簾車所需木植，行令直隸山東派辦，工料由本部給發，顔料由户部領給。○十六年議准：各工所運送物料給車八十輛，每輛連鞍屉繩索等項給銀二兩，車夫每月給銀四錢五分，米九斗，馬每匹每日豆六升、草二束。○五十九年覆准：裝送盛京物料，停止驛車，著僱車載運，每輛給銀二十兩。○雍正元年題准：額設各工馬車存留十輛，運送木倉、簾子庫物料，餘車三十輛俱裁。

匠役

虞衡司原額木匠四名、繩匠十名、縫匠四名，嗣後裁增無定，今核得雍正元年現在食糧匠役，開列於後。

繩匠六名　　木匠三名

縫匠一名　　東珠匠二名

〔雜料〕

凡内務府各部院寺等衙門併各工所及外來賓客需用鍘刀、線麻、檾麻、繩索併葦蓆、鍬钁、煤炸、缸等項，俱令舖户辦給，照時給價。

凡行幸所用網城釘钁等項，本部預令舖户辦買。

凡取用黑鉛，順治十三年題准：乾清宫應用琉璃、瓦料、黑鉛，分派河南、山西辦解,其各宫應用瓦料、黑鉛,本部令舖户辦買,照時給價。自康熙三年錢糧歸併户部,移文支取給用。

凡紙劄,舊例江南安慶府每歲額辦白榜紙一萬七千三百六十張,江西、浙江、湖廣造辦三色榜紙每歲額解六百萬張,十年題派一次,山東、福建辦五色龍瀝紙,每省徵銀二萬五千兩,不拘年分,遇缺題派解部,召商辦買,各項俱分三運起解,康熙三年歸併户部。

大清會典卷之二百一

工部

都水清吏司

郎中、員外郎、主事分掌册寶、器用、織造、河渠、橋道、船隻之事。

〔册寶〕

凡册寶制度，俱由禮部題定，玉册、玉寶，本司監造，金寶、金印，禮部鑄印局監造，金册、鍍金銀册，本部製造庫監造，除事隸鑄印局者詳見《禮部》外，其餘規制，具載於後。

皇帝御寶，寶鈕照式製造，面鐫滿漢文。太皇太后玉册，每頁長八寸一分，寬三寸七分，厚二分七釐，連以黄線，扁縧，上下二頁，面刻升降龍文，册文填青，徽號填金。金册每頁長七寸二分，寬三寸一分，連以樞鈕，面鈒升降龍文，餘制同。玉寶交龍鈕，鈕高二寸六分，臺高一寸八分，共高四寸四分，方四寸四分，鐫滿漢文。皇太后玉册、玉寶、金册制俱同。

皇后金册、皇貴妃金册、貴妃金册、妃金册、嬪鍍金銀册、公主金册、親王並妃金册、世子並妃金册、郡王並妃鍍金銀册，已上金册鍍金銀册制俱同，惟頁數之多寡，視册文之長短，頁片之厚薄，隨金銀之輕重，各照禮部開送定式成造。其貝勒及郡主貝勒夫人以下，或用紙册，或用誥命，制詳《禮部》。

凡上徽號册立册封諸典禮宣讀册寶等文，照式用紙成造，臨時供用。

〔織造〕

本朝織造，在京有内織染局，在外江寧、蘇州、杭州有織造局，歲織内用緞疋並祭祀制帛、誥勅等件，各有定式，因備列焉。

凡緞疋上用龍袍，俱織五爪四團龍、八團龍，各樣袍衣緞紗俱闊二尺，長二丈或四丈不等，粧蟒、織金、唐錦、宋錦、官素、平花、閃緞、帽緞、蟒紗，各闊二尺，長四丈二尺。

凡織造錢糧，定例蘇州織造，動支工部四司料銀及歲造緞銀十四萬二千八百二十二兩八錢，户部絹折銀一萬二千八百三十二兩五錢，杭州織造動支工部四司料銀歲造緞銀及局租荒絲、蔴、鐵課、匠班、麂狐皮、杭關杉板等項銀十萬四千四百二十二兩五分，户部絹折及鹽課銀十二萬一千八百八十六兩，江寧織造動支户部歲供織造銀七萬三百三十七兩四錢四分二釐，共動支工部項下銀二十四萬七千二百四十四兩八錢五分，户部項下銀二十萬五千五十五兩九錢四分零。順治初，織造事務并錢糧俱屬户部管理。〇七年，各部寺錢糧歸還各衙門，織造仍留户部。〇八年題准：織造事務歸工部管理。〇九年題准：工部將項下銀二十四萬七千二百四十四兩八錢五分，分撥江寧蘇杭三處織造。〇康熙三年，錢糧俱歸户部。

凡織造機張，上用緞機，江寧局三百六十五張，原額三百三十五張，後添五張，雍正元年復添二十五張。蘇州局三百七十八張，原額四百二十張，康熙二十六年減五十二張。杭州局三百七十九張，原額三百八十五張，後減六張。部機江寧局一百九十二張，原額二百三張，後減十一張。蘇州局三百三十二張，原額三百八十張，康熙二十四年減四十八張。杭州局三百七十一張，原額三百八十五張，後減十四張。

凡織造運送，定例蘇杭織造每運船各三隻，江寧織造每運船二隻。〇康熙五年覆准：江寧織造每運船三隻。〇二十四年議准：江寧蘇杭三處織造，上用緞紗由驛遞運送，官用緞紗布疋用水驛黄快船裝送，舊用船隻、水手僱價俱裁。

凡織造匠役，康熙四十七年題准：江蘇織造誥勅制帛線羅等項，額設匠役三百七十名，每年給養匠銀二千七百兩。

凡潞紬，順治初山西省長治、高平二縣歲織潞紬三千疋。〇八年新頒式様，每疋長五丈，闊二尺五寸，酌定價銀十三兩，歲織一千四百七十九疋二丈。〇十五年題准：每歲織三百疋，長治縣一百八十六疋，高平縣一百一十四疋。〇康熙六年題准：減去大潞紬一百疋，改織小潞紬四百疋，長三丈，闊一尺七寸，每年長治縣大紬一百二十四疋，小紬二百四十八疋，高平縣大紬七十六疋，小紬一百五十二疋。〇十四年議准：大小潞紬各減去一百疋，每年長治縣織解大潞紬六十二疋、小潞紬一百八十六疋，高平縣織解大潞紬三十八疋、小潞紬一百十四疋。○十七年題准:每疋核減銀五錢。

凡潞紬織造錢糧,定例動支工部料銀一萬九千二百三十一兩一錢六釐,户部絹折顔料銀九千五百九十二兩七錢九分四釐,禮部筆紙銀一千一百七十六兩一錢。順治八年題准:筆紙錢糧歸還禮部。○康熙三年,織造錢糧俱歸户部。

凡制帛,定例屬江寧織造,其織文各異,郊祀天地曰昭事制帛,告祀天地曰告祀制帛,太廟祖考曰奉先制帛,親王配享曰展親制帛,社稷、日月、歷代帝王、先師孔子及諸神祇曰禮神制帛,功臣曰報功制帛,天壇青色,地壇黄色,社稷壇黄色,朝日壇赤色,夕月壇及各陵廟俱白色。○順治八年,增定滿漢字織文。○九年定:織造陵寢奉先制帛。○康熙十四年定:織造奉先殿奉先制帛。

凡誥勑,定例誥命用五色紵絲,織文曰奉天誥命,勑命用純白綾,織文曰奉天勑命,俱織升降龍文及滿漢字,一品玉軸鶴錦面,二品犀軸赤尾虎錦面,三四品貼金軸,五品角軸,俱牡丹錦面,六七品以下俱角軸小團花錦面,如遇應用,照吏部兵部來文,行江寧織造解部,交節慎庫收貯,備該衙門取用。○康熙二十九年議准:浙省湖州府屬每年解江寧織造誥勑絲觔三千八百三十二觔一十五兩零,停其辦解,令江寧織造採買。

凡綾紗各項,定例糊飾壇廟宫殿及成造誥勑等所用綾紗,七年一次派杭州、蘇州、松江三府各織三千疋。○順治九年定:分三運完解,以寬民力。○十八年題准:照額逐年徵解,江南六千疋,每年解八百六十疋,第七次解八百四十疋,浙江三千疋,每年解四百三十疋,第七次解四百二十疋。○康熙七年題准:停止派解,俟庫貯將完,預行具題,動正項錢糧織造。○二十六年諭:織造綾疋糜費錢糧,且又無用,著停其織造。凡染綾疋,於京城採買充用,會同内務府議奏。遵旨議定:雲鸞等綾,江南、浙江俱停其織造,凡内外如有需用綾疋之處,俟庫貯用完後工部買用。

凡禁令,順治八年議准:織造局照額設錢糧買絲,招匠按式織造,如有僉報富民、濫派幇貼、奸胥借端科斂,查參究處。○康熙十五年題准:織造緞疋不精好者,經管官降一級調用。○雍正元年題准:嗣後官用緞紗照常織造外,民間不許織,五爪緞紗等物嚴行禁止。○五年諭:前織造等衙門貢獻物件,其所進御用繡線黄龍袍曾至九件之多,又見燈幃之上有加以綵繡爲飾者,朕心深爲不悦,比即切加戒諭。近因端陽令節,外間所進香囊宫扇等件中有粧飾華麗,雕刻精工亦有甚至於繡扇者,此皆糜費於無益之地,開風俗奢侈之端,朕所深惡而不取也。外省諸臣凡有進獻方物土宜,朕留於宫中服用者,所需實不多,每隨便頒賜諸王内外大臣等,所以推廣恩澤也。如黄龍繡緞之類,既不可以頒賜諸王大臣,不過收貯於宫中耳。其餘華燦之物在朕用之尚覺不安,若賜諸王大臣,在伊等亦覺非分,豈非糜費於無益之地乎?況朕素性實,不喜華靡,一切器具惟以雅潔適用爲貴,此朕撙節愛惜之心本出於自然,並非勉强,數十年如一日者。凡外臣進獻惟應量加工價,少異於市肆之物即可,見諸臣恭敬之忱,何必過於工巧,而後見其誠悃乎!工匠造物之情,喜新好異,無所底止,見一美麗之式樣,初則競相慕效,後必出奇鬬勝以相誇,此雕文纂組之風,古人所以斥爲奇衺,豈可導使爲之而不防其漸乎!蓋治天下之道,莫要於厚風俗,而厚風俗之道,必當崇儉而去奢。若諸臣進獻之物以奢爲尚,又何以訓民間之儉約乎?朕觀四民之業,士之外農爲最貴,凡士工商賈皆賴食於農,故以農爲天下之本務,而工賈皆其末也。今若於器用服玩之物爭尚華巧,必將多用工匠,以市肆之中多一工作之人,即田畝之中少一耕稼之人,此逐末之所以見輕於古人也。且愚民見工匠之利多於力田,必羣趨爲工,則物之製造者必多,物多則售賣不易,必壅滯而價賤,是逐末之人不但有害於農,而並有害於工也。小民舍輕利而趨重利,故逐末易而務本難,苟爲官者遽然繩之以法,必非其情之所願,而勢有所難行。惟平日留心,時刻勸導,使小民知本業之爲貴,又復訓飭閭閻,崇尚樸實,工作之間不可華巧,如此則日積月累,遂成風俗,雖不必使爲工者盡歸於農,然可免爲農者相率而趨於工矣。至士人所業,在乎讀書明理,以爲世用,故居四民之首。然父兄之教子弟,亦當視才質如何。若果聰悟恂謹,可望有成,則當使之就學而爲士,若愚濁中下之姿,讀書難通,即當早令改業歸農,使之盡力於南畝,以爲仰事俯育之資。誠恐讀書不成,而又粗識數字,曠廢閑遊,必致非分妄爲,越禮犯法,是浮慕讀書之名而不得其道,傷農而害本者爲尤甚,亦不可不知戒也。朕深揆人情物理之源,知奢儉一端,關係民生風俗者至大,故欲中外臣民黜奢賤末,專力於本,人人自厚其生,自正其德,則天下共享太平之樂矣。昔人云,由儉入奢易,由奢入儉難。不知奢者,取用少而費力多;儉者,取用多而費力少,則由奢入儉,乃行之甚便者,不可謂難也。中外臣民其深體朕意,朕自身體力行,諸王内外大臣文武官弁與鄉紳富户當欽遵朕意,期共勉之,勿視爲具文。

凡進上及頒賜各親王郡王曆日需用包袱，定例每歲江寧織鮮明黄線羅六疋、金黄線羅六疋、大紅線羅二十二疋，交節慎庫收貯，備欽天監取用。

凡駕衣，定例織大紅官緑團花紵絲，每件五幅，長四尺三寸，闊一尺七寸，袖八寸，歲無定額，庫貯將完，即行織造。〇康熙元年定：停織大紅花緞，止織木紅、官緑，照内織染局三絲式樣。〇十六年定：奉轎校尉織紬地緞，執事校尉織絹地緞。

〔器用〕

供用各項器物，或在京採買成造，或行該省辦解，均關職掌，因備載焉。

凡登極祭告、躬耕耤田、釋奠、大婚、册封、經筵等典禮應用各項器物，照禮部太常寺等衙門來文依式成造，修理供用。

凡内廷需用各項器物，照内務府來文辦送。

凡内廷成造各項器皿需用物料，係本部見貯者，照内務府來文交送。

凡内用食物蓋袱，照光禄寺來文製備。

凡上用瓷器，照内頒式樣數目，行江西饒州府燒造解送。

凡壇廟陵寢需用祭器，照太常寺圖式顔色數目，頒發江西燒造解部，其動用錢糧知會户部給發。

凡圜丘方澤壇每年祭祀需用沉速柱香、沉降香餅、沉速香瓣，俱於户部咨取香料，依式成造，聽太常寺取用。

凡祔廟玉册，每頁長九寸，寬四寸，厚三分，連以黄線、扁絛，上下二頁，面刻升降龍文，册文填青，廟號填金。玉寶龍鈕高二寸六分，臺高一寸八分，共高四寸四分，面方四寸四分，鐫滿漢文。

凡壇廟牕槅、路燈并器皿應修理糊飾者，照太常寺來文差官修理糊飾。

凡壇廟宫殿糊飾及誥勅等項需用紙張，七年一次題派浙江、江西、福建、湖廣四省各造辦一百九十六萬張，分三運完解。康熙七年題准：停止派運紙張，於户部取用。

凡皇史宬金櫃盛實録格子，照禮部來文成造。

凡頒詔需用詔筒油單，照例辦發。

凡出征將軍需用勅筒、印匣、印池、鎖鑰、袱褥、皮箱等物，照例辦發。

凡各衙門印箱、印池、筆墨、本匣、橱櫃等物，照例辦發。

凡苑囿臺池併船塢船隻應修理者，内務府移文到部，差官修理。

凡各纂修館盛册籍橱櫃、桌椅、筆、墨、石硯、炙硯等器物,照内閣典籍廳來文辦發。

凡光禄寺備宴桌椅、箱橱等物,照該衙門來文辦發。

凡恩榮等宴諸進士簪花,照式辦發。

凡外藩公主取用桌椅、衣架、燈臺等物,照例辦發。

凡理藩院會同館取用燈臺馬槽等物,照該衙門來文辦給。

凡黄廟等處四季供花響器等物,照例辦給。

凡大光明殿番漢寺廟經厰等處牕槅,照例糊飾。

凡馴象所取用蓋象綿被氈條,照例辦給。

凡成造輦輅需用輞輻等料,行山東省辦解。

凡成造樂器需用桐梓材木,行浙江省辦解。

凡成造器皿需用毛竹、斑竹、熏竹、黄花竹、筀竹、實心竹、椶毛、檀木,行江浙等省辦解。

凡成造玉册玉寶及内務府成造玉器所用寶砂,行直隸靈壽、平山二縣辦解。

〔**匠役**〕

都木司原額各項匠役五百五十六名,又續增四十名。雍正元年定:分入製造庫匠役一百七十七名,實在存留各項匠役一百一十三名。

刻字匠三名	染紙匠二名
界畫匠一名	摺配匠一名
刷印匠四名	裱背匠五名
木匠一名	楠木匠一名
車匠二名	繩網匠三名
裁縫八名	燈匠二名
捲經匠一名	刻石匠二名
庫役一名	冰窖夫四十名
通州橋夫二十名	
三河縣錯河撐夫十六名	

凡夫役銀米定例,冰窖夫每名每月支米五斗,橋夫每名每月支米七斗,撐夫每名每月支米三斗,每米一斗折銀一錢。其餘匠役銀米並同製造庫。

〔**抽分**〕

國家榷税屬工部者,曰蕪湖關、龍江關、杭關、荆關,遞年差官督理,與額税數目並載於後。其考核定例,詳見《户部》。至盛京胡納胡河、大凌河、小凌河、六周河、泰子河各項木植,每十五抽一,康熙五十五年折銀交部,原無定額,不具載,載其差官監督歷年更定者焉。

蕪湖關抽分歲額税銀三萬三千三百兩,順治十五年增銀一萬二千兩,康熙二十五年增銀一萬二百三十兩,共額税銀五萬五千五百三十兩,四十五年加銅觔水脚銀一萬四千六百十五兩三錢五分,每年額解漕造銀一萬八千七百七兩。

龍江關抽分歲額税銀三萬三千三百兩,順治十五年增銀六千兩,康熙二十五年增銀七千五百三十八兩,共額税銀四萬六千八百三十八兩,五十二年加銅觔水脚銀一萬七百六十九兩二錢。

杭關抽分歲額税銀二萬二千八百兩,順治十五年增銀一千二百兩,康熙二十五年增銀二千五百七十二兩,共額銀二萬六千五百七十二兩,四十六年加銅觔水脚銀三千六百七十五兩,六十年加增銀六千兩,雍正二年裁加增銀六千兩,每年額留織造銀四千七百八十二兩五錢,額解漕造銀一萬四千四百四十兩。

荆關抽分歲額税銀二萬三千三百兩,順治十五年減銀一萬五千八百一十兩六錢,康熙二十五年增銀二千一百五十三兩,共額税銀九千六百四十二兩,五十一年加銀三千七百二十兩三錢四分,又銅觔水脚銀三千七十六兩九錢二分,六十年加增銀七千兩,雍正二年裁加增銀七千兩。

凡設官監督,順治初差工部漢司官一員。○四年歸併户部。○八年仍歸工部。○十二年添差滿司官筆帖式各一員。○十四年裁滿司官及筆帖式。○康熙元年復差滿司官筆帖式。○四年歸併地方官管理。○八年復差滿漢司官、筆帖式各一員,六部兼差。○十年題准:户部西新關税務歸併工部龍江關兼理,工部蕪湖關税務歸併户部蕪湖關兼理,荆關税務歸併地方官管理。○十一年題准:龍江、杭關二差不拘滿漢,止差司官一員、筆帖式一員。○二十四年議准:西新關仍歸户部專差。○四十七年覆准:荆關收税仍差部員監督。○五十三年覆准:胡納胡河等處抽分監督,揀選盛京各部才能官員,開列職名啓奏,一年更换。○五十四年諭:胡納胡河抽分木植,將京城部院衙門司官内挑選能員差往。○五十五年諭:杭關税銀,交與浙江巡撫監收,荆關税銀,交與湖廣巡撫監收。○雍正元年覆准:胡納胡河等處抽分,交與奉天將軍府尹,轉飭沿河官員抽取。○又議准:龍江關、蕪湖關交與巡撫,令地方官管理。

大清會典卷之二百二

工部都水司

〔河渠一〕

治河除水患也，修渠興水利也，本司所掌，詳著於篇。

〔黄運支河附〕

黄河發源崑崙山，合山陝諸水而始大，歷開歸徐邳，達清口匯淮合流至安東縣入海，水性湍急，衝決靡常。順治元年，河決小宋口，二年，工成，復決流通口，命官修築，又決汴口。至四年，流通口工竣，始塞汴口，五年告成。七年，決荆隆朱源寨口，八年塞。九年，決大王廟，越二載，工垂成而潰，十二年報竣。康熙元年，決石香爐口，本年工成，三年，決祥符縣閻家寨内隄，旋塞。六年，決烟墩口，逾年塞。七年，董口淤，由是運道改由駱馬湖。是年，決黄家觜，工成復決，八年報竣，又決蔡家樓，九年塞，又決牛市屯，隨塞。是年，大修黄河隄岸，歷二載竣。十年，決桃源七里溝，築之，未幾復決，逾二年塞。十二年，決新村，三築三決，越三載乃報竣。十四年，蔡家樓漫塌，旋即修築。十六年，大修河道，河身兩傍各挑引河，築兩岸遥隄，南岸自白洋河至雲梯關長三百三十里，北岸自清河縣至雲梯關長二百里，並塞桃源、清河、安東三縣新舊決口，又於碭山、宿遷、桃源一帶地方建減水壩十三座。是年，河決武官營、于家岡、張家堡等處，十七年，決蕭縣、碭山等處，十八年，決虞城縣、韓家樓等處，皆次第堵築，而楊家莊隄又決，大溜北瀉，駱馬湖漸涸，乃挑皂河接温家溝，於河口建雙金門石閘一座，自温家溝至徐塘口兩岸築長隄二萬六千丈，東隄建減水石涵洞十座，又築徐、蕭、豐、碭四州縣大格隄四千餘丈，縷隄三萬餘丈。二十年，桃源縣烟墩上渡口鷄觜垻、李家口各挑引河一道，築攔黄土垻，又劉家莊、毛兒窩等處漫決，黄河倒灌，皂河淤墊，隨挑濬毛兒窩以西至唐宋山，另築高隄三千餘丈，將涵洞改建減水壩二座。二十一年，各工告成，命大臣科道查勘，仍令河道大小各官勒限修築，次年竣。二十六年，築宿、桃、清、山、安五縣北岸遥隄五萬四百八十餘丈，及宿、清、安三縣護城堤。二十七年，中河成，運道改由仲莊閘。三十年，修理天妃閘倒廢石工。三十五年，九里岡、張家莊決，旋塞，又決童家營，逾年塞，時家馬頭又決。三十八年，睢寧王家堂漫溢，旋即修築。三十九年，大修黄河隄岸，拆海口攔黄壩，改名大通口，河流由此入海，而堵時家馬頭。凡黄河灣曲處，開引河使直行，又開陶家莊引河，於對岸陳家莊建立御壩，逼溜北行，設減壩於王家營，以洩黄漲，俾由安東鹽河入海。四十一年，顔家莊、臧家莊漫溢，旋修築。四十四年，決韓家莊，旋塞。四十六年，開鮑家營引河，起王營大壩，至北潮河入海，東西兩岸建束水隄及草壩，相黄水大小與中河閘壩更互啓閉。四十八年，蘭陽雷家集、儀封洪邵灣、水驛張家莊漫決，逾年塞。六十年，河決武陟縣，大溜北瀉，直注滑縣、長垣、東明及濮州、范縣、壽張等處隄岸多衝潰，遂築釘船幫大壩。挑廣武山下王家溝引河一道，導大溜歸正河，又築秦家廠大壩，堵馬營決口，逾年工成，又修築曹、單等縣太行隄工。六十一年，武陟縣大壩南尾衝潰，又塌馬營口下首十餘丈，旋塞，又裂秦家廠北隄，旋塞。雍正元年，因黄河北岸陽武、祥符、封邱一帶有岔流三道，南岸青佛寺渾水刷成支河一道，築壩尾子堤隔堤，以永斷旁流，又於沁河堤至滎澤大堤補築十八里遥堤，趙家莊建築，挑水壩。又於清口兩邊接築大堤各一道，中留口門五十丈，又堵塞中牟縣十里店大堤，武陟縣梁家營等處堤岸，鄭州來童寨民堤各漫口。二年加高豫省南北兩岸堤工，南岸自滎澤縣起，至江南碭山縣，北岸自滎澤縣起，至山東曹縣，各築遥隄、月隄、隔堤，築鄭州中牟、陽武等縣衝口，又於倉頭對面横灘開引河一道，添建雁翅併挑水壩二座。三年，睢寧縣海口決，於上流斜築挑水壩一座，對岸挑引河一道，俾溜歸入正河，又堵塞蘭陽縣北岸板廠漫口，併儀封縣南岸漫口，又祥符縣北岸舊回回寨挑引河一道，對岸築挑水壩一座。五年，河道總督、副總督、河南、山東、江南、山西、陝西各巡撫奏報黄河澄清。陝西自黄甫川起，至河南省閿鄉縣交界，綿亘一千三百餘里，自雍正四年十二月初八初九等日河清，至五年正月十二十三等日止。山西從河曲縣起，至垣曲地方計二千餘里，自四年十二月初九初十等日河清，至五年正月十二十三等日止。河南從陝州以下，至虞城以上，綿亘千里，自四年十二月初九日河清,至五年正月初十日止。山東曹縣黄河上自河南儀封縣交界起,下至單縣孟家樓止,計程一百九十五里,於四年十二月初九日河清,至五年正月初十日止,又單縣自孟家樓起,至江南碭山縣交界止,計程三十五里,於四年十二月初九日河清,至本月二十二日止。江南自徐州以上河南交界起,計程六百餘里,俱於四年十二月十六日河清,至本月二十二日止。陝西河清三十六日,山西河清三十五日,河南河清三十一日,山東河清十四日,江南河清七日。運河歲漕,東南粟由江涉淮入黄河,進董口,由徐堂口經泇河、會通河、衛河、白河,遡大通河,以達京師。康熙七年,董口淤,運道改由駱馬湖。十八年,駱馬湖淺,挑皂河口接温家溝,達徐堂口。二十年,黄河大漲,於皂河迤東挑新河,歷龍岡岔路口至張家莊,長三千餘丈,使清水至張莊出黄河,爲張莊運口。二十七年,開中河運艘於清口逕渡,由仲家莊閘北上,四十二年,改由楊家莊。遞年修築挑濬,本司職掌,今分列運道,總匯各河於前,更分省表道於後,而著歷年事宜如左。

大通河

大通河即潞河,舊爲通惠河,其源出昌平州白浮村神山泉,過榆河,會一畝、馬眼諸泉匯爲七里濼,東貫都城,由大通橋而下,至通州高麗莊入白河,凡一百六十餘里。自大通橋至通州石壩四十里,中設六閘蓄水以濟輓運,設閘夫一百二名。康熙十九年,命官挑濬通州至天津河道,天津以南仍令總河衙門挑濬。二十七年覆准:沙河城東吕閣、土溝、葛集三莊及通州兩河匯流處,建閘蓄水,通州以下東嶽廟、南營等處,建小隄蓄水,以濟漕運。三十三年,特命大臣詳閲通州至西沽河堤堵塞決口,三十五年挑濬,由通達京五閘河道,加築隄岸,建滚水壩以洩水。三十六年,挑護城河,引大通橋運艘,達朝陽、東直等門。四十六年,開會清河,起水磨閘,歷砂子營,至通州石隄止,中建七閘,閘夫一百十二名,運通州米由通流河至本裕倉。四十八年,通州兩岸溢,隨加堵築。五十三年題准:派監督刨挖會清河淤塞,修補堤岸。六十一年,歸坐糧廳職掌。

白河

白河去通州二百里,源出關外,經密雲縣,南流過通州,合通惠、榆、渾諸河,至直沽會衛河入海。

衛河

衛河舊名御河,源出河南輝縣蘇門山,東北會淇、漳諸水,過臨漳分流爲二。其一北出,經大名至武邑,以入滹沱。其一東流,經大名東北出臨清,合會通河,至直沽會白河入海。此水既濟北河運道,兼溉輝安河内三縣民田,故於源頭建仁、義、禮、智、信五閘,隨時啓閉,漕運民田均有利焉。

會通河

會通河,自臨清迤南至濟寧州。元初由任城即濟寧開渠,至安民山即安山一百五十里,復自安民山西南開渠,由壽張西北至東昌,又西北至臨清,凡二百五十里,引汶絶濟,直歸漳衛。明洪武間河決原武縣黑陽山,由舊曹州鄆城縣兩河口漫過安山湖,而會通漸淤。永樂初,遣官疏鑿元人故道,乃於東平州戴村築壩,遏汶水,使西流盡出南莊,至分水龍王廟分爲二,四分南流以接徐沛,六分北流以達臨清,相地勢高下增修閘座,以時啓閉,國朝時加修濬,運道利焉。

泇河

明初,運道經徐州、吕梁二洪,懸流三十丈,水險害運,後開泇河,自夏鎮達董口,共二百六十餘里,避黄河之險三百三十里,建良城、臺莊、侯遷、頓莊、丁家廟、萬年莊、張家莊、德勝等閘,國朝於韓莊閘西岸增築石隄。

中河

運道舊由清口達張莊,歷黄河險溜二百里,每遇風濤,動淹兩月。康熙二十六年,特命河臣於黄河北岸遥縷堤内加挑中河一道,上接張莊運口及駱馬湖之清水,下歷桃、清、山、安入海。糧艘既出清口,即截流逕渡,由仲家莊閘直入中河,北上又開鹽河一道,自清河縣起,至安東潮河入海,用洩異漲。三十一年,仲家莊迤下陶家莊地方添閘一座,兩閘行運。三十二年,建兩岸子隄以束水勢,又於仲家莊、陶家莊兩閘左右各添建一閘,以利節宣。三十八年,以中河南岸窪下子隄不能堅久,於盛家道口起挑新中河一道,改北岸爲南岸,另築北隄,嗣因新中河河頭灣曲,三義壩迤上河身淺窄,復築攔河堤一道,改舊中河,入新中河,合而爲一,壩以上糧艘由舊中河,壩以下仍由新中河。四十二年,以仲莊閘口與清口相直,仲莊水勢衝激,逼溜南行,清口水不得暢出,遂改建運口於楊家莊,起黄河崖,至中河鹽壩,挑引河一道,更築南隄二千九十餘丈、北隄二百三十餘丈,建御示閘及花家莊鹽壩,自是清水暢流,蓄洩有賴,重運遄行,永無阻礙。

江南運河

由瓜州儀徵迤北至清江浦天妃閘,皆運道所經。明永樂間,通淮河爲運道,於淮安府東南高家堰上築隄,以防淮水東注,又自府北鑿河,蓄諸湖水,南接清口,凡六十里,曰清江浦,乃漕運由江入淮要道,建清江等閘,遞相啓閉。本朝康熙九年,大修淮揚隄岸並高郵州東西二隄決口。十年,挑濬淮揚裏河。十一年,高郵州清水潭西隄兩岸并東隄新工決隨塞,大修高家堰並歸仁隄。十二年,清水潭西隄南口決隨塞。十四年邵伯隄決,次年工成,淮揚兩岸隄潰,田舍皆没,遣官查勘。又山東廠等處衝決,歸仁隄七堡八堡漫溢,歲餘工竣。十六年大修江南河道,於洪澤湖下流高家堰以西至清口一帶,河身兩傍各挑引水河一道,自運河西岸歷七里墩至周橋閘北,共築隄一萬二千八百餘丈,自周橋閘至翟家垻築隄三十二里,並堵高良澗決口三十四處,挑濬清口至清水潭。十七年,增築高家堰隄,又從文華寺挑濬,至七里閘以爲運口,並大修清江浦大小閘座。十八年,大修歸仁隄,塞清水潭決口,更挑新河一道,改名永安,又塞翟家垻決口。十九年,山、清、高、寶、江都漫決五十餘處,加築山陽潘家溜遥隄,挑永安新河并高郵城南淺工,又加挑南岸大引河及改建運口大石閘,令糧船由七里新莊二閘出口。二十一年,大修工竣,命大臣科道查勘,仍令河道大小各官修築。二十五年,特發帑金,遣大臣修濬下河海口。二十九年,大修瓜儀閘座,令上下江糧船分途入口,挑濬北新州舊河,直通四閘。三十年,高郵城南八里減垻攔垻,土埂裂四丈餘,旋即堅堵。三十二年,修築高堰,自史家刣至周橋一萬四百餘丈隄工,塞宿遷縣張莊運口,另於駱馬湖之東中河之南建石閘一座。三十三年,黄水内灌,清口淤,挑裴家場、帥家莊、爛泥淺引河,導淮出口,於大墩外築挑水大垻,對岸開引河,殺黄勢暢淮流。三十五年,淮黄並漲,王公隄漫塌,清口、高堰及高寶江東西二隄漫溢七十九處,次第修築。三十七年,江都腰舖漫決。三十八年,夏家橋、林家西及邵伯更樓、高郵九里等處衝漫。三十九年,大修高家堰,築武家墩,小黄莊至周橋新舊石工盡堵六垻改爲三滚水垻,並設天然垻二座,以備漲水,挑張福口引河,導清水入運,於張福口、裴家場之間開大引河一道,會諸引河水,併力以敵黄,又大修運河隄岸,築永安界首及秤鈎灣等處石工,并堵決口,改五減垻爲四滚水垻,挑人字河、鳳凰橋等處,以洩高邵漲水,由金灣三閘入芒稻河注江,挑蝦鬚二溝以洩山寶諸水,由涇澗二河入射陽湖歸海,挑濬清口訖界首。四十年,大修歸仁隄,自涵洞口至黄河,挑引河一道導睢水入黄,修建閘座,築南北束水隄。四十四年,古溝、唐埂、清水溝漫溢,旋塞。四十五年,高堰三滚垻下,各挑引河築隄束水,由草字河、唐曹河入高邵諸湖,於高郵滚垻下亦各挑河築隄,由串場河歸海,又於文華寺開浚引河,分運河漲水,由楊家廟等處入白馬清蕩諸湖。四十六年,挑高堰天然垻下引河,自蔣家垻至罕貽澗共一萬四千四百餘丈,兩岸築隄五千一百餘丈。五十二年,竇應東隄盧家直漲漫,旋塞。五十五年,築瓜州花園港、息浪菴、濱江隄岸,挑遶城河爲運道,修砌護城石工。五十七年,建花園港重隄於真人洲,挑引河二道以殺江溜。五十八年,古溝茆家圍及高郵攩軍樓、九里等處漫溢,旋塞。雍正二年,於駱馬湖之西寧橋築攔湖滚水垻,接築攔水隄六百丈,中留口門三十丈,仍於内面添築月隄一道。四年,以駱馬湖横衝運道,於運河北岸築垻斷流,於王家溝口建滚水垻一座,其周家橋以南滚水垻三座,各改低一尺五寸,又加高高家堰土隄。

山東運河

自臺莊至李家莊爲山東運道,計長九百餘里,乃東南重運,經由要地中間建設閘垻,每年挑浚,以蓄水濟運。康熙二十八年,因沭河入駱馬湖泛漲,爲運河患,於禹王臺建土石兩堤。四十二年,挑濬戴村垻淤塞舊河,築和尚林月隄。四十四年,重建恩縣四女寺,減水閘一座。四十七年,修丁廟、頓莊、侯遷、臺莊等閘。四十八年,修韓莊、得勝等閘。六十年,因黄水泛溢,修築東平、壽張、東阿、陽穀、滕縣、嶧縣、聊城、堂邑、博平、臨清各處堤岸橋道,以衛運河,又修築南旺、馬踏、蜀山諸湖堤工,蓄水濟運,又修袁口、南旺上閘、寺前等閘,并興修戴村垻。六十一年,又築壽張、東阿、聊城、博平堤工。雍正元年,因山東運道阻淺,奉旨動用正項錢糧僱募民夫挑濬,并濬治各湖泉源,又於南陽閘下之獨山湖築東水土堤一道,留水口十九座。二年,於南陽湖建石垻十二座、三空橋二座,又於昭陽湖之張穀山口創築草垻一道,以防耗洩。三年,得勝、張莊兩閘適中之處六里石地方,建築石垻一座。四年,疏濬徒駭、馬頰二河,修築兩岸隄堰,又修築馬踏湖隄岸。安山湖久廢,圈隄數十里,以時蓄水。又修戴村垻,於恩縣四女寺建滚水垻一座,博平縣西岸修進水閘二座,東岸建滚水閘一座,濮州修築土垻并開濬引河,又於武城縣運河北岸、恩縣運河西岸各挑引河一道,挑去沙嘴,又修建關家垻、五里舖閘,并引河二道,李家口、徐建口、弘仁橋,兼濟閘、南旺湖、八斗門等閘。

河南運河

豫省漕糧向於小灘兑運,康熙三十八年改定在衛輝五陵水次受兑。自衛輝北行,經汲、濬、湯陰、内黄、滑、大名諸縣,其間淺處則起剥,謂之盤淺,自小灘而北以至舘陶,又自舘陶北行九十里至臨清,與南漕運道會,其經流則衛水,而淦、洹、淇三水亦引入焉。汲縣之上馬營等處,或係溜沙,或係石岡，又走沙無定，不可建閘蓄水，向遇重運入境，或派人夫縴輓，或拘小船剥載。雍正二年，特命直豫兩省撫臣酌議，令各該地方官相度地宜水勢，於淺溢處所每年建築草壩，束水浮舟，其餘淤淺膠泥，並設淺夫臨期刨挖。

浙江運河

浙省運道所經湖水，發源天目，出臨安、餘杭，經德清、海寧、石門、桐鄉、嘉興，以達於江南吴江縣。湖廣江西漕粮由長江入淮，運道同。

運道支河

榆河源出昌平州南月兒灣，下流爲沙河、會清河，經順義縣入白河。

盧溝河源出太原之天池，伏流至朔州馬邑，從雷山發爲渾泉，即渾河。會桑乾河，河源出馬邑之金龍池，百湖湧泉東下，會盧溝河。及雲中諸水，經太行山入宛平縣界，東南至看舟口分爲二派，一東流至通州高麗莊，入白河，一南流至霸州，合易水，至丁字沽入運河。

滹沱河源出山西繁峙縣泰戲山，歷代州崞縣等處，東流經正定府南，至武邑縣合漳水，又東北流經獻縣完固口，至青縣之鮑家嘴入運河。

胡良河在涿州，自拒馬河分流，至通州東入渾河。

琉璃河在良鄉縣，自磁家務發源，潛流地下，至良鄉東入渾河。

漳河有二，曰清漳，曰濁漳，源並出山西，至河南交漳口會爲一，至直隸廣平分而爲三，一自廣平，經魏縣元城，至山東舘陶入衛，一俗名老漳河，自山東邱縣，經威縣、南宫、棗强、武邑、景州、阜城、交河，至青縣之杜林木村與完固口支流合，至鮑家嘴歸運，一俗名小漳河，自邱縣經廣宗、鉅鹿、平鄉、寧晉合滏河，又經東鹿、冀州合滹沱河，由衡水至獻縣完固口，復分爲兩，一與老漳合流鮑家嘴，一經河間、大城、静海，匯子牙河歸淀。康熙三十八年，遣官相視源流，令濱河州縣時加疏濬，使北不至挾滹沱而損田，南不至合衛河而害運，公私便之。

汶河一出新泰縣宫山之下，曰小汶河，一出泰安州仙臺嶺，一出萊蕪縣原山，一出縣寨子村，俱至静封鎮合流，曰大汶河，遶出徂徠山之陽。而小汶來會經寧陽縣北堈城，歷汶上、東平、東阿，又東北五百里入海。元時於堈城之左築壩，遏汶入洸，南流至濟寧，合泗、沂以達於淮。明築壩戴村遏汶水，盡出南旺，南北分流，以濟運道。

洸河出寧陽縣堈城，遶縣南流三十里，會寧陽諸泉，又六十里經濟寧城東，與泗合，出天井閘河。

沂河源出曲阜縣尼山西南,分流爲二,俱與泗合,由堽里河出師家莊閘河,又有出沂水縣艾山者,會蒙陰沂水諸泉,與沂山之汶合流,至邳州入淮。

泗河源出泗水縣陪尾山,四泉並發,故名泗水,西流至兖州府城東,又南流經横河,與沂水合。元時於兖州東門外五里金口,作壩建閘,遏水南流,明時增修閘洞,夏秋水漲,啓閘使南流出師家莊閘,冬春水微,則閉閘遏水入城出濟寧天井閘。

濟河即沇水也,發源河東垣曲縣王屋山下,既見而伏,東出河南濟源縣,東西分流,至温縣而合,歷虢公亭西南入於河,復溢而爲滎,東出於陶邱北,又東北會於汶,一名大清河。元人作金口壩,傍有河曰黑風口,西通濟流,並入會通河。

沁河出山西沁源縣綿山東谷,遶太行山麓,至河南原武縣黑陽山與河汴合流,至徐州入運河,共長一百三十五里,隄岸八十一里。

丹河發源自白姑山,由河内縣境直入衛河,共長四十里。

小丹河發源太行山,經河内縣之清化鎮,歷修武、獲嘉,至新鄉縣合河鎮入衛。

大清會典卷之二百三

工部都水司

〔河渠二〕

〔閘垻〕

閘垻瀦蓄以備旱熯，宣洩以防霖潦，通漕濟運，捍水衛農，歷年建置淤廢，具列如左。其無關運道者不載。

宛平縣閘十

玉泉新閘康熙二十二年建

青龍閘　　白石閘

廣源閘　　高梁閘

澄清閘

長源閘以下係會清河閘，康熙四十六年建

長清閘　　安豐閘

順成閘

大興縣閘十一

新建閘　　慶豐閘

平津上下二閘　　大通橋閘

朝陽門橋閘　　東直門橋閘

迴龍閘　　雲津閘以下係會清河閘

天興閘　　翔帆閘

通州閘四垻一

普濟閘　　南浦閘

減水閘原爲滾水閘，雍正二年改

通流閘石垻

舊普濟通流,俱有上下二閘,今各廢其一,又有土橋廣利二閘亦廢

臨清州閘三

南板閘　　新開上閘

磚閘

舊有會通、臨清、沙灣、潘官屯、觀音嘴五閘,今廢

清平縣閘一

戴家灣閘

舊有李家口、魏家口二減水閘,今廢

堂邑縣閘五

梁家鄉閘　　土橋閘

土橋南閘　　土橋北閘

新開口閘

舊有土城、中閘二減水閘,今廢

聊城縣閘十

通濟橋閘　　李海務閘

周家店閘　　西柳行閘

裴家口減水閘　　方家口閘

李家口減水閘　　耿家口閘

永通閘　　吕家灣閘

舊有龍灣閘、官窯口閘,今廢

陽穀縣閘六

七級上下二閘　　阿城上下二閘

荆門上下二閘

滋陽縣垻一

金口石垻上建閘門五座,舊有土婁、杏林二閘,今廢

東阿縣閘一

通源閘

壽張縣閘一

沙灣減水閘舊名積水閘,舊有師家垻、野猪腦堰,今廢

東平州閘四垻二

戴村閘　　戴家廟閘

安山閘　　　　靳家口閘
戴村壩　　　　坎河口堤壩
舊有魚營減水閘、安山湖東西二小閘，今廢

汶上縣閘十二
開河閘　　　　寺前舖閘
南旺上閘　　　　南旺下閘
焦樂減水閘　　　　張全減水閘
劉元減水閘　　　　彭秀減水閘
邢家減水閘　　　　常家口減水閘
李泰口減水閘　　　　袁家口閘
舊有孔家、田家口二減水閘，界首、石口二積水閘、闞家口減水閘，今廢

嘉祥縣閘一
利運閘舊廢，康熙十九年修復

鉅野縣閘一
通濟閘
舊有長溝減水閘，今廢

濟寧州閘九
天井閘　　　　在城閘
趙村閘　　　　石佛閘
新店閘　　　　新閘
仲家淺閘　　　　師家莊閘
棗林閘
舊有魯橋閘，四里灣減水閘，上新中新下新三閘，今廢

濟寧衛閘二
十里舖平水閘　　　　安居平水閘
舊有永通減水閘、五里營平水閘，今廢

魚臺縣閘二十
新河四減水閘原十四閘，今存四
南陽閘　　　　邢莊閘
利建閘即宋家口閘
五里單閘以下俱雍正二年修
趙家口單閘　　　　馬家三空橋閘

田家口單閘　　橋頭店單閘
邱家壩單閘　　石家口單閘
滿家三空橋閘　　邵家口單閘
王家口單閘　　滿家旱單閘
徐家口上下二單閘
舊有蘇家壩,今廢
滕縣閘五壩五
朱姬莊西岸閘
張阿南岸閘以上二閘康熙十六年建
修永閘康熙二十二年建
佃户屯減水閘
三洞閘　　東邵壩
王家口壩　　豸裹壩
宋家壩　　黄甫壩
嶧縣閘九
臺莊閘　　湖口減水閘
德勝閘　　張莊閘
萬年閘　　丁廟閘
頓莊閘　　侯遷閘
韓莊閘西岸石堤順治十六年築
沛縣閘三壩三
珠梅閘　　楊莊閘
夏鎮閘　　薛河口石壩
沙河口壩　　㦯城壩
舊有留城、滿家、馬家橋、西柳莊四閘,今廢
徐州閘二壩一
蘇家山閘康熙二十三年建
王家山石閘康熙二十三年建
大谷山壩康熙十七年建
舊有黄家、梁境、内華、古洪四閘,徐州洪、吕梁洪二石壩鎮口石閘,十八里屯東西二石閘,今廢
桃源縣壩一
支河壩康熙六年建

舊有馬厰坡減水閘,又崔鎮、徐昇、季太、三義、古城五減水垻,今廢

清河縣閘八垻四

新莊閘　　永濟閘原名七里閘,康熙二十六年改

運口大石閘康熙二十年建

濟運石閘康熙四十一年建

御示閘康熙四十二年建

鹽河閘康熙四十二年建

文華寺洩水閘康熙四十五年建

越河石閘康熙四十九年建

天妃垻

張家莊減水垻康熙十八年築

王家營減水垻康熙十八年築,四十年改築

西王家營減水垻康熙十九年築,四十五年改築

舊有通濟閘、仲家莊廣濟閘、陶家莊康濟閘,今廢

碭山縣垻一

毛城舖減水垻

舊有小石閘,未經開放

睢寧縣閘四

龍虎峯四石閘康熙二十四年建

邳州閘三垻二

徐塘口三石閘雍正二年建

馬莊集減水垻康熙十九年築

萬家莊減水垻康熙十九年築

舊有匙頭灣減水閘,今廢

宿遷縣閘五垻五

經邦閘康熙三十三年建　歸仁閘

安仁閘　利仁閘以上三閘康熙三十九年建

中河石閘康熙四十年建　皂河石垻康熙十八年築

歸仁堤石垻康熙二十年築

駱馬湖竹絡石垻康熙二十八年築

劉老澗減水石垻康熙三十六年築

西寧橋迤西滾水垻雍正二年築

舊有祥符閘,朱家堂、温家廟等壩,今廢

山陽縣閘十壩八

清江龍汪閘　　永利閘

興文閘　　涇河閘

越河小閘　　壇度寺新閘康熙三十五年建

蔣家壩洩水石閘康熙四十六年建

文渠閘康熙五十七年修

文渠小閘康熙五十七年建

鳳陽廠石閘原爲石壩,康熙三十五年改建　　古溝東壩　　古溝西壩

塘埂壩　　滚水北壩

滚水中壩

滚水南壩以上三壩俱康熙三十九年蔣六壩改築

天然北壩

天然南壩以上二壩俱康熙四十年築,六十一年改築

舊有板閘、福興、永清、窯灣四閘,方家、新建、仁、義、禮、智六壩,辛家蕩、滚水石壩、武家墩、高良澗、周家橋等壩,並廢

安東縣壩二

蓮花庵壩康熙二十年築　　茆良工減水壩康熙十九年築

寶應縣閘十二壩一

弘濟河南閘　　弘濟河北閘

長沙溝減水閘　　朱馬灣減水閘

劉家堡南減水閘　　永安閘以下七閘即江橋北等減水閘

孫家小閘　　黄浦東堤雙閘

子嬰雙閘　　氾水小閘

子嬰溝減水壩康熙十九年築

舊有力清閘、劉家堡西堤二閘,又有黄浦西堤雙閘,康熙二十八年改築竹絡壩,今俱廢

高郵州閘十一壩七

康濟河南閘　　康濟河北閘

琵琶閘　　通河橋閘

新中堤三減水閘舊爲四減水閘,今第三閘衝廢

界首減水閘順治六年建　　通湖淺水閘康熙十九年建

火燒閘　　五里閘

車邏滾水壩舊爲減水閘，康熙十二年改築，三十八年移築，以上即城南河堤三減水閘

五里滾水壩康熙十二年築　　八里舖減水壩康熙十九年築

南關滾水大壩康熙三十八年移築

栢家墩滾水壩

永平港東堤滾木壩以上二壩俱康熙二十年築

新建五里中壩康熙四十七年築

舊有蛤蜊壩，今廢

江都縣閘十六壩一

廣惠閘　　通惠閘

芒稻河東減水閘　　芒稻河西減水閘

露觔鎮頭淺閘　　四淺大閘

四淺二減水小閘　　楊子橋閘

馬家渡閘

灣頭鎮閘即灣頭滾水壩，康熙十六年改建

邵伯減水第四閘初共九閘，今存第四閘與金灣三閘，餘俱廢

金灣三閘

昭關廟減水石閘即鰍魚口壩，康熙四十一年改建

金灣三閘南滾水壩康熙二十四年築

舊有沙壩閘、裔家閘、馬家渡閘、南潭閘，今廢

儀徵縣閘五

響水閘　　通濟閘

羅泗閘　　攔潮閘

清江閘

舊有五壩、新壩，俱廢

泰州閘二壩一

丁溪閘　　草堰閘

徐家壩

興化縣閘三

白駒場三石閘

丹徒縣

舊有大犢山閘,今廢

丹陽縣

舊有黄泥垻,今廢

鄒縣

舊有港里積水閘、小閘,今廢

博平縣

舊有減水閘五座,今廢

寧陽縣

舊有洸河東西二閘、堈城土垻,今廢

大清會典卷之二百四

工部都水司

〔河渠三〕

〔湖泉〕

湖泉之水，導引蓄洩，皆以濟漕，爲運道所關。徐沛山東諸湖，在運河東者，儲泉以益河之不足，曰水櫃，在運河西者，分漲以洩河之有餘，曰斗門，而淮揚諸湖即爲運道。其山東新舊各泉可引以濟漕者，派分爲五，入汶河爲分水派，入泗沂濟及天井閘漕河爲天井派，入白馬河及南陽棗林魯橋閘河爲魯橋派，入南陽新河爲新河派，即沙河派，入邳州河爲邳州派。其間有淤涸者，有增修者，詳載以備考焉。

南旺湖在汶上縣，周圍一百五十餘里，漕渠貫其中，西岸爲西湖，東岸爲東湖，汶水自東北來界，分東湖爲二。二湖之下北爲馬踏湖，南爲蜀山湖，又南爲馬場湖，各湖通連無間。東西湖中爲長堤二，西堤設斗門爲減水閘十有八，隨時啓閉，每二年一大挑，一年一小挑焉。馬場湖周圍四十里，舊有隄，歲久衝潰，與運河相通，河水稍盈即洩入湖，每致淺涸。明時築長堤六十里，内外植柳，更置減水閘五座，運河易盈，湖水亦有蓄洩。昭陽湖周圍八十餘里，在滕、沛、魚臺三縣界内，舊設減水閘十四座，今存四。遇河水泛漲，啓閘洩水，下達微山等湖，以濟韓莊閘東泇河運道。赤山湖、微山湖、吕孟湖、張莊湖四湖相連，長八十里，在徐州界由韓莊閘入運河。安山湖在東平州界運河西岸，今廢爲民田。蛤蟃湖、連旺湖、周湖、柳湖俱在邳州，今廢。駱馬湖在宿遷縣界，周圍一百五十餘里。康熙七年董口淤，漕艘取道於湖，時有風濤之險。十八年，黄河北決，湖漸涸，乃於湖西皂河口另濬新河，接温家溝行運，此湖遂廢。其茆茨、黄墩、侍邱、倉基、埠子等湖，竝淤。大莊湖、崔鎮湖在桃源縣，今淤。杜村湖、萬家湖在清河縣，今廢。南陽湖在滕縣、魚臺縣界内，即獨山湖，周圍七十六里，遇河水微弱，自南陽北新挑河口放水濟漕。洪澤湖在山陽縣界，合泥墩諸湖爲一，淮水入焉，上承鳳泗諸水，達清口會黄河入海，又引入運河濟漕，注於江。管家湖在淮安府城西，今淤爲田，舊有長堤見存，隨時修築，東運河水勢，以濟輸輓。白馬湖長三里。氾光湖即寶應湖，長三十里。界首湖即津湖，長三里，在寶應縣。新開湖長三十五里，在高郵州。邵伯湖長十八里，在江都縣。諸湖延袤高寶，以抵揚州，上下相接。

東平州泉三十五舊十四新二十一

舊

安圈泉	吴家泉
張貨郎泉	王老溝泉
大黄泉	小黄泉
席橋泉	淨泉
源泉	冽泉
杷頭泉	獨山泉
鐵鈎觜泉	坎河泉

新

高嘉泉	浮文泉
大成泉	半畆泉
小玉泉	郝家泉
安宅泉	卷耳泉
泠和泉	高家泉
餑餑泉	雙明泉
徐家泉	三眼泉
勝水泉	單眼泉
口頭泉	神濮泉
遊龍泉	湧泉
孫泉	

已上諸泉俱匯汶出南旺分水口入漕。

汶上縣泉七舊三新四

舊

龍鬬泉　　濼澢泉
雞爪泉
新
薛家溝泉　　趙家泉
馬莊泉　　老源頭泉
已上諸泉俱匯汶出南旺分水口入漕。
平陰縣泉一
舊
柳溝泉
右泉入汶。
滋陽縣泉十四舊八新六
舊
東北新泉　　闕黨泉
古溝泉　　負假泉
上蔣詡泉　　下蔣詡泉
西北新泉　　驛後新泉
新
紙房頭泉　　三義泉
既濟泉　　惠泉
照星泉　　元對泉
已上諸泉俱匯濟由濟寧入馬場湖出安居斗門閘入漕。
鄒縣泉十四舊十一新三
舊
鱔眼泉　　程家莊泉
孟母泉　　陳家溝泉
白馬泉　　岡山泉
黄港溝泉　　淵源泉
柳青泉　　馬山泉
三角灣泉
新
白莊泉　　屯頭泉
新泉

已上諸泉俱匯泗出魯橋閘入漕。舊有勝水泉，今廢

曲阜縣泉二十八舊十八新十

舊

橫溝泉　埠下泉
新安泉　變巧泉
青泥泉　柳青泉
車輞泉　逵泉
茶泉　雙泉
曲水詠歸泉　温泉
連珠泉　新泉
曲溝泉　濯纓泉
文獻泉　蜈蚣泉

新

兩觀泉　映安泉
城南新泉　城北新泉
洙泗河泉　近温新泉
黑虎泉　浴沂泉
通沂泉　近逵泉

内横溝、埠下、新安、變巧、映安、城北六泉俱匯泗，流至金口垻，由濟寧入馬場湖，出安居斗門閘入漕，其青泥等二十二泉俱由沂匯泗，流至魯橋閘入漕。舊有鄒村泉、柳莊泉，今廢

泗水縣泉七十九舊五十三新二十六

舊

趵突泉　珍珠泉
淘米泉　黑虎泉
繁星泉　白石泉
蓮花泉　新開泉
柳音泉即響水泉　紅石泉
甘露泉　卞莊泉
三台泉　湧珠泉
奎聚泉　甘露新泉
石竇泉　琵琶泉

潘坡舊泉　潘坡新泉
黄陰泉　吴家泉
杜家泉　曹家泉
蔣家泉　里老溝泉
石井泉　鮑郕泉
合德泉　趙家泉
龜陰泉　龜眼泉
龜尾泉　東巖石縫泉
城南珍珠泉　黄溝泉
岳陵泉　石河泉
璧溝泉　大玉溝泉
小玉溝泉　蘆城泉
西巖石縫泉　三角灣泉
雪花泉　新開第二泉
天井泉　醴泉
醴前泉　七里溝泉
馬莊泉　馬跑泉
魏莊泉
新
泰來泉　小鮑郕泉
膏湧泉　蔭出東小泉
雙晶泉　涓涓泉
石甃泉　瑪泉
留思泉　石液泉
雙石縫泉　小黄陰泉
蔭出西小泉　三水泉
卞橋泉　變巧泉
西奎聚泉　西甘露泉
黄花泉　醴橋泉
龍潭泉　泗勝泉
小黄溝泉　激雪泉
珠澤泉　寺前泉泉二十二眼，總名寺前泉

内趵突、珍珠、淘米、黑虎四泉俱出陪尾山林泉寺左，匯爲泗源，其繁星等七十五泉俱匯泗水，由金口垻北入黑風口，遶濟寧入馬場湖，出安居斗門閘入漕。

滕縣泉三十二舊十八新十四

舊

南石橋泉	北石橋泉
大烏泉	三里泉
絞溝泉	趙溝泉
荆溝泉	趵突泉
劉溝泉	黄溝泉
魏家莊泉	玉花泉
白山泉	三山泉
温水泉	黄家泉
三界灣泉	龍灣泉

新

凉水泉	嶧莊泉
七里泉	五花泉
大沸泉	小沸泉
西荆溝泉	雙泉
馬蹄泉	蔃珠泉
大勝泉	雙勝泉
粲星泉	吕蒙泉

内北石橋、大烏、凉水、嶧莊四泉入温水湖濟運，三里、七里二泉由滿家口入運，南石橋泉、雙泉由鲇魚口入運，玉花、魏家莊、黄溝、白山、馬蹄五泉由劉昌莊入運，絞溝、趙溝、荆溝、西荆溝、劉溝、趵突、五花、大小沸九泉由姚家口入運，三山、温水、黄家、三界、龍灣、蔃珠、大勝、雙勝八泉由彭口入運，粲星泉由張阿郫入運，吕蒙泉入微山湖濟運。

嶧縣泉十舊五新五

舊

許由泉	温水泉
搬井泉	龍王泉
許池泉	

新

滄浪泉　石室泉

牛山泉　巫山泉

侯孟泉

内許由、温水、搬井三泉由彭口入運，許池、滄浪、石室三泉由大泛口入運，牛山、巫山、侯孟三泉由張莊閘入運，龍王泉由萬年閘入運。

寧陽縣泉十五舊十二新三

舊

龍魚泉　龍港溝泉

魯姑泉　濼澢泉

蛇眼泉　張家泉

井泉　三里溝泉

古泉　柳泉

金馬莊泉　古城泉

新

日淵泉　新電泉

羅星泉

内龍魚、龍港溝、魯姑、濼澢四泉匯汶，出南旺分水口入漕，其蛇眼等十一泉俱匯洸河，由濟寧入馬場湖，出安居斗門閘入漕。

魚臺縣泉二十舊十四新六

舊

東龍泉　平山泉

古泉　廉家潭泉

西龍泉　聖母池泉

滕家泉　河頭泉

高家東泉　高家西泉

黄良泉　廟前泉

陳家泉　中溢泉

新

何家泉　六小泉

小龍泉　有本泉

聖裔泉　勝水泉

内黄良、廟前、河頭、滕家、陳家、中溢、勝水、高家東、西等九泉俱匯棗林閘南新河入漕，餘俱匯獨山湖，入利建閘濟運。

濟寧州泉四舊三新一

舊

蘆溝泉	拓基泉
馬陵泉	

新

洗筆泉

蘆溝泉入南陽閘河，馬陵泉入魯橋閘河，拓基泉入棗林閘河，洗筆泉由在城閘入漕。

泰安州泉六十六舊三十七新二十九

舊

板橋灣泉	皂泥溝泉
鯉魚溝泉	清泉
鐵佛堂泉	范家灣泉
周家灣泉	風雨泉
馬兒溝泉	梁子溝泉
木頭溝泉	龍灣泉
張家泉	梁家莊泉
上泉	馬蹄泉
臭泉	溯港溝泉
水磨泉	狗跑泉
報恩泉	陷灣泉
胡家港泉	馬黄溝泉
龍王泉	濁河泉
斜溝泉	羊舍泉
北滚泉	順河泉
韓家莊泉	力溝泉
東柳泉	神泉
西柳泉	龍堂泉
水波泉	

新

大興橋泉　水泉
小柳泉　鬬泉
鳳凰泉　滄浪泉
坤温泉　凉泉
明堂泉　搬到井泉
惠泉　新興泉
新茶出泉　真溝泉
香城泉　皮狐泉
雲潭泉　白土涯泉
靈應泉　廣生泉
良甫泉　金星泉
黑虎泉　海旺泉
吴家溝泉　坡里泉
石縫泉　海闊泉
泰應泉

已上諸泉俱匯汶，出南旺分水口入漕。　舊有東西、顔謝二泉，今廢

新泰縣泉三十六舊十四新二十二

舊

南陳泉　魏家泉
南師泉　名公泉
張家溝泉　公家莊泉
孫郵泉　西周泉
名灣泉　和莊泉
西都泉　古河泉
劉杜泉　靈槎泉

新

柳溝泉　新西周泉
賈周泉　路踏泉
太公泉　北陳泉
嘯泉　周家泉
北流泉　北鮑泉
崖頭泉　劉都泉

里橋泉　　黄水灣泉
紅河泉　　大峪泉
金溝泉　　釣魚臺泉
萬歲泉　　構溝泉
高峪泉　　杏山泉
已上諸泉俱匯汶,出南旺分水口入漕。

肥城縣泉十二舊九新三

舊
清泉　　拖車泉
鹽河泉　　董家泉
臧家泉　　吴家泉
王家泉　　開河泉
馬房泉
新
聖會泉　　震澤泉
引兑泉
已上諸泉俱匯汶,出南旺分水口入漕。

萊蕪縣泉四十九舊十七新三十二

舊
小龍灣泉　　湖眼泉
蓮花池泉　　郭娘鍋泉
牛王山泉　　鵬山泉
烏江岸泉　　鎮里泉
趙家莊泉　　王家溝泉
半壁店泉　　海眼泉
雷家莊泉　　水河泉
魚池泉　　新興泉
北海眼泉
新
片錦泉　　青陽港泉
賀家灣泉　　逯馬河泉
坡里泉　　大龍灣泉

盧家溝泉	青泥溝泉
韓家港泉	坡草泉
張家灣泉	西碧泉
朱家灣泉	北夾溝泉
星坡泉	青橋泉
沙灣泉	龍興泉
連珠泉	雙龍泉
垂楊泉	李家灣泉
涼坡泉	黑龍泉
老龍泉	西夾溝泉
大龍泉	廣潤泉
助沙泉	斜里泉
靈泉	櫻桃園泉

已上諸泉俱匯汶,出南旺分水口入漕。

蒙陰縣泉四俱新

卞莊泉	官橋泉
海眼泉	葛溝泉

已上四泉俱匯汶,出南旺分水口入漕。

大清會典卷之二百五

工部都水司

〔河渠四〕

〔巡視河工〕

聖祖仁皇帝治河方畧超邁百王。恭録巡視、指授大端，以垂成憲。康熙二十三年，聖祖仁皇帝東巡諭：黄河屢次衝決，久爲民患。朕欲親至其地，相度形勢，察視河工。○駕閲黄河北岸諸險工，諭：朕向來留心河務，每在宫中細覽河防諸書及屢年所進河圖與險工決口諸地名，時加探討，雖知險工修築之難，未曾身歷河工，其河勢之洶湧澋漫，堤岸之遠近高下，不能了然。今詳勘地勢，相度情形，如蕭家渡、九里岡、崔家鎮、徐升壩、七里溝、黄家嘴、新莊一帶，皆喫緊近溜之處，甚爲危險，所築長堤與逼水壩須時加防護。大畧運道之患在黄河，禦河全憑堤岸，若南北兩堤修築堅固，可免決齧，則河水不致四潰，水不四潰，則濬滌淤墊，沙去河深，堤岸益可無虞。今諸處隄防雖經整理，還宜培薄增卑，隨時修築，以防未然，不可忽也。又如宿遷、桃源、清河上下舊設減水諸壩，蓋欲分洩漲溢，一使堤岸免於衝決，可以束水歸漕，一使下流疏洩，可無淮弱黄强、清口噴沙之慮。近來凡有決工處所，皆倣其意，不過暫濟目前之急，雖受其益，亦有小損。倘遇河水泛溢，乘勢横流，安保今日減水壩不爲他年之決口乎？且水流浸灌，多壞民田，朕心不忍，當籌畫精詳，措置得當，使黄河之水順軌東下，水行沙刷，永無壅決，則減水諸壩皆可不用，運道既免梗塞之患，民生亦無墊溺之憂，庶幾一勞永逸，河工可告成也。○又諭：朕車駕南巡，省民疾苦，路經高郵、寶應等處，見民間廬舍田疇被水淹没，朕心深爲軫念，詢問其故，具悉梗概。寶高等處湖水下流，原有海口，以年久沙淤，遂至壅塞，今將入海故道濬治通深，可免水患。自是往還，每念及此，不忍於懷。此一方生靈必圖拯濟安全，咸使得所，始稱朕意。遣官往被水災州縣，逐一詳勘，於旬日覆奏，務期濟民除患，縱多經費，在所不惜。〇又天妃閘水勢湍急，命改爲草壩，另設七里、太平二閘以分水勢，俾漕流平緩。〇回鑾閱高家堰堤工，諭：朕觀高家堰地勢高於寶應高郵諸水數倍，前人於此作石堤障水，實爲淮揚屏蔽，且使洪澤湖與淮水并力敵黄，衝刷淤沙，關係最重。今高家堰舊口及周家橋翟壩修築雖久，仍須歲歲防護，不可輕視，以隳前功。〇二十八年諭：曩歲巡幸，曾允淮揚士民所請，疏濬下河，前已興工，尚稽底績。屢經廷議，請朕親行閱視。今特諏吉南巡，躬歷河道。〇聖駕閱視中河，出河圖指示諸臣諭：河道關係漕運民生，若不深究地形水性，隨時權變，惟據紙上陳言，或徇一時成説，則河工必至潰壞，且就目前觀之，修治此處似乎有益，然將來且連彼處受害矣。朕雖屢遣大臣來視，而河工是非終無定論。朕夙念河道頻壞，群黎屢罹災害，因詳閱河圖，不離左右，故地方堤岸河形，朕所深晰，今朕特來觀閱，試以朕意言之。朕觀此河陿隘，逼近黄河之岸，且自徐州北鎮口閘所出黄水及微山湖荆山口之水俱歸内運河，必流入中河，駱馬湖之水亦入此河，若遇霪潦之年，水勢愈漲，萬一黄堤潰決，失於防禦，中河黄河必將混而爲一。此中河開濬後，小民商賈無不稱便者，蓋由免行黄河一百八十里之險耳，然此論徒知目前小利，又安識日後久長有利無利也！〇又諭：若重載與回空之船並行，則中河窄狹且逼近黄河，朕意猶以爲可慮。鎮口閘、微山湖等處水大，可仍開支河口，其黄河運道原自不廢，仍並存之。〇又閱高家堰，諭：觀此一帶，堤岸頗爲堅固，豈可謂之單薄？此堤亦不可無減水壩，若妄將減水壩輕塞，湖水勢大，安能保堤無虞？但舊堤之外，更築重堤，實屬無益。湖面高，堤勢卑，若舊石堤果不能保，則用土新築之重堤豈足捍禦，徒使石堤兩面皆受水耳。凡事必親歷乃知。〇又諭：前總河面奏，天長、盱眙、六合等處雨水，俱是洪澤湖入高郵諸湖，湖水漸溢，田廬往往淹没，聞土著之民言，天長、盱眙、六合舊有河通江，其形尚存，今若疏濬以分天長、盱眙、六合雨水及淮河之水，歸之於江，則淮流減而不溢，堤岸不致衝決，所注下河之水亦少而易涸矣。朕於治河之事，究心年久，所閱治河諸書甚多，黄淮水勢相敵，則清口刷而海口通，淮水弱則黄水倒灌，湖底淤墊，堤勢危而海口塞矣，此乃自古不易之定理。況先年因高家堰衝決，灌水東流，無抵黄之力，黄水倒灌，湖底淤墊，海口閉塞，此即其實驗也。高家堰既有減水壩，不可又令分流,使淮河水弱,倘遇大澇之年,淮水盛漲,出清口不及,則堤必受傷。朕意以總河所奏亦有可行,何則通江之河,若果挑濬,必於淮水會合之處修置板閘,苟淮水盛漲,則啓閘以分其流,淮黄均敵,則閉閘不令旁溢,如此庶可無患,且天長、六合、盱眙諸處雨水亦有所宣洩,准此而行,自應有益無損。〇又議准:從前挑濬中河,原避黄河一百八十里之險,且東散漫之水,使不致淹没民田,止因黄河逼近,不便挑寬,應將中河照舊,其駱馬湖減水三壩,將二壩之水會流入中河,其一壩之水留在遥堤之外,會流入海。〇又諭:中河工尚未成,善後事宜須留心隨處修治,遥堤減水壩所關尤要,天時旱潦不齊,當相其緩急,先時整理。〇三十八年諭:朕撫馭寰區,乂安中外,孜孜圖治,宵旰勤民,期於天下咸遂生成、物靡不得其所。今邊烽永靖,四方無事,獨是黄淮爲患,衝決時聞,下河地方田廬漂没。朕軫念民艱,曩曾屢遣大臣令往督修,不惜數百萬帑金,務期早綏黎庶,乃經年已久,迄無成功。今水勢仍復横溢,浸漫城閭,沉没隴畝,以致民多失業,董其役者,未有上策可以成功,時廑朕懷,未嘗少釋。在内諸臣咸請朕親臨指示,爲一勞永逸之圖。方今春時雨水少減,正宜講求疏濬,以遂安瀾,爰諏吉南巡,親加勘閲。〇又諭:河道之壞,皆由河身淤墊所致,若不深濬河身,徒培高堤防,則河身愈高,必致倒灌清口,而於河道終無所濟。比年水潦,每將洪澤湖水引注高寶,遂爲高寶民生之害。河身若不深濬,但挑下河,只可洩上流泛濫之浮水,其窪下積水斷不能出。朕當親往視之。〇駕閲高家堰等堤,諭:朕留心河務,體訪已久,此來沿途出坐艢首,審視黄河之水,見河身漸高,登堤用水平測量,見河較高於田,行視清口高家堰,則洪澤湖水低,黄河水高,以致河水逆流入湖,湖水無從得出,泛溢於興化、鹽城等七縣,此災之所由生也。治河上策,惟以深濬河身爲要,諸臣並無言及此者。誠能深濬河底,則洪澤湖水直達黄河,七州縣無泛濫之患,民間田産自然涸出。不治其源,徒治下流,終無裨益。今朕親閲下河到海之口及射陽湖一帶填淤之處,河道總督所帶効力人員甚多,可作速分委,并力開濬蓄積之水,倘能稍洩,亦有益也。至於黄淮二河交會之口,過於徑直,所以黄水常逆流而入,今宜將黄河南岸近淮之堤更迤東長二三里,築令堅固,淮水近河之堤亦迤東灣曲拓築,使之斜行會流,則黄河之水不至倒灌入淮矣。再,河流不迅急,無以刷去河底之沙。朕詳加諮訪,河直則溜自急,溜急則沙自刷而河自深。宜於清口之西數曲灣處試行濬直,如直濬有益,漸將上流曲處歲加直濬,庶幾黄河之險自除,而河底漸深,洪澤湖之水漸出，七州縣之水患可漸息矣。”○又諭：“朕念河道，國計民生攸關，親行巡幸，由運河一帶以至徐州迤南黄河，細加看閲。見黄河底高灣多，以致各處受險，至歸仁堤高家堰運口等處，見各堤岸愈高而水愈大，此非水大之故，皆因黄河淤墊甚高，以致節年漫溢。若治河僅築隄防，不將黄河刷深，終屬無益。且運口太直，黄水倒灌，兼之湖水淤墊，以致清水不能暢流，各河與洪澤湖之水如何能敵黄水？若將清河至惠濟祠埽灣，由北岸挑引，從惠濟祠後入河，而運河再向東斜流，入惠濟祠交匯，黄水自然不倒灌。朕欲將黄河各險工頂溜灣處開直，使水直行刷沙，若黄河刷深一尺，則各河之水淺一尺，深一丈則各河之水淺一丈，如此刷去，久之水由地中行，各壩亦可不用，不但運河無漫溢之虞，而下河淹没之患似可永除矣。且攔黄壩灣曲，馬家港窄狹，雖將時家馬頭之口堵築，而淮水不能暢流，山陽南岸韓家莊等處險工甚屬可虞。今應將清口之西壩臺添挑水壩，比東壩臺加長，包裹清口在内，擇洪澤湖水深之處開直成河，使湖水流出黄河灣曲之處，直挑引河，使各險所不得受衝，至於下河見有積水，不得不引出歸海，將串場河、射陽湖、蝦鬚沙溝一帶挑通，引積水流出歸海，攔黄壩應行拆毁，時家馬頭決口，俟黄水流定，汰黄堤築成之日，再行堵塞。至歸仁堤之建，專爲毛城舖等處水漲衝決，於此攔迴，仍歸黄河之意，此堤亦應酌量修築，務必將各州縣水災盡除，方不負朕南巡救民至意。若挑挖引河原有工程，仍照舊令各官修防，不可怠忽，俟引河工竣，黄河歸入故道，再將下河、串場河、射陽湖、蝦鬚沙溝挑濬通流，使水歸海。○又諭：王公堤甚屬險要，須加高寬，修築堅固。○又諭：朕昨駐蹕界首，用水平測量，河水比湖水高四尺八寸，湖水似不能越此堤而入運河，但當湖石堤被水汕壞，工程甚屬緊要，著差賢能官員作速查驗，趲工修理。○又諭：朕在清水潭九里地方，用水平測量，河水高湖水二尺三寸九分，此一帶擋湖之石堤甚爲緊要，可速行修造。至高郵州地方，見河水向湖内流，河水似高一尺有餘，乘黄河水未深之時，急宜修理。○又諭：朕自淮南一路詳閲河道，測算高郵以上河水，比湖水高四尺八寸，自高郵至邵伯河水，比湖水始見平等，應將高郵以上當湖堤岸、高郵以下河之東堤俱修築堅固，有月堤處照舊存留，有應修堤岸，仍照舊堤堅築。至於邵伯地方因無當湖堤岸，河湖合而爲一，不必修築堤岸，聽其流行。高郵東岸之滚水壩涵洞，俱不必用，將湖水河水俱由芒稻河、人字河引出歸江，入江之河口，如有淺處，責令挑深。如此修治，則湖水河水俱歸大江，各河之水既不歸下河，下河自可不必挑濬矣。〇又諭：朕巡閲河道，將高郵州之湖與河水比量，河水高四尺餘。夫湖水既低四尺有餘，縱水長一丈，亦不至泛越，且湖水亦斷不至高長丈許。朕意欲暫留毛城舖、高家堰等處減水壩，將高郵以北減水壩閘盡行堵塞，使在西之水不得泛越，則下河之水歸海，而河道湖身皆出，其時作何導濬，再行定奪。至於邵伯以南，河湖合流，奔江歸海，想不至於衝決其他處河道，朕亦可保無虞。獨黄河工程尚難決定，相其形勢，當緩圖之。〇又諭：運河東岸石工殘缺者，仍令照舊補修，其土工堤内積水之處，下埽幫築。減水壩堵塞堅固，用心防護，越壩更爲緊要，亦著加幫防護。淮安府涇澗兩河，必須挑濬深通，毋致淤墊，至於人字河若有窄狹處，亦當相機挑挖。凡有需水舊口修砌涵洞，令民灌田，堤岸單薄處亦酌量加幫，一應戗堤務行修築，朕業已指示，止高五尺，底寬二丈，頂寬七八尺，以遏水頭足矣。至河員不留心防範者，須嚴加懲處，切不可姑容，致悮河工。〇又諭：運河東岸宜再加高寬，其涵洞滚水壩之舊河身，民間用水灌田，仍照例開放減水壩，著堵塞堅固，用心防守爲要。至新加堤岸，亦著於帶來官員内選擇，或五十丈或六十丈，責令加意防守。西堤土石各工及高家堰工，俱速行修理。下河田地不過一二年，可以涸出。〇又諭：黄河灣曲之處，俱應挑挖引河，乘勢取直。高郵州等處運河越堤灣曲，亦著取直。〇又，駕登清口南岸，諭：此南岸若不修挑水壩、新挑引河，必不能暢流，當從朕所釘樁處修挑水壩二三十丈，挑出水頭大溜向北，俾引河暢流。尾堤在陳家莊旱地築高五尺，水長時從陳家莊南任其流去，無礙，此事關係緊要，即遵諭行。〇四十二年，駕閲河南巡，徧閲中河堤工及徐家灣祥符等堤閘，諭：觀黄河磯觜壩太短，不能逼溜，照永定河試將一兩處作長挑水壩，即有衝壞，免其賠補。〇又諭：桃源烟墩至龍窩一帶，堤工甚卑矮，應行加高。〇又諭：清口自仲家莊出口，入於黄河逼溜使南，其陶家莊以下楊家莊地方應挑濬引河，令中河之水從此而出，則於運口有益，著即相度形勢，估計具奏，其仲家莊石閘著暫停修築。〇又御製《河臣箴》頒示各官。〇又諭：歸仁堤引河用以分洩洪澤湖之水勢，若黄水加，則恐清口水弱，著將祥符閘下板堵閉草壩，將五堡閘酌量開放，以助清水之勢。〇又諭：朕觀黄河險要地方應下挑水埽壩，現今永定河，朕親指示挑水壩，俱有裨益，遵照指示式様，前往烟墩、九里岡、龍窩三處築挑水壩數座，試看有無裨益，雖被衝壞無妨。工完之日，令該地方官盡心防守，如有墊陷，不時修葺。〇又諭：高家堰工程關係重大，保守最爲緊要。朕今日乘舟由洪澤湖閲視，見有殘缺石工以葦草鑲填,倘遇水發,危險堪虞,至六垻見新修石堤堅固,方慰朕懷。其殘缺石工,著即興修,乘水未長之前完工,用資捍禦。至高家堰防險之人,用候選縣丞經歷等微員,此不過例監書辦出身,家産微薄,倘有疎忽,干係不小,須於候選官員内擇其職銜稍大、身家殷實者,委令防險,如此則彼知自愛身家,又有選用之望,自能盡心防守,有裨工程。〇又諭:王家營對面鮑家營應開挑引河,洩黄河泛溢之水,以保障清江淮安地方,著即行興工,仍兩岸築堤,以衞民田。〇又諭:清江口西之垻,乘此水淺時再加長數丈有益。又,劉河堤岸低薄,應築挑水垻。〇又諭:朕此番南巡徧閲河工,大約已成功矣。向來黄河水高六尺,淮河水低六尺,不能敵黄,所以常患淤墊。今將六閘堵閉,洪澤湖水高,力能敵黄,則運河不致有倒灌之患,此河工所以能告成也。朕自御極以來,無時不以民生爲念,雖纖悉之事不肯怠忽,今四十餘年矣,四海乂安,民生富庶,河工適又告成,頒詔天下,大加恩賚。〇四十四年諭:朕廑念民生,加意河道,屢行親閲,一切疏濬修築事宜,悉經周詳指畫,獲告成功。前黄河之水往往倒灌清口者,皆由仲家莊閘與清口相對,駱馬湖水勢湍急,遂逼黄流灌入清口。朕視河時躬臨相度,命河臣移仲家莊閘改建於楊家莊之下。工竣之後,河臣報稱黄水暢流入海,絶無倒灌清口之患,朕尚未經視閲,今欲特涖其地,察勘形勢,圖善後之規。其中河、黄河、運河有應加修防者,亦隨宜指示,以圖經久。〇又諭:徐州逼近黄河城外,石堤工程甚屬緊要,著即行修理。〇又諭:河工已經告成,善後方畧更爲緊要。朕今親臨閲視,修建天妃閘甚當,倘黄水長至五六尺,清水不長,勢弱不能敵黄,黄水自然倒灌,亦必致之理,豈可因此即謂治河失策乎?若遇倒灌,即將天妃閘暫時下板,蓄清水全力敵黄,不過數日,黄水即退,遇糧船過時,即起板開放,若黄水不灌入,不必下板。其惠濟祠一帶雖建有石工,但運河與黄河只有一線之堤,若黄溜衝刷,石工恐不足恃,可於上下適中之處相度形勢,修建挑水垻三四處,挑溜開行,其王公堤亦應相度形勢,修建挑水垻。運河東堤,保守最爲緊要,堤岸應行加幫。高郵迤南湖河水勢相平,界首迤南河水高於湖水,東西兩堤卑薄,應幫修,可量建石工。淮安近城堤岸卑薄之處,亦應相度形勢,修建石工。黄河南岸堤工關係緊要,應加謹修防。遵旨覆准:淮黄兩河形勢,黄水漲時,勢必倒灌,彼時應遵旨暫下天妃板閘,蓄清水之力以敵黄,黄水不倒灌,則不必下板,至糧艘過,即當啓板開放。其惠濟祠一帶堤岸淮黄夾流之處,亦於要處酌量建挑水垻三四座,至王公堤亦建挑水垻保守,運河東岸之堤亦應加幫，界首迤南、東西兩岸之堤及淮安近城堤岸卑薄處，量建石工。〇又諭：朕留心河道，親閱者屢矣，必身歷其地，始知成功之次第。朕每至河工，必到惠濟祠以觀水勢。康熙三十八年以前，黄水泛濫，凡爾等所歷之地皆黄水也。彼時自舟中望之，水與岸平，岸之四圍皆可遥見，其後水漸歸漕，岸高於水，今則岸之去水又高有丈餘，清水暢流逼黄，竟抵北岸，黄流僅成一綫。觀此形勢，河工大成，朕心甚快。〇又諭：惠濟祠前植標竿處可建挑水埧，祠後埽灣處亦宜建挑水埧，以保淤灘，但此二處挑水埧俱不宜太長，恐逼水盡向北岸，有礙楊家莊河口，至卞家莊舊埧修築甚佳，再畧加寬長更善。〇又諭：九里岡堤工修理得法，不似從前，其埽不能挑溜，今修魚鱗埽，逐段挺出，逼溜開行，使窪處漸淤，此法甚善。其埽工釘樁處可再建挑水埧二座，若恐水深，則先建磯觜埧形出水，俟其埧下漸淤，屢次加修，則料不加多而工易成。〇四十六年論：朕念淮黄兩河工程爲東南要務，屢次躬臨河上，相度指示，一切修防疏濬業已次第奏功。昨歲河漕督撫諸臣詳勘地形，請於溜淮套别開河道，直達張福口，以分淮勢。此係創建之事，合詞請朕親閲，九卿等集議復再三陳請。朕以諸臣之言奏聞皇太后，祗遵慈命，擇於本年正月二十二日啓行。〇又諭：前兩江總督察勘泗州水勢，奏稱溜淮套地方另開一河出張福口，可以分洩淮水，免洪澤湖之異漲，保高家堰之危險，繪圖進呈，請朕親閲。在廷諸臣亦以河工事關重大，再四懇請，朕始親行。昨日閲武家墩，朕尚謂果如所奏，溜淮套可以開成；今日乘騎從清口至曹家廟地方詳看，見地勢甚高，雖開鑿成河，亦不能直達清口，與伊等進呈圖樣迥乎不同，且所立標竿多有在墳上者，若依所立標竿開河，不獨壞民田廬，甚至毁民墳塚。朕惟恐一夫不獲其所，時存己饑己溺之心，何忍發此無數枯骨？數年來兩河平静，民生安樂，何必多此一事？先年所開中河，凡漕運商民船隻避黄河一百八十里之險，此河確有成效，至今往來之人尚追念之。但中河止因舊河身疏濬，今欲開溜淮套，必至鑿山疏嶺，斷難成功，即或成功，將來汛水泛溢，不漫入洪澤湖，必至衝決運河矣。〇又諭：明代淮黄與今時迥别，明代黄水勢强，淮水勢弱，故有倒灌之患。朕自甲子年南巡閲視兩河，形勢記憶甚明，漸次修治，今則淮强黄弱矣。然善後之策，尤宜亟講，與其開溜淮套無益之河，不若將洪澤湖出水之處再行挑濬，令其寬深，使清水愈加暢流。至蔣家埧天然埧一帶，舊有河形，宜更加挑濬，使通運料小河，俾商民船隻皆可通行，即漕船亦可輓運，爲利不淺。〇又諭：朕自甲子年至今，六次南巡，詳觀河形一年異於一年。治河之道，當看何處關係緊要，便保守何處，不可執一。自古治河，皆順水性，爲今之計，但當商酌使淮水少洩其流，乘水未長時預爲綢繆，將來水雖大長，必不致於危險。天然垻一帶舊有河形，當挑濬此河，酌量可容糧艘，建立閘座，水小則閉閘蓄湖水以敵黄，水大則開閘使之暢流，一面由武家墩通至運河，一面通至高郵湖，則商民船隻皆得長行，似爲永久利益。〇又諭：古今治河形勢不同，舊時常患清水不足以敵黄水，每有黄水倒灌之虞；今清水敵黄有餘，運河清水甚大，反流入高郵湖，設高郵湖水長溢入運河，則運河東堤受險，少有踈虞，雖堵塞不難，而民生田廬不可問矣，應加謹防護，以保無虞。清口湖水七分敵黄，三分濟運，今應將大墩分水處西岸草垻再加寬大，挑清水多出黄河一分，少入運河一分，則運河東堤不致受險。又於蔣家垻開河建閘，引水由人字河、芒稻河下江，由下河及廟灣等處入海，不惟洪澤湖之水可以宣洩，而盱眙、泗州積水田地亦漸次涸出，水小則下板蓄水敵黄，水大則啓板洩水，且便於商民舟楫往來。其祥符閘口門甚窄，趁此黄水不甚高之時，委幹員將歸仁、安仁、利仁三閘改寬洩水，則徐州一帶民田可無淹没之虞。〇又諭：武家墩天然垻等處工程，著將原派來官揀選二十五員存留修河，并將所帶帑銀分工修理。〇又奏請築高郵等處堤工。諭：頃者，朕往巡河工，見黄淮俱已安瀾，而運河亦視昔加深，重船往來無阻滯矣。但恐湖水大則運河東堤尤關緊要，著將此處作速修築堅固，完工報部。

聖祖仁皇帝御製河臣箴

箴曰：自古作患，惟河爲大，治之有方，民乃無害。禹疏而九，平成攸賴。降及漢唐，決復未艾，漸徙而南，宋元滋溢。今河昔河，議不可一。昔止河防，今兼漕法。既弭其患，復資其力。矧此一方，耕鑿失職，澤國波臣，痌瘝已極。肩兹鉅任，曷容怠佚。毋俾金堤潰於蟻穴，毋使田廬淪爲蛟窟。毋徒縻國帑而勢難終日，毋虚勞畚築而功鮮核實。務圖先事盡利導策，莫悔後時飾補苴術。勿即私而背公，勿辭勞而就逸。惟潔清以自持，兼集思而廣益，則患無不除，績光史册。示我河臣，敬哉以勗。

大清會典卷之二百六

工部都水司

〔河渠五〕

〔河官建置〕

黄運兩河防守修築，皆有額設河員。雍正四年，畿輔興修水利，分局建官，濟漕利民，其現設河員分别省屬，具載於後。至各河分司，已經裁汰，仍附載舊制，而凡題補河員及在工効力條例，皆詳列焉。

凡督撫管理河務，定例黄運兩河設河道總督一員，駐劄濟寧，後移駐清江浦。總理兩河事務。康熙十七年覆准：河南歲修工程，暫交該撫料理，俟江南大工告竣，仍遵照舊例，令總河親身詳察具題。〇二十二年，修河南開封歸德河堤。奉旨：今河工關係緊要，蘭家渡決口築塞方完，河南堤岸工程，專令河南巡撫暫行料理，如有應會同總河事務，仍移文商確毋誤。〇三十二年諭：河南工程不必行總河往察，照該撫所題修築。〇四十四年諭：直隸山東河道與總河相距甚遠，應照河南例交與該省巡撫，就近易於料理。〇雍正二年，以河南武陟中牟等縣隄工緊要，特設副總河一員駐劄武陟縣，後移駐下汛。管理豫省河務。〇又覆准：設立巡視山東河湖御史、印河各官，遇有工程估報册籍，令其照巡撫一體申送。〇三年，巡視山東河湖御史裁。〇四年諭：近年豫省河務險工下移，堤岸完固平穩，山東河務甚屬緊要，向係山東巡撫管理，但巡撫有地方責任，恐不能理河務，山東與河南接壤，令副總河兼管。

直隸省河官

天津河道一員駐劄天津州雍正四年設

天津同知一員

天津州州同一員
天津州唐屯千總一員
靜海縣主簿一員
青縣主簿一員
青縣興濟巡檢一員
滄州州判一員
河間府河捕同知一員
河間縣縣丞一員
獻縣主簿一員
青縣主簿一員
靜海縣子牙河主簿一員
霸州州判一員
文安縣主簿一員
大城縣縣丞一員
泊河通判一員
景州州判一員
故城縣縣丞一員
吴橋縣縣丞一員
東光縣主簿一員
南皮縣主簿一員
交河縣主簿一員
永定河道一員駐劄固安縣雍正四年永定河分司改設
永定河同知一員
宛平縣縣丞一員
宛平縣主簿一員
良鄉縣縣丞一員
良鄉縣主簿一員
涿州州判一員
涿州吏目一員
固安縣縣丞一員
固安縣主簿一員
永清縣縣丞一員

永清縣主簿一員
霸州州判一員
霸州吏目一員
東安縣縣丞一員
東安縣主簿一員
武清縣縣丞一員
武清縣主簿一員
通永河道一員駐劄通州雍正四年定:通永道兼管河務
北運河同知一員
通州州判一員
要兒渡縣丞一員
香河縣主簿一員
北運河通判一員
武清縣楊村縣丞一員
武清縣主簿一員
東楊村主簿一員
分隸各州縣管轄河官五員
薊州州判一員
灤州州判一員
寶坻縣主簿一員
玉田縣縣丞一員
豐潤縣縣丞一員
清河道一員駐劄保定府雍正四年以大名道改設
保定府清河同知一員
清苑縣縣丞一員
安州州判一員
新安縣縣丞一員
雄縣縣丞一員
高陽縣縣丞一員
任邱縣主簿一員
保定縣縣丞一員
霸州清河吏目一員

正順河三府管河同知一員
所轄州縣印官兼理河務
廣大兩府管河同知一員
所轄州縣印官兼理河務
大名府河捕通判一員
大名縣縣丞一員
元城縣縣丞一員
長垣縣縣丞一員

山東省河官

兗寧管河道一員駐劄濟寧州順治初設濟寧道，康熙六年裁，九年復設，五十八年改爲兗寧道
兗州府黄河同知一員
曹縣主簿一員康熙二十五年定：曹縣縣丞巡檢分管河務
單縣主簿一員
兗州府運河同知一員
汶上縣主簿一員
鉅野縣主簿一員
濟寧州州判一員
魚臺縣主簿一員
沂郯海贛河捕同知一員康熙二十九年以捕盜同知兼河務
郯城縣縣丞一員
兗州府張秋河捕通判一員
東平州州判一員
壽張縣主簿一員
陽穀縣主簿一員
兗州府泇河通判一員
滕縣主簿一員
嶧縣縣丞一員
江南沛縣縣丞一員康熙三十一年定：江南沛縣河道歸泇河通判管轄
東昌府上河通判一員
聊城縣主簿一員
堂邑縣主簿一員

博平縣縣丞一員
清平縣主簿一員
臨清州州判一員
館陶縣主簿一員
東昌府下河通判一員康熙三十一年設
清河縣縣丞一員康熙三十三年以清豐縣縣丞改設
夏津縣主簿一員
武城縣縣丞一員康熙二十六年派甲馬營巡檢分管北截河道
故城縣縣丞一員
恩縣主簿一員
德州州同一員舊設州判一員,康熙三十一年裁,歸州同管理
管泉通判一員順治間設南旺分司掌管泉源,後裁,雍正四年改設

河南省河官

河南管河道一員駐劄開封府順治初設,康熙五年裁,九年復設

分守彰衛懷兼河北河務道一員駐劄武陟縣原設彰衛懷守道,康熙六年裁,九年復設,二十五年復裁,雍正五年復設兼管河務

開封府上南河同知一員雍正二年設
滎澤縣縣丞一員
鄭州州判一員
陽武縣縣丞一員
中牟縣縣丞一員

開封府下南河同知一員原設南河同知,康熙七年裁歸清軍同知,九年復設,雍正二年添設上南河同知,改爲下南河同知

祥符縣縣丞一員
陳留縣縣丞一員
蘭陽縣縣丞一員
儀封縣縣丞一員
祥符縣主簿一員雍正五年添設

開封府上北河同知一員原設北河同知,康熙七年裁,九年復設,雍正二年添設下北河同知,改爲上北河同知

原武縣主簿一員
陽武縣主簿一員

封邱縣主簿一員

開封府下北河同知一員雍正二年設

祥符縣主簿一員

蘭陽縣主簿一員

儀封縣主簿一員

巡檢二員雍正五年設

歸德府管河通判一員

虞城縣縣丞一員

商邱縣主簿一員

考城縣主簿一員

虞城縣主簿一員

彰德府管河同知一員康熙三十一年定:通判管轄河務,三十二年改歸同知

安陽縣縣丞一員

湯陰縣縣丞一員

内黄縣縣丞一員舊隸直隸,雍正三年併歸河南統轄

衛輝府管河通判一員原設衛河分司,順治十三年裁歸衛輝府同知,康熙四年改歸河北道,六年裁河北道,歸通判專管

汲縣縣丞一員

新鄉縣縣丞一員

獲嘉縣縣丞一員

淇縣縣丞一員

濬縣縣丞一員舊隸直隸,雍正三年併歸河南統轄

滑縣縣丞一員舊隸直隸,雍正三年併歸河南統轄

輝縣主簿一員

懷慶府黄河同知一員雍正二年設

武陟縣縣丞一員

滎澤縣主簿一員

懷慶府沁河通判一員原管丹沁黄河河務,雍正二年設黄河同知,分管丹沁

河内縣縣丞一員

修武縣縣丞一員

武陟縣主簿一員

江南省河官

管河分巡淮揚道一員駐劄淮安府

山清外河同知一員

山陽縣外河縣丞一員

山陽縣上河主簿一員

清河縣主簿一員

馬邏司巡檢一員

馬頭司巡檢一員

山清裏河同知一員原設山清盱眙同知,康熙三十二年改爲裏河同知,三十五年改爲江南河道,三十八年裁河道復設

清河縣縣丞一員

山陽縣裏河縣丞一員

山陽縣裏河主簿一員

山安河務同知一員原設山清安海同知,康熙十九年分設

安東縣縣丞一員

安東縣主簿一員

五港司巡檢一員

山陽縣羊寨司巡檢一員

大套司巡檢一員

海防河務同知一員

海州州同一員

鹽城縣縣丞一員

江防河務同知一員

儀徵縣縣丞一員

瓜洲巡檢一員

揚州府管河通判一員

寶應縣縣丞一員

寶應縣主簿一員

高郵州州同一員

高郵州州判一員

江都縣縣丞一員

江都縣主簿一員

高堰河務通判一員

山盱河務通判一員康熙三十一年設山盱高堰通判一員，三十五年改山盱通判一員，三十八年分設通判二員

山陽縣高堰主簿一員

山陽縣高澗主簿一員

盱眙縣縣丞一員

安清中河通判一員康熙三十二年設宿桃安清中河通判，三十五年裁，三十八年復分設

清山中河主簿一員

安東中河巡檢一員

揚糧河務通判一員康熙三十三年定：兼轄通泰興如四州縣下河

通州州同一員

泰州州同一員

泰州州判一員

如皋縣縣丞一員

興化縣縣丞一員

泰州西溪司巡檢一員

興化縣安豐司巡檢一員

管河分巡淮徐道一員駐劄清江浦

徐州河務同知一員

徐州州同一員

徐州南岸州判一員

徐州北岸州判一員

蕭縣主簿一員

碭山縣主簿一員

豐縣主簿一員

吕梁巡檢一員

邳睢靈壁河務同知一員原設邳宿同知，康熙十七年改

邳州州同一員

邳州州判一員

睢寧縣縣丞一員

睢寧縣主簿一員

靈璧縣主簿一員

邳州直河巡檢一員

新安司巡檢一員

宿虹河務同知一員康熙十七年設宿桃同知,二十三年改設

宿遷縣縣丞一員

宿遷縣主簿一員

黄河南岸主簿一員

運河主簿一員

劉馬莊巡檢一員

歸仁堤巡檢一員

桃源縣河務同知一員康熙二十三年改宿桃同知分設

桃源縣縣丞一員

桃源縣南岸主簿一員

桃源縣北岸主簿一員

桃源縣北岸巡檢一員

宿桃中河通判一員康熙三十三年設宿桃清安中河通判,三十五年裁,三十八年復設

宿遷縣中河縣丞一員

桃源縣中河主簿一員河道總督標下山清等河營,設有守備、千總、把總等弁,具載於兵部職方司卷内,兹不復詳列

分司舊制

通惠河分司,駐劄通州,順治初差漢司官一員,三年更代。十二年添差滿洲理事官一員,筆帖式一員,一年更代。十四年裁滿官,三年更代。康熙元年復設,一年更代,六年裁。九年復差滿司官一員,筆帖式二員,三年更代。十年,裁筆帖式。十八年照内外河差例,一年更代。二十年改爲三年更代。二十三年改令各部院衙門掣籤差遣,三十九年仍改一年更代。四十年裁分司,歸併通永道管理。

北河分司,駐劄張秋,順治初差漢司官一員,三年更代。康熙九年,添差滿司官一員,筆帖式二員,十年裁筆帖式,十七年裁分司,歸併濟寧、天津二道管理。

南旺分司,駐劄濟寧州,順治初差漢司官一員,三年更代。康熙九年,添差滿司官一員,筆帖式二員,十年裁筆帖式,十五年裁分司,歸併濟寧道管理。

夏鎮分司，駐劄夏鎮，順治初差漢司官一員，三年更代。康熙九年，添差滿司官一員，筆帖式二員，十年裁筆帖式，十五年裁分司，原管滕嶧二縣河道閘座歸東兗道管理，沛縣河道閘座歸淮徐道管理，十七年，滕嶧河務改歸濟寧道管理。

中河分司，舊駐呂梁洪，後移駐宿遷縣。順治初差漢司官一員，三年更代。四年添差滿司官一員，八年裁，十二年復差滿官，一年更代，十四年裁。康熙元年復差，一年更代，四年裁。九年，復添滿司官一員，筆帖式二員，十年，裁筆帖式。十七年裁分司，分歸淮揚、淮徐二道管理。

南河分司，駐劄高郵州，順治初差漢司官一員，三年更代。康熙九年，添差滿司官一員，筆帖式二員，十年裁筆帖式，十七年裁分司，分歸淮揚、淮徐二道管理。

衛河分司，駐劄輝縣，順治十三年，差漢司官一員，本年裁歸衛輝府同知兼理。十四年復差，三年更代。康熙四年，裁歸分守河北道及衛輝府通判管理。六年裁河北道令通判專理，九年復設河北道。

永定河分司二員，駐劄固安，康熙三十七年設。又設正、副筆帖式各十八員，四十二年裁分司一員及筆帖式。四十三年仍設分司二員，增設管糧同知二員，正、副筆帖式各二十員，四十五年裁副筆帖式。雍正元年，裁南岸分司，歸北岸分司兼理，裁北岸同知，歸南岸同知兼理，併裁筆帖式八員。雍正四年裁分司，改設永定河道。

凡題補河官，順治十六年議准：總河所屬河員有能盡心河務者，該督題請陞補。〇康熙元年題准：河工官員即於沿河陞轉。〇十三年題准：漕河薦舉各官，不以盜案錢糧爲殿最，務將裨益漕運、勤勞河工事實詳列具奏。〇十五年覆准：河官缺員聽總河選擇，坐名題補，如題補之官所管堤岸衝決，將該督照例議處外，仍照將不肖之官保舉賢能例議處。〇十六年議准：在內部屬曾任河職及在外方面以下各官有才品兼優者，聽河道總督題補，若無裨河務，總河照例處分。〇二十年議准：河官員缺，如部選給憑後總河復行題補者，不准行；部選官尚未給憑，應如總河所請。〇二十七年奏准：停止總河題補河員之例。〇二十九年諭：河工所關緊要，且興工處距隔數千里，一人身難遍歷，必藉僚屬佐理，嗣後河工官員應否坐名題補，著九卿詹事科道會議具奏。遵旨議定：舊例總河所屬河員有能盡心河務者，該督題請陞補，康熙二十七年停止，嗣後河員內如有賢能者，令該督保題補授。〇又諭：河工爲漕運民生所係，凡應修之處若不預備，則河堤一決,害民甚大,或所修不固,一經衝潰,監修官屬獲罪匪輕。職司河務所得者少,所失者多,爲利則輕,爲患則重。自今河道官員,可令該督揀選題補。○又覆准:嗣後河員槩停其差委,如遇陞遷,舊官與新官交代。○三十一年覆准:河工武弁,亦准照文職一例坐名題補。○又覆准:河工道、廳兩缺,仍照例以諳練河務、有才品者保題補授,州同以下等官,以諳練河務年力强幹者保題補授。○又覆准:河官大計與保舉異途,凡係兼管河務有刑名錢穀之責者,總河並該省督撫考核,其專管河官,令總河詳察具題。○三十七年覆准:嗣後河道總督題補河官,已任者務於疏内開明委築何處工程、錢糧所費若干、節省若干、或大工或小工、或重修或新建、今經幾載並無坍塌冲決,果係諳練河務有才品者,方准保題,俟命下之日,吏部查核,具題補授。如疏内不行開明實跡,濫行保薦,將河督照督撫濫行保舉地方官之例議處。○三十八年覆准:嗣後凡係管河官員缺,吏部停其銓選,令該督等將合例官員選擇保題,該部查核與例相符者,具題補授。○又覆准:嗣後河督題補管河通判以上官員,選擇合例者保題,令該員隨本引見補用。○三十九年議准:嗣後河工官員實心任事、修築堅固者,該督保題,現任以應陞之缺即用,候選以應補之缺即用。其怠玩虛冒者,該督題參,革職拏問。○四十七年諭:嗣後有錢糧盜案及降調罰俸等員,不准題補。○五十九年覆准:嗣後大小河員缺出,定限一月内河臣題補,違限具題者不准,仍俟秋汛後給咨赴部引見。如有賄賂情弊,舉發之日,照例從重治罪。○六十一年覆准:河工員缺,同知、通判每一缺出,擇合例者三員,具題欽點一員,州同以下雜職等官每一缺出,亦擇合例者三員咨題,部臣驗掣補授。○雍正元年覆准:河南祥符等十四州縣地界,河濱修築堤防,最爲緊要,於本省官員内選擇調補。○四年諭:督理運河工程,若委之地方官,恐其因循遲悞,若特差官員前往又恐呼應不靈,且不得其人,反滋煩擾。朕意欲將有應修工程之州縣,俱著揀選賢能之員補用,果能實心任事,朕自加恩議叙,如此似於地方工程均有裨益。遵旨議定:沿河應修工程之州縣,令該撫會同總河副總河,於所屬州縣内揀選保題,引見調補,果實心任事,該督撫將功績造册,具題請旨議叙。○五年覆准:沿河府州縣有才嫻河務者,准河臣會同撫臣保題陞調河工道廳,其河工廳汛有才守兼優者,准河臣會同撫臣保題陞調沿河府州縣。倘徇情陞調貽誤者,除該員照例治罪外,仍將保題不實之上司,照濫舉匪人例議處。○又議准:直隸河員各缺,令該督於屬員内遴選稍諳河務者,行知水利衙門會商題補。如不敷用,俟水利衙門於伏秋水汛過後,將通河効力人員查核揀選,知會該督具題補足。〇又題准:徐邳等十七州縣爲黄運兩經之地、百川總匯之區,嗣後缺出,應令江南督撫於所屬現任州縣内揀選保題,引見調補,如州縣内難得其人,即在佐貳各官内選擇。

凡効力人員,康熙三十七年覆准:嗣後在河工効力候選官員,河道總督題補河官時,照現任河官例開具實蹟,保題補用。如該督濫行保舉,疏内不開明實蹟,照督撫濫行保舉地方官例議處。〇三十八年覆准:移咨河督等,將現任及新掣繁劇邊徼地方與凡參罰停陞之員,查明一槩不准留工,如有借端規避者,照規避例議處。〇又覆准:移咨河督等將在工効力人員確查,量工留用,其餘閑冗之員以及從前不准留工并丁憂參處之員,勒限催歸本旗本籍,如有借端仍留工所者,從重議處。該督等徇情不報,一併議處。〇四十四年諭:"現在河工人員内有不在部具呈、不呈明旗下私赴河工者,雖有効力之處,不准議叙。如果勞効昭著,總河自然題明。朕此次看得各項人員在河工甚多,嗣後有情願赴河工効力者,著本旗引見。"〇又覆准:漢人官員有願赴河工効力者,俱令呈明吏部存案,准往河工。〇四十六年覆准:現在河工人員以及嗣後赴工効力之人,俱移查原籍,如果身家殷實,取結咨部存案。〇五十一年覆奏,河督將離任官員留任効力。奉旨:河工需人,其因病休致官員原係歷仕之人,有具呈情願河工効力者,准其留工,効力行走。如三年内修防得宜,著河道總督分别詳察保題,酌量降補。〇五十二年覆准:嗣後候選人員有願赴河工効力者,旗員令該都統引見,漢員俱向工部具呈,行文原籍查取身家殷實印結送部存案,發往河工。每年總河造具効力月日工程清册,送部存查,缺出照例挨次題補,其委署之員亦論年派委報部。〇五十五年覆准:嗣後凡河工丁憂人員,如果在工年久,熟諳河務者,咨部准其留工効力,俟服滿後果有勞効實績,酌量補用。〇五十六年議准:嗣後情願効力河工者,停其發往。〇雍正二年題准:河工効力人員,必須詳慎,果係身家殷實、熟悉工程者,令該督酌量足用人數,詳開履歷奏明。奉旨准其留工効力者,於每年將各員名數造具清册,報部存案,俟題補之日以便查核。〇又諭:山東巡撫奏請本省河工官員,將候補候選同知以下、知縣以上,有家道殷實、情願往河工効力者,赴部具呈揀選,命往山東河工。如果有効勞之處,令該撫分晰賢否造册具題,交部議叙,不必在本地題補。〇又覆准:河工現在員缺,道員、同知、通判係專管河務者,令該督將奉旨命往,并現在河工應陞之員、從前河臣題准留工之員，擇其熟練工程、著有勞績、才守兼優者，每一缺出揀選二員，擬定正陪，送部引見，欽點補授。其專管河工州同以下雜職等官，亦遵例於題准留工對品應陞人員之内，擇其勤勞昭著、實心任事之員，每一缺出揀選二人，擬定正陪，出具考語，送部驗補。〇又覆准：候選候補人員内，選取才具精明、年力强壯、身家殷實者，命往河工，以備修防之用。〇五年諭：命往河工効力之微員，若悉聽其在本地題補，恐啓鑽營之漸，嗣後果有在工程得力諳練、應於本地題補者，著該總河出具考語，送部引見，候旨補授。

〔河道錢糧〕

黄運兩河需用錢糧，由直省徵解河道總督及各分司支用，後裁分司，歸各道管理。康熙三十八年，增各鹽運司銀兩，年底稽核，完欠分别奏銷。其額數與歸併事宜考成定例，具載於後。

直省徵解

直隸

布政司所屬額徵大名府東明長垣二縣河銀一千七百六十兩八錢零，大名道額徵。又額徵河間府屬河銀九百九十三兩九錢九分零，係裁北河分司後歸併天津道額徵。康熙二十八年增銀二百二十兩八錢四分五釐，共額徵銀一千二百十四兩八錢三分零。

江南

淮徐道額徵廬鳳揚徐河銀一千四百四十九兩八錢八釐，係裁夏鎮分司後歸併。又淮廬鳳徐和滁河銀三萬三百二十一兩六錢零，係裁中河分司後歸併。康熙二十年增石價銀一百七十兩，三十四年增額銀一萬六千一百二十一兩四錢九分零，三十八年增銀三千五百兩。共額徵銀五萬一千五百六十二兩九錢零。

淮揚道額徵淮揚廬鳳江徐淮關分司、江防廳河銀六萬二百二兩九錢零，係裁南河分司後歸併。康熙三十四年增銀八千八百三十四兩七錢，三十八年增銀三萬一千二百五十兩零，五十七年增銀二千一百二十兩零，内應減坍田糧銀五兩。共額徵銀十萬二千四百二兩六錢零。

江蘇布政司所屬蘇松常鎮額徵河銀一萬七千二百五十六兩二錢，康熙四十二年增銀一百七十九兩六錢七分六釐，共額徵銀一萬七千四百三十五兩九錢零。

浙江

布政司所屬河銀一萬五百二十五兩二錢四分零。

山東

兖寧道額徵兖州府屬河銀五千四百十兩四錢，又濟兖東三府所屬河銀三萬四千五百八十八兩五錢四分零，係裁南旺北河夏鎮等分司後歸併。康熙五十七年增銀四千一百六十七兩九錢七分，共額徵銀四萬四千一百六十六兩九錢一分零。

河南

管河道額徵河銀九萬九百八十三兩一錢零，康熙二十九年減銀三百六十三兩四錢四分，共額徵銀九萬六百十九兩七錢四分零。

鹽運司額解河銀兩淮五萬兩，兩廣一萬兩，兩浙一萬兩，長蘆一萬兩，山東七千兩，河東四千兩，福建三千兩，共九萬四千兩，分司徵收。久經歸併，仍存舊額，以備參考。

通惠河分司所轄通州、武清等州縣衛河道錢糧，額徵銀八千三百一兩三錢五分零，又木稅銀七千一百兩。

北河分司所轄兖州、東昌、河間三府，河道錢糧，額徵銀一萬五千八百九十八兩五錢七分零，檾蔴一萬二千八百七十八觔八兩。

南旺分司所轄濟南、兖州二府河道錢糧，額徵銀二千九百三十六兩八錢七分零。

夏鎮分司所轄廬州、鳳陽、揚州、兖州、徐州河道錢糧，額徵銀一千五百一十四兩三錢五分零。

中河分司所轄淮安、廬州、鳳陽、徐州、和州、滁州河道錢糧，額徵銀二萬八千一百三十八兩九錢八釐零，兼徵鈔銀五千二百五十兩又石價銀六百五十兩，遇閏月加徵銀五十四兩二錢。順治十五年加徵六百兩。康熙五年歸淮海道徵收，七年歸徐屬河務同知徵收，八年仍歸本司，十一年兼徵徐州稅契銀三千六百兩，二十年加三千兩。

南河分司所轄揚州、廬州、鳳陽、江寧、徐州并江防廳河道錢糧，額徵銀三萬四千五百三十一兩四錢二分零，又由閘稅銀六千六百六十六兩零。康熙二十年增銀一千兩。

凡經徵河銀，順治間定：三百兩以上，歲内全完者，紀録一次。〇康熙七年題准：額銀不及三百兩者，不准紀録。〇十五年題准：河道錢糧照徐淮等倉錢糧定例處分，經徵州縣各官未完不及一分者，停陞督催，欠一分者，罰俸六個月，欠二分者，罰俸一年，欠三分者，降俸一級，欠四分者，降俸二級，欠五分者，降職一級，欠六分者，降職二級，欠七分者，降職三級，欠八分者,降職四級,俱帶罪督催,停其陞轉,完日開復,欠九分十分者,革職;督催布政使、知府、直隸知州未完不及一分者,停陞督催,欠一分者,罰俸三個月,欠二分者,罰俸六個月,欠三分者,罰俸一年,欠四分者,降俸一級,欠五分者,降俸二級,欠六分者,降職一級,欠七分者,降職二級,欠八分者,降職三級,欠九分者,降職四級,俱帶罪督催,停其陞轉,完日開復,欠十分者,革職;巡撫欠不及一分者,停陞督催,欠一分二分者,罰俸三個月,欠三分者,罰俸六個月,欠四分者,罰俸一年,欠五分者,降俸一級,欠六分者,降俸二級,欠七分者,降職一級,欠八分以上者,降職二級,俱帶罪督催,停其陞轉,完日開復;署印官員未完不及一分者,免其停陞督催,欠一分二分者,罰俸三個月,欠三分四分者,罰俸六個月,欠五分六分者,罰俸九個月,欠七分八分者,罰俸一年,欠九分十分者,降一級調用,署印不及一月者,免議所欠錢糧,州縣官勒限一年全完,如原欠不及一分限内不全完者,罰俸一年,欠一分二分限内不全完者,降三級調用,欠三分四分限内不全完者,降四級調用,欠五分六分限内不全完者,降五級調用,欠七分八分限内不全完者,革職;布政使並管錢糧道官、知府、直隸知州,限年半全完,如原欠不及一分限内不全完者,罰俸一年,欠一分二分限内不全完者,降三級調用,欠三分四分限内不全完者,降四級調用,欠五分六分限内不全完者,降五級調用,欠七分八分以上限内不全完者,革職;巡撫限二年内全完,如原欠不及一分,二年内不全完者,罰俸一年,欠一分二分二年内不全完者,降二級調用,欠三分四分二年内不全完者,降三級調用,欠五分六分二年内不全完者,降四級調用,欠七分八分二年内不全完者,降五級調用,欠九分十分二年内不全完者,革職。其接徵接催官員俱以到任之日爲始,限一年催完,布政使、道、府、直隸知州限年半,巡撫限二年,如不能完,題參之日照初參分數例處分。至帶徵節年拖欠錢糧大小各官,不便與經徵官一體,應限二年内全完,如二年内不完,俱照定例分别各職任處分。○三十九年覆准:直隸、山東、河南、江南、浙江等省州縣應解河工銀兩,於大計之年,總河相距窵遠,不能親往察核,令各該撫統於地丁錢糧内分項註明虧足字樣,彙册結報。○六十年覆准:河銀參後全完者,嗣後俟該年庫貯册送到之日,然後將開復之處具題。

凡河庫,舊例浙江江南等屬額徵河銀,分派各廳就近收支。○康熙二十二年議准:直隸、江南、山東、河南、浙江河工錢糧有蠲災缺額銀八萬兩,令該撫於地丁錢糧内照額撥補。○三十二年諭:河庫錢糧,著照盤查州縣錢糧例行。〇三十五年題准：設江南管河道，錢糧歸道庫支收。〇三十七年題准：大工歲修錢糧，俱交與總河自行經管。〇三十八年覆准：裁江南管河道，錢糧仍照舊例歸還各廳收放。〇四十八年覆准：河道錢糧令淮徐道管理，清江地方並無城垣，不便收貯，行令該督於淮安城内建庫收貯，仍令道役看守巡查。〇五十二年議准：嗣後山東、河南河庫，每年令各該撫盤查，江南河庫每年令總河盤查，出具"並無虧空"印結，送部存案，出結後有虧空者，除責令分賠外，仍將該督撫照徇庇例議處。〇六十年覆准：各河道下扣過建曠銀兩，嗣後務於本年歲底即行起解，毋得遲延。〇雍正三年覆准：豫省修理工程河庫錢糧或有不敷，布政司庫内撥解，就近支給。〇五年覆准：行令兩淮鹽課御史每年於正月内動支鹽課銀三十萬兩，解交河庫辦料修防。

〔河道夫役〕

河道、泉閘、堤壩關係漕運，各設夫役以備修濬，額數具載於後。

直隸屬

霸州淺夫一名半

大城縣協濟霸州長屯淺夫一名半

故城縣淺夫十五名

景州淺夫十七名半

吴橋縣淺夫四十五名

東光縣淺夫四十名半

河間衛並瀋陽衛淺夫五名半

交河縣淺夫二十名

南皮縣淺夫二十名

滄州淺夫三十名

青縣淺夫六十三名半

靜海縣淺夫三十名

天津州淺夫一百四十五名

清河縣淺夫二十三名半

已上原額倍之，後經裁半如右額。舊有通州淺夫一百五十二名、武清縣淺夫二百三十名、香河縣淺夫一百五十五名、寶坻縣協濟通州淺夫一百名，又協濟武清縣淺夫三十名、永清縣協濟武清縣淺夫三十三名半、東安縣協濟武清縣淺夫一百三十二名，今俱裁。

山東屬

泰安州泉夫一百二十一名

萊蕪縣泉夫九十名

新泰縣泉夫七十五名

肥城縣泉夫三十五名

滋陽縣泉夫十名

寧陽縣泉夫六十一名原額九十四名,今裁三十三名

曲阜縣泉夫四十名原額二十六名,今增十四名

泗水縣泉夫六十名

鄒縣泉夫三十名原額二十四名,今增六名

滕縣泉夫四十名原額二十九名,今增十一名

嶧縣泉夫二十名原額五名,今增十五名

東平州泉夫五十五名

濟寧州泉夫九名

汶上縣泉夫二十一名

平陰縣泉夫十名

魚臺縣泉夫二十名原額十一名,今增九名

蒙陰縣泉夫十六名

德州淺舖橋夫三十一名半原額六十一名,今裁二十九名半

德州衛軍夫五十名原額一百名,今裁半

德州左衛軍夫三十名原額六十名,今裁半

滕縣垻夫一百四十一名

嶧縣徭閘夫三百二十六名原額三百五十名半,今裁二十四名半

曹縣徭堤溜閘夫共一千七十七名原額七百五十三名,今增三百二十四名

單縣徭堤夫三百六十名

魚臺縣淺舖閘溜堤夫共一百六十三名原額三百六十二名,今裁一百九十九名

濟寧州淺舖閘溜橋夫共五百五十九名半原額八百六十三名,今裁三百三名半

濟寧衛淺舖軍閘夫共六十五名原額一百三十名,今裁六十五名

鉅野縣淺舖閘溜夫共一百三十四名半原額二百四十一名,今裁一百六名半

嘉祥縣淺夫四十八名半原額九十七名今裁半

汶上縣淺舖閘溜垻夫共三百五名原額五百一十八名,今裁二百一十三名

東平州淺舖閘夫共一百八十二名原額二百六十三名,今裁八十一名

壽張縣淺舖閘渡夫共三十名七分原額五十八名四分,今裁二十名有零

東阿縣淺舖夫五十八名半原額一百一十七名,今裁半

陽穀縣淺舖橋閘夫共二百六十九名半原額三百九十一名,今裁一百二十一名半

聊城縣淺舖溜閘夫共二百一十八名原額三百一十五名,今裁九十七名

平山衛軍夫七名半原額一十五名,今裁半

堂邑縣淺舖溜閘夫共一百七名原額一百五十八名,今裁五十一名

博平縣淺舖夫四十名半原額八十一名,今裁半

清平縣淺舖閘夫共七十五名原額一百二十二名,今裁四十七名

臨清州淺舖橋溜閘夫共一百六十九名原額二百四十三名,今裁七十四名

館陶縣淺舖夫三十名半原額六十一名,今裁半

夏津縣淺舖夫二十五名半原額五十一名,今裁半

武城縣淺舖夫七十三名原額一百四十六名,今裁半

恩縣淺舖夫二十六名半原額五十三名,今裁半

舊有滋陽縣垻夫二十六名、曹州傜夫一百二十六名、定陶縣傜夫八十名,金鄉縣傜夫一百八十四名、城武縣傜堤夫五百三十五名,今俱裁。

江南屬

沛縣淺夫八十名

夏鎮閘閘夫四十名

楊莊閘閘夫三十名

珠梅閘閘夫三十名

清河縣惠濟閘閘夫三十三名

廣濟閘閘夫三十六名

山陽縣龍汪閘閘夫三十三名

江都縣瓜州閘閘夫一百五名

儀徵縣清江等閘閘夫一百五十四名

舊有徐州淺夫一百四十名、長夫一百八十名、坻夫九十名、上河淺夫一百五十三名、下河淺夫五十七名,又宿州協夫十名半,蕭縣傜夫九十名、溜夫一百四十四名,碭山縣遊夫九十名、溜夫九十七名,豐縣溜夫二百四名,靈璧縣淺夫三十名,睢寧縣淺夫

三百一十二名，宿州協濟睢寧縣淺夫六名，虹縣協濟睢寧縣淺夫六名，邳州淺夫一百三十七名、徭夫二百六十九名、宿遷縣淺夫二百三十名，桃源縣淺夫七十三名、堡夫二百一十四名，清河縣淺夫三十五名、徭夫三百一名，山陽縣裏河淺夫一百二十名、堰夫二百四十名、外河募夫一千名、高郵州淺夫一百三十二名，江都縣淺夫一百二十名，寶應縣淺夫一百一十五名，儀徵縣淺夫二十七名，高郵州陸漫閘閘夫四十名，今俱裁。

河南屬

滎澤縣堡夫二十三名原額二十八名，今裁五名

原武縣堡夫八十五名原額八十八名，今裁三名

陽武縣堡夫四十二名原額五十四名，今裁十二名

中牟縣堡夫三十八名

祥符縣堡夫二百二十八名

陳留縣堡夫一十六名

蘭陽縣堡夫一百五名原額一百三十八名，今裁三十三名

儀封縣堡夫一百七十二名原額一百五十四名，今增十八名

封邱縣堡夫七十三名原額七十八名，今裁五名

鄭州堡夫六名

考成縣堡夫六十名原額一百一十名，今裁五十名

虞城縣堡夫六十名原額五十四名，今增六名

商邱縣堡夫四十二名

河内縣堡夫十名

武陟縣堡夫二百十四名原額十四名，今增二百名

凡河道額設夫役，康熙十五年覆准：夏鎮分司項下淺溜夫、南旺分司項下泉夫，盡行裁去，北河分司項下額夫裁半，餘俱照額留用。○十七年議定：江南鳳、淮、揚、徐四府州屬淺溜等夫全裁，設兵五千八百六十名，其閘夫仍留。○十八年覆准：增兵五百餘名，各設官督率防守挑築，將額夫工食改充防河官兵俸餉，歸併河銀項下考成。○二十年題准：裁通州、武清、香河、寶坻、永清、東安等處淺夫，將原額工食銀歸通惠河分司，僱募挑濬。○三十七年覆准：淮揚等州縣歲修民夫量減一千八百五十名，以紓民力。○三十八年題准：江南徐屬等州縣額設歲夫六千九百五十名，盡行裁免，添設兵三千三十名。○五十一年覆准：河南堡夫不足工食銀兩，每年於各役工食内扣補。○五十九年題准：裁兵一千二百三十名，餘存一千八百名仍留防守。○雍正二年題准：撥兵一千名赴河南防守。○三年議准：

山東運道關係緊要，照河南之例於江南額設河兵内選拔二百名，安插險要地方，其江南河兵空缺，即於濱河傭工慣夫頂補。○又議准：河南堡夫募年力精壯者頂補額數，其諳練工程者，每年於南兵將换之時准其拔作河兵，照例給餉，其充拔河兵至五百名，將江南河工之兵停其調撥。○又議准：豫省所調江南河兵，令管河道統攝稽查，并分責各河同知、董司教習椿埽事宜。○四年議准：山東各州縣原有額設泉夫，少則不敷所用，多則糜費錢糧，應行增減，其泉夫工食於幫貼項内給發，不得短少尅扣，每年該督撫造册報部。

凡河道傭募夫役，舊例歲修工程僉派民夫，康熙十二年議准：停止河南僉派河夫，如遇歲修，准動河道錢糧傭募，每夫一名月給銀二兩。○又覆准：現在修築工程需用人夫，令總河即選饑民之强壯者充數。○十三年覆准：江南河夫停止僉派，准動河銀召募，每夫一名月給銀一兩二錢。○十六年題准：河南河夫照江南例每日給銀四分。○十八年議准：饑民願赴河工者，該管官隨到隨收，照例支給夫役銀兩。○二十七年議准：江南下河工程需用夫役，在高郵等十一州縣每州縣派夫一千名，給與工價。○三十六年覆准：行令總河將現在各工需用人夫，選擇饑民中情願投傭者充數，按工給價。如夫頭掯勒及河官衙役侵漁等弊，該督即行題參，如該督徇隱，一併議處。○雍正元年諭山東巡撫：山東運道淺阻，舊例派撥民夫挑淺濟運。朕思東省連年薄收，百姓困苦，未必堪此重役，將來流亡日多，民生日蹙，深爲可憫。古人救荒之策有大興役以濟民食者，不若竟動正項錢糧，傭募民夫，給以工食挑濬運河，則應傭既多，散者復聚，民資工食，稍延殘喘，民心鼓舞，工程易就，運道早通，於興役之中即寓賑濟之意，莫便於此。

凡給發工價及傭募夫役禁令，康熙二十八年諭：包攬河夫、官役勒索等項，務須嚴加禁飭，如有仍沿陋弊者，該督撫據實指參，從重治罪。○二十九年覆准：河工傭募夫役，仍令州縣傭夫解交河官挑濬，嗣後州縣傭夫，如有借端私派及包攬勒索等弊，該督撫據實題參，從重治罪。○又題准：山東募夫挑淺，派幫工食按畝出錢，以均徭役。○四十四年覆准：山東徭夫工食，各州縣解送兩河同知，轉發縣佐，恐有侵漁，行該督令濟寧道親核給發，如該道徇私，一併題參。○雍正三年議准：運河工程其巡查疏濬，責令河官專司其事，至需用夫役，責成地方官將幫貼工食銀錢酌量傭募，倘印河各官有多派短給等弊，該撫即行指名題參。又奉旨：幫貼工食銀錢收給數目,交與河道總督造册報部。

凡優恤夫役,康熙二十三年諭:堤上夫役,風雨晝夜,露宿草棲,勞苦倍常,所領工食無幾,恐有不肖官吏從中侵蝕,必使人沾實惠,不可不加意軫恤。〇四十年議准:河工夫役工成之日,各給印票,該地方官查驗,免其雜項差徭。〇雍正五年諭:黄河下埽之人,辦理工程,不惜身命,均當比照軍功之例定以恩恤。遵旨議定:嗣後黄河下埽工役,如在事遭險没水,幸生者,照軍功保守在事有功例,官加一級,兵丁工役,督撫查明人數具題,以軍功頭等傷例給賞;身故者,官不論銜級大小,照軍功陣亡例以現在職分准廕加贈,給與祭葬銀兩,兵丁工役及外委官弁,亦照軍功陣亡例,分别給與祭葬銀兩,其無妻子親屬者,照例委官致祭。

大清會典卷之二百七

工部都水司

〔河渠六〕

〔工程〕

黄運兩河工程,有歲修,有搶修,分析考成,其承辦物料以及栽柳種葦,規條詳密,備載於後。

凡歲修,舊例黄運兩河大溜直衝堤根,搜刷堤底必須長椿大埽,又石岸閘壩等項間年修理,俱預先題估,工完報銷。○又定:歲修工程錢糧先給一半,餘俟料物交完,方准找給。○康熙十八年題准:凡應給之款,不得隔年找支。○二十四年覆准:歲修錢糧仍照舊例先給一半,餘俟料物完後找給。

凡搶修,舊例黄運兩河堤岸閘壩偶被衝損,該管廳員一面詳明總河,一面飛速運料修防,造入歲報册内彙題開銷。○康熙十八年題准:搶修工程亦照歲修例,預行具題。○二十四年覆准:嗣後搶修工程五百兩以内者,該督詳開各工細數,造册彙題。

凡河工考成,順治初定:黄運兩河堤岸修築不堅,一年内衝決者,管河同知、通判、州縣等官降三級調用,分司、道官降一級調用,總河降一級留任。如異常水災衝決者,專修督修官俱住俸,修築完日開復。本汛堤岸衝決,隱匿不報,另指别處申報者,加倍議處。如一年外衝決者,管河等官革職帶罪,修築分司道官住俸督修,完日開復。本汛堤岸衝決,隱匿不報,另指别處申報者,管河等官降二級調用,分司、道官降一級調用,總河不行詳確具題,罰俸一年。如地方衝決少而申報多者,降三級調用,轉詳官降二級調用,總河不行詳查具題,降一級留任。至衝決地方限十日申報,過期始報者,降二級調用。其沿河堤岸預先不行修築,以致漕船阻滯者,經管官降一級調用,該管官罰俸一年,總河罰俸六個月。〇十六年定:河工各官無論陞遷降調,俱將任内修防事宜開明,候交代離任,堤岸衝決,該管官參處。〇十七年題准:修築堤岸工完,各具"伏秋無虞"印結,同册奏銷,如本年衝決者,指參議處。〇康熙元年題准:凡修築黄河堤岸一年内衝決者,參處修築之官;一年外衝決者,參處防守之官。運河堤岸三年内衝決者,參處修築之官;三年外衝決者,參處防守之官。如限年之内修築之官已去,而防守之官不行料理,致有衝決者,將防守官一併參處。〇十五年議准:河道關係重大,堤岸往往衝決皆由修築不堅、防守怠玩所致,宜嚴定處分之例,嗣後不得諉之水災具題。黄河堤岸仍定限一年,運河堤岸仍定限三年。黄河堤岸半年内,運河堤岸一年内衝決者,經修防守等官俱革職,分司道官降四級調用,總河降三級留任;黄河堤岸過半年,運河堤岸過一年衝決者,經修防守等官降三級調用,分司道官降二級調用,總河降一級留任;如已過限年衝決者,管河各官俱革職,帶罪修築,分司道官住俸督修,工完開復,總河罰俸一年;若限年内衝決經修之官已去,仍將原修官與防守官一體處分。其限年内本汛堤岸衝決,另指别處申報者,經修防守官俱革職,分司道官降五級調用,總河不確查具題,降三級調用。其餘仍照舊例遵行。〇十七年議定:知府有地方之責,嗣後如遇衝決等事,照道員一體處分,承修兩河堤岸一應工程,俱限半年完工;半年不完,承修官罰俸一年,督修道府罰俸半年,再限三個月完工;如再不完,承修官降一級調用,督修道府罰俸一年;如承修官係革職帶罪之員,半年限内不完,降一級調用,不准再限,工程另委别官,限三月完工,不完罰俸一年。督修道府所屬官員工程一年内不完,降一級調用;限内不完,總河不行題參,罰俸三個月。若係限内難完大工,總河預先題明,其監理廳印分管佐雜等官所築堤工合式堅固,該管廳印河官出具甘結,道府驗實,加結申送總河勘實具題,准照應陞之缺加二級即陞,原非正途者,俱作正途一體陞遷。至於分管官所築堤工有一處不堅固,或一二丈不豐滿合式者,降一級調用;兩處不堅固或三四丈不豐滿合式者,降二級調用;三處不堅固并五丈以上不豐滿合式者,革職。監理官所轄分管官有一員議處者,監理官罰俸一年;二員議處者,降一級調用;三員議處者,降二級調用;四員以上議處者,革職;係監理官揭參者,免坐,如議處議敘相同者,准與抵算。如興舉大工,附近地方官不協同設法募夫,不將急需柳草等項速買解運,致悞河工者,題參,將州縣官降三級調用，道府官降一級調用。至於舉劾大計，將河工一併考成，無河道衝決或旋決旋修，不致殃民損課者，方准薦舉。〇又定：各省堤岸有無衝決，該督撫於年底造册報部。〇二十三年諭："嗣後堤岸衝決，倘係河水漫決、河流不移者，應否免其革職，止令賠修，著確議定例具奏。"遵旨議定：嗣後堤岸衝決，河流遷徙者，照定例處分，若堤岸漫決、河流不移者，免其革職，責令賠修；限年内漫決者，經修官賠修，過年限漫決者，防守官賠修。〇三十九年覆准：嗣後堤岸衝決，河流不移者，將管河各官俱革職帶罪，勒限半年賠修；分司道官各降四級督賠，工完開復；如限内不完，將承修官員革職，分司道官降四級調用，總河降一級留任，未完工程仍令賠修。其應賠工程具題動帑修築者，將此應賠銀兩亦照賠修例勒限處分，如限内不完，分司道官不行揭報，總河不行題參，照徇庇例議處。〇四十九年覆准：河南堤工係巡撫就近料理，如遇水長，即嚴飭管河等官率領堡夫搶護，如怠玩貽悮，將該地方官照黄河定例議處，仍查明年限，著落賠修。〇雍正二年議准：嗣後給發錢糧，交與諳諫河務之員修築，如修築不堅，致有衝決者，派員督其賠修；不能賠修者，題参革職，另派賢員，給發錢糧修築；將所用錢糧勒限一年賠完，仍准其開復，逾限不完，交刑部治罪，仍著落家産賠完；如家産不能賠完，著落發錢糧之上司賠補全完。〇五年諭："河工追賠之項，其中情由不一，有該員侵蝕入己者，有修築草率本不堅固、易致衝決、應當賠修者，有當潰決之時該員預知例當賠修，而以少報多、先留地步者，甚至有故意損壞工程以便興修開銷者，種種弊端，不可枚舉，皆屬法難寬宥。但亦有經手之員本無情弊，而照例則應分賠者，在該員則情稍有可原，而承追之時無力全完，亦於國帑無益，朕意欲開恩，稍爲變通。其如何酌量分别定例方爲妥協之處，著九卿詳議具奏。"遵旨議定：嗣後黄河一年之内、運河三年之内，堤工陡遇衝決，而所修工程實係堅固，於工完之日已經總河督撫保題者，承修官止賠修四分，其餘六分准其開銷；如該員修築錢糧俱歸實用，工程已完，未及題報而陡遇衝決者，該總河督撫據實保題，亦令賠修四分，其餘俱准開銷。如黄河一年之外、運河三年之外，堤工陡遇衝決，而該管各官實係防守謹慎者，該總河督撫查明具題，止令防守該管各官共賠四分，内河道知府共賠二分，同知、通判、州縣守備共賠一分半，縣丞、主簿、千總、把總共賠半分，其餘六分准其開銷；其承修防守各官俱令革職留任，帶罪効力，工完之日准其開復。倘總河督撫保題不實，照徇庇例嚴加議處，仍照定例勒限分賠還項。

凡勘估報銷,康熙三十二年覆准:嗣後歲修埽工,令該督將每段所下埽個,幾路幾層之處,開明造册具題,以便查核。〇又覆准:高堰堤工於每年歲修之後,務令河臣親身詳確察勘題報,倘捏稱修理及工程草率者,即指名題參。〇三十三年覆准:嗣後一應工程,俟總河工完年底造報工部之日,將各部院衙門堂官、科道官職名開列具題,簡差查勘,俟查回所修丈尺用過埽料等與原估題疏相符,准其開銷,如有不符、巧飾、謊報等情,交部嚴加議處。〇三十四年諭:察勘無益,嗣後差遣察勘永行停止。〇三十九年議准:嗣後呈報險工,該道親行查勘確實,即令動帑搶修,一面估計申報總河查核,如係假捏,即以謊報題參,該道徇隱,一併參處。〇四十七年諭:河工動用錢糧輒以數萬數十萬計,河官當估計之時先故浮估,以爲日後節省之地,此皆河工積弊,嗣後凡有修理工程,河道總督務親詣察勘,確估具奏,不可一任河官浮冒估計。〇五十二年覆准:嗣後一應歲修搶修工程,行令該督親勘,以杜冒銷之弊。〇又覆准:嗣後修築工程,該廳呈報到日,該督與道員即行親勘工程,驗明料物,具題修築,工完查勘報銷,如修築不堅,短少物料,將承修之員題參從重治罪;如該道不行揭報、該督不行題參,俱照徇庇例議處。〇五十七年奏准:嚴飭總河嗣後各廳詳報修築,該督務親往確勘,果應修建,然後具題到日,工部確查議覆,不得一任道廳混行估計,題請修築,希圖冒銷。〇雍正二年覆准:嗣後歲修工程,行令總督俟秋汛水涸時,即行估計具題。〇又議准:一應工程嚴飭承修官員據實估報,如估報時仍留核減之分者,該督撫題參,嚴加議處。〇又議准:嗣後歲修工程,於本年十月内題估,次年四月内題銷,逾限不銷者,所用錢糧著落授受之員賠還。至搶修工程,將衝決丈尺、動用何項錢糧之處咨報工部,完工即行彙册題銷,遲至次年四月不題者,將所用錢糧亦著落授受之員賠還。其歲修及大工動用何項錢糧之處,該督撫題估之時一併題明。〇四年諭:賠修之例甚屬無益,從來河官領帑修工,必預留賠修地步,以致錢糧不歸實用,工程斷難堅固,即幸而得保無虞,而錢糧終歸入己,似此情弊相習成風,必照侵欺錢糧例嚴加治罪,方足示懲。著九卿詳議具奏。遵旨議定:嗣後承修之員估計工程,總河及該督撫分司確查工段丈尺樁埽料物,如果與所估數目相符,核實具題,發帑興修,如估計過多,存心浮冒,查出即照溺職例革職;承查之員不實心詳查,扶同徇隱,即照徇庇例議處。至工完之日,該總河、督撫、分司再行逐一查勘,做過工程果否如式堅固,與原估丈尺錢糧數目相符,如工程單薄、料物尅減、錢糧不歸實用,以致修築不堅、不能保固,將承修之員指名題參,照侵欺錢糧分別治罪,其侵欺銀兩勒限著落該員家産追賠還項。至所修單薄工程,該員既經浮冒,工程必難保固,令總河督撫等另委賢員,動帑堅固修築,工完題銷。

凡寬免賠修,康熙三十九年議准:凡黄河曲處挑挖引河,果係深寬,偶至淤墊者,該督親勘保題,免其賠修。〇四十二年詔:河工官員領正項錢糧修築堤岸,被水衝決,應賠還者,照例追賠。其自捐銀兩,修堤完工之後被水衝決,或因地勢難築竣工無期,若仍責令賠修,甚屬可憫,著總河察明具題,免其賠補。〇雍正三年諭:"今歲入夏以來,雨水過多,朕心念黄淮伏秋兩汛,必然水勢浩瀚,甚以爲憂,所以從前批副總河摺奏,有'無日不神馳黄淮兩岸'之語。今據河南巡撫奏稱儀封縣南岸大寨、蘭陽縣北岸板廠後兩處衝開決口各十餘丈,此皆朕躬不德,或用人行政有闕失之所致,返躬惕勵,夙夜不安。其衝決堤工可星速會同副總河率各屬河員并力搶築,務期永久堅固,其一帶危險工程亦當增卑培薄,預爲之防。至被災人民,著速委能員實心確查,應賑恤者即動正項錢糧賑恤,衝没田地詳細估勘,應豁免者題請豁免。朕從前曾命將河屬官員分別議叙,今儀封蘭陽兩處即被衝決,例應參處,但朕自念不德,其疎防官吏止停其議叙,不必參處,賠修亦著寬免。"

凡工程禁令,順治十二年定:河臣嚴察河工官吏扣折夫食柳價,以蘇民困。〇十五年定:河工興作收柳管夫,責成部選官員,不許濫委匪人。〇康熙六年詔:修河夫埽料,民累不堪,或有司借端加派,或濫用委官侵冒詐索,該督撫道不時嚴加稽察,仍須剋期竣工,勿得延緩,致滋民困。九年同。〇八年諭:河工原有額設錢糧,近聞沿河居民因河工苦累,此皆該地方大小官員不念民艱,縱役侵尅所致。若督撫等官實心料理,則貪官蠹役安得嚇騙苛派,肆害百姓?以後有此情弊被訪察發覺,定將該地方大小官員從重治罪不恕。〇又諭:河工每年修築,重勞民力,糜費錢糧,此皆上官委任之屬官衙役包攬冒破,草率塞責,以致民生困苦,殊不稱職。以後凡修築之處,務須堅固,以圖永久,如仍前弊,定行重處。〇十二年議准:清河、桃源、宿遷、黄河北岸,令管河各官將舊築遥堤時加巡查,稍有損壞,即行修理,以捍禦水勢。〇十七年題准:河工頂衝之地,即以舊堤爲縷堤,於舊堤之外另築遥堤,以爲重門之障。〇又議定:河南、山東特設管河道員,一切督修挑築採辦諸事,務令道員協同催趲,聯銜會詳,一體責成。〇十八年詔:河工連年修築,糜費不貲,兹當兵餉浩繁,著該管大小各官潔己奉公,加意節省,以濟軍需,勿得因仍積弊,浮冒開銷,致滋民困,如有發覺,定從重治罪,決不饒恕。○二十年詔:河道漕運關係重大,所關河漕一應情罪,俱不免赦。三十六年同。○二十九年諭:河道所關,至爲重大,三年來雨水稀少,管河官視河道爲常事。今年景象似多雨水,可馳諭總河嚴飭該管官晝夜防視,務保河堤無虞。○三十一年諭:黄河沙灘消長,本無定所,水緩處可設滚水堤,至急流處,滚水堤斷不可設,其至緊要者,無過於險工,惟將錢糧實用於險工之處,使之堅固,斯可永保無虞。○三十六年諭:海口爲黄水入海之道,所關甚屬緊要,河道總督每年委賢能河官專管修理,勿致壅滯。○三十九年議准:嗣後侵帑悮工,如分管微員照例懲處,其現在河員及在工効力旗員,即行題参革職。○又諭:河工積弊,汛官利於堤岸有事,修建大功,得以侵冒河帑,又希圖修橋建閘,興無益工程,於中取利。著嚴飭各官痛改前非,加謹修防,倘有故違,定行正法,以示懲戒。其地方有司官員漠視河工致有遺悮者,題参到日,將地方官亦行正法。河官平時須預備物料,以爲不時修防之需,若料物不備,遇工程險要,倉皇無措,雖將該管官重處,亦屬無濟。○四十五年諭:"總河報秋汛疏二十日方到,朕屢次親閲河工,洞悉情形,如奏報水汛事早到,則其中或有所指示,猶可及時預防,嗣後有奏河工急務者,限兩三日飛遞馳送。"○四十六年諭:在河各官酌量才具堪用及有身家人員,方可給帑做工,屢經降旨;如無藉微員輕令領帑,致有虧空無追者,河道總督及該管給發錢糧官員應作何定例處分賠補,著議奏。遵旨議定:嗣後修防工程著道員按工發帑,廳員按工領帑做工,其微員末弁以及効力人員,止令防守趲催押運物料,不得輕給帑銀。如果才具堪用、家道殷實,該廳具結申詳該道,轉詳該督,方准給發。如仍濫委匪人,以致虧空帑金、工程不完,將本身革去職銜,限一年追完,完日復還原職;逾限不完,將出結廳官革職,帶罪勒限一年賠完,完日開復;該道降四級,勒令賠完,完日開復,如限内不完,降四級調用;該督降一級,著與該道廳一體同賠,完日准其開復,不完每案罰俸一年,仍著該督及道廳同賠還項。○四十八年諭:河工關係緊要,加謹修防,不可稍有忽畧。宿遷以下有清水入黄河,得以刷沙遄行,宿遷以上至河南一帶,無清水入黄河,必須將兩岸堤工小心修防,令水不出漕,導水由漕中行,無淤沙之患。至於黄河發水,由上源寧夏而來,著行文陝西總督轉行寧夏同知,遇黄河長水時將長水情由作速報知總河河南巡撫,二十日即報到,預爲修防。○雍正三年覆准:豫省添設河員,每年歲搶兩修,責令河汛各官專司其事，倘遇緊要大工，仍令汛河印官與汛河各官協力修理。〇五年諭：向聞河工不肖之員有將完固堤工故行毀壞，希圖興修，借端侵蝕錢糧者，此等罪惡，尤可痛恨。著該督時加察訪，再有此等不法之員，著即奏聞，於工程處正法示衆。〇又議准：河工關係甚大，嗣後凡遇緊要工程，如有浮議動衆以致衆力懈弛者，嚴查倡造之人，比照妖言惑衆律斬監候；如有附和浮言互相傳播者，比照妄言律杖一百，仍於工所枷號一個月；其指稱夫頭、包攬代僱、希圖抑勒良民者，將承包不力之人照河工一帶用强包攬閘夫溜夫之律，二名以上者發附近充軍，一名者枷號一個月，仍杖一百發落。〇又議准：嗣後沿河州縣遇有被淹之處，令地方官會同河員親歷，確勘被淹情由，據實通報，如有隱匿民災者，照報災怠玩例議處，查報不實者，照溺職例議處。〇又諭淮安裏河同知："向來漢軍人員習氣不堪，而河官更甚。凡經手一切工程，修築既不完固，防定復多疎虞，上下通同侵欺浮冒，虚糜國帑，甚至冀幸堤工之衝決以遂其侵那開銷之私計，種種弊端，朕所洞悉。今總河悉心釐剔，一應工程整頓料理俱有成效。爾等遇此公忠體國之上司，正宜洗心滌慮，痛改前非，各自奮勉，如玩愒不悛，經該督題參，定加重處斷，不能爲爾等寬也。蓋河工關係運道民生，河官之責任，較之他員實爲重大，即較掌刑名之責，亦更爲切要，果能實心辦理，使河流深通，堤岸堅固，運道無阻，生靈賴以保全，自然永受國恩，上可顯榮祖父，下亦垂裕後人；倘怠玩職守，工程墮壞，上則辱及先人，下則貽害子孫，不但一身顯罹國法已也。總之職司河道，勝任則造福無量，曠官則造孽無窮，務須悉知利害，殫心竭力，相形度勢，錢糧必歸實用，工程必期永固。若塗飾耳目，苟且塞責，雖一時僥倖無虞，終必敗露，身家性命及之矣。將朕此訓旨凛遵恪守，朝夕不忘，并遍告河官互相儆戒，各加黽勉，以副朕廑念運道民生之至意。"

凡承辦物料，康熙九年題准：衝決地方有催夫不發及樁柳等項不行速辦，或稱非係本汛，推卸以致遲悞河工者，俱降一級調用，不行轉催上司，罰俸一年。〇十二年定：大工需柳先從本地採辦，再有不敷，量於近省協濟。〇三十九年議准：嗣後排樁購木，令該道廳赴工看驗是否與原估尺寸相符，令承築人員樁用整木簽釘，埽用整柴鑲塞，如修築不堅，該道廳揭報，徇隱一併究參，汛弁斥究。〇五十二年覆准：裏河、山盱兩廳工程，俱用蕩柴，每束二分二釐，徐屬地方捲埽鑲墊，參用荻蘆，每束一分，如用秫稭開銷蘆價者，該督查明題參，從重處分。〇又覆准：令河督嚴飭各廳預備物料,及時修理,其捲下埽個如不堅固,外新内舊,雜以爛草,以及短少丈尺者,該督親勘題參,從重治罪,該督不參,照徇庇例議處。〇五十九年覆准:嗣後一應購買物料,嚴飭廳員親身協同地方官購買,仍取具地方官並無累民等弊印結送部,如有百姓具呈出首,許該地方官詳報總河督撫,據實題參。〇雍正二年覆准:河工鑲墊物料,理宜畫一,自雍正二年始,均照宿桃廳例,每工程寬長一丈、高一尺,用葦柴三十八束,永爲定例遵行,徐邳所用秫稭亦應照葦柴數目。至於下埽之處不肖之官故意簽樁,希圖開銷多金者,該督即行題參,交部嚴加治罪。〇五年覆准:歲修所用秫稭,定於八月内動道庫銀兩,給發各廳,勒限十月照額辦足,責令管河道查驗,如限内不能辦完及有短少者,將辦事之員查明題參,工完核實,每百觔照七分報銷。〇又覆准:嗣後辦料一百萬觔,限十日交工,二百萬觔限二十日交工,照數遞增,依限報完,如逾期不完,將承辦遲延職名題參。〇又覆准:各河同知轉發各員,承辦物料,取具分辦人員照數領足價值印甘各結,申送查核,如無各結,即將該同知侵扣短少之處查參,汛官領銀不能如數交足,查明題參,分别治罪。〇又覆准:嗣後採買歲修搶修物料,廳汛各官互相秤收,印官分辦者,亦令廳官秤收,取具"並無短少"印甘各結存案,如有徇隱,即將該廳汛官題參,加倍治罪。〇又覆准:預備料物堆貯險工上流,編立字號,每堆以五萬觔爲率,依限報查,倘有霉爛虧空情弊,即將該廳汛各官查參,仍著落照數賠補。〇又覆准:嗣後各河同知承辦料物,於報明運完後,詳委就近賢員盤查具結申送,如有短少,即著承辦秤收之官分賠,倘盤查之員瞻徇情面,照徇庇例參處,短少物料仍照盤查倉庫例分賠;倘盤查原係實貯,以後該員私行那移變賣,查出將該員照侵蝕錢糧例分别治罪。

凡土方木石工程,定例築堤取土或百丈外或里餘,近者離堤二十丈或十五丈外取土,每堆土六丈爲一皮,杵三遍,硪一遍,層層杵硪,以期堅固經久;又挑河之土即取築堤,每土一方價銀一錢二分;築堤每實土三分用硪夫一名,價銀八分,其河與堤不兼算土方工價。〇康熙十七年覆准:宿、桃、山、清、安五縣,每土一方給銀一錢五分,徐、廬、泰、睢、邳,每土一方給銀一錢四分,定例遵行。〇三十九年議准:嗣後加幫之堤,將原堤重杵密打,再加新土,創築之堤,將平地杵深數尺加土建築,務期堅固,不許近堤取土,亦不許挖民間墳墓。該道廳督率營弁不時巡查,如有前項等弊,即將人夫懲處,仍將承築官揭參,徇情不揭,總河察出,道廳一併參究。〇又議准:平常工程向用龍尾埽稀釘排樁,一遇風浪,即行塌卸無益,俱行停止。〇又議准:嗣後一切石工,無論馬牙梅花等樁,皆用整木深釘,無論面裏丁頭等石,鏨鑿務極平整,石灰重篩,用米汁搗杵膠粘,又用鐵錠鐵鋦聯絡。該道廳驗看,如違揭報,該道徇庇,一併究參,該汛員弁黜究。〇又議准:嗣後挖河之土盡堆原估堤上,層層杵硪成堤,不許估計散土,以滋堆高假河之弊;倘挑挖不深以至引水淹漫,虛報淤墊者,除錢糧不准開銷外,以侵帑悞工題參拏問。〇又覆准:修理河工人員有一定丈尺,令總河於接連交界處立各石樁,上鐫號數,下鐫修理人員姓名,其舊堤亦立石編號,鐫明舊堤字樣,造册報部,設遇衝決,無致推諉。〇四十年題准:嗣後估修石工,無論馬牙梅花等樁,土堅之地用一木二截,土鬆之地仍用一木整樁。〇雍正三年議准:嗣後豫省修築,平易堤工每土一方給銀九分六釐,以爲定例。其險工取土甚遠者,該道察核酌增,不得浮冒,如不肖河員以近土作遠土,揑飾冒銷,即行題參。

凡栽柳種葦,順治十三年定:令瀕河州縣新舊堤岸俱種榆柳,嚴禁放牧。各官栽柳自一萬株至三萬株以上者,分別敘録,不及三千株并不栽者,分別參處。〇康熙九年奏准:於沿河州縣中擇閑散人,授以委官名色,專管栽柳三年,分別勤惰勸懲。〇十五年議准:河官種柳不及數者,免其處分,成活一萬株以上者,紀録一次,二萬株以上者,紀録二次,三萬株以上者,紀録三次,四萬株以上者,加一級,多者照數議敘;分司道官所屬官内有一半議敘者,紀録一次,全議敘者,加一級;俱於年底題報。〇二十年定:武職栽柳,照文官議敘。〇二十二年定:河官栽柳成活二萬株以上者,紀録一次,四萬株以上者,紀録二次,六萬株以上者,紀録三次,八萬株以上者,加一級,多者照數議敘,其分司道官因屬官栽柳議敘之例停止。〇三十一年議准:河道堤面寬二丈者,留八尺爲行路,其一丈二尺密栽細草,更於坦坡俱栽卧柳。〇三十八年覆准:海州、山陽地方設立葦蕩營官兵,採割葦柴,每年額徵柴一百一十八萬餘束,以備修防河工之用。〇四十四年諭:高家堰石工完者,准先與銷算,保固三年,免其賠修。堤根之下廢地,可諭河員試令種稻,其餘除留取土搶修之地外,令捐栽蘆荻,以資工料,照例議敘。〇四十九年覆准:行令河南各州縣責令堡夫於官地之上廣栽柳株,以備險工取用。〇五十八年覆准:海州、山陽地方,蕩地淤墊,不産葦柴,裁汰葦蕩營官兵,省俸餉銀一萬八千餘兩,又淤地墾種陞科銀四千餘兩,購買額葦足用。〇六十年覆准:河堤種植柳株,倘有將柳園地畝墾熟耕種,私收籽粒,以致草漸稀少,動用錢糧購買葦束者,將失察之地方官嚴參議處。〇雍正元年議准:行令河南、山東巡撫飭近河州縣及管河各官,將沿河空地查明,各捐資多栽柳株,每年將種柳數目詳報上司,三年後該督撫詳查報部,酌量議敘,如希圖議敘,强占民地累民者,即行查參。至河南向有柳株,年久恐有枯壞,應行查明補種。〇三年議准:凡管河分司道員、同知、通判、州縣等官,於各該管沿河地方栽柳,成活五千株,紀録一次,一萬株紀録二次,一萬五千株紀録三次,二萬株者,准加一級;種葦一頃紀録一次,二頃紀録二次,三頃紀録三次,四頃准加一級;其有殷實之民栽柳二萬株,種葦四頃,准其頂帶榮身;至効力各官有情願捐栽柳葦者,亦照此例議敘。倘有不肖官員希圖議敘,占種民地者,查明題參,從重治罪。又,各處河營每兵一名每年種柳一百株,若不能如數栽植者,將專汛之千把總罰俸一年,守備罰俸半年;倘栽植不及一半者,專汛之千把總降一級,暫留原任,帶罪補栽,守備罰俸一年。〇四年覆准:海州、山陽地方蘆葦叢生,復設葦蕩營官兵採割,除照舊額一百二十萬束外,再加三十萬束,以佐工用。〇五年覆准:行令河南沿河州縣等官檢查地册,會同廳汛將現存柳園并從前坍塌及新淤地畝逐一清查,確丈立界,如有隱占,撥補還額,廣爲栽植。

凡浚柳船隻,康熙十七年議准:江南設大小浚柳船五百三十二隻,分隸八河廳營,駕運料物。〇三十一年議准:浚柳船隻修理年限,准照驛站船定例開銷,自成造之年起算,三年給以小修,再歷二年即係五年,准其大修。〇雍正五年議准:南河浚船寬長丈尺式樣,令總河開送豫省,每汛照式造浚船五隻,修理年限悉照南工定例,如河兵不加照管,致有損壞,著令該管廳汛賠修。

凡河樁,康熙四十二年諭:洪澤湖風浪危險,每致損壞船隻,居民攸關,著於沿湖坡釘樁木,以廣救濟。〇四十三年覆准:洪澤湖風浪危險,所釘樁木交與地方官隨時搶修,以垂久遠。〇四十四年諭:高家堰酌量險要之處再添建救生樁木五處,需用錢糧著估計具奏。〇又諭:高家堰簽釘救生樁木,救活人命,甚有裨益,但釘過六處係險要之地,其脱空之處尚多,以全湖俱釘救生樁木約需銀五六千兩,朕於内帑節省之銀發往修建,務使救濟民生,不必動部撥錢糧。〇四十六年覆准:高堰山盱二汛修建救生樁工,嗣後如有損壞應修理之處,交與該督隨時設法修理。〇四十七年諭:朕南巡閲河時見洪澤湖風浪危險,堤岸陡立,商民船隻觸石損壞,傷人甚多，朕心時切軫念，因特令河臣沿湖堤岸設救生樁木。自設樁以來，數年内並未損船傷人，於商民大有裨益。此樁時加增修，愈多愈善，嗣後著江寧、蘇州、杭州三處織造，每歲於節省銀内各解五百兩，送至總河衙門，以備救生樁之用，該督逐歲修理，存案不必入奏銷，如不實行修理，於别項支用者，從重治罪。

雜禁

凡閘垻湖泉處所禁令，順治五年覆准：安山、南旺兩湖地經成熟陞科者，仍聽民佃種，其餘湖地不許開墾妨漕，永著爲令。〇又覆准：河南衛河每年二三月聽民用水，四月以後即將閘板盡啓，渠口堵塞，以濟運道。〇九年覆准：沛縣湖田禁民種墾，令蓄水濟漕。〇十七年議准：諸王貝勒大臣家人官民人等，不許決引泉水灌田，違者指名參究。〇康熙十年覆准：天妃閘下黄河倒灌，直入運河，天妃一閘不能下板，漕河淤墊，就原基後建福興一閘，啓一閉二，以還漕規之舊，毋得阻滯商民船隻。〇二十三年諭：漕運關係至重，但直隸、河南之民資藉衛河水利亦多，若水口盡行堵塞，不使稍濟田畝，一遇乾旱，則環居之民必至艱苦。又部議自漕船過完，方令照舊流通。耕種自有定時，如漕船過完方許灌田，於田禾究竟無濟，其可行乎？其作何使衛水可資漕運，兼不悮民田灌溉，著該撫會同確議具奏。遵旨議定：豫省河内、輝、安三縣農務在三四月，糧船照數抵臨之期約在五月，每年自五月初一日起，將閘板封閉盡堵渠口，毋致旁洩。如經管官員陽奉陰違不封板堵渠，以致漕船阻滯者，降一級調用；該管官罰俸一年，巡撫不行查參，罰俸六個月。〇二十八年覆准：高郵州等處減水閘垻概行堵塞，恐妨運河，仍照舊於四六兩月隨時啓閉。〇二十九年覆准：北河一帶水勢微弱，令總河將南旺湖早爲開放，以利糧艘。〇又覆准：漕河開堤遲則稽重運，煞堤早則阻回空，嗣後每年定於十一月十五日煞堤，正月二十六日開堤。〇三十年覆准：河南河内縣丹河發源太行山，至丹河口分渠九道，内惟小丹河、上秦河二渠通衛濟漕，嗣後如雨水霑足之年，於三月初用竹絡裝石横塞河渠，使水歸小丹河，入衛濟漕，留涓滴之水溉地，至五月底重運過完，則放開河渠，塞小丹河口，以防山水漫溢；倘遇亢旱之年，三月初一日起，至五月十五日止，令三日放水濟運，一日塞口灌田，以後聽從民便。至輝縣束刀泉爲衛水之源，民間設五閘以蓄水灌田，舊例於五月初一日封板放水濟運，但五月正農人需水之時，嗣後量渠口之高下，用竹絡裝石堵塞，使各渠之水常盈，則正流可以濟運，餘水亦使得以溉田。

其安陽縣之萬金渠,亦令照東刀泉五閘之法,用竹絡裝石,相時塞閘通渠,務使民漕兩便。〇四十四年覆准:南旺湖涸出灘地,令該督轉飭地方官嚴行禁止,不得違例耕種,盗決堤岸,致妨漕運。〇雍正元年諭:"歷年漕船遲滯,皆由運河阻淺,運河之水全賴山東諸湖蓄水以資灌注,近歲諸湖漸就淤積,附近居民或占成田地以致水少,不能引以濟運河。今宜乘夏秋雨水之時,預爲蓄水之計,及今不圖,明年重運必致仍舊艱阻。爾諸臣應各留心相度,凡沿河近地,已經成田者,不必追究,其未經耕種者,當湖水稍落時,速宜嚴禁,不可仍令侵占。至諸湖隄防,預[①]須修築堅固,引河閘座務須啓閉得宜,則湖水深廣,運河自然流通不竭,將來漕艘無阻滯之虞矣。"遵旨議定:東省諸湖未經耕種者,俟湖水稍落,速行丈量,樹立封界,嗣後如有仍前侵占,一經查出,將沿河該管地方各官指名題參,如該上司徇庇隱匿,將該管之上司並督撫一併嚴加議處。至應修應築之處,委沿河各官料理,無悮重運,倘少疎忽,著該督嚴參。〇二年議准:小丹河辛勾口至清化鎮各水口,并輝縣東刀泉五閘、安陽縣之萬金渠及洹河之閘,令該撫嚴飭河員不時疏濬,仍遵舊制三日放水濟運,一日塞口灌田;於糧船趲行回空之期,該河員親至水口,秉公啓閉,將水勢情形設立循環號簿,五日一次報明該管印官,仍嚴禁偷放。如不肖之員通同賣水,以致漕船阻滯,即行指名題參,嚴加治罪。〇又覆准:南旺、臨清均屬漕運咽喉,仍遵舊制一年一小挑,間年一大挑,於十一月内煞壩,一面興修,一面確估具題,務於正月内完工,或因回空過遲,亦必催趲於正月内挑挖完竣,無悮重運。〇三年覆准:山東汶上縣新河頭,係馬踏湖入河濟運之處,將土壩改設閘座啓閉。

凡運河禁令,順治二年定:旗下兵船不許零星啓閉,致妨漕運。〇七年覆准:河道船隻雖係進貢及裝載大兵,不得擅行啓閉,以悮漕運。〇十三年覆准:南旺、臨清大挑及各處河官挑本境淤淺築壩,未開之前預頒清字告示,禁止一切滿漢船隻,不許先期逼勒開壩,以悮工程。〇又覆准:申明閘座啓閉禁令,先放糧艘,次放官商民船,如有恃强啓閉,洩水悮漕者,指名題參。〇康熙二年覆准:凡差遣及赴任官員,定有限期,令糧船讓路。〇又定:禁止糧船及商民船不許立纛樹旗,張樂鼓號。〇又定:差船到閘,隨漕啓閉,有攙越漕運者,照例參處。〇四年河臣請嚴河閘啓閉。奉旨:

---

① 預:據《清世宗憲皇帝實録》卷六七爲"務"。

其有奉緊要勅旨差遣者，著照前行，如糧船商船齊到閘口，糧船先過，商船繼過，如糧船未到，商船先到，閘官勿得指稱糧船將到，强行攔阻，仍著放過，若有强行攔阻者，事發從重治罪，其一應往來各官船上立有欽差牌匾，著永行停止。如此等官員船隻借名緊急，擅行啓閉，於糧船之前爭先者，著督撫指名題參。○又議准：凡内外顯要官員多置船隻，縱容家人於漕運河道往來貿易，奸棍假借名色恃强鬪鬧，及欽差赴任官員額外私帶貨船者，河道等官指名呈報，河漕總督參處，河道等官徇情不報，一併題參，如已呈報而總河總漕徇情不舉，事發一併治罪。○十一年題准：運官停泊漕船不聽督催，陵辱閘官，責打閘夫，帶去閘板，洩水悮漕者，革職究擬。○二十一年覆准：運河淺溢漕船定有程限，各處兵船行至閘河，務隨漕起閉行泊，如有扭鎖掀板，任意爭鬪者，該督指參，領兵官嚴加議處。○三十五年諭："山東漕船遲延者，乃不得過閘以致遲延。訪聞大臣船隻及緊要事務不候閘水溢滿，即著撤板過閘，小船不候水滿可行，漕船不能行走，必候水滿，故致遲悮，著差官帶領户部印封前去封固閘板，須俟水滿開閘，著漕船行走。雖是奉旨緊要事務，如水不滿，亦不許開閘。果有緊急陸路可以行走，凡朕内廷需用之物，俱停解送。"○又諭："自通州以至大通橋，民船不行，具有禁令否？今若令小船行走，於民似有裨益，著户工二部會同倉埸侍郎僉議具奏。"遵旨議定：嗣後通州至大通橋應令民船貿易行走，若遇緊急糧船之時，將貿易小船暫行禁止，交與通惠河專管倉埸衙門巡查。又奉旨：打魚牛舌頭船，亦著行走。○三十九年覆准：裏河淤墊，俟糧船過盡，即煞壩挑濬，一切差使暫由陸行。○四十四年諭："運河各閘，照依漕規啓閉，有官員經過，不許徇情擅自開放洩水，以致漕船稽遲，違者朕決不宥。"○四十五年，特遣官員往運河視閱封閘，諭："漕運關係重大，今年水淺，自臨清至天妃閘，七八百里一時盡封，則不利於商人矣，當從上流封閘蓄水，俟水滿後再開一閘，糧船過，其他船隻不許混放。"○五十三年覆准：漕船過閘，務按漕規啓閉，齊幫打放，則水勢充足，不致遲悮。至於水漲閘溜，撞沉搶修，乃意外間有之事，均准於单内註明，務於八月内全數卸完回空，如逾定限，倉埸題參。○五十四年諭："大挑動工之日，一應往來船隻概行禁止，滿洲兵船回空糧船有恃强開垻者，著拏解究處，仍預發清字告示前去。"○雍正二年諭："運河之設，未嘗禁商船之往來，但水小時則加意管束，水大時則商船行走。京師百貨俱取給於東南之商販，今若嚴禁，則各種載船必然一概阻滯，商賈安能流通？於民生日用，均屬未便。"遵旨覆准:令總漕總河,直隸、山東、河南各督撫檄飭沿河地方官弁,遇有販穀商船,許其於漕船先後乘隙而行,毋許漕船攔阻,亦毋許商船擁擠。倘有販穀商人與旗丁私相貿易,盜賣漕糧,或互相爭鬭者,該地方官即行嚴拏治罪。

大清會典卷之二百八

工部都水司

〔河渠七〕

〔水利〕

凡各處陂堰、池塘、堤渠、圩瀠、蓄水、灌田有利於民者，有司歲時修築，其有興復創修，該督撫具疏奏請。〇順治十五年定：圩岸埧堰陂塘令巡按行府州縣官常行體勘，境內有圩岸埧堰陂塘溝渠塌缺壅塞，務趁時修築堅完，疏濬流通，以備旱澇，毋致有傷禾稼，亦勿得擾害於民。〇康熙十九年論："直省督撫令所屬有司先事修防，疏通川澤以備水旱。畿輔水利，定例，趙北口等處緊要堤橋不行豫修以致衝決損壞者，府州縣官各罰俸一年，巡撫罰俸六個月。"〇順治九年，遣官修理石經山以南至蘆溝橋一帶決口。〇又諭："大修畿輔各府決口，動支户禮兵工四部錢糧充用。"〇十二年，命通惠河分司修築耍兒渡決口。〇十三年，修築薊州、玉田、豐潤三河四州縣決口。〇十四年，再修畿輔堤岸。〇十五年，修築內河邢家口、白馬灣、殷家迴流、棉花市、龍王廟五處決口。〇康熙元年，大修畿輔堤岸。〇又諭："八旗都統及有司官不時稽察，嗣後堤岸決壞之處，其田土係旗下者，都統督旗下人自行修築，係民者，有司官督民自行修築，永定爲例。"〇七年題准：蘆溝橋堤岸衝決，動帑修築。〇又諭："禁止渾河堤岸處所莊佃私開溝口。"〇又題准：霸州等處堤岸衝決，動帑修築。〇八年覆准：渾河堤岸禁止車行，責令巡撫及駐劄都司派員管理，工部春秋二季巡查，遇有衝毁，報部修築。〇十二年，濬玉泉山一帶河道，增修高梁白石諸閘埧。〇二十一年，修築石經山至蘆溝橋一帶堤岸。〇二十六年議准：直屬旗莊田地堤岸，令旗民互助協修，該州縣會同屯領催酌量令其取土修築。〇二十九年,建玉泉山石閘一座,挑濬河道。○三十年,通州北沙河閘座被水衝毁,工部差官修理。○三十二年,修復霸州苑家口傾圮舊堤。○三十三年,修濬霸州等處子牙堤河,静海、大城、雄縣、任邱堤岸河道。○三十五年,堵要兒渡決堤,濬沙洲河,添築扳罾口堤十二處。○三十七年覆准:清河設立管河同知及州判、縣丞、主簿各官,三年滿日,果能勤敏稱職,照永定河之例該撫保題到日,以應陞之缺即用。○三十九年,大修畿輔各州縣、清河、子牙河欽堤民堤,共長一千五百二十餘里。○又覆准:嗣後漳河堤岸衝決,將巡撫照總河例議處,分司道府照催督等官例議處,同知等官照承修官例議處。○四十年起,良鄉之老君堂、莽牛河至沙堤,開小清河一道,引水入永定河。○四十九年,石經山堤工,動帑交永定河分司會同工部修理。○五十二年諭:“石經山堤工關係甚屬緊要,若交與永定河分司兼管,則駐劄迢遠,難於巡查,著仍照前派遣部員防守修理,著堂上官員不時巡查,倘有坍塌之處,即行奏聞。”○雍正二年諭:“石經山渾河堤工甚屬緊要,著詳勘修理。”○四年,特命親王大臣查勘直隸地方。自四年爲始,節次興修畿輔水利,奏准:直隸之水經流有三,北爲白河,即北運河,南爲衞河,即南運河,其匯畿輔西南六十餘河之水爲巨浸,東至直沽,合白河、衞河,同入海者爲淀河。又淀之下流南來者爲子牙河,北來者爲永定河,皆水濁泥多,横激壅淤,爲淀河患,故淀治而水利興,然必河治而淀乃就理。向患永定河濁流由勝芳河之西奔騰南下,今自范甕口别開長洵河一道,面寬十五六丈,深四五尺不等,長三十餘里,引渾水遶王慶坨之東北入三角淀,直趨而東,俾濁水無復南流淤淀。又東安武清地當濁流之下稍,每苦泛溢,今由柳坌口至韓家樹三十餘里築堤,以防其衝。子牙河爲滹漳滏陽大陸諸水下流,水迅泥多,今將兩岸之堤加高培厚,束其流使不得盪激衝決,由大城之王家口入淀,借淀河清流之力刷之,使河流之泥沙不致淤淀。○又,週淀舊有欽堤一道,迴環千里,自康熙三十七年修築之後幾三十年,日漸圮壞,一遇暴漲,衝決漫溢。今自清苑以下、文安以上凡堤身低薄殘缺之處,悉爲加高增厚,修治補葺,建閘設壩,鑲以椿葦,堅以夯硪,又開張家嘴勝芳河以瀉其流,俾不至會同玉帶諸河侵囓堤根。又苑家口河身逼窄,每致漫決,濬中亭河、十望河以洩其漲。又柴火淀在其上游,急流直衝堤岸,開口頭村引河,掘張青口毛兒灣等處,導歸中亭,以緩其勢、分其溜,俾欽堤鞏固,一勞永逸。○又,莽牛河爲白溝支津,雨潦則溢而東決,日久衝溜自成河形,下無所歸,泛濫田野,固霸諸邑患之。濬治良鄉以南,經涿州、固安、霸州等處一百七十餘里,令河身寬深,至高橋以下導之入淀,而白溝之暴漲可減。〇又,新安當漕雹二河之衝,廬舍時遭漂浸。自三台村以南,開引河一道,使漕河入雹,雹河入淀,則上流諸水不致泛溢,又於新安城北築堤二十餘里以護縣治,建姜石嘴閘,俾小殷淀、大殷淀等處營田旱潦有備。〇又,高陽豬龍河自柴淀口河身南徙而後,舊河斷流,新河界連任邱,藉堤爲障,近復決蠊螂口而東,而任邱西北村莊盡被淹浸,鄚州一帶通衢往來病涉。今築攔河垻障之,使西挑車道口引流歸淀,堵築蠊螂放水諸口,以斷其流,涸出任邱被淹之地,俾民復業,又於任邱之棗林莊等處高築行道十餘里,復開王村順子口,消南來之積水,以便南北行人往來。〇又,雄縣之趙北口爲西淀咽喉,舊有堤長七里,橋共八座。今增橋爲十一座,并以木易石,其橋空各浚深丈餘,使寬暢深廣,水勢順流直達柴火淀而東下,俾河流無滯,淀淀貫通。〇又,京南以滹沱河爲大澤,綿亘千有餘里,時決時淤,其次爲任縣泊,即大陸澤,次爲寧晉泊,即河薄落,皆爲巨浸,並匯於滏陽河,自滹沱闐淤,河高於泊,入滏之路惟雞爪河一道,不足以消全泊之漲,而穆家口爲二泊傳送之口,淺隘不能暢流,以致任隆士民構訟歷有年所。今並挑挖疏濬,令深至八九丈不等,廣至八丈有餘,長至三十餘里,又築堤於邢家灣,以防其決,濬深王甫隄橋之下,以舒其流,二泊涸出之地盡成膏腴,復展挖營上村黄兒營等處,從此泊之會於滏陽者下流無滯。〇又,南運河自衞汶合流之後,南高北下,勢如建瓴,德、棣、滄、景之間,春則淺阻,伏秋則暴漲,漫決隄岸。滄、青之間舊有磚河興濟二閘,乃昔年分減衞水之故道,河形宛然,閘石現存。於滄水之磚河石閘改築減水垻一座,長十四丈,寬二丈四尺,高一丈二尺,又循舊有河形開鑿深廣,面寬六七丈,深七八尺不等,即以刨河之土兩岸叠爲埂埝,紆迴東下,計二百餘里。又於青縣之興濟,因其舊有河閘改築減水石垻,挑挖河身,其閘垻之工料規模河道之寬深丈尺,沿河叠土爲埝,一如滄州之磚河,計百有餘里,與磚河合流,入白塘口歸於海,俾運河安穩,漕艘順利。〇又,北運河爲白河下流,伏秋迅漲,每苦決衝,香河寶坻在其東岸,一遇潰漫,二邑並受其災。於運河之東開鮑邱、窩頭二河,以防運漲之漫溢,且以洩通薊一帶北來山水,又於香河所屬之牛牧屯斜築長隄一道,障其上流,使不東溢。西爲武清,跨運河兩岸,地土平衍,雨潦無歸,田廬被其瀰漫,堤内舊有鳳河一道,日久斷流,淤爲平陸。今循其故道,自高閣莊至堠上村一百三十餘里開濬寬深,由大河頭南引流入淀,俾堤岸永固,積水有歸。東拆筐兒港舊有減水石垻,底高口狹,宣洩不暢,今改寬闊面六十丈,改低金門五丈,其減水河身亦酌加深廣,俾堪容納,東下百里以七里海爲歸。七里海亦加挑挖,使無壅淤,容蓄廣而尾閭舒,水之朝宗者以遂。〇又,還鄉河即泝水,委折蛇行,舊有三灣九曲之稱,河道狹而堤堰卑,東決則淹豐潤,西決則淹玉田。今於劉欽王木匠等莊河身之狹者寬之,曲者直之,修築堤工之殘缺者,且拓廣而加高之,俾水不旁溢,兩邑無衝漫之患。〇又議准:灤薊、天津、文霸、任邱、新雄等處,各專設營田之官,行文江浙二省召募老農,每省各送三十人,每月酌給工食糧米,令課導耕種,如不敷用,再行召募。所召募之農夫俟本地之人耕種得法,令其回籍。小民力不能耕者,官給錢糧經理牛種,秋成後歲收十分之一,俟足額而止。有力之家率先奉行者,以圩田多寡分別獎賞。其出貲代人營田者,民則一體分別旌賞,官則分別議敘,仍歲收十分之一,歸還原本。其官田數萬頃,分地遣官會同該地方官首先舉行,爲民倡率。其濬流圩岸以及瀦水節水引水戽水之法,倣照成規,各因地畝形勢,次第興修。所需農器水車等物,亦行文江浙二省各送匠人五名,教導本地匠人依式造作,比召募老農之例一體支給工食糧米,俟本地匠人造作如法後,令其回籍。其民間田舍有碍水道者,計畝均攤,通融撥抵,視本田畝數加十之二三,其河淀淤地已經成熟陞科而必須開挖者,將附近官田照數撥補,有抗違者,照例治罪。〇又議准:直隸河道分爲四局,南運河與臧家橋以下之子牙河、苑家口以東之淀河爲一局,令天津道就近管理,舊有天津同知、泊河、通判及各地方管河同知、通判、縣丞、主簿等員,悉歸統轄;永定河分爲一局,將永定河分司改爲河道,駐劄固安縣總理,其沿河州縣各添設縣丞、主簿等員,以資分防,除所有同知一員之外,將向來効力人員一概撤回;運河分爲一局,撤去分司,歸通永道兼管,其管河州判等官悉歸統轄;苑家口以西各淀及畿南諸河爲一局,將大名道改爲清河道,移駐保定府,舊有管河同知、通判、州判、縣丞、主簿等員,悉歸統轄。各處水田溝洫,令各道員督率所屬州縣按時修浚,定爲考成,道員錢糧有無冒濫、工程有無修廢,悉歸直隸總督考核。所有永定河歲修錢糧一萬五千兩,仍解道庫,各道俱照此數,歲撥司庫地丁錢糧存貯道庫,以資修理,倘有不敷,題請再撥,統於年底報部。〇又議准:直隸河道子牙河及天津以南運河新修工程,俱照運河例定限保固三年,北運河工程較之永定河稍平易,較之南運河則爲險要,立限保固二年,倘限内衝決,照例著落承修官賠修,至於歲修工程,現今四道各有額設銀兩,其應增應減之處,俟一二年經試汛水之後酌量定數。

永定河

直隸各河,永定工程最爲緊要,比於黄河,故另列焉。康熙三十七年,以渾河之水自蘆溝而下並無堤岸,畿輔州縣歷年被患,特命大臣管理,指示方畧,起良鄉之張客莊,至東安之郎城,開河一道,築南北堤束水歸淀入海,賜名永定河,設河官、河兵預備歲修物料,以垂永久。○又定:直隸永定河工,照黄河一例修理,召募河夫二千名,夫役工食照江南河兵錢糧例給發,每年挑濬淤淺,緊要大工,將民夫僱用,沿河空地酌量分給河夫耕種。○又奏准:將房山等十二州縣錢糧兑解永定河分司衙門,給發河兵預備工料。○又覆准:管理永定河郎中,俟三年滿日,果能稱職者,該撫保題到日,以應陞之缺即行陞用。○三十八年覆准:郎城河口淤塞,開郭家務新河。○又覆准:房山等十二州縣應解永定河之銀,嗣後照依十分分數定爲三限,每歲三月内完解四分,六月内再完解四分,至九月内全完,起解分司衙門,以濟修防之用,遇有蠲災缺額,呈報撫臣,即於守道庫貯銀内照數撥給,如遲悞違限,照河銀考成例議處。○三十九年覆准:永定河工程刷岸太甚者,間下大埽,其一概下埽以四五六七尺爲度,至捲埽工料價值如有虚浮,察出參處,其捲埽純用物料,撒土無多,暗行侵冒,該撫即行指名題參。○四十年覆准:永定河河兵二千名裁去一千二百名,留八百名在工,若工程緊要,僱募附近民夫應用。○又議准:有河地方府州縣官原有兼管河道之責,永定河工程令兼管防守。○雍正元年議准:郭家務以下堤窄水急,保固維艱,所派看守之筆帖式如果看守無過,該分司據實詳報巡撫,巡撫奏聞,交吏部工部核實,照工程平險分爲三項議敘。郭家務以下准以三年議敘,北岸准以四年議敘,郭家務以上地勢寬衍,易於隄防,准以五年議敘。如有本身捐埽効力者,量其所捐多寡另行議敘。其修築工程務令本工筆帖式親身修理。再,河工形勢,一處衝決,則水勢易洩别處堤工,自保無虞,嗣後如有一處衝決,即將五處看守人員停其當年議敘。郭家務以下等處地方遇大水泛漲,若致衝決,應將所費錢糧作爲三分,分司、同知及在本工之筆帖式賠補。郭家務以上工程有一處衝決者,亦應照郭家務以下險工處衝決之例,分派著落賠補,亦不准當年議敘。○三年議准:嗣後永定河工程如遇緊要險工,一面興修,一面具題,其歲搶工程亦令先行題估,工完題銷。至分司、同知倘或發銀不實,管工各員辦料不足,有出具空領等弊,該督即行查參,從重治罪。○又議准:永定河素有平易工程預備物料,其長墊銀不准報銷,如工險水大,飛報總督委官確勘,即將預備物料撥用,工完題銷,其長墊名色永行停止報銷。○又議准:永定河河兵二千名,康熙四十年題裁一千二百名,每工揀存三十名,現存八百名,今於八百名之内減去二百名,若遇緊急工程,人不足用,另行僱夫應用。○又議准:嗣後永定河筆帖式缺出,令各部院衙門揀選發往,仍取該旗都統"家道殷實"印結。如有希圖限滿即陞、假冒家道殷實者,該督查出題參,從重治罪,並將揀選發往之上司、出結之都統、參領、佐領、驍騎校一併交部議處。○又議准:防守修過堤岸乃分管官員之責,如鼠洞衝決,即著落該管官限日賠修,如限内不完及工程不堅,即將該管官參革賠修。至分司、同知有盤查之責,倘有指舊作新捏報情弊,即將該管官參革賠修,仍令失察之分司、同知分賠修理。○又議准:永定下埽淤沙,以至衝決,嗣後遇水枯之時,即遴委幹員會同分司確查應挑之處,將工程所需銀數造册具題,據實題銷,倘有捏稱淤沙、希圖冒銷情弊,該督查參,嚴加治罪。○又議准:嗣後永定河查勘工程,該督遴委練達老成官員據實查勘,如有徇隱情弊,一併題參。○五年議准:永定河新修工程,照黄河例定限保固一年。

凡内外河差,康熙七年勅:工部察看在京内外河渠,及時疏濬。○十一年,差滿司官二員,漢員外郎二員、筆帖式四員,鑄給關防,分管内外河道,二年更代。皇城京城諸河屬内河,大小橋閘五十六座,設閘夫二百五十名,玉泉山起至高梁橋屬外河,大小閘十一座,設閘夫一百名,專司啓閉,沿河巡察。如有盜決河水、毁壞橋閘、圍墻及抛棄糞土者,查拏糾參,有失巡察者題參,交吏部議處。○十三年題准:滿漢司官不拘郎中員外郎主事,一體差遣,照街道差例一年更代。○二十一年,停内外河差,歸併都水司管理。○二十四年議准:内外河橋閘,工部與奉宸苑協同管理,其閘軍交奉宸苑管轄。○三十九年題准:内外兩河分司係工部會同奉宸苑官員辦理,俱有經管錢糧,於工部官員内揀選引見派出,一年差滿更换。○四十四年奏准:内外河橋閘,停其每年交與分司修理,嗣後隔五年修理一次。○雍正三年,大修京城内外溝渠,奉旨交步軍統領、内務府大臣動用工部錢糧,派内務府官監修。○四年,設立水利營田府衙門,命親王大臣總理,設滿漢司官各四員、經歷一員。

直省水利

順治九年,修復江南練湖。○十五年,修築浙江海鹽縣捍海石塘,併令歲一修葺。○十七年,修築江南當塗、高淳兩縣廢圩工成,名曰忠惠圩,仍令有司不時培護。○又修貴州黔河併四川灌縣都江大堰。○康熙三年,浙江海潮衝壞沿海塘堤,修海鹽、海寧兩縣石塘禦之。○十年,開蘇屬劉家河、松屬吴淞江,以洩太湖,俾由故道入海。○又雲南雲津河衝溢,增南城外石橋二洞,以殺水勢。○十一年,濬江南吴江長橋一帶,以洩太湖。○十二年,修復河南安陽縣萬金渠,引洹水灌田。○十九年,江南水患,淹没民田,疏濬白茅港、孟瀆河,築垻建閘,又修七了河一帶,併開福山港、三丈浦諸河。○二十一年,濬蘇屬支塘,至新市舊河,仍令歲修,蘇松河道閘垻,專任蘇松常道,年底造册報部。○又修雲南城外金汁諸河及舊廢閘垻。○二十六年,修築浙江海鹽漫決塘堤。○二十七年,修雲南松華垻及金汁等六河閘垻,引水資昆明各縣灌溉。○二十九年,江南沿海石塘坍塌數百餘丈,飭地方官堅固修理。○又修復山東郯城禹王臺舊址遏沭水,使由故道,以免沂、郯、邳、宿、嶧水患。○三十三年覆准:吴淞水利,飭令江水經由地方各官每年秋冬水涸時各加疏濬,不致上流泛濫。○又,山東小清河漫溢,新城、高苑諸縣多被淹没,築青沙泊南堤并挑孝婦河,俾會清河水入海。○三十九年議准:湖廣素稱澤國,全賴築堤高厚,責令地方官於每年九月興修,次年二月告竣,如期堅固修築,若修築不堅以致衝決,將該督撫照總河例議處,道府照督催官例議處,同知等官照承修官例議處,至修葺原照糧役夫,如有衿棍土豪抗違包折,該督撫查拏題參,照光棍例治罪。○四十三年,挑濬戴村垻淤塞舊河,築和尚林越堤,逼水仍歸故道,以免東平州等處水患。○四十七年,疏濬浙江杭、嘉、湖三府淤淺港溇,建閘六十四座。○又濬江南蘇松常鎮各處支河港蕩,修建新舊閘座,以資灌溉。○四十八年,開濬寧夏宋澄堡、李洋堡二渠,引黄水助塘渠灌溉,造木石閘垻十三座,因時蓄洩。○四十九年,濬江南徐邳境内房亭等河。○又築湖南常德府大圍堤,令地方官專管修理。○五十一年,修平湖、海鹽、海寧三縣海塘。○五十二年海寧露、陽兩字號石塘衝陷,隨加修築。○五十四年建山陰縣石塘,以禦海塘。○又諭:"江堤與黄河堤塍不同,黄河水流無定,時常改移,故特設河官看守,江水並不改移,故止交與地方官看守,如江水倘一泛漲,亦非人力能保。湖廣堤岸引黄河看守堤工例議處地方官員之處,著詳查另議具奏。"遵旨議定:嗣後湖廣堤岸衝決,將三十九年議定之例停止,照趙北口等處例處分,府、州、縣官員各罰俸一年,該撫罰俸六個月。○五十五年,築廣東海康、遂溪二縣圍堤以衛洋田。○又修楚省荆漢二江堤塍。○五十七年,修海寧石塘并坦水土塘,開濬備塘河一道。○五十八年,修治江西臨江府北土橋老堤,以扞清江、豐城、高安三縣田廬。○五十九年,建築海寧縣老鹽倉石塘,挑中小亹淤沙,俾復江海故道,又建上虞縣夏蓋山西石塘。○雍正元年議准:東南州郡如江南浙江等處,地方膏腴田皆近水,而旱資灌溉,潦資洩瀉,全在水利,令各省督撫轉飭各州縣、衛所官確查大小河道,如有淤塞者,即行設法疏濬,務期實濟。○二年,開濬浙江西湖淤淺,俾復舊址,并疏上下兩塘,資仁和、錢塘、海寧三縣民田灌溉。○三年,修築浙江餘姚、上虞、會稽、海寧、海鹽五縣海塘。○又修江南華婁、上海、嘉定等縣沿海土石塘工。○又開濬山東小鹽河淤塞,使舊河通而水有歸。○四年,開寬河南百泉東西民渠口門,以資灌溉,洹河自石橋第十洞處每歲築石子垻,開渠引水,其西三十三洞盡行疏濬。○又,小丹河上下開寬,秦渠、董下渠各建分水渠口灌田,堵塞小丹河内分灌民田之十六口門。○又疏濬山東膠萊新河,以資兩岸民田。○又開通鬲津趙牛等河,其濮州之魏河、聊城之洩水河并行挑挖。○又寧夏插漢托合地方開渠築堤,建立閘座,以資水利灌田。○五年諭:“據湖廣總督奏稱,荆州地方沿江堤岸例係民堤民修,今請動用耗羨銀兩修築,令監修防護等語。朕思耗羨銀兩亦係小民脂膏,凡地方應修工程於民生實有裨益者,即當動用帑金辦理,不必取給於耗羨。但此處既係民堤,若修理之後即算欽堤,則凡遇隨時補葺之處,小民不敢干涉,轉致疎忽,且恐頑劣之民恃有朝廷歲修之例,不肯用心防護,以至潰決,害及田廬,而民受其累。此等之處皆當預爲籌及。荆州沿江堤岸,著動用帑金遴委賢員監督修理,修成之後仍算民堤,令百姓加意保護,隨時補葺,俾得永受其益。”○又諭:“朕聞得陝西鄭白渠、龍洞向來引涇河之水溉田甚廣,歷年既久,疏濬失宜,龍洞與鄭白渠漸致淤塞,堤堰大半坍圮,醴泉、涇陽等縣水田僅存其名,深爲可惜。朕特令該督詳勘興修。今據該督親勘奏稱,龍洞急宜挑挖,鄭白渠務當疏濬,更須修築堤堰,建設閘口,以俾堅久,已於西安布政司庫貯公用羨餘銀先動一千兩,委員將龍洞、鄭白渠及時挑濬,其建閘工料約估銀七千兩,請亦於司庫存貯羨餘銀内動用等語。朕惟興修堤堰,乃於民生大有裨益之事,著動用正項錢糧,俟一切工程告竣,造報工部查核,務期渠道深通,堤堰堅固,俾農田得以永賴,以副朕保惠元元至意。”○又諭:“地方水利關係民生,最爲緊要,如江南户口繁庶,宜更加修濬,時其蓄洩,以防旱澇,向來屢有條奏之人但未經本省督撫奏請,朕意亦久欲興修,以資農務,因海塘工程正在營治,且水利事關重大,必得實心辦事之人,方有裨益。我皇考念切民依，周知稼穡，因康熙四十六年巡省江浙，所至必細驗水土燥濕高下之宜，詳考五穀種植之性，躬親講求，將附近太湖及通江潮之處條分縷晰，特頒諭旨，令江浙督撫於蘇松常鎮杭嘉湖地方疏濬河港，以資灌溉，修建閘座，以便啓閉，皆動用公帑錢糧，不使絲毫出於民力，恩至渥也。乃當時督撫諸臣不能實心仰體，惟以虚文奉行，糜費帑金二十餘萬，大都飽於官吏之侵漁而無實效，深可痛恨。朕即位以來，事事仰體皇考之貽謨，永圖民生之遠計，據該撫陳奏，應是地方不可遲緩之事，悉心踏勘，詳加酌議。凡建立閘座、疏濬河流，務期盡除淤塞，以杜泛濫之虞，廣蓄水泉，以收灌溉之益，其一應工費俱動用庫帑支給，一切工程交與監督辦理，并諭吏部將現任部屬及候選部屬府州縣人員内，有具呈願往効力者，挑選十餘人帶往江南，不必令出資財，惟令辦理事務，酌量委用。”○又諭：“自古治水之法，惟在順其自然之勢而利導之，故水之爲害者，大抵由於故道湮塞，使水不得逕直暢流，以致泛溢而爲患。但恐逕直之路湮塞年久，民間既已蓋造室廬，開墾田畝，或且安葬墳墓，人情各顧其私，不知遠大之計。今見欲於此地開濬河道，則因循規避，百計阻撓，而司其事者未免惑於浮議，遂致遷就紆迴，别開溝洫，苟且從事，而不能爲一勞永逸之舉，此治水之通弊也。昨川陝總督稱陝西現在興修漢渠以濟民田，亦以開濬之處，不無礙於墳墓，故爾遲迴。朕諭之曰，果係民間墳墓所在，當給與買地之價，令其遷葬，民自樂從。該督奏云，若果給與遷葬之費，則公私俱便，小民無不樂從者。朕已諭令在陝遵行。目今江南地方見在興修水利，著該撫與欽差官亦照此辦理。若水勢必由之路礙於墳墓，即於興修水利錢糧内動支銀兩，給與本人，令其改葬，俾小民既有營葬之資，而河工亦收利導之益，則水患可除，水利可興，地方永遠蒙福矣。”○又諭：“督修江南水利督撫欽差，朕軫念民依，以蘇松地勢稍下，特遣大臣會同督撫開濬水道，爲久遠之計。太湖之水歸海，劉河、白茅二河爲要，必徑直深廣，令水暢出，方能一勞永逸。《圖誌》所載二河形勢，數十里一徑直趨入海，無少曲折，因年歲久遠，海口爲潮湮塞，悉成平陸。太倉常熟之紳衿土豪霸占耕種，然報科者十無二三，私獲重利於己。今既開濬疏通，務必盡去新漲地畝，以復故道方是。聞背公懷私、害衆利己之徒有不願者，串買地棍，投遞公呈，或請别開支河，或請另開新道，其言紛紛不一。倘以似是之言或惑於聽聞，或希圖微利，或稍徇情面，或依違遷避，使積水不能暢出，數年後仍漸致壅塞，則汝等罪不可逭矣！該督撫欽差等當竭力秉公詳勘，務爲一勞永逸之計,倘紳衿惡棍生事阻撓,爾等指名題參,嚴懲數人,則不公不法之刁風自息矣。爾等若少有欺隱苟且,塞責了事,異日代人領過之時,莫怨朕未明白曉諭也。”〇又議准:蘇松太所屬之吴淞江、白茅、徐六涇、福山塘,吴江、震澤縣運河,長橋北河、萬頃港、互流港,武進縣之孟瀆、德勝新河,丹陽縣之九曲河,節次開浚。〇又諭:“所開河道土方,若目前圖便堆積河岸,將來雨水淋刷必致仍淤河道,務令運送遠處,以爲一勞永逸之計。”

大清會典卷之二百九

工部都水司

〔橋道〕

凡南苑大小橋梁水溝,如有損壞,看守官員報部,差官修理。

凡京城内外大小橋梁遇有損壞,本部差官修理。在直省者,地方官捐助修理,依城工例議敘。其有通衢大路、緊要堤橋不行預修以致衝決者,府、州、縣官員各罰俸一年,巡撫罰俸六個月。○雍正三年諭直隸總督:"今年六月以後雨水較多,橋梁道路多被淹没,京師爲四方輻輳之地,士民商賈往來雲集。今聞近京各處道途積潦,行李維艱,諸物騰貴,朕心深爲軫念。爾可轉飭各地方官悉心籌畫,其大路中集水之處作何疏洩,窪圮之處作何修墊。通州一路可交與副將,通永道、古北口一路可交與提督及該管州縣官,宣府一路可交與總兵及該管州縣官,至近京一帶可交與大興、宛平、良鄉、涿州等州縣,俱速令其相度地勢,設法修理,使行旅之人通行無阻,不可借端差派,以便民之政反致累民。"

凡遵化州湯泉、宣府衛赤城湯泉,如遇行幸,動支錢糧,差官修理。

凡直省各州縣橋道如遇行幸,地方官率領夫役修墊,所用錢糧,報部給發。康熙四十一年題准:修墊橋道,著該撫動用道庫雜項銀兩,報户部銷算。○五十五年議准:修墊銀兩,著隨行工部侍郎帶領,沿途給發,事竣奏銷。

凡九門街道,順治元年差工部漢司官一員,清理街道,修濬溝渠,仍令五城司坊官分理。○康熙二年覆准:内城令滿漢御史、街道廳、步軍總尉、副尉管理,外城令街道廳、司坊官分理。○三年覆准:街道分左右翼,添差滿、漢司官各二員。○十四年覆准:内城街道溝渠,交步軍統領管理,外城交街道廳管理。〇四十年題准:京城内外墊道,歸併宛大二縣專理。〇四十三年論:"街道不用專派官管理,交與提督管理。"〇四十七年論:"著給事中兼管街道。"〇五十年論:"凡一應舊有瓦房偏厦侵占官道者,免其拆毁,俟日後蓋造之時清出還官。"〇又覆准:正陽門外大街東西兩邊房屋并猪市口民房,以新溝爲限准其修理,蓋造至小街有溝者,以溝爲限,其無溝并街道灣斜不整,或一面係空地者,俱以左右鄰房不占官街者爲齊,仍於本户下註明碍道尺寸,立册存案,日後更造,清出還官。〇五十二年覆准:監督街道仍差工部滿漢司官各一員,一年更替。〇雍正二年論:"九門石路甚是損壞,行走重車甚屬維艱,交工部提督衙門公同詳勘,將應修補之處確估,挨次修理。再西直門外石路修至高梁橋,至暢春園石路有損壞者,亦著修理。"又奉旨:此工著動内庫銀兩。〇又論:"聞得前三門外有溝渠壅塞,人家存水,街道泥濘,行路艱難。如有積水之處作何疏通,毋使居人受累,提督衙門查明奏聞,著該城監察御史、街道廳營弁會同料估啓奏,動用正項錢糧修理。如有騎溝大房,著拆毁,賞給銀兩。"〇又奏准:皇城一帶地方,禁止當街污穢,曬颺皮張。〇三年議准:京城内外大小街道年久浮土堆積,内城交與步軍統領,分交八旗步軍副尉等,外城交與五城御史、街道廳,應行刨挖之處丈量確估,酌動正項錢糧,於雍正五年興工刨挖。〇又覆准:紫禁城週圍御河街道查有堆積之處,俱行清理,嗣後查管禁止,仍著步軍統領等左右二翼内,派賢能步軍副尉不時巡查。〇又論:"廣寧門外大路甚屬低窪,大雨時行則積水處車輛行李往來甚難,着步軍統領支户部庫銀修理石路。"〇又論:"新修九門石路或有被重車所壓以致塌陷者,著即行修理,嗣後日久再有塌陷處,步軍統領等從工部支領錢糧修理。"

凡掩骼,康熙九年題准:道傍枯骸,工部掩埋,通行直省一體遵行。

〔船隻〕

漕船

清江廠分司管理漕造事務,額造江寧、廬、鳳、淮、揚、山東各衛漕船三千九百五十隻,以十年爲限,歲造十分之一,歲額税銀二萬一百八十一兩四錢六分零,順治十五年增額銀一萬兩,共額銀三萬一百八十一兩四錢六分零;又江南軍三小料銀一萬五千三百餘兩,俱供漕造之用,其額造不敷則題動蘆課補足;又額徵石價銀六百五十兩,折夫銀五千五兩七錢六分零,扣利銀一萬一千五百九十八兩五錢六分零,由閘銀三千三百三十三兩三錢三分零，又楑頭一項無定額，俱供河道支用。

凡漕船督造，順治二年差工部漢司官一員督理，三年更代。〇四年歸併户部。〇八年仍歸工部。〇十二年添差滿司官、筆帖式各一員，一年更代。〇十四年裁滿司官及筆帖式，仍三年更代。〇康熙元年，復差滿司官、筆帖式各一員，一年更代。〇三年，仍定三年更代。〇四年，歸併地方官。〇八年，復差滿漢司官各一員及筆帖式一員，一年更代。〇九年裁分司石價等銀歸户部淮安關兼理，漕造事務歸淮安府船政同知管理，又將江寧省衛三十三幫糧船一百二十五隻移於江寧龍江廠地方成造，令江寧府管糧同知督理。〇十九年題准：差部員督造清江廠漕船。〇二十八年覆准：廬鳳等衛船隻向在清江、江寧二廠内打造，嗣後改歸各旗丁領運自造。〇三十三年覆准：仍設清江、江寧二廠修造漕船。〇三十九年覆准：裁清江廠船政同知，改設理事同知兼管船政，仍屬總漕巡撫管轄。〇雍正二年諭："船政同知經管修造糧船，侵漁尤甚，此官於漕政毫無裨益，著即裁去。"〇又議准：江寧、清江、浙江船政同知已經奉旨裁汰，江寧、清江、浙江廠造之船令各糧道經管，其山東漕船則歸山東糧道經管，俱給料價，旗丁自造。

凡糧船式樣，定例每船底長五丈二尺，中闊九尺五寸，厚二寸，頭長九尺五寸，闊六尺二寸，厚二寸，搪浪稍長九尺五寸，闊五尺二寸，厚一寸二分，順治三年覆准，漕船先造一隻爲式，估定價值，准動淮關蘆課銀修造。〇康熙六年覆准：漕船每隻載米四百石，糧道等親臨船廠，依式成造。〇十七年題准：漕船載米不得過四百石，入水毋過六捺，六寸爲捺。空船以四捺爲度，依式成造。〇十九年題准：差部員督造，每隻長七丈一尺，闊一丈四尺四寸。〇二十一年覆准：令總漕及各督撫嚴檄糧道等官，糧船務須依式成造，如違即行指參。〇二十六年覆准：新改船式船小載重，量加寬大。〇雍正二年議准：湖廣、江西漕艘遠歷長江，造船以十丈爲率，短不得過九丈，其寬深丈尺酌量合式，船底務須寬平，該督飭令兩省糧道照式成造，如有私放寬大者，該督即將糧道題參治罪。

凡漕造限期，定例十年一造，十年内有漂没火焚及拆毀盜賣者，各按年分照例追銀，例詳見《户部》。每船每年給三修銀兩，户部開銷。

凡糧船料價，順治初原額每船給料價銀二百八十三兩二錢七分零。〇十七年減料價銀四十一兩三錢。〇康熙元年核減料價銀七兩二錢。〇十年減料價銀十兩四錢。〇十一年減江寧廠水脚銀三兩。〇十五年減江寧、清江二廠料價銀六兩六錢,又減江寧廠水脚銀六兩。〇十七年清江廠料價水脚銀,照江寧廠減給。〇十九年差部員督造清江廠漕船,每船減料銀三十一兩六錢零,實給銀一百七十七兩一錢五分,江寧各廠俱照此減給。〇二十二年議准:遣官往各省監造船隻,每船實用料價銀一百七十七兩一錢五分,嗣後造船俱照此例。〇二十六年議准:漕船料價核減至一百七十七兩一錢五分,板薄釘稀,有悮漕運,增江寧、清江二廠漕船料價,每隻仍准照舊復給銀二百八兩七錢零。〇雍正三年覆准:漕船所給料價,屢經酌定二百八兩七錢零之數,仍照舊價給發,行令總漕嚴飭各糧道親身如數給發旗丁,不許分毫扣取,務期成造堅固。如有侵扣等弊,總漕即將糧道等官指名題參,交部從重議處,如該督徇隱不參,一併議處。

凡修造禁令,康熙四年覆准:淮廠改造補造漕船,總漕親身查驗,果不堪再運者,方准改補,如有剩料,充下年歲造之用。〇七年題准:漕船改造管造之官親加驗明,如內有可加修再運一二年者,即量給加修銀兩,仍令載運,照年扣算。倘有可用舊船不行驗明,該督撫查出題參。〇十四年議准:官員奉委修造漕船,或謊報朽爛,或修造未竣,揑報已完,或朽爛船隻冊報掩飾者,俱降二級調用;如承造漕船推諉不行監造,或檄催日久不完者,俱降一級調用;該管官督催不力者,罰俸一年,如朽爛船隻不估價申報者,亦罰俸一年。〇十八年議准:應造船隻預行咨部核定,方准成造,如未奉文之先私給銀造成者,即將該管官指參。〇雍正二年議准:漕船關係緊要,令總漕於回空時查明實係腐朽難修者,方入歲冊請造,過淮時驗明堅固合式,方准銷算。如有揑報成造及板薄釘稀不合式者,即將糧道并監造等官題參,從重議處。

戰船

戰船大小不一,有水艍、犂艚、沙船、鳥船、砲船、梭船、哨船、艾船、大小唬船,其最大者曰得勝船,又有快船以利追勦,馬船以載馬匹,軍中運糧船以資輸輓,各相江海湖灘之險,因地制宜,工料亦隨時地爲低昂。其修造則請撥經費,或動户部工部額銀,或動兵部缺馬朋扣、刑部贓罰等銀及江南黄快丁銀,以供修船之用。

凡戰船號數,順治十五年查各省戰砲等船,併令各督撫交代,俱造冊報明,無致混冒遺失。江南省船九百八隻,浙江省船三百五十二隻,湖廣省船一千二百五十八隻,廣東省船四百五隻,四川省船六百一十隻,福建省船二百五隻。〇康熙十七年,奉旨遣官員清查各省戰馬等船,江南省堅固戰船九百七十二隻、應修船一百二十八隻、應拆船二百七十八隻，浙江省堅固船三十九隻、應修船一百六十四隻、應拆船四百五十五隻，江西省堅固船四百五十三隻，湖廣省堅固船四百三十六隻、堪用船八隻、補造船八隻、應修船八十三隻，福建省堅固船五百二十四隻、應修船二百二十一隻、應拆船四十七隻，廣東省堅固船四百九十四隻、應修船一百四十六隻、應拆船三十二隻，又堅固堪用茅蓬船一百四十六隻，四川省堅固船一百八十二隻、破壞船二百三十一隻。○雍正二年清查各省戰船，江南省外海戰船二百三十三隻、内河戰船一百三十二隻，浙江省外海戰船一百十八隻、内河戰船一百八隻，山東省外海戰船十隻，江西省内河戰船三十一隻，湖廣省内河戰船三百六十三隻，福建省外海戰船三百十二隻，廣東省外海戰船一百七隻、内河戰船二百八十九隻。

凡修理船隻，康熙十三年議准：各省戰船并各項船隻，定限三年一小修，五年一大修。○十七年諭："各省船隻或修或造，俱差各部賢能司官二員前往督理，將實用錢糧著爲定例。"○二十二年議准：凡不應修理船隻，限前混行申詳修理者，府州縣都司、守備、千總、把總降二級調用，轉報司道副將、參將、遊擊降一級調用，具題督撫、提鎮罰俸一年，其經管專責之驛傳道照州縣例處分，會題巡撫罰俸六個月。○二十八年覆准：嗣後閩省戰船仍歸道廳董率修理。○二十九年題准：各省海汛戰哨船隻自新造之年爲始，歷三年准其小修，小修後三年大修，大修後三年如船隻尚堪修理應用，仍令大修，或不堪修理，該督撫等題明拆造；内河戰船自新造之年爲始，歷三年准其小修，小修後五年大修，大修後三年仍令小修，小修後三年如船隻尚堪修理應用，仍令其大修，或不堪修理，該督撫等題明拆造。○又議准：各省戰船係營弁及各府州縣官應修者，至應修之年，以各屬文到日爲始，限一個月領船，再限一月估定價值册報，部覆允修之船，以部文到日爲始，大修限三個月，小修限兩個月。限内不領不估及不於限内修完者，違限一月以上，承修官罰俸一年，督修官罰俸六個月，督撫提鎮罰俸三個月；違限二月以上，承修官降一級調用，督修官罰俸一年，督撫提鎮罰俸六個月；違限三月以上，承修官降二級調用，督修官降一級留任，督撫提鎮罰俸一年；違限四月以上，承修官降三級調用，督修官降一級調用，督撫提鎮降一級留任；違限五月以上，承修官降四級調用，督修官降二級調用，督撫提鎮降一級調用；違限六月以上，承修官革職，督修官降三級調用，督撫提鎮降二級調用。○三十年議准：交戰船時武弁縱令兵丁人等藉端勒索使費,照衙役犯贓失察例議處;武弁需索銀兩,照貪官例議處,總兵不行揭報、道府通同徇隱,照徇庇例議處。○三十四年諭:"戰船關係緊要,修理銀兩核減太過,恐臨用之時因船隻單薄,復行大修,以致貽悮事情,亦未可定,各省修理戰船,工部會同户兵二部再行確議,定例具奏。"遵旨議定:令各省督撫、將軍、提鎮將修理戰船銀兩照各地方價值據實確估,具題增定價值有差。○又覆准:京口戰船仍歸地方官修理。○三十九年覆准:嗣後戰船停其交與州縣官修理,該督撫揀選賢能道府等官,於各將軍提鎮左近地方監修。如修造不堅、未至應修年分損壞者,該督撫查參,責令賠修,仍交與該部嚴加議處。其營弁將船隻不敬謹看守以致損壞者,該將軍提鎮查參,亦交與該部嚴加議處。○五十二年覆准:戰船風篷桅索最易朽壞,除應修之年毋庸另給銀兩外,其常年每歲於朋扣餘剩銀兩内,照定價給篷索銀一次,責令該營堅固修换。○又覆准:廣東戰船,遇應修之年,一面題估,一面即支藩庫銀兩及時修理,工完造册題銷。○又議准:江南各營拆造戰船,因俟年限多致損壞,嗣後未至拆造年分倘有損壞,照部定大修價值准其拆造。○又議准:嗣後拆造戰船,委道員府佐併本營副將參遊公同監造,依限完工,如違限併造不如式,將文武官弁一併治罪,如營弁捕盗借端勒索,監督官弁即行揭報,從重治罪。○又議准:江南戰船嗣後如遇應修之年,該督一面具題,一面即支用司庫銀兩速行修理,工完造册題銷。○又議准:各營艍犂趕繒等船,將某營某鎮於船頭船尾刊刻號數并捕盗姓名。○五十七年覆准:巡哨戰船同時修造,有悮防汛,嗣後各營船隻届期一并題明,先修一半,仍留一半在汛巡防,俟前半完工到汛,即將後半續修,完日一併題銷。其修造戰船物料,令布政司驗視發造,工竣仍親身確查合式堅固,行營收管。○五十八年覆准:嗣後營弁包修戰船者,承修知府與該營將官俱革職,督修道官照徇庇例降三級調用,督撫提鎮各降一級調用,其修造戰船均寬限一月,大修定限四個月,小修定限三個月。○雍正二年諭:"沿海各省督撫提鎮戰船出洋巡哨,最爲緊要,舊例地方官承管修造,營員每多勒索,不顧州縣賠累,地方官惟知交結營員,囑其收受,其修造竟不堅固,彼此俱有私心,以致出洋船隻易至朽壞重修。朕深知其弊,欲改歸營員修造,使州縣無賠累之苦,於軍政似甚有裨益,可會同速確議奏,若有不可行處,不可迎合强以爲是。"遵旨議准:各省外海戰船,設廠修理,派道員、副將、參將公同監修。

各省船隻

通州設橋船三十九隻，原額五十隻，康熙十八年撥給三河縣錯河六隻，五十四年漂没五隻，渡船十隻，春夏搭造浮橋，秋冬用以濟渡。其排造船隻及有損壞，部給工料修理。三河縣錯河設橋船六隻、渡船四隻，每年部給銀兩修艌。

江寧設黄快船九十三隻，原額九十四隻，康熙十四年一隻燬，備運官用緞匹及差撥應用。○又便民船九十九隻，原額一百七隻，康熙二十八年燬廢八隻，分發江寧府四十二隻。

蘇州府二十八隻，淮安府二十九隻，以供一應差遣。

中河、南河運甎石方船各四隻，北河、南旺、夏鎮運甎石方船各二隻。

高郵、寶應、江都撈淺船八十一隻。

〔藏冰〕

每歲冬至前，工部發銀差官伐冰收藏，以供内廷及行幸祭祀取用，併頒給八旗王公大臣九卿科道等官按品支領，康熙十三年，停給八旗及各部院衙門冰塊。紫禁城内冰窖五座，通州取冰一窖，四千五百四十三塊，京河取冰四窖，每窖五千二百一十塊。景山冰窖六座，通州取冰三窖，每窖一萬二千九百三十七塊，康熙三十六年，三窖減冰四千塊；京河取冰三窖，每窖一萬二千八百九塊。德勝門外冰窖八座，每窖一萬三千二百五十塊，康熙五十五年減窖五座，現存三窖，每窖一萬九千九十二塊。

大清會典卷之二百十

工部

屯田清吏司

郎中、員外郎、主事，分掌山陵墳塋柴炭之事。

〔山陵〕

高山天作，緼瑞鍾靈，尊奉陵寢，規制隆備，營建事宜，具載於後。永陵、福陵、昭陵，詳見《盛京工部》。其陵上一切典禮，詳見《禮部》，兹不具載。

昭西陵寶城周圍三十五丈七尺方城明樓 内碑一通

陵寢門左右各一座

隆恩殿重簷五間左右配殿各五間

隆恩門五間門外茶膳房各五間

神庫二座各三間

神厨五間

省牲亭三間

碑亭内碑一通

下馬牌四

紅牆圍牆長三百零二丈八尺

孝陵寶城周圍七十五丈

方城明樓内碑一通

陵寢門三門

隆恩殿重簷五間左右配殿各五間

隆恩門五間門外左右茶膳房各五間
神庫二座各三間
神厨五間
省牲亭三間
碑亭内碑一通
神道
石橋四
龍鳳門三門
石像生十八對
朝衣冠文像三對
甲胄武像三對
卧立馬各一對
卧立麒麟各一對
卧立象各一對
卧立駱駝各一對
卧立狻猊各一對
卧立獅子各一對
望柱二
擎天柱四
碑樓一座内神功聖德碑一通
更衣殿三間在大紅門内之東
大紅門門外下馬牌二
石牌坊六柱五架
紅牆圍牆長三百一十四丈二尺四寸
孝康章皇后端敬皇后俱合葬
孝東陵寶城周圍三十六丈
方城明樓内碑一通
陵寢門三門
隆恩殿重簷五間左右配殿各五間
隆恩門五間門外左右茶膳房各五間
神庫二座各三間
神厨五間

省牲亭三間

石橋一

紅牆圍牆長二百九十六丈九尺二寸

悼妃貞妃恪妃寧慤妃淑惠妃恭靖妃端順妃俱附葬

景陵寶城周圍七十一丈九尺

方城明樓内碑一通

陵寢門三門

隆恩殿重簷五間左右配殿各五間

隆恩門五間門外左右茶膳房各五間

神庫二座各三間

神厨五間

省牲亭三間

碑亭内碑一通

擎天柱四

碑樓一座内聖德神功碑二通

下馬牌二

石橋四

紅牆圍牆長二百五十二丈五尺

孝誠仁皇后孝昭仁皇后孝懿仁皇后孝恭仁皇后俱合葬敬敏皇貴妃附葬妃園寢

享堂五間

大門三間

儀門一座

茶膳房二座各三間

圍牆長一百七十八丈

温僖貴妃慧妃平妃良妃榮妃俱在内葬

凡陵工興建，順治十八年題准：孝陵取土於磨盤山，燒磚於湯泉，燒灰於井兒、禪房二峪，青白石於盧家莊大石窩採取。青沙石於馬鞍山，豆渣石於鲇魚關。部匠直隸山東西匠役給價成造。〇康熙二年定：令禮部滿漢堂官各一員，相擇官二員總擬規制，工部滿漢堂官各一員輪班督理工程，八旗各取才能官一員，同工部司屬官協理工程，聽内務府官指造，其廩給草料於户部支給。〇八年題准：孝陵凡有應修處所，不拘年分，工部具題，交禮部選擇吉期，即行修理。〇五十七年題准：孝東陵興建，取土、燒磚、燒灰、採石俱照孝陵定例，匠夫京城直隸取用。〇雍正元年題准：景陵興建，取土、燒磚、燒灰、採石亦照孝陵定例，匠夫京城直隸取用。

凡陵工需用臨清磚，舊例陵上應用山東臨清磚，該處燒造。〇康熙五十八年題准：停其燒解，交與陵工磚舖户在湯泉照臨清式樣磚燒造。

凡栽樹，舊例陵寢栽種樹株，定限三年。如限内枯乾者，監栽官員、舖户補栽。限外枯乾者，工部補栽。〇康熙三十三年覆准：陵寢栽種樹株，每二丈種樹一株。

大清會典卷之二百十一

工部屯田司

〔墳塋〕

本朝定制，諸王大臣以及文武職官，俱有造墳立碑之例，所以篤親舊，恤勞臣，旌死事，典至渥也。其規制條例，詳載以備考焉。

王府墳塋

親王，享堂五間，門三間，描畫五彩飛金小花，圍墻一百丈，門外房五間，碑亭一座，守塚人十家。世子、郡王，享堂三間，門三間，畫五彩小花，圍墻八十丈，門外房三間，碑亭一座，守塚人八家。固倫公主同。貝勒、貝子，享堂三間，門三間，紅油，圍墻七十丈，門外房三間，守塚人六家。和碩公主、郡主同。鎮國公、輔國公，享堂三間，門三間，紅油圍墻六十丈，守塚人四家。縣主、郡君、縣君同。

凡王府造墳工價，順治十年題准：親王造墳銀五千兩，世子造墳銀四千兩，郡王造墳銀三千兩，貝勒造墳銀二千兩，貝子造墳銀一千兩，鎮國公、輔國公造墳銀五百兩，給價自造。〇康熙十四年議准：鎮國將軍造墳銀五百兩，輔國將軍造墳銀四百兩。

凡王府碑制，順治十年議准：親王石碑，交龍首高四尺五寸，碑身高九尺，闊三尺八寸七分，龍趺高四尺五寸；郡王石碑，交龍首高三尺九寸，碑身高九尺，闊三尺八寸，龍趺高四尺三寸；貝勒石碑，交龍首高三尺六寸，碑身高九尺，闊三尺七寸三分，龍趺高四尺一寸；貝子石碑，交龍首高三尺四寸，碑身高九尺，闊三尺六寸六分，龍趺高四尺；鎮國公、輔國公石碑，交龍首高三尺三寸，碑身高九尺，闊三尺六寸三分，龍趺高三尺九寸。〇康熙十四年題准：鎮國將軍碑式照一品例，輔國將軍碑式照二品例。

凡王府造碑料價，順治十年題准：親王碑價銀三千兩，世子碑價銀二千五百兩，郡王碑價銀二千兩，貝勒碑價銀一千兩，貝子碑價銀七百兩，鎮國公、輔國公碑價銀各四百五十兩，鎮國將軍碑價銀四百兩。〇十八年題准：鎮國將軍碑價銀五百兩，輔國將軍碑價銀四百兩。〇康熙十四年題准：鎮國將軍碑價銀三百五十兩，輔國將軍碑價銀三百兩。

職官墳塋

公侯伯，圍墻四十丈，守塚人四家；一品二品官，圍墻三十五丈，守塚人二家；三品四品五品官，圍墻三十丈，守塚人一家；六品以下官員，圍墻十二丈。

凡官員造墳工價，順治初定：一品官價銀三百兩，夫匠二百名，每名折銀一兩，下同；二品官價銀二百五十兩，夫匠一百五十名；三品官價銀二百兩，夫匠一百名；四品五品官特恩賜葬者，價銀八十兩，夫匠三十名。〇十八年議准：民公造墳銀六百五十兩，侯造墳銀六百兩，伯造墳銀五百五十兩，一品官造墳銀五百兩，二品官造墳銀四百兩，三品官造墳銀三百兩，四品官造墳銀二百兩，五品官至七品官造墳銀一百兩。凡一二品官病故，禮部題請；三品以下官死難者，始行題請。在旗下者，本部節愼庫給發，在直隸各省者，各布政司給發。

凡官員碑制石像生，民公侯伯石碑，螭首高三尺二寸，碑身高九尺闊三尺六寸，龜趺高三尺八寸；一品石碑，螭首高三尺，碑身高八尺五寸，闊三尺四寸，龜趺高三尺六寸；二品石碑，麒麟首高二尺八寸，碑身高八尺，闊三尺二寸，龜趺高三尺四寸，以上俱用石人二、石馬二、石虎二、石羊二、石望柱二；三品石碑，天禄辟邪首高二尺六寸，碑身高七尺五寸，闊三尺，龜趺高三尺二寸，石馬二、石虎二、石羊二、石望柱二；四品石碑，圓首高二尺四寸，碑身高七尺，闊二尺八寸，方趺高三尺，石馬二、石虎二、石望柱二；五品石碑，圓首高二尺二寸，碑身高六尺五寸，闊二尺六寸，方趺高二尺八寸，石馬二、石羊二、石望柱二；六品石碑，圓首高二尺，碑身高六尺，闊二尺四寸，方趺高二尺六寸；七品石碑，圓首高一尺八寸，碑身高五尺五寸，闊二尺二寸，方趺高二尺四寸。

凡官員造碑料價，順治十一年題准：民公侯伯碑價銀各四百五十兩，內大臣、都統、大學士、尚書、鎮守外省將軍、精奇尼哈番碑價銀各四百兩。〇康熙二年定：停給立碑銀兩，官員曾經與謚者，工部差官立碑。〇十四年題准：與謚大臣停其差官立碑，仍折價銀，公侯伯各四百兩，一品官三百五十兩，二品官三百兩，三品官二百五十兩，給本家自造。

〔柴炭〕

凡内廷需用柴炭煤觔等項，順治初悉係本司召商發價備辦，十一年設惜薪司管理，十八年惜薪司裁革，仍歸本部辦，遞年照内務府具題數目運送，康熙四十年歸内務府商人辦置，五十六年煤炭仍歸本部。雍正元年，木柴亦歸部辦，差滿司官一員管理，營造司出具紅票，本部登記數目，歲底查算。

凡行幸南苑需用柴炭，内務府行文到部，本部咨取兵部車輛裝運，差官管放。行幸湯泉等處需用柴炭，照内務府來文，先期差官協同地方官照時價辦買。

凡壇廟需用柴炭，照太常寺來文支給；壇廟宫殿需用炭餅，本部發價令南廠太監成造供用。

凡各衙門及執事人員需用木柴煤炭，各照經制定數支給。

凡文武會場需用木柴煤炭，照該衙門來文支給。

凡外國貢使人員所用木柴，會同館大使看給。外藩朝貢公主、諸王以下各蒙古賓客、喇嘛等所用木柴，理藩院咨部照數支給。

凡刑部獄囚造飯煤炭，各照來文支給。

凡紅螺大炭，每年燒造八十萬觔，動支保定府柴夫等銀一萬三千五百二十兩。順治十年，題差主事一員，隨裁，歸保定府通判管理。十二年，仍歸部辦。康熙三年，於户部支銀燒造。

凡辦買柴炭，順治九年題准：每年十月，屯田司募殷實舖户，先發半價，限次年三月報完，滿漢司官公同秤驗，交管廠太監取具實收結狀存案，再給半價，嚴禁衙蠹市棍濫充舖户及過秤班皂一切陋弊，置循環印簿二，一存屯田司，一發該廠登記收發數目，月底查算。

凡柴炭價值，舊例各隨時價低昂，需用錢糧本部支給。〇康熙四十五年題准：内廷木柴每觔銀三釐七毫，黑炭每觔銀七釐八毫，煤每觔銀二釐三毫，紅螺炭每觔銀一分六毫，白炭每觔銀一分三釐，其在外支用木柴每觔二釐六毫六絲，黑炭每觔五釐九毫六絲，煤每觔銀二釐六絲，紅螺炭、白炭價同内廷例。

凡柴炭抽分，順治十八年定：古北口木植十分抽一，大者營繕司備用，小者交通州竹木廠存貯，解司辦柴。〇康熙元年題准：出口燒炭十分抽一，解司備用。〇又題准：砍柴燒炭，許出古北口、石塘路、潮河川、牆子路、南冶口、二道關,其建昌、居庸等十四口,永行禁止。○六年題准:開大黄崖口,止許和碩公主家人砍柴燒炭,仍給限票,照例抽分。○八年禁止大黄崖口採取柴炭。

凡煤窯,順治六年,清查宛平、房山兩縣窯座,分爲四則,上則納税煤一千五百觔,中則一千觔,下則五百觔,下下則二百五十觔。○十年題准:煤税累民,准予豁免,遞年應用煤觔,照時價召商辦用,其煤窯事件聽五城州縣管理。○十七年題准:凡争訟煤窯,查收税原册有名者斷給,如無名妄告,送刑部議罪。○康熙三十二年諭:京城人民炊爨均賴西山之煤,將于公寺前山嶺修平,於衆甚屬有益,著户工二部差才能官員,將所需錢糧確算具題。

凡煤窯禁令,順治十二年題准:西山、過街塔山、玉泉山、紅石口、杏子口一帶煤窯,永行封禁。○十七年題准:渾河大峪山場關係京師風水,不許開窯鑿石,違者從重治罪。○康熙三十七年,宣化之彩馬坡、馬鞍寺等處煤窯,奉旨:勒石永禁開採。○六十一年議准:開採彩馬坡、馬鞍寺等處煤窯,每年納課銀三千兩,其小西溝四處煤窯,俱行禁止私採。○雍正元年諭:彩馬坡等煤窯仍准民間開採。

凡楊木長柴原額,直隸永寧衛八百觔,懷來衛八百觔,保安衛二千觔,美峪所四百觔,宣府前衛六千觔,蔚州衛一萬五千觔,宣府南路廣昌城守備五千觔。○康熙二年題准:楊木長柴收貯過多,暫議折銀解交户部,用完之日另行咨取。○十四年題准:宣府各衛額編楊木長柴二萬六千八百觔,停其辦解,折銀交送户部,懷來、保安、美峪所,仍照原額解送。○三十年題准:懷來、保安、美峪所添解楊木長柴三千八百觔,共額七千觔。○三十二年題准:歸併懷來縣辦解。

凡蘆葦原額,直隸天津州静海縣一萬觔。○康熙二年題准:蘆葦收貯過多,暫議折銀解交户部,用完之日另行咨取。

凡採運柴夫,順治初,直隸、山東、山西照額折價解部,辦給柴炭,康熙三年歸併户部條銀内徵收。

〔四司經費〕

順治初,一應錢糧總屬户部,八年,各部寺錢糧分歸各部寺掌管,康熙三年,仍歸户部管理。今將直省歲解四司料價銀兩存其舊額,以備參考。

營繕司一十六萬兩

順天府二千七十五兩二錢二分六釐零

永平府八百三十兩九錢零
保定府二千七十五兩二錢二分六釐零
河間府二千四百九十兩二錢七分二釐零
正定府二千六百九十七兩七錢九分五釐零
順德府一千三十七兩六錢一分三釐零
廣平府一千四百五十二兩六錢二分九釐零
大名府一千四百五十二兩六錢五分八釐零
江南六萬四千九百五十四兩九錢零
浙江一萬三百七十六兩一錢三分四釐零
江西一萬三百七十六兩一錢三分四釐零
湖廣九千三百三十八兩五錢二分零
福建九千三百三十八兩五錢二分零
山東九千三百三十八兩五錢二分零
山西四千一百五十兩四錢五分三釐零
河南八千三百兩九錢七釐零
陝西四千一百五十兩四錢五分三釐零
四川六千二百二十五兩六錢八分八釐零
廣東九千三百三十八兩五錢二分零
虞衡司八萬兩
順天府一千三十七兩六錢一分三釐零
永平府四百一十五兩四分五釐零
保定府一千三十七兩六錢一分三釐零
河間府一千二百四十五兩一錢三分六釐零
正定府一千三百四十八兩八錢九分零
順德府五百一十八兩八錢零
廣平府七百二十七兩三錢二分零
大名府七百二十六兩三錢二分零
江南三萬二千四百七十七兩三錢零
浙江五千一百八十八兩六分零
江西五千一百八十八兩六分零
湖廣四千六百六十九兩二錢六分零
福建四千六百六十九兩二錢六分零

山東四千六百六十九兩二錢六分零
山西二千七十五兩二錢二分零
河南四千一百五十兩四錢五分零
陝西二千七十五兩二錢二分零
四川三千一百一十二兩八錢四分零
廣東四千六百六十九兩二錢六分零

都水司一十四萬兩

順天府一千八百一十五兩七錢二分零
永平府七百二十六兩三錢三分零
保定府一千八百一十五兩八錢二分零
河間府二千一百七十八兩九錢九分零
正定府二千三百六十兩五錢七分零
順德府九百七兩九錢二分八釐
廣平府一千二百七十一兩七分零
大名府一千二百七十一兩七分零
江南五萬六千八百三十五兩三錢三分零
浙江九千七十九兩一錢二分
江西九千七十九兩一錢二分
湖廣八千一百七十一兩二錢七釐
福建八千一百七十一兩二錢七釐
山東八千一百七十一兩二錢七釐
山西三千六百三十一兩六錢四分八釐
河南七千二百六十三兩二錢九分五釐
陝西三千六百三十一兩六錢四分八釐
四川五千四百四十七兩四錢八分
廣東八千一百七十一兩二錢七釐

屯田司一十二萬兩

順天府一千五百五十六兩四錢三分零
永平府六百二十二兩五錢六分零
保定府一千五百五十六兩四錢一分零
河間府一千八百六十七兩七錢零
正定府二千二十三兩三錢四分零

順德府七百七十八兩二錢一分零
廣平府一千八十九兩四錢九分零
大名府一千八十九兩四錢九分零
江南四萬八千七百一十五兩九錢三分零
浙江七千七百八十二兩一錢零
江西七千七百八十二兩一錢零
湖廣七千三兩八錢九分零
福建七千三兩八錢九分零
山東七千三兩八錢九分零
山西三千一百一十二兩八錢四分零
河南二千二百二十五兩六錢八分零
陝西三千一百一十二兩八錢四分零
四川四千六百六十九兩二錢六分零
廣東七千三兩八錢九分零

大清會典卷之二百十二

工部

製造庫

順治元年設製造庫，十六年裁歸内監局，本年改歸工部。郎中、員外郎分掌製造之事。雍正元年，分都水司所隸册寶、織造、器用、匠役歸本庫職掌。至鹵簿、車駕、儀仗，舊屬營繕司設局分造，順治十八年歸都水司，雍正元年亦歸本庫。凡遇製造修理，本部差官監督，依式成造完備，進赴鑾駕庫收貯。其職掌具列於後。

〔**本庫職掌**〕

皇帝御用金瓶、金盆、香爐、香盒、唾壺等項，乘輿、鑾駕、儀仗、椅杌事件併鞍轡等項，本庫成造。太皇太后、皇太后、皇后、皇貴妃、貴妃、妃、嬪金册、鍍金銀册、盛册金匣、金印池、鍍金銀匣、鍍金銀印池、金瓶、金盆、香爐、香盒、唾壺等項，盛册寶木匣、木架所釘事件，鎖鑰、轎車、儀仗、椅杌所釘事件，鞍轡等項，本庫成造。親王、世子、郡王、公主、王妃、郡主等金册、鍍金銀册、盛册鍍金銀匣、鍍金銀印池、銀匣、銀印池、盛册印木匣、木架所釘事件，鎖鑰等項，本庫成造。

凡宫殿門牕槅扇所釘事件，寶頂、吻鉤、吻椿、吻索、吻鍋、簷釘、門釘、牌匾字，合龍門金銀錁錢等項，本庫成造。

凡陵寢門牕槅扇所釘事件，吻鉤、吻椿、吻索、吻鍋、簷釘、門釘，合龍門金銀錁錢等項，本庫成造。

凡一應賞賜金銀茶桶、茶盆、頂帶、朝衣、袍、帽、皮裘、靴、襪、盔、甲、撒袋、腰刀、鞓帶、小刀、鞍鐙、鞦轡、踢胸等項，本庫成造。

凡執儀仗護軍校尉應給袍帽及年節隊舞所用盔甲、撒袋、鞍轡、端罩、煖帽等項,本庫造給。

凡壇廟樂舞生、經厰太監僧、各處喇嘛格隆班第守庫人役煖帽、皮襖、衣服、靴、襪,新滿洲官員盔甲、器械,護軍驍騎器械,各部院衙門應用鞍韂、鞦轡、包蓋、氈單、鎖鑰等項,本庫造給。已上所用珠寶、金銀、銅鐵、皮張、紬緞、布疋顔料等項,俱於户部取用。

凡外解狐皮,户部移咨到部,行節慎庫轉付本庫,赴户部查收。已上並順治十六年所定本庫職掌。

凡册寶、箱架、印池定式,皇帝盛寶大箱高一尺三寸,方一尺二寸,木質硃漆,彩畫紅黄金雲龍,黄綾糊裏。盛寶小箱高九寸,方八寸五分,金質鈒香草花文。箱架高二尺一寸,方一尺八寸,楠木爲之,雕刻龍文,硃漆,貼金飾,用金事件裝釘。印池連蓋高三寸四分,方六寸四分,純素金質,其袱褥袋墊等件用黄綺爲之。太皇太后、皇太后、皇后册寶箱架,雕鈒彩,畫龍鳳文,餘制同。皇貴妃、貴妃、妃、嬪印池,銀質鍍金,册印箱架用鸞鳳翟鳥文,釘銀質鍍金事件,袱褥袋墊等件以金黄綺爲之,餘制同。親王、郡王印池,銀質鍍金,册印箱架用斗牛雲文,釘銅質鍍金事件,袱褥袋墊等件以紅緞爲之,餘制同。

凡各壇廟通贊樂舞生袍帶遇有缺乏,據太常寺來文式樣數目,行江浙織造。

圜丘壇通贊藍鑲青結羅袍四十一件、帶四十一條,文舞生天青紬補袍八十一件、帶八十一條,武舞生天青紬銷金花袍六十六件、燒香補袍十五件、帶八十一條,樂生天青紬補袍九十件、帶九十條。

祈穀壇通贊藍鑲青結羅袍十八件,文舞生紅羅補袍七十五件,武舞生紅羅銷金花袍六十六件,燒香補袍九件,樂生紅羅袍八十五件,緑緞帶共二百五十三條。

方澤壇通贊藍鑲青結羅袍四十一件,文舞生青屯絹補袍七十四件,武舞生青屯絹銷金花袍六十六件、燒香補袍八件,樂生青屯絹補袍八十一件,緑緞帶共二百七十條。

社稷壇通贊藍鑲青軟羅袍十三件,文舞生紅羅補袍七十件,武舞生紅羅銷金花袍六十六件,燒香補袍四件,樂生紅羅補袍八十件,緑緞帶共二百三十三條。

朝日壇通贊藍鑲青結羅袍九件,文舞生紅羅補袍七十二件,武舞生紅羅銷金花袍六十六件，燒香補袍六件，樂生紅羅補袍八十四件，緑緞帶共二百三十七條。

夕月壇通贊淺藍鑲青軟羅袍十三件，文舞生月白羅補袍七十二件，武舞生月白羅銷金花袍六十六件，燒香補袍六件，樂生月白羅補袍八十件，緑緞帶共二百三十七條。

太廟通贊青袍五十九件，文舞生紅素緞補袍六十八件，武舞生紅素緞銷金花袍六十六件，燒香補袍二件，樂生紅素緞補袍七十四件，緑緞帶共二百六十九條。

先農壇通贊鑲藍絹袍六件，文舞生紅絹補袍七十二件，武舞生紅絹銷金花袍六十四件，燒香補袍六件，樂生紅絹補袍七十八件，緑緞帶共二百二十六條。

太歲壇通贊青袍十八件，文舞生紅羅補袍六十九件，武舞生紅羅銷金花袍六十六件，燒香補袍三件，樂生紅羅補袍七十四件，緑緞帶共二百三十條。

帝王廟通贊青袍五十五件，文舞生紅羅補袍七十四件，武舞生紅羅銷金花袍六十六件，燒香補袍八件，樂生紅羅補袍八十件，緑緞帶共二百八十三條。

先師文廟通贊青袍五十四件，文舞生紅羅補袍三十八件，樂生紅羅補袍五十件，緑緞帶共一百四十二條。

凡陵寢陳設册寶，以檀香爲之，制同金玉册寶。

凡壇廟宮殿需用樱薦，照内務府太常寺來文開載尺寸數目，行江南布政使司織造。○康熙三十七年題准：解送細粽，交簾子庫織造。○雍正元年歸併本庫。

凡盛玉牒櫃并匣，照禮部來文成造。

凡元旦端午，各宫殿門神、對聯、五毒掛屏，預期修造，門神對聯於十二月二十四日差官安掛，二月初二日收取貯庫，五毒掛屏於四月三十日差官安掛，六月初二日收取貯庫。○康熙二十五年定：停止端午各宫殿安設五毒掛屏。

凡頒詔需用龍旗、御杖、牌、傘等物，照例辦發。

凡各衙門齋戒牌，照例辦發。

匠役

一等太監一名　　二等太監十九名

玉匠一名　　刻字匠一名
畫匠五名　　撥蠟匠一名
鑄匠二名　　銅匠三名
銼匠二名　　鏇匠二名
釘鉸匠四名　　釘簾匠一名
漆匠一名　　油匠五名
彩漆匠三名　　銷金貼金匠各一名
攢竹匠一名　　簇金戧金匠各一名
雕鑾匠二名　　粧鑾匠四名
紥綵匠一名　　裱背糊扇匠各一名
木匠三名　　轎匠二名
轎頂匠一名　　竹匠藤匠各二名
簾匠十名　　襻子匠二名
棕匠七名　　繩匠五名
毯匠九名　　氈匠七名
纓匠一名　　編緶匠二名
絡絲匠四名　　纏絨匠二名
縧匠三名　　彈花匠一名
裁縫二十名　　繡匠六名
傘匠五名　　扇匠三名
牙匠一名　　皮匠二名
筋匠二名　　魫燈匠二名
絲燈匠一名　　琵琶匠一名
鼓匠二名　　草蓆匠二名
染匠四名　　庫役七名

凡太監匠役銀米，順治九年題准：一等太監每月支銀二兩，今減定一兩五錢。二等太監每月支銀一兩，各米三斗，匠役每名每月支米七斗五升，庫丁每名每月支米三斗五升，今減定三斗。本部每季按見在名數造册，送户部關領，每米一斗折銀一錢三分。已上並雍正元年所定，從都水司分入本庫職掌。

大清會典卷之二百十三

工部製造庫

〔儀仗一〕

皇帝大駕鹵簿

笓頭四對，以竹爲之，硃漆，柄飾黄油，長五尺三寸，闊三寸。

畫角二十四枝，木質空心，長五尺四寸六分，徑三寸六分，上下貼金，銅口箍，中間纏貼金藤箍，五黑漆地泥金畫雲龍、海馬、四季花。

鼓四十八面，木匡紅油，冒以革，面徑一尺五寸五分，面匡俱泥金描畫五彩雲龍，硃紅攢竹架，紅緞鼓衣，緑緞瀝水，銷金雲龍。

大銅號八枝，筒長一尺七寸五分，座高一尺三寸，口徑六寸三分，繫紅線縧繐。

小銅號八枝，筒長二尺三寸五分，座高一尺九寸五分，口徑四寸二分，繫紅黄線縧繐。

金四面，以銅爲之，徑一尺八寸。

金鉦四面，銅質木匡，銅環黄絨緶繫鉦於匡，鉦徑九寸五分。

杖鼓四面，木匡高一尺六寸五分，黑漆泥金描畫寶相花，面徑一尺，冒以革，畫五色渠花，鐵圈銅鈎連以黄絨緶，紅緞鼓衣，緑緞瀝水，銷金雲龍。

龍頭笛十二管，截竹爲之，六竅長一尺七寸，繫五色線流蘇。

板四串，花梨木板各六，長一尺四寸厚五分，上闊二寸五分，下闊二寸八分，板面泥金畫五彩雲龍，緑皮掩錢，黄線縧繐。

肅靖旗一對，黄質長四尺五寸，闊七尺五寸，中銷金爲滿漢“肅靖”字，紅油薰竹竿，長一丈五尺一寸五分，間纏以藤，下用鐵箍，上用鍍金銀頂，飾以紅纓。自此至五色龍纛，其竿頂纓頭尺寸欵式俱同，惟北斗旗用黑纓頭。

金鼓旗一對，黄質，中銷金爲滿漢“金鼓”字。

白澤旗一對，紅質，長六尺六寸，闊二尺九寸，銷金爲白澤，一飛形，一走形，及滿漢“白澤”二字。

門旗四對，紅質，中銷金爲滿漢“門”字，餘同白澤制。

日旗一面，藍質，銷金爲日形及滿漢“日”字。

月旗一面，藍質，銷金爲月形及滿漢“月”字。

風旗一面，藍質，銷金爲箕星四及滿漢“風”字。

雲旗一面，藍質，銷金爲雲文及滿漢“雲”字。

雷旗一面，藍質，銷金爲雷文及滿漢“雷”字。

雨旗一面，藍質，銷金爲畢星八附耳一星在旁及滿漢“雨”字。

木星旗一面，青質，銷金爲木星一及滿漢“木”字。

火星旗一面，赤質，銷金爲火星一及滿漢“火”字。

土星旗一面，黄質，銷金爲土星一及滿漢“土”字。

金星旗一面，白質，銷金爲金星一及滿漢“金”字。

水星旗一面，黑質，銷金爲水星一及滿漢“水”字。

角宿旗一面，銷金爲角宿二及滿漢“角”字。自此至軫宿旗皆藍質。

亢宿旗一面，銷金爲亢宿四及滿漢“亢”字。

氐宿旗一面，銷金爲氐宿四及滿漢“氐”字。

房宿旗一面，銷金爲房宿四鈎鈐二小星在旁及滿漢“房”字。

心宿旗一面，銷金爲心宿三及滿漢“心”字。

尾宿旗一面，銷金爲尾宿九神宫小星一及滿漢“尾”字。

箕宿旗一面，銷金爲箕宿四及滿漢“箕”字。

斗宿旗一面，銷金爲斗宿六及滿漢“斗”字。

牛宿旗一面，銷金爲牛宿六及滿漢“牛”字。

女宿旗一面，銷金爲女宿四及滿漢“女”字。

虚宿旗一面，銷金爲虚宿二及滿漢“虚”字。

危宿旗一面，銷金爲危宿三及滿漢“危”字，所屬四星在下。

室宿旗一面，銷金爲室宿二離宫六星在旁及滿漢“室”字。

壁宿旗一面，銷金爲壁宿二及滿漢“壁”字。

奎宿旗一面，銷金爲奎宿十六及滿漢“奎”字。

婁宿旗一面，銷金爲婁宿三及滿漢“婁”字。

胃宿旗一面，銷金爲胃宿三及滿漢“胃”字。

昴宿旗一面,銷金爲昴宿七及滿漢“昴”字。

畢宿旗一面,銷金爲畢宿八,附耳一星在旁及滿漢“畢”字。

觜宿旗一面,銷金爲觜宿三及滿漢“觜”字。

參宿旗一面,銷金爲參宿七,玉井四小星在左足下,伐三星在内及滿漢“參”字。

井宿旗一面,銷金爲井宿八,鉞一星在旁及滿漢“井”字。

鬼宿旗一面,銷金爲鬼宿四併鈇鑕氣一及滿漢“鬼”字。

柳宿旗一面,銷金爲柳宿八及滿漢“柳”字。

星宿旗一面,銷金爲星宿七及滿漢“星”字。

張宿旗一面,銷金爲張宿六及滿漢“張”字。

翼宿旗一面,銷金爲翼宿二十二及滿漢“翼”字。

軫宿旗一面,銷金爲軫宿四,長沙一星在中,左右轄二星在旁及滿漢“軫”字。

北斗旗一面,黑質,銷金爲北斗星,七輔星一在旁及滿漢“北斗”二字。

東嶽旗一面,青質,銷金爲山形及滿漢“東嶽”二字。

南嶽旗一面,赤質,銷金爲山形及滿漢“南嶽”二字。

中嶽旗一面,黄質,銷金爲山形及滿漢“中嶽”二字。

西嶽旗一面,白質,銷金爲山形及滿漢“西嶽”二字。

北嶽旗一面,黑質,銷金爲山形及滿漢“北嶽”二字。

江旗一面,赤質,銷金爲水文及滿漢“江”字。

河旗一面,白質,銷金爲水文及滿漢“河”字。

淮旗一面,青質,銷金爲水文及滿漢“淮”字。

濟旗一面,黑質,銷金爲水文及滿漢“濟”字。

青龍旗一面,青質,銷金爲青龍形雲文及滿漢“青龍”二字。

白虎旗一面,白質,銷金爲白虎形雲文及滿漢“白虎”二字。

朱雀旗一面,赤質,銷金爲朱雀形雲文及滿漢“朱雀”二字。

神武旗一面,黑質,銷金爲龜蛇形雲水文及滿漢“神武”二字。

天鹿旗一面,赤質,銷金爲天鹿形雲文及滿漢“天鹿”二字。

天馬旗一面,赤質,銷金爲天馬形雲文及滿漢“天馬”二字。

鸞旗一面,赤質,銷金爲鸞形雲文及滿漢“鸞”字。

麟旗一面,赤質,銷金爲麟形雲文及滿漢“麟”字。

熊旗一面,赤質,銷金爲熊形雲文及滿漢“熊”字。

羆旗一面,赤質,銷金爲羆形雲文及滿漢"羆"字。

青龍纛二對,闊七尺五寸,長五尺,銷金雲龍文。

赤龍纛二對,黄龍纛二對,白龍纛二對,黑龍纛二對,制俱同青龍纛。

青小旗二對,藍質,銷金雲龍文,闊三尺三寸,長二尺五寸,攢竹竿鐵纘,共長九尺六寸五分,畫三色金龍,上安鍍金鎗頭,長一尺一寸,外用鎗帽長一尺三寸,黄油地,畫五色雲龍,飾以紅纓。

赤小旗二對,紅質,黄小旗二對,黄質,白小旗二對,白質,黑小旗二對,皂質,制俱同青小旗。

黄麾一對,硃漆攢竹竿,下鑲鐵箍,長一丈九寸,貼金銅鵝項,龍頭銅鈎,携銅索天盤,銷金五色羅寶蓋,三簷瀝水,四角龍頭,以緑絨繩繫,貼金八寶銅佩十六件,間銅鈴三十六個,中垂紅羅旛,長六尺五寸,闊六寸五分,中節黄羅繡荷葉蓋蓮花座及"黄麾"二字,下綴五色横板。

絳引旛二對,制同黄麾,但用五色羅爲旛,無字。

傳教旛二對,制同黄麾,但繡"傳教"二字。

告止旛二對,制同黄麾,但繡"告止"二字。

信旛二對,制同黄麾,但繡"信"字。

政平訟理旛一對,制同黄麾,但繡"政平訟理"四字。

儀鍠氅四對,硃漆攢竹竿,上楠木貼金龍頭,下鑲鐵箍,共長八尺九寸五分,龍口含竹節,中穿菊花餅,貼金旛頭,縫五色羅爲氅,長六尺五寸,寬六寸五分,綴銅鈴五個。

羽葆幢二對,硃漆攢竹竿,上貼金銅鵝頂龍頭銅鈎,携銅索天盤,下鑲鐵箍,共長一丈九寸五分,懸銷金五色羅寶蓋,二簷瀝水,下垂紅纓毬五個,紅線絛穿掛,每毬上用貼金銅帽,襯以緑皮帽各六,角綴銅鈴。

青龍幢一把,制同羽葆幢,但用青素紗繡青龍形爲衣籠之。衣長八尺,闊二尺六寸,其中懸紅纓毬五個,每毬覆以組花,襯鑲金緑皮帽。

白虎幢一把,制同青龍幢,但用白素紗繡白虎形爲衣籠之。

朱雀幢一把,制同青龍幢,但用紅素紗繡朱雀形爲衣籠之。

神武幢一把,制同青龍幢,但用皂素紗繡神武形爲衣籠之。

金節二對,硃漆攢竹竿,長一丈八寸二分,黄素紗繡雲龍爲衣,緑皮毬帽,四角綴銅鈴,餘制同青龍幢。

豹尾旛二對,竿制與金節同,長一丈八寸五分,繫貼金銅蓮花帽,襯以鑲金緑皮,四角綴銅鈴,中垂豹尾。

龍頭竿旛二對，硃漆攢竹竿，下鑲鐵箍，共長九尺九寸五分，雕楠木龍頭，口含金戟，龍頭出横木，携銅索天盤，五色羅寶蓋，三簷瀝水，四角繫貼金八寶、銅佩十六件，綴銅鈴三十六個，中垂青羅旛，長六尺五寸，闊六寸五分，綴銅鈴五個。

方天戟二對，硃漆攢竹竿，描三色金龍，長八尺一寸八分，下用鐵䥶，上用純鋼爲戟，長二尺一寸一分，承以鍍金龍頭。

豹尾鎗十對，硃漆攢竹竿，描三色金龍，下有鐵䥶，共長九尺八寸五分，鎗頭純鋼爲之，長六寸五分，飾以紅纓，下懸豹尾。

弓矢二十副。

大刀二十柄。

馬十匹，紅轡黄韁，上施錦韉。

吾杖三對，攢竹爲之，硃紅漆，瀝粉貼金花雲二段，長七尺七分，兩頭貼金，銅箍各長一寸八分。

立瓜三對，硃漆攢竹竿，貼金銅箍，刻木爲瓜，立置於上，承以龍頭，共長七尺二寸，瓜及龍頭長七寸三分，貼金飾。

卧瓜三對，制同立瓜，但以瓜卧置其上，承以龍頭，共長六尺九寸二分，瓜及龍頭長五寸五分。

金鉞三對，硃漆攢竹竿，貼金銅箍，刻木爲斧形，承以龍頭，置於竿首，上出鎗頭八寸五分，共長八尺八寸四分，内斧及鎗頭長一尺七寸五分，貼金飾。

御杖三對，硃漆攢竹爲之，長六尺八寸五分，兩頭貼金銅箍各長一寸六分。

星三對，硃漆攢竹竿，長六尺一寸，貼金銅箍，星頭刻木爲六瓣玲瓏香草，承以龍頭，星頂及龍頭長一尺一寸六分，六角粘星珠，貼金飾。

品級山七十二座，銅鑄山形。

棕薦三十鋪。

静鞭三十條，以黄絲爲鞭梢，漬以蠟，木柄龍頭，貼金爲飾。

黄曲柄龍傘四把，傘骨竹鐵相間三十二根，頂徑五尺，柄及金葫蘆頭共長一丈一尺七寸，冒以黄羅垂三簷，頂面俱綵織九龍雲文，每把綴金鈴四十五個，硃紅攢竹，柄間纏以藤，柄曲處用鐵心貼金，龍頭承傘。

黄直柄龍傘八把，柄連頂長一丈一尺二寸，餘同黄曲柄傘。

紅直柄龍傘二把，紅羅爲之。

白直柄龍傘二把，白羅爲之。

青直柄龍傘二把，藍羅爲之。

黑直柄龍傘二把，皂羅爲之，餘制同黄龍傘。

黄直柄瑞草傘二把，黄羅爲之。

紅直柄瑞草傘二把，紅羅爲之。

青直柄瑞草傘二把，藍羅爲之，俱綵織瑞草，餘俱同黄龍傘。

黄直柄花傘二把，黄羅爲之。

白直柄花傘二把，白羅爲之。

黑直柄花傘二把，皂羅爲之，俱綵織四季花文，餘俱同黄龍傘。

紫方傘四把，傘骨竹鐵相間三十二根，頂方五尺，冒以紫羅垂三簷，深三尺二寸，四角金龍頭線緣結四掛，各長五尺四寸，硃漆攢竹柄，間纏以藤連金葫蘆頂，共長一丈一尺二寸。

紅方傘四把，制同紫方傘。

紅羅鸞鳳方扇八把，高三尺二寸，連柄共高一丈一尺三寸，黑漆戧金花鳳板，下闊二尺五寸二分，中闊二尺八寸，大紅羅面繡鸞鳳花文，青羅背銷金寶珠花，白羅繡雉尾邊，黑漆攢竹柄。

紅單龍扇四把，扇及柄共高一丈一尺三寸，扇圓高三尺三寸，闊徑三尺四寸，面背皆大紅羅，面繡單龍雲文，背銷金團龍花文。

紅雙龍扇八把，面繡雙龍雲文，餘制同單龍扇。

黄單龍扇八把，制同紅單龍扇。

黄雙龍扇十二把，制同紅雙龍扇。

拂子二對，用紅馬尾爲之，泥金樺木柄長二尺二寸，鍍金龍頭龍尾。

紅燈三對，紅油竹燈骨銅盤，外以紅紗蒙之，硃漆竿，貼金龍頭尾。

金爐一對，以硃漆竿舉之，兩末雕貼金龍頭尾，竿首釘鍍金鈎。

金瓶一對。

金香盒一對。

金唾壺一個。

金盆一面。

已上俱赤金質，鈒盤龍雲珠、火焰、蓮瓣、花草，嵌珊瑚、青金、松子等石。

馬杌一座，高一尺四寸五分，方一尺八寸五分，面厚一寸三分，木質硃漆，彩畫金雲龍，鈒花雲金葉裝釘。

金交椅一把，面闊二尺二寸，進深一尺一寸，後高三尺一寸，前高一尺八寸二分，木質埽金罩漆，鈒雲龍金葉裝釘，穿以黄線扁縧，四垂黄線流蘇，織金黄綺褡襠。

金脚踏一個，闊一尺八寸四分，深九寸六分，高四寸三分，木質埽金罩漆，鈒花金葉裝釘，織金黄綺踏褥。

大輅一乘，高一丈三尺九寸五分，闊八尺二寸五分，輅上平盤，前後車櫺并雁翅及四垂如意滴珠板，其下轅二條俱硃紅漆，轅各長二丈二尺九寸五分，鍍金銅龍頭、龍尾、龍鱗，葉片裝釘，前施硃紅油象搭攀皮一條，平盤下方箱四面，硃紅漆匡，前後十有二槅，内飾青地，繪五彩雲鶴，左右八槅内飾上青下緑地，繪獸六：麟、獅、犀、象、天鹿、天馬，禽六：鸞、鳳、孔雀、朱雀、雉、鸖，盤左右下有護泥板及車輪二、貫軸一，每輪輻有十八條，周圍輞全皆硃紅漆，抹金銅鈒花葉片裝釘，輪内車心各一，用抹金銅鈒蓮花瓣輪盤裝釘，軸首左右各用鐵插拴一個，以抹金銅鈒龍頂管心裝釘，軸中纏黄絨駕轅等索，面至地四尺一寸五分。輅亭高六尺七寸九分，四柱長五尺八寸四分，檻座高九寸五分，皆硃紅漆，前二柱戧金雲龍文，下山水，門高五尺一寸九分，闊二尺四寸九分，左右門各闊二尺二寸五分，其上四周，粧雕木沉香色描金香草板十二片，前併左右各硃紅漆槅二扇，明栿全，以抹金銅鈒花葉片裝釘，槅編黄線縧，穿後硃紅漆屏風，屏前上三槅雕沉香色描金雲龍五，上硃紅漆板，戧金雲龍一，中三槅沉香色，描金龍三，下三槅描金雲板如其數，屏後上三槅硃紅漆戧金龍三，其次戧金雲板如其數，中三槅硃紅漆，戧金龍四，其次沉香色描金雲板，亦如其數，下三槅沉香色雲板亦如之，俱抹金銅鈒花葉片裝釘。亭内編黄線縧，穿硃紅漆匡軟座，黄絨墜座大索四條，座下蓮花墜石，軟座上施花毯草薦并大紅織金椅褥，硃紅漆坐椅一座，其上靠背雕以沉香色描金雲龍一，下雕雲板一片，硃紅漆福壽板一，并衣椅中黄織金綺靠坐褥、四圍椅裙全，周圍施黄綾幔，或用黄線羅。亭外用青綺緣邊硃紅簾一十扇，各用拽簾黄線圓縧二條，黄銅圈全，輅頂併圓盤高三尺一分，又鍍金銅蹲龍頂帶仰覆蓮座，高一尺二寸九分，垂攀頂黄絨索四條，盤高二寸，上以硃紅漆，其下外四面沉香色地描金雲，以青飾輅蓋，亭内周圍貼金斗拱，承硃紅漆匡寶蓋斗以八頂，冒以黄綺，謂之黄屋，頂心併周圍繡五彩雲龍九天輪三層，皆硃紅漆，上安雕木貼金龍耀葉板八十一片，三層間繪五彩雲，襯板八十一片，盤下周圍黄銅裝釘，上施金黄綺瀝水三層，每層八十一摺，間繡五彩雲龍文，四角垂青綺絡帶四條，各繡五彩雲升龍三，圓盤四角連輅座板用攀頂黄線圓縧四條，并貼金木魚,輅亭前有左右轉角闌干二扇,後一字帶左右轉角闌干一扇,皆硃紅漆,内嵌雕木貼金龍,間以五彩雲三扇,計一十二柱,各柱首雕木貼金蹲龍一及描金五彩裝蓮花抱柱,闌干内四周施花毯草薦。

太常旗二面,在輅亭後,左右用黄雲緞夾爲旗,每面十二斿,每斿内外繡升龍一,硃紅漆攢竹旗竿二,左竿旗腰繡日月北斗,竿首用鍍金銅龍頭,右竿旗腰繡"黻"字,竿首用鍍金銅戟,每竿綴抹金銅鈴二,垂紅纓十有二,纓上施抹金銅寶蓋,下垂青線帉錔,踏梯一,木質硃紅漆,以抹金銅鈒花葉片裝釘。

行馬架二,木質硃紅漆,以抹金銅葉片裝釘,上穿黄絨扁絛。

黄布面絹裏夾幰衣、油紬雨衣各一件。

硃紅油合扇梯一副。硃紅油拓叉一件。

貼金銅寶瓶併木雕貼金仰覆蓮座,雕花番草貼金象鞍、鞦、轡、韂籠各二副。

玉輅一乘,高一丈三尺九寸五分,闊八尺二寸五分,輅上平盤,前後車欞并雁翅及四垂如意滴珠板,其下轅二條皆硃紅漆,轅各長二丈二尺九寸五分,鍍金銅龍頭、龍尾、龍鱗葉片裝釘,前施硃紅油象搭攀皮一條,平盤左右下護泥板及車輪二、貫軸一,每輪輻十有八條,皆硃紅漆,周圍輞全,各以抹金銅鈒花葉片裝釘,輪内車心各一,用抹金銅鈒蓮花瓣輪盤裝釘,軸首左右各用鐵插拴一個,以抹金銅鈒龍頂管心裝釘,軸中纏黄絨駕轅等索,面至地四尺一寸五分。輅亭高六尺七寸九分,硃紅漆,四柱各長五尺八寸四分,前二柱有瀝粉貼金升龍檻座,高九寸五分,門高五尺一寸九分,闊二尺四寸九分,左右門闊二尺二寸五分,其上四周裝雕木沉香色描金香草板十二片,前併左右各硃紅漆槅二扇,明栿全,俱以抹金銅鈒花葉片裝釘,槅編黄線絛穿後硃紅漆屏風,上雕沉香色描金雲龍五,屏後下三槅雕木沉香色描金雲龍三,下雕雲板如其數,俱抹金銅鈒花葉片裝釘。亭内編黄線絛穿硃紅漆匡軟座,黄絨垂座大索四條,座下蓮花墜石,軟座上施花毯草薦并大紅織金綺褥,硃紅漆坐椅一座,其上靠背雕以沉香色描金雲龍一,下雕雲板一片,硃紅漆福壽板一,并衣椅中黄織金綺靠坐褥,四圍椅裙全,周圍施黄綾幃幔,或用黄線羅。亭外青綺緣邊硃紅簾一十扇,各用拽簾,黄線圓絛二條,黄銅圈全,輅頂并圓盤高三尺一分,又鍍金銅蹲龍頂帶仰覆蓮座高一尺二寸九分,垂攀頂黄絨索四條,盤高二寸,上以硃紅漆,其下外四面沉香色地描金雲,青飾輅蓋。亭内周圍貼金,斗拱承硃紅漆匡,寶蓋斗以八頂，冒以黄綺，謂之黄屋，頂心并周圍繡五彩雲龍九天輪三層，皆硃紅漆，上安雕木貼金龍耀葉板八十一片，三層間繪五彩雲襯板八十一片，盤下周圍黄銅裝釘，上施金黄綺瀝水三層，每層八十一摺，間繡五彩雲龍文，四角垂青綺絡帶四條，各繡五彩雲升龍三，圓盤四角連輅座板，用黄線攀緣四條，併貼金木魚輅。亭前有左右轉角闌干二扇，後一字帶左右轉角闌干一扇，皆硃紅漆，内嵌雕木貼金龍，間以五彩雲，三扇計一十二柱，各柱首雕木貼金蹲龍一及描金五彩粧蓮花抱柱，闌干四周布花毯草薦。

太常旗二面，在輅亭後，左右用黄雲緞夾爲旗，每面十有二斿，每斿内外繡升龍一，硃漆攢竹旗竿二，左竿旗腰繡日月北斗，竿首用鍍金龍頭，右竿旗腰繡"黻"字，竿首用鍍金銅戟，每竿綴抹金銅鈴二，垂紅纓十有二，纓上施抹金銅寶蓋，下垂青線帉錔。

踏梯一，木質硃紅漆，以抹金銅鈒花葉片裝釘。

行馬架二，木質硃紅漆，上穿黄絨扁緣，以抹金銅鈒花葉片裝釘。

黄布面絹裏夾幰衣、油紬雨衣各一件。

硃紅油合扇梯一副。硃紅油拓叉一件。

貼金銅寶瓶併木雕貼金仰覆蓮座雕花番草貼金象鞍、鞦、轡、氊籠各二副。

大馬輦一乘，高一丈二尺五寸九分，闊八尺九寸五分，輦上平盤板，前後車檔併雁翅及四垂如意滴珠板，其下轅三條皆硃紅漆，轅各長二丈五寸九分，用鍍金銅龍頭、龍尾、龍鱗葉片裝釘，前施硃紅油馬搭攀皮一條，平盤左右下護泥板及車輪二、貫軸一，每輪輻十有八條，皆硃紅漆，周圍輞全，各以抹金鈒花銅葉片裝釘，輪内車心各一，用抹金銅鈒蓮花瓣輪盤裝釘，軸首左右各用鐵插拴一個，以抹金銅鈒龍頂管心裝釘，軸中纏黄絨駕轅等索，面至地三尺四寸五分。輦亭高六尺四寸九分，硃紅漆，四柱各長五尺五寸四分，檻座高九寸五分，其上四周木雕沉香色描金雲板十二片，其下亦如之。門高五尺九分，闊二尺四寸五分，左右門闊二尺二寸五分，前併左右各槅二扇，後槅三扇，明栿全，皆硃紅漆，抹金銅鈒花葉片裝釘，槅心編黄線絲穿。亭内編黄線絲穿，硃紅漆匡軟座，黄線墜座大索四條，座下蓮花墜石，軟座上施素毯草薦併紅織金綺褥，硃紅漆座椅一座，其上靠背雕沉香色描金雲龍一，下雕雲板一片，硃紅漆，黄織金綺鞔福壽板一，并衣椅中黄織金綺靠坐褥、四圍椅裙全，周圍施黄綾幃幔，或用黄線羅。亭外用青綺緣邊硃紅簾十扇，各用拽簾圓絲二條，黄銅圈全，輦頂并圓盤高二尺六寸五分，又鍍金銅蹲龍頂帶仰覆蓮座高一尺二寸九分，垂攀頂黄絨索四條，盤上下俱硃漆，以青飾輦蓋。内寶蓋硃紅漆木匡，斗以八頂，冒以黄綺，謂之黄屋。頂心并周圍繡五彩雲龍九天輪三層，皆硃紅漆，上安雕木貼金龍耀葉板，計八十一片，三層間繪五彩雲襯板八十一片，盤下周圍黄銅裝釘，上施金黄綺瀝水三層，每層八十一摺，間繡五彩雲龍文，四角垂青綺絡帶四條，各繡五彩雲升龍三圓盤四角，連輦座板用攀頂黄線圓絲四條，并貼金木魚。輦亭前一字闌干一扇，後一字帶轉角闌干一扇，左右闌干二扇，内嵌絲環板，皆硃紅漆，四扇計一十四柱，各柱首雕木貼金蹲龍一，用描金五彩粧蓮花抱柱，闌干内施素毯并草薦。

太常旗二面，在輦亭後，左右用黄雲緞夾爲旗，每面十二斿，每斿内外繡升龍一，硃紅漆攢竹旗竿二，左竿旗腰繡日月北斗，竿首用鍍金銅龍頭，右竿旗腰繡"黻"字，竿首用鍍金銅戟，每竿綴抹金銅鈴二，垂紅纓十有二，纓上施抹金銅寶蓋，下垂青線帉錔。

踏梯一，木質硃紅漆，以抹金銅鈒花葉片裝釘。

行馬架二，木質硃紅漆，上穿黄絨扁絲，以抹金銅鈒花葉片裝釘。

黄布面絹裏夾幰衣、油紬雨衣各一件。

硃紅油合扇梯一副。硃紅油拓叉一件。

馬鞍韉、鞦、轡、鈴、纓全。

小馬輦一乘，高一丈一尺五寸九分，闊七尺九寸五分。輦上平盤前後車樞并雁翅及四垂如意滴珠板，其下轅二條，皆硃紅漆。轅各長一丈九尺五分，用鍍金銅龍頭、龍尾、龍鱗葉片裝釘，前施硃紅油馬搭攀皮一條。平盤左右下護泥板及車輪二、貫軸一，每輪輻十有八條，皆硃紅漆。周圍輞全，各以抹金鈒花銅葉片裝釘。輪内車心各一，用抹金銅鈒蓮花瓣輪盤裝釘。軸首左右各用鐵插拴一個，以抹金銅鈒龍頂管心裝釘。軸中纏黄絨駕轅等索，面至地三尺四寸五分。輦亭高五尺五寸九分，硃紅漆。四柱各長五尺四寸五分，檻高一寸四分。其上四圍雕沉香色描金雲板十二片，下亦如之。門高五尺，闊二尺二寸五分，左右門闊二尺一寸九分，前併左右各硃紅漆槅二扇，明栿全，抹金銅鈒花葉片裝釘。槅心編黄線絲穿，後硃紅漆屏風，雕以沉香色描金雲龍五，沉香色描金雲龍絲環板三、雲板三。周圍俱用抹金銅鈒花葉片裝釘。亭底硃紅漆板上施素毯草薦并紅織金綺褥、硃紅漆坐椅一座，其上靠背雕以沉香色描金雲龍一，下雕雲板一片，硃紅漆福壽板一，并衣椅中黄織金綺靠坐褥，四圍椅裙全，周圍施黄綾幃幔，或用黄線羅。亭外用青綺緣邊硃紅簾四扇，各用拽簾黄線圓縧二條，黄銅圈全，輦頂并圓盤高二尺五寸五分，又鍍金銅寶珠頂帶仰覆蓮座高一尺二寸九分，垂攀頂黄絨索四條，盤上下俱硃漆，以青飾。輦蓋内寶蓋硃紅漆匡，斗以八頂，冒以黄綺，謂之黄屋，頂心併周圍繡五彩雲龍九天輪三層，皆硃紅漆，上安雕木貼金龍耀葉板八十一片，三層間繪五彩雲襯板八十一片，盤上周圍黄銅裝釘，上施金黄綺瀝水三層，每層八十一摺，間繡五彩雲龍，四角垂青綺絡帶四條，繡五彩升龍三圓盤四角，連輦座板用攀頂黄線圓縧四條，并貼金木魚。輦亭前一字闌干一扇，後一字帶轉角闌干一扇，左右闌干二扇，内嵌縧環板，皆硃紅漆，四扇計一十四柱，各柱首雕木貼金蹲龍一，用描金五彩粧蓮花抱柱，闌干内施素毯草薦。

太常旗二面，在輦亭後左右，用黄雲緞夾爲旗，每面十二斿，每斿内外繡升龍一，硃紅漆攢竹旗竿二，左竿旗腰繡日月北斗，竿首用鍍金銅龍頭，右竿旗腰繡"黻"字，竿首用鍍金銅戟，每竿綴抹金銅鈴二并紅纓十有二，纓上各施抹金銅寶蓋，下垂青線帉䇯。

踏梯一，木質硃紅漆，以抹金銅鈒花葉片裝釘。

行馬架二，硃紅漆，上穿黄絨扁縧，以抹金銅葉片裝釘。

黄布面絹裏夾幰衣、油紬雨衣各一件。

硃紅油合扇梯一副。硃紅油拓叉一件。

馬鞍韉、鞦、轡、鈴、纓全。

香步輦一乘，高一丈二尺五寸，座高三尺，方闊八尺二寸五分，輦座用硃紅漆，其下四面雕木五彩雲，渾貼金龍板十二片，間以渾貼金仰覆蓮座，其下雕木線金五彩雲板二十片，座下硃紅漆轅四條，中二條各長三丈五尺九寸，左右二條各長二丈九尺五寸九分，每轅以鍍金銅龍頭尾裝釘，攀轅黄線圓縧八條。輦亭高六尺五分，四柱各長五尺八寸，檻高二寸五分，皆硃紅漆，其上四圍雕木沉香色描金香草板十二片，抹金銅鈒花葉片裝釘。門高五尺二寸，闊二尺二寸五分，左右二門闊二尺二寸，前併左右各硃紅漆十字槅二扇，雕飾沉香色描金雲龍板八片，其下雲板如其數，後硃紅漆屏風上雕沉香色描金雲龍五，屏後雕沉香色描金雲龍板三片，又雲板如其數，俱用抹金銅鈒花葉片裝釘。亭内施花毯草薦，并大紅織金綺褥硃紅漆戧金龍坐椅一座，其上靠背雕以沉香色描金雲龍一，下雕雲板一片，硃紅漆福壽板一，併衣椅中黄織金綺靠坐褥，四圍椅裙全，周圍施黄綾幃幔，或用黄線羅。亭外用青綺緣邊硃紅簾一十扇，各用拽簾黄線圓縧二條，黄銅圈全，輦頂并圓盤高二尺六寸一分，又鍍金銅蹲龍頂帶仰覆蓮座高一尺二寸九分，垂攀頂黄絨索四條，盤上下硃紅漆，以青飾輦蓋，内寶蓋硃紅漆匡，斗以八頂，冒以黄綺，謂之黄屋，頂心并周圍繡五彩雲龍九天輪三層，皆硃紅漆，上安雕木貼金龍耀葉板八十一片，三層間繪五彩雲襯板八十一片，盤下周圍黄銅裝釘，上施金黄綺瀝水三層，每層八十一摺，間繡五彩雲龍文，四角垂青綺絡帶四條，各繡五彩雲升龍三，圓盤四角連輦座板用攀頂黄線圓縧四條，并貼金木魚。輦亭前有硃紅漆左右轉角闌干二扇，後一字帶左右轉角闌干一扇，各嵌雕木貼金龍，間以五彩雲，三扇計一十二柱，柱首各雕木貼金蹲龍一，用描金五彩粧蓮花抱柱，闌干内四周施花毯草薦。亭内木雕渾貼金劍山一座，硃漆脚踏一個，黄緞衣全，踏梯一座，木質硃紅漆，雕貼金行龍五彩雲縧環板六塊，描金五彩水板十二塊，蹲龍四，以抹金銅鈒花葉片裝釘。

黄布面絹裏夾幨衣、油紬雨衣各一件。

硃紅油合扇梯一副，硃紅油拓叉二件。

凉步輦一乘，高一丈一尺二寸，座高二尺五寸，上方七尺六寸，下方七尺九寸。輦座硃紅漆，座板并四面硃紅漆匡，雕木渾貼金雲板二十塊，上貼金地雕五彩雲縧環板十二片，帶仰覆蓮座，其下硃紅漆轅四條，中二條，各長二丈八尺五寸，左右二條各長二丈六尺五寸，前後俱銅鍍金龍頭尾，黄線攀轅圓縧八條。輦亭高五尺五寸五分，方四尺八寸，四柱以硃紅漆，門高四尺七寸，闊二尺二寸，左右二門闊同。其上四周沉香色描金香草板十二片，前并左右各有槅二扇，後槅三扇，明栿全，皆硃紅漆，編黄線縧穿輦板，上施花毯草薦并紅織金綺褥，硃紅漆戧金雲龍坐椅一座，坐下四面雕木沉香色描金雲，其上靠背雕沉香色描金龍一，并五彩雲下雕貼金雲板一片，硃紅漆福壽板一，并衣椅中黄織金綺靠坐褥，四圍椅裙全，周圍施黄綺幃幔，或用黄線羅。亭内設木雕渾貼金劍山一座，足踏一個，黄緞衣全，銅火爐一個，銅鍍金鑲嵌寶石爐一座。亭外青綺緣邊硃紅重簾十扇，各用拽簾黄線圓縧二條，黄銅圈全。輦頂高二尺五寸，又鍍金銅寶珠頂帶仰覆蓮座高一尺三寸二分，垂攀頂黄絨索四條，頂用硃紅漆，上冒紅氊，四角以金黄氊爲如意雲，黄氊緣條周圍施金黄綺瀝水二層，每層一百二十四摺，間繡五彩雲龍文，腰繡行龍十六，或用大紅羅，冒頂用黄羅爲如意雲緣條，瀝水亦用黄羅，四角鍍金銅雲四朶。亭内寶蓋繡五龍，頂用硃紅漆木匡，冒以黄綺，謂之黄屋，頂心并周圍繡雲龍各一。輦亭四角至輦座用攀頂黄線圓緣四條，并貼金木魚，亭外圍用紅氊面金黄氊緣條絹裏氊衣一副。輦亭前左右硃紅漆轉角闌干二扇，後一字帶轉角闌干二扇，皆雕木玲瓏金地五彩粧雲板十六塊，四扇計一十二柱，各柱首雕木貼金蹲龍一，描金五彩粧蓮花抱柱，闌干内四周施花毯草蓆。

踏梯一座，木質硃紅漆，貼金地五彩雲玲瓏板六塊，描金五彩水板十二塊，蹲龍頭四個，以抹金銅鈒花葉片裝釘，又鍍金銅鈎四個。

金黄線圓緣四條。

紅油高凳四個。跳板四塊。黄氊鞔凳二條。

金黄布夾幰衣并金黄油紬雨衣各一件。

大儀轎一乘，高四尺八寸五分，頂高一尺三寸，面闊二尺八寸，進深三尺八寸，轎頂雙層渾貼金，雕九龍雲花番草緣環，黄綾銷金龍瀝水二層，金漆直竿二，各長一丈七尺五寸，前後横竿二，各長九尺五寸，短杠四根，各長二尺九寸，肩杠八根，各長五尺七寸，撑竿二根，各長二尺四寸五分，轎頂飾蹲龍十二，金頂鈒龍文，嵌珊瑚、青金、松子等石，轎杠裝鍍金銅龍頭尾事件全。

黄布幰衣、油綢雨衣、黄氊頂各一件。

行駕儀仗

吾杖二對

立瓜二對

卧瓜二對

御杖二對

星二對

金鉞二對

已上器仗制俱同大駕，惟竿稍短。

黄緞銷金龍小旗一對

赤緞銷金龍小旗一對

白緞銷金龍小旗一對

青緞銷金龍小旗一對

黑緞銷金龍小旗一對

已上五旗各長二尺，闊二尺五寸，竿長八尺六寸，餘制同大駕。

黄緞銷金龍纛一對

赤緞銷金龍纛一對

白緞銷金龍纛一對

青緞銷金龍纛一對

黑緞銷金龍纛一對

已上五纛旗長四尺,闊六尺,竿長一丈一尺,餘制同大駕。

黄緞雙龍扇十把,徑三尺一寸,木胎黄緞面背,石青緞邊,紅綾鑲線,面背俱銷金雙龍,紅油攢竹柄,扇及柄共高一丈六寸。

黄綾銷金九龍傘十把,頂徑五尺,鋪金雲,垂三簷,每簷銷金龍三條,傘骨鐵竹相間三十二根,風衣二條,帶二條,柄長九尺五寸。

已上傘扇器仗俱有黄紬布雨旱套、棉線跨绠并戳筒。

明轎一乘,貼金雕花番草、金漆木座穿藤,轎身闊二尺二寸,進深一尺八寸,高三尺三寸,地平闊二尺二寸,進深二尺九寸,直竿二根,各長一丈五尺五寸,横杠二根,各長七尺六寸,短杠四根,各長二尺八寸,肩杠八根,各長五尺六寸,撑竿二根,各長二尺三寸,鍍金銅龍頭尾事件全。

黄布幰衣、油紬雨衣各一件。

禮轎一乘,雙頂掃金罩漆,雕雲龍花草緣環,轎身闊三尺,進深四尺高五尺,頂面闊三尺七寸,進深四尺七寸,高五寸五分,頂樓八瓣,每瓣面闊一尺一寸,高六寸五分,黄綾銷金龍瀝水二層,直竿二根,各長一丈七尺八寸,横杠二根,各長九尺五寸,短杠四根,各長二尺九寸,肩杠八根,各長五尺七寸,撑竿二根,各長二尺三寸,俱硃漆,轎頂飾金蹲龍十二,金頂鈒龍文,嵌珊瑚、青金、松子等石,轎扛鍍金銅龍頭尾事件全。

黄布幰衣、油紬雨衣、黄氊衣各一件。

行幸儀仗

蒙古號六枝,木質空心,每枝二節,上節長五尺,下節長三尺八寸,硃漆貼金,藤箍纏以皮條,上銅鍍金口,下鈒花銅鍍金喇叭頭,每枝拴紅黄片金小旛三首。

大號八枝,小號八枝,制俱同大駕。

嗩吶八枝,管用花梨木,長一尺二分,徑一寸五分,下銅碗口徑四寸六分,上銅口拴黄細縧四根,下有五色線縧繐三掛。

鼓二面,高一尺五寸,上口徑一尺二寸,下口徑五寸八分,木匡冒以革,硃漆描金雲龍,貼金,銅釘鈸環,鼓架高三尺,硃漆描金雲龍。

銅點二個

銅鈸二對

金鉦四面，制同大駕。

笛四枝，制同大駕。

管二枝，以烏木爲之，長六寸八分，九孔，前七後二，兩頭束以象牙，以蘆爲哨。

雲鑼二架，架高二尺，寬一尺五寸，柄長五尺五分，頂雕木貼金雙龍頭，各懸銅鑼十面，繫五色線流蘇二掛。

笙二攢，以匏爲之，黑漆，上用紫竹十七管，中施銅簧，下垂綵線流蘇。

金二面，制同大駕。

吾杖三對

立瓜三對

卧瓜三對

御杖三對

星三對

已上制俱同大駕，惟吾杖稍短。

金鉞三對，斧頭長九寸，寬八寸，木鎗頭長八寸五分，竿長五尺六寸，餘制同大駕。

弓矢十副

大刀十把

鎗十桿

黄小旗一對

赤小旗一對

青小旗一對

白小旗一對

黑小旗一對

已上五旗俱攢竹爲竿，上安鍍金鎗頭，飾以紅纓，旗長二尺四寸，闊三尺三寸，通長八尺六寸，餘制同大駕。

黄龍纛一對

赤龍纛一對

青龍纛一對

白龍纛一對

黑龍纛一對

已上五纛各闊五尺九寸，長三尺九寸，竿長一丈二尺，餘制同大駕。

黄雙龍扇六把,徑三尺一寸,木胎黄緞面,背石青綾邊,紅綾鑲線,面繡雙龍,背銷金雙龍,紅油攢竹柄,扇及柄共高一丈七寸。

紅單龍扇四把,面繡單龍,背銷金單龍,黄綾鑲線,餘制同前。

黄粧緞傘二把

紅粧緞傘二把

青粧緞傘二把

白粧緞傘二把

黑粧緞傘二把

已上五傘頂徑五尺,垂三簷,上簷長一尺一寸,中、下簷各長九寸,風衣二件,方一尺二寸,帶二條,長三尺寬二寸,傘骨竹鐵相間三十二根,紅油攢竹柄長九尺四寸,跨綆、戳筒全。

拆合明轎一乘,金漆雕花草獸面,轎身闊二尺二寸,進深一尺八寸三分,高三尺四寸,地平闊二尺二寸,進深二尺九寸,直竿二根,各長一丈七尺,横杠二根,各長六尺七寸,短杠四根,各長二尺八寸,肩杠八根,各長六尺,撑竿二根,各長一尺七寸,俱硃漆鍍金銅龍頭尾事件全。

黄布幰衣、油紬雨衣各一件。

大轎一乘,單頂硃紅漆,轎身闊三尺,進深四尺六寸五分,高五尺,貼金,頂闊三尺八寸,進深五尺六寸五分,高八寸,黄綾銷金龍瀝水一層,直竿二根,各長一丈八尺,横竿二根,各長九尺,短杠四根,各長二尺七寸,肩杠八根,各長五尺三寸,撑竿二根,各長二尺三寸五分,俱硃漆,轎頂飾金蹲龍四,金頂鈒龍文,嵌珊瑚、青金、松子等石,鍍金銅龍頭尾事件全。

黄布幰衣、油紬雨衣、黄氈頂各一件。

大清會典卷之二百十四

工部製造庫

〔儀仗二〕

太皇太后鹵簿

龍鳳旗四對，用黄紅青黑雲緞爲質，上描金龍鳳各一，長四尺五寸，闊五尺四寸，紅油薰竹竿，長一丈四尺九寸，間纏以藤，下釘鐵箍，上安金頂，飾以紅纓。

金節一對，硃紅攢竹竿，長一丈五寸，下釘鐵鐏，上安貼金銅鵝項，鈎攜銅索天盤，下繫紅線圓縧，間掛紅纓毬八個，各罩緑皮帽，四角綴貼金銅鈴，外用黄素紗繡五色龍鳳爲衣籠之。

吾杖二對，硃漆攢竹爲之，長七尺，兩末貼金銅箍，瀝粉貼金雲二段。

立瓜二對，硃漆攢竹柄，貼金木瓜立置其首，承以貼金龍頭，下釘貼金銅箍，共長六尺八寸三分，瓜及龍頭長一尺六寸三分。

卧瓜二對，與立瓜制同，但瓜卧置其首，共長七尺三分。

黄緞九鳳曲柄傘一把，頂徑五尺，冒以黄緞，繡雲文，垂三簷，上簷高一尺，中下簷各高八寸五分，每簷繡彩鳳三，帶二條，各長三尺寬二寸，上繡雲文，風衣二個，方一尺二寸，四角繡雲文，傘骨三十二根，鐵竹相間，銅絲銅葉拴釘，當柄曲處用鐵心貼金龍頭承傘，高二尺，紅油攢竹柄長一丈一尺，間纏以藤，頂安貼金木葫蘆。

黄緞寶相花直柄傘四把，黄緞爲之，每簷各繡寶相花，直柄長一丈五寸，餘制同曲柄傘。

紅緞瑞草直柄傘二把，紅緞爲之，每簷各繡瑞草文，餘制同黄緞傘。

青緞九鳳直柄傘二把，每簷各銷金鳳三，帶及風衣，俱銷金雲文，餘制同黃緞傘。

黑緞九鳳直柄傘二把,制同青緞傘。

紅方傘二把,紅素緞爲之,頂方五尺,垂三簷,餘制同青緞傘。

黃緞龍鳳扇二把,高二尺三寸,闊二尺四寸,邊闊五寸,面繡龍鳳,背銷金團龍,夾口兩面貼青緑片金六塊,紅油合竹柄長一丈九寸,下釘黃銅箍。

紅緞龍鳳扇二把,制同黃龍鳳扇。

金黃緞素扇二把,制同黃龍鳳扇。

紅緞鸞鳳扇二把,高二尺三寸,闊一尺九寸,面紅緞繡鸞鳳,邊白緞繡雉尾,背青緞銷金火焰雲文,黑油合竹柄,制與龍鳳扇同。

拂子一對,用紅馬尾爲之,泥金樺木柄,長二尺六寸八分,兩末釘鈒金鳳頭尾。

金爐一對,以硃紅漆竿舉之,兩末雕貼金鳳頭尾,竿首釘鍍金鈎。

金瓶一對

金香盒一對

金唾壺一個

金盆一面

已上俱赤金質,鈒龍鳳、山水、雲珠、火焰、蓮瓣、花草,嵌珊瑚、青金、松子等石。

馬杌一座,高一尺四寸五分,方一尺八寸五分,面厚一寸三分,木質硃漆,彩畫金雲鳳,鈒花雲金葉裝釘。

金交椅一把,面闊二尺二寸,進深一尺,後高三尺,前高一尺七寸五分,木質埽金罩漆,鈒龍鳳金葉裝釘,穿以黃線扁縧,四垂黃線流蘇,織金黃綺褡襠。

金脚踏一個,闊一尺八寸,深九寸五分,高四寸二分,木質埽金罩漆,鈒花金葉裝釘,織金黃綺踏褥。

鳳輦一乘,柱高三尺六寸,面闊五尺二寸,進深五尺二寸,頂高一尺,方五尺七寸,座高一尺八寸,面闊六尺五寸,進深六尺四寸,周圍闌柱縧環雕花卉,硃漆貼金飾,中設寶座,下有仙橋,座穿以藤,牕槅穿以石青線,頂衣用黃結羅爲之,銷金鳳瀝水二層,黃緞裹衣,外垂珠簾,直杆四根,各長二丈,内杠四根,各長八尺,外杠八根,各長五尺六寸,短杠四根,各長四尺二寸,俱硃漆赤金頂,鈒鳳文,嵌青金、珊瑚、松子等石,杠末裝金鳳頭尾事件全。

紅油凳四條，拓叉二件。

黄布幰衣、油紬雨衣各一件。

鳳輿一乘，面闊三尺一寸五分，進深四尺九寸五分，柱高三尺三寸二分，門闊二尺一寸，高二尺八寸，頂闊三尺九寸五分，進深五尺七寸五分，頂樓六瓣，每瓣闊一尺五寸，共高一尺二寸，轅長一丈七尺五寸，輪高五尺，俱施黄油，彩畫金龍鳳赤金頂，鍍金葉片裝釘，黄素綾衣上銷金龍鳳瀝水二層。

黄布幰衣、油紬雨衣、黄氊頂各一件。

儀輿二乘，面闊三尺二寸，進深四尺九寸，柱高三尺四寸，頂闊三尺五寸，進深五尺二寸，高九寸，轅長一丈七尺五寸，輪高四尺八寸，俱施黄油，赤金頂鍍金葉片裝釘，黄雲緞車衣，重簷瀝水，紅緞裏。

黄布幰衣、油紬雨衣、黄氊頂各一件。

大儀轎一乘，面闊二尺九寸，進深四尺，高四尺八寸，頂闊三尺五寸，進深四尺六寸，頂樓八瓣，每瓣面闊一尺，高一尺五寸，俱施黄油，貼金雲龍鳳絛環，嵌五色寶石，黄綾衣上銷金龍鳳瀝水二層，直竿二根，各長一丈七尺五寸，横竿二根，各長九尺三寸，短杠四根，各長二尺八寸，肩杠八根，各長五尺八寸，撑竿二根，各長二尺六寸，俱硃漆，轎頂飾金鳳十二，金頂鈒海馬文，嵌青紅藍三色寶石，轎扛裝鍍金銅鳳頭尾事件全。

黄布幰衣、油紬雨衣、黄氊頂各一件。

皇太后鹵簿

皇后鹵簿但無鳳輿餘並同

皇貴妃儀仗

鳳旗二對，紅黑雲緞爲質，上描金鳳各一，長四尺五寸，闊五尺四寸，紅油薰竹竿長一丈四尺六寸，間纏以藤，下釘鐵纂，上安貼金銅頂，飾以紅纓。

金節一對，硃紅攢竹竿長一丈一尺二寸五分，下釘鐵纂，上安貼金銅鵝項鈎攜銅索天盤，下繫紅線圓絛，間掛紅纓毬八個，各罩緑皮帽，四角綴貼金銅鈴，外用紅素紗繡五色彩鳳爲衣籠之。

吾杖一對，硃紅油攢竹爲之，長七尺，兩末貼金銅纂，瀝粉貼金雲二段。

立瓜一對，硃紅攢竹柄，長五尺二寸五分，貼金銅纂，刻木爲瓜，立置其首，承以貼金龍頭，瓜及龍頭長一尺六寸九分。

卧瓜一對，與立瓜制同，但瓜卧置其首，共長七尺四分。

紅緞七鳳曲柄傘一把,頂徑五尺,冒以紅緞繡雲文,垂三簷,上下簷各繡彩鳳二,中簷繡彩鳳三,帶二條,風衣二件,俱繡雲文,傘骨三十二根,鐵竹相間,硃紅攢竹柄,長一丈一尺,間纏以藤,柄曲處用鐵心貼金龍頭承傘。

紅緞寶相花傘二把,冒以紅緞,頂繡雲文,垂三簷,各繡寶相花,直柄長一丈五寸,餘制同曲柄傘。

紅緞瑞草傘二把,冒以紅緞,垂三簷,各繡瑞草,餘制同寶相花傘。

紅緞方傘二把,頂方五尺,冒以紅素緞,餘制同圓傘。

紅緞繡扇二把,高二尺三寸,闊一尺九寸,紅緞面中繡彩鳳,白緞邊繡雉尾,青緞背銷金火焰,夾口貼青緑片金六塊,黑油合竹柄長一丈七寸五分,下釘黄銅箍。

金黄緞素扇二把,高二尺三寸,闊二尺三寸五分,面背皆金黄素緞,硃紅合竹柄長一丈五寸五分,餘制同紅繡扇。

拂子一對,用紅馬尾爲之,泥金樺木柄長二尺六寸,兩末釘鈒金翟鳥頭尾。

金爐一個,以硃紅漆竿舉之,兩末雕貼金翟鳥頭尾,竿首釘鍍金鉤。

金瓶一對

金香盒一個

金唾壺一個

金盆一面

已上俱金質,鈒翟鳥花草雲文。

馬杌一座,高一尺四寸五分,方一尺八寸五分,面厚一寸三分,木質硃漆,鈒花鍍金銅葉裝釘。

交椅一把,木質掃金罩漆,穿以金黄線扁縧,四垂金黄線流蘇,金黄色金綺褡褳。

脚踏一個,木質掃金罩漆,金黄色金綺踏褥。

翟轎一乘,面闊二尺九寸,進深四尺,高四尺六寸,頂闊三尺五寸,進深四尺六寸五分,高六寸,頂樓六瓣,每瓣闊一尺四寸,高五寸五分,俱施金黄油,彩畫雲龍翟鳥,糚顔五色寶石,金黄綾衣,上銷金翟鳥瀝水二層,直竿二根,各長一丈五尺二寸,横竿二根,各長六尺一寸五分,肩杠四根,各長四尺七寸五分,撑竿二根,各長二尺一寸三分,俱硃漆,轎頂飾金翟鳥十,純素金頂,鍍金銅事件全。

金黄布幰衣、油紬雨衣各一件。

翟車一乘，身闊三尺一寸，進深四尺七寸，柱高三尺三寸五分，頂闊四尺五分，進深五尺六寸，高一尺二寸，轅長一丈六尺六寸，輪高四尺八寸，俱施金黄油，金黄雲緞車衣，重簷瀝水紅紬裏，素純金頂，鍍金銅事件全。

金黄布幰衣、油紬雨衣、金黄氊頂各一件。

貴妃儀仗與皇貴妃同

妃儀仗

鳳旗一對黑質

金節一對

吾杖一對

立瓜一對

卧瓜一對

紅緞寶相花傘二把

紅緞瑞草傘二把

金黄緞素扇二把

拂子一對

提爐一座

瓶一對

香盒一個

唾壺一個

盆一面

馬杌一座

交椅一把

脚踏一個

翟轎一乘

翟車一乘已上諸制，俱同貴妃儀仗，惟爐盒等器係銀質鍍金，轎頂車頂及事件係銅質鍍金。

轎車各有金黄布幰衣、油紬雨衣併氊頂。

親王儀仗

旗鎗五對，攢竹樺皮竿長八尺，上安鐵鎗頭，下有鐵穳，樺皮鎗帽，飾以紅纓，繫雲緞旗，長三尺，闊二尺三寸，上銷金雲蟒。

豹尾鎗一對，硃紅攢竹竿長八尺一寸，畫三色金雲蟒，上安鍍金鎗頭，下有鐵纉紅油鎗帽，畫五色雲蟒，飾以紅纓，下懸豹尾。

纛二對，以緞爲旗，紅緞火焰邊長三尺三寸，闊七尺五寸，上銷金雲蟒，硃紅薰竹竿長一丈四尺，間纏以藤，下釘鐵箍，上安鍍金頂，飾以紅纓。

大刀二口。

吾杖二對，硃紅攢竹爲之，長七尺，兩末貼金銅箍，瀝粉貼金雲二段。

立瓜二對，硃紅攢竹柄長五尺三寸，貼金銅箍，刻木爲瓜，立置於上，承以龍頭，瓜及龍頭俱瀝粉貼金。

卧瓜二對，刻木爲瓜，卧置於上，柄長五尺五寸，餘制同立瓜。

骨朵二對，硃紅攢竹柄，貼金銅箍，刻木爲骨朵，承以龍頭，貼金飾，共長七尺。

紅繡曲柄傘一把，頂徑五尺，冒以紅羅，垂三簷，繡五龍風衣二件，帶二條，傘骨三十二根，竹鐵相間，硃紅攢竹柄長九尺五寸，柄曲處用鐵心貼金龍頭承傘，頂安貼金木葫蘆。

紅繡花傘二把，紅羅爲之，上繡四季花，直柄長九尺，餘制同曲柄傘。

紅瑞草傘二把，紅羅爲之，上銷金瑞草，餘制同紅繡傘。

紅繡扇一對，心高二尺三寸，闊二尺三寸五分，面背皆紅羅，面繡四季花，背銷金團花，硃紅合竹柄長九尺二寸。

黑繡扇一對，面背皆皂羅，面繡孔雀，背銷金團花，餘制同紅繡扇。

明轎一乘，面闊二尺二寸，進深一尺八寸，高三尺三寸，地平闊二尺二寸，進深二尺九寸，俱施羊肝漆灑金，上下雕玲瓏花卉，直竿二根，各長一丈五尺，橫竿二根，各長六尺二寸，肩扛四根，各長五尺，撑竿二根，各長一尺八寸，俱紅漆貼金飾。

紅布幰衣、油紬雨衣各一件。

郡王儀仗

旗鎗四對，硃紅攢竹竿各長八尺，貼金雲蟒，上安鐵鎗頭，下有鐵纉，紅油鎗帽，畫五色雲蟒，飾以紅纓，懸雲緞銷金雲蟒旗。

纛一對。已下諸制俱同親王儀仗，惟曲柄傘繡龍四。

吾杖二對

立瓜二對

卧瓜一對

骨朵一對

紅繡曲柄傘一把

紅瑞草傘二把

紅繡扇二把

黑繡扇二把

公主儀仗

纛一對，硃紅薰竹竿長一丈三尺，間纏以藤，下有鐵纘，上安鍍金頂，飾以紅纓，懸素緞旗。

紅繡曲柄傘一把，紅緞爲之，上繡寶相花。餘制與親王曲柄傘同。

紅繡花傘二把，直柄，餘制同曲柄傘。

紅繡方扇二把，高二尺四寸五分，闊二尺二寸，面背皆紅緞，面繡孔雀，背銷金火焰，硃紅合竹柄長九尺二寸。

黑花扇二把，制同紅繡扇。

吾杖一對

立瓜一對

卧瓜一對

骨朵一對

翟轎一乘，紅緞頂衣，青緞緣邊并瀝水。餘制與親王轎同。

朱輪車一乘，紅緞頂衣，青緞緣邊并瀝水。餘制與貴妃車同。

已上鹵簿儀仗，俱工部造辦。其世子及王妃、郡主等儀仗，係自備充用，制見《禮部·儀制司》。

〔樂器制度〕

丹陛樂

戲竹一對，硃紅油攢竹柄，長六尺六寸，下釘貼金銅箍，上安貼金木葫蘆，長八寸，内栽紅竹絲一百莖，長三尺五寸，各繫綵線流蘇。

簫二枝，以紫竹爲之，長一尺九寸，六孔前五後一，繫綵線流蘇。康熙五十七年審定音樂，御制黄鐘簫長一尺七寸七分四釐二毫，徑五分四釐八毫，姑洗簫長一尺七寸七分零五毫，徑四分三釐五毫，大吕簫長一尺六寸九分六釐九毫，徑五分二釐四毫，仲吕簫長一尺六寸九分三釐四毫，徑四分一釐六毫。凡姑洗應陽律一均，仲吕應陰吕一均。

笙二攢，以匏爲之，黑漆。上攢紫竹十七管，中施銅簧，下垂綵線流蘇。

笛四枝，截竹爲之，長一尺七寸，前一孔次六孔，間纏以絃線繫綵線流蘇。康熙五十七年御定：姑洗笛長一尺二寸五分一釐七毫，徑四分三釐五毫,仲吕笛長一尺一寸九分七釐二毫,徑四分一釐六毫。

管四枝,以烏木爲之,長六寸八分,九孔前七後二,兩頭束以象牙,以蘆爲哨,康熙五十七年御定:管制長五寸七分六釐,爲哨下口至管通長之度徑二分七釐四毫。

方響二架,每架用銅方響十六塊,各長六寸九分,上寬一寸八分,下寬一寸九分,厚薄不等,應六律六吕四清聲,硃紅油木架高五尺,寬二尺二寸,描畫五綵寶相花,上横木左右雕貼金龍頭,中貼金火焰珠,頂用鐵條四裹氊鞔黄緞,以黄絨繩繫方響於上,銅椎二,黄線挽手,綵線流蘇。

雲鑼二架,架高二尺,寬一尺五寸,柄長五寸五分,頂雕貼金雙龍頭,各懸銅鑼十面,繫綵線流蘇二掛。

杖鼓一面,鏇木爲匡,高二尺,細腰兩面,俱徑六寸,冒以革,面匡俱黄油,上畫五綵雲龍,鐵圈銅鈎連以黄絨緶,紅緞鼓衣,緑緞瀝水,銷金雲龍。

板一串,用花梨木六片各長一尺一寸五分,厚四分,上寬二寸二分,下寬二寸五分,緑皮掩錢,黄線縧繐。

大鼓二面,以木爲匡,高三尺五寸,面徑三尺七寸,冒以革,腹内安銅膽,周圍釘貼金銅釘鈹環,面匡俱硃紅油,上畫五彩雲龍,架高六尺,寬五尺五寸,油飾彩畫同匡柱頂,各雕貼金蹲獅,紅雲緞鼓衣,緑雲緞瀝水,上銷金雲龍,繫以紅漆椎。

中和樂

麾一,硃紅漆木竿長一丈一尺,飾以貼金銅鵝項龍頭并鈎,下垂黄緞麾,長九尺,寬一尺,兩面繡雲龍,上下有雲板二,鍍金銅釘裝釘,木胎貫錫紅漆貼金架一座。

柷一,以木爲之,狀如方斗,面方二尺五寸,連座高二尺二寸,硃漆,四面畫山河地理形,座雕雲龍貼金,繫以木椎,康熙五十七年御定:柷制上方二尺一寸八分七釐,下方一尺六寸九分零四毫,深一尺四寸五分八釐。

敔一,以木爲之,狀如伏虎,長二尺六寸,背刻二十七鉏鋙,貼金木座共高二尺一寸,以紅漆竹籈櫟之。康熙五十七年御定:敔制長二尺一寸八分七釐,鉏鋙之分爲七寸二分九釐。

搏拊二,形如鼓,長一尺五寸,圍圓三尺木匡,貼金兩面,冒以革,畫五彩雲龍,銅釘鈹環,貫以黄絨縧。

琴四張,桐木面,梓木底,長三尺六寸六分,黑漆,身肩闊六寸,尾闊四寸,七絃俱帶軫面,有徽十三,底有鴈足護軫各二,用貼金漆几承之。康熙五十七年御定：琴制長三尺一寸三分四釐七毫，岳山内際至額二寸一分八釐七毫，岳山厚二分四釐三毫，額廣五寸一分零三毫，肩闊五寸八分三釐二毫，腰廣四寸三分七釐四毫，尾闊四寸三分七釐四毫。

瑟二張，桐木質，長七尺六寸，寬一尺七寸，茜紅黄色，彩畫雲龍，二十五絃内黄絃一，餘皆朱絃，承以貼金漆架。康熙五十七年御定：瑟制長六尺五寸六分一釐，前梁内際至首額七寸二分九釐，後梁内際至尾末一尺四寸五分八釐，前後梁廣高俱七分二釐九毫，首廣一尺四寸五分八釐，前腰一尺三寸八分五釐一毫，後腰一尺三寸一分二釐二毫，尾廣一尺二寸三分九釐三毫。

簫二枝

笙四攢

笛二枝，制俱同丹陛樂。

塤二個，以土爲質，形如秤錘，平底，中虚上鋭，六孔，上一前三後二，硃漆彩畫雲龍。康熙五十七年御定：黄鐘塤内高二寸二分一釐七毫，大徑一寸七分二釐二毫，底徑一寸一分四釐八毫，大吕塤内高二寸一分二釐，大徑一寸六分四釐七毫，底徑一寸零九釐八毫。

篪二管，用大竹爲之，長一尺五寸，硃漆，間纏銅絲三道，吹竅一，六孔，前一後四，頭一，近頭又二小孔。康熙五十七年御定：姑洗篪自吹竅起至管末，長九寸九分五釐九毫，徑八分七釐；仲吕篪自吹竅起至管末，長九寸五分二釐五毫，徑八分三釐二毫。

排簫二架，高一尺五分，廣一尺一寸五分，用紫竹十六管，參差列於硃漆木扁架上，二面俱五彩雲龍。

編鐘一架，用鍍金銅鐘十六枚，應六律六吕四清聲，雕木貼金鐘架一座，高九尺五寸，闊九尺，上雕鸞鳳，口啣流蘇。康熙五十七年御定：鐘制改四清聲爲四倍聲，黄鐘之鐘内高七寸二分九釐，中徑六寸八分二釐六毫六絲，上下徑俱四寸七分一釐九毫六絲，體厚一分五釐九毫八絲，重二百一十六兩，其與十一編鐘外同一制，隨體厚而内高與徑遞減其度，四倍鐘隨體薄而内高與徑，遞增其度。

編磬一架，用靈璧石磬十六枚，應律吕如鐘，架制同。康熙五十七年御定磬制，股七寸二分九釐，鼓一尺零九分三釐五毫，股博五寸四分六釐七毫五絲，鼓博三寸六分四釐五毫，十六編磬形同一制，而厚薄有損益。

應鼓一，以木爲匡，冒以革，高三尺八寸，圍圓九尺，鼓面彩畫雲龍，匡貼金,架高一丈,頂方四尺,四柱雕彩雲龍貼金,刻蹲獅四於其趺,壓樑四,橫貼金木龍頭,下垂綵線流蘇,黄緞鼓衣,瀝水上繡雲龍,繫以紅漆槌。圖表俱詳《禮部》。

節慎庫

順治元年設節慎庫,郎中等官分掌各項收支之事。

凡支放各工所錢糧顔料,歲底彙册,移付屯田司奏銷。

凡給發各工所顔料等物,案呈移咨户部支領。

凡寶源局鼓鑄銅錢,解送到部,會同虞衡司收貯。

凡收支,康熙五十九年奏准:節慎庫嗣後無論已未收完,所收若干即填入新收項下奏銷,永爲定例。○又奏准:節慎庫銀兩嗣後如不題請,私行借給,即將借給之人題參,照侵盜錢糧例治罪。

〔司庫通例〕

工部各司庫給發錢糧,支領物料,每月繕册奏聞,所以節浮費杜冒濫也,因列通例於左。康熙三十九年諭:"工部用過零星錢糧,着照光禄寺每月造册具題。"○雍正元年諭:"此後内務府行文工部所用一應等物,不必聲明何項應用之物,只將所用物料數目開寫,行文咨取。其工部每月册内,只將本月給過内務府物料數目開寫,其一應用過之處,每月着各所取用司院等處繕摺,呈遞内務府總管查對共用過數目,同工部册子一齊啓奏,所用之内如有不符之處,着聲明啓奏。"○又奏准:嗣後内務府各處取用一應外解庫貯物料數目,亦一併分晰查明,入於每月册内奏聞。○五年諭:"嗣後凡部院衙門黄册,俱用整篇紙張繕寫啓奏。"

大清會典卷之二百十五

盛京户部

侍郎一員，所屬有郎中、員外郎、主事等官，掌地丁賦税及支給糧草什物等事。建置沿革，詳見《吏部·盛京官制》。

〔**莊屯**〕

國初定：興京附近糧莊二十所，每莊歲徵糧九十石、穀草四千束，盛京附近糧莊九十七所，内二十莊每莊歲徵糧一百二十石、穀草四千束，餘七十七莊每莊歲徵糧一百二十石、穀草一千五百束、芻草三千束，以上各莊徵線麻檾麻鵝雞等物，鹽莊三所，每莊歲徵鹽一萬二千觔，棉花莊五所，每莊歲徵棉花一千觔，每莊屯設壯丁十名、牛六頭，鹽莊牛各十頭，共設領催八名經管。應徵糧食棉花鹽觔數目，分作十分，如欠不及一分，莊頭免責，欠一分，鞭五十，欠二分，鞭八十，俱令賠補，欠三分，枷號兩月、鞭一百，交内務府當差；管屯領催各照分管數目分作十分，如欠一分，鞭五十，欠二分，鞭八十，欠三分，鞭一百、枷號一月，令爲官莊奴僕；專管官各照總管數目分作十分，如欠不及一分，罰俸半年，欠一分，罰俸一年，欠二分，降一級、罰俸一年，欠三分，降二級調用；盛京户部侍郎亦照所管總數分作十分，欠不及一分，罰俸三月，欠一分，罰俸六月，欠二分罰俸一年，欠三分，降一級、罰俸一年留任；其額外多納糧每石、鹽每百觔、棉花每十觔，莊頭賞銀五錢，賞至五兩，該管領催賞銀一兩；如遇旱澇災傷，派出官員筆帖式勘驗，被災地每一晌免糧一石、棉花五十觔，若地畝全荒，給莊頭口糧牛料田種，耕耘時屯丁及耕牛有缺，每丁免糧五石、棉花五十觔、鹽五百觔，每牛一頭免糧十石、棉花一百觔、鹽一千觔。〇又定：奉天莊屯徵糧不敷應用，許動支錢糧辦買，屯丁逃亡，移咨奉天將軍記册，仍從户部撥補，牛隻倒斃,動庫銀買給,牛皮解交工部。〇又定:徵收糧數、賞銀、鞭責、補給壯丁等事,俱移咨户部轉題,歲底奏銷,將各項錢糧舊管、新收、開除、實在數目逐欵開造,詳明清册一本奏報,并造細册一本移送户部。〇順治元年題准:盛京地方令照舊織布,仍留養蠶屯十處。〇康熙四十年議准:興京等處二十官莊一應差使,俱歸驛站供應,每莊增糧三十石,每年每莊共報糧一百二十石。〇五十八年覆准:盛京户部所管官屯一百二十六所,每年一屯倒斃牛隻不得過二隻,每牛一頭合價銀七兩,如數目過額,將該部堂司官、管屯官員一併從重議處。〇五十九年議准:官莊所報米石數目,嗣後派各部院堂官一員,會同盛京户部監收。〇雍正三年議准:奉天所屬寧、錦、廣三州縣地方官莊收貯穀石,自本年以後,刨窖盛貯,其工料動支正項錢糧,刨窖所用地畝,照蓋倉之例將别處地畝補給。〇五年覆准:近遼河居住莊頭所種之禾,因遼水泛漲以致歉收,將四年未完帶徵糧五千六百餘石於秋收時照數徵完報部。〇又覆准:錦縣、寧遠、廣寧三州縣莊頭退出,餘地照各州縣徵糧數目一例徵收。

〔奉天錦州二府屬地丁錢糧〕

國初定:每畝徵銀三錢,每丁徵銀一錢五分至二錢不等,該府尹解送收庫。〇康熙三十二年覆准:改徵米豆,每畝徵粟米六升一合至六升二合,每丁徵豆四斗七升至六斗四升零不等。〇三十三年覆准:承德等州縣額徵粟米,以高粱黑豆一斗五升,折算一斗,暫徵一年。〇五十二年覆准:奉天所屬州縣米豆存貯太多,蓋倉浩繁,仍改徵銀兩。〇又諭:"州縣徵糧之官皆有考成,盛京並無考成,故每年拖欠。此後盛京等處徵收米豆官員,亦著考成。"〇五十五年題准:承德等九州、縣,仍照舊例徵收米豆。〇五十八年覆准:奉天所屬州縣官員如因公出差,委所屬吏目、典史等官監收,不得私委子弟書辦兑收并私行借給,有違例者,即行題參治罪,府尹徇情不行題參,事發一并交部議處。〇雍正元年題准:奉天存貯米豆甚多,倉廒不敷,將每年地丁米豆暫於本年明年量徵銀兩,以作蓋倉之費。〇三年覆准:自四年爲始,地畝徵米,人丁徵銀,所收銀兩如有蓋倉之州縣,題請動用,餘銀解盛京户部充餉,俟收貯黑豆需用將完之日,題請照舊徵豆。

〔積貯〕

康熙二十九年覆准:奉錦二府地丁錢糧,每年下剩銀五千餘兩,解交盛京户部轉發錦州等四處城守尉,酌量價值,陸續買米,其部員所收牛馬税銀三千餘兩，彙入外城税銀，交與倉官，亦酌量價值買米入盛京倉内，每年出陳易新，俱交與奉天將軍料理。至錦州、開原、遼陽、蓋州等處蓋造倉房之處，行令盛京工部將需用價值詳確估計，動支部員所收税銀，交各該城守尉等蓋造，其需用錢糧細數造具清册，咨報工部查核。〇又諭："倉糧關係緊要，著盛京户部侍郎稽查收貯米穀，每年仍將出入數目報部。"〇三十三年諭：積穀於百姓最有裨益。聞天津鹽商船隻由海口抵盛京三岔口，止須六日可到，將山東河南漕米截留一二萬石，如何運至三岔口之處，作速詳議具奏。遵旨議定：將山東漕米截留二萬石，自天津運至三岔口，交盛京户部收貯，其鹽商情願捐運者，著該撫奬勵。〇三十七年覆准：天津海運至盛京米石，照運至牛莊例給銀二錢二分外酌量加給，所加銀兩於長蘆運司庫内存貯捐銀支給。〇四十五年覆准：承德等七州縣蓋倉四十七間，動用銀四千五百三十五兩八錢五分五釐，買米五千六百一十四石零，動用銀二千五百五十二兩二錢零。〇雍正元年覆准：盛京積貯米豆關係緊要，令奉天將軍會同盛京户部工部，於每年秋收所徵米豆，將十分之三照時價變賣，建造倉廒。〇三年議准：存倉米豆明年爲始，於青黄不接之時照定例十分之三酌量借給，不願借者，聽其自便，如三分之内有借給餘剩米豆，照時價糶賣，秋收後買補還倉。〇又覆准：關東地方高燥，收貯穀石，刨窖盛貯，每刨一窖用銀十六兩，動支正項錢糧，造册咨報工部查銷。〇五年覆准：倉内米穀，令盛京户部府尹會同將軍於收糧之時彙總計算，十四城九州縣見存米穀若干、酌量備用應留貯米穀若干，限定數目，加謹收貯，每年於青黄不接之時，照存七糶三之例出陳易新，其餘所剩米穀同見在豆七萬三千五百五十石零、草一百八十四萬八千一百五束，飭令各該地方官按時價糶賣，其賣出銀兩交與盛京户部充餉，并將應存米穀及糶賣餘剩米穀豆草數目，並所獲銀兩各若干之處，一并分晰造册具題查核，仍令該侍郎府尹不時稽察，如該管官員將存貯米穀那移侵蝕，及將糶賣穀價以多報少等弊，該侍郎府尹即行指名題參。

〔管糧專官〕

康熙四十二年定：設立倉監督一員，專管出入糧石，三年更换。〇雍正二年覆准：船廠、寧古塔、白都納三處官倉監督，嗣後於十二月底更换。〇四年覆准：嗣後倉監督照京城等處補放之例，一年任滿，令該管官揀選賢能正副二員保題更换。〇五年覆准：倉監督令盛京户部會同各部堂官，於五部郎中以下、小京官以上遴選正、副監督各二員，保題引見補放。其盛京倉務，令稽察盛京各部衙門監察御史監察。

〔雜税〕

國初定：山海關外當舖，每年各徵銀十五兩，牲畜等税每兩納銀三分，每年定額二千兩，由税課司徵收交部，溢額者議叙，缺額者議處，俱由本部咨報户部。〇康熙四十七年覆准：錦州每年徵雜税銀六百六十餘兩不等，並無定額，今自四十五年十二月起，至四十六年十二月止，一年見收税銀一千六百三十五兩一錢七分一釐四毫零，嗣後作爲定額，交與城守尉照例徵收。〇五十二年議准：嗣後鳳凰城邊口中江地方，應照康熙三十九年之例，令兵丁買賣人等與高麗一體會合貿易，除不收高麗人税外，内地人每銀一兩收税三分。〇雍正元年議准：將中江税銀停其徵收。〇又覆准：奉天開原等處應徵當舖雜税銀七千一百九十八兩零，向係買穀貯倉，嗣後停其買穀，解交盛京户部留充俸餉。〇二年議准：奉天牛馬税銀每年額定四千兩零，其奉天等處當舖雜税銀每年多寡不一，在盛京五部每部揀選官二員，鄰近之城兩城派官一員，遥遠之城每城派官一員，會同該城守尉等徵收一年，著爲定額，當舖如有增減，報明盛京户部註册。〇三年議准：盛京買賣人出威遠堡、法庫門至船廠、黑龍江等處貿易，所帶貨物出山海關由海而來，俱已徵税，出威遠堡、法庫門，停其徵税。其領取車票，民人向府尹衙門領票，旗人在兵部領票。〇四年覆准：船廠係往來商旅聚集之所，買賣牛馬牲口甚多，既設立州縣，照直省例交與地方官收税，至年底詳報府尹奏銷。〇五年覆准：船廠地方應徵牛馬猪羊税銀，交與新設地方官照例徵收，儘收儘解，將收過税銀數目年底詳報該府尹，造册報部。〇又覆准：將奉天牛馬税差於京城部屬内揀選補放，務令該員儘收儘解，如有將税銀徵多報少及侵蝕入己情弊，該侍郎即行指名題参，交部議處。〇又覆准：義州等十二城雍正三年分收雜税銀三千一百六十三兩，定爲額數，交與該城守尉等徵收，其各城每年所有贏餘銀兩，仍於年底一并據實奏聞。至錦州等九城見有當舖四百二十一座，共徵收税銀一千五十二兩零，亦交與城守尉等照數徵收，嗣後若有增減，據實報部，每年各照實數徵收，於年底造册送部查核。

〔撥地〕

國初定：奉天官員人等屯地園地，俱照户部定例撥給。自京城來人員曾將伊原給地繳部者，准給熟地，未繳者，給草萊地五晌。若有餘丁，著該管官具結，給與草萊地。〇順治八年覆准：山海關外荒地甚多，有願出關墾地者，令山海道造册報部，分地居住。〇康熙五年覆准：白旗堡、小河西兩處地畝，令奉天府府尹給民耕種，照熟地例輸賦，廣寧、寧遠兩縣曠地給民開墾，不許旗人侵占。〇十七年覆准：遼東旗民錯居，清丈難以定限，令地方官每年設法清查，許民自首，不論多寡，隨勘隨報。〇十九年覆准：奉天地東自撫順起，西至寧遠州老君屯止，南自蓋平縣攔石起，北至開原縣止，共丈出荒甸地五百八十萬一千四百二十一晌，除燒磚及打草甸、馬廠甸、羊草甸地三十一萬七千二百六十六晌外，實丈出地五百四十八萬四千一百五十五晌，分定旗界内地四百六十萬五千三百八十晌，民界内地八十七萬八千七百七十五晌。〇又覆准：奉天新來之民在民界内安插，緣邊次第墾種，其原在旗界内居民有願移於民界内墾種者，有仍願在旗界内墾種原地者，聽從其便，至旗人民人力不能開墾荒甸又復霸占者，嚴查治罪。〇二十四年特遣大臣督領盛京官兵至黑龍江，分給牛種，墾地一千五百餘晌。〇二十五年題准：錦州、鳳凰城等八處荒地，分撥旗丁民丁，給牛屯墾，每十六丁内二丁承種，餘十四丁助給口糧農器，共墾地二萬四千六十五晌。〇又題准：黑龍江、默爾根地方，户部各差官一員監看耕種，默爾根令索倫達固爾官兵耕種，共田一千六百六十晌，黑龍江令盛京官兵耕種，共田一千七百八十九晌。〇又題准：鳳凰城等八處，差大臣三員、司官八員，前往會同盛京將軍户部侍郎酌量屯墾。〇二十六年議准：盛京曠土甚多，令該府尹廣置官莊，多買牛種，將發遣擺站人酌量足應差使外，餘盡令其屯種，所收穀石以時豐歉照例輸納，設立官倉收貯。〇二十八年議准：奉天所屬如有荒地多餘，旗民有情願耕種者，務將地名畝數具呈盛京户部，在各界内聽部丈給。〇又諭："奉天等處地方旗民雜處，地畝壠界交連耕種者甚多，旗下界内居民有力墾種者，許其耕種，照例徵收錢糧，若旗人有力開墾，亦聽其墾種，不許互相攔阻。"〇又諭："奉天等處旗民田地所立界限不明，著將各部賢能司官具題差往，會同盛京户部侍郎及該府尹，將旗民田地並牧廠逐一確察，各立界限，詳定具奏。"遵旨議定：旗民互相墾種，以致爭告不已，嗣後民人不許在旗界内墾種，旗人不許在民界内墾種。〇三十二年議准：盛京旗人所種地畝，每年地一晌徵豆一關東升、草一束，今將地畝丈量，不論何屬之人俱照八旗十三城所管地界，交與協領城守尉等催追。〇三十七年諭："著停止差往種地，嗣後不必具題，如差往種地，再行頒諭。"〇三十九年題准：旗人所種地畝，交該管官員催追。〇五十四年諭："奉天地方旗民雜處，生事之人及賊盜人命之事較前甚多，必照旗兵駐防省分旗民分居,方可無事,亦與地方有益,九卿議奏。"遵旨議定:旗民雜處年久,暫停其搬移,嗣後有賣房者,在旗界内之民房令其賣與旗人,在民界内之旗房令其賣與民人,若不照此遵行、仍越界居住者,照侵奪例治罪。○五十五年覆准:除見在旗民有情願互相調换房屋居住者,即令搬移居住外,嗣後所勘民界内居住房屋不許賣給旗人,旗人地方亦不許賣給民人,互相賣買者,俱令報明各該管官員,如違所定之處,嚴查治罪。○又覆准:旗人開墾地畝,令該管官員出具保結,呈報盛京户部,其民人開墾地畝仍在地方官處具呈,轉報盛京户部,准其開墾,將墾過地畝於年底彙册,報户部查核。○雍正二年議准:盛京旗人所種地畝,仍照舊例,在何界内種地,即將彼界協領、城守尉爲督催之員,佐領、拖沙拉哈番品級旗員、驍騎校爲經催之員,如有抗欠不交者,該督催官員即行拘拏治罪,如有催追不完之數,計分數題參。○四年議准:盛京旗地自康熙三十二年起輸草豆以來,未經查丈,檔册舛錯,旗民彼此爭告,經年不絶,將王以下至閑散宗室盛京所有莊屯内管領莊頭、壯丁、捕牲人等名姓、居住村莊查明,係何王府之人,係何閑散宗室之人,行文八旗分别造册,送奉天將軍、盛京户部,以備查丈地畝之大臣會同核對查丈,仍將查丈過地畝若干、輸納草豆若干之處造册,具題查核。○又覆准:盛京地畝,令奉天將軍、府尹、户部侍郎,會同差往丈量地畝大臣,將十四城界内分爲十四分旗地民地,公同派出賢能官員會同查丈,其皇莊捕牲人、三陵内佐領官兵、屯莊執事人、閑散人等千丁、驛站臺上園丁、户禮工三部屯莊官丁、僧道各項人等地畝,率領伊等該管官公同查丈,務期詳悉清楚,無致遺漏隱匿,丈完之日,將丈過地畝數目造册送部,倘有隱匿不清之處,日後發覺,將查丈官從重治罪。○又覆准:寧古塔、船廠等處設立州縣,打牲烏喇離船廠甚近,著船廠知州兼轄管理,其拉林阿等處地畝不准開墾,交與白都納新設知縣嚴行禁止。○又覆准:船廠等處開墾地畝,禁止旗民互相典買。○又覆准:合爾素等驛站、各邊地之驛站、所有近城之八旗莊屯、寧古塔所有之開熟田地約共有三萬一千七百八十二畝,此墾熟田地亦如奉天府屬之州縣,照每畝三分錢糧例交納,若有附於原主名下未經查出者,佃户首報該縣,給與印票,即令其交納錢糧,不許原主侵占。

〔編丁〕

國初定:奉天所屬人丁,照户部移文,每三年編審一次。○康熙五十四年覆准:奉錦二府民人有將子女典賣與别省民人帶去,并典賣與旗下者,俱行禁止,如有違禁,照滿洲蒙古人等賣與漢軍民人之例治罪,價銀入官,其州縣官失察,亦照此例議處。

〔支給〕

凡支應陵上需用等項,并給發盛京、寧古塔、山海關等處官兵人役俸餉,及驛站官屯馬牛料草銀兩,定例每年計算,於十月内具題,差本部官一員、庫使一名并移文將軍派護送官一員、領催兵丁三十名於户部支取,又每年自内務府領取織造布一千疋。〇康熙五十八年題准:嗣後賞給黑者費雅喀零星需用等物,停止預備採買,如有務應備買者,該部奏聞,再動支正項錢糧。〇雍正二年覆准:户部棉花莊嗣後所報棉花鹽觔不敷應用,停其動用錢糧辦買,行令内佐領等將伊等所餘棉花鹽觔支取應用。

陵上支應

凡三陵祭祀需用辦買猪牛羊銀一千兩,在盛京備貯,祭祀銀兩支領。

凡每年祭陵需用玉堂米一大石、五金斗糯米二大石,於本部領取備用。

凡祭二陵需用各項食物果品紙劄,該衙門行文本部取用。

凡祭陵所用雉雛,照禮部來文給豆高粱。

凡祭陵所用烏牛,每日給豆四升、穀草二束,羊給豆一升、粘穀一升、穀草一束,每月鹽各一觔,遇青草時停給穀草。

凡祭陵所用乳牛,日給料二升、草二束,犢日給草一束,取乳蒙古人每日給糙米半升、鹽一兩,若離祭祀日遠,各減料一升,將及祭祀日送陵所飼各加料一升。

凡祭陵需用烏牛羊餧飼人丁,每年給二季衣服,三年給一次皮襖。陵上厨役每年給一次衣服,陵上厨夫及飼牛羊人每月各給糧一金斗、鹽各一觔。陵上園丁缺,行文户部撥給,牛缺本部買給。陵上國戚子孫至十八歲,呈請當直守陵者,據總管等保結行文,户部題覆,照例每月給銀二兩。

凡陵上需用紙張、銀硃、燈油、棉花,照該衙門來文給發。

凡三陵應用賞給喇嘛及賞給虎爾哈庫爾喀等需用蟒緞十五疋、粧緞十疋、紅緞二十五疋、帽緞十疋、彭緞五十疋、衣素五疋、紬子五十疋、屯絹十疋、紡絲五疋、紗十疋、毛青布五千疋、八度蠻子布一千疋、扛連紙六千張、寫本紙二百張、金銀箔十萬張、茶葉八百六十觔、銀硃五十觔,移户部取給。

祭祀支給

凡祭祀各寺廟各衙門需用物價銀兩并緞、紗、絹、紬、布、紙、硼砂、水銀、黄白蠟、銀硃、棉花、油、米、酒、麵、麥、芝蔴、印色顔料、祭品器用等物,俱照該部來文給發。

凡祭永寧寺、實勝寺、嘛哈噶喇廟、四面白塔、長白山、景佑宫、都城隍廟、地藏寺等處所用各項米豆、麥麵、白鹽、黑鹽、芝蔴、蔬菜、鵝雞、果品、紙劄等項,照各該部來文給發。

凡祭長白山所用烏牛羊草料,自起送烏喇日停給,沿途每宿給空草,俱照禮部來文給發,給發官員兵丁人役俸餉錢糧。

凡奉天府及承德縣各官每年俸米,照奉天府來文給發。

凡三旗馬羣牧副并馬羣人每月照例支給錢糧,本部聽事人、巡庫軍、看倉人、匠役、禮部厨夫、聽事人、取牛乳人、工部匠役、守篤恭殿人、守將軍衙門人、蓮花寺僧,每月各給糧一金斗、鹽各一觔,景佑宫道士每年各給鹽二十觔,地藏寺僧每人給鹽十觔,大安寺龍泉寺每年每寺給糧五石,俱照該衙門來文給發。

凡守庫庫尉等,每年各給鹽三十觔。

凡匠役自京師差來者,每月小米一金斗零、鹽一觔半、穀米一斗二升、豆一斗,又鹵水鹽每十名給三觔,回時計抵山海關日期,每日給行糧半升。盛京匠役每月小米一金斗、鹽一觔,俱照該衙門來文給發。

雜項支給

凡庫貯陵上需用及給賞外國物件,除錢、布、綿、紬、棉花、緑斜皮、高麗紙外,其金銀、緞疋、紬絹、硼砂、牛角、篦梳、扇線、帶絲針、黄白蠟、水銀、銀硃、茶葉、呈文紙等項不敷用,每年計算具題,差司庫一員、庫使一名於户部支取。

凡每庫設貿易人遇庫内缺用物件,令其採買,多者令其變價。

凡天平等子,取自户部匠役,及緑頭牌、鎖鑰、秤斗等物,取自工部。

凡官兵有虎皮送部者,係官給彭緞,兵給布,虎皮解交户部。

凡官屯驛牛及本部所用驢、工部所用牛缺,皆由本部買給。

凡朝鮮國進貢歲額内高麗紙、綿、紬、布、糯米,計陵上需用多寡,移咨禮部存留,并開數移咨内務府。

凡奉天將軍及五部各城守尉、邊口衙門、僧録司、道録司等處需用紙張、銀硃、燈油、棉花及各殿寺廟糊紙麵油等項,照該衙門來文給發。

凡永寧寺、實勝寺、嘛哈噶喇廟、四面白塔每年需用香燈銀四百一十兩、誦經銀四百兩,照該管衙門來文給發,喇嘛每年給貂皮帽,班第每年給狐皮帽,動支庫銀買給。永寧寺班第每年給衣服,實勝寺、嘛哈噶喇廟、四面白塔所住喇嘛三年一次,班第二年一次給衣服,每年給茶葉。

凡景佑宫道士、地藏寺僧、本部匠役、禮部厨役、取牛乳人、工部匠役,每年給衣服,本部庫軍、禮部校尉每三年給皮襖一次,龍泉寺僧每二年給衣服一次,蓮花寺僧等每三年給衣服一次,俱照該部來文給發。

支給糧料

凡因公務往烏喇官員人等,據該部來文,轉咨寧古塔將軍支給糧料。

凡新滿洲官員人等遷家眷來者,不限人口,係官給粳米,餘人給糙米,每日各半升,給至收穫一次時;定限副都統等官馬二十匹,三品官馬十五匹,四品官馬十匹,五品官馬八匹,六品官馬六匹,領催馬四匹,兵丁馬三匹,閑散户馬二匹,每匹日給料二升、草二束,不足額者照見數支給,多者每匹給空草二束;人十口以下准牛二頭,十口以上、二十口以下,牛四頭,二十口以上、三十口以下,牛六頭,每日料二升、草二束,自三月朔日爲始,至四月十五日止,加料一升,額外餘牛給空草二束,不足額者照實數支給。

凡給馬草料,至三月二十五日放青止,其有公務副都統等仍留養馬三匹,佐領以下、驍騎校以上馬各一匹,領催二名養馬一匹,每匹料二升、草二束,至四月三十日停給,令官屯夫刈送青草,每匹六束,給至八月三十日。已上自烏喇遷來者,馬牛給十日,自寧古塔遷來者,給二十日,限滿減給豆一升、草一束,遇耕種時仍給牛豆三升、草二束,新滿洲遷來不在盛京居住者,酌議支給。若隆冬時遷來,亦另行議給。所需鹽酒,照户口支領。若撥種豆地,每晌給豆種一金斗,種穀米粘米高粱地,每晌給各種六升,俱照該將軍來文給發。

凡自京師來採蜂蜜領催等,每人日給糙米二升、鹽一兩,給三十日,每馬料四升、穀草二束,送屯餧二十五日,三旗牧馬者,每五日給燈油一觔。上山採蜂蜜人,計給每人三個月米三金斗、鹽三觔、炒麵一斗五升,每羣馬給鹽六觔,回時每人給一個月米一金斗,每馬照前給料草二十五日,一半回京之人按每日半升給十日行糧,一半存留之人每人日給米二升,每馬豆四升、穀草二束,給十日。其登山躡尋掃雪鼠踪人給一個月米一金斗、鹽一觔、炒麵一斗,每羣馬給鹽六觔,回時照前給一個月口糧并鹽馬給草料二十五日,回京時照前給行糧。

凡來染貂皮鹿皮人等口糧草料，照出差人減給例，給至回時。

凡禮部採蜂蜜屯長等入山坐糧、回途行糧，據該部來文，移咨寧古塔將軍給發。

凡來收樺皮協領等口糧草料，照户部來文給發，往寧古塔採買黑狐皮貂皮需用緞布明角，照該將軍來文給發糧料，其買到皮張同官貂皮送解户部。

凡自京師來圍獵侍衛等，照内務府來文給口糧外，每馬一匹料五升、穀草二束，給至回時止。

凡每年獵取虎鹿所載牛車人夫糧草、飼獸草料，照將軍來文給發，送往京師沿途飼獸物料，亦照將軍來文，轉給印文。

凡圍獵製用各項布疋、綵麻、鹽等物，照該衙門來文給發。

凡拏獲逃人，無主認識，照該衙門來文給口糧食鹽。

凡自京師流徙寧古塔及給寧古塔新滿洲爲奴并給驛站官屯犯人，奉天將軍派出官兵看守，給與燈油，未起解前每日給囚糧半升，所用鍋碗桶柴，行文工部取給，起解時護送官兵驛車并出威遠堡票，行文奉天將軍撥給。若遇雨或隆冬時，則給行糧。流徙寧古塔人計六丁給牛一頭、鍋一口、鍘刀、斧划等物各一件、犂二件，每丁給鐮刀、钁各一件，牛隨時價買給，餘物取自工部，隆冬時給皮襖衣服。給盛京居住新滿洲人未撥給前給口糧，安插尚陽堡、遼陽州人，咨到即交奉天府，安插承德縣人給口糧至收穫一次時停止，其鐵索鎖鑰，行文奉天將軍取驛馬馱送。

凡寧古塔驛路買送往屯牛隻，自起送至屯，每日給芻草二束。

凡各處馬至時，每匹給空草一束。

支給外藩使人

凡鳳凰城倉米，貯備朝鮮國人支給，若不足用，該城官員預呈撥送。

凡朝鮮國來輝寧貿易，通事照該部來文支給。

凡朝鮮國朝貢過盛京者，往還照禮部來文給與口糧草束。

凡虎爾哈庫爾喀進貢人，每日給穀米、燒酒、鹽、粘米、豆，馬每匹料二升、穀二升、草二束，不限日期，餧至馬肥，回時給行糧并粘米、豆、鹽，如格格額駙來，支給粳米，俱照禮部來文給發。

凡賞給進貢人需用靴及各處柴炭、秫稭、蓆、顔料、櫃匣、鞍屜、鞦轡、牛皮、麻繩等物，取自工部，一應驛車牲畜，俱行文奉天將軍支取。

凡綽爾濟喇嘛，每年給銀一千兩，照内務府來文給發，其馱載驛馬護送兵,行文將軍衙門,裝銀皮搭連,行文工部支取,粳米一大石、白麵一大石、鹽二簍,照禮部來文給發。

凡禮部送到虎爾哈等所貢貂皮、庫爾喀等所貢江獺皮,派出官員送至户部,其額外江獺皮折作頭等,每頭等給青布二疋,護送兵驛車行文奉天將軍,裝皮器用物件行文工部支取,賞給進貢貂皮江獺人衣服、需用緞、紬、布、纓、帶、帕、棉花、緑斜皮、線、梳、篦、扇等物,俱照該部來文給發。庫爾喀等以進貢來者所買人口馬匹,給票出關。

借給

康熙三十二年題准:將給驛站人丁娶婦及存庫銀共一萬三千八百七十兩零、再增銀二萬六千一百二十九兩借放生息,所得利銀給驛站人等娶妻,其餘量給兵丁射把。○三十五年覆准:在盛京户部支銀一萬五千兩,於白都納地方設立公庫,以濟窮困,無論官兵每季以二分徵利,凡有修補之處,在利銀内酌量支用,俟利銀豐足時,將本銀一萬五千兩支給兵餉,餘剩利銀著該管官各出保結,照常借給,仍於年底造册,報部查核。○三十六年題准:兵丁弓馬嫺熟,停其射把,所得利銀將有妻無業之窮兵查明給銀四十兩,無妻窮兵給六十兩。○三十七年題准:奉天兵丁遇有婚喪等事,動用盛京户部銀十二萬兩,照京師公庫之例借放生息。○四十一年題准:停其設立公庫,將原本銀歸入官兵俸餉應用。○雍正二年覆准:康熙三十二年題增銀二萬兩,以二分起利,每年利銀九千六百兩,除給賞外餘銀六百兩歸衙門使用,今於來年停其二分起利,照京師八旗按月滋生一分,凡五品以下窮苦官兵人等婚事,賞銀十兩,喪事二十兩,領催前鋒婚事賞銀八兩,喪事賞銀十六兩,披甲婚事賞銀六兩,喪事賞銀十二兩,驛站人等婚事賞銀四兩,喪事八兩,餘剩銀存庫,俟動用之處報部。

〔臨幸賞賜〕

康熙二十一年,聖祖仁皇帝行幸盛京,賞給食三兩人役銀各九兩、食二兩人役銀各七兩、食一兩五錢及一兩人役銀各五兩、食五錢人役銀各四兩。○三十四年諭:“盛京地方比歲荒歉,粒食艱難,朕心深切軫念,原欲躬親巡省,詢問疾苦情形,徧敷恩澤,今雖停止東行,而所在貧窶兵丁尚冀望朕之臨幸,是宜仍加賑恤,用裨資生。應作何加恩,户部議奏。又盛京兵丁錢糧兩季支領,兵丁於未支領之際每致有稱貸逋負,嗣後著按月支給。至今歲秋禾聞亦不甚豐茂,恐生計漸艱,困乏滋甚,自今冬以至來秋,應作何賑給不致失所,共計需糧若干,著盛京將軍副都統會同盛京户部侍郎,查明詳加籌畫具奏。"遵旨議定:盛京所屬地方各處兵丁内佐領當差人役賞給食三兩人役銀各四兩,食二兩人役銀各三兩,食一兩五錢及一兩人役銀各二兩,食五錢人役各一兩。

〔報銷〕

雍正元年議准:盛京户部自康熙六十年奏銷爲始,將舊管、新收、開除、實在及各該處額設官兵花名細數并應支俸餉等項備造清册,具題查核。〇二年覆准:盛京庫内供給款項甚多,一年止奏銷一次,恐滋浮支那移之弊,嗣後將出入錢糧等項數目每季報部,歲底仍行造册具題。

大清會典卷之二百十六

盛京禮部

侍郎一員，所屬設郎中、員外郎、主事、讀祝官、贊禮郎等官，掌陵寢山川祠廟各祀并番國貢獻、往來筵宴等事。

〔陵寢祀典〕

凡每年清明、中元、冬至、歲暮四次大祭，三陵一應禮儀俱本部掌行，候旨遣宗室内大臣主祭。康熙十八年題准：於奉天將軍、副都統、四部侍郎内遣官各一員主祭，太常寺前期開列，請旨點定，移咨本部遵行。

凡祭日，主祭官及掌關防官、副理事官、守陵官於永陵四神位前各一跪三叩頭，捧請神位出龕，奉安寶座行禮；主祭官及掌關防官、禮部侍郎、郎中、員外郎等官於福陵、昭陵神位前各一跪三叩頭，捧請神位出龕，奉安寶座行禮。其儀注陳設，詳載《禮部・常祭儀》中。祭畢仍各行一跪三叩頭禮，捧請入龕。

凡每年十月朔日三陵小祭，各總管官主祭行禮，每月朔望致祭，各掌關防官行禮。

凡遇萬壽聖節，於三陵致祭，總管官主祭行禮。

凡遇忌辰，各總管官詣三陵主祭行禮。是日，禮部傳諭官員兵民等俱素服，凡祔葬福陵城西太妃、妃等，昭陵城西太貴妃、淑妃等，俱於四大祭日掌關防官及各守護官命婦致祭。

凡永陵殿内郡王貝勒，於清明歲暮附祭。

〔山川祠廟祀典〕

凡春秋仲月初旬，望祭長白山神，寧古塔將軍或副都統協領一員主祭，本部遣讀祝官、贊禮郎前往讀祝贊禮。

陳設

禮神帛一	炷香一
酒三爵	牛一
羊一	豕一
籩豆各十	簠簋各二

凡每年秋季并萬壽聖節，致祭盛京都城隍之神，禮部侍郎或郎中、員外郎一員主祭，本部遣讀祝官、贊禮郎前往讀祝贊禮。

陳設

禮神帛一	炷香一
酒三爵	果五盤
牛一	羊一
豕一	

凡每年實勝寺香燭銀八十兩、茶葉二百觔，嘛哈噶喇廟香燭銀五十兩、茶葉六十觔，四塔香燭銀各五十兩、茶葉各一百五十觔、邁達里佛諕經銀四百兩，顯祐宫用香三十二束，地藏寺用香九百六十束，教場關帝廟用香六十束，行文户部給發。關帝廟元旦供獻黄蠟、桌席、樂器等項，行文工部支换。

〔取用器物〕

凡興京各寺廟及鐘鼓樓、冰窖、收貯果品樓等處遇有倒塌，行文工部修造，寺廟内陳設什物、樂器敝壞，行文工部支换。

凡盛京景祐宫、都城隍廟祭祀所用器皿等物，行文户部工部支换。○康熙二十六年題准：興京顯祐宫每年春秋禋祀，應照京城道經廠供獻例，其供物應用器皿交與盛京禮部，由該部移取給發。

凡祭三陵及長白山神所用器皿并各匠役捕牲人所用器物等項，俱由户部工部支换。

凡祭祀所用黄蠟等燭，行文工部給發。

凡祭祀所用牛羊草料，自九月起至四月，行文户部支取，煑料柴薪及器物等項，行文工部支取。

凡三陵及長白山裝送祭品車輛馱馬并校尉騎用馬匹押送領催兵丁，行文奉天將軍發撥。

〔陵寢官員〕

凡三陵官員人役，俱由本部提調，永陵、福陵、昭陵掌關防官各一員，副理事官各一員，内管領官各一員，尚膳各一員，尚茶各一員，筆帖式各二員，壽康太妃園寢守護首領一員，貴妃園寢守護首領一員。

凡收貯祭品人員，雍正元年覆准：盛京祭品關係重大，用壯丁收貯未當，嗣後除將庫上壯丁令在採捕處行走外，其收貯祭品之缺，於奉天八旗官學生内每旗各送一名，咨送禮部，轉咨吏部，其錢糧陞轉，俱照在京部内庫使例一體遵行。

凡讀祝贊禮人員，雍正元年覆准：讀祝贊禮難於一旗人内挑選，嗣後盛京讀祝官作爲八旗公缺，贊禮郎作爲翼缺，將本處有品無品筆帖式、廕監生、庫使、官學生一并令其贊唱，選取擬爲正陪，送禮部驗明，移送吏部引見，若此内又不得其人，係讀祝官行取在京八旗應贊唱之人，係贊禮郎行取本翼應贊唱之人，照例擬爲正陪引見。

凡養息牧地方牛羊供三陵之用，設翼長二員、管壯丁六品官一員。

〔外國貢獻〕

凡朝鮮國進年貢内有户部取留物件，據來咨會同驗看收取。

凡黑徵費雅喀虎爾喀等部落進貢貂皮，照寧古塔將軍收送驗數，交送户部，其應賞之物，據將軍來文，行文户部工部支給。

凡庫爾喀地方所進江獺，驗數交送户部，其筵宴由禮部備辦，賞賜等物行文户部工部支取，馬匹行文奉天將軍取領，催兵丁於户部官莊餧養。

〔雜項支給〕

凡永寧寺喇嘛及格隆三名、班第七名，由内庫給衣，班第十七名由户部給衣。興京各寺廟僧道口糧、衣服、鹽柴及遼陽各寺僧衣服、糧鹽，行文户部支給，柴薪行文工部支給。

凡部内聽事人役口糧，行文户部支給，柴薪行文工部支給。

凡館内餘養牛羊夫役每年口糧、二季衣服，每二年給皮衣一次，校尉每三年給皮衣一次。司桌人役衣服，俱行文户部支給。

〔禁例〕

凡每年六月，不伐青木，不火葬，本部出示曉諭。

大清會典卷之二百十七

盛京兵部

侍郎一員，所屬郎中、員外、主事等官，與奉天寧古塔、黑龍江將軍同掌駐防、驛遞等事。

〔盛京駐防官員〕

奉天府

將軍一員

副都統一員原設二員，雍正二年以一員駐防錦州

協領八員

佐領六十三員

分管佐領四員

防禦三十二員

驍騎校六十三員

遊牧正尉一員

副尉二員

牛莊

防禦三員

蓋平縣

防禦三員

鳳凰城

城守尉一員康熙二十六年設

防禦九員原設三員，康熙二十六年增設六員

迎送官三員

主客官一員

通事二員

驍騎校八員康熙二十八年設

巴爾虎佐領一員康熙三十年設

驍騎校一員康熙三十年設

廣寧縣

協領一員康熙二十九年設

佐領三員康熙十八年設

防禦三員原設二員,康熙十三年增設一員

驍騎校三員康熙十八年設

廣寧縣所屬巨流河白旗堡小黑山閭陽驛四處

佐領八員康熙二十九年設,俱用漢軍,四十年改用滿洲四員漢軍四員

驍騎校八員康熙二十九年設

彰武臺邊門

防禦一員康熙二十六年設

義州

城守尉一員康熙十四年設

佐領十九員康熙十八年設新滿洲佐領七員,三十一年又設内務府佐領七員,三十二年又設滿洲佐領五員

驍騎校十九員康熙十八年設新滿洲驍騎校七員,三十一年又設内務府驍騎校七員,三十二年又設滿洲驍騎校五員

清河邊門

防禦一員康熙十五年設

白土廠小門

門尉二員康熙十五年設

九關臺邊門

防禦一員康熙十五年設

興京

城守尉一員康熙二十六年設

防禦四員

驍騎校四員康熙二十六年設

東京

城守尉一員

防禦八員康熙二十六年設

驍騎校八員康熙二十八年設

巴爾虎佐領一員

驍騎校一員康熙三十年設

開元縣

城守尉一員康熙二十六年設

佐領二員康熙二十一年設一員,三十一年增設一員

防禦七員原設三員,康熙二十六年增設四員

散官一員康熙二十一年設

驍騎校八員康熙二十八年設七員,三十一年增設一員

法庫邊門

防禦一員康熙三十三年設

舊有門尉二員,康熙元年設,二十二年裁

鐵嶺縣

防禦四員康熙二十九年設,初俱用漢軍,四十年改用漢軍三員滿洲一員

錦州府

副都統一員雍正五年設

城守尉一員康熙十四年設

佐領十三員原設漢軍佐領八員,康熙十八年增設滿洲佐領五員,二十九年將漢軍佐領八員移駐中後前所,改設滿洲佐領八員

驍騎校十三員原設漢軍驍騎校八員,康熙十八年增設滿洲驍騎校五員,二十九年將漢軍驍騎校八員移駐中後前所,改設滿洲驍騎校八員

中後前所中後所

佐領八員康熙二十九年自錦州移駐原設漢軍佐領八員,三十九年改設滿洲佐領四員

驍騎校八員康熙二十九年自錦州移駐,俱用漢軍

金州

副都統一員雍正五年設

城守尉一員康熙二十六年設

佐領四員原設二員,康熙二十六年裁,三十一年復設一員,五十年增設三員

防禦八員原設一員，康熙二十六年增設四員又裁，原設之佐領二員防守尉一員改設防禦三員

驍騎校十二員原設二員，康熙二十八年增設六員，三十一年增設一員，五十年增設三員

金州水師營

協領一員康熙五十四年設

佐領二員康熙五十四年設

防禦四員康熙五十四年設

驍騎校八員康熙五十四年設

山海關

總管一員康熙十四年設城守尉一員，二十七年改設總管

佐領七員原設八員，康熙二十九年以一員移駐中後所

驍騎校七員原設八員，康熙二十九年以一員移駐中後所

熊岳

副都統一員雍正五年設

城守尉一員康熙二十六年設

佐領一員康熙三十一年設

防禦八員康熙二十六年設

驍騎校九員康熙二十八年設八員，三十一年增設一員

復州城

城守尉一員康熙二十六年設

佐領一員康熙三十一年設

防禦八員康熙二十六年設

驍騎校九員康熙二十八年設八員，三十一年增設一員

秀巖城

城守尉一員康熙二十六年設

佐領一員康熙三十一年設

防禦八員康熙二十六年設

驍騎校八員康熙二十八年設

以上奉天將軍所轄

寧古塔烏喇等處

將軍一員初駐寧古塔，康熙十五年移駐烏喇

副都統三員內一員駐寧古塔,一員駐烏喇,一員駐白都納
協領十二員內烏喇八員,寧古塔二員,白都納二員
佐領六十七員內烏喇四十五員,寧古塔十員,白都納十二員
防禦四十四員內烏喇二十八員,寧古塔八員,白都納八員
驍騎校七十二員內烏喇五十員,寧古塔十員,白都納十二員
協領一員雍正三年設
副協領一員雍正四年設
佐領五員雍正三年設
管船砲水手總管一員
管船砲水手四品官一員
管船砲水手五品官二員
管船砲水手驍騎校四員
督理驛站六品官一員
管採取樺皮六品官一員

三姓

協領一員
副協領一員雍正四年設
佐領四員康熙五十四年設
防禦四員
驍騎校四員

渾春

協領一員
副協領一員雍正四年設
佐領三員康熙五十四年設
防禦二員
驍騎校三員
以上寧古塔將軍所轄

黑龍江

將軍一員駐劄乞察哈里
副都統一員
協領八員
參領一員

佐領三十六員
防禦八員
驍騎校三十六員
六品官一員
主事一員
管站官一員
倉官一員

愛渾

副都統一員
協領四員
佐領二十六員
防禦八員
驍騎校二十六員
倉官一員
管水手四品官一員
五品官一員
六品官二員

默爾根

副都統一員
捕牲索倫達虎爾都統二員
索倫總管一員
副總管二員
捕牲總管一員
副總管二員
協領四員
佐領二十一員
防禦八員
驍騎校二十一員
管站官一員
倉官一員
水手官一員

寧古塔至黑龍江

專管修理糧船漢軍四品官二員

五品官二員

驍騎校二員

遊牧地方

總管蒙古旗分每旗一員

副總管蒙古旗分每旗二員

以上黑龍江將軍所轄

凡保送官員,雍正四年覆准:盛京易州城内佐領下驍騎校缺出,該將軍將漢仗好能管轄之人,揀選咨送兵部,交與各該旗帶領引見補授,其黑龍江、寧古塔管水手六品官缺出,該將軍會同坐名保送兵部,帶領引見補授。

凡驛官,康熙五十二年題准:寧古塔所屬管站六品官三年任滿,該將軍查明三年内驛站不致貽誤、無有過失,具題咨送,以應陞之缺即用。○雍正元年覆准:盛京所屬管站官,應照寧古塔之例三年更换,如三年之内果能整飭驛站,錢糧不致浮冒,有裨驛務,令盛京户兵二部會同稽查驛站官核實保題,到日移送吏部以應陞之缺即用;如三年内浮冒錢糧、廢弛驛務,亦令盛京户兵二部會同稽查,驛站官題参,交與該部從重治罪。

凡緝拏盜賊,康熙十九年覆准:駐防奉天等處及各邊口官員有緝獲盜賊者,照防禦議敘,遇有盜案,令報該將軍,若汛地一年内有三次盜賊以上,不緝獲一名者,該管官罰俸六個月,六次以上不緝獲一名者,罰俸一年。○二十九年覆准:盛京各城城守尉將界内地方,各按旗色交與防禦驍騎校明白分管,倘該汛地方被盜,城守尉罰俸一個月,防禦等官罰俸兩個月,驍騎校罰俸三個月;如諱盜不報,被人告發審實者,城守尉等官罰俸兩個月,防禦等官罰俸三個月,驍騎校等官罰俸四個月;如假借緝賊搶奪良人財物者,係官革職,係兵按事輕重治罪。盛京派協領一員,每翼派旗員一員、驍騎校二員、兵二百名專管緝賊,倘有失事,照各城之例治罪。再,查拏盜賊如係干連民人者,協領城守尉等不得用刑,會同州縣審理,仍行保甲之法,不時查拏。

凡隱匿逃人,雍正四年覆准:船廠等處設立屯領催十家長,取具地方牌頭竝無隱匿逃人甘結,如有隱匿者,將官員人等分別治罪;并令扎薩克等亦自十家長取具保結,如民人内有隱匿内地逃人者,著該扎薩克查拏將逃人一併送部,其逃人照例治罪外,將容留隱匿之民人亦交與該部治罪。

〔駐防兵丁〕

盛京

奉天府額設兵四千九百二十一名

開原額設兵一千四十七名

鐵嶺額設兵一百名

法庫邊門額設兵三十一名

興京額設兵二百九十八名

撫順額設兵一百三名

遼陽額設兵六百六十七名

牛莊額設兵八十名

蓋州額設兵一百名

熊岳額設兵六百五十四名

復州額設兵六百六十九名

金州額設兵六百一十九名

金州水師營額設兵五百名,水手一百名

秀巖額設兵六百二十名

鳳凰城額設兵六百七十八名

廣寧額設兵二百五十七名

巨流河額設兵一百名

白旗堡額設兵一百名

小黑山額設兵一百名

閭陽驛額設兵一百名

張五臺門額設兵三十五名

易州額設兵一千二百一十八名

清河邊門額設兵二十名

白土廠小門額設兵十名

九關臺門額設兵二十名

錦州額設兵二十名

小凌河寧遠中後所中前所四處額設兵四百名

松嶺子新台白石嘴三處額設兵一百一十三名

吉林烏喇額設兵三千三百二十名,匠役一百一十一名

一統志邊門額設兵二十名

黑爾邊門額設兵二十名

巴揚俄佛洛邊門額設兵二十名

布爾圖蘇庫巴力漢邊門額設兵二十名

樺皮嚮導額設兵十六名,看守白山老丁四名

水師營額設水手兵二百五十八名,木艌繩匠等四十五名,驛站領催二十八名,官莊領催五名

寧古塔額設兵一千名,又匠役二十四名,官莊領催一名

白都納額設兵一千名,又匠役三十五名

阿爾楚哈額設兵四百名,又匠役十名

渾春額設兵一百九十名

三姓額設兵二百八十名

乞察哈里額設兵三千一百四十六名,又匠役六十名,管屯兵三名,水手兵二百七十五名

黑龍江額設兵一千六百八十名,又匠役五十八名,管屯兵二名,水手兵四百三十七名

默爾根額設兵一千八十名,又匠役十七名,管屯兵一名,水手兵四十四名

凡操練兵丁,舊例盛京春季於二月十六日起,至四月十六日止操,秋季於七月十六日起,至十月初二日止操。雍正四年覆准:三四月底正值農作方興,未免有悮農時,改爲正月二十日起,至三月二十日止操;九月底正值收穫田穀之時,改爲七月十六日起,至九月十六日止操。

〔驛遞〕

凡驛站應付,定例京師烏喇等處要緊事務,差官給與火牌,令驛遞應付馳送本章及送皮張東珠果品等物領取錢糧等事,給與糧單草單,常行文書交舖兵往送,無舖兵處令驛丁遞送,其沙河站、鳳凰城等驛買馬牛雇車銀,照奉天將軍來文給發,各驛馬牛草料銀、公費銀,照各該衙門來文給發。至公差往來從役馬匹,定額伯以上官員從人十名、馬三十匹,一品官從人八名、馬二十五匹,二品官從人六名、馬二十匹,三品官從人五名、馬十五匹,四品官從人四名、馬十匹,五品官從人三名、馬八匹,六七品官從人二名、馬六匹,八九品官、前鋒護軍、領催從人一名、馬四匹,兵丁從人一名、馬三匹,弓匠鐵匠從人一名、馬二匹,官員給粳米,餘人給糙米,每人每日米半升、鹽一兩,官員每十日燈油一觔,馬每匹每日穀草一束、芻草二

束、料三升，雜給豆穀蕎麥等。若自京師、寧古塔來者，准給十日，在屯餧馬減料一升，給十五日。自烏喇等處來者，准給五日，在屯餧馬減料一升，給十日。自京師往寧古塔、自寧古塔往京師者，准給十五日，在屯餧馬，減料一升，給二十日，若公事未完，仍照例減給，回時仍給行糧。至寧古塔者，每人一斗，至山海關、烏喇者，每人五升，其中後所居住筆帖式、屯領催來時給五日，自山海關、錦州、義州、舊錦州等處來者，亦給五日，馬給空草，回時不給行糧，俱照各該衙門來文給發。搬取家眷往寧古塔、烏喇等處者，一品官六十口、馬三十匹，二品官四十口、馬二十五匹，三品官三十五口、馬二十匹，四品官三十口、馬十五匹，五品官二十口、馬十匹，六品七品官十五口、馬八匹，八品官以下護軍領催以上各十口、馬六匹，兵丁各十口、馬四匹，弓匠鐵匠各八口、馬三匹，照户部來文給發行糧草料。其虎爾哈進貢人役馬匹數目，移咨禮部，回時應給驛車、驛馬、護送兵，俱行文奉天將軍給發。○康熙二十七年議准：嗣後凡差往盛京寧古塔馳驛行走員役騷擾驛站者，照直隸各省騷擾驛站之例，許驛站官員一面申報該將軍，一面報部查核情實，照例治罪，如應付遲悮，反行揑欵謊報者，亦照例治罪，如官役果騷擾驛站，該管官員徇情不行報部者，發覺該管官員照徇情例降三級調用。○又覆准：寧遠州採買供應過往查看種地官員米豆草束於地丁銀内動支報銷，嗣後凡採買動用銀兩統彙入該年奏銷册内題報。○三十二年題准：關外驛站，舊設管站官員驛丞料理，嗣後交與州縣應付。○四十二年覆准：寧古塔所屬驛站因無民人，將扣除小建及馬牛倒斃、截曠州料錢糧存留驛站，以爲糧單草單等項，添補驛站之需。○五十五年覆准：州縣承應糧單草單事務、抄寫文移應差人等，撥給驛站地方空地，令伊等自行捐蓋房屋居住，再撥給空甸十五晌，令伊等墾種。○五十七年題准：盛京沙河站、鳳凰城、寧古塔、黑龍江等站奏銷册開載馬匹倒斃，照直隸河南等省三分之一造報。○雍正元年覆准：盛京所管沙河等二十九站驛馬應支錢糧，令盛京户兵二部堂官親身驗看，支取錢糧，著監督等用心餧養，如馬不足數或馬匹疲瘦，即將監督題參治罪。○四年諭：烏喇等處地方差使應行馳驛，如差員自備鞍馬，殊覺拮据，嗣後凡此等一年差使應予馳驛，及一年之内如何令其不拮据之處，該部議奏。遵旨議定：除烏喇等處差使俱給驛馬外，嗣後凡一年差使，俱照巡察山東等省之例給勘合應付，如驛馬不敷之處，令該地方官酌量應付，其駐劄之處照各官品級勘合，日支廪給口糧。

大清會典卷之二百十八

盛京刑部

侍郎一員，所屬郎中、員外郎、主事、司獄等官，專掌盛京一切刑名及逃人等事。建置沿革，詳見《吏部・盛京官制》。

〔通例〕

順治初定：開元鳳凰城邊城以内及山海關奉天所屬地方凡犯軍罪以下者，按律例審結，死罪以上者，取供定招，移咨刑部具題發落。

凡監禁人犯，康熙十八年覆准：奉天死罪犯人仍送監外，其餘徒罪以上，旗人送門，民人送奉天府司獄。

凡調理監犯，康熙二十四年題准：司獄司設醫生一名，調理監犯。

凡犯罪人員，雍正五年論：盛京習俗甚屬不好，若將曾經犯法之人仍留彼處，勢必惑亂人心，又生事端，習染不能改革，自雍正二年，盛京犯法之旗人官員除發遣外，其革職枷責案件完結之人俱著勒限送部，該部具奏請旨，嗣後著爲定例。盛京風習改革好時，候旨再行停止。〇又諭：盛京人員習氣澆薄，營謀鑽刺，朋比侵盜，甚是無恥，屢加教誡，終不悛改，皆緣犯法參革究治之後，仍在本地居住，往往生事滋擾，誘人爲非，無所不至。此等敗類若不即令遷移，望風俗之歸於淳厚終不可得。嗣後盛京居住滿洲蒙古漢軍文武官員，除因公詿誤獲罪者仍准本地方居住外，其犯侵盜、虧欠錢糧及奸貪詐詐之事降革者，酌其所犯事由，或令來京歸旗，或著於各省滿洲駐防之處安插，如此則不肖之徒漸少，而盛京澆薄之習可以除矣。以後凡遇盛京人員犯罪案件，俱照此定擬，仍將從前盛京旗員所犯侵盜錢糧、奸貪詐詐等案内廢員查明奏聞。〇又諭：奉天習俗不好，其犯罪發遣之人若發往相近邊地，必至逃回又生事端，嗣後犯法之人應枷責發遣者，著解送來京，照例枷責滿日發與西安、荆州滿洲駐防之兵丁爲奴。向來奉天等處發遣人犯并彼處旗下家人私自逃走者甚多，該將軍等但有緝捕之名而無其實，嗣後著該將軍等將每年緝獲之犯與未獲之犯於年底報部奏聞，候旨分别賞罰。其從前逃走之犯，著該將軍等通行出示曉諭，給以數月之限，令其自首。若伊等於雍正六年五月以前自行投到，則免其逃走之罪，仍照本罪安插；倘不行自首，被人拏獲，則加倍治罪。以上數條著該部定議具奏。遵旨議准：嗣後奉天、寧古塔、黑龍江等處有犯枷責發遣者，令該將軍等查明，或係實在滿洲另户正身，或雖係另户而行同奴僕卑污下賤者，或係奴僕開户而爲另户者，逐一聲明緣由送部，刑部照例枷責滿日咨送兵部。若係實在滿洲另户正身，發給西安、荆州、杭州、成都等處滿洲駐防之省城當差，餘俱發給西安、荆州、杭州、成都等處滿洲駐防之兵丁爲奴。其同案之犯不得共發一處；再，奉天將軍并黑龍江、寧古塔各將軍等處旗下家人逃走者，均照發遣逃人例，每月造册咨部，至年底彙總，開明具奏。其犯枷責發遣之犯今既發西安、荆州、杭州、成都等處當差爲奴，嗣後西安等處將軍將發遣當差爲奴之人及旗下家人私自逃者，亦照黑龍江等處將軍具奏例，每月造册咨部，至年底彙總，開明具奏，刑部將奉天等處將軍及各該將軍年底彙奏之處，會同兵部覆加查核，將已獲幾名、未獲幾名，或該管處並無脱逃，或脱逃後果能全獲之處，逐一分晰具題，候旨分别賞罰；又，從前在逃之犯，行令該將軍等并提督八旗五城直隸各省徧行出示曉諭，於雍正六年五月以前自行投到者，仍照本罪安插，若過限不行投到，尚復潛匿，或被拏獲或被告發，將減等盜犯仍照例於原發遣處即行正法，免死減等發遣并平常發遣人犯有行兇生事之處，俱發於原發遣處枷號兩個月、鞭一百，仍交與各該管處。若旗下家人私自逃走者，加逃罪一等治罪。如别有作奸犯罪之處，從重完結。

大清會典卷之二百十九

盛京工部上

侍郎一員，所屬有郎中、員外郎、主事、司庫等官，分掌百工營作、山澤採捕等事。裁設沿革，詳見《吏部・盛京官制》。

〔宫殿〕

國初定都盛京，首建宫殿，宸居肅穆，鞏鴻圖而奠丕基，締造之始，規模固已弘遠矣。規制名額，具載於後。

宫殿規制

篤恭殿

崇政殿在篤恭殿右

翔鳳樓

飛龍閣俱在崇政殿後

清寧宫在翔鳳樓後

關雎宫在清寧宫左

衍慶宫在關雎宫左

麟趾宫在清寧宫右

永福宫在麟趾宫右

大清門在崇政殿南。○左爲東翊門右爲西翊門

國初建大殿於盛京，殿制八隅，左右列署凡十，爲諸王議政之所，又於大殿西建正殿，殿之後有樓，樓之後爲中宫，其東西各有宫，正殿之南有大門，其東西各有門。○崇德元年定：宫殿門名中爲清寧宫，東爲關雎宫，西爲麟趾宫，次東爲衍慶宫，次西爲永福宫，臺上樓爲翔鳳樓，臺下樓爲飛龍閣，大殿爲篤恭殿，正殿爲崇政殿，大門爲大清門，東門爲東翊門，西門爲

西翊門。

凡宫殿有應修處所，定例照内務府來文，核明需用錢糧，移文工部，俟覆准日擇吉修理。〇康熙二十七年覆准：盛京週圍創造修補之處，嗣後每年預取銀三千兩，以備一年零星辦買蓋造修補之用。

〔城垣〕

國家肇基興京，營建城垣，天命三年城界凡，六年城撒爾湖，七年於遼陽東帶子河邊築城，是爲東京，十年都瀋陽，是爲盛京。天聰五年，因舊城增拓其制爲門凡八，南曰德盛天祐，東曰撫近内治，西曰懷遠外攘，北曰福盛地載，高三丈五尺，厚一丈八尺，女墻七尺五寸，四面垛口六百五十一，敵樓八座角樓四座，週圍九里三百三十二步，池週圍十里二白四步，闊十四丈五尺。

凡城垣工作，國初派取八旗人役建造。康熙十九年，築關墻週圍三十二里四十八步，高七尺五寸。〇二十一年，重修諸門城樓。〇二十八年，修造城樓八座。〇三十二年諭：盛京城垣關係重大，著工部侍郎一員前往，會同該將軍、盛京工部將應作何修理之處詳看議奏。遵旨議准：修理城垣三百六十餘丈，并於街道開溝，以滲積水。〇四十九年諭：盛京城垣工程，著遣在京堂官一員帶領司官前往，堅固修理。〇五十四年，修理八門城樓并四角樓及内外城垣一百一十餘丈。

凡盛京城樓邊墻如有倒壞，照奉天將軍來文核明應用錢糧，移會工部，俟覆准日擇吉修理。

凡修城匠役，舊例修理坍塌城垣旗民丁夫，各給工食銀五分。〇康熙十四年停給。〇三十二年議准：仍照前例各給工食銀。

凡禁令，康熙二十二年議准：凡在盛京城根私自取土及行走車輛，交與該將軍、盛京工部嚴禁。

〔壇廟〕

圜丘壇在德盛門外，圜丘壇週圍一百一十丈，南面三門，東、西、北三面各一門。

太廟在撫近門外，太廟正殿五間，前殿三間，大門三間，東西角門二間，大殿後房六間。

先師文廟及祀典應祭神祇寺廟。詳見《盛京禮部》。

凡修理壇廟，順治十三年題准：盛京太廟有應修處所，即行估計修理。

凡各處寺廟，定例有應修理處所，各照來文核明應用錢糧，移文工部，覆准之日興工修理。〇康熙五年,修理奉天府文廟啓聖祠。〇二十九年,修理奉天啓聖祠,奉旨動正項錢糧建造。〇三十二年,建啓聖祠三間。〇雍正二年,尊啓聖祠爲崇聖祠。

凡敕封寺廟及功臣碑,動支錢糧建立。

〔山陵〕

國家誕膺景命,川嶽効靈,三陵佳氣鬱葱,誠萬世帝業之基也。營建事宜,具載於後。

永陵在興京啓運山,寶城圍垣十五丈四尺,啓運殿三間,左右配殿各三間,大門三間,門外茶膳等房十三間,樓房三間,省牲亭五間,碑亭四座,石碑四通,下馬碑二,圍墻共長四十二丈七尺。肇祖原皇帝原皇后合葬,興祖直皇帝直皇后合葬,景祖翼皇帝翼皇后合葬,顯祖宣皇帝宣皇后合葬。

凡修陵,定例於東一里外取土,西南七里外燒甎,西南四百里外燒灰,小石採於張家口山,碑石龍趺石取於盛京香爐山。〇康熙五十六年覆准:永陵應用甎瓦,著欽天監官前往,同盛京工部堂官驗看,無關風水有好土之處,起窑燒造。

福陵在奉天府承德縣天柱山,寶城週圍五十九丈五尺,方城明樓內碑一通,隆恩殿三間,左右配殿各五間,殿前石獅二,儀仗房四所,各三間,樓房三間,又當值房各三間,省牲亭三間,碑亭內碑一通,更衣殿三間,左右厢房各三間,大門三間,石橋二座,石獅二、石柱二。石虎一對,石馬一對,石駱駝一對,石柱一對,下馬牌二,石牌坊二座,石獅二,擎天柱二,圍墻長六百十一丈五尺,孝慈高皇后合葬,壽康太妃墳在福陵右。享殿三間,正門三間,左右房各三間。

凡修陵,定例於西五里外取土,西南二十里外燒甎,正南百里外燒灰,大石採於易州南山,小石採於香爐山流泉湖屯,碑石龍趺石自順天運送。〇康熙四十二年覆准:福陵應用甎瓦,令欽天監派官前往,指示無關風水之處取土燒造。

昭陵在奉天府承德縣隆業山,寶城週圍六十一丈三尺,方城明樓內碑一通,隆恩殿三間,左右配殿各三間,樓房二所,各二間,儀仗房四所,各三間,樓房三間,又藏冰等房十一間,省牲亭三間,割烹房三間,碑亭內碑一通,亭前石柱二,更衣殿三間,大門三間,石橋一座,石獅二,石柱二。石麒麟一對,石獅一對,石象一對,石駱駝一對,石獸一對,石牌房一座,下馬牌二,圍墻長五百七十丈二寸。孝端文皇后合葬,懿靖大貴妃墳在昭陵右。享殿三間,大門三間,門外房二所,各二間。

凡修陵，定例於西四里外取土，南八里外燒甎，南百里外燒灰，大石採於易州南山，小石採於梨花峪山、香爐山、瓢杓屯、流泉湖屯，碑石龍趺石自順天運送。

凡三陵等處遇有應修處所，照掌關防官來文，本部侍郎親率本部官員會同掌關防官驗視，移文工部，選擇吉期，預備千夫需用物料興工修理，如不敷估計應用錢糧，移文工部給發。○康熙三十一年，重建昭陵大殿。○四十三年覆准：盛京修理三陵等處零星工程需用錢糧，預備銀三千兩，户部照數取給，遇要緊工程動用。

凡近陵房屋，順治十四年議准：三陵官員兵丁匠役所住房屋有礙風水者，俱令遷移。

凡陵工告成錫賚，順治八年，福陵、昭陵工成，監造官各加世職，仍各給朝衣鞍馬，其在事員役各賞銀兩、馬匹、端罩、袍、靴、帽有差。○十四年，永陵工成，分別在工久暫，理事官各加世職，仍給馬匹朝衣，其餘各官賞銀兩表裏，匠役各賞銀布有差。

凡三陵祭祀各項器皿需用金銀、硼砂、絹布及黄蠟、蘇油、銀硃、棉花、高麗紙、糯米，於本部支取，木植、銅鐵、鍋杓等件，買辦應用，其鍍洗金銀、藥料，京城支取，用過錢糧歲底報部。

凡三陵篤恭殿勅封寺廟、長白山等處需用桌圍、花瓶、香爐、燭臺、凉棚、帳房、門簾、包袱、鎖匙等項，俱照來文辦給。

凡三陵篤恭殿勅封各處寺廟，綵畫油漆需用顔料、結網、銅絲，於京城移取，其桐油、綿絹等項，該部移取，本部差官監視油畫。

凡陵寢宫殿需用黄緑甎瓦、獸頭等物，定例於海城縣所屬四門城地方燒造。○康熙二十七年覆准：盛京工部官丁新舊共一千一百二十七名，於盛京地方酌量開窑，預先燒造甎瓦，以備每年各工需用。○三十九年覆准：燒造黄瓦等項應用鉛觔，著於西錦州府渣子嶺等處刨取。○五十五年題准：黑鉛停其刨取，將遼陽刨鉛官丁往返工費折交盛京工部，照額數辦買，以供燒造。

凡運送三陵祭祀器物需用人夫車馬，於將軍衙門移取。

凡祭祀三陵果品窖、冰窖、牛羊館等處墻垣坍頽，於工部移取錢糧修理，用過數目造報開銷。

凡三陵祭祀及宫殿寺廟、部院衙門、製造庫需用柴薪，於承德縣官莊派取。

大清會典卷之二百二十

盛京工部下

〔公廨〕

盛京設户禮兵刑工五部及鎮守將軍、府尹等官，各置公署，規制具備。其倉庫舘舍，亦附載焉。户部在德盛門内，倉共三處，一在德盛門内，一在城南五里，一在興京城北，庫在德盛門内，草場在城外東邊墻内，稅課司在城内西北隅。禮部在德盛門内，朝鮮使舘在德盛門内，僧録司在崇壽寺，道録司在都城隍廟。兵部在刑部南。刑部在懷遠門内，獄在城内西南隅。工部舊在懷遠門内，後改德盛門内，顔料庫在部内，織造庫在懷遠門東南，柴廠在城東南邊墻内。將軍衙門在德盛門内，倉在城内西南隅，火藥庫在城内東南隅，教場在城外西北隅。内務府在大清門外之東，後改爲内務府佐領治事公所，倉在府後，庫在大清門内之西，織造庫在銀庫後，棉花庫，鐵庫。奉天府尹公署在德盛門内。府丞公署在天祐門内。治中公署在撫近門外。通判公署在天祐門内。奉天府儒學在城内東南隅。

凡修理公廨，康熙五年，修理奉天府學明倫堂齋舍。〇十年，修理奉天府學宫，併清還侵占地基。〇三十年議准：盛京左右兩翼各設官學二處，學舍由盛京工部撥給。〇三十二年議准：建造奉天府學宫明倫堂三間，大門一間，貯祭器庫二間，儀門一座，兩旁齋房六間，教官衙舍六間，厢房四間，墻垣一百七丈五尺。

凡部院衙門銀藥庫、册籍庫、製造庫、柴廠墻垣倒塌，隨時修葺，用過錢糧歲底報部。

凡修蓋内府倉及各房屋所需甎瓦，照咨文買給。

凡陞授盛京官員應撥房屋，若無官房，照定例每間給銀三十兩，移咨該部給發。

〔船政〕

國家於烏喇地方設立重鎮，兵糧全資輸輓。康熙二十二年，特命大臣相視河道，於開城鄧子村易屯門及易屯口等處設倉，每歲農隙之時運米，貯於開城倉内，春秋二季以舟運至鄧子村倉交卸，自鄧子村陸運百里至易屯門倉，由易屯河舟運出易屯口，直達混同江。凡建造運糧船數百餘隻。五十三年，金州旅順口立水師營，額設戰船十隻，其修造之例並附載焉。

遼河運糧船一百隻。每船載六十石。

易屯河運糧槳船二十隻。運糧船舊係一百隻，每船載六十石，康熙二十九年改造槳船。

混同江運糧大船三十隻。舊係八十隻，每船載二百石，康熙三十八年裁五十隻。

以上遼河運船係本部管理。易屯河、混同江運船係寧古塔將軍管理。乞察哈里船四十隻，黑龍江船六十隻。舊在船廠。以上船隻屬寧古塔將軍管理。

凡撥給船隻，船廠運米船舊額一百三十四隻，康熙二十二年撥往黑龍江一百三十二隻。〇二十八年，將黑龍江船隻分一半與默爾根地方。〇二十九年，默爾根、黑龍江二處減船三十二隻。〇三十八年，默爾根船隻盡撥給乞察哈里。〇三十九年，撥乞察哈里船十隻往黑龍江。

凡遼河運丁，滿兵三百名，奉天府屬州縣分派水手六百名，每月給工食銀一兩，免其差徭。易屯河及混同江水手俱由寧古塔將軍分派，歲以爲常。

凡烏喇修造船隻，定例所需櫓牙本部造給，篷桅由工部運解。〇康熙三十年題准：盛京運米船一百隻，停其修造，拆毁變價。〇三十一年諭：烏喇所用船隻應用物料，如每年送去，有累驛站，將二年所用物料著併一次送去。〇三十三年題准：胡納胡河造運米船八十隻。〇四十年題准：黑龍江修造船隻，物料價銀一百兩以上者，令該將軍具題，所用條鐵、麻繩、鐵匠、川麻，盛京工部給發，簹繩、風竿竹，工部給發，造篷布疋、桐油、顔料，户部給發，艌匠、木匠，行文天津、通州僱覓，匠役安家銀、米、皮襖、靴、帽，工部給發，其物料匠役所需驛馬、車輛、護送兵丁、出關照票，並於兵部咨取，工部送至盛京，盛京工部轉送吉林烏喇。〇四十三年題准：乞察哈里、黑龍江船隻永行停止小修。五年准其大修，十年拆造。〇四十六年覆准：盛京等處現有各項匠役，嗣後寧古塔修理船隻，著該將軍僱覓修理。〇五十二年覆准:吉林烏喇船隻需用木艌等匠,停其於天津、通州僱覓,交與本處匠役修造。○五十九年覆准:嗣後盛京取用一切物料,免動驛車,該處照例給發價值,僱車應用,造册核銷。○又覆准:嗣後寧古塔修造船隻所用物料,工部核明車輛數目,行文盛京工部差員赴部支領,自行僱車運至。○雍正二年覆准:胡納胡河船隻並未運米,仍著拆毀。

凡戰船修造,康熙五十三年覆准:金州水師營戰船十隻,原由山東送往,凡届拆造之期,木料篷簹等項及修艌匠役由浙江運送,其大小修造限期,一照定例。

〔採捕山場〕

凡上三旗及五旗,王以下,奉恩將軍以上,採捕山場各有分界,具載於後。

鑲黄旗人參山

黑車木	馬家
肥牛村	牛哈兒哈
色欽	趙家
厄兒民河	哈兒民河岡
佟家河	拉哈多布庫河
牙爾渣河	

採捕山

波那活河	一而門
呼藍	馬哈拉

圍獵山

哈代上澗坩	威諄河
河爾法氲	加色
葉坑厄嶺	沂澈漲泥河
巘嶺	果羅河
一馬呼港	得弗河
交河	

正黄旗人參山

木起	呼渾谷背山傍
幽呼羅東界	克車木
肥牛村	土克善梅佛黑齊

五林峰	厄兒民河
哈兒民河夾岡	佟家河
拉哈多布庫河	渾濟山
見得黑山	

採捕山

一而門	牙瀨港
厄黑五陵阿	

圍獵山

喀普赤藍	勒克得弗口
朱扯	

正白旗人參山

呼雷	剛山嶺
東勝阿谷	濟爾歌把羅
打八拉岡	濟爾歌河
瓦而喀什八羅	覺羅衛濟嶺
昂把釋楞	阿沙哈河
綿灘厄木皮里	阿什汗河
湖南谷	湖南嶺
布魯張市	义欣谷
梭希納	鈕王澗谷
布勒亨	

採捕山

希爾哈河	阿克敦
上澗峰	木書河

圍獵山

沂澈漲泥河	科羅河
復漲泥河	吉當阿河岸
蒙古谷	大起
朱車衮	

正紅旗人參山

牛哈兒哈	撒木湯阿
劉姑山嶺	五兒烘噶哈

阿巴噶哈　木敦
古黑嶺背山傍　汗處哈谷
西伯谷　五兒烘谷
阿米大谷　阿米大牙爾過

採捕山

撒侖一而門　五藍得弗
哈占你白葉

圍獵山

覺羅大陽阿　邊米牙呼
會肥一藍木黑林　過而名岡
呼渾　肥得里
都什黑　梅黑河
勒扶峰　色黑軃達馬納
會肥圍屯

鑲白旗人參山

劉姑山嶺　撒木湯阿
張而都科八羅　歡他
呼勒英厄　剛山嶺
色珍大霸庫　札兒大庫河
烏林布占　三通嶺
多布庫羅門　渾濟木敦

採捕山

阿呼峰　撒侖

圍獵山

喀普赤藍　木單焉泰
上澗峰　色勒五魯庫
江都庫峰　火托峰
渾濟你什哈河

鑲紅旗人參山

加海　撒木占河
沂澈東五　札木必汗
札木他賴　紐木舜

五什欣阿普大力	五兒烘阿普大力
白母白力	撒哈連
昂八烏而呼	納孟厄
阿沙哈圍黑	厄黑港
古黑嶺南山傍	瓦里呼
汗處掀谷	昂把烏黑
昂把釋楞	

採捕山

勒扶渡口	一八單
依蘭峰	朱緑峰呼朱白葉

圍獵山兩紅旗合給

覺羅大陽阿	邊米牙呼
會肥一藍木黑林	過而名岡
呼渾	肥得里
都什黑	梅黑河
勒扶峰	色黑驪達馬納
羅大	羅火港

正藍旗人參山

東勝阿	加哈嶺
瓦爾喀什	札爾呼河
吉牟申	書谷
五兒烘噶哈	昂巴噶哈
木敦家牟占	灣他哈
鈕王澗谷	非牙郎阿
阿什哈温扯黑	

採捕山

阿濟革牙哈	木克峰
阿木灘納麥爾齊	昂巴牙哈

圍獵山

吉當阿河西岸	圍黑夸藍
一呑河	昂巴西伯
納親河	葉黑一藍木黑林

鑲藍旗人參山

札木必汗	札東阿
色欽	札庫木
厄一扶峰	都稜
温泉	札爾呼河
圍黑法三	

採捕山

牙瀨港	一吞木克
波吞波吞	酸焉岡

圍獵山

書民烏力汗	馬打堪岡
色朱稜	酸焉瓦色

凡上三旗及各旗採捕人等,按驗户部執照,移文奉天將軍給與出邊信票,採獲人参,秤驗造册報部。

凡内府圍獵人員所騎内廐馬匹餧養,槽鍘鍋掀以及將軍衙門圍獵需用鐵钁、木掀、筐、木籠、車輛等件,照來文造給,其製帳房口袋需用布疋、棉線、黄麻、檾麻,於該部移取,其木籠動支錢糧製給,用過數目報部。

凡烏喇採捕處所烹煎鱘鰉魚需用鍋杓笊籬等物,本部辦買,布鹽繩蔴等物,於該部支取,其蘆蓆官丁取辦,驛站牛車運送,用過錢糧本部報銷。

〔匠役官丁〕

凡修理陵工匠役,順治十年議准:僱募發往盛京修陵匠役准騎驛馬,除每名月給家口銀三兩,每口日給米一升外,到日仍支官糧。〇又議准:修陵匠役,冬時各給皮襖靴帽。〇又議准:福陵昭陵灑掃人役,配與室家,仍給牛畜。〇雍正元年覆准:昭烏達、布爾漢圖二處修理倉廒,著三陵千丁公同派出修理。

凡部撥木匠、鐵匠、油匠、畫匠、鏇匠、瓦匠、鋄匠、裁縫等匠,每名每月給銀五錢。如工多日促,酌量僱募,用過錢糧歲底報部。

凡永陵各處營造額設官丁,於三丁内派一名,砍伐木植、燒運甎瓦石灰、芟草藏冰,并修葺興京地藏寺、顯祐宫等處。

凡三陵宫殿各處寺廟部院衙門一切製造需用錫鐵、煤灰、缸甎、小礶、蘆蓆、笸羅、柳桶、柳斗、簸箕等物,於遼陽州海城縣各派官丁按數取用,如官物不敷,動支錢糧買辦,歲底報部。

凡修造紅衣砲車所需煤觔，於官丁派取，鐵觔照將軍咨文買給。

〔賞給〕

凡賞賜黑徵非喀國進貢人役袍帽靴帶所用蟒緞、彭緞、粧緞、帽緞、絲紬、綿紬、毛青布、高麗布、棉花、絨線、線纓、鍍銀等項，於該部移支，散給八旗官軍製造給發，裝送木櫃本部製給，用過錢糧歲底報部。

凡烏喇寧古塔索倫等處移來新滿洲應給柴薪、鍋、缸、碗、蓆、犁頭、鏵刀等件及蓋造住房需用錢糧，於該部咨取給發。

凡各衙門需用筆墨，各照來文依經制數目買給，用過錢糧歲底報部。

凡三陵各部院衙門關防、印匣、鎖鑰，照來文製給。

凡給發秫稭，永陵值宿房、福陵值宿房、壽康太妃墳值宿房每年給秫稭二千三百四十束，昭陵值宿房每年給秫稭一萬九百二十束，懿靖貴妃墳值宿房每年給秫稭一千五百六十束。三陵供用牛羊，盛京驛馬每料一斗，給秫稭一束。公侯伯每日給二十束，都統每日給十七束，副都統、侍郎每日給十四束，參領郎中每日給十束，拜他喇布勒哈番員外郎每日給七束，拖沙喇哈番每日給六束，驍騎校護軍校六品七品八品筆帖式每日給五束，護軍領催每日給三束，甲兵每日給二束，從役人等合爨，每日給三束，虎爾哈庫爾喀等國進貢人五人合爨，每日給四束，每三日另給蒸烙麵餅柴薪四束，内府採蜜人十人合爨，每日給四束，顯祐宫道士每人每年給二百束，整門人犯每日給一束，流徙寧古塔人犯十人合爨，每日給四束。凡支官糧執事人役厨役匠役及牧牛羊人，每名每年給三百六十束。自京發來修陵匠役，每月給二十束，苫蓋部院衙門庫倉墻垣及烏牛舘墻垣，每版給秫稭六束，禮部整治果品，每月二十束，歲底將給發數目并用過錢糧報部核銷。

大清會典卷之二百二十一

理藩院

我朝定鼎以來，德威遠著，聲教所暨，莫不來庭。凡蒙古部落之率先歸附者，悉隸版籍，視猶一體。及後至者彌衆，皆傾國舉部，樂輸厥誠。既地廣人繁矣，乃令各守其地，朝歲時奉職貢焉。户口蕃殖，幅員遼遠，前古以來，未之有也。爰於六部之外設理藩院，置尚書、左右侍郎，董其黜陟賞罰、朝會往來之事。其屬四清吏司，曰録勳，曰賓客，曰柔遠，曰理刑，各設郎中、員外郎、主事，又設司務、漢院判、知事、副使。其增設裁減，具載《吏部》。

録勳清吏司

〔爵級〕

初，外藩四十九旗，或以功或以親，或以舉國輸服，封親王、郡王、貝勒、貝子、鎮國公、輔國公，秩皆照内王等，台吉、塔布囊等，俱加以品級，設都統以下、驍騎校以上等官，照内管理。蓋國家一體之仁，周徧如此。國初定：外藩王貝勒貝子公台吉等有軍功者，量其功之大小議敘，身故者一體題請賜恤。〇順治九年題准：外藩王以下服色，悉照内王以下定例。〇十六年題准：外藩蒙古以一百五十丁爲一佐領，披甲五十副，設驍騎校各一員，領催各六名，十家各設一長，六佐領總設參領一員。〇十七年諭："外藩各旗都統以下員缺，令各扎薩克王貝勒貝子公酌量補授。"〇十八年題准：外藩蒙古王貝勒，各照内王貝勒等，設長史、司儀、長護衛，外親王設四品典儀一員、五品典儀一員，郡王設五品典儀一員、六品典儀一員，多羅貝勒設五品典儀一員，固山貝子設六品典儀一員，公等設七品典儀一員，其頂帶坐褥悉與内同。○又題准:台吉、塔布囊等頂帶坐褥,照在内官員分别給與,一等者同一品,二等者同二品,三等者同三品,四等者同四品,都統、副都統、參領、佐領、驍騎校等頂帶坐褥,比内都統、副都統、參領、佐領、驍騎校等各卑一級。○又題准:外藩佐領衆多之旗,設都統一員、副都統二員,有十佐領以下之旗,設都統一員、副都統一員,多者裁汰,少者添設。○又題准:外藩人有始從其主歸降及隨軍鄉導有功,勅給達爾漢職銜世襲者,其頂帶坐褥照外藩各旗官員分别給與,永襲者同都統,雖永襲而功少者同副都統,襲六次五次四次者,同參領,襲三次二次及止授本身者,同佐領。○康熙元年題准:公主之子、親王之子弟爲一品,郡主之子、郡王貝勒之子弟爲二品,縣主郡君縣君之子、貝子公之子弟爲三品,台吉、塔布囊等子弟槩爲四品,俱於十八歲給與爵級。○又題准:一二等台吉許以一子襲職外,餘子槩爲四品,若有功酌量另議。○又題准:公主等之子十歲以上,父殁分家,管轄所屬,不拘歲數即給爵級。○二年題准:台吉、塔布囊等有軍功者,量功給與爵級,有頭等功牌六個以上者爲一等,三個以上者爲二等,一二個者爲三等,有二等功牌二個以下者,槩爲四等。○三年題准:承襲王貝勒貝子公等册誥,皆令親身赴領,若應襲之人未經出痘者,其册誥本院差官齎送。○八年覆准:索倫總管爲三品,副總管爲四品。○二十一年題准:外藩諸旗各於旗内選擇賢能,協理事務。○二十二年題准:歸化城、土默特副都統缺出,擇在内賢能官員,會同兵部引見補授。補授都統由本院題補,不會同兵部。○二十五年題准:外藩四十九旗管旗扎薩克及索倫總管,俱照内都統印,各鑄給印一顆。○二十八年覆准:喇嘛阿齊圖綽爾濟,差往厄魯特地方,給與爵級比都統。○三十年覆准:外藩内拖沙喇哈番非陣亡者,不准承襲。○又題准:理藩院旗員四十四員,各處差遣,留院辦事者甚少,今喀爾喀内屬後俱照四十九旗管理,愈加繁冗。將八旗添設員外郎一員,不令出差,專委辦事,其陞轉仍與各旗應陞之員較俸。○又,索倫達虎爾總管員缺,奉旨交該將軍會同總管等揀選應補之員,一併咨送,具奏引見。○三十一年覆准:編喀爾喀旗分佐領,封王貝勒貝子公台吉等爵級,給與册誥俸禄,照四十九旗之例辦理各旗公務,總衆部落分爲三路,將土謝圖汗之十七扎薩克爲後路,車臣汗之十二扎薩克爲東路,扎薩圖之九扎薩克爲西路,各按旗分鑄給印信,其印文兼滿洲蒙古字樣,印式與四十九旗同。○三十三年諭:"此後一應補授協理旗務台吉,開列姓名引見。"○又覆准:歸化城兩旗,一旗二十五佐領,設參領五員,一旗二十二佐領,設參領四員,今將蒿齊忒二佐領歸併二十二佐領一旗下,共二十四佐領,應照例添設參領一員,行文該將軍將應補參領賢能之員,擬正陪咨送引見。○三十五年覆准:喀爾喀郡王有軍功者,陞爲親王,貝子有軍功者,陞爲郡王,該部撰給册命。○四十年議准:外藩額駙等郡主亡後未曾另娶者,仍留職銜,給與俸禄,永爲定例。○四十一年覆准:嗣後外藩誥命勅書果被水火盜賊失去者,准其復給,免罰俸議罪。○四十四年覆准:自都統以下凡有職人等内有年老殘疾、人不及者,分别斥革,於台吉中揀選賢能,按缺補授。又,台吉等不立族長,無所統屬,應每族各設一首領,嚴查各族内飲酒行兇等事。○四十五年題准:歸化城拖沙喇哈番品級以上缺出,於應陞之員内揀選,咨送本院引見補授,參領佐領缺出,俱從驍騎校挨陞,若驍騎校缺出,揀選兵丁内弓馬精熟、能管轄人者擢用,俱令該都統右衛將軍咨送本院引見補授。○四十七年題准:寧夏有守城都司一員、把總二員,所轄兵丁五百名,並無别事,相應裁革,改設理事官,即令在都司衙門居住,鑄給料理蒙古人民等關防字樣,凡係沿邊地方蒙古事件,俱會同該扎薩克等完結,設有不能完結之事,許令報部。其前都司所轄五百兵丁内撥三百名與二把總管轄,照常守城,餘二百名,理事官酌量編爲書辦快手。理事官既同扎薩克等治理蒙古事件,令各部院保舉滿洲旗員及理藩院蒙古旗員引見補授,三年一换。○雍正元年議准:查哈拉右翼捕盜官,照左翼例一體給與六品頂帶,食半俸。○又諭:"朕觀土默特人材可造就,能與内地人一體當差,著將土默特什長等俱給藍翎。"○又諭歸化城都統及兩旗官兵:"前者,聖祖皇考由寧夏親征漠北時,巡狩歸化城地方,見爾等歸化城土默特兩旗官兵士衆委靡,弓馬不習,法度日以廢弛,因將兩旗都統革退,另選在京都統、副都統、參領等員管轄,歷年訓練有方,軍律嚴整,舊習漸改,有志向上,是以數年以來選用在京人員之例已經停止。今爾保送之官兵人等盡皆弓馬嫻熟,且兩旗兵弁行伍整齊,凡有行圍及出征等事,與内地兵丁一體効力,此皆我皇考教育爾等所致也。歸化城、土默特兩旗原在四十九扎薩克内,其都統副都統等官皆係國初歸附之土默特功臣子孫世職,今念爾等既已棄舊存忠,允宜遵復舊例。都統、副都統員缺,著將兩旗内應補人員與原任都統、副都統世家子孫,及參領内人材可用、儀表修偉、向能管轄兵丁、曾經効力行間人等,查明保送引見,朕將親擢焉。"○三年奏請:歸化城都統所請引見官員每缺送四五人引見之處,應不准行。奉旨:"此等人若係佐領内推陞者,著照爾等所議,只送二人前來;若係於參領及閫旗内揀選者,著照伊等所請將送來人員引見,擇其可用者照缺補用,其餘亦擇其可用者記名,俟缺出録用。如此不致往返勞苦,而伊等亦得瞻仰朕顔矣。"○四年諭:"厄魯特之官爵,原因伊等歸順,故聖祖仁皇帝特恩加授,雖無世襲之旨,而伊等各有効力之處。嗣後厄魯特之官員病故,若有効力之人,俱著降一等承襲議奏。如承襲人員或能守分勤謹、克盡職業者,仍將所降品級賞給。理藩院將此存檔,再將朕恩旨曉諭厄魯特等。"

〔會集〕

國初定:外藩蒙古三年一會,清理刑獄,編審壯丁。○又定:會集不來者,王等罰馬二十匹,扎薩克貝勒貝子公等罰馬十五匹,台吉等罰馬十匹;不如期至者,按日罰馬。凡罰牲畜,一槩入官,不入官者見本條内。○順治九年題准:往會勑書,内閣撰寫。○康熙八年題准:外藩蒙古會集及傳召之事不來者,都統各罰馬五匹,副都統各罰馬四匹,參領各罰馬三匹,佐領各罰馬二匹,驍騎校各罰馬一匹,領催各罰牛一頭,十家長各罰犋牛一頭;不如期至者,都統各罰馬四匹,副都統各罰馬三匹,參領各罰馬二匹,佐領各罰馬一匹,驍騎校各罰犍牛一頭,領催各罰犋牛一頭,十家長鞭二十七;如八旗遊牧管旗總管及索倫總管不齊集者,照外藩副都統例,遊牧副管、索倫副管照外藩參領例,佐領驍騎校領催十家長照外藩佐領驍騎校領催十家長例治罪。○十七年題准:差遣往會大臣將領侍衛内大臣、内大臣、散秩大臣、各部尚書、左都御史及本院堂官職名一併開列,請旨簡用,隨往官員除本院官員、筆帖式外,仍選擇各部院官一員、筆帖式一員帶往。○二十九年覆准:喀爾喀土謝圖汗、車臣汗等内屬,應照四十九旗例,永定會盟之典。其台吉等有遠住外邊者,著理藩院差官,預行調取會盟日期齊集。○三十九年覆准:外藩王貝勒台吉等,凡祭祀壇廟齋戒行禮處,停其齊集,於午門外按翼排班,候聖駕出入時與不陪祀内王貝勒等一體迎送。

〔丁册〕

國初定:外藩壯丁年六十以下,十八以上者,皆編入丁册,有疾者除之,每三丁披甲一副。○又定:外藩壯丁三年一次編審,有隱丁者,所隱之丁入官,隱丁至十户者,管旗王貝勒等按罰一户,出首人令赴願往旗分。○順治四年題准:審丁時若數目開載不全,後雖聲明,仍以隱丁治罪。○五年題准:親王壯丁六十名,郡王五十名,貝勒四十名,貝子三十五名,公三十名,固倫額駙四十名,和碩額駙三十名,多羅額駙二十名以供役使。

〇七年題准:外藩蒙古每十五丁給地横一里、長二百里。〇九年題准:外藩台吉等及喀喇沁土默特塔布囊一等者,各壯丁十五名,二等者,十二名,三等者,八名,四等者,四名。〇又題准:外藩親王守墓人十户,郡王八户,固倫公主與郡王同,貝勒貝子等六户,和碩公主郡主與貝勒同,鎮國公輔國公四户,郡君與鎮國公同,縣君鄉君與其夫同,其大臣護衛及出征効力之人不許守墓。〇十二年題准:外藩首告隱丁者,准在編審之年首告,二三年以後首告者不准。〇康熙三年題准:外藩蒙古都統親隨兵丁四名,副都統二名,各於本旗選擇,参領、佐領各一名,於本佐領中選擇。〇五年題准:外藩編審丁册,照户部例詳開具題。〇十一年題准:額駙等所役壯丁,雖額駙身故,不許裁汰。〇十三年題准:外藩蒙古編蕃壯丁時,隱丁之旗都統副都統罰三九以九論罰,詳見《理刑司》,参領佐領罰二九,驍騎校罰一九,給出首人;領催十家長各鞭一百。歸化城二旗無王貝勒等者,如有隱丁,都統副都統罰五九,参領罰三九,佐領革職,罰二九,驍騎校革職,罰一九,給出首之人。其出首之人并所隱之丁各留舊佐領家奴,若係蒙古,入官。〇十八年題准:出首隱丁人之子弟在所隱内者俱准於旗内聽所欲往。〇二十一年題准:公主郡主等隨嫁人,許其守墓及作護衛并閑散使令,不許披甲。〇二十二年題准:屬下奴僕出首本主隱丁者,照例於旗内聽所欲往外;出首他人者,不許出户,所罰牲畜給出首人。〇二十六年覆准:索倫貧人求入内地當差者,著在索倫地方郎中、總管逐一查問,有情願披甲者,安置在默爾根愛渾等處,揀選才能授爲佐領、驍騎校,歸併旗分管理,交黑龍江將軍,給與錢糧軍器,其不願披甲人仍留原住地方。〇二十九年定:索倫貧人編入旗分,每佐領給馬各三匹、牛各三頭,每驍騎校給馬各二匹、牛各二頭,披甲人等給馬各一匹、牛各一頭。〇又覆准:比丁之年,傳示四十九旗,著該管王貝勒都統以下,十家長以上,按佐領查核分户比丁數目,具保造印册,令協理旗務台吉會同都統等送部。其索倫達爾虎人丁亦照此例查核造册,令總管一員送部。俱限十月内齎到。〇三十三年覆准:巴爾虎二次遷來人丁共六百三十七户,八百三十九丁,二千七百二十九口,有牲畜營生者四百三十四户,五百一十一丁,編爲佐領,揀選材能授爲佐領、驍騎校,安插在胡朱爾何遊牧;其牲畜少而貧者二百零三户,三百二十八丁,編爲四佐領,每一佐領各八十二丁,選六十名披甲,餘二十二丁候缺頂補,揀選材能授爲佐領、驍騎校,安插在納默爾河之博爾得村地方,與達古爾四佐領一處居住,照前給索倫窮披甲之例,給與盔甲軍器牛畜。令該將軍揀選原任人員，咨送到部，補授原職，訓練教習伊等，令知禮法，及時耕耨。所給伊等盔甲軍器，交工部造發，將博爾得村倉米給與口糧，其買備馬牛銀三千九百兩，於盛京户部預備銀内照數支給。○四十四年覆准：定例台吉等各有跟隨附丁，今揀選台吉等補授都統佐領各職分，仍將伊附丁隨侍行走，不許以披甲人爲跟役。○又覆准：嗣後出首隱丁之人，照例准其開户，令於貧窮之台吉内擇主。○五十一年覆准：鄂爾多斯六旗内有賣去壯丁附丁及披甲人口或逃散餬口者甚多，遣官查明，該管王貝勒貝子等罰俸三年，協理台吉等罰三九，都統副都統等罰二九，其前未協理旗務及補授後不察明呈報之台吉等罰一九。本旗未賣人丁聽屬下逃散，不能收養者，貝勒罰俸年半，協理台吉罰二九，都統副都統罰一九。其擅賣人丁之台吉罰二九，台吉已故者，妻罰一九；擅賣人丁之披甲人各鞭一百，披甲人已故者，妻罰牲畜五個。知買主有地方姓名者，行文該管扎薩克地方官等不給原價，追還人丁，仍交各該旗分；不知地方姓名者，行文内扎薩克衆喀爾喀沿邊神木等處緊行嚴查，限一年内送還。如一年内不能察交，或被告發，將該管扎薩克官員等治罪；其察出送還者，該旗收領，行文報部。嗣後各旗養育人丁，不時嚴察，若再有賣去壯丁及逃散人口者，將該扎薩克經管之人俱從重治罪。○五十四年覆准：郭爾羅斯原台吉察希查所進佐領，遷在白都納處安置者，不必歸併原扎薩克地方。嗣後佐領無應襲之人應歸公者，即住原籍，在公差上行走，該扎薩克照常管束，不必遷移，永爲定例。○六十年題准：厄魯特策妄阿拉布坦處歸順及擒來之人，應另編一佐領，安插於正白旗察哈爾地方，給與産業，照例領糧當差。○雍正元年題准：喀爾喀和碩額駙，編入鑲黄旗下查哈拉佐領。

〔驛遞〕

順治十二年題准：索倫之入質者，在邊外乘蒙古驛馬，支給食物，入邊乘内地驛馬，支給行糧。○又題准：本院官員領催等，於十月至三月使往蒙古地方自備馬匹者，准給口糧草料，往張家口迎送喀爾喀厄魯特，及喜峰口、獨石口、古北口等處差遣，准給口糧馬草；四月至九月止給口糧，不給草料。○十三年題准：遣祭外藩使臣，道近或值夏秋時，俱令自備馬匹，如道遠及值冬春時者，各給信牌許乘驛馬，一品給十五匹，二品給十二匹，三品給七匹，四品給六匹，筆帖式給四匹，領催二匹，兵丁一匹。○又題准：達賴喇嘛處使者，精奇尼哈番給驛馬十三匹、車七輛，阿思哈尼哈番給驛馬十匹、車四輛，郎中員外郎馬俱五匹、車俱二輛，筆帖式馬三匹、車一輛，護軍領催等馬各三匹，每二人共車一輛。○康熙三年題准：往會大臣隨從郎中、員外郎共六員，主事一員，筆帖式七員，領催六名，俱帶帳房糧米在野外行宿。尚書侍郎等各帶本職執事，尚書准騎馬二十匹、駝七匹，侍郎馬十八匹、駝六匹，郎中馬八匹、駝二匹，員外郎、主事馬各七匹、駝各二匹，有品級筆帖式各馬六匹，無品級筆帖式各馬五匹，領催各馬三匹，兵丁各馬一匹。○又題准：凡差遣筆帖式，不准給信牌，如衙門官員缺乏、止遣筆帖式，則題請給與。○九年題准：凡奉旨特遣及本院往各旗徧傳事務緊急差遣，或巡察斥堠送詔等事自内地馳驛外，仍給信牌許乘邊外驛馬，往會所歷之旗地方遥遠，亦給信牌乘邊外驛馬，餘惟遣往扎賴忒、杜爾伯特、郭爾羅斯、席北、索倫達固爾、寧古塔、卦爾察等處者，給本院印文，照内地所乘驛馬數乘邊外驛馬。遣往科爾沁、烏朱穆秦、蒿齊忒、吴喇忒、鄂爾多斯等處者，冬春給院文乘邊外馬，夏秋各乘自備馬匹；遣往喀喇沁、土默特、敖漢、奈曼、翁牛特、巴林、扎魯特克、西克騰、蘇尼特、阿魯科爾沁、喀爾喀、阿霸垓、阿霸哈、那爾、四子、毛明安、歸化城，盛京、西勒圖庫倫等處者，槩令自備馬匹。其達賴喇嘛義齊爾汗之使給驛至西寧，遣往喀爾喀、厄魯特之使，自歸化城給與馬駝。○十七年題准：往會自備馬匹，仍各給信牌印文，以備急事驅遣。○二十五年題准：凡驛遞人爲盜，照例治罪外，驛遞官員罰牲畜一九，驍騎校罰五頭，其領催鞭八十。○二十七年諭："科爾沁和碩達爾漢親王、額駙、班第，凡哨地遇有緊急事務，通令馳驛，如有緊要事務，别旗扎薩克等亦令馳驛。"○二十八年題准：殺虎口離歸化城二百餘里，驛站勞苦，查原立胡七特口子四十户，驛站接近鑲藍旗，甚屬無用，移在歸化城中間，酌量安設。○三十年覆准：外藩驛站差役繁多，嗣後除特奉欽差緊要事件外，凡封王致祭審理事務、查點馬羣一應平常事件俱彙集，一年兩次於四九月間差往，均令由山海關出奉天法庫門前去，不許强乘度冬馬匹，宰殺孳生羊隻。如敢浮派勒索，令該扎薩克舉報到院，係官員、筆帖式，革職，係領催，拏送刑部，如筆帖式領催等私行騷擾，許官員查舉免議，若失察一併議處。其無文書謊稱公差，勒索馬匹財帛者，交刑部從重治罪。○又覆准：曉諭四十九旗，照本院給發印文應供差馬餼羊，不許規避，如有不給應供差馬者，罰牲畜三九，不給應供餼羊者，罰牛一頭。其歸誠之喀爾喀有雜處四十九旗地方者，相其居處與何旗相近，即照該旗定例給付差馬餼羊，違者俱照罰例。如奉差官員人等勒索擾害，亦令喀爾喀舉報到院治罪，永遠遵行。○三十一年諭："外藩蒙古按各旗形勢地方動用部帑，設立驛站，中間相去百里，查貧人給與役食應差，俟年例朝覲王等來時議奏。”遵旨議准：衆蒙古安設驛站，除二土默特、奈曼、喀爾喀、科爾沁二郡王等六旗出山海關邊外行走，二郭羅斯、杜爾伯特等三旗在黑龍江大路，此九旗不另立驛站外，自喜峯口至扎賴特爲一路，一千六百餘里見有管城二驛，除地二百里安驛十四，即於此路十九旗内查派窮民，共置驛丁六百名；自古北口至烏朱穆秦爲一路，九百餘里有鞍子村、江鄉、十八里臺諸驛，除地三百里安驛六，即於此路七旗内查派窮民，共置驛丁三百名；自獨石口至蒿齊忒爲一路，九百餘里安驛九，即於此路七旗内查派窮民，共置驛丁四百五十名；自張家口至四子部落爲一路，五百餘里安驛五，即於此路五旗内查派窮民，共置驛丁二百五十名；又自張家口至歸化城，六百餘里安驛六，共置驛丁三百名，亦從此地六旗内派出，仍爲張家口一路；自殺虎口至吴喇特爲一路，九百餘里見有二驛，除地二百里安驛七，即於此路七旗内查派窮民，共置驛丁三百五十名；又自歸化城至鄂爾多斯八百餘里安驛八，共置驛丁四百名，亦於鄂爾多斯六旗内派出，仍爲殺虎口一路。此路派大臣一員，率該扎薩克週視各地方有水泉形勢之處安設。每路設管驛官、蒙古員外郎各一員，令掌關防，與在京員外郎一體較俸陞轉，筆帖式各二員，八年滿日更替，照常給與俸禄，若侵欺怠玩以及驛站馬匹損傷者，題參治罪。凡差官由驛路行走，其各旗扎薩克王等除有公務外，伊等私事勿得馳驛，永著爲例。每驛設驍騎校一員、驛丁五十户、驛馬五十匹，每丁給乳牛各五頭、羊各三十隻，俾得養育營生，每馬給價各五兩共二百五十兩。蒙古地方水草既好，其草料價停給，惟給與一年倒斃馬價，以一半爲度，給銀一百二十五兩，仍將補買數目造册報部。再，此五路差遣較黑龍江尤繁，並給各驛買備供應羊隻價銀五十兩。○三十二年覆准：蒙古驛站未設車輛，用時覓車恐致遲悮，將喜峯口一路驛站設車五輛，餘四路驛站各設車二輛，其駕車馬於見今設立馬羣内揀選，車價照兵部買車例給發，惟進貢並要緊事使用，小事毋得濫給。○又覆准：喜峯口、獨石口、張家口、殺虎口驛站前因未設管驛官員，暫令關口守備把總等管理，今已各設管驛員外郎，凡蒙古往來事件，專委料理，以歸畫一。惟古北口一路緊要，已特放管驛同知一員，嗣後驛務著該管員外郎與同知會同料理。○三十六年覆准：驛站苦累，外藩嗣後除特旨緊差仍准馳驛外，各項事務停其馳驛，將佐領下餧養馬匹准照兵部所給驛馬之數給與，並量地遠近給與月糧，令照蒙古定價買羊食用。所差蒙古地方多無房舍，止宿帳房,恐其遊牧遷移,奉差人不知所在,每宿處蒙古人等即與指示站道相連之處,若所乘馬匹倒斃遺失,俱著照數賠償,其差官回日,仍照兵部給馬之數交還。○三十八年覆准:蒙古驛地差事既少,將歷年所給倒斃馬二十五匹、價銀一百二十五兩内減裁六匹,以十九匹爲度,每馬價五兩增加一兩五錢,以六兩五錢計算,每驛倒斃馬十九匹,各給銀一百二十三兩五錢;所給公用羊一百隻、價銀五十兩内減裁四十隻,以六十隻爲度,每羊價五錢增加二錢,以七錢計算,每驛公用羊六十隻,各給銀四十二兩。該管官將差官人等用過羊隻數目註册報部,有餘銀兩令其次年使用。○四十四年覆准:蒙古等一有公務,俱於每佐領下醵斂供給,原非啓奏所定之例,屬下人甚爲苦累,理合禁止。各扎薩克等將各旗内所有罪罰牲畜貯存於該扎薩克處,勿令倒斃,預備公務支用。○五十九年題准:喀爾喀地方驛站,數年軍務往來甚多擾累,嗣後差遣大人官員及坐臺官員並部院官員筆帖式領催等,行文該將軍俱用營中軍需,照品級給與行糧,其取索喀爾喀食用之例,著停止。○六十年題准:蒙古驛站自屯兵以來,傳報公務解送軍餉、火藥、錢糧、器械及耕地器皿等項,又押解發遣犯人護送投順人等,接連馳驛,甚屬勞頓,若蒙古力不能支,恐悞事機。特派大臣一員總統驛站,帶領各驛官員巡查缺少馬匹、損傷牲畜。將驛官所領每年添補一半銀兩交與衆扎薩克,速將肥壯牲畜買足充用外,支庫銀一萬兩,付派去大臣帶領,如額數仍缺,即動此項錢糧採買補墊,務令驛站整理,勿致疲敝。又查前種地器皿送至屯兵地方時俱交山西巡撫,由歸化城僱騾駝車輛。嗣後凡解送各項自京城馳驛運至口外,仍交山西巡撫支用大同府銀兩,僱賃駝馬運至屯兵之處。○雍正元年諭:"塞外居住之八旗、察哈爾、蒙古護軍驍騎之器械,三年查看一次,而前往之護軍參領、驍騎參領等騷擾蒙古,勒索馬羊等物,其三年一往比丁之官員亦有勒索之處,朕所洞悉。再察哈爾蒙古内未曾出痘者甚多,若來京挑選護軍,倘遇出痘,恐有傷損。嗣後察哈爾八旗護軍缺出,即著察哈爾總管、副總管、參領等公同閱看人材可用者挑補,其挑補之護軍俟三年查看軍器時,從京中奏派大臣一員前往查看軍器時,將所挑之護軍一并驗看。其三年比丁亦照外省例交與該總管等詳查明白,將比過丁數造册送各旗都統。則衆蒙古無騷擾之患,亦無往返京師之事,於伊等大有裨益。"○又諭:"理藩院爾衙門人員來往蒙古地方者,聞有不肖之徒肆行無禮,勒索陵虐。夫外藩之與天朝,不但伊扎薩克王,即台吉亦係賓客,豈可令領催等卑賤之人肆其欺陵乎?著爾衙門嚴行申禁，詳定條例，俾嗣後來往之人永遠遵行。”

〔防汛〕

順治七年題准：外藩人出境，必向本旗都統陳明，違者將失於覺察之都統、副都統、參領、佐領、十家長一并議處，如偷賣馬匹被人執送者，以其半給執送之人。〇十一年題准：外藩王貝勒貝子公等欲向歸化城買馬駝者，報院奏請得旨，給本院印文令往，不得擅行。〇十二年題准：公主郡主王貝勒額駙等向歸化城買馬駝者，遣往人數報院題明，不得多遣。〇康熙元年題准：外藩蒙古不得越旗畋獵。〇二年題准：外藩蒙古買兵器帶往者，令扎薩克王貝勒貝子公等詳開某佐領下某人買何器械、數目若干，具文遣官報院，不遣官不詳開者，不准給出口票。〇十三年題准：外藩蒙古兵器缺少弊壞者，本旗扎薩克王罰三九，貝勒貝子公罰二九，台吉等罰一九，其兵丁亦罰五頭；若盔甲袍褂無名及軍器馬絆上無字者，罰三頭；馬匹不用印記、不繫牌者，罰㸬牛一頭，俱給拏獲之人。〇又題准：失悮斥堠者，佐領革職、罰三九，驍騎校革職、罰二九，兵丁鞭一百；若離汛地者，佐領驍騎校俱革職，兵丁鞭八十；佐領驍騎校本身器械缺少者，各罰二九，係兵丁鞭八十；佐領驍騎校本斥堠人器械缺少，失於覺察，各罰一九。〇十五年題准：賊入斥堠竊盜牲畜，追賊被殺，同往兵丁退縮不戰者，各鞭一百、罰三九，牲畜給被殺人妻子。〇十九年題准：外藩蒙古扎薩克王貝勒貝子公台吉等有以本旗地方無草，欲移住相近旗分及斥堠内者，於七月内來請，本院遣官查視所居地，如果無草請移處草果茂者，如其所請；若所居地生草甚盛而請移他處者，將所請扎薩克議處，他月來請者槩不准。〇二十年題准：在斥堠參領不發遣兵丁、各防汛地及佐領驍騎校不在各汛地而往參領處同住，或在汛地而馬匹被盗者，參領佐領俱革職、罰三九，驍騎校革職、罰二九，領催兵丁鞭八十，巡馬兵丁鞭一百。〇二十六年覆准：興安後濟達齊牢地方，禁止巴爾胡私進哨地遊牧。〇又覆准：嗣後著喀爾喀車臣汗嚴禁所屬，毋得擅入哨地遊牧。〇二十八年議准：黑龍江、後綽羅那烏母河相近，以格勒必齊河爲界，自大興安嶺以至於海，山陽爲内地，山陰爲鄂羅斯地。〇二十九年覆准：哨地接連邊外，方得整齊，除索倫達虎爾五哨相連不必那移外，杜爾伯特、郭爾羅斯二旗哨地原設哈達雅地方，與默爾根村莊相近，著移在席令吉齊河山頂安設。其扎賴特三哨亦近索倫遊牧之處，著將東頭哨地移在柴河北山頂安設，中哨地移在伊罕克勒河山頂安設，西哨地移在庫勒勒齊山頂安設。至科爾沁三哨坐落内地，與各哨窵遠，著將東哨地移在哈布齊河山頭安設，中哨地移在納哈拜齊扎爾漢山頂安設，西哨地移在哈嘛爾口北山頂安設。〇三十二年覆准：鄂羅斯有私越邊界者，拏送各管屬官員，照所犯輕重治罪。今鄂羅斯復有潛至景齊禮烏嘛等處打貂行走，恐伊等頭目不知，著理藩院行文尼卜朝城守尉查拏治罪，并申飭國人嗣後不許越過界地。如城守尉不速嚴查，即行文察汗漢，將城守尉一并治罪。〇四十四年題准：自歸化城至殺虎口方二百里，前經安設六處哨地。今查殺虎口、歸化城之間有東西兩路，東路嶺隘河多，雨雪時行走甚難，應將所設六哨撤去；西路平穩，應於東爾昆東口安設二十户爲驛，再額倫布塔處將土默特人安設二十户，喀拉巴拉克郎孫處將鑲藍旗察喀爾人安設二十户，共六十户，派官三員令其管轄，往回巡查，以便公使。〇四十七年覆准：王宋拉布所屬蒙古人等遊牧地少，嗣後於黄河、西河之間，柳延河之西所有柳塹、剛柳塹、房塹、西塹俱以西臺爲界，自西臺之外察漢托合處，暫許蒙古遊牧。至寧夏平羅營一帶地方人民，原於察漢托合地方採取柴薪，今限一月内採取五次，其採取時給與號牌，著人監管，來往之人并令該地方嚴查。〇五十一年議准：察漢托合地方前四十七年暫給蒙古遊牧，今居民不便耕耨，若久雜處必致爭訟，嗣後以黄河爲界，永禁遊牧。〇又覆准：喀喇沁楊樹溝、雅圖溝、大博羅樹等處鉛多，查明地方，許開鉛鑛，屬漢地者准漢人開鑛，屬蒙古地者准蒙古開鑛。户部、理藩院各派賢能官一員監視，其所定課，即令每年納鉛，交入錢局，但不許造房種地，致生事端。〇五十六年覆准：翁牛特、巴林、克什克騰交界地方樹木，行文三旗各令本旗協理台吉、都統、副都統等公同勘驗，派爲三分，明立界限，嗣後如有越界斫伐樹木者治罪，將分定界限令各旗繕造印册送院。〇雍正三年諭：“邊關城門收税雖關國用，但衹令來往貿易商人納税，其請安進貢之蒙古等並無收税之例。今聞將伊等餘帶馬匹、乘載口糧之車輛及買去之茶葉勒令停止，私行收税，並索取零星物件。又聞有奸惡商人希圖匿税，專僱蒙古車輛，偷載商貨出入者甚多。此皆守口旗員及收税官不嚴束胥役之故也。可行文該管官員嚴行禁止。”

〔嚴禁逃人〕

國初定：外藩全旗逃者，不拘何旗，即刻往追，以軍法從事。若王等不追者，罰馬一百匹，扎薩克貝勒貝子公等罰馬七十匹，台吉等罰馬五十匹。〇又定：帶弓箭逃者，二十人以下止令本旗追，二十人以上，其相近之旗扎薩克王貝勒等量逃人多少，備馬匹行糧，視所往速行窮追。若有不追者，王罰馬二十匹,貝勒貝子公罰馬十五匹,台吉等罰馬十匹;中道而返者,爲首罰牲畜一九,餘各罰五頭;將逃走不速行題報者,王罰馬十匹,貝勒貝子公七匹,台吉等各五匹。〇又定:見逃故縱者,王等罰十户,扎薩克貝勒貝子公罰七户,台吉等罰五户,庶人罰牲畜三九。與逃人鬬死者,逃人如有奴僕,償一人,並罰給牲畜三九。〇又定:逃人被獲者,罰逃人之主撥牛一頭給拏獲之人,逃人鞭一百,罰窩隱逃人者牲畜一九,給逃人之主,並罰窩主十家長一九,給逃主十家長。〇康熙五年題准:與逃人鬬死者,逃人如無奴僕,向逃人扎薩克王貝勒處取牲畜三九賞給。〇十三年題准:出斥堠逃往外國之人,如追時不曾抗拒,被獲將爲首一人斬,餘絞;如持兵抗拒,俱斬。逃往外國被執送者傷人,斬;未傷人者,鞭一百,交還原主;未傷人逃走自還者,免罪交原主。〇十六年題准:追殺率先逃走者,即以其人家産牲畜給之,不更給賞;如無可給者,斥堠佐領賞給蟒鑲領緞袍一件、緞三疋、布二十疋,驍騎校糚緞鑲領緞袍一件、緞二疋、布十五疋,兵丁緞一疋、布十疋。〇二十六年覆准:四十九旗索倫達虎兒等,將内地民人及滿洲家下逃人窩留以爲奴僕子孫妻妾者甚多,嗣後蒙古等僱内地民人耕種之處,永遠禁止。凡邊外生事流民及滿洲家下逃人,交與該管扎薩克等,各旗佐領不時嚴查緝捕,送理藩院,照例從重治罪。窩留内地逃人民人之窩主,係官革職、鞭一百、罰牲畜三九,係閑散人鞭一百,亦罰牲畜三九,將此所罰牲畜俱給拏獲之人。若該扎薩克所管人等不加嚴查,或理藩院查出,或被旁人出首,將窩隱正犯照例治罪外,出首之人係奴僕,開爲另户,係閑散人,從窩主罰出牲畜三九給與出首之人。該扎薩克所管人等不行嚴查,扎薩克王、協理旗務台吉罰牲畜九九入官,都統副都統參領等罰牲畜五九入官,佐領驍騎校皆革職罰牲畜三九入官,領催十家長等鞭一百。〇又議准:有俸之扎薩克王貝勒貝子公等失察窩留逃人者,罰俸一年。〇三十二年覆准:鄂羅斯尼卜朝城守尉送回逃人二名,著理藩院行文嘉奬,並咨黑龍江將軍,嗣後有伊國逃人潛住索倫等處者,查出奏聞給回。〇又覆准:凡無票私自出口之民被獲,責四十板,其妻及未分居之子安插山海關外遼陽等處。〇五十一年覆准:喀爾喀因前噶爾丹之亂失散人口,若於會集處未經收回之人離居已久,俱在各旗分編佐領,載入丁册,難以給還,嗣後有懇請歸族等事,概不准行。如從久住地方逃往別處者,追回照逃人例治罪,有不追回隱匿者,照隱匿逃人之律治罪。曉諭八旗内外,衆扎薩克、厄魯特、察哈爾各旗下,永著爲例。

〔撫緝降人〕

國初定:擅殺降人者,王等隱匿罰十户,扎薩克貝勒貝子公罰七户,台吉等罰五户;被人首告者,王罰馬十匹,扎薩克貝勒貝子公馬七匹,台吉馬五匹,給出首人,令赴願往旗分;其爲首殺人者,斬,仍罰牲畜三九,餘免死,罰三九,俱給其人。所投之王貝勒等,若所投之人未定,則以一半給出首之人,餘入官。〇又定:王貝勒等有他處來投之人,於二日内將爲首之人速先解院。若過二日,王罰馬十匹,扎薩克貝勒貝子罰馬七匹,非扎薩克貝勒貝子罰馬五匹。〇順治五年題准:外藩王貝勒等所屬人有圖來内地者,一槩發還。〇又題准:自喀爾喀來投者如係漢人,俱交户部。〇康熙五年題准:自他處來投之人至各斥堠者,斥堠人即送於所投王貝勒等處。〇七年題准:喀爾喀台吉等或率所屬,或單身來投者,其安插之地在内在外,一槩請旨;如庶人來投者,撥給内王貝勒貝子公大臣等撫養。〇又題准:漢籍蒙古王等及官員未給人口者,親王給三十名,郡王二十五名,貝勒二十名,貝子十五名,鎮國公十二名,輔國公民公十名,鎮國將軍和碩額駙侯伯一品官各八名,輔國將軍多羅額駙二品官各六名,奉國將軍固山額駙參領一等侍衛侍讀學士郎中各四名,員外郎等官各二名,給過者不再給,遷改者照品秩補給。〇八年題准:自喀爾喀來投蒙古,如係來尋兄弟親戚者,問實即令完聚,不給賞;如欲居内地來投者,分别給賞,撥給缺丁之旗。〇十年題准:自喀爾喀來投之人,不許收留。〇十三年題准:官員擅殺來投人者,爲首一人絞,餘革職,罰三九牲畜。〇十四年題准:調來兵丁逃回者,鞭一百,給旗内爲奴;如係家奴,鞭一百,交還其主。

賓客清吏司

四十九旗自王而降,歲時至闕下者使之分年相代,免其勞頓也,給之芻粟,恤其匱乏也。

〔朝集〕

國初定:外藩王貝勒等年節皆朝服,望闕行三跪九叩頭禮。〇順治五年定:年節來朝王貝勒貝子等來往,自喀喇沁塔以内地方,不許圍獵。〇又題准:外藩王等來時隨從人員,親王准帶五十人,郡王四十五人,貝勒四十人,貝子三十五人,鎮國公輔國公各三十人,台吉大臣等各十人,額外者不支食物草料。〇六年題准:外藩王貝勒貝子公台吉大臣等年節來朝,限於十二月十五日以後,二十五日以前齊至。〇八年題准:年節王貝勒貝子公等，令分兩班循環來朝。〇十年題准：外藩王等來時，親王及隨從人馬十五匹，郡王及從人馬十匹，貝勒及從人馬八匹，貝子固倫額駙等及從人馬六匹，公和碩額駙多羅額駙等及從人馬四匹，公主之子及從人馬三匹，台吉等及從人馬二匹，若台吉等隨其王貝勒來者，止許本身馬一匹。固倫公主視親王，郡主視郡王，縣主視貝勒，郡君視貝子，縣君視公。都統精奇尼哈番以下，拖沙喇哈番以上，各本身馬一匹。俱行文户部支給草料，此外馬駝交禮部飼養。〇又題准：外藩親王在内親王下，郡王在内郡王下，貝勒在内貝勒下，貝子在内貝子下，公在内公下接坐，如在一處，或分左右翼，各照爵次坐。〇十四年題准：外藩固倫公主、親王以下，縣君、公以上，或以朝貢或以嫁娶及探親等事欲來者，俱報院請旨，不許私來。〇十五年題准：外藩王貝勒貝子公等已故，其承襲之子年未至十八，免其年節來朝，至十八歲始令入班。〇十六年題准：台吉等有願入内隨侍者，本院具題，交與侍衛内大臣。〇十八年題准：公主郡主等與額附同來隨從人員，照來數俱支給食物草料。若額駙等自來，固倫額駙四十人，和碩額駙三十人，多羅額駙、公主之子二十人，固山額駙十五人，餘人不准支給食物草料。〇又題准：年節來朝，或進雜貢或會集坐次，一二等台吉後精奇尼哈番，其次爲三等台吉，又其次爲都統，又其次爲四等台吉、副都統，又其次爲參領、佐領，其阿思哈尼哈番以下、拖沙拉哈番以上，各照品級分别敘坐。〇康熙元年題准：每年元旦令歸化城、土默特二都統輪一人來朝，四副都統輪流同來。〇五年諭："一二等台吉坐於内大臣之下。"〇二十六年題准：科爾沁十旗王以下、台吉等以上請安進貢，今年停其在皇城内撥房，安頓於會同館内。〇又議定：外藩蒙古王貝子公等祭祀不齋戒，朝會不齊集者，罰俸六個月。〇二十九年覆准：喀爾喀土謝圖汗之子坐貝勒下，車臣汗之弟坐公下，餘台吉坐内大臣下，著爲例。〇三十三年覆准：内外館居住蒙古賓客，原派理藩院、光禄寺官員、筆帖式各二員驗看，給發各物，户部、禮部、工部止派官員、筆帖式各一員，以一人兩處驗給，實難周徧。嗣後户部工部加派旗員、筆帖式各二員，分行内外館，遇賓客到日，各項應給之物照數速發，所給草束照穀草七觔之數，若有短少，將專管官員筆帖式及承發人等一併題參。〇又覆准：外藩王等隨來兵丁絡繹不絶，著按各旗台吉、塔布囊、參領、驍騎校内揀選一人爲首領監管，倘有搶掠盜竊事發一并議處，並行文各扎薩克，嗣後凡無貢物空身來者，停其給發印文。今來人盈至萬餘，會同館已滿，俱令沿皇城根居住，派理藩院官員一員巡察,令提督管理。○五十九年題准:年例朝覲外藩五十旗,定例爲兩班,其喀爾喀扎薩克等亦經具題爲四班。今將班次通行曉諭應來之王、貝勒、貝子、公、台吉、塔布囊等,令其照常朝集,若有事故,令伊協理旗務台吉、塔布囊各一員前來,或台吉塔布囊亦有公事及患病等情,即派遣本旗内大台吉、塔布囊各一員,仍將失誤情由用印文呈明,送部查核。如並無事務托故不朝者,事發將該管扎薩克等一並題參治罪。○雍正四年諭:"向來四十九旗王台吉派爲兩班來往京城,本家即有要務或身抱疾疴,亦必前來,交春始回本地,明歲冬季又復該班,日期既近,冬寒往返勞苦,深可軫念。伊等内有願請朕安者,當於草青時照常前來,其年例應分爲三班,二年一次,俾伊等得以休息。"

〔貢獻〕

國初定:外藩蒙古每年四季,每旗遣一人來聽事。○康熙四年題准:除公主郡主等外王以下、扎薩克台吉以上以進貢來者,不必題請,即准其來。○又題准:歸化城、土默特亦於每年四季各旗遣一人來聽事。○十三年題准:年節科爾沁十旗共進十二九羊一百八隻、乳酒一百八瓶,鄂爾多斯六旗、吴喇忒三旗共進九九羊八十一隻、乳酒八十一瓶,餘二十五旗、二旗共進三九羊二十七隻、乳酒二十七瓶,由院查收,交與禮部。○又題准:台吉塔布囊等年老有疾不能親來,遣使進貢者准,年壯無疾遣使者不准。○二十三年題准:年節阿霸哈、那爾二旗,喀爾喀一旗共進三九羊二十七隻、乳酒二十七瓶,由院查收,交與禮部。○二十四年題准:外藩年節進貢,每旗止進羊各一隻、乳酒各一瓶,交與禮部。○二十九年諭:科爾沁王台吉並王妃夫人等所進湯羊,照歷年定例進貢,殊屬太多,嗣後進羊勿得過二三隻。○四十一年,科爾沁旗分塔布囊等之妻進貢湯羊。奉旨:"蒙古進羊亦非容易,嗣後進納皇太后前者照常入貢,進於朕前者著停止。"

〔宴賚〕

國初定:賞外藩王貝勒等,俱在理藩院頒給。○順治十一年題准:年節來朝外藩王貝勒等,賞物皆於午門外頒給。○十四年題准:來朝王等各賞鞍馬一匹。○十八年題准:外藩蒙古以私事來者,不給賞,止給行糧。○康熙元年題准:年節來朝王等俱不賞馬。○九年題准:年節來朝歸化城、土默特都統等各賞三等漆鞍一副、緞七匹、茶葉一簍。○十一年題准:外藩王貝勒貝子公以事至京病故者,交與禮部議恤。○十三年題准:賞年節來朝王貝勒貝子公台吉塔布囊等親王,雕鞍一副、銀茶桶茶盆各一個、緞三十六疋、茶五簍，郡王，雕鞍一副、銀茶桶一個、緞二十九疋、茶四簍，貝勒，雕鞍一副、銀茶桶一個、緞二十二疋、茶三簍，貝子，漆鞍一副、銀茶盆一個、緞十四疋、茶二簍，鎮國公輔國公，漆鞍一副、銀茶盆一個、緞十疋、茶二簍，一二等台吉塔布囊，漆鞍一副、緞七疋、茶一簍，三四等台吉塔布囊，漆鞍一副、緞五疋、茶一簍，此外科爾沁土謝圖親王、卓禮克圖親王、達爾漢巴圖魯親王，加賞甲一副、緞八疋，扎薩克圖郡王，加賞銀茶盆一個、緞六疋。○十五年論："令進貢副都統、長史等，皆入内賜食。"○五十四年覆准：賞年例來朝王貝勒貝子公台吉塔布囊等緞疋雕鞍銀桶銀盆茶葉等物，各照價值給與銀兩，其有加賞盔甲緞疋者，亦按數加賞銀兩。○又覆准：賞年例來朝喀爾喀親王視蒙古郡王例，郡王貝勒視貝子例，貝子公台吉塔布囊等各視其品級爲差等，所賞緞疋雕鞍銀桶銀盆茶葉等物，嗣後各照價值，由户部折給銀兩。○又覆准：虎枯諾爾喇藏汗、厄魯特、鄂爾多斯等外藩之人請安進貢，照伊使品級賞給諸物，交與内務府武備院製造，俟起程時賞給。

大清會典卷之二百二十二

理藩院

柔遠清吏司

外藩四十九，比内八旗，至蒙古諸部、喇嘛、厄魯特、喀爾喀，視四十九旗爲外，國家溥柔懷之仁，所及者遠矣，本司專掌其事焉。

〔喇嘛〕

順治九年題准：後黄寺每歲正月初八日至十五日，集喇嘛班第誦經，凡需用物，俱由該部取給。○十年，給達賴喇嘛金册印。○又給厄魯特顧實罕金册印。○十四年題准：每旗各選三人學習湯古忒字義，給教習人六品俸。○又題准：京城設四扎薩克喇嘛，盛京西勒圖、庫倫、歸化城等處各設首領喇嘛，首領之下各設德木齊一名。○又題准：後黄寺每年誦經喇嘛班第定爲四百名。○又題准：喇嘛班第等爲人所召誦經治病，必向首領言明，限定日期，若私往及違限，或擅宿人家，或借端留婦女於廟者，照律治罪。除院册有名喇嘛外不許添設，外來私行喇嘛、班第等亦不得擅留，違者治罪。○十七年題准：歸化城喇嘛等有事往厄魯特喀爾喀處去者，俱具題請往，都統不時稽察，不許妄爲。厄魯特、喀爾喀往來人及喇嘛班第等不許擅留，違者治罪。○十八年，給喀爾喀丹津喇嘛勑印。○康熙元年題准：外藩蒙古察哈爾遊牧蒙古諸人，欲令家人爲喇嘛班第及留各處所來喇嘛班第，皆開寫數目，送院註册，違者治罪，凡隱喇嘛班第不載入册者，以隱丁論。○三年題准：盛京四塔各設首領喇嘛一員、格隆班第各十七名。○五年題准：喇嘛等使往達賴喇嘛處，擅帶彼處喇嘛班第來者，從重治罪。○六年題准：喇嘛格隆等許服金黄、鵝黄、大紅等色，班第等許服大紅色，餘人不許擅服,曾被上賜者,各色俱准服。若違禁服用者,大喇嘛罰牲畜一九,班第以下鞭一百。○十年題准:湯古忒處喇嘛,非奉旨不許輒來。○十一年題准:内王等取充後黄寺班第一百八名額缺,將默爾根綽爾濟額外册内有名班第頂補,若無額外册内有名班第,仍行禮部於各主下取人補充。逃走自歸者,革去班第,交還原主。○十三年,給喀爾喀扎薩克阿海代清台吉勅印。○十六年題准:扎薩克首領喇嘛給與印信,其餘喇嘛班第等,給與禁條度牒。盛京西勒圖、庫倫、歸化城首領喇嘛,亦給印信,部册有名喇嘛班第,給與度牒。外藩四十九旗,每旗各設首領喇嘛一員,給與度牒。○二十八年議准:喇嘛庫土克圖咨送班第十名,准照後黄寺班第例,三年給衣一套,每月給與米肉茶油等物。○又覆准:番經場太監,除年五十以上、七十以下者仍准容留外,年少太監永行裁革。其廟撥學誦經典格隆班第等二十名居住,揀選一名爲首領,俱令隆善寺大喇嘛管理,錢米衣服等項,照妙應寺例賞給。○三十二年覆准:達賴喇嘛自伊祖顧實罕以來,敬謹納貢,今達賴喇嘛復來進貢,給與勅書。○四十二年,扎薩克大喇嘛奏請原籍鞏昌洮州衛所屬卓鼐克忒廟改建大寺,以便集衆誦經,其廟東有官地每年交糧六石者,懇祈恩賜。奉旨:以民田展脩廟宇,有關民生,嗣後凡脩廟礙民房地者,著永行停止。○四十八年諭:“喇嘛每説念經可救生靈,凡爲爾等念經殺牲供食者,豈非生靈?爾等若能不食,並傳内外寺廟衆喇嘛俱照此例,一年可活二三十萬生靈,如此乃合喇嘛之道。爾等會議具奏。”京城喇嘛、張家庫土克圖阿王、巴爾柱爾庫土克圖阿王、扎木素格隆等遵旨議准:嗣後凡進内廷念經及佛生日朔望等日,與凡往人家念經,俱停止食肉,傳知盛京、五臺山、歸化城、察哈爾、八旗、西安等處衆寺廟住持喇嘛一體遵行。○五十一年諭:“聞鄂爾多斯六旗、阿木島及桑額斯巴等處行劣之喇嘛甚多,欺誘蒙古,侵占産業,該王台吉等供養伊等行邪左道,不念下人窮苦。差大臣二員往查,將此等喇嘛緝拏至京,發給江南杭州等處駐防兵爲奴。即用六旗窮人緝拏,如能拏獲,將所拏喇嘛牲畜賞給窮人。恐喇嘛聞知逃進口内,著理藩院知會寧夏横城等處,有出入邊口者,即令拏獲,交與往查官員。”○六十年覆准:京城喇嘛自扎薩克大喇嘛以下,格蘇爾班第以上,共九百三十八名,每日應給茶油鹽柴麵煤炭等項,以各物時價折算,一年共銀一萬三千一百七十五兩有奇,移咨户部照前給衣服折銀之例,每兩扣銀一錢,每十兩扣銀一兩,按小建閏月增減給與。○六十一年議准:喇嘛諷經時設立大格斯奎,四人爲主,規秩比副首領。○雍正元年議准：裹野烏齊喇嘛阿王查布陳勒庫土克圖，給與封號勅印。○三年題准：洮岷地方阿木島喇嘛等，以治病消災爲名，誆騙蒙古，行文該扎薩克嚴查。如果治病有益者，該扎薩克保留，其餘一槩逐回原籍。嗣後若有隱藏事發，將扎薩克一併議處。

〔朝貢〕

國初定：歸化城、土默特二旗每年四季貢馬一百匹、緞一百疋。○又定：給有信牌使人，邊外得乘驛馬，宿處准給食物。不給食物者，罰牛一頭，不給驛馬，罰牲畜三九，故意驚散馬羣者，罰一九。無信牌冒索驛馬食物者，拏送本院治罪。扎薩克貝勒貝子公等宿處不給食物者，罰牛一頭，非扎薩克貝勒等擅支食物者，罰馬一匹。○順治二年題准：歸化城、土默特二旗四季貢馬一百六十三匹，免貢緞疋。○十二年題准：喀爾喀八扎薩克每年進貢白駝各一匹、白馬各八匹，照例各賞給銀茶桶、茶盆、蟒緞、緞布等物。○十三年題准：厄魯特達賴汗等使人還者，給驛馬二十五匹、馬車十二輛，其帶來馬駝每宿處給與草料，至西寧止。○十四年題准：歸化城二旗，每年進石青二千觔。○康熙七年題准：喀爾喀進貢之使與厄魯特之使同來，令厄魯特之使首坐，喀爾喀等使接坐，其次令鄂爾多斯之使坐，台吉等之使來，令各按旗坐。○八年題准：厄魯特喀爾喀進貢之人經由何旗斥堠，該旗斥堠官領催兵丁等即爲護送，轉交相接之旗至張家口，俟院遣往接官員交訖准回，違者治罪。若途中强行換買馬駝者，護送官兵拏送本院治罪。○十七年題准：外藩各旗庶人冒稱台吉進貢者，鞭一百，罰三九；驍騎校冒稱佐領進貢者，革職，罰三九；同來台吉知情冒賞者，革去台吉、罰五九。○二十年題准：厄魯特、喀爾喀來使，不令同日行禮。○又題准：厄魯特、喀爾喀來使遇萬壽元旦冬至，令厄魯特在右翼，喀爾喀在左翼行禮。○又題准：凡冒取出邊信票往接厄魯特喀爾喀等處之人，誆取進貢物件，或將貢物沿途貨買，及進館後進貢未畢，先自貨買而擅爲通事者，係旗下人枷號三個月、鞭一百，其家主係官，罰俸六個月；係庶人鞭八十，佐領驍騎校罰俸三個月，領催鞭五十；係民枷號三個月，責四十板，該管官罰俸三個月，總甲責二十板。護送官及看館官失於緝獲，各罰俸三個月，領催兵丁各鞭五十。進貢事畢後，本院派出官員筆帖式監視貿易，其有洩漏內事者，照光棍例治罪。○二十一年題准：厄魯特喀爾喀等人謝恩，不得過二百人，若來者衆多，分爲數次。○二十二年題准：厄魯特噶爾丹進貢使臣，有印憑者許進內，其噶爾瑪等四台吉使人，無印憑亦准進內，皆不得過二百人，餘者令在張家口、歸化城貿易。○二十八年題准：聖駕巡幸後，行文張家口總管，如遇喀爾喀小台吉使臣等，照常放入。其扎薩克諾顏大台吉等，不必令其前來，或有所賫奏，亦待稟報到院之日行文前去，照驗放進。○又諭："喀爾喀具題前來之使，嗣後著張家口駐防官員帶進。"○三十二年覆准：達賴喇嘛歷年來使從人多至數百名，嗣後使人至西寧關口時，令西寧總兵官查明人數，註册報部。其本處差往喇嘛人役亦應裁減，倘有隱瞞數目多帶人來往者治罪。○又覆准：鄂羅斯、察汗漢奏文與外國奏文式不合，貢物奏文一併發回。伊國地遠，不知中國事例，將奏文不合式處明白教諭來使，引見時照常恩賜，其帶來貨物仍令如前貿易。鄂羅斯自請定邊界後，來使不絶，與往年不同，凡奏文納貢行禮謝恩等儀，俱定例永遠遵行。嗣後察汗漢奏文，先著黑龍江將軍開看，若有不合式處，即自邊地發回，驗明合式，方令入奏。到京奏聞之時，令來使於午門前跪捧置黄案上，行三跪九叩頭禮。凡遇年節冬至與各喜慶陞殿日期，令鄂羅斯人在衆官後行禮，首領使人坐諸執事後，其有頂帶人俱令坐鑲藍旗之末，賜茶及引見賜食時，令行三跪九叩頭禮，將首領使人坐頭等侍衛前、内大臣後，其餘有頂帶人俱令坐頭等侍衛後。此行禮之處令一通使傳達言語，立於贊禮官傍，至食畢，令行一跪三叩頭禮退，永著爲例。○三十四年諭："土默特効力甚苦，嗣後馬鹿雀鷹等貢，永行停止。"○三十五年，厄魯特台吉、策妄阿喇布坦來使所帶販貨人等九十六名。奉旨：准其帶至甘州貿易，著地方官員看守，勿致爭競，嗣後策妄阿喇布坦來使，許帶三百名來京貿易。○四十三年議准：外藩五十旗分台吉等，一年一次進貢外，如有情願來貢者，准其進貢。該扎薩克將台吉等職名貢物開載印文，進口時該旗員查明人數貢物，亦用印文差緑旗步兵賫送，其扎薩克印交查館官員詳勘呈部，令照進貢例安插。○五十六年覆准：行文邊口官員，外藩台吉等進貢人入口時，查明貢物，即用印文交步兵賫送，不得遲延勒索，如違，交該部嚴究議罪。○雍正元年議准：土魯番愛西拉拉伯克土克圖遣使進貢，著伊使臣隨蒙古王台吉等引見。王台吉行禮畢，另爲一班行禮。○又議准：元旦，策妄阿拉布坦來使在朝鮮國來使後，第三班行禮。

〔賞給〕

國初定：凡喀爾喀厄魯特汗台吉喇嘛等卒，遣大臣侍衛及本院官員往祭。○又定：賞歸化城進貢官員裘帽、帶靴、弓箭、鞍轡、銀兩。○順治十年題准：喀爾喀投誠人封親王郡王公者，賞裘帽、帶靴、盔甲、弓箭、鞍馬、緞布、皮張、銀器有差,隨從大臣亦分别給賞有差。〇十四年題准:後黄寺誦經喇嘛,每年賞銀一千兩,由户部取給。〇十八年題准:來投喀爾喀人遣還時,按時給與衣帽靴襪等物,冬時添狐皮端罩,無馬者給馬一匹。〇康熙四年題准:喀爾喀投誠人封貝勒貝子及一二三四等台吉者,各賞裘帽、帶靴、盔甲、弓箭、鞍馬、緞布、皮張、銀器有差,隨從人員亦分别給賞有差。〇七年題准:投誠人觀其較射分爲四等,賞給人口、衣帽、帶靴及房地、器皿、牛馬、鞍轡有差。〇三十年題准:飛呀哈畢席克圖屯頭目厄席爾、滚博穆都屯頭目闖奇努歸順進貢,照例賞末等蟒緞披領袍各一件。〇又覆准:喀爾喀多羅貝勒初次請安進貢,賞給漆鞍馬一匹,銀茶盆一個,狐皮裏蟒袍一件,染貂帽一頂,鍍金鞓帶連小刀、手帕、荷包一副,頭等斜皮淨面靴及緞襪各一雙,緞十五疋,毛青布一百五十疋。〇三十一年諭:"喀爾喀王貝勒貝子公台吉等初次進京引見者,仍照原賞喀爾喀例賞給,其後再來者,俱照四十九旗例賞給,著理藩院存案爲例遵行。"〇三十三年題准:喀爾喀和托呼特之根敦代青初次請安進貢,照三十年賞多羅貝勒例賞給。〇又,喀爾喀王等與四十九旗年例朝覲。奉旨:凡來請安適逢元旦者,王、貝勒、貝子、公、台吉等俱著一例賞給。〇五十二年覆准:休窩姓波卓泥玲佳努克貧姓戚平阿恩多姓松結達等納貢貂皮,照例將此四名頭目各賞末等蟒緞披領袍一件。〇雍正元年諭:"策妄阿拉布坦來使布債等,各賞緞四疋藍布二十四疋,從人各賞彭緞二疋、藍布八疋。"〇又諭:"郭爾羅斯乏食,白都納倉糧頗多,即將此米散賑。但止給與米糧餬口,並無産業,何以爲生?向者給産業買牲餼之事,俱派富户,富户苟且塞責,所給蒙古之物浮報數倍,蒙古並不得實惠。科爾沁一旗與其他蒙古不同,太祖高皇帝時首先臣服,且爲朕皇曾祖妣孝莊文皇后、皇祖妣孝惠章皇后之母家,世爲國戚,恪恭巽順,歷今百有餘年。今聞伊屬下之人乏食,朕心軫惻,著即動用正項錢糧三萬兩往賑,再派出大臣一員、司官一員往郭爾羅斯旗下,將實在窮苦並無牲餼之人查明數目,按伊户口足用之數,給與乳牛羊隻。"〇五年諭:"聞索倫、達虎里等處兩年馬匹牲餼多有倒斃,豐歉不一,兵丁生計稍艱,著動户部庫銀五千兩,交總管副都統與將軍公同商酌,養育索倫窮苦之人及賞給效力兵丁。"〇又諭:"今年口外蒙古地方雖然豐收,但科爾沁、敖漢等十六處扎薩克地方聞得收穫未甚豐盛,此等旗分宜加特恩。科爾沁地方五旗,著賞銀三千兩。此項銀兩著交與現今在京科爾沁王等帶去,將科爾沁土謝圖親王等處五旗未能豐收者查明賞給。敖漢等十一處扎薩克地方,著賞銀六千兩。此項銀兩爾衙門可派司官二員分兩路帶去,會同各處扎薩克,將未能豐收者查明賞給。”

理刑清吏司

國家之待外藩也,立制分條,期於寬簡,不易其俗,而歸於仁厚,功令如左。

〔刑例〕

國初定:邊内人在邊外犯罪,照内律,邊外人在邊内犯罪,照外律,八旗遊牧、蒙古、蘇魯克人等,俱照外律治罪。〇又定:凡罰以九論者,馬二匹、犍牛二頭、乳牛二頭、犙牛二頭、犙牛一頭,以五論者,犍牛一頭、乳牛一頭、犙牛一頭、犙牛二頭。〇又定:凡王等審理已決之事復行控告,覆審無冤抑者,罰告人一九,扎薩克貝勒貝子公等所審者,罰告人一五,官員所審者,罰告人馬一匹。〇又定:凡罪已審結,本人不告,旁人代訴,罰馬一匹給原審人。〇又定:有罪應罰牲畜而言無有者,三九以上,擇令旗内大臣立誓,一九以下,擇令佐領内立誓。〇又定:民家結婚聘禮,准給馬五匹、牛五頭、羊五十隻,踰數多給者入官,聘定後壻故,准取還聘禮,女故者,取還聘禮之半,聘定之女壻憎嫌不娶者,不准取聘禮。〇又定:庶人在王前明出惡言者,罰給三九,扎薩克貝勒貝子公等,罰給二九,台吉,罰給一九,雖非面言而審實者,一例治罪。詬罵大臣者,罰給一九,副都統,罰給七頭,參領,罰給五頭,佐領,罰給三頭。〇又定:扎薩克王等所遣人貝勒等擅責,罰三九,庶人擅責,罰一九。〇又定:外藩蒙古買人出邊,永行停止。〇又定:歸化城二旗,不許賣漢人男婦子女與未降外國。〇又定:外藩蒙古以他日爲歲朝者,係王罰一九,扎薩克貝勒貝子公等罰七頭,台吉等罰五頭,庶人罰馬一匹,給出首人。〇又定:不設十家長者,王罰馬十匹,扎薩克貝勒貝子公等罰馬七匹,台吉罰馬五匹。〇順治四年題准:科爾沁十旗違禁遣人向黑龍江等處買貂皮者,係王罰九九,扎薩克貝勒等罰七九,台吉罰五九,往貿易人爲首者斬,餘各罰三九,攜帶之貲入官,迎往貿易者,槩罰三九,貲亦入官。〇八年題准:外藩蒙古人有訟,赴各管旗王貝勒等處伸告,若審理不結,令會同會審旗分之王貝勒等審仍不結,王等遣送赴院,如未在王等處伸告、越次赴院者,一槩發回。〇十四年題准:休妻者,妻帶來之物見在者,一槩給還。〇十五年題准:外藩蒙古人身歿無子者,令其兄弟承受家產。舊給該管主,今不准。〇十八年題准:外藩蒙古人身殁無嗣者，生前曾將族中兄弟之子具保，向各扎薩克王貝勒貝子公等言明撫養者，准其承受家産；若抱養棄子他姓之子、家奴之子者，不准承受家産；生前未立嗣者，家産令近族承受；無族中兄弟之子、生前在王貝勒等處稟明將異姓之子撫養者，亦准承受家産；身殁後見有同姓人而其妻撫養他姓者，不准；如撫養妾生子爲子者，其生子之妾不得嫁賣，如嫁賣不准爲子；無近族亦無他姓養子，其家産給該管王貝勒貝子公台吉等。〇康熙元年題准：擬定死罪監候秋後犯人，照刑部例會同九卿議奏。〇九年題准：凡已結事件稱有冤枉者，仍赴本院告理，又稱冤枉，許赴通政司鼓廳告理。〇十三年題准：庶人在非扎薩克貝勒貝子公台吉塔布囊前明出惡言者，照扎薩克例罰給牲畜。〇又題准：喀爾喀厄魯特湯古忒巴爾虎等處私遣人往貿易，遣人探親，出斥堠迎往貿易、招攬貿易者，係王罰馬一百匹，貝勒貝子公等罰馬七十匹，台吉等罰馬五十匹，都統副都統革職、罰五九，參領佐領革職、罰三九，驍騎校革職罰二九，其領催十家長鞭一百、罰一九，貲財入官；爲首貿易之人絞，籍其家，餘各鞭一百、罰三九，貲財入官；如斥堠人不行緝獲，被人首發者，官員革職，籍其家，兵丁鞭一百、罰三九，半入官，半給出首人，令赴願往旗分。〇又題准：非扎薩克貝勒貝子公台吉塔布囊等有罪，照扎薩克貝勒等一例議處。〇十四年題准：凡審定死罪犯人，扎薩克王貝勒等在附管扎薩克王貝勒等處説明審過處決，不與附管扎薩克王等説明審過處決，以私殺論，會集所審死罪人，即於會集處處決。〇十五年題准：凡死罪，不令王貝勒貝子公額駙立誓，於本旗内擇令台吉塔布囊立誓，若立誓准死罪人，以九九馬匹贖。〇十八年題准：台吉等擅與喀爾喀厄魯特人婚姻來往者，革去爵級，不准承襲，所屬人全給其近族兄弟，除妻子外家産牲畜俱入官；所屬人隨往者，各鞭一百、罰三九，將所屬人女遣令隨嫁；女父不向扎薩克王貝勒處説明者，鞭一百，所遣送嫁屬人不自説明者，亦鞭一百；失於覺察之斥堠官員革職，籍其家，兵丁鞭一百、罰三九；若將所遣送嫁人誤以爲逃人解院者，扎薩克王等罰五九。〇二十二年題准：凡外藩蒙古人誘賣内地人及買爲妻妾奴僕者，爲首人擬絞，解院送刑部監候，秋後處決，爲從人鞭一百、罰三九，止一人者，以爲首論；誘賣蒙古人及買爲妻妾奴僕者，爲首人立絞，餘照前例，串誘買賣者，鞭一百、罰三九，被誘人鞭一百。〇二十四年題准：喀爾喀進貢人違禁有罪者，大事照内例治罪，小事行文該扎薩克處，令送所罰牲畜。〇二十六年題准：旗分貝子於行大禮處失儀，酌議罰馬五十匹。〇又議准：食俸蒙古王貝子公官員等凡治罪者，停罰牲畜，照伊所坐之罪罰俸，永遠爲例。○又題准：王以下至閑散人等違禁與喀爾喀、厄魯特、湯古特、巴爾虎等貿易結親，照定例治罪，其四十九旗協理旗務人等及歸化城二旗都統等至閑散人等，量其品級治罪，歸化城都統、副都統、管理索倫總管等各罰馬五十匹，副總管等各罰五九，牲畜盡行入官，佐領以下至小領催等十家長有亂行者，俱照治外藩蒙古例治罪。○二十七年議准：喀爾喀入克西克騰哨地奪人財物，其奪物人該台吉查明，追贓議處，其疎曠哨地之驍騎校革職、鞭一百，罰牲畜三九入官，兵丁各鞭一百。○二十八年議准：喀爾喀台吉從人在庫爾奇勒地方違禁放鎗游獵，將該台吉罰牲畜五九入官，放鎗人鞭八十。○三十一年覆准：喀爾喀等人衆事繁，當使各知法度，亦照傳諭四十九旗例，每扎薩克各給律書一部。○三十三年覆准：山海關外科爾沁、土默特等旗凡偷盜爭奪等事，舊例俱由盛京刑部行文，著理藩院會審，往返定議，方得完結，凡干連人等，守候往來，遲延日月，寒暑疾疫爲患，嗣後揀放應陞蒙古旗員一員、筆帖式二員，往盛京居住，除係人命要事確審取供，咨部具題外，一應小事即會同盛京刑部審結，其有口外扎薩克會審并與該將軍會審之事，俱令一併審結，不致遲延。○雍正二年議准：蒙古人告狀，必列姓名方與准理，若誣告者，原告及見証罰三九。

〔人命〕

國初定：外藩蒙古王等故殺仇殺死各屬下人及家奴，罰馬四十匹，貝勒貝子公等，罰馬三十匹，台吉等，罰三九，給死者親屬，旗内聽所欲往。若無仇隙誤傷致死者，首明情由，將所罰入官，死者親屬不准開出。○又定：射砍家奴或割截耳鼻者，王等罰牲畜五九，扎薩克貝勒貝子公等，罰四九，台吉等罰三九，庶人罰一九。○又定：外藩蒙古鬬毆傷人致成殘疾者，罰牲畜三九，得愈者，罰一九，傷孕婦致胎墜者，罰一九，打損人牙齒者，罰一九，斷人髮及帽纓者，罰五頭，用拳及鞭桿打人者，罰五頭，互打者無罪。○又定：燻野獸穴以致失火者，罰一九給見証人，延燒致人死者，罰三九給死者之家，餘誤失火者，罰牲畜五頭給見証人，延燒致人死者，罰一九給死者之家，延燒死牲畜者，照數賠償。○又定：射砍人牲畜致死者，如數賠償外，罰一九，係馬加倍償與，不致死，罰犙牛。○順治十五年題准：夫故殺妻者，抵絞。○又題准：鬬毆傷重，五十日内死者，抵絞。○康熙五年題准：射砍家奴割截耳鼻致死者，以故殺仇殺論。○六年題准：家奴殺主者，凌遲。○十三年題准：官民人等失悞傷人致死，有人見証,承認者罰給三九,若無見証可疑者,擇令該旗内人立誓,若立誓,罰給三九,不立誓,抵絞。〇又題准:官民人等與妻鬭毆,誤傷致妻死者,罰三九給妻家,妻有過犯,不行首告,擅殺死者,罰三九入官。〇又題准:蒙古王貝勒等故殺仇殺謀殺他旗人者,除償人外,王罰馬一百匹,貝勒貝子公罰馬七十匹,台吉塔布囊罰馬五十匹,給死者妻子,係庶人抵斬,除妻子外家産牲畜亦給死者妻子。〇又題准:塔布囊等殺死屬下人及家奴者,照台吉例罰,係都統副都統,罰三九,參領佐領驍騎校,罰二九,庶人罰一九,俱給死者,妻子併其兄弟俱令出旗;誤傷致死者,向扎薩克處説明,若無仇隙,不准出旗,所罰入官。〇又題准:官民人等挾仇放火致人死者,係官絞,庶人斬,致死牲畜者,係官革職,庶人鞭一百,除妻子外家産牲畜悉給被害人之妻子。〇又題准:官員射砍家奴割截耳鼻者,罰二九,致死者,以故殺論。

〔賊盗〕

國初定:失去牲畜過三日,向附近扎薩克處稟明緝獲,若不稟明緝獲,每頭匹罰羊一隻,亡失牲畜冒稱已有者,罰三九,錯認取者,罰一九,因無失主隱匿者,罰一九,輒騎亡失牲畜者,罰一五。〇又定:亡失牲畜路人擅自收留者,以盗論。〇又定:出首盗賊可疑者,令盗賊立誓,不令出首人立誓。〇又定:窩隱盗賊者,王罰九九,扎薩克貝勒貝子公罰七九,台吉罰五九,台吉爲盗者罰七九,若事發不承認者,令其伯叔立誓,無伯叔,令其伯叔之子立誓。〇又定:夥隱盗賊不首者,王罰三九,扎薩克貝勒貝子公罰二九,台吉罰一九。〇又定:凡駝馬牛羊,一人盗者,不分主僕絞,二人盗,斬一人,三人盗,斬二人,衆人夥盗者,爲首二人斬,餘俱爲從,鞭一百、罰三九,家奴偷盗,鞭一百,追取所有,無可追者,於其主名下加倍追取,籍没爲首人妻子家産牲畜,併爲從人所罰牲畜,俱給失主。〇又定:凡偷盗駝馬牛羊情有可疑者,令立誓,若立誓,免其罪,不立誓,照前例治罪,其妻子家奴免籍没,追取所有牲畜,併向該管主罰一九,牲畜給與失主。〇又定:賊已發覺,王等不行拏解以致疎脱者,以窩盗論。〇又定:盗財物者除照數賠償外,所盗財物值犙牛以上價,罰三九,值羊價罰一九,以下罰犋牛一頭。〇又定:盗賊未至十歲者,不以盗論。〇康熙元年題准:台吉官員等攜家擅出斥堠遊牧及窩隱偷盗喀爾喀馬匹賊人,擅責喀爾喀人劫奪馬匹什物者,革職,家産籍没,從往人各鞭一百,斥堠官員革職、罰三九,兵丁鞭一百,都統等官不知情者免議,所没家産及罰物給喀爾喀失主,其妻子不准給，取贖價與之。〇二年題准：死犯逃脱者，收管官員罰三九，驍騎校革職、罰二九，領催鞭一百，兵丁鞭八十；若脱逃不係死犯者，官員罰二九，驍騎校罰一九，領催鞭八十，兵丁鞭五十。逃犯若被旁人捉獲，即以所罰給捉獲人，如無捉獲人，給扎薩克王貝勒等。〇四年題准：外藩蒙古各旗佐領下有爲盗者，罰該佐領二九，驍騎校一九，領催七頭，十家長鞭一百，罰一九；一佐領下有盗二次者，佐領革職、罰二九，驍騎校革職、罰一九，領催鞭一百、罰一九，十家長鞭一百，家産籍没；一參領下有盗三次者，參領罰三九；一旗下有盗三次者，管旗王、貝勒、貝子、公等各罰五九，都統、副都統各罰三九，所屬人偷盗者，該王、貝勒、貝子、公、台吉、塔布囊各罰三九，庶人家奴偷盗者，罰其主一九，王以下若能嚴查所屬，將爲盗人拏解者，免罪，仍給所罰之半，若失於稽查被他旗人拏獲者，都統以下所罰併給之，王等所罰入官；八旗遊牧蒙古察哈爾人爲盗被獲二次者，該管官罰三九，副管官、佐領各罰二九，驍騎校、領催、十家長等照外藩蒙古治罪，蘇魯克人爲盗，其頭目亦照佐領治罪，盗賊或被失主捉獲，或被旁人捉獲，即送該扎薩克王貝勒貝子公官員處，王等即撥人，併失主、捉獲人解院。〇五年題准：衆人爲夥盗劫喀爾喀馬匹等物者，除照例治罪、如數賠還外，共罰給一九，所餘家産妻子入官；若喀爾喀人將失物多捏謊報，令其爲首人立誓，若立誓，照數賠給，不立誓，止照見在之數賠給；若喀爾喀人爲夥盗劫内地馬匹等物者，爲首一人斬，二人斬一人，餘各鞭一百，罰該管主一九，移文令其送至。〇六年題准：捉獲盗賊不解院，私議完結者，以盗論，所罰物給出首人，管旗王以下至十家長，一併從重治罪。〇十三年題准：凡明行搶劫者，係王罰馬一百匹，貝勒貝子公罰馬七十匹，台吉塔布囊罰馬五十匹，行刦殺人者罰馬外，頂替賠人，以兵器傷人致成殘疾者，罰馬外仍以身價之半給二九，官民人行刦殺人傷人者，不分首從倶斬，妻子家産籍没，不曾殺人傷人者，爲首二人絞，妻子家産籍没，爲從者，各鞭一百、罰三九，若止一人，鞭一百，籍没家産，免其妻子，二三人者，以一人爲首，餘爲從，所罰没倶給失主。〇又題准：台吉等親身爲盗者，革去爵級，追取所屬人，免没家産。〇又題准：發掘王貝勒貝子公等墓者，爲首一人斬，妻子家産籍没，餘各鞭一百、罰三九；發台吉塔布囊墓者，爲首一人絞，餘各鞭一百、罰二九；發官員墓者，爲首一人，鞭一百、罰三九，餘各鞭一百、罰一九；發庶人墓者，爲首一人鞭一百、罰一九，餘各鞭八十、罰一九，罰没家産，牲畜倶給墓主。〇又題准：劫奪死罪犯人者，不分首從倶斬，劫奪罪不至死犯人者，爲首人罰三九,餘各罰一九。○十六年題准:在邊界禁地偷竊劫奪者被獲,管旗王貝勒等以下併該管主嚴行治罪,若不獲,治所入汛地該管旗王貝勒等罪,兼令賠償竊奪之物。○十七年題准:旁人捉獲盗馬賊者,所籍没家產牲畜以二分給之,一分給失主。○又題准:外藩蒙古王公主郡主等家人旗人偷向禁地採參者,爲首人斬,妻子家產牲畜併所獲俱入官,爲從者,鞭一百,家產牲畜併所獲入官,免其妻子籍没;公主郡主王以下台吉塔布囊以上遣家奴往者,各罰九九;都統以下,驍騎校以上遣家奴往者,俱革職;領催、十家長、另户之主遣家奴往者,鞭一百,革去領催、十家長,各罰一九,所遣家奴本身及妻子家產併牲畜所獲俱入官;遣另户人往者,管旗王以下,十家長以上俱照遣家奴例治罪;另户人及家奴偷採,該管人併各主不知者,俱鞭一百、罰三九,偷採參旁人首發者,其參入官,交户部折半價給出首人,私買賣者,係蒙古鞭一百、罰一九,内地人交刑部。○十九年題准:邊禁等地方劫盗者,巡察官兵緝拏時,如抗拒即斬,不曾抗拒被獲者,果係賊盗,俱斬,妻子家產牲畜籍没,給與失主;不係賊盗、其餘擾亂邊禁者,爲首一人絞,除妻子外家產牲畜籍没,餘各鞭一百、罰三九;内地人出禁地劫盗者,官兵拏獲,照内律治罪。如内外官兵失於覺察,或失主或旁人捉獲者,内地官革職、鞭一百折贖,外地官革職、罰三九,内外兵丁各鞭一百;盗賊之主知而不舉、被旁人出首者,以窩盗治罪,出首人令赴願往旗分,若出首情虚,係官革職、罰三九,庶人鞭一百、罰一九。○二十二年題准:外藩蒙古人入内地爲盗者事發,量賠所盗物,其妻子家產牲畜籍没,及所罰一併入官。○二十八年覆准:喀爾喀投誠人撥在哨地内居住,嚴禁所屬人等搶掠偷盗,犯者照律例正法,此外有先奉旨撥住哨地内之人,劫盗事覺亦照例治罪。○三十年,遣官五路,分查蒙古各旗佐領内貧人,奉旨:"前蒙古等處盗賊稀少,今乃日見奏聞,良由窮困所致。且彼攜妻挾子前來,若盡行收留,彼無遺類矣。彼首領沉湎於酒,不恤人民生死,朕邊口所積糧米屢賑貧人,俱已罄盡。今爾等往會同彼屬王貝勒等及耆老輩計議,作何長久營生,使貧人得所,不致邊上流亡,確議具奏。"遵旨覆准:衆蒙古王貝勒以下耆老十户長以上謹遵恩旨,嚴行曉諭各旗,嗣後俱擇好水草處遊牧,輕役減税,務求永遠營生之道。今先查明窮人,著本旗扎薩克及富户喇嘛等撫養,不足則衆旗公助,牛羊每貧台吉給牛三頭、羊十五隻,每貧民給牛二頭、羊十隻,俾各餧養孳育,永作生理,勿爲盗賊,亦不致流亡,取具衆旗承領養贍貧人數目印結,一併交理藩院存册。倘後有以貧窮告部者，照册將該管扎薩克議處，其假告貧窮者，從重治罪。○四十四年諭："聞蒙古緝盜，盜俱投喇嘛藏匿，嗣後喇嘛等如將罪犯容留，查出一體治罪，著爲例。"○又覆准：蒙古等野外遊牧，竝無墻垣，但倚牲畜爲生，地方盜賊屢有殘害，將旗員發往扎賴特旗，分與扎薩克等加意料理，如有盜賊，著嚴行查緝；又，蒙古半居綽爾河外，半居河内，相隔地方甚遠，無專委巡捕盜賊之員，嗣後於每翼派出官兵，按各翼形勢地方安置，令其嚴查。○又諭："此數年口外偷馬之事斷絶，今又有盜，殊屬可惡，將此從賊人等俱解進京城，給與大臣之家爲奴。"○又覆准：偷馬從賊仍留在外，必復爲賊，應將伊等本身妻子及正法首賊之妻子、在逃首賊之妻子俱解内務府，其疎脱賊之驍騎校，俱著帶至京城，當苦差行走。○又覆准：扎賴特旗分居住喀爾喀人爲盜，既經拏獲，即著差往稽查盜賊官員會同該扎薩克貝子等詳取口供，定議咨部。○五十一年諭："鄂爾多斯聞有盜賊，差大臣二員往會同扎薩克等嚴行察拏，審得實情，即在彼處正法，但審賊時須公正執中，不必因朕有嚴旨，行法過甚。"○雍正元年諭："偷盜一二牲餼，即將蒙古立絞，人命重大，嗣後應定擬絞監候之罪，爾等遵旨暫行一年，與往年盜案相較。若蒙古從此盜案漸少，則照此例行；倘蒙古無知，法輕易玩，而盜案比往年較多，則仍照原定之例擬罪。"

〔軍法〕

國初定：派令出兵規避者，王等罰馬一百匹，扎薩克貝勒貝子公罰馬七十匹，台吉罰馬五十匹；率全旗俱不往者，軍法按治；期約處一日不至者，王罰馬十匹，扎薩克貝勒貝子公罰馬七匹，台吉罰馬五匹；遲悞幾日者，按日罰取。○又定：出征將禁馬騎瘦者，王罰馬三十匹，扎薩克貝勒貝子公罰馬二十匹，台吉罰馬十匹。○又定：出征圍獵，各處不俟衆先回者，王罰馬十匹，扎薩克貝勒貝子公罰馬七匹，台吉罰馬五匹，隨從人罰取所騎馬。○又定：越境遊牧者，王罰馬十匹，扎薩克貝勒貝子公罰馬七匹，台吉罰馬五匹，庶人罰牛一頭。○又定：越己所分地界，另行遊牧者，王罰馬一百匹，扎薩克貝勒貝子公罰馬七十匹，台吉罰馬五十匹，庶人本身併家産俱罰給見証人。○又定：凡鄰旗有兵侵，而不全率所屬甲兵速集議征者，王罰馬一百匹，扎薩克貝勒貝子公罰馬七十匹，台吉罰馬五十匹。○順治三年題准：得出征人遺失馬駝各物及逃人者，俱收養送還，隱匿不送者，以盜論。○康熙五年題准：擅以甲胄弓矢兵器賣與喀爾喀厄魯特等及給親戚者，王罰馬一百匹，貝勒貝子公罰馬七十匹，台吉塔布囊罰馬五十四;若係庶人爲首者,絞,家産牲畜籍没;爲從者,各鞭一百、罰三九,半給出首人,半入官;出首其主者,許出户。蒙古人來京不向本院陳明,私買兵器帶往者,王等罰三九,台吉、塔布囊、都統、副都統、參領、佐領、護衛官員各罰一九,庶人鞭八十。○十三年題准:外藩王貝勒貝子公台吉塔布囊等遇敵交鋒,他旗敗遁,一旗王貝勒等力戰有裨於他旗者,將敗遁之旗一佐領人丁給與力戰之旗;他旗俱戰,一旗敗遁者,革去爵級爲庶人,將人丁盡給力戰之王等;若一旗内一半攻戰,一半敗遁,將敗遁王貝勒貝子公台吉塔布囊等革去爵級爲庶人,人丁盡給本旗力戰之人;如一旗内半旗無計前進,半旗攻戰敗遁,將敗遁王貝勒等革去爵級爲庶人,人丁盡給本旗無罪王貝勒貝子公台吉塔布囊等;其力戰之王貝勒貝子公台吉塔布囊等各賞給。若各旗未及准備,一旗王貝勒貝子公台吉塔布囊已得准備攻戰,視其功之大小、獲之多寡給賞。凡曠野攻戰,王貝勒貝子公大臣不按隊伍,輕入敵陣,或見敵兵單少,不行問明,擅自奔馳者,將所乘之馬并本次所獲人口入官。凡列陣攻戰時,須從容縱馬,各照對敵前進,若不照對敵前進,尾附他隊,或離本伍入他伍,或他隊俱進,立視不前者,各按所犯治罪。行兵之際有一二人離伍,搶掠被害者,將妻子入官,該管官治罪。失火者斬,不許拆毁廟宇,不許妄殺平人,抗拒者擊,投順者撫。其俘獲之人勿得剥取衣服,拆散夫婦,至不堪俘獲者,亦勿得傷害、剥取衣服。俘獲之人勿令看守馬匹。凡出征王貝勒等,務平定地方,救濟生民,嚴禁官兵,不許搶掠,不許陷害良民,平定之日陞賞,若縱兵搶掠,指良民爲賊,妄行殺戮者,從重治罪。與敵人相敵,正合戰時,有將落馬之人救出與馬騎者,係公以下、副都統以上,給馬十匹,參領阿達哈哈番以下,給馬六匹,庶人給馬二匹,俱於落馬人名下追給。○十五年題准:派出從征官員規避者,革職、罰三九,交於該管王等,仍令披甲,押赴軍前。○十九年題准:外藩蒙古四等台吉以上遣往管兵陣亡者,照都統例給陣亡優恤銀兩,陣亡中傷殘疾病故官兵賞恤等項銀兩,俱照内例給與。○雍正元年諭:"理藩院傳旨與追剿厄魯特之王貝勒貝子公台吉侍衛暨兵丁等,爾等一聞厄魯特潛遁,俱各親率兵丁奮力追剿,誅斬擒獲,無一漏網,甚屬可嘉。爾等皆因感戴聖祖皇帝仁恩,所以爲朕抒誠効力如此。況賊人無多,爾等尚且親率兵丁追剿,如遇大敵其必努力前驅,更不待言矣。爾等忠誠,朕已深悉,甚爲欣悦。凡効力之人,著查明具奏,朕將特加恩賚。將此諭旨繕寫,交與來京之護軍領催等賫回,通行傳諭。"○又諭:"綽木聘等逃遁本屬小事,蒙古人等凡遇之者,俱各不顧身命,努力追擒。伊等感激皇考覆育深恩,竭誠仰報。朕覽奏章,爲之墮淚,嘉歎不已。將此旨繕寫發與,令將効力人等查明具奏,毋使一人遺漏,朕將加以特恩。”

大清會典卷之二百二十三

都察院

都察院係正二品衙門，設滿漢左都御史、滿漢左副都御史、漢左僉都御史，其屬則有宗室内務府，滿洲、蒙古、漢軍、漢監察御史，分道稽察，内派京畿道四員，每城各二員，其餘在本衙門辦事，首領有滿漢經歷、滿都事等員。其沿革詳見《吏部・官制》。

〔風憲總例〕

都察院專掌風憲，以整綱肅紀爲職。凡政事得失，官方邪正，有關於國計民生之大利害者，皆得言之。今載其總例，而各以事類分列於後。天聰十年諭："凡有政事背謬，及貝勒大臣有驕肆慢上，貪酷不法，無禮妄行者，許都察院直言無隱，即所奏涉虚，亦不坐罪。倘知情蒙蔽，以誤國論。如盡心職業，秉公矢行，三年考滿，定加陞賞。"○崇德元年諭："都察院各官皆係朝廷諫諍之臣，朕躬如有不親政務，忠良失職，奸邪得位，有罪者録用，有功者降謫等事，爾等有所見聞，即行規諫。至於諸王貝勒大臣有曠廢職掌、耽酒色、好逸樂、取民財物、奪民婦女，或朝會輕慢、冠服不具，及以不適己意託病偷安、不朝參入署者，禮部稽察，若禮部徇情容隱，爾等察奏。或六部斷事偏謬，及事未審結，誑奏已結者，爾等亦稽察奏聞。凡人在部控告，未經審結，又赴告於爾衙門者，爾等公議，應奏者奏，不應奏者逐之。至爾衙門有受賄之弊，須互相防檢，若以私讐誣劾，定加爾罪，其餘所奏是者即爲允從，非者亦不加罪，并不令爾等與被劾之人質對。"○順治元年定：凡貪污枉法，暴戾殃民者，都察院指實糾參，其六部卿寺大小官員宜從公舉劾，賢者實稱其賢，内勿避親，外勿避讐，不肖者實指其不肖，勿徇私情，勿畏權勢，如黨同伐異，誣陷私讐者，必置重法。○九年諭："設立都察院，原爲有益於國家，凡宜言者言之。倘官員勤惰、政事修廢，遇有宜言之處，徇情不言，被旁人參論，雖悔無益，宜謹慎勉勵。欽哉。"〇又論："都察院爲朝廷耳目之官，上至諸王，下至諸臣，孰爲忠勤與否，及内外官員之勤惰、各衙門政事之修廢，皆令盡言。如滿漢各官有賢有否，督撫按各官有廉有貪，鎮守駐防各官有捍禦勤慎者，有擾害地方者，俱著分别察奏。其推舉銓用與黜革降罰，及内外各衙門條陳章奏，有從公起見者，有專恣徇私者，俱著明白糾駁。"〇十年題准：都察院職司糾劾，倘各衙門有保舉未當者，或有未與保舉之人心懷忿嫉，阻壞良法者，俱令糾參。〇十一年論："凡言官務在知無不言，言無不實，庶使僉壬屏跡，中外肅清。若緘默苟容，顛倒黑白，徇私報怨，明知奸惡庇護黨類，不肯糾參而誣陷良善，驅除異己，混淆國是者，定行重治。"〇又論："凡事關政治得失，民生休戚，大利大害，應興應革，切實可行者，言路各官俱宜悉心條奏，直言無隱，如果能抒誠有裨政事，朕自不靳懋賞。"〇十八年題准：都察院職專糾劾百司，辨明冤枉，及一應不公不法事。如本院堂官及各道監察御史有不公不法、曠廢職事、貪淫暴横者，令互相糾舉，毋得徇私容弊。其所糾舉，竝須明具實跡，奏請按問，有挾私妄奏者抵罪。〇康熙三十一年論："國家設立科道，本欲建言得失，近日不見一人條陳。大學士等可將科道等官傳集曉諭，俾各抒所見，陳奏勿隱。"〇又論："國家設立言官，職司耳目，一切吏治民生得失利弊，皆宜殫思極慮，據實直陳。近見滿漢科道官員建白甚少，殊非朕責望言路之意。嗣後應各矢公忠，研求時務，凡有可以裨益國家之事，悉據所見奏聞，以俟採擇，但不得懷挾私情，紛更定例，勦襲陳言，浮泛塞責。其有真知灼見應行糾劾者，即行參奏，亦不得暗受囑託，代人報復，苛責細事，希圖傾陷。"〇三十三年論："設立科道官員，特爲條奏政事。今觀都御史以至科道，條奏者甚少，國家應言之事頗多，嗣後各宜端其心術，以有益國家之事條奏。"〇三十六年論都察院："國家設立都御史及科道官員，以建白爲專責，所以達下情而袪壅蔽，職任至重，使言官果能奉法秉公，實心盡職，則閭閻疾苦咸得上聞，官吏貪邪皆可釐剔，故廣開言路爲圖治第一要務。近時言官條奏參劾，章疏寥寥，間有入告，而深切時政、從實直陳者甚少。此豈委任言路之初指乎？自今以後凡事關國計民生及吏治臧否，但有確見，即應指陳，其所言可行與否，裁酌自在朝廷，雖言有不當，言官亦不坐罪。自皇子諸王及内外大臣官員，有所爲貪虐不法，竝交相比附，傾軋黨援，理應糾舉之事，務必大破情面，據實指參，勿得畏怯貴要，瞻徇容隱。即朕躬有失,亦宜進言,朕決不加責。其有懷挾偏私,借端傾陷者,朕因言察情,隱微自能洞悉。凡屬言官,尚各精白,乃心力矢忠,讜以無負朕殷切責望至意。”〇雍正元年諭:“外任旗員受該旗都統、參領及五旗本王恣意需索者,許本官據實封章,密詳督撫轉奏;倘督撫瞻顧容隱,即許本官封章,揭都察院轉爲密奏;倘不爲奏聞,即各御史亦得據揭密奏,務期通達下情,以除積弊。”〇又諭:“都察院各衙門募設書辦,不過令其繕寫文書,收貯檔案。但書辦五年方滿,爲日既久,熟於作弊,甚至已經考滿,復改换姓名,竄入别部,潛踪掩跡,無所不爲。更有一等名爲缺主,獨掌一司之事,盤踞其中,事無大小,一手握定,而不肖司官交通賄賂,倚爲心腹,上下朋奸,莫能查究。總之書辦尚可更换,缺主總無改移,子孫相承,竟成世業,各衙門奸弊叢生,未有不由於缺主者。自今以後,書辦五年考滿,各部院堂司官查明,勒令回籍候選,逗留不歸者,著都察院飭五城司坊官稽查遣逐。至於缺主多捐納官職,原有勢力,可以抗違。爾衙門職掌糾參,立刻查明缺主的名,題參革究,押解回籍,庶作弊之本源永絶,而官方可以肅清矣。”

〔督撫建置〕

督撫之設,統制文武,董理庶職,糾察考核,其專任也,以右都御史、右副都御史、右僉都御史爲之,故都察院在京衙門唯左,直省督撫雖加部堂銜,其院銜不去。歷年因事設裁,隨地分并,員額多寡不一,今考其現設者,具載於前,奉裁者附見於後。

康熙三十一年題准:凡總督由侍郎簡命者,授右副都御史,由巡撫簡命者,亦授右副都御史。〇雍正元年議准:凡巡撫由侍郎、副都御史、大理寺卿等官簡命者,俱授右副都御史,由布政司簡命者,亦授右副都御史,由府尹、光禄寺卿、鴻臚寺卿、講讀學士、僉都御史等官簡命者,俱授右僉都御史,由按察司簡命者,亦授右僉都御史。

總督員額

總督江南江西等處地方事務兼理糧餉操江一員康熙四年設

總督湖廣等處地方文武事務兼理糧餉一員康熙二十七年裁,是年復設

總督浙江福建軍務一員順治十五年裁,康熙八年復設,九年裁,二十六年復設

總督四川陝西文武事務兼理糧餉一員康熙十九年設

總督廣東廣西等處地方兼理糧餉一員

總督雲南貴州等處軍務兼理糧餉一員

總督淮揚等處地方提督漕運海防軍務兼理糧餉一員

總督河道提督軍務一員

巡撫員額

巡撫直隸等處地方，管轄紫荆等關隘，贊理軍務，兼理糧餉一員舊轄宣府鎮地方，康熙三十二年議准：鎮衛改爲州縣，五十四年加巡撫以總督銜，仍管巡撫事，不爲例，六十年復舊，雍正二年亦加巡撫以總督銜，仍不爲例

巡撫江蘇等處地方總督糧儲提督軍務一員

巡撫安徽等處地方提督軍務一員

巡撫浙江等處地方提督軍務兼理糧餉一員雍正五年加巡撫以總督銜，不爲例

巡撫江西等處地方兼理軍務一員

巡撫湖廣等處地方提督軍務兼理糧餉一員

巡撫湖南等處地方提督軍務一員

巡撫福建等處地方提督軍務一員

巡撫山東等處地方督理營田兼理軍務一員

巡撫山西太原等處地方提督鴈門等關軍務兼理雲鎮一員

巡撫河南等處地方提督軍務兼理河道一員雍正四年加巡撫以總督銜，不爲例，五年復併轄山東地方爲河東總督，亦不爲例

巡撫陝西等處地方贊理軍務兼理糧餉一員

巡撫甘肅寧夏平慶臨鞏等處地方督理軍務兼理茶馬一員

巡撫四川等處地方提督軍務兼理糧餉一員

巡撫廣東等處地方提督軍務兼理糧餉鹽法一員康熙三十年添設巡鹽御史，停兼鹽法，五十九年復舊

巡撫廣西等處地方提督軍務兼理鹽法一員

巡撫雲南兼建昌畢節等處地方贊理軍務兼督川貴兵餉一員

巡撫貴州兼督理湖北川東等處地方提督軍務一員

舊設總督直隸山東河南軍務一員順治十五年裁，康熙元年設直隸總督，四年裁，復設三省總督，八年裁

總督福建等處地方軍務兼理糧餉一員康熙二十三年裁

總督浙江軍務一員康熙八年裁，九年復設，二十三年裁

總督江西軍務一員康熙四年裁，併兩江總督，十三年復設江西總督，二十一年裁

總督山東軍務一員康熙四年,裁併三省總督

總督山西軍務一員順治十五年裁,康熙元年復設,四年裁

總督河南軍務一員康熙四年裁,併三省總督

總督陝西軍務一員康熙四年改爲山陝總督,十四年仍改陝西總督,十九年改爲川陝總督

總督四川軍務一員康熙七年改爲川湖總督,八年裁,九年復設川湖總督,十三年改爲四川總督,十九年裁併川陝總督,五十七年分設四川總督,六十一年仍舊裁併

總督廣西軍務一員康熙四年裁,雍正元年復設,二年裁併兩廣總督

總督雲南軍務一員康熙五年裁

總督貴州軍務一員康熙四年裁,十二年復設,十三年裁

巡撫順天等處一員順治十八年裁

巡撫天津等處一員順治六年裁

巡撫宣府等處一員順治九年裁

巡撫鳳陽等處一員順治六年裁,十七年復設,十八年裁

巡撫安慶等處一員順治十六年裁

巡撫南贛等處一員順治十八年裁

撫治鄖襄等處一員順治十八年裁,康熙十五年復設鄖陽撫治,十九年裁

巡撫登萊等處一員順治九年裁

巡撫延綏等處一員順治十八年裁

巡撫寧夏等處一員順治十八年裁

巡撫操江一員康熙元年裁

〔各道職掌〕

監察御史分設十四道,又設六掌道,以分理在京各衙門及直隸盛京各省刑名事件。掌河南道兼理福建道,掌江南道兼理江西、四川道,掌浙江道兼理雲南道,掌山東道兼理廣西道,掌山西道兼理廣東、貴州道,掌陝西道兼理湖廣道。至其稽察有專屬掌印,有次第及,一應管理事宜,各以類從焉。

六掌道分隸凡會審畫題事件俱照直省分隸

掌河南道

河南省	福建省
户部	禮部
詹事府	國子監
太常寺	光禄寺

鴻臚寺　　戶科
禮科　　倉場
東城　　寶泉局
坐糧廳　　大通橋
京通倉　　宣課司
左右兩翼　　保定府除新城定興外餘屬俱隸
大興縣

掌江南道

江南省　　江西省
四川省　　工部
工科　　中城
寶源局　　漕運總督
大名府并所屬州縣　　永平府并所屬州縣
霸州并所屬縣　　新城縣
山海衛

掌浙江道

浙江省　　雲南省
刑部　　都察院
刑科　　京畿道
南城　　順天府
太醫院　　直隸巡撫衙門
涿州并所屬縣　　薊州并所屬縣
遵化州并所屬縣　　良鄉縣
固安縣　　永清縣
東安縣　　香河縣
懷柔縣

掌山西道

山西省　　廣東省
貴州省　　内閣
翰林院　　吏部
吏科　　中書科
鑾儀衛　　欽天監

北城　上林苑監康熙三十七年裁
拱極城　河間府除滄州及屬縣外餘竝隸
順德府并所屬縣　宣化府并所屬州縣
昌平州并所領順義密雲二縣定興縣
天津州并所屬縣　古北口

掌山東道

山東省　廣西省
宗人府　兵部
通政使司　理藩院
兵科　太僕寺
盛京所屬地方　寧古塔將軍衙門
河道總督衙門　廣平府并所屬州縣
正定府并所屬十縣　定州并所屬二縣
冀州并所屬五縣　晉州并所屬二縣
趙州并所屬五縣　深州并所屬三縣
宛平縣

掌陝西道

陝西省　湖廣省
大理寺　行人司
西城　通州
滄州并所屬縣　通永道

康熙十二年議准:各省刑名事件,分道御史與掌道官一同稽核。○十七年議准:各省關係三法司具題事件,一揭送都察院,一揭送該道,以便移會公議,至別項具題事,止送都察院及河南道各一揭,以便稽察。

凡稽察,康熙四年議准:御史稽察各部院衙門。河南道稽察吏部。江南道稽察户部。浙江道稽察禮部、國子監、宗人府、理藩院。山西道稽察兵部、太僕寺。山東道稽察刑部、通政司。陝西道稽察工部。月杪察明,用各該道印信具題。○十六年諭:"凡各衙門審理事件,須速爲完結,照註欽件例定限,每月造册,赴都察院稽察。"○又議准:内而部院,外而督撫,具題并科抄事件,俱造册移送都察院并六道,以便稽察。○四十五年題准:嗣後一切奏聞事件,竝各衙門彼此照常行文事件,各部院衙門令該司官員俱造清册,親送各科道,每月兩次註銷,月杪具奏。○雍正三年議准:凡各部奏銷黄册,令稽察各部院之科道官詳細察核具奏，奏完之日，黄册仍送内閣貯庫。○又議准：嗣後八旗行文部院衙門事件，令該司官員登記號簿，依限完結，送科道衙門每月兩次註銷。○又議定：凡一應奉旨交議事件與摺奏事件，俱令於到部之日即將緣由聲明，知會内閣并科道衙門，如有逾限，即行題參。○四年定：内務府設監察御史四員，鑄給印信，凡七司三院併上三旗内佐領管下事務，令其稽察，照各部院衙門註銷之例，每月杪具題，其内務府一應支銷錢糧等項事件，照京畿道刷卷之例，該御史查對磨勘，歲底具題。○五年諭："添設宗室御史二員，稽察宗人府事務，每月兩次註銷，另給印信，月杪具題。"○又諭："提督衙門事務，著都察院派滿、漢御史各一員稽察，每月兩次註銷，用河南道印信，月杪具題。"

凡掌道，順治初定：掌河南、江南、浙江、山西、山東、陝西道滿、漢監察御史各一員，協理河南道漢軍監察御史一員，其滿洲漢軍御史無專差者，俱派五道協理。○十八年題准：河南道用俸深御史題請，掌管江南、浙江、山東、山西、陝西五掌道；用差過兩次御史題請，掌管一年，不再註差。如無差過兩次御史，或差過一次，或試御史劄委掌管六個月遇差，仍按序註差。○康熙二年議准：河南道管理事繁，滿漢掌道御史及漢軍協理御史止有三員，料理乏人，添設滿、漢御史各一員協理。其滿洲漢軍協理河南道御史照例一年一换；漢協理御史用差過兩次者，協理無差過兩次者，或差過一次，或試御史劄委協理，六個月一换，期滿更替，不再具題。○四年題准：河南道添設滿、漢協理御史各一員，俱裁。○七年題准：河南道既照俸深者掌管，其五道亦照俸深者題請掌管一年，五城亦照俸深者具題差遣，仍以六個月一换。若掌五道御史有缺，將五城御史及在衙門御史内論俸掌管道事。○十年題准：五掌道御史關係會推、會議、審理刑名等事，其員缺將差過一次及未差御史挨俸具題，一年一换。○又題准：滿監察御史不分三品四品，一體令其掌印。○十二年題准：掌河南道滿御史，亦論俸挨次請旨掌管，二年一换。○二十七年議准：除滿漢掌道御史外，其餘分派各道協理。○二十八年題准：江南等五道事務漢監察御史，亦照滿監察御史，不具題，挨次掌管道事，印文移咨吏部。○四十一年題准：漢監察御史將資俸深者掌管道務，停其每年更替其錢局等項差遣之處，於協理御史内仍照例挨次具題。○雍正元年諭："掌河南、京畿二道缺出，俱著揀選具奏。"○又議准：漢軍監察御史五員，舊例專出城差，竝不掌道，今巡城既歸於漢御史班内，令與漢御史挨次掌管協理道事。○又奏請掌河南道開列俸深漢軍御史,奉旨前因巡城裁去漢軍御史一員,故將漢軍歸併漢人班内,分派巡城,其餘仍照漢軍御史舊例,不必更改。

凡管理事宜,順治十八年議准:凡遇選期,吏部會同吏科、河南道封簽掣簽。○康熙元年諭:"推選武職官員,著照銓選文官例行。"○二年議准:凡遇大選急選推陞滿漢科道官,與吏部司官俱先期議缺,疏内同列銜具題。○七年題准:停止河南道會同吏兵二部議缺掣簽之例。○十年題准:辦買草豆、米麵、顔料、紬緞、布疋等項,户部會同江南道御史公議定價。○二十三年題准:兩翼收税官辦買禮部所用牛羊,户部會同浙江道御史,至禮部公議定價。○三十四年覆准:辦買草豆既設監督專官,嗣後停其會同江南道御史公議定價。○雍正五年題准:户部三庫出入數目每月進呈御覽,奉旨後即交都察院,將各處所領銀緞顔料等物原稿支取數目查核,如有多出不符之處,即將情由舉出題參。

〔監禮糾儀〕

朝會祭祀,俱設御史監禮糾儀,其有舉止失錯,乖於典禮,及臨期託故不到者,咸得舉劾焉。

員額

凡慶賀萬壽聖節、元旦、冬至、尊上徽號、册立皇后、册立東宫、進呈實録、頒詔、傳臚、狀元率諸進士謝表及每月朝期,恭遇皇帝陞殿,輪直侍班糾儀,殿西簷下滿御史二員;諸王行禮處,東西兩班滿御史各二員;各官行禮處,東西兩班滿漢御史各二員;各官排坐處,東西兩班滿漢御史各二員;御門聽政,部院衙門及科道衙門啓奏時,乾清門西傍簷下侍班糾儀滿漢御史各二員。康熙二十五年定:滿、漢各一員,二十六年停止,五十四年復設糾儀御史,滿、漢各添一員。

凡布按朝覲,引見條陳,掌道滿漢御史俱侍立,分東西兩班。

凡經筵侍班,滿漢御史各一員。

凡天安門外宣詔監禮,滿漢御史各二員。

凡午門外頒曆頒賞監禮,滿漢御史各二員。會試鄉試放榜後,考試官進士舉人午門外謝恩監禮,東西兩班滿漢御史各二員。

凡祭祀天壇監禮,壇上并第二成臺階滿御史各二員,壇下東西兩班滿漢御史各二員,監宰牲滿漢御史各一員;地壇監禮,壇上東西滿御史各二員,壇下東西兩班滿漢御史各二員,監宰牲滿漢御史各一員;祈穀壇監禮,東西兩簷下滿御史各二員,壇下東西兩班滿漢御史各二員,監宰牲滿漢御史各一員。

凡時享祫祀太廟監禮，後殿東西兩簷下滿御史各二員，前殿東西兩簷下滿御史各二員，階下東西兩班滿漢御史各二員，監宰牲滿漢御史各一員。

凡祭祀社稷壇監禮，壇上滿御史二員，壇下東西兩班滿漢御史各二員，監宰牲滿漢御史各一員；朝日壇、夕月壇監禮，壇上左右滿御史各二員，壇下左右兩班滿漢御史各二員，監宰牲滿漢御史各一員；文廟監禮，東西兩簷下滿御史各二員，東西兩班滿漢御史各二員，監宰牲滿漢御史各一員。

凡祫祭，前期一日告祭太廟監禮，前殿東西兩簷下滿御史各二員，後殿東西兩簷下滿漢御史各二員。

凡告祭天壇、地壇、太廟、社稷壇監禮，滿漢御史各二員。

凡祭祀歷代帝王廟監禮，東西兩簷下滿漢御史各二員，東西兩班滿漢御史各二員，監宰牲滿漢御史各一員。

凡救護日月食監禮，滿漢御史各二員。

順治十八年題准：祭祀齋戒各衙門滿漢官職名俱由太常寺開送，令滿漢御史稽查，至臨祭所，滿官由都察院察點，漢官由鴻臚寺察點，收取職名。〇又題准：凡遇朝期祭祀，糾儀齋宿，差滿漢御史稽察，部院各衙門官有失誤者，題請議處。〇康熙二年議准：祭祀處滿漢官俱聽都察院察點。〇九年題准：覺羅官員齋戒及尋常察點宗人府官員，俱聽都察院察點。〇二十五年議准：凡致祭壇廟，各官排列班次，有喧語失儀及祭未畢時先行趨走往來者，御史指名題參。〇雍正元年諭："祭壇廟時，豹尾鎗後派滿洲御史二員，同部院司官四員、宗人府王等二員、散秩大臣二員，於駕未出之前，即著在外管轄，駕出，自豹尾鎗後至紀爾丹纛之間，令其管轄，於齋戒前一日開列職名具奏。太皇太后、皇太后聖誕、元旦、冬至令節、恭上徽號一應慶賀大典，諸王大臣詣太皇太后宫行禮，輪直糾儀慈寧門外滿御史二員，永康左門外滿漢御史各二員；皇太后宫行禮，輪直糾儀寧壽宫門外滿御史二員，班末滿漢御史各二員，文武各官在午門外隨同行禮，輪直糾儀東西兩班滿漢御史各二員；皇太子出閣講書，各官在主敬殿丹墀下排立，侍儀滿漢御史各一員。"康熙五年題准：凡遇朝期，鴻臚寺將謝恩等官員名數先送印册到都察院，臨期，糾儀御史照册查收職名。〇雍正二年諭："嗣後行禮排班，左右兩翼選派侍衛四員，令隨御史稽查，如有不按班站立、來往行走者，著御史指與侍衛拏參。”

凡秋審朝審，雍正三年議准：派滿漢御史各一員在班稽察，倘有無故不到之員，指名題參。

〔糾劾建白〕

言官之設，職司建白糾劾，精白乃心，直陳無隱，始稱厥職。國家首重言路，歷頒訓諭，謹詳録焉。

順治六年定：凡言官論人善惡，雖有不實，必命廷臣公同議擬，如果挾讐誣陷者，革職下刑部治罪。○十年諭：“朝廷設立言官，原爲繩愆糾謬，事關朕躬，尚許直言無隱，況諸司過失，理當糾舉。其言果當，宜虚心静聽，即言有未當，止宜分晰事理，聽候朕裁，不許私嗔報復。至言官論事，亦須明白確指，不得摭拾風影，挾私妄訐。”○又諭：“凡糾拾反坐言官，有壞吏治，塞言路，以後科道糾拾官員，照大計一例處分，有挾私妄糾者，吏部都察院指實參奏。”○又題准：設建白牌，各道輪流司管，除平時條奏隨人各抒忠藎外，遇有政事大闕失司，建白者即具本稿，會各道御史公覽酌議，全列各道職名，公同封進，事不重大，不必合詞，言不切當，無取衆瀆。○十二年諭：“凡事關朕躬，何令不信，何政有差，諸王貝勒、在事諸臣曠職之愆、叢弊之處，及内外各司何害未除、何利未興，言官各據見聞，極言無隱。一切啓廸朕躬匡弼國政者，所言果是，即與採用，如有未當，必不加罪，毋得浮泛塞責。”○又題准：言官糾參，須實指奸貪，若結黨挾私，肆行陷害者，反坐。○十三年諭：“科道爲耳目之官，職在察奸剔弊，凡大奸大惡從未經人糾劾者，果有見聞，即據實直陳，不許徇私黨比，摭拾塞責，將人已糾參之事勦襲妄陳。”○十七年議准：科道令互相糾參。○十八年，停止建白牌。○又諭：“凡言官建白，每事爲一疏，不許一疏臚列多欵具奏。”○又題准：文武大臣果係奸邪小人，構黨爲非，擅作威福，紊亂朝政，致令聖澤不宣，災異迭見，但有見聞，不避權貴，具疏彈劾。内外各衙門大小官員有不公不法等事，俱得糾劾，其糾舉之事須明註年月，指實陳奏，若係機密重事實封，御前開拆，竝不許挾私苛求，泛言塞責。○康熙二十七年諭：“邇來科道官絶無章奏條陳，乃科道專責惟在中無私意而已，嗣後如有條陳，著到暢春園面奏。”○三十四年諭：“近觀言官奏事，或受人囑託，或懷私賣本。言官各據所見乃其職分，但宜將關係國家得失、生民休戚之事從直陳奏，豈可徇私受賄，妄行條奏乎？如遇此等行事之人，斷斷不恕。”○三十六年諭：“近觀言官條奏之事，殊不切當，或有爲而條陳，或懷仇而參奏,於國事全無裨益。目前時務以開言路爲最要,果能不徇情面,秉公參奏内外所行不端等官,自懼而知戒,如此則於言路大有益矣。科道等官如有所見,即據實直陳,不得隱諱。所奏果是,朕即施行,如或不是,亦不議罪。諭科道等官知之。"○三十九年頒《御製臺省箴》。○又諭:"各省督撫以下、典史教官以上,將軍提鎮以下、千把總以上官吏賢否,若有關係民生者,許以風聞入奏,倘懷私怨,互相朋比,受人囑託瀆奏者,國法自在。著諭掌印不掌印科道官。"○雍正元年諭科道等官:"皇考御極六十餘年,至聖至明,無日不以國計民生爲念,凡所以諮訪吏治,通達民情之意,至爲殷切。乃邇年以來,無知小人見科道上疏者少,遂疑皇考不甚信納科道之言,又譏言官皆緘默自容,此大失皇考本懷,真爲坐井觀天也。殊不知内而滿漢大臣,外而督撫提鎮,皆許密摺言事,蓋因各省地方事務督撫親身閱歷,自能詳悉周知,較言臣聞風無稽之談、弗詢之謀,勝什倍矣。以此皇考據所見聞,折衷行之,大小國政,措置咸宜,言官無所用其諫正補闕。是以皇考不務求諫之虛名,而實則天下之利弊,無不洞觀也。朕仰承大統,一切遵守成憲,首以求言爲急。在京滿漢大臣,在外督撫提鎮,仍令奏摺外,爾等科道諸臣,原爲朝廷耳目之官,與朕躬最親,與國家最切,凡有所見,自應竭誠入告,皆當絶去避嫌忌之私,乃爲忠藎也。今雖備位臺垣,即將來之公卿大吏,爲科道時不能盡言,則日後官至大僚,豈能期爾建白謀猷乎?今著爾等各科道,每日務限一人上一密摺,輪流具奏,或二三人同日具奏一摺。一摺止言一事,無論大小事務,皆許據實陳之,即或無事可言,摺内亦必申明無可言之故。具摺後在外候旨,或召進面見,或令且退。所言果是,朕即施行,或未甚切當,朕亦留中不發,決不令一人知之。倘有徇私挾仇,顯係情弊,巧爲瀆奏者,亦不能惑朕之耳目也。密摺不許人參酌,如有漏洩或同僚中知而言之,則同僚即可據以密聞,朕將兩人之摺合驗情事,爾等能隱諱推諉乎?至於有面奏廷諍,或彈劾權要,或更革弊端,不妨仍照例露章奏聞,朕亦不拒禁。爾諸臣其敬承明諭,各抒忠悃,無負朕懸鞀設鐸之意。"本年因科臣崔致遠等挾私妄言,停止輪奏密摺。○二年諭:"嗣後凡科道露章條陳,必俟朕御門之日進奏。"○又諭:"外省督撫有懷私背法逞威等事,給事中御史等受其請託賄賂,瞻徇隱瞞,經朕於别處聞知,將都察院堂官一併議處。至上參劾本章,或有畏難之心,亦未可定,將本章封固,衹稱參本,不必聲明姓名事由。"

聖祖仁皇帝御製臺省箴

臺省之設，言責斯專。寄以耳目，寧取具員。通明無滯，公正無偏。黨援宜化，畛域宜捐。洞達政體，斯曰能賢。古昔諍臣，風規凛然。訏謨讜論，垂光簡編。朕每覽繹，如鑑在懸。居是官者，表裏方直。精白乃心，充廣其識。國計民生，臧否黜陟。凡所敷陳，敬將悃愊。風霜之任，以懲奸慝；搏擊之威，以儆貪墨。毋摭細務，苟塞言職；毋紛成憲，妄逞胸臆。書思入告，當宁對揚。沽名匪正，營私孔傷。或藏嫌怨，謬爲雌黄；受人指囑，尤爲不臧。形諸奏牘，有玷皂囊。職司獻替，亟宜審詳。敬爾在公，風紀巖廊。詞箴用勗，誕告聯常。

〔考核百官〕

凡在外司、府、州、縣等衙門官，三年一次大計，吏部、吏科會同本院竝河南道考察；其武官五年一次軍政，兵部、兵科會同本院竝河南道考察。

凡在京四品以下官，六年一次京察，吏部、吏科會同本院及河南道併各該衙門堂官考察。詳注《吏部》。〇康熙二十四年議准：停止京察。〇雍正元年議定：三年京察一次，吏部請旨另派大學士大臣，會同本院及吏科、河南道詳加考察，分别去留，凡在京四品以下漢官考滿，各該衙門堂官開註考語，送到本院，批河南道考核，移送吏部覆考。

凡甄别部院官員，吏部會同本院竝河南道考察。

〔問擬刑名〕

順治十年題准：犯罪至死者，刑部審擬成招奏請，奉旨下三法司者，本院會同部寺覆核。〇十五年議准：御史理刑是其職掌，凡人命重情，奉旨三法司核擬者，御史會同刑部、大理寺司官審議。〇十八年題准：凡係重犯及遇熱審，本院會同刑部大理寺公審。〇二十七年議准：凡現審重案，刑部即將原供送該道御史看閲，其外省揭帖到日，御史預看全招，俟三法司核議，旨下會議定稿之時，如有不符情節，回堂另議。〇雍正三年議准：凡會審事件，刑部移會到日，該道滿漢御史到部公同確審取供，刑部定稿先送本部堂官畫題，續送本院畫題，若意見不符或有兩議者，應於五日内繕稿送部，一併具題，至外省會稿事件或有另議者，亦於五日内繕稿送部，不得遲延。

監決罪囚

順治十年題准：情實各囚已經三覆奏旨下，通綁赴市曹，都察院委新資滿漢御史各一員，同刑部司官爲監斬官，於法場内將各犯花名具本題覆，奉有御筆勾除者，遵照行刑，其餘監候。

大清會典卷之二百二十四

都察院

〔奏請點差〕

御史内外各差，有照資俸派擬請旨者，有通行開列請旨者，有遵旨揀選保舉者，事例不一。其因時裁設及應行事宜，具列於左。奉裁各差另載。

凡奏點各差，順治十年題准：巡倉巡鹽等差，同日到任御史按次差遣，同日回道，或二人或三人，俱照進道先後差遣。差滿回道御史，以回道命下之日定爲次序。若差滿回京，先已陛見，後因事故未得回道，後到御史陛見在後而回道在先者，即以回道命下之日扣算差遣。各差一年爲滿者，預於將滿二月前，經歷司呈河南道詳請更替。〇十五年議准：已差巡鹽者不許再差，原籍竝巡按過地方，俱令迴避。〇又題准：凡遇差缺，俱由本院開列題請。〇十八年題准：除差巡視五城御史不用陪差外，其餘各差俱列名先行題請，奉旨著開列正陪，方挨序開列正陪各一員具題。〇康熙二年諭："各御史差遣差回者，論其回道日期，未差者，論其到任日期，差未滿撤回及復補者，論其繳勅及補任日期，不必照前新舊間開，就其月日深者開列具奏。"

凡出差條約，順治十八年題准：奉差御史命下，門上即大書"迴避"，不見客，不收書，不受書辦人役，不赴宴會餞送，俟領勅三日内即出京，信宿不停，沿途及入境後，私書私餽俱不接受，入境及出巡地方原有額設儀從執事人役，其鋪陳俱自行攜帶，所用蔬薪等物，自發公費銀兩買辦。若分外旗幟鼓吹，結彩鋪氈，供應鮮艷品物，係地方官獻媚取榮，及奉差御史之主文書役家人前站等額外苛索擾驛累民者，督撫訪確，即題參議處。倘督撫徇情隱諱，事發一併治罪。至所屬官員越境參謁者，該差御史指名題參。御史督撫既有互糾之例,除公事會同料理外,有宴會結納、彼此餽遺者,都察院及科道查參,一併議處。

凡回道考核,順治二年定:御史察吏安民,全以糾彈爲主,其有舉核不當者,俟回道之日嚴加考核。〇八年題准:各差御史,都察院不拘定期常加察訪,果有察吏安民、聲譽大著者,即請特旨褒嘉;若不遵禁約,怠玩溺職,即題參議處,另行差遣。〇又題准:凡御史差滿回京,河南道及掌本道御史考核。〇十三年議准:出差官員回京考核,有不徇情面、忠廉稱職者陞用;生事擾民、受賄溺職者,治以重罪。〇十四年諭:"差回御史,務期考核至當,方與内陞,以示鼓勵,不得輕議陞用。"〇十六年議准:出差各官一差稱職者,停其即與優陞之例,仍回原衙門辦事,酌量加級紀録,至三差稱職者,請旨擢用。〇十八年題准:巡視鹽茶倉等差俱關錢糧,御史差滿之時,户部兵部題覆咨院,發河南道據咨册查考,如催徵錢糧足額、溢額號件全完者,准與紀録加級,回道管事;或催徵怠緩、錢糧虧額、號件不完,照定例處分。〇康熙十六年議准:巡鹽御史有不病商民,查出鹽務隱匿情弊,多得課銀以濟國賦者,回道考核得實,從優議敘。〇二十九年議准:御史差滿回京,即進衙門辦事。其回京日期先移咨各該衙門,如有借端推諉,不進衙門者,該部院稽查題參。

京畿道

順治初,設掌京畿道滿、漢監察御史各一員。〇二年議准:停止。〇九年題准:復設京畿道,專管照刷在京大小各衙門文卷,除軍機大事不刷外,其餘事件一年一次稽察。〇十一年題准:京畿道照刷文卷内有訟獄淹滯、刑名違錯、錢糧埋没、賦役不均等弊,應請旨者,奏請取問;應治罪者,依律治罪。其移送照刷文卷,俱用印信册結,照刷事畢,具疏奏繳。〇十八年題准:京畿道用俸深御史題請掌管。〇康熙元年題准:凡有錢糧,各衙門須將收存并支放實數詳細開送京畿道,以憑稽核。〇七年題准:凡在京各衙門文卷,俱於每年八月内送刷。〇十二年議准:京畿道差滿漢御史,俱六個月更换一次。〇三十九年議准:户部、工部、光禄寺等衙門,於年底奏銷黄册後,將按月啓奏細數之底册一併送京畿道刷卷。〇雍正元年議准:嗣後凡還庫銀兩并繳還俸銀公費等項,逐一造入刷卷册内,移送京畿道查對。〇又議准:刑部銀庫給發過各司辦買秋審朝審板片紙張工價等項銀兩數目,各司俱造清册,送京畿道刷卷。〇又議准:刑部十四司嗣後將各省解送贓贖銀兩申文,同刷卷册一并移送京畿道查對。

〇又議准:户部山東司嗣後將所領鹽引紙硃銀兩造入刷卷册内,送京畿道查對。〇又議准:工部營繕司俟月檔奏銷命下之日,即行造册,送京畿道刷卷。〇又議准:嗣後坐糧廳修閘挑淺,動用税課竝贏餘銀兩,編造清册,送京畿道刷卷。

巡視五城

凡巡視五城,每城差滿洲、漢軍、漢御史各一員。〇順治十年題准:新資漢御史必先試差巡城,三月一换。〇十五年題准:巡城差例應新資漢御史六個月一换,如新資乏人,差用回道御史。〇十六年題准:巡視五城御史遇朝會祭祀之期,不論滿洲漢軍,俱隨都察院各官同上朝齋戒。〇康熙十二年議准:巡城滿洲漢軍御史,亦照例六個月更换一次。〇十五年題准:巡城滿洲漢軍漢御史俱一年一次更差。〇雍正元年諭:"巡視五城御史甚爲緊要,滿洲漢軍漢人三員人多,有一不肖,掣肘廢弛,嗣後一城只派二人,漢軍著歸併漢人班内,筆帖式亦著隨御史更换。如有生事不守分者,即行題參,御史徇情或被查出,或朕另有所聞,將御史從重治罪。爾都察院堂官不時訪察,該御史内有聲名不好者,不必等待一年,量其輕重,或題參革職降級,或掣回本衙門,其聲名好者,即行保留巡城二三年。"〇又諭:"御史巡城,關係緊要,嗣後缺出著都察院通行開列,候朕點用。"〇又諭:"御史巡城揀選行止好、人去得者一二員,開列於前,其餘照常開列具奏。"

凡巡城事宜,順治三年題准:布按諸司入京朝覲,聽部院科道考察賢否,恐有鑽營囑託、交通賄賂不肖官寮張席宴會,及無藉棍徒肆行索詐,少不遂意,遍布匿名揭帖、設謀陷害者,五城御史督令司坊官員時加拏緝,違者題參。〇十四年題准:在京私鑄私販,責令緝拏,失察官并聽題參。〇十六年題准:京城内外十六門,責令不時嚴查。〇十七年題准:竊盜事件係民者,該城審結。〇十八年題准:緝捕盜賊,審理人命,盤獲逃人,及禁約賭博,稽查奸宄,并訪拏衙蠹惡棍、煽惑人心等犯,及寺院坊店等處,責令通行嚴飭,凡捕盜官兵人等,遇該城有殺人劫財事件不行緝捕者,聽指實題參。如有奸人潛住京城,通同邊方腹裏盜賊探聽撫按題參副封、傳報消息者,責令訪拏參究。在京積棍代人起滅詞訟,及在外官員差人入都夤緣打點者,責令嚴緝指參。至無藉奸棍捏造款單,投貼揭帖,誣衊詐騙者,聽不時拏緝。其民間詞訟係鞭一百、責四十板以下之罪,竟行審結,若罪重者,審明送刑部歸結,如應題者,竟自具題。若豪强霸占店市,强欺客商者,查明指參。京城内平治街道有侵占者,五城御史兵馬司分各城地方同步軍總尉、副尉等清理。五城兵馬司指揮等官俱係五城御史統轄,其考察考滿俱令五城御史開送賢否,年底將司坊各官甄别,稱職者舉薦,不肖者題參。〇康熙二年題准:五城審理事件,限二十日完結,每月兩次將已未完之案分别開報都察院註銷,其未完事件兩個月一奏報,如限内難結者,令呈明寬限。〇十二年題准:失火致傷人命者,杖一百,交該城照律發落。〇十五年題准:寺廟庵觀内有婦女違禁燒香行走者,責令查拏。〇二十七年議准:凡有奸宄聚衆結黨,設阱流毒者,五城御史不時緝訪,重則題參,輕則懲處。〇又議准:城外居住旗人有在城控告者,笞杖以下事件,該城御史審理歸結。〇二十九年議准:凡軍流人犯有祖父母父母,告稱老疾無倚、家無以次成丁者,令掌印兵馬司出結,該城御史確查轉送。〇三十八年覆准:令都察院嚴飭五城及司坊官員細加清查,凡年滿書辦即催回籍,倘有潛住在京,及藏頓之家一併從重治罪;五城官員如有徇情容留者,照容留廢官之例處分;如司坊官有借端需索措勒等弊,或經訪出或係告發,將司坊官嚴加處分。〇五十七年覆准:嗣後五城司坊官如有聲名不好者,都察院不時查參處分;其歷俸已滿三年,果有操守清廉、辦事勤敏竝無事故者,聽五城御史註明事實,呈都察院查核薦舉。〇五十八年題准:五城案件五日一報,都察院依限完結。〇六十一年議准:嗣後凡補放官員領憑後,令都察院轉行五城司坊官嚴查,如有在京藏住、躲避地方、不依限赴任者,即行報部題參。〇雍正元年覆准:巡城御史所准詞訟,除户婚田土人命盗案送部外,其餘俱自行審理,不得批發司坊官。〇又覆准:書吏、提塘、京報人等除紅本上傳外,如有任意訛造無影之詞者,巡城御史司坊官員嚴行查拏。〇二年奏請將散給流民餘剩銀兩仍留五城,以備賑飯柴薪之用。奉旨:此銀存貯五城備用甚好,遇有倒卧之人,亦於此項銀内動用,但須核實,不得冒濫。〇三年諭巡視五城御史:"今年天氣寒冷,聞在外無屋居止之窮民竟有受凍傷損者,朕心深爲憫念。朕思居民中豈無愷悌好善之人,往往慮及稽查牽累,不敢輕易收留,此亦人情之常。爾等可留心照看,使寒夜不致露處,若有好義之人容其棲息者,不必禁阻,至明春二月和暖,便無可慮。爾等巡城之職,固在禁民爲非,亦當恤窮救困。嗣後倘有凍斃之人,經朕訪聞,爾等不得辭其責。"〇四年諭:"聞京城近日米價騰貴,雖因天氣連陰,然一時驟長,恐有奸人囤積射利、借此擾亂情弊,著都察院轉飭五城曉諭各行户,不得過高價值,勒索小民。倘有囤積遏糶,不遵勸諭者，該城御史密行訪察，從重治罪。再將京倉好米發五萬石分給五城，每城領米一萬石，照例立廠委員，平糶其價值，著九卿定擬具奏。此所糶米石俟市價平減，即行停止，其存剩之米即存貯該城。將來若市價一貴，即將此米平糶，以濟窮民，若此米用完仍需平糶，著都察院再行奏請。”

〔巡倉〕

順治二年題准：差御史一員巡視京通各倉。○七年題准：停止倉差。○八年題准：京通各倉仍差御史巡視。○十年題准：巡倉差照巡鹽例，一年一次更替。○十八年議准：巡倉所屬方面官四員，有司官九員，共應薦一員，武職官二十一員，應薦一員。○康熙七年題准：停差巡倉御史。○二十年題准：倉糧關係緊要，應差滿、漢御史各一員稽查。○二十六年覆准：停差巡倉滿漢御史。○雍正二年奉旨特設巡察御史一員，總查倉場弊端。○五年特命京通每倉各派御史一員稽查。

查旗

雍正元年諭：“八旗内每旗派出滿洲御史二員，照稽察各部院衙門例，令其稽察，凡有應奏應參事件，即行密奏；五旗王等使用旗員以及治罪之處有違定例者，亦著查參，所派御史調旗派出。”遵旨議定：凡八旗奏過事件并八旗與各衙門彼此行文事件，每月細造清册，送該御史稽察，凡八旗一應關係錢糧事件，按月稽察，凡八旗放官襲職并各省在旗武官，其出缺補授日期有無逾限，按月稽察。○二年議准：嗣後各旗赴部候選人員，令在本旗佐領具呈，定限五日内出具甘結，回明都統，即具印文咨部；如遲至十日不行咨部者，許本員赴部具呈，部内一面行催該旗，一面行文該御史查明。如有故壓勒索等弊，該御史即行奏聞。

監試

順治八年題准：順天文武鄉試及文武會試，差滿、漢御史各二員監試。○十四年題准：滿洲蒙古漢軍考試已經停止，其監試亦停差滿洲御史。○十八年題准：凡文武殿試，差滿漢御史各二員監試。順天府鄉試差漢御史二員，入院總理諸務，又差巡城御史二員，搜檢各生儒進場；會試差漢御史二員爲内監試，二員爲外巡察；武鄉會場俱差漢御史二員監試。○康熙三年諭：“監試巡察御史除應迴避者不開外，其餘各員，都察院開送禮部，列名題請。”○五年題准：武鄉會試亦照康熙三年例行。○十年題准：滿洲蒙古漢軍復行鄉會試，一應點查出入關防内外，仍差滿洲御史點察。○十二年諭：“監試御史奏章兼書滿漢字，著帶筆帖式。”○十八年題准：順天鄉試内簾添設滿漢御史各一員，不與閲文之事，專行糾察弊竇；會試内簾添設滿漢御史，照鄉試例行。〇二十六年覆准：會試及順天鄉試，停差内簾監試御史。〇三十九年議准：會試及順天鄉試，復設内簾監試滿漢御史各一員。〇四十七年諭："開列内外簾監試，若遇人少，可預期奏聞，其滿漢御史分别開列。"〇雍正元年定：設立滿洲蒙古考試繙譯科，一應點查出入關防内外，專差滿洲御史五員。

查工

康熙十年題准：紫禁城外修造工程一百兩以上者，令御史稽查，工完日將用過物料錢糧數目開明咨送該道御史查劾，若修造不如式，責令原修官另造，如有浮冒不符等弊，會同工科題參。〇十八年定：修造工程等處甚多，或有遲延浮冒侵蝕情弊，除内務府監造工程外，其餘修造之處俱令都察院逐一稽查。〇四十三年題准：凡一應修理之處，匠夫工價至五十兩以上者，御史會同工科查銷。〇六十年題准：將一應修理工程工價五十兩以上、物料二百兩以上者，著該處料估啓奏，到日御史會同工科覆加核估，工完查銷。

巡鹽

順治元年定：兩淮、兩浙、長蘆、河東各差御史一員，巡視鹽課。〇八年題准：巡鹽御史一年一次更差。〇十年議准：停止鹽差御史，責成各運司管理鹽務。〇十二年議准：兩淮等四處鹽課仍差御史巡視。〇康熙七年議准：巡視鹽課於六部郎中員外郎及監察御史内，每處選揀賢能滿漢官各一員差遣。〇八年議准：出差巡鹽有舉劾地方官員賢否及察拏惡棍之責，應停六部官員差遣，仍差御史。〇十年議准：巡鹽御史不拘滿漢，每處止差一員。〇十一年議准：停差巡鹽御史，稽察題報事宜歸併巡撫，兩淮歸併安徽巡撫，兩浙歸併浙江巡撫，長蘆歸併直隸巡撫，山東運司歸併山東巡撫，河東歸併山西巡撫。〇十二年議准：巡撫事務殷繁，鹽差勢難兼理，仍差御史巡視。〇三十年題准：廣東、廣西設巡鹽御史一員。福建設巡鹽御史一員。〇五十五年諭："長蘆鹽差，滿洲内無應開列之員，將漢軍一併開列。"〇五十九年議准：兩廣鹽務交與總督管理，停差巡鹽御史。〇雍正元年議准：福建鹽課銀兩均攤各場，交與州縣照數收解，停差巡鹽御史。〇二年諭："河東鹽務交與川陝總督兼理，停差巡鹽御史。"〇三年復差河東巡鹽御史。〇四年諭："兩浙鹽務交與巡撫兼理，停差巡鹽御史。"

凡鹽差隨帶筆帖式,康熙七年題准:巡視鹽課,各帶繙譯滿漢文筆帖式一員隨往。〇十年題准:添帶滿文筆帖式一員。〇十六年議准:習漢文滿洲御史及漢御史巡鹽不必差筆帖式隨往,其不習漢文滿洲御史仍帶滿漢文筆帖式一員。〇雍正元年議准:停止各鹽差筆帖式隨往。

凡鹽差舉劾,順治十六年議准:直省方面有司等官有關涉鹽法者,令巡鹽御史舉劾,其無關涉鹽法者,槩不准舉劾。〇十八年題准:各項錢糧既有考成,則例薦舉槩不准行,如有不肖官員,仍聽糾參。〇康熙七年議准:巡鹽御史將地方官員賢者薦舉、不肖者題參,以示勸懲。長蘆所轄方面官三十七員,應薦一員,有司官三百四十四員,應薦五員。河東所轄方面官三十九員,應薦一員,有司官二百四十四員,應薦三員。兩淮所轄方面官四十五員,應薦二員,有司官三百一十七員,應薦五員。兩浙所轄方面官二十七員,應薦一員,有司官一百五十七員,應薦二員。如無堪薦官員,停其薦舉。

凡巡鹽事宜,順治八年題准:鹽差赴任回道,除長蘆離京師甚近,照例不立限期外,兩淮定五十日,兩浙定六十日,河東定三十日,在内以辭朝日爲始,在外以交代日爲始,計程往回,竝不許枉道回家,如違限十日,量行參罰,一月以上,重加參處,兩月以上,題參調用。〇十五年議准:鹽差關係錢糧,候親身交代,奉差御史命下之後,將鹽引親自帶去。〇十八年諭:“鹽課錢糧關係軍國急需,内外大小官員、勢豪之家多有貿易販鹽,倚勢不納課銀,巡鹽官員有不畏勢力、不徇情面、盡心催徵、多得課銀者,著以稱職從優議敘;其畏勢徇情、額課虧欠者,以溺職從重治罪。至官員倚勢漏課情弊,該管官務嚴加察參,本主併行重處。巡鹽等官如仍前徇隱,亦併從重治罪。”〇康熙五年題准:巡鹽除長蘆差近不議外,兩淮、兩浙、河東御史以到任日爲始,扣至九個月,即行報滿。都察院預爲題差,新差御史照定期赴任接徵,不得一日空懸。〇六年題准:鹽差御史遇閏月之年,令連閏在任,十三個月爲一年,差滿考核,近差扣至十一個月報滿,遠差扣至十個月報滿。如無閏之年,仍舊照例遵行。〇十年題准:巡鹽御史有原定駐劄衙門催徵錢糧,整理鹽法,除稱掣鹽觔地方仍舊稱掣外,其循例出巡通行停止。〇十二年題准:舊差報滿日,遴遣承差,迎接新任及衙役出入署中,俱行嚴禁。各差御史不許額外多帶家人,到任後亦不許諸人妄行出入衙署。其四差駐劄多在衝津,過往親朋官長往來交際,槩行停止。〇四十九年覆准:各鹽差御史一應事宜有關各部者,該御史自行咨部,仍具呈都察院,以備存查。

巡察各省

雍正三年議定:江南、湖廣、山東、河南等省盜案較多,御史司員内挑選賢能,每省各差一員,令其專司稽察盜案竝驛站烟墩,其差以一年爲限。嗣後或某省盜案漸少,可以停差,或某省可間一二年一差,或可通行暫停,俟一年之後請旨遵行。〇四年論:"直隸地方旗民雜處,往往以强陵弱,勢力相加,而謹樸良民常被欺壓,因而相習於强悍之風,不知悛改,而風俗不能臻於淳厚。朕勵精圖治,欲四海之廣道德一而風俗同,况輦轂之下首善之區,尤當整飭化導,以爲萬邦之式。今欲將滿洲、漢軍、漢御史各差二員,令其巡查八府地方。凡旗下告退之官員,及在屯之莊頭、内監之族戚,與在籍之鄉紳衿監,倘有不安本分、陵虐良民、不畏官吏、恣行暴悍者,或即行懲治,或具本參奏。其地方命盜案件亦聽其查訪,有應在本地方歸結者,即會同地方有司秉公歸結,有應奏聞者,即行奏聞。務使豪强斂跡,良善安居,以副朕移風易俗之至意。其如何遣官分巡之處,著定議具奏。"遵旨議定:直隸八府及順天各屬共九府,應差往御史分爲三路,將順天各屬并永平、宣化二府爲一路,派御史二員;保定、正定、河間三府爲一路,派御史二員;順德、廣平、大名三府爲一路,派御史二員。其各直隸州原由各府新分改設,應隨原隸府分附於各路,令其遍歷巡查。凡旗下告退之員以及在屯莊頭内監族戚,與在籍之鄉紳衿監,并内務府莊頭,如有恣行不法之徒,即行該地方官提拏,應懲治者即行懲治,應交地方官歸結者,即行會同地方官歸結,應參奏者即行參奏。

巡察事宜雍正三年議定

一、出差官職司巡察,往來文移以印信爲憑,應令禮部鑄給巡察某省官關防,以重職掌。

一、出差官令於所歷地方察訪盜賊窩藏之處,務得確實會同地方文武官弁協力捕緝,以清盜源。

一、各州縣盜案於出差官一體通報,以憑稽察,倘有不肖州縣諱盜不報者,即據實題參。

一、凡衝途驛站有豪强差使肆行騷擾者,許詳報差員據實題參,其驛站馬匹有缺數不敷定額者,並令不時稽查。

一、道路烟墩原以緝拏逃盜關係最爲緊要,應令出差官加意查察,倘有防守疎懈者,即將該兵丁革退,本管營汛官題參議處。

一、出差官務於一年内遍歷通省各府,悉心訪察,所至之處隨便於公所居住,不必拘定駐劄之地,亦無容另設衙門,其需用書役於所在地方官衙門調取。

一、出差官既膺特簡,職司巡察,自當公忠効力,務於地方實有裨益,如果一年之内盗息民寧,克稱厥職,交吏部從優議敘;若遇有盗案通同隱匿,或干預地方諸務,生事滋擾,該督撫確查報參,從重治罪。

巡視臺灣

康熙六十年覆准:派滿、漢御史各一員往臺灣巡查,一年一换,如有應行條奏事件,具本條奏。○雍正五年諭:"臺灣遠隔海洋,向來督學官員難以按臨考試,是以將學政交與臺灣道兼管。朕思道員管理地方之事又兼學政,未免稍繁,每年既派御史二員前往臺灣巡察,應將學政交與漢御史管理,甚爲妥協。見今御史在彼,著即辦理臺灣學政,嗣後永爲例。"

巡視黑龍江船廠

雍正元年諭:"黑龍江船廠等處人口孳生,各處之人聚彼貿易甚多,地方有應料理之事,衹將軍武官料理,致有於例不合之處。此兩處或御史或部院賢能官員酌量派出一二員到彼料理事體。"遵旨議定:嗣後令各該衙門保送滿漢科道部院賢能官員,黑龍江派滿官一員,船廠派滿漢官各一員,并將定例帶往,會同該將軍料理事務,一年一次更换,每年於七月内引見差派,務令十月初旬至彼處更换。其换回之員即令至盛京,會同將軍刑部審理偷挖人参案件,務於年内回京。

稽察奉天文武衙門

雍正三年議准:每年差御史一員前往盛京,稽察五部并將軍衙門事件,如有逾限不完以及推諉越辦等弊,即行據實題参,照例議處,其差一年更换一次。

〔各差舊例〕

公差御史歷年裁復,例各不同,在京則有巡視光禄等差,在外則有巡按、督學等差,今存其舊制,以備稽考。

巡視光禄

順治十六年題准:巡視光禄御史,照巡城事例差用新資御史,六個月一次更替,其應行事宜,該差御史自行具題。○十八年諭:"巡視光禄著歸併稽察禮部御史。"

巡視十庫

順治十六年題准:巡視十庫御史,照巡視光禄事例差用新資御史,六個月一次更替,其應行事宜,該差御史自行具題。〇十八年題准:十庫本折各項錢糧既歸户部,停差御史巡視。

掌本科

順治十六年題准:詳閲疏揭題本,設掌本科御史一員。〇康熙七年題准:本章既有該道御史并繙譯滿漢文都事查閲,停其另差御史。

管理鼓廳

順治元年定:内外各衙門有實在貪贓虐害,不公不法,地方重大緊急事情,六部督撫按不行處治又不奏聞者,設登聞鼓於都察院門首,每日輪流御史一員監直。〇十三年議准:移設登聞鼓於長安右門外,科道滿漢官員輪流監直。〇十四年題准:有擊鼓告狀者,即據冤狀查問,并取原問衙門册籍詳明磨對,果係實情,題請勅該衙門審理。〇十五年題准:直鼓官收狀,會同本科本道滿漢掌印官會議,狀詞滿漢字限五日譯完,會議審理限二十日完結。如往各衙門查取文卷,限三日即發,若各部遲延應封者,於本内題明,不應封者於案内註明,以便稽考。〇康熙十二年題准:鼓廳係申理冤枉之事,令滿漢御史各一員論俸題差,六個月一换,漢軍監察御史應入滿御史内論俸差遣。所收詞狀各該任内完結,有卷案可查者,限二十日,無卷案可查者,限十日完結。令河南道按月稽查具題,其議結事件俱造滿漢清册存案。

凡登聞事例,順治十三年題准:軍民人等果有冤抑事情,先赴撫按告理,撫按審斷不公,再赴總督告理,如未行遍告或不候審結即來京擊鼓者,不准。〇十四年題准:告狀人係滿洲,交本旗領催,漢人發該司坊羈候。其以赦前事告理者,槩不准行;誣告流罪以上者,依律反坐。若漢人借滿洲家住歇、滿洲借漢人家住歇,投遞鼓狀者,除原狀不准外,查有無教唆主使情節,依律治罪。〇又題准:鼓狀除合例者封進、違例者駁回,有事情重大、迹涉冤抑、虚實未明者,許連人狀咨行各部院督撫審確酌奏,仍將咨過件數歲底彙題。〇十七年題准:令鼓廳刊刻木榜於鼓門前。〇康熙十一年議准:在鼓廳控告者,照所告事情輕重,應看守者看守,應取保者令的當人取保,審結之日釋放。〇六十一年覆准:鼓廳事務歸併通政司,停差御史管理。

鼓廳木榜文

一、狀内事情必關係軍國重務、大貪大惡、奇冤異慘，方許擊鼓，其户婚田土、鬬毆相爭等事，及在内未經該衙門告理、在外未經督撫按處告理，有已經告理尚未結案者，竝不准封進，仍重責三十板，如係職官送刑部折贖，舉人送禮部，監生送國子監，生員發順天府責治。

一、登聞鼓之設，原以伸冤辨枉，如有棍徒本無冤枉，希圖報復，或受人主使，劈鼓抹項，以圖倖准者，除原狀不准外，將本犯送刑部責四十板，照例於長安門外枷示一個月。

一、登聞鼓之設，恐民間受屈於貪官汚吏及官民被陷重罪，冤枉無伸，俾得直達天聽，其被革被降之員欲辨復官職者，俱赴通政司具奏。

一、凡告狀必開明情節，不許粘列欵單，違者不與准理，狀後仍書代書人姓名，如不書者，亦不與准理。

一、民間冤抑必親身赴告，果本身羈禁，令其親屬確寫籍貫年貌保結，方准抱告，違者不准，其有棍徒代人擊鼓挾騙者，令直鼓官即時拏送五城，嚴訊的實，照光棍例治罪。

巡按

順治元年，直隸各省差巡按、御史各一員，一年一次更替。〇七年題准：巡按暫行停止，嗣後不拘年限，候旨差遣。〇八年題准：復差巡按御史，一年六個月差滿更替。〇十年議准：巡按槩行停止。〇十二年題准：復差巡按御史，於各部院衙門内不分新舊理事官郎中以下，吏部都察院會同考選才能清廉、品望素優者，授爲御史差遣。〇十五年諭："巡方得人，斯能稱職，内外各差除見在御史外，應預爲添設員數，以備差遣。"〇又議准：巡按所屬地方，應巡歷周遍，以訪民生利害、有司賢否，仍將巡到地方登記彙報。〇十七年諭："巡方官奉命出差，須大破從前積習。潔己必賄賂盡絶，愛民必疴癢相關，舉劾必確當貪廉，興除必熟籌利弊，問擬刑名必無冤無縱，訪拏豪蠹必大惡大奸。地方遇有盜賊災荒，必據實馳奏，不許耽延欺蒙。減騶從以恤驛困，禁鋪設以舒民力，拒參謁以杜逢迎。督撫共事，不許私受餽遺。如不恪遵，一經發覺，必行重處。其將所屬官員違例薦舉者，并所屬之員一體嚴加處分。"〇十八年議准：停止巡按各差。

巡按事宜順治十五年題准

一、出巡按治府州縣必須遍歷，其巡歷各處隨從不過十人，除依例差撥兵丁防護外，不許擅令有司私買貨物，多用鋪陳等項，亦不得縱容官吏出郭迎送，若分巡地面果係原籍，即宜迴避。

一、巡歷地方體知方面，有司等官守法奉公，廉能昭著者，俟差滿覆命，照例薦舉，其貪酷廢事蠹政害民者，訪實限入境三月以内題參，後有察知，不時糾劾。

一、農桑爲生民衣食之本，仰該道轉行府、州、縣官，時常勸諭農民趁時種植，若有水旱災傷，踏勘得實，即將數目開報。

一、學校爲成賢育才之地，仰該道行府、州、縣官及學官時常訓誨生徒，講論經史、治道等事，以備擢用，不許懈怠，廟學損壞，即爲修理，嚴查異端邪説，重處懲戒，仍將見在師生名數開報。

一、存恤孤老，仁政所先，仰該道轉行府、州、縣官，凡有鰥寡孤獨、廢疾無倚之人，察收入養濟院，常加存恤，合得衣糧依期按月交給，毋令失所，遇有疾病，督醫治療，仍將見在名數具報。

一、古聖帝明王、先師先賢陵墓、山川社稷、祀典祠壇等處，仰該道轉行府州縣提調，常須潔淨，有損壞者，即爲修理，仍禁牧放樵採。

一、所屬地方有孝子順孫、義夫節婦、忠臣烈女志行卓異、可勵民風者，仰該道行府州縣官明著實跡，保舉申解，以憑奏聞旌表，毋得舉富遺貧，扶同滋弊。

一、原設旌善亭、申明亭，但有損壞，仰該道行府州縣官即便嚴查修理，將善惡姓名行實具報，覆勘得實，發告示張掛亭内，使善惡知所勸懲，毋得視爲具文。

一、鄉飲酒禮，仰該道行府州縣官舉行，必須年高有德者，敦請爲賓，毋得濫及匪人，尊卑失序。

一、各直省藩司應報解各部錢糧，除清完外有拖欠數目，清造一册，巡歷所過州縣，招集紳士耆老，與州縣官當面磨對，果係百姓未完者，該管官勒限催比，若係衙役烹肥、有司侵蝕、藩司朦混及豪紳劣衿、地棍衙蠹抗糧不納者，各州縣申報得實，一并具疏糾參。

一、荒閑田土，仰該道行府州縣官多方設法，招民開墾，趁時播種，其合納税糧須候例限滿日科徵，毋致抛荒。

一、圩岸、垻堰、陂塘，仰該道行府州縣官常行體勘，境内有圩岸、垻堰、陂塘、溝渠塌缺壅塞，務要趁時修築堅完，疏濬流通，以備旱澇，毋致有傷禾稼，亦勿得擾害於民。

一、户口，仰該道行府州縣官取勘所屬籍定户口，分豁城市鄉都舊管、收除、實在、增減數目開報。

一、橋梁道路，仰該道行府州縣官常加點視，但有損壞，隨即修理，務要堅完，毋致阻礙經行。

一、府州縣及所屬應有印信大小衙門，竝現在官吏姓名、年甲、籍貫、歷仕脚色、到任月日一一開報，但有急缺官員，隨即呈報都察院，轉咨吏部，以憑除授，不許稽遲。

一、歲辦錢糧，仰該道行府州縣官提督所屬，依期徵收起解，倉庫交納，取實收回照，不許稽遲。

一、倉庫房屋，仰該道行府州縣官常加點視，若有損壞，即便修理，及嚴加關防官吏斗級庫子人等收支作弊，仍將見在錢糧等物分豁新舊、收除、實在，備細數目開報。

一、仰該道行府州縣官嚴督所屬，凡有一應差役須從公點差，週而復始，毋致放富差貧，那移作弊。

一、直省兵馬按臨地方，即同該道親點比較武藝，若有將勇兵精、弓箭技藝超羣者，具疏題薦，其有營伍虛冒、技藝庸劣者，即行糾參。

一、境內盜賊，仰該道行府州縣嚴督所屬捕盜官及應捕官軍人役，令晝夜用心巡察擒獲，務要盡除賊盜，無遺民患，仍將捕盜官及應捕之人職名開報，如有盜賊生發，不能勦捕及隱匿不報者，具疏糾參。

一、巡檢司及關津把隘官兵，仰該道行州縣將備督令用心把守，凡經過之人驗引放行，仍嚴禁約官兵人等，不許借端盤詰，生事索詐，刁蹬取財，蠹害民人。

一、斛斗秤尺，仰該道行府州縣正官照依原頒式樣，較看相同，官民永行，仍將原頒式樣常於街市懸掛，聽令比較，毋容增減作弊。

一、軍需國用所資，仰該道行府州縣官收買物料，務依時估給價，不許借端收買，尅減侵欺，致令作弊。

一、仰該道行府州縣，凡官員買辦日用什物，按時價平買，隨即給價，毋致損民及縱令吏役人等尅落作弊。

一、驛站，仰該道行府州縣官時常整點，各驛船馬應用什物俱要完備，仍鈐束慣熟稍水之人夫馬夫常川在驛聽候遞送，毋致錯悞，先具站船人夫什物、馬騾頭匹數目開報。

一、歲造緞疋等物，仰該道行府州縣官即將織染局見在各色人匠機張及歲辦竝關支顏料等物數目開報。

一、急遞舖，仰該道行府州縣轉行所屬舖長時常點視境内舖舍，及該用什物務要完備，如有缺壞，即便修補，仍嚴督舖司舖兵晝夜在舖伺候，走遞公文不許遲延沉匿，仍出告示，各舖禁約往來差吏官員人等，不許役使舖兵損壞舖舍。

一、皂快民壯，仰該道行府州縣取勘額設名數及點充月日開報，毋得多餘濫設，欺隱爲奸，其應役五年者，即應革換，不許久在衙門。

一、仰該道行府州縣，僧道尼姑，嚴查度牒，如無度牒，將僧道官治罪，仍將無度牒僧尼還俗當差。

一、受軍民詞訟審係户婚、田産、鬬毆等事，發與各有司追問明白，就便發落，將發落原由回報，若告本縣官吏，則發該府，若告本府官吏，則發該道，若告布政司竝各道官吏，則發按察司，若告按察司官吏及申訴各司官吏枉問刑名等項，不許轉委，必須巡按親問干礙官員，隨即奏聞請旨。

一、道府州縣應有詞訟，速爲從公依律歸結，毋得淹延，妨民生理，及聽信奸吏增減情詞，出脱罪人，入坐無辜之弊，仍將現問囚數分豁已未歸結盡數開報，毋得隱漏。

一、巡歷所到，即將各項衙門胥役逐名親點，仍曉示通衢，照舊制各給腰牌一面，以防詐僞，如有幫差暗竄等弊，告發審治，其有冗濫多役者，不拘道府州縣，一體糾參。

一、審究蠹役，遵奉上諭，不許援引無禄輕條。

一、獄禁所當矜恤，仰該道行府州縣官竝司獄司官常加點視，督令獄卒遵奉上諭，不許擅用柙牀，將見今囚犯如法收禁，冬設暖湯，夏備凉漿，合得囚糧依數支養，若有疾病，令醫治療，不許縱令獄卒人等尅落衣糧、逞意陵虐，因而瘦死及將平民枉禁，仍具獄官吏卒名數及見監囚數開報。

一、應有没官金銀緞疋銅錢及贓罰等項，仰本府州縣取勘見數，開坐已未起解數目具報。

一、嚴察逃人，於巡歷地方務立十家長木牌，嚴責守令衛所等官留心緝拏，如地方官疎玩不實遵行者，指名題參。

一、刷卷事宜，凡監察御史巡歷去處，所屬有印信衙門合刷卷宗，分别已未完結，編成號記，依式粘連，竝官吏不致隱漏結狀，責令該吏親賫赴院，如刷出卷内事無違礙，俱已完結，則批已完過，若尚未完結，則批以照過，若事可完未完，則批以稽遲，若事已完，内有違礙，則批以失錯，若事當行不行，有所規避，如錢糧不追、贓贖不完之類，則批以埋没，各卷内有文卷不立，月日顛倒，須推究得實，量情擬罪，應發落者發落，應參究者參究。

一、薦舉每省方面官不過六七員或三四員，有司官不過七八員或五六員。

一、在外軍民人等果有冤枉重情，督撫按未能申雪者，或擊登聞鼓，或通政司投狀，如發本省巡按御史追問，即批問刑衙門從公剋期審結，不得耽延時日，連累無辜，事體重大者，該巡按親審。

一、直省府州縣等處刑名有犯死罪重囚，曾經督撫按批允監固、審録定奪等件，候巡按御史按臨之日，本道造送審録招册并府廳州縣看語，俱預先投巡按御史檢閲全招，仔細參詳，不得倚任書役漫不經心，待考察事畢，出牌審録，在省城同按察司守巡道，在外同該道將解到審録人犯逐件審明，情罪無枉。

一、在外成招重囚應死罪發落者，該巡按御史會同該撫及布按二司等官比照朝審事例，面加詳審，有應秋後處決者，有應監候緩決者，有可矜可疑、應開釋減等者，有詞應監候再審者，定於霜降之前會同該撫奏明。

一、文武官民服色、器用、輿馬等項，俱照禮部頒行定制，每年責成各道行府州縣嚴加申飭，如有違例越分者，官聽參處，軍民人等即行治罪。

巡漕

順治二年，差御史一員催趲漕運。○七年題准：停差巡漕。○八年題准：復差巡漕御史。○十四年議准：停差巡漕。

督學

順治元年，直隸、江寧、蘇松三處各差御史一員，提督學政。○七年題准：江南督學歸併一員。○八年題准：江寧蘇松學政復差御史二員。○十年題准：提督學政停差御史，俱歸翰林院差遣。○康熙四十四年諭："提督學政將監察御史一體開列。"○四十七年停止開列。

巡江

順治二年題准：江南上下兩江，添差巡江御史二員。○六年題准：江南上下兩江既設巡按，其巡江二員俱停差遣。

屯田

順治二年，差御史一員巡視屯田。○四年議准：停差屯田御史，其事宜歸併各該巡按兼理。

茶馬

順治二年題准：陝西、甘肅、洮寧等處差御史一員督理茶馬事務。

○康熙七年議准:停差茶馬御史,其事宜歸併甘肅巡撫兼理。○三十四年諭:“茶馬事務關係緊要,應差專官管理,著將部院賢能官員開列具題。”○四十三年停差,仍歸併甘肅巡撫。

察荒

順治十五年諭:“慎選廉幹御史二員,領勅前往河南、山東清丈荒熟地畝。”

巡視湖河

雍正元年議定:差巡視山東河湖工務監察御史一員,修復水櫃,蓄水濟運,專任責成,地方官不得掣肘,若有違悮之事,令其自行具題。○三年停止。

大清會典卷之二百二十五

通政使司

通政使司，正三品衙門，設滿漢通政使、左右通政、參議等官，其屬則有知事，首領則有經歷，職專收受四方章奏、臣民密封建言，陳情伸訴，以及鼓廳衙門等事，建置沿革，詳見《吏部・官制》。

凡章奏，順治二年定：在外督撫鎮按臣到任奏報及賀捷本章，俱准封進謝恩槩免，司道等官一切事情，悉聽撫按代題，總兵官除事關軍機及兵馬錢糧外，其餘悉歸督撫，違者執法參駁。〇又定：在外督撫鎮按等官一應漢字本章，及在京各衙門除題本外一切奏本，不分公私，俱赴通政司投進，違式者一體參駁。〇八年題准：題本奏本各有格式，令禮部查照原式通行頒發。詳見禮部題奏本式。違悞者，照例察參。〇十年題准：遇大計之年，各省布、按、都司、運司及府、州、縣等官俱具本造册，投送通政司。〇康熙三年題准：督撫提鎮等官題奏本章無貼黄者，通政司題參。〇四年題准：凡有滿漢字本章無貼黄者，免其查參，若止漢字本章無貼黄者，仍照常題參。〇十年議准：遇大計之年，各省布按都司仍照舊例封投本册，其府、州、縣、衞、所，悉停其具本造册。〇二十四年議准：直省本章多係要務，提塘承差不即投送、遲延作弊，俱令原題衙門計算程途遠近，於本章揭帖批内填定限期并鈐印於日期上發行，違限者交與該部治罪，其原題將軍督撫提鎮等官不填寫日期、到京後方於印信上填註者題參，一并交該部議處。〇三十六年覆准：上司官員借訪事爲名，令家人衙役更番迭出，勒取州縣饋遺者，許州縣官揭報，督撫指名題參，如督撫徇庇不行題參，許該員開具實跡，實封竟達通政司衙門奏聞。〇三十八年諭："凡闕出缺之本，通政司隨到隨送内閣。"〇四十五年諭："河工關係緊要事情，凡奏本交與驛遞，即速送來，限兩日到。"〇四十七年諭："各省題奏事件通政司將不合例駁回者甚多,若要緊事駁回,必致貽悞,著諭通政司一月之内駁回幾事、所駁係何事件月底奏聞。”○雍正二年議准:嗣後一切錢穀、刑名、兵丁、馬匹,地方民務所關大小公事,皆用題本,用印具題,本身私事俱用奏本,雖有印之官亦不准用印,若有違錯,查出題參交部議處。○五年覆准:嗣後直省題奏本章,各衙門將裝本原箱嚴密封固,務令齎本差役齎送通政司衙門查閱,或係内裏黴濕破損,抑或外面黴濕破損,查驗明確,一面揭送内閣,一面咨明兵部挨查各驛參處。

凡密封,順治八年題准:督撫鎮按衙門密封投司者,止具正本,其副本槩行停止。○十二年題定:齎送密封本章原有程限,違限者查日期多寡,參送法司分别治罪。○康熙七年題准:凡密本内若有假公牽引私事,希圖僥倖,或借端生事,擾害良民,謊稱密事者,下部查議題參,交刑部照非密事而妄稱有密律治罪。○二十一年諭:“除見任職官密本照常封進外,其廢閑官員及無藉棍徒所具密本,該司先行看閱,應封者封進,不應封者,嚴飭駁回。”

凡遺本,康熙三十七年諭:“文官侍郎以上,武官總兵以上,准其投遞,通政司封進,以下官員遺本一槩駁回。”○五十一年奏准:凡各衙門卿員遺本,俱准封進,其卿員等官品級備注存案,正二品,尚書、左都御史,正三品,侍郎、副都御史、宗人府府丞、通政司詹事、大理寺卿、太常寺卿、順天奉天府尹,從三品,光禄寺卿、太僕寺卿,正四品,僉都御史、左右通政、大理寺少卿、少詹、太常寺少卿、鴻臚寺卿、太僕寺少卿、順天奉天府丞、四譯館少卿,從四品,國子監祭酒,正五品,左右春坊庶子、通政使司、左右参議、光禄寺少卿,從五品,内閣翰林院讀講學士、鴻臚寺少卿。

凡民本通狀,順治八年題准:民本應審理者,將本人付兵馬司羈管候旨,應行督撫按者,交與刑部差人解送。○又題准:凡民本有嘉謨嘉猷,關係國計民生及軍機重事,竝所告貪酷官吏干己受害,曾經陳告督撫按不得上達者,訊明方准封進,如未向地方官陳告,或已告尚未審結者,俱駁赴本管官陳訴結案,其借端計騙官吏,挾詐恃刁者,照例參送法司治罪。○十八年題准:凡民本通狀,須將某年月日經某衙門覆告如何結斷,是何批語詳明敘述,若詐稱覆告,不詳載緣由者,不准封進;凡官員被革被降者,必先由該管衙門陳訴;凡告職官者,在外先由各該撫按衙門,在京先由各該衙門具告;凡在京人民互相訐告及旗民互相訐告者,先由五城,若事關重大,許五城具題,下部審問。以上各項若果有冤抑,而各該衙門不爲伸理者，方許詳開緣由，赴通政司控陳，越訴者不准入奏。〇康熙十二年題准：在外民人告旗下人及旗下家人告主强壓霸占者，俱令赴刑部具告，審結後果係寃枉，仍向原問衙門復告；如不與准理，許告狀人詳開年月日期、事情竝審駁言詞，赴通政司告理，詳察情節，取閱原案，果係寃枉，方准具疏，其餘仍照例用印，送該衙門覆審。

凡月奏，順治九年題准：每日接到通狀有應送者，即明立前件用印，連人狀送各該衙門審理，每月將姓名註語備造清册，具疏奏聞，發該科察催承行衙門回銷。〇十二年題准：凡咨送督撫審理民本通狀，不論地方遠近，年底未結，俱俟奏銷查參。〇康熙元年題准：凡咨送督撫民本通狀，俱照部件定限奏結，仍將奉到日期預報通政司，倘事有難結，應備開情由，題請展限，如逾限不完，聽通政司查參。其通政司舊例年底奏銷，今既經立限，應於月底奏銷。

凡管理登聞鼓廳，舊例派給事中或御史一員更替管理。康熙六十一年十二月奉旨：鼓廳衙門無事，應將鼓廳歸併通政使司兼管。遵旨議定：嗣後通政使司衙門兼管鼓廳事務，所有册籍檔案、筆帖式、書役人等亦歸併通政使司衙門管理，科道官員停其更替。

大理寺

大理寺，正三品衙門，設滿漢卿及滿漢少卿，其屬則有寺正、寺副、評事等員，其首領有滿漢司務，建置沿革詳見《吏部·官制》。

凡本寺職掌，專管天下刑名，内而刑部，外而督撫有具題重辟事情，奉旨三法司核擬者，直省原有招揭到寺，該左右寺官即行據揭詳核，查所擬罪名是否與律例相符，出具看語呈堂，俟刑部定立稿案，送寺畫題時，視其看語意見，果屬相同、別無疑義者，堂屬一體畫題；或其間情罪未明、律例未協，將稿案交還刑部再行參酌；若彼此意見仍有異同，該左右寺官即擬稿另爲一議呈堂，送刑部都察院酌量議覆。其在京見審事件，止取刑部原案口供詳核，其有未協者呈堂，再赴刑部會同該司及該道御史詳細審擬確實，務期明允，方行畫題。

二寺分屬

左右二寺分管在京各衙門暨直隸盛京各省刑名，與刑部十四司、都察院六掌道會同審讞。

左寺

滿左寺正分管

山東全省　宗人府

兵部　督捕

理藩院　太僕寺

兵科

盛京所屬地方　寧古塔將軍衙門

河道總督衙門　廣平府并所屬州縣

以上與刑部山東清吏司都察院山東道會同審讞

貴州全省　吏部

吏科

河間府除滄州并屬縣外餘所屬州縣俱隸此

天津州

以上與刑部貴州清吏司、都察院山西道會同審讞。

漢軍左寺正分管

廣東全省　鑾儀衛

順德府并所屬州縣　昌平州并所領順義密雲二縣

延慶州　定興縣

以上與刑部廣東清吏司、都察院山西道會同審讞。

漢左寺正分管

江南全省　漕運總督

霸州并所領縣

以上與刑部江南清吏司、都察院江南道會同審讞。

漢左評事分管

浙江全省　刑部

都察院　刑科

京畿道　南城

涿州并所領縣

以上與刑部浙江清吏司、都察院浙江道會同審讞。

四川全省　工部

工科　寶源局

琉璃厰	惜薪司
街道廳	永平府并所屬州縣

以上與刑部四川清吏司、都察院江南道會同審讞。

右寺

滿右寺正分管

陝西全省	本寺
西城	行人司
滄州并所領縣	

以上與刑部陝西清吏司、都察院陝西道會同審讞。

漢軍右寺正分管

山西全省	内閣
翰林院	中書科
欽天監	北城
拱極城	宣化府
保安州	寶坻縣

以上與刑部山西清吏司、都察院山西道會同審讞。

漢右寺正分管

福建全省	户部
倉場	户科
倉院	寶泉局
坐糧廳	大通橋
京通十倉	宣課司
左右兩翼	

保定府除新城、定興二縣外，餘所屬州縣俱隸此

以上與刑部福建清吏司、都察院河南道會同審讞。

湖廣全省	通州并所領縣
通州所	

以上與刑部湖廣清吏司、都察院陝西道會同審讞。

漢右寺副分管

河南全省	禮部
詹事府	國子監
太常寺	光禄寺

鴻臚寺	禮科
東城	大興縣

以上與刑部河南清吏司、都察院河南道會同審讞。

廣西全省	通政使司
宛平縣	正定府并所屬州縣

以上與刑部廣西清吏司、都察院山東道會同審讞。

漢右評事分管

江西全省	中城
大名府并所屬州縣	新城縣

以上與刑部江西清吏司、都察院江南道會同審讞。

雲南全省	順天府
太醫院	直隸巡撫衙門
遵化州并所領縣	薊州并所領縣
良鄉縣	固安縣
永清縣	東安縣
香河縣	懷柔縣

以上與刑部雲南清吏司、都察院浙江道會同審讞。

凡會勘事宜,順治十年題准:一應奉旨三法司核擬事理,刑部審明成招定罪,註定看語,送都察院參核,都察院參核既確,送大理寺平允會稿具題。三衙門議同者,合具看語,不同者,各出看語具奏。〇十二年諭:“三法司核擬死罪,在京者堂官面同研審,在外題奏者,各將原招詳察明白,面同議覆。當虛心商酌,務期情罪適當,律例允協。”〇十五年議准:凡事關三法司核擬者,刑部官俱備全招看語,與寺院官面相商議,在外撫按題准事件,各具册揭詳核。

凡熱審減等,定例每年熱審,刑部於四月内移咨本寺左右寺官,於小滿後十日,同都察院六掌道各就所管司分會審呈堂,按律定擬,笞罪釋放,徒流以下減等發落,重囚内有可矜疑者,具奏請旨定奪。仍將審過事件每逢十日刑部會同本寺及都察院彙題一次,六月底停止。詳見《刑部》。

凡朝審秋審,定例每年霜降後,本寺滿漢卿少卿公同九卿詹事科道等官,於天安門外會審刑部見監人犯及盛京直省等處秋決重囚招册,分别情實、矜疑、緩決三項列名具題。

凡恤刑,順治十一年題准:直省恤刑五年一次,差官同巡按御史審録,御史執法，防其失出，恤刑原情，防其失入。刑部差郎中員外郎十三員，本寺差寺正寺副二員，取諳練刑名、科深任久者充選。嗣後時行時止，其因革詳見《刑部》。

大清會典卷之二百二十六

内務府

國初置内務府，掌内府財用出入，及祭祀、宴饗、饍羞、衣服、賜予、刑法、工作、教習諸事。順治十一年裁，置十三衙門，曰司禮監、尚方司、御用監、御馬監、内官監、尚衣監、尚膳監、尚寶監、司設監、兵仗局、惜薪司、鐘鼓司、織染局，十二年改尚方司爲尚方院，十三年改鐘鼓司爲禮儀監，尚寶監爲尚寶司，織染局爲經局，十七年改内官監爲宣徽院，禮儀監爲禮儀院。十八年裁十三衙門，仍置内務府，所屬有廣儲司、會計司、掌儀司、都虞司、慎刑司、營造司、織染局，又置武備院、上駟院。康熙二十三年，增設奉宸苑、慶豐司。二十五年，設景山官學。雍正元年，鑄給經管三旗錢糧關防，四年鑄給内管領關防，并設稽察内務府御史等官，其建設裁汰備列於後。

〔官制〕

内務府

總管隨時建設無定員

主事二員

署主事二員雍正元年設一員，四年增一員

筆帖式二十六員舊設十六員，康熙三十三年添八員，三十七年裁二員，雍正元年添四員

值年管理番役司官二員雍正四年設

廣儲司

郎中四員内掌印一員

員外郎十二員舊設八員，康熙二十八年添四員

主事一員

署主事一員雍正元年添設

司庫十二員舊設八員,康熙二十八年添四員

無頂帶司庫十二員康熙四十四年添設

筆帖式二十八員舊設十四員,康熙二十八年添六員,三十四年裁二員,雍正元年添十員

會計司

郎中三員内掌印一員,康熙三十八年裁一員,雍正元年復設

員外郎六員原額十二員,康熙二十六年撥六員經管錢糧莊

主事一員

署主事一員雍正元年添設

筆帖式二十三員舊設二十一員,康熙三十四年裁二員,雍正元年添四員

掌儀司

郎中二員内掌印一員,舊設三員,康熙三十八年裁一員

員外郎八員

主事一員

署主事一員雍正元年添設

贊禮郎十員舊設十二員,康熙三十八年裁二員

膳房總領六員

茶房總領四員

司胙官四員

筆帖式二十三員舊設二十員,康熙三十七年裁一員,雍正元年添四員

膳房

總理大臣

侍衛俱隨時建設無定員

主事一員雍正二年設

庫掌四員舊設二員,康熙五十八年添二員

筆帖式九員舊設四員,康熙五十三年添三員,雍正二年添二員

茶房

總理大臣

侍衛俱隨時建設無定員

都虞司

郎中二員内掌印一員,舊設三員,康熙三十八年裁一員

員外郎五員舊設六員,康熙三十八年裁一員

主事一員

署主事一員雍正元年添設

筆帖式十七員舊設十四員,康熙三十七年裁一員,雍正元年添四員

慎刑司

郎中二員内掌印一員,舊設三員,康熙三十八年裁一員

員外郎四員舊設六員,康熙三十八年裁一員,六十一年裁一員

主事一員

署主事一員雍正元年添設

筆帖式十七員舊設十四員,康熙三十七年裁一員,雍正元年添四員

營造司

郎中二員内掌印一員,舊設三員,康熙三十八年裁一員

員外郎八員

主事一員

署主事一員雍正元年添設

筆帖式三十三員舊設二十一員,康熙三十年添五員,三十四年裁二員,五十三年分撥米鹽庫四員,五十九年添二員,雍正元年添設六員,三年裁米鹽庫撤回四員,又添設一員

慶豐司

郎中二員康熙二十三年設

員外郎十員舊設六員,康熙二十三年添四員

主事一員

署主事一員雍正元年設

筆帖式十八員滿文十五員,漢文二員,委一員署主事〇舊設十二員,康熙二十三年添六員,三十四年裁二員,雍正元年添二員

遊牧處

總管一員康熙三十七年設

副總管二員康熙四十一年設一員,四十七年設一員

協領六員康熙三十三年設

筆帖式十二員康熙三十三年設

達里崗崖翼長一員康熙三十九年設

筆帖式二員康熙三十九年設一員,四十年增一員

織染局

員外郎一員

司庫一員

筆帖式三員

藥房

内管領二員

内副管領二員俱康熙三十年設

司庫二員

副司庫二員

筆帖式十五員舊設十六員，康熙三十八年裁一員

官學

景山官學康熙二十五年建

總管滿漢學官五員

内管領六員康熙三十一年設三員，三十四年添三員

滿洲佐領七員康熙三十四年設

滿教習九員

漢教習十二員

萬善殿官學

漢教習一員

三旗經管錢糧

郎中一員

員外郎六員

署主事一員

筆帖式十二員

内管領

内管領三十員原設二十員，康熙二十四年添四員，三十年添三員，三十四年添三員

内副管領三十員原設二十員，康熙三十四年添十員

筆帖式三員舊有米鹽庫初名鹽庫，康熙四十八年設郎中三員，無品級庫首領一員，筆帖式三員，五十三年添設六品庫首領一員，無品級庫首領三員，筆帖式四員，五十四年改名米鹽庫，雍正元年添設筆帖式六員，三年奏准：將衙門全裁

稽察内務府御史雍正四年設

監察御史四員

筆帖式十六員

武備院

大臣三員

郎中一員

員外郎八員舊設六員,康熙四十二年增二員

主事一員

署主事二員雍正元年設

筆帖式二十八員舊設十七員,康熙三十三年添設五員,三十四年裁二員,四十五年添設八員

上駟院

總管大臣隨時建設無定額

侍衛十五員舊隨時建設無定額,雍正元年定爲十五員

郎中一員康熙二十五年設

員外郎四員舊設六員,康熙三十八年裁二員

主事四員舊設一員,康熙三十三年添三員

署主事六員康熙五十九年設三員,雍正元年增三員

筆帖式二十二員舊設十五員,康照二十九年添七員

奉宸苑

掌印大臣一員即以内務府總管充

郎中一員

員外郎四員

主事一員

署主事一員雍正元年添設

筆帖式十二員舊設八員,康熙三十二年添設一員,三十九年添設一員,雍正元年添二員

靜明園筆帖式一員

湯泉筆帖式二員

總理玉泉山稻田大臣一員雍正元年添設

兼管玉泉山稻田官二員於各司院苑局各官内以原銜充,雍正元年設

筆帖式三員雍正元年設

南苑

郎中一員

員外郎二員
署主事一員雍正元年設
筆帖式五員
鑲黃旗
護軍統領一員雍正元年增設
護軍参領五員
署参領五員
侍衛署参領三員康熙三十六年增設
驍騎参領五員
副参領五員康熙四十三年增設
滿洲佐領五員舊設三員，康熙三十四年增二員
漢軍佐領六員舊設四員，康熙三十四年增二員
護軍校十五員
副護軍校五員
驍騎校九員
副驍騎校九員
正黃旗
護軍統領一員雍正元年增設
護軍参領五員
署参領五員
侍衛署参領三員康熙三十六年增設
驍騎参領五員
副参領五員康熙四十三年增設
滿洲佐領五員舊設三員，康熙三十四年增二員
漢軍佐領六員舊設四員，康熙三十四年增二員
朝鮮佐領二員舊設一員，康熙三十四年增一員
護軍校十六員
副護軍校五員
驍騎校九員
副驍騎校九員
正白旗
護軍統領一員雍正元年增設

護軍參領五員
署參領五員
侍衛署參領三員康熙三十六年增設
驍騎參領五員
副參領五員康熙四十三年增設
滿洲佐領五員舊設三員,康熙三十四年增二員
漢軍佐領六員舊設四員,康熙三十四年增二員
護軍校十五員
副護軍校五員
驍騎校九員
副驍騎校九員

圓明園三旗

侍衛署護軍參領三員
署參領三員
護軍校三員

盛京三旗

佐領三員内掌關防一員
驍騎校三員
司庫三員
筆帖式三員
江寧蘇州杭州管理織造掌關防官各一員
司庫各一員
筆帖式各二員
庫使各二員
烏喇捕牲處掌關防總管一員
翼長二員
驍騎校七員康熙三十八年增設
筆帖式七員舊設四員,雍正三年增三員

凡官員、筆帖式、庫使、庫尉、首領、陵寢尚膳、尚茶等人員,俱由内務府總管具題補授,其餘人役俱聽總管酌量補用。〇雍正元年諭:“内務府添漢字筆帖式四員,五年之後考試,以知縣州判用,司院漢字筆帖式俱照此例。”

凡官員考核，康熙十二年定：内務府官員照部院官員例，三年京察一次。〇又題准：内務府三品以上官員，均著照例自陳，其郎中、員外郎、主事、司庫、庫掌筆帖式等，分爲四等，聽該堂官考察，譾劣者革職。〇十八年諭："内府官員降級無可補用之缺，不必照部院官員八法之例考核，著令内務府官員内管領等一併甄别，不及者即議革退具奏。"〇雍正四年題准：内務府總管照例自陳，其官員筆帖式等均照康熙十八年之例，分别等次考察，其上駟院、武備院、奉宸苑三品官亦照例自陳，官員筆帖式等著該堂官甄别考察。

凡理事限期，康熙十六年題准：奉旨事件限二十日内啓奏，若情由不明，應咨查者一月内啓奏，其咨文限十日内查送，至會議事情亦限一月内啓奏，限内不能完者，該衙門題請展限；各衙門互移咨文俱限二十日内奏結，或違定限及遺漏事宜不記案籍，或將應完之事借端遲延，不速完結者，查參處分，其各司自理事件，一月兩次記册送查。〇雍正三年諭："内務府等處凡有啓奏事件，俱著兼寫漢字，及行文寫稿，亦著兼寫漢字。"

凡設立番役，雍正四年議准：設番役人等，於佐領内管領下領催内選取頭目四名，於兵丁内選取番役四十名，再於四十名番役内選取副頭目四名，協同頭目管轄番役；每年派賢能官二員值年專管，如一年内能稱職者，奏請議敘，倘有踈縱徇庇，不行嚴加查拏者，題参議處，其查拏事件人數於年底繕摺開列具奏。〇又定：嗣後番役等緝獲事件，照提督衙門之例賞賜。〇五年議定：派出隨圍番役等，給與帳房二架、官馬各一疋，每日各給銀一錢三分。

大清會典卷之二百二十七

内務府

廣儲司

郎中、員外郎、主事，分掌庫藏、儲蓄、經費之事。

銀庫

管收造金銀珠寶、玉、緑松石、珊瑚等物。

裘庫

管收造貂皮、猞猁、猻、水獺、狐皮、多羅尼嗶吱緞、倭緞、氆氌、茶、燈、磁器等物。

緞庫

管收藏緞、布、金線、絨絲、香藥等物及染造各色。

衣庫

管收造暖凉帽、鑲皮端罩、朝服等物。

磁庫康熙二十八年奏准：於裘緞二庫内分設

管收造磁器、銅錫等物。

茶庫康熙二十八年奏准：於裘緞二庫内分設

管收貢茶、人參、金線、絨絲、紙張、香等物。

凡每年皇帝禮服及四時衣服、皇子公主等四時衣服，並掌製造宫内應用定數緞疋、皮裘、金線、絨絲等物，每年供辦各宫冠服，俱照禮部定式成造。

凡坐褥，康熙十五年題准：皇后坐褥用鳳凰黄粧緞，行禮褥前用黄素緞，後用黄布；貴妃坐褥用金黄粧緞，行禮褥用金黄素緞；嬪等坐褥、行禮褥用金黄素緞。〇十九年諭："妃嬪行禮俱用紅氈。"〇二十年題准：皇貴妃坐褥用黄粧緞,妃坐褥用金黄粧緞。

凡每年皇帝詣天壇、祈穀壇、先農壇致祭,輿前設引燈三對,門燈設十三對;詣地壇、朝日壇、夕月壇、歷代帝王廟、先師文廟、堂子致祭,輿前設引燈三對,門燈設八對;詣太廟、社稷壇致祭,輿前設引燈三對,門燈設六對。〇雍正四年諭:“嗣後凡祭壇廟,午門前大臣侍衛等騎馬之處,設羊角燈二十對。”〇又諭:“祭堂子下馬之處,亦設燈二十對。”

凡解送潞紬,定例山西潞安府高平、長治二縣每年交送各色大潞紬一百疋、小潞紬三百疋,由工部移送收畢,仍移會工部。

凡解送六安茶,定例江南六安州霍山縣每年交送六安茶三百袋,每袋重一觔十二兩,由光禄寺移送收畢,仍移會光禄寺。

凡黄茶,定例浙江省每年交送黄茶二十八簍,每簍八百包,由户部移送收畢,仍移會户部。

凡朝鮮、安南、琉球、暹羅、蘇禄等國進貢珍珠、金銀、紬疋、涼蓆、紙張、香蛤、蚌螺、蚼、銅、錫等物,由禮部轉送收貯。

凡需用貂皮、猞猁、猻、狼皮、羊皮、黄銅、紅銅、錫、絲、沉香、茶葉、紙張等物,於户部咨取,其奠帛、硼砂等項於工部咨取,每年核算奏銷。

凡皮張染色,康熙二十五年題准:皮庫備用染色皮張,舊例派出領催馬甲等前往盛京染色,嗣後停其派人前往,著將貂皮一百五十張、海龍皮一百五十張,每年交與盛京送布疋來京之司庫等帶去,令該佐領委員染就,於交送布疋時一同齎解來京。

凡六庫舊存、新收、現用、實剩各項錢糧,每歲底造册奏銷。

凡江寧、蘇州、杭州三織造處補授官員、司庫、筆帖式、庫使等,知會該織造處,其隨往家屬出京門票、沿途護送官兵并所食俸禄錢糧需用草單等項,俱行呈堂,移咨户部兵部給發。

凡織造承辦事宜,康熙四年題准:大紅蟒緞、大紅緞、片金、拆纓等項,派江寧織造承辦,紡絲、綾、杭紬等項,派杭州織造承辦,毛青細布等項,派蘇州織造承辦。其每年織辦緞紗、紬綾、紡絲、布疋、絨線等項,由緞庫茶庫官員擬定花樣顏色數目,分派三處織造,照式辦解。其緞疋紬綾到京時,暫貯銀庫,回堂派官驗看選取,將所收數目具奏,并將所收各項數目移會户部銷算。

凡外藩公主偕額駙歸寧,公主之子孫小貢,國戚、王、貝勒、公、台吉歲底朝覲或小貢,及郡主、縣主、額駙等來朝,俱恩賞銀器、衣服、緞疋等物有差。

凡外藩蒙古王、貝勒、貝子、公、台吉、塔布囊等歲底朝覲,隨時賞賚衣服。

凡賞賜外藩之等差,康熙五年題准:賞親王立蟒緞貂裘,郡王立蟒緞狐裘,貝勒蟒緞狐裘,貝子公台吉塔布囊都統等蟒緞羔裘各一襲。〇十年停止。

凡外藩四十九旗、喀爾喀、厄魯特等國進貢方物,從該衙門啓奏咨文到日,估價議賞。

凡外藩貢使喇嘛等,除回賜外賞給銀緞服物有差。

凡優恤蒙古,雍正五年題定:嗣後理藩院蒙古等所進物件,令該收貢物處將伊等地方人名並進貢何項物件逐一開明數目,用印文移咨該司,以憑照例折賞。

凡大臣侍衛等進獻駱駝馬驘,俱估計給賞銀兩緞疋有差。康熙八年諭:"嗣後大臣侍衛等進馬應賜鞍者,先行請旨,再議估價。"

凡統兵出征王公將軍等,各隨時給賞。

凡奉差外藩及遣往招撫官員,各隨時給賞。

凡投誠官員土司及喀爾喀、厄魯特王貝勒等,各隨時給賞。

凡恤賞銀兩,雍正元年諭:"著發内庫銀九十萬兩,生息所得利銀給八旗并内府三旗官員兵丁等喜喪之事賞用。"遵旨議定:官員及茶房飯房人、護軍領催等遇喜事,賞銀十兩,喪事賞銀二十兩;馬兵等遇喜事,賞銀六兩,喪事賞銀十二兩;步兵等遇喜事,賞銀四兩,喪事賞銀八兩。八旗并内府三旗,各將一年所用銀兩數目於歲底繕摺具奏。〇三年諭:"内府護軍校、驍騎校兵丁遇有喜喪之事已加恩賞,其内府官員亦著恩賞,拖欠錢糧者不必賜給。"

凡較射給賞,順治十六年定:兩翼大臣侍衛等較試射箭,中者各賞緞一疋。〇康熙十二年定:兩翼大臣侍衛等各射十矢,中九矢者,各賞鞍馬一匹,中八矢者,各賞蟒緞一疋、緞一疋,中七矢者,各賞緞一疋、紬一疋,中六矢者,各賞洋緞一疋、紬一疋,中五矢者,各賞彭緞一疋、紬一疋,中四矢者,各賞緞一疋;三旗内府護軍領催、兵丁、鎗手等令其試演,以示鼓勵,中一矢一鎗者,各賞銀五錢,中十矢十鎗以下,八矢八鎗以上者,各加賞弓一張,折銀三兩。〇十三年定:三旗内府護軍校護軍等各射十矢中八矢以上者,各賞緞一疋、紬一疋、弓一張,中七矢者,各賞緞一疋、紬一疋,中六矢者,各賞緞一疋,中五矢者,各賞洋緞一疋,中四矢者,各賞彭緞一疋,中三矢者，各賞紬一疋，中二矢者，各賞布三疋，中一矢者，各賞布二疋。〇十五年定：三旗佐領内管領屬下官員護軍兵丁等較試騎射步射俱優者，各賞内用緞一疋、鳴鏑一枝，步射優而騎射中等、騎射優而步射中等者，各賞官緞一疋，或止步射優，或止騎射優，或騎射或步射俱中等者，各賞洋緞或彭緞一疋，或止騎射中等或止步射中等者，各賞紬一疋；鎗手人等放鎗三次全中者，各賞彭緞一疋，中二次者，各賞布二疋，中一次者，各賞布一疋。〇十九年定：三旗大臣侍衛各射十矢，中九矢者，各賞蟒緞一疋、緞三疋，中八矢者，各賞蟒緞一疋、緞二疋，中七矢者，各賞緞三疋，中六矢者，各賞緞二疋，中五矢者，各賞緞一疋，中四矢者，各賞洋緞一疋。〇二十年定：兩翼大臣侍衛等各射十矢，全中者各賞蟒緞一疋、緞四疋，其餘照十九年例給賞。

凡給賞冠皮端罩、貂鑲朝服，每年該庫預備冠皮端罩、貂鑲朝服，自和碩親王以下，入八分公以上有未得者，給與灰色元狐冠皮端罩，其兩翼排坐大臣有未得者，給與元狐冠皮端罩、立蟒緞貂鑲朝服，其侍衛等有未得者，照品級給與，一等侍衛、參領、冠軍使等給與貂鑲猞猁猻端罩、蟒緞貂鑲朝服，二等侍衛、雲麾使等給與紅豹皮端罩、有補腰襴緞貂鑲朝服，三等侍衛、治儀正等給與狐皮端罩、有補緞貂鑲朝服，若領賜王貝勒貝子公等亡故，其子孫不得擅服，請旨令其服用者方敢服用，若班次無名，在别旗下都統、滿漢尚書、經筵講官有奉特旨者，亦賜與冠皮端罩、貂鑲朝服。

凡給賞衣服，内管領屬下掌管内外事男婦各項匠役、採蜂蜜壯丁、遊牧處男婦等，每年支給布疋、棉花、羊皮襖。

凡守護宫殿門陵寢太監首領等每年支給緞布衣帽等物。

凡優恤匠役，雍正五年題准：三旗遊牧處羊羣，每年將倒斃大小羊皮三分内揀選一分送庫，該庫選擇好者收貯。選剩之皮張，槩行呈堂，咨行會計司，將貧苦匠役人等數目開送到司，照數賞給。自送到羊皮之日起，限六十日内完結。

凡治辦奉先殿祭品厨役等，每四年支給羊皮襖一次。

凡執帶器械人夏季服小立蟒紗袍，春秋小立蟒袷袍，冬季小立蟒緞羊裘，牽對馬人等各服蟒袍，俱本司製，交鑾儀衛收給。

凡優恤高年，康熙二十五年定：三旗内佐領人等九十歲以上曾出仕者，男婦緞各二疋，不仕者，男婦各銀二十兩；八十歲以上本身出仕及出仕者之父母妻，緞各一疋，彭緞各一疋，不仕者，男婦各銀十五兩；七十歲以上本身出仕及出仕者之父母妻,緞各一疋,綾各一疋,不仕者,男婦各銀十二兩。其内大臣及閑散大臣年老者,各給立蟒緞一疋。

凡盛京各莊徵收布疋、棉花、靛鹽,存貯支用,每歲底令造册報銷。

凡屯衛等處捕牲人每年交送所得黄狐皮、水獺皮、狼皮,由都虞司轉送到司揀選,堪用者交庫,其不堪用者駁回,將收過皮張數目移會都虞司,折扣伊等錢糧。

凡張家口内糧莊,頭等、二等、三等莊頭共三百三十六名,每年每名交紅花八兩,共計紅花一百六十八觔。

凡盛京佐領等每年交送家機細布、粗布、棉線等,據該佐領咨文該庫照數查收。

凡寧古塔、瓜爾岔二處每年所交貂皮送到之時,暫貯銀庫,俟内務府總管驗看,選定等次具奏,鈐押圖記交庫。

凡索倫處每年所交貂皮,由户部轉送,暫貯銀庫,俟内務府總管同户部堂官驗看,選定等次具奏,鈐押圖記交庫。

凡盛京寧古塔每年送到官票人參及搜獲私參,内務府總管驗秤,編定等次具奏,查收交庫。

凡捕牲烏喇等處每年送到東珠,廣儲司會同都虞司官及該處來員到工部驗看,編定等次,具奏收庫。

凡東安、香河二縣及鳳阿營地方種靛棉花壯丁六十二名,順治三年定:壯丁每名給口糧地五晌、種棉花靛地三晌,每年徵收棉花一百觔、靛一百觔。〇十五年題准:每年各壯丁止徵棉花五十觔。

凡三旗遊牧地方,每佐領徵取得勒蘇草五把、柳條箭幹五十根。

凡額設員役,銀庫六品司庫二員、無品級司庫二員、庫使十八名、八品催總二員、領催六名、各項匠役共二百名,裘庫六品司庫二員、無品級司庫二員、庫使十五名、無品級催總一員、領催六名、各項匠役共二百六名,緞庫六品司庫二員、無品級司庫二員、庫使十五名、無品級催總一員、領催六名、各項匠役共五十四名,衣庫六品司庫二員、無品級司庫二員、庫使二十四名、八品催總二員、無品級催總一員、領催十二名、各項匠役共五百三十二名、太監領催二名、蒙古領催三名,磁庫六品司庫二員、無品級司庫二員、庫使十五名、八品催總二員、領催六名、各項匠役共九十八名,茶庫六品司庫二員、無品級司庫二員、庫使十五名、無品級催總一員、領催三名、各項匠役共三十二名。

大清會典卷之二百二十八

內務府

會計司

郎中、員外郎、主事，分掌莊園地畝户口徭役之事。

凡設立糧莊及編審壯丁，舊例於額丁内選堪用者爲莊頭，給田一百三十晌，場園馬館另給田四晌，每莊頭連本身共壯丁十名，蕃衍則留於本莊，缺則補足，給牛八頭，如有倒斃，報明補給，量給房屋、田種、口糧、器皿，免第一年錢糧。每三年差司官前往編審壯丁，將餘夫比量編入壯丁數内，老者開除。○康熙八年題准：將各莊頭等第編爲頭等、二等、三等、四等。○二十三年題准：嗣後編查莊頭等第，限十年編定一次。○二十四年題准：設立糧莊，每莊給地三百晌。○又題准：頭等、二等莊頭不准給牛。○二十六年題准：於交納銀二百兩之莊頭内挑選，改爲糧莊。○又題准：每糧莊連本身給壯丁十五名。○四十八年題准：莊頭地畝不足額數者，准其補給，薄堿沙壓者，准其换給。

凡山海關内，古北口喜峯口外納糧額數，舊例每糧莊一所納糧一百石。○康熙三十九年定：報滿額一百觔石，合倉石三百六十石。○五十年題准：頭等莊報倉石二百五十石，二等莊報倉石二百二十石，三等莊報倉石一百九十石，末等莊報倉石一百二十石，所報之糧俱係穀石，每穀一石折小米五斗。

凡山海關外納糧額數，舊例每糧莊一所納糧一百二十石。○康熙三十九年定：報滿額一百二十觔石，合倉石四百三十二石。○五十年題准：管理糧莊，每年派内務府官一員值年專管。○五十一年題准：頭等莊報倉石三百二十二石,二等莊報倉石二百九十二石,三等莊報倉石二百六十二石,末等莊報倉石一百九十二石。○又題准:領種入官地畝莊頭四名,每名報糧七十石,本身帶地納糧莊頭一名,按額報糧六十四石。○又題准:莊頭交倉雜糧每名納蘇子二十四石三斗、穀子四石八斗六升,俱准於報糧内抵除,其應交茜草五十觔、線蔴十八觔、小根菜十六觔、蔞蒿菜十六觔、黄花菜十觔,不准扣抵。○五十七年題准:停止值年專管官。○雍正元年,奉旨添設總理大臣官員,專管報糧編審、餧馬、詞訟、差徭等事。○四年題准:山海關外頭等莊給地九百晌,二等莊給地八百五十晌,三等莊給地七百五十晌,四等莊給地六百五十晌。如各莊頭内有地畝不足額數者,將各莊餘地補給,其補給之外所餘地畝交與地方官酌量另撥耕種。

凡收糧賞罰,舊例收糧畢時各莊頭將所收糧數報明,於定額外多納一石者,賞銀四錢,缺一石者,責二鞭,其鞭責不過一百。至溢額最多之莊頭,除賞銀外酌量賞以馬匹、皮端罩袍、帽靴等件,以示奬勵。○康熙二十四年題准:莊頭報糧不准溢額,溢額亦不准給賞。○三十九年,停止缺一石責二鞭之例。

凡賞給頂帶,康熙五十五年覆准:莊頭内當差四五十年不欠錢糧者,給與八品頂帶,當差二三十年不欠錢糧者,給與九品頂帶,其當差年久竝無拖欠錢糧,因年老不能行走者,將伊子弟給與九品頂帶榮身。○雍正元年,内務府奏稱山海關内莊頭等歷年舊欠錢糧,另議具奏。其康熙五十七年起至六十年所欠新糧作四年完納,每租糧一倉石折銀五錢,徵交廣儲司。奉旨:“莊頭等所欠陳糧五十九萬三千五十四石二斗七升三合,俱令豁免,所欠新糧限三年之内交完。全交完者,作何議敘之處,著議奏。”遵旨議定:莊頭等所欠新糧於一年内全完者,有頂帶者加一級,無頂帶者,給與八品頂帶,二年内全完者,給與九品頂帶,若三年不完者,革去莊頭,發與别莊充作壯丁。

凡收貯餘糧,舊例糧莊報糧額外所餘之糧,每年委官一員監視,作窖收貯。康熙七年題准:停其委官監視,令該莊頭自行收存。○二十四年題准:莊頭所餘糧石俱令按時價糶賣,其收存所租地畝糧石,交會計司經管錢糧官徵租。○三十年奏准:各莊頭收存之糧,委官一員查明實數,或十莊或五莊收聚一處,擇殷實莊頭家内作窖收貯。○五十年題准:莊頭餘剩之糧并歷年所欠陳糧,派内務府官員會同户部官員催追,交與該地方官收貯備用。○雍正二年題准:口外莊頭等交倉外餘剩之糧,每麤糧二石折米一石，令運至熱河等處倉内收貯；莊頭運米十石抵除陳糧一石，每年派内務府官一員催徵入倉。○三年題准：口内莊頭等交倉所剩餘糧，委員折銀催交廣儲司，口外莊頭米糧運交熱河倉内，其雜糧秫稭等項折徵銀兩，亦委員催交廣儲司。

凡各莊所報糧内均派雜糧，定例交各内管領收貯倉内，依次備用。○康熙八年題准：各内管領所用雜糧不敷，酌量奏請於户部支取，每三年查核一次，節用而餘多者，内管領及掌倉人一并奬賞；濫用而缺少者，内管領及掌倉人一并治罪。○二十六年題准：内管領用過一年雜項米糧，停其議賞議罪。○二十七年題准：口内糧莊交送内管領之雜糧，除頭等二等不減外，三等減糧三石六斗，末等減糧七石二斗。○四十年題准：内管領每年額定向户部支取雜糧七千二百石，如有不敷，酌量再行支取，歲底奏銷。○雍正元年題准：將各内管領三十倉總歸三大倉，派值年内管領六員、内副管領六員專管。○二年題准：各莊交納雜糧已經足用，停其向户部支取，如有不敷，題明再行支取。

凡撥補新設莊頭料豆穀草，每年於各莊取料豆五十石、穀草十萬束收貯備用。○康熙三十年題准：裁革收貯備用之豆草，如有應用之處，向户部支取。

凡餧養羣馬草料，舊例山海關内照擬定各莊等第，分派頭等莊於所納糧内派豆四十石、穀草四千束、草一萬束，二等莊豆三十五石、穀草三千五百束、草八千七百五十束，三等莊豆三十石、穀草三千束、草七千五百束，四等莊豆十五石、穀草一千五百束、草三千七百五十束，量所派豆草多寡，勒限催納，莊内餧養。至山海關外莊，酌量均派餧養。其送料豆於各廐館者，照餧養羣馬之等第，分别均派，每豆一石，量送秫稭二十束，每莊仍派穀草二千束，送於廐館。○康熙八年題准：羣馬廐等處所派各莊豆草，如有不敷，於户部支給黄豆木柴，於工部支給。○十八年定：派各廐館料豆時，將料豆倉米各半發給。○二十七年題准：口内糧莊交送廐館之草束，除頭等二等不減外，三等減草八百束，末等減草一千束。○雍正元年題准：馬羣減少應節省草六十六萬束，將此項草束減半，著送廐館三十三萬束；又應節省黑豆三千零二十四石，派送廐館。

凡羊草，定例頭等莊派一萬束，二等莊派八千七百五十束，三等莊派七千五百束，四等莊派三千五百束。康熙八年題准：頭等、二等、三等莊俱減半派交，惟四等莊派二千五百束。每羊草一束折銀一分，餘俱豁免。再莊屯有割取羊草地方，其割草工價由户部發給。○十一年諭："海子内居住莊頭等每年所報之糧竝送廐料豆，照常派交，其所徵雜糧雜差，著令每年豁免。"

凡奏銷，定例各莊所納糧查明舊存新收、用過餘剩之數，每年奏銷一次。

凡莊田遇災，定例於七月二十日以前，莊頭呈報會計司，奏請委官查勘，將被災輕重分别啓奏，於定額内酌量豁免。○康熙六年議准：莊田遇災，山海關以内者，莊頭速行報明；山海關以外者，筆帖式與領催詳查速報，委内管領踏勘詳查被災輕重分數，分别造册，具結呈報，納糧時驗明册籍，將被災田地開除。捏報災荒者，嚴加治罪。○九年題准：山海關内外各莊田地報災，在内者委内管領一員往驗，在外者免其往驗。○二十五年題准：莊頭報災，踏勘餘剩好地六十五晌以下者，給與養贍家口，餘剩好地六十五晌以上者，照舊當差。○五十年題准：莊頭報災，伊等見在共有之地餘剩好地不至一半者，准其成災，免其送廐館之差，衹令交納倉差，如餘剩好地浮過一半者，照舊當差。○雍正三年題准：報災地畝委員查勘確實，將被災之地畝編作十分，按分數免差，仍按人口給發口糧，將莊頭等收存糧内，照數撥給。如有全行捏報者，枷號兩個月、鞭一百，捏報十頃以上者，鞭一百，捏報五頃以上者，鞭八十。若呈報地畝被災，本身臨勘不到者，革退莊頭，充當壯丁。

凡莊頭應供官物，定例送該司官員驗收，交内管領，若不即行驗收，有遲延勒索等弊，事發參奏，量物折價，照貪贓例治罪。○康熙五十年題准：凡莊頭交倉及交廐館等差，每年派本司官一員、催總一員值年監管交送。如有不收本色，勒掯等弊，著值年官查參議處；如值年官徇庇不舉，查出一并參處。

凡設立豆稭莊，定例於額丁内選堪用者爲莊頭，給田六十五晌，場園另給二晌，連莊頭本身共丁五名，給牛四頭，倒斃不准補給，量給房屋、田種、口糧、器皿，免第一年錢糧。○康熙二十六年題准：連本身給壯丁七名。○四十五年題准：每莊給地一百五十晌。

凡豆稭莊納糧，定例悉照糧莊之數減半報納，其比定額浮納欠缺之賞罰及編審壯丁、踏勘災傷免差，俱照糧莊例。○康熙三十九年定：報糧一百八十石。○五十年題准：報糧六十石。

凡廐館飼馬豆稭，定例酌量均派，徵收每豆稭十六束，折糧一柳斗，於所納糧内抵除。○雍正二年定:廐館飼馬不用豆稭,將豆稭莊頭三十名暫編爲半分莊頭。

凡半分莊,康熙二十四年題准:連本身給壯丁七名、牛四頭,照豆稭莊報糧,每年交送廐館,每莊交倉石黑豆二十五石二斗、草一千束、秫稭一百四十束。○四十七年題准:每莊給地一百五十晌。○五十年題准:每莊納糧六十石。

凡設立稻莊,按水田、旱田分别徵糧,莊頭亡故或因事革退,在房山縣、玉田縣、涿州三處者,各選本莊壯丁補充,在玉泉山、稻田廠二處者,移咨户部招募民人補充。○康熙二十三年題准:將玉泉山、稻田廠二處稻莊歸并奉宸院。○六十年題准:將涿州所有入官稻田三頃交與附近稻米莊頭承種,照例每晌交納稻米倉石一石四斗四升。○雍正五年題准:將奉宸院稻米莊頭裁去,其稻田廠地畝仍歸會計司管理。

凡稽察莊屯,康熙四十一年題准:古北口喜峯口盜賊甚多,派看守兩處口子之滿洲旗員二員、兵丁二十名,漢軍旗員二員、兵丁二十名,於各莊屯緊要處駐防,不時稽察,每一月换班一次。

凡設立菜園,定例於額丁内選堪用者爲園頭,連園頭本身共丁五名,給種菜田十九晌、口糧田各五晌、牛二頭、蒲簾一百二十五件、編籬秫稭三千五百束,所納菜蔬免徵一季。○康熙五十一年題准:設立豐臺菜園,每菜園頭各給地四頃,内畦地一頃八十畝、井六眼,每人給牛四頭、房三間。○五十四年題准:每菜園頭添給壯丁五名,每丁各給口糧田五晌。○六十年題准:補放菜園頭,各給旱地九頃。

凡菜園供菜,舊例均分於各内管領,照内管領進米次序,備菜以供内用,每一内管領各值二日供應。○康熙二十年題准:各處園地每年專派内管領二員管理,會計司按月查核,若有於定額外浮取,及將所送之物不即收領,與收取不堪用之物等弊發覺者,將專委管理之内管領治罪。○三十三年題准:停内管領各值二日供應之例,設立菜庫,派管領官員專管。

凡設立瓜園,照菜園例選堪用者爲園頭,連本身共丁五名,給種瓜田三十晌、口糧田各五晌、牛四頭。○康熙五十四年題准:每瓜園頭添給壯丁五名,每丁給口糧田五晌。○六十年題准:補放瓜園頭,各給旱地九頃。

凡盛京糧莊,定例每莊俱納糧一百二十石,若遇災荒,據掌關防佐領所報輕重分别奏請另定。本處飼養羣馬雜項錢糧,俱酌量用數,於各莊派取,每歲底將所納糧并用過餘剩數目一并造送轉奏,其賞罰、編審壯丁等事,俱照在内糧莊例。○康熙五十五年題准:盛京糧莊亦編查等第,照山海關外糧莊額數報糧。

凡分給莊屯户口,親王分給關内糧莊頭十名、果豆莊頭一名、關外糧莊頭一名、盛京糧莊頭一名、瓜園頭一名、菜園頭二名、滿洲佐領下人丁一百四十户、漢軍佐領下人丁四百户、管領下人丁三百十户,郡王貝勒貝子等分給關内糧莊頭六名、果豆莊頭一名、關外糧莊頭一名、盛京糧莊頭一名、瓜園頭一名、菜園頭二名、滿洲佐領下人丁一百户、漢軍佐領下人丁二百户、管領下人丁一百户。

凡給與内管領屬下無田地人等口糧,定例十歲以上爲一口,九歲以下、五歲以上爲半口,每月每口給糧一柳斗,半口給糧一斗,於莊頭所報糧内派給。○康熙元年諭:"各内管領屬下無力耕種田地者,將田地收回,交各内管領,本身給與口糧,奴僕不准給糧,至應得俸餉照常給發。"○又題准:將撤回田地人之丁口詳查,有丁一二名而不能耕種田地者,准給口糧,有願領田地者,給發耕種,若三丁以上者,令其耕種,不准給糧。○五年議准:各内管領屬下領種田地者,不准將田地繳回,令其永遠耕種。○二十三年題准:各内管領屬下無田地人等,口糧停其於莊頭報糧内派給,俱向户部支取。

凡派給絶嗣産業,康熙九年題准:各佐領與内管領所送各屬下絶嗣,家産除無奴僕者不議外,凡有奴僕田地者,俱派人二口,給田五晌,仍併於本佐領内管領屬下,令其看守伊主墳墓;其有奴僕無田地者,止派奴僕看守,餘者該部收理;其有親女者,亦派守墳人二名,給田五晌。至三旗内府人等,雖分各旗各佐領各内管領屬下,俱在内府數内,其絶嗣産業倘有親女親姊妹告理者,除派守墳人二口外,其餘人口交該管佐領内管領,按數分給親女二分,姊妹一分;若無親女而姊妹告理者,亦除派守墳人并田地之外,其餘若在同佐領同内管領屬下者,將家産奴僕一并令其承受,若在别佐領别内管領屬下者,將奴僕器皿等項令其承受,其田産房屋交與該部。

凡籍没家産人口,定例俱本司收管,奏請酌量撥給。○康熙五年,題請將罪犯之姊妹及女已經許聘與人者,取具該管官員印結,准其給配原夫。奉旨:滿漢俱照此例。○雍正元年題准:各處入官田地房産,委官徵取租銀,咨户部領取劄付,令該員會同該地方官查收。○又題准:各州縣交送一應入官房地租銀,本司移咨廣儲司查收。○五年諭:"嗣後漢軍人辛者庫人口,發給莊屯。"

凡太監守護宫殿,修理掃除,每處酌設數名管理,又設首領太監、副首領太監統理。其太監淨身,會計司與掌儀司派官各一員與年老太監會同驗視。至授事日,酌量歸併各内管領下關領錢糧。〇康熙十二年題准:老病退役太監及近年召募太監内効力未久者,准歸原籍;至下等差役管理細事之太監,與投充太監等有効力年久、老病退役竝無過犯者,各給錢糧銀一兩,六十歲以上者,免令當差;至向年召募無莊田太監等老病退役,其原籍有産願歸者,交禮部准放爲民,若原籍無産不能度日者,仍准住所居房屋,照各内管領下閑散太監等,亦給錢糧銀一兩,交内管領,有看守房屋等事,撥出看守。〇雍正元年諭:"乾清宫等處太監俱已効力年久,原籍俱著各免一丁,嗣後如有年老欲爲民太監,亦免一丁,至亡故時照常交納,如有兇惡緣事撥回之太監等,不准豁免。"〇四年諭:"在宫行走太監内如無過犯、有老病具呈退役者,由内務府給與護身印結,任其在京在籍居住。"

凡取用各匠役人等,據該管官移文,按定例將佐領并内管領屬下人等齊集,分别送該管官處揀選取用。

凡移取當差人等錢糧,康熙四年題准:内府護軍兵丁屬於分管佐領者,各該佐領親送文於本都統,如本佐領有事故者,即令本旗别佐領親送,内管領屬下護軍兵丁,各内管領親送文於本都統,其已食錢糧未充兵丁人等,由各内管領出結送至會計司,本司具結呈送咨行。〇雍正元年題准:三旗佐領管領下執事人太監匠役等應領錢糧,令各該參領、佐領、管領查明造册,送會計司查核呈堂,彙造總册并本司印文,照例於前月初十日移咨該旗。

凡額設員役,催總八員,領催七十六名,夫役八名,盛京糧莊領催六名。〇康熙二十三年定:裁催總六員、領催二十四名。〇三十年題准:添催總三員、領催七名。〇三十六年題准:添催總一員、領催一名。〇四十九年定:裁領催二十七名。〇六十年題准:將佐領下領催撥給二十名在行圍等處行走。〇雍正元年題准:將佐領下領催撥回,仍添設大糧領催三十名。〇三年題准:裁領催四名。

大清會典卷之二百二十九

內務府

掌儀司上

郎中、員外郎、主事等官，分掌筵宴、祭祀、禮儀、樂舞之事。

凡陳設，每年元旦、元宵、冬至、聖節及頒給册寶勅封吉日，於慈寧宫、寧壽宫、坤寧宫行禮。預期鋪設欔氈，慈寧宫簷下陳設中和樂，門外陳設丹陛樂，寧壽宫、坤寧宫門内陳設丹陛樂，行禮時奏樂。康熙二十七年後，慈寧宫陳設停止。五十七年後，寧壽宫陳設停止。

凡筵宴，每年除夕、正月十四、十五日陳設慶賀筵宴，元旦、元宵令節清晨設宴應用桌席食品，預期啓奏，移文該管官處整備，將進酒大臣啓奏派出，於皇帝陞座之先陳設御筵於殿階正中，其内大臣侍衛併文武各大臣筵席俱按位排設畢，奏請皇帝陞座，進饌進茶畢，大臣進酒。鍾壺掌儀司官呈捧。○凉棚武備院張設。○酒坫内管領安排。○鍾壺等物廣儲司預備。

凡設宴日，恭進御前及各宫筵席各一張。隨從筵席啓奏預備。

凡每日常膳，皇帝御用桌席一張，俱用金器。賜内大臣侍衛等桌席二十張，俱用銀器。外藩王台吉等來朝，併直省將軍總督巡撫提督總兵等官若召入加恩賜，則於二十張外隨時酌添。

凡每日常饌，各宫桌席各一張。

凡賜給外藩食物，外藩公主等來朝，理藩院行文到日，酌撥皇城内官房，移文該管官鋪設安住。每日公主桌各一張、茶各一桶。隨從桌各二張。王、額駙、台吉、塔布囊等來朝，每日桌各一張、茶各一桶。○康熙五十七年，奉旨停止。

凡公主等及公主之子國舅等之子回國日，賜給果品食米等物，其未來公主等每年將果品食米等物各差人賜給。〇康熙五十九年定：令公主家人帶去。

凡祈雨日，不宰牲齋戒日、素服日，不給筵席。

凡祭神，每日早晚祭神二次，四時進獻致祭，春秋大祭堂子，每月初一日進掛紙錢奉先殿。詳《禮部》者不載。順治十四年，建奉先殿前殿七間、後殿七間，後殿設暖閣牀，中間一龕左設太祖高皇帝神位，右設孝慈高皇后神位，東間一龕左設太宗文皇帝神位，右設孝端文皇后神位，俱南向。〇十八年，恭奉世祖章皇帝神位入奉先殿。是日，恭請太祖高皇帝、孝慈高皇后、太宗文皇帝、孝端文皇后神位至前殿大祭，世祖章皇帝神位設於西旁，東向。讀祝奏樂行禮畢，聖祖仁皇帝恭捧世祖章皇帝神位奉安於後殿西間一龕，南向。〇康熙元年，加上太祖高皇帝、太宗文皇帝尊謚，恭請新書尊謚神位入奉先殿後殿奉安，遣内大臣告祭。〇六年，奉孝康皇后神位入奉先殿。預期告祭，是日，聖祖仁皇帝恭捧孝康皇后神位奉安於世祖章皇帝神龕内之右，致祭行禮如常儀。〇九年，孝康皇后加上廟謚章字，恭請新書尊謚神位入奉先殿。前期一日，遣大臣告祭。是日，聖祖仁皇帝親詣行禮。〇十八年，恭修奉先殿暫請神位安設於太廟正殿暖閣内。〇二十年，恭修奉先殿告成，奉安神位，聖祖仁皇帝親詣行禮。〇二十七年，恭奉孝莊文皇后神位入奉先殿，聖祖仁皇帝親詣致祭行禮。儀另載。奉安神位於太宗文皇帝神龕内之右，太宗文皇帝神位居中，孝端文皇后神位居左。〇五十七年，恭奉孝惠章皇后神位入奉先殿，時聖祖仁皇帝足疾不能行禮，遣皇子致祭，如太廟升祔儀。見《禮部》，不復載。奉安神位於世祖章皇帝神龕内之左，世祖章皇帝居中，孝康章皇后居右。〇雍正元年，恭奉聖祖仁皇帝、孝恭仁皇后神位入奉先殿。孝誠仁皇后、孝昭仁皇后、孝懿仁皇后於聖祖仁皇帝時神位已入奉先殿，詳於後。加上仁孝皇后尊謚爲孝誠仁皇后，孝昭皇后尊謚爲孝昭仁皇后，孝懿皇后尊謚爲孝懿仁皇后，恭奉新書尊謚神位同入奉先殿。恭請太祖高皇帝、孝慈高皇后、太宗文皇帝、孝端文皇后、孝莊文皇后、世祖章皇帝、孝惠章皇后、孝康章皇后神位於前殿致祭。聖祖仁皇帝、孝誠仁皇后、孝昭仁皇后、孝懿仁皇后、孝恭仁皇后神位設於東間，俱南向。行禮畢，皇上恭捧聖祖仁皇帝神位奉安於後殿東二間神龕内，孝誠仁皇后神位奉安於聖祖仁皇帝神龕内之左，孝昭仁皇后神位奉安於聖祖仁皇帝神龕内之右，孝懿仁皇后神位奉安於孝誠仁皇后神位之左,孝恭仁皇后神位奉安於孝昭仁皇后神位之右。○是年,恭加上太祖高皇帝、孝慈高皇后、太宗文皇帝、孝端文皇后、孝莊文皇后、世祖章皇帝、孝惠章皇后、孝康章皇后尊謚,恭請新書尊謚神位入奉先殿後殿,上親詣致祭行禮如常儀。

康熙十四年,奉仁孝皇后神位入奉先殿。前期一日告祭,聖祖仁皇帝親詣後殿,於太祖高皇帝、孝慈高皇后、太宗文皇帝、孝端文皇后、世祖章皇帝、孝康章皇后神位前行禮。是日,恭請太祖高皇帝、孝慈高皇后神位,正中南向,太宗文皇帝、孝端文皇后神位,東旁南向,世祖章皇帝、孝康章皇后神位,西旁南向,仁孝皇后神位,東設西向,遣内大臣讀祝奏樂行禮如常儀。○是年題准:凡祭祀祝文内,不書仁孝皇后尊謚。凡遇親詣後殿告祭,行禮時立拈香。○十八年,奉孝昭皇后神位入奉先殿。前期一日,聖祖仁皇帝親詣後殿告祭。是日,遣大臣前殿致祭,孝昭皇后神位設於仁孝皇后神位之次左旁,祭畢,奉安神位於仁孝皇后神龕内之右。○是年,恭修奉先殿,仁孝皇后、孝昭皇后神位連寶座暫設於東旁一間,用黄帳籠蓋。○二十年,奉先殿告成,捧請神位照常安設致祭。○二十八年,奉孝懿皇后神位入奉先殿。前期一日,遣大臣告祭後殿。是日,遣大臣前殿致祭,孝懿皇后神位奉安孝昭皇后神位之次,祭畢,奉安神位於仁孝皇后神龕内孝昭皇后神位之右。○雍正元年,聖祖仁皇帝神位入奉先殿,加上仁孝皇后尊謚爲孝誠仁皇后,孝昭皇后尊謚爲孝昭仁皇后,孝懿皇后尊謚爲孝懿仁皇后,與孝恭仁皇后神位同日隨聖祖仁皇帝神位奉安於後殿東旁二間,南向,共一龕。位次詳前。

凡日祭,順治十四年定:每日早晚點香燈獻飯,午間獻麪食。

凡月薦,順治十四年定:每月薦鮮獻粢盛牲品。

凡時節享獻,順治十四年定:元宵、清明、霜降、十月初一日,獻果品十二色、肉二盤、酒三爵,四月初八、七月十五日,各獻素果十二色,立春、端陽、重陽日,各獻果品八色、肉二盤、酒三爵。

凡忌辰享獻,順治十四年定:與十月初一日同。

凡元旦、除夕、冬至、萬壽節,順治十四年定:是日恭請神位於前殿,薦籩豆,讀祝奏樂,行禮致祭。○十七年諭:"嗣後遇元旦皇太后聖誕日及朕誕,恭迎太廟四祖神位於奉先殿前殿内,與太祖太宗合祭。○康熙十三年議准:凡遇元旦、太皇太后聖誕、皇太后聖誕、萬壽聖節,恭請四祖神位於奉先殿前殿,與太祖太宗世祖合祭。○三十八年覆准:元旦、皇太后聖誕、萬壽聖節，恭請四祖神位於奉先殿合祭之處停止，即於太廟後殿致祭。詳見《禮部》。

凡朔望及册封等日，順治十四年定：恭請神位至前殿致祭，與三大節同。〇十八年議准：朔望獻果品五色、酒三爵，燃點香燈，如遇吉日，停止獻禮。〇康熙十五年題准：凡遇頒給册寶勑封之日，俱遣大臣於奉先殿後殿告祭，其恭請神位於前殿致祭之處停止。

凡告祭，順治十四年定：春秋二季經筵前一日，聖駕出郊駐蹕前一日，及回京第二日，俱於後殿告祭。〇十七年定：元旦、皇太后聖誕、萬壽聖節，恭迎太廟四祖神位至奉先殿合祭，前一日遣大臣告祭。〇康熙元年定：加上尊謚、恭請新書尊謚神位入奉先殿，遣内大臣告祭。〇六年，奉孝康章皇后神位入奉先殿，預期告祭。嗣後祔廟及加上尊謚改題，俱於送入奉先殿前一日告祭，如常儀。十一年定：耕耤前一日，遣大臣告祭。〇十三年定：駕幸海子停止告祭。〇六十一年十一月二十日，上即皇帝位，遣大臣告祭。

凡前殿致祭，順治十四年定：中間奉安太祖高皇帝神位居左，孝慈高皇后神位居右，俱南向，太宗文皇帝、孝端文皇后神位在東旁，西向。〇十八年定：世祖章皇帝神位奉安於西旁，東向。〇康熙六年定：孝康章皇后神位奉安於世祖章皇帝神位之下。〇十四年定：太祖高皇帝、孝慈高皇后神位，正中南向，太宗文皇帝、孝端文皇后神位，東旁南向，世祖章皇帝、孝康章皇后神位，西旁南向，仁孝皇后神位，東設西向。〇十八年定：孝昭皇后神位奉安於仁孝皇后之次。〇二十七年定：孝莊文皇后神位奉安於太宗文皇帝神位之右。〇二十八年定：孝懿皇后神位奉安於孝昭皇后神位之次。〇五十七年定：孝惠章皇后神位奉安於孝康章皇后神位之上。〇雍正元年定：聖祖仁皇帝、孝誠仁皇后、孝昭仁皇后、孝懿仁皇后、孝恭仁皇后神位設於東次，俱南向。

凡合祭，順治十四年定：奉先殿合祭與太廟祫祭同。〇康熙十四年定：前殿正中寶座奉安原皇帝原皇后神位，東第一寶座奉安直皇帝直皇后神位，西第一寶座奉安翼皇帝翼皇后神位，東第二寶座奉安宣皇帝宣皇后神位，西第二寶座奉安太祖高皇帝、孝慈高皇后神位，東第三寶座奉安太宗文皇帝、孝端文皇后神位，西第三寶座奉安世祖章皇帝孝康章皇后神位，俱南向，仁孝皇后神位東旁設，西向。〇十八年定：孝昭皇后神位奉安於仁孝皇后神位之次，西向。〇二十七年定：孝莊文皇后神位奉安於太宗文皇帝神位之次，南向。〇二十八年定：孝懿皇后神位奉安於孝昭皇后神位之次,西向。〇三十八年覆准:每年元旦聖節合祭之禮停止。

凡祭品,順治十四年定:香帛酒醴派内務府官恭獻,其應獻品物各該管衙門備送,御膳房造獻。

凡遣官大祭及告祭日,順治十四年定:如遇皇帝親詣壇廟祭祀日期,遣内大臣一員行禮。〇康熙十五年題准:凡祭奉先殿恭遇皇帝親詣壇廟行禮日期,俟壇廟祭畢方祭。

凡供獻行禮,順治十八年題准:奉先殿早晚點設香燈,每月陳薦新物,掌儀司官一員在各神位前點香三次,行三跪九叩頭禮,萬壽聖節、元旦、元宵、清明、八月十五、霜降、十月朔、除夕、忌辰等日,俱掌儀司官前一日奏請,派内大臣一員在神位前點香三次,行三跪九叩頭禮,四月初八日各獻素果八色,立春、端陽、重陽日、每月朔望,掌儀司郎中一員在各神位前點香三次,行三跪九叩頭禮;若郎中有事,員外郎行禮。其供獻之物,俱由奉先殿飯房茶房太監預備,至祭獻帛酒,令侍衛供獻。〇康熙十三年議准:凡常祭奠獻,官員俱用常服,遇吉日用補服,忌辰用素服。〇十八年恭修奉先殿,一應祭獻暫停,其每月該司官照常行禮。

順治十四年初建奉先殿奉安神位大祭儀

是日清晨,内務府官員備犧牲果品等物,預行陳設神位前。各執事官員,太常寺贊禮郎、樂舞生等,各司其事。内大臣侍衛、内務府官員等俱朝服,於奉先殿門外兩旁排立。世祖章皇帝具禮服,陞輿,至設立神位處降輿,詣各神位前行一跪三叩頭禮。捧舉各神位内務府官員亦隨行禮畢,恭請神位奉安亭内。世祖章皇帝於亭前行一跪三叩頭禮,捧請各官亦隨行禮畢,内務府官員舉神位亭前行,由中門出,詣奉先殿,世祖章皇帝後隨。其排立内大臣、侍衛等跪迎神位亭過,隨駕至奉先殿門。世祖章皇帝降輿,内大臣侍衛、内務府官員等俱隨入,至奉先殿前分班侍立。神位亭至丹陛上停設,引禮官恭導世祖章皇帝詣神位亭前行一跪三叩頭禮,捧請各神位内務府官員亦隨行禮畢,捧起神位,隨駕後次第奉安神位於前殿寶座。世祖章皇帝行一跪三叩頭禮,捧請各官亦隨行禮退。世祖章皇帝詣拜位前立,贊唱奏樂、奠帛、獻爵一如太廟時享儀,惟不行飲福受胙禮。畢,恭導世祖章皇帝出殿。樂作,世祖章皇帝於簷下東旁西向立,内大臣侍衛、内務府官員等仍在兩旁排立。樂止,世祖章皇帝再入殿内,於神位前行一跪三叩頭禮,捧請神位内務府官員亦隨行禮,捧請神位隨入,次第送入後殿,奉安原座,行一跪三叩頭禮,捧請内務府官員俱隨行禮畢,駕還宮。

康熙二十年恭修奉先殿告成奉安神位儀

是日，捧請神位官員前至太廟，向各神位前拈香，行一跪三叩頭禮，恭捧神位安設於亭内，行一跪三叩頭禮。校尉舉亭前行，聖祖仁皇帝御補服，立於奉先殿誠肅門内之南旁，内大臣侍衛等補服立於誠肅門之外，恭迎神位亭進階上停設。引禮官恭導聖祖仁皇帝向階前，内大臣侍衛等隨進内垣兩旁排立。聖祖仁皇帝至階上，詣太祖高皇帝神位前，行一跪三叩頭禮，捧請各官俱隨行禮畢，恭捧各神位次第安設於寶座畢，又行一跪三叩頭禮。聖祖仁皇帝復拜位立，照常行大祭禮，内大臣侍衛俱隨行禮。

康熙二十七年奉孝莊文皇后神位入奉先殿儀

是日，恭請各神位於前殿，派大臣二員恭捧世祖章皇帝、孝康章皇后神位東向立，大臣二員恭捧仁孝皇后、孝昭皇后神位西向立，聖祖仁皇帝捧孝莊文皇后神位奉安於太宗文皇帝神位之右，次捧世祖章皇帝、孝康章皇后神牌大臣二員奉安神牌於寶座，捧仁孝皇后、孝昭皇后神牌大臣二員奉安神牌於拜位。贊禮官奏參拜孝莊仁宣誠憲恭懿翊天啓聖文皇后，大臣二員行三跪九叩頭禮，跪捧神牌奉安寶座。聖祖仁皇帝詣拜位行大祭禮如常儀。嗣後神位入奉先殿行參拜禮，俱與太廟升祔禮同，詳見《禮部》。

閱祭文儀

凡前殿大祭後殿告祭，恭閱祭文俱於五日前請旨。若皇帝親閱祭文，未祭前一日於乾清門中恭設黄案，祭文内敬填御名，裹於黄綾飛金畫龍包袱内。設案上點燈贊禮郎一員，進至祭文案前，行一跪三叩頭禮，恭捧祭文。前列官四員導引，進景運門中門，由乾清門中階升至設祭文案前陳設畢，行一跪三叩頭禮，展開包袱，奏請皇帝閱祭文畢，行一跪三叩頭禮，旁立，捧祭文官進包裹祭文畢，設案上。皇帝還宫，捧祭文官行一跪三叩頭禮，恭捧祭文，照前引送至奉先殿神庫内，設於祭文案上，行一跪三叩頭禮。若皇帝不閱祭文，捧祭文官照常行禮。祭文用楠木板，白紙糊黄紙鑲邊，墨書。〇康熙二十五年諭："祭奉先殿，照常奏閱祝版，不必請旨。"

前殿大祭儀

於未祭前一日，遣官一員視宰牲，瘞毛血於淨處。殿内兩側陳樂設燈。祭之日，殿中拈香點燈，獻祭品於各神位前畢，捧請神位各官進後殿内，向各神位前拈香，行一跪三叩頭禮，恭請神位於前殿案上，行一跪三叩頭禮。讀祝官至神庫内，於陳設祭文前行一跪三叩頭禮，恭捧祭文，導引官引入奉先門中門，設於殿内案上，行一跪三叩頭禮，祭文案設於殿内中間西側，執事官員、樂舞生各司其事陳獻畢。至將祭時，奏請皇帝御補服出，陞輿，在誠肅門外降輿，前引内大臣十員，次對引官導引後内大臣二員、親隨侍衛等隨進。對引官由誠肅門恭導皇帝入奉先門東旁門，太監捧水盤跪進，皇帝盥手畢，由臺之東階升，親隨侍衛等於階下立，兩翼内大臣於殿外月臺中間兩旁排立。導引官恭導皇帝進殿内就行禮處立，隨從大臣二員亦進内，在兩旁立。贊禮官贊樂舞生就位，執事官各司其事。引禮官奏就位，恭導皇帝向前就位立。贊禮官贊迎神，樂官唱舉迎神樂，奏《太平之曲》。樂作，引禮官奏跪叩興，皇帝行三跪九叩頭禮，興，樂止。贊禮官贊奠帛，行初獻禮，樂官唱舉初獻樂，奏《壽平之曲》。樂作，奠帛爵侍衛高舉於各神位前奠畢，行一跪三叩頭禮，退。讀祝官在祭文案前行一跪三叩頭禮，從案上捧祝文跪，樂暫止。引禮官奏跪，皇帝跪，引禮官贊讀祝文。讀祝官讀畢，至神位前跪，安祭文於帛匣上，行三叩頭禮，退。引禮官奏叩興，樂作，皇帝行三叩頭禮，興，樂止。贊禮官贊行亞獻禮，樂官唱舉亞獻樂，奏《嘉平之曲》。樂作，奠爵如初獻儀，奠畢，樂止。贊禮官贊行終獻禮，樂官唱舉終獻樂，奏《雍平之曲》。樂作，奠爵如亞獻儀，樂止。贊禮官贊徹饌，樂官唱舉徹饌樂，奏《景平之曲》。樂作，徹饌訖，樂止。贊禮官跪奏行禮畢，請還宮，行三叩頭禮退。樂官唱舉還宮樂，奏《成平之曲》，樂作，引禮官奏跪叩興，皇帝行三跪九叩頭禮，興，樂止。贊禮官贊捧祝帛詣燎所，捧祝帛官侍衛詣神位前，行一跪三叩頭禮，捧祝帛次第送至燎所。樂作，引禮官恭導皇帝轉至拜位東向西立。祝帛捧過，引禮官恭導皇帝復拜位，立焚祝帛，贊禮郎數帛，贊禮官奏行禮畢，皇帝回宮。捧請各神位官員向前行一跪三叩頭禮，奉安各神位於後殿，拈香，各行一跪三叩頭禮退。若遣官行禮，一應奠獻俱如前儀。對引官至誠肅門引行禮官進奉先門西側門，由西階升至殿外月臺行禮。其祝帛送燎所時，行禮官在西側避立，祭畢，由西階下出。行禮官用補服。大祭樂用太廟四時享祭樂章。

後殿告祭儀

祭之前一日，派出官一員視宰牲，瘞毛血於淨處。祭之日，點香燈獻祭品於各神位前畢，讀祝官詣神庫内祭文案前，行一跪三叩頭禮，執事官各司其事陳設畢。至祭時，奏請皇帝御補服出，乘輿至誠肅門外降輿，導引官恭導皇帝進奉先門東旁門，由殿東階下至川堂階下北邊。太監捧水盤跪進，皇帝盥手畢，由川堂階陞殿内至行禮處立，導引大臣隨從大臣在川堂兩翼排立，親隨侍衛在階下立。贊禮官贊執事官各司其事，引禮官奏就位，執香盒官跪，皇帝進詣太祖香案前立。引禮官奏跪，皇帝跪接香盒，高舉一次，授執盒官，興。引禮官奏拈香，皇帝拈香三次，引禮官恭導皇帝次第至各神位前拈香，俱如前儀。引禮官奏復位，皇帝復拜位立。引禮官奏跪叩興，皇帝行三跪九叩頭禮。贊禮官贊奠帛初獻爵，侍衛向各神位前奠帛獻爵，行一跪三叩頭禮退。讀祝官至祭文案前行一跪三叩頭禮，從案上捧取祭文跪，引禮官奏跪，皇帝跪，贊讀祝文。讀祝官讀畢，送至神位前設帛匣上，行一跪三叩頭禮退。引禮官奏叩興，皇帝行三叩頭禮興，贊禮官贊行亞獻禮，獻爵侍衛向各神位前獻爵，贊禮官贊行終獻禮，獻爵侍衛奠獻俱如前儀。贊禮官奏跪叩興，皇帝行三跪九叩頭禮興。贊禮官贊捧祝帛香送燎所，捧祝帛官侍衛向各神位前行一跪三叩頭禮。捧送祝帛時，皇帝轉至東側西立，祝帛捧過，皇帝旋位立。引禮官奏行禮畢，皇帝回宫。若遣大臣行禮，俱如前儀，對引官由誠肅門引行禮大臣進奉先門西旁門，由西階下川堂對過階上，至殿門檻外進川堂内立行禮。送祝帛至燎所時，在西側避立，祭畢出。行禮内大臣補服。

大清會典卷之二百三十

內務府

掌儀司下

奉先殿祫祭儀祫祭自順治十七年始至康熙三十八年停止其儀注祭文樂章仍載於後

祭前一日，陳設寶座，殿外月臺兩旁陳樂設燈，預備黄亭等項用校尉舁送太廟内安設。祭之日，燃點香燈，獻祭品於各神位前，讀祝官往神庫内，在祭文案前行一跪三叩頭禮，捧設案上，行一跪三叩頭禮。恭請神位各官，於神位前拈香，行一跪三叩頭禮，奉神位於黄亭内，行一跪三叩頭禮。校尉舁亭，前用御杖一對，羊角燈各一對。對引官各二員由端門午門，出協和門，進奉先門中門階下停設，捧請各官向亭前行一跪三叩頭禮，恭捧神位奉安於各寶座，行一跪三叩頭禮。奉請奉先殿内神位各官，俟太廟神位亭將到時，隨進後殿各神位前拈香，各行一跪三叩頭禮，謹捧神位在祭殿中門東旁立，恭接太廟神位過，隨次第向各寶座安設，各行一跪三叩頭禮。凡奠獻品物行禮儀注，俱與大祭禮同。祭畢恭送太廟内神位，各官各向神位前各行一跪三叩頭禮，奉請神位安設於黄亭内，行禮俱如前儀。奉請奉先殿神位各官，向各神位前行一跪三叩頭禮，謹捧神位於殿東旁立，候送太廟神位過時，即回送神位於後殿安設，各拈香行一跪三叩頭禮退。

祫祭

奉先殿樂章

迎神樂奏太平之曲

於赫列祖兮，受命斯皇。　文德覃敷兮，武功孔彰。

肇基式廓兮，衍祚靈長。佑啓後人兮，撫馭八方。
嘉惠誕生兮，錫茲吉良。永言謨烈兮，爰薦馨香。
雲景宛下兮，翠旌紛揚。孝心翼翼兮，令儀煌煌。

奠帛行初獻禮樂奏壽平之曲

神戾止兮，筐篚聿陳。德幽崇兮，昭格曷申。
共制帛兮，敬將素純。憑玉几兮，冀享縞纁。
潔清尊兮，初酌芳醇。鑒嘉旨兮，俶感精禋。
磬筦設兮，用寫微忱。答景祐兮，肅肅駿奔。

亞獻樂奏嘉平之曲

孝饗薦兮，祀事肅雍。恭滌清兮，遐福斯通。
瓚載舉兮，黄流在中。籩式加兮，既潔且豐。
樹羽干兮，萬舞攸同。奏和聲兮，慶洽鼓鏞。
神愉愉兮，蒸衎有融。丕靈圖兮，景運龐鴻。

終獻樂奏雍平之曲

福洊臻兮，皇祖誕之。旨屢嘉兮，遹追孝思。
椒飶芬兮，粢盛孔時。清酤盈兮，尊斝薦禧。
四縣張兮，搏拊朱徽。百禮洽兮，秩序弗違。
神領和兮，燕喜遲遲。介繁祉兮，慶無不宜。

徹饌樂奏景平之曲

禮聿成兮，樂已愉。孝武暢兮，具舉靡餘。
裸薦兮，神樂胥。遵終事兮，罔敢渝！

還宫樂奏成平之曲

珍錯既饗兮，簫磬既賡。玉鑣弭節兮，翠蓋燿乘。
神儀返景兮，隱隱鸞聲。仰瞻榱桷兮，顧慕惟誠。
皇鑒睠存兮，詒我章程。毓祥昌後兮，德音式承。
願錫純嘏兮，休烈昭明。永懷長發兮，亶祐羣生。

元旦奉先殿告祭祝文

維　　年，歲次　　月　　日，孝孫嗣皇帝　　敢昭告於太祖承天廣運聖德神功肇紀立極仁孝睿武端毅弘文定業高皇帝，孝慈昭憲敬順仁徽慶顯承天輔聖高皇后，太宗應天興國弘德彰武寬温仁聖睿孝敬敏隆道顯功文皇帝，孝端正敬仁懿哲順莊敏輔天協聖文皇后，孝莊仁宣誠憲恭懿至德翊天啓聖文皇后，世祖體天隆運定統建極英睿欽文大德弘功至仁純孝章皇帝,孝惠仁憲端懿慈淑純德順天翼聖章皇后,孝康慈和莊懿恭惠溫穆崇天育聖章皇后,聖祖合天弘運文武睿哲恭儉寬裕孝敬誠信功德大成仁皇帝,孝誠恭肅正惠安和儷天襄聖仁皇后,孝昭靜淑明惠正和欽天順聖仁皇后,孝懿溫誠端仁憲穆奉天佐聖仁皇后,孝恭宣惠溫肅定裕贊天承聖仁皇后,曰:茲逢元旦,氣序方新,歲事更始,謹以牲帛醴齊,粢盛庶品,特修祀禮,用申追慕之情,伏惟尚饗。

冬至大祭祝文

維　　年,歲次　　月　　日,孝孫嗣皇帝　　謹昭告於太祖承天廣運聖德神功肇紀立極仁孝睿武端毅弘文定業高皇帝,孝慈昭憲敬順仁徽慶顯承天輔聖高皇后,太宗應天興國弘德彰武寬溫仁聖睿孝敬敏隆道顯功文皇帝,孝端正敬仁懿哲順莊敏輔天協聖文皇后,孝莊仁宣誠憲恭懿至德翊天啓聖文皇后,世祖體天隆運定統建極英睿欽文大德弘功至仁純孝章皇帝,孝惠仁憲端懿慈淑純德順天翼聖章皇后,孝康慈和莊懿恭惠溫穆崇天育聖章皇后,聖祖合天弘運文武睿哲恭儉寬裕孝敬誠信功德大成仁皇帝,孝誠恭肅正惠安和儷天襄聖仁皇后,孝昭靜淑明惠正和欽天順聖仁皇后,孝懿溫誠端仁憲穆奉天佐聖仁皇后,孝恭宣惠溫肅定裕贊天承聖仁皇后,曰:仰承祖德,垂裕後昆。時序更新,益深感慕。茲逢冬至日,謹以牲帛醴齊,粢盛庶品,用展追思,伏惟歆饗。

萬壽聖節告祭祝文

維　　年,歲次　　月　　日,孝孫嗣皇帝　　敢昭告於太祖承天廣運聖德神功肇紀立極仁孝睿武端毅弘文定業高皇帝,孝慈昭憲敬順仁徽慶顯承天輔聖高皇后,太宗應天興國弘德彰武寬溫仁聖睿孝敬敏隆道顯功文皇帝,孝端正敬仁懿哲順莊敏輔天協聖文皇后,孝莊仁宣誠憲恭懿至德翊天啓聖文皇后,世祖體天隆運定統建極英睿欽文大德弘功至仁純孝章皇帝,孝惠仁憲端懿慈淑純德順天翼聖章皇后,孝康慈和莊懿恭惠溫穆崇天育聖章皇后,聖祖合天弘運文武睿哲恭儉寬裕孝敬誠信功德大成仁皇帝,孝誠恭肅正惠安和儷天襄聖仁皇后,孝昭靜淑明惠正和欽天順聖仁皇后,孝懿溫誠端仁憲穆奉天佐聖仁皇后,孝恭宣惠溫肅定裕贊天承聖仁皇后,曰:仰荷鴻庥,紹登大寶。撫臨萬國,綏理兆人。夙夜孜孜,勤求上治。茲當誕日,敬展精禋,伏冀聖慈永垂默佑,俾庶徵協應,和氣旁流,播淳穆之休風,慶昌延之景運。謹告。

月朔望大祭祝文

維　　年，歲次　　月　　日，孝孫嗣皇帝　　謹昭告於太祖承天廣運聖德神功肇紀立極仁孝睿武端毅弘文定業高皇帝，孝慈昭憲敬順仁徽慶顯承天輔聖高皇后，太宗應天興國弘德彰武寬温仁聖睿孝敬敏隆道顯功文皇帝，孝端正敬仁懿哲順莊敏輔天協聖文皇后，孝莊仁宣誠憲恭懿至德翊天啓聖文皇后，世祖體天隆運定統建極英睿欽文大德弘功至仁純孝章皇帝，孝惠仁憲端懿慈淑純德順天翼聖章皇后，孝康慈和莊懿恭惠温穆崇天育聖章皇后，聖祖合天弘運文武睿哲恭儉寬裕孝敬誠信功德大成仁皇帝，孝誠恭肅正惠安和儷天襄聖仁皇后，孝昭静淑明惠正和欽天順聖仁皇后，孝懿温誠端仁憲穆奉天佐聖仁皇后，孝恭宣惠温肅定裕贊天承聖仁皇后，曰：伏惟先德，奕世垂休。瞻仰几筵，殊深永慕。惟兹適逢良辰月朔望，謹具牲帛醴齊，粢盛庶品，用展追思，伏惟歆格。

經筵告祭祝文

維　　年，歲次　　月　　日，孝孫嗣皇帝　　謹昭告於太祖承天廣運聖德神功肇紀立極仁孝睿武端毅弘文定業高皇帝，孝慈昭憲敬順仁徽慶顯承天輔聖高皇后，太宗應天興國弘德彰武寬温仁聖睿孝敬敏隆道顯功文皇帝，孝端正敬仁懿哲順莊敏輔天協聖文皇后，孝莊仁宣誠憲恭懿至德翊天啓聖文皇后，世祖體天隆運定統建極英睿欽文大德弘功至仁純孝章皇帝，孝惠仁憲端懿慈淑純德順天翼聖章皇后，孝康慈和莊懿恭惠温穆崇天育聖章皇后，聖祖合天弘運文武睿哲恭儉寬裕孝敬誠信功德大成仁皇帝，孝誠恭肅正惠安和儷天襄聖仁皇后，孝昭静淑明惠正和欽天順聖仁皇后，孝懿温誠端仁憲穆奉天佐聖仁皇后，孝恭宣惠温肅定裕贊天承聖仁皇后神位前，曰：纘四朝之丕緒，道貴尊經；緬羣臣之遺謨，心存典學。兹涓吉旦，爰舉經筵，謹以幣帛醴齊，粢盛庶品，祇申虔告，伏祈聖鑒。

耕耤告祭祝文

維　　年，歲次　　月　　日，孝孫嗣皇帝　　恭遣　　敢昭告於太祖承天廣運聖德神功肇紀立極仁孝睿武端毅弘文定業高皇帝，孝慈昭憲敬順仁徽慶顯承天輔聖高皇后，太宗應天興國弘德彰武寬温仁聖睿孝敬敏隆道顯功文皇帝，孝端正敬仁懿哲順莊敏輔天協聖文皇后，孝莊仁宣誠憲恭懿至德翊天啓聖文皇后，世祖體天隆運定統建極英睿欽文大德弘功至仁純孝章皇帝，孝惠仁憲端懿慈淑純德順天翼聖章皇后，孝康慈和莊懿恭惠温穆崇天育聖章皇后，聖祖合天弘運文武睿哲恭儉寬裕孝敬誠信功德大成仁皇帝,孝誠恭肅正惠安和儷天襄聖仁皇后,孝昭靜淑明惠正和欽天順聖仁皇后,孝懿溫誠端仁憲穆奉天佐聖仁皇后,孝恭宣惠溫肅定裕贊天承聖仁皇后,曰:仰惟列聖,首重民依。兹纘鴻圖,敬勤穡事;用涓吉日,躬耕耤田。鉅典肇行,潔齊致告,伏祈聖鑒。謹告。

行幸告祭祝文

維　　　年,歲次　　月　　日,孝孫嗣皇帝　　　敢昭告於太祖承天廣運聖德神功肇紀立極仁孝睿武端毅弘文定業高皇帝,孝慈昭憲敬順仁徽慶顯承天輔聖高皇后,太宗應天興國弘德彰武寬溫仁聖睿孝敬敏隆道顯功文皇帝,孝端正敬仁懿哲順莊敏輔天協聖文皇后,孝莊仁宣誠憲恭懿至德翊天啓聖文皇后,世祖體天隆運定統建極英睿欽文大德弘功至仁純孝章皇帝,孝惠仁憲端懿慈淑純德順天翼聖章皇后,孝康慈和莊懿恭惠溫穆崇天育聖章皇后,聖祖合天弘運文武睿哲恭儉寬裕孝敬誠信功德大成仁皇帝,孝誠恭肅正惠安和儷天襄聖仁皇后,孝昭靜淑明惠正和欽天順聖仁皇后,孝懿溫誠端仁憲穆奉天佐聖仁皇后,孝恭宣惠溫肅定裕贊天承聖仁皇后,曰:兹因有事,於擇期親臨,謹以牲帛醴齊,粢盛庶品,祗薦先靈,伏惟鑒知。謹告。

還宮告祭祝文

維　　　年,歲次　　月　　日,孝孫嗣皇帝　　　敢昭告於太祖承天廣運聖德神功肇紀立極仁孝睿武端毅弘文定業高皇帝,孝慈昭憲敬順仁徽慶顯承天輔聖高皇后,太宗應天興國弘德彰武寬溫仁聖睿孝敬敏隆道顯功文皇帝,孝端正敬仁懿哲順莊敏輔天協聖文皇后,孝莊仁宣誠憲恭懿至德翊天啓聖文皇后,世祖體天隆運定統建極英睿欽文大德弘功至仁純孝章皇帝,孝惠仁憲端懿慈淑純德順天翼聖章皇后,孝康慈和莊懿恭惠溫穆崇天育聖章皇后,聖祖合天弘運文武睿哲恭儉寬裕孝敬誠信功德大成仁皇帝,孝誠恭肅正惠安和儷天襄聖仁皇后,孝昭靜淑明惠正和欽天順聖仁皇后,孝懿溫誠端仁憲穆奉天佐聖仁皇后,孝恭宣惠溫肅定裕贊天承聖仁皇后,曰:兹因從回宮,謹以牲帛醴齊,粢盛庶品,祗薦先靈,伏惟鑒知。謹告。

清明皇帝詣陵告祭祝文

維　　　年,歲次　　月　　日,孝孫嗣皇帝　　恭遣　　敢昭告於太祖承天廣運聖德神功肇紀立極仁孝睿武端毅弘文定業高皇帝,孝慈昭憲敬順仁徽慶顯承天輔聖高皇后,太宗應天興國弘德彰武寬溫仁聖睿孝敬敏隆道顯功文皇帝，孝端正敬仁懿哲順莊敏輔天協聖文皇后，孝莊仁宣誠憲恭懿至德翊天啓聖文皇后，世祖體天隆運定統建極英睿欽文大德弘功至仁純孝章皇帝，孝惠仁憲端懿慈淑純德順天翼聖章皇后，孝康慈和莊懿恭惠温穆崇天育聖章皇后，聖祖合天弘運文武睿哲恭儉寬裕孝敬誠信功德大成仁皇帝，孝誠恭肅正惠安和儷天襄聖仁皇后，孝昭静淑明惠正和欽天順聖仁皇后，孝懿温誠端仁憲穆奉天佐聖仁皇后，孝恭宣惠温肅定裕贊天承聖仁皇后，曰：節届清明，禮崇禋祀，卜吉本月　　日，躬詣山陵。謹以牲帛醴齊，粢盛庶品，虔申預告，伏祈聖鑒。

元旦祫祭祝文

維康熙　　年，歲次　　月　　日，孝孫嗣皇帝　　　謹奏於肇祖原皇帝、原皇后，興祖直皇帝、直皇后，景祖翼皇帝、翼皇后，顯祖宣皇帝、宣皇后，太祖承天廣運聖德神功肇紀立極仁孝睿武弘文定業高皇帝，孝慈昭憲敬順慶顯承天輔聖高皇后，太宗應天興國弘德彰武寬温仁聖睿孝隆道顯功文皇帝，孝端正敬仁懿莊敏輔天協聖文皇后，孝莊仁宣誠憲恭懿翊天啓聖文皇后，世祖體天隆運英睿欽文大德弘功至仁純孝章皇帝，孝康慈和莊懿恭惠崇天育聖章皇后，曰：兹逢元旦，氣序方新，歲事伊始，謹以牲帛醴齊，粢盛庶品，特修大祫禮於奉先殿，用申感慕之情，伏惟尚饗。

元旦告祭祝文

維康熙　　年，歲次　　月　　日，孝孫嗣皇帝　　　謹遣　　　敢昭告於太祖承天廣運聖德神功肇紀立極仁孝睿武弘文定業高皇帝，孝慈昭憲敬順慶顯承天輔聖高皇后，太宗應天興國弘德彰武寬温仁聖睿孝隆道顯功文皇帝，孝端正敬仁懿莊敏輔天協聖文皇后，孝莊仁宣誠憲恭懿翊天啓聖文皇后，世祖體天隆運英睿欽文大德弘功至仁純孝章皇帝，孝康慈和莊懿恭惠崇天育聖章皇后，曰：兹逢元旦，特修祫祭之禮，恭迎肇祖原皇帝、原皇后，興祖直皇帝、直皇后，景祖翼皇帝、翼皇后，顯祖宣皇帝、宣皇后，同格享祀，伏惟鑒知。謹告。

太皇太后聖誕祫祭祝文

維康熙　　年，歲次　　月　　日，孝孫嗣皇帝　　　謹奏於肇祖原皇帝、原皇后，興祖直皇帝、直皇后，景祖翼皇帝、翼皇后，顯祖宣皇帝、宣皇后，太祖承天廣運聖德神功肇紀立極仁孝睿武弘文定業高皇帝，孝慈昭憲敬順慶顯承天輔聖高皇后，太宗應天興國弘德彰武寬温仁聖睿孝隆道顯功文皇帝，孝端正敬仁懿莊敏輔天協聖文皇后，世祖體天隆運英睿欽文大德弘功至仁純孝章皇帝,孝康慈和莊懿恭惠崇天育聖章皇后,曰:兹逢太皇太后壽節,仰藉鴻庥,益深追念。謹以牲帛醴齊,粢盛庶品,特修大祫禮於奉先殿,用申報忱,伏惟尚饗。

太皇太后聖誕告祭祝文

維康熙　　年,歲次　　月　　日,孝孫嗣皇帝　　謹遣　　敢昭告於太祖承天廣運聖德神功肇紀立極仁孝睿武弘文定業高皇帝,孝慈昭憲敬順慶顯承天輔聖高皇后,太宗應天興國弘德彰武寬温仁聖睿孝隆道顯功文皇帝,孝端正敬仁懿莊敏輔天協聖文皇后,世祖體天隆運英睿欽文大德弘功至仁純孝章皇帝,孝康慈和莊懿恭惠崇天育聖章皇后,曰:兹逢太皇太后壽節,特修祫祭之禮,恭迎肇祖原皇帝、原皇后,興祖直皇帝、直皇后,景祖翼皇帝、翼皇后,顯祖宣皇帝、宣皇后,同格饗祀,伏惟鑒知。謹告。

皇太后聖誕祫祭祝文

維康熙　　年,歲次　　月　　日,孝孫嗣皇帝　　謹奏於肇祖原皇帝、原皇后,興祖直皇帝、直皇后,景祖翼皇帝、翼皇后,顯祖宣皇帝、宣皇后,太祖承天廣運聖德神功肇紀立極仁孝睿武弘文定業高皇帝,孝慈昭憲敬順慶顯承天輔聖高皇后,太宗應天興國弘德彰武寬温仁聖睿孝隆道顯功文皇帝,孝端正敬仁懿莊敏輔天協聖文皇后,孝莊仁宣誠憲恭懿翊天啓聖文皇后,世祖體天隆運英睿欽文大德弘功至仁純孝章皇帝,孝康慈和莊懿恭惠崇天育聖章皇后,曰:兹逢皇太后壽節,既荷恩祐,感慕良深。謹以牲帛醴齊,粢盛庶品,特修大祫禮於奉先殿,用申報忱,伏惟尚饗。

皇太后聖誕告祭,祝文與太皇太后同。

萬壽聖節祫祭祝文

維康熙　　年,歲次　　月　　日,孝孫嗣皇帝　　謹奏於肇祖原皇帝、原皇后,興祖直皇帝、直皇后,景祖翼皇帝、翼皇后,顯祖宣皇帝、宣皇后,太祖承天廣運聖德神功肇紀立極仁孝睿武弘文定業高皇帝,孝慈昭憲敬順慶顯承天輔聖高皇后,太宗應天興國弘德彰武寬温仁聖睿孝隆道顯功文皇帝,孝端正敬仁懿莊敏輔天協聖文皇后,孝莊仁宣誠憲恭懿翊天啓聖文皇后,世祖體天隆運英睿欽文大德弘功至仁純孝章皇帝,孝康慈和莊懿恭惠崇天育聖章皇后,曰:兹臣誕辰,深承啓佑,莫罄報私。謹以牲帛醴齊,粢盛庶品,特修大祫禮於奉先殿,用展微忱,伏惟尚饗。

萬壽聖節告祭祝文

維康熙　　年，歲次　　月　　日，孝孫嗣皇帝　　　謹遣　　　敢昭告於太祖承天廣運聖德神功肇紀立極仁孝睿武弘文定業高皇帝，孝慈昭憲敬順慶顯承天輔聖高皇后，太宗應天興國弘德彰武寬温仁聖睿孝隆道顯功文皇帝，孝端正敬仁懿莊敏輔天協聖文皇后，孝莊仁宣誠憲恭懿翊天啓聖文皇后，世祖體天隆運英睿欽文大德弘功至仁純孝章皇帝，孝康慈和莊懿恭惠崇天育聖章皇后，曰：茲臣誕辰，特修祫祭之禮，恭迎肇祖原皇帝、原皇后，興祖直皇帝、直皇后，景祖翼皇帝、翼皇后，顯祖宣皇帝、宣皇后，同格享祀，伏惟鑒知。謹告。

移建奉先殿恭奉神主暫安太廟告祭祝文

維康熙　　年，歲次　　月　　日，孝孫嗣皇帝　　　恭遣　　　敢昭告於太祖承天廣運聖德神功肇紀立極仁孝睿武弘文定業高皇帝，孝慈昭憲敬順慶顯承天輔聖高皇后，太宗應天興國弘德彰武寬温仁聖睿孝隆道顯功文皇帝，孝端正敬仁懿莊敏輔天協聖文皇后，世祖體天隆運英睿欽文大德弘功至仁純孝章皇帝，孝康慈和莊懿恭惠崇天育聖章皇后，曰：茲以移建奉先殿，恭奉神主暫安太廟，特以牲帛醴齊，粢盛庶品，用申祗薦，仰乞聖鑒。謹告。

奉先殿修完恭從太廟奉移神主還御告祭祝文

維康熙　　年，歲次　　月　　日，孝孫嗣皇帝　　　敢昭告於太祖承天廣運聖德神功肇紀立極仁孝睿武弘文定業高皇帝，孝慈昭憲敬順慶顯承天輔聖高皇后，太宗應天興國弘德彰武寬温仁聖睿孝隆道顯功文皇帝，孝端正敬仁懿莊敏輔天協聖文皇后，世祖體天隆運英睿欽文大德弘功至仁純孝章皇帝，孝康慈和莊懿恭惠崇天育聖章皇后，曰：仰惟列聖在天，垂庥億禩，祗承謨烈，感慕良殷。茲者寶構鼎新，几筵還御，聿展歲時之敬，永妥陟降之靈，是用牲帛醴齊，粢盛庶品，肅申謁祭，伏惟歆格。

每月薦新

正月

鯉魚　　　　鴨蛋

韭菜

二月

鯽魚　　　　生菜

小葱　　　　芹菜

赤根菜	
三月	
王瓜	柳蒿菜
水蘿蔔	芸苔菜
同蒿菜	
四月	
笋雞	櫻桃
茄子	
五月	
笋鵞	香瓜
杏	李
桑椹	桃
蕨菜	
六月	
西瓜	蘋果
鮮葡萄	杜梨
七月	
野雞雛	蓮子
藕	菱角
梨	榛仁
八月	
野鴨	山藥
栗子	
九月	
鴈	柿子
十月	
松仁	軟棗
蘑菇	木耳
十一月	
銀魚	鹿肉
十二月	
兔	鱘鰉魚

蓼芽菜	菉豆芽

其菀荳、大麥、文官果，照所得即供

大祭祫祭供品

黍米飯一盤	稷米飯一盤
鹽一盤	鱅魚一盤
紅棗一盤	栗一盤
榛仁一盤	芰角一盤
芡實一盤	鹿脯一盤
白麵餅	蕎麥麵餅一盤
稻餅一盤	糯餅一盤
稻米飯一盤	粟米飯一盤
韭菜一盤	豕肉一盤
白菜一盤	鹿肉一盤
芹菜一盤	兔醢一盤
笋一盤	鯉魚一盤
羊肚一盤	豚胉一盤
蜜合飯一盤	羊肉和飯一盤以上皆用磁器

各位前供品

羊脯各一碗	羊羹各一碗
金匙各一張	箸各一雙
酒各三爵	帛各一疋
酒各一罇	

告祭供品

鹿脯一盤	鹿肉一盤
兔醢一盤	葡萄一盤
核桃仁一盤	紅棗一盤
榛仁一盤	蓮子一盤

各位前供品

匙各一張	箸各一雙
酒各三爵	帛各一疋
酒各一罇	

樂器

殿東陳設

麾一	搏拊一
柷一	琴五
瑟一	簫五
笛五	牌簫一
篪三	塤一
笙五	鼓一面
金鐘一架	

殿西陳設

麾一	搏拊一
敔一	琴五
瑟二	簫五
笛五	牌簫一
篪三	塤一
笙五	玉磬一架

樂舞太監六十三名

歌章太監十六名

武生掌警太監二名

武舞生六十四名

文生掌警太監二名

文舞生六十四名

門上司香太監二名

望燎所太監五名

城隍廟

雍正四年諭:"紫禁城内應建立城隍廟,造成之後,派太監、道士看守。"〇五年覆准:紫禁城内城隍廟,照外城之例,每年春秋二次致祭,每次用猪一羊二。

龍王廟

雍正二年定:黑窑廠建龍王廟,令道士居住供獻,每年六月十三日起,作道場三日。

果園

凡順天保定、河間、永平等處三旗果園,每園各設園頭,園内舊丁俱給口糧地，每年徵銀各三兩，新丁按地每畝徵銀三分、草二束，折徵銀二分。其各色果品按園内樹木計派，擇其美者儘所得全送，照定價奏銷錢糧。每三年奏銷差官編審舊丁内，有餘丁應入册者，照舊丁徵取錢糧，新丁内有餘丁應入册者，亦將名數記册。每旗各派舊園頭三名爲領催，督催錢糧及諸色果品，免本身錢糧。〇康熙二十三年定：園頭應交果品，限定數目，擬定價值，將伊等交過果品於地丁錢糧内扣除，領催各免錢糧六兩。〇三十九年題准：果園壯丁錢糧，每園不得過六丁，餘丁照會計司都虞司例載入丁册，不徵丁銀。〇雍正二年定：將入官地畝添設園頭三十六名，每園各給地五頃，每年按畝徵銀一錢。〇又定：裁領催九名。

凡廣寧三旗果園，園丁給與口糧地，每年舊丁照在京果園徵取錢糧。其梨實榛子，儘所得送進，照定價奏銷錢糧。每三年奏請差官編丁，將餘丁編入册内，照舊丁徵取錢糧，其年老者開除，於園丁内設催總一員、領催三名，免其本身錢糧，督催錢糧及諸色果品。

凡盛京三旗果園，園丁給與口糧地，每園各設園頭，每年舊丁照在京果園徵取錢糧。其榛子、蜜餞、山裏紅、杜梨、晒乾葡萄、枸柰子、野鷄等物，派定徵取。其接梨、西門城梨、乾梨等項，儘所得送進，照定價奏銷錢糧。每三年奏請差官編丁，將餘丁編入册内，照舊丁徵取錢糧。於盛京佐領下選放筆帖式二員、催總一員、領催九名，督催錢糧及諸色果品。

凡果房，設管果首領人役，收貯各園所送一應乾鮮果品，及支放筵宴所用乾鮮果品。

凡恩准考試，康熙三十四年諭："内府三旗佐領下人照例考試。"〇又諭："著三番人等考試。"〇五十五年諭："菜園頭、果園頭子孫，俱准其考試。"

凡額設員役，領催十五名，廟尉十八名，首領太監二十八名，太監三百五十四名，夫役首領十名，夫役二百九十名。

大清會典卷之二百三十一

內務府

都虞司

郎中、員外郎、主事，分掌三旗禁旅訓練、遣調及漁獵等事。

凡三旗內務府大小官員，每月逢初一、初五、初十、十五、二十、二十五日，在右翼門外朝會地方查取職名。

凡看守差遣管轄之事，該司擬派。

凡官員給假，往屯莊及坐湯去者，郎中、佐領、內管領及三品以上官員自行陳奏，四品以下官員呈明內務府總管方行。若大小官員往口外去者，呈明轉奏請旨。

凡內務府各衙門有差遣員役出口外者，將應去人馬之數行文本司，轉行兵部領票。其各該處來京人員應用信票，亦照該處咨文轉行兵部給發。

凡三旗護軍，舊例內務府滿洲每佐領下設護軍十五名，漢軍每佐領下設護軍十名，管領下各設護軍十五名，俱屬侍衛內大臣管轄。○順治十八年定：滿洲每佐領下各添護軍五名，設護軍校二員，漢軍佐領及管領下各設護軍十名，護軍校一員。○康熙十三年題准：內府護軍俱屬內務府管轄。○十六年題准：內務府每旗各編五參領，每參領設護軍參領一員。○二十年定：每旗於護軍校內委署參領五員，於護軍內委署護軍校五員。○二十一年題准：滿洲佐領九員，朝鮮佐領一員，每佐領下各給小旗三杆，漢軍佐領十二員，管領二十員，各給小旗二杆，蒙古護軍小旗一杆，添置護軍小旗一杆，共小旗九十六杆，每小旗設護軍校〔一〕①員，護軍十名。〇二十三年覆准：裁護軍校三十六員、護軍三百六十名。〇三十四年定：内府護軍仍著内大臣管轄。〇三十六年題准：添設護軍參領九員，將侍衛委署。〇雍正元年題准：三旗護軍仍交内務府總管管轄，每旗設護軍統領各一員。〇二年議准：圓明園添設三旗護軍參領，將侍衛委署參領，將護軍校委署參領，每旗添設一員，護軍校每旗添設三員，護軍每旗添設四十名。〇三年題准：三旗護軍統領各給關防一顆。〇又定：委署護軍校改爲副護軍校，准帶藍翎。

凡三旗參領、護軍校護軍等，照各旗班次守衛慈寧宮、寧壽宮等處。〇雍正元年諭："順貞門著護軍統領一員守護，三旗護軍參領内派四員同統領值班。"

凡遇皇帝祭壇廟等大祀，午門排列羊角燈，派護軍執持，派護軍參領、護軍校、庫使等巡查。

凡春秋二季，每旗護軍校一員帶領護軍二名，在各旗分管城上照例吹觱篥。

凡春秋二季，參領驗視護軍校、護軍等，在各旗教場内披甲習射二次，越五日，習射一次。

凡各小旗下每月派護軍各一名，在西華門外備馬聽差。各佐領下每月派兵丁三名，在本司備馬聽差。

凡三旗驍騎，舊例三旗滿洲佐領下每壯丁二名，披甲一副，漢軍每佐領下披甲五十副，每佐領管領下設領催各六名。〇康熙十六年題准：每旗編爲五參領，每參領設驍騎參領各一員，每佐領設驍騎校各一員。〇二十一年題准：滿洲佐領、朝鮮佐領管領下，除官員護軍領催與革職官員披甲者及親兵外，其餘壯丁三名令披甲二副；滿洲佐領下家生子，每佐領下各令披甲十二副，每管領下各令披甲十副；滿洲佐領下寡婦孤子無可披甲者，將家生子充滿洲數，令其披甲；漢軍佐領下除官員護軍領催與革職官員披甲者及親兵外，連鎗手每佐領下各令披甲八十副。〇三十四年定：添滿洲佐領六員、朝鮮佐領一員、漢軍佐領六員，每佐領下添設驍騎校各一員。〇四十年題准：每滿洲佐領下家生子披甲，額定五十副，每管領下家生子披甲，額定十五副。〇四十二年定：每佐領管領下裁領催二名、披甲

---

① 據《大清會典康熙朝》卷之一百五十三。

一副。〇四十三年定:每參領添副參領各一員。〇雍正三年定:佐領管領下額定披甲各五十副,其家生子披甲以及分給王等之披甲人,俱令全裁。〇四年定:每參領給關防一顆。〇又定:每佐領下領催内令委署副驍騎校各一員,給八品頂帶。

凡三旗滿漢佐領管領領催兵丁,照各旗班次守衛紫禁城内倉庫、景山、瀛臺以及應守衛地方,輪值守衛。〇雍正五年定:添設紫禁城内防火堆子。〇又諭:"紫禁城内防禦班房器械,准用官錢糧修理。"

凡春秋二季,各佐領内管領驗視領催兵丁,在教場内披甲習射二次,五日習射一次,本司官員稽查。

凡盛京三旗佐領,定例每佐領下設驍騎校各一員,領催各六名,兵丁各二百三十名,輪班守衛盛京宫殿,應送至京師物件,隨從呈送。〇康熙三十年題准:增設盛京催總一員、領催四名。〇六十一年題准:盛京三旗官員、兵丁、執事人等及本司所屬鷹户、雀户等子孫,俱許入場考試。〇雍正五年奏准:添設盛京司庫三員。

凡盛京三佐領應差馬羣三處,每羣設牧長一名,牧丁六名,馬各七十匹,以備應用。一年内馬無倒斃者,牧長賞毛青布二十疋,牧丁賞毛青布各十疋;如馳騁倒斃及被人盗去者,俱令賠償。其不調習以致病死者,七匹至九匹,牧長牧丁各鞭八十;十匹以上,各鞭一百。其缺額應補馬匹,每年底啓奏,由上駟院添補。〇康熙三十三年題准:盛京三馬羣每羣減馬二十匹。

凡奉先殿祭祀所用鯿魚、鯉魚、活兔,定例按供獻之月從魚户獵户等徵取,交送掌儀司。壇廟祭祀所用活兔,亦由獵户等徵取,交送太常寺。外藩進貢乳酒、乳餅、乳酥油、鱘鰉魚、野獸、牛羊肉、活鵰、芝蔴鵰、小鹿、小獐、小黄羊,由理藩院奏發本司收貯,轉交該管官處,若有賞賜,按數交送廣儲司給賞。〇雍正五年議准:三旗網户盡行撤回,投充之網户等發回原籍爲民,其每月初一十五日奉先殿供獻白魚、鯉魚,交掌儀司照時價備辦。

凡捕牲舊丁,定例隨時捕取牲隻,每年計丁扣算定數,各交所管衙門,歲底本司算明啓奏。若比定數多者,折算青布賞給,比定數少者鞭責。〇雍正二年定:舊丁應交錢糧如交不足數者,每銀一錢責一鞭,鞭至一百者,枷號一個月,將所欠豁免。

凡捕牲新丁,順治初,投充新丁給與地畝,在北山等處居住捕牲,編爲三旗,隨時捕取牲隻呈送,歲底折算錢糧,多者賞給青布,少則補徵所欠錢糧,交廣儲司。三年一次,本司官前往編審壯丁。〇雍正二年定:新丁欠錢糧者,照舊丁例鞭責。

凡管理捕牲人員,鑲黄旗昌平州所屬白河寨地方居住捕牲千總一員、把總一員、吏一名,宣莊口地方居住把總一員,正黄旗惠陵口地方居住捕牲千總一員、吏一名,白河地方居住把總一員,黄花鎮地方居住把總一員,正白旗三家莊地方居住捕牲千總一員、把總二員、吏一名。千總每員附壯丁一名,免徵錢糧,地各五晌。把總、吏止免本身錢糧,地各五晌。壯丁每晌地徵銀三錢五分。

凡管理烏喇捕牲官員,額設五品總管一員,六品翼長二員,筆帖式四員,領催三名。〇康熙三十八年,烏喇總催七員奉旨俱授爲驍騎校。〇雍正二年定:添設筆帖式三員,每月給錢糧一兩。〇五年定:添烏喇捕牲值年官二員。

凡烏喇捕牲壯丁交納官物,定例總管給壯丁三名,翼長給壯丁二名,筆帖式、領催、弓匠等給壯丁一名,免徵錢糧,其餘窩舖首領、捕牲壯丁各附壯丁一名,每年按丁徵取貂皮二十張。其東珠、珍珠、猞猁、猻、水獺、皂鵰、虎斑鵰、芝蔴鵰等物,呈送工部驗看,折算貂皮。若比定數多者,行文廣儲司取青布賞給,缺少者交工部責治。捕鱘鰉魚壯丁儘所得呈送。若交納鹿觔五觔者,賞弓一張。三年一次,本司官同户部官前往編審壯丁。〇康熙四十年題准:烏喇三十三窩舖採東珠人,每窩舖限東珠十六顆,比定數多交一顆者,賞青布二疋,多交二十顆者,准作多一倍,總管、翼長各賞彭緞一疋,驍騎校各賞紬一疋;領催等於本旗窩舖内多得三十顆者,各賞青布四疋,更多一倍者,照數遞加賞給;若連額徵數共得一千顆者,總管、翼長各准加一級。〇五十三年題准:令烏喇採蜂蜜人一年採蜜一年,刨參每丁額徵人參一觔八兩,比定數多交一兩者,賞青布一疋,少二錢者,責一鞭。〇五十四年定:烏喇交送東珠於額外多交者,内務府議賞,少者,工部議罪具奏。〇五年議准:烏喇刨參人等少交人參一兩以下者,鞭五十,二兩以下者,鞭一百,二兩以上者,枷號四十日、鞭一百;如每旗應交數内缺六觔以上、二十觔以下者,將領催等鞭八十,缺二十觔以上、三十觔以下者,鞭一百,如缺額更多者,鞭一百,革退領催,充當壯丁;若三旗應交數内缺二十觔以上、三十觔以下者,將翼長、驍騎校等各罰俸兩個月,更有缺額多者,以二十觔爲率,每多缺一倍各罰俸兩個月,缺至一百觔者,各降一級、罰俸一年。

凡額設員役，舊設催總四員，領催二十二名。〇康熙四十九年定：裁催總三員、領催十九名。〇又題准：仍設催總三員。〇五十二年題准：設領催八名。〇五十三年定：裁領催三名。〇雍正元年題准：添領催十名。〇四年定：裁領催三名。

慎刑司

郎中、員外郎、主事，分掌審讞刑獄之事。

凡内府文武官員犯罪，俱照吏部兵部定例審理；無品級人等犯罪，俱照刑部律例審理。有與律例不合者，量其輕重議罪。

凡奉旨事件及具題移送之事，俱啓奏完結，其中有情罪重大，干連旗下民人者啓奏，交與該部。

凡控告出首事件内有干連官員及事關緊要者，即啓奏完結。

凡罪在鞭一百以下之事，不必啓奏，即行議結。其持刃向人及罪在鞭一百以上之事，與干連旗下民人者，俱送該部。

凡奉旨收禁事件外有情罪重大者，係官請旨收禁，無品級者即行收禁。

凡奉旨交司事件，司官即行議奏。

凡賞給囚飯，雍正三年諭："慎刑司覊禁犯人，著照刑部之例賞給飯食。"遵旨議定：每犯每日給老米一倉升，給木柴一觔八兩。

凡賞給冰塊，每年自夏至日起，至七月底止，凡監犯每日給冰二塊，由内管領處交送。

凡診視病犯，定例人犯患病者，行文刑部，傳醫官診視。

凡審過應枷號刺字人犯，俱送刑部枷號刺字。

凡撥發莊屯人犯，雍正五年定：嗣後如有撥發莊屯人犯，將伊妻及同居之子一併發往，其分居當差之子准其存留。其已經發往私自逃回及潛住京城者，或被番役拏獲，或被傍人首告，發雲貴、廣西等省烟瘴地方。其窩藏之家係旗人，鞭八十，係民責三十板。如莊頭遞過逃牌者，免其治罪，未遞逃牌者，鞭一百。倘有受賄徇情縱逃等弊，審明按律治罪。其進京交納俱令陳壯丁當差。

凡設立監所，雍正五年定：内務府佐領下犯罪人等，除見審及奉旨交慎刑司枷號鎖禁者，照常在慎刑司監禁，其已經審明定罪及尚在候審并欠帑催追人等,將入官房屋修理。監房三所,分别男婦監禁,其看守監犯,另派三旗佐領下旗員三員、領催三名、披甲二十七名,每日輪班看守。

凡犯人侵欺銀兩、折贖銀兩,定例俱催交廣儲司收貯。○雍正五年諭:"嗣後内府佐領人等有應追拖欠官私銀兩,應枷號者,著枷號催追,應帶鎖者,著鎖禁催追,俟交完日再行治罪釋放,著爲定例。"

凡遊牧地方牛羊羣,三年一次該司均查,應鞭責牧羣蒙古人等,送至本司啓奏,派出司官前往驗責。

凡額設員役,催總二員,領催六名,委署領催二名,鞭手十六名,看守監犯旗員一員,領催一名,披甲十五名。

營造司

郎中、員外郎、主事,分掌繕修工作及煤炭、陶冶之事。

凡遇宫殿内有應修理者,移文該衙門選擇吉期,本司官員筆帖式率領領催、庫夫、匠役人等修理。

凡修理紫禁城内外各工,本司將應用錢糧及匠工算明啓奏,錢糧多者,會同工部修造,少者止内府官員督造。應用工料等項,由該衙門取用。至宫殿内有補葺之處,令太監匠役進内修理。

凡補葺宫殿、修理水溝,每年於春季舉工。

凡雜項修理,按佐領及分管佐領下地畝均派壯丁,佐領下一分,分管佐領下二分。

凡分管佐領所分廄館房屋等處應修理者,令各分管佐領下閑丁支應,其雜修各項匠役,不另給飯錢。若聚集夫役派出監修官修理者,匠工及雇工領催披甲人等俱給飯錢。

凡紫禁城内宫殿房屋、城外廄館、瀛臺内房屋、賓館、南苑内房屋廄館有倒壞處,交該管内管領修理,如内管領等工役不敷,分與衆分管佐領。賓館院各衙門房院,内管領等照舊修理。其内外馬牛羊廄館應修理者,本衙門給發佐領分管佐領下工役,仍令内管領修理。凡每年所用煤炭炸柴鐵鋼等項,約計用數啓奏,由工部取用,有不足者添取,餘剩者留下年支用,年底核算奏銷。

凡宫殿内及膳房等處所用煤炭,并修造處所應用煤炭柴薪等項,舊例俱照定數給發。康熙五十三年定:柴薪歸米鹽庫管理。

凡三旗伐木人在密雲縣居住者,每旗設首領各一名,壯丁各三十名;

古北口外各丁給地五晌,每年著令伐木,其首領免本身差役。壯丁每一名,伐取楊木板六塊、核桃木一根,每二名伐取扁担各五根、木掀各三把,每五名伐取椴木各一根,長七尺,粗七寸,每十名伐取椴木各一根,長一丈,粗八寸。○康熙二十六年,改核桃木爲椴木。

凡昌平州等處投充壯丁,分派三項當差,每丁給地五晌,每年徵取石灰煤炭等項,折算地畝錢糧,除折算外,應徵錢糧催交廣儲司收貯。三年一次,本司官員筆帖式前往編審。

凡督取石灰員役,昌平州宛平縣設千總二員,各附壯丁一名。把總四員,吏二名,俱免本身地畝錢糧。其餘壯丁每晌地徵草銀一錢四分,徵銀二錢一分。

凡督取木炭員役,昌平州設千總二員,各附壯丁一名。把總四員,吏二名,俱免本身地畝錢糧。其餘壯丁每晌地徵草七束,每束七觔。徵銀二錢一分。

凡督率取煤員役,昌平州宛平縣房山縣設千總二員,各附壯丁一名。把總四員,吏二名,俱免本身地畝錢糧。其餘壯丁每晌地徵草七束,每束七觔。徵銀二錢一分。

凡每年出口燒炭,給印票三百張,咨行工部於每年八月内繳銷舊票,换給新票。每年盛京伐木,給印票八十四張,每年二月内,盛京佐領將舊票差員咨送到司繳銷,咨明户部换給新票。

凡徵取草束除交會計司外,於地畝錢糧及草銀内,每年照定價折取石灰、煤炭、紅黄土。其在開平居住燒缸人一名,壯丁二名,給地一百二十晌。每年徵銀一百五十兩,照定價折取缸盆等項,除折算外應徵錢糧催交廣儲司。

凡額設員役,催總三員,委署催總三員,領催二十三名,庫長十六名,委署庫長七名,庫守六十六名,庫丁三十五名,匠役八百七十五名,守門人役三十七名,巡皇城首領四名,巡皇城人役十二名。太和殿、中和殿、保和殿、文華殿首領太監八名,太監三十八名,匠役首領太監三名,副首領太監三名,太監匠役七十五名,鵰房太監二名,夫役領催一百三十名,夫役一百八十二名,壯丁一千八百九名。

大清會典卷之二百三十二

慶豐司

郎中、員外郎、主事,分掌牛羊羣牧之事。

凡職掌,國初,牧養牛羊事宜屬掌儀司管理。○康熙二十三年題准:設慶豐司,鑄給印信。

凡設管牛羣人役,廄長七名,廄副十三名,廄丁一百十三名,外圈鍘草人十四名,内圈鍘草煮豆人四十一名。

凡西華門外牛圈三旗,各設牛圈一處,每圈牧養全耳騸牛五頭,其均養乳牛及牛犢隨時加增,無定額。○康熙五十八年題准:三牛圈全耳騸牛共十五頭,著減去三頭。

凡南苑内牛圈,定例三旗各設牛圈一處,共牧養全耳騸牛二十一頭,備用乳牛五百一十頭,備賞給莊頭騸牛六頭。三旗共設牛圈一處,牧養察漢乳牛八十頭。○康熙四十年題准:添乳牛七十五頭。○五十八年題准:裁備用全耳騸牛十三頭、乳牛一百二十三頭,備賞給莊頭騸牛六頭、察漢乳牛十五頭。○雍正元年定:增察漢乳牛十頭。○二年定:減察漢乳牛十五頭。

凡遊牧地方設官管理,康熙三十三年題准:張家口外遊牧處設管理三旗牛羊羣協領六員,筆帖式十二員。○三十七年題准:添設遊牧處馬駝羣牛羊羣總管一員。○三十九年題准:達里岡崖添設羊羣翼長一員,筆帖式二員。○四十一年定:添設馬駝牛羊羣副總管一員。○四十七年定:添設副總管一員。○四十八年定:添設達里岡崖筆帖式一員。

凡遊牧地方牛羣,定額三旗共一百九十八處,每羣牧丁二名,每十羣設首領一名。○康熙二十三年題准:添四十二羣,設牧丁八十四名,首領四名。○三十三年題准:每十羣添領催二名。○三十八年題准:添二十羣,設牧丁四十名,首領二名,領催四名。〇四十二年定:添牛三羣,設牧丁六名。〇四十四年定:添二十二羣,設牧丁四十四名,首領二名,領催四名。

凡遊牧地方官員俸銀,康熙三十三年定:牛羊羣協領係五品以上官員補放者,給原品俸銀,係六品以下官員補放者,定爲五品,仍給原俸,若係無品級人員補放者,定爲五品,每月給銀三兩。〇雍正四年議准:協領係五品以上官員補放者,仍食原俸,六品以下官員補放者,授爲五品,食原俸,若無品級人員補放者,定爲六品,食三十兩俸。

凡牛羊倒斃處分,康熙三十年定:牛羊羣除因時疫倒斃者不議外,若每牛百頭無故倒斃十三頭以上,每羊百隻倒斃十隻以上者,將牧長鞭八十,牧副鞭五十,永爲定例。〇雍正五年議准:張家口外遊牧地方倒斃牛羊皮張,若不加謹收貯以致破壞朽爛者,牛皮五張、羊皮八張,牧丁責十鞭,牧副、領催責八鞭,牧長、十羣長各責五鞭,若朽爛多一倍者,照數遞加,鞭責不得過一百;如朽爛牛皮二百張、羊皮八百張,將總管、副總管、有品級翼長、協領各罰俸六個月,無品級翼長責三十鞭,多一倍者,有品級之官各罰俸一年,無品級之翼長責五十鞭,更多一倍者,有品級之官降一級,無品級翼長責六十鞭。

凡張家口外牛羣,每年十月内取乳酒、乳酥油、乳餅交送膳房,令該總管副總管親身交納。

凡口外牛羣賞罰事宜,定例春秋遣官核查蕃息數目具奏,每三年總查一次。不論何項牛,每三頭孳生牛一頭,若額外多牛一頭者,牧丁賞青布一疋,少牛一頭者,責二鞭;首領多牛六頭者,賞青布一疋,少牛六頭者,責二鞭。所賞布不過六十疋,鞭責不過一百。若連責四次者,首領罰馬九疋或牛九頭,責三次者,罰七匹,責賞各二次者,功過相抵;連賞四次者,賞鑲蟒領緞羊裘一領、狐皮端罩一件,賞三次者,賞鑲蟒領緞羊裘一件。每年春季遣官查驗時,若一羣内缺牛五頭者,罰牛四頭,補還牛皮,交該衙門;秋季將不生犢之乳牛老牛交禮部光禄寺。〇康熙三十三年定:協領若額外多牛十五頭者,賞青布一疋,少牛十五頭者,責一鞭,若得賞布二十疋,准給緞一疋,鞭責照例折贖;領催所管五羣之内額外多牛三頭者,賞青布一疋,少牛三頭者,責二鞭。賞布不過六十疋,鞭責不過一百,其連次賞責等事俱停止。〇三十四年定:不生犢之乳牛老牛停止交禮部。〇四十五年定:牧丁等於分羣額定之原數内缺少牛一頭以上、十頭以下者,枷號一月、鞭八十,缺少十一頭以上、二十頭以下者,枷號四十五日、鞭一百,缺少牛二十一頭以上、三十頭以下者,枷號兩個月、鞭一百,缺少牛三十一頭以上、四十頭以下者,枷號七十五日、鞭一百,缺少牛四十頭以上者,枷號三個月、鞭一百,發往烏喇充捕牲壯丁。〇又定:首領缺少孳生牛六頭者,責二鞭。〇四十七年定:不生犢之乳牛老牛停止交光禄寺。〇四十八年定:遣官查核賞罰等事俱停止,其牛羣孳生甚多,照定例添羣。

凡養息牧處牛羣,康熙三十一年定:牧牛五羣,每羣一百頭於遊牧處牛羣撥出,交與盛京將軍於蒙古子弟内揀選補放牧長一名、領催一名,每羣牧丁二名,牧長每月給銀二兩,領催、牧丁各給銀一兩。

凡設管羊羣人役,廐長六名,廐副十二名,廐丁七十二名,篩豆人六名。

凡三旗羊圈,半壁街設羊圈四處,豐臺設羊圈二處,每圈牧羊五百七十隻、羜羊十隻。〇康熙二十四年定:半壁街羊圈四處俱移豐臺,共牧頭等羊一千二十隻、二等羊二千四百隻、羜羊六十隻。〇三十四年定:每圈減羊三百一十隻。〇五十八年定:每圈減羊八十隻,六圈羜羊減二十隻。〇六十一年定:每圈添羊六十隻。〇雍正元年定:每圈添羊六十隻,六圈共牧蒙古羊二十隻。

凡遊牧地方羊羣,定額三旗共二百四十處,每羣牧丁二名,每十羣首領一名。〇康熙二十三年定:添羊一百二十羣,設牧丁二百四十名,首領十二名。〇四十二年定:添羊九十一羣,設牧丁一百八十二名,首領九名,領催十八名。〇四十五年定:添羊九十九羣,設牧丁一百九十八名,首領十名,領催二十名。

凡達里岡崖羊羣,康熙三十九年定:牧羊一萬隻分爲三十羣,牧丁六十名,首領三名,領催六名。〇四十二年定:添三十羣,設牧丁六十名,首領三名,領催六名。〇四十五年定:添五十羣,設牧丁一百名,首領五名,領催十名。〇四十八年定:添七十羣,設牧羊人一百四十名,首領七名,領催十四名。

凡口外羊羣賞罰事宜,定例每年春季遣官,核明蕃息數目具奏,春秋二季所剪羊毛交該衙門,每三年總查一次。不論羒羊、羜羊,每三隻孳生羊二隻,若額外多羊二隻者,牧丁賞青布一疋,少羊一隻者,責一鞭;首領多羊三十隻者,賞青布一疋,少羊三十隻者,責二鞭。所賞布不過六十疋,鞭責不過一百。若賞責連次者,俱照牛羣例。每年遣官查驗時,若一羣缺羊四隻者,罰羊一隻,補還羊皮交該衙門。秋季將不生羔之羊、老羊交禮部光禄寺。〇康熙三十三年奏准:總察一次内,協領額外多孳生羊七十隻者,賞青布一疋,少羊七十隻者,責一鞭;領催所管五羣内多孳生羊十五隻者,賞青布一疋,少羊十五隻者,責二鞭。賞布不過六十疋,鞭責不過一百。協領若得布二十疋者,給緞一疋,罪該鞭責,照例折贖。〇三十四年定:不生羔之羊、老羊免交禮部。〇四十五年定:首領缺少孳生羊三十隻者,責二鞭。其牧丁於分羣額定之原數内缺少羊一百五十隻者,枷號一月、鞭一百,缺少二百隻者,枷號四十日、鞭一百,缺少二百五十隻者,枷號五十日、鞭一百,缺少三百隻者,枷號兩個月、鞭一百,缺少三百五十隻者,枷號七十日、鞭一百,缺少四百隻者,枷號八十日、鞭一百,缺少四百五十隻者,枷號三個月、鞭一百,缺少五百隻者,枷號一百日、鞭一百,缺少五百五十隻以上者,枷號一百日、鞭一百,同妻發往烏喇,給捕牲壯丁爲奴。首領缺少原額羊一千五百隻者,鞭一百,缺少二千隻者,枷號一月、鞭一百,每缺少五百隻,遞增枷號十日,如缺少六千隻以上者,枷號一百日、鞭一百,革退首領編爲牧丁。〇四十七年定:不生羔之羊、老羊免交光禄寺。〇四十八年奏准:遣官查核賞罰等事俱停止,其羊羣孳生甚多,照定例添羣。

凡給地耕種,雍正元年定:張家口、外蒙古等陸續開墾地二十六頃有奇,給與牛羊羣牧丁等耕種,每畝徵糧一斗,每年應交糧五百石,於下堡城内建倉收貯;如蒙古春耕時米糧不接,情願借貸者,准其將此項米糧借給,俟秋收繳還,每穀二斗收米一斗。其出入米數該總管呈報内務府,交慶豐司註册。

織染局

員外郎掌衣服、繪繡之事。

凡織染所用金線絲料等項,俱從户部工部取用,年底核算出入錢糧,造册二本,送户部銷算。

凡大通橋、灤縣、西頂沙窩場種靛壯丁一百名,各給地四晌,每丁每年徵靛一百觔。

凡每年交廣儲司緞庫織成紗羅緞三十八疋。

凡額設員役,司庫一員,筆帖式三員,催總一員,庫使六名,領催六名,匠役三百三十一名。

藥房

順治十年置藥房,屬太醫院。○十八年裁。○康熙六年復設,仍屬太醫院。○十年定:藥房不屬太醫院,設總管太監醫生二名,管庫首領二員,管庫首領太監一名,筆帖式十六員,領催四名,首領太監六名,太監醫生十名,太監十九名,夫役三十四名。其餘事宜詳載《太醫院》。○十四年裁首領太監六名,太監醫生十名,領催四名。○三十年定:添設内管領、内副管領各一員,裁總管太監醫生二名,管庫首領二名,管庫首領太監一名。○三十三年,增夫役二十六名。○三十八年,裁筆帖式一員。

官學

總管、内管領、佐領等官管理景山及萬善殿官學支放廩給等事。

凡景山官學,康熙二十五年特命建設官學,於北上門兩旁共給官房三十間,滿官學三房,漢官學三房,每房給桌二十張、櫈十五條。自五月初一日起,至七月三十日止,每日給冰一塊。自十一月初一日起,至正月三十日止,每日給炭二十觔,中間十二月二十七日起,至正月十六日,扣除散學二十日不領。六房窗户,著落内管領每年十一月内用毛頭紙糊飾。

凡補用教習,定額清書每房設教習三員,漢書每房設教習四員。康熙二十五年定:生員内有善於訓導,願爲教習者,選擇移送,各給衣食,令教習三旗子弟。○又諭:"將内廷執事人、閑散人内老成堪爲師長者,不分滿洲、蒙古、漢軍人員,著挑選九名教滿書。"○二十九年諭:"内閣中書内善書善射者,揀選三名教滿書行走,仍照常陞轉。"○五十二年諭:"於新科進士内揀有年紀者,選取三名教習,照常陞轉。"○雍正元年議准:將御筆尖圈記名新進士挨次充補教習,又撥萬善殿教習一員。

凡選取官學生,康熙二十五年定:挑選内佐領内管領下官學生三百六十六名。○三十一年定:於新添内管領三員下增選官學生,定爲三百八十八名。○三十四年奏准:於新添滿洲佐領七員、漢軍佐領六員、内管領三員下,仍挑選官學生三百八十八名,官學生缺額即於新添佐領内管領下均勻選取。○雍正元年題准:官學生三百八十八名,俱於佐領内管領下閑散人挑取。

凡教習廩給,定例内教習食執事俸米,中書教習食中書俸,漢教習每人給官房兩間,每日每人給白米七合五勺,猪肉一觔,鹽油菜蔬等物,該管處領取，内管領下閑散人預備供給，每月每人給銀二兩連米，俱於漢軍佐領下關領。每年夏季，每人給官用紗袍掛各一件，絨纓帽各一頂，秋季每人給官用緞棉袍掛各一件，三年一次；每人給官用緞面羊皮袍掛各一件，皮帽一頂，皮靴一雙，氈襪一雙；滿漢教習每年每人給水筆二十四枝，墨一兩二錢。〇康熙三十八年定：停止官飯，每月每人給公費錢一千文。〇雍正元年奏准：停止公費，仍給官飯，教清書中書三員、内教習六員，亦照漢教習例。〇又定：官學生内生員每月給紙筆銀一兩，隨本佐領關給。

凡教習陞用，康熙二十五年定：生員教習六年限滿，以教諭即用，其出官學内中式舉人副榜及捐貢之教習，俱以知縣用。〇五十二年定：進士教習期滿，陞用内閣中書。〇雍正元年定：教習六年期滿，果官學生成就多者，將中書等具題，咨送吏部，以應陞之缺即用，内教習等亦以應陞缺即用。〇三年定：教習員缺，由禮部移咨吏部，將候選舉人并移咨國子監，將恩拔歲副貢生人等具奏，欽點大員考試選取，三年期滿，咨送吏部，以應陞之缺補用。

凡額設人役，滿漢六房每房灑掃閑散人二名，看房人一名。

凡萬善殿官學，定額教習一員，學生六名，每月公費銀七兩，其教習選補支給與景山同。

三旗經管錢糧

郎中、員外郎，分掌徵收折色、撥補莊頭等事。

凡職掌，順治元年定：三旗錢糧莊原給地畝之人并帶地投充人，歸併於各漢軍佐領下催徵錢糧草束，交該管官處收貯。〇康熙三年定：三旗各設官員掌管。〇十六年定：將三旗經管錢糧官員歸并會計司，派員外郎六員掌管。〇五十二年定：添設郎中一員。〇雍正元年定：添署主事一員，鑄給經管三旗錢糧關防，另設衙門。

凡設立錢糧莊地丁，與徵糧莊同，俱於次年起徵折色錢糧。莊頭每名給地十八頃，每畝徵銀一錢一分一釐，每年徵收銀各二百兩，半分莊頭地九頃，每年徵收銀一百兩。其帶地投充人等，每地一畝徵銀三分、草一束。不帶地投充人等每名各給繩地十二畝，亦照例徵銀三分、草一束。

凡分給定例，親王分給錢糧莊頭二名，郡王、貝子、貝勒、公各一名。帶地投充人，親王分給五十户，郡王、貝子、貝勒各三十户。繩地投充人，親王分給五十户，郡王三十户。

凡蜜户，按丁給地徵銀，所進蜜每地一晌徵收蜜五觔，每觔折算銀七分，若所進者多，以青布給賞。〇康熙四十九年定：烏喇捕牲蜜丁所進蜜已足用，嗣後蜜户俱令按地畝交銀，每畝徵銀五分。

凡葦户按丁給地徵銀，每畝按地肥瘠徵銀一分至五分八分不等，所進葦每觔折算銀三釐五毫零，每年額徵蘆葦四萬三千七百五十二觔，其餘按地畝徵銀。

凡投充棉靛户，每丁給地五十六畝，徵棉花五十觔，水靛一百觔，交廣儲司應用。

凡呈報旱澇，雍正二年定：報災查驗確實，全行豁免，如有捏報，五頃以下者，鞭八十，十頃以下者，鞭一白，二十頃以下者，枷號一個月、鞭八十，全行捏報者，枷號兩個月、鞭一百。

凡拖欠錢糧，雍正四年，内務府奏請：將拖欠錢糧之莊頭及投充人等照定例限三個月完納，如逾限不完，將莊頭枷號兩個月、鞭八十，革退莊頭，充作壯丁，帶地投充人等鞭一百，亦革退爲丁，將伊等地畝於莊頭投充人等子弟壯丁内擇家道殷實情願承替者，酌量撥補承種，如無承種之人，委内務府官員協同該地方官查驗地畝，交該地方官按年起租。奉旨："爾等此議好，依議。但革退人等之地畝俱係官地，若交付地方官，於地方官殊屬繁瑣；倘拖欠地租遂至官員賠補，官員賠補勢必取之於民，累及衆民，日久則此地即同民地矣。嗣後如有此等地畝，或仍將莊頭子弟頂替，或將情願代完舊欠者安放莊頭，或賞給旗下人等耕種亦可。再遇此等錢糧之事，將莊頭治罪之例應作何改議之處，著一併議奏。"遵旨議准：錢糧莊頭及投充人等所欠錢糧草束，按數分爲十分，仍限三個月完納，如莊頭逾限不完一分者，枷號二十日，鞭四十，欠二分者，枷號四十日，鞭六十，欠三分者，枷號兩個月、鞭八十，欠四分五分者，枷號三個月、鞭一百，以上俱豁免所欠銀兩，不行革退，欠六分七分者，枷號一個月、鞭四十，欠八分九分者，枷號四十日、鞭六十，欠十分者，枷號兩個月、鞭八十，均行革退，莊頭充作壯丁；其逾限不完之投充人等欠一分者，鞭六十，欠二分者，鞭八十，欠三分者，鞭一百，欠四分五分者，枷號兩個月、鞭四十，豁免所欠銀兩，不行革退，欠六分七分者，鞭六十，欠八分九分者，鞭八十，欠十分者，鞭一百，均行革退編丁。其革退投充地畝原係本身帶地投充者，仍令伊子弟承種納糧。至革退莊頭之地畝，委官查驗地畝肥瘠，上地著莊頭投充人等子弟壯丁内有情願代完舊欠者，令其承種，中地著莊頭投充人等子弟壯丁内家道殷實可以承替者安放莊頭,下地議定租額,交鄰近莊頭投充人等子弟内有情願者令其承種;如有薄城沙壓,不堪耕種者,交鄰近莊頭投充人等收管,俟可耕種時令其呈報,承種納糧,如已可耕種,未行呈報,於三年編丁時,交與編審官員查勘確實,俾其耕種,照每畝交銀三分草一束之例交納。

凡編審壯丁,康熙十六年定:每三年底,奏委每旗該管官各一員查比入册,將編審投充人丁册各具一本,移送户部,其編審糧莊壯丁册存留本衙門。

凡所徵銀兩交廣儲司,草交廄館,蜜葦蓆糁麻線麻等物交内管領。

凡虞人按丁給地徵銀所進禽獸等項,都虞司估計,折算地畝錢糧。○康熙二十二年歸併都虞司。

凡玉泉山等池,各按地産徵收銀兩。○康熙二十三年歸併奉宸院。

凡額設員役,領催九名。○雍正三年,添催總一員,署領催三名。

内管領

内管領、内副管領等,管理承應供用等事。

凡内廷灑掃、糊飾,俱屬該處管理。

凡採香及運取祭祀所用椴木葉,俱由該處派出領催披甲人等辦理。

凡官三倉,雍正元年定:將内管領各倉歸併設立官三倉,每倉派内管領二員、内副管領二員,值年管理出納等事。○三年定:裁米鹽庫,將米鹽蜜蠟等物俱移交官三倉管理。

凡官三倉出納,定例每年朝鮮進貢江米四十石,盛京佐領處送京江米三十六石四斗六升,烏喇捕牲處交到蜂蜜三千五百觔,莊頭交到粳米七百十一石一斗零,以及奉宸苑稻米莊頭送到新麥粘穀等物,俱照數收倉,以備供用。

凡菜庫,康熙三十三年定:設立菜庫,派内管領六員、内副管領六員辦理。

凡菜庫出納,定額設菜園頭六十一名,每名給畦地一頃八十畝,如附近無畦地,每畝給旱地五畝;瓜園頭三十一名,每名給地一頃八十畝;安肅菜園頭四名,每名給地九頃,所交蔬菜瓜豆每年增減,無定額。

凡監造酒醋,順治十年定:着派内管領二員管理。

凡監造克食,雍正二年定:每年派内管領、内副管領各一員管理。

凡蠟倉,定例派内管領一員、内副管領一員值年管理。

凡器皿倉，定例派内管領一員、内副管領一員值年管理。

凡器皿庫，定例派内副管領二員管理。〇雍正三年定：將每日見用器皿一百件每日盤查交代，如有遺失，即行著落賠補，餘交廣儲司收貯，每年盤查一次。

凡冰窖，定例紫禁城内設冰窖五座，内四座各藏冰五千塊，内一座藏冰九千二百二十六塊。

凡紫禁城内該班護軍兵丁人等每日恩賜飯食，派内管領二員、内副管領二員值年辦理。〇雍正五年諭："恩賜飯食著動用廣儲司錢糧。"〇又定：每日食用白老米向官三倉領取。

凡車庫，康熙二十二年定：派内管領四員、内副管領四員辦理。

凡補授，雍正元年諭："内管領員缺，仍於舊内管領之子孫内補放。"

凡設立員役，官三倉設倉長七名，倉副十二名，各項匠役四百四十五名；菜庫設庫長六名，庫守三十名，領催十八名；監造酒醋管領二名，太監五名，各項匠役五十八名；監造克食倉長二名，倉副三名，各項厨役一百三十六名；蠟倉設倉長一名，倉副二名，各項員役三十名；器皿倉設倉長一名，倉副二名，各項匠役二百七十九名；器皿庫設庫長二名，庫使十二名，閑散人役十名。

稽察内務府御史

雍正四年議准：設監察御史四員，專管稽察内務府，如有承辦事件逾限不完者，該御史即行題參，將承辦之郎中員外等官併徇情之内務府總管均照例議處。如御史徇情不行題參，事發之日一併從重議處。〇又諭："内務府所辦稿案，不必送京畿道刷卷。"〇又議准：每月初十日、二十日，内務府將應註銷事件備造清册，移送稽察處。

米鹽庫

舊附會計司經理，康熙四十八年改設郎中等官專管鹽庫，五十四年欽定爲米鹽庫，管米鹽、柴蠟、銅鐵、蜂蜜等事，雍正三年裁併内管領辦理，今將舊隸事例具載，以備查考。

凡内用米糧等，康熙七年題准：每年於户部以柳斗取水稻米二百石。〇十年題准：黏稻米酌量取用，數目於户部支用。〇十一年題准：於户部增取水稻米一百五十石。〇十六年題准：於户部以柳斗取白老米三百石。

○四十八年定:朝鮮國所進二色稻米亦歸併管理。○又題准:朝鮮國每年進貢稻米三十石,黏稻米七十石。○五十四年題准:玉泉山交稻米一千八十石,房山縣、涿州、紅橋三處交水稻米六百九石一斗二升,交庫管理。○五十八年題准:將白黄紫三色老米交庫兼管。○又題准:内用白黄紫三色老米酌量所用數目,行文户部從倉交庫應用。○雍正元年題准:玉泉山豐澤園湯泉所種稻米併旱稻,量其一年所得,交庫應用。

凡内用食鹽,定額每年十二萬觔,俱内管領管理收發,將用過餘剩之數每年詳查一次,移文該庫奏請,於户部取用。○康熙四十八年諭:"内用食鹽貯一空室,設官監放。"○又題准:内用食鹽酌量所用數目,行文户部交庫應用。

凡宫殿等處所用黄白蠟燭并守護各處所用黄蠟燭,俱值月管領按月詳查一次,將應用數目移文該司,於户部取用。○康熙五十一年題准:交庫管理。

凡鋼鐵燒柴,康熙二十三年諭:"燒柴鋼鐵事亦交鹽庫兼管。"○雍正元年題准:營造司所交燒柴酌量所用數目,行文於工部交庫應用。○又題准:各處所用鋼鐵數目,行文於户部取用。

凡内用蜂蜜,舊例每年烏喇捕牲蜜丁交三千五百觔,三旗蜜户交七千九百六十觔,俱由各該處交送供用。○康熙四十八年題准:將蜂蜜交鹽庫管理。

大清會典卷之二百三十三

内務府

武備院

大臣、郎中、員外郎、主事，分掌陳設武備及給賜徵收之事，所屬舊爲三庫曰盔甲庫、鞍庫、氊庫。盔甲庫管理盔甲、刀鎗、旗纛等件，鞍庫管理鞍轡、帳房、凉棚等件，氊庫管理弓箭、靴襪、氊條等件。康熙三十七年，奉旨將鞍庫分爲南北兩庫，内用鞍轡存貯北庫，其餘鞍轡收貯南庫。所屬事例用備附焉。

凡奏銷册，雍正五年奏准：黄册定限每年八月内具奏，藍册於每年九月内呈明完結。

凡遇皇帝陞殿，或祭祀壇廟，除鑾儀衛儀仗外設金頂黄䊢緞曲柄傘，並備嵌珊瑚松子石鍍金玲瓏四方鞍十副，夏季用嵌青金石珊瑚松子石鍍金玲瓏西牛尾踢胸，冬季用嵌青金石珊瑚松子石鍍金玲瓏染就青狐尾踢胸。殿上寶座，夏季鋪設黄龍緞褥，冬季鋪貂皮褥。

凡遇皇帝行幸，各處用畫龍豹尾鎗十杆、鍍金玲瓏大刀十把。

凡遇聖駕大閲，將御用之盔甲隨侍預備。

凡遇祭祀壇廟，用嵌東珠撒袋弓矢全。

凡遇皇帝巡幸，將大營圓頂帳房及布城、網城式樣繪圖，呈覽預備，其派領大馱之侍衛等恭請欽定。

凡守護紫禁城門所用鎗撒袋弓箭等項，定例俱本衙門預備，有損壞者報明换給。康熙四十六年議准：各門班房排列軍器，著該旗員等查點交班，係因舊損壞者，報明修理；如有肆行毁壞者，將該旗員題參議處。○雍正五年議准:班房所列軍器,如該班之護軍参領、護軍校等不經心收貯以致傷毁者,經武備院察出,即行題参議處。〇又奏准:班房弓箭,十年換給一次。

凡大臣及一等侍衛参領等,舊例俱賜給腰刀。查有未賜者,每年據咨文將職名啓奏,大臣賜嵌珊瑚松子石鋄金玲瓏腰刀,一等侍衛参領賜鋄金玲瓏腰刀;有降級者,原給腰刀繳回本衙門。〇康熙二十六年定:内大臣、都統、散秩大臣、前鋒統領、護軍統領等官,准照内造式樣自製佩刀,其侍衛護軍参領等官,仍候賜給。〇五十一年後並停止。

凡賞給披領端罩,康熙十三年定:掌纖總領等,俱給披領豹皮端罩,其弓匠協領、備箭首領等,俱給三等侍衛所用之披領端罩,行廣儲司支取。如陞遷者,不令繳還,其革退者,行廣儲司追取繳庫。

凡賞給馬銀,康熙二十二年定:掌纖人親隨弓匠、掌纖承應等,給半分馬銀。〇又定:掌纖總領、弓匠協領等,給整分馬銀。〇三十年定:穿甲承應給半分馬銀。〇三十九年定:骲頭匠首領給整分馬銀。

凡看守鞍庫,康熙八年定:將鞍庫交護軍統領等看守。

凡給鞍轡帳房等物,定例膳房茶房及馱帳房人,給鞍轡一副,馬騾駝羣内人,給空鞍一副,馬騾駝牛羊羣内人,每四年給氊帳房各一頂,遊牧地方馬牛羊等羣内人,每户給氊帳房一頂,盛京每年採送蜂蜜人,給猪皮及車上所用夾板皮條,送水獺等人,每四年給車上所用鞍屜夾板,走狗人三年各給弓一張,送魚人每年給鞍二十副,甲匠春季給白氊一塊,裘匠等春季給白氊一塊、黑氊十五塊,每三年給一次。〇康熙三十年題准:牧放馬駝牛羊人,蒙古圓廬改給帳房,間年一换。〇四十九年題准:帳房頭二十七人,向用官馬往湯山取水,今另備馬二十七匹,以便急差,每月給錢糧三兩。

凡鳥翎捕牲人等,每年所得禽鳥翅翎及膳房虎城等處所養孔雀等鳥翎,俱送本衙門收用。蒙古王台吉等進獻各項翎翅,由内庫估價賞給。若不足用,具奏由户部支取。

凡角觔,各莊園牛羣等處牛角觔、膳房鹿角觔等項,隨其所交收用,或有不足,及弓面犀角俱具奏,由户部支取。索倫等進貢開弓角決,令内庫估價給賞。烏喇捕牲人有送鹿觔五觔者,賞弓一張。

凡皮張,定例馬牛羣莊園等處倒斃馬騾駝牛等皮、膳房猪鹿麞熊獐野猪等皮,俱交本衙門收用,若有不足,具奏由户部支取。〇順治十六年題准：盛京將軍每年徵收鹿皮一百六十張，麅皮一百四十張。○十八年題准：每年由户部支取朝鮮國緑斜皮一百五十張，鹿皮五十張。○康熙七年題准：朝鮮國進貢緑斜皮二百八十張，鹿皮一百張，腰刀十口，每年交送本衙門。○十三年定：外國進送皂皮，啓奏收貯，由内庫估價給賞。○十八年題准：盛京將軍每年止徵鹿皮一百張，麅皮一百張。○二十五年題准：緑斜皮停止往户部領取，著武備院自行成造。○二十六年題准：盛京老古洞每年送皂鹿皮三十張。○四十八年題准：做撒袋靴刀套等項用騾皮、撒林拴鞍做韂夾板皮、纏虎鎗牛皮、熟皮硝、五倍子并做箭青鶴等翎，每年共准動用崇文門銀一千兩採買，所餘銀兩交廣儲司庫，如銀不敷用，奏明再取。○五十八年題准：差員往張家口，揀收商都達布孫諾爾、達里岡崖處馬羣倒斃馬駝皮，其餘皮張著張家口監督變價，奏明交廣儲司庫。○雍正四年奏准：做撒袋靴刀套等項皮料并做箭青鶴等翎，於原支用崇文門銀一千兩内將五百兩交送廣儲司，武備院領銀五百兩辦買應用，如有餘剩，仍交廣儲司。若遇奉旨製造或各處行文支取項款繁多之年，庫存不能敷用時，奏明將交送廣儲司銀兩領取辦買，仍將辦過物料數目年底奏聞。

凡鰾膠，庫内存貯朽爛皮張每年熬煑水膠，其鹿角儘所用熬煑，魚鰾、廣鰾酌量所用啓奏，由户部支取。烏喇捕牲人等所得鱘鰉魚鰾，呈送本院收貯。

凡氊毛，定例看羊人役每年春秋二季往遊牧地方，給様製氊呈送，餘剩氊毛交本院收貯備用。○康熙九年題准：停止遊牧地方製氊，其春秋二季所剪之毛，令其交送，另取佐領内管領下氊匠一百名、投充匠役二百名，令居沙河，設催總筆帖式、庫夫，督催製氊。○四十八年題准：令河東監督每年解羊羢一千觔，如不足用，奏明再取。○雍正元年題准：停止河東監督所解羊羢，遇用時動廣儲司銀兩採買。

凡尾毛，定例每年隨所用啓奏，犀牛尾、馬尾，由户部支取，山羊毛、寒羊毛由工部支取。○康熙四十八年題准：臨清監督每年解寒羊毛三千觔。

凡茜草，山海關外莊頭等，每年各莊徵茜草五十觔。

凡鞍木，定例古北口外鞍匠三十五户，間一年砍取鞍木一千三百五十副，俱令驛遞運送。○順治十八年題准：間一年砍取鞍木七百副，停用驛遞車輛，令匠役等自行運送。

凡鎗箭竿，盛京佐領每年徵取鎗竿三百根，义竿一百根，楊木箭竿三千根，樺木箭竿二千根，欒木一百根，火石一斗，鞭竿八百根，銼草五百觔，紅根草五十觔,火絨三觔。

凡弓胎木,定例八旗弓匠等每年往大水峪周圍採取御用弓胎木六百張,官弓胎木三千五百二十五張。〇康熙四十年題准:舊例差往墻子嶺曹家路北山採弓胎木,弓匠協領一名,弓匠十六名,地方官給兵二百四十五名,鄉導人八名,鄉導每名給銀十八兩四錢,所採之木著地方官運解到部。今定差總協領一名,每旗匠頭一名,每旗弓匠九名,給官馬前往。〇雍正五年奏准:採伐弓胎木,派出八旗弓匠協領一名,每旗族長一名,弓匠十名,停其取地方兵丁及鄉導新滿洲,其所派弓匠人等,照例乘騎官馬,給與四十日口糧,將所採弓胎木於就近驛站處支取車輛,運送至京。如所採弓胎木有餘,間一年採取,如不敷用,具奏添採。

凡樺皮,八旗弓匠協領一員,每旗首領各一名,弓匠各二名,間一年差往寧古塔等處採取樺皮各九千片,内揀上用樺皮五千片。

凡有品級首領及擎傘備箭披甲人親隨弓匠,該班首領等由本衙門啓奏補用,其餘各役酌量取用。滿洲每佐領下取弓匠一名,鞍匠一名,或鋄匠或鐵匠一名,另管每佐領索倫每佐領下各取弓匠一名,鞍匠一名,蒙古每佐領下取弓匠一名,鞍匠一名,木匠一名。喀爾沁每佐領,每另管佐領,每分管佐領,漢軍每佐領下各取弓匠一名。内府三旗佐領、分管佐領所屬各項匠役等,俱照會計司定例給用。〇康熙元年議准:滿洲蒙古漢軍各旗分設佐領之後,俱照都統副都統行文取用匠役。

凡額設員役,北鞍庫六品庫掌二員,無品級庫掌二員,庫守十四名,六品掌繖總領三員,掌繖人三十名,掌繖承應三十五名,七品帳房頭目三員,牽駱駝人二百七十名,做圓頂帳房木匠二百七十名,製造庫裁縫十五名,八品鞍匠催總一員,鞍匠領催三名,鞍匠三十二名,古北口外鞍板匠三十五名。南鞍庫六品庫掌二員,無品級庫掌二員,庫守十四名,八品皮匠催總一員,皮匠領催三名,各項皮匠一百三十八名,雜項匠役七十八名。盔甲庫六品庫掌二員,無品級庫掌二員,庫守十四名,職事人七名,承應六名,八品鋄匠催總三員,鋄匠領催十八名,太監釘匠三名,鋄匠七百二十六名,刀鞘匠十名,涮金匠五名。氊庫六品庫掌二員,無品級庫掌二員,庫守十四名,八品靴皮匠催總一員,靴皮匠領催三名,靴皮匠三十九名,各項工匠五十四名,氊匠五十三名,監造靴鞋太監領催二名,靴皮匠十五名,八品備箭首領三員,箭匠七十五名,委署首領六名,旗員六十六名,親隨六十名,西北箭匠三十三名,南箭匠六十名,弓匠五百五十五名,内三旗弓匠八十二名，八品髇頭匠首領一員，髇頭匠十六名，西北髇頭匠二十七名，沙河八品氊匠催總一員，庫守三名，領催三名，氊匠二百二十六名。

上駟院

總管大臣下設左右兩司，主事、隨堂官總管兩司一切應奏應行事件，兩司各設侍衛郎中、員外郎、主事等官。左司專管馬匹駝隻數目等事，右司專管工料錢糧支銷等事。

凡遇皇帝巡幸，該衙門奏請派堂官一員或侍衛一員預備上用良馬，其隨從太監等所騎駑馬及途次餧養草束，奏派侍衛司官各一員管理。應領盤費等項，行文領侍衛内大臣咨取。

凡馬廄，御用良馬廄三處，紫禁城内一處，瀛臺二處，康熙二十五年裁瀛臺二處。走馬廄、小馬廄、對子馬廄各一處。俱在紫禁城内，雍正元年小馬館移於圓城西。應用馬廄一處，在圓城西。南苑内辨别换班馬廄二處，應差馬廄一處，御用馬廄等駑馬廄四處。〇康熙二十五年添南苑馬廄三處。〇又添設景山馬廄十處。〇三十年添設甕山馬廄一處。〇三十二年添設駕車騾廄一處。〇雍正元年議准：裁去景山馬廄十處。〇又諭曰："皇考親乘良馬，著謹慎飼養。倘有偷騎調换等情被人首告者，即行處斬。"

凡馬廄内支給草豆，定例御用馬及養老馬每匹日給豆三升、草二束半，大凌河换班馬每匹日給豆三升、草三束，差馬每匹豆二升半、草二束半，小馬、騾、對子馬、射箭馬及駑馬，每匹豆二升、草二束。御用馬、騎射馬每年三月二十日起在南苑内放青，五月二十日進廄，避暑時，御用馬每匹减豆一升草一束，七月初十日仍放青，九月初一日進廄照常牧養。其差馬每年三月二十日，一半令在南苑内放青，九月初一日進廄餧養。御用廄駑馬每廄各八十匹，每年三月二十日起在南苑内放青，九月初一日進廄餧養，南苑内馬廄除養老馬不放青外，其荷蘭國兒馬、騍馬、朝鮮國兒馬、小川馬、騍馬、大凌河馬羣、换班馬、應差官駑馬每年三月二十日放青，九月初一日進廄牧養。〇康熙二十七年定：禁馬每匹給七觔重草二束半、料豆合倉米三升，該班備鞍禁馬每匹給草一束半、料合倉米二升；小馬每匹草一束半、料合倉米二升，該班備鞍馬每匹草一束、料合倉米一升；對子馬每匹草二束、料合倉米二升，教練馬駒、走馬、駑馬每匹草二束、料合倉米二升。〇二十八年定：禁馬每匹給草二束零一觔、料合倉米二升七合，該班備鞍禁馬每匹給草一束零二觔、料合倉米一升八合；小馬每匹草一束零二觔、料合倉米一升八合,該班備鞍小馬草六觔、料合倉米九合;對子馬草一束零五觔、料合倉米一升八合,教練馬駒、走馬、駑馬每匹草一束零五觔、料合倉米一升八合。〇三十三年定:駕車騾廐每匹給草一束零五觔、料合倉米一升八合。〇三十四年定:小馬每匹給草一束零五觔、料合倉米一升五合;對子馬每匹給草一束零五觔、料合倉米九合。〇四十五年定:禁馬每匹給草十五觔、料合倉米四升八合六勺,該班備鞍禁馬每匹給草九觔、料合倉米三升二合四勺;小馬每匹草九觔料合倉米二升七合,該班備鞍小馬每匹草六觔、料合倉米一升三合五勺;對子馬每匹草十二觔,料合倉米一升六合二勺;教練馬駒、走馬、駑馬,每匹草十二觔、料合倉米三升二合四勺,駕車騾每匹草十二觔、料合倉米三升二合四勺。〇五十三年定:禁馬每匹給草十四觔、料合倉米四升五合,該班備鞍馬每匹給草九觔、料合倉米三升二合四勺;小馬每匹給草八觔、料合倉米二升五合;對子馬每匹給草十一觔、料合倉米一升六合二勺;教練馬駒、走馬、駑馬、駕車騾、駱駝每匹給草十一觔、料合倉米三升;其馬、騾、駱駝如有傷殘,照常料米之數減去一半。〇雍正元年定:駕車騾每匹減去草二觔,每匹給草九觔、料合倉米三升。

凡各廐所屬地方,每年酌量收取羊草牧馬。

凡各廐馬出外聽用及月小建日,其草料等項年底扣算核銷。

凡京城外馬羣,舊設御用馬羣二處,駑馬羣十八處,駱駝羣四處。康熙四十一年議准:添駱駝羣二處。〇四十六年議准:駱駝羣六處,留駝一百隻在京餧養,餘俱歸併上都地方餧養。〇四十八年議准:裁駑馬羣三處。〇六十一年十二月定:裁御用馬羣一處。〇雍正元年議准:裁駑馬羣五處。

凡京城外馬羣支給草豆,康熙二十二年定:御用馬羣每羣給豆四百五十石、草十五萬七千五百束,駑馬羣每羣給豆三百八十石、草十三萬三千束。〇二十五年定:御用馬羣每羣減豆五十石、草一萬七千五百束。〇三十一年定:駑馬羣每羣減豆三十石、草一萬五百束。〇三十四年定:御用馬羣每羣給豆三百八十石,駑馬羣每羣給豆三百五十石,草每匹給十一觔。〇三十六年定:御用馬羣每羣減豆一百三十石,駑馬羣每羣減豆一百二十石。〇三十七年定:御用馬羣每羣增豆六十五石,駑馬羣每羣增豆五十石。〇三十八年定:御用馬羣每羣增豆十九石。〇三十九年定:御用馬羣每羣增豆四十六石。

凡放青,定例每年四月初一日起至九月十四日,將馬廄馬羣馬匹發五百匹往張家口外放青,於三月内奏請派侍衛二員分爲兩班辦理,於八月内進口。抵通州時奏請派出侍衛司官各一員前往查明,將應烙印之馬匹補行烙印,其膘瘦實數分别具奏,交左司存案。

凡駝隻出青,定例良馬廄内所畜駝一百隻,遇放青時留駝五十隻存廄餧養,餘交上都等處總管,至九月十五日送京,連廄内駝隻須補足一百隻額數。

凡大凌河馬羣,舊設騸馬羣二處,騍馬羣十處。康熙三十年議准:添騸馬羣二處,騍馬羣十處。〇三十九年議准:添騸馬羣二處。〇四十六年議准:添騍馬羣六處。〇雍正元年議准:添騍馬羣四處,騸馬羣四處。

凡盛京馬羣養息牧地方,舊設騍馬羣三處,每羣各三百匹。康熙三十一年議准:添騍馬羣七處。〇五十二年議准:添騸馬羣二處。

凡哈達地方馬羣,康熙三十二年,設騍馬十羣,每羣各一百匹。〇五十二年議准:添騸馬四羣。

凡上都達布孫諾爾二處馬駝,舊設騍馬羣二十處,騸馬羣六處,騍駝羣十處,騸駝羣二處。康熙四年定:添騍馬羣二十處。〇十三年定:添騸馬羣四處。〇十四年定:添騍馬三十羣。〇二十三年議准:添騸馬羣四處,騍馬羣十處。〇三十五年議准:添騍馬羣十處。〇三十六年定:添騍馬一羣。〇三十八年奏准:添騸馬羣二處。〇又奏准:添騸馬二羣,騍馬十羣。〇三十九年奏准:將騍駝五羣移達里岡崖牧養。〇四十四年奏准:添騍馬十八羣。〇四十五年議准:將騍駝五羣移達里岡崖牧養。〇四十六年定:移京城騸駝六羣牧養,添設騍駝四羣。〇五十年定:添騍馬羣十一處。〇五十五年定:添走馬羣一處。

凡達里岡崖馬駝,康熙三十九年設立騍馬羣三處,共一千匹,騍駱駝羣一處,共一百隻。〇又議准:添騍駱駝羣五處。〇四十二年添騍馬羣七處。〇四十五年添騍駱駝羣二處,又自達布孫諾爾撥歸騍駱駝羣五處。〇四十六年添騍馬羣六處。〇五十五年添騍馬羣二處。〇五十七年添騍馬羣二處,騍駱駝羣二處。〇六十年添騍馬羣二處。〇又奏准:添騍駱駝羣一處。〇雍正二年奏准:裁騍駱駝羣四處。〇四年議准:添騍馬羣十八處。〇五年定:添騍駱駝羣四處。

凡遊牧地方支給草豆,康熙三十三年定:大凌河騸馬羣每羣給豆三百石、穀草三萬束、羊草七萬五千束,騍馬羣每羣給豆一百五十石、穀草一萬八千束、羊草六萬束。每年十月初一日起至三月三十日進莊牧養,豆草等項,行文所屬地方派送交各羣首領等監牧,四月初一日起至九月三十日出外放青。○五十一年定:騸馬羣每羣給豆九百十四石四斗,騍馬羣每羣給豆四百五十三石六斗。

凡盛京騍馬羣牧養放青,俱照大凌河馬羣例。其各莊豆草,該佐領酌量派定所生馬駒,教練馴習送進。

凡外藩進貢馬匹,定例四十九旗蒙古王、貝勒、貝子、公、台吉、塔布囊,喀爾喀、厄魯特等國進貢馬駱駝,由大臣侍衛啓奏,與本院大臣侍衛公同驗試,平常者退回,將可收者分別差等,啓奏收取,咨行廣儲司估價給賞。每年十一月初一日起,至次年十月三十日,將一年進貢馬匹駝隻數目及發回數目歲底核明具奏。歸化城兩旗每年四季貢馬一百六十三匹,喀爾喀、土謝圖汗、車臣汗、查薩克圖汗丹金、喇嘛那顔台吉等每年四季進貢白馬共八匹,白駱駝各一匹。○康熙七年定:公主等進貢馬二三匹者,收取二匹,進貢三匹以上者内好馬俱收,尋常者再收二匹;王貝勒等親來貢馬,俱尋常者收取三匹,内有好者俱收,其尋常者再收二匹;貝子公等親來貢馬,俱尋常者收取二匹,内有好者俱收,其尋常者再收一匹;王貝勒等之母妃、母舅等進貢者,或披甲好馬,或尋常馬收取各二匹;郡主以下進貢者,尋常馬收取各一匹;台吉等進貢駱駝馬匹,照定例收取;王貝勒等非親來進貢者,或好馬或尋常馬各收取二匹;貝子公等非親來進貢者,止收好馬,若尋常之馬停其收取;厄魯特喀爾喀進貢好馬上等頭目各取馬二匹,上等頭目其次台吉等進貢皮張等物,止取馬各一匹,厄魯特喀爾喀妃等進貢馬,各收取一匹。○二十一年諭:"將太僕寺馬駒内每年擇取送進内廐。"

凡索倫圍場,康熙四十二年諭:"著將騍馬一千匹交與索倫五處圍場,每處分給二百匹,設立牧羣,給精於騎射者騎演教練。後進獻時,照伊等進馬之例編爲等次賞賜。"○雍正五年議准:索倫等進貢馬匹内,如有駑馬,仍行發還。

凡土默特等處馬羣,康熙四十四年定:將大凌河馬三千七十匹作爲五分,分給土默特二處,喀爾沁三處孳生牧養,每年將孳生倒斃馬數呈報理藩院,三年一次具奏,該院咨送上駟院存案。○雍正五年奏准:僧滚扎普所牧馬匹一分,並無孳生,著照原給之數撤回,仍交大凌河處牧養。

凡均查駑馬,京城内馬廐每三年均查一次,按倒斃馬數多少定爲三等,頭等者給賞,二等者免議,三等者鞭責。御用馬廐應賞之廐長,給緞一疋,廐副彭緞一匹,應罰之廐長罰俸三個月,廐副鞭三十。南苑馬廐應賞之廐長,給毛青布六疋,廐副毛青布三疋,應罰之廐長罰俸兩個月,廐副鞭二十。京城外馬羣每年二月清查一次,一年内每馬駝一百匹倒斃四匹以下者,予頭等賞,倒斃五匹至八匹者,予二等賞,倒斃九匹至十二匹者,無賞罰,倒斃十三匹至十六匹者,用二等罰,倒斃十七匹以上者,用頭等罰。頭等賞牧長錦鑲領緞袍一件、緞一疋,牧副糚緞鑲領彭緞袍一件、毛青布十疋;二等賞牧長緞一疋,牧副毛青布十疋;二等罰牧長罰俸六個月,牧副鞭四十;頭等罰牧長罰俸一年,牧副鞭八十。其遊牧地方騸馬羣,三年均查一次,共賞罰照京城外馬羣例。

凡均查騍馬,定例三年一次。在山海關外大凌河地方者,三年内每騍馬五匹孳生二匹,在盛京遊牧地方者,三年内每騍馬三匹孳生一匹,若額外多一百六十匹以上者,予頭等賞,牧長狼皮端罩或狐皮端罩一領、緞羔裘一領、牛一頭、青布十疋,牧副緞羔裘一領、牛一頭、青布十疋;多八十匹以上者,予二等賞,牧長緞羔裘一領、牛一頭、青布十疋,牧副牛一頭、青布十疋;多一匹以上者,予三等賞,牧長牛一頭、青布十疋,牧副牛一頭。遊牧地方頭等賞,牧長青布六十疋,牧副青布四十疋;二等賞,牧長青布四十疋,牧副青布二十疋;三等賞,牧長青布二十疋,牧副青布十疋;孳生馬數少一匹以上者,用三等罰,牧長罰俸三個月,牧副等鞭四十;少五十匹以上者,用二等罰,牧長罰俸六個月,牧副等鞭五十;少一百匹以上者,用頭等罰,牧長罰俸九個月,牧副等鞭六十;如缺少原給馬數,牧長罰俸一年,牧副等鞭八十。上都達布孫諾爾及達里岡崖騍馬羣,三年於三匹馬内孳生一匹,若額外多孳生至一百六十匹以上者,予頭等賞給牧長毛青布各六十疋,牧副毛青布各四十疋;多孳生至八十匹以上者,予二等賞,給牧長毛青布各四十疋,牧副毛青布各二十疋;多孳生一匹至八十匹者,予三等賞,給牧長毛青布各二十疋,牧副毛青布各十疋;若於額數内少孳生一匹至五十匹者,用三等罰,牧長罰一五牲畜,牧副鞭四十;少孳生至一百匹者,用二等罰,牧長罰一七牲畜,牧副鞭五十;少孳生至一百匹以上者,用頭等罰,牧長罰一九牲畜,牧副鞭六十。於原額數内缺少者,牧長罰二九牲畜,牧副鞭八十。騸馬羣倒斃馬匹亦分三等,頭等者賞,二等者免議,三等者罰,賞罰俱照騍馬羣例。總管於所管十二馬羣内除賞罰均者不議外,若七處八處馬羣得賞,賞鑲領緞面羊皮袍一件、毛青布十疋;若九處十處馬羣得賞,賞皮端罩一件、毛青布二十疋;若十一處十二處馬羣得賞,賞皮端罩一件、緞面羊皮袍一件、毛青布二十疋;若七處八處馬羣受罰,罰一九牲畜;九處十處馬羣受罰,罰二九牲畜;十一處十二處受罰,罰三九牲畜。掌關防總管小總管,除騸馬羣不議賞罰外,其騍馬羣總計所管各羣孳生,以五百匹爲一分,缺少以二百匹爲一分,除不足分數者不議外,其多孳生一二分者紀録,多孳生三分者加級,三分以上者,照數存案加級;少孳生一分者,罰俸六個月,少孳生二分者,罰俸一年,少孳生三分者,降一級留任,少孳生四分以上者,革職。

凡均查駝羣,遊牧地方騸駱駝羣每六年均查一次,亦按數多少爲賞罰,應賞者,牧長青布二十疋,牧副青布十疋;應罰者,牧長鞭五十,牧副鞭四十。騍駱駝羣每六年均查一次,每駱駝四隻孳生二隻。若溢數者給賞,頭等者,賞牧長青布六十疋,牧副青布四十疋;二等者,賞牧長青布四十疋,牧副青布二十疋;三等者,賞牧長青布二十疋,牧副青布十疋。不足數者治罪,頭等者,牧長鞭七十,牧副鞭六十;二等者,牧長鞭六十,牧副鞭五十;三等者,牧長鞭五十,牧副鞭四十。至遊牧地方總管馬羣羣長,不論孳生多少,其所管馬羣賞罰相半者免議,若七八羣有賞者,賞鑲領緞羔裘一領、青布二十疋;九羣十羣有賞者,賞狼皮端罩或狐皮端罩一領、青布二十疋;十一十二羣有賞者,賞狼皮端罩或狐皮端罩一領、鑲領緞羊裘一領、青布二十疋;七八羣有罰者,罰牲一九;九羣十羣有罰者,罰牲二九;十一十二羣有罰者,罰牲三九。達里岡崖騍駱駝羣,六年於五駱駝内孳生二隻,以每十駱駝爲一等,自一至十爲三等賞罰,十一至二十爲二等賞罰,二十一以上爲頭等賞罰,牧長牧副俱照馬羣例賞罰。騸駱駝羣三年整理一次,約計一年於一百駱駝内倒斃四隻者,予頭等賞;倒斃五隻至八隻者,予二等賞;倒斃九隻至十二隻者,無賞罰;倒斃十三隻至十六隻者,用二等罰;倒斃十七隻以上者,用頭等罰。二等賞,給牧長緞一疋,牧副毛青布十疋;頭等賞,給牧長錦鑲領緞袍一件、緞一疋,牧副糚緞鑲領彭緞袍一件、毛青布十疋;二等罰,牧長鞭八十,牧副鞭六十;頭等罰,牧長鞭一百,牧副鞭八十。

凡馬匹應差,康熙四年定:委派均查馬羣之大臣騎駕馬十匹,侍衛官員騎駕馬六匹,筆帖式騎駕馬三匹,廐長牧長騎駕馬五匹,廐副牧副騎駕馬三匹,廐丁牧丁每二人騎駕馬三匹。〇十六年定:奉差人員所騎馬匹如因病倒斃者,准於年底奏銷。倘不加調養以致傷損倒斃或途次遺失者,將奉差人員鞭一百,仍著賠補。

凡盛京應差馬三羣,每羣額定五十匹。如缺額,由都虞司具奏咨行上駟院,轉付養息牧哈達總管處照數撥補。

凡交送皮張,定例各馬廐馬羣内倒斃馬騾駱駝皮張,用左司印,咨送武備院;大凌河馬羣倒斃皮張,由該總管交錦州城守尉咨送上駟院,轉交武備院;養息牧哈達地方馬羣皮張,由該總管交將軍衙門;上都達布孫諾爾達里岡崖馬羣皮張,由該總管交張家口監督,轉咨送武備院。〇雍正四年定:嗣後張家口著每年交馬皮二千張,馬駒皮一千張,駝皮一百張。

凡護送馬匹放青員役盤費,舊例馬廐馬羣内馬匹放青,護送侍衛日給銀一錢三分,廐長牧長日給銀八分,廐副牧副廐丁牧丁等日給銀五分,派隨御用馬匹放青之護軍校護軍十七名,每日各給銀一錢三分。〇康熙八年定:馬匹放青派往人員,每羣各給羊二隻。〇三十二年定:馬匹放青,給寸金丹三百副。

凡均查遊牧地方馬羣員役盤費,定例派往大臣侍衛官員等,日給銀一錢三分,餘俱與護送放青例同。其隨從人役等每日各給口糧。

凡出差各處人員應得口糧馬匹草豆,俱移咨户部領取;出關信票,咨兵部領取。

凡遊牧地方員役俸禄,定例蒙古小總管食半俸,銀五十二兩五錢;翼長食半俸,銀二十兩;委署翼長牧長等,每月銀各二兩;牧副,每月銀各一兩五錢,牧丁及蒙古筆帖式等,每月銀各一兩;由護軍領催選補之牧丁,每月銀各二兩。

凡大凌河馬羣總管翼長筆帖式等,俱給與該處房産地畝。

凡馬駱駝走失處分,定例馬駱駝有白晝失去者,責令巡察人賠補,不能賠者,鞭一百。至遇大風雨大雷電驚失及昏夜失去者,亦令巡察人賠補;不能賠者,鞭七十。該班各羣牧長有馬失去者,鞭八十,有品級者准折贖,首領失去者,牧副鞭八十。該班侍衛失去馬駱駝四匹以下者,免罪;五匹以上者,罰俸六個月。遊牧總管失去馬駱駝四匹以下者,免罪;五匹以上者,罰俸三個月。護軍校護軍被賊偷去馬駱駝者,俱治罪。〇康熙二十二年題准:馬駱駝羣有失去者,牧長免責,罰俸三個月。

凡春秋二季致祭馬神,祭後將所派定之馬拴記。

凡王貝勒貝子分封,給騸馬二百匹,兒馬騍馬六百匹,兒駝騍駝三十隻,騸駝四十雙;公給駑馬二十匹。

凡各羣給與乳牛犍牛,其所孳生之牛俱交所屬衙門。

凡傷殘馬匹,定例廐内馬有傷殘者,交内務府賞給匠役人等,仍於遊牧地方撥補足額。

凡獸醫,定例每名每月給銀二兩米二斛。

凡發遣甕山馬廐内鍘草太監,每人每日給老米一倉升、木柴一觔。

凡額設員役,司鞍長二員,司鞍九名,司轡二十四名,蒙古醫生二十名,獸醫二十二名,散司轡二十名。京城内馬廐十七處,每廐設七品廐長一員,廐副二名,廐丁二十名,惟小馬廐祗設廐副一名,廐丁十名,共設廐長十六員,廐副三十三名,廐丁三百三十名,鍘草夫役五百四十四名,内設百總六名。京城外馬羣十一處,共設七品牧長十一員,牧副二十二名,牧丁二百二十名。上都達布孫諾爾馬羣一百五十三處,每羣牧長各一員,牧副各二名,牧丁各七名;騸駝六羣,每羣牧長各一員,牧副各一名,牧丁各十名。達里岡崖馬羣四十處、騾駝十六羣,所設員役與上都同。大凌河騍馬羣三十處,每羣牧長各一員,牧副各二名,牧丁各十五名;騸馬羣十處,每羣牧長各一員,牧副各二名,牧丁各二十五名。盛京騸馬羣六處,每羣牧長一員,牧副二名,牧丁二十名;騍馬羣二十處,每羣牧長一員,牧副二名,牧丁十三名。

奉宸苑

掌印大臣、郎中、員外郎、主事分掌景山、瀛臺等處及玉泉山稻田、下清河、閘河等事。南苑另設郎中、員外郎、主事等官,仍隸本苑管轄。

凡設官管理,順治十三年定:景山、瀛臺、玉泉山、南苑等處,俱著太監管理。○十八年定:南苑設辦事員外等官。○康熙十年定:將景山、瀛臺等處令内務府總管侍衛管理。○十六年定:將景山、瀛臺、南苑等處俱歸都虞司兼理。○三十三年定:建奉宸苑,交禮部鑄給印信,設掌印大臣一員。○五十四年定:將湯山行宫交奉宸苑管理。

凡静明園官員,康熙初玉泉山澄心園設總領一員、副總領二員。○三十年定:添設副總領一員。○三十一年諭:"澄心園改爲静明園。"

凡管理玉泉山稻田員役,雍正元年奏准:玉泉山稻田處添設六品司庫一員,滿文筆帖式二員,漢文筆帖式二員,無品級催總二員,領催十一名,聽差人役四名。○三年奏准:添設八品催總二員。○又奏准:玉泉山稻田處添設六品司庫一員,無品級催總一員,滿文筆帖式一員,漢文筆帖式二員,領催四員,聽差人役四名。

凡玉泉山稻米,雍正四年奏准:奉宸苑所存之米,除每年陵寢祭祀及公主需用水稻米石仍在奉宸苑支取,其蒙古王貝勒并台吉額駙格格及進貢人員所需白米,於内倉按數支放。

凡管理閘河,雍正四年奏准:下清河以上所有閘河并閘官一員,交奉宸苑管理。

南苑

凡守衛南苑員弁,舊制:南苑周圍地方一百餘里,墻垣一萬九千八十五垛,每垛長一丈,高八尺五寸,墻基寬五尺,頂寬二尺。門五座,每門設守衛官一員、領催一名、兵九名、太監首領二名、太監八名、掃除人十二名。○康熙二十四年題准:南苑周圍添門四座,共門九座,守衛大紅門添總管旗員一員、領催二名、披甲十八名,守衛八門,每門派旗員一員、領催一名、披甲九名。○三十年題准:南苑新舊行宫添設總管一員、副總管二員、首領一名、太監六名。○三十三年題准:南紅門添設首領太監一名、太監四名。○又題准:增守衛苑墻緑旗兵丁,設守備一員、千總一員、把總二員、委署把總一員、兵二百名。○五十二年題准:南紅門新舊行宫增設總管一員、副總管三員、太監九名。

凡南苑糧莊五所,每莊給地二百四十晌;果園五所,每所園地十五晌,口糧地三十晌;西瓜園二所,每所園地三十晌,口糧地三十晌。

凡南苑馬廐六處,牛圈四處。

凡築墻巡察海户,額設一千六百名,内領總二名,總甲十名,每名給地六十畝,小甲六十名,巡青海户四十八名,每名給地四十畝,海户一千四百八十名,每名給地二十八畝;修濬河工看守六閘海户二百名,内大頭領二名,小頭領十二名,海户每名給南苑墻内口糧地四晌,若海户數缺,以其子弟頂補。○康熙二十四年題准:添設海户四百名,内添千户二員,總甲二十二名,小甲八十八名,巡青人四十八名,門軍八十一名。○三十七年諭:"南苑圍墻開小門十三處,以便海户種地出入,俟收糧刈穫畢,仍行堵築。"○五十一年題准:裁革海户六百名,内裁千户二員,總甲十名,小甲四十名,門軍四十五名。裁革海户地畝在墻内者,改歸甸子,在墻外者,交與户部。

凡院户,定例每名給地二十八畝。康熙三十年題准:新舊行宫設打掃院户十六名。○五十一年題准:永慕寺添院户十名。○五十二年題准:南紅門新舊行宫添設院户三十二名。

凡南苑羊草,定例南苑内草令佐領分管,佐領下壯丁割取,交送廄館,有餘發賣。〇康熙十四年題准:停其發賣,將所餘之草交户部,入於穀草數内,有應給之處搭放。〇二十四年題准:南苑所出羊草,每年僱夫刈割,交與户部。〇雍正二年題准:將羊草交大宛兩縣,每束作價二釐,賣銀交户部。〇五年題准:停其交大宛兩縣,每年祗將羊草割取五十萬束給兵部廄館,餘者停其割取。

凡南苑墻外上等地,每畝徵銀八分,中等地每畝徵銀七分,下等地每畝徵銀六分,房基地每丈徵銀三分,其錢糧交廣儲司收貯。康熙二十四年諭:"地畝錢糧交大宛兩縣徵收,其房基地銀著豁免。"

凡額設員役,催總二名,領催十一名,門尉十四名,護軍二名,甲兵首領四名,甲兵十八名,夫役首領八名,夫役二百六十三名,匠役五十六名。康熙三十年題准:添設新衙門裱匠二名,木匠一名,瓦匠一名,花兒匠三名,舊衙門裱匠二名,木匠一名,瓦匠一名,花兒匠三名。〇又題准:添設八品催總二員,領催六名。〇五十二年題准:南紅門新舊行宫添設裱匠四名,木匠二名,瓦匠二名,花兒匠三名。

大清會典卷之二百三十四

翰林院

翰林官員，職在侍從禁庭，進直講筵，記注起居，撰擬册誥等文，纂修國史諸書。順治元年置翰林院爲正三品衙門，二年裁翰林院，以翰林官分屬内三院，十五年復置翰林院，十八年復裁翰林院，康熙九年仍置翰林院。員額沿革，詳見《吏部·官制》。

〔經筵〕

凡經筵應講經書及講官職名，由本衙門題請欽定。應講官撰擬講章，繕寫滿漢文進呈，候欽定後繕寫正本副本。至期，皇帝陞文華殿，講官同衆官行禮畢，入殿進講。講畢，候駕還宫，本衙門官恭進講章正本。儀注詳見《禮部》。

凡經筵講官，順治十四年定：滿漢各八員。○康熙十年定：滿講官自内閣學士、翰林院掌院學士、侍讀學士、侍講學士、詹事府詹事、少詹事及六部尚書侍郎、都察院左都御史、副都御史、政使司通政使、大理寺卿等官内，由内閣學士、翰林院掌院學士、讀講學士陞任者，俱得開列，漢講官自内閣學士、翰林院掌院學士、侍讀學士、侍講學士、詹事府詹事、少詹事、國子監祭酒及六部尚書、侍郎、都察院左都御史等官内由翰林官陞任者，俱得開列，由本衙門題請，以原銜充補。○十六年諭："滿洲小九卿内有由翰林官陞轉者，一併開列。"

〔日講〕

日講定期，自二月經筵後始，夏至日止，八月經筵後始，冬至日止。每日俟部院官員奏事畢，講官進講。○康熙二十二年諭："於奏事前進講。"或屆期奉旨不停講，仍每日進講。

凡日講遇祭祀齋戒日期,俱停進講。○康熙二十二年諭:"齋戒日期照例停講,如不親詣行禮,則祭日仍進講。"

凡日講講章,由本衙門撰擬翻譯,繕寫正本副本,先期以正本進呈。每日滿掌院學士同漢講官二員,間用三員,捧副本進講,儀注詳見《禮部》。歲底彙寫講章進呈。○康熙十六年諭:"帝王之學,以明理爲先,格物致知,必資講論。向來日講惟講官敷陳講章,朕躬默聽,即不諳文義,講官無由得知。此雖係循行舊例,然於經史精義,未能研究印証,朕心終有未慊,前曾諭内閣諸臣,或朕自講朱註,或解説講章。内閣諸臣奏稱朕宜隨便發明書旨,不必預定規程。今思講學必互相闡發,方能融會義理,有裨身心。以後日講,或應朕躬自講朱註,或解説講章,仍令講官照常進講。著大學士會同内閣諸臣、翰林院掌院學士議奏。"遵旨議准:講官進講時候,聖意或先將四書朱註講解,或先將講章講解,或先將《通鑑》等書講解,使得仰瞻聖學,講畢講官仍照常進講。○十七年諭:"停止歲底彙寫講章,止具本奏聞。"

凡日講官,順治十二年定:滿講官二員,漢講官五員。○十四年增漢講官八員。○康熙十年定:講官俱兼起居注銜,員額詳見"記注館"。滿漢講官本衙門與詹事府坊局各官皆預開列,由本衙門題請,以原銜充補,滿講官以通滿漢文者開列。○三十九年諭:"嗣後題補漢日講官開列人員内有由一甲進士出身者,注明本人名下。"○雍正元年議准:嗣後如講官出差者多,侍班之員不足,本衙門即將應行開列官員通行開列具題,恭請欽點署理,俟出差之講官回日,署理之員仍回本任。

〔入直侍從〕

凡南書房侍直,康熙三十三年諭:"翰林乃近侍之臣,向因日講時時進見,是以猶知伊等言語舉止。近來進見稀少,講官侍班不過頃刻,難以悉其賢否。將此交與翰林院掌院學士酌議,將翰林院詹事府官員每日派四員到南書房侍直,令伊等時時學習文章字畫,亦可以知其人之高下。著即議定具奏。"遵旨議准:本衙門讀講學士以下、編檢以上,與詹事府少詹事以下、中贊以上,按定每日四員一班在南書房侍直。○四十七年停止。○五十三年諭:"翰林官員朕多不認識,伊等學問之高下亦不能悉知,嗣後朕駐蹕暢春園時,著四員一班與南書房翰林一處行走,五日一更代。"班次自本衙門讀講學士以下、編檢以上,與詹事府少詹事以下、中贊以上論俸派出。○六十一年停止。

凡恭遇聽政之日侍班,康熙五十七年諭:"每遇奏事,將翰林派出五員侍班。"每侍班於本衙門讀講學士讀講,與詹事府少詹事、坊局等官内一員領班次滿編檢一員漢編檢三員。〇六十一年停止。〇雍正三年諭:"每逢聽政,於滿漢翰林院編修檢討内、按俸用四員侍班,班在科道之上。"

凡恭遇御駕行幸蒐狩,康熙五十年諭:"翰林院滿洲漢軍翰林甚多,每次行圍著派二員學習行走。"

凡恭遇聖駕詣太學行釋奠禮,本衙門侍讀學士以下庶吉士以上皆預陪祀。

〔纂修書史〕

凡纂修《實録》《聖訓》,掌院學士充副總裁官,侍讀學士、侍講學士、侍讀、侍講、修撰、編修、檢討充纂修官,典簿、待詔、孔目充收掌官,筆帖式充謄録官。筆帖式亦間充收掌官。

凡纂修《玉牒》,於修撰、編修、檢討内擬出,移送宗人府充纂修官。

凡纂修一切書史,掌院學士充正副總裁官,侍讀學士以下、檢討以上充纂修官,典簿、待詔、孔目充收掌官,筆帖式充謄録官。筆帖式亦間充收掌官。〇康熙十八年,纂修明史本衙門題請總裁官。奉旨:"自大學士以下檢討以上,通行開列具題。"

凡恭遇特命編纂六曹章奏,本衙門侍讀學士以下檢討以上,俱充編纂官。

凡日講解義及纂修翻譯諸書刊刻告成,請旨頒賜。〇康熙四十九年定:凡纂修諸書刊刻告成,分纂諸臣無論革職、已故,與監造人員一併開列銜名。

〔撰文〕

凡祭天、地、太廟、社稷、奉先殿及五嶽、四瀆、長白山、歷代帝王陵等祝文,本衙門官撰擬翻譯。

凡恭擬太皇太后、皇太后、皇后、皇貴妃、貴妃、妃、嬪、皇太子册文寶文,本衙門官撰擬,其鐫刻册寶,酌派本衙門官員、筆帖式會同内閣官監造。

凡親王、郡王、貝勒、貝子、公、將軍等册誥文,由本衙門題定文式填名,咨送中書科。

凡王妃、夫人、公主、郡主、縣主、郡君、縣君、鄉君等册誥文,由内閣題定文式填名,咨送中書科。

凡内外文武官奉旨與謚者,其碑文及諭祭文俱由本衙門撰擬翻譯,送内閣奏請頒發。○康熙三十七年奏准:由本衙門奏請欽定,交與該部。

凡封贈誥敕文,順治初,本衙門開列應撰擬官員職名,送内院具題。○康熙十年題准:按品刊刻文式,停止撰擬。○二十四年議准:各照官職撰定文式頒給。○四十三年議准:凡入八分公以下奉恩將軍以上兼大臣侍衛等官、閑散宗室補授大臣侍衛等官封贈誥敕文,亦各照官職撰定文式頒給。

〔校閲試事〕

凡直省文鄉試,順治初,順天、江南、浙江、江西、湖廣、福建等省以漢侍讀學士以下檢討以上充主考官。○康熙三年題准:不拘省分,通行差遣。四十一年,山西鄉試主考官亦差庶吉士,五十六年及五十九年順天鄉試,同考官亦差編修、檢討,雍正元年及二年兼差侍讀、侍講、庶吉士。

凡順天武鄉試,漢侍讀以下檢討以上用二員充主考官。

凡文會試,漢掌院學士充主考官,侍讀學士以下、檢討以上充同考官。順治四年及十六年會試,同考官亦差庶吉士。

凡武會試,順治初,漢掌院學士以下檢討以上俱照資開列,充主考官。○康熙三年後專用學士。○九年後,讀講學士亦得充主考官。

凡順天文鄉試與文會試,雍正元年議准:庶吉士充外簾官。

凡文武殿試,滿漢掌院學士充讀卷官,侍讀學士以下檢討以上充受卷、彌封、掌卷官,其典簿、待詔、孔目等官亦預。

凡滿洲蒙古翻譯鄉試會試,雍正元年議准:滿掌院學士充主考官,滿侍讀學士以下檢討以上充同考官。

凡翰林官提督學政,順治初,直隸、江南、江北三差,自讀講學士以下與坊局官論資差遣。○十一年題准:江南江北二差改爲學道,順天學政仍差翰林官一員,自侍讀以下與坊局官論資,擬正陪送吏部具題。○康熙十八年議准:於侍讀、侍講及諭德、洗馬内論俸,擬正陪送吏部具題。○二十三年議准:提督、順天學政將侍讀、侍講及諭德、洗馬通行開列,送吏部具題。江南、浙江學政改用翰林官,於侍讀、侍講及諭德、洗馬、中允、贊善内開列職名,送吏部具題。○三十九年議准:山東等省提督學道缺出,兼用翰林官,以侍讀、侍講、修撰、編修、檢討與詹事府官論俸,開送吏部具題。○五十一年奏准:順天、江南、浙江提督學政缺出,如侍讀、侍講及諭德、洗馬、中允、贊善内無應送之員,將侍讀學士、侍講學士及庶子未出學差者,與修撰、編修、檢討論俸開送。〇雍正元年議准：提督滿洲蒙古翻譯學政，將本衙門滿侍讀侍講通行開送吏部，題請欽點。〇四年議准：順天安徽學政員缺，無合例應行開列之員，將未出過學差之詹事府少詹事，本衙門侍讀學士、侍講學士，同四五品京堂開列具題。又奉旨：已經出過學差之人亦著開列。

〔陞除總例〕

凡本衙門滿官員缺，掌院學士由吏部開列題補，讀講學士以下，由吏部以應陞官擬正陪題補。

凡本衙門漢官員缺，掌院學士由吏部開列題補，讀講學士、讀講及國子監祭酒司業，俱由本衙門會同詹事府，以應陞官職名咨送吏部題補。〇康熙四十八年議准：凡本衙門詹事府官一應陞轉，俱連編檢歷俸之年通論。〇雍正二年定：凡遇陞轉，本衙門會同詹事府，以應陞官并其次應陞官職名一併咨送吏部，題請簡用。

凡漢官奉差，如遇陞轉，仍照例咨吏部題補，惟提督學政俟差滿日陞轉。〇雍正二年定：凡遇陞轉，學差一併開列。

凡本衙門漢官降補别衙門復回本衙門者，順治九年題定以見補官品爲序。〇康熙十四年覆准：復原官者，仍序原資論俸。〇三十九年定：凡復職之員，不准接算前俸。

凡翰林官給假，順治十六年題准：掌院學士以下檢討以上有請假、省親、終養、遷葬、告病者，俱令自行陳奏。〇康熙十四年題准：掌院學士自行陳奏，餘俱送吏部具題。〇五十三年議准：見在告病之編修、檢討，并從前告病之修撰、編修、檢討、庶吉士，俱照外官告病例休致，病痊不准起用，永爲定例。如有祭祖、遷葬、省親、送親者，仍照舊例行。〇又議准：修撰編修、檢討、庶吉士先因丁憂、終養、祭祖、省親、遷葬、送親，具呈回籍後又告病者，亦俱照例休致，不准起用。〇六十一年恩詔：修撰、編修、檢討、庶吉士前以告假告病休致者，皆准起用。〇雍正四年奏准：嗣後翰林官患病告假者，准其起用。

〔館選授職〕

凡考選庶吉士，吏部移咨本衙門，本衙門題請日期。至期，用黄摺書諸進士年齒籍貫，鈐翰林院印，設御案上。皇帝陞座，滿漢掌院學士分列御座兩旁，滿讀講學士等官引諸進士以次入見，選中者立御座右。選畢，一甲進士三人亦引見畢，退。次日，本衙門以選中諸進士并一甲進士籍貫及鄉試會試殿試名次與所習本經開明進呈御覽,得旨後交内閣欽遵上諭,分別讀滿漢書具本啓奏。〇康熙三十年定:一甲進士引見在諸進士之前。〇三十六年定:一甲進士亦用黄摺書年齒籍貫,設御案右,諸進士黄摺設御案左。〇四十五年定:内閣滿漢大學士、學士等排列御座之東,本衙門滿漢掌院學士排列御座之西。〇雍正元年諭:"新科進士於引見之前,朕欲先行考試,知其學問,再行引見選拔,庶人才不致遺漏。目今天時寒冷,考試之日,一應仍照殿試預備考試題目。朕將詩文四六各體出題,視其所能,或一篇或二三篇,或各體俱作,悉聽其便。"試卷鈐本衙門印,由本衙門預備,餘俱會同禮部料理。〇又諭:"新科進士,著問九卿,有知其居家孝友、人品端方者,各就所知舉出,毋得隱而不言,親戚相識,亦不必迴避,問明即註於進士姓名之下,一併奏聞。"〇又諭:"挑選庶吉士,著照依文字入選,有保舉無保舉名次,帶領引見,其文字不入選與無保舉者,仍照殿試甲第引見。"〇又諭:"昨引見新科進士,有記名者十七員,諸人年紀正壯,將來還可望進。傳問伊等本身有情願在各館効力及在内官學教習者,令各人自陳。若行走勤謹學問好者,朕仍拔爲翰林。"〇二年諭:"新科進士,問九卿時著亦問内閣。"〇五年議准:進士内有彼此熟悉,素爲衆所推服者,悉令公同舉出,務俾端方誠慤與明體達用之才皆獲兼收並録,毋得採取虚聲,徇情濫舉。

凡教習庶吉士,本衙門以滿漢掌院學士職名移送吏部具題欽點。〇康熙三十三年諭:"滿洲漢軍庶吉士,著教習學士於侍讀、侍講、修撰、編修、檢討内擇學問優長者,派爲小教習,教習詩文四六。"〇五十三年奏准:漢庶吉士學習漢書者,亦於侍讀、侍講、修撰、編修、檢討内擇學問優長者,派爲小教習,教習詩文四六。〇雍正元年諭:"向來庶吉士學習清書,散館之後每至荒廢,以三年學習之功,置之無用,殊爲可惜。自此後清書散館之翰林不可令其荒廢。今年新科進士選拔庶常,朕意學習清書者,少派數人令其盡心學習,務期通曉,或在翰林或用部曹,即令與滿官一同翻譯,如此方實有裨益。"

凡頒給讀滿書庶吉士書籍,康熙十二年奏准:每員頒給《遼金元史》《洪武寶訓》《大學衍義》等書各一部。〇十八年奏准:除《洪武寶訓》《大學衍義》仍照先頒給外,其遼金元史書庶吉士學習無益,相應停其頒給,將日講四書解義各頒給一部。〇三十年,《洪武寶訓》《大學衍義》停止頒給。

凡散館庶吉士讀書三年,滿漢教習學士題請考試,散館内閣題請試期，其應用試卷，行文禮部移取，用本衙門印彌封。至期，滿漢教習學士開列庶吉士名單，分班引見畢，同赴體仁閣下候考。鴻臚寺官引庶吉士等行三跪九叩頭禮，吏部官散卷，内閣滿漢學士捧題，分授滿漢教習學士隨分授庶吉士等。試畢，吏部官收卷，教習學士本日轉奏，俟欽定名次，分别除授編修、檢討、科道部屬等官。鼎甲雖已經授職，亦同引見考試。○康熙三十三年，停止補授科道部屬，除授編修檢討外，再留館教習者一員，以知縣用者八員，革職者一員。○三十六年，令隨旗上朝者一員，以科道用者二員，以部屬用者二員，以知縣用者六員。○三十九年，再留館教習者六員。○四十二年，歸進士班用者三十員。○四十五年，停止引見再留館教習者二十員，革職者一員。○四十八年，革職者十員。○五十二年歸散進士教習館者十一員。○五十七年，再留館教習者六員，革職者一員。○六十年，考試後引見再留館教習者一員，革職者七員。○雍正元年，以部屬用者二員，以知縣用者三員。○又諭："朕特恩開科，人才輩出，將來挑選庶常，朕當親加考試，至日後散館，仍照舊例以三等分用。"○又議准：滿洲庶吉士散館，文理優者除授編修檢討，平常者照滿洲散進士例以通政司知事等官補用。○三年考試後引見，以部屬用者六員，以中行評博用者九員，以州縣用者二員，以教職用者二員。○又將元年記名進士考試引見，授編修職者二員，授檢討職者二員。○五年考試後引見再留館教習者一員，以部屬用者一員，照進士原班用者三員。

凡教習學士到館，舊例行工部給公座、桌椅、錫硯、筆架、銅炙硯、掛牌、冬夏門簾、公會桌椅、鎖鑰、火盆等項，每月給判筆二枝、香墨二笏，户部給心紅一兩。○康熙四十五年停止。

凡庶吉士到館讀書，舊例行工部修理房屋具器用，每員每月工部給純毫水筆五枝、香墨一笏，每日户部給呈文紙二張、食米三合五勺，工部給木炭二觔、酒三鍾、肉一觔、鹽五錢。○康熙十四年，裁呈文紙一張、木炭一觔、筆二枝，酒停給。○十七年，肉鹽俱停給。○四十二年諭："庶吉士讀書，著出税差人員酌量資助。"遵旨議准：兩淮、兩浙、長蘆、廣東、河東、福建等處鹽差派銀各八十兩，滸墅、蕪湖、崇文門等處税差銀各八十兩，湖口、淮安等處税差銀各七十兩，北新、鳳陽、閩海、太平橋、龍江關等處税差銀各五十兩，揚州、贛關、天津、粤海、浙海、臨清關等處税差銀各四十兩，山海關、江海、南新等處税差銀各三十兩，共計銀一千四百四十兩。將此項銀兩交與該部，每年照數於出差官員名下徵收，送本衙門分給庶吉士。

其中若有告病、丁憂給假回籍者,將其應得之分仍交回該部。其見給銀兩俱於上年出差官員名下徵收。庶吉士讀書三年,御試授職之後,停其給發。○四十六年,筆墨木炭停給。

〔出差事宜〕

凡册封親王、世子、郡王及内外固倫公主、和碩公主、親王世子、郡王嫡妃,以掌院學士充副使;長子、貝勒、貝子及長子妃、貝勒貝子夫人、内外郡主、縣主、郡君并外藩蒙古親王、郡王嫡妃,以侍讀學士、侍講學士、侍讀、侍講等官充正副使,有品級筆帖式宣讀。

凡封外藩蒙古貝勒以下,公等以上夫人,以侍讀侍講充正副使,有品級筆帖式宣讀。

凡祭告五嶽、四瀆、長白山及歷代帝王陵、孔子闕里,本衙門開列滿漢掌院學士、侍讀學士、侍講學士職名,送禮部題請欽點。○康熙三十六年定:侍讀侍講亦行開送。○五十七年奉旨:開列翰林官員職名具奏。遵旨將檢討以上一併開送。

凡遇審事差遣,康熙三十六年諭:"翰林院衙門無事,嗣後凡審事差遣之處,翰林院滿洲官員亦著派出。再翰林院滿洲漢軍編檢,凡遇差遣,除正差官外,於伊等内亦著一人同往,令其歷練事務。"○三十九年,停止滿洲漢軍編檢審事差遣。

凡齎誥詔,順治初用漢翰林官及典簿待詔孔目。○康熙八年定:滿督撫處用筆帖式。○二十一年定:不拘滿漢,督撫俱用典簿、待詔、孔目及筆帖式。

凡出使外國,順治初朝鮮用滿官,安南琉球用漢官。康熙二十三年,安南兼差滿漢官由本衙門開列各官職名,移咨禮部題請欽點。

〔職掌事宜〕

凡本衙門章奏,滿漢掌院學士同滿漢讀講學士列銜具題,一應衙門事務俱公同辦理。

凡教習進士,康熙五十一年議准:於本衙門侍讀、侍講以下及詹事府諭德、洗馬以下各官内揀選學問優長、人品練達者數員,教習政事典禮,由本衙門開列職名,咨送禮部題請欽點。

凡廷試願就教職舉人歲貢生等試卷,鈐本衙門印,掌院學士、讀講學士同吏部禮部堂官出題公閱,侍讀以下檢討以上官分閱。

凡考試監生書攢受職,雍正元年特命開列九卿翰林職名具奏,由本衙門開列漢掌院學士以下編檢以上各官職名,咨送吏部題請欽點。

凡直省鄉試墨卷與會試墨卷,雍正元年議准:於本衙門侍讀、侍講、修撰、編修、檢討内酌擬數員,會同禮部秉公選録,恭呈御覽裁定,頒行刊刻。

凡辦理陞遷議敘、錢糧出納、文移往來等事,雍正元年諭:"部院衙門俱設司官專管定稿説堂,筆帖式專管翻清,廳官專管收發文書。翰林院衙門亦有錢糧出納、陞遷議敘并各衙門文移往來,事務繁瑣,關係不輕,乃俱出自筆帖式典簿之手,故遲速輕重,多有弊端。當於俸淺編檢内,擇才守優長者滿漢各二員充作司官,專主定稿説堂,庶小吏不得作弊,而衙門永清矣。所委司官之編檢如果實心任事,辦事公敏者,據實奏聞,加以殊恩。"

凡每年春秋祭祀文廟,每次於修撰、編修、檢討内論資,派二員分獻。

凡承行衙門一應事務,收發書籍、往來文移,俱滿漢典簿、孔目職掌。

凡校對翻譯奏章一應文史,俱滿待詔職掌,校對繕寫一應文史,俱漢待詔職掌。

凡翻譯繕寫章奏一應文史,俱筆帖式職掌。

凡本衙門滿洲漢軍官員值習射之期,每月兩次在本衙門習射,聽兵部官稽察。記注館滿洲漢軍官員亦在本衙門習射。

凡繕寫編纂書籍,請旨移咨國子監考取善書監生繕寫。

凡官吏俸糧及紙張銀硃,由户部關給;印色木炭,由工部關給。凡領過綾子、紙張、銀硃等項,年底開寫奏聞。

日講起居注館

起居注館設於太和門外兩廊,滿漢記注官侍直事畢,以本日應記之事用滿漢文記注,其員額俱以日講官兼攝。沿革事宜,具載於後。

凡員額,康熙九年定:設滿記注官四員,漢記注官八員,滿文主事一員,滿漢文主事二員,漢軍主事一員,滿文筆帖式四員,滿漢文筆帖式四員,漢軍筆帖式四員。〇十一年增設滿文筆帖式四員,滿漢文筆帖式二員。〇十二年增設滿日講起居注官一員,漢日講起居注官二員。〇十六年增設滿日講起居注官一員。〇二十年增設漢日講起居注官八員。〇三十一年裁漢日講起居注官六員。〇五十七年起居注館裁。〇雍正元年諭:"自古帝王臨朝施政,左史記言,右史記動,蓋欲使一舉動一出言之微,無不可著爲法則,垂範百世也。皇考聖祖仁皇帝英年踐祚,即設日講起居注官,於詞臣中擇其才品優長者,以原官充補。鉅典茂昭,度越前代,誠爲聖帝哲王之盛事。是以曆數遐昌，御極六十一年，紹精一執中之統，勵敬天勤民之心，文謨武烈，經緯萬幾，盛德日新，大業鴻顯。天下臣民仰瞻至治，不啻日月麗天，江河行地，莫不敬信悦服，記注之臣，美不勝書。皇考聖祖仁皇帝謙德彌光，聖不自聖，惟恐史官或多溢美之辭，故康熙五十六年以後裁省記注，祇令翰林五員於理事時輪侍班行。凡有重務要旨，仍命内閣諸臣記而存之，意至周密也。兹朕纘承大統，夙夜兢業，日昃不遑，思所以上繼皇考功德之隆，下致四海晏安之治。顧惟凉德，甚懼負荷之難，今御門聽政之初，益當寅畏小心，綜理庶事，咸期舉措允宜，簪筆侍臣，何可闕歟！當酌復舊章，於朕視朝臨御、郊祀壇廟之時，令滿漢講官各二人侍班，不獨記載諭旨政務，或朕有一言之過、一事之失，皆必據實書諸簡策，朕用以自警，冀寡尤悔，庶幾凛淵冰之懷，以致久安；慎樞機之動，而圖長治。其仍復日講起居注官如康熙五十六年以前故事。"遵旨奏准：除滿漢日講起居注官員額仍照康熙三十一年例設立外，設滿漢文主事二員，滿文筆帖式八員，滿漢文筆帖式八員。内有漢軍二員。

凡記注官侍班遇皇帝御乾清門聽政，各衙門官員奏事時，記注官立於西階上廊柱旁。〇康熙十八年諭："内閣啓奏折本時，記注官亦令侍班。"〇又題准：啓奏折本時，記注官較常立處少近前立，以便詳聽，九卿詹事科道啓奏會議事，亦近前侍班，如内閣官於内殿啓奏，則立於槅扇外之右；在殿内室，則立於内槅扇外之西。皇帝御瀛臺聽政，記注官立於左階下，啓奏折本時，亦於階下少近前立。皇帝陞殿視朝賜宴賜食，記注官列於右翼，在一等侍衛第一班之末。

凡有事壇廟謁陵、躬耕耤田、視學、大閲、校射、迎勞、凱旋、受俘及駐蹕南苑、巡幸、蒐狩，記注官皆扈從。皇帝御保和殿視祝版，記注官侍班，立於殿門外之西一等侍衛之末，經筵、文武殿試、讀卷皆侍班。

凡外藩王台吉等及直省督撫提鎮等朝見、陛辭、賜宴賜食，該衙門知會記注館該直官侍班記注。

凡各衙門官員奉特召面諭，本官録諭旨及奏對之辭送記注館，進呈御覽後記注。

凡滿漢大臣亡故，奉旨遣官奠茶酒，該管官員知會該直官記注。

凡各衙門奉有訓勵獎勸所降緊要諭旨，雍正二年議准：月底各該處將事情緣由月日一併詳録，移送記注館，該直官補入記注册内。

凡記注册籍書明月日及該直官姓名，每月滿漢文各一册，歲底彙封，用翰林院印貯大櫃，題明送内閣公驗封鎖，會同内閣學士送入内閣大庫收藏。

凡各館纂修書籍，本館主事充收掌官，間充提調官，筆帖式充謄録官，間充收掌官。

凡遇册封、頒誥詔，各差將本館主事筆帖式開送禮部。

凡應用紙劄筆墨器用及册櫃鎖鑰等項，俱於該衙門支取。

〔四譯館〕

順治初設四譯館，翻譯遠方朝貢文字，凡八館，曰回回，曰緬甸，曰百譯，曰西番，曰高昌，曰西天，曰八百，曰暹羅，統隸翰林院。其員額職掌，具載於後。順治元年定：設太常寺少卿一員，提督翰林院四譯館，額設堂屬各官共五十六員。○二年定：置典務廳關防一顆，官無專設，聽堂官遴選才能官員爲諸館總理。○十五年題准：八館各設正教序班一員，協教序班一員，食九品俸，教習譯字生，其餘序班俱裁。○十六年題准：各館序班缺員，本堂官會同禮部考取譯字生，純通譯學者，送吏部題補。○十八年題准：翰林院裁併内三院，本館止稱四譯館，不稱翰林院。○康熙九年題准：本館仍隸翰林院。

凡關防，舊例遇提督少卿陞任，將關防呈送翰林院收貯，俟新任官呈請頒發。

凡譯字生，順治初定：本堂官將世業子弟咨送禮部會考，選其通曉譯字者送館肄業，光禄寺給薪米，宛大兩縣給紙筆。○十一年題准：停給薪米紙筆，每生月給糧米六斗，每年四季赴户部支領。○康熙十六年定：會考收取譯字生送館肄業，照所遺糧缺頂補。○二十七年議准：四譯館習業生共四十八名，今除見在食糧外，尚存領劄寄業生一百六十名，在外或有冒免差徭，把持官府等情，行文該撫勒限赴京送部嚴試，量留候補，其翻譯不精及逾限不到者，槩行黜革，追劄毁銷。

凡譯字生季考，舊例本堂官每年三月十月各考一次，試卷解送翰林院覆閲，其譯寫不堪者，分别停糧黜革。

凡譯字生丁憂，舊例呈報禮部給假，停止月糧，仍俟本生起復開支。

大清會典卷之二百三十五

詹事府

詹事府官員爲東宫僚屬，職在侍從，與翰林院互兼職掌。順治元年，置詹事府，本年裁併内三院，九年復設，十五年仍裁，康熙十四年復設。員額沿革，詳見《吏部·官制》。至左右春坊、司經局等官，分曹列署，皆統於府，一切事宜因備載焉。

凡春秋二季，舉行經筵，滿漢詹事、少詹事俱於文華殿侍班。

凡南書房侍直與聽政之日侍班、漢少詹事及坊局等漢官皆預，俱詳載《翰林院》。

凡元旦、冬至、皇太子千秋節行慶賀禮，在外督撫及文武官員表箋文式，俱由詹事府坊局等官撰文頒發。

凡皇太子出閣講學後，出閣講學儀詳見《禮部》。每日早滿講官一員、漢講官二員進至内左門外，坐賜茶，候内使出，引至毓慶宫惇本殿，行一跪三叩頭禮。進至講案前，皇太子先講本日書，畢後講官進講。如遇駕駐蹕瀛臺，皇太子講幄設於勤政殿後之西，俟御門聽政既畢，講官進講。

凡皇太子日講之期，新歲開印後，請旨開講，遇寒暑齋戒日期，俱不停講，惟遇忌辰及皇帝親祭與慶賀日停講，封印後亦照常進講。至歲暮祫祭齋戒日，始停講。

凡皇太子日講講章，即用皇帝日講講章，正本先期送進，副本由正字繕寫，每日講官恭捧進講。

凡皇太子講官，用滿講官二員，漢講官四員，以詹事府坊局官及翰林官充補。

凡纂修《實録》《聖訓》，滿漢詹事充副總裁官，少詹事、坊局官充纂修官。

凡纂修一應書史,少詹事、坊局官皆預,亦得充總裁官。

凡看詳勑誥文,順治九年,内院題請專官管理,詹事府、春坊四品以上皆預,後停止。

凡陞轉,順治九年題准:詹事、少詹事、庶子、諭德、洗馬、中允、贊善、正字由内院題補,主簿、録事由吏部題補。○十一年題准:詹事府坊局等官俱移咨吏部題補。○康熙十四年議准:滿漢詹事由吏部開列題補,滿少詹事坊局等官由吏部以應陞官擬正陪題補,漢少詹事坊局等官由本衙門會同翰林院,將應陞官員擬出,咨送吏部題補。○四十八年議准:詹事府坊局等漢官一應陞轉,俱連編檢歷俸之年通論。○雍正二年定:凡遇漢缺陞轉,本衙門會同翰林院,以應陞官並其次應陞官職名一併咨送吏部,題請簡用。

凡兼銜,順治九年定:漢詹事兼内院侍讀學士銜,少詹事兼内院侍講學士銜,左庶子兼内院侍讀銜,右庶子兼内院侍講銜,諭德洗馬兼内院修撰銜,中允兼内院編修銜,贊善兼内院檢討銜,正字以内院中書舍人兼管。○又定:滿詹事兼銜與漢官同。○康熙十四年定:詹事漢官仍照例兼翰林院官銜。

凡遇經筵講官缺出,由翰林院開列詹事少詹事職名具題。順治十四年由内院開列,庶子亦預。

凡遇日講起居注官缺出,由翰林院開列具題,滿漢詹事、少詹事、坊局官皆預。

凡漢官奉差,如遇陞轉,仍照例咨送吏部題補,惟提督學政俟差滿日陞轉。○雍正二年定:凡遇陞轉,學政一併開列。

凡文武殿試,滿漢詹事、少詹事充讀卷官,庶子、諭德、洗馬、中允、贊善充受卷、彌封、掌卷官,其主簿、録事、正字等官亦預,由禮部、兵部題請欽點。

凡直省典試及順天武鄉試主考、會試同考,由禮部兵部開列具題,漢坊局官皆預,正字由進士出身者,鄉試主考及順天同考亦得開列。雍正二年,順天鄉試同考官亦差贊善。

凡武會試主考,漢詹事、少詹事亦預開列。

凡滿洲蒙古翻譯鄉試會試主考官,開列滿洲詹事、少詹事;同考官,開列滿庶子諭德、洗馬、中允、贊善。

凡提督學政,順治初,直隸、江南、江北三差,自漢庶子以下,與翰林院官論資差遣。○十一年題准:江南、江北改爲學道,其順天學政於諭德、洗馬、中允、贊善内,與翰林院官論資,擬正陪送吏部具題。〇康熙十八年議准:於諭德、洗馬内與翰林院官論俸,擬正陪送吏部具題。〇二十三年議准:順天學政以諭德、洗馬移送吏部,江南浙江學政以諭德、洗馬、中允、贊善移送吏部,同翰林院官開列具題。〇三十九年議准:凡山東等省提督學政缺出,以諭德、洗馬、中允、贊善與翰林院官論俸開送吏部具題。〇五十一年奏准:順天、江南、浙江提督學政缺出,如侍讀、侍講、諭德、洗馬、中允、贊善内無應送之員,將未出學差之庶子及翰林院未出學差之侍讀學士侍講學士,與修撰、編修、檢討等論俸一併開送。〇雍正元年議准:提督滿洲蒙古翻譯學政,將滿諭德、洗馬開送吏部,題請欽點。〇四年議准:順天、安徽學政員缺,無合例應行開列之員,將未出學差之少詹事及翰林院未出學差之侍讀學士、侍講學士同四五品京官開列具題。又奉旨:已經出過學差之人,亦著開列。

凡祭告五嶽、四瀆、長白山、歷代帝王陵、先師闕里,滿漢詹事、少詹事皆預開列。康熙五十七年奉旨:"開列翰林官員職名具奏。"遵旨議定:庶子、諭德、洗馬、中允、贊善皆預開列。

凡遇審事差遣,康熙三十六年諭:"詹事府衙門無事,嗣後凡審事差遣之處,詹事府内滿洲官員亦著派出。"

凡教習庶吉士,順治十五年,詹事府亦預開列,後停止。

凡教習進士,康熙五十一年議准:諭德、洗馬以下各官皆預開列。

凡遇廷試,願就教職舉人及歲貢生漢坊局官皆預閲卷。

凡朝會班列,滿漢詹事、少詹事皆在殿上,序於學士之次,庶子以下各照班次序列於丹墀東。

凡會議、會推、朝審,滿漢詹事、少詹事皆預,其齊集時詹事坐於大理寺卿之次,少詹事坐於左右通政、大理寺少卿之次。

凡各省頒詔,主簿、録事官並預差遣。

凡官吏俸糧及紙張、心紅,由户部關給,筆墨印色由工部關給。凡領過綾子、紙張、銀硃等項,年底開寫奏聞。

左春坊

右春坊

春坊官屬專典東宫講讀箋奏之事,順治九年建左右春坊,分給印信,列署詹事府中，十五年裁，康熙十四年復設。職掌事宜，詳見《詹事府》，不復載。

司經局

司經局洗馬掌收貯書籍，正字繕寫講章并司裝潢等事，皆爲東宫僚屬。順治九年設司經局，分給印信，列署詹事府中，十五年裁，康熙十四年復設。職掌事宜詳見《詹事府》，不復載。

大清會典卷之二百三十六

太常寺

太常寺，正三品衙門，設滿漢卿及少卿、寺丞等員，其屬則有博士、讀祝官、協律郎、贊禮郎、司樂，首領則有典簿，又設看守壇廟各官及神樂觀、犧牲所各官竝隸焉。建置沿革，詳見《吏部·官制》。

〔職掌〕

凡本寺官員，職掌壇廟祭祀一應典禮及祝版、樂舞、牲帛、器用備辦陳設等事。順治元年本寺屬於禮部，凡祭祀事宜俱禮部掌行，十六年析歸本寺，康熙二年復屬禮部，十年仍以祠祭司所掌歸之本寺。其應題應行一切事宜，俱由本寺奏請施行。

凡每年祭祀日期，本寺於八月内行文欽天監選擇送寺，本寺將各壇廟齋戒日期通行直省一體遵行。祭祀前以所定日期并齋戒日期先行具題。

凡祭天壇、地壇、祈穀壇，於二十五日前具題，祭太廟、社稷壇、朝日壇、夕月壇、歷代帝王廟、先師文廟、太歲壇，於二十日前具題。其大祀或遣官恭代及分獻官職名，俱於疏内開列題請。其餘小祀於十五日前具題。

凡大祀天地及祈穀於上帝太廟五享社稷壇二祭，俱前期四日，本寺具題進齋戒牌銅人，前期二日，本寺具題請視祝版，并派讀祝官；朝日壇前期三日，本寺具題進齋戒牌銅人，前期二日，本寺具題請視祝版并派讀祝官；夕月壇前期二日，本寺具題進齋戒牌銅人，前期一日，本寺具題請視祝版并派讀祝官；歷代帝王廟、先師文廟、先農壇，如遇皇帝親祭之年，本寺具題進齋戒牌銅人，請視祝版，如遣官致祭，惟歷代帝王廟本寺仍具題進齋戒牌銅人，餘皆免進。○雍正二年議准：天地宗社四大祭，如遣官行禮，奏停止進齋戒牌銅人。至兩祭相連，止奏皇帝親詣之齋戒，不奏遣官致祭，停止齋戒。朝日壇、夕月壇、歷代帝王廟等祭，如遣官行禮，停止齋戒之處亦不具奏。

凡遇大祀，前期五日，皇帝親詣犧牲所視牲，皇帝常服乘輿，鹵簿大駕全設作樂，王以下各官俱補服，在午門前齊集跪送。皇帝至犧牲所南門降輿，太常寺堂官二員、領提爐官二員前引恭導皇帝至養牛羊房。皇帝立香案前，北向，太常寺堂官跪奏大祭所用牛隻。奏畢，所軍牽牛過。視畢，太常寺堂官跪奏大祭所用羊隻。奏畢，所軍牽羊過。視畢，恭導皇帝至養鹿房，皇帝立香案前，北向，太常寺堂官跪奏大祭所用鹿隻。視畢，恭導皇帝至養兔房，皇帝立香案前，北向，太常寺堂官跪奏大祭所用兔隻。視畢，恭導皇帝至養猪房，皇帝立香案前，北向，太常寺堂官跪奏大祭所用猪口。視畢，太常寺堂官前引恭導皇帝至降輿處乘輿，作樂回宫，王以下各官仍於午門外跪迎。〇如遣大臣代視犧牲所，所軍用青衣繫紅帶，插黄翎，從正陽門排列前導。視牲大臣及太常寺堂官俱補服。如遇朝期，仍服朝服。至犧牲所北門下馬，所官二員前引，照前次第視各牲畢，大臣回。其禮部堂官看牲禮與視牲同。

凡致祭各壇廟，如皇帝親詣，本寺於前期一日將行禮儀注用白本具題。遣官恭代及例不親祭者，不進儀注。

凡大祀中祀，本寺前期具題，進齋戒牌銅人，預設黄案一張於後左門。至齋戒日，本寺官用補服，如遇朝期，仍用朝服，遇忌辰用素服，遇雨雪用常服。進齋戒牌銅人，排御仗一對前導至午門徹退，本寺官捧齋戒牌在前，銅人在後，自午門中路中左門後左門入，將所設黄案置乾清門中間檻外東邊正設，齋戒牌向南，銅人向西置黄案上。本寺官行一跪三叩頭禮，出。是日，各部院衙門俱設齋戒牌，本寺移文各部院，出示正陽門。凡陪祀各官一體齋戒。詳見《禮部》各祀典。

凡應齋戒宗室、覺羅、文武官員職名，由宗人府、吏部、兵部於祭祀前十日開送本寺。

凡遇祭日皇帝親詣致祭或遣官恭代，於行禮時本寺官一員赴乾清門，於齋戒牌銅人前一跪三叩頭，捧起至午門外，收貯紅櫃内，送回本寺庫中。

凡祭祀遇忌辰，壇内仍穿朝服致祭。

凡每年清明、中元、冬至、歲暮致祭永陵、福陵、昭陵，行文吏部、兵部取盛京五部侍郎將軍、副都統職名，本寺於前期四十日具題，奉旨後知會盛京禮部致祭；昭西陵、孝陵、孝東陵、景陵，於前期二十日具題，取宗人府職名,請旨遣官。初本寺行文知會宗人府,宗人府具題,康熙二十四年奉旨由本寺開列。奉旨後知會盛京禮部及陵上掌關防官。其各陵忌日,應遣在陵居住官各一員,供酒果、點香燭致祭,俱前期十日具題。

凡册封、册立,上尊號、徽號,營造平定地方,歲時旱潦等項告祭天壇、地壇、太廟、社稷壇、神祇壇、司土、司工、司機等神,皇帝親詣致祭,或遣官行禮,本寺前期具題,請旨遵行。

凡祭祀日期遇有慶典及皇帝行幸等事,應停進齋戒牌銅人,其祝版自内閣捧送本寺具題請旨,遣官恭代。如所派大臣或有事故不及啓奏,應陪擬大臣代爲行禮,本寺前期具題。

凡祭祀天地,關係大典,康熙十三年議准:遇有大喪,亦不停止,惟停進齋戒牌銅人,其祝版自内閣捧送,皇帝在宫致齋三日,旗下官俱常服,照常於金水橋齋戒,部院官俱常服,照常於各衙門齋戒,滿漢文武應陪祀各官亦照常齋戒,祭時仍用朝服,作樂行禮。是年七月,太廟時享,奉旨照常進齋戒牌銅人。

凡太歲壇、真武廟、東嶽廟、城隍廟、關帝廟、火神廟、武壯王祠,俱派本寺堂官致祭,本寺前期具題,候旨遵行。〇雍正三年議准:祭城隍廟前期,本寺將各部院堂官擬正陪具題,恭候欽點致祭,武壯王祠、恪僖公祠、勤襄公、忠勇公、端純公祠、文襄公祠,俱本寺擇日,堂官致祭。詳見《禮部》。

凡各祭祀日,執事官員有贊引官、對引官、傳贊官、讀祝官、司香官、燒香官、捧玉官、捧帛官、捧爵官、執湯壺官、進胙官、贊賜福胙官、捧福胙官、接福胙官、典儀官、唱樂官、舉麾官、對立官、安拜牌官、鋪拜褥官、執提爐官、執燈官、數帛官,俱於本寺滿漢卿、少卿、寺丞、贊禮郎、協律郎、司樂官、筆帖式内酌量派出。天壇大祭用官八十五員,如遇祭告,皇帝親詣行禮,用官二十四員,如遣官行禮,用官八員。地壇大祭,用官七十五員,祭告用官八員。祈穀壇大祭,用官六十五員。太廟四時大祭,用官五十員,歲暮一祭,用官三十九員,每年四次祭告,各用官三十八員,後殿每次祭告,用官二十一員。社稷壇每祭用官三十一員;朝日壇每祭用官二十八員。夕月壇每祭用官三十一員。歷代帝王廟每祭用官六十員。先師文廟每祭用官二十員。太歲壇每祭用官八員。先農壇每祭用官八員,如遇耤田,皇帝親祭,用官二十員。三皇廟每祭用官十二員。真武廟每祭用官八員。餘小祀並同。司土、司工神每祭用官十一員。紅衣砲位每祭用官十二員。

凡各壇廟所設守護各官，俱聽本寺官提調。

凡各壇廟所設守護各壇户廟户，俱行文順天府於各州縣僉派。

天壇壇户二十名。武清縣四名，永清縣一名，固安縣一名，順義縣七名，懷柔縣二名，遵化州一名，豐潤縣一名，通州一名，東安縣二名。

地壇壇户二十名。通州一名，昌平州一名，房山縣二名，固安縣五名，香河縣三名，寶坻縣五名，懷柔縣二名，順義縣一名。

祈穀壇壇户十五名。大興縣二名，宛平縣八名，薊州二名，三河縣三名。

朝日壇壇户二十名。涿州六名，遵化州二名，良鄉縣二名，永清縣三名，東安縣四名，密雲縣二名，玉田縣一名。

夕月壇壇户十五名。霸州一名，文安縣五名，大城縣二名，大興縣二名，宛平縣一名，豐潤縣二名，平谷縣一名，昌平州一名。

歷代帝王廟廟户二十名。涿州、昌平州、遵化州、通州、霸州、香河縣、三河縣、良鄉縣、固安縣、寶坻縣、文安縣、東安縣、永清縣、武清縣、懷柔縣、房山縣、順義縣、密雲縣、大城縣、豐潤縣各一名。

先農壇壇户二十名。大興縣一名，宛平縣十三名，東安縣四名，昌平州二名。

城隍廟廟户十名。大興縣五名，宛平縣五名。

凡每年各祭祀需用物價銀兩，係本寺自行題請，於户部總領。若干四陵，禮部郎中等移取備辦祭祀銀兩若干，餘存貯本寺庫内備用，俟銀用完日，本寺將支領數日及用過存庫數目於次年造黄册奏銷，竝造册送京畿道刷卷。

凡每年需用各色紙張，本寺行文户部咨取。

凡本寺官俸銀俸米，一年二季支領，其樂舞生太監銀米厨役皂隸所軍月糧，一年四季支領，俱本寺行文户部移取關支。

凡移送各陵果品等物用人夫、馱馬、車輛、護送緑旗兵併出關路引，本寺行文兵部支取。裝載果品筐擔、繩架、氊條、布袋、羊皮、油單等物，本寺行文工部支取。押送官員併從役沿途口糧馬草，本寺行文户部支取。

凡每年春秋二次金陵祭祀日期，本寺行文欽天監選擇，轉發房山縣遵行。

凡每年應收草價銀四百六十兩九錢，俱奉祀官交納貯庫，入正項錢糧支給動用，竝備修理壇墻，天壇内草價銀五十八兩，地壇内草價銀二十二兩，又壇外地租銀二十兩四錢，先農壇内草價銀五錢。先農壇内地舊納地租三百兩嗣後撥内務府給園頭耕種，地租不必交太常寺收貯。○雍正元年覆准:將先農壇内地二百畝令壇户種五穀菜蔬,以備各壇廟應用。餘一千五百畝,每畝租銀三錢四分,每年交租銀三百六十兩,收貯太常寺庫。壇内圍墻以後有粘補之處,即將此項銀兩修理。輪派滿漢少卿一員不時稽察,將修理用過銀兩數目繕册呈覽。其壇户向由户部四季支領月米,今地畝交與耕種,應行户部住支。先農壇内地畝,每年收黍一石二斗二升一合八勺,穀一石五斗五升七合八勺,大麥五斗七升九合七勺,小麥一石三斗五升三合,收貯神倉。○雍正五年諭:“太常寺無養廉之項,先農壇地租銀兩不必修理先農壇支用,著賞給太常寺養廉。再各處修理壇廟,從前俱交與工部修理,嗣後不必交與工部,如有應行修理之處,或令太常寺會同工部官員估計,交與太常寺修理,或即交與太常寺估計具題修理。其動用何處錢糧,竝用過錢糧應於何處奏銷之處,大學士會同太常寺議奏。”遵旨議准:各處壇廟修理之處,向例俱交工部修理。查各壇廟地方係太常寺經管,嗣後各壇廟應大修理者,由太常寺詳查,會同工部估計具題,交與太常寺官員修理。令太常寺堂官不時巡查,倘修工不堅,冒銷錢糧,即行查出,指名題參。若不題參,經科道查出,將堂官一併議處。其應用錢糧由工部取用,工竣之日,即繕黄册具題。至每逢祭祀前期小修理等項,俱交太常寺詳計一年需用錢糧若干,先期題請,由工部取用,年底亦繕黄册具題。

凡本寺鋪排厨役二百七十名,舊係二百五十名,雍正元年添二十名。供陳設滌除等役,應給淨衣,行文工部給發。天壇每祭用二百十六名,給淨衣一百六十套,如遇親詣祭告,用一百二十五名,遣官祭告用三十二名。

地壇每祭用二百十名,給淨衣一百六十套,如遇祭告,用三十五名。

祈穀壇每祭用一百六十九名,即用天壇祭祀淨衣給發。

太廟每祭用二百七十五名,如遇祭告用七十二名。社稷壇每祭用一百五十二名,如遇祭告用三十二名。

朝日壇每祭用一百十五名。

夕月壇每祭用一百三十一名。

歷代帝王廟每祭用二百二十三名。

先師文廟每祭用一百三十五名。

太歲壇每祭用七十六名。

先農壇每祭用五十四名,如遇耤田皇帝親祭,用一百一十五名。

三皇廟每祭用九十五名。

真武廟每祭用十六名。

東嶽廟每祭用三十八名。

城隍廟每祭用三十三名。

關帝廟每祭用四十四名。

火神廟每祭用二十五名。

司土司工神每祭用二十四名。

紅衣砲每祭用四十一名。

武壯王祠每祭用九名。

恪僖公祠同。

勤襄公、忠勇公、端純公祠,每祭用十三名。

文襄公祠每祭用九名。

凡救護月食,於本寺衙門行禮,其各官齊集上香行禮等儀,仍由禮部及鴻臚寺掌行。

大清會典卷之二百三十七

太常寺

〔各壇神牌供桌〕

天壇神牌高三尺三寸，神座高三尺，共高六尺三寸，籩豆案高三尺一寸。

地壇神牌高三尺，神座高二尺五寸，共高五尺五寸，籩豆案高二尺四寸。

祈穀壇與天壇同。

社稷壇神牌高二尺五寸，神座高二尺五寸，共高五尺，籩豆案高二尺五寸。

朝日壇神牌高二尺五寸，神座高二尺，共高四尺五寸，籩豆案高二尺五寸。

夕月壇神牌高二尺四寸，神座高二尺，共高四尺四寸，籩豆案高二尺二寸五分。

先農壇神牌高三尺，神座高二尺四寸，共高五尺四寸，籩豆案高二尺。

〔壇廟器皿〕

凡各壇廟需用器皿，俱由工部成造，收貯神庫，各有定數，本寺官時行稽察。如有損壞，即行文工部修理。所用樂器笙簧等物，詳載《禮部》《工部》，定於每祭前一月，行文工部預行修點。其所用甆器不敷，行文工部轉行該省預期照式燒造。凡遇告祭應用器皿，俱照正祭減定。

壇廟器皿額數

天壇，正位前，天青色緞幄次一座，沉香色泥金雕龍寶座一座，青織錦龍靠五件，仙墩二個，褥二件，脚踏一個，褥一件，地平一個，沉香色籩豆供案一張，青織錦龍案衣一圍，玉爵三隻，紅油爵墊一連。石青描金龍帛匣一具，錫裹紅油進胙牲匣一副，銀湯壺一執，幄旁銅香爐二圓，紅油香几二個，鑿龍白石五供五座，上置銅香爐，香靠全，花瓶一對，插金芝。銅燭臺一對，石青描金龍香几一個，金爐一圓，香靠全，青羊角燈一對，金絲燈一對，紅油燈几二個，羊角魫燈一對，青甆碗一個，青甆盤二十八個，青甆酒罇一個，紅油饌盤一面，紅油饌桌一張，青緞銷金龍桌衣一圍；配位前，天青色緞幄次各一座，沉香色泥金雕龍寶座各一座，紅織錦龍靠各一件，褥各一件，脚踏各一個，褥各一件，地平各一個，沉香色籩豆供案各一張，青織錦龍案衣各一圍，玉爵各三隻，紅油爵墊各一連。紅油帛匣各一具，錫裹紅油進胙牲匣各一副，銀湯壺各一執，石青描金龍香几各一個，金爐各一圓，香靠全，圓金絲燈各一對，紅油燈几各二個，羊角魫燈各一對，青甆碗各一個，青甆盤各二十八個，青甆酒罇各一個，紅油饌盤各一面，紅油饌桌各一張，青緞銷金龍桌衣各一圍，紅油祝案一張，青緞銷金龍案衣一圍，紅油祝版架一個，羊角燈一個，紅油孔桌二張，青緞銷金龍桌衣二圍，紅油接桌二張，青緞銷金龍桌衣二圍，紅油福胙桌一張，青緞銷金龍桌衣一圍，白甆壺一執，白甆爵一隻，白甆盤一面，壺爵盤係光祿寺預備，如遣官，不設胙桌及壺爵盤，盛玉描金紅油龍匣一具，盛玉爵描金紅油龍匣五具，石青描金龍香盒七個，盛瘞毛血青甆盤五個，銀杓五執；行禮處，藍緞拜褥一條，紅油金字拜牌一面；祝案及胙桌前，藍緞拜褥一條，紅油金字拜牌二面；燎爐處，藍緞拜褥一條，紅油金字拜牌一面；四從壇，天青色布幄次各一座，紅油牌位供案各一張，青緞銷金龍案衣各一圍，紅油籩豆供案各一張，青緞銷金龍案衣各一圍，銅燭臺各一對，紅油懷桌各一張，青緞銷金龍桌衣各一圍，紅油爵墊各一連，紅油孔桌各一張，青緞銷金龍桌衣各一圍，紅油接桌各一張，青緞銷金龍桌衣各一件，紅油饌盤各一面，紅油饌桌各一張，青緞銷金龍桌衣各一件，錫裹紅油供牲匣各一副，銅爐各一座，香靠全，紅油香几各一個，羊角魫燈各一對，紅油燈几各二個，紅油帛匣各一具，紅油香盒各一個，銀杓各一執，青甆罇各一個，青甆盤各二十四個，青甆碗八個，青甆爵十二隻，青甆酒盞一百個，青甆瘞毛血盤八個，壇內大鼎爐十二座，紅油香盒十二個；四櫺星門，銅爐四個，紅油香桌四張，紅油香盒四個，青緞銷金桌衣四圍；四天門，銅爐四個，紅油香桌四張，香盒四個，青緞銷金桌衣四圍，導駕銅提爐一對，羊角燈一對。正位，焚祝帛香饌琉璃磚燎爐一座；配位，焚帛鐵燎爐各一座；四從壇，焚帛鐵燎爐各一座。

地壇，正位前，黃綾幄次一座，沉香色金鳳寶座一座，黃粧緞靠三件，方仙墩二個，褥二件，脚踏一個，褥一件，地平一個，沉香色籩豆供案一張，黄綾織錦案衣一圍，玉爵三隻，紅油爵墊一連。黄油描金鳳帛匣一具，錫裹紅油進胙牲匣一副，銀湯壺一執，黄油描金龍方香几一個，金爐一方香靠全，方金燈二座，黄油燈几二個，羊角戧燈一對，黄甆碗一個，黄甆盤二十八個，黄甆酒罇一個，紅油方饌盤一個，饌桌一張，黄綾銷金桌衣一圍；配位前，黄綾幄次各一座，沉香色金龍寶座各一座，紅織錦龍靠各一件，褥各一件，脚踏各一個，褥各一件，地平各一個，沉香色籩豆供案各一張，黄綾織錦龍案衣各一圍，玉爵各三隻，紅油爵墊各一連。紅油帛匣各一具，錫裹紅油進胙牲匣各一副，銀湯壺各一執，紅油描金龍方香几各一個，金爐各一方，香靠全，方金燈各二座，紅油方燈几各二個，羊角戧燈各一對，黄甆碗各一個，黄甆盤各二十八個，黄甆酒罇各一個，紅油方饌盤各一面，饌桌各一張，黄綾銷金龍桌衣各一圍，紅油祝案一張，黄綾銷金龍案衣一圍，祝版架一座，羊角燈一對，紅油孔桌二張，黄綾銷金龍桌衣二圍，紅油接桌二張，黄綾銷金龍桌衣二圍。紅油福胙桌一張，黄綾銷金龍桌衣一圍。白甆壺一執，白甆爵一隻，白甆盤一面，壺爵盤光禄寺預備，如遣官致祭，不設胙桌及壺爵盤，盛玉紅油描金龍匣一具，盛玉爵紅油描金龍匣五具，黄油描金鳳香盒一個，紅油香盒四個，盛瘞毛血黄甆盤五面，銀杓五把；其行禮、祝案、燎爐三處，黄緞拜褥各一條，紅油金字拜牌共四面；四從壇，黄布幄次各一座，每位籩豆供案各一張，黄綾銷金龍案衣各一圍，方銅燭臺各一對，紅油懷桌各一張，黄綾銷金龍桌衣各一件，紅油爵墊各一連，孔桌各一張，黄綾銷金龍案衣各一件，接桌各一張，黄綾銷金龍桌衣各一件，紅油方饌盤各一面，饌桌各一張，黄綾銷金龍桌衣各一件，錫裹紅油牲匣各一副，銅爐各一方，香靠全，紅油方香几各一個，羊角戧燈各一對，紅油方燈几各二個，紅油帛匣各一具，香盒各一個，銀杓各一把，黄甆碗各三個，黄甆盤各二十四個，黄甆爵各三隻，黄甆酒盞各三十個，盛瘞毛血黄甆盤各三個；北櫺星門外方鼎爐共六座，紅油方香盒各一副；四櫺星門、四天門方銅爐各一座，紅油桌各一張，黄綾銷金龍桌衣各一圍，紅油方香盒各一個。導駕銅提爐一對，羊角燈一對。正位，瘞祝帛香饌池一方，配位，焚帛大鐵燎爐共一座，四從壇，焚帛鐵燎爐各一座。

祈穀壇，正位前，陳設器皿與天壇正位同，配位前，陳設器皿與天壇配位同，其所供玉并玉爵、金燈、金爐、銀杓等器，俱與天壇通用。

太廟，後殿寶座八座，每座黄粧緞靠各三件，褥各一件，脚踏二個，褥二件，籩豆供案各一張，黄緞桌衣各一件，每案金匙各二把，金筯各二雙，金鑲碗各四個,碗墊各四連,金爵各二隻,白甆爵各四隻,白甆盤各二十八個,錫裹紅油牲匣各一副,紅油供帛案各一張,帛匣各一具,銅香爐各一座,香靠全,紅油香几各一個,黄油錫香盒各一個,銅燭臺各一對,紅油祝案一張,黄緞案衣一件,紅油祝版架一個,羊角燈一個,紅油孔桌四張,黄緞桌衣四件,白甆酒罇八個,盛瘞毛血盤十二個,金壺四把,托杓金碗四個,銀杓四把,紅油接桌二張,黄緞桌衣二件,紅油金器皿供桌四張,黄緞桌衣四件,雨傘四把,紅油傘架四個,焚祝帛鐵燎爐一座;前殿寶座十三座,每座黄粧緞靠各三件,褥各一件,脚踏各二件,褥各二件,紅油條桌四張,紅油籩豆供案四張,黄緞案衣四件,金爵共十三隻,金匙共十三把,金筯共十三雙,金鑲碗共二十六個,白甆爵共二十六隻,每案白甆盤各二十八面,錫裹紅油牲匣四副,紅油供帛案四張,紅油帛匣四具,紅油孔桌五張,黄緞桌衣五件,白甆酒罇十三個,金壺四執,托杓金碗四個,銀杓四把,盛瘞毛血白甆盤四十七個,紅油接桌一張,黄緞桌衣一件,紅油金器皿供桌四張,黄緞桌衣四件,紅油祝案一張,黄緞桌衣一件,紅油祝版架一座,紅油福胙桌三張,黄緞桌衣三件,白甆爵一隻,白甆壺一執,白甆盤一面,壺爵盤係光禄寺預備,如遣官,不設胙桌及壺爵盤,銅爐十八座,爐几十八張,東廡紅油籩豆供案四張,紅緞案衣四件,錫裹紅油牲匣三副,紅油供帛案四張,銅爐四座,銅燭臺四對,紅油香盒四個,紅油帛匣四具,紅油孔桌二張,紅緞桌衣二件,紅油接桌一張,西廡紅油籩豆供案六張,紅緞案衣六件,錫裹紅油牲匣六副,紅油供帛案六張,銅爐六座,銅燭臺六對,紅油香盒六個,紅油帛匣六具,紅油孔桌二張,紅緞桌衣二件,紅油接桌一張,戟門銅爐一座,香几一張,紅油香盒一個。街門銅爐一座,香几一張,紅油香盒一個。省牲處銅爐一座,紅油桌一張,黄緞桌衣一件。每年正月元宵掛慶成燈,工部預備,後殿四架,共燈十六盞,中殿六架,共燈二十四盞,前殿四架,共燈十六盞,東廡燈二盞,西廡燈二盞,戟門燈共十盞,街門燈共六盞,正月初七日懸掛,十三日點燭,十七日止,十八日收貯。

社稷壇,正位,紅油神牌供案各一張,紅油供爵桌各一張,玉爵各一隻,白甆爵各二隻;配位,紅油供神牌案各一張,紅油供爵桌各一張,玉爵共二隻,白甆爵共四隻,紅油爵墊各三連。紅油籩豆供案各一張,錫裹紅油牲匣各一副,紅油香帛供案各一張,銅香爐各一個,羊角魫燈各一對,紅油饌盤各一面,饌桌各一張,白甆碗各三個,白甆盤各二十八個,白甆酒罇二個,銀杓二把,紅油祝案一張,黄緞案衣一圍,紅油祝版架一個,羊角燈一個,紅油孔桌一張,黄緞桌衣一件,紅油接桌二張,黄緞桌衣二件,紅油福胙桌一張,黄緞桌衣一件,白甆爵一隻,白甆壺一執,白甆盤一個,壺爵盤係光禄寺預備,如遣官,不設胙桌及壺爵盤,紅油帛匣四個,盛玉併盛玉爵紅油匣一個,紅油香盒四個,盛瘞毛血白甆盤十二個,紅拜褥一條,紅油金字拜牌一面;壇下鼎爐二座,紅油香盒二個;北櫺星門外鼎爐二座,紅油香盒二個;東西南三櫺星門,紅油桌各一張,銅爐各一座,紅油香盒各一個。焚祝帛香饌鐵燎爐一座。

朝日壇,正位,紅油泥金雕龍寶座一座,紅粧緞靠三件,褥一件,脚踏一個,褥一件,地平一個,紅油神龕一座,紅油籩豆供案一張,紅色銷金龍案衣一件,紅甆碗三個,紅甆盤二十四個,銅燭臺一對,紅油懷桌一張,紅色銷金龍桌衣一件,紅甆酒盞三十個,玉爵三隻,紅油爵墊三座。錫裏紅油牲匣一副,紅色描金龍香几一個,銅龍香爐一個,香靠全,紅油描金龍燈几二個,羊角魫燈一對,紅油祝案一張,紅色銷金龍案衣一件,紅油祝版架一個,羊角燈一個,紅油孔桌一張,紅色銷金龍桌衣一件,紅油接桌一張,紅色銷金龍桌衣一件,紅油饌盤一面,饌桌一張,紅色銷金龍桌衣一件,紅拜褥一條,紅油拜牌一面,福胙桌二張,紅色銷金龍桌衣二件,白甆壺一執,白甆爵一隻,白甆盤一個,壺爵盤係光禄寺預備,如遣官,不設胙桌及壺爵盤,紅油帛匣一具,紅油香盒一個,紅油描金龍盛玉匣一個,紅油描金龍盛玉爵匣一個,盛瘞毛血紅甆盤三個,紅甆酒罇一個,銀杓一把,壇内鼎爐四座,紅油香盒四個;四櫺星門,紅油桌四張,紅色銷金龍桌衣四件,銅爐四座,紅油香盒四個;西天門、北天門,紅油桌二張,紅色銷金龍桌衣二件,銅爐二座,紅色香盒二個。焚祝帛香饌緑琉璃磚燎爐一座。

夕月壇,正位,玉色絹幄次一座,玉色泥金雕鳳寶座一座,玉色織錦靠三件,玉色褥一件,脚踏一個,褥一件,地平一個,玉色油籩豆供案一張,玉色緞銷金案衣一件,方銅燭臺一對,白甆碗三個,白甆盤二十四個,玉色油懷桌一張,玉色緞銷金案衣一件,白甆酒盞三十個,金爵三隻,玉色爵墊一連。錫裏紅油牲匣一個,紅油方香几一個,方銅龍爐一座,香靠全,紅油燈几二個,羊角魫燈一對,從壇玉色絹幄次一座,紅油牌位供案一張,玉色緞銷金桌衣一件,紅油籩豆供案一張,玉色緞銷金案衣一件,方銅燭臺一對,白甆碗三個,白甆盤二十四個,紅油懷桌一張,玉色緞銷金桌衣一件,白甆爵三隻,紅油爵墊一連。白甆酒盞三十個,錫裏紅油牲匣一副,紅油方香几一個,銅香爐一座,香靠全,紅油方燈几二個,羊角魫燈一對,紅油祝案一張,玉色緞銷金案衣一件,紅油祝版架一個,羊角燈一個,紅油孔桌一張,玉色緞銷金桌衣一件,白甆酒罇二個，紅油接桌一張，玉色緞銷金桌衣一件，紅油饌盤二面，饌桌二張，玉色緞銷金桌衣二件，福胙桌二張，玉色緞銷金桌衣二件，白甆壺一執，白甆爵一隻，白甆盤一個，壺爵盤係光禄寺預備，如遣官，不設胙桌及壺爵盤，紅油帛匣二具，紅油香盒二個，紅油盛玉匣一個，紅油盛金爵匣一個，盛瘞毛血白甆盤六個，銀杓一把，月白拜褥一條，紅油金字拜牌一面；壇内鼎爐四座，紅油香盒四個；四櫺星門，紅油桌四張，玉色緞銷金桌衣四件，方銅爐四座，紅油香盒四個；東天門、北天門，紅油桌各一張，玉色緞銷金桌衣各一件，銅爐二個，紅油香盒二件，焚祝帛香饌鐵燎爐二座。

歷代帝王廟，紅油泥金雕龍神龕七座，設黄緞帳幔，紅油籩豆供案十六張，黄綾案衣各一件，每案白甆爵各三隻，白甆碗各三個，白甆盤各二十四個，紅油供香帛案各一張，銅香爐各一個，香靠全，銅燭臺各一對，紅油香盒各一個，正位七壇，每壇錫裹紅油牲匣各一副，紅油帛匣各一具，紅油饌盤各一面，饌桌各一張，黄綾桌衣各一件，白甆酒罇各一個，盛瘞毛血白甆盤各三個，錫杓二把，紅油祝案一張，黄綾案衣一件，紅油祝版架一個，羊角燈一個，紅油孔桌二張，黄綾桌衣二件，紅油接桌二張，黄綾桌衣二件；殿内小銅香爐八個，紅油香几八個，陛上鼎爐四座，階下鼎爐八座；景德門銅爐一座，紅油香几各一個，紅油香盒各一個。東西兩廡七十九神位，每位白甆爵各三隻，籩豆供案共二十張，紅綾桌衣共二十件，每案銅燭臺各一對，白甆碗各二個，白甆盤各十個，紅油香帛供案共八張，錫裹紅油牲匣共四副，紅油帛匣共八個，紅油饌盤共四面，銅香爐共八方，紅油香盒各一個，盛瘞毛血白甆盤各二個，白甆酒罇東西各一個，紅油孔桌各一張，紅綾桌衣各一件，錫杓各一把，焚祝帛鐵爐一座。

先師文廟，正位，紅油籩豆供案一張，紅綾銷金案衣一件，白甆爵三隻，白甆碗三個，白甆盤二十四個，銅燭臺一對，紅油帛匣一具，錫裹紅油牲匣一副，紅油供香帛案一張，紅緞銷金案衣一件，銅香爐一方，銅燭臺一對，紅油饌盤一面，盛瘞毛血白甆盤三個，銅鼎爐一座，銅花瓶一對，插金芝；四配位，每位紅油籩豆供案各一張，紅緞銷金案衣各一件，白甆爵各三隻，白甆碗各二個，白甆盤各二十個，紅油供香帛案各一張，紅緞銷金案衣各一件，銅香爐各一個，銅燭臺各一對，紅油饌盤各一面，盛瘞毛血白甆盤各三面，紅油牲匣各一個；十一哲位，每位紅油籩豆供案各一張，紅緞案衣各一件，白甆爵各一隻，白甆碗各一個，白甆盤各十個，紅油供肉盤各一面，銅香爐各一個，銅燭臺各一對，東六位共一壇，紅油供帛案一張，紅緞銷金案衣一件，白甆爵三隻,紅油豬首供盤一面,紅油饌盤一面,紅油帛匣一具,盛瘞毛血白甆盤一面,銅鼎爐一個,西五位共一壇,供器與東同,紅油祝案一張,黄綾案衣一件,紅油祝版架一個,銅燭臺一個,紅油孔桌二張,紅緞銷金桌衣二件,錫酒罇六個,錫杓二把,福胙紅油桌一張,紅緞桌衣一件,銅爵一隻,紅油供肉盤一面;東廡六十二位,二位共一桌,紅油籩豆供案三十一張,每張銅爵各二隻,白甆盤各十面,紅油供肉盤各二面,鐵香爐各一個,鐵燭臺各一對,共用紅油供帛案一張,紅緞銷金案衣一件,銅爵三隻,紅油饌盤一面,紅油帛匣一具,紅油豬首供盤五面,盛瘞毛血白甆盤五個,銅鼎爐一座,紅油孔桌一張,紅緞銷金桌衣一件,錫酒罇三個,錫杓一把;西廡六十一位,二位共一桌,紅油籩豆供案三十一張,紅油豬首供盤四面,盛瘞毛血白甆盤四面,其餘供器俱與前同,焚祝帛鐵爐各一座。

崇聖祠,紅油神龕五座,紅油籩豆供案五張,紅緞銷金案衣五件,每案銅爵三隻,白甆碗兩個,白甆盤二十個,鐵燭臺一對,紅油帛匣一個,紅油牲匣一個,紅油供香案一張,紅緞銷金案衣一件,鐵爐一個,紅油饌盤一面,饌桌一張,紅緞桌衣一件,盛瘞毛血白甆盤各二個;四配位,每位紅油籩豆供案各一張,紅緞銷金案衣各一件,銅爵各三隻,白甆盤各十個,紅油供肉盤各一面,鐵香爐各一個,鐵燭臺各一對,東二位,共用紅油帛匣一具,紅油豬首供盤一面,紅油饌盤一個,盛瘞毛血白甆盤一面,西二位供器同,紅油祝案一張,黄綾案衣一件,紅油祝案架一個,鐵燭臺一個,紅油孔桌二張,紅緞銷金桌衣二件,錫酒罇二個,錫杓二把;東廡三位,紅油籩豆供案各一張,白甆盤各十個,共用紅油供帛案一張,紅緞銷金案衣一件,銅爵三隻,紅油供肉盤各一面,鐵香爐一個,鐵燭臺一對,紅油帛匣一具,紅油饌盤一面,饌桌一張,西廡二位供器俱與前同,焚祝帛鐵爐一座。

太歲壇,正位,紅油供案一張,黄綾銷金案衣一件,紅油籩豆供案一張,黄綾銷金案衣一件,白甆爵三隻,白甆酒盞三十個,白甆碗三個,白甆盤二十四個,紅油帛匣一具,銅香爐二個,紅油香盒二個。銅燭臺一對,錫裹紅油牲匣一副,紅油桌二張,黄綾銷金桌衣二件,紅油孔桌一張,黄綾銷金桌衣一件,白甆罇三個,盛瘞毛血白甆盤三個,紅油饌盤一個,錫杓一把,紅油胙盤一個,白甆福酒爵一個,紅油祝案一張,黄綾桌衣一件,紅油祝版架一個,羊角燈一個;兩廡神位紅油供桌四張,黄綾銷金桌衣四件,紅油籩豆供桌四張,黄綾銷金桌衣四件,白甆爵十二隻,百甆酒盞,一百二十個,白甆碗十二個,白甆盤九十六個,紅油帛匣四具,銅香爐四個,紅油香盒四個。銅燭臺四對,紅油牲匣四副，紅油桌四張，黄綾銷金桌衣四件，紅油孔桌二張，黄綾銷金桌衣二件，白甆酒罇六個，盛瘞毛血白甆盤十二個，紅油饌盤四個，錫杓二把；拜殿，紅油桌一張，黄綾銷金桌衣一件，銅香爐一個，紅油香盒一個。焚祝帛磚爐一座。

先農壇，神位，紅油供案一張，黄綾銷金案衣一件，紅油籩豆供案一張，黄綾銷金案衣一件，紅油懷桌一張，黄綾銷金桌衣一件，白甆爵三隻，白甆酒盞三十個，白甆碗三個，白甆盤二十四個，香燭供案一張，黄綾銷金案衣一件，銅香爐一個，紅油香盒一個。銅燭盤一對，錫裹紅油牲匣一副，紅油祝案一張，黄綾銷金案衣一件，紅油祝版架一個，羊角燈一個，紅油孔桌一張，黄綾銷金案衣一件，紅油接桌一張，黄綾銷金桌衣一件，紅油帛匣一具，白甆酒罇一個，錫杓一把，紅油饌盤一個，饌桌一張，黄綾銷金桌衣一件，階下，銅香爐二個，紅油香盒二個。紅油桌二張，黄綾銷金桌衣二件；四天門，銅香爐四個，紅油香盒四個。紅油桌四張，黄綾銷金桌衣四件，盛瘞毛血白甆盤三個，瘞祝帛香磚池一方。如遇耤田，皇帝親祭，設紅油酒胙桌二張，黄綾銷金桌衣二件，白甆爵一隻，白甆壺一把，白甆盤一個，俱光禄寺預備，又拜褥二條，紅油拜牌三面，其餘器皿與常祭同。

三皇廟，正位，每位紅油籩豆供案各一張，紅緞銷金案衣各一件，白甆爵各三隻，白甆碗各二個，白甆盤各二十四個，紅油供香帛案各一張，鐵香爐各一個，紅油香盒各一個。鐵燭臺各一對，紅油帛匣各一個，紅油饌盤各一面，饌桌各一張，紅緞銷金桌衣各一件，錫裹紅油牲匣各一副；四配位，二位一壇，每壇紅油籩豆供案各一張，紅緞銷金案衣各一件，白甆爵各三隻，白甆碗各二個，白甆盤各二十二個，鐵香爐各一個，紅油香盒各一個。鐵燭臺各一對，紅油帛匣各一具，紅油饌盤各一面，紅油祝桌一張，紅緞銷金桌衣一件，錫裹紅油牲匣各一副，紅油孔桌二張，紅緞銷金桌衣二件，紅油接桌二張，紅緞銷金桌衣二件，白甆酒罇二個，錫杓二把；兩廡，各十四位，五位合一壇，共六壇，每壇紅油籩豆供案各一張，紅緞銷金案衣各一件，白甆酒盞各十個，白甆盤各十個，紅油供肉盤各二個，鐵香爐各一個，紅油香盒各一個。鐵燭臺各一對，東三壇，共紅油供帛桌一張，紅緞銷金桌衣一件，紅油帛匣一具，紅油孔桌一張，紅緞銷金桌衣一件，紅油接桌一張，紅緞銷金桌衣一件，白甆酒罇一個，白甆爵三隻，紅油饌盤一面，西三壇並同。

真武廟，神位，紅油供案一張，黄緞案衣一件，紅油圓木盤二十個，白甆茶盃三個，鼎爐一座，香靠全，銅燭臺一對，紅油祝案一張，黄緞案衣一件，紅油祝版架一個，燭臺一對，供茶桌一張，黄緞桌衣一件，紅油帛匣一具，紅油香盒一個，錫茶壺一把，焚祝帛香磚爐一座。

東嶽廟，神位，紅油供案一張，黄緞案衣一件，紅油圓木盤五個，紅油牲匣一副，香燭供案一張，黄緞案衣一件，鼎爐一個，紅香盒一具，香靠全，鐵燭臺一對，白甆爵三隻，紅油祝案一張，黄緞案衣一件，紅油祝版架一個，紅油接桌一張，黄緞桌衣一件，紅油帛匣一具，白甆酒罇一個，錫杓一把，焚祝帛磚爐一座。

城隍廟，神位，紅油供籩豆案一張，黄緞案衣一件，白甆爵三隻，白甆碗二個，白甆盤二十四個，錫裹紅油牲匣一副，紅油供帛桌一張，黄緞桌衣一件，鼎爐一個，香靠全，鐵燭臺一對，紅油祝案一張，黄緞案衣一件，紅油祝版架一個，香帛酒供桌一張，黄緞桌衣一件，紅油饌盤一面，饌桌一張，黄緞桌衣一件，紅油帛匣一具，紅油香盒一個，白甆酒罇一個，錫杓一把，焚祝帛香饌鐵爐一個。

關帝廟，神位，紅油供案一張，紅緞案衣一件，白甆爵三隻，紅油圓木盤五個，錫裹紅油牲匣一副，紅油桌一張，紅緞桌衣一件，銅香爐一個，紅油香盒一個。銅燭臺一對，紅油帛匣一具，紅油祝案一張，紅緞案衣一件，紅油祝版架一個，紅油孔桌一張，紅緞桌衣一件，紅油接桌一張，紅緞桌衣一件，白甆酒罇一個，錫杓一把，焚祝帛香磚爐一座。

火神廟，神位前，焚祝帛香鐵爐一個，其餘供器與關帝廟同。

司土司工神位，黄油桌一張，黄緞桌衣一件，黄油供桌四張，黄緞桌衣四件，白甆爵六隻，紅油木盤二十面，紅油帛匣一具，黄油供牲桌二張，供爐桌一張，黄緞桌衣一件，錫香爐一個，紅油香盒一個。錫燭臺一對，黄油祝桌一張，黄緞桌衣一件，黄油酒罇桌一張，黄緞桌衣一件，白甆酒罇一個，錫杓一把，焚祝帛鐵爐一座，此祭器皿俱工部預備。

紅衣砲位，八旗分八壇，每位紅油供桌各一張，紅緞桌衣各一件，白甆爵各三隻，紅油香燭案各一張，紅緞案衣各一件，錫香爐各一個，紅油香盒各一個。錫燭臺各一對，紅油供牲桌各二張，紅油祝案一張，紅緞案衣一件，紅油酒罇桌二張，紅緞桌衣二件，白甆酒罇二個，錫杓二把，焚祝紙錠鐵爐各一件。

武壯王祠，紅油供案一張，紅緞案衣一件，紅漆錫爵九隻，紅油木圓盤五面，紅油香几一個，銅香爐一個，香靠全，銅燭臺一對，銅花瓶一對，插金芝，紅油帛匣一具，紅油香盒一個，錫裹牲匣一副，紅油祝案一張，紅緞案衣一件,紅油孔桌一張,紅緞桌衣一件,紅油接桌一張,紅緞桌衣一件,白甆酒罇一個,錫杓一把,焚祝帛香鐵爐一個;恪僖公祠,紅油供案一張,紅緞案衣一件,紅漆錫爵九隻,紅油木圓盤五面,紅油香几一個,銅香爐一個,香靠全,銅燭臺一對,銅花瓶一對,插金芝,紅油帛匣一具,紅油香盒一個,錫裹牲匣一副,紅油祝案一張,紅緞案衣一件,紅油孔桌一張,紅緞桌衣一件,紅油接桌一張,紅緞桌衣一件,白甆酒罇一個,錫杓一把,焚祝帛香鐵爐一個。

勤襄公、忠勇公、端純公祠,紅油供案三張,紅緞案衣三件,紅漆錫爵二十一隻,紅油木圓盤十五面,紅油香几三個,銅香爐三個,香靠全,銅燭臺三對,銅花瓶三對,插金芝,紅油帛匣三具,紅油香盒三個,錫裹牲匣三副,紅油祝案一張,紅緞案衣一件,紅油孔桌二張,紅緞桌衣二件,紅油接桌二張,紅緞桌衣二件,白甆酒罇三個,錫杓三把,焚祝帛香鐵爐一個。

文襄公祠,紅油供桌一張,紅緞桌衣一件,紅漆錫爵十二隻,紅油木圓盤五面,紅油香几一個,銅香爐一個,香靠全,銅燭臺一對,銅花瓶一對,插金芝,紅油帛匣一具,紅油香盒一個,錫裹牲匣一副,紅油祝案一張,紅緞案衣一件,紅油孔桌一張,紅緞桌衣一件,紅油接桌一張,紅緞桌衣一件,白甆酒罇一個,錫杓一把,焚祝帛香鐵爐一個。

大清會典卷之二百三十八

太常寺

〔祭祀祝版玉帛〕

凡每年各祭祀應用祝版，共三十九方，本寺行文工部移取。天壇、地壇、祈穀壇、太廟、社稷壇、朝日壇、夕月壇祝版，俱送内閣恭行繕寫，舊俱本寺繕寫，請填御名，餘祀俱不填御名，本寺繕寫，不送内閣，由本寺捧送各神庫上香行禮。

凡大祀應用供玉，俱貯本寺庫。天壇蒼璧一，於祀前一日，同祝版帛香安置綵亭内，進太和殿恭設供案上，奏請皇帝驗視。行禮畢，本寺堂官仍捧安綵亭内，隨送壇内神庫安設。地壇黄琮一，於祭前一日本寺官捧送壇内神庫安設。祈穀壇與天壇同。社稷壇方珪二，朝日壇赤璋一，夕月壇白琥一，捧送安設與地壇同。

凡每年各祭祀應用制帛，各有定數。天壇，正位，天青郊祀制帛十二端；配位，白色奉先制帛四端；從壇，禮神制帛共十七端。紅二、青二、黄二、黑二、白九。〇如遇告祭，用天青告祀制帛一端。

地壇，正位，黄色郊祀制帛一端；配位，白色奉先制帛四端；從壇，禮神制帛二十二端。黄二、青三、紅三、黑七、白七。〇如遇告祭，用黄色告祀制帛一端。

祈穀壇，正位，天青告祀制帛一端；配位，白色奉先制帛四端。

太廟，正位，每年五祭，白色奉先制帛共一百五端；東廡，白色展親制帛共三十五端，西廡白色報功制帛共三十端。〇三次告祭，白色奉先制帛共三十七端。

社稷壇，每年二祭，共黑色禮神制帛八端。〇如遇告祭，用黑色禮神制帛二端。

朝日壇，紅色禮神制帛一端。夕月壇，禮神制帛十二端。白八、青一、黄一、紅一、黑一。

歷代帝王廟，每年二祭，共白色禮神制帛三百二十八端，白色素帛一百五十八端。

先師文廟，每年二祭，共白色禮神制帛三十六端。

太歲壇，每年二祭，共白色禮神制帛二十六端。

先農壇，青色禮神制帛一端。

三皇廟，每年二祭，共白色禮神制帛六端，白色素帛八端。

真武廟，白色禮神制帛一端。

東嶽廟，青色禮神制帛一端。

城隍廟，每年二祭，共白色禮神制帛二端。

關帝廟，白色禮神制帛一端。

火神廟，白色禮神制帛一端。

司土司工神，每祭白色制帛二端。

武壯王祠，每年二祭，共白色素帛六端。

恪僖公祠同勤襄公、忠勇公、端純公祠，每年二祭，共白色素帛十四端。

文襄公祠，每年二祭，共白色素帛八端。

以上各祀，共用青色郊祀制帛二十端，青色告祀制帛一端，黄色郊祀制帛一端，白色奉先制帛一百五十四端，白色展親制帛三十五端，白色報功制帛三十端，黑色禮神制帛十八端，紅色禮神制帛七端，青色禮神制帛八端，黄色禮神制帛五端，白色禮神制帛四百二十五端，白色素帛二百端，俱本寺行文工部移取。如有間行告祭諸祀典，不在此數。

〔祭品〕

凡每年各祭祀需用降真沉速等香及炭餅，各有定數。圓方降真柱香、降真塊香、粗細降真香、降真小塊香、檀香、沉速香，俱本寺行文户部移取；圓柱沉香、沉香餅、降真香餅、速香塊、圓柱速香炭餅，俱本寺行文工部移取。

天壇，用描龍圓柱沉香一炷，沉香餅十二個，降真香餅二十四個，描龍圓柱速香四炷，速香二百塊，圓柱降真香十炷，細降真塊香七兩，降真塊香二十塊，降真香沉速香速香共十二觔，粗降真香共五十六觔五兩五錢，檀香四兩,炭餅五十八個,一年朔望共用粗降真香七觔八兩,炭餅一百二十個。

地壇,用方柱降真香十炷,細攢香四觔,圓柱降真香四炷,降真塊香二十塊,粗降真香六觔一兩五錢,檀香四兩,炭餅四十八個,一年朔望共用粗降真香七觔八兩,炭餅一百二十個。

祈穀壇,用描龍圓柱沉香一炷,描龍圓柱速香四炷,沉香餅十二個,速塊香二百塊,粗降真香五十五觔十三兩五錢,圓柱降香六炷,降塊香二十塊,降香沉速香速香共十觔,細塊降香六兩,檀香四兩,香油二觔,炭餅五十八個,一年朔望用粗降香七觔八兩,炭餅一百二十個。

太廟,每年五祭,共用圓柱速香四十炷,細黄速香二觔八兩,粗黄速香三觔四兩五錢,沉香柱香五百四十炷,馬牙香一觔九兩,炭餅一百個;一年每日點用,共細降真香四十五觔,白速香四十五觔,炭餅二千五百二十個;三次告祭,共用圓柱速香十六炷,細黄速香十六兩,粗黄速香一觔十五兩五錢,炭餅二十二個。

社稷壇,每年二祭,共用降真方柱香八炷,降真香三百二十塊,粗降真香五觔六兩,炭餅三十個;一年朔望,共用粗降真香一觔八兩,炭餅二十四個;如有告祭,用方柱降真香二炷,降真細香二十塊,粗降真香一觔十二兩五錢,炭餅十二個。

朝日壇,用圓柱降真香二炷,降真香四十塊,粗降真香三觔十四兩,炭餅十四個;一年朔望,共用粗降真香一觔八兩,炭餅二十四個。

夕月壇,用圓柱降真香三炷,降真香四十塊,粗降真香三觔十五兩,炭餅十六個;一年朔望,共用粗降真香一觔八兩,炭餅二十四個。

歷代帝王廟,每年二祭,共用降真柱香五十炷,細降真香四觔十一兩,粗降真香十六觔,炭餅九十八個;一年朔望,共用粗降真香一觔八兩,炭餅二十四個。

先師文廟,每年二祭,共用圓柱降真香六十二炷,降真香四十塊,粗降真香二十四觔四兩;一年朔望,共用圓柱降真香十二炷,粗降真香十二兩。

太歲壇,每年二祭,共用降真柱香二炷,粗降真香四觔十兩,炭餅二十八個。

先農壇,用圓柱降真香二炷,降真香二十塊,粗降真香二觔六兩,炭餅十個;一年朔望,共用粗降真香一觔八兩,炭餅二十四個。○如遇皇帝親詣耕耤,添降塊香二十塊,粗降香七觔十兩,炭餅十個。

三皇廟，每年二祭，共用圓柱降真香十四炷，細降真香一觔五兩，粗降真香一觔，炭餅二十二個。

真武廟，用圓柱降真香一炷，細降真香一兩五錢，炭餅一個。

東嶽廟，用圓柱降真香一炷，細降真香一兩五錢，粗降真香六兩，炭餅四個。

城隍廟，每年二祭，共用圓柱降真香二炷，細降真香三兩，粗降真香十二兩，炭餅八個。

關帝廟，用圓柱降真香一炷，細降真香一兩五錢，炭餅一個。

火神廟、司土司工神並同。紅衣砲位，每壇用圓柱降真香一炷，細降真香三兩，炭餅一個。

武壯王祠，每年二祭，共用圓柱速香二炷，馬牙香二兩，炭餅二個。

恪僖公祠同勤襄公、忠勇公、端純公祠，每年二祭，共用圓柱速香六炷，馬牙香六兩，炭餅六個。文襄公祠與武壯王同。

凡每年各祭祀需用紅蠟、黄蠟，各有定數，共三千二百三十一觔四兩。內太廟每日所用黄蠟並元宵慶成燈所用黄蠟一萬一千八百六十枝，天壇、地壇、祈穀壇所用紅蠟四十八枝，本寺行文户部移取，其餘所用黄蠟九百八十三觔九兩，本寺自行澆造。天壇用紅蠟九兩重二枝，五兩重十四枝，三兩重八枝，黄蠟一觔重十二枝，六兩重十八枝，三兩重六十六枝，二兩重二百六十二枝，一兩重十枝，一年朔望共用二兩重二百四十枝。地壇用紅蠟五兩重十枝，黄蠟一觔重八枝，六兩重十八枝，三兩重四十一枝，二兩重二百六十枝，一兩重十枝，一年朔望與天壇同。祈穀壇用紅蠟九兩重二枝，五兩重十二枝，黄蠟一觔重十二枝，六兩重十枝，三兩重三十一枝，二兩重二百五十枝，一兩重十枝，一年朔望與天壇同。太廟每年五祭，共用黄蠟一觔重四十枝，六兩重一百七十枝，三兩重一百六十枝，二兩重一千一百枝，一年每日點用共三兩重一萬一千五百二十枝，元宵慶成燈用二兩重三百四十枝。社稷壇每年二祭，共用黄蠟一觔重十二枝，六兩重十六枝，三兩重六枝，二兩重一百四十四枝，一兩重二十枝，一年朔望共用二兩重四十八枝。朝日壇用黄蠟一觔重八枝，六兩重四枝，三兩重二十枝，二兩重一百五十枝，一兩重十枝，一年朔望共用二兩重四十八枝。夕月壇用黄蠟一觔重八枝，六兩重四枝，三兩重四枝，二兩重一百二十枝，一兩重九枝，一年朔望共用二兩重四十八枝。歷代帝王廟每年二祭，用黄蠟六兩重六十四枝，三兩重四十八枝，二兩重三百四十枝，一兩重二十枝，一年朔望共用二兩重四十八枝。先師文廟每年二祭,共用黄蠟一觔重十二枝,六兩重四十四枝,三兩重八十四枝,二兩重五百四十二枝,一兩重十八枝,一年朔望共用二兩重四十八枝,一兩重九十六枝,五錢重一千二百枝。太歲壇每年二祭,共用黄蠟六兩重三十二枝,三兩重二十枝,二兩重八十四枝,一兩重二十枝。先農壇用黄蠟六兩重四枝,三兩重十枝,二兩重三十枝,一年朔望用二兩重四十八枝。○如遇皇帝親詣耕耤,添二兩重黄蠟七十枝,一觔重黄蠟四枝。三皇廟每年二祭,共用黄蠟六兩重二十枝,三兩重八枝,二兩重六十枝,一兩重四枝。真武廟用黄蠟三兩重二枝,二兩重四十枝,一兩重十枝。東嶽廟用黄蠟三兩重六枝,二兩重三十枝。城隍廟每年二祭,共用黄蠟三兩重十二枝,二兩重八枝,一兩重四十枝,五錢重一百枝,一年朔望共用二兩重四十八枝。關帝廟用黄蠟三兩重二枝,二兩重十五枝,一兩重二枝。火神廟用黄蠟六兩重二枝,二兩重十二枝,一兩重二枝。司土司工神用黄蠟六兩重二枝。紅衣袍位每壇用紅蠟八兩重各二枝。武壯王祠每年二祭,共用黄蠟六兩重四枝,三兩重四枝,二兩重十二枝。恪僖公祠每年二祭,共用黄蠟六兩重四枝,三兩重四枝,一兩重十二枝。勤襄公、忠勇公、端純公祠每年二祭,共用黄蠟六兩重十二枝,三兩重十二枝,一兩重十二枝。文襄公祠與恪僖公同。

凡各祭祀需用粢盛蔬菜等物,於先農壇地畝内取用。天壇用黍稷粱米各九倉升,稻米一斗七升,麥麵、蕎麥麵各十八觔,造糗餌粉糍京米二斗五升,菁菜二十七觔,芹菜九觔,韮菜九觔,葱一觔。地壇所用並同。祈穀壇用黍稷粱米各五升,稻米一斗,麥麵、蕎麥麵各十觔,造糗餌粉糍粳米二斗五升,菁菜十五觔,芹菜五觔,韮菜五觔,葱十二兩。太廟每祭用黍稷稻粱米各一斗八升,麥麵、蕎麥麵各二十四觔,造糗餌粉糍粳米四斗,菁菜四十五觔,芹菜十八觔八兩,韮菜八觔八兩,葱一觔。社稷壇每祭用黍稷粱米各四升,稻米一斗,麥麵、蕎麥麵各八觔,造糗餌粉糍京米二斗,菁菜五觔八兩,芹菜二觔十二兩,韮菜一觔十二兩,葱八兩。朝日壇用黍稷稻粱米各一升,麥麵、蕎麥麵各二觔,菁菜一觔六兩,芹菜十二兩,韮菜十二兩,葱六兩。夕月壇用黍稷稻粱米各二升,麥麵、蕎麥麵各四觔,菁菜四觔,芹菜四觔,韮菜一觔,葱六兩。歷代帝王廟每祭用黍稷稻粱米各三斗六升,麥麵、蕎麥麵各三十二觔,菁菜八十七觔八兩,芹菜三十六觔,韮菜十六觔,葱四觔六兩。先師文廟每祭用黍米三斗九升,稷米一斗五升,稻米三斗九升,粱米一斗,麥麵、蕎麥麵各二觔,菁菜一百四十三觔八兩,芹菜八十七觔，韭菜十觔，葱五觔。太歲壇用黍稷稻粱米各五升，麥麵、蕎麥麵各十觔，菁菜四觔六兩，芹菜二觔六兩，韭菜一觔十兩，葱八兩。先農壇用黍稷稻粱米各一升，麥麵、蕎麥麵各二觔，菁菜一觔六兩，芹菜十二兩，韭菜十二兩，葱六兩。三皇廟每祭用黍稷稻粱米各一斗一升，麥麵、蕎麥麵各十觔，菁菜九觔六兩，芹菜四觔八兩，韭菜三觔六兩，葱十二兩。

凡各祭祀需用酒鹽，俱本寺行文光禄寺移取。天壇供酒六十三瓶，滌魚酒二瓶，鹽磚九觔，白鹽二觔。地壇供酒七十二瓶，滌魚酒二瓶，鹽磚九觔。祈穀壇供酒四十瓶，滌魚酒一瓶，鹽磚五觔。太廟每祭供酒二百八瓶，滌魚酒二瓶，鹽磚十八觔，白鹽二觔。社稷壇每祭供酒二十四瓶，滌魚酒二瓶，鹽磚三觔，白鹽一觔。朝日壇供酒八瓶，滌魚酒二瓶，鹽磚一觔。夕月壇供酒十六瓶，滌魚酒一瓶，鹽磚二觔。歷代帝王廟每祭供酒九十九瓶，滌魚酒二瓶，鹽磚二十觔，白鹽四觔。先師文廟每祭供酒一百二十瓶，滌魚酒二瓶，鹽磚二十觔，白鹽四觔，每月朔日供酒三瓶。太歲壇每祭供酒七十二瓶，滌魚酒一瓶，鹽磚五觔，白鹽一觔。先農壇供酒八瓶，滌魚酒一瓶，鹽磚一觔。遇耕耤供用同。三皇廟每祭供酒三十二瓶，滌魚酒二瓶，鹽磚十觔，白鹽二觔。東嶽廟供酒八瓶，城隍廟、關帝廟、火神廟並同，惟真武廟不用。紅衣砲位每祭供酒一百二十八瓶。武壯王祠每祭供酒八瓶。恪僖公祠同勤襄公、忠勇公、端純公祠，每祭供酒二十四瓶。文襄公祠與武壯王同。

凡各祭祀需用果品糖蜜魚笋等物，各有定數，俱本寺用庫銀備辦。天壇應用果品紅棗二十五觔，栗三十六觔八兩，榛仁二十三觔，菱米三十八觔，芡實四十五觔八兩，白糖二觔，蜂蜜二兩，梔子二兩，花椒二兩，茴香二兩，蒔蘿一兩，大鯿魚九尾，小鯿魚九尾，醢魚二十五觔，大笋九塊。地壇應用果品紅棗十八觔八兩，栗二十七觔八兩，榛仁十八觔八兩，菱米二十七觔八兩，芡實三十二觔，白糖二觔，蜂蜜二兩，梔子二兩，花椒二兩，茴香二兩，蒔蘿一兩，大鯿魚九尾，小鯿魚九尾，醢魚二十三觔，大笋九塊。祈穀壇應用果品紅棗二十觔，栗二十五觔，榛仁十七觔八兩，菱米三十觔，芡實三十五觔，白糖一觔八兩，蜂蜜二兩，梔子二兩，花椒二兩，茴香二兩，蒔蘿一兩，大鯿魚五尾，小鯿魚五尾，醢魚十七觔八兩，大笋五塊。太廟時享每祭應用果品紅棗三十六觔，栗五十五觔，榛仁二十一觔四兩，菱米三十六觔八兩，芡實四十二觔八兩，白糖三觔，蜂蜜六兩，梔子六兩，大鯿魚十二尾，醢魚三十觔八兩，大笋十二塊。社稷壇每祭應用果品紅棗八觔，栗十二觔,榛仁七觔,菱米十二觔,芡實十四觔,白糖一觔,蜂蜜二兩,梔子二兩,花椒二兩,茴香二兩,蒔蘿一兩,大鯿魚四尾,小鯿魚四尾,醢魚十觔,大笋四塊。朝日壇應用果品紅棗二觔,栗二觔八兩,榛仁一觔十二兩,菱米三觔,芡實三觔八兩,白糖八兩,花椒一兩,茴香一兩,蒔蘿五錢,大鯿魚一尾,小鯿魚一尾,醢魚二觔八兩,大笋一塊。夕月壇應用果品紅棗四觔,栗五觔,榛仁三觔八兩,菱米六觔,芡實七觔,白糖一觔,花椒二兩,茴香二兩,蒔蘿一兩,大鯿魚二尾,小鯿魚二尾,醢魚五觔,大笋二塊。歷代帝王廟每祭應用果品紅棗七十觔,栗九十五觔十兩,榛仁二十八觔,菱米四十八觔,芡實五十六觔,白糖二觔,花椒六兩,茴香六兩,蒔蘿三兩,大鯿魚十六尾,小鯿魚七尾,醢魚三十二觔,大笋十六塊。先師文廟每祭應用果品紅棗一百四十三觔,栗一百八十四觔,榛仁十七觔八兩,菱米三十觔,芡實三十五觔,白糖一觔,花椒八兩,茴香八兩,蒔蘿四兩,大鯿魚十尾,小鯿魚十尾,醢魚二十觔,大笋十塊,每月朔日行釋菜禮,用紅棗七觔,核桃七觔。太歲壇每祭應用果品紅棗十觔,栗十三觔,榛仁八觔十二兩,菱米十五觔,芡實十七觔八兩,白糖一觔,花椒二兩,茴香二兩,蒔蘿一兩,大鯿魚五尾,小鯿魚五尾,醢魚十二觔八兩,大笋五塊。三皇廟每祭應用果品紅棗二十二觔,栗二十五觔,榛仁八觔十二兩,菱米十五觔,芡實十七觔八兩,白糖一觔,花椒四兩,茴香四兩,蒔蘿二兩,大鯿魚五尾,小鯿魚五尾,醢魚十二觔八兩,大笋五塊。真武廟應用果品核桃六觔,荔枝三觔,圓眼三觔,紅棗五觔,栗六觔,白麵八十觔,紅豆七升,白糖二觔八兩,土鹻一觔八兩,細茶一兩,頂花一朵。城隍廟應用果品核桃六觔,荔枝三觔,圓眼三觔,紅棗五觔,栗六觔。〇秋祭用紅棗二觔,栗二觔八兩,榛仁一觔十二兩,菱米三觔,芡實三觔八兩,大鯿魚一尾,小鯿魚一尾,醢魚二觔,大笋一塊。東嶽廟用核桃六觔,荔枝三觔,圓眼三觔,紅棗五觔,栗六觔。關帝廟、火神廟並同。武壯王祠每祭用核桃六觔,荔枝三觔,圓眼三觔,紅棗八觔,栗十觔。恪僖公祠同勤襄公、忠勇公、端純公祠,每祭用核桃十八觔,荔枝九觔,圓眼九觔,紅棗二十四觔,栗三十觔。文襄公祠與武壯王同。

陵寢祭祀需用品物

凡每年祭祀永陵、福陵、昭陵應用果品,春秋二季由本寺移送。每祭用曬棗十六盤,每盤十兩共十觔,大纏十六盤,每盤十二兩共十二觔,八寶糖十六盤,每盤十二兩,共十二觔,乾葡萄十六盤,每盤十兩共十觔,圓眼十六盤,每盤七兩共七觔,荔枝十六盤,每盤七兩,共七觔,冰糖十六盤,每盤十二兩,共十二觔。門冬十六盤，每盤十二兩五錢共十二觔八兩，核桃十六盤，每盤一百十七個，共一千八百七十二個，橘餅十六盤，每盤十二個，共一百九十二個。柿餅十六盤，每盤十五個，共二百四十個，青梅十六盤，每盤八兩七錢五分，共八觔十二兩。每年四大祭，每祭白糖一百二十八觔。十六桌，每桌八觔。四大祭所用鮮果，蘋果四百二十個，黃梨四百二十個，紅柿四百二十個。祔葬諸妃祭品在外。

凡每年祭祀昭西陵、孝陵、孝東陵、景陵應用果品，由各守陵禮部郎中行文本寺，移取錢糧辦理。昭西陵每祭用曬棗一盤，十兩，大纏一盤，十二兩，八寶糖一盤，十二兩，乾葡萄一盤，八兩，圓眼一盤，七兩，荔枝一盤，七兩，冰糖一盤，十二兩，核桃一盤，取仁一升。柿餅一盤，十五兩，紅棗一盤，十兩，栗一盤，二升，蜜餞，山裹紅一盤，十四兩。孝陵每祭用曬棗三盤，每盤十兩，共一觔十四兩，大纏三盤，每盤十二兩，共二觔四兩，八寶糖三盤，每盤十二兩，共二觔四兩，乾葡萄三盤，每盤八兩共一觔八兩，圓眼三盤，每盤七兩，共一觔五兩，荔枝三盤，每盤七兩共一觔五兩，冰糖三盤，每盤十二兩，共二觔四兩，核桃三盤，每盤一百十七個，共三百五十一個，柿餅三盤，每盤十五個，共四十五個，紅棗三盤，每盤十兩，共一觔十四兩，栗三盤，每盤二升，共六升，蜜餞山裹紅三盤，每盤十四兩，共二觔十兩。孝東陵每祭用曬棗一盤，十兩，又七盤，每盤九兩，大纏一盤，十二兩，又七盤，每盤十兩，八寶糖一盤，十二兩，又七盤，每盤十兩，乾葡萄一盤，八兩，又七盤，俱八兩，圓眼一盤，七兩，又七盤，每盤六兩，荔枝一盤，七兩，又七盤，每盤六兩，冰糖一盤，十二兩，又七盤，每盤十兩，核桃仁一盤，一升，又七盤，每盤七合，柿餅一盤，十五個，又七盤，俱十五個，紅棗一盤，十兩，又七盤，每盤九兩，栗一盤，二升，又七盤，俱二升，蜜餞山裹紅一盤，十四兩，又七盤，每盤十兩。景陵每祭用曬棗五盤，每盤十兩，又一盤，九兩，大纏五盤，每盤十二兩，又一盤，十兩，八寶糖五盤，每盤十二兩，又一盤，十兩，乾葡萄五盤，每盤八兩，又一盤，八兩，圓眼五盤，每盤七兩，又一盤，六兩，荔枝五盤，每盤七兩，又一盤，六兩，冰糖五盤，每盤十二兩，又一盤，十兩，核桃五盤，每盤取仁用一百二十個，又一盤，用八十個，取仁，柿餅五盤，每盤十五個，又一盤，十五個，紅棗五盤，每盤十兩，又一盤，九兩。栗五盤，每盤二升，又一盤，二升，蜜餞山裹紅五盤，每盤十四兩，又一盤，十兩。妃園寢祭祀果品四案在外。每年四大祭，清明、冬至、歲暮用乾鮮果品十五盤，中元用乾鮮果品二十二盤。每月朔望並生辰忌辰，昭西陵共二十五祭，孝陵共二十七祭，孝東陵共三十二祭，景陵共三十祭，每祭用乾鮮果品十二盤。所用鮮果如蘋果、黃梨、紅梨、棠梨、柿、桃，每盤各十二個，檳子，每盤二十五個，杏子、黃李、紅李、沙果，每盤各四十個，鮮葡萄，每盤二觔，櫻桃，每盤一觔，烏梨，每盤十四兩，松仁、榛仁，每盤各一升，同上乾果共二十八色，因時備物，以乾鮮諸品酌量增減致祭。其白糖蔴菇蕨菜各項，俱照例於本寺移取備用。

凡每年供獻永陵、福陵、昭陵松蘿茶二十觔，本寺行文户部取送。其黄白蠟等物，俱照來文取送。

凡每年供獻昭西陵，四大祭，每祭用祝版一方，白色奉先制帛一端，降香五錢，六兩重白蠟二枝，三兩重白蠟十四枝，炭餅一個；二十五常祭，有閏月多二祭，每祭用降香五錢，六兩重白蠟二枝，三兩重白蠟十四枝，炭餅一個。孝陵，四大祭，每祭用祝版二方，白色奉先制帛三端，降香五錢六兩，重白蠟四枝，三兩重白蠟十六枝，炭餅一個；二十七常祭，有閏月多二祭，每祭用降香五錢，六兩重白蠟二枝，三兩重白蠟十六枝，炭餅一個。孝東陵，四大祭，每祭用祝版二方，白色奉先制帛一端，白色素帛七端，降香五錢，六兩重白蠟四枝，三兩重白蠟十八枝，炭餅一個；三十二常祭，有閏月多二祭，每祭用降香五錢，六兩重白蠟二枝，三兩重白蠟十八枝，炭餅一個。景陵，四大祭，每祭用祝版一方，白色奉先制帛五端，白色素帛一端，降香五錢，十兩重白蠟二枝，三兩重白蠟十二枝，炭餅一個；三十常祭，有閏月多二祭，每祭用降香五錢，十兩重白蠟二枝，三兩重白蠟十二枝，炭餅一個。妃園寢，四大祭，每祭用祝版一方，白色素帛四端，降香五錢，六兩重白蠟二枝，三兩重白蠟六枝，炭餅一個。以上俱由各守陵禮部郎中行文本寺，祝版香帛於工部移取，白蠟於户部移取。如遇閏月，照來文加送。

大清會典卷之二百三十九

太常寺

〔祭祀雜支〕

凡各祭祀需用木柴木炭等物，俱照本寺行文工部支取，前期二日送至祭所。天壇，用燔牲木柴二千二百零十觔，如遣官，不用胙牛，減一百八十觔，木炭四十五觔，燔爐内楊木枕木架梁木八根，馬口柴二千觔。地壇，用燔牲木柴一千九百十觔，如遣官，減一百六十觔，木炭十五觔，淨冰二百二十塊。祈穀壇，用燔牲木柴一千三百七十觔，如遣官，減一百八十觔，木炭二十觔，燔爐内楊木枕木架梁木八根，馬口柴二千觔。太廟，孟春、孟冬、歲暮，每祭用燔牲木柴三千七百八十觔，如遣官，減一百八十觔，木炭七十觔；孟夏、孟秋，每祭用燔牲木柴三千一百六十觔，如遣官，減一百六十觔。木炭四十觔，淨冰二百塊。社稷壇，每祭用燔牲木柴一千三百九十觔，如遣官，減一百八十觔。木炭八觔；八月秋祭，用淨冰六十塊。朝日壇，用燔牲木柴六百觔，如遣官，減一百八十觔。木炭五觔。夕月壇，用燔牲木柴七百三十觔，如遣官，減一百六十觔，木炭八觔，淨冰三十塊。歷代帝王廟，春祭用燔牲木柴二千七百觔，焚帛楊木柴八十觔，松木柴八十觔，木炭十觔；秋祭用燔牲木柴二千二百二十觔，焚帛楊木柴八十觔，松木柴八十觔，木炭十觔，淨冰五十塊。先師文廟，春祭用燔牲木柴二千三百九十觔，如遣官，減一百八十觔。秋祭用燔牲木柴一千八百八十觔，如遣官，減一百六十觔。淨冰四十塊。太歲壇，用燔牲木柴一千四百二十觔，木炭五觔。先農壇，用燔牲木柴四百二十觔，木炭五觔，如遇耤田皇帝親祭，用木柴六百觔，木炭五觔。三皇廟，用燔牲木柴八百三十二觔，木炭十觔。真武廟，蒸供獻用木柴五十觔，木炭十五觔。東嶽廟，用燔牲木柴二百一十觔。城隍廟每祭同前。關帝廟，用柴一百八十觔,淨冰十塊。火神廟,用燔牲木柴六十觔,淨冰十五塊。司土司工神,用燔牲木柴一百六十觔,木炭十觔。紅衣砲位,每祭用燔牲木柴四百八十觔,木炭三十觔。武壯王祠,春祭用燔牲木柴八十觔,木炭二觔,秋祭用燔牲木柴六十觔,木炭二觔。恪僖公祠,春祭用燔牲木柴八十觔,木炭二觔,秋祭用燔牲木柴六十觔,木炭二觔。勤襄公、忠勇公、端純公祠,春祭用燔牲木柴二百四十觔,木炭三觔,秋祭用燔牲木柴一百八十觔,木炭三觔。文襄公祠,春祭用燔牲木柴八十觔,木炭二觔,秋祭用燔牲木柴六十觔,木炭二觔。

凡各祭祀需用焚帛蘆葦,俱本寺行文大興宛平二縣支取。天壇用三百觔。地壇用二百觔。祈穀壇用三百觔。太廟每祭用二百三十觔。社稷壇每祭用八十觔。朝日壇用六十觔。夕月壇同歷代帝王廟每祭用六百四十觔。先師文廟每祭用一百觔。太歲壇每祭用一百六十觔。先農壇用六十觔,如遇耤田皇帝親祭用同。三皇廟每祭用三十觔。真武廟用三十三觔。東嶽廟同城隍廟用二十觔。關帝廟、火神廟竝同。司土司工神,每祭用十觔。武壯王祠用三十觔。恪僖公祠同勤襄公、忠勇公、端純公祠用五十觔。文襄公祠用三十觔。

神樂觀

提點一員,左右知觀各一員,協律郎五員,康熙三十八年裁減一員,雍正元年添復一員,贊禮郎十六員,康熙三十八年裁減二員,雍正元年添復二員,司樂二十六員,康熙三十八年裁減二員,雍正元年添復二員。圜丘、方澤、朝日、夕月、先農五壇奉祀五員,圜丘、方澤、先農三壇祀丞三員,樂生一百八十名,文舞生一百五十名,武舞生一百五十名,執事樂舞生九十名。如有遺缺,於觀内官員家道童及樂舞生家道童選補。

凡樂舞儀節,本寺令協律郎等官教習,遇有祭祀,先期於凝禧殿演習。

凡祭日,司爵、司香、捧帛、捧爵、焚香等事,俱用執事樂舞生。又有樂生、武舞生、文舞生、執旌節樂舞生,應給淨衣,行文工部取用。天壇大祭共用樂舞生二百五十九名,舊給淨衣二百五十九套,康熙三十九年裁,執事樂舞生,服藍鑲邊青緞袍;武舞生并執旌節樂舞生,服青緞銷金花袍;文舞生并執旌節樂舞生、樂生、焚香樂舞生,服青緞補袍,俱係緑紬帶,戴裹金銅頂帽。如遇祭告,皇帝親詣行禮,用樂舞生三十八名,遣官行禮,用二十八名。地壇大祭共用樂舞生二百四十七名,舊給淨衣二百四十七套,康熙三十九年裁,執事樂舞生,服藍鑲邊青緞袍;武舞生,服青屯絹銷金花袍;文舞生、樂生、焚香樂舞生，服青屯絹補袍，帶頂同前。如遇祭告，用樂舞生二十六名。祈穀壇大祭共用樂舞生二百三十五名，舊給淨衣二百三十五套，康熙三十九年裁，執事樂舞生，服藍鑲邊青羅袍；武舞生，服紅緞銷金花袍；文舞生、樂生、焚香樂舞生，服紅緞補袍，帶頂同前。太廟每祭共用樂舞生二百六十七名，執事樂舞生，服青袍；武舞生，服紅緞銷金花袍；文舞生、樂生、焚香樂舞生，服紅緞補袍，帶頂同前。如遇祭告，用樂舞生二十六名，專祭一殿用十七名或十五名。社稷壇每祭共用樂舞生二百二十七名，執事樂舞生，服藍鑲邊青羅袍，武舞生，服紅羅銷金花袍，文舞生、樂生、焚香樂舞生，服紅羅補袍，帶頂同前。如遇祭告，用樂舞生十八名。朝日壇每祭共用樂舞生二百三十一名，執事樂舞生，服藍鑲邊青羅袍；武舞生，服藍鑲邊紅羅銷金花袍，文舞生、樂生、焚香樂舞生；服紅羅補袍，帶頂同前。夕月壇每祭共用樂舞生二百三十五名，執事樂舞生，服藍鑲邊青羅袍；武舞生，服玉色羅銷金花袍；文舞生、樂生、焚香樂舞生，服玉色羅補袍，帶頂同前。歷代帝王廟每祭共用樂舞生二百八十三名，執事樂舞生，服青絹袍；武舞生，服紅色銷金花袍；文舞生、樂生、焚香樂舞生，服紅色補袍，帶頂同前。先師文廟每祭共用樂舞生一百四十名，執事樂舞生，服青絹袍；文舞生、樂生、執旌節樂舞生，俱服紅緞補袍，帶頂同前。太歲壇每祭共用樂舞生二百三十二名，執事樂舞生，服青絹衣；武舞生，服紅色銷金花袍；文舞生、樂生、焚香樂舞生，服紅色補袍，帶頂同前。先農壇每祭用執事樂舞生十八名，服月白鑲邊藍袍；焚香樂舞生，服紅絹補袍，帶頂同前。如遇耤田皇帝親祭，共用樂舞生二百二十二名，執事樂舞生，服月白鑲邊青袍；武舞生，服紅絹銷金花袍；文舞生、樂生、焚香樂舞生，服紅絹補袍，帶頂同前。三皇廟每祭用執事樂舞生二十四名，服月白鑲邊青袍，帶頂同前。真武廟每祭用執事樂舞生四名，衣帶頂同前。東嶽廟、城隍廟、關帝廟、火神廟、武壯王祠、恪僖公祠、勤襄公忠勇公端純公祠、文襄公祠竝同。司土司工神用執事樂舞生三名，衣帶頂同前。紅衣砲每祭用執事樂舞生八名，衣帶頂同前。

凡大祀中祀，俱用中和韶樂，舞用八佾，用文舞生六十四人，武舞生六十四人，惟先師文廟舞用六佾，止用文舞生三十六人。自三皇廟以下，俱教坊司鼓樂承應，本寺預期行文撥取。詳載《禮部》。

凡本觀庫夫十名，行文順天府僉派。大興、宛平、武清縣、霸州各一名，涿州、順義、寶坻縣各二名。

犧牲所

所牧一員,所副一員,管所軍四十六名。舊係五十名,康熙四十六年裁四名。

凡每年祭祀,牲口黑牛一百四十九隻,胙牛在外,北羊二百七十九隻,豬二百七十九口,鹿三十五隻。如有告祭等事,臨期增用。以上牛羊豬俱先期自順天府取行户,本寺發庫銀辦買發所餧養。牛每隻日給豆八倉升、草二束,每束重七觔,下同,羊每隻日給豆二倉升、草一束,鹿自盛京移送,發所餧養,鹿每隻日給豆兩碗半、草二觔,俱本寺行文户部支給。豬每口日給麩子六倉升,係本寺支庫銀照時價給買。太廟奉先殿兔二百二十六隻,本寺行文光禄寺預備。其各壇廟應用兔一百十六隻,本寺支庫銀給發行户備辦。○康熙四十六年題准:羊由左右兩翼取用。○五十三年題准:豬由左右兩翼取用。○雍正二年諭:"鹿於内務府取用,盛京停止移送。"

凡大祀所用牲隻,於一月前洗滌,中祀牲隻,於二十日前洗滌,小祀牲隻,於十日前洗滌。

大清會典卷之二百四十

順天府

國朝定鼎燕京，置順天府，爲正三品衙門，設府尹、府丞、治中、通判、經歷、照磨等官，沿革詳見《吏部·官制》。本府官職專親民之事，惟以京府重地，故品秩體制視外府特異云。

凡每歲立春，先一月，本府堂官題知進呈春座。立春前一日，闔府官屬迎春於東直門外。至日，本府堂官恭捧春座，進呈皇帝前。至太皇太后、皇太后、中宫皇太子前春座，俱由内官捧進。

凡親耕耤田，皇帝秉耒三推，府尹執盛種匣播種，諸王五推，本府廳官於盛種亭内取各種匣播種，九卿九推，本府廳官於盛種亭内取各種匣播種。

凡每歲春祭先農，太常寺移取本府無事故堂官二員職名，具題請旨，遣官一員行禮。

凡致祭金太祖陵、金世祖陵，望祭元太祖陵、元世祖陵，祭明宣宗陵、明孝宗陵、明世宗陵應用品物，俱由府尹行令大興、宛平、房山三縣、昌平州備辦。

凡鄉飲酒禮，每歲正月十五日，十月十一日舉行，本府官預期題知。

凡遇文鄉試，用正副主考官二員，本府官題請勅下禮部，於京官中取學行兼優者，疏名上請簡用。又咨呈吏部，取五經同考官十六員。吏部禮部會同開列應差官職名，題請欽點。其内簾糾察滿漢御史各一員，内監試滿漢御史各二員，外巡察滿漢御史各二員，本府官咨呈，都察院開列應差御史職名，咨送禮部，題請欽點。又外簾官十六員，本府官咨呈禮部，行文各衙門取科甲出身之員外、主事、中行評博、内閣中書、國子監助教、守部進士、舉人并翰林院庶吉士、行取主事列名題請欽點。八月初六日,府丞同主考及執事各官辭朝,赴順天府筵宴。入場三場題目,府尹恭進預期題知,揭曉日期。至期,府丞恭捧進皇帝前及太皇太后皇太后中宫皇太子前,題名録至内閣進呈。次日,主考及執事各官同中式舉人入朝謝恩,赴本府筵宴。

凡遇武鄉試,本府官呈請兵部堂司官爲監射官,又題請勅下兵部,開列翰林官職名具題,欽點二員爲正副主考官,又咨呈吏部,題請欽點小京職四員爲同考官,又咨呈都察院轉送兵部,題請欽點御史二員爲監試官,又取京衛經歷列名,題請欽點四員爲外簾官,其餘典禮悉照文場例行。

凡府屬文武舉人會試,俱由府尹給文,送禮部兵部。

凡遇殿試傳臚,府尹府丞於長安門外爲三及第簪花披紅;赴府宴畢,送狀元歸第。

凡直省會試舉人出京回籍,由府尹給發路引。〇雍正二年停止。

凡府屬歲貢生,由府尹給印單咨文赴部。

凡歲科二考,大宛文武童生俱由府丞考取送院。舊有京衛武童,後裁。

凡順天鄉試修理貢院,本府行大宛二縣估計工料價值修理,工完具題造册,送工部查銷。文武會試,禮部兵部劄付修理貢院,轉行大宛二縣照例苫蓋,工完造册,送工部查銷。

凡學校,康熙二十八年議准:文廟致祭,凡琴瑟柷敔、簫管鐘磬之屬,禮宜備具,惟順天府學獨無。該府丞會同府尹照例修設。〇又題准:京衛武學向無衙門,武生無從謁廟。今六衛裁併,則學官不屬衛學而屬府學,府學舊有空房可撥給武學教官居住,以便訓廸武生。〇四十三年,順天府府學建立尊經閣,周垣建宫牆高丈六尺,教官齋舍增房三間,櫺星門外設義路禮門二座。奉旨:"國子監聖廟修理,現交廣善庫官員。順天府尊經閣等處,亦著廣善庫修理。"

凡遇京察并甄别,本府將所屬京職考註優劣造册,咨送部科河南道。

凡遇大計,本府考註州縣官優劣,府丞賫册代覲。〇康熙二十六年,停止朝覲。

凡審理旗民,康熙二十八年覆准:順天府衙門係京師内地,旗民雜處,如有旗人擅自出入行走者,順天府衙門即照律例處分完結,應撥給步兵數名并給黑鞭。

凡遇考選軍政,府尹行查京衛各官事蹟履歷、錢糧完欠,面試騎射,註定賢否，造册送兵部、兵科、河南道。

凡光禄寺估計上用品物，每月移文本府，轉委大宛二縣，照時估定價值造册，送府赴光禄寺衙門公同會估。

凡春秋祭社稷壇，例用五色土鋪墊，府尹轉行東安縣、房山縣、涿州、霸州，辦解工部。

凡祈晴、禱雨、祈雪、救護月食、應用祭品等項，本府行令大宛二縣備辦。

凡耆老，令五城大宛二縣訪舉年高有德者，具結送府給劄，許用頂帶，宣讀《聖諭廣訓萬言諭》。

凡軍犯，刑部定罪，兵部定配所，劄送本府，轉發大宛二縣押解。

凡流犯，部擬道里遠近，本府定地方發配，提取大宛二縣解役押解。

凡徒犯，部定年限，劄送本府僉發，驛遞擺站，限滿報明釋放。

奉天府

國初建置盛京，設遼陽府，順治十四年改爲奉天府，設府尹，康熙三年增設府丞、治中、通判等官，品秩與順天府同。康熙二十八年諭："奉天爲根本重地，今聞光棍閑民甚多，務農者少，一遇旱澇之年，即難補救。今年亢旱，朕慮及於此，故將諸處蒸酒、糜費米糧等項禁止。奉天府尹當勸民務農，嚴禁光棍游手之徒。"

凡每年恭遇皇帝萬壽、太皇太后聖誕、皇太后聖誕、中宫千秋、皇太子千秋及元旦、冬至令節，本府官朝服齊集篤恭殿行禮，恭進慶賀表箋。

凡每月逢五日期，本府官朝服赴篤恭殿前齊集。

凡陵寢四季大祭，本府官朝服隨班行禮。

凡每月朔望陵寢供獻，府尹朝服赴陵前排班。

凡每年二八月上丁日致祭文廟，府尹率各官照例行禮。

凡每年立春先一日，府尹率各官迎春於東郊。

凡遇鄉試，府丞造應試生員名册，移咨順天府考試。

凡奉錦二府屬文武生童，俱由府丞考試。

大清會典卷之二百四十一

光禄寺

光禄寺，從三品衙門，設滿漢卿各一員，滿少卿一員，漢少卿一員，所屬有大官、珍羞、良醞、掌醢四署及司庫、典簿等官員。其職專司膳羞、享宴等事及各項錢糧裁設。沿革詳見《吏部・官制》。

凡職掌，順治初，本寺事宜由禮部具題，劄寺遵行。〇十年定：本寺項下果品雜糧等銀，題歸禮部，直省錢糧起解，禮部劄寺照收，司府州縣查核完欠，參罰開復，俱屬部行。〇十五年題准：外解錢糧，分析光禄寺驗收，徑給批迴，各官考成，亦聽本寺行。〇十八年定：復歸禮部，將解到錢糧總貯一庫，公同出納，其催參開復等事，仍屬部行，所用物料，户部禮部科道官及本寺公同照時價估給，本寺歲底奏銷。〇康熙三年定：各項錢糧悉歸户部，其本寺應用錢糧每歲具題，由户部給發，貯庫候用。〇十年定：禮部分析職掌，錢糧出入俱交本寺經管，併筵宴備用各器皿及司庫官、筆帖式總歸本寺，所用每年錢糧數目，俱本寺自行奏銷。

凡祭祀各壇廟，由太常寺移文，取省牲官職名，本寺委廳署官一員，赴祭所同禮部等各衙門官監宰埋瘞。皇帝親詣行禮，本寺官與太常寺官前期一日演禮。皇帝飲福受胙，本寺堂官職主進爵進胙於爵胙案前左右，滿署官各一員捧接爵盤。祭畢，滿漢署官撥厨役分送祭肉於各衙門。

凡本寺錢糧應用款項，係内用者，照内務府行文，外用者，照内閣禮部行文，祭祀者，照太常寺移文，如數動支，於春秋二季，將用過數目造送京畿道照刷奏銷，仍於每年夏季，將一年通行出入四柱實數繕造黄册，本寺另行具疏奏銷。

凡需用品物，定例内用及外來賓客併寺廟供獻，俱由本寺辦給，每月委滿漢署官到市訪問民間時價,復移文順天府,委大興宛平二縣官將時價核確,造册送寺,本寺定期會同順天府府尹、浙江道滿漢御史、户部廣西司、禮部精膳司司官公同估價,於寺庫給發。春秋二季,浙江道具題奏銷。○雍正元年定:各寺廟供獻改歸内務府。

凡每月奉先殿薦新,正月鴨蛋,四月笋雞,五月笋鵝,七月笋雉,八月野雞,九月鴻鴈,十一月銀魚,十二月活兔,珍羞署供,二月蕓薹菜、茼蒿菜、水蘿蔔,三月王瓜,四月茄子,五月香瓜,六月西瓜,大官署供,四月蕨菜,掌醢署供,俱辦送内務府。

凡每日内用食物,俱照内務府來文如數辦進。其各處筵宴及分給賓客物件,俱照禮部來文辦送。

凡承值皇帝行幸各處所用食物,俱照内務府來文,令行户如數備辦。如不敷用,本寺隨去滿官採買,逐日進送。每日應用更香,照兵部來文給送。

凡每年元旦筵宴,國初俱用滿桌,康熙二十三年,奉旨改設漢桌,所用品物俱照禮部來文備用。各項器皿煤炭,行文工部取用。

凡每年萬壽節宴,俱設滿桌,每桌用白饊枝、紅饊枝、蔴花、雞蛋蔴花、芝蔴麵棗、瓦隴蜜大礪石、粗江豆、細江豆、紅印餅、芝蔴三角、芝蔴礪石、方酥餅、芝蔴餅、白花點子餅、夾皮餅、白米緣環、油煠小餅、雞蛋角子、煮雞蛋共二十盤,鵝一隻,珍羞署供,八寶糖、冰糖、大纏、龍眼、栗子、曬棗、榛子、鮮葡萄、核桃、蘋果、黄梨、紅梨、棠梨、柿子、蜜餞山裹紅、山葡萄糕、枸杞糕、乾梨麵、豆粉糕共二十盤,掌醢署供,乳酒、燒酒、黄酒,良醖署供。歲暮送公主、王等併朝鮮國使臣、達賴喇嘛來使等筵宴並同。達賴喇嘛來使每桌用小猪一口,大官署供。

凡喀爾喀厄魯特等筵宴,俱設滿桌,每桌用白饊枝等十八盤,每三桌用鵝一隻,珍羞署供,榛栗等果品九盤,掌醢署供,燒酒、黄酒,良醖署供,俱照禮部來文備辦。

凡請安進貢公主王等,外藩喀爾喀厄魯特等,衍聖公、正一真人及朝鮮、琉球、安南、荷蘭、暹羅、土魯番、鄂羅斯等國,舊例分送猪口鮮菜,大官署供,鵝、雞、魚、茶、麵,珍羞署供,羊隻、羊肉、牛肉、牛乳、乳油、燒酒、黄酒,良醖署供,乾鮮果品,醃菜、乾菜、黄蠟、油、鹽、醬、醋等物,掌醢署供,俱照禮部來文辦給。○康熙四十八年定:嗣後外來公主王等食物,歸理藩院辦給。

凡衍聖公、正一真人朝覲賜宴,與外藩諸筵宴同。

凡春秋二季經筵日賜宴,及纂修實録會典等書告成筵宴,與外藩諸筵宴同,每桌用鵝一隻,俱照禮部來文備辦。

凡監視修畫神像官員,每日飯桌,猪肉菜蔬,大官署供,黄茶麵,珍羞署供。素肴小菜,掌醢署供。

凡翰林院庶吉士,每日各給猪肉一觔、酒三鍾。〇康熙十六年停止。

凡内藥房醫生十名,每日各給猪肉鮮菜,大官署供,油鹽醬醋豆腐,掌醢署供。

凡鑄印局鑄印,用猪首一個鑄金寶,用活猪一口,大官署供,甜酒,良醖署供,照禮部來文給發。

凡鑄砲安牌匾,用甜酒,良醖署供,照太常寺來文給發。

凡文武會試恩榮宴會武宴,大臣官員進士所用上桌中桌猪肉菜蔬,大官署供,上桌寶妝大錠小錠,大饅首、小饅首、糖包子、蒸餅,鵝、雞各一隻,鵝雞肉各一盤,中桌寶妝中錠小錠,夾皮餅、圓酥餅、白花餅、中饅首、糖包子,醃魚一尾,雞一隻,每官一員湯三碗,珍羞署供。上桌羊半體前蹄一個,羊肉二盤,每官一員酒七鍾;中桌牛肉二方,羊肉二方,炒羊肉一盤,每桌酒七鍾,良醖署供。上桌大寶粧花,小絹花,果品,小菜,米糕;中桌小絹花,果品,小菜。掌醢署供。

凡每年廷試貢生,監試大臣執事官員飯桌十張,所用肉饌菜蔬,大官署供,鵝、雞、雞蛋、鮮魚、茶、飯、包子,珍羞署供,羊肉、牛乳、酒、良醖署供,果品、蕨菜、水粉,每貢生一名棠梨二個,掌醢署供。

凡文武會試,上馬下馬等宴俱用漢桌,上桌用肉饌十六碗,中桌十四碗,下桌十二碗。大官署供。上桌用鵝雞鴨魚七碗,中桌用雞鴨魚六碗,下桌用雞魚三碗。每桌花饒一碗、蒸包一碗、饅首一碗。每官湯三碗、茶三鍾,珍羞署供,酒三鍾,良醖署供。果品八色,掌醢署供。俱照禮部來文備辦。

凡遇皇太子出閣大典及初次會講賜講官宴茶,與經筵例同。以後會講止賜茶,俱照禮部來文備辦。

凡文武進士殿試,讀卷執事大臣官員飯桌每桌用案肉,肉饌菜蔬,大官署供,案雞、炒雞、酥餅、水餅、包子、粉湯、茶、飯,讀卷官十四桌,加寶妝、鵝肉、金餅、白餅、芝蔴餅又包子二盤,珍羞署供,羊肉、酒,良醖署供,果品八色。早飯加米糕,午飯加鮮果,掌醢署供。每進士一名,湯一碗,饅頭四個,茶一鍾,果餅四個,黄梨二個。

凡上林苑監上下文移，俱由本寺轉行，監丞賢否亦由本寺開造，咨送吏部。上林苑衙門今裁。

凡馴象所倒斃象隻，鑾儀衛行文本寺委滿署官帶厨役會同太醫院官驗看有無象黄，以象牙交鑾儀衛，象皮掌尾交兵仗局，裝載車輛行文兵部取用。

凡本寺官俸銀俸米及厨役併家口、更夫、皂隸月米，又每年應給厨役白布棉花，行文户部支取。

凡本寺所用紙張顔料黄綾等項，於春秋二季，行文户部關取。

凡外藩公主親王郡王貝勒貝子台吉等應用牛羊，照禮部來文移文精膳司給發。

凡文武會試、恩榮會武等宴應用桌椅圍墊等物，舊例行文五城取用，用訖發回。〇雍正元年諭：貢院内應用桌椅等器，俱自五城借用民間之物，但被惡蠧衙役種種苦民，將此應用之物著工部備造。遵旨議定：工部造金漆桌共一百七十三張，金漆椅三百二十二張，桌圍一百七十三條，交光禄寺收貯，備文武會試筵宴之用。

大官署

滿漢署正各一員，滿署丞一員，厨役三十九名，原額九十六名，康熙二十五年裁三十四名，四十三年裁二十三名，買賣人三名，買辦猪口行户二名，進鮮菜園頭九名，壯丁六十一名，菜園地一百十三晌五畝三分一釐，舊係一百九十晌四畝二分一釐，康熙四十年，内務府撥去七十六晌四畝九分。家口地三百三十六晌三畝四分。

凡器皿盤盒桌張，俱本署收管。奉先殿進鮮龍盒壹架，内用大龍桌一張，小龍桌一張，紅油桌一百張，銀鑲角桌二十張，擡架一百個，食盒八架，各處上墳所用八仙桌二張，低方桌一張，禮部擺宴紅油桌一百二十張，木盤一千個，槽盤六個，木扛三十根，蔴繩一百六十條，筐五十個。如有損缺，移文工部修補。

凡每年節序忌辰、祭祀奉先殿所用猪口，由本署辦進。

凡各處下程，自四月初一日起，九月底止，俱用鮮菜，餘月用醃菜，俱照掌醢署移文給發。

凡大光明殿等處寺廟，每月朔望供獻，造辦鑪餅，每次所用柴炭，移文工部取給。

凡每年六月十五日起，七月十五日止，外藩公主王等、達賴喇嘛來使、朝鮮安南等外國使臣，每日各送香瓜一擔。其筵宴每桌用香瓜一筐，各五十個;七月十五日起,八月十五日止,筵宴每桌用西瓜一個。

凡每年六月初一日起,九月初一日止,各寺廟所用赤根菜改用茄子,白菜改用瓠子。仍照原數。

凡上墳,每年六月十五日起,七月十五日止,每桌用香瓜一筐,各五十個;七月十五日起,八月十五日止,每桌用西瓜三個。

珍羞署

滿漢署正各一員,滿署丞一員,厨役三十七名,舊係九十一名,康熙二十五年裁二十七名,四十三年裁二十七名,煠食房厨役頭一名,供獻房厨役頭一名,買辦雞鵝行户二名,麥麵行户一名,熬茶頭目一名,熬茶蒙古十一名,共給地一百二十晌;進鮮莊頭六名,壯丁五十四名,每名給地六晌,共三百六十晌,坐落采育地方;打魚網户九十一名,每名給地五晌,共四百五十九晌三畝五分四釐,坐落窝頭河謝家莊馬頭、張家莊等處地方,舊係八十一名,康熙三十七年增十名。

凡祭祀各壇廟所用兔隻,照太常寺來文如數辦送。

凡祭祀各壇廟所用盛福酒龍瓶爵盞、盛胙肉龍盤,係本署收掌,如有損缺,行文工部照舊式描畫,轉行江西省燒造解送。其苫蓋盤盞、描龍黄絹包袱,行文工部取用。

凡筵宴及寺廟等處所用纏蓋、布絹、包袱、油單、紙張、蘇油、白米、江米,行文户部工部取用。

凡大朝常朝日皇帝陞殿賜文武各官茶、經筵官茶、公主王等迎送茶、筵宴茶,每桶用黄茶二兩,移取良醞署牛乳一錫鏇,掌醢署鹽二兩。

凡給外藩公主王等及各處所用黄茶、天池茶,俱行文户部取用,其外解芽茶,銀庫移送本署,給寺廟及外藩用。

凡煠食房、供獻房、熬茶房三處所用器皿,行文工部取用。

凡備養内用鵝隻,每隻日支老米六合,行文户部取用。

凡内閣翰林院等衙門各處開館每月取用糨糊麵,俱照來文給發。

凡上墳所用物件,行文户部工部取用,茶每桶用黄茶二兩,移取良醞署牛乳一錫鏇,掌醢署鹽二兩。

良醞署

滿漢署正各一員,滿署丞一員,厨役三十五名,舊係一百二十三名,康熙二十五年裁五十八名,四十三年裁三十名,造酒匠役四名,原額六名,看守酒局局尉二名,燒黄酒買賣人一名,牛羊肉行户二名,活羊行户二名。

凡祭祀各壇廟應用甜酒，照太常寺來文辦送。皇帝親詣行禮，備辦福酒二壺。

凡年例孝陵等處取用乳油乳餅，照太常寺來文數目交送太常寺。

凡大小筵宴應用甜酒、乳酒、燒酒、黄酒，俱照禮部來文如數辦送。康熙十六年，停止甜酒，二十一年停止乳酒，俱燒酒、黄酒並用，十一、十二兩月止用黄酒。

凡張家口等處解送乳油、乳餅、乳酒，照禮部來文數目查收，貯庫候用。如乳酒不敷應用，移文禮部，於内庫取用。乳油、乳餅不敷應用，本寺用價買辦。

凡酒局造辦各祭祀甜酒，每江米一石得九十觔；各筵宴黄酒，每江米一石得一百三十觔；上墳所用同，江米移文户部支取。豆麵、箬葉、蔴觔，移文掌醢署，令行户採買。煤炭、絹袋、瓶罈、器皿，移文工部取用。

凡給散外藩燒酒黄酒，舊例係本署造用。康熙二十三年題准：除各筵宴及祭祀上墳所用酒仍照舊例造辦，其給與外藩燒酒黄酒停止造辦，俱令本寺行户採買備用。

凡預備内用羊隻，每隻日給黑豆二升、草三觔半，移文户部支取。

凡各處外藩，舊例原給羊肉一分、牛肉二分。康熙二十三年題准：裁去羊肉，槩給牛肉。

凡外藩起程所賞路費，舊例給與牛羊。康熙二十四年題准：每羊一隻折銀五錢，牛肉一觔折銀二分，本寺官員公同理藩院官給散各頭目。

凡本寺用過羊隻，舊例所存羊皮俱交工部。〇康熙十六年題准：本寺變價貯庫。〇二十二年諭："俱給八旗步兵。"

掌醢署

滿漢署正各一員，滿署丞一員，厨役三十七名，舊係九十七名，康熙二十五年裁三十四名，四十三年裁二十六名，造醬厨役頭二名，果行户二名，總管莊頭二名，魯家灘莊頭六名，壯丁四十五名，淶水縣莊頭二名，壯丁八名，鳳河營莊頭六名，壯丁十六名，葡萄園園頭一名，壯丁十四名，果園地四十二頃五十六畝零。舊係四百六十四晌三畝，計二十七頃八十七畝。雍正四年丈出餘地十四頃六十九畝。

凡所收各項果品，舊例上林苑監每年額解李十七馱半、桃四百二十個、梨四百個、核桃二萬九千三百八十個，昌平州每年額解榛四石、栗四石，懷柔縣每年額解榛四石五斗，各處果園每年額交李一百五十九馱、杏六十二馱、梨二萬六千一百個、核桃八萬五千個、蘋果四千個、栗四百六十觔、鮮葡萄四千九百二十觔、山裏紅十三石四升、柿三千六百四十個、沙果十三馱、桃三千個、櫻桃一百十五觔八兩、檳榔八馱,俱交行户,於筵宴外藩寺廟等處備用。其不能久貯鮮果,於應用外變價貯庫,入正項錢糧銷算。○康熙三十七年定:各處果園除額交果品外,添交李五十六馱一分五鳌、杏六十七馱五分四鳌、梨一萬五千八百個、核桃二萬五千四百個、栗三百六十觔、蘋果一千二百五十個、桃三千個、柿一千五十個、山裏紅十五石二斗八升、沙果二馱五分、櫻桃六觔、檳榔三馱八分八鳌八毫、(減)[鮮]①葡萄三百四十一觔。○雍正元年定:將園頭所交果品停止。○五年議准:鮮果園地,著園頭按地每畝交銀一錢。其雍正二年、三年、四年未經徵收之果品,亦改作按地徵租,分五年帶徵還項。

凡每年内用龍眼、荔枝、乾葡萄,俱於六月間照内務府來文辦進,所用糖纏等項,亦照内務府來文如數辦進。

凡各處取用乾鮮果品,俱隨時有無更換。

凡本寺每年所收青白正耗鹽十八萬四千六百觔,定例由長蘆鹽運使司額解,貯庫候用,如有不敷,行文户部支取。又磚鹽一萬觔,貯庫候用,用完日行文户部支取。○康熙五十一年題准:每年移取青白鹽六萬觔,磚鹽四千觔。

凡祭祀各壇廟應用磚鹽,照太常寺來文如數給發。祭祀孝陵等處應用磚鹽青白鹽併造酒麯箬椒酵等物,俱照禮部來文如數辦送。

凡各部院衙門公費鹽,照各衙門來文如數給發。其太僕寺及外藩駱駝食鹽,俱照禮部太僕寺來文如數給發。

凡各寺廟喇嘛及新滿洲盛京各處外來官役,併户部刑部入官人口應給鹽觔,照該衙門來文給發。

凡每年醃菜所用黄芽菜、芥菜、瓜、茄、蘿蔔、蔓菁,俱由大官署取用。

凡每年造醬所用麵,於珍羞署取用。

凡每年造醋,本寺備用米麯糟等項。其造辦醬醋需用器皿、木柴、葦蓆等物,俱移文户部工部取用。

凡外藩寺廟應用木柴、葦蓆、香油、燈油、黄蠟等物,俱移文户部工部取用。

---

① 據《大清會典·康熙朝》卷之一百五十七。

凡鐘鼓樓每月所用更香，各寺廟香油、線香、柱香、子午等香，俱於本寺給發。

凡四署官員輪班值月，凡有需用車輛、人夫、隨車人所騎馬匹及應用兵丁領催，俱移文兵部取用；需用豆草、木柴、煤炭、筐繩、鍋扛、葦蓆，俱移文工部取用；需用蘇子油、江米、布疋、紙張，俱移文户部取用。凡每年四月朔日起，九月底止，祭祀品物需用涼冰，五月朔日起，至七月底止，外藩公主王等需用涼冰，移文工部取用，俱值月署官呈堂行文。

銀庫

滿司庫二員，銀匠一名，更夫二十名。

凡本寺應用款項，如行户辦買寺廟供獻内閣纂修各館桌飯、朝鮮國官役、各處外藩折給路費下程、厨役口糧等項所需銀兩，俱於支用將完，預行具題請旨，從户部移取，貯庫候用。凡有動支，俱奉堂劄，於堂上領鑰開庫，照數給發，發畢繳鑰，每年造册奏銷。

凡應用金銀器皿，俱貯本庫，定例一應打造修理燂整洗刷及鐵鎖氈條桶套等項，俱移文工部取用。其裝載車輛及護送官兵，移文兵部取用。墊塞綿花及裝載布袋，移文户部取用。〇雍正元年議准：金銀銅器等物，該管官不嚴查察以致被人竊去典當銷毁，又公務使用外别處私借，殊屬不合，嗣後永行禁止。如筵宴等事，該管官隨去看守，事完即行收庫。若宴外國官員，交内務府該管人員，事完即行查收交回。再有，修理打造照例由工部移取匠役，著本寺監造。其本寺堂官陞遷，必與舊任堂官查明交代，如有缺欠，著舊任賠補。

凡經收每年外解芽茶，本庫同禮部主客司官以六安茶送進内庫。其餘各種芽茶，移交珍羞署給與外藩。

大清會典卷之二百四十二

太僕寺

太僕寺,從三品衙門,滿漢卿各一員,滿少卿二員,漢少卿一員,所屬員外郎、主簿等官。其職專掌馬政,建置沿革,詳見《吏部·官制》。國初,馬政止設大庫口外騍騸二羣,孳牧調習,兵部掌之。順治元年,除外省馬匹折色外,又預備欽賞行幸馬匹駱駝,太僕寺與兵部分司焉。康熙九年,以大庫種馬二場歸併本寺專理。本寺衙署舊附兵部武庫司,雍正二年改設專所,詳見《工部》。

凡察驗馬匹,滿少卿一員每年春季往口外驗騸馬駒,秋季往口外以騍馬羣内三歲馬駒撥給騸馬羣,每三年將二羣整頓一次,俱題請欽點前往。又,員外郎每年春季往口外稽查孳生倒斃數目及馴練馬駒,印烙馬匹,秋季往口外驗視馬匹肥瘠及馴練馬駒,印烙馬匹。○雍正四年議准:每年本寺堂官查過馬羣,仍交與兵部詳查覆奏。

凡孳生調習馬匹,國初定:大庫場騍馬羣,每三年整頓時,比原額孳生多者,牧長牧人議賞;或孳生少併額缺者,牧長牧人議責。大庫場騸馬羣每三年整頓時倒斃少者議賞,倒斃多者議責。其調習馬駒如得良馬,送進御廐,大馬以備賞給,餘馬以備出差,如賞給馬匹不足,移咨户部購買。○順治十三年題准:種馬場三年整頓一次,察驗孳生多寡分爲五等,一等者,員外郎各賞貉皮端罩一件、緞六匹,牧長各賞貉皮端罩一件、油青布十疋,牧人各賞油青布十疋;二等者,員外郎各賞貉皮端罩一件、緞四疋,牧長各賞貉皮端罩一件、油青布八疋,牧人各賞油青布八疋;三等者,免議;四五等者,該管員外郎交該部議處,牧長、牧人分别鞭責。○康熙三年題准:孳生二百匹以下者爲頭等,孳生六七十匹者爲二等,比照原額無孳生亦無缺額者，爲三等，比照原額缺四十匹有餘者爲四等，缺七八十匹者爲五等。〇六年題准：孳生三百五十匹以上者爲頭等，三百二十匹者爲二等，二百七十匹者爲三等，一百五十匹以上者爲四等，比原額有缺者爲五等。〇十二年題准：大庫種馬二場，名色改爲太僕寺馬場，若有缺少，通融補足，停令户部購買。〇十七年題准：太僕寺官員不許騎羣内馬匹。〇又議定：口外騸馬羣内馴練不熟、不堪騎用，一分以上者，該管員外郎罰俸三個月；二分以上者，罰俸六個月；三分以上者，罰俸九個月；四分以上者，罰俸一年；五分以上者，降一級留任；六分以上者，降二級留任；七分以上者，降三級調用；其原整頓時分給馬匹内馴練不熟、不堪騎用五匹以上至二十匹者，牧長鞭一百，牧人鞭八十；二丨匹以上者，牧長鞭一白，降革爲牧人，其牧人亦鞭一百；若馴練純熟皆堪騎用者，牧長各賞貉皮端罩一件、油青布十疋，牧人各賞油青布十疋。其騍馬羣内照原整頓時，缺額一分以上者，該管員外郎罰俸一年，二分以上者，降一級留任，三分以上者，降二級留任，四分以上者，降三級調用，五分以上者，降四級調用；牧長、牧人亦分爲五等，一等者，牧長各賞貉皮端罩一件、油青布十疋，牧人各賞油青布十疋；二等者，牧長各賞貉皮端罩一件、油青布八疋，牧人各賞油青布八疋；三等者免議；四等者，牧長鞭七十，牧人鞭五十；五等者，牧長鞭一百，牧人鞭八十。〇四十一年議准：騍馬羣三年三匹馬應孳生馬一匹，於應孳生額數外多孳生馬匹者，分作三等議賞，一百六十匹以上者爲上等，賞牧長毛青布六十疋，牧副毛青布四十匹，八十匹以上者作中等，賞牧長毛青布四十匹，牧副毛青布二十匹，一匹以上八十匹以下者作下等，賞牧長毛青布二十匹，牧副毛青布十匹；於應孳生額數内缺少馬匹，分三等議罪，五十匹以下者爲下罪，將牧長罰一五牲畜，牧長牧副牧人各鞭責四十，缺少馬五十一匹以上至一百匹者爲中罪，牧長罰一七牲畜，牧長牧副牧人各鞭責五十，缺少馬一百零一匹以上者爲上罪，將牧長罰一九牲畜，牧長牧副牧人各鞭責六十；於原整頓所給數目内缺少者，將牧長罰二九牲畜，牧長牧副牧人各鞭責八十。遊牧二處騸馬羣，照伊馬羣計算倒斃馬匹多寡分作三等，頭等者賞，二等者免議，三等者罰，賞罰俱照騍馬羣三等賞罰。遊牧二處總管馬羣頭目等，通計各翼十二羣馬内，無論孳生多寡，半賞半罰者，翼長無賞無罰，如七羣八羣得賞者，賞鑲領羊皮緞袍一件、毛青布二十疋，如九羣十羣得賞者，或狼皮或狐皮端罩一件、毛青布二十疋，如十一羣十二羣得賞者，或狼皮或狐皮端罩一件、鑲領羊皮緞袍一件、毛青布二十疋，如七羣八羣受罰者，罰一九牲畜，如九羣十羣受罰者，罰二九牲畜，如十一羣十二羣受罰者，罰三九牲畜。〇雍正元年議准：協領所管，初一旗爲十五馬羣，今每旗增添馬三羣，共十八羣，如十羣以上受罰者，將協領鞭責五十，如十五羣以上受罰，鞭責六十，孳生十二羣以上給賞者，賞協領毛青布十疋，十五羣以上給賞者，賞毛青布二十疋。〇三年奏准：總管等所管馬羣分爲十分，孳生以五百匹爲一分，缺少以二百匹爲一分，孳生一二分者，存案；孳生三分者，加一級；三分以上者，按依分數存案加級，缺馬匹未及一分者，免議，缺少一分者，各罰俸六個月，缺少二分者，各罰俸一年，缺少三分者，各降一級留任，缺少四分以上者，革職。〇又奏准：馬廠内蒙古等有罪者，停其罰取馬匹，照上都達普孫諾爾之例，罰取三歲牛，其兼騸馬羣之八騍馬羣，亦照上都達普孫諾爾之例，其三大騍馬羣内，每三年取兩歲小馬一匹。騸馬騍馬以一百六十八羣爲定數，騸馬十六羣，不過五千匹，騍馬一百五十二羣，不過三萬五千匹，共以四萬之數爲止，將四萬之外多餘孳生者具題請旨。

凡牧養馬匹人役，定例騍馬每旗五羣，共四十羣，每羣設牧長一名、牧副一名、牧人十名。騸馬每旗一羣，每羣設牧長一名、牧副一名、牧人十二名，俱於口外八旗蒙古内移取牧養。如有缺額，仍按各該旗取補。至牧長所騎鞍轡、馬羣所用馬槽鐵器等物，俱於該部咨取。〇康熙四十四年奏准：左右兩翼揀選在内人員，每翼題放總管一員，三年整頓時本寺堂官親往查核，馬匹於應出數目内外多孳生者，交與該部議敘，於應出數目内缺少者，察議；再，蒙古翼長四員，原不具奏，由本寺補用，嗣後缺出，將應用之人帶領引見補用。〇四十五年議准：口外馬羣牧長牧副牧人共一千三百有餘，每月每人應給錢糧銀一兩，三年連閏月應給銀三十七兩，將三年錢糧一次發給。〇四十八年題准：增牧長三百二十四名。〇雍正元年議准：錢糧停其三年一次給發，仍照舊例每年二季户部咨取。〇又議准：當差年久勤謹者選授協領，著管一旗之事，給與八品品級，照察哈爾例賞給半俸。〇三年奏准：三年更换之滿洲總管裁去，於本處察哈爾旗下大員内揀選，每翼各補授一員，總管定爲四品，戴孔雀翎，照依察哈爾旗下例，准食半俸。原七品之翼長，照依上都達普孫諾爾例，定爲六品，戴藍翎。協領亦各陞一等，定爲七品。

凡預備馬匹，舊例額設馬三百匹，以備聖駕行幸。其馬匹三月放青，五月進廠餧養。〇康熙十三年題准：裁去二百匹，其一百匹，在通州二廠分餧,三月放青,五月進廠。如馬缺額,於口外騸馬羣内取補。每匹日支料豆六倉升、七觔重穀草二束。每廠設牧長一名、牧副一名、牧人十名,如有缺額,在八旗各府佐領下取補,其應給牧長等銀米,亦在各旗佐領下支放,應用草料、槽刀、家伙等物,俱於該部咨取。〇四十四年議准:玉河橋、東直門、張家灣三館共餧養聽差馬二十七匹,每匹每日支七觔重草二束、料豆六倉升,每馬十匹用夫二名。

凡賞給馬匹,舊例額設馬六十匹,以備欽賞,四季俱在廠内餧養,每匹日支料豆六倉升、七觔重穀草二束,又運草料牛三隻,每隻日支料豆四倉升、七觔重穀草二束。如賞給缺額,在通州餧養馬匹内取補,於八旗内取牧尉四名,同太僕寺人役看餧。〇康熙三年題准:購買預備馬二千匹,交牧長等餧養。如遇緑旗兵丁馬缺,或給發各處,在此數内取給。如預備馬缺,仍咨户部買補足額。〇十五年定:裁去牧尉,止用太僕寺人役一十一名看餧,每名月給銀一兩、米二斛,在户部咨取。其應用草料、槽刀、家伙等物,俱於該部咨取。

凡預備駱駝,舊例額設駱駝三百一十隻,内二百隻預備聖駕行幸,十隻供應理藩院出差管養,駱駝人所騎馬一十八匹俱在京廠、張家灣廠分餧。每駱駝一隻、馬一匹,各日支料豆六倉升、七觔重穀草二束其餘駱駝一百隻在口外牧放。如二廠駱駝缺額,於口外駱駝内取補;口外駱駝缺額,太僕寺請旨,咨行户部購買補足。其餧養駱駝,夏秋牧放,春冬進廠。〇康熙十七年題准:口外原設有駱駝場二、馬羣六,今改駱駝場爲馬羣,均爲八旗,共八羣。〇二十一年定:駱駝俱在京廠、張家灣廠二處分餧。〇四十四年覆准:玉河橋、東直門、張家灣三館共餧養駱駝一百五十隻,於三月内往天津牧放,五月内往口外牧放,九月内回館餧養。每隻每日支七觔重草二束、料豆六倉升,每駱駝三隻需用夫一名。〇四十五年奏准:三館内餧養駱駝一百五十隻,内若缺少,將蒙古等三年一次給與錢糧内每人各扣四兩,買補缺少駱駝。〇雍正元年奏准:買補駱駝,俟將坐扣錢糧用完時,仍照舊例動用户部庫銀買補。〇三年奏准:口外騸駱駝、騍駱駝各八羣,内各編爲四羣,自本年起,照依達里岡崖騍駱駝羣之例,每六年於五隻駱駝内孳生二隻,其孳生數目以每十隻駱駝爲一等,自一隻以上至十隻者,爲三等賞罰,十一隻以上至二十隻者,爲二等賞罰,二十一隻以上者,爲頭等賞罰。其管駱駝羣之翼長、牧長、牧副,俱照馬羣例一體賞罰。〇四年奏准:駱駝缺少,停其採買,取馬廠内所有駱駝選擇補足。

凡牧養駱駝人役，舊例於八旗内取牧尉二名，同太僕寺人看餧二廠駱駝。〇康熙十五年定：裁去牧尉，止用太僕寺管駱駝頭目一名，管駱駝人十七名，駱駝頭目每月給銀三兩，一年給米四十四斛，管駱駝人每月給銀一兩、米一斛，俱於户部咨取。至廠内應用草料、鍘刀、器具等物，俱於該部咨取。

凡餧養駱駝馬匹壯丁，額設六十六名，每名給地三十五畝。

凡武清縣額設放青場地，順治十年，丈量定界，北自董家莊前起，至運糧河王家莊止，南自後桃花口前離廟柱三十五丈竿起，至小河岸邊止，以備太僕寺馬匹駱駝夏秋放青。舊有順義縣場地，康熙二十二年交還户部。

凡皮張，口外馬羣内如有倒斃馬匹，將皮張令沿途地方官員按站解送，太僕寺查明數目，咨送工部選留充用，餘交太僕寺變價，咨送户部。〇雍正四年奏准：每年於六七月間查馬廠後所有皮張，張家口收税監督領去，務於本年冬季内解送到京，仍照例著製造庫將可以應用者揀選，其不堪應用者，本寺照時價變賣，將所得銀兩數目奏聞，交送户部。如收税監督等將應送皮張故意遲延，逾限不送者，本寺即行題參。

凡直省馬價錢糧，順治元年題准：直隸、江南、河南、山東四省州縣馬匹，每匹折銀三十兩，歲徵銀六十餘萬兩，俱解送太僕寺，收貯庫内，考核完欠，歲底奏銷。〇二年定：馬價錢糧改歸户部。〇七年仍歸太僕寺管理。〇康熙二年定：復歸户部編入條銀。

大清會典卷之二百四十三

鴻臚寺

鴻臚寺，正四品衙門，設滿漢卿、少卿及漢寺丞、滿漢主簿、鳴贊、序班等官，掌朝會、賓客、吉凶禮儀之事。順治初，鴻臚寺一應事宜俱由禮部題行，十六年分析鴻臚寺職掌，十八年仍屬禮部，康熙十年復歸鴻臚寺。雍正四年，奉旨將鴻臚寺衙門隸禮部統轄。其行禮儀注已詳見於《禮部》者，兹不復載。

儀制司分析職掌

一、親王以下奉恩將軍以上一應賞賜謝恩，由鴻臚寺具題傳知。

一、外藩親王以下公等以上襲職，一應賞賜謝恩，由理藩院知會鴻臚寺具題行禮。

一、每月三朝，皇帝陞殿，由鴻臚寺具題傳知，若遇雨雪，亦由鴻臚寺奏請。

一、文武各官朝賀行禮失儀，及辭朝見朝、謝恩進表不到者，由鴻臚寺指名題參。

一、宣讀詔敕及恩賜加級，文武各官謝恩，由鴻臚寺具題行文知會。

一、慶賀禮儀齊集處各官有出入行走先散者，由鴻臚寺糾參。

一、遇皇帝行幸，王以下文武各官具蟒服排班跪送，回日具朝服排班跪迎，鴻臚寺具題傳知。其起行日時及所出何門，俱鴻臚寺具題傳知。

一、督撫提鎮等官，除賞馬賜宴仍由禮部啓奏引見外，凡陛見辭朝謝恩，俱由鴻臚寺奏請引見。其往來各官，亦係鴻臚寺引見行禮。

主客司分析職掌

一、外國進貢及各處賫本人員，俱赴鴻臚寺引奏。

一、外國進貢官員仍由禮部引入朝見外，其演禮謝恩等事俱鴻臚寺行。

凡三大節朝賀日，鴻臚寺官引王等至太和殿丹陛上照翼排坐，當世祖章皇帝朝及聖祖仁皇帝奉事孝莊文皇后、孝惠章皇后時，皆俟宫中行禮畢，然後鴻臚寺官引王等上殿陛。鴻臚寺堂官二員，鳴贊官二員在王後兩旁分立。鳴贊官東西各四員，引文武各官由左右掖門至丹墀内照翼排立。每翼鳴贊官二員在各官上立，二員在各官末立。皇帝御殿，鳴贊官東西各二員，在簷下對立唱贊。鴻臚寺官引王等在行禮處向上立，堂官東西各一員，鳴贊官東西各一員，在王等前對立。次引文武各官在行禮處向上立，鳴贊官東西各二員，在各官前對立。贊進表，贊讀表，贊行禮，畢，引各官退立原班。次引外國朝貢人員依次行禮畢，鴻臚寺堂官引王等進殿内，即退至階下，在禮部堂官下坐。皇帝飲茶，鳴贊官於簷下舉手，示各官行禮。如本日筵宴，鴻臚寺官引文武各官在丹墀内照翼排坐，引王等進殿内排坐。皇帝飲茶，鳴贊官舉手示各官行禮。皇帝進酒，鴻臚寺堂官引王等出殿，在行禮處向上排跪，各官在原班跪。鳴贊官贊行禮畢，鴻臚寺堂官引王等進殿内坐，即退至原班坐。宴畢，鴻臚寺堂官引王等出殿，各官同行禮畢，鳴贊官引王等及各官退。

凡每月常朝，預於初一、初十、二十日，鴻臚寺查收各衙門行禮官員報單，於常朝前一日開列具題，又將謝恩各官職名開送内閣。至常朝日，鴻臚寺官在午門外查收行禮各官職名。鳴贊官引各官由左右掖門進至丹墀内，照翼排坐，引王等至丹陛上，照翼排坐。鴻臚寺堂官二員，鳴贊官二員至乾清門奏請皇帝陞殿，回至保和殿簷下，東西各二員立候。駕出，前導陞殿行禮如常儀，若有王等行禮，鳴贊官立於殿簷下唱贊，如無王等行禮，立於丹陛上執麾處唱贊。行禮畢，駕未回宫時，鴻臚寺官先至門下，禁止齊集官員不得先出。如每月初五、十五、二十五日遇齋戒期，鴻臚寺具題不陞殿。世祖章皇帝朝及聖祖仁皇帝奉事孝莊文皇后、孝惠章皇后時，凡慶賀加上徽號行禮，禮部將儀注啓奏移寺，鴻臚寺官引王等大臣侍衛各照行禮處排立。鴻臚寺堂官二員，鳴贊官二員先進宫，於階上兩旁對立。皇帝就拜位，引王等大臣侍衛各照翼排立，唱贊行禮畢，引王等各官俱退立原班，候皇帝回宫，各退。其行禮時，鴻臚寺官接傳午門外齊集各官，排班行禮。

凡遇大祀，皇帝躬詣行禮，鴻臚寺官引陪祀王以下公以上在午門内金水橋前齊集排立，候駕出隨行；引不陪祀王以下文武各官齊集午門外排立，候駕出跪送，駕回時跪迎。

凡祭圜丘壇，鴻臚寺官引陪祀各官從大圍墻門入壇内，按翼排立，貝子、入八分公等至内大圍墻外石牌樓處下馬，王、貝勒至紅椿處下馬；皇帝就拜位，引王、貝勒在階上，貝子、入八分公等在階下，各官在圍墻外排立行禮。

凡祭祈穀壇，鴻臚寺官引王以下公以上俱至二圍墻門外下馬，各官從西門入壇排立；皇帝就拜位，引王、貝勒、貝子、公等在階上，各官在階下行禮。

凡祭方澤壇，鴻臚寺官引貝勒、貝子、入八分公至大圍墻門外下馬，諸王於内圍墻西北角下馬，各官從西門進内圍墻北門，入壇排立；皇帝就拜位，引王、貝勒、貝子、公等在階下，各官在圍墻外行禮。

凡祭社稷壇，鴻臚寺官俟午門鳴鐘，引陪祀各官從街門入壇排立；皇帝就拜位，引王以下各官俱在階下行禮。

凡祭朝日壇，鴻臚寺官俟壇内鳴鐘，引陪祀各官從圍墻門入壇内排立，王以下公以上至大圍墻西北角下馬；皇帝就拜位，引王、貝勒、貝子、公在階下，各官在圍墻外行禮。

凡祭夕月壇，鴻臚寺官俟壇内鳴鐘，引陪祀各官從大圍墻北門入壇内排立，王以下公以上至大圍墻東北角下馬；皇帝就拜位，引王、貝勒、貝子、公在階下，各官在圍墻外行禮。

凡祭太廟，鴻臚寺官俟午門擊鼓，引陪祀各官從街門入排立；皇帝就拜位，引王以下公以上在階上，各官在階下行禮。

凡祭歷代帝王廟，鴻臚寺官俟廟内鳴鐘，引陪祀各官從東西門入排立，王以下公以上在門外下馬；皇帝就拜位，引王、貝勒、貝子、公等在階上，各官在階下行禮。

凡祭先農壇，鴻臚寺官俟壇内鳴鐘，引陪祀貝子以下文武各官從大圍墻門入排立，王、貝勒等至大圍墻門下馬；皇帝就拜位，引王、貝勒、貝子、公等各官俱在階下行禮。

凡詣學祭先師，鴻臚寺官引王等在成賢街牌樓下馬，各官入廟内階下排立；皇帝就拜位，引王等在階上，各官在階下隨行禮畢，鴻臚寺官引王等以下各官退立原班。皇帝入更衣幄，鴻臚寺官引衍聖公祭酒等官及諸監生入太學門内，階下兩旁排立。皇帝詣彜倫堂，鴻臚寺官引王等隨行，階下兩旁各監生跪候駕過。皇帝陞堂,鴻臚寺官引王等在堂内立,各官在階下立。鳴贊官贊衍聖公祭酒,司業博士、助教等官及諸監生在階下行禮,畢,候旨賜坐,鴻臚寺官引諸王大臣在堂内照翼排坐。鳴贊官唱進講,講官就位立;唱舉案,執事官設經案;講畢,唱舉案,執事官撤經案於原處。禮部堂官宣制,鳴贊官贊跪,衍聖公、祭酒等官俱跪,宣制畢,贊行禮畢,引退,候駕還跪送。

凡遇皇帝詣堂子行禮,鴻臚寺官引王貝勒等於午門内金水橋前排立,候駕過跪接隨行,引文武各官齊集午門外跪送,引貝子以下都統、尚書、精奇尼哈番以上齊集東長安門外,候駕過跪接隨行;皇帝就拜位,王以下公以上在階上,各大臣在階下行禮,畢,皇帝還宫,引文武各官跪迎如前儀。

凡遇皇帝親詣郊壇祈禱,禮部將儀注啓奏移寺,鴻臚寺官引齋戒各官至外圍墻西天門外下馬,步進至内圍墻南天門外,按翼齊集。鐘鳴,引各官進内排立,引隨駕王、貝勒、貝子、公等未至皇帝下馬處依次下馬;皇帝就拜位,引王等在階下,各官在圍墻外行禮,畢,引王等各官俱步行隨駕出。

凡遇皇帝躬詣陵寢致祭,禮部將儀注啓奏移寺。至陵日,鴻臚寺官立於五洞橋,引隨駕王以下各官至橋北下馬,皇帝至下馬牌下馬。鴻臚寺官引王以下各官隨駕行至陵寢門外,向上排立。駕至門内祭臺石前,行謁見禮,鴻臚寺官立門外,引王以下各官隨行禮,畢,王以下各官兩旁排立,皇帝奠酒,王以下各官在立處跪,每奠叩頭。奠畢,立舉哀,畢,隨駕出。○致祭日,鴻臚寺官立五洞橋,引王以下各官下馬,至隆恩門外齊集,皇帝至下馬處下馬。行至隆恩殿,諸王隨行至殿東西階上相向立,各官階下排立,皇帝就拜褥立,王以下各官各就位向上排立。皇帝跪上香,王以下各官不隨跪,上香畢,皇帝退立原位。贊行禮,王以下各官俱隨行禮,畢,祝帛送焚,隨皇帝出。守陵官員由鴻臚寺預奏請旨,於兩廂房墻下排立候駕過。

凡慶賀頒詔,禮部將儀注啓奏移寺。前期,鴻臚寺官同禮部官設詔書黄案於太和殿。是日,鴻臚寺官引王以下公以上至丹陛上排坐,引各官入左右掖門,至丹墀内排坐,奏請皇帝陞殿,俱排立。鳴鞭畢,鳴贊官贊引王以下各官俱跪贊進表。宣表畢,鳴贊官贊王以下各官行禮畢,鴻臚寺官引各官隨詔出,至天安門外橋南,照翼排立。鳴贊官贊有制,各官俱跪,宣讀官宣詔書,畢,鳴贊官贊行禮畢,各退。

凡册立大典,禮部將儀注啓奏移寺。前期,禮部與鴻臚寺官設節册寶黄案於太和殿内正中。是日,鴻臚寺官引王以下公以上在丹陛上排立,民公以下文武各官在丹墀内排立。皇帝陞殿,鳴贊官贊,正使副使大臣行禮畢,禮部堂官與鴻臚寺堂官引正使副使大臣至丹陛上排立。鳴贊官贊有制,正使副使大臣跪,宣讀官宣勅諭,畢,正使副使大臣出後,皇帝賜諸王大臣飲茶還宫。世祖章皇帝朝及聖祖仁皇帝奉事孝莊文皇后、孝惠章皇后時,俱於是日詣宫行禮。鴻臚寺官引王以下各官隨行禮。

凡春秋二季經筵,禮部將儀注啓奏移寺。前期,禮部同鴻臚寺官設書案講案於文華殿内。是日,鴻臚寺官引講官及各官至丹墀内兩翼排立。皇帝陞殿,鴻臚寺官贊行禮畢,各退立原班。鴻臚寺堂官引講官及各官進殿兩翼排立,鴻臚寺官退立簷下。鳴贊官贊開講,講官進講畢,鴻臚寺堂官引各官出,至原班立。鳴贊官贊行禮畢,皇帝還宫,各官出至協和門。筵宴畢,鴻臚寺官引各官至太和門外行禮謝恩。

凡遇皇帝行幸,鴻臚寺請旨傳示。至期,引王等蟒服於午門内金水橋南齊集,文武各官蟒服於午門外齊集。候鳴鐘,排班跪送,不隨駕王以下都統尚書以上隨送,候旨方回。皇帝還宫時,王以下各官具朝服,俱在午門外排跪候迎。

凡行幸處,該地方文官知縣以上、武官守備以上於百里内迎送,由鴻臚寺請旨,傳示各官俱朝服,在路右百步外跪候駕過。鴻臚寺將各官職名用緑頭牌啓奏,於行宫外行三跪九叩頭禮,不贊。如有應朝見官員,亦由鴻臚寺請旨。次日起行,仍在路右百步外跪送。如有行禮失儀及送迎不到者,鴻臚寺指名題參,交該部議處。駕回京日,鴻臚寺請旨,預行遣官傳接。〇康熙五十一年諭:"朕出巡時,武職千把總以上俱來迎接,文職只有掌印官員迎接。嗣後朕出巡時,同知、通判、州同、州判以下微員俱著同來迎接。"

凡王貝勒大臣等出征,禮部將儀注啓奏移寺。至期,鴻臚寺官引至丹陛上排坐,候皇帝陞殿起立,鴻臚寺官贊就位,跪受勅印。如係王貝勒爲將軍,跪受勅印畢,贊行禮;如係大臣爲將軍,跪受勅印畢,引行禮,不贊。

凡迎勞凱旋,禮部將儀注啓奏移寺。前期,駕幸迎勞處,皇帝出宫時鳴鐘,鴻臚寺官引王等排立金水橋南候過。皇帝出午門,齊集各官跪送,王等大臣隨行。次日行拜纛禮,鴻臚寺官引漢大臣於紅柱外排立,引凱旋王等各官於紅柱内排立。駕至,俱跪候過,與隨駕王等大臣同行。皇帝至排纛處,王等各官俱在後排立。皇帝拜天行禮,不贊,王等俱隨行禮,畢,皇帝陞黄幄。鴻臚寺官引不出征諸王大臣於各翼帳下排立，引漢大臣在左翼末帳下排立，引凱旋王等各官贊排班行禮，畢，賜坐飲茶。行禮畢，皇帝還宫，鴻臚寺官引午門前齊集各官跪迎。

凡宣捷，内閣大臣捧捷疏至午門外，鴻臚寺官引齊集文武各官排立，宣讀官宣有制，各官俱跪，聽宣畢，興，衆皆退。

凡十月朔日頒曆，鴻臚寺官引文武各官至午門前排立。鳴贊官贊有制，各官俱跪，鳴贊官宣制，贊行禮，畢，各散。

凡文武鄉會試，鴻臚寺官引主考同考各官於午門外行三跪九叩頭禮，不贊。發榜後中式者，即赴寺報名演禮，次日隨各考試官在午門前贊行三跪九叩頭禮。其上馬下馬筵宴，鴻臚寺官贊行三跪九叩頭禮，宴畢行一跪三叩頭禮。

凡文殿試，禮部將儀注啓奏移寺。前期，禮部同鴻臚寺官設策題黄案於太和殿内東旁，又設黄案於丹陛正中。至日，鴻臚寺官引貢士至丹墀内兩旁排立，先引讀卷官執事官贊行禮，次引貢士贊行禮，畢，賜題，貢士跪接行禮，不贊，各退，就試案。武殿試禮同。

凡文武傳臚儀注，一由禮部，一由兵部，啓奏移寺。是日，該部官同鴻臚寺官設黄榜案於太和殿内東旁，又設黄案於丹陛正中，鳴贊官東西各四員，引諸進士入左右掖門至丹墀内，在齊集衆官下兩旁排立，鳴贊官於執麾處每邊各二員對立。皇帝陞殿，引讀卷執事等官贊行禮畢，次引諸進士分翼向上排立。鳴贊官贊有制，贊跪，諸進士跪，滿鳴贊三員、漢鳴贊三員俱立東旁，西向。宣制畢，唱第一甲第一名某，句傳三唱，鴻臚寺官引狀元向前跪；唱第一甲第二名某，句傳三唱，引榜眼向前跪；唱第一甲第三名某，句傳三唱，引探花向前跪；唱第二甲第一名某等若干名，句傳三唱、第三甲第一名某等若干名，句傳三唱，畢，鳴贊官贊行禮，畢，退立原班。鳴贊官唱舉榜，狀元率諸進士俱隨榜出。

凡狀元上表行禮，禮部官同鴻臚寺官設表黄案於午門前正中，狀元捧表跪置案上行禮，畢，鳴贊官贊狀元率諸進士行禮，畢，退。禮部同鴻臚寺官捧表送進内閣。

凡狀元及諸進士於午門前頒賞，畢，分翼排立，鳴贊官贊行三跪九叩頭禮。

凡太和殿前考試庶吉士未散卷時，鴻臚寺官引行三跪九叩頭禮。不贊。

凡就教歲貢生，前期赴鴻臚寺報名演禮，至廷試日，在天安門外考試。鳴贊官贊行三跪九叩頭禮。今廷試停止，仍載舊制，以備稽考。

凡進書行禮，禮部將儀注啓奏移寺。前期，禮部同鴻臚寺官設黄案於殿前丹陛上正中，設綵亭於纂修舘前。是日，鴻臚寺官引文武各官於丹墀内排立，引王等於各官齊集處排坐，引監修總裁纂修等官於綵亭前行禮。不贊。作樂恭進時，引王等各官跪候過，鳴贊官亦跪候過，畢，引王等至丹陛上兩旁排立，各官在原班排立。鴻臚寺堂官奏請皇帝出宫陞殿，鴻臚寺官贊進書，引監修等各官進書，畢，退至行禮處立。鳴贊官贊監修等各官進表行禮畢，引王等各官俱照常排跪。鳴贊官一員於殿簷下正中跪奏慶賀致詞畢，退於東邊設樂處立。鳴贊官贊王等以下各官行禮畢，引監修等大臣官員進立班内。鳴贊官在傘旁立，宣制行禮畢，鴻臚寺堂官引王等各官照常分坐飲茶。皇帝還宫，各退。

凡外國進貢頭目遇慶賀日行禮，另具本啓奏行禮。其喀爾喀厄魯特，鴻臚寺官引從右掖門入，喀爾喀在左翼坐，厄魯特在右翼坐，仍同時行禮。其頒賞日，先行三跪九叩頭禮，至領賞畢，又行三跪九叩頭禮。回國時，至午門外辭朝，開中門行禮。如皇帝行幸在外，不開中門。凡進貢蒙古頭目如緊急辭朝，鴻臚寺官引至午門外行三跪九叩頭禮。不贊。

凡朝覲官員，各省造册報寺，吏部移送職名過寺，各官俱赴寺投單，預行演禮，元旦入朝，隨班行慶賀禮。其引見日，吏部先將見朝行禮儀注啓奏移寺，各官齊集午門外，鴻臚寺官引入保和殿前兩旁排立，禮部堂官奏請皇帝陞殿。鴻臚寺官引各官向上排跪，鳴贊官宣勑諭，畢，行三跪九叩頭禮畢，不贊。引各官退立原班。皇帝還宫，鴻臚寺官引各官於體仁閣前排坐，禮部官賜茶，各退。事竣，仍赴寺投單辭朝。今朝覲停止，仍載舊制，以備稽考。

凡直省賫表官員預行赴寺投單演禮，朝賀日，鴻臚寺官查收職名，引入隨班行禮；事竣日，仍赴寺投單辭朝。

凡外任官員緊急赴任者，具朝服，鴻臚寺官引至午門前行三跪九叩頭禮。不贊。其新選外任官員限於給憑十日之内辭謝赴任，如無故踰期，鴻臚寺指名題參。

凡初任官員遇朝賀典禮前一二日，鴻臚寺官演習禮儀。

凡日月食救護，鴻臚寺漢鳴贊官於初虧時贊衆官行禮，畢，復贊跪，衆官俱跪，贊擊鼓救護；次鴻臚寺序班向香案前添香，衆官俱暫立，添香畢，衆官仍跪,欽天監報復圓,鳴贊官贊行禮,畢,各散。

凡考取鳴贊序班,舊例考取滿洲鳴贊,由鴻臚寺唱試送禮部,選擇正陪仍由鴻臚寺移送吏部;選取序班係禮部行文直隸并山東、河南、山西提學起送到部,會同鴻臚寺堂官選擇,由禮部咨送,吏部補授。其滿漢鳴贊等官請假丁憂等事及支取紙張,俱由鴻臚寺掌行。〇康熙四十四年題准:滿漢鳴贊及漢序班缺出,俱着鴻臚寺選擇,擬正擬陪,徑送吏部。

凡鴻臚寺官生缺出,禮部將應承襲之人劄送鴻臚寺肄業,遇外國來使行禮,該館官生引朝。

大清會典卷之二百四十四

國子監

國子監，從四品衙門，設滿漢祭酒、司業，其屬有監丞、博士、助教、學正、學録、典籍等官，首領則有典簿。順治元年，本監事件俱屬禮部公同辦理，十五年歸本衙門，康熙二年仍歸禮部，十年仍歸本衙門。其應題應行事宜，俱由本監奏請施行。

〔詣學〕

定例先期行取衍聖公及五經博士并孔氏族人生員五人，孔顔曾孟仲族人生員各二人到京陪祀，俱本監掌行。又，先期傳集滿洲蒙古漢軍漢監生演習禮儀。至期，各監生服藍鑲青袍，迎送聖駕。○順治九年，世祖章皇帝詣學，行釋奠禮，御彝倫堂，命滿漢祭酒司業講《易經》《書經》。詳載《禮部》。次日，祭酒率領學官監生進表行禮，頒勑諭一道，刊刻懸供彝倫中堂，又賜本監堂屬官衣服銀兩，五氏子孫送監讀書，廣本監監生鄉試中額。詳載《禮部》。○康熙八年，聖祖仁皇帝詣學行釋奠禮，一應禮儀恩賜俱照順治九年例，頒勑諭一道，刊刻懸供彝倫中堂。○雍正二年，皇上詣太學，行釋奠禮，一應儀注俱照順治九年、康熙八年例行，御彝倫堂，滿漢祭酒以次講《大學》，滿漢司業以次講《書經》，頒勑諭一道，刊刻懸供彝倫中堂。又增復附饗廟庭及附祀崇聖祠諸賢諸儒，並先賢先儒之後，增置五經博士。又查直省人文最盛之州縣，小學改爲中學，中學改爲大學，大學照府學取録。又令各學臣及祭酒司業，於録科時試實能貫通五經生監，仍聽以五經應試，分別取中有差。會試臨時請旨，本監本科鄉試加增十八名。詳載《禮部》。又賜衍聖公祭酒等冠服及貢監生銀兩。又在京進士九十五名、舉人二百七十五名亦准令觀禮，迎送聖駕，俱與貢監生一體賞給。又諭：

"臨雍大典,史册多稱'幸學'非宜,今應改爲'詣學'。"

順治九年勅諭文

皇帝勅諭國子監祭酒司業等官:"聖人之道,如日中天,上資之以圖治,下學之以事君。爾等當嚴督諸生,盡心訓誨。諸生當敬奉師教,身體力行。教有成效,時惟師長之功;學有實用,方盡弟子之職。若訓導不嚴,怠肆失學,爾師生俱難免咎,尚其勉之。故諭。"

康熙八年勅諭文

皇帝勅諭國子監祭酒司業等官:"朕惟聖人之道,高明廣大,昭垂萬世,所以興道致治,敦倫善俗,莫能外也。朕纘承丕業,文治誕敷,景仰先聖至德,今行辟廱釋奠之典,將以鼓舞人才,宣布教化。爾監臣當嚴督諸生潛心肄業。諸生亦宜身體力行,朝夕勤勵。若學業成立,可裨實用,則教育有功;其或董率不嚴,荒乃職業,爾師生難辭厥咎,尚其勉之毋忽。故諭。"

雍正二年勅諭文

皇帝勅諭國子監祭酒司業等官:"朕惟聖人之道,昭揭日月,彌綸天地,萬世帝王,下逮公卿士庶,罔不仰遵成憲,率由教言。我國家尊崇至聖,遠邁前代,朕纘承大統,古訓是學,維日孜孜。兹雍正二年三月朔日,親詣辟廱,祗謁先師孔子,行釋奠禮,思以鼓勵羣英,丕隆文治。爾監臣宜嚴督諸生,善爲導誘。諸生亦當殫心肄業,實踐躬行,秉端方以立身,敦忠孝以興誼,勿營奔競,勿事浮華,文必貴乎明經,學務期乎濟世,俾品成詣進,以副朕教育至意。此爾多士之庥,亦惟爾監臣董率之功也,慎勿怠荒職業,以貽爾羞,諸師生其共勉之!故諭。"

〔御書立石〕

康熙二十八年,御書孔子贊詞并顏曾思孟四子贊詞,立石太學,摹搨頒發直省。○三十三年,御書《大學》聖經一章,立石彝倫堂。○三十七年平定朔漠,立石太學。○四十一年諭:"《訓飭士子文》,著國子監勒石,以搨本彙頒直省學宫。"○雍正二年平定青海,立石太學。

聖祖仁皇帝御製至聖先師孔子贊并序

蓋自三才建,而天地不居其功;一中傳,而聖人代宣其蘊。有行道之聖,得位以綏猷,有明道之聖,立言以垂憲,此正學所以常明、人心所以不泯也。粤稽往緒,仰遡前徽,堯、舜、禹、湯、文、武,達而在上,兼君師之寄,行道之聖人也;孔子不得位,窮而在下,秉删述之權,明道之聖人也。行道者，勳業炳於一朝；明道者，教思周於百世。堯舜文武之後，不有孔子，則學術紛淆，仁義湮塞，斯道之失傳也久矣。後之人而欲探二帝三王之心法，以爲治國平天下之準，其奚所取衷焉？然則孔子之爲萬古一人也審矣。朕巡省東國，謁祀闕里，景企滋深，敬摛筆而爲之贊曰：清濁有氣，剛柔有質。聖人參之，人極以立。行著習察，舍道莫由。惟皇建極，惟后綏猷。作君作師，垂統萬古。曰惟堯舜，禹湯文武。五百餘歲，至聖挺生。聲金振玉，集厥大成。序書删詩，定禮正樂。既窮象繫，亦嚴筆削。上紹往緒，下示來型。道不終晦，秩然大經。百家紛紜，殊塗異趣。日月無踰，羹牆可晤。孔子之道，惟中與庸。此心此理，千聖所同。孔子之德，仁義中正。秉彝之好，根本天性。庶幾夙夜，勗哉令圖。遡源洙泗，景躅唐虞。載歷庭除，式觀禮器。摛毫仰贊，心焉遐企。百世而上，以聖爲歸；百世而下，以聖爲師。非師夫子，惟師於道。統天御世，惟道爲寶。泰山巖巖，東海泱泱，牆高萬仞，夫子之堂。孰窺其藩？孰窺其徑？道不遠人，克念作聖。

顔子贊

聖道早聞，天資獨粹。約禮博文，不遷不貳。一善服膺，萬德來萃。能化而齊，其樂一致。禮樂四代，治法兼備。用舍行藏，王佐之器。

曾子贊

洙泗之傳，魯以得之。一貫曰唯，聖學在兹。明德新民，止善爲期。格致誠正，均平以推。至德要道，百行所基。纂承統緒，修明訓辭。

子思子贊

於穆天命，道之大原。靜養動察，庸德庸言。以育萬物，以贊乾坤。九經三重，大法是存。篤恭慎獨，成德之門。卷之藏密，擴之無垠。

孟子贊

哲人既萎，楊墨昌熾。子輿闢之，曰仁曰義。性善獨闡，知言養氣。道稱堯舜，學屏功利。煌煌七篇，並垂六藝。孔學攸傳，禹功作配。

御製訓飭士子文載禮部

康熙三十七年平定朔漠告成碑文

惟天盡所覆海内外，日月所出入之區，悉以畀予一人，自踐祚迄今，蚤夜殫思，休養生息，冀臻熙皞，以克副維皇大德好生之意。庶幾疆域無事，得以偃兵息民。迺厄魯特噶爾丹阻險北陲，困此一方，人既荼毒塞外，輒狡焉肆其凶逆，犯我邊鄙，虐我臣服，人用弗寧。夫蕩寇所以息民，攘外所以安内,邊寇不除,則吾民不安。此神人所共憤,天討所必加,豈憚一人之勞,弗貽天下之逸?於是斷自朕心,躬臨朔漠,欲使悔而革心,故每許以不殺,彼怙終不悛。我師三出絶塞,朕皆親御以行,深入不毛,屢涉寒暑,勞苦艱難,與偏裨士卒共之。迨彼狂授首,脅從歸誠,荒外君長來享闕下,西北萬里,灌燧銷烽,中外乂謐。惟朕不得已用兵以安民,既告厥成事,廼蠲釋眚災,潔事禋望,爲億兆祈昇平之福,而廷臣請紀功太學,垂示來玆。朕勞心於邦本,嘗欲文德化成天下,顧玆武畧,廷臣僉謂所以建威消萌,宜昭斯績於有永也。朕不獲辭,攷之禮,《王制》有曰:"天子將出征……受成於學,出征執有罪反,釋奠于學,以訊馘告。"而泮宫之詩亦曰"矯矯虎臣,在泮獻馘"。又《禮》"王師大獻,則奏愷樂",大司樂掌其事。則是古者文事武事爲一,折衝之用,具在樽俎之間,故受成獻馘,一歸于學,此文武之盛制也。朕嚮意於三代,故斯舉也,出則告於神祇,歸而遣祀闕里,玆允廷臣之請,猶禮先師以告克之遺意,而於六經之指爲相符合也。爰取思樂泮水之義爲詩以銘之,以見取亂侮亡之師,在朕有不得已而用之之實,或者不戾於古帝王伐罪安民之意云爾。銘曰:巍巍先聖,萬世之師,敬信愛人,治平所基。煌煌聖言,文武道一。禮樂征伐,自天子出。朕臨域中,逾玆三紀。嘗見羹墻,寤寐永矢。下念民瘼,上承帝謂。四海無外,盡隸侯尉。維彼兇醜,瀆亂典常。既梗聲教,遂窺我疆。譬之於農,患在螟螣。秉畀不施,將害稼穡。度彼游魂,險遠是怙。震以德威,可往而取。朕志先定,龜筮其依。屬車萬乘,建以龍旂。祝融驂鸞,風伯戒途。宜暘而暘,利我樵蘇。大野水涸,川瀆効靈。泉忽自湧,其甘如醴。設爲犄角,一出其西,一出其東,中自將之,絶域無人,獸羣受掩,五日窮追。彼狂走險,大殲於路。波血其孥,剪其黨孽,俘彼卒徒。梟烏晝號,單馬宵遁。恐久駐師,重爲民困。慎固戍守,還轅於京。自夏徂冬,雨雪其零。載馳載驅,我行至再。蠢玆窮寇,昏惑不悔。我邊我氓,以休以助。爰寧其居,爰復其賦。藩落老稚,斯恬斯嬉。歲晏來歸,春與之期。春風飄翩,揚我旆旓。我今于邁,如涉我郊。言秣我馬,狼居胥山。登高以眺,閔彼彈丸。天降兇罰,孤雛就羈。三駕三捷,封狼輿尸。既腊梟獍,既獮豺貙。大漠西北,解甲棄殳。振旅凱入,澤霈郊卜。明禋肆赦,用迓景福。昔我往矣,在泮飲酒。陳師鞠旅,誓屈羣醜。今我來思,在泮獻功。有赫頌聲,交軌來同。采芹采藻,頌輿東魯。車攻馬同,亦鐫石鼓。師在安民,非出得已。古人有作,昭示此旨。緬維虞廷,誕敷文德。聖如先師,戰慎必克。惟兵宜戢,惟德乃綏。億萬斯年,視此銘詞。

雍正二年平定青海告成碑文

我國家受天眷命,撫臨八極,日月所照,罔不臣順,遐邇乂安,兆人蒙福。乃有羅卜藏丹津者,其先世固始汗,自國初稽首歸命,當時使臣建議畀以駐牧之地。其居雜番羌,密近甘凉,我皇考聖祖仁皇帝睿慮深遠,每厪於懷,既親御六師平定朔漠,威靈所加,青海部落札什巴圖兒等震讋承命。聖祖仁皇帝因沛殊恩,封爲親王,兄弟八人,咸錫爵禄,羈縻包容,示以寬大。而狼心梟性,不可以德義化,三十年來,包藏異志。朕紹登寶位,優之錫賚,榮其封號,尚冀革心,緝寧部衆。而羅卜藏丹津昏謬狂悖,同黨吹拉克諾木齊阿爾布坦温布藏巴札布等實爲元惡,謂國家方弘浩蕩之恩,不設嚴密之備,誕敢首造逆謀,迫脅番羌,侵犯邊城,反狀彰露。用不可釋於天誅,遂命川陝總督太保公年羹堯爲撫遠大將軍,聲罪致討。以雍正元年十月師出塞,自冬涉春,屢破其衆,凡同叛之部落,戈鋋所指,應時摧敗,招降數十萬衆,又降其貝勒貝子公台吉等二十餘人。朕猶閔其蠢愚,若悔禍思愆,束手來歸,尚可全宥,而怙惡不悛,負險抗違,乃決翦滅之計。以方畧密付大將軍羹堯,調度軍謀,簡稽將士,用四川提督岳鍾琪爲奮威將軍,於仲春初旬禡牙徂征,分道深入,搗其窟穴,電掃風驅,搜剔巖阻,賊徒倉黄糜潰,窮蹙失據。羅卜藏丹津之母及謀逆渠魁悉就俘執,擒獲賊衆累萬,牲畜軍械不可數計,賊首逃遁。我師踰險窮追,獲其輜重,人口殆盡,羅卜藏丹津孑身易服竄匿荒山,殘喘待斃。自二月八日至二十有二日,僅旬有五日,軍士無久役之勞,内地無轉輸之費,克奏膚功,永清西徼。三月之朔,奏凱旋旅,鐃鼓喧轟,士衆訢喜。四月十有二日,以倡逆之吹拉克諾木齊等三人獻俘廟社。受俘之日,臣民稱慶,伏念聖祖仁皇帝威靈震於遐方,福慶流於奕葉,用克張皇六師,殄滅狂賊。行間將士亦由感激湛恩厚澤,爲朕踴躍,用命斯役也。芟夷凶悖,綏靖番羌,俾烽燧永息,中外人民胥享安阜,實成先志,以懋有丕績。廷臣上言,稽古典禮,出征而受成於學,所以定兵謀也;獻馘而釋奠於學,所以告凱捷也。宜刊諸珉石,揭於太學,用昭示於無極,遂爲之銘,曰:天有雷霆,聖作弧矢。輔仁而行,威遠寧邇。維此青海,種類實繁。錫之茅土,列在藩垣。被我寵光,位崇禄富。負其阻遐,禍心潛搆。恭惟聖祖,慮遠智周。睠念荒服,綏撫懷柔。朔野既清,西陲攸震。爵號洊加,示之恩信。如何兇狡,造謀逆天。鼓動昏憝,寇侵於邊。惟彼有罪,自干天罰。桓桓虎貔,爰張九伐。王師即路,冬雪初零。日耀組練,雷響鼙征。蠢兹不順,敢逆戎旅。奮張螳臂,以當齊斧。止如山嶽,疾如雨風。我戰則克,賊壘其空。彼昏終迷,曾不悔戾。當翦而滅,斯焉決計。厲兵簡將,往擣其巢。踰歷嶔嶇,坦若坰郊。賊棄其家,我縶而獲。牛馬谷量,器仗山積。蹇兔失窟,何所逋逃?枯魚游釜,假息煎熬。師以順動,神明所福。旬日凱歸,不疾而速。殪彼逆謀,懸首藁街。獻俘成禮,金鼓調諧。西域所瞻,此惟雄特。天討既申,羣酋惕息。櫜戈偃革,告成辟廱。聲教遐暨,萬國來同。惟我聖祖,親平大漠,巍功焕文,邁桓軼酌。流光悠久,視此銘辭。繼志述事,念兹在兹。

〔祀典〕

每年二月八月上丁日,祭先師孔子及四配,遣内閣大學士一員行禮,翰林院官二員分獻;十一哲,國子監監丞博士分獻兩廡,祭酒主祭崇聖祠。詳載禮部。每月初一日,祭先師孔子,行釋菜禮,祭酒率監丞以下等官并各監生行禮。每月十五日司業詣廟行香,率各監生行禮。詳載《禮部》。每三年殿試臚唱後,擇吉日狀元率諸進士詣文廟,行釋菜禮,隨詣彝倫堂,謁見祭酒司業。詳載《禮部》。

〔監規〕

一、彝倫堂係詣學御講之所,本監堂上官不敢中堂而坐及中門出入,王以下文武各官亦不敢中門出入。

一、祭酒司業,職在總理監務,嚴立規矩,表率屬員,模範後進。

一、監丞職在繩愆,凡教官怠於師訓、監生有戾規矩並課業不精,悉從糾舉懲治。

一、博士、助教、學正、學録職在教誨,務須嚴立課程,用心講解,如或怠惰致監生有戾學規者,堂官舉覺罰治。

一、典籍職在收掌御書樓一應經史書板。

一、典簿職在明立文案并支銷錢糧,季報文册。

一、本監正官每入署升堂就位,各屬官以次赴堂序揖,次各屬官分列東西,相向對揖,各堂監生排列恭揖,禮畢方退。

一、本監屬官每遇赴堂稟議事務,或質問經史,皆須拱立聽受,不得即便坐列。

一、監丞職主糾繩,置立集愆册一本,凡監生有不遵學規者,即行懲治,仍將所犯附寫文册,以憑通考。

一、滿洲蒙古漢軍監生,責成八旗助教,漢監生,責成漢助教學正學録等官，務在勤加教誨，不得怠惰徇情，以致廢弛。

一、滿洲蒙古漢軍漢人各監生入監日，首謁先師廟，各生排列廟墀，禮生贊行四拜禮畢，赴彝倫堂臺下序立，謁見祭酒司業行四拜禮，隨詣各堂師相見，行二拜禮；凡遇進監，至大門外下馬，不許乘馬出入。

一、本監舊有號房五百二十一間，爲諸生讀書之所。

一、滿漢各監生於朔望日隨行釋奠禮，外有講書覆講、上書覆背諸課程，每月三回，周而復始，兩廂及六堂官講《四書》《性理》《通鑑》，博士講五經。

一、朔望日，祭酒司業率屬員諸生拜謁文廟畢，升堂講書。

一、滿漢各監生聽講書後習讀講章，有未能通曉者，即赴講官處講解，或赴兩廂質問，毋得憚煩蓄疑，安於愚昧。

一、各監生每日務寫六百字以上楷書，必須端楷有體，如潦草，差落不完及怠惰不到，或倩人代書者，本堂臨期親督，各加責罰。

一、八旗官學生每月赴監講書一次，譯寫一次，五日射箭一次。

一、諸生到監日，本堂嚴查年貌籍貫經書，務取連名保結，以防冒名頂替之弊，如有犯者，照例重處。

一、在監肄業各監生，祭酒三月季考一次，司業每月月課一次，務期齊集，不許託故規避。

一、滿洲蒙古漢軍廕監生十歲以上到監讀書，俟年滿十八歲，考試咨部。

一、滿洲蒙古漢軍例監生坐監二十四個月，漢人恤廕生難廕生考滿廕生坐監六個月，恩詔廕生官生坐監二十四個月，恩貢生恩拔貢生坐監六個月，歲貢生坐監八個月，副榜貢生内廩膳坐監六個月，增附坐監八個月，選拔貢生内廩膳坐監十四個月，增附坐監十六個月，准貢生坐監三個月，例監生内廩膳坐監十四個月，增附坐監十六個月，俊秀坐監二十四個月，其恩拔歲副貢生有考充教習者，連監期共三十六個月。雍正五年定：除監期計算。

一、諸生學校進身，以孝、弟、忠、信、禮、義、廉、耻爲本，必先隆師親友，養成忠厚之風，以須仕進。敢有毁辱師長及生事告訐者，即係干名犯義，有傷風化，定行依律治罪。

一、滿漢各廕監生途遇師長步行者，旁立候過，乘騎者遠下趨避，敢有藐忽抗行者，決責。

一、各班監生凡有一應事務,先於本堂教官處稟知,率領赴廂稟覆,毋得徑行煩紊,違者決責。

一、援例各監生以文到日爲始,即赴監肄業,其有丁憂親老患病者,地方官另文申報,如無故不行到監,照題定例處治。

一、監生丁憂,呈送本堂,轉呈堂上官批准回籍守制,如在籍丁憂者,有司隨申本監,以憑稽考,如不申文報明,於起復日扶揑文書到監者,定行壓罰。

一、八旗各項監生請假,取具該都統印文到日,查明酌量准給;漢監生入監後遇有省親完姻,隨任依親告病及同居伯叔兄長喪而無子者,許告假歸里,立限給以假票,如違限遲曠,本監行文提取,計日倍罰。

一、監生有嗜酒撒潑、不守監規及挾制師長者,問發充吏,有挾妓、賭博、出入各衙門起滅詞訟、説事過錢、包攬錢糧者,視罪輕重按律究治。順治三年議准:監生肄業,資斧不繼,回籍取費,或各官子弟送親隨任及寒暑疾病,量准給假,日期俱作曠候補。〇十七年議准:監生未經准假遽自私歸者,照例黜革。〇康熙二十四年覆准:各項監生有素行不端、悖違條教及娼優隸卒、濫厠太學並武斷鄉曲、懶惰廢學者,俱令本監題參革處。〇又覆准:監生犯事,經該督撫咨報國子監者,如係廕生及恩拔歲副監生,仍行題參;如係例監俊秀監生,國子監徑行黜革,發該撫究問。〇又議准:額設禮生在監三十六個月期滿,咨送吏部,照例加等録用。〇二十九年題准:文廟引禮之貢監,例監考定職銜者,俱照考定職銜選授,停其加等録用。〇三十一年覆准:國子監季考月課,雖有成例,恐日久廢弛,嗣後考試務親身督課,分别奬勵,每月朔望令滿漢監生齊集講書,如視爲具文,不實心奉行者,從重議處。〇又覆准:監生到監,有不肖官員及監役借端勒索者,該監務嚴行除革,如徇庇失察,事發從重議處。〇三十九年議准:監生借國學肄業名色,一遇試期,鑽營作弊,著國子監祭酒司業以及助教等官平日檢舉不肖貢監,嚴拏究處;如不行檢舉,將國子監官員照溺職例議處。〇又議准:祭酒務力行考課之法,考課不缺者,准其應試,若臨期始到,不准入場。〇五十一年諭:"國子監係培養人才之地,宜潔己率屬,必自正其身乃可爲衆人之表帥。"〇六十一年題准:應試貢監,於鄉試前一年起文到部,自鄉試本年正月爲始,月課季考無缺,仍取連名互結并本堂助教等官結狀,方准移送入場,如有頂冒等弊,事發一體治罪。〇雍正二年覆准:令國子監滿漢祭酒、司業轉飭助教、教習等官,每日親臨官學,不時巡查,奬勤儆惰，每月傳至國子監考試一次。

〔八旗教習〕别項教習隸禮部不載

順治二年定：酌取京省生員爲八旗子弟伴讀，每名月給米二斛，以資贍養，三年之内果教習子弟有成，該監咨吏部考用。〇十二年覆准：撤回八旗教習生員，令禮部會同國子監，於監生中嚴加考試選補，教習有成，優加録用。〇十六年題准：教習既改用監生，今後考選教習令該監自行取用。〇十七年覆准：考選教習止用恩拔副榜歲貢，其准貢例監不准考取。〇康熙三年議准：八旗教習將在監恩拔歲副貢生齊集闕補。〇四年題准：恩拔歲副，停止於官廕准例監生内未經考職者考試補用。〇六年覆准：教習缺出，先儘恩拔歲副官廕等生，如無此項，仍將准例監生考取。〇又覆准：教習缺出，舉人願就者，與恩拔歲副官廕准例監生一體嚴加考試，凡遇缺出，於五日内傳集應考諸人，彌封試卷，封門出題，即日取定，不許將文理荒疏者充數。〇十二年覆准：八旗教習先因停止恩拔歲副，故將官廕准例充補，今選拔副榜歲貢既經議復，應仍照舊例令其考充教習。其舉人官廕并准例監生，俱應停其考用。

〔積分〕

順治三年覆准：漢監生積分之法，除常課外，每月一試，經書策論各一道，經書必理明詞達，策論必博古通今，合式者優拔一等。通計一年内考居一等十二次者，即爲及格，免其撥歷竟送廷試。〇十五年覆准：恩拔歲副等貢積分及格者，送部歷滿考職，照教習貢監例上上卷以通判用，上卷以知縣用；如係例監積分及格者，送部歷滿考職，與不積分貢生一體廷試，每百名取正印八名，餘以州縣佐貳用。其年力衰憊，文理荒謬者，不准考職。〇十七年覆准：監生人數甚少，難以校定分數。積分之法停止，俟到監人多，再議舉行。

〔考送〕

順治三年覆准：凡監生讀書期滿者，分撥各衙門歷事，以一年爲期，務須練習，通曉政體，准送廷試，與恩貢、歲貢一體考試。〇十年題准：貢監願考中書者，列名送吏部彙考。〇十三年題准：撰文中書，於舉貢内擇文理優長、學問淹博者選用，辦事中書，於貢監生員内擇文理平通、字畫端楷者選用。〇十四年題准：在歷在監官貢監生願考辦事中書者，送部彙考。〇又議准：貢監生廷試，上卷以知縣用，中卷以州同、州判、縣丞用。〇十五年諭："貢監生考職，每百名取正印八人，餘俱除州縣佐貳等官。"〇十六年題准:在歷在監官貢監生,送部彙考辦事中書。○康熙元年議准:停止分撥各衙門歷事,於監期滿日,本監即咨部考試,以州同州判縣丞用。○二年題准:内閣撰文辦事中書員缺,咨國子監嚴查各監生青年端品文理明通、字畫工楷者,每中書一缺,將貢監生八名送部考選,每缺取正副二卷列名,具題請旨點用。○三年題准:例監主以州同、州判、縣丞、主簿、吏目用,貢監生以州同用。○又題准:内院中書員缺,將未考職各貢監生考取字畫工楷者,以撰文中書用,其餘以辦事中書用,每一缺不必限定人數考試,止將見在人考授。至貢監生,俱照年分考用。○六年題准:順治十八年廕生監生、武官之子以部院衙門用,文官之子,照品級隨旗上朝。今奉恩詔:滿洲蒙古漢軍廕生監生,應停其分别文武,凡年至十八歲文義優通者,一體以部院衙門録用,如有不能學習,情願隨旗,各照品級令其隨旗上朝。其十八年廕生監生亦照此例行。○九年題准:部院筆帖式員缺,録用廕生監生,應停其年分次序,俱照國子監年滿咨送到部之文先後補用,若將三次恩詔所廕監生同日咨送者,仍照廕監生年分前後補用。凡廕生監生録用十員,應將庫使領催内識漢字者用二名,官學生識滿漢字者用二名,若庫使領催内無識漢字者,將官學生補授。其補授官學生,應令該部考試,咨送掣籤。○又題准:八旗官學生習滿漢字者,不論滿洲漢軍,每旗選取,交與欽天監酌量分科教習。○十年覆准:恭繕世祖章皇帝實録,漢字選取監生善書者,送部考選,轉送内閣繕寫。○又諭:"滿洲漢軍漢人監生生員内有善於書寫者,著禮部選送翰林院,考定具奏。所取監生不拘真草鍾王各家,亦不論多寡,選取彙送。"○又議准:滿洲監生並漢軍識滿漢字監生年滿者,定期於二月八月咨部,三月九月考試,照考定名次挨補。其漢軍止識漢字監生,應與漢人一體於五月十五日考試。○又覆准:八旗助教、教習、官學生仍令該監分别考試,年底不必造册送部。○十二年覆准:凡呈送八旗漢軍各官廕監生及官學生,國子監於策論判語内酌量出題考試,再令翻譯滿漢文一篇,務須嚴加關防,彌封各卷,擇取文理優通者送部,其未取者令回監讀書,如八旗各助教不行勤課者查參。其滿洲識漢字廕監生官學生,不在考試之例。○十三年覆准:漢軍漢人各項官廕生俱聽國子監考試,文理優通者咨部,其吏部考試應停止。○十八年題准:纂修明史,於國子監考取善書監生二十名,送史館謄録。○二十年覆准:恭繕太宗文皇帝實録,於國子監考取善書監生二十四名,送部考選,移送繕寫。○又題准:凡部院各衙門筆帖式缺出,於滿洲習漢文并漢軍官學生内每旗考送二名，掣籤補授，其餘註册補完再取。○二十二年定：覺羅廕生監生，由國子監考試，移送吏部。○又題准：部院各衙門筆帖式缺出，咨行國子監，於本旗官學生内考試滿文優通者，每缺取五名，送部掣籤補授。○雍正元年覆准：恭繕聖祖仁皇帝實録，於國子監考取善書監生十二名，送部考選，移送繕寫。其生員十二名，於順天學政考取。以後各館考送，俱照例行。

〔各項監生〕

凡恩廕滿漢官員子弟，或奉旨送入監讀書，或遇恩詔，分别内外文武品級，各准廕送一子入監讀書。詳見《吏部》。○康熙五十二年，恩廕宗室一品二品，照滿漢文武大臣例送一子入監讀書，其未入八分公，亦照民公例送一子入監讀書。

凡覺羅廕生，順治十一年議准：照各官廕生例，一體送監讀書，期滿仍開送宗人府。

凡聖裔監生恭遇皇帝詣學及躬詣闕里，於陪祀五氏生員内遴選十五名，送監讀書。

凡貢監，有歲貢生、恩貢生、選拔貢生、副榜貢生、貢監生、功貢生、准貢生，或赴部廷試，或送監肄業，或咨吏部考用。詳見《禮部》。

凡例監生員，俊秀援例入監，事例不一，由各該部題准遵行，或咨送本監讀書，或在籍准作監生，免其入監。

凡禮生，康熙二十四年議准：每月朔望，詣文廟行釋菜禮，於各項監生内選取容止端莊、聲音明亮者十名，充禮生祼獻贊禮。○二十九年議准：停止選取禮生。以教習帶管。

凡外國監生，康熙二十三年議准：琉球國願令陪臣子弟四人赴京受業，准其遣送入監讀書。○二十七年議准：琉球國陪臣子弟入監讀書，取貢生一名，令其教習博士一員專管董率，祭酒司業等不時稽察，俾講解經書，學習文藝。○又諭："琉球國送到陪臣子弟三人入監讀書，著安置得所。"遵旨議定：官生三人，每年冬季給緞面細羊皮襖、羊皮褂、紡絲綿小襖褲各一件，染貂鼠皮帽各一頂，鹿皮靴、氊襪各一雙，春秋二季，給緞綿袍褂、紡絲衫褲各一件，線纓凉帽各一頂，馬皮靴、緞襪各一雙，夏季給紗袍褂、羅衫褲各一件，紬被褥各一牀，所用紙筆墨等項每月各給銀一兩五錢，跟伴三名，每年冬季給布面老羊皮襖、綿布小襖褲各一件，貉皮帽各一頂，牛皮靴、布襪各一雙，春秋二季給布綿袍褂各一件，夏季給單布袍、布衫褲各一件,綿布被褥各一牀,雨纓凉帽各一頂;其官生三人口糧食物,俱照前給進貢都通事之例給發,跟伴三名亦照給跟役之例給發;其伊等住居房屋,於國子監附近撥給十間,並所用器皿煤炭等項,俱交與工部給發,讀書之處交與國子監。○雍正二年覆准:琉球國陪臣子弟入監讀書,照康熙二十七年例,遴選文行兼優貢生,盡心訓廸,派博士一員董率,該監堂官不時稽查,其教習生廩糧、咨部考職等項,照官學教習之例。其陪臣子弟住房、食用、四季衣服,亦令該監堂官稽查,務令得所。

大清會典卷之二百四十五

六科

順治初置六科滿漢官員，歷經裁設不一，詳見《吏部・官制》。其職專主封駁糾劾等事。

〔**六科通例**〕

凡六科每日收到奉旨本章，次日抄發該部，吏科抄發吏部，户科抄發户部，禮科抄發禮部、宗人府、理藩院，兵科抄發兵部，刑科抄發刑部、都察院、通政司、大理寺、京畿道，工科抄發工部，并分發各部院外抄。

凡内閣交出密本，由各該科掛號，即將原封送各該部，取職名附簿備查。

凡奉旨本章，抄發後即繕寫滿漢文，繳送内閣，以備編纂，其録疏存貯該科。

凡抄發過紅本密本，該科彙齊，繳送内閣。〇雍正元年覆准：嗣後除紅本上諭外，書吏、提塘、京報人等如有任意訛造無影之詞者，給事中並五城等官嚴行查拏。

凡各部題覆本章，該科於每月底註銷，已完者具本奏聞，未完者造册題參。

凡每年抄發過各部事件，有無未完，限次年四月内該科彙題請銷。

凡該科所奉旨意有灼見未便之處，許封還執奏，部院督撫本章有情理未協者，俱得駁正題參。至於朝政得失、百官賢佞，或特疏，或公本奏聞。

凡遇壇廟祭典，六科掌印給事中陪祭。

凡奉旨會推官員及會議諸事，六科掌印給事中皆預。

凡管理登聞鼓廳，六科滿漢官各一員輪管，半年差滿，題請更换，如有申訴冤枉并陳告機密重情者,收准具題,應批駁者,即行批駁。○康熙六十一年覆准:歸併通政司管理,停差滿漢給事中。

凡稽察錢局,六科滿漢給事中各一員輪差,一年差滿,題請更换。○雍正元年題准停止。

凡每年朝審刑部及各直省罪犯,招册先期分散每科,清漢字各一本,六科掌印給事中皆預,刑科給事中非掌印亦預。

凡各部院衙門及直隸各省一應題奏本章,有字樣差訛洗補漬污等項,各科抄參。

凡條奏,康熙二十七年諭:"科道如有條陳,著到暢春園面奏。"以後事例俱詳見《都察院》,不復載。

凡侍班,康熙二十五年題准:部院衙門及科道官員啓奏時,滿漢給事中各一員在乾清門東傍簷下侍班糾儀。○二十六年諭:"科道侍班著停止。"詳見《都察院》。○三十八年諭:"御史等官三法司啓奏會議事仍隨班奏對,給事中等官無常啓奏之事,至有經年不見者,嗣後滿漢給事中各四員,在起居注官所立階下侍班。"○五十四年覆准:御門聽政之日,滿漢給事中各二員,與御史同班侍立。

凡查點職名,康熙四十年覆准:凡遇朝期,派給事中一員,查點職名。

凡掌印及各差,雍正元年諭:"掌印給事中責任緊要,交與都察院堂官等公同揀選。"○三年議准:江南、湖廣、山東、河南等省,盜賊時有,科道及部院司員内挑選賢能官,每省各差一員,令其專司稽查盜案並驛站烟墩,其差以一年爲限。詳見《都察院》。嗣後凡道員各差,科員並預。

吏科

凡京官三年京察,外官三年大計,所註考語如有徇庇不符等弊,本科官與各科官公同拾遺。

凡六科漢官内陞外轉,舊例每年二八月,各科將條陳參劾本章,造册移送本科序俸開列,題請欽定内陞一員,外轉一員。康熙四年題定:每年八月陞轉一次,題請之期不得踰八月初一日。○雍正二年定:六科改屬都察院後,各科陞轉造具清册,呈送都察院具題,恭請欽定。

凡登聞鼓廳詞訟有無未完,本科每月註銷具題。○康熙六十一年覆准:鼓廳歸併通政司,停赴本科註銷。

凡考選,行取散館候補科員並起復,假滿科員人文到科,遇各科缺出,本科照次序坐名移送吏部題補。○雍正元年議准:嗣後考選候補,並起復假滿科員人文到科，呈送都察院，遇各科缺出，都察院移送吏部題補。

凡大選急選官員，文選司送到文憑，本科定期各官齊集畫憑後酌定程限，移送吏部按員散給，如有年老殘疾官員，畫憑日驗視明白，即指名題參。

凡布政使按察使以下官員，如不赴本科畫憑過兩月者，將憑移送吏部查銷。

凡赴任違限官員，據各直省册報，本科查明遲延緣由、有無印結，具本摘參。

凡遇大計，各該督撫送到五花册籍，本科會同考功司、河南道同日封門閲册，完日照例具題後，仍同吏部會議，查照八法定例處分，並察核卓議各官實蹟，具題註册。

凡遇六年京察，各衙門送到賢否册籍，本科會同吏部、都察院公定去留，具題請旨。○康熙二十四年停止。○雍正元年議准：三年京察一次，吏部請旨，派大臣會同都察院及本科、河南道詳加考察，分别去留。詳見《吏部·考功司》。

户科

凡各關差應給精微批文，由户部送本科掛號，轉送内閣用寶發出，本科引奉差官赴午門外跪領到科，按程定限。差滿回日，將原領批文送科查核銷號，轉繳内閣。如違限者，本科題參。○雍正元年定：各關差交巡撫管理，不領精微批文，惟山海關仍差官監督，照舊例行。

凡各關差官員赴本科親領四季印簿，令本商自填納税數目，按季送科，差滿仍造送總册，本科移取户部紅單磨對，如有舛混違限者題參。○康熙五十三年定：臨清關税交與巡撫監收，其彙解文册一年造送。○五十五年定：北新、鳳陽、天津三關，俱交該撫管理，其彙解文册，照臨清關之例一年造送。○雍正元年定：滸墅、揚州、龍江、蕪湖、湖口、贛關、太平橋、粤海、閩海等九關，俱交該撫，令地方官兼管，其所收税課數目，仍照例按季送科，一年任滿，造送總册，查明核算。

凡兩淮、兩浙、長蘆、河東鹽差一應領引銷引起解鹽課銀兩，該運司具批文投報，其各省運司提舉司合辦鹽課，年底將辦完實數造册奏繳，赴科註銷。俟各差回日，本科據册考覆。○康熙五十二年議准：凡各鹽運司交代册結由本科稽查。

凡直省解户部錢糧完欠及地丁雜税兵馬錢糧，各項奏銷文册有數目不符、朦混舛錯者,本科據實指參。

凡各直省賦役全書、易知由單,俱送本科查核。

凡各運官交納漕糧白糧全單,赴科投驗。其隨漕輕齎銀兩,起解月日數目,該糧道具批報科。至糧艘兑完開幫,各省糧道奏銷文册俱由本科查勘。

凡京通各倉奏繳糧斛册、坐糧廳奏繳漕白糧米册,俱由本科磨對。

凡直隸布政司原設守道,雍正二年改爲布政司、各省布政司交代册結,俱由本科稽查。

凡各直省朝覲册籍,俱送本科查核。○康熙二十六年停止。

禮科

凡遇頒詔册封,各科開列給事中職名,移送本科,轉送禮部,題請欽點。

凡遇經筵,本科照次序取六科滿漢官各一員侍儀。

凡殿試收掌彌封試卷各執事及會試同考、直省鄉試主考,各科開列應差職名,移送本科,轉送禮部,題請欽點。

凡各直省督撫慶賀奏啓本章有違悞舛錯者,本科題參。

凡各直省朝覲册籍,送本科查核。○康熙二十六年議准:停止。

凡遇日食月食,本科給事中與各科輪流救護,其各司院、五城司坊、僧録司、道録司救護各官職名,投報本科。

凡各直省鄉試硃墨卷,俱依限解部,送本科磨勘。○康熙四十年覆准:交九卿詹事科道磨勘。詳見《禮部》。

凡各直省提督學政報明到任日期以後,將考過生童名數册籍按期報科稽查,如有違限遲悞及溷冒情弊,本科題參。其限期詳見《禮部》。○康熙四十五年議准:各省學臣造報歲科學册如有錯誤,駁回改正,倘有名數不符及頂補等弊,咨行該督撫查明題參。○雍正元年議准:舊例歲考限十二個月解送册籍,今再寬限六個月解送,科考解册仍限十二個月報科。○二年覆准:歲科兩考,通計在三年之内解册。

凡直省提督學政考過生童各試卷,舊例解部送本科磨勘,如有文體荒謬及徇情冒籍等弊,會同禮部題參。○康熙十三年停止。

凡巡視光禄寺估計錢糧,順治十八年,奉旨俱歸併禮科。○康熙四年停止。

兵科

凡各直省驛遞錢糧册籍，每年限五月内投科查核，有浮冒舛錯者題參。

凡各省奉差勘合火牌，由本科銷號轉號，送部换給，仍送本科掛號。在京奉差及赴任勘合火牌，由本科掛號，送部給發。如有違例，年底會同兵部題參。

凡奏繳郵符册籍，直隸各省通限本年五月内造册，送本科查核。

凡各直省兵馬棚椿奏銷册籍，每年造送本科查核，有浮冒舛錯者題參。

凡五年軍政，各該督撫提送到五花册籍，本科會同兵部、河南道同日封門閲册，完日照例具題後，仍同兵部會議查照八法定例處分，併察核卓異各官實蹟。

凡推補武職各官，職方武選兩司移送限票，本科畫憑定限。

凡武職官員畫憑，示期齊集，如三次不到，將限票移送兵部題參。

凡武職官員到任，違限不及一月者免議，違限一月者，照例摘參。

凡各直省提督學政報明到任日期後，將考過武生童名數册籍按期報科稽察，如有違限遲悮及溷冒情弊，本科題參。

凡磨勘武闈試卷，各直省鄉試後俱依限解部，送本科磨勘。如有文理悖謬、親供籍貫年貌互異者，會同兵部題參。

凡各省布按、直隸守巡道員三年朝覲，有關兵馬驛站錢糧册籍，俱送本科查核。〇康熙二十六年停止。

刑科

凡御史條陳本章，各科送本科外抄，轉發都察院。

凡三法司具題在京監候秋後處決斬絞罪囚，本科三覆奏，奉旨然後行刑。〇雍正二年諭："凡直省重囚，經秋審情實應決者，亦照朝審之例三覆奏聞。"

凡在外問刑衙門，每年將已未完銷過大獄各案，備造文册送科，以憑查核。

凡直省贖鍰贓罰銀穀細數，每年底造册送科磨勘。〇康熙五十七年議准：各省解部贓罰贖鍰等銀批文，專投刑部，免送刑科磨勘。

凡巡鹽御史一年差滿，造報贖鍰銀兩文册，送本科查核。

凡遇差恤刑官員差滿日，審過罪犯文册造送本科查核。

凡直省承問過秋審招册，每年限七月底備造清册，送本科查核。〇雍正二年議准:嗣後秋審案件,通行直省督撫務早一月,於六月内具題到部。

凡直省每年承問過熱審減等文册,送本科查核。

凡直省朝覲刑名贓罰文册,送本科查核。○康熙二十六年停止。

凡巡按茶馬等差御史,舊例各該差請給精微批文,本科照例批定限期,該差赴本科領取,差滿回日原批繳科,轉送内閣銷繳。○順治十八年停止。

工科

凡河工錢糧册籍併河道圖式,送本科查閲,每年限於八月内奏銷。

凡工部各差官員應給精微批文,由工部送本科掛號,轉送内閣用寶發出,本科引奉差官赴午門外跪領到科,按程定限回繳日期。差滿回日,將原領批文送科查核銷號,轉繳内閣。違限者,本科題參。○雍正元年定:各關差交巡撫管理,不領精微批文。

凡工部各關口河差,俱赴本科親領四季印簿,令本商自填船料税課及竹木炭等項數目,按季送科。差滿仍造送總册,本科移取工部紅單磨對。有舛悮違限者題參。○康熙二十五年議准:停其四季呈送,一年任滿彙繳。

凡皇城外修造城垣、公署、倉庫、牌樓、街道、河渠、橋梁等處及各旗新造房屋,估計自一百兩以上者,將所估各項零總數目造册,送科查核,仍將逐日所用工匠單開送,聽本科不時稽查,工畢將用過木石磚瓦灰顔料等項錢糧細數開報,本科會同陝西道查核,若修造不如式,責令原修官另造,如有浮冒不符等弊,會同御史題參。○康熙四十三年題准:凡一應修理之處,匠夫工價至五十兩以上者,本科會同御史查銷。○六十年題准:將一應修理工程工價五十兩以上,物料二百兩以上者,著該處料估啓奏,到日,本科會同御史覆加核估,工完查銷。

凡奉旨建造親王以下及大臣墳塋所用木石等料價值,監造官備具細數,報科查核。

凡直省修造城垣、官署、兵房及開濬池塘併修堤垻石閘橋梁等項工料,俱造細册,報科查核。

凡各省糧艘兵船及一切應差船,或奉旨新造,或經朽爛,拆取釘板併修造工料細數,彙造清册,送科查核。

凡各省製造盔甲、弓箭、器械、鐵炮、火藥、鉛彈等項併分給某旗某營,俱詳造經費出入細册,送科查核。

凡三年大計，各省關係工部銷算併蘆課錢糧，俱彙造細册，送科查核。

中書科

順治初，置中書科，設漢中書舍人十二員，推資俸深者一員掌理科事，九年增設滿記事官一員，同掌科事，十五年裁漢中書舍人四員，十八年令滿官掌印。康熙六年，仍推漢中書舍人資俸深者一員同掌科事，九年改滿記事官爲中書舍人，職專繕寫册寶誥勅等事，官制詳見《吏部》。舊有恩廕中書舍人，無常員，俱奉特旨除授，康熙二十一年停止。

凡授封親王世子及親王妃世子妃公主金册、郡王郡王妃鍍金銀册，其册文及寶文由翰林院撰定，移送本科書寫漢字，寶文移送禮部儒士篆寫，其寶印由禮部鑄造，其册由工部製造，製造庫工匠至本科鐫刻，鐫畢，呈内閣覆閲，傳禮部儀制司官員當堂給發。

凡授封貝勒、貝子及貝勒貝子夫人、郡主、縣主、郡君紙册，赭金黄套面銀籤；鎮國公以下，奉恩將軍以上，鎮國公夫人以下，奉恩將軍恭人及鄉君以上，龍邊誥命錦面玉軸牙籤黄帶，公侯伯以下，世襲誥命錦面犀軸，其文俱由翰林院撰定，移送本科書寫，書畢，移送内閣用寶，轉給該部。

凡外藩蒙古親王郡王，俱用紙册，貝勒貝子公等，或用册文，或用誥命，照内閣翰林院發稿書寫。

凡文武有功人員應世襲罔替者，例用世襲誥命；應准襲一次至幾次者，例用世襲勅書。遇承襲之人，將原頒誥命勅書添寫於後。其文由内閣發出，書畢送内閣用寶，轉給該部。

凡原頒給世襲誥命勅書填寫已滿者，另换新誥勅，送内閣用寶，并舊誥勅發該部轉給。

凡文武官遇封典，一品，玉軸，鶴及獅錦面；二品，犀軸，赤尾虎錦面；三品、四品，貼金軸，瑞荷錦面；五品，角軸，瑞草錦面；六品以下，俱角軸，葵花錦面，由吏部兵部題請，内閣發出文稿，本科書畢，送内閣用寶，轉給該部。

凡書寫誥勅，俱照題准年月填寫。

凡紙册龍邊世襲誥命勅書及誥勅筆墨等項，並紙匠八名，俱移文工部取用，銀硃紙劄等項，移文户部取用。

凡吏部兵部題准文武官員應給封典者，俱於本科掛號稽察。

凡各省鄉試充副主考官、順天文武鄉試充同考官，俱送禮部兵部題請欽點。

凡文會試,本科官一員同内閣中書收掌試卷。

凡武會試,本科官一員同兵部司官收掌試卷。

行人司

順治二年,置行人司,正七品衙門,設司正一員,司副一員,行人四員,職專奉使等事。其出使禮儀,詳見《禮部》,兹不具載。

凡頒詔、册封、存問、護送、祭葬等項,舊例俱先儘行人差遣,如行人不敷,方差各衙門官。○康熙八年題准:滿洲督撫處,差内閣中書、翰林院筆帖式、禮部筆帖式,漢督撫處,仍差行人司官。○二十年題准:一應差遣不分滿漢,嗣後滿漢將軍督撫提鎮等處,應將行人司官、内閣中書、翰林院筆帖式公同差遣,禮部筆帖式停其差遣,俟頒詔時分别衙門官員多寡,酌量派出充正副使。

凡奉差齎詔事畢復命,遵照限期回部,不許遶道耽延,在外久住。

凡册封外國,舊例禮部移文到司,選擇儀度修偉者,以職名開送。○康熙二十一年,本司官員槩行開列,送禮部具題。

凡出使外國,俱賜給品服。用武職一品服。

凡遇聖駕詣學,差本司官一員行取衍聖公并五氏博士等官,馳驛赴京陪祀,候禮部行文到司,照次開送。

凡存問在籍大臣,吏部行文到司,輪次差遣。

凡恩恤賜葬已故大臣,禮部行文到司,輪次差遣。

大清會典卷之二百四十六

欽天監上

欽天監，正五品衙門，設滿監正一員，掌理印務，漢監正一員，用西洋人，舊爲治理曆法，雍正三年改。管理曆法天文等事，滿漢左監副各一員，滿漢右監副各一員，滿漢主簿各一員。所屬曆科、天文科、漏刻科等官，各有職掌，分列於後。其載設、陞轉、沿革，具載《吏部》。

〔職掌〕

順治元年，本監遇有具題行文等事，俱屬禮部。〇十五年，本監與禮部分析職掌。〇康熙二年，仍歸禮部。〇十年題准：分析職掌，除立春日春牛芒神仍由禮部進呈外，其餘一應職掌俱歸本監掌行。

凡恭進曆日，每年二月初一日進呈來歲曆樣，九月預期具題，十月初一日恭進曆日，移會內務府，酌派官員捧接御覽等曆日。皇帝御覽曆，繕寫滿漢上曆二本，刷印滿漢民曆二本，滿漢七政曆二本，用黃綾殼面套，黃羅銷金包袱。太皇太后、皇太后、皇后，俱刷印滿漢民曆二本，滿漢七政曆二本，用黃綾殼面套，黃羅銷金包袱。皇貴妃、貴妃、妃，俱刷印滿漢民曆二本，滿漢七政曆二本，用金黃綾殼面套，金黃羅銷金包袱。嬪，刷印滿漢民曆二本，滿漢七政曆二本，用紅綾殼面，紅羅銷金包袱，無套。以上曆日俱不用印。〇又定：淩犯曆每年十二月進呈。〇康熙十一年定：每年用滿字小本民曆五本，漢字小本民曆五本，俱用藍綾面，無套，又滿漢字兼寫小本民曆一本，用黃綾殼套，同淩犯曆日進呈。〇六十一年十一月，恭進雍正元年時憲曆日式樣。奉旨："曆日前後俱著用殼面，其前殼面上止載'欽天監奏准印造時憲曆日'一段，自'僞造者'至末一段，俱載於後殼面。"

凡頒曆，每年四月初一日頒發各省曆樣，兵部驛送各布政司照式刊頒。十月初一日頒曆,散給王以下各官曆日,具題移會各都統各衙門。至日,貝子以下文武官員俱齊集午門外行禮,恭候頒曆。儀詳《禮部》。其頒賜親王、郡王、貝勒、貝子、公,各給滿漢民曆二本,滿漢七政曆二本,王用紅綾殼面,紅羅銷金包袱,貝勒用紅綾殼面,紅綿紙包封,貝子用黄裱紙殼面,紅綿紙包封,公用紅綿紙包封;公主等各給滿漢民曆二本,固倫公主用紅綾殼面,紅綿紙包封,和碩公主用黄裱紙殼面,紅綿紙包封。滿洲官員給滿曆,蒙古官員給蒙古曆,漢軍官員給漢曆,俱發各該都統。其各衙門漢官,每員給民曆一本。各衙門坐曆另於初三日行文赴監支取,共用漢曆二萬四千三百餘本。直隸八府,奉天錦州二府,每府給民曆一千本。蒙古藩王給蒙古曆一百本。朝鮮國王給漢民曆一百本。以上曆日俱用印。〇三十一年題准:蒙古地方,二十四處節氣太陽出入增曆内,照民曆式樣翻譯。其蒙古諸王國名,令理藩院逐一查明,交欽天監將國名詳註曆内給發。〇五十二年定:將理藩院查明新向化諸蒙古,除枯倫鄂莫奇棲各納空國羅阿吉爾漢此二處裁革外,其厄魯特、喀爾喀六十五旗竝哈密共一十五處,俱載入曆内,算明節氣太陽出入,增衍表式,刊刻頒行。

曆内開載蒙古地方

杜爾伯特	扎賴特	科爾沁
郭爾羅斯	阿禄科爾沁	烏朱穆秦
蒿齊忒	巴林	扎魯特
阿霸哈納	阿霸垓	柰曼
克西克騰	蘇尼特	翁牛特
敖漢	喀爾喀	四子部落
喀喇沁	毛明安	吴喇忒
歸化城	土默特	鄂爾多斯

以上康熙三十一年定

布龍看布爾嘎蘇泰	厄格塞楞格
桑金答賴湖	肯忒山
克爾侖河巴拉斯城	圖拉河韓山
喀爾喀河克勒和邵	鄂爾昆河厄爾得尼招
空各衣扎布韓河	推河
翁機河	薩克薩圖古里克
古爾班賽堪	哈密城

阿蘭善山

以上康熙五十二年定

凡日月交食，前期五月推算，將京師所食竝各省所食分秒時刻、起復方位繪圖進呈，請勅下禮部，頒行直省，臨期一體救護，復於食前數日具題。至期，本監滿漢官赴觀象臺，同禮部官測驗，别派本監官生赴救護衙門置香候時，報初虧、食甚、復圓等事。禮畢，本監依交食原象繪圖竝按占書具奏，如陰雲不見者，不占，食不及一分者，不行救護。

凡天象或有變異，據該直官呈報應奏者，按占密題，其占書以觀象玩占爲準。

凡正旦風占，每年正旦寅時風起何方，即據該直官所報按占具題。

凡八節風占，新法俱預行推測，繪圖進呈。康熙十九年，奉旨停止，仍候風按占具題。

凡候氣，立春前十日題，差本監官二員前往順天府候氣。康熙八年題准：停止。

凡天文瑞應，或先期所推，或觀候所見，俱繪圖進呈。〇雍正三年二月二日庚午，日月合璧，五星連珠。奉旨："據欽天監奏稱日月合璧以同明，五星連珠而共貫，宿躔營室之次，位當娵訾之宫，爲從來未有之瑞應。請敕付史館等語。朕惟日月五星運行於天，本有常度，是以從古曆元可坐算而得。然古稱高陽時五星會於營室，漢帝時五星聚於東井，宋祖時五星聚於奎，史書皆紀以爲祥。蓋七政會合數雖一定，而遭逢其時者，實海宇昇平，民安物阜之會也。若以爲德化所致，朕方臨御二載，有何功德，遽能致此嘉祥？皆由我皇考六十餘年，聖德神功，蟠天際地，爲千古不世出之君，爲上天第一篤愛之子，所以純禧駢集，曆數綿長，錫祚垂光，至於今日覩此難逢之嘉瑞。朕嗣統以來，兢兢業業，率由舊章，惟以皇考之心爲心，以皇考之政爲政，宅衷圖事，罔敢稍越尺寸，故邀上天垂鑒，仍如皇考之御宇綏猷，而錫以無疆之福也。朕幸逢嘉會，不但不敢自居，亦且不敢自謙，總由上天申眷皇考，朕與天下臣民同在福祐之中，當與天下臣民共慶之，所奏著付史館，并頒示中外。"

凡行幸，題派候時官隨往。

凡每月常朝及慶賀經筵進書諸大典，於皇帝陞殿之前，本監派博士二員，同禮部鴻臚寺官在乾清門報時請駕。

凡壇廟祭祀，本監派博士二員，同太常寺官在祭所報時。

凡山陵及宫室營建公務,題派看風水官并候時官前往。

凡興造吉慶諸典禮吉期,俱由本監選擇或具題或行文移送。

凡册封外國,本監派科官一員前往。

凡造曆所用紙張、綾絹、顔料及工價銀兩,行文户部支領,梨木板、包袱,行文工部支領。

凡本監官員遇缺,行文吏部補授,滿漢天文生由本監考取,咨明吏部。

凡本監官生有父母喪,給假三個月,在監終服。

凡奏本文移册籍、紙張,俱行文户部支領。其隨駕及差往各處官生所用馬匹,本監題請支取。帳房鞍轡、香炭、燭、肉、米等項併冬季貉皮端罩,行文户工二部支領。觀象臺譙樓所用燈油、木炭、時香及調品、壺漏、油炭,移文順天府送用。

凡設科,順治元年設四科,曰曆科,曰天文科,曰漏刻科,曰回回科。○十四年議准:回回科推算虚妄,革去不用,止存三科。

曆科

滿五官正二員,漢春官正一員,夏官正一員,中官正一員,秋官正一員,冬官正一員,漢五官司曆一員,滿博士一員,漢軍博士一員,漢博士十七員,職司推算日月交食、七政、經緯、躔度、合朔弦望、節氣交宫,開註御覽總曆、時憲民曆,頒行中外,校對小本曆日,擇選祀册日期,校正春圖,督令工匠辦造曆本,校對板樣等事。又漢軍秋官正一員,滿博士二員,職司推算凌犯曆日,翻譯校對。又蒙古五官正二員,康熙三十二年設,翻譯蒙古曆。

凡造七政曆,俱依黄道推算,分註七政過宫宿度,於太陰分註緯度及正斜升降,於五星分註緯度及晨夕伏見,又合推日月五星行最高卑及交宫伏見遲留順逆并月孛羅睺計都躔度。

凡造凌犯曆,按視差氣差推算於月及五星,凌犯掩俱註時刻并相離度分、所屬宫次。其日月交食,各直省初虧時刻、帶食分數各有不同。

凡造御覽曆及民曆,俱遵欽定之選擇。曆書及萬年曆鋪註,首篇列京師節氣時刻,次列太歲、干支、納音德合、修造取土方向、幾龍治水及年神九星方位,次列各省太陽出入及晝夜時刻,次列各蒙古太陽出入及晝夜時刻,次列各省節氣時刻,次列各蒙古節氣時刻,次列逐月合朔弦望,逐日干支、納音、紀宿、建除、宜忌及京師日出入晝夜時刻,每月下仍列太陽躔度、七十二候、月九星及天德、月合、月厭、月殺、月空、修造取土方向又土王日及社日、伏日，俱詳註，次列紀年及男女九宫，紀年下層分列天恩、天赦、母倉，天德合等吉日、太歲以下神殺出遊日、日遊神所在之方、逐日人神所在、太白逐日遊方、長星短星百忌日、祀竈洗頭日、遊禍天火上朔等日、嫁娶、周堂、五姓、修宅，末列滿漢監正副五官正、主簿、司曆等名銜。

凡漢民曆板，刊刻二副，先刷三十六本，分送各布政司各二本，一用印存司，一不用印，照樣刊頒。

凡祭祀日期，每年九月中選擇，開送禮部。康熙十年，移送太常寺。

凡春牛圖，每年六月順天府移文過監，校正顔色，隨行隨畫，送監譯寫，候立春日，分送諸王貝勒各一張。

〔曆法〕

順治元年，欽天監修改曆法官，進新法測量儀器竝新法曆式。奉旨："西洋新法推算精密，見今造曆准悉依此法。"○二年，新曆告成，賜名"時憲曆"，頒行天下，令該監局官生肄習遵守。其曆日面頁開載：欽天監依西洋新法，印造時憲曆日，頒行天下。僞造者依律處斬，有能告捕者，官給賞銀五十兩。如無本監曆日印信，即同私曆。其曆元自太宗文皇帝天聰二年戊辰爲天正冬至子正起算，周天用三百六十度，度法六十分，每日九十六刻，刻法十五分。其朔望節氣時刻、太陽出入、晝夜長短，京師與各省皆依北極高度、東西偏度推算，各有不同。高度偏度等數詳後。○康熙三年，復用舊法，續因舊法不密，用回回法。○七年命大臣傳集西洋人與監官質辨，至午門測驗正午日影。○八年，特遣大臣二十員赴觀象臺測驗，遂令西洋人治理曆法。其曆日面頁奏准：去"依西洋新法"五字，改爲"欽天監，奏准印造時憲曆日，頒行天下"。○十三年，御製新儀六座，其製法用法繪圖列表，次爲十六卷，名曰御製《靈臺儀象志》。○十七年，預推七政交食表告成，共三十二卷，名曰《康熙永年表》。○二十二年，測驗盛京北極高度，推算日月交食表告成。○四十三年覆准：各蒙古東自野索，西至雅爾堅地方，久經内附，著欽天監遵欽定三角形簡法，自北極高四十四度巴爾古爾河，以至六十八度武地河之處，俱照盛京之例，增衍列表。○五十二年覆准：科爾沁等蒙古二十四處節氣、太陽出入時候，自康熙三十二年載入曆書，俱照舊地圖推算，今新地圖係用御製新儀測得，各省及各口外經緯度數絲毫不爽，迥非舊圖可比。嗣後造曆，著照新圖推算。又蒙古駐劄無常，其經緯度數以有城池房屋處爲定，不拘遊牧之處。○五十三年諭："北極高度、黄赤距度於曆法最爲緊要，著於澹寧居後每日測量。"遵旨製中表、正表、倒表各二具，均高四尺，銅象限儀二具，半徑均五尺，晝測日影，夜測句陳帝星，測得暢春園北極高三十九度五十九分三十秒，比京師觀象臺高四分三十秒，黄赤大距二十三度二十九分三十秒，比舊少一分三十秒。〇又奏准：江南、浙江、河南、陜西、四川、雲南、廣東七省，各派蒙養齋行走學習算法人一員，及部院衙門官各一員，前往測量星日，以爲修曆之用。〇五十七年，御定《七政四餘萬年曆》告成。〇五十九年覆准：聖曆綿遠，六十年甲子初週自康熙元年爲始，依次編列，定爲萬年曆，於六十一年後紀年處增入紙張，書康熙六十一年以後歷年。〇雍正三年，刊刻聖祖仁皇帝御製《律曆淵源》告成，内《曆象考成》四十二卷，《律吕正義》五卷，《數理精藴》五十三卷，上御製序文。頒發《曆象考成》，令欽天監教習該監官生欽遵推算。自雍正四年爲始，造曆用《曆象考成》之法。〇又議准：曆日面頁改載"欽天監欽遵御製《曆象考成》，印造時憲曆日，頒行天下"。〇又議准：《曆象考成》係御製之書，欽天監無可治理之處，其治理曆法之銜應改。奉旨改爲監正。〇又議准：律曆淵源板片交於禮部。凡内外臣民有情願自備紙張工價刷印，或情願重刊，以廣流傳者，聽。

京師及各省各蒙古北極高度

京師北極高三十九度五十五分

盛京北極高四十一度五十一分

山西北極高三十七度五十三分三十秒

朝鮮北極高三十七度三十九分十五秒

山東北極高三十六度四十五分二十四秒

河南北極高三十四度五十二分二十六秒

陜西北極高三十四度十六分

江南北極高三十二度四分

四川北極高三十度四十一分

湖廣北極高三十度三十四分四十八秒

浙江北極高三十度十八分二十秒

江西北極高二十八度三十七分十二秒

貴州北極高二十六度三十分二十秒

福建北極高二十六度二分二十四秒

廣西北極高二十五度十三分七秒

雲南北極高二十五度六分

廣東北極高二十三度十分
布龍看布爾嘎蘇泰北極高四十九度二十八分
厄格塞楞格北極高四十九度二十七分
桑金答賴湖北極高四十九度十二分
肯忒山北極高四十八度三十三分
克爾倫河巴拉斯城北極高四十八度五分三十秒
圖拉河韓山北極高四十七度五十七分十秒
喀爾喀河克勒和邵北極高四十七度三十四分三十秒
杜爾伯特北極高四十七度十五分
鄂爾昆河厄爾得尼招北極高四十六度五十八分十五秒
空各衣札布韓河北極高四十六度四十二分
扎賴特北極高四十六度三十分
推河北極高四十六度二十九分二十秒
科爾沁北極高四十六度十七分
郭爾羅斯北極高四十五度三十分
阿禄科爾沁北極高四十五度三十分
翁機河北極高四十五度三十分
薩克薩圖古里克北極高四十五度二十三分四十五秒
烏朱穆秦北極高四十四度四十五分
蒿齊忒北極高四十四度六分
古爾班賽堪北極高四十三度四十八分
巴林北極高四十三度三十六分
扎魯特北極高四十三度三十分
阿霸哈納北極高四十三度二十三分
阿霸垓北極高四十三度二十三分
奈曼北極高四十三度十五分
克西克騰北極高四十三度
蘇尼特北極高四十三度
哈密城北極高四十二度五十三分
翁牛特北極高四十二度三十分
敖漢北極高四十二度十五分
喀爾喀北極高四十一度四十四分

四子部落北極高四十一度四十一分
喀喇沁北極高四十一度三十分
毛明安北極高四十一度十五分
吳喇忒北極高四十度五十二分
歸化城北極高四十度四十九分
土默特北極高四十度四十九分
鄂爾多斯北極高三十九度三十分
阿蘭善山北極高三十八度三十分
各省及各蒙古東西偏度凡偏東一度節氣遲時之四分,偏西一度節氣早時之四分
盛京偏東七度十五分
浙江偏東三度四十一分二十四秒
福建偏東二度五十九分
江南偏東二度十八分
山東偏東二度十五分
江西偏西三十七分
河南偏西一度五十六分
湖廣偏西二度十七分
廣東偏西三度三十三分十五秒
山西偏西三度五十七分四十二秒
廣西偏西六度十四分四十秒
陝西偏西七度三十三分四十秒
貴州偏西九度五十二分四十秒
四川偏西十二度十六分
雲南偏西十三度三十七分
朝鮮偏東十度三十分
郭爾羅斯偏東八度十分
扎賴特偏東七度四十五分
杜爾伯特偏東六度十分
扎魯特偏東五度
奈曼偏東五度
敖漢偏東四度
科爾沁偏東四度三十分

阿祿科爾沁偏東三度五十分
喀爾喀河克勒和邵偏東二度四十六分
巴林偏東二度十四分
喀喇沁偏東二度
翁牛特偏東二度
烏朱穆秦偏東一度十分
克西克騰偏東一度十分
蒿齊忒偏東三十分
阿霸哈納偏東二十八分
阿霸垓偏東二十八分
蘇尼特偏西一度二十八分
克爾倫河巴拉斯城偏西二度五十二分
四子部落偏西四度二十二分
歸化城偏西四度四十八分
土默特偏西四度四十八分
喀爾喀偏西五度五十五分
毛明安偏西六度九分
吴喇忒偏西六度三十分
肯忒山偏西七度三分
鄂爾多斯偏西八度
圖拉河韓山偏西九度十二分
翁機河偏西十一度
古爾班賽堪偏西十一度
布龍看布爾嘎蘇泰偏西十一度二十二分
阿蘭善山偏西十二度
厄格塞楞格偏西十二度二十五分
鄂爾昆河厄爾德尼招偏西十三度五分
推河偏西十五度十五分
桑金答賴湖偏西十六度二十分
薩克薩圖古里克偏西十九度三十分
空各衣扎布韓河偏西二十度十二分
哈密城偏西二十二度三十二分

京師日出入晝夜時刻

日躔戌宫初度

日出卯正初刻,日入酉正初刻,晝四十八刻,夜四十八刻。

酉宫初度

日出卯初一刻六分,日入酉正二刻九分,晝五十三刻三分,夜四十二刻十二分。

申宫初度

日出寅正三刻四分,日入戌初初刻十一分,晝五十七刻七分,夜三十八刻八分。

未宫初度

日出寅正二刻五分,日入戌初一刻十分,晝五十九刻五分,夜三十六刻十分。

午宫初度

日出寅正三刻四分,日入戌初初刻十一分,晝五十七刻七分,夜三十八刻八分。

巳宫初度

日出卯初一刻六分,日入酉正二刻九分,晝五十三刻三分,夜四十二刻十二分。

辰宫初度

日出卯正初刻,日入酉正初刻,晝四十八刻,夜四十八刻。

卯宫初度

日出卯正二刻九分,日入酉初一刻六分,晝四十二刻十二分,夜五十三刻三分。

寅宫初度

日出辰初初刻十一分,日入申正三刻四分,晝三十八刻八分,夜五十七刻七分。

丑宫初度

日出辰初一刻十分,日入申正二刻五分,晝三十六刻十分,夜五十九刻五分。

子宫初度

日出辰初初刻十一分,日入申正三刻四分,晝三十八刻八分,夜五十七刻七分。

亥宮初度

日出卯正二刻九分,日入酉初一刻六分,晝四十二刻十二分,夜五十三刻三分。

〔聖祖仁皇帝御製曆象考成推步法上〕

推日躔法

用數

康熙二十三年,甲子天正冬至爲曆元,周天度三百六十,入算化作一百二十九萬六千秒,平分之爲半周,四分之爲象限,十二分之爲宫,度法六十,分秒,忽微以下皆以六十遞析。歲周三百六十五日二四二一八七五。歲周小餘係五時三刻三分四十五秒,將時刻分化秒,用萬分通之,得二千四百二十一分,小餘八七五。凡此者,所以便布算也,後平行諸應通法皆倣此。

歲差五十一秒

日法一千四百四十　　日周通法一萬

紀法六十　　宿法二十八

太陽每日平行三千五百四十八秒三三〇五一六九,最卑歲行六十一秒一六六六六,最卑日行十分秒之一又六七四六九。本天半徑一千萬,本輪半徑二十六萬八千八百一十二,均輪半徑八萬九千六百〇四。氣應七日六五六三七四九二六,宿應五日六五六三七四九二六,最卑應七度一十分十一秒一十微。

求天正冬至

置歲周,以距曆元之積年,下求,將來則從曆元順推;上考往古,則從曆元逆溯,減一乘之,得中積分,加氣應,上考往古減氣應,滿紀法去之,餘爲天正冬至日分。上考往古,則以所餘轉與紀法相減,餘爲天正冬至日分。自初日起甲子,其小餘以日法通之,如法收爲時刻。日周通法爲一率,小餘爲二率,日法爲三率,求得四率爲時分,滿六十分收爲一小時,十五分收爲一刻。初時起子正,一時爲丑初,以至二十三時,爲夜子初。

求平行

以日周通法爲一率,太陽每日平行爲二率,天正冬至小餘與日周通法相減,餘爲三率,求得四率,二率與三率相乘,一率除之,即得四率,後倣此,爲年根秒數。又置太陽每日平行,以本日距天正冬至之日數乘之,得數爲秒,與年根相併,以宫度分收之爲平行。

求實行

置最卑歲行，以積年乘之，又置最卑日行，以距天正冬至之日數乘之，兩數相併，内加最卑應，上考則減最卑應，以減平行，得引數，用直角三角形，以本輪半徑三分之二爲對直角之邊，以引數爲一角，求得對角之邊，倍之，又求得對餘角之邊，與半徑相加減，引數三宫至八宫則相加，九宫至二宫則相減，復用直角三角形，以加倍之數爲小邊，加減半徑之數爲大邊，直角在兩邊之中，求得對小邊之角爲均數，置平行，以均數加減之，引數初宫至五宫爲加，六宫至十一宫爲減，得實行。

求宿度

以積年乘歲差得數，加黄道宿鈐，鈐見卷後，以減實行，餘爲日躔宿度。若實行不及，減宿鈐，退一宿減之。

求值宿

置中積分加宿應滿宿法去之，餘數加一日爲值宿，初日起角宿。

求節氣時刻

日躔初宫，丑，初度爲冬至，十五度爲小寒。一宫，子，初度爲大寒，十五度爲立春。二宫，亥，初度爲雨水，十五度爲驚蟄。三宫，戌，初度爲春分，十五度爲清明。四宫，酉，初度爲穀雨，十五度爲立夏。五宫，申，初度爲小滿，十五度爲芒種。六宫，未，初度爲夏至，十五度爲小暑。七宫，午，初度爲大暑，十五度爲立秋。八宫，巳，初度爲處暑，十五度爲白露。九宫，辰，初度爲秋分，十五度爲寒露。十宫，卯，初度爲霜降，十五度爲立冬。十一宫，寅，初度爲小雪，十五度爲大雪。皆以子正日躔未交節氣宫度爲本日，已過節氣宫度爲次日。推時刻之法，以本日實行與次日實行相減爲一率，日法爲二率，本日子正實行與節氣宫度相減爲三率，如推立春，則以本日實行與一宫十五度相減，餘倣此。求得四率爲距子正後之分數，乃以時刻收之，即得節氣初正時刻。如實行適與節氣宫度相符而無餘分，即爲子正初刻。至於各省節氣時刻，皆以京師爲主，視偏度加減之。偏東一度，加時之四分；偏西一度，減時之四分。

求日出入晝夜時刻

以本天半徑爲一率，北極高度之正切，以高度查八線表得之，表詳《數理精藴》，後倣此，爲二率，本日距緯度，以實行查黄赤距緯表得之，表詳後，之正切爲三率，求得四率爲赤道度之正弦，檢《八線表》得日出入在卯酉前後，赤道度變爲時分，一度時之四分，十五分變時之一分，凡言變時者倣此，以加減卯酉時，即得日出入時刻。春分前秋分後以加卯正爲日出時刻，以減酉正爲日入時刻；春分後秋分前，以減卯正爲日出時刻，以加酉正爲日入時刻。自日出至日入爲晝刻，與九十六刻相減，餘爲夜刻。

二十八宿黄道經緯度鈐

黄道經度	黄道緯度
斗初宫，五度五十分	南三度五十分
牛初宫，二十九度三十七分	北四度四十一分
女一宫，七度二十三分	北八度一十分
虚一宫，十九度〇一分	北八度四十二分
危一宫，二十九度	北十度四十二分
室二宫，十九度〇七分	北十九度二十六分
壁三宫，四度四十八分	北十二度三十五分
奎三宫，十七度五十四分	北十五度五十八分
婁三宫，二十九度三十三分	北八度二十九分
胃四宫，十二度三十三分	北十一度十六分
昴四宫，二十四度四十八分	北四度一十分
畢五宫，四度〇三分	南二度三十七分
參五宫，十八度〇一分	南二十三度三十八分
觜五宫，十九度二十二分	南十三度二十六分
井六宫，初度五十五分	南初度五十三分
鬼七宫，一度二十分	南初度四十八分
柳七宫，五度五十二分	南十二度二十七分
星七宫，二十二度五十六分	南二十二度二十四分
張八宫，一度十九分	南二十六度十二分
翼八宫，十九度二十三分	南二十二度四十一分
軫九宫，六度二十三分	南十四度二十五分
角九宫，十九度二十六分	南一度五十九分
亢十宫，初度〇三分	北二度五十八分
氐十宫，十度四十一分	北初度二十六分
房十宫，二十八度三十一分	南五度二十三分
心十一宫，三度二十一分	南三度五十五分
尾十一宫，十度五十四分	南十五度

箕十一宮，二十六度五十分　　南六度五十六分

右二十八宿鈐乃曆元甲子年之黃道經緯度分。其緯度距黃道之南北，千古不移，而經度則每歲東行五十一秒，所謂歲差也。故求宿度，必須以距曆元積年，與歲差五十一秒相乘，得數加入宿鈐，方得所求年各宿實在之度分。

黃赤距度表

距度表按二分二至，分順逆列之。二分後，各宮列於上，三宮至五宮爲春分後，係北緯，九宮至十一宮爲秋分後，係南緯；二至後，各宮列於下，六宮至八宮爲夏至後，係北緯，初宮至二宮爲冬至後，係南緯。太陽實行在上六宮，則用右行順度；在下六宮，則用左行逆度。用表之法，以實行之宮對實行之度，其縱橫相遇之數，即爲所求之距度也。表只列整度，其分數用中比例法求之。

黃道度	五宮 十一宮 北南度	分	五宮 十一宮 秒	四宮 十宮 北南度	分	四宮 十宮 秒	三宮 九宮 北南度	分	三宮 九宮 秒	黃道度
三○	二○	一一	四一	一一	二九	四七			○	○
二九	二○	二四	一四	一一	五○	五○		二三	五五	一
二八	二○	三六	二五	一二	一一	四一		四七	四九	二
二七	二○	四八	一四	一二	三二	二○	一	一一	四三	三
二六	二○	五九	三九	一二	五二	四七	一	三五	三六	四
二五	二一	一○	四一	一三	一三	○一	一	五九	二七	五
二四	二一	二一	二○	一三	三三	○一	二	二三	一七	六
二三	二一	三一	三五	一三	五二	四九	二	四七	○四	七
二二	二一	四一	二五	一四	一二	二二	三	一○	四九	八
二一	二一	五○	五一	一四	三一	四二	三	三四	三○	九
二○	二一	五九	五三	一四	五○	四六	三	五八	○九	一○
一九	二二	○八	三○	一五	○九	三六	四	二一	四四	一一
一八	二二	一六	四二	一五	二八	一○	四	四五	一四	一二
一七	二二	二四	一八	一五	四六	二九	五	○八	四○	一三
一六	二二	三一	五○	一六	○四	三一	五	三二	○二	一四
一五	二二	三八	四五	一六	二二	一七	五	五五	一八	一五
一四	二二	四五	一四	一六	三九	四六	六	一八	二九	一六
一三	二二	五一	二八	一六	五六	五八	六	四一	三四	一七
一二	二二	五六	五五	一七	一三	五三	七	○四	三二	一八
一一	二三	○二	○六	一七	三○	二九	七	二七	二四	一九
一○	二三	○六	五○	一七	四六	四七	七	五○	○九	二○
九	二三	一一	○八	一八	○二	四六	八	一二	四六	二一
八	二三	一四	五八	一八	一八	二六	八	三五	一六	二二
七	二三	一八	二二	一八	三三	四七	八	五七	三七	二三
六	二三	二一	一九	一八	四八	四八	九	一九	五○	二四
五	二三	二三	四九	一九	○三	二九	九	四一	五四	二五
四	二三	二五	五一	一九	一七	五○	一○	○三	四九	二六
三	二三	二七	二七	一九	三一	四九	一○	二五	三四	二七
二	二三	二八	三五	一九	四五	二八	一○	四七	○九	二八
一	二三	二九	一六	一九	五八	四五	一一	○八	三四	二九
○	二三	二九	三○	二○	一一	四一	一一	二九	四七	三○
左逆	南北	初宮 六宮		南北	一宮 七宮		南北	二宮 八宮		右順

推月離法

用數

太陰每日平行四萬七千四百三十五秒〇二一一七七。太陰小時四刻平行一千九百七十六秒四五九二一五七。月孛每日平行四百〇一秒〇七七四七七。正交每日平行一百九十秒六四。本天半徑一千萬，本輪半徑五十八萬，均輪半徑二十九萬，負圈半徑七十九萬七千，次輪半徑二十一萬七千，次均輪半徑一十一萬七千五百，黄赤大距二十三度二十九分三十秒，朔望黄白大距四度五十八分三十秒，兩弦黄白大距五度一十七分三十秒，太陰平行應一宫〇八度四十分五十七秒十六微。月孛應三宫〇四度四十九分五十四秒〇九微。正交應六宫二十七度十三分三十七秒四十八微。

求天正冬至詳日躔

求太陰平行

置中積分，詳日躔，加氣應小餘，減天正冬至小餘，得積日，上考，往古則減氣應小餘，加天正冬至小餘。與太陰每日平行相乘，滿周天秒數去之，餘數收爲宫度分，以加太陰平行，應得太陰年根，上考，往古則減。又置太陰每日平行，以距天正冬至之日數乘之，得數爲秒，以宫度分收之，與年根相併，滿十二宫去之，爲太陰平行。

求月孛平行

以積日與月孛每日平行相乘，滿周天秒數去之，餘數收爲宫度分，以加月孛應，得月孛年根，上考往古則減。又置月孛每日平行，以距天正冬至之日數乘之，得數爲秒，以宫度分收之，與年根相併，滿十二宫去之，爲月孛平行。

求正交平行

以積日與正交每日平行相乘，滿周天秒數去之，餘數收爲宫度分，以減正交應，正交應不足減者，加十二宫減之，得正交年根。上考往古則加。又置正交每日平行，以距天正冬至之日數乘之，得數爲秒，以宫度分收之，以減年根，年根不足減者，加十二宫減之，爲正交平行。

求用時太陰平行

以本日太陽均數變時，得均數時差。均數爲加者，時差爲減，均數減者，時差爲加。又以本日太陽黄赤經度，黄經即實行，詳《日躔求赤經法》，見後“求月出入時刻”條，相減，餘數變時，得升度時差，二分後爲加，二至後爲減，乃以兩時差相加減爲時差總,兩時差同爲加者,則相併爲總,其號仍爲加;同爲減者,亦相併爲總,其號爲減;兩時差一加一減者,則相減爲總,加數大爲加號,減數大爲減號,化秒與一小時太陰平行相乘爲實,以一度化秒爲法除之,得數爲秒,以分收之,得時差行以加減太陰平行,時差總爲加者則減,爲減者則加,爲用時太陰平行。

求初實行

置用時太陰平行,減月孛平行,得引數,用直角三角形,以本輪半徑之半爲對直角之邊,以引數爲一角,求得對角之邊三因之。又求得對餘角之邊,與半徑相加減,引數九宫至二宫相加,三宫至八宫相減,復用直角三角形,以三因數爲小邊,加減半徑數爲大邊,直角在兩邊之中,求得對小邊之角爲初均數,并求得對直角之邊爲次輪最近點距地心線,爲求次均數之用,置用時太陰平行,以初均數加減之,引數初宫至五宫爲減,六宫後爲加,爲初實行。

求白道實行

置初實行,減本日太陽實行,得次引,即月距日度,用三角形,以次輪最近點距地心線爲一邊,倍次引之通弦,千萬爲一率,次引之正弦爲二率,次輪半徑爲三率,求得四率倍之,即通弦,爲一邊,以初均數與引數減半周之度,引數不及半周,則與半周相減;如過半周則減去半周,相加,又以次引距象限度,次引不及象限,則與象限相減;如過象限及過三象限,則減去象限及三象限,用其餘,如過二象限,則減去二象限,餘數仍與象限相減,加減之,初均數減者,次引過象限或過三象限,則相加,不過象限或過二象限則相減,初均加者反是,爲所夾之角,若相加過半周,則與全周相減,用其餘爲所夾之角,若相加適足半周,或相減無餘,則無二均數,若次引爲初度或一百八十度,亦無二均數,求得對通弦之角爲二均數,如無初均數者,以次輪心距地心線爲一邊,次輪半徑爲一邊,次引倍度爲所夾之角,隨定其加減號,以初均數與均輪心距最卑之度相加爲加減泛限,泛限適足九十度,則二均加減與初均同,如泛限不及九十度,則與九十度相減,餘數倍之爲加減限;初均減者,以次引倍度,初均加者,以次引倍度減全周之餘數,皆與限相較,如泛限過九十度者,減去九十度,餘數倍之爲加減限,初均加者,以次引倍度,初均減者,以次引倍度減全周之餘數,皆與限相較,竝以大於限度則二均之加減與初均同,小於限度者反是,并求得對角之邊爲次均輪、心距地、心線,又以此線及次引,用三角法求得三均數,次均輪心距地心線爲一邊,次均輪半徑爲一邊,次引倍度爲所夾之角,求得對次均輪半徑之角爲三均數。隨定其加減號,次引倍度不及半周爲加,過半周爲減,乃以二均數與三均數相加減,爲二三均數,兩均數同號則相加,異號則相減,以加減初實行，二均三均同爲加號者仍爲加，同爲減號者仍爲減，如一爲加號一爲減號者，加數大則加，減數大則減，爲白道實行。

求黄道實行

用弧三角法求得黄白大距及交均，以黄白大距中數爲一邊，黄白大距半較爲一邊，次引倍度爲所夾之角，求得對邊爲黄白大距，竝求得對半較之角爲交均。以交均加減正交平行，次引倍度不及半周爲減，過半周爲加，得正交實行。又加減六宫爲中交實行，置白道實行減正交實行得距交實行，以本天半徑爲一率，黄白大距之餘弦爲二率，距交實行之正切爲三率，求得四率爲黄道之正切，檢《八線表》得度分，與距交實行相減，餘爲升度差，以加減白道實行，距交實行不過象限或過二象限爲減，過象限及過三象限爲加，爲黄道實行。

求黄道緯度

以本天半徑爲一率，黄白大距之正弦爲二率，距交實行之正弦爲三率，求得四率爲距緯之正弦，檢《八線表》得黄道緯度。距交實行，初宫至五宫爲黄道北，六宫至十一宫爲黄道南。

求宿度

依日躔求宿度法，求得本年黄道宿鈐，以黄道實行、月孛平行及正交、中交實行，各度分視其足減宿鈐内某宿則減之，餘爲各種宿度。

求合朔弦望

太陰實行與太陽實行同宫同度爲合朔限，距三宫爲上弦限，距六宫爲望限，距九宫爲下弦限，皆以太陰未及限度爲本日，已過限度爲次日，求時刻之法以太陽本日實行與次日實行相減，又以太陰本日實行與次日實行相減，兩減餘數相較爲一率，日法爲二率，本日太陽實行加限度，上弦加三宫望加六宫，下弦加九宫，減本日太陰實行餘爲三率，求得四率爲距子正之分數，如法收之，得合朔弦望時刻。

求交宫時刻

以太陰本日實行與次日實行相減，未過宫爲本日，已過宫爲次日。餘爲一率，日法爲二率，太陰本日實行，不用宫，與三十度相減餘爲三率，求得四率爲距子正之分數，如法收之，得交宫時刻。

求正升斜升横升

合朔日太陰實行，自子宫十五度至酉宫十五宫爲正升，自酉宫十五度至未宫初度爲斜升，自未宫初度至寅宫十五度爲横升，自寅宫十五度至子宫十五度爲斜升。

求太陰出入時刻

以本日太陽黄道經度求其赤道度，以本天半徑爲一率，黄赤大距之餘弦爲二率，本日太陽距春秋分黄道經度之正切爲三率，求得四率爲赤道經度之正切，又用弧三角法以太陰距黄極爲一邊，黄赤大距爲一邊，太陰距冬至黄道經度爲所夾之外角，過半周者，與全周相減，用其餘，求得對邊爲太陰距北極度，加減九十度，得赤道緯度，不及九十度者，與九十度相減，餘爲北緯；過九十度者，減去九十度，餘爲南緯，又求得近北極之角爲太陰距冬至赤道經度，乃以本天半徑爲一率，北極高度之正切爲二率，太陰赤道緯度之正切爲三率，求得四率爲赤道正弦，按《八線表》得太陰出入在卯酉前後。赤道度，太陰在赤道北，出在卯正前，入在酉正後；太陰在赤道南，出在卯正後，入在酉正前，以加減，前減後加，太陰距太陽赤道度，太陰赤道經度内減去太陽赤道經度即得，不足減者，加十二宫減之，得數，變時自卯正酉正後計之，出地自卯正後，入地自酉正後，再加本時太陰行度之時刻，約一小時，行三十分變爲時之二分，即得太陰出入時刻。

推月食法

用數

朔策二十九日五三〇五九三。

望策一十四日七六五二九六五。

太陽平行朔策一十萬四千七百八十四秒三〇四三二四。半之爲望策，下三條同。

太陽引數朔策一十萬四千七百七十九秒三五八八六五。

太陰引數朔策九萬二千九百四十秒二四八五九。

太陰交周朔策一十一萬〇四百一十四秒〇一六五七四。

太陽小時平行一百四十七秒八四七一〇四九。

太陽小時引數一百四十七秒八四〇一二七。

太陰小時引數一千九百五十九秒七四七六五四三。

太陰小時交周一千九百八十四秒四〇二五四九，月距日小時平行一千八百二十八秒六一二一一〇八。太陽光分半徑六百三十七，地半徑一百。太陰實半徑二十七。太陽最高距地一千〇一十七萬九千二百〇八，與地半徑之比例爲一十一萬六千二百。太陰最高距地一千〇一十七萬二千五百，與地半徑之比例爲五千八百一十六。

朔應二十六日三八五二六六六。

首朔太陽平行應初宫二十六度二十分四十二秒五十七微。太陰同。

首朔太陽引數應初宫一十九度一十分二十七秒二十一微。

首朔太陰引數應九宫一十八度三十四分二十六秒一十六微。

首朔太陰交周應六宫初度三十分五十五秒一十四微。

求天正冬至詳日躔

求首朔

置積日，詳月離，減朔應得通朔，上考往古加朔應，以朔策除之，得數加一爲積朔，餘數轉減朔策爲首朔。上考往古，則除得之數，即爲積朔，不用加一，餘數即爲首朔，不用轉減朔策。

求太陰入食限

以積朔與太陰交周朔策相乘，滿周天秒去之，餘爲積朔太陰交周。加首朔太陰交周應，得首朔，太陰交周，上考往古則置首朔太陰交周應，減積朔太陰交周，又加太陰交周望策，再以太陰交周朔策遞加十三次，得逐月望太陰平交周，視某月交周入可食之限，即爲有食之月。交周自五宫十五度〇六分，至六宫十四度五十四分，自十一宫十五度〇六分，至初宫十四度五十四分，皆爲可食之限。再於實交周詳之。

求平望

以太陰入食限之月數與朔策相乘，加入望策，再加首朔日分及紀日，天正冬至日加一日即紀日，滿紀法去之，餘爲平望日分，自初日起甲子得平望干支，以日法通其小餘如法收之，得時刻分秒。

求太陽平行

置積朔，加太陰入食限之月數，與太陽平行朔策相乘，滿周天秒數去之，爲積朔太陽平行，加首朔太陽平行應，上考往古，則以積朔平行減平行應，又加太陽平行望策，即得。

求太陽平引

置積朔，加太陰入食限之月數，與太陽引數朔策相乘，滿周天秒數去之，爲積朔太陽平引，加首朔太陽引數應，上考往古，則以積朔平引減引數應，又加太陽引數望策即得。

求太陰平引

置積朔加太陰入食限之月數，與太陰引數朔策相乘，滿周天秒數去之，爲積朔太陰平引，加首朔太陰引數應，上考往古，則以積朔平引減引數應，又加太陰引數望策即得。

求太陽實引

以太陽平引依日躔法求得太陽均數,以太陰平引依月離法求得太陰初均數,兩均數相加減爲距弧。兩均同號相減,異號相加。以小時月距日平行爲一率,一小時化秒爲二率,距弧化秒爲三率,求得四率爲距時秒,隨定其加減號。兩均同加,日大則加,日小則減;兩均同減,日大則減,日小則加;兩均一加一減,其加減從日。又以一小時化秒爲一率,太陽小時引數爲二率,距時秒爲三率,求得四率爲秒,以度分收之,爲太陽引弧,依距時加減號,以加減太陽平引得實引。

求太陰實引

以一小時化秒爲一率,太陰小時引數爲二率,距時秒爲三率,求得四率爲秒,以度分收之,爲太陰引弧,依距時加減號,以加減太陰平引得實引。

求實望

以太陽實引復求太陽均數爲日實均,并求得太陽距地心線,直角三角形對直角之邊,詳"日躔",以太陰實引復求太陰初均數爲月實均,并求得太陰距地心線,詳"月躔",兩均相加減爲實距弧。與距弧同。依前求距時法求得四率爲秒,以時分收之爲實距時,置平望以實距時加減之,加減法與距時同,得實望。加滿二十四時則實望進一日;不足減者,借一日作二十四時減之,則實望退一日。

求實交周

以一小時化秒爲一率,太陰小時交周爲二率,實距時化秒爲三率,求得四率爲秒,以度分收之爲交周距弧,以加減平交周,依實距時加減號,又以月實均加減之爲實交周,視實交周入必食限爲有食。實交周自五宫十七度四十三分〇五秒至六宫十二度十六分五十五秒,自十一宫十七度四十三分〇五秒至初宫十二度十六分五十五秒爲必食之限。不入此限者,不必布算。

求太陽黄赤實經度

以一小時化秒爲一率,太陽小時平行爲二率,實距時化秒爲三率,求得四率爲秒,以度分收之,爲太陽距弧,依實距時加減號,以加減太陽平行。又以日實均加減之,爲黄道經度,即求得赤道經度。法詳《月離》"求太陰出入時刻"條。

求實望用時

以日實均變時爲均數時差,以升度差,黄赤經度相減,變時爲升度時差,兩時差相加減爲時差總,加減之法詳《月離》"求太陰用時"條,以加減實望爲實望用時。距日出後、日入前九刻以内者,可以見食;九刻以外者,全在晝,即不必算。

求食甚時刻

以本天半徑爲一率,黄白大距之餘弦爲二率,實交周之正切爲三率,求得四率爲正切。查《八線表》得食甚交周,與實交周相減,爲交周升度差。又以太陰小時引數與太陰實引相加,依月離求初均法算之爲後均。以後均與月實均相加減,兩均同號相減,異號相加,得數又與小時月平行相加減,兩均同加,後均大則加,小則減;兩均同減,後均大則減,小則加;兩均一加一減,其加減從後均,爲月距日實行。乃以月距日實行化秒爲一率,一小時化秒爲二率,升度差化秒爲三率,求得四率爲秒,以分收之,得食甚距時,以加減實望用時,實交周初宫六宫爲減,五宫十一宫爲加,爲食甚時刻。

求食甚距緯

以本天半徑爲一率,黄白大距之正弦爲二率,實交周之正弦爲三率,求得四率爲正弦,查《八線表》得食甚距緯。實交周初宫五宫爲北,六宫十一宫爲南。

求太陰半徑

以太陰最高距地爲一率,地半徑比例數爲二率,太陰距地心線,求月實均時所得,内減去次均輪半徑爲三率,求得四率爲太陰距地。又以太陰距地爲一率,太陰實半徑爲二率,本天半徑爲三率,求得四率爲正弦,查《八線表》得太陰半徑。

求地影半徑

以太陽最高距地爲一率,地半徑比例數爲二率,太陽距地心線,求日實均時所得,爲三率,求得四率爲太陽距地。又以太陽光分半徑減地半徑,所餘爲一率,太陽距地爲二率,地半徑爲三率,求得四率爲地影之長,又以地影長爲一率,地半徑爲二率,本天半徑爲三率,求得四率爲正弦,檢《八線表》得地影角。又以本天半徑爲一率,地影角之正切爲二率,地影長減太陰距地之餘爲三率,求得四率爲太陰所當地影之闊。乃以太陰距地爲一率,地影之闊爲二率,本天半徑爲三率,求得四率爲正切,檢《八線表》得地影半徑。

求食分

太陰全徑爲一率,十分爲二率,太陰半徑與地影半徑相併爲併徑,内減食甚距緯,併徑不足,減距緯,即不食,餘爲三率,求得四率即食分。

求初虧復圓時刻

以食甚距緯之餘弦爲一率,併徑之餘弦爲二率,半徑千萬爲三率,求得四率爲餘弦,檢《八線表》得初虧復圓距弧。又以月距日實行化秒爲一率,小時化秒爲二率,初虧復圓距弧化秒爲三率,求得四率爲秒,以時分收之,爲初虧復圓距時,以加減食甚時刻,得初虧復圓時刻。減得初虧,加得復圓。

求食既生光時刻

食甚距緯之餘弦爲一率,地影太陰兩半徑較之餘弦爲二率,半徑千萬爲三率,求得四率爲餘弦,檢《八線表》得食既生光距弧。又以月距日實行化秒爲一率,小時化秒爲二率,食既生光距弧化秒爲三率,求得四率爲秒,以時分收之,爲食既生光距時,以加減食甚時刻,得食既生光時刻。減得食既,加得生光。

求食限總時

以初虧復圓距時倍之,即食限總時。

求太陰黄道經緯度

置太陽黄道經度,加減六宫,過六宫則減去六宫,不及六宫則加六宫,再加減食甚距弧,又加減黄白升度差,求升度差法詳《月離》"求黄道實行"條,得太陰黄道經度,即求緯度。詳《月離》。

求太陰赤道經緯度詳月離求太陰出入時刻條

求宿度

求得本年黄赤道宿鈐,求黄道宿鈐法詳《日躔》,有黄道經緯度即可求赤道經緯度,與太陰求赤道法同,以太陰黄赤道經度各如法減之,詳《日躔》,即得太陰黄赤道宿度。

求黄道地平交角

以食甚時刻變赤道度,每時之四分變作一度,每時之一分變度之十五分,又於太陽赤道經度内減三宫,不及減者,加十二宫減之,餘爲太陽距春分赤道度,兩數相加,滿全周去之,爲春分距子正赤道度,加減半周得春分距午正東西赤道度。過半周者,減半周爲午正西;不及半周者,與半周相減爲午正東。春分距午正東西度過象限者,與半周相減,餘爲秋分距午正東西赤道度。秋分距午東西與春分相反。以春秋分距午正東西度與九十度相減,餘爲春秋分距地平赤道度。乃用爲弧三角形之一邊,以黄赤大距度及赤道地平交角,以極高減象限得之春分午西、秋分午東者,用此若春分午東、秋分午西者,則以此度與半周相減，用其餘，爲邊傍之兩角，求得對邊之角爲黄道地平交角。春分午東、秋分午西者，得數即爲黄道地平交角；如春分午西、秋分午東者，則以得數與半周相減，餘爲黄道地平交角。

求黄道高弧交角

以黄道地平交角之正弦爲一率，赤道地平交角之正弦爲二率，春秋分距地平赤道度之正弦爲三率，求得四率爲正弦，檢表得春秋分距地平黄道度。又以太陰黄道經度視春秋分在地平上者，與三九宫相減，餘爲太陰距春秋分黄道度。春秋分宫度大於太陰宫度，爲距春秋分前，反此則在後。又以太陰距春秋分黄道度與春秋分距地平黄道度相加減，爲太陰距地平黄道度。春秋分在午正西者，太陰在分後則加，在分前則減，春秋分在午正東反是。隨視其距限之東西，春秋分在午西者，太陰距地平黄道度不及九十度爲限西，過九十度爲限東；春秋分在午東者反是，乃以太陰距地平黄道度之餘弦爲一率，本天半徑爲二率，黄道地平交角之餘切爲三率，求得四率爲正切，檢表得黄道高弧交角。

求初虧復圓定交角

置食甚交周，以初虧復圓距弧加減之，得初虧復圓交周。減得初虧，加得復圓。乃以本天半徑爲一率，黄白大距之正弦爲二率，初虧復圓，交周之正弦各爲三率，各求得四率爲正弦，檢表得初虧復圓距緯。交周初宫五宫爲緯北，六宫十一宫爲緯南。又以併徑之正弦爲一率，初虧復圓距緯之正弦各爲二率，半徑千萬爲三率，各求得四率爲正弦，檢表得初虧復圓緯差角。各與黄道高弧交角相加減，爲初虧復圓定交角。太陰在限東，初虧緯南則加，緯北則減；太陰在限西，初虧緯南則減，緯北則加。復圓加減反是。若初虧復圓無緯差角，即以黄道高弧交角爲定交角。

求初虧復圓方向

食在限東者，初虧復圓定交角在四十五度以内，初虧下偏左，復圓上偏右；四十五度以外，初虧左偏下，復圓右偏上；適足九十度，初虧正左，復圓正右；過九十度，初虧左偏上，復圓右偏下。食在限西者，初虧復圓定交角在四十五度以内，初虧上偏左，復圓下偏右；四十五度以外，初虧左偏上，復圓右偏下；適足九十度，初虧正左，復圓正右；過九十度，初虧左偏下，復圓右偏上。

求帶食

以本日日出或日入時分，初虧或食甚在日出前者，爲帶食出地；食甚或復圓在日入後者，爲帶食入地；帶食出地者，用日出分；帶食入地者，用日入分，與食甚時分相減，餘爲帶食距時。以小時化秒爲一率，小時月距日實行化秒爲二率，帶食距時化秒爲三率，求得四率爲秒，以度分收之，得帶食距弧。又以半徑千萬爲一率，帶食距弧之餘弦爲二率，食甚距緯之餘弦爲三率，求得四率爲餘弦，檢表得帶食兩心相距之弧。乃以太陰全徑爲一率，十分爲二率併徑内減帶食兩心相距，餘爲三率，求得四率爲帶食分秒。

求各省月食時刻

以京師月食時刻按各省東西偏度加減之。與推各省節氣時刻法同。

求各省月食方向

以各省赤道高度及各省時刻如前法推之。

大清會典卷之二百四十七

欽天監下

聖祖仁皇帝御製曆象考成推步法下

推日食法

用數

太陽實半徑五百〇七〇，餘詳《月食》。

求天正冬至詳日躔

求首朔詳月食

求太陰入食限

與月食求逐月望平交周之法同，惟不用望策，即爲逐月朔平交周。視某月交周入可食之限，即爲有食之月。交周自五宮九度〇八分至六宮八度五十一分，又自十一宮二十一度〇九分至初宮二十度五十二分，皆爲可食之限。

求平朔

與月食求平望之法同，惟不加望策，後三條同。

求太陽平行

求太陽平引

求太陰平引

求太陽實引

求太陰實引

求實朔

求實交周

以上四條皆與月食法同，惟食限不同。實交周，自五宮十一度四十五分至六宮六度十四分，又自十一宮二十三度四十六分至初宮十八度十五分爲的食限。實交周入此限者,爲有食;不入限者,不必布算。然亦有入限而不食者,因三差故也,後詳之。

求太陽黄赤實經度與月食法同下二條倣此

求實朔用時

實朔用時在日出前或日入後五刻以内,可以見食;五刻以外全在夜,不必布算。

求食甚用時與月食求食甚時刻法同

按月食無視差,故以食甚距時加減實望用時,即得食甚時刻。若日食,則視差多端,其時刻因之進退,故復有近時定時之求,此則只名用時也。此後則因用時求視差以推近時。

求用時春秋分距午赤道度

以太陽赤道經度減三宫,不足減者,加十二宫減之,爲太陽距春分後赤道度,又以食甚用時變爲赤道度加減半周,過半周者,減去半周;不及半周者,加半周,爲太陽距午正赤道度。兩數相加,滿全周去之,其數不過象限者,爲春分距午西赤道度;過一象限者,與半周相減,餘爲秋分距午東赤道度;過二象限者,則減去二象限,餘爲秋分距午西赤道度;過三象限者,與全周相減,餘爲春分距午東赤道度。

求用時春秋分距午黄道度

以黄赤大距之餘弦爲一率,本天半徑爲二率,用時春秋分距午赤道度之正切爲三率,求得四率爲正切,檢表得用時春秋分距午黄道度。

求用時午位黄赤距緯

以本天半徑爲一率,黄赤大距之正弦爲二率,用時春秋分距午黄道度之正弦爲三率,求得四率爲正弦,檢表得用時午位黄赤距緯。

求用時黄道與子午圈交角

以用時春秋分距午黄道度之正弦爲一率,本天半徑爲二率,用時春秋分距午赤道度之正弦爲三率,求得四率爲正弦,檢表得用時黄道與子午圈交角。

求用時午位黄道宫度

置用時春秋分距午黄道度,視春分在午西者,加三宫,秋分在午西者,加九宫;春分在午東者,與三宫相減,秋分在午東者,與九宫相減,得用時午位黄道度。

求用時午位黄道高弧

以用時午位黄赤距緯與赤道高弧，北極高度減象限之餘，相加減，得用時午位黄道高弧。黄道三宫至八宫則相加，九宫至二宫則相減。

求用時黄平象限距午度分

以用時黄道與子午圈交角之餘弦爲一率，本天半徑爲二率，用時午位黄道高弧之正切爲三率，求得四率爲正切，檢表得度，與九十度相減，餘爲用時黄平象限距午度分。

求用時黄平象限宫度

以用時黄平象限距午度分，與用時午位黄道宫度相加減，得黄平象限宫度。午位黄道宫度初宫至五宫爲加，六宫至十一宫爲減，若午位黄道高弧過九十度則反其加減。

求用時月距限

以太陽黄道經度與用時黄平象限宫度相減，餘爲月距限度，隨視其距限之東西。太陽黄道經度大於黄平象限宫度者爲限東，小者爲限西。

求用時限距地高

以本天半徑爲一率，用時黄道與子午圈交角之正弦爲二率，用時午位黄道高弧之餘弦爲三率，求得四率爲餘弦，檢表得用時限距地高。

求用時太陰高弧

以本天半徑爲一率，用時限距地高之正弦爲二率，用時月距限之餘弦爲三率，求得四率爲正弦，檢表得用時太陰高弧。

求用時黄道與高弧交角

以用時月距限之正弦爲一率，用時月距地高之餘切爲二率，本天半徑爲三率，求得四率爲正切，檢表得黄道與高弧交角。

求用時白道與高弧交角

置用時黄道與高弧交角，以黄白交角，即朔望黄白大距度，加減之，交周初宫十一宫，月距限東則加，限西則減；交周五宫六宫反是，得用時白道與高弧交角。加過九十度者，限東變爲限西，限西變爲限東；不足減者，反減之。限距地高在天頂北者，白平象限變爲天頂南；限距地高在天頂南者，白平象限變爲天頂北。

求太陽距地詳月食求地影半徑條

求太陰距地詳月食求太陰半徑條

求用時高下差

以地半徑爲一邊，太陽太陰距地爲一邊，用時太陰高弧與九十度相減爲所夾之角，求得對地半徑之角，爲太陽太陰地半徑差。用太陽距地爲邊求得者，爲太陽地半徑差；用太陰距地爲邊求得者，爲太陰地半徑差。兩地半徑差相減，餘爲用時高下差。

求用時東西差

以本天半徑爲一率，用時白道高弧交角之餘弦爲二率，用時高下差之正切爲三率，求得四率爲正切，檢表得用時東西差。

求食甚近時

以月距日實行化秒爲一率，小時化秒爲二率，用時東西差化秒爲三率，求得四率爲秒，以時分收之，爲近時距分，以加減食甚用時，用時月距限西則加，限東則減，仍視白道高弧交角變限不變限爲定，得食甚近時，按近時已較用時爲親切矣。然視差頃刻變幻，其時刻猶未可定，故復因近時，求視差以推定時。

求近時春秋分距午赤道度

以食甚近時變赤道度求之，餘與前用時之法同。後諸條倣此，但皆用近時所當度數立算。

求近時春秋分距午黄道度

求近時午位黄赤距緯

求近時黄道與子午圈交角

求近時午位黄道宫度

求近時午位黄道高弧

求近時黄平象限距午度分

求近時黄平象限宫度

求近時月距限

置太陽黄道經度，加減用時東西差，依近時距分加減號，爲近時太陰黄道經度，與近時黄平象限宫度相減，爲近時月距限度，餘與前同。

求近時月距地高

求近時大陰高弧

求近時黄道與高弧交角

求近時白道與高弧交角

求近時高下差

求近時東西差

求食甚視行

以用時東西差倍之，減近時東西差，餘爲視行。

求食甚定時

以視行化秒爲一率，近時距分化秒爲二率，用時東西差化秒爲三率，求得四率爲秒，以時分收之，爲定時距分，以加減食甚用時得食甚定時。加減與近時距分同。按食甚時刻須求視差而定，則食分之深淺亦必因視差而變，故復因定時求視差以定食分。

求定時春秋分距午赤道度

以食甚定時，變赤道度求之，餘與用時之法同。後諸條倣此，但皆用定時所當度數立算。

求定時春秋分距午黄道度

求定時午位黄赤距緯

求定時黄道與子午圈交角

求定時午位黄道宫度

求定時午位黄道高弧

求定時黄平象限距午度分

求定時黄平象限宫度

求定時月距限

置太陽黄道經度，加減近時東西差，依定時距分加減號，爲定時太陰黄道經度，餘同前。

求定時限距地高

求定時太陰高弧

求定時黄道與高弧交角

求定時白道與高弧交角

求定時高下差

求定時東西差

求定時南北差

以本天半徑爲一率，定時白道高弧交角之正弦爲二率，定時高下差之正弦爲三率，求得四率爲正弦，檢表得定時南北差。

求食甚視緯

依月食求食甚距緯法推之，得實緯，以定時南北差加減之爲食甚視緯。白平象限在天頂南者，實緯在黄道南則加，而視緯仍爲南，在黄道北則減，而視緯仍爲北,若實緯在北,而南北差大於實緯,則反減,而視緯變爲南;白平象限在天頂北者,實緯在黄道北則加,而視緯仍爲北,在黄道南則減,而視緯仍爲南,若南北差大而反減者,視緯即變南爲北。

求太陽半徑

以太陽距地爲一率,太陽實半徑爲二率,本天半徑爲三率,求得四率爲正弦,檢表得太陽半徑。

求太陰半徑詳月食。

求食分

以太陽全徑爲一率,十分爲二率,太陽太陰兩半徑併内減去視緯,餘爲三率,求得四率即食分。

求初虧復圓用時

以食甚視緯之餘弦爲一率,併徑太陽太陰兩半徑併之餘弦爲二率,半徑千萬爲三率,求得四率爲餘弦,檢表得初虧復圓距弧。又以月距日實行化秒爲一率,小時化秒爲二率,初虧復圓距弧化秒爲三率,求得四率爲秒,以時分收之,爲初虧復圓距時,以加減食甚定時,得初虧復圓用時。減得初虧,加得復圓。

求初虧春秋分距午赤道度

以初虧用時變赤道度求之,餘如前法。後諸條倣此,但皆用初虧所當度數立算。

求初虧春秋分距午黄道度

求初虧午位黄赤距緯

求初虧黄道與子午圈交角

求初虧午位黄道宫度

求初虧午位黄道高弧

求初虧黄平象限距午度分

求初虧黄平象限宫度

求初虧月距限

置太陽黄道經度,減初虧復圓距弧,又加減定時東西差,依定時距分加減號,得初虧太陰黄道經度,餘同前。

求初虧限距地高

求初虧太陰高弧

求初虧黄道與高弧交角

求初虧白道與高弧交角

求初虧高下差

求初虧東西差

求初虧南北差

求初虧視行

求初虧東西差，與定時東西差相減併，初虧食甚同限則減，初虧限東食甚限西則併，爲差分，以加減初虧復圓距弧，爲視行。相減爲差分者，食在限東，初虧東西差大則減，小則加；食在限西反是。相併爲差分者恒減。

求初虧定時

以初虧視行化秒爲一率，初虧復圓距時化秒爲二率，初虧復圓距弧化秒爲三率，求得四率爲秒，以時分收之，爲初虧距分，以減食甚定時，得初虧定時。

求復圓春秋分距午赤道度

以復圓用時變赤道度求之，餘如前法。後諸條倣此，但皆用復圓所當度數立算。

求復圓春秋分距午黄道度

求復圓午位黄赤距緯

求復圓黄道與子午圈交角

求復圓午位黄道宫度

求復圓午位黄道高弧

求復圓午位黄平象限度分

求復圓黄平象限宫度

求復圓月距限

置太陽黄道經度，加初虧復圓距弧，又加減定時東西差，依定時距分加減號，得復圓太陰黄道經度，餘同前。

求復圓限距地高

求復圓太陰高弧

求復圓黄道與高弧交角

求復圓白道與高弧交角

求復圓高下差

求復圓東西差

求復圓南北差

求復圓視行

以復圓東西差與定時東西差相減併，爲差分，復圓食甚同限則減，食甚限東，復圓限西則併，以加減初虧復圓距弧爲視行。相減爲差分者，食在限東，復圓東西差大則加，小則減；食在限西反是。相併爲差分者則恒減。

求復圓定時

以復圓視行化秒爲一率，初虧復圓距時化秒爲二率，初虧復圓距弧化秒爲三率，求得四率爲秒，以時分收之爲復圓距分，以加食甚定時，得復圓定時。

求食限總時

以初虧距時與復圓距時相併，即得食限總時。

求太陽黄赤宿度與月食同

求初虧復圓定交角

求得初虧復圓，各視緯與食甚法同以求緯差角，各與黄道高弧交角相加減，爲初虧及復圓之定交角，法與月食同。

求初虧復圓方向

食在限東者，初虧復圓，定交角在四十五度以内，初虧上偏右，復圓下偏左；四十五度以外，初虧右偏上，復圓左偏下；適足九十度，初虧正右，復圓正左；過九十度，初虧右偏下，復圓左偏上。食在限西者，初虧復圓，定交角在四十五度以内，初虧下偏右，復圓上偏左；四十五度以外，初虧右偏下，復圓左偏上；適足九十度，初虧正右，復圓正左；過九十度，初虧右偏上，復圓左偏下。京師北極高四十度，黄平象限在天頂南，故其方向如此。若北極高二十三度以下，黄平象限有時在天頂北，則方向與此相反。

求帶食

以初虧復圓距時化秒爲一率，初虧復圓視行化秒爲二率，帶食在食甚前，用初虧視行，帶食在食甚後，用復圓視行，帶食距時，以食甚定時如月食法求之，化秒爲三率，求得四率爲秒，以度分收之，爲帶食距弧。又以半徑千萬爲一率，帶食距弧之餘弦爲二率，食甚視緯之餘弦爲三率，求得四率爲餘弦，檢表得帶食兩心相距。乃以太陽全徑爲一率，十分爲二率，併徑内減帶食兩心相距爲三率，求得四率爲帶食分秒。

求各省日食時刻及食分

以京師食甚用時，按各省東西偏度加減之，得各省食甚用時。乃按各省北極高度，如法推近時、定時、食分及初虧復圓定時即得。

求各省日食方向

以各省黄道高弧交角及初虧復圓視緯，如法求之即得。

推土木火三星法

土星用數

土星每日平行一百二十秒六〇二二五五一，最高每日平行十分秒之二又一九五八〇三，正交每日平行十分秒之一又一四六七二八，本天半徑一千萬，本輪半徑八十六萬五千五百八十七，均輪半徑二十九萬六千四百一十三，次輪半徑一百〇四萬二千六百，本道與黄道交角二度三十一分。土星平行應七宫二十三度十九分四十四秒五十五微，最高應十一宫二十八度二十六分〇六秒〇五微，正交應六宫二十一度二十分五十七秒二十四微。

木星用數

木星每日平行二百九十九秒二八五二九六八，最高每日平行十分秒之一又五八四三三，正交每日平行百分秒之三又七二三五五七，本天半徑一千萬，本輪半徑七十萬五千三百二十，均輪半徑二十四萬七千九百八十，次輪半徑一百九十二萬九千四百八十，本道與黄道交角一度十九分四十秒。木星平行應八宫〇九度十三分十三秒十一微，最高應九宫〇九度五十一分五十九秒二十七微，正交應六宫〇七度二十一分四十九秒三十五微。

火星用數

火星每日平行一千八百八十六秒六七〇〇三五八，最高每日平行十分秒之一又八三四三九九，正交每日平行十分秒之一又四四九七二三，本天半徑一千萬，本輪半徑一百四十八萬四千，均輪半徑三十七萬一千，最小次輪半徑六百三十萬二千七百五十，本天高卑大差二十五萬八千五百，太陽高卑大差二十三萬五千，本道與黄道交角一度五十分。火星平行應二宫十三度三十九分五十二秒十五微，最高應八宫初度三十三分十一秒五十四微，正交應四宫十七度五十一分五十四秒〇七微。

求天正冬至詳日躔

求本星平行

以積日，詳《月離》，與本星每日平行相乘，滿周天秒數去之，餘數收爲宫度分，爲積日平行，以加平行應，得本星年根。上考往古，則置平行應，減積日平行。又置本星每日平行，以所設距天正冬至之日數乘之，得數與年根相併,得本星平行。

求最高平行

以積日與最高每日平行相乘,得數爲積日平行,以加最高應,得最高年根。上考往古,則置最高應,減積日平行。又置最高每日平行,以所設距天正冬至之日數乘之得數,與年根相併,得最高平行。

求正交平行

以積日與正交每日平行相乘,得數爲積日平行,以加正交應,得正交年根。上考往古,則置正交應,減積日平行。又置正交每日平行,以所設距天正冬至之日數乘之,得數與年根相併,得正交平行。

求初實行

置本星平行,減最高平行,得引數,用直角三角形以本輪半徑内減去均輪半徑爲對直角之邊,以引數爲一角,求得對引數角之邊及對餘角之邊。又用直角三角形,以對引數角之邊與均輪之通弦相加,求通弦詳《月離》,爲小邊,以對餘角之邊與本天半徑相加減,引數三宫至八宫相加,九宫至二宫相減,爲大邊,直角在兩邊中,求得對小邊之角爲初均數,并求得對直角之邊爲次輪心距地心線,爲求次均之用,以初均數加減本星平行,引數初宫至五宫爲減,六宫至十一宫爲加,得初實行。

求本道實行

置本日太陽實行,減初實行得次引,即星距太陽度,用三角形,以次輪心距地心線爲一邊,次輪半徑爲一邊,惟火星次輪時時不同,須加減用之,法詳後,次引爲所夾之外角,過半周者,與全周相減,用其餘,求得對次輪半徑之角爲次均數,并求得對次引角之邊爲星距地心線,爲求視緯之用,乃以次均數加減初實行,次引初宫至五宫爲加,六宫至十一宫爲減,得本道實行。

求火星次輪半徑

以火星本輪全徑命爲二千萬爲一率,本天高卑大差爲二率,均輪心距最卑之矢爲三率,引數與半周相減,即均輪心距,最卑度不過象限,則以餘弦減半徑爲正矢;若過象限,以餘弦加半徑爲大矢。求得四率爲本天高卑差。又以太陽全徑亦命爲二千萬爲一率,太陽高卑大差爲二率,本日太陽引數之矢爲三率,引數過半周者,與全周相減,用其餘,求得四率爲太陽高卑差,乃置火星次輪最小半徑,以兩高卑差加之,得次輪半徑。

求黄道實行

置初實行,減正交平行得距交實行。次輪心距正交之度。乃以本天半徑爲一率，本道與黄道交角之餘弦爲二率，距交實行之正切爲三率，求得四率爲正切，檢表得黄道度，與距交實行相減，餘爲升度差，以加減本道實行，距交實行不過象限及過二象限爲減；過象限及過三象限爲加，得黄道實行。

求視緯

以本天半徑爲一率，本道與黄道交角之正弦爲二率，距交實行之正弦爲三率，求得四率爲正弦，檢表爲初緯。又以本天半徑爲一率，初緯之正弦爲二率，次輪心距地心線爲三率，求得四率爲心距黄道線。乃以星距地心線爲一率，星距黄道線爲二率，本天半徑爲三率，求得四率爲正弦，檢表得視緯，隨定其南北。距交實行初宫至五宫爲黄道北，六宫至十一宫爲黄道南。

求晨夕伏見定限度

置黄道實行與太陽實行同宫同度爲合伏，合伏後距太陽漸遠，爲晨見東方順行。順行漸遲，遲極而退爲留退初。退行距太陽半周爲退衝，退衝之次日爲夕見。退行漸遲，遲極而順爲留順。初順行漸疾，復近太陽以至合伏，爲夕不見，其伏見限度，土星爲十一度，木星爲十度，火星爲十一度三十分。合伏前後某日，太陽實行與本星實行相距，近此限度即以本日本星黄道實行依日食法求得限距地高。乃用正弧三角形，有直角，有黄道地平交角，即限距地高，有本星伏見限度爲對交角之弧，求得對直角之弧，爲距日黄道度。若星當黄道，無距緯，即爲定限度。又用正弧三角形，有直角，有黄道地平交角，以本星距緯爲對交角之弧，求得兩角間之弧，爲加減差，以加減距日黄道度，緯南則加，緯北則減，得伏見定限度，視太陽與星相距度近定限度，如在合伏前某日，即爲某日夕不見；在合伏後某日，即爲某日晨見。

求合伏時刻

視太陽實行，將及星實行爲合伏本日，已過星實行爲合伏次日。求時刻之法，於太陽一日之實行内減星一日之實行爲一率，餘與月離求朔望時刻之法同。

求退衝時刻

以星黄道實行與太陽實行相距，將及半周爲退衝本日，已過半周爲退衝次日。求時刻之法，以太陽一日之實行與本星一日之實行相加爲一率，餘同前。

求交宮時刻與月離同

求同度時刻

以兩星一日之實行相加減爲一率,兩星同行則減,一順一逆則加,日法爲二率,兩星相距爲三率,求得四率爲距子正之分數,以時刻收之即得。

求黄道宿度與日躔同

推金水二星法

金星用數

金星每日平行三千五百四十八秒三三〇五一六九,最高每日平行十分秒之二又二七一〇九五,伏見每日平行二千二百十九秒四三一一八八六,本天半徑一千萬,本輪半徑二十三萬一千九百六十二,均輪半徑八萬八千八百五十二,次輪半徑七百二十二萬四千八百五十,次輪面與黄道交角三度二十九分。金星平行應初宮初度二十分十九秒十八微,最高應六宮〇一度三十三分三十一秒〇四微,伏見應初宮十八度三十八分十三秒〇六微。

水星用數

水星每日平行,與金星同,最高每日平行十分秒之二又八八一一九三,伏見每日平行一萬一千一百八十四秒一一六五二四八,本天半徑一千萬,本輪半徑五十六萬七千五百二十三,均輪半徑一十一萬四千六百三十二,次輪半徑三百八十五萬,次輪心在大距,與黄道交角五度四十分,次輪心在正交當黄道北交角五度〇五分一十秒,其交角較三十四分五十秒,與大距交角相較,後倣此,當黄道南交角六度三十一分〇二秒,其交角較五十一分〇二秒,次輪心在中交當黄道北交角六度十六分五十秒,其交角較三十六分五十秒,當黄道南交角四度五十五分三十二秒,其交角較四十四分二十八秒。水星平行應,與金星同,最高應十一宮〇三度〇三分五十四秒五十四微,伏見應十宮〇一度十三分十一秒十七微。

求天正冬至詳日躔

求本星平行與土木火三星法同,下條倣此

求最高平行

求伏見平行

求正交平行

置最高平行,金星則減十六度,水星則加減六宮,得正交平行。

求金星初實行

用引數求初均數，以加減平行爲初實行，及求次輪心距地心線，皆與土木火三星同。

求水星初實行

用三角形，以本輪半徑爲一邊，均輪半徑爲一邊，以引數三倍之爲所夾之外角，過半周者，與全周相減，用其餘，求其對角之邊并對均輪半徑之角。又用三角形以本天半徑爲大邊，以求得對角之邊爲小邊，以求得對均輪半徑之角，與均輪心距最卑度相加減，引數不及半周者，與半周相減；過半周者，減去半周即均輪心距最卑度；加減之法，視三倍引數，度不過半周則加，過半周則減，爲所夾之角，求得對小邊之角爲初均數，并求得對角之邊爲次輪心距地心線，以初均數加減水星平行，引數初宫至五宫爲減，六宫至十一宫爲加，得初實行。

求伏見實行

置伏見平行，加減初均數，引數初宫至五宫爲加，六宫至十一宫爲減，得伏見實行。

求黄道實行

用三角法，以次輪心距地心線爲一邊，次輪半徑爲一邊，伏見實行爲所夾之外角，過半周者，與全周相減，用其餘，求得對次輪半徑之角爲次均數，并求得角之邊爲星距地心線，爲求視緯之用，以次均數加減初實行，伏見實行初宫至五宫爲加，六宫至十一宫爲減。得黄道實行。

求距次交實行

置初實行，減正交平行爲距交實行，與伏見實行相加，得距次交實行。

求視緯

以本天半徑爲一率，次輪面與黄道交角之正弦爲二率，金星交角惟一，水星交角則時時不同，須求實交角用之，法詳後，距次交實行之正弦爲三率，求得四率爲正弦，檢表爲次緯。又以本天半徑爲一率，次緯之正弦爲二率，次輪半徑爲三率，求得四率爲星距黄道線。乃以星距地心線爲一率，星距黄道線爲二率，本天半徑爲三率，求得四率爲正弦，檢表得視緯，隨定其南北。距次交實行，初宫至五宫爲黄道北，六宫至十一宫爲黄道南。

求水星實交角

以半徑千萬爲一率，交角較化秒爲二率，距交實行，九宫至二宫，用次輪心在正交之交角較，三宫至八宫，用次輪心在中交之交角較，仍視其南北用之，距交實行之正弦爲三率，求得四率爲交角差，置交角，用交角之法與交角較同，以交角差加減之，距交實行九宫至二宫，星在黄道北則加，南則減；三宫至八宫反是，得實交角。

求晨夕伏見定限度

星實行與太陽實行同宫同度爲合伏，合伏後距太陽漸遠，夕見西方順行。順行漸遲，遲極而退爲留退初。退行漸近太陽，則夕不見，復與太陽同度，爲合退伏。自是又漸遠太陽，晨見東方退行。退行漸遲，遲極而順爲留順初。順行漸疾，復近太陽，以至合伏，爲晨不見。其伏見限度，金星爲五度，水星爲十度，其求定限度之法，與土木火三星同。視星與太陽相距度近定限度，如在合伏前某日，即爲某日晨不見，合伏後某日，即爲某日夕見；合退伏前某日，即爲某日夕不見，合退伏後某日，即爲某日晨見。

求合伏時刻

視星實行將及太陽實行，爲合伏本日，已過太陽實行，爲合伏次日，求時刻之法，與月離求朔望時刻之法同。

求合退伏時刻

星退行，視太陽實行將及星實行，爲合退伏本日，已過星實行，爲合退伏次日，求時刻之法與土木火三星求退衝時刻之法同。

求交宫時刻與月離同

求同度時刻詳土木火三星

求黄道宿度與日躔同

推凌犯法

求凌犯入限

太陰凌犯恒星，以本日太陰經度、次日太陰經度，查本年凌犯恒星經緯度表，表詳《曆象考成》，某星在此限内，爲凌犯入限。復查太陰在入限各星之上下。視兩緯同在黄道北者，緯多爲在上，緯少爲在下；同在黄道南者，緯少爲在上，緯多爲在下；一南一北者，緯北爲在上，緯南爲在下。太陰在上者，兩緯相距二度以内取用，太陰在下者，一度以内取用，相距十七分以内爲凌，十八分以外爲犯，緯同爲掩。○太陰凌犯五星，以本日太陰經度在星前，次日在星後爲入限，餘與前同。○五星凌犯恒星，以兩緯相距一度以内取用，相距三分以内爲凌，四分以外爲犯，餘與前同。○五星自相凌犯，以行速者爲凌犯之星，行遲者爲受凌犯之星，如遲速相同而有順逆者，以順行者爲凌犯之星，逆行者爲受凌犯之星，皆以此星經度，本日在彼星前、次日在彼星後爲入限，餘同前。

求日行度

太陰凌犯恒星,即以太陰一日之行度爲日行度。以本日經度與次日經度相減即得,星倣此。〇太陰凌犯五星,以太陰一日之行度與本星一日之行度相加減,星順行則減,逆行則加。得日行度。〇五星凌犯恒星,以本星一日之行爲日行度。〇五星自相凌犯,以兩星一日之行相加減,兩星同行則減,一順一逆則加,得日行度。

求凌犯時刻

以日行度,有度者化分,爲一率,日法爲二率,相距度爲三率,求得四率爲分,如法收之爲時刻。

求視差

以日法爲一率,太陽一日之行爲二率,凌犯時刻化分爲三率,求得四率與本日太陽實行相加爲本時太陽黄道度,依日食求視差法,求得東西差及南北差。

求視緯

置太陽實緯,以南北差加減之,加減之法與日食同。得視緯。

求太陰距星

以太陰視緯與星緯相加減,南北相同則減,一南一北則加,得太陰距星,取相距一度以内者用。

求凌犯視時

以太陰實行化秒爲一率,以太陰日行度二十四除之即得,一時化秒爲二率,東西差化秒爲三率,求得四率爲秒,收爲分,以加減凌犯時刻,太陰距限西則加,東則減,得凌犯視時。

〔曆書〕

康熙七年題准:各通書俱不及《選擇曆書》《萬年曆》《曆法通書大全》三書,但《選擇曆書》内缺山向、正五行等二十四事。其正五行於《三台通書》内取用,其餘於《曆法通書大全》内所載合曆法公規等條取用。其餘重雜無用者,悉令刪去。〇八年議定:仍用洪範五行。〇二十二年議准:《選擇曆書》《萬年曆》并《曆法通書大全》内二十四山向、洪範五行等二十四件,編爲一書,共成十册,名爲《欽定選擇曆書》,同《萬年曆》永遠遵行,刊板交禮部庫内收貯。〇五十四年御定:《星曆考原》告成,頒賜欽天監。〇五十六年論:"曆内所列男女九宫以上元爲中元,傳誤已久,著欽天監悉依御定《星曆考原》照例改正刊刻,其滿洲蒙古曆亦照式遵行。"

凡鋪註上曆六十七事

祭祀	頒詔	肆赦
祈福	覃恩	施恩惠
恤孤惸	布政事	宣政事
施恩封拜	上册進表章	慶賜
賞賚	宴會	行惠愛
雪寃枉	緩刑獄	招賢
舉正直	上官赴任	臨政親民
冠帶	行幸	出師
選將訓兵	遣使	詔命公卿
納采問名	結婚姻	嫁娶
進人口	求嗣	求醫療病
入學	裁製	沐浴
安撫邊境	整容剃頭	整手足甲
解除	般移	安牀
興造動土	竪柱上梁	修宫室
營建宫室	繕城郭	開市
納財	立券	交易
經絡	修置産室	開渠穿井
安碓磑	栽種	牧養
伐木	捕捉	畋獵
納畜	取魚	修飾墻垣
平治道塗	築隄防	補垣
掃舍宇		

民曆三十七事

祭祀	上表章	上官
出行	結婚姻	會親友
進人口	嫁娶	移徙
入學	納財	沐浴
療病	剃頭	冠帶
裁衣	安牀	立券
交易	經絡	開市

修造動土	豎柱上梁	開渠穿井
修置産室	安碓磑	栽種
牧養	掃舍宇	破土
安葬	啓攢	伐木
捕捉	畋獵	平治道塗
破屋壞垣		

雍正五年諭:"嗣後通行曆本中,逢太祖太宗世祖聖祖忌辰,應將婚姻宴會喜慶等事俱不載入方是。至朕宫中每遇列祖列宗并歷代皇后忌辰,皆素服齋居,御曆中忌辰更不當載入巡幸宴會等字樣,著欽天監詳議奏請,永爲定式。"〇又諭:"民曆内逢忌辰之日,豎柱、上樑、開市此三事不必删去。"

天文科

滿五官靈臺郎三員,漢軍五官靈臺郎一員,漢五官靈臺郎四員,漢五官監候一員,滿博士三員,漢博士二員,職司觀候天象、日月、旁氣、風雲、雷雨、氣暈、飛流,測驗日出日没中影中星月五星淩犯,占驗周天星座移徙動摇芒角喜怒,七曜躔度、五星妖變等事。

凡觀候天象,每日滿漢官各一員,督率天文生一十五員,在觀象臺晝夜觀候,每一更四人輪直,分定四面,按時記註風雲、晴雨、雷電起發,次日呈堂。或遇天象變異,即時呈報。

凡候風,每年正旦寅時,候風起何方,即行呈報,每歲八節俱按時,候風起呈報。

凡候雷,每歲雷初發聲,候起自何方,即時呈報。

凡每歲晴雨,該直官生按時驗明記註,繕寫晴明風雨録,滿字一本,漢字一本,於次年二月初一日進呈御覽,俱用黄綾殼面套,其所用紙張等項於户部支取。

凡儀器,觀象臺上,舊列簡儀渾儀天體,下有晷景堂圭表壺漏。康熙十三年將舊儀存貯臺下,新製六儀安設臺上,一爲天體儀,一爲黄道經緯儀,一爲赤道經緯儀,一爲地平經儀,其徑並六尺,一爲地平緯儀,亦名象限儀,一爲紀限儀,其半徑並六尺。一應測驗,俱按六儀新法。五十四年,御製象限儀一座,半徑六尺,安於觀象臺。

凡滿漢官於觀象臺占候者,冬給貉皮端罩各一件,天文生每二年給羊皮袍一件、貉皮帽一頂,於工部支領。又晝夜測驗開寫封呈所用紙張、黄蠟,於户部支領,筆墨、蘆蓆、木炭等項,於工部支領。

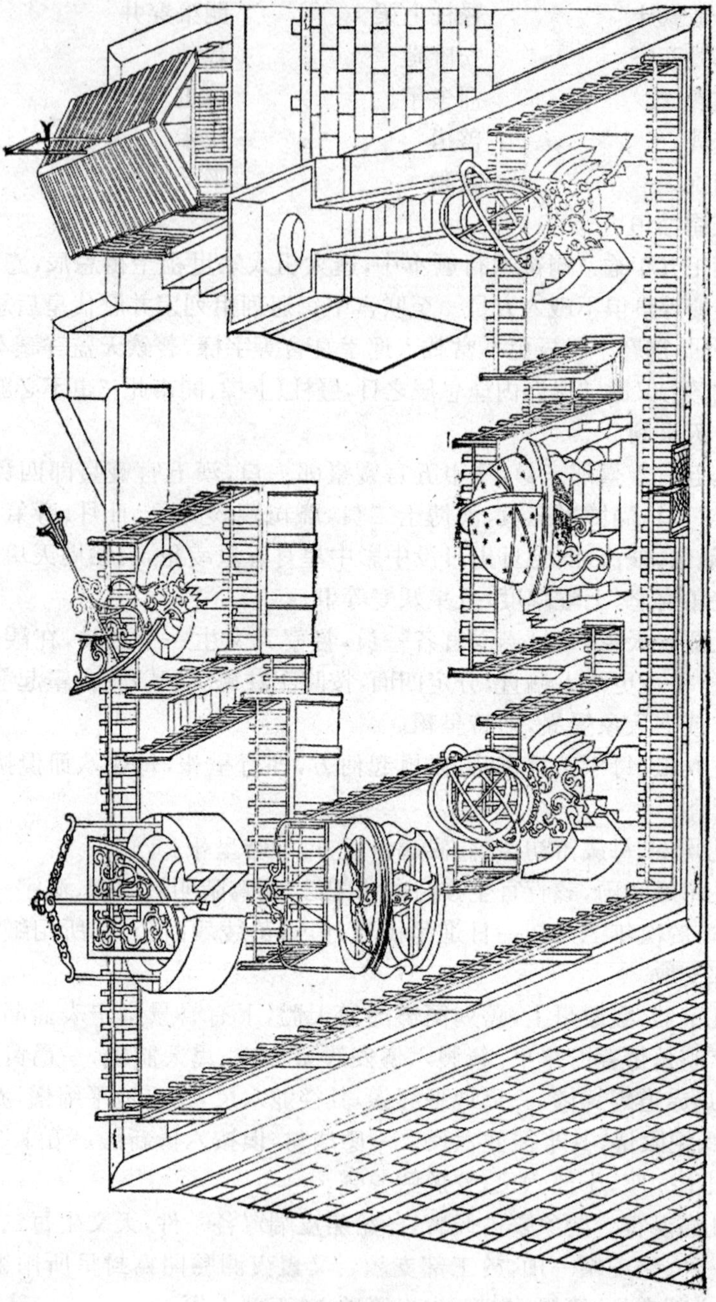

觀象臺新製六儀總圖

觀象臺原有元時所造簡儀、天體、黄赤道等儀，臺下有壺漏、圭表等製，但舊製繁重，且歲久樞軸懈弛。康熙八年己酉，奉命製造新儀，十一年告成，安置臺上。其舊儀移置他室謹藏之，以存古制，未嘗廢也。壺漏圭表則仍舊焉。新儀有六，一曰黄道儀，一曰赤道儀，一曰地平經儀，一曰地平緯儀，一曰紀限儀，一曰天體儀。

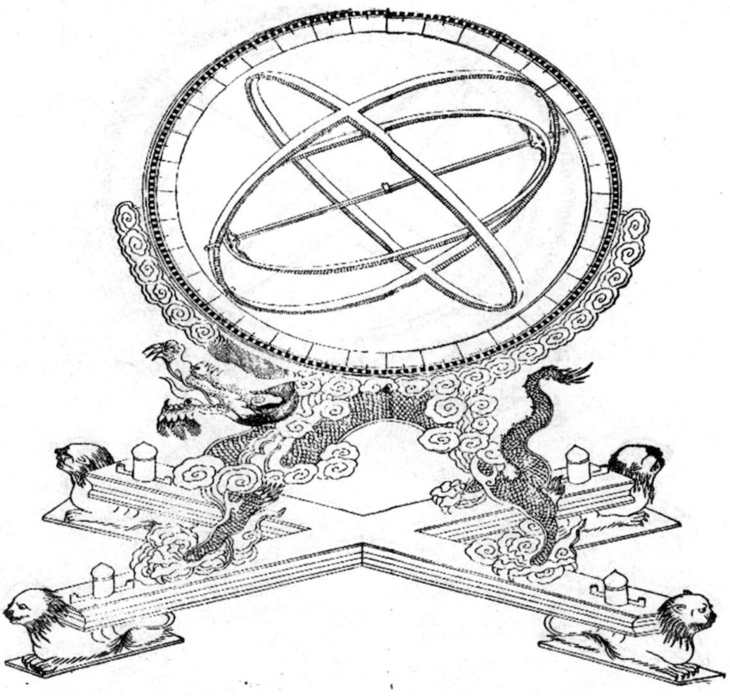

黄道經緯儀圖

全儀之圈有四，圈各分四象限，限各九十度，其外大圈恒定而不移者，名天元子午規，外徑六尺，規面厚一寸三分，側面寬二寸五分，規之下半夾入於雲座仰載之半圈，前後正直子午。上直天頂，距頂各一象限，爲地平，從北地平上數四十度定北極，從南地平下數四十度定南極。次爲過極至圈，圈周平分處，各以鋼樞貫於子午規之南北兩極，此赤道極也。又依黄赤大距度於過極至圈上，定黄道之南北極，去黄極九十度安黄道經圈，與過極至圈十字相交，各陷其中以相入，令兩圈合爲一體，旋轉相從。經圈之兩側面一爲十二宫，一爲二十四節氣，其兩交處一當冬至，一當夏至，此第三圈也。第四爲黄道緯圈,則以鋼樞貫於黄極,圈之徑爲圓軸,圍三寸,軸之中心立圓柱爲緯表,與緯圈側面成直角,而經圈緯圈上各設遊表,儀頂更繫銅絲爲垂線焉。全儀以雙龍擎之,復爲交梁以立龍足,梁之四角各承以獅,仍設螺柱以取平。視垂線或有偏側,則轉螺柱,或起或落,以正其垂線,則儀自正矣。

赤道經緯儀圖

儀有三圈,外大圈者,天元子午規也,以一龍南向而負之。規之分度定極,皆與黄道儀同。去極九十度,安赤道經圈,與子午規十字相交,恒定而不動。經圈之内,規面及上側面皆鋟二十四時,時各四刻,外規面分三百六十度,内安赤道緯圈,以南北極爲樞,而可東西遊轉,與經圈内規面相切,緯圈徑亦爲圓軸,軸中心亦立圓柱,以及遊表垂線交梁螺柱等法,皆同黄道儀。

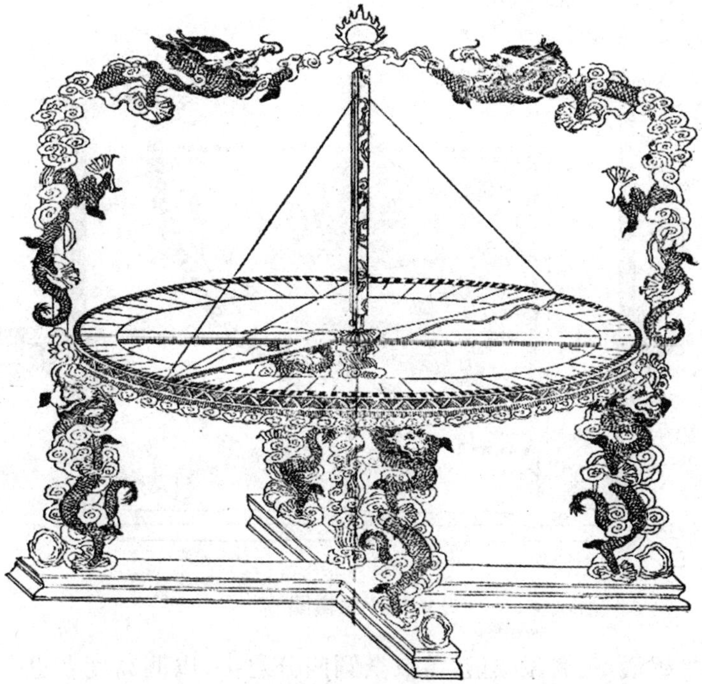

地平經儀圖

地平經圈全徑六尺,其平面寬二寸五分,厚一寸二分,分四象限,限各九十度,以四龍立於交梁以承之,梁之四角各施取平之螺柱,而梁之交處則安立柱。高與地平圈等,適當地平圈之中心,又於地平圈上東西各立一柱,約高四尺,柱各有一龍盤旋而上,從柱端各出一爪,互捧圓珠。珠下有立軸,其形扁方,空其中如窻櫺,以安直線。軸之上端入於珠,下端入立柱中心,令可旋轉,而軸中之線恒爲天頂之垂線焉。又爲長方横表,長如地平圈,全徑厚一寸,寬一寸五分,中心開方孔管於立軸下端,使與立軸一體旋轉,復剡其兩端令鋭,以指地平圈之度分,又自兩端各出一線,而上會於立軸中直線之頂,成兩三角形。凡測一星,則旋轉遊表,使三線與所測之星参相直,乃視表端所指,即其星之地平經度矣。

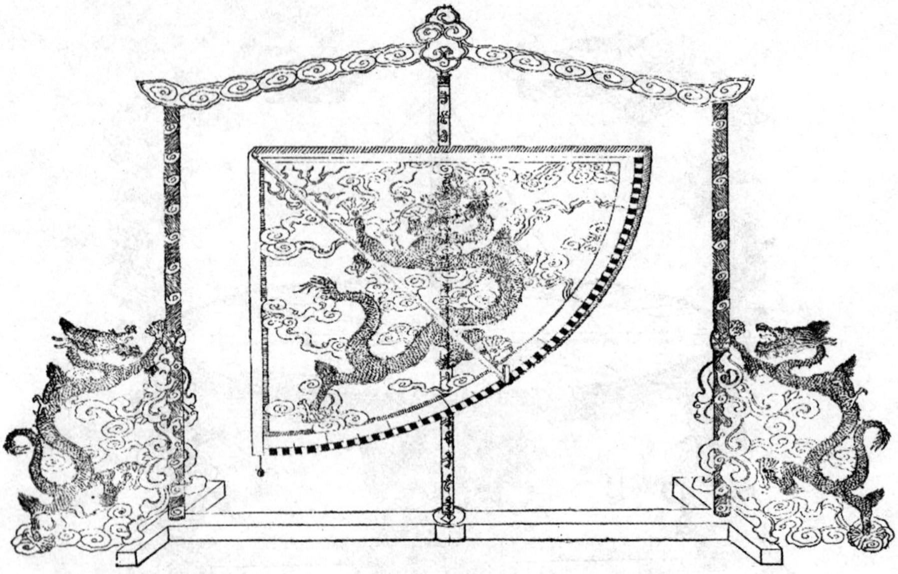

地平緯儀圖

地平緯儀，一名象限儀，蓋取全圓四分之一，以測高度者也。其弧九十度。其兩邊皆圓半徑，長六尺。兩半徑交處爲儀心，儀架東西立柱各以二龍拱之，上架横梁，又立中柱，上管於横梁，令可轉動，儀安其上，儀心上指儀之兩邊，一與中柱平行，一與横梁平行。又於儀心立短圓柱以爲表，又加窺衡，長與半徑等，上端安於儀心，剡其下端，以指弧面度分，更安表耳於衡端。欲測某物或日或月或星，乃以窺衡上下遊移，從表耳縫中窺圓柱，令與所測之物相參直，乃視衡端所指，即其物之高度也。

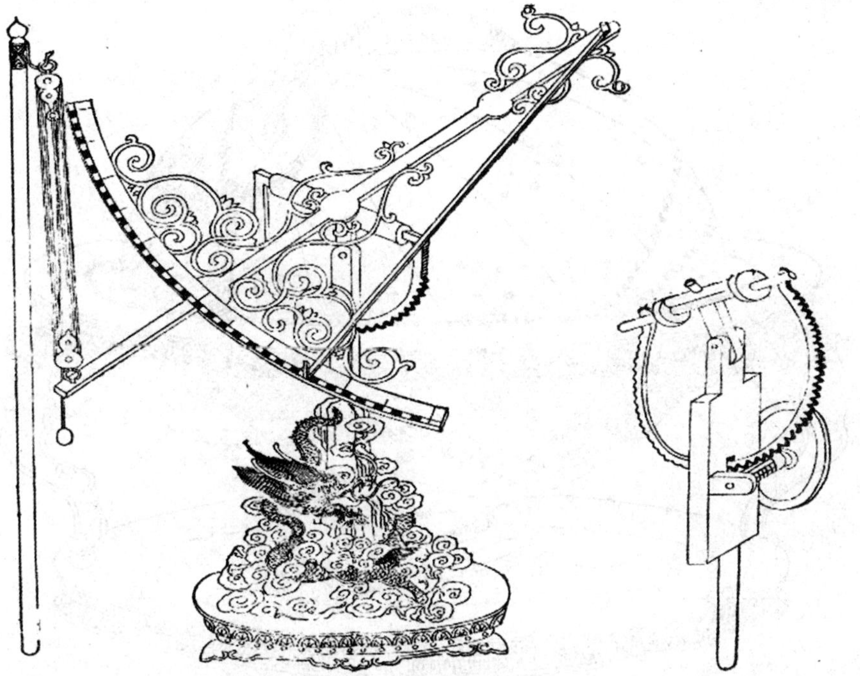

紀限儀圖

紀限儀者,全圓六分之一也,其弧面爲六十度,一弧一幹,幹長六尺,即全圓之半徑。弧之寬二寸五分,幹之左右細雲糾結纏連,蓋藉之以堅固全儀者也。幹之上端有小衡,與幹十字交,儀心與衡兩端皆立圓柱爲表,而弧面設遊表三。承儀之臺約高四尺,中植立柱,以繫儀之重心,則左右旋轉,高低斜側,無所不可,故又名百遊儀焉。

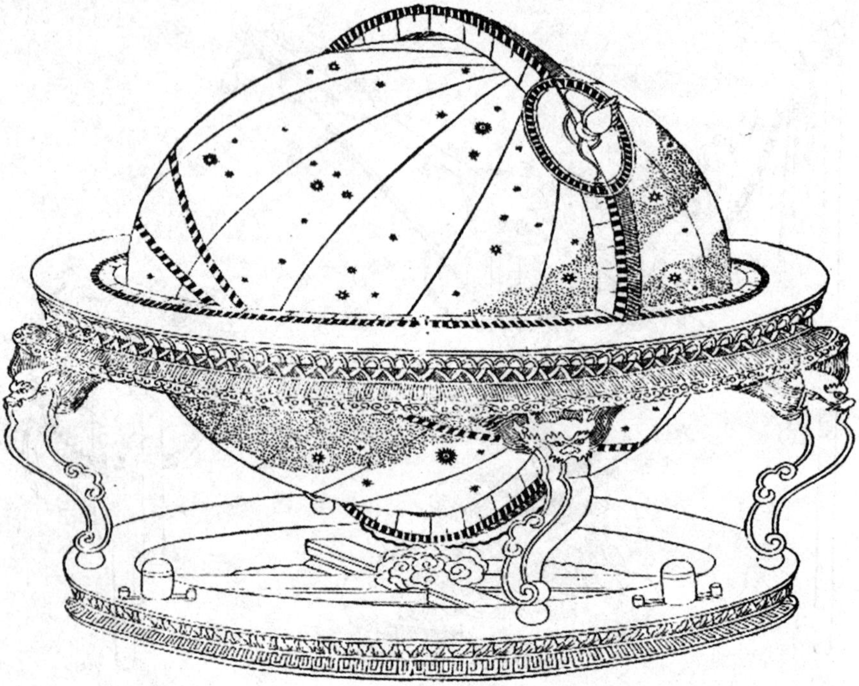

天體儀圖

製銅球徑六尺，面布黄赤經緯度，分宫别次，星宿羅列，宛然穹象，故以天體名之。中貫鋼軸，露其兩端，以屬於子午規之南北極，子午規與黄道儀同製，令可轉運。座高四尺七寸，座上爲地平圈，寬八寸，當子午處各爲闕，以入子午規闕之度，與子午規之寬厚等，則兩圈十字相交，内規面恰平而左右上下環抱乎。儀周圍皆空五分，以便高弧遊表進退。又安時盤於子午規外徑二尺，分二十四時，以北極爲心。其指時刻之表，亦定於北極，令能隨天體轉移，又能自轉焉。座下復設機輪運轉子午規，使北極隨各方出地度升降，則各方天象隱現之限，皆可究觀，此尤古製之所未逮者也。

漏刻科

滿五官挈壺正二員，漢五官挈壺正二員，漢軍五官司晨一員，漢博士六員，職司開註奇門出師方向，相看内外營建宫室山陵風水，推合大婚，選擇吉期，考極定向，測對中星，調品壺漏，較正時刻，管理譙樓，及一應祭祀朝會册封諸大典候時報時等事。

凡内廷侍直官生，晝夜候時，每日給香燭煤炭，於内務府支給。

凡遇修建山陵，該相度官加銜加俸給賞有差。

凡遇興造宫殿，執事官員各有花紅給賞。

凡譙樓，每年委官二員管理壺漏更香，督率陰陽生十名在譙樓定更報時，晝夜輪直。自十月起，二月止，行文工部支取木炭與各處時香，於内務府、户部、光禄寺取用。

凡候時官生，自十月起二月止，行文工部支取木炭。

〔天文生〕

順治初，設漢天文生六十六名。○康熙五年題准：添設漢天文生九十四名。○九年題准：每旗選取滿洲官學生六名，漢軍官學生四名，交欽天監分科教習，有精通者，以本衙門滿漢博士補用。○又題准：滿天文生照無品級筆帖式給錢糧。○又諭："給與天文生從九品頂帶，照例補用。"○十四年題准：每旗裁滿洲天文生四名，漢軍天文生三名，止留每旗滿洲天文生二名，漢軍天文生一名，又裁漢天文生八十名，現在滿天文生十六名，漢軍天文生八名，漢天文生八十名。

凡考校各科滿漢天文生，每歲聽本監考校、稽察術業，如旗下天文生缺，本監行文國子監取官學生選補。

凡支領錢糧俸米，舊例漢天文生每名月支銀一兩、米七斗，譙樓候時陰陽生月支銀一兩、米三斗，俱行文户部支領。○康熙二十一年奏准：天文生、陰陽生，每月給公費銀一兩五錢。○三十三年奏准：天文生、陰陽生錢糧，每月增給五錢。滿洲天文生照漢天文生一例支給。

大清會典卷之二百四十八

太醫院

太醫院，正五品衙門，設院使一員及左右院判、吏目、御醫等官，俱屬禮部，職專診視疾病，修合藥餌之事。

凡侍直内府，設東西御藥房二所，西藥房係院使、院判及御醫、吏目分班輪直，東藥房係御醫、吏目及醫士分班輪直。

凡烹調御藥，本院官請脉後，開方具本奏明，同内臣監視，每二服合爲一服，候熟分貯二器，本院官先嘗之，次内臣嘗之，其一器進御前。若將方奏明交與内藥房按方烹調者，内藥房辦理。

凡隨侍聖駕行幸，有奉旨點用者，有按班輪派者，俱給夫馬車輛裝載藥材，仍給帳房需用等物，俱申禮部轉咨各該部給發，如遇謁陵隨直，於光禄寺支領米肉柴炭。

凡隨侍行幸支給，雍正二年諭："太醫院官先年出外，甚是清苦。嗣後隨行出外如何優給之處，著議定以爲常例。"遵旨議定：隨行出外，凡堂官一員，給帳房一架，載行李車一輛，馬四匹，每日盤費銀三錢；官士等每人馬三匹，每人盤費銀二錢，三人共給帳房二架，載行李車一輛，披甲人二名，跟車看守馬匹車輛，若四人，照依前例，若五人，增帳房一架，車一輛，披甲人二名。

凡諸王府公主額駙及文武内大臣請醫視疾，本院奉旨差官前往，其治療可否，皆具本覆奏。外藩公主額駙及台吉大臣有疾請醫，亦奉旨差官前往，申部給驛馬、皮箱、繩氈、油單等項，其藥材於内藥房支領，或於藥庫給發，回日銷算。

凡軍前需醫，奉旨差官醫治，由禮部選派二員，具題馳驛前往，并遣兵部官一員送至軍前。

凡文武會試,定例取醫士一名,八場供事。至期,本院遴選通曉醫理、熟諳方脉者,申送禮部委用。如有用過藥材,開單量給藥價,事畢,與各執事官一同赴宴。

凡診視獄囚,順治八年定:設刑部應差冠帶醫士一名,每月給發藥價銀米,効勞滿六年,劄回到院,陞預授吏目。〇十一年定:設督捕應差冠帶醫士一名,與刑部同,其所差醫士如本院需用,即申明取回,員缺另選申送。〇康熙二十三年定:刑部添取醫士一名,醫治病犯,照例給與藥價銀米,六年差滿,咨授吏目。

凡關外差遣,康熙三十四年諭:"黑龍江默爾根地方緊要,著從京城遣良醫二人前往,一年一更換。"四十五年停止。

凡奉旨施藥,惠濟滿漢軍民人等,於本院官員内選擇差遣。順治十一年,於景山東門外蓋造藥房三間,令醫官施藥。〇康熙二十年,設廠十五處於五城地方,差僉都御史督同五城御史發帑金,令醫官施藥。〇二十一年,設東西南北四廠發帑金,差醫官施藥,嗣後每年照例遵行。康熙四十年停止。

凡陞轉院使員缺,由左院判陞補,左院判員缺,由右院判陞補,右院判員缺,由御醫陞補,御醫員缺,由吏目陞補,吏目員缺,由醫士陞補。遇有御醫以下缺出,本院堂官將内直勤勞者,申送禮部,轉咨吏部題授。如内直補完,方將外直應陞各官按俸開列申送。其各官員缺有奉旨特用者,遵旨補授。

凡本院官有保和効力、勤勞素著者,或加銜或給賞,俱出自特恩。

凡服色,御醫吏目,許服六品頂帶,仍照原品給俸。〇雍正元年題准:醫士照欽天監天文生例,服從九品頂帶,每月給錢糧銀一兩五錢,公費飯銀一兩五錢、米九斗。

凡醫士員額,舊例自御醫十員而下,有醫士四十名,醫生二十名,切造醫生二十名。〇順治十八年題准:裁醫士二十名,醫生十名。〇康熙九年,仍復舊額。〇十四年,復裁醫士二十名,醫生十名,切造醫生十名。〇二十年題准:添設切造醫生五名。〇二十三年題准:添設切造醫生五名。〇五十二年,裁御醫二員。〇雍正元年題准:仍復御醫十員,舊額醫士二十名、醫生十名,將醫生裁去,加增醫士二十名,共醫士四十名。

凡本院官士習業,舊分十一科,御醫、吏目、醫士、醫生各專一科,曰大方脉、小方脉、傷寒科、婦人科、瘡瘍科、鍼灸科、眼科、口齒科、咽喉科、正骨科、痘疹科。今痘疹歸小方脉,咽喉、口齒共爲一科,現設九科。

凡考試醫士醫生,本院堂官於《素問》《難經》《本草》《脉訣》及本科緊要方書内出題,擇其學術精通者頂補糧缺,如習業荒疎,歷年雖久,不准頂補,仍發教習廳肄業。

凡初進醫生,定例查其身無過犯、通曉醫理者,仍取本院官士保結,方准入院。遇有醫生缺出,於初進醫生内考取,申部頂補;醫士缺出,於醫生内考取,申部頂補;吏目缺出,於醫士内考其方脉精明、品端勞著者,申送禮部,轉咨吏部題授。〇康熙四十七年覆准:太醫院現有御醫吏目等一百零五名,每日各處該班需用一百十一名,差多人少,實不敷用,應於直省民醫及舉貢生監有職銜人内擇精通醫理、情願効力者,酌添二十名。布衣,著赴該院具呈,其舉貢生監有職銜者,著該地方官給照,亦於該院具呈,揀選補用;如効力年久、歷有成效,布衣與醫士醫生照常補授外,其舉貢生監有職銜者,該院將應用情由,開明具題移送該部,於伊等應用缺准其先用。其御醫吏目醫士等員老疾不能行走者,呈院驗實,題准告退,病愈仍赴院具呈,准其原缺補用;若推諉托故不行具呈、在外行醫者,或經該院查出,或被旁人首告,交與該部嚴加議處;若非年老有疾,該院徇情告退者,該院判一併議處。〇雍正元年論:"良醫須得年老經歷多者,但伊等憚於遠行。嗣後果有精通醫理、療疾有效者,或將伊等子弟輩授爲經歷吏目微職,以示鼓勵。著大學士等議奏。"遵旨議定:令九卿暨直省督撫各舉灼知之年老醫生,該地方官資以路費,護送到京,報明禮部,轉交太醫院試用,果能醫理精通、療疾有效,即奏明照例在太醫院授職外,仍聽報出伊子弟等一人。如係現任官,以應陞之缺即用,候補候選者,以應得之缺即用,貢監生員以經歷即用,白身人以吏目典史即用。〇又覆准:行文直省巡撫,查所屬醫生,詳加考試,果有精通《類經註釋》《本草綱目》《傷寒論》三書者,指名題請授爲醫學官教授,每省設立一員,准其食俸三年,如果勤慎端方,貢入太醫院授爲御醫,其員缺即於本省學習人内揀選補授。凡所屬州縣衞習醫人,令其訪明考試,即將三書教習,有精通醫理者,呈報巡撫,給咨赴太醫院考試,上者授以吏目、醫士等官。其有年力不能赴京者,留爲本省教授待缺。

凡内教習,於本院官内選取學識素著者,令居東藥房教習太監讀醫書,光禄寺給厨役供膳。

凡外教習，本院設教習廳，於御醫吏目内擇學品兼優者充補，有進院業醫及醫官親男弟姪，俱送教習廳，課其誦讀。〇康熙二十三年題准：遴選本院官二員在外衙門教習，與首領庫官輪班直宿，以應傳差急務。

凡藥材本折錢糧，舊例各直省出產藥材地方，每年解納本院生藥庫收貯，委官驗辨優劣，其出入皆由禮部。〇順治十六年定：分歸本院職掌。〇十七年題准：選本院官一員，兼攝庫務，頒給印信一顆，設庫役十名巡邏看守。〇十八年定：生藥庫復歸禮部職掌。〇康熙三年定：錢糧總歸户部，本院以庫印繳還禮部，其直省歲解藥材本色併折色錢糧，俱由户部收貯附庫。

凡遇内藥房取用藥材，行本院申呈禮部，轉咨户部，於庫内查取，如有缺少，給價採買，俱以生藥材交進，由内藥房醫生切造炮製。

凡庫委官二員，於醫士内選委，專管辦買藥材，二年一换，任滿二年，陞預授吏目。如著有勞績，量加職銜，倘代替乏人，仍令舊官管理。

凡祭三皇禮，每年二月、十一月，於太醫院本衙門内之景惠殿致祭，遣禮部堂官一員主祭行禮，本院堂官二員分獻兩廡。

五城兵馬指揮司

中、東、南、西、北五城兵馬司，各設指揮一員，副指揮一員，吏目一員，職司稽察京城奸宄人命案件，指揮管理逃盜等件，副指揮、吏目按地分理。中城，中四坊，副指揮轄，中東坊，吏目轄；東城，崇南坊，副指揮轄，朝陽坊，吏目轄；南城，東南坊，副指揮轄，正東坊，吏目轄；西城，宣南坊，副指揮轄，關外坊，吏目轄；北城，日南坊，副指揮轄，靈中坊，吏目轄。

凡各部人犯應遞解者，發司遞解，刑部都察院照勘提人檢屍追贓，分委該司承行。

凡查禁事件，定例查緝行使私錢，緝捕盜賊，盤獲逃人，查詰奸民妄造謡言、棍役指官嚇詐及禁約賭博，驅逐匪類潛住地方者，以至邪教惑衆，聚夥燒香，僧道尼姑坊店等處，俱令時加巡察。〇康熙三十年覆准：嗣後有造紙牌骰子者，嚴行禁止，京城内現在所有之紙牌骰子，俱限一月内銷燬。〇四十八年題准：凡鳴鑼擊鼓，聚衆燒香，男女混雜等弊，并扶鸞書符、招摇僉緣之輩，及淫詞小説等書，均責令五城司坊官永行嚴禁。〇雍正元年覆准：凡有開鵪鶉圈、鬭雞坑、蟋蟀盆并賭鬭者，五城官員嚴行禁止。〇二年題准：婦人成羣聚會，往寺廟進香者，行令五城嚴禁。

凡巡城御史批發囚犯，該司取供轉申，聽院擬罪發落。○康熙四十五年覆准：五城副指揮吏目，係佐貳官，除逃人盜案，照舊管理，其餘一切民詞，非奉御史批發，正印官移行，不得准理動刑，倘有擅准民詞及拘禁濫刑，縱役索詐等弊，或被人首告，或被科道及該城御史糾參，照例嚴加議處。○五十七年覆准：嗣後五城司坊官奉行牌票，除提督及各部、都察院、通政司、大理寺、順天府府尹、河南等道、本城御史批發事件外，其餘各衙門不得擅行牌票交與司坊，鎖禁人犯，如果有緊要案件，必須印文咨明巡城御史，轉行司坊。○五十八年題准：兵馬司案件五日一報都察院，依限完結。○雍正元年覆准：司坊官員不許擅受民詞，至鬬毆賭博係司坊官職分應管之事，隨到隨審，定限五日内完結詳報。

凡各衙門應用桌櫈及朝審時動用器皿，俱五城派借承值。○雍正元年定：貢院應用桌椅等器，向俱五城借用民間之物，惡蠹衙役借端科派，種種累民，嗣後貢院應用之物，著工部備造，俟考試之年取用。

凡部院應用各項夫役，俱行文都察院，轉行五城取用。○雍正二年議准：嗣後祭祀壇廟，凡芟除打掃應用夫役，歸工部辦理，停其五城取用。

凡鄉會場，每城派搜檢夫六十名，更夫四十名聽用。

凡每年冬三月，遵旨令各城每月發米六十石、柴銀三十兩，煮粥以賑濟貧民。○康熙二十八年諭："今歲年穀不登，民人就食者必多，煮粥銀米著加一倍，再展限兩個月，專差官員親身散給，俾貧民得沾實惠，勿致胥役侵蝕中飽，仍著都察院堂官不時察看。"○三十三年諭："今年四方之民就食京城者多，著較往年增一倍，展限兩個月，令五城御史親行散給，務令貧民得沾實惠。"○四十九年議准：每年煮粥散賑，展期至三月二十日止。○雍正元年諭："直隸、山東、河南連年歉收，朕特降諭旨緩徵，遣官賑濟。每歲京師五城設立粥廠，自十月初一日起，至三月二十日止，交五城御史煮粥賑饑。今尚在青黄不接之時，著展期一月，煮粥散賑，至四月二十日止。但就食之民來京者多，每日各增加銀米一倍，務使得霑實惠。"○三年諭："五城煮賑，舊例自十月初一日起，至次年三月二十日止，每城每日發米二石、柴薪銀一兩。今歲直隸各州縣雖已經截留漕運並運送通倉米石散賑平糶，恐各處來京就食之民尚多，每城舊給米二石，或不敷用。著每日各增米二石，柴薪亦倍之，各該巡城御史親率司坊官散給。都察院堂官不時稽查，務使窮民得沾實惠，以副朕愛養軫恤之至意。"○四年諭："直隸地方去歲雨水過多，損傷禾稼，小民失業，朕深憫之，已令五城煮粥賑濟，以惠窮民。又恐人多米少，復諭都察院倉場於五城各加米石賑濟。但念東直、西直、安定、右安、廣寧五門向來未設飯廠，今恐就食者多，未免少有不足，且路遠者難以前赴。用是再沛恩膏，著諭五城飯廠每日每城賑米六石外，加米二石，再於東直等門添設飯廠五處，每日每廠給米二石，著都察院派滿漢御史五員專管辦理。其需用人員，著都察院、順天府酌量派出，並著堂官不時稽察，務使窮民均沾實惠。”

凡兵民人等在街市鬬毆及姦淫搶奪，一應不務生理之徒，俱令拏究。

凡官民房舍火起，不分地方，各司坊督領總甲人等，俱持器具救火。○康熙二十二年議准：各司所屬地方有失火者，責令即行救滅，若延燒十間以下者，免議，十間以上，按間數多寡，分別議處。詳見《刑部》。

凡禁止戲館，康熙十年議准：京師内城不許開設戲館，永行嚴禁。○十五年議准：城外戲館如有惡棍借端生事，該司坊察拏。

凡京城外各地方檢驗屍傷，康熙二十二年議准：凡京城外屍傷，令五城各司親行檢驗。

僧録司

僧録司，正六品衙門，設左右善世二員，左右闡教二員，左右講經二員，左右覺義二員，職掌釋教之事，屬禮部。其衙門舊建於大隆善護國寺，今設於正法寺。

凡本司僧官，俱由禮部選擇精通經典、戒行端潔者，挨次移咨吏部補授，不支俸。

凡僧有三等，曰禪，曰講，曰教。在外僧人，府屬僧綱司，州屬僧正司，縣屬僧會司管領，皆統於本司。

凡禮部考補僧官，俱由本司考選，送部考取。

凡給京城内僧尼度牒，俱由本司查取年貌籍貫，造册送部印給。

凡遇年底造報逃亡事故僧尼，度牒繳部查照。

凡寺院庵廟僧人，必報明本司，方許剃度出家，不許私自剃度。

凡有欽建道場，本司傳集衆僧修建。其南苑德壽寺并嘛哈噶喇廟二處，另設僧官僧人焚修。

凡祈禱雨雪，修建道場。

凡寺廟，不許私自創建，如年久頹壞，許照舊修理，不許改建廣大。

凡京城内外寺院庵廟，不許容留無度牒僧人及閑雜人等居住歇宿。

凡内外僧官，專一檢束天下僧人恪守戒律清規，違者聽其究治，若所犯與軍民相涉者，在京申禮部酌審，在外聽有司斷理。

道録司

道録司，正六品衙門，設左右正一二員，左右演法二員，左右至靈二員，左右至義二員，職掌道教之事，屬禮部。

凡本司道官，俱由禮部選擇，不支俸，與僧録司同。

凡道士有二等，曰全真，曰正一。在外道士，府屬道紀司，州屬道正司，縣屬道會司管領，皆統於本司。

凡考取道官及給道士度牒，并年底報繳逃亡事故道士度牒，俱與僧録司同。

凡宫廟道士，必報明本司，方許簪冠出家，不許私自簪冠。

凡有欽建道場，本司傳集道衆修建。其元靈宫、仁佑廟并大光明殿、天元閣、景山關帝廟、白馬關帝廟六處，另設道官道士焚修。

凡祈禱雨雪，修建道場。

凡宫觀廟祠，不許私自創建，如年久頹壞，許照舊修理，不許改建廣大。

凡京城内外宫觀廟祠，不許容留無度牒道士及閑雜人等居住歇宿。

凡内外道官，專一檢束天下道士，違者照例究治，與僧録司同。

大清會典卷之二百四十九

上林苑監

順治元年，置上林苑監，正七品衙門，設監丞一員。其屬有四署，曰蕃育，曰良牧，曰林衡，曰嘉蔬，各設署丞一員，二年裁嘉蔬署，十五年以林衡署歸併良牧署。所掌畜牧等物，俱折銀徵解户部，果品量存解光禄寺。康熙三十七年，員額俱裁，其舊有職掌事宜仍附載，以備稽考。

蕃育署

凡地賦，順治元年，原額地一千五百一十九頃四畝一分，辦進上供雞、鵝、鴨、雞蛋、鵝蛋、鴨蛋，解光禄寺，新雉、新鴈，解太常寺。〇三年，停徵雞鵝等物，照民地例徵糧。〇康熙二十四年實在徵糧地二百二頃一十六畝六分三釐二毫零，内每畝三分起科地一百一十頃七畝三分一釐，每畝二分起科地六頃六十一畝五分，每畝一分起科地八十五頃四十七畝八分二釐二毫零，土房基地徵租銀二錢九分二釐，共徵地租糧銀四百二十九兩二錢一分九釐五毫零，解交户部。

凡丁銀，順治十二年始行編審，人丁一千七百三十三丁。〇康熙二十四年實在人丁三千八百一丁，内下上丁二十七丁，每丁徵銀三錢，下中丁一百四十八丁，每丁徵銀二錢，下下丁三千六百二十六丁，每丁徵銀一錢，共徵丁糧銀四百兩三錢，解交户部。

凡雜税，每年徵當税銀一百二十兩。又每年徵牛贏牙税雜項等銀，無定額，解交户部。

良牧署

凡地賦，順治元年原額地一千八百四十二頃四畝二分二釐八毫零，辦進上供牛羊猪，解光禄寺，小猪解供用庫，活兔解太常寺。〇四年，停徵牛羊等物，照民地例徵糧。○康熙二十四年實在徵糧地一百一十頃六十五畝二分，内每畝三分起科地三十頃七十三畝七分，每畝二分起科地三十頃三十五畝三分，每畝一分起科地四十九頃五十六畝二分，共徵地糧銀二百二兩四錢七分九釐，解交户部。

凡丁銀，順治十二年始行編審人丁八百一十三丁。○康熙二十四年實在人丁二千一百九丁，内下上丁四丁，每丁徵銀三錢，下中丁一百二十三丁，每丁徵銀二錢，下下丁一千九百八十二丁，每丁徵銀一錢，共徵丁糧銀二百二十四兩，解交户部。

凡辦納果品，每年額徵李一十七駝半，桃四百二十個，梨四百個，解交光禄寺。

林衡署

凡地賦，順治元年原額地二百八十六頃一十六畝七分，辦進上供果品。○二年，停徵果品等物，照民地例徵糧。○康熙二十四年實在徵糧地一百八十五頃三十一畝一釐，内每畝三分起科地一百三十四頃七十一畝一分一釐，每畝二分起科地五頃四十四畝，每畝一分起科地四十五頃一十五畝九分，共徵地糧銀四百六十兩一錢七分二釐三毫，又徵墳山長溝峪等處樹株銀二十三兩三錢七分五釐，解交户部。

凡丁銀，順治十二年始行編審人丁六百二十丁。○康熙二十四年實在人丁八百六十四丁，内下上丁二十丁，每丁徵銀三錢，下中丁一百五十丁，每丁徵銀二錢，下下丁六百九十四丁，每丁徵銀一錢，共徵丁糧銀一百五兩四錢，解交户部。

凡辦納果品，每年額徵核桃三萬一十個，解交光禄寺。

嘉蔬署

凡地賦，順治元年原額地九十八頃，辦進上用蔬菜瓜茄等物。○二年，以圈撥地畝，裁去本署。

大清會典卷之二百五十

鑾儀衛

順治元年，置錦衣衛，爲正三品衙門，設指揮使等官，二年改爲鑾儀衛，四年罷指揮使等銜，改爲鑾儀使、副使等銜，五年復罷副使等銜，改爲正二品衙門，九年以内大臣掌衛事，其餘滿官品級銜名俱與漢官同。十一年定：左所鑾輿司、馴馬司，右所擎蓋司、弓矢司，中所旌節司、旛幢司，前所扇手司、斧鉞司，後所戈戟司、班劍司，馴象所東司、西司，旗手衛左司、右司，各所司印以滿冠軍使雲麾使掌之，旗手衛印以漢冠軍使掌之，左右司印以漢治儀正掌之，經歷司印以漢經歷掌之。康熙三年，改爲正三品衙門，六年，復爲正二品衙門。十一年定鑾儀衛官品級，十六年設滿冠軍使掌旗手衛印，滿雲麾使掌左右司印，三十三年裁漢鑾儀使一員。品級陞除，詳見《兵部》。至京衛，今已悉裁，附見以備參攷。

〔官制〕

專掌衛事内大臣一員

滿鑾儀使二員

漢鑾儀使一員舊設二員，康熙三十一年裁一員

左所

滿掌印冠軍使一員

漢掌所事雲麾使一員

鑾輿司滿掌印雲麾使一員

漢掌司事治儀正一員

馴馬司滿掌印雲麾使一員

漢掌司事治儀正一員

滿散雲麾使治儀正整儀尉七員
右所
滿掌印冠軍使一員
漢掌所事雲麾使一員
擎葢司滿掌印雲麾使一員
漢掌司事治儀正一員
弓矢司滿掌印雲麾使一員
漢掌司事治儀正一員
滿散雲麾使治儀正整儀尉七員
中所
滿掌印冠軍使一員
漢掌所事雲麾使一員
旌節司滿掌印雲麾使一員
漢掌司事治儀正一員
旛幢司滿掌印雲麾使一員
漢掌司事治儀正一員
滿散雲麾使治儀正整儀尉六員
前所
滿掌印冠軍使一員
漢掌所事雲麾使一員
扇手司滿掌印雲麾使一員
漢掌司事治儀正一員
斧鉞司滿掌印雲麾使一員
漢掌司事治儀正一員
滿散雲麾使治儀正整儀尉六員
後所
滿掌印冠軍使一員
漢掌所事雲麾使一員
戈戟司滿掌印雲麾使一員
漢掌司事治儀正一員
班劍司滿掌印雲麾使一員
漢掌司事治儀正一員

滿散雲麾使治儀正整儀尉六員

馴象所

滿掌印冠軍使一員

漢掌所事雲麾使一員

東司滿掌印雲麾使一員

漢掌司事治儀正一員

西司滿掌印雲麾使一員

漢掌司事治儀正一員

滿散雲麾使治儀正整儀尉五員

漢管象整儀尉一員

旗手衛

滿掌印冠軍使一員

漢掌衛事冠軍使一員

左司滿掌印雲麾使一員

漢掌司事治儀正一員

漢整儀尉一員

右司滿掌印雲麾使一員

漢掌司事治儀正一員

漢整儀尉一員

滿散治儀正整儀尉二員

滿主事一員

陪祀漢冠軍使二員

駕儀管理漢雲麾使一員漢治儀正三員

步輦管理漢雲麾使一員漢治儀正一員

玉輅輦管理漢整儀尉二員

大輅輦管理漢整儀尉二員

大馬輦管理漢整儀尉二員

小馬輦管理漢治儀正一員整儀尉一員

靜鞭管理漢治儀正一員

樱薦管理漢治儀正一員整儀尉一員

拜褥管理漢治儀正一員

亭座管理漢整儀尉一員

篦頭管理漢整儀尉一員

駕庫管理漢整儀尉二員

經歷司漢經歷一員

筆帖式十員

滿洲冠軍使以下,整儀尉以上,内有贊鳴鞭官八員。

〔額設親軍校尉〕

凡親軍,額設七十四名,司執豹尾鎗、方天戟、撒袋、大刀並鞍金鞍馬,俱服鑲領金壽字藍緞衣,冬戴獺皮帽,夏戴凉帽。

凡請轎校尉,舊設内佐領下三百六十八名,康熙二十二年裁一百名,招募五城請轎民校尉八十名,服紅緞遜衣,繫緑紬帶,冬戴豹皮帽,夏戴青氊帽,俱起花鍍金頂插黄翎。○二十七年,裁内佐領下校尉一百名,請轎民校尉四十名。○四十年,裁内佐領下校尉四十名,復招募五城民校尉二十名。○雍正二年定:校尉夏戴凉帽,服單紅遜衣。

凡執駕校尉二百八十六名,鼓手八十八名,俱服紅緞遜衣,繫緑紬帶,戴青氊帽,銅頂插黄翎,内有執金器校尉,冬戴獺皮帽,夏戴凉帽。

凡上三旗蒙古都統下吹蒙古號三十名。

凡左右中前後五所校尉,額設一千八百四十三名,請輦執駕各項應差。○康熙二十七年,裁校尉二百三十九名。○四十六年,裁校尉一百二十二名。○四十九年,裁校尉一百四十名。

凡馴象所餧象校尉,額設二百三十二名。○康熙四十六年,裁校尉十八名。

凡旗手衛校尉,額設四百二十八名,請輦執駕各項應差,俱服紅緞遜衣,繫緑紬帶,戴青氊帽,銅頂插黄翎。内有請步輦校尉,冬戴豹皮帽,夏戴青氊帽,起花鍍金銅頂插黄翎。○康熙二十七年,裁校尉二十九名。○四十六年,裁校尉三十九名。

凡内佐領下請轎校尉、執駕校尉共五百二名,頭尉每名每月工食銀二兩五錢,校尉每名每月工食銀二兩,每年各食米二十一石二斗,五城請轎民校尉六十名,每名每月工食銀二兩,米折銀一兩八錢三分三釐三毫,左右中前後馴象等所及旗手衛校尉共一千九百十六名,每名每月工食銀五錢,米折銀四錢五分五釐。

凡鑾儀衛校尉犯事,順治十二年定:各部院不許擅自拘拏,移文鑾儀衛該管官查送。

〔職掌〕

凡萬壽節、正日、冬至三大朝會並宴享諸大祀等項，車駕出入、應設鹵簿儀仗並旗手衞旗幟金鼓，俱本衞堂官督率所屬官校依次陳列。

凡遇大祀並陞殿午門鳴鐘鼓，向係太監承值，康熙六十一年定：俱鑾儀衞官校承值。

凡陞殿及常朝，俱鴻臚寺先期知會，陳設鹵簿大駕，三纏俱用滿漢官各一員站立，滿官贊鳴鞭畢，鞭手校尉鳴鞭。

凡大祀圜丘及祈穀壇，先期二日，委官督率，校尉舁香輿祝版亭，至午門前，次日舁至太和殿，皇帝躬親裝香畢，仍舁赴壇。本日，仍委官率領校尉，候請太祖太宗世祖聖祖神牌奉安亭內，詣壇配天。至日，聖駕出郊，鑾儀衞堂官督率所屬官校陳設鹵簿大駕。

凡郊祀，如遇先期一日宿壇，旗手衞官校設鼓角於齋宫前，起更發擂。

凡視牲陳設鹵簿大駕，旗手衞金鼓旗幟，聖駕出入，俱不動樂。

凡祭北郊及太廟、社稷壇、朝日壇、夕月壇、歷代帝王廟、先師文廟、先農堂子，俱陳設鹵簿大駕並金鼓旗幟，俱太常寺先期知會。

凡祭太廟、社稷壇、先師文廟，太常寺先期知會本衙門於祭前一日陳設拜褥，用畢收回。

凡各壇廟祭祀，太常寺先期知會，鑾儀衞委滿冠軍使一員、雲麾使二員預備盥洗盆並執巾。

凡各壇廟祭祀，鑾儀衞先期請旨，預備輦轎。

凡祭社稷堂子，俱乘涼步輦。

凡大祀及陞殿車駕出入，俱先期一日鋪設椶薦。○康熙七年定：駕幸南苑等處，不設椶薦。

凡禮部進表等項亭座，俱鑾儀衞委官率領校尉擡捧。

凡太廟焚帛爐灰，每年鑾儀衞差官率領校尉，擡送金海河内。

凡殿試文武舉人，該衙門先期知會鑾儀衞漢堂官率官校巡綽，校尉給役，其歲貢生員於天安門外考試，俱鑾儀衞官校看守。

凡文武進士傳臚，該衙門先期知會，鑾儀衞陳設鹵簿大駕，並委官校捧黄榜、雲盤、傘蓋。

凡考選庶吉士，鑾儀衞官巡綽，校尉給役。散館同。

凡經筵日，該衙門先期知會，鑾儀衞委官校擡書案送至講所。

凡大祀用馱寶象五隻，駕輦象二隻，開路象四隻，陞殿及常朝，用馱寶象五隻,駕輦象二隻。又每日設常朝象四隻於天安門外。

凡遇大祀,旗手衛官設金鼓於鹵簿駕前,駕回作樂。

凡遇恭謁陵寢,命將出師陳設作樂,係禮部先期知會。

凡駕幸南苑等處,鑾儀衛奏請或設鹵簿,或用行駕,出入俱作樂。

凡遇大祀,旗手衛官率校尉於壇内巡更,並接駕鳴鐘。

凡遇日食月食救護及迎春洗象,旗手衛官率校尉陳設金鼓。其日食月食,鑾儀衛委滿漢冠軍使各二員,滿雲麾使一員,隨班救護。

凡鐘鼓樓,設旗手衛校尉,每夜值更發擂。

凡神武門每夜司鐘司鼓,向係太監承值。康熙六十一年,奉旨:俱著鑾儀衛官校承值。

凡遇祭祀,鑾儀衛漢冠軍使二員專司陪祭。

〔鹵簿儀仗〕

皇帝大駕鹵簿

左所

鑾輿司、馴馬司經管

香步輦一乘　　涼步輦一乘

玉輅一乘　　大輅一乘

大馬輦一乘　　小馬輦一乘

大儀轎一乘

右所

擎蓋司、弓矢司經管

黄九龍曲柄傘四把金鈴四十五個

黄九龍傘八把　　黄瑞草傘二把

黄四季花傘二把　　紅九龍傘二把

紅瑞草傘二把　　白九龍傘二把

白四季花傘二把　　青九龍傘二把

青瑞草傘二把　　黑九龍傘二把

黑四季花傘二把

紫素方傘四把四角金龍頭五色線䋲結全

紅素方傘四把四角金龍頭五色線䋲結全

大刀二十把　　弓矢二十副

鎗二十桿俱有豹尾　　龍頭方天戟四桿

中所

旌節司、旛幢司經管

信旛二對
傳教旛二對
告止旛二對
絳引旛二對
黄麾一對
儀鍠氅四對
朱雀幢一桿
神武幢一桿
青龍幢一桿
白虎幢一桿
金節二對
羽葆幢二對
豹尾旛二對
龍頭桿旛二對
黄銷金龍纛二對
赤銷金龍纛二對
白銷金龍纛二對
青銷金龍纛二對
黑銷金龍纛二對
黄銷金龍小旗二對
赤銷金龍小旗二對
白銷金龍小旗二對
青銷金龍小旗二對
黑銷金龍小旗二對
金鉞三對
政平訟理旛一對
馬十四金鞍錦韉

前所

扇手司、斧鉞司經管

黄繡雙龍面銷金團龍背扇十二把
黄繡單龍面銷金團龍背扇八把
紅繡雙龍面銷金團龍背扇八把
紅繡單龍面銷金團龍背扇四把
紅繡鸞鳳面白繡雉尾邊青銷金團龍背下齊扇八把
金香爐一對
金香盒一對
金唾盒一個
金盆一面
金瓶一對
金交椅一張
金杌一張
拂子一對
御杖三對
星三對
篦頭四對
椶薦三十塊
靜鞭三十把
品級山七十二座

後所

戈戟司、班劍司經管

熊旗一桿
羆旗一桿
鸞旗一桿
麟旗一桿
天鹿旗一桿
天馬旗一桿
朱雀旗一桿
神武旗一桿
青龍旗一桿
白虎旗一桿
淮旗一桿
濟旗一桿
江旗一桿
河旗一桿
中嶽旗一桿
東嶽旗一桿
西嶽旗一桿
南嶽旗一桿
北嶽旗一桿
北斗旗一桿
翼宿旗一桿
軫宿旗一桿
星宿旗一桿
張宿旗一桿
鬼宿旗一桿
柳宿旗一桿
參宿旗一桿
井宿旗一桿
畢宿旗一桿
觜宿旗一桿
胃宿旗一桿
昴宿旗一桿
奎宿旗一桿
婁宿旗一桿
室宿旗一桿
壁宿旗一桿
虛宿旗一桿
危宿旗一桿
牛宿旗一桿
女宿旗一桿
箕宿旗一桿
斗宿旗一桿
心宿旗一桿
尾宿旗一桿
氐宿旗一桿
房宿旗一桿
角宿旗一桿
亢宿旗一桿
水宿旗一桿
金宿旗一桿
土宿旗一桿
火宿旗一桿
木宿旗一桿
雨旗一桿
雷旗一桿
雲旗一桿
風旗一桿
日旗一桿
月旗一桿
門旗四對
白澤旗一對
肅靖旗一對
金鼓旗一對
立瓜三對

臥瓜三對　吾杖三對

馴象所

東司西司經管

象無定數

貼金寶瓶五座

旗手衛

左司右司經管

畫角二十四枝　大銅號八枝

小銅號八枝　金鉦四面

金四面　鼓四十八面

杖鼓四面　笛十二管

板四串

行幸儀仗

左所

大轎一乘　拆合明轎一乘

右所

黄粧緞傘二把　紅粧緞傘二把

白粧緞傘二把　青粧緞傘二把

黑粧緞傘二把　弓矢十副

大刀十把　鎗十桿

中所

黄銷金龍纛二桿　紅銷金龍纛二桿

白銷金龍纛二桿　青銷金龍纛二桿

黑銷金龍纛二桿　黄銷金龍小旗一對

紅銷金龍小旗一對　白銷金龍小旗一對

青銷金龍小旗一對　黑銷金龍小旗一對

鉞斧三對

前所

黄緞繡雙龍面銷金雙龍背扇六把

紅緞繡單龍面銷金單龍背扇四把

星三對　御杖三對

後所

立瓜三對　臥瓜三對
吾杖三對
馴象所
金二面　笙二攢
雲鑼二架　管二枝
笛四枝　金鉦四面
銅鈸二副　鼓二面
銅點二個　嗩吶八枝
小號八枝　大號八枝
蒙古號六枝

以上蒙古號人、鼓手、轎夫、校尉所騎馬匹俱題請兵部撥用,每日伺候。

行駕儀仗

左所
明轎一乘
右所
黄綾銷金九龍傘十把
中所
黄緞銷金龍纛二桿　紅緞銷金龍纛二桿
白緞銷金龍纛二桿　青緞銷金龍纛二桿
黑緞銷金龍纛二桿　黄緞銷金龍小旗一對
紅緞銷金龍小旗一對
白緞銷金龍小旗一對
青緞銷金龍小旗一對
黑緞銷金龍小旗一對
鉞斧二對
前所
黄緞銷金雙龍面背扇十把
星二對　御杖二對
後所
臥瓜二對　立瓜二對
吾杖二對

以上轎頂龍及鹵簿，俱係金頂。

皇后鹵簿

鳳輦一乘　　大儀轎一乘

鳳輿一乘　　儀輿二乘

拂子一對　　金香爐一對

金香盒一對　　金盆一面

金唾壺一個　　金瓶一對

金交椅一把　　金馬杌一個

金節一對

黄緞繡九鳳曲柄傘一把

黄緞繡四季花傘四把

紅緞繡瑞草傘二把　　紅素緞方傘二把

青緞九鳳銷金傘二把

黑緞九鳳銷金傘二把

黄緞繡龍鳳面銷金龍鳳背扇二把

金黄緞素扇二把

紅緞繡龍鳳面銷金龍鳳背扇二把

紅緞繡雙鳳面白緞雉尾邊青緞銷金花背下齊扇二把

黄緞銷金龍鳳旗一對

紅緞銷金龍鳳旗一對

青緞銷金龍鳳旗一對

黑緞銷金龍鳳旗一對

立瓜二對　　臥瓜二對

吾杖二對

以上轎頂鳳及鹵簿，俱係金頂。

太皇太后鹵簿、皇太后鹵簿與皇后鹵簿同，惟太皇太后鳳輦用二十四人。

以上鹵簿，俱撥派官員兼理專管，係太監擎執，俱服紅緞遜衣，繫緑紬帶，戴青氊帽，銅頂插黄翎。

皇貴妃儀仗

翟轎一乘　　翟車一乘

拂子一對　　金提爐一個

金香盒一個　　金盆一個
金唾壺一個　　金瓶一對
金交椅一張　　金馬杌一個
金節一對
紅緞繡七鳳曲柄傘一把
紅緞繡寶相花傘二把
紅緞繡瑞草傘二把　　紅緞素方傘二把
黄雲緞素扇二把
紅緞繡雙鳳面白緞雉尾邊青緞銷金火焰齊扇二把
紅緞銷金鳳旗二桿　　黑緞銷金鳳旗二桿
立瓜一對　　臥瓜一對
吾杖一對
貴妃儀仗同。

妃儀仗

翟轎一乘　　翟車一乘
拂子一對　　銀提爐一個
銀香盒一個　　銀盆一面
銀唾壺一個　　銀瓶一對
金交椅一張　　金馬杌一個
金節一對
紅緞繡寶相花傘二把
紅緞繡瑞草傘二把　　黄雲緞素扇二把
黑雲緞銷金鳳旗二桿
立瓜一對　　臥瓜一對
吾杖一對

以上轎頂翟鳥及儀仗，俱金頂，係太監擎執，俱服紅緞遜衣，繫緑紬帶，青氊帽，銅頂插黄翎。

京衛

順治元年，在京設三十二衛，分轄屯地，七年裁併二十二衛爲十衛，康熙三年又裁併十衛爲六衛，曰金吾左衛、彭城衛、神武左衛、騰驤右衛、永清左衛、燕山右衛。每衛設守備一員，千總一員，經歷一員。康熙二十六年，六衛俱裁。其舊有職掌事宜仍附載，以備稽考。

凡遇祭祀大典，各衛官俱行陪祀。

凡屯地屯丁錢糧，本衛各按所轄地方催督徵收，解直隸守道，該道彙解户部。

凡各衛所轄地方，俱係零星散處，坐落各州縣境内，難以稽察，無防守緝捕之責。

凡文武鄉會試，場内外巡綽、搜檢、守門、散題以及牧馬等項，用各衛守千、經歷等官供事。